PONS

Wörterbuch
für Schule und Studium

Deutsch - Spanisch

Ernst Klett Verlag
Stuttgart · Düsseldorf · Leipzig

PONS Wörterbuch für Schule und Studium Deutsch-Spanisch

Bearbeitet von: Eckhard Böhle, Anke Brauckmann, Nely Milagros Iglesias Iglesias, Yolanda Mateos Ortega, Josep Ràfols i Ventosa, Eva Schellert-Riveiro, Marieluise Schmitz

Phonetik bearbeitet von: Sylvie Costantino

Entwickelt auf der Basis des deutsch-spanischen Teils des PONS Wörterbuch für die berufliche Praxis Spanisch, an dem mitgearbeitet haben:

Sonia Aliaga López, Eckhard Böhle, María Teresa Gondar Oubiña, Nely Milagros Iglesias Iglesias, Yolanda Mateos Ortega, Josep Ràfols i Ventosa, Eva Schellert-Riveiro, Marieluise Schmitz, Anke Brauckmann, Nilo Valverde Diez; Phonetik bearbeitet von Dimitrios Karagiannakis

Basismaterial von: Verónica Abrego-Hartmann, Sonia Aliaga López, Eckhard Böhle, Sieglinde Bröer, Delia Cruz-Martens, Fernando de la Iglesia, Antje Diehl, María Esther Gallo Cabrera, María Teresa Gondar Oubiña, Herminia González Martínez, Araceli-Rosa Marín y Presno, Yolanda Mateos Ortega, Anke Müller, Barbara Oehler, Mariona Pellicer, José Lucio Pérez Díaz, Gracia María Puga Ortiz, Josep Ràfols i Ventosa, María Ramírez Antía, Victoria Romano Brandt, Eva Schellert-Riveiro, Marieluise Schmitz, Antje Weber, u.a.

Die Deutsche Bibliothek - CIP-Einheitsaufnahme

Ein Titeldatensatz für diese Publikation ist bei der Deutschen Bibliothek erhältlich

1. Auflage 1999 – Nachdruck 2001

Internet: www.pons.de
E-Mail: info@pons.de

Redaktion: Anke Müller
Sprachdatenverarbeitung: Andreas Lang, conTEXTag für Informatik und Kommunikation, Zürich
Einbandgestaltung: Ira Häußler, Stuttgart
Logoentwurf: Erwin Poell, Heidelberg
Satz und Datentechnik: Dörr und Schiller GmbH, Stuttgart
Druck: Druckerei C.H. Beck, Nördlingen
Printed in Germany
ISBN 3-12-517442-2

Inhalt und Aufbau

: *f*; ~ **wie Emil** E de España **2.**

Alle **Stichwörter** sind alphabetisch geordnet und durch Fettdruck hervorgehoben

n **Europäische Artikelnum-**
le Artículos
nt o f <- - -, **Eaux** - -> agua *f*

isk ['flɔpidɪsk] *f* <-, -s> (IN-

Unterschiedliche Schreibweisen sind angegeben

t <-> *Akr. von* **Council for**
nsejo *m* de Ayuda Mutua Eco-

are ~ cepillarse el pelo
; **in einer ~en Nacht** en una

Die **Tilde ‚~'** ersetzt in Anwendungsbeispielen und Redewendungen das vorhergehende Stichwort

ernen) marcharse como una
) echar
adv cada tres meses

Römische Ziffern kennzeichnen verschiedene Wortarten

varse **2.** (*geh: Sieg*) conseguir

Arabische Ziffern kennzeichnen verschiedene Bedeutungen

a; (*Nachtlokal*) boite *f*, club *m*

Hochgestellte arabische Ziffern unterscheiden Homographen (verschiedene Wörter gleicher Schreibung)

Femininformen der Substantive sind angegeben

n, -en; -, -nen>
n>

Bei deutschen Substantiven werden die **Flexionsendungen** angegeben. Es wird die Genitivform Singular und die Pluralform Nominativ aufgeführt

Bei deutschen Verben wird ein **abtrennbares Präfix** durch ‚|' gekennzeichnet

n] *vt* sistematizar

Deutsche Verben, deren **Partizip ohne** *‚ge'* gebildet wird, werden mit einem * gekennzeichnet

f, poema *m* épico

nnen> *vi sein* manar, correr

nen, **rinnen**

Unregelmäßige Formen sind beim Grundwort angegeben. In der Regel werden diese an entsprechender Stelle in der alphabetischen Reihenfolge als Stichwort mit einem Verweis auf die Grundform aufgenommen.

Es werden zahlreiche Hinweise zur Verwendung gegeben, z. B.

deckung) cofia *f*; **jdn unter**
2. (AUTO) capó *m* **3.** (*von Vö-*
m

Zusätze für Definitionen und Synonyme, typische Subjekte und Objekte und andere Erklärungen,

:n] *f* <-, -en> **1.** (TECH) sin-

Sachgebietsangaben,

Schweiz, Österr) leño *m*

Angaben zur **regionalen Verbreitung**,

na suelta

Stilangaben überall dort, wo es sich nicht um eine neutrale Stilebene handelt

Índice

Inhalt

Indicaciones para el uso del diccionario

1. Tipos de letra

negrita	para entradas y referencias directas a otra entrada
seminegrita	para ejemplos ilustrativos y modismos en alemán y para cifras
	para referencias indirectas al final de un artículo
redonda	para las traducciones españolas
cursiva	para indicaciones gramaticales como la parte de la oración, el género, etc.
	para aclaraciones y definiciones, marcas, sinónimos y otras anotaciones aclaratorias

Hinweise zur Benutzung des Wörterbuchs

1. Schriftarten

Fettdruck	für Stichwörter und direkte Verweise auf ein anderes Stichwort
Halbfettdruck	für deutsche Anwendungsbeispiele und Redewendungen und für Ziffern
	für indirekte Verweise am Ende eines Eintrags
Grundschrift	für die spanischen Übersetzungen
Kursivschrift	für grammatische Angaben wie Wortart, Genus etc.
	für Erklärungen und Definitionen, Markierungen, Synonyme und andere Zusätze

vierzehn ['fɪrtse:n] *adj inv* catorce; **in ~ Tagen** en quince días, en dos semanas; *s. a.* **acht**; **vierzehntägig** [-tɛ:gɪç] *adj* quincenal, de quince días; *s. a.* **achttägig**; **vierzehntäglich** *adj* cada quince días, cada dos semanas

2. Signos de puntuación y símbolos

,	separa variantes equivalentes y alfabéticamente consecutivas de una entrada
	separa la forma masculina y femenina de una palabra
	separa traducciones equivalentes
;	se encuentra entre dos traducciones no sinónimas; la diferencia entre ellas se aclara, entre paréntesis, mediante indicaciones de uso o contornos semánticos
:	delante de un modismo, los dos puntos indican que la palabra sólo se utiliza por lo general con este significado en el modismo que sigue
/	indica estructuras análogas

2. Satzzeichen und Symbole

,	trennt gleichwertige, alphabetisch aufeinander folgende Stichwortvarianten
	trennt die maskuline und feminine Form eines Wortes
	trennt gleichwertige Übersetzungen
;	steht zwischen nicht synonymen Übersetzungen; der Unterschied wird durch Gebrauchsangaben oder Bedeutungsdifferenzierungen in Klammern erläutert
:	vor einer Wendung zeigt der Doppelpunkt an, dass das Stichwort mit dieser Bedeutung in der Regel nur in der folgenden Wendung gebraucht wird
/	zeigt analoge Strukturen an

	se encuentra entre varias preposiciones o indicaciones de caso		steht zwischen mehreren Präpositionen oder Kasusangaben
~	sustituye en los ejemplos ilustrativos y modismos a la entrada anterior; en las entradas con un final entre paréntesis, a la palabra hasta el paréntesis	~	ersetzt in Anwendungsbeispielen und Redewendungen das vorhergehende Stichwort, bei Stichwörtern mit geklammerter Endung das Wort bis zur Klammer
-	sustituye una parte de la entrada; entre paréntesis triangulares, toda la entrada	-	ersetzt einen Teil des Stichworts, in spitzen Klammern auch das vollständige Stichwort
–	en los ejemplos ilustrativos hace distinción entre dos interlocutores	–	unterscheidet in Anwendungsbeispielen zwischen zwei Sprechern
=	se encuentra en la contracción de dos palabras	=	steht bei der Zusammenziehung zweier Wörter
≅	se encuentra en una equivalencia aproximada debida a diferencias culturales	≅	steht bei einer ungefähren Entsprechung aufgrund kultureller Unterschiede
< >	entre paréntesis triangulares se encuentran las indicaciones gramaticales y morfológicas	< >	in spitzen Klammern stehen grammatische und morphologische Angaben
[ ]	entre corchetes se encuentran – las indicaciones fonéticas – con *o*, sinónimos de una parte de un término formado por varias palabras o de un modismo	[ ]	in eckigen Klammern stehen – phonetische Angaben – in Verbindung mit *o* synonyme Elemente zu einem Teil eines Mehrwortterminus oder einer Wendung
®	distingue una marca registrada	®	kennzeichnet eingetragene Warenzeichen
RR	Los términos de grafía reformada se señalan con RR	RR	kennzeichnet reformierte Schreibweisen
	distingue la grafía antigua en la lengua alemana		kennzeichnet alte Schreibweisen

3. Orden de las entradas – Macroestructura

Todas las entradas están **ordenadas alfabéticamente**. Los espacios entre los componentes de las entradas pluriverbales no se tienen en cuenta por lo que respecta al orden.

Las vocales con 'Umlaut' *ä, ö, ü* se tratan igual que las mismas vocales sin 'Umlaut', la *ß* se trata como *ss*. En las palabras con la misma grafía, la palabra con 'Umlaut' sigue a la que no lo lleva, la palabra con *ß* a la escrita con *ss*.

Si dos palabras se diferencian por escribirse con **mayúscula o con minúscula**, la palabra con mayúscula seguirá a la escrita con minúscula.

3. Stichwortanordnung – Makrostruktur

Alle Stichwörter sind **alphabetisch angeordnet**. Wortzwischenräume bei mehrgliedrigen Stichwörtern bleiben dabei unberücksichtigt.

Die Umlaute *ä, ö, ü* werden wie die entsprechenden nicht umgelauteten Vokale behandelt, *ß* wie *ss*. Bei Wörtern mit ansonsten gleicher Schreibung folgt das Wort mit Umlaut dem ohne Umlaut, das Wort mit *ß* dem mit *ss*.

Unterscheiden sich zwei Wörter nur durch **Groß- oder Kleinschreibung**, folgt das Großgeschriebene dem Kleingeschriebenen.

Si dos palabras se diferencian por escribirse con o sin **guión** o con un **espacio intermedio**, la palabra escrita junta seguirá a la escrita separada y a la que lleva guión.

Unterscheiden sich zwei Wörter nur duch einen **Bindestrich** oder einen **Wortzwischenraum**, folgt die Zusammenschreibung der getrennten bzw. der Schreibung mit Bindestrich.

Se incluyen en un mismo artículo dos **variantes ortográficas** alfabéticamente consecutivas de una palabra, separándose ambas mediante una coma. Si las palabras no son alfabéticamente consecutivas, se trata cada una de ellas como una entrada propia. Generalmente se remite a la variante más ampliamente desarrollada.

Zwei **orthographische Varianten** eines Wortes, die alphabetisch unmittelbar aufeinanderfolgen, werden in einem Eintrag aufgeführt und durch ein Komma getrennt. Folgen die Wörter alphabetisch nicht unmittelbar aufeinander, wird jedes als eigenes Stichwort behandelt. Es erfolgt in der Regel ein Verweis auf die ausführlich dargestellte Variante.

Las letras **entre paréntesis** en una entrada están igualmente sujetas al orden alfabético. Así, por ejemplo, *Kleb(e)streifen* se encuentra antes de *Klebstoff*.

In **Klammern** stehende Buchstaben in einem Stichwort unterliegen ebenfalls der Alphabetisierung. So findet man z. B. *Kleb(e)streifen* vor *Klebstoff*.

Los finales que se encuentran entre paréntesis se ignoran en el orden alfabético.

In Klammern stehende Endungen werden bei der Alphabetisierung ignoriert.

Los guiones, los espacios entre las palabras o los puntos dentro de una palabra o una abreviación se ignoran en el orden alfabético.

Bindestriche, Wortzwischenräume oder Punkte innerhalb eines Wortes bzw. einer Abkürzung werden bei der Alphabetisierung ignoriert.

En los nombres de persona, la **forma femenina** viene tratada generalmente en la forma masculina y se incluye de nuevo como entrada propia con una remisión si en el orden alfabético no sigue inmediatamente a la forma masculina.

Bei Personenbezeichnungen ist die **feminine Form** in der Regel bei der maskulinen abgehandelt und an alphabetischer Stelle noch einmal als eigenes Stichwort mit Verweis aufgenommen, wenn sie alphabetisch nicht unmittelbar neben der maskulinen Form stehen würde.

Lehrer(in) *m(f)* <-s, -; -, -nen>
Oberarzt, -ärztin *m, f* <-(e)s, -ärzte; -, -nen>

Los **compuestos** y las **entradas pluriverbales** como *ad absurdum* etc. se encuentran en el lugar que les corresponde en el alfabeto. Las **locuciones** y las **expresiones pluriverbales** como *wieder Land sehen* o *sich in die Koje hauen* están ordenados por lo general dentro de la primera acepción importante en la fraseología de la respectiva entrada.

Komposita und **mehrgliedrige Stichwörter** wie *ad absurdum* etc. stehen an ihrer Stelle im Alphabet. **Feste Syntagmen** und **mehrgliedrige Ausdrücke** wie *wieder Land sehen* oder *sich in die Koje hauen* sind im Allgemeinen unter dem ersten wichtigen bedeutungstragenden Element in der Phraseologie des entsprechenden Stichworts eingeordnet.

Las **palabras cortas**, las **abreviaturas**, los **nombres propios** y los **nombres geográficos** se encuentran como entradas en el lugar correspondiente del alfabeto.

Kurzwörter, **Abkürzungen**, **Eigennamen** und **geographische Bezeichnungen** sind an alphabetischer Stelle als Stichwörter im Wörterverzeichnis zu finden.

Mayor número de ejemplos ilustrativos de **meses, días de la semana y números** se encuentran desarrollados sistemáticamente en *marzo, lunes y ocho, ochenta* etc., a los cuales se remite en los correspondientes artículos análogos.

Ausführliche Anwendungsbeispiele von **Monaten, Wochentagen und Zahlen** sind exemplarisch bei *März, Montag* und *acht, achtzig* etc. dargestellt, worauf in den entsprechenden analogen Einträgen verwiesen wird.

Los **adverbios** cuya forma es idéntica a la del adjetivo no se incluyen como una entrada propia. El usuario de este diccionario deberá consultar la traducción del adjetivo y formar, a partir de este, el adverbio con *-mente*. Si el adverbio en español se forma de otra manera se incluye en un modismo o se trata diferenciadamente mediante una cifra romana. Si la forma del adverbio no corresponde a la del adjetivo se incluye como una entrada propia.

Adverbien, die von der Form her mit dem Adjektiv identisch sind, werden nicht explizit aufgeführt. In diesem Falle sollte der Wörterbuchbenutzer auf die Übersetzung des Adjektivs zurückgreifen und aus dieser das spanische Adverb mit *-mente* bilden. Wird das Adverb im Spanischen anders gebildet, so wird dies in einer Wendung oder durch die explizite Behandlung des Adverbs mit einer römischen Ziffer angegeben. Entspricht die Form des Adverbs nicht der des Adjektivs, so wird es als eigener Eintrag aufgeführt.

Las **formas irregulares** (plurales irregulares de los sustantivos, formas de gradación de los adjetivos y adverbios, verbos irregulares) cuya forma plena se indica entre paréntesis triangulares se incluyen por lo general de nuevo como entradas con una **remisión** a la forma regular, de grado positivo o de infinitivo, respectivamente, si en el alfabeto no se encuentran contiguas a estas formas.

Unregelmäßige Formen (unregelmäßige Plurale der Substantive, Steigerungsformen der Adjektive und Adverbien, unregelmäßige Verbformen), die in voller Form in der spitzen Klammer angegeben sind, werden in der Regel dann noch einmal an entsprechender Stelle als Stichwort mit einem **Verweis** auf ihre Grundform aufgenommen, wenn sie alphabetisch nicht unmittelbar neben dieser Form stehen.

aß [a:s] *3. imp von* **essen**
Atlanten *pl von* **Atlas**
empfängt [ɛm'pfɛŋt] *3. präs von* **empfangen**
empfohlen [ɛm'pfo:lən] *pp von* **empfehlen**

Los **homógrafos** que se caracterizan por presentar una flexión diferente o los sustantivos con distinto género se diferencian con una cifra arábiga volada.

Homographen, die sich durch eine andere Flexion auszeichnen, oder Substantive mit unterschiedlichem Genus werden durch hochgestellte arabische Ziffern unterschieden.

Bank[1] [baŋk, *pl:* 'bɛŋkə] *f* <-, Bänke> **1.** (*Sitz~*) banco *m;* (SPORT) banquillo *m;* **er predigte vor leeren Bänken** (*fig*) predicó en el desierto; **durch die ~** sin excepción; **etw auf die lange ~ schieben** dar largas a algo **2.** (*Sand~*) banco *m* de arena
Bank[2] [baŋk, *pl:* 'baŋkən] *f* <-, -en> **1.** (*Kreditinstitut*) banco *m;* **Geld auf der ~ haben** tener dinero en el banco **2.** (*beim Spiel*) banca *f;* **die ~ sprengen** hacer saltar la banca;

4. Orden dentro del artículo – Microestructura

Los diversos artículos pueden estar subdivididos mediante **números**.

Las **cifras romanas** indican las distintas partes de la oración, las distintas categorías gramaticales y las diversas posibilidades de construcción de un verbo (*vi, vt, vr, vunpers*).

4. Aufbau der Wörterbuchartikel – Mikrostruktur

Die einzelnen Artikel können durch **Zahlen** weiter untergliedert sein.

Dabei kennzeichnen **römische Ziffern** verschiedene Wortarten, verschiedene grammatische Kategorien und verschiedene Konstruktionsmöglichkeiten eines Verbs (*vi, vt,vr, vunpers*).

> **gerissen** [gəˈrɪsən] **I.** *pp von* **reißen II.** *adj* (*fam: schlau*) astuto, taimado, gaucho *CSur*, jaiba *Ant, Mex*

Las **cifras arábigas** señalan las distintas acepciones de una entrada.

Arabische Ziffern kennzeichnen verschiedene Bedeutungen des Stichworts.

> **schrecklich** *adj* **1.** (*furchtbar*) horrible, horroroso **2.** (*fam: groß, sehr*) tremendo, enorme; **ich habe mich ~ gefreut/gelangweilt** me alegré/aburrí enormemente

A la descripción gramatical y semántica de cada categoría gramatical dividida mediante cifras romanas sigue su descripción fraseológica. En ella se incluyen **los ejemplos ilustrativos, las frases hechas, los refranes y las expresiones pluriverbales** relevantes de la categoría. Normalmente están ordenados bajo la primera acepción importante de la entrada; en caso de duda, el usuario debe consultar también las otras posibles acepciones.

Der grammatischen und semantischen Beschreibung jeder durch römische Ziffern gegliederten grammatischen Kategorie folgt ihre phraseologische Beschreibung. Hier sind die für die Kategorie relevanten **Anwendungsbeispiele, Redewendungen, Sprichwörter und mehrgliedrigen Ausdrücke** aufgeführt. In der Regel sind sie unter dem als erstes wichtiges bedeutungstragendes Element fungierenden Stichwort eingeordnet, im Zweifelsfall sollte der Benutzer aber auch unter den anderen möglichen Suchwörtern nachschlagen.

> **Balken** [ˈbalkən] *m* <-s, -> **1.** (*aus Holz, Stahl*) viga *f*; **ein tragender ~** una viga maestra; **du lügst, dass sich die ~ biegen** (*fam*) mientes más que hablas **2.** (SPORT: *Schwebe~*) barra *f* de equilibrio **3.** (TYPO: *dikker Strich*) raya *f*, guión *m*

Las frasas hechas y los refranes que no se pueden incluir dentro de ninguna de las acepciones de la entrada se incluyen con la acotación *Wend* bajo una cifra arábiga aparte.

Redewendungen und Sprichwörter, die keiner Grundbedeutung des Stichworts zuzuordnen sind, werden mit dem Zusatz *Wend* unter einer gesonderten arabischen Ziffer aufgeführt.

5. Acotaciones aclaratorias – Comentarios

Tanto en la lengua de partida como en la lengua meta, las acotaciones aclaratorias pueden definir con más exactitud el significado y el uso de una palabra:

- **acotaciones entre paréntesis** para sinónimos y definiciones, para sujetos y complementos típicos y para otras aclaraciones
- **indicaciones de especialidad**, sobre todo cuando se diferencian distintos significados
- **indicaciones de uso regional** para marcar todas las palabras, significados y modismos que están sujetos a un uso regional
- **indicaciones de estilo** para marcar todas las palabras, significados y giros que no pertenecen a un estilo neutral: *fam, geh, vulg, formal*
- **indicaciones retóricas** para marcar una determinada forma de expresión: *abw, iron, fig*

La relación completa de las marcas se encuentra en la lista de abreviaciones.

6. Indicaciones morfológicas

Sustantivos

Todos los sustantivos llevan una **indicación de género.** La denominación del género gramatical como *m* (masculino), *f* (femenino) y *nt* (neutro), así como la combinación de los mismos, indica que la palabra es un sustantivo.

Detrás del género se indican las **desinencias flexivas** entre paréntesis triangulares. Se indica la forma del genitivo singular y la forma del nominativo plural. En los nombres geográficos y en las entradas sin forma de plural sólo se indica el genitivo, *sin plural* indica que no existe el plural.

5. Erklärende Zusätze – Kommentierungen

Sowohl in der Ausgangs- als auch in der Zielsprache können erklärende Zusätze Bedeutung und Anwendung eines Wortes näher bestimmen:

- **in Klammern stehende Zusätze** für Synonyme und Definitionen, für typische Subjekte und Objekte und andere Erklärungen
- **Sachgebietsangaben**, besonders wenn verschiedene Bedeutungen unterschieden werden
- Angaben zur **regionalen Verbreitung** zur Markierung aller Wörter, Bedeutungen und Wendungen, die einem regionalen Gebrauch unterliegen
- **Stilangaben** zur Markierung aller Wörter, Bedeutungen und Wendungen, die keiner neutralen Stilebene angehören: *fam, geh, vulg, formal*
- **rhetorische Angaben**, wenn eine besondere Sprechhaltung markiert wird: *abw, iron, fig*

Die vollständige Liste der Markierungen ist dem Abkürzungsverzeichnis zu entnehmen.

6. Morphologische Angaben

Substantive

Alle Substantive sind mit einer **Genusangabe** versehen. Die Bezeichnung des grammatischen Geschlechts als *m* (Maskulinum), *f* (Femininum und *nt* (Neutrum) bzw. deren Kombinationen kennzeichnet ein Wort als Substantiv.

Nach dem Genus werden in spitzen Klammern die **Flexionsendungen** angegeben. Hier werden die Genitivform Singular und die Pluralform Nominativ aufgeführt. Bei geographischen Angaben wird nur der Genitiv aufgeführt, bei Stichwörtern, die keinen Plural bilden, steht nach der Genitivform die Angabe *ohne pl.*

Hase ['ha:zə] *m* <-n, -n>
Nuance [ny'ã:sə] *f* <-, -n>
Staat [ʃta:t] *m* <-(e)s, -en>
Globus ['glo:bʊs] *m* <-(ses), -se *o* Globen>

Un - sin desinencia significa que la forma respectiva es idéntica a la forma del nominativo.

Ein - ohne Endung bedeutet, dass die betreffende Form mit der im Nominativ gegebenen Grundform identisch ist.

> **Glücksbringer** *m* <-s, ->
> **Gockel** ['gɔkəl] *m* <-s, ->

En los sustantivos en los que se indica tanto la forma masculina como la femenina se da primero la forma de genitivo singular y la forma de plural del masculino y luego, separada por un punto y coma, la forma de genitivo singular y la forma de plural del femenino.

Bei Substantiven, bei denen sowohl die maskuline als auch die feminine Form angegeben wird, wird zuerst die Genitivform Singular und die Pluralform der Maskulinform, dann, durch ein Semikolon getrennt die Genitivform Singular und die Pluralform der Femininform angegeben.

> **Lehrer(in)** *m(f)* <-s, -; -, -nen>

Los sustantivos o algunos significados de un sustantivo con la indicación ***pl*** se usan sólo en plural.

Substantive oder einzelne Bedeutungen eines Substantivs mit der Angabe ***pl*** werden nur im Plural gebraucht.

Los sustantivos que sólo se emplean en singular se señalan con *ohne pl*. En los nombres geográficos se prescinde de la indicación *ohne pl*.

Substantive, die nur im Singular verwendet werden, erhalten ein *ohne pl*. Bei geographischen Bezeichnungen wird auf die Angabe *ohne pl* verzichtet.

En todos los sustantivos que tienen un género natural y designan personas se indica **la forma femenina al lado de la masculina**.

Für alle Substantive, die ein natürliches Geschlecht haben und Personen bezeichnen, wird die **feminine neben der maskulinen Form** angegeben.

> **Luxemburger(in)** ['lʊksəmbʊrgɐ] *m(f)* <-s, -; -, -nen> luxemburgués, -esa *m, f*

Normalmente ambas formas son tratadas dentro de la **forma masculina**. Si la **forma femenina** no está directamente contigua a la masculina en el orden alfabético, se incluye adicionalmente como entrada propia con remisión a la forma masculina.

In der Regel sind beide Formen unter der **maskulinen Form** abgehandelt. Wo die **feminine Form** in der alphabetischen Reihenfolge nicht unmittelbar neben der maskulinen stehen würde, wird sie zusätzlich als eigenes Stichwort mit einem Verweis auf die maskuline Form angegeben.

En los sustantivos que rigen una determinada **preposición** se indica el correspondiente complemento preposicional y su equivalencia tras la traducción española.

Bei Substantiven, die mit bestimmten **Präpositionen** verbunden werden, ist die zugehörige präpositionale Ergänzung und ihre Entsprechung nach der spanischen Übersetzung angegeben.

> **Bange** *f* <-, *ohne pl*> (*reg*) temor *m* (*vor* a), miedo *m* (*vor* de/a); **nur keine** ~! ¡todo, menos miedo!

Adjetivos y adverbios

Los adjetivos se indican en su **forma no declinada**. Los adjetivos que no tienen ninguna forma no declinada están representados siguiendo el modelo *erste(r, s)*.

Los **adjetivos invariables** se señalan con *inv*.

Adjektive und Adverbien

Adjektive sind in ihrer **unflektierten Form** angegeben. Adjektive, die keine unflektierte Form haben, werden nach dem Muster *erste(r, s)* dargestellt.

Unveränderliche Adjektive werden mit *inv* gekennzeichnet.

> **beiderlei** ['baɪdɐlaɪ, '--'-] *adj inv* de los dos, de ambos; ~ **Geschlechts** de ambos sexos

Las **formas de gradación irregulares** y las que presentan singularidades morfológicas como p.ej. el cambio de 'Umlaut' de la vocal radical se indican entre paréntesis triangulares. La primera forma señala el grado comparativo, la segunda, el superlativo.

Unregelmäßige Steigerungsformen und solche mit morphologischen Besonderheiten wie z. B. Umlautung des Stammvokals werden in spitzen Klammern angegeben. Die erste der Formen bezeichnet dabei den Komparativ, die zweite den Superlativ.

> **grob** [gro:p] *adj* <gröber, am gröbsten> **1.** (*Sand, Kaffee, Mehl*) grueso; (*Papier*) áspero; (*Gewebe*) basto **2.** (*Gesichtszüge*) tosco; (*Arbeit*) sucio **...**

En los adjetivos que rigen determinadas **preposiciones** se indica el correspondiente complemento preposicional y su equivalente tras la traducción española.

Bei Adjektiven, die mit bestimmten **Präpositionen** verbunden werden, ist die zugehörige präpositionale Ergänzung und ihre Entsprechung nach der spanischen Übersetzung angegeben.

> **gierig** *adj* ávido (*nach* de) ...

Los **adverbios** no se incluyen por lo general como entrada propia si son iguales que la forma del adjetivo y en español se forman por lo general con el final *-mente*. Los adverbios cuya forma es diferente a la del adjetivo se incluyen como entrada propia. Los adverbios cuya traducción no corresponde a la forma del adjetivo con la terminación *-mente* se tratan diferenciadamente en modismos o con una cifra romana propia.

Adverbien werden in der Regel nicht als eigenes Stichwort aufgeführt, wenn sie der normalen Adjektivform entsprechen und sie im Spanischen regelmäßig mit *-mente* gebildet werden. Adverbien, die äußerlich nicht dem Adjektiv entsprechen, werden als eigenes Stichwort aufgeführt. Adverbien, deren Übersetzung nicht der Adjektivform und der Endung *-mente* entspricht, werden explizit in Wendungen oder mit einer eigenen römischen Ziffer abgehandelt.

> **demonstrativ** [demɔnstra'ti:f] **I.** *adj* demostrativo **II.** *adv* ostensivamente;

Verbos

Las indicaciones gramaticales *vi, vt, vr* o *vunpers* indican que la entrada es un verbo. Si la forma reflexiva no se incluye como una entrada, ésta sigue a la indicación *vr* con una tilde. Si un verbo tiene varias posibilidades de construcción, el artículo se subdivide mediante cifras romanas.

Verben

Die grammatischen Angaben *vi, vt, vr* oder *vunpers* kennzeichnen ein Stichwort als Verb. Ist die reflexive Form nicht schon als Stichwort aufgenommen, folgt diese auf die Angabe *vr* mit einer Tilde. Wird ein Verb in mehreren dieser Konstruktionsmöglichkeiten gebraucht, ist der Eintrag in der Regel mit römischen Ziffern untergliedert.

baden ['ba:dən] **I.** *vi* **1.** (*schwimmen*) bañarse; ~ **gehen** (*fig*) irse al cuerno **2.** (*ein Bad nehmen*) tomar un baño **II.** *vt* (*waschen*) bañar

Si un verbo se usa en varias de estas posibilidades de construcción sin que afecte a la traducción, éstas pueden también indicarse juntas.

Wird ein Verb in mehreren dieser Konstruktionsmöglichkeiten gebraucht, ohne dass sich die Übersetzung ändert, können diese auch zusammenstehen.

beratschlagen* [-'---] *vi, vt* aconsejar

En los verbos alemanes, se señala un **prefijo separable** mediante |.

Los verbos alemanes cuyo **participio se forma sin *ge*** se señalan con un * detrás de la entrada.

Bei deutschen Verben wird ein **abtrennbares Präfix** durch | gekennzeichnet.

Deutsche Verben, deren **Partizipform ohne *ge*** gebildet wird, werden mit einem * direkt hinter dem Stichwort gekennzeichnet.

studieren*
ab|gewinnen*

A la entrada siguen las indicaciones de las **formas verbales irregulares** entre paréntesis triangulares. Se indican la 3ª persona del singular del presente y el pretérito y el participio pasado.

Auf das Stichwort folgen in spitzen Klammern die Angaben zu **unregelmäßigen Verbformen**. Es werden die 3. Person Singular Präsens und Imperfekt und das Partizip Perfekt angegeben.

lesen ['le:zən] <liest, las, gelesen>
gehen ['ge:ən] <geht, ging, gegangen>
melken ['mɛlkən] <melkt, melkte, gemelkt *o* gemolken>

No se da la **indicación de las bases** de las que derivan los verbos compuestos y prefijados cuya forma simple aparece como entrada propia. Se señalan con *irr*; las bases de las cuales derivan se indican en las formas no compuestas.

Die **Angabe der Stammformen** fehlt bei zusammengesetzten und präfigierten Verben, die in ihrer einfachen Form als selbstständiger Eintrag erscheinen. Sie werden mit *irr* gekennzeichnet; ihre Stammformen sind beim Simplex angegeben.

vor|lesen *irr*
weg|gehen *irr*
entgehen* *irr*

En el apéndice de este diccionario se encuentra una lista de los verbos irregulares alemanes más utilizados.

Todos los verbos alemanes que no forman **los tiempos compuestos** únicamente con *haben*, tienen después de la parte de la oración la acotación *sein* o *haben o sein*. A veces la formación con *haben* o *sein* lleva consigo una diferencia en el modo de construcción o del significado. En este caso, la indicación se encuentra después de la división correspondiente en el artículo. Si no hay indicación es que el verbo se construye con *haben*. Los verbos reflexivos forman los tiempos compuestos de forma regular con *haben*, por lo que se prescinde de su indicación.

Eine Liste der häufigsten unregelmäßigen deutschen Verben befindet sich im Anhang des Wörterbuchs.

Alle deutsche Verben, die die **zusammengesetzten Zeiten** nicht ausschließlich mit *haben* bilden, haben nach der Wortartangabe den Zusatz *sein* bzw. *haben o sein*. Gelegentlich ist die Bildung mit *haben* oder *sein* mit einem Unterschied in der Konstruktionsweise oder der Bedeutung verbunden. In diesem Fall steht die Angabe jeweils nach der entsprechenden Einteilung im Eintrag. Fehlt die Angabe, so erfolgt die Bildung mit *haben*. Reflexive Verben bilden die zusammengesetzten Zeiten regelmäßig mit *haben*; deshalb wird hier auf die Angabe verzichtet.

> **laufen** ['laʊfən] <läuft, lief, gelaufen> **I.** *vi sein* **...** **II.** *vt* **1.** *sein* (*Strecke*) recorrer; **Ski/Rollschuh/Schlittschuh** ~ esquiar/patinar/patinar sobre hielo; ... **2.** *haben:* **ich habe mir Blasen ge~** tengo ampollas de tanto andar

El **pronombre reflexivo** *sich* está en acusativo si no está indicado, en dativo se señala con *dat*.

Las **preposiciones**, que pueden estar regidas por los verbos, se indican junto a su equivalente en español después de la traducción si el uso en ambas lenguas es diferente. El uso regular de la preposición *a* en español delante de personas se da por sabido y, por norma general, no se indica. Las preposiciones no se indican después de la traducción si sigue un modismo que indica el uso del verbo.

Das **Reflexivpronomen** *sich* steht ohne Kennzeichnung im Akkusativ; im Dativ wird es als *dat* gekennzeichnet.

Die **Präpositionen**, mit denen Verben verbunden sein können, werden mit ihrer spanischen Entsprechung nach der Übersetzung dann angegeben, wenn der Gebrauch beider Sprachen voneinander abweicht. Der regelmäßige Gebrauch der Präposition *a* im Spanischen vor Personen wird dabei als bekannt vorausgesetzt und in der Regel nicht aufgeführt. Die Präpositionen werden auch dann nicht hinter der Übersetzung angegeben, wenn eine Wendung, die den Gebrauch des Verbs zeigt, folgt.

> **nach|denken** *irr vi* reflexionar (*über* sobre), pensar (*über* en); **darüber darf man gar nicht** ~ no se debería pensar en esto; **scharf** [*o* **angestrengt**] ~ pensar con todas las fuerzas; **laut** ~ pensar en voz alta

Preposiciones

Si una preposición es una entrada se indica el caso que rige.

angesichts *präp +gen* (*geh*) **1.** (*beim Anblick*) ante, al ver, a la vista de; ~ **der hervorgerufenen Überraschung** al ver la sorpresa causada **2.** (*hinsichtlich*) en vista de, ante; ~ **der Tatsache, dass ...** en vista del hecho de que ...

En las preposiciones como *an, auf, hinter, in, neben, über, unter, vor* y *zwischen* que rigen dativo o acusativo se indican ambos casos.

wegen ['ve:gən] *präp +gen/dat* **1.** (*aufgrund von*) a causa de, debido a; ~ **des schlechten Wetters** debido al mal tiempo **2.** (*bezüglich*) respecto a ...

Präpositionen

Ist eine Präposition Stichwort, wird der von ihr regierte Kasus angegeben.

Bei Präpositionen wie *an, auf, hinter, in, neben, über, unter, vor* und *zwischen*, die den Dativ oder den Akkusativ regieren, werden beide Kasus angegeben.

7. Tratamiento de la reforma ortográfica

Este diccionario toma en cuenta la reforma de la ortografía alemana ratificada en Viena en julio de 1996.

En la parte español-alemán todas las traducciones siguen la nueva norma ortográfica.

Como obra de consulta el diccionario garantiza al usuario la posibilidad de encontrar en la parte alemán-español la palabra que ha de consultar, tanto si está escrita según la nueva norma como según la antigua. De esta manera se quiere tomar en consideración el periodo de siete años durante el cual ambas normas – la antigua y la nueva – han de convivir. Aparte de esto, después de este periodo transitorio gran número de textos literarios seguirán correspondiendo a la norma antigua.

7. Berücksichtigung der Rechtschreibreform

Dieses Wörterbuch berücksichtigt die im Juli 1996 in Wien unterzeichnete Neuregelung der deutschen Rechtschreibung.

Im spanisch-deutschen Teil folgen sämtliche Übersetzungen der neuen deutschen Rechtschreibung.

In seiner Eigenschaft als Nachschlagewerk gewährleistet das Wörterbuch dem Benutzer im deutsch-spanischen Teil das Auffinden des gesuchten Wortes in der neuen oder der alten Schreibung. Auf diese Weise soll zum einen der 7-jährigen Übergangszeit Rechnung getragen werden, innerhalb derer beide Schreibungen – alt und neu – ihre Gleichberechtigung haben, zum anderen der Tatsache, dass eine große Menge literarischer Texte noch über diese Zeitspanne hinaus nach der alten Orthographie verfasst sein werden.

Términos simples

Los términos de grafía reformada se señalan con [RR], los términos de grafía antigua mediante un fondo gris. Siempre que la grafía antigua y reformada de un término no sean correlativos en el orden alfabético, se remite de la forma antigua a la nueva, donde se encuentra la traducción.

Basiswörter

Neue Schreibungen werden mit [RR] gekennzeichnet, alte Schreibungen mit einer grauen Unterlegung. Folgen Neu- und Altschreibung nicht unmittelbar alphabetisch aufeinander, so wird ein Verweis von der alten zur neuen Schreibung gemacht, wo die Übersetzung angesiedelt ist.

> **Bendel** ['bɛndəl] *m o nt* <-s, -> (*reg*) *s.* **Bändel**
> **Bändel**[RR] ['bɛndl] *m o nt* <-s, -> (*südd, Schweiz*)

Si la grafía antigua y nueva de un término son inmediatamente correlativos en el orden alfabético, no se recurre a una remisión. En este caso ambas formas se incluyen en orden alfabético como entradas, separándolas mediante una coma y señalándolas respectivamente.

Liegen Alt- und Neuschreibung alphabetisch unmittelbar beieinander, so erfolt kein Verweis. Sie werden in alphabetischer Reihenfolge, durch Komma getrennt, als Stichwörter aufgenommen und entsprechend markiert.

> **Ablass**[RR] *m* <-es, -lässe>, **Ablaß** *m* <-sses, -lässe> (REL) bula *f,* indulgencia *f*

Términos compuestos

Los términos compuestos afectados por la reforma ortográfica aparecen como entrada tan sólo en la grafía reformada señalados con [RR], siempre que a pesar de la reforma ortográfica no hayan sufrido un cambio dentro del orden alfabético. En tal caso no se indica la palabra en la grafía antigua. Si el usuario tuviese dificultades para encontrar la palabra deseada por tenerla ante sí tan sólo en la grafía antigua, deberá consultar las bases de la palabra compuesta. Aquí encontrará la información completa en cuanto a la grafía reformada y la antigua.

Komposita

Von der Reform betroffene Komposita, die sich aus zwei sinntragenden Elementen zusammensetzen, werden lediglich in der neuen Schreibung erfasst und mit [RR] gekennzeichnet, vorausgesetzt, dass sich trotz der reformierten Schreibung nicht ihre ursprünglich alphabetische Stellung verändert. Die abgelöste Schreibung wird nicht nochmals aufgeführt. Sollte der Benutzer Schwierigkeiten bei der Auffindung des gesuchten Wortes haben, weil es ihm nur nach der alten Schreibung vorliegt, muss er jeweils bei den Basiswörtern nachschlagen. Hier findet er die vollständige Information hinsichtlich der neuen und der abgelösten Schreibung.

> **abgrundhässlich**[RR] *adj* (*fam*) feo como el demonio
> **hässlich**[RR] ['hɛslɪç] *adj,* **häßlich** *adj* ...

Nuevos términos pluriverbales

Existen verbos y adjetivos que siguiendo la reforma ortográfica se dividen en términos pluriverbales y que por lo tanto pierden su posición como entrada para ser incluidos en la parte fraseológica. Para garantizar al usuario la posibilidad de encontrar los términos correspondientes se siguen incluyendo como entrada señalándolos como antiguos. De aquí se remite al lugar exacto donde el usuario puede encontrar el nuevo término pluriverbal junto con la traducción.

Neu entstandene Syntagmen

Es gibt Verben und Adjektive, die nach der neuen Rechtschreibreform zu Syntagmen aufgespaltet werden und deren Position sich somit von der Stichwort- auf die phraseologische Ebene verlagert. Um das Auffinden dieser Wörter zu garantieren, findet der Benutzer diese Wörter weiterhin als Stichwörter mit der Alt-Markierung verzeichnet. Er wird an dieser Stelle auf die genaue Position verwiesen, wo er das neu entstandene Syntagma samt Übersetzung vorfindet.

allgemeinbildend [--ˈ---] *adj s.* **allgemein** II.
allgemein [ˈalgəˈmaɪn] I. *adj* ... II. *adv* en general; ~ **bildend** de formación universal ...

Nuevos términos pluriverbales

Términos hasta ahora pluriverbales que antes se encontraban en la parte fraseológica de una entrada y que ahora se escriben juntos se incluyen como entrada con la marca RR.

Neu entstandene Verben und Adjektive

Schmelzen bisherige Syntagmen, die zuvor im Wendungsblock eines Stichwortes angesiedelt waren, zu einem Wort zusammen, werden diese als Stichwörter mit der Markierung RR aufgenommen.

dienstagabendsRR *adv* los martes por la noche; *s. a.* **montagabends**

Variantes principales y secundarias

En muchos casos, la grafía reformada de un término no sustituye la grafía tradicional, más bien se entiende como variante ortográfica. Si a las dos variantes se les concede el mismo valor, ambas se incluyen como entradas con la traducción correspondiente. Si éstas se diferencian siendo una la variante principal y la otra la secundaria, se remite de la forma secundaria a la principal, donde está la traducción.

Haupt- und Nebenvarianten

In vielen Fällen ersetzt die reformierte Schreibweise nicht die bisherige Schreibung, sondern tritt lediglich als Variante neben diese. Sind beide Varianten gleichberechtigt, erhalten sie jeweils einen eigenen Eintrag samt Übersetzung. Wird zwischen einer Haupt- und Nebenvariante unterschieden, wird in der Regel von der Neben- zur Hauptvariante verwiesen, wo schließlich die Übersetzung steht.

AlbdruckRR *m* <-(e)s, -drücke> *s.* **Alpdruck**

Lista de símbolos fonéticos utilizados
Liste der verwendeten phonetischen Zeichen

[ː]	Majoran	[ˈmaːjoran]
[ʔ]	Einöde	[ˈaɪnʔøːdə]
[ø]	Malheur	[maˈløːɐ]
[ɑ]	digital	[digiˈtɑːl]
[ɛ]	Mängel	[ˈmɛŋəl]
[ã]	Engagement	[ãgaʒəˈmɑ̃ː]
[ɑ̃]	Engagement	[ãgaʒəˈmɑ̃ː]
[ç]	Mädchen	[ˈmɛːtçən]
[ə]	Malve	[ˈmalvə]
[ɛ̃]	Bassin	[baˈsɛ̃ː]
[ɪ]	Malaysia	[maˈlaɪzia]
[ʒ]	Manege	[maˈneːʒə]
[ŋ]	mangels	[ˈmaŋəls]
[ɔ]	Mailbox	[ˈmɛɪlbɔks]
[o̯]	Foyer	[fo̯aˈjeː]
[œ]	erörtern	[ɛɐˈœrtɐn]
[õ]	Bon	[bõː]
[ɔ̃]	Annonce	[aˈnɔ̃sə]
[œ̃]	Parfüm	[parˈfœ̃ː]
[ɐ]	Makulatur	[makulaˈtuːɐ]
[ʃ]	Mandschurei	[mantʃuˈraɪ]
[θ]	Thriller	[ˈθrɪlɐ]
[u̯]	Ecuador	[eku̯aˈdoːɐ]
[ʊ]	Mammut	[ˈmamʊt]
[x]	malochen	[maˈloːxən]
[ʏ]	Olympiade	[olʏmˈpjaːdə]
[dʒ]	Jetstream	[ˈdʒɛtstriːm]
[tʃ]	Batch	[bɛ˔tʃ↑˔]

Abkürzungen Abreviaturas

a.	auch	*también*
Abk.	Abkürzung	*abreviatura*
abw	abwertend	*peyorativo*
adj	Adjektiv	*adjetivo*
ADMIN	Verwaltung	*administración*
adv	Adverb	*adverbio*
AERO	Luftfahrt	*aeronáutica*
AGR	Landwirtschaft	*agricultura*
akk	Akkusativ	*acusativo*
Akr.	Akronym	*sigla*
Am	Lateinamerikanismus	*americanismo*
ANAT	Anatomie	*anatomía*
And	Anden	*zona andina*
Ant	Antillen	*Antillas*
ARCHIT	Architektur	*arquitectura*
Arg	Argentinien	*República Argentina*
art best	bestimmter Artikel	*artículo definido*
art unbest	unbestimmter Artikel	*artículo indefinido*
ASTR	Astrologie, Astronomie	*astrología, astronomía*
AUTO	Auto und Verkehr	*automóvil y tráfico*
aux	Hilfsverb	*verbo auxiliar*
BERGB	Bergbau	*minería*
BIOL	Biologie	*biología*
Bol	Bolivien	*Bolivia*
BOT	Botanik	*botánica*
CHEM	Chemie	*química*
Chil	Chile	*Chile*
COM	Handel	*comercio*
CRi	Costa Rica	*Costa Rica*
CSur	Cono Sur (Argentinien, Chile, Paraguay, Uruguay)	*Cono Sur (República Argentina, Chile, Paraguay, Uruguay)*
Cuba	Cuba	*Cuba*
dat	Dativ	*dativo*
DomR	Dominikanische Republik	*República Dominicana*
Ecua	Ecuador	*Ecuador*
EISENB	Eisenbahn	*ferrocarril*
ELEK	Elektrotechnik	*electrotecnia*
ElSal	El Salvador	*El Salvador*
etw	etwas	*algo*
EU	Europäische Union	*Unión Europea*
f	Femininum	*femenino*
fam	umgangssprachlich	*familiar*
fig	übertragen, figurativ	*sentido figurado*
FILM	Film	*cinematografía*
FIN	Finanzen, Börse	*finanzas, bolsa*
formal	geschriebene Sprache, Verwaltungssprache	*lenguaje escrito, administrativo*

FOTO	Fotografie	*fotografía*
GASTR	Gastronomie	*gastronomía*
geh	gehoben, literarisch	*elevado, literario*
gen	Genitiv	*genitivo*
GEO	Geographie, Geologie	*geografía, geología*
Guat	Guatemala	*Guatemala*
Guay	Guayana	*Guayana*
GuinEc	Guinea Ecuatorial	*Guinea Ecuatorial*
HIST	Geschichte	*historia*
Hond	Honduras	*Honduras*
imp	Imperfekt	*imperfecto*
inf	Infinitiv	*infinitivo*
INFOR	Informatik	*informática, ordenadores*
interj	Interjektion	*interjección*
inv	unveränderlich, invariabel	*invariable*
iron	ironisch	*irónico*
irr	unregelmäßig	*irregular*
jd	jemand	*alguien (nominativo)*
jdm	jemandem	*alguien (dativo)*
jdn	jemanden	*alguien (acusativo)*
jds	jemandes	*alguien (genitivo)*
JUR	Jura	*jurisdicción*
Kol	Kolumbien	*Colombia*
kompar	Komparativ	*comparativo*
konj	Konjunktion	*conjunción*
KUNST	Kunst(geschichte)	*(historia del) arte*
LING	Linguistik	*lingüística*
LIT	Literatur(wissenschaft)	*(ciencia de la) literatura*
m	Maskulinum	masculino
MAm	Mittelamerika	*América Central*
MATH	Mathematik	*matemáticas*
MED	Medizin	*medicina*
METEO	Meteorologie	*meteorología*
Mex	Mexico	*México, Méjico*
mf	Maskulinum und Femininum	*masculino y femenino*
MIL	Militär	*fuerzas armadas*
MUS	Musik	*música*
NAUT	Seefahrt, Nautik	*navegación, náutica*
Nic	Nicaragua	*Nicaragua*
nom	Nominativ	*nominativo*
nordd	norddeutsch	*Alemania del Norte*
nt	Neutrum	*neutro*
o	oder	*o*
ÖKOL	Ökologie	*ecología*
ostd	ostdeutsch	*Alemania del Este*
Österr	Österreich	*Austria*
Pan	Panama	*Panamá*
Par	Paraguay	*Paraguay*
part	Partikel	*partícula*

Peru	Peru	*Perú*
Phili	Philippinen	*Filipinas*
PHILOS	Philosophie	*filosofía*
PHYS	Physik	*física*
pl	Plural	*plural*
POL	Politik	*política*
pp	Partizip Perfekt	*participio pasado*
präp	Präposition	*preposición*
präs	Präsens	*presente*
PRico	Puerto Rico	*Puerto Rico*
pron dem	Demonstrativpronomen	*pronombre demostrativo*
pron indef	Indefinitpronomen	*pronombre indefinido*
pron inter	Interrogativpronomen	*pronombre interrogativo*
pron pers	Personalpronomen	*pronombre personal*
pron poss	Possessivpronomen	*pronombre posesivo*
pron refl	Reflexivpronomen	*pronombre reflexivo*
pron rel	Relativpronomen	*pronombre relativo*
prov	Sprichwort	*proverbio*
PSYCH	Psychologie	*psicología*
PUBL	Publizistik, Presse	*prensa, periodismo*
®	eingetragenes Warenzeichen	*marca registrada*
RADIO	Rundfunk	*radio*
reg	regional	*regional*
REL	Religion	*religión*
RíoPl	Río de la Plata	*Río de la Plata*
s.	siehe	*véase*
SAm	Südamerika	*América del Sur*
SCH	Schulwesen	*enseñanza*
Schweiz	Schweiz	*Suiza*
sg	Singular	*singular*
sl	Slang	*argot*
SOZIOL	Soziologie	*sociología*
SPORT	Sport	*deporte*
subj	‚Subjuntivo'	*subjuntivo*
südd	süddeutsch	*Alemania del Sur*
superl	Superlativ	*superlativo*
TECH	Technik	*técnica*
TEL	Telekommunikation	*telecomunicación*
THEAT	Theater	*teatro*
TV	Fernsehen	*televisión*
TYPO	Typographie	*tipografía*
Ud.	Usted	*Sie (Singular)*
Uds.	Ustedes	*Sie (Plural)*
UNIV	Universität	*universidad*
Urug	Uruguay	*Uruguay*
USA	Vereinigte Staten von Amerika	*EE.UU.*
Ven	Venezuela	*Venezuela*
vi	intransitives Verb	*verbo intransitivo*
vr	reflexives Verb	*verbo reflexivo*

vt	transitives Verb	*verbo transitivo*
vulg	vulgär	*vulgar*
vunpers	unpersönliches Verb	*verbo impersonal*
Wend	Wendung	*locución*
WIRTSCH	Wirtschaft	*economía*
ZOOL	Zoologie	*zoología*

A

A

A, a [aː] *nt* <-, -> **1.** (*Buchstabe*) A, a *f;* ~ **wie Anton** A de Antonio; **das ~ und O einer Sache** (*fam*) lo esencial de una cosa; **von ~ bis Z** (*fam*) de principio a fin, de cabo a rabo, de pe a pa; **wer ~ sagt, muss auch B sagen** a lo hecho, pecho **2.** (MUS) la *m*

a *Abk. von* **Ar** a

à [aː] *präp +akk* a... (cada uno); **10 Stück ~ drei Mark** 10 unidades a tres marcos cada una [*o* c/u]

A 1. *Abk. von* **Ampere** A **2.** *Abk. von* **Autobahn** autopista *f*

Ä, ä [ɛː] *nt* <-, – *o fam:* -s> a *f* con diéresis

Aa *nt* <-, *ohne pl*> (*fam: Kindersprache*) caca *f;* ~ **machen** hacer caca

AA (POL) **1.** *Abk. von* **Auswärtiges Amt** Ministerio *m* de Asuntos Exteriores **2.** *Abk. von* **Anonyme Alkoholiker** Alcohólicos *mpl* Anónimos

Aachen [ˈaːxən] *nt* <-s> Aquisgrán *m*

Aal [aːl] *m* <-(e)s, -e> anguila *f;* **glatt wie ein ~** escurridizo como una anguila

aalen *vr:* **sich ~** (*fam*) repantingarse; **sich in der Sonne ~** tumbarse al sol

aalglatt *adj* (*abw*) escurridizo, zorro; **Aalsuppe** *f* <-, -n> sopa *f* de anguila

a.a.O. *Abk. von* **am angegebenen Ort, am aufgeführten Ort** ib(íd).

Aargau [ˈaːɐgaʊ] *m* <-s> (*Kanton der Schweiz*) Argovia *f*

Aas[1] [aːs, *pl:* ˈaːzə] *nt* <-es, -e> (*Tierleiche*) carroña *f*

Aas[2] [aːs, *pl:* ˈɛːzɐ] *nt* <-es, Äser> (*fam: Luder*) mal bicho *m;* **kein ~ hat mich angerufen** no me ha llamado ni quisque [*o* ni cristo]

aasen *vi* (*reg*) despilfarrar (*mit*)

Aasfliege *f* <-, -n> mosca *f* de la carne, moscarda *f;* **Aasfresser** *m* <-s, -> carroñero *m,* necrófago *m;* **Aasgeier** *m* <-s, -> (*a. fig, abw*) buitre *m*

ab [ap] **I.** *präp +dat* **1.** (*räumlich*) desde; **~ Hamburg** desde Hamburgo; **~ Lager** (COM) ex almacén; **~ Werk** (COM) franco fábrica; **~ Kai verzollt/unverzollt** (COM) sobre muelle libre de/sujeto a aranceles **2.** (*zeitlich*) desde, a partir de; **~ dem 28. November** a partir del 28 de noviembre; **~ wann?** ¿desde cuándo?; **~ heute** desde hoy; **~ sofort** desde ya **3.** (*ebenso viel und mehr*) a partir de, de... en adelante; **Kinder ~ 12 Jahren** niños de 12 años en adelante **II.** *adv* **1.** (*räumlich*): **die dritte Straße rechts ~** hay que torcer la tercera calle a la derecha; **~ nach Hause!** ¡andando a casa!; **Stuttgart ~ 8.30 Uhr** (*Bus-, Bahnabfahrtszeit*) salida de Stuttgart a las 8.30 horas **2.** (*zeitlich*): **~ und zu, ~ und an** de vez en cuando **3.** (*Wend*): **~ sein** (*fam: abgelöst*) haberse caído; (*erschöpft*) estar hecho polvo *fam*

Abakus [ˈaːbakʊs] *m* <-, -> (MATH) ábaco *m*

ab|ändern *vt* modificar, cambiar

Abänderung *f* <-, -en> modificación *f,* cambio *m;* **an etw** *dat* **~en vornehmen** modificar algo; **Abänderungsantrag** *m* <-(e)s, -träge> solicitud *f* de modificación; (POL) enmienda *f;* **einen ~ stellen** presentar una enmienda; **abänderungsfähig** *adj* modificable; **Abänderungsklausel** *f* <-, -n> (JUR) cláusula *f* derogatoria

ab|arbeiten I. *vt* (*Pensum*) terminar; **eine Schuld ~** pagar una deuda trabajando **II.** *vr:* **sich ~** matarse trabajando; **abgearbeitet** rendido del trabajo, reventado *fam*

Abart *f* <-, -en> variedad *f,* variante *f*

abartig *adj* **1.** (*anormal*) anormal; (*pervers*) pervertido, depravado **2.** (*fam: verrückt*) loco

Abb. *Abk. von* **Abbildung** ilust.

Abbau *m* <-(e)s, *ohne pl*> **1.** (*Auseinandernehmen*) desmontaje *m* **2.** (*Reduzierung*) disminución *f,* reducción *f;* **~ von Grenzkontrollen** supresión de los controles fronterizos **3.** (*von Ängsten, Hemmungen*) supresión *f,* superación *f* **4.** (CHEM) desintegración *f;* **biologischer ~** descomposición biológica **5.** (BERGB) explotación *f* **6.** (MED: *Verfall*) debilitamiento *m,* quebrantamiento *m;* (*Knochen*) descalcificación *f*

abbaubar *adj* (CHEM) degradable; **biologisch ~** biodegradable

Abbaubarkeit *f* <-, *ohne pl*> (CHEM) descomponibilidad *f;* **biologische ~** descomponibilidad biológica

ab|bauen I. *vi* (*Kräfte einbüßen*) debilitarse; **der Sportler hat abgebaut** el deportista no rindió tanto como en otras ocasiones **II.** *vt* **1.** (*zerlegen*) desmontar **2.** (*verringern*) disminuir; (*Steuern, Personal*) reducir; **die Belegschaft ~** reducir la plantilla **3.** (*Ängste, Hemmungen*) superar, suprimir **4.** (CHEM) descomponer, desintegrar **5.** (BERGB) explotar, extraer **6.** (MED) desgastar, debilitar

Abbauprodukt *nt* <-(e)s, -e> (CHEM) producto *m* de desintegración [*o* degradación]; **Abbaureaktion** *f* <-, -en> (CHEM) reacción *f* de descomposición

ab|beißen *irr* **I.** *vi* morder, probar; **beiß mal ab!** ¡prueba!, ¡muerde! **II.** *vt* morder, arrancar de un mordisco; **beiß dir ein Stück ab!** ¡prueba [*o* muerde] un trozo!; **ich beiße mir lieber die Zunge ab, als ...** prefiero morir

que…
ab|beizen *vt* tratar con decapante
Abbeizmittel *nt* <-s, -> decapante *m*
ab|bekommen* *irr vt* **1.** (*Schaden, Teil*) recibir, llevarse; **das Auto hat ganz schön was ~** el coche se dio [*o* se llevó] un buen golpe; (**nur**) **die Hälfte ~** sacar (sólo) la mitad **2.** (*entfernen können*) lograr quitar [*o* desprender]
ab|berufen* *irr vt* retirar, destituir; **Gott hat ihn ~** (*geh*) Dios lo llamó a su seno
Abberufung *f* <-, -en> destitución *f*, retiro *m*
ab|bestellen* *vt* anular; (*Telefon*) dar de baja; **die Zeitung/das Hotelzimmer ~** anular la suscripción/la reserva
Abbestellung *f* <-, -en> anulación *f*, baja *f*
ab|bezahlen* *vt:* (**in Raten**) **~** pagar a plazos
ab|biegen *irr* **I.** *vi sein* (*Richtung ändern*) girar, torcer, voltear *Am;* **nach rechts/links ~** doblar a la derecha/a la izquierda **II.** *vt* **1.** (*krümmen*) doblar, torcer **2.** (*fam: verhindern*) evitar
Abbiegespur *f* <-, -en> carril *m* de giro
Abbiegung *f* <-, -en> **1.** (*das Abbiegen*) doblamiento *m* **2.** (*einer Straße*) desviación *f*
Abbild *nt* <-(e)s, -er> reproducción *f*, copia *f;* **ein getreues ~ der Wirklichkeit** un fiel reflejo de la realidad
ab|bilden *vt* reproducir; (MATH) proyectar; **naturgetreu ~** retratar fielmente; **er ist in der Zeitschrift abgebildet** hay una foto suya en el periódico
Abbildung *f* <-, -en> **1.** (*das Abbilden*) reproducción *f*, copia *f* **2.** (*Bild*) ilustración *f*, lámina *f* **3.** (MATH) proyección *f*
ab|binden *irr* **I.** *vi* (ARCHIT) fraguar **II.** *vt* **1.** (*losbinden*) desatar, soltar; **ich band mir die Schürze ab** me quité el delantal **2.** (MED) comprimir (con ligadura) **3.** (GASTR: *Soße*) espesar, ligar
Abbitte *f* <-, *ohne pl*> (*geh*): **bei jdm wegen etw ~ leisten** presentar sus excusas a alguien por algo, disculparse con alguien por algo
ab|bitten *irr vt* (*alt*): **du hast ihm einiges abzubitten** has de pedirle perdón por más de un motivo
ab|blasen *irr vt* **1.** (*Staub*) quitar soplando **2.** (*fam: absagen*) suspender, anular
ab|blättern *vi sein* desconcharse, descascarillarse
ab|bleiben *irr vi* (*fam*): **keiner weiß, wo er abbleibt** nadie sabe dónde se mete; **wo ist er nur abgeblieben?** ¿dónde se habrá metido?
abblendbar *adj* (AUTO) antideslumbrante
ab|blenden *vi* **1.** (FOTO) diafragmar **2.** (AUTO) bajar las luces, dar la luz de cruce
Abblendlicht *nt* <-(e)s, *ohne pl*> (AUTO) luz *f* de cruce
ab|blitzen *vi sein* (*fam*): **bei jdm ~** recibir calabazas de alguien; **sie hat ihn ~ lassen** le ha dado calabazas
ab|blocken *vt* bloquear; (*Angriff*) rechazar; (*Vorhaben*) impedir
Abbrand *m* <-(e)s, -brände> (TECH) **1.** (*Verbrennung*) cremación *f*, incineración *f;* (*im Kernreaktor*) combustión *f* nuclear **2.** (*im Hüttenwesen: Verluste*) pérdidas *fpl* por fuego **3.** (*Restmüll*) incineración *f* de desechos [*o* de residuos]
ab|brausen **I.** *vi sein* (*fam: sich entfernen*) partir como una flecha **II.** *vt* (*duschen*) duchar **III.** *vr:* **sich ~** ducharse, tomar una ducha
ab|brechen *irr* **I.** *vi sein* **1.** (*Stück*) romperse, quebrarse **2.** (*unvermittelt aufhören*) interrumpirse, terminar **II.** *vt* **1.** (*Zweig*) romper, quebrar; **ich habe mir ein Stück Zahn abgebrochen** me he roto un trozo de diente; **nun brich dir mal keinen ab!** (*fam*) ¡hazlo, pero no te mates!, ¡no vayas a matarte por hacerlo! **2.** (*Gebäude*) derribar, demoler; **die geschäftlichen Beziehungen ~** romper las relaciones comerciales **3.** (*Gespräch*) interrumpir, cortar **4.** (INFOR: *Programm*) cerrar
ab|bremsen *vi, vt* frenar
ab|brennen *irr* **I.** *vi sein* quemarse, calcinarse; **das Gebäude brannte vollkommen ab** el edificio quedó completamente calcinado **II.** *vt* quemar, calcinar
ab|bringen *irr vt* desviar (*von* de), apartar (*von* de); **ich lasse mich von meiner Meinung nicht ~** nada ni nadie me hará cambiar de opinión
ab|bröckeln *vi sein* (*Mauer*) desmenuzarse, desmoronarse; (*Verputz, Farbe*) desconcharse, desprenderse
Abbruch[1] *m* <-(e)s, *ohne pl*> **1.** (*Zerlegen*) desmontaje *m;* (*Zelt, Lager*) levantamiento *m;* (*Haus*) derribo *m*, demolición *f* **2.** (*Wend*): **das tut der Sache keinen ~** esto no perjudica la cosa para nada
Abbruch[2] *m* <-(e)s, -brüche> (*Beendigung*) ruptura *f;* (*Wettkampf, Spiel*) suspensión *f;* **der ~ der diplomatischen Beziehungen** la ruptura de las relaciones diplomáticas
Abbrucharbeit *f* <-, -en> (trabajo *m* de) derribo *m*
Abbruchbedingung *f* <-, -en> (INFOR) condición *f* de cancelación; **Abbruchfirma** *f* <-, -firmen> empresa *f* de derribos; **Abbruchhaus** *nt* <-es, -häuser> casa *f* en ruinas; **abbruchreif** *adj* (en estado) ruinoso; **Abbruchtaste** *f* <-, -n> (INFOR) tecla *f* de cancelación; **Abbruchunternehmer**(**in**) *m(f)* <-s, -; -, -nen> empresario, -a *m, f* de derribos; **Abbruchzeichen** *nt* <-s, -> (INFOR) carácter *m* de interrupción, carácter *m* de escape
ab|brühen *vt* escaldar
ab|brummen *vt* (*fam: eine Strafe absitzen*) cumplir; (*Schule*) quedarse castigado; (*Haftstrafe*) pasarse a la sombra; **zur Strafe musste er nach Schulschluss noch zwei Stunden in der Klasse ~** se quedó castigado dos horas después de clase; **jetzt habe ich nur**

noch zehn Monate Knast abzubrummen sólo me quedan diez meses a la sombra [*o* en chirona]

ab|buchen *vt* (FIN) adeudar, cargar (en cuenta)

Abbuchung *f* <-, -en> (FIN) adeudo *m;* **Abbuchungsauftrag** *m* <-(e)s, -träge> (FIN) orden *f* de domiciliación [*o* de adeudo en cuenta]; **Abbuchungsverfahren** *nt* <-s, -> (FIN) domiciliación *f* de recibos

ab|bürsten *vt* cepillar

ab|büßen *vt* **1.** (*Strafe*) cumplir **2.** (REL) expiar

Abbüßung *f* <-, -en> **1.** (*Strafe*) cumplimiento *m* **2.** (REL) expiación *f*

Abc [abe'tse:] *nt* <-, -> **1.** (*Alphabet*) abecedario *m;* **etw nach dem ~ ordnen** poner algo por orden alfabético **2.** (*Grundwissen*) abecé *m*

ab|checken *vt* (*kontrollieren*) controlar, verificar, chequear *Am;* **etw/jdn auf einer Liste ~** puntear algo/a alguien en una lista

ABC-Pflaster *nt* <-s, -> (MED) parche *m* ABC

Abc-Schütze *m* <-n, -n> alumno, -a *m, f* de primer grado

ABC-Staaten *mpl* (POL) estados *mpl* ABC; **die ~ sind Argentinien, Brasilien und Chile** los estados ABC son Argentina, Brasil y Chile; **ABC-Waffen** *fpl* armas *fpl* atómicas, biológicas y químicas

ab|danken *vi* (*König*) abdicar; (*Minister*) dimitir

Abdankung *f* <-, -en> (*König*) abdicación *f;* (*Minister*) dimisión *f*

ab|decken *vt* **1.** (*wegnehmen*) quitar **2.** (*freimachen*) destapar; (*Tisch*) quitar; (*Haus*) destejar, destechar **3.** (*bedecken*) tapar, cubrir **4.** (*Thema*) cubrir, tratar (por completo) **5.** (FIN: *Schulden*) saldar, pagar; (*Risiko*) cubrir

Abdecker(in) *m(f)* <-s, -; -, -nen> desollador(a) *m(f)*

Abdeckerei *f* <-, -en> desolladero *m*

Abdeckerin *f* <-, -nen> *s.* **Abdecker**

Abdeckung *f* <-, -en> cubierta *f*

ab|dichten *vt* (*isolieren*) aislar (*gegen* contra); (*gegen Lärm*) insonorizar; (*gegen Wasser*) impermeabilizar

Abdichtung *f* <-, -en> (*Isolierung*) aislamiento *m;* (*gegen Lärm*) insonorización *f;* (*gegen Feuchtigkeit*) impermeabilización *f*

abdominal [apdomi'na:l] *adj* (MED) abdominal

ab|drängen *vt* **1.** (*beiseite drängen*) apartar (a empellones), separar (a empujones); **die Fans wurden von den Leibwächtern zur Seite abgedrängt** los admiradores fueron apartados a empellones por los guardaespaldas **2.** (SPORT: *wegdrängen*) apartar, bloquear; **dem Verteidiger gelang es, den Stürmer vom Ball abzudrängen** el defensa logró arrebatar el balón al delantero **3.** (NAUT) apartar, alejar; **starke Winde drängten das Schiff vom Kurs ab** los fuertes vientos alejaron el barco de su rumbo

ab|drehen **I.** *vt* **1.** (*ausschalten*) apagar; (*zudrehen*) cerrar **2.** (*abwenden*) apartar **II.** *vi haben o sein* (*den Kurs wechseln*) girar, virar; **nach Backbord/Steuerbord ~** virar a la izquierda/a la derecha **III.** *vr:* **sich ~** volverse; **er/sie drehte sich ab** volvió la espalda, se volvió de espaldas

Abdrift ['apdrɪft] *f* <-, -en> (AERO) desviación *f;* (NAUT) deriva *f*

ab|driften *vi sein* perder el rumbo; (NAUT) abatir, derrotarse; (*abtreiben*) ir a la deriva; **nach rechts ~** desviarse a la derecha; **in den Suff ~** (*fam*) caer en la bebida

ab|drosseln *vt* **1.** (*Person*) estrangular **2.** (TECH) reprimir, estrangular; (*Gaszufuhr*) cortar

Abdruck[1] *m* <-(e)s, -e> (*a. Vorgang*) reproducción *f;* (*Kopie*) copia *f*

Abdruck[2] *m* <-(e)s, -drücke> impresión *f;* (*in etwas Weichem*) impronta *f;* (*Spur*) huella *f;* (*Abguss*) vaciado *m,* molde *m;* **einen ~ nehmen** [*o* **machen**] hacer un molde

ab|drucken *vt* imprimir; (*veröffentlichen*) publicar, editar

ab|drücken **I.** *vi* (*schießen*) apretar el gatillo **II.** *vt* **1.** (*nachbilden*) moldear **2.** (MED: *Arterie*) estrangular, comprimir **3.** (*fam*): **Geld ~** soltar la gallina **III.** *vr:* **sich ~** marcarse, dejar huella

Abdruckerlaubnis *f* <-, -se> permiso *m* de reproducción

ab|ducken *vi* (SPORT: *Boxen*) agacharse

ab|dunkeln *vt* oscurecer; (*Farbe*) matar *fam*

ab|duschen **I.** *vt* duchar **II.** *vr:* **sich ~** ducharse, tomar una ducha; **ich dusche mich kalt ab** tomo [*o* me doy] una ducha fría

ab|ebben *vi sein* (*Wut*) aplacarse; (*Erregung*) sosegarse; (*Lärm*) ir disminuyendo

abend *adv s.* **Abend 1.**

Abend ['a:bənd] *m* <-s, -e> **1.** (*bis gegen 20 oder 21 Uhr*) tarde *f;* (*ab etwa 20 oder 21 Uhr*) noche *f;* **Heiliger ~** Nochebuena *f;* **am frühen ~** a última hora de la tarde; **am folgenden ~** la tarde [*o* noche] siguiente; **am selben ~** la misma tarde [*o* noche]; **am ~ des 23. März** la tarde [*o* noche] del 23 de marzo; **gegen ~** al atardecer, al anochecer; **~ für ~** todas las tardes [*o* noches]; **eines ~s** una tarde [*o* noche]; **heute/gestern/morgen ~** hoy/ayer/mañana por la tarde [*o* por la noche]; **spät am ~** a última hora de la tarde; **den ganzen ~ über** durante toda la tarde [*o* noche]; **es wird ~** atardece, anochece; **zu ~ essen** cenar; **guten ~!** ¡buenas tardes [*o* noches]!; **es ist noch nicht aller Tage ~** todavía puede pasar de todo **2.** (*Veranstaltung*) velada *f;* **bunter ~** velada con programa variado; **ein gemütlicher ~** una velada agradable; **Abendandacht** *f* <-, -en> (REL) misa *f* vespertina; (*Gebet*) rezo *m* vespertino; **Abendanzug** *m* <-(e)s, -züge> traje *m* de etiqueta; **im ~ kommen** [*o* **erscheinen**] presentarse en traje de gala; **Abendblatt** *nt* <-(e)s, -blätter> periódico *m* de la tarde, vespertino *m*, diario *m* de la tarde *Am;* **Abendbrot** *nt* <-(e)s, -e> cena *f;* ~ **essen** cenar; **Abenddämmerung** *f* <-, -en> crepúsculo *m* (vespertino), nochecita *f Am*

abendelang *adj* durante veladas enteras; **ich habe genug von euren ~en Streitereien** estoy cansado de que os peleéis noches enteras; **sie sieht ~ nur fern** se pasa noches enteras viendo la tele

Abendessen *nt* <-s, -> cena *f;* **abendfüllend** *adj* que dura toda la noche; **Abendgesellschaft** *f* <-, -en> **1.** (*Gäste*) tertulianos *mpl;* **die ~ bestand nur aus geladenen Gästen** formaban la tertulia sólo huéspedes invitados **2.** (*Feier*) velada *f;* **viele Prominente waren auf diesen ~en anwesend** en las veladas participaban muchos famosos; **Abendgottesdienst** *m* <-es, -e> **1.** (*katholisch*) vísperas *fpl;* (*Messe*) misa *f* vespertina [*o* de tarde] **2.** (*evangelisch*) oficios *mpl* vespertinos; **Abendgymnasium** *nt* <-s, -gymnasien> nocturno *m;* **Abendkasse** *f* <-, -n> taquilla *f*, boletería *f Am;* **Abendkleid** *nt* <-(e)s, -er> traje *m* de noche, vestido *m* de noche; **Abendkleidung** *f* <-, -en> ropa *f* de fiesta [*o* de gala]; (*Kleid*) vestido *m* de noche, traje *m* de noche; (*Anzug*) traje *m* de gala; **Abendkurs** *m* <-es, -e> curso *m* nocturno

Abendland *nt* <-(e)s> Occidente *m*

abendländisch *adj* occidental

abendlich *adj* vespertino, de la tarde; **zu ~er Stunde** por la tarde

Abendmahl *nt* <-(e)s, *ohne pl*> **1.** (REL: *Sakrament*) Eucaristía *f* **2.** (REL: *Empfang des Sakraments*) comunión *f;* **jdm das ~ reichen** dar la comunión a alguien; **das ~ nehmen** [*o* **empfangen**] comulgar; **Abendmahlzeit** *f* <-, -en> cena *f;* **Abendprogramm** *nt* <-(e)s, e> (FILM, TV) sesión *f* de noche; **welcher Film läuft heute im ~?** ¿qué película ponen hoy en la sesión de noche?; **Abendrot** *nt* <-(e)s, *ohne pl*> crepúsculo *m*, luz *f* crepuscular

abends ['a:bənts] *adv* (*bis gegen 20 oder 21 Uhr*) por la tarde; (*ab etwa 20 oder 21 Uhr*) por la noche; **um acht Uhr ~** a las ocho de la tarde; **spät ~** muy de noche; **dienstags ~** el martes por la tarde [*o* la noche]; **tagsüber arbeite ich und ~ studiere ich** por las mañanas trabajo y por las tardes estudio

Abendschule *f* <-, -n> colegio *m* nocturno; **Abendsonne** *f* <-, *ohne pl*> sol *m* poniente; **Abendständchen** *nt* <-s, -> serenata *f*, sereno *m Ecua;* **Abendstern** *m* <-(e)s, *ohne pl*> lucero *m* vespertino; **Abendstille** *f* <-, *ohne pl*> **1.** (*abendliche Ruhe*) silencio *m* de la noche; **die friedvolle ~ genießen** disfrutar la paz y el silencio de la noche **2.** (MIL) queda *f;* **Abendstunde** *f* <-, -n> anochecer *m;* **in den frühen ~n** al caer la tarde; **Abendverkauf** *m* <-(e)s, -käufe> venta *f* en horas avanzadas de la tarde; **Abendvorstellung** *f* <-, -en> (THEAT) función *f* de noche; (FILM) sesión *f* de noche; **Abendzeit** *f* <-, *ohne pl*> caída *f* de la tarde, anochecer *m;* (*Dämmerung*) crepúsculo *m;* **zur ~** al anochecer; **zur ~ läuten im Dorf die Kirchenglocken** con el crepúsculo suenan en el pueblo las campanas de la iglesia

Abenteuer ['a:bəntɔɪɐ] *nt* <-s, -> **1.** (*Wagnis*) aventura *f;* **sich in ein ~ stürzen** lanzarse a [*o* embarcarse en] una aventura **2.** (*Liebesaffäre*) aventura *f* (amorosa), apaño *m;* **Abenteuerferien** *pl* vacaciones *fpl* de aventuras

abenteuerlich *adj* **1.** (*abenteuerlustig*) aventurero **2.** (*unwahrscheinlich*) fantástico, novelesco **3.** (*riskant*) arriesgado, aventurado; **das ist ja ~!** ¡eso sí que es aventurado!

Abenteuerlust *f* <-, *ohne pl*> espíritu *m* aventurero, afán *m* de aventuras; **von der ~ gepackt werden** estar dominado por el espíritu aventurero; **abenteuerlustig** *adj* aventurero; **Abenteuerroman** *m* <-s, -e> novela *f* de aventuras; **Abenteuerspielplatz** *m* <-es, -plätze> parque *m* de aventuras

Abenteurer(in) ['a:bəntɔɪrɐ] *m(f)* <-s, -; -, -nen> aventurero, -a *m, f*

aber ['a:bɐ] **I.** *konj* pero, sin embargo; **es regnete, ~ wir haben uns dennoch amüsiert** llovió pero nos divertimos de todas formas **II.** (*Verstärkungspartikel*) bueno, pero; **~, ~, meine Herren!** ¡bueno, bueno, señores!; **~ so setzen Sie sich doch!** ¡pero siéntese!; **das ist ~ schön!** ¡pero qué bonito!; **~ ja!** ¡claro que sí!; **~ klar!** ¡por supuesto!; **~ Lothar!** ¡Lothar, pero hombre! **III.** *adv:* **~ und abermals** una y otra vez

Aber *nt* <-s, -, *fam:* -s> pero *m;* **kein ~!** ¡y no hay peros que valgan!

Aberglaube(n) *m* <-(n)s, *ohne pl*> superstición *f*

abergläubisch *adj* supersticioso

aberhundert *adj inv* (*geh*) a cientos, cientos y cientos; (**hundert und**) **~ Bienen** cientos y (más) cientos de abejas

Aberhunderte *pl* (*geh*) cientos y (más) cientos, centenares; **zu ~n drängten die Menschen auf das Schiff** centenares de personas luchaban por embarcar; **~ von Fischen waren im Netz** en la red había peces a cientos; **vor ~n von Jahren** hace cientos y cientos de años

ab|erkennen* *irr vt* (JUR): **jdm Rechte ~** privar [*o* desposeer] a alguien de derechos

Aberkennung *f* <-, -en> (JUR) desposeimiento *m*, privación *f;* **~ der bürgerlichen Rechte** privación de los derechos civiles

abermalig *adj* reiterado, repetido

abermals ['a:bɐma:ls] *adv* otra vez, de nuevo

ab|ernten *vt* cosechar por completo; **das Getreide ~** recoger los cereales hasta la última

espiga
abertausend *adj inv* (*geh*) miles (de); **tausend und** ~ miles y miles (de)
Abertausende *pl* (*geh*) miles *mpl* (*von* de), miles y miles (*von* de)
Aberwitz *m* <-es, *ohne pl*> (*geh*) demencia *f,* desatino *m*
aberwitzig *adj* demente; (*Vorhaben*) absurdo, desatinado
ab|essen *irr vt* comerse; **wer hat die Mandeln vom Kuchen abgegessen?** ¿quién se ha comido las almendras del pastel?
Abessinien [abɛ'si:niən] *nt* <-s> (HIST) Abisinia *f*
Abessinier(in) [abɛ'si:niɐ] *m(f)* <-s, -; -, -nen> abisinio, -a *m, f*
Abf. *Abk. von* **Abfahrt** salida *f*
ab|fackeln *vt* **1.** (TECH) quemar **2.** (*sl: Brandstiftung*) quemar
abfahrbereit *adj s.* **abfahrtbereit**
ab|fahren *irr* **I.** *vi sein* **1.** (*wegfahren*) salir, partir; (*Schiff*) salir, zarpar **2.** (*fam: gut finden*) alucinar; **auf den Typ fahre ich ab** este tío me alucina **3.** (*fam: abgewiesen werden*): **sie ließ ihn** ~ lo mandó a paseo **II.** *vt haben o sein* (*Strecke*) recorrer; **das ganze Land** ~ recorrer el país de cabo a rabo
Abfahrt *f* <-, -en> **1.** (*Zug, Bus*) salida *f;* **die planmäßige** ~ **des Zuges** la salida prevista del tren; **Vorsicht bei der** ~ **des Zuges!** ¡atención a la salida del tren! **2.** (*Abreise*) partida *f,* marcha *f* **3.** (SPORT) descenso *m,* bajada *f* **4.** (*Autobahn~*) salida *f;* **abfahrtbereit** *adj* dispuesto para salir; **der Zug steht** ~ **auf Gleis 9** el tren se encuentra estacionado en el andén 9
Abfahrtslauf *m* <-(e)s, -läufe> (SPORT) (prueba *f* de) descenso *m;* **Abfahrtsstrecke** *f* <-, -n> (SPORT: *Ski*) (pista *f* de) descenso *m,* pista *f* de bajada; **Abfahrtstag** *m* <-(e)s, -e> día *m* de salida [*o* de partida], fecha *f* de salida [*o* de partida]; **Abfahrt(s)zeit** *f* <-, -en> hora *f* de partida [*o* de salida]
Abfall[1] *m* <-(e)s, *ohne pl*> **1.** (*Lossagung*) apostasía *f* **2.** (*Abnahme*) disminución *f*
Abfall[2] *m* <-(e)s, -fälle> (*Müll*) basura *f,* desecho *m;* **biologische Abfälle** desechos biológicos; **hochradioaktiver/schwachradioaktiver** ~ residuos [*o* desechos] altamente radi(o)activos/ligeramente radi(o)activos; **nicht verwertbarer** ~ desechos no aprovechables; **radioaktiver** ~ residuos [*o* desechos] radi(o)activos; **verwendbarer** ~ desechos utilizables; **Abfallaufbereitung** *f* <-, -en> tratamiento *m* de los residuos; **Abfallbehälter** *m* <-s, -> contenedor *m* de residuos; **Abfallbeseitigung** *f* <-, *ohne pl*> eliminación *f* de residuos [*o* de desechos]; **umweltgefährdende** ~ eliminación de desechos perjudicial para la ecología
Abfallbestimmungsverordnung *f* <-, -en> reglamento *m* sobre la eliminación de residuos
Abfallbewirtschaftung *f* <-, -en> explotación *f* de los residuos; **Abfalldeponie** *f* <-, -n> vertedero *m* de residuos; **Abfalleimer** *m* <-s, -> cubo *m* de la basura
ab|fallen *irr vi sein* **1.** (*herunterfallen*) caerse, desprenderse; **alle Furcht fiel von ihm ab** sus temores se desvanecieron **2.** (*Gelände*) descender, estar en declive [*o* en pendiente] **3.** (*fam: übrig bleiben*) sobrar; **wie viel fällt bei dem Geschäft für mich ab?** ¿cuánto puedo sacar (yo) de ese negocio? **4.** (*von einer Partei*) abandonar (*von*) **5.** (*von seinem Glauben*) apostatar (*von* de), renegar (*von* de); **ich fall vom Glauben ab** (*fam*) no lo puedo creer **6.** (SPORT) rendir menos (que de costumbre); **der Sportler fiel stark ab** el deportista dejó que desear
Abfallentsorgung *f* <-, -en> recogida *f* de desechos; **getrennte** ~ recogida selectiva de desechos; **Abfallhaufen** *m* <-s, -> montón *m* de basura
abfällig *adj* (*Bemerkung*) desfavorable, despectivo; (*Kritik*) adverso; **sich** ~ **über jdn äußern** hablar despectivamente de alguien; **~e Bemerkungen über jdn machen** hacer observaciones desfavorables sobre alguien
Abfallindustrie *f* <-, -n> industria *f* de residuos sólidos; **Abfallmaterial** *nt* <-s, -ien> desperdicios *mpl;* **Abfallnachweisverordnung** *f* <-, -en> reglamento *m* sobre la eliminación de residuos
Abfallprodukt *nt* <-(e)s, -e> subproducto *m,* producto *m* secundario; **Abfallsortierung** *f* <-, -en> clasificación *f* de los residuos; **Abfallstoffe** *mpl* residuos *mpl,* desechos *mpl;* **Abfalltonne** *f* <-, -n> cubo *m* de basura; **Abfallvermeidung** *f* <-, -en> contención *f* de la producción de residuos; **Abfallverwertung** *f* <-, -en> aprovechamiento *m* de desechos [*o* de residuos]; **Abfallwirtschaft** *f* <-, *ohne pl*> reciclaje *m,* reciclado *m*
ab|fälschen *vt* (SPORT) desviar
ab|fangen *irr vt* **1.** (*Brief, Nachricht*) interceptar **2.** (ARCHIT) apuntalar **3.** (*unter Kontrolle bringen*) lograr dominar [*o* controlar] **4.** (SPORT: *Gegner*) alcanzar; (*Ball*) interceptar
Abfangjäger *m* <-s, -> (MIL) caza *m* interceptor
ab|färben *vi* desteñir; **auf jdn** ~ (*fig*) contagiar a alguien
ab|fassen *vt* redactar
Abfassung *f* <-, -en> redacción *f,* composición *f;* **die** ~ **des Textes kostete ihn viel Mühe** le costó mucho redactar el texto
ab|faulen *vi sein* pudrirse
ab|federn *vt* **1.** (TECH) equipar de un amortiguador **2.** (*Sprung, Stoß*) amortiguar, suavizar
ab|feiern *vt* (*fam*) **1.** (*Arbeitszeit*): **Überstunden** ~ librar por horas extras **2.** (*verabschieden*) despedir con una fiesta
ab|feilen *vt* limar; (*Unebenheiten*) quitar limando; **ein Werkstück** ~ limar una pieza; **da**

sind noch einige Kanten, die abgefeilt werden müssen quedan cantos por limar

ab|fertigen *vt* **1.** (*Waren*) despachar **2.** (*bedienen*) despachar, atender **3.** (*fam: unfreundlich behandeln*) atender muy mal, despachar de cualquier manera

Abfertigung *f* <-, -en> **1.** (*von Waren*) expedición *f* **2.** (*Bedienung*) despacho *m* **3.** (*~sstelle*) despacho *m;* **Abfertigungsgebühr** *f* <-, -en> (WIRTSCH) tasa *f* de expedición; **Abfertigungshalle** *f* <-, -n> (AERO) terminal *f;* **Abfertigungsschalter** *m* <-s, -> (AERO) mostrador *m* de facturación; **Abfertigungszeit** *f* <-, -en> (WIRTSCH) tiempo *m* de expedición

ab|feuern *vt* (*Rakete*) lanzar, tirar; (*Schuss*) disparar; **einen Schuss aufs Tor ~** (SPORT) disparar un tiro a puerta

ab|finden *irr* **I.** *vt* compensar, indemnizar; **mit leeren Versprechungen ~** engañar con promesas vanas **II.** *vr:* **sich ~ 1.** (*sich einigen*) llegar a un acuerdo **2.** (*sich zufrieden geben*) conformarse; **damit musst du dich ~** tienes que hacerte a la idea

Abfindung *f* <-, -en> **1.** (*Entschädigung*) indemnización *f;* **Zahlung einer ~** pago de una indemnización **2.** (*Ausgleich*) compensación *f;* **Abfindungsklausel** *f* <-, -n> (JUR) cláusula *f* de indemnización; **Abfindungssumme** *f* <-, -n> indemnización *f*

ab|fischen *vt* despoblar (de peces)

ab|flachen **I.** *vi sein* **1.** (*flacher werden*) reducirse, alisarse **2.** (*Unterhaltung*) perder nivel **II.** *vt* aplanar, alisar **III.** *vr:* **sich ~** disminuir

Abflachung *f* <-, -en> **1.** (*abgeflachte Form*) aplanamiento *m;* (*Böschung*) declive *m,* pendiente *f,* talud *m;* (*Wall*) escarpa *f,* escarpadura *f* **2.** (*das Abflachen*) allanamiento *m,* nivelación *f;* **eine ~ des Erdwalls wäre optisch schöner** ópticamente resultaría mejor si se nivelara el terraplén **3.** (*Sinken*) reducción *f,* descenso *m;* **niedrige Einkommen werden zu einer ~ des wirtschaftlichen Wachstums führen** un bajo nivel de ingresos conducirá a una disminución del crecimiento económico

ab|flauen ['apflaʊən] *vi sein* **1.** (*Wind*) calmarse, amainar **2.** (*Konjunktur*) retroceder

Abflauen *nt* <-s, *ohne pl*> **1.** (WIRTSCH) baja *f,* retroceso *m;* **~ der Kurse** baja de los cambios; **~ des Marktes** debilitación del mercado **2.** (*des Windes*) disminución *f*

ab|fliegen *irr vi sein* (*Vögel*) echarse a volar; (*Flugzeug, Person*) salir

ab|fließen *irr vi sein* (*Wasser*) salir, fluir; (*Geld*) salir

Abflug *m* <-(e)s, -flüge> (AERO) salida *f;* **~ Köln 9 Uhr** salida de Colonia a las 9 horas; **abflugbereit** *adj* (AERO) dispuesto para despegar; **Abflughafen** *m* <-s, -häfen> (AERO) aeropuerto *m* de salida [*o* de partida]; **Abflughalle** *f* <-, -n> (AERO) terminal *f* de salidas; **Abflugzeit** *f* <-, -en> (AERO) hora *f* de despegue [*o* de salida]

Abfluss[RR] *m* <-es, -flüsse>, **Abfluß** *m* <-sses, -flüsse> **1.** (*Öffnung, Rohr*) desagüe *m* **2.** (*Wassermenge*) caudal *m* **3.** (*Strömen*): **den reibungslosen ~ des Verkehrs behindern** (AUTO) impedir la circulación fluida en las carreteras; **Abflussgraben** [RR] *m* <-s, -gräben> canal *m* de desagüe, albañal *m;* (*Kloake*) cloaca *f,* alcantarilla *f;* **Abflussreiniger**[RR] *m* <-s, -> (producto *m*) desatascador *m;* **Abflussrinne**[RR] *f* <-, -n> (*Haus*) canalón *m;* (*Straße*) cuneta *f;* **Abflussrohr**[RR] *nt* <-(e)s, -e> cañería *f* de desagüe

Abfolge *f* <-, -n> sucesión *f;* (*Takt*) ritmo *m;* **die ~ war immer die gleiche** el ritmo se repetía monótonamente

ab|fordern *vt:* **jdm etw ~** pedir [*o* exigir] algo a alguien

Abfrage *f* <-, -n> (INFOR: *von Daten*) consulta *f*

ab|fragen *vt* **1.** (*prüfen*) preguntar **2.** (INFOR: *Daten*) consultar

ab|fressen *irr vt* (*Blätter, Knospen*) comer(se); **der Hund hat die Knochen abgefressen** el perro ha dejado los huesos mondos y lirondos *fam*

ab|frieren *irr* **I.** *vi sein* helarse **II.** *vt* (*fam*): **sich** *dat* **etw ~** congelarse algo, helarse algo; **an der Bushaltestelle friert man sich die Füße ab** en la parada del autobús se le hielan a uno los pies; **ich fror mir einen ab** me quedé hecho un cubito [*o* un témpano]

Abfuhr ['apfuːɐ] *f* <-, -en> **1.** (*Abtransport*) transporte *m;* (*von Müll*) recogida *f* **2.** (*Zurückweisung*) negativa *f;* **jdm eine ~ erteilen** dar calabazas a alguien; **sich** *dat* **eine ~ holen** ganarse una bronca **3.** (SPORT) derrota *f*

ab|führen **I.** *vi* (MED) tener un efecto purgante, ser un purgante; **etw zum A~ verschreiben** recetar algo como laxante **II.** *vt* **1.** (*Verbrecher*) llevar detenido **2.** (*Geld*) pagar (*an* a) **3.** (*a. fig: ableiten*) apartar (*von* de), desviar (*von* de)

abführend **I.** *adj* purgante; (MED) eferente; **die ~e Wirkung dieses Tees ist bekannt** es conocido el efecto purgante de este té **II.** *adv* con efecto purgante; **~ wirken** tener un efecto purgante

Abführmittel *nt* <-s, -> laxante *m;* **Abführtee** *m* <-s, -s> infusión *f* purgante

Abführung *f* <-, -en> **1.** (*Festnahme*) detención *f* **2.** (FIN: *Steuer*) pago *m,* liquidación *f* **3.** (*Ableitung*) desviación *f*

Abfüllbetrieb *m* <-(e)s, -e> planta *f* de embotellado; **Abfüllbürette** *f* <-, -n> (CHEM) bureta *f* de trasiego; **Abfülldatum** *nt* <-s, -daten> fecha *f* de envasado

ab|füllen **I.** *vt* **1.** (*Flüssigkeiten*) trasegar (*in* a); (*in Flaschen*) embotellar; (*in Gefäße*) envasar; (*in Säcke*) ensacar **2.** (*fam: betrunken machen*) emborrachar **II.** *vr:* **sich ~** (*fam: sich betrinken*) emborracharse; **gestern hat er**

sich total (einen) abgefüllt ayer (se) cogió un colocón de primera

Abfüllung *f* <-, -en> (proceso *m* de) embotellado *m*

ab|füttern *vt* **1.** (*Tiere*) echar de comer; **das Vieh** ~ echar de comer al ganado **2.** (*fam hum: Personen*) dar de comer; **in der Jugendherberge wurden die Wanderer erst mal abgefüttert** en el albergue juvenil lo primero que hicieron fue dar de comer a los excursionistas

Abg. *Abk. von* **Abgeordnete(r)** diputado, -a *m, f*

Abgabe[1] *f* <-, *ohne pl*> (*Einreichung, Stimm~*) entrega *f;* **gegen** ~ **des Kupons** presentando [*o* entregando] el cupón

Abgabe[2] *f* <-, -n> **1.** (*Steuer*) impuesto *m;* **außerordentliche** ~ contribución extraordinaria; **direkte ~n** impuestos directos; **öffentliche ~n** tributos *mpl,* impuestos *mpl;* **~n erheben/entrichten** cobrar/pagar impuestos **2.** (*von Wärme, Energie*) emisión *f;* **unter** ~ **von ...** por emisión de... **3.** (*Äußerung*) emisión *f* **4.** (*Verkauf*) venta *f*

Abgabenbefreiung *f* <-, -en> (FIN) exención *f* tributaria; **Abgabenbelastung** *f* <-, -en> (FIN) presión *f* fiscal; **abgabenfrei** *adj* (FIN) libre de impuestos [*o* de derechos]; **Abgabenordnung** *f* <-, -en> (FIN) ley *f* general tributaria; **abgabenpflichtig** *adj* (FIN) sujeto a impuestos; **Abgabensystem** *nt* <-s, -e> (FIN) sistema *m* tributario; **Abgabenverteilung** *f* <-, -en> (FIN) distribución *f* de tributos

Abgabetermin *m* <-s, -e> fecha *f* de entrega, último día *m* de plazo

Abgang *m* <-(e)s, *ohne pl*> **1.** (*Fortgehen*) salida *f,* partida *f;* (THEAT) mutis *m inv;* ~ **von Arbeitskräften** salida de mano de obra; **nach dem** ~ **von der Schule** tras dejar el colegio; **sich** *dat* **einen guten** ~ **verschaffen** causar buena impresión **2.** (*Absendung*) despacho *m,* salida *f* **3.** (MED: *Absonderung*) secreción *f,* expulsión *f;* (*Fehlgeburt*) aborto *m* (involuntario) **4.** (COM: *Absatz*) venta *f;* ~ **finden** tener salida

Abgänger(in) *m(f)* <-s, -; -, -nen> (*formal*) niño, -a *m, f* que deja los estudios

abgängig *adj* (*Österr: formal*) desaparecido

Abgängige(r) *mf* <-n, -n; -n,-n> (*Österr*) persona *f* en paradero desconocido

Abgängigkeitsanzeige *f* <-, -n> (*Österr*) parte *m* de desaparición

Abgangsamt *nt* <-(e)s, -ämter> oficina *f* de origen

Abgangsprüfung *f* <-, -en> (SCH) examen *m* final; **Abgangszeugnis** *nt* <-ses, -se> (SCH) *certificado para alguien que deja los estudios*

Abgas *nt* <-es, -e> (gas *m* de) escape *m;* **abgasarm** *adj* (AUTO) pobre [*o* bajo] en gases de escape; **Abgasentschwefelung** *f* <-, -en> (CHEM, TECH) desulfuración *f* de gases de combustión; **abgasfrei** *adj* sin gases de escape; **eine ~e Anlage** una instalación sin gases de combustión; **wann gibt es endlich das ~e Auto?** ¿cuándo habrá un coche sin gases de escape?; **Abgasgrenzwerte** *mpl* (ÖKOL) valores *mpl* máximos de los gases de combustión; **Abgaskatalysator** *m* <-s, -en> (AUTO) catalizador *m* de gas de escape; **Abgasreinigung** *f* <-, *ohne pl*> (AUTO) depuración *f* de gases de escape; **Abgasrückführung** *f* <-, -en> (TECH) retroceso *m* del gas de escape; **Abgas(sonder)untersuchung** *f* <-, -en> (AUTO) control *m* de los gases de combustión (*obligatoria al pasar la inspección técnica de vehículos*); **Abgastest** *m* <-(e)s, -e *o* -s> (ÖKOL) ensayo *m* de gases de escape; **Abgasuntersuchung** *f* <-, -en> (AUTO) *s.* **Abgas(sonder)untersuchung**; **Abgaswolke** *f* <-, -n> nube *f* de gas de escape; **eine schwarze** ~ **kam aus dem Auspuff** del tubo de escape salió una nube de humo negro

ab|gaunern *vt* (*fam*) timar; **jdm etw** ~ sacar algo a alguien con mañas; **lass dir von den Spitzbuben nichts ~!** ¡no dejes que te timen esos bribones!

ab|geben *irr* **I.** *vt* **1.** (*zur Aufbewahrung*) dejar (en depósito), depositar; **er gibt den Mantel an der Garderobe ab** deja el abrigo en el guardarropa **2.** (*verkaufen*) vender **3.** (*Schuss*) disparar **4.** (*Meinung, Erklärung*) dar; (*Urteil, Stimme*) emitir **5.** (*Wärme, Energie*) irradiar, emitir **6.** (*teilen*) dar una parte (*von* de); **er hat mir die Hälfte vom Kuchen abgegeben** me ha dado la mitad del pastel **7.** (*überlassen*) ceder **8.** (SPORT: *Punkte*) perder; (*Ball*) entregar; **Preußen Münster hat wieder drei Punkte abgegeben** Preußen Münster ha vuelto a perder los tres puntos **9.** (*fam: Aussehen*) ofrecer; **er gab eine traurige Figur ab!** ¡qué aspecto más tristón ofrecía! **II.** *vr:* **sich** ~ (*abw: sich einlassen*) tener trato; **mit diesen Leuten geben wir uns nicht ab** no queremos tener trato con esa gente

abgebrannt **I.** *pp von* **abbrennen** **II.** *adj* (*fam: pleite*) sin blanca, sin un duro; **ich bin völlig** ~ estoy a dos velas

abgebrochen **I.** *pp von* **abbrechen** **II.** *adj* **1.** (*ohne Abschluss beendet*) abandonado, interrumpido; **ein ~es Studium** una carrera no terminada; **vor einem ~en Studium kann nur gewarnt werden** es poco recomendable abandonar los estudios **2.** (*fam: ohne Abschluss*) sin haber concluido los estudios universitarios, sin haber terminado la carrera; **~e Juristen sind besonders schwer zu vermitteln** es muy difícil colocar a aquellos juristas que han interrumpido sus estudios

abgebrüht *adj* (*fam: unempfindlich*) curado de espantos

abgedroschen *adj* (*fam*) gastado, trillado

abgefeimt ['apgəfaɪmt] *adj* (*abw: Gauner*)

taimado, astuto; (*Methode*) refinado

Abgefeimtheit *f* <-, -en> (*abw*) taimería *f*, iniquidad *f*, perfidia *f*

abgefuckt ['apgəfakt] *adj* (*vulg*) jodido

abgegriffen *pp von* **abgreifen**

abgehackt I. *adj* 1. (*Stil, Redeweise*) entrecortado 2. (*Bewegungen*) brusco II. *adv* a trompicones

abgehangen *pp von* **abhängen**

abgehärmt ['apgəhɛrmt] *adj* afligido, acongojado

ab|gehen *irr* I. *vi sein* 1. (*sich entfernen*) marchar(se); (*Zug*) partir, salir; (THEAT) hacer mutis; **von der Schule** ~ dejar la escuela 2. (*Farbe*) irse; (*Knopf*) caerse; (*Schuss*) dispararse 3. (*fehlen*) faltar; **sich** *dat* **nichts** ~ **lassen** no privarse de nada 4. (*abweichen*): **von seinen Grundsätzen** ~ renunciar a sus principios; **nicht von seinen Grundsätzen** ~ insistir en sus principios 5. (*verlaufen*): **alles ging gut ab** todo salió bien 6. (*sl: los sein*): **hier geht es** [*o* **die Post**] **ab!** ¡menuda marcha hay aquí! 7. (*vulg: ejakulieren*): **ihm ging einer ab** se corrió II. *vt* (*Grundstück*) recorrer (para inspeccionar)

abgehoben *pp von* **abheben**

abgeklärt ['pgəklɛ:ɐt] *adj* (*ausgeglichen*) sereno, equilibrado

Abgeklärtheit *f* <-, *ohne pl*> serenidad *f*

abgelagert *adj* 1. (GEO) sedimentado 2. (*Wein*) depositado, almacenado

abgelegen *adj* distante, apartado

Abgelegenheit *f* <-, *ohne pl*> distancia *f*, situación *f* apartada [*o* retirada]; **die ~ dieses Landhauses finde ich sehr reizvoll** de esta casa de campo lo que más me atrae es que quede tan apartada

ab|gelten *irr vt* (*Leistung*) retribuir; (*Verlust*) compensar; (*Schaden*) pagar (por)

Abgeltung *f* <-, -en> indemnización *f*

abgeneigt *adj* contrario; **etw/jdm ~ sein** ser contrario a algo/alguien; (**nicht**) ~ **sein etw zu tun** (no) tener inconveniente en hacer algo

Abgeordnete(**r**) *mf* <-n, -n; -n, -n> (*im Parlament*) diputado, -a *m, f*, legislador(a) *m(f) Am;* (*Vertreter*) delegado, -a *m, f;* **Abgeordnetenbank** *f* <-, -bänke> (POL) escaño *m;* **Abgeordnetenhaus** *nt* <-es, -häuser> Congreso *m*, Cámara *f* de los Diputados; **Abgeordnetenimmunität** *f* <-, -en> inmunidad *f* parlamentaria; **Abgeordnetensitz** *m* <-es, -e> escaño *m*

abgerissen I. *pp von* **abreißen** II. *adj* 1. (*zerlumpt*) andrajoso, harapiento; **~e Kleidung** ropa andrajosa 2. (*unzusammenhängend*) deslabazado, incoherente

abgesagt *adj* (*geh*): **~er Feind von etw** enemigo declarado de algo

Abgesandte(**r**) *mf* <-n, -n; -n, -n> enviado, -a *m, f*, emisario, -a *m, f*

Abgesang *m* <-(e)s, -sänge> (*geh*) 1. (*letztes Werk*) canto *m* de cisne 2. (*Ausklang*) colofón *m*, remate *m*

abgeschieden ['apgəʃi:dən] I. *pp von* **abscheiden** II. *adj* (*geh*) 1. (*entlegen*) retirado, aislado; (*einsam*) solitario 2. (*verstorben*) fallecido

Abgeschiedene(**r**) *mf* <-n, -n; -n, -n> (*geh*) finado, -a *m, f*, difunto, -a *m, f*

Abgeschiedenheit *f* <-, *ohne pl*> aislamiento *m*

abgeschlagen I. *pp von* **abschlagen** II. *adj* 1. (SPORT) de los últimos; (*Firma, Partei*) sin peso 2. (*reg: erschöpft*) rendido, machacado; ~ **sein** estar hecho polvo *fam* 3. (*Geschirr*) desportillado

Abgeschlagenheit *f* <-, *ohne pl*> decaimiento *m;* (*Mattigkeit*) lasitud *f*

abgeschlossen I. *pp von* **abschließen** II. *adj* 1. (*verschlossen*) cerrado 2. (*isoliert*) aislado 3. (*vollendet*) acabado, terminado

Abgeschlossenheit *f* <-, *ohne pl*> 1. (*Isoliertheit*) aislamiento *m;* **die ~ des Hofes ist beengend** resulta angustioso el aislamiento de la granja 2. (*Weltabgeschiedenheit*) retiro *m;* **er verbrachte seine letzten Lebensjahre in völliger** ~ pasó su últimos años en el más absoluto retiro

abgeschmackt ['apgəʃmakt] *adj* vulgar, de mal gusto

Abgeschmacktheit *f* <-, -en> vulgaridad *f*, mal gusto *m*

abgeschnitten *pp von* **abschneiden**

abgesehen *pp von* **absehen**

abgespannt *adj* cansado, fatigado; **er sieht ~ aus** parece fatigado; **er macht einen ~en Eindruck** tiene aspecto fatigado

Abgespanntheit *f* <-, *ohne pl*> cansancio *m*, fatiga *f*

abgestanden ['apgəʃtandən] I. *pp von* **abstehen** II. *adj* 1. (*Wasser*) reposado; (*Bier*) insípido, desabrido 2. (*fig: nichts sagend*) manido

abgestorben ['apgəʃtɔrbən] *pp von* **absterben**

Abgestumpftheit *f* <-, *ohne pl*> 1. (*Mensch*) embrutecimiento *m;* (*Gefühllosigkeit*) insensibilidad *f*, falta *f* de sensibilidad; (*Gleichgültigkeit*) indiferencia *f* 2. (*Gefühl, Gewissen*) embotamiento *m;* (*Unempfindlichkeit*) insensibilidad *f*

abgetakelt ['apgəta:kəlt] *adj* (*abw fam: abgenutzt*) usado, sobado; (*Kleider*) rozado; (*Frau*) ajada

abgetragen *pp von* **abtragen**

abgetreten *pp von* **abtreten**

abgewetzt *adj* (*Stoff*) gastado, usado, raído

abgewichst *adj* (*vulg*) cochambroso; (*Penner*) tirado

ab|gewinnen* *irr vt* 1. (*Geld*) ganar 2. (*finden*) sacar; **ich gewinne mir noch Zeit ab manchmal auszugehen** aún saco tiempo para salir de vez en cuando 3. (*Gefallen finden*): **ich kann dieser Sache nichts** ~ esto no me hace (ninguna) gracia, no puedo sacar nada de esto

abgewogen *pp von* **abwägen, abwiegen**

Abgewogenheit *f* <-, *ohne pl*> (*Entscheidung, Worte*) ecuanimidad *f;* (*Urteil*) equidad *f*

ab|gewöhnen* *vt* deshabituar (de), desacostumbrar (de); **jdm etw ~** quitar a alguien la costumbre de algo; **sich** *dat* **etw ~** dejar de hacer algo, perder la costumbre de hacer algo; **ich muss mir das Rauchen ~** tengo que dejar de fumar; **das ist zum A~** es como para quitarle a uno las ganas

abgewrackt *adj* (*sl: Typ, Haus*) hecho polvo

abgezehrt *adj* (*Gesicht*) demacrado; (*Körper*) enflaquecido

ab|gießen *irr vt* **1.** (*Wasser*) verter, decantar (*von* de); **das Wasser vom Gemüse ~** colar el agua de la verdura; **die Nudeln ~** escurrir la pasta **2.** (KUNST, TECH) fundir; (*Form*) moldear

Abglanz *m* <-es, *ohne pl*> reflejo *m;* (*a. fig*) vislumbre *f*

Abgleich *m* <-(e)s, -e> **1.** (*Vergleich*) comparación **2.** (ELEK) ajuste *m*

ab|gleichen *irr vt* **1.** (*Fläche*) nivelar; (*Stoff*) alisar **2.** (*abstimmen*) equiparar; (*vergleichen*) comparar; **zwei Listen miteinander ~** cotejar [*o* comparar] dos listas **3.** (ELEK) ajustar; (*Radio*) sintonizar

ab|gleiten *irr vi sein* (*geh*) **1.** (*abrutschen*) resbalar **2.** (*abschweifen*) desviarse, apartarse; (*Gedanken*) divagar **3.** (*fig: absinken*) hundirse; **das Land drohte in einen chaotischen Zustand abzugleiten** el país amenazaba con hundirse en el caos; **der Dollar gleitet ab** el dólar se hunde **4.** (*abprallen*) rebotar; **er ließ die Vorwürfe einfach an** [*o* **von**] **sich ~** le resbalaban los reproches

Abgott *m* <-(e)s, -götter> ídolo *m*

Abgötterei *f* <-, *ohne pl*> idolatría *f*

abgöttisch ['apgœtɪʃ] *adv* con idolatría; **jdn ~ lieben** idolatrar a alguien

ab|graben *irr vt* **1.** (*Erdreich*) rebajar **2.** (*Wasser*) avenar; **jdm das Wasser ~** (*fig*) hacer perder terreno a alguien

ab|grasen *vt* **1.** (*Weide*) comer la hierba (de); **die Wiese wurde von Schafen abgegrast** las ovejas han dejado pelado el prado; **das Thema ist abgegrast** (*fam*) el tema está agotado **2.** (*fam: systematisch absuchen*) recorrer

ab|greifen *irr vt* sobar, manosear; (*abtasten*) palpar

ab|grenzen **I.** *vt* (*begrenzen*) delimitar, demarcar; (*abtrennen*) separar (*gegen/von* de); **abgegrenzter Bereich** recinto acotado; **Begriffe gegeneinander** [*o* **voneinander**] **~** definir términos **II.** *vr:* **sich ~** diferenciarse (*von* de); (*sich distanzieren*) distanciarse (*von* de)

Abgrenzung *f* <-, -en> (de)limitación *f;* (*eines Feldes*) demarcación *f*

Abgrund *m* <-(e)s, -gründe> precipicio *m,* zanjón *m Arg, Cuba, Par;* (*a. fig*) abismo *m;* **ein ~ tat sich vor ihr auf** (*fig*) se abrió un precipicio a sus pies

abgrundhässlich[RR] *adj* (*fam*) feo como el demonio

abgründig *adj* (*geh*) **1.** (*rätselhaft*) impenetrable, inescrutable **2.** (*unermesslich*) inconmensurable

abgrundtief *adj* enorme, infinito

ab|gruppieren* *vt* (WIRTSCH) descender de categoría salarial

ab|gucken **I.** *vi* (*sl*) copiar; **bei jdm ~** copiar de alguien **II.** *vt* (*fam*) **1.** (*übernehmen*): **jdm etw ~, etw bei** [*o* **von**] **jdm ~** copiar algo de alguien **2.** (*Wend*): **ich guck dir nichts ab!** ¡si no te miro!

Abguss[RR] *m* <-es, -güsse>, **Abguß** *m* <-sses, -güsse> **1.** (KUNST) vaciado *m* **2.** (*Gussstück*) (pieza *f* de) fundición *f*

ab|haben *irr vt* (*fam*) **1.** (*Hut, Brille*) haberse quitado, no llevar puesto **2.** (*bekommen*): **einen Teil von etw ~ wollen** querer una parte de algo; **willst du was** (**davon**) **~?** ¿quieres un poco (de esto)?

ab|hacken *vt* cortar

ab|haken *vt* **1.** (*loshaken*) descolgar, soltar **2.** (*markieren*) marcar (con una cruz); (*in einer Liste*) puntear; (*fig: als erledigt ansehen*) dar por resuelto [*o* terminado]

ab|halftern *vt* **1.** (*Pferd*) desenjaezar **2.** (*fam: eines Postens entheben*) destituir; (*Politiker*) defenestrar

ab|halten *irr vt* **1.** (*fernhalten*) mantener a distancia, apartar **2.** (*hindern*) impedir; **jdn von etw ~** impedir algo a alguien; **jdn davon ~, etw zu tun** impedir a alguien que haga algo; **du hälst mich von der Arbeit ab!** ¡no me dejas trabajar!; **lass dich nicht ~!** (*beirren*) ¡tú sigue (a lo tuyo)! *fam,* ¡no te cortes! *sl* **3.** (*Sitzung*) celebrar; **ein Seminar ~** organizar un seminario **4.** (*Unterricht*) dar, dictar *Am*

Abhaltung *f* <-, -en> (*Durchführung*) celebración *f;* (*einer Demonstration*) convocatoria *f;* **die ~ freier Wahlen ist garantiert** está garantizada la celebración de elecciones libres; **für die ~ einer Demonstration bedarf es einer Genehmigung** para convocar una manifestación es preciso obtener autorización

ab|handeln *vt* **1.** (*abkaufen*) comprar; (*bekommen*) obtener; (*Rabatt*) regatear; **jdm etw ~** sacarle algo a alguien; **jdm fünf Mark ~** regatearle cinco marcos a alguien **2.** (*erörtern*) tratar

abhanden [ap'handən] *adv:* **~ kommen** extraviarse, perderse, refundirse *ZAm;* **mir ist meine neue Jacke ~ gekommen** se me ha perdido la chaqueta nueva

Abhandenkommen *nt* <-s, *ohne pl*> pérdida *f,* extravío *m*

Abhandlung *f* <-, -en> tratamiento *m* (de); (*Essay*) tratado *m* (*über* sobre); **eine ~ über Humangenetik** un tratado sobre genética humana; **die ~ dieses Themas hat ihm Schwierigkeiten bereitet** el tratamiento de este tema le ha dado problemas

Abhang *m* <-(e)s, -hänge> cuesta *f,* pendiente *f,* guindo *m Guat*

ab|hängen¹ *irr vi* **1.** (*unterworfen, angewiesen sein*) depender (*von* de); **das hängt davon ab, ob du kommst** eso depende de si vienes [*o* de que vengas]; **das hängt ganz davon ab** depende de las circunstancias **2.** (GASTR: *Fleisch*) manir

ab|hängen² *vt* **1.** (*Bild*) descolgar; (*Decke*) bajar **2.** (*abkoppeln*) desenganchar, desacoplar **3.** (*fam: abschütteln*): **jdn ~** quitarse a alguien de encima, librarse de alguien

abhängig *adj* dependiente (*von* de); **~er Satz** (LING) oración subordinada; **die ~e Rede** (LING) el estilo indirecto; **vom Wetter ~ sein** depender del tiempo; **ich mache das von der Bedingung ~, dass ...** eso dependerá de si..., eso será a condición de que... *+subj*

Abhängige(r) *mf* <-n, -n; -n, -n> adicto, -a *m, f* (*von* a)

Abhängigkeit *f* <-, -en> dependencia *f* (*von* de); (*Sucht*) adicción *f* (*von* a); **gegenseitige ~** dependencia mutua, interdependencia *f;* **in ~ von jdm/etw geraten** caer en la dependencia de alguien/algo, hacerse dependiente de alguien/algo; **Abhängigkeitsverhältnis** *nt* <-ses, -se> relación *f* de dependencia

ab|härten **I.** *vi* robustecer el cuerpo (*gegen* contra/frente a) **II.** *vt* endurecer (*gegen* contra/frente a), fortalecer (*gegen* contra/frente a), robustecer (*gegen* contra/frente a) **III.** *vr:* **sich ~** endurecerse, fortalecerse, robustecerse (*gegen* contra/frente a)

Abhärtung *f* <-, -en> endurecimiento *m* (*gegen* contra/frente a); (*des Körpers*) fortalecimiento *m* (*gegen* contra/frente a), robustecimiento *m* (*gegen* contra/frente a)

ab|haspeln *vt* **1.** (*abwickeln*) desenrollar **2.** (*hastig vortragen*): **einen Vortrag ~** soltar un discurso de carrerilla

ab|hauen¹ <haut ab, haute ab, abgehauen> *vi sein* (*fam: verschwinden*) largarse, botarse *Chil,* fletarse *Cuba, Mex,* jalar *Bol, PRico, Urug;* **hau ab!** ¡lárgate!

ab|hauen² *irr vt* (*abschlagen*) cortar; (*Baum*) talar; (*Putz*) quitar

ab|häuten *vt* despellejar

ab|heben *irr* **I.** *vi* **1.** (AERO) despegar, decolar *SAm* **2.** (*fig: realitätsfremd werden*) apartarse de la realidad, no tener los pies en el suelo **3.** (*hinweisen*) aludir (*auf* a), llamar la atención (*auf* sobre); **der Verteidiger hob auf die besonderen Umstände der Tat ab** el juez defensor subrayó las especiales circunstancias del hecho **II.** *vt* **1.** (*herunternehmen*) quitar; (*Deckel*) destapar; (*Telefonhörer*) descolgar; (*Karten*) cortar; (*Masche*) pasar **2.** (FIN: *Geld*) retirar, sacar *fam* **III.** *vr:* **sich ~ 1.** (*sich ablösen*) levantarse, soltarse **2.** (*optisch hervortreten*) recortarse (*von/gegen* sobre); **der Turm hebt sich gegen den blauen Himmel ab** la torre se recorta sobre el cielo azul **3.** (*unterscheiden*) destacar (*von* entre), destacarse (*von* de/de entre); **er hob sich von seinen Mitschülern ab** se destacó de (entre) los demás alumnos

Abhebung *f* <-, -en> (FIN) reintegro *m*

ab|heften *vt* (*Schriftstücke*) archivar, failear *Am;* **etw in einem Ordner ~** archivar algo en un clasificador

ab|heilen *vi* curarse; (*Wunde*) cerrarse

ab|helfen *irr vi* remediar, poner remedio (a); **dem ist leicht abzuhelfen** es fácil remediarlo, tiene fácil remedio

ab|hetzen *vr:* **sich ~** ajetrearse, agobiarse; **völlig abgehetzt sein** estar hecho polvo *fam*

Abhilfe *f* <-, *ohne pl*> remedio *m;* **einer Situation ~ schaffen** poner remedio a [*o* remediar] una situación; **für ~ sorgen** proporcionar [*o* procurar] remedio

ab|hobeln *vt* cepillar; **eine Kante ~** rebajar un borde

abholbereit *adj* listo para recoger; **ihre Bilder liegen ~ im Geschäft** puede recoger sus fotos en la tienda

abhold *adj:* **jdm/etw ~ sein** (*geh*) ser enemigo de [*o* contrario a] alguien/algo; **etw** *dat* **nicht ~ sein** (*iron*) ser dado a algo

Abholdienst *m* <-(e)s, -e> servicio *m* de recogida

ab|holen *vt* recoger; (*fam fig: verhaften*) trincar; **jdn vom Bahnhof ~** recoger a alguien de la estación; **etw ~ lassen** enviar (a) por algo

Abholgebühr *f* <-, -en> tarifa *f* de recogida; **Abholmarkt** *m* <-(e)s, -märkte> mercado *m* de recogida; **Abholpreis** *m* <-es, -e> precio *m* de recogida

Abholung *f* <-, -en> recogida *f;* **zahlbar bei ~** (WIRTSCH) a pagar al recogerlo

ab|holzen *vt* **1.** (*Bäume*) talar, tumbar *Am* **2.** (*Gebiet*) deforestar

Abholzung *f* <-, -en> **1.** (*Bäume*) tala *f* **2.** (*Waldgebiet*) deforestación *f*

Abhöraffäre *f* <-, -n> escándalo *m* de escuchas telefónicas; **Abhöraktion** *f* <-, -en> acción *f* de escucha, operación *f* de interceptación; **Abhöranlage** *f* <-, -n> dispositivo *m* de escucha

ab|horchen *vt* escuchar (aguzando el oído); (MED) auscultar

Abhöreinrichtung *f* <-, -en> dispositivo *m* de escucha

ab|hören *vt* **1.** (*Gelerntes*) repasar; **jdn ~** preguntar la lección a alguien **2.** (MED) auscultar **3.** (*Anrufbeantworter*) escuchar **4.** (*Telefonleitung*) interceptar, pinchar *fam*

Abhörgerät *nt* <-(e)s, -e> aparato *m* de escuchas telefónicas; **abhörsicher** *adj* antiescucha *inv;* **Abhörvorrichtung** *f* <-, -en> dispositivo *m* de escucha

ab|hungern **I.** *vt* **1.** (*Pfunde*) adelgazar; **ich habe (mir) schon drei Kilo abgehungert**

ya he bajado tres kilos (a fuerza de pasar hambre); **in letzter Zeit sieht er wirklich abgehungert aus** últimamente está famélico **2.** (*ersparen*): **die Reise habe ich mir ~ müssen** el dinero para el viaje me lo he quitado de la boca **II.** *vr:* **sich ~** (*hungern*) pasar hambre; **im Krieg hungerte ich mich ab** en la guerra pasé mucho hambre

Abi ['abi:] *nt* <-s, -s> (*fam*) bachillerato *m*, examen *m* final de bachillerato (*equivalente a las pruebas de Selectividad*)

abiotisch [abi'o:tɪʃ] *adj* (MED) abiótico

ab|irren *vi sein* (*geh*) apartarse; (*moralisch*) descarriarse; **vom Weg ~** desviarse; (*fig*) apartarse del (buen) camino; **vom Thema ~** apartarse del tema, divagar; **sie sind vom Pfad der Tugend abgeirrt** se han apartado del camino de la virtud; **ich kann mich heute schlecht konzentrieren, meine Gedanken irren** [*o* **ich irre**] **ständig vom Gespräch(sthema) ab** hoy no me puedo concentrar, mis pensamientos se pierden [*o* me pierdo] constantemente

Abitur [abi'tu:ɐ] *nt* <-s, -e> bachillerato *m*; (*Prüfung*) examen *m* final de enseñanza media (*equivalente a las pruebas de Selectividad*); **das ~ machen/bestehen** hacer/aprobar la selectividad; **durchs ~ fallen** suspender la selectividad; **Abiturfeier** *f* <-, -n> *fiesta tras el examen final de enseñanza media*

Abiturient(in) [abituri'ɛnt] *m(f)* <-en, -en; -, -nen> preuniversitario, -a *m, f*, bachiller *mf Am*

Abiturklasse *f* <-, -n> **1.** (*Schüler*) ≈(grupo *m* de) C.O.U. *m*; **sie unterrichtet am liebsten ~n** lo que más le gusta dar es C.O.U.; **die ~n machen heute einen Ausflug ins Deutsche Museum** los C.O.U.s hacen hoy una excursión al Museo Alemán **2.** (*Stufe*) ≈(nivel *m* de) C.O.U. *m*; **in der ~ wird es für die Schüler ernst** en C.O.U. se ponen las cosas serias para los alumnos; **Abiturzeugnis** *nt* <-ses, -se> título *m* de bachiller

ab|jagen I. *vt* arrebatar; **jdm etw ~** arrancar algo a alguien **II.** *vr:* **sich ~** (*fam: sich abhetzen*) apresurarse, agobiarse

Abk. *Abk. von* **Abkürzung** abr.

ab|kämmen *vt* **1.** (*entfernen*) quitar peinando **2.** (*absuchen*) peinar; **das Viertel ~** peinar el barrio

ab|kämpfen *vr:* **sich ~** combatir hasta la extenuación; **sie hat sich beim Training abgekämpft** tras el entrenamiento estaba rendida [*o* agotada]; **er kämpfte sich mit der großen Portion ab** (*fam*) sacó una buena tajada; **nach einem hektischen Arbeitstag kommt er abgekämpft nach Hause** tras un día de trabajo y prisas llega destrozado a casa

ab|kanzeln *vt* (*fam*) sermonear

ab|kapseln I. *vt* aislar **II.** *vr:* **sich ~** enquistarse; (*fig*) aislarse

Abkaps(e)lung *f* <-, -en> **1.** (MED: *Geschwulst, Tumor*) enquistamiento *m* **2.** (*fig: Isolierung*) enclaustramiento *m*; (*Abgeschlossenheit*) retiro *m*

ab|karren *vt* retirar (con la carretilla), llevarse (a carretadas); (*fig: brutal wegschaffen*) llevarse; **die Steine wurden von einem Maurer abgekarrt** un albañil se llevó las piedras con la carretilla; **der Unrat muss abgekarrt werden** hay que retirar esta basura; **Regimekritiker wurden wie Vieh aufgeladen und abgekarrt** a los disidentes se los llevaron en una carreta como si de ganado se tratase

ab|karten *vt* (*fam*) arreglar, amañar; **ein abgekartetes Spiel/Rennen** una partida/una carrera amañada; **es war abgekartet** ha sido un arreglo, estaba amañado

ab|kassieren* *vt* (*fam*) cobrar; **die Getränke/den Gast ~** cobrar las bebidas/al cliente; **er hat beim Poker richtig abkassiert** en la partida de póker hizo su agosto

ab|kauen *vt* comer; **sich die Fingernägel ~** morderse las uñas

ab|kaufen *vt* **1.** (*Ware*): **jdm etw ~** comprar algo a alguien **2.** (*fam: glauben*) tragarse; **das kaufe ich dir nicht ab!** ¡eso no me lo trago!, ¡cuéntaselo a tu abuela!

Abkehr ['apke:ɐ] *f* <-, *ohne pl*> alejamiento *m* (*von* de), abandono *m* (*von* de)

ab|kehren I. *vt* **1.** (*abwenden*) apartar **2.** (*abfegen*) barrer **II.** *vr:* **sich ~** (*sich abwenden*) apartarse (*von* de)

ab|kippen I. *vi* caer, volcarse **II.** *vt* **1.** (*fallen lassen*) bajar **2.** (*abladen*) descargar, volcar; (*Müll*) verter

ab|klappen *vt* **1.** (*umklappen*) bajar, plegar hacia abajo **2.** (*Müll*) verter

ab|klappern *vt* (*fam*) recorrer

ab|klären *vt* aclarar

Abklärung *f* <-, -en> aclaración *f*; **die ~ eines Problems** la resolución de un problema

Abklatsch *m* <-(e)s, -e> (KUNST) copia *f*; (*fig, abw*) mala copia *f*, plagio *m*

ab|klemmen *vt* **1.** (TECH) desconectar **2.** (MED: *Ader*) estrangular

Abklingbecken *nt* <-s, -> (CHEM) pila *f* de desactivación

ab|klingen *irr vi sein* decrecer; (*Lärm*) disminuir; (*Fieber*) ceder, bajar; (*Begeisterung*) reducirse; **der Schmerz ist im A~** el dolor va disminuyendo

ab|klopfen *vt* **1.** (*säubern*) sacudir **2.** (MED) percutir **3.** (*kritisch betrachten*) examinar (*auf* en busca de); **den Gegner auf Schwachstellen ~** tantear al adversario en busca de puntos flacos, tantear los puntos flacos del adversario

ab|knabbern *vt* mordisquear; (*Fingernägel*) morder; (*Knochen*) roer

ab|knallen *vt* (*fam abw*) matar a tiros

ab|knappen *vt* (*reg*), **ab|knapsen** ['apknapsən] *vt* (*fam*) sacar; **wo soll ich (mir) das Geld für den Urlaub denn ~?** ¿de dónde voy a sacar yo el dinero para las vacaciones?

ab|kneifen *irr vt* (*Draht*) arrancar, quitar
ab|knicken I. *vi sein* 1. (*Blume, Zweig*) doblarse, troncharse; **der Zweig ist abgeknickt, aber nicht abgerissen** el ramo está tronchado, pero no arrancado 2. (*Straße*) girar II. *vt* 1. (*abbrechen*) cortar, desgajar 2. (*umknicken*) doblar, tronchar
ab|knöpfen *vt* 1. (*Angeknöpftes*) desabrochar, desabotonar; **die Kapuze vom Mantel ~** quitar [*o* soltar] la capucha del abrigo 2. (*fam: Geld*) sacar; **jdm Geld ~** dar un sablazo a alguien
ab|knutschen I. *vt* (*fam*) comer(se) a besos; (*abw*) besuquear II. *vr:* **sich ~** (*abw*) besuquearse
Abkochapparat *m* <-(e)s, -e> (TECH) aparato *m* de descrudado
ab|kochen *vt* 1. (*kochen*) hervir, cocer 2. (CHEM) hacer una decocción (de) 3. (SPORT) hacer perder peso sudando (a) 4. (*keimfrei machen*) esterilizar
ab|kommandieren* *vt* (MIL: *zu einer anderen Einheit*) destinar, enviar; (*zu einem bestimmtem Dienst*) destacar
ab|kommen *irr vi sein* 1. (*abweichen*) perderse, extraviarse; **wir kamen vom Weg ab** nos perdimos; **vom Thema ~** irse por las ramas 2. (*aufgeben*) dejar (*von*), abandonar (*von*); (*sich entfernen*) alejarse (*von* de), apartarse (*von* de); **von seiner Meinung ~** cambiar de opinión 3. (*aus der Mode kommen*) pasarse de moda; **dieser Schnitt ist ganz abgekommen** este corte está muy pasado 4. (*reg: abmagern*) decaer, estropearse
Abkommen *nt* <-s, -> convenio *m*, acuerdo *m*; **ein ~ über etw treffen** llegar a un acuerdo sobre algo; **Abkommensklausel** *f* <-, -n> cláusula *f* de un convenio
abkömmlich ['apkœmlɪç] *adj* disponible, libre; (**nicht**) **~ sein** (no) estar disponible
Abkömmling ['apkœmlɪŋ] *m* <-s, -e> 1. (*a.* JUR: *Nachkomme*) descendiente *mf* 2. (*iron fam: Sprössling*) vástago *m*, hijo *m* 3. (CHEM) derivado *m*
ab|können *irr vt* (*nordd: mögen*) llevarse bien (con); (*vertragen*) soportar, aguantar; **laute Musik kann ich nicht ab** no trago la música alta
ab|koppeln I. *vt* (*Fahrzeug*) desenganchar; (*Raumfähre*) separar, soltar II. *vr:* **sich ~** (*fam: Organisation*) descolgarse (*von* de)
ab|kratzen I. *vi sein* (*fam: sterben*) estirar la pata, diñarla, rasgarse *Am* II. *vt* (*entfernen*) rascar, rasgar
ab|kriegen *vt* (*fam*) 1. (*erhalten*) sacar [*o* llevarse] su parte (de) 2. (*erleiden*) sufrir; **er hat ganz schön was abgekriegt** ha recibido lo suyo, se ha dado una buena 3. (*entfernen*) conseguir quitar, lograr desprender
ab|kühlen I. *vr:* **sich ~** (*Wetter*) refrescar; (*kühler werden*) refrescarse, enfriarse; (*Beziehungen*) enfriarse, entibiarse; (*Leidenschaft, Zorn*) templarse, calmarse; **der Zorn hat sich bei ihm abgekühlt** se le ha enfriado la cólera II. *vt* (*Speisen*) (poner a) enfriar
Abkühlung *f* <-, -en> enfriamiento *m;* (TECH) refrigeración *f;* (*Wetter*) descenso *m* de las temperaturas; **sich** *dat* **eine ~ verschaffen** refrescarse
Abkunft ['apkʊnft] *f* <-, *ohne pl*> (*geh: Herkunft*) origen *m;* (*Abstammung*) ascendencia *f;* **er ist asiatischer/slawischer ~** es de origen asiático/eslavo; **er ist bescheidener/zweifelhafter ~** es de origen humilde/dudoso
ab|kupfern *vt* (*fam: abschreiben*) plagiar; (*nachahmen*) copiar, imitar
ab|kürzen *vt* acortar; (*Weg*) atajar; (*Besuch, Verfahren*) abreviar, reducir (*um* en); **„Jahrhundert" wird durch „Jh." abgekürzt** "Jh." es la abreviatura de "Jahrhundert"
Abkürzung *f* <-, -en> 1. (*Weg*) atajo *m*, cortada *f Arg, Urug,* trilla *f ZAm;* **eine ~ nehmen** tomar un atajo 2. (*von Verfahren*) abreviación *f*, reducción *f* 3. (LING) abreviatura *f;* **Abkürzungsverzeichnis** *nt* <-ses, -se> índice *m* de abreviaturas
ab|küssen *vt* besuquear
Ablad ['aplaːt] *m* <-(e)s, *ohne pl*> (*Schweiz*) descarga *f*
Abladeklausel *f* <-, -n> (WIRTSCH) cláusula *f* de descarga; **Abladekonnossement** *nt* <-(e)s, -e> (WIRTSCH) conocimiento *m* de descarga
ab|laden *irr vt* 1. (*Fahrzeug, Schiff*) descargar; (*Fracht*) desembarcar; (*Müll*) verter; (*Kisten*) sacar (*von* de); (*fig: Kummer, Ärger*) descargar 2. (*Arbeit, Schuld*) cargar (*auf* sobre)
Ablader *m* <-s, -> (COM, NAUT) descargador *m*
Ablage *f* <-, -n> 1. (*Archiv*) archivo *m;* **Akten zur ~ geben** archivar actas 2. (*Vorrichtung*) archivo *m* 3. (*Schweiz: Annahmestelle*) despacho *m* de lotería, administración *f* de lotería; **Ablagekorb** *m* <-(e)s, -körbe> bandeja *f* (para documentos)
ab|lagern I. *vi* (*Wein*) añejarse; (*Holz, Tabak*) curarse; **abgelagerter Wein** vino añejo II. *vt* almacenar, depositar III. *vr:* **sich ~** (*sich absetzen*) posarse, depositarse, aconcharse *Chil, Peru;* (MED: *in Organen*) acumularse, sedimentarse; (GEO) sedimentarse
Ablagerung *f* <-, -en> 1. (GEO, MED: *Vorgang*) sedimentación *f;* (*Material*) depósito *m*, sedimento *m;* **fluviale/fluviatile ~** sedimento fluvial/fluviatil 2. (GASTR: *Wein*) poso *m*
ablagerungsfähig *adj* 1. (GEO) sedimentable 2. (*Waren*) depositable, almacenable
Ablagesystem *nt* <-s, -e> sistema *m* de archivo
Ablass[RR] *m* <-es, -lässe>, **Ablaß** *m* <-sses, -lässe> (REL) bula *f*, indulgencia *f*
Ablassbehälter[RR] *m* <-s, -> (CHEM) recipiente *m* de evacuación
ab|lassen *irr* I. *vi* (*nicht weiterverfolgen*) desistir (*von* de), abandonar (*von*); **er lässt nicht von seinem Vorhaben ab** no desiste

de sus propósitos II. *vt* 1. (*Flüssigkeit*) dejar salir; (*Dampf*) purgar; (*Wasser*) desaguar; (*Behälter*) vaciar 2. (*fam: nicht aufsetzen/anlegen*) no poner(se); **lass den Hut doch ab!** ¡no te pongas el sombrero! 3. (*ermäßigen*): **jdm etw vom Preis** ~ rebajar algo el precio a alguien

Ablassventil[RR] *nt* <-s, -e> (TECH) válvula *f* de purgado

Ablation *f* <-, -en> (GEO) ablación *f*

Ablativ ['aplati:f] *m* <-s, -e> (LING) ablativo *m*

Ablauf *m* <-(e)s, -läufe> 1. (*Verlauf*) (trans)curso *m*, desarrollo *m*; **technologischer** ~ proceso tecnológico; **der** ~ **der Ereignisse** el curso de los acontecimientos 2. (*einer Frist, Gültigkeit*) vencimiento *m*, expiración *f*; **nach** ~ **von zwei Stunden** al cabo de dos horas; **nach** ~ **des Ultimatums** cuando expire el ultimátum 3. (*Abflussrohr*) desagüe *m* 4. (GEO: *See*) canal *m* de vaciado; **Ablaufdatum** *nt* <-s, -daten> fecha *f* de vencimiento; **Ablaufdiagramm** *nt* <-s, -e> organigrama *m*

ab|laufen *irr sein* I. *vi* 1. (*Flüssigkeit*) escurrirse; (*abfließen*) desaguar 2. (*Film, Tonband*) desenrollarse 3. (*stehen bleiben*) pararse; **die Uhr ist abgelaufen** el reloj se ha parado 4. (*Pass*) expirar, caducar 5. (*Frist*) finalizar, vencer; **die Frist ist abgelaufen** el plazo ha expirado 6. (*verlaufen*) desarrollarse, transcurrir; **ist alles gut abgelaufen?** ¿ha ido todo bien?; **wie ist die Debatte abgelaufen?** ¿cómo terminó el debate? II. *vt* 1. (*Schuhe*) gastar, desgastar 2. (*Strecke, Stadt*) recorrer (*nach* en busca de); **ich habe mir die Hacken nach euch abgelaufen** he removido Roma con Santiago para dar con vosotros

Ablauffrist *f* <-, -en> vencimiento *m*; **Ablaufplan** *m* <-(e)s, -pläne> (WIRTSCH) organigrama *m*; **Ablaufplanung** *f* <-, -en> (*a.* WIRTSCH) planificación *f* del proceso

Ablaut *m* <-(e)s, -e> (LING) alternancia *f* vocálica, apofonía *f*

Ableben *nt* <-s, *ohne pl*> (*geh*) defunción *f*, óbito *m*

ab|lecken *vt* lamer

ab|ledern *vt* (*fam*) secar (con una gamuza); **die Fenster** ~ limpiar las ventanas con una gamuza

ab|legen I. *vi* (*Schiff*) zarpar II. *vt* 1. (*ausziehen*) quitarse, sacarse *Am*; **bitte, legen Sie ab!** ¡quítese el abrigo, por favor! 2. (*Gewohnheit*) quitarse; **Vorurteile** ~ deshacerse [*o* librarse] de prejuicios 3. (*hinlegen*) depositar, poner; (*Akten*) archivar, failear *ZAm, RíoPl*; (*Karten*) descartarse (de) 4. (*Eid, Geständnis*) hacer, prestar; **über etw Rechenschaft** ~ rendir cuentas de algo; **eine Prüfung** ~ dar un examen (*in* en), examinarse (*in* de/en) *Am*

Ableger *m* <-s, -> 1. (BOT) esqueje *m* 2. (WIRTSCH) sucursal *f*

ab|lehnen *vt* 1. (*zurückweisen*) rechazar; **er lehnte es ab, uns zu helfen** se negó a ayudarnos 2. (*Einladung*) rechazar, rehusar 3. (JUR: *Gesuch*) denegar; (*Zeugen*) recusar

ablehnend *adj* negativo; **etw** *dat* **eher** ~ **gegenüberstehen** no estar mucho por algo

Ablehnung *f* <-, -en> 1. (*Verweigerung*) negativa *f*; (*Zurückweisung*) rechazo *m*; (*von Anträgen, Bewerbern*) denegación *f*, rechazo *m*; (JUR) recusación *f*; ~ **der Verantwortung** recusación de toda responsabilidad 2. (*Missbilligung*) rechazo *m*, repudio *m*; **er stieß bei ihnen auf** ~ lo rechazaron

ab|leisten *vt* (*Wehrdienst*) cumplir

ab|leiten I. *vt* 1. (*umlenken*) desviar 2. (*a.* MATH: *herleiten*) derivar (*aus* de) II. *vr*: **sich** ~ (LING) derivarse (*aus/von* de); **abgeleitetes Wort** palabra derivada, derivado *m*

Ableitung *f* <-, -en> (MATH) derivación *f*; (LING) derivado *m*

Ableitungsrohr *nt* <-(e)s, -e> (TECH) tubo *m* de evacuación

ab|lenken I. *vi* (*ausweichen*) desviarse (*von* de) II. *vt* 1. (PHYS: *Strahlen*) desviar 2. (*abbringen*) distraer (*von* de); **sie versuchte ihn von der Arbeit abzulenken** trató de distraerle del trabajo; **sich von nichts** ~ **lassen** no dejarse distraer por nada

Ablenkung *f* <-, -en> 1. (*Richtungsänderung*) desviación *f* 2. (*Zerstreuung*) distracción *f*; ~ **suchen** buscar distracción; **sich** *dat* ~ **verschaffen** distraerse; **Ablenkungsmanöver** *nt* <-s, -> maniobra *f* de distracción

ab|lesen *irr* I. *vt* 1. (*vorlesen*) leer; **den Zähler/die gemessene Menge** ~ leer el contador/la cantidad medida 2. (*erkennen*) notarse (*von* en); **das konnte man ihr vom Gesicht** ~ eso se le notaba [*o* veía] en la cara II. *vi* leer; **vom Blatt** ~ leer la hoja

ab|leuchten *vt* recorrer con una luz

ab|leugnen *vt* negar

Ableugnung *f* <-, -en> negación *f*; **die bloße** ~ **der Tat nützte ihm nichts** de nada le sirvió negar el hecho; **diese Aussage ist eine** ~ **aller Menschenwürde** esa afirmación niega toda dignidad humana

ab|lichten *vt* 1. (*fotokopieren*) fotocopiar 2. (*fotografieren*) fotografiar

Ablichtung *f* <-, -en> 1. (*fam: Fotografieren*) retratar *m* 2. (*Fotokopieren*) (foto)copiado *m* 3. (*Fotokopie*) (foto)copia *f*

ab|liefern *vt* entregar

Ablieferung *f* <-, -en> entrega *f*; **Ablieferungsbescheinigung** *f* <-, -en> albarán *m* de entrega; **Ablieferungsfrist** *f* <-, -en> plazo *m* de entrega

ab|liegen *irr vi* 1. (*entfernt sein*) estar retirado [*o* apartado] (*von* de) 2. (*südd, Österr:* GASTR) manir 3. (*Schweiz: sich hinlegen*) tumbarse, acostarse

ab|listen *vt* timar, quitar con engaño; **er hat ihm sein Erspartes abgelistet** le ha timado sus ahorros

ab|locken *vt* (*Geld*) sacar; (*Geheimnis*) sonsacar; **ihre Antwort lockte ihm nur ein müdes Lächeln ab** su respuesta sólo provocó en él una sonrisa forzada

ablösbar *adj* **1.** (*abtrennbar*) separable **2.** (*Kredit*) reembolsable

ab|löschen *vt* (GASTR) rebajar

Ablöse *f* <-, -n> (SPORT: *fam*) traspaso *m*

ab|lösen I. *vt* **1.** (*abmachen*) quitar, desprender; (*Aufgeklebtes*) despegar **2.** (*Wachposten*) relevar; (*bei der Arbeit*) reemplazar, sustituir **3.** (*Hypothek*) amortizar; (*Schuld*) pagar II. *vr:* **sich ~ 1.** (*abgehen*) desprenderse **2.** (*sich abwechseln*) alternarse

Ablösesumme *f* <-, -n> (SPORT) traspaso *m*

Ablösung *f* <-, -en> **1.** (*das Sichablösen*) desprendimiento *m* **2.** (*Wechsel mit anderen*) relevo *m* **3.** (*aus dem Amt*) reemplazo *m,* sustitución *f* **4.** (FIN) amortización *f;* **Ablösungssumme** *f* <-, -n> *s.* **Ablösesumme**

ab|luchsen ['aplʊksən] *vt* (*fam: Geld*) sacar, timar; (*Geheimnis*) sonsacar

Abluft *f* <-, *ohne pl*> (TECH: *Kernkraftwerk*) aire *m* de salida; (*Heizungsraum*) tiro *m*

ABM [a:be:'ʔɛm] *f* <-, -(s)> (WIRTSCH) *Abk. von* **Arbeitsbeschaffungsmaßnahme** *plan de fomento de empleo*

ab|machen *vt* **1.** (*fam: entfernen*) quitar, desprender; (*Aufgeklebtes*) despegar **2.** (*vereinbaren*) acordar, quedar (en) *fam;* (*Termin, Preis*) fijar; **wir haben abgemacht, dass ...** hemos quedado en que...; **abgemacht!** ¡vale!, ¡de acuerdo! **3.** (*fam: ableisten*) cumplir, hacer

Abmachung *f* <-, -en> acuerdo *m;* (*a.* POL, WIRTSCH) pacto *m,* convenio *m;* **zwischenbetriebliche ~en** acuerdos interempresariales; **mit jdm eine ~ treffen** llegar a un acuerdo con alguien; **sich an die ~en halten** atenerse a los acuerdos

ab|magern I. *vi sein* adelgazar; **bis auf die Knochen abgemagert sein** estar en los huesos II. *vt* reducir

Abmagerung *f* <-, -en> adelgazamiento *m,* pérdida *f* de peso; (*exzessiv*) enflaquecimiento *m;* **Abmagerungskur** *f* <-, -en> cura *f* de adelgazamiento

ab|mähen *vt* (*Getreide*) segar; (*Gras*) cortar

ab|mahnen *vt* sancionar

Abmahnung *f* <-, -en> sanción *f*

ab|malen *vt* (*abzeichnen*) pintar; (*porträtieren*) retratar; (*kopieren*) copiar

Abmarsch *m* <-(e)s, -märsche> (MIL) salida *f,* marcha *f;* **~!** ¡en marcha!; **abmarschbereit** *adj* listo para ponerse en marcha

ab|marschieren* I. *vi sein* (*losmarschieren*) marcharse II. *vt haben o sein* (*zur Kontrolle*) patrullar; **die Gegend ~** patrullar por la zona

ab|mehren *vt* **1.** (*Schweiz: abstimmen*) votar **2.** (*durch Handerheben*) votar a mano alzada

Abmeldeformular *nt* <-s, -e> (impreso *m* de) solicitud *f* de baja

ab|melden I. *vt* darse de baja (de, *bei* en); (*Zeitung*) anular la suscripción; **das Telefon ~** darse de baja del teléfono; **er ist bei mir abgemeldet** (*fam*) ya no tengo nada que ver con él II. *vr:* **sich ~** darse de baja (*bei* en); **sich polizeilich ~** dar parte a la policía (de su salida)

Abmeldung *f* <-, -en> baja *f;* (*einer Zeitung*) anulación *f* de la suscripción; (*von der Schule*) aviso *m* de baja; (*beim Einwohnermeldeamt*) aviso *m* de cambio de residencia

ab|messen *irr vt* **1.** (*ausmessen*) medir, tomar las medidas (de) **2.** (*abschätzen*) calcular

Abmessung *f* <-, -en> medida *f,* dimensión *f*

ab|mildern *vt* mitigar

ABM-Kraft *f* <-, -Kräfte> (WIRTSCH) *trabajador o trabajadora temporal en un plan de fomento de empleo;* **ABMler(in)** *m(f)* <-s, -; -, -nen> (WIRTSCH: *fam*) *s.* **ABM-Kraft**

ab|moderieren* *vi, vt* (TV, RADIO): **(eine Sendung) ~** despedir un programa

ab|montieren* *vt* desmontar

ABM-Stelle [a:be:'ʔɛm-] *f* <-, -n> (WIRTSCH) *puesto de trabajo proporcionado por el Plan de Fomento de Empleo*

ab|mühen *vr:* **sich ~** esforzarse mucho

ab|murksen ['apmʊrksən] *vt* (*fam*): **jdn ~** cargarse a alguien

ab|mustern I. *vi* (NAUT) pedir licencia II. *vt* (NAUT: *Besatzung*) despedir, licenciar

ABM-Vertrag *m* <-(e)s, -träge> (WIRTSCH) *contrato temporal en un plan de fomento de empleo*

ab|nabeln I. *vt* (*Neugeborenes*) cortar el cordón umbilical (a) II. *vr:* **sich ~** (*fam: sich lösen*) librarse (*von* de); (*sich unabhängig machen*) independizarse

ab|nagen *vt* roer

ab|nähen *vt* estrechar, meter

Abnäher *m* <-s, -> pinza *f*

Abnahme *f* <-, -n> **1.** (*das Entfernen*) desmontaje *m;* (MED) amputación *f* **2.** (*Herunternahme*) descenso *m* **3.** (*Verminderung*) disminución *f,* descenso *m* **4.** (*Kauf*) compra *f;* **bei ~ von 100 Stück** con la compra de 100 unidades; **~ finden** (WIRTSCH) tener salida; **die ~ verweigern** rehusar la recepción **5.** (*einer Parade*) revista *f;* (*eines Autos*) inspección *f;* **Abnahmebescheinigung** *f* <-, -en> (WIRTSCH) certificado *m* de recepción; **Abnahmeverpflichtung** *f* <-, -en> (WIRTSCH) contrato *m* a retirar o pagar

ab|nehmen *irr* I. *vi* **1.** (*Macht*) declinar; (*Interesse*) decrecer, disminuir; (*Geschwindigkeit, Temperatur*) disminuir, bajar; (*Kräfte*) menguar, declinar; (*Mond*) menguar; **bei ~dem Mond** en cuarto menguante **2.** (*Gewicht verlieren*) adelgazar, espichar *Cuba, Ven, Mex* **3.** (TEL) descolgar; **es nimmt keiner ab** no contesta nadie II. *vt* **1.** (*Hut, Bart*) quitar(se); (*Vorhang*) quitar; (MED) amputar; (*Blut*) sacar; (*abkaufen*) comprar; (*wegnehmen*) quitar; (*im Spiel*) sacar; (*abverlangen*) pedir; (*Maschen*) menguar; **den Deckel vom Topf** ~ destapar la olla **2.** (*übernehmen*) coger; **jdm eine Arbeit** ~ librar a alguien de un trabajo **3.** (*entgegennehmen*) coger; (*Eid*) tomar; (*Beichte*) escuchar, oír; **jdm ein Versprechen** ~ hacer prometer algo a alguien; **jdm das Versprechen** ~**, zu ...** hacer prometer a alguien que... **4.** (*Gebäude, Fahrzeug*) inspeccionar; (*Prüfung*) realizar; (MIL) pasar revista (a) **5.** (*fam: glauben*) creer; **dieses Märchen nimmt dir keiner ab!** ¡eso no hay quien te lo crea!

Abnehmer(in) *m(f)* <-s, -; -, -nen> comprador(a) *m(f)*, cliente *mf;* (*Zwischenhändler*) corredor(a) *m(f)*, intermediario, -a *m, f;* ~ **finden** encontrar compradores; **Abnehmerland** *nt* <-(e)s, -länder> (WIRTSCH) país *m* comprador

Abneigung *f* <-, -en> antipatía *f* (*gegen* hacia), rechazo *m* (*gegen* hacia/contra)

abnorm [ap'nɔrm] *adj* (*geh*), **abnormal** ['---] *adj* anormal, anómalo

Abnormität *f* <-, -en> anormalidad *f*, anomalía *f*

ab|nötigen *vt* (*geh*) imponer; **er nötigt mir Respekt ab** me impone respeto; **ich nötigte mir kein Lächeln ab** no me esforcé por sonreír

ab|nutzen, **ab|nützen** **I.** *vt* (des)gastar; (*strapazieren*) deteriorar; **abgenutzt** (*Kleidung*) gastado, raído; **der sieht aber abgenutzt aus!** (*fam*) ¡qué envejecido está! **II.** *vr:* **sich** ~ desgastarse, deteriorarse

Abnutzung *f* <-, -en>, **Abnützung** *f* <-, -en> (*reg*) desgaste *m*, deterioro *m;* **Abnutzungserscheinungen** *fpl* señales *fpl* de uso [*o* desgaste]; **Abnutzungs- und Verschleißerscheinungen** señales *mpl* de desgaste y deterioro físico

Abo ['abo] *nt* <-s, -s> (*fam*) suscripción *f*

Abolition [aboli'tsjo:n] *f* <-, -en> (JUR) abolición *f*

Abolitionismus *m* <-, *ohne pl*> abolicionismo *m*

Abonnement [abɔn(ə)'mɑ̃:] *nt* <-s, -s> (*Zeitung*) suscripción *f;* (*Konzertkarten*) abono *m;* **ein** ~ **für etw haben** estar suscrito a algo; **ein** ~ **abbestellen** desabonarse, anular la suscripción; **ein** ~ **erneuern** renovar una suscripción; **Abonnement(s)preis** *m* <-es, -e> precio *m* de suscripción

Abonnent(in) [abɔ'nɛnt] *m(f)* <-en, -en; -, -nen> suscriptor(a) *m(f)*, abonado, -a *m, f*

abonnieren* [abɔ'ni:rən] *vt* suscribirse (a); **auf etw abonniert sein** (*a. fig*) estar abonado a algo

ab|ordnen *vt* delegar, comisionar

Abordnung *f* <-, -en> delegación *f*, comisión *f*

Abort [a'bɔrt] *m* <-(e)s, -e> **1.** (MED) aborto *m* **2.** (*Toilette*) retrete *m*, servicio *m*

ab|packen *vt* empaquetar; (*in Behälter*) envasar

ab|passen *vt* aguardar, esperar; **den richtigen Augenblick** ~ aguardar [*o* esperar] el momento oportuno; **jdn** ~ salir al paso de alguien

ab|pausen *vt* calcar

ab|perlen *vi sein* gotear (*an* por)

ab|pfeifen *irr vt* (SPORT): **das Spiel** ~ pitar el fin del partido

Abpfiff *m* <-(e)s, -e> (SPORT) pitada *f* final, pitido *m* final

ab|pflücken *vt* **1.** (*pflücken*) recolectar, recoger; **sie pflückten die Pflaumen ab** (re)cogieron las ciruelas **2.** (*leer pflücken*) esquilmar; **die Kinder hatten alle Bäume abgepflückt** los niños no dejaron rastro de fruta en los árboles

ab|placken *vr* (*reg*), **ab|plagen** *vr:* **sich** ~ afanarse (*mit* en), agobiarse (*mit* con)

ab|platten *vt* aplastar, achatar; **der Globus ist an den Polen leicht abgeplattet** el globo terráqueo está ligeramente achatado en los Polos

ab|platzen *vi sein* (*Gips*) desconcharse; (*Knopf*) soltarse

Abprall *m* <-(e)s, -e> rebote *m*

ab|prallen *vi sein* (*Ball*) rebotar; **die Kritik prallte an ihm ab** la crítica le resbaló

ab|pressen *vt* **1.** (*erzwingen*) sacar por la fuerza, arrancar; **vielen Unternehmern werden mit üblen Drohungen Schutzgelder abgepresst** muchos empresarios son forzados con amenazas a pagar a cambio de protección; **sie wollte ihm ein Versprechen** ~ quiso arrancarle una promesa **2.** (*abschnüren*) quitar, cortar; **solche Vorstellung presste ihm den Atem ab** imaginar tal cosa lo dejaba sin respiración **3.** (*herauspressen*) sacar; **Blutwasser wurde ins Bindegewebe abgepresst** por presión se sacó suero al tejido conjuntivo; **die Hitze presste ihm manchen Schweißtropfen ab** el calor le arrancó más de una gota de sudor

Abprodukt *nt* <-(e)s, -e> (AGR, TECH) producto *m* de desecho; **wieder verwendungsfähiges** ~ residuo *m* reutilizable; **abproduktarm** *adj* con un mínimo de residuos; **abproduktfrei** *adj* sin residuos

ab|pumpen *vt* **1.** (*Öl, Wasser*) extraer **2.** (*fam: pumpen*) sacar, sablear; **er hat mir Geld abgepumpt** me sacó dinero, me sableó

ab|putzen *vt* limpiar; **hast du dir die Schuhe abgeputzt?** ¿te has limpiado los zapatos?

ab|quälen *vr:* **sich** ~ desriñonarse; **sich** *dat* **ein Lächeln** ~ esforzarse por sonreír

ab|qualifizieren* **I.** *vt* descalificar **II.** *vr:* **sich** ~ desacreditarse (*mit/durch* con)

ab|rackern *vr:* **sich** ~ (*fam*) desriñonarse, matarse a trabajar

Abraham ['a:braham]: **sicher sein wie in** ~**s Schoß** estar en buenas manos

ab|rahmen *vt* desnatar, descremar

Abrakadabra ['a:braka'da:bra] *nt* <-s, *ohne pl*> (*Zauberwort*) abracadabra *m;* ~ **da-**

herreden decir disparates [*o* tonterías]
ab|rasieren* *vt* afeitar, rapar; (*fam: zerstören*) arrasar
Abrasion [abra'zjo:n] *f* <-, -en> (GEO) abrasión *f;* (MED) erosión *f*
ab|raten *irr vi:* **jdm von etw ~** desaconsejar algo a alguien
Abraum *m* <-(e)s, *ohne pl*> (BERGB) escombros *mpl*
Abraumbau *m* <-(e)s, *ohne pl*> (BERGB) explotación *f* a cielo abierto
ab|räumen *vt* recoger; (*Teller*) retirar; (SPORT: *Kegel*) derribar; **den Tisch ~** recoger [*o* quitar] la mesa
Abraumgut *nt* <-(e)s, -güter> (BERGB) escombro *m;* **Abraumhalde** *f* <-, -n> (BERGB) escombrera *f*
ab|rauschen *vi sein* (*fam*) salir disparado
ab|reagieren* **I.** *vt* (*Ärger*) descargar (*an* en), desahogar (*an* contra) **II.** *vr:* **sich ~** (*sich beruhigen*) desfogarse, descargarse
ab|rechnen **I.** *vi* **1.** ((*Schluss*)*rechnung*) echar la cuenta **2.** (*zur Rechenschaft ziehen*) ajustar las cuentas; **mit ihm werde ich noch ~!** ¡ya le ajustaré las cuentas! **II.** *vt* **1.** (*abziehen*) descontar, deducir **2.** (*Abschlussrechnung aufstellen*): **die Kasse ~** hacer caja
Abrechnung *f* <-, -en> **1.** (*Abzug*) descuento *m,* deducción *f* **2.** (*Bilanz*) cuenta *f,* planilla *f Am;* **spezifizierte ~** cuenta detallada; **die ~ machen** hacer las cuentas **3.** (*Rache*) ajuste *m* de cuentas, desquite *m;* **Abrechnungsstelle** *f* <-, -n> oficina *f* de liquidaciones; **Abrechnungstag** *m* <-(e)s, -e> día *m* de liquidación; **Abrechnungszeitraum** *m* <-(e)s, -räume> período *m* contable
Abrede *f* <-, *ohne pl*>: **etw in ~ stellen** negar [*o* desmentir] algo
ab|regen *vr:* **sich ~** (*fam*) calmarse
ab|regnen *vr:* **sich ~** descargar; **die Wolken werden sich an den Bergen ~** las nubes descargarán en las montañas
ab|reiben *irr vt* **1.** (*Schmutz*) quitar frotando; (*Schuhe, Hände*) limpiar frotando **2.** (*trockenreiben*) secar (frotando) **3.** (*mit dem Reibeisen*) rallar
Abreibung *f* <-, -en> **1.** (*a.* MED) friega *f,* fricción *f* **2.** (*fam: Prügel*) paliza *f,* tunda *f,* trilla *f Am;* **eine ~ kriegen/verpassen** recibir/dar una paliza
Abreise *f* <-, -n> salida *f,* partida *f;* **bei meiner ~ nach Griechenland** cuando partí [*o* salí] para Grecia
ab|reisen *vi sein* salir (*nach* para), partir (*nach* para); **nach München/in die Türkei ~** salir para Munich/para Turquía
ab|reißen *irr* **I.** *vi sein* **1.** (*sich lösen*) arrancarse; (*abspringen*) saltar **2.** (*unterbrochen werden*) cortarse, interrumpirse **II.** *vt* **1.** (*Papier, Heftpflaster*) arrancar **2.** (*Gebäude*) derribar, demoler **3.** (*fam: abnutzen*) destrozar **4.** (*fam: Haftstrafe*) cumplir; (*Militärdienst*) hacer
Abreißkalender *m* <-s, -> calendario *m* de pared, almanaque *m*
ab|rennen *irr vt* recorrer (*para conseguir algo*); **sich** *dat* **die Hacken nach etw ~** remover Roma con Santiago por [*o* en busca de] algo
ab|richten *vt* amaestrar, adiestrar, chalanear *Am*
Abrichtung *f* <-, *ohne pl*> adiestramiento *m*
Abrieb ['apri:p] *m* <-(e)s, -e> (TECH: *Reifen*) desgaste *m*
ab|riegeln *vt* **1.** (*Tür*) echar [*o* correr] el cerrojo (de) **2.** (MIL: *Gebiet*) cercar; (*Straße*) cortar, bloquear; **ein Viertel ~** acordonar un barrio
Abrieg(e)lung *f* <-, -en> cierre *m;* (*Riegel*) cerrojo *m;* (MIL) cerco *m,* bloqueo *m;* (*von Straßen*) control *m;* (*durch die Polizei*) cordón *m*
ab|ringen *irr vt* (*Versprechen, Zugeständnis*) arrancar, forzar; **sich** *dat* **ein Lächeln ~** forzar una sonrisa; **dem Meer Land ~** ganar terreno al mar
Abriss[1RR] *m* <-es, *ohne pl*> (*Abbruch*) demolición *f,* derribo *m*
Abriss[2RR] *m* <-es, -e> **1.** (*von Eintrittskarten*) resguardo *m* (de control de entrada) **2.** (*Übersicht*) resumen *m,* compendio *m*
Abriß *m* <-sses, -sse> *s.* **Abriss**
Abrissarbeiten[RR] *fpl* trabajos *mpl* de derribo; **Abrissfirma**[RR] *f* <-, -firmen> empresa *f* de demolición
abrissreif[RR] *adj* semiderruído, que amenaza ruina; **eine ~e Fabrik** una fábrica semiderruída; **das Gebäude ist ~** el edificio amenaza ruina [*o* está a punto de derrumbarse]
ab|rollen **I.** *vi sein* **1.** (*sich abwickeln*) desenrollarse **2.** (SPORT) hacer una voltereta **3.** (*sich abspielen*) desarrollarse **II.** *vt* desenrollar
ab|rücken **I.** *vi sein* **1.** (*wegrücken*) apartarse (*von* de); **von einer Meinung ~** cambiar de opinión **2.** (MIL) retirarse **II.** *vt* (*wegschieben*) correr, retirar (*von* de)
Abruf *m* <-(e)s, *ohne pl*> **1.** (*abrufbar sein*): **auf ~ zur Verfügung stehen** estar disponible; **ihr Wagen steht auf ~ bereit** su coche está a su disposición **2.** (COM) reclamación *f* de la entrega de pedido **3.** (INFOR) demanda *f*
abrufbar *adj* (*verfügbar*) disponible; (*erreichbar*) accesible, localizable; **~e Daten** (INFOR) datos recuperables; **~es Wissen** conocimientos activos; **auch an Abenden muss ein Kinderarzt stets ~ sein** un pediatra tiene que estar permanentemente localizable incluso por las noches
abrufbereit *adj* **1.** (*Menschen*) a disposición; **sich ~ halten** estar siempre a disposición **2.** (*Waren*) listo (para despachar), preparado (para la venta) **3.** (INFOR) recuperable; **Abrufbetrieb** *m* <-(e)s, -e> (INFOR, TEL) funcionamiento *m* bajo demanda
ab|rufen *irr vt* **1.** (*wegrufen*) llamar **2.** (INFOR: *Daten*) pedir **3.** (COM) retirar
ab|runden *vt* **1.** (*rund machen, a.* MATH) re-

dondear; **ab- oder aufgerundet** redondeado hacia abajo o hacia arriba; **nach oben/unten** ~ redondear por exceso/por defecto **2.** (*ausgewogener machen*) completar, redondear

Abrundung *f* <-, -en> redondeo *m;* ~ **nach oben/unten** redondeo por exceso/por defecto; **ein Capuccino wäre eine schöne ~ des Essens** un capuccino redondearía estupendamente la comida; **zur ~ des Festes tritt ein Magier auf** para completar la fiesta actuará un mago

ab|rupfen *vt* (*Blumen*) arrancar; (*Feder*) desplumar

abrupt [ap'rʊpt] *adj* abrupto, brusco; (*unerwartet*) inesperado; (*plötzlich*) repentino

ab|rüsten *vi* desarmar

Abrüstung *f* <-, *ohne pl*> desarme *m;* **Abrüstungsgespräch** *nt* <-(e)s, -e> (POL) conversación *f* sobre desarme; **Abrüstungskonferenz** *f* <-, -en> conferencia *f* sobre desarme; **Abrüstungspolitik** *f* <-, -en> política *f* de desarme; **Abrüstungsverhandlungen** *fpl* negociaciones *fpl* de desarme

ab|rutschen *vi sein* escurrirse, resbalar(se); (*fig*) caer (*in* en), hundirse (*in* en)

Abruzzen [a'brʊtsən] *pl* Abruzos *mpl*

Abs. 1. *Abk. von* **Absender** Rte. **2.** *Abk. von* **Absatz** párrafo *m*

ABS [a:be:'ɛs] *nt* (AUTO) *Abk. von* **Antiblockiersystem** ABS *m*

ab|sacken *vi sein* (*fam*) **1.** (*sinken*) descender; (*Boden*) hundirse; (*Blutdruck*) bajar de golpe, caer; (*Flugzeug*) perder altura; (FIN) caer; (*nachlassen*) disminuir (*in* en), bajar (*in* en) **2.** (*fig: herunterkommen*) hundirse, caer en picado; **er/sie sackte völlig ab** acabó en el arroyo

Absage ['apza:gə] *f* <-, -n> (respuesta *f*) negativa *f;* **jdm eine ~ erteilen** dar una negativa a alguien

ab|sagen I. *vi* excusarse; **jdm ~** disculparse con alguien, anular una cita con alguien **II.** *vt* (*Treffen, Besuch*) anular, cancelar; (*Vorstellung*) suspender

ab|sägen *vt* **1.** (*Ast*) (a)serrar **2.** (*fam: kündigen*) echar; (POL) defenestrar

ab|sahnen I. *vi* (*fam*) hacer su agosto **II.** *vt* (*fam: Profit*) forrarse (con)

ab|satteln *vi, vt* desensillar

Absatz *m* <-es, -sätze> **1.** (*am Schuh*) tacón *m*, taco *m Am;* **flache/hohe Absätze** tacones bajos/altos; **auf dem ~ kehrtmachen** (*fig*) dar media vuelta y marcharse **2.** (*im Text*) párrafo *m;* (**neuer**) ~ (*beim Diktieren*) punto y aparte; **kein ~** (*beim Diktieren*) punto y seguido; **einen ~ machen** hacer punto y aparte **3.** (*Treppe*) descansillo *m*, tramo *m* **4.** (*Verkauf*) venta *f*, salida *f;* **hoher ~** alto índice de ventas; **großen ~ finden** tener mucha salida; **absatzfähig** *adj* (WIRTSCH) vendible, de fácil comercialización; **einige unserer Produkte sind nicht ~** algunos de nuestros productos no tienen salida; **Absatzflaute** *f* <-, -n> (WIRTSCH) estancamiento *m* de las ventas; **Absatzförderung** *f* <-, -en> (WIRTSCH) comercialización *f*, promoción *f* comercial [*o* de ventas]; **Absatzgebiet** *nt* <-(e)s, -e> (WIRTSCH) zona *f* de venta; **Absatzkampagne** *f* <-, -n> (WIRTSCH) campaña *f* de promoción de ventas; **Absatzmarkt** *m* <-(e)s, -märkte> (WIRTSCH) mercado *m* de consumo; **begrenzter ~** mercado limitado; **Absatzplus** *nt* <-, *ohne pl*> (WIRTSCH) superávit *m* en las ventas; **Absatzprognose** *f* <-, -n> (WIRTSCH) pronóstico *m* de ventas; **Absatzrenner** *m* <-s, -> (WIRTSCH) éxito *m* de venta, superventas *m inv fam;* **Absatzschwierigkeiten** *fpl* (WIRTSCH) dificultades *fpl* de salida; **diese Ware hat ziemliche ~** este artículo no se vende bien [*o* tiene poca salida]; **Absatzsteigerung** *f* <-, -en> (WIRTSCH) incremento *m* de las (cifras de) ventas, alza *f* en el mercado; **das Interesse am Internet hat zu einer ~ in der Computerbranche geführt** el interés por el Internet ha provocado una alza en el mercado del ordenador; **die Firma konnte 1996 eine ~ bei den Kleinwagen verzeichnen** en 1996 la empresa incrementó sus cifras de venta de utilitarios; **Absatzstockung** *f* <-, -en> (WIRTSCH) estancación *f* del volumen de ventas; **Absatzvermittler(in)** *m(f)* <-s, -; -, -nen> (WIRTSCH) agente *mf* de distribución; **Absatzvolumen** *nt* <-s, – *o* -volumina> (WIRTSCH) volumen *m* de ventas; **Absatzwege** *mpl* (WIRTSCH) canales *mpl* de distribución

absatzweise *adv* por párrafos, párrafo a [*o* por] párrafo; **ein Manuskript ~ lesen/korrigieren** leer/corregir un manuscrito párrafo a párrafo

Absatzzahlen *fpl* (WIRTSCH) cifras *fpl* de venta

ab|saufen *irr vi sein* (*fam*) **1.** (*untergehen*) hundirse; (*ertrinken*) ahogarse **2.** (AUTO) ahogarse

Absauganlage *f* <-, -n> instalación *f* de ventilación, extractor *m* de aire

ab|saugen *vt* aspirar, extraer; **den Teppich ~** pasar la aspiradora; **Fett ~** absorber la grasa

Absaugflasche *f* <-, -n> (CHEM) matraz *m* de succión; **Absaugvorrichtung** *f* <-, -en> dispositivo *m* de succión

ab|schaben *vt* raer, raspar

ab|schaffen *vt* **1.** (*aufheben*) abolir, suprimir; (*Gesetz*) derogar **2.** (*fortgeben*) deshacerse (de)

Abschaffung *f* <-, -en> abolición *f;* (JUR) derogación *f*, abrogación *f;* ~ **der Zölle** eliminación de aranceles

ab|schälen I. *vt* **1.** (*schälen*) pelar, mondar; (*von Rinde befreien*) descascar(ar), descortezar; **soll ich dir den Apfel ~?** ¿quieres que te monde la manzana?; **der Baumstamm muss fein säuberlich abgeschält werden** hay que descortezar limpiamente el tronco **2.** (*ent-*

A

fernen) quitar (*von* de/a), pelar (*von* de/a); **bevor die Stämme zersägt werden, muss man die Rinde ~** hay que quitar la corteza a los troncos antes de serrarlos; **die verhornte Haut kann von den Fersen abgeschält werden** se puede eliminar la piel callosa de los talones **II.** *vr:* **sich ~** caerse; **die Haut begann sich abzuschälen** la piel comenzó a pelarse; **von manchen Bäumen schält sich immer wieder die Rinde ab** la corteza de algunos árboles se cae constantemente

Abschaltautomatik *f* <-, -en> (TECH) mecanismo *m* automático de desconexión

ab|schalten I. *vi* (*fam*) **1.** (*unaufmerksam werden*) desconectar **2.** (*sich entspannen*) descansar, relajarse **II.** *vt* (*ausmachen*) apagar, desconectar

Abschaltung *f* <-, -en> desconexión *f*, interrupción *f;* **die ~ der Maschinen erfolgte automatisch** las máquinas se desconectaron automáticamente; **dieser Hebel bewirkt die sofortige ~ der Stromzufuhr** esta palanca provoca la interrupción inmediata de la alimentación eléctrica

Abschaltwärme *f* <-, *ohne pl*> (TECH) calor *m* de desconexión

Abschattung *f* <-, -en> sombreado *m*

ab|schätzen *vt* **1.** (*taxieren*) calcular; (COM) tasar **2.** (*beurteilen*) valorar

abschätzig ['apʃɛtsɪç] *adj* despectivo

Abschätzung *f* <-, -en> **1.** (*Taxierung*) cálculo *m* (aproximado); (COM) tasación *f* **2.** (*Bewertung*) valoración *f*

ab|schauen I. *vi* (*fam*): **bei jdm ~** copiar de alguien **II.** *vt* (*fam*): **etw von jdm ~** copiar algo de alguien

Abschaum *m* <-(e)s, *ohne pl*> (*abw*): **der ~ der Menschheit** la escoria de la humanidad

ab|scheiden *irr* **I.** *vi sein* (*geh*) fallecer **II.** *vt* desprender; (MED) supurar **III.** *vr:* **sich ~** (*geh*) separarse (*von* de)

ab|scheren *irr vt* cortar a tijera

Abscheu *m* <-s, *ohne pl*>, **Abscheu** *f* <-, *ohne pl*> (*Widerwille*) repugnancia *f*, repelencia *f;* (*Ekel*) asco *m;* **vor jdm/etw ~ haben** [*o* **empfinden**] tener [*o* sentir] asco de alguien/algo; **jds ~ erregen** repeler a alguien; **bei jdm ~ erregen** provocar repelencia [*o* repugnancia] a alguien

ab|scheuern I. *vt* **1.** (*reinigen*) fregar, restregar **2.** (*Kragen, Ärmel*) desgastar **3.** (*Haut*) levantar; **du hast dir die ganze Haut am Knie abgescheuert** te has levantado toda la piel de la rodilla, te has despellejado toda la rodilla **II.** *vr:* **sich ~** desgastarse, rozarse

abscheulich [ap'ʃɔɪlɪç] *adj* **1.** (*ekelhaft*) repelente, repugnante **2.** (*verwerflich*) abominable, detestable **3.** (*fam: unangenehm viel*) horrible; **es tut ~ weh** duele horriblemente

Abscheulichkeit[1] *f* <-, -en> (*Tat, Bemerkung*) atrocidad *f*, aberración *f;* **was erzählst du mir immer für ~en!** ¡qué asquerosidades me cuentas!; **diese bestialische Tat ist eine ~ sondergleichen** este acto bestial es una atrocidad sin par

Abscheulichkeit[2] *f* <-, *ohne pl*> (*entsetzliche Art*) atrocidad *f;* (*Verwerflichkeit*) abominación *f;* (*Abartigkeit*) aberración *f;* (*Ekelhaftigkeit*) asquerosidad *f*, repugnancia *f*

ab|schicken *vt* enviar, mandar

Abschiebehaft *f* <-, *ohne pl*> (POL) detención *f* previa a la expulsión

ab|schieben *irr* **I.** *vi sein* (*fam: weggehen*) largarse **II.** *vt* **1.** (*abrücken*) apartar (*von* de), retirar (*von* de); (*Schuld*) achacar (*auf* a); (*Verantwortung*) cargar (*auf* a) **2.** (*ausweisen*) expulsar **3.** (*loswerden*) deshacerse (de), desembarazarse (de)

Abschiebepraxis *f* <-, *ohne pl*> (POL) prácticas *fpl* de expulsión; **Abschiebestopp**[RR] *m* <-s, -s> (POL) suspensión *f* de la expulsión de extranjeros

Abschiebung *f* <-, -en> expulsión *f;* **Abschiebungshaft** ['apʃi:bʊŋshaft] *f* <-, *ohne pl*> (POL) detención *f* previa a la expulsión

Abschied ['apʃi:t] *m* <-(e)s, -e> **1.** (*Trennung*) despedida *f;* **von jdm ~ nehmen** despedirse de alguien; **ohne ~ weggehen** despedirse a la francesa; **zum ~ winken** despedirse [*o* decir adiós] con la mano **2.** (*aus dem Amt*) retiro *m;* (*Abdankung*) dimisión *f;* **seinen ~ nehmen** dimitir, retirarse; **seinen ~ bekommen** jubilarse; (MIL) ser licenciado, licenciarse; **Abschiedsbesuch** *m* <-(e)s, -e> visita *f* de despedida; **Abschiedsbrief** *m* <-(e)s, -e> (*fam*) carta *f* de despedida; **Abschiedsfeier** *f* <-, -n> fiesta *f* de despedida; **Abschiedsgesuch** *nt* <-(e)s, -e> (POL) dimisión *f;* **der Minister reichte dem Präsidenten sein ~ ein** el ministro entregó [*o* presentó] su carta de dimisión al presidente; **Abschiedsgruß** *m* <-es, -grüße> fórmula *f* de despedida; **Abschiedskuss**[RR] *m* <-es, -küsse> beso *m* de despedida; **Abschiedsrede** *f* <-, -n> discurso *m* de despedida; **Abschiedsschmerz** *m* <-es, *ohne pl*> (*geh*) dolor *m* de la separación [*o* de la despedida]; **Abschiedsszene** *f* <-, -n> (*iron*) escenita *f* de despedida; **Abschiedsträne** *f* <-, -n> lágrima *f* de despedida

ab|schießen *irr vt* **1.** (*Geschoss*) disparar; (*Rakete*) lanzar **2.** (*Wild*) cazar; (*Mensch*) matar a tiros, pegar un tiro (a) **3.** (*Flugzeug*) derribar; (*Panzer*) destruir **4.** (*fam: entlassen*) despachar

ab|schinden *irr vr:* **sich ~** (*fam: schwer arbeiten*) matarse trabajando

Abschirmdienst *m* <-(e)s, -e> servicios *mpl* de contraespionaje [*o* de inteligencia]; **militärischer ~** servicio militar de inteligencia [*o* de contraespionaje]

ab|schirmen *vt* **1.** (*schützen*) proteger (*gegen* de/contra) **2.** (*Licht*) matizar

Abschirmung *f* <-, -en> **1.** (*einer Gefahr*)

protección *f* (*gegen* de/contra) **2.** (*des Lichtes*) matización *f*

ab|schlachten *vt* **1.** (*Tiere*) matar, sacrificar **2.** (*grausam töten*) matar brutalmente; (*viele Menschen*) masacrar

ab|schlaffen **I.** *vi sein* (*fam*) cansarse, desmadejarse; **abgeschlafft sein** estar hecho polvo, estar machacado **II.** *vt* cansar, desmadejar

Abschlag *m* <-(e)s, -schläge> **1.** (SPORT) saque *m* de puerta **2.** (FIN, WIRTSCH: *Preisnachlass*) rebaja *f*, descuento *m*; (*Rate*) plazo *m*; (*Vorschuss*) adelanto *m*; ~ **auf den Lohn** adelanto sobre el sueldo; **etw auf ~ kaufen** comprar algo a plazos

ab|schlagen *irr vt* **1.** (SPORT) sacar (de puerta) **2.** (*Baum*) cortar, talar; **jdm den Kopf ~** decapitar a alguien **3.** (MIL) rechazar, repeler **4.** (*ablehnen*) rechazar; **jdm eine Bitte ~** negarle a alguien un favor

abschlägig ['apʃlɛ:gɪç] *adj* (*formal*) negativo, desfavorable; **jdm eine ~e Antwort geben** dar a alguien una respuesta negativa; **jdn ~ bescheiden** (ADMIN) responder negativamente a alguien; **ein Gesuch ~ bescheiden** denegar una petición

Abschlagsdividende *f* <-, -n> (WIRTSCH) dividendo *m* a cuenta; **Abschlagszahlung** *f* <-, -en> **1.** (*Ratenzahlung*) pago *m* a plazos **2.** (*Vorauszahlung*) pago *m* (por) adelantado; (*Vorschuss*) adelanto *m*

Abschlämmen *nt* <-s, *ohne pl*> desenlodado *m*

ab|schleifen *irr* **I.** *vt* rebajar; (*entfernen*) quitar lijando [*o* puliendo]; (*Edelsteine*) tallar; (*Kristall*) biselar **II.** *vr*: **sich ~** desgastarse; (*a. fig*) suavizarse

Abschleppdienst *m* <-(e)s, -e> servicio *m* de remolque, grúa *f fam*

ab|schleppen *vt* **1.** (*Auto*) remolcar, llevar a remolque **2.** (*fam: Person*) arrastrar

Abschleppfahrzeug *nt* <-(e)s, -e> (AUTO) (coche *m*) grúa *f*; **Abschleppseil** *nt* <-(e)s, -e> cuerda *f* de [*o* para] remolcar; **Abschleppstange** *f* <-, -n> barra *f* de remolcar [*o* para remolcar]; **Abschleppwagen** *m* <-s, -> grúa *f*

ab|schließen *irr* **I.** *vi* **1.** (*mit Schlüssel*) cerrar con llave **2.** (*zum Schluss kommen*) acabar, concluir; **mit jdm ~** romper con alguien **3.** (*Abschluss bilden*) cerrar **II.** *vt* **1.** (*Tür*) cerrar con llave **2.** (*beenden*) concluir; (*Studium*) acabar, terminar; (*Tagung*) clausurar **3.** (*vereinbaren*) acordar; (*Geschäft*) concluir, concertar; (*Vertrag*) cerrar, firmar; (*Versicherung, Wette*) hacer, cerrar **4.** (FIN: *Bücher*) hacer balance (de); (*Konto*) saldar, liquidar **5.** (COM: *Geschäftsjahr*) cerrar **III.** *vr*: **sich ~** (*sich isolieren*) aislarse (*von* de)

abschließend ['apʃli:sənt] **I.** *adj* concluyente, último **II.** *adv* por último, concluyendo

Abschluss[RR] *m* <-es, -schlüsse>, **Abschluß** *m* <-sses, -schlüsse> **1.** (*Verschluss*) cierre *m* **2.** (*Ende*) conclusión *f*, término *m*; **zum ~** para terminar; **nach ~ des Studiums** después de terminar la carrera; **zum ~ kommen** terminar; **etw zum ~ bringen** concluir algo, acabar algo **3.** (*Examen*) diploma *m*, título *m* **4.** (*eines Vertrags, einer Wette*) cierre *m* **5.** (COM) transacción *f*, operación *f*; **Abschlussball**[RR] *m* <-(e)s, -bälle> baile *m* de despedida; **Abschlussbericht**[RR] *m* <-(e)s, -e> informe *m* final; **Abschlussbilanz**[RR] *f* <-, -en> (FIN, WIRTSCH) balance *m* final; **Abschlussklasse**[RR] *f* <-, -n> **1.** (*Schüler*) promoción *f* **2.** (*Stufe*) último curso *m*; **sie besucht die ~ am Gymnasium** está haciendo el último curso de enseñanza media; **Abschlussprüfung**[RR] *f* <-, -en> examen *m* final; **Abschlussrechnung**[RR] *f* <-, -en> (FIN, WIRTSCH) cuenta *f* de liquidación; **Abschlusstermin**[RR] *m* <-s, -e> (WIRTSCH) plazo *m* de cierre; **Abschlussvollmacht**[RR] *f* <-, -en> (WIRTSCH) poder *m* para concluir contratos; **Abschlusswiderstand**[RR] *m* <-(e)s, -stände> (ELEK, PHYS, TEL) resistencia *f* terminal; **Abschlusszeugnis**[RR] *nt* <-ses, -se> ≈diploma *m*; (*nach acht Schuljahren*) título *m* de graduado escolar; (*Abitur*) título *m* de bachiller

ab|schmecken *vt* **1.** (*kosten*) probar **2.** (GASTR: *verfeinern*) sazonar; **mit Salz und Pfeffer ~** salpimentar al gusto

ab|schmelzen *irr* **I.** *vi sein* derretirse, fundirse **II.** *vt* fundir, derretir

ab|schmettern *vt* (*fam*) rechazar, descartar

ab|schmieren **I.** *vi sein* (AERO: *abstürzen*) perder altura, caer **II.** *vt* **1.** (TECH: *einfetten*) engrasar, lubrificar **2.** (*sl: unsauber abschreiben*) emborronar

ab|schminken **I.** *vt* desmaquillar; **das kannst du dir ~!** (*fig*) ¡eso ya te lo puedes quitar de la cabeza! **II.** *vr*: **sich ~** desmaquillarse

ab|schmirgeln *vt* (*glätten*) esmerilar, pulir; (*entfernen*) quitar lijando

Abschn. *Abk. von* **Abschnitt** párrafo *m*

ab|schnallen **I.** *vi* (*fam*) **1.** (*abschalten*) desconectar **2.** (*fassungslos sein*) quedarse de una pieza; **da schnallste ab!** ¡si no lo veo, no lo creo! **II.** *vt* (*abnehmen*) desabrochar, desatar **III.** *vr*: **sich ~** (*Gurt lösen*) desabrocharse

ab|schneiden *irr* **I.** *vi* **1.** (*Weg*) acortar **2.** (*Ergebnis erzielen*): **gut/schlecht ~** tener/no tener éxito; **bei einer Prüfung gut/schlecht ~** sacar buena/mala nota en un examen **II.** *vt* **1.** (*abtrennen*) cortar **2.** (*absperren*) cortar, acordonar **3.** (*abkürzen*) acortar; **den Weg ~** tomar un atajo, atajar; **jdm das Wort ~** interrumpir [*o* cortar] a alguien **4.** (*isolieren*) aislar; **von der Außenwelt abgeschnitten sein** estar incomunicado

ab|schnippeln *vt* (*fam*) cortar

Abschnitt *m* <-(e)s, -e> **1.** (*im Text*) párrafo *m* **2.** (*eines Gebietes*) sector *m* **3.** (*Zeitspanne*) lapso *m*, etapa *f* **4.** (*Wertmarke*) cupón *m*; (*eines Formulars*) resguardo *m*; (*bei Eintritts-*

karten) resguardo *m* (de control de entrada) **5.** (MATH) segmento *m*

ab|schnüren *vt* cortar; (*a. fig*) estrangular; **jdm die Luft ~** estrangular a alguien

ab|schöpfen *vt* **1.** (*obere Schicht*) quitar **2.** (*Gewinn*) retirar

Abschöpfung *f* <-, -en> (WIRTSCH) gravamen *m*

ab|schotten ['apʃɔtən] **I.** *vt* **1.** (NAUT) cerrar con mamparos **2.** (*isolieren*) aislar (*von* de) **II.** *vr:* **sich ~** aislarse (*von* de)

Abschottung ['apʃɔtʊŋ] *f* <-, -en> **1.** (NAUT) separación *f* con mamparos **2.** (*Isolation*) aislamiento *m*

ab|schrägen ['apʃrɛːgən] *vt* (ARCHIT, TECH) achaflanar, rebajar en bisel; (MATH: *Zylinder*) truncar

Abschrägung *f* <-, -en> ángulo *m;* (ARCHIT) chaflán *m;* (*Dach*) inclinación *f;* (TECH) bisel *m;* **ein Brett mit einer ~ von 130°** un tablón con un bisel de 130°

ab|schrauben *vt* desatornillar

ab|schrecken *vt* **1.** (*entmutigen*) desanimar, desalentar; (*einschüchtern*) intimidar, asustar; **sie lässt sich durch nichts ~** no se deja intimidar por nada **2.** (*Eier, Nudeln*) pasar por agua fría **3.** (TECH) enfriar bruscamente; (*Eisen*) templar

abschreckend *adj* (*einschüchternd*) intimidatorio; (*warnend*) disuasorio; **~es Beispiel** escarmiento *m*

Abschreckung *f* <-, -en> intimidación *f;* **zur ~ dienen** servir de intimidación; **nukleare** [*o* **atomare**] **~** intimidación nuclear; **Abschreckungsmaßnahme** *f* <-, -n> medida *f* disuasoria; **Abschreckungsmittel** *nt* <-s, -> medida *f* disuasoria; **Abschreckungswaffe** *f* <-, -n> (MIL) arma *f* disuasoria [*o* de disuasión]

ab|schreiben *irr vt* **1.** (*kopieren*) copiar (*von* de) **2.** (WIRTSCH) amortizar **3.** (*fam: verloren geben*) dar por perdido; **ich hatte ihn längst abgeschrieben** hacía tiempo que le había borrado de mi lista

Abschreibepolice *f* <-, -n> (FIN, WIRTSCH) póliza *f* flotante

Abschreiber(in) *m(f)* <-s, -; -, -nen> (SCH: *fam*) copión, -ona *m, f*

Abschreibung *f* <-, -en> (FIN, WIRTSCH) **1.** (*steuerliche Absetzung*) deducción *f,* desgravación *f* fiscal; **außerordentliche ~** amortización extraordinaria; **steuerliche ~en auf Investitionen** deducciones fiscales sobre inversiones **2.** (*Wertverminderung*) desvalorización *f;* **direkte/indirekte ~** amortización directa/indirecta; **lineare/progressive ~** amortización constante/creciente; **Abschreibungsbetrag** *m* <-(e)s, -träge> (FIN, WIRTSCH) cuota *f* de amortización; **abschreibungsfähig** *adj* (FIN, WIRTSCH) deducible, desgravable; **Abschreibungsmodell** *nt* <-s, -e> (FIN, WIRTSCH) método *m* de amortización; **abschreibungspflichtig** *adj* (FIN, WIRTSCH) sujeto a amortización; **Abschreibungsquote** *f* <-, -n> (FIN, WIRTSCH) cuota *f* de amortización

ab|schreiten *irr vt* **1.** *haben o sein* (MIL) pasar revista (a) **2.** *haben* (*Entfernung*) medir con pasos

Abschrift *f* <-, -en> copia *f;* **notariell beglaubigte/ordnungsgemäß beglaubigte ~** copia compulsada/debidamente legalizada

ab|schrubben *vt* **1.** (*reinigen*) cepillar, limpiar; (*entfernen*) quitar cepillando **2.** (*fam: zurücklegen*) hacerse; **heute habe ich 400 km abgeschrubbt** hoy me he hecho nada menos que 400 km

ab|schuften *vr:* **sich ~** (*fam*) dar el callo; **sich für jdn ~** (*fam*) matarse a trabajar por alguien

ab|schuppen **I.** *vt* desescamar **II.** *vr:* **sich ~** (*Haut*) exfoliarse; (*Farbe*) desconcharse

ab|schürfen *vt* despellejar; (MED) excoriar; **ich habe mir die Haut abgeschürft** me he levantado la piel; **ich habe mir das Knie abgeschürft** me he despellejado la rodilla

Abschürfung *f* <-, -en> (MED) excoriación *f*

Abschuss[RR] *m* <-es, -schüsse>, **Abschuß** *m* <-sses, -schüsse> **1.** (*einer Waffe*) disparo *m* **2.** (*einer Rakete*) lanzamiento *m* **3.** (*eines Flugzeugs*) derribo *m* **4.** (*bei der Jagd*) derribo *m;* **Tiere zum ~ freigeben** levantar la veda de animales; **Abschussbasis**[RR] *f* <-, -basen> (MIL) base *f* de lanzamiento

abschüssig ['apʃʏsɪç] *adj* (*Gelände*) empinado; (*Küste*) escarpado

Abschussliste[RR] *f* (*fig*) lista *f* negra; **auf der ~ stehen** estar en la lista negra [*o* en el índice]; **Abschussrampe**[RR] *f* <-, -en> plataforma *f* de lanzamiento

ab|schütteln *vt* **1.** (*entfernen*) sacudir (*von* de) **2.** (*Müdigkeit, Person*) librarse (de), deshacerse (de); **die Müdigkeit ~** sacudir(se) la pereza

ab|schütten *vt* tirar; **kannst du bitte den übervollen Eimer ~?** ¿puedes tirar un poco de agua? el cubo está demasiado lleno; **die gekochten Kartoffeln ~** escurrir las patatas cocidas

ab|schwächen **I.** *vt* **1.** (*Wirkung*) debilitar **2.** (*Eindruck, Formulierung*) atenuar, suavizar **3.** (*Stoß*) amortiguar **II.** *vr:* **sich ~** debilitarse

Abschwächung *f* <-, -en> debilitamiento *m*

ab|schwatzen *vt* (*fam*), **ab|schwätzen** *vt* (*südd: fam*) sacar; (*Geld, Geheimnis*) sonsacar; **er hat mir die Unterschrift regelrecht abgeschwatzt** me sacó la firma con sus artimañas

ab|schweifen ['apʃvaɪfən] *vi sein* **1.** (*geh: vom Weg*) salirse (*von* de), desviarse (*von* de) **2.** (*Gedanke*) divagar (*von* de)

Abschweifung *f* <-, -en> digresión *f,* divagación *f*

ab|schwellen *irr vi sein* **1.** (*Geschwulst*) deshincharse; **der Finger ist abgeschwollen** la inflamación del dedo ha bajado **2.** (*Lärm*) disminuir, decrecer

ab|schwenken **I.** *vi sein* (*Kamera*) virar; (*Partei*) dar un viraje; **vom Thema/von der Religion** ~ apartarse del tema/de la religión **II.** *vt* **1.** (*kurz abspülen*) enjuagar **2.** (GASTR: *abtropfen lassen*) escurrir

ab|schwindeln *vt* (*abw*) estafar, timar

ab|schwirren *vi sein* **1.** (*Vogel*) levantar el vuelo **2.** (*fam: weggehen*) poner pies en polvorosa

ab|schwören *irr vi* **1.** (*dem Glauben*) abjurar (+*dat* de) **2.** (*dem Alkohol*) renunciar (+*dat* a)

Abschwung *m* <-(e)s, -schwünge> **1.** (SPORT) salto *m* **2.** (WIRTSCH) recesión *f;* **monetärer** ~ (FIN) depresión monetaria

ab|segeln **I.** *vi sein* zarpar (*aus/von* de/desde), hacerse a la mar (*aus/von* de/desde) **II.** *vt haben* cubrir (un recorrido), navegar; **wir haben die Strecke abgesegelt** hemos cubierto el recorrido a vela

ab|segnen *vt* (*fam*) dar el visto bueno (a)

absehbar *adj* previsible; **das Ende war nicht** ~ el final no era previsible; **in ~er Zeit** en breve

ab|sehen *irr* **I.** *vi* descontar (*von* de); (*verzichten*) prescindir (*von* de); (*nicht berücksichtigen*) no tener en cuenta (*von*); **von einer Strafe/einem Besuch** ~ prescindir de un castigo/de una visita; **abgesehen von ...** a excepción de..., salvo..., zafo... *Am;* **abgesehen davon** aparte de eso; **abgesehen davon, dass ...** aparte de que..., sin contar con que..., prescindiendo del [*o* dejando aparte el] hecho de que... **II.** *vt* **1.** (*lernen*) fijarse; **jdm etw** ~ fijarse en cómo hace alguien algo **2.** (*voraussehen*) prever; **es ist abzusehen, dass ...** es de prever que... **3.** (*im Auge haben*) pretender; **es auf eine Beleidigung abgesehen haben** pretender ofender; **es auf jdn abgesehen haben** (*gern haben wollen*) pretender conseguir a alguien; (*schikanieren*) tomarla con alguien; **heute hat er es auf dich abgesehen** hoy la ha tomado contigo

ab|seifen ['apzaɪfən] *vt* enjabonar

ab|seilen *vr:* **sich** ~ **1.** (SPORT) descender en rapel **2.** (*fam: verschwinden*) esfumarse

ab|sein *irr vi s.* **ab II.3.**

abseits ['apzaɪts] **I.** *präp +gen* apartado de, lejos de; ~ **des Weges** lejos del camino **II.** *adv* **1.** (*fern*) alejado, lejos; **er hielt sich etwas** ~ se mantenía algo alejado **2.** (SPORT) fuera de juego

Abseits *nt* <-, *ohne pl*> (SPORT) fuera *m* de juego; **drei Spieler standen im** ~ tres jugadores estaban fuera de juego; **jdn ins** ~ **stellen** dejar a un lado a alguien, apartar a alguien

ab|senden *irr vt* (*Paket, Telegramm*) mandar, enviar; (*Waren*) expedir, despachar

Absender(in) *m(f)* <-s, -; -, -nen> remitente *mf;* (~*adresse*) remite *m;* (COM) expedidor(a) *m(f);* **Absenderhaftung** *f* <-, -en> (JUR) responsabilidad *f* del remitente

Absendetag *m* <-(e)s, -e> fecha *f* de envío

ab|sengen ['apzɛŋən] *vt* chamuscar

ab|senken **I.** *vt* **1.** (*Grundwassser*) bajar de nivel **2.** (*Weinstock*) acodar **II.** *vr:* **sich** ~ descender

Absenker *m* <-s, -> (BOT) esqueje *m*

Absenz [ap'zɛnts] *f* <-, -en> ausencia *f,* falta *f;* **bei** ~ en caso de ausencia

ab|servieren* *vt* **1.** (*Geschirr, Tisch*) quitar, retirar **2.** (*fam: kaltstellen*) marginar, privar de toda influencia; (*entlassen*) echar a la calle **3.** (*fam: ermorden*) eliminar

absetzbar *adj* **1.** (FIN) deducible, amortizable **2.** (*verkäuflich*) vendible **3.** (*aus einem Amt*) cesable

Absetzbecken *nt* <-s, -> tanque *m* de decantación

ab|setzen **I.** *vt* **1.** (*Hut, Brille*) quitarse **2.** (*hinstellen*) poner (*auf* en), dejar (*auf* en); (GEO) depositar **3.** (*Feder*) levantar (del papel); (*Gewehr*) descansar; (*Glas*) posar **4.** (*den Reiter abwerfen*) derribar **5.** (*aussteigen lassen*) dejar (*an/in* en) **6.** (*Minister*) destituir; (*Beamte*) deponer **7.** (*absagen*) suspender; (*Theaterstück*) quitar del cartel **8.** (COM) vender, dar salida (a) **9.** (FIN) deducir (*von* de); **von der Steuer** ~ deducir [*o* desgravar] de los impuestos **10.** (MED: *Behandlung*) abandonar, interrumpir; (*Medikament*) dejar de tomar **11.** (*fam: geschehen*): **es setzt Prügel ab** hay pelea **II.** *vr:* **sich** ~ **1.** (*sich niederschlagen*) acumularse, amontonarse; (*in Flüssigkeiten*) depositarse **2.** (*fam: verschwinden*) escaparse, largarse **3.** (*sich unterscheiden*) destacarse (*von/gegen* de (entre)) **4.** (SPORT) ir a la cabeza **5.** (MIL) retirarse

Absetzung *f* <-, -en> **1.** (*Amtsenthebung*) destitución *f,* suspensión *f;* (*eines Herrschers*) derrocamiento *m;* (*eines Königs*) destronamiento *m* **2.** (*einer Veranstaltung*) suspensión *f* **3.** (*von der Steuer*) deducción *f*

ab|sichern **I.** *vt* (*Bau-, Unfallstelle*) asegurar, proteger; **Handelsbeziehungen** ~ afianzar relaciones comerciales; **materiell/finanziell abgesichert** materialmente/financieramente seguro; **vertraglich abgesichert** asegurado por contrato **II.** *vr:* **sich** ~ (*sich schützen*) asegurarse, protegerse

Absicht *f* <-, -en> intención *f,* propósito *m;* (*Ziel*) objetivo *m;* **ausdrücklich böse/vermutete böse** ~ (JUR) intención expresamente/supuestamente dolosa; **betrügerische** ~ intención fraudulenta; **in böswilliger** ~ dolosamente; **in gewinnsüchtiger** ~ con ánimo de lucro; **gute/böse ~en haben** tener buenas/malas intenciones; **etw mit/ohne** ~ **tun** hacer algo a propósito/sin querer; **es war** ~ fue con intención; **das war nicht meine** ~ no era mi intención; **er störte mich mit** ~ lo hizo a sabiendas de que me molestaba; **er hat die** ~ **zu verreisen** tiene la intención de salir de viaje; **in der** ~**, etw zu tun** con el propósito de hacer algo; **er hat ernste ~en** (*fam*) tiene serios propósitos

absichtlich I. *adj* intencionado, deliberado II. *adv* a propósito, adrede, adifés *Ven;* **das hast du ~ getan** lo has hecho a propósito

Absichtserklärung *f* <-, -en> (JUR) declaración *f* de (buenas) intenciones

absichtslos *adj* inintencionado, no deliberado

ab|singen *irr vt* 1. (*von Anfang bis Ende*) cantar (de principio a fin); **am Anfang jeder Veranstaltung wurde die Nationalhymne abgesungen** al comienzo de cada acto se cantaba entero el himno nacional 2. (*vom Blatt*) cantar (leyendo); **die Strophen von einem Zettel/aus einem Liederbuch ~** cantar las estrofas de un papel/de un libro de canciones

ab|sinken *irr vi sein* (*Niveau*) descender, bajar; (*Schiff*) hundirse, irse a pique

Absinken *nt* <-s, *ohne pl*> descenso *m;* (*Schiff, Flüssigkeit*) hundimiento *m*

Absinth [ap'zɪnt] *m* <-(e)s, -e> ajenjo *m,* absintio *m*

ab|sitzen *irr* I. *vi sein* (*vom Pferd*) desmontar II. *vt* (*fam: Strafe, Dienstzeit*) cumplir

absolut [apzo'lu:t] I. *adj* absoluto; **~e Ruhe** reposo absoluto; **~er Blödsinn** (*fam*) majadería *f* II. *adv* absolutamente, por completo; (*in negativen Sätzen*) en absoluto; **das ist ~ unmöglich** es de todo punto imposible; **~ nichts** nada en absoluto; **~ betrachtet** [*o* **genommen**] visto de manera aislada

Absolutheit *f* <-, *ohne pl*> carácter *m* absoluto; **Absolutheitsanspruch** *m* <-(e)s, -sprüche> pretensión *f* de ser absoluto

Absolution [apzolu'tsjo:n] *f* <-, -en> (REL) absolución *f;* **jdm ~ erteilen** impartir la absolución [*o* el perdón] a alguien

Absolutismus [apzolu'tɪsmʊs] *m* <-, *ohne pl*> absolutismo *m*

absolutistisch [apzolu'tɪstɪʃ] *adj* absolutista

Absolvent(in) [apzɔl'vɛnt] *m(f)* <-en, -en; -, -nen> (*vor dem Examen*) examinando, -a *m, f;* (*nach dem Examen*) ex alumno, -a *m, f,* antiguo, -a alumno, -a *m, f,* egresado, -a *m, f Am*

absolvieren* [apzɔl'vi:rən] *vt* 1. (*Schule, Studium*) terminar; (*Prüfung*) aprobar; (*ableisten*) cumplir 2. (REL) absolver

Absolvierung *f* <-, *ohne pl*> 1. (*Schule, Studium*) terminación *f;* (*Prüfung*) aprobación *f;* (*ableisten*) cumplimiento *m* 2. (REL) absolución *f*

absonderlich [ap'zɔndɐlɪç] *adj* raro, singular

Absonderlichkeit *f* <-, -en> singularidad *f,* particularidad *f;* (*Geschehnis*) hecho *m* curioso

ab|sondern I. *vt* 1. (*Kranke*) separar, aislar; (*Häftlinge*) incomunicar 2. (*ausscheiden*) segregar, secretar, soltar *fam* II. *vr:* **sich ~** apartarse (*von* de)

Absonderung ['apzɔndərʊŋ] *f* <-, -en> 1. (*Isolierung*) separación *f,* aislamiento *m* 2. (BIOL, MED: *Vorgang*) segregación *f;* (*Sekret*) secreción *f*

Absorber *m* <-s, -> (TECH) sistema *m* de absorción; (*von Gasen*) extractor *m*

absorbieren* [apzɔr'bi:rən] *vt* absorber

Absorption *f* <-, *ohne pl*> absorción *f;* **absorptionsfähig** *adj* absortivo; **Absorptionsfähigkeit** *f* <-, -en> capacidad *f* de absorción

ab|spalten I. *vt* escindir; (CHEM) disociar II. *vr:* **sich ~** escindirse (*von* de); **ein Flügel der Partei hat sich abgespalten** se ha escindido un ala del partido

ab|spannen *vt* 1. (*von einer Kutsche*) desenganchar; (*Ochsen*) desuncir 2. (TECH: *mit Seilen*) tensar 3. (*entspannen*) relajar

ab|sparen *vt* ahorrar; **ich habe mir die Reise von meinem Taschengeld abgespart** me he pagado el viaje con mis ahorrillos; **das Studium haben wir uns vom Munde ~ müssen** la carrera nos la tuvimos que quitar de la boca

ab|specken ['apʃpɛkən] *vi* (*fam*) adelgazar, perder peso

ab|speichern *vt* (INFOR) almacenar (*auf* en)

ab|speisen *vt* (*fam*) despachar; **jdn mit leeren Versprechungen ~** despachar a alguien con promesas vacías; **sich mit etw ~ lassen** dejarse despachar con algo

abspenstig ['apʃpɛnstɪç] *adj:* **jdm etw ~ machen** mangar [*o* quitar] algo a alguien

ab|sperren *vt* 1. (*Straße*) bloquear, cortar 2. (*Österr, südd: abschließen*) cerrar (con llave)

Absperrgitter *nt* <-s, -> verja *f,* reja *f;* **Absperrhahn** *m* <-(e)s, -hähne> (TECH) llave *f* de paso; **Absperrkette** *f* <-, -n> cordón *m*

Absperrung *f* <-, -en> 1. (*das Absperren*) bloqueo *m,* acordonamiento *m;* (*von Straßen*) corte *m* de carreteras 2. (*Gitter*) reja *f,* valla *f;* (*Sperre*) barrera *f*

ab|spielen I. *vt* 1. (*Schallplatte*) poner 2. (*vom* (*Noten*)*blatt*) tocar sin preparación 3. (SPORT) pasar II. *vr:* **sich ~** (*sich ereignen*) ocurrir, suceder

ab|splittern I. *vi sein* (*Lack*) desconcharse II. *vt* partir; (*Holz*) astillar III. *vr:* **sich ~** (*Gruppe*) dividirse, fragmentarse

Absprache *f* <-, -n> convenio *m,* acuerdo *m;* **geheime ~** pacto secreto; **nach vorheriger/ohne vorherige ~** según/sin acuerdo previo; **eine ~ treffen** llegar a un acuerdo; **absprachegemäß** *adv* conforme a lo convenido

ab|sprechen *irr vt* 1. (*vereinbaren*) acordar, concertar 2. (*aberkennen*) privar (de), negar; **jdm ein Recht ~** privar a alguien de un derecho

ab|springen *irr vi sein* 1. (*herunterspringen*) saltar (*von* de), arrojarse (*von* de); (SPORT) coger impulso 2. (*Fahrradkette*) soltarse; (*Lack*) saltar **3.** (*fam: zurückziehen*) abandonar (*von*), retirarse (*von* de); (*Teilnehmer*) irse (*von* de); (*Vertragspartner*) volverse atrás

ab|spritzen **I.** *vt* regar **II.** *vi* (*vulg: ejakulieren*) correrse

Absprung *m* <-(e)s, -sprünge> salto *m;* (*Fallschirmspringen*) salto *m* (en paracaídas), descenso *m;* (*vom Turngerät*) salida *f;* **den ~ schaffen/verpassen** (*fam fig*) aprovechar/dejar pasar el momento adecuado

ab|spulen *vt* **1.** (*abwickeln*) desbobinar; (*Knäuel*) desovillar **2.** (*fam: vorspielen*) proyectar, exhibir **3.** (*fam: dahersagen*) desgranar; **das Programm ~** ejecutar mecánicamente el programa

ab|spülen *vt* (*Geschirr*) fregar, lavar; (*Schmutz*) limpiar

ab|stammen *vi* descender (*von* de), proceder (*von* de)

Abstammung *f* <-, *ohne pl*> **1.** (*Herkunft*) ascendencia *f,* origen *m* **2.** (*Geschlecht*) alcurnia *f,* linaje *m;* **direkte ~** descendencia en línea directa **3.** (BIOL, LING) origen *m,* procedencia *f;* **Abstammungslehre** *f* <-, -n> (BIOL) teoría *f* de la evolución

Abstand *m* <-(e)s, -stände> **1.** (*räumlich*) distancia *f;* **im ~ von 5 Metern** a una distancia de 5 metros **2.** (*zeitlich*) distancia *f,* intervalo *m;* **in regelmäßigen Abständen** a intervalos regulares **3.** (*Distanz*) distancia *f;* **den nötigen ~ wahren** (*von Personen*) mantener las distancias; (*von Fahrzeugen*) guardar la distancia prudencial; **von etw ~ gewinnen** (*fig*) cobrar distancia de algo; **davon ~ nehmen, etw zu tun** (*geh*) renunciar a [*o* abstenerse de] hacer algo **4.** (*Unterschied*) diferencia *f;* (*im Sport*) ventaja *f;* **mit großem ~ führen** tener gran ventaja; **mit ~ der Beste sein** ser el mejor con diferencia **5.** (*fam: Abfindung*) indemnización *f,* compensación *f;* **Abstandnahme** *f* <-, *ohne pl*> (JUR) renuncia *f* (*von* a); **Abstandsgeld** *nt* <-es, -er> (FIN) indemnización *f,* compensación *f;* **als ~ zahlen** pagar como compensación; **Abstandssumme** *f* <-, -n> indemnización *f,* compensación *f*

ab|statten ['apʃtatən] *vt:* **jdm einen Besuch ~** (*geh*) rendir visita a alguien

ab|stauben ['apʃtaubən] *vt* **1.** (*putzen*) desempolvar, quitar el polvo (a) **2.** (*fam: nicht verdienen*) sacar (sin merecerlo); (*schnorren*) gorronear **3.** (SPORT): **ein Tor ~** meter un gol de chorra

ab|stechen *irr* **I.** *vi* (*sich abheben*) contrastar (*von* con), destacarse (*von* de) **II.** *vt* **1.** (*Tier*) degollar, matar; (*sl: Menschen*) rajar **2.** (*Torf, Rasen*) cortar

Abstecher *m* <-s, -> **1.** (*Ausflug*) excursión *f* **2.** (*Umweg*) vuelta *f*

ab|stecken *vt* **1.** (*mit Pfählen*) jalonar, estacar; (*mit Grenzsteinen*) amojonar; (*Grenze*) delimitar, demarcar **2.** (*Kleid, Saum*) marcar con alfileres **3.** (*Position, Ziel*) definir

ab|stehen *irr vi* (*herausragen*) destacarse, salir; **~de Ohren** orejas de soplillo

Absteige ['apʃtaɪgə] *f* <-, -n> (*fam abw*) pensión *f* de mala muerte

ab|steigen *irr vi sein* **1.** (*abwärts gehen*) ir hacia abajo; **auf dem ~den Ast sein** (*fam*) ir [*o* estar] de capa caída **2.** (*vom Pferd, Fahrrad*) desmontar (*von* de), bajar (*von* de) **3.** (*übernachten*): **in einer Pension ~** parar [*o* hacer noche] en una pensión **4.** (SPORT) bajar, descender

Absteigequartier *nt* <-(e)s, -e> (*a. abw*) alojamiento *m;* **so kurz vor der Buchmesse ist nicht 'mal mehr ein ~ aufzutreiben** tan poco tiempo antes de la feria del libro no hay quien encuentre sitio donde parar

Absteiger *m* <-s, -> (SPORT) equipo *m* que desciende; **unsere Mannschaft gehört zu den ~n der Saison** nuestro equipo se encuentra entre los que descienden esta temporada

ab|stellen *vt* **1.** (*hinstellen*) colocar, poner; (*deponieren*) dejar **2.** (*parken*) aparcar, estacionar; **das Auto im Hinterhof ~** dejar el coche en el patio trasero **3.** (*Wasser*) cerrar; (*Strom*) cortar; (*ausmachen*) apagar, parar **4.** (*abkommandieren*) destinar, enviar (*für* a) **5.** (*beheben*) parar; **Missstände ~** remediar situaciones irregulares

Abstellgleis *nt* <-es, -e> apartadero *m,* vía *f* de depósito; **jdn aufs ~ schieben** dejar a alguien al margen; **Abstellkammer** *f* <-, -n>, **Abstellraum** *m* <-(e)s, -räume> (cuarto *m*) trastero *m*

ab|stempeln *vt* **1.** (*Briefe, Urkunden*) sellar, timbrar; (*Briefmarken*) matasellar **2.** (*bezeichnen*) tildar (*als/zu* de); **sie stempelten ihn zum** [*o* **als**] **Chauvinisten ab** le tildaban de chovinista

ab|steppen *vt* pespuntear

ab|sterben *irr vi sein* **1.** (*Zellen, Blätter*) morirse; **abgestorbenes Gewebe** tejido necrótico **2.** (*Glieder*) entumecerse; **seine Zehen waren vor Kälte wie abgestorben** los dedos de los pies se le habían entumecido del frío

Abstieg ['apʃtiːk] *m* <-(e)s, -e> bajada *f,* descenso *m;* (*Abhang*) pendiente *f;* (*Niedergang*) descenso *m;* (SPORT) descenso *m* a la categoría inferior; **ein steiler ~** un descenso empinado

ab|stillen **I.** *vi* (*aufhören zu stillen*) destetar, dejar de dar el pecho **II.** *vt* (*Säugling entwöhnen*) destetar, quitar el pecho (a)

ab|stimmen **I.** *vi* (*Stimme abgeben*) votar (*über* sobre); **über etw ~ lassen** someter algo a votación **II.** *vt* (*harmonisieren*) ajustar (*auf* a), compaginar (*auf* con); **sich mit jdm ~** ponerse de acuerdo con alguien

Abstimmung *f* <-, -en> **1.** (*Wahl*) votación *f;* **geheime ~** votación secreta; **~ durch Handheben** votación a mano alzada; **zur ~ bringen** someter a votación; **zur ~ kommen** pasar a la votación **2.** (*Absprache*) coordinación *f,* armonización *f;* **Abstimmungser-**

gebnis *nt* <-ses, -se> (*a.* POL) resultado(s) *m(pl)* de la votación; **alle erwarten mit Spannung das ~ der Präsidentenwahl** todos esperan con impaciencia el resultado de las elecciones presidenciales; **sie hofft auf ein ~ zu ihren Gunsten** espera que la votación se decida a su favor; **Abstimmungsniederlage** *f* <-, -n> fracaso *m* electoral [*o* en las urnas]; **Abstimmungssieg** *m* <-(e)s, -e> victoria *f* electoral [*o* en las urnas]

abstinent [apsti'nɛnt] *adj* abstinente, abstemio, temperante *Am*

Abstinenz [apsti'nɛnts] *f* <-, *ohne pl*> abstinencia *f*

Abstinenzler(in) *m(f)* <-s, -; -, -nen> abstinente *mf*, temperante *mf Am*

ab|stoppen I. *vi* pararse, detenerse II. *vt* 1. (*anhalten*) parar, detener 2. (*Zeit*) cronometrar

Abstoß *m* <-es, -stöße> 1. (SPORT) saque *m* de puerta 2. (*Stoß*) empujón *m*

ab|stoßen *irr* I. *vt* 1. (*Boot*) alejar (*von* de) 2. (MED: *Organ*) rechazar 3. (*verkaufen*) deshacerse (de) 4. (*beschädigen*) desportillar 5. (*anekeln*) asquear, dar asco (a) II. *vi* (*abstoßend sein*) repugnar, repeler, chocar *Am*

abstoßend *adj* (*eklig*) repugnante, repelente, imposible *Am*

Abstoßung *f* <-, -en> (MED) rechazo *m*; **Abstoßungsreaktion** *f* <-, -en> (MED) (reacción *f* de) rechazo *m*; **am 2. Tag nach der Transplantation trat die befürchtete ~ ein** dos días después del transplante se produjo el temido rechazo

ab|stottern *vt* (*fam*) pagar a plazos

abstrahieren* [apstra'hi:rən] I. *vi* (*geh*) hacer abstracción (*von* de), prescindir (*von* de) II. *vt* abstraer (*aus* de)

ab|strahlen *vt* 1. (*ausstrahlen*) emitir; (*übertragen*) trasmitir 2. (*mit Sandstrahlgebläse*) limpiar (*con chorro de arena*)

Abstrahlungswärme *f* <-, *ohne pl*> (TECH) calor *m* de irradiación

abstrakt [ap'strakt] *adj* abstracto

Abstraktion *f* <-, -en> abstracción *f*; **Abstraktionsvermögen** *nt* <-s, *ohne pl*> facultad *f* de abstracción, capacidad *f* de abstracción

ab|strampeln *vr:* **sich ~** (*fam*) esforzarse, dar el callo

ab|streichen *irr vt* 1. (*reinigen*) quitar, limpiar 2. (*Summe*) deducir

ab|streifen *vt* 1. (*entfernen*) quitar 2. (*Vorurteile*) deshacerse (de); (*Unarten*) quitarse 3. (*absuchen*) inspeccionar

ab|streiten *irr vt* negar; **dass er/sie intelligent ist, kann man ihr nicht ~** no se le puede negar que es inteligente

Abstrich *m* <-(e)s, -e> 1. (*Kürzung*) reducción *f*; (*Preise*) rebaja *f*; **~e im Haushalt** recortes en el presupuesto; **wir müssen ~e machen** tenemos que reducir gastos 2. (MED) frotis *m inv*

abstrus [ap'stru:s] *adj* abstruso

ab|stufen *vt* 1. (*stufenförmig machen*) escalonar 2. (*Farben*) matizar 3. (*im Lohn herabsetzen*) bajar de categoría

Abstufung *f* <-, -en> 1. (*des Lohnes*) descenso *m* (*de categoría salarial*) 2. (FIN: *Staffelung*) clasificación *f*, escala *f* 3. (*Schattierung*) matización *f*

ab|stumpfen ['apʃtʊmpfən] I. *vi sein* (*fig*) embrutecerse, volverse insensible; (*Gefühl*) embotarse; **seine Gefühle für Maria waren völlig abgestumpft** sus sentimientos por María se habían convertido en indiferencia; **das abgestumpfte Gewissen der Terroristen** la conciencia embotada de los terroristas II. *vt* truncar; (*fig*) embrutecer

Abstumpfung *f* <-, -en> embrutecimiento *m*

Absturz *m* <-(e)s, -stürze> 1. (*Fall*) caída *f* 2. (INFOR) fallo *m* general

ab|stürzen *vi sein* 1. (*Flugzeug*) estrellarse; (*Bergsteiger*) caer, despeñarse 2. (*steil abfallen*) caer en picado 3. (INFOR: *Programm*) producirse un error de tipo general (en); **mein Computer ist abgestürzt** (*fam*) se me ha quedado colgado el ordenador

Absturzstelle *f* <-, -n> lugar *m* de la caída

ab|stützen I. *vt* apoyar, sostener II. *vr:* **sich ~** apoyarse

ab|suchen *vt* buscar por todas partes, registrar; (*Gelände*) batir

Absud ['apzu:t, ap'zu:t, *pl:* 'apzu:də, ap'zu:də] *m* <-(e)s, -e> (*alt*) cocimiento *m*, cocción *f*; **Absudapparat** *m* <-(e)s, -e> (CHEM) aparato *m* de decocción

absurd [ap'zʊrt] *adj* absurdo; **das finde ich ~** (esto) me parece absurdo

Absurdität [apzʊrdi'tɛ:t] *f* <-, -en> absurdo *m*; (*Unsinn*) disparate *m*

Abszess[RR] [aps'tsɛs] *m* <-es, -e>, **Abszeß** *m* <-sses, -sse> (MED) absceso *m*

Abszisse [aps'tsɪsə] *f* <-, -n> (MATH) abscisa *f*

Abt [apt] *m*, **Äbtissin** *f* <-(e)s, Äbte; -, -nen> abad(esa) *m(f)*

Abt. *Abk. von* **Abteilung** dpto.

ab|tasten *vt* 1. (*befühlen*) tentar; (MED) palpar; (*bei einer Durchsuchung*) registrar, cachear 2. (INFOR) leer

Abtaster *m* <-s, -> (INFOR) escáner *m*

ab|tauchen *vi sein* 1. (*unter Wasser*) sumergirse 2. (*sl: verschwinden*) tomar las de Villadiego

ab|tauen I. *vt* 1. (*Kühlschrank*) descongelar 2. (*Eis*) derretir II. *vi* deshelarse

Abtauvorrichtung *f* <-, -en> (TECH) descongelador *m*

Äbte *pl von* **Abt**

Abtei [ap'taɪ] *f* <-, -en> abadía *f*

Abteil [ap'taɪl] *nt* <-(e)s, -e> compartim(i)ento *m*

ab|teilen *vt* 1. (*Raum*) dividir 2. (*abtrennen*) separar

Abteilservice *m* <-, *ohne pl*> (EISENB) servicio *m* de restauración en bandeja

Abteilung [-'--] *f* <-, -en> **1.** (*Abtrennung*) división *f*, separación *f* **2.** (*im Betrieb, Kaufhaus*) sección *f*, departamento *m;* (*im Museum*) sala *f;* (*im Krankenhaus*) unidad *f;* ~ **für Familiengerichtssachen** departamento de asuntos jurídico-familiares; ~ **für Öffentlichkeitsarbeit** departamento de relaciones públicas **3.** (MIL) destacamento *m;* **Abteilungsleiter(in)** *m(f)* <-s, -; -, -nen> jefe, -a *m, f* de sección [*o* de departamento]

ab|telefonieren* **I.** *vi* (*fam: telefonisch absagen*) anular una cita por teléfono; **wir sollten ihm ~, sonst wartet er vergebens** deberíamos llamarle para anular la cita, si no esperará en vano **II.** *vt* (*fam*) llamar a todos; **eine Firma nach jdm ~** llamar a toda la empresa preguntando por alguien; **den ganzen Freundeskreis ~** llamar a todos los amigos

ab|tippen *vt* (*fam*) pasar a máquina

Äbtissin [ɛp'tɪsɪn] *f* <-, -nen> *s.* **Abt**

ab|tönen *vt* (*Farbe*) matizar, graduar

Abtönung *f* <-, -en> (KUNST) **1.** (*das Abtönen*) matización *f;* **eine ~ ins Gelbliche/Bläuliche vornehmen** matizar con un tono amarillento/azulado **2.** (*Farbnuance*) tono *m*, matiz *m;* **eine ~ erzielen** conseguir un matiz de color

ab|töten *vt* matar

ab|tragen *irr vt* **1.** (*Boden, Gelände*) aplanar, nivelar **2.** (*Gebäude, Mauer*) derribar, demoler **3.** (*Kleidung, Schuhe*) (des)gastar **4.** (*geh: Schulden*) ir pagando, liquidar **5.** (*geh: Geschirr*): **Teller ~** retirar los platos

abträglich ['aptrɛːglɪç] *adj* (*geh*) perjudicial; **der Gesundheit ~** perjudicial para la salud

Abtragung *f* <-, -en> (GEO) lixivación *f*

Abtransport *m* <-(e)s, -e> transporte *m* (*von* de)

ab|transportieren* *vt* **1.** (*Waren, Güter*) transportar **2.** (*Person*) evacuar

ab|treiben *irr* **I.** *vi* **1.** *sein* (*Boot*) derivar, ir a la deriva; (*Flugzeug, Schwimmer*) desviarse del rumbo **2.** (*Schwangerschaft abbrechen*) abortar **II.** *vt* **1.** (*weglenken*) arrastrar, apartar **2.** (*Schwangerschaft abbrechen*) abortar

Abtreibung *f* <-, -en> aborto *m;* **Abtreibungsparagraph** *m* <-en, -en> (JUR) artículo *m* sobre el aborto, artículo *m* relativo a la interrupción del embarazo; **Abtreibungspille** *f* <-, -n> píldora *f* abortiva

ab|trennen *vt* **1.** (*Angenähtes*) descoser **2.** (*abteilen*) separar, dividir

Abtrennung *f* <-, -en> **1.** (*Lostrennen*) desprendimiento *m;* **mit einer Schere ist die ~ von Knöpfen leicht gemacht** con unas tijeras es fácil descoser botones **2.** (*Abteilen*) división *f;* **die ~ einzelner Räume erfolgte durch Stellwände** la división en salones independientes se hizo con mamparas **3.** (*trennende Vorrichtung*) separación *f;* **ein Vorhang war die einzige ~ zwischen den Betten** la única separación entre las camas era una cortina **4.** (*Abschneiden*) extirpación *f;* **der Arzt begann mit der ~ der Warze** el médico procedió a extirpar la verruga

ab|treten *irr* **I.** *vi sein* **1.** (MIL) romper filas **2.** (THEAT) retirarse (*von* de) **II.** *vt* **1.** (*abnutzen: Teppich*) gastar; (*Absätze*) desgastar **2.** (*überlassen*) ceder, transferir; (*Geschäft*) traspasar **3.** (*säubern*) limpiar; **sich** *dat* **die Schuhe an der Fußmatte ~** limpiarse los zapatos en el felpudo

Abtretende(r) *mf* <-n, -n; -n, -n> (JUR) cedente *mf*

Abtreter *m* <-s, -> (*fam*) felpudo *m*

Abtretung *f* <-, -en> (JUR) cesión *f*, traspaso *m;* **Abtretungsempfänger(in)** *m(f)* <-s, -; -, -nen> (JUR) cesionario, -a *m, f;* **Abtretungsurkunde** *f* <-, -n> (JUR) escritura *f* de cesión; **Abtretungsvertrag** *m* <-(e)s, -träge> (JUR) contrato *m* de cesión

Abtrieb *m* <-(e)s, -e> bajada *f* del ganado (*de los pastos de alta montaña*)

Abtritt *m* <-(e)s, -e> **1.** (POL) abandono *m*, retirada *f* **2.** (THEAT) mutis *m inv*, salida *f*

Abtrittsdünger *m* <-s, -> abono *m* de retrete

ab|trocknen *vt* secar, enjugar *geh;* **trockne dich gut ab!** ¡sécate bien!; **ich trocknete mir die Hände ab** me sequé las manos; **sie trocknete sich die Tränen ab** enjugó sus lágrimas *geh*

ab|tropfen *vi sein* escurrir

ab|trotzen *vt* (*Recht, Erlaubnis*) arrancar, conseguir (tras mucho porfiar)

abtrünnig ['aptrʏnɪç] *adj* **1.** (REL) renegado; **dem Glauben ~ werden** apostatar de la fe **2.** (POL) disidente

Abtrünnige(r) *mf* <-n, -n; -n, -n> **1.** (REL) apóstata *mf* **2.** (POL) disidente *mf*

Abtrünnigkeit *f* <-, *ohne pl*> sedición *f*, rebeldía *f;* (REL) apostasía *f;* (POL) disidencia *f*

ab|tun *irr vt* **1.** (*fam: Kleidung, Brille*) quitarse **2.** (*zurückweisen*) rechazar; **etw als belanglos ~** minimizar algo; **etw mit einem Achselzucken ~** rechazar algo encogiéndose de hombros

ab|tupfen *vt* **1.** (*Blut, Wunde*) taponar **2.** (*Stirn, Tränen*) secar, empapar

Abundanz [abʊn'dants] *f* <-, *ohne pl*> abundancia *f;* **absolute/relative ~** (ÖKOL) abundancia absoluta/relativa

ab|urteilen *vt* (JUR) sentenciar, condenar

Aburteilung *f* <-, -en> **1.** (JUR: *Verurteilung*) enjuiciamiento *m*, juicio *m* **2.** (*Verdammung*) condena *f;* **Vorurteile führen oft zu voreiligen ~en** los prejuicios conducen a menudo a una condena prematura

Abverkauf *m* <-(e)s, -käufe> (*Österr: wegen Aufgabe des Geschäfts*) (venta *f* por) liquidación *f;* (*am Ende der Saison*) rebajas *fpl*

ab|verlangen* *vt* exigir (con descaro); **jdm etw ~** exigir algo a alguien; **du verlangst dir zu viel ab** te exiges demasiado a ti mismo

ab|wägen ['apvɛːgən] *irr vt* ponderar, sopesar

Abwägung *f* <-, -en> ponderación *f;* **nach ~ der Vor- und Nachteile einen Entschluss fassen** tomar una decisión tras sopesar los pros y los contras

Abwahl *f* <-, *ohne pl*> sufragio *m* negativo, revocación *f*

abwählbar *adj* **1.** (*aus einem Amt*) revocable; (**nicht**) **~ sein** (no) ser revocable; **der Präsident ist nicht ~** no se puede anular la elección del presidente **2.** (*Schulfach*) optativo; **Deutsch ist nicht ~** la clase de alemán no es optativa, el alemán es una asignatura obligatoria

ab|wählen *vt* **1.** (*Politiker*) anular la elección (de) **2.** (SCH: *Fach*) no elegir; **ich wählte Chemie durch Biologie ab** dejé Química por Biología, elegí Biología en lugar de Química

ab|wälzen *vt* (*Schuld*) echar (*auf* a); (*Arbeit*) descargar (*auf* en)

ab|wandeln *vt* modificar, variar

ab|wandern *vi sein* emigrar

Abwanderung *f* <-, -en> **1.** (SOZIOL: *Bevölkerung*) éxodo *m;* (*Fachkräfte*) fuga *f;* **die ~ qualifizierter Arbeitskräfte muss gestoppt werden** hay que poner coto a la fuga de trabajadores cualificados; **die ~ der Bevölkerung in besser versorgte Regionen** el éxodo de la población hacia regiones más favorecidas **2.** (FIN: *Kapital*) evasión *f,* fuga *f;* **die ~ des Kapitals in Hochzinsländer** la evasión de capital hacia países de intereses altos **3.** (ÖKOL) éxodo *m,* cambio *m* de hábitat; **die Industrie hat zur ~ ganzer Tierpopulationen geführt** la industria ha provocado un éxodo masivo de las poblaciones animales; **Abwanderungsverlust** *m* <-(e)s, -e> (SOZIOL) pérdida *f* por fuga de cerebros; **der ~ von qualifizierten Nachwuchswissenschaftlern ist enorm** la fuga de jóvenes científicos altamente cualificados es enorme

Abwandlung *f* <-, -en> modificación *f,* variación *f*

Abwärme *f* <-, *ohne pl*> (TECH) calor *m* de escape [*o* residual], polución *f* térmica; **Abwärmenutzung** *f* <-, *ohne pl*> (TECH) recuperación *f* del calor residual

Abwart(in) *m(f)* <-s, -e; -, -nen> (*Schweiz: Hausmeister*) portero, -a *m, f*

ab|warten *vt, vi* esperar; **die Ergebnisse ~** esperar los resultados; **~ und Tee trinken** (*fam*) esperar a ver qué pasa

abwartend *adj* expectante; **eine ~e Haltung einnehmen** estar a la expectativa

Abwartin *f* <-, -nen> (*Schweiz*) *s.* **Abwart**

abwärts ['apvɛrts] *adv* hacia abajo; **mit jdm/etw** *dat* **geht es ~** algo/alguien va cuesta abajo [*o* de mal en peor]; **abwärts|gehen** *irr vunpers sein s.* **abwärts**; **abwärtskompatibel** *adj* (INFOR) compatible hacia abajo; **Abwärtspfeil** *m* <-(e)s, -e> (INFOR) flecha *f* abajo; **Abwärtstrend** *m* <-(e)s, -s> tendencia *f* descendente

Abwasch¹ ['apvaʃ] *m* <-(e)s, *ohne pl*> (*fam*) **1.** (*Abspülen*) fregado *m* de la vajilla; **den ~ machen** fregar **2.** (*Geschirr*) vajilla *f* por fregar, platos *mpl* sucios

Abwasch² *f* <-, -en> (*Österr: Spülbecken*) fregadero *m*

abwaschbar *adj* lavable

Abwaschbecken *nt* <-s, -> fregadero *m,* pila *f*

ab|waschen *irr* **I.** *vi* fregar **II.** *vt* **1.** (*Geschirr*) fregar **2.** (*Schmutz*) limpiar

Abwaschschüssel *f* <-, -n> barreño *m* de fregar; **Abwaschwasser** *nt* <-s, *ohne pl*> **1.** (*zum Abwaschen*) agua *f* para fregar [*o* para el fregado] **2.** (*gebrauchtes Wasser*) agua *f* de fregar [*o* del fregado]

Abwasser *nt* <-s, -wässer> aguas *fpl* residuales; **häusliches ~** aguas residuales domésticas; **Abwasseranlage** *f* <-, -n> planta *f* de tratamiento de aguas residuales; **Abwasseraufbereitung** *f* <-, -en> tratamiento *m* de las aguas residuales; **Abwasserbehandlung** *f* <-, -en> tratamiento *m* de las aguas residuales; **Abwasserbeseitigung** *f* <-, -en> eliminación *f* de las aguas residuales; **Abwasserentsorgung** *f* <-, -en> evacuación *f* de aguas residuales; **Abwassergebühr** *f* <-, -en> tarifa *f* para la evacuación de aguas residuales; **Abwasserkanal** *m* <-(e)s, -kanäle> alcantarilla *f,* acequia *f Mex,* coladera *f Mex;* **Abwasserkanalisation** *f* <-, -en> canalización *f* de aguas residuales

Abwasserreinigung *f* <-, -en> depuración *f* de aguas (residuales); **Abwasserreinigungsanlage** *f* <-, -n> planta *f* purificadora de aguas residuales

Abwasserrohr *nt* <-(e)s, -e> conducto *m* de aguas residuales

ab|wechseln *vi, vr:* **sich ~** alternar(se), turnarse

abwechselnd *adv* alternativamente, por turnos; **es gab ~ Reis und Nudeln** había un día arroz y otro pasta; **sie passten ~ auf die Kinder auf** se turnaban para cuidar a los niños

Abwechs(e)lung *f* <-, -en> cambio *m;* **eine angenehme ~** un cambio agradable; **für ~ sorgen** procurar diversión; **zur ~** para variar; **abwechslungshalber** ['apvɛkslʊŋshalbɐ] *adv* para variar; **abwechslungslos** **I.** *adj* **1.** (*immer gleich*) poco variado; (*ereignislos*) monótono; **meine Arbeit ist interessant aber leider ziemlich ~** mi trabajo es interesante pero poco variado; **er führt ein ruhiges aber auch sehr ~es Leben** lleva una vida tranquila pero muy monótona **2.** (*langweilig*) aburrido; **ein ~es Programm** un programa aburrido [*o* sin interés] **II.** *adv* sin variación; **dieser Fußballer spielt ziemlich ~** este futbolista juega sin demasiadas variaciones; **abwechslungsreich** *adj* variado; (*ereignisreich*) rico en impresiones

Abwege ['apveːgə] *mpl:* **auf ~ geraten** apartarse del buen camino, ir por mal camino

abwegig ['apve:gɪç] *adj* desacertado, fuera de lugar; **ich finde diese Behauptung nicht ~** no me parece desacertada esa afirmación

Abwegigkeit *f* <-, -en> desacierto *m;* **die ~ dieser Behauptung ist offensichtlich!** ¡es evidente lo absurdo de esa afirmación!

Abwehr ['pve:ɐ] *f* <-, *ohne pl*> (*Verteidigung*) defensa *f;* (*Abstoßung*) rechazo *m;* **abwehrbereit** *adj* (MIL) dispuesto para el ataque [*o* la defensa]; **Abwehrdienst** *m* <-(e)s, -e> (MIL) servicio *m* de defensa, contraespionaje *m*

ab|wehren I. *vi* rehusar II. *vt* 1. (*fernhalten*) mantener a distancia, evitar; (*Krankheitserreger*) protegerse (de) 2. (*ablehnen*) rechazar, rehusar; (*Verdacht*) descartar; **den Feind ~** (MIL) rechazar al enemigo 3. (SPORT) despejar

abwehrend I. *adj* defensivo; (*abweisend*) de rechazo; **sie machte eine ~e Geste, um weiteren Fragen zu entgehen** hizo un gesto de rechazo con la mano para evitar más preguntas; **das Kind hatte Angst und nahm eine ~e Haltung ein** el niño tenía miedo y se puso a la defensiva II. *adv* para defenderse; **die Hände ~ hochheben** levantar las manos para parar un golpe; **er hielt ~ die Hände vors Gesicht** se protegió la cara con las manos

Abwehrkräfte *fpl* (MED) defensas *fpl* (del organismo); **Abwehrmaßnahme** *f* <-, -n> medida *f* de defensa; **Abwehrmechanismus** *m* <-, -mechanismen> (PSYCH, MED) mecanismo *m* de defensa; **Abwehrreaktion** *f* <-, -en> (PSYCH, MED) reacción *f* de defensa; **Abwehrspieler(in)** *m(f)* <-s, -; -, -nen> (SPORT) defensa *mf;* **Abwehrstoff** *m* <-(e)s, -e> (MED) anticuerpo *m;* **Abwehrsystem** *nt* <-s, -e> (MED) sistema *m* profiláctico

ab|weichen *irr vi sein* 1. (*vom Kurs, Thema*) desviarse (*von* de), apartarse (*von* de) 2. (*sich unterscheiden*) diferir (*von* de), divergir (*von* de); (*Meinung*) discrepar

abweichend *adj* divergente, diferente; **~e Meinungen** opiniones discrepantes

Abweichler(in) *m(f)* <-s, -; -, -nen> (POL: *abw*) disidente *mf*

Abweichung *f* <-, -en> 1. (*das Abweichen*) desviación *f* 2. (TECH) anomalía *f,* irregularidad *f* 3. (*Differenz*) divergencia *f,* discrepancia *f*

ab|weiden *vt* pacer

Abweiden *nt* <-s, *ohne pl*> pasto *m;* **starkes ~** pasto fuerte

ab|weisen *irr vt* 1. (*Antrag*) rechazar, denegar; (*Anklage*) refutar; **das lässt sich nicht ~** esto no se puede negar 2. (*wegschicken*) no recibir

abweisend *adj* (*ablehnend*) negativo; (*zurückweisend*) reservado

Abweisung *f* <-, -en> rechazo *m;* **Abweisungsbegehren** *nt* <-s, -> (JUR) petición *f* de desestimación

abwendbar *adj* evitable; **damals wäre die Katastrophe noch ~ gewesen** en aquel momento aún se hubiera podido evitar la catástrofe

ab|wenden *irr* I. *vt* 1. (*Gesicht, Blick*) apartar (*von* de), volver 2. (*Gefahr, Nachteile*) evitar, impedir II. *vr:* **sich ~** (*sich wegdrehen*) apartarse (*von* de), volverse

ab|werben *irr vt* (WIRTSCH) quitar; **der Konkurrenz Mitarbeiter ~** hacerse con los colaboradores de la competencia

Abwerbung *f* <-, -en> (WIRTSCH): **~ von Arbeitskräften** atracción *f* de mano de obra de la competencia

ab|werfen *irr* I. *vt* 1. (*Reiter*) derribar; (*Latte*) tirar; (*Geweih*) echar; (*Blätter*) perder; (*Bomben*) lanzar, arrojar 2. (*Gewinn*) rendir, arrojar 3. (*Karten*) tirar, echar II. *vi* (SPORT: *vom Tor*) hacer un saque de puerta

ab|werten *vt* 1. (FIN) devaluar, desvalorizar 2. (*herabsetzen*) despreciar, quitar valor (a)

abwertend *adj* (*negativ*) peyorativo; (*verächtlich*) despectivo

Abwertung *f* <-, -en> (FIN) devaluación *f*

abwesend ['apve:zənt] *adj* 1. (*nicht zugegen*) ausente 2. (*zerstreut*) distraído, en la luna, volado *Am;* **mit ~em Blick** con mirada ausente

Abwesende(r) *mf* <-n, -n; -n, -n> ausente *mf*

Abwesenheit *f* <-, -en> 1. (*körperlich*) ausencia *f;* **in ~** (JUR) in absentia, en ausencia; **durch ~ glänzen** brillar por su ausencia 2. (*geistig*) distracción *f*

ab|wickeln *vt* 1. (*Knäuel*) deshacer, desovillar; (*Kabel, Garn*) desenrollar 2. (*Geschäft, Veranstaltung*) realizar, llevar a cabo

Abwicklung *f* <-, -en> (WIRTSCH) liquidación *f,* realización *f;* **Abwicklungsgeschäft** *nt* <-(e)s, -e> operación *f* de liquidación

ab|wiegeln ['apvi:gəln] *vi* 1. (*beschwichtigen*) calmar, aplacar 2. (*abw: herunterspielen*) minimizar

ab|wiegen *irr vt* pesar

ab|wimmeln *vt* (*fam: Arbeit*) quitarse de encima; (*Besucher*) deshacerse (de), librarse (de)

Abwind *m* <-(e)s, -e> (AERO, METEO) viento *m* descendente

ab|winken *irr vi* hacer un gesto negativo con la mano

ab|wirtschaften I. *vi* arruinarse; **die Firma hat längst abgewirtschaftet** la empresa se fue a pique hace tiempo; **die Partei hat bei den Wählern abgewirtschaftet** el partido ha perdido la confianza de sus electores II. *vt* llevar a la ruina

ab|wischen *vt* 1. (*Staub, Schmutz*) limpiar, quitar; **wisch dir den Mund mit der Serviette gut ab!** ¡límpiate bien con la servilleta!; **ich wische mir die Hände/die Tränen ab** me seco las manos/las lágrimas 2. (*Tisch*) limpiar, pasar con una bayeta 3. (*abtrocknen*) secar, enjugar *geh*

ab|wracken *vt* **1.** (*verschrotten*) desguazar **2.** (*herunterkommen*): **diese abgewrackten Typen sind kein guter Umgang für dich!** ¡esos des(h)arrapados no son una buena compañía para ti!

Abwurf *m* <-(e)s, -würfe> **1.** (*von Bomben*) lanzamiento *m* **2.** (SPORT) saque *m*

ab|würgen *vt* (*fam*) **1.** (*Diskussion, Streik*) ahogar, reprimir **2.** (*Motor*) ahogar, calar

abyssal [abʏ'sa:l] *adj* (GEO) abismal

Abyssal *nt* <-s, *ohne pl*> (GEO) abismo *m*

abyssisch *adj* (GEO) abisal; **~e Region** región abisal

ab|zahlen *vt* pagar; (*in Raten*) pagar a plazos; **das Haus ist abbezahlt** la casa ya está pagada [*o* terminada de pagar]

ab|zählen *vt* contar; **das kannst du dir doch an fünf Fingern ~!** (*fam*) ¡eso lo ve hasta un ciego!

Abzählreim *m* <-(e)s, -e> *cancioncilla para elegir a algo o a alguien, p. ej. "Pinto, pinto, colorito..."*

Abzahlung *f* <-, -en> **1.** (*Ratenzahlung*) pago *m* a plazos; **etw auf ~ kaufen** comprar algo a plazos **2.** (*Rückzahlung*) importe *m* total; **Abzahlungsgeschäft** *nt* <-(e)s, -e> (WIRTSCH) negocio *m* a plazos; **Abzahlungskosten** *pl* (WIRTSCH) gastos *mpl* del pago a plazos; **Abzahlungskredit** *m* <-(e)s, -e> (FIN) crédito *m* de pago a plazos

Abzählvers *m* <-es, -e> *s.* **Abzählreim**

ab|zapfen ['aptsapfən] *vt* (*Bier*) sacar; **jdm Blut ~** (*fam*) sacar sangre a alguien, sangrar a alguien

Abzäunung *f* <-, -en> vallado *m*, cercado *m*

Abzeichen *nt* <-s, -> **1.** (MIL) condecoración *f*, medalla *f* **2.** (*Anstecknadel*) distintivo *m*

ab|zeichnen **I.** *vt* **1.** (*kopieren*) copiar **2.** (*signieren*) rubricar, firmar **II.** *vr:* **sich ~ 1.** (*sich abheben*) destacarse (*auf* de), perfilarse (*auf* sobre) **2.** (*deutlich werden*) perfilarse, dibujarse

abziehbar *adj* deducible

Abziehbild *nt* <-(e)s, -er> calcomanía *f*

ab|ziehen *irr* **I.** *vi* **1.** (*Dampf, Rauch*) salir(se), escapar(se); (*Gewitter*) alejarse **2.** (*Truppen, Zugvögel*) irse, marcharse **3.** (*fam: weggehen*) largarse **II.** *vt* **1.** (*wegnehmen*) sacar (*von* de), extraer (*von* de); (*entfernen*) quitar (*von* de); **das Bett ~** quitar las sábanas **2.** (*Tier*) desollar, despellejar **3.** (FOTO, TYPO) sacar copias (de) **4.** (MATH) restar, sustraer **5.** (*vom Lohn, Preis*) deducir (*von* de), descontar (*von* de); **sie zog fünf Prozent vom Preis ab** descontó un cinco por ciento del precio **6.** (MIL) retirar **7.** (*Schweiz: ausziehen*) desvestir, desnudar **8.** (*Wend*): **zieh nicht so eine Schau ab!** (*fam*) ¡no hace falta que montes este espectáculo! **III.** *vr:* **sich ~** (*Schweiz: sich ausziehen*) desnudarse, desvestirse

ab|zielen *vi* (*Bemerkung*) referirse (*auf* a), ir dirigido (*auf* a); (*anstreben*) tener como meta (*auf*); **ich merkte sofort, worauf sie abzielte** en seguida me di cuenta de lo que ella pretendía

ab|zinsen *vt* (FIN) descontar

ab|zocken *vt* (*sl: im Spiel*) desplumar, tumbar

Abzug *m* <-(e)s, -züge> **1.** (MIL) retirada *f*, salida *f* **2.** (*Lohn~*) retención *f*; **ohne ~** sin deducción; **einen Betrag in ~ bringen** (*formal*) descontar una suma; **nach ~ der Kosten** deducidos los gastos **3.** (CHEM) abductor *m* **4.** (FOTO) copia *f* **5.** (*am Gewehr*) gatillo *m* **6.** (*Luft, Kamin*) tiro *m* **7.** (METEO): **der ~ des Unwetters ist voraussichtlich Ende der Woche** el mal tiempo terminará previsiblemente a finales de semana **8.** *pl* (*Abgaben*) retenciones *fpl*

abzüglich ['aptsy:klɪç] *präp +gen* descontando, previa deducción de; **~ der Kosten** previa deducción de los costes, costes a deducir

abzugsfähig *adj* (FIN) deducible, desgravable; **abzugsfrei** *adj* (FIN) libre de deducciones fiscales

Abzugshaube *f* <-, -n> campana *f* extractora; **Abzugskanal** *m* <-s, -kanäle> canal *m* de desagüe; **Abzugsrohr** *nt* <-(e)s, -e> tubo *m* de salida [*o* de emisión]

Abzweig *m* <-(e)s, -e> desvío *m*; **verpass nicht den ~ nach Gießen!** ¡no te pases el desvío a Gießen!

ab|zweigen **I.** *vi sein* bifurcarse, desviarse (*von* de, *zu* hacia) **II.** *vt* (*Geld*) poner aparte, apartar

Abzweigung *f* <-, -en> cruce *m*, entronque *m Am*

ab|zwicken *vt* cortar, quitar; **Draht mit einer Zange ~** cortar un alambre con unas tenazas

Ac (CHEM) *Abk. von* **Actinium** Ac

Accessoire [aksɛso'a:ɐ] *nt* <-s, -s> accesorio *m*

Acetaldehyd [a'tse:tʔaldehy:t] *m* <-s, *ohne pl*> (CHEM) acetaldehido *m*

Acetat [atse'ta:t] *nt* <-s, -e> (CHEM) acetato *m*

Aceton [atse'to:n] *nt* <-s, *ohne pl*> (CHEM) acetona *f*

Acetylen [atsety'le:n] *nt* <-s, *ohne pl*> (CHEM) acetileno *m*

Acetylierung [atsety'li:rʊŋ] *f* <-, -en> (CHEM) acetilación *f*

Acetylsalicylsäure *f* <-, -n> (CHEM) ácido *m* acetilsalicílico

ach [ax] *interj* ¡ah!; **~ was!** ¿qué dices?, ¡anda ya!; **~ ja!** ¡ah, claro (que sí)!; **~ so!** ¡ah, eso es otra cosa!; **~, du lieber Himmel!** ¡ay, Dios mío!; **~ nee!** ¡no me digas!

Ach *nt* <-s, -(s)>: **mit ~ und Krach** (*fam*) a trancas y barrancas, a duras penas

Achat [a'xa:t] *m* <-(e)s, -e> ágata *f*

Achillesferse [a'xɪlɛsfɛrzə] *f* <-, -n> talón *m* de Aquiles

Achillessehne *f* <-, -n> (ANAT) tendón *m* de

Aquiles; **Achillessehnenreflex** *m* <-es, -e> (MED) reflejo *m* del tendón de Aquiles

Achse ['aksə] *f* <-, -n> (TECH, POL, MATH) eje *m;* **sich um die eigene ~ drehen** girar sobre su propio eje; **immer auf ~ sein** (*fam*) estar siempre fuera

Achsel ['aksəl] *f* <-, -n> **1.** (*~höhle*) axila *f* **2.** (*Schulter*) hombro *m;* **mit den ~n zucken, die ~n zucken** encogerse de hombros; **Achselhaare** *ntpl* vello *m* de la axila; **Achselhöhle** *f* <-, -n> axila *f,* sobaco *m;* **Achselklappe** *f* <-, -n> hombrera *f;* **Achselpolster** *nt* <-s, -> hombrera *f;* **Achselstück** *nt* <-(e)s, -e> (MIL) charretera *f;* **Achselzucken** *nt* <-s, *ohne pl*> encogimiento *m* de hombros; **achselzuckend** **I.** *adj* que sólo se encoge de hombros; (*gleichgültig*) indiferente **II.** *adv* encogiéndose de hombros; (*gleichgültig*) con indiferencia

Achsenbruch *m* <-(e)s, -brüche> rotura *m* del eje; **Achsenkreuz** *nt* <-es, -e> (MATH) sistema *m* de coordenadas, eje *m* de coordenadas; **Achsenmächte** ['aksənmɛçtə] *fpl* (HIST) potencias *fpl* del Eje (*Alemania, Italia y Japón*)

Achslager *nt* <-s, -> (TECH) cojinete *m* del eje; **Achslast** *f* <-, -en> (TECH) carga *f* del eje; **Achsstand** *m* <-(e)s, -stände> (AUTO) distancia *f* entre los ejes

acht[1] [axt] *adj inv* ocho; **die ersten/letzten ~** los ocho primeros/últimos; **es ist gleich ~ (Uhr)** van a ser las ocho (horas); **alle ~ Tage** cada ocho días; **mit ~ (Jahren)** a los [*o* con] ocho años; **um/gegen ~ (Uhr)** a las/sobre las ocho (horas); **fünf Minuten vor/nach ~** las ocho menos cinco/y cinco; **fünf Minuten vor halb ~** las siete y veinticinco; **fünf Minuten nach halb ~** las ocho menos veinticinco; **es steht ~ zu null für uns** van ocho a cero a nuestro favor; **zu je ~** de a ocho; **in ~ Tagen** dentro de ocho días; **vor ~ Tagen** hace ocho días; **heute in ~ Tagen** de hoy en ocho días; **morgen in ~ Tagen** mañana en ocho días

acht[2]: **zu ~** de ocho en ocho; **wir sind zu ~** somos ocho

acht[3] *s.:* **Acht**[2] **1.**

Acht[1] [axt] *f* <-, -en> (*Zahl*) ocho *m*

Acht[2] *f* <-, *ohne pl*> **1.** (*Aufmerksamkeit*) atención *f;* **~ geben** [*o* **haben**] prestar atención (*auf* a); (*auf Personen/die Gesundheit*) cuidar (*auf* de); **etw außer aller ~ lassen** prescindir de algo; **sich (vor jdm) in ~ nehmen** cuidarse (de alguien); **gib ~!** ¡cuidado!; **gib ~, wohin du trittst!** ¡ten cuidado de dónde pisas!; **gib auf dich ~!** ¡cuídate!; **gib ~, dass mir niemand das Fahrrad klaut** mira que nadie me robe la bici **2.** (HIST) proscripción *f*

achtbar *adj* respetable

Achtbarkeit *f* <-, *ohne pl*> (*geh*) honorabilidad *f,* respetabilidad *f*

achte(r, s) *adj* octavo; **der ~ Dezember** el ocho de diciembre; **am ~n Dezember** el ocho de diciembre; **wir treffen uns Sonntag, den ~n Dezember** nos veremos el domingo, ocho de diciembre; **wir treffen uns am A~n** nos vemos el día ocho; **im ~n Stock** en el octavo piso; **im ~n Kapitel** en el octavo capítulo; **das ~ Mal** la octava vez; **jeden ~n Tag** cada ocho días; **Heinrich der A~** Enrique VIII; **du bist der A~, der mich das fragt** eres la octava persona que me pregunta eso

Achteck *nt* <-(e)s, -e> octógono *m,* octágono *m*

achteckig *adj* octógono, octágono; **der Grundriss des Baptisteriums ist ~** la planta del baptisterio es octágona

achteinhalb ['axtʔaɪn'halp] *adj inv* ocho y medio; **bis dorthin sind es ~ Kilometer** faltan ocho kilómetros y medio

achtel *adj inv* octavo; **ein ~ Zentner** la octava parte de un quintal

Achtel ['axtəl] *nt* <-s, -> octavo, -a *m, f,* octava parte *f;* **sie hat mir ein ~ des Gewinns versprochen** me prometió una octava (parte) de la ganancia; **Achtelfinale** *nt* <-s, -> (SPORT) octavos *mpl* de final; **Achtelnote** *f* <-, -n> (MUS) corchea *f;* **Achtelpause** *f* <-, -n> (MUS) silencio *m* de corchea

achten ['axtən] **I.** *vi* **1.** (*beachten*) atender (*auf* a), cuidar (*auf* de); (*auf den Weg*) fijarse (*auf* en), prestar atención (*auf* a); **sie achtet darauf, dass ...** se cuida de que... *+subj;* **auf etw nicht ~** no hacer caso de algo, hacer caso omiso de algo **2.** (*beaufsichtigen*) cuidar (*auf* de) **II.** *vt* **1.** (*schätzen*) estimar, apreciar; (*Ansichten*) respetar **2.** (*befolgen*) observar, acatar

ächten ['ɛçtən] *vt* **1.** (HIST) proscribir; (*verbannen*) desterrar; (*fig: ausstoßen*) apartar, aislar; (*übergehen*) no hacer caso (a) **2.** (*verdammen*) aislar, apartar

achtens ['axtəns] *adv* en octavo lugar; (*bei einer Aufzählung*) octavo; **... und ~ gilt es, in Zukunft über neue Maßnahmen nachzudenken** ... y octavo, es necesario reflexionar en lo sucesivo sobre nuevas medidas

achtenswert *adj* apreciable, digno de atención

Achter *m* <-s, -> (*Rudern*) outrigger *m* a ocho con timonel, ocho *m*

Achterbahn *f* <-, -en> montaña *f* rusa

Achterdeck *nt* <-(e)s, -s> (NAUT) alcázar *m,* cubierta *f* de popa

achterlei *adj inv* de ocho clases [*o* formas] diferentes, ocho clases (diferentes) de; **es standen ~ Sorten Käse auf dem Tisch** en la mesa había ocho clases diferentes de quesos; **auf ~ Weise** de ocho formas diferentes

achtern *adv* (NAUT) a popa, hacia popa

achtfach **I.** *adj* óctuplo; **die ~e Menge** ocho veces la cantidad; **der Antrag muss in ~er Ausfertigung zugesandt werden** hay que mandar ocho copias de la candidatura; **er verdient das A~e von meinem Gehalt** él gana ocho veces mi sueldo; **die Temperatur ist**

um das A~e gestiegen la temperatura se ha multiplicado por ocho **II.** *adv* ocho veces

acht|geben *irr vi s.* **Acht² 1.**

achtgeschossig *adj* de ocho pisos [*o* plantas]

acht|haben *irr vi s.* **Acht² 1.**

achthundert ['-'--] *adj inv* ochocientos; **dieser Baum ist mehr als ~ Jahre alt** este árbol tiene más de ochocientos años

achthundertjährig *adj* de ochocientos años; **wir feiern das ~e Bestehen unserer Stadt** celebramos el octavo centenario de nuestra ciudad; **dieses Dorf blickt auf eine ~e Tradition zurück** este pueblo tiene ochocientos años de tradición

achthundertste(r, s) *adj* octingentésimo; **der ~ Besucher bekommt ein Geschenk** el octingentésimo visitante recibirá un regalo

achthunderttausend *adj inv* ochocientos mil; **sie erbte ein Vermögen von ~ Mark** heredó una fortuna de ochocientos mil marcos

achtjährig ['axtjɛːrɪç] *adj* (*acht Jahre alt*) de ocho años; (*acht Jahre dauernd*) de ocho años de duración; **meine ~e Tochter** mi hija de ocho años; **nach einer ~en Amtszeit trat der Minister ab** el ministro dimitió tras ocho años en el cargo

Achtjährige(r) *mf* <-n, -n; -n, -n> niño, -a *m, f* de ocho años

achtjährlich *adj* cada ocho años

Achtkampf *m* <-(e)s, -kämpfe> (SPORT) **1.** (*Leichtathletik*) *competición de atletismo que comprende ocho pruebas* (*con ejercicios fijos*) **2.** (*Turnen*) *competición de gimnasia que comprende ocho pruebas* (*cuatro ejercicios fijos y cuatro libres*)

achtkantig *adj* octogonal; **jdn ~ hinauswerfen** [*o* **rausschmeißen**] echar a alguien con cajas destempladas

achtköpfig *adj* de ocho cabezas; (*Gruppe, Familie*) de ocho personas, de ocho miembros; **eine Wohnung für eine ~e Familie** una vivienda para una familia de ocho miembros

achtletzte(r, s) *adj* en octavo lugar empezando por el final; **er erreichte das Ziel an ~r Stelle** [*o* **als A~r**] llego a la meta el octavo empezando por el final

achtlos *adj* **1.** (*sorglos*) descuidado **2.** (*zerstreut*) distraído **3.** (*rücksichtslos*) desconsiderado **4.** (*unbesonnen*) despreocupado; **~ mit etw umgehen** tratar algo con descuido

Achtlosigkeit *f* <-, *ohne pl*> descuido *m,* dejadez *f;* (*Unbesonnenheit*) despreocupación *f*

achtmal *adv* ocho veces; **~ so viel(e)** ocho veces más; **~ täglich** ocho veces al día; **ich war schon ~ in Madrid** ya he estado ocho veces en Madrid

achtmalig *adj* (ocurrido) ocho veces; **nach ~em Neuanfang gab sie auf** despues de haberlo intentado ocho veces se dio por vencida

Acht-Minuten-Takt *m* <-(e)s, -e> **1.** (*alle acht Minuten*) intervalo *m* de ocho minutos; **die Züge fahren im ~** los trenes circulan cada ocho minutos **2.** (TEL) ocho minutos *mpl* (*correspondientes hace años a un paso telefónico*); **ich muss auflegen, der ~ ist gleich vorbei** tengo que colgar, están a punto de pasar los ocho minutos

achträderig *adj* de ocho ruedas

achtsam *adj* (*geh*) **1.** (*aufmerksam*) atento **2.** (*sorgfältig*) cuidadoso

Achtsamkeit *f* <-, *ohne pl*> cuidado *m,* atención *f*

achtseitig *adj* **1.** (*Form*) octagonal, octogonal **2.** (*Schriftstück*) de ocho páginas

achtsilbig *adj* (LING, LIT) octosílabo

Achtsitzer *m* <-s, -> vehículo *m* de ocho asientos, furgoneta *f*

achtsitzig *adj* de ocho asientos

achtstellig *adj* de ocho cifras, de ocho dígitos; **das Ergebnis ist eine ~e Zahl** el resultado tiene ocho cifras

achtstöckig *adj s.* **achtgeschossig**

achtstrophig *adj* de ocho estrofas; **ein ~es Lied** una canción de [*o* con] ocho estrofas

Achtstundentag ['-'---] *m* <-(e)s, -e> jornada *f* (laboral) de ocho horas

achtstündig ['axtʃʏndɪç] *adj* de ocho horas; **eine ~e Veranstaltung** un acto de ocho horas de duración; **mit ~er Verspätung ankommen** llegar con ocho horas de retraso

achtstündlich *adj* cada ocho horas; **dieser Zug fährt ~ nach Madrid** este tren sale cada ocho horas hacia Madrid

achttägig *adj* de ocho días; **ein ~er Aufenthalt im Ausland** una estancia de ocho días en el extranjero

achttäglich *adj* cada ocho días

achttausend ['-'--] *adj inv* ocho mil; **dieser Stein ist ~ Jahre alt** esta piedra tiene ocho mil años

Achttausender *m* <-s, -> montaña *f* de más de 8.000 m de altura

Achtteiler *m* <-s, -> serie *f* en ocho partes; **die fünfte Folge des ~s habe ich verpasst** me he perdido el quinto de los ocho capítulos

achtteilig *adj* **1.** (*Service*) de ocho piezas **2.** (*Serie*) de ocho capítulos

Achtundsechziger(in) ['--'---] *m(f)* <-s, -; -, -nen> sesentaiochista *mf* (*participante en el mayo del 68*)

Achtung ['axtʊŋ] *f* <-, *ohne pl*> **1.** (*Aufmerksamkeit*) atención *f;* **~ !** ¡atención!, ¡cuidado!; **~ Stufe!** ¡cuidado con el escalón!; **~ , fertig, los!** ¡preparados, listos, ya! **2.** (*Wertschätzung*) respeto *m* (*vor* a); **~ gebietend** imponente, impresionante; **seine Erscheinung ist ~ gebietend** es de majestuosa apariencia; **sich** *dat* **~ verschaffen** hacerse respetar

Ächtung ['ɛçtʊŋ] *f* <-, -en> (HIST) proscripción *f;* (*Verbannung*) destierro *m;* (*fig: Verdammung*) aislamiento *m*

achtunggebietend *adj s.* **Achtung 2.**

Achtungsapplaus *m* <-es, -e> aplauso *m* de cortesía; **Achtungserfolg** *m* <-(e)s, -e> estimable éxito *m,* éxito *m* relativo; **der 5. Platz bedeutete für ihn als Anfänger einen ~** el quinto puesto representó para él como principiante un considerable éxito

achtwöchig *adj* de ocho semanas; **wir haben einen ~en Urlaub in Bolivien verbracht** pasamos unas vaciones de ocho semanas en Bolivia

achtzehn *adj inv* dieciocho; **wann wirst du ~?** ¿cuándo cumples los 18?; **der Film ist erst ab ~ (freigegeben)** la película no es autorizada para menores de dieciocho años; *s. a.* **acht**; **achtzehnhundert** *adj inv* mil ochocientos; **er verdient ~ Mark im Monat** gana mil ochocientos marcos al mes; **im Jahre ~** en el año mil ochocientos

achtzehnte(r, s) *adj* decimoctavo; **morgen ist der ~ Mai** mañana es el dieciocho de mayo; **unser Wagen ist der ~ von links** nuestro coche hace el número dieciocho por la izquierda; **das R ist der ~ Buchstabe des Alphabets** la erre es la decimoctava letra del alfabeto

achtzeilig *adj* de ocho líneas; (*Gedicht*) de ocho versos

achtzig ['axtsɪç] *adj inv* ochenta; **mit ~ (Stundenkilometern) fahren** ir a ochenta (por hora); **mit ~ Sachen** (*fam*) a ochenta por hora; **etwa ~ (Jahre alt)** sobre los ochenta (años); **mit ~ (Jahren)** a los [*o* con] ochenta (años); **über/unter ~** más de/menos de ochenta; **jdn auf ~ bringen** (*fam*) poner a alguien a cien; **die ~er Jahre** los años ochenta

achtziger ['axtsɪgɐ] *adj inv* **1.** (*1980 bis 1989*) de los ochenta, de la década [*o* de la añada] de los ochenta; **sie wurde Anfang der ~ Jahre geboren** nació a comienzos de los ochenta **2.** (*von 1980*) del (año) ochenta; **der ~ Jahrgang ist leider ausverkauft** lo siento, pero la cosecha del ochenta se ha terminado

Achtziger *m* <-s, -> **1.** (*Wein*) cosecha *f* del ochenta, vino *m* de la añada del ochenta **2.** (*Wend*): **in den ~n sein** ser un octogenario, ser un ochentón *fam;* **Achtzigerjahre** *ntpl:* **die ~** los (años) ochenta, la década de los ochenta

achtzigjährig ['axtsɪçjɛːrɪç] *adj* (*80 Jahre alt*) octogenario, de ochenta años; (*80 Jahre dauernd*) de ochenta años de duración; **eine ~e Studentin ist sicher die große Ausnahme** una estudiante octogenaria [*o* de ochenta años] es sin duda una excepción; **diese ~en Eichen sind mächtige Bäume** estos robles octogenarios son árboles enormes; *s. a.* **achtjährig**

Achtzigjährige(r) ['axtsɪçjɛːrɪgə, 'axtsɪçjɛːrɪgɐ] *mf* <-n, -n; -n, -n> octogenario, -a *m, f;* **als ~/~r** con ochenta años

achtzigmal ['axtsɪçmaːl] *adv* ochenta veces; *s. a.* **achtmal**

Achtzigpfennigmarke *f* <-, -n> sello *m* de ochenta pfennig

achtzigste(r, s) *adj* octogésimo; **heute ist ihr ~r Geburtstag** hoy es su octogésimo aniversario

achtzigstel ['axtsɪçstl̩] *adj* ochentavo; *s. a.* **achtel**

Achtzigstel *nt* <-s, -> ochentavo *m; s. a.* **Achtel**

Achtzimmerwohnung *f* <-, -en> vivienda *f* de ocho habitaciones [*o* de siete habitaciones más salón]

Achtzylinder *m* <-s, -> (AUTO: *Motor*) motor *m* de ocho cilindros; (*Wagen*) coche *m* de ocho cilindros; **Achtzylindermotor** *m* <-s, -en> (AUTO) motor *m* de ocho cilindros

achtzylindrig ['axttsilɪndrɪç, 'axttsylɪndrɪç] *adj* (AUTO, TECH) de ocho cilindros; **einen ~en Wagen fahren** conducir un coche de ocho cilindros

ächzen ['ɛçtsən] *vi* **1.** (*Person*) gemir (*vor* de) **2.** (*Bretter, Gebälk*) crujir

Ächzer *m* <-s, -> quejido *m,* gemido *m;* (*schwerer Seufzer*) suspiro *m* profundo; **Gott sei Dank! sagte sie und stieß einen ~ aus** ¡gracias a Dios!, exclamó suspirando profundamente; **seinen letzten ~ tun** (*euph*) exhalar el último suspiro

Acker ['akɐ] *m* <-s, Äcker> campo *m*

Ackerbau *m* <-(e)s, *ohne pl*> agricultura *f;* **~ treibend** agrícola, dedicado a la agricultura; **Ackerbausystem** *nt* <-s, -e> (AGR) sistema *m* de cultivo; **ackerbautreibend** *adj s.* **Ackerbau**

Ackerfläche *f* <-, -n> tierra(s) *f(pl)* de labor, campo *m* labrantío [*o* de labranza]; **Ackergaul** *m* <-(e)s, -gäule> (*abw*) caballería *f* de labor; **Ackergerät** *nt* <-(e)s, -e> apero(s) *m(pl)* de labranza; (*Maschine*) máquina *f* agrícola; **Ackerklee** *m* <-s, *ohne pl*> (BOT) trébol *m* silvestre; **Ackerkrume** *f* <-, -n> (AGR) capa *f* arable, mantillo *m;* **Ackerland** *nt* <-(e)s, *ohne pl*> tierra *f* de labor, tierras *fpl* de labranza [*o* de cultivo]

ackern *vi* **1.** (AGR) arar **2.** (*fam: arbeiten*) trabajar duramente, doblar el lomo

Ackerpferd *nt* <-(e)s, -e> caballo *m* de labor; **Ackersalat** *m* <-(e)s, -e> (*bot*) rapónchigo *m,* ruiponce *m;* **Ackersenf** *m* <-(e)s, -e> (BOT) mostaza *f* silvestre; **Ackerwicke** *f* <-, -n> (BOT) arbeja *f* silvestre, algarroba *f* silvestre

a conto [a 'kɔnto] *adv* (FIN) a cuenta

Acryl [a'kryːl] *nt* <-s, *ohne pl*> (CHEM) fibra *f* acrílica; **Acrylfarbe** *f* <-, -n> colorante *m* acrílico; **Acrylglas** *nt* <-es, *ohne pl*> vidrio *m* acrílico

Actinium [ak'tiːniʊm] *nt* <-s, *ohne pl*> (CHEM) actinio *m*

Actinoid [aktino'iːt] *nt* <-s, -e> (CHEM) actinoide *m*

Action ['ɛktʃən] *f* <-, *ohne pl*> acción *f;* **Actionfilm** *m* <-(e)s, -e> película *f* de acción

a.d. *Abk. von* **an der**: **Frankfurt a.d. Oder** Francfort del Oder

a.D. *Abk. von* **außer Dienst** fuera de servicio

A.D. *Abk. von* **Anno Domini** en el año de Nuestro Señor

ad absurdum [at ap'zʊrdʊm]: **etw ~ führen** reducir algo al absurdo

ADAC [a:de:ʔa:'tse:] *m Abk. von* **Allgemeiner Deutscher Automobil-Club** *Automóvil Club de Alemania*

ad acta [at 'akta]: **etw ~ legen** dar carpetazo a algo, archivar algo, encarpetar algo *Am*

Adam ['a:dam] *m* <-s, -s> **1.** (*fam hum: Mann*) adán *m* **2.** (*Wend*): **bei ~ und Eva anfangen** (*fam*) empezar por Adán y Eva, empezar por el principio de los tiempos; **noch von ~ und Eva stammen** (*fam*) ser antediluviano; **seit ~s Zeiten** (*fam*) desde que el mundo es mundo, desde el principio de los tiempos; **nach ~ Riese** (*fam*) si los números no engañan

Adamsapfel ['a:damsapfəl] *m* <-s, -äpfel> nuez *f* de Adán, bocado *m* de Adán; **Adamskostüm** *nt*: **im ~** (*fam*) en pelotas

Adaptation [adapta'tsjo:n] *f* <-, -en> (*a.* FILM, LIT) adaptación *f* (*an* a, *für* para); **sensorische ~** adaptación sensorial; **Adaptationsrecht** *nt* <-(e)s, -e> (FILM, LIT) derecho *m* de adaptación

Adapter [a'daptɐ] *m* <-s, -> adaptador *m*

adaptieren* [adap'ti:rən] **I.** *vt* **1.** (FILM, LIT) adaptar (*für* a) **2.** (*Österr: herrichten*) habilitar; **ein Schloss als Museum ~** habilitar un castillo para museo **II.** *vr*: **sich ~** adaptarse (*an* a)

Adaption *f* <-, -en> *s.* **Adaptation**

adäquat [adɛ'kva:t] *adj* adecuado

Adäquatheit *f* <-, *ohne pl*> (*geh*) adecuación *f*; **zwischen Honorar und Leistung muss eine ~ vorliegen** debe existir una justa proporción entre la remuneración y el trabajo realizado; **er überprüfte die ~ der Übersetzung** comprobó la exactitud de la traducción

addieren* [a'di:rən] *vt* sumar (*zu* a), adicionar (*zu* a)

Addition [adi'tsjo:n] *f* <-, -en> adición *f* (*zu* a)

Additiv [adi'ti:f] *nt* <-s, -e> (CHEM) aditivo *m*; **bleihaltige ~e** aditivos conteniendo plomo

ade [a'de:] *interj* (*reg*) ¡adiós!; **jdm ~ sagen** decir(le) adiós a alguien

Adel ['a:dəl] *m* <-s, *ohne pl*> **1.** (*Klasse, Stand*) nobleza *f*, aristocracia *f*; **von ~ sein** tener abolengo **2.** (*Titel*) título *m* de nobleza

adelig ['a:dəlɪç] *adj s.* **adlig**

Adelige(r) ['a:dəlɪgɐ] *mf* <-n, -n; -n, -n> *s.* **Adlige(r)**

adeln ['a:dəln] *vt* ennoblecer

Adelstitel *m* <-s, -> título *m* nobiliario

Adenoide *f* <-, -n> (MED) adenoides *m inv*

Adenom *nt* <-s, -e> (MED) adenoma *m*; **autonomes ~** adenoma autónomo

Ader ['a:dɐ] *f* <-, -n> **1.** (*Blutgefäß*) vena *f*; **jdn zur ~ lassen** hacer a alguien una sangría; (*fig*) dar a alguien un sablazo **2.** (*Anlage*) vena *f*; **eine künstlerische ~ haben** tener una vena de artista, tener dotes artísticas **3.** (*von Gestein, Holz*) veta *f*, filón *m*; (*Blatt*) nervio *m*

AderlassRR *m* <-es, -lässe>, **Aderlaß** *m* <-sses, -lässe> sangría *f*, sangradera *f Am*

Adermin [adɛr'mi:n] *nt* <-s, *ohne pl*> adermina *f*

Äderung *f* <-, -en> **1.** (ANAT: *Geäder*) venas *fpl*, venillas *fpl* **2.** (BOT) nervadura *f*

ADFC [a:de:ʔɛf'tse:] *m Abk. von* **Allgemeiner Deutscher Fahrrad-Club** *Club Alemán de Usuarios de la Bicicleta*

Adhäsion [athɛ'zjo:n] *f* <-, -en> (PHYS) adhesión *f*; **Adhäsionsmesser** *m* <-s, -> (PHYS) medidor *m* de la adhesión; **Adhäsionsverschluss**RR *m* <-es, -schlüsse> cierre *m* adhesivo [*o* por adhesión]

ad hoc [at hɔk] ad hoc; **Ad-hoc-Maßnahme** *f* <-, -n> (*geh*) medida *f* ad hoc

adiabatisch [adia'ba:tɪʃ] *adj* (PHYS, METEO) adiabático

adieu [a'djø:] *interj* (*reg*) ¡adiós!; **jdm ~ sagen** despedirse de alguien

ADI-Wert [a:de:'ʔi:-] *m* <-(e)s, -e> (MED) valores *mpl* ADI

Adjektiv ['atjɛkti:f] *nt* <-s, -e> (LING) adjetivo *m*

adjektivisch *adj* (LING) adjetivo, adjetival

Adjunkt(in) [at'jʊŋkt] *m(f)* <-en, -en; -, -nen> (ADMIN: *Österr, Schweiz: Beamtentitel*) adjunto, -a *m, f*

adjustieren* *vt* (TECH) ajustar

Adjutant [atju'tant] *m* <-en, -en> (MIL) oficial *m* adjunto

Adler ['a:dlɐ] *m* <-s, -> águila *f*; (*Jungtier*) aguilucho *m*; **Adlerauge** *nt* <-s, -n> (*fig*) vista *f* de águila; **ein ~ haben** tener vista de lince; **Adlerhorst** *m* <-(e)s, -e> aguilera *f*, nido *m* de águila; **Adlernase** *f* <-, -n> nariz *f* aguileña

adlig ['a:dlɪç] *adj* noble, aristocrático

Adlige(r) ['a:dlɪgɐ] *mf* <-n, -n; -n, -n> noble *mf*, aristócrata *mf*

Administration [atmɪnɪstra'tsjo:n] *f* <-, -en> **1.** (*Verwaltung*) administración *f*; **die Reagan-~** la administración Reagan **2.** (*Schweiz: einer Firma*) gestión *f*

administrativ [atmɪnɪstra'ti:f] *adj* administrativo

Administrator [atmɪnɪs'tra:to:ɐ] *m* <-s, -en> (INFOR) administrador *m*

Admiral[1] [atmi'ra:l] *m* <-s, -e> (ZOOL) vanesa *f* atlanta

Admiral(in)[2] [atmi'ra:l] *m(f)* <-s, -e *o* -äle; -, -nen> (MIL) almirante *mf*

Admiralität [atmirali'tɛ:t] *f* <-, -en> (JUR, MIL) almirantazgo *m*

Admiralsrang *m* <-(e)s, -ränge> (MIL) rango *m* de almirante, almirantazgo *m;* **Beamter des Verteidigungsministerium im ~** funcionario del Ministerio de Defensa en el Almirantazgo

ADN [a:de:'ʔɛn] *m* <-> (DDR) *Abk. von* **Allgemeiner Deutscher Nachrichtendienst** Servicio *m* General de Noticias Alemán

Adobe [a'do:bə] *m* <-, -s> adobe *m*

Adonis [a'do:nɪs] *m* <-, -se> (*geh*) adonis *m inv*

adoptieren* [adɔp'ti:rən] *vt* adoptar, pepenar *Mex*

Adoption [adɔp'tsjo:n] *f* <-, -en> adopción *f;* **zur ~ freigeben** permitir la adopción (de), entregar en adopción; **Adoptionsbeschluss**RR *m* <-es, -schlüsse> (JUR) auto *m* de adopción; **Adoptionsverfahren** *nt* <-s, -> (JUR) proceso *m* de adopción

Adoptiveltern *pl* padres *mpl* adoptivos; **Adoptivkind** *nt* <-(e)s, -er> niño, -a *m, f* adoptado, -a, hijo, -a *m, f* adoptivo, -a

Adr. *Abk. von* **Adresse** dir.

Adrenalin [adrena'li:n] *nt* <-s, *ohne pl*> (MED) adrenalina *f;* **Adrenalinspiegel** *m* <-s, -> (MED) concentración *f* de adrenalina, nivel *m* de adrenalina; **Adrenalinstoß** *m* <-es, -stöße> (MED) descarga *f* de adrenalina

Adressat(in) [adrɛ'sa:t] *m(f)* <-en, -en; -, -nen> destinatario, -a *m, f;* **Adressatengruppe** *f* <-, -n> (WIRTSCH) grupo *m* de destino, grupo-meta *m;* **Adressatenkreis** *m* <-es, -e> círculo *m* de destinatarios

AdressbuchRR *nt* <-(e)s, -bücher>, **Adreßbuch** *nt* <-(e)s, -bücher> directorio *m,* agenda *f* de direcciones

Adresse [a'drɛsə] *f* <-, -n> **1.** (*Anschrift*) dirección *f,* señas *fpl;* **an der falschen ~ sein** (*fam*) haberse equivocado de persona; **die erste ~ für Weine** la mejor tienda para comprar vinos **2.** (INFOR) dirección *f;* **Adressenliste** *f* <-, -n> lista *f* de direcciones

AdressfeldRR *nt* <-es, -er>, **Adreßfeld** *nt* <-es, -er> (INFOR) campo *m* de direcciones

adressieren* *vt* **1.** (*Postsendung*) poner la dirección **2.** (*richten*) dirigir (*an* a)

Adressiermaschine *f* <-, -n> máquina *f* editora de direcciones

Adressierung *f* <-, -en> (INFOR) direccionamiento *m*

adrett [a'drɛt] *adj* atildado, acicalado

Adria ['a:dria] *f* Adriático *m*

adriatisch *adj* adriático; **A~es Meer** Mar Adriático

adsorbieren* [adzɔr'bi:rən] *vt* (CHEM, PHYS) adsorber

Adsorption *f* <-, -en> (CHEM, PHYS) adsorción *f*

Adstringens *nt* <-, Adstringenzien *o* Adstringentia> (MED) astringente *m*

adstringierend *adj* (MED) astringente

A-Dur *nt* <-, *ohne pl*> (MUS) la *m* mayor

Advektion [atvɛk'tsjo:n] *f* <-, -en> (METEO) advección *f;* **Advektionsnebel** *m* <-s, -> (METEO) niebla *f* de advección

Advent [at'vɛnt] *m* <-(e)s, -e> Adviento *m;* **es ist ~** estamos (en tiempo de) Adviento; **erster/zweiter/dritter/vierter ~** primer/segundo/tercer/cuarto domingo de Adviento

adventiv [atvɛn'ti:f] *adj* (BIOL) adventicio

Adventskalender *m* <-s, -> calendario *m* de Adviento (*calendario con 24 puertecillas que contienen regalos y se van abriendo desde el 1 de diciembre hasta Navidad*); **Adventskranz** *m* <-es, -kränze> corona *f* de Adviento (*corona de ramas de abeto, piñas etc. con cuatro velas que se van encendiendo sucesivamente cada domingo de Adviento*); **Adventssonntag** *m* <-(e)s, -e> domingo *m* de Adviento; **Adventszeit** *f* <-, -en> (tiempo *m* de) adviento *m*

Adverb [at'vɛrp] *nt* <-s, -verbien> (LING) adverbio *m*

adverbial [atvɛr'bja:l] *adj* (LING) adverbial; **~e Ergänzung** complemento circunstancial

Adverbialbestimmung *f* <-, -en> (GRAM) complemento *m* adverbial, (complemento *m*) circunstancial *m;* **Adverbialsatz** *m* <-es, -sätze> (GRAM) oración *f* adverbial, frase *f* adverbial

Advokat(in) [atvo'ka:t] *m(f)* <-en, -en; -, -nen> (*reg: Anwalt*) abogado, -a *m, f*

Advokatur *f* <-, *ohne pl*> (*Schweiz: Amt eines Anwalts*) abogacía *f;* **Advokaturbüro** *nt* <-s, -s> (*Schweiz*), **Advokaturskanzlei** *f* <-, -en> (*Österr: Anwaltsbüro*) bufete *m,* gabinete *m* de abogados

aerob [ae'ro:p] *adj* (BIOL) aeróbico

Aerobic [ɛə'rɔbɪk] *nt* <-s, *ohne pl*> aerobic *m,* gimnasia *f* aeróbica

Aerobios [aero'bi:ɔs] *m* <-, *ohne pl*> (BIOL) aerobio *m*

Aerodynamik [aerody'na:mɪk] *f* <-, *ohne pl*> (PHYS) aerodinámica *f*

aerodynamisch [aerody'na:mɪʃ] **I.** *adj* **1.** (PHYS) aerodinámico; **die ~en Gesetze** las leyes de la aerodinámica **2.** (*windschnittig*) de forma aerodinámica **II.** *adv* (*windschnittig*) de manera aerodinámica; **Karosserien von Rennwagen sind ~ geformt** las carrocerías de los automóviles de carreras tienen un diseño aerodinámico

aerogen [aero'ge:n] *adj* (BIOL, MED) aerógeno

Aerosol [aero'zo:l] *nt* <-s, -e> aerosol *m;* **Aerosoltherapie** *f* <-, -n> (MED) terapia *f* de aerosoles; **Aerosoltreibmittel** *nt* <-s, -> agente *m* expansor de aerosoles

Affäre [a'fɛ:rə] *f* <-, -n> **1.** (*Vorfall, Skandal*) asunto *m,* affaire *m;* **sich mit etw aus der ~ ziehen** salir del apuro con algo; **in eine ~ verwickelt sein** estar envuelto en un affaire; **das ist doch keine ~** eso no es nada **2.** (*Liebesabenteuer*) lío *m* amoroso, aventura *f* amorosa

Affe ['afə] *m* <-n, -n> mono *m;* **mich laust der ~** (*fam*) eso me deja patitieso, me quedo con la boca abierta; **eingebildeter** ~ (*fig*) mono engreído; **du sitzt da, wie ein ~ auf dem Schleifstein** (*fam*) pareces un alma en pena; **du bist wohl vom ~n gebissen!** ¡estás loco!; **einen ~n (sitzen) haben** (*fig*) tener una mona

Affekt [a'fɛkt] *m* <-(e)s, -e> arrebato *m* (pasional); **im ~ handeln** actuar impulsado por un arrebato pasional; **Affekthandlung** *f* <-, -en> (JUR, PSYCH) delito *m* pasional

affektiert [afɛk'tiːɐt] *adj* (*abw*) afectado, amanerado

affenartig *adj* (*fam: affenähnlich*) simiesco; **mit ~er Geschwindigkeit fahren** (*fam*) ir a toda mecha

Affenbrotbaum *m* <-(e)s, -bäume> (BOT) baobab *m*

affengeil *adj* (*fam*) de puta madre; **das ist aber ~e Musik!** ¡esta música es demasiado [*o* de puta madre]!; **Affenhaus** *nt* <-es, -häuser> jaula *f* de monos; **Affenhitze** *f* <-, *ohne pl*> (*fam*) calor *m* infernal [*o* agobiante]; **es ist eine ~** hace un calor que se asan las sardinas; **Affenkäfig** *m* <-s, -e> jaula *f* de monos; **hier geht es zu wie im** [*o* **in einem**] **~** (*fam*) esto es una casa de locos; **hier stinkt es wie im** [*o* **in einem**] **~** (*fam*) aquí apesta como en una auténtica pocilga; **Affenliebe** *f* <-, *ohne pl*> amor *m* ciego; **mit wahrer ~** con verdadera locura; **Affenmensch** *m* <-en, -en> (BIOL) hombre-mono *m*, homínido *m*; **Affenschande** *f* <-, *ohne pl*>: **das ist eine ~!** (*fam*) ¡esto es una vergüenza!; **Affentempo** *nt* <-s, *ohne pl*> (*fam*) velocidad *f* loca; **in** [*o* **mit**] **einem ~** a toda mecha, como una bala; **Affentheater** *nt* <-s, *ohne pl*> (*fam*) escándalo *m*; **er macht wegen jeder Kleinigkeit ein furchtbares ~** monta una escena increíble por cualquier tontería; **Affenzahn** *m* <-(e)s, *ohne pl*> (*fam fig*) *s.* **Affentempo**

Affiche [a'fɪʃə] *f* <-, -n> (*Schweiz: Plakat*) cartel *m*

Affidavit [afi'daːvɪt] *nt* <-s, -s> (FIN, JUR) afidávit *m*

affig *adj* (*fam*) afectado, ridículo; **dieser ~e Typ mit seiner Fliege!** ¡qué cursi está ese tío con la pajarita!

Äffin *f* <-, -nen> mona *f*

Affinität [afini'tɛːt] *f* <-, -en> (*geh*) afinidad *f*

affirmativ [afɪrma'tiːf] *adj* afirmativo

Affront [a'frõ] *m* <-s, -s> (*geh*) afrenta *f* (*gegen* para), ofensa *f* (*gegen* a/para)

Afghane[1] [af'gaːnə] *m* <-n, -n> (ZOOL) (perro *m*) afgano *m*

Afghane, -in[2] [af'gaːnə] *m, f* <-n, -n; -, -nen> (*Person*) afgano, -a *m, f*

afghanisch *adj* afgano

Afghanistan [af'gaːnɪstaːn] *nt* <-s> Afganistán *m*

Aflatoxin *nt* <-s, -e> (MED) aflatoxina *f*

Afrika ['a(ː)frika] *nt* <-s> África *f*

Afrikaans [afri'kaːns] *nt* <-, *ohne pl*> (*Sprache*) afrikaans *m*

Afrikaner(in) [afri'kaːnɐ] *m(f)* <-s, -; -, -nen> africano, -a *m, f*

afrikanisch *adj* africano

Afroamerikaner(in) ['aːfroʔameri'kaːnɐ] *m(f)* <-s, -; -, -nen> afroamericano, -a *m, f*

afroamerikanisch *adj* afroamericano

Afrolook *m* <-s, *ohne pl*> afro-look *m*

After ['aftɐ] *m* <-s, -> (ANAT) ano *m*

Aftershave [aːftɐ'ʃɛɪf] *nt* <-(s), -s>, **Aftershavelotion**[RR] *f* <-, -s>, **After-Shave-Lotion**[RR] *f* <-, -s> loción *f* para después del afeitado, aftershave *m*

Ag (CHEM) *Abk. von* **Argentum** Ag

AG [aː'geː] *f* <-, -(s)> **1.** *Abk. von* **Aktiengesellschaft** S.A. *f* **2.** *Abk. von* **Arbeitsgruppe** grupo *m* de trabajo **3.** *Abk. von* **Arbeitsgemeinschaft** cooperativa *f* laboral

Ägäis [ɛ'gɛːɪs] *f* Egeo *m*

Agar-Agar ['a(ː)gaːɐ'a(ː)gaːɐ] *m o nt* <-s, *ohne pl*> Agar-Agar *m*

Agave [a'gaːvə] *f* <-, -n> (BOT) agave *m o f*, pita *f*, maguey *m Am*, metl *m Mex*

Agent(in) [a'gɛnt] *m(f)* <-en, -en; -, -nen> agente *mf*; (*Spion*) espía *mf*; **Agentenring** *m* <-(e)s, -e> red *f* de agentes; **Agententätigkeit** *f* <-, -en> actividad *f* como agente, espionaje *m*

Agentin *f* <-, -nen> *s.* **Agent**

Agent provocateur [a'ʒã provoka'tøːɐ] *m* <- -, -s -s> agente *m* provocador

Agentur *f* <-, -en> agencia *f*; **Agenturbericht** *m* <-(e)s, -e>, **Agenturmeldung** *f* <-, -en> información *f* de agencia

Agglomerat *nt* <-(e)s, -e> (GEO) aglomerado *m*

Agglomeration [aglomera'tsjoːn] *f* <-, -en> **1.** (*geh: Anhäufung*) aglomeración *f* **2.** (*Schweiz: Ballungsraum*) aglomeración *f* urbana

Aggregat [agre'gaːt] *nt* <-(e)s, -e> **1.** (TECH) grupo *m* **2.** (WIRTSCH) agregado *m*

Aggregation [agrega'tsjoːn] *f* <-, -en> **1.** (*Anhäufung*) agrupamiento *m* **2.** (CHEM) agregación *f*; **Aggregationsfähigkeit** *f* <-, *ohne pl*> (WIRTSCH) capacidad *f* de agregación

Aggregatzustand *m* <-(e)s, -stände> (CHEM) estado *m* de agregación; **flüssiger/fester/gasförmiger ~** estado de agregación líquido/sólido/gaseoso

Aggression [agrɛ'sjoːn] *f* <-, -en> **1.** (*Angriff*) agresión *f* **2.** (*Angriffslust*) agresividad *f*, comportamiento *m* agresivo; **Aggressionsstau** *m* <-(e)s, -s *o* -e> (PSYCH) agresividad *f* acumulada

aggressiv *adj* **1.** (*streitsüchtig*) agresivo **2.** (*zerstörend*) corrosivo; **~e Substanzen** sustancias corrosivas

Aggressivität[1] *f* <-, *ohne pl*> (PSYCH) agresividad *f*

Aggressivität[2] *f* <-, -en> (*aggressive Handlung*) agresión *f*, ataque *m*

Aggressor [aˈgrɛsoːɐ] *m* <-s, -en> (JUR, POL) agresor *m*, país *m* agresor

agieren* [aˈgiːrən] *vi* actuar (*als* de/como)

agil [aˈgiːl] *adj* ágil; (*geschickt*) mañoso

Agio [ˈaːdʒo] *nt* <-s, -s *o* Agien> (FIN) agio *m*

Agitation [agitaˈtsjoːn] *f* <-, -en> (POL) agitación *f* (política), propaganda *f*; ~ **treiben** provocar [*o* agitar] los ánimos

Agitator(in) [agiˈtaːtoːɐ] *m(f)* <-s, -en; -, -nen> (POL) agitador(a) *m(f)*, demagogo, -a *m, f*

agitatorisch [agitaˈtoːrɪʃ] *adj* (POL) agitador, demagógico

agitieren* *vi* (POL) hacer propaganda (*für* a favor de, *gegen* contra)

Agnostiker(in) *m(f)* <-s, -; -, -nen> agnóstico, -a *m, f*

Agnostizismus *m* <-, *ohne pl*> (PHILOS) agnosticismo *m*

Agonie [agoˈniː] *f* <-, -n> (*geh a.* MED) agonía *f*

Agrarfläche *f* <-, -n> área *f* agrícola; **Agrarfonds** [aˈgraːɐfõː] *m* <-, -> fondo *m* agrario; **Agrarforstwirtschaft** *f* <-, *ohne pl*> silvicultura *f* agraria; **Agrargesellschaft** *f* <-, -en> sociedad *f* agraria; **Agrarhandel** *m* <-s, *ohne pl*> comercio *m* agrario; **Agrarklimatologie** *f* <-, *ohne pl*> climatología *f* agraria

Agrarland[1] *nt* <-(e)s, -länder> (*Agrarstaat*) país *m* agrícola

Agrarland[2] *nt* <-(e)s, *ohne pl*> (*landwirtschaftliche Nutzfläche*) terreno *m* agrícola

Agrarmarkt *m* <-(e)s, -märkte> mercado *m* de productos agrarios; **Agrarminister(in)** *m(f)* <-s, -; -, -nen> ministro, -a *m, f* de agricultura; **Agrarökonom(in)** *m(f)* <-en, -en; -, -nen> economista *mf* agrario, -a; **Agrarökosystem** *nt* <-s, -e> ecosistema *m* agrario; **Agrarpolitik** *f* <-, *ohne pl*> política *f* agraria; **Gemeinsame** ~ (EU) Política agraria común; **Agrarreform** *f* <-, -en> reforma *f* agraria; **Agrarsektor** *m* <-s, -en> (WIRTSCH) sector *m* agrícola; **Agrarstaat** [aˈgraːɐ-] *m* <-(e)s, -en> estado *m* agrícola [*o* agrario]; **Agrarwirtschaft** *f* <-, *ohne pl*> economía *f* agrícola [*o* agraria]; **Agrarwissenschaft** *f* <-, -en> (AGR) agronomía *f*

Agrochemie [agroçeˈmiː] *f* <-, *ohne pl*> agroquímica *f*

Agronom(in) *m(f)* <-en, -en; -, -nen> (ingeniero, -a *m, f*) agrónomo, -a *m, f*

Agronomie *f* <-, *ohne pl*> agronomía *f*

agronomisch *adj* agronómico

Ägypten [ɛˈgʏptən] *nt* <-s> Egipto *m*

Ägypter(in) *m(f)* <-s, -; -, -nen> egipcio, -a *m, f*

ägyptisch *adj* egipcio

Ägyptologie *f* <-, *ohne pl*> egiptología *f*

ah *interj* ¡ah!, ¡oh!

Ah *Abk. von* **Amperestunde** Ah

äh [ɛː, ɛ] *interj* **1.** (*Pausenfüller*) ¡eh!, ¡hum!; ~, **was ich noch sagen wollte ...** esto…, lo que quería decir es que…; ~, **lass mich mal nachdenken** hum, déjame que piense **2.** (*Ausdruck von Ekel*) ¡puaj!; ~, **was stinkt das hier!** ¡puaj, qué [*o* vaya] peste!

aha [aˈha(ː)] *interj* ¡ajá!, ¡ya!; ~, **so geht das!** ¡ajá!, así funciona; **Aha-Erlebnis** *nt* <-ses, -se> (PSYCH) revelación *f*, descubrimiento *m*

ahd. *Abk. von* **althochdeutsch** a.a.a., antiguo alto alemán

Ahle [ˈaːlə] *f* <-, -n> lezna *f*

ahnden [ˈaːndən] *vt* castigar, sancionar

ähneln [ˈɛːnəln] *vi*: **jdm** ~ parecerse a alguien, (a)semejarse a alguien; **der Mutter** ~ haber salido a la madre

ahnen [ˈaːnən] *vt* **1.** (*voraussehen*) prever; (*vorausfühlen*) presentir, barruntar; **nichts Böses** ~ no presentir nada malo **2.** (*vermuten*) sospechar, figurarse; (*schwach erkennen*) vislumbrar, divisar; **nichts ~d** ingenuo; **sie lachten nichts ~d** se reían sin sospechar nada; **so etwas habe ich doch geahnt** ya me figuraba algo semejante; **du ahnst es nicht!** (*fam*) ¡ni te lo imaginas!, ¡no te puedes imaginar!

Ahnen *mpl* abuelos *mpl*, antepasados *mpl*; **Ahnenforschung** *f* <-, *ohne pl*> genealogía *f*; **Ahnengalerie** *f* <-, -n> galería *f* de antepasados; **Ahnengemälde** *nt* <-s, -> retrato *m* de un antepasado; **Ahnenreihe** *f* <-, -n> línea *f* genealógica; **Ahnentafel** *f* <-, -n> tabla *f* genealógica

ähnlich [ˈɛːnlɪç] *adj* parecido, semejante; **bei ~er Gelegenheit** en semejantes circunstancias; **du bist ihm** ~ te pareces a él; **das sieht ihm** ~ (*fig*) ¡seguro que es una de las suyas!, esto lleva su firma

Ähnlichkeit *f* <-, -en> semejanza *f*, parecido *m*; **mit jdm/etw große ~ haben** tener mucho parecido con alguien/algo

Ahnung *f* <-, -en> **1.** (*Vorgefühl*) presentimiento *m*, corazonada *f*; **ich habe so eine ~, als ob es heute passiert** tengo el presentimiento de que va a pasar hoy **2.** (*Wissen*) idea *f*; **keine ~ von etw haben** no tener ni idea de algo; **keine ~!** ¡ni idea!; **hast du eine ~, wo ...?** ¿tienes idea de dónde…?; **ahnungslos** I. *adj* **1.** (*nichts ahnend*) desprevenido **2.** (*unwissend*) ignorante; **ich war völlig** ~ no tenía ni (la menor) idea, lo ignoraba por completo **II.** *adv* (*nichts ahnend*) sin sospechar nada

Ahnungslose(r) *mf* <-n, -n; -n, -n> ignorante *mf* de su suerte, inocente *mf*; **o du ~r! du weißt noch nichts von deinem Glück!** ¡infeliz de ti, que no sabes lo que te espera!; **spiel nicht die ~!** ¡no te hagas la inocente!, ¡no finjas no saber nada!

Ahnungslosigkeit *f* <-, *ohne pl*> **1.** (*Arglosigkeit*) ignorancia *f*, inocencia *f*; **in völliger ~ gab sie ihre Zustimmung** sin sospechar nada en absoluto dio su consentimiento **2.** (*Unwissenheit*) ignorancia *f*, desconocimiento *m;* **die ~ einiger Bürger in politischen Angelegenheiten ist bedrückend** es preocupante el desconocimiento de parte de los ciudadanos en cuestiones políticas

ahoi [a'hɔɪ] *interj* (NAUT) ¡hola!

Ahorn ['a:hɔrn] *m* <-s, -e> arce *m;* **Ahornblatt** *nt* <-(e)s, -blätter> hoja *f* de arce

Ähre ['ɛ:rə] *f* <-, -n> espiga *f;* **Ährenfeld** *nt* <-(e)s, -er> campo *m* de espigas

AIDA-Formel [a'i:da-] *f* <-, -n> (PUBL) fórmula *f* AIDA

Aids [ɛɪts] *nt* <-, *ohne pl*> (MED) sida *m,* SIDA *m;* **Aidserreger** *m* <-s, -> (MED) agente *m* patógeno del SIDA; **Aidsforschung** *f* <-, *ohne pl*> investigación *f* antisida; **Aidshilfe** *f* <-, -n> **1.** (MED) ayuda *f* contra el SIDA **2.** (*Organisation*) organización *f* contra el SIDA; **aidsinfiziert** *adj* (MED) infectado del SIDA, seropositivo; **Aidsinfizierte(r)** *mf* <-n, -n; -n, -n> (MED) persona *f* infectada del SIDA [*o* infectada con el virus del SIDA]; **aidskrank** *adj* enfermo de sida, sidoso *abw;* **sie haben ein ~es Kind** su hijo padece sida; **Aidskranke(r)** *mf* <-n, -n; -n, -n> sidoso, -a *m, f,* enfermo, -a *m, f* de SIDA; **Aidstest** *m* <-(e)s, -e *o* -s> prueba *f* del SIDA; **Aidsübertragung** *f* <-, -en> infección *f* del SIDA; **Aidsvirus** *nt o m* <-, -viren> virus *m inv* del SIDA

Airbag ['ɛɐbɛ:k] *m* <-s, -s> (AUTO) airbag *m,* bolsa *f* de aire

Airbus *m* <-ses, -se> (AERO) aerobús *m*

Ajatollah *m* <-(s), -s> (REL, POL) ayatollah *m*

AK (FIN) *Abk. von* **Aktienkapital** capital *m* en acciones

Akademie [akade'mi:] *f* <-, -n> academia *f*

Akademiker(in) [aka'de:mikɐ] *m(f)* <-s, -; -, -nen> titulado, -a *m, f* universitario, -a, académico, -a *m, f,* profesionista *mf Mex*

akademisch *adj* académico, universitario

Akademismus *m* <-, *ohne pl*> (KUNST) academicismo *m*

Akarizid [akari'tsi:t] *nt* <-s, -e> acaricida *m*

Akazie [a'ka:tsiə] *f* <-, -n> acacia *f*

Akklamation [aklama'tsjo:n] *f* <-, -en> (*geh a. Schweiz, Österr*): **jdn per** [*o* **durch**] **~ wählen** salir alguien elegido por aclamación

akklimatisieren* [aklimati'zi:rən] *vr:* **sich ~** aclimatarse (*an* a)

Akklimatisierung *f* <-, *ohne pl*> aclimatación *f* (*an* a)

Akkommodation *f* <-, -en> (MED) acomodación *f*

Akkord [a'kɔrt] *m* <-(e)s, -e> **1.** (WIRTSCH) destajo *m;* **im ~ arbeiten** trabajar a destajo **2.** (MUS) acorde *m;* **Akkordarbeit** *f* <-, -en> (WIRTSCH) trabajo *m* a destajo; **Akkordarbeiter(in)** *m(f)* <-s, -; -, -nen> (WIRTSCH) trabajador(a) *m(f)* a destajo

Akkordeon [a'kɔrdeɔn] *nt* <-s, -s> acordeón *m*

Akkordlohn *m* <-(e)s, -löhne> (WIRTSCH) salario *m* a destajo; **~ erhalten** cobrar a destajo; **Akkordzuschlag** *m* <-(e)s, -schläge> (WIRTSCH) prima *f* por rendimiento

akkreditieren* [akredi'ti:rən] *vt* **1.** (*Diplomaten, Journalisten*) acreditar **2.** (FIN) conceder [*o* dar] un crédito (a)

Akkreditierung *f* <-, -en> (POL) acreditación *f* (*bei* ante), credenciales *fpl* (*bei* ante)

Akkreditiv *nt* <-s, -e> (COM, FIN) crédito *m* documentario; **ein ~ eröffnen/zurückziehen** abrir/anular un crédito (documentario); **unwiderrufliches ~** crédito irrevocable; **Akkreditivauftraggeber(in)** *m(f)* <-s, -; -, -nen> (COM, FIN) ordenante *mf;* **Akkreditivverfahren** *nt* <-s, -> (COM, FIN) operación *f* a crédito

Akku ['aku:] *m* <-s, -s> acumulador *m*

Akkumulation *f* <-, -en> (GEO) acumulación *f;* **Akkumulationseffekt** *m* <-(e)s, -e> (WIRTSCH) efecto *m* acumulativo; **Akkumulationsmittel** *nt* <-s, -> (WIRTSCH) medio *m* de acumulación

Akkumulator [akumu'la:to:ɐ] *m* <-s, -en> (TECH) acumulador *m*

akkumulieren* **I.** *vt* acumular **II.** *vr:* **sich ~** acumularse

akkurat [aku'ra:t] *adj* (*sorgfältig*) meticuloso; (*genau*) exacto

Akkusativ ['akuzati:f] *m* <-s, -e> (LING) acusativo *m;* **Akkusativobjekt** *nt* <-(e)s, -e> (LING) complemento *m* directo

Akne ['a:knə] *f* <-, -n> (MED) acné *m;* **Aknepustel** *f* <-, -n> (MED) pústula *f* de acné

Akontozahlung [a'kɔnto-] *f* <-, -en> (FIN) pago *m* a cuenta

AKP-Staaten [a:ka:'pe:ʃta:tən] *mpl* países *mpl* ACP (*África, Caribe y Pacífico*)

Akribie [akri'bi:] *f* <-, *ohne pl*> (*geh*) meticulosidad *f,* minuciosidad *f*

akribisch [a'kri:bɪʃ] *adj* (*geh*) meticuloso, minucioso

Akrobat(in) [akro'ba:t] *m(f)* <-en, -en; -, -nen> acróbata *mf*

Akrobatik *f* <-, *ohne pl*> acrobacia *f*

akrobatisch *adj* acrobático

Akronym [akro'ny:m] *nt* <-s, -e> (LING) sigla *f,* acrónimo *m*

Akt[1] [akt] *m* <-(e)s, -e> **1.** (*Handlung, Zeremonie*) acto *m;* **ein ~ der Verzweiflung** un acto de desesperación; **das ist doch kein ~** (*fam*) no es gran cosa **2.** (THEAT) acto *m;* **ein Schauspiel in fünf ~en** un drama en cinco actos **3.** (JUR) acción *f* judicial, actuación *f* judicial **4.** (KUNST) desnudo *m* **5.** (*im Zirkus*) prueba *f,* número *m* **6.** (*Geschlechts~*) acto *m* carnal

Akt[2] *m* <-(e)s, -en> (*Österr*) *s.* **Akte**

Aktaufnahme *f* <-, -n> (FOTO) foto(grafía) *f* de un desnudo; **Aktbild** *nt* <-(e)s, -er> (KUNST) desnudo *m*

Akte ['aktə] *f* <-, -n> (*Dokumentation*) acta *f,* actas *fpl;* (*in der Verwaltung*) dossier *m,* expediente *m;* **etw zu den ~n legen** (*fig*) dar carpetazo a algo; **Aktenanforderung** *f* <-,

-en> (JUR) petición *f* de los autos; **Aktenberg** *m* <-(e)s, -e> montaña *f* de actas; **wir müssen diesen ~ endlich abarbeiten** tenemos que terminar de una vez con esta montaña de actas; **Akteneinsicht** *f* <-, -en> (JUR) vista *f* de (los) autos, instrucción *f* del proceso; **Aktenkoffer** *m* <-s, -> maletín *m* (para documentos); **Aktenkopie** *f* <-, -n> copia *f* de expediente; **aktenkundig** *adj* que consta en acta [*o* en autos]; **Aktenlage** *f* <-, *ohne pl*>: **nach ~** por méritos; **Aktenmappe** *f* <-, -n> cartera *f* para documentos, portafolios *m inv;* **Aktennotiz** *f* <-, -en> apunte *m,* nota *f* de acta(s); **Aktenordner** *m* <-s, -> archivador *m;* **Aktenschrank** *m* <-(e)s, -schränke> (armario *m*) archivador *m;* **Aktentasche** *f* <-, -n> portafolios *m inv,* cartera *f;* **Aktenvermerk** *m* <-(e)s, -e> apunte *m,* nota *f* de un acta; **Aktenvernichter** *m* <-s, -> máquina *f* destructora de documentos; **Aktenzeichen** *nt* <-s, -> número *m* de registro [*o* de referencia]

Aktfoto *nt* <-s, -s> foto *f* de desnudo; **Aktfotografie** *f* <-, *ohne pl*> fotografía *f* de desnudos

Aktie ['aktsjə] *f* <-, -n> (FIN, WIRTSCH) acción *f;* **an der Börse notierte ~n** acciones cotizadas en bolsa; **ausgegebene ~n** acciones emitidas; **gezeichnete ~** acción suscrita; **junge** [*o* **neue**] **~** acción nueva; **stimmberechtigte/stimmrechtlose ~** acción con/sin derecho a voto; **neue ~n zeichnen** suscribir acciones nuevas; **~n zuteilen** repartir acciones; **die ~n wurden heute mit** [*o* **zu**] **300 Pta gehandelt** las acciones se han cotizado hoy a 300 pts; **die ~n steigen/fallen** las acciones suben/bajan; **wie stehen die ~n?** (*fam*) ¿qué tal van las cosas?; **Aktienausgabe** *f* <-, *ohne pl*> (FIN) emisión *f* de acciones; **Aktienbank** *f* <-, -en> (FIN) banco *m* de acciones; **Aktienbesitz** *m* <-es, *ohne pl*> (FIN) propiedad *f* en acciones; **Aktienbestand** *m* <-(e)s, -stände> (FIN) acciones *fpl* en cartera; **Aktienbeteiligung** *f* <-, -en> (FIN) participación *f* en acciones; **Aktienbörse** *f* <-, -n> (FIN) bolsa *f* de acciones; **Aktienbuch** *nt* <-(e)s, -bücher> (FIN) libro *m* de acciones; **Aktienemission** *f* <-, -en> (FIN) emisión *f* de acciones; **Aktienfonds** *m* <-, -> (FIN) fondo *m* de acciones; **Aktiengeschäft** *nt* <-(e)s, -e> (FIN) negociación *f* de acciones, compraventa *f* de acciones; **Aktiengesellschaft** *f* <-, -en> (WIRTSCH) sociedad *f* anónima; **Aktienindex** *m* <-(es), -indizes> (FIN) índice *m* de las cotizaciones de (las) acciones; **Aktienkapital** *nt* <-s, -e *o* -ien> (FIN) capital *m* accionario; **Aktienkurs** *m* <-es, -e> (FIN) cotización *f* de (las) acciones; **Aktienmarkt** *m* <-(e)s, -märkte> (FIN) mercado *m* de acciones; **Aktienmehrheit** *f* <-, -en> (WIRTSCH) mayoría *f* de acciones; **Aktienpaket** *nt* <-(e)s, -e> (FIN) paquete *m* de acciones; **ein ~ platzieren** colocar un paquete de acciones; **Aktienstreuung** *f* <-, -en> (FIN) dispersión *f* de acciones; **Aktienübertragung** *f* <-, *ohne pl*> (FIN) transmisión *f* de acciones; **Aktienzertifikat** *nt* <-(e)s, -e> (FIN) certificado *m* de acciones; **~e verpfänden** empeñar certificados de acciones; **Aktienzuteilung** *f* <-, -en> (FIN) repartición *f* de acciones

Aktion [ak'tsjo:n] *f* <-, -en> **1.** (*Kampagne*) acción *f;* (COM) promoción *f* **2.** (*das Agieren*) acción *f;* **in ~ sein/treten** estar/entrar en acción

Aktionär(in) *m(f)* <-s, -e; -, -nen> accionista *mf;* **Aktionärsrecht** *nt* <-(e)s, -e> derechos *m* de accionista; **Aktionärsversammlung** *f* <-, -en> junta *f* de accionistas; **Aktionärsverzeichnis** *nt* <-ses, -se> registro *m* de accionistas

Aktionismus *m* <-, *ohne pl*> accionismo *m*

aktionsfähig *adj* **1.** (*Person*) en condiciones de actuar; **~ sein** estar capacitado [*o* ser apto] (para hacer algo); **alle noch halbwegs ~en Bürger wurden zum Volkssturm einberufen** fueron llamados a formar el frente popular todos los ciudadanos lo suficientemente aptos para ello; **ich bin noch voll ~, auch wenn ich schon 70 bin** todavía estoy en condiciones aunque tenga 70 años **2.** (MIL: *Gerät*) útil; **beim Angriff fielen ihnen ~e Geschütze in die Hände** en el ataque cayó artillería útil [*o* en buen estado] en sus manos; **Aktionskomitee** *nt* <-s, -s> comité *m* de acción, delegación *f* de acción; **Aktionspreis** *m* <-es, -e> precio *m* de acción; **Aktionsradius** *m* <-, -radien> radio *m* de acción; **aktionsunfähig** *adj* **1.** (*Person*) incapaz de actuar, incapacitado para actuar; **~ sein** no estar en condiciones (de hacer algo), no estar capacitado [*o* no ser apto] (para hacer algo), estar impedido **2.** (MIL: *Gerät*) inútil; **etw ~ machen** inutilizar algo

aktiv [ak'ti:f] *adj* **1.** (*a.* LING, INFOR) activo; **~es Fenster** (INFOR) ventana activa; **sexuell/politisch ~** sexualmente/políticamente activo; **schwach ~** poco activo; **sich ~ an etw beteiligen** participar activamente en algo **2.** (MIL) en activo

Aktiv ['akti:f] *nt* <-s, *ohne pl*> (LING) voz *f* activa

Aktiva [ak'ti:va] *pl* (FIN, WIRTSCH) activo *m*

Aktive(r) *mf* <-n, -n; -n, -n> (SPORT) deportista *mf* en activo

Aktivgeschäft *nt* <-(e)s, -e> (WIRTSCH) operación *f* activa

aktivieren* [akti'vi:rən] *vt* **1.** (*mobilisieren*) activar, avivar **2.** (CHEM, INFOR) activar

Aktivierung *f* <-, -en> **1.** (*Mobilisierung*) activación *f,* avivamiento *m* **2.** (CHEM) activación *f*

Aktivist(in) *m(f)* <-en, -en; -, -nen> activista *mf*

Aktivität *f* <-, -en> actividad *f*

Aktivkohle *f* <-, *ohne pl*> (CHEM) carbón *m*

activo [*o* de uso enológico]; **Aktivposten** *m* <-s, -> (FIN, WIRTSCH) activo *m;* **Aktivsaldo** *m* <-s, -salden *o* -s> (FIN, WIRTSCH) saldo *m* acreedor

Aktivurlaub *m* <-(e)s, -e> vacaciones *fpl* activas

Aktmalerei[1] *f* <-, *ohne pl*> (*Kunst*) pintura *f* de desnudos

Aktmalerei[2] *f* <-, -en> (*Bild*) desnudo *m*

Aktmodell *nt* <-s, -e> (KUNST) modelo *mf* (*para pintar desnudos*)

aktualisieren* [aktuali'ziːrən] *vt* actualizar

Aktualisierung *f* <-, -en> actualización *f*

Aktualität [aktuali'tɛːt] *f* <-, *ohne pl*> actualidad *f;* **etw gewinnt/verliert an** ~ algo gana/pierde actualidad

Aktuar(in) [aktu'aːɐ] *m(f)* <-s, -e; -, -nen> (*Schweiz: Schriftführer*) secretario, -a *m, f*

aktuell [aktu'ɛl] *adj* actual, de actualidad

Aktzeichnung *f* <-, -en> (KUNST) desnudo *m*

Akupressur [akuprɛ'suːɐ] *f* <-, -en> (MED) acupresión *f*

Akupunkteur(in) [akupʊŋk'tøːɐ, *pl:* akupʊŋk'tøːrə] *m(f)* <-s, -e; -, -nen> (MED) (médico, -a *m, f*) acupuntor(a) *m(f)*

akupunktieren* [akupʊŋk'tiːrən] *vi, vt* hacer acupuntura (a)

Akupunktur [akupʊŋk'tuːɐ] *f* <-, -en> (MED) acupuntura *f;* **Akupunkturpunkt** *m* <-(e)s, -e> (MED) punto *m* de acupuntura

Akustik [a'kʊstɪk] *f* <-, *ohne pl*> (*a.* PHYS) acústica *f*

Akustiker(in) *m(f)* <-s, -; -, -nen> acústico, -a *m, f*

Akustikkoppler *m* <-s, -> (TECH) acoplador *m* acústico

akustisch *adj* acústico; **ich habe dich rein** ~ **nicht verstanden** acústicamente no te he entendido

akut [a'kuːt] *adj* **1.** (*aktuell*) agudo; (*hochaktuell*) candente **2.** (MED) grave; (*konkrete Krankheit*) agudo

Akut *m* <-(e)s, -e> (LING) acento *m* agudo

AKW [aːkaː'veː] *nt* <-(s), -(s)> *Abk. von* **Atomkraftwerk** central *f* nuclear

Akzent [ak'tsɛnt] *m* <-(e)s, -e> (*a.* LING) acento *m* (*auf* en); **den** ~ **auf etw legen** poner el acento en algo; **einen deutschen** ~ **haben** tener acento alemán; **~e setzen** (*fig*) marcar la pauta; **akzentfrei** *adj* sin acento; **eine Fremdsprache** ~ **sprechen** hablar un idioma extranjero sin acento

akzentuieren* *vt* (*geh*) acentuar

Akzept [ak'tsɛpt] *nt* <-(e)s, -e> (FIN) letra *f* de cambio aceptada; **einen Wechsel mit** ~ **versehen** aceptar una letra

akzeptabel [aktsɛp'taːbəl] *adj* aceptable

Akzeptant [--'-] *m* <-en, -en> (FIN) aceptante *mf*

Akzeptanz [aktsɛp'tants] *f* <-, *ohne pl*> aceptación *f*

akzeptfähig *adj* (FIN) susceptible a la aceptación

akzeptieren* *vt* aceptar

Akzeptkredit *m* <-(e)s, -e> (FIN) crédito *m* de aceptación

Akzeptverweigerung *f* <-, -en> (FIN) falta *f* de aceptación

Al (CHEM) *Abk. von* **Aluminium** Al

AL *f Abk. von* **Alternative Liste** Lista *f* Alternativa (*coalición de partidos minoritarios progresistas*)

à la [ala] *adv* **1.** (GASTR) a la; **möchten Sie** ~ **carte speisen?** ¿desean comer a la carta?; **es gab Seezunge** ~ **meunière** había lenguado a la meunière **2.** (*nach jds Art*) al estilo de

Alabaster [ala'bastɐ] *m* <-s, -> alabastro *m*

Alarm [a'larm] *m* <-(e)s, -e> alarma *f,* alerta *f;* **falscher** [*o* **blinder**] ~ falsa alarma; ~ **auslösen** provocar alarma; ~ **schlagen** (*a. fig*) tocar la alarma, dar la voz de alarma; **Alarmanlage** *f* <-, -n> sistema *m* de alarma, dispositivo *m* de alarma; **alarmbereit** *adj* en alerta; **die Feuerwehrleute müssen ständig** ~ **sein** los bomberos tienen que estar en alerta permanente; **Alarmbereitschaft** *f* <-, *ohne pl*> estado *m* de alerta; **in** ~ **sein** [*o* **stehen**] estar en (estado de) alerta; **Alarmglocke** *f* <-, -n> campana *f* de rebato, alarma *f* de rebato; **bei jdm geht die** ~ (*fam*) a alguien se le enciende la luz de alarma

alarmieren* *vt* **1.** (*Feuerwehr, Polizei*) alarmar, avisar **2.** (*beunruhigen*) alarmar, inquietar; **heute habe ich ~de Neuigkeiten erfahren** hoy me he enterado de novedades alarmantes

Alarmsignal *nt* <-s, -e> señal *f* de alarma; **Alarmstufe** *f* <-, -n> grado *m* de alarma; ~ **Rot** alerta roja; **Alarmübung** *f* <-, -en> simulacro *m* de emergencia; **Alarmvorrichtung** *f* <-, -en> dispositivo *m* de alarma; **Alarmzustand** *m* <-(e)s, -stände> estado *m* de alerta; **jdn in (den)** ~ **versetzen** poner a alguien en estado de alerta

Alaska [a'laska] *nt* <-s> Alaska *f*

Alaun [a'laʊn] *m* <-s, -e> (CHEM) alumbre *m*

Alb [alp] *m* <-(e)s, -en> **1.** (MYTH) *espíritu subterráneo de la mitología alemana* **2.** (*Nachtmahr*) fantasma *m* (nocturno) **3.** (*Alpdrücken*) pesadilla *f*

Albaner(in) [al'baːnɐ] *m(f)* <-s, -; -, -nen> albanés, -esa *m, f*

Albanien [al'baːniən] *nt* <-s> Albania *f*

albanisch *adj* albanés

Albatros ['albatrɔs] *m* <-, -se> (ZOOL) albatros *m inv*

Albdruck[RR] *m* <-(e)s, -drücke> *s.* **Alpdruck**

Alben *pl von* **Alb**, **Album**

Alberei [albə'raɪ] *f* <-, -en> tontería *f,* bobada *f*

albern[1] ['albɐn] *adj* (*abw*) tonto; (*kindisch*) pueril; **sich** ~ **benehmen** comportarse como un tonto, hacer el bobo; **sei nicht so** ~**!** ¡no seas bobo!

albern[2] *vi* (*abw*) tontear, hacer el bobo

Albernheit *f* <-, -en> (*abw*) sandez *f*, tontería *f*, embarrada *f Am*, pendejada *f Am*, zoncera *f Am*; (*kindisches Benehmen*) puerilidad *f*

Albino [al'bi:no] *m* <-s, -s> albino *m*

Albtraum[RR] *m* <-(e)s, -träume> *s.* **Alptraum**

Album ['albʊm, *pl:* 'albən] *nt* <-s, Alben> álbum *m*

Alchemie [alçe'mi:] *f* <-, *ohne pl*> alquimia *f*

Alchemist(in) *m(f)* <-en, -en; -, -nen> alquimista *mf*

Alchimie [alçi'mi:] *f* <-, *ohne pl*> alquimia *f*

Alchimist(in) [alçi'mɪst] *m(f)* <-en, -en; -, -nen> alquimista *mf*

Aldehyd [alde'hy:t] *m* <-s, -e> (CHEM) aldehído *m*

al dente [al'dɛnte] *adj* (GASTR) al dente; **die Spaghetti ~ kochen** cocer los espagueti al dente

aleatorisch [alea'to:rɪʃ] *adj* (*geh*) aleatorio

Alemanne, -in [alə'manə] *m, f* <-n, -n; -, -nen> alemánico, -a *m, f*, alamán, -ana *m, f*

alemannisch [alə'manɪʃ] *adj* alemánico

Alfalfa [al'falfa] *f* <-, *ohne pl*> alfalfa *f*

Alge ['algə] *f* <-, -n> alga *f*

Algebra ['algebra] *f* <-, *ohne pl*> (MATH) álgebra *f*

algebraisch [--'--] *adj* (MATH) algebraico, algébrico

Algenbekämpfung *f* <-, -en> lucha *f* contra las algas; **Algenbekämpfungsmittel** *nt* <-s, -> alguicida *m*

Algenkunde *f* <-, *ohne pl*> alguicultivo *m*; **Algenpest** *f* <-, *ohne pl*> marea *f* de algas; **Algenwachstum** *nt* <-s, *ohne pl*> desarrollo *m* de las algas

Algerien [al'ge:riən] *nt* <-s> Argelia *f*

Algerier(in) *m(f)* <-s, -; -, -nen> argelino, -a *m, f*

algerisch *adj* argelino

Algier ['alʒi:ɐ] *nt* <-s> Argel *m*

Algizid [algi'tsi:t] *nt* <-s, -e> alguicida *m*

algorithmisch *adj* (MATH) algorítmico

Algorithmus [algo'rɪtmʊs] *m* <-, Algorithmen> (MATH, INFOR) algoritmo *m*

alias ['a:lias] *adv* alias

Alibi ['a:libi] *nt* <-s, -s> coartada *f*; **er hat kein ~ für die Tatzeit** no tiene (ninguna) coartada para el momento de los hechos; **Alibifrau** *f* <-, -en> (*fam*) *mujer cuya presencia sirve de coartada;* **Alibifunktion** *f* <-, -en> (*fig*) coartada *f*

Alien ['ɛliən] *m* <-, -s> alien *m*, extraterrestre *mf*

Alimente [ali'mɛntə] *pl* manutención *f*

alimentieren* [alimɛn'ti:rən] *vt* financiar

aliquot [ali'kvɔt] *adj* (MATH) alícuota; **~er Teil** parte alícuota

Alkali [al'ka:li] *nt* <-s, -en> (CHEM) álcali *m*

Alkalinität [alkalini'tɛ:t] *f* <-, *ohne pl*> (CHEM) alcalinidad *f*

alkalisch [al'ka:lɪʃ] *adj* (CHEM) alcalino

Alkalisierung [alkali'zi:rʊŋ] *f* <-, -en> (CHEM) alcalinización *f*

Alkalität [alkali'tɛ:t] *f* <-, *ohne pl*> (CHEM) alcalicidad *f*

Alkaloid [alkalo'i:t] *nt* <-(e)s, -e> (CHEM) alcaloide *m*

Alkohol ['alkoho:l] *m* <-s, -e> alcohol *m*; **reiner/vergällter ~** alcohol puro/desnaturalizado; **alkoholarm** *adj* bajo en alcohol; **Alkoholdelirium** *nt* <-s, -delirien> (MED) delirium *m* tremens; **Alkoholeinfluss**[RR] *m* <-es, *ohne pl*>, **Alkoholeinwirkung** *f* <-, *ohne pl*> influencia *f* del alcohol, efectos *mpl* del alcohol; **unter ~ stehen** estar alcoholizado, estar bajo los efectos del alcohol; **Alkoholembryopathie** *f* <-, *ohne pl*> (MED) embriopatía *f* alcohólica; **Alkoholexzess**[RR] *m* <-es, -e> exceso *m* alcohólico, dipsomanía *f*; **Alkoholfahne** *f* <-, -n> (*fam*) aliento *m* a vino, tufillo *m* a vino; **alkoholfrei** *adj* sin alcohol; **~es Bier** cerveza sin alcohol; **Alkoholgegner(in)** *m(f)* <-s, -; -, -nen> abstemio, -a *m, f*, antialcohólico, -a *m, f*; **er ist ein strikter ~** está absolutamente en contra del consumo de bebidas alcohólicas; **Alkoholgehalt** *m* <-(e)s, -e> graduación *f* alcohólica, grado *m* alcohólico; **Alkoholgenuss**[RR] *m* <-es, *ohne pl*> consumo *m* de alcohol; **übermäßiger ~ schadet der Gesundheit** el abuso del alcohol perjudica la salud; **alkoholhaltig** *adj* alcohólico

Alkoholika [alko'ho:lika] *pl* bebidas *fpl* alcohólicas

Alkoholiker(in) [alko'ho:likɐ] *m(f)* <-s, -; -, -nen> alcohólico, -a *m, f*

alkoholisch [--'--] *adj* alcohólico; **~e Getränke** bebidas alcohólicas

alkoholisiert *adj* alcoholizado; **in ~em Zustand** bajo los efectos del alcohol

Alkoholismus *m* <-, *ohne pl*> alcoholismo *m*

Alkoholkonsum *m* <-s, *ohne pl*> consumo *m* de alcohol [*o* de bebidas alcohólicas]; **alkoholkrank** *adj* alcoholizado, alcohólico; **Alkoholmessgerät**[RR] *nt* <-(e)s, -e> alcohólímetro *m*; **Alkoholmissbrauch**[RR] *m* <-(e)s, *ohne pl*> abuso *m* del alcohol; **Alkoholpegel** *m* <-s, -> nivel *m* de alcoholemia; **mit diesem ~ solltest du nicht mehr Auto fahren** con todo el alcohol que has tomado no deberías conducir; **Alkoholspiegel** *m* <-s, -> nivel *m* de alcohol en la sangre; **Alkoholsteuer** *f* <-, -n> impuesto *m* sobre el alcohol; **alkoholsüchtig** *adj* alcohólico, adicto al alcohol; **~ sein** estar alcoholizado; **Alkoholsüchtige(r)** *mf* <-n, -n; -n, -n> alcohólico, -a *m, f*; **Alkoholsünder(in)** *m(f)* <-s, -; -, -nen> (*fam*) *conductor o conductora imprudente por culpa del alcohol;* **Alkoholtest** *m* <-(e)s, -s *o* -e> prueba *f* de alcoholemia; **einen ~ machen** someterse a una prueba de alcoholemia; **Alkoholunfall** *m*

<-(e)s, -fälle> accidente *m* provocado por el abuso del alcohol; **Alkoholverbot** *nt* <-(e)s, -e> (JUR, POL) prohibición *f* de (consumición de) alcohol; **Alkoholvergiftung** *f* <-, -en> (MED) intoxicación *f* etílica; **Alkoholwirkung** *f* <-, -en> efecto *m* alcohólico

all [al] *pron indef* todo; ~ **die Mühe** todo el esfuerzo; **nach** ~ **dem Geschehenen** después de todo lo sucedido; *s. a.* **alle(r, s)**

All [al] *nt* <-s, *ohne pl*> universo *m,* espacio *m*

allabendlich [al'a:bəntlɪç] *adj* de cada tarde [*o* noche]

Allah ['ala] *m* <-s, *ohne pl*> (REL) Alá *m,* Dios *m;* **zu** ~ **beten** rogar a Dios [*o* Alá]

allbekannt *adj* (*bekannt*) sabido (de todos), bien conocido; (*berüchtigt*) de mala fama; **eine ~e Tatsache** una cosa sabida; **es ist ~, dass er ein Hochstapler ist** es de todos sabido que es un estafador; **sie ist eine ~ Betrügerin** todo el mundo sabe que es una embaucadora

alle ['alə] *adv* (*fam*): **es ist** ~ se acabó; **die Schokolade ist** ~ no queda chocolate; **ich bin total** ~ (*fam*) estoy hecho pedazos [*o* polvo]

alle(r, s) *pron indef* **1.** *sg* todo; **~s hat seine Grenzen** todo tiene su límite; **wer war ~s da?** ¿quiénes estaban?; **~s, was du willst** todo lo que quieras; **ist das ~s?** ¿nada más?, ¿eso es todo?; **~s in ~m** (*insgesamt*) en total; (*kurzum*) en resumen, resumiendo; **was es nicht ~s gibt!** ¡hay de todo en este mundo!; **~s auf einmal** todo de una vez; **~s Gute!** ¡mis mejores deseos!; **~s Mögliche** de todo; **mein Ein und A~s** vida mía; **vor ~m** sobre [*o* ante] todo; **was soll das ~s?** ¿qué significa todo esto?; **in ~r Frühe** de madrugada, muy de mañana; **mit ~r Deutlichkeit** con toda claridad **2.** *pl* todos; **es waren** ~ **da** estaban todos; **~, die ...** todos los que...; ~ **auf einmal** todos a la vez; **seid ihr** ~ **da?** ¿estáis todos?; ~ **beide/drei** los dos/tres; ~ **zehn Minuten** cada diez minutos; **auf** ~ **Fälle** de todos modos, de todas las maneras; (*so oder so*) sea como sea; **für** ~ **Zeiten** para siempre, por los siglos de los siglos

all(e)dem I. *pron* todo (ello); **mit** ~ **möchte ich nichts zu tun haben** no quisiera tener nada que ver con todo eso; **nach** ~ **will ich nichts mehr von ihm wissen** después de todo esto no quiero volver a saber nada más de él; **bei** ~ **frage ich mich, was das überhaupt soll** me pregunto qué es todo esto; **zu** ~ **kommt noch, dass ...** y a todo esto se añade además que...; **aus** ~ **werde ich nicht schlau** no me aclaro con todo esto; **sie will trotz** ~ **weitermachen** quiere continuar a pesar de todo **II.** *adv:* **trotz** ~ a pesar de todo

Allee [a'le:, *pl:* a'le:ən] *f* <-, -n> avenida *f,* paseo *m,* carrera *f Am*

Allegorie [alego'ri:] *f* <-, -n> (LIT) alegoría *f*

allegorisch *adj* (LIT) alegórico

Allegro [a'le:gro] *nt* <-s, -s *o* Allegri> (MUS) alegro *m*

allein [a'laɪn] **I.** *adj* **1.** (*getrennt, für sich*) solo, a solas; ~ **selig machend** (REL) salvador; (*a. fig*) verdadero; **die** ~ **selig machende Kirche ist nach dem Papst natürlich die katholische** la única iglesia verdadera según el Papa es, naturalmente, la Santa Iglesia Católica; **sie betrachtete die Worte ihres Mannes nicht mehr als** ~ **selig machend** dejó de considerar las palabras de su marido un dogma; ~ **stehend** soltero; **eine** ~ **stehende Frau** una (mujer) soltera; **er war** ~ **im Zimmer** estaba solo en la habitación; **kann ich dich einen Augenblick** ~ **sprechen?** ¿te puedo hablar un momento a solas? **2.** (*ohne Hilfe*) solo; **meine Freundin ist** ~ **erziehend** mi amiga cría [*o* educa] sola a su(s) hijo(s); **er macht das ganz** ~ lo hace completamente solo **3.** (*einsam*) solo; **ich bin so oft** ~ estoy tantas veces solo **II.** *adv* (*nur*) sólo, solamente; **du** ~ **bist schuld daran** sólo tú tienes la culpa; **nicht** ~ **..., sondern auch ...** no sólo... sino también...; **einzig und** ~ únicamente, única y exclusivamente; ~ **die Arbeit ...** sólo el trabajo...; ~ **schon die Vorstellung macht mir Angst** me da miedo sólo imaginarlo **III.** *konj* (*geh*) pero, sin embargo

Alleinberechtigung *f* <-, *ohne pl*> (JUR) exclusiva *f,* derecho *m* exclusivo

alleine [a'laɪnə] *adj o adv* (*fam*) *s.* **allein**

Alleineigentümer(in) *m(f)* <-s, -; -, -nen> propietario, -a *m, f* único, -a; **Alleinerbe, -in** *m, f* <-n, -n; -, -nen> heredero, -a *m, f* único, -a [*o* universal]; **alleinerziehend** *adj s.* **allein I.2.**; **Alleinerziehende(r)** *mf* <-n, -n; -n, -n> (*Vater*) padre *m* soltero; (*Mutter*) madre *f* soltera; **Alleingang** *m* <-(e)s, -gänge> (SPORT) incursión *f* a solas [*o* en solitario]; **im** ~ a solas, en solitario; **Alleinherrschaft** *f* <-, *ohne pl*> autocracia *f;* **Alleinherrscher(in)** *m(f)* <-s, -; -, -nen> autócrata *mf*

alleinig *adj* solo, único; **der ~e Erbe** el único heredero

Alleinlebende(r) *mf* <-n, -n; -n, -n> persona *f* que vive sola; **Alleinlizenz** *f* <-, -en> (JUR) licencia *f* exclusiva; **Alleinsein** *nt* <-s, *ohne pl*> soledad *f;* **alleinseligmachend** *adj s.* **allein I.1.**; **alleinstehend** *adj s.* **allein I.1.**; **Alleinstehende(r)** *mf* <-n, -n; -n, -n> soltero, -a *m, f;* **Alleinunterhalter(in)** *m(f)* <-s, -; -, -nen> animador(a) *m(f)*

Alleinvertretung *f* <-, -en> (WIRTSCH) representación *f* en exclusividad; **unsere Agentur hat die** ~ **für diese Versicherungsgesellschaft** nuestra agencia representa en exclusividad a esta sociedad aseguradora; **Alleinvertretungsvertrag** *m* <-(e)s, -träge> (COM, JUR) contrato *m* de representación exclusiva

Alleinvertrieb *m* <-(e)s, *ohne pl*> (COM)

distribución *f* exclusiva

alleluja [ale'lu:ja] *interj* ¡aleluya!

allemal ['alə'ma:l] *adv* siempre; **ein für ~** de una vez para siempre

allenfalls ['alən'fals] *adv* en el mejor de los casos, como máximo

allenthalben *adv* por todas partes, por doquier

allerbeste(r, s) ['alɐ'bɛstə, -tɐ, -təs] *adj* mejor (de todos); **meine ~ Freundin** mi mejor amiga; **es wäre am ~n, wenn ...** lo mejor sería, si... *+subj*

allerdings ['alɐ'dɪŋs] *adv* **1.** (*einschränkend*) pero, no obstante **2.** (*bekräftigend*) naturalmente, claro que sí; **bist du selbst da gewesen? – ~!** ¿has estado en persona? – ¡ya lo creo!

allererste(r, s) ['--'--] *adj* primero (de todos)

allerfrühestens *adv* lo más pronto, como (muy) pronto; **der Brief kommt ~ morgen früh in Stuttgart an** la carta no llegará a Stuttgart hasta mañana por la mañana como pronto, la carta llegará lo más pronto mañana por la mañana a Stuttgart; **sie kann sich ~ um acht mit uns treffen** no puede quedar con nosotros hasta las ocho como muy pronto

allergen [alɛr'ge:n] **I.** *adj* (MED) alérgeno; **eine ~e Substanz** una substancia alérgena **II.** *adv* (MED) con efecto alérgeno; **einige chemische Substanzen wirken ~** algunas sustancias químicas tienen efectos alérgenos

Allergen [alɛr'ge:n] *nt* <-s, -e> (MED) alérgeno *m*

Allergie [alɛr'gi:] *f* <-, -n> (MED) alergia *f* (*gegen* a); **Allergietest** *m* <-(e)s, -s> test *m* de alergia

Allergiker(in) [a'lɛrgikɐ] *m(f)* <-s, -; -, -nen> (MED) alérgico, -a *m, f*

allergisch *adj* alérgico; **gegen etw ~ sein** ser alérgico a algo; **auf jdn ~ reagieren** ser alérgico a alguien

Allergologe, -in [alɛrgo'lo:gə] *m, f* <-n, -n; -, -nen> (MED) alergólogo, -a *m, f*

Allergologie *f* <-, *ohne pl*> (MED) alergología *f*

allerhand ['--'-] *adj inv* (*fam*) **1.** (*ziemlich viel*): **das ist ~ Geld** eso es bastante dinero **2.** (*allerlei*) de toda clase, de todo; **dort gab es ~ Leute** allí había gente de todo tipo

Allerheiligen [--'---] *nt* <-, *ohne pl*> (día *m* de) Todos los Santos

Allerheiligste(s) *nt* <-n, *ohne pl*> **1.** (REL) sanctasantórum *m;* (*Hostie*) Santísimo *m* **2.** (*fam: privater Raum*) aposentos *mpl*

allerhöchste(r,s) *adj superl von* **hoch** **1.** (*Höhe*) más alto, mayor; **Tom hat den ~n Turm gebaut** Tom ha construido la torre más alta de todas; **sie kann am ~n singen** es la que canta con el tono más alto de todos; **1995 wurde der ~ Umsatz seit Bestehen der Firma erzielt** en 1995 se alcanzaron los mayores beneficios desde que existe la empresa **2.** (*Rang*) más alto; **ein Politiker von ~m Rang** un político del más alto rango; **eine Angelegenheit von ~r Dringlichkeit** un asunto de la mayor urgencia; **es wird ~ Zeit, dass ...** ya es hora de que... *+subj;* **der A~** (REL) el Altísimo

allerlei ['alɐ'laɪ] *adj inv:* **~ Tiere** animales de todas clases; **es wird ~ geredet** se dice de todo

Allerlei *nt* <-s, -s> mezcolanza *f;* **Leipziger ~** (GASTR) revuelto de Leipzig (*plato de verdura mixta*)

allerletzte(r, s) ['--'--] *adj* último (de todos); **das ist das A~!** ¡esto es lo último!, ¡eso es lo que faltaba!; **das ist das ~ Bier für heute** de verdad que es la última cerveza por hoy; **allerliebste(r, s)** ['--'--] *adj* más querido, preferido; **mir wäre am ~n, wenn ...** lo que más me gustaría sería que...; **Allerliebste(r)** *mf* <-n, -n; -n, -n> queridísimo, -a *m, f;* (*Geliebte(r)*) amado, -a *m, f;* **mir scheint, es ist seine ~** me parece que es su amor; **was täte ich nur ohne dich, du meine ~!** ¡qué haría yo sin ti, queridísima mía!; **allermeiste(r, s)** ['--'--] *adj:* **die ~n Menschen** la mayor parte [*o* la mayoría] de la gente; **am ~n** sobre todo; **das A~ ist fertig** la mayor parte está acabada; **allernächste(r, s)** *adj* **1.** (*zeitlich folgend*) próximo, siguiente; **in ~r Zukunft wollen wir heiraten** en un futuro próximo [*o* próximamente] pensamos casarnos; **als A~s werde ich umziehen** lo primero que voy a hacer es mudarme (de casa) **2.** (*örtlich nahe*) más próximo, más cercano; **ich stand der Unfallstelle am ~n** yo era quien se encontraba más próximo al lugar del accidente **3.** (*emotional nahe*): **ihre Tante steht ihr am ~n** su tía es la persona más próxima a ella; **allerneuste(r, s)** ['--'--] *adj* más nuevo; **auf dem ~n Stand sein** estar (muy) al día

Allerseelen [--'--] *nt* <-, *ohne pl*> día *m* de Difuntos

allerseits ['alɐ'zaɪts] *adv* (*von allen*) por [*o* de] todo el mundo; **guten Abend ~!** ¡buenas tardes a todo el mundo!

allerspätestens ['--'---] *adv* a más tardar, como tarde

Allerweltsausdruck ['--'---] *m* <-(e)s, -drücke> (*fam abw*) comodín *m,* expresión *f* trillada; **Allerweltskerl** ['--'--] *m* <-s, -e> (*fam*) manitas *m inv*

allerwenigste(r, s) ['--'---] *adj* la minoría de; **die ~n Menschen wissen, dass ...** la minoría de la gente sabe que..., sólo pocos saben que...; **das ist doch das A~** eso es lo mínimo; **allerwenigstens** ['alɐ've:nɪçstəns] *adv* **1.** (*zumindest*) al menos **2.** (*mindestens*) como mínimo, por lo menos

Allerwerteste(r) ['--'---] *m* <-n, -n> (*fam iron*) trasero *m,* posaderas *fpl*

allesamt ['--'-] *adv* todos juntos, todos sin excepción

Allesfresser ['----] *m* <-s, -> (ZOOL) omnívoro *m;* **Alleskleber** ['----] *m* <-s, -> adhesivo *m* multiuso, pegamento *m* universal, pegalotodo *m fam;* **Alleswisser(in)** *m(f)* <-s, -; -, -nen> (*abw*) sabelotodo *mf,* sabihondo, -a *m, f*

allfällig ['alfɛlɪç, al'fɛlɪç] *adj* (*Schweiz*) eventual, ocasional; **am Wochenende erledigte er ~e Besorgungen** el fin de semana realizaba eventuales compras

allg. *Abk. von* **allgemein** general

Allgäu ['algɔɪ] *nt* <-s> Algoia *f*

Allgefahrendeckung *f* <-, -en> (JUR) cobertura *f* contra todo riesgo

allgegenwärtig ['-----] *adj* omnipresente, ubicuo

allgemein ['algə'maɪn] **I.** *adj* **1.** (*Kenntnisse*) general **2.** (*alle betreffend*) universal, público; (*allen gemeinsam*) común; **dies stößt auf ~e Ablehnung** eso choca con el rechazo general; **im A~en** en [*o* por lo] general; **A~e Ortskrankenkassen** Seguro médico público; **A~es Zoll- und Handelsabkommen** (WIRTSCH) Acuerdo General sobre aranceles y comercio **II.** *adv* en general; **~ bildend** de formación universal, de cultura general; **~ bildende Schulen** colegios de formación universal; **(ganz) ~ gesprochen** hablando en general; **~ gültig** universal; **~ üblich/verbreitet** generalizado; **~ verständlich** comprensible para todos; **es ist ~ bekannt, dass ...** es de todos sabido que...; **Allgemeinarzt, -ärztin** *m, f* <-es, -ärzte; -, -nen> (MED) médico, -a *m, f* general; **Allgemeinbefinden** [--'----] *nt* <-s, *ohne pl*> (MED) estado *m* de salud; **allgemeinbildend** [--'---] *adj s.* **allgemein II.**; **Allgemeinbildung** [--'---] *f* <-, *ohne pl*> cultura *f* general; **allgemeingültig** [--'---] *adj s.* **allgemein II.**; **Allgemeingültigkeit** *f* <-, *ohne pl*> universalidad *f,* validez *f* universal; **firmeninterne Regelungen besitzen keine ~** las disposiciones internas de una empresa carecen de validez general

Allgemeingut *nt* <-(s), *ohne pl*> patrimonio *m* común, bien *m* común; **(zum) ~ werden** generalizarse; **viele Anglizismen sind inzwischen** [*o* **gehören inzwischen zum**] **~** entretanto se han incorporado muchos anglicismos a la lengua común

Allgemeinheit [--'--] *f* <-, *ohne pl*> público *m,* opinión *f* pública; **im Interesse der ~** para el interés general

Allgemeinmedizin [--'----] *f* <-, *ohne pl*> medicina *f* general; **Allgemeinmediziner(in)** *m(f)* <-s, -; -, -nen> (MED) médico, -a *m, f* general; **allgemeinverständlich** [--'----] *adj s.* **allgemein II.**; **Allgemeinwissen** *nt* <-s, *ohne pl*> conocimientos *mpl* generales; **Allgemeinwohl** [--'--] *nt* <-(e)s, *ohne pl*> bienestar *m* público; **Allgemeinzustand** *m* <-(e)s, *ohne pl*> (*a.* MED) estado *m* general; **ihr ~ hat sich verschlechtert** su estado general ha empeorado

Allheilmittel [al'haɪl-] *nt* <-s, -> panacea *f,* curalotodo *m fam*

Allianz [ali'an(t)s] *f* <-, -en> alianza *f*

Alligator [ali'ga:to:ɐ] *m* <-s, -en> aligator *m,* caimán *m*

alliiert [ali'i:ɐt] *adj* aliado

Alliierte(r) *mf* <-n, -n; -n, -n> aliado, -a *m, f;* **die ~n** (HIST, POL) los aliados

Alliteration [alitera'tsjo:n] *f* <-, -en> (LIT) aliteración *f*

alljährlich [-'--] **I.** *adj* de todos los años, anual **II.** *adv* todos los años, cada año

Allmacht *f* <-, *ohne pl*> omnipotencia *f*

allmächtig [-'--] *adj* omnipotente; **~er Gott!** (*fam*) ¡Dios mío!, ¡válgame Dios!

Allmächtige(r) [al'mɛçtɪgə, al'mɛçtɪgɐ] *m* <-n, *ohne pl*>: **der ~** el Todopoderoso, Dios Omnipotente; **~r!** ¡Dios mío!, ¡Dios todopoderoso!

allmählich [al'mɛ:lɪç] **I.** *adj* paulatino **II.** *adv* poco a poco; **es wird ~ hell** poco a poco va amaneciendo; **es wird ~ Zeit!** (*iron*) ¡ya va siendo hora!

Allmende [al'mɛndə] *f* <-, -n> ≈dula *f*

allmonatlich ['-'---] **I.** *adj* mensual, de todos los meses **II.** *adv* todos los meses, cada mes; **allmorgendlich** ['-'---] **I.** *adj* de todas las mañanas **II.** *adv* cada mañana, todas las mañanas; **allnächtlich** ['al'nɛçtlɪç] **I.** *adj* de cada noche; **~e Ruhestörungen** ruidos nocturnos continuados; **Asthmatiker werden oft von ~en Erstickungsanfällen gequält** muchos asmáticos sufren de ahogos todas las noches **II.** *adv* cada noche, todas las noches

allochthon *adj* (GEO) alóctono

Allogamie [aloga'mi:] *f* <-, -n> (BOT) alogamia *f*

allokieren* [alo'ki:rən] *vt* (INFOR) asignar

Allonge [a'lõ:ʒə] *f* <-, -n> (WIRTSCH: *Wechsel*) coleta *f,* adición *f*

Allradantrieb ['----] *m* <-(e)s, -e> (AUTO) tracción *f* a las cuatro ruedas

Allroundkünstler(in) ['ɔ:l'raʊnd'kʏnstlɐ] *m(f)* <-s, -; -, -nen> artista *mf* polifacético, -a; **er tanzt, singt und schauspielert – ein richtiger ~** canta, baila e interpreta – un artista verdaderamente completo [*o* polifacético]

allseitig ['alzaɪtɪç] *adj* universal, general; **zur ~en Zufriedenheit** para satisfacción general

allseits *adv* (*überall*) en todas partes; (*bei allen*) de [*o* por] todo el mundo; **er ist ~ beliebt** es apreciado por todo el mundo

Alltag ['alta:k] *m* <-(e)s, *ohne pl*> **1.** (*Tagesablauf*) vida *f* cotidiana, día *m* (normal) **2.** (*geh: tägliches Einerlei*) vida *f* cotidiana; (*Routine*) rutina *f* (diaria)

alltäglich [-'--] *adj* **1.** (*jeden Tag*) diario, de cada día **2.** (*gewöhnlich*) banal, trivial; **das ist etw ganz A~es** es algo muy trivial

alltags ['--] *adv* cotidianamente, en días laborables

Alltagskleidung *f* <-, -en> ropa *f* de diario; **Alltagsleben** *nt* <-s, *ohne pl*> vida *f* diaria [*o* cotidiana]

allumfassend ['--'--] *adj* (*geh*) universal
Allüren [a'ly:rən] *pl* caprichos *mpl*, aires *mpl*; ~ **haben** ser un caprichoso
Alluvialboden [alu'vja:l-] *m* <-s, -böden> (GEO) terreno *m* de aluvión
Alluvium [a'lu:viʊm] *nt* <-s, *ohne pl*> (GEO) período *m* holoceno, aluvio *m*
allwissend ['-'--] *adj* omnisciente
Allwissenheit ['-'---] *f* <-, *ohne pl*> (REL, PHILOS) omnisciencia *f*
allwöchentlich ['-'---] **I.** *adj* de cada semana, de todas las semanas **II.** *adv* cada semana, todas las semanas
allzeit ['al'tsaɪt] *adv* (*alt*) en todo momento, a todas horas; **du weißt, ich bin ~ für dich da** sabes que me tienes a tu disposición en cualquier momento
allzu ['--] *adv* demasiado; ~ **früh** demasiado pronto [*o* temprano]; ~ **gern** encantado; ~ **häufig** con mucha frecuencia, muy frecuentemente; ~ **sehr** demasiado; ~ **viel** demasiado; **das ist mir ~ blöd** esto me resulta demasiado tonto; **ruf mich bitte nicht ~ früh an!** ¡por favor, no me llames demasiado pronto!; **das mag er ~ gern** eso le encanta; **das mag sie nicht ~ gern** eso no le hace demasiada gracia; **sie besucht uns ~ häufig** nos visita con mucha frecuencia; **ich liebe dich ~ sehr, um auf dich zu verzichten** te quiero demasiado como para renunciar a ti; **du rauchst ~ viel** fumas demasiado; ~ **viel ist ungesund** (*prov*) el exceso es malo; **allzufrüh** *adv s.* **allzu**; **allzugern** ['--'-] *adv s.* **allzu**; **allzuhäufig** *adv s.* **allzu**; **allzusehr** ['--'-] *adv s.* **allzu**; **allzuviel** ['--'-] *adv s.* **allzu**
Allzweckhalle *f* <-, -n> salón *m* de actos; **Allzweckreiniger** *m* <-s, -> limpiador *m* general [*o* universal]
Alm [alm] *f* <-, -en> pasto *m* de alta montaña
Almanach ['almanax] *m* <-s, -e> almanaque *m*
Almosen ['almo:zən] *nt* <-s, -> limosna *f*
Aloe ['a:loe] *f* <-, -n> (BOT) áloe *m*
Alp[1] [alp] *m* <-(e)s, -e> (*Nachtmahr*) fantasma *m* (nocturno)
Alp[2] *f* <-, -en> (*reg, Schweiz*) *s.* **Alm**
Alpaka [al'paka] *nt* <-s, -s> alpaca *f*; **Alpakawolle** *f* <-, *ohne pl*> lana *f* de alpaca
Alpdruck ['alpdrʊk] *m* <-(e)s, -drücke> pesadilla *f*
Alpen ['alpən] *pl* Alpes *mpl*; **Alpenglühen** *nt* <-s, *ohne pl*> rosicler *m* de los Alpes, arrebol *m* alpino (*fenómeno óptico por el que las cumbres nevadas presentan reflejos rojizos*)
Alpenland[1] *nt* <-(e)s, -länder> (*in den Alpen liegendes Land*) estado *m* alpino, país *m* alpino; **Liechtenstein ist das kleinste ~** Liechtenstein es el menor de los estados alpinos
Alpenland[2] *nt* <-(e)s, *ohne pl*> (*Gebiet der Alpen*) zona *f* alpina, región *f* alpina
Alpenpass[RR] *m* <-es, -pässe> puerto *m* alpino; **Alpenrepublik** *f* <-, *ohne pl*> (*fam hum: Österreich*) República *f* Alpina (*humorístico por Austria*); **Alpenrose** *f* <-, -n> (BOT) laurel *m* rosa de los Alpes; **Alpenstraße** *f* <-, -n> Ruta *f* de los Alpes; (*Landstraße*) carretera *f* alpina; **Alpentransitverkehr** *m* <-s, *ohne pl*> (AUTO) tráfico *m* de tránsito por los Alpes; **Alpenveilchen** *nt* <-s, -> ciclamen *m*, ciclamino *m*; **Alpenvorland** *nt* <-(e)s, *ohne pl*> región *f* subalpina
Alphabet [alfa'be:t] *nt* <-(e)s, -e> alfabeto *m*, abecedario *m*
alphabetisch *adj* alfabético; ~**e Reihenfolge** orden alfabético; ~ **geordnet** clasificado por orden alfabético
alphabetisieren* *vt* **1.** (*lesen lehren*) alfabetizar **2.** (*alphabetisch ordnen*) poner en orden alfabético, alfabetizar
Alphabetisierung *f* <-, -en> **1.** (*alphabetisch ordnen*) ordenación *f* alfabética, alfabetización *f*; **automatische ~ durch den Computer** alfabetización automática por ordenador **2.** (*Beseitigung des Analphabetentums*) alfabetización *f*; **eine Kampagne zur ~ der Bevölkerung** una campaña de alfabetización de la población
Alphamosaik ['-----] *nt* <-s, -e(n)> (INFOR) alfamosaico *m*; **alphanumerisch** [alfanu'me:rɪʃ] *adj* (INFOR) alfanumérico; **Alphastrahlen** *mpl* (PHYS) rayos *mpl* alfa; **Alphastrahlung** *f* <-, -en> (PHYS) radiación *f* alfa; **Alphateilchen** *nt* <-s, -> (PHYS) partícula *f* alfa
Alphorn *nt* <-(e)s, -hörner> (MUS) trompa *f* alpina (*instrumento de viento de hasta 4 metros de largo*)
Alpiden *pl* (GEO) Alpides *mpl*
alpin [al'pi:n] *adj* alpino
Alpinismus [alpi'nɪsmʊs] *m* <-, *ohne pl*> (SPORT) alpinismo *m*
Alpinist(in) [alpi'nɪst] *m(f)* <-en, -en; -, -nen> (SPORT) alpinista *mf*, montañero, -a *m, f*
Alptraum *m* <-(e)s, -träume> pesadilla *f*
Alraun [al'raʊn] *m* <-(e)s, -e>, **Alraune** [al'raʊnə] *f* <-, -n> alrún *m*
als [als] *konj* **1.** (*gleichzeitig*) (justo) cuando, al +*inf*; ~ **der Krieg ausbrach, ...** al estallar la guerra..., cuando estalló la guerra...; **gerade ~ wir losgehen wollten, begann es zu regnen** justo cuando íbamos a salir, empezó a llover **2.** (*vorzeitig, nachzeitig*) cuando; **kaum war sie fort, ~ das Telefon klingelte** acababa de irse cuando sonó el teléfono **3.** (~ *ob*) como si, que; **es sieht nicht so aus, ~ würden wir das Spiel verlieren** no parece que vayamos a perder el partido; **er sprach so klug, ~ ob er das studiert hätte** habló como si fuera un bachiller; **er tat so, ~ ob nichts wäre!** hizo como si tal cosa; **er ist zu anständig, ~ dass er so etwas tun könnte** es demasiado correcto como para hacer una cosa así **4.** (*bei Vergleichen*) que; **ich bin klüger ~**

vorher soy más listo que antes; **ich verlange nichts weiter ~ saubere Arbeit** no exijo (nada) más que un trabajo decente; **er sieht alles andere ~ glücklich aus** parece todo menos contento; **er war größer ~ sie** era más alto que ella **5.** (*in der Eigenschaft*) como, de; **er kam ~ Freund zu uns** vino como amigo (a nuestra casa); **~ Belohnung waren 1.000 Mark ausgesetzt** fijaron 1.000 marcos de recompensa

alsbald [-'-] *adv* inmediatamente, al momento

alsbaldig [als'baldɪç] *adj* (*formal*) inmediato; **zum ~en Verbrauch bestimmt** destinado para el uso inmediato

alsdann [als'dan] *adv* (*reg*) (pues) entonces

also ['alzo] **I.** *adv* **1.** (*folglich*) así, por consiguiente; **das heißt ~, dass ...** entonces esto quiere decir que...; **hier bist du ~!** ¡así que estás aquí!; **es regnete, ~ blieben wir zu Hause** llovía, así que nos quedamos en casa **2.** (*das heißt*) o sea **II.** (*Partikel*) bueno; **~, dann bis morgen!** bueno, entonces hasta mañana; **~, so was!** ¡bueno, mira tú!; **na ~!** ¡(pues) entonces!

Alsterwasser ['alstɐ-] *nt* <-s, -> (GASTR) ≈clara *f* (*cerveza con limonada o gaseosa*)

alt [alt] *adj* <älter, am ältesten> **1.** (*auf das Alter bezogen*) viejo; (*bejahrt*) anciano, de avanzada edad, carroza *fam;* **wie ~ bist du?** ¿cuántos años tienes?; **ich bin 17 Jahre ~** tengo 17 años; **er war erst wenige Tage ~** no tenía más que unos días; **sie ist doppelt so ~ wie ich** me dobla la edad; **sich ~ fühlen** sentirse viejo; **man ist so ~, wie man sich fühlt** lo importante no es ser joven sino sentirse joven; **A~ und Jung** viejos y jóvenes; **mein ~er Herr** (*fam*) mi padre; **der Anzug macht ihn ~** el traje le hace parecer mayor; **hier werde ich nicht ~!** (*fam*) ¡aquí no echo raíces!; **hier siehst du aber ~ aus** (*fam*) con este asunto vas a acabar muy mal **2.** (*gebraucht*) usado, de segunda mano, gastado; **zum ~en Eisen gehören** ser de la vieja guardia **3.** (*lange bestehend*) viejo; **ein ~er Traum von mir** un viejo sueño mío; **ein ~er Freund/Bekannter von mir** un viejo amigo/conocido mío; **das A~e Testament** el Antiguo Testamento; **die A~e Welt** el viejo continente; **es bleibt alles beim A~en** nada cambia, todo sigue igual; **das Buch befindet sich am ~en Platz** el libro se encuentra en el sitio donde estaba antes; **das ~e Jahr geht zu Ende** se acaba el año **4.** (*klassisch*) clásico **5.** (*ehemalig*) antiguo; **seine ~en Schüler** sus antiguos alumnos

Alt[1] *m* <-s, *ohne pl*> (MUS) contralto *mf*

Alt[2] *nt* <-s, -> (*Altbier*) cerveza *f* negra

altangesehen *adj* muy (bien) considerada; (*mit Tradition*) de rancio abolengo *geh;* **eine ~e Familie der Stadt** una familia muy considerada en la ciudad durante generaciones

altansässig *adj* arraigado

Altar [al'taːɐ, *pl:* al'tɛːrə] *m* <-s, Altäre> altar *m;* **Altarraum** *m* <-(e)s, -räume> presbiterio *m*

altbacken ['---] *adj* **1.** (*Brot*) de ayer **2.** (*abw: altmodisch*) anticuado, carroza *sl;* **das ist völlig ~** eso está totalmente pasado

Altbau *m* <-(e)s, -ten> edificio *m* antiguo; **Altbausanierung** *f* <-, -en> saneamiento *m* de un edificio antiguo; **Altbauwohnung** *f* <-, -en> apartamento *m* en un edificio antiguo

altbekannt ['--'-] *adj* bien conocido; **das ist doch ~** eso ya se sabía; **altbewährt** ['--'-] *adj* probado, comprobado

Altbier *nt* <-s, -e> cerveza *f* negra

Altblechcontainer *m* <-s, -> contenedor *m* de hojalata vieja

Altbundeskanzler ['-'----] *m* <-s, -> (POL) antiguo canciller *m,* ex-canciller *m*

altdeutsch *adj* (*Möbel, Stil*) alemán antiguo (*s. XV-XVI*)

Alte(r) *mf* <-n, -n; -n, -n> **1.** (*alter Mensch*) anciano, -a *m, f;* (*abw*) viejo, -a *m, f* **2.** (*fam: Vater, Mutter*) viejo, -a *m, f* **3.** (*fam abw: Ehemann, -frau*) viejo, -a *m, f* **4.** (*fam: Vorgesetzter*) patrón, -ona *m, f*

altehrwürdig *adj* (*geh*) venerable

Alteigentümer(in) ['-'----] *m(f)* <-s, -; -, -nen> propietario, -a *m, f* de toda la vida

alteingesessen ['-'----] *adj* arraigado

Alteisen *nt* <-s, *ohne pl*> chatarra *f*

Altenanteil *m* <-(e)s, -e> porcentaje *m* de ancianos, parte *f* de ancianos; **Altenarbeit** *f* <-, *ohne pl*> trabajo *m* con ancianos; **Altenclub** *m* <-s, -s> hogar *m* del pensionista; **Alteneinrichtungen** *fpl* instalaciones *fpl* para ancianos, centros *mpl* para ancianos; **Altenheim** *nt* <-(e)s, -e> residencia *f* de ancianos; **Altenhilfe** *f* <-, -n> asistencia *f* a los ancianos, ayuda *f* a los ancianos; **geschlossene ~** asistencia en régimen cerrado; **halboffene ~** asistencia en régimen semiabierto; **offene ~** asistencia en régimen abierto; **Altenklub** *m* <-s, -s> hogar *m* del pensionista; **Altenpflege** *f* <-, *ohne pl*> cuidados *mpl* a ancianos; **Altenpflegeheim** *nt* <-(e)s, -e> residencia *f* asistida de ancianos; **Altenpfleger(in)** *m(f)* <-s, -; -, -nen> cuidador(a) *m(f)* de ancianos; **Altentagesstätte** *f* <-, -n> hogar *m* del pensionista, centro *m* diurno para ancianos; **Altenteil** *nt* <-(e)s, -e> retiro *m,* reserva *f* rústica; **sich aufs ~ zurückziehen** [*o* **begeben**] retirarse, jubilarse; **Altenwohnheim** *nt* <-(e)s, -e> residencia *f* de ancianos; **Altenwohnstift** *nt* <-(e)s, -e> asilo *m* de ancianos, residencia *f* de ancianos

Alter ['altɐ] *nt* <-s, *ohne pl*> **1.** (*Lebensabschnitt*) vejez *f;* **im ~** en la vejez; **~ schützt vor Torheit nicht** (*prov*) a la vejez, viruelas, la cabeza blanca y el seso por venir **2.** (*Anzahl der Jahre*) edad *f;* **im ~ von drei Jahren** a la edad de tres años; **ein Herr mittleren ~s** [*o* **von mittlerem ~**] un señor de mediana edad;

er ist in deinem ~ es de tu edad; **sechzig ist doch kein** ~! ¡60 años no es edad!
älter ['ɛltɐ] *adj kompar von* **alt**
altern ['altɐn] *vi sein* envejecer
alternativ *adj* alternativo
Alternative *f* <-, -n> alternativa *f;* **brauchbare** ~ alternativa útil
Alternative(r) *mf* <-n, -n; -n, -n> *practicante de una forma de vida alternativa*
Alternativreisende(r) *mf* <-n, -n; -n, -n> viajero, -a *m, f* alternativo, -a [*o* no convencional]
Alternsforschung *f* <-, *ohne pl*> gerontología *f*
alterprobt *adj* probado, consolidado; **diese Verfahren sind** ~ estos procedimientos están probados; **wir führen diese Tests seit Jahren mit Erfolg durch, sie sind bewährt und mittlerweile** ~ hace años que realizamos con éxito estas pruebas, están comprobadas y entretanto se han consolidado
alters *adv:* **von** [*o* **seit**] ~ **her** (*geh*) desde hace mucho tiempo, desde siempre
Altersarmut *f* <-, *ohne pl*> pobreza *f* entre los ancianos; **Altersasyl** ['altɐsazy:l] *nt* <-s, -e> (*Schweiz*) *s.* Altersheim; **altersbedingt** *adj* debido a la edad; **Altersbeschwerden** *fpl* achaques *mpl;* **Altersbezüge** *mpl* pensiones *fpl;* **Altersdiabetes** *m* <-, *ohne pl*> (MED) diabetes *f* senil; **Alterserscheinung** *f* <-, -en> síntoma *m* de vejez; **Altersforschung** *f* <-, *ohne pl*> gerontología *f;* **Altersgenosse, -in** *m, f* <-n, -n; -, -nen> coetáneo, -a *m, f;* **Altersgrenze** *f* <-, -n> límite *m* de edad; (*Rentenalter*) edad *f* de jubilación; **die flexible** ~ el límite flexible de la edad de jubilación; **Altersgründe** *mpl:* **er kann aus ~n nicht teilnehmen** por causa de su (avanzada) edad no puede participar; **Altersgruppe** *f* <-, -n> grupo *m* de personas de la misma edad; **die Kinder gehören alle der gleichen** ~ **an** los niños tienen todos la misma edad; **Altersheilkunde** *f* <-, *ohne pl*> geriatría *f;* **Altersheim** *nt* <-(e)s, -e> residencia *f* de ancianos; **Altersklasse** *f* <-, -n> (SPORT) categoría *f* por edades; **Alterskrankheiten** *fpl* enfermedades *fpl* típicas de la vejez; **Alterskurzsichtigkeit** *f* <-, *ohne pl*> (MED) miopía *f* senil; **Alterspyramide** *f* <-, -n> pirámide *f* de edades; **Altersrente** *f* <-, -n> pensión *f* de ancianidad, jubilación *f;* **Altersruhegeld** *nt* <-(e)s, -er> renta *f* de jubilación; **altersschwach** *adj* **1.** (*Person*) decrépito, vetusto **2.** (*Gegenstand*) acabado, decrépito, caduco; **Altersschwäche** *f* <-, *ohne pl*> decrepitud *f;* **Altersschwachsinn** *m* <-s, *ohne pl*> imbecilidad *f* senil; **Altersschwatzhaftigkeit** *f* <-, *ohne pl*> cotorreo *m* senil; **Altersschwerhörigkeit** *f* <-, *ohne pl*> (MED) dureza *f* de oído senil; **Alterssitz** *m* <-es, -e> (lugar *m* de) retiro *m;* **als** ~ **hat er ein Häuschen auf Mallorca gekauft** ha comprado una casita en Mallorca para retirarse allí cuando se jubile; **altersspezifisch** *adj* propio [*o* específico] de la edad; **diese Beschwerden sind** ~**, sie vergehen wieder** estas molestias son propias de la edad, ya desaparecerán; **Altersstarrsinn** *m* <-(e)s, *ohne pl*> senilidad *f;* **Altersstruktur** *f* <-, -en> estructura *f* por edades; **Altersstufe** *f* <-,-n> edad *f;* **Altersunterschied** *m* <-(e)s, -e> diferencia *f* de edad; **Altersversicherung** *f* <-, -en> seguro *m* (de previsión) para la vejez, fondo *m* de pensiones
Altersversorgung *f* <-, -en> pensión *f* de ancianidad, jubilación *f;* **betriebliche** ~ plan de pensiones de jubilación de la empresa; **Altersversorgungssystem** *nt* <-s, -e> sistema *m* de pensiones
Alterswerk *nt* <-(e)s, -e> (KUNST, LIT, MUS) obra *f* de senectud
Altertum ['altɐtu:m] *nt* <-s, *ohne pl*> antigüedad *f*
Altertümer *pl* antigüedades *fpl,* reliquias *fpl abw*
altertümlich ['altɐty:mlɪç] **I.** *adj* **1.** (*alt*) antiguo **2.** (*veraltet*) anticuado, pasado de moda **II.** *adv* a la antigua
Altertümlichkeit *f* <-, *ohne pl*> antigüedad *f;* **ihre Kleidung war von einer gewissen** ~ su ropa era un tanto anticuada
Altertumskunde *f* <-, *ohne pl*> arqueología *f*
Altertumswert *m* <-(e)s, *ohne pl*> valor *m* por la antigüedad; **dein Wagen hat ja schon** ~ (*iron*) tu coche se ha convertido en una reliquia
Alterung *f* <-, *ohne pl*> envejecimiento *m;* **alterungsbeständig** *adj* (TECH) resistente al envejecimiento; **Alterungsprozess**[RR] *m* <-es, -e> proceso *m* de envejecimiento
älteste(r, s) *adj superl von* **alt**
Älteste(r) ['ɛltəstɐ] *mf* <-n, -n; -n, -n> mayor *mf*
Ältestenrat *m* <-(e)s, -räte> **1.** (JUR) consejo *m* de representantes de los partidos **2.** (POL) parlamento *m,* junta *f* de portavoces
Altflöte *f* <-, -n> (MUS) flauta *f* dulce contralto
Altgerät *nt* <-(e)s, -e> aparato *m* viejo [*o* usado]
Altglas *nt* <-(e)s, *ohne pl*> (botellas *fpl* de) vidrio *m* reciclable; **Altglascontainer** *m* <-s, -> contenedor *m* de vidrio reciclable, recuperador *m* de vidrio
Altgold *nt* <-(e)s, *ohne pl*> **1.** (*Gebrauchtgold*) oro *m* antiguo [*o* viejo] **2.** (*künstlich gedunkeltes Gold*) oro *m* envejecido
altgriechisch *adj* griego clásico [*o* antiguo]
Altgriechisch *nt* <-(s), *ohne pl*>, **Altgriechische** *nt* <-n, *ohne pl*> griego *m* clásico [*o* antiguo]
althergebracht ['-'---] *adj* tradicional, antiguo

altherkömmlich *adj* **1.** (*herkömmlich*) tradicional; (*konventionell*) convencional; **da helfen nur ~e Methoden** en este caso sólo sirven los métodos tradicionales **2.** (*abw: veraltet*) anticuado

Althochdeutsch ['---] *nt* <-(s), *ohne pl*> antiguo alto alemán *m*

Altist(in) *m(f)* <-en, -en; -, -nen> (MUS) contralto *mf*

Altjahr(s)abend ['altja:ɐ(s)ʔa:bənt, *pl:* 'altja:ɐ(s)ʔa:bəndə] *m* <-s, -e> (*Schweiz*) (tarde-noche *f* de) Nochevieja

Altkleidersammlung ['-'----] *f* <-, -en> recogida *f* de ropas usadas

altklug *adj* sabi(h)ondo

Altlast *f* <-, -en> (ÖKOL) **1.** (*gefährliche Rückstände*) residuos *mpl* **2.** (*verseuchte Fläche*) zona *f* contaminada

ältlich ['ɛltlɪç] *adj* avejentado, ajado; **eine ~e Dame** una mujer entrada en años

Altmaterial *nt* <-s, -ien> (TECH) material *m* viejo; (*noch brauchbar*) material *m* reciclable; **Altmeister(in)** *m(f)* <-s, -; -, -nen> **1.** (*a.* KUNST) patriarca *m*, matriarca *f*, decano, -a *m, f* **2.** (SPORT) antiguo, -a campeón, -ona *m, f*

Altmetall *nt* <-s, -e> chatarra *f*; **Altmetallcontainer** *m* <-s, -> contenedor *m* de [*o* para] metal (usado)

altmodisch *adj* anticuado, chapado a la antigua, carroza *fam*

Altokumulus [alto'ku:mulʊs] *m* <-, -kumuli> (METEO) altocúmulo *m*

Altöl *nt* <-(e)s, -e> aceites *mpl* usados; **Altölaufbereitung** *f* <-, -en> tratamiento *m* de aceite usado; **Altöltank** *m* <-s, -s> (TECH) tanque *m* para aceites usados

Altostratus [alto'stra:tʊs, *pl:* -'stra:ti] *m* <-, -strati> (METEO) altoestrato *m*

Altpapier *nt* <-s, *ohne pl*> papel *m* reciclable; **Altpapiercontainer** *m* <-s, -> contenedor *m* de [*o* para] papel (usado); **Altpapiersammlung** *f* <-, -en> recogida *f* de papel reciclable

Altphilologe, **-in** *m, f* <-n, -n; -, -nen> filólogo, -a *m, f* clásico, -a

altrosa *adj inv* rosa palo *inv*; **die ~ Bluse kannst du gut mit blau kombinieren** la blusa (de color) rosa palo combina bien con azul

altruistisch [altru'ɪstɪʃ] *adj* (*geh*) altruista, generoso

Altschnee *m* <-s, *ohne pl*> nieve *f* vieja; **Altschulden** *fpl* deuda *f* heredada; **Altsilber** *nt* <-s, *ohne pl*> **1.** (*Gebrauchtsilber*) plata *f* antigua [*o* vieja] **2.** (*künstlich gedunkeltes Silber*) plata *f* envejecida

Altsprachler(in) *m(f)* <-s, -; -, -nen> *s.* **Altphilologe**

altsprachlich *adj* relativo a las lenguas clásicas

Altstadt *f* <-, -städte> barrio *m* antiguo, casco *m* antiguo, centro *m* histórico; **die Kölner ~** el casco antiguo de Colonia; **Altstadtsanierung** *f* <-, -en> saneamiento *m* del casco antiguo (de una ciudad o población)

Altsteinzeit *f* <-, *ohne pl*> Paleolítico *m*; **altsteinzeitlich** *adj* paleolítico; **der ~e Mensch** el hombre paleolítico [*o* del Paleolítico]

Altstimme *f* <-, -n> (MUS) voz *f* de contralto

Altstoff *m* <-(e)s, -e> (ÖKOL) material *m* reciclable; **Altstoffcontainer** *m* <-s, -> (ÖKOL) contenedor *m* de materiales reciclables; **Altstofferfassung** *f* <-, -en> (ÖKOL) aprovechamiento *m* de materiales reciclables

alttestamentarisch, **alttestamentlich** **I.** *adj* **1.** (*im Alten Testament erwähnt*) del Antiguo Testamento; **dem Kind einen ~en Namen geben** poner al niño un nombre del Antiguo Testamento **2.** (*das Alte Testament betreffend*) sobre el Antiguo Testamento; **über gute ~e Kenntnisse verfügen** tener buenos conocimientos sobre el Antiguo Testamento **II.** *adv* en el Antiguo Testamento; **~ sehr bewandert sein** estar versado en el Antiguo Testamento

altväterlich **I.** *adj* **1.** (*überkommen*) tradicional, secular; **~e Bräuche** costumbres seculares **2.** (*altmodisch*) anticuado; **~er Stil** estilo anticuado [*o* arcaico] **3.** (*patriarchalisch*) patriarcal; **dieser Mann hat etwas A~es in seiner Stimme** el tono de voz de ese hombre es un tanto patriarcal **II.** *adv* (*altmodisch*) de forma anticuada; **er ist meist ein wenig ~ gekleidet** su forma de vestir es casi siempre un tanto anticuada

Altverschuldung *f* <-, -en> deudas *fpl* antiguas

Altwarenhändler(in) *m(f)* <-s, -; -, -nen> chamarilero, -a *m, f*, trapero, -a *m, f*

Altwassersee *m* <-s, -n> lago *m* de agua durmiente; **Altweiberfastnacht** [-'----] *f* <-, *ohne pl*> (*reg*) jueves *m* gordo [*o* lardero]

Altweibersommer [-'----] *m* <-s, -> veranillo *m* de San Miguel, veranillo *m* de San Juan *Am*

Alu ['a:lu] *nt* <-(s), *ohne pl*> (CHEM, TECH) *Abk. von* **Aluminium** aluminio *m*; **Alufelge** ['a:lufɛlgə] *f* <-, -n> (AUTO) llanta *f* de aluminio; **Alufolie** ['a:lufo:liə] *f* <-, -n> papel *m* de aluminio

Aluminium [alu'mi:niʊm] *nt* <-s, *ohne pl*> (CHEM) aluminio *m*; **Aluminiumchlorid** *nt* <-s, -e> (CHEM) cloruro *m* de aluminio; **Aluminiumfolie** *f* <-, -n> papel *m* de aluminio; **Aluminiumhydroxid** [--'---'hy:drɔksi:t] *nt* <-(e)s, -e> (CHEM) hidróxido *m* de aluminio

Aluminiumoxid *nt* <-(e)s, -e> (CHEM) óxido *m* de aluminio

Alzheimer ['ltshaɪmɐ] *m* <-, *ohne pl*> (*fam*), **Alzheimerkrankheit**RR *f* <-, *ohne pl*> enfermedad *f* de Alzheimer

am [am] **I.** (*Superlativbildung*): **Lothar fährt ~ schnellsten** Lothar es el que más rápido conduce **II.** = **an dem** *s.* **an** **III.** (*fam: Ver-*

laufsform): **ich bin ~ Arbeiten** estoy trabajando

Am (CHEM) *Abk. von* **Americium** Am

Amalgam [amal'ga:m] *nt* <-s, -e> (*fig a.* CHEM) amalgama *f*

Amateur(in) [ama'tø:ɐ] *m(f)* <-(e)s, -e; -, -nen> **1.** (*Nichtfachmann*) aficionado, -a *m, f*, diletante *mf* **2.** (*abw: Dilettant*) chapucero, -a *m, f*; **Amateurfunker(in)** *m(f)* <-s, -; -, -nen> (RADIO) radioaficionado, -a *m, f*; **amateurhaft** *adj* aficionado; **das ist ~ gemacht!** (*fam*) ¡menuda chapucilla!; **Amateurliga** *f* <-, -ligen> (SPORT) liga *f* de aficionados; **Amateurmannschaft** *f* <-, -en> (SPORT) equipo *m* amateur [*o* de aficionados]; **Amateursport** *m* <-(e)s, *ohne pl*> deporte *m* amateur [*o* de aficionados]

Amazonas [ama'tso:nas] *m* <-> Amazonas *m*

Amazone [ama'tso:nə] *f* <-, -n> amazona *f*

Ambiente [am'biɛntə] *nt* <-, *ohne pl*> (*geh*) ambiente *m*, atmósfera *f*

Ambition [ambi'tsjo:n] *f* <-, -en> ambición *f*

ambitioniert [ambitsjo'ni:ɐt] *adj* ambicioso, con ambiciones

ambivalent [ambiva'lɛnt] *adj* ambivalente

Ambivalenz [ambiva'lɛnts] *f* <-, -en> (PSYCH) ambivalencia *f*

Amboss[RR] ['ambɔs] *m* <-es, -e>, **Amboß** *m* <-sses, -sse> (TECH, MED) yunque *m*; **Ambosswolke**[RR] *f* <-, -n> (METEO) nube *f* de yunque

ambulant [ambu'lant] *adj* ambulante; (MED) ambulatorio; **~er Händler** vendedor ambulante; **~e Behandlung** tratamiento ambulatorio; **jdn ~ behandeln** tratar a alguien en régimen ambulatorio

Ambulanz [ambu'lants] *f* <-, -en> (MED) ambulatorio *m*, dispensario *m*

Ameise ['a:maɪzə] *f* <-, -n> hormiga *f*; **Ameisenbär** *m* <-en, -en> oso *m* hormiguero; **Ameisenhaufen** *m* <-s, -> hormiguero *m*; **Ameisenlaufen** *nt* <-s, *ohne pl*> hormigueo *m*, comezón *f*; **Ameisensäure** *f* <-, *ohne pl*> (CHEM) ácido *m* fórmico; **Ameisenstaat** *m* <-(e)s, -en> (ZOOL) hormiguero *m*

amen ['a:mən] *adv* amén, así sea; **zu allem ja und ~ sagen** (*fam*) decir amén a todo

Amen *nt* <-s, -> amén *m*; **das ist so sicher wie das ~ in der Kirche** esto es tan cierto como que dos y dos son cuatro

American Football [ə'mɛrikən 'fʊtbɔ:l] *m* <- -(s), *ohne pl*> (SPORT) fútbol *m* americano

Americium [ame'ri:tsiʊm] *nt* <-s, *ohne pl*> (CHEM) americio *m*

Amerika [a'me:rika] *nt* <-s> América *f*; **die Vereinigten Staaten von ~** los Estados Unidos de América

Amerikaner(in) [ameri'ka:nɐ] *m(f)* <-s, -; -, -nen> americano, -a *m, f*; (*Nord~*) norteamericano, -a *m, f*, gringo, -a *m, f SAm*; (*US~*) estadounidense *mf*; (*Süd~*) latinoamericano, -a *m, f*, latino, -a *m, f*

amerikanisch *adj* americano; (*US~*) estadounidense; (*latein~*) latinoamericano

amerikanisieren* *vt* americanizar, engringar *Am*

Amerikanismus *m* <-, Amerikanismen> (LING) americanismo *m*

Amerikanistik [amerika'nɪstɪk] *f* <-, *ohne pl*> americanística *f*, Filología *f* Americana [*o* Norteamericana]

Amethyst [ame'tʏst] *m* <-(e)s, -e> amatista *f*

Ami ['ami] *m* <-s, -s> (*fam*) yanqui *mf*

Aminobenzoesäure *f* <-, -n> (CHEM) ácido *m* aminobenzóico

Aminoderivat *nt* <-(e)s, -e> (CHEM) aminoderivado *m*

Aminosäure [a'minozɔɪrə] *f* <-, -n> (CHEM) aminoácido *m*; **essenzielle ~** aminoácido esencial; **Aminosäurekode** *m* <-s, -s> (CHEM) código *m* de aminoácidos

Ammann ['aman, *pl:* 'amɛnɐ] *m* <-(e)s, -männer> (*Schweiz: Land~*) presidente *m* del consejo cantonal; (*Gemeinde~*) presidente *m* del concejo municipal; (*Vollstreckungsbeamter*) funcionario *m* ejecutivo, recaudador *m* de impuestos

Amme ['amə] *f* <-, -n> ama *f* de cría, nodriza *f*, ñaña *f Chil*; **Ammenmärchen** *nt* <-s, -> (*fam*) cuento *m* de viejas

Ammer ['amɐ] *f* <-, -n> (ZOOL) escribano *m*

Ammoniak [amo'njak] *nt* <-s, *ohne pl*> (CHEM) amoníaco *m*

Ammonifikation [amonifika'tsjo:n] *f* <-, *ohne pl*> (CHEM) amonificación *f*

Ammonit [amo'ni:t] *m* <-en, -en> (GEO, ZOOL) amonita *f*

Ammoniumacetat [a'mo:niʊm-] *nt* <-s, -e> (CHEM) acetato *m* amónico

Amnesie [amne'zi:] *f* <-, -n> (MED) amnesia *f*

Amnestie [amnɛs'ti:] *f* <-, -n> (JUR, POL) amnistía *f*

amnestieren* [amnɛs'ti:rən] *vt* (JUR, POL) amnestiar

Amnestierte(r) *mf* <-n, -n; -n, -n> amnistiado, -a *m, f*; **unter den ~n befanden sich auch prominente Regimekritiker** entre los amnistiados se encontraban también destacados críticos del régimen

Amöbe [a'mø:bə] *f* <-, -n> ameba *f*; **Amöbenruhr** *f* <-, -en> (MED) disentería *f* amébica

amöbisch *adj* (BIOL) amebático

Amok ['a:mɔk] *m* <-s, *ohne pl*>: **~ laufen/fahren** *ir enloquecido, destruyendo o matando*; **Amokfahrer(in)** *m(f)* <-s, -; -, -nen> conductor(a) *m(f)* homicida; **Amokfahrt** *f* <-, -en> carrera *f* homicida (en automóvil); **Amoklauf** *m* <-(e)s, -läufe>, **Amoklaufen** *nt* <-s, *ohne pl*> amok *m* (*ataque de locura con impulsos homicidas*); **Amokläu-**

fer(in) *m(f)* <-s, -; -, -nen> loco, -a *m, f* homicida; **Amokschütze, -in** *m, f* <-n, -n; -, -nen> loco, -a *m, f* homicida

a-Moll *nt* <-, *ohne pl*> (MUS) la *m* menor

Amor ['a:mo:ɐ] *m* <-s, *ohne pl*> Amor *m*, Cupido *m*; **~s Pfeil** (*geh: die Liebe*) las flechas de Cupido [*o* de amor], flechazo *m* repentino *fam*; **~s Pfeil hat ihn getroffen** (*geh*) cayó en [*o* se rindió a] las redes del amor

amoralisch ['amora:lɪʃ] *adj* amoral

amorph [a'mɔrf] *adj* **1.** (*formlos*) sin forma; **~e Masse** masa sin forma **2.** (PHYS: *nicht kristallin*) amorfo **3.** (BIOL: *von Genen*) informe

Amortisation [amɔrtiza'tsjo:n] *f* <-, -en> (WIRTSCH) amortización *f*; **Amortisationszeit** *f* <-, -en> (WIRTSCH) período *m* de amortización

amortisieren* [amɔrti'zi:rən] **I.** *vt* (WIRTSCH: *Schuld*) amortizar **II.** *vr*: **sich ~** (*Investition*) amortizarse

amourös [amu'rø:s] *adj* (*geh*) amoroso; **~es Abenteuer** aventura amorosa

Ampel ['ampəl] *f* <-, -n> **1.** (*Verkehrs~*) semáforo *m*; **die ~ steht auf Rot** el semáforo está en rojo **2.** (*Blumen~*) maceta *f* colgante; **Ampelanlage** *f* <-, -n> (AUTO) instalación *f* de semáforos; **Ampelkoalition** *f* <-, -en> (POL) *coalición entre el SPD, el FDP y los Verdes*; **Ampelkreuzung** *f* <-, -en> (AUTO) cruce *m* de semáforos; **Ampelphase** *f* <-, -n> (intervalo *m* de) semáforo *m*; **grüne/rote ~** semáforo en verde/en rojo

Ampere [am'pe:ɐ] *nt* <-(s), -> (PHYS) amperio *m*, ampere *m*; **Amperemeter** [--'--] *nt* <-s, -> (PHYS) amperímetro *m*; **Amperestunde** *f* <-, -n> (PHYS) amperio-hora *m*

Ampfer ['ampfɐ] *m* <-s, -> (BOT) acedera *f*

Amphetamin [amfeta'mi:n] *nt* <-s, -e> (CHEM) anfetamina *f*

Amphibie [am'fi:biə] *f* <-, -n> (ZOOL) anfibio *m*; **Amphibienfahrzeug** *nt* <-(e)s, -e> vehículo *m* anfibio, sumergible *m*

amphibisch *adj* anfibio

Amphitheater *nt* <-s, -> anfiteatro *m*

Amphore [am'fo:rə] *f* <-, -n> ánfora *f*

Amplitude [ampli'tu:də] *f* <-, -n> (MATH, PHYS) amplitud *f*; **Amplitudenmodulation** *f* <-, -en> (INFOR, TECH) modulación *f* de amplitud

Ampulle [am'pʊlə] *f* <-, -n> ampolla *f*

Amputation [amputa'tsjo:n] *f* <-, -en> (MED) amputación *f*

amputieren* [ampu'ti:rən] *vt* (MED) amputar, mochar *Kol, PRico*

Amputierte(r) *mf* <-n, -n; -n, -n> (MED) tullido, -a *m, f*

Amsel ['amzəl] *f* <-, -n> mirlo *m*

Amt [amt, *pl:* 'ɛmtɐ] *nt* <-(e)s, Ämter> **1.** (*offizielle Stellung*) cargo *m*, puesto *m*; **ein hohes ~** un alto cargo; **ein öffentliches ~** un cargo público; **im ~ sein** estar en funciones; **sein ~ niederlegen** cesar en [*o* dimitir de] su cargo; **sein ~ missbrauchen** cometer abuso de autoridad; **kraft seines ~es** en virtud de su cargo **2.** (*übernommene Aufgabe*) obligaciones *fpl*; **seines ~es walten** atender a sus obligaciones **3.** (*Behörde, Gebäude*) departamento *m*; **Auswärtiges ~** (POL) Ministerio de Asuntos Exteriores; **~ für Verbraucherschutz** Oficina del Consumidor; **von ~s wegen** prescrito (por la autoridad), de oficio **4.** (TEL) central *f* telefónica; (*freie Leitung*) línea *f* **5.** (REL) misa *f* cantada

Ämterhäufung *f* <-, -en> (ADMIN) acumulación *f* de cargos públicos

Amtfrau *f* <-, -en> (ADMIN) ≈alto cargo *m*

amtieren* *vi* estar en funciones, ejercer un cargo; (*vorübergehend*) actuar (*als* de); **die ~de Ministerin** la ministra en funciones

amtlich *adj* **1.** (*behördlich*) oficial; **~es Kennzeichen** matrícula *f*; **~ eintragen** inscribir oficialmente **2.** (*glaubwürdig*) (de fuente) oficial, fidedigno; **die Sache ist ~** (*fam*) el asunto es fidedigno

Amtmann, -männin *m, f* <-(e)s, -männer; -, -nen> (ADMIN) ≈alto cargo *m*

Amtsanmaßung *f* <-, -en> (JUR) usurpación *f* de funciones públicas; **Amtsantritt** *m* <-(e)s, *ohne pl*> entrada *f* en funciones; (POL) asunción *f* del mando; **Amtsarzt, -ärztin** *m, f* <-(e)s, -ärzte; -, -nen> médico, -a *m, f* oficial; **amtsärztlich** **I.** *adj* forense; **~es Attest** certificado médico oficial; **eine ~e Untersuchung durchführen** realizar un reconomiento médico forense **II.** *adv* oficialmente por un médico; **sich** *dat* **die Arbeitsunfähigkeit ~ bescheinigen lassen** solicitar un certificado médico oficial de invalidez laboral; **Amtsbefugnis** *f* <-, -se> facultad *f* oficial; **Amtsbereich** *m* <-(e)s, -e> ámbito *m* de competencia, atribuciones *fpl*; **solche Angelegenheiten fallen nicht in meinen ~** tales asuntos no son de mi competencia; **Amtsbezeichnung** *f* <-, -en> título *m*; **Amtsblatt** *nt* <-(e)s, -blätter> (*a.* POL) boletín *m* oficial; **~ der Stadt Heidelberg** boletín *m* de la ciudad de Heidelberg; **im ~ erscheinen** salir (publicado) en el boletín; **Amtsdauer** *f* <-, *ohne pl*> duración *f* del cargo, periodo *m* de servicios; **Amtsdeutsch** *nt* <-(s), *ohne pl*> (*abw*) jerga *f* administrativa; **Amtseid** *m* <-(e)s, -e> jura *f* del cargo; **Amtseinführung** *f* <-, -en> investidura *f*; **Amtsenthebung** *f* <-, -en> (JUR), **Amtsentsetzung** *f* <-, -en> (*Schweiz, Österr:* JUR: *Entlassung*) destitución *f*; (*Kündigung*) dimisión *f*; **Amtsführung** *f* <-, *ohne pl*> actuación *f*; **Amtsgeheimnis** *nt* <-ses, -se> secreto *m* profesional, sigilio *m* profesional; **Amtsgericht** *nt* <-(e)s, -e> juzgado *m* de primera instancia e instrucción, juzgado *m* municipal; **Amtsgeschäfte** *ntpl* asuntos *mpl* oficiales, funciones *fpl*; **der Staatssekretär wurde mit der Führung der ~ betraut** se confiaron al secretario de estado los asuntos oficiales; **während der Abwesenheit des**

Amtsleiters führte seine Stellvertreterin die ~ durante la ausencia del titular la representante desempeñó sus funciones; **Amtshandlung** *f* <-, -en> acto *m* oficial; **Amtshilfe** *f* <-, -n> ayuda *f* administrativa, mutuo auxilio *m* entre autoridades; **Amtsholung** *f* <-, -en> (TEL) conexión *f* a la línea de abonado; **Amtsinhaber(in)** *m(f)* <-s, -; -, -nen> (persona *f* en un) cargo *m;* **er ist der älteste** ~ es quien más tiempo lleva en el cargo, es quien más tiempo hace que tiene el cargo en propiedad; **Amtsjargon** *m* <-s, -s> jerga *f* administrativa; **Amtskollege, -in** *m, f* <-n, -n; -, -nen> homólogo, -a *m, f;* **Amtsleitung** *f* <-, -en> (TEL) línea *f* de abonado; **Amtsmissbrauch**[RR] *m* <-(e)s, *ohne pl*> (JUR) prevaricación *f;* **amtsmüde** *adj* (POL) cansado de (ejercer) su cargo; **Amtsniederlegung** *f* <-, -en> dimisión *f,* renuncia *f* a un cargo; **Amtsperiode** *f* <-, -n> mandato *m,* legislatura *f;* **eine** ~ **von fünf Jahren** un mandato de cinco años; **für eine weitere** ~ **kandidieren** presentarse como candidato para una nueva legislatura

Amtspflicht *f* <-, -en>: **die** ~ **verletzen** prevaricar; **Amtspflichtverletzung** *f* <-, -en> prevaricación *f*

Amtsrichter(in) *m(f)* <-s, -; -, -nen> (JUR) juez *mf* de primera instancia; **Amtsschimmel** *m* <-s, *ohne pl*> (*iron*) burocratismo *m,* lentitud *f* de la administración; **da wiehert der** ~ ahí la burocracia es rey; **Amtssprache** *f* <-, -n> **1.** (*Verwaltungsjargon*) jerga *f* administrativa **2.** (*offizielle Landessprache*) idioma *m* oficial; (EU) lengua *f* oficial; **Amtsstunden** *fpl* horas *fpl* de oficina, horario *m* de atención al público; **Amtsträger(in)** *m(f)* <-s, -; -, -nen> titular *mf* de un cargo; **Amtsvergehen** *nt* <-s, -> (JUR) prevaricación *f,* delito *m* público, violación *f* de los deberes públicos; **Amtsvorgänger(in)** *m(f)* <-s, -; -, -nen> predecesor(a) *m(f);* **Amtsvormund** *m* <-(e)s, -e *o* -münder> (JUR) tutor(a) *m(f)* oficial [*o* de oficio]; **Amtsvormundschaft** *f* <-, -en> (JUR) tutela *f;* **Mündel unter** ~ pupilo bajo tutela oficial

Amtsvorsteher(in) *m(f)* <-s, -; -, -nen> director(a) *m(f)* de un negociado; **Amtsweg** *m* <-(e)s, -e> vía *f* oficial; **den** ~ **beschreiten** hacer los trámites oficiales; **Amtszeichen** *nt* <-s, -> (TEL) señal *f* (de marcar); **Amtszeit** *f* <-, -en> (duración *f* de un) cargo *m;* **während meiner** ~ mientras yo ocupé el cargo; **Amtszimmer** *nt* <-s, -> despacho *m*

Amulett [amu'lɛt] *nt* <-(e)s, -e> amuleto *m,* payé *m CSur,* cábula *f Arg, Par*

amüsant [amy'zant] *adj* **1.** (*unterhaltsam*) entretenido **2.** (*lustig*) divertido, gracioso

amüsieren* [amy'ziːrən] **I.** *vt* divertir **II.** *vr:* **sich** ~ **1.** (*sich vergnügen*) divertirse, pasarlo bien; **wir haben uns prächtig amüsiert** lo pasamos bomba **2.** (*sich lustig machen*) burlarse (*über* de)

Amüsierviertel *nt* <-s, -> barrio *m* de diversiones [*o* de divertimiento]; (*Rotlichtviertel*) barrio *m* bajo

amusisch ['amuːzɪʃ] *adj* (*geh*) negado [*o* inepto] para la música; ~ **sein** carecer de dotes musicales, ser negado para la música

an [an] **I.** *präp +dat* **1.** (*nahe bei*) en, junto a; ~ **der Ecke** en la esquina; ~ **der gleichen Stelle** en el mismo lugar; ~ **der Wand/am Fenster sitzen** estar sentado junto a la pared/a la ventana; **er geht** ~ **mir vorbei** pasa por mi lado; **Tür** ~ **Tür wohnen** vivir puerta con puerta **2.** (*geographisch gelegen*) (a orillas) de; **Frankfurt** ~ **der Oder/am Main** Francfort del Oder/del Meno **3.** (*zeitlich*) a; **am Abend** por la tarde; **am Anfang** al principio; **am 29. November 1991** el 29 de noviembre de 1991 **4.** (*weitere Verwendungen*): **reich** ~ **Nährstoffen** rico en sustancias nutritivas; **das Entscheidende** ~ **der Sache ist, dass ...** lo decisivo del asunto es que...; **das gefällt mir nicht** ~ **ihm** esto no me acaba de gustar de él; **es ist** ~ **dir, etw zu tun** está en tu mano (el) hacer algo **II.** *präp +akk* **1.** (*in Richtung auf*) a, contra; **sich** ~ **die Wand lehnen** apoyarse contra la pared; **er trat ~s Fenster** fue hacia la ventana; ~ **die Arbeit!** ¡al trabajo! **2.** (*für*) a, para; **ein Brief** ~ **seinen Sohn** una carta a su hijo; **ich habe eine Frage** ~ **dich** tengo una pregunta que hacerte; ~ (**und für**) **sich** de por sí **3.** (*ungefähr*) aproximadamente, unos; **sie verdient** ~ **die 4.000 Mark** cobra unos 4.000 marcos **III.** *adv* **1.** (*beginnend*): **von ...** ~ a partir de...; **von hier** ~ a partir de aquí; **von nächster Woche** ~ a partir de la semana que viene; **von Anfang** ~ desde el [*o* un] principio **2.** (*bei Ankunftszeiten*) a; **Münster ~: 12.40 Uhr** llegada a Münster a las 12.40 **3.** (*eingeschaltet*) encendido; ~ **sein** (*fam: Licht*) estar encendido; (*Motor*) estar en marcha; (*Radio*) estar puesto; **Licht ~!** ¡luces!

Anabolikum *nt* <-s, Anabolika> (MED, CHEM) anabolizante *m*

Anabolismus [anabo'lɪsmʊs] *m* <-, *ohne pl*> (BIOL) anabolismo *m*

Anachronismus [anakro'nɪsmʊs] *m* <-, Anachronismen> (*geh*) anacronismo *m*

anachronistisch *adj* (*geh*) anacrónico

anaerob [anʔae'roːp] *adj* (BIOL) anaerobio

Anakonda [ana'kɔnda] *f* <-, -s> (ZOOL) anaconda *f*

anal [a'naːl] *adj* (MED, PSYCH) anal

Analeptikum *nt* <-s, Analeptika> analéptico *m*

Analfissur *f* <-, -en> (MED) fisura *f* anal

Analgetikum *nt* <-s, Analgetika> (MED) analgésico *m*

analog [ana'loːk] *adj* análogo; (INFOR) analógico

Analogie [analo'giː] *f* <-, -n> analogía *f;* **Analogieschluss**[RR] *m* <-es, -schlüsse>

deducción *f* analógica, transposición *f*
Analogrechner *m* <-s, -> (INFOR) computadora *f* analógica, ordenador *m* analógico; **Analoguhr** *f* <-, -en> reloj *m* analógico [*o* de manillas]
Analphabet(in) ['analfabe:t, ---'-] *m(f)* <-en, -en; -, -nen> analfabeto, -a *m, f*
Analphabetentum *nt* <-s, *ohne pl*> analfabetismo *m*
Analphabetin *f* <-, -nen> *s.* **Analphabet**
Analphabetismus *m* <-, *ohne pl*> analfabetismo *m*
Analverkehr *m* <-s, *ohne pl*> coito *m* anal
Analyse [ana'ly:zə] *f* <-, -n> análisis *m inv*
analysieren* [analy'zi:rən] *vt* analizar
Analysis [a'na:lyzɪs] *f* <-, *ohne pl*> (MATH) análisis *m inv*
Analyst(in) [ana'lʏst] *m(f)* <-en, -en; -, -nen> (FIN) analista *mf* financiero
Analytiker(in) [ana'ly:tikɐ] *m(f)* <-s, -; -, -nen> analista *mf*
analytisch *adj* analítico
Anämie [anɛ'mi:] *f* <-, -n> (MED) anemia *f*
Anamnese [anam'ne:zə] *f* <-, -n> (MED) anamnesia *f*, antecedentes *mpl* clínicos
Ananas ['ananas] *f* <-, -(se)> piña *f*, ananá(s) *m Am*
Anapäst [ana'pɛst] *m* <-(e)s, -e> (LIT) anapesto *m*, antidáctilo *m*
Anarchie [anar'çi:] *f* <-, -n> anarquía *f*; **es herrscht** ~ reina la anarquía
anarchisch [a'narçɪʃ] *adj* anárquico; **hier herrschen ~e Zustände** aquí reina la anarquía
Anarchismus [anar'çɪsmʊs] *m* <-, *ohne pl*> anarquismo *m*
Anarchist(in) *m(f)* <-en, -en; -, -nen> anarquista *mf*
anarchistisch *adj* anarquista, ácrata
Anarcho *mf* <-(s), -(s); -, -(s)> (POL: *sl*) anarco *mf*, anarca *mf*
Anästhesie [anɛste'zi:] *f* <-, -n> (MED) anestesia *f*
Anästhesist(in) [anɛste'zɪst] *m(f)* <-en, -en; -, -nen> (MED) anestesista *mf*
Anästhetikum *nt* <-s, -thetika> (MED) anestésico *m*
Anatolien [ana'to:liən] *nt* <-s> Anatolia *f*
Anatomie¹ [anato'mi:] *f* <-, *ohne pl*> (*Wissenschaft*) anatomía *f*
Anatomie² *f* <-, -n> (*Institut*) instituto *m* anatómico [*o* de anatomía]
Anatomiesaal *m* <-(e)s, -säle> (UNIV) aula *f* de anatomía, sala *f* de disección
anatomisch [ana'to:mɪʃ] *adj* anatómico
an|baggern ['anbagɐn] *vt* (*sl*): **jdn** ~ entrarle a alguien
an|bahnen I. *vt* (*anknüpfen*) iniciar, preparar **II.** *vr:* **sich** ~ (*entstehen*) iniciarse, empezar
an|bändeln ['anbɛndəln] *vi* (*fam*) **1.** (*Liebesbeziehung*) ligar **2.** (*Streit*) meterse
Anbau¹ *m* <-(e)s, -ten> ampliación *f*, construcción *f* adicional [*o* suplementaria]; (*Nebengebäude*) anexo *m*
Anbau² *m* <-s, *ohne pl*> **1.** (AGR) cultivo *m*; **aus biologischem/konventionellem** ~ de cultivo biológico/convencional; **aus kontrolliert-biologischem** ~ de cultivo biológico-controlado **2.** (ARCHIT) ampliación *f*
an|bauen *vt* **1.** (*Gebäude*) ampliar (*an*), hacer una construcción adicional (*an* a) **2.** (*Gemüse, Getreide*) cultivar, plantar
Anbaufläche *f* <-, -n> (AGR) superficie *f* de cultivo; **Anbaugebiet** *nt* <-(e)s, -e> (AGR) zona *f* de cultivo, terreno *m* de cultivo; **Anbaugrenze** *f* <-, -n> (AGR) límite *m* geográfico de cultivo
Anbaumöbel *nt* <-s, -> módulo *m*, mueble *m* por elementos
Anbausystem *nt* <-s, -e> (AGR) sistema *m* de cultivo; **Anbauzone** *f* <-, -n> (AGR) zona *f* de cultivo
Anbeginn *m* <-(e)s, *ohne pl*> (*geh*) principio *m*, origen *m*; **von** ~ **(an)** desde un [*o* el] principio; **seit** ~ **der Welt** desde que el mundo es mundo
an|behalten* *irr vt* dejar(se) puesto, quedarse puesto; **kann ich die Schuhe gleich ~?**, ¿puedo llevarme los zapatos puestos?; **danke, ich möchte meine Jacke lieber** ~ gracias, preferiría quedarme (con) la chaqueta puesta
anbei [-'-] *adv* (*formal*) adjunto; ~ **(erhalten Sie) eine Preisliste** adjunto (le remitimos) una lista de precios, una lista de precios va incluida
an|beißen *irr* **I.** *vi* **1.** (*Fisch*) picar **2.** (*fam: Person*) aceptar **II.** *vt* (*Brot, Wurst*) morder (en), dar un mordisco (a); **sie/er sieht zum A~ aus** (*fam*) está para comérsela/comérselo
anbelangen* ['nbəlaŋən] *vt:* **was das/mich anbelangt ...** en cuanto a esto/a mí..., por lo que se refiere a esto/a mí...
an|bellen *vt* ladrar (a)
an|beraumen* ['nbəraʊmən] *vt* (*formal: Sitzung*) convocar; (*Termin*) fijar, señalar
an|beten *vt* **1.** (REL) venerar, adorar **2.** (*Personen*) adorar, idolatrar
Anbeter(in) *m(f)* <-s, -; -, -nen> (REL) fiel *mf*; (*Verehrer*) adorador(a) *m(f)*
Anbetracht ['anbətraxt]: **in** ~ *+gen* en vista de, considerando; **in ~ der kritischen Situation** en vista de la crítica situación; **in ~ dessen, dass ...** considerando que...
anbetreffen* ['----] *irr vt s.* **anbelangen**
an|betteln *vt* mendigar, pedir; **jdn um etw** ~ mendigar [*o* pedir] algo a alguien
Anbetung *f* <-, -en> (REL) adoración *f*, veneración *f*; **die Gläubigen knieten in stiller ~ nieder** los creyentes se arrodillaron en muda adoración; **das Gemälde zeigt die drei Könige bei der ~ des Jesusknaben** la pintura muestra la Adoración de los tres Reyes al niño Jesús
an|biedern *vr:* **sich** ~ congraciarse (*bei* con), hacerse el simpático (*bei* con)
Anbiederung *f* <-, -en> insinuación *f*; **An-**

A

biederungsversuch *m* <-(e)s, -e> intento *m* de insinuación [*o* de captar la voluntad de alguien]

an|bieten *irr* **I.** *vt* **1.** (*Tasse Kaffee, Zigarette*) ofrecer, brindar; **er bot ihr seine Hilfe an** le ofreció su ayuda **2.** (*Waren*) ofertar **3.** (*vorschlagen*) proponer, ofrecer **II.** *vr:* **sich ~ 1.** (*zur Verfügung stellen*) ofrecerse (*als* como/de, *zu* a/para), brindarse (*zu* a); **sie bietet sich als Vermittlerin an** se ofrece como mediadora; **sie bot sich an ihm zu helfen** se brindó a ayudarle **2.** (*geeignet sein*) ser apropiado; **dieses Haus bietet sich für ein Treffen an** esta casa es apropiada para un encuentro

Anbietende(r) *mf* <-n, -n; -n, -n> (WIRTSCH) oferente *mf*

Anbieter *m* <-s, -> (WIRTSCH) vendedor *m;* (*Ausschreibung*) licitador *m,* licitante *m*

an|binden *irr vt* atar (*an* a), ligar (*an* a); (*Boot*) amarrar (*an* a); (*mit einer Kette*) encadenar (*an* a); **kurz angebunden** (*fig*) demasiado escueto, seco

Anbindung *f* <-, -en> enlace *m,* conexión *f;* **für das neue Industriegebiet wird eine ~ an das öffentliche Verkehrsnetz hergestellt** se conectará la nueva zona industrial con la red de transporte público

Anblick[1] *m* <-(e)s, *ohne pl*> (*das Anblicken*) vista *f;* **beim ersten ~** a primera vista

Anblick[2] *m* <-(e)s, -e> (*Aussehen*) aspecto *m*

an|blicken *vt* mirar; (*betrachten*) contemplar; (*flüchtig*) echar una ojeada [*o* un vistazo] (a)

an|blinken *vt* (*mit Taschenlampe*) alumbrar; (AUTO) hacer señas con los intermitentes (a)

an|blinzeln *vt* **1.** (*ansehen*) mirar (guiñando los ojos); **sie blinzelte mich durch dicke Brillengläser an** me miró guiñada a través de los gruesos cristales de las gafas **2.** (*zublinzeln*) guiñar un ojo (a), hacer guiños (a); **hör auf ihn ständig anzublinzeln** deja de guiñarle el ojo todo el rato

an|bohren *vt* (empezar a) taladrar [*o* barrenar]; (*Erdölvorkommmen*) perforar; (MED) trepanar; **mit Fragen ~** (*fam*) acosar [*o* asaetar] a preguntas

An-Bord-Konnossement *nt* <-(e)s, -e> (COM) conocimiento *m* de embarque a bordo

Anbot *nt* <-(e)s, -e> (*Österr*) *s.* **Angebot**

an|braten *irr vt* sofreír, dar una vuelta en la sartén (a)

an|brauchen *vt* (*fam*) empezar; **eine neue Flasche/Packung ~** abrir [*o* empezar] una botella/un paquete; **ein Kleid ~** estrenar un vestido

an|bräunen *vt* (GASTR) dorar

an|brechen *irr* **I.** *vi sein* (*geh: Epoche, Jahreszeit*) empezar, comenzar; (*Tag*) rayar, despuntar; (*Nacht*) entrar; **was machen wir mit diesem angebrochenen Abend?** (*fam*) ¿qué hacemos con lo que queda de día? **II.** *vt* **1.** (*Vorrat*) empezar; (*Flasche, Packung*) abrir **2.** (*teilweise brechen*) romper en parte

an|brennen *irr* **I.** *vi sein* (*Speisen*) quemarse, agarrarse; **angebrannt riechen/schmecken** oler a/saber a quemado **II.** *vt* (*anzünden*) encender, prender fuego (a); **er lässt aber auch nichts ~** (*fam*) no quiere perderse nada; (SPORT) no deja que le metan un gol

an|bringen *irr vt* **1.** (*herbeibringen*) traer **2.** (*befestigen*) colocar, poner; (*installieren*) instalar, montar **3.** (*äußern*) mencionar; (*Beschwerde*) presentar, formular; (*Gründe*) alegar, exponer; (*Änderungen*) hacer, efectuar

Anbruch *m* <-(e)s, *ohne pl*> principio *m,* comienzo *m;* **bei ~ der Nacht** al caer la noche; **bei ~ der Dunkelheit** al anochecer

an|brüllen *vt* gritar (a), echar una bronca (a)

ANC [aːʔɛnˈtseː] *m* <-, *ohne pl*> (POL) *Abk. von* **Afrikanischer Nationalkongress** A.N.C. *m*

Anchovis *f* <-, -> *s.* **Anschovis**

Andacht[1] [ˈandaxt] *f* <-, -en> (*Gottesdienst*) misa *f,* oficio *m* divino; **eine ~ halten** decir misa

Andacht[2] *f* <-, *ohne pl*> (*Versenkung*) recogimiento *m*

andächtig [ˈandɛçtɪç] *adj* **1.** (REL) devoto, piadoso **2.** (*konzentriert*) atento, absorto

Andalusien [andaˈluːziən] *nt* <-s> Andalucía *f*

Andalusier(in) *m(f)* <-s, -; -, -nen> andaluz(a) *m(f)*

andalusisch *adj* andaluz

Andauer *f* <-, *ohne pl*> persistencia *f,* continuidad *f;* **bei ~ der Regenfälle kann es zu Überschwemmungen kommen** en caso de persistir las precipitaciones pueden producirse inundaciones

an|dauern *vi* durar, perdurar; (*weitergehen*) seguir, continuar; **die Sitzung dauert noch an** la reunión dura todavía

andauernd *adj* continuo, permanente

Anden [ˈandən] *pl* Andes *mpl*

Andenken[1] *nt* <-s, *ohne pl*> (*Erinnerung*) recuerdo *m* (*an* de), memoria *f* (*an* de); **zum ~ an jdn** en conmemoración de alguien

Andenken[2] *nt* <-s, -> (*Souvenir*) recuerdo *m*

Andenpakt *m* <-(e)s, *ohne pl*> (POL) Pacto *m* Andino

andere(r, s) *pron indef* **1.** (*verschieden*) otro; **mit ~n Worten** con otras palabras; **das muss ein ~r machen** tiene que hacerlo otra persona; **das ist etw ~s** es otra cosa; **zum einen ..., zum ~n ...** por una parte..., por la otra...; **ich habe da eine ~ Meinung** tengo otra opinión al respecto; **ich bin ~r Meinung** soy de otra opinión, pienso otra cosa; **alle ~n** todos los demás; **es blieb mir nichts ~s übrig** no tuve otro remedio; **unter ~m** entre otras cosas; **der eine oder ~** el uno o el otro; **der eine ..., der ~ ...** el uno..., el otro...; **es kam eins zum ~n** lo uno trajo lo otro; **je-**

mand ~s otra persona; **einer nach dem ~n** uno tras otro; **eins nach dem ~n** una cosa tras otra **2.** (*folgend*) siguiente; **von einem Tag auf den ~n** de la noche a la mañana; **am ~n Tag** al día siguiente

ander(e)nfalls *adv* en caso contrario, en otro caso

ander(e)norts *adv* (*geh*) en otro lugar; **du musst dein Glück ~ versuchen** has de probar suerte en otro lugar; **die Erklärung findet sich ~** la explicación ha de buscarse en otro lugar

and(e)rerseits *adv* por otro lado, por otra parte; **einerseits muss ich noch arbeiten, ~ ist das Wetter so schön** por una parte tengo aún que trabajar, por otra, hace un día tan bonito

Anderkonto *nt* <-s, -konten> (FIN) cuenta *f* fiduciaria

andermal *adv*: **ein ~** en otra ocasión

ändern ['ɛndɐn] **I.** *vt* cambiar, modificar; **daran lässt sich nichts ~** esto no se puede cambiar; **seine Meinung ~** cambiar de opinión **II.** *vr*: **sich ~** cambiar; **du hast dich sehr geändert** has cambiado mucho; **er hat versprochen sich grundlegend zu ~** ha prometido enmendarse

andernfalls *adv s.* **ander(e)nfalls**

andernorts *adv s.* **ander(e)norts**

anders ['andɐs] *adv* de otra manera [*o* forma] (*als* que), de otro modo (*als* que); (*unterschiedlich*) distinto (*als* a/de); (*im Gegensatz*) al contrario (*als* que); **~ ausgedrückt** dicho de otra manera; **~ denkend** de otra opinión, que piensa de manera distinta; **~ Denkender** persona de diferente parecer; **~ gesinnt** que piensa de otro modo, de otra ideología; **~ gläubig** que tiene otras creencias; **~ lautend** diferente; **sie sieht ~ aus als ihre Schwester** tiene otro aspecto que su hermana; **ich habe es nicht ~ erwartet** no había esperado otra cosa; **so und nicht ~** así y de ningún otro modo; **es geht nicht ~** no se puede hacer de otro modo; **ich habe es mir ~ überlegt** cambié de opinión; **wie sollte es auch ~ sein?** no podía haber sido de otra manera; **~ als sein Bruder ...** (*im Gegensatz zu*) al contrario que su hermano...

andersartig *adj* distinto, diferente; **andersdenkend** *adj s.* **anders**; **Andersdenkende(r)** *mf* <-n, -n; -n, -n> persona *f* de diferente parecer; **andersfarbig** *adj* de otro color; (*Rasse*) de otra raza; **die ~ Minderheit** la minoría de otra etnia; **andersgesinnt** *adj s.* **anders**

Andersgesinnte(r) *mf* <-n, -n; -n, -n> persona *f* de otra orientación, persona *f* no afín; (*Dissident*) disidente *mf*; **die ~n** los que piensan de otro modo

andersgläubig *adj s.* **anders**; **Andersgläubige(r)** *mf* <-n, -n; -n, -n> (REL) heterodoxo, -a *m, f*; **mit absoluter Intoleranz verurteilt er alle ~n** condena con total intolerancia a todos los que pertenecen a otra religión; **andersherum I.** *adv* **1.** (*in die andere Richtung*) en sentido contrario, en la otra dirección, al revés, al contrario; **das Karussell geht mal so rum und mal ~** el carrusel gira unas veces así y otras al revés; **dreh dich mal ~, damit ich dich von vorne sehe!** gírate en la otra dirección para que te pueda ver por delante; **leg das Buch ~, sonst klappt es dir zu!** pon el libro al revés, si no se te va a cerrar; **die Schraube muss ~ reingedreht werden** hay que atornillar el tornillo en sentido contrario **2.** (*von der anderen Richtung*) en sentido opuesto, al revés; **das ist eine Einbahnstraße, Sie müssen ~ reinfahren!** esta calle es de sentido único, sólo puede acceder a ella en sentido contrario [*o* en el otro sentido]; **steck das Teil ~ in das Loch** mete la pieza al revés en el agujero **3.** (*gewendet*) del revés; **dies ist eine Wendejacke, die kann man auch ~ tragen** esta chaqueta es reversible, se puede llevar también del revés; **du hast deinen Pulli falsch an; zieh ihn dir mal ~ an** te has puesto el jersey al [*o* del] revés; póntelo bien [*o* dale la vuelta] **II.** *adj* (*fam: homosexuell*): **~ sein** ser de la acera de enfrente, ser de la otra acera; **anderslautend** *adj s.* **anders**; **andersrum** ['andɐsrʊm] *adj o adv* (*fam*) *s.* **andersherum**

anderssprachig *adj* de otra lengua; **die ~e Bevölkerung** la población que habla otra lengua; **wo stehen die ~en Zeitschriften?** ¿dónde están las revistas en otras lenguas?; **mir fällt der ~e Terminus nicht ein** no se me ocurre la traducción a la otra lengua

anderswie ['andɐs'vi:] *adv* (*fam*) de otro modo, de otra manera; **konntest du das nicht ~ regeln?** ¿no podrías arreglarlo de otra forma?; **anderswo** ['--(')-] *adv* en (cualquier) otra parte; **anderswoher** ['---(')-] *adv* de (cualquier) otra parte; **anderswohin** ['---(')-] *adv* a (cualquier) otra parte

anderthalb ['andɐt'halp] *adj inv* uno y medio

anderthalbfach *adj* una vez y media

anderthalbmal *adv* una vez y media, un 50% más; **nimm ~ soviel Tee, dann schmeckt er besser** pon la cantidad y media de té, así sabrá mejor; **in Wirklichkeit waren es ~ so viele Demonstranten wie zugegeben** en realidad había un 50% más de manifestantes de lo reconocido

Änderung ['ɛndərʊŋ] *f* <-, -en> **1.** (*Umgestaltung*) modificación *f*; **rechtserhebliche ~** modificación jurídicamente relevante; **~en vorbehalten** salvo modificación **2.** (*Wechsel*) cambio *m*; **Änderungsantrag** *m* <-(e)s, -träge> (POL) enmienda *f*; **Änderungsschneider(in)** *m(f)* <-s, -; -, -nen> modista *mf* de arreglos [*o* de viejo]; (*Männer auch:*) sastre *m* de arreglos; **Änderungsschneiderei** *f* <-, -en> sastrería *f* de arreglos; **Änderungsvertrag** *m* <-(e)s, -träge> contrato *m* de modificación; **Änderungsvorschlag** *m* <-(e)s, -schläge> propuesta *f* de enmienda; **Änderungswunsch** *m* <-(e)s, -wünsche> propuesta *f* de cambio, cambio *m* deseado; (*Änderungsvorschlag*) enmienda *f;* **einen ~ haben** solicitar un cambio, presentar una enmienda; **gibt es weitere Änderungswünsche zur Tagesordnung?** ¿se proponen más cambios en el orden del día?

anderweitig ['----] **I.** *adj* **1.** (*sonstig*) otro **2.** (*an anderer Stelle*) en otra parte **II.** *adv* **1.** (*anders*) de otra manera; **etw ~ verwenden** usar algo para otras cosas; **sie ist gerade ~ beschäftigt** está haciendo otra cosa **2.** (*an anderer Stelle*) en otra parte

an|deuten **I.** *vt* **1.** (*Wunsch, Vorhaben*) indicar, señalar **2.** (*kurz erwähnen*) aludir (a); (*zu verstehen geben*) dar a entender, insinuar **3.** (*skizzieren*) bosquejar, esbozar **II.** *vr:* **sich ~** vislumbrarse

Andeutung *f* <-, -en> **1.** (*Anspielung*) alusión *f,* insinuación *f;* **versteckte ~** indirecta *f;* **~en über etw machen** hacer alusiones respecto a algo **2.** (*Anzeichen, Spur*) asomo *m,* indicio *m;* **andeutungsweise** *adv* indirectamente, de pasada

an|dienen *vt* ofrecer; **er hat sich der Partei immer wieder angedient** se ha puesto a disposición del partido una y otra vez

Andienung *f* <-, -en> oferta *f* (insistente)

an|docken *vi* acoplar

Andockmanöver *nt* <-s, -> maniobra *f* de acoplamiento

Andorra [an'dɔra] *nt* <-s> Andorra *f*

Andorraner(in) *m(f)* <-s, -; -, -nen> andorrano, -a *m, f*

andorranisch *adj* andorrano

Andrang *m* <-(e)s, *ohne pl*> **1.** (*Gedränge*) aglomeración *f* de gente, gentío *m* **2.** (*Zuströmen*) afluencia *f* (*auf* a); (*von Blut*) aflujo *m*

andre(r, s) ['andrə, 'andrɐ, 'andrəs] *pron indef s.* **andere(r, s)**

Andreaskreuz [an'dre:askrɔɪts] *nt* <-es, -e> **1.** (REL) aspa *f* de san Andrés, cruz *f* de san Andrés **2.** (*Verkehrsschild*) aspas *fpl*

an|drehen *vt* **1.** (*Wasser, Heizung*) abrir; (*Licht, Radio*) encender; (*Maschine*) poner en marcha **2.** (*festdrehen*) apretar **3.** (*Wend*): **jdm etw ~** (*fam*) endosar [*o* endilgar] algo a alguien

andrerseits *adv s.* **and(e)rerseits**

Androgen [andro'ge:n] *nt* <-s, -e> (MED) andrógeno *m*

androgyn [andro'gy:n] *adj* (BIOL) andrógino

an|drohen *vt:* **jdm etw ~** amenazar a alguien con algo, conminar a alguien con algo

Androhung *f* <-, -en> amenaza *f;* **~ von Gewalt** amenaza de uso de fuerza

Androide, -in [andro'i:də] *m, f* <-n, -n; -, -nen> androide *mf*

Andruck¹ *m* <-(e)s, *ohne pl*> (TECH) presión *f,* fuerza *f* de compresión

Andruck² *m* <-(e)s, -e> (TYPO) prueba *f* de imprenta, primera prueba *f*

an|drucken *vt* (TYPO) sacar una prueba (de)

an|drücken *vt* apretar (*an* contra); (*Pflaster*) aplicar (*an* a), poner (*an* en)

an|dünsten *vt* (GASTR) rehogar

an|ecken ['anʔɛkən] *vi sein* (*fam*) meter la pata

an|eignen *vr:* **sich** *dat* **~** **1.** (*nehmen*) apropiarse (de), adueñarse (de); (*widerrechtlich*) usurpar; (*Gebiet*) anexionar **2.** (*Wissen*) adquirir; (*Meinung*) adoptar; (*Gewohnheit*) contraer

Aneignung *f* <-, -en> (JUR) apropiación *f;* **widerrechtliche ~** apropiación indebida

aneinander [--'--] *adv* el uno al otro; **~ denken** pensar el uno en el otro; **~ fügen** (TECH) unir, juntar, enlazar; **~ geraten** reñir, tener un altercado; (*handgreiflich*) llegar a las manos; **~ grenzen** limitar (uno con otro); (*Länder*) ser países limítrofes, tener fronteras comunes; (*Grundstücke*) ser fincas colindantes [*o* contiguas]; **~ halten** poner uno al lado de otro; **~ reihen** colocar pegados unos a los otros; **sich ~ reihen** sucederse; **die Jahre reihten sich ~** los años se sucedían; **sich ~ schmiegen** estrecharse [*o* acurrucarse] uno contra otro; **vor Kälte schmiegten sich die Kinder eng ~** los niños se arrebujaron uno contra otro por el frío; **~ stellen** colocar uno al lado del otro; **die Regale wurden alle ~ gestellt** colocaron las estanterías una junto a otra; **~ stoßen** chocar(se), darse uno con otro; (*angrenzen*) limitar, lindar; **versehentlich stießen sie beim Tanzen ~** al bailar chocaron sin querer; **an dieser Stelle stoßen unser Grundstück und der Fluss ~** en este punto nuestra finca linda con el río; **aneinander|fügen** *vt s.* **aneinander**; **aneinander|geraten*** *irr vi sein s.* **aneinander**; **aneinander|grenzen** *vi s.* **aneinander**; **aneinander|halten** *irr vt s.* **aneinander**; **aneinander|reihen** **I.** *vt s.* **aneinander** **II.** *vr:* **sich ~** *s.* **aneinander**; **aneinander|schmiegen** *vr:* **sich ~** *s.* **aneinander**; **aneinander|stellen** *vt s.* **aneinander**; **aneinander|stoßen** *irr vi sein s.* **aneinander**

Anekdote [anɛk'do:tə] *f* <-, -n> anécdota *f*

an|ekeln *vt* repugnar, dar asco (a); **du ekelst mich an** me das asco

Anemometer [anemo'me:tɐ] *nt* <-s, -> (METEO) anemómetro *m*

Anemone [ane'mo:nə] *f* <-, -n> anémona *f*

an|erbieten* *irr vr:* **sich ~** (*geh*) ofrecerse (*zu* para)

Anerbieten *nt* <-s, -> (*geh*) ofrecimiento *m*

anerkannt **I.** *pp von* **anerkennen** **II.** *adj* (*angesehen, unbestritten*) reconocido

anerkanntermaßen ['----'--] *adv* como es sabido

an|erkennen* *irr vt* **1.** (*akzeptieren*) aceptar, admitir; (*Schuld*) confesar **2.** (*öffentlich bestätigen*) reconocer; (*gesetzlich*) legitimar, legali-

zar; (*Vaterschaft*) reconocer; (*Zeugnisse*) convalidar
anerkennend *adj* de reconocimiento; **ein ~es Lächeln** una sonrisa aprobatoria
anerkennenswert I. *adj* loable, digno de reconocimiento [*o* de aprecio]; **Ihre Bemühungen sind zweifellos ~** sus esfuerzos son, sin lugar a dudas, loables II. *adv* encomiablemente; **die Bevölkerung hat sich ~ verhalten** el comportamiento de la población ha sido digno de aprecio
Anerkenntnis *nt* <-ses, -se> (JUR) reconocimiento *m* (oficial), admisión *f*
Anerkennung *f* <-, *ohne pl*> **1.** (*Würdigung*) reconocimiento *m*, aprobación *f*; **in ~ +*gen*** en consideración a [*o* reconocimiento de]; **~ finden** hallar aprobación **2.** (*ausländischer Abschlüsse*) homologación *f* **3.** (JUR, POL) reconocimiento *m*
an|erziehen* *irr vt* inculcar
Aneurin [anɔɪ'riːn] *nt* <-s, *ohne pl*> aneurina *f*
an|fachen ['anfaxən] *vt* (*geh*) **1.** (*Feuer*) atizar, avivar **2.** (*Leidenschaft*) avivar
an|fahren *irr* I. *vi sein* **1.** (*starten*) arrancar **2.** (*sich nähern*) acercarse (en un vehículo) II. *vt* **1.** (*heranschaffen*) acarrear **2.** (*ansteuern*) parar (en); (*Hafen*) arribar (a); **wir werden die nächste Tankstelle ~** pararemos en la próxima gasolinera; **sie fuhren München an** se dirigieron a Munich **3.** (*anstoßen*) chocar (contra); (*Person*) atropellar, arrollar **4.** (*schelten*) increpar **5.** (TECH: *Maschine*) poner en marcha
Anfahrt *f* <-, -en> **1.** (*Strecke*) trayecto *m*, recorrido *m* para ir/venir **2.** (*Zeit*) tiempo *m* para ir/venir; **eine weite [*o* lange] ~ haben** tener mucha distancia, vivir (muy) lejos; **Anfahrtskosten** *pl* gastos *mpl* de desplazamiento; **Anfahrtsweg** *m* <-(e)s, -e> recorrido *m*; **einen kurzen ~ zum Büro haben** tardar poco en coche hasta la oficina
Anfall[1] *m* <-(e)s, -fälle> (MED) ataque *m*; **in einem ~ von Zorn** en un ataque de cólera
Anfall[2] *m* <-(e)s, *ohne pl*> (*Entstehen*) acumulación *f*; **der ~ an Arbeiten war gering/hoch** había poco/mucho trabajo
an|fallen *irr* I. *vi sein* (*sich ergeben*) producirse; (*Probleme*) presentarse, plantearse; **die ~den Zinsen** los intereses acumulados II. *vt* (*angreifen*) atacar, asaltar
anfällig ['anfɛlɪç] *adj* propenso (*für* a), predispuesto (*für* a); (*schwächlich*) achacoso
Anfälligkeit *f* <-, *ohne pl*> **1.** (MED) propensión *f* (*für* a), predisposición *f* (*für* a) **2.** (TECH) mala calidad *f*
Anfang ['anfaŋ] *m* <-(e)s, -fänge> comienzo *m*, principio *m*; **am ~ des Jahres** a principios del año; **~ nächster Woche** a principios de la próxima semana; **~ März** a primeros [*o* a principios] de marzo; **er ist ~ fünfzig** tiene poco más de cincuenta (años); **den ~ machen** comenzar, empezar; **einen neuen ~ machen** empezar de nuevo; **von ~ an** desde un principio; **das ist der ~ vom Ende** es el principio del fin; **von ~ bis Ende** de principio a fin, de cabo a rabo; **aller ~ ist schwer** (*prov*) el primer paso es el que cuesta
an|fangen *irr* I. *vi* (*beginnen*) empezar, comenzar; **das fängt ja gut an!** ¡vaya comienzo!; **klein [*o* unten] ~** empezar desde abajo II. *vt* **1.** (*beginnen*) comenzar (*mit* con/por, *zu* a), empezar (*mit* con/por, *zu* a); (*plötzlich*) echarse (*zu* a), romper (*zu* a); (*einleiten*) iniciar; (*Gespräch*) entablar; **der Unterricht fängt um 8 Uhr an** las clases empiezan a las 8 horas; **es fing an zu regnen [*o* zu regnen an]** empezó a llover **2.** (*machen*) hacer; **was sollen wir jetzt nur ~?** pero, ¿qué hacemos ahora?; **damit kann ich nichts ~** no me sirve para nada; **ich weiß nicht, was ich damit ~ soll** no sé qué hacer con esto; **mit dir ist heute überhaupt nichts anzufangen!** ¡hoy no sirves para nada!
Anfänger(in) *m(f)* <-s, -; -, -nen> principiante *mf*; **ein blutiger ~** (*fam*) un novato; **Anfängerkurs** *m* <-es, -e> curso *m* para principiantes; **Anfängerübung** *f* <-, -en> ejercicio *m* para principiantes
anfänglich ['anfɛŋlɪç] *adj* primero, inicial; **nach ~em Zögern/~en Schwierigkeiten** tras los titubeos/las dificultades iniciales
anfangs ['anfaŋs] I. *präp +gen* (*fam*) a principios de; **~ des Monats** a principios de mes II. *adv* al principio, al comienzo; **~ ging alles gut** al principio todo fue bien; **Anfangsbuchstabe** *m* <-n(s), -n> (letra *f*) inicial *f*; **Anfangsgehalt** *nt* <-(e)s, -hälter> sueldo *m* inicial [*o* de entrada]; **Anfangsgeschwindigkeit** *f* <-, -en> (TECH, PHYS) velocidad *f* inicial; **Anfangsgründe** *mpl* rudimentos *mpl*, nociones *fpl* elementales, conocimientos *mpl* básicos; **jdm die ~ der Geometrie beibringen** enseñar a alguien las primeras nociones de geometría; **Anfangskapital** *nt* <-(e)s, *ohne pl*> (FIN) capital *m* inicial, patrimonio *m* inicial; **Anfangskosten** *pl* gastos *mpl* iniciales; **Anfangskurs** *nt* <-es, -e> (FIN) cotización *f* inicial; **Anfangsschwierigkeit** *f* <-, -en> dificultad *f* inicial; **Anfangsstadium** *nt* <-s, -stadien> fase *f* inicial; **im ~** en la fase inicial; **Anfangszeit** *f* <-, -en> **1.** (*anfängliche Zeit*) comienzos *mpl*, primera época *f*; **in der ~ war ihm die Umstellung schwer gefallen** al principio le costó adaptarse a la nueva situación **2.** (*Beginn einer Veranstaltung*) hora *f* de comienzo; **die ~en entnehmen Sie bitte unserem Programmheft** encontrarán en nuestro programa las horas a las que dan comienzo los actos
an|färben *vt* teñir (ligeramente)
an|fassen I. *vi* (*mithelfen*) ayudar, echar una mano II. *vt* **1.** (*berühren*) tocar; (*greifen*) tomar, coger; (*stärker*) agarrar; **ein Politiker zum A~** un político que no rehuye el contacto

con los ciudadanos **2.** (*behandeln*) tratar; (*Problem*) enfocar; **jdn hart ~** tratar a alguien con dureza; **du hast die Sache verkehrt angefasst** has enfocado mal el asunto **III.** *vr:* **sich ~ 1.** (*bei der Hand nehmen*) cogerse de la mano **2.** (*sich anfühlen*): **der Stoff fasst sich wie Seide an** el tejido tiene un tacto como de seda

an|fauchen *vt* **1.** (*Katze*) bufar **2.** (*zurechtweisen*) echar una bronca (a); **jdn ~** bufar a alguien

an|faulen *vi sein* empezar a estropearse [*o* a pudrirse], echarse a perder; (*Frucht*) picarse, macarse; (*Zahn*) cariarse; **wir sollten das angefaulte Obst wegwerfen** deberíamos tirar la fruta picada; **wenn du die angefaulte Stelle ausschneidest, kannst du den Apfel noch essen** si le cortas la maca, todavía puedes comerte la manzana

anfechtbar ['anfɛçtba:ɐ] *adj* **1.** (*Testament, Urteil*) impugnable **2.** (*Behauptung*) refutable, discutible

Anfechtbarkeit *f* <-, *ohne pl*> **1.** (JUR) impugnabilidad *f* **2.** (*einer Theorie*) refutabilidad *f*

an|fechten *irr vt* **1.** (*bestreiten*) refutar; (*Urteil, Testament*) impugnar; (*Recht*) disputar; (*Berufung einlegen*) recurrir (de/contra) **2.** (*geh: bekümmern*) inquietar

Anfechtung *f* <-, -en> **1.** (JUR) impugnación *f*, recurso *m* (de/contra) **2.** (*geh: Vorwürfe*) reproches *mpl* **3.** (*geh: Versuchung*) tentación *f;* **Anfechtungsklage** *f* <-, -n> (JUR) acción *f* de impugnación

an|feinden ['anfaɪndən] *vt* hostigar, atacar

Anfeindung *f* <-, -en> acoso *m* público, hostigamiento *m;* **allen ~en zum Trotz blieb er in seinem Amt** pese a todos los ataques permaneció en su cargo

an|fertigen *vt* **1.** (*machen*) hacer **2.** (*herstellen*) fabricar; (*Kleidung*) confeccionar **3.** (*Schriftstück*) redactar

Anfertigung *f* <-, -en> fabricación *f*, producción *f;* (*Schneider*) confección *f;* (*Schreiben*) redacción *f*

an|feuchten ['anfɔɪçtən] *vt* humedecer; (*stärker*) mojar

an|feuern *vt* **1.** (*anheizen*) encender **2.** (*anspornen*) enardecer, enfervorizar

an|fixen *vt* (*sl*) enganchar, captar; **die Dealer versuchen, bereits Schüler anzufixen** los camellos tratan de enganchar incluso a colegiales

an|flehen *vt* implorar, suplicar; (REL) impetrar

an|fletschen *vt* (*Hund*) enseñar los dientes

an|fliegen *irr* **I.** *vi sein* (*herankommen*) acercarse (volando); **angeflogen kommen** (*fig*) llegar como caído del cielo **II.** *vt* (*ansteuern*) dirigirse (a), acercarse (a); (*zur Zwischenlandung*) hacer escala (en); (*Fluglinie unterhalten*) cubrir la línea (de)

Anflug *m* <-(e)s, -flüge> **1.** (AERO) vuelo *m* de aproximación **2.** (*Andeutung*) asomo *m* (*von* de), deje *m* (*von* de); **mit einem ~ von Heiterkeit** con un asomo de alegría

Anflugschneise *f* <-, -n> (AERO) corredor *m* de llegada, pasillo *m* de aterrizaje

an|fordern *vt* pedir; (*stärker*) reclamar, exigir

Anforderung *f* <-, -en> **1.** (*das Anfordern*) demanda *f;* **auf ~** a petición **2.** (*Anspruch*) exigencia *f*, requisito *m;* **den ~en genügend** cumpliendo con los requisitos; **den ~en nicht entsprechen** no reunir los requisitos; **den ~en nicht gewachsen sein** no estar a la altura (de las exigencias); **sie stellten hohe ~en an unsere Kraft** exigían de nosotros mucha energía; **die gestellten ~en** los requisitos exigidos; **Anforderungsprofil** *nt* <-(e)s, -e> perfil *m* de un puesto; **das ~ des Bewerbers** el perfil del candidato

Anfrage *f* <-, -n> pregunta *f* (*bei* a); (POL) interpelación *f;* **auf ~** a petición (*von* de)

an|fragen *vi* preguntar (*bei* a), pedir informes (*bei* a); (POL) interpelar

an|freunden *vr:* **sich ~ 1.** (*Freundschaft schließen*) trabar amistad (*mit* con), hacerse amigo (*mit* de), amistarse *CSur;* (*enger*) intimar (*mit* con) **2.** (*sich gewöhnen*) familiarizarse (*mit* con), acostumbrarse (*mit* a); **ich konnte mich nur schwer mit dem Gedanken ~** me costó mucho hacerme a la idea

an|fügen ['anfy:gən] *vt* **1.** (*bemerken*) añadir (*an* a), agregar (*an* a) **2.** (*beilegen*) juntar, unir

an|fühlen *vr:* **sich hart/weich ~** ser blando/duro al tacto; **der Stoff fühlt sich gut an** el tejido tiene un buen tacto

Anfuhr ['anfu:ɐ] *f* <-, *ohne pl*> transporte *m;* (*mit LKW*) camionaje *m*

an|führen *vt* **1.** (*vorangehen*) encabezar, guiar; (MIL) tener bajo su mando, capitanear **2.** (*leiten*) dirigir, guiar **3.** (*vorbringen*) aducir, alegar **4.** (*zitieren*) citar **5.** (*benennen*) mencionar

Anführer(in) *m(f)* <-s, -; -, -nen> jefe, -a *m, f;* (POL) líder *mf;* (*einer Bande*) cabecilla *mf*

Anführung *f* <-, -en> alegación *f;* **Anführungsstrich** *m* <-(e)s, -e> comilla *f;* **~e oben/unten** abrir/cerrar comillas; **etw mit ~en versehen** [*o* **in ~e setzen**] poner algo entre comillas; **Anführungszeichen** *nt* <-s, -> *s.* **Anführungsstrich**

an|füllen *vt* llenar (*mit* de); (*übermäßig*) colmar (*mit* de)

an|funkeln *vt* lanzar una mirada fulminante, fulminar con la mirada

Angabe[1] *f* <-, -n> **1.** (*Information*) indicación *f*, dato *m;* **falsche/wahrheitsgemäße ~** declaración falsa/verídica; **nähere ~n** más detalles; **~n zur Person** datos personales; **ich musste ~n zu meiner Person machen** tuve que dar mis datos personales; **nähere ~n zu etw machen** describir algo más detalladamente; **ohne ~ von Gründen** sin aducir los motivos **2.** (SPORT: *Aufschlag*) saque *m*, servicio *m*

Angabe[2] *f* <-, *ohne pl*> (*Prahlerei*) fanfarronería *f,* chulería *f*

an|gaffen *vt* (*fam abw*) mirar de hito en hito [*o* sin pestañear]

an|geben *irr* **I.** *vi* **1.** (*fam: prahlen*) fanfarronear, presumir (*mit* de), palanganear *Am;* **gib nicht so an!** ¡no presumas tanto! **2.** (SPORT) sacar **3.** (*beim Kartenspiel*) jugar primero, ser mano **II.** *vt* **1.** (*nennen*) indicar, señalar; (*mitteilen*) decir; (*im Einzelnen*) detallar, especificar; (*Gründe*) alegar **2.** (*Richtung*) determinar, fijar **3.** (*anzeigen*) denunciar; (*melden*) declarar

Angeber(in) *m(f)* <-s, -; -, -nen> (*fam*) fanfarrón, -ona *m, f,* canchero, -a *m, f Arg,* chévere *mf SAm,* echador(a) *m(f) Cuba, Mex, DomR,* fullero, -a *m, f Chil, Kol;* (*Aufschneider*) chulo, -a *m, f*

Angeberei[1] *f* <-, -en> (*fam: Äußerung, Handlung*) fanfarronada *f,* fullería *f Chil, Kol*

Angeberei[2] *f* <-, *ohne pl*> (*fam: Aufschneiderei*) chulería *f*

Angeberin *f* <-, -nen> (*fam*) *s.* **Angeber**

angeberisch *adj* (*fam*) fanfarrón, fullero *Chil, Kol,* grifo *Kol;* (*aufschneiderisch*) chulo

Angebetete(r) *mf* <-n, -n; -n, -n> (*iron: Geliebte(r)*) amado, -a *m, f,* idolatrado, -a *m, f;* (*Idol*) ídolo *m*

angeblich ['ange:plɪç, -'--] **I.** *adj* supuesto, presunto **II.** *adv* según dicen, al parecer; **er hat ~ gestern angerufen** según dicen [*o* parece ser que] llamó ayer; **er ist ~ verreist** al parecer está de viaje

angeboren *adj* de nacimiento

Angebot *nt* <-(e)s, -e> **1.** (*Vorschlag*) ofrecimiento *m,* oferta *f;* **ein ~ ablehnen/annehmen** rechazar/aceptar una oferta **2.** (WIRTSCH) oferta *f;* **festes ~** oferta en fijo; **freibleibendes** [*o* **unverbindliches**] **~** oferta sin compromiso; **gleich bleibendes ~** oferta invariable; **verbindliches ~** oferta vinculante; **~ und Nachfrage** oferta y demanda; **ein ~ unterbreiten** (*geh*) presentar una propuesta; **zu einem ~ auffordern** invitar a ofertar; **auf ein ~ eingehen** hacer uso de una oferta **3.** (*Auswahl*) surtido *m;* **Angebotsabgabe** *f* <-, *ohne pl*> presentación *f* de una oferta; **Angebotsanforderung** *f* <-, -en> solicitud *f* de oferta, petición *f* de oferta; **Angebotsannahme** *f* <-, *ohne pl*> aceptación *f* de una oferta; **Angebotsempfänger(in)** *m(f)* <-s, -; -, -nen> receptor(a) *m(f)* de una oferta; **Angebotspreis** *m* <-es, -e> precio *m* de oferta; **Angebotsüberschuss**[RR] *m* <-es, -schüsse> exceso *m* de la oferta; **Angebotsvielfalt** *f* <-, *ohne pl*> variedad *f* de oferta

angebracht ['angəbraxt] **I.** *pp von* **anbringen** **II.** *adj* (*passend*) oportuno, conveniente; (*ratsam*) recomendable, aconsejable; **die Bemerkung war durchaus ~** la observación fue totalmente oportuna; **das halte ich für ~** eso me parece conveniente

angedeihen *vt:* **jdm etw ~ lassen** (*geh iron*) otorgar [*o* conceder] algo a alguien

Angedenken *nt* <-s, *ohne pl*> (*geh: Gedenken*) memoria *f,* recuerdo *m;* **seligen ~s** (*fam hum: einstig*) en tiempos; (*alt: verstorben*) que Dios tenga en su gloria; **unseligen ~s** (*geh*) de infausta memoria, de infausto recuerdo

angegammelt *adj* (*fam: angefault*) pachucho, estropeado; (*Frucht*) macado, picado

angegilbt ['angəgɪlpt] *adj* amarillento

angegossen ['angəgɔsən] *adj* (*fam*): **etw passt** [*o* **sitzt**] **wie ~** algo queda que ni pintado [*o* que ni hecho a medida]

angegraut ['angəgraʊt] *adj* canoso

angehaucht *adj* **1.** (*fig: tendierend*) tendente (a); **links/grün ~ sein** ser de tendencias izquierdistas/ecologistas; **ein feministisch ~er Artikel** un artículo de sabor feminista **2.** (*geh: gefärbt*): **rosig ~e Wangen** mejillas levemente sonrosadas

angeheiratet ['angəhaɪra:tət] *adj* emparentado por matrimonio, político; **mein ~er Onkel** mi tío político

angeheitert ['angəhaɪtɐt] *adj* achispado, alegre, divertido *SAm*

an|gehen *irr* **I.** *vi sein* **1.** (*fam: beginnen*) empezar **2.** (*fam: Licht*) encenderse **3.** (*fam: Pflanze*) echar raíces **4.** (*bekämpfen*) luchar (*gegen* contra), oponerse (*gegen* a) **5.** (*vertretbar sein*): **es geht nicht an, dass ...** no puede ser que... *+subj* **II.** *vt* **1.** (*angreifen*) arremeter (contra), atacar **2.** (*in Angriff nehmen*) acometer, emprender **3.** (*betreffen*) afectar; **das geht ihn gar nichts an** eso le importa un comino; **was deine Frage angeht, ...** con respecto [*o* por lo que respecta] a tu pregunta...

angehende(r, s) *adj* futuro

an|gehören* *vi* pertenecer (a), ser (de); (*als Mitglied*) ser miembro (de), estar afiliado (a); (*einer Partei*) militar (en)

angehörig *adj* perteneciente (a); **einer Gewerkschaft/Partei ~ sein** ser miembro de un sindicato/de un partido

Angehörige(r) *mf* <-n, -n; -n, -n> **1.** (*der Familie*) pariente *mf;* **die nächsten ~n** los parientes más cercanos **2.** (*Mitglied*) miembro *m;* (*einer Partei*) militante *mf*

Angeklagte(r) *mf* <-n, -n; -n, -n> acusado, -a *m, f,* procesado, -a *m, f*

angekratzt ['angəkratst] *adj* (*fam*) hecho polvo

Angel ['aŋəl] *f* <-, -n> **1.** (*für Fischfang*) caña *f* de pescar **2.** (*Türscharnier*) gozne *m,* bisagra *f;* **die Tür aus den ~n heben** sacar la puerta de los goznes; **zwischen Tür und ~** deprisa y corriendo

Angelegenheit *f* <-, -en> asunto *m,* cuestión *f;* **auswärtige ~en** asuntos exteriores; **das ist meine ~** esto es asunto mío; **sich in fremde ~en mischen** meterse en asuntos ajenos; **misch dich nicht in ~en ein, die dich nichts angehen!** ¡no te metas donde nadie te llama [*o* en lo que no te importa]!

angelernt *adj* **1.** (*Wissen*) aprendido **2.** (*Arbeiter*) especializado, especialista

Angelgerät *nt* <-(e)s, -e> útiles *mpl* de pesca; **Angelhaken** *m* <-s, -> anzuelo *m;* **Angelleine** *f* <-, -n> sedal *m*

angeln ['aŋəln] **I.** *vi, vt* (*Fische*) pescar (con caña); **morgen gehen wir ~** mañana vamos a pescar **II.** *vr:* **sich** *dat* **~** (*fam: erwischen*) pescar, pillar; **sich** *dat* **einen Mann ~** pescar marido

Angeln *pl* (HIST) anglos *mpl*

an|geloben* *vt* (*Österr*) juramentar, tomar juramento (a); **er wurde auf die Verfassung angelobt** juró la constitución

Angelobung *f* <-, -en> (*Österr: Vereidigung*) prestación *f* de juramento; (*auf ein Amt*) jura *f* de un cargo

Angelpunkt *m* <-(e)s, -e> piedra *f* angular; **der Dreh- und ~ einer Sache sein** ser el punto crucial de una cosa

Angelrute *f* <-, -n> caña *f* de pescar

Angelsachse, -sächsin *m, f* <-n, -n; -, -nen> anglosajón, -ona *m, f*

angelsächsisch *adj* anglosajón

Angelschein *m* <-(e)s, -e> licencia *f* de pesca; **Angelschnur** *f* <-, -schnüre> sedal *m;* **Angelsport** *m* <-(e)s, *ohne pl*> pesca *f* deportiva

angemessen *adj* adecuado; (*Preis*) razonable; (*ausreichend*) suficiente; **etw für ~ halten** considerar algo adecuado; **das ist dem Anlass ~** la ocasión lo merece

Angemessenheit *f* <-, *ohne pl*> **1.** (*angemessene Entsprechung*) (justa) proporción *f;* **zwischen dem Preis der Ware und ihrer Qualität sollte ~ vorliegen** el precio de un artículo debería estar en justa proporción con su calidad **2.** (*passende Art*) adecuación *f,* conveniencia *f;* **bei Ihrer Kleidung kann man nicht von ~ sprechen** no se puede decir que su vestimenta sea la (más) adecuada; **er achtete sehr auf die ~ seiner Worte** tuvo mucho cuidado de emplear las palabras adecuadas

angenehm ['angəne:m] *adj* agradable, grato; (*Unterhaltung*) ameno, entretenido; (*Mensch*) simpático; **es wäre mir ~, wenn ...** me gustaría mucho que... *+subj;* **~!** (*bei einer Begrüßung*) ¡encantado!; **~en Aufenthalt!** ¡feliz estancia!; **das A~e mit dem Nützlichen verbinden** conciliar lo útil con lo agradable

angepasst[RR] ['angəpast] *adj,* **angepaßt** *adj* (*Person*) amoldado, conformista

Angepasstheit[RR] *f* <-, *ohne pl*>, **Angepaßtheit** *f* <-, *ohne pl*> conformismo *m*

angeregt ['angəre:kt] *adj* (*lebhaft*) animado; **sich ~ unterhalten** tener una conversación animada

angesagt ['angəza:kt] *adj* (*fam*) anunciado, previsto; **heute ist Regen ~** para hoy han anunciado lluvia; **heute ist ein Ausflug ~** para hoy está anunciada una excursión; **kurze Röcke sind wieder schwer ~** (*in Mode*) hacen furor las faldas cortas

angesäuselt ['angəzɔɪzəlt] *adj* (*fam*) achispado, chispa

angeschlagen I. *pp von* **anschlagen II.** *adj* (*erschöpft*) agotado, cansado; **seine Gesundheit ist ~** su salud está quebrantada

angeschmutzt ['angəʃmʊtst] *adj* ligeramente sucio

angeschrieben I. *pp von* **anschreiben II.** *adj* (*fam*): **bei jdm gut/schlecht ~ sein** tener buena/mala reputación [*o* prensa] con alguien, estar bien/mal visto por alguien

Angeschuldigte(r) *mf* <-n, -n; -n, -n> (JUR) inculpado, -a *m, f,* encausado, -a *m, f*

angesehen I. *pp von* **ansehen II.** *adj* (*geschätzt*) estimado, apreciado; **er ist überall ~** es estimado en todas partes

Angesicht *nt* <-(e)s, -er> (*geh*) cara *f,* rostro *m;* **von ~ zu ~** cara a cara

angesichts *präp +gen* (*geh*) **1.** (*beim Anblick*) ante, al ver, a la vista de; **~ der hervorgerufenen Überraschung** al ver la sorpresa causada **2.** (*hinsichtlich*) en vista de, ante; **~ der Tatsache, dass ...** en vista del hecho de que...

angespannt ['angəʃpant] *adj* **1.** (*Lage*) tenso, tirante **2.** (*Muskeln*) tenso **3.** (*intensiv*) intenso, vivo

angestammt ['angəʃtamt] *adj* hereditario, heredado

angestaubt ['angəʃtaʊpt] *adj* empolvado; (*fam fig*) anticuado, chapado a la antigua; **~e Ansichten** ideas pasadas de moda

Angestellte(r) *mf* <-n, -n; -n, -n> empleado, -a *m, f;* **leitender ~r** ejecutivo; **~r im Außendienst/Innendienst** empleado para el servicio externo/interno; **Angestelltenverhältnis** *nt* <-ses, -se>: **im ~ stehen** estar empleado

Angestelltenversicherung *f* <-, -en> seguro *m* de empleados; **Angestelltenversicherungsgesetz** *nt* <-es, -e> ley *f* del régimen de la seguridad social de los empleados

angestrengt ['angəʃtrɛŋt] *adv:* **~ über etw nachdenken** pensar intensamente en algo

angetan ['angəta:n] **I.** *pp von* **antun II.** *adj:* **von jdm ~ sein** sentir mucha simpatía por alguien; **von etw ~ sein** estar encantado con [*o* entusiasmado por] algo

Angetraute(r) ['angətraʊtɐ] *mf* <-n, -n; -n, -n> (*fam iron*) pariente *mf*

angetrunken I. *pp von* **antrinken II.** *adj* achispado, alegre; **in ~em Zustand sein** estar con el puntillo

angewandt ['angəvant] *pp von* **anwenden**

angewiesen ['angəvi:zən] **I.** *pp von* **anweisen II.** *adj:* **auf jdn/etw ~ sein** depender de alguien/algo, no poder prescindir de alguien/algo; **ich bin auf eine kleine Rente ~** dependo de una pequeña pensión

an|gewöhnen* *vt:* **jdm etw ~** acostumbrar alguien a algo, habituar alguien a algo; **sich** *dat* **etw ~** acostumbrarse a algo, coger la costumbre de algo; **gewöhn es dir endlich an, deutlicher zu sprechen** acostúmbrate de una vez a hablar más claro

Angewohnheit *f* <-, -en> costumbre *f* (adquirida)

angewurzelt *adj:* **wie ~ stehen bleiben** quedarse de piedra [*o* de una pieza]

angezeigt *adj* (*geh: angebracht*) conveniente; **es schien ihm ~ zu gehen** estimó conveniente irse

an|giften *vt* (*fam*) abroncar

Angina [aŋ'gi:na] *f* <-, Anginen> (MED) anginas *fpl;* **~ pectoris** angina de pecho; **eine ~ haben** tener (las) anginas

Angledozer *m* <-s, -> niveladora *f* de Angle, aplanadora *f* Angle

an|gleichen *irr vt* **1.** (*vereinheitlichen*) igualar, unificar **2.** (*anpassen*) adaptar (*an* a), ajustar (*an* a); (*Gehälter*) reajustar (*an* a); **sich jdm/etw ~** adaptarse a alguien/a algo

Angleichung *f* <-, -en> **1.** (*Gehalt, Gesetz*) equiparación *f* (*an* con), reajuste *m* (*an* a) **2.** (*gegenseitig*) armonización *f,* unificación *f;* **zwischen ihnen findet eine allmähliche ~ statt** se están adaptando el uno al otro

Angler(in) ['aŋlɐ] *m(f)* <-s, -; -, -nen> pescador(a) *m(f)* de caña

an|gliedern *vt* **1.** (*an eine Organisation*) asociar (*an* a); (*hinzufügen*) añadir (*an* a), agregar (*an* a) **2.** (*Gebiet*) anexionar (*an* a)

Angliederung *f* <-, -en> incorporación *f* (*an* a); (POL) anexión *f* (*an* a)

anglikanisch [aŋgli'ka:nɪʃ] *adj* (REL) anglicano

Anglist(in) *m(f)* <-en, -en; -, -nen> (LING) angli(ci)sta *mf*

Anglistik [aŋ'glɪstɪk] *f* <-, *ohne pl*> filología *f* inglesa

Anglistin *f* <-, -nen> *s.* **Anglist**

Anglizismus *m* <-, Anglizismen> (LING) anglicismo *m*

an|glotzen *vt* (*fam abw*) mirar boquiabierto [*o* de hito en hito]

Angola [aŋ'go:la] *nt* <-s> Angola *f*

Angolaner(in) *m(f)* <-s, -; -, -nen> angoleño, -a *m, f*

angolanisch *adj* angoleño

Angorakatze *f* <-, -n> gato *m* de Angora; **Angorawolle** *f* <-, -n> lana *f* de Angora, angora *f*

angreifbar *adj* atacable, impugnable

an|greifen *irr vt* **1.** (MIL, SPORT) atacar; (*überfallen*) asaltar; (*tätlich*) agredir **2.** (*kritisieren*) atacar, criticar; **jdn scharf ~** atacar duramente a alguien **3.** (*schwächen*) debilitar; (*ermüden*) cansar, fatigar; (*Gesundheit*) perjudicar, afectar; (*psychisch*) emocionar; **angegriffen aussehen** tener mal aspecto **4.** (CHEM) corroer **5.** (*Vorräte*) empezar a consumir; (*Ersparnisse*) empezar a gastar, echar mano (de) *fam*

Angreifer(in) *m(f)* <-s, -; -, -nen> agresor(a) *m(f)*, asaltante *mf;* (*Angriffsspieler*) atacante *mf*

an|grenzen *vi* limitar (*an* con), (co)lindar (*an* con)

angrenzend *adj* contiguo; (*Grundstück*) colindante

Angriff *m* <-(e)s, -e> (*a.* MIL, SPORT) ataque *m,* ofensiva *f;* (*Überfall*) asalto *m,* agresión *f;* **tätlicher ~** agresión física; **etw in ~ nehmen** (*fig*) emprender algo; **~ ist die beste Verteidigung** (*prov*) la mejor defensa, el ataque

angriffig *adj* (*Schweiz*) *s.* **angriffslustig**

Angriffsfläche *f* <-, -n> superficie *f* de ataque, punto *m* de ataque; **keine ~ bieten** ser inexpugnable, ser invulnerable; **Angriffskrieg** *m* <-(e)s, -e> guerra *f* ofensiva [*o* de agresión]; **Angriffslust** *f* <-, *ohne pl*> belicosidad *f,* acometividad *f;* **angriffslustig** *adj* agresivo; **Angriffspunkt** *m* <-(e)s, -e> punto *m* de ataque; **Angriffsspiel** *nt* <-(e)s, -e> (SPORT) (juego *m* de) ataque *m;* **irgendwie fehlte dem ~ des Teams heute der rechte Biss** hoy le faltaba garra al equipo en el ataque; **Angriffsspieler(in)** *m(f)* <-s, -; -, -nen> (SPORT) jugador(a) *m(f)* de ataque; **Angriffswaffe** *f* <-, -n> (MIL) arma *f* ofensiva

an|grinsen *vt* mirar sonriendo irónicamente

angst: **mir ist ~ (und bange)** me muero de miedo; **wenn ich deine radikalen Ansichten höre, wird mir ~ (und bange)!** cuando escucho tus opiniones tan radicales, ¡me entra miedo!

Angst [aŋst, *pl:* 'ɛŋstə] *f* <-, Ängste> miedo *m* (*vor* a/de), julepe *m Am,* naco *m Arg;* (*schwächer*) temor *m* (*vor* a/de); (*stärker*) terror *m,* espanto *m;* (*Sorge*) preocupación *f* (*um* por); **vor jdm/etw** *dat* **~ haben** tener miedo de alguien/a algo; **sie bekam** [*o* **kriegte**] **~** cogió [*o* le entró] miedo; **keine ~!** ¡no tengas miedo!; **jdm ~ einjagen** amedrentar a alguien, julepear a alguien *CSur;* (**damit**) **willst du mir ~ einjagen** (con esto) quieres meterme miedo; **das jagt mir ~ ein** me da miedo; **jdm ~ (und Bange) machen** dar mucho miedo a alguien, causar [*o* producir] mucho miedo a alguien; **ihm sitzt die ~ im Nacken** tiene el miedo metido en el cuerpo; **sie hat ~, dass ...** tiene miedo de que... *+subj;* **~ und Schrecken verbreiten** sembrar el miedo [*o* el terror]; **Angsthase** *m* <-n, -n> (*fam*) miedica *mf,* gallina *mf*

ängstigen ['ɛŋstɪgən] **I.** *vt* (*Angst einjagen*) amedrentar, aterrorizar, julepear *CSur;* (*beunruhigen*) inquietar, alarmar **II.** *vr:* **sich ~ 1.** (*Angst haben*) tener miedo (*vor* a/de) **2.** (*sich sorgen*) inquietarse (*um* por)

Angstkauf *m* <-(e)s, -käufe> compra *f* por pánico

ängstlich ['ɛŋstlɪç] *adj* **1.** (*verängstigt*) miedoso, temeroso; (*schüchtern*) apocado, pusilánime; **ein ~es Gesicht machen** poner cara de miedo **2.** (*sorgfältig*) escrupuloso, meticuloso; ~ **darauf bedacht sein, etw zu tun** procurar hacer algo meticulosamente **3.** (*besorgt*) preocupado

Ängstlichkeit *f* <-, *ohne pl*> pusilanimidad *f*, apocamiento *m*

Angstneurose *f* <-, -n> (MED, PSYCH) neurosis *f inv* de ansiedad; **Angstschrei** *m* <-(e)s, -e> grito *m* de miedo [*o* de terror], chillido *m*; **die Eltern wurden durch die ~e ihrer Kinder alarmiert** los gritos de pánico de los niños alertaron a sus padres; **Angstschweiß** *m* <-sses, *ohne pl*> sudor *m* frío; **Angsttraum** *m* <-(e)s, -träume> pesadilla *f*; **angstvoll** *adj* temeroso, angustiado; **jdn ~ anblicken** lanzar una mirada temerosa a alguien; **Angstzustand** *m* <-(e)s, -stände> estado *m* de angustia

an|gucken *vt* (*fam*) mirar; **sich** *dat* **etw ~** mirar algo

an|gurten *vr:* **sich ~** (AUTO) ponerse el cinturón de seguridad

Anh. *Abk. von* **Anhang** apéndice *m*

an|haben *irr vt* **1.** (*Kleidung*) llevar (puesto), vestir **2.** (*Schaden zufügen*): **jdm/etw nichts ~ können** no poder hacerle nada a alguien/a algo; **niemand konnte ihm etwas ~** no había por donde pillarle

an|haften *vi* **1.** (*kleben*) estar adherido (*an* a), estar pegado (*an* a/en) **2.** (*zugehören*) traer (consigo), tener; **zwei Nachteile haften dieser Sache an** esto tiene dos desventajas

an|halten *irr* **I.** *vi* **1.** (*andauern*) durar, perdurar; (*weitergehen*) seguir, continuar **2.** (*stoppen*) parar(se), detenerse **3.** (*werben*) solicitar; **um jds Hand ~** pedir la mano de alguien **II.** *vt* **1.** (*Fahrzeug, Uhr*) parar, detener; (*Atem*) contener; (*Ton*) sostener **2.** (*anleiten*) animar (*zu* a), incitar (*zu* a); **er hält seinen Sohn zur Pünktlichkeit an** incita su hijo a la puntualidad **3.** (*an den Körper*): **sie hielt mir das Kleid an** me probó el vestido por encima

anhaltend *adj* constante, continuo

Anhalter(in) *m(f)* <-s, -; -, -nen> auto(e)stopista *mf*; **per ~ fahren** ir a dedo, hacer auto(e)stop

Anhaltspunkt *m* <-(e)s, -e> punto *m* de referencia; (*Indiz*) indicio *m*; **dafür gibt es keinen ~** no hay ningún indicio para eso

anhand [an'hant] *präp +gen* mediante; **~ dieser Unterlagen** mediante estos documentos

Anhang *m* <-(e)s, -hänge> apéndice *m*

an|hängen **I.** *irr vi* **1.** (*anhaften*) colgar (de); **das schlechte Image hing ihm noch lange an** el sambenito le quedó colgado por mucho tiempo **2.** (*zugehören*) seguir; **der neuen Mode ~** estar a la moda **II.** *vt* **1.** (*aufhängen*) colgar (*an* de/en); **jdm etw ~** (*fam*) colgar (el sambenito de) algo a alguien **2.** (*ankuppeln*) enganchar (*an* a) **3.** (*anfügen*) añadir (*an* a), agregar (*an* a)

Anhänger[1] *m* <-s, -> **1.** (AUTO) remolque *m*, acoplado *m RíoPl* **2.** (*Schmuckstück*) colgante *m* **3.** (*für Koffer*) etiqueta *f*

Anhänger(in)[2] *m(f)* <-s, -; -, -nen> (*Person*) seguidor(a) *m(f)*, adepto, -a *m, f*; (SPORT) aficionado, -a *m, f*; (*einer Partei*) militante *mf*

Anhängerkupplung *f* <-, -en> (AUTO) enganche *m* del remolque

Anhängerschaft *f* <-, -en> (SPORT) aficionados *mpl*; (*einer Doktrin*) seguidores *mpl*, secuaces *mpl*; (*einer Partei*) militantes *mpl*

anhängig *adj* (JUR) pendiente; **der Prozess ist ~** el juicio está pendiente

anhänglich *adj* apegado

Anhänglichkeit *f* <-, *ohne pl*> cariño *m*, apego *m*; (*stärker*) lealtad *f*, fidelidad *f*

Anhängsel ['anhɛŋzəl] *nt* <-s, -> **1.** (*an einer Kette*) colgante *m* **2.** (*fam abw*) apéndice *m*, prolongación *f*

an|hauchen *vt* **1.** (*atmen*) alentar, echar el aliento (a); (*Dampf*) echar vaho (a); **eine Scheibe ~** echar vaho a un cristal; **die Polizistin bat ihn sie anzuhauchen** la policía le pidió que le echara el aliento **2.** (*fam: tadeln*) echar la bronca (a)

an|hauen *irr vt* (*fam*): **jdn (um Geld) ~** dar un sablazo a alguien

an|häufen **I.** *vt* amontonar, acumular; (*Vorräte*) hacer acopio (de); (*Geld*) acumular **II.** *vr:* **sich ~** acumularse; (*Menschen*) aglomerarse; **die Arbeit häuft sich an** se amontona el trabajo

Anhäufung *f* <-, -en> acumulación *f*, acopio *m*, apacheta *f SAm*

an|heben *irr vt* **1.** (*hochheben*) levantar, alzar **2.** (*erhöhen*) aumentar; **die Gehälter sind um 2 % angehoben worden** los salarios han aumentado en un 2 %

Anhebung *f* <-, -en> (*Gehalt, Preis*) incremento *m*, aumento *m*; (*Mindestalter*) aumento *m*

an|heften *vt* fijar (*an* a/en), pegar (*an* a/en); (*mit Heftklammern*) grapar; (*mit einem Faden*) hilvanar

anheim[RR] [an'haɪm] (*geh*): **etw** *dat* **~ fallen** ser víctima de algo; **jdm etw ~ stellen** dejar algo al criterio de alguien

anheimelnd ['anhaɪməlnt] *adj* acogedor, como en casa

anheim|fallen *irr vi sein s.* **anheim**; **anheim|stellen** *vt s.* **anheim**

anheischig ['anhaɪʃɪç]: **sich ~ machen etw zu tun** (*geh*) comprometerse a hacer algo

an|heizen *vt* **1.** (*Feuer*) encender, hacer fuego (en) **2.** (*fam: steigern*) aumentar; (*Stimmung*) calentar, avivar

an|herrschen *vt* increpar

an|heuern ['anhɔɪɐn] **I.** *vi* (NAUT) enrolarse (*auf* en) **II.** *vt* (*anwerben*) enrolar, contratar

Anhieb ['anhi:p] *m:* **auf ~** (*fam*) al primer intento, de golpe

an|himmeln ['anhɪməln] *vt* (*fam*) adorar; (*mit Blicken*) comer con los ojos

anhin ['anhɪn] *adv* (*Schweiz*) **1.** (*kommend*):

am 26.Januar ~ el próximo 26 de enero **2.**(*Wend*): **bis** ~ hasta ahora, hasta el momento

Anhöhe *f* <-, -n> elevación *f*, alto *m*

an|hören *vt* **1.**(*Gehör schenken*) escuchar; **ich kann mir den Mist nicht länger** ~ (*fam*) ya no soporto escuchar semejantes tonterías; **das hört sich gut an** esto suena bien **2.**(JUR) oír

Anhörung *f* <-, -en> (JUR, EU) comparecencia *f*; (*Experten*) consulta *f*; **nach** ~ **der Parteien** oídas las partes; **Anhörungsverfahren** *nt* <-s, -> (JUR) trámites *mpl* de comparecencia

an|hupen I. *vt* (*fam*): **jdn** ~ pitar a alguien, tocar la bocina [*o* el claxon] a alguien; **hup den Mercedes an, der sieht dich sonst nicht!** ¡pítale al Mercedes, que si no no te ve! **II.** *vr:* **sich** ~ (*fam*) pitarse; **diese Autofahrer! hupen sich ständig wie verrückt an!** ¡estos conductores! ¡se pitan los unos a los otros como locos!

an|husten *vt:* **jdn** ~ toser delante de alguien; **huste die Leute nicht an!** ¡no tosas delante de la gente!

Anilin [ani'li:n] *nt* <-s, *ohne pl*> (CHEM) anilina *f*; **Anilinfarbe** *f* <-, -n> (CHEM) colorante *m* de anilina

animalisch [ani'ma:lɪʃ] *adj* animal

Animateur(in) [anima'tø:ɐ] *m(f)* <-s, -e; -, -nen> animador(a) *m(f)*

Animation [anima'tsjo:n] *f* <-, -en> (*Tourismus*) programa *m* de actividades (*en club de vacaciones*); (FILM) animación *f*

Animierdame [ani'mi:ɐ-] *f* <-, -n> camarera *f* del descorche [*o* de barra americana]

animieren* [ani'mi:rən] *vt* animar (*zu* a), estimular (*zu* a)

Animierlokal *nt* <-(e)s, -e> barra *f* americana, club *m* de alterne; **Animiermädchen** *nt* <-s, -> *s.* **Animierdame**

Anion ['anio:n] *nt* <-s, -en> (CHEM, PHYS) anión *m;* **Anionenaustausch** [ani'o:nən-] *m* <-(e)s, *ohne pl*> (CHEM, PHYS) intercambio *m* de aniones

Anis [a'ni:s, 'a:nɪs] *m* <-(es), -e> **1.**(*Gewürz, Pflanze*) anís *m* **2.**(*Schnaps*) anís *m*, (aguardiente *m*) anisado *m;* **Anislikör** *m* <-s, -e> (licor *m* de) anís *m*, anisete *m;* **Anisschnaps** *m* <-es, -schnäpse> anisado *m*, aguardiente *m* de anís

Ank. *Abk. von* Ankunft llegada *f*

an|kämpfen *vi* luchar (*gegen* contra)

Ankauf *m* <-(e)s, -käufe> compra *f*, adquisición *f;* **An- und Verkauf von Schulbüchern** compra-venta de libros de texto

an|kaufen *vt* comprar, adquirir

Ankaufskurs *m* <-es, -e> (FIN) cotización *f* de compra

ankehrig *adj* (*Schweiz: geschickt*) hábil; **sich (bei etw** *dat*) ~ **anstellen** mostrar habilidad (en algo)

Anker ['aŋkɐ] *m* <-s, -> **1.**(NAUT) ancla *f*; **den** ~ **auswerfen/lichten** echar/levar anclas; **vor** ~ **liegen** estar anclado **2.**(ARCHIT) anclaje *m* **3.**(ELEK) inducido *m*, rotor *m* **4.**(*Uhr*) rueda *f* de áncora; **Ankerkette** *f* <-, -n> (NAUT) cadena *f* del ancla

ankern ['aŋkɐn] *vi* (NAUT) fondear, anclar

Ankerplatz *m* <-es, -plätze> (NAUT) fondeadero *m*, ancladero *m;* **Ankerwährung** *f* <-, -en> (WIRTSCH) patrón *m* monetario; **Ankerwinde** *f* <-, -n> (NAUT) cabrestante *m*

an|ketten *vt* encadenar (*an* a)

an|kläffen *vt* (*fam*): **jdn** ~ ladrar a alguien

Anklage *f* <-, -n> (JUR) acusación *f* (fiscal), querella *f* criminal; (~*vertretung*) acusación *f*; **Zeuge der** ~ testigo de la parte actora; ~ **gegen jdn erheben** acusar a alguien, formular acusación contra alguien; **jdn unter** ~ **stellen** dictar auto de procesamiento contra alguien; **unter** ~ **stehen** estar acusado; **die** ~ **vertreten** actuar como fiscal; **Anklagebank** *f* <-, -bänke> banco *m* de los acusados, banquillo *m;* **auf der** ~ **sitzen** estar en el banquillo; **jdn auf die** ~ **bringen** llevar a alguien al banquillo (de los acusados); **Anklagebehörde** *f* <-, -n> (JUR) ministerio *m* fiscal [*o* público]; **Anklageerhebung** *f* <-, -en> (JUR) procesamiento *m*, enjuiciamiento *m*

an|klagen *vt* **1.**(JUR) acusar (*wegen* de); **angeklagt sein** estar acusado **2.**(*Missstände*) denunciar **3.**(*beschuldigen*) incriminar, inculpar

anklagend *adj* de denuncia

Anklagepunkt *m* <-(e)s, -e> (JUR) cargo *m*

Ankläger(in) *m(f)* <-s, -; -, -nen> (JUR) acusador(a) *m(f)*; **öffentlicher** ~ fiscal *m*

Anklageschrift *f* <-, -en> (JUR) escrito *m* de acusación; **Anklagevertreter(in)** *m(f)* <-s, -; -, -nen> (JUR) procurador(a) *m(f)* de los tribunales, representante *mf* de la acusación; **Anklagevertretung** *f* <-, -en> (JUR) acusación *f*, ministerio *m* público

an|klammern I. *vt* **1.**(*Wäsche*) sujetar con pinzas (*an* a/en) **2.**(*mit Büroklammern*) fijar con clips (*an* a/en) **II.** *vr:* **sich** ~ (*sich festhalten*) agarrarse (*an* a)

Anklang *m* <-(e)s, -klänge> **1.**(*Zustimmung*) resonancia *f*, aceptación *f*; **bei jdm** ~ **finden** hallar resonancia en alguien; **großen** ~ **finden** tener éxito; **wenig** ~ **finden** tener poca resonancia **2.**(*Ähnlichkeit*) reminiscencia *f*; **Anklänge an Wagner/an die Romantik** reminiscencias wagnerianas/románticas

an|kleben *vt* pegar (*an* a/en), fijar (*an* a/en)

Ankleidekabine *f* <-, -n> cabina *f* de baño, vestuario *m*

an|kleiden I. *vt* (*geh*) vestir **II.** *vr:* **sich** ~ (*geh*) vestirse; **Ankleideraum** *m* <-(e)s, -räume> (*Warenhaus, a.* THEAT) probador *m;* (SPORT) vestuario *m*

an|klicken *vt* pinchar

an|klingeln I. *vi* (*fam*): **bei jdm** ~ dar un telefonazo a alguien **II.** *vt* (*fam*) dar un toque (por teléfono)

an|klingen *irr vi sein* 1.(*spürbar werden*) manifestarse 2.(*erinnern*): **an etw ~** recordar algo, traer algo a la memoria

an|klopfen *vi* 1.(*anpochen*) llamar (a la puerta); **er trat ein ohne anzuklopfen** entró sin llamar 2.(*fam: bitten*) preguntar (*um* por)

an|knabbern *vt* roer

an|knacksen *vt* (*fam*) romper; (*Gesundheit*) quebrantar; **die Ablehnung hat sein Selbstbewusstsein angeknackst** la negativa menguó su autoconfianza

an|knipsen *vt* (*fam*) encender

an|knöpfen *vt* abotonar (*an* a); **der Kragen war nur angeknöpft** el cuello sólo estaba sujeto con botones

an|knoten *vt* anudar (*an* a)

an|knüpfen I. *vt* 1.(*anknoten*) unir (*an* a), atar (*an* a); **Fransen an etw ~** franj(e)ar algo 2.(*Gespräch, Beziehungen*) entablar, trabar II. *vi:* **an etw ~** fundarse en algo; (*fortführen*) continuar (algo)

Anknüpfungspunkt *m* <-(e)s, -e> punto *m* de contacto; (*Gespräch*) punto *m* de partida

an|knurren *vt:* **jdn ~** (*Hund*) gruñir a alguien

an|kommen *irr vi sein* 1.(*eintreffen*) llegar (*in/bei/auf* a); (*Schiff*) arribar (*in* a); **bist du gut angekommen?** ¿llegaste bien? 2.(*fam: sich wenden*): **jdm mit etw ~** irle a alguien con algo; **komm mir nicht an und verlange, dass ich ...** no me vengas pidiendo que... +*subj* 3.(*fam: Resonanz finden*) gustar, ser aceptado [*o* bien acogido]; **er kommt bei seinen Schülern gut an** tiene buena acogida entre los alumnos 4.(*abhängen*) depender (*auf* de); **es kommt auf das Wetter an** depende del tiempo; **es kommt darauf an, ob ...** depende de si...; **es käme auf einen Versuch an** habría que intentarlo; **ich würde es einfach darauf ~ lassen** (*fam*) yo lo pondría en manos de la suerte; **ich würde es nicht darauf ~ lassen** (*fam*) yo no esperaría sentado [*o* demasiado] 5.(*wichtig sein*) ser importante; **es kommt darauf an, dass ...** es importante que... +*subj;* **es kommt ihm gar nicht darauf an, ob ...** le importa un rábano si..., no le interesa para nada si... 6.(*sich durchsetzen*): **gegen jdn ~** imponerse a alguien

Ankömmling ['ankœmlɪŋ] *m* <-s, -e> recién llegado, -a *m, f*

an|koppeln *vt* 1.(*Eisenbahnwaggon*) acoplar (*an* a) 2.(*Anhänger*) enganchar (*an* a)

Ankopp(e)lungsmanöver *nt* <-s, -> maniobra *f* de acoplamiento

an|kotzen *vt* (*fam: anekeln*) dar asco (a)

an|kreiden ['ankraɪdən] *vt:* **jdm etw ~** tomar a mal [*o* no perdonar] algo a alguien

an|kreuzen *vt* marcar con una cruz; **Zutreffendes bitte ~** márquese (con una cruz) lo que corresponda

an|kündigen I. *vt* anunciar; **seinen Besuch ~** anunciar su visita II. *vr:* **sich ~** anunciarse; (*beginnen*) comenzar, empezar; (*spürbar sein*) hacerse sentir

Ankündigung *f* <-, -en> anuncio *m,* aviso *m;* (*Plakat*) cartel *m;* (*schriftlich*) notificación *f*

Ankunft ['ankʊnft] *f* <-, *ohne pl*> llegada *f;* (*Schiff*) arribada *f;* **Ankunftshalle** *f* <-, -n> sala *f* de llegadas; **Ankunftstafel** *f* <-, -n> panel *m* de llegadas, tablero *m* de llegadas; **Ankunftszeit** *f* <-, -en> hora *f* de llegada, horario *m* de llegada

an|kuppeln *vt* enganchar (*an* a), acoplar (*an* a)

an|kurbeln *vt* 1.(TECH) poner en marcha 2.(*in Schwung bringen*) fomentar, estimular; (*Wirtschaft*) reactivar, impulsar

Ankurb(e)lung *f* <-, -en> (WIRTSCH) recuperación *f,* relanzamiento *m,* fomento *m*

Anl. *Abk. von* **Anlage** anejo *m,* anexo *m*

an|lächeln *vt* mirar sonriendo; **jdn ~** sonreír a alguien

an|lachen *vt* mirar riendo, reír; **sich** *dat* **jdn ~** (*fam*) pescar a alguien

Anlage *f* <-, -n> 1.(*Veranlagung*) disposición *f* (*zu* para), inclinación *f* (*zu* a); (MED) predisposición *f* (*zu* a); (*Begabung*) talento *m* (*zu* para) 2.(*Bau*) construcción *f;* (*Park*) jardín *m,* parque *m;* (*Sportplatz*) polideportivo *m;* **die öffentlichen ~en** los jardines públicos; **sanitäre ~n** instalaciones sanitarias 3.(TECH) dispositivo *m,* instalación *f;* (*Industrie~*) planta *f;* (*Stereo~*) equipo *m* 4.(FIN, WIRTSCH) inversión *f* 5.(*Beilage*) anejo *m,* anexo *m,* suplemento *m;* **als ~** como anejo; **in der ~ erhalten Sie ...** adjunto le remitimos...

Anlageberater(in) *m(f)* <-s, -; -, -nen> (FIN, WIRTSCH) consejero, -a *m, f* en inversiones, asesor(a) *m(f)* de inversiones; **Anlagefonds** *m* <-, -> (FIN, WIRTSCH) fondo *m* de inversión; **Anlageform** *f* <-, -en> (FIN, WIRTSCH) activo *m* financiero; **Anlagegeschäft** *nt* <-(e)s, -e> (FIN, WIRTSCH) inversión *f;* **Anlagegesellschaft** *f* <-, -en> (FIN, WIRTSCH) sociedad *f* de inversiones; **Anlagegüter** *ntpl* (FIN, WIRTSCH) bienes *mpl* de inversión; **Anlagekapital** *nt* <-s, -e *o* -ien> (FIN, WIRTSCH) capital *m* de inversión

Anlagenanschluss[RR] *m* <-es, -schlüsse> (TEL) acceso *m* básico

Anlagepapier *nt* <-s, -e> (FIN, WIRTSCH) valores *mpl,* título *m* de inversión

an|lagern *vr:* **sich ~** (CHEM) adicionarse (*an* a), combinarse (*an* con)

Anlagerungskoeffizient *m* <-en, -en> (CHEM) coeficiente *m* de fijación

Anlageschwund *m* <-(e)s, *ohne pl*> (FIN, WIRTSCH) desinversión *f;* **Anlagevermögen** *nt* <-s, -> (FIN, WIRTSCH) activo *m* fijo, capital *m* fijo; **Anlagewerte** *mpl* (FIN, WIRTSCH) inmovilizado *m;* **immaterielle ~** inmovilizado inmaterial

an|landen I. *vi sein* (*anlegen*) llegar a tierra, atracar; **in einer Bucht/auf einer Insel ~** atracar en una bahía/en una isla II. *vt haben* (*an Land bringen*) conducir a tierra; **etw im Hafen** ~ traer algo a puerto, desembarcar algo

an|langen I. *vi sein* (*eintreffen*) llegar (*an/zu* a) II. *vt* 1. (*betreffen*) concernir, referirse (a); **was mich/diese Sache anlangt, ...** en lo que se refiere a mí/a esto... 2. (*reg: anfassen*) tocar

Anlass[RR] ['anlas, *pl:* 'anlɛsə] *m* <-es, -lässe>, **Anlaß** *m* <-sses, -lässe> 1. (*Grund*) motivo *m* (*zu* para), razón *f* (*zu* para); (*Ursache*) causa *f* (*zu* de); **keinen ~ haben sich zu freuen, keinen ~ zur Freude haben** no tener ningún motivo para alegrarse; **das gibt ~ zur Sorge** esto es motivo de preocupación 2. (*Gelegenheit*) ocasión *f*; **bei diesem ~** aprovechando la ocasión; **etw zum ~ nehmen etw zu tun** aprovechar (la ocasión) para hacer algo; **ein willkommener ~** una buena ocasión; **dem ~ entsprechend** conforme a la ocasión; **jdm ~ geben zu ...** dar a alguien la ocasión de...; **aus gegebenem ~** con tal ocasión, con motivo

an|lassen *irr* I. *vt* 1. (*Motor*) poner en marcha; (*Wagen*) arrancar 2. (*Licht, Radio*) dejar encendido, no apagar 3. (*fam: Kleidung, Schuhe*) dejar puesto, no quitarse; **du kannst deine Schuhe ruhig ~** puedes dejarte los zapatos puestos II. *vr:* **sich ~** (*fam: sich entwickeln*) presentarse, empezar; (*positiv*) prometer (éxito); **das Geschäft lässt sich gut an** el negocio se presenta bien [*o* promete (éxito)]

Anlasser *m* <-s, -> (AUTO) motor *m* de arranque

anlässlich[RR] ['anlɛslɪç] *präp +gen*, **anläßlich** *präp +gen* con motivo de

an|lasten ['anlastən] *vt:* **jdm etw ~** imputar algo a alguien

Anlauf *m* <-(e)s, -läufe> 1. (SPORT) carrerilla *f*, carrera *f*; **~ nehmen** tomar carrerilla 2. (*Versuch*) intento *m*; **es klappte beim zweiten ~** dio resultado al segundo intento

an|laufen *irr* I. *vi sein* 1. (*angelaufen kommen*) llegar [*o* venir] corriendo 2. (*beginnen*) empezar, comenzar; (*Film*) estrenarse; (*Motor*) ponerse en marcha 3. (*sich verfärben: Silber*) deslucirse; **rot ~** enrojecer; **blau ~** amoratarse 4. (*beschlagen*) empañarse 5. (*sich ansammeln*) acumularse 6. (SPORT) tomar la salida; (*bei Hochsprung*) tomar impulso; (*bei Weitsprung*) tomar carrerilla II. *vt* (NAUT): **einen Hafen ~** tocar en un puerto, hacer escala en un puerto

Anlaufkosten *pl* (FIN, WIRTSCH) gastos *mpl* de instalación; **Anlaufkredit** *m* <-(e)s, -e> (FIN, WIRTSCH) crédito *m* para la instalación del negocio; **Anlaufphase** *f* <-, -n> fase *f* inicial; (TECH) período *m* de arranque; **Anlaufstelle** *f* <-, -n> (ADMIN) sección *f* de coordinación, servicio *m* de atención; **Anlaufzeit** *f* <-, -en> 1. (AUTO) tiempo *m* de calentamiento del motor 2. (*Vorbereitungszeit*) fase *f* inicial

Anlaut *m* <-(e)s, -e> (LING) sonido *m* inicial; **im ~** a comienzo de palabra

an|läuten *vt* (*südd, Schweiz*) *s.* **anrufen**

Anlegebrücke *f* <-, -n> (NAUT) amarradero *m*, atracadero *m*, aportadero *m*

an|legen I. *vi* 1. (*landen*) atracar, tomar puerto 2. (*zielen*) afinar la puntería 3. (*Karten*) echar II. *vt* 1. (*Maßstab*) aplicar; (*Spielstein*) colocar, poner; **letzte Hand ~** dar los últimos toques; **Hand ~** echar una mano 2. (*anlehnen*) poner, colocar; (*Leiter*) apoyar, arrimar; (*Karten*) echar; (*Gewehr*) encarar; (*Säugling*) dar el pecho 3. (*geh: anziehen*) ponerse 4. (*einrichten*) instalar; (*Garten*) plantar; (*Straße, Bahnlinie*) trazar; (*gründen*) fundar, establecer; (*bauen*) construir, edificar; (*Akte, Konto*) abrir; (*Vorräte*) almacenar; (*Liste*) hacer; (INFOR) crear 5. (*investieren*) invertir (*in* en); **fest ~** invertir a plazo fijo; **sein Geld in Immobilien ~** invertir su dinero en bienes inmobiliarios 6. (*bezahlen*) pagar 7. (*absehen*): **es auf jdn ~** poner la mira en alguien; **du legst es wohl auf einen Streit mit mir an** me parece que te empeñas en reñir conmigo 8. (*ausrichten*): **der Film ist auf drei Stunden angelegt** la película dura tres horas 9. (*anbringen*): **jdm einen Verband ~** aplicar una venda a alguien; **jdm Handschellen ~** esposar a alguien III. *vr:* **sich ~** (*streiten*) pelearse

Anlegeplatz *m* <-es, -plätze> (NAUT) atracadero *m*, embarcadero *m*

Anleger(in) *m(f)* <-s, -; -, -nen> (FIN) inversor(a) *m(f)*

Anlegestelle *f* <-, -n> (NAUT) *s.* **Anlegeplatz**

an|lehnen I. *vt* (*Tür*) entornar; (*aufstützen*) apoyar (*an* en/contra), arrimar (*an* a) II. *vr:* **sich ~** (*sich abstützen*) apoyarse (*an* en), arrimarse (*an* a); **er lehnte sich an die Wand an** se apoyó en la pared; **sich an etw/jdn ~** (*a. fig*) apoyarse en algo/alguien; (*zum Vorbild nehmen*) imitar algo/a alguien

Anlehnung *f* <-, -en> apoyo *m*; **in ~ an jdn/an etw** apoyándose en alguien/en algo, siguiendo el ejemplo de alguien/de algo; **Anlehnungsbedürfnis** *nt* <-ses, -se> necesidad *f* de apoyo [*o* de afecto]; **anlehnungsbedürftig** *adj* necesitado de afecto; **unsere Katze ist heute sehr ~** nuestra gata está hoy muy mimosa; **sie war ein besonders ~es Kind** de niña andaba siempre al arrimo de otros

an|leiern ['anlaɪɐn] *vt* (*fam*) montar; **wer hat das angeleiert?** ¿quién ha organizado esto?

Anleihe ['anlaɪə] *f* <-, -n> 1. (FIN) empréstito *m*, préstamo *m*; **festverzinsliche/untilgbare ~** empréstito con interés fijo/irredimible; **öffentliche ~** empréstito público; **eine ~ aufnehmen** contraer un empréstito 2. (*von Ideen*) inspiración *f*; **Anleiheemission** *f* <-, -en> (FIN) emisión *f* de empréstitos; **Anleihekapital** *nt* <-s, -e *o* -ien> (FIN) capital *m* de empréstitos; **Anleihepapiere** *ntpl* (FIN) títulos *mpl* de empréstitos

an|leimen *vt* encolar, engomar, pegar (con cola) (*an* a/en)

an|leiten *vt* **1.** (*unterweisen*) iniciar, guiar **2.** (*lehren*) instruir, enseñar (a)

Anleitung *f* <-, -en> **1.** (*Vorgang*) dirección *f*, instrucción *f*; **unter ~ (von)** bajo la dirección (de) **2.** (*Text*) instrucciones *fpl*, indicaciones *fpl*; (*Lehrbuch*) manual *m*

Anlernberuf *m* <-(e)s, -e> profesión *f* semicualificada

an|lernen *vt* instruir, capacitar

an|lesen *irr vt* **1.** (*den Anfang lesen*) iniciar la lectura (de) **2.** (*sich aneignen*): **sich** *dat* **seine Kenntnisse ~** adquirir sus conocimientos a través de la lectura

an|leuchten *vt* enfocar

an|liefern *vt* (COM) suministrar

Anlieferung *f* <-, -en> (COM) entrega *f*, suministro *m*

an|liegen *irr vi* **1.** (*fam: anstehen*) estar por hacer; **was liegt heute an?** ¿qué hay que hacer hoy? **2.** (*sich anschmiegen*) ajustarse, quedar ajustado

Anliegen *nt* <-s, -> (*Wunsch*) deseo *m*; (*Bitte*) petición *f*, ruego *m*

anliegend *adj* **1.** (*benachbart*) adyacente, vecino **2.** (*beigefügt*) adjunto **3.** (*Kleidung*) ceñido, ajustado

Anlieger *m* <-s, -> vecino *m*; **„~ frei"** "paso prohibido excepto vecinos"; **Anliegerverkehr** *m* <-s, *ohne pl*> tráfico *m* vecinal

an|locken *vt* (*Personen*) atraer, engolosinar; (*Kunden*) captar; (*Tiere*) atraer

an|löten *vt* soldar (*an* a)

an|lügen *irr vt* mentir (a)

Anm. *Abk. von* **Anmerkung** nota *f*

Anmache *f* <-, *ohne pl*> (*sl*) **1.** (*Flirt*) ligue *m* **2.** (*Anrede*) piropo *m* (*fórmula para ligar*)

an|machen *vt* **1.** (*einschalten*) encender **2.** (*Gips, Mörtel*) amasar **3.** (GASTR: *Salat*) aderezar, aliñar **4.** (*fam: anbändeln, ansprechen*) ligar (con); **er versuchte sie anzumachen** intentó ligar con ella **5.** (*befestigen, anbringen*) pegar (*an* a/en), fijar (*an* a/en) **6.** (*reizen*) atraer

an|mahnen *vt* reclamar (*bei* de), exigir (*bei* de)

an|malen *vt* pintar; **etw grün ~** pintar algo de verde

Anmarsch *m* <-(e)s, *ohne pl*> **1.** (*das Anmarschieren*) marcha *f*; **im ~ auf etw sein** aproximarse a algo **2.** (*fam: ~weg*) camino *m*

an|marschieren* *vi sein* (MIL) aproximarse (marchando); **die Truppen marschieren schon an!** ¡ya se aproximan las tropas!

an|maßen ['anma:sən] *vr*: **sich** *dat* **~** permitirse, tomarse la libertad (de); (*Vorrechte, Rechte*) arrogarse; (*Fähigkeiten*) atribuirse; **ich maße mir nicht an darüber zu urteilen** no me permito opinar sobre ello

anmaßend ['anma:sənt] *adj* arrogante, petulante, facistol *Ant, Kol, Mex, Ven*

Anmaßung[1] *f* <-, -en> (*unberechtigter Anspruch*) arrogación *f*, usurpación *f*

Anmaßung[2] *f* <-, *ohne pl*> (*Arroganz*) arrogancia *f*, petulancia *f*

Anmeldebestätigung *f* <-, -en> **1.** (*vom Einwohnermeldeamt*) justificante *m* de empadronamiento **2.** (*für einen Kurs*) justificante *m* de inscripción; **Anmeldeformular** *nt* <-(e)s, -e> impreso *m* de inscripción; **Anmeldefrist** *f* <-, -en> plazo *m* de inscripción [*o* de admisión]; **Anmeldegebühr** *f* <-, -en> tasas *fpl* de inscripción; (*Patent*) derecho *m* de registro

an|melden **I.** *vt* **1.** (*ankündigen*) anunciar, avisar; **Konkurs ~** (WIRTSCH) declararse en quiebra **2.** (*an einer Schule, zum Kurs*) matricular, inscribir; **ein Ferngespräch ~** pedir conferencia **3.** (*Fahrzeug*) matricular **4.** (*Recht, Ansprüche*) presentar **II.** *vr*: **sich ~** matricularse, inscribirse; (*Wohnsitz*) empadronarse, registrarse; **sich zu einem Kurs ~** inscribirse en un curso; **sich beim Arzt ~** pedir hora en el médico; **sich polizeilich ~** empadronarse

anmeldepflichtig *adj* sujeto a notificación [*o* a registro]; **Anmeldeschluss** *m* <-es, *ohne pl*> cierre *m* del plazo de inscripción; **~ ist der kommende Freitag** el plazo de admisión se cierra el próximo viernes

Anmeldung *f* <-, -en> **1.** (*Ankündigung*) aviso *m*; **~ einer Konkursforderung** (WIRTSCH) solicitud de una declaración de quiebra; **~ des Konkurses** (WIRTSCH) declaración de quiebra; **nur nach vorheriger ~** sólo con previa citación [*o* cita previa] **2.** (*Schule, Universität*) matrícula *f*; (*Kurs, Wettbewerb*) inscripción *f*; (*Patent*) registro *m* **3.** (*fam: Rezeption*) recepción *f*

an|merken *vt* **1.** (*notieren*) señalar, marcar **2.** (*ergänzend bemerken*) decir, añadir; **dazu ist noch Folgendes anzumerken: ...** con respecto a ello queda por decir lo siguiente:... **3.** (*bemerken*) notar; **ich ließ mir nichts ~** procuré que no se me notase nada

Anmerkung *f* <-, -en> **1.** (*kurze Bemerkung*) observación *f*, advertencia *f* **2.** (*Fußnote*) nota *f* a pie de página; **~ des Übersetzers** nota del traductor **3.** (*Kommentar*) comentario *m*

an|mieten *vt* (*geh*) alquilar

anmit ['anmɪt] *adv* (*Schweiz: hiermit*) por la presente (*en cartas*)

an|motzen *vt* (*fam*) criticar, poner reparos (a)

an|mustern **I.** *vi* (NAUT) enrolarse (*auf* en) **II.** *vt* (NAUT) enrolar

Anmut ['anmu:t] *f* <-, *ohne pl*> (*geh*) garbo *m*, gracia *f*, quimba *f Am*; (*der Landschaft*) amenidad *f*

an|muten *vi, vt* (*geh*) causar una impresión (de), recordar (a); **das mutet mich wie im Märchen an** eso me recuerda los cuentos de hadas

anmutig *adj* (*geh*) **1.** (*Wesen*) encantador **2.** (*Bewegung*) garboso, gracioso **3.** (*Landschaft*) ameno, agradable
an|nageln *vt* clavar (*an* en)
an|nagen *vt* mordisquear; (*Tier*) (empezar a) roer
an|nähen *vt* coser (*an* a)
an|nähern **I.** *vt* aproximar (*an* a), acercar (*an* a) **II.** *vr:* **sich** ~ acercarse (*an* a), aproximarse (*an* a)
annähernd ['annɛːɐnt] **I.** *adj* (*ungefähr*) aproximado **II.** *adv* más o menos, alrededor de
Annäherung *f* <-, -en> aproximación *f*, acercamiento *m*; **eine ~ herbeiführen** conseguir un acercamiento; **Annäherungsprozess**[RR] *m* <-es, -e> proceso *m* de acercamiento; **Annäherungsversuch** *m* <-(e)s, -e> tentativa *f* de acercamiento; (*aufdringlich*) insinuación *f*; **annäherungsweise** *adv* aproximadamente; **Annäherungswert** *m* <-(e)s, -e> valor *m* aproximativo
Annahme ['annaːmə] *f* <-, -n> **1.** (*Vermutung*) suposición *f*; **in der ~, dass ...** suponiendo que...; **ich bin der ~, dass ...** supongo que... **2.** (*das Annehmen*) recepción *f*, recibo *m*; (*eines Briefs*) admisión *f*, aceptación *f*; (*eines Gesetzes*) aceptación *f*, aprobación *f*; **~ eines Angebotes** aceptación de una oferta; **unwiderrufliche ~** aceptación irrevocable; **die ~ verweigern** rehusar la admisión **3.** (*~stelle*) recepción *f*
Annahmefrist *f* <-, -en> plazo *m* de admisión; **Annahmeschluss**[RR] *m* <-es, *ohne pl*> plazo *m* final de aceptación; (*Wettbewerb*) cierre *m* de inscripción; **Annahmestelle** *f* <-, -n> **1.** (*Lotto*) despacho *m* de billetes **2.** (*von Sondermüll, Schrott*) depósito *m* de entrega **3.** (*für Aufträge, Filme*) oficina *f* de entrega, despacho *m* de entrega; **Annahmeverweigerung** *f* <-, -en> no aceptación *f*; (COM) rechazo *m* de las mercancías
Annalen [a'naːlən] *pl* anales *mpl*; **in die ~ eingehen** (*geh*) pasar a los anales
annehmbar *adj* aceptable; (*zulässig*) admisible; (*Preis*) aceptable, razonable
an|nehmen *irr* **I.** *vt* **1.** (*entgegennehmen*) recibir; **ein Gespräch ~** aceptar una llamada; **das kann ich doch nicht ~** no puedo aceptar eso **2.** (*Arbeit, Auftrag*) aceptar, tomar; (*Rat*) seguir; (*Antrag*) acceder (a) **3.** (*Gesetzentwurf, Urteil*) aprobar **4.** (*Religion, Meinung, Kind*) adoptar; (*Gewohnheit*) contraer; (*Umfang*) adquirir; **einen anderen Namen ~** tomar otro nombre; **etw nimmt Gestalt an** algo va tomando forma; **die Katastrophe nimmt unvorstellbare Ausmaße an** la catástrofe adquiere dimensiones inimaginables; **nimm doch endlich Vernunft an!** ¡entra en razón de una vez! **5.** (*vermuten*) suponer, asumir *Am*; **es ist anzunehmen** es de suponer; **das nehme ich nicht an** no lo creo; **ich nehme an, dass ...** supongo que...; **er ist nicht so gut, wie man ~ sollte** no es tan bueno como se cree; **angenommen, dass ...** en el caso de que... +*subj* **II.** *vr:* **sich jds ~** cuidar de alguien; **sich etw** *gen* **~** encargarse de algo
Annehmer *m* <-s, -> (FIN) aceptante *m*
Annehmlichkeit *f* <-, -en> amenidad *f*; (*Vorteil*) ventaja *f*
annektieren* [anɛk'tiːrən] *vt* anexionar
Annektierung *f* <-, -en> anexión *f*
Annexion [anɛ'ksjoːn] *f* <-, -en> anexión *f*
anno *adv*, **Anno** *adv* en el año; **es war Winter, ~ 1941, als ...** era invierno del año 1941 cuando...; **von ~ dazumal** del tiempo de Maricastaña, del año de la nana; **A~ Domini** en el año de Nuestro Señor
Annonce [a'nɔ̃sə] *f* <-, -n> anuncio *m*, aviso *m Am*
annoncieren* [anɔ̃'siːrən] **I.** *vi* (*inserieren*) poner un anuncio **II.** *vt* (*Stelle, Hochzeit*) anunciar
Annuität [anui'tɛːt] *f* <-, -en> (FIN) anualidad *f*
annullierbar *adj* anulable
annullieren* [anʊ'liːrən] *vt* anular, cancelar
Annullierung *f* <-, -en> (JUR) anulación *f*, cancelación *f*; (*Gesetz*) derogación *f*; (*Urteil*) casación *f*; (*Vertrag*) revocación *f*
Anode [a'noːdə] *f* <-, -n> (PHYS) ánodo *m*
an|öden ['anøːdən] *vt* (*fam*) aburrir; **du ödest mich an!** ¡me aburres!
Anodenwiderstand *m* <-(e)s, -stände> (PHYS) resistencia *f* anódica
anomal ['anomaːl, --'-] *adj* anómalo, anormal
Anomalie[1] [anoma'liː] *f* <-, -n> (*Missbildung, Unregelmäßigkeit*) anomalía *f*; **magnetische ~** anomalía magnética
Anomalie[2] *f* <-, *ohne pl*> (*Zustand*) anomalía *f*
Anomie *f* <-, -n> (SOZIOL) anomia *f*
anonym [ano'nyːm] *adj* anónimo; **ein ~er Brief** una carta anónima, un anónimo; **~ bleiben** quedar(se) en el anonimato
anonymisieren* [anonymi'ziːrən] *vt* anonimizar
Anonymität *f* <-, *ohne pl*> anonimato *m*, anónimo *m*
Anorak ['anorak] *m* <-s, -s> anorak *m*
an|ordnen *vt* **1.** (*befehlen, bestimmen*) ordenar, disponer; (JUR) decretar **2.** (*aufstellen*) colocar, agrupar; (*mit System*) ordenar, clasificar; **das Verzeichnis ist nach Sachgebieten angeordnet** la lista está ordenada por materias
Anordnung *f* <-, -en> **1.** (*Befehl*) orden *f*, mandato *m*; **einstweilige ~** recurso de urgencia; **gerichtliche ~** mandamiento judicial; **eine ~ aufheben** revocar una orden; **~en treffen** dar órdenes; **auf jds ~** por orden de alguien **2.** (*Ordnung*) orden *m*, ordenación *f*; (*Aufstellung*) colocación *f*, agrupación *f*; (*Verteilung*) distribución *f*
Anorexie [anorɛ'ksiː] *f* <-, -n> (MED) anore-

A

xia *f*

anorganisch ['anɔrga:nɪʃ] *adj* inorgánico

Anorgasmie *f* <-, -n> (MED) anorgasmia *f*

anormal ['anɔrma:l] *adj* anómalo, anormal

Anoxie [anɔ'ksi:] *f* <-, -n> (MED) anoxia *f*

anoxisch [a'nɔksɪʃ] *adj* (MED) anóxico

an|packen I. *vi* (*helfen*) ayudar, echar una mano II. *vt* 1. (*anfassen*) agarrar, coger 2. (*handhaben*) abordar, emprender; **eine Arbeit richtig/falsch** ~ abordar un trabajo correctamente/erróneamente 3. (*fam: behandeln*) tratar; **jdn hart** ~ tratar a alguien con dureza

an|passen I. *vt* adaptar (*an* a), adecuar (*an* a), embonar *Cuba, Mex, Ecua* II. *vr:* **sich** ~ amoldarse (*an* a), adecuarse (*an* a); **sich an das Klima** ~ aclimatarse

Anpassung *f* <-, -en> 1. (WIRTSCH: *Produktion, Verfahren*) ajuste *m* (*an* a), adaptación *f* (*an* a) 2. (*Gehalt, Rente*) actualización *f* 3. (*Angleichung*) (re)ajuste *m* (*an* a); **anpassungsfähig** *adj* adaptable (*an* a), flexible; **Anpassungsfähigkeit** *f* <-, -en> adaptabilidad *f,* flexibilidad *f;* **Anpassungsklausel** *f* <-, -n> (JUR) cláusula *f* de adaptación; **Anpassungsschwierigkeiten** *fpl* (SOZIOL) dificultades *fpl* de adaptación; **Anpassungsvermögen** *nt* <-s, -> (SOZIOL) capacidad *f* de adaptación

an|peilen *vt* 1. (NAUT) dirigirse (a/hacia), ir con rumbo (a/hacia) 2. (TEL) interceptar; (*U-Boot*) marcar 3. (*bessere Position*) estar resuelto a conseguir 4. (*jdn*) tener la mirada puesta (en)

an|pfeifen *irr* I. *vi, vt* (SPORT) dar el pitido inicial (de) II. *vt* (*fam: zurechtweisen*) abroncar, echar una bronca (a)

Anpfiff *m* <-(e)s, -e> 1. (SPORT) pitido *m* inicial 2. (*fam: Tadel*) reprimenda *f,* bronca *f*

an|pflanzen *vt* plantar; (*Nutzpflanzen*) cultivar

Anpflanzung *f* <-, -en> plantación *f,* cultivo *m*

an|pflaumen *vt* (*fam*) echar una bronca

an|pinkeln *vt* (*fam*) 1. (*urinieren*) mear, orinar; **der Betrunkene pinkelte die Wand an** el borracho meó la pared 2. (*ausfällig werden*): **sich von jdm nicht** ~ **lassen** no dejar que le tosa a uno alguien

an|pinseln *vt* pincelar

an|pirschen *vr:* **sich** ~ aproximarse, acercarse sigilosamente

an|pissen *vt* (*vulg*) *s.* **anpinkeln**

Anpöbelei *f* <-, -en> (*fam abw*) barbaridades *fpl,* insultos *mpl;* **wer sich in üble Spelunken begibt, muss mit ~en rechnen** quien entra en tabernuchos tiene que contar con que le digan barbaridades

an|pöbeln *vt* (*fam*) molestar, importunar

Anprall *m* <-(e)s, *ohne pl*> colisión *f* (*gegen* con), choque *m* (*gegen* contra)

an|prallen *vi sein* colisionar (*an/gegen* con), chocar (*an/gegen* con/contra); (*Welle*) batir (*an/gegen*), azotar (*an/gegen*); **die Wellen prallten an die Hafenmole an** las olas batían el malecón; **das Motorrad prallte gegen die Hauswand an** la motocicleta chocó contra la pared

an|prangern ['anpraŋɐn] *vt* denunciar

an|preisen *irr vt* 1. (*empfehlen*) recomendar 2. (*loben*) elogiar, alabar

Anprobe *f* <-, -n> prueba *f;* **Anproberaum** *m* <-(e)s, -räume> probador *m*

an|probieren *vt* probar(se)

an|pumpen *vt* (*fam*): **jdn um 100 Mark** ~ dar [*o* pegar] a alguien un sablazo de 100 marcos

an|pusten *vt* (*fam*) 1. (*anblasen*) echar el aliento; **haben Sie Alkohol getrunken? pusten Sie mich mal an!** ¿ha bebido usted alcohol? ¡écheme el aliento! 2. (*anfachen*) soplar, avivar; **sie pustete das Feuer so lange an, bis es wieder aufflackerte** avivó el fuego soplando hasta que volvió a prender llama

an|quatschen *vt* (*fam*) abordar

Anrainer ['anraɪnɐ] *m* <-s, -> vecino *m;* **Anrainerstaat** *m* <-(e)s, -en> país *m* vecino [*o* fronterizo]; (*vom Fluss getrennt*) estado *m* ribereño

an|raten *irr vt* aconsejar, recomendar; **auf A~ des Arztes** por [*o* siguiendo el] consejo del médico

anrechenbar *adj* (FIN) abonable (*auf* en)

an|rechnen *vt* 1. (*in Rechnung stellen*) facturar, cargar en cuenta 2. (*gutschreiben*) abonar (*auf* en) 3. (*Studienzeiten*) convalidar (*auf* con) 4. (*schätzen*) valorar, estimar; **ich rechne es ihm hoch an, dass er mir geholfen hat** valoro muchísimo el que me haya ayudado

Anrechnung *f* <-, -en> (FIN, WIRTSCH) abono *m*

Anrecht *nt* <-(e)s, -e> derecho *m* (*auf* a); ~ **auf Wiedereinstellung** derecho de ser readmitido; **ein** ~ **auf etw haben** tener derecho a algo

Anrede *f* <-, -n> tratamiento *m;* (*im Brief*) encabezamiento *m*

an|reden *vt* hablar (a), dirigir la palabra (a); **jdn mit Du/mit Sie** ~ tratar a alguien de tú/de Ud.

an|regen I. *vi* (*beleben*) estimular II. *vt* 1. (*Appetit, Kreislauf*) excitar, estimular 2. (*vorschlagen*) proponer, sugerir; **könnten Sie nicht ~, dass ...?** ¿no podría Ud. proponer que...? +*subj*

anregend *adj* (*Tee, Kaffee*) excitante; (*a.* MED) estimulante; (*Gespräch, Vorschlag*) sugestivo, incitante

Anregung[1] *f* <-, -en> (*Vorschlag*) sugerencia *f,* propuesta *f;* (*Inspiration*) inspiración *f;* **auf jds** ~ por sugerencia de alguien

Anregung[2] *f* <-, *ohne pl*> (*Belebung*) estímulo *m*

Anregungsenergie *f* <-, -n> (CHEM) energía *f* de excitación

an|reichern ['anraɪçern] *vt* (*a.* CHEM) enriquecer
Anreicherung *f* <-, -en> (*a.* CHEM) enriquecimiento *f;* ~ **mit Sauerstoff** enriquecimiento en oxígeno
Anreise *f* <-, -n> **1.** (*Anfahrt*) viaje *m* de ida **2.** (*Ankunft*) llegada *f*
an|reisen *vi sein* (*ankommen*) llegar; (*hinreisen*) ir; **aus Berlin** ~ llegar de Berlín; **mit dem Zug** ~ llegar en tren
an|reißen *irr vt* **1.** (*Thema*) tocar, tratar **2.** (*Papier*) romper [*o* rasgar] ligeramente **3.** (*Streichholz*) encender
Anreiz *m* <-es, -e> estímulo *m,* aliciente *m;* (*finanziell*) incentivo *m*
an|reizen *vt* estimular (*zu* para), incitar (*zu* a)
Anreizfonds *m* <-, -> (FIN) fondo *m* de estímulo
an|rempeln ['anrɛmpəln] *vt* (*fam*) empujar, chocar (con)
an|rennen *irr* **I.** *vi sein* **1.** (*herbeieilen*) llegar corriendo **2.** (*anstürmen*) arremeter (*gegen* contra) **3.** (*ankämpfen*) luchar (*gegen* contra); **gegen den Wind** ~ correr con el viento en contra **II.** *vt* (*fam: anstoßen*) chocar (*an* con/contra/en), golpear (*an* con/contra); **ich rannte mir den Kopf an der Fensterkante an** me di con la cabeza en el pico de la ventana
Anrichte ['anrɪçtə] *f* <-, -n> aparador *m,* bufete *m*
an|richten *vt* **1.** (*garnieren*) aderezar **2.** (*servieren*) servir; **es ist angerichtet** (*geh*) está servido **3.** (*verursachen*) causar, ocasionar; **was hast du denn da wieder angerichtet?** ¡ya has vuelto a armar una buena!
an|ritzen *vt* (*Haut*) rasguñar, arañar superficialmente; (*Ohrläppchen*) hacer una ligera incisión (en)
an|rollen *vi sein* (*losrollen*) ponerse en marcha; (*heranrollen*) llegar
an|rosten *vi sein* empezar a oxidarse
an|rösten *vt* (GASTR) tostar ligeramente
anrüchig ['anrʏçɪç] *adj* de mala fama, sospechoso; ~**e Geschäfte machen** hacer negocios sospechosos
an|rücken **I.** *vi sein* (*Truppen, Polizei*) avanzar **II.** *vt* (*Möbel*) aproximar (*an* a), acercar (*an* a)
Anruf *m* <-(e)s, -e> **1.** (*laute Anrede*) llamada *f;* (*Appell*) llamado *m,* llamamiento *m* **2.** (TEL) llamada *f;* **einen** ~ **bekommen** recibir una llamada; **Anrufbeantworter** *m* <-s, -> contestador *m* automático
an|rufen *irr vt* **1.** (*laut anreden*) llamar **2.** (*bitten*) pedir (a); (*flehend*) implorar (a), invocar; (JUR) acudir (a), apelar (a); **das Gericht** ~ acudir a los tribunales **3.** (*telefonieren*) llamar (por teléfono); **jdn** [*o* **bei jdm**] ~ telefonear [*o* llamar] a alguien; **er hat schon zweimal angerufen** ya ha llamado dos veces
Anrufer(in) *m(f)* <-s, -; -, -nen> persona *f* que hace una llamada (telefónica); **Anruferidentifikation** *f* <-, -en> (TEL) identificación *f* del usuario llamante
Anrufweiterschaltung [--'----, '------] *f* <-, -en> (TEL) desvío *m* de llamadas
an|rühren *vt* **1.** (*berühren*) tocar **2.** (*zu sich nehmen*) probar; **du hast das Essen kaum angerührt** apenas has probado la comida **3.** (*Teig*) amasar
anrührend *adj* conmovedor, emocionante
ans [ans] = **an das** *s.* **an**
an|säen *vt* sembrar
Ansage ['anzaːgə] *f* <-, -n> anuncio *m,* aviso *m;* (TV) presentación *f;* **die** ~ **machen** hacer la presentación
an|sagen **I.** *vt* (*ankündigen*) anunciar, avisar; (TV) presentar **II.** *vr:* **sich** ~ anunciarse; **er hat sich für vier Uhr angesagt** ha anunciado su visita para las cuatro
an|sägen *vt* serrar, serrar una entalladura (a)
Ansager(in) *m(f)* <-s, -; -, -nen> (RADIO) locutor(a) *m(f);* (TV) presentador(a) *m(f),* locutor(a) *m(f)*
an|sammeln **I.** *vt* amontonar, acumular; (*Reichtümer*) atesorar **II.** *vr:* **sich** ~ acumularse, amontonarse
Ansammlung *f* <-, -en> (*von Menschen*) aglomeración *f;* (*von Häusern*) grupo *m;* (*von Dingen*) montón *m*
ansässig ['anzɛsɪç] *adj* (*Person*) domiciliado, residente; (*Firma*) establecido; **sie ist in Montevideo** ~ reside en Montevideo
Ansässige(r) ['anzɛsɪgə, 'anzɛsɪgɐ] *mf* <-n, -n; -n, -n> residente *mf,* vecino, -a *m, f;* **ich kenne mich hier nicht aus, fragen Sie doch einen ~n** no conozco esta zona, pregunte a alguien del barrio
Ansatz *m* <-es, -sätze> **1.** (TECH) pieza *f* adicional, prolongación *f* **2.** (*Ablagerung*) depósito *m,* sedimento *m* **3.** (*Anzeichen*) comienzo *m,* principio *m;* **die ersten Ansätze** los principios; **im** ~ en una primera fase **4.** (PHILOS) planteamiento *m,* enfoque *m;* **Ansatzpunkt** *m* <-(e)s, -e> punto *m* de partida; **Ansatzstück** *nt* <-(e)s, -e> (TECH) (pieza *f* de) empalme *m,* (pieza *f* de) unión *f;* **ansatzweise** *adv:* **er hat es** ~ **verstanden** ha empezado a entenderlo; **das Problem konnte nur** ~ **gelöst werden** el problema no se pudo solucionar completamente; **von dem Problem war nicht einmal** ~ **etwas zu spüren** apenas se percibía un asomo del problema
an|säuern *vt* acidificar
an|saufen *irr vt* (*fam*): **sich** *dat* **einen** ~ pillarse un pedo
an|saugen *vt* aspirar
an|schaffen **I.** *vt* (*kaufen*) comprar(se), adquirir; **ich habe mir einen Computer angeschafft** me he comprado un ordenador **II.** *vi* (*fam: Prostituierte*) prostituirse; ~ **gehen** hacer la calle
Anschaffung *f* <-, -en> compra *f,* adquisición *f;* ~**en machen** hacer compras; **Anschaffungskosten** *pl* costes *mpl* de com-

pra; **Anschaffungspreis** *m* <-es, -e> precio *m* de adquisición; **Anschaffungswert** *m* <-(e)s, -e> valor *m* de compra [*o* de adquisición]

an|schalten *vt* **1.** (*Licht, Fernseher*) encender **2.** (*Atomkraftwerk*) poner en funcionamiento, conectar

an|schauen *vt* mirar; **schau dir das Buch an** mírate el libro; **darf ich mir deine Wohnung ~?** ¿puedo echar un vistazo a tu casa?; **willst du dir die Bilder ~?** ¿quieres ver las fotos?; **das habe ich mir jetzt lange genug mit angeschaut** ya hay suficiente

anschaulich *adj* plástico, expresivo; **etw ~ erklären** explicar algo plásticamente; **etw ~ machen** ilustrar algo

Anschaulichkeit *f* <-, *ohne pl*> **1.** (*Beispiel, Vortrag*) claridad *f* **2.** (*Beschreibung, Darstellung*) plasticidad *f*

Anschauung *f* <-, -en> **1.** (*Vorstellung*) concepto *m*, idea *f*; **etw aus eigener ~ wissen** saber algo por experiencia propia **2.** (*Ansicht*) opinión *f*, parecer *m*; **nach meiner ~** según mi parecer; **Anschauungsmaterial** *nt* <-s, -ien> material *m* documental [*o* ilustrativo]

Anschein *m* <-(e)s, *ohne pl*> apariencia *f*; (*Eindruck*) impresión *f*; **allem ~ nach** según todas las apariencias; **beim ersten ~** a primera vista

anscheinend *adv* al parecer, por lo visto

an|scheißen *irr vt* (*fam*) **1.** (*betrügen*) timar **2.** (*beschimpfen*) echar una bronca (a)

an|schicken *vr:* **sich ~ etw zu tun** (*geh*) prepararse para hacer algo, disponerse a hacer algo

an|schieben *irr vt* empujar

an|schießen *irr* **I.** *vi sein* (*heranrasen*) llegar como una bala **II.** *vt* (*verletzen*) herir de un tiro, balear *SAm*

an|schimmeln *vi sein* enmohecer, echar moho; **der Käse ist angeschimmelt** al queso le ha salido moho

an|schirren *vt* poner los arreos; (*Pferde*) enjaezar; (*an den Pflug*) uncir

Anschiss[RR] *m* <-es, -e>, **Anschiß** *m* <-sses, -sse> (*fam*) bronca *f*, rapapolvo *m*; **einen ~ bekommen** ganarse una bronca

Anschlag *m* <-(e)s, -schläge> **1.** (*Plakat*) cartel *m*, anuncio *m* **2.** (*Überfall*) atentado *m* (*auf* contra); **einen ~ auf jdn verüben** atentar contra alguien; **einem ~ zum Opfer fallen** ser víctima de [*o* sufrir] un atentado; **ich habe einen ~ auf dich vor** (*fam*) quiero pedirte algo **3.** (FIN, WIRTSCH) cálculo *m*; **etw in ~ bringen** tener algo en cuenta en el cálculo, incluir algo en el cálculo **4.** (*am Klavier*) ataque *m*, pulsación *f*; (*an der Schreibmaschine*) pulsación *f*; **einen harten/weichen ~ haben** atacar fuerte/suave; **200 Anschläge in der Minute** 200 pulsaciones por minuto; **45 Anschläge pro Zeile** 45 pulsaciones por línea **5.** (TECH) tope *m*; **bis zum ~** hasta el tope **6.** (MIL) posición *f* de tiro; **das Gewehr im ~ haben** estar en posición de tiro; **Anschlagbrett** *nt* <-(e)s, -er> tablón *m* de anuncios

an|schlagen *irr* **I.** *vi* **1.** *sein* (*anprallen*) chocar (*an* contra), golpear (*an* contra) **2.** (*Tabletten*) surtir efecto **3.** (SPORT) tocar la meta **4.** (*Laut geben: Hund*) ladrar; (*Vogel*) cantar, gorjear **5.** (*fam: dick machen*) (hacer) engordar **II.** *vt* **1.** (*Brett, Plakat*) fijar (*an* a/en) **2.** (*beschädigen*) romper **3.** (*Taste*) pulsar **4.** (MUS: *Akkord*) tocar; (*Melodie*) entonar **5.** (*Fass*) espitar

Anschlagfläche *f* <-, -n> superficie *f* tasada; **Anschlagsopfer** *nt* <-s, -> víctima *f* de un atentado

an|schleichen *irr vr:* **sich ~** acercarse sigilosamente [*o* a hurtadillas] (*an* a)

an|schleppen *vt* **1.** (*fam: mitbringen*) traerse; **wen hat dein Bruder denn schon wieder angeschleppt?** ¿a quién se ha vuelto a traer tu hermano? **2.** (*mühsam herbeibringen*) acarrear, cargar (con); **die Band muss zu jedem Konzert ihr gesamtes Equipment ~** el grupo tiene que acarrear su equipo a todos los conciertos **3.** (AUTO) remolcar

an|schließen *irr* **I.** *vt* **1.** (*festmachen*) asegurar, sujetar (*an* a) **2.** (*Waschmaschine, Telefon*) conectar (*an* a) **3.** (*Frage, Bemerkung*) añadir (*an* a), agregar (*an* a) **II.** *vr:* **sich ~ 1.** (*sich zugesellen*) unirse (*an* a), juntarse (*an* con) **2.** (*folgen*) seguir (*an* a); **bei den ~den Diskussionen** durante las discusiones siguientes **3.** (*beipflichten*) adherirse (a), mostrarse de acuerdo (con)

anschließend **I.** *adj* (*folgend*) posterior, siguiente; (*unmittelbar*) inmediatamente posterior **II.** *adv* a continuación, (inmediatamente) después

Anschluss[RR] *m* <-es, -schlüsse>, **Anschluß** *m* <-sses, -schlüsse> **1.** (*an eine Partei*) adhesión *f* (*an* a), afiliación *f* (*an* a); (POL) unión *f* (*an* a) **2.** (*an ein Netz*) conexión *f* (*an* a/con); (TEL) comunicación *f* (*an* con); **kein ~ unter dieser Nummer** este abonado ha cambiado su número **3.** (*Verkehr*) enlace *m*, correspondencia *f*, entronque *m ZAm* **4.** (*Kontakt*) compañía *f*, amistades *fpl*; **~ suchen/finden** buscar/encontrar compañía; **im ~ an ...** a continuación de..., inmediatamente después de...; **Anschlussbox**[RR] *f* <-, -en> (TECH) caja *f* de conexión; **Anschlussflug**[RR] *m* <-(e)s, -flüge> vuelo *m* de conexión; **Anschlusskabel**[RR] *nt* <-s, -> cable *m* de conexión; (*Zuführungskabel*) cable *m* de alimentación; **Anschlusskennung**[RR] *f* <-, -en> (TEL) código *m* de entrada, identificación *f* de acceso; **Anschlusszug**[RR] *m* <-(e)s, -züge> tren *m* de enlace

an|schmieden *vt* (*Häftling*) encadenar, poner grilletes (a); (*Angel*) fijar forjando (*an* a)

an|schmiegen ['anʃmi:gən] *vr:* **sich ~** (*Person*) arrimarse cariñosamente (*an* a)

anschmiegsam *adj* (*Person*) tierno, afectuoso

an|schmieren *vt* (*fam*) **1.** (*betrügen*) engañar **2.** (*schlecht bemalen*) pintarrajear

an|schnallen **I.** *vt* (*festbinden*) sujetar, atar **II.** *vr:* **sich ~** (*Auto, Flugzeug*) ponerse el cinturón de seguridad

Anschnallpflicht *f* <-, *ohne pl*> uso *m* obligatorio del cinturón de seguridad

an|schnauzen *vt* (*fam*) echar una bronca (a), raspar *SAm*

an|schneiden *irr vt* **1.** (*Brot, Torte*) cortar **2.** (*Thema*) abordar **3.** (*Kurve*) cortar en diagonal **4.** (SPORT: *Ball*) jugar con efecto

Anschnitt *m* <-(e)s, -e> **1.** (*Schnittfläche*) corte *m* **2.** (*Stück*) primer trozo *m*

Anschovis [an'ʃo:vɪs] *f* <-, -> anchoa *f*

an|schrauben *vt* atornillar (*an* a/en), sujetar con tornillos (*an* a/en)

an|schreiben *irr vt* **1.** (*nicht sofort bezahlen*) comprar al fiado; **~ lassen** comprar al fiado **2.** (*Behörde, Person*) escribir (a) **3.** (*an eine Tafel, Wand*) escribir (*an* en)

an|schreien *irr vt* gritar (a), levantar la voz (a)

Anschrift *f* <-, -en> dirección *f*, señas *fpl*

Anschubfinanzierung *f* <-, -en> (FIN) financiación *f* (*para impulsar un proyecto con dificultades*)

an|schuldigen ['anʃʊldɪgən] *vt* (*geh*) acusar (*wegen* de), culpar (*wegen* de), inculpar (*wegen* en)

Anschuldigung *f* <-, -en> acusación *f*, inculpación *f*

an|schwärzen ['anʃvɛrtsən] *vt* (*fam abw*) hablar mal (de, *bei* a), desacreditar (*bei* ante)

an|schweigen *irr vt* no hablar (a), no dirigir la palabra (a); **sie schweigen sich schon seit zwei Wochen an** desde hace dos semanas no se cruzan una palabra

an|schweißen *vt* (TECH) fijar [*o* juntar] mediante soldadura (*an* a)

an|schwellen *irr vi sein* **1.** (*Körperteil*) hincharse, afluxionarse *ZAm* **2.** (*Lärm*) crecer, aumentar

Anschwellung *f* <-, -en> **1.** (MED) hinchazón *f* **2.** (*Lärm*) crecimiento *m*, aumento *m* **3.** (*Fluss*) crecida *f*

an|schwemmen *vt* acarrear, arrastrar

Anschwemmung *f* <-, -en> depósito *m*

an|schwimmen *irr* **I.** *vi sein* **1.** (*sich nähern*) llegar a nado; **angeschwommen kommen** llegar a nado **2.** (*in Gegenrichtung schwimmen*): **gegen die Strömung ~** nadar contra la corriente **II.** *vt haben* alcanzar a nado; **komm, wir schwimmen die Sandbank an!** ¡venga, vamos a nadar hasta aquel banco de arena!

an|schwindeln *vt* (*fam*) engañar; **jdn ~** pegársela a alguien

an|segeln **I.** *vi sein:* **da kommt ein Schiff angesegelt!** ¡un barco se dirige hacia aquí! **II.** *vt haben:* **bei dem Sturm sollten wir lieber den nächsten Hafen ~!** ¡con esta tormenta más vale que pongamos rumbo al primer puerto!; **in wenigen Tagen werden wir Athen ~** en pocos días arribaremos a Atenas

an|sehen *irr vt* **1.** (*betrachten*) mirar, contemplar; (*prüfend*) examinar; (*Film*) (ir a) ver; (*besichtigen*) visitar; **ich kann das nicht länger mit ~** no puedo soportarlo más [*o* aguantarlo más]; **den Film solltest du dir ~** deberías ver esta película **2.** (*erachten*) considerar; **ich sehe es als meine Pflicht an ...** lo considero mi deber... **3.** (*anmerken*) notar; **man sieht ihm gleich an, wie intelligent/nervös er ist** se le ve [*o* nota] a la primera lo inteligente que es/lo nervioso que está; **man sieht dir dein Alter nicht an** no aparentas la edad que tienes

Ansehen *nt* <-s, *ohne pl*> **1.** (*Anschein*) apariencia *f*; **dem ~ nach zu urteilen** a juzgar por las apariencias **2.** (*Achtung*) reputación *f*, estima *f*; **großes ~ genießen** gozar de buena reputación; **an ~ verlieren** desprestigiarse, caer en descrédito; **Ansehensverlust** *m* <-(e)s, -e> pérdida *f* de reputación

ansehnlich ['anze:nlɪç] *adj* **1.** (*beträchtlich*) considerable, respetable **2.** (*gut aussehend*) vistoso, de buena presencia

an|seilen *vt* encordar

an|sein *irr vi s.* **an III.3.**

an|sengen ['anzɛŋən] *vt* chamuscar; **hier riecht es angesengt** aquí huele a chamusquina

an|setzen **I.** *vi* **1.** (*beginnen*) comenzar (*zu* a); **die Maschine setzt zur Landung an** el avión inicia el aterrizaje **2.** (*anbrennen*) pegarse **II.** *vt* **1.** (*in Position bringen*) poner, colocar **2.** (*Werkzeug*) aplicar **3.** (*Glas*) llevarse a los labios **4.** (*Blasinstrument*) embocar **5.** (*bilden*) echar; **Blätter ~** echar hojas; **Rost ~** oxidarse; **Schimmel ~** enmohecerse; **Fett ~** (*fam*) echar carnes **6.** (*vorbereiten*) preparar **7.** (*Termin*) fijar (*für* para), señalar (*für* para) **8.** (*Kosten*) fijar, calcular **9.** (*auf eine Spur*) poner bajo la pista (*auf* de)

Ansicht *f* <-, -en> **1.** (*Meinung*) opinión *f* (*über* sobre), parecer *m*; **sie vertritt/teilt die ~, dass ...** sostiene/comparte la opinión de que...; **meiner ~ nach** a mi modo de ver, en mi opinión; **anderer ~ sein** ser de otra opinión; **ich bin ganz ihrer ~** soy de su misma opinión **2.** (*Abbildung*) vista *f* **3.** (*Blick*) vista *f*, perspectiva *f*; **die ~ von oben** la vista desde arriba; **zur ~** como muestra

ansichtig *adj:* **jds/etw ~ werden** (*geh*) llegar a ver a alguien/algo, divisar a alguien/algo

Ansichts(post)karte *f* <-, -n> (tarjeta *f*) postal *f*; **Ansichtssache** *f* <-, -n> cuestión *f* de pareceres [*o* de opiniones]; **Ansichtssendung** *f* <-, -en> envío *m* de muestra

an|siedeln **I.** *vt* **1.** (*Menschen*) asentar **2.** (*Tierart*) introducir **II.** *vr:* **sich ~** establecerse, asentarse

Ansiedelung *f* <-, -en> asentamiento *m*

Ansiedler(in) *m(f)* <-s, -; -, -nen> colono

m, poblador(a) *m(f)*
Ansiedlung *f* <-, -en> asentamiento *m*
Ansinnen ['anzɪnən] *nt* <-s, -> (*geh*) pretensión *f*
Ansitz *m* <-es, -e> (*Jagd*) candelecho *m,* bienteveo *m*
ansonsten [an'zɔnstən] *adv* **1.** (*im Übrigen*) por lo demás **2.** (*andernfalls*) en caso contrario; (*wenn nicht*) si no
an|spannen *vt* **1.** (*Pferde*) enganchar; **den Wagen ~** enganchar los caballos al carro **2.** (*Seil*) tensar **3.** (*Muskeln*) contraer
Anspannung[1] *f* <-, *ohne pl*> (*das Anspannen/Angespanntsein*) tensión *f*
Anspannung[2] *f* <-, -en> (*Anstrengung*) esfuerzo *m*
Anspiel *nt* <-(e)s, -e> (SPORT: *beim Fußball*) saque *m;* (*bei Spielen*) apertura *f* del juego
an|spielen I. *vi* (*hinweisen*) aludir (*auf* a), referirse (*auf* a); **spielst du damit auf mich an?** ¿con eso te refieres a mí? **II.** *vt* **1.** (SPORT) pasar la pelota (a) **2.** (MUS: *Instrument*) probar; (*Melodie*) empezar a tocar
Anspielung *f* <-, -en> alusión *f* (*auf* a), insinuación *f* (*auf* sobre); **eine ~ auf etw/jdn machen** hacer alusión a algo/alguien
an|spitzen *vt* aguzar, afilar; **den Bleistift ~** sacar punta al lápiz
Anspitzer *m* <-s, -> sacapuntas *m inv,* afilalápices *m inv*
Ansporn ['anʃpɔrn] *m* <-(e)s, *ohne pl*> estímulo *m,* acicate *m;* **etw ist ein ~ für jdn** algo sirve de estímulo a alguien
an|spornen *vt* **1.** (*anfeuern*) estimular (*zu* a), incitar (*zu* a) **2.** (*Pferd*) espolear, picar
Ansprache *f* <-, -n> discurso *m* (*an* a/ante); (*kurz*) alocución *f* (*an* a/ante); (*feierlich*) arenga *f* (*an* a/ante); (REL) plática *f* (*an* a/ante)
ansprechbar *adj* (*Kranker*) capaz de reaccionar; **nicht ~ sein** (*fam*) estar de mal humor
an|sprechen *irr* **I.** *vi* (MED) reaccionar (*auf* a) **II.** *vt* **1.** (*erwähnen*) mencionar; (*Thema*) abordar **2.** (*eine Gruppe*) dirigirse (a), dirigir la palabra (a); **jdn ~** hablar a alguien **3.** (*gefallen*) gustar (a); (*anrühren*) llegar (a); **die Rede hat mich angesprochen** el discurso me ha gustado/llegado
ansprechend *adj* agradable, grato; (*Person*) atractivo, simpático
Ansprechpartner(in) *m(f)* <-s, -; -, -nen> persona *f* a contactar, contacto *m*
an|springen *irr* **I.** *vi sein* **1.** (*Motor*) arrancar **2.** (*fam: reagieren*) aceptar; **sie sprang auf den Vorschlag an** aceptó la propuesta **II.** *vt* (*anfallen*) embestir
an|spritzen I. *vt* (*besprühen*) rociar; (*nass machen*) salpicar; (*gießen*) regar; (*beschmutzen*) salpicar; (*fam: lackieren*) pintar (con pistola) **II.** *vi sein:* **angespritzt kommen** llegar disparado
Anspruch *m* <-(e)s, -sprüche> **1.** (*Anrecht*) derecho *m* (*auf* a); (*Forderung*) pretensión *f* (*auf* sobre); **einen ~ abtreten/anerkennen** ceder/reconocer un derecho; **einen ~ anmelden/durchsetzen** pronunciar/conseguir un derecho **2.** (*Anforderung*) exigencia *f* (*auf* de); **hohe Ansprüche an jdn stellen** ser muy exigente con alguien, exigir mucho de alguien; **den Ansprüchen gerecht werden** satisfacer las exigencias; **etw in ~ nehmen** hacer uso de algo, valerse de algo; **das nimmt sehr viel Zeit in ~** eso exige mucho tiempo; **er ist sehr in ~ genommen** está muy ocupado; **anspruchsberechtigt** *adj* (JUR) con derecho a reivindicación; **Anspruchsberechtigte(r)** *mf* <-n, -n; -n, -n> (JUR) beneficiario, -a *m, f;* **Anspruchsdenken** *nt* <-s, *ohne pl*> *actitud basada en la exigencia de demandas sociales* (*exageradas*) *al Estado;* **anspruchslos** *adj* poco exigente, sin pretensiones; (*bescheiden*) sencillo, modesto; (*belanglos*) intra(n)scendente; **~ leben** llevar una vida sencilla; **Anspruchslosigkeit** *f* <-, *ohne pl*> **1.** (*anspruchsloses Wesen*) modestia *f,* sencillez *f* **2.** (*Trivialität*) trivialidad *f;* (*Belanglosigkeit*) intra(n)scendencia *f;* **anspruchsvoll** *adj* exigente, con muchas [*o* de grandes] pretensiones
an|spucken *vt* escupir (a)
an|spülen *vt* (*an den Strand spülen*) arrojar sobre la playa; (*an das Ufer spülen*) arrojar a la orilla
an|stacheln ['anʃtaxəln] *vt* incitar (*zu* a), pinchar (*zu* a) *fam*
Anstalt ['anʃtalt] *f* <-, -en> **1.** (*Einrichtung*) establecimiento *m,* institución *f;* **~ öffentlichen Rechts** (JUR) institución pública **2.** (*fam: Psychiatrie*) centro *m* (p)siquiátrico **3.** *pl* (*Vorbereitungen*) preparativos *mpl;* **er machte keine ~en zu gehen** no dio muestras [*o* señales] de irse; **~en zu etw treffen** hacer preparativos para algo; **Anstaltsarzt, -ärztin** *m, f* <-(e)s, -ärzte; -, -nen> médico, -a *m, f* de un establecimiento [*o* de una institución] oficial (*que trata enfermedades mentales, drogodependencias, etc.*); **Anstaltsgeistliche(r)** *mf* <-n, -n; -n, -n> (REL) capellán *m* de una institución [*o* de un establecimiento] oficial (*como p. ej. la cárcel, etc.*); **Anstaltskleidung** *f* <-, -en> **1.** (*Klinikkleidung*) uniforme *m* de un centro sanitario oficial **2.** (*Gefängniskleidung*) uniforme *m* penitenciario
Anstand *m* <-(e)s, *ohne pl*> decencia *f,* buenos modales *mpl*
anständig ['anʃtɛndɪç] **I.** *adj* **1.** (*sittsam*) decente; (*ehrlich*) honrado, honesto; (*einwandfrei*) correcto **2.** (*fam: zufrieden stellend*) aceptable; **das sieht ganz ~ aus** esto tiene un aspecto bastante aceptable; **sie wird ~ bezahlt** le pagan bien **3.** (*fam: ziemlich*) considerable; **eine ~e Tracht Prügel bekommen** llevarse una buena paliza **II.** *adv* **1.** (*korrekt*) como corresponde, como es debido; **er hat ~ gehandelt** obró como es debido **2.** (*fam:*

ziemlich) bastante; ~ **draufzahlen müssen** tener que pagar bastante más

anständigerweise *adv* decentemente; **sie hat ~ geschwiegen** ha callado por decencia

Anständigkeit *f* <-, *ohne pl*> decencia *f*, decoro *m*

Anstandsbesuch *m* <-(e)s, -e> visita *f* de cortesía

Anstandsdame *f* <-, -n> dama *f* de compañía; **du bist doch nicht meine ~** no tienes que acompañarme a todas partes

anstandshalber *adv* por decencia, por decoro; ~ **müsste ich sie besuchen** sería conveniente que la visitara

anstandslos *adv* sin más, sin objeción alguna

Anstandswauwau *m* <-s, -s> (*fam*) carabina *f*; **den ~ spielen** hacer de carabina

an|starren *vt* mirar fijamente, clavar los ojos (en)

anstatt [an'ʃtat] **I.** *präp +gen* en vez de, en lugar de **II.** *konj:* ~ **etw zu tun** en vez de [*o* en lugar de] hacer algo; ~ **dir etwas zu schenken, lade ich dich ins Theater ein** en vez de regalarte algo, te invito al teatro; **ich fuhr nach München ~ nach Berlin** fui a Munich en lugar de ir a Berlín

an|stauben *vi sein* cubrirse un poco de polvo; **angestaubt sein** tener un poco de polvo

an|stauen *vr:* **sich ~** estancarse, acumularse

an|staunen *vt* mirar con la boca abierta, contemplar embobado; **mit großen Augen staunten die Kinder den Weihnachtsbaum an** los niños miraban embobados el árbol de Navidad

an|stechen *irr vt* pinchar; (*Fass*) espitar

an|stecken **I.** *vt* **1.** (*befestigen*) poner **2.** (*reg: anzünden*) pegar [*o* prender] fuego (a); (*Zigarette, Pfeife*) encender **3.** (*infizieren, a. fig*): **jdn mit etw ~** contagiarle algo a alguien **II.** *vr:* **sich ~** contagiarse, afectarse *Am*, apestarse *Am*; **ich habe mich bei ihr angesteckt** ella me ha contagiado

ansteckend *adj* contagioso

Anstecker *m* <-s, -> alfiler *m*; (*Button*) pin *m*

Anstecknadel *f* <-, -n> **1.** (*Schmuck*) aguja *f*, broche *m* **2.** (*Plakette*) distintivo *m*

Ansteckung *f* <-, -en> (MED) contagio *m*; **Ansteckungsgefahr** *f* <-, -en> peligro *m* de contagio

an|stehen *irr vi* **1.** (*Arbeit, Problem*) quedar por hacer; **~de Probleme** problemas pendientes **2.** (*Termin*) estar fijado **3.** (*Schlange stehen*) hacer cola; **er steht an um einen Orangensaft zu kaufen, er steht nach einem Orangensaft an** hace cola para comprar un zumo de naranja

an|steigen *irr vi sein* **1.** (*aufwärts führen*) subir; **steil ~d** empinado **2.** (*Preis, Temperatur*) subir, aumentar

anstelle [an'ʃtɛlə] *präp +gen* en lugar de

an|stellen **I.** *vt* **1.** (*Maschine*) poner en marcha **2.** (*Fernseher, Radio*) encender **3.** (*beschäftigen*) contratar; **er ist bei uns fest angestellt** está en plantilla **4.** (*anlehnen*) colocar (*an* contra) **5.** (*vornehmen*) efectuar, realizar; **Vermutungen ~** hacer conjeturas **6.** (*fam: fertig bringen*) arreglárselas (con); **ich weiß nicht, wie ich es ~ soll** no sé cómo arreglármelas **7.** (*fam: anrichten*) hacer; **was hast du da wieder angestellt?** ¿qué has hecho ahora? **II.** *vr:* **sich ~ 1.** (*fam: sich verhalten*) obrar; **sich dumm ~** hacer el tonto **2.** (*fam: sich zieren*) hacer melindres; **stell dich nicht so an!** ¡déjate de comedias! **3.** (*in einer Schlange*) ponerse a [*o* en] la cola; **sich ~ um etwas zu kaufen** hacer cola para comprar algo; **Sie müssen sich hinten ~** tiene que ponerse a(l final de) la cola

anstellig *adj* hábil, diestro

Anstellung *f* <-, -en> **1.** (*das Anstellen*) contratación *f* **2.** (*Stelle*) empleo *m*, puesto *m*; **eine feste ~** un empleo fijo; **seine erste ~ suchen** buscar su primer empleo; **Anstellungsvertrag** *m* <-(e)s, -träge> contrato *m* de trabajo

an|steuern *vt* **1.** (NAUT) poner rumbo (a), navegar (hacia) **2.** (*Ziel*) poner la mira (en)

Anstich *m* <-(e)s, -e> **1.** (*eines Fasses*) acción *f* de espitar **2.** (*erster Ausschank*) primer trago *m* (de un barril)

Anstieg[1] ['anʃti:k] *m* <-(e)s, -e> (*Aufstieg*) ascenso *m*, ascensión *f*

Anstieg[2] *m* <-(e)s, *ohne pl*> **1.** (*Steigung*) pendiente *f* **2.** (*Zunahme*) subida *f*, aumento *m*; **prozentualer ~** aumento porcentual

an|stieren *vt* (*abw*) clavar los ojos (en)

an|stiften *vt* **1.** (*Unheil*) causar, provocar **2.** (*Verschwörung*) tramar

Anstifter(in) *m(f)* <-s, -; -, -nen> (*Straftat*) inductor(a) *m(f)*; (*Verschwörung*) instigador(a) *m(f)*

Anstiftung *f* <-, -en> (JUR) instigación *f*, inducción *f*; **wegen ~ zum Mord** por inducción [*o* instigación] al asesinato

an|stimmen *vt* **1.** (*Lied*) entonar **2.** (*Geschrei*) romper (en), prorrumpir (en)

Anstoß *m* <-es, -stöße> **1.** (*Ruck*) empujón *m* **2.** (*Impuls*) iniciativa *f*, impulso *m* **3.** (SPORT) saque *m* **4.** (*Schweiz: Angrenzung*) frontera *f*, límite *m*; **mit ~ an ...** colindante con... **5.** (*geh: Ärgernis*) molestia *f*, disgusto *m*; ~ **erregen bei jdm** causar escándalo a alguien; **an etw ~ nehmen** escandalizarse por algo

an|stoßen *irr* **I.** *vi* **1.** *sein* (*gegenstoßen*) golpearse (*an* en/contra) **2.** (*mit den Gläsern*) brindar (*auf* por); **darauf lasst uns ~!** ¡brindemos por ello! **3.** (SPORT) sacar, hacer el saque inicial **II.** *vt* (*Stoß geben*) empujar

Anstößer(in) ['anʃtø:sɐ] *m(f)* <-s, -; -, -nen> (*Schweiz: Anwohner: eines Hauses*) vecino, -a *m, f*; (*eines Landes*) habitante *mf*

anstößig ['anʃtø:sɪç] *adj* indecente, escandaloso

Anstößigkeit[1] *f* <-, -en> **1.** (*Bemerkung,*

Witz) indecencia *f* **2.** (*Filmszene*) obscenidad *f*
Anstößigkeit² *f* <-, *ohne pl*> (*Anstößigsein*) indecencia *f*, obscenidad *f*
an|strahlen *vt* **1.** (*anleuchten*) iluminar, alumbrar; (FILM, THEAT) enfocar **2.** (*strahlend ansehen*) mirar con ojos radiantes
an|streben *vt* pretender, aspirar (a)
an|streichen *irr vt* **1.** (*mit Farbe*) pintar; **etw gelb ~** pintar algo de amarillo **2.** (*Fehler*) señalar
Anstreicher(in) *m(f)* <-s, -; -, -nen> pintor(a) *m(f)*; (*abw: Maler*) pintor(a) *m(f)* de brocha gorda
an|strengen ['anʃtrɛŋən] **I.** *vi* (*ermüden*) cansar, fatigar **II.** *vt* **1.** (*Verstand*) aguzar; (*Gehör*) afinar, agudizar **2.** (JUR: *Verfahren*) poner, presentar; **eine Klage ~** proceder (judicialmente) **III.** *vr:* **sich ~** (*sich bemühen*) esforzarse, esmerarse
anstrengend *adj* (*körperlich*) duro, agotador, cansador *Arg;* (*geistig*) laborioso, trabajoso
Anstrengung *f* <-, -en> esfuerzo *m;* **große ~en machen/unternehmen** hacer/realizar un gran esfuerzo
Anstrich¹ *m* <-(e)s, -e> (*Farbe*) pintura *f*
Anstrich² *m* <-(e)s, *ohne pl*> **1.** (*das Anstreichen*) pintura *f* **2.** (*Anschein*) aire(s) *m(pl)*, toque *m*
Ansturm *m* <-(e)s, -stürme> **1.** (*Angriff*) asalto *m* (*auf* a) **2.** (*Andrang*) concurrencia *f;* (*von Kunden*) afluencia *f;* (*Nachfrage*) demanda *f* (*auf/nach* de)
an|stürmen *vi sein* **1.** (*herbeirennen*) llegar corriendo **2.** (*angreifen*) asaltar (*gegen*), asaltar (*gegen* contra) **3.** (*Wellen*) embestir (*gegen* contra)
an|suchen *vi* (*Österr: alt: förmlich erbitten*) solicitar, demandar; **um eine Audienz ~** pedir [*o* solicitar] audiencia (*bei* ante)
Ansuchen *nt* <-s, -> solicitud *f*, petición *f;* **einem ~ nachkommen** conceder una petición; **auf jds ~ (hin)** por ruego de alguien
Antagonist(in) [antago'nɪst] *m(f)* <-en, -en; -, -nen> antagonista *mf*
an|tanzen *vi sein* (*fam*) presentarse, aparecer
Antarktis [ant'arktɪs] *f* Antártida *f*
antarktisch *adj* antártico
an|tasten *vt* **1.** (*Ehre*) ofender; (*Rechte*) usurpar **2.** (*Geld*) empezar a gastar
an|tauen *vi sein* (*Schnee*) empezar a derretirse [*o* a fundirse]
Antazidum *nt* <-s, Antazida> (MED) antiácido *m*
Anteil¹ *m* <-(e)s, -e> **1.** (*Teil*) parte *f* (*an/von* de) **2.** (*Beteiligung*) participación *f;* **einen ~ an etw haben** tener participación [*o* parte] en algo
Anteil² *m* <-(e)s, *ohne pl*> **1.** (*Interesse*) interés *m* (*an* por) **2.** (*Mitgefühl*) compasión *f* (*an* por); **an etw ~ nehmen** compartir algo
anteilig ['antaɪlɪç] *adj* proporcional
anteilmäßig *adj* (*formal*) proporcional
Anteilnahme ['antaɪlna:mə] *f* <-, *ohne pl*> **1.** (*Beteiligung*) participación *f* (*an* en) **2.** (*Mitgefühl*) interés *m* (*an* por) **3.** (*Beileid*) pésame *m*
Anteilpapier *nt* <-s, -e> (JUR, WIRTSCH) título *m* de participación; **Anteilschein** *m* <-(e)s, -e> (JUR, WIRTCH) certificado *m* de participación, título *m* de participación
Anteilseigner(in) *m(f)* <-s, -; -, -nen> (JUR, WIRTSCH) titular *mf* de participaciones
an|telefonieren* *vt* (*fam*) dar un telefonazo, hacer una llamadita
Antenne [an'tɛnə] *f* <-, -n> (TEL, ZOOL) antena *f*
Anthologie [antolo'gi:] *f* <-, -n> (LIT) antología *f*
Anthrakose [antra'ko:zə] *f* <-, -n> (MED) antracosis *f inv*
Anthrazit [antra'tsi:t] *m* <-s, -e> antracita *f*
anthrazitfarben *adj*, **anthrazitfarbig** *adj* (de color) antracita
anthropogen *adj* antropógeno
Anthropologe, -in [antropo'lo:gə] *m, f* <-n, -n; -, -nen> antropólogo, -a *m, f*
Anthropologie [antropolo'gi:] *f* <-, *ohne pl*> antropología *f*
Anthropologin *f* <-, -nen> *s.* **Anthropologe**
anthropologisch [antropo'lo:gɪʃ] *adj* antropológico
Anthroposoph(in) [antropo'zo:f] *m(f)* <-en, -en; -, -nen> antropósofo, -a *m, f*
Anthroposophie [antropozo'fi:] *f* <-, *ohne pl*> antroposofía *f*
Anthroposophin *f* <-, -nen> *s.* **Anthroposoph**
anthroposophisch *adj* antroposófico
Antiadipositum *nt* <-s, -adiposita> (MED) antiadiposis *f inv*, antiobesidad *f*
Antialkoholiker(in) [antiʔalko'ho:likɐ] *m(f)* <-s, -; -, -nen> antialcohólico, -a *m, f*, abstemio, -a *m, f*
antialkoholisch *adj* antialcohólico
antiamerikanisch *adj* antiamericano
Antiasthmatikum *nt* <-s, -asthmatika> (MED) antiasmático *m*
antiautoritär *adj* antiautoritario; **~e Erziehung** educación antiautoritaria
Antibabypille *f* <-, -n> píldora *f* anticonceptiva
antibakteriell *adj* antibacterial
Antibiotikum [antibi'o:tikʊm] *nt* <-s, Antibiotika> (MED) antibiótico *m*
Antiblockiersystem *nt* <-s, -e> (AUTO) sistema *m* antibloqueo de frenos, frenos *mpl* antibloqueo [*o* ABS]
Antichrist ['---] *m* <-s, *ohne pl*> anticristo *m*
antichristlich *adj* anticristiano
Antidepressivum [antideprɛ'si:vʊm] *nt* <-s, -depressiva> (MED) antidepresivo *m*
Antidiabetikum *nt* <-s, -diabetika> (MED) antidiabético *m*

Antidiuretikum *nt* <-s, -diuretika> (MED) antidiurético *m*
Antidumpingzoll [--'---] *m* <-(e)s, -zölle> (COM) derechos *mpl* antidumping
Antiepileptikum *nt* <-s, -epileptika> (MED) antiepiléptico *m*
Antifaltencreme [--'---] *f* <-, -s> crema *f* antiarrugas
Antifaschismus [---'--, '-----] *m* <-, *ohne pl*> antifascismo *m*
Antifaschist(in) *m(f)* <-en, -en; -, -nen> antifascista *mf*
antifaschistisch *adj* antifascista
Antigen ['antige:n] *nt* <-s, -e> (MED) antígeno *m*
antihaftbeschichtet *adj* (con recubrimiento) antiadherente
Antihistaminikum *nt* <-s, -histaminika> (MED) antihistamínico *m*
antik [an'ti:k] *adj* antiguo
Antikatalysator ['-------] *m* <-s, -en> anticatalizador *m*
Antike [an'ti:kə] *f* <-, *ohne pl*> Antigüedad *f*; **die römische/griechische** ~ la Antigüedad romana/griega
antiklerikal [----'-, '-----] *adj* anticlerical
Antiklopfmittel ['--'---] *nt* <-s, -> (AUTO, CHEM) antidetonante *m*; **Antikommunismus** *m* <-, *ohne pl*> anticomunismo *m*; **Antikommunist(in)** *m(f)* <-en, -en; -, -nen> anticomunista *mf*; **antikommunistisch** ['------] *adj* anticomunista
Antikörper ['----] *m* <-s, -> (MED) anticuerpo *m*; **Antikörperbestimmung** *f* <-, -en> (MED) determinación *f* de anticuerpos
Antillen [an'tɪlən] *pl* Antillas *fpl*
Antilope [anti'lo:pə] *f* <-, -n> antílope *m*
Antimon [anti'mo:n] *nt* <-s, *ohne pl*> (CHEM) antimonio *m*
Antimykotikum *nt* <-s, -mykotika> (MED) antimicótico *m*
Antioxidans *nt* <-, -oxidantien> (MED) antioxidante *m*
Antioxydationsmittel [-----'---] *nt* <-s, -> (CHEM) agente *m* antioxidante
Antipathie [antipa'ti:] *f* <-, -n> (*geh*) antipatía *f*
Antipode [anti'po:də] *m* <-n, -n> (*a.* GEO) antípoda *m*
an|tippen *vt* **1.** (*Person*) tocar **2.** (*Thema*) tocar, abordar
Antiqua [an'ti:kva] *f* <-, *ohne pl*> (TYPO) letra *f* romana, letra *f* antigua
Antiquar(in) [anti'kva:ɐ, *pl:* anti'kva:rə] *m(f)* <-s, -e; -, -nen> librero, -a *m, f* de libros antiguos [*o* de ocasión]
Antiquariat [antikvari'a:t] *nt* <-(e)s, -e> librería *f* de viejo; **modernes** ~ librería de ocasión
Antiquarin *f* <-, -nen> *s.* **Antiquar**
antiquarisch *adj* (*Druckwerke*) de segunda mano, usado; **etw** ~ **erwerben** comprar algo de segunda mano
antiquiert *adj* (*abw*) anticuado, pasado de moda
Antiquität *f* <-, -en> antigüedad *f*; **Antiquitätengeschäft** *nt* <-(e)s, -e> tienda *f* de antigüedades; **Antiquitätenhandel** *m* <-s, *ohne pl*> comercio *m* de antigüedades; **Antiquitätenhändler(in)** *m(f)* <-s, -; -, -nen> anticuario, -a *m, f*, comerciante *mf* de antigüedades; **Antiquitätenschmuggel** *m* <-s, *ohne pl*> contrabando *m* de antigüedades
Anti(raketen)rakete *f* <-, -n> (MIL) misil *m* antimisil, cohete *m* anticohete
Antiraucherkampagne *f* <-, -n> campaña *f* antitabaco
Antirheumatikum *nt* <-s, -rheumatika> (MED) antirreumático *m*
Antisemit(in) *m(f)* <-en, -en; -, -nen> antisemita *mf*
antisemitisch *adj* antisemita
Antisemitismus [antizemi'tɪsmʊs] *m* <-, *ohne pl*> antisemitismo *m*
Antiseptikum [anti'zɛptikʊm] *nt* <-s, -septika> (MED) antiséptico *m*, desinfectante *m*
antiseptisch [anti'zɛptɪʃ] *adj* (MED) antiséptico, desinfectante
Antiserum [--'--] *nt* <-s, -sera *o* -seren> (MED) antisuero *m*
Antispastikum *nt* <-s, -spastika> (MED) antiespasmódico *m*
antistatisch [--'--] *adj* (PHYS) antiestático
Antiteilchen ['----] *nt* <-s, -> (PHYS) antipartícula *f*
Antiterroreinheit [--'----] *f* <-, -en> unidad *f* antiterrorista
Antithese ['----, --'--] *f* <-, -n> (PHILOS) antítesis *f inv*
Antitranspirant *nt* <-s, -e *o* -s> antitranspirante *m*
Antivirenprogramm [anti'vi:rən-] *nt* <-(e)s, -e> (INFOR) programa *m* antivirus
antizipieren* [antitsi'pi:rən] *vt* (*geh*) anticipar
antizyklisch [anti'tsy:klɪʃ] *adj* anticíclico
antizyklonal [antitsyklo'na:l] *adj* (METEO) anticiclónico
Antizyklone [antitsy'klo:nə] *f* <-, -n> (METEO) anticiclón *m*
Antlitz ['antlɪts] *nt* <-es, -e> (*geh*) rostro *m*, semblante *m*
an|tönen *vt* (*Österr, Schweiz: andeuten*) aludir (a), hacer alusión (a)
an|törnen ['antœrnən] *vt* (*sl*) dar marcha (a), enrollar; **die Musik törnt mich an** la música me da marcha
Antrag ['antra:k, *pl:* 'antrɛ:gə] *m* <-(e)s, -träge> **1.** (*an eine Behörde*) solicitud *f* (*auf* de), petición *f* (*auf* de); **erneuter** ~ solicitud reiterada; **auf** ~ a solicitud; **einen** ~ **einbringen/stellen** entregar/presentar una solicitud; **einen** ~ **bearbeiten** tramitar una solicitud; **einen** ~ **auf etw stellen** presentar una

solicitud de algo, solicitar algo **2.** (ADMIN, JUR) solicitud *f* (*auf* de), instancia *f* (*auf* de); ~ **abgelehnt/stattgegeben** solicitud rechazada/concedida **3.** (*Formular*) (formulario *m* de) solicitud *f* **4.** (POL) moción *f* (*auf* de) **5.** (*Heirats~*) propuesta *f* de matrimonio

an|tragen *irr vt* **1.** (*geh*) ofrecer **2.** (*beantragen*) solicitar; **ihnen wurde angetragen die Verhandlungen wieder aufzunehmen** se les solicitó que retomaran las negociaciones

Antragsformular *nt* <-s, -e> (formulario *m* de) solicitud *f,* instancia *f* de solicitud; (*Vordruck*) (modelo *m* de) instancia *f*

Antragsteller(in) *m(f)* <-s, -; -, -nen> solicitante *mf;* (POL) autor(a) *m(f)* de una moción

Antragstellung *f* <-, -en> presentación *f* de una solicitud [*o* de una instancia]; **die Frist für die ~ läuft heute ab** el plazo de presentación finaliza hoy

an|trauen *vt* (*alt*) desposar; **jdm angetraut werden** desposarse con alguien; **ihr angetrauter Ehemann** su legítimo esposo

an|treffen *irr vt* encontrar(se), localizar

an|treiben *irr* **I.** *vi sein* (*anschwimmen*) llegar flotando **II.** *vt* **1.** (TECH: *vorwärts treiben*) impulsar, propulsar **2.** (*anschwemmen*) arrojar, acarrear **3.** (*veranlassen*) incitar (*zu* a), impulsar (*zu* a), julepear *Kol;* **sie trieb ihn zur Eile an** le metió prisa

Antreiber(in) *m(f)* <-s, -; -, -nen> (*abw*) meteprisas *mf inv;* (*Tyrann*) negrero, -a *m, f*

an|treten *irr* **I.** *vi sein* **1.** (MIL) formarse; **sie sind in Zweierreihen angetreten** han formado filas de a dos; **zum Dienst ~** empezar el servicio **2.** (SPORT) enfrentarse (*gegen* a/con) **II.** *vt* **1.** (*Reise*) emprender **2.** (*Strafe*) (empezar a) cumplir **3.** (*Erbe*) recibir, tomar posesión (de) **4.** (*Motorrad*) arrancar, poner en marcha (con el pedal) **5.** (*Stelle*) incorporarse (a) **6.** (*Amt*) asumir, tomar posesión (de)

Antrieb *m* <-(e)s, -e> **1.** (TECH) tracción *f,* propulsión *f* **2.** (*Impuls*) estímulo *m,* acicate *m;* **aus eigenem ~** por iniciativa propia; **Antriebsachse** *f* <-, -n> (TECH) eje *m* inductor [*o* de accionamiento]; **Antriebsaggregat** *nt* <-(e)s, -e> (TECH) grupo *m* propulsor [*o* motriz]; **Antriebskraft** *f* <-, -kräfte> (TECH) fuerza *f* motriz; (*fig*) motor *m;* **Antriebsschwäche** *f* <-, -n> falta *f* de iniciativa [*o* de empuje]; **Antriebswelle** *f* <-, -n> (TECH) árbol *m* de accionamiento

an|trinken *irr vt* **1.** (*nippen*) tomar, beber un sorbito (de) **2.** (*Wend*): **sich** *dat* **etw ~** (*fam*) coger [*o* adquirir] algo (por medio de la bebida); **sich** *dat* **Mut ~** coger valor bebiendo; **er hat sich gestern einen (Rausch) angetrunken** (*fam*) ayer (se) pilló una borrachera

Antritt *m* <-(e)s, *ohne pl*> **1.** (*Beginn*) comienzo *m;* **vor ~ der Fahrt** antes de emprender el viaje **2.** (*eines Amtes*) toma *f* de posesión; (*einer Erbschaft*) adición *f;* (*der Regierung*) acceso *m* al poder; (*einer Stellung*) comienzo *m* **3.** (SPORT) esfuerzo *m* final, sprint *m* final; **Antrittsbesuch** *m* <-(e)s, -e> visita *f* de cumplido; **Antrittsrede** *f* <-, -n> discurso *m* inaugural; **Antrittsvorlesung** *f* <-, -en> (UNIV) discurso *m* inaugural de un catedrático

an|trocknen *vi sein* pegarse (*an* a), quedarse pegado (*an* a)

an|tun *irr* **I.** *vt* (*zufügen*): **jdm etw ~** hacer(le) algo a alguien; **tu mir das nicht an!** (*fam*) ¡no me hagas eso!; **das werde ich mir nicht ~** no pienso pasar por eso; **tu dir keinen Zwang an!** ¡hazlo como quieras!; **sich** *dat* **etwas ~** atentar contra la propia vida **II.** *vi* (*Sympathie erregen*) encantar; **diese Gegend hat es ihm angetan** esta región le ha encantado

an|turnen ['antœrnən] *vt* (*sl*) *s.* **antörnen**

Antwerpen [ant'vɛrpən] *nt* <-s> Amberes *m*

Antwort ['antvɔrt] *f* <-, -en> respuesta *f* (*auf* a), contestación *f* (*auf* a); **ausweichende ~** evasiva *f;* **keine ~ bekommen** no recibir respuesta; **jdm Rede und ~ stehen** rendir cuentas a alguien; **als ~ auf etw** como respuesta a algo; **um ~ wird gebeten** se agradecerá respuesta; **keine ~ ist auch eine ~** quien calla otorga; **Antwortbrief** *m* <-(e)s, -e> (carta *f* de) respuesta *f,* contestación *f*

antworten ['antvɔrtən] **I.** *vt, vi* (*erwidern*) contestar (*auf* a), responder (*auf* a); **jdm auf einen Brief ~** contestar la carta de alguien **II.** *vi* (*reagieren*) responder (*mit* con, *auf* a)

Antwortkarte *f* <-, -n> tarjeta *f* de respuesta; **frankierte [*o* freigemachte] ~** tarjeta de respuesta franqueada; **Antwortschein** *m* <-(e)s, -e> cupón-respuesta *m;* **internationaler ~** cupón-respuesta internacional; **Antwortschreiben** *nt* <-s, -> (escrito *m* de) respuesta *f,* (escrito *m* de) contestación *f*

an|vertrauen* **I.** *vt* **1.** (*überlassen*) confiar, encomendar **2.** (*vertraulich erzählen*) confiar, revelar **II.** *vr:* **sich ~** (*sich offenbaren*) confiarse

an|visieren* ['anviziːrən] *vt* **1.** (*anstreben*) pretender, poner la mira (en) **2.** (MIL) visar

an|wachsen *irr vi sein* **1.** (*Wurzeln schlagen*) echar raíces **2.** (MED: *Knochen*) crecer, desarrollarse; (*Haut*) adherirse **3.** (*zunehmen*) crecer, aumentar

Anwachsen *nt* <-s, *ohne pl*> **1.** (*einer Pflanze*) arraigo *m,* prendimiento *m;* **der Gärtner garantiert das problemlose ~ des gekauften Baumes** el horticultor garantiza que el árbol adquirido arraigará sin problemas **2.** (*von Körpergewebe*) prendimiento *m;* **das ~ des Transplantats war noch nicht sicher** no era seguro que prendiera el transplante **3.** (*Zunahme*) aumento *m,* incremento *m;* **im ~ (begriffen) sein** ir en aumento, incrementarse

an|wählen *vt* (TEL: *eine Nummer*) marcar; **jdn ~** llamar por teléfono [*o* marcar] a alguien

A

Anwalt ['anvalt, *pl:* 'anvɛltə] *m,* **Anwältin** *f* <-(e)s, -wälte; -, -nen> **1.** (JUR) abogado, -a *m, f;* **sich** *dat* **einen ~ nehmen** recurrir a un abogado **2.** (*Fürsprecher*) abogado, -a *m, f,* defensor(a) *m(f);* **Anwaltsassistent(in)** *m(f)* <-en, -en; -, -nen> asistente *mf* de abogado; **Anwaltsberuf** *m* <-(e)s, *ohne pl*> abogacía *f,* profesión *f* de abogado; **Anwaltsbüro** *nt* <-s, -s> bufete *m*

Anwaltschaft[1] *f* <-, *ohne pl*> (JUR: *Vertretung eines Klienten*) defensa *f*

Anwaltschaft[2] *f* <-, -en> (JUR: *Gesamtheit der Anwälte*) abogacía *f*

Anwaltsgebühr *f* <-, -en> honorarios *mpl* de abogado; **Anwaltshonorar** *nt* <-s, -e> honorarios *mpl* de abogado; **Anwaltskammer** *f* <-, -n> colegio *m* de abogados; **Anwaltskanzlei** *f* <-, -en> bufete *m;* **Anwaltskosten** *pl* honorarios *mpl* de abogado; **Anwaltspraxis** *f* <-, -praxen> (JUR) bufete *m* de abogado, despacho *m* de abogado; **Anwaltsstand** *m* <-(e)s, *ohne pl*> abogacía *f;* **Anwaltsverzeichnis** *nt* <-ses, -se> registro *m* de abogados; **Anwaltszulassung** *f* <-, -en> habilitación *f*

an|wandeln *vt* (*geh*) acometer, sobrevenir; **es ist bekannt, dass Schwangere manchmal seltsame Gelüste ~** es sabido que a las embarazadas les sobrevienen a veces extraños antojos

Anwandlung *f* <-, -en> capricho *m;* (*von Furcht*) arrebato *m*

an|wärmen *vt* calentar

Anwärter(in) *m(f)* <-s, -; -, -nen> candidato, -a *m, f* (*auf* a); (*Verehrer*) pretendiente *mf*

Anwartschaft *f* <-, -en> expectativa *f* (*auf* de); **Anwartschaftsrecht** *nt* <-(e)s, -e> (JUR) derecho *m* expectante; **bedingtes/unentziehbares ~** expectativa condicional/no alienable

an|weisen *irr vt* **1.** (*anleiten*) instruir **2.** (FIN) girar; **einen Betrag zur Zahlung ~** girar una suma en pago **3.** (*zuweisen*) señalar, indicar **4.** (*beauftragen*) encargar; **er ist angewiesen uns sofort zu verständigen** está encargado de avisarnos en seguida

Anweisung *f* <-, -en> **1.** (*Befehl*) orden *f,* instrucción *f;* **auf jds ausdrückliche ~** por orden expresa de alguien **2.** (*Gebrauchs~*) instrucciones *fpl* de uso, indicaciones *fpl* de uso **3.** (FIN) giro *m,* tra(n)sferencia *f*

anwendbar *adj* aplicable (*auf* a); **die Methode ist darauf nicht ~** el método no es aplicable a este caso

Anwendbarkeit *f* <-, -en> aplicabilidad *f* (*auf* a)

an|wenden *irr vt* **1.** (*Technik, Heilmittel*) aplicar, implementar *Am;* **angewandte Mathematik** matemáticas aplicadas **2.** (*List, Gewalt*) recurrir (a)

Anwender(in) *m(f)* <-s, -; -, -nen> usuario, -a *m, f;* **Anwenderberatung** *f* <-, -en> asesoramiento *m* al usuario; **anwenderfreundlich** *adj* fácil para el usuario; (INFOR) amigable; **Anwendernutzen** *m* <-s, *ohne pl*> utilidad *f* para el usuario; **anwenderorientiert** *adj* adaptado a las necesidades del usuario; **Anwenderprogramm** *nt* <-(e)s, -e> (INFOR) programa *m* del usuario; **anwenderprogrammierbar** *adj* (INFOR) programable por el usuario; **Anwendersoftware** *f* <-, -s> (INFOR) software *f* del usuario

Anwendung *f* <-, -en> **1.** (*das Anwenden*) uso *m,* aplicación *f;* **falsche ~** uso incorrecto; **zur ~ kommen** aplicarse **2.** (MED) aplicación *f;* **Anwendungsbereich** *m* <-(e)s, -e> campo *m* de aplicación; **Anwendungsform** *f* <-, -en> modo *m* de aplicación; **Anwendungsgebiet** *nt* <-(e)s, -e> campo *m* de aplicación, ámbito *m* de aplicación; **Anwendungsprotokoll** *nt* <-s, -e> (INFOR) protocolo *m* de aplicación; **Anwendungsvorschrift** *f* <-, -en> (instrucciones *fpl* sobre el) modo *m* de empleo, instrucciones *fpl* de uso

an|werben *irr vt* (*Soldaten*) alistar, reclutar; (*Arbeitskräfte*) contratar

Anwerben *nt* <-s, *ohne pl*>: **~ von Kunden** atracción *f* de clientes, captación *f* de compradores

Anwerbung *f* <-, -en>: **~ von Mitgliedern** promoción *f* para ganar nuevos miembros

an|werfen *irr vt* **1.** (*Gerät*) poner en marcha; (*einschalten*) encender **2.** (SPORT) sacar

Anwesen ['anveːzən] *nt* <-s, -> propiedad *f,* mansión *f*

anwesend *adj* presente, asistente; **~ sein** estar presente; **bei einer Sitzung ~ sein** asistir a una reunión

Anwesende(r) *mf* <-n, -n; -n, -n> presente *mf;* **die hier ~n** los aquí presentes

Anwesenheit *f* <-, *ohne pl*> **1.** (*von Personen*) presencia *f,* asistencia *f;* **in jds ~** en presencia de alguien; **die ~ feststellen** pasar lista **2.** (*Vorhandensein*) existencia *f;* **Anwesenheitsliste** *f* <-, -n> lista *f* de asistencia; **Anwesenheitspflicht** *f* <-, *ohne pl*> asistencia *f* obligatoria; **bei diesem Seminar herrscht ~** la asistencia a este seminario es obligatoria

an|widern ['anviːdɐn] *vt* (*abw*) dar asco (a)

an|winkeln *vt* doblar (en forma de ángulo)

Anwohner(in) *m(f)* <-s, -; -, -nen> vecino, -a *m, f;* **~ mit Parkausweis** vecino con cédula de aparcamiento; **Anwohnerparkplatz** *m* <-es, -plätze> aparcamiento *m* reservado para los vecinos de la zona

Anwurf[1] *m* <-(e)s, -würfe> (*Vorwurf*) injuria *f;* **einen ~ zurückweisen** rechazar una acusación; **diese Unterstellung ist ein beleidigender ~!** ¡tal imputación es una infamia!

Anwurf[2] *m* <-(e)s, *ohne pl*> (SPORT) saque *m;* **zum ~ pfeifen** pitar un saque

an|wurzeln *vi* (BOT) enraizar

Anzahl *f* <-, *ohne pl*> número *m,* cantidad *f;*

beschlussfähige ~ quórum *m*
an|zahlen *vt* **1.** (*Ware*) pagar el primer plazo (de) **2.** (*Betrag*) dar como señal, dar como depósito
Anzahlung *f* <-, -en> **1.** (*Rate*) primer plazo *m*, cuota *f* inicial **2.** (*Teilbetrag*) señal *f*, depósito *m*
an|zapfen *vt* **1.** (*Fass*) espitar **2.** (*fam: Leitung*) interceptar
Anzeichen *nt* <-s, -> signo *m*, señal *f*; (MED) síntoma *m*; **alle ~ deuten darauf hin, dass ...** todos los indicios apuntan a que...
an|zeichnen *vt* dibujar (*an* en)
Anzeige ['antsaɪgə] *f* <-, -n> **1.** (*Inserat*) anuncio *m*, aviso *m Am*; (*bei Tod*) esquela *f*; **eine ~ aufgeben** poner un anuncio **2.** (JUR) denuncia *f*, denuncio *m And*; **~ erstatten** formular una denuncia **3.** (TECH) indicador *m*, indicación *f*; (SPORT) marcador *m* **4.** (INFOR) visualización *f*, despliegue *m*; **geteilte ~** (INFOR) pantalla dividida; **Anzeigeerstatter(in)** *m(f)* <-s, -; -, -nen> denunciante *mf*
an|zeigen *vt* **1.** (JUR) denunciar, quemar *ZAm* **2.** (*in einer Zeitung*) publicar (en un periódico) **3.** (*ankündigen*) indicar, señalar **4.** (INFOR) visualizar, indicar
Anzeigenannahme *f* <-, -n> despacho *m* de anuncios; **Anzeigenblatt** *nt* <-(e)s, -blätter> hoja *f* de anuncios; **Anzeigenkampagne** *f* <-, -n> (PUBL, WIRTSCH) campaña *f* por medio de anuncios; **Anzeigenleiter(in)** *m(f)* <-s, -; -, -nen> director(a) *m(f)* de la sección de anuncios; **Anzeigenteil** *m* <-(e)s, -e> sección *f* de anuncios
Anzeigepflicht *f* <-, *ohne pl*> deber *m* de notificación, declaración *f* obligatoria; **diese Krankheit unterliegt der ~** es obligatorio declarar esta enfermedad
anzeigepflichtig *adj* sujeto a declaración obligatoria
Anzeiger *m* <-s, -> **1.** (*Zeitung*) periódico *m* de provincias **2.** (*Gerät*) indicador *m*
Anzeigetafel *f* <-, -n> panel *m* de anuncios, tablón *m* de anuncios; (TECH) panel *m* indicador; (SPORT) marcador *m*
an|zetteln *vt* (*abw*) urdir, tramar
an|ziehen *irr* **I.** *vi* **1.** (*in Bewegung setzen*) arrancar **2.** (*sich erhöhen*) ir subiendo **II.** *vt* **1.** (*ankleiden*) vestir **2.** (*Kleidungsstück*) poner; **ich ziehe mir den Mantel an** me pongo el abrigo **3.** (*Beine*) encoger, encogerse (de) **4.** (*festziehen*) apretar; **die Handbremse ~** echar el freno de mano **5.** (*aufsaugen*) absorber **6.** (*Anziehungskraft ausüben*) atraer; **sie fühlte sich von ihm angezogen** se sintió atraída por él; **Gegensätze ziehen sich an** (*prov*) los contrarios [*o* los polos opuestos] se atraen **7.** (*Schweiz*): **das Bett ~** poner sábanas limpias **III.** *vr:* **sich ~** vestirse; **sich warm ~** abrigarse; **er ist immer gut angezogen** siempre está bien vestido
anziehend *adj* (*ansprechend*) atractivo; (*sympathisch*) simpático, encantador
Anziehung *f* <-, -en> atracción *f*
Anziehungskraft[1] *f* <-, -kräfte> (PHYS) fuerza *f* de atracción; (*Schwerkraft*) gravitación *f*, atracción *f* universal
Anziehungskraft[2] *f* <-, *ohne pl*> (*Attraktivität*) atracción *f*, atractivo *m*; **eine große ~ auf jdn ausüben** ejercer una gran atracción sobre alguien
Anzug[1] *m* <-(e)s, -züge> **1.** (*Kleidung*) traje *m*, percha *f ZAm* **2.** (PHYS: *Beschleunigung*) aceleración *f*
Anzug[2] *m* <-(e)s, *ohne pl*>: **ein Gewitter ist im ~** está a punto de caer una tormenta
anzüglich ['antsyːklɪç] *adj* **1.** (*frech*) mordaz, ofensivo **2.** (*zweideutig*) picante, indecente, verde *fam*
Anzüglichkeit[1] *f* <-, -en> (*zudringliche Handlung*) atrevimiento *f*, impertinencia *f*; **unterlassen Sie diese ~en!** ¡no vuelva a permitirse tales impertinencias!
Anzüglichkeit[2] *f* <-, *ohne pl*> **1.** (*Zudringlichkeit*) impertinencia *f* **2.** (*Schlüpfrigkeit*) indecencia *f*, obscenidad *f*
an|zünden *vt* (*Zigarette*) encender, prender *Am*; (*Gebäude*) prender fuego (a)
Anzünder *m* <-s, -> (*fam*) encendedor *m*
an|zweifeln *vt* dudar (de), poner en duda
an|zwinkern *vt* (*jdm zuzwinkern*) guiñar un ojo, hacer un guiño; **schau mal, vom Nebentisch zwinkert dich einer an!** ¡fíjate, te está guiñando el ojo uno de la mesa de al lado!
AOK [aːʔoː'kaː] *f Abk. von* **Allgemeine Ortskrankenkasse** Caja *f* Local de Enfermedad (*seguro de enfermedad obligatorio*)
AOL (INFOR) *Abk. von* **America Online** AOL
Äolinite [ɛoli'niːtə] *pl* (GEO) eolinitas *fpl*
äolisch *adj* (GEO) eólico
Äon [ɛ'oːn, 'ɛːɔn, *pl:* ɛ'oːnən] *m* <-s, -en> (*geh*) eón *m*
Aorta [a'ɔrta] *f* <-, Aorten> (ANAT) aorta *f*
Aostatal *nt* <-(e)s> Valle *m* de Aosta
apart [a'part] *adj* atractivo, atrayente
Apartheid [a'paːɐthaɪt] *f* <-, *ohne pl*> apartheid *m*; **Apartheidpolitik** *f* <-, *ohne pl*> política *f* de apartheid, segregación *f* racial; **1992 kam es zur völligen Aufhebung der ~** en 1992 quedó abolido el régimen de segregación racial
Apartment [a'partmənt] *nt* <-s, -s> apartam(i)ento *m*, departamento *m Am*; **Apartmenthaus** *nt* <-es, -häuser> edificio *m* de apartamentos; **Apartmentwohnung** *f* <-, -en> *s.* **Apartment**
Apathie [apa'tiː] *f* <-, -n> apatía *f*
apathisch [a'paːtɪʃ] *adj* apático
Apennin [apɛ'niːn] *m* <-s>, **Apenninen** *pl* Apeninos *mpl*
aper ['aːpɐ] *adj* (*reg*) sin nieve; **die Straßen sind ~** no hay nieve en las calles
aperiodisch [---'--, '-----] *adj* aperiódico
Aperitif [aperi'tiːf] *m* <-s, -s *o* -e> aperitivo *m*, copetín *m Mex*
Apfel ['apfəl, *pl:* 'ɛpfəl] *m* <-s, Äpfel> man-

zana *f;* **in den sauren ~ beißen** (*fam fig*) hacer de tripas corazón; **Äpfel und Birnen zusammenzählen** (*fam fig*) mezclar churras con merinas; **für einen ~ und ein Ei** (*fam fig*) por cuatro perras, por una perra chica; **der ~ fällt nicht weit vom Stamm** (*prov*) el hijo de la rata ratones mata; **Apfelbaum** *m* <-(e)s, -bäume> manzano *m*

Apfelblüte[1] *f* <-, -n> (*Blüte*) flor *f* del manzano

Apfelblüte[2] *f* <-, *ohne pl*> (*das Blühen*) floración *f* de los manzanos; **im Mai ist es hier besonders schön, zur Zeit der ~** en mayo está esto especialmente bonito, con los manzanos en flor; **Apfelkuchen** *m* <-s, -> pastel *m* de manzana; **Apfelmost** *m* <-(e)s, -e> mosto *m* de manzana fermentado; **Apfelmus** *nt* <-es, *ohne pl*> ≈compota *f* de manzana; **Apfelsaft** *m* <-(e)s, -säfte> zumo *m* de manzana, jugo *m* de manzana *Am*

Apfelsäure *f* <-, -n> (CHEM) ácido *m* málico

Apfelschimmel *m* <-s, -> (ZOOL) tordo *m* rodado

Apfelsine [apfəl'ziːnə] *f* <-, -n> naranja *f*

Apfelstrudel *m* <-s, -> *rollo de manzana con canela que se toma caliente o frío;* **Apfeltasche** *f* <-, -n> pastelito *m* relleno de manzana; **Apfelwein** *m* <-(e)s, -e> vino *m* de manzana, sidra *f*

Aphorismus [afo'rɪsmʊs] *m* <-, Aphorismen> aforismo *m*

Aphrodisiakum [afrodi'ziːakʊm] *nt* <-s, Aphrodisiaka> afrodisiaco *m,* afrodisíaco *m*

API-Skale [aːpeː'ʔiː-] *f* <-, -n> escala *f* API

Apo *f,* **APO** *f* (HIST, POL) *Abk. von* **außerparlamentarische Opposition** oposición *f* extraparlamentaria

Apokalypse [apoka'lʏpsə] *f* <-, *ohne pl*> apocalipsis *m*

apolitisch ['apoliːtɪʃ, --'--] *adj* (POL) apolítico

apoplektisch *adj* (MED) apoplético

Apostel [a'pɔstəl] *m* <-s, -> (REL) apóstol *m;* **Apostelbrief** *m* <-(e)s, -e> (REL) epístola *f,* carta *f* de los Apóstoles; **Apostelgeschichte** *f* <-, -n> (REL) Hechos *mpl* de los Apóstoles

a posteriori [a pɔsteri'oːri] *adv* (*geh*) a posteriori

Aposteriori-Argument *nt* <-(e)s, -e> (JUR) argumento *m* a posteriori

apostolisch *adj* (REL) apostólico

Apostroph [apo'stroːf] *nt* <-s, -e> (LING) apóstrofo *m*

apostrophieren* *vt* (LING) apostrofar

Apotheke [apo'teːkə] *f* <-, -n> farmacia *f;* **apothekenpflichtig** *adj* de venta exclusiva en farmacias

Apotheker(in) [--'--] *m(f)* <-s, -; -, -nen> farmacéutico, -a *m, f;* **Apothekergewicht** *nt* <-(e)s, -e> peso *m* de farmacia

Apothekerin *f* <-, -nen> *s.* **Apotheker**

Apothekerkammer *f* <-, -n> colegio *m* de farmacéuticos; **Apothekerwaage** *f* <-, -n> balanza *f* de farmacia

App. *Abk. von* **Appartement** apartam(i)ento *m,* departamento *m Am*

Apparat [apa'raːt] *m* <-(e)s, -e> **1.** (TECH) aparato *m,* máquina *f* **2.** (*Telefon*) aparato *m,* teléfono *m;* **Herr Müller wird am ~ verlangt** ¡Señor Müller, al teléfono!; **bleiben Sie am ~!** ¡no cuelgue!; **am ~!** ¡al habla!; **Apparatebau** *m* <-(e)s, *ohne pl*> (TECH) construcción *f* de aparatos (de precisión); **Apparatemedizin** *f* <-, *ohne pl*> medicina *f* con soporte técnico

Apparatschik *m* <-s, -s> (*abw*) *burócrata del aparato en un régimen totalitario*

Apparatur [apara'tuːɐ] *f* <-, -en> conjunto *m* de aparatos, equipo *m* técnico

Appartement [apartə'mɑ̃ː] *nt* <-s, -s> apartam(i)ento *m,* departamento *m Am;* **Appartementhaus** [a'partmənt-] *nt* <-es, -häuser> bloque *m* de apartam(i)entos, bloque *m* de departamentos *Am*

Appell [a'pɛl] *m* <-s, -e> **1.** (*Aufruf*) llamada *f,* llamamiento *m;* **einen ~ an jdn richten** hacer un llamamiento a alguien **2.** (MIL) llamada *f*

Appellation [apɛla'tsjoːn] *f* <-, -en> (*Schweiz:* JUR) apelación *f;* **Appellationsgericht** *nt* <-(e)s, -e>, **Appellationstribunal** *nt* <-s, -e> (JUR: *alt*) tribunal *m* de apelación

appellieren* *vi* hacer un llamamiento (*an* a), apelar (*an* a); (*Schweiz:* JUR) hacer una apelación

Appendix[1] [a'pɛndɪks] *m* <-, -e *o* Appendizes> (*Anhang*) apéndice *m*

Appendix[2] *m* <-, Appendizes> (ANAT) apéndice *m*

Appendizitis *f* <-, Appendizitiden> (MED) apendicitis *f inv*

Appenzell ['apəntsɛl, --'-] *nt* <-s> (*Stadt*) Appenzell *f;* (*Kanton*) Appenzell *m*

Appetit [ape'tiːt] *m* <-(e)s, *ohne pl*> apetito *m* (*auf* de), antojo *m Mex;* **hast du ~ darauf?** ¿te apetece?; **jdm den ~ verderben** quitar(le) a alguien el apetito; **guten ~!** ¡que aproveche!; **worauf haben Sie ~?** ¿qué le apetece?; **da vergeht einem ja der ~!** ¡con esto se le quita a uno el apetito!; **appetitanregend** *adj* estimulador del apetito; **Appetithappen** *m* <-s, -> bocado *m,* piscolabis *m inv fam;* **appetithemmend** *adj* inhibidor del apetito

appetitlich *adj* apetitoso, sabroso; **~ aussehen** tener un aspecto apetitoso

appetitlos *adj* desganado, sin apetito; **~ sein** no tener apetito, estar desganado

Appetitlosigkeit *f* <-, *ohne pl*> inapetencia *f*

Appetitzügler [ape'tiːttsyːglɐ] *m* <-s, -> (MED) inhibidor *m* del apetito

applaudieren* [aplaʊ'diːrən] *vi* aplaudir, dar palmas

Applaus [a'plaʊs] *m* <-es, -e> (*Lob*) aplauso(s) *m(pl);* **stürmischer** ~ aplauso cerrado [*o* tempestuoso]

Applikation [aplika'tsjo:n] *f* <-, -en> aplicación *f*

apportieren* [apor'ti:rən] *vi, vt* (*Hund*) cobrar

Apposition [apozi'tsjo:n] *f* <-, -en> (LING) aposición *f*

appretieren* [apre'ti:rən] *vt* aprestar, dar apresto; **fleckunempfindlich** ~ impregnar contra manchas

Appretur [apre'tu:ɐ] *f* <-, -en> apresto *m*

Approbation [aproba'tsjo:n] *f* <-, -en> licencia *f* (*para ejercer como médico o farmacéutico*)

approbiert *adj* titulado

Après-Ski [aprɛ'ʃi:] *nt* <-, *ohne pl*> après-ski *m;* **Après-Ski-Kleidung** *f* <-, -en> traje *m* après-ski; **Après-Ski-Milch** *f* <-, *ohne pl*> leche *f* calmante para después del sol

Aprikose [apri'ko:zə] *f* <-, -n> albaricoque *m,* damasco *m Am*

April [a'prɪl] *m* <-(s), -e> abril *m;* **jdn in den ~ schicken** gastar(le) una inocentada a alguien; *s. a.* **März**; **Aprilscherz** *m* <-es, -e> inocentada *f;* **Aprilwetter** *nt* <-s, *ohne pl*> tiempo *m* tornadizo [*o* cambiante]

a priori [a: pri'o:ri] *adv* (*geh*) a priori; **Apriori-Argument** *nt* <-(e)s, -e> (JUR) argumento *m* a priori

apropos [apro'po:] *adv* (*geh: übrigens*) por cierto; ~ **Weihnachten, was wünscht du dir denn?** hablando de Navidades, ¿qué es lo que quieres?

Apsis ['apsɪs] *f* <-, Apsiden> (ARCHIT) ábside *m*

Apulien [a'pu:liən] *nt* <-s> Apulia *f*

Aquädukt [akvɛ'dʊkt] *m o nt* <-(e)s, -e> acueducto *m*

Aquakultur ['a:kva-] *f* <-, -en> aguacultura *f;* **marine** ~ cultivo marino

Aquamarin [akvama'ri:n] *m* <-s, -e> aguamarina *f;* **aquamarinblau** *adj* verdemar

Aquaplaning [akva'pla:nɪŋ] *nt* <-(s), *ohne pl*> (AUTO) aquaplaning *m*

Aquarell [akva'rɛl] *nt* <-s, -e> acuarela *f;* **Aquarellfarbe** *f* <-, -n> acuarela *f;* **Aquarellmaler(in)** *m(f)* <-s, -; -, -nen> (KUNST) acuarelista *mf*

Aquarellmalerei[1] *f* <-, -en> (KUNST: *Bild*) acuarela *f*

Aquarellmalerei[2] *f* <-, *ohne pl*> (KUNST: *das Malen*) (pintura *f* a la) acuarela *f*

Aquarellmalerin *f* <-, -nen> *s.* **Aquarellmaler**

Aquarium [a'kva:riʊm] *nt* <-s, Aquarien> acuario *m*

Aquatinta [akva'tɪnta] *f* <-, -tinten> (KUNST) acuatinta *f*

aquatisch *adj* acuático

Äquator [ɛ'kva:to:ɐ] *m* <-s, *ohne pl*> (GEO) ecuador *m*

äquatorial *adj* (GEO) ecuatorial

Äquatortaufe *f* <-, -n> (NAUT) *uso marinero por el que se zambulle en un tonel de agua a quien cruza por primera vez el Ecuador*

Aquavit [akva'vi:t] *m* <-s, -e> aguardiente *m* de comino

Äquinoktium [ɛkvi'nɔktsjʊm] *nt* <-s, Äquinoktien> (GEO) equinoccio *m*

äquivalent [ɛkviva'lɛnt] *adj* (*geh a.* MATH, LING) equivalente

Äquivalent [ɛkviva'lɛnt] *nt* <-(e)s, -e> (*geh a.* MATH, LING) equivalente *m,* equivalencia *f;* **für dieses Wort gibt es im Deutschen kein** ~ para esta palabra no existe equivalente en alemán

Äquivalenz *f* <-, -en> (*geh a.* MATH, LING) equivalencia *f*

Ar[1] [a:ɐ] *nt o m* <-s, -e> área *f*

Ar[2] (CHEM) *Abk. von* **Argon** Ar

Ära ['ɛ:ra] *f* <-, Ären> era *f,* época *f*

Araber(in) ['arabɐ] *m(f)* <-s, -; -, -nen> árabe *mf*

Arabeske [ara'bɛskə] *f* <-, -n> (KUNST, MUS) arabesco *m*

Arabien [a'ra:biən] *nt* <-s> Arabia *f*

arabisch *adj* árabe

Arabisch *nt* <-(s), *ohne pl*>, **Arabische** *nt* <-n, *ohne pl*> árabe *m;* **sprechen Sie ~?** ¿habla usted árabe?; **einen Text ins ~e/aus dem ~en übersetzen** traducir un texto al/del árabe

Arabistik [ara'bɪstɪk] *f* <-, *ohne pl*> Filología *f* Árabe

Arachniden [arax'ni:dən] *fpl* (BIOL) arácnidos *mpl*

aragonesisch [arago'ne:zɪʃ] *adj* aragonés

Aragonien [ara'go:niən] *nt* <-s> Aragón *m*

Aragonier(in) *m(f)* <-s, -; -, -nen> aragonés, -esa *m, f*

aramäisch [ara'mɛ:ɪʃ] *adj* arameo; **das Ostsyrische gehört zu den ~en Sprachen** el sirio oriental pertenece a las lenguas arameas

Aramäisch *nt* <-(s), *ohne pl*>, **Aramäische** *nt* <-n, *ohne pl*> arameo *m*

Aräometer [arɛo'me:tɐ] *nt* <-s, -> (PHYS) areómetro *m*

Arbeit ['arbaɪt] *f* <-, -en> **1.** (*Tätigkeit*) trabajo *m,* labor *f;* (*Arbeitsplatz*) empleo *m;* **Tag der** ~ Día del Trabajo; ~ **suchend** en busca de trabajo; **sich ~ suchend melden** buscar un trabajo (en la oficina de desempleo); **gemeinnützige** ~ trabajo de utilidad pública; **(schwere) körperliche** ~ trabajo físico (duro); **an die ~ gehen** empezar a trabajar; **sich an die ~ machen** poner manos a la obra; **etw ist in** ~ algo está en marcha; **viel ~ haben** tener mucho trabajo; **bei der ~ sein** estar trabajando; **(eine) ~ suchen** buscar (un) trabajo [*o* empleo]; **einer ~ nachgehen** dedicarse a un trabajo; **zur ~ gehen** ir al trabajo, ir a trabajar; **von der ~ kommen** llegar [*o* venir] del trabajo; **ohne ~ sein** estar sin trabajo; **keine ~ haben** no tener trabajo, estar parado, estar cesante *Am* **2.** (*Mühe*) trabajo *m;*

(*Anstrengung*) molestia *f,* esfuerzo *m;* **etw macht/kostet viel** ~ algo da/cuesta mucho trabajo **3.** (*Schule, Uni*) trabajo *m;* (*Prüfung*) examen *m;* **eine** ~ **schreiben** escribir un examen **4.** (PHYS) trabajo *m* **5.** (SPORT) práctica *f*

arbeiten ['arbaɪtən] **I.** *vi* **1.** (*tätig sein*) trabajar, laburar *Arg, Urug;* **er arbeitet als Rechtsanwalt/in einer Firma** trabaja como abogado/en una empresa; **sie arbeitet an einem neuen Buch** está trabajando en un nuevo libro; **die ~de Bevölkerung** la población activa; **die Zeit arbeitet für/gegen uns** el tiempo está a nuestro favor de/en contra de nosotros **2.** (*Maschine*) funcionar **3.** (*Holz*) alabearse, bornearse **II.** *vt* (*herstellen*) hacer, producir; **was arbeitest du dort?** ¿qué haces allí? **III.** *vr:* **sich durch das Dickicht** ~ abrirse camino entre el matorral; **sich nach oben** ~ (*fig*) abrirse camino hacia los puestos más altos; **sich krank** ~ ponerse enfermo de tanto trabajar; **sich tot** [*o* **kaputt**] ~ (*fam*) matarse trabajando

Arbeiter(in) ['arbaɪtɐ] *m(f)* <-s, -; -, -nen> obrero, -a *m, f,* trabajador(a) *m(f),* obrador(a) *m(f) Am;* **~in** (*Biene*) abeja *f* obrera; **Arbeiterbewegung** *f* <-, *ohne pl*> (POL) movimiento *m* obrero; **Arbeiterfamilie** *f* <-, -n> familia *f* obrera; **Arbeiterführer(in)** *m(f)* <-s, -; -, -nen> (POL) dirigente *mf* obrero, líder *mf* obrerista; **Arbeitergewerkschaft** *f* <-, -en> sindicato *m* obrero [*o* de trabajadores]

Arbeiterin *f* <-, -nen> *s.* **Arbeiter**

Arbeiterkind *nt* <-(e)s, -er> (SOZIOL) hijo, -a *m, f* de padres obreros; **Arbeiterpartei** *f* <-, -en> (POL) partido *m* de los trabajadores, partido *m* obrero; **Sozialistische** ~ Partido Socialista de los Trabajadores

Arbeiterschaft *f* <-, *ohne pl*> obreros *mpl,* clase *f* obrera, faena *f Chil*

Arbeitersiedlung *f* <-, -en> polígono *m* obrero

Arbeiter-und-Bauern-Staat *m* <-(e)s, *ohne pl*> (HIST: *DDR*) Estado *m* obrero y campesino

Arbeiter-und-Soldaten-Räte *mpl* (HIST) consejos *mpl* de obreros y soldados

Arbeiterviertel *nt* <-s, -> barrio *m* obrero

Arbeiterwohlfahrt *f* <-, *ohne pl*> asociación *f* de asistencia social para trabajadores

Arbeitgeber(in) ['arbaɪtge:bɐ] *m(f)* <-s, -; -, -nen> empresario, -a *m, f,* patrón, -ona *m, f,* empleador(a) *m(f) Am;* ~ **und Arbeitnehmer** empresarios y empleados; **Arbeitgeberanteil** *m* <-(e)s, -e> cuota *f* patronal

Arbeitgeberin *f* <-, -nen> *s.* **Arbeitgeber**

Arbeitgeberseite *f* <-, *ohne pl*> patronal *f;* **Arbeitgeberverband** *m* <-(e)s, -bände> federación *f* patronal, liga *f* patronal

Arbeitnehmer(in) ['arbaɪtne:mɐ] *m(f)* <-s, -; -, -nen> **1.** (*Angestellter*) empleado, -a *m, f,* asalariado, -a *m, f* **2.** (*Arbeiter*) trabajador(a) *m(f);* **Arbeitnehmeranteil** *m* <-(e)s, -e> cuota *f* obrera

Arbeitnehmerin *f* <-, -nen> *s.* **Arbeitnehmer**

Arbeitnehmerschaft *f* <-, -en> asalariados *mpl,* clase *f* trabajadora

Arbeitnehmerseite *f* <-, -n> asalariados *mpl;* (*Vertreter*) delegado, -a *m, f* de los asalariados

Arbeitsablauf *m* <-(e)s, -läufe> desarrollo *m* del trabajo

arbeitsam ['arbaɪtsza:m] *adj* (*geh, alt*) trabajador

Arbeitsamkeit *f* <-, *ohne pl*> (*geh, alt*) laboriosidad *f,* diligencia *f*

Arbeitsamt *nt* <-(e)s, -ämter> oficina *f* de empleo; **Arbeitsanleitung** *f* <-, -en> líneas *fpl* de trabajo, directrices *fpl* de trabajo; **Arbeitsantritt** *m* <-(e)s, -e> entrada *f* en funciones, comienzo *m* en un nuevo puesto de trabajo; **Arbeitsanzug** *m* <-(e)s, -züge> ropa *f* de trabajo, traje *m* de faena; **Arbeitsatmosphäre** *f* <-, -n> ambiente *m* de trabajo [*o* laboral]; **am Arbeitsplatz herrscht eine gute/schlechte** ~ en el puesto de trabajo hay un buen/mal ambiente; **Arbeitsauffassung** *f* <-, -en> ética *f* profesional; **Arbeitsaufwand** *m* <-(e)s, *ohne pl*> cantidad *f* de trabajo; **das erfordert einen hohen** ~ esto requiere mucho trabajo; **arbeitsaufwändig**[RR] *adj,* **arbeitsaufwendig** *adj* trabajoso, laborioso; **eine von Hand durchzuführende Reparatur ist sehr** ~ un arreglo manual cuesta mucho trabajo; **Arbeitsausfall** *m* <-(e)s, -fälle> pérdida *f* de horas de trabajo; **Arbeitsausgleich** *m* <-(e)s, -e> compensación *f* del trabajo; **Arbeitsbedingungen** *fpl* condiciones *fpl* de trabajo; **Arbeitsbefreiung** *f* <-, -en> exención *f* del trabajo; **Arbeitsbeginn** *m* <-(e)s, *ohne pl*> comienzo *m* de la jornada (laboral), comienzo *m* del trabajo; **Sie sind zu spät zum** ~ **erschienen!** ¡se ha incorporado usted demasiado tarde al trabajo!; **Arbeitsbelastung** *f* <-, -en> carga *f* de trabajo; **Arbeitsbericht** *m* <-(e)s, -e> informe *m* de trabajo; **legen Sie mir in vier Tagen einen** ~ **vor** entrégueme dentro de cuatro días un informe del trabajo realizado

Arbeitsbeschaffung *f* <-, *ohne pl*> **1.** (*Arbeitsplatzbeschaffung*) creación *f* de empleo **2.** (*Auftragsbeschaffung*) obtención *f* de empleo; **Arbeitsbeschaffungsmaßnahme** *f* <-, -n> *plan de fomento de empleo*

Arbeitsbescheinigung *f* <-, -en> certificado *m* de trabajo; (*eines Beamten*) hoja *f* de servicios; **Arbeitsbesuch** *m* <-(e)s, -e> visita *f* de trabajo; **Arbeitsbiene** *f* <-, -n> **1.** (ZOOL) abeja *f* obrera **2.** (*fam a. abw: fleißige Person*) hormiguita *f;* **ach, Mädel, so eine ~!** (*iron*) ¡ay, chica, qué hacendosa!; **Arbeitsdatei** *f* <-, -en> (INFOR) archivo *m* de trabajo; **Arbeitsdienst** *m* <-(e)s, -e>

1. (*Arbeit ohne Entgelt*) prestación *f* laboral, servicio *m* de trabajo **2.** (HIST: *Nationalsozialismus*) ≈Servicio *m* Social (*obligatorio durante el III Reich*); **Arbeitseifer** *m* <-s, *ohne pl*> ganas *fpl* de trabajar, afán *m* de trabajar; **Arbeitseinstellung** *f* <-, -en> **1.** (*Streik*) huelga *f*, paro *m* **2.** (*Auffasung*) actitud *f* laboral; **Arbeitseinteilung** *f* <-, -en> distribución *f* del trabajo; **du hast zu viel Arbeit? – das ist eine Frage der ~!** ¿tienes demasiado que hacer? – ¡es cuestión de organizarse el trabajo!; **Arbeitsende** *nt* <-s, *ohne pl*> fin *m* de jornada, final *m* del trabajo; **um 18 Uhr 30 ist ~** la jornada laboral termina a la 18:30; **Arbeitsentgelt** *nt* <-(e)s, -e> remuneración *f*, salario *m*; **Arbeitserlaubnis** *f* <-, *ohne pl*> permiso *m* de trabajo; **eine ~ beantragen** solicitar un permiso de trabajo; **Arbeitserleichterung** *f* <-, -en> facilitación *f* del trabajo; **Arbeitsessen** *nt* <-s, -> (*nachmittags*) comida *f* de trabajo, almuerzo *m* de trabajo; (*abends*) cena *f* de trabajo; **Arbeitsexemplar** *nt* <-(e)s, -e> (MEDIA) ejemplar *m* de trabajo [*o* de prueba]; **arbeitsfähig** *adj* en condiciones de trabajar; **im ~en Alter** en edad laboral; **wir sind heute nicht ~** hoy no estamos en condiciones de trabajar

Arbeitsfähige(r) *mf* <-n, -n; -n, -n> persona *f* apta para el trabajo, persona *f* capacitada para la actividad laboral

Arbeitsfähigkeit *f* <-, *ohne pl*> capacidad *f* (de actividad) laboral; **die ärztliche Untersuchung ergab eine eingeschränkte ~** la exploración médica dio como resultado una limitación de la capacidad laboral; **Arbeitsfeld** *nt* <-(e)s, -er> (*geh*) ámbito *m* de trabajo, campo *m* de actividades; **Arbeitsfläche** *f* <-, -n> encimera *f*; **die Einbauküche hat eine ~ aus Marmor** la cocina empotrada tiene una encimera de mármol; **Arbeitsfluss**[RR] *m* <-es, *ohne pl*> flujo *m* de trabajo; **Arbeitsfolge** *f* <-, -n> ciclo *m* de trabajo; **Arbeitsförderung** *f* <-, -en> fomento *m* del empleo; **Arbeitsfreistellung** *f* <-, -en>: **~ zur Geburt** excedencia para el parto; **Arbeitsfrieden** *m* <-s, *ohne pl*> paz *f* social [*o* laboral], concertación *f* social; **Arbeitsgang** *m* <-(e)s, -gänge> fase *f* de trabajo; **~ eines Computers** operación de un ordenador; **Arbeitsgebiet** *nt* <-(e)s, -e> campo *m* de actividades, ámbito *m* de trabajo; **Arbeitsgemeinschaft** *f* <-, -en> colectivo *m* (de trabajo); **Arbeitsgerät** *nt* <-(e)s, -e> instrumento *m* de trabajo; **Arbeitsgericht** *nt* <-(e)s, -e> (JUR) Magistratura *f* laboral [*o* de(l) trabajo]; **Arbeitsgesetze** *ntpl* (JUR) leyes *fpl* laborales, legislación *f* laboral; **Arbeitsgesetzgebung** *f* <-, *ohne pl*> (JUR) legislación *f* laboral; **Arbeitsgruppe** *f* <-, -n> grupo *m* de trabajo, equipo *m* (de trabajo); **verschiedene ~n arbeiten an unserem Projekt mit** en nuestro proyecto colaboran diversos equipos; **arbeitsintensiv** *adj* costoso, de mucho trabajo; **Arbeitskampf** *m* <-(e)s, -kämpfe> lucha *f* laboral, conflicto *m* laboral; **Arbeitskleidung** *f* <-, -en> ropa *f* de trabajo; **Arbeitsklima** *nt* <-s, *ohne pl*> ambiente *m* laboral; **Arbeitskollege, -in** *m, f* <-n, -n; -, -nen> compañero, -a *m, f* de trabajo, colega *mf*; **Arbeitskonflikt** *m* <-(e)s, -e> conflicto *m* laboral; **Arbeitskopie** *f* <-, -n> (INFOR) copia *f* de trabajo

Arbeitskraft[1] *f* <-, -kräfte> (*Personal*) mano *f* de obra; **billige ~** mano de obra barata; **ungelernte ~** mano de obra no cualificada

Arbeitskraft[2] *f* <-, *ohne pl*> (*Leistungskraft*) capacidad *f* productiva [*o* de trabajo]

Arbeitskräftemangel *m* <-s, *ohne pl*> (WIRTSCH) falta *f* de obreros; **Arbeitskräfterechnung** *f* <-, -en> (WIRTSCH) cálculo *m* de mano de obra

Arbeitskreis *m* <-es, -e> grupo *m* de trabajo; **Arbeitskurve** *f* <-, -n> (WIRTSCH) curva *f* de trabajo; **Arbeitslager** *nt* <-s, -> campo *m* de trabajos forzados; **Arbeitsleben** *nt* <-s, *ohne pl*> (*Erwerbsleben*) vida *f* de trabajo; **und das ist der Lohn nach einem langen ~!** ¡y éste es el pago por trabajar toda la vida!; **Arbeitsleistung** *f* <-, -en> rendimiento *m* (laboral), productividad *f*; **Ihre ~ ist nur mittelmäßig** su rendimiento es bastante mediocre; **Arbeitslohn** *m* <-(e)s, -löhne> salario *m*; **arbeitslos** *adj* parado, sin trabajo, cesante *Am*; **sich ~ melden** darse de alta en la oficina de desempleo, apuntarse al paro *fam*

Arbeitslose(r) *mf* <-n, -n; -n, -n> parado, -a *m, f*, cesante *mf Am*; **Arbeitslosengeld** *nt* <-(e)s, *ohne pl*> subsidio *m* de desempleo [*o* de paro]; **Arbeitslosenhilfe** *f* <-, *ohne pl*> ayuda *f* a los parados; **Arbeitsloseninitiative** *f* <-, -n> asociación *f* de parados; **Arbeitslosenquote** *f* <-, -n> tasa *f* de desempleo, índice *m* de paro; **Arbeitslosenunterstützung** *f* <-, -en> *s.* Arbeitslosengeld; **Arbeitslosenversicherung** *f* <-, *ohne pl*> seguro *m* de desempleo [*o* de paro]; **Arbeitslosenzahl** *f* <-, -en> número *m* de desempleados, tasa *f* de desempleo; **gestern sind die neuen ~en herausgekommen** ayer se dieron a conocer las nuevas cifras de desempleados; **Arbeitslosenziffer** *f* <-,-n> número *m* de parados

Arbeitslosigkeit *f* <-, *ohne pl*> desempleo *m*, paro *m*, cesantía *f Am*

Arbeitsmangel *m* <-s, *ohne pl*> escasez *f* de trabajo

Arbeitsmarkt *m* <-(e)s, -märkte> mercado *m* de trabajo [*o* laboral]; **Arbeitsmarktpolitik** *f* <-, *ohne pl*> política *f* laboral, política *f* del mercado de trabajo; **Arbeitsmarktreform** *f* <-, -en> reforma *f* del mercado laboral

Arbeitsmaterial *nt* <-s, -ien> material *m* de trabajo; **Arbeitsmedizin** *f* <-, *ohne pl*> medicina *f* laboral; **Arbeitsminister(in)**

m(f) <-s, -; -, -nen> ministro, -a *m, f* de trabajo

Arbeitsmittel *nt* <-s, -> instrumento *m* de trabajo; (*Werkstoff*) material *m* de trabajo; **Arbeitsmittelintensität** *f* <-, -en> (WIRTSCH) intensidad *f* de los medios de trabajo; **Arbeitsmittelproduktivität** *f* <-, *ohne pl*> (WIRTSCH) productividad *f* de los medios de trabajo

Arbeitsmoral *f* <-, *ohne pl*> moral *f* de trabajo; **was ist denn das für eine ~?** pero, ¿qué moral de trabajo es ésta?; **Arbeitsniederlegung** *f* <-, -en> huelga *f*, paro *m;* **Arbeitsnorm** *f* <-, -en> (JUR, WIRTSCH) norma *f* laboral; **vorläufige ~** norma de trabajo provisional; **Arbeitsoberfläche** *f* <-, -n> (INFOR) escritorio *m;* **Arbeitsordnung** *f* <-, *ohne pl*> régimen *m* laboral, reglamento *m* de trabajo; **Arbeitsort** *m* <-(e)s, -e> lugar *m* de trabajo; **sein ~ ist 35 km von seinem Wohnort entfernt** trabaja a 35 kms. de su lugar de residencia; **Arbeitspapier** *nt* <-s, -e> **1.** (*Thesenpapier*) material *m* de trabajo (escrito) **2.** (*Diskussionsgrundlage*) texto *m* a discutir **3.** *pl* (*von Arbeitnehmern*) hoja *f* de servicio, papeles *mpl;* **Arbeitspause** *f* <-, -n> descanso *m* intermedio, pausa *f* en el trabajo; **Arbeitspensum** *nt* <-s, -pensen *o* -pensa> volumen *m* de trabajo; **Arbeitsplan** *m* <-(e)s, -pläne> plan *m* de trabajo, programa *m* (de trabajo); **was steht heute auf unserem ~?** (*a. fig*) ¿qué tenemos hoy en el programa?

Arbeitsplatz *m* <-es, -plätze> **1.** (*Platz*) lugar *m* de trabajo [*o* para trabajar] **2.** (*Arbeitsstätte*) trabajo *m* **3.** (*Stelle*) puesto *m* de trabajo; **sicherer ~** puesto (de trabajo) seguro; **die Unsicherheit der Arbeitsplätze** la inestabilidad laboral; **Arbeitsplätze abbauen** destruir puestos de trabajo; **den ~ wechseln/verlieren** cambiar de/perder el puesto (de trabajo); **Arbeitsplatzaufgabe** *f* <-, -n>: **freiwillige ~** renuncia voluntaria al puesto de trabajo; **Arbeitsplatzbeschreibung** *f* <-, -en> descripción *f* del puesto de trabajo, perfil *m;* **Arbeitsplatz-Gifte** *ntpl* tóxicos *mpl* en el puesto de trabajo; **Arbeitsplatzrechner** *m* <-s, -> (INFOR) ordenador *m* de puesto de trabajo; **Arbeitsplatzsicherheit** *f* <-, *ohne pl*> seguridad *f* en el puesto de trabajo; **Arbeitsplatzsicherung** *f* <-, *ohne pl*> seguridad *f* del puesto de trabajo; **Arbeitsplatzteilung** *f* <-, -en> partimiento *m* de puesto de trabajo; **Arbeitsplatzwechsel** *m* <-s, -> cambio *m* de puesto de trabajo

Arbeitsprobe *f* <-, -n> muestra *f* del trabajo realizado; **Arbeitsproduktivität** *f* <-, *ohne pl*> (WIRTSCH) productividad *f* del trabajo; **Arbeitsraum** *m* <-(e)s, -räume> *s.* Arbeitszimmer; **Arbeitsrecht** *nt* <-(e)s, *ohne pl*> Derecho *m* Laboral; **arbeitsrechtlich** *adj* jurídico-laboral, en materia laboral; **eine ~e Angelegenheit** una cuestión jurídico-laboral; **ein Arbeitsrichter berät über ~e Streitfragen** un magistrado de trabajo asesora sobre litigios en materia laboral; **arbeitsreich** *adj* muy ocupado, cargado de trabajo; **Arbeitsrhythmus** *m* <-, -rhythmen> ritmo *m* de trabajo; **Arbeitsrichter(in)** *m(f)* <-s, -; -, -nen> juez *mf* de trabajo; **Arbeitsrückstand** *m* <-(e)s, -stände> (WIRTSCH) trabajo *m* atrasado; **Arbeitsruhe** *f* <-, *ohne pl*> descanso *m* laboral; **sonntags herrscht grundsätzlich ~** los domingos, en principio, no se trabaja; **arbeitsscheu** *adj* vago, gandul, faltón *Arg, Cuba, Mex;* **Arbeitsscheue(r)** *mf* <-n, -n; -n, -n> vago, -a *m, f,* holgazán, -ana *m, f,* gandul(a) *m(f),* perezoso, -a *m, f;* **Arbeitsschluss**[RR] *m* <-es, *ohne pl*> fin *m* de jornada, final *m* del trabajo; **freitags ist schon um 12 Uhr ~** los viernes termina la jornada (laboral) ya a las doce del mediodía

Arbeitsschutz *m* <-es, *ohne pl*> protección *f* laboral, previsión *f* laboral; **Arbeitsschutzbrille** *f* <-, -n> gafas *fpl* de protección para el trabajo; **Arbeitsschutzgesetz** *nt* <-es, -e> ley *f* de protección laboral; **Arbeitsschutzvorschriften** *fpl* reglamento *m* sobre la protección laboral

Arbeitsspeicher *m* <-s, -> (INFOR) memoria *f* de trabajo [*o* con acceso inmediato]; **Arbeitsspitze** *f* <-, -n> (WIRTSCH): **während der Erntezeit kommt es häufig zu ~n** durante la cosecha suele haber fases de gran intensidad de trabajo; **Arbeitssprache** *f* <-, -n> lengua *f* de trabajo; **in dieser Konferenz die ~ ist Französisch** en esta conferencia se habla francés; **Arbeitsstation** *f* <-, -en> (INFOR) estación *f* de trabajo

Arbeitsstätte *f* <-, -n> centro *m* de trabajo; **Arbeitsstättenverordnung** *f* <-, -en> disposiciones *fpl* sobre el lugar de trabajo

Arbeitsstelle *f* <-, -n> puesto *m* de trabajo; **Arbeitsstunde** *f* <-, -n> hora *f* de trabajo; **Arbeitssuche** *f* <-, *ohne pl*> búsqueda *f* de trabajo [*o* de empleo]; **auf ~ sein** estar en busca de trabajo; **arbeitssuchend** *adj* en busca de trabajo; **Arbeitssuchende(r)** *mf* <-n, -n; -n, -n> *s.* Arbeitsuchende(r); **Arbeitstag** *m* <-(e)s, -e> jornada *f* (de trabajo [*o* laboral]), día *m* de trabajo; **Arbeitstagung** *f* <-, -en> jornadas *fpl* (de trabajo), simposio *m;* **Arbeitstätigkeit** *f* <-, -en> (*formal*) actividad *f* laboral; **einer ~ nachgehen** realizar una actividad laboral

arbeitsteilig **I.** *adj* de reparto de tareas, de la división del trabajo; **~e Beschäftigungen von Ehepaaren sind keine Seltenheit mehr** ya no es raro el reparto de tareas en el matrimonio **II.** *adv* mediante una división del trabajo; **~ vorgehen** repartir tareas

Arbeitsteilung *f* <-, *ohne pl*> división *f* del trabajo; **Arbeitstempo** *nt* <-s, -s> ritmo *m* de trabajo, velocidad *f* en el trabajo; **bei**

deinem ~ **kann ja niemand mithalten!** ¡no hay quien pueda trabajar a tu ritmo!; **Arbeitstier** *nt* <-(e)s, -e> **1.** (ZOOL) acémila *f*, bestia *f* (de carga) **2.** (*fig, a. abw: persona*) mula *f*; **der schafft wie ein** ~ (*fam*) ése trabaja como una mula [*o* bestia], es un animal trabajando; **Arbeitstisch** *m* <-(e)s, -e> mesa *f* de trabajo; **Arbeitstitel** *m* <-s, -> título *m* provisional; **Arbeitstrupp** *m* <-s, -s> brigada *f*; **Arbeitsüberlastung** *f* <-, -en> sobrecarga *f* de trabajo, exceso *m* de trabajo

Arbeitsuche *f* <-, *ohne pl*> *s.* Arbeitssuche; **arbeitsuchend** *adj s.* s. Arbeit 1.; **Arbeitsuchende(r)** *mf* <-n, -n; -n, -n> demandante *mf* de trabajo; **als ~r gemeldet sein** estar inscrito en el paro como demandante de trabajo

arbeitsunfähig *adj* **1.** (*krank*) enfermo **2.** (*behindert*) inválido

Arbeitsunfähigkeit *f* <-, *ohne pl*> incapacidad *f* laboral; **Arbeitsunfähigkeitsbescheinigung** *f* <-, -en> certificado *m* de incapacidad laboral

Arbeitsunfall *m* <-(e)s, -fälle> accidente *m* laboral; **Arbeitsunterlage** *f* <-, -n> documento *m* de trabajo, papel *m* (de trabajo); **die Abrechnung liegt irgendwo zwischen meinen ~n** la factura está en algún sitio, entre mis papeles; **Arbeitsverdienst** *m* <-(e)s, -e> (*formal*) remuneración *f*; **Arbeitsvereinfachung** *f* <-, -en> simplificación *f* del trabajo; **etw dient der** ~ algo simplifica [*o* facilita] el trabajo; **Arbeitsverhältnis** *nt* <-ses, -se> relación *f* jurídica entre patrono y obrero; **in einem ~ stehen** tener un contrato laboral

Arbeitsvermittlung *f* <-, -en> tramitación *f* de trabajo; **Arbeitsvermittlungsstelle** *f* <-, -n> agencia *f* de colocación

Arbeitsvermögen *nt* <-s, *ohne pl*> capacidad *f* de trabajo; **Arbeitsvertrag** *m* <-(e)s, -träge> contrato *m* de trabajo; **Arbeitsverweigerung** *f* <-, -en> negativa *f* a trabajar; **Arbeitsweise** *f* <-, -n> **1.** (*Mensch*) modo *m* de trabajar, manera *f* de trabajar **2.** (*Maschine*) sistema *m* de funcionamiento, modo *m* de funcionar; **Arbeitswelt** *f* <-, -en> mundo *m* laboral [*o* del trabajo]; **die landwirtschaftliche ~ ist einem starken Wandel unterworfen** el mundo de la agricultura está sometido a una gran transformación; **arbeitswillig** *adj* dispuesto a trabajar; (*beim Streik*) antihuelguista; **Arbeitswillige(r)** *mf* <-n, -n; -n, -n> trabajador(a) *m(f)* diligente; (*bei einem Streik*) esquirol(a) *m(f)*, antihuelguista *mf*; **Arbeitswoche** *f* <-, -n> semana *f* laboral; **Arbeitswut** *f* <-, *ohne pl*> (*fam*) obsesión *f* por el trabajo; **arbeitswütig** *adj* afanoso

Arbeitszeit *f* <-, -en> horario *m* de trabajo, jornada *f* laboral; (*Öffnungszeiten*) horas *fpl* de oficina; **gleitende** ~ horario (de trabajo) flexible; **verkürzte** ~ jornada reducida; **Arbeitszeitaufwand** *m* <-(e)s, *ohne pl*> horas *fpl* de trabajo invertidas; **Arbeitszeitermittlung** *f* <-, -en> determinación *f* de las horas de trabajo; **Arbeitszeitverkürzung** *f* <-, -en> reducción *f* de jornada

Arbeitszeugnis *nt* <-ses, -se> certificado *m* de trabajo; **Arbeitszimmer** *nt* <-s, -> cuarto *m* de trabajo, (cuarto *m* de) estudio *m*; (*Büro*) despacho *m*

Arbitrage [arbiˈtraːʒə] *f* <-, -n> **1.** (FIN, WIRTSCH: *Ausnutzung von Kursdifferenzen*) arbitraje *m* **2.** (COM, JUR: *Schiedsgerichtsentscheidung*) arbitraje *m*; **arbitragefähig** *adj* (FIN, WIRTSCH) susceptible de arbitraje

Arborist(in) [arboˈrɪst] *m(f)* <-en, -en; -, -nen> arborista *mf*

Arbovirus [ˈarbo-] *nt o m* <-, -viren> (BIOL, MED) arbovirus *m inv*

archaisch [arˈçaːɪʃ] *adj* arcaico

Archaismus [arçaˈɪsmʊs, *pl:* arçaˈɪsmən] *m* <-, Archaismen> (LING, KUNST) arcaísmo *m*; **in dem Text finden sich einige Archaismen** en el texto aparecen algunos arcaísmos; **der ~ in der Postmoderne** el arcaísmo de la postmodernidad

Archäologe, -in [arçɛoˈloːgə] *m, f* <-n, -n; -, -nen> arqueólogo, -a *m, f*

Archäologie [arçɛoloˈgiː] *f* <-, *ohne pl*> arqueología *f*

Archäologin *f* <-, -nen> *s.* **Archäologe**

archäologisch *adj* arqueológico

Arche [ˈarçə] *f* <-, -n> arca *f*; **die ~ Noah** el arca de Noé

Archetyp [arçeˈtyːp] *m* <-s, -en> arquetipo *m*

Archipel [arçiˈpeːl] *m* <-s, -e> (GEO) archipiélago *m*

Architekt(in) [arçiˈtɛkt] *m(f)* <-en, -en; -, -nen> arquitecto, -a *m, f*; **Architektenbüro** *nt* <-s, -s> **1.** (*Konstruktionsraum*) estudio *m* de arquitecto **2.** (*Firma*) gabinete *m* de arquitectura

Architektin *f* <-, -nen> *s.* **Architekt**

architektonisch [arçitɛkˈtoːnɪʃ] *adj* arquitectónico

Architektur *f* <-, *ohne pl*> arquitectura *f*; **volksnahe** ~ arquitectura popular; **Architekturbüro** *nt* <-s, -s> *s.* **Architektenbüro**

Archiv [arˈçiːf] *nt* <-s, -e> archivo *m*

Archivar(in) [arçiˈvaːɐ] *m(f)* <-s, -e; -, -nen> archivero, -a *m, f*

Archivbild *nt* <-(e)s, -er> foto *f* de archivo; **Archivexemplar** *nt* <-s, -e> (MEDIA) ejemplar *m* de archivo

archivieren* *vt* archivar

ARD [aːʔɛrˈdeː] *f Abk. von* **Arbeitsgemeinschaft der öffentlich-rechtlichen Rundfunkanstalten der Bundesrepublik Deutschland** Organización *f* de la Radiotelevisión Pública de Alemania (*primera cadena de televisión*)

Are ['a:rə] *f* <-, -n> (*Schweiz: Ar*) área *f*

Areal [are'a:l] *nt* <-s, -e> **1.** (*Fläche*) área *f*, superficie *f* **2.** (*Bezirk*) área *f*, distrito *m*

Ären *pl von* **Ära**

Arena [a're:na, *pl:* a're:nən] *f* <-, Arenen> **1.** (*Kampfplatz*) arena *f*; (*beim Stierkampf*) arena *f*, ruedo *m* **2.** (*Stierkampf~*) plaza *f* de toros **3.** (*Zirkus*) pista *f*

arg [ark] <ärger, am ärgsten> **I.** *adj* (*reg*) **1.** (*schlimm*) malo; **der ärgste Feind** el peor enemigo; **etw liegt im A~en** (*geh*) algo va por mal camino; **etw noch ärger machen** empeorar algo aún más; **jdm ~ mitspielen** jugar una mala pasada a alguien **2.** (*ernst*) grave; **in ~e Verlegenheit kommen** verse en un grave apuro **II.** *adv* (*reg: sehr*) muy, mucho; **es hat mir nicht so ~ gefallen** no me ha gustado demasiado; **die Krankheit hat ihn ~ mitgenommen** la enfermedad le ha afectado mucho; **ist sie ~ böse?** ¿está muy enfadada?

Argentinien [argɛn'ti:niən] *nt* <-s> Argentina *f*

Argentinier(in) *m(f)* <-s, -; -, -nen> argentino, -a *m, f*

argentinisch *adj* argentino

ärger *adj kompar von* **arg**

Ärger ['ɛrgɐ] *m* <-s, *ohne pl*> **1.** (*Unmut*) fastidio *m*, disgusto *m*, boche *m Chil, Peru;* **das ist ja mein ~!** ¡eso es precisamente lo que me fastidia! **2.** (*Zorn*) enojo *m*, bronca *f Am* **3.** (*Wut*) rabia *f*; **seinen ~ hinunterschlucken** tragarse el enfado **4.** (*Schwierigkeiten*) dificultades *fpl*, traba(s) *f(pl)*; **~ bekommen** llevarse una bronca; **es gab ~** hubo problemas; **mit jdm ~ haben** tener problemas con alguien; **mach keinen ~!** ¡no pongas trabas!; **jdm ~ machen** [*o* **bereiten**] poner dificultades a alguien

ärgerlich *adj* **1.** (*verärgert*) enfadado, molesto; **über jdn/über etw ~ sein** estar enfadado con alguien/por algo; **sie ist ~ auf** [*o* **über**] **mich** está enfadada conmigo **2.** (*erbost*) indignado, enojado **3.** (*unerfreulich*) desagradable, molesto, chocante *Am;* **das ist aber ~!** ¡qué rabia!

ärgern ['ɛrgɐn] **I.** *vt* (*ärgerlich machen*) fastidiar, molestar, embromar *Am*, majadrear *Am* **II.** *vr:* **sich ~** (*böse werden*) enfadarse (*über* por), molestarse (*über* por), chivarse *Am*, afarolarse *Chil, Peru;* **ich habe mich sehr über dich geärgert** me he enfadado muchísimo por tu culpa; **sich schwarz ~** (*fam*) ponerse negro

Ärgernis[1] *nt* <-ses, -se> (*Ärger*) fastidio *m*, disgusto *m*, volado *m Mex*

Ärgernis[2] *nt* <-ses, *ohne pl*> (*Anstoß*) escándalo *m;* **Erregung öffentlichen ~ses** (JUR) provocación de escándalo público

Arglist *f* <-, *ohne pl*> **1.** (*geh: Heimtücke*) malicia *f*; (*geh: Hinterlist*) astucia *f*, maña *f* **2.** (JUR) dolo *m*

arglistig *adj* **1.** (*gemein*) malicioso, taimado; (*verschlagen*) astuto, pícaro **2.** (JUR) doloso

arglos *adj* sin malicia, de buena fe; (*naiv*) ingenuo, inocente; **eine ~e Frage** una pregunta inocente

Arglosigkeit *f* <-, *ohne pl*> (*Ahnungslosigkeit*) falta *f* de malicia, ingenuidad *f*; (*Naivität*) candor *m*, candidez *f*

Argon ['argɔn, ar'go:n] *nt* <-s, *ohne pl*> (CHEM) argon *m*

Argonaut [argo'naʊt] *m* <-en, -en> (ZOOL) argonauta *m*

ärgste(r, s) *adj superl von* **arg**

Argument [argu'mɛnt] *nt* <-(e)s, -e> argumento *m*, alegato *m Peru*

Argumentation [argumɛnta'tsjo:n] *f* <-, -en> argumentación *f*

argumentativ *adj* argumentativo

argumentieren* *vi* argumentar (*für* en pro de, *gegen* contra)

Argusauge ['argʊsaʊgə] *nt* <-s, -n> ojo *m* de Argos; **mit ~n über etw wachen** tener cien ojos puesto en algo, cuidar algo con cien ojos

Argwohn ['arkvo:n] *m* <-(e)s, *ohne pl*> (*geh*) sospecha *f*, suspicacia *f*; (*Misstrauen*) recelo *m*, desconfianza *f*; **jds ~ erregen** despertar la desconfianza de alguien

argwöhnen ['arkvø:nən] *vt* (*geh*) recelar

argwöhnisch **I.** *adj* (*geh*) desconfiado, receloso; **etwas machte ihn ~** algo le hacía desconfiar **II.** *adv* (*geh*) con recelo

arid [a'ri:t] *adj* (GEO) árido

Aridität *f* <-, *ohne pl*> (GEO) aridez *f*

Arie ['a:riə] *f* <-, -n> aria *f*

Arier(in) ['a:riɐ] *m(f)* <-s, -; -, -nen> ario, -a *m, f*

arisch ['a:rɪʃ] *adj* ario

Aristokrat(in) [arɪsto'kra:t] *m(f)* <-en, -en; -, -nen> aristócrata *mf*

Aristokratie [arɪstokra'ti:] *f* <-, -n> aristocracia *f*

Aristokratin *f* <-, -nen> *s.* **Aristokrat**

aristokratisch *adj* aristocrático

Arithmetik [arɪt'me:tɪk] *f* <-, *ohne pl*> (MATH) aritmética *f*

arithmetisch *adj* (MATH) aritmético

Arkade [ar'ka:də] *f* <-, -n> arcada *f*

Arktis ['arktɪs] *f* Ártico *m*, regiones *fpl* árticas, Polo *m* Norte *fam*

arktisch *adj* ártico, polar

arm [arm] *adj* <ärmer, am ärmsten> **1.** (*bedürftig*) pobre, necesitado; (*mittellos*) sin recursos; **die Gegend ist ~ an Bodenschätzen** la región es pobre en recursos naturales **2.** (*bedauernswert*) infeliz, pobre; **ein ~er Irrer** un pobre imbécil; **du ~es Würstchen!** (*fam*) ¡pobrecito!; **du Ärmste!** ¡pobrecita de ti!; **er ist ~ dran** (*fam*) le van mal las cosas

Arm *m* <-(e)s, -e> **1.** (*Körperteil*) brazo *m;* **zwei ~e voll Holz** dos brazadas de leña; **er nahm sie in den ~** la abrazó, la tomó en sus brazos; **sich** *dat* **den ~ brechen** romperse el brazo; **sich** *dat* [*o* **einander**] **in den ~en liegen** estar abrazados (el uno al otro); **jdn auf den ~ nehmen** (*fam*) tomar el pelo a alguien; **jdm unter die ~e greifen** echar una mano a alguien; **jdm in die ~e laufen** (*fam*) darse de manos a boca [*o* toparse] con alguien; **jdn mit offenen ~en aufnehmen** recibir a alguien con los brazos abiertos; **~ in ~ gehen** ir de(l) brazo [*o* del bracete]; **jds verlängerter ~ sein** ser el brazo derecho de alguien **2.** (TECH) brazo *m* **3.** (*eines Flusses*) brazo *m* **4.** (*Ärmel*) manga *f;* **armamputiert** *adj* manco; **sie war linksseitig ~** era manca: le faltaba el brazo izquierdo; **Armamputierte(r)** *mf* <-n, -n; -n, -n> manco, -a *m, f*

Armaturen [arma'tu:rən] *fpl* **1.** (*sanitär*) grifería *f* **2.** (*Schaltinstrumente*) mandos *mpl;* **Armaturenbeleuchtung** *f* <-, -en> (AUTO) iluminación *f* del salpicadero; **Armaturenbrett** *nt* <-(e)s, -er> tablero *m* de mandos, cuadro *m* de mandos

Armband *nt* <-(e)s, -bänder> pulsera *f,* brazalete *m;* (*Uhr~*) correa *f;* **Armbanduhr** *f* <-, -en> reloj *m* de pulsera

Armbeuge ['armbɔɪgə] *f* <-, -n> (ANAT) pliegue *m* del codo; **Armbinde** *f* <-, -n> **1.** (*als Kennzeichen*) brazal *m,* brazalete *m* **2.** (*Tragetuch*) cabestrillo *m;* **Armbruch** *m* <-(e)s, -brüche> fractura *f* de brazo; **Armbrust** *f* <-, -e *o* -brüste> ballesta *f;* **armdick** *adj* del grosor de un brazo, grueso como un brazo; **~ sein** tener el grosor de un brazo; **stellt euch vor, wir haben ~e Aale gefangen!** ¡imagináos, hemos pescado anguilas como este brazo de gordas!

Arme(r) *mf* <-n, -n; -n, -n> **1.** (*bedürftig*) pobre *mf;* **die ~n** los pobres, los desheredados; **kein ~r sein** no ser pobre **2.** (*bedauernswert*): **ich ~!** ¡pobre de mí!; **du ~r!** ¡pobre (de ti)!; **Sie ~!** ¡pobre (de usted)!

Armee [ar'me:, *pl:* ar'me:ən] *f* <-, -n> ejército *m;* **in die ~ eintreten** entrar en el ejército; **er ist bei** [*o* **in**] **der ~** está en el ejército

Ärmel ['ɛrməl] *m* <-s, -> manga *f;* **die ~ hochkrempeln** (*a. fig*) arremangarse; **etw aus dem ~ schütteln** (*fam*) sacarse algo de la manga; **Ärmelaufschlag** *m* <-(e)s, -schläge> bocamanga *f*

Armeleuteessen [--'----] *nt* <-s, -> (*abw*) comida *f* de pobres; **Armeleuteviertel** *nt* <-s, -> *s.* **Armenviertel**

Ärmelkanal *m* <-s> Canal *m* de la Mancha

ärmellos *adj* sin mangas

Armenhaus *nt* <-es, -häuser> asilo *m* de pobres

Armenien [ar'me:niən] *nt* <-s> Armenia *f*

Armenier(in) *m(f)* <-s, -; -, -nen> armenio, -a *m, f*

armenisch *adj* armenio

Armenrecht *nt* <-(e)s, *ohne pl*> (JUR) ayuda *f* legal a personas pobres; **im ~** en la justicia gratuita; **Armenviertel** *nt* <-s, -> barrio *m* (de gente) pobre

ärmer *adj kompar von* **arm**

Armeslänge *f* <-, -n> (*geh*) largo *m* de un brazo, longitud *f* de un brazo; **er hatte einen Vorsprung von einer ~/von zwei ~n** le aventajaba más de un brazo/por dos brazos

Armflor *m* <-(e)s, -e> (*Trauerflor*) brazalete *m* de luto; **Armhebel** *m* <-s, -> (SPORT: *Boxen*) croché *m,* crochet *m;* (**bei jdm**) **einen ~ ansetzen** emplear un croché (contra alguien)

armieren* [ar'mi:rən] *vt* (ARCHIT, MIL, TECH) armar (*mit* con/de)

armlang *adj* del largo de un brazo, largo como un brazo; **~ sein** tener el largo de un brazo; **wir haben ~e Forellen geangelt** hemos pescado truchas tan largas como un brazo; **Armlänge** *f* <-, -n> longitud *f* de un brazo, largo *m* de un brazo; **das Reh ließ die Kinder auf ~ herankommen** el corzo dejó que se le acercaran los niños hasta poder tocarlo con el brazo extendido; **Armlehne** *f* <-, -n> (*am Sessel*) brazo *m;* (*im Auto*) reposabrazos *m inv;* **Armleuchter** *m* <-s, -> **1.** (*Kerzenhalter*) candelabro *m;* (*Kronleuchter*) araña *f* **2.** (*fam abw: Dummkopf*) idiota *mf,* imbécil *mf*

ärmlich ['ɛrmlɪç] *adj* **1.** (*arm*) pobre, humilde **2.** (*elend*) miserable, mísero

Ärmlichkeit *f* <-, *ohne pl*> pobreza *f;* **die ~ ihrer Kleidung fiel mir sofort auf** lo pobre de su ropa me llamó de inmediato la atención

Armloch *nt* <-(e)s, -löcher> bocamanga *f;* **Armmuskel** *m* <-s, -n> músculo *m* del brazo; (ANAT, MED) músculo *m* braquial; **Armpolster** *nt* <-s, -> **1.** (*Schulterpolster*) hombrera *f* **2.** (*Polster der Armlehne*) reposabrazos *m inv;* **Armprothese** *f* <-, -n> prótesis *f inv* del brazo; (MED) prótesis *f inv* braquial; **Armreif** *m* <-(e)s, -e>, **Armreifen** *m* <-s, -> brazalete *m*

armselig ['armse:lɪç] *adj* **1.** *s.* **ärmlich** **2.** (*unbedeutend*) insignificante

Armseligkeit *f* <-, *ohne pl*> **1.** (*Primitivität*) pobreza *f,* miseria *f* **2.** (*Dürftigkeit*) pobreza *f,* escasez *f* **3.** (*Erbärmlichkeit*) mezquindad *f,* miseria *f;* **du solltest dich für die ~ deiner Ausrede schämen!** ¡deberías avergonzarte de un pretexto tan deplorable!

Armsessel *m* <-s, -> sillón *m* de brazos, butaca *f* de brazos

ärmste(r, s) *adj superl von* **arm**

Armstumpf *m* <-(e)s, -stümpfe> muñón *m* del brazo; **Armstütze** *f* <-, -n> reposabrazos *m inv*

Armsündermiene *f* <-, -n> (*hum*) cara *f* de no haber roto un plato *fam,* gesto *m* contrito; **das Kind setzte eine ~ auf** el niño puso cara de no haber roto un plato

Armut ['armu:t] *f* <-, *ohne pl*> pobreza *f,* indigencia *f,* prángana *f Mex, PRico;* **Armutsflüchtling** *m* <-s, -e> (POL) refugiado, -a *m, f* económico, -a; **Armutsgrenze** *f* <-, -n> umbral *m* de pobreza; **Armutszeugnis** *nt* <-ses, -se> muestra *f* de incapacidad

A

Armvoll *m* <-, -> *s.* **Arm**
Arnika ['arnika] *f* <-, -s> (BOT) árnica *f*
Aroma [a'ro:ma, *pl:* a'ro:mas, a'ro:mən, a'ro:mata] *nt* <-s, -s *o* Aromen *o geh:* Aromata> aroma *m;* **Aromastoff** *m* <-(e)s, -e> sustancia *f* aromática
Aromata (*geh*) *pl von* **Aroma**; **Aromatherapie** *f* <-, -n> aromaterapia *f,* terapia *f* a base de aromas
Aromatikum *nt* <-s, Aromatika> aromático *m*
aromatisch [aro'ma:tɪʃ] *adj* aromático
aromatisieren* *vt* (CHEM) aromatizar
Aromen *pl von* **Aroma**
Aron(s)stab ['a:rɔn(s)ʃta:p] *m* <-(e)s, -stäbe> (BOT) aro *m*
Arrak ['arak] *m* <-s, -s *o* -e> aguardiente *m* de arroz
Arrangement [arɑ̃ʒə'mɑ̃:] *nt* <-s, -s> **1.** (*Übereinkommen*) acuerdo *m* **2.** (MUS: *Anordnung*) arreglo *m*
arrangieren* [arɑ̃'ʒi:rən] **I.** *vt* **1.** (*organisieren*) organizar **2.** (*zusammenstellen*) combinar **3.** (MUS) arreglar **II.** *vr:* **sich ~** (*sich einigen*) llegar a un arreglo [*o* acuerdo]
Arrest [a'rɛst] *m* <-(e)s, -e> **1.** (JUR) arresto *m;* **dinglicher ~** (JUR) embargo *m* **2.** (*Beschlagnahmung*) confiscación *f,* incautación *f;* **Arrestzelle** *f* <-, -n> (JUR) celda *f* de arresto [*o* de castigo]
arretieren* [are'ti:rən] *vt* (TECH) bloquear
Arretierung *f* <-, -en> (TECH) **1.** (*Vorrichtung*) dispositivo *m* de bloqueo, tope *m* **2.** (*Vorgang*) bloqueo *m*
arrivieren* [ari'vi:rən] *vi sein* (*geh: gesellschaftlich*) progresar en la escala social; (*beruflich*) progresar en la escala laboral; **er ist zum Chefredakteur arriviert** se ha encaramado hasta el puesto de redactor jefe
Arrivierte(r) *mf* <-n, -n; -n, -n> (*abw: Emporkömmling*) arribista *mf,* advenedizo, -a *m, f*
arrogant [aro'gant] *adj* arrogante
Arroganz *f* <-, *ohne pl*> arrogancia *f*
Arsch [arʃ, *pl:* 'ɛrʃə] *m* <-(e)s, Ärsche> (*vulg*) culo *m,* orto *m CSur;* **jdm in den ~ kriechen** lamer el culo a alguien; **du ~!** ¡hijo de puta!, ¡gilipollas!; **leck mich am ~!** ¡que te den por culo!; **am ~ der Welt** (*fam*) en el quinto coño; **Arschbacke** *f* <-, -n> (*vulg*) nalga *f;* **die acht Monate Knast sitze ich auf einer ~ ab!** (*sl*) ¡los ocho meses en la trena me los paso como si nada!; **Arschfick** *m* <-s, -s> (*vulg*) romper *m* el culo, dar *m* por el culo; **hättest du Lust auf einen ~, Alter?** ¿qué, tío, hace que te den por el culo?; **Arschficker** *m* <-s, -> (*vulg*) maricón *m;* **Arschkriecher** *m* <-s, -> (*vulg abw*) lameculos *mf inv;* **Arschloch** *nt* <-(e)s, -löcher> (*vulg*) **1.** (*Körperteil*) ojo *m* del culo **2.** (*Schimpfwort*) cabrón, -ona *m, f,* siete *m Am,* orto *m CSur;* **du ~!** ¡(cacho) cabrón!; **Arschtritt** *m* <-(e)s, -e> (*fam*) patada *f* en el culo
Arsen [ar'ze:n] *nt* <-s, *ohne pl*> (CHEM) arsénico *m*
Arsenal [arze'na:l] *nt* <-s, -e> arsenal *m*
Arsenik [ar'ze:nɪk] *nt* <-s, *ohne pl*> (CHEM) arsénico *m*
Arsenverbindung *f* <-, -en> (CHEM) compuesto *m* de arsenio
Art[1] [art] *f* <-, -en> **1.** (*Klasse*) clase *f,* tipo *m;* **Fahrzeuge aller ~** toda clase de vehículos **2.** (BIOL) especie *f;* **eine vom Aussterben bedrohte ~** una especie amenazada [*o* en peligro] de extinción **3.** (*Weise*) manera *f,* modo *m;* **~ und Weise** modo (y manera); **auf diese ~** de este modo, de esta manera; **nach ~ des Hauses** de la casa; **auf spanische ~** a la española
Art[2] *f* <-, *ohne pl*> (*Wesens~*) carácter *m,* naturaleza *f;* **das ist nun mal meine ~** yo soy así; **Mensch, hast du eine ~!** ¡hombre, qué forma de ser tienes [*o* cómo eres]!
Art. (*a.* JUR) *Abk. von* **Artikel** art.
Artbezeichnung *f* <-, -en> indicación *f* de la especie
Artefakt [arte'fakt] *nt* <-(e)s, -e> (*a.* ELEK, MED) artefacto *m*
arteigen *adj* (BIOL) propio de la especie
artenreich *adj* (BIOL) de gran diversidad de especies, rico en especies diversas; **Artenreichtum** *m* <-s, *ohne pl*> riqueza *f* de especies; **Artenrückgang** *m* <-(e)s, *ohne pl*> disminución *f* de especies
Artenschutz *m* <-(e)s, *ohne pl*> protección *f* de especies (en peligro de extinción); **Artenschutzabkommen** *nt* <-s, -> (ÖKOL) acuerdo *m* para la protección de especies (en peligro de extinción)
Artensterben *nt* <-s, *ohne pl*> extinción *f* de las especies; **Artenvielfalt** *f* <-, *ohne pl*> diversidad *f* de especies
Arterhaltung *f* <-, *ohne pl*> (BIOL) conservación *f* de las especies
Arterie [ar'te:riə] *f* <-, -n> (MED) arteria *f*
arteriell [arteri'ɛl] *adj* (MED) arterial
Arterienverkalkung *f* <-, -en> (*fam*) arterio(e)sclerosis *f inv;* **Arterienverschluss**[RR] *m* <-es, -schlüsse> (MED) obstrucción *f* arterial
Arteriosklerose *f* <-, -n> (MED) arterio(e)sclerosis *f inv*
artfremd *adj* (BIOL) de otra especie, ajeno a la especie; **artgemäß** *adj s.* **artgerecht**; **Artgenosse, -in** *m, f* <-n, -n; -, -nen> congénere *mf;* **artgerecht** *adj* acorde con la especie; **~e Tierhaltung** (*von Haustieren*) mantenimiento de los animales adaptado a las características de su especie; (*von Nutztieren*) cría de animales adaptada a las características de su especie; **artgleich** *adj* (*charakterlich*) de la misma raza; **von seinem Bruder darfst du nichts erwarten, die beiden sind ~** de su hermano no debes esperar nada, los dos son de la misma calaña

Arthritis [ar'tri:tɪs] *f* <-, Arthritiden> (MED) artritis *f inv*

arthritisch [ar'tri:tɪʃ] *adj* (MED) artrítico; **~e Beschwerden** afecciones artríticas; **~e Patienten** pacientes artríticos

Arthrose [ar'tro:zə] *f* <-, -n> (MED) artrosis *f inv*

Arthroskopie *f* <-, -n> (MED) artroscopia *f*

artig ['artɪç] *adj* bueno, obediente; **jetzt sei aber ~!** ¡ahora sé obediente [*o* bueno]!

Artigkeit *f* <-, *ohne pl*> (*Wohlerzogenheit*) (buena) educación *f,* (buenos) modales *mpl;* **die ~ des Kindes ist beeindruckend** es impresionante lo bien educado que es este niño

Artigkeiten *fpl* (*Komplimente*) piropos *mpl,* requiebros *mpl,* halagos *mpl;* **er überschüttete sie mit ~** la abrumó con piropos

Artikel [ar'ti:kəl, ar'tɪkəl] *m* <-s, -> (LING, PUBL, JUR) artículo *m;* (COM) artículo *m;* **führender/gängiger ~** artículo más vendido/de buena venta

Artikulation [artikula'tsjo:n] *f* <-, -en> articulación *f*

artikulieren* [artiku'li:rən] **I.** *vt* (*Laut, Gedanken*) articular **II.** *vr:* **sich ~** (*ausdrücken*) expresarse

Artillerie [artɪlə'ri:] *f* <-, -n> (MIL) artillería *f;* **Artilleriebeschuss**[RR] *m* <-es, *ohne pl*> (MIL) fuego *m* de artillería; **die Stellung stand tagelang unter ~** la posición sufrió durante días fuego de artillería

Artillerist ['artɪlərɪst, artɪlə'rɪst] *m* <-en, -en> (MIL) artillero *m*

Artischocke [arti'ʃɔkə] *f* <-, -n> alcachofa *f,* alcaucil *m Arg;* **Artischockenboden** *m* <-s, -böden> cogollo *m* de la alcachofa; **Artischockenherz** *nt* <-ens, -en> corazón *m* de alcachofa

Artist(in) [ar'tɪst] *m(f)* <-en, -en; -, -nen> **1.** (*im Varietee, Zirkus*) artista *mf* **2.** (*Akrobat*) acróbata *mf*

artistisch *adj* artístico

artverschieden *adj* de diferente clase; **artverwandt** *adj* afín

Artwort *nt* <-(e)s, -wörter> (GRAM) adjetivo *m*

Arznei [arts'naɪ] *f* <-, -en> medicamento *m,* medicina *f;* **Arzneibuch** *nt* <-(e)s, -bücher> farmacopea *f,* recetario *m;* **Arzneiflasche** *f* <-, -n> frasco *m* de medicina; **Arzneiformel** *f* <-, -n> receta *f,* fórmula *f;* **Arzneikunde** *f* <-, *ohne pl*> farmacología *f*

Arzneimittel *nt* <-s, -> medicamento *m;* **blutdrucksenkendes/blutdrucksteigerndes ~** medicamento hipotensor/hipertensor; **juckreizstillendes ~** medicamento contra la comezón; **topisches ~** medicamento tópico; **Arzneimittelabhängigkeit** *f* <-, -en> adicción *f* a los medicamentos; **Arzneimittelallergie** *f* <-, -n> alergia *f* a los medicamentos; **Arzneimittelentsorgung** *f* <-, -en> eliminación *f* de medicamentos; **Arzneimittelforschung** *f* <-, *ohne pl*> investigación *f* farmacológica; **Arzneimittelgebrauch** *m* <-(e)s, *ohne pl*> uso *m* de medicamentos; **Arzneimittelgesetz** *nt* <-es, -e> (JUR) legislación *f* sobre medicamentos; **Arzneimittelhersteller** *m* <-s, -> fabricante *m* de productos farmacéuticos; **Arzneimittelmissbrauch**[RR] *m* <-(e)s, *ohne pl*> abuso *m* de medicamentos; **Arzneimittelprüfung** *f* <-, -en>: **klinische ~** control *m* clínico de medicamentos; **Arzneimittelsucht** *f* <-, -süchte *o* -suchten> dependencia *f* de los medicamentos; **Arzneimitteltoleranz** *f* <-, -en> (MED) tolerancia *f* del medicamento; **Arzneimittelvergiftung** *f* <-, -en> intoxicación *f* con medicinas; **Arzneimittelzulassung** *f* <-, -en> autorización *f* de medicamentos

Arzneipflanze *f* <-, -n> planta *f* medicinal; **Arzneischrank** *m* <-(e)s, -schränke> botiquín *m,* armario *m* de las medicinas; **Arzneistoff** *m* <-(e)s, -e> producto *m* farmacéutico

Arzt [artst, *pl:* 'ɛrtstə] *m,* **Ärztin** *f* <-es, Ärzte; -, -nen> médico, -a *m, f,* doctor(a) *m(f);* **zum ~ gehen** ir al médico; **praktischer ~** médico (de medicina) general; **Arztberuf** *m* <-(e)s, -e> (ejercicio *m* de la) medicina *f;* **Arztbesuch** *m* <-(e)s, -e> visita *f* médica

Ärztebesteck *nt* <-(e)s, -e> instrumental *m* médico; **Ärztehaus** *nt* <-es, -häuser> *edificio donde se han instalado varias consultas de médicos;* **Ärztekammer** *f* <-, -n> colegio *m* de médicos

Ärztekollegium *nt* <-s, -kollegien> colectivo *m* de médicos, cuerpo *m* de médicos; **Ärztekommission** *f* <-, -nen> comisión *f* médica, junta *f* médica; **Ärztemuster** *nt* <-s, -> muestra *f* gratuita (para médicos)

Ärzteschaft *f* <-, *ohne pl*> cuerpo *m* médico

Arztfrau *f* <-, -en> mujer *f* del médico, médica *f reg, alt;* **Arzthelfer(in)** *m(f)* <-s, -; -, -nen> auxiliar *mf* de médico, asistente *mf* médico, -a

Ärztin ['ɛrtstɪn] *f* <-, -nen> *s.* **Arzt**

Arztkosten *pl* honorarios *mpl* del médico, minuta *f* del médico

ärztlich *adj* médico; **~es Attest** certificado médico; **auf ~en Rat** por consejo médico

Arztpraxis *f* <-, -praxen> consulta *f* médica

As[1] [as] *nt* <-, -> (MUS) la *m* bemol

As[2] *nt* <-ses, -se> *s.* **Ass**

As[3] (CHEM) *Abk. von* **Arsen** As

Asbest [as'bɛst] *m* <-(e)s, -e> amianto *m;* **Asbestfilter** *m* <-s, -> filtro *m* de asbesto; **Asbestlunge** *f* <-, -n> (MED) pulmón *m* de asbesto

Asbestose [asbɛs'to:zə] *f* <-, -n> (MED) asbestosis *f inv*

Asbestverseuchung *f* <-, -en> contaminación *f* de asbesto; **Asbestzement** *m*

<-(e)s, -e> cemento *m* de asbesto
A-Schallpegel ['-'---] *m* <-s, -> nivel *m* acústico A
Aschantinuss[RR] [a'ʃantinʊs] *f* <-, -nüsse> (*Österr: Erdnuss*) cacahuete *m*
aschblond ['aʃblɔnt] *adj* rubio ceniza
Asche ['aʃə] *f* <-, *ohne pl*> ceniza *f;* **vulkanische ~** ceniza volcánica; **Ascheimer** ['aʃaɪmɐ] *m* <-s, -> *s.* **Ascheneimer**; **Aschenbahn** *f* <-, -en> pista *f* de ceniza; **Aschenbecher** *m* <-s, -> cenicero *m*
Aschenbrödel ['aʃənbrø:dəl] *nt* <-s, -> cenicienta *f*
Ascheneimer *m* <-s, -> cubo *m* de la ceniza; **Aschenplatz** *m* <-es, -plätze> (SPORT) pista *f* de tierra batida
Aschenputtel ['aʃənpʊtəl] *nt* <-s, -> cenicienta *f*
Aschenregen *m* <-s, -> lluvia *f* de ceniza
Ascher ['aʃɐ] *m* <-s, -> cenicero *m*
Aschermittwoch [--'--] *m* <-s, -e> miércoles *m* de ceniza
aschfahl ['-'-] *adj* ceniciento, de color ceniza
aschgrau *adj* gris ceniza
ASCII-Code ['askiko:t] *m* <-s, -s> (INFOR) código *m* ASCII
Ascorbinsäure [askɔr'bi:n-] *f* <-, *ohne pl*> (CHEM) ácido *m* ascórbico
Ascospore *f* <-, -n> (BOT) esporo *m* tubular
äsen ['ɛ:zən] *vi* pacer
Asepsis [a'zɛpsɪs] *f* <-, *ohne pl*> (MED) asepsis *f*
aseptisch [a'zɛptɪʃ] *adj* (MED) aséptico
Äser *pl von* **Aas**[2]
Aserbaidschan [azɛrbaɪ'dʒa:n] *nt* <-s> Azerbayán *m*
asexuell ['aseksuɛl] *adj* asexual, asexuado
Asiat(in) *m(f)* <-en, -en; -, -nen> asiático, -a *m, f*
asiatisch *adj* asiático
Asien ['a:ziən] *nt* <-s> Asia *f*
Askese [as'ke:zə] *f* <-, *ohne pl*> ascetismo *m*, ascética *f*
Asket(in) [as'ke:t] *m(f)* <-en, -en; -, -nen> asceta *mf*
asketisch *adj* ascético
Askorbinsäure [askɔr'bi:nzɔɪrə] *f* <-, *ohne pl*> (CHEM) ácido *m* ascórbico
Äskulapstab [ɛsku'la:pʃta:p] *m* <-(e)s, -stäbe> vara *f* de Esculapio
asozial ['azotsia:l] *adj* asocial; (*rücksichtslos*) incívico
Asoziale(r) *mf* <-n, -n; -n, -n> (*abw*) asocial *mf*, antisocial *mf*
Aspekt [as'pɛkt] *m* <-(e)s, -e> aspecto *m;* **unter diesem ~** bajo ese aspecto
Asphalt [as'falt] *m* <-(e)s, -e> asfalto *m*, asfaltado *m Am;* **Asphaltdecke** *f* <-, -n> firme *m*, (pavimento *m* de) asfalto *m*, capa *f* asfáltica
asphaltieren* *vt* asfaltar
Asphaltstraße *f* <-, -n> calle *f* asfaltada, carretera *f* asfaltada
Aspik [as'pi:k, 'aspɪk] *m* <-s, -e> (GASTR) gelatina *f* (de carne)
Aspirin® *nt* <-s, -> aspirina *f*
Ass[RR] *nt* <-es, -e> as *m;* **er ist ein ~ in Mathe** (*fam*) es un as de las matemáticas
aß [a:s] *3. imp von* **essen**
Assekurant [aseku'rant] *m* <-en, -en> asegurador *m*
Assekuranz [aseku'rants] *f* <-, -en> compañía *f* de seguros, aseguradora *f*
Assekurat [aseku'ra:t] *m* <-en, -en> objeto *m* asegurado
Assel ['asəl] *f* <-, -n> (ZOOL) cochinilla *f*
Assembler [ə'sɛmblɐ] *m* <-s, -> (INFOR) ensamblador *m;* **Assemblersprache** *f* <-, -n> (INFOR) lenguaje *m* ensamblador
assemblieren [ɛsɛm'bli:rən] *vt* (INFOR) ensamblar
Asservat [asɛr'va:t] *nt* <-(e)s, -e> (JUR) prueba *f* decisiva [*o* fundamental]; **Asservatenkammer** *f* <-, -n> (JUR) depósito *m* de pruebas
Assessmentcenter *nt* <-s, -> (WIRTSCH) centro *m* de evaluación [*o* de estimación]
Assessor(in) [a'sɛso:ɐ] *m(f)* <-s, -en; -, -nen> (JUR, SCH) *funcionario con segundo examen de estado*
Assimilation *f* <-, -en> (*geh a.* BIOL) asimilación *f* (*an* a)
assimilieren* [asimi'li:rən] **I.** *vt* (*geh a.* BIOL) asimilar (*an* a) **II.** *vr:* **sich ~** (*a.* BIOL: *geh*) asimilarse (*an* a)
Assimilierung *f* <-, -en> (*geh a.* BIOL) asimilación *f*
Assisen [a'si:zən] *pl* (*Schwurgericht*) jurado *m*
Assistent(in) [asɪs'tɛnt] *m(f)* <-en, -en; -, -nen> asistente *mf;* **persönlicher ~** asistente personal
Assistenz [asɪs'tɛnts] *f* <-, -en> asistencia *f* (*bei* en); **unter jds ~** con la asistencia de alguien; **Assistenzarzt, -ärztin** *m, f* <-es, -ärzte; -, -nen> médico, -a *m, f* asistente [*o* ayudante]; **Assistenzprofessor(in)** *m(f)* <-s, -en; -, -nen> profesor(a) *m(f)* ayudante
assistieren* *vi* asistir (*bei* en)
Assoziation [asotsia'tsjo:n] *f* <-, -en> asociación *f*
assoziieren* [asotsi'i:rən] **I.** *vt* (*geh*) asociar; **damit assoziiere ich Arbeit** esto lo asocio [*o* relaciono] con trabajo **II.** *vr:* **sich ~** (POL) asociarse; **ein assoziiertes Mitglied der EU** un miembro asociado de la UE; **Puerto Rico ist ein assoziierter Staat der USA** Puerto Rico es un estado asociado de EE.UU.
Ast [ast, *pl:* 'ɛstə] *m* <-(e)s, Äste> **1.** (*vom Baum*) rama *f;* **auf dem absteigenden ~ sein** (*fam*) andar [*o* ir] de capa caída **2.** (*im Holz*) nudo *m* **3.** (*Wend*): **ich lachte mir einen ~** (*fam*) me desternillaba [*o* me moría] de risa
AStA ['asta] *m* <-(s), Asten> (UNIV) *Abk. von* **Allgemeiner Studentenausschuss** Comité

m de Estudiantes

Astat [a'sta:t] *nt* <-s, *ohne pl*> (CHEM) astatio *m*

Asten *pl von* **AStA**

Aster ['astɐ] *f* <-, -n> áster *f*; **blaue** ~ amelo *m*

Asteroid *m* <-en, -en> (ASTR) asteroide *m*

Astgabel *f* <-, -n> horcadura *f*

Ästhet(in) [ɛs'te:t] *m(f)* <-en, -en; -, -nen> esteta *mf*

Ästhetik *f* <-, *ohne pl*> estética *f*

Ästhetin *f* <-, -nen> *s.* **Ästhet**

ästhetisch *adj* estético

Asthma ['astma] *nt* <-s, *ohne pl*> (MED) asma *m o f*; **Asthmabehandlung** *f* <-, -en> (MED) tratamiento *m* del asma

Asthmatiker(in) *m(f)* <-s, -; -, -nen> (MED) asmático, -a *m, f*

asthmatisch [ast'ma:tɪʃ] *adj* (MED) asmático

astig *adj* nudoso; ~ **sein** tener muchos nudos; ~**ere Bretter sind billiger** los tablones con más nudos son más baratos

Astknoten *m* <-s, -> (*im Holz*) nudo *m*; **Astloch** *nt* <-(e)s, -löcher> agujero *m* de nudo

astrein *adj* (*fam*) **1.** (*sehr schön*) genial **2.** (*moralisch einwandfrei*): **die Sache ist nicht ganz** ~ aquí hay gato encerrado

Astrologe, -in [astro'lo:gə] *m, f* <-n, -n; -, -nen> astrólogo, -a *m, f*

Astrologie *f* <-, *ohne pl*> astrología *f*

Astrologin *f* <-, -nen> *s.* **Astrologe**

astrologisch *adj* astrológico

Astronaut(in) [astro'naʊt] *m(f)* <-en, -en; -, -nen> astronauta *mf*

Astronom(in) [astro'no:m] *m(f)* <-en, -en; -, -nen> astrónomo, -a *m, f*

Astronomie *f* <-, *ohne pl*> astronomía *f*

Astronomin *f* <-, -nen> *s.* **Astronom**

astronomisch *adj* (*a. fig*) astronómico

Astrophysik [astrofy'zi:k] *f* <-, *ohne pl*> astrofísica *f*

Astrophysiker(in) [astro'fy:zikɐ] *m(f)* <-s, -; -, -nen> astrofísico, -a *m, f*

Ästuar [ɛstu'a:ɐ] *nt* <-s, -e *o* -ien> (GEO) estuario *m*

Asturien [as'tu:riən] *nt* <-s> Asturias *f*

Asturier(in) *m(f)* <-s, -; -, -nen> asturiano, -a *m, f*

asturisch *adj* asturiano

Astwerk *nt* <-(e)s, *ohne pl*> ramaje *m*; **im dichten** ~ **fanden viele Vögel Schutz** el espeso ramaje cobijaba a muchas aves

ASU *f Abk. von* **Abgassonderuntersuchung** control *m* de los gases de combustión

Asyl [a'zy:l] *nt* <-(e)s, -e> asilo *m*; **um politisches** ~ **bitten** solicitar asilo político

Asylant(in) [azy'lant] *m(f)* <-en, -en; -, -nen> asilado, -a *m, f*; **Asylantenwohnheim** *nt* <-(e)s, -e> residencia *f* de asilados

Asylantin *f* <-, -nen> *s.* **Asylant**

Asylantrag *m* <-(e)s, -träge> petición *f* de asilo, solicitud *f* de asilo; **Asylberechtigte(r)** *mf* <-n, -n; -n, -n> persona *f* con derecho a asilo político; **Asylbewerber(in)** *m(f)* <-s, -; -, -nen> solicitante *mf* de asilo; **Asylrecht** *nt* <-(e)s, *ohne pl*> derecho *m* de asilo; **Asylsuchende(r)** *mf* <-n, -n; -n, -n> peticionario *m* de asilo

Asymmetrie [azʏme'tri:] *f* <-, -n> (*a.* MATH) asimetría *f*

asymmetrisch ['azʏme:trɪʃ] *adj* (*a.* MATH) asimétrico

asynchron ['azʏnkro:n] *adj* asincrónico

Aszendent [astsɛn'dɛnt] *m* <-en, -en> (ASTR) ascendente *m*

Aszites *m* <-, *ohne pl*> (MED) ascitis *f inv*

at (PHYS: *alt*) *Abk. von* **technische Atmosphäre** at.

At (CHEM) *Abk. von* **Astat** At

A.T. (REL) *Abk. von* **Altes Testament** A.T.

Atelier [atə'lje:] *nt* <-s, -s> estudio *m*; **Atelieraufnahme** *f* <-, -n> foto(grafía) *f* de estudio; **Atelierfenster** *nt* <-s, -> ventana *f* de estudio; **Atelierwohnung** *f* <-, -en> estudio *m* abuhardillado [*o* en una buhardilla]

Atem ['a:təm] *m* <-s, *ohne pl*> respiración *f*, aliento *m*; **kurzer** ~ respiración corta; **den** ~ **anhalten** contener la respiración [*o* el aliento]; **wieder zu** ~ **kommen** recuperar el aliento; ~ **holen** tomar aliento; **jdn in** ~ **halten** tener a alguien en vilo; **außer** ~ **sein** estar con la lengua fuera [*o* sin aliento]; **das verschlägt mir den** ~ eso me deja sin palabras; **Atembeklemmung** *f* <-, -en> ahogo *m*; **atemberaubend** *adj* **1.** (*beeindruckend*) impresionante **2.** (*spannend*) emocionante, palpitante **3.** (*sensationell*) sensacional **4.** (*Schwindel erregend*) vertiginoso; **Atembeschwerden** *fpl* trastornos *mpl* respiratorios, molestias *fpl* respiratorias; **Atemgerät** *nt* <-(e)s, -e> (MED) aparato *m* respiratorio; **Atemgeräusch** *nt* <-(e)s, -e> ruido *m* de la respiración [*o* al respirar]; **mit dem Stethoskop stellte der Arzt verdächtige** ~**e fest** con el estetoscopio el médico apreció ruidos sospechosos en la respiración; **Atemholen** *nt* <-s, *ohne pl*> aspiración *f*, inspiración *f*; **Asthmatiker haben häufig Schwierigkeiten beim** ~ los asmáticos tienen a menudo dificultades al inspirar; **alle zwei Minuten tauchten sie zum** ~ **auf** cada dos minutos emergían para tomar aire; **bei dieser Hektik komme ich kaum noch zum** ~! (*fig*) ¡con estas prisas no me da tiempo ni a respirar!; **Atemlähmung** *f* <-, *ohne pl*> (MED) parálisis *f inv* respiratoria; **Atemloch** *nt* <-(e)s, -löcher> orificio *m* respiratorio; **atemlos** *adj* **1.** (*außer Atem*) sin aliento, jadeante **2.** (*gespannt*) absorto; ~ **lauschen** escuchar sin parpadear **3.** (*schnell*) vertiginoso; **Atemlosigkeit** *f* <-, *ohne pl*> apnea *f*; **Atemluft** *f* <-, *ohne pl*> aliento *m*, aire *m*; **Atemmaske** *f* <-, -n> (MED) máscarilla *f* (respiratoria), máscara *f* (respiratoria); **Atemnot** *f* <-, *ohne pl*> asfixia *f*, ahogo *m*; (MED) apnea *f;* **Atempause** *f* <-, -n> **1.** (*zum Atmen*) pausa *f* respiratoria **2.** (*Ruhepause*) respiro *m,* descanso *m;* **ohne** ~ sin pararse ni a respirar

Atemschutzgerät *nt* <-(e)s, -e> aparato *m* de protección respiratoria; **Atemschutzmaske** *f* <-, -n> mascarilla *f* antigás, máscara *f* antigás

Atemstillstand *m* <-(e)s, *ohne pl*> paro *m* respiratorio

Atemwege *mpl* vías *fpl* respiratorias; **Atemwegserkrankung** *f* <-, -en> (MED) enfermedad *f* de las vías respiratorias

Atemzug *m* <-(e)s, -züge> respiración *f;* **im selben** ~ de un aliento

Äthanol [ɛta'no:l] *nt* <-s, *ohne pl*> (CHEM) etanol *m*

Atheismus [ate'ɪsmʊs] *m* <-, *ohne pl*> ateísmo *m*

Atheist(in) *m(f)* <-en, -en; -, -nen> ateo, -a *m, f*

atheistisch *adj* ateo

Athen [a'te:n] *nt* <-s> Atenas *m*

Athener[1] *adj inv* de Atenas, ateniense

Athener(in)[2] *m(f)* <-s, -; -, -nen> ateniense *mf*

Äther ['ɛ:tɐ] *m* <-s, *ohne pl*> (CHEM) éter *m;* **Ätherbildung** *f* <-, -en> (CHEM) formación *f* de éter

ätherisch [ɛ'te:rɪʃ] *adj* etéreo, volátil; ~**e Öle** aceites etéreos

Äthiopien [ɛti'o:piən] *nt* <-s> Etiopía *f*

Äthiopier(in) *m(f)* <-s, -; -, -nen> etíope *mf,* etiopio, -a *m, f*

äthiopisch *adj* etíope, etiópico

Athlet(in) [at'le:t] *m(f)* <-en, -en; -, -nen> atleta *mf*

athletisch *adj* atlético

Athrophie [atro'fi:] *f* <-, -n> (MED) atrofia *f*

Äthylalkohol [ɛ'ty:lalkoho:l] *m* <-s, -e> (CHEM) alcohol *m* etílico, etanol *m*

Ätiologie [ɛtiolo'gi:] *f* <-, *ohne pl*> (*geh: Lehre, a.* MED) etiología *f*

Atlanten *pl von* **Atlas**

Atlantik [at'lantɪk] *m* <-s> Atlántico *m*

atlantisch *adj* atlántico; **der A~e Ozean** el Océano Atlántico

Atlas ['atlas, *pl:* at'lantən] *m* <-(ses), Atlanten *o* -se> atlas *m inv*

atmen ['a:tmən] *vi, vt* respirar

Atmen *nt* <-s, *ohne pl*> respiración *f;* **das ~ durch die Nase fällt mir schwer** me resulta difícil respirar por la nariz

Atmosphäre [atmo'sfɛ:rə] *f* <-, -n> **1.** (*der Erde, von Gestirnen*) atmósfera *f* **2.** (*Stimmung*) ambiente *m;* (**keine**) ~ **haben** (no) haber ambiente **3.** (PHYS: *Einheit*) atmósfera *f;* **Atmosphärendruck** *m* <-(e)s, -drücke> (PHYS) presión *f* atmosférica; **Atmosphärenforscher(in)** *m(f)* <-s, -; -, -nen> investigador(a) *m(f)* de la atmósfera; **Atmosphärenüberdruck** *m* <-(e)s, -drücke> (PHYS) atmósferas *fpl* de sobrepresión

atmosphärisch *adj* atmosférico

Atmung ['a:tmʊŋ] *f* <-, *ohne pl*> respiración *f;* **atmungsaktiv** *adj* transpirable; **Atmungsapparat** *m* <-(e)s, -e> (ANAT) aparato *m* respiratorio; **Atmungsorgan** *nt* <-s, -e> (MED, BIOL) órgano *m* respiratorio; ~**e** sistema respiratorio, órganos respiratorios

Ätna ['ɛtna] *m* <-s> Etna *m*

Atoll [a'tɔl] *nt* <-s, -e> atolón *m*

Atom [a'to:m] *nt* <-s, -e> átomo *m*

Atomangriff *m* <-(e)s, -e> ataque *m* nuclear; **Atomantrieb** *m* <-(e)s, -e> propulsión *f* atómica [*o* nuclear]

atomar [ato'ma:ɐ] *adj* nuclear, atómico; ~**e Rüstung/Bedrohung** armamento/amenaza nuclear; ~**e Waffen** armas nucleares

Atombombe *f* <-, -n> bomba *f* atómica; **Atombombenexplosion** *f* <-, -en> explosión *f* de bomba atómica; **atombombensicher** *adj* a prueba de bombas nucleares; (*Keller*) antinuclear, antiatómico; **Atombombenversuch** *m* <-(e)s, -e> prueba *f* nuclear

Atombomber *m* <-s, -> (*fam*) bombardero *m* con armas nucleares; **Atombunker** *m* <-s, -> refugio *m* atómico; **Atomenergie** *f* <-, *ohne pl*> energía *f* nuclear [*o* atómica]; **friedliche Nutzung der** ~ aprovechamiento pacífico de la energía nuclear; **Atomexplosion** *f* <-, -en> explosión *f* atómica [*o* nuclear]

Atomforschung *f* <-, *ohne pl*> (PHYS) investigación *f* nuclear [*o* atómica]; **Atomforschungszentrum** *nt* <-s, -zentren> (PHYS) centro *m* de investigaciones atómicas [*o* nucleares]

Atomgegner(in) *m(f)* <-s, -; -, -nen> antinuclear *mf,* opositor(a) *m(f)* a la energía nuclear; **atomgetrieben** *adj* a propulsión nuclear [*o* atómica]; **Atomgewicht** *nt* <-(e)s, *ohne pl*> peso *m* atómico; **Atomindustrie** *f* <-, -n> (WIRTSCH) industria *f* atómica [*o* nuclear]

atomisieren* *vt* atomizar

Atomkern *m* <-(e)s, -e> núcleo *m* atómico

Atomkraft *f* <-, *ohne pl*> energía *f* nuclear; **Atomkraftwerk** *nt* <-(e)s, -e> central *f* nuclear [*o* atómica]

Atomkrieg *m* <-(e)s, -e> guerra *f* nuclear [*o* atómica]; **Atommacht** *f* <-, -mächte> potencia *f* atómica [*o* nuclear]; **Atommeiler** *m* <-s, -> reactor *m* nuclear, pila *f* atómica; **Atommodell** *nt* <-(e)s, -e> (PHYS) modelo *m* de átomo

Atommüll *m* <-s, *ohne pl*> residuos *mpl* radi(o)activos [*o* nucleares]; **Atommüllagerung** *f* <-, *ohne pl*> *s.* Atommülllagerung; **Atommüllendlager** *nt* <-s, -> depósito *m* definitivo de residuos radi(o)activos [*o* nucleares]; **Atommülllagerung**[RR] *f* <-, *ohne pl*> almacenaje *m* de residuos radi(o)activos [*o* nucleares]

Atomphysik *f* <-, *ohne pl*> física *f* atómica [*o* nuclear]; **Atomphysiker(in)** *m(f)* <-s, -; -, -nen> físico, -a *m, f* nuclear; **Atompilz** *m* <-es, -e> hongo *m* nuclear, seta *f* radi(o)activa; **Atomrakete** *f* <-, -n> misil *m* nuclear; **Atomreaktor** *m* <-s, -en> reactor *m* nuclear [*o* atómico]; **Atomschmuggel** *m* <-s, *ohne pl*> contrabando *m* de material nuclear; **Atomschmuggler(in)** *m(f)* <-s, -; -, -nen> contrabandista *mf* nuclear; **Atomspaltung** *f* <-, -en> (PHYS) fisión *f* nuclear; **Atomsperrvertrag** *m* <-(e)s, *ohne pl*> (POL) tratado *m* de no proliferación de armas atómicas; **Atomsprengkopf** *m* <-(e)s, -köpfe> (MIL) cabeza *f* atómica; **Atomterrorismus** *m* <-, *ohne pl*> terrorismo *m* nuclear

Atomtest *m* <-(e)s, -s *o* -e> prueba *f* nuclear; **Atomtestgelände** *nt* <-s, -> zona *f* de pruebas nucleares

Atomteststopp *m* <-s, -s> (POL) stop *m* a las pruebas nucleares, no realización *f* de pruebas nucleares; **Atomteststoppabkommen** *nt* <-s, -> (POL) tratado *m* de no realización de pruebas nucleares

Atomtriebwerk *nt* <-(e)s, -e> propulsor *m* atómico [*o* nuclear]; **Atomuhr** *f* <-, -en> (TECH) reloj *m* atómico; **Atomversuch** *m* <-(e)s, -e> *s.* **Atomtest**

Atomwaffe *f* <-, -n> arma *f* atómica [*o* nuclear]; **atomwaffenfrei** *adj* desnuclearizado; **~e Zone** zona desnuclearizada; **Atomwaffensperrvertrag** *m* <-(e)s, *ohne pl*> (POL) *s.* Atomsperrvertrag; **Atomwaffenversuch** *m* <-(e)s, -e> prueba *f* de armas atómicas [*o* nucleares]

Atomzahl *f* <-, -en> (CHEM) número *m* atómico; **Atomzeitalter** *nt* <-s, *ohne pl*> era *f* atómica; **Atomzerfall** *m* <-(e)s, *ohne pl*> (PHYS) desintegración *f* atómica; **Atomzertrümmerung** *f* <-, -en> desintegración *f* del átomo

atonal ['atona:l] *adj* (MUS) atonal

atoxisch ['atɔksɪʃ, -'--] *adj* atóxico

Atrium ['a:triʊm] *nt* <-s, Atrien> (ARCHIT) atrio *m*, pretil *m Am;* **Atriumhaus** *nt* <-es, -häuser> (ARCHIT) casa *f* con atrio

Atrophie [atro'fi:, *pl:* atro'fi:ən] *f* <-, -n> (MED) atrofia *f*

atrophisch [a'tro:fɪʃ] *adj* (MED) atrófico, atrofiado; **an den Muskeln sind ~e Veränderungen zu beobachten** en los músculos se aprecian alteraciones atróficas; **aufgrund mangelnder Bewegung ist der ganze Körper des Häftlings ~** todo el cuerpo del recluso está atrofiado a causa de la falta de movimiento

ätsch [ɛ:tʃ] *interj* (*fam*) ¡toma ya!, ¡chúpate esa!

Attaché [ata'ʃe:] *m* <-s, -s> agregado *m* diplomático; **Attachékoffer** *m* <-s, -> maletín *m* attaché

Attacke [a'takə] *f* <-, -n> **1.** (*Angriff*) agresión *f* (*auf/gegen* contra), ataque *m* (*auf/gegen* contra) **2.** (*Reiterangriff*) carga *f* (*auf/gegen* contra) **3.** (MED) ataque *m*, acceso *m*

attackieren* *vt* atacar

Attentat ['atənta:t] *nt* <-(e)s, -e> atentado *m* (*auf* contra); **ein ~ auf jdn verüben** atentar contra (la vida de) alguien; **ein ~ auf jdn vorhaben** (*fam fig*) querer pedir un favor a alguien

Attentäter(in) ['atəntɛ:tɐ, --'--] *m(f)* <-s, -; -, -nen> autor(a) *m(f)* del atentado

Attenuation [atenua'tsjo:n] *f* <-, *ohne pl*> (INFOR, TEL) atenuación *f*

Attest [a'tɛst] *m* <-(e)s, -e>: (**ärztliches**) ~ certificado *m* médico

attestieren* *vt* atestar, certificar

Attitüde [ati'ty:də] *f* <-, -n> pose *f*; **die ~n einer Filmdiva** los aires [*o* humos] de una estrella de cine

Attraktion[1] [atrak'tsjo:n] *f* <-, -en> (*Glanznummer*) atracción *f*

Attraktion[2] *f* <-, *ohne pl*> (*Anziehung*) atractivo *m*

attraktiv [atrak'ti:f] *adj* atractivo

Attraktivität [atraktivi'tɛ:t] *f* <-, *ohne pl*> atractivo *m*

Attrappe [a'trapə] *f* <-, -n> objeto *m* de imitación [*o* de pega]

Attribut [atri'bu:t] *nt* <-(e)s, -e> **1.** (*Eigenschaft*) propiedad *f*, atributo *m* **2.** (LING) atributo *m*, complemento *m*

attributiv [atribu'ti:f, '----] *adj* (LING) atributivo

atü [a'ty:] (PHYS) *Abk. von* **Atmosphärenüberdruck** atmósferas *fpl* de sobrepresión

atypisch ['aty:pɪʃ, -'--] *adj* atípico (*für* de)

ätzen ['ɛtsən] *vi, vt* **1.** (CHEM) corroer **2.** (MED) cauterizar

ätzend *adj* **1.** (*Lauge*) cáustico; (*Säure*) corrosivo; **~e Chemikalien** sustancias químicas cáusticas y corrosivas **2.** (*sl: furchtbar*) horrible; (*nervtötend*) cabreante; **das war echt ~!** ¡fue realmente insufrible!

Ätzkalk *m* <-(e)s, -e> cal *f* viva; **Ätzmittel** *nt* <-s, -> corrosivo *m;* **Ätznatron** *nt* <-s, *ohne pl*> (CHEM) hidróxido *m* sódico; **Ätzstift** *m* <-(e)s, -e> (MED) lápiz *m* cauterizador [*o* cáustico]

Ätzung *f* <-, -en> **1.** (MED: *Ver~*) abrasión *f*; (*als Heilmittel*) cauterización *f* **2.** (KUNST) (técnica *f* de) grabado *m* al aguafuerte; (FOTO) fotograbado *m*

au [aʊ] *interj* **1.** (*Schmerz*) ¡ay!; **~, das war knapp!** ¡ay, por poco! **2.** (*Begeisterung*) ¡ay!, ¡uau!; **~ ja!** ¡uau, sí!

Au[1] [aʊ] *f* <-, -en> (*südd, Österr*) *s.* **Aue**

Au[2] (CHEM) *Abk. von* **Aurum** Au

AU (AUTO) *Abk. von* **Abgasuntersuchung** control *m* de los gases de combustión

aua ['aʊa] *interj* ¡ay!

aubergine *adj s.* **auberginefarben**

Aubergine [obɛr'ʒi:nə] *f* <-, -n> berenjena *f*

auberginefarben *adj* (de) color berenjena;

ein ~es Hemd una camisa (color) berenjena

auch [aʊx] *adv* **1.** (*ebenfalls*) también, asimismo; **~ nicht** tampoco; **dein Bruder ist ~ da** tu hermano también está; **das kann ich ~** yo también lo sé (hacer); **ich ~** yo también; **ich bin ~ nur ein Mensch** yo tampoco soy más que un ser humano; **das ist ~ nicht schlecht** esto tampoco está mal; **~ gut** bien también; **~ das noch!** ¡lo que faltaba! **2.** (*sogar*) incluso, ni siquiera; **ohne ~ nur zu fragen** sin ni siquiera preguntar; **~ wenn es regnen sollte** incluso si lloviese **3.** (*tatsächlich*) en efecto, de hecho; **das hat ~ niemand behauptet** de hecho nadie lo ha dicho **4.** (*außerdem*) además, también; **~ wäre es falsch zu glauben, dass ...** además sería erróneo pensar que... +*subj;* **so was aber ~!** ¡qué cosas!; **so was Blödes aber ~!** ¡mira qué tontería!; **wozu ~?** ¿para qué, de hecho [*o* realmente]?; **wo ~ immer** dondequiera que (sea); **wie es ~ sei** sea como sea [*o* fuere]; **solange ich ~ wartete ...** por más que esperé...

Audienz [aʊdi'ɛnts] *f* <-, -en> audiencia *f*

Audiokassette ['aʊdiokasɛtə] *f* <-, -n> (audio)cas(s)et(t)e *m o f;* **audiovisuell** [aʊdiovizu'ɛl] *adj* audiovisual

Audit ['aʊdɪt] *nt* <-s, -s> **1.** (INFOR) auditoría *f* **2.** (WIRTSCH: *Prüfung*) auditoría *f* (contable), revisión *f* (de cuentas)

auditieren* *vt* (WIRTSCH: *prüfen*) revisar, inspeccionar, someter a una auditoría; **die Abteilung wurde vom Qualitätsbeauftragten auditiert** la sección fue sometida a una auditoría por el comisionado de calidad

Auditorium [aʊdi'to:riʊm] *nt* <-s, Auditorien> **1.** (*Räumlichkeit*) auditorio *m;* **das ~ maximum** el paraninfo **2.** (*geh: Zuhörer*) auditorio *m*

Aue ['aʊə] *f* <-, -n> **1.** (*geh: Gelände*) vega *f* **2.** (*reg: Insel*) isla *f*

Auerhahn ['aʊɐha:n] *m* <-(e)s, -hähne> (ZOOL) urogallo *m,* gallo *m* silvestre; **Auerhenne** *f* <-, -n> (ZOOL) hembra *f* del urogallo; **Auerhuhn** *nt* <-(e)s, -hühner> (ZOOL) urogallo *m;* **Auerochse** *m* <-n, -n> (ZOOL) uro *m*

auf [aʊf] **I.** *präp +dat* **1.** (*oben darauf*) sobre, encima de, en; **~ dem Tisch** encima de/sobre la mesa; **was liegt da ~ dem Boden?** ¿qué es eso que hay ahí en el suelo?; **ich habe es ~ einem Bild gesehen** lo he visto en una foto **2.** (*darauf befindlich*) en; **~ Mallorca** en Mallorca; **~ der Straße** en la calle; **~ dieser Seite** en esta página **3.** (*drinnen*) en; **~ der Bank/der Post/dem Polizeirevier** en el banco/Correos/la comisaría de policía; **~ meinem Zimmer** en mi cuarto; **~ dem Land(e)** en el campo; **~ meinem Konto** en mi cuenta **4.** (*während*) durante; **~ Reisen** de viaje; **~ der Flucht** durante la fuga; **~ der Geburtstagsfeier** en la fiesta de cumpleaños **II.** *präp +akk* **1.** (*nach oben*) a, en; **~ einen Berg steigen** subir a un monte; **sie setzte sich ~ die Bank** se sentó en el banco; **stell die Vase ~ den Tisch** pon el jarrón en [*o* encima de] la mesa **2.** (*hin zu*) a, hacia; **sich ~ den Weg machen** ponerse en camino; **ich muss noch ~ die Post** tengo que ir todavía a Correos; **~ die Erde fallen** caer al suelo; **~s Land ziehen** irse a vivir al campo; **~ eine Party gehen** ir a una fiesta; **er kam ~ mich zu** vino hacia mí **3.** (*zeitlich*): **~ einmal** de repente; **Heiligabend fällt ~ einen Dienstag** Nochebuena cae en martes; **~ lange Sicht** a la larga; **die Sitzung wurde ~ morgen verschoben** la conferencia se aplazó a [*o* hasta] mañana; **bleib doch noch ~ eine Tasse Kaffee** quédate a tomar una taza de café; **~s Neue** de nuevo **4.** (*in einer bestimmten Art*) de; **~ diese Weise** de esta manera; **~ gut Glück** a la buena de Dios **5.** (*infolge*): **~ seinen Rat (hin)** siguiendo su consejo; **..., ~ Grund dessen ...** por cuyo motivo **6.** (*im Hinblick ~*): **~ Kosten von ...** a cuenta de...; **~ dein Wohl** [*o* **deins**]**!** ¡a tu salud!; **~ eigene Gefahr** por propia cuenta y riesgo **III.** *adv* **1.** (*hinauf*) arriba; **~ und ab** arriba y abajo; **er ist ~ und davon** (*fam*) puso pies en polvorosa **2.** (*fam: nicht im Bett*): **~ sein** estar levantado; **er ist noch ~** aún está levantado **3.** (*fam: offen, geöffnet*) abierto; **die Tür ist ~** la puerta está abierta **4.** (*aufwärts*) arriba; **~!** ¡arriba!; **~ geht's!** ¡vamos!

Auf *nt:* **das ~ und Ab** (*Bewegung*) las subidas y bajadas, las depresiones y elevaciones; (*Wechsel*) el altibajo; **von dem ständigen ~ und Ab während der Fahrt wurde ihr ganz übel** se puso enferma por los altibajos del recorrido; **er kann das ~ und Ab auf dem Riesenrad nicht mehr ertragen** ya no puede resistir tanto suba y baja en la noria; **das Leben ist ein einziges ~ und Ab** la vida está llena de altibajos

auf|arbeiten *vt* **1.** (*erledigen*) despachar, acabar **2.** (*erneuern*) modificar, renovar **3.** (*bewältigen*) superar

auf|atmen *vi* tomar aire, respirar hondamente; **sie atmete erleichtert auf** dio un suspiro de alivio

auf|backen *irr vt* retostar; **wir können das Brot von gestern ~** podemos tostar el pan de ayer en el horno

auf|bahren ['aʊfba:rən] *vt:* **einen Toten ~** velar a un muerto

Aufbahrung *f* <-, -en> capilla *f* ardiente; **Aufbahrungshalle** *f* <-, -n> tanatorio *m*

Aufbau[1] *m* <-(e)s, -ten> (*das Aufgebaute*) construcción *f* adicional

Aufbau[2] *m* <-(e)s, *ohne pl*> **1.** (*Tätigkeit*) construcción *f,* montaje *m;* (*Schaffung*) creación *f* **2.** (*Gliederung*) estructura *f* **3.** (INFOR, TEL: *Leitung, Grafik*) formato *m*

Aufbauarbeit *f* <-, -en> **1.** (*Entwicklungsarbeit*) (trabajo *m* de) desarrollo *m;* **es ist viel ~ zu leisten, bevor dieses Land in die EU integriert werden kann** quedan muchas medidas por desarrollar antes de que este país pueda integrarse en la UE **2.** (*Wiederaufbau*) trabajo(s) *m(pl)* de reconstrucción; **die ~ im zerstörten Deutschland verschlang viel Zeit und Geld** la reconstrucción de la Alemania destruida costó mucho tiempo y dinero

auf|bauen I. *vt* **1.** (*errichten*) construir, edificar; (*Zelt*) montar; **die Stadt wurde wieder aufgebaut** han reconstruido la ciudad **2.** (*anordnen*) colocar, disponer **3.** (*Institution, Industrie*) erigir, fundar **4.** (*Armee, Geschäft*) crear **5.** (*Land*) desarrollar **6.** (*gliedern*) estructurar **7.** (*aufmuntern*) animar; (*aufwärmen*) hacer entrar en calor; **ein Gläschen Kognak wird dich wieder ~** una copita de coñac volverá a entonarte **8.** (*sich stützen*) basarse (*auf* en) **9.** (*fördern*) promocionar, promover **II.** *vr:* **sich ~ 1.** (*sich bilden, entstehen*) formarse **2.** (*fam: sich hinstellen*) ponerse (*vor* ante/delante de), plantarse (*vor* ante/delante de)

Aufbaukurs *m* <-es, -e> (*Oberstufe*) curso *m* superior; (*Spezialisierung*) curso *m* de especialización; **Aufbau-Lebensversicherung** *f* <-, -en> (FIN) seguro *m* de vida con posibilidad de aportaciones extraordinarias

auf|bäumen ['aʊfbɔɪmən] *vr:* **sich ~ 1.** (*Pferd*) encabritarse, bellaquearse *Am,* alebrestarse *Kol, Ven,* enarcarse *Mex* **2.** (*sich auflehnen*) rebelarse (*gegen* contra)

Aufbaupräparat *nt* <-(e)s, -e> (MED) reconstituyente *m*

Aufbauprinzip *nt* <-s, -ien *o* -e> principio *m* estructural, estructura *f*

auf|bauschen ['aʊfbaʊʃən] *vt* **1.** (*aufblähen*) inflar, hinchar **2.** (*übertreiben*) exagerar

Aufbaustoffe *mpl* elementos *mpl* reconstituyentes; **Aufbaustoffwechsel** *m* <-s, -> (BIOL) metabolismo *m* básico; **Aufbaustudium** *nt* <-s, *ohne pl*> (UNIV: *auf vorangegangenes Studium*) estudios *mpl* de postgrado; (*auf eine Ausbildung*) estudios *mpl* preparatorios

auf|begehren* *vi* rebelarse (*gegen* contra)

auf|behalten* *irr vt* (*fam*) dejar puesto

auf|beißen *irr vt* **1.** (*öffnen*) abrir con los dientes; (*Nüsse*) cascar con los dientes **2.** (*verletzen*) morder; **sich** *dat* **die Lippen ~** morderse los labios; **beim Kauen habe ich mir die Wange innen im Mund aufgebissen** al masticar me he pegado un mordisco por dentro de la mejilla

auf|bekommen* *irr vt* (*fam*) **1.** (*öffnen können*) lograr abrir **2.** (*fam: Aufgabe*) tener que hacer

auf|bereiten* *vt* **1.** (*Trinkwasser*) purificar, depurar; (*behandeln*) tratar **2.** (*Rohstoffe*) preparar, procesar; **wieder ~** volver a tratar, reciclar **3.** (*Daten*) elaborar

Aufbereitung *f* <-, -en> **1.** (*von Trinkwasser*) purificación *f,* depuración *f;* (*Behandlung*) tratamiento *m* **2.** (*von Rohstoffen*) preparación *f,* elaboración *f* **3.** (*von Daten*) elaboración *f;* **Aufbereitungsanlage** *f* <-, -n> (TECH) planta *f* de tratamiento; **Aufbereitungsfehler** *m* <-s, -> error *m* en la elaboración, fallo *m* en la elaboración

auf|bessern *vt* **1.** (*Gehalt*) aumentar **2.** (*Kenntnisse*) perfeccionar

Aufbesserung *f* <-, -en> mejora *f;* (*Gehalt, Zulage*) aumento *m,* subida *f;* **die Gewerkschaften verlangten eine ~ der Löhne und Gehälter um 6,5 %** los sindicatos exigieron una subida salarial del 6,5 %

auf|bewahren* *vt* guardar; (*Lebensmittel*) conservar

Aufbewahrung *f* <-, *ohne pl*> **1.** (*das Aufbewahren*) conservación *f* **2.** (*Bewachen*) custodia *f;* **jdm etw zur ~ geben/anvertrauen** dar/confiar algo a la custodia [*o* al cuidado] de alguien **3.** (*Ort*) depósito *m;* (*für Garderobe*) guardarropa *m;* (*für Gepäck*) consigna *f;* **Aufbewahrungsort** *m* <-(e)s, -e> depósito *m;* **dieser Raum ist kein optimaler ~ für Gemälde** esta sala no es el mejor lugar para conservar cuadros [*o* pinturas]; **diese Unterlagen müssen an einen sicheren ~ gebracht werden** estos documentos deben ser depositados en un lugar seguro; **Aufbewahrungspflicht** *f* <-, -en> (COM) deber *m* de conservación

auf|bieten *irr vt* **1.** (*einsetzen*) emplear **2.** (*Brautpaar*) amonestar

Aufbietung *f* <-, *ohne pl*> **1.** (*Truppen*) entrada *f* en acción; (*Kräfte*) empleo *m;* **unter ~ von ...** empleando... **2.** (*Brautpaar*) amonestación *f*

auf|binden *irr vt* **1.** (*Schnürsenkel*) desatar **2.** (*Schleife*) soltar **3.** (TYPO: *einbinden*) encuadernar **4.** (*fam: weismachen*): **jdm einen Bären ~** contar a alguien un cuento chino

auf|blähen I. *vt* (*aufschwellen*) inflar, hinchar **II.** *vr:* **sich ~ 1.** (*Segel*) inflarse, hincharse **2.** (*abw: sich großtun*) engreírse; **sich wie ein Pfau ~** pavonearse

aufblasbar *adj* hinchable

auf|blasen *irr* **I.** *vt* (*mit Luft*) hinchar, inflar **II.** *vr:* **sich ~** (*fam: sich wichtig tun*) hincharse

auf|bleiben *irr vi sein* **1.** (*Person*) no acostarse, quedarse levantado **2.** (*Geschäft, Tür*) quedar abierto

auf|blenden *vi* **1.** (AUTO) poner las luces largas [*o* de carretera] **2.** (FILM, FOTO) abrir el diafragma

auf|blicken *vi* **1.** (*hochschauen*) alzar [*o* levantar] la vista (*zu* hacia) **2.** (*bewundernd*) admirar (*zu* a)

auf|blinken *vi* centellear

auf|blitzen *vi* **1.** (*aufleuchten*) encenderse [*o* iluminarse] de pronto **2.** *sein* (*Idee*) ocurrirse (*in* a); **in ihr blitzte eine Idee auf** se le iluminó la mente, se le encendió la bombilla *fam*

auf|blühen *vi sein* **1.** (*Blumen*) abrirse **2.** (*sich entfalten*) florecer, prosperar

auf|bocken *vt* (TECH) levantar sobre tacos
auf|bohren *vt* abrir con un taladro, agujerear
auf|brauchen *vt* consumir
auf|brausen *vi sein* (*wütend werden*) encolerizarse, subirse a la parra *fam*
aufbrausend *adj* **1.** (CHEM) efervescente **2.** (*Temperament*) colérico; (*stürmisch*) tempestuoso; **mit ~em Beifall** con una atronadora ovación
auf|brechen *irr* **I.** *vi sein* **1.** (*Knospen*) abrirse **2.** (*weggehen*) marcharse **II.** *vt* **1.** (*Straßendecke*) abrir **2.** (*Schloss, Auto*) forzar
auf|bringen *irr vt* **1.** (*Geld, Geduld*) reunir; **sie brachte nicht den Mut auf es ihm zu sagen** no reunió el valor suficiente para decírselo **2.** (*in Wut bringen*) enfurecer, poner rabioso **3.** (*Gerücht*) hacer correr **4.** (*Mode*) lanzar **5.** (NAUT) apresar **6.** (*Lack, Guss*) aplicar (*auf* sobre)
Aufbruch¹ *m* <-(e)s, -brüche> (*geh: geistiges Erwachen*) resurgimiento *m,* auge *m*
Aufbruch² *m* <-(e)s, *ohne pl*> (*Abreise*) partida *f,* salida *f;* **Aufbruchsstimmung** *f* <-, *ohne pl*> (*vor dem Aufbrechen*) nerviosismo *m,* trajín *m;* (*vor einer Erneuerung*) excitación *f*
auf|brühen *vt* (*Tee, Kaffee*) hacer, preparar
auf|brummen *vt* (*fam*): **jdm etw ~** endilgar algo a alguien
auf|bürden ['aʊfbʏrdən] *vt* (*geh*) cargar (con); **ich bürde mir die Verantwortung auf** cargo con la responsabilidad
auf|decken *vt* **1.** (*Zusammenhänge*) descubrir **2.** (*Bett*) abrir **3.** (*Karten*) enseñar **4.** (*Topf*) destapar **5.** (*enthüllen*) descubrir, revelar
Aufdeckung *f* <-, -en> (*Hintergründe, Zusammenhänge*) descubrimiento *m;* (*Verbrechen*) aclaración *f,* esclarecimiento *m;* (*Rätsel, ungelöster Fall*) resolución *f;* (*Schwächen*) descubrimiento *m,* desenmascaramiento *m;* **sie drohte mit der ~ seiner Spielleidenschaft** le amenazó con sacar a la luz su pasión por el juego; **die ~ der herrschenden Korruption schockierte die Gesellschaft** la sociedad sufrió un shock al hacerse pública la corrupción reinante
auf|donnern *vr:* **sich ~** (*fam abw*) emperejilarse, emperifollarse
auf|drängen **I.** *vt* (*aufzwingen*) imponer, obligar **II.** *vr:* **sich ~ 1.** (*Gedanke*) imponerse; **es drängte sich ihr der Verdacht auf, dass ...** le surgió la sospecha de que... **2.** (*zudringlich sein*) importunar, agobiar; **ich möchte mich nicht ~** no quisiera ser agobiante
auf|drehen **I.** *vi* **1.** (*fam: beschleunigen*) acelerar **2.** (*fam: in Stimmung kommen*) ponerse a tono **II.** *vt* **1.** (*fam: Wasserhahn, Gas*) abrir **2.** (*Schraubverschluss*) desenroscar **3.** (*Schraube*) aflojar **4.** (*Haar*) poner rulos (en) **5.** (*fam: Radio*) subir el volumen (de)
aufdringlich ['aʊfdrɪŋlɪç] *adj* (*Person*) pesado, molesto; (*Geruch*) intenso, pesado
Aufdringlichkeit¹ *f* <-, *ohne pl*> (*Art: einer Person*) importunidad *f,* inoportunidad *f;* (*eines Geruchs*) intensidad *f*
Aufdringlichkeit² *f* <-, -en> (*Äußerung, Handlung*) importunidad *f*
auf|dröseln *vt* (*fam*) desenredar; (*a. fig*) desenmarañar; **kann man diese Problematik ~?** ¿es posible desenmarañar este problema?
Aufdruck *m* <-(e)s, -e> impresión *f;* (*von Firmen*) membrete *m*
auf|drucken *vt* imprimir
auf|drücken *vt* **1.** (*Tür*) abrir **2.** (*Pickel*) apretar **3.** (*aufprägen*) estampar
aufeinander [aʊfaɪ'nandɐ] *adv* **1.** (*räumlich*) uno encima del otro; (**sich**) **~ häufen** amontonar(se), acumular(se); **~ legen** poner [*o* colocar] uno sobre otro, apilar; **soll ich die Bücher ~ legen?** ¿debo poner los libros uno sobre otro?, ¿debo apilar los libros?; **~ liegen** estar (colocado) uno sobre otro; **verschiedene Aktenordner lagen auf dem Schreibtisch ~** sobre la mesa estaban apilados diversos archivadores; **~ schichten** apilar, amontonar (en capas); **~ stellen** apilar, colocar uno sobre otro; **stell bitte die Teller im Geschirrschrank ~!** ¡por favor, apila los platos en la alacena!; **sich ~ stellen** subirse uno sobre otro; **um eine Menschenpyramide zu bilden, stellten sich die Artisten ~** para formar una pirámide humana, los artistas se subieron unos encima de otros **2.** (*zeitlich*) uno tras otro; **~ folgen** sucederse; **~ folgend** consecutivo; **an zwei ~ folgenden Tagen** dos días seguidos **3.** (*gegen*) uno contra el otro; **~ losgehen** llegar a las manos; **~ prallen** chocar (uno con otro), entrechocar; **~ stoßen** chocar (uno con otro), entrechocar; (*sich zufällig begegnen*) encontrarse, darse de manos a boca [*o* toparse] (el uno con el otro); **~ treffen** encontrarse
aufeinander|folgen *vi sein s.* **aufeinander 2.**; **aufeinanderfolgend** *adj s.* **aufeinander 2.**; **aufeinander|häufen** *vt, vr:* **sich ~** *s.* **aufeinander 1.**; **aufeinander|legen** *vt s.* **aufeinander 1.**; **aufeinander|liegen** *irr vi s.* **aufeinander 1.**; **aufeinander|prallen** *vi sein s.* **aufeinander 3.**; **aufeinander|schichten** *vt s.* **aufeinander 1.**; **aufeinander|stellen** *vt, vr:* **sich ~** *s.* **aufeinander 1.**; **aufeinander|stoßen** *irr vi sein s.* **aufeinander 3.**; **aufeinander|treffen** *irr vi sein s.* **aufeinander 3.**
Aufenthalt ['aʊfənthalt] *m* <-(e)s, -e> **1.** (*kurze Anwesenheit*) estancia *f* **2.** (*kurze Unterbrechung*) parada *f* **3.** (*Wohnort*) domicilio *m,* residencia *f*
Aufenthalter(in) *m(f)* <-s, -; -, -nen> (*Schweiz*) residente *m* temporal
Aufenthaltsdauer *f* <-, *ohne pl*> (duración *f* de la) estancia *f,* tiempo *m* de permanencia, estadía *f;* **das Visum gilt für eine ~ von acht Wochen** el visado es válido para una estancia de ocho semanas [*o* para ocho

semanas de permanencia]; **Aufenthaltserlaubnis** *f* <-, -se>, **Aufenthaltsgenehmigung** *f* <-, -en> permiso *m* de residencia; **Aufenthaltsort** *m* <-(e)s, -e> paradero *m;* (*ständiger*) lugar *m* de residencia, domicilio *m;* **Aufenthaltsraum** *m* <-(e)s, -räume> sala *f* de descanso; (*Warteraum*) sala *f* de espera; **Aufenthaltsrecht** *nt* <-(e)s, -e> (JUR) derecho *m* de permanencia

auf|erlegen* *vt* (*geh*) **1.** (*Strafe*) imponer, inflingir **2.** (*Steuern*) gravar (con)

auf|erstehen* *irr vi sein* (REL) resucitar

Auferstehung *f* <-, -en> (REL) resurrección *f;* **Auferstehungsfest** *nt* <-(e)s, -e> (REL) Pascua *f* de Resurrección

auf|essen *irr* **I.** *vi* comer(se) todo, acabar **II.** *vt* comerse, tomarse; **iss deine Suppe auf!** ¡tómate la sopa!

auf|fädeln *vt* ensartar; **Perlen (auf eine Schnur) ~** ensartar perlas (en un hilo)

auf|fahren *irr* **I.** *vi sein* **1.** (*aufprallen*) chocar (*auf* contra) **2.** (*dicht anschließen*) acercarse, ir muy cerca; **fahr nicht so dicht auf!** ¡no conduzcas tan pegado! **3.** (*aufschrecken*) levantarse sobresaltado **4.** (*wütend werden*) encolerizarse **5.** (MIL) ponerse en posición **II.** *vt* (*fam: Speisen*) traer a [*o* poner en] la mesa

Auffahrt[1] *f* <-, -en> **1.** (*das Hinauffahren*) subida *f* **2.** (*Zufahrt*) entrada *f;* (*Rampe*) rampa *f* de acceso; (*zur Autobahn*) acceso *m* a la autopista

Auffahrt[2] *f* <-, *ohne pl*> (*Schweiz: Himmelfahrt*) Ascensión *f* (de Nuestro Señor)

Auffahrunfall ['aʊffa:ɐʔʊnfal] *m* <-(e)s, -fälle> choque *m* frontal

auf|fallen *irr vi sein* llamar la atención, saltar a la vista; (*bemerkt werden*) notarse; **unangenehm ~** causar mala impresión; **das muss Ihnen doch ~** tiene que saltarle a la vista; **nicht ~** pasar desapercibido [*o* inadvertido]

auffallend *adj* (*auffällig*) vistoso, llamativo; (*beeindruckend*) espectacular; (*sonderbar*) raro

auffällig ['aʊffɛlɪç] *adj* **1.** (*prunkvoll*) ostentoso, aparatoso **2.** (*außergewöhnlich*) extraño, que llama la atención **3.** (*Farben*) llamativo

auf|falten **I.** *vt* desdoblar **II.** *vr:* **sich ~** **1.** (*sich öffnen*) desdoblarse; (*Fallschirm*) abrirse **2.** (GEO: *sich verwerfen*) dislocarse; **an dieser Stelle sind die Gesteinsformationen aufgefaltet** en este lugar ha habido una dislocación de las formaciones rocosas

Auffangbecken *nt* <-s, -> (TECH) colector *m,* cisterna *f* colectora; (*fig*) foco *m*

auf|fangen *irr vt* **1.** (*Ball*) recoger **2.** (*Gesprächsfetzen*) pescar, pillar **3.** (*Funkspruch*) interceptar **4.** (*Schlag*) parar **5.** (*Stoß, Aufprall*) amortiguar **6.** (*Flüssigkeit*) recoger, almacenar **7.** (*negative Auswirkungen*) mitigar

Auffanggesellschaft *f* <-, -en> (JUR, WIRTSCH) sociedad *f* holding; **Auffangklausel** *f* <-, -n> (JUR, WIRTSCH) cláusula *f* de holding; **Auffanglager** *nt* <-s, -> campo *m* de acogida, campo *m* provisional de refugiados; **Auffangraum** *m* <-(e)s, -räume> espacio *m* de acogida

auf|fassen *vt* **1.** (*auslegen*) interpretar; **etw als Strafe ~** interpretar algo como un castigo **2.** (*begreifen*) entender

Auffassung *f* <-, -en> **1.** (*Ansicht*) opinión *f,* parecer *m;* **er ist der ~, dass ...** opina que...; **nach meiner ~** según tengo entendido **2.** (*Deutung*) interpretación *f;* **Auffassungsgabe** *f* <-, *ohne pl*> facultad *f* de comprensión, entendimiento *m;* **eine schnelle ~ besitzen** ser rápido de entendimiento

auffindbar *adj* localizable; **meine Brille ist nicht ~** no puedo encontrar mis gafas

auf|finden *irr vt* encontrar

auf|fischen *vt* (*fam a. fig*) pescar

auf|flackern *vi sein* **1.** (*Feuer*) avivarse **2.** (*Unruhen*) recrudecerse

auf|flammen ['aʊfflamən] *vi sein* llamear, encenderse

auf|fliegen *irr vi sein* **1.** (*Vogel*) echarse a volar **2.** (*Tür*) abrirse de golpe **3.** (*fam: scheitern*) irse a pique

auf|fordern *vt* **1.** (*bitten*) pedir (a), requerir (*zu* para); **jdn ~ etw zu tun** pedir(le) a alguien que haga algo; **er forderte sie zum Tanz auf** la sacó a bailar **2.** (*befehlen*) mandar (a), exigir (de) **3.** (*ermuntern*) animar, exhortar

auffordernd **I.** *adj* (*ermahnend*) exhortativo, exhortatorio; (*einladend*) de ruego, de invitación; **er zeigte mit einer ~en Geste auf den gedeckten Tisch** señaló la mesa dispuesta con un gesto invitador **II.** *adv* (*ermahnend*) con gesto amenazador; (*einladend*) con (un) gesto [*o* una seña] de invitación; **er winkte ~, doch die anderen blieben stehen** hizo un gesto invitador con la mano, pero los otros no se movieron

Aufforderung *f* <-, -en> **1.** (*freundlich*) invitación *f* (*zu* a); (*stärker*) requerimiento *m* (*zu* de) **2.** (*streng*) exhortación *f* (*zu* a) **3.** (*Befehl*) mandato *m* (*zu* de), exigencia *f* (*zu* de)

auf|forsten ['aʊffɔrstən] *vt* repoblar, reforestar

Aufforstung *f* <-, -en> repoblación *f* forestal, reforestación *f*

auf|fressen *irr vt* (*Futter*) comer(se), acabar; **er wird dich deswegen nicht gleich ~** (*fam*) no te va a comer por eso

auf|frieren *irr vt* (*reg*) descongelar

auf|frischen **I.** *vi* (*Wind*) soplar más fuerte **II.** *vt* **1.** (*Farbe*) renovar **2.** (*Kenntnisse, Erinnerungen*) refrescar, reactivar **3.** (*Impfung*) renovar

Auffrischungsimpfung *f* <-, -en> (MED) revacunación *f;* **Auffrischungskurs** *m* <-es, -e> (SCH) curso *m* para refrescar [*o* reactivar] los conocimientos

auf|führen **I.** *vt* **1.** (*Theaterstück, Oper*) representar **2.** (*darlegen*) presentar, exponer; (*Zeugen*) nombrar; (*Beispiele*) dar; **einzeln ~**

especificar **II.** *vr:* **sich** ~ (*sich benehmen*) (com)portarse, conducirse *geh;* **führ dich nicht so auf!** ¡no te portes así!

Aufführung *f* <-, -en> (THEAT) representación *f,* función *f;* (FILM) sesión *f,* proyección *f;* (MUS) recital *m,* actuación *f;* **Aufführungsrecht** *nt* <-(e)s, -e> derecho *m* de ejecución [*o* de representación]

auf|füllen *vt* **1.** (*Behälter*) recargar (*mit* de/con), rellenar (*mit* de/con) **2.** (*Flüssigkeit*) echar, rellenar (de) **3.** (*Vorräte*) completar, reponer; **das Lager** ~ reponer existencias

Aufgabe ['aʊfga:bə] *f* <-, -n> **1.** (*Auftrag*) tarea *f;* (ADMIN, POL) cometido *m;* (*Pflicht*) obligación *f,* deber *m* **2.** (*Hausaufgaben*) deberes *mpl;* (*Übung*) ejercicio *m;* (MATH) problema *m;* **eine** ~ **lösen** resolver un problema **3.** (*Aufhören*) cese *m;* (*im Amt*) cese *m,* dimisión *f;* (*eines Geschäftes*) liquidación *f;* ~ **eines Geschäftes** cese *m* de negocio; ~ **eines Anspruchs** renuncia a un derecho **4.** (MIL) rendición *f;* (SPORT) retirada *f* **5.** (*Verzicht*) abandono *m* (*von* de), renuncia *f* (*von* a) **6.** (*von Gepäck*) facturación *f;* (*eines Pakets*) expedición *f,* envío *m;* (*einer Anzeige*) inserción *f*

auf|gabeln *vt* (*fam*) pescar, pillar

Aufgabenabgrenzung *f* <-, -en> definición *f* de competencias; **Aufgabenbereich** *m* <-(e)s, -e>, **Aufgabengebiet** *nt* <-(e)s, -e> área *f* de actividades, ámbito *m* de funciones; **Aufgabenheft** *nt* <-(e)s, -e> (SCH) cuaderno *m* de los deberes; **Aufgabenstellung** *f* <-, -en> formulación *f* (*de preguntas, ejercicios*); **Aufgabenverteilung** *f* <-, -en> reparto *m* de tareas

Aufgang *m* <-(e)s, -gänge> **1.** (*eines Gestirns*) salida *f* **2.** (*Aufstieg*) subida *f* (*zu* a); (*Zugang*) acceso *m* (*zu* a); (*Treppe*) escalera *f* (*zu* a)

auf|geben *irr* **I.** *vi* (*sich geschlagen geben*) darse por vencido, rendirse **II.** *vt* **1.** (*Paket, Telegramm*) expedir, enviar; (*Koffer*) facturar; (*Anzeige*) poner **2.** (*Kampf, Widerstand*) abandonar; (*Hoffnung*) perder; (*Beruf*) dejar; **das Rauchen** ~ dejar de fumar

Aufgeber *m* <-s, -> (TECH) alimentador *m*

aufgeblasen **I.** *pp von* **aufblasen** **II.** *adj* (*fam: arrogant*) arrogante; (*angeberisch*) fanfarrón, engreído

Aufgebot *nt* <-(e)s, -e> **1.** (*Anzahl*) cantidad *f* **2.** (*Heiratsankündigung*) publicación *f* de las amonestaciones; **das** ~ **bestellen** correr las amonestaciones

aufgebracht **I.** *pp von* **aufbringen** **II.** *adj* (*wütend*) enojado, furioso

aufgedreht *adj* (*fam: lebhaft*) pasado de rosca

aufgedunsen ['aʊfgədʊnzən] *adj* (*Körper*) abotargado, abultado; (*Gesicht*) hinchado

Aufgedunsenheit *f* <-, *ohne pl*> hinchazón *f,* abota(r)gamiento *m;* **an der** ~ **des Gesichtes erkennt man gleich den Säufer** se puede reconocer a un bebedor por su rostro abota(r)gado

auf|gehen *irr vi sein* **1.** (*Gestirn*) salir **2.** (*Tür, Vorhang, Reißverschluss*) abrirse; (*Armband*) desabrocharse **3.** (*Saat*) brotar, salir **4.** (*Rechnung*) no dejar resto **5.** (*Hefeteig*) subir **6.** (*Wend*): **jetzt geht mir ein Licht auf** (*fam*) ahora se me enciende la bombilla; **in der Arbeit** ~ vivir sólo para el trabajo; **in Flammen** ~ ser pasto de las llamas

auf|geilen **I.** *vt* (*fam*) poner caliente [*o* cachondo] **II.** *vr:* **sich** ~ (*fam*) ponerse caliente [*o* cachondo] (*an* con)

aufgeklärt ['aufgəklɛ:ɐt] *adj* (PHILOS) ilustrado

aufgekratzt *adj* (*fam: lebhaft*) pasado de rosca; **auf der Party herrschte ~e Stimmung** en la fiesta todos estaban pasados de rosca

Aufgeld *nt* <-(e)s, -er> **1.** (*Zuschlag*) recargo *m;* (*Aufpreis*) sobreprecio *m;* **bei verspäteter Zahlung ist ein** ~ **zu entrichten** en caso de retraso en el pago se recargará el precio **2.** (FIN: *Agio*) agio *m,* agiotaje *m*

aufgelegt ['aʊfgəle:kt] *adj:* **gut/schlecht** ~ **sein** estar de buen/mal humor; **ich bin heute nicht zum Scherzen** ~ hoy no estoy para bromas

aufgelöst ['aʊfgəlø:st] *adj* **1.** (*verwirrt*) confuso; (*außer sich*) fuera de sí **2.** (*erschöpft*) agotado; (*benommen*) deshecho

aufgeräumt ['aʊfgərɔɪmt] *adj* (*gut gelaunt*) de buen humor, alegre

aufgeregt ['aʊfgəre:kt] *adj* excitado, agitado; (*nervös*) nervioso, excitado; (*böse*) alterado, irritado; (*empört*) exaltado; (*stärker*) exasperado

Aufgeregtheit *f* <-, *ohne pl*> agitación *f,* excitación *f*

aufgeschlossen ['aʊfgəʃlɔsən] **I.** *pp von* **aufschließen** **II.** *adj* (*offen*) abierto; (*aufnahmefähig*) receptivo; (*mitteilsam*) comunicativo; (*zugänglich*) accesible; ~ **für etw sein** ser receptivo a algo; **etw** *dat* ~ **gegenüberstehen** estar abierto a algo

Aufgeschlossenheit *f* <-, *ohne pl*> (*Aufnahmefähigkeit*) receptividad *f;* (*Mitteilsamkeit*) comunicabilidad *f;* (*Zugänglichkeit*) accesibilidad *f*

aufgeschmissen ['aʊfgəʃmɪsən] *adj* (*fam*): **ohne sie sind wir völlig** ~ sin ella estamos perdidos

aufgesetzt *adj* (*Verhalten*) forzado, poco natural; **ein ~es Lächeln** una sonrisa forzada; **seine Anteilnahme wirkt völlig** ~ su condolencia resulta totalmente falsa

aufgeweckt ['aʊfgəvɛkt] *adj* (*geistig*) despierto, bagre *ZAm;* (*Kind*) espabilado, avispado

Aufgewecktheit *f* <-, *ohne pl*> viveza *f,* vivacidad *f;* **dank seiner** ~ **bekam er gleich mit, was da faul war** gracias a ser despabilado se enteró enseguida de lo que andaba mal

auf|gießen *irr vt* **1.** (*Tee, Kaffee*) hacer, preparar **2.** (*Wasser*) echar, verter

auf|gliedern *vt* (sub)dividir; (*a.* WIRTSCH) desglosar

Aufgliederung *f* <-, -en> (sub)división *f;* (*a.* WIRTSCH) desglose *m*

auf|glimmen <glimmt auf, glomm auf *o* glimmte auf, aufgeglommen *o* aufgeglimmt> *vi sein* (*geh*) resplandecer, centellear, destellar; **die ersten Sterne glommen auf** las primeras estrellas resplandecían; **die Zündschnur glimmte auf** la mecha empezó a arder; **siehst du die Wut in ihren Augen ~?** ¿ves los destellos de ira en sus ojos?; **der Widerstand glomm nur kurz noch einmal auf, um dann zu erlöschen** por un instante resurgió la resistencia para extinguirse a continuación; **die alte Leidenschaft glomm auf, als sie sich wieder trafen** cuando se reencontraron la antigua pasión se reavivó

auf|glühen *vi sein o haben* encenderse, ponerse al rojo (vivo); **durch den Luftzug glühten die erloschenen Kohlen wieder auf** el golpe de aire reavivó el fuego, encendiendo de nuevo los carbones apagados

auf|graben *irr vt* (*öffnen*) abrir (cavando), (ex)cavar; **sie gruben die Erde dort auf, wo sie den Schatz vermuteten** excavaron un hoyo donde suponían que se encontraba el tesoro

auf|greifen *irr vt* **1.** (*Idee*) retomar; **das Hauptthema ~** volver al tema principal **2.** (*festnehmen*) capturar, aprehender

aufgrund [aʊfˈgrʊnt] *präp +gen* a causa de, por

AufgussRR *m* <-es, -güsse>, **Aufguß** *m* <-sses, -güsse> **1.** (*Lösung*) infusión *f;* (*Sauna*) humidificación *f* **2.** (*fig, abw: Abklatsch*) refrito *m;* **Aufgussbeutel**RR *m* <-s, -> (*Teebeutel*) bolsita *f* de té (o de infusión)

auf|haben *irr* **I.** *vi* (*Geschäfte, Banken*) estar [*o* tener] abierto **II.** *vt* **1.** (*Hut, Brille*) tener [*o* llevar] puesto **2.** (*fam: Schulaufgaben*) tener que hacer; **wir haben heute viel auf** hoy tenemos (que hacer) muchos deberes

auf|hacken *vt* (*mit einer Hacke*) abrir con el pico; (*mit dem Schnabel*) abrir con el pico [*o* a picotazos]

auf|halsen [ˈaʊfhalzən] *vt* (*fam*): **jdm etw ~** endosar algo a alguien; **sich** *dat* **etw ~** cargarse (con) algo

auf|halten *irr* **I.** *vt* **1.** (*zurückhalten*) impedir, evitar; (*Verkehr*) parar, obstruir **2.** (*stören*) molestar; (*bei der Arbeit*) no dejar trabajar; **ich will dich nicht länger ~** no quiero entretenerte más **3.** (*Tür*) mantener abierto **II.** *vr:* **sich ~ 1.** (*bleiben*) quedarse; (*wohnen*) encontrarse **2.** (*Zeit verschwenden*) demorarse, dilatarse *Am;* **wir können uns nicht länger mit diesen Einzelheiten ~** no podemos demorarnos más tiempo con estos detalles

auf|hängen **I.** *vi* (*Telefongespräch beenden*) colgar **II.** *vt* **1.** (*Bild, Mantel, Telefonhörer*) colgar (*an* de/en); (*Wäsche*) tender **2.** (*töten*) colgar, ahorcar **3.** (*Darstellung*): **etw an etw ~** explicar algo relacionándolo con algo **III.** *vr:* **sich ~** ahorcarse, colgarse; **er hat sich an einem Balken aufgehängt** se ha ahorcado [*o* colgado] de una viga

Aufhänger *m* <-s, -> **1.** (*für Kleider*) cinta *f* **2.** (*Anlass*) motivo *m*

Aufhängung *f* <-, -en> (AUTO) suspensión *f*

auf|hauen *irr vt* (*fam: durch Schläge öffnen*) abrir a golpes

auf|häufen **I.** *vt* (*Erde*) amontonar; (*Paletten*) apilar **II.** *vr:* **sich ~** amontonarse

aufhebbar *adj* (JUR) rescindible, anulable

auf|heben *irr vt* **1.** (*aufbewahren*) guardar; **das Geld ist gut bei ihm aufgehoben** el dinero está a buen recaudo en sus manos; **bei der Großmutter sind die Kinder gut aufgehoben** los niños están en buenas manos con la abuela **2.** (*Gesetz*) derogar, anular; (*Urteil*) revocar **3.** (*Verbot, Sitzung*) levantar **4.** (*vom Boden*) recoger (*von* de) **5.** (*ausgleichen*) compensar; (*Wirkung*) neutralizar; **das eine hebt das andere nicht auf** lo uno no quita lo otro

Aufheben *nt* (*geh*): **viel ~(s) von etw** *dat* **machen** meter mucho ruido [*o* mucha bulla] a propósito de algo

Aufhebung *f* <-, -en> **1.** (*Abschaffung*) abolición *f,* supresión *f* **2.** (*Beendigung*) levantamiento *m;* (*eines Streiks*) desconvocatoria *f;* (*einer Wirkung*) neutralización *f* **3.** (JUR: *eines Urteils*) revocación *f;* (*eines Gesetzes*) abrogación *f,* derogación *f;* **Aufhebungsklausel** *f* <-, -n> (JUR) cláusula *f* derogatoria; **Aufhebungsvertrag** *m* <-(e)s, -träge> (JUR) contrato *m* de rescisión

auf|heitern [ˈaʊfhaɪtɐn] **I.** *vt* (*Person*) animar **II.** *vr:* **sich ~** (*Himmel*) despejarse

Aufheiterung *f* <-, -en> **1.** (METEO) despejo *m* **2.** (*Erheiterung*) diversión *f,* animación *f*

auf|heizen **I.** *vt* calentar **II.** *vr:* **sich ~** calentarse

Aufheizung *f* <-, -en> calentamiento *m;* **~ des Klimas** calentamiento del clima

auf|helfen *irr vi* **1.** (*beim Aufstehen*) ayudar a levantarse; **jdm aus dem Bett ~** ayudar a alguien a levantarse de la cama **2.** (*unterstützen*) ayudar; **er hat mir aufgeholfen, als ich glaubte völlig am Ende zu sein** me ayudó a salir del hoyo cuando yo ya creía que todo había acabado para mí **3.** (*aufbessern*) ayudar, mejorar; **seinem Einkommen durch einen Nebenjob ~** aumentar sus ingresos con un trabajo extra, ayudarse con ingresos extras; **das Lob ihrer Kollegen hilft ihrem Ego auf** las alabanzas de sus compañeros le levantan la moral

auf|hellen **I.** *vt* (*Haar*) aclarar **II.** *vr:* **sich ~ 1.** (*Gesicht, Miene*) alegrarse **2.** (*Himmel*) despejarse

Aufheller *m* <-s, -> (*für Haare*) aclarador *m;* (*für Wäsche*) blanqueador *m;* **optische ~** blanqueadores ópticos

Aufhellung *f* <-, -en> **1.** (*der Haare*) aclaramiento *m* **2.** (*von etw Ungeklärtem*) esclarecimiento *m* **3.** (METEO) tiempo *m* despejado, cielo *m* despejado

auf|hetzen *vt* **1.** (*aufwiegeln*) incitar (*gegen* contra), ahuchar *Kol, Mex* **2.** (*aufstacheln*) instigar (*zu* a), incitar (*zu* a)

Aufhetzung *f* <-, -en>: ~ **zum Rassenhass** incitación *f* al racismo

auf|heulen *vi* (*Sirene*) sonar; (*Motor*) zumbar; **vor Wut/Schmerz** ~ rugir de ira/de dolor

Aufholbedarf *m* <-(e)s, *ohne pl*>: ~ **an Arbeitsstunden/Unterrichtsstunden** necesidad *f* de recuperar horas de trabajo/clase perdidas

auf|holen **I.** *vi* (SPORT) ganar terreno **II.** *vt* **1.** (*Verspätung, Lernstoff*) recuperar **2.** (*Anker*) levar

auf|horchen *vi* aguzar los oídos; **diese Nachricht ließ alle** ~ esta noticia les llamó la atención a todos

auf|hören *vi* terminar, acabar; ~ **zu schreiben** dejar [*o* cesar] de escribir; **hör doch endlich auf!** ¡déjalo ya!; **da hört sich doch alles auf!** (*fam*) ¡es el colmo!

Aufkauf *m* <-(e)s, -käufe> absorción *f,* acopio *m*

auf|kaufen *vt* acaparar

Aufkäufer(in) *m(f)* <-s, -; -, -nen> (WIRTSCH) comprador(a) *m(f)* de grandes cantidades (*para especular*)

Aufkaufmenge *f* <-, -n> (WIRTSCH) cantidad *f* acaparada; ~ **von britischem Rindfleisch** cantidad acaparada de carne de vacuno procedente de Gran Bretaña

auf|keimen *vi sein* **1.** (*Saatgut*) (empezar a) germinar [*o* brotar] **2.** (*Hoffnung, Liebe*) nacer, surgir

auf|klaffen *vi* abrirse

aufklappbar *adj* (des)plegable

auf|klappen *vt* (*Koffer, Buch*) abrir; (*hochschlagen*) levantar

Aufklappmenü *nt* <-s, -s> (INFOR) menú *m* desplegable [*o* desenrollable]

auf|klaren ['aʊfklaːrən] *vi* (*Himmel*) despejarse

auf|klären **I.** *vt* **1.** (*Missverständnis, Irrtum*) clarificar, poner en claro; (*Verbrechen*) esclarecer **2.** (*belehren*) informar (*über* de/sobre); (*sexuell*) instruir en el terreno sexual **3.** (MIL) reconocer, explorar **II.** *vr:* **sich** ~ **1.** (*Fall, Rätsel*) resolverse, clarificarse **2.** (*Himmel*) despejarse

Aufklärer[1] *m* <-s, -> (MIL) avión *m* de reconocimiento

Aufklärer(in)[2] *m(f)* <-s, -; -, -nen> (PHILOS) racionalista *mf,* ilustrado, -a *m, f*

Aufklärung[1] *f* <-, -en> **1.** (*völlige Klärung*) aclaración *f,* esclarecimiento *m;* (*Fall, Verbrechen*) resolución *f* **2.** (MIL) reconocimiento *m,* exploración *f*

Aufklärung[2] *f* <-, *ohne pl*> **1.** (PHILOS) Ilustración *f* **2.** (*Belehrung*) instrucción *f* (*über* de/sobre), enseñanza *f* (*über* de/sobre); **sexuelle** ~ educación sexual

Aufklärungsbedarf *m* <-(e)s, *ohne pl*> necesidad *f* de aclaración; **Aufklärungsbuch** *nt* <-(e)s, -bücher> libro *m* sobre la educación sexual; **Aufklärungsdienst** *m* <-(e)s, -e> (MIL) servicio *m* de exploración; **Aufklärungsfilm** *m* <-(e)s, -e> película *f* educativa [*o* divulgativa] sobre sexualidad, película *f* de educación sexual; **Aufklärungsflugzeug** *nt* <-(e)s, -e> (MIL) *s.* **Aufklärer** [1]; **Aufklärungskampagne** *f* <-, -n> campaña *f* informativa; **Aufklärungspflicht** *f* <-, *ohne pl*> (JUR) obligación *f* de información; **Aufklärungsquote** *f* <-, -n> (*von Verbrechen*) porcentaje *m* de casos resueltos; **Aufklärungssatellit** *m* <-en, -en> (MIL, TECH) satélite *m* de exploración

aufklebbar *adj* pegable

auf|kleben *vt* pegar (*auf* a/en)

Aufkleber *m* <-s, -> adhesivo *m,* pegatina *f fam*

auf|knacken *vt* **1.** (*Nüsse*) abrir, cascar **2.** (*fam: Auto*) abrir, forzar

auf|knöpfen *vt* desabotonar, desabrochar

auf|knoten *vt* **1.** (*vom Knoten befreien*) desanudar, quitar el nudo (a), desatar; **eine Schnur** ~ desatar [*o* desanudar] una cuerda **2.** (*öffnen*) abrir, desatar; **ein Päckchen** ~ desatar un paquete

auf|knüpfen **I.** *vt* **1.** (*erhängen*) ahorcar (*an* de/en), colgar (*an* de/en) **2.** (*aufknoten*) deshacer **II.** *vr:* **sich** ~ ahorcarse (*an* de/en), colgarse (*an* de/en)

auf|kochen **I.** *vi sein* romper a hervir **II.** *vt* **1.** (*zum Kochen bringen*) llevar a ebullición **2.** (*kurz kochen*) dar un hervor (a), hervir

auf|kommen *irr vi sein* **1.** (*entstehen*) surgir, aparecer; (*Gewitter, Wind*) levantarse; **keine Zweifel** ~ **lassen** no dejar lugar a dudas **2.** (*sich ausbreiten*) difundirse, propagarse **3.** (*bezahlen*) pagar (*für*), costear (*für*); (*unterhalten*) mantener (*für*); **sie muss für ihren Mann** ~ tiene que mantener a su marido **4.** (*haften*) responsabilizarse (*für* de/por), responder (*für* de) **5.** (*landen*) aterrizar; **mit beiden Beinen** ~ aterrizar sobre las dos piernas

Aufkommen *nt* <-s, -> **1.** (METEO) formación *f,* aparición *f* **2.** (*von Schadstoffen*) propagación *f;* (*von Verkehr*) formación *f*

auf|kratzen *vt* (*Wunde*) abrir (al rascarla); **nachts hat er sich** (**die Wunde**) **wieder aufgekratzt** por la noche se ha abierto otra vez la herida

auf|kreischen *vi* lanzar un chillido, soltar un grito; (*fig: Bremse, Maschine*) chirriar (de repente), rechinar (de repente)

auf|krempeln *vt* arremangar; **er krempelte sich die Hosenbeine auf** se arremangó los pantalones

auf|kreuzen *vi sein* (*fam*) aparecer (*in/bei* en/por), descolgarse (*in/bei* por)

auf|kriegen *vt* (*fam*) *s.* **aufbekommen**

auf|künden ['aʊfkʏndən] *vt* (*geh*), **auf|kündigen** *vt* (*Vertrag*) rescindir; (*Freundschaft*) romper; (*Gehorsam*) negar

Aufkündigung *f* <-, -en> **1.** (*eines Vertrags*) rescisión *f* **2.** (*einer Beziehung*) revocación *f*, anulación *f*

Aufl. *Abk. von* Auflage ed.

auf|lachen *vi* soltar una carcajada, echarse a reír

auf|laden *irr* **I.** *vt* **1.** (*Batterie*) recargar; **wieder** ~ recargar; **wieder aufladbar sein** ser recargable **2.** (*Ladegut*) cargar; **die Tische auf den Lastwagen** ~ cargar el camión con mesas, cargar las mesas en el camión **3.** (*fam: aufbürden*): **jdm etw** ~ cargar a alguien con algo **II.** *vr:* **sich** ~ (*sich elektrisch laden*) cargarse

Aufladung *f* <-, -en>: **elektrostatische** ~ carga *f* electroestática

Auflage *f* <-, -n> **1.** (*eines Buchs*) edición *f*; (*einer Zeitung*) tirada *f*; **limitierte** ~ edición limitada **2.** (*Bedingung*) condición *f*; **mit der** ~, **dass ...** a condición de que... *+subj;* **es wurde ihm zur** ~ **gemacht, sein Haus nicht zu verlassen** se le puso la condición de que no abandonara su casa **3.** (*Überzug*) capa *f*, recubrimiento *f*; **Auflagenhöhe** *f* <-, -n> (MEDIA) número *m* de ejemplares, tirada *f*; **auflagenschwach** *adj* (MEDIA) de pequeña tirada; ~ **sein** tener poca tirada; **auflagenstark** *adj* (MEDIA) de gran tirada; ~ **sein** tener una gran tirada; **diese Zeitschrift gehört zu den auflagenstärksten** esta revista es una de las de mayor tirada

auf|lassen *irr vt* (*fam*) **1.** (*Tür*) dejar abierto **2.** (*Mütze, Brille*) dejar puesto

Auflassung *f* <-, -en> **1.** (JUR: *Übertragung*) transmisión *f*, cesión *f* **2.** (BERGB: *Stilllegung*) cierre *m* **3.** (*Österr, südd: Schließung*) cierre *m*

auf|lauern *vi:* **jdm** ~ acechar a alguien

Auflauf *m* <-(e)s, -läufe> **1.** (*Menschen~*) gentío *m*, muchedumbre *f* **2.** (*Speise*) gratinado *m*

auf|laufen *irr vi sein* **1.** (*Zinsen*) acumularse **2.** (NAUT) encallar, varar; **jdn** ~ **lassen** (*fam*) no hacer caso a alguien

Auflaufform *f* <-, -en> molde *m* para horno

auf|leben *vi sein* **1.** (*Mensch*) despabilar(se) **2.** (*Bräuche*) reavivarse

auf|lecken *vt* lamer

auf|legen **I.** *vi* (*Telefongespräch beenden*) colgar **II.** *vt* **1.** (*Tischdecke, Schallplatte*) poner **2.** (*Kompresse, Make-up*) aplicar **3.** (*Hörer*) colgar **4.** (*Buch*) editar; **neu** ~ reeditar **5.** (FIN: *Aktien*) emitir **6.** (NAUT: *auf Stapel legen*) amarrar

auf|lehnen *vr:* **sich** ~ rebelarse (*gegen* contra), sublevarse (*gegen* contra), alzarse *Am*

Auflehnung *f* <-, -en> (*Rebellion*) insurrección *f*, sublevación *f*; **es war ein Akt der** ~ **gegen das verhasste Regime** fue un acto de rebelión contra el odiado régimen

auf|lesen *irr vt* recoger (*von* de)

auf|leuchten *vi* destellar, centellear; (*Blitz*) fulgurar; (*Augen*) iluminarse

auf|liegen *irr vi* apoyar, estar colocado encima; **der Deckel liegt nicht richtig auf** la tapa no sienta; **die Arbeitsplatte liegt auf Brettern auf** la encimera apoya en [*o* está puesta encima de] unas tablas

auf|listen ['aʊflɪstən] *vt* listar

Auflistung *f* <-, -en> **1.** (*Auflisten*) alistamiento *m;* (*Liste*) lista *f* **2.** (INFOR) listado *m*

auf|lockern **I.** *vt* **1.** (*Boden*) ahuecar **2.** (*Programm*) variar, alternar **3.** (*Atmosphäre*) relajar, distender **II.** *vr:* **sich** ~ (*Bewölkung*) despejarse, aclararse

Auflockerung *f* <-, -en> **1.** (*Boden*) mullimiento *m* **2.** (*Unterricht, Muskeln*) relajación *f*; **zur** ~ para relajar **3.** (*Bewölkung*) despejo *m*

auf|lodern ['aʊflo:dɐn] *vi sein* **1.** (*Flammen*) llamear **2.** (*Kämpfe*) recrudecerse

auflösbar *adj* (*a.* CHEM) (di)soluble; **~er Vertrag** contrato anulable; **die Gleichung ist nicht** ~ la ecuación no se deja resolver

auf|lösen **I.** *vt* **1.** (*Pulver*) disolver, diluir; **in Tränen aufgelöst sein** estar hecho un mar de lágrimas, estar deshecho en lágrimas **2.** (MATH) reducir, descomponer **3.** (*Haushalt, Geschäft*) liquidar; (*Versammlung*) disolver; (*Ehe*) anular, invalidar; (*Verlobung*) deshacer; (*Demonstration*) dispersar; (*Konto*) cerrar, cancelar **4.** (*Schwierigkeiten, Rätsel*) resolver; (*Widerspruch*) clarificar **II.** *vr:* **sich** ~ **1.** (*Nebel*) disiparse, esfumarse **2.** (*Menschenmenge*) disolverse **3.** (*in Flüssigkeit*) disolverse, diluirse **4.** (*sich zersetzen*) disgregarse (*in* en), descomponerse (*in* en); **er kann sich wohl kaum in Luft** ~ no puede esfumarse así como así

Auflösung *f* <-, -en> **1.** (*eines Vertrags, einer Einrichtung, des Nebels*) disolución *f*; ~ **des Parlaments** disolución del parlamento **2.** (*Zerlegung*) desintegración *f* **3.** (*Lösung*) (re)solución *f* **4.** (*Bildqualität, a.* INFOR) definición *f*; **Auflösungsantrag** *m* <-(e)s, -träge> (JUR, WIRTSCH) demanda *f* de disolución; **Auflösungsbeschluss**[RR] *m* <-es, -schlüsse> (JUR) acuerdo *m* de disolución; **Auflösungszeichen** *nt* <-s, -> (MUS) becuadro *m*

auf|machen **I.** *vi* (*fam: Geschäfte, Banken*) abrir **II.** *vt* (*fam*) **1.** (*Tür, Geschenk*) abrir; (*Haarknoten*) soltar; (*Knoten*) deshacer **2.** (*gründen*) poner **3.** (PUBL: *gestalten*) diseñar, componer; (*darstellen*) representar **III.** *vr:* **sich** ~ (*aufbrechen*) irse (*zu* a)

Aufmacher *m* <-s, -> (PUBL) titular *m* principal, noticia *f* de primera página; (*Thema*) tema *m* central

Aufmachung *f* <-, -en> presentación *f*

auf|malen *vt* pintar (*auf* en)

Aufmarsch *m* <-(e)s, -märsche> (MIL) concentración *f*; (*Parade*) desfile *m*

auf|marschieren* *vi sein* (MIL) concentrarse, desplegarse; (*zur Parade*) desfilar

auf|meißeln *vt abrir con escoplo y/o cincel;* **jdm den Schädel ~** trepanar el cráneo a alguien

auf|merken *vi* **1.** (*aufhorchen*) prestar atención, atender; **bei der Erwähnung ihres Namens merkte sie auf** al oír mencionar su nombre prestó atención **2.** (*geh: aufpassen*) estar atento (*auf* a), atender (*auf* a)

aufmerksam ['aʊfmɛrkza:m] *adj* **1.** (*konzentriert*) atento; (*wachsam*) alerta; **jdn auf jdn/etw ~ machen** llamar la atención de alguien sobre alguien/algo; **~ zuhören** escuchar con atención **2.** (*höflich*) atento, cortés; **vielen Dank, sehr ~ von Ihnen!** ¡muchas gracias, es Ud. muy amable!

Aufmerksamkeit[1] *f* <-, *ohne pl*> **1.** (*Wachsamkeit*) atención *f;* **darf ich um Ihre ~ bitten!** ruego su atención **2.** (*Zuvorkommenheit*) amabilidad *f*, atención

Aufmerksamkeit[2] *f* <-, -en> (*Handlung*) atención *f;* (*Geschenk*) obsequio *m,* atención *f;* **es ist nur eine kleine ~ für Ihre Gattin** sólo es un pequeño detalle [*o* una pequeña atención] para su esposa

auf|mischen *vt* (*sl: verprügeln*) sacudir, dar de hostias *vulg;* **sie lauerten ihm auf um ihn kräftig aufzumischen** le estaban esperando para sacudirle de firme

auf|möbeln *vt* (*fam*) **1.** (*aufmuntern*) levantar la moral (a), animar **2.** (*beleben*) animar, reconfortar **3.** (*Kenntnisse*) perfeccionar

auf|montieren* *vt* montar (*auf* en/sobre), instalar (*auf* en/sobre)

auf|motzen *vt* (*fam*) dar más vistosidad [*o* efecto] (a)

auf|mucken *vi* (*fam*), **auf|mucksen** *vi* (*fam*) respingar, retobar *Mex;* (*mit Verneinung*) (re)chistar

auf|muntern ['aʊfmʊntɐn] *vt* reconfortar, animar

aufmunternd **I.** *adj* (*ermunternd*) reconfortante, de ánimo; **ein ~er Blick** una mirada reconfortante **II.** *adv* (*ermunternd*) de ánimo, para animar; **jdm ~ zulächeln** sonreír a alguien para darle ánimos

Aufmunterung *f* <-, -en> **1.** (*Aufheiterung*) animación *f;* **der kleine Scherz war als ~ gemeint** con la bromita pretendía animar **2.** (*Ermutigung*) estímulo *m,* aliento *m* **3.** (*Belebung*): **zur ~** para animar(se), para recuperar fuerzas; **trink eine Tasse Kaffee zur ~!** ¡toma una taza de café para despejarte!

aufmüpfig ['aʊfmʏpfɪç] *adj* (*fam*) gruñón, rezongón

auf|nähen *vt* coser encima (*auf* de); (*Verzierung, Taschen*) aplicar (*auf* a)

Aufnahme[1] ['aʊfna:mə] *f* <-, -n> **1.** (*Empfang*) recibimiento *m,* acogida *f;* (*Beherbergung*) alojamiento *m,* hospedaje *m;* (*Empfangsraum im Krankenhaus*) recepción *f* **2.** (*Zulassung*) admisión *f* (*in* en); (*in eine Schule, Partei*) ingreso *m* (*in* en) **3.** (*Eingliederung*) incorporación *f* (*in* a/en) **4.** (*auf Tonband, Schallplatte*) grabación *f;* (FOTO) foto *f;* (FILM) toma *f;* **eine ~ machen** (MUS) hacer una grabación; (FOTO) sacar una foto **5.** (*Beginn*) comienzo *m;* **die ~ von diplomatischen Beziehungen** el establecimiento de relaciones diplomáticas

Aufnahme[2] *f* <-, *ohne pl*> (*Zusichnehmen*) captación *f*

Aufnahmeantrag *m* <-(e)s, -träge> solicitud *f* de admisión; **Aufnahmebedingung** *f* <-, -en> condición *f* de admisión; **aufnahmefähig** *adj* **1.** (*Gedächtnis*) capaz de pensar, receptivo **2.** (WIRTSCH) activo, receptivo; **~e Märkte** mercados animados

Aufnahmefähigkeit *f* <-, *ohne pl*> **1.** (*allgemein*) capacidad *f* de absorción, receptividad *f* **2.** (WIRTSCH) absorción *f;* **~ der Märkte** animación de los mercados; **Aufnahmegebühr** *f* <-, -en> cuota *f* de ingreso; **Aufnahmekapazität** *f* <-, -en> (WIRTSCH) capacidad *f* receptora; **Aufnahmelager** *nt* <-s, -> campo *m* de acogida; **Aufnahmeland** *nt* <-(e)s, -länder> (POL) país *m* acogedor [*o* de acogida]; **Aufnahmeprüfung** *f* <-, -en> examen *m* de ingreso, prueba *f* de acceso; **Aufnahmestudio** *nt* <-s, -s> estudio *m* de grabación [*o* de registro]; **Aufnahmetaste** *f* <-, -n> tecla *f* de grabación [*o* de registro]; **Aufnahmewagen** *m* <-s, -> (RADIO, TV) unidad *f* móvil

Aufnahmsprüfung *f* <-, -en> (*Österr*) *s.* **Aufnahmeprüfung**

auf|nehmen *irr vt* **1.** (*beginnen*) comenzar, iniciar; (*Verhandlungen*) entablar; **ein Gespräch wieder ~** reanudar una conversación **2.** (*Gedanke, Idee*) retomar **3.** (*aufsaugen*) absorber; (*Nahrung*) ingerir; (*geistig*) comprender **4.** (*Kredit*) pedir **5.** (*hochnehmen*) recoger (*von* de) **6.** (*auf Tonband, Schallplatte*) grabar (*auf* en) **7.** (*empfangen*) acoger; (*über Nacht*) hospedar; (*im Krankenhaus*) ingresar (*in* en); (*im Verein*) admitir (*in* en); **wieder ~ werden** ser readmitido; **wir wurden sehr herzlich aufgenommen** nos acogieron calurosamente **8.** (*sich messen*): **es mit jdm/etw ~ können** (poder) medirse con alguien/algo **9.** (*nordd: aufwischen*) limpiar

Aufnehmer *m* <-s, -> (*nordd: Aufwischlappen*) bayeta *f*

äufnen ['ɔɪfnən] *vt* (*Schweiz: ansammeln*) atesorar

auf|nötigen *vt* obligar a aceptar

auf|opfern *vr:* **sich ~** sacrificarse (*für* por)

aufopfernd *adj s.* **aufopferungsvoll**

Aufopferung *f* <-, -en> (*Hingebung*) (espíritu *m* de) sacrificio *m,* altruismo *m;* **sie pflegte den Kranken mit ~** atendía abnegadamente al enfermo; **aufopferungsvoll** *adj* abnegado, sacrificado

auf|packen *vt* **1.** (*aufladen*) cargar; **sich** *dat* **etw ~** cargar con algo; **den Eseln schwere**

Lasten ~ cargar grandes pesos en los burros; **hast du die Kiste schon auf den Anhänger aufgepackt?** ¿ya has cargado la caja en el remolque? **2.** (*aufbürden*) cargar, colgar; **jdm eine Arbeit** ~ cargar a alguien con un trabajo **3.** (*auspacken*) abrir, desempaquetar

auf|päppeln ['aʊfpɛpəln] *vt* (*fam*) mimar y alimentar (*hasta devolver la salud*)

auf|passen *vi* **1.** (*aufmerksam sein*) tener cuidado; **passt auf!** ¡tened cuidado!; **aufgepasst!** ¡atención! **2.** (*beaufsichtigen*) cuidar; **er passt auf die Kinder auf** cuida los niños

Aufpasser(in) *m(f)* <-s, -; -, -nen> (*abw*) **1.** (*Spitzel*) confidente *mf* **2.** (*Wächter*) guardián, -ana *m, f*

auf|peitschen *vt* **1.** (*Meer, Wellen*) picar **2.** (*Menschen, Sinne*) excitar

auf|peppen ['aʊfpɛpən] *vt* (*fam*) dar(le) un toque

auf|pflanzen **I.** *vt* **1.** (*Bajonett*) calar **2.** (*Flagge*) enarbolar **II.** *vr:* **sich vor jdm** ~ (*fam*) plantarse ante alguien

auf|pfropfen ['aʊfpfrɔpfən] *vt* injertar (*auf* en)

auf|picken *vt* **1.** (*fressen*) picar, picotear **2.** (*öffnen*) abrir con el pico

auf|platzen *vi sein* (*Naht*) reventar; (*Wunde*) abrirse

auf|plustern ['aʊfplu:stɐn] **I.** *vt* (*Gefieder*) ahuecar **II.** *vr:* **sich** ~ (*Vogel*) hincharse; (*abw: Mensch*) hincharse, pavonearse

auf|polieren* *vt* (*Möbel*) abrillantar, sacar brillo (a); (*fam: Kenntnisse*) refrescar

auf|prägen *vt* imprimir, estampar

Aufprall ['aʊfpral] *m* <-(e)s, -e> choque *m* (*auf* con/contra/en), topetazo *m* (*auf* contra/en); (*Ball*) bote *m* (*auf* contra/en), rebote *m* (*auf* contra/en)

auf|prallen *vi sein* chocar (*auf* con/contra/en), rebotar (*auf* contra/en)

Aufpreis *m* <-es, -e> recargo *m*, sobreprecio *m*; **gegen** ~ pagando un sobreprecio

auf|probieren* *vt* probarse; **am besten, Sie probieren den Hut einmal auf** lo mejor es que se pruebe el sombrero

auf|pumpen *vt* inflar

auf|putschen *vt* (*abw*) **1.** (*erregen*) excitar **2.** (*aufhetzen*) acalorar

Aufputschmittel *nt* <-s, -> estimulante *m*

auf|putzen *vt* (*reg*) *s.* **aufwischen**

auf|quellen *irr vi sein* hincharse

auf|raffen **I.** *vt* (*aufheben*) recoger (*von* de) **II.** *vr:* **sich** ~ **1.** (*sich entschließen*) animarse (*zu* a) **2.** (*mühsam aufstehen*) levantarse a duras penas

auf|ragen ['aʊfra:gən] *vi* elevarse, sobresalir

auf|rappeln ['aʊfrapəln] *vr:* **sich** ~ (*fam*) **1.** (*sich überwinden*) sacar fuerzas de flaqueza **2.** (*nach Krankheit*) reanimarse, cobrar fuerzas **3.** (*aufstehen*) levantarse a duras penas

auf|rauen[RR] ['aʊfraʊən] *vt* cardar, perchar; (*Oberfläche*) raspar

auf|räufeln *vt* destejer, deshacer

auf|rauhen *vt s.* **aufrauen**

auf|räumen **I.** *vi* **1.** (*ordnen*) ordenar **2.** (*beenden*): **mit etw** ~ acabar con algo **II.** *vt* (*Zimmer, Schreibtisch*) arreglar, ordenar

Aufräumungsarbeiten *fpl* trabajos *mpl* de descombro

auf|rechnen *vt* (*a.* FIN) compensar (*gegen* con)

Aufrechnung *f* <-, -en> (*a.* FIN) compensación *f* (*gegen* con)

aufrecht ['aʊfrɛçt] *adj* **1.** (*gerade*) derecho, erguido **2.** (*ehrlich*) íntegro, correcto

aufrecht|erhalten* *irr vt* mantener, sostener; **Aufrechterhaltung** *f* <-, *ohne pl*> mantenimiento *m*, conservación *f*

auf|regen **I.** *vt* (*erregen*) alterar, excitar; (*ärgern*) irritar; (*empören*) exaltar; (*stärker*) exasperar; **du regst mich auf!** ¡me exasperas! **II.** *vr:* **sich** ~ alterarse (*über* por), excitarse (*über* por), volarse *Am;* (*sich ärgern*) irritarse (*über* por); (*sich empören*) exaltarse (*über* por); (*stärker*) exasperarse (*über* por); **reg dich nicht so auf!** ¡no te pongas así!

aufregend *adj* excitante

Aufregung *f* <-, -en> excitación *f*, agitación *f*, batifondo *m CSur;* (*Sorge*) zozobra *f;* **er war in heller** ~ estaba muy excitado

auf|reiben *irr* **I.** *vt* **1.** (*zermürben*) agotar, arruinar **2.** (*vernichten*) aniquilar, exterminar **II.** *vr:* **sich** ~ (*sich aufopfern*) sacrificarse (*für* por)

aufreibend *adj* (*zermürbend*) agotador

auf|reihen **I.** *vt* (*Dinge*) colocar en fila [*o* en hileras] **II.** *vr:* **sich** ~ (*Personen*) ponerse en fila

auf|reißen *irr* **I.** *vi sein* (*Naht*) desgarrarse, romperse **II.** *vt* **1.** (*Tür, Fenster*) abrir de un golpe; **mit aufgerissenen Augen** con los ojos fuera de las órbitas **2.** (*durch Reißen öffnen*) rasgar **3.** (*beschädigen*) romper, desgarrar **4.** (*Straße*) abrir **5.** (*fam: anmachen*): **jdn** ~ pescar a alguien

auf|reizen *vt* provocar, excitar

aufreizend *adj* provocador, provocativo; (*erregend*) excitante

auf|ribbeln *vt* (*reg*) *s.* **aufräufeln**

Aufrichte *f* <-, -n> (*Schweiz: Richtfest*) *fiesta que realizan carpinteros y albañiles al cubrir aguas*

auf|richten **I.** *vt* **1.** (*gerade stellen*) enderezar, poner derecho **2.** (*seelisch*) animar, fortalecer **II.** *vr:* **sich** ~ **1.** (*hinsetzen*) enderezarse, incorporarse; **er richtete sich im Bett auf** se incorporó en la cama **2.** (*hinstellen*) ponerse de pie

aufrichtig *adj* sincero, franco; **mein ~es Beileid!** ¡mi más sincero pésame!; **ich bedaure das** ~ lo siento sinceramente

Aufrichtigkeit *f* <-, *ohne pl*> sinceridad *f*

auf|riegeln *vt* desatrancar; **eine Tür** ~ descorrer el cerrojo de una puerta

Aufriss[RR] *m* <-es, -e>, **Aufriß** *m* <-sses, -sse> (ARCHIT) alzado *m*, proyección *f* (geométrica) vertical

auf|ritzen *vt* abrir rajando, cortar; **er hat sich mit dem Nagel die Haut aufgeritzt** se ha cortado la piel con el clavo

auf|rollen I. *vt* 1. (*zusammenrollen*) enrollar 2. (*auseinander rollen*) desenrollar 3. (*Prozess, Problem*) desarrollar, retomar II. *vr:* **sich ~** enrollarse

auf|rücken *vi sein* 1. (*zusammenrücken*) hacer sitio, correrse 2. (*befördert werden*) ascender (*zu* a)

Aufruf *m* <-(e)s, -e> 1. (*das Aufrufen*) llamamiento *m,* llamada *f* 2. (INFOR) llamada *f* 3. (*öffentlicher Appell*) llamamiento *m* (*zu* a); (*zum Streik*) convocatoria *f* (*zu* de)

auf|rufen *irr vt* 1. (*Schüler*) llamar 2. (JUR: *Zeugen*) llamar 3. (INFOR: *Programm*) acceder (a) 4. (*auffordern*) llamar (*zu* a), exhortar (*zu* a); **zum Streik ~** convocar una huelga

Aufruhr ['aʊfruːɐ] *m* <-(e)s, *ohne pl*> 1. (*Revolte*) rebelión *f,* insurrección *f;* (*Tumult*) disturbio *m,* tumulto *m* 2. (*Erregung*) agitación *f,* irritación *f,* batifondo *m CSur;* **die Nachricht hat die ganze Familie in ~ versetzt** la noticia ha conmocionado a toda la familia

auf|rühren *vt* 1. (*nach oben bringen*) remover, revolver; **gedankenverloren rührte sie den Bodensatz ihres Kaffees auf** absorta en sus pensamientos revolvía los posos del café 2. (*in Erinnerung rufen*) despertar, reavivar; **die Begegnung mit seiner Jugendfreundin rührte Erinnerungen auf** el encuentro con su novia de juventud reavivó en él los recuerdos 3. (*in Aufruhr versetzen*) revolucionar, alborotar; **er versteht es, die Massen aufzurühren** sabe muy bien cómo enardecer a las masas 4. (*geh: aufwühlen*) agitar, afectar; **nach diesem eindrucksvollen Film war er stark aufgerührt** tras una película tan impresionante estaba fuertemente conmovido

Aufrührer(in) ['aʊfryːrɐ] *m(f)* <-s, -; -, -nen> rebelde *mf,* insurrecto, -a *m, f*

aufrührerisch *adj* insurrecto, rebelde

auf|runden *vt* redondear

auf|rüsten I. *vt* 1. (MIL) rearmar 2. (TECH: *Computer*) armar II. *vi* rearmarse

Aufrüstung *f* <-, -en> rearme *m*

auf|rütteln *vt* sacudir (*aus* de); (*fig*) arrancar (*aus* de)

aufs [aʊfs] (*fam*) = **auf das** *s.* **auf**

auf|sagen *vt* decir (de memoria); (*Einmaleins*) decir, enumerar; (*Gedicht*) recitar, declamar

auf|sammeln *vt* recoger

aufsässig ['aʊfzɛsɪç] *adj* rebelde

Aufsässigkeit *f* <-, *ohne pl*> 1. (*Hartnäckigkeit*) testarudez *f* 2. (*rebellische Art*) rebeldía *f*

Aufsatz *m* <-es, -sätze> 1. (*in der Schule*) redacción *f,* composición *f;* (*Abhandlung*) ensayo *m,* artículo *m* 2. (*Aufbau*) elemento *m* sobrepuesto; **Aufsatzthema** *nt* <-s, -themen> (SCH) tema *m* de redacción [*o* de composición]

auf|saugen *vt* 1. (*mit dem Staubsauger*) quitar [*o* limpiar] con la aspiradora 2. (*Flüssigkeit*) absorber, chupar

auf|schauen *vi* alzar la vista (*zu* hacia)

auf|schäumen I. *vi haben o sein* (*Sekt*) espumar, hacer espuma II. *vt* (*Kunststoff*) esponjar (en forma de espuma); (*Milch*) espumar

auf|scheuchen *vt* espantar

auf|scheuern *vt:* **sich** *dat* **die Haut ~** levantarse la piel; **sich** *dat* **das Knie ~** rozarse [*o* rasparse] la rodilla

auf|schichten *vt* apilar

auf|schieben *irr vt* 1. (*öffnen*) abrir (empujando), correr 2. (*verzögern*) aplazar; **aufgeschoben ist nicht aufgehoben** (*prov*) si no es hoy, será mañana

auf|schießen *irr* I. *vi sein* 1. (*wachsen: Saat*) espigarse, subirse; (*Jugendlicher*) dar un estirón, espigarse; **sie war ein aufgeschossenes, dürres Mädchen** era una muchacha flaca y espigada 2. (*hochfahren*) ponerse en pie de un brinco; **aus dem Sessel ~** levantarse de un brinco del sillón 3. (*in die Höhe schießen*) elevarse, alzarse; **aus dem brennenden Gebäude schossen die Flammen auf** las llamas se alzaban desde el edificio incendiado 4. (*geh: entstehen*) surgir, elevarse; **in ihrer Brust schossen gemischte Gefühle auf** en su pecho se confundían los sentimientos II. *vt haben* (*durch Schießen öffnen*) descerrajar (de un tiro)

Aufschlag *m* <-(e)s, -schläge> 1. (*das Aufschlagen*) golpe *m* (*auf* contra/en), choque *m* (*auf* con/contra/en) 2. (SPORT) saque *m;* **wer hat ~?** ¿quién saca? 3. (*Verteuerung*) subida *f,* aumento *m;* (*Zuschlag*) suplemento *m* (*auf* sobre), recargo *m* (*auf* sobre) 4. (*an Kleidung*) vuelta *f,* golpe *m Kol*

auf|schlagen *irr* I. *vi* 1. *sein* (*anschlagen*) dar (*auf* contra/en); **er schlug mit dem Kopf auf der** [*o* **die**] **Treppe auf** se dio con la cabeza en la escalera 2. (SPORT) sacar II. *vt* 1. (*Buch, Augen*) abrir; **Seite 20 ~** abrir el libro por la página 20; (*Bettdecke*) quitar, abrir; (*Ei*) romper, abrir 2. (*Zelt, Lager*) montar 3. (*verletzen*) abrirse; **ich habe mir das Knie aufgeschlagen** me he abierto la rodilla 4. (COM: *hinzurechnen*) añadir (*auf* a)

Aufschläger(in) *m(f)* <-s, -; -, -nen> (SPORT) jugador(a) *m(f)* que tiene el servicio [*o* el saque]

auf|schließen *irr* I. *vi* (SPORT) avanzar II. *vt* (*öffnen*) abrir (con llave)

auf|schlitzen ['aʊfʃlɪtsən] *vt* abrir (con cuchillo), rajar

Aufschluss[RR] *m* <-es, -schlüsse>, **Aufschluß** *m* <-sses, -schlüsse> información *f,* explicación *f;* **jdm ~ über etw geben** dar información a alguien acerca de algo

auf|schlüsseln ['aʊfʃlʏsəln] *vt* repartir, desglosar; **eine Gruppe nach Alter ~** subdividir un grupo por edades

Aufschlüss(e)lung *f* <-, -en> desglose *m*

aufschlussreich[RR] *adj* instructivo, revelador

Aufschlussverfahren[RR] *nt* <-s, -> (BIOL, CHEM) procedimiento *m* de desintegración

auf|schnappen *vt* (*fam*) coger [*o* pillar] al vuelo

auf|schneiden *irr* **I.** *vi* (*fam abw: prahlen*) fanfarronear, blofear *ZAm, Mex* **II.** *vt* **1.** (*Verpackung*) cortar; (*Geschwür*) abrir, rajar **2.** (*Braten*) trinchar; (*Torte*) cortar

Aufschneider(in) *m(f)* <-s, -; -, -nen> fanfarrón, -ona *m, f,* blofista *m ZAm, Mex*

Aufschneiderei[1] *f* <-, -en> (*Handlung, Äußerung*) fanfarronada *f,* bluff *m Am,* echada *f Mex*

Aufschneiderei[2] *f* <-, *ohne pl*> (*Verhalten*) chulería *f,* fanfarronería *f*

Aufschneiderin *f* <-, -nen> *s.* **Aufschneider**

Aufschnitt *m* <-(e)s, *ohne pl*> fiambre *m,* embutido *m*

auf|schnüren *vt* desatar

auf|schrammen *vt s.* **aufschürfen**

auf|schrauben *vt* **1.** (*öffnen: Gefäß*) abrir; (*Deckel*) desenroscar **2.** (*befestigen: Schild*) atornillar; (*Verschluss*) cerrar; **den Deckel ~** poner la tapa

auf|schrecken[1] <schreckt *o* schrickt auf, schreckte *o* schrak auf, aufgeschreckt> *vi sein:* **aus dem Schlaf ~** despertarse sobresaltado

auf|schrecken[2] *vt* espantar, asustar

Aufschrei *m* <-(e)s, -e> grito *m,* chillido *m*

auf|schreiben *irr vt* **1.** (*notieren*) anotar, apuntar **2.** (*verordnen*) recetar

auf|schreien *irr vi* gritar

Aufschrift *f* <-, -en> **1.** (*Etikett*) etiqueta *f* **2.** (*Beschriftung*) inscripción *f*

Aufschub *m* <-(e)s, -schübe> (*Verzögerung*) demora *f,* aplazamiento *m;* (*einer Frist*) prórroga *f;* **etw duldet keinen ~** algo no admite demora

auf|schürfen *vt:* **sich** *dat* **die Haut ~** rozarse [*o* levantarse] la piel; **sich** *dat* **das Knie ~** rozarse la rodilla

auf|schütteln *vt* sacudir; **das Kissen/Oberbett ~** mullir la almohada/el edredón

auf|schütten *vt* (*Wasser*) echar; (*Sand*) amontonar, acumular; (*Damm*) construir, levantar (acumulando tierra); **Wasser auf den Tee ~** hacer té

Aufschüttung *f* <-, -en> (*Erhöhung*) terraplén *m*

auf|schwatzen *vt,* **auf|schwätzen** *vt* (*reg: fam*) endilgar, endosar

auf|schwemmen **I.** *vi* hincharse, abotargarse **II.** *vt* hinchar, abotargar

auf|schwingen *irr vr:* **sich ~** animarse, obligarse; **sich zu etw ~** animarse a hacer algo

Aufschwung *m* <-(e)s, -schwünge> **1.** (*innerer Antrieb*) impulso *m* **2.** (WIRTSCH) auge *m,* progresión *f;* **konjunktureller/wirtschaftlicher ~** auge coyuntural/económico; **einen ~ erleben** experimentar un auge **3.** (SPORT) elevación *f;* **Aufschwungstendenz** *f* <-, -en> (WIRTSCH) tendencia *f* alcista

auf|sehen *irr vi* **1.** (*hochschauen*) alzar [*o* levantar] la vista (*zu* hacia) **2.** (*bewundernd*) admirar (*zu* a)

Aufsehen *nt* <-s, *ohne pl*> sensación *f;* (*negativ*) escándalo *m;* **~ erregen** causar sensación, levantar revuelo; **~ erregend** llamativo, sensacional; (*negativ*) escandaloso; **ohne großes ~** casi desapercibido, sin revuelo

aufsehenerregend *adj s.* **Aufsehen**

Aufseher(in) *m(f)* <-s, -; -, -nen> **1.** (*Wächter*) vigilante *mf* **2.** (*über Arbeiter*) capataz(a) *m(f)* **3.** (*in Museen*) celador(a) *m(f)*

auf|sein *irr vi s.* **auf III.1., III.2.**

aufseiten[RR] *adv:* **~ der Schwächeren** de parte de los más débiles

auf|setzen **I.** *vi* (*Flugzeug*) aterrizar, tomar tierra **II.** *vt* **1.** (*Essen*) poner al fuego, calentar **2.** (*Brille, Hut*) ponerse; **eine unfreundliche Miene ~** poner cara de disgusto **3.** (*Fuß*) pisar (*auf* en) **4.** (*Text*) redactar; (*Urkunde*) extender **5.** (*darauf bauen*) añadir (*auf* a), agregar (*auf* a) **6.** (*aufnähen*) coser (*auf* sobre), aplicar (*auf* a) **III.** *vr:* **sich ~** (*sich aufrichten*) incorporarse, sentarse

auf|seufzen *vi* suspirar; (*einmal laut seufzen*) lanzar un suspiro; **endlich Pause! seufzte sie erleichtert auf** ¡por fin un descanso!, suspiró aliviada

Aufsicht[1] *f* <-, *ohne pl*> **1.** (*Überwachung*) vigilancia *f,* supervisión *f;* **unter staatlicher ~** bajo supervisión estatal; **unter ~ stehen** estar bajo vigilancia; **der ~ führende Lehrer** el profesor que tenía que vigilar a los estudiantes **2.** (*Kontrolle*) control *m,* inspección *f*

Aufsicht[2] *f* <-, -en> **1.** (*Leitung*) dirección *f* **2.** (*Person*) vigilante *mf* **3.** (*Draufsicht: Perspektive*) vista *f* en planta [*o* de arriba]; (*Zeichnung*) proyección *f* horizontal

aufsichtführend *adj s.* Aufsicht[1]; **Aufsichtführende(r)** *mf* <-n, -n; -n, -n> controlador(a) *m(f),* vigilante *mf*

Aufsichtsbeamte(r) *mf* <-n, -n; -n, -n>, **-beamtin** *f* <-, -nen> inspector(a) *m(f);* **Aufsichtsbehörde** *f* <-, -n> inspección *f;* **Aufsichtspersonal** *nt* <-s, *ohne pl*> personal *m* de vigilancia; **Aufsichtspflicht** *f* <-, *ohne pl*> (JUR) deber *m* de vigilancia

Aufsichtsrat *m* <-(e)s, -räte> (WIRTSCH) **1.** (*Vereinigung*) consejo *m* de administración **2.** (*Mitglied*) consejero, -a *m, f,* miembro *m* del consejo de administración; **Aufsichtsratsmitglied** *nt* <-(e)s, -er> (WIRTSCH) miembro *m* del consejo de administración; **Aufsichtsratssitzung** *f* <-, -en> (WIRTSCH) junta *f* del consejo de administración; **Aufsichtsratsvorsitzende(r)** *mf* <-n, -n; -n, -n> presidente, -a *m, f* del consejo de administración

auf|sitzen *irr vi sein* **1.** (*aufsteigen*) montar (*auf* en) **2.** (*hereinfallen*): **einem Betrüger ~** dejarse engañar por un estafador

auf|spalten **I.** *vt* escindir, dividir **II.** *vr:* **sich ~** dividirse, escindirse

Aufspaltung *f* <-, -en> desintegración *f;* (*Partei, Verein*) división *f;* (*Atom, Zelle*) fisión *f;* (CHEM) desdoblamiento *m*

auf|spannen *vt* (*Schirm*) abrir; (*Saite*) poner

auf|sparen *vt* (*Geld*) ahorrar; (*Vorräte*) dejar para más adelante, reservar

auf|speichern **I.** *vt* almacenar; (*fig*) acumular; **Wut in sich** *dat* **~** acumular rabia en su interior **II.** *vr:* **sich ~** acumularse; **wochenlang hatte sich die Wut in ihr aufgespeichert** durante semanas se había acumulado la rabia en su interior

auf|sperren *vt* **1.** (*fam: weit öffnen*) abrir de par en par **2.** (*südd, Österr: aufschließen*) abrir con llave

auf|spielen **I.** *vi* (*zum Tanz*) tocar **II.** *vr:* **sich ~** (*fam*) **1.** (*angeben*) darse (mucho) tono, dárselas; **spiel dich nicht so auf!** ¡no te las des tanto! **2.** (*sich ausgeben*) dárselas (*als* de); **sich als Experte ~** dárselas de perito

auf|spießen *vt* **1.** (*mit der Gabel*) pinchar; (*auf einen Spieß*) ensartar, espetar **2.** (*auf Hörner*) empitonar; (*Stier*) coger

auf|springen *irr vi sein* **1.** (*hochspringen*) saltar; (*vom Sitz*) levantarse de repente; (*Ball*) botar **2.** (*sich plötzlich öffnen*) abrirse de golpe **3.** (*auf ein Fahrzeug*) saltar (*auf* a) **4.** (*Hände*) cuartearse; (*Haut*) agrietarse; (*Knospen*) abrirse

auf|sprühen *vt* **1.** (*Farbe, Lack*) aplicar con spray (*auf* sobre); **Autolack ~** pintar el coche con spray; **auf die Kohlezeichnung solltest du Fixiermittel ~** deberías rociar el dibujo al carbón con fijador **2.** (*Parolen*) hacer una pintada (*auf* en); **er hat Parolen auf die Rathausfassade aufgesprüht** ha hecho pintadas en la fachada del ayuntamiento

auf|spulen ['aʊfʃpu:lən] *vt* devanar, enrollar

auf|spüren *vt* detectar

auf|stacheln ['aʊfʃtaxəln] *vt* **1.** (*aufwiegeln*) incitar (*zu* a) **2.** (*anspornen*) pinchar (*zu* para), estimular (*zu* a)

auf|stampfen *vi* patear, golpear con los pies

Aufstand *m* <-(e)s, -stände> levantamiento *m,* sublevación *f*

aufständisch ['aʊfʃtɛndɪʃ] *adj* sedicioso, rebelde

Aufständische(r) *mf* <-n, -n; -n, -n> (POL) insurrecto, -a *m, f,* rebelde *mf*

auf|stapeln *vt* apilar

auf|stauen **I.** *vt* (*Fluss*) embalsar **II.** *vr:* **sich ~** acumularse; (*Wasser*) estancarse, embalsarse

auf|stechen *irr vt* abrir, pinchar

auf|stecken *vt* **1.** (*Ring*) poner **2.** (*Haar*) recoger **3.** (*fam: aufgeben*) abandonar, dejar

auf|stehen *irr vi* **1.** *sein* (*sich erheben*) ponerse de pie; (*morgens aus dem Bett*) levantarse; **früh ~** madrugar; **da musst du früher ~** (*fam a. fig*) para eso tienes que levantarte antes **2.** (*offen stehen*) estar abierto

auf|steigen *irr vi sein* **1.** (*Nebel, Rauch*) subir, elevarse; (*Gewitter*) levantarse; (*Flugzeug*) despegar, tomar altura; (*Ballon*) ascender, elevarse **2.** (*beruflich*) ascender (*zu* a); (SPORT) pasar a una categoría superior, ascender (*in* a) **3.** (*auf ein Pferd, Fahrrad*) montar(se) (*auf* en) **4.** (*Gedanken*) ocurrir; (*Bedenken*) surgir

Aufsteiger[1] *m* <-s, -> (SPORT) equipo *m* ascendido

Aufsteiger(in)[2] *m(f)* <-s, -> (*fam*) trepa *mf*

auf|stellen **I.** *vt* **1.** (*aufbauen*) poner, colocar; (*Denkmal*) erigir, levantar; (*Zelt*) montar, levantar; (*Maschine*) instalar; (*in einer Reihe*) alinear **2.** (*aufrichten*) levantar **3.** (*Mannschaft*) alinear; (*Regierung, Truppen*) formar; (*Liste, Bilanz*) hacer **4.** (*Kandidat*) designar, nominar **5.** (*Rekord*) marcar, establecer **6.** (*Regel*) instituir, establecer; (*Theorie*) formular; (*Bedingung*) fijar; (*Plan*) trazar **7.** (*Schweiz: aufmuntern*) levantar el ánimo (a) **II.** *vr:* **sich ~** (*sich postieren*) apostarse, ponerse; (*in einer Reihe*) ponerse en fila

Aufstellung *f* <-, -en> **1.** (*Regel, Plan*) confección *f,* establecimiento *m;* (*Schild, Denkmal*) colocación *f;* (*Maschine*) montaje *m,* instalación *f* **2.** (*Mannschafts~*) alineación *f* **3.** (*Truppen~*) formación *f* **4.** (*Kandidaten*) designación *f* **5.** (*Liste*) relación *f,* lista *f;* (*Tabelle*) tabla *f*

Aufstieg ['aʊfʃti:k] *m* <-(e)s, -e> **1.** (*das Aufsteigen*) ascenso *m;* (*eines Ballons*) ascensión *f;* (*beim Bergsteigen*) escalada *f* **2.** (*Weg*) subida *f* **3.** (*beruflich, sportlich*) ascenso *m;* **~ in die erste Liga** ascenso a la primera división; **Aufstiegschance** *f* <-, -n>, **Aufstiegsmöglichkeit** *f* <-, -en> oportunidad *f* de ascenso; **Aufstiegsrunde** *f* <-, -n> (SPORT) play-off *m* de ascenso, liguilla *f* de ascenso; **Aufstiegsspiel** *nt* <-(e)s, -e> (SPORT) partido *m* que decide el ascenso

auf|stöbern ['aʊfʃtø:bɐn] *vt* **1.** (*Wild*) levantar, rastrear **2.** (*entdecken*) descubrir, encontrar

auf|stocken ['aʊfʃtɔkən] *vt* **1.** (*Vorräte*) aumentar **2.** (*Kapital*) ampliar (*um* con), aumentar (*um* en) **3.** (ARCHIT): **um ein Stockwerk/mehrere Stockwerke ~** añadir un piso/varios pisos

auf|stöhnen *vi* dar un fuerte suspiro, suspirar hondamente

auf|stoßen *irr* **I.** *vi* **1.** (*rülpsen*) eructar **2.** *sein* (*fam: missfallen*) molestar **3.** (*hart aufsetzen*) golpear (*auf* contra/en) **II.** *vt* **1.** (*öffnen*) abrir de un empujón **2.** (*verletzen*): **ich habe mir den Ellbogen aufgestoßen** me he golpeado el codo, me he dado un golpe en el codo

aufstrebend *adj* (*fig*) floreciente, con un gran empuje

auf|streichen *irr* **I.** *vi sein* (JAGD: *auffliegen*) levantar el vuelo, echar(se) a volar **II.** *vt haben* (*Farbe*) aplicar, extender

Aufstrich *m* <-(e)s, -e> *lo que se unta en el pan;* **was möchtest du als ~?** ¿qué te pongo en el pan?

auf|stülpen *vt* (*auf den Kopf ziehen*) calar, encasquetar; **sich** *dat* **den Hut/eine Mütze ~** calarse el sombrero/encasquetarse una gorra

auf|stützen I. *vt* (*Ellbogen, Kopf*) apoyar (*auf* en/sobre) **II.** *vr:* **sich ~** apoyarse (*auf* en/sobre)

auf|suchen *vt* (*Bekannte*) visitar, ir a ver; (*Arzt*) consultar

auf|takeln ['aʊfta:kəln] **I.** *vt* (NAUT) aparejar **II.** *vr:* **sich ~** (*fam abw*) emperifollarse, emperejilarse

Auftakt *m* <-(e)s, -e> **1.** (*Beginn*) comienzo *m;* **den ~ zu etw bilden** marcar el comienzo de algo **2.** (MUS) anacrusa *f*

auf|tanken *vt* **1.** (*Treibstoff*) repostar **2.** (*Auto, Flugzeug*) llenar el depósito (de); **das Auto ~** echar gasolina al coche **3.** (*sammeln*) tomar

auf|tauchen *vi sein* **1.** (*Taucher, U-Boot*) emerger, salir a la superficie **2.** (*Person*) presentarse; (*Gegenstand*) aparecer **3.** (*Zweifel, Gedanke*) brotar, surgir

auf|tauen I. *vi sein* **1.** (*Eis, Schnee*) derretirse; (*Fluss, See*) deshelarse **2.** (*gesprächig werden*) soltarse **II.** *vt* (*Tiefkühlkost, Wasserleitung*) descongelar

auf|teilen *vt* **1.** (*verteilen*) distribuir (*unter* entre, *an* a), repartir (*unter* entre, *an* a) **2.** (*unterteilen*) dividir (*in* en, *nach* según); **die Schüler wurden in Gruppen aufgeteilt** los alumnos fueron divididos en grupos

Aufteilung *f* <-, -en> **1.** (*Verteilung*) distribución *f;* **~ des Nachlasses** división de la herencia **2.** (*Unterteilung*) división *f*

auf|tischen ['aʊftɪʃən] *vt* **1.** (*Speisen*) servir **2.** (*fam abw*): **jdm Lügen ~** meter una bola a alguien, contar bolas a alguien

Auftrag ['aʊftra:k, *pl:* 'aʊftrɛ:gə] *m* <-(e)s, -träge> **1.** (*Anweisung*) orden *f,* encargo *m;* **im ~ eines Dritten** por orden de tercero; **einen ~ erteilen** dar una orden; **im ~ von ...** por encargo de..., por orden de...; **in jds ~ kommen** venir de parte de alguien **2.** (*Bestellung*) pedido *m,* encargo *m;* **eiliger ~** pedido urgente; **unerledigte Aufträge** pedidos pendientes; **einen ~ vergeben** colocar un pedido; **etw in ~ geben** encomendar algo; **im ~ und auf Rechnung von ...** por orden y cuenta de... **3.** (*Aufgabe*) misión *f,* comisión *f* **4.** (*Farbe*) mano *f,* capa *f*

auf|tragen *irr* **I.** *vt* **1.** (*geh: servieren*) servir **2.** (*Salbe, Make-up*) darse (*auf* en), ponerse (*auf* en); **Farbe ~** pintar; **dick ~** (*fam fig*) cargar las tintas **3.** (*Kleidung*) gastar **4.** (*beauftragen*) encargar; **er hat mir Grüße an Sie aufgetragen** me ha dado recuerdos para Ud., me ha encargado que le dé recuerdos **II.** *vi* (*Kleidungsstück*) hacer gordo

Auftraggeber(in) *m(f)* <-s, -; -, -nen> comitente *mf,* mandante *mf;* (*Kunde*) cliente *mf;* **Auftragnehmer** *m* <-s, -> (COM) empresa *f* que recibe un pedido, empresa *f* contratante; **Auftragsabwicklung** *f* <-, -en> (WIRTSCH) ejecución *f* de un pedido; **Auftragsannahme** *f* <-, -n> (WIRTSCH) aceptación *f* del pedido; **Auftragsarbeit** *f* <-, -en> encargo *m;* **eine ~ an jdn vergeben** encargar un trabajo a alguien; **Auftragsbestand** *m* <-(e)s, -stände> (WIRTSCH) cartera *f* de pedidos; **Auftragsbestätigung** *f* <-, -en> (WIRTSCH) confirmación *f* de un pedido; **Auftragsbuch** *nt* <-(e)s, -bücher> (WIRTSCH) libro *m* de pedidos; **Auftragseingang** *m* <-(e)s, -gänge> (WIRTSCH) entrada *f* de pedidos; **Auftragserledigung** *f* <-, *ohne pl*> (WIRTSCH) ejecución *f* de un pedido; **Auftragserteilung** *f* <-, -en> (WIRTSCH) otorgamiento *m* del pedido; **bei ~** al hacer el pedido; **Auftragsfertigung** *f* <-, *ohne pl*> (WIRTSCH) producción *f* por encargo [*o* por pedido]; **auftragsgebunden** *adj* (WIRTSCH) sujeto al pedido; **auftragsgemäß** *adj* conforme al pedido; **Auftragslage** *f* <-, -n> (WIRTSCH) situación *f* de pedidos; **Auftragsplanung** *f* <-, -en> (WIRTSCH) planificación *f* de pedidos; **Auftragspolster** *nt* <-s, -> (WIRTSCH) cartera *f* con muchos pedidos; **Auftragsrückgang** *m* <-(e)s, *ohne pl*> (WIRTSCH) retraso *m* (en la ejecución) de los pedidos; **Auftragsrückstand** *m* <-(e)s, -stände> (WIRTSCH) retraso *m* en la ejecución de pedidos; **Auftragsvergabe** *f* <-, -n> (WIRTSCH) adjudicación *f* de un pedido (*an* a); **auftragswidrig** *adj* (WIRTSCH) contrario a lo estipulado en el pedido

auf|treffen *irr vi sein* dar(se); **er ist mit dem Kopf (auf den Stein) aufgetroffen** se ha dado en la cabeza (con [*o* contra] la piedra), ha dado con la cabeza (en la piedra); **das Flugzeug traf auf ein [*o* auf einem] Farmhaus auf** el avión fue a dar contra una granja

auf|treiben *irr vt* (*fam*) encontrar, dar (con); (*Geld*) reunir; **ich konnte nichts Essbares ~** no pude encontrar nada para comer

auf|trennen *vt* deshacer, descoser

auf|treten *irr* **I.** *vi sein* **1.** (*mit den Füßen*) pisar **2.** (*erscheinen*) presentarse; (*Schauspieler*) actuar; **sie ist heute zum ersten Mal aufgetreten** ha debutado hoy; **er tritt als Zeuge auf** declara como testigo **3.** (*sich benehmen*) comportarse; **sicher ~** actuar con aplomo, mostrar seguridad **4.** (*sich zeigen*) surgir, aparecer; **ein Fehler ist aufgetreten** se ha producido un fallo **II.** *vt* (*öffnen*) abrir a patadas

Auftreten *nt* <-s, *ohne pl*> **1.** (*Erscheinung*) aparición *f;* (*Schauspieler*) actuación *f* **2.** (*Benehmen*) conducta *f;* **ein sicheres ~**

haben tener aplomo, mostrarse seguro
Auftrieb *m* <-(e)s, *ohne pl*> **1.** (PHYS) fuerza *f* ascensional **2.** (*Schwung*) ánimo(s) *m(pl)*, estímulo *m*
Auftritt *m* <-(e)s, -e> **1.** (THEAT: *Auftreten*) salida *f* a escena, entrada *f* en escena; (*Vorstellung*) actuación *f* **2.** (*Streit*) disputa *f*, escena *f*
auf|trumpfen *vi* demostrar su superioridad
auf|tun I. *vt* (*fam: entdecken*) descubrir **II.** *vr:* **sich** ~ (*geh*) **1.** (*sich öffnen*) abrirse **2.** (*sich darbieten*) ofrecerse, presentarse
auf|türmen ['aʊftʏrmən] **I.** *vt* amontonar, apilar **II.** *vr:* **sich** ~ amontonarse
auf|wachen *vi sein* despertar(se) (*aus* de)
Aufwachraum *m* <-(e)s, -räume> (MED) sala *f* de reanimación
auf|wachsen *irr vi sein* crecer, criarse, recordarse *Arg, Mex*
auf|wallen ['aʊfvalən] *vi sein* **1.** (*beim Erhitzen*) hervir, subir **2.** (*geh: Gefühle*) hervir
Aufwallung *f* <-, -en> arrebato *m*, arranque *m;* **eine ~ von Hass/Leidenschaft** un arrebato de odio/de pasión; **in einer ~ von Wut/Eifersucht** en un ataque de rabia/de celos
Aufwand ['aʊfvant] *m* <-(e)s, *ohne pl*> **1.** (*Einsatz*) esfuerzo *m;* **der ~ ist mir zu groß** me parece demasiado esfuerzo **2.** (*Prunk*) pompa *f*, suntuosidad *f;* **viel ~ mit etw treiben** hacer mucha ceremonia con algo **3.** (*Kosten*) gastos *mpl*
aufwändig[RR] *adj* (*kostspielig*) caro, costoso; (*luxuriös*) lujoso
Aufwand-Nutzen-Rechnung *f* <-, -en> (FIN, WIRTSCH) cuenta *f* de costes-beneficios
Aufwandsentschädigung *f* <-, -en> reembolso *m* de los gastos; **Aufwandsfinanzierung** *f* <-, -en> (FIN, WIRTSCH) financiación *f* de los gastos
Aufwandsrechnung *f* <-, -en> (FIN, WIRTSCH) cuenta *f* de pérdidas; **Aufwands- und Ertragsrechnung** cuenta de pérdidas y ganancias
auf|wärmen I. *vt* **1.** (*Essen*) recalentar **2.** (*Erinnerungen*) rememorar **II.** *vr:* **sich** ~ **1.** (SPORT) calentarse, hacer un precalentamiento **2.** (*sich wärmen*) calentarse, entrar en calor
auf|warten *vi* (*geh*): **mit etw** ~ presentar algo
aufwärts ['aʊfvɛrts] *adv* (hacia) arriba; **~ gehen** (*Fortschritte machen*) prosperar, ir para arriba, ir viento en popa *fam;* (*gesundheitlich*) mejorarse, reponerse, levantar cabeza *fam;* **es geht endlich wieder ~ mit der Wirtschaft** la economía va de nuevo para arriba; **nach der Kur geht es wieder ~ mit ihr** tras la estancia en el balneario se va reponiendo otra vez; **von einem bestimmten Betrag ~ ist der Chef zuständig** a partir de una determinada cantidad, el responsable es el jefe; **Aufwärtsentwicklung** *f* <-, -en> desarrollo *m* ascendente
aufwärts|gehen *irr vunpers sein s.* **aufwärts**
Aufwärtshaken *m* <-s, -> (SPORT: *Boxen*) uppercut *m*, gancho *m* (a la cara); **aufwärtskompatibel** *adj* (INFOR) compatible hacia arriba [*o* ascendente]; **Aufwärtspfeil** *m* <-(e)s, -e> (INFOR) flecha *f* arriba; **Aufwärtstrend** *m* <-s, -s> tendencia *f* ascendente
Aufwartung *f* <-, -en>: **ein Herr möchte Ihnen seine ~ machen** (*geh*) hay un señor que desea verle
Aufwasch *m* <-(e)s, *ohne pl*> **1.** (*Teller*) platos *mpl* (sucios), cacharros *mpl* (sucios); **den ~ stehen lassen** dejar los cacharros [*o* platos] sin fregar **2.** (*Reinigung*) fregado *m;* **immer muss ich den ~ machen** [*o* **besorgen**] siempre tengo que ocuparme yo de fregar los cacharros **3.** (*Aktion*): **alles in einem ~ erledigen** [*o* **machen**] matar dos pájaros de un tiro; **das ist ein** [*o* **geht in einem**] ~ esto se hace con el mismo esfuerzo
auf|waschen *irr vt* (*reg: abwaschen*) fregar
auf|wecken *vt* despertar
auf|weichen ['aʊfvaɪçən] **I.** *vi sein* (*weich werden*) reblandecer **II.** *vt* (*Boden, Brot*) ablandar, reblandecer
auf|weisen ['aʊfvaɪzən] *irr vt* **1.** (*erkennen lassen*) mostrar, tener **2.** (*aufzeigen*) presentar, exponer; **was haben Sie außerdem noch an Erfolgen aufzuweisen?** ¿qué otros éxitos puede aducir?
auf|wenden *irr vt* (*Zeit*) dedicar, invertir; (*Kraft*) poner, utilizar; (*Energie, Geld*) emplear, gastar
aufwendig *adj s.* **aufwändig**
Aufwendung *f* <-, -en> **1.** (*das Aufwenden*): **unter ~ aller verfügbaren Mittel** empleando todos los medios disponibles **2.** *pl* (*Kosten*): **betriebliche/einmalige ~en** gastos empresariales/extraordinarios; **laufende/tatsächliche ~en** gastos corrientes/reales
auf|werfen *irr* **I.** *vt* **1.** (*Damm*) construir, levantar **2.** (*Tür*) abrir bruscamente **3.** (*Probleme*) plantear **II.** *vr:* **sich zu etw ~** asumir el papel de algo
auf|werten *vt* **1.** (*Währung*) revaluar, revalorizar **2.** (*Ansehen*) mejorar
Aufwertung *f* <-, -en> revalorización *f*, revaluación *f;* **die ~ der Peseta** la revalorización de la peseta
auf|wickeln *vt* devanar, enrollar
auf|wiegeln ['aʊfvi:gəln] *vt* incitar (*gegen* contra, *zu* a); (*Truppen*) amotinar, sublevar
Aufwiegelung *f* <-, -en> agitación *f*
auf|wiegen *irr vt* contrapesar; (*ausgleichen*) compensar; **praktische Erfahrungen sind sehr wichtig und durch nichts aufzuwiegen** las experiencias prácticas son muy importantes y no hay nada que las sustituya
Aufwiegler(in) ['aʊfvi:glɐ] *m(f)* <-s, -; -, -nen> (*abw*) agitador(a) *m(f)*, alborotador(a) *m(f)*

A

Aufwind *m* <-(e)s, -e> **1.** (METEO) corriente *f* ascendente, viento *m* ascendente; **thermischer ~** viento ascensional térmico **2.** (*fig: Auftrieb*) impulso *m*, estímulo *m*; **sich im ~ befinden** estar en auge, ir viento en popa

auf|wirbeln *vt* arremolinar; **viel Staub ~** (*a. fig*) levantar una gran polvareda

auf|wischen *vt* **1.** (*Raum*) fregar, limpiar **2.** (*Flüssigkeit*) limpiar (con un trapo)

auf|wühlen *vt* **1.** (*Erde*) (re)mover, escarbar; (*Meer*) agitar **2.** (*erregen*) emocionar

auf|zählen *vt* enumerar; (*einzeln*) detallar

Aufzahlung *f* <-, -en> (*Schweiz, Österr: Aufpreis*) recargo *m* (*auf* sobre), sobreprecio *m* (*auf* sobre)

Aufzählung *f* <-, -en> enumeración *f*, relación *f*; (*Liste*) lista *f*

auf|zäumen ['aʊftsɔɪmən] *vt* embridar, enjaezar; **das Pferd von hinten ~** (*fig*) empezar la casa por el tejado, tomar el rábano por las hojas

auf|zehren *vt* (*geh: Vorrat, Ersparnisse*) gastar; (*Kräfte*) agotar

auf|zeichnen *vt* **1.** (*Plan, Muster*) dibujar, trazar **2.** (*Sendung*) grabar

Aufzeichnung *f* <-, -en> **1.** *pl* (*Notizen*) notas *fpl*, apuntes *mpl* **2.** (*Bild-, Tonaufnahme*) grabación *f*

auf|zeigen *vt* (*geh: darlegen*) mostrar, señalar; (*klarmachen*) demostrar, evidenciar

auf|ziehen *irr* **I.** *vi sein* **1.** (*Gewitter*) levantarse **2.** (MIL: *Truppen*) desplegarse **II.** *vt* **1.** (*hochziehen*) subir, levantar; (*Flagge*) izar **2.** (*öffnen*) abrir (tirando); (*Vorhang*) descorrer; (*Schleife*) deshacer **3.** (*Uhr*) dar cuerda (a) **4.** (*Kind, Tier*) criar; (*Pflanze*) cultivar **5.** (*fam: organisieren*) organizar, montar; **wir wollen das ganz groß ~** queremos montarlo a lo grande **6.** (*Foto*) fijar (*auf* en); (*Saiten*) poner (*auf* a) **7.** (*Spritze, Serum*) preparar, llenar **8.** (*fam: verspotten*): **jdn ~** tomar el pelo a alguien

Aufzucht *f* <-, *ohne pl*> **1.** (*von Tieren*) cría *f*, crianza *f* **2.** (*von Pflanzen*) cultivo *m*

Aufzug *m* <-(e)s, -züge> **1.** (*das Aufmarschieren*) despliegue *m*; (*das Herankommen*) acercamiento *m*, llegada *f* **2.** (*Lift*) ascensor *m*, elevador *m ZAm, Mex*; (*für Lasten*) montacargas *m inv* **3.** (*abw: Kleidung*) pinta *f*; **in dem ~ kann ich mich nicht sehen lassen** no me puedo dejar ver con esta pinta **4.** (THEAT) escena *f*, acto *m*

Aufzugführer(in) *m(f)* <-s, -; -, -nen> ascensorista *mf*

auf|zwingen *irr* **I.** *vt*: **jdm etw ~** imponer algo a alguien **II.** *vr*: **sich ~** imponerse; (*Gedanke*) surgir

Augapfel *m* <-s, -äpfel> (ANAT) globo *m* ocular [*o* del ojo]; **etw wie seinen ~ hüten** guardar algo como la niña de sus ojos

Auge ['aʊgə] *nt* <-s, -n> **1.** (*Sehorgan*) ojo *m*; (*Sehvermögen*) vista *f*; **~ in ~ mit jdm** cara a cara con alguien; **vor aller ~n** a la vista de todos, públicamente; **gute ~n haben** tener buena vista; **sich** *dat* **die ~n verderben** estropearse la vista; **ein blaues ~ haben** tener un ojo a la funerala [*o* a la virulé]; **mit bloßem ~** a simple vista; **große ~n machen** (*fam*) poner ojos como platos; **die ~n offen halten** mantener los ojos abiertos, estar con el ojo alerta; **jdm die ~n öffnen** abrir a alguien los ojos; **sich** *dat* **etw vor ~n führen** tener algo presente, ser consciente de algo; **etw ins ~ fassen** proponerse hacer algo; **etw im ~ haben** (*fig*) tener la intención de hacer algo; **die ~n vor etw verschließen** cerrar los ojos a algo; **er hat die ~n überall** anda con cien ojos; **beide ~n** [*o* **ein ~**] **zudrücken** (*fig*) hacer la vista gorda; **so weit das ~ reicht** hasta donde alcanza la vista; **sie traute ihren ~n nicht** no daba crédito a sus ojos; **jdn nicht aus den ~n lassen** no quitar a alguien los ojos de encima; **mit einem lachenden und einem weinenden ~** con sentimientos dispares; **jdn unter vier ~n sprechen** hablar a alguien sin testigos [*o* a solas]; **es fiel ihm wie Schuppen von den ~n** se le cayó la venda de los ojos; **etw springt ins ~** algo salta a la vista; **ins ~ gehen** (*fam fig*) acabar mal, tener malas consecuencias; **ich habe die ganze Nacht kein ~ zugetan** no he pegado ojo en toda la noche; **mir wurde schwarz vor ~n** perdí el sentido; **das passt wie die Faust aufs ~** (*fam*) viene como a un Santo Cristo un par de pistolas; **jdm etw aufs ~ drücken** (*fam fig*) pegar algo a alguien; **jdm schöne ~n machen** (*fam*) poner ojitos a alguien, flirtear con alguien; **er hat ein ~ auf das Mädchen geworfen** (*fam*) ha puesto los ojos en la muchacha, le ha echado el ojo a la chica; **mit einem blauen ~ davonkommen** (*fam fig*) salir bien parado; **er liest mir jeden Wunsch von den ~n ab** se anticipa a mis deseos; **~n zu und durch** (*fam*) valor y al toro; **vier ~n sehen mehr als zwei** (*prov*) más ven cuatro ojos que dos; **aus den ~n, aus dem Sinn** (*prov*) ojos que no ven, corazón que no siente; **~ um ~, Zahn um Zahn** (*prov*) ojo por ojo, diente por diente **2.** (*beim Würfel*) punto *m* **3.** (*Fett~*) ojo *m* **4.** (*einer Kartoffel*) grillo *m* **5.** (*eines Taifuns*) ojo *m*

äugen *vi* mirar; **der Kleine äugte vorsichtig hinter der Tür hervor** el pequeño miró con precaución detrás de la puerta

Augenarzt, **-ärztin** *m, f* <-es, -ärzte; -, -nen> oculista *mf*, oftalmólogo, -a *m, f*; **augenärztlich I.** *adj* oftalmológico; **Sie müssen sich einer ~en Behandlung unterziehen!** ¡tiene que someterse a tratamiento oftalmológico! **II.** *adv* por un oftalmólogo; **Augenaufschlag** *m* <-(e)s, -schläge> mirada *f*; **Augenbank** *f* <-, -en> (MED) banco *m* de ojos; **Augenbelastung** *f* <-, -en> esfuerzo *m* de la vista; **Augenbeschwerden** *fpl* padecimiento *m* de la vista

Augenblick *m* <-(e)s, -e> momento *m*, instante *m;* **einen ~ bitte!** ¡un momento, por favor!; **er wird jeden ~ hier eintreffen** llegará de un momento a otro

augenblicklich I. *adj* 1. (*gegenwärtig*) momentáneo, actual 2. (*unverzüglich*) inmediato, instantáneo II. *adv* (*gegenwärtig*) de [*o* por el] momento, en este momento

Augenblinzeln *nt* <-s, *ohne pl*> guiño *m*

Augenbraue ['aʊgənbraʊə] *f* <-, -n> ceja *f;* **die ~n hochziehen** arquear [*o* enarcar] las cejas; **Augenbrauenstift** *m* <-(e)s, -e> lápiz *m* para las cejas

Augenentspannung *f* <-, -en> descanso *m* de la vista; **Augenentzündung** *f* <-, -en> inflamación *f* de los ojos; (MED) oftalmía *f;* **Augenerkrankung** *f* <-, -en> enfermedad *f* de la vista

augenfällig ['aʊgənfɛlɪç] *adj* obvio, manifiesto

Augenfarbe *f* <-, -n> color *m* de los ojos; **Augenflimmern** *nt* <-s, *ohne pl*> chiribitas *fpl;* **Augenheilkunde** ['aʊgənhaɪlkʊndə] *f* <-, *ohne pl*> (MED) oftalmología *f;* **Augenhöhe** *f* <-, *ohne pl*>: **in ~** a la altura de los ojos; **Augenhöhle** *f* <-, -n> órbita *f* ocular, cuenca *f* del ojo; **Augenklappe** *f* <-, -n> anteojera *f;* **Augenklinik** *f* <-, -en> clínica *f* oftalmológica; **Augenkrankheit** *f* <-, -en> enfermedad *f* de los ojos [*o* ocular], afección *f* ocular; **Augenlicht** *nt* <-(e)s, *ohne pl*> (*geh*) vista *f;* **Augenlid** *m* <-(e)s, -er> párpado *m;* **Augenmaß** *nt* <-es, *ohne pl*> sentido *m* de la proporción

Augenmerk ['aʊgənmɛrk] *nt* <-(e)s, *ohne pl*>: **sein ~ auf etw/jdn richten** fijar la atención en algo/alguien

Augennerv *m* <-s, -en> (ANAT) nervio *m* óptico; **Augenoperation** *f* <-, -en> operación *f* de los ojos [*o* oftalmológica]; **Augenoptiker(in)** *m(f)* <-s, -; -, -nen> óptico, -a *m, f;* **Augenränder** ['aʊgənrɛndɐ] *mpl* bordes *mpl* de los párpados; **Augenringe** *mpl* ojeras *fpl;* **Augensalbe** *f* <-, -n> pomada *f* para los ojos; **Augenschatten** *mpl* ojeras *fpl;* **Augenschein** *m* <-(e)s, *ohne pl*> 1. (*geh*) vista *f;* (*Anschein*) apariencia *f;* **etw in ~ nehmen** examinar [*o* inspeccionar] algo 2. (*Schweiz: Lokaltermin*) visita *f* a la escena del suceso

augenscheinlich I. *adj* evidente, patente II. *adv* por lo visto

Augentropfen *mpl* (MED) colirio *m*

Augentrost *m* <-(e)s, *ohne pl*> (BOT) eufrasia *f*

Augenübung *f* <-, -en> ejercicio *m* de la vista; **Augenverätzung** *f* <-, -en> cauterización *f* de los ojos; **Augenverletzung** *f* <-, -en> lesión *f* de la vista; **Augenweide** *f* <-, *ohne pl*> deleite *m* para los ojos; **Augenwinkel** *m* <-s, -> rabillo *m* del ojo; **jdn aus den ~n anschauen** mirar a alguien por el rabillo del ojo; **Augenwischerei** [aʊgənvɪʃə'raɪ] *f* <-, -en> patraña *f*

Augenzahl *f* <-, -en> (*im Würfelspiel*) puntos *mpl* (de los dados)

Augenzeuge, -in *m, f* <-n, -n; -, -nen> testigo *mf* ocular [*o* presencial]; **Augenzeugenbericht** *m* <-(e)s, -e> informe *m* de un testigo ocular; **nach ~en** según testigos oculares

Augenzeugin *f* <-, -nen> *s.* **Augenzeuge**

Augenzwinkern *nt* <-s, *ohne pl*> guiño *m;* **augenzwinkernd** *adv* guiñando un ojo, con un guiño; **sie sahen sich ~ an** se hicieron un guiño; **er gab ihm ~ zu verstehen, dass er ganz seiner Meinung war** con un guiño le dio a entender que estaba totalmente de acuerdo con él

Augiasstall [aʊ'gi:as-] *m* <-(e)s, *ohne pl*> (*geh abw*) pocilga *f*

Augsburg ['aʊksbʊrk] *nt* <-s> Augsburgo *m*

Augur ['aʊgʊr] *m* <-s *o* -en, -en> (*geh*) augur *m*

August [aʊ'gʊst] *m* <-(e)s, -e> agosto *m; s. a.* **März**; **Augustfeier** *f* <-, -n> (*Schweiz*) *fiesta oficial en agosto*

Augustiner(in) [aʊgʊs'ti:nɐ] *m(f)* <-s, -; -, -nen> (REL) agustino, -a *m, f;* **Augustinermönch** *m* <-(e)s, -e> agustino *m*

Auktion [aʊk'tsjo:n] *f* <-, -en> subasta *f,* almoneda *f,* remate *m Am*

Auktionator(in) [aʊktsjo'na:to:ɐ] *m(f)* <-s, -en; -, -nen> subastador(a) *m(f)*

Auktionshaus *nt* <-es, -häuser> casa *f* de subastas

Aula ['aʊla] *f* <-, Aulen> aula *f* magna, salón *m* de actos; (*einer Universität*) paraninfo *m*

A- und B-Horizont ['a:ʔʊnt'be:-] *m* <-(e)s, -e> (GEO) horizonte *m* A y B

Aupairmädchen[RR] *nt* <-s, ->, **Au-pair-Mädchen** [o'pɛ:ɐmɛ:tçən] *nt* <-s, -> au pair *f;* **Aupairstelle**[RR] *f* <-, -n>, **Au-pair-Stelle** *f* <-, -n> puesto *m* de au-pair

Aura ['aʊra] *f* <-, *ohne pl*> (*geh*) aura *f*

Aureole [aʊre'o:lə] *f* <-, -n> aureola *f*

Aurikel *f* <-, -n> 1. (ANAT: *Herz*) aurícula *f* 2. (BOT) aurícula *f,* oreja *f* de oso

aus [aʊs] I. *präp* +*dat* 1. (*heraus*) de, por; **er sah ~ dem Fenster** miró por la ventana; **~ der Flasche trinken** beber de la botella; **~ der Mode kommen** pasar de moda; **~ dem Gleichgewicht kommen** perder el equilibrio 2. (*herkommend von*) de; **er ist ~ Leipzig** es de Leipzig; **Tomaten ~ Italien** tomates de Italia; **ein Brief ~ Kanada/~ der Schweiz** una carta del Canadá/de Suiza; **~ dem letzten Jahrhundert** del siglo pasado 3. (*beschaffen*) de; **~ Glas** de cristal 4. (*mittels*) de, por; **~ Erfahrung** por experiencia; **~ dem Gedächtnis** de memoria 5. (*infolge von*) de, por; **~ Angst** por miedo; **~ dem (einfachen) Grunde, dass ...** por el (simple y sencillo) motivo de que...; **~ diesem Anlass** por este motivo II. *adv* 1. (*fam: vorbei*):

das Spiel ist ~ el partido ha terminado; **zwischen ihnen ist es** ~ han cortado; **mit dir ist es** ~ hemos terminado; ~ **und vorbei** se acabó **2.** (*ausgeschaltet*) apagado; **Licht** ~**!** ¡apaguen la luz!, ¡fuera luces! **3.** (SPORT) fuera; **der Ball war** ~ la pelota fue fuera de juego **4.** (*Wend*): ~ **sein** (*fam: sich vergnügen*) haber salido; (*zu Ende sein*) haberse acabado; **auf etw** ~ **sein** ir detrás de [*o* en busca de] algo; **von ...** ~ desde..., por...; **von hier** ~ desde aquí; **von sich** *dat* ~ por iniciativa propia; **von mir** ~ (*fam: okay*) por mí

Aus *nt* <-, *ohne pl*> **1.** (SPORT) fuera *m* de banda **2.** (*Ende*) final *m*

aus|arbeiten *vt* (*Plan*) elaborar; (*Vortrag*) redactar

Ausarbeitung *f* <-, -en> elaboración *f;* (*einer Theorie*) formulación *f;* (*schriftlich*) redacción *f;* **seit einer Woche sitze ich an der** ~ **meiner Rede** llevo una semana redactando mi discurso

aus|arten ['aʊsartən] *vi sein* **1.** (*ausfallend werden*) comportarse mal, ser impertinente **2.** (*außer Kontrolle geraten*) degenerar (*in* en); **der Streit artete in eine Schlägerei aus** la disputa degeneró en una reyerta

aus|atmen *vi, vt* espirar

aus|baden *vt* (*fam*): **es** ~ **müssen** tener que pagar los platos rotos

aus|baggern *vt* dragar, excavar

aus|balancieren* ['aʊsbalaŋsiːrən] *vt* equilibrar, sopesar

Ausbau *m* <-(e)s, *ohne pl*> **1.** (*Erweiterung*) ampliación *f* **2.** (*Abbau*) desmontaje *m* **3.** (*Intensivierung*) intensificación *f,* consolidación *f*

aus|bauen *vt* **1.** (*herausmontieren*) desmontar, sacar **2.** (*Gebäude, Organisation*) ampliar; (*verbreitern*) ensanchar **3.** (*weiterentwickeln*) desarrollar; (*vertiefen*) intensificar **4.** (*Vorsprung*) consolidar

ausbaufähig *adj* ampliable; (*weiter entwickelbar*) desarrollable

aus|bedingen <bedingt aus, bedang aus, ausbedungen> *vt*: **sich** *dat* ~ reservarse el derecho (de), poner como condición

aus|beißen *irr vt:* **sich einen Zahn** ~ romperse un diente (al morder); **ich habe mir daran die Zähne ausgebissen** (*fig*) me dejé los cuernos en ello

aus|bessern *vt* reparar, arreglar; (*Kleidung*) arreglar; (*flicken*) remendar

Ausbesserung *f* <-, -en> reparación *f;* (FOTO) retoque *m;* **Ausbesserungsarbeiten** *fpl* (obras *fpl* de) mejora *f,* saneamiento *m;* (*Reparaturarbeiten*) arreglos *mpl;* **ausbesserungsbedürftig** *adj* necesitado de reparación; ~ **sein** necesitar un arreglo; **das** ~**e Dach mindert den Wert des Hauses** el estado del tejado, que necesita un arreglo, reduce el valor de la casa

aus|beulen **I.** *vt* **1.** (*Ärmel, Hose*) deformar **2.** (*Kotflügel*) desabollar **II.** *vr:* **sich** ~ (*Rock, Hose*) deformarse, dar(se) de sí

Ausbeute *f* <-, *ohne pl*> **1.** (*Ertrag*) producto *m,* rendimiento *m* **2.** (COM) beneficio *m,* ganancia *f*

aus|beuten *vt* explotar

Ausbeuter(in) *m(f)* <-s, -; -, -nen> (*abw*) explotador(a) *m(f),* negrero, -a *m, f CSur*

Ausbeutung *f* <-, *ohne pl*> explotación *f;* **intensive/sekundäre** ~ explotación intensiva/secundaria

aus|bezahlen* *vt* (*Geld*) pagar

aus|bilden **I.** *vt* **1.** (*Lehrling*) formar **2.** (*Fähigkeiten, Stimme*) desarrollar, cultivar **II.** *vr:* **sich** ~ (*entstehen*) desarrollarse, formarse

Ausbilder(in) *m(f)* <-s, -; -, -nen>, **Ausbildner(in)** ['aʊsbɪltnɐ] *m(f)* <-s, -; -, -nen> (*Schweiz, Österr:* MIL) instructor(a) *m(f);* (SPORT) preparador(a) *m(f),* entrenador(a) *m(f)*

Ausbildung *f* <-, -en> (*beruflich*) formación *f* profesional; **Ausbildungsabgabe** *f* <-, -n> contribución *f* para la formación; **Ausbildungsbeihilfe** *f* <-, -n> ayuda *f* (estatal) durante la formación profesional; **Ausbildungsberuf** *m* <-(e)s, -e> profesión *f;* **Ausbildungsbetrieb** *m* <-(e)s, -e> *empresa que contrata jóvenes en período de formación;* **Ausbildungsdauer** *f* <-, *ohne pl*> duración *f* del período de formación profesional; **Ausbildungsförderung** *f* <-, -en> fomento *m* de la formación profesional; **Ausbildungskompanie** *f* <-, -n> (MIL) compañía *f* de instrucción; **Ausbildungsleiter(in)** *m(f)* <-s, -; -, -nen> instructor(a) *m(f);* **Ausbildungsplatz** *m* <-es, -plätze> puesto *m* de aprendizaje; **Ausbildungsrichtung** *f* <-, -en> rama *f* de la formación; **Ausbildungsstand** *m* <-(e)s, *ohne pl*> **1.** (*Auszubildende*) nivel *m* de formación, preparación *f* **2.** (*Soldaten*) nivel *m* de instrucción *f,* preparación *f;* **militärische Beobachter versichern, dass der** ~ **der Truppen sehr hoch sei** los observadores militares aseguran que las tropas están muy preparadas; **Ausbildungsstätte** *f* <-, -n> centro *m* de enseñanza; **Ausbildungsvergütung** *f* <-, -en> retribución *f* para jóvenes con contrato de formación; **Ausbildungsvertrag** *m* <-(e)s, -träge> contrato *m* de formación profesional; **Ausbildungszeit** *f* <-, -en> (periodo *m* de) formación *f;* **die** ~ **beträgt in der Regel drei Jahre** la formación dura por lo general tres años; **Ausbildungsziel** *nt* <-(e)s, -e> objetivo *m* de la formación

aus|bitten *irr vt:* **sich** *dat* **etw** ~ pedir algo; (*fordern*) exigir algo

aus|blasen *irr vt* apagar (de un soplo); **die Kerze** ~ soplar la vela

aus|bleiben *irr vi sein* **1.** (*nicht eintreten*) no haber, no darse **2.** (*fernbleiben*) no venir, no aparecer

Ausbleiben *nt* <-s, *ohne pl*> **1.** (*Fortblei-*

ben) ausencia *f,* carencia *f,* no comparecencia *f* **2.** (*das Nichteintreffen, a.* MED, METEO) falta *f,* ausencia *f;* **das ~ jeglicher Nachrichten beunruhigte sie** los inquietaba la total carencia de noticias; **das lange ~ des Regens hatte verheerende Folgen** la prolongada ausencia de lluvias tuvo consecuencias devastadoras; **das ~ der Menstruation war krankhaft bedingt** la falta de la menstruación se debía a causas patológicas

aus|blenden I. *vt* (*Musik*) quitar; (*Ton*) suprimir; (**eine Szene**) ~ (FILM) hacer un fundido; **es wird ausgeblendet** la luz se apaga lentamente **II.** *vr:* **sich ~** (TV, RADIO) desconectarse (*aus* de), salirse de la emisión; **der Bayrische Rundfunk blendete sich aus der Sendung aus** la Bayrische Rundfunk se desconectó de la emisión

Ausblick *m* <-(e)s, -e> **1.** (*in die Ferne*) vista *f* (*auf* de), panorama *m* (*auf* de) **2.** (*in die Zukunft*) perspectiva *f;* **einen ~ auf etw geben** mostrar las perspectivas de algo

aus|bluten *vi sein* desangrarse

aus|bohren *vt* **1.** (*ein Loch bohren*) perforar, taladrar; (*weit*) horadar; **einen Brunnen ~** abrir un pozo **2.** (*entfernen*) eliminar (taladrando); **sie bohrten einen Ast aus dem Holz aus** taladraron la madera para quitar una rama

aus|bomben *vt* bombardear

aus|booten ['aʊsbo:tən] *vt* (*fam: aus einer Stellung*) poner de patitas en la calle; (*aus einer Position*) quitar de en medio

aus|borgen *vt* (*reg: verleihen*) prestar; (**sich** *dat*) **etw ~** (*sich ausleihen*) tomar prestado algo

aus|brechen *irr vi sein* **1.** (*Sturm*) estallar; (*Krieg*) estallar, declararse; (*Streik*) producirse; (*Vulkan*) entrar en erupción; (*Feuer, Epidemie*) declararse **2.** (*sich befreien*) escapar(se) (*aus* de) **3.** (*Gefühl zeigen*) prorrumpir (*in* en), estallar (*in* en); **in Tränen ~** romper a llorar, prorrumpir en sollozos

Ausbrecher[1] *m* <-s, -> (*Pferd*) caballo *m* que rehúsa pasar un obstáculo

Ausbrecher(in)[2] *m(f)* <-s, -; -, -nen> (*fam: Gefangener*) fugitivo, -a *m, f*

aus|breiten I. *vt* **1.** (*Landkarte, Stadtplan*) abrir, desplegar; (*Decke*) extender **2.** (*Arme*) extender; (*Flügel*) desplegar **3.** (*einzelne Gegenstände*) exponer, presentar; **er breitete seine Ware vor uns aus** nos enseñó su mercancía; **sein Leben vor jdm ~** contarle a alguien toda su vida **II.** *vr:* **sich ~ 1.** (*Nachricht*) propagarse; (*Seuche, Feuer*) extenderse, propagarse **2.** (*sich erstrecken*) extenderse

Ausbreitung *f* <-, -en> **1.** (*Nachricht*) propagación *f;* (*Seuche, Feuer*) extensión *f,* propagación *f;* (*Rassismus*) expansión *f* **2.** (*Größe*) ampliación *f* **3.** (*eines Plans, Details*) exposición *f*

aus|brennen *irr* **I.** *vi sein* **1.** (*Feuer*) extinguirse, apagarse **2.** (*Gebäude, Auto*) abrasarse, quedar calcinado **II.** *vt* (*wegätzen*) cauterizar

aus|bringen *irr vt* **1.** (*verteilen*) esparcir; (NAUT) echar al agua **2.** (*Trinkspruch*) pronunciar

Ausbruch *m* <-(e)s, -brüche> **1.** (*Flucht*) evasión *f* (*aus* de), fuga *f* (*aus* de) **2.** (*Beginn*) comienzo *m;* **zum ~ kommen** declararse **3.** (*Eruption*) erupción *f;* (*Gefühlsentladung*) arrebato *m;* **Ausbruchsversuch** *m* <-(e)s, -e> **1.** (*aus dem Gefängnis*) intento *m* de evasión (*aus* de) **2.** (*aus einer Bindung*) intento *m* de romper [*o* cortar] (*aus*)

aus|brüten *vt* **1.** (*Eier*) incubar, empollar **2.** (*fam: Plan*) urdir, tramar

aus|buchen *vt* (FIN) cancelar; **einen Posten ~** cancelar un asiento

aus|büchsen *vi sein* (*fam: ausreißen*) largarse, pirárselas

aus|buchten I. *vt* (*wölben*) arquear; (*Holz, a.* ARCHIT) alabear, combar; (*Metall*) curvar; (*Kleidungsstücke*) deformar; **du hast die Hose an den Knieen aber ganz schön ausgebuchtet** ¡vaya rodilleras que les has sacado a los pantalones! **II.** *vi, vr:* **sich ~ 1.** (*Straße*) ensanchar; (*Strand*) formar una bahía; **ein stark ausgebuchteter Küstenstreifen** una franja costera formando una amplia bahía; **da vorne buchtet die Straße aus** ahí delante ensancha la calle **2.** (*Kleidungsstücke*) deformarse, dar(se) de sí; **eine Jacke mit ~en Taschen** una chaqueta con los bolsillos dados de sí

Ausbuchtung ['aʊsbʊxtʊŋ] *f* <-, -en> convexidad *f*

aus|buddeln ['aʊsbʊdəln] *vt* (*fam*) desenterrar

aus|bügeln *vt* (*fam*) arreglar

aus|buhen ['aʊsbu:ən] *vt* (*fam*) abuchear

Ausbund *m* <-(e)s, *ohne pl*> (*a. iron*): **ein ~ an** [*o* **von**] **etw sein** ser un modelo [*o* un dechado] de algo

aus|bürgern ['aʊsbʏrgɐn] *vt* expatriar, desterrar

Ausbürgerung *f* <-, -en> expatriación *f,* destierro *m*

aus|bürsten *vt* cepillar; **sich** *dat* **die Haare ~** cepillarse el pelo

Auschwitzlüge ['aʊʃvɪtsly:gə] *f negación del genocidio nazi*

Ausdauer *f* <-, *ohne pl*> (*Beharrlichkeit*) constancia *f,* perseverancia *f;* (*körperlich*) resistencia *f;* (*Hartnäckigkeit*) persistencia *f;* (*anhaltender Fleiß*) tesón *m;* (*Geduld*) paciencia *f;* (*Zähigkeit*) tenacidad *f*

ausdauernd *adj* (*beharrlich*) perseverante, constante

ausdehnbar *adj* extensible, que se puede extrapolar; **auf andere Bereiche ~ sein** ser extensible a otros terrenos [*o* contextos]; **über einen Bereich hinaus ~ sein** no reducirse a un ámbito, sobrepasar los límites de un ámbito; **diese These ist** (**nicht**) **ohne weiteres**

auf andere Fachbereiche ~ esta tesis (no) se puede extrapolar sin más a otros campos

aus|dehnen I. *vt* 1. (*dehnen*) ensanchar 2. (*erweitern*) ampliar 3. (*verlängern*) prolongar II. *vr:* **sich** ~ 1. (*größer werden*) dilatarse, extenderse 2. (*zeitlich*) prolongarse

Ausdehnung *f* <-, -en> 1. (*Größe, Umfang*) extensión *f* 2. (*Erweiterung, a. physikalisch*) expansión *f;* (*des Umfang*) ampliación *f;* (*Dehnung*) dilatación *f*

aus|denken *irr vt* 1. (*überlegen*) idear, concebir, pensar; **da musst du dir schon etwas anderes** ~ (*fam*) ya te puedes ir pensando otra cosa 2. (*vorstellen, erfinden*) imaginar, inventar; **die Folgen sind nicht auszudenken** las consecuencias son inimaginables; **das denkt er sich so aus** son fantasías suyas

aus|dienen *vi* (*fam*): **jd/etw hat ausgedient** alguien/algo ya no sirve; **der alte Stuhl hat langsam ausgedient** la vieja silla ha quedado inservible con el tiempo; **ein ausgedienter Mantel** un abrigo gastado

aus|diskutieren* *vt* discutir hasta llegar a un acuerdo

aus|dörren I. *vi sein* resecarse; (*Erdboden*) agostarse; **der ausgedörrte Erdboden** el suelo agostado; **ein großes Bier für meine ausgedörrte Kehle!** ¡una cerveza grande para esta garganta reseca! II. *vt haben* resecar, abrasar; (*Erdboden*) agostar

aus|drehen *vt* 1. (*Licht, Radio*) apagar 2. (*Gas, Wasserhahn*) cerrar

Ausdruck[1] *m* <-(e)s, -drücke> (*Wort*) término *m,* palabra *f;* (*Wendung*) expresión *f,* giro *m;* **sich im** ~ **vergreifen** equivocarse de tono

Ausdruck[2] *m* <-(e)s, -e> (*a.* INFOR, TYPO) impreso *m*

Ausdruck[3] *m* <-(e)s, *ohne pl*> 1. (*Stil*) expresión *f* 2. (*Bekundung*) manifestación *f,* expresión *f;* **etw zum** ~ **bringen** expresar algo

aus|drucken *vt* (*a.* TYPO, INFOR) imprimir

aus|drücken I. *vt* 1. (*Schwamm*) estrujar; (*Frucht*) exprimir 2. (*Zigarette*) apagar 3. (*äußern*) expresar, manifestar II. *vr:* **sich** ~ (*sich äußern*) expresarse; **sich gewählt/klar** ~ expresarse en términos escogidos/con claridad

ausdrücklich ['aʊsdrʏklɪç, -'--] *adj* expreso, explícito; (*Verbot*) terminante, categórico

ausdruckslos *adj* inexpresivo; **Ausdrucksvermögen** *nt* <-s, *ohne pl*> facultad *f* de expresión, capacidad *f* de expresión; **ausdrucksvoll** *adj* expresivo, lleno de expresividad; **Ausdrucksweise** *f* <-, -n> forma *f* de expresión

aus|dünnen ['aʊsdʏnən] *vt* 1. (*reduzieren*) reducir; **wir müssen unsere Lagerbestände** ~ tenemos que reducir nuestras existencias 2. (*lichten*) aclarar; (*Obstbaum*) podar; (*Haare*) rebajar

Ausdünstung *f* <-, -en> 1. (*das Ausdünsten*) evaporación *f* 2. (*vom Körper*) transpiración *f* 3. (*Geruch*) olor *m*

auseinander [aʊsaɪ'nandɐ] *adv* separadamente; ~ **bekommen** conseguir separar; **die Teile sind nicht mehr** ~ **zu bekommen** ya no se pueden separar las piezas; ~ **biegen** abrir, separar doblando; ~ **brechen** (*kaputtmachen*) romper, despedazar; (*kaputtgehen*) romperse, despedazarse; (*Partei*) dividirse; ~ **bringen** (*fam: trennen*) separar; (*entzweien*) enemistar; ~ **dividieren** separar uno de otro; **die beiden lassen sich von keinem** ~ **dividieren** a esos dos no hay quien los separe; ~ **fallen** (*zerfallen*) caerse en pedazos; (*Familie, Partei*) desintegrarse; ~ **falten** desdoblar, desplegar; ~ **gehen** (*sich trennen*) separarse; (*sich verzweigen*) bifurcarse; (*Meinungen*) discrepar, diferir; (*fam: kaputtgehen*) romperse; (*fam: dick werden*) echar carnes; ~ **halten** distinguir; ~ **laufen** (*Farben*) difuminarse; (*Eis, Käse*) disolverse; (*Menschen*) dispersarse; (*Meinungen*) discrepar, diferir; **sich** ~ **leben** irse distanciando; ~ **machen** (*fam: zerlegen*) despegar, desprender; (*auseinander falten*) abrir, desdoblar; (*spreizen*) separar, abrir; ~ **nehmen** (*Motor*) desmontar; (*Radio*) desarmar; (*fam: besiegen*) dar un palizón (a); **dieses Wort schreibt man** ~ esta palabra se escribe separada; ~ **setzen** (*erklären*) explicar, exponer; **sich mit etw** *dat* ~ **setzen** (*beschäftigen*) ocuparse de algo; (*stärker*) ahondar en algo; (*streiten*) discutir algo; **damit muss man sich kritisch** ~ **setzen** esto hay que analizarlo de manera crítica; ~ **streben** (*Menschen:* ~ *laufen*) dispersarse, disgregarse; (*Meinungen, Tendenzen*) discrepar, diferir; **der Wind trieb die Boote** ~ el viento acabó separando las barcas; **die Wolken treiben** ~ el cielo se despeja de nubes [*o* se desanubló]; **die beiden sind ein Jahr** ~ se llevan un año

auseinander|bekommen* *irr vt s.* **auseinander;** **auseinander|biegen** *irr vt s.* **auseinander;** **auseinander|brechen** *irr* I. *vi sein s.* **auseinander** II. *vt s.* **auseinander;** **auseinander|bringen** *irr vt s.* **auseinander**

auseinander|dividieren* *vt s.* **auseinander;** **auseinander|fallen** *irr vi sein s.* **auseinander;** **auseinander|falten** *vt s.* **auseinander;** **auseinander|gehen** *irr vi sein s.* **auseinander;** **auseinander|halten** *irr vt s.* **auseinander**

auseinander|laufen *irr vi sein s.* **auseinander;** **auseinander|leben** *vr:* **sich** ~ *s.* **auseinander**

auseinander|machen *vt* (*fam*) *s.* **auseinander;** **auseinander|nehmen** *irr vt s.* **auseinander;** **auseinander|setzen** I. *vt s.* **auseinander** II. *vr:* **sich** ~ *s.* **auseinander**

Auseinandersetzung *f* <-, -en> 1. (*Beschäftigung*) análisis *m inv* (*mit* de) 2. (*Diskussion*) discusión *f* (*über* acerca de), disputa *f* (*über* acerca de), quimba *f Kol;* **eine** ~ **mit jdm haben** discutir con alguien; (*streiten*) tener un enfrentamiento con alguien, tener un argumento con alguien *Am* **3.** (*Streit*) conflicto *m*

auseinander|streben *vi sein s.* **auseinander**

auseinander|treiben *irr vi, vt s.* **auseinander**

auserkoren ['aʊsɛɐ̯koːrən] *adj* (*geh*) elegido; **er ist von Gott dazu ~, uns zu erlösen** ha sido elegido por Dios para redimirnos

auserlesen ['aʊsɛɐ̯leːzən] *adj* (*geh*) selecto, escogido

aus|ersehen* ['aʊsɛɐ̯zeːən] *irr vt* escoger, elegir; **sie hat mich zu ihrer Nachfolgerin ~** me ha elegido a mí como su sucesora

aus|erwählen* ['aʊsɛɐ̯vɛːlən] *vt* (*geh*) elegir, escoger

Auserwählte(r) *mf* <-n, -n; -n, -n> **1.** (*geh: auserwählte Person*) elegido, -a *m, f* **2.** (*hum: Freund(in)*): **seine ~** su elegida; **ihr ~r** su elegido

ausfahrbar ['aʊsfaːɐ̯baːɐ̯] *adj* (TECH) replegable; (*Antenne*) extensible

aus|fahren *irr* **I.** *vi sein* (*hinausfahren*) salir; (*Schiff*) salir, zarpar **II.** *vt* **1.** (*verteilen*) repartir **2.** (*spazieren fahren*) llevar de paseo, pasear **3.** (TECH) desplegar; **das Fahrgestell ~** desplegar el tren de aterrizaje

Ausfahrt *f* <-, -en> salida *f;* **bitte die ~ freihalten!** ¡por favor, dejar la salida libre!; **Ausfahrt(s)schild** *nt* <-(e)s, -er> señal *f* de salida (de la autopista)

Ausfall[1] *m* <-(e)s, *ohne pl*> **1.** (*Haare, Zähne*) caída *f* **2.** (*Veranstaltung*) suspensión *f;* (*Verdienst*) pérdida *f,* merma *f* **3.** (*Maschine*) avería *f*

Ausfall[2] *m* <-(e)s, -fälle> (MIL) ataque *m*

Ausfallbetrag *m* <-(e)s, -träge> (FIN, WIRTSCH) déficit *m;* **Ausfallbürge, -in** *m, f* <-n, -n; -, -nen> (JUR, WIRTSCH) fiador(a) *m(f)* de indemnidad; **Ausfallbürgschaft** *f* <-, -en> (JUR, WIRTSCH) fianza *f* de indemnidad

aus|fallen *irr vi sein* **1.** (*herausfallen*) caerse; **die Haare fallen ihm aus** se le cae el pelo; **die Zähne fallen ihm aus** se le caen los dientes **2.** (*nicht stattfinden*) no tener lugar, suspenderse; **die Schule fällt aus** no hay clase **3.** (*durch Krankheit*) estar de baja **4.** (*nicht funktionieren*) fallar; **die Maschine ist ausgefallen** la máquina ha fallado **5.** (*beschaffen sein*) resultar, quedar; **der Rock fiel zu klein aus** la falda le quedó demasiado pequeña

aus|fällen *vt* **1.** (CHEM) precipitar **2.** (*Schweiz: verhängen*) imponer, infligir

ausfallend *adj,* **ausfällig** *adj* **1.** (*grob*) agresivo **2.** (*beleidigend*) insultante, grosero; **er wird leicht ~** enseguida se pone grosero

Ausfallrate *f* <-, -n> (WIRTSCH) tasa *f* de inactividad; **Ausfallstraße** *f* <-, -n> carretera *f* de salida; **Ausfallzeit** *f* <-, -en> *periodo durante el cual parados, embarazadas, enfermos, etc. no pagan las cotizaciones sociales;* (INFOR) período *m* de inactividad (*período durante el cual el ordenador no está disponible para el usuario*)

aus|faulen *vt* hacer podrir

aus|fechten *irr vt* combatir hasta el fin

aus|fegen *vt* (*reg: Raum*) barrer; (*Schmutz*) recoger

aus|feilen *vt* (*Text*) pulir, perfeccionar

aus|fertigen *vt* **1.** (*Pass*) expedir; (*Dokument*) extender; (*Zahlungsanweisungen*) librar **2.** (*schriftlich ausarbeiten*) redactar

Ausfertigung *f* <-, -en> **1.** (*Vorgang*) redacción *f,* edición *f;* (*amtlich*) despacho *m,* expedición *f* **2.** (*Schriftstück*) documento *m;* (*zweite*) copia *f;* **in doppelter ~** por duplicado

ausfindig ['aʊsfɪndɪç] *adv:* **jdn/etw ~ machen** encontrar [*o* localizar] a alguien/algo

aus|fliegen *irr* **I.** *vi sein* (*Vogel*) escaparse, volar **II.** *vt* (*mit dem Flugzeug wegschaffen*) evacuar por aire

aus|fließen *irr vi sein* derramarse

aus|flippen ['aʊsflɪpən] *vi sein* (*fam*) **1.** (*durch Drogen*) fliparse **2.** (*durchdrehen*) flipar, alucinar; **vor Begeisterung ~** alucinar de entusiasmo

aus|flocken *vi sein* (CHEM) flocular

Ausflockung *f* <-, -en> (CHEM) floculación *f*

Ausflucht ['aʊsflʊxt, *pl:* 'aʊsflʏçtə] *f* <-, -flüchte> excusa *f;* **Ausflüchte machen** venir con excusas

Ausflug *m* <-(e)s, -flüge> excursión *f*

Ausflügler(in) ['aʊsflyːklɐ] *m(f)* <-s, -; -, -nen> excursionista *mf*

Ausflugsdampfer *m* <-s, -> vapor *m* de recreo; **Ausflugslokal** *nt* <-s, -e> merendero *m;* **Ausflugsort** *m* <-(e)s, -e> lugar *m* turístico, centro *m* turístico; **der Luftkurort war ein beliebter ~** la estación climaterapéutica era un popular centro turístico; **Ausflugsziel** *nt* <-(e)s, -e> destino *m* (de una excursión)

Ausfluss[1RR] *m* <-es, *ohne pl*> (*das Auslaufen*) salida *f*

Ausfluss[2RR] *m* <-es, -flüsse> **1.** (*Abfluss*) desagüe *m* **2.** (MED) flujo *m*

Ausfluß *m s.* **Ausfluss**

aus|formulieren* *vt* formular (con todo detalle); (*Text*) redactar

aus|forschen *vt* **1.** (*erforschen*) investigar **2.** (*ausfragen*) averiguar preguntando

aus|fragen *vt:* **jdn (über etw) ~** interrogar a alguien (sobre algo), preguntar a alguien (acerca de algo)

aus|fransen ['aʊsfranzən] *vi sein* deshilacharse, deshilarse

aus|fressen *irr vt* (*fam*): **etw ~** hacer algo malo; **was hast du denn nun schon wieder ausgefressen?** ¿y qué barbaridad has hecho ahora?

Ausfuhr[1] ['aʊsfuːɐ̯] *f* <-, *ohne pl*> (*das Ausführen*) exportación *f;* **unsichtbare ~** exportación invisible; **direkte/indirekte ~** exportación directa/indirecta

Ausfuhr[2] *f* <-, -en> (*das Ausgeführte*) exportación *f*

Ausfuhrartikel *m* <-s, -> (WIRTSCH) artículo *m* de exportación [*o* destinado a la exportación]

ausführbar *adj* **1.** (*machbar*) realizable, factible **2.** (*exportierbar*) exportable **3.** (INFOR): **eine ~e Datei** un archivo ejecutable

Ausfuhrbeschränkung *f* <-, -en> (WIRTSCH) restricción *f* a la exportación; **die ~ für britisches Rindfleisch** las restricciones a la exportación de carne de vacuno británica;

Ausfuhrbestimmungen *fpl* (WIRTSCH) reglamentos *mpl* de exportación

aus|führen *vt* **1.** (*spazieren führen*) llevar de paseo, pasear **2.** (*exportieren*) exportar **3.** (*durchführen*) llevar a cabo, efectuar, implementar *Am;* (*Auftrag*) ejecutar, cumplir; (*Verbrechen*) cometer, perpetrar **4.** (SPORT: *Ecke*) sacar, ejecutar; (*Schuss*) efectuar, hacer **5.** (*erklären*) exponer, explicar; (*im Einzelnen*) detallar

Ausführende(r) *mf* <-n, -n; -n, -n> (THEAT) intérprete *mf*

Ausfuhrerklärung *f* <-, -en> (WIRTSCH) declaración *f* de exportación [*o* de salida]; **Ausfuhrgenehmigung** *f* <-, -en> (WIRTSCH) licencia *f* de exportación, permiso *m* de exportación; **Ausfuhrhafen** *m* <-s, -häfen> (WIRTSCH) puerto *m* de exportación [*o* de salida]; **Ausfuhrhandel** *m* <-s, *ohne pl*> (WIRTSCH) negocio *m* de exportación, comercio *m* de exportación; **Ausfuhrkontingent** *nt* <-(e)s, -e> (WIRTSCH) contingente *m* de exportación; **Ausfuhrland** *nt* <-(e)s, -länder> (WIRTSCH) **1.** (*exportierendes Land*) país *m* exportador **2.** (*Land, in das exportiert wird*) país *m* de exportación

ausführlich ['aʊsfy:ɐlɪç, -'--] **I.** *adj* detallado, extenso **II.** *adv* con todo detalle

Ausführlichkeit [-'---] *f* <-, *ohne pl*> detalle *m;* **in aller ~** con todo detalle

Ausfuhrlizenz *f* <-, -en> (WIRTSCH) licencia *f* de exportación; **Ausfuhrpapiere** *ntpl* (WIRTSCH) documentos *mpl* de exportación

Ausführung[1] *f* <-, *ohne pl*> **1.** (*das Realisieren*) realización *f,* ejecución *f;* (*Befehl, Auftrag*) cumplimiento *m;* (*Verbrechen*) perpetración *f;* **zur ~ kommen** [*o* **gelangen**] llevarse a cabo **2.** (SPORT) ejecución *f*

Ausführung[2] *f* <-, -en> **1.** (*Typ*) modelo *m,* tipo *m* **2.** *pl* (*Darlegung*) declaraciones *fpl,* explicaciones *fpl;* (*Vortrag*) intervención *f*

Ausführungsbestimmungen *fpl* (JUR) *s.* **Ausführungsverordnung**

Ausführungsqualität *f* <-, -en> (WIRTSCH) calidad *f* de producción; **Ausführungsverordnung** *f* <-, -en> (JUR) reglamento *m* de aplicación

Ausfuhrverbot *nt* <-(e)s, -e> (WIRTSCH) prohibición *f* de exportación [*o* de salida]; **Ausfuhrzoll** *m* <-(e)s, -zölle> (WIRTSCH) derechos *mpl* de exportación

aus|füllen *vt* **1.** (*Loch, Lücke*) llenar **2.** (*Formular, Scheck*) (re)llenar, cumplimentar **3.** (*befriedigen*) llenar, satisfacer

Ausgabe[1] *f* <-, *ohne pl*> **1.** (*das Verteilen*) distribución *f,* reparto *m;* (*von Waren*) entrega *f* **2.** (*von Banknoten*) emisión *f;* **~ von Gratisaktien** emisión de acciones gratuitas; **~ von Schuldverschreibungen** emisión de obligaciones

Ausgabe[2] *f* <-, -n> **1.** (*Ausgabestelle*) despacho *m* **2.** (*eines Buches*) edición *f;* (*Zeitschrift*) número *m* **3.** (TV: *Sendung*) emisión *f* **4.** (INFOR) salida *f* **5.** *pl* (*Kosten*) gastos *mpl;* **abzugsfähige/angefallene ~n** gastos deducibles/producidos; **einmalige/feste/öffentliche ~n** gastos extraordinarios/fijos/públicos; **als ~n buchen** contabilizar como gastos

Ausgabedaten *pl* (INFOR) datos *mpl* de salida; **Ausgabegerät** *nt* <-(e)s, -e> (INFOR) dispositivo *m* de salida; **Ausgabekurs** *m* <-es, -e> (FIN) tipo *m* de emisión

Ausgabenbeleg *m* <-(e)s, -e> justificante *m* de gastos

Ausgabeposten *m* <-s, -> (FIN, WIRTSCH) partida *f* de gastos; **Ausgabepreis** *m* <-es, -e> (FIN) precio *m* de emisión; **Ausgabeschalter** *m* <-s, -> (*Bibliothek, Amt*) mostrador *m* de entrega; **Ausgabestelle** *f* <-, -n> centro *m* de distribución; (FIN) oficina *f* de emisión

Ausgang[1] *m* <-(e)s, -gänge> **1.** (*Tür*) (puerta *f* de) salida *f* **2.** (*an einem Organ*) boca *f* **3.** (*Spaziergang*) paseo *m* **4.** (*freier Tag*) (día *m* de) salida *f;* **~ haben** tener permiso de salida

Ausgang[2] *m* <-(e)s, *ohne pl*> **1.** (*Ergebnis*) resultado *m,* desenlace *m;* (*erfolgreich*) éxito *m;* **ein Unfall mit tödlichem ~** un accidente con un desenlace fatal **2.** (*Anfang*) origen *m,* punto *m* de partida; **seinen ~ von etw nehmen** tener su origen en algo

ausgangs *präp +gen* **1.** (*räumlich*) a la salida de **2.** (*zeitlich*) a fines de

Ausgangsbasis *f* <-, -basen> punto *m* de partida; **wir haben die gleiche ~** partimos de la misma base; **Ausgangsflughafen** *m* <-s, -häfen> (COM) aeropuerto *m* de salida; **Ausgangshafen** *m* <-s, -häfen> (COM) puerto *m* de embarque; **Ausgangskapital** *nt* <-s, -e *o* -ien> (FIN, WIRTSCH) capital *m* inicial; **Ausgangsmaterial** *nt* <-s, -ien> material *m* base, materia *f* prima; **Ausgangsposition** *f* <-, -en> posición *f* de partida; **Ausgangsprodukt** *nt* <-(e)s, -e> producto *m* básico; **Ausgangspunkt** *m* <-(e)s, -e> punto *m* de partida [*o* de arranque]

Ausgangssperre *f* <-, -n> toque *m* de queda

Ausgangssprache *f* <-, -n> (LING) lengua *f* de partida [*o* fuente]; **Ausgangsstellung** *f* <-, -en> (SPORT) posición *f* inicial [*o* de salida]; **Ausgangsvermerk** *m* <-(e)s, -e> (COM)

registro *m* de salida

ausgebaut *adj* amplio, (ampliamente) desarrollado; **ein gut ~es Schulsystem** un sistema educativo muy desarrollado; **über eine ~e Infrastruktur verfügen** disponer de una amplia infraestructura

aus|geben *irr* **I.** *vt* **1.** (*austeilen*) distribuir; (*Fahrkarten*) expender; **einen ~** (*fam*) invitar (a una ronda) **2.** (INFOR) imprimir **3.** (FIN: *Aktien*) emitir **4.** (*Befehl, Parole*) dar **5.** (*Geld*) gastar (*für* en); **wie viel hast du dafür ausgegeben?** ¿cuánto te has gastado en esto? **II.** *vr:* **sich ~** (*so tun als ob*) hacerse pasar (*als/für* por); **er gab sich als Arzt aus** se hizo pasar por médico

ausgebrannt ['aʊsgəbrant] **I.** *pp von* **ausbrennen** **II.** *adj* (*körperlich erschöpft*) rendido, exhausto; (*geistig erschöpft*) saturado

ausgebucht ['aʊsgəbuːxt] *adj* completo

ausgebufft ['aʊsgəbʊft] *adj* (*fam: trickreich*) mañoso; (*abw*) taimado

Ausgeburt *f* <-, -en> (*geh abw*) engendro *m*, aborto *m*

ausgedehnt *adj* **1.** (*zeitlich*) amplio, extenso **2.** (*räumlich*) extenso, vasto

ausgedörrt *adj* abrasado

ausgefallen **I.** *pp von* **ausfallen** **II.** *adj* (*ungewöhnlich*) extravagante, estrafalario

ausgeglichen ['aʊsgəglɪçən] **I.** *pp von* **ausgleichen** **II.** *adj* **1.** (*gelassen*) equilibrado, sereno **2.** (*gleichmäßig*) equilibrado

Ausgeglichenheit *f* <-, *ohne pl*> equilibrio *m*

aus|gehen *irr vi sein* **1.** (*weggehen*) salir, remoler *Chil, Peru;* (*sich vergnügen*) salir (a divertirse); **gehst du heute Abend aus?** ¿vas a salir esta noche (por ahí)? **2.** (*erlöschen*) apagarse **3.** (*Haare, Zähne*) caerse **4.** (*abzweigen*) salir (*von* de); **von diesem Platz gehen vier Straßen aus** de esta plaza salen cuatro calles **5.** (*seinen Ursprung nehmen*) partir (*von* de), basarse (*von* en); **wir können davon ~, dass ...** podemos partir de la base de que... **6.** (*enden*) salir, acabar; **das Spiel ging gut für uns aus** el partido acabó bien para nosotros; **leer ~** irse con las manos vacías **7.** (*zu Ende gehen*) acabarse; **die Puste geht mir aus** me quedo sin aliento

ausgehend *adj* (*endend*) de finales, de las postrimerías; **er war ein Maler des ~en Barock** era un pintor de las postrimerías del Barroco; **die Hexenverfolgungen begannen erst im ~en Mittelalter** las persecuciones de brujas no comenzaron hasta finales de la Edad Media

ausgehungert *adj* (*hungrig*) hambriento; (*Hunger leidend*) famélico

Ausgehuniform ['aʊsgeːuni'fɔrm] *f* <-, -en> (MIL) uniforme *m* de gala

ausgeklügelt ['aʊsgəklyːgəlt] *adj* (*fam*) ingenioso, bien pensado

ausgekocht *adj* (*fam abw*) cuco, taimado

ausgelassen **I.** *pp von* **auslassen** **II.** *adj* (*fröhlich*) muy alegre; (*Kind*) travieso, retozón; **in ~er Stimmung sein** estar de excelente humor

Ausgelassenheit *f* <-, *ohne pl*> (*auf einem Fest*) alegría *f*, alborozo *m;* (*der Stimmung*) desenfado *m*

ausgemacht *adj* **1.** (*abgemacht*) convenido, acordado; (*entschieden*) decidido **2.** (*vollkommen*) de remate, redomado; **ein ~er Dummkopf** un tonto de remate

ausgemergelt ['aʊsgəmɛrgəlt] *adj* demacrado, angarrio *Kol, Ven*

ausgenommen ['aʊsgənɔmən] **I.** *pp von* **ausnehmen** **II.** *präp +akk* a excepción de, excluido; **Anwesende ~** a excepción de los presentes **III.** *konj:* **~, dass ...** a no ser que... +*subj,* salvo que... +*subj;* **ich komme mit, ~ es regnet** voy, a no ser que llueva

ausgepowert [aʊsgə'paʊɐt] *adj* (*fam*) agotado, rendido

ausgeprägt *adj* (*deutlich*) pronunciado, marcado

ausgerechnet ['--'--] *adv* (*fam*) precisamente, justamente; **~ mir muss das passieren** justamente a mí me tiene que pasar esto; **muss das ~ heute sein?** ¿tiene que ser precisamente hoy?

ausgeschlafen **I.** *pp von* **ausschlafen** **II.** *adj* (*fam*) (d)espabilado

ausgeschlossen ['aʊsgəʃlɔsən] **I.** *pp von* **ausschließen** **II.** *adj* (*unmöglich*) imposible; **es ist nicht ~, dass ...** no se excluye que... +*subj;* **~!** ¡ni pensarlo!, ¡ni hablar!

ausgeschnitten ['aʊsgəʃnɪtən] **I.** *pp von* **ausschneiden** **II.** *adj* (*dekolletiert*) escotado; **ein tief ~es Kleid** un vestido muy escotado

ausgesprochen ['aʊsgəʃprɔxən] **I.** *pp von* **aussprechen** **II.** *adj* (*ausgeprägt*) pronunciado, marcado; (*offensichtlich*) manifiesto, patente; **eine ~e Vorliebe für ...** una marcada preferencia por... **III.** *adv* (*sehr*) realmente, francamente

aus|gestalten* *vt* (*Wohnung*) decorar; (*Theorie*) ampliar

ausgestorben ['aʊsgəʃtɔrbən] **I.** *pp von* **aussterben** **II.** *adj* **1.** (*Volk, Pflanzen, Tiere*) extinguido, desaparecido **2.** (*Ort*) desierto

Ausgestoßene(r) *mf* <-n, -n; -n, -n> proscrito, -a *m, f,* paria *mf*

ausgesucht ['aʊsgəzuːxt] *adj* **1.** (*hervorragend*) selecto, escogido **2.** (*ausgesprochen*) pronunciado; **mit ~er Freundlichkeit** con gran amabilidad

ausgewachsen **I.** *pp von* **auswachsen** **II.** *adj* **1.** (*voll entwickelt*) formado, desarrollado; (*erwachsen*) adulto **2.** (*vollkommen*) puro, de tomo y lomo; **das ist ~er Blödsinn** (*fam*) son puras tonterías

ausgewählt *adj* escogido, selecto

ausgewiesen **I.** *pp von* **ausweisen** **II.** *adj* (*anerkannt*) reconocido; **Herr Traube ist ein ~er Experte in Fragen der Kernenergie** el Sr. Traube es un reconocido experto en cuesción de energía nuclear

ausgewogen ['aʊsgəvo:gən] I. *pp von* **auswiegen** II. *adj* (*ausgeglichen*) armonioso, equilibrado; **wohl** ~ (*geh*) (muy) bien equilibrado

Ausgewogenheit *f* <-, *ohne pl*> equilibrio *m*, ponderación *f*

ausgezeichnet ['----, '--'--] *adj* (*hervorragend*) excelente, magnífico; **das schmeckt** ~ esto tiene un sabor excelente

ausgiebig ['aʊsgi:bɪç] I. *adj* abundante, copioso; (*Essen*) abundante, opulento; **einen ~en Mittagsschlaf halten** echarse una larga siesta II. *adv* con abundancia

aus|gießen *irr vt* **1.** (*Gefäß*) vaciar **2.** (*Flüssigkeit*) echar **3.** (*verschütten*) derramar, verter

Ausgleich ['aʊsglaɪç] *m* <-(e)s, *ohne pl*> **1.** (*Kompensation*) compensación *f* (*für* por); (*Entschädigung*) indemnización (*für* por); **als** [*o* **zum**] ~ **für etw** como compensación por algo **2.** (SPORT) empate *m*

aus|gleichen *irr* I. *vi* (SPORT) igualar, empatar II. *vt* **1.** (*Unterschiede*) nivelar **2.** (FIN) saldar, liquidar **3.** (*Konflikt*) equilibrar **4.** (*Mangel*) compensar III. *vr:* **sich** ~ compensarse; **das glich sich dadurch aus, dass ...** esto se compensó mediante el hecho de que...

Ausgleichsabgabe *f* <-, -n> (FIN) derechos *mpl* compensatorios; **Ausgleichsbestand** *m* <-(e)s, -stände> (WIRTSCH) reserva *f* de compensación; **Ausgleichsfonds** *m* <-, -> (FIN) fondo *m* de compensación; **Ausgleichskapazität** *f* <-, -en> (WIRTSCH) capacidad *f* de compensación; **Ausgleichskasse** *f* <-, -n> (*Schweiz*) caja *f* de compensación; **Ausgleichsladung** *f* <-, -en> (CHEM) carga *f* de compensación; **Ausgleichssport** *m* <-(e)s, -e *o* -arten> deporte *m* de mantenimiento

Ausgleichstor *nt* <-(e)s, -e> (SPORT) gol *m* del empate; **Ausgleichstreffer** *m* <-s, -> (SPORT) tanto *m* del empate; (*Tor*) gol *m* del empate; **Ausgleichszahlung** *f* <-, -en> (FIN) compensación *f* económica

aus|gleiten *irr vi sein* (*geh*) resbalar

aus|gliedern *vt* **1.** (*herausnehmen*) excluir; (*beseitigen*) eliminar, suprimir **2.** (*nicht behandeln*) omitir; **die Diskussion um BSE wurde beim EU-Gipfel ausgegliedert** en la cumbre de la UE se omitió [*o* no se incluyó] la discusión sobre BSE

aus|graben *irr vt* **1.** (*Altertümer, Schätze*) desenterrar, extraer **2.** (*Vergessenes*) desempolvar, desenterrar

Ausgrabung *f* <-, -en> **1.** (*das Ausgraben*) excavación *f* **2.** (*Fundstätte, Fund*) excavación *f* arqueológica

aus|greifen *irr vi* **1.** (*ausholen*) divagar; **ich werde nicht ~, sondern mich auf das Wesentliche beschränken** no voy a divagar, sino que me limitaré a lo esencial **2.** (*Pferd*): **die Reiter ließen ihre Pferde zu einem Trab** ~ los jinetes pusieron sus caballos al trote

ausgreifend *adj:* (**weit**) **~e Schritte** zancadas *fpl;* **mit weit ~en Schritten holte er sie ein** la alcanzó con un par de zancadas; **er machte eine** (**weit**) **~e Bewegung und stieß dabei die Kaffeekanne um** hizo un amplio movimiento y tiró la cafetera

aus|grenzen *vt* excluir

Ausgrenzung *f* <-, *ohne pl*> marginación *f* (*aus* de); **wir dürfen die ~ von Behinderten aus unserer Gesellschaft nicht zulassen** no podemos permitir que se margine de nuestra sociedad a los minusválidos

Ausguck ['aʊsgʊk] *m* <-(e)s, -e> (NAUT) puesto *m* de observación

aus|gucken *vt* (*fam: aussuchen*): **sich** *dat* **etw/jdn** ~ escoger algo/a alguien

Ausguss[RR] *m* <-es, -güsse>, **Ausguß** *m* <-sses, -güsse> **1.** (*Becken*) pila *f* **2.** (*reg: Tülle*) pitorro *m*

aus|haben *irr* I. *vi* (*fam: Schluss haben*) terminar II. *vt* (*fam*) **1.** (*Kleidung*) haberse quitado **2.** (*Buch*) haber terminado (de leer)

aus|hacken *vt* (*mit einer Hacke*) arrancar con la azada; (*mit dem Schnabel*) arrancar con el pico

aus|hagern *vi sein* adelgazar

aus|haken ['aʊsha:kən] I. *vt* desenganchar II. *vi* (*fam*): **bei jdm hakt es aus** (*jd versteht etw nicht*) alguien no entiende ni zorra; (*jd verliert den Faden*) alguien pierde el hilo; (*jd verliert die Nerven*) se le cruzan los cables a alguien

aus|halten *irr* I. *vi* (*durchhalten*) aguantar, perseverar II. *vt* **1.** (*ertragen*) soportar, aguantar; **er hält nicht viel aus** tiene poco aguante; **das ist ja nicht auszuhalten** [*o* **nicht zum A~**]**!** ¡esto es insoportable! **2.** (*standhalten*) resistir, aguantar; **hier lässt es sich** ~ aquí se puede vivir **3.** (*fam abw: Lebensunterhalt bezahlen*) mantener, sostener; **er ließ sich von ihr** ~ ella le mantenía

aus|handeln *vt* regatear; (*Vertrag, Löhne*) negociar

aus|händigen ['aʊshɛndɪgən] *vt* **1.** (*Preis*) hacer entrega (de) **2.** (*Urkunde, Geld, Schreiben*) entregar

Aushändigung *f* <-, *ohne pl*> entrega *f*

Aushang *m* <-(e)s, -hänge> anuncio *m*, aviso *m Am*

aus|hängen¹ *irr vi* (*aufgehängt sein*) estar colgado [*o* puesto] (en el tablón de anuncios)

aus|hängen² I. *vt* **1.** (*aufhängen*) publicar, hacer público **2.** (*Tür, Fenster*) sacar de los goznes, desquiciar II. *vr:* **sich** ~ (*Kleidung*) desarrugarse; **das Kleid wird sich bis morgen Abend** ~ hasta mañana por la noche le caerán las arrugas al vestido

Aushängeschild *nt* <-(e)s, -er> rótulo *m*

aus|harren ['aʊsharən] *vi* (*geh*) perseverar, aguantar

aus|hauchen *vt* (*geh: Atem, Rauch*) expirar,

exhalar; **sein Leben** ~ exhalar el último suspiro

aus|hebeln *vt* (*zunichte machen*) invalidar, anular; **mit diesem Gesetzentwurf wird der Versuch unternommen, das Recht eines jeden Bürgers auf Arbeit auszuhebeln** con este proyecto de ley se intenta acabar con el derecho de todo ciudadano al trabajo

aus|heben *irr vt* **1.** (*Graben*) excavar **2.** (*Verbrechernest*) descubrir **3.** (*Schweiz: Truppen, Rekruten*) reclutar

Aushebung *f* <-, -en> (*Schweiz: Einberufung*) llamamiento *m* a filas

aus|hecken ['aʊshɛkən] *vt* (*fam*) tramar, maquinar; **irgendetwas wird hier ausgeheckt** algo se está cociendo aquí

aus|heilen *vi sein* curarse

aus|helfen *irr vi* ayudar; **sie half ihm mit Werkzeug aus** le ayudó aportando herramientas

aus|heulen *vr:* **sich** ~ (*fam*) desahogarse (llorando) (*bei* con)

Aushilfe *f* <-, -n> **1.** (*das Aushelfen*) ayuda *f* **2.** (*Person*) auxiliar *mf,* suplente *mf;* **jdn zur ~ haben** tener a alguien como suplente

Aushilfsarbeit *f* <-, -en> trabajo *m* auxiliar; **Aushilfsarbeiter(in)** *m(f)* <-s, -; -, -nen> trabajador(a) *m(f)* auxiliar; **Aushilfskellner(in)** *m(f)* <-s, -; -, -nen> camarero, -a *m, f* eventual [*o* temporal]; **Aushilfskraft** *f* <-, -kräfte> temporero, -a *m, f;* **Aushilfspersonal** *nt* <-s, *ohne pl*> personal *m* temporal [*o* eventual]; **aushilfsweise** *adv* temporalmente, provisionalmente; ~ **beschäftigt sein** trabajar como suplente

aus|höhlen *vt* **1.** (*hohl machen*) ahuecar **2.** (*schwächen*) minar

Aushöhlung[1] *f* <-, -en> (*kleine Höhle*) oquedad *f,* socavón *m*

Aushöhlung[2] *f* <-, *ohne pl*> (*a. fig: das Aushöhlen*) socava *f,* socavamiento *m;* **die weitere ~ der Steilküste soll verhindert werden** hay que evitar que los acantilados se sigan socavando; **die ständige ~ meiner Autorität nehme ich nicht mehr hin** no voy a tolerar más que se socave constantemente mi autoridad

aus|holen *vi* **1.** (*Schwung*) tomar impulso (*zu* para); **mit dem Arm** ~ levantar el brazo (para golpear) **2.** (*zurückgreifen*) divagar; **bei einer Erzählung weit** ~ empezar con Adán y Eva

aus|horchen *vt* tantear

aus|hungern *vt* matar de hambre

aus|husten **I.** *vi* (*zu Ende husten*) terminar de toser **II.** *vt* (*durch Husten entfernen*) expulsar tosiendo, expectorar; **zum Glück gelang es ihm, die verschluckte Gräte wieder auszuhusten** por suerte logró expulsar a fuerza de toser la espina que se había tragado **III.** *vr:* **sich** ~ (*zu Ende husten*) terminar de toser

aus|kämmen *vt* **1.** (*kämmend entfernen*) quitar con el peine [*o* peinando]; (*Nissen*) deslendrar **2.** (*gründlich kämmen*) peinar a fondo; (*zersauste Haare*) desenredar

aus|kehren *vt* (*reg*) *s.* **ausfegen**

aus|keimen *vi sein o haben* germinar, brotar

aus|kennen *irr vr:* **sich** ~ conocer bien (*bei/in/mit*); (*in einem Fach*) estar versado (*in/mit* en); **da(mit) kenne ich mich gar nicht aus** de eso no entiendo nada; **kennst du dich in der Stadt aus?** ¿conoces bien la ciudad?

aus|kippen *vt* verter

aus|klammern *vt* dejar de lado

Ausklang *m* <-(e)s, -klänge> (*geh: Ende*) final *m,* colofón *m;* **zum** ~ como colofón

ausklappbar *adj* plegable; (*Platte*) abatible

aus|klappen *vt* plegar; (*Platte*) abatir

aus|klarieren* [-kla'ri:rən] *vt* (NAUT, COM) declarar la salida (de)

Ausklarierung *f* <-, -en> (NAUT, COM) declaración *f* de salida

aus|kleiden **I.** *vt* **1.** (*geh: entkleiden*) desvestir **2.** (*Raum, Wand*) revestir (*mit* de); (**mit Holz**) ~ entarimar **II.** *vr:* **sich** ~ desvestirse

aus|klingen *irr vi sein* **1.** (*Tag, Fest*) terminar **2.** (*Ton*) acabar de sonar

aus|klinken **I.** *vt* (*Schleppseil*) desenganchar **II.** *vr:* **sich** ~ **1.** (SPORT) desengancharse **2.** (*fam: nicht mehr mitmachen*) descolgarse (*aus* de); (*gehen*) irse

aus|klopfen *vt* (*Teppich*) sacudir, limpiar con el sacudidor

aus|klügeln ['aʊskly:gəln] *vt* idear

aus|kneifen *irr vi sein* (*fam: weglaufen*) escaquearse, escaparse

aus|knipsen *vt* (*fam*) apagar

aus|knobeln *vt* (*fam: ausklügeln*) discurrir, idear; **wir haben einen guten Plan ausgeknobelt** hemos ideado un buen plan

ausknöpfbar *adj* desabrochable

aus|kochen *vt* **1.** (GASTR) cocer **2.** (*sterilisieren*) esterilizar

aus|kommen *irr vi sein* **1.** (*sich vertragen*) entenderse; **wir kommen gut miteinander aus** nos llevamos bien; **mit ihm kann man nicht** ~ no hay quien le aguante, es insoportable **2.** (*mit etw zurechtkommen*) arreglarse, defenderse; **er kommt mit wenig Geld aus** se las arregla con poco dinero; **kommst du mit deinem Gehalt aus?** ¿te llega [*o* alcanza] el dinero (para vivir)? **3.** (*Österr: entkommen*) escaparse **4.** (*Schweiz: bekannt werden*) llegar a saberse

Auskommen *nt* <-s, *ohne pl*> (*Einkommen*) ingresos *mpl,* sustento *m;* **sein ~ haben** arreglárselas para vivir; **sein ~ finden** sacarse lo suficiente para vivir

auskömmlich ['aʊskœmlɪç] **I.** *adj* **1.** (*ausreichend*) suficiente, aceptable; **das Gehalt ist nicht reichlich, aber** ~ el sueldo no es alto, pero sí suficiente **2.** (*verträglich*) agradable; **meine Arbeitskollegin ist ein ~er Mensch** mi compañera es una persona agradable **II.** *adv* (*bequem*) holgadamente; **von seinem**

Gehalt konnte er ~ leben podía vivir holgadamente con su sueldo

aus|kosten *vt* (*geh*) **1.** (*Ferien, Freuden*) disfrutar (de) **2.** (*Schmerzen*) aguantar, soportar

aus|kotzen **I.** *vt* **1.** (*fam: erbrechen*) potar **2.** (*fam: aussprechen*) desembuchar, soltar; **ein Problem ~** despachar un problema **II.** *vr:* **sich ~** (*fam: erbrechen*) cambiar la peseta; **ich habe mich bei meinem Chef ausgekotzt** (*fig*) le he soltado todo a mi jefe, me he despachado con mi jefe

aus|kramen *vt* (*fam*) desenterrar, sacar

aus|kratzen *vt* rascar, arrancar; (*Speisereste*) rebañar; **jdm die Augen ~** sacar(le) los ojos a alguien

aus|kriegen *vt* (*fam: ausziehen können*) conseguir quitarse [*o* sacarse]; **kriegst du die Skistiefel alleine aus?** ¿te puedes quitar las botas de esquiar sin ayuda?

aus|kristallisieren* **I.** *vi sein* (CHEM: *Kristalle bilden*) cristalizar **II.** *vt* (*Kristalle gewinnen*) separar por cristalización **III.** *vr:* **sich ~** (*sich als Kristalle niederschlagen*) cristalizarse

aus|kugeln *vt* dislocar, zafar *Am;* **ich habe mir den Arm ausgekugelt** me he dislocado el brazo

aus|kühlen **I.** *vi sein* (*abkühlen*) perder temperatura; (*Unterkühlung erleiden*) sufrir hipotermia **II.** *vt* enfriar, refrigerar

Auskühlung *f* <-, *ohne pl*> enfriamiento *m;* **an ~ sterben** morir por congelación

aus|kundschaften ['aʊskʊntʃaftən] *vt* indagar; (*Gegend*) explorar

Auskunft ['aʊskʊnft, *pl:* 'aʊskʏnftə] *f* <-, -künfte> **1.** (*Information*) información *f;* (*über eine Person*) referencias *fpl* (*über* de); **jdm (eine) ~ geben** proporcionar a alguien (una) información **2.** (*~sstelle*) información *f*

Auskunftei [aʊskʊnf'taɪ] *f* <-, -en> agencia *f* de información

Auskunftsbeamte(r) *mf* <-n, -n; -n, -n>, **-beamtin** *f* <-, -nen> empleado, -a *m, f* de información; **Auskunftsschalter** *m* <-s, -> taquilla *f* de información

aus|kuppeln *vi* (AUTO) desembragar

aus|kurieren* **I.** *vt* (*fam*) curar (completamente) **II.** *vr:* **sich ~** (*fam*) curarse (completamente)

aus|lachen *vt* reírse (de), burlarse (de)

Auslad ['aʊsla:t] *m* <-(e)s, *ohne pl*> (*Schweiz*) descarga *f*

aus|laden *irr vt* **1.** (*Fracht, Fahrzeug*) descargar **2.** (*Einladung zurücknehmen*): **jdn ~** retirar a alguien la invitación, desinvitar a alguien

ausladend *adj* **1.** (*sich erstreckend*) amplio, extenso; (*vorspringend*) prominente; (*breit*) amplio, ancho; **ein Baum mit ~en Ästen** un árbol de amplias ramas; **ein Mann mit ~em Kinn** un hombre de barbilla prominente; **eine Frau mit ~en Hüften** una mujer de anchas caderas **2.** (*ausholend*) amplio; **er umschrieb das Gebäude mit einer ~en Gebärde** abarcó el edificio con un amplio gesto

Auslage *f* <-, -n> **1.** (*von Waren*) exposición *f,* muestra *f* **2.** (*Schaufenster*) escaparate *m,* vitrina *f,* vidriera *f Am* **3.** *pl* (*Geldbetrag*) desembolso *m,* gastos *mpl*

aus|lagern *vt* poner a salvo [*o* en lugar seguro]; (INFOR) permutar, tapar

Auslagerung *f* <-, -en> (*an einen sicheren Ort*) traslado *m* a un lugar seguro, puesta *f* a salvo; **rechtzeitig vor den Bombenangriffen gelang die ~ von Kunstschätzen** se logró poner a salvo tesoros artísticos antes de los bombardeos

Ausland *nt* <-(e)s, *ohne pl*> (país *m*) extranjero *m;* **im/aus dem ~** en el/del extranjero; **im ~ ansässig** residente en el extranjero; **im ~ Lebender** persona que vive en el extranjero

Ausländer(in) *m(f)* <-s, -; -, -nen> extranjero, -a *m, f;* **Ausländerbeauftrage(r)** *mf* <-n, -n; -n, -n> encargado, -a *m, f* de asuntos de inmigración; **ausländerfeindlich** *adj* xenófobo; **Ausländerfeindlichkeit** *f* <-, *ohne pl*> xenofobia *f*

Ausländerin *f* <-, -nen> *s.* **Ausländer**

Ausländerpolitik *f* <-, *ohne pl*> política *f* de extranjería; **Ausländervereinigung** *f* <-, -en> asociación *f* de extranjeros; **Ausländerwahlrecht** *nt* <-(e)s, *ohne pl*> (POL) derecho *m* a voto de los extranjeros; **Ausländerwohnheim** *nt* <-(e)s, -e> residencia *f* para extranjeros

ausländisch *adj* extranjero

Auslandsanlage *f* <-, -n> (FIN) inversión *f* en el exterior; **Auslandsanleihe** *f* <-, -n> (FIN) empréstito *m* exterior; **Auslandsaufenthalt** *m* <-(e)s, -e> estancia *f* en el extranjero; **Auslandsauftrag** *m* <-(e)s, -träge> (WIRTSCH) pedido *m* del extranjero; **einen ~ erteilen** pasar un pedido al extranjero, hacer un pedido en el extranjero; **Auslandsbeziehungen** *fpl* (POL) relaciones *fpl* con el extranjero [*o* internacionales]; **die ~ zu einem Land abbrechen** romper las relaciones con un país; **Auslandsbond** *m* <-s, -s> (FIN) bono *m* en moneda extranjera; **Auslandsdeutsche(r)** *mf* <-n, -n; -n, -n> alemán, -ana *m, f* residente en el extranjero; **Auslandsdienst** *m* <-(e)s, -e>: **Akademischer ~** (UNIV) servicio *m* académico internacional; **Auslandserzeugnis** *nt* <-ses, -se> producto *m* de procedencia extranjera; **Auslandsgespräch** *nt* <-(e)s, -e> (TEL) conferencia *f* internacional; **Auslandsguthaben** *nt* <-s, -> (FIN) activos *mpl* en el extranjero; **Auslandsinvestition** *f* <-, -en> (FIN) inversión *f* en el exterior; **Auslandskorrespondent(in)** *m(f)* <-en, -en; -, -nen> corresponsal *mf* en el extranjero; **Auslandskrankenschein** *m* <-(e)s, -e> (MED) ≈ cartilla *f* de desplazamiento al extranjero; **Auslandsmarkt** *m* <-(e)s, -märkte> (WIRTSCH) mercado *m* exterior; **Aus-**

landsnachfrage *f* <-, -n> (WIRTSCH) demanda *f* externa (*nach* de); **Auslandsniederlassung** *f* <-, -en> (WIRTSCH) sucursal *f* en el exterior; **Auslandsprodukt** *nt* <-(e)s, -e> (WIRTSCH) producto *m* extranjero; **Auslandsrechte** *ntpl* derechos *mpl* en el extranjero; **Auslandsreise** *f* <-, -n> viaje *m* al extranjero; **Auslandsschutzbrief** *m* <-(e)s, -e> (AUTO) seguro *m* adicional (del coche) en el extranjero; **Auslandssemester** *nt* <-s, -> (UNIV) semestre *m* de estudios en el extranjero, semestre *m* en una universidad extranjera; **Auslandsverbindlichkeiten** *fpl* (FIN, WIRTSCH) pasivos *mpl* extranjeros; **Auslandsvermögen** *nt* <-s, -> (FIN) patrimonio *m* en el extranjero; **Auslandsverschuldung** *f* <-, -en> (FIN) deuda *f* exterior [*o* externa]; **eine hohe/niedrige** ~ una deuda externa [*o* exterior] alta/baja; **Auslandsvertretung** *f* <-, -en> **1.** (WIRTSCH) filial *f* en el extranjero **2.** (POL) representación *f* en el extranjero

Auslass[RR] *m* <-es, -lässe>, **Auslaß** *m* <-sses, -lässe> salida *f*

aus|lassen *irr* **I.** *vt* **1.** (*Wort, Satz*) omitir, suprimir **2.** (*Butter*) derretir **3.** (*fam: Radio, Licht*) dejar apagado **4.** (*abreagieren*) descargar (*an* sobre), desahogarse (*an* con); **musst du immer deine schlechte Laune an mir ~?** ¿tienes que pagar siempre tu mal humor conmigo? **II.** *vr:* **sich** ~ (*sich mitteilen*) extenderse (*über* sobre), manifestarse (*über* sobre); (*lästern*) criticar (*über*); **er hat sich nicht näher darüber ausgelassen** no entró en detalles; **er hat sich aber mächtig über den Chef ausgelassen** ha dicho [*o* ha soltado] de todo sobre el jefe

Auslassung *f* <-, -en> **1.** (*Weglassen, Weggelassenes*) omisión *f*, supresión *f* **2.** *pl* (*abw: Äußerungen*) comentarios *mpl;* **Auslassungspunkte** *mpl* (LING) puntos *mpl* suspensivos; **Auslassungszeichen** *nt* <-s, -> (LING) apóstrofo *m*

aus|lasten *vt* **1.** (*Fahrzeug, Maschine*) utilizar a pleno rendimiento **2.** (*Person*) ocupar en su totalidad

Auslastung *f* <-, *ohne pl*> ocupación *f*, tasa *f* de utilización; **unzureichende** ~ infrautilización *f*

Auslauf[1] *m* <-(e)s, *ohne pl*> (*Ausfluss*) derrame *m*

Auslauf[2] *m* <-(e)s, -läufe> (*Gehege*) corral *m*

aus|laufen *irr vi sein* **1.** (*Flüssigkeit*) derramarse; (*Gefäß*) vaciarse **2.** (*in See stechen*) zarpar, hacerse a la mar **3.** (*aufhören*) terminar, acabar; (*Vertrag*) expirar

Ausläufer[1] *m* <-s, -> (GEO) estribación *f*

Ausläufer(in)[2] *m(f)* <-s, -; -, -nen> (*Schweiz: Bote*) mensajero, -a *m, f*

Auslaufmodell *nt* <-s, -e> (WIRTSCH) modelo *m* fuera de producción; **Auslaufzeit** *f* <-, -en> (WIRTSCH) tiempo *m* de expiración

aus|laugen *vt* (*Nährstoffe entziehen*) dejar sin sustancias nutritivas; (*erschöpfen*) agotar

Auslaut *m* <-(e)s, -e> (LING) sonido *m* final; **im** ~ a final de palabra; **Vokal im** ~ vocal final

aus|lauten *vi* (LING) terminar (*auf* en); **~de Konsonanten/Silben** consonantes/sílabas finales

aus|leben *vr:* **sich** ~ gozar de la vida, vivir la vida

aus|lecken *vt* lamer

aus|leeren *vt* **1.** (*Gefäß*) vaciar **2.** (*Flüssigkeit*) echar, verter

aus|legen *vt* **1.** (*Köder*) poner **2.** (*Leitungen, Kabel*) tender **3.** (*Saatgut*) sembrar; (*Kartoffeln*) plantar **4.** (*Waren im Schaufenster*) exponer, exhibir **5.** (*Geld*) adelantar **6.** (*auskleiden*) revestir (*mit* con/de) **7.** (*bedecken*) cubrir (*mit* de/con); (**mit Teppich**) ~ enmoquetar, alfombrar **8.** (*Worte, Text*) interpretar; **sie hat meine Worte falsch ausgelegt** ha interpretado mal mis palabras **9.** (TECH: *konzipieren*) diseñar, construir; **die Stoßdämpfer sind nicht auf** [*o* **für**] **Feldwege ausgelegt** los amortiguadores no están diseñados [*o* construidos] para ir por caminos

Auslegeordnung *f* <-, -en> (*Schweiz*) **1.** (MIL) orden *f* de formar filas **2.** (*Zusammenstellung*) formación *f* de filas

Ausleger *m* <-s, -> (TECH) saliente *m*, brazo *m;* (NAUT: *am Ruderboot*) escálamo *m*, tolete *m;* (*Kufe*) batanga *f*

Auslegeware *f* <-, *ohne pl*> moqueta *f*

Auslegung *f* <-, -en> interpretación *f;* **falsche** ~ interpretación errónea; **Auslegungsklausel** *f* <-, -n> (JUR) cláusula *f* de interpretación; **Auslegungssache** *f* <-, -n> cuestión *f* de interpretación

aus|leiden *irr vi* (*geh*): **er hat endlich ausgelitten** ha dejado al fin de sufrir

aus|leiern **I.** *vi sein* (*fam*) dar(se) de sí; (*Gewinde*) pasarse de rosca; **das Gummiband ist ausgeleiert** la goma está dada de sí **II.** *vt* (*fam*) deformar; (*Gewinde*) pasar de rosca

Ausleihe[1] ['aʊslaɪə] *f* <-, *ohne pl*> (*das Ausleihen*) préstamo *m*

Ausleihe[2] *f* <-, -n> (*Raum*) sección *f* de préstamos

aus|leihen *irr vt* (*verleihen*) prestar, aviar *Am;* (*sich borgen*) tomar prestado; **jdm etw** ~ prestar algo a alguien; **dieses Buch habe ich mir von einem Freund ausgeliehen** este libro me lo ha prestado un amigo; **dieses Buch habe ich mir aus** [*o* **in**] **der Bücherei ausgeliehen** he sacado este libro de la biblioteca

aus|lernen *vi* terminar el aprendizaje; **man lernt nie aus** siempre se aprende algo nuevo

Auslese ['aʊsle:zə] *f* <-, -n> **1.** (*Auswahl*) selección *f;* **künstliche/natürliche** ~ selección artificial/natural **2.** (*Wein*) vino *m* de uvas escogidas [*o* seleccionadas]

aus|lesen *irr vt* **1.** (*Buch*) terminar (de leer) **2.** (*aussondern*) separar, sacar **3.** (INFOR) seleccionar

A

Ausleseprozess[RR] *m* <-es, -e> proceso *m* de selección [*o* selectivo]; **Ausleseverfahren** *nt* <-s, -> método *m* selectivo, prueba *f* de selección
aus|leuchten *vt* iluminar, alumbrar
aus|lichten *vt* entresacar, recortar
aus|liefern *vt* entregar; (JUR) extraditar; **ich bin ihr völlig ausgeliefert** (*fam*) estoy en sus manos
Auslieferung *f* <-, -en> entrega *f;* (JUR) extradición *f;* **Auslieferungsantrag** *m* <-(e)s, -träge> (POL, JUR) demanda *f* de extradición; **Auslieferungsvertrag** *m* <-(e)s, -träge> (POL, JUR) contrato *m* de extradición
aus|liegen *irr vi* **1.** (*Zeitschriften*) estar a disposición (de los lectores) **2.** (*Schlingen, Netze*) estar expuesto
Auslinie *f* <-, -n> (SPORT) línea *f* de banda
aus|löffeln *vt* sacar [*o* vaciar] a cucharadas; **die Suppe** ~ comerse la sopa (a cucharadas); **wer sich die Suppe eingebrockt hat, muss sie auch** ~ quien la armó que la desarme
aus|löschen *vt* **1.** (*Licht*) apagar; (*Feuer*) extinguir **2.** (*Schrift, Spuren*) borrar **3.** (*geh: Menschenleben*) apagar, extinguir
aus|losen ['aʊsloːzən] *vt* rifar, sortear
aus|lösen *vt* **1.** (*Schuss*) disparar **2.** (*hervorrufen*) producir, provocar **3.** (*loskaufen, befreien*) rescatar, pagar el rescate (de/por)
Auslöser *m* <-s, -> **1.** (TECH) mecanismo *m* de disparo **2.** (*Anlass*) (factor *m*) desencadenante *m* (*für* de)
Auslösung *f* <-, -en> (*Entschädigung*) indemnización *f*
Auslosung *f* <-, -en> sorteo *m,* rifa *f*
aus|loten ['aʊsloːtən] *vt* **1.** (NAUT: *Fahrwasser*) sondear (la profundidad) (de) **2.** (TECH: *die Senkrechte bestimmen*) tomar la vertical (de) **3.** (*fig*): **die Situation** ~ sondear la situación
aus|machen *vt* **1.** (*fam: Radio, Licht, Feuer*) apagar **2.** (*vereinbaren*) concertar, quedar (en) **3.** (*klären*) resolver, arreglar **4.** (*erkennen*) divisar, distinguir **5.** (*bewirken, darstellen*) representar, constituir; **ihm fehlt alles, was einen Wissenschaftler ausmacht** le falta todo aquello que constituye un científico **6.** (*betragen*) elevarse (a) **7.** (*bedeuten*) importar; **macht es Ihnen etwas aus, wenn ...?** ¿le importa que...? +*subj* **8.** (*im Spiel*) cerrar
aus|malen **I.** *vt* (*mit Farbe*) pintar (*mit* de), colorear (*mit* de) **II.** *vr:* **sich** *dat* **etw** ~ (*sich vorstellen*) imaginarse algo, figurarse algo
aus|manövrieren* *vt* esquivar; **seinen Gegner** ~ esquivar a su contrario
Ausmaß *nt* <-es, -e> **1.** (*räumlich*) dimensión *f,* extensión *f;* **die ~e des Übungsgeländes/des Gebäudes** las dimensiones del campo de maniobras/del edificio **2.** (*Grad, Umfang*) dimensión *f;* **in geringem/größerem** ~ en menor/mayor medida; **bis zu einem gewissen** ~ hasta (un) cierto punto; **in großem** ~ a gran escala
aus|merzen ['aʊsmɛrtsən] *vt* **1.** (*Ungeziefer*) exterminar, eliminar **2.** (*Fehler*) subsanar **3.** (*Missstände*) eliminar
aus|messen *irr vt* medir, tomar la medida (de)
Ausmessung *f* <-, -en> medición *f*
aus|misten *vt* **1.** (*Stall*) sacar el estiércol (de) **2.** (*fam: Schrank, Zimmer*) arreglar, poner en orden
aus|mustern *vt* **1.** (*aussortieren*) desechar **2.** (MIL) declarar inútil
Ausnahme *f* <-, -n> excepción *f;* **eine** ~ **machen** hacer una excepción; **mit** ~ **von ...** a excepción de..., exceptuando a...; **ohne** ~ sin excepción; **~n bestätigen die Regel** (*prov*) la excepción confirma la regla; **Ausnahmebestimmung** *f* <-, -en> cláusula *f* de exención, disposición *f* derogatoria; **Ausnahmebewilligung** *f* <-, -en> autorización *f* excepcional; **Ausnahmeerscheinung** *f* <-, -en> excepción *f;* **Ausnahmefall** *m* <-(e)s, -fälle> caso *m* excepcional, excepción *f;* **Ausnahmegenehmigung** *f* <-, -en> autorización *f* especial; **Ausnahmeregelung** *f* <-, -en> reglamentación *f* excepcional; **Ausnahmesituation** *f* <-, -en> situación *f* excepcional, estado *f* de emergencia; **Ausnahmezustand** *m* <-(e)s, -stände> estado *m* de excepción; **den** ~ **über das Land verhängen** decretar el estado de excepción en el país
ausnahmslos *adj* sin excepción; **ausnahmsweise** ['----, '--'--] *adv* excepcionalmente, como excepción
aus|nehmen *irr* **I.** *vt* **1.** (*Fisch*) limpiar **2.** (*Kaninchen, Geflügel*) destripar **3.** (*ausschließen*) exceptuar (*von* de) **4.** (*fam abw: Geld abnehmen*) desplumar, desvalijar **5.** (*Österr: erkennen*) distinguir, reconocer **II.** *vr:* **sich** ~ (*geh: wirken*) hacer [*o* producir] efecto; **das Bild nimmt sich hier sehr gut aus** el cuadro hace muy buen efecto [*o* queda muy bien] aquí
ausnehmend *adv* (*geh*) extraordinariamente; **das gefällt mir** ~ **gut** me parece extraordinariamente bien
aus|nüchtern *vi* desemborracharse, quitarse la borrachera de encima *fam;* **hast du schon ausgenüchtert?** ¿ya se te ha pasado la borrachera?
Ausnüchterung *f* <-, -en> desintoxicación *f,* desemborrachamiento *m,* desembriaguez *f;* **Ausnüchterungszelle** *f* <-, -n> celda *f* para desemborracharse
aus|nutzen *vt,* **aus|nützen** ['aʊsnʏtsən] *vt* (*reg*) **1.** (*Gelegenheit, Situation*) aprovechar, sacar provecho de **2.** (*Stellung, Notlage*) aprovecharse (de)
Ausnutzung *f* <-, *ohne pl*>, **Ausnützung** *f* <-, *ohne pl*> (*reg*) explotación *f;* ~ **der Produktionskapazität** aprovechamiento de la capacidad de producción
aus|packen **I.** *vt* **1.** (*Koffer*) deshacer **2.** (*Geschenk*) abrir, desenvolver **3.** (*Waren, Paket*)

desembalar, abrir **II.** *vi* (*fam: erzählen, verraten*) cantar, irse de la lengua

aus|peitschen *vt* azotar, flagelar, latiguear *Am*

aus|pfeifen *irr vt* abuchear, silbar

aus|pflanzen *vt* transplantar (al exterior); **im Frühjahr können die jungen Sämlinge in den Garten ausgepflanzt werden** en primavera se pueden transplantar los arbolitos al jardín

aus|plaudern *vt* divulgar

aus|plündern *vt* **1.** (*Dorf, Laden*) saquear **2.** (*fam: Kühlschrank*) vaciar

aus|posaunen* *vt* (*fam*) pregonar, decir a los cuatro vientos

aus|prägen **I.** *vt* (*Münze*) acuñar **II.** *vr:* **sich** ~ marcarse, acentuarse

Ausprägung *f* <-, -en> **1.** (*Münzen*) acuñación *f* **2.** (*Offenbarung*) manifestación *f*

aus|pressen *vt* (*Saft*) extraer; (*Frucht*) exprimir

aus|probieren* *vt* probar

Auspuff ['aʊspʊf] *m* <-(e)s, -e> (AUTO) escape *m;* **Auspuffgase** *ntpl* (AUTO) gases *mpl* de escape; **Auspuffkrümmer** *m* <-s, -> (AUTO) codo *m* de escape; **Auspuffrohr** *nt* <-(e)s, -e> (AUTO) tubo *m* de escape; **Auspufftopf** *m* <-(e)s, -töpfe> (AUTO) silenciador *m* de escape

aus|pumpen *vt* **1.** (*Wasser*) bombear; (*leeren*) vaciar bombeando; **völlig ausgepumpt sein** (*fam fig*) estar hecho polvo **2.** (*fam: ausleihen*) prestar

aus|pusten *vt* (*fam: ausblasen*) apagar soplando; **das Geburtstagskind pustete alle Kerzen aus** el niño apagó todas las velas del pastel de cumpleaños

aus|putzen *vt* limpiar a fondo

aus|quartieren* ['aʊskvartiːrən] *vt* desalojar

aus|quetschen *vt* **1.** (*Frucht*) exprimir, estrujar **2.** (*fam: ausfragen*) acosar a preguntas

aus|radieren* *vt* **1.** (*Geschriebenes*) borrar **2.** (*abw: zerstören*) destruir, arrasar

aus|rangieren* ['aʊsraŋʒiːrən] *vt* (*fam*) desechar

aus|rasieren* *vt* afeitar, pelar *fam*

aus|rasten *vi sein* **1.** (TECH) soltarse, desclavarse **2.** (*fam: zornig werden*) enfurecerse

aus|rauben *vt* desvalijar

aus|rauchen **I.** *vi* terminar de fumar, terminarse el cigarrillo **II.** *vt* apurar; **eine Zigarette** ~ terminarse un pitillo, apurar el cigarrillo

aus|räuchern *vt* ahumar; (*mit Gas*) fumigar, gasear

aus|raufen *vt* arrancar

aus|räumen *vt* **1.** (*Schrank*) vaciar; (*Bücher*) sacar; (*Zimmer*) desamueblar **2.** (*Missverständnis*) arreglar **3.** (*Schwierigkeit*) allanar **4.** (*Zweifel*) disipar

aus|rechnen *vt* (*Summe*) calcular; **sie rechnet sich große Chancen aus** cuenta con que tiene buenas perspectivas

Ausrede *f* <-, -n> excusa *f;* (*Vorwand*) pretexto *m;* (*Ausflüchte*) evasiva *f;* **faule** ~ excusa mala, alilaya *f Kol, Cuba*

aus|reden **I.** *vi* (*zu Ende reden*) acabar de hablar; **lässt du mich bitte erst ~?** ¿me dejas terminar a mí primero? **II.** *vt* (*umstimmen*): **jdm etw** ~ disuadir a alguien de algo; **sie versuchte ihm den Plan auszureden** trataba de disuadirle de su plan **III.** *vr:* **sich** ~ (*Österr: sich aussprechen*) desahogarse

aus|reiben *irr vt* **1.** (*durch Reiben entfernen*) quitar frotando; **einen Fleck** ~ quitar una mancha frotando **2.** (*säubern*) limpiar (frotando); **eine Pfanne** ~ limpiar una sartén (frotando)

aus|reichen *vt* bastar, ser suficiente

ausreichend *adj* **1.** (*genug*) bastante, suficiente **2.** (*Schulnote*) suficiente

aus|reifen *vi sein* madurar

Ausreise *f* <-, -n> salida *f* (*aus* de); **Ausreiseantrag** *m* <-(e)s, -träge> solicitud *f* de salida; **Ausreiseerlaubnis** *f* <-, -se> permiso *m* de salida; **Ausreisegenehmigung** *f* <-, -en> permiso *m* de salida

aus|reisen *vi sein* salir (*aus* de); **früher durften Ostdeutsche nicht in die BRD** ~ antes los alemanes de la RDA no podían viajar a la RFA

Ausreisevisum *nt* <-s, -visa *o* -visen> visado *m* de salida; **Ausreisewelle** *f* <-, -n> éxodo *m;* **Ausreisewillige(r)** ['aʊsraɪzəvɪlɪgɐ] *mf* <-n, -n; -n, -n> *persona que quiere (e intenta) emigrar*

aus|reißen *irr* **I.** *vi sein* **1.** (*abreißen*) arrancarse, desgarrarse **2.** (*fam: weglaufen*) huir, escapar(se), botarse *Chil;* **sie ist von zu Hause ausgerissen** se escapó de casa **II.** *vt* (*entfernen*) arrancar, desgarrar

Ausreißer(in) *m(f)* <-s, -; -, -nen> (*fam*) fugitivo, -a *m, f*

aus|reiten *irr vi* salir a caballo

aus|reizen *vt* **1.** (*Karten*) pujar al máximo **2.** (*Möglichkeit, Thema*) agotar

aus|renken ['aʊsrɛŋkən] *vt* dislocar, zafar *Am;* **sich** *dat* **den Arm** ~ dislocarse el brazo

aus|richten **I.** *vt* **1.** (*Nachricht*) dar; **soll ich (ihr) etwas ~?** ¿quiere que le dé algún recado? **2.** (*einstellen*) ajustar (*auf* a), adaptar (*auf* a); **ausgerichtet sein auf** (*abzielen*) estar dirigido a, aspirar a **3.** (*erreichen*) conseguir, lograr; **ich konnte bei ihm nichts** ~ no pude conseguir nada de él **4.** (*veranstalten*) organizar **5.** (*Österr: schlecht machen*) hablar mal (de), vilipendiar **6.** (*Schweiz: bezahlen*) pagar **II.** *vr:* **sich** ~ orientarse (*auf* a/hacia)

Ausrichter(in) *m(f)* <-s, -; -, -nen> organizador(a) *m(f)*

Ausrichtung *f* <-, *ohne pl*> **1.** (*Sicheinstellen*) ajuste *m* (*auf* a) **2.** (*Veranstalten*) organización *f* **3.** (*Orientierung*) orientación *f*

Ausritt *m* <-(e)s, -e> paseo *m* a caballo

aus|rollen *vt* **1.** (*Teppich*) desenrollar **2.** (*Teig*) extender con el rodillo

aus|rotten ['aʊsrɔtən] *vt* **1.** (*Tiere, Volk*) exterminar **2.** (*Unsitte*) extirpar, erradicar

Ausrottung *f* <-, -en> **1.** (*Tiere, Volk*) exterminación *f* **2.** (*Unsitte*) extirpación *f*, erradicación *f*

aus|rücken **I.** *vi sein* **1.** (MIL) salir (del cuartel), marcharse **2.** (*Feuerwehr*) salir **3.** (*fam: ausreißen*) escapar(se) **II.** *vt* (TYPO) sangrar

Ausruf *m* <-(e)s, -e> exclamación *f*

aus|rufen *irr vt* **1.** (*rufend nennen*) llamar; (*Abflug, Abfahrt*) anunciar (por altavoz); **man ließ ihn über Lautsprecher ~** lo llamaron por el altavoz **2.** (*Streik*) convocar **3.** (*Notstand, Republik*) proclamar

Ausrufer(in) *m(f)* <-s, -; -, -nen> (HIST) pregonero, -a *m, f*

Ausrufezeichen *nt* <-s, -> signo *m* de exclamación, (signo *m* de) admiración *f*

Ausrufung *f* <-, -en> proclamación *f*, declaración *f*; (*eines Streiks*) convocatoria *f*

Ausrufungszeichen *nt* <-s, ->, **Ausrufzeichen** *nt* <-s, -> (*Schweiz*) *s.* **Ausrufezeichen**

aus|ruhen *vi, vr:* **sich ~** descansar (*von* de), reposar

aus|rupfen *vt* desplumar; **die Magd rupfte dem geschlachteten Huhn die Federn aus** la moza desplumó el pollo

aus|rüsten *vt* **1.** (*Person*) equipar (*mit* de/con), abastecer (*mit* de/con) **2.** (*Flugzeug, Expedition*) equipar (*mit* de/con), dotar (*mit* de/con)

Ausrüstung *f* <-, -en> equipo *m*, equipamiento *m;* **Ausrüstungsgegenstand** *m* <-(e)s, -stände> útiles *mpl*, pertrechos *mpl;* **in Katalogen werden Ausrüstungsgegenstände für Camper angeboten** los catálogos ofrecen el equipamiento [*o* equipo] para campistas; **auf ihrem Rückzug musste die Armee viele Ausrüstungsgegenstände zurücklassen** el ejército tuvo que abandonar en su retirada muchos pertrechos; **Ausrüstungsinvestitionen** *fpl* (WIRTSCH) inversiones *fpl* en bienes de equipo

aus|rutschen *vi sein* resbalar, dar un resbalón; **da ist mir die Hand ausgerutscht** (*fam*) ahí se me fue la mano

Ausrutscher *m* <-s, -> (*fam: Fauxpas*) desliz *m*, patinazo *m*

Aussaat *f* <-, -en> **1.** (*Aussäen*) siembra *f* **2.** (*Saatgut*) semillas *fpl*, simientes *fpl*

aus|säen *vt* sembrar

Aussage ['aʊsza:gə] *f* <-, -n> **1.** (JUR) declaración *f*; **eine ~ machen** prestar declaración; **die ~ verweigern** negarse a declarar **2.** (*Inhalt*) mensaje *m;* (LING) enunciado *m;* **Aussagekraft** *f* <-, *ohne pl*> fuerza *f* expresiva [*o* informativa]; **aussagekräftig** *adj* (de gran valor) informativo

aus|sagen **I.** *vi* (JUR) prestar declaración, declarar **II.** *vt* (*ausdrücken*) expresar

aus|sägen *vt* cortar con la sierra

Aussagesatz *m* <-es, -sätze> (LING) oración *f* enunciativa

Aussageverweigerung *f* <-, -en> (JUR) negativa *f* a testificar; **Aussageverweigerungsrecht** *nt* <-(e)s, -e> (JUR) derecho *m* a negarse a declarar

Aussand *m* <-(e)s, -sände> (*Schweiz: Versenden*) envío *m;* (*Ware*) mercancía *f*

Aussatz *m* <-es, *ohne pl*> (MED) lepra *f*

aussätzig *adj* (MED) leproso

Aussätzige(r) ['aʊszɛtsɪgə] *mf* <-n, -n; -n, -n> (*a. fig*) leproso, -a *m, f*

aus|saufen *irr* **I.** *vi* (*fam*) terminar de beber; **sauf endlich aus!** ¡acábate ese vaso de una vez! **II.** *vt* **1.** (*Tier*) beberse, vaciar; **das durstige Pferd soff einen ganzen Eimer Wasser aus** el caballo sediento se bebió un cubo entero de agua **2.** (*fam: Mensch*) trincarse, chuparse; **verdammt, wer hat denn mein Bier ausgesoffen?** ¡maldita sea! ¿quién se ha trincado mi cerveza?

aus|saugen *vt* (*Frucht, Wunde*) chupar; (*Kolonie*) explotar

aus|schaben *vt* **1.** (*säubern*) vaciar (con cuchara) **2.** (MED) raspar

Ausschabung *f* <-, -en> (MED) raspado *m*

aus|schachten ['aʊsʃaxtən] *vt* excavar

Ausschachtung *f* <-, -en> **1.** (*das Ausschachten*) excavación *f* **2.** (*Grube*) zanja *f;* **Ausschachtungsarbeiten** *fpl* excavaciones *fpl*, trabajos *mpl* de excavación

aus|schaffen *vt* (*Schweiz: abschieben*) poner en la frontera, expulsar

aus|schalten *vt* **1.** (*Motor, Licht*) apagar **2.** (*Konkurrenz, Gegner*) eliminar

Ausschaltung *f* <-, -en> **1.** (TECH) desconexión *f* **2.** (*Eliminierung*) eliminación *f;* **die ~ der Konkurrenz/eines Gegners** la eliminación de la competencia/de un contrario [*o* adversario]

Ausschank[1] ['aʊsʃaŋk] *m* <-(e)s, -schänke> **1.** (*Lokal*) bar *m* **2.** (*Theke*) barra *f*

Ausschank[2] *m* <-(e)s, *ohne pl*> (*Tätigkeit*) despacho *m* de bebidas

Ausschankerlaubnis *f* <-, *ohne pl*> licencia *f* de venta [*o* de expedición] de bebidas alcohólicas

Ausschau *f* <-, *ohne pl*>: **nach jdm/etw ~ halten** buscar a alguien/algo con la vista

aus|schauen *vi* **1.** (*Ausschau halten*) buscar con la vista (*nach*) **2.** (*südd, Österr: Eindruck erwecken*) parecer

aus|schaufeln *vt* **1.** (*Graben*) (ex)cavar con la pala; **ein Grab/eine Grube ~** cavar una tumba/un hoyo **2.** (*Erde*) remover, sacar (a paletadas); **für so einen Teich muss ganz schön viel Erde ausgeschaufelt werden** para hacer un estanque como éste hay que sacar mucha tierra

aus|schäumen *vt* (TECH) espumar

aus|scheiden *irr* **I.** *vi sein* **1.** (*aus einem Amt, einer Firma*) dimitir (*aus* de), retirarse (*aus* de) **2.** (*aus einem Club*) darse de baja (*aus* de/en) **3.** (SPORT) ser eliminado (*aus* de);

der Wagen ist aus dem Rennen ausgeschieden el coche fue eliminado de la carrera **4.** (*Bewerber*) no entrar en consideración **5.** (*Möglichkeit*) quedar excluido **II.** *vt* **1.** (MED) segregar **2.** (*aussondern*) excluir, rechazar **3.** (*Schweiz: reservieren*) reservar **4.** (*Schweiz: trennen*) separar

Ausscheidung[1] *f* <-, *ohne pl*> (MED: *das Ausscheiden*) excreción *f*

Ausscheidung[2] *f* <-, -en> **1.** (MED: *Sekret*) secreción *f* **2.** (SPORT: *~skampf*) eliminatoria *f*

Ausscheidungskampf *m* <-(e)s, -kämpfe> (SPORT) eliminatoria *f*; **Ausscheidungsspiel** *nt* <-(e)s, -e> (SPORT) encuentro *m* eliminatorio, eliminatoria *f*; **Ausscheidungsstoff** *m* <-(e)s, -e> producto *m* de eliminación

aus|schenken *vt* **1.** (*gießen*) echar **2.** (*im Lokal*) vender, despachar

aus|scheren ['aʊsʃeːrən] *vi sein* salirse (de la fila)

aus|schicken *vt* enviar, mandar

aus|schießen *irr* **I.** *vi sein* **1.** (*sprießen*) brotar **2.** (*südd, Österr: verbleichen*) perder el color, decolorarse **II.** *vt haben* vaciar [*o* sacar] de un tiro; **ihm wurde im Krieg das Auge ausgeschossen** perdió el ojo en la guerra

aus|schiffen **I.** *vt* (*Waren*) desembarcar, descargar; (*Passagiere*) desembarcar **II.** *vr:* **sich ~** desembarcar, bajar a tierra; **die Matrosen durften sich ~** los marineros obtuvieron permiso para bajar a tierra

aus|schildern *vt* señalizar

aus|schimpfen *vt* reprender, reñir

aus|schirren *vt* desaparejar; (*von der Kutsche*) desenjaezar; (*vom Joch*) desuncir

aus|schlachten *vt* (*fam*) **1.** (*Fahrzeug*) desguazar **2.** (*ausnutzen*) sacar provecho (de)

aus|schlafen *irr* **I.** *vi, vr:* **sich ~** dormir a su gusto **II.** *vt:* **seinen Rausch ~** dormir la mona

Ausschlag *m* <-(e)s, -schläge> **1.** (MED) erupción *f* cutánea **2.** (*der Waage*) caída *f*; (*des Pendels*) oscilación *f*; (*der Magnetnadel*) desviación *f*; **den ~ geben** ser decisivo

aus|schlagen *irr* **I.** *vi* **1.** (*Pferd*) cocear **2.** *haben o sein* (*Baum*) brotar, retoñar **3.** *haben o sein* (*Zeiger*) oscilar; (*Kompassnadel*) desviarse **II.** *vt* **1.** (*Angebot, Einladung*) rehusar, rechazar **2.** (*Zahn*) partir **3.** (*mit Stoff*) forrar (*mit* con/de), revestir (*mit* con/de)

ausschlaggebend *adj* decisivo (*für* para); **das ist von ~er Bedeutung** eso es de importancia decisiva

Ausschlagwald *m* <-(e)s, -wälder> bosque *m* de renuevos

aus|schließen *irr vt* **1.** (*Zweifel, Irrtum*) descartar, excluir; **es ist nicht auszuschließen, dass …** no se puede descartar la posibilidad de que… *+subj* **2.** (*im Widerspruch stehen*) excluir; **das eine schließt das andere nicht aus** lo uno no excluye lo otro **3.** (JUR: *Öffentlichkeit*) excluir **4.** (*aus einer Gemeinschaft*) expulsar (*aus* de)

ausschließlich **I.** *adj* (*alleinig*) exclusivo **II.** *adv* únicamente, exclusivamente; (*nur*) sólo **III.** *präp +gen* con exclusión de, excluido; **~ des Interessenten** excepto el interesado; **der Preis versteht sich ~ Verpackung und Porto** el precio se comprende excluido el embalaje y el franqueo; **~ Getränken** bebidas no incluidas

Ausschließungsfrist *f* <-, -en> (JUR, WIRTSCH) plazo *m* perentorio

aus|schlüpfen *vi sein* salir del huevo [*o* del cascarón]

Ausschluss[RR] *m* <-es, -schlüsse>, **Ausschluß** *m* <-sses, -schlüsse> exclusión *f* (*aus* de), expulsión *f* (*aus* de); (SPORT) descalificación *f*; **unter ~ der Öffentlichkeit** (JUR) a puerta cerrada; **unter ~ der Gewährleistung** (JUR, WIRTSCH) excluyendo toda garantía; **unter ~ des Rechtsweges** (JUR) inapelablemente; **Ausschlussgesetz**[RR] *nt* <-es, -e> (JUR) ley *f* de exclusión; **prozessuales ~** ley de exclusión procesual; **Ausschlussklausel**[RR] *f* <-, -n> (JUR) cláusula *f* de exclusión

aus|schmücken *vt* **1.** (*Raum*) adornar, decorar **2.** (*Geschichte*) adornar, embellecer

Ausschmückung *f* <-, -en> **1.** (*Dekoration*) decoración *f*; (*architektonisch*) ornamentación *f* **2.** (*eines Berichts*) adorno *m*, aderezo *m*; **durch allerlei phantasievolle ~en wirkt die Erzählung gleich viel plastischer** aderezado con todo tipo de adornos fantásticos, el relato resulta mucho más plástico

Ausschneidebogen *m* <-s, -bögen> pliego *m* de (figuras) recortables

aus|schneiden *irr vt* **1.** (*Bild*) cortar (*aus* de), recortar (*aus* de) **2.** (*Büsche*) podar, recortar

Ausschnitt *m* <-(e)s, -e> **1.** (*Teil*) parte *f*, fragmento *m* **2.** (*aus einem Film*) escena *f* **3.** (MATH) sector *m* **4.** (*bei Kleidung*) escote *m* **5.** (*aus einer Zeitung*) recorte *m*

aus|schöpfen *vt* **1.** (*Flüssigkeit*) sacar, extraer **2.** (*Gefäß*) vaciar **3.** (*Möglichkeiten*) aprovechar; (*Reserven*) agotar

aus|schreiben *irr vt* **1.** (*Wort*) escribir entero; (*Zahl*) escribir en letra **2.** (*Wettbewerb, Wahlen*) convocar; (*Stelle*) sacar a concurso **3.** (*Rechnung*) hacer; (*Scheck*) extender

Ausschreibung *f* <-, -en> convocatoria *f*; (*von Stellen*) concurso *m*; **öffentliche ~** subasta pública

aus|schreiten *irr vi sein* (*geh: große Schritte machen*) alargar el paso, caminar con grandes pasos

Ausschreitungen ['aʊsʃraɪtʊŋən] *fpl* disturbios *mpl*; **es kam zu schweren ~** se produjeron graves disturbios

Ausschuss[1RR] *m* <-es, -schüsse> (*Komitee*) comisión *f*, comité *m*; **beratender/ständiger ~** comité consultivo/permanente; **einem ~ vorsitzen** presidir una comisión

Ausschuss[2RR] *m* <-es, *ohne pl*> (*minder-*

wertige Ware) desecho *m*
Ausschuß *m s.* **Ausschuss**
AusschussmitgliedRR *nt* <-(e)s, -er> miembro *m* del comité
AusschussquoteRR *f* <-, -n> (WIRTSCH) volumen *m* de artículos defectuosos
AusschusssitzungRR *f* <-, -en> reunión *f* del comité
AusschussverlustRR *m* <-(e)s, -e> (WIRTSCH) pérdida *f* por artículos defectuosos; **Ausschussware**RR *f* <-, -n> producto *m* defectuoso
aus|schütteln *vt* sacudir
aus|schütten *vt* **1.** (*Flüssigkeit*) verter, derramar **2.** (*Gefäß*) vaciar; **jdm sein Herz ~** abrir su corazón a alguien **3.** (*Dividende*) repartir
Ausschüttung *f* <-, -en> (FIN) reparto *m;* **ausschüttungsfähig** *adj* (FIN): **~er Gewinn** ganancia distribuible
aus|schwärmen *vi sein* (*Bienen*) salir en enjambres; (*Soldaten*) dispersarse
aus|schweifen *vi sein* divagar; **seine Phantasie ~ lassen** dejar rienda suelta a la fantasía
ausschweifend ['aʊsʃvaɪfənt] *adj* **1.** (*Leben*) libertino, disoluto **2.** (*Fantasie*) exuberante, desenfrenado
Ausschweifung *f* <-, -en> desenfreno *m*
aus|schweigen *irr vr:* **sich ~** guardar silencio (*über* sobre)
aus|schwemmen *vt* (*Giftstoffe*) despedir; (*Gold*) limpiar con agua
ausschwenkbar *adj* basculante; **ein ~er Kran** una grúa basculante
aus|schwenken *vt* **1.** (*Kran*) girar hacia fuera; **nach links ~** girar a la izquierda **2.** (*Wäsche*) aclarar
aus|schwitzen *vt* sudar
aus|sehen *irr vi* parecer, tener aspecto (*nach* de); **hübsch** [*o* **gut**] **~** tener buen aspeto; (*Sache*) ser bonito; (*Person*) estar guapo; **gut ~d** bien parecido; **ein gut ~der Mann** un hombre bien parecido; **das Kleid sieht nach nichts aus** el vestido no tiene nada de extraordinario; **es sieht nach Regen aus** parece que va a llover; **wie siehst du denn aus?** (*fam*) ¡vaya una facha que tienes!; **wie sieht's aus?** (*fam*) ¿cómo estamos?, ¿qué tal van las cosas?; **danach sieht er gar nicht aus** no lo aparenta; **es sieht so aus, als ob ...** parece como si... *+subj;* **er sieht aus wie sein Vater** se parece a su padre
Aussehen *nt* <-s, *ohne pl*> aspecto *m*
aus|sein *irr vi s.* **aus II.**
außen ['aʊsən] *adv* fuera; **von ~** por [*o* desde] fuera; **~ am Glas** por fuera del vaso; **den Schein nach ~ hin wahren** guardar las apariencias; **~ vor sein** quedar fuera [*o* excluido]; **Außenansicht** *f* <-, -en> vista *f* exterior; **Außenanstrich** *m* <-(e)s, -e> pintura *f* exterior; **Außenantenne** *f* <-, -n> antena *f* exterior; **Außenaufnahme** *f* <-, -n> (FILM, FOTO) toma *f* exterior; **Außenbahn** *f* <-, -en> (SPORT) calle *f* exterior; **Außenbeleuchtung** *f* <-, -en> (*Gebäude, Park*) iluminación *f* exterior; (*Auto*) alumbrado *m* exterior; **Außenbezirk** *m* <-(e)s, -e> barrio *m* periférico, extrarradio *m*
Außenbordmotor *m* <-s, -en> motor *m* fuera borda
aus|senden *irr vt* **1.** (*Expedition, Boten*) enviar, mandar **2.** (*Strahlen, Signale*) emitir
Außendienst *m* <-(e)s, *ohne pl*> servicio *m* externo; **im ~ sein** estar de servicio externo; **Außendienstmitarbeiter(in)** *m(f)* <-s, -; -, -nen> colaborador(a) *m(f)* en el servicio exterior
Außenfinanzierung *f* <-, -en> (FIN, WIRTSCH) financiación *f* externa; **Außenhafen** *m* <-s, -häfen> (NAUT) antepuerto *m,* rada *f* (exterior)
Außenhandel *m* <-s, *ohne pl*> (COM) comercio *m* exterior; **Außenhandelsbilanz** *f* <-, -en> (FIN, WIRTSCH) balance *m* del comercio exterior; **Außenhandelslizenz** *f* <-, -en> (COM, JUR) licencia *f* de exportación; **Außenhandelsniederlassung** *f* <-, -en> (COM) sucursal *f* en el exterior; **Außenhandelsprognose** *f* <-, -n> (COM) pronóstico *m* para el comercio exterior; **Außenhandelsquote** *f* <-, -n> (COM) cuota *f* de exportación; **Außenhandelsspanne** *f* <-, -n> (COM) margen *m* de comercio exterior
Außenhaut *f* <-, -häute> recubrimiento *m* exterior, forro *m* exterior; **die ~ eines Flugzeugs** las cubiertas de un avión; **Außenkurve** *f* <-, -n> curva *f* exterior
Außenluftdruck *m* <-(e)s, -drücke> presión *f* del aire exterior
Außenminister(in) *m(f)* <-s, -; -, -nen> ministro, -a *m, f* de Asuntos Exteriores [*o* del Exterior], canciller *m Am;* **Außenministerium** *nt* <-s, -ministerien> Ministerio *m* de Asuntos Exteriores [*o* del Exterior], cancillería *f Am;* **Außenpolitik** *f* <-, *ohne pl*> política *f* exterior; **außenpolitisch** *adj* referente [*o* relativo] a la política exterior; **Außenquartier** *nt* <-s, -e> (*Schweiz: Vorstadtviertel*) barrio *m* periférico; **Außenschmarotzer** *m* <-s, -> (BIOL) parásito *m* externo; **Außenseite** *f* <-, -n> (parte *f*) exterior *m*
Außenseiter(in) *m(f)* <-s, -; -, -nen> marginado, -a *m, f;* (SPORT) outsider *mf;* **Außenseiterrolle** *f* <-, -n> (*Pferd, Sportler*) posición *f* modesta; (*in der Politik, Gesellschaft*) posición *f* marginal
Außenspiegel *m* <-s, -> (AUTO) espejo *m* retrovisor exterior; **Außenstände** *mpl* (FIN, WIRTSCH) atrasos *mpl;* **nicht einziehbare ~** créditos incobrables; **Außenstehende(r)** *mf* <-n, -n; -n, -n> persona *f* ajena, profano, -a *m, f;* **Außenstelle** *f* <-, -n> agencia *f;* **Außenstürmer(in)** *m(f)* <-s, -; -, -nen> (SPORT) extremo, -a *m, f* delantero, -a; **Außentasche** *f* <-, -n> bolsillo *m* exterior; **Außentemperatur** *f* <-, -en> temperatu-

ra *f* exterior; **Außenwand** *f* <-, -wände> pared *f* exterior, muro *m* exterior; **Außenwelt** *f* <-, *ohne pl*> mundo *m* exterior; **von der ~ abgeschnitten sein** estar incomunicado; **Außenwerbung** *f* <-, *ohne pl*> (WIRTSCH) publicidad *f* exterior; **Außenwert** *m* <-(e)s, -e> valor *m* externo; **Außenwinkel** *m* <-s, -> (MATH) ángulo *m* externo; **Außenwirtschaft** *f* <-, *ohne pl*> economía *f* exterior; **Außenzoll** *m* <-(e)s, -zölle> (COM) arancel *m* exterior

außer ['aʊsɐ] **I.** *präp +dat* **1.** (*räumlich*) fuera de; **~ Sicht sein** no ser visible, estar fuera del alcance de la vista; **~ Haus** fuera de casa **2.** (*Zustand*) fuera de; **~ Betrieb/Gefahr** fuera de servicio/de peligro; **~ Dienst sein** estar retirado; **~ Atem** sin aliento; **sie war ~ sich vor Freude** estaba fuera de sí de alegría **3.** (*ausschließlich*) excepto, a excepción de; **~ ihrem Bruder waren alle da** estuvieron todos excepto su hermano; **alle ~ mir** todos salvo [*o* menos] yo **4.** (*abgesehen von*) aparte de; **~ dieser Stelle habe ich noch einen zweiten Job** aparte de este puesto tengo otro trabajillo **II.** *präp +gen* (*räumlich*) fuera de; **~ Landes** fuera del país **III.** *konj* excepto, a excepción de; **~ dass** excepto que *+subj,* a no ser que *+subj;* **~ wenn** excepto si, salvo si; **er ist sehr friedfertig, ~ wenn er getrunken hat** es muy pacífico, excepto cuando ha bebido

Außerachtlassung *f* <-, *ohne pl*> inobservancia *f,* ignorancia *f;* **unter ~ aller Vorschriften** ignorando todas las normas

außerberuflich *adj* extraprofesional

außerbetrieblich *adj* externo; **eine ~e Versammlung** una junta externa

außerdem ['aʊsɐde:m, --'-] *adv* además, aparte

außerdienstlich *adj* extraoficial

äußere(r, s) *adj* **1.** (*von außen kommend*) exterior; **~ Anstöße** estímulos exteriores **2.** (*außen*) exterior, externo; **man soll nicht nach dem ~n Schein urteilen** no se debe juzgar por las apariencias **3.** (*auswärtig*) exterior

Äußere(s) *nt* <-n, *ohne pl*> aspecto *m;* (*Gesicht, Körper*) físico *m;* **nach dem ~n urteilen** juzgar según el aspecto; **ein gepflegtes ~s** una buena presencia

außerehelich ['aʊsɐ'ʔe:əlɪç] *adj* **1.** (*Beziehung*) extramatrimonial **2.** (*Kind*) natural, ilegítimo; **außereuropäisch** *adj* extraeuropeo; **außerfahrplanmäßig** **I.** *adj* (AUTO, EISENB) no regular, extraordinario; **einen ~en Bus einsetzen** poner un autobús especial **II.** *adv* (AUTO, EISENB) fuera de horario; **der Zug fährt** [*o* **verkehrt**] **~** es un tren especial; **außergerichtlich** **I.** *adj* (JUR) extrajudicial **II.** *adv* (JUR) por vía extrajudicial, fuera de la vía judicial; **außergewöhnlich** *adj* excepcional, fuera de serie; (*ungewöhnlich*) desacostumbrado; **es ist ~ heiß** hace un calor poco corriente

außerhalb **I.** *präp +gen* fuera de; **~ der Stadt** fuera de la ciudad; **~ der Arbeitszeit** fuera de las horas de trabajo **II.** *adv* fuera; **wir wohnen ~** vivimos en las afueras

außerirdisch *adj* extraterrestre

Außerkraftsetzung [--'---] *f* <-, -en> (*formal: Gesetz, Vorschrift*) derogación *f,* abrogación *f;* (*Bestimmung*) revocación *f*

äußerlich ['ɔɪsɐlɪç] *adj* **1.** (*außen*) exterior, externo; **nur ~ anwenden** (*Aufschrift auf Medikamenten*) sólo para uso externo; **rein ~ betrachtet** visto solamente por fuera **2.** (*oberflächlich*) superficial **3.** (*scheinbar*) aparente

Äußerlichkeit *f* <-, -en> apariencia *f*

äußerln ['ɔɪsɐln] *vt* (*Österr: fam:* (*Hund*) *ausführen*) sacar a pasear

äußern ['ɔɪsɐn] **I.** *vt* expresar; **seine Meinung ~** dar su opinión **II.** *vr:* **sich ~** **1.** (*seine Meinung sagen*) pronunciarse, opinar (*über/zu* sobre) **2.** (*sich zeigen*) mostrarse, manifestarse

außerordentlich **I.** *adj* **1.** (*überdurchschnittlich*) extraordinario, excepcional **2.** (*ungewöhnlich*) singular, excepcional **3.** (*außer der Ordnung*) extraordinario **II.** *adv* (*sehr*) sumamente, mucho; **etw ~ schätzen** apreciar algo extraordinariamente

außerorts *adv* (*Schweiz, Österr*) en las afueras

außerparlamentarisch *adj* extraparlamentario; **~e Opposition** oposición extraparlamentaria; **außerplanmäßig** **I.** *adj* extraordinario, fuera de norma **II.** *adv* fuera de norma; **außerschulisch** *adj* (SCH) extraescolar; **außersinnlich** *adj* extrasensorial; **~e Wahrnehmung** percepción extrasensorial

äußerst ['ɔɪsɐst] *adv* muy, extraordinariamente; **eine ~ gefährliche Angelegenheit** un asunto sumamente peligroso

außerstande [aʊsɐ'ʃtandə] *adv:* **~ sein etw zu tun** no estar en condiciones de hacer algo; **ich sehe mich ~ das zu tun** no me veo [*o* siento] en condiciones de hacerlo

äußerste(r, s) ['ɔɪsɐstə, -tɐ, -təs] *adj* **1.** (*weit entfernt*) extremo; **am ~n Ende der Stadt** en el límite de la ciudad **2.** (*größtmöglich*) máximo, sumo; **mit ~r Behutsamkeit vorgehen** proceder con sumo cuidado

Äußerste(s) *nt:* **jdm das ~ abverlangen** exigir lo máximo de alguien; **sein ~s geben** dar el máximo de sí, hacer un gran esfuerzo; **auf das ~ gefasst sein** estar preparado para lo peor; **bis zum ~n gehen** llegar hasta el final; **das ~ wagen** jugarse el todo por el todo

äußerstenfalls ['ɔɪsɐstən'fals] *adv* a lo sumo

außertariflich *adj* (WIRTSCH) fuera de tarifa

außertourlich ['aʊsɐtu:ɐlɪç] *adj* (*Österr, südd: außerfahrplanmäßig*) fuera de plan, adicional

Äußerung ['ɔɪsərʊŋ] *f* <-, -en> declaración *f;* (*Bemerkung*) observación *f;* **beleidigende ~** injuria *f*

außervertraglich *adj* extracontratual

aus|setzen I. *vi* 1.(*Atmung, Herz*) cesar 2.(*unterbrechen*) interrumpirse; **zwei Runden ~** pasar dos turnos; **ohne auszusetzen** sin parar II. *vt* 1.(*Tier*) abandonar 2.(JUR: *Verhandlung*) aplazar; **die Strafe wurde zur Bewährung ausgesetzt** le concedieron remisión condicional de la pena 3.(*bemängeln*) criticar, poner reparos (a); **daran ist nichts auszusetzen** no hay nada que objetar 4.(*Belohnung*) ofrecer; (*Preis*) fijar 5.(*preisgeben*): **jdn etw** *dat* **~** exponer a alguien a algo; **dieser Gefahr wollte er sich nicht ~** no quiso exponerse a este peligro

Aussetzung *f* <-, -en> (*a.* JUR) suspensión *f;* **~ des Verfahrens** suspensión del juicio

Aussicht *f* <-, -en> 1.(*Blick*) vista *f* (*auf* de), panorama *m* (*auf* de); **jdm die ~ versperren** impedir(le) a alguien la vista 2.(*Zukunftsmöglichkeit*) perspectiva *f* (*auf* de), esperanza *f* (*auf* de); **etw in ~ haben** tener algo en perspectiva; **etw hat ~ auf Erfolg** algo tiene probabilidad de éxito; **jdm etw in ~ stellen** prometer algo a alguien; **das sind ja schöne ~en!** ¡buena la tenemos!; **gute ~en haben** tener buenas perspectivas; **aussichtslos** *adj* sin esperanza; (*verzweifelt*) desesperado; (*unnütz*) inútil; **Aussichtslosigkeit** *f* <-, *ohne pl*> falta *f* de perspectivas; **Aussichtspunkt** *m* <-(e)s, -e> mirador *m;* **aussichtsreich** *adj* prometedor; **Aussichtsturm** *m* <-(e)s, -türme> mirador *m*

aus|sieben I. *vt* 1.(*mit einem Sieb*) colar, quitar colando; **Klumpen aus der Soße ~** colar la salsa (para quitar los grumos), colar los grumos de la salsa 2.(*durch Auswahl*) cribar; **nach den Unterlagen wurden zehn Bewerber ausgesiebt und zu Probeaufnahmen eingeladen** diez candidatos pasaron la criba del currículum y fueron invitados a las pruebas; **beim ersten Vorsingen werden untalentierte Kandidaten ausgesiebt** en la primera prueba de canto se criba a los candidatos poco dotados II. *vi* hacer una criba; **bei der Zwischenprüfung wird ausgesiebt** el examen de diplomatura es una criba

aus|siedeln *vt* evacuar

Aussiedler(in) *m(f)* <-s, -; -, -nen> expatriado, -a *m, f*

Aussiedlung *f* <-, -en> evacuación *f,* traslado *m* forzoso de la población

aus|sitzen *irr vt* (*fam*) dejar pasar

aus|söhnen ['auszø:nən] *vr:* **sich ~** (re)conciliarse; **er hat sich mit seinem Vater ausgesöhnt** se ha reconciliado con su padre

Aussöhnung *f* <-, -en> reconciliación *f*

aus|sondern *vt* apartar, separar; **die alten Züge wurden bald ausgesondert** muy pronto pusieron los trenes viejos fuera de servicio

Aussonderung *f* <-, -en> selección *f;* **~ geeigneter Bewerber** selección *f* de candidatos adecuados; **Aussonderungsquote** *f* <-, -en> (WIRTSCH) cuota *f* de selección

aus|sorgen *vi:* **damit habe ich ausgesorgt** con eso tengo ya el porvenir asegurado

aus|sortieren* *vt* desechar, separar

aus|spähen I. *vi* acechar (*nach* a) II. *vt* espiar

aus|spannen I. *vi* (*sich erholen*) descansar II. *vt* 1.(*Netz*) (ex)tender 2.(*Pferde*) desenganchar 3.(*fam*): **jdm den Freund ~** quitar(le) a alguien el novio

Ausspannung *f* <-, *ohne pl*> descanso *m,* relax *m,* relajación *f*

aus|sparen *vt* 1.(*frei lassen*) dejar libre 2.(*beiseite lassen*) dejar de lado, pasar (de) *sl*

Aussparung *f* <-, -en> boquete *m,* brecha *f*

aus|speien *irr* I. *vi* escupir (*vor* de) II. *vt* (*Lava, Qualm*) arrojar, escupir

aus|sperren I. *vt* 1.(*aus der Wohnung*) cerrar la puerta (a, *aus* de) 2.(*Arbeiter*) dejar en la calle mediante un lock-out II. *vr:* **sich ~** (*aus der Wohnung*) quedarse fuera sin llaves (*aus* de)

Aussperrung *f* <-, -en> cierre *m,* lock-out *m*

aus|spielen I. *vt* 1.(*Karte*) jugar; **etw gegen etw ~** (*zum Vorteil einsetzen*) servirse de algo contra algo 2.(SPORT: *Gegenspieler*) regatear, evitar 3.(*aufwiegeln*): **jdn gegen jdn ~** aprovecharse de la rivalidad entre dos personas II. *vi* (*beim Kartenspiel*) salir

Ausspielung *f* <-, -en> sorteo *m*

aus|spinnen *irr vt* ampliar, desarrollar; **diese Idee könnte man weiter ~** esta idea podría ampliarse

aus|spionieren* *vt* espiar

Aussprache[1] *f* <-, *ohne pl*> 1.(*Artikulation*) pronunciación *f* 2.(*Akzent*) acento *m;* **eine englische ~** un acento inglés

Aussprache[2] *f* <-, -n> (*Unterredung*) discusión *f,* debate *m;* **eine ~ mit jdm haben** hablar francamente con alguien

Ausspracheangabe *f* <-, -n> indicación *f* de la pronunciación; **Aussprachewörterbuch** *nt* <-(e)s, -bücher> diccionario *m* de pronunciación

aus|sprechen *irr* I. *vi* (*zu Ende sprechen*) terminar (la frase); **lass mich bitte ~!** ¡déjame terminar la frase! II. *vt* 1.(*Wörter, Laute*) pronunciar; **wie spricht man dieses Wort aus?** ¿cómo se pronuncia esta palabra? 2.(*Lob, Verdächtigung*) expresar; **sie sprachen der Regierung ihr Vertrauen aus** expresaron su confianza al gobierno 3.(*Verbot*) notificar, disponer III. *vr:* **sich ~** 1.(*sein Herz ausschütten*) desahogarse (*bei* con) 2.(*befürworten*) abogar (*für* por), pronunciarse (*für* por/en favor de)

Ausspruch *m* <-(e)s, -sprüche> dicho *m,* frase *f* ingeniosa; **richterlicher ~** (JUR) sentencia *f*

aus|spucken *vi, vt* escupir

aus|spülen *vt* enjuagar

Ausspülung *f* <-, -en> enjuague *m;* **~ der Mundhöhle** enjuague bucal

aus|staffieren* ['aʊsʃtafi:rən] *vt* ataviar

(*mit* con/de), proveer (*mit* de)
Ausstand *m* <-(e)s, *ohne pl*> **1.** (*Streik*) huelga *f* **2.** (*Schweiz: Ausscheiden*) abandono *m* (*aus* de), retirada *f* (*aus* de); **seinen ~ geben** celebrar su despedida del trabajo
ausständig *adj* (*Österr:* FIN, WIRTSCH) pendiente
aus|stanzen *vt* **1.** (TECH) troquelar **2.** (*Schilder*) estampar **3.** (*Löcher*) punzonar
aus|statten ['aʊsʃtatən] *vt* proveer (*mit* de), dotar (*mit* con/de)
Ausstattung *f* <-, -en> **1.** (*mit Geräten, Geräte*) equipamiento *m,* equipo *m;* **die ~ des Filmteams war gut** el equipo del grupo cinematográfico era bueno **2.** (*eines Buches*) presentación *f*
aus|stechen *irr vt* **1.** (*Unkraut*) extraer (con una pala); (*Auge*) vaciar **2.** (*übertreffen*) aventajar
Ausstechform *f* <-, -en> (GASTR) cortapasta *m*
aus|stehen *irr* **I.** *vi* **1.** (*Antwort, Entscheidung*) faltar, estar pendiente **2.** (*nicht bezahlt sein*) estar pendiente (de pago); **~de Gelder** dinero por cobrar **II.** *vt* (*ertragen*) aguantar, soportar; **ich kann ihn nicht ~** no le soporto; **ich kann so etw nicht ~** no soporto una cosa así; **das ist jetzt ausgestanden** (*fam*) esto ya ha pasado
aus|steigen *irr vi sein* **1.** (*aus einem Fahrzeug*) bajar (*aus* de), salir (*aus* de); **alles ~!** ¡bajen todos! **2.** (*fam: aufhören*) retirarse (*aus* de), abandonar (*aus*)
Aussteiger(in) *m(f)* <-s, -; -, -nen> (*fam*) ≈pasota *mf* (*persona que ha dejado su oficio y entorno para estar libre de presiones sociales*)
aus|stellen *vt* **1.** (*Waren, Bilder*) exhibir, exponer **2.** (*Bescheinigung, Zeugnis*) expedir; (*Scheck*) extender **3.** (*Gerät*) apagar
Aussteller(in) *m(f)* <-s, -; -, -nen> **1.** (*bei Ausstellungen*) expositor(a) *m(f)* **2.** (*von Urkunden*) otorgante *mf,* expedidor(a) *m(f)* **3.** (*von Wechseln*) librador(a) *m(f)*
Ausstellfenster *nt* <-s, -> (AUTO) ventanilla *f* giratoria [*o* oscilante]
Ausstellung *f* <-, -en> **1.** (*Veranstaltung*) exposición *f* **2.** (*von Schriftstücken*) expedición *f* **3.** (*von Schecks*) extensión *f* (*über* por); **Ausstellungsdatum** *nt* <-s, -daten> **1.** (*einer Veranstaltung*) fecha *f* de la exposición **2.** (*von Schriftstücken*) fecha *f* de expedición **3.** (*von Schecks*) fecha *f* de extensión; **Ausstellungsfläche** *f* <-, -n> superficie *f* de exposición; **Ausstellungshalle** *f* <-, -n> pabellón *m* de exposiciones, salón *m* de exposiciones; **Ausstellungskatalog** *m* <-(e)s, -e> catálogo *m* de la exposición; **Ausstellungsstand** *m* <-(e)s, -stände> stand *m* (de exposición); **Ausstellungsstück** *nt* <-(e)s, -e> objeto *m* expuesto, pieza *f* de exposición; **Ausstellungstag** *m* <-(e)s, -e> (FIN) día *m* de la consignación
aus|sterben *irr vi sein* (*Pflanze, Tierart, Sprache*) extinguirse, desaparecer; (*Brauch*) perderse, caer en desuso; **wie ausgestorben** (*Ort*) desierto
Aussterben *nt* <-s, *ohne pl*>: **vom ~ bedroht** en vías de extinción
aussterbend *adj* en vías de extinción
Aussteuer *f* <-, *ohne pl*> ajuar *m,* canastilla *f Arg, PRico;* (*Geld*) dote *f*
Ausstieg ['aʊsʃtiːk] *m* <-(e)s, -e> **1.** (*das Heraussteigen*) bajada *f* **2.** (*Ausgang*) salida *f* **3.** (*fam: Beendigung*) abandono *m;* **der ~ aus der Kernenergie** el abandono de la energía nuclear; **Ausstiegsbeschluss**[RR] *m* <-es, -schlüsse> decisión *f* de retiro [*o* de abandono]; **Ausstiegsklausel** *f* <-, -n> cláusula *f* de separación
aus|stopfen *vt* rellenar; (*Tier*) disecar
Ausstoß *m* <-es, *ohne pl*> **1.** (WIRTSCH) producción *f,* rendimiento *m* **2.** (*Abgase*) expulsión *f*
aus|stoßen *irr vt* **1.** (*Atem, Abgase*) expulsar; (*Dampf, Rauchwolken*) expeler, expulsar; (*Lava*) arrojar, despedir **2.** (*Seufzer, Schrei*) lanzar **3.** (*produzieren*) producir, fabricar **4.** (*ausschließen*) expulsar (*aus* de)
Ausstoßung *f* <-, *ohne pl*> expulsión *f* (*aus* de), exclusión *f* (*aus* de)
aus|strahlen *vt* **1.** (*Licht, Wärme*) emitir; (*Ruhe, Heiterkeit*) irradiar **2.** (RADIO) emitir, radiar; (TV) televisar
Ausstrahlung *f* <-, -en> **1.** (RADIO, TV) emisión *f* **2.** (*Charisma*) atractivo *m,* carisma *m;* **Ausstrahlungstermin** *m* <-s, -e> (TV, RADIO) fecha *f* de emisión
aus|strecken **I.** *vt* (*Beine*) estirar **II.** *vr:* **sich ~** estirarse
aus|streichen *irr vt* **1.** (*durchstreichen*) borrar, tachar, radiar *Am* **2.** (*Farbe*) extender (con un pincel)
aus|streuen *vt* esparcir, dispersar; (*Gerüchte*) hacer correr, difundir
aus|strömen **I.** *vi sein* (*Wasser*) derramarse, escaparse; (*Gas, Dampf*) escaparse, salir **II.** *vt* (*Duft*) despedir, exhalar; (*Wärme*) despedir
aus|suchen *vt* escoger, elegir; **du darfst dir etwas ~** puedes escoger algo
Austausch *m* <-(e)s, *ohne pl*> intercambio *m,* cambio *m;* **im ~ für** [*o* **gegen**] **etw** a cambio de algo; **Austauschabkommen** *nt* <-s, -> (WIRTSCH) convenio *m* de intercambio
austauschbar *adj* (inter)cambiable; (*ersetzbar*) sustituible
aus|tauschen **I.** *vt* **1.** (*auswechseln*) cambiar **2.** (*Erfahrungen, Erinnerungen*) intercambiar **3.** (*Schüler*) intercambiar; (*Gefangene*) canjear **II.** *vr:* **sich untereinander/mit jdm ~** cambiar impresiones uno con otro/con alguien
Austauschformat *nt* <-(e)s, -e> (INFOR) formato *m* de intercambio; **Austauschmotor** *m* <-s, -en> (AUTO) motor *m* de recambio; **Austauschschüler(in)** *m(f)* <-s, -; -,

-nen> alumno, -a *m, f* de intercambio (*dentro de un convenio internacional*); **Austauschstoff** *m* <-(e)s, -e> materia *f* de sustitución; **Austauschware** *f* <-, -n> (WIRTSCH) género *m* intercambiable

aus|teilen *vt* repartir (*an* a, *unter* entre); (*Ohrfeige, Karten*) dar, repartir

Austeilung *f* <-, -en> reparto *m,* distribución *f;* (*des Segens*) administración *f*

Auster ['aʊstɐ] *f* <-, -n> ostra *f;* **Austernbank** *f* <-, -bänke> banco *m* de ostras; **Austernfischer** *m* <-s, -> (ZOOL) ostrero *m,* pilpilén *m;* **Austernpilz** *m* <-es, -e> champiñón *m* chino; **Austernschale** *f* <-, -n> concha *f* de la ostra, valva *f* de la ostra

Austernzucht[1] *f* <-, -en> (*Austernpark*) criadero *m* de ostras

Austernzucht[2] *f* <-, *ohne pl*> (*das Züchten*) cría *f* de ostras

aus|tilgen *vt* **1.** (*Ungeziefer, Unkraut*) eliminar; (*Lebewesen*) exterminar; (*Krankheiten*) erradicar **2.** (*Schrift*) borrar, tachar **3.** (*Erinnerung*) borrar, arrancar de la mente

aus|toben *vr:* **sich ~** (*Kinder*) desfogarse; (*beim Spielen*) jugar a lo loco

aus|tragen *irr vt* **1.** (*Briefe*) repartir **2.** (*Konflikt*) poner en claro **3.** (*Wend*): **ein Kind ~** no interrumpir el embarazo, (decidir) tener el niño

Austräger(in) *m(f)* <-s, -; -, -nen> repartidor(a) *m(f),* distribuidor(a) *m(f)*

Austragung *f* <-, *ohne pl*> **1.** (*Verteilung*) distribución *f,* reparto *m* **2.** (SPORT) celebración *f*

Austragungsort *m* <-(e)s, -e> (SPORT) sede *f,* escenario *m;* **der ~ für die nächsten Olympischen Spiele steht noch nicht fest** la próxima sede de los Juegos Olímpicos no ha sido fijada aún; **wir übertragen die Wettkämpfe direkt vom ~** retransmitimos los campeonatos en directo

Australien [aʊs'traːliən] *nt* <-s> Australia *f*

Australier(in) *m(f)* <-s, -; -, -nen> australiano, -a *m, f*

australisch *adj* australiano

aus|träumen *vi:* **er hat ausgeträumt** ya no se hace más ilusiones; **der Traum vom großen Geld ist jetzt ausgeträumt** el sueño de ganar mucho dinero ahora se ha esfumado

aus|treiben *irr* **I.** *vt* **1.** (*Vieh*) sacar a pastar **2.** (*Teufel, Geister*) exorcizar **3.** (*Blüten*) echar **4.** (*abgewöhnen*): **jdm etw ~** quitar a alguien algo de la cabeza **II.** *vi* (*Pflanze*) echar hojas

Austreibung *f* <-, -en> **1.** (*von Menschen*) expulsión *f* **2.** (*vom Teufel*) exorcismo *m*

aus|treten *irr* **I.** *vi sein* **1.** (*Gas, Dampf*) escaparse (*aus* por); (*Blut*) salir(se) (*aus* de) **2.** (*aus der Kirche, Partei*) salir (*aus* de); (*aus einem Verein*) darse de baja (*aus* en) **3.** (*fam: zur Toilette gehen*) ir al servicio **II.** *vt* **1.** (*Treppenstufen*) gastar; (*Schuhe*) (des)gastar **2.** (*Feuer*) apagar con los pies; (*Zigarette*) pisar

aus|tricksen ['aʊstrɪksən] *vt* (*fam*) engañar

Austrieb *m* <-(e)s, -e> (BOT) brote *m*

aus|trinken *irr* **I.** *vt* terminar(se) de beber, acabar(se); **trink deine Milch aus!** ¡bébete la leche! **II.** *vi* terminar de beber, acabar

Austritt *m* <-(e)s, -e> **1.** (*aus einer Organisation*) abandono *m,* dimisión *f* **2.** (*von Flüssigkeit*) salida *f;* (*von Gas*) escape *m;* **Austrittserklärung** *f* <-, -en> declaración *f* de dimisión; **Austrittsgeschwindigkeit** *f* <-, -en> (TECH) velocidad *f* de salida

aus|trocknen **I.** *vi sein* (re)secarse **II.** *vt* secar

Austrocknung *f* <-, *ohne pl*> desecación *f;* **~ von Feuchtgebieten** desecación de regiones húmedas

aus|trompeten* *vt* (*fam*) *s.* **ausposaunen**

aus|tüfteln ['aʊstʏftəln] *vt* (*fam*) idear

aus|üben *vt* **1.** (*Beruf, Funktion*) ejercer; (*Amt*) desempeñar **2.** (*Macht, Herrschaft*) ejercer **3.** (*Druck, Einfluss*) ejercer (*auf* sobre)

Ausübung *f* <-, *ohne pl*> **1.** (*Beruf*) ejercicio *m* **2.** (*Dienst, Pflicht*) cumplimiento *m,* ejercicio *m;* **in ~ seines Dienstes** en acto de servicio

aus|ufern *vi sein* (*Gewässer*) desbordarse, salirse de su cauce; (*Diskussion*) salirse del tema

Ausverkauf *m* <-(e)s, -käufe> rebajas *fpl;* **~ wegen Geschäftsaufgabe** liquidación por cese de negocio

aus|verkaufen* *vt* **1.** (*restlos verkaufen*) liquidar (totalmente), agotar; **Waren ~** agotar las mercancías **2.** (*durch Verkauf räumen*) saldar, liquidar; **ein Lager ~** liquidar las existencias

ausverkauft *adj* agotado, vendido; **das Konzert ist ~** las entradas para el concierto están agotadas; **vor ~em Haus spielen** actuar ante un lleno (completo)

aus|wachsen **I.** *vi sein* (*groß werden*) alcanzar el pleno desarrollo; **das ist ja zum A~** es (como) para volverse loco **II.** *vr:* **sich ~** (*ausarten*) degenerar (*zu* en)

Auswahl[1] *f* <-, *ohne pl*> (*Wahl*) selección *f;* **eine ~ treffen** elegir (*aus* de, *unter* de entre), escoger (*aus* de, *unter* de entre); **die (freie) ~ haben** poder escoger a su gusto; **zur ~** a escoger

Auswahl[2] *f* <-, -en> **1.** (*Angebot*) surtido *m,* variedad *f* **2.** (SPORT) selección *f*

auswählbar *adj* seleccionable; **nicht ~** no seleccionable

Auswahleinheit *f* <-, -en> unidad *f* de selección

aus|wählen *vt* elegir (*aus* de, *unter* de entre), escoger (*aus* de, *unter* de entre)

Auswahlfeld *nt* <-(e)s, -er> (INFOR) campo *m* de selección; **Auswahlfenster** *nt* <-s, -> (INFOR) ventana *f* de selección; **Auswahlmannschaft** *f* <-, -en> (SPORT) (equipo *m* de la) selección *f;* **Auswahlmenü** *nt* <-s, -s> (INFOR) menú *m* de opciones; **Auswahlprüfung** *f* <-, -en> (prueba *f* de) selección *f;* **Auswahlspieler(in)** *m(f)* <-s, -; -, -nen> (SPORT) (jugador(a) *m(f)*) seleccionado, -a *m, f;* **Auswahlverfahren** *nt* <-s, -> proceso *m* de selección [*o* selectivo]

aus|walzen *vt* laminar

Auswanderer, -in *m, f* <-s, -; -, -nen> emigrante *mf*

aus|wandern *vi sein* emigrar (*aus* de, *nach* a)

Auswanderung *f* <-, -en> emigración *f* (*aus* de, *nach* a)

auswärtig ['aʊsvɛrtɪç] *adj* **1.** (*nicht einheimisch*) forastero, de fuera; (*ausländisch*) extranjero **2.** (*das Ausland betreffend*) exterior; **A~es Amt** (POL) Ministerio de Asuntos Exteriores; **der ~e Dienst** el servicio exterior

auswärts ['aʊsvɛrts] *adv* **1.** (*nach außen*) hacia fuera **2.** (*nicht zu Hause*) fuera (de casa); **von ~** de fuera; **Auswärtsschielen** *nt* <-s, *ohne pl*> (MED) estrabismo *m;* **Auswärtsspiel** *nt* <-(e)s, -e> (SPORT) partido *m* fuera de casa

aus|waschen *irr vt* lavar, limpiar; (GEO) erosionar

Auswaschung *f* <-, -en> (GEO) erosión *f*

auswechselbar *adj* (inter)cambiable

aus|wechseln *vt* cambiar; (TECH) (re)cambiar; **er ist wie ausgewechselt** está completamente cambiado

Auswechselspieler(in) *m(f)* <-s, -; -, -nen> (SPORT) jugador(a) *m(f)* de reserva

Auswechs(e)lung *f* <-, -en> cambio *m;* (TECH) (re)cambio *m*

Ausweg *m* <-(e)s, -e> salida *f* (*aus* de), solución *f* (*aus* para); **~ aus der Krise** solución para la crisis; **keinen ~ sehen** no ver ninguna solución

ausweglos *adj* sin salida, sin solución; (*verzweifelt*) desesperado

Ausweglosigkeit *f* <-, *ohne pl*> falta *f* de salida; **die ~ der Situation** lo irremediable de la situación; **die ~, in der ich mich befinde** el callejón sin salida en el que me hallo

aus|weichen *irr vi sein:* **jdm ~** hacer sitio a alguien; **der Autofahrer konnte dem Radler nur schwer ~** el conductor pudo evitar al ciclista a duras penas; **etw** *dat* **~** (*fig*) evitar algo; **eine ~de Antwort geben** responder con una evasiva; **auf etw anderes ~** decidirse por otra cosa

Ausweichflughafen *m* <-s, -häfen> aeropuerto *m* de desvío [*o* alternativo]; **wenn es in Frankfurt zu neblig sein sollte, ist Stuttgart unser ~** si en Francfort hubiera demasiada niebla, nos desviaríamos al aeropuerto de Stuttgart; **Ausweichgleis** *nt* <-es, -e> vía *f* de apartadero, desvío *m CSur, PRico;* **Ausweichklausel** *f* <-, -n> (WIRTSCH) cláusula *f* derogatoria; **Ausweichmanöver** *nt* <-s, -> **1.** (AUTO) maniobra *f* de elusión **2.** (*fam: Ausflüchte*) evasiva *f;* **Ausweichmöglichkeit** *f* <-, -en> alternativa *f*

aus|weiden *vt* (JAGD) destripar; **erlegtes Wild ~** destripar la pieza abatida

aus|weinen *vr:* **sich ~** desahogarse (llorando); **sich bei jdm ~** desahogarse con alguien; **sich** *dat* **die Augen ~** deshacerse en lágrimas

Ausweis ['aʊsvaɪs] *m* <-es, -e> **1.** (*Dokument*) documento *m,* cartilla *f Am;* (*Mitglieds~*) carnet *m* de miembro; (*Studenten~*) carnet *m* de estudiante; (*Personal~*) documento *m* nacional de identidad; **den ~, bitte!** ¡sus documentos, por favor! **2.** (FIN, WIRTSCH) relación *f;* **kostenmäßiger ~** estado de cuentas

aus|weisen ['aʊsvaɪzən] *irr* **I.** *vt* **1.** (*fortschicken*) expulsar (*aus* de) **2.** (*identifizieren*) identificar (*als* como/de), probar la identidad (*als* de/como); **seine Papiere wiesen ihn als Diplomaten aus** sus papeles probaron su identidad como diplomático **3.** (FIN, WIRTSCH: *zeigen*) presentar; **15 Mio. Mark Verlust ~** presentar una pérdida de 15 millones de marcos **II.** *vr:* **sich ~** (*Ausweis zeigen*) identificarse; **können Sie sich ~?** ¿lleva Ud. su documentación?, ¿puede identificarse?

Ausweiskontrolle *f* <-, -n> control *m* de pasaportes

ausweislich *präp +gen* (ADMIN) como se muestra en; **~ des Steuerbescheids ...** como aparece en la liquidación tributaria...

Ausweispapiere *ntpl* documentos *mpl* de identidad, documentación *f*

Ausweisung *f* <-, -en> (POL) expulsión *f;* **Ausweisungsbeschluss**RR *m* <-es, -schlüsse> (POL) orden *f* de expulsión

aus|weiten **I.** *vt* (*vergrößern*) ampliar **II.** *vr:* **sich ~** **1.** (*weiter werden*) ensancharse, ampliarse **2.** (*sich auswachsen*) llegar a convertirse (*zu* en)

Ausweitung *f* <-, -en> **1.** (*Ausdehnung*) ensanchamiento *m;* **die ~ der Handelsbeziehungen** la ampliación de los contratos comerciales **2.** (*Auswachsen*) aumento *m,* agravamiento *m;* **eine ~ der Unruhen soll verhindert werden** se ha de evitar que los disturbios vayan a más; **die ~ des Konfliktes zu einem Krieg muss befürchtet werden** se teme que el conflicto degenere en una guerra

auswendig ['aʊsvɛndɪç] *adv* de memoria; **etw ~ können** saberse algo de memoria; **Auswendiglernen** *nt* <-s, *ohne pl*> memorización *f;* **das ~ von Gedichten ist eine gute Gedächtnisübung** memorizar poesías es un buen ejercicio para la memoria

aus|werfen *irr vt* **1.** (*Anker, Netz*) echar **2.** (*geh: Blut, Schleim*) escupir **3.** (*produzieren*) fabricar, producir **4.** (INFOR: *Daten*) emitir, arrojar

aus|werten *vt* **1.** (*analysieren*) analizar, evaluar **2.** (*verwerten*) utilizar

Auswertung *f* <-, -en> **1.** (*Bewertung*) evaluación *f,* análisis *m inv;* **statistische ~** análisis estadístico **2.** (*Verwertung*) utilización *f*

aus|wickeln *vt* desenvolver

aus|wiegen *irr vt* pesar

aus|winden *irr vt* (*südd, Schweiz: auswrin-*

gen) escurrir (retorciendo)

aus|wirken *vr:* **sich** ~ repercutir (*auf* en)

Auswirkung *f* <-, -en> repercusión *f* (*auf* en), consecuencia *f* (*auf* en/para); ~ **auf die Umwelt** impacto medioambiental

aus|wischen *vt* **1.** (*Staub, Schmutz*) quitar **2.** (*Glas, Schrank*) limpiar **3.** (*Wend*): **jdm eins** ~ (*fam*) jugar(le) a alguien una mala pasada

aus|wringen ['aʊsvrɪŋən] *irr vt* escurrir, retorcer

Auswuchs ['aʊsvuːks, *pl:* 'aʊsvyːksə] *m* <-es, -wüchse> **1.** (MED) excrecencia *f;* (*Geschwulst*) tumor *m* **2.** *pl* (*Übersteigerung*) aberración *f,* exceso *m*

aus|wuchten *vt* (TECH) compensar

Auswurf[1] *m* <-(e)s, *ohne pl*> (*das Auswerfen*) expulsión *f*

Auswurf[2] *m* <-(e)s, -würfe> (MED) esputo *m*

aus|zahlen **I.** *vt* pagar **II.** *vr:* **sich** ~ merecer [*o* valer] la pena; **das zahlt sich nicht aus** no merece la pena

aus|zählen *vt* **1.** (*Stimmen*) escrutar, hacer recuento (de) **2.** (*beim Boxen*) contar al límite

Auszahlung *f* <-, -en> pago *m;* (*von einem Konto*) reintegro *m;* ~ **in voller Höhe** desembolso de la totalidad del monto

Auszählung *f* <-, -en> escrutinio *m,* recuento *m*

Auszahlungsformular *nt* <-s, -e> formulario *m* de reintegro

Auszehrung *f* <-, *ohne pl*> (*Kräfteverfall*) pérdida *f* de fuerzas; (*Mattigkeit*) decaimiento *m;* (*Abmagerung*) consunción *f;* (*der Wirtschaft*) empobrecimiento *m*

aus|zeichnen **I.** *vt* **1.** (*kennzeichnen, a. Waren*) marcar **2.** (*hervorheben*) distinguir **3.** (*ehren*) honrar **II.** *vr:* **sich** ~ destacarse (*durch* por); **sie zeichnete sich durch ihren Mut aus** se destacó por su bravura

Auszeichnung *f* <-, -en> **1.** (*Ehrung*) distinción *f;* (SCH) matrícula *f* de honor; **mit** ~ con mención honorífica **2.** (MIL) condecoración *f,* distinción *f*

Auszeit *f* <-, -en> (SPORT) tiempo *m* muerto

ausziehbar *adj* extensible; **ein** ~**es Sofa** una cama-nido

aus|ziehen *irr* **I.** *vi sein* (*Wohnung räumen*) mudarse, cambiar(se) de casa **II.** *vt* **1.** (*Kleidung: ablegen*) quitar; (*entkleiden*) desnudar, quitar la ropa (a); **jdn** ~ desnudar a alguien; **ziehst du den Mantel aus?** ¿te quitas el abrigo?; **ich ziehe mir die Stiefel aus** me quito las botas **2.** (*Tisch*) alargar **III.** *vr:* **sich** ~ (*Kleidung*) desnudarse, quitarse la ropa, encuerarse *Am;* **ich ziehe mich aus** me desnudo, me quito la ropa

Ausziehleiter *f* <-, -n> escalera *f* extensible; **Ausziehplatte** *f* <-, -n> tablero *m* extensible; **Ausziehtisch** *m* <-(e)s, -e> mesa *f* extensible [*o* plegable]

aus|zischen *vt* silbar, abuchear; **viele Zuschauer zischten das misslungene Stück aus** muchos espectadores abuchearon la malograda obra

Auszubildende(r) ['aʊstsubɪldəndɐ] *mf* <-n, -n; -n, -n> aprendiz(a) *m(f)*

Auszug *m* <-(e)s, -züge> **1.** (*aus der Wohnung*) mudanza *f* (*aus* de) **2.** (*Weggang*): **der** ~ **aus Ägypten** el éxodo de Egipto **3.** (*Extrakt*) extracto *m* **4.** (*aus einem Buch*) fragmento *m,* extracto *m;* **in Auszügen** en extractos, a modo de extracto

auszugsweise *adv* en extracto; (*zusammengefasst*) en resumen, en compendio

aus|zupfen *vt* arrancar

autark [aʊ'tark] *adj* autárquico

Autarkie *f* <-, -n> autarquía *f*

authentisch [aʊ'tɛntɪʃ] *adj* auténtico

Authentizität [aʊtɛntitsi'tɛːt] *f* <-, *ohne pl*> autenticidad *f*

Autismus [aʊ'tɪsmʊs] *m* <-, *ohne pl*> (MED) autismo *m*

autistisch *adj* **1.** (*den Autismus betreffend*) autista, autístico **2.** (*an Autismus leidend*) autista

Auto ['aʊto] *nt* <-s, -s> coche *m,* auto *m Am,* carro *m Am;* **mit dem** ~ **fahren** ir en coche; **Autoantenne** *f* <-, -n> antena *f* del coche, antena *f* del auto *Am;* **Autoapotheke** *f* <-, -n> botiquín *m;* **Autoatlas** *m* <-, -atlanten *o* -se> mapa *m* de carreteras

Autobahn *f* <-, -en> autopista *f;* **Autobahnabschnitt** *m* <-(e)s, -e> tramo *m* de autopista; **Autobahnauffahrt** *f* <-, -en> entrada *f* a la autopista; **Autobahnausfahrt** *f* <-, -en> salida *f* de la autopista; **Autobahnbenutzungsgebühr** *f* <-, -en> peaje *m;* **Autobahnbrücke** *f* <-, -n> **1.** (*für die Autobahn*) puente *m* de autopista **2.** (*über die Autobahn*) puente *m* sobre la autopista; **Autobahndreieck** *nt* <-(e)s, -e> cruce *m* de autopista; **Autobahngebühr** *f* <-, -en> peaje *m;* **Autobahnkreuz** *nt* <-es, -e> cruce *m* de autopista; **Autobahnraststätte** *f* <-, -n> área *f* de servicio; **Autobahnring** *m* <-(e)s, -e> autopista *f* de circunvalación; **Autobahnvignette** *f* <-, -n> (*Schweiz*) *adhesivo que justifica el pago del peaje de autopista en Suiza durante un año;* **Autobahnzubringer** *m* <-s, -> carretera *f* de acceso a la autopista

Autobatterie *f* <-, -n> batería *f* de coche

Autobiografie[RR] [aʊtobiogra'fiː] *f* <-, -n> autobiografía *f*

autobiografisch[RR] *adj* autobiográfico

Autobiographie *f* <-, -n> *s.* **Autobiografie**

autobiographisch *adj s.* **autobiografisch**

Autobombe *f* <-, -n> (*sl*) coche-bomba *m;* **Autobücherei** *f* <-, -en> biblioteca *f* móvil

Autobus ['aʊtobʊs] *m* <-ses, -se> autobús *m;* **Autobusbahnhof** *m* <-(e)s, -höfe>

terminal *m* de autobuses, estación *f* de autobuses

Auto Call Back ['aʊtokɔ:lbɛk] *nt* <- -, *ohne pl*> (TEL) Auto Call Back *m*

Autocar ['aʊtoka:ɐ] *m* <-s, -s> (*Schweiz*) autocar *m*

autochthon *adj* autóctono

Autodidakt(in) [autodi'dakt] *m(f)* <-en, -en; -, -nen> autodidacta *mf*

autodidaktisch *adj* autodidáctico

Autodieb(in) *m(f)* <-(e)s, -e; -, -nen> ladrón, -ona *m, f* de coches; **Autodiebstahl** *m* <-(e)s, -stähle> robo *m* de automóviles

Autodigestion [aʊtodigɛs'tjo:n] *f* <-, *ohne pl*> (BIOL, MED) autodigestión *f*

Autodrom [aʊto'dro:m] *nt* <-s, -e> **1.** (*Motodrom*) autódromo *m*, circuito *m* de carreras (de coches) **2.** (*Österr: Skooterfahrbahn*) pista *f* de coches de choque

Autoelektrik *f* <-, *ohne pl*> equipo *m* eléctrico del automóvil; **Autofähre** *f* <-, -n> tra(n)sbordador *m* para coches, ferry *m* para coches; **Autofahren** *nt* <-s, *ohne pl*> (*am Steuer sitzen*) conducción *f*, conducir *m*; **Autofahrer(in)** *m(f)* <-s, -; -, -nen> conductor(a) *m(f)*, automovilista *mf*, volante *mf Am*; **Autofahrt** *f* <-, -en> viaje *m* en coche, paseo *m* en auto

Autofokus [aʊto'fo:kʊs] *m* <-, -se> (FOTO) autofoco *m*, autoenfoque *m*

autofrei *adj* (*Innenstadt*) cerrado al tráfico; (*Tag*) sin circulación de vehículos

Autofriedhof *m* <-(e)s, -höfe> (*fam*) cementerio *m* de coches

Autogamie [aʊtoga'mi:] *f* <-, -n> (BIOL) autogamia *f*

Autogas *nt* <-es, -e> gas *m* de automoción

autogen [aʊto'ge:n] *adj* **1.** (TECH) autógeno; **~es Schweißen** soldadura autógena **2.** (MED): **~es Training** técnica *f* de autorrelajación

Autogramm [aʊto'gram] *nt* <-s, -e> autógrafo *m*; **Autogrammjäger(in)** *m(f)* <-s, -; -, -nen> (*fam*) cazaautógrafos *mf inv*

Autohändler(in) *m(f)* <-s, -; -, -nen> vendedor(a) *m(f)* de automóviles, comerciante *mf* de automóviles

Autoimmunkrankheit *f* <-, -en> (MED) enfermedad *f* de autoinmunidad

Autokarte *f* <-, -n> mapa *m* de carreteras; **Autokino** *nt* <-s, -s> auto-cine *m*; **Autoknacker(in)** ['aʊtoknakɐ] *m(f)* <-s, -; -, -nen> (*fam*) ratero, -a *m, f* de coches, desvalijador(a) *m(f)* de coches

Autökologie [aʊtøkolo'gi:] *f* <-, *ohne pl*> autoecología *f*

Autokolonne *f* <-, -n> caravana *f* de coches

Autokrat(in) [aʊto'kra:t] *m(f)* <-en, -en; -, -nen> autócrata *mf*

Autokratie [aʊtokra'ti:] *f* <-, -n> autocracia *f*

Autokratin *f* <-, -nen> *s.* **Autokrat**

autokratisch *adj* autocrático

Autolenker(in) *m(f)* <-s, -; -, -nen> (*Schweiz: Autofahrer*) conductor(a) *m(f)*

Autolyse [aʊto'ly:zə] *f* <-, *ohne pl*> (BIOL, MED) autólisis *f inv*

Automarder ['aʊtomardɐ] *m* <-s, -> (*sl*) *s.* **Autoknacker**

Automat [aʊto'ma:t] *m* <-en, -en> autómata *m*; (*Getränke~, Tabak~*) distribuidor *m* automático, máquina *f fam*; (*Geld~*) cajero *m* (automático); **Automatenknacker(in)** *m(f)* <-s, -; -, -nen> (*fam*) reventador(a) *m(f)* de máquinas distribuidoras automáticas; **Automatenrestaurant** *nt* <-s, -s> restaurante *m* autoservicio; **Automatenverkauf** *m* <-(e)s, -käufe> venta *f* en distribuidores automáticos

Automatik [aʊto'ma:tɪk] *f* <-, -en> (TECH) automatismo *m*; **ein Fotoapparat mit ~** una cámara fotográfica automática; **Automatikgetriebe** *nt* <-s, -> (AUTO) cambio *m* automático; **Automatikgurt** *m* <-(e)s, -e> (AUTO) cinturón *m* automático de seguridad; **Automatikschaltung** *f* <-, -en> (AUTO) tra(n)smisión *f* automática; **Automatikwagen** *m* <-s, -> (AUTO) automóvil *m* con cambio automático

Automation [aʊtoma'tsjo:n] *f* <-, *ohne pl*> automatización *f*

automatisch *adj* automático; **der Antrag wird ~ weitergeleitet** la solicitud será tramitada automáticamente

automatisieren* *vt* automatizar

Automatisierung *f* <-, -en> automatización *f*; **Automatisierungsnutzen** *m* <-s, *ohne pl*> beneficio *m* de la automatización

Automechaniker(in) *m(f)* <-s, -; -, -nen> mecánico, -a *m, f* de coches [*o* de automóviles]

Automobil [aʊtomo'bi:l] *nt* <-s, -e> automóvil *m*; **Automobilausstellung** *f* <-, -en> exposición *f* del automóvil, salón *m* del automóvil; **Automobilbau** *f* <-, *ohne pl*> construcción *f* de automóviles; **Automobilbranche** *f* <-, -n> (WIRTSCH) ramo *m* del automóvil

Automobilclub *m* <-s, -s> club *m* automovilístico; **Allgemeiner Deutscher ~ (ADAC)** *Automóvil Club de Alemania, equivalente al Real Automóvil Club de España* (*RACE*); **Automobilindustrie** *f* <-, -n> industria *f* del automóvil

Automobilist(in) *m(f)* <-en, -en; -, -nen> (*Schweiz: Autofahrer*) automovilista *mf*, conductor(a) *m(f)*

Automobilklub *m* <-s, -s> club *m* automovilístico; **Automobilsalon** *m* <-s, -s> *s.* **Automobilausstellung**

Automodell *nt* <-s, -e> modelo *m* de coche

autonom [aʊto'no:m] *adj* autónomo

Autonome(r) *mf* <-n, -n; -n, -n> autonomista *mf*

Autonomie [aʊtono'mi:] *f* <-, -n> autonomía *f*; **Autonomieabkommen** *nt* <-s, -> (POL) convenio *m* de autonomía; **Autono-**

mieregierung *f* <-, -en> (POL) gobierno *m* autónomo; **Autonomieverhandlungen** *fpl* (POL) negociaciones *fpl* de autonomía

Autonummer *f* <-, -n> matrícula *f* del coche

Autopilot *m* <-en, -en> (TECH) piloto *m* automático

Autopsie [autɔ'psiː] *f* <-, -n> (MED) autopsia *f*

Autor(in) ['aʊtoːɐ] *m(f)* <-s, -en; -, -nen> autor(a) *m(f)*

Autoradio *nt* <-s, -s> autorradio *f,* radio *f* del coche; **Autoreifen** *m* <-s, -> neumático *m* del coche, caucho *m Kol, Ven;* **Autoreisezug** *m* <-(e)s, -züge> autotren *m*

Autorenhonorar *nt* <-s, -e> regalía *f* por derechos de autor; **Autorenlesung** [aʊ'toːrənleːzʊŋ] *f* <-, -en> lectura *f* realizada por el autor

Autorennen *nt* <-s, -> carrera *f* de coches [*o* de automóviles]

Autorenverzeichnis *nt* <-ses, -se> lista *f* de autores

Autoreparaturwerkstatt *f* <-, -stätten> taller *m* de reparación de coches

Auto-Reverse-System [aʊtori'vœːssɪstəm] *nt* <-s, -e>: **mit** ~ autorreversible

Autorin [aʊ'toːrɪn] *f* <-, -nen> *s.* **Autor**

autorisieren* *vt* autorizar (*zu* para/a)

autoritär [aʊtori'tɛːɐ] *adj* autoritario, mandón *fam*

Autorität¹ *f* <-, *ohne pl*> (*Ansehen*) autoridad *f;* ~ **haben** [*o* **besitzen**] tener autoridad

Autorität² *f* <-, -en> (*Persönlichkeit*) autoridad *f*

Autoritätsgläubigkeit *f* <-, *ohne pl*> (*abw*) fe *f* ciega en la autoridad

Autosalon *m* <-s, -s> *s.* **Automobilausstellung**; **Autoschalter** *m* <-s, -> *ventanilla desde donde se atiende a un cliente en su automóvil;* **Autoschlange** *f* <-, -n> caravana *f* de coches; **Autoschlosser(in)** *m(f)* <-s, -; -, -nen> mecánico, -a *m, f* de coches; **Autoschlüssel** *m* <-s, -> llave *f* del coche; **Autoschutzbrief** *m* <-(e)s, -e> seguro *m* adicional del coche; **Autoskooter** ['aʊtoskuːtɐ] *m* <-s, -> autochoque *m,* auto *m* de choque; **Autostopp** *m* <-s, *ohne pl*>: **per** ~ **fahren**, ~ **machen** hacer auto(e)stop, viajar en auto(e)stop; **Autostrich** *m* <-(e)s, *ohne pl*> (*fam*) prostitución *f* callejera (*para clientes que van en coche*); **Autostunde** *f* <-, -n> hora *f* de coche

Autosuggestion [aʊtozʊgɛs'tjoːn] *f* <-, *ohne pl*> autosugestión *f*

Autotelefon *nt* <-s, -e> teléfono *m* de automóvil

autotroph [aʊto'troːf] *adj* (BIOL) autótrofo

Autounfall *m* <-(e)s, -fälle> accidente *m* de automóvil; **Autoverkehr** *m* <-s, *ohne pl*> tráfico *m* rodado

Autoverleih¹ *m* <-(e)s, -e> (*Firma*) empresa *f* de alquiler de coches, establo *m Cuba*

Autoverleih² *m* <-(e)s, *ohne pl*> (*Dienstleistung*) alquiler *m* de coches

Autovermietung *f* <-, -en> alquiler *m* de coches; **Autowerkstatt** *f* <-, -stätten> taller *m* de coches; **Autowrack** *nt* <-(e)s, -s> coche *m* para desguazar

Autozoom *nt* <-s, -s> (FOTO) auto-zoom *m;* **Autozoom-Kamera** *f* <-, -s> cámara *f* con auto-zoom

Autozubehör *nt* <-(e)s, -e> accesorios *mpl* para coches; **Autozug** *m* <-(e)s, -züge> autotrén *m*

autsch [aʊtʃ] *interj* ¡ay!

auweh *interj,* **auwei(a)** *interj* ¡ay!; ~**, wenn das deine Mutter sieht!** ¡ay, ay, ay, como lo vea tu madre!; ~**, schon wieder den Bus verpasst!** ¡mecachis, ya he vuelto a perder el autobús!

Auxin [aʊ'ksiːn] *nt* <-s, -e> auxina *f*

avalieren* [ava'liːrən] *vi* (FIN) avalar

Avalist [ava'lɪst] *m* <-en, -en> (FIN) avalista *mf*

Avalkredit [a'val-] *m* <-(e)s, -e> (FIN) crédito *m* de aval

Avancen [a'vɑ̃ːsə] *fpl:* **jdm** ~ **machen** (*aus sexuellem Interesse*) abordar a alguien, tirar los tejos a alguien *fam;* (*aus geschäftlichen Interessen*) dirigirse a alguien, ir al encuentro de alguien

avancieren* [avɑ̃'siːrən] *vi sein* ascender (*zu* a)

Avantgarde [avɑ̃'gardə] *f* <-, -n> vanguardia *f*

Avantgardist(in) [avɑ̃gar'dɪst] *m(f)* <-en, -en; -, -nen> vanguardista *mf*

avantgardistisch [avɑ̃gar'dɪstɪʃ] *adj* vanguardista, de vanguardia

AvD *m Abk. von* **Automobilklub von Deutschland** Automóvil Club *m* de Alemania

Ave-Maria ['aːvema'riːa] *nt* <-(s), -(s)> (REL) avemaría *m,* Ave María *m;* **zur Buße drei** ~ **beten** como penitencia, rezar tres avemarías

Aversion [avɛr'zjoːn] *f* <-, -en> aversión *f* (*gegen* contra)

Avis [a'viː(s)] *m o nt* <-(es), -(e)> (COM, FIN) aviso *m;* **laut** ~ según aviso

avisieren* [avi'ziːrən] *vt* avisar, notificar; ~**de Bank** banco avisador

a vista [a 'vɪsta] (FIN) a la vista

Avistawechsel [a'vɪsta-] *m* <-s, -> (FIN) letra *f* a la vista

Avizid [avi'tsiːt] *nt* <-(e)s, -e> avicida *m*

Avocado [avo'kaːdo] *f* <-, -s> aguacate *m,* palta *f Am,* ahuacatl *m Mex;* **Avocadocreme** *f* <-, -s> guacamol(e) *m*

Axiom [aksi'oːm] *nt* <-s, -e> axioma *m*

Axt [akst, *pl:* 'ɛkstə] *f* <-, Äxte> hacha *f;* **sich wie die** ~ **im Wald benehmen** (*fam*) comportarse como un patán [*o* como un elefante en un cacharrería]; **die** ~ **im Haus erspart den Zimmermann** (*prov*) no hay nada como resolver las cosas por uno mismo

Ayatollah [aja'tɔla] *m* <-(s), -s> ayatolá *m*

Az., **AZ** *Abk. von* **Aktenzeichen** exp. nº, nº exp.

Azalee [atsa'le:ə] *f* <-, -n>, **Azalie** [a'tsa:liə] *f* <-, -n> azalea *f*

Azeton *nt* <-s, *ohne pl*> (CHEM) acetona *f*

Azetylsalizylsäure *f* <-, -n> (CHEM) ácido *m* acetilsalicílico

Azidität [atsidi'tɛ:t] *f* <-, *ohne pl*> (CHEM) acidez *f*

Azofarbstoff ['atso-] *m* <-(e)s, -e> (CHEM) colorante *m* azoico

Azoren [a'tso:rən] *pl:* **die** ~ las Azores

Azteke, **-in** [ats'te:kə] *m, f* <-n, -n; -, -nen> azteca *mf*

Azubi [a'tsu:bi] *mf* <-s, -s; -, -s> (*fam*) *Abk. von* **Auszubildende**(**r**) aprendiz(a) *m(f)*

azurblau [a'tsu:ɐblaʊ] *adj* azul celeste [*o* cielo]

B

B, b [beː] *nt* <-, -> **1.** (*Buchstabe*) B, b *f;* ~ **wie Berta** B de Barcelona **2.** (MUS: *Ton*) si *m* bemol **3.** (MUS: *Erniedrigungszeichen*) bemol *m*

b. **1.** *Abk. von* **bei** (*in der Nähe von*) cerca de, junto a; (*für Firmen*) en **2.** *Abk. von* **beim** en; *s. a.* **bei**

B¹ *f Abk. von* **Bundesstraße** (*in Deutschland*) carretera *f* federal; (*in Spanien*) ≈N *f*

B² (CHEM) *Abk. von* **Bor** B

Ba (CHEM) *Abk. von* **Barium** Ba

babbeln **I.** *vi* (*reg*) **1.** (*Baby*) balbucear, balbucir; **es war schön, als unser Kleiner anfing zu** ~ fue muy bonito cuando nuestro pequeño empezó con los primeros balbuceos **2.** (*abw: schwatzen*) parlotear, cotorrear **II.** *vt* (*reg: reden*) decir, soltar; **sie babbelt ununterbrochen Unsinn** se pasa el día soltando tonterías

Babel [ˈbaːbl] *nt* <-s, -> (*Sünden~*) babel *f*

Baby [ˈbeːbi, ˈbɛɪbi] *nt* <-s, -s> bebé *m,* nene *m;* **Babyausstattung** *f* <-, -en> canastilla *f;* **Babyboom** *m* <-s, -s> bum *m* de nacimientos

Babydoll [ˈbeːbidɔl, beːbiˈdɔl] *nt* <-(s), -s> babydoll *m*

Babyhöschen [ˈbeːbi-, ˈbɛɪbiˈhøːsçən] *nt* <-s, -> pantaloncitos *mpl* para bebé; **Babyjahr** *nt* <-(e)s, -e> **1.** (ADMIN) *año de jubilación que se concede a las madres por cada hijo* **2.** (HIST: *Erziehungsurlaub*) permiso *m* de maternidad por un año

Babylon [ˈbaːbylɔn] *nt* <-s> (HIST) Babilonia *f*

babylonisch [babyˈloːnɪʃ] *adj* **1.** (*Babylon betreffend*) babilónico **2.** (*Wend*): **eine ~e Sprach(en)verwirrung, ein ~es Sprachengewirr** una confusión babilónica, una babel

Babynahrung *f* <-, *ohne pl*> alimento *m* para bebés; **Babyschuhe** *mpl* zapatitos *mpl* para bebé

babysitten [ˈbeːbisɪtən] *vi* (*fam*) hacer de babysitter [*o* de canguro]

Babysitter(in) *m(f)* <-s, -; -, -nen> babysitter *mf,* canguro *mf*

Babyspeck *m* <-(e)s, *ohne pl*> (*fam*) redondez *f* de recién nacido

Babystrich¹ *m* <-(e)s, *ohne pl*> (*fam: Prostitution*) prostitución *f* de menores; **sie ging schon früh auf den** ~ se prostituía de muy joven

Babystrich² *m* <-(e)s, -e> (*Ort*) *lugar donde se prostituyen menores*

Babytragetasche *f* <-, -n> portabebés *m inv;* **Babywaage** *f* <-, -n> báscula *f* para bebés, pesabebés *m inv;* **Babywäsche** *f* <-, *ohne pl*> ropa *f* de bebé; **Babywippe** *f* <-, -n> balancín *m* para bebés; **Babyzelle** *f* <-, -n> pila *f* eléctrica baby

Bach [bax, *pl:* ˈbɛçə] *m* <-(e)s, Bäche> arroyo *m,* riachuelo *m,* quebrada *f Am,* acequia *f Peru,* cañada *f Cuba, PRico;* **den** ~ **runtergehen** (*fam*) ir cuesta abajo, hundirse; **mit der Firma ging es wegen schlechten Managements den** ~ **runter** la empresa se hundió por mala gestión

bachab [baxˈʔap] *adv* (*Schweiz*) río abajo; **etw** ~ **schicken** rechazar algo

Bache [ˈbaxə] *f* <-, -n> (ZOOL) jabalina *f*

Bachforelle *f* <-, -n> (ZOOL) trucha *f* (de río)

Bächlein *nt:* **ein** ~ **machen** (*Kind*) hacer (un) pis [*o* pipí]

Bachstelze *f* <-, -n> (ZOOL) lavandera *f*

Back [bɛk] *m* <-s, -s> (*Schweiz, Österr:* SPORT) defensa *mf*

Backblech *nt* <-(e)s, -e> bandeja *f* de horno

Backbord [ˈbakbɔrt] *nt* <-(e)s, *ohne pl*> (NAUT, AERO) babor *m*

backbord(s) *adv* (NAUT, AERO) a babor

Backe [ˈbakə] *f* <-, -n> **1.** (*fam: Wange*) carrillo *m;* (*Pausbacke*) moflete *m* **2.** (*fam: Hinterbacke*) moflete *m* **3.** (TECH: *einer Bremse*) zapata *f;* (*eines Schraubstocks*) mandíbula *f*

backen [ˈbakən] <backt *o* bäckt, backte *o* buk, gebacken> **I.** *vi* (*gar werden*) cocer **II.** *vt* (*Brot, Kuchen*) hacer (en el horno), hornear; **das Brot ist frisch ge~** es pan recién hecho; **die frisch ge~en Eheleute** los recién casados

Backenbart *m* <-(e)s, -bärte> patillas *fpl,* barba *f* (a la) inglesa; **Backenknochen** *m* <-s, -> pómulo *m;* **Backentasche** *f* <-, -n> (ZOOL) abazón *m;* **Backenzahn** *m* <-(e)s, -zähne> muela *f*

Bäcker(in) [ˈbɛkɐ] *m(f)* <-s, -; -, -nen> **1.** (*Person*) panadero, -a *m, f* **2.** (*Geschäft*) panadería *f;* **beim/zum** ~ en/a la panadería

Backerbsen *fpl* (*Österr, südd*) *pequeñas bolas de masa de harina que se cuecen en la sopa*

Bäckerei *f* <-, -en> **1.** (*Laden*) panadería *f;* (*Backstube*) tahona *f* **2.** (*Österr: Gebäck*) galletas *fpl* y repostería

Bäckerin *f* <-, -nen> *s.* **Bäcker**

Bäckerladen *m* <-s, -läden> panadería(-bollería) *f;* **Bäckermeister(in)** *m(f)* <-s, -; -, -nen> maestro, -a *m, f* panadero, -a

Bäckersfrau *f* <-, -en> mujer *f* del panadero, panadera *f*

backfertig *adj* (GASTR) listo para hornear

Backfisch *m* <-(e)s, -e> **1.** (GASTR) pescad(it)o *m* frito **2.** (*junges Mädchen*) pollita *f;* **Backform** *f* <-, -en> molde *m* de horno

Background ['bɛkgraʊnt] *m* <-s, -s> **1.** (*geh fig: Hintergrund*) tra(n)sfondo *m;* **man kann die Ereignisse nur vor dem historischen ~ verstehen** los acontecimientos sólo pueden ser comprendidos teniendo en cuenta su transfondo histórico **2.** (*Wissen*) base *f;* (*Bildung*) bagaje *m* cultural; (*Berufserfahrung*) experiencia *f* profesional; **nicht alle Studienanfänger besitzen den erwünschten ~** no todos los estudiantes que comienzan sus estudios cuentan con la buena base deseada; **wir suchen eine Mitarbeiterin mit journalistischem ~** buscamos una colaboradora con experiencia en el ámbito periodístico **3.** (*geh: Herkunft*) origen *m* **4.** (FILM, FOTO) (tras)fondo *m* **5.** (MUS) (tras)fondo *m;* (*Begleitung*) acompañamiento *m;* (*Hintergrund*) fondo *m* musical

Backhähnchen *nt* <-s, ->, **Backhendl** *nt* <-s, -> (*südd, Österr:* GASTR) pollo *m* frito (rebozado)

Backmischung *f* <-, -en> preparado *m* para un pastel; **Backobst** *nt* <-(e)s, *ohne pl*> frutas *fpl* secas

Backofen *m* <-s, -öfen> horno *m;* **backofenfest** *adj* resistente al horno

Backpacker(in) ['bak'pakɐ] *m(f)* <-s, -; -, -nen> mochilero, -a *m, f*

Backpfeife *f* <-, -n> (*reg*) torta *f,* bofetada *f;* **jdm eine ~ geben** dar [*o* sacudir] una torta a alguien

Backpflaume *f* <-, -n> ciruela *f* seca [*o* pasa]; **Backpulver** *nt* <-s, -> levadura *f* química [*o* en polvo]; **Backrohr** *nt* <-(e)s, -e> (*Österr*), **Backröhre** *f* <-, -n> horno *m*

Backslash ['bɛkslɛʃ] *m* <-s, -s> (INFOR) barra *f* inversa, barra *f* de directorio (*en MS-DOS*)

Backstein *m* <-(e)s, -e> ladrillo *m;* **Backsteinbau** *m* <-(e)s, -bauten> (ARCHIT) construcción *f* de ladrillo, edificio *m* de ladrillo; **Backsteingotik** *f* <-, *ohne pl*> (ARCHIT, KUNST) arquitectura *f* gótica en ladrillo (*típica de Alemania del Norte*)

bäckt [bɛkt] *3. präs von* **backen**

Backtrog *m* <-(e)s, -tröge> artesa *f,* amasadera *f*

Backup [bɛk'ʔap] *nt* <-s, -s> (INFOR) backup *m,* copia *f* de seguridad

Backwaren *fpl* productos *mpl* de panificación y pastelería; **Backwerk** *nt* <-(e)s, *ohne pl*> productos *mpl* de panadería y pastelería; **Backzeit** *f* <-, -en> tiempo *m* de cocción (en el horno)

Bad [ba:t, *pl:* 'bɛ:dɐ] *nt* <-(e)s, Bäder> **1.** (*das Baden*) baño *m,* bañada *f Am;* **ein ~ nehmen** tomar [*o* darse] un baño; **er nimmt gerne ein ~ in der Menge** le gusta mezclarse con la multitud [*o* pasearse en olor de multitudes] **2.** (*Badewasser*) (agua *m* para el) baño *m;* **sich ein ~ einlassen** prepararse un baño; **das Kind mit dem ~e ausschütten** (*fig*) ir demasiado lejos **3.** (*Badezimmer*) (cuarto *m* de) baño *m,* lavatorio *m Am* **4.** (*Heil~, See~*) baños *mpl,* balneario *m* **5.** (CHEM) baño *m*

Badeanstalt *f* <-, -en> piscina *f* (municipal); **Badeanzug** *m* <-(e)s, -züge> bañador *m,* traje *m* de baño, mallas *fpl Am;* **Badegast** *m* <-(e)s, -gäste> bañista *mf;* **alle Badegäste werden gebeten, vor Benutzung des Schwimmbades zu duschen** se ruega al público ducharse antes de utilizar la piscina; **Badegelegenheit** *f* <-, -en> lugar *m* donde bañarse; **gibt es hier eine ~?** ¿se puede bañar uno aquí?; **ein paar Kilometer weiter ist eine Sandbucht mit ~** a pocos kilómetros hay una cala de arena donde es posible bañarse; **Badehandtuch** *nt* <-(e)s, -tücher> toalla *f* de baño; **Badehose** *f* <-, -n> bañador *m,* calzón *m* de baño, entrepierna *f Chil;* **Badekappe** *f* <-, -n> gorro *m* de baño; **Badekur** *f* <-, -en> (MED) hidroterapia *f,* baños *mpl* curativos; **Bademantel** *m* <-s, -mäntel> albornoz *m;* **Badematte** *f* <-, -n> alfombrilla *f* de baño; **Bademeister(in)** *m(f)* <-s, -; -, -nen> bañero, -a *m, f;* **Bademütze** *f* <-, -n> gorro *m* de baño

baden ['ba:dən] **I.** *vi* **1.** (*schwimmen*) bañarse; **~ gehen** (*fig*) irse al cuerno **2.** (*ein Bad nehmen*) tomar un baño **II.** *vt* (*waschen*) bañar

Baden ['ba:dən] *nt* <-s> Baden *m*

Badenixe *f* <-, -n> (*hum*) ondina *f,* belleza *f* en bikini

Baden-Württemberg ['ba:dən'vʏrtəmbɛrk] *nt* <-s> Baden-Wurtemberg *m*

Badeofen *m* <-s, -öfen> estufa *f* de baño, calentador *m* de baño; **Badeort** *m* <-(e)s, -e> (*Seebad*) lugar *m* de vacaciones (*en la costa*); (*Kurort*) balneario *m;* **Badeotitis** *f* <-, -otitiden> (MED) otitis *f inv;* **Badeplatz** *m* <-es, -plätze> lugar *m* de baño; **Badesaison** *f* <-, -s *o Österr:* -en> temporada *f* de baño; **Badesalz** *nt* <-es, -e> sales *fpl* de baño; **Badeschuh** *m* <-(e)s, -e> zapatilla *f* de baño, chancla *f* de baño; **Badestrand** *m* <-(e)s, -strände> playa *f;* **Badetuch** *nt* <-(e)s, -tücher> toalla *f* de baño; **Badewanne** *f* <-, -n> bañera *f,* bañadera *f Am;* **Badewasser** *nt* <-s, *ohne pl*> agua *f* para el baño; **Badewetter** *nt* <-s, *ohne pl*> tiempo *m* para bañarse; **das ist ein herrliches ~!** ¡qué día hace para bañarse!; **heute ist kein ~** hoy no hace tiempo como para bañarse; **Badezeit** *f* <-, -en> **1.** (*Saison*) temporada *f* de baño **2.** (*Dauer*) duración *f* del baño **3.** *pl* (*Öffnungszeiten*) horas *fpl* de baño; **Badezeug** *nt* <-s, *ohne pl*> (*fam*) objetos *mpl* de baño; **Badezimmer** *nt* <-s, -> cuarto *m* de baño, lavatorio *m Am;* **Badezusatz** *m* <-es, -sätze> (*Badesalz*) sales *fpl* de baño; (*Badeschaum*) baño *m* de espuma

Badkleid *nt* <-(e)s, -er> (*Österr*) *s.* **Badeanzug**

Badminton ['bɛtmɪntən] *nt* <-, *ohne pl*> (SPORT) bádminton *m*

baff [baf] *adj* (*fam*): ~ **sein** estar embobado, quedar(se) boquiabierto

Bafög ['ba:fø:k], **BAföG** *nt* <-(s)> *Abk. von* **Bundesausbildungsförderungsgesetz** Ley *f* Federal de Promoción de la Enseñanza (*crédito oficial a estudiantes para sufragar los estudios*)

Bagage *f* <-, -n> **1.** (*fam abw: Leute*) chusma *f* **2.** (*a.* HIST: *Gepäck*) bagaje *m* **3.** (MIL) impedimenta *f;* (*Tross*) convoy *m*

Bagatelldelikt *nt* <-(e)s, -e> (JUR) delito *m* leve

Bagatelle [baga'tɛlə] *f* <-, -n> bagatela *f*

bagatellisieren* *vt* quitar importancia (a), minimizar

Bagatellklausel *f* <-, -n> (WIRTSCH) cláusula *f* de franquicia; **Bagatellsache** *f* <-, -n> (JUR) asunto *m* sin importancia; **Bagatellschaden** *m* <-s, -schäden> daño *m* insignificante; (JUR) siniestro *m* leve

Bagdad ['bakdat] *nt* <-s> Bagdad *m*

Bagger ['bagɐ] *m* <-s, -> excavadora *f;* **Baggerführer(in)** *m(f)* <-s, -; -, -nen> conductor(a) *m(f)* de excavadora; **Baggergut** *nt* <-(e)s, *ohne pl*> material *m* dragado

baggern *vi* **1.** (*graben*) excavar, dragar **2.** (*fam: hart arbeiten*) trabajar como un negro **3.** (*Volleyball*) rematar, hacer un remate

Baggersee *m* <-s, -n> lago *m* (artificial)

Baguette [ba'gɛt] *nt* <-s, -s> barra *f* de pan (*blanco, estilo francés*)

bäh [bɛ:] *interj* **1.** (*vor Ekel*) ¡pu!, ¡puf!; (*aus Schadenfreude*) ¡rabia rabiña!; **Kalbshirn? ~, da kommt es mir hoch!** ¿sesos de ternera? ¡puf, qué asco!; ~**, jetzt bist du reingefallen!** ¡rabia rabiña, ahora has caído! **2.** (*Schaf*) ¡be(eee)!; **schau mal die Schafe, wie sie ~ machen!** (*Kind*) ¡mira las ovejas, cómo hacen beee…!

Bahamas [ba'ha:mas] *pl:* **die ~** las Bahamas

Bahn [ba:n] *f* <-, -en> **1.** (*Weg*) camino *m,* paso *m;* ~ **frei!** ¡vía libre!, ¡dejen [*o* abran] paso!; **freie ~ haben** tener vía libre; **etw bricht sich ~** algo se impone; **etw verläuft in gewohnten ~en** algo sigue su ritmo normal; **auf die schiefe ~ geraten** ir por mal camino **2.** (*Zug*) tren *m;* (*Eisenbahn*) ferrocarril *m;* **frei ~** (COM) franco estación ferrocarril; **mit der ~ fahren** ir en tren; **sie arbeitet bei der ~** trabaja en la compañía ferroviaria **3.** (*aus Stoff, Papier*) tira *f* **4.** (SPORT) calle *f,* vía *f;* **er schwimmt jeden Tag 50 ~en** nada diariamente 50 largos **5.** (ASTR: *von Planeten, Satelliten*) órbita *f* **6.** (*einer Rakete*) trayectoria *f;* **Bahnanlagen** *fpl* instalaciones *fpl* ferroviarias, vías *fpl;* **Bahnanschluss**[RR] *m* <-es, -schlüsse> enlace *m* ferroviario; **Bahnarbeiter(in)** *m(f)* <-s, -; -, -nen> peón *m* de vía, obrero, -a *m, f* de los ferrocarriles; **Bahnbeamte(r)** *mf* <-n, -n; -n, -n>, **-beamtin** *f* <-, -nen> (empleado, -a *m, f*) ferroviario, -a *m, f*

bahnbrechend *adj* revolucionario, que marca nuevos rumbos

Bahnbrecher(in) *m(f)* <-s, -; -, -nen> pionero, -a *m, f;* (*Vorreiter*) precursor(a) *m(f)*

Bahnbus *m* <-ses, -se> autobús *m* de la compañía ferroviaria; **BahnCard** *f* <-, -s> *tarjeta anual con cuya adquisición se obtiene una reducción del 50% en todos los trenes alemanes;* **Bahndamm** *m* <-(e)s, -dämme> terraplén *m* de vías férreas

bahnen ['ba:nən] *vt* (*Weg*) abrir; **jdm den Weg ~** (*fig*) preparar(le) el camino a alguien

Bahnfahrt *f* <-, -en> viaje *m* en tren

Bahnfracht *f* <-, -en> transporte *m* ferroviario; **wir stellen Ihnen die Ware per ~ zu** le enviaremos el pedido por tren; **Bahnfrachtbrief** *m* <-(e)s, -e> talón *m* de transporte ferroviario, talón *m* ferrocarril

Bahngelände *nt* <-s, -> recinto *m* ferroviario, instalaciones *fpl* ferroviarias; **Bahngleis** *nt* <-es, -e> raíl *m,* vía *f*

Bahnhof *m* <-(e)s, -höfe> estación *f* (de ferrocarril); **jdn vom ~ abholen** recoger a alguien de la estación; **ich verstehe nur ~** (*fam*) no entiendo ni jota; **Bahnhofsbuchhandlung** *f* <-, -en> librería *f* de la estación; **Bahnhofsgaststätte** *f* <-, -n> bar *m* de la estación, restaurante *m* de la estación; **Bahnhofshalle** *f* <-, -n> vestíbulo *m* de la estación; **Bahnhofsmission** *f* <-, -en> *en Alemania, fundaciones católicas o protestantes situadas en las estaciones de tren, que prestan ayuda al viajero, en particular a niños y a débiles;* **Bahnhofsplatz** *m* <-es, -plätze> plaza *f* de la estación; **Bahnhofspolizei** *f* <-, -en> policía *f* de ferrocarriles; **Bahnhofsuhr** *f* <-, -en> reloj *m* de la estación; **Bahnhofsvorstand** *m* <-(e)s, -stände> (*Schweiz, Österr*), **Bahnhofsvorsteher(in)** *m(f)* <-s, -; -, -nen> jefe, -a *m, f* de estación; **Bahnhofswirtschaft** *f* <-, -en> restaurante *m* de la estación

Bahnkörper *m* <-s, -> vías *fpl* del ferrocarril

bahnlagernd *adj* en depósito (en la estación)

Bähnler(in) ['bɛ:nlɐ] *m(f)* <-s, -; -, -nen> (*Schweiz*) ferroviario, -a *m, f*

Bahnlinie *f* <-, -n> línea *f* ferroviaria; **Bahnpolizei** *f* <-, *ohne pl*> servicio *m* de seguridad de la estación; **Bahnschranke** *f* <-, -n>, **Bahnschranken** *m* <-s, -> (*Österr*) barrera *f* de un paso a nivel; **Bahnschwelle** *f* <-, -n> traviesa *f,* durmiente *m* *Am*

Bahnsteig ['ba:nʃtaɪk] *m* <-(e)s, -e> andén *m;* **Bahnsteigkante** *f* <-, -n> borde *m* del andén; **Bahnsteigkarte** *f* <-, -n> billete *m* de andén

Bahnstrecke *f* <-, -n> trayecto *m,* recorrido *m;* (*Anlage*) tramo *m;* **Bahntransport** *m*

<-(e)s, -e> transporte *m* ferroviario [*o* por ferrocarril]; **Bahnüberführung** *f* <-, -en> paso *m* elevado; **Bahnübergang** *m* <-(e)s, -gänge> paso *m* a nivel; **Bahnunterführung** *f* <-, -en> paso *m* subterráneo; **Bahnverbindung** *f* <-, -en> comunicación *f* ferroviaria; **Bahnversand** *m* <-(e)s, *ohne pl*> envío *m* por ferrocarril; **Bahnwärter(in)** *m(f)* <-s, -; -, -nen> guardabarros *mf inv;* **Bahnwärterhäuschen** *nt* <-s, -> garita *f* del guardavías

Bahnwärterin *f* <-, -nen> *s.* **Bahnwärter**

Bahre ['ba:rə] *f* <-, -n> **1.** (*Trage*) parihuela *f;* (*Liege*) camilla *f* **2.** (*für Tote*) féretro *m*

Bai [baɪ] *f* <-, -en> bahía *f*

Baiser [bɛ'ze:] *nt* <-s, -s> (GASTR) merengue *m*

Baisse ['bɛ:s(ə)] *f* <-, -n> (FIN) baja *f,* caída *f;* **während der ~ kaufen** comprar a la baja; **auf ~ spekulieren** jugar [*o* especular] a la baja; **Baissespekulant(in)** *m(f)* <-en, -en; -, -nen> (FIN) especulador(a) *m(f)* a la baja, bajista *mf*

Baissier [bɛ'sje:] *m* <-s, -s> (WIRTSCH) bajista *mf*

Bajonett [bajo'nɛt] *nt* <-(e)s, -e> bayoneta *f;* **das ~ aufsetzen** calar la bayoneta; **Bajonettverschluss**[RR] *m* <-es, -schlüsse> (ELEK) cierre *m* de bayoneta

Bajuware, -in [baju'va:rə] *m, f* <-n, -n; -, -nen> (*hum*) *s.* **Bayer**

Bake *f* <-, -n> (NAUT) boya *f;* (AERO) baliza *f;* **mit ~n markieren** (a)balizar

Bakelit® *nt* <-s, *ohne pl*> baquelita® *f*

Bakkarat *nt* <-s, *ohne pl*> bacará *m*

Bakschisch ['bakʃɪʃ] *nt* <-(e)s *o* -, -e> (*Trinkgeld*) propina *f;* (*Bestechungsgeld*) unto *m* de México [*o* de rana]

Bakterie [bak'te:riə] *f* <-, -n> (BIOL, MED) bacteria *f;* **stickstoffbindende ~** bacteria fijadora de nitrógeno

bakteriell *adj* (BIOL, MED) bacterial, bactérico

Bakterienkultur *f* <-, -en> (BIOL) cultivo *m* de bacterias; **Bakterienruhr** *f* <-, -en> (MED) disentería *f;* **Bakterienstamm** *m* <-(e)s, -stämme> (BIOL) cepa *f* bacteriana; **Bakterienträger(in)** *m(f)* <-s, -; -, -nen> (MED) portador(a) *m(f)* de bacterias

Bakteriologe, -in [bakterio'lo:gə] *m, f* <-n, -n; -, -nen> bacteriólogo, -a *m, f*

Bakteriologie *f* <-, *ohne pl*> bacteriología *f*

Bakteriologin *f* <-, -nen> *s.* **Bakteriologe**

bakteriologisch *adj* bacteriológico

Bakterioökologie [bakterioʔøkolo'gi:] *f* <-, *ohne pl*> ecología *f* bacteriana

Bakteriophage [bakterio'fa:gə] *m* <-n, -n> bacteriófago *m*

bakterizid [bakteri'tsi:t] *adj* (MED) bactericida

Bakterizid *nt* <-(e)s, -e> (MED) bactericida *f*

Balalaika *f* <-, -s> (MUS) balalaica *f;* **auf der ~ spielen** tocar la balalaica

Balance [ba'lã:s(ə)] *f* <-, -n> equilibrio *m;* **die ~ verlieren/halten** perder/mantener el equilibrio; **Balanceakt** *m* <-(e)s, -e> juego *m* de equilibrio

balancieren* **I.** *vi sein* hacer equilibrios; **auf dem Seil ~** hacer equilibrios en la cuerda floja **II.** *vt* (*im Gleichgewicht halten*) equilibrar, llevar haciendo equilibrios

Balancierstange *f* <-, -n> contrapeso *m,* balancín *m*

bald [balt] <eher, am ehesten> *adv* **1.** (*in Kürze*) pronto, en breve; **so ~ wie möglich** cuanto antes, lo antes posible; **wird's ~?** (*fam*) ¿estás ya?; **wirst du wohl ~ ruhig sein?** ¿quieres tranquilizarte ya de una vez?; **~ darauf** poco después; **bis ~!** ¡hasta pronto! **2.** (*fam: beinahe*) casi, por poco; **ich wäre ~ hingefallen** por poco me caigo **3.** (*einmal*): **~ ..., ~ ...** (*geh*) ora..., ora...; **~ regnete es, ~ schien die Sonne** lo mismo [*o* tan pronto] llovía que [*o* como] salía el sol

Baldachin ['baldaxi:n] *m* <-s, -e> **1.** (*Schutzdach*) baldaquín *m,* baldaquino *m;* (*Betthimmel*) dosel *m* **2.** (*bei Prozessionen*) palio *m*

Bälde ['bɛldə] *f:* **in ~** en breve; **wann kommst du zurück? – in ~** ¿cuándo vuelves? – dentro de poco

baldig ['baldɪç] *adj* pronto

baldigst ['baldɪkst] *adv,* **baldmöglichst** *adv* lo antes posible; (COM) a la mayor brevedad posible

Baldrian ['baldria:n] *m* <-s, -e> valeriana *f,* alfeñique *m reg;* **Baldriantropfen** *mpl* (PHARM) gotas *fpl* de valeriana

Balearen [bale'a:rən] *pl:* **die ~** las Baleares

Balg[1] [balk, *pl:* 'bɛlgə] *m* <-(e)s, Bälge> **1.** (*Fell*) piel *f,* pellejo *m* **2.** (*Blasebalg*) fuelle *m*

Balg[2] [balk, *pl:* 'bɛlgɐ] *m o nt* <-(e)s, Bälger> (*fam abw: Kind*) diablillo *m,* churumbel *m,* arrapiezo *m,* concho *m CSur*

balgen ['balgən] *vr:* **sich ~** pelearse (*um* por), reñir (*um* por)

Balgerei *f* <-, -en> pelea *f,* riña *f*

Balkan ['balka:n] *m* <-s>: **der ~** los Balcanes; **auf dem ~** en los Balcanes; **Balkangrippe** *f* <-, -n> (MED) gripe *f* balcánica; **Balkanhalbinsel** *f* <-, -> Península *f* Balcánica [*o* de los Balcanes]

Balkanisierung *f* <-, -en> (POL: *abw*) balcanización *f*

Balkankrise *f* <-, *ohne pl*> (HIST, POL) crisis *f inv* de los Balcanes; **Balkanländer** *ntpl,* **Balkanstaaten** *mpl* países *mpl* balcánicos

Balken ['balkən] *m* <-s, -> **1.** (*aus Holz, Stahl*) viga *f;* **ein tragender ~** una viga maestra; **du lügst, dass sich die ~ biegen** (*fam*) mientes más que hablas **2.** (SPORT: *Schwebe~*) barra *f* de equilibrio **3.** (TYPO: *dicker Strich*) raya *f,* guión *m;* **Balkencode** *m* <-s, -s> código *m* de barras; **Balkendecke** *f* <-, -n> techo *m* de trabes; **Balkendiagramm** *nt*

<-s, -e> (INFOR) diagrama *m* de barras; **Balkenkode** *m* <-s, -s> código *m* de barras; **Balkenkonstruktion** *f* <-, -en> (ARCHIT) construcción *f* de vigas; **Balkenüberschrift** *f* <-, -en> (PUBL) rótulo *m*, grandes titulares *mpl;* **Balkenwaage** *f* <-, -n> balanza *f* (de brazos)

Balkon [bal'kɔŋ, bal'ko:n] *m* <-s, -e *o* -s> **1.** (ARCHIT) balcón *m* **2.** (THEAT) palco *m;* **Balkonpflanze** *f* <-, -n> planta *f* de balcón; **Balkontür** *f* <-, -en> puerta *f* del balcón [*o* (que da) al balcón]; **Balkonzimmer** *nt* <-s, -> habitación *f* con balcón

Ball [bal, *pl:* 'bɛlə] *m* <-(e)s, Bälle> **1.** (SPORT) pelota *f*, balón *m;* ~ **spielen** jugar a la pelota; **Müller ist am** ~ Müller tiene el balón; **am** ~ **sein** [*o* **bleiben**] (*fam*) no perder de vista, no dejar de la mano **2.** (*Tanzveranstaltung*) baile *m*

Ballade [ba'la:də] *f* <-, -n> balada *f;* (LIT) romance *m*

Ballast ['balast, -'-] *m* <-(e)s, -e> (NAUT, AERO) carga *f*, lastre *m;* (*Bürde*) carga *f;* ~ **abwerfen** aliviar la carga; **Ballaststoffe** [-'---] *mpl* (MED) fibras *fpl* vegetales

ballen ['balən] **I.** *vt* (*Faust*) apretar, cerrar, empuñar *Chil;* **die Hand zur Faust** ~ cerrar los puños **II.** *vr:* **sich** ~ **1.** (*Menschenmenge*) aglomerarse, apelotonarse **2.** (*Wolken*) acumularse **3.** (*Verkehr*) concentrarse

Ballen *m* <-s, -> **1.** (*Stoff~*) paca *f*, bala *f* **2.** (*an Hand-, Fußflächen*) pulpejo *m* **3.** (*einer Pflanze*) cepellón *m*

Ballerei *f* <-, -en> (*fam*) **1.** (*Schießerei*) tiroteo *m* **2.** (*Knallerei*) traca *f;* **zu Silvester geht wieder die übliche** ~ **los** en Nochevieja empezarán otra vez con las tracas

Ballerina [balə'ri:na] *f* <-, Ballerinen> bailarina *f*

Ballermann ['balɐman] *m* <-s, -männer> (*fam*) revólver *m*

ballern ['balɐn] **I.** *vi* (*fam: mehrmals schießen*) tirotear, abalear *Am;* (*Schuss*) disparar; **gegen die Tür** ~ pegar golpes a la puerta **II.** *vt* (*fam*): **jdm eine** ~ sacudir(le) una bofetada a alguien

Ballett [ba'lɛt] *nt* <-(e)s, -e> ballet *m;* **zum** ~ **gehen** tomar clases de ballet; **ins** ~ **gehen** ir al ballet; **beim** ~ **sein** ser bailarín/bailarina de ballet, bailar en un ballet

Ballettänzer(in) *m(f)* <-s, -; -, -nen> *s.* **Balletttänzer**

Balletteuse [balɛ'tø:zə] *f* <-, -n> (*geh*) bailarina *f* de ballet

Ballettkorps *nt* <-, -> formación *f* de ballet, cuerpo *m* de ballet; **Ballettmeister(in)** *m(f)* <-s, -; -, -nen> coreógrafo, -a *m, f*, director(a) *m(f)* del ballet; **Ballettmusik** *f* <-, -en> música *f* para ballet; **Ballettröckchen** *nt* <-s, -> tutú *m;* **Ballettschuhe** *mpl* zapatillas *fpl* de ballet; **Balletttänzer(in)**[RR] *m(f)* <-s, -; -, -nen> bailarín, -ina *m, f* de ballet; **Balletttruppe** *f* <-, -n> compañía *f* de ballet

Ballistik [ba'lɪstɪk] *f* <-, *ohne pl*> (PHYS) balística *f*

ballistisch [ba'lɪstɪʃ] *adj* balístico

Balljunge *m* <-n, -n> (SPORT) recogepelotas *m inv*

Ballkleid *nt* <-(e)s, -er> vestido *m* de fiesta, traje *m* de fiesta

Ballmädchen *nt* <-s, -> (SPORT) recogepelotas *f inv*, recogedora *f* de pelotas

Ballon [ba'lɔŋ, ba'lo:n] *m* <-s, -s *o* -e> **1.** (AERO) globo *m;* **mit dem** ~ **fahren** viajar [*o* ir] en globo **2.** (*Glasbehälter*) balón *m* **3.** (*fam: Kopf*) coco *m;* **so einen** ~ **kriegen** ponerse colorado como un tomate; **Ballondilatation** *f* <-, -en> (MED) dilatación *f* de los vasos sanguíneos; **Ballonfahrer(in)** *m(f)* <-s, -; -, -nen> piloto *mf* de globo; **Ballonfahrt** *f* <-, -en> viaje *m* en globo; **Ballonmütze** *f* <-, -n> gorra *f* redonda con visera; **Ballonreifen** *m* <-s, -> (AUTO: *alt*) neumático *m* de baja presión; **Ballonrock** *m* <-(e)s, -röcke> falda *f* globo; **Ballonwerbung** *f* <-, *ohne pl*> publicidad *f* a base de globos, publicidad *f* aerostática

Ballsaal *m* <-(e)s, -säle> salón *m* de baile

Ballspiel *nt* <-(e)s, -e> juego *m* de pelota; **Ballspielen** *nt* <-s, *ohne pl*> jugar *m* a la pelota; **„~ verboten“** “prohibido jugar a la pelota”

Ballung ['balʊŋ] *f* <-, -en> aglomeración *f*, concentración *f;* **Ballungsgebiet** *nt* <-(e)s, -e>, **Ballungsraum** *m* <-(e)s, -räume> zona *f* de aglomeración; **Ballungszentrum** *nt* <-s, -zentren> (centro *m* de) aglomeración *f;* **städtisches** ~ megaciudad *f*, megalópolis *f inv*

Ballwechsel *m* <-s, -> (SPORT) juego *m* (*de la pelota*)

Balsaholz ['balza-] *nt* <-es, -hölzer> madera *f* de balsa

Balsam ['balza:m] *m* <-s, *ohne pl*> bálsamo *m;* **etw ist** ~ **für die Seele** algo reconforta el ánimo

balsamieren* *vt* embalsamar

Balsam-Spülung *f* <-, -en> bálsamo *m* acondicionador

Balte, -in ['baltə] *m, f* <-n, -n; -, -nen> báltico, -a *m, f*

Baltikum ['baltikʊm] *nt* <-s> países *mpl* bálticos

Baltin ['baltɪn] *f* <-, -nen> *s.* **Balte**

baltisch *adj* báltico

Balustrade [balʊs'tra:də] *f* <-, -n> balaustrada *f*

Balz [balts] *f* <-, *ohne pl*> (ZOOL) celo *m* (*de ciertas aves*); **in die** ~ **treten** entrar en celo; **auf die** ~ **gehen** (*Jagd*) ir a la caza de aves en celo

balzen ['baltsən] *vi* estar en (época de) celo

Balzzeit *f* <-, -en> (ZOOL) época *f* de celo

Bambus ['bambʊs] *m* <-(ses), -se> bambú *m;* **Bambusrohr** *nt* <-(e)s, -e> caña *f* de

bambú; **Bambussprossen** *fpl* (GASTR) brotes *mpl* tiernos de bambú
Bammel ['baməl] *m* <-s, *ohne pl*> (*fam*) miedo *m*, canguelo *m;* ~ **vor etw haben** tener miedo de algo
banal [ba'na:l] *adj* trivial, banal
Banalität [banali'tɛ:t] *f* <-, -en> trivialidad *f*, banalidad *f*
Banane [ba'na:nə] *f* <-, -n> plátano *m*, banana *f Am;* **Bananendampfer** *m* <-s, -> (NAUT) buque *m* bananero; **Bananenpflanzung** *f* <-, -en>, **Bananenplantage** *f* <-, -n> platanar *m*, platanal *m*, bananal *m Am;* **Bananenrepublik** *f* <-, -en> república *f* bananera; **Bananenschale** *f* <-, -n> cáscara *f* de plátano, cáscara *f* de banana *Am;* **Bananenstaude** *f* <-, -n> bananero *m*, platanero *m;* **Bananenstecker** *m* <-s, -> (ELEK) (clavija *f*) banana *f*
Banause [ba'naʊzə] *m* <-n, -n> (*abw*) inculto, -a *m, f*
band [bant] *3. imp von* **binden**
Band[1] [bɛnt] *f* <-, -s> (*Musikgruppe*) grupo *m*, conjunto *m* musical; (*in Kennerkreisen*) banda *f*
Band[2] [bant, *pl:* 'bɛndə] *m* <-(e)s, Bände> (*Buch*) tomo *m*, volumen *m;* **eine Ausgabe in zehn Bänden** una edición en diez tomos; **dein Gesicht spricht Bände** tu cara lo dice todo
Band[3] [bant, *pl:* 'bɛndɐ] *nt* <-(e)s, Bänder> **1.** (*Stoff~*) cinta *f*, lazo *m;* (*Auszeichnung*) banda *f* **2.** (*Fließ~*) cadena *f* de fabricación [*o* de montaje]; **am ~ arbeiten** trabajar en la cadena de montaje; **vom ~ laufen** salir listo de la cadena de fabricación; **am laufenden ~** (*fam*) continuamente, sin cesar **3.** (TECH: *Ton~*) cinta *f* magnetofónica; (*Farb~*) cinta *f* mecanográfica; (*Maß~*) cinta *f* métrica; (*Klebe~*) cinta *f* adhesiva; **etw auf ~ aufnehmen** grabar algo en cinta; **etw auf ~ sprechen** grabar algo; **ich habe dir aufs ~ gesprochen** te dejé un mensaje (en el contestador) **4.** (*am Gelenk*) ligamento *m* **5.** (*Frequenzbereich*) banda *f* de frecuencia **6.** (*als Lesezeichen*) registro *m*
Bandage [ban'da:ʒə] *f* <-, -n> vendaje *m*
bandagieren* [banda'ʒi:rən] *vt* vendar
Bandaufnahme *f* <-, -n> grabación *f* en cinta (magnetofónica); **Bandbreite** *f* <-, -n> **1.** (RADIO) anchura *f* de banda, ancho *m* de banda **2.** (*fig: Vielfalt*) diversidad *f* **3.** (FIN) margen *m o f* de fluctuación
Bande ['bandə] *f* <-, -n> **1.** (*abw: Gruppe*) banda *f*, cuadrilla *f*, trinca *f And, CSur* **2.** (*Umrandung*) banda *f*
Bandeisen *nt* <-s, -> (TECH) fleje *m;* (*Fassband*) hierro *m* en banda
Bändel[RR] ['bɛndl] *m o nt* <-s, -> (*südd, Schweiz*) **1.** (*Schnürsenkel*) cordón *m* de zapatos **2.** (*Bändchen*) cintita *f* **3.** (*Wend*): **jdn am ~ haben** (*fam*) hacer de alguien lo que se quiere; **du hast ja den Chef am ~!** (*fam*) ¡si tú tienes al jefe en el bolsillo!; **seine Frau hat ihn ganz schön am ~** (*fam*) su mujer lo tiene bien sujeto [*o* amarrado]
Bandenchef(in) *m(f)* <-s, -s; -, -nen> (*fam*), **Bandenführer(in)** *m(f)* <-s, -; -, -nen> jefe, -a *m, f* de una banda; **Bandenkriminalität** *f* <-, *ohne pl*> criminalidad *f* callejera organizada
Bandenwerbung *f* <-, -en> (WIRTSCH) publicidad *f* en bandas (en instalaciones deportivas)
Banderole [bandə'ro:lə] *f* <-, -n> precinto *m*, sello *m*
Bänderriss[RR] ['bɛndɐrɪs] *m* <-es, -e> (MED) rotura *f* de ligamentos; **Bänderzerrung** *f* <-, -en> (MED) distensión *f* de tendón, distorsión *f* de tendón
Bandfertigung *f* <-, -en> (WIRTSCH) fabricación *f* en cadena
bändigen ['bɛndɪgən] *vt* **1.** (*Tier*) domar, dominar **2.** (*Mensch*) calmar, apaciguar **3.** (*Gefühle*) refrenar, reprimir **4.** (*Naturgewalten*) prevenir, controlar, tener bajo control
Bändigung *f* <-, -en> **1.** (*Tier*) domesticación *f*, doma *f* **2.** (*Mensch*) contención *f;* **sieben Männer waren zur ~ des Amokläufers nötig** fueron necesarios siete hombres para contener al loco homicida **3.** (*Gefühle*) contención *f*, refreno *m* **4.** (*Naturgewalten*) contención *f*, control *m;* **die Feuerwehrleute brauchten drei Tage zur ~ des Feuers** los bomberos necesitaron tres días para controlar el fuego; **die Deiche mussten zur ~ der Fluten erhöht werden** hubo que elevar los diques para contener las aguas
Bandit(in) [ban'di:t] *m(f)* <-en, -en; -, -nen> bandido, -a *m, f*, bandolero, -a *m, f;* **einarmiger ~** (máquina) tragaperras *f inv*
Banditentum *nt* <-s, *ohne pl*> bandolerismo *m*
Banditin *f* <-, -nen> *s.* **Bandit**
Bandlaufwerk *nt* <-(e)s, -e> (INFOR) desarrollador *m* de cinta; **Bandmaß** *nt* <-es, -e> cinta *f* métrica; **Bandnudel** *f* <-, -n> tallarín *m*
Bandoneon [ban'do:neɔn] *nt* <-s, -s> (MUS) bandoneón *m*
Bandsäge *f* <-, -n> sierra *f* de cinta
Bandscheibe *f* <-, -n> (MED) disco *m* intervertebral; **Bandscheibenschaden** *m* <-s, -schäden> lesión *f* discal [*o* vertebral]; **Bandscheibenvorfall** *m* <-(e)s, -fälle> (MED) hernia *f* discal
Bandwurm *m* <-(e)s, -würmer> tenia *f*
bang(e) [baŋ(ə)] *adj* <banger *o* bänger, am bangsten *o* am bängsten> (*reg*) miedoso; **es ist mir ~ (zumute)** tengo miedo
Bange *f* <-, *ohne pl*> (*reg*) temor *m* (*vor* a), miedo *m* (*vor* de/a); **nur keine ~!** ¡todo, menos miedo!
bangen ['baŋən] **I.** *vi* (*geh*) **1.** (*Angst haben*) temer (*vor*), tener miedo (*vor* a) **2.** (*sich sorgen*) temer (*um* por), inquietarse (*um* por)

II. *vt* (*geh*) temer III. *vr:* **sich** ~ 1. (*geh: sich sorgen*) temer (*um* por), inquietarse (*um* por) 2. (*reg: sich sehnen*) echar de menos (*nach* a), extrañar (*nach* a) IV. *vunpers:* **mir bangt davor** lo temo

bänger ['bɛŋɐ] *adj kompar von* **bang(e)**

Bangigkeit *f* <-, *ohne pl*> temor *m,* miedo *m*

Bangkok ['baŋkɔk] *nt* <-s> Bangkok *m*

Bangladesch [baŋgla'dɛʃ] *nt* <-s> Bangladesh *m*

bängste(r, s) ['bɛŋstə, -tɐ, -təs] *adj superl von* **bang(e)**

Banjo *nt* <-s, -s> (MUS) banyo *m,* banjo *m;* ~ **spielen** tocar el banyo

Bank¹ [baŋk, *pl:* 'bɛŋkə] *f* <-, Bänke> 1. (*Sitz~*) banco *m;* (SPORT) banquillo *m;* **er predigte vor leeren Bänken** (*fig*) predicó en el desierto; **durch die** ~ sin excepción; **etw auf die lange** ~ **schieben** dar largas a algo 2. (*Sand~*) banco *m* de arena

Bank² [baŋk, *pl:* 'baŋkən] *f* <-, -en> 1. (*Kreditinstitut*) banco *m;* **öffentlich-rechtliche** ~ banco de derecho público; ~ **für Internationalen Zahlungsausgleich** Banco Internacional de Pagos; **Geld auf der** ~ **haben** tener dinero en el banco 2. (*beim Spiel*) banca *f;* **die** ~ **sprengen** hacer saltar la banca; **Bankaktiva** *pl* (WIRTSCH) activo *m* bancario

Bank-an-Bank-Kredit *m* <-(e)s, -e> (WIRTSCH) crédito *m* interbancario

Bankangestellte(r) *mf* <-n, -n; -n, -n> empleado, -a *m, f* de banco; **Bankanweisung** *f* <-, -en> giro *m* bancario; **Bankauskunft** *f* <-, -künfte> (WIRTSCH) informe *m* bancario; **Bankautomat** *m* <-en, -en> cajero *m* automático; **Bankavis** *m o nt* <- *o* -es, – *o* -e> (WIRTSCH) aviso *m* bancario; **Bankbeamte(r)** *mf* <-n, -n; -n, -n>, **-beamtin** *f* <-, -nen> (*alt*) funcionario, -a *m, f* bancario, -a, empleado, -a *m, f* de banco estatal; **Bankbürgschaft** *f* <-, -en> (FIN) aval *m* bancario, fianza *f* bancaria; **Bankdarlehen** *nt* <-s, -> préstamo *m* bancario; **Bankdirektor(in)** *m(f)* <-s, -en; -, -nen> director(a) *m(f)* de banco, jefe, -a *m, f* de banco; **Bankeinlage** *f* <-, -n> (FIN) depósito *m* bancario

Bänkellied ['bɛŋkəlli:t, *pl:* 'bɛŋkəlli:dɐ] *nt* <-(e)s, -er> copla *f* de ciego, romance *m* de ciego; **Bänkelsänger** *m* <-s, -> cantor *m* popular

Bankenaufsicht *f* <-, *ohne pl*> (FIN) superintendencia *f* bancaria; **Bankenkonsortium** *nt* <-s, -konsortien> (FIN) consorcio *m* bancario; **Bankenkonzession** *f* <-, -en> concesión *f* bancaria; **Bankenkrach** *m* <-(e)s, -kräche> (FIN) derrumbamiento *m* de la banca; **Bankenrun** *m* <-s, -s> gran demanda *f* de bancos; **Bankenviertel** *nt* <-s, -> barrio *m* financiero, centro *m* bursátil; **die Dresdner Bank liegt im Frankfurter** ~ el Banco de Dresde se encuentra en el centro bursátil de Francfort

Banker(in) ['bɛŋkɐ] *m(f)* <-s, -; -, -nen> (WIRTSCH) banquero, -a *m, f*

Bankett [baŋ'kɛt] *nt* <-(e)s, -e> 1. (*Festessen*) festín *m,* banquete *m* 2. *s.* **Bankette**

Bankette [baŋ'kɛtə] *f* <-, -n> arcén *m;* **„~ nicht befahrbar"** "arcén no transitable"

Bankfach¹ *nt* <-(e)s, -fächer> (*Schließfach*) caja *f* de seguridad del banco

Bankfach² *nt* <-(e)s, *ohne pl*> (*Beruf*) ramo *m* bancario, carrera *f* bancaria; **er arbeitet im** ~ trabaja en la banca

bankfähig *adj* (FIN) bancable, negociable en banca; **Bankfähigkeit** *f* <-, *ohne pl*> (FIN) negociabilidad *f* bancaria; **Bankfiliale** *f* <-, -n> (FIN) filial *f* de banco, sucursal *f* de banco; **Bankgeheimnis** *nt* <-ses, -se> secreto *m* bancario; **Bankgeschäft** *nt* <-(e)s, -e> negocio *m* bancario; (*Transaktion*) transacción *f* bancaria; **Bankguthaben** *nt* <-s, -> haber *m* bancario; **Bankhalter(in)** *m(f)* <-s, -; -, -nen> (SPIEL) jugador(a) *m(f)* que tiene la banca; **Bankhaus** *nt* <-es, -häuser> (FIN: *geh*) establecimiento *m* bancario

Bankier [baŋ'kje:] *m* <-s, -s> banquero, -a *m, f*

Bankindossament *nt* <-(e)s, -e> (FIN) endoso *m* bancario

Banking ['bɛŋkɪŋ] *nt* <-s, *ohne pl*> (FIN): **elektronisches** ~ banking *m* electrónico

Bankinstitut *nt* <-(e)s, -e>: **öffentlich-rechtliches** ~ instituto *m* bancario de derecho público; **Bankkauffrau** *f* <-, -en> empleada *f* titulada bancaria; **Bankkaufmann** *m* <-(e)s, -leute> empleado *m* titulado bancario; **Bankkonto** *nt* <-s, -konten> cuenta *f* bancaria; **Bankkredit** *m* <-(e)s, -e> (FIN) crédito *m* bancario; **Bankkuratorium** *nt* <-s, -kuratorien> comisión *f* de control bancario; **Banklehre** *f* <-, -n> aprendizaje *m* en un banco; **sie macht eine** ~ está de aprendiza en un banco; **Bankleitzahl** *f* <-, -en> código *m* de identificación bancaria

Banknote *f* <-, -n> billete *m* de banco; **Banknotenumlauf** *m* <-(e)s, *ohne pl*> circulación *f* de billetes

Bankomat *m* <-en, -en> cajero *m* automático

Bankplatz *m* <-es, -plätze> (*geh*) centro *m* financiero [*o* bursátil]; **Bankprovision** *f* <-, -en> (FIN) comisión *f* bancaria; **Bankraub** *m* <-(e)s, -e> robo *m* de banco; **Bankräuber(in)** *m(f)* <-s, -; -, -nen> atracador(a) *m(f)* de bancos, asaltante *mf* de bancos; **Bankreserve** *f* <-, -n> (FIN) reserva *f* bancaria

bankrott [baŋk'rɔt] *adj* en bancarrota, en quiebra

Bankrott *m* <-(e)s, -e> bancarrota *f,* quiebra *f,* falencia *f Am;* **betrügerischer** ~ quiebra fraudulenta; ~ **machen** ir a la quiebra, quebrar, fundirse *Am;* **den** ~ **erklären** declararse en bancarrota [*o* en quiebra]; **Bankrotter-**

klärung *f* <-, -en> (FIN) declaración *f* de quiebra; (*fig*) fracaso *m* total

Bankrotteur(in) *m(f)* <-s, -e; -, -nen> persona *f* (que está) en la bancarrota [*o* en quiebra]

Bankrücklage *f* <-, -n> (WIRTSCH) reserva *f* bancaria; **Bankschalter** *m* <-s, -> ventanilla *f* del banco; **Bankscheck** *m* <-s, -s> cheque *m* bancario; **Bankschließfach** *nt* <-(e)s, -fächer> casilla *f* bancaria; **Banktratte** *f* <-, -n> (FIN) letra *f* bancaria; **Banküberfall** *m* <-(e)s, -fälle> atraco *m* a un banco; **Banküberweisung** *f* <-, -en> transferencia *f* bancaria; **banküblich** *adj* (FIN) habitual; **wir stellen Ihnen die ~en Gebühren in Rechnung** le cargamos las tasas bancarias habituales; **Bankverbindlichkeiten** *fpl* (WIRTSCH) débitos *mpl* bancarios; **Bankverbindung** *f* <-, -en> número *m* de cuenta, cuenta *f* bancaria; **Bankverkehr** *m* <-s, *ohne pl*> (FIN) operaciones *fpl* bancarias, transacciones *fpl* bancarias; **Bankvollmacht** *f* <-, -en> autorización *f* bancaria; **Bankwechsel** *m* <-s, -> (FIN) efecto *m* bancario; **Bankwesen** *nt* <-s, *ohne pl*> (WIRTSCH) banca *f*

Bann [ban] *m* <-(e)s, -e> **1.** (REL) excomunión *f*, anatema *m o f* **2.** (*geh: Zauber*) encantamiento *m*, hechizo *m*; **jdn in seinen ~ ziehen** cautivar a alguien; **in jds ~ geraten** estar hechizado por alguien

Bannbulle *f* <-, -n> (HIST) bula *f* de excomunión

bannen ['banən] *vt* **1.** (*Gefahr, Geister*) conjurar **2.** (*Zuschauer*) cautivar **3.** (*festhalten*) dejar inmóvil (como por encanto) (*auf* en); **er hat ihr Lächeln auf die Leinwand gebannt** eternizó su sonrisa sobre el lienzo; **wie gebannt zuhören** escuchar como hechizado **4.** (*den Bann aussprechen*) excomulgar

Banner ['banɐ] *nt* <-s, -> estandarte *m*; **Bannerträger(in)** *m(f)* <-s, -; -, -nen> portaestandarte *mf*; (*a. fig*) abanderado, -a *m, f*

Bannfluch *m* <-(e)s, -flüche> (REL) anatema *m o f*; **Bannkreis** *m* <-es, -e> área *f* de influencia, ámbito *m* de influencia; **Bannmeile** *f* <-, -n> zona *f* de protección (*alrededor del edificio parlamentario*); **Bannstrahl** *m* <-(e)s, -en> (REL: *geh*) anatema *m o f*, excomunión *f*

Bannwald *m* <-(e)s, -wälder> (*Österr, Schweiz*) *franja de bosque que no se tala como protección contra avalanchas*

Bantamgewicht ['bantam-] *nt* <-(e)s, *ohne pl*> (SPORT) peso *m* gallo

Bantamgewichtler(in) *m(f)* <-s, -; -, -nen> (SPORT) peso *mf* gallo

BAPT *nt* <-> *Abk. von* **Bundesamt für Post und Telekommunikation** Oficina *f* Federal de Correos y de Telecomunicaciones

Baptist(in) [bap'tɪst] *m(f)* <-en, -en; -, -nen> (REL) baptista *mf*

bar [baːɐ] *adj* **1.** (FIN) en efectivo; **~es Geld** dinero en efectivo [*o* en metálico] [*o* contante y sonante *fam*]; **~ gegen 5 % Diskont** al contado con un descuento del 5 %; **~ ohne Abzug** al contado sin descuento; **gegen ~** al contado, en efectivo; **etw (in) ~ bezahlen** pagar algo al contado [*o* en metálico] **2.** (*geh: rein*) puro, verdadero; **das ist ~er Unsinn/Zufall** esto es pura sandez/coincidencia

Bar[1] [baːɐ] *f* <-, -s> **1.** (*Lokal*) bar *m*; (*Nachtlokal*) boite *f*, club *m* nocturno **2.** (*Theke*) barra *f*

Bar[2] *nt* <-s, -s> (PHYS) bar(o) *m*

Bär(in) [bɛːɐ] *m(f)* <-en, -en; -, -nen> oso, -a *m, f*; **jdm einen ~en aufbinden** contar a alguien un cuento chino; **der Große/Kleine ~** (ASTR) la Osa Mayor/Menor

Baracke [ba'rakə] *f* <-, -n> barraca *f*, chabola *f*

Barangebot *nt* <-(e)s, -e> (WIRTSCH) oferta *f* en efectivo; **Barauslagen** *fpl* (WIRTSCH) gastos *mpl* en efectivo; **Barauszahlung** *f* <-, -en> (FIN) pago *m* en efectivo

Barbar(in) [bar'baːɐ] *m(f)* <-en, -en; -, -nen> bárbaro, -a *m, f*

Barbarei [barba'raɪ] *f* <-, -en> **1.** (*Unmenschlichkeit, Unzivilisiertheit*) barbarie *f*; (*Grausamkeit*) salvajismo *m* **2.** (*Handlung*) barbaridad *f*

Barbarin *f* <-, -nen> *s.* **Barbar**

barbarisch *adj* bárbaro

Barbe ['barbə] *f* <-, -n> (GASTR, ZOOL) barbo *m*

bärbeißig *adj* (*fam: Mensch*) gruñón, arisco; (*Miene*) arisco

Barbestand *m* <-(e)s, -stände> (FIN) efectivo *m*, disponibilidad *f*

Barbier [bar'biːɐ] *m* <-s, -e> barbero *m*

Barbiturat [barbitu'raːt] *nt* <-s, -e> (MED) barbitúrico *m*

Barbitursäure [barbi'tuːɐ-] *f* <-, -n> (CHEM) ácido *m* barbitúrico

barbusig *adj* con el pecho (al) descubierto [*o* al aire], con los senos desnudos

Bardame *f* <-, -n> camarera *f* de un club nocturno

Barde ['bardə] *m* <-n, -n> (HIST) bardo *m*

Bardividende *f* <-, -n> (WIRTSCH) dividendo *m* en efectivo; **Bareingänge** *mpl* (WIRTSCH) ingresos *mpl* en efectivo; **Bareinlage** *f* <-, -n> (FIN) aportación *f* dineraria

Bärendienst ['bɛːrən-] *m*: **jdm einen ~ erweisen** hacer un flaco servicio a alguien; **Bärendreck** *m* <-(e)s, *ohne pl*> (*südd, Schweiz: Lakritze*) regaliz *m*; **Bärenhaut** *f* <-, -häute> **1.** (*Bärenfell*) piel *f* de oso **2.** (*Wend*): **auf der ~ liegen** (*fam abw*) haraganear, holgazanear; **Bärenhunger** *m* <-s, *ohne pl*> (*fam*) hambre *f* canina [*o* de lobo]; **einen ~ haben** tener un hambre de lobo; **Bärenjagd** *f* <-, -en> caza *f* del oso; **Bärenkräfte** *fpl* (*gewaltige Kräfte*) fuerza *f* hercúlea; **Bärennatur** *f*: **eine ~ haben** (*fam: stark*) ser fuerte como un oso; (*gesund*) tener una salud de hierro; **bärenstark** ['--'-] *adj* (*fam*) fuerte como un toro

Bärentraubenblatt *nt* <-(e)s, -blätter> (BOT) hoja *f* de uva de oso

Barett [ba'rɛt] *nt* <-(e)s, -e *o* -s> boina *f;* (*Geistlicher*) birreta *f;* (*Richter, Professor*) birrete *m*

barfuß *adj* descalzo

barfüßig *adj* descalzo; **ein ~er Mönch** un monje descalzo

barg [bark] *3. imp von* **bergen**

Bargeld *nt* <-(e)s, *ohne pl*> dinero *m* en metálico, dinero *m* efectivo [*o* al contado]; **Bargeldfluss**[RR] *m* <-es, -flüsse> flujo *m* de efectivo; **bargeldlos** *adj* por cheque, por transacción; **~er Zahlungsverkehr** pagos por giro o cheque; **Bargeldüberweisung** *f* <-, -en> giro *m* en efectivo; **Bargeldvolumen** *nt* <-s, -> volumen *m* de dinero en efectivo

Bargeschäft *nt* <-(e)s, -e> (WIRTSCH) operación *f* al contado

barhäuptig I. *adj* (*geh*) descubierto, sin sombrero II. *adv* (*geh*) sin sombrero, con la cabeza descubierta

Barhocker *m* <-s, -> taburete *m* de bar

bärig ['bɛ:rɪç] *adj* (*fam: prima*) guay, chévere *Am*

Bärin ['bɛ:rɪn] *f* <-, -nen> *s.* **Bär**

barisches Windgesetz[RR] *nt* <-es, *ohne pl*> ley *f* de Buys-Ballot

Bariton ['ba:ritɔn, *pl:* 'ba:rito:nə] *m* <-s, -e> (MUS) barítono *m*

Barium ['ba:riʊm] *nt* <-s, *ohne pl*> (CHEM) bario *m;* **Bariumbeton** *m* <-s, -s, *Österr:* -e> hormigón *m* de bario

Barkasse [bar'kasə] *f* <-, -n> barcaza *f,* lancha *f*

Barkauf *m* <-(e)s, -käufe> compra *f* al contado [*o* en efectivo], compraventa *f* a la vista

Barke ['barkə] *f* <-, -n> barca *f*

Barkeeper ['ba:ɐki:pɐ] *m* <-s, -> barman *m*

Barkredit *m* <-(e)s, -e> (WIRTSCH) crédito *m* en efectivo

Bärlapp ['bɛ:ɐlap] *m* <-s, -e> (BOT) licopodio *m*

Barmann *m* <-(e)s, -männer> barman *m*

barmherzig [barm'hɛrtsɪç] *adj* misericordioso, caritativo; **der ~e Samariter** el buen samaritano

Barmherzigkeit *f* <-, *ohne pl*> misericordia *f*

Barmittel *ntpl* (FIN) efectivo *m;* **mangels ~** por falta de efectivo

Barmixer *m* <-s, -> barman *m*

barock *adj* barroco

Barock [ba'rɔk] *m o nt* <-s, *ohne pl*> barroco *m;* **Barockkirche** *f* <-, -n> iglesia *f* barroca; **Barockmusik** *f* <-, *ohne pl*> música *f* barroca; **Barockzeit** *f* <-, *ohne pl*> (época *f* del) Barroco *m*

Barograph [baro'gra:f] *m* <-en, -en> (METEO) barógrafo *m*

Barometer [baro'me:tɐ] *nt* <-s, -> barómetro *m;* **Barometerstand** *m* <-(e)s, -stände> presión *f* barométrica, nivel *m* barométrico

Baron(in) [ba'ro:n] *m(f)* <-s, -e; -, -nen> barón, -onesa *m, f*

Baroness[RR] *f* <-, -en>, **Baroneß** *f* <-, -ssen>, **Baronesse** [baro'nɛsə] *f* <-, -n> baronesa *f,* hija *f* de un barón

Barposten *m* <-s, -> (WIRTSCH) partida *f* de disponibilidades

Barrel ['bɛrəl] *nt* <-s, -s> barril *m*

Barren ['barən] *m* <-s, -> **1.** (*Metall*) barra *f,* lingote *m* **2.** (SPORT) barra *f,* paralelas *fpl;* **Barrengold** *nt* <-(e)s, *ohne pl*> oro *m* en barras

Barreserve *f* <-, -n> (WIRTSCH) reserva *f* en efectivo

Barriere [ba'rje:rə] *f* <-, -n> barrera *f;* **Barriereriff** *nt* <-(e)s, -e> arrecife *m* de barrera

Barrikade [bari'ka:də] *f* <-, -n> barricada *f;* **~n errichten** levantar barricadas; **für etw auf die ~n gehen** (*fig*) echarse a la calle por algo, luchar por algo

barsch [barʃ] *adj* rudo, áspero

Barsch [barʃ] *m* <-(e)s, -e> perca *f*

Barschaft *f* <-, -en> patrimonio *m,* caudal *m,* peculio *m*

Barscheck *m* <-s, -s> cheque *m* abierto [*o* no cruzado]

Barsortiment *nt* <-(e)s, -e> (*Buchhandel*) venta *f* mayorista de libros

barst [barst] *3. imp von* **bersten**

Bart [ba:ɐt, *pl:* 'bɛrtə] *m* <-(e)s, Bärte> **1.** (*bei Männern*) barba *f;* **sich einen ~ wachsen lassen** dejarse crecer la barba; **den ~ abnehmen** quitarse la barba; **etw in den ~ murmeln** [*o* **brummen**] murmurar algo entre dientes; **jdm um den ~ gehen** hacer la pelotilla a alguien; **der ~ ist ab!** ¡se acabó!; **das hat ja so einen ~** (*fam*) esto es agua pasada **2.** (*Katze, Robbe*) bigote(s) *m(pl)* **3.** (*Schlüssel~*) paletón *m*

Bartausch *m* <-(e)s, -e> (FIN) cambio *m* en efectivo

Barte ['bartə] *f* <-, -n> barba *f* de ballena; **Bartenwal** *m* <-(e)s, -e> misticeto *m*

Bartflechte *f* <-, -n> **1.** (MED) foliculitis *f inv;* (*durch Pilze*) tricofitia *f* **2.** (BOT) liquen *m;* **Barthaar** *nt* <-(e)s, -e> **1.** (*Haar des Bartes*) pelo *m* de la barba **2.** (ZOOL: *Schnurrhaare*) (pelo *m* del) bigote *m;* **meine Katze mag es überhaupt nicht, wenn man ihre ~e anfasst** a mi gata no le gusta nada que le toquen los bigotes

Barthel ['bartəl]: **wissen, wo ~ den Most holt** (*fam*) saber con quién se juega uno los cuartos

Bartholomäusnacht *f* <-, *ohne pl*> (HIST) noche *f* de San Bartolomé, matanza *f* de los hugonotes

bärtig ['bɛrtɪç, 'bɛ:ɐtɪç] *adj* barbudo

bartlos *adj* sin barba

Bartnelke *f* <-, -n> (BOT) clavellina *f*
Bartstoppeln *fpl* cañones *mpl* de la barba; **Bartwuchs** *m* <-es, *ohne pl*> barba *f*; **er hat einen starken ~** le crece mucho la barba
Barvergütung *f* <-, -en> remuneración *f* en efectivo; **Barverkauf** *m* <-(e)s, -käufe> (WIRTSCH) venta *f* al contado; **Barverlust** *m* <-(e)s, -e> pérdida *f* en efectivo; **Barvermögen** *nt* <-s, -> (FIN) activo *m*, capital *m* efectivo
Baryt [ba'ry:t] *m* <-(e)s, -e> (CHEM) barita *f*
Barzahlung *f* <-, -en> (FIN) pago *m* al contado [*o* en efectivo] [*o* en metálico]; **sofortige ~** pago inmediato en efectivo; **bei ~ 3 % Skonto** un 3% de descuento por pago al contado; **Barzahlungsbedingungen** *fpl* condiciones *fpl* de pago al contado
Basaliom [bazali'o:m] *nt* <-s, -e> (MED) basalioma *m*, cáncer *m* cutáneo [*o* de la piel]
Basalt [ba'zalt] *m* <-(e)s, -e> basalto *m*
Basalzellschicht [ba'za:l-] *f* <-, -en> (MED) capa *f* de células basales
Basar [ba'za:ɐ] *m* <-s, -e> bazar *m*
Base ['ba:zə] *f* <-, -n> **1.** (*südd: Cousine*) prima *f* **2.** (*Schweiz: Tante*) tía *f* **3.** (CHEM) base *f*
Baseball[1] *m* <-s, *ohne pl*> (SPORT: *Spiel*) béisbol *m*; **~ spielen** jugar al béisbol
Baseball[2] *m* <-s, -s> (SPORT: *Ball*) pelota *f* de béisbol
Baseballschläger *m* <-s, -> (SPORT) bate *m* de béisbol
Basedow ['ba:zədo] *m* <-s, *ohne pl*> (MED) hipertiroidismo *m*; **diese Symptome sind typisch für einen ~** estos síntomas son típicos de un caso de Basedow
Basel ['ba:zəl] *nt* <-s> Basilea *f*
Bas(e)ler[1] *adj inv* basilense
Bas(e)ler(in)[2] *m(f)* <-s, -; -, -nen> habitante *mf* de Basilea
Basen *pl von* **Base**, **Basis**
Basenstärke *f* <-, -n> (CHEM) fuerza *f* básica
basieren* [ba'zi:rən] *vi* basarse (*auf* en), fundarse (*auf* en)
Basilika [ba'zi:lika, *pl:* ba'zi:likən] *f* <-, Basiliken> basílica *f*
Basilikum [ba'zi:likʊm] *nt* <-s, *ohne pl*> albahaca *f*
Basilisk [bazi'lɪsk] *m* <-en, -en> (MYTH) basilisco *m*
Basis ['ba:zɪs] *f* <-, Basen> **1.** (*Grundlage*) base *f*; **auf breiter ~** a nivel general; **auf jährlicher ~** sobre la base anual; **auf der ~ gegenseitigen Vertrauens** sobre la base de la mutua confianza **2.** (ARCHIT, POL, MATH) base *f* **3.** (MIL) base *f* militar; **Basisanschluss**[RR] *m* <-es, -schlüsse> (TEL) acceso *m* básico; **Basisarbeit** *f* <-, -en> (POL) trabajo *m* de base; **Basiscamp** ['ba:zɪskɛmp] *nt* <-s, -s> campamento *m* base; **bevor die Expedition aufbrach, wurden entlang der Strecke mehrere ~s eingerichtet** antes de iniciar la expedición se instalaron varios campamentos base a lo largo del recorrido

basisch *adj* (CHEM) básico
Basisdemokratie *f* <-, -n> (POL) democracia *f* básica; **basisdemokratisch** **I.** *adj* (POL) de la democracia de base **II.** *adv* (POL) respecto a la democracia de base; **Basiseinheit** *f* <-, -en> unidad *f* básica [*o* base]; **Basisgruppe** *f* <-, -n> grupo *m* de base; **Basisjahr** *nt* <-(e)s, -e> año *m* base; **Basislager** *nt* <-s, -> *s.* Basiscamp; **Basisstation** *f* <-, -en> (*Expedition*) base *f*; (*Telefon*) central *f*; **Basissteuersatz** *m* <-es, -sätze> tipo *m* básico de gravamen; **Basiswert** *m* <-(e)s, -e> valor *m* básico; **Basiswissen** *nt* <-s, *ohne pl*> conocimientos *mpl* básicos
Basizität [bazitsi'tɛ:t] *f* <-, *ohne pl*> (CHEM) basicidad *f*
Baske, **-in** ['baskə] *m*, *f* <-n, -n; -, -nen> vasco, -a *m*, *f*; **Baskenland** *nt* <-(e)s> País *m* Vasco, Euskadi *m*; **Baskenmütze** *f* <-, -n> chapela *f*, boina *f* vasca
Basketball[1] ['ba:skətbal] *m* <-(e)s, *ohne pl*> (*Sportart*) baloncesto *m*
Basketball[2] *m* <-(e)s, -bälle> (*Ball*) pelota *f* de baloncesto
Baskin *f* <-, -nen> *s.* **Baske**
baskisch *adj* vasco; (*Sprache*) vascuence, euskera
Basler[1] ['ba:zlɐ] *adj inv s.* **Bas(e)ler**[1]
Basler(in)[2] *m(f)* <-s, -; -, -nen> *s.* **Bas(e)ler**[2]
Basrelief *nt* <-s, -s> (ARCHIT, KUNST) bajorrelieve *m*
bass[RR] [bas] *adv:* **ich bin ~ erstaunt** (*fam*) esto me maravilla
Bass[RR] [bas, *pl:* 'bɛsə] *m* <-es, Bässe> **1.** (*Stimmlage, Sänger*) bajo *m* **2.** (*Instrument*) contrabajo *m*; (*elektrisch verstärkt*) bajo *m*
baß *adv s.* **bass**
Baß *m* <-sses, Bässe> *s.* **Bass**
Bassbariton[RR] *m* <-s, -e> (MUS) barítono *m* bajo; **Bassgeige**[RR] *f* <-, -n> (MUS) contrabajo *m*; **Bassgitarre**[RR] *f* <-, -n> (MUS) bajo *m*
Bassin [ba'sɛ̃:] *nt* <-s, -s> depósito *m* de agua
Bassist(in) [ba'sɪst] *m(f)* <-en, -en; -, -nen> **1.** (*Sänger*) bajo *m* **2.** (*Bassspieler*) contrabajo *mf*; (*elektrisch verstärkt*) bajo *mf*
Bassschlüssel[RR] *m* <-s, -> (MUS) clave *f* de fa; **Bassstimme**[RR] *f* <-, -n> (MUS) voz *f* de bajo
Bast [bast] *m* <-(e)s, -e> rafia *f*
basta ['basta] *interj* ¡basta!, ¡chitón!; **du kommst, (und damit) ~!** ¡vienes, y no se hable más!
Bastard ['bastart] *m* <-(e)s, -e> bastardo *m*; (BIOL) híbrido *m*
Bastardierung *f* <-, -en> (BIOL) cruce *m*
Bastei [bas'taɪ] *f* <-, -en> (HIST) baluarte *m*
Bastelarbeit *f* <-, -en> **1.** (*Handarbeit*) manualidades *fpl*, trabajos *mpl* manuales; (*handwerkliche Arbeit*) bricolaje *m*; (*knifflige Ar-*

beit) trabajo *m* de chinos **2.** (*Ergebnis*) manualidad *f*, trabajo *m* manual; **das Modellflugzeug ist eine ~ von mir** el aeromodelo lo he construido yo

Bastelei *f* <-, -en> (*fam abw: lästiges Basteln*) chapuza *f*; **ewig diese ~en! hol doch endlich mal einen Handwerker!** ¡siempre con estas chapuzas! ¡llama de una vez a un obrero!

basteln ['bastəln] **I.** *vi* **1.** (*Handarbeiten*) hacer trabajos manuales [*o* manualidades]; (*Hobbyheimwerk*) dedicarse al bricolaje **2.** (*reparieren*) (intentar) arreglar; **er bastelt an seinem Auto** intenta arreglar su coche **II.** *vt* hacer (a mano); **ich habe mir ein Modellflugzeug gebastelt** me he hecho [*o* construido] un aeromodelo

Basteln *nt* <-s, *ohne pl*> trabajo *m* manual; **das ~ von Modellschiffen ist sein Hobby** la construcción manual de modelos [*o* de maquetas] de barcos es su afición

Bastille [bas'ti:jə, bas'tɪlje] *f* <-, *ohne pl*> (HIST) Bastilla *f*; **der Sturm auf die ~ erfolgte 1789** la toma de la Bastilla tuvo lugar en 1789

Bastion [bas'tjo:n] *f* <-, -en> bastión *m*; **die letzte ~ des Kommunismus** el último bastión [*o* baluarte] del comunismo

Bastler(in) ['bastlɐ] *m(f)* <-s, -; -, -nen> aficionado, -a *m, f* a las manualidades [*o* al bricolaje]

Bastmatte *f* <-, -n> estera *f* de pleitas [*o* de rafias]

bat [ba:t] *3. imp von* **bitten**

BAT [be:ʔa:'te:] *m* (ADMIN) *Abk. von* **Bundesangestelltentarif** *convenio colectivo* (*federal*) *para empleados de los servicios públicos*; **er wird nach ~ IVb bezahlt** cobra según la tarifa colectiva IVb para empleados del servicio público

Bataillon [batal'jo:n] *nt* <-s, -e> (MIL) batallón *m*; **Bataillonskommandeur(in)** *m(f)* <-s, -e; -, -nen> (MIL) comandante *mf* de batallón, jefe, -a *m, f* de batallón

Batch [bɛtʃ] *f* <-, -s> (INFOR) lote *m*

Batholith [bato'li:t] *m* <-s *o* -en, -en> (GEO) batolito *m*

bathyal [baty'a:l] *adj* (GEO): **der ~e Bereich** la zona batial

Batik ['ba:tɪk] *f* <-, -en> batik *m* (*método de teñir tejidos*)

batiken ['ba:tɪkən] **I.** *vi* hacer batik; **sie batikt gern in ihrer Freizeit** le gustar hacer batik en su tiempo libre **II.** *vt* teñir con técnica de batik; **hast du das selbst gebatikt?** ¿lo has teñido al batik tú mismo?

Batist [ba'tɪst] *m* <-(e)s, -e> batista *f*

Batterie [batə'ri:] *f* <-, -n> **1.** (*Stromspeicher*) pila *f* **2.** (AUTO) batería *f* **3.** (*fam: Anzahl*) pila *f*; **eine ganze ~ (von) Maßnahmen** una artillería de medidas **4.** (MIL) batería *f*; **Batteriebetrieb** *m* <-(e)s, *ohne pl*> (ELEK) alimentación *f* a pilas; **Batterie- und Netzbetrieb** alimentación a pilas y por red; **batteriebetrieben** *adj* accionado por batería; **ein ~es Radiogerät** una radio a pilas; **Batteriegerät** *nt* <-(e)s, -e> (ELEK) aparato *m* a pilas

Batteriehuhn *nt* <-(e)s, -hühner> (*fam*) gallina *f* de ponedero automático

Batterieladegerät *nt* <-(e)s, -e> cargador *m* de baterías, recargador *m* de pilas

Batzen ['batsən] *m* <-s, -> **1.** (*Klumpen*) grumo *m*; (*Brocken*) pedazo *m*; **ein schöner ~ Geld** (*fam*) un dineral; **das ist ein schöner ~ Arbeit** (*fam*) tendré que sudar tinta en este trabajo **2.** (*alte Münze*) *moneda de plata de un valor de cuatro cruzados con la cabeza de un águila en una cara, usada en Alemania a partir del s. XV.* **3.** (*Schweiz: Zehnrappenstück*) moneda *f* de diez céntimos

Bau[1] [baʊ] *m* <-(e)s, *ohne pl*> **1.** (*das Bauen*) construcción *f*, edificación *f*; **sich im ~ befinden** estar en construcción **2.** (*fam: Baustelle*) construcción *f*, obra *f*; **auf dem ~ arbeiten** trabajar en la construcción **3.** (*sl: Gefängnis*) chirona *f*; **er kam für vier Tage in den ~** lo metieron por cuatro días en chirona **4.** (*Konstitution*) constitución *f*, complexión *f*; **von kräftigem ~ sein** ser de fuerte complexión

Bau[2] *m* <-(e)s, Bauten> (*Gebäude*) edificio *m*, construcción *f*

Bau[3] *m* <-(e)s, -e> (*Erdhöhle*) madriguera *f*

Bauabschnitt *m* <-(e)s, -e> tramo *m* en construcción; **Bauamt** *nt* <-(e)s, -ämter> oficina *f* de obras y construcciones; **Bauarbeiten** *fpl* obras *fpl* de construcción; **Bauarbeiter(in)** *m(f)* <-s, -; -, -nen> obrero, -a *m, f* de la construcción; **Bauart** *f* <-, -en> **1.** (ARCHIT) tipo *m* de construcción; (*Stil*) estilo *m* arquitectónico; **offene/geschlossene ~** construcción abierta/cerrada; **diese ~ gleicht derjenigen von Hundertwasser** este estilo se parece al de Hundertwasser **2.** (TECH) modelo *m*; **diese ~ gibt es heute nicht mehr** este modelo ya no existe [*o* ya no lo hay]

Bauaufsichtsbehörde *f* <-, -n> (ADMIN) autoridad *f* supervisora de las construcciones

Baubaracke *f* <-, -n> *s.* **Baubude**; **Baubeginn** *m* <-(e)s, *ohne pl*> comienzo *m* de edificación; **Baubeitrag** *m* <-(e)s, -träge> (*Schweiz: Bauzuschuss*) ayuda *f* a la construcción; **Baubeschrieb** *m* <-(e)s, -e> (*Schweiz: Baubeschreibung*) plan *m* detallado de construcción; **Bauboom** *m* <-s, -s> (WIRTSCH) boom *m* en el ramo de la construcción, auge *m* en el sector de las construcciones; **Baubude** *f* <-, -n> caseta *f* de los obreros de la construcción

Bauch [baʊx, *pl:* 'bɔɪçə] *m* <-(e)s, Bäuche> **1.** (*bei Mensch, Tier*) vientre *m*, barriga *f*, panza *f*, tripa *f fam*, timba *f Am*; **er hat einen aufgeblähten ~** tiene el vientre hinchado; **mein Vater hat einen ~ bekommen** a mi padre le ha salido [*o* mi padre ha echado]

barriga; **sich** *dat* **den ~ mit etw voll schlagen** (*fam*) darse una panzada de algo, ponerse morado de algo; **etw aus dem hohlen ~ heraus behaupten** afirmar [*o* sostener] algo sin conocimiento de causa; **etw aus dem ~ heraus entscheiden** decidir algo por intuición; **mit etw auf den ~ fallen** (*fam*) darse un planchazo; **ein voller ~ studiert nicht gern** (*prov*) barriga gruesa no engendra entendimiento **2.** (*bei Flasche, Vase*) vientre *m,* panza *f;* (*bei Schiff, Flugzeug*) casco *m;* **Bauchansatz** *m* <-es, -sätze> barriga *f* incipiente; **Bauchbinde** *f* <-, -n> **1.** (MED) faja *f* **2.** (*Zigarre*) vitola *f* **3.** (*Buch*) tira *f,* faja *f;* **Bauchdecke** *f* <-, -n> (ANAT) pared *f* abdominal

Bauchfell *nt* <-(e)s, -e> (ANAT) peritoneo *m;* **Bauchfellentzündung** *f* <-, -en> (MED) peritonitis *f inv*

Bauchfleisch *nt* <-(e)s, *ohne pl*> (GASTR) panceta *f;* **Erbseneintopf mit ~** potaje de guisantes con panceta; **Bauchgrimmen** *nt* <-s, *ohne pl*> (*alt*) dolor *m* de barriga [*o* de tripas]

Bauchhöhle *f* <-, -n> (ANAT) cavidad *f* abdominal; **Bauchhöhlenschwangerschaft** *f* <-, -en> (MED) embarazo *m* extrauterino

bauchig ['baʊxɪç] *adj* barrigudo, abombado

Bauchklatscher *m* <-s, -> (*fam*) plancha *f* (en el agua); **Bauchladen** *m* <-s, -läden> buhonería *f,* bandeja *f* de tabaquera; **Bauchlandung** *f* <-, -en> (AERO) aterrizaje *m* ventral

bäuchlings *adv* boca abajo, (tumbado) sobre el vientre; **~ fallen** caerse de boca; **~ ins Wasser springen** (*fam*) darse un tripazo contra el agua

Bauchmuskeln *mpl* (ANAT) músculos *mpl* abdominales; **Bauchnabel** *m* <-s, -> ombligo *m*

bauchreden *vi* practicar la ventriloquía; **Bauchredner(in)** *m(f)* <-s, -; -, -nen> ventrílocuo, -a *m, f;* **Bauchschmerzen** *mpl* dolores *mpl* de barriga

Bauchschuss[RR] *m* <-es, -schüsse> (MED) disparo *m* en el vientre, tiro *m* en el vientre; **Bauchspeck** *m* <-(e)s, *ohne pl*> (GASTR) panceta *f*

Bauchspeicheldrüse *f* <-, -n> páncreas *m inv;* **Bauchspeicheldrüsenkrebs** *m* <-es, -e> (MED) cáncer *m* de páncreas

Bauchtanz *m* <-es, -tänze> danza *f* oriental; **Bauchtänzerin** *f* <-, -nen> danzarina *f* oriental

Bauchwassersucht *f* <-, -en *o* -süchte> (MED) hidropesía *f*

Bauchweh *nt* <-s, *ohne pl*> (*fam*) dolor *m* de tripa [*o* barriga]

Baud [bɔːt] *nt* <-(s), -> (INFOR, TEL) baudio *m*

Baudenkmal *nt* <-(e)s, -mäler> monumento *m* conmemorativo; **Bauelement** *nt* <-(e)s, -e> **1.** (ARCHIT) elemento *m* de construcción, pieza *f* componente **2.** (ELEK, INFOR) componente *m*

bauen ['baʊən] **I.** *vt* **1.** (*errichten*) construir, edificar; (*Nest*) hacer **2.** (*fam: verursachen*) hacer; (*Unfall*) tener, originar; **da hast du Mist gebaut** has metido la pata **II.** *vi* **1.** (*vertrauen*) confiar (*auf* en) **2.** (*sich verlassen*) contar (*auf* con)

Bauentwurf *m* <-(e)s, -würfe> (ARCHIT) proyecto *m* de construcción

Bauer[1] ['baʊɐ] *m* <-s, -> **1.** (*Schachfigur*) peón *m* **2.** (*Spielkarte*) ≈sota *f*

Bauer[2] *m o nt* <-s, -> (*Vogelkäfig*) jaula *f*

Bauer[3] *m* <-n *o* -s, -n>, **Bäuerin** *f* <-, -nen> **1.** (*Landwirt*) agricultor(a) *m(f);* (*Landarbeiter*) labrador(a) *m(f),* campesino, -a *m, f,* concho, -a *m, f ZAm* **2.** (*abw: ungebildeter Mensch*) patán *m,* rústico, -a *m, f;* (*fam abw*) paleto, -a *m, f,* rural *mf Am*

Bäuerchen ['bɔɪɐçən] *nt* <-s, -> (*fam*) regüeldo *m,* eructo *m;* **ein ~ machen** soltar un eructo

Bäuerin ['bɔɪərɪn] *f* <-, -nen> *s.* **Bauer**[3]

bäu(e)risch *adj* rústico, guaso *SAm*

bäuerlich *adj* campesino, rústico, jíbaro *Am*

Bauernaufstand *m* <-(e)s, -aufstände> sublevación *f* campesina, rebelión *f* campesina; **Bauernbrot** *nt* <-(e)s, -e> ≈pan *m* de pueblo (*de centeno*); **Bauernbub** *m* <-en, -en> (*südd, Österr, Schweiz*) *s.* Bauernjunge; **Bauernfang** *m:* **auf ~ ausgehen** (*abw*) ir a engañar, buscar tontos; **im Wahlkampf gehen die Parteien wieder auf ~ aus** (*abw*) en la campaña electoral los partidos van otra vez a engañar a la gente; **Bauernfänger(in)** *m(f)* <-s, -; -, -nen> (*abw*) estafador(a) *m(f),* engañabobos *mf inv*

Bauernfängerei *f* <-, -en> engañabobos *m inv*

Bauernfängerin *f* <-, -nen> *s.* Bauernfänger; **Bauernfrühstück** *nt* <-(e)s, -e> *desayuno fuerte, a base de patatas rehogadas, huevos revueltos y tocino;* **Bauernhaus** *nt* <-es, -häuser> casa *f* de labranza; **Bauernhochzeit** *f* <-, -en> boda *f* campesina (*celebrada por todo lo alto en la granja*); **Bauernhof** *m* <-(e)s, -höfe> granja *f;* **Bauernjunge** *m* <-n, -n> mozo *m* campesino; (*Bauernsohn*) hijo *m* de campesinos; **Bauernkrieg** *m* <-(e)s, *ohne pl*> (HIST) Guerra *f* de los Labradores (*de 1525*); **Bauernmöbel** *nt* <-s, -> mueble *m* rústico; **das Esszimmer ist mit ~n eingerichtet** el comedor está amueblado en estilo rústico; **Bauernopfer** *nt* <-s, -> (*Schachspiel*) sacrificio *m* del peón; **Bauernregel** *f* <-, -n> almanaque *m* campesino

Bauernschaft[1] *f* <-, -en> (*ländliches Gebiet*) zona *f* rural; **gebürtig kommt er aus der ~ Midlich** por nacimiento procede de la zona rural de Midlich

Bauernschaft[2] *f* <-, *ohne pl*> (*Gesamtheit der Bauern*) campesinado *m,* campesinos *mpl*

bauernschlau *adj* astuto, bellaco; **Bauern-**

schläue *f* <-, *ohne pl*> agudeza *f*, ingeniosidad *f*; **Bauerntölpel** *m* <-s, -> (*abw*) patán *m*; **Bauernverband** *m* <-(e)s, -bände> asociación *f* de agricultores

Bauersfrau *f* <-, -en> *s.* Bäuerin; **Bauersleute** *pl* **1.** (*Bauern*) campesinos *mpl*, labriegos *mpl* **2.** (*Bauer und Bäuerin*) matrimonio *m* de campesinos

Bauerwartungsland ['baʊɐ'vartʊŋslant] *nt* <-(e)s, *ohne pl*> (ADMIN) suelo *m* de reserva urbana, zona *f* edificable prevista

baufällig *adj* ruinoso, en ruina

Baufälligkeit *f* <-, *ohne pl*> estado *m* ruinoso, amenaza *f* de ruina

Baufehler *m* <-s, -> defecto *m* de construcción; **Baufirma** *f* <-, -firmen> empresa *f* constructora; **Bauführer(in)** *m(f)* <-s, -; -, -nen> aparejador(a) *m(f)*; **Baugelände** *nt* <-s, -> zona *f* de edificación; **Baugeld** *nt* <-es, -er> dinero *m* disponible para edificar; **Baugenehmigung** *f* <-, -en> permiso *m* de edificación, licencia *f* de construcción; **vorläufige** ~ licencia provisional de construcción; **Baugenossenschaft** *f* <-, -en> (WIRTSCH) cooperativa *f* de construcciones; **Baugerüst** *nt* <-(e)s, -e> andamio *m*, andamiaje *m*; **Baugeschäft** *nt* <-(e)s, -e> pequeña (empresa *f*) constructora *f*; **Baugesellschaft** *f* <-, -en> empresa *f* constructora, compañía *f* contratista; **Baugewerbe** *nt* <-s, *ohne pl*> ramo *m* de la construcción; **Baugrube** *f* <-, -n> zanja *f* (de una obra); **Baugrundstück** *nt* <-(e)s, -e> solar *m*; **Baugruppe** *f* <-, -n> grupo *m* de construcción; **Bauhandwerker(in)** *m(f)* <-s, -; -, -nen> obrero, -a *m, f* especializado, -a de la construcción

Bauhaus *nt* <-es, *ohne pl*> (ARCHIT, KUNST) (estilo *m*) Bauhaus *m*

Bauherr(in) *m(f)* <-(e)n, -(e)n; -, -nen> propietario, -a *m, f*; **Bauholz** *nt* <-es, -hölzer> madera *f* de construcción; **Bauimperium** *nt* <-s, -imperien> (WIRTSCH) imperio *m* de la construcción; **Bauindustrie** *f* <-, *ohne pl*> industria *f* de la construcción; **Bauingenieur(in)** *m(f)* <-s, -e; -, -nen> ingeniero, -a *m, f* civil [*o* de caminos, canales y puertos]; **Baujahr** *nt* <-(e)s, -e> **1.** (*von Gebäuden*) año *m* de construcción **2.** (*von Fahrzeugen*) año *m* de fabricación

Baukasten *m* <-s, – *o* -kästen> juego *m* de construcción (con cubos); **Baukastenprinzip** *nt* <-s, *ohne pl*> principio *m* de construcción modular; **Baukastensystem** *nt* <-s, *ohne pl*> (TECH) sistema *m* de montaje por módulos normalizados; **im** ~ en módulos

Bauklotz *m* <-es, -klötze> cubos *mpl* aplicables, juego *m* de construcción; **Bauklötze staunen** (*fam*) quedarse atónito, quedarse a cuadros, alucinar a colores; **Bauklötzchen** ['baʊklœtsçən] *nt* <-s, -> cubos *mpl* aplicables, juego *m* de construcción; **Baukommission** *f* <-, -en> comisión *f* supervisora de una obra; **Baukonjunktur** *f* <-, -en> (WIRTSCH) coyuntura *f* en construcciones

Baukosten *pl* gastos *mpl* de construcción; **Baukostenzuschuss**[RR] *m* <-es, -schüsse> participación *f* en los costes de construcción (*mediante la que el futuro inquilino adquiere el derecho a la vivienda*)

Baukran *m* <-(e)s, -kräne *o* -e> (TECH) grúa *f* de construcciones; **Baukredit** *m* <-(e)s, -e> crédito *m* a la construcción; **Baukunst** *f* <-, *ohne pl*> (*geh*) arquitectura *f*; **die ~ der Spanier/der Renaissance** la arquitectura española/renacentista; **Bauland** *nt* <-(e)s, *ohne pl*> terreno *m* de edificación, solar *m*; **Bauleiter(in)** *m(f)* <-s, -; -, -nen> director(a) *m(f)* de la obra; **Bauleitung** *f* <-, -en> **1.** (*Aufsicht*) dirección *f* de las obras; (*Büro*) oficina *f* de (dirección de) obras **2.** (*Bauleiter*) aparejador(a) *m(f)*

baulich *adj* arquitectónico; **~e Veränderungen vornehmen** realizar cambios arquitectónicos

Baulichkeit *f* <-, -en> (*formal*) edificación *f*; **vor Ort überprüfte er den Zustand der ~en** comprobó in situ el estado de las edificaciones

Baulöwe *m* <-n, -n> (*fam abw*) *constructor sin escrúpulos*; **Baulücke** *f* <-, -n> solar *m* entre edificios

Baum [baʊm, *pl:* 'bɔɪmə] *m* <-(e)s, Bäume> **1.** (BOT) árbol *m*; **auf einen ~ klettern** trepar [*o* subir] a un árbol; **stark wie ein ~** fuerte como un roble; **Bäume ausreißen können** (*fam*) rebosar de vitalidad; **der ~ der Erkenntnis** el árbol de la ciencia (del bien y del mal) **2.** (INFOR: *Struktur*) árbol *m*

Baumarkt *m* <-(e)s, -märkte> mercado *m* de materiales para la construcción; **Baumaschine** *f* <-, -n> máquina *f* de construcción; **Baumaterial** *nt* <-s, -ien> material *m* de construcción

Baumbestand *m* <-(e)s, -stände> arbolado *m*; **Grundstück mit altem ~** terreno con arbolado viejo; **baumbestanden** *adj* arbolado; **auf diesem ~en Grundstück darf nicht gebaut werden** en este terreno arbolado no se puede construir

Baumeister(in) *m(f)* <-s, -; -, -nen> (*Erbauer*) constructor(a) *m(f)*, autor(a) *m(f)*; (*Beruf*) arquitecto, -a *m, f* técnico, -a

baumeln ['baʊməln] *vi* (*fam*) bambolearse, balancearse

bäumen *vr:* **sich ~ 1.** (*Pferd*) encabritarse, bellaquearse *Am*, alebrestarse *Kol, Ven*, enarcarse *Mex* **2.** (*sich auflehnen*) rebelarse (*gegen* contra)

Baumfarn *m* <-(e)s, -e> (BOT) helecho *m* arbóreo; **Baumgrenze** *f* <-, -n> límite *m* de la arboleda; **Baumgruppe** *f* <-, -n> arboleda *f*; **baumhoch** *adj* alto como un árbol, de la altura de un árbol; **Baumkrone** *f* <-, -n> copa *f*; **Baumkultur** *f* <-, -en> arboricultura *f*; **baumlang** *adj* (*fam*) tan alto como [*o*

B

más alto que] la copa de un pino; **Baumläufer** *m* <-s, -> (ZOOL) agateador *m;* **baumlos** *adj* sin árboles, desarbolado; **Baumnuss**[RR] *f* <-, -nüsse> (*Schweiz: Walnuss*) nuez *f;* **Baumriese** *m* <-n, -n> (*geh*) árbol *m* gigante(sco); **Baumrinde** *f* <-, -n> corteza *f;* **Baumschere** *f* <-, -n> podadera *f;* **Baumschule** *f* <-, -n> plantel *m,* semillero *m;* **Baumstamm** *m* <-(e)s, -stämme> tronco *m;* **baumstark** *adj* fuerte como un roble; **Baumsterben** *nt* <-s, *ohne pl*> muerte *f* de los bosques; **Baumstruktur** *f* <-, -en> (INFOR) estructura *f* en árbol; **Baumstumpf** *m* <-(e)s, -stümpfe> tocón *m;* (*Ballen*) cepellón *m;* **Baumwipfel** *m* <-s, -> cima *f* de un árbol

Baumwolle *f* <-, *ohne pl*> algodón *m*

baumwollen *adj* de algodón

Baumwollernte *f* <-, -n> cosecha *f* de algodón; **Baumwolllunge**[RR] *f* <-, -n> pulmón *m* de algodón; **Baumwollpflanzung** *f* <-, -en> plantación *f* de algodón, algodonal *m;* **Baumwollspinnerei** *f* <-, -en> hilatura *f* de algodón; **Baumwollstaude** *f* <-, -n> algodonero *m;* **Baumwollstoff** *m* <-(e)s, -e> tejido *m* de algodón, tela *f* de algodón

Baumzucht *f* <-, *ohne pl*> (AGR) arboricultura *f*

Bauobligationen *fpl* (FIN) bonos *mpl* de construcción

Bauordnung *f* <-, -en> (ADMIN) ordenanza *f* de construcciones; **Bauordnungsamt** *nt* <-(e)s, -ämter> autoridad *f* supervisora de las obras de construcción

Bauplan *m* <-(e)s, -pläne> **1.** (*Entwurf*) plan *m* de ejecución de las obras **2.** (*Bauvorhaben*) proyecto *m* de construcción; **Bauplanung** *f* <-, -en> planificación *f* de construcciones; **Bauplatz** *m* <-es, -plätze> solar *m;* **Baupolizei** *f* <-, -en> inspección *f* urbanística; **Baupreis** *m* <-es, -e> precio *m* de construcción; **Bauprojekt** *nt* <-(e)s, -e> proyecto *m* de construcción; **Baurecht** *nt* <-s, *ohne pl*> (JUR) derecho *m* de construcción; **Baureihe** *f* <-, -n> serie *f* (de construcción)

bäurisch *adj s.* **bäuerisch**

Bauruine *f* <-, -n> (*fam*) construcción *f* sin terminar [*o* en ruinas]; **Bausatz** *m* <-es, -sätze> (TECH) equipo *m* de construcción

Bausch [baʊʃ] *m* <-(e)s, -e *o* Bäusche> (*Watte*) pelota *f* (de algodón); **in ~ und Bogen** a bulto, en bloque

Bauschäden *mpl* daños *mpl* en la construcción

bauschen [ˈbaʊʃən] **I.** *vi* (*bauschig sein*) ser abombado; **eine Bluse mit ~den Ärmeln** una blusa con mangas abombadas; **der Rock sitzt nicht gut, er bauscht an den Hüften** la falda no sienta bien, hace bolsas en las caderas **II.** *vt* **1.** (*blähen*) hinchar, henchir *geh;* **der Wind bauschte die Segel** el viento henchía las velas **2.** (*raffen*) ahuecar, abombar; **gebauschte Ärmel waren im 16. Jahrhundert modern** las mangas abombadas estaban de moda en el siglo XVI **III.** *vr:* **sich ~** hincharse; (*Kleidung*) abombarse; **sich nach außen/innen ~** abombarse hacia dentro/hacia fuera; **die Vorhänge bauschten sich mit jedem Windstoß** las cortinas se hinchaban a cada golpe de viento

bauschig *adj* **1.** (*weich, füllig*) mullido, blando **2.** (*weit, gewölbt*) abombado

Bauschlosser(in) *m(f)* <-s, -; -, -nen> cerrajero, -a *m, f* de obras; **Bauschutt** *m* <-(e)s, *ohne pl*> escombros *mpl*

Bauspardarlehen [ˈbaʊʃpaːɐ-] *nt* <-s, -> (FIN) préstamo *m* de ahorro-vivienda

bausparen *vi* ahorrar para vivienda

Bausparer(in) *m(f)* <-s, -; -, -nen> poseedor(a) *m(f)* de una cuenta de ahorro-vivienda

Bausparförderung *f* <-, -en> (FIN) promoción *f* de ahorro-vivienda; **Bausparkasse** *f* <-, -n> caja *f* de ahorro(s) para la construcción; **Bausparkonto** *nt* <-s, -konten> cuenta-vivienda *f;* **Bausparvertrag** *m* <-(e)s, -träge> cuenta-vivienda *f*

Bauspekulant(in) *m(f)* <-en, -en; -, -nen> (WIRTSCH) especulante *mf* en construcciones; **Bausperre** *f* <-, -n> suspensión *f* del permiso de construcción; **Baustein** *m* <-(e)s, -e> **1.** (ARCHIT) piedra *f* de construcción **2.** (*Bestandteil*) componente *m;* (*Beitrag*) contribución *f;* **elektronischer ~** (INFOR) chip *m*

Baustelle *f* <-, -n> obras *fpl;* **Betreten der ~ verboten!** ¡prohibida la entrada a toda persona ajena a las obras!; **Baustellenfertigung** *f* <-, *ohne pl*> (WIRTSCH) fabricación *f* en el lugar de la obra

Baustil *m* <-(e)s, -e> (ARCHIT) estilo *m* arquitectónico; **Baustoff** *m* <-(e)s, -e> **1.** (*Baumaterial*) material *m* de construcción **2.** (BIOL) substancia *f* orgánica; **Baustopp** *m* <-s, -s> interrupción *f* de las obras; **einen ~ verhängen** prohibir las obras; **Bausubstanz** *f* <-, *ohne pl*> estructura *f* (del edificio); **Bautechniker(in)** *m(f)* <-s, -; -, -nen> técnico, -a *m, f* de obras

Bauteil[1] *m* <-(e)s, -e> (*Teil des Gebäudes*) parte *f* (de un edificio)

Bauteil[2] *nt* <-(e)s, -e> (*Teil zum Bauen*) elemento *m;* (*Teil einer Maschine*) componente *m* (de una máquina)

Bauten [ˈbaʊtən] *pl von* **Bau**[2]

Bautischler(in) *m(f)* <-s, -; -, -nen> carpintero, -a *m, f* de obra; **Bauträger(in)** *m(f)* <-s, -; -, -nen> promotor(a) *m(f)* de las obras; **~ des neuen Finanzamtes ist das Land Bayern** el Estado Federal de Baviera promueve las obras de la nueva Delegación de Hacienda; **Bautrupp** *m* <-s, -s> **1.** (*für Bauarbeiten*) cuadrilla *f* de obreros de la construcción **2.** (TECH: *Montagetrupp*) cuadrilla *f* de montaje; **Bauunternehmen** *nt* <-s, -> compañía *f* de construcciones; **Bauunter-**

nehmer(in) *m(f)* <-s, -; -, -nen> contratista *mf* de obras; **Bauverbot** *nt* <-(e)s, -e> prohibición *f* de edificar; (*Unterbrechung*) suspensión *f* de obras; **Bauvorhaben** *nt* <-s, -> proyecto *m* de construcción; **Bauweise** *f* <-, -n> método *m* constructivo, estilo *m;* **Bauwerk** *nt* <-(e)s, -e> edificio *m,* construcción *f;* **Bauwesen** *nt* <-s, *ohne pl*> (sector *m* de la) construcción *f;* **kommunales** ~ construcción municipal; **Bauwirtschaft** *f* <-, *ohne pl*> ramo *m* de la construcción

Bauxit [baʊ'ksiːt] *m* <-s, -e> bauxita *f*

bauz [baʊts] *interj* (*Kind*) ¡(cata)pum!, ¡cataplum!; **und ~, da liegst du!** ¡y catapum, al suelo!; **wenn du herunterfällst, machst du ~ und das tut weh** si te caes, haces cataplum y eso hace pupa

Bauzaun *m* <-(e)s, -zäune> valla *f* de una obra; **Bauzeichnung** *f* <-, -en> **1.** (ARCHIT) plano(s) *m(pl)* de obra **2.** (TECH) plano(s) *m(pl)* de construcción; **Bauzeit** *f* <-, -en> duración *f* de las obras de construcción

Bayer(in) ['baɪɐ] *m(f)* <-n, -n; -, -nen> bávaro, -a *m, f*

bay(e)risch ['baɪ(ə)rɪʃ] *adj* bávaro, de Baviera

Bayern ['baɪɐn] *nt* <-s> Baviera *f*

Bayreuth [baɪ'rɔɪt] *nt* <-s> Bayreuth *m*

bayrisch *adj s.* **bay(e)risch**

bazillär [batsɪ'lɛːɐ] *adj* bacilar

Bazillus [ba'tsɪlʊs] *m* <-, Bazillen> bacilo *m*

BCG-Schutzimpfung *f* <-, -en> (MED) vacuna *f* contra la tuberculosis

Bd. *Abk. von* **Band** t., vol.

BDA *Abk. von* **Bund Deutscher Architekten** Asociación *f* de Arquitectos Alemanes, ≈Colegio *m* de Arquitectos

Bde. *Abk. von* **Bände** ts., vols.

BDI [beːdeː'ʔiː] *m* <-> *Abk. von* **Bundesverband der Deutschen Industrie** Asociación *f* Federal de Industrias Alemanas

BDÜ [beːdeː'ʔyː] *m* <-> *Abk. von* **Bundesverband der Dolmetscher und Übersetzer** Asociación *f* Federal de Traductores e Intérpretes

B-Dur *nt* <-s, *ohne pl*> (MUS) si *m* bemol mayor

Be (CHEM) *Abk. von* **Beryllium** Be

BE *f* (MED) *Abk. von* **Broteinheit** unidad *f* alimenticia

beabsichtigen* *vt* proyectar, tener la intención (de); **das war nicht beabsichtigt!** ¡no fue intencionado!; **ich beabsichtige nächste Woche nach San Sebastián zu fahren** tengo la intención de ir a San Sebastián la semana que viene; **die beabsichtigte Wirkung trat nicht ein** no se produjo el resultado previsto

beachten* *vt* **1.** (*Aufmerksamkeit schenken*) atender (a), prestar atención (a); (*Rat*) seguir; **nicht ~** desatender, pasar por alto **2.** (*Vorschrift*) cumplir (con) **3.** (*berücksichtigen*) tener en cuenta, considerar; **es ist zu ~, dass ...** hay que considerar que... **4.** (*bemerken*) fijarse (en), observar; **beachtenswert** *adj* notable

beachtlich *adj* **1.** (*beträchtlich*) considerable, notable **2.** (*wichtig*) importante

Beachtung *f* <-, *ohne pl*> atención *f;* (*der Gesetze*) observancia *f;* **unter** [*o* **bei**] **~ der Situation** considerando la situación; **etw** *dat* (**keine**) **~ schenken** (no) hacer caso de [*o* a] algo; **~ verdienen** merecer atención

Beamte(r) *mf* <-n, -n; -n, -n>, **Beamtin** *f* <-, -nen> funcionario, -a *m, f* del Estado; **richterlicher ~r** oficial de justicia; **ein hoher ~r** un alto funcionario del Estado; **~r auf Lebenszeit/Widerruf** funcionario vitalicio/interino; **Beamtenanwärter(in)** *m(f)* <-s, -; -, -nen> (ADMIN) aspirante *mf* a cargo de funcionario; **Beamtenapparat** *m* <-(e)s, -e> (*fam abw*) funcionariado *m;* **Beamtenbeleidigung** *f* <-, -en> desacato *m* a la autoridad; **Beamtenbestechung** *f* <-, -en> cohecho *m,* soborno *m* de funcionarios públicos; **Beamtendeutsch** *nt* <-, *ohne pl*> (*abw*) jerga *f* administrativa; **Beamtenlaufbahn** *f* <-, -en> (ADMIN) carrera *f* de funcionario; **Beamtenmentalität** *f* <-, -en> (*abw*) mentalidad *f* de funcionario; **Beamtenrecht** *nt* <-s, *ohne pl*> (JUR) derecho *m* de funcionarios

Beamtenschaft *f* <-, *ohne pl*> funcionariado *m,* cuerpo *m* de funcionarios

Beamtenstelle *f* <-, -n> puesto *m* de funcionario; **feste ~** puesto fijo de funcionario

Beamtentum *nt* <-s, *ohne pl*> funcionariado *m,* personal *m* administrativo

Beamtenverhältnis *nt* <-ses, -se>: **im ~ stehen** tener calidad de funcionario; **in das ~ übernommen werden** pasar a ser funcionario [*o* a tener calidad de funcionario]

beamtet *adj* empleado como funcionario

Beamtin *f* <-, -nen> *s.* **Beamte(r)**

beängstigen* [bə'ʔɛŋstɪgən] *vt* atemorizar, dar miedo

beängstigend *adj* alarmante

beanspruchen* [bə'ʔanʃprʊxən] *vt* **1.** (*fordern, verlangen*) exigir, reclamar **2.** (*Zeit, Platz*) exigir, requerir **3.** (*Hilfe, Gastfreundschaft*) recurrir (a) **4.** (*Geduld*) poner a prueba; (*Maschine*) usar, someter a un esfuerzo; (*Person*) ocupar

Beanspruchung *f* <-, -en> **1.** (*das Inanspruchnehmen*) utilización *f,* empleo *m* **2.** (*eines Menschen*) exigencia *f* **3.** (*Abnutzung*) desgaste *m*

beanstanden* *vt* poner reparos (a), objetar

Beanstandung *f* <-, -en> objeción *f,* reparo *m;* **es gibt** (**keinen**) **Grund zur ~** (no) hay motivo de queja

beantragen* *vt* solicitar, pedir

beantworten* [bə'ʔantvɔrtən] *vt* contestar, responder

Beantwortung *f* <-, -en> respuesta *f;* **in ~**

Ihres Schreibens vom ... en respuesta a su carta del..., contestando su carta del...

bearbeiten* *vt* **1.** (*behandeln*) tratar, trabajar; (*Stein*) labrar; (*Rohstoffe*) elaborar **2.** (*sich befassen mit*) ocuparse (de), trabajar; (*Fall, Antrag*) tramitar **3.** (*Musikstück*) transcribir, arreglar; (*Thema*) trabajar; (*Text*) revisar; (*für den Film*) adaptar **4.** (*schlagen*) pegar; **jdn mit den Fäusten** ~ (*fam*) darle una paliza a alguien **5.** (*fam: einreden*): **jdn** ~ tratar de persuadir a alguien

Bearbeiter(in) *m(f)* <-s, -; -, -nen> **1.** (*Sachbearbeiter*) encargado, -a *m, f* **2.** (*Text*) autor(a) *m(f)*, corrector(a) *m(f)*; (MUS) arreglista *mf*, adaptador(a) *m(f)*; **Bearbeiterurheberrecht** *nt* <-(e)s, -e> derecho *m* autoral de revisor

Bearbeitung *f* <-, -en> **1.** (*das Bearbeiten*) (trabajo *m* de) elaboración *f*; (*Buch*) revisión *f*; ~ **eines Kreditantrags** tramitación de un crédito; **manuelle/maschinelle** ~ elaboración manual/a máquina; **etw ist in** ~ algo está en tramitación **2.** (*überarbeitete Fassung*) adaptación *f* **3.** (MUS) transcripción *f*; **Bearbeitungsdauer** *f* <-, *ohne pl*> (*eines Antrags*) tiempo *m* de tramitación; (*eines Produktes*) tiempo *m* de elaboración; **Bearbeitungsgebühr** *f* <-, -en> (ADMIN) tarifa *f* de tramitación; **Bearbeitungsrechte** *ntpl* derechos *mpl* de revisión; **Bearbeitungsverfahren** *nt* <-s, -> proceso *m* de elaboración

beargwöhnen* [bəˈʔarkvøːnən] *vt* (*geh*) sospechar (de), desconfiar (de)

Beat [biːt] *m* <-(s), *ohne pl*> (MUS) beat *m*; **Beatband** [ˈbiːtˈbɛnt] *f* <-, -s> conjunto *m* beat, grupo *m* beat

beatmen* *vt* (MED) practicar la respiración artificial; **er wird künstlich beatmet** se le practica la respiración artificial

Beatmung *f* <-, -en> (MED): (**künstliche**) ~ respiración *f* artificial; (*mit Beatmungsgeräten*) respiración *f* asistida; **Beatmungsgerät** *nt* <-(e)s, -e> (MED) respirador *m*, aparato *m* de respiración (artificial)

Beatmusik [ˈbiːtmuˈziːk] *f* <-, *ohne pl*> beat *m*

Beatnik [ˈbiːtnɪk] *m* <-s, -s> (HIST) beatnik *mf*

Beau [boː] *m* <-, -s> guaperas *m inv fam*

Beaufortskala [ˈboːfɐt-] *f* <-, -skalen> (METEO) escala *f* de Beaufort

beaufsichtigen* *vt* **1.** (*Schüler*) vigilar **2.** (*Arbeit, Bau*) controlar, supervisar

Beaufsichtigung *f* <-, -en> vigilancia *f*, supervisión *f*; **unter** ~ bajo custodia

beauftragen* *vt* encargar, encomendar; **jdn mit etw** ~ encomendar algo a alguien

Beauftragte(r) *mf* <-n, -n; -n, -n> encargado, -a *m, f*, comisionado, -a *m, f*

beäugen* *vt* escrutar, escudriñar; **jdn vorsichtig** ~ examinar cuidadosamente a alguien

bebaubar *adj* cultivable

bebauen* *vt* **1.** (*mit Gebäuden*) edificar, construir (en); (*verstädtern*) urbanizar **2.** (*Acker*) cultivar, labrar

Bebauung *f* <-, -en> edificación *f*, urbanización *f*; **Bebauungsplan** *m* <-(e)s, -pläne> plan *m* de urbanización

Bébé [beˈbeː] *nt* <-s, -s> (*Schweiz*) bebé *m*

beben [ˈbeːbən] *vi* temblar; **vor Angst** ~ temblar de miedo; **vor seinem Vater** ~ temblar ante su padre

Beben *nt* <-s, -> seísmo *m*, terremoto *m*

bebildern* *vt* ilustrar

Bebilderung *f* <-, -en> **1.** (*das Bebildern*) ilustración *f*; **die** ~ **eines Zeitungsartikels** la ilustración de un artículo de periódico **2.** (*die Bilder*) ilustraciones *fpl*; **die fünffarbige** ~ **drückt den Preis nach oben** las ilustraciones en cinco colores hacen subir el precio

bebrillt *adj* (*fam*) con gafas, que lleva gafas, que lleva anteojos *Am*; **seit wann bist du** ~? ¿desde cuándo llevas gafas?

Becher [ˈbɛçɐ] *m* <-s, -> vaso *m*, taza *f*; (*Joghurt~*) tarrina *f*

bechern [ˈbɛçɐn] *vi* (*fam*) empinar el codo

bechterewsche Krankheit[RR] *f* <-, *ohne pl*> (MED) espondiloartritis *f inv*

becircen* [bəˈtsɪrtsən] *vt* (*fam*) embelesar

Becken [ˈbɛkən] *nt* <-s, -> **1.** (*Wasch~*) lavabo *m*; (*Spül~*) pila *f*; (*Schwimm~*) piscina *f* **2.** (ANAT) pelvis *f inv* **3.** (MUS) platillos *mpl* **4.** (GEO) cuenca *f*; **Beckenbruch** *m* <-(e)s, -brüche> (MED) fractura *f* de la pelvis; **Beckenknochen** *m* <-s, -> hueso *m* ilíaco

Becquerel [bɛkəˈrɛl] *nt* <-s, -> (PHYS) becquerel *m*

bedachen* *vt* techar (*mit* con); (*bedecken*) cubrir (*mit* de); **über den Fluss führt eine bedachte Brücke** por encima del río hay un puente cubierto; **der Neubau steht, er muss nur noch bedacht werden** el nuevo edificio ya está construido, sólo hay que techarlo

bedacht [bəˈdaxt] **I.** *pp von* **bedachen, bedenken II.** *adj* (*umsichtig*) cuidadoso, prudente; (*überlegt*) deliberado; ~ **handeln** actuar premeditadamente; **auf seinen Ruf** ~ **sein** cuidar su fama; **darauf** ~ **sein, dass ...** cuidar de que +*subj*

Bedacht *m* <-(e)s, *ohne pl*> (*geh*): **etw mit** ~ **tun** (*überlegt*) hacer algo deliberadamente; (*vorsichtig*) hacer algo con cuidado; **ohne** ~ sin prudencia

Bedachte(r) *mf* <-n, -n; -n, -n> (JUR) legatario, -a *m, f*, beneficiario, -a *m, f* del testamento

bedächtig [bəˈdɛçtɪç] *adj* **1.** (*langsam*) mesurado, lento **2.** (*vorsichtig*) prudente, cuidadoso

Bedächtigkeit *f* <-, *ohne pl*> discreción *f*, prudencia *f*; (*Umsicht*) circunspección *f*

bedachtsam *adj* (*geh*) prudente, discreto, cuidadoso

Bedachung *f* <-, -en> **1.** (*das Bedachen*) construcción *f* de un tejado **2.** (*Dach*) techo *m*, techado *m*, techumbre *f*; **eine** ~ **aus Holz-**

schindeln una techumbre de ripias

bedanken* *vr:* **sich** ~ dar las gracias; **sich bei jdm für etw** ~ agradecer algo a alguien, dar las gracias a alguien por algo

Bedarf [bə'darf] *m* <-(e)s, *ohne pl*> **1.** (*Bedürfnis*) necesidad *f,* falta *f;* **bei** ~ cuando sea necesario; (**je**) **nach** ~ según las necesidades; **danke, kein** ~! (*fam*) ¡gracias, no me interesa! **2.** (COM) demanda *f,* necesidad *f;* **akuter/wirklicher** ~ demanda aguda/real; **einen** ~ **schaffen** crear una demanda; **Güter des täglichen** ~**s** productos de primera necesidad; **den** ~ **an etw decken** satisfacer la demanda de algo; **Bedarfsartikel** *m* <-s, -> artículo *m* de primera necesidad [*o* de consumo]; **Bedarfsbeeinflussung** *f* <-, -en> influencia *f* en la demanda; **Bedarfsdeckung** *f* <-, -en> (WIRTSCH) cobertura *f* de las necesidades; **Bedarfseinschätzung** *f* <-, -en> evaluación *f* de la demanda; **Bedarfsermittlung** *f* <-, -en> determinación *f* de la demanda; **Bedarfsfall** *m* <-(e)s, -fälle>: **im** ~ en caso necesario [*o* de necesidad]; **bedarfsgerecht** *adj* adaptado a las necesidades; **eine** ~**e Ausstattung für Behinderte** un equipamiento adaptado a las necesidades de los minusválidos; **Bedarfsgüter** *ntpl* bienes *mpl* de consumo; **Bedarfshaltestelle** *f* <-, -n> parada *f* discrecional; **Bedarfslenkung** *f* <-, *ohne pl*> control *m* de la demanda; **Bedarfssättigung** *f* <-, -en> saturación *f* de la demanda

bedauerlich [bə'daʊɐlɪç] *adj* lamentable, lastimoso

bedauerlicherweise [-'----'--] *adv* lamentablemente

bedauern* [bə'daʊɐn] *vt* **1.** (*Verlust, Sache*) sentir, lamentar; **wir** ~ **Ihnen mitteilen zu müssen, dass ...** lamentamos tener que comunicarle(s) que...; **ich bedaure diese Entscheidung sehr** lamento mucho esta decisión; **bedaure!** ¡lo lamento! **2.** (*Mensch*) compadecer (a), sentir lástima (de, *wegen* por)

Bedauern *nt* <-s, *ohne pl*> pesar *m,* compasión *f;* **zu meinem größten** ~ **...** muy a pesar mío...; **jdm sein** ~ **ausdrücken** acompañar a alguien en el sentimiento

bedauernd **I.** *adj* compasivo, de compasión; **eine** ~**e Miene aufsetzen** poner gesto compasivo **II.** *adv* compasivamente, con compasión; **jdn** ~ **anschauen** mirar a alguien compasivamente [*o* con gesto de compasión]; **etw** ~ **sagen** decir algo en tono compasivo

bedauernswert *adj,* **bedauernswürdig** *adj* (*geh*) **1.** (*Sache*) deplorable, lamentable; **diese Sache ist höchst** ~ el asunto es sumamente lamentable **2.** (*Mensch*) digno de lástima

bedecken* *vt* cubrir (*mit* de/con), tapar (*mit* con); **er bedeckte sein Gesicht mit den Händen** se cubrió la cara con las manos

bedeckt *adj* (*Himmel*) encapotado; **sich** (**in einer Sache**) ~ **halten** reservarse su opinión sobre algo

Bedeckung *f* <-, -en> cubierta *f;* (MIL) escolta *f*

bedenken* *irr vt* **1.** (*überlegen*) pensar(se), reflexionar (sobre); **wohl bedacht** (*geh*) (muy) bien pensado [*o* reflexionado]; **wir müssen unsere nächsten Schritte erst** ~ por lo pronto tenemos que pensar en nuestros próximos pasos **2.** (*beachten*) considerar, tener en cuenta; **wenn man es recht bedenkt** considerándolo bien; **zu** ~ **geben, dass ...** señalar que..., indicar que... **3.** (*geh: vermachen*): **jdn mit etw** ~ legar algo a alguien

Bedenken[1] *nt* <-s, *ohne pl*> (*das Überlegen*) reflexión *f,* meditación *f;* **nach kurzem** ~ después de una breve reflexión

Bedenken[2] *ntpl* (*Zweifel*) duda *f;* (*Einwand*) reparo *m;* **ohne** ~ sin reparos; **ihr kommen** ~ le surgen dudas; **ich habe da so meine** ~ tengo mis dudas al respecto

bedenkenlos *adj* **1.** (*ohne zu zögern*) sin vacilar; **da kannst du** ~ **hingehen** no dudes en pasarte por allí **2.** (*ohne Überlegung*) irreflexivo **3.** (*skrupellos*) sin escrúpulos

Bedenkenlosigkeit *f* <-, *ohne pl*> **1.** (*Unüberlegtheit*) irreflexión *f* **2.** (*Skrupellosigkeit*) falta *f* de escrúpulos

bedenkenswert *adj* digno de consideración; **dein Vorschlag ist** ~ tu propuesta merece ser tomada en cuenta [*o* ser considerada]

bedenklich *adj* **1.** (*zweifelhaft*) dudoso, ambiguo, sospechoso **2.** (*Besorgnis erregend*) preocupante, alarmante **3.** (*besorgt*) preocupado; **er machte ein sehr** ~**es Gesicht** puso cara de preocupación; **die Neuigkeit stimmte ihn** ~ la noticia le dejó preocupado

Bedenkzeit *f* <-, *ohne pl*> tiempo *m* de reflexión, plazo *m* para reflexionar

bedeuten* *vt* **1.** (*bezeichnen, meinen*) significar, querer decir; **was bedeutet dieses Wort?** ¿qué significa esta palabra?; **das hat nichts zu** ~ no quiere decir nada **2.** (*wichtig sein*) significar, importar; **Geld bedeutet mir nichts** el dinero no significa nada para mí **3.** (*geh: zu verstehen geben*) dar a entender; **sie bedeutete ihr zu gehen** le dio a entender que se fuese

bedeutend **I.** *adj* **1.** (*wichtig*) importante **2.** (*bemerkenswert*) notable, notorio **3.** (*bedeutsam*) significativo **4.** (*beachtlich*) considerable **II.** *adv* (*beträchtlich*) bastante, notoriamente; **sein Zustand hat sich** ~ **gebessert** su situación ha mejorado notablemente

bedeutsam *adj* (*wichtig*) importante; (*viel sagend*) significativo

Bedeutung[1] *f* <-, -en> (*Sinn*) significado *m,* sentido *m;* **in übertragener/wörtlicher** ~ en sentido figurado/literal

Bedeutung[2] *f* <-, *ohne pl*> (*Wichtigkeit*) importancia *f;* **etw ist von** ~ algo es de importancia; **nichts von** ~ nada importante; **er maß ihrem Verschwinden keine** ~ **bei** no le dio ninguna importancia a su desaparición

bedeutungslos *adj* insignificante, sin importancia

Bedeutungslosigkeit *f* <-, *ohne pl*> insignificancia *f*

Bedeutungsumfang *m* <-(e)s, -fänge> **1.** (*Bedeutung*) significado *m;* (*Folgen*) alcance *m,* significación *f;* **der ~ ist nicht zu erschließen** el significado no es deducible; **eine Entdeckung von großem ~** un descubrimiento de amplio alcance [*o* de gran significación] **2.** (LING) significado *m;* (*Semantik*) semántica *f;* **bedeutungsvoll** *adj s.* **bedeutsam; Bedeutungswandel** *m* <-s, -> (LING) cambio *m* semántico; **Bedeutungswörterbuch** *nt* <-(e)s, -bücher> diccionario *m* semasiológico [*o* de significados]

bedienen* **I.** *vt* **1.** (*im Geschäft*) atender; (*im Restaurant*) servir; **werden Sie schon bedient?** ¿ya le atienden?; **sie lässt sich gern ~** le gusta que le sirvan; **damit ist er noch gut bedient** (*fam*) con ello puede darse por satisfecho; **ich bin bedient!** (*fam*) ¡estoy servido! **2.** (*beim Kartenspiel*) servir; **eine Farbe/einen Trumpf ~** servir al palo/al triunfo **3.** (*Maschinen*) manejar **4.** (FIN: *Schulden*) saldar **II.** *vr:* **sich ~** (*geh: benutzen*): **sich einer Sache ~** servirse de algo, hacer uso de algo; **~ Sie sich!** ¡sírvase usted mismo!

Bediener(in) *m(f)* <-s, -; -, -nen> **1.** (INFOR) operador(a) *m(f);* (*Benutzer*) usuario, -a *m, f* **2.** (*Österr: Reinigungspersonal*) personal *m* de la limpieza; **bedienerfreundlich** *adj* de fácil manejo; **Bedienerführung** *f* <-, -en> (INFOR) guía *f* del operador

Bedienerin *f* <-, -nen> *s.* **Bediener**

bedienstet *adj* (*Österr: angestellt*) empleado; **bei jdm ~ sein** servir [*o* estar empleado] en casa de alguien

Bedienstete(r) *mf* <-n, -n; -n, -n> **1.** (ADMIN: *Beschäftigter*) empleado, -a *m, f;* (*Beamter*) funcionario, -a *m, f* **2.** (*Dienstbote*) criado, -a *m, f,* sirviente *mf*

Bedienung[1] *f* <-, -en> servicio *m;* (*Kellner*) camarero, -a *m, f;* **hallo, ~!** ¡(oiga,) camarero!; **kommt denn hier keine ~?** ¿no nos sirven aquí?

Bedienung[2] *f* <-, *ohne pl*> **1.** (*eines Gastes*) servicio *m;* **~ inbegriffen** servicio incluido **2.** (*eines Gerätes*) manejo *m* **3.** (FIN: *von Schulden*) saldo *m;* **Bedienungsanleitung** *f* <-, -en> instrucciones *fpl* de manejo, modo *m* de empleo; **Bedienungsfehler** *m* <-s, -> fallo *m* operacional; **Bedienungshebel** *m* <-s, -> palanca *f* de mando; **Bedienungshinweise** *mpl* instrucciones *fpl* de manejo; **Bedienungskomfort** *m* <-s, *ohne pl*> comodidad *f* de uso; **Bedienungsmannschaft** *f* <-, -en> (MIL) comando *m* operativo; **Bedienungsvorschrift** *f* <-, -en> *s.* Bedienungsanleitung; **Bedienungszuschlag** *m* <-(e)s, -schläge> suplemento *m* para el servicio; (*Trinkgeld*) propina *f*

bedingen* [bəˈdɪŋən] **I.** *vt* **1.** (*bewirken*) causar, producir; (*bestimmen*) condicionar **2.** (*voraussetzen*) suponer **3.** (*erfordern*) exigir, requerir **II.** *vr:* **sich ~** condicionarse; **das bedingt sich gegenseitig** lo uno condiciona lo otro

bedingt **I.** *adj* **1.** (*von Bedingungen abhängig*) relativo, condicional; (*beschränkt*) limitado; **~ durch ...** debido a... **2.** (*Schweiz:* JUR) condicionado **II.** *adv* **1.** (*teilweise*): **dieses Gerät ist nur ~ tauglich** este aparato sólo sirve en determinadas ocasiones [*o* bajo ciertas condiciones] [*o* con restricciones]; **das ist nur ~ richtig** esto sólo es correcto hasta cierto punto **2.** (JUR) a condición, bajo condición; **einen Gefangenen ~ entlassen** dejar a un preso en libertad condicional

Bedingung *f* <-, -en> **1.** (*Voraussetzung*) condición *f;* **günstige/vertragsgemäße ~en** condiciones ventajosas/estipuladas en el contrato; **etw zur ~ machen** poner algo como condición; **unter der ~, dass ...** a condición de que... +*subj;* **unter normalen ~en** bajo condiciones normales; **unter keiner ~ werde ich das tun** no lo haré por nada del mundo **2.** (*Forderung*) condiciones *fpl;* **~en stellen** poner condiciones; **auflösende/aufschiebende ~** (JUR) condición resolutoria/suspensiva; **~en aushandeln** negociar las condiciones; **~en einhalten/festlegen** atenerse a las condiciones/estipular las condiciones; **entsprechend den ~en der Klausel** según las condiciones previstas en la cláusula **3.** *pl* (*Umstände*) condiciones *fpl;* **unter erschwerten ~en arbeiten** trabajar bajo condiciones difíciles

bedingungslos *adj* incondicional, sin condiciones; **er gab sich ihr ~ hin** se entregó a ella sin condiciones

Bedingungssatz *m* <-es, -sätze> (LING) oración *f* condicional

bedrängen* *vt* **1.** (*Gegner*) acosar, asediar **2.** (*belästigen*) importunar, atosigar *fam;* **sie bedrängten sie mit lästigen Fragen** la acosaban con preguntas desagradables

Bedrängnis *f* <-, -se> (*geh*) apuro *m,* aprieto *m;* **in ~ geraten** verse en un apuro; **jdn in ~ bringen** poner a alguien en un apuro

bedrohen* *vt* amenazar; **jdn mit dem Tod/einem Messer ~** amenazar a alguien de muerte/con un cuchillo; **sich bedroht fühlen** sentirse amenazado; **bedrohte Art** (ÖKOL) especie amenazada

bedrohlich *adj* amenazante, amenazador; **die Lage verschlechterte sich ~** la situación empeoraba de forma amenazadora

Bedrohung *f* <-, -en> amenaza *f*

bedrucken* *vt* estampar (*mit* con)

bedrücken* *vt* oprimir, afligir

bedrückend *adj* opresivo; (*beklemmend*) oprimente

bedrückt *adj* deprimido, apolismado *Mex, Ven*

Bedrücktheit *f* <-, *ohne pl*> abatimiento *m,* desánimo *m*

Bedrückung *f* <-, *ohne pl*> (*geh*) aflicción *f,* tribulación *f*

Beduine, **-in** [bedu'iːnə] *m, f* <-n, -n; -, -nen> beduino, -a *m, f*

bedürfen* *irr vi* (*geh*) necesitar (de), requerir (de); **das bedarf keiner weiteren Erklärung** eso no requiere (de) más explicaciones; **es bedarf nur eines Wortes** no requiere más que una palabra

Bedürfnis *nt* <-ses, -se> necesidad *f;* **gesamtgesellschaftliche ~se** necesidades sociales; **ein ~ verspüren etw zu tun** sentir la necesidad de hacer algo; **sie hatte das dringende ~ das zu tun** tenía la urgente necesidad de hacerlo; **es war ihm ein ~ uns zu helfen** (*geh*) obedecía a la necesidad de ayudarnos; **jds ~se** [*o* **jdm seine ~se**] **befriedigen** satisfacer las necesidades de alguien; **Bedürfnisanstalt** *f* <-, -en>: **öffentliche ~** retrete *m* público; **Bedürfnisbefriedigung** *f* <-, *ohne pl*> satisfacción *f* de las necesidades

bedürfnislos *adj* sin necesidades; (*bescheiden*) modesto

Bedürfnislosigkeit *f* <-, *ohne pl*> austeridad *f*

bedürftig *adj* menesteroso, necesitado

Bedürftigkeit *f* <-, *ohne pl*> indigencia *f;* **Bedürftigkeitsnachweis** *m* <-es, -e> certificado *m* de pobreza

Beefsteak ['biːfsteːk] *nt* <-s, -s> bistec *m*

beehren* **I.** *vt* (*geh*) honrar; **bitte ~ Sie uns bald wieder** hónrenos cuando quiera; **jdn mit einem Besuch ~** conceder a alguien el honor de [*o* honrar a alguien con] su visita **II.** *vr:* **sich ~ etw zu tun** tener el honor de hacer algo

beeiden* [bə'ʔaɪdən] *vt* (*Aussage*) jurar

beeidigen* [bə'ʔaɪdɪgən] *vt* (JUR) juramentar

beeilen* *vr:* **sich ~** darse prisa, apurarse *Am;* **da musst du dich aber mächtig ~, wenn du pünktlich sein willst** tendrás que apurarte mucho si quieres llegar a tiempo; **sie beeilte sich noch zu sagen, dass ...** aún se apresuró a decir que...

Beeilung *f* <-, *ohne pl*> (*fam*): **los, ~!** ¡venga, deprisa!

beeindrucken* *vt* impresionar; **davon lasse ich mich nicht ~** no me dejo impresionar por eso

beeindruckend *adj* impresionante

beeinflussbar[RR] [bə'ʔaɪnflʊsbaːɐ] *adj,* **beeinflußbar** *adj* (*Person*) influenciable; **er ist leicht/schwer ~** es muy/poco influenciable

beeinflussen* [bə'ʔaɪnflʊsən] *vt* influir (en/sobre), ejercer una influencia (sobre); **etw nachhaltig ~** influir eficazmente en algo; **sie ist leicht/schwer zu ~** se deja/no se deja influir fácilmente

Beeinflussung *f* <-, -en> influjo *m,* influencia *f*

beeinträchtigen* [bə'ʔaɪntrɛçtɪgən] *vt* **1.** (*vermindern*) disminuir, mermar; **den Wert von etw erheblich ~** disminuir considerablemente el valor de algo **2.** (*stören*) dañar, perjudicar; **das hat unsere Freundschaft nicht beeinträchtigt** esto no ha perjudicado nuestra amistad en absoluto

Beeinträchtigung *f* <-, -en> perjuicio *m;* (*Verminderung*) merma *f;* **~ der Fahrtüchtigkeit** reducción del buen estado de marcha; **gesundheitliche ~en** merma del estado de salud

beelenden* [bə'ʔeːlɛndən] *vt* (*Schweiz*) compadecer; **ihr Tod beelendete mich sehr** sentí mucho su muerte

Beelzebub [be'ɛltsəbuːp, 'beːltsəbuːp] *m:* **den Teufel mit dem ~ austreiben** combatir el fuego con el fuego

beenden* *vt,* **beendigen*** *vt* (*geh*) acabar (con), terminar (con); (INFOR) terminar; **die Sitzung ~** finalizar la reunión

Beendigung *f* <-, *ohne pl*> término *m,* fin *m;* **~ des Arbeitsverhältnisses** terminación del contrato de trabajo; **nach ~ des Kurses** al finalizar el curso

Beendung *f* <-, *ohne pl*> conclusión *f,* término *m*

beengen* [bə'ɛŋən] *vt* (*Kleidung*) apretar; (*Umgebung*) cohibir; **beengt wohnen** vivir estrechos; **sich beengt fühlen** sentirse cohibido; **in beengten Verhältnissen leben** vivir con estrecheces; **auf beengtem Raum leben** vivir con estrechez/en un espacio mínimo

Beengtheit *f* <-, *ohne pl*> estrechez *f*

beerben* *vt* heredar

beerdigen* [bə'ʔeːɐdɪgən] *vt* enterrar, dar sepultura; **jdn kirchlich ~** enterrar a alguien por la iglesia

Beerdigung *f* <-, -en> entierro *m,* inhumación *f;* **auf eine ~ gehen** asistir a un entierro; **Beerdigungsfeier** *f* <-, -n> funerales *mpl;* **Beerdigungsinstitut** *nt* <-(e)s, -e>, **Beerdigungsunternehmen** *nt* <-s, -> funeraria *f,* empresa *f* de pompas fúnebres

Beere ['beːrə] *f* <-, -n> baya *f;* **der Strauch trägt im Herbst ~n** el arbusto da bayas en otoño; **Beerenauslese** *f* <-, -n> vendimia *f* de uvas seleccionadas; **Beerenfrucht** *f* <-, -früchte> fruto *m* de baya; **Beerenobst** *nt* <-(e)s, *ohne pl*> bayas *fpl* comestibles; **Beerenstrauch** *m* <-(e)s, -sträucher> mata *f* de bayas

Beet [beːt] *nt* <-(e)s, -e> (*mit Gemüse*) bancal *m,* cantero *m Am,* tablón *m Am;* (*mit Blumen*) arriate *m,* macizo *m*

Beete *f* <-, -n>: **Rote ~** remolacha *f* (colorada), betarraga *f Am*

befähigen* [bə'fɛːɪgən] *vt* habilitar (*zu* para), capacitar (*zu* para); **er ist dazu befähigt** está capacitado para ello; **für eine Stelle**

nicht befähigt sein no estar capacitado [*o* cualificado] para un puesto
befähigt *adj* capacitado
Befähigung *f* <-, -en> **1.** (*Qualifikation*) capacidad *f*, cualificación *f*; **dazu fehlt ihr die ~** para ello no está capacitada [*o* cualificada] **2.** (*Begabung*) talento *m*; **Befähigungsnachweis** *m* <-es, -e> (*formal*) certificado *m* de aptitud
befahl *3. imp von* **befehlen**
befahrbar *adj* transitable, abierto al tráfico; **diese Straße ist im Winter nicht ~** en invierno esta calle es intransitable; (*gesperrt*) en invierno esta calle está cerrada al tráfico
befahren* *irr vt* circular (por), transitar (por); (*Schiff*) navegar (por); **diese Straße kann man im Winter nicht ~** en invierno es imposible circular por esta calle; **die Strecke wird wenig/stark ~** este trecho está poco/muy transitado
Befahren *nt* <-s, *ohne pl*> circulación *f*, tránsito *m*; **„~ verboten"** "prohibido circular"; **häufiges ~ durch Panzer kann Straßen schnell beschädigen** el tránsito frecuente de tanques puede dañar rápidamente las carreteras
Befall *m* <-(e)s, *ohne pl*> ataque *m*; (*mit Schädlingen*) plaga *f*
befallen* *irr vt* **1.** (*geh: Angst, Zweifel*) asaltar, invadir **2.** (*geh: Krankheit*) acometer, afectar; (*Hunger, Müdigkeit*) entrar **3.** (*Schädlinge*) invadir, infestar; **diese Pflanze ist stark von Schädlingen ~** esta planta está plagada de parásitos
befangen *adj* **1.** (*schüchtern*) tímido; (*gehemmt*) apocado, inhibido **2.** (JUR) parcial; **jdn als ~ erklären** declarar a alguien parcial; **die Zeugin wurde als ~ abgelehnt** se tachó la testigo por su parcialidad
Befangenheit *f* <-, *ohne pl*> **1.** (*Schüchternheit*) timidez *f*; (*Gehemmtsein*) apocamiento *m* **2.** (JUR) inhibición *f*, parcialidad *f*; **jdn wegen ~ ablehnen** rehusar a alguien por presunta prevención
befassen* **I.** *vr*: **sich ~ 1.** (*Angelegenheit*) ocuparse (*mit* de), dedicarse (*mit* a); **mit dem Problem habe ich mich nun schon lange befasst** ya me he dedicado suficientemente al problema **2.** (*handeln von*) tratar (*mit* de); **dieser Artikel befasst sich mit der Jugendarbeitslosigkeit** este artículo trata del paro juvenil **II.** *vt* (*beauftragen*) encargar (*mit* de)
befehden* **I.** *vt* **1.** (*geh: bekämpfen*) combatir **2.** (HIST: *in Fehde liegen*) hostilizar **II.** *vr*: **sich ~** combatirse, hostilizarse (mutuamente)
Befehl [bəˈfeːl] *m* <-(e)s, -e> orden *f*, mandato *m*; (MIL) mando *m*; (INFOR) orden *f*, comando *m*; **einen ~ ausführen** (*a.* INFOR) ejecutar una orden; **einen ~ verweigern** desobedecer una orden; **den ~ geben zu ...** dar la orden de...; **ich führe nur ~e aus** sólo cumplo órdenes; **auf jds ~ handeln** actuar por orden de alguien; **~ von oben** órdenes superiores; **zu ~!** ¡a sus órdenes!; **dein Wunsch ist mir ~** tus deseos son órdenes para mí
befehlen <befiehlt, befahl, befohlen> *vi, vt* mandar, ordenar; **er hat befohlen, dass ...** ha ordenado que... +*subj*; **du hast mir gar nichts zu ~** tú no eres quién para darme órdenes a mí; **wer ~ will, muss erst gehorchen lernen** (*prov*) ≈para poder correr, hay que aprender a andar
befehlend *adj*, **befehlerisch** *adj* (*Geste*) imperativo; (*Ton*) imperioso
befehligen* *vt* (MIL) mandar, capitanear
Befehlsänderung *f* <-, -en> (INFOR) cambio *m* de instrucción; **Befehlsargument** *nt* <-(e)s, -e> (INFOR) argumento *m* de instrucción [*o* comando]; **Befehlsblock** *m* <-(e)s, -blöcke> (INFOR) bloque *m* de instrucciones; **Befehlscode** *m* <-s, -s> (INFOR) código *m* de instrucción; **Befehlsdatei** *f* <-, -en> (INFOR) archivo *m* de instrucción [*o* comando]; **Befehlseinheit** *f* <-, -en> (INFOR) unidad *f* de comando; **Befehlsempfänger(in)** *m(f)* <-s, -; -, -nen> destinatario, -a *m, f* de la orden; **jdn zum ~ degradieren** reducir a alguien a mero receptor de órdenes; **Befehlsfolge** *f* <-, -n> (INFOR) secuencia *f* de instrucciones; **Befehlsform** *f* <-, -en> (LING) modo *m* imperativo; **befehlsgemäß** *adv* con respecto a las órdenes; **Befehlsgewalt** *f* <-, *ohne pl*> mando *m* (*über* de); **Befehlshaber(in)** *m(f)* <-s, -; -, -nen> (MIL) comandante *mf*, capitán *mf*; **Befehlskode** *m* <-s, -s> (INFOR) *s.* Befehlscode; **Befehlsleiste** *f* <-, -n> (INFOR) barra *f* de instrucciones [*o* comando]; **Befehlsliste** *f* <-, -n> (INFOR) lista *f* de comandos; **Befehlssatz** *m* <-es, -sätze> (GRAM) oración *f* imperativa; **Befehlstaste** *f* <-, -n> (INFOR) tecla *f* de comando; **Befehlston** *m* <-(e)s, -töne> tono *m* imperioso; **ich verbitte mir diesen ~!** ¡no tolero ese tono de ordeno y mando! *fam*; **Befehlsverweigerung** *f* <-, -en> (MIL) desobediencia *f* a una orden; **Befehlswort** *nt* <-(e)s, -e> (INFOR) palabra *f* de comando; **Befehlszeile** *f* <-, -n> (INFOR) línea *f* de programación
befeinden* [bəˈfaɪndən] *vt* enemistar, hostilizar; **die befeindeten Länder schlossen endlich Frieden** los países enemistados firmaron finalmente la paz
befestigen* *vt* **1.** (*Haken, Bild*) fijar (*an* en), sujetar (*an* a), empatar *CRi*; **das Bild an der Wand ~** fijar el cuadro en la pared **2.** (*Straße*) reforzar **3.** (MIL) fortificar
Befestigung *f* <-, -en> **1.** (*einer Straße, eines Dammes*) refuerzo *m* **2.** (MIL) fortificación *f*, cota *f Phili* **3.** (*Vorrichtung*) fijación *f* (de un dispositivo); **Befestigungsanlage** *f* <-, -n>, **Befestigungswerk** *nt* <-(e)s, -e> (MIL) fortificación *f*
befeuchten* *vt* humedecer, mojar
befeuern* *vt* **1.** (*beheizen*) calentar; (*mit*

Brennstoff versorgen) alimentar **2.** (*geh: anspornen*) encender; **durch den Applaus befeuert übertraf sie sich selbst** encendida por los aplausos se superó a sí misma **3.** (AERO, NAUT) iluminar (con balizas luminosas); **eine Hafeneinfahrt/Landebahn** ~ abalizar para orientación la entrada a un puerto/a una pista de aterrizaje **4.** (MIL: *beschießen*) tirotear **5.** (*fam: bewerfen*) bombardear; **der Politiker wurde mit Tomaten befeuert** le tiraron tomates al político

Befeuerung *f* <-, -en> **1.** (NAUT) balizamiento *m* luminoso, señalización *f* con boyas [*o* balizas] luminosas **2.** (AERO) señalización *f* con balizas luminosas

Beffchen ['bɛfçən] *nt* <-s, -> (REL) alzacuello *m*

befiehlt [bə'fiːlt] *3. präs von* **befehlen**

befinden* *irr* **I.** *vr:* **sich** ~ encontrarse; (*sein*) estar; **meine Wohnung befindet sich im zweiten Stock** mi apartamento está en el segundo piso; **sich in einer schwierigen Lage** ~ encontrarse en una situación difícil; **sich auf Reisen** ~ estar de viaje; **sich auf dem Weg der Besserung** ~ encontrarse en vías de mejora **II.** *vi* (*entscheiden*) decidir (*über* sobre); **darüber hat der Arzt zu** ~ eso tiene que decidirlo el médico **III.** *vt* (*geh: erachten*) considerar (*für*); **jdn für schuldig** ~ declarar culpable a alguien; **etw für gut/schlecht** ~ considerar algo bueno/malo

Befinden *nt* <-s, *ohne pl*> **1.** (*Gesundheitszustand*) (estado *m* de) salud *f;* **wie ist sein ~?** ¿cómo se encuentra?; **sie erkundigte sich nach seinem** ~ se interesó por su salud **2.** (*geh: Meinung*) parecer *m*

befindlich [bə'fɪntlɪç] *adj* (*Ort, Zustand*) situado, existente; **ein augenblicklich in Haft ~er Mann** un hombre que en estos momentos se encuentra en prisión; **ein seit zwei Wochen im** [*o* **in**] **Umlauf ~es Produkt** un producto que está en circulación desde hace dos semanas

Befindlichkeit *f* <-, -en> estado *m* de ánimo [*o* de salud]; **Befindlichkeitsstörungen** *fpl* (MED) perturbaciones *fpl* del estado de ánimo

befingern* *vt* (*fam*) toquetear; (*abw*) sobar; (*sexuell*) meter mano

beflaggen* *vt* embanderar, empavesar

Beflaggung *f* <-, -en> **1.** (*das Beflaggen: eines Schiffes*) abanderamiento *m;* (*Verzierung*) embanderamiento *m;* **zum Gedenken wurde die ~ öffentlicher Gebäude angeordnet** como conmemoración se ordenó izar la bandera en los edificios públicos **2.** (*Flaggen*) banderas *fpl;* **die ~ auf Halbmast setzen** poner las banderas a media asta

beflecken* *vt* **1.** (*mit Flecken*) manchar **2.** (*geh: entehren*) deshonrar; **jds Ehre/Ruf** ~ manchar el honor/el nombre de alguien

Befleckung *f* <-, -en> (*der Ehre, des Rufs*) mancilla *f*

befleißigen* *vr:* **sich** ~ aplicarse; **Sie sollten sich größerer Zurückhaltung** ~ debería usted esforzarse en ser más discreto; **er befleißigte sich alles genauestens zu studieren** se afanó en estudiar(lo) todo con la máxima exactitud

befliegen* *irr vt* (AERO) cubrir (una línea); **diese Fluglinie befliegt das Land nicht mehr** esta compañía ya no cubre la línea con el país

beflissen [bə'flɪsən] *adj* aplicado; (*hilfsbereit*) servicial

Beflissenheit *f* <-, *ohne pl*> empeño *m,* dedicación *f*

beflügeln* *vt* (*geh*) hacer [*o* dejar] volar, dar alas; **die Angst beflügelte seine Schritte** el miedo aligeraba sus pasos

befohlen [bə'foːlən] *pp von* **befehlen**

befolgen* *vt* (*Befehl*) cumplir, cumplimentar; (*Ratschlag*) seguir; (*Gesetz*) obedecer; **einen Befehl** ~ cumplir una orden; **einen Rat** ~ seguir un consejo

Befolgung *f* <-, *ohne pl*> observación *f,* observancia *f*

befördern* *vt* **1.** (*Waren*) transportar; **jdn an die frische Luft** [*o* **ins Freie**] ~ (*fam*) mandar a alguien a tomar viento (fresco); **jdn ins Jenseits** ~ (*fam*) quitar de en medio a alguien, mandar a alguien al otro barrio **2.** (*im Beruf*) ascender (*zu* a); **sie wurde zur Abteilungsleiterin befördert** ascendió a directora de sección

Beförderung *f* <-, -en> **1.** (*Transport*) transporte *m;* **der Fahrstuhl ist für die ~ von fünf Personen zugelassen** el ascensor sólo admite la carga de cinco personas **2.** (*beruflich*) ascenso *m,* promoción *f;* **Beförderungsart** *f* <-, -en> modo *m* de transporte; **Beförderungsbedingungen** *fpl* condiciones *fpl* de transporte; **Beförderungsbestimmungen** *fpl* disposiciones *fpl* de transporte; **Beförderungskosten** *pl* (*formal*) costes *mpl* de transporte; **Beförderungsmittel** *nt* <-s, -> medio *m* de transporte; **Beförderungspflicht** *f* <-, -en> obligación *f* de transporte; **Beförderungsweg** *m* <-(e)s, -e> ruta *f* de transporte; **Beförderungszeit** *f* <-, -en> tiempo *m* de transporte

beforsten* *vt* poblar (el bosque)

beförstern* *vt* cuidar (el bosque)

befrachten* *vt* **1.** (*beladen*) cargar (*mit* con) **2.** (*geh: Rede*) cargar (*mit* de)

Befrachter(in) *m(f)* <-s, -; -, -nen> (WIRTSCH) fletador(a) *m(f)*

Befrachtung *f* <-, -en> (WIRTSCH) cargamento *m;* **Befrachtungstarif** *m* <-s, -e> (WIRTSCH) tarifa *f* de fletamento; **Befrachtungsvertrag** *m* <-(e)s, -träge> (WIRTSCH) contrato *m* de fletamento

befragen* *vt* interrogar, inquirir; (*Arzt, Karten*) consultar (*wegen* por); **jdn über seine Vergangenheit/in einer Angelegenheit** ~ interrogar a alguien sobre su pasado/sobre un asunto

Befrager(in) *m(f)* <-s, -; -, -nen> **1.** (*Erhebung*) encuestador(a) *m(f)* **2.** (JUR) consultor(a) *m(f);* (*Verhörender*) interrogador(a) *m(f)*

Befragte(r) *mf* <-n, -n; -n, -n> interrogado, -a *m, f*

Befragung *f* <-, -en> **1.** (JUR) interrogatorio *m* **2.** (*Umfrage*) encuesta *f*

befreien* **I.** *vt* **1.** (*Volk, Land*) liberar (*aus/von* de); **jdn aus einer schwierigen Lage ~** sacar a alguien de un aprieto **2.** (*Gefangene*) poner en libertad, liberar (*aus/von* de) **3.** (*freistellen*) liberar (*von* de), dispensar (*von* de); (*vom Militärdienst*) exentar; **er ist vom Sportunterricht befreit** está exento de la clase de educación física; **sie lässt sich vom Religionsunterricht ~** la han dispensado de la clase de religión **4.** (*von Schmerzen, Angst*) liberar (*von* de), quitar (*von* de); **ein ~des Lachen** una risa abierta; **ein ~des Niesen** un estornudo que alivia; **sie seufzte befreit auf** suspiró aliviada **5.** (*von Schmutz*) limpiar **II.** *vr:* **sich ~ 1.** (*Volk, Land*) liberarse **2.** (*entkommen*) escaparse, evadirse

Befreier(in) *m(f)* <-s, -; -, -nen> libertador(a) *m(f)*

Befreiung *f* <-, -en> **1.** (*eines Landes, Menschen*) liberación *f;* **etw als ~ empfinden** considerar algo como una liberación; **die ~ der Frau** la emancipación de la mujer **2.** (*von einer Pflicht*) exención (*von* de); **um ~ vom Sportunterricht bitten** pedir la exención de la clase de educación física; **Befreiungsbewegung** *f* <-, -en> movimiento *m* de liberación; **Befreiungsfront** *f* <-, -en> frente *m* de liberación; **Befreiungskampf** *m* <-es, -kämpfe> lucha *f* por la libertad (política); **Befreiungsklausel** *f* <-, -n> (JUR) cláusula *f* de exoneración; **Befreiungskrieg** *m* <-(e)s, -e> guerra *f* de liberación; (*Unabhängigkeitskrieg*) guerra *f* de independencia; **Befreiungsorganisation** *f* <-, -en> organización *f* para la liberación; **Befreiungsschlag** *m* <-(e)s, -schläge> (SPORT) golpe *m* de castigo; (POL) golpe *m* de liberación; **Befreiungstheologie** *f* <-, -n> teología *f* de la liberación; **Befreiungsversuch** *m* <-(e)s, -e> intento *m* de liberación

befremden* [bəˈfrɛmdən] *vt* extrañar; **es befremdet mich, dass ...** me extraña que... *+subj;* **sie warf ihm einen befremdeten Blick zu** le lanzó una mirada de extrañeza

Befremden *nt* <-s, *ohne pl*> asombro *m,* extrañeza *f;* **nicht ohne ~** no sin extrañeza

befremdend *adj* extraño, sorprendente

befremdlich *adj* (*geh*) extraño, raro; (*erstaunlich*) sorprendente; (*ungewöhnlich*) insólito

Befremdung *f* <-, *ohne pl*> extrañeza *f;* **der Film löste beim Publikum ~ aus** la película provocó sorpresa entre el público

befreunden* [bəˈfrɔɪndən] *vr:* **sich ~** hacerse amigos; **sich mit jdm ~** entablar una amistad con alguien, hacerse amigo de alguien

befreundet *adj* amigo (*mit* de); **sie sind (eng) ~** son amigos (íntimos); **mit jdm ~ sein** ser amigo de alguien; **wir sind ziemlich gut/sehr gut ~** somos bastante (buenos)/muy (buenos) amigos; **ein ~es Paar** una pareja amiga

befrieden* [bəˈfriːdən] *vt* (*geh*) pacificar

befriedigen* [bəˈfriːdɪgən] **I.** *vt* satisfacer, contentar; **hast du deine Neugierde befriedigt?** ¿has satisfecho tu curiosidad?; **ein befriedigtes Lächeln** una sonrisa de satisfacción; **befriedigt lächeln** sonreír satisfecho [*o* con satisfacción]; **jdn (sexuell) ~** satisfacer a alguien (sexualmente) **II.** *vr:* **sich ~** (*masturbieren*) masturbarse

befriedigend *adj* satisfactorio; (*Schulnote*) ≈bien

Befriedigung *f* <-, -en> satisfacción *f;* **~ eines Anspruches** (FIN) satisfacción [*o* cancelación] de una reclamación; **bevorzugte ~ eines Schuldners** satisfacción preferente de un acreedor; **sie stellte mit ~ fest, dass ...** comprobó con satisfacción que...; **zur ~ deiner Neugier ...** para satisfacer tu curiosidad...; **ein Gefühl der inneren ~** una sensación de satisfacción interior

befristen* *vt* fijar un plazo (para), limitar (*auf* a/hasta); **gesetzlich befristet** limitado por (fuerza de) ley

befristet *adj* limitado; **der Vertrag ist auf fünf Jahre ~** es un contrato por cinco años; **jdn ~ einstellen** contratar a alguien por un plazo limitado

Befristung *f* <-, -en> limitación *f*

befruchten* *vt* **1.** (BIOL) fecundar, fertilizar; (*Blüten*) polinizar; **sie ließ sich künstlich ~** se hizo la inseminación artificial **2.** (*geh: geistig anregen*) fructificar

Befruchtung *f* <-, -en> (BIOL) fecundación *f,* fertilización *f;* **künstliche ~** inseminación artificial

befugen* *vt* (*formal*) facultar (*zu* para); **jdn ~, etw zu tun** facultar [*o* autorizar] a alguien para hacer algo; **er war befugt, die Prüfung abzunehmen** estaba autorizado para realizar el examen

Befugnis [bəˈfuːknɪs] *f* <-, -se> autorización *f,* facultad *f;* **außerhalb seiner ~se handeln** extralimitarse en sus funciones; **keine ~ zu etw haben** no estar autorizado para algo; **seine ~se überschreiten** rebasar el límite de sus atribuciones

befühlen* *vt* palpar, tocar

befummeln* *vt* (*fam: betasten*) toquetear; (*abw*) sobar; (*sexuell*) meter mano

Befund *m* <-(e)s, -e> (MED) diagnóstico *m,* resultado *m;* **ohne ~** sin diagnóstico; **der ärztliche ~ liegt noch nicht vor** aún no hay diagnóstico, aún no se ha presentado el dictamen médico

befürchten* *vt* temer, recelar; **er hat von**

ihm nichts zu ~ no tiene nada que temer de él; **ich befürchte, dass es nicht klappen wird** me temo que no funcionará; **es ist zu ~, dass ...** es de temer que... *+subj*

Befürchtung *f* <-, -en> sospecha *f*, temor *m*; **die ~ haben, dass ...** sospechar que...; **die schlimmsten ~en haben** abrigar las mayores sospechas; **diese ~en haben sich bewahrheitet** esos temores se han hecho realidad

befürworten* [bəˈfy:ɐvɔrtən] *vt* (*dafür sein*) aprobar, defender; (*empfehlen*) recomendar; **ich kann diese Entscheidung nicht ~** no puedo aprobar esta decisión; **eine ~de Stellungnahme** una postura favorable

Befürworter(in) *m(f)* <-s, -; -, -nen> defensor(a) *m(f)*, adicto, -a *m, f CSur*; **~ des Freihandels** defensor del libre comercio

Befürwortung *f* <-, -en> aprobación *f*

begabt [bəˈga:pt] *adj* dotado, con talento; **hoch ~** muy inteligente; (*Wunderkind*) superdotado; **durchschnittlich/vielseitig ~ sein** tener un talento medio/polifacético; **künstlerisch ~ sein** tener dotes artísticas; **für eine Aufgabe ~ sein** estar dotado para una tarea

Begabte(r) *mf* <-n, -n; -n, -n> dotado, -a *m, f*; **sie gehört zu den künstlerisch ~n** pertenece a los dotados para el arte; **Begabtenförderung** *f* <-, -en> **1.** (*Verfahren*) fomento *m* de alumnos dotados **2.** (*Geld*) beca *f* para alumnos dotados

Begabung [bəˈga:bʊŋ] *f* <-, -en> **1.** (*Anlage*) talento *m*, dotes *fpl*; **eine ~ für Sprachen haben** tener talento [*o* ser dotado] para los idiomas; **eine ~ dafür haben, immer das Falsche zu tun** tener el don de hacerlo todo al revés **2.** (*begabter Mensch*) talento *m*

begaffen* *vt* (*fam abw*) mirar boquiabierto; **mit seinem Sportwagen wurde er überall begafft** con su coche deportivo todo el mundo le miraba con la boca abierta

begann [bəˈgan] *3. imp von* **beginnen**

begasen* [bəˈga:zən] *vt* fumigar

Begasungsmittel *nt* <-s, -> agente *m* de fumigación

begatten* *vt, vr:* **sich ~** (ZOOL) aparear(se)

Begattung *f* <-, -en> (ZOOL) apareamiento *m*; **Begattungstrieb** *m* <-(e)s, -e> (ZOOL) instinto *m* reproductivo [*o* sexual]

begebbar *adj* (FIN) pignorable; **~es Wertpapier** título pignorable

begeben* *irr* **I.** *vr:* **sich ~** (*geh*) **1.** (*stattfinden*) ocurrir **2.** (*beginnen*) empezar (*an* a), ponerse (*an* a); **sich an die Arbeit ~** ponerse a trabajar **3.** (*gehen*) dirigirse (*zu/in* a), irse (*zu/in* a); **sich zu Bett/zur Ruhe ~** irse a la cama/a descansar; **sich in ärztliche Behandlung ~** ponerse bajo tratamiento médico; **sich auf den Heimweg ~** dirigirse a casa; **sich auf seinen Platz ~** dirigirse a su sitio; **sich in Gefahr ~** ponerse en peligro **II.** *vt* (FIN: *Wertpapiere*) emitir

Begebenheit *f* <-, -en> suceso *m*, acontecimiento *m*; **eine lustige/alltägliche/seltsame ~** un suceso divertido/cotidiano/singular; **die Geschichte beruht auf einer wahren ~** la historia se basa en un hecho real

begegnen* [bəˈge:gnən] *vi sein* **1.** (*treffen*): **jdm ~** encontrarse a [*o* con] alguien; **einander ~** encontrarse **2.** (*stoßen auf*): **etw** *dat* **~** encontrarse con algo; **dieser Name wird uns immer wieder ~** este nombre nos lo encontraremos una y otra vez **3.** (*widerfahren*) suceder, pasar; **jdm begegnet etw** alguien se encuentra con algo, a alguien le pasa algo; **so etwas ist mir ja noch nie begegnet!** ¡en mi vida (no) me pasó semejante cosa! **4.** (*geh: behandeln*) tratar; **man begegnete ihr mit Achtung** la trataban con respeto

Begegnung *f* <-, -en> (*a.* SPORT) encuentro *m*; **die ~ Deutschland – Mexiko wird sehr spannend** el encuentro Alemania – Méjico será muy emocionante; **Begegnungsstätte** *f* <-, -n> sitio *m* de encuentro, punto *m* de encuentro

begehen* *irr vt* **1.** (*Weg*) transitar (por); **eine Baustelle ~** entrar en una obra **2.** (*Fehler, Verbrechen*) cometer, perpetrar; **Selbstmord ~** suicidarse; **ein Verbrechen/einen Mord ~** cometer un crimen/un asesinato; **einen Mord an jdm ~** asesinar a alguien **3.** (*geh: Jubiläum*) celebrar

begehren* [bəˈge:rən] *vt* (*geh*) **1.** (*wünschen*) ansiar, anhelar; (*habgierig*) codiciar; (*sexuell*) desear; **sie hat alles, was ihr Herz begehrt** tiene todo lo que desea **2.** (*fordern*) pedir, solicitar

Begehren *nt* <-s, *ohne pl*> (*geh*) ansia *f*, anhelo *m*; (*Wunsch*) deseo *m*; **begehrenswert** *adj* deseable, apetecible

begehrlich *adj* (*geh: heftig wünschend*) ansioso, anhelante

Begehrlichkeit *f* <-, -en> (*geh*) **1.** (*Verlangen*) avidez *f*; (*Gier*) codicia *f* **2.** (*Wunsch*) deseo *m*

begehrt *adj* (*Person, Freundschaft, Ware*) solicitado; (*Ferienort*) popular

begeistern* [bəˈgaɪstɐn] **I.** *vt* entusiasmar (*für* por), apasionar (*für* por/con); **fürs Schwimmen ist sie nicht gerade zu ~** no es que le entusiasme la natación precisamente **II.** *vr:* **sich ~** entusiasmarse (*für* por/con), apasionarse (*für* por)

begeistert *adj* entusiasmado (*von* con/por); **~e Zurufe** vítores entusiásticos; **~er Beifall** aplausos entusiasmados; **er war restlos** [*o* **hellauf**] (**von ihr**) **~** estaba entusiasmadísimo (por ella)

Begeisterung *f* <-, *ohne pl*> entusiasmo *m* (*für* por), exaltación *f*; **in ~ geraten** entusiasmarse; **etw mit ~ tun** hacer algo con entusiasmo; **das Publikum brüllte vor ~** el público voceaba entusiasmado; **begeisterungsfähig** *adj* entusiasta, capaz de entusiasmarse; **Begeisterungsfähigkeit** *f* <-, *ohne pl*> capacidad *f* de emocionarse [*o* de entusiasmarse]; **die ~ von Jugendlichen ist größer als die von Erwachsenen** la capacidad de entusiasmo de los jóvenes es mayor que la de los adultos; **Begeisterungssturm** *m* <-(e)s, -stürme> estallido *m* de entusiasmo, entusiasmo *m* desbordante; **ein ~ brach los** estalló el entusiasmo

Begierde [bə'gi:ɐdə] *f* <-, -n> ansias *fpl* (*nach* de), avidez *f* (*nach* de); **sie brannte vor ~ ihn zu sehen** ardía en deseos de verle

begierig *adj* ávido (*auf* de), ansioso (*auf* de/por); **mit ~en Blicken** con miradas ansiosas

begießen* *irr vt* **1.** (*Pflanzen*) regar **2.** (*fam: feiern*) celebrar con una copa; **das müssen wir ~** eso hay que mojarlo

Beginn [bə'gɪn] *m* <-(e)s, *ohne pl*> comienzo *m*, inicio *m*; **zu ~** al comienzo; **mit ~ der Ferien** con el comienzo de las vacaciones

beginnen <beginnt, begann, begonnen> **I.** *vi* comenzar (a), empezar (a); **es beginnt zu regnen** comienza a llover; **der Unterricht beginnt um 8 Uhr** la clase empieza a las ocho **II.** *vt* comenzar, empezar; **wie sollte er es ~ sie auf sich aufmerksam zu machen?** (*geh*) ¿qué debería hacer para llamar su atención?; **wer viel beginnt, zu nichts es bringt** (*prov*) quien mucho abarca poco aprieta

beginnend *adj* (*a.* MED) incipiente; **eine ~e Glatze** una calva [*o* calvicie] incipiente; **bei ~er Dämmerung** en el crepúsculo incipiente; **es könnte sich um eine ~e Infektion handeln** podría tratarse de un principio de infección; **im ~en 20. Jahrhundert** en el entrante siglo XX

beglaubigen* [bə'glaʊbɪgən] *vt* **1.** (*Urkunde*) certificar, dar fe (de); (*Kopie*) compulsar; **eine Urkunde behördlich/notariell ~ lassen** hacer certificar un documento oficialmente/por un notario **2.** (*Diplomaten*) presentar las credenciales, acreditar

Beglaubigung *f* <-, -en> **1.** (*Schriftstück*) certificación *f*; (*einer Kopie*) autentificación *f*, compulsa *f* **2.** (POL) acreditación *f*, credenciales *fpl*; **Beglaubigungsschreiben** *nt* <-s, -> carta *f* credencial; **Beglaubigungsstempel** *m* <-s, -> sello *m* de compulsación; **Beglaubigungsvermerk** *m* <-(e)s, -e> nota *f* (de compulsación)

begleichen* *irr vt* (*geh*) pagar, saldar; **mit jdm eine Rechnung zu ~ haben** (*fig*) tener que saldar una cuenta con alguien

Begleichung *f* <-, -en> liquidación *f*; **~ einer Schuld** liquidación [*o* satisfacción] de una deuda; **vollständige ~ einer Rechnung** liquidación total de una factura

Begleitbrief *m* <-(e)s, -e> carta *f* adjunta

begleiten* *vt* (*a.* MUS) acompañar; **er begleitete sie nach Hause/ins Konzert/auf dem Klavier** la acompañó a casa/al concierto/al piano

Begleiter(in) *m(f)* <-s, -; -, -nen> acompañante *mf*; (*Gefährte*) compañero, -a *m, f*; **ein ständiger ~** un acompañante permanente

Begleiterscheinung *f* <-, -en> efecto *m* secundario; **Begleitflugzeug** *nt* <-(e)s, -e> avión *m* (de) escolta; **Begleitinstrument** *nt* <-(e)s, -e> instrumento *m* de acompañamiento; **Begleitkultur** *f* <-, -en> (BOT) cultivo *m* concomitante; **Begleitmannschaft** *f* <-, -en> (personal *m* de) escolta *f*; **Begleitmusik** *f* <-, -en> música *f* de acompañamiento; **Begleitpapier** *nt* <-s, -e> (WIRTSCH) documento *m* adjunto; **Begleitperson** *f* <-, -en> acompañante *mf*, compañía *f*; **Begleitschein** *m* <-(e)s, -e> documento *m* adjunto; (*bei Warensendungen*) declaración *f* de contenido; **Begleitschreiben** *nt* <-s, -> (COM) carta *f* adjunta; **Begleitumstände** *mpl* (JUR) circunstancias *fpl* concomitantes

Begleitung *f* <-, -en> **1.** (*a.* MUS) acompañamiento *m*; **sie kam in ~ eines Freundes** vino acompañada [*o* en compañía] de un amigo; **er spielte ohne ~** tocó sin acompañamiento **2.** (*Begleiter*) acompañante *mf*; (*Gefolge*) séquito *m*

beglücken* *vt* (*geh*) deleitar (*mit* con), hacer feliz (*mit* con), satisfacer (*mit* con); **ein ~des Gefühl** una sensación satisfactoria [*o* de felicidad]; **womit kann ich dich ~?** ¿con qué te puedo hacer feliz?; **er beglückte sie stundenlang mit seinem Geschwätz** (*iron*) la deleitó durante horas con su cháchara

beglückend *adj* feliz; **was für eine ~e Nachricht!** ¡qué feliz noticia!

Beglücker(in) *m(f)* <-s, -; -, -nen> benefactor(a) *m(f)*, bienhechor(a) *m(f)*; **er hält sich für den ~ aller Frauen** (*iron*) se cree que ha venido a hacer felices a todas las mujeres

beglückt **I.** *adj* alegre, feliz; **über diese ungünstige Wendung kann niemand ~ sein** nadie puede alegrarse de este giro desfavorable **II.** *adv* con alegría, felizmente; **sie lächelte ~, als sie die guten Nachrichten las** sonrió alegre al leer las buenas noticias

beglückwünschen* *vt* felicitar (*zu* por); **er beglückwünschte sie zum Geburtstag/zur bestandenen Prüfung** la felicitó por su cumpleaños/por haber aprobado el examen; **da kannst du dich ja ~!** (*a. iron*) ¡puedes sentirte orgulloso de ti mismo!

begnadet [bə'gna:dət] *adj* genial, altamente dotado; **ein ~er Dichter** un poeta muy creativo, un genio de la poesía

begnadigen* *vt* indultar

Begnadigung *f* <-,-en> (POL) amnistía *f*, indulto *m*; **unbeschränkte ~** indulto total; **jdn um ~ ersuchen** solicitar el indulto para alguien; **Begnadigungsgesuch** *nt* <-(e)s, -e> (JUR) petición *f* de indulto; **Begnadigungsrecht** *nt* <-(e)s, -e> derecho *m* de indulto

begnügen* [bə'gny:gən] *vr*: **sich ~** conformarse (*mit* con), contentarse (*mit* con); **ich**

begnüge mich damit Hinweise zu geben me contento con dar consejos

Begonie [be'go:niə] *f* <-, -n> (BOT) begonia *f*

begonnen [bə'gɔnən] *pp von* **beginnen**

begraben* *irr vt* **1.** (*Tote*) enterrar, dar sepultura; **hier liegt der Hund** ~ (*fam*) aquí está el quid de la cuestión; **damit kann er sich** ~ **lassen** (*iron*) con ello puede darse por perdido **2.** (*verschütten*) sepultar; **die Lawine begrub acht Personen unter sich** el alud sepultó a ocho personas bajo la nieve **3.** (*Streit*) enterrar, poner fin (a); (*Hoffnung*) renunciar (a); **lass uns unseren Streit** ~ echemos tierra a nuestra disputa

Begräbnis [bə'grɛ:pnɪs] *nt* <-ses, -se> entierro *m*, sepelio *m*, ancuviña *f Chil;* **ein christliches/feierliches/schlichtes** ~ un entierro cristiano/solemne/sencillo

begradigen* [bə'gra:dɪgən] *vt* (*Fluss*) encauzar; (*Straße*) rectificar

Begradigung *f* <-, -en> rectificación *f;* **ein Plan zur** ~ **der Donau/der Grenze** un plan para la rectificación del curso del Danubio/de la frontera

begreifbar *adj* comprensible; **wie kann ich es dir** ~ **machen?** ¿cómo puedo hacértelo entender?

begreifen* *irr* **I.** *vt* comprender, entender; **er begreift schnell/langsam** comprende deprisa/despacio; **ich kann nicht** ~**, wieso er das gemacht hat** no puedo comprender por qué lo hizo; **er begriff nicht, worum es ging** no comprendió de qué iba la cosa; **es ist einfach nicht zu** ~**, dass ...** es sencillamente inconcebible que... +*subj* **II.** *vr:* **sich** ~ **1.** (*sich verstehen*) entenderse, comprenderse; **ich begreife mich mittlerweile selbst nicht mehr** entretanto ya no me entiendo ni yo **2.** (*sich auffassen*) considerarse (*als*); **er begreift sich als Experte** se considera un experto

begreiflich *adj* comprensible, explicable; **es ist einfach nicht** ~**, wie er so etwas tun konnte** es sencillamente incomprensible cómo pudo hacer algo parecido

begreiflicherweise [-'---'--] *adv* comprensiblemente

begrenzen* *vt* **1.** (*Gebiet*) delimitar; **das Grundstück wird von einem Wald begrenzt** un bosque señala los límites del terreno **2.** (*beschränken*) limitar (*auf*a); **die Redezeit wurde auf fünf Minuten begrenzt** el turno de palabra fue limitado a cinco minutos

Begrenzer *m* <-s, -> (INFOR) delimitador *m*

begrenzt *adj* limitado; **er hat einen ~en Horizont** tiene una visión limitada; **ich bin nur für eine sehr ~e Zeit hier** sólo estoy aquí por poco tiempo; **darauf können wir nur sehr** ~ **Einfluss nehmen** sobre ello sólo podemos ejercer una influencia muy limitada

Begrenztheit *f* <-, -en> (*Möglichkeiten*) restricción *f*, limitación *f*

Begrenzung *f* <-, -en> **1.** (*das Begrenzen*) limitación *f*, restricción *f;* **zeitliche** ~ limitación de tiempo **2.** (*Grenze*) límite *m;* **Begrenzungszeichen** *nt* <-s, -> (INFOR) carácter *m* delimitador

Begriff *m* <-(e)s, -e> **1.** (*Ausdruck*) concepto *m;* **ein dehnbarer** ~ un concepto maleable; **dieser Name ist ein** ~ **für Qualität** este nombre es un símbolo de calidad **2.** (*Vorstellung*) idea *f*, noción *f;* **sich** *dat* **einen** ~ **von etw machen** hacerse una idea de algo; **du machst dir keinen** ~ **davon, was heute los war** no te puedes imaginar lo que pasó hoy; **für meine ~e** en mi opinión; **das ist mir ein** ~ me suena; **schwer** [*o* **langsam**] **von** ~ **sein** (*fam*) ser corto de mollera; **im** ~ **sein etw zu tun** estar a punto de hacer algo

begriffen **I.** *pp von* **begreifen** **II.** *adj:* **in etw** ~ **sein** estar a punto de hacer algo; **die Gäste sind im Aufbruch** ~ los invitados están a punto de marcharse

begrifflich *adj* conceptual, abstracto

Begriffsbildung *f* <-, -en> creación *f* de un concepto; **begriffsstutzig** *adj* lento, tardo (en comprender); **Begriffsstutzigkeit** *f* <-, *ohne pl*> cerrilismo *m;* **die** ~ **dieses Kerls nervt mich!** ¡me saca de quicio que este tipo sea tan duro de mollera [*o* tan cerril]!; **Begriffsvermögen** *nt* <-s, *ohne pl*> facultad *f* de comprensión

begründen* *vt* **1.** (*Gründe aufführen*) justificar, basar (*mit* en); **wie willst du das** ~**?** ¿cómo lo quieres justificar?; **womit willst du das** ~**?** ¿en qué lo quieres basar?; **er begründete seine Meinung eingehend** justificó minuciosamente su opinión **2.** (*gründen*) fundar; **wohl begründet** (*geh*) (muy) bien fundado

Begründer(in) *m(f)* <-s, -; -, -nen> iniciador(a) *m(f)*, fundador(a) *m(f)*

begründet *adj* (*a.* JUR) fundado, legítimo; **in etw** *dat* ~ **liegen** [*o* **sein**] fundarse en algo; **ich habe den ~en Verdacht, dass ...** tengo la fundada [*o* legítima] sospecha de que...; **dem Anspruch nach ist diese Klage** ~ de [*o* por] derecho la demanda es legítima

Begründung *f* <-, -en> **1.** (*Grund*) motivo *m*, causa *f;* **ohne jede** ~ sin motivación alguna; ~ **einer Klage** (JUR) fundamentación de una demanda; **eine** ~ **für etw angeben** declarar el motivo de algo **2.** (*Gründung*) fundación *f*

begrünen* *vt* ajardinar

Begrünung *f* <-, -en> ajardinamiento *m*

begrüßen* *vt* **1.** (*Gast*) saludar, dar la bienvenida; **er wurde herzlich/unfreundlich begrüßt** fue saludado cordialmente/fríamente; **ich würde mich sehr freuen, Sie bei mir** ~ **zu dürfen** estaría encantado de poder recibirle en mi casa **2.** (*Vorschlag*) celebrar; **wir** ~ **es sehr, dass ...** celebramos mucho que... +*subj;* **es ist zu** ~**, dass ...** hay que celebrar que... +*subj;* **ich würde es** ~**, wenn ...** celebraría que... +*subj* **3.** (*Schweiz: zu Rate zie-*

hen) consultar; **in solchen Fragen ist zunächst die Geschäftsleitung zu ~** tales cuestiones deben consultarse en primer lugar a la dirección; **begrüßenswert** *adj* plausible; **es ist ~, dass ...** celebramos que... +*subj*

Begrüßung *f* <-, -en> saludo *m;* (*Empfang*) recibimiento *m;* **jdm zur ~ die Hand geben** dar a alguien la mano como saludo; **Begrüßungsansprache** *f* <-, -n> discurso *m* de bienvenida; **Begrüßungsgeld** *nt* <-(e)s, -er> dinero *m* de bienvenida

begucken* *vt* (*fam*) mirar

begünstigen* [bəˈgʏnstɪgən] *vt* **1.** (*förderlich sein*) favorecer, beneficiar; **er war vom Schicksal begünstigt** era un hombre de suerte **2.** (JUR: *Verbrechen*) encubrir **3.** (*bevorzugen*) favorecer, privilegiar

Begünstigte(r) *mf* <-n, -n; -n, -n> beneficiario, -a *m, f*

Begünstigung *f* <-, -en> **1.** (*Förderung*) favorecimiento *m* **2.** (JUR) encubrimiento *m;* **~ im Amt** favorecimiento en el cargo **3.** (*Bevorzugung*) trato *m* preferente

begutachten* *vt* emitir un dictamen (sobre), examinar; **das lassen wir eingehend ~** haremos emitir un dictamen detallado

Begutachtung *f* <-, -en> dictamen *m,* inspección *f;* **sachverständige ~** dictamen pericial

begütert [bəˈgyːtɐt] *adj* acaudalado, adinerado; **sie gehört der eher ~en Schicht an** pertenece a la clase más bien adinerada

begütigend **I.** *adj* apaciguador **II.** *adv* apaciguadoramente; **~ auf jdn einreden** apaciguar a alguien con palabras

behaart [bəˈhaːɐt] *adj* peludo, velludo; **stark ~** muy peludo, muy velludo

Behaarung *f* <-, -en> vellosidad *f,* pelo *m;* (*Tiere*) pelaje *m*

behäbig [bəˈhɛːbɪç] *adj* (*beleibt*) corpulento, grueso; (*phlegmatisch*) indolente, flemático

Behäbigkeit *f* <-, *ohne pl*> **1.** (*Körper*) corpulencia *f* **2.** (*Trägheit*) indolencia *f,* cachaza *f fam* **3.** (*Möbel*) comodidad *f*

behaftet [bəˈhaftət] *adj:* **mit etw ~ sein** tener algo; **mit einem Mangel ~ sein** tener un defecto; **mit einer Krankheit ~ sein** estar aquejado de [*o* por] una enfermedad, estar afectado por una enfermedad

behagen* [bəˈhaːgən] *vi:* **etw behagt jdm** algo agrada a alguien; **es behagt ihm nicht, morgens früh aufzustehen** le disgusta levantarse temprano por las mañanas

Behagen *nt* <-s, *ohne pl*> gusto *m,* satisfacción *f;* **mit sichtlichem ~** con evidente gusto

behaglich [bəˈhaːklɪç] *adj* **1.** (*Wärme*) agradable **2.** (*bequem*) cómodo, confortable; (*Leben*) desahogado, placentero; **hier kann man es sich wirklich ~ machen!** ¡aquí sí que puede uno ponerse cómodo!

Behaglichkeit *f* <-, *ohne pl*> confort *m,* comodidad *f;* **Behaglichkeitszone** *f* <-, -n> (BOT, ZOOL) zona *f* de placidez

behalten* *irr vt* **1.** (*nicht wegwerfen*) conservar, guardar **2.** (*Glanz, gute Laune, Wert*) mantener, conservar; (*Geheimnis*) guardar; **die Nerven ~** no perder los nervios **3.** (*sich merken*) retener (en la cabeza), quedarse (con) *fam;* **ich habe seine Telefonnummer nicht ~** no he retenido su número de teléfono en la cabeza **4.** (*nicht abgeben*) quedarse (con); (*Hut*) dejar puesto; **nach der Scheidung behielt sie die Kinder** después del divorcio ella se quedó con los hijos; **der Kranke kann nichts bei sich ~** el enfermo no puede retener alimento alguno; **~ Sie (doch) Platz!** ¡no se levante!; **jdn über Nacht ~** alojar a alguien; **er muss immer seinen Willen ~** siempre quiere salirse con la suya

Behälter [bəˈhɛltɐ] *m* <-s, ->, **Behältnis** *nt* <-ses, -se> **1.** (*Gefäß*) recipiente *m,* depósito *m* **2.** (*Container*) contenedor *m,* container *m*

behämmert [bəˈhɛmɐt] *adj* (*fam*) idiota, lelo

behänd(e)^RR [bəˈhɛnt, bəˈhɛndə] *adj* (*flink*) ágil; (*gewandt*) hábil, diestro

behandeln* *vt* **1.** (*Mensch, Thema, Material*) tratar (*mit* con); **die Fragestellung wurde ausführlich/flüchtig behandelt** el problema fue tratado exhaustivamente/de pasada; **das Gericht behandelt heute den Fall X gegen Y** el tribunal se ocupa hoy del caso X contra Y; **der ~de Arzt ist Dr. X** el médico que le trata es el Doctor X; **von wem werden Sie behandelt?** ¿quién le trata?; **er behandelt sie gut/schlecht** la trata bien/mal; **wir werden die Angelegenheit diskret ~** trataremos el asunto con discreción **2.** (*Krankheit*) tratar; (*heilen*) curar

behändigen* [bəˈhɛndɪgən] *vt* (*Schweiz: ergreifen*) coger, hacerse (con); **der Dieb behändigte alle ihre Juwelen** el ladrón se llevó todas sus joyas

Behändigkeit^RR *f* <-, *ohne pl*> destreza *f;* **mit großer ~** habilidosamente, con una gran habilidad

Behandlung *f* <-, -en> **1.** (*Umgang*) trato *m;* **bevorzugte ~** tratamiento preferente **2.** (*Therapie*) tratamiento *m;* (*Betreuung*) asistencia *f* médica; **ambulante/stationäre ~** tratamiento ambulatorio/hospitalario; **bei wem sind Sie in ~?** ¿con quién está usted en tratamiento? **3.** (*eines Themas*) tratamiento *m* **4.** (TECH) tratamiento *m;* **behandlungsbedürftig** *adj* (MED) que necesita tratamiento médico; **dieser Ausschlag ist ~** esta erupción necesita tratamiento médico; **Behandlungsfehler** *m* <-s, -> error *m* de tratamiento; **~ im Krankenhaus** error de tratamiento en el hospital; **Behandlungskosten** *pl* costes *mpl* del tratamiento; **Behandlungsmethode** *f* <-, -n> método *m* terapéutico; **Behandlungsplan** *m* <-(e)s, -pläne> (MED) plan *m* del tratamiento; **Behandlungsraum** *m* <-(e)s, -räume>,

Behandlungszimmer *nt* <-s, -> sala *f* de curas

Behang [bəˈhaŋ] *m* <-(e)s, -hänge> (*Schmuck*) colgante *m;* (*Wand~*) elemento *m* decorativo

behangen *adj* cargado; **die Kirschbäume sind mit Früchten ~** los cerezos están cargados de frutos

behängen* **I.** *vt* decorar (*mit* con), adornar (*mit* con) **II.** *vr:* **sich ~** (*fam abw*) llenarse (*mit* de); **sie behängt sich gerne mit Schmuck** le gusta ir muy enjoyada

beharren* [bəˈharən] *vi* insistir (*auf* en), obstinarse (*auf* en), emperrarse (*auf* en) *fam,* empalarse (*auf* en) *Chil;* **er beharrte darauf, dass ...** insistía en que...; **er muss aber auch immer bei seiner Meinung ~** pero es que siempre tiene que aferrarse a su opinión

beharrlich *adj* (*nachdrücklich*) insistente; (*standhaft*) constante, perseverante; **sie weigerte sich ~, das zu tun** se negó rotundamente a hacerlo

Beharrlichkeit *f* <-, *ohne pl*> **1.** (*Standhaftigkeit*) constancia *f,* perseverancia *f* **2.** (*Nachdruck*) insistencia *f,* ahínco *m*

Beharrungsvermögen *nt* <-s, -> perseverancia *f,* persistencia *f;* (PHYS) fuerza *f* de inercia

behauen <behaut, behaute, behauen> *vt* tallar, labrar

behaupten* [bəˈhaʊptən] **I.** *vt* **1.** (*These*) afirmar, sostener; **er behauptete steif und fest, dass ...** afirmó rotundamente que...; **es wird (von ihm) behauptet, dass ...** se dice (de él) que... **2.** (*Platz, Stelle*) defender; **die Aktien tendieren gut behauptet** la tendencia de las acciones está bien sostenida **II.** *vr:* **sich ~ 1.** (*sich durchsetzen*) afirmarse, consolidarse; **sich gegen jdn ~** vencer a alguien **2.** (*Preise*) mantenerse firme

Behauptung *f* <-, -en> aseveración *f,* afirmación *f;* **eine ~ aufstellen** sostener una afirmación; **eine ~ zurücknehmen** retractarse de una afirmación; **~ auf dem Markt** (WIRTSCH) afirmación en el mercado

Behausung [bəˈhaʊzʊŋ] *f* <-, -en> (*geh*) morada *f*

Behaviorismus [bihɛviəˈrɪsmʊs] *m* <-, *ohne pl*> (PSYCH, LIT) conductismo *m,* behaviorismo *m*

beheben* *irr vt* **1.** (*beseitigen*) eliminar; (*Missstand*) remediar; (*Schaden*) reparar; **das lässt sich leicht ~** esto tiene fácil remedio **2.** (*Österr: abheben*) retirar

Behebung[1] *f* <-, *ohne pl*> (*Beseitigung*) eliminación *f;* (*eines Schadens*) reparación *f;* **die ~ einer technischen Störung** la reparación de un fallo técnico; **die ~ offenkundiger Missstände** la eliminación de patentes anomalías

Behebung[2] *f* <-, -en> (*Österr:* FIN) retirada *f;* **die ~ einer großen Summe von einem Konto** la retirada de una gran suma de una cuenta

beheimatet [bəˈhaɪmaːtət] *adj* **1.** (*gebürtig*) oriundo (*in* de), natural (*in* de) **2.** (*wohnhaft*) establecido (*in* en)

beheizbar *adj:* **das Wohnzimmer ist nicht ~** no hay calefacción en la sala de estar

beheizen* *vt* calentar

Behelf [bəˈhɛlf] *m* <-(e)s, -e> recurso *m,* solución *f* de emergencia; **als ~ dienen** servir de recurso

behelfen* *irr vr:* **sich ~** defenderse (*mit* con, *ohne* sin), arreglárselas (*mit* con, *ohne* sin) *fam;* **da müssen wir uns mit einer Notlösung ~** tendremos que recurrir a una solución de emergencia

Behelfsausfahrt *f* <-, -en> salida *f* auxiliar

behelfsmäßig *adj* provisorio, provisional

behelligen* [bəˈhɛlɪgən] *vt* molestar (*mit* con), incomodar (*mit* con)

behend(e) *adj s.* **behänd(e)**

Behendigkeit *f* <-, *ohne pl*> *s.* **Behändigkeit**

beherbergen* [bəˈhɛrbɛrgən] *vt* alojar, hospedar

Beherbergung *f* <-, *ohne pl*> hospedaje *m*

beherrschen* **I.** *vt* **1.** (*Macht haben*) dominar; (*regieren*) gobernar; **er beherrschte sie völlig** la dominaba enteramente **2.** (*zügeln*) controlar, dominar **3.** (*Handwerk, Sprache, Instrument*) conocer a fondo, dominar; (*Situation*) ser dueño (de), dominar; (*Stadtbild*) conocer, dominar **II.** *vr:* **sich ~** (*sich zügeln*) contenerse, dominarse; **ich kann mich ~!** (*fam*) ¡no lo haré ni en sueños!

beherrscht *adj* controlado

Beherrschtheit *f* <-, *ohne pl*> autocontrol *m*

Beherrschung *f* <-, *ohne pl*> **1.** (*Selbst~*) autocontrol *m,* dominio *m* de sí mismo; **die ~ verlieren** perder el control **2.** (*Wissen, Können*) dominio *m*

beherzigen* [bəˈhɛrtsɪgən] *vt* tomar en consideración

beherzt [bəˈhɛrtst] *adj* resuelto, audaz

Beherztheit *f* <-, *ohne pl*> valentía *f*

behilflich *adj:* **jdm (bei etw) ~ sein** ayudar(le) a alguien (en algo); **darf ich Ihnen ~ sein?** ¿puedo ayudarle?

behindern* *vt* **1.** (*stören*) molestar, estorbar (*bei* en); (*Verkehr*) impedir, dificultar; (*Sicht*) dificultar **2.** (*verhindern*) entorpecer, impedir

behindert *adj* (*körperlich*) minusválido, disminuido físico; (*geistig*) retrasado, disminuido psíquico

Behinderte(r) *mf* <-n, -n; -n, -n> impedido, -a *m, f,* minusválido, -a *m, f;* **Behindertenausweis** *m* <-es, -e> carnet *m* de minusválido; **behindertengerecht** *adj* acondicionado para disminuidos; **Behindertenparkplatz** *m* <-es, -plätze> aparcamiento *m* para minusválidos; **Behinderten-WC** *nt* <-(s), -(s)> aseo(s) *m(pl)* para minusválidos; **Behindertenwerkstatt** *f* <-, -stätten> taller *m* para minusválidos

Behinderung *f* <-, -en> **1.** (*des Verkehrs*) impedimento *m;* (*einer Sache*) estorbo *m;* **mit ~en muss gerechnet werden** se debe contar con impedimentos **2.** (MED) minusvalía *f*

Behörde [bəˈhøːɐdə] *f* <-, -n> **1.** (*Amt*) autoridad *f;* **örtliche ~** autoridad local; **die zuständige ~** la autoridad competente; **etw bei einer ~ anmelden** presentar algo ante una autoridad **2.** (*Gebäude*) administración *f;* **Behördengang** *m* <-(e)s, -gänge> visita *f* a un organismo oficial; **ein ~ steht noch an** aún queda por resolver un asunto burocrático; **behördenintern** *adj* reservado a las autoridades; **Behördenweg** *m* <-(e)s, -e> vía *f* administrativa; **Behördenwillkür** *f* <-, *ohne pl*> arbitrariedad *f* burocrática

behördlich [bəˈhøːɐtlɪç] *adj* oficial

behüten* *vt* (*schützen*) proteger (*vor* de), amparar (*vor* de); **behütet aufwachsen** crecer protegido de todo mal; **sie hat das Kind davor behütet, dass ...** protegió al niño de... *+inf,* protegió al niño de que... *+subj;* **Gott behüte!** ¡no lo quiera Dios!, ¡Dios nos libre!

behutsam [bəˈhuːtzaːm] **I.** *adj* (*sorgsam*) cuidadoso, concienzudo; (*rücksichtsvoll*) atento, considerado **II.** *adv* con cautela, con precaución; **mit ihr muss man sehr ~ umgehen** con ella hay que andar con mucho cuidado

Behutsamkeit *f* <-, *ohne pl*> prudencia *f,* precaución *f*

bei [baɪ] *präp +dat* **1.** (*in der Nähe von*) cerca de, junto a; **in Unna ~ Dortmund** en Unna cerca de Dortmund; **die Schlacht ~ Leipzig** la batalla de Leipzig; **dicht ~ der Fabrik** junto a la fábrica; **ich saß ~ ihm** estuve sentado a su lado; **~ Tisch** a la mesa; **~m Bäcker** en la panadería **2.** (*für Firmen*) en; **sie arbeitet ~ der Bahn** trabaja en la compañía ferroviaria; **das ist ~ Klett erschienen** esto se publicó en Klett **3.** (*für Wohnbereich*) en casa de, con; **wir sind ~ Susanne zum Abendessen eingeladen** estamos invitados a cenar en casa de Susanne; **er wohnt ~ seinen Eltern** vive con sus padres; **~ uns zu Hause** en nuestra casa **4.** (*an sich tragend*) encima; **ich habe kein Geld ~ mir** no llevo dinero encima; **bist du ganz ~ dir** [*o* **~ Sinnen**]**?** (*fam*) ¿estás bien de la cabeza? **5.** (*während*) durante, en; **~ der Arbeit** durante el trabajo; **~ Nacht** durante la noche; **Vorsicht ~m Aussteigen!** ¡cuidado al bajar!; **~ Gelegenheit** alguna vez, en alguna ocasión; **~m Lesen des Artikels** al leer el artículo; **~ näherer Betrachtung** en un examen más detallado **6.** (*jemanden betreffend*): **das kommt oft ~ ihm vor** esto le sucede a menudo; **~ mir hast du damit kein Glück** estas artimañas no te valen conmigo; **~ Kräften sein** estar robusto; **du bist nicht recht ~ Trost** (*fam*) no estás en tus cabales **7.** (*mit*) con; **~ offenem Fenster schlafen** dormir con la ventana abierta; **~ seinen Fähigkeiten** con sus aptitudes; **~ deiner Erkältung bleibst du besser zu Hause** con tu resfriado es mejor que te quedes en casa **8.** (*falls*) en caso de; **~ Nebel** en caso de niebla; **„~ Feuer Scheibe einschlagen"** "en caso de incendio, rómpase el cristal"

bei|behalten* *irr vt* mantener, conservar

Beibehaltung *f* <-, *ohne pl*> conservación *f,* mantenimiento *m*

bei|biegen *irr vt* (*fam*) comunicar con mucho tacto

Beiblatt *nt* <-(e)s, -blätter> hoja *f* adjunta; **die Preise entnehmen Sie bitte dem ~** los precios se encuentran en la hoja adjunta

Beiboot *nt* <-(e)s, -e> (NAUT) bote *m* de servicio [*o* auxiliar]

bei|bringen *irr vt* **1.** (*beschaffen*) aportar **2.** (*lehren*) enseñar; **jdm etw ~** enseñar algo a alguien; **dem werde ich es schon noch ~!** (*fam*) ¡ya le enseñaré yo a ése! **3.** (*mitteilen*) decir, comunicar; **wie soll ich ihm bloß ~, dass seine Frau einen Unfall hatte?** ¿cómo le digo que su mujer ha tenido un accidente? **4.** (*zufügen*): **jdm etw ~** causar algo a alguien

Beichte [ˈbaɪçtə] *f* <-, -n> (*a.* REL) confesión *f;* **zur ~ gehen** ir a confesar(se); **jdm die ~ abnehmen** oír la confesión de alguien

beichten *vi, vt* confesar(se); **jdm etw ~** confesarle algo a alguien

Beichtgeheimnis *nt* <-ses, -se> (REL) secreto *m* de confesión; **Beichtstuhl** *m* <-(e)s, -stühle> (REL) confes(i)onario *m;* **Beichtvater** *m* <-s, -väter> (REL) confesor *m*

beidarmig **I.** *adj* **1.** (SPORT) ambidextro, ambidiestro; **ein ~er Tennisspieler** un tenista que juega con las dos manos **2.** (MED) de ambos brazos; **eine ~e Amputation vornehmen** realizar la amputación de ambos brazos **II.** *adv* **1.** (SPORT) con ambos brazos **2.** (MED) en ambos brazos

beidbeinig **I.** *adj* **1.** (SPORT) con ambas piernas; **~e Absprünge über das Pferd** saltos sobre el potro con las dos piernas **2.** (MED) de ambas piernas; **eine ~e Operation durchführen** realizar una operación en las dos piernas **II.** *adv* **1.** (SPORT) con ambas piernas; **~ abspringen** saltar con las dos piernas **2.** (MED) en ambas piernas

beide [ˈbaɪdə] *adj* los dos, ambos; **ihr habt ~ Recht** los/las dos tenéis razón; **wie geht es euch ~n ?** ¿como estáis vosotros dos?; **alle ~** ambos, los dos; **keiner von ~n** ni uno ni otro, ninguno de los dos; **ihre ~n Schwestern** sus dos hermanas, ambas hermanas; **~ Mal** en ambos casos, en ambas ocasiones

beidemal *adv* en ambos casos, en ambas ocasiones

beiderlei [ˈbaɪdɐlaɪ, ˈ--ˈ-] *adj inv* de los dos, de ambos; **~ Geschlechts** de ambos sexos

beiderseitig *adj* de [*o* por] ambas partes; (*gegenseitig*) recíproco, mutuo, bilateral; **in ~em Einvernehmen** de mutuo acuerdo

beiderseits I. *präp +gen* a ambos lados de; ~ **des Rheins** a ambos lados [*o* en ambas orillas] del Rhin II. *adv* de ambas partes; (*gegenseitig*) mutuamente, recíprocamente; **sie haben ~ versprochen nichts zu sagen** ambos/ambas prometieron no decir nada por su parte

beidfüßig I. *adj* 1. (SPORT) con ambos pies; **ein ~er Absprung vom Sprungbrett** un salto desde el trampolín con los dos pies 2. (MED) de ambos pies; **eine ~e Verletzung** una lesión en los dos pies II. *adv* 1. (SPORT) con ambos pies; **nach einem Sprung ~ aufkommen** aterrizar con los dos pies tras un salto 2. (MED) en ambos pies

beidhändig I. *adj* 1. (*links- und rechtshändig*) ambidextro, ambidiestro; (*a.* SPORT) con ambas manos; **eine ~e Rückhand** (*Tennis*) un revés con las dos manos 2. (MED) de ambas manos II. *adv* con ambas manos; (MED) en ambas manos

bei|drehen *vi* (NAUT) capear

beidseitig ['baɪtzaɪtɪç] *adj* de doble lado; (MED) de doble cara; **zur ~en Zufriedenheit** para satisfacción de ambas partes

beidseits *präp* (*südd, Schweiz*) *s.* **beiderseits**

beieinander [--'--] *adv* junto, reunido; **sie sind ~** están juntos; **die Familie ist ~** la familia está reunida; **(nicht) gut ~ sein** (*fam*) (no) encontrarse bien; **sie ist nicht mehr gut ~** (*fam*) ella ya chochea; **er ist gut ~** (*südd: fam: kräftig gebaut*) está bien cebado; **nicht ganz ~ sein** (*fam*) no estar bien de la cabeza; **zuerst müssen wir alle Unterlagen ~ haben** primero tenemos que reunir todos los documentos; **hast du das Geld für den Urlaub schon ~?** ¿ya has reunido el dinero para las vacaciones?; **ich glaube, du hast sie nicht mehr alle ~** (*fam*) creo que no estás del todo en tus cabales

beieinander|haben *irr vt s.* **beieinander**

beieinander|sein *irr vi sein s.* **beieinander**

Beifahrer(in) *m(f)* <-s, -; -, -nen> acompañante *mf,* copiloto *mf;* **Beifahrerairbag** *m* <-s, -s> (AUTO) airbag *m* para el acompañante; (*Lastwagen*) airbag *m* para el segundo conductor; **Beifahrersitz** *m* <-es, -e> asiento *m* de copiloto

Beifall *m* <-(e)s, *ohne pl*> 1. (*Applaus*) ovación *f;* (*Akklamation*) aclamación *f;* **starker/lang anhaltender/rauschender/schwacher ~** un aplauso fuerte/largo/delirante/débil; **jdm ~ spenden** conceder una ovación a alguien; **er wurde mit tosendem [*o* stürmischem] Beifall begrüßt** se le recibió con un aplauso estruendoso [*o* atronador] 2. (*Zustimmung*) aprobación *f,* favor *m;* **jds ~ finden** lograr la aprobación [*o* el favor] de alguien; **~ klatschen** aplaudir; **~ klopfen** *aplaudir golpeando la mesa con el puño*

beifallheischend ['baɪfalhaɪʃənt] *adj s.* **heischen**

beifällig ['baɪfɛlɪç] *adj* aprobatorio, favorable; **~ nicken** hacer un gesto aprobatorio con la cabeza; **~ bemerkt ...** dicho sea favorablemente...

Beifallsbekundung *f* <-, -en>, **Beifallsbezeigung** *f* <-, -en> demostraciones *fpl* de aprobación; **Beifallsruf** *m* <-(e)s, -e> ovación *f,* aclamación *f;* **Beifallssturm** *m* <-(e)s, -stürme> salva *f* de aplausos; **die Zuschauer brachen in einen wahren ~ aus** los espectadores estallaron en una verdadera salva de aplausos

Beifilm *m* <-(e)s, -e> cortometraje *m,* corto *m fam*

bei|fügen *vt* 1. (*Unterlagen*) incluir, adjuntar, adosar *Am* 2. (*dazusagen*) añadir

Beifügung[1] *f* <-, -en> (GRAM) atributo *m*

Beifügung[2] *f* <-, *ohne pl*> (*formal*): **unter ~ von etw** adjuntando algo

Beifuß *m* <-es, *ohne pl*> (BOT) artemisa *f*

Beigabe *f* <-, -n> añadido *m*

beige [be:ʃ] *adj* beige

Beige *f* <-, -n> (*Schweiz, südd: Stapel*) montón *m;* (*Stoß*) pelo *m,* pelillo *m*

bei|geben *irr* I. *vi* (*geh: sich fügen*) doblegarse, someterse (a); **klein ~** someterse, ceder II. *vt* (*geh: hinzufügen*): **etw** *dat* **etw ~** añadir algo a algo; **der Suppe etwas mehr Salz ~** añadir un poco más de sal a la sopa

beigefarben *adj* (de color) beige

Beigeordnete(r) *mf* <-n, -n; -n, -n> (ADMIN) adjunto, -a *m, f*

Beigeschmack *m* <-(e)s, *ohne pl*> gustillo *m,* dejo *m;* **einen unangenehmen ~ haben** tener un regusto desagradable

Beignet [bɛn'je:] *m* <-s, -s> (GASTR) ≈buñuelo *m* (*loncha fina de pasta de harina rellena de fruta, carne u otras cosas que se enrolla y se fríe en aceite*)

Beiheft *nt* <-(e)s, -e> suplemento *m*

bei|heften *vt* adjuntar (con grapas)

Beihilfe[1] *f* <-, -n> (*finanzielle Unterstützung*) ayuda *f* (económica), subsidio *m;* (*zum Studium*) beca *f;* **~ aus öffentlichen Mitteln** subsidio con fondos públicos

Beihilfe[2] *f* <-, *ohne pl*> (JUR) complicidad *f;* **~ zum Mord** complicidad en el asesinato; **~ leisten** actuar como cómplice

Beiklang *m* <-(e)s, -klänge> sonido *m* (de fondo); (*fig*) alusión *f*

bei|kommen *irr vi sein* 1. (*zu fassen bekommen*): **jdm ~** coger [*o* alcanzar] a alguien; **ihr ist einfach nicht beizukommen** no hay modo de acercarse a ella 2. (*bewältigen*): **etw** *dat* ~ resolver algo

Beikost *f* <-, *ohne pl*> alimentación *f* suplementaria; **~ für Säuglinge** alimentación suplementaria para lactantes

beil. *Abk. von* **beiliegend** adjunto

Beil [baɪl] *nt* <-(e)s, -e> 1. (*Axt*) hacha *f* 2. (*Fall~*) guillotina *f*

bei|laden *irr vt* (JUR) llamar en causa

Beiladung *f* <-, -en> (JUR) llamada *f* en causa

Beilage *f* <-, -n> **1.** (PUBL) suplemento *m;* **die ~ vom Wochenende** el suplemento del fin de semana **2.** (GASTR) guarnición *f* **3.** (*Österr: zu einem Brief*) anexo *m*

beiläufig ['baɪlɔɪfɪç] **I.** *adj* **1.** (*Frage*) casual **2.** (*Österr: ungefähr*) aproximado **II.** *adv* de paso; **~ gesagt** dicho sea de paso

Beiläufigkeit *f* <-, *ohne pl*> **1.** (*Nebensächlichkeit*) ocasionalidad *f* **2.** (*Gleichgültigkeit*) indiferencia *f*

bei|legen *vt* **1.** (*aus der Welt schaffen*) poner fin (a), concluir **2.** (*hinzulegen*) adjuntar, adosar *Am;* **etw** *dat* **etw ~** adjuntar algo a algo; **er legte dem Brief ein Foto bei** adjuntó una foto a la carta **3.** (*zuschreiben*) conceder, otorgar; **etw** *dat* **Gewicht/Wert ~** otorgarle peso/valor a algo

Beilegung *f* <-, -en>: **~ eines Konflikts** arreglo *m* de un conflicto

beileibe [baɪ'laɪbə] *adv:* **~ nicht** en ningún caso

Beileid *nt* <-(e)s, *ohne pl*> pésame *m;* **mein aufrichtiges** [*o* **herzliches**] **~** mi más sincero pésame; **jdm sein ~ ausdrücken** [*o* **aussprechen**] dar el pésame a alguien; **Beileidsbekundung** *f* <-, -en> expresión *f* de condolencia; **Beileidsbesuch** *m* <-(e)s, -e> visita *f* de condolencia [*o* de pésame]; **jdm einen ~ machen** [*o* **abstatten**] visitar a alguien para dar el pésame [*o* para expresar su condolencia]; **Beileidsbrief** *m* <-(e)s, -e> carta *f* de pésame [*o* de condolencia]; **Beileidskarte** *f* <-, -n> tarjeta *f* de condolencia; **Beileidsschreiben** *nt* <-s, -> carta *f* de pésame [*o* de condolencia]

bei|liegen *irr vi* estar incluido

beiliegend *adj* adjunto; **~ senden wir Ihnen ...** le(s) remitimos adjunto...

beim [baɪm] = **bei dem** *s.* **bei**

bei|mengen *vt* añadir

bei|messen *irr vt* atribuir, conceder; **sie misst der Angelegenheit besondere Bedeutung bei** le concede una especial importancia al asunto

bei|mischen *vt* añadir, agregar

Beimischung[1] *f* <-, -en> (*beigemischte Sache*) añadidura *f,* añadido *m*

Beimischung[2] *f* <-, *ohne pl*> (*das Beimischen*) añadidura *f;* **unter ~ von ...** añadiendo...

Bein [baɪn] *nt* <-(e)s, -e> **1.** (*Körperteil*) pierna *f;* **die ~e übereinander schlagen** cruzar las piernas; **von einem ~ auf das andere treten** (*fam*) estar inquieto; **sich** *dat* **(k)ein ~ ausreißen** (*fam*) (no) matarse trabajando; **er stellt ihm ein ~** le pone la zancadilla; **mit einem ~ im Grab stehen** estar con un pie en la tumba; **sich** *dat* **die ~e in den Bauch stehen** (*fam*) estar de plantón; **mit beiden ~en im Leben stehen** tener los pies en el suelo; **jdm ~e machen** (*fam*) echar a alguien; **die ~e in die Hand nehmen** (*fam*) salir escapado, salir disparado; **etw auf die ~e stellen** montar algo; **er kann sich kaum auf den ~en halten** apenas puede mantenerse en pie; **sie ist den ganzen Tag auf den ~en** lleva todo el día trabajando; **er ist schon wieder auf den ~en** ya se ha recuperado totalmente; **auf einem ~ kann man nicht stehen** (*prov*) *no se pueden dejar las cosas a medias* **2.** (*eines Tieres, Stuhls*) pata *f* **3.** (*geh: Knochen*) hueso *m;* **etw geht jdm durch Mark und ~** algo le parte el alma a alguien

beinah(e) ['baɪna:(ə), '-'-(-)] *adv* casi, por poco; **er hat es ~ geschafft** casi lo ha conseguido; **Beinahezusammenstoß** *m* <-es, -stöße> accidente *m* (*que estuvo a punto de suceder*)

Beiname *m* <-ns, -n> sobrenombre *m*

Beinamputation *f* <-, -en> amputación *f* de la pierna; **beinamputiert** ['baɪnʔamputi:ɐt] *adj* mutilado de una pierna, paticojo *fam;* **Beinarbeit** *f* <-, *ohne pl*> (SPORT) juego *m* de piernas; **Beinbruch** *m* <-(e)s, -brüche> fractura *f* de la pierna; **das ist (doch) kein ~!** (*fam*) ¡no es para tanto!; **Hals- und ~!** ¡(buena) suerte!

beinern ['baɪnɐn] *adj* (*geh: aus Knochen*) de hueso; (*aus Elfenbein*) de marfil

Beinfreiheit *f* <-, *ohne pl*> espacio *m* para las piernas; **die Anordnung der Sitze lässt einem nicht genug ~** tal y como están colocados los asientos no queda espacio sufiente para las piernas; **in diesem Auto habe ich nicht genug ~** en este coche no tengo espacio suficiente para las piernas

beinhalten* [bə'ɪnhaltən] *vt* incluir, contener

beinhart *adj* (*Österr, südd: Mensch*) tenaz; (*Kampf*) duro

Beinhaus *nt* <-es, -häuser> osario *m;* **Beinprothese** *f* <-, -n> (MED) prótesis *f inv* de la pierna, pierna *f* artificial; **Beinschiene** *f* <-, -n> **1.** (MED) férula *f* (para una pierna) **2.** (SPORT) espinillera *f* **3.** (HIST) greba *f;* **Beinstumpf** *m* <-(e)s, -stümpfe> muñón *m* de la pierna

bei|ordnen *vt* **1.** (LING) coordinar **2.** (*beigeben*) agregar, asociar

Beiordnung *f* <-, -en> (JUR) agregación *f,* asignación *f*

Beipack *m* <-(e)s, *ohne pl*> (WIRTSCH) bulto *m* adicional

Beipackzettel *m* <-s, -> hoja *f* de instrucciones

bei|pflichten ['baɪpflɪçtən] *vi:* **jdm ~** secundar a alguien; **einem Vorhaben ~** apoyar un proyecto; **er pflichtete ihr (darin) bei, dass ...** la secundó en que...

Beiprogramm *nt* <-(e)s, -e> programación *f* complementaria

Beirat ['baɪra:t] *m* <-(e)s, -räte> consejo *m* consultivo; **juristischer ~** consejo jurídico; **Beiratssitzung** *f* <-, -en> reunión *f* del consejo consultivo

Beiried *nt* <-(e)s, -e> (*Österr*) rosbif *m*

beirren* [bəˈɪrən] *vt* desconcertar, confundir; **nichts konnte ihn in seinem Vorhaben ~** nada le hizo vacilar en su idea; **lass dich dadurch nicht ~!** ¡no te dejes confundir por eso!

Beirut [baɪˈruːt, ˈ--] *nt* <-s> Beirut *m*

beisammen [baɪˈzamən] *adv* **1.** (*zusammen*) juntos, reunidos; **zu Weihnachten war die ganze Familie ~** por Navidad se reunió toda la familia **2.** (*in guter Verfassung*): **~ sein** (*körperlich*) estar fuerte; (*geistig*) estar cuerdo; **er ist noch gut ~** aún está en sus cabales; **beisammen|haben** *irr vt* haber reunido [*o* juntado]; **ich habe alle Unterlagen beisammen** tengo todos los documentos juntos; **er hat sie nicht alle beisammen** (*fam*) no está bien de la cabeza; **beisammen|sein** *irr vi s.* **beisammen 2.**

Beisammensein *nt* <-s, *ohne pl*> reunión *f*

Beisatz *m* <-es, -sätze> (LING) aposición *f*

Beischlaf *m* <-(e)s, *ohne pl*> (*geh*) coito *m;* (JUR) cohabitación *f;* **außerehelicher ~** adulterio *m*

Beisein [ˈbaɪzaɪn] *nt:* **in/ohne jds ~** en presencia/sin la presencia de alguien

beiseite [baɪˈzaɪtə] *adv* a un lado, aparte; **~ gehen** irse a un lado; **Geld ~ legen** ahorrar dinero; **Spaß ~!** ¡bromas aparte!; **jdn ~ nehmen** hablar a solas con alguien

Beis(e)l *nt* <-s, -(n)> (*Österr: Kneipe*) taberna *f,* hospedería *f*

bei|setzen *vt* (*geh*) inhumar, dar sepultura

Beisetzung *f* <-, -en> (*geh*) sepelio *m,* inhumación *f*

Beisitzer(in) *m(f)* <-s, -; -, -nen> **1.** (*am Gericht*) asesor(a) *m(f);* **sachverständiger ~** asesor pericial **2.** (*eines Ausschusses*) vocal *mf*

Beispiel *nt* <-(e)s, -e> ejemplo *m;* **(wie) zum ~** (como) por ejemplo; **ein treffendes ~** un ejemplo acertado; **das ist ohne ~** esto no tiene precedente; **jdm ein ~ geben** dar ejemplo a alguien; **an ihm kannst du dir ein ~ nehmen** puedes tomar ejemplo de él; **an mir nimmst du dir lieber kein ~** que yo no te sirva de ejemplo; **mit gutem ~ vorangehen** predicar con el ejemplo

beispielhaft *adj* ejemplar, modelo

beispiellos *adj* sin precedente; (*unerhört*) inaudito; (*unvergleichbar*) sin igual, sin par

Beispielsatz *m* <-es, -sätze> ejemplo *m,* modelo *m*

beispielsweise *adv* por ejemplo

bei|springen *irr vi sein* **1.** (*aushelfen*) ayudar (a) **2.** (*zur Hilfe kommen*) acudir en ayuda (de)

beißen [ˈbaɪsən] <beißt, biss, gebissen> **I.** *vi, vt* (*zubeißen*) morder; **in den Apfel ~** morder la manzana; **ich habe mir auf die Zunge gebissen** me mordí la lengua; **er wird dich schon nicht ~** (*fig*) que no te va a morder; **nichts zu ~ haben** (*fam*) no tener nada que llevarse a la boca **II.** *vi* (*Geruch, Geschmack*) picar; **der Rauch beißt in den Augen** me pican los ojos del humo **III.** *vr:* **sich ~** (*fam: Farben*) desentonar, no armonizar; **diese rote Bluse beißt sich mit dem grünen Rock** esta blusa roja se da de bofetadas con la falda verde

beißend *adj* (*Geschmack*) picante, mordaz; (*Geruch, Qualm*) fuerte, picante; (*Spott*) mordaz, agudo

Beißerchen *nt* <-s, -> (*fam*) dientecito *m;* **der Kleine bekommt die ersten ~** al nene le están saliendo los primeros dientecitos

Beißring *m* <-(e)s, -e> mordedor *m;* **Beißzange** *f* <-, -n> tenazas *fpl*

Beistand *m* <-(e)s, -stände> **1.** (*geh: Hilfe*) ayuda *f;* (*Unterstützung*) apoyo *m;* **jdm ~ leisten** prestar ayuda a alguien; **seelischer ~** ayuda espiritual **2.** (JUR) asistencia *f;* (*Beratung*) asesoramiento *m;* **rechtlicher ~** asistencia jurídica; **Beistandskredit** *m* <-(e)s, -e> (WIRTSCH) crédito *m* de apoyo; **Beistandspakt** *m* <-(e)s, -e> (POL) pacto *m* de (mutua) asistencia; **Beistandsvertrag** *m* <-(e)s, -träge> (POL) acuerdo *m* de asistencia mutua

bei|stehen *irr vi:* **jdm ~** apoyar a alguien, ayudar a alguien

bei|stellen *vt* (*Österr: zur Verfügung stellen*) poner a disposición

Beistellmöbel *nt* <-s, -> mueble *m* auxiliar; **Beistelltisch** *m* <-(e)s, -e> mesa *f* auxiliar

bei|steuern *vt* contribuir con (*zu* a); **sie hat zu der Sammlung einiges beigesteuert** ha contribuido con algunas piezas a esta colección

bei|stimmen *vi* (*zustimmen*) aprobar, dar la razón

Beistrich *m* <-(e)s, -e> (*Österr: Komma*) coma *f*

Beitel [ˈbaɪtəl] *m* <-s, -> formón *m* de carpintero; (*Kant~*) escoplo *m;* (*Hohl~*) gubia *f*

Beitrag [ˈbaɪtraːk] *m* <-(e)s, -träge> **1.** (*Anteil, Mitwirkung*) contribución *f,* aportación *f;* **seinen ~ zu etw leisten** contribuir a algo **2.** (*Geldbetrag*) cuota *f;* **anteilmäßiger/noch fälliger ~** cuota proporcional/a pagar; **wesentlicher ~** contribución importante; **Beiträge erheben** cobrar cuotas **3.** (*Aufsatz, Artikel*) artículo *m*

bei|tragen *irr vt* contribuir (*zu* a), ayudar (*zu* a); **das trägt dazu bei die Lage zu verbessern** esto ayuda a mejorar la situación; **damit trägst du nicht gerade dazu bei, dass er sich beruhigt** con esto no contribuyes precisamente a que se tranquilice

Beitragsaufkommen *nt* <-s, -> ingresos *mpl* de las cuotas; **Beitragsbemessungsgrenze** *f* <-, -n> base *f* de cotización; **beitragsfrei** *adj* libre de contribuciones; **Beitragsgruppe** *f* <-, -n>, **Beitragsklasse** *f* <-, -n> (*Versicherung*) clase *f* de cotización; **beitragspflichtig** *adj* sujeto a pago;

Beitragsrückerstattung *f* <-, -en> (FIN) devolución *f* de primas, reembolso *m* de las cuotas; **Beitragssatz** *m* <-es, -sätze> (FIN) cuota *f;* **Beitragsstaffelung** *f* <-, -en> escalonamiento *m* de las cuotas; **Beitragszahler(in)** *m(f)* <-s, -; -, -nen> contribuyente *mf;* **Beitragszahlung** *f* <-, -en> contribución *f,* cotización *f;* ~**en an die Sozialversicherung** cotizaciones a la Seguridad Social; **Beitragszeit** *f* <-, -en> periodo *m* de cotización

beitreibbar *adj* (JUR) recaudable

bei|treiben *irr vt* (JUR) cobrar [*o* recaudar] (por vía de apremio)

Beitreibung *f* <-, -en> (JUR) recaudación *f,* cobro *m*

bei|treten *irr vi sein* **1.** (*einem Pakt*) adherirse (a) **2.** (*einer Organisation*) ingresar (en); (*einer Partei*) afiliarse (a)

Beitritt *m* <-(e)s, -e> adhesión *f* (*zu* a), ingreso *m* (*zu* en); (*zu einer Partei*) afiliación *f* (*zu* a); **seinen** ~ **erklären** ingresar; **Beitrittserklärung** *f* <-, -en> declaración *f* de ingreso; **Beitrittsgebiet** *nt* <-(e)s, -e> *zona de la Alemania Oriental que adoptó la constitución de la Alemania Occidental después de la reunificación;* **Beitrittsgesuch** *nt* <-(e)s, -e> solicitud *f* de ingreso

Beiwagen *m* <-s, -> sidecar *m;* **Beiwagenfahrer(in)** *m(f)* <-s, -; -, -nen> pasajero, -a *m, f* del sidecar

Beiwerk *nt* <-(e)s, -e> (*geh*) accesorio *m;* **als schmückendes** ~ **dienen** servir de adorno

bei|wohnen *vi* (*geh*) asistir (a), presenciar

Beiwort *nt* <-(e)s, -wörter> (GRAM) **1.** (*beschreibendes Wort*) epíteto *m* **2.** (*Adjektiv*) adjetivo *m*

Beiz *f* <-, -en> (*Schweiz, südd: fam: Kneipe*) tasca *f,* taberna *f*

Beize ['baɪtsə] *f* <-, -n> **1.** (*für Metall*) decapante *m;* (*für Textilien*) mordiente *m* **2.** (*für Holz*) barniz *m* **3.** (*zum Gerben*) adobo *m* **4.** (GASTR) escabeche *m* **5.** (*reg: Kneipe*) bar *m,* tasca *f*

beizeiten [baɪ'tsaɪtən] *adv* a tiempo, antes de que sea tarde

beizen ['baɪtsən] *vt* **1.** (*Metall*) decapar; (*Textilien*) tratar con mordiente **2.** (*Holz*) barnizar **3.** (GASTR) adobar, escabechar

Beizjagd *f* <-, -en> cetrería *f*

Beizmittel *nt* <-s, -> (sustancia *f*) decapante *m,* sustancia *f* astringente

Beizvogel *m* <-s, -vögel> (JAGD) ave *f* de cetrería

bejahen* [bə'ja:ən] *vt* **1.** (*Frage*) contestar afirmativamente **2.** (*Leben, Vorschlag*) decir que sí (a); **das Leben** ~ decir que sí a la vida

bejahend *adj* afirmativo; **ein** ~**es Nicken** un movimiento afirmativo con la cabeza; **mit einem** ~**en Nicken** inclinando la cabeza (*en señal de asentimiento*); **er gab ein** ~**es Nicken** asintió con [*o* inclinando] la cabeza

bejahrt [bə'ja:ɐt] *adj* (*geh*) entrado en años, de edad avanzada

Bejahung *f* <-, -en> **1.** (*Antwort*) respuesta *f* afirmativa **2.** (*Befürwortung*) aceptación *f;* **wer ist für eine** ~ **der vorgeschlagenen Maßnahmen?** ¿quién está a favor de aceptar las medidas propuestas?

bejammern* *vt* lamentar, deplorar

bejammernswert, **bejammernswürdig** *adj* lamentable, deplorable

bejubeln* *vt* ovacionar, vitorear

bekakeln* *vt* (*reg: fam*) hablar (de); **das müssen wir noch** ~ eso tenemos que hablarlo todavía; **lass uns mal ausführlich** ~, **was/wann/wie ...** vamos a hablar de qué/cuándo/cómo...

bekämpfen* *vt* combatir, luchar (contra); **sich gegenseitig** ~ combatirse mutuamente

Bekämpfung *f* <-, -en> lucha *f* (*von* contra); **die** ~ **der Kriminalität** la lucha contra el crimen; **Mittel zur** ~ **von Blattläusen** insecticida contra pulgones; **Bekämpfungsmaßnahme** *f* <-, -n> (ÖKOL) medida *f* de combate

bekannt [bə'kant] **I.** *pp von* **bekennen** **II.** *adj* **1.** (*Person*) conocido, popular; (*Sache*) conocido, sabido; ~ **geben** dar a conocer; (*veröffentlichen*) hacer público; ~ **machen** hacer saber; (*öffentlich*) publicar, divulgar; ~ **werden** divulgarse, (llegar a) conocerse; **wohl** ~ (*geh*) muy [*o* bien] conocido; **das ist uns wohl** ~ lo conocemos muy bien; **als** ~ **voraussetzen** dar por sabido; **das kommt mir** ~ **vor** me suena de algo; **wir sind seit langem** (**miteinander**) ~ nos conocemos desde hace mucho tiempo; **darf ich Sie mit Herrn X** ~ **machen?** ¿puedo presentarle al señor X? **2.** (*berühmt*) famoso (*für* por); **das Hotel ist für sein gutes Essen** ~ el hotel tiene fama por su buena cocina; **sie ist dafür** ~, **dass sie immer zu spät kommt** es famosa por llegar siempre tarde

Bekannte(r) *mf* <-n, -n; -n, -n> conocido, -a *m, f;* **ein** ~**r von mir** un conocido mío; **Bekanntenkreis** *m* <-es, -e> (círculo *m* de) conocidos *mpl;* **einen großen** ~ **haben** tener muchos conocidos

bekanntermaßen *adv s.* **bekanntlich**

Bekanntgabe *f* <-, -n> notificación *f,* comunicado *m;* (*in einer Zeitung*) publicación *f;* ~ **von Urkunden** (JUR) notificación de los autos

bekannt|geben *irr vt s.* **bekannt II.1.**

Bekanntheit *f* <-, *ohne pl*> popularidad *f;* **ein Name von großer** ~ un nombre muy popular; **die** ~ **von Fakten** el conocimiento de los hechos; **durch diesen Vorfall kam der Ort zu einiger** ~ por este suceso cobró el lugar cierta notoriedad; **Bekanntheitsgrad** *m* <-(e)s, -e> (grado *m* de) familiaridad *f;* **einen hohen/niedrigen** ~ **haben** tener mucha/poca familiaridad

bekanntlich *adv* como es sabido

bekannt|machen *vt s.* **bekannt II.1.**

Bekanntmachung *f* <-, -en> **1.** (*Veröffentlichung*) publicación *f,* notificación *f;* (*eines Gesetzes*) promulgación *f* **2.** (*amtlicher Anschlag*) edicto *m,* bando *m*

Bekanntschaft *f* <-, -en> **1.** (*persönliche Beziehung*) relación *f* amistosa, amistad *f;* **jds ~ machen** conocer a alguien, trabar conocimiento con alguien *geh* **2.** (*Bekannter*) conocido, -a *m, f*

bekannt|werden *irr vi sein s.* **bekannt II.1.**

bekehren* **I.** *vt* **1.** (REL) convertir (*zu* a) **2.** (*zu einer Ansicht*) hacer adoptar **II.** *vr:* **sich ~** convertirse (*zu* a)

Bekehrte(r) *mf* <-n, -n; -n, -n> (REL) converso, -a *m, f,* convertido, -a *m, f*

Bekehrung *f* <-, -en> (REL) conversión *f*

bekennen* *irr* **I.** *vt* (*zugeben*) confesar, reconocer; (*Attentat*) reivindicar; **ich bekenne, dass ...** confieso que...; **Farbe ~** (*fam*) quitarse la careta **II.** *vr:* **sich ~** **1.** (*eintreten für*) declararse (*zu* en favor de); **er bekennt sich zur Demokratie** se declara en favor de la democracia **2.** (*einstehen für*) confesar, declararse; **ich bekenne mich schuldig** me confieso culpable, confieso que soy culpable

Bekenner(in) *m(f)* <-s, -; -, -nen> (REL) prosélito, -a *m;* **ein ~ seines Glaubens sein** profesar [*o* confesar públicamente] su religión

Bekenneranruf *m* <-(e)s, -e> llamada *f* de reivindicación; **Bekennerbrief** *m* <-(e)s, -e> carta *f* de reivindicación

Bekennerin *f* <-, -nen> *s.* **Bekenner**

Bekennerschreiben *nt* <-s, -> *s.* **Bekennerbrief**

Bekenntnis *nt* <-ses, -se> (*a.* REL) confesión *f;* (*Erklärung*) declaración *f* (*zu* en favor de); **Bekenntnisfreiheit** *f* <-, *ohne pl*> (REL) libertad *f* de cultos

bekenntnislos *adj* ateo

Bekenntnisschule *f* <-, -n> colegio *m* confesional, escuela *f* confesional

bekieken* *vt* (*nordd*) contemplar, mirar bien

beklagen* **I.** *vt* (*Unglück, Schaden*) lamentar; **es sind keine Menschenleben zu ~** no hay que lamentar víctimas **II.** *vr:* **sich ~** lamentarse (*über* de); (*sich beschweren*) quejarse (*über* de); **ich kann mich nicht ~** no me puedo quejar; **er hat sich bei seinen Eltern darüber beklagt** se quejó de ello a sus padres

beklagenswert, **beklagenswürdig** *adj* lamentable, deplorable

beklagt *adj* (JUR) demandado; **ein Anwalt vertrat die ~e Partei** un abogado representó a la parte demandada

Beklagte(r) [bəˈklaːktɐ] *mf* <-n, -n; -n, -n> (JUR) demandado, -a *m, f*

beklatschen* *vt* (*applaudieren*) aplaudir

beklauen* *vt* (*fam*) robar; **jdn ~** mangar a alguien

bekleben* *vt* pegar (*mit* con); **etw mit Papier ~** forrar algo con papel; **etw mit Aufklebern ~** pegar adhesivos en algo

bekleckern* **I.** *vt* (*fam*) manchar (*mit* con/de); (*beschmieren*) pringar (*mit* con/de); **ich habe mir meine Hose bekleckert** me he manchado el pantalón **II.** *vr:* **sich ~** mancharse (*mit* de), pringarse (*mit* de); **er hat sich nicht gerade mit Ruhm bekleckert** (*iron*) no se ha cubierto de gloria precisamente

beklecksen* **I.** *vt* pringar (*mit* de/con) *fam;* **etw mit Farbe ~** manchar algo de pintura **II.** *vr:* **sich ~** ensuciarse (*mit* de/con), pringarse (*mit* de) *fam*

bekleiden* *vt* **1.** (*geh: Amt, Rang*) ocupar **2.** (*anziehen*) vestir; **leicht bekleidet** con ropa ligera; **mit etw** *dat* **bekleidet sein** estar [*o* ir] vestido con algo, llevar algo puesto; **er war nur mit einer Hose bekleidet** sólo tenía [*o* llevaba] puesto un pantalón **3.** (*bedecken*) revestir (*mit* de)

Bekleidung[1] *f* <-, *ohne pl*> (*eines Amtes*) ejercicio *m* (de cargo)

Bekleidung[2] *f* <-, -en> **1.** (*Kleidung*) ropa *f,* vestidos *mpl* **2.** (*Bedeckung*) revestimiento *m*

Bekleidungsindustrie *f* <-, -n> industria *f* de la confección; **Bekleidungsstück** *nt* <-(e)s, -e> prenda *f* de vestir

beklemmend *adj* angustioso, agobiante; (*bedrückend*) oprimente, opresivo

Beklemmung *f* <-, -en> agobio *m,* angustia *f,* prendimiento *m Chil;* (*physisch*) opresión *f;* **~en bekommen** sentir angustias

beklommen [bəˈklɔmən] *adj* agobiado, oprimido; (*bedrückt*) abatido, deprimido

Beklommenheit *f* <-, -en> opresión *f,* angustia *f*

beklopfen* *vt* (*Brust*) percutir

bekloppt [bəˈklɔpt] *adj* (*fam*) como una cabra [*o* una chota]

Bekloppte(r) *mf* <-n, -n; -n, -n> (*fam*) loco, -a *m, f,* chiflado, -a *m, f*

beknackt *adj* (*fam*) ido, alelado, idiotizado

beknien* *vt* (*fam*) pedir de rodillas, suplicar

bekochen* *vt* cocinar; **am Wochenende bekocht mich mein Mann** el fin de semana cocina mi marido para mí

bekommen* *irr* **I.** *vt* **1.** (*erhalten*) recibir; (*Recht, Einblick*) obtener, conseguir; **ich habe nichts davon zu sehen ~** no he podido ver nada; **du wirst ihn nicht zu Gesicht ~** no vas a conseguir verle; **was ~ Sie (dafür)?** ¿cuánto le debo?; **sie bekommt 20 DM (für) die Stunde** le pagan 20 marcos la hora; **etw zu essen ~** recibir algo de comer; **ich habe es geschenkt ~** me lo han regalado; **eine Ohrfeige ~** recibir una bofetada; **er bekam ein Jahr Gefängnis** le cayó un año de cárcel **2.** (*Zug*) coger, alcanzar, pillar *sl;* **er hat den Bus noch ~** cogió el autobús por los pelos; **wenn ich ihn zu fassen bekomme** como le coja **3.** (*Krankheit*) contraer; (*Komplexe*) desarrollar; (*Zähne*) echar, salir; **ein Kind ~** tener un hijo; **er bekommt graue Haare** le salen canas; **er bekommt eine**

Glatze se está quedando calvo; **wir ~ anderes Wetter** tendremos un cambio de tiempo; **er bekam Hunger/Angst** le entró hambre/miedo; **er bekam Lust schwimmen zu gehen** le entraron ganas de ir a nadar; **wenn du das machst, bekommst du es mit mir zu tun** como hagas eso, te las vas a ver conmigo; **ich bekomme ihn nicht dazu mir zu helfen** no consigo que me ayude **II.** *vi* **1.** (*bedient werden*) estar atendido; **~ Sie schon?** ¿ya le atienden? **2.** *sein* (*Speisen*): **jdm gut/schlecht ~** sentar(le) bien/mal a alguien; **das Essen ist mir nicht ~** la comida no me ha sentado bien; **wohl bekomm's!** ¡que aproveche!

bekömmlich [bəˈkœmlɪç] *adj* (*Speisen*): **leicht ~** fácil de digerir, ligero; **schwer ~** indigesto

Bekömmlichkeit *f* <-, *ohne pl*> (GASTR) digestibilidad *f;* **zur besseren ~** para digerir mejor

beköstigen* [bəˈkœstɪgən] *vt* alimentar, mantener

Beköstigung *f* <-, -en> **1.** (*das Beköstigen*) alimentación *f;* **der Küchenchef plante die ~ von 200 Personen** el jefe de cocina planeó cómo alimentar a 200 personas **2.** (*Kost*) comida *f;* **die ~ in diesem Restaurant ist vorzüglich** la comida en este restaurante es deliciosa

bekräftigen* *vt* confirmar, afirmar; **etw nochmals ~** reafirmar algo, corroborar algo; **die Ereignisse haben mich in meinem Vorhaben bekräftigt** los sucesos me han confirmado en mis intenciones; **sie bekräftigte ihre Worte mit einem Handschlag** ratificó sus palabras con un apretón de manos

Bekräftigung *f* <-, -en> apoyo *m,* confirmación *f;* **zur ~ seiner Äußerung hob er die Hand** para ratificar su declaración levantó la mano

bekränzen* [bəˈkrɛntsən] *vt* coronar (*mit* de), enguirnaldar

bekreuzigen* *vr:* **sich ~** santiguarse, hacer la señal de la cruz

bekriegen* *vt* hacer la guerra (a); (*bekämpfen*) combatir, luchar (contra); **sie ~ sich gegenseitig** se combaten el uno al otro

bekritteln* [bəˈkrɪtəln] *vt* (*abw*) chismorrear

bekritzeln* *vt* garabatear (en), hacer garabatos (en)

bekümmern* *vt* (*besorgt machen*) preocupar, turbar; (*beunruhigen*) intranquilizar; **das bekümmert ihn gar nicht** no le preocupa en absoluto

bekümmert *adj* (*besorgt*) preocupado (*über* por); (*betrübt*) afligido (*über* por)

bekunden* [bəˈkʊndən] *vt* **1.** (*geh: Absicht, Mitgefühl*) mostrar, manifestar; **durch etw seine Begeisterung/seine Sympathie/seine Teilnahme ~** mostrar su entusiasmo/su simpatía/su interés mediante algo [*o* haciendo algo] **2.** (JUR: *bezeugen*) testificar

Bekundung *f* <-, -en> manifestación *f;* **sie dankte allen für die ~ ihrer Anteilnahme** agradeció a todos sus manifestaciones de condolencia

belächeln* *vt* reírse (de), mofarse (de)

belachen* *vt* reír; (*verspotten*) burlarse (de); **diese nette Anekdote wurde von allen belacht** todos rieron la simpática anécdota; **was lachst du so blöd? belachst du etwa mich?** ¿por qué te ríes como un tonto? ¿acaso te burlas de mí?

Beladefrist *f* <-, -en> (WIRTSCH) plazo *m* de carga

beladen* *irr* **I.** *vt* cargar (*mit* de/con); **hoch ~** cargar al máximo; **schwer ~ sein** ir muy cargado **II.** *vr:* **sich ~** cargar (*mit* con), cargarse (*mit* de); **sich mit Schuld ~** cargar con la(s) culpa(s); **sich mit Sorgen ~** cargarse de preocupaciones

Belag [bəˈlaːk, *pl:* bəˈlɛːgə] *m* <-(e)s, -läge> (*Zungen~*) saburra *f;* (*Zahn~*) sarro *m;* (*Straßen~, Fußboden~*) pavimento *m;* (*Brems-, Fußboden~*) revestimiento *m;* (*Brot~*) *para poner en el pan: fiambre, queso, chocolate*

Belagerer, -in [bəˈlaːgərɐ] *m, f* <-s, -; -, -nen> sitiador(a) *m(f)*

belagern* [bəˈlaːgɐn] *vt* **1.** (MIL) sitiar, cercar **2.** (*fam: sich drängen*) rodear, acorralar

Belagerung *f* <-, -en> (MIL) sitio *m,* cerco *m;* **Belagerungszustand** *m* <-(e)s, -stände> (JUR) estado *m* de sitio; **über das ganze Land wurde der ~ verhängt** se declaró el estado de sitio en todo el país

belämmert[RR] [bəˈlɛmɐt] *adj* (*fam*) **1.** (*verlegen*) confuso, cortado; (*eingeschüchtert*) intimidado **2.** (*scheußlich*) horrible; (*abstoßend*) repugnante

Belang [bəˈlaŋ] *m* <-(e)s, *ohne pl*> (*Bedeutung*) importancia *f;* **etw ist von/ohne ~ für jdn/etw** algo es de/carece de importancia para alguien/algo; **nichts von ~** nada de importancia

belangbar *adj* (JUR) perseguible

Belange *mpl* (*Angelegenheiten*) intereses *mpl;* **jds ~ vertreten** representar los intereses de alguien

belangen* *vt* (JUR) demandar judicialmente; **dafür kann man nicht belangt werden** uno no puede ser demandado judicialmente por esto

belanglos *adj* sin importancia, irrelevante; **ein ~er Film** una película intrascendente

Belanglosigkeit *f* <-, -en> insignificancia *f,* intrascendencia *f;* **über ~en sprechen** hablar de naderías

belassen* *irr vt* dejar; **wir wollen es dabei ~** dejémoslo así; **alles beim Alten ~** dejar las cosas como estaban; **jdn in dem Glauben ~, dass ...** dejar a alguien en su creencia de que...

belastbar *adj* **1.** (*Material*) resistente; **eine**

bis zu zehn Tonnen ~e Brücke un puente con una capacidad de carga de diez toneladas **2.** (*Mensch*) fuerte, resistente; **sehr ~ sein** tener mucho aguante *fam;* **sie ist nicht gerade ~** no es (una mujer) muy fuerte; **die Umwelt ist nicht weiter ~** no se puede sobrecargar más el medio ambiente **3.** (*Konto*) debitable

Belastbarkeit *f* <-, *ohne pl*> (capacidad *f* de) resistencia *f,* aguante *m fam*

belasten* **I.** *vt* **1.** (JUR: *beschuldigen*) imputar, incriminar; **~des Material** material incriminatorio **2.** (*mit Gewicht*) cargar **3.** (*bedrücken*) pesar; (*nervlich*) agobiar, cansar; **zu viel Verantwortung belastet ihn** le pesa la excesiva responsabilidad; **damit belaste ich mich nicht** no me agobio con eso **4.** (ÖKOL) contaminar; **die Luft ist mit Schadstoffen belastet** la atmósfera está contaminada por gases nocivos **5.** (FIN: *Grundstück*) hipotecar, gravar; (*Konto*) debitar; **jdn mit einem Betrag ~** cargar un importe en la cuenta de alguien **II.** *vr:* **sich ~ 1.** (JUR) endeudarse, empeñarse **2.** (*sich aufbürden*): **sich mit etw ~** cargarse de algo

belästigen* [bə'lɛstɪgən] *vt* molestar (*mit* con), importunar (*mit* con), bruñir *Am,* enchilar *ZAm, Mex;* **sie wurde auf der Straße belästigt** fue molestada en la calle; **wir wollen Sie nicht weiter ~** no queremos molestarle más

Belästiger(in) *m(f)* <-s, -; -, -nen> (JUR) acosador(a) *m(f)*

Belästigung *f* <-, -en> molestia *f,* odiosidad *f Am;* **sexuelle ~** acoso sexual; **etw als (eine) ~ empfinden** sentir algo como una molestia

Belastung [bə'lastʊŋ] *f* <-, -en> **1.** (PSYCH) carga *f;* **sie war diesen ~en nicht gewachsen** no estaba hecha para esa carga **2.** (JUR) cargo *m* **3.** (ÖKOL) perjuicio *m* para el medio ambiente; **kritische/thermische ~** esfuerzo crítico/térmico; **~ mit organischen Stoffen** carga con sustancias orgánicas **4.** (MED: *Kreislauf, Organ*) sobrecarga *f* **5.** (FIN) carga *f;* **übermäßige steuerliche ~** gravamen fiscal excesivo; **Belastungsanzeige** *f* <-, -n> **1.** (COM) nota *f* de débito **2.** (TECH) indicación *f* de carga; **Belastungs-EKG** *nt* <-s, -s> (MED) ECG *m* en esfuerzo; **Belastungsfähigkeit** *f* <-, -en> (TECH) capacidad *f* de carga; **Belastungsgrenze** *f* <-, -n> (TECH) límite *m* de carga; **Belastungsmaterial** *nt* <-s, *ohne pl*> (JUR) pruebas *fpl* de cargo; **Belastungsprobe** *f* <-, -n> **1.** (TECH: *Material, Brücke*) prueba *f* de carga **2.** (MED) prueba *f* de esfuerzo **3.** (*Ehe, Koalition*) prueba *f* de resistencia; **Belastungszeuge, -in** *m, f* <-n, -n; -, -nen> (JUR) testigo *mf* de cargo; **als ~ aussagen** declarar en contra del procesado

belaubt [bə'laʊpt] *adj* cubierto de hojas

Belaubung [bə'laʊbʊŋ] *f* <-, *ohne pl*> follaje *m*

belauern* *vt* acechar, estar al acecho

belaufen* *irr vr:* **sich ~** elevarse (*auf* a), ascender (*auf* a); **die Kosten ~ sich auf ...** los costos se elevan [*o* ascienden] a...

belauschen* *vt* escuchar; (*spionieren*) espiar

beleben* **I.** *vt* estimular, reanimar, vitalizar *Am;* **wieder ~** (*Person*) reanimar; (*Wirtschaft*) reactivar; **Konkurrenz belebt das Geschäft** la competencia estimula el negocio **II.** *vr:* **sich ~** (*Straße*) animarse, cobrar vida

belebend *adj* estimulante; (*stärker*) excitante

belebt *adj* **1.** (*lebendig*) animado, vivo **2.** (*Straße*) concurrido, frecuentado

Belebtheit *f* <-, *ohne pl*> animación *f,* vivacidad *f*

Belebtschlamm *m* <-(e)s, -e *o* -schlämme> lodo *m* activado; **Belebtschlammverfahren** *nt* <-s, -> procedimiento *m* de lodo activado

Belebung *f* <-, -en> vivificación *f*

Beleg [bə'le:k] *m* <-(e)s, -e> **1.** (*Quittung*) recibo *m,* comprobante *m* **2.** (*Beweis*) prueba *f,* testimonio *m*

Belegarzt, -ärztin *m, f* <-es, -ärzte; -, -nen> consultor(a) *m(f)*

belegbar *adj* demostrable

Belegbett *nt* <-(e)s, -en> (MED) cama *f* de hospital (*disponible para los pacientes de un médico*)

belegen* *vt* **1.** (*Platz*) reservar, ocupar **2.** (*Vorlesung, Seminar*) inscribirse (en) **3.** (SPORT) ocupar; **er belegte den zweiten Platz** ocupó el segundo puesto **4.** (*Behauptung, Zitat*) documentar, probar **5.** (*Brot, Fußboden*) cubrir (*mit* con) **6.** (*mit Zoll, Bußgeld*) cargar (*mit* de/con), gravar (*mit* con)

Belegexemplar *nt* <-s, -e> (*Zeitschrift, Buch*) original *m,* prototipo *m*

Belegschaft *f* <-, -en> personal *m,* efectivo *m,* plantel *m Arg;* **Belegschaftsaktie** *f* <-, -n> (FIN) acción *f* de plantilla [*o* de personal]; **Belegschaftsmitglied** *nt* <-(e)s, -er> miembro *mf* de plantilla, empleado, -a *m, f;* **Belegschaftsrabatt** *m* <-(e)s, -e> descuento *m* para el personal

Belegstation *f* <-, -en> (MED) *sección de un hospital sin médico fijo*

belegt *adj* **1.** (*Hotel*) completo; (*Zimmer, Platz*) ocupado **2.** (*Stimme*): **~e Stimme** voz tomada **3.** (*Brot*) untado; **~es Brötchen** bocadillo **4.** (*Zunge*) saburroso

Belegung *f* <-, -en> **1.** (*Telefon*) ocupación *f;* (*Platz, Stelle*) reserva *f* **2.** (*Nachweis*) justificación *f*

belehrbar *adj* apto para la enseñanza

belehren* *vt* instruir (*über* sobre); **sie wurde eines Besseren belehrt** recibió un escarmiento

belehrend *adj* instructivo

Belehrung *f* <-, -en> **1.** (*Erklärung*) instrucción *f* **2.** (*Zurechtweisung*) reprimenda *f;* **sei-**

ne ~en kann er sich wirklich sparen puede ahorrarse perfectamente darnos lecciones **3.** (JUR) informe *m*

beleibt [bə'laɪpt] *adj* corpulento, grueso

Beleibtheit *f* <-, *ohne pl*> (*geh*) corpulencia *f*; (*krankhaft*) obesidad *f*

beleidigen* [bə'laɪdɪgən] *vt* ofender, insultar; **er ist immer sofort beleidigt** siempre se ofende enseguida; **ein beleidigtes Gesicht aufsetzen** [*o* **machen**] poner cara de ofendido; **er schwieg beleidigt** calló ofendido

beleidigend *adj* ofensivo, hiriente

Beleidigung *f* <-, -en> ofensa *f*, insulto *m*, injuria *f geh*, petateada *f Hond*; **etw als ~ auffassen** interpretar algo como una ofensa; **Beleidigungsklage** *f* <-, -n> (JUR) querella *f* por injuria

beleihen* *irr vt* (*Haus*) hipotecar; (*Wertpapiere*) pignorar

Beleihung *f* <-, -en> préstamo *m*; ~ **einer Versicherung** préstamo sobre una póliza; **Beleihungsgrenze** *f* <-, -n> (FIN) límite *m* de crédito

belemmert *adj s.* **belämmert**

belesen *adj* (*Person*) leído, culto

Belesenheit *f* <-, *ohne pl*> erudición *f*

beleuchten* *vt* **1.** (*mit Licht*) iluminar, alumbrar **2.** (*Frage, Thema*) analizar, examinar

Beleuchter(in) *m(f)* <-s, -; -, -nen> (FILM, THEAT) técnico, -a *m, f* de la iluminación, iluminador(a) *m(f)*

Beleuchtung *f* <-, -en> iluminación *f*, luz *f*; **Beleuchtungsanlage** *f* <-, -n> (TECH) instalación *f* de luz; **Beleuchtungskörper** *m* <-s, -> (TECH) cuerpo *m* de luz; **Beleuchtungstechnik** *f* <-, -en> luminotecnia *f*

beleumdet *adj* (*geh*): (**nicht**) **gut ~ sein** (no) tener buena reputación; **übel ~ sein** tener mala reputación

Belgien ['bɛlgiən] *nt* <-s> Bélgica *f*

Belgier(in) *m(f)* <-s, -; -, -nen> belga *mf*

belgisch *adj* belga

Belgrad ['bɛlgra:t] *nt* <-s> Belgrado *m*

belichten* *vt* (FOTO) exponer (a la luz)

Belichtung *f* <-, -en> (FOTO) exposición *f*; **Belichtungsautomatik** *f* <-, -en> (FOTO) regulación *f* automática de la exposición; **Belichtungsmesser** *m* <-s, -> fotómetro *m*; **Belichtungszeit** *f* <-, -en> tiempo *m* de exposición

Belieben *nt* <-s, *ohne pl*> voluntad *f*, gusto *m*; **nach ~** al gusto, a voluntad, a birria *Kol*; **das liegt in Ihrem ~** esto depende de su gusto personal

belieben* **I.** *vi* (*geh*) desear, tener a bien; **wann es Ihnen beliebt** cuando Ud. guste; **Sie ~ zu scherzen!** ¡cómo le gusta a Ud. bromear! **II.** *vunpers*: **es beliebte ihm bei uns vorbeizukommen** le entraron deseos de pasar a visitarnos

beliebig I. *adj* cualquiera; **jede ~e Arbeit annehmen** aceptar cualquier trabajo; **in ~er Reihenfolge** por el orden que se desee **II.** *adv* a gusto, a voluntad; **Sie können die Modelle ~ wählen** pueden escoger los modelos a su gusto

beliebt *adj* (*Person*) estimado, apreciado; (*Ware*) solicitado; (*Thema*) popular; **der Chef ist** (**nicht**) **bei allen ~** el jefe (no) goza del agrado de todos; **sie hat sich bei uns nicht gerade ~ gemacht** no se ha hecho querer mucho entre nosotros precisamente

Beliebtheit *f* <-, *ohne pl*> popularidad *f* (*bei* entre); **jd/etw erfreut sich großer ~** alguien/algo goza de gran popularidad; **Beliebtheitsgrad** *m* <-(e)s, -e> (grado *m* de) popularidad *f*

beliefern* *vt* suministrar, abastecer (*mit* con)

Belieferung *f* <-, -en> suministro *m*, entrega *f*; **termingerechte/vertragsgemäße ~** entrega dentro del plazo fijado/conforme a lo estipulado en el contrato; **Belieferungsvertrag** *m* <-(e)s, -träge> contrato *m* de abastecimiento

Belladonna [bɛla'dɔna] *f* <-, Belladonnen> (BOT) belladona *f*

bellen ['bɛlən] *vi* ladrar

bellend *adj* ladrador; **mit ~er Stimme** con voz chillona

Belletristik [bɛle'trɪstɪk] *f* <-, *ohne pl*> bellas letras *fpl*, literatura *f* (de entretenimiento)

belletristisch *adj* literario

belobigen* [bə'lo:bɪgən] *vt* elogiar

Belobigung *f* <-, -en> elogio *m*, palabras *fpl* elogiosas; **jdm eine ~ aussprechen** dedicar unas palabras de elogio a alguien

belohnen* *vt* recompensar (*für* por); (*mit einem Preis*) premiar (*für* por); **er wurde für seine Hilfe belohnt** fue recompensado por su ayuda

Belohnung *f* <-, -en> recompensa *f*; (*Preis*) premio *m*; **zur** [*o* **als**] **~** (**für etw**) en [*o* como] recompensa (por algo); **eine ~ aussetzen** ofrecer una recompensa

belüften* *vt* airear, ventilar; **dieses Zimmer ist schlecht belüftet** esta habitación está mal ventilada

Belüftung *f* <-, -en> ventilación *f*; **Belüftungsanlage** *f* <-, -n> sistema *m* de ventilación; **Belüftungsschacht** *m* <-(e)s, -schächte> (BERGB) túnel *m* de ventilación, galería *f* de ventilación

belügen* *irr vt* mentir, engañar; **sie belügt sich doch nur selbst** sólo se engaña a sí misma

belustigen* **I.** *vt* (*zum Lachen bringen*) divertir **II.** *vr*: **sich ~** (*geh: sich lustig machen*) reírse (*über* de)

belustigt *adj* divertido; **eine ~e Miene ziehen** poner una cara divertida

Belustigung *f* <-, *ohne pl*> (*Erheiterung*) divertimiento *m*; **der öffentlichen ~ dienen** servir de público regocijo; **zu jds ~** para divertimiento [*o* regocijo] de alguien

bemächtigen* [bə'mɛçtɪgən] *vr* (*geh*): **sich etw** *gen*/**jds ~** apoderarse [*o* apropiarse] de algo/alguien, hacerse con algo/alguien

bemäkeln* [bəˈmɛːkəln] *vt* (*fam*) meterse (con)

bemalen* **I.** *vt* pintar; **bunt bemalt sein** estar pintado de muchos colores **II.** *vr:* **sich ~** pintarse

Bemalung *f* <-, -en> pintura *f;* (*Graffiti*) pintada *f;* (*Kriegs~*) pintura *f* (de guerra)

bemängeln* [bəˈmɛŋəln] *vt* censurar, criticar

Bemängelung *f* <-, -en> censura *f,* crítica(s) *f(pl);* **wir haben allen Grund zur ~ Ihres Verhaltens** tenemos todo tipo de razones para censurar su conducta

bemannen* **I.** *vt* dotar de tripulación; **der Schoner war mit 25 Seeleuten bemannt worden** la goleta estaba dotada de una tripulación de 25 marineros **II.** *vr:* **sich ~** (*fam hum*) echarse novio, buscarse un hombre; **sie hat sich jetzt endlich bemannt** al fin se ha agenciado [*o* ha conseguido] un hombre

bemannt [bəˈmant] *adj* (*Raumschiff*) tripulado

Bemannung *f* <-, -en> **1.** (*das Bemannen*) dotación *f* **2.** (*Besatzung*) tripulación *f*

bemänteln* [bəˈmɛntəln] *vt* (*geh*) encubrir, ocultar

Bembel *m* <-s, -> (*reg*) *jarra de diversos tamaños para servir el vino de manzana*

bemerkbar *adj* perceptible; **sich ~ machen** hacerse notar; (*durch Gesten*) atraer la atención

bemerken* *vt* **1.** (*wahrnehmen*) notar, darse cuenta (de) **2.** (*äußern*) decir, observar; (*erwähnen*) mencionar, comentar; **nebenbei bemerkt** dicho sea de paso; **sie hatte einiges zu ~** tenía bastante que comentar; **bemerkenswert** *adj* notable, destacado

Bemerkung *f* <-, -en> comentario *m,* observación *f;* **beiläufige ~** observación casual; **eine treffende ~ machen** hacer un comentario acertado; **ein paar abfällige ~en fallen lassen** dejar caer un par de observaciones desfavorables

bemessen* *irr* **I.** *vt* (*messen*) medir, calcular; **meine Zeit ist knapp [*o* kurz] ~** estoy corto de tiempo **II.** *vr:* **sich ~** (*sich bestimmen*) tasarse (*nach* de acuerdo con)

Bemessung *f* <-, -en> (*Steuer, Honorar*) cálculo *m,* fijación *f;* **Bemessungsgrundlage** *f* <-, -n> base *f* de cálculo, base *f* imponible; **Bemessungszeitraum** *m* <-(e)s, -räume> período *m* de cálculo

bemitleiden* [bəˈmɪtlaɪdən] *vt* compadecer, apiadarse (de); **sich selbst ~** autocompadecerse; **bemitleidenswert** *adj* deplorable

bemittelt *adj* adinerado, con posibles *fam*

bemogeln* *vt* (*fam*) engañar, engatusar

bemoost [bəˈmoːst] *adj* cubierto de musgo

Bemühen *nt* <-s, *ohne pl*> (*geh*) empeño *m,* esfuerzo *m;* **jds ~ (um jdn/etw)** los esfuerzos de alguien (por alguien/algo)

bemühen* [bəˈmyːən] **I.** *vr:* **sich ~** (*sich Mühe geben*) esforzarse (*um* por), esmerarse (*um* por); **bitte ~ Sie sich nicht!** ¡por favor, no se moleste!; **sie bemühte sich ihren Ärger nicht zu zeigen** se esforzó en no mostrar su enfado; **sich um etw ~** esforzarse por [*o* para conseguir] algo; **sich um jdn ~** esforzarse [*o* molestarse] por alguien; **wärst du so freundlich dich zu mir zu ~?** ¿serías tan amable de pasarte por mi casa? **II.** *vt* (*geh: bitten*) pedir; (*benutzen*) servirse (de); **er bemühte sie zu sich** le pidió que fuera a verle

bemüht *adj* esforzado; **~ sein etw zu tun** molestarse en hacer algo; **um etw/jdn ~ sein** esforzarse por algo/alguien

Bemühung *f* <-, -en> **1.** (*Anstrengung*) molestia *f,* esfuerzo *m;* **vielen Dank für ihre ~en** muchas gracias por sus molestias **2.** *pl* (*Dienstleistungen*) diligencia *f*

bemüßigt [bəˈmyːsɪçt] *adj:* **sich ~ fühlen etw zu tun** (*geh*) sentirse obligado a hacer algo

bemuttern* [bəˈmʊtɐn] *vt* cuidar como una madre, mimar; **jdn ~** hacer de madre de alguien

benachbart [bəˈnaxbaːɐt] *adj* vecino, colindante

benachrichtigen* [bəˈnaːxrɪçtɪgən] *vt* informar (*von* de), avisar (*von* de); **die Polizei ~** dar parte a la policía

Benachrichtigung *f* <-, -en> aviso *m;* (*offiziell*) parte *m;* (*Warnung*) advertencia *f;* **ohne vorherige ~** sin aviso previo; **Benachrichtigungsschreiben** *nt* <-s, -> parte *m,* aviso *m*

benachteiligen* [bəˈnaːxtaɪlɪgən] *vt* perjudicar, discriminar (*wegen* por), hacer diferencias (*wegen* por); **sich benachteiligt fühlen** sentirse perjudicado

Benachteiligte(r) *mf* <-n, -n; -n, -n> perjudicado, -a *m, f*

Benachteiligung *f* <-, -en> perjuicio *m,* discriminación *f*

benagen* *vt* roer

Bendel [ˈbɛndəl] *m o nt* <-s, -> (*reg*) *s.* **Bändel**

benebeln* *vt* (*fam*) nublar; (*verwirren*) ofuscar; (*Alkohol*) embriagar, achispar; **ein ~der Duft durchzog den Raum** un perfume embriagador cruzó la sala; **schon ein Glas Wein kann mich richtig ~** me achispo con un solo vaso de vino

benebelt *adj* (*fam*) mareado, achispado

Benediktiner(in) [benedɪkˈtiːnɐ] *m(f)* <-s, -; -, -nen> benedictino, -a *m, f;* **Benediktinerorden** *m* <-s, -> Orden *f* de San Benito

Benefizkonzert [beneˈfiːts-] *nt* <-(e)s, -e> concierto *m* de beneficencia; **Benefizspiel** *nt* <-(e)s, -e> (SPORT) partido *m* benéfico; **Benefizvorstellung** *f* <-, -en> acto *m* de beneficencia

Benehmen *nt* <-s, *ohne pl*> **1.** (*Verhalten*) conducta *f,* comportamiento *m* **2.** (*Manieren*) modales *mpl,* maneras *fpl;* **kein ~ haben** no tener modales 3. (*formal*): **sich mit jdm ins ~ setzen** ponerse de acuerdo con alguien

benehmen* *irr vr:* **sich** ~ (com)portarse (*wie* como); **sie hat sich unmöglich benommen** no pudo comportarse peor; **benimm dich!** ¡pórtate bien!

beneiden* [bəˈnaɪdən] *vt* envidiar (*um* por); **er ist nicht zu** ~ no es de envidiar; **ich beneide dich um dein Glück** envidio tu suerte; **sie beneidet ihn um seine Energie** le envidia por su energía; **beneidenswert** *adj* envidiable

Benelux [beneˈlʊks, ˈbeːnelʊks] *f* (POL) *Abk. von* **Belgien, die Niederlande und Luxemburg** Benelux *m;* **Beneluxländer** *ntpl* (POL) (Estados *mpl* del) Benelux *m;* **Beneluxstaaten** *mpl* (GEO) Estados *mpl* del Benelux

benennen* *irr vt* 1. (*Namen geben*) nombrar, poner nombre (*nach* de); **der Platz wurde nach einer berühmten Schriftstellerin benannt** a la plaza le fue puesto el nombre de una famosa escritora 2. (*Kandidaten*) designar

Benennung *f* <-, -en> nombramiento *m,* designación *f*

benetzen* *vt* (*geh*) mojar, humedecer

Bengel [ˈbɛŋəl] *m* <-s, -(s)> (*fam*) 1. (*frecher Bursche*) granujilla *m,* pilluelo *m* 2. (*kleiner Junge*) chaval *m,* rapaz *m reg,* pendejo *m CSur*

Benimm [bəˈnɪm] *m* <-s, *ohne pl*> (*fam*) modales *mpl;* **der Kerl hat einfach keinen ~!** ¡este tipo no tiene modales!; **im Internat wurde ihm ~ beigebracht** en el internado le enseñaron a comportarse; **Benimmregeln** *fpl* reglas *fpl* de comportamiento

Benjamin *m* <-s, -e> (*fam: Jüngster*) benjamín *m*

benommen [bəˈnɔmən] I. *pp von* **benehmen** II. *adj* aturdido (*von* por), atontado (*von* por), abombado (*von* por) *SAm*

Benommenheit *f* <-, *ohne pl*> estupor *m;* (*Ohnmacht*) vahído *m*

benoten* *vt* calificar, poner nota; **eine Klausur (mit 1)** ~ calificar un examen (con sobresaliente)

benötigen* [bəˈnøːtɪgən] *vt* necesitar; **dazu benötigt man zu viel Geld** para eso hace falta demasiado dinero

Benotung *f* <-, -en> (SCH) 1. (*das Benoten*) calificación *f;* **heute steht die ~ der Schüler an** hoy se califica a los alumnos; **die Prüfer sprechen die ~ einer Prüfung unter sich ab** los examinadores discuten entre sí la calificación de un examen 2. (*Note*) calificación *f,* nota *f;* **eine gute/schlechte ~ erhalten** recibir buenas/malas calificaciones

Benthal [bɛnˈtaːl] *nt* <-s, *ohne pl*> (BIOL) bental *m*

benthonisch [bɛnˈtoːnɪʃ] *adj* (BIOL) bentónico

Benthos [ˈbɛntɔs] *nt* <-, *ohne pl*> (BIOL) bentos *m*

benutzbar *adj* utilizable; **nur einmal** ~ de un solo uso; **kaum noch** ~ apenas aprovechable; **der Weg war nach dem Regen nicht mehr** ~ el camino quedó intransitable tras la lluvia

benutzen* *vt,* **benützen*** *vt* (*reg*) 1. (*gebrauchen*) usar, utilizar; (*verwenden*) emplear; (*Zug, Bus*) tomar; **das Taschentuch ist noch nicht benutzt** el pañuelo aún está sin usar 2. (*ausnutzen*) aprovechar; **er benutzte die Gelegenheit um zu fliehen** aprovechó la ocasión para escapar; **etw als Vorwand** ~ poner algo como excusa; **ich fühle mich (von ihr) benutzt** me siento utilizado (por ella)

Benutzer(in) *m(f)* <-s, -; -, -nen>, **Benützer(in)** *m(f)* <-s, -; -, -nen> (*reg: a.* INFOR) usuario, -a *m, f;* **benutzerdefiniert** [-ˈ--definiːɐt] *adj* (INFOR) definido por el usuario; **Benutzerebene** *f* <-, -n> (INFOR): **auf** ~ a nivel de usuario; **benutzerfreundlich** *adj* de fácil manejo para el usuario, amigable con el usuario; **Benutzerfreundlichkeit** *f* <-, *ohne pl*> facilidad *f* en el manejo; **Benutzerhandbuch** *nt* <-(e)s, -bücher> (INFOR) manual *m* de usuarios; **Benutzer-ID** [-ʔaɪdiː] *f* <-, -s> (INFOR) identificación *f* del usuario

Benutzerin *f* <-, -nen>, **Benützerin** *f* <-, -nen> *s.* **Benutzer**

Benutzerkennung *f* <-, -en> (INFOR) identificación *f* del usuario; **Benutzername** *m* <-ns, -n> (INFOR) nombre *m* del usuario; **Benutzeroberfläche** *f* <-, -n> (INFOR) superficie *f* de utilización; **Benutzerprofil** *nt* <-s, -e> (INFOR) perfil *m* de usuario; **Benutzerrechte** *ntpl* (INFOR) derechos *mpl* de usuario; **Benutzerschnittstelle** *f* <-, -n> (INFOR) interfaz *f* de usuario; **Benutzersprache** *f* <-, -n> (INFOR) lenguaje *m* del usuario; **benutzerunfreundlich** *adj* (*a.* INFOR) de difícil manejo para el usuario

Benutzung *f* <-, -en>, **Benützung** *f* <-, -en> (*reg*) uso *m,* empleo *m;* **etw in ~ haben/nehmen** tener/tomar algo en uso; **jdm etw zur ~ überlassen** prestar algo a alguien para que lo use; **Benutzungsgebühr** *f* <-, -en> tasa *f* de utilización; (*für Straßen*) peaje *m*

Benzaldehyd [ˈbɛntsʔaldehyːt] *m* <-s, -e> (CHEM) benzaldehido *m*

Benzin [bɛnˈtsiːn] *nt* <-s, -e> gasolina *f,* nafta *f CSur*

Benziner *m* <-s, -> (AUTO: *sl*) vehículo *m* de gasolina; **hast du einen ~ oder einen Diesel?** ¿tu coche es de gasolina o es un diesel?

Benzinfeuerzeug *nt* <-(e)s, -e> encendedor *m* de gasolina; **Benzinfilter** *m* <-s, -> (AUTO) filtro *m* de gasolina; **Benzingutschein** *m* <-(e)s, -e> vale *m* de gasolina (*para turistas en algunos países*); **früher konnte man auf Cuba nur mit ~en tanken** antes en Cuba sólo se podía poner gasolina con bonos; **Benzinhahn** *m* <-(e)s, -hähne> grifo *m* (de admisión) de gasolina; **Benzinkanister** *m* <-s, -> bidón *m* de gasolina; **Benzinmotor** *m* <-s, -en> motor *m* de gasolina; **Benzinpreis** *m* <-es, -e> precio *m* de la gasolina; **den ~ freigeben** liberalizar el precio de la gasolina; **Benzinpumpe** *f* <-, -n> (AUTO) bomba *f* de gasolina; **benzinsparend** *adj:* **~es Auto** automóvil económico en gasolina; **Benzinstand** *m* <-(e)s, *ohne pl*> (AUTO, AERO) nivel *m* de gasolina; **Benzintank** *m* <-s, -s> (AUTO) tanque *m* de gasolina; **Benzinuhr** *f* <-, -en> (AUTO) indicador *m* del nivel de gasolina; **Benzinverbrauch** *m* <-(e)s, -bräuche> (AUTO) consumo *m* de gasolina

Benzodiazepin [bɛntsodiatse'pi:n] *nt* <-(e)s, -e> (MED) benzodiacepina *f*

Benzoesäure ['bɛntsoe-] *f* <-, *ohne pl*> (CHEM) ácido *m* benzoico

Benzol [bɛn'tso:l] *nt* <-s, -e> (CHEM) benzol *m*

Benz(o)pyren [bɛntsopy're:n, 'bɛntspy-re:n] *nt* <-s, *ohne pl*> (CHEM) benzopireno *m*

beobachtbar *adj* observable; (*wahrnehmbar*) apreciable; (**nicht**) **mit bloßem Auge ~** (no) apreciable a simple vista; **durch ein Elektronenmikroskop sind Viren ~** con un microscopio electrónico se pueden apreciar los virus

beobachten* [bə'ʔo:baxtən] *vt* **1.** (*betrachten*) observar, contemplar **2.** (*überwachen*) vigilar; **jdn ~ lassen** mandar vigilar a alguien; **sich beobachtet fühlen** sentirse observado **3.** (*bemerken*) observar (*an* en), notar (*an* en)

Beobachter(in) *m(f)* <-s, -; -, -nen> observador(a) *m(f)*

Beobachtung *f* <-, -en> observación *f;* **~en anstellen** [*o* **machen**] hacer observaciones; **Beobachtungsgabe** *f* <-, -n> capacidad *f* de observación; **sie hat eine gute ~** tiene buenas dotes de observación; **Beobachtungsposten** *m* <-s, -> **1.** (*Person*) centinela *mf,* vigilante *mf,* guarda *mf;* **der Kommissar hat drei ~ aufgestellt** el comisario ha apostado a tres vigilantes **2.** (*Standort*) puesto *m* de observación; **auf ~ sein** (*a. fig*) estar [*o* hacer] de centinela; **Beobachtungssatellit** *m* <-en, -en> (ASTR, MIL) satélite *m* de observación; **Beobachtungsstation** *f* <-, -en> **1.** (MED) estación *f* de vigilancia [*o* de seguimiento] **2.** (ASTR, METEO) observatorio *m*

beordern* *vt* ordenar

bepacken* *vt* cargar (*mit* con)

bepflanzen* *vt* plantar (*mit* de)

Bepflanzung *f* <-, -en> plantación *f*

bepinkeln* *vt* (*fam*) mear

bepinseln* *vt* dar pinceladas; (*fam: Wände*) pintar con brocha; **mit Ei ~** (GASTR) pintar con huevo

bepissen* *vt* (*fam*) mear

bequatschen* *vt* (*fam*) **1.** (*besprechen*) conversar **2.** (*überreden*) convencer, persuadir

bequem [bə'kve:m] *adj* **1.** (*Möbel*) cómodo, confortable; **sich das Leben ~ machen** vivir a sus anchas; **machen Sie es sich ~!** ¡póngase cómodo! **2.** (*abw: Person*) perezoso, comodón

bequemen* *vr:* **sich ~** (*geh*) dignarse (*zu* a), prestarse (*zu* a); **er bequemte sich zu ein paar erklärenden Worten** se dignó a pronunciar unas palabras aclaratorias

Bequemlichkeit[1] *f* <-, -en> (*Komfort*) comodidad *f,* confort *m*

Bequemlichkeit[2] *f* <-, *ohne pl*> (*Trägheit*) pereza *f;* **aus** (**purer**) **~** por (pura) pereza

berappen* [bə'rapən] *vt, vi* (*fam: Zeche, Steuer*) pagar, soltar la pasta *fam*

beraten* *irr* **I.** *vt* **1.** (*Rat geben*) aconsejar, asesorar; **er ist gut ~, wenn ...** está bien asesorado si... **2.** (*besprechen*) deliberar (*über* sobre), discutir **II.** *vr:* **sich ~** (*sich besprechen*) asesorarse (*mit* con), consultarse (*mit* con)

beratend *adj* consultivo, consultor, asesor

Berater(in) *m(f)* <-s, -; -, -nen> consejero, -a *m, f,* asesor(a) *m(f);* **Beratertätigkeit** *f* <-, -en> asesoría *f,* consultoría *f;* **Beratervertrag** *m* <-(e)s, -träge> (COM) contrato *m* de asesoramiento

beratschlagen* [-'---] *vi, vt* aconsejar

Beratung *f* <-, -en> **1.** (*Ratschlag*) consejo *m;* (*fachlich*) asesoramiento *m* **2.** (*Besprechung*) discusión *f,* deliberación *f;* **Beratungsdienst** *m* <-(e)s, -e> servicio *m* de asesoramiento; **Beratungsgesetz** *nt* <-es, -e> ley *f* de asesoramiento (*obligatorio antes de proceder a un aborto*); **Beratungsgremium** *nt* <-s, -gremien> comisión *f* consultiva; **Beratungshilfe** *f* <-, -n> (JUR) turno *m* de oficio, asistencia *f* jurídica gratuita; **Beratungs- und Prozesskostenhilfe** justicia gratuita; **Beratungsstadium** *nt* <-s, -stadien> fase *f* consultiva; **~ einer Gesetzesvorlage** fase consultiva de un proyecto de ley; **Beratungsstelle** *f* <-, -n> consultorio *m;* **öffentliche ~** consultoría pública

Beratungsunternehmen *nt* <-s, -> consultoría *f;* **Beratungszimmer** *nt* <-s, -> sala *f* de consulta

berauben* *vt* robar; (*eines Rechtes*) privar (de); **jdn seiner Freiheit ~** privar a alguien de su libertad; **jdn all seiner Hoffnungen ~** robarle sus esperanzas a alguien

berauschen* **I.** *vt* (*geh: Alkohol, Droge*) embriagar **II.** *vr:* **sich ~** (*geh: sich betrinken*) embriagarse (*an* con); (*fig*) extasiarse (*an* ante); **er berauscht sich an seinen eigenen Worten** se extasía ante sus propias palabras

berauschend *adj* (*Alkohol, Droge*) embriagador; **diese Aussichten sind nicht gerade ~** las perspectivas no son precisamente muy risueñas

Berber[1] ['bɛrbɐ] *m* <-s, -> (*Teppich*) alfombra *f* berberisca

Berber(in)[2] *m(f)* <-s, -; -, -nen> **1.** (*Volk*)

beréber *mf,* berberisco, -a *m, f* **2.** (*fam: Nichtsesshafte*) vagabundo, -a *m, f*

Berberitze *f* <-, -n> (BOT) agracejo *m,* bérbero *m,* berberís *m*

Berberteppich *m* <-s, -e> alfombra *f* berberisca

berechenbar [bəˈrɛçənbaːɐ] *adj* (*Kosten*) calculable; (*Verhalten*) previsible

Berechenbarkeit *f* <-, -en> grado *m* de previsión, previsibilidad *f*

berechnen* *vt* **1.** (*Preis, Zinsen, Entfernung*) calcular **2.** (*kalkulieren*) calcular, evaluar; **die Auswirkungen des Ereignisses ließen sich nicht ~** no fue posible evaluar las consecuencias del suceso **3.** (*in Rechnung stellen*) cobrar (*für* por); **für den Transport ~ wir Ihnen nichts** no le cobramos por el transporte

berechnend *adj* (*abw*) calculador

Berechnung *f* <-, -en> **1.** (*von Kosten*) cálculo *m;* **nach meiner ~** según mis cálculos; **grobe ~** cálculo aproximativo **2.** (*abw: Eigennutz*) interés *m;* **etw aus ~ tun** hacer algo en su propio interés; **Berechnungsdaten** *pl* datos *mpl* de cálculo; **Berechnungsgrundlage** *f* <-, -n> (WIRTSCH) base *f* de calculación

berechtigen* [bəˈrɛçtɪgən] *vt* autorizar (*zu* para), dar derecho (*zu* a); **das berechtigt zu der Annahme, dass ...** esto nos permite suponer que...; **berechtigt sein etw zu tun** tener derecho a hacer algo

berechtigt *adj* **1.** (*befugt*) habilitado (*zu* para), autorizado (*zu* para) **2.** (*Zweifel*) fundado, justificado; **ich finde seinen Einwand durchaus ~** su objeción me parece absolutamente fundada

Berechtigte(r) *mf* <-n, -n; -n, -n> **1.** (*Begünstigter*) beneficiario, -a *m, f* **2.** (JUR) derechohabiente *mf*

berechtigterweise [-'---'--] *adv* justificadamente, de manera justificada

Berechtigung *f* <-, *ohne pl*> **1.** (*Recht*) derecho *m* (*zu* a); (*Befugnis*) autorización *f* (*zu* para); (*Befähigung*) habilitación *f* (*zu* para); **er hat keine ~ zur Unterschrift** no tiene ninguna autorización para firmar **2.** (*Rechtmäßigkeit*) legitimidad *f*

bereden* **I.** *vt* **1.** (*besprechen*) hablar (*mit* con), discutir (*mit* con) **2.** (*überreden*) persuadir (de); **lass dich nicht zu einer solchen Dummheit ~** no te dejes persuadir de (hacer) tal tontería **II.** *vr:* **sich ~** (*beraten*) hablar

beredsam [bəˈreːtzaːm] *adj* (*geh: redegewandt*) elocuente; **du bist ja heute sehr ~** (*fam iron*) no es que hoy estés muy hablador

Beredsamkeit *f* <-, *ohne pl*> elocuencia *f*

beredt [bəˈreːt] *adj* (*Person*) elocuente, locuaz

Bereich [bəˈraɪç] *m* <-(e)s, -e> **1.** (*Gebiet*) zona *f,* área *f;* **erfasster ~** área registrada; **öffentlicher ~** sector público; **zulässiger ~** área admisible [*o* aceptable]; **das Kaufhaus liegt im ~ der Innenstadt** los grandes almacenes están situados en la zona centro [*o* en el centro de la ciudad]; **das liegt (nicht) im ~ des Möglichen** esto (no) está dentro de lo posible **2.** (*Sachgebiet*) terreno *m,* sector *m;* **für den ~ Personal ist der Geschäftsführer zuständig** de la sección de personal se encarga el gerente **3.** (*Zuständigkeit*) competencia *f;* **das fällt in meinen ~** eso es de mi competencia

bereichern* **I.** *vt* (*vergrößern*) enriquecer (*mit* con), aumentar (*um* con) **II.** *vr:* **sich ~** (*Gewinn machen*) enriquecerse (*an* con)

Bereicherung *f* <-, -en> enriquecimiento *m,* ampliación *f;* **ungerechtfertigte ~** (JUR) enriquecimiento injustificado

bereifen* *vt* (AUTO) poner neumáticos

Bereifung *f* <-, -en> (AUTO) neumáticos *mpl*

bereinigen* *vt* (*Missverständnis*) aclarar; (*Angelegenheit*) arreglar; **einen Konflikt ~** zanjar un conflicto; **diese Sache müssen wir noch unter uns ~** eso tenemos que aclararlo aún entre nosotros

Bereinigung *f* <-, -en> **1.** (WIRTSCH) arreglo *m,* aclaración *f;* (*an der Börse*) retoque *m* **2.** (ADMIN: *Steuer*) deflactación *f*

bereisen* *vt* viajar (por); (*a.* COM) recorrer

bereit [bəˈraɪt] *adj* **1.** (*fertig*) listo (*zu/für* para), preparado (*zu/für* para); **es ist alles für deinen Besuch ~** todo está preparado para tu llegada **2.** (*gewillt*) dispuesto (*zu* para/a +*inf*); **wir sind gern ~ euch jederzeit zu helfen** estamos dispuestos a ayudaros en todo momento; **sich ~ erklären etw zu tun** mostrarse dispuesto a hacer algo, comedirse a hacer algo *Am*

bereiten* *vt* **1.** (*Speisen, Bad*) preparar **2.** (*Überraschung, Ärger*) dar, causar; (*Schwierigkeiten*) crear; (*Empfang*) dispensar; **das bereitet mir großes Vergnügen** esto me causa un gran placer; **etw** *dat* **ein Ende ~** poner fin a algo

bereit|halten *irr* **I.** *vt* tener preparado; **das Schicksal hielt eine Überraschung für ihn bereit** la fortuna le deparaba una sorpresa **II.** *vr:* **sich ~** estar a disposición; **bereit|legen** *vt* preparar, disponer; **bereit|liegen** *irr vi* estar preparado, estar listo; **bereit|machen** *vt, vr:* **sich ~** preparar(se) (*für* para)

bereits [bəˈraɪts] *adv* ya; **sie ist ~ hier** ya está aquí; **ich warte ~ seit drei Stunden** ya llevo tres horas esperando

Bereitschaft *f* <-en> disposición *f;* **in ~ sein** (MIL) estar en alerta; **~ haben** (*Arzt*) estar de servicio; (*Apotheke*) estar de guardia; **Bereitschaftsarzt, -ärztin** *m, f* <-es, -ärzte; -, -nen> médico, -a *m, f* de guardia; **Bereitschaftsdienst** *m* <-(e)s, -e> servicio *m* de urgencia; **~ haben** estar de guardia; **Bereitschaftspolizei** *f* <-, *ohne pl*> guardia *f* de asalto; **Bereitschaftszustand** *m* <-(e)s, -stände> (MIL) estado *m* de alarma; **die Truppen in ~ versetzen** poner las tropas en estado de alarma

bereit|stehen *irr vi* estar preparado, estar listo; **zur Abfahrt** ~ estar listo para partir; **bereit|stellen** *vt* **1.** (*vorbereiten*) preparar **2.** (*zur Verfügung stellen*) poner a disposición, facilitar

Bereitstellung *f* <-, -en> puesta *f* a disposición, facilitación *f;* ~ **von Kapital** provisión de capital

bereitwillig **I.** *adj* solícito, complaciente **II.** *adv* de buena gana; ~ **Auskunft geben** informar de buena gana

Bereitwilligkeit *f* <-, -en> buena voluntad *f*

bereuen* [bə'rɔɪən] *vt* arrepentirse (de); **etw bitter** ~ arrepentirse mucho de algo; **ich bereue zugestimmt zu haben** siento haber asentido

Berg [bɛrk] *m* <-(e)s, -e> **1.** (*Erhebung*) monte *m,* montaña *f;* **am** ~ **sein** (*Schweiz: fig*) estar desconcertado; **in die ~e fahren** ir a la montaña; **jdm stehen die Haare zu ~e** se le ponen los pelos de punta a alguien; **heute bin ich nicht auf dem** ~ (*fig*) hoy no estoy muy católico; (**noch nicht**) **über den** ~ **sein** (*fig*) (no) haber superado (aún) las dificultades; **längst über alle ~e sein** (*fam*) haber puesto pies en polvorosa; **mit etw hinter dem** ~ **halten** ocultar algo; **~e versetzen** (**können**) (poder) mover montañas, lograr lo imposible; **jdm goldene ~e versprechen** prometer el oro y el moro a alguien; **wenn der** ~ **nicht zum Propheten kommen will** [*o* **kommt**], **muss der Prophet zum ~e gehen** (*prov*) si la montaña no viene a Mahoma, Mahoma tendrá que ir a la montaña **2.** (*Menge*) montón *m,* volcán *m Am*

bergab [bɛrk'ʔap] *adv* cuesta abajo; ~ **gehen** (*Weg*) ir cuesta abajo [*o* en pendiente]; (*Geschäft*) ir de mal en peor; ~ **fährt man schneller** cuesta abajo se va más rápido; **die Straße geht steil** ~ la carretera tiene una bajada empinada; **es geht** ~ **mit ihm** (*fam*) cada vez está peor, va de mal en peor

Bergabhang *m* <-(e)s, -hänge> falda *f* de la montaña

bergabwärts *adv s.* **bergab**

Bergahorn *m* <-s, -e> (BOT) plátano *m* falso

Bergakademie *f* <-, -n> (UNIV) ≈escuela *f* universitaria de Minas

Bergamotte [bɛrga'mɔtə] *f* <-, -n> (BOT) bergamota *f*

Bergamt *nt* <-(e)s, -ämter> dirección *f* de minas, administración *f* de minería

bergan [bɛrk'ʔan] *adv s.* **bergauf**

Bergarbeiter(in) *m(f)* <-s, -; -, -nen> minero, -a *m, f*

bergauf [bɛrk'ʔaʊf] *adv* cuesta arriba; **es geht steil** ~ es una subida empinada; **ich gehe** (**nicht**) **gerne** ~ (no) me gustan las subidas; **langsam geht es wieder** ~ **mit ihm** se va recuperando poco a poco

bergaufwärts *adv s.* **bergauf**

Bergbahn *f* <-, -en> ferrocarril *m* de montaña

Bergbau *m* <-(e)s, *ohne pl*> minería *f,* explotación *f* minera; **im** ~ **arbeiten** trabajar en la industria minera; **Bergbauindustrie** *f* <-, -n> industria *f* minera

Bergbesteigung *f* <-, -en> escalamiento *m* de una montaña, subida *f* a una montaña; **Bergbewohner(in)** *m(f)* <-s, -; -, -nen> montañero, -a *m, f;* **Bergdorf** *nt* <-(e)s, -dörfer> aldea *f* de montaña

Bergelohn *m* <-(e)s, -löhne> (NAUT) derechos *mpl* de salvamento

bergen ['bɛrgən] <birgt, barg, geborgen> *vt* **1.** (*retten*) rescatar, poner a salvo **2.** (*geh: enthalten*) albergar, contener; (*verbergen*) esconder; **das birgt viele Gefahren in sich** esto esconde muchos peligros; **sie barg ihren Kopf an seiner Schulter** cobijó la cabeza detrás de su espalda **3.** (*schützen*) proteger (*vor* de)

Bergfahrrad *nt* <-(e)s, -räder> bicicleta *f* de montaña

Bergfried *m* <-(e)s, -e> (ARCHIT, HIST) torre *f* del homenaje

Bergführer(in) *m(f)* <-s, -; -, -nen> guía *mf* (de montaña); **Berggeist** *m* <-(e)s, -er> espíritu *m* de la montaña (*demonio o gnomo legendario que representa los peligros del monte*); **Berggipfel** *m* <-s, -> cima *f,* pico *m;* **Berghang** *m* <-(e)s, -hänge> ladera *f* de montaña; **berghoch** **I.** *adj* como una montaña de alto, alto como una montaña; **berghohe Müllhaufen türmten sich auf der Mülldeponie** en los vertederos se elevaban verdaderas montañas de basura; **ein Seebeben kann berghohe Wellen erzeugen** un maremoto puede producir olas de la altura de una montaña **II.** *adv* como montañas; **Berghütte** *f* <-, -n> refugio *m* (de montaña)

bergig *adj* montañoso

Bergkamm *m* <-(e)s, -kämme> cresta *f* de una montaña; **Bergkette** *f* <-, -n> cadena *f* montañosa; (*Gebirge*) sierra *f;* **Bergkristall** *m* <-s, -e> cristal *m* de roca; **Bergkuppe** *f* <-, -n> cumbre *f,* cima *f;* **Bergland** *nt* <-(e)s, -länder> montaña *f*

Bergmann *m* <-(e)s, -leute> (BERGB) minero, -a *m, f*

Bergmassiv *nt* <-s, -e> (GEO) macizo *m* montañoso, macizo *m* de montañas; **Bergnot** *f* <-, *ohne pl*> emergencia *f* en la montaña; **in** ~ **sein/geraten** encontrarse/ponerse en una situación de peligro en la montaña; **Bergpredigt** *f* <-, *ohne pl*> (REL) Sermón *m* de la Montaña

Bergrecht *nt* <-(e)s, *ohne pl*> (JUR) derecho *m* minero [*o* de minas], código *m* minero

Bergrücken *m* <-s, -> cresta *f* (de la montaña); **Bergrutsch** *m* <-(e)s, -e> desprendimiento *m;* **Bergschuh** *m* <-(e)s, -e> bota *f* de montaña; **Bergsee** *m* <-s, -n> lago *m* de montaña; **Bergstation** *f* <-, -en> estación *f* de montaña

berg|steigen *irr vi sein o haben* hacer montañismo; **gestern waren wir in den Alpen ~** ayer fuimos a hacer alpinismo a los Alpes

Bergsteigen *nt* <-s, *ohne pl*> alpinismo *m,* montañismo *m,* andinismo *m Am*

Bergsteiger(in) *m(f)* <-s, -; -, -nen> montañista *mf,* alpinista *mf,* andinista *mf Am;* **Bergsteigerverein** *m* <-(e)s, -e> asociación *f* de alpinistas, club *m* de alpinistas, club *m* de andinistas *Am*

Bergstraße *f* <-, -n> (GEO) ruta *f* por la montaña; **die (Badische) ~** la Ruta de la Montaña (de Baden); **Bergsturz** *m* <-es, -stürze *o* -e> (GEO) desplome *m* de montaña, deslizamiento *m* de tierras; **Bergtour** *f* <-, -en> excursión *f* por la montaña

Berg-und-Tal-Bahn [--'--] *f* <-, -en> montaña *f* rusa; **Berg-und-Tal-Fahrt** [--'--] *f* <-, -en> *viaje lleno de subidas y bajadas*

Bergung ['bɛrgʊŋ] *f* <-, -en> salvamento *m,* rescate *m;* **Bergungsarbeiten** *fpl* trabajos *mpl* de rescate; **Bergungsmannschaft** *f* <-, -en> equipo *m* de salvamento; **Bergungsschiff** *nt* <-(e)s, -e> buque *m* de rescate; **Bergungstrupp** *m* <-s, -s> brigada *f* de socorro

Bergwacht *f* <-, *ohne pl*> servicio *m* de salvamento de montaña; **Bergwand** *f* <-, -wände> peña *f;* **Bergwanderung** *f* <-, -en> caminata *f* por la montaña

Bergwerk *nt* <-(e)s, -e> (BERGB) mina *f*

Bergwind *m* <-(e)s, -e> (GEO) brisa *f* de montaña, viento *m* de ladera

Beriberi [beri'be:ri] *f* <-, *ohne pl*> (MED) beriberi *m*

Bericht [bə'rɪçt] *m* <-(e)s, -e> informe *m;* (TV, RADIO) reportaje *m;* (MIL, MED) parte *m;* **eingehender ~** informe detallado; **widersprüchliche ~e** informes contradictorios; **jdm über etw ~ erstatten** informar a alguien sobre algo; **ein ~ zur Lage** un informe sobre la situación; **einen ~ vorlegen** presentar un informe

berichten* *vi, vt* **1.** (*informieren*) informar (*über* sobre/de), reportar (*über* sobre/de) *Am;* **sie berichtete von ihrer Reise** informó sobre su viaje; **falsch/recht berichtet sein** (*Schweiz*) estar mal/bien informado **2.** (*erzählen*) narrar, contar (*von* de) **3.** (*mitteilen*) comunicar, informar; **uns wird soeben berichtet, dass ...** nos acaban de informar de que...; **wie unser Korrespondent berichtet** como nos informa nuestro corresponsal

Berichterstatter(in) *m(f)* <-s, -; -, -nen> reportero, -a *m, f*

Berichterstattung *f* <-, -en> información *f*

berichtigen* [bə'rɪçtɪgən] *vt* rectificar, corregir

Berichtigung *f* <-, -en> rectificación *f,* corrección *f;* **Berichtigungsfaktor** *m* <-s, -en> (FIN) factor *m* de rectificación; **Berichtigungsvermerk** *m* <-(e)s, -e> (JUR) salvedad *f*

Berichtsjahr *nt* <-(e)s, -e> (COM) año *m;* **im ~ 1996** en el ejercicio de 1996

beriechen* *irr* **I.** *vt* olfatear, husmear; **der Hund beroch vorsichtig das neue Futter** el perro olfateó con prevención la nueva comida **II.** *vr:* **sich ~** (*fam*) husmearse, oliscarse; **die neuen Kollegen müssen sich erst ~** los nuevos compañeros tienen que oliscarse primero

berieseln* *vt* rociar; **sich mit Musik ~ lassen** (*fam*) bañarse en música; **bei so einem Unterricht kann man sich nur ~ lassen** (*fam*) en una clase así sólo puede uno dejar que le echen el rollo

Berieselung *f* <-, -en> (*mit Wasser*) riego *m* (*mit* con); (*fig: mit Musik*) baño *m* (*mit* en); (*fam: mit Werbung*) bombardeo *m* (*mit* de); **Berieselungsanlage** *f* <-, -n> sistema *m* de riego

beringen* *vt* anillar

beritten [bə'rɪtən] *adj* montado, a caballo

Berkelium [bɛr'ke:liʊm] *nt* <-s, *ohne pl*> (CHEM) berkelio *m*

Berlin [bɛr'li:n] *nt* <-s> Berlín *m*

Berliner¹ [bɛr'li:nɐ] *m* <-s, -> (*reg: Gebäck*) bollo *m* relleno de mermelada, berlina *f Am*

Berliner(in)² *m(f)* <-s, -; -, -nen> berlinés, -esa *m, f*

berlinerisch *adj* (*fam*) berlinés; **sie sprach B~** hablaba en (el dialecto) berlinés

berlinern* *vi* hablar en berlinés

Bermudadreieck *nt* <-(e)s> Triángulo *m* de las Bermudas; **Bermudainseln** *fpl* Islas *fpl* Bermudas

Bermudas [bɛr'mu:das] *pl* **1.** (*Inselgruppe*) Islas *fpl* Bermudas **2.** (*Hose*) bermudas *mpl o fpl*

Bermudashorts [bɛr'mu:da'ʃo:ɐts] *pl* bermudas *mpl o fpl*

Bern [bɛrn] *nt* <-s> Berna *f*

Berner¹ *adj inv* bernés

Berner(in)² *m(f)* <-s, -; -, -nen> habitante *mf* de Berna

Bernhardiner [bɛrnhar'di:nɐ] *m* <-s, -> **1.** (*Mönch*) (monje *m*) bernardino *m* **2.** (*Hund*) (perro *m* de) San Bernardo *m;* **Bernhardinerhund** *m* <-(e)s, -e> (perro *m* de) San Bernado *m*

Bernstein ['bɛrnʃtaɪn] *m* <-(e)s, -e> ámbar *m;* **bernsteinfarben** *adj* de color ámbar; **Bernsteinsäure** *f* <-, -n> ácido *m* succínico

berochen *pp von* **beriechen**

Berserker [bɛr'zɛrkɐ, '---] *m* <-s, -> (*Hüne*) gigante *m;* **wie ein ~ toben** ponerse hecho un energúmeno

bersten ['bɛrsten] <birst, barst, geborsten> *vi sein* (*a. fig*) estallar, reventar; **zum B~ voll sein** estar lleno a reventar; **vor Lachen ~** reventar de risa; **vor Zorn ~** estallar en ira

Berstschutz *m* <-es, *ohne pl*> protección *f*

antiestallidos [*o* contra explosiones]

berüchtigt [bəˈrʏçtɪçt] *adj* de mala fama

berückend *adj* (*geh*) encantador, cautivador

berücksichtigen* [bəˈrʏkzɪçtɪgən] *vt* tener en cuenta, tomar en consideración; **man muss dabei ~, dass ...** en esto hay que tener en cuenta que...; **nicht ~** pasar por alto

Berücksichtigung *f* <-, *ohne pl*> consideración *f*; **unter ~ aller Umstände** considerando todas las circunstancias

Beruf [bəˈruːf] *m* <-(e)s, -e> profesión *f*; **einen ~ ergreifen** escoger una profesión; **was sind Sie von ~?** ¿qué profesión tiene?; **er ist Bäcker von ~** es panadero de profesión; **ein Lehrer, der keine Kinder mag, hat seinen ~ verfehlt** un maestro al que no le gusten los niños ha errado su vocación; **von ~s wegen** profesionalmente

berufen¹ *adj* competente, idóneo; **sich zu** [*o* **für**] **etw ~ fühlen** sentirse designado para algo; **sich ~ fühlen zu helfen** sentirse llamado a ayudar

berufen*² *irr* **I.** *vt* **1.** (*ernennen*) nombrar; (*in ein Amt*) designar; **sie haben ihn zum Minister ~** lo han nombrado ministro **2.** (*beschwören*) conjurar **II.** *vr:* **sich ~** (*sich stützen*) remitirse (*auf* a), hacer valer (*auf*) **III.** *vi* (*Österr:* JUR: *Berufung einlegen*) apelar

beruflich *adj* profesional; **ihr ~er Werdegang** su carrera profesional; **was macht er ~?** ¿a qué se dedica profesionalmente?; **sie hat ~ viel zu tun** profesionalmente tiene mucho trabajo

Berufsanalyse *f* <-, -n> análisis *m inv* de una profesión; **Berufsarmee** *f* <-, -n> (MIL) ejército *m* profesional

Berufsausbildung *f* <-, -en> formación *f* profesional; **Berufsausbildungsvertrag** *m* <-(e)s, -träge> contrato *m* de aprendizaje

Berufsaussichten *fpl* perspectivas *fpl* profesionales; **Berufsausübung** *f* <-, *ohne pl*> ejercicio *m* de la profesión; **Berufsbeamtentum** *nt* <-s, *ohne pl*> funcionariado *m* de carrera; (*Werdegang*) carrera *f* pública; **berufsbedingt** *adj* debido a la profesión; **Berufsberater(in)** *m(f)* <-s, -; -, -nen> asesor(a) *m(f)* de orientación profesional; **Berufsberatung** *f* <-, -en> orientación *f* profesional; **Berufsbezeichnung** *f* <-, -en> denominación *f* de la profesión; **berufsbezogen** **I.** *adj* **1.** (*orientiert*) orientado a la práctica profesional; **~er Unterricht** una clase orientada a la práctica profesional **2.** (*zusammenhängend*) relacionado con el ejercicio de la profesión; **~e Ausgaben sind steuerlich absetzbar** los gastos relacionados con el ejercicio de la profesión pueden deducirse de los impuestos **II.** *adv* enfocado a la práctica profesional; **an Berufsakademien wird ~ unterrichtet** en las escuelas de formación profesional se enfoca la enseñanza hacia la práctica profesional; **Berufsbild** *nt* <-(e)s, -er> configuración *f* de una profesión; **Berufsboxer(in)** *m(f)* <-s, -; -, -nen> (SPORT) boxeador(a) *m(f)* profesional; **Berufseignungsprüfung** *f* <-, -en> examen *m* de aptitud profesional; **berufserfahren** *adj* con experiencia profesional, con experiencia en el oficio; **Berufserfahrung** *f* <-, -en> experiencia *f* profesional; **mangelnde ~** falta de experiencia laboral; **mindestens eine zweijährige ~** experiencia laboral no inferior a dos años; **Berufsethos** *nt* <-, *ohne pl*> ética *f* del oficio; **Berufsfachschule** *f* <-, -n> escuela *f* de formación profesional; **Berufsfeuerwehr** *f* <-, -en> cuerpo *m* profesional de bomberos; **berufsfremd** *adj* extraño a la profesión; **er übt eine ~e Tätigkeit aus** ejerce una actividad ajena a su profesión; **Berufsgeheimnis** *nt* <-ses, -se> secreto *m* profesional; **Berufsgenossenschaft** *f* <-, -en> cooperativa *f* para la prevención y el seguro de accidentes laborales; **Berufsgruppe** *f* <-, -n> grupo *m* de profesionales; **Berufsheer** *nt* <-(e)s, -e> (MIL) ejército *m* profesional; **Berufskleidung** *f* <-, *ohne pl*> ropa *f* de trabajo; **Berufskrankheit** *f* <-, -en> enfermedad *f* causada por el trabajo; **Berufsleben** *nt* <-s, *ohne pl*> vida *f* profesional; **noch im ~ stehen** estar todavía en activo; **berufsmäßig** *adj* profesional; **etw ~ betreiben** dedicarse profesionalmente a algo; **Berufsoffizier(in)** *m(f)* <-s, -e; -, -nen> (MIL) oficial(a) *m(f)* de carrera; **Berufsorganisation** *f* <-, -en> organización *f* profesional; **Berufspraxis** *f* <-, *ohne pl*> práctica *f* en la profesión; **Berufsrichter(in)** *m(f)* <-s, -; -, -nen> juez *mf* profesional; **Berufsrisiko** *nt* <-s, -risiken> riesgo *m* profesional; **Berufsschaden** *m* <-s, -schäden> daño *m* profesional; **Berufsschule** *f* <-, -en> escuela *f* de formación profesional; **er geht zur ~** hace [*o* estudia] formación profesional; **Berufsschüler(in)** *m(f)* <-s, -; -, -nen> alumno, -a *m, f* de formación profesional

Berufsschullehrer(in) *m(f)* <-s, -; -, -nen> profesor(a) *m(f)* de formación profesional

Berufssoldat(in) *m(f)* <-en, -en; -, -nen> (MIL) soldado *m* profesional; **Berufsspieler(in)** *m(f)* <-s, -; -, -nen> **1.** (SPORT) jugador(a) *m(f)* profesional, deportista *mf* profesional, profesional *mf* del deporte **2.** (*Glücksspieler*) jugador(a) *m(f)* profesional, profesional *mf* del juego; **Berufssportler(in)** *m(f)* <-s, -; -, -nen> deportista *mf* profesional; **Berufsstand** *m* <-(e)s, -stände> gremio *m*; **berufstätig** *adj:* **~ sein** trabajar; **halbtags ~ sein** trabajar media jornada; **Berufstätige(r)** *mf* <-n, -n; -n, -n> empleado, -a *m, f*, activo, -a *m, f*; **Berufstätigkeit** *f* <-, *ohne pl*> actividad *f* profesional; **berufsunabhängig** *adj* interprofesional; **~er Mindestlohn** salario mínimo interprofesional;

berufsunfähig *adj* incapacitado profesionalmente; **Berufsunfähigkeit** *f* <-, -en> incapacidad *f* parcial [*o* profesional]; **Berufsunfall** *m* <-(e)s, -fälle> accidente *m* laboral [*o* de trabajo]; **Berufsverband** *m* <-(e)s, -bände> asociación *f* de profesionales; **Berufsverbot** *nt* <-(e)s, -e> inhabilitación *f* profesional; **Berufsverbrecher(in)** *m(f)* <-s, -; -, -nen> profesional *mf* del crimen; **Berufsverkehr** *m* <-s, *ohne pl*> tráfico *m* en las horas punta; **Berufsvorbereitungsjahr** *nt* <-(e)s, -e> año *m* de formación preprofesional; **Berufswahl** *f* <-, *ohne pl*> elección *f* de la profesión; **Berufswechsel** *m* <-s, -> cambio *m* de profesión; **Berufszweig** *m* <-(e)s, -e> rama *f* profesional

Berufung [bəˈruːfʊŋ] *f* <-, -en> **1.** (*Befähigung, innerer Auftrag*) vocación *f* **2.** (*Ernennung*) nombramiento *m* **3.** (JUR) apelación *f*; **er legte gegen das Urteil ~ ein** apeló contra la sentencia; **in die ~ gehen** interponer un recurso de apelación; **die ~ zulassen** admitir el recurso de apelación; **unter ~ auf das geltende Recht** basándose en el derecho vigente; **Berufungsbeklagte(r)** *mf* <-n, -n; -n, -n> (JUR) apelado, -a *m, f*; **berufungsfähig** *adj* (JUR) apelable; **Berufungsfrist** *f* <-, -en> (JUR) término *m* de apelación; **Berufungsgericht** *nt* <-(e)s, -e> (JUR) tribunal *m* de apelación; **Berufungsgerichtsbarkeit** *f* <-, *ohne pl*> jurisdicción *f* de apelación; **Berufungsinstanz** *f* <-, -en> (JUR) instancia *f* de apelación; **Berufungsklage** *f* <-, -n> apelación *f*; **Berufungskläger(in)** *m(f)* <-s, -; -, -nen> (JUR) apelante *mf*; **Berufungsrecht** *nt* <-(e)s, *ohne pl*> (JUR) derecho *m* de apelación; **Berufungsrichter(in)** *m(f)* <-s, -; -, -nen> (JUR) juez(a) *m(f)* de apelación; **Berufungsurteil** *nt* <-s, -e> (JUR) sentencia *f* de apelación; **Berufungsverfahren** *nt* <-s, -> (JUR) procedimiento *m* de apelación; **Berufungsweg** *m* <-(e)s, -e> (JUR) procedimiento *m* de apelación

beruhen* *vi* basarse (*auf*en); **unser Vertrauen beruht auf Gegenseitigkeit** nuestra confianza es mutua; **etw auf sich ~ lassen** dejar las cosas como están

beruhigen* [bəˈruːɪgən] **I.** *vt* tranquilizar, calmar **II.** *vr:* **sich ~** (*Mensch, Tier*) tranquilizarse, calmarse; (*Meer*) calmarse, sosegarse; (*Sturm*) ceder; (*Lage*) estabilizarse; **(nun) beruhige dich erst mal!** ¡tranquilízate primero!

beruhigend **I.** *adj* **1.** (*ruhig machend*) tranquilizador; (*entspannend*) relajante; **~e Worte** palabras tranquilizadoras; **hör klassische Musik, das ist ~!** ¡escucha música clásica, es relajante! **2.** (PHARM) calmante, sedante; (*gegen Nervosität*) tranquilizante; **ich gebe Ihnen eine ~e Spritze** le voy a poner una inyección sedante **II.** *adv* **1.** (*entlastend*) tranquilizadoramente, con efecto tranquilizador; **auf jdn ~ einsprechen** hablar tranquilizadoramente con alguien; **seine Anwesenheit wirkt auf mich enorm ~** su presencia tiene un efecto enormemente tranquilizador sobre mí **2.** (PHARM) con efectos calmantes [*o* sedantes]; **~ wirken** tener efectos calmantes

beruhigt **I.** *adj* tranquilizado, tranquilo; **dann bin ich ~!** ¡me quedo tranquilo! **II.** *adv* con tranquilidad; **jetzt kannst du ~ einschlafen!** ¡ahora ya puedes dormirte tranquilo!

Beruhigung *f* <-, -en> apaciguamiento *m*; (*der Lage*) estabilización *f*; **zu Ihrer ~ kann ich sagen ...** para su tranquilidad le puedo decir...; **Beruhigungsmittel** *nt* <-s, -> tranquilizante *m*, calmante *m*; **Beruhigungspille** *f* <-, -n> (PHARM) (pastilla *f*) tranquilizante *m*; **Beruhigungsspritze** *f* <-, -n> inyección *f* sedante

berühmt [bəˈryːmt] *adj* famoso (*für* por), célebre (*für* por); **über Nacht ~ werden** hacerse famoso de la noche a la mañana; **deine Leistungen waren nicht gerade ~** (*fam*) lo que hiciste no fue nada del otro mundo; **berühmt-berüchtigt** [-ˈ--ˈ--] *adj* tristemente célebre

Berühmtheit[1] *f* <-, *ohne pl*> (*das Berühmtsein*) fama *f*, celebridad *f*; **zu trauriger ~ gelangen** adquirir mala fama

Berühmtheit[2] *f* <-, -en> (FILM) estrella *f*; (SPORT) as *m*

berühren* *vt* **1.** (*anfassen*) tocar; (*streifen*) rozar; **B~ verboten!** ¡prohibido tocar! **2.** (*betreffen, bewegen*) conmover, turbar; **sein Tod hat mich sehr berührt** su muerte me ha conmovido mucho; **von der direkten Frage peinlich berührt ...** desagradablemente impresionado por la pregunta directa... **3.** (*Thema*) mencionar, tocar de pasada

Berührung[1] *f* <-, *ohne pl*> (*Erwähnung*) mención *f*

Berührung[2] *f* <-, -en> **1.** (*das Anfassen*) toque *m*; (*Streifen*) roce *m*; **bei ~ Lebensgefahr!** ¡no tocar, peligro de muerte! **2.** (*Kontakt*) contacto *m*; **mit etw** *dat*/**jdm in ~ kommen** entrar en contacto con algo/alguien

Berührungsangst *f* <-, -ängste> (PSYCH) miedo *m* al contacto, hafefobia *f*; **Berührungsbildschirm** *m* <-(e)s, -e> (INFOR, TECH) pantalla *f* sensorial; **Berührungsfläche** *f* <-, -n> área *f* de contacto; **Berührungspunkt** *m* <-(e)s, -e> punto *m* de contacto

Berylliose [berʏˈljoːzə] *f* <-, -n> (MED) beriliosis *f inv*

Beryllium [beˈrʏliʊm] *nt* <-s, *ohne pl*> (CHEM) berilio *m*

bes. *Abk. von* **besonders** particularmente, especialmente

besabbern* **I.** *vt* (*fam*) duchar (con saliva); (*beim Sprechen*) escupir al hablar; **wenn der was erzählt, besabbert er einen völlig** ése, como te cuente algo, te pone perdido de saliva

II. *vr:* **sich** ~ (*fam*) ponerse perdido de saliva

besäen* *vt* sembrar; **der Himmel war mit Sternen besät** el cielo estaba cuajado de estrellas [*o* estrellado]; **nach dem Fest waren die Straßen mit Unrat besät** después de la fiesta quedaron las calles sembradas de basura; **im Herbst war der Schulhof mit Blättern besät** en otoño el patio del colegio estaba cubierto de hojas; **eine mit Orden besäte Uniform** un uniforme cargado de medallas

besagen* *vt* **1.** (*ausdrücken*) (querer) decir, indicar **2.** (*bedeuten*) significar; **das hat nichts zu** ~ esto no significa nada; **was besagt das schon?** ¿y eso qué significa?

besagte(r, s) *adj* antes mencionado, susodicho

besaiten* *vt* poner cuerdas (a); **zart besaitet sein** (*Person*) ser sensible; **sie ist eher zart besaitet** es un poco sensible [*o* impresionable]

besamen* *vt* inseminar

besammeln* *vr:* **sich** ~ (*Schweiz*) reunirse

Besammlung *f* <-, -en> (*Schweiz: Versammlung*) reunión *f*

Besamung *f* <-, -en> inseminación *f;* **äußere/innere** ~ inseminación interna/externa; **künstliche** ~ inseminación artificial

Besan [be'za:n, '--] *m* <-s, -e> (NAUT: *Besanmast*) (palo *m* de) mesana *f;* (*Besansegel*) mesana *f*

besänftigen* [bə'zɛnftɪgən] *vt* calmar, tranquilizar

besänftigend *adj* (*beruhigend*) apaciguante; (MED: *schmerz~*) calmante

Besänftigung *f* <-, -en> apaciguamiento *m,* mitigación *f*

Besanmast *m* <-(e)s, -en *o* -e> (NAUT) palo *m* de mesana

Besatz *m* <-es, -sätze> (*Borte*) ribete *m*

Besatzer(in) *m(f)* <-s, -; -, -nen> (*abw*) invasor(a) *m(f),* ocupante *mf*

Besatzung *f* <-, -en> **1.** (*Garnison*) guarnición *f;* (*Truppen*) tropas *fpl* de ocupación **2.** (NAUT, AERO) tripulación *f;* **Besatzungsarmee** *f* <-, -n> (MIL) ejército *m* de ocupación; **Besatzungsgebiet** *nt* <-(e)s, -e> (MIL) territorio *m* ocupado; **Besatzungsmacht** *f* <-, -mächte> potencia *f* ocupante; **Besatzungsstreitkräfte** *fpl* (MIL) ejército *m* de ocupación; **Besatzungstruppen** *fpl* (MIL) tropas *fpl* de ocupación; **Besatzungszone** *f* <-, -n> (MIL) zona *f* de ocupación

besaufen* *irr vr:* **sich** ~ (*fam*) emborracharse

Besäufnis [bə'zɔɪfnɪs] *nt* <-ses, -se> (*fam*) borrachera *f,* bebedera *f Mex*

besäuselt *adj* (*fam*) achispado, alegrón *Arg*

beschädigen* *vt* deteriorar, dañar; **leicht/schwer beschädigt** con un leve desperfecto/gravemente deteriorado

Beschädigung *f* <-, -en> deterioro *m;* (*leicht*) desperfecto *m*

beschaffen¹ *adj:* **gut/schlecht** ~ **sein** estar en buenas/malas condiciones; **damit ist es schlecht** ~ el asunto está mal; **so** ~ **sein, dass ...** estar hecho de manera que...

beschaffen*² *vt* procurar, proporcionar; **ich habe mir jetzt das Geld dafür beschafft** he conseguido reunir el dinero para ello

Beschaffenheit *f* <-, *ohne pl*> (*Zustand*) estado *m,* calidad *f;* (*Art*) naturaleza *f;* (*Zusammensetzung*) composición *f;* **von guter/vorzüglicher** ~ de buena/excelente calidad

Beschaffung *f* <-, *ohne pl*> provisión *f,* aprovisionamiento *m;* **Beschaffungskosten** *pl* gastos *mpl* de aprovisionamiento; **Beschaffungskriminalität** *f* <-, *ohne pl*> (JUR) criminalidad *f* relacionada con la consecución de drogas; **Beschaffungsmarkt** *m* <-(e)s, -märkte> (WIRTSCH) mercado *m* de abastecimiento; **Beschaffungsprostitution** *f* <-, *ohne pl*> prostitución *f* para adquirir droga

beschäftigen* [bə'ʃɛftɪgən] **I.** *vt* **1.** (*einstellen*) emplear, dar trabajo **2.** (*mit einer Aufgabe*) ocupar (*mit* en/con); (*mit einem Spiel*) entretener (*mit* con) **3.** (*gedanklich*) preocupar; **diese Frage beschäftigt mich ständig** esta cuestión me tiene permanentemente ocupado **II.** *vr:* **sich** ~ (*sich befassen*) ocuparse (*mit* de), dedicarse (*mit* a); **sich viel mit den Kindern** ~ dedicar mucho tiempo [*o* dedicarse mucho] a los niños

beschäftigt *adj* **1.** (*befasst*) ocupado (*mit* con), atareado; **viel** ~ muy ocupado, ocupadísimo **2.** (*angestellt*) empleado (*bei* en); **sie ist bei Mercedes** ~ está empleada en la Mercedes

Beschäftigte(r) *mf* <-n, -n; -n, -n> empleado, -a *m, f;* **nicht ständig ~r** trabajador eventual; **Beschäftigtenanteil** *m* <-(e)s, -e>: ~ **der Bevölkerung** parte *f* activa de la población

Beschäftigung *f* <-, -en> **1.** (*Tätigkeit*) ocupación *f,* actividad *f;* (*Beruf*) trabajo *m;* (*Anstellung*) empleo *m;* **einträgliche/ganztägige** ~ ocupación lucrativa/de jornada completa; **einer** ~ **nachgehen** ejercer [*o* dedicarse a] una actividad (profesional) **2.** (*geistige Auseinandersetzung*) dedicación *f* (*mit* a)

Beschäftigungsförderungsgesetz *nt* <-es, -e> ley *f* de fomento del empleo

Beschäftigungsgesellschaft *f* <-, -en> empresa *f* dedicada a la promoción del empleo; **Beschäftigungslage** *f* <-, -n> (WIRTSCH) situación *f* laboral; **kritische** ~ situación laboral crítica; **beschäftigungslos** *adj* desempleado, parado; **Beschäftigungsmaßnahme** *f* <-, -n> (WIRTSCH) medida *f* ocupacional; **Beschäftigungsnachweis** *m* <-es, -e> certificado *m* de trabajo; **Beschäftigungspolitik** *f* <-, *ohne pl*> política *f* laboral; **Beschäftigungsprogramm** *nt* <-(e)s, -e> programa *m* de empleo; **beschäftigungssichernd** *adj* (WIRTSCH) que garantiza el empleo; **Beschäf-**

tigungstherapeut(in) *m(f)* <-en, -en; -, -nen> ergoterapeuta *mf,* terapeuta *mf* de reeducación; **Beschäftigungstherapie** *f* <-, -n> (MED) ergoterapia *f,* terapia *f* ocupacional; **das ist die reinste ~!** (*fam*) ¡esto es matar el tiempo!; **Beschäftigungsverhältnis** *nt* <-ses, -se>: **Arbeiter in einem abhängigen ~** trabajadores *mpl* por cuenta ajena

beschämen* *vt* avergonzar; (*demütigen*) humillar; **das beschämt mich sehr** me avergüenza mucho

beschämend *adj* vergonzoso, humillante

beschämt *adj* avergonzado, escurrido *Mex, PRico;* (*gedemütigt*) humillado

Beschämung *f* <-, -en> vergüenza *f;* **zu meiner (großen) ~ muss ich leider gestehen, dass ...** para mi (gran) vergüenza he de confesar que...

beschatten* *vt* vigilar

Beschatter(in) *m(f)* <-s, -; -, -nen> (*fam*) vigilante *mf;* **es gelang ihm seine ~ abzuschütteln** logró dar esquinazo a quienes le seguían

Beschattung *f* <-, -en> **1.** (*Schatten geben*) sombreado *m* **2.** (ADMIN, MIL) vigilancia *f* (secreta), observación *f* (secreta)

beschauen* *vt* (*reg*) mirar; (*genau*) examinar

Beschauer(in) *m(f)* <-s, -; -, -nen> espectador(a) *m(f),* observador(a) *m(f)*

beschaulich *adj* (*ruhig*) tranquilo; (*friedlich*) pacífico, apacible; **ein ~es Leben führen** llevar una vida relajada

Beschaulichkeit *f* <-, *ohne pl*> tranquilidad *f*

Bescheid [bəˈʃaɪt] *m* <-(e)s, -e> (*Auskunft*) información *f;* (*Nachricht*) aviso *m;* (*Antwort*) respuesta *f,* contestación *f;* **~ sagen, wenn .../dass .../ob ...** avisar cuando... *subj*/que.../si...; **jdm ~ geben** dar aviso a alguien; **Sie bekommen ~** le informaremos; **jdm einen abschlägigen ~ erteilen** dar una contestación negativa a alguien; **er weiß gut ~** está bien informado; **damit du ~ weißt!** ¡para que te enteres!; **jdm ordentlich ~ sagen, jdm gründlich ~ stoßen** (*fam*) cantarle las cuarenta a alguien

bescheiden[1] *adj* **1.** (*anspruchslos*) modesto, humilde; **in ~en Verhältnissen leben** vivir modestamente; **sein ~es Auskommen haben** tener una vida modesta **2.** (*einfach*) sencillo **3.** (*fam: schlecht*) asqueroso; **das Leben ist (kurz und) ~** la vida es un asco

bescheiden*[2] *irr* **I.** *vt* (ADMIN: *mitteilen*) comunicar; **das Gesuch wurde abschlägig beschieden** la petición fue rechazada **II.** *vr:* **sich ~** (*geh: sich begnügen*) darse por satisfecho (*mit* con)

Bescheidenheit *f* <-, *ohne pl*> modestia *f,* humildad *f;* **aus lauter ~** de pura modestia; **nur keine falsche ~!** ¡todo, menos falsa modestia!; **~ ist eine Zier, doch weiter kommt man ohne ihr** (*prov, iron fam*) el rosario al cuello, y el diablo en el cuerpo

bescheinen* *irr vt* alumbrar, iluminar

bescheinigen* [bəˈʃaɪnɪgən] *vt* certificar, atestar; **hiermit wird bescheinigt, dass ...** por la presente se certifica que...; **den Empfang von etw ~** acusar recibo de algo

Bescheinigung[1] *f* <-, *ohne pl*> (*Vorgang*) certificación *f*

Bescheinigung[2] *f* <-, -en> (*Schriftstück*) certificado *m;* **amtliche/notarielle ~** certificado oficial/notarial

bescheißen* *irr vt* (*fam*) clavar, estafar; **jdn um zehn Mark ~** estafar a alguien diez marcos

beschenken* *vt* regalar, obsequiar (*mit* con); **jdn reich ~** enriquecer a alguien con regalos

Beschenkte(r) *mf* <-n, -n; -n, -n> (JUR) donatario, -a *m, f*

bescheren* [bəˈʃeːrən] *vt* regalar; **jdm etw ~, jdn mit etw ~** regalar algo a alguien

Bescherung *f* <-, -en> **1.** (*zu Weihnachten*) reparto *m* de regalos **2.** (*fam iron: Missgeschick*) sorpresa *f* desagradable; **da haben wir die ~!, das ist ja eine schöne ~!** ¡vaya una sorpresa!, ¡maldita la gracia!

bescheuert [bəˈʃɔɪɐt] *adj* (*fam*) como una cabra; **eine ~e Situation** una situación sin pies ni cabeza

beschichten* *vt* revestir (*mit* de)

Beschichtung *f* <-, -en> (TECH) recubrimiento *m*

beschicken* *vt* **1.** (*schicken*) enviar; **die Messe mit guter Ware ~** enviar buenos productos a la feria; **die Ausstellung mit Gemälden ~** enviar cuadros a la exposición **2.** (TECH) alimentar

beschießen* *irr vt* tirotear, balear *SAm;* (PHYS: *Atomkern*) bombardear

Beschießung *f* <-, -en> (MIL) bombardeo *m;* (HIST: *mit Kanonen*) cañoneo *m;* (*mit Gewehren*) ametrallamiento *m;* **die ~ der Stadt begann im Morgengrauen** al alba comenzaron a bombardear la ciudad

beschildern* *vt* señalizar; **diese Straße ist schlecht beschildert** esta calle está mal señalizada

Beschilderung *f* <-, -en> (AUTO) señalización *f*

beschimpfen* *vt* insultar, injuriar *geh*

Beschimpfung *f* <-, -en> insulto *m,* ofensa *f*

Beschiss[RR] [bəˈʃɪs] *m* <-es, *ohne pl*>, **Beschiß** *m* <-sses, *ohne pl*> (*fam*) timo *m;* **das ist ja ~!** ¡qué timo!

beschissen [bəˈʃɪsən] **I.** *pp von* **bescheißen** **II.** *adj* (*fam*) hecho un asco, hecho una mierda, jodido; **so ein ~es Wetter!** ¡qué tiempo más asqueroso!; **gestern ging es mir ~** ayer estaba hecho una mierda; **mit der Arbeit sieht es ~ aus** el trabajo está jodido; **das Leben ist (kurz und) ~** la vida es (corta y) una mierda

beschlafen* *irr vt* **1.** (*koitieren*) cohabitar

(con), coitar (con), yacer (con) **2.** (*überschlafen*) consultar con la almohada *fam*

Beschlag *m* <-(e)s, -schläge> **1.** (*Metallstück*) herraje *m* **2.** (*Hufeisen*) herradura *f* **3.** (*auf Glas*) empaño *m;* **jdn/etw in ~ nehmen** acaparar a alguien/algo; **etw mit ~ belegen** monopolizar algo

beschlagen[1] *adj* (*fam*) entendido (*in* en), versado (*in* en)

beschlagen*[2] *irr* **I.** *vi sein* (*Glas*) empañarse; (*Metall*) perder brillo **II.** *vt* **1.** (*Möbel*) guarnecer **2.** (*Huftiere*) herrar, encasquillar *Am*

Beschlagenheit *f* <-, *ohne pl*> erudición *f;* **seine ~ in Geschichte ist beeindruckend** es impresionante lo versado que está en Historia

Beschlagnahme [bəˈʃlaːknaːmə] *f* <-, -n> incautación *f,* confiscación *f*

beschlagnahmen* *vt* **1.** (*Waren, Vermögen*) confiscar, incautar **2.** (*fam: in Anspruch nehmen*) retener, apropiarse (de)

Beschlagnahmeverfügung *f* <-, -en> orden *f* de embargo

Beschlagnahmung *f* <-, -en> (JUR, ADMIN) confiscación *f,* decomiso *m,* embargo *m*

beschleichen* *irr vt* (*geh: Gefühle*) apoderarse (de)

beschleunigen* [bəˈʃlɔɪnɪgən] **I.** *vi* acelerar **II.** *vt* **1.** (*Tempo*) acelerar, aumentar; **die Geschwindigkeit ~** aumentar la velocidad; **den Schritt ~** acelerar el paso **2.** (*Entwicklung, Wachstum*) activar; **seine Abreise ~** acelerar su partida **III.** *vr:* **sich ~** (*Tempo*) aumentar

Beschleunigung *f* <-, -en> aceleración *f;*
Beschleunigungsvermögen *nt* <-s, -> (TECH) capacidad *f* de aceleración

beschließen* *irr vt* **1.** (*entscheiden*) decidir; (*gemeinsam*) acordar; **einstimmig ~** decidir [*o* acordar] unánimemente [*o* por unanimidad]; **wir haben beschlossen, noch heute abzufahren** hemos decidido marcharnos hoy mismo; **das war doch schon (eine) beschlossene Sache!** ¡pero si ya estaba acordado!, ¡pero si ya era cosa hecha! **2.** (*beenden*) terminar, finalizar

beschlossen **I.** *pp von* **beschließen** **II.** *adj:* **etw liegt** [*o* **ist**] **in etw** *dat* **~** algo está comprendido [*o* contenido] en algo; **der spätere Baum ist bereits im Sämling ~** el árbol que ha de brotar ya está contenido en la semilla; **in dieser Aussage liegt viel Weisheit ~** en esta aseveración se encierra mucha sabiduría

Beschluss[RR] *m* <-es, -schlüsse>, **Beschluß** *m* <-sses, -schlüsse> decisión *f,* resolución *f;* **bindender ~** (JUR) acuerdo vinculante; **einen ~ aufheben/aussetzen** (JUR) revocar/aplazar una resolución; **einen ~ fassen** tomar una decisión; **einen ~ in die Tat umsetzen** [*o* **verwirklichen**] llevar a la práctica una decisión; **beschlussfähig**[RR] *adj* (POL) capacitado para tomar acuerdos; **~ sein** haber quórum; **nicht ~** sin reunir (el) quórum; **Beschlussfähigkeit**[RR] *f* <-, *ohne pl*> quórum *m;* **wegen mangelnder ~** por falta de quórum; **Beschlussfassung**[RR] *f* <-, -en> (*formal*) toma *f* de decisiones; **beschlussunfähig**[RR] *adj* (JUR) sin reunir (el) quórum

beschmeißen* *irr vt:* **jdn mit etw ~** (*fam*) tirar algo a alguien

beschmieren* *vt* **1.** (*Brot*) untar, empavonar *Am* **2.** (*Kleidung, Person*) ensuciar; (*mit Fett*) pringar; (*mit Dreck*) enlodar **3.** (*abw: voll schreiben*) garabatear, pintarrajear

beschmutzen* *vt* manchar (*mit* de), ensuciar (*mit* de); **jds Ansehen ~** manchar el buen nombre de alguien

Beschmutzung *f* <-, -en> ensuciamiento *m;* **durch Schutzumschläge sollen Bücher vor ~ geschützt werden** con las cubiertas se protegen los libros de la suciedad; **~ des Tonkopfs verhindern** evítese que se ensucie el cabezal

beschneiden* *irr vt* **1.** (*stutzen*) cortar; (*Bäume*) podar **2.** (*Ausgaben, Löhne*) reducir, recortar; (*Freiheit*) limitar **3.** (MED) circuncidar, hacer una circuncisión

Beschneidung *f* <-, -en> **1.** (BOT) poda *f* **2.** (*von Rechten, Ausgaben*) reducción *f,* recorte *m* **3.** (MED) circuncisión *f*

beschneit *adj* nevado, cubierto de nieve; **die ~en Gipfel** las cumbres nevadas

Beschneiungsanlage *f* <-, -n> máquina *f* de nieve artificial

beschnitten **I.** *pp von* **beschneiden** **II.** *adj* (MED) circunciso

beschnüffeln* *vt* (*a. fig*) husmear, olfatear

beschnuppern* *vt* olfatear, olisquear

beschönigen* [bəˈʃøːnɪgən] *vt* disimular

Beschönigung *f* <-, -en> encubrimiento *m;* **ohne ~ der Tatsachen** sin encubrir los hechos

beschranken* *vt* (EISENB) dotar de barrera, poner una barrera; **ein beschrankter Bahnübergang** un paso a nivel con barrera

beschränken* [bəˈʃrɛŋkən] **I.** *vt* restringir (*auf* a), limitar (*auf* a) **II.** *vr:* **sich ~** limitarse (*auf* a), restringirse (*auf* a); **wir müssen uns auf das Wesentliche ~** nos tenemos que restringir a lo esencial

beschränkt *adj* **1.** (*eingeschränkt*) limitado, escaso **2.** (*abw: dumm*) de pocas luces, corto **3.** (*engstirnig*) limitado, estrecho

Beschränktheit *f* <-, *ohne pl*> **1.** (*die Begrenztheit*) limitación *f,* restricción *f;* **wegen der ~ der Teilnehmerzahl bitten wir Sie um Voranmeldung** por limitación de plazas rogamos se preinscriban **2.** (*mangelnde Intelligenz*) limitación *f,* escasa inteligencia *f* **3.** (*Engstirnigkeit*) estrechez *f* de miras

Beschränkung *f* <-, -en> restricción *f* (*auf* a), limitación *f* (*auf* a); **~ der Berichterstattung** información limitada; **mengenmäßige ~en** limitaciones de cantidad; **jdm ~en auferlegen** poner límites a alguien, restringir a alguien su campo de actividad

beschreibbar *adj* (INFOR: *Diskette*): **einseitig** ~ para escritura en un solo lado

beschreiben* *irr vt* **1.** (*darstellen*) describir **2.** (*vollführen*) describir, ejecutar; **die Flugzeuge beschrieben ein Herz am Himmel** los aviones describieron un corazón en el cielo **3.** (*voll schreiben*) escribir (en); **ein Blatt nur einseitig** ~ escribir solamente por un lado de una hoja

Beschreibung *f* <-, -en> **1.** (*Darstellung*) descripción *f*; **das spottet jeder** ~ no se puede describir con palabras, no es para ser descrito **2.** (*Gebrauchsanleitung*) instrucciones *fpl* de uso

beschreiten* *irr vt* (*geh*) seguir; **neue Wege** ~ abrir nuevos caminos

Beschrieb *m* <-s, -e> (*Schweiz*) *s.* **Beschreibung**

beschriften* [bəˈʃrɪftən] *vt* rotular, poner una inscripción (a); (*mit Etikett*) etiquetar

Beschriftung *f* <-, -en> rótulo *m*; (*Aufschrift*) inscripción *f*, leyenda *f*; (*mit Etikett*) etiquetado *m*

beschuldigen* [bəˈʃʊldɪgən] *vt* acusar, inculpar; **er wurde des Diebstahls beschuldigt** fue acusado de robo; **man hat ihn beschuldigt Geld gestohlen zu haben** fue acusado de haber robado dinero

Beschuldigte(r) *mf* <-n, -n; -n, -n> (JUR) acusado, -a *m, f*

Beschuldigung *f* <-, -en> acusación *f*, incriminación *f*; **eine** ~ **zurückweisen** rechazar una acusación

beschummeln* *vi, vt* (*fam*) hacer trampa

beschuppt *adj* escamoso, cubierto de escamas; **eine Eidechse ist nur ganz dünn** ~ una lagartija apenas tiene escamas

Beschuss^RR^ *m* <-es, *ohne pl*>, **Beschuß** *m* <-sses, *ohne pl*> **1.** (MIL) fuego *m*, ametrallamiento *m*; **jdn unter** ~ **nehmen** apuntar contra alguien; **unter** ~ **geraten** (*fam*) ser blanco de críticas **2.** (PHYS: *durch Neutronen*) bombardeo *m*

beschützen* *vt* proteger (*vor* de/contra), amparar (*vor* de/contra)

Beschützer(in) *m(f)* <-s, -; -, -nen> protector(a) *m(f)*

beschwatzen* *vt* (*fam*), **beschwätzen*** *vt* (*reg: fam*) **1.** (*überreden*) engatusar (*zu* para que +*subj*) **2.** (*Thema*) charlar (sobre)

Beschwerde [bəˈʃveːɐdə] *f* <-, -n> **1.** *pl* (MED) molestia *f*, dolor *m*; **mit etw ~n haben** tener dolor de algo **2.** (*Klage*) queja *f*, protesta *f*, cangrina *f Kol*; **berechtigte** ~ queja justificada; **Grund zur** ~ **haben** tener motivos para quejarse; ~ **einlegen/einreichen** elevar/formular una protesta; **Beschwerdebrief** *m* <-(e)s, -e> carta *f* de reclamación [*o* protesta]; **Beschwerdebuch** *nt* <-(e)s, -bücher> libro *m* de reclamaciones; **beschwerdefrei** *adj* (MED) sin molestias; ~ **sein** no tener molestias; **nach der Operation kann sie wieder** ~ **gehen** tras la operación puede volver a caminar sin molestias; **Beschwerdefrist** *f* <-, -en> (JUR) plazo *m* para interponer recurso; **Beschwerdeführer(in)** *m(f)* <-s, -; -, -nen> (JUR) querellante *mf*; **Beschwerdeschrift** *f* <-, -en> (JUR) escrito *m* de reclamación; **Beschwerdeverfahren** *nt* <-s, -> procedimiento *m* de queja; **Beschwerdeweg** *m* <-(e)s, -e> vía *f* de reclamación

beschweren* [bəˈʃveːrən] **I.** *vt* poner un peso; (*Briefe*) poner un pisapapeles **II.** *vr:* **sich** ~ (*sich beklagen*) quejarse (*über* de); (*protestieren*) protestar (*über* contra)

beschwerlich *adj* (*mühsam*) fatigoso, pesado; (*lästig*) molesto

Beschwerlichkeit[1] *f* <-, -en> (*Mühsal*) penosidad *f*; **~en auf sich nehmen** cargar con las molestias; **allen ~en der Expedition zum Trotz erreichten sie wohlbehalten ihr Ziel** pese a todas las penalidades de la expedición alcanzaron su objetivo sanos y salvos

Beschwerlichkeit[2] *f* <-, *ohne pl*> (*Mühsamkeit*) dificultad *f*, fatiga *f*; (*Unbequemlichkeit*) incomodidad *f*

beschwichtigen* [bəˈʃvɪçtɪgən] *vt* tranquilizar, calmar

beschwichtigend **I.** *adj* apaciguador, conciliador **II.** *adv* en tono conciliador; ~ **auf jdn einreden** mantener con alguien una conversación conciliadora

Beschwichtigung *f* <-, -en> apaciguamiento *m*, aplacamiento *m*; **man konnte nichts zur** ~ **der erhitzten Gemüter beitragen** no hubo manera de aplacar los ánimos exaltados; **Beschwichtigungsformel** *f* <-, -n> palabras *fpl* de apaciguamiento; **Beschwichtigungspolitik** *f* <-, *ohne pl*> política *f* de pacificación

beschwindeln* *vt* (*fam: belügen*) mentir; (*betrügen*) engañar, embaucar

beschwingen* *vt* animar, alegrar; (*Hoffnung*) dar alas; **diese flotte Musik beschwingt einen so richtig!** ¡esta música tan viva le anima a uno de verdad!

beschwingt [bəˈʃvɪŋt] *adj* animado, alegre; **sich** ~ **fühlen** sentirse animado; **mit ~en Schritten** con paso ligero

beschwipsen* *vr:* **sich** ~ achisparse, abombarse *Chil*

beschwipst [bəˈʃvɪpst] *adj* (*fam*) achispado, piripi, abombado *Chil*, alegrón *Arg*, copetón *Kol*

beschwören* *irr vt* **1.** (*beeiden*) jurar; **also, ich kann das nicht** ~ no lo puedo jurar **2.** (*anflehen*) suplicar, implorar; **sie hob ~d die Hände** alzó las manos en un gesto de súplica **3.** (*Erinnerung*) evocar **4.** (*bannen*) conjurar

beschworen *pp von* **beschwören**

Beschwörung *f* <-, -en> **1.** (*das Anflehen*) súplica *f* **2.** (*das Hervorrufen*) evocación *f*; (*Erinnerung*) rememoración *f* **3.** (*das Ban-*

nen) conjuración *f* **4.** (*~sformel*) conjuro *m*
beseelen* *vt* animar, alentar
besehen* *irr vt* mirar; (*genau*) examinar
beseitigen* [bəˈzaɪtɪgən] *vt* **1.** (*Schmutz, Gegenstand*) quitar; (*Verdacht*) eliminar; (*Schaden*) reparar; (*Zweifel*) disipar **2.** (*fam: umbringen*) eliminar, liquidar
Beseitigung *f* <-, -en> **1.** (*das Entfernen*) eliminación *f;* (*von Schaden*) arreglo *m;* ~ **von Schwierigkeiten** solución de problemas **2.** (*Ermordung*) eliminación *f*
Besen [ˈbeːzən] *m* <-s, -> escoba *f;* **ich fresse einen ~, wenn das stimmt** (*fam*) ¡juro en chino si es verdad!; **neue ~ kehren gut** (*prov*) escoba nueva barre bien; **Besenkammer** *f* <-, -n> cuarto *m* de la limpieza; **besenrein** *adj* barrido, **beim Auszug ist die Wohnung ~ zu übergeben** al abandonar la vivienda hay que entregarla limpia; **Besenschrank** *m* <-(e)s, -schränke> (armario *m*) escobero *m,* armario *m* de la limpieza; **Besenstiel** *m* <-(e)s, -e> palo *m* de la escoba, mango *m* de la escoba; **... als habe er einen ~ verschluckt** ... como un pasmarote; **Besenwirtschaft** *f* <-, -en> (*südd*) *taberna donde se toma el vino nuevo de la casa*
besessen [bəˈzɛsən] **I.** *pp von* **besitzen II.** *adj* (*von einer Idee*) obsesionado (*von* con), poseído (*von* por); **wie vom Teufel ~** como un endemoniado
Besessene(r) *mf* <-n, -n; -n, -n> **1.** (REL: *vom Teufel*) endemoniado, -a *m, f,* poseso, -a *m, f;* **wie eine ~** como una posesa **2.** (*Fanatiker*) poseso, -a *m, f,* poseído, -a *m, f*
Besessenheit *f* <-, *ohne pl*> obsesión *f,* posesión *f*
besetzen* *vt* **1.** (*Sitzplatz, Stelle, a.* MIL) ocupar; **der Platz ist schon besetzt!** ¡el sitio ya está ocupado!; **besetzt!** ¡ocupado!; **es ist besetzt** (TEL) está comunicando **2.** (*Haus*) okupar; **ein Haus instand** [*o* **in Stand**] ~ okupar una casa (*con el fin de conservarla en buen estado*) **3.** (*Amt*) cubrir (*mit* con); (*Rolle*) repartir (los papeles) **4.** (*verzieren*) (re)cubrir (*mit* de)
Besetztzeichen *nt* <-s, -> (TEL) señal *f* de ocupado
Besetzung *f* <-, -en> **1.** (*Zustand*) ocupación *f* **2.** (*einer Stelle*) provisión *f;* **rechtswidrige ~** ocupación ilegal **3.** (THEAT) reparto *m* **4.** (SPORT) alineación *f;* (*Mannschaft*) equipo *m*
besichtigen* [bəˈzɪçtɪgən] *vt* (*Wohnung*) examinar; (*Stadt*) visitar
Besichtigung *f* <-, -en> **1.** (*von Sehenswürdigkeiten*) visita *f* **2.** (*Begutachtung*) inspección *f;* **Besichtigungsreise** *f* <-, -n> viaje *m* turístico; **Besichtigungszeiten** *fpl* horario *m* de visitas, horas *fpl* de visita
besiedeln* *vt* poblar, colonizar; **eine dünn/dicht besiedelte Region** una región poco/densamente poblada
Besied(e)lung *f* <-, -en> (*a.* GEO) colonización *f;* **Besied(e)lungsdichte** *f* <-, -n> densidad *f* de población; **Besied(e)lungsplan** *m* <-(e)s, -pläne> plan *m* de urbanización
besiegeln* *vt* sellar; **damit war ihr Schicksal besiegelt** con esto firmó su propia sentencia
besiegen* *vt* **1.** (*Feind, Gegner*) vencer, derrotar **2.** (*Müdigkeit*) vencer; (*Schwierigkeiten*) superar
Besiegte(r) *mf* <-n, -n; -n, -n> vencido, -a *m, f*
besingen* *irr vt* cantar
besinnen* *irr vr:* **sich ~ 1.** (*überlegen*) reflexionar, meditar; **sie besann sich eines Besseren** cambió de opinión, se lo pensó mejor *fam* **2.** (*sich erinnern*) acordarse (*auf* de), recordar; **wenn ich mich recht besinne** si la memoria no me falla
besinnlich *adj* contemplativo; (*nachdenklich*) meditabundo, pensativo
Besinnung *f* <-, *ohne pl*> **1.** (*Verstand*) juicio *m;* **die ~ verlieren** perder el juicio; **er kam erst nach der Tat zur ~** no recobró el juicio hasta después del suceso **2.** (*Nachdenken*) reflexión *f;* **Besinnungsaufsatz** *m* <-es, -sätze> (SCH) composición *f* sobre un tema dado
besinnungslos *adj* **1.** (*ohnmächtig*) sin conocimiento, desmayado **2.** (*blind*) ciego, cegado; **~ vor Angst** muerto de miedo; **~ vor Eifersucht** cegado por los celos; **~ vor Wut** ciego de ira
Besinnungslosigkeit *f* <-, *ohne pl*> (MED) desmayo *m,* insensatez *f*
Besitz *m* <-es, *ohne pl*> posesión *f;* (*Eigentum*) propiedad *f;* (*Güter*) bienes *mpl;* (*von Waffen*) tenencia *f;* **~ von Aktien** tenencia de acciones; **~ von Rauschgift** posesión de drogas; **mittelbarer** [*o* **rechtlicher**] **Besitz** (JUR) posesión mediata [*o* indirecta]; **unmittelbarer ~** (JUR) posesión inmediata [*o* directa]; **in privaten ~ übergehen** pasar a ser propiedad privada; **etw in ~ nehmen** tomar posesión de algo; **von etw ~ ergreifen** tomar posesión de algo; **Besitzabtretung** *f* <-, -en> cesión *f* de bienes; **Besitzanspruch** *m* <-(e)s, -sprüche> (JUR) reclamación *f* de posesión; **~ auf etw haben** tener el derecho a los bienes; **Besitzansprüche anmelden** formular una reclamación de posesión; **besitzanzeigend** *adj* (LING) posesivo; **~es Pronomen** pronombre posesivo
besitzen* *irr vt* poseer, tener
besitzend *adj* (*begütert*) acomodado, adinerado; **die ~e Klasse** la clase acomodada
Besitzer(in) *m(f)* <-s, -; -, -nen> (*von Immobilien*) dueño, -a *m, f,* propietario, -a *m, f;* (*von Aktien, Werten*) tenedor(a) *m(f),* poseedor(a) *m(f);* **den ~ wechseln** cambiar de dueño; **der rechtmäßige ~** el propietario legal
besitzergreifend *adj* posesivo; **Besitzergreifung** *f* <-, -en> toma *f* de posesión,

apropiación *f;* **widerrechtliche** ~ usurpación *f*

Besitzerin *f* <-, -nen> *s.* **Besitzer**

Besitzgier *f* <-, *ohne pl*> codicia *f;* **Besitzklage** *f* <-, -n> (JUR) acción *f* posesoria [*o* interdictal]

besitzlos *adj:* **eine** ~**e Familie** una familia sin bienes [*o* sin posesiones]

Besitznachfolge *f* <-, *ohne pl*> sucesión *f* en la propiedad; **Besitzrecht** *nt* <-(e)s, -e> (JUR) derecho *m* de posesión; **besitzrechtlich** *adj* (JUR) relativo al derecho de posesión; **Besitzstand** *m* <-(e)s, -stände> derecho *m* adquirido; (JUR) estado *m* posesorio; **die Arbeiter fühlen sich eines hart erkämpften** ~**es beraubt** los trabajadores se sienten privados de un derecho adquirido tras una dura lucha; **Besitzstörung** *f* <-, -en> (JUR) perturbación *f* de la posesión; **Besitztitel** *m* <-s, -> (JUR) título *m* de propiedad

Besitztum *nt* <-s, -tümer> **1.** (*Eigentum*) propiedades *fpl* **2.** (*Landgut*) finca *f*

Besitzübernahme *f* <-, *ohne pl*> toma *f* de posesión; **Besitzübertragung** *f* <-, *ohne pl*> transferencia *f* de propiedad

Besitzung *f* <-, -en> (*geh: Besitz*) posesión *f,* propiedad *f;* (*Länderei*) finca *f;* **er verfügt über ausgedehnte** ~**en in Brasilien** posee grandes fincas en Brasil

Besitzverhältnisse *ntpl* distribución *f* de las propiedades

besoffen [bə'zɔfən] **I.** *pp von* **besaufen** **II.** *adj* (*fam*) borracho, como una cuba, jumado *Am,* jumo *Am*

Besoffene(r) *mf* <-n, -n; -n, -n> (*fam*) borracho, -a *m, f*

besohlen* [bə'zo:lən] *vt* poner suelas

besolden* [bə'zɔldən] *vt* pagar el sueldo

Besoldung *f* <-, -en> (*das Besolden*) soldada *f;* (*das Gehalt*) sueldo *m;* **Besoldungsgruppe** *f* <-, -n> grupo *m* en la escala [*o* tarifa] salarial; **er wird nach** ~ **A 10 bezahlt** su sueldo corresponde al grupo A 10; **Besoldungsordnung** *f* <-, -en> plan *m* de retribución salarial

besondere(r, s) [bə'zɔndərə, -rɐ, -rəs] *adj* **1.** (*speziell*) especial, particular; **brauchst du eine** ~ **Einladung?** ¿necesitas una invitación especial?; **im B~n** en particular; **nichts B~s** nada de particular **2.** (*eigentümlich*) singular, peculiar **3.** (*außergewöhnlich*) extraordinario

Besonderheit *f* <-, -en> **1.** (*Eigentümlichkeit*) peculiaridad *f,* singularidad *f* **2.** (*Kennzeichen*) particularidad *f*

besonders [bə'zɔndɐs] *adv* **1.** (*außerordentlich*) particularmente, especialmente; **wie geht es dir? – nicht** ~ ¿cómo estás? – regular; **der Sturm war** ~ **heftig** la tormenta fue particularmente intensa; **ich finde das nicht** ~ **lustig** no lo encuentro especialmente divertido **2.** (*vor allem*) especialmente, en particular; ~ **im Sommer** especialmente en verano

besonnen [bə'zɔnən] **I.** *pp von* **besinnen** **II.** *adj* sensato, juicioso; (*vorsichtig*) prudente; (*rücksichtsvoll*) considerado

Besonnenheit *f* <-, *ohne pl*> buen juicio *m;* (*Verständigkeit*) sensatez *f;* (*Vorsicht*) prudencia *f*

besorgen* *vt* **1.** (*beschaffen*) proporcionar, conseguir; (*kaufen*) comprar **2.** (*erledigen*) despachar, ultimar; **was du heute kannst** ~, **das verschiebe nicht auf morgen** (*prov*) no dejes para mañana lo que puedas hacer hoy

Besorgnis [bə'zɔrknɪs] *f* <-, -se> preocupación *f,* inquietud *f;* ~ **erregend** preocupante, inquietante; ~ **der Befangenheit** (JUR) temor de parcialidad; **es besteht kein Grund zur** ~ no existe motivo de preocupación, no hay ninguna razón para preocuparse; **etw gibt Anlass zur** ~ algo causa inquietud; **besorgniserregend** *adj* preocupante, inquietante; **höchst** ~ muy preocupante [*o* inquietante]

besorgt [bə'zɔrkt] *adj* preocupado (*über/wegen* por), inquieto (*über/wegen* por)

Besorgtheit *f* <-, *ohne pl*> preocupación *f* (*über* por, *um* por), inquietud *f* (*über* por, *um* por)

Besorgung[1] *f* <-, -en> (*Einkauf*) compra *f;* ~**en machen** hacer compras

Besorgung[2] *f* <-, *ohne pl*> (*von Geschäften*) despacho *m*

bespannen* *vt* (*mit Stoff*) revestir (*mit* de); (*mit Saiten*) encordar (*mit* de)

Bespannung[1] *f* <-, -en> (*Stoff als Überzug*) revestimiento *m;* (MUS, SPORT: *Saiten*) cuerdas *fpl,* cordaje *m;* **die** ~ **der Wände bestand aus Moiréseide** la paredes estaban revestidas de seda de moaré; **was für eine** ~ **hast du auf deiner Gitarre?** ¿qué tipo de cuerdas tiene tu guitarra?

Bespannung[2] *f* <-, *ohne pl*> (*das Bespannen: mit Stoff*) revestimiento *m;* (MUS, SPORT) encordadura *f;* **die** ~ **meiner Bratsche/meines Tennischlägers kostet 75 DM** cambiar la encordadura de mi viola/de mi raqueta de tenis (me) cuesta 75 marcos

bespielbar *adj* **1.** (RADIO, TV) que se puede grabar [*o* registrar]; **eine CD-ROM ist nicht** ~ en un CD-ROM no se puede grabar **2.** (SPORT) apto para el juego; **ein gut** ~**er Rasen** un césped en condiciones para jugar; **der Platz ist nur mit Stollenschuhen** ~ en el campo sólo se puede jugar con zapatillas de fútbol

bespielen* *vt* **1.** (*Kassette*) registrar **2.** (*Sportplatz*) jugar (en)

bespitzeln* *vt* espiar

Bespitzelung *f* <-, -en> vigilancia *f,* espionaje *m;* **die** ~ **verdächtiger Personen** la vigilancia de personas sospechosas; **man versuchte ihn zur** ~ **seiner Mitgefangenen zu bringen** intentaron que espiara a sus compañeros de cautiverio

besprechen* *irr* **I.** *vt* **1.** (*Angelegenheit*) hablar (de), discutir; **wie besprochen** según lo convenido **2.** (*Film, Buch*) reseñar **3.** (*Ton-*

band) grabar; **ein besprochenes Band** una cinta (magnetofónica) grabada **II.** *vr:* **sich** ~ (*sich beraten*) conversar (*mit* con)

Besprechung *f* <-, -en> **1.** (*Unterredung*) conferencia *f;* (*Sitzung*) reunión *f;* (*Gespräch*) entrevista *f;* **sie ist in einer** ~ está en una reunión; **eine** ~ **mit jdm haben** tener una entrevista con alguien **2.** (*Rezension*) reseña *f,* crítica *f;* **Besprechungsexemplar** *nt* <-s, -e> (MEDIA) ejemplar *m* de reseña; **Besprechungszimmer** *nt* <-s, -> sala *f* de juntas

besprengen* *vt* regar, rociar

bespritzen* *vt* (*nass machen*) mojar (*mit* con); (*schmutzig machen*) salpicar (*mit* de)

besprühen* *vt* (re)mojar

bespucken* *vt* escupir

bespülen* *vt* enjuagar

Bessemerkonverter ['bɛsəmɐ-] *m* <-s, -> (TECH) convertidor *m* Bessemer; **Bessemerverfahren** *nt* <-s, *ohne pl*> (TECH) procedimiento *m* Bessemer

besser ['bɛsɐ] *adj kompar von* **gut** mejor (*als* que); ~ **Verdienende** persona mejor remunerada; **jdn eines B~en belehren** abrirle los ojos a alguien; **hast du nichts B~es zu tun?** (*fam*) ¿no tienes nada mejor que hacer?; **etw B~es sein wollen** dárselas de lo que no se es; **aus ~en Kreisen kommen** provenir de esferas superiores; **das gefällt mir** ~ eso me gusta más; ~ **gehen** estar mejor; **ihm geht es schon besser** ya está mejor; ~ **gesagt** mejor dicho; ~ **stellen** favorecer; **die Steuerreform stellt gerade die Besserverdienenden** ~ la reforma fiscal favorece precisamente a los que más ganan; ~ **gestellt** favorecido; (*wohlhabender*) pudiente; **er kommt aus** ~ **gestellten Kreisen** procede de círculos pudientes; ~ **werden** mejorar; **alles** ~ **wissen** saberlo todo mejor; **es kommt noch** ~ ahora viene algo mejor; **das ist auch** ~ **so** es mejor así; **besser|gehen** *irr vunpers sein s.* **besser**

bessergestellt *adj s.* **besser**

Bessergestellte(r) *mf* <-n, -n; -n, -n> (persona *f*) pudiente *mf*

bessern **I.** *vt* (*besser machen*) mejorar, perfeccionar **II.** *vr:* **sich** ~ (*moralisch*) cambiar (de vida), ser mejor, componerse *Am;* (*Wetter*) mejorar(se)

besser|stellen *vt s.* **besser**

Besserung *f* <-, *ohne pl*> mejora *f;* (*gesundheitlich*) mejoría *f,* restablecimiento *m;* **er befindet sich auf dem Wege der** ~ se encuentra en vías de restablecimiento; **gute** ~**!** ¡que se mejore!, ¡que te mejores!; **Besserungsanstalt** *f* <-, -en> correccional *m*

Besserverdienende(r) *mf* <-n, -n; -n, -n> persona *f* mejor remunerada

Besserwisser(in) *m(f)* <-s, -; -, -nen> sabelotodo *mf,* sabidillo, -a *m, f,* pendejo, -a *m, f* *CSur*

Besserwisserei *f* <-, *ohne pl*> (*abw*) sabihondez *f*

Besserwisserin *f* <-, -nen> *s.* **Besserwisser**

besserwisserisch **I.** *adj* (*abw*) pedante, sabihondo *fam;* **ich habe seine ~e Art endgültig satt!** ¡estoy más que harto de su pedantería! **II.** *adv* (*abw*) con pedantería, de manera pedante; **er tut immer so** ~**!** ¡se comporta siempre de un modo tan pedante!

BessrungRR *f* <-, *ohne pl*>, **Beßrung** *f* <-, *ohne pl*> *s.* Besserung; **Bessrungsanstalt**RR *f* <-, -en> *s.* **Besserungsanstalt**

bestallen* [bə'ʃtalən] *vt* (*formal*) nombrar (oficialmente) (*zu*), constituir (*zu* en)

Bestallung *f* <-, -en> nombramiento *m;* (*als Ministerpräsident*) investidura *f;* **Bestallungsurkunde** *f* <-, -n> nombramiento *m*

Bestand[1] [bə'ʃtant] *m* <-(e)s, *ohne pl*> (*Bestehen*) existencia *f;* (*Fortdauer*) duración *f,* continuidad *f;* ~ **haben, von** ~ **sein** perdurar

Bestand[2] *m* <-(e)s, -stände> (*Vorrat*) existencias *fpl* (*an* en), reservas *fpl* (*an* en); (*Kassen~*) efectivo *m* en caja; **absatzfähige Bestände** existencias vendibles; **effektiver** ~ existencia efectiva; **illiquide/liquide Bestände** existencias ilíquidas/líquidas; **alte Bestände abstoßen** deshacerse de las viejas mercancías

bestanden **I.** *pp von* **bestehen** **II.** *adj* (SCH, UNIV) aprobado, apto

beständig *adj* **1.** (*dauernd*) permanente, continuo **2.** (*Material*) consistente, resistente (*gegen* a/contra); (*gegen Hitze*) refractario **3.** (*Wetter*) estable

Beständigkeit *f* <-, *ohne pl*> **1.** (*Dauerhaftigkeit*) duración *f,* continuidad *f* **2.** (*Ausdauer*) constancia *f* **3.** (*von Material*) resistencia *f*

Bestandsanierung *f* <-, -en> (WIRTSCH) saneamiento *m* del stock

Bestandsaufnahme *f* <-, -n> inventario *m* de las existencias; **eine** ~ **machen** hacer un inventario de las existencias; **Bestandsdatei** *f* <-, -en> (INFOR) archivo *m* de inventario; **Bestandsfehlbetrag** *m* <-(e)s, -träge> (WIRTSCH) diferencias *fpl* en el inventario; **Bestandshaltung** *f* <-, -en> (WIRTSCH): **optimale** ~ gestión *f* óptima de stocks; **Bestandsüberwachung** *f* <-, -en> (WIRTSCH) control *m* de existencias

Bestandteil *m* <-(e)s, -e> componente *m;* (*Einzelteil*) parte *f;* **etw löst sich in seine ~e auf** algo se descompone; **etw in seine ~e zerlegen** desmontar algo

bestärken* *vt* reforzar, fortalecer; (*unterstützen*) apoyar, consolidar; **das hat mich in meinem Verdacht bestärkt, dass ...** esto ha reforzado mi sospecha de que...

Bestärkung *f* <-, -en> **1.** (*Unterstützung*) apoyo *m,* fortalecimiento *m;* **sie fühlte sich allein gelassen und suchte nach** ~ se sentía abandonada por todos y buscaba apoyo **2.** (*Verstärkung: eines Zweifels, Verdachts*) confirmación *f,* reafirmación *f,* ratificación *f,* corroboración *f*

B

bestätigen* [bəˈʃtɛːtɪgən] *vt* **1.** (*These, Urteil*) confirmar, probar; **~de Bank** banco confirmador; **einen Auftrag ~** confirmar un pedido; **der Verdacht bestätigte sich** la sospecha fue confirmada **2.** (*amtlich*) certificar; **hiermit wird bestätigt, dass ...** por la presente se certifica que...; **den Erhalt von etw ~** acusar recibo de algo **3.** (*anerkennen*) ratificar, revalidar; **jdn im Amt ~** ratificar a alguien en el cargo

Bestätigung *f* <-, -en> **1.** (*einer These*) confirmación *f*, comprobación *f* **2.** (*Bescheinigung*) certificado *m;* (*Empfangs~*) (acuse *m* de) recibo *m;* **gerichtliche ~** certificación judicial; **Bestätigungsschreiben** *nt* <-s, -> carta *f* de confirmación

bestatten* [bəˈʃtatən] *vt* (*geh*) enterrar, dar sepultura

Bestatter(in) *m(f)* <-s, -; -, -nen> *s.* **Bestattungsunternehmer**

Bestattung *f* <-, -en> (*geh*) entierro *m*, sepelio *m*, ancuviña *f Chil;* **Bestattungsinstitut** *nt* <-(e)s, -e>, **Bestattungsunternehmen** *nt* <-s, -> funeraria *f*, empresa *f* de pompas fúnebres; **Bestattungsunternehmer(in)** *m(f)* <-s, -; -, -nen> empresario, -a *m, f* (en el sector) de pompas fúnebres

bestäuben* [bəˈʃtɔɪbən] *vt* **1.** (BIOL) polinizar **2.** (*mit Staub*) espolvorear; **mit Mehl ~** enharinar

Bestäubung *f* <-, -en> (BOT) polinización *f*

bestaunen* *vt* contemplar [*o* mirar] con asombro; **lass dich ~!** ¡deja que te admiren!

bestbezahlt *adj* más cotizado, mejor pagado; **er ist einer der ~en Mitarbeiter** es uno de los empleados mejor pagados; **sie ist unsere ~e Autorin** es nuestra autora más cotizada

beste(r, s) [ˈbɛstə, -tɐ, -təs] *adj superl von* **gut** mejor, óptimo; **ich will nur dein B~s** sólo deseo lo mejor para ti; **sein B~s geben** dar lo mejor de sí mismo; **ich werde mein B~s tun** haré todo lo que pueda; **der/die/das erste B~** el primero/la primera/lo primero que se presente; **etw zum B~n geben** contar algo; **in den ~n Jahren sein** estar en sus mejores años; **mit den ~n Wünschen** con los mejores deseos; **ich halte es für das B~, wenn wir gehen** considero que lo mejor es que nos vayamos; **wir wollen das B~ hoffen** esperemos lo mejor

bestechen* *irr* **I.** *vt* (*mit Geld*) sobornar; (*Beamte*) cohechar, corromper **II.** *vi* (*beeindrucken*) impresionar (*durch* por), convencer (*durch* por); **unsere Waren ~ durch Qualität und Haltbarkeit** nuestros productos convencen por su calidad y duración

bestechend *adj* (*durch Schönheit*) cautivador; **das ist ein ~es Angebot** es una oferta tentadora

bestechlich [bəˈʃtɛçlɪç] *adj* sobornable, corruptible

Bestechlichkeit *f* <-, *ohne pl*> corruptibilidad *f*, venalidad *f*

Bestechung *f* <-, -en> soborno *m*, corrupción *f*, acomodo *m Am*, coima *f And, CSur,* trinquete *m Mex;* (*von Beamten*) cohecho *m*, corrupción *f;* **aktive/passive/einfache/schwere ~** (JUR) cohecho activo/pasivo/impropio/propio; **Bestechungsgeld** *nt* <-(e)s, -er> soborno *m*, unto *m fam*, mordido *m Am;* **Bestechungsversuch** *m* <-(e)s, -e> intento *m* de soborno, tentativa *f* de soborno

Besteck [bəˈʃtɛk] *nt* <-(e)s, -e> **1.** (*Ess~*) cubiertos *mpl;* **silbernes ~** cubertería de plata **2.** (MED) instrumental *m* **3.** (NAUT) estima *f;* **Besteckkasten** *m* <-s, -kästen> estuche *f* de la cubertería

bestehen* *irr* **I.** *vi* **1.** (*existieren*) existir; **es besteht keine Möglichkeit** no existe ninguna posibilidad; **~ Bedenken gegen meinen Vorschlag?** ¿hay reparos en cuanto a mi propuesta?; **~ bleiben** mantenerse, aguantarse; **qualitativ konnte das Produkt nicht ~ bleiben** el producto no pudo mantenerse por falta de calidad; **~ lassen** (*beibehalten*) mantener en su estado actual; **diese Regelung lassen wir bis zum kommenden Jahr ~** esta regulación seguirá vigente hasta el próximo año **2.** (*sich zusammensetzen*) constar (*aus* de), consistir (*in* en); **unsere Artikel ~ alle aus natürlichen Materialien** todos nuestros productos están hechos de materiales naturales; **sein Leben bestand aus harter Arbeit** su vida consistió en trabajar duro; **worin besteht das Problem?** ¿en qué consiste el problema? **3.** (*beharren*) insistir (*auf* en), empeñarse (*auf* en); **er besteht darauf, dass wir kommen** insiste en que vayamos **II.** *vt* **1.** (*Prüfung*) aprobar; **einen Test nicht ~** suspender un examen **2.** (*Gefahr, Krise*) superar, salir airoso (de)

Bestehen *nt* <-s, *ohne pl*> **1.** (*Vorhandensein*) existencia *f;* **seit ~ der Firma** desde la fundación de la empresa; **der Segelclub feiert sein zehnjähriges ~** el club náutico celebra su décimo aniversario **2.** (*einer Prüfung*) aprobado *m*

bestehen|bleiben *irr vi sein s.* **bestehen I.1.**

bestehend *adj* **1.** (*geltend*) vigente; **sich an ~e Gesetze/Vorschriften halten** atenerse a las leyes/disposiciones vigentes **2.** (*existierend*) existente; **die ~e Gesellschaftsordnung** el orden social existente

bestehen|lassen *irr vt s.* **bestehen I.1.**

bestehlen* *irr vt* robar; **jdn um 100 DM ~** robar a alguien 100 marcos

besteigen* *irr vt* subir (a); **den Thron ~** subir al trono

Besteigung *f* <-, -en> **1.** (*Berg*) escalada *f* (a), ascensión *f* (a) **2.** (*Thron*) subida *f* (a)

Bestellbuch *nt* <-(e)s, -bücher> (WIRTSCH) libro *m* de pedidos

bestellen* *vt* **1.** (*Essen, Waren*) pedir, encargar; **haben Sie schon bestellt?** ¿ya han pedido? **2.** (*kommen lassen*) hacer venir, llamar; (*mit Termin*) citar; **ich bin für 11 Uhr bestellt** me han citado para las 11; **er hat hier nicht viel zu ~** (*fam*) no pinta nada aquí; **dastehen wie bestellt und nicht abgeholt** estar plantado como un pasmarote **3.** (*reservieren*) reservar **4.** (*ausrichten*): **jdm Grüße ~** saludar a alguien, dar(le) recuerdos a alguien; **sie lässt ~, dass ...** ha dado recado de que... **5.** (*Acker*) labrar, cultivar **6.** (*ernennen*) nombrar; **sie wurde zum Pflichtverteidiger bestellt** la han nombrado defensora oficial

Besteller(in) *m(f)* <-s, -; -, -nen> ordenante *mf*

Bestelliste *f* <-, -n> *s.* **Bestellliste**

Bestellkarte *f* <-, -n> cupón *m* de pedido; **Bestellliste**[RR] *f* <-, -n> lista *f* de pedido; **Bestellmenge** *f* <-, -n> cantidad *f* pedida; **Bestellnummer** *f* <-, -n> número *m* de pedido; **Bestellpraxis** *f* <-, -praxen> (MED) consulta *f* con cita previa; **Bestellschein** *m* <-(e)s, -e> hoja *f* de pedido

Bestellung *f* <-, -en> **1.** (*Auftrag*) encargo *m*, pedido *m*; **dringende/laufende ~** pedido urgente/en curso; **eine ~ annehmen** aceptar un pedido; **eine ~ aufgeben** hacer un pedido; **etw auf ~ anfertigen** hacer algo de [*o* por] encargo **2.** (*bestellte Ware*) pedido *m*

Bestellzettel *m* <-s, -> hoja *f* de pedido

besten *superl von* **gut**: **am ~** lo (que) mejor; **am ~ würden wir gleich gehen** lo mejor sería que nos fuéramos enseguida

bestenfalls *adv* en el mejor de los casos; (*höchstens*) como mucho

bestens ['bɛstəns] *adv* estupendamente, a las mil maravillas; **wie geht es dir? – ~!** ¿cómo estás? – ¡a las mil maravillas!; **sie hat diesen Auftrag ~ ausgeführt** ha cumplido su tarea excelentemente bien

besteuerbar *adj* (WIRTSCH) imponible

besteuern* *vt* (WIRTSCH) gravar (con impuestos)

Besteuerung *f* <-, -en> (WIRTSCH) imposición *f*, gravamen *m*; **direkte/indirekte ~** imposición directa/indirecta; **einheitliche/gestaffelte ~** tributación homogénea/graduada [*o* progresiva]; **hohe ~** imposición alta; **der ~ unterliegen** estar sujeto a tributación; **Besteuerungsart** *f* <-, -en> forma *f* de tributación; **Besteuerungsgrundlage** *f* <-, -n> base *f* imponible; **Besteuerungszeitraum** *m* <-(e)s, -räume> período *m* impositivo

Bestform *f* <-, *ohne pl*> (SPORT) mejor forma *f*; **sie ist heute nicht in ~** hoy no está en su mejor forma

bestialisch [bɛs'tjaːlɪʃ] *adj* bestial, brutal; **~e Kälte** frío infernal

Bestialität [bɛstjali'tɛːt] *f* <-, -en> bestialidad *f*

besticken* *vt* bordar, recamar

Bestie ['bɛstjə] *f* <-, -n> bestia *f*, fiera *f*

bestimmbar *adj* precisable, determinable; (*beschreibbar*) definible; (*erkennbar*) reconocible

bestimmen* I. *vi* **1.** (*entscheiden*) decidir; (*befehlen*) mandar; **du hast hier nichts zu ~** tú aquí no tienes ni voz ni voto; **hier bestimme ich!** ¡aquí mando yo! **2.** (*verfügen*) disponer (*über* de) II. *vt* **1.** (*Termin, Preis*) determinar, fijar; **sie will immer alles ~** siempre quiere determinarlo todo **2.** (*Stadtbild, Epoche*) caracterizar **3.** (*ernennen*) nombrar, designar; **sie bestimmten ihn zum Geschäftsführer** le nombraron gerente **4.** (*ausersehen*) destinar (*für/zu* para); **wir waren füreinander bestimmt** estábamos destinados el uno para el otro **5.** (*Begriff*) definir; (*festlegen*) determinar; (*zuordnen*) clasificar; **den genauen Zeitpunkt ~** determinar la hora exacta; **die Pilze waren schwierig zu ~** las setas eran difíciles de clasificar **6.** (CHEM) analizar, determinar

bestimmend *adj* **1.** (*entscheidend*) determinante, decisivo; **für jdn/etw ~ sein** ser [*o* resultar] determinante para alguien/algo **2.** (GRAM) determinante

bestimmt I. *adj* **1.** (*feststehend*) determinado; (*sicher*) seguro, concreto; **der ~e Artikel** el artículo determinado; **niemand weiß etwas B~es** nadie sabe nada concreto; **hast du etwas B~es vor?** ¿tienes algún compromiso? **2.** (*entschieden*) decidido, enérgico, impositivo *CSur;* **höflich, aber ~** amable pero decidido II. *adv* (*sicherlich*) seguro, seguramente; **sie hat es ~ vergessen, sonst ...** seguro que se le ha olvidado, si no...; **kommt er wohl noch? – ~!** ¿vendrá todavía? – ¡seguro!

Bestimmtheit *f* <-, *ohne pl*> **1.** (*Gewissheit*) certeza *f*, seguridad *f*; **das kann ich nicht mit ~ sagen** no lo puedo decir con certeza **2.** (*Entschiedenheit*) resolución *f*, firmeza *f*

Bestimmung *f* <-, -en> **1.** (*Festsetzung*) fijación *f* **2.** (*Vorschrift*) disposición *f*; **gesetzliche ~en** disposiciones oficiales; **nach den geltenden ~en** según las disposiciones vigentes **3.** (*eines Begriffes*) definición *f*; (LING) determinante *m*, complemento *m*; **adverbiale ~** (LING) (complemento) circunstancial; **~ einer Vertragsstrafe** (WIRTSCH) determinación [*o* fijación] de una pena contractual **4.** (CHEM) análisis *m inv* **5.** (*Schicksal*) destino *m*; **das ist wohl meine ~** será ese mi destino; **Bestimmungsbahnhof** *m* <-(e)s, -höfe> estación *f* de destino; **Bestimmungsfaktor** *m* <-s, -en> factor *m* determinante; **Bestimmungsflughafen** *m* <-s, -häfen> aeropuerto *m* destinatario; **Bestimmungshafen** *m* <-s, -häfen> puerto *m* de destino; **Bestimmungsland** *nt* <-(e)s, -länder> (*formal*) país *m* de destino; **Bestimmungsort** *m* <-(e)s, -e> lugar *m* de destino; **Bestimmungswort** *nt* <-(e)s, -wörter> (LING) determinante *m*

bestirnt *adj* (*geh*) estrellado

Bestleistung *f* <-, -en> (SPORT) mejor marca *f*; **bestmögliche**(**r**, **s**) ['-'---] I. *adj* el mejor posible; **sein B~s tun** hacer todo lo que está al alcance de su mano; **wir suchen nach der ~n Lösung** estamos buscando la mejor solución posible; **ich habe mein B~es getan/versucht** he hecho/intentado todo cuanto estaba en mi mano **II.** *adv* lo mejor posible; **sie versucht bestmöglich zu helfen** trata de ayudar lo mejor que puede; **etw bestmöglich verkaufen** vender algo en las mejores condiciones posibles

Best.-Nr. *Abk. von* **Bestellnummer** número *m* de pedido

bestrafen* *vt* castigar (*mit* con, *wegen* por); (*mit Geld*) imponer una multa; **jdn mit zehn Monaten Gefängnis ~** condenar a alguien a diez años de carcel

Bestrafung *f* <-, -en> castigo *m*, sanción *f*; **zur ~ bleibst du zu Hause** como castigo, te quedarás en casa

bestrahlen* *vt* **1.** (*beleuchten*) iluminar, alumbrar **2.** (MED) radiar, tratar con rayos X

Bestrahlung *f* <-, -en> **1.** (*Bühne*) iluminación *f* **2.** (MED) radiación *f*; (*mit Röntgenstrahlen*) tratamiento *m* con rayos X

Bestreben *nt* <-s, *ohne pl*> empeño *m*, afán *m*; **sie hatte das ~, die Aufgabe schnell zu erfüllen** se empeñaba en realizar la tarea lo más rápido posible; **im ~, Gutes zu tun** con el afán de hacer bien

bestrebt [bə'ʃtre:pt] *adj* afanado, esforzado; **wir sind ~, unser Bestmögliches zu tun** nos esforzamos por hacer todo cuanto esté en nuestras manos

Bestrebung *f* <-, -en> aspiración *f*, esfuerzo *m*; **es gibt ~en, dieses Gesetz zu ändern** se están haciendo esfuerzos para reformar esta ley

bestreichen* *irr vt* (*mit Butter, Fett*) untar (*mit* con); (*mit Farbe*) cubrir (*mit* con); **womit ist das Brot bestrichen?** ¿con qué está untado el pan?, ¿qué lleva el pan?

bestreiken* *vt* boicotear (con huelgas); **dieser Betrieb wird bestreikt!** ¡esta empresa está siendo boicoteada con huelgas!

bestreitbar *adj* (*Behauptung*) discutible, cuestionable; **es handelt sich um nicht ~e Fakten** se trata de hechos indiscutibles

bestreiten* *irr vt* **1.** (*abstreiten*) negar, refutar; **er bestreitet, an diesem Tag dort gewesen zu sein** niega haber estado allí el día en cuestión; **es lässt sich nicht ~, dass ...** no se puede negar que... **2.** (*Unterhalt*) cargar con; **sie bestreitet ihren Unterhalt selbst** se mantiene por su propia cuenta **3.** (*Gespräch*) mantener, llevar

bestreuen* *vt* espolvorear (*mit* con)

bestricken* *vt* (*geh: betören*) cautivar, hechizar; **jdn mit seinen Reizen ~** cautivar [*o* hechizar] a alguien con sus encantos; **seine Frau hat einen ~den Charme** su mujer tiene un encanto cautivador

Bestseller ['bɛstsɛlɐ] *m* <-s, -> best seller *m*; **Bestsellerautor**(**in**) *m(f)* <-s, -en; -, -nen> autor(a) *m(f)* de best-sellers; **Bestsellerliste** *f* <-, -n> lista *f* de los libros más vendidos [*o* de best-sellers]

bestsituiert *adj* (*Österr*): **~ sein** estar bien situado

bestücken* [bə'ʃtʏkən] *vt* abastecer (*mit* de/con), equipar (*mit* de/con)

bestürmen* *vt* **1.** (*Festung*) asaltar **2.** (*bedrängen*) asediar (*mit* con), acosar (*mit* con); **jdn mit Fragen ~** asediar a alguien a preguntas

bestürzen* *vt* consternar, desconcertar; **sein plötzlicher Tod bestürzte uns zutiefst** su repentina muerte nos dejó profundamente consternados; **eine ~de Nachricht** una noticia consternadora; **deine Ignoranz ist ~d** tu ignorancia es pasmosa; **die Staatsverschuldung ist ~d hoch** la deuda pública es increíblemente alta

bestürzt [bə'ʃtʏrtst] *adj* atónito; (*verblüfft*) desconcertado; **sie war tief ~ über diese Angelegenheit** ese asunto la dejó consternada

Bestürzung *f* <-, *ohne pl*> (*Fassungslosigkeit*) consternación *f*; (*Schrecken*) sobresalto *m*; **etw mit ~ feststellen** comprobar algo con estupor

Bestwert *m* <-(e)s, -e> valor *m* óptimo, mejor valor *m*; **Bestzeit** *f* <-, -en> (SPORT) mejor tiempo *m*; **er lief seine persönliche ~** batió su propio récord

Besuch [bə'zu:x] *m* <-(e)s, -e> **1.** (*das Besuchen*) visita *f*; (*der Schule*) asistencia *f*; **jdm einen ~ abstatten** hacer una visita a alguien; **bei jdm auf** [*o* **zu**] **~ sein** estar de visita en casa de alguien **2.** (*Person*) visita *f*; **~ haben/bekommen** tener/recibir visita; **hoher ~** visita importante

besuchen* *vt* **1.** (*Person*) visitar, ir a ver; **er wird oft von Angehörigen besucht** los parientes le vienen a ver a menudo **2.** (*Ort*) ir a conocer, visitar **3.** (*Veranstaltung*) asistir (a); **gut besucht** muy concurrido; **eine Schule ~** ir a un colegio

Besucher(**in**) *m(f)* <-s, -; -, -nen> visitante *mf*; **Besucherparkplatz** *m* <-es, -plätze> aparcamiento *m* para visitantes; **Besucherritze** *f* <-, -n> (*fam hum*) *hendidura entre los dos colchones de una cama doble;* **Besucherzahl** *f* <-, -en> número *m* de visitantes

Besuchserlaubnis *f* <-, -se> permiso *m* de visita; **eine ~ bekommen** obtener un permiso de visita; **Besuchsrecht** *nt* <-(e)s, -e> derecho *m* de visita; **Besuchstag** *m* <-(e)s, -e> día *m* de visita; **Besuchszeit** *f* <-, -en> hora *f* de visita, horario *m* de visita; **Besuchszimmer** *nt* <-s, -> sala *f* de visitas

besudeln* [bə'zu:dəln] *vt* ensuciar (*mit* de/

con), manchar (*mit* de/con); (*abw*) embadurnar (*mit* de/con), pringar (*mit* de/con) *fam;* **er hat sich mit Blut besudelt** se manchó de sangre

Beta ['be:ta] *nt* <-(s), -s> (*griechischer Buchstabe*) beta *f;* **Betablocker** ['be:tablɔkɐ] *m* <-s, -> (MED) betabloqueante *m*

betagt [bə'ta:kt] *adj* (*geh*) entrado en años, de avanzada edad

betakeln [bə'ta:kəln] *vt* **1.** (NAUT) aparejar, enjarciar **2.** (*Österr: betrügen*) engañar

Betak(e)lung *f* <-, -en> (NAUT) colocación *f* de los aparejos

betanken* *vt* llenar el depósito

betasten* *vt* palpar

Betastrahlung *f* <-, -en> (PHYS) emisión *f* de rayos beta; **Betateilchen** *nt* <-s, -> (PHYS) partícula *f* beta

betätigen* [bə'tɛ:tɪgən] **I.** *vt* (*Hebel, Maschine*) accionar, poner en funcionamiento; **den Auslöser ~** accionar el disparador **II.** *vr* (*tätig sein*): **sich politisch ~** dedicarse a la política; **sich als Künstlerin/Sportler ~** trabajar como artista/deportista

Betätigung¹ *f* <-, *ohne pl*> (*einer Maschine*) puesta *f* en marcha

Betätigung² *f* <-, -en> (*Tätigkeit*) actividad *f*, función *f;* **Betätigungsfeld** *nt* <-(e)s, -er> campo *m* de actividades

betatschen* *vt* (*fam abw*) sobar; (*sexuell*) meter mano

betäuben* [bə'tɔɪbən] *vt* ensordecer; (MED) anestesiar; (*Schmerz*) mitigar, aliviar; (*benommen machen*) aturdir; **ein ~der Duft** un perfume embriagador; **einen ~den Lärm verursachen** producir un ruido ensordecedor; **er betäubte seinen Kummer mit Alkohol** ahogó sus penas en alcohol

Betäubung *f* <-, -en> **1.** (MED) anestesia *f;* **örtliche ~** anestesia local **2.** (*Benommenheit*) aturdimiento *m*

Betäubungsmittel *nt* <-s, -> **1.** (*zur Narkose*) narcótico *m*, anestésico *m* **2.** (*Rauschgift*) narcótico *m*, estupefaciente *m;* **Betäubungsmittelgesetz** *nt* <-es, -e> (JUR) legislación *f* sobre estupefacientes

Betazerfall ['be:ta-] *m* <-(e)s, -fälle> (PHYS) desintegración *f* beta

Betbruder *m* <-s, -brüder> (*abw*) beato *m*, santurrón *m*

Bete ['be:tə] *f* <-, -n>: **Rote ~** remolacha *f* (colorada), betarraga *f Am*

beteilen* *vt* (*Österr: zuteilen*) proveer (*mit* de/con)

beteiligen* [bə'taɪlɪgən] **I.** *vt* (*teilhaben lassen*) hacer participar (*an/bei* en) **II.** *vr:* **sich ~** (*teilnehmen*) participar (*an* en), tomar parte (*an* en); (*sich einsetzen*) implicarse (*an* en); (*mitgerissen werden*) verse implicado (*an* en); (*finanziell*) contribuir (*an* a); **sie hat sich kaum an dem Gespräch beteiligt** casi no ha tomado parte en la conversación; **die Schüler beteiligten sich lebhaft/eifrig/schlecht** los alumnos participaron vivamente/con ganas/mal

beteiligt *adj* **1.** (*Plan, Unfall*) implicado; **an dem Unfall waren drei Fahrzeuge ~** en el accidente se vieron [*o* resultaron] implicados tres vehículos **2.** (*Konzern, Umsatz*) partícipe, participante; **sie ist mit 49% an seiner Firma ~** participa en su empresa con un 49%; **er wird mit 30% am Umsatz ~** recibe el [*o* participa en un] 30% de las ganancias

Beteiligte(r) *mf* <-n, -n; -n, -n> participante *mf*, interesado, -a *m, f;* (*an Verbrechen*) implicado, -a *m, f;* (JUR) parte *f* interesada

Beteiligung *f* <-, -en> **1.** (*an einer Veranstaltung*) participación *f*, concurrencia *f;* (*Mitwirken*) colaboración *f;* (*Einsatz*) implicación *f;* **~ am Gewinn** parte de las ganancias; **eine schwache ~** poca concurrencia **2.** (COM) participación *f;* **gegenseitige ~** participación mutua; **staatliche ~** participación estatal; **eine ~ erwerben** adquirir una participación; **seine ~en offen legen** poner al descubierto sus participaciones **3.** (JUR) implicación *f;* **Beteiligungsfinanzierung** *f* <-, -en> (WIRTSCH) financiación *f* a través de participaciones; **Beteiligungsgesellschaft** *f* <-, -en> (WIRTSCH) holding *m*, sociedad *f* de participación financiera; **Beteiligungsholding** *f* <-, -s> (WIRTSCH) holding *m*

Betel ['be:təl] *m* <-s, *ohne pl*> betel *m;* **~ kauen** mascar [*o* masticar] betel; **Betelnuss**RR *f* <-, -nüsse> (nuez *f* de) areca *f*

beten ['be:tən] *vi, vt* rezar (*für* por, *um* por, *zu* a), orar (*für* por, *um* por, *zu* a); **ein Vaterunser ~** rezar un Padrenuestro

Beter(in) *m(f)* <-s, -; -, -nen> orante *mf*, rezador(a) *m(f)*

beteuern* [bə'tɔɪɐn] *vt* proclamar, reiterar; **seine Unschuld ~** asegurar su inocencia

Beteuerung *f* <-, -en> aseveración *f*

Bethlehem ['be:tlehɛm] *nt* <-s> Belén *m*

betiteln* *vt* titular (*als* de)

Beton [be'tɔŋ] *m* <-s, -s, *Österr:* -e> hormigó *m*, concreto *m Am*

Betonbau¹ *m* <-(e)s, -bauten> (*Gebäude*) edificio *m* de hormigón, construcción *f* de hormigón

Betonbau² *m* <-(e)s, *ohne pl*> (*das Bauen*) construcción *f* en hormigón; **das Wohnhaus wurde ganz im ~ hergestellt** el edificio de viviendas se construyó completamente en hormigón

Betonburg *f* <-, -en> (*abw*) torre *f* de hormigón; **Betondecke** *f* <-, -n> **1.** (*Gebäudedecke*) techo *m* de hormigón **2.** (*Straßendecke*) firme *m* de hormigón

betonen* [bə'to:nən] *vt* **1.** (*Silbe, Note*) acentuar; **dieses Wort wird auf der zweiten Silbe betont** esta palabra se acentúa en la segunda sílaba **2.** (*nachdrücklich*) subrayar, realzar; (*hervorheben*) poner de relieve, resaltar; **ich möchte ~, dass ...** quiero destacar que...; **dieses Kleid betont ihre Figur** este vestido acentúa sus líneas

betonieren* [beto'ni:rən] *vt* hormigonar

Betonierung *f* <-, -en> **1.** (*das Betonieren*) hormigonado *m* **2.** (*Betonschicht*) recubrimiento *m* de hormigón

Betonklotz *m* <-es, -klötze> (*abw*) mole *f* de cemento; **Betonkopf** *m* <-(e)s, -köpfe> (*abw*) cabeza *f* de hormigón; **Betonmischer** *m* <-s, ->, **Betonmischmaschine** *f* <-, -n> mezcladora *f* de hormigón; **Betonsilo** *nt* <-s, -s> (ARCHIT, AGR) silo *m* de hormigón

betont [bə'to:nt] *adj* marcado, manifiesto; ~ **lässig** con acentuada desenvoltura, acentuadamente desenvuelto; **mit ~er Gleichgültigkeit** con marcada indiferencia

Betonung *f* <-, -en> **1.** (*Akzent*) acento *m* (prosódico), acentuación *f* **2.** (*einer Tatsache*) insistencia *f*; **Betonungszeichen** *nt* <-s, -> (LING) tilde *f*, signo *m* de acentuación

betören* [bə'tø:rən] *vt* (*geh*) **1.** (*entzücken*) fascinar, perturbar **2.** (*verführen*) seducir, embriagar

betörend *adj* embriagador; (*faszinierend*) fascinador; **ein ~er Duft lag in der Luft** en el aire flotaba un perfume embriagador; **eine ~e Schönheit** una belleza fascinadora

Betörung *f* <-, -en> fascinación *f*, seducción *f*

Betpult *nt* <-(e)s, -e> (REL) reclinatorio *m*

betr. (COM) *Abk. von* **betrifft, betreffs, betreffend** respecto a, en relación a

Betr. (COM) *Abk. von* **Betreff** asunto *m*

Betracht [bə'traxt] *m*: **etw in ~ ziehen** tomar algo en consideración; **etw außer ~ lassen** dejar algo de lado; (**nicht**) **in ~ kommen** (no) entrar en consideración

betrachten* *vt* **1.** (*anschauen*) contemplar, mirar; (*genau*) examinar; **genau betrachtet** mirándolo bien; **etw aus der Nähe ~** examinar algo de cerca **2.** (*einschätzen*) considerar (*als* como), dar (*als* por); **ich betrachte diese Angelegenheit als erledigt** doy este asunto por concluido

Betrachter(in) *m(f)* <-s, -; -, -nen> espectador(a) *m(f)*, observador(a) *m(f)*

beträchtlich [bə'trɛçtlɪç] *adj* considerable, notable; **~e Mittel zur Verfügung haben** disponer de recursos considerables; **die Miete wurde um ein B~es erhöht** (*geh*) el alquiler ha sido subido considerablemente

Betrachtung[1] *f* <-, *ohne pl*> (*eines Bildes*) contemplación *f*; **bei näherer/flüchtiger ~** mirándolo de cerca/por encima

Betrachtung[2] *f* <-, -en> (*Überlegung*) reflexión *f*; **philosophische ~en anstellen** hacer reflexiones filosóficas

Betrachtungsweise *f* <-, -n> visión *f*, punto *m* de vista; **er hat eine ganz eigene ~ dieser politischen Vorgänge** tiene una visión muy particular de estos procesos políticos

Betrag [bə'tra:k, *pl:* bə'trɛ:gə] *m* <-(e)s, -träge> suma *f*, importe *m*; (*Gesamtbetrag*) total *m*; **ausstehender ~** importe a cobrar; **einen ~ bewilligen** aprobar una cantidad; **als Sicherheit hinterlegter ~** cantidad depositada como garantía; **noch zur Verfügung stehender ~** cantidad aún disponible; **~ dankend erhalten** importe recibido, pagado, cobrado; **bei dem Geschäft geht es um größere Beträge** en este negocio se trata de sumas más elevadas

betragen* *irr* **I.** *vi* (*sich belaufen auf*) ascender (a); (*Rechnung*) elevarse (a); **die Ausgaben betrugen 8.000 DM** los gastos ascendieron a 8.000 marcos **II.** *vr*: **sich ~** (*sich benehmen*) portarse, comportarse

Betragen *nt* <-s, *ohne pl*> comportamiento *m*, conducta *f*; **ungebührliches ~** conducta improcedente

betrauen* *vi* encomendar, confiar; **er wurde mit einem hohen Amt betraut** le fue encomendado un alto puesto

betrauern* *vt* llorar (por), deplorar

beträufeln* [bə'trɔɪfəln] *vt* salpicar (*mit* de/con), rociar (*mit* de/con)

Betrauung *f* <-, *ohne pl*> entrega *f*, encargo *m*; **seine ~ mit dieser Aufgabe war ein großer Vertrauensbeweis** el hecho de que le encomendaran aquella tarea era una gran muestra de confianza

Betreff [bə'trɛf] *m* <-(e)s, -e> (*Briefkopf*) asunto *m*; **in diesem ~** en este asunto, respecto a esto

betreffen* *irr vt* **1.** (*angehen*) concernir, referirse (a); **das betrifft besonders dich** esto te concierne especialmente a ti; **was mich betrifft ...** en lo que a mí se refiere... **2.** (*seelisch*) afectar

betreffend *adj* respectivo, en cuestión; **der ~e Mitarbeiter** el colega en cuestión; **der oder die B~e möge sich bitte melden** que se presente la persona en cuestión; **unser letztes Schreiben ~, teile ich Ihnen mit, dass ...** respecto a nuestro último escrito, le comunico que...

Betreffende(r) *mf* <-n, -n; -n, -n> persona *f* en cuestión; **wer war das? wehe, wenn ich den ~n finde!** ¿quién ha sido? ¡como encuentre [*o* llegue a encontrar] al tipo en cuestión!

betreffs *präp +gen* en relación a, en cuanto a; **~ Ihres Schreibens vom ...** en relación a su escrito del...

betreiben* *irr vt* **1.** (*Studien, Politik*) dedicarse (a) **2.** (SPORT) practicar **3.** (*Handwerk*) ejercer **4.** (*Geschäft*) regentar; **sie betreibt ein kleines Geschäft** tiene [*o* regenta] un pequeño negocio **5.** (*Prozess*) seguir; **einen Prozess ~** seguir una causa **6.** (*Angelegenheit*) tramitar, gestionar; **auf jds B~ hin** a incitación [*o* por iniciativa] de alguien **7.** (*antreiben*) accionar

Betreiber(in) *m(f)* <-s, -; -, -nen> (*Firma, Träger*) explotador(a) *m(f)*; **Betreibergesellschaft** *f* <-, -en> (WIRTSCH) sociedad *f*

de explotación

Betreiberin *f* <-, -nen> *s.* **Betreiber**

Betreibung *f* <-, -en> **1.** (*das Vorantreiben*) gestión *f,* tramitación *f;* (*a.* JUR) instrucción *f* **2.** (*eines Geschäfts*) explotación *f* **3.** (*Schweiz:* JUR) *s.* **Beitreibung**

betreten[1] *adj* (*verlegen*) turbado, cortado *fam;* **es herrschte ~es Schweigen** reinaba un silencio embarazoso

betreten*[2] *irr vt* (*Raum, Gebäude*) entrar (en); (*Rasen*) pisar; (*Podium*) subir (a); (*Spielfeld*) hacer su entrada (en); **B~ verboten!** ¡prohibida la entrada!; **unbefugtes B~ verboten** prohibida la entrada a personas no autorizadas

Betretenheit *f* <-, *ohne pl*> cortedad *f*

betreuen* [bəˈtrɔɪən] *vt* (*Kranke*) cuidar; (*Reisegruppe*) acompañar; **ein Projekt ~** dirigir un proyecto

Betreuer(in) *m(f)* <-s, -; -, -nen> tutor(a) *m(f);* (*Assistent*) asistente *mf;* (*Berater*) asesor(a) *m(f)*

Betreuung *f* <-, *ohne pl*> asistencia *f,* cuidado *m;* (SCH, UNIV) tutoría *f;* **die ~ der Gäste** la atención hacia los invitados [*o* huéspedes]

Betrieb[1] *m* <-(e)s, -e> **1.** (*Unternehmen*) empresa *f;* (*handwerklich*) taller *m;* **genossenschaftlicher/gewerkschaftspflichtiger ~** empresa cooperativa/con sindicación obligatoria; **konzessionierter ~** empresa concesionaria; **landwirtschaftlicher ~** explotación agrícola; **er kommt um vier Uhr aus dem ~** sale de la empresa a las cuatro **2.** (*Belegschaft*) personal *m*

Betrieb[2] *m* <-(e)s, *ohne pl*> **1.** (*Tätigkeit*) marcha *f,* funcionamiento *m;* **in vollem ~** en plena marcha; **er hält den ganzen ~ auf** interrumpe toda la marcha; **in ~ sein** estar en funcionamiento; **etw in ~ nehmen** poner algo en marcha; **etw außer ~ setzen** poner algo fuera de servicio **2.** (*fam: Treiben*) tumulto *m,* gentío *m;* **in den Geschäften herrscht großer ~** en las tiendas reina un gran gentío

betrieblich *adj* empresarial, de la empresa

Betriebsaltersversorgung *f* <-, *ohne pl*> pensión *f* recibida de la empresa

betriebsam *adj* activo, trabajador

Betriebsamkeit *f* <-, -en> actividad *f;* **es herrschte hektische ~** reinaba una actividad frenética

Betriebsanalyse *f* <-, -en> (WIRTSCH) análisis *m inv* operacional; **Betriebsangehörige(r)** *mf* <-n, -n; -n, -n> miembro *m* de la empresa; **Betriebsanlage** *f* <-, -n> planta *f* industrial; **~n** instalaciones *fpl;* **Betriebsanleitung** *f* <-, -en> instrucciones *fpl* de servicio; **Betriebsanzeige** *f* <-, -n> (INFOR) luz *f* indicadora de funcionamiento; **Betriebsart** *f* <-, -en> (INFOR) modo *m* de operación; **Betriebsarzt, -ärztin** *m, f* <-es, -ärzte; -, -nen> médico, -a *m, f* de empresa; **Betriebsaufwand** *m* <-(e)s, *ohne pl*> gastos *mpl* de operación; **Betriebsausflug** *m* <-(e)s, -flüge> excursión *f* con la empresa; **Betriebsausgabe** *f* <-, -n> gasto *m* de la empresa; **Betriebsausnutzung** *f* <-, *ohne pl*> explotación *f* de la empresa; **Betriebsbahnhof** *m* <-(e)s, -höfe> (EISENB) estación *f* de depósito; **betriebsbedingt** *adj* relativo a la empresa; **betriebsbereit** *adj* (TECH) listo para el servicio [*o* para funcionar]; **Betriebsbesichtigung** *f* <-, -en> visita *f* a una empresa; **betriebsblind** *adj ignorante de los fallos por pertenecer demasiado tiempo a la misma empresa, haciendo siempre el mismo trabajo;* **Betriebsbudget** *nt* <-s, -s> (WIRTSCH) presupuesto *m* de empresa; **Betriebsdauer** *f* <-, *ohne pl*> duración *f* del servicio; **betriebseigen** *adj* perteneciente a la empresa; **Betriebseinnahmen** *fpl* ingresos *mpl* de la empresa; **Betriebsergebnis** *nt* <-ses, -se> resultado *m* de la explotación; **Betriebsertrag** *m* <-(e)s, -träge> ingreso *m* de explotación; **Betriebsfähigkeit** *f* <-, *ohne pl*> estado *m* de funcionamiento; **Betriebsfehler** *m* <-s, -> (INFOR) error *m* de operación

Betriebsferien *pl* vacaciones *fpl* colectivas de la empresa; **betriebsfertig** *adj* listo para la puesta en marcha; **Betriebsfest** *nt* <-(e)s, -e> fiesta *f* de la empresa; **betriebsfremd** *adj:* **~e Aktivitäten** actividades atípicas, operaciones distintas a la actividad de la empresa; **Betriebsführung** *f* <-, -en> *s.* Betriebsleitung; **Betriebsgeheimnis** *nt* <-ses, -se> secreto *m* empresarial [*o* de producción]; **Betriebsgelände** *nt* <-s, -> terreno *m* de la empresa; **Betriebsgenehmigung** *f* <-, -en> autorización *f* de actividad; **Betriebsgewinn** *m* <-(e)s, -e> (WIRTSCH) beneficio *m* de explotación; **Betriebshaftpflichtversicherung** *f* <-, -en> seguro *m* contra accidentes del trabajo; **Betriebshof** *m* <-(e)s, -höfe> cocheras *fpl;* **dieser Bus fährt zum ~** este autobús va a encerrar; **betriebsintern** *adj* interno (de la empresa); **Betriebskapital** *nt* <-(e)s, -e> (WIRTSCH) capital *m* de explotación [*o* circulante]; **Betriebsklima** *nt* <-s, *ohne pl*> ambiente *m* en la empresa; **Betriebskosten** *pl* gastos *mpl* de producción; **Betriebskrankenkasse** *f* <-, -n> caja *f* de seguro de la empresa; **Betriebsleistung** *f* <-, -en> capacidad *f* productora de la empresa; **Betriebsleiter(in)** *m(f)* <-s, -; -, -nen> director(a) *m(f)* gerente de la empresa; **Betriebsleitung** *f* <-, -en> dirección *f* de una empresa; **Betriebsmaterial** *nt* <-s, -ien> material *m* de explotación; **Betriebsmittel** *ntpl* medios *mpl* de producción; **Betriebsmodus** *m* <-, -modi> (INFOR) modo *m* de operación; **Betriebsnudel** *f* <-, -n> (*fam*) animador(a) *m(f),* cachondo, -a *m, f;* **Petra ist eine echte ~!** ¡es un cachondeo con Petra!; **Betriebsordnung** *f* <-, -en> régimen *m* interior (de una empresa); **Betriebsplanung** *f*

<-, -en> planificación *f* de la producción; **komplexe/operative** ~ planificación compleja/operativa; **Betriebsprüfer(in)** *m(f)* <-s, -; -, -nen> auditor(a) *m(f)*; **Betriebsprüfung** *f* <-, -en> (WIRTSCH) revisión *f* (de empresa)

Betriebsrat[1] *m* <-(e)s, -räte> (*Organ*) comité *m* de empresa, consejo *m* de empresa

Betriebsrat, -rätin[2] *m, f* <-(e)s, -räte; -, -nen> (*Mitglied*) representante *mf* del comité de empresa

Betriebsratsmitglied *nt* <-(e)s, -er> miembro *mf* del comité de empresa; **Betriebsratsvorsitzende(r)** *mf* <-n, -n; -n, -n> presidente, -a *m, f* del consejo de empresa

Betriebsrente *f* <-, -n> pensión *f* recibida de la empresa; **Betriebsschließung** *f* <-, -en> (WIRTSCH) cierre *m* de una empresa; **Betriebsschluss**[RR] *m* <-es, *ohne pl*> fin *m* de la jornada laboral; **nach** ~ después del trabajo [*o* de la jornada]; **betriebssicher** *adj* (TECH) de funcionamiento fiable; **Betriebssicherheit** *f* <-, *ohne pl*> (TECH) seguridad *f* de funcionamiento [*o* de servicio]; **Betriebsstandort** *m* <-(e)s, -e> ubicación *f* de la planta, emplazamiento *m* de la planta; **Betriebsstilllegung**[RR] *f* <-, -en> (WIRTSCH) cierre *m* de una empresa; **Betriebsstörung** *f* <-, -en> (TECH) perturbación *f* en el funcionamiento; **Betriebssystem** *nt* <-s, -e> (INFOR) sistema *m* operativo; **Betriebsumstellung** *f* <-, -en> reorganización *f* de la empresa; **Betriebsunfall** *m* <-(e)s, -fälle> **1.** (*Arbeitsunfall*) accidente *m* de trabajo [*o* laboral] **2.** (*fam: ungewollte Schwangerschaft*) accidente *m*, embarazo *m* no deseado; **Betriebsvereinbarung** *f* <-, -en> acuerdo *m* empresarial

Betriebsverfassung *f* <-, -en> (JUR) estatuto(s) *m(pl)* de empresa; **Betriebsverfassungsgesetz** *nt* <-es, *ohne pl*> ley *f* de régimen de empresa

Betriebsverlust *m* <-(e)s, -e> (WIRTSCH) pérdida *f* de explotación; **Betriebsversammlung** *f* <-, -en> asamblea *f* general de la empresa, reunión *f* del personal de empresa; **Betriebswirt(in)** *m(f)* <-(e)s, -e; -, -nen> (técnico, -a *m, f*) economista *mf*; **Betriebswirtschaft** *f* <-, *ohne pl*> ciencias *fpl* empresariales; **betriebswirtschaftlich** *adj* de la economía de la empresa

Betriebswirtschaftslehre *f* <-, *ohne pl*> teoría *f* de la empresa, economía *f* industrial; **Betriebswirtschaftsplan** *m* <-(e)s, -pläne> (WIRTSCH) plan *m* de gestión empresarial

Betriebszeit *f* <-, -en> (TECH) tiempo *m* de servicio; **Betriebszugehörigkeit** *f* <-, *ohne pl*>: **Dauer der** ~ antigüedad *f* (en la empresa)

betrinken* *irr vr:* **sich** ~ emborracharse, embriagarse, jalarse *Am*, picarse *Am*, tiznarse *ZAm, Arg*, prenderse *PRico*, templarse *Kol, Peru*, curarse *Chil: fam;* **sich sinnlos** ~ emborracharse sin sentido

betroffen [bəˈtrɔfən] **I.** *pp von* **betreffen** **II.** *adj* **1.** (*von Maßnahmen*) afectado (*von* por) **2.** (*bestürzt*) consternado, atónito; **die jüngsten Ereignisse machen mich** ~ los últimos acontecimientos me dejan consternado

Betroffene(r) *mf* <-n, -n; -n, -n> afectado, -a *m, f;* **die ~n taten sich in einer Bürgerinitiative zusammen** las personas afectadas formaron una iniciativa popular

Betroffenheit *f* <-, *ohne pl*> consternación *f;* **die Nachricht löste große** ~ **aus** la noticia causó gran consternación

betrüben* *vt* afligir, entristecer

betrüblich [bəˈtry:plɪç] *adj* triste, desconsolador; **ich muss Ihnen die ~e Mitteilung machen, dass ...** tengo que comunicarle la triste noticia de que...

betrüblicherweise *adv* desdichadamente

Betrübnis *f* <-, -se> aflicción *f*

betrübt *adj* (*geh*) afligido (*über* de/por), apesadumbrado (*über* de/por); **tief** ~ profundamente afligido; **zu Tode** ~ **sein** estar hondamente afligido

Betrug [bəˈtru:k] *m* <-(e)s, *ohne pl*> engaño *m*, estafa *f;* (JUR) fraude *m;* (*beim Spiel*) trampa *f;* **schwerer** ~ fraude grave

betrügen* [bəˈtry:gən] *irr* **I.** *vt* engañar, morder *Am*, balear *ZAm*, embrollar *Chil, Urug*, emplomar *Kol, Guat;* **sich um etw betrogen fühlen/sehen** sentirse/verse decepcionado por algo; **jahrelang betrog sie ihn mit ihrem Zahnarzt** durante años lo engañaba con su dentista **II.** *vr:* **sich** ~ engañarse; **sich selbst** ~ engañarse a sí mismo

Betrüger(in) *m(f)* <-s, -; -, -nen> estafador(a) *m(f);* (*beim Spiel*) tramposo, -a *m, f*

Betrügerei *f* <-, -en> engaño *m*, estafa *f*, fraude *m*

Betrügerin *f* <-, -nen> *s.* **Betrüger**

betrügerisch *adj* engañoso, fraudulento, dañero *Ven;* **in ~er Absicht** fraudulentamente; **~er Bankrott** quiebra fraudulenta; ~ **erwerben** adquirir fraudulentamente

betrunken [bəˈtrʊŋkən] **I.** *pp von* **betrinken** **II.** *adj* borracho, bebido, bolo *Am*, ampimpado *Am;* **schwer/total** ~ **sein** estar terriblemente/completamente borracho

Betrunkene(r) *mf* <-n, -n; -n, -n> borracho, -a *m, f*, bolo, -a *m, f Am*

Betrunkenheit *f* <-, *ohne pl*> embriaguez *f*

Betschwester *f* <-, -n> (*abw*) beata *f*, santurrona *f*

Bett [bɛt] *nt* <-(e)s, -en> **1.** (*Möbelstück*) cama *f*, lecho *m geh;* **das** ~ **machen** hacer la cama; **das** ~ **beziehen** poner la ropa de la cama; **im** ~ **liegen** estar en la cama; **ans** ~ **gefesselt sein** estar postrado en cama; **ins** [*o* **zu**] ~ **gehen** ir(se) a la cama; **das** ~ **hüten müssen** tener que guardar cama; **er brachte ihr jeden Morgen das Frühstück ans** ~ todas las mañanas le llevaba el desayuno a la cama; **mit jdm ins ~ gehen** (*fam*) acostarse con alguien; **an jds ~ sitzen** estar sentado junto al lecho de alguien; **jdn ins ~ bringen** llevar a la cama a alguien; **er macht ins ~** (*fam*) se mea en [*o* ensucia] la cama; **jdn aus dem ~ holen** sacar a alguien de la cama; **sich ins gemachte ~ legen** (*fig*) encontrárselo todo hecho **2.** (*Fluss~*) cauce *m*, lecho *m* **3.** (*Feder~*) edredón *m;* **Bettanzug** *m* <-(e)s, -züge> (*Schweiz*) *s.* Bettbezug; **Bettbank** *f* <-, -bänke> (*Österr*) *s.* Bettcouch; **Bettbezug** *m* <-(e)s, -züge> funda *f* de edredón; **Bettcouch** *f* <-, -s *o* -en> sofá-cama *m;* **Bettdecke** *f* <-, -n> **1.** (*Tagesdecke*) colcha *f* **2.** (*Federbett*) edredón *m*, frisa *f PRico, DomR*, vávona *f Arg*

Bettel ['bɛtəl] *m* <-s, *ohne pl*> (*reg: Kram*): **der ganze ~** todo el lío; **den (ganzen) ~ hinwerfen** [*o* **hinschmeißen**] mandar al cuerno todo el lío; **jdm den (ganzen) ~ vor die Füße werfen** [*o* **schmeißen**] mandar a alguien al cuerno; **sie hatte sich lange von ihm schikanieren lassen, aber eines Tages warf sie ihm den ganzen ~ vor die Füße** durante mucho tiempo permitió que él le hiciera la vida imposible, pero un buen día le mandó al cuerno

bettelarm ['--'-] *adj* pobre como una rata

Bettelei *f* <-, -en> (*abw*) pordiosería *f*

Bettelmönch *m* <-(e)s, -e> fraile *m* mendicante

betteln *vi* pedir limosna, mendigar; **bei jdm um etw ~** pedir algo a alguien con insistencia

Bettelorden *m* <-s, -> (REL) orden *f* mendicante [*o* mendigante]; **Bettelstab** *m* <-(e)s, -stäbe>: **jdn an den ~ bringen** arruinar económicamente a alguien

betten *vt* (*geh*) recostar, tumbar con cuidado; **jdn zur letzten Ruhe ~** sepultar a alguien; **wie man sich bettet, so liegt man** (*prov*) quien mala cama hace, en ella se yace

Bettenburg *f* <-, -en> zona *f* turística con gran aglomeración de hoteles

Bettfedern *fpl* plumas *fpl* de relleno (*para edredones, almohadas…*); **Bettflasche** *f* <-, -n> (*südd: Wärmflasche*) botella *f* de agua caliente; **Bettgeflüster** *nt* <-s, *ohne pl*> (*fam: Klatsch*) rumor *m;* **Bettgeschichte** *f* <-, -n> lío *m* de cama; **Bettgestell** *nt* <-(e)s, -e> armadura *f* de cama; **Betthase** *m* <-n, -n> (*fam*) gatita *f* caliente; **Betthimmel** *m* <-s, -> dosel *m* de cama; **Betthupferl** ['bɛthʊpfɐl] *nt* <-s, -> (*reg*) *dulce que se da a los niños antes de acostarse;* **Bettkante** *f* <-, -n> borde *m* de la cama; **also, den würde ich nicht von der ~ stoßen** a este no le daría de lado; **Bettkasten** *m* <s, -kästen> *cajón situado debajo de la cama donde se guardan la almohada y el edredón durante el día;* **Bettlade** *f* <-, -n> (*südd, Österr*) *s.* **Bettgestell**

bettlägerig ['bɛtlɛːgərɪç] *adj* postrado en cama

Bettlägerigkeit *f* <-, *ohne pl*> postración *f* en la cama; **die Krankheit ist mit langer ~ verbunden** la enfermedad exige guardar cama durante largo tiempo

Bettlaken *nt* <-s, -> sábana *f;* **Bettlektüre** *f* <-, -n> lectura *f* entretenida para antes de dormir

Bettler(in) ['bɛtlɐ] *m(f)* <-s, -; -, -nen> mendigo, -a *m, f*

Bettnässen ['bɛtnɛsən] *nt* <-s, *ohne pl*> enuresis *f inv*

Bettnässer(in) *m(f)* <-s, -; -, -nen> (*fam*) meón, -ona *m, f* (*niño o niña que sufre de incontinencia nocturna de orina*)

Bettpfanne *f* <-, -n> cuña *f;* **Bettpfosten** *m* <-s, -> armazón *m* de la cama; **Bettrand** *m* <-(e)s, -ränder> *s.* Bettkante; **bettreif** *adj* (*fam*) con ganas de irse a dormir; **Bettruhe** *f* <-, *ohne pl*> reposo *m* en cama; **der Arzt hat ihm strenge ~ verordnet** el médico le ordenó reposo absoluto en cama; **Bettschüssel** *f* <-, -n> orinal *m* (de cama), cuña *f;* **Bettschwere** *f:* **die erforderliche** [*o* **nötige**] **~ haben** (*fam*) estar a punto para la cama, caerse de sueño; **Bettsofa** *nt* <-s, -s> sofá-cama *m;* **das ~ ausziehen** abrir el sofá-cama; **Bettszene** *f* <-, -n> (FILM) escena *f* de cama; **Betttuch**RR ['bɛttuːx] *nt* <-(e)s, -tücher> sábana *f;* **Bettvorlage** *f* <-, -n>, **Bettvorleger** ['bɛtvoːɐleːgɐ] *m* <-s, -> alfombrilla *f* (de cama); **Bettwäsche** *f* <-, *ohne pl*> ropa *f* de cama, sábanas *fpl*, cobija *f Am*, tendido *m Am;* **Bettzeug** *nt* <-(e)s, *ohne pl*> (*fam*) ropa *f* de cama, sábanas *fpl*

betucht [bə'tuːxt] *adj* (*fam*) adinerado, forrado, fondeado *Am;* **gut ~ sein** estar forrado (de dinero)

betulich [bə'tuːlɪç] *adj* (*hilfsbereit*) solícito; (*abw*) exageradamente atento; **ihr ~es Gehabe machte sie bei vielen unbeliebt** con su excesiva solicitud se ganó la antipatía de muchos

betupfen* *vt* **1.** (*tupfend berühren*) aplicar un tapón; **das Ekzem müssen Sie mit dieser Lösung ~** tiene que aplicar esta solución con un tapón sobre el eczema **2.** (*mit Tupfen versehen*) puntear

betuppen* *vt* (*reg*) timar (*um* con)

Beuge ['bɔɪgə] *f* <-, -n> **1.** (ANAT: *des Armes*) flexión *f* del codo; (*des Beines*) flexión *f* de la pierna **2.** (SPORT: *Rumpf~*) flexión *f* del tronco; **in die ~ gehen** flexionar el cuerpo

Beugehaft *f* <-, *ohne pl*> (JUR) arresto *m* reflexivo

Beugel *m* <-s, -> (*Österr: Hörnchengebäck*) croissant *m*

Beugemuskel *m* <-s, -n> (ANAT) (músculo *m*) flexor *m*

beugen ['bɔɪgən] **I.** *vt* **1.** (*Arm*) doblar, doblegar; **das Knie ~** doblar la rodilla; **den Kopf ~** inclinar la cabeza; **vor Kummer gebeugt sein** estar postrado por las penas **2.** (*Recht*) violar **3.** (LING: *Verb*) conjugar; (*Substantiv*) declinar **II.** *vr:* **sich ~** **1.** (*sich neigen*) inclinarse, encorvarse; **er beugte sich leicht nach vorn/zu mir** se inclinó ligeramente hacia delante/hacia mí; **sich über etw ~** inclinarse sobre algo **2.** (*sich fügen*) someterse (a); **wir ~ uns der Gewalt** nos sometemos al poder

Beugung *f* <-, -en> **1.** (ANAT, LING) flexión *f* **2.** (PHYS: *Licht*) difracción *f*

Beule ['bɔɪlə] *f* <-, -n> **1.** (*Verletzung*) chichón *m* **2.** (*Delle*) abolladura *f,* bollo *m* **3.** (MED) buba *f*

beulen *vi* abollarse; (*Kleidung*) hacer bolsas, abombarse; **die Hose beult überall/an den Knien** el pantalón hace bolsas por todas partes/tiene rodilleras

Beulenpest *f* <-, *ohne pl*> (MED) peste *f* bubónica [*o* levantina]

beunruhigen* [bə'ʔʊnruːɪgən] **I.** *vt* intranquilizar, inquietar; **über etw beunruhigt sein** estar intranquilo [*o* inquieto] por algo; **wir waren über seine Äußerungen zutiefst beunruhigt** sus comentarios nos inquietaron profundamente **II.** *vr:* **sich ~** preocuparse (*über* de), inquietarse (*über* con/por), indigestarse (*über* con/de/por) *Am*

beunruhigend *adj* inquietante, alarmante

Beunruhigung *f* <-, -en> inquietud *f,* preocupación *f*

beurkunden* *vt* dar fe (de), documentar

Beurkundung *f* <-, -en> **1.** (*das Beurkunden*) certificación *f* notarial **2.** (*Urkunde*) documento *f*

beurlauben* *vt* **1.** (*Urlaub geben*) conceder vacaciones, dar permiso **2.** (*von Amtspflichten*) dar licencia; **beurlaubt sein** tener licencia **3.** (UNIV): **sich ~ lassen** tomarse un semestre libre

Beurlaubung *f* <-, -en> excedencia *f*

beurteilen* *vt* juzgar, enjuiciar; (*schätzen*) valorar, estimar; **das können Sie doch gar nicht ~** Ud. no puede juzgarlo de ninguna manera; **er beurteilt die Menschen nach ihrem Äußeren** juzga a las personas por su (aspecto) exterior

Beurteilung *f* <-, -en> **1.** (*Einschätzung*) juicio *m,* apreciación *f;* **bei nüchterner ~** analizándolo a secas **2.** (*Gutachten*) dictamen *m,* valoración *f;* **jdm eine gute ~ schreiben** otorgar a alguien una buena evaluación; **Beurteilungsmaßstab** *m* <-(e)s, -stäbe> criterio *m* de valoración

Beuschel ['bɔɪʃəl] *nt* <-s, -> (*Österr, südd:* GASTR) *plato cocinado con pulmón*

Beute ['bɔɪtə] *f* <-, *ohne pl*> **1.** (*Fang*) botín *m;* (*eines Tieres*) presa *f;* **reiche** [*o* **fette**] **~ machen** sacar un buen botín **2.** (*geh: Opfer*) víctima *f;* **leichte ~ für jdn sein** ser una víctima [*o* presa] fácil para alguien; **beutegierig** *adj* (*Tier*) ávido de una presa; (*Mensch*) ávido de un botín

Beutel ['bɔɪtəl] *m* <-s, -> **1.** (*Behältnis*) bolsa *f,* talego *m* **2.** (ZOOL: *des Kängurus*) marsupio *m,* bolsa *f* **3.** (*fam: Geldbeutel*) monedero *m;* **für die Reparatur muss sie tief in den ~ greifen** la reparación le costará un ojo de la cara

beuteln I. *vt* **1.** (*Österr, südd: schütteln*) sacudir **2.** (*Österr, südd: mitnehmen*) estremecer; **die Ereignisse haben mich ganz schön gebeutelt** los acontecimientos me han dejado estremecido; **vom Leben gebeutelt, zog er sich immer mehr zurück** castigado por la vida, vivía cada vez más apartado **3.** (*reg: ausnehmen*) limpiar, dejar limpio; **die haben dich aber ganz schön gebeutelt** ésos te han limpiado todo el dinero **II.** *vi* (*sich ausbeulen*) dar(se) de sí **III.** *vunpers* (*Österr, südd*): **ihn hat's ganz schön gebeutelt** (*Sturz*) se ha sacudido una buena; (*Krankheit*) tiene una buena encima

Beutelratte *f* <-, -n> (ZOOL) rata *f* marsupial; **Beuteltier** *nt* <-(e)s, -e> (ZOOL) marsupial *m*

Beutepopulation *f* <-, -en> (BIOL) población *f* de captura; **Beutestück** *nt* <-(e)s, -e> pieza *f* del botín; **Beutetier** *nt* <-(e)s, -e> animal *m* de captura; **Beutezug** *m* <-(e)s, -züge> correría *f*

bevölkern* [bə'fœlkɐn] **I.** *vt* **1.** (*besiedeln*) poblar; **dünn/dicht bevölkert sein** estar poco/muy poblado; **eine dicht bevölkerte Stadt** una ciudad muy poblada **2.** (*beleben*): **im Sommer ~ Scharen von Touristen das kleine Dorf** en verano, la aldea se puebla de grupos de turistas; **in der Mittagshitze waren die Straßen von Madrid kaum bevölkert** en el calor del mediodía las calles de Madrid apenas estaban transitadas **II.** *vr:* **sich ~** llenarse; **langsam bevölkerte sich das Lokal** poco a poco, el bar se fue llenando

Bevölkerung *f* <-, -en> población *f;* **arbeitende** [*o* **erwerbstätige**] **~** (WIRTSCH) población activa; **die einheimische/ländliche ~** la población nacional/rural; **ortsansässige ~** población local [*o* residente]; **Bevölkerungsabnahme** *f* <-, -n> descenso *m* de la población; **Bevölkerungsdichte** *f* <-, *ohne pl*> densidad *f* de (la) población; **Bevölkerungsdruck** *m* <-(e)s, *ohne pl*> presión *f* demográfica; **Bevölkerungsentwicklung** *f* <-, -en> desarrollo *m* demográfico; **territorial differenzierte ~** desarrollo demográfico diferenciado por territorios; **Bevölkerungsexplosion** *f* <-, -en> explosión *f* demográfica; **Bevölkerungsgruppe** *f* <-, -n> población *f;* **Bevölkerungspolitik** *f* <-, *ohne pl*> (POL) política *f* demográfica; **Bevölkerungspyramide** *f* <-, -n> (GEO, SOZIOL) pirámide *f* de población; **Bevölkerungsrückgang** *m* <-(e)s, *ohne pl*> (WIRTSCH) regresión *f* de la población; **Bevölkerungsschicht** *f* <-, -en> nivel *m* social; **Bevölkerungsstand** *m* <-(e)s, -stände> nivel *m* demográfico; **Bevölkerungs-**

statistik *f* <-, -en> estadística *f* demográfica; **Bevölkerungsstruktur** *f* <-, -en> estructura *f* demográfica; **Bevölkerungsverschiebung** *f* <-, -en> cambio *m* estructural de la población [*o* de la estructura demográfica]; **Bevölkerungswachstum** *nt* <-s, *ohne pl*> crecimiento *m* demográfico; **Bevölkerungszahl** *f* <-, -en> población *f*, número *m* de habitantes; **für das Jahr 2010 schätzt man eine ~ von mehreren Milliarden** para el año 2010 se calcula que la población ascenderá a varios miles de millones; **Bevölkerungszunahme** *f* <-, -n>, **Bevölkerungszuwachs** *m* <-es, *ohne pl*> aumento *m* de (la) población

bevollmächtigen* [bə'fɔlmɛçtɪgən] *vt* apoderar (*zu* para), autorizar (*zu* para), capacitar (*zu* para) *Am*

Bevollmächtigte(r) *mf* <-n, -n; -n, -n> apoderado, -a *m, f*, mandatario, -a *m, f*, capacitado, -a *m, f Am*

Bevollmächtigung *f* <-, -en> autorización *f*, poder *m*, capacitación *f Am*

bevor [bə'foːɐ] *konj* antes de *+inf*, antes de que *+subj*; **gieß bitte die Blumen, ~ du gehst** por favor, riega las plantas antes de irte; **~ man irgendwelche Schritte unternimmt, sollte alles genau geprüft werden** antes de adoptar cualquier tipo de medidas, todo debería ser examinado minuciosamente; **ich will mit dem Essen fertig sein, ~ sie kommen** quiero haber terminado con la comida antes de que lleguen; **~ er es wahrnehmen konnte, war das Geld weg** antes de que pudiera darse cuenta, ya había volado el dinero

bevormunden* [bə'fɔːɐmʊndən] *vt* poner bajo tutela, tutelar

Bevormundung *f* <-, -en> tutela *f*; **er verbat sich die ständige ~ durch die Familie** no admitía la permanente tutela por parte de la familia

bevorraten* *vt* (*formal*) aprovisionar

bevorrechtigt [bə'foːɐrɛçtɪçt] *adj* privilegiado; (*im Verkehr*) con prioridad (de paso)

bevorschussen* *vt* (*formal*) conceder un anticipo

bevor|stehen *irr vi* ser inminente; **der ~de Krieg** la guerra inminente; **es steht uns noch sehr viel Arbeit bevor** aún nos queda [*o* tenemos] mucho trabajo por delante; **die größte Überraschung stand ihnen noch bevor** aún les quedaba la mayor sorpresa por delante; **die Wahlen stehen unmittelbar bevor** las elecciones están muy próximas

bevorzugen* [bə'foːɐtsuːgən] *vt* preferir, favorecer; **bei uns wird keiner bevorzugt** aquí no se favorece a nadie

bevorzugt **I.** *adj* **1.** (*privilegiert*) favorecido, privilegiado; **eine ~e Behandlung** un trato de favor [*o* privilegiado] **2.** (*beliebteste*) preferido, favorito **II.** *adv* preferentemente; (*privilegiert*) de favor; **jdn ~ behandeln** dar a alguien un trato de favor; **Schwerbehinderte werden bevorzugt eingestellt** los discapacitados serán contratados con preferencia; **Eilsendungen müssen ~ ausgeliefert werden** los envíos urgentes deben ser entregados a domicilio con prioridad [*o* con preferencia]

Bevorzugung *f* <-, -en> preferencia *f*

bewachen* *vt* vigilar, custodiar; **jdn streng** [*o* **scharf**] **~** vigilar a alguien severamente

Bewacher(in) *m(f)* <-s, -; -, -nen> **1.** (*Wächter*) vigilante *mf*, guardián, -ana *m, f* **2.** (SPORT: *Deckungsspieler*) marcador(a) *m(f)*

bewachsen [bə'vaksən] *adj* cubierto (*mit* de); **mit Rasen ~** cubierto de césped; **das Haus war mit Efeu ~** la casa estaba cubierta de hiedra; **der Garten ist mit lauter Unkraut ~** el jardín está lleno de malas hierbas

Bewachung *f* <-, -en> **1.** (*das Bewachen*) custodia *f*, vigilancia *f*; **jdn unter ~ stellen** poner a alguien bajo custodia **2.** (*Wache*) guardia *f*

bewaffnen* [bə'vafnən] *vt* armar (*mit* con); **er war bis an die Zähne bewaffnet** estaba armado hasta los dientes; **nur mit einem Regenschirm bewaffnet, trotzten wir dem Unwetter** armados solamente con un paraguas hicimos frente a la tormenta

Bewaffnete(r) *mf* <-n, -n; -n, -n> persona *f* armada

Bewaffnung *f* <-, -en> **1.** (*Vorgang*) armamento *m* **2.** (*Waffen*) armas *fpl*

bewahren* [bə'vaːrən] *vt* **1.** (*beschützen*) proteger (*vor* de), librar (*vor* de); **Gott bewahre!** ¡Dios me [*o* nos] libre! **2.** (*Stillschweigen*) guardar; (*in Erinnerung*) recordar; **bitte ~ Sie Ruhe!** ¡guarde(n) calma, por favor!; **ich bewahrte (mir) trotz allem meine gute Laune** a pesar de todo conservé mi buen humor **3.** (*geh: aufbewahren*) guardar

bewähren* [bə'vɛːrən] *vr*: **sich ~** (*Person*) acreditarse; (*Sache*) probar su eficacia, dar buen resultado; **jetzt hat sie die Gelegenheit, sich zu ~** ahora tiene la posibilidad de demostrar sus capacidades

bewahrheiten* [bə'vaːɐhaɪtən] *vr*: **sich ~** confirmarse, resultar cierto; **unsere Befürchtungen scheinen sich nicht zu ~** parece que nuestros recelos no se confirman

bewährt [bə'vɛːɐt] *adj* acreditado; (*Mittel, Methode*) probado

Bewahrung *f* <-, *ohne pl*> **1.** (*Erhaltung*) preservación *f* **2.** (*Auf~*) custodia *f*

Bewährung *f* <-, -en> prueba *f*; (JUR) libertad *f* condicional; **eine Strafe zur ~ aussetzen** aplicar [*o* conceder] la remisión condicional de una pena; **er bekam drei Jahre mit/ohne ~** le condenaron a tres años con/sin libertad condicional; **Bewährungsfrist** *f* <-, -en> (JUR) período *m* de prueba; **Bewährungshelfer(in)** *m(f)* <-s, -; -, -nen> asistente *mf* durante el plazo de prueba; **Bewährungsprobe** *f* <-, -n> prueba *f*

bewaldet [bə'valdət] *adj* boscoso

Bewaldung *f* <-, -en> arbolado *m*

bewältigen* [bəˈvɛltɪgən] *vt* (*Problem*) vencer, superar; (*Aufgabe*) llevar a cabo; **sie mussten das Erlebte zunächst** ~ antes de todo tenían que superar todo lo que habían pasado; **das bewältigst du doch spielend** si hacer esto es para ti un juego

Bewältigung *f* <-, -en> (*eines Problems, Erlebnisses*) superación *f;* (*einer Aufgabe*) (re)solución *f;* **die** ~ **von so viel Material ist kaum zu schaffen** controlar tanto material es casi imposible; **sie arbeitete an der** ~ **dieser Erlebnisse** se esforzaba por superar aquellas experiencias

bewandert [bəˈvandɐt] *adj* experimentado (*in* en), experto (*in* en); **sie ist in Geschichte sehr** ~ es muy experta en historia

Bewandtnis [bəˈvantnɪs] *f* <-, -se> motivo *m,* explicación *f;* **damit hat es folgende** ~ el caso es el siguiente; **damit hat es eine ganz bestimmte** ~ esto tiene una explicación determinada

bewässern* [bəˈvɛsɐn] *vt* regar

Bewässerung *f* <-, -en> riego *m,* irrigación *f;* **Bewässerungsanlage** *f* <-, -n> instalación *f* de irrigación; **Bewässerungsgraben** *m* <-s, -gräben> acequia *f,* apancle *m Mex;* **Bewässerungskanal** *m* <-s, -näle> canal *m* de riego; **Bewässerungssystem** *nt* <-s, -e> sistema *m* de riego

Bewässrung^RR^ *f* <-, -en>, **Bewäßrung** *f* <-, -en> *s.* **Bewässerung**

bewegen[1] <bewegt, bewog, bewogen> *vt* (*veranlassen*) inducir (*zu* a), mover (*zu* a); **was hat dich dazu bewogen?** ¿qué te movió a hacerlo?

bewegen*[2] [bəˈveːgən] **I.** *vt* **1.** (*Arm, Lippen*) mover; (*in Gang setzen*) poner en marcha; **er konnte den Koffer kaum von der Stelle** ~ casi no podía mover del lugar la maleta **2.** (*innerlich*) conmover, emocionar **II.** *vr:* **sich** ~ **1.** (*Fahrzeug, Person*) moverse; **du bewegst dich zu wenig** te mueves demasiado poco, haces muy poco ejercicio; **endlich bewegt sich etwas!** ¡por fin ocurre algo! **2.** (*schwanken*) variar (*um* en), oscilar (*um* alrededor de, *zwischen* entre); **die Preise** ~ **sich um die 100 Mark** los precios se sitúan sobre los 100 marcos **3.** (*Erde, Sonne*) girar (*um* alrededor de), dar vueltas (*um* alrededor de)

Beweggrund *m* <-(e)s, -gründe> móvil *m,* motivo *m;* **sie handelte aus niederen Beweggründen** actuó por motivos viles

beweglich [bəˈveːklɪç] *adj* **1.** (*flexibel*) móvil, flexible; **sie ist geistig noch sehr** ~ todavía tiene la mente muy viva **2.** (*bewegbar*) movible; **~e Habe, ~es Vermögen** bienes muebles

Beweglichkeit *f* <-, *ohne pl*> **1.** (*geistige Wendigkeit*) flexibilidad *f* **2.** (*bewegliche Beschaffenheit*) movilidad *f* **3.** (*Mobilität*) libertad *f* de movimiento

bewegt [bəˈveːkt] *adj* **1.** (*See, Wasser*) agitado **2.** (*fig: Person*) conmovido; (*Leben, Zeiten*) turbulento; **tief** ~ profundamente conmovido [*o* emocionado]; **eine ~e Vergangenheit** un pasado agitado; **~e Zeiten** tiempos revueltos

Bewegung *f* <-, -en> **1.** (*a.* POL) movimiento *m;* **eine abwehrende/ruckartige** ~ **machen** hacer un movimiento de defensa/brusco; **etw in** ~ **bringen** poner algo en marcha [*o* movimiento]; **plötzlich kam** ~ **in die Massen** de repente las masas empezaron a moverse; **sich** *dat* ~ **verschaffen** hacer ejercicio; **keine ~!** ¡que nadie se mueva!; **in** ~ **sein** estar en movimiento; **sich in** ~ **setzen** ponerse en marcha; **alle Hebel** [*o* **Himmel und Hölle**] **in** ~ **setzen** tocar todos los resortes **2.** (*Anteilnahme*) emoción *f;* **Bewegungsablauf** *m* <-(e)s, -läufe> transcurso *m* del movimiento, desarrollo *m* del movimiento; **Bewegungsarmut** *f* <-, *ohne pl*> (MED) pobreza *f* cinética, escasez *f* de movimientos; **Bewegungsbad** *nt* <-(e)s, -bäder> baño *m* de ejercicio; **Bewegungsenergie** *f* <-, -n> (PHYS) energía *f* cinética; **bewegungsfähig** *adj* movible; ~ **sein** tener libertad de movimiento; **Bewegungsfreiheit** *f* <-, *ohne pl*> libertad *f* de acción [*o* de movimientos]

bewegungslos *adj* inmóvil, sin movimiento

Bewegungslosigkeit *f* <-, *ohne pl*> inmovilidad *f;* **zur (völligen)** ~ **erstarren** quedar (completamente) inmóvil

Bewegungsmangel *m* <-s, *ohne pl*> falta *f* de movimiento; **Bewegungsmelder** *m* <-s, -> avisador *m* de movimientos, captador *m* de movimientos; **Bewegungstherapie** *f* <-, -n> cinesiterapia *f;* **bewegungsunfähig** *adj* incapaz de moverse

Beweidung *f* <-, -en> pastizal *m*

beweihräuchern* [bəˈvaɪrɔɪçɐn] **I.** *vt* **1.** (*mit Weihrauch umgeben*) incensar **2.** (*fam abw: verherrlichen*) ensalzar (excesivamente), poner por las nubes **II.** *vr:* **sich selbst** ~ (*fam abw*) ensalzarse, elogiarse (excesivamente)

beweinen* *vt* llorar (a/por)

Beweis [bəˈvaɪs] *m* <-es, -e> **1.** (*Nachweis*) prueba *f;* **eindeutiger/einwandfreier/sicherer** ~ prueba inequívoca/clara/segura; **mündlicher** ~ testimonio oral; **unmittelbarer** ~ prueba inmediata; ~ **vom Hörensagen** prueba de oídas; **aus Mangel an ~en** por falta de pruebas; **als** ~ como prueba; **etw unter** ~ **stellen** dar prueba de algo; **den** ~ **antreten/erheben** presentar/administrar pruebas; **den** ~ **erbringen** alegar pruebas **2.** (*Zeichen*) prueba *f,* muestra *f;* **ein** ~ **seines Könnens** una prueba de su capacidad; **Beweisantrag** *m* <-(e)s, -träge> (JUR) petición *f* de recibimiento a prueba; **einen** ~ **stellen** presentar el interrogatorio con pedimento; **Beweisaufnahme** *f* <-, -n> (JUR) registro *m* de pruebas

beweisbar *adj* probable, demostrable

beweisen* *irr vt* probar, demostrar, presentar pruebas (de); **man konnte ihm die Tat nicht** ~ no se pudo demostrar que hubiera sido él; **was zu ~ war** (MATH) lo que se trataba de demostrar

Beweiserhebung *f* <-, -en> (JUR) registro *m* de pruebas; **Beweisfrage** *f* <-, -n> (JUR) interrogatorio *m;* **schriftliche ~n** posiciones *fpl;* **Beweisführung** *f* <-, -en> (JUR) argumentación *f,* demostración *f;* **Beweisgegenstand** *m* <-(e)s, -stände> (JUR) documento *m* probatorio, instrumento *m* de prueba; **Beweiskraft** *f* <-, *ohne pl*> (JUR) fuerza *f* probatoria; **beweiskräftig** *adj* concluyente; **Beweislage** *f* <-, -n> (JUR) situación *f* probatoria; **ungünstige** ~ situación probatoria desfavorable; **Beweislast** *f* <-, *ohne pl*> (JUR) carga *f* de la prueba, mérito *m* probatorio; **der Kläger trägt im Prozess die** ~ el demandante carga con las pruebas en el proceso; **Beweismaterial** *nt* <-s, -ien> material *m* de prueba; **primäres** ~ pruebas primarias; ~ **unterschieben** introducir pruebas falsas; ~ **vorlegen** presentar pruebas; **Beweismittel** *nt* <-s, -> (JUR) medio *m* de prueba [*o* probatorio], prueba *f;* **originäres** ~ prueba original; ~ **erster Ordnung** prueba de primer orden; **Beweisnot** *f* <-, *ohne pl*> (JUR): **in ~ sein** estar falto de pruebas; **Beweisstück** *nt* <-(e)s, -e> (JUR) pieza *f* justificativa, instrumento *m* de prueba

bewenden *vi:* **es bei** [*o* **mit**] **etw** *dat* ~ **lassen** darse por satisfecho con algo

Bewenden *nt:* **etw hat damit sein** ~ algo queda zanjado; **der Prozess ist in zweiter Instanz verloren, damit hat die Sache auch ihr** ~ se ha perdido el proceso en segunda instancia, con ello queda zanjado el asunto [*o* debemos conformarnos]

Bewerb *m* <-(e)s, -e> (*Österr:* SPORT: *Wettbewerb*) competición *f*

bewerben* *irr* **I.** *vr:* **sich** ~ solicitar, presentarse (*um* a/para, *bei* en), postular *Am;* **er bewarb sich bei dieser Firma um eine Stellung** solicitó un puesto en esta empresa; **ich möchte mich auf Ihre Anzeige hin als Sekretärin** ~ quisiera solicitar el puesto de secretaria en relación con su anuncio **II.** *vt* (*Produkt*) dar publicidad (a), promocionar

Bewerber(in) *m(f)* <-s, -; -, -nen> solicitante *mf,* aspirante *mf;* ~ **aussondern** seleccionar candidatos

Bewerbung *f* <-, -en> solicitud *f;* **erneute** ~ nueva solicitud; **eine schriftliche ~ an eine Firma richten** presentar una solicitud [*o* su candidatura] por escrito a una empresa; **Bewerbungsausschuss**[RR] *m* <-es, -schüsse> comisión *f* seleccionadora de canditatos; **Bewerbungsbogen** *m* <-s, -bögen> impreso *m* de solicitud; **Bewerbungsformular** *nt* <-s, -e> impreso *m* de solicitud (de trabajo); **Bewerbungsgespräch** *nt* <-(e)s, -e> entrevista *f* personal; **Bewerbungsschreiben** *nt* <-s, -> solicitud *f* de trabajo; **Bewerbungsunterlagen** *fpl* papeles *mpl* para una solicitud (de trabajo); **Bewerbungsverfahren** *nt* <-s, -> (ADMIN) tramitación *f* de solicitudes, formalidades *fpl* de solicitud

bewerfen* *irr vt* arrojar (*mit*), lanzar (*mit*); **jdn mit Schmutz** ~ (*fig*) vilipendiar a alguien

bewerkstelligen* [bəˈvɛrkʃtɛlɪgən] *vt* realizar, efectuar

bewerten* *vt* evaluar, valorar; (*Arbeit*) calificar; **die Arbeit wurde mit „gut" bewertet** el trabajo fue calificado con un "notable"

Bewertung *f* <-, -en> evaluación *f,* tasación *f;* (*einer Arbeit*) calificación *f;* (SPORT) puntuación *f;* ~ **des Lagerbestandes** (WIRTSCH) valorización de las existencias; **Bewertungskriterien** *ntpl* (WIRTSCH) criterios *mpl* de valoración [*o* para evaluación]; **Bewertungsmaßstab** *m* <-(e)s, -stäbe> escala *f* de valoración

bewettern* *vt* (BERGB) ventilar

bewiesenermaßen [bəˈviːzənɐˈmaːsən] *adv* como se ha comprobado, de manera manifiesta; **die Behauptungen sind ~ falsch** las declaraciones son manifiestamente erróneas

bewilligen* [bəˈvɪlɪgən] *vt* autorizar; (*Kredit*) conceder; (*Antrag*) aprobar; **man hat ihr die Mittel für ihr Forschungsvorhaben bewilligt** le han concedido los medios para realizar el proyecto de investigación

Bewilligende(r) *mf* <-n, -n; -n, -n> (JUR) otorgante *mf*

Bewilligung *f* <-, -en> autorización *f,* concesión *f;* (*eines Antrags*) aprobación *f;* **Bewilligungsverfahren** *nt* <-s, -> procedimiento *m* de aprobación

bewirken* *vt* **1.** (*verursachen*) provocar, causar **2.** (*erreichen*) conseguir; **damit bewirkte er bei ihr genau das Gegenteil** con eso sólo consiguió que ella hiciera exactamente lo contrario

bewirten* [bəˈvɪrtən] *vt* atender, agasajar, obsequiar (*mit* con), festinar *Am;* **wir wurden fürstlich bewirtet** nos trataron a cuerpo de rey

bewirtschaften* *vt* **1.** (*Gaststätte, Hof*) administrar, dirigir **2.** (*Acker*) cultivar **3.** (*kontrollieren*) racionar, controlar

Bewirtschaftung *f* <-, -en> **1.** (WIRTSCH: *Nutzung*) explotación *f;* (*Verwaltung*) administración *f* **2.** (AGR: *Anbau*) cultivo *m*

Bewirtung *f* <-, -en> (*das Bewirten*) agasajo *m;* **Bewirtungsspesen** *pl* gastos *mpl* de atención al cliente

bewog [bəˈvoːk] *3. imp von* **bewegen**

bewogen [bəˈvoːgən] *pp von* **bewegen**

bewohnbar *adj* habitable

bewohnen* *vt* habitar, vivir (en); **das Haus war jahrelang nicht bewohnt** la casa estuvo deshabitada durante años

Bewohner(in) *m(f)* <-s, -; -, -nen> habitante *mf*

Bewohnerschaft *f* <-, -en> (totalidad *f* de) vecinos *mpl*, vecindad *f*

bewölken* [bə'vœlkən] *vr:* **sich** ~ nublarse; (*mit dunklen Wolken*) encapotarse

bewölkt *adj* nublado, nuboso; ~ **bis bedeckt** cielos nubosos a cubiertos; **leicht** ~ poco nublado; **stark** ~ encapotado

Bewölkung *f* <-, *ohne pl*> nubosidad *f*, cielo *m* cubierto; **aufgelockerte bis starke** ~ nubosidad dispersa a intensa; **Bewölkungsauflockerung** *f* <-, -en> reducción *f* de la nubosidad; **Bewölkungszunahme** *f* <-, -n> aumento *m* de la nubosidad

Bewuchs [bə'vu:ks] *m* <-es, *ohne pl*> vegetación *f*

Bewunderer, -in *m, f* <-s, -; -, -nen> admirador(a) *m(f)*

bewundern* *vt* admirar (*wegen* por); **er bewunderte an ihr ihren Scharfsinn** la admiraba por su ingeniosidad; **die Models ernteten ~de Blicke** las modelos cosecharon miradas admirativas [*o* de admiración]; **eine viel bewunderte Schauspielerin/Künstlerin** una actriz/artista muy admirada; **bewundernswert, bewundernswürdig** *adj* admirable

Bewunderung *f* <-, *ohne pl*> admiración *f*; **voller** ~ lleno de admiración; **er betrachtete sie mit unverhohlener** ~ la miró sin disimular su admiración; **bewunderungswürdig** *adj s.* **bewundernswert**

bewusst[RR] [bə'vʊst], **bewußt** I. *adj* 1. (*wissend*) consciente; (**sich** *dat*) ~ **machen** concienciar(se); **sich** *dat* **etw** *gen* ~ **sein/werden** ser consciente/tomar conciencia de algo; **ich bin mir keiner Schuld** ~ no me siento culpable; **es war ihm ~, dass ...** era consciente de que... 2. (*besagt*) consabido, en cuestión; **es war an jenem ~en Tag** ocurrió aquel día en cuestión 3. (*absichtlich*) intencionado; **eine ~e Lüge** una mentira intencionada II. *adv* 1. (*absichtlich*) a propósito 2. (*überlegt*) conscientemente; **er ging das Risiko ~ ein** afrontó el peligro conscientemente; **sich ~ ernähren** alimentarse conscientemente

Bewusstheit[RR] *f* <-, *ohne pl*>, **Bewußtheit** *f* <-, *ohne pl*> 1. (*Vorsätzlichkeit*) intencionalidad *f* 2. (*Überlegtheit*) consciencia *f*; **dank der ~ seines Lebens sieht er sehr gesund aus** gracias a su consciente modo de vida tiene un aspecto muy sano [*o* saludable]

bewusstlos[RR] *adj*, **bewußtlos** *adj* sin conocimiento, desmayado; ~ **werden** desmayarse, perder el conocimiento

Bewusstlose(r)[RR] *mf* <-n, -n; -n -n>, **Bewußtlose(r)** *mf* <-n, -n; -n -n> (persona *f*) inconsciente *mf*

Bewusstlosigkeit[RR] *f* <-, *ohne pl*>, **Bewußtlosigkeit** *f* <-, *ohne pl*> pérdida *f* del conocimiento, inconsciencia *f*; (*Ohnmacht*) desmayo *m*; **in tiefer ~ liegen** estar en coma; **sie feierten bis zur** ~ (*fig*) estuvieron de fiesta hasta caer desplomados

bewußt|machen I. *vt s.* **bewusst** I.1. II. *vr:* **sich** *dat* ~ *s.* **bewusst** I.1.

Bewusstsein[RR] *nt* <-s, *ohne pl*>, **Bewußtsein** *nt* <-s, *ohne pl*> conciencia *f*, conocimiento *m*; **mir ist erst jetzt zu(m) ~ gekommen, dass ...** ahora mismo me he dado cuenta de que...; **sich** *dat* **etw ins ~ rufen** traer algo a la memoria; **das ~ verlieren** perder el conocimiento; **er ist nicht bei** ~ está inconsciente; **wieder zu ~ kommen** recobrar el conocimiento; **im ~ seiner Schuld** consciente de su culpa; **Bewusstseinsbildung**[RR] *f* <-, -en> concienciación *f*, toma *f* de conciencia

bewusstseinserweiternd[RR] *adj* (PHARM, PSYCH): **~e Drogen** drogas *fpl* psicodélicas; **Bewusstseinserweiterung**[RR] *f* <-, -en> (PSYCH) ampliación *f* de los conocimientos sobre sí mismo, ampliación *f* de la conciencia; **Bewusstseinsspaltung**[RR] *f* <-, -en> (PSYCH) desdoblamiento *m* de la personalidad, doble personalidad *f*; **Bewusstseinsstörung**[RR] *f* <-, -en> (PSYCH) perturbación *f* del conocimiento; **Bewusstseinsveränderung**[RR] *f* <-, -en> (PSYCH) cambio *m* de la personalidad

bez. 1. *Abk. von* **bezahlt** pagado 2. *Abk. von* **bezüglich** referente a

Bez. 1. *Abk. von* **Bezirk** distrito *m* 2. *Abk. von* **Bezeichnung** denominación *f*

bezahlbar *adj* pagadero, pagable

bezahlen* *vt* pagar; **gut bezahlt** bien pagado; **hoch bezahlt** muy bien remunerado; **heute bezahle ich** hoy pago yo; **er musste seinen Leichtsinn mit dem Leben** ~ tuvo que pagar su ligereza con la vida; **sich (nicht) bezahlt machen** (no) valer la pena

Bezahlung *f* <-, *ohne pl*> 1. (*einer Rechnung*) pago *m*; ~ **in Naturalien** pago en especie 2. (*Lohn*) paga *f*, sueldo *m*; (*Vergütung*) remuneración *f*; **gegen** ~ por dinero; **ohne** ~ sin remuneración

bezähmen* I. *vt* (*Hunger, Neugier*) dominar, contener II. *vr:* **sich** ~ (*sich zurückhalten*) dominarse, contenerse

bezaubern* *vt* fascinar (*durch* por), hechizar (*durch* con); **ein ~des Mädchen** una chica encantadora; **das sind ja ~de Aussichten!** (*iron*) ¡vaya perspectivas las nuestras!

bezecht *adj* (*fam*) borracho, mamado, como una cuba

bezeichnen* *vt* 1. (*beschreiben*) describir, señalar; **er hat uns die Lage des Hotels genau bezeichnet** nos describió el lugar del hotel con toda exactitud 2. (*nennen*) designar (*als* como), denominar (*als* como); **wie bezeichnet man es, wenn ...?** ¿cómo se dice cuando...?

bezeichnend *adj* típico (*für* de), característico (*für* de); **in ~er Weise** de manera significativa

bezeichnenderweise *adv* significativamente

Bezeichnung *f* <-, -en> nombre *m,* denominación *f;* **das Produkt ist unter verschiedenen ~en im Handel erhältlich** el producto está a la venta bajo diferentes nombres

bezeugen* [bəˈtsɔɪgən] *vt* atestiguar, probar; (JUR) testificar, testimoniar; **er konnte ~, dass ...** pudo atestiguar que...

bezichtigen* [bəˈtsɪçtɪgən] *vt* acusar, inculpar; **er bezichtigte sie des Diebstahls** la inculpó de robo; **jdn ~ etw zu tun** acusar a alguien de hacer algo

Bezichtigung *f* <-, -en> inculpación *f,* incriminación *f*

beziehbar *adj* **1.** (*bezugsfertig*) en condiciones de ser habitado, habitable; **die Wohnung ist ab dem 1. August ~** a partir del primero de agosto se puede(n) instalar en el piso **2.** (WIRTSCH: *erhältlich*) adquirible, que puede adquirirse; **diese Artikel sind nur gegen Vorauszahlung ~** estos artículos sólo pueden adquirirse previo pago

beziehen* *irr* **I.** *vt* **1.** (*überziehen*) revestir (*mit* de), recubrir (*mit* con); (*Bett*) poner ropa limpia (a); (*Möbel*) tapizar **2.** (*Wohnung, Haus*) instalarse (en), entrar (a) **3.** (*Einkommen*) cobrar, recibir; **Prügel ~** (*fam*) recibir [*o* llevarse] una paliza **4.** (*kaufen*) comprar, adquirir; (*Zeitung*) estar suscrito (a) **5.** (*in Beziehung setzen*) relacionar (*auf* con), referir (*auf* a); **diese Bemerkung brauchst du nicht auf dich zu ~** no tienes que darte por aludido por esta observación **6.** (*Posten*) ocupar; **zu etw Stellung ~** tomar partido en algo, formarse una opinión sobre algo **II.** *vr:* **sich ~ 1.** (*Himmel*) nublarse; (*mit dunklen Wolken*) encapotarse **2.** (*betreffen, sich berufen*) referirse (*auf* a), hacer referencia (*auf* a); **die Äußerung bezog sich nicht auf dich** el comentario no se refería a ti; **wir ~ uns auf Ihr Schreiben vom ...** nos referimos a su carta del...

Bezieher(in) *m(f)* <-s, -; -, -nen> (*Einkommen, Rente*) beneficiario, -a *m, f;* (*Zeitung*) subscriptor(a) *m(f);* (*Ware*) comprador(a) *m(f);* **~in von Arbeitslosengeld** perceptora del subsidio por desempleo

Beziehung *f* <-, -en> **1.** *pl* (*Kontakt*) relación *f;* **gute ~en haben** tener buenas relaciones; **seine ~en spielen lassen** tocar todos los resortes; **diplomatische ~en** relaciones diplomáticas **2.** (*Hinsicht*) aspecto *m;* **er hat in mancher/jeder ~ Recht** tiene razón en algunos/en todos los aspectos; **in dieser ~ mögen Sie Recht haben** con respecto a eso puede que Ud. tenga razón **3.** (*Verhältnis*) relación *f* (*zwischen* entre); (*Liebes~*) relación *f* amorosa; **in ~ stehen zu etw** estar relacionado con algo; **zwei Dinge zueinander in ~ setzen** relacionar una cosa con otra; **zwischen diesen beiden Dingen besteht überhaupt keine ~** entre estas dos cosas no hay relación ninguna; **eine ~ eingehen** empezar una relación; **zwischenmenschliche ~en** relaciones interpersonales; **er hat keine ~ zur Literatur** no le dice nada la literatura;

Beziehungskiste *f* <-, -n> (*fam*) relación *f* amorosa

beziehungslos *adj* sin relación

Beziehungslosigkeit *f* <-, *ohne pl*> falta *f* de relación; **die ~ dieser Ereignisse ist offensichtlich** resulta evidente que estos acontecimientos no guardan relación alguna

beziehungsweise *konj* **1.** (*genauer gesagt*) por lo menos, mejor dicho; **sie will gerne kommen, ~ sie hat es mir so gesagt** le gustaría mucho venir, por lo menos así me lo ha dicho **2.** (*oder, und*) respectivamente; **die Karten zu 50 ~ zu 30 DM sind schon ausverkauft** las entradas a 50 y 30 marcos respectivamente ya se agotaron

beziffern* [bəˈtsɪfɐn] **I.** *vt* (*schätzen*) cifrar (*auf* en), evaluar (*auf* en); **die Verluste sind nicht zu ~** es imposible indicar el importe exacto de las pérdidas **II.** *vr:* **sich ~** (*sich belaufen*) cifrarse (*auf* en)

Bezifferung *f* <-, -en> **1.** (*das Beziffern*) cálculo *m;* **eine ~ des Schadens ist noch nicht möglich** aún no es posible cuantificar las pérdidas **2.** (*Beschriftung mit Zahlen*) numeración *f;* **die ~ eines Taschenrechners darf nicht zu klein sein** los números de una calculadora no pueden ser demasiado pequeños

Bezirk [bəˈtsɪrk] *m* <-(e)s, -e> **1.** (*Gebiet*) comarca *f,* región *f* **2.** (*Stadtbezirk*) barrio *m* **3.** (ADMIN) distrito *m,* departamento *m;* **Bezirksebene** *f* <-, -n> (*a.* SPORT) nivel *m* regional; **Bezirksgericht** *nt* <-(e)s, -e> (*Österr, Schweiz*) juzgado *m* de primera instancia e instrucción, juzgado *m* municipal; **Bezirkshauptmann, -männin** *m, f* <-(e)s, -männer; -, -nen> (*Österr*) jefe, -a *m, f* de distrito; **Bezirksklasse** *f* <-, -n> (SPORT) liga *f* regional; **Bezirksleiter(in)** *m(f)* <-s, -; -, -nen> jefe, -a *m, f* de distrito; **Bezirksliga** *f* <-, -ligen> (SPORT) liga *f* regional; **Bezirksschule** *f* <-, -n> (*Schweiz*) escuela *f* municipal; **Bezirksspital** *nt* <-s, -täler> (*Schweiz: Kreiskrankenhaus*) hospital *m* provincial; **Bezirksstaatsanwalt, -anwältin** *m, f* <-(e)s, -wälte; -, -nen> fiscal *mf* de distrito; **Bezirksstadt** *f* <-, -städte> (ADMIN, POL) ≈cabeza *f* de partido; **Bezirksverwaltung** *f* <-, -en> (ADMIN) administración *f* distrital

bezirzen* [bəˈtsɪrtsən] *vt* (*fam*) embelesar

Bezogene(r) [bəˈtsoːgənɐ] *mf* <-n, -n; -n, -n> (FIN: *Scheck*) librado, -a *m, f;* (*Wechsel*) girado, -a *m, f*

bezug *s.* **Bezug[1] 3.**

Bezug[1] [bəˈtsuːk] *m* <-(e)s, -züge> **1.** (*Überzug*) funda *f,* forro *m;* **ein ~ aus Leder** una funda de cuero **2.** *pl* (*Gehalt*) sueldo *m,* remuneración *f* **3.** (*Beziehungnehmen*) referencia *f;* **in ~ auf** (con) respecto a; **mit ~ auf**

Ihr Schreiben vom ... con referencia a su carta del...; **auf etw ~ nehmen** remitirse a algo; **den ~ zu etw** *dat* **herstellen** establecer la relación hacia algo

Bezug[2] *m* <-(e)s, *ohne pl*> (*Kauf*) adquisición *f;* (*von Zeitschriften*) suscripción *f*

Bezüger(**in**) [bə'tsy:gɐ] *m(f)* <-s, -; -, -nen> (*Schweiz*) *s.* **Bezieher**

bezüglich [bə'tsy:klɪç] **I.** *adj* al respecto; **alle darauf ~en Fragen** todas las cuestiones al respecto **II.** *präp +gen* en relación a, en lo concerniente a, respecto a; **~ Ihres Schreibens vom ...** en relación a su escrito del...

Bezugnahme [bə'tsu:kna:mə] *f* <-, -n>: **unter ~ auf** con referencia a

Bezugsbasis *f* <-, -basen> base *f* de referencia; **Bezugsbedingungen** *fpl* (WIRTSCH) condiciones *fpl* de compra; **bezugsberechtig** *adj* beneficiario; **für etw ~ sein** ser beneficiario de algo; **Bezugsberechtigte**(**r**) *mf* <-n, -n; -n, -n> beneficiario, -a *m, f;* **Bezugsdauer** *f* <-, *ohne pl*> período *m* de suscripción; **bezugsfertig** *adj* (*Haus*) llave en mano; **Bezugsgröße** *f* <-, -n> magnitud *f* de referencia; **Bezugsmenge** *f* <-, -n> cantidad *f* comprada; **Bezugsperiode** *f* <-, -n> período *m* de referencia; **Bezugsperson** *f* <-, -en> persona *f* de referencia; **Bezugsprämie** *f* <-, -n> prima *f* de suscripción; **Bezugspreis** *m* <-es, -e> precio *m* de venta; **Bezugspunkt** *m* <-(e)s, -e> punto *m* de referencia; **Bezugsquelle** *f* <-, -n> (WIRTSCH) fuente *f* de compra, suministradores *mpl;* **Bezugsrahmen** *m* <-s, -> sistema *m* de referencia; **Bezugsrecht** *nt* <-(e)s, -e> (FIN, WIRTSCH) derecho *m* de opción a nuevas acciones; **Bezugsschein** *m* <-(e)s, -e> cartilla *f* de racionamiento, bono *m;* **Bezugswert** *m* <-(e)s, -e> valor *m* de referencia; **Bezugszeitraum** *m* <-(e)s, -räume> período *m* de suscripción

bezuschussen* [bə'tsu:ʃʊsən] *vt* conceder una subvención

bezwecken* [bə'tsvɛkən] *vt* perseguir, tener por objeto; **was willst du damit ~?** ¿qué persigues con esto?

bezweifeln* *vt* poner en duda, dudar

bezwingen* *irr vt* vencer; (*zügeln*) dominar; (*besiegen*) derrotar

Bezwinger(**in**) *m(f)* <-s, -; -, -nen> vencedor(a) *m(f)*

BfA [be:ʔɛfʔa:] *f* <-, *ohne pl*> (ADMIN) *Abk. von* **Bundesversicherungsanstalt für Angestellte** Dirección *f* Federal de la Seguridad Social para Empleados

BGB [be:ge:'be:] *nt* <-, *ohne pl*> (JUR) *Abk. von* **Bürgerliches Gesetzbuch** Código *m* Civil

BGH [be:ge:'ha:] *m* <-, *ohne pl*> (JUR) *Abk. von* **Bundesgerichtshof** Tribunal *m* Federal Supremo

BGS [be:ge:'ʔɛs] *m* <-, *ohne pl*> *Abk. von* **Bundesgrenzschutz** policía *f* de fronteras de la República Federal de Alemania

BH [be:'ha:] *m* <-s, -s> (*fam*) *Abk. von* **Büstenhalter** sostén *m,* sujetador *m,* brasier *m Am,* corpiño *m Arg*

Bhagvan ['bakvan] *m* <-s, *ohne pl*>, **Bhagwan** *m* <-s, *ohne pl*> Bhagwan *m*

Bhf. *Abk. von* **Bahnhof** estación *f* de ferrocarril

B-Horizont *m* <-(e)s, -e> (GEO) horizonte *m* B

bi [bi:] *adj* (*fam*) bisexual

Bi (CHEM) *Abk. von* **Wismut** Bi

Biathlon ['bi:atlɔn] *nt* <-s, -s> (SPORT) biatlón *m,* biathlon *m*

bibbern ['bɪbɐn] *vi* (*fam*) temblar, tiritar

Bibel ['bi:bəl] *f* <-, -n> Biblia *f;* **bibelfest** *adj* versado en la Biblia; **Bibelgesellschaft** *f* <-, *ohne pl*> sociedad *f* bíblica; **Bibelspruch** *m* <-(e)s, -sprüche> frase *f* bíblica, dicho *m* bíblico; **Bibelstelle** *f* <-, -n> pasaje *m* bíblico; **Bibelstunde** *f* <-, -n> discusión *f* sobre textos bíblicos; **Bibeltext** *m* <-(e)s, -e> **1.** (*Text der Bibel*) texto *m* bíblico **2.** *s.* **Bibelstelle**; **Bibelvers** *m* <-es, -e> versículo *m* de la Biblia

Biber[1] ['bi:bɐ] *m* <-s, -> (*Tier, Pelz*) castor *m*

Biber[2] *m o nt* <-s, *ohne pl*> (*Flanell*) franela *f* de algodón

Biberbau *m* <-(e)s, -e> madriguera *f* de castor

Biberbetttuch[RR] *nt* <-(e)s, -tücher> sábana *f* de franela de algodón

Biberburg *f* <-, -en> *s.* **Biberbau**; **Biberpelz** *m* <-es, -e> piel *f* de castor

Bibliografie[RR] [bibliogra'fi:] *f* <-, -n> bibliografía *f*

bibliografieren*[RR] *vt* (*Buch, Titel*) determinar los datos bibliográficos, registrar bibliográficamente

bibliografisch[RR] *adj* bibliográfico

Bibliographie [bibliogra'fi:] *f* <-, -n> *s.* **Bibliografie**

bibliographieren* *vt s.* **bibliografieren**

bibliographisch *adj s.* **bibliografisch**

bibliophil [biblio'fi:l] *adj* bibliófilo

Bibliothek [biblio'te:k] *f* <-, -en> biblioteca *f*

Bibliothekar(**in**) [bibliote'ka:ɐ] *m(f)* <-s, -e; -, -nen> bibliotecario, -a *m, f*

bibliothekarisch *adj* de biblioteca(rio); **eine ~e Tätigkeit anstreben** aspirar a una actividad de bibliotecario

Bibliothekskatalog *m* <-(e)s, -e> catálogo *m* de biblioteca; **Bibliothekswesen** *nt* <-s, *ohne pl*> bibliotecología *f;* **Bibliothekswissenschaft** *f* <-, -en> biblioteconomía *f*

biblisch ['bi:blɪʃ] *adj* bíblico; **ein ~es Alter haben** tener una edad bíblica

Bidet [bi'de:] *nt* <-s, -s> bidé *m*

bidirektional [bidirektsjo'na:l] *adj* (INFOR, TEL) bidireccional

Bidon *m o nt* <-s, -s> (*Schweiz: Kanister*) bidón *m*

bieder ['bi:dɐ] *adj* (*abw*) conservador

Biederkeit *f* <-, *ohne pl*> (*abw*) convencionalismo *m* burgués; **seine ~ stößt mich ab** su gazmoñería me repele

Biedermann *m* <-(e)s, -männer> (*abw*) burgués *m;* **Biedermeier** ['bi:dɐmaɪɐ] *nt* <-s, *ohne pl*> (*Stil*) biedermeier *m*

biegen ['bi:gən] <biegt, bog, gebogen> **I.** *vi sein* (*Kurve machen*) torcer, girar; **um die Ecke ~** doblar la esquina; **auf B~ oder Brechen** a toda costa, cueste lo que cueste **II.** *vt* **1.** (*Zweige, Glieder*) doblar **2.** (*Österr: flektieren*) declinar **III.** *vr:* **sich ~** (*krumm werden*) curvarse, doblarse; **sie bog sich vor Lachen** se partió de (la) risa

biegsam *adj* flexible

Biegsamkeit *f* <-, *ohne pl*> flexibilidad *f*

Biegung *f* <-, -en> curvatura *f,* encorvadura *f;* (*Kurve*) curva *f*

Biel [bi:l] *nt* <-s> Biena *f*

Biene ['bi:nə] *f* <-, -n> abeja *f,* colmena *f Mex;* **Bienenfleiß** *m* <-es, *ohne pl*> diligencia *f;* **Bienengift** *nt* <-(e)s, -e> veneno *m* de abeja; **Bienenhaus** *nt* <-es, -häuser> colmenar *m,* abejar *m;* **Bienenhonig** *m* <-s, -e> miel *f* de abejas; **Bienenkönigin** *f* <-, -nen> abeja *f* reina; **Bienenkorb** *m* <-(e)s, -körbe> colmena *f;* **Bienenschwarm** *m* <-(e)s, -schwärme> enjambre *m;* **Bienenstand** *m* <-(e)s, -stände> colmenar *m;* **Bienenstich** *m* <-(e)s, -e> **1.** (*Verletzung*) picadura *f* de abeja **2.** (GASTR) *pastel relleno con crema de vainilla y recubierto de una capa de almendras, mantequilla y azúcar;* **Bienenstock** *m* <-(e)s, -stöcke> colmena *f;* **Bienenvolk** *nt* <-(e)s, -völker> colmena *f;* **Bienenwabe** *f* <-, -n> panal *m;* **Bienenwachs** *nt* <-es, *ohne pl*> cera *f* de abejas; **Bienenzucht** *f* <-, *ohne pl*> apicultura *f;* **Bienenzüchter(in)** *m(f)* <-s, -; -, -nen> apicultor(a) *m(f)*

Biennale [biɛ'na:lə] *f* <-, -n> (KUNST, FILM) bienal *f*

Bier [bi:ɐ] *nt* <-(e)s, -e> cerveza *f;* **~ vom Fass** cerveza de barril; **dunkles/helles ~** cerveza negra/rubia; **das ist nicht mein ~** (*fig fam*) eso no es asunto mío; **Bierbauch** *m* <-(e)s, -bäuche> (*fam*) panza *f,* barriga *f*

Bierbrauer(in) *m(f)* <-s, -; -, -nen> cervecero, -a *m, f;* **Bierbrauerei** *f* <-, -en> fábrica *f* de cerveza; **Bierbrauerin** *f* <-, -nen> *s.* Bierbrauer; **Bierdeckel** *m* <-s, -> posavasos *m inv* de cartón; **Bierdose** *f* <-, -n> lata *f* de cerveza; **bierernst** ['-'-] *adj* (*fam*) exageradamente serio; **Bierfass**RR *nt* <-es, -fässer> barril *m* de cerveza; **Bierfilz** *m* <-es, -e> posavasos *m inv* de fieltro (para vasos de cerveza); **Bierflasche** *f* <-, -n> botella *f* de cerveza; **Biergarten** *m* <-s, -gärten> cervecería *f* al aire libre; **Bierglas** *nt* <-es, -gläser> vaso *m* para cerveza; **Bierhefe** *f* <-, *ohne pl*> levadura *f* de cerveza; **Bierkasten** *m* <-s, -kästen> caja *f* de cerveza; **Bierkeller** *m* <-s, -> cervecería *f;* **Bierkneipe** *f* <-, -n> (GASTR) cervecería *f;* **Bierkrug** *m* <-(e)s, -krüge> jarra *f* de cerveza, jarro *m* de cerveza; **Bierlaune** *f* <-, -n> alegría *f* desbordante; **Bierleiche** *f* <-, -n> persona *f* borracha hasta la inconsciencia; **Bierschaum** *m* <-(e)s, *ohne pl*> espuma *f* de la cerveza; **Bierschinken** *m* <-s, -> (GASTR) *tipo de embutido;* **Bierstängel**RR *m* <-s, -> (*Schweiz: Salzstange*) barrita *f* salada; **Bierteller** *m* <-s, -> (*Schweiz*) *s.* Bierdeckel; **Bierzelt** *nt* <-(e)s, -e> *tienda en la que se vende y bebe cerveza en las romerías*

Biese ['bi:zə] *f* <-, -n> **1.** (*Besatz*) ribete *m* **2.** (*Fältchen*) jareta **3.** (*Ziernaht*) pespunte *m* de adorno

Biest [bi:st] *nt* <-(e)s, -er> (*fam*) **1.** (*Tier*) bicho *m;* (*abw*) bestia *f* **2.** (*Mensch*) mal bicho *m;* **sie ist wirklich ein süßes ~** realmente es una mujer fatal

biestig *adj* infame

Biet [bi:t] *nt* <-(e)s, -e> (*Schweiz: Gebiet*) región *f* en torno a una ciudad

bieten [bi:tən] <bietet, bot, geboten> **I.** *vt* **1.** (*Anblick, Gelegenheit*) ofrecer, presentar; **sie boten ein trauriges Bild** ofrecían un triste aspecto; **das lasse ich mir nicht ~** esto no se lo permito a nadie; **jdm die Stirn ~** hacer frente a alguien **2.** (*anbieten*) ofrecer (*für* para); **diese Kleinstadt hat nichts zu ~** esta pequeña ciudad no tiene atractivos; **dieser Drucker bietet 50 verschiedene Schriften** esta impresora ofrece [*o* dispone de] 50 caracteres diferentes **II.** *vi* (*bei Versteigerung*) pujar, dar; **wer bietet mehr?** ¿quién da más? **III.** *vr:* **sich ~** (*sich anbieten*) presentarse; **bei der nächsten sich ~den Gelegenheit** en la próxima ocasión que se presente

Bietende(r) *mf* <-n, -n; -n, -n> oferente *mf*

Bieter(in) *m(f)* <-s, -; -, -nen> postor(a) *m(f),* licitador(a) *m(f)*

Bigamie [biga'mi:] *f* <-, -n> bigamia *f*

Bigamist(in) *m(f)* <-en, -en; -, -nen> bígamo, -a *m, f*

bigamistisch *adj* bígamo

bigott [bi'gɔt] *adj* (*frömmig*) beato; (*scheinheilig*) mojigato

Bigotterie [bigɔtə'ri:] *f* <-, -n> **1.** (*Frömmigkeit*) beatería *f* **2.** (*Scheinheiligkeit*) mojigatería *f*

Bikini [bi'ki:ni] *m* <-s, -s> biquini *m,* bikini *m*

Bilanz [bi'lants] *f* <-, -en> (*a.* WIRTSCH) balance *m;* **eine aktive/passive/ausgeglichene ~** un balance activo/pasivo/equilibrado; **verschleierte/vorläufige ~** balance viciado/provisional; **eine traurige ~** un triste balance; **die ~ ausgleichen/frisieren** equilibrar/retocar el balance; **eine ~ aufstellen** confeccionar un balance; **~ machen** revisar el dinero que se tiene en mano; **die ~ ziehen** hacer (el) balance; **Bilanzabschluss**RR *m* <-es, -schlüsse> (WIRTSCH) cierre *m* del balance; **Bilanzänderung** *f* <-, -en> (WIRTSCH) modificación *f* del balance; **Bilanzaufstellung** *f* <-, -en> (WIRTSCH) formación *f* del balance; **Bilanzauswertung** *f* <-, -en> (WIRTSCH) análisis *m inv* del balance; **Bilanzbuchhalter(in)** *m(f)* <-s, -; -, -nen> (WIRTSCH) contable *mf* de balances; **Bilanzbuchhaltung** *f* <-, -en> (WIRTSCH) contabilidad *f* de balances; **Bilanzergebnis** *nt* <-ses, -se> (WIRTSCH) resultado *m* del balance; **Bilanzgewinn** *m* <-(e)s, -e> (WIRTSCH) beneficio *m* reflejado en el balance

bilanzieren* *vt* (FIN: *Konto*) hacer (el) balance (de)

Bilanzjahr *nt* <-(e)s, -e> (WIRTSCH) año *m* económico [*o* contable]; **Bilanzkosmetik** *f* <-, *ohne pl*> (WIRTSCH) retoque *m* del balance; **Bilanzposten** *m* <-s, -> (WIRTSCH) partida *f* (del balance); **Bilanzprüfer(in)** *m(f)* <-s, -; -, -nen> (WIRTSCH) revisor(a) *m(f)* de balances; **Bilanzprüfung** *f* <-, -en> (WIRTSCH) auditoría *f*; **Bilanzsaldo** *m* <-s, -salden *o* -s *o* -saldi> (WIRTSCH) saldo *m* del balance; **Bilanzstichtag** *m* <-(e)s, -e> (WIRTSCH) fecha *f* del balance; **Bilanzsumme** *f* <-, -n> (WIRTSCH) suma *f* del balance; **Bilanzverlust** *m* <-(e)s, -e> (WIRTSCH: *bei Kapitalgesellschaften*) pérdida *f* neta; **Bilanzverschleierung** *f* <-, -en> (WIRTSCH) falseamiento *m* del balance; **Bilanzwert** *m* <-(e)s, -e> (WIRTSCH) valor *m* contable

bilateral ['bi:latera:l, ---'-] *adj* bilateral

Bild [bɪlt] *nt* <-(e)s, -er> **1.** (*Gemälde*) cuadro *m*, pintura *f*; (*Abbildung*) ilustración *f*; (*beim Kartenspiel*) figura *f*; (*im Spiegel*) imagen *f*; **er/sie ist ein ~ von einem Mann/einer Frau** él/ella es de una belleza escultural; **ein ~ für (die) Götter** (*fam*) una escena graciosísima; **ein ~ des Jammers bieten** ofrecer un aspecto desolador **2.** (TV) imagen *f*; (FOTO) foto *f*; **ein ~ machen** sacar una foto; **etw in ~ und Ton festhalten** filmar algo **3.** (*Vorstellung*) idea *f*; **sich** *dat* **ein ~ von etw machen** hacerse una idea de algo; **ich hatte ein ganz falsches ~ von ihr** me había hecho una idea totalmente equivocada de ella **4.** (*Ansicht*) aspecto *m*, cuadro *m* **5.** (THEAT: *Szene*) cuadro *m* **6.** (*Metapher*) metáfora *f* **7.** (*auf dem Laufenden*): **im ~e sein** estar al corriente; **um im ~ zu bleiben** para estar al tanto; **jdn ins ~ setzen über etw** poner al corriente a alguien sobre algo; **Bildarchiv** *nt* <-s, -e> (PUBL) archivo *m* fotográfico; **Bildatlas** *m* <-(ses), -atlanten> atlas *m* ilustrado; **Bildauflösung** *f* <-, -en> (TV) definición *f* de la imagen; **Bildausfall** *m* <-(e)s, -fälle> (TV) pérdida *f* de imagen; **Bildband** *m* <-(e)s, -bände> libro *m* con fotos; **Bildbeilage** *f* <-, -n> suplemento *m* ilustrado; **Bildbericht** *m* <-(e)s, -e> (PUBL) reportaje *m* gráfico [*o* fotográfico]; **Bildbeschreibung** *f* <-, -en> descripción *f* de una imagen; **Bilddokument** *nt* <-(e)s, -e> documento *m* gráfico

bilden ['bɪldən] **I.** *vt* **1.** (*Menschen*) educar, formar **2.** (*formen*) formar; (*künstlerisch*) modelar; **~de Kunst** artes plásticas; **sich** *dat* **eine Meinung über etw ~** formarse una opinión de [*o* sobre] algo **3.** (*Regierung, Ausschuss*) formar, crear; (*Mannschaft*) integrar, formar; **die Kinder ~ einen Kreis** los niños forman un círculo **4.** (*Höhepunkt, Ausnahme*) ser, constituir **II.** *vr*: **sich ~ 1.** (*entstehen*) formarse, producirse **2.** (*lernen*) educarse, formarse

Bilderbogen ['bɪldɐ-] *m* <-s, -, *südd, Österr:* -bögen> hoja *f* con dibujos

Bilderbuch *nt* <-(e)s, -bücher> libro *m* de dibujos; **ein Wetter wie im ~** un tiempo de película; **Bilderbuchkarriere** *f* <-, -n> carrera *f* (como) de cine; **sie hat eine ~ gemacht** [*o* **hinter sich**] ha hecho una carrera como en las películas

Bildergalerie *f* <-, -n> pinacoteca *f*; **Bildergeschichte** *f* <-, -n> historieta *f*; **Bilderhaken** *m* <-s, -> alcayata *f*, escarpia *f*

Bilderkennung *f* <-, -en> (INFOR) reconocimiento *m* de imágenes

Bilderrahmen *m* <-s, -> marco *m* para cuadros; **Bilderrätsel** *nt* <-s, -> jeroglífico *m*; **Bilderschrift** *f* <-, -en> escritura *f* ideográfica, pictografía *f*; **Bilderstreit** *m* <-(e)s, -e> (HIST) iconoclasmo *m*; **Bildersturm** *m* <-(e)s, -stürme> (HIST) iconoclas(t)ia *f*, luchas *fpl* iconoclastas; **Bilderstürmer(in)** *m(f)* <-s, -; -, -nen> (HIST) iconoclasta *mf*

Bildfläche *f* <-, -n> plano *m* de la imagen; **auf der ~ erscheinen** (*fam*) aparecer en pantalla; **von der ~ verschwinden** (*fam*) desaparecer del mapa; **Bildfolge** *f* <-, -n> (TV) secuencia *f* de imágenes; **Bildfrequenz** *f* <-, -en> (TV) frecuencia *f* de la imagen; **Bildfunk** *m* <-(e)s, *ohne pl*> (TEL) radiofoto(grafía) *f*; **Bildgestaltung** *f* <-, -en> configuración *f* de las imágenes

bildhaft *adj* (*Sprache*) plástico, gráfico; **ein ~er Ausdruck/Vergleich** una expresión/comparación plástica

Bildhauer(in) ['bɪlthaʊɐ] *m(f)* <-s, -; -, -nen> escultor(a) *m(f)*

Bildhauerei *f* <-, *ohne pl*> escultura *f*, arte *m* de esculpir

Bildhauerin *f* <-, -nen> *s.* **Bildhauer**

Bildhauerkunst *f* <-, *ohne pl*> (arte *m* de la) escultura *f*

bildhübsch ['-'-] *adj* precioso, guapísimo

Bildkommunikation *f* <-, -en> (TEL) comunicación *f* por imágenes

Bildlaufleiste *f* <-, -n> (INFOR) barra *f* de desplazamiento; **horizontale/vertikale ~** barra de desplazamiento horizontal/vertical; **Bildlaufpfeil** *m* <-(e)s, -e> (INFOR) flecha *f* de desplazamiento

bildlich *adj* **1.** (*Darstellung*) gráfico, plástico;

ich muss lachen, wenn ich mir das Sprichwort ~ vorstelle tengo que reírme si me imagino el refrán en imágenes **2.** (*Sinn*) figurado; (*Ausdruck*) metafórico

Bildlichkeit *f* <-, *ohne pl*> plasticidad *f;* **durch seine ~ ist dieser Ausdruck sehr gut zu verstehen** esta expresión es muy gráfica y por ello muy fácil de entender

Bildmaterial *nt* <-s, -ien> **1.** (*Bilder zur Illustrierung*) material *m* ilustrativo **2.** (MEDIA) material *m* gráfico; **Bildmischer(in)** *m(f)* <-s, -; -, -nen> (TV) mezclador(a) *m(f)* de imágenes

Bildnis ['bɪltnɪs] *nt* <-ses, -se> (*geh*) retrato *m,* imagen *f*

Bildplatte *f* <-, -n> (*Video*) videodisco *m;* **Bildpunkt** *m* <-(e)s, -e> (*Optik*) punto *m* de imagen; **Bildqualität** *f* <-, -en> (TV) calidad *f* de la imagen; **Bildredakteur(in)** *m(f)* <-s, -e; -, -nen> redactor(a) *m(f)* gráfico, -a; **Bildreportage** *f* <-, -n> reportaje *m* gráfico; **Bildreporter(in)** *m(f)* <-s, -; -, -nen> (PUBL) reportero, -a *m, f* gráfico, -a; **Bildröhre** *f* <-, -n> (TV) tubo *m* de imagen; **Bildschärfe** *f* <-, -n> (TV) nitidez *f* de la imagen

Bildschirm *m* <-(e)s, -e> (*a.* INFOR) pantalla *f;* (*Monitor*) monitor *m;* **Bildschirmabstrahlung** *f* <-, *ohne pl*> radiación *f* de la pantalla

Bildschirmarbeit *f* <-, -en> trabajo *m* frente a un monitor; **Bildschirmarbeitsplatz** *m* <-es, -plätze> puesto *m* de trabajo en el que se utiliza un ordenador

Bildschirmbrillen *fpl* (MED) gafas *fpl* de pantalla; **Bildschirmgerät** *nt* <-(e)s, -e> (INFOR) unidad *f* de pantalla; **Bildschirminhalt** *m* <-(e)s, -e> (INFOR) contenido *m* de la imagen; **Bildschirmschoner** *m* <-s, -> (INFOR) protector *m* de la pantalla, salvapantallas *m inv;* **Bildschirmtext** *m* <-(e)s, *ohne pl*> (TEL, INFOR) teletexto *m,* videotexto *m*

bildschön ['-'-] *adj* bellísimo, hermosísimo

Bildstelle *f* <-, -n> fototeca *f;* **Bildstörung** *f* <-, -en> interrupción *f* de la imagen; **Bildsuchlauf** *m* <-(e)s, -läufe> (*Videorecorder*) búsqueda *f* de imágenes; **Bildtafel** *f* <-, -n> cuadro *m* ilustrado; (MEDIA: *im Buch*) ilustración *f* a toda página; **Bildtaste** *f* <-, -n> (INFOR) tecla *f* de enrollado; **Bildtelefon** *nt* <-s, -e> (TEL) videoteléfono *m;* **Bildtext** *m* <-(e)s, -e> leyenda *f*

Bildung ['bɪldʊŋ] *f* <-, *ohne pl*> **1.** (*Schaffung*) creación *f;* (*Gründung*) fundación *f;* (*Gestaltung*) formación *f,* constitución *f;* **die ~ der neuen Regierung** la formación del nuevo gobierno **2.** (*Erziehung*) educación *f;* (*Allgemeinwissen*) formación *f,* cultura *f;* **höhere ~** formación superior; **Einbildung ist auch eine ~!** ¡de ilusión también se vive!; **Bildungsangebot** *nt* <-(e)s, *ohne pl*> posibilidades *fpl* de formación; **bildungsbeflissen** ['bɪldʊŋsbəflɪsən] *adj* aficionado a cultivarse; **Bildungsbürger(in)** *m(f)* <-s, -; -, -nen> burgués, -esa *m, f* culto, -a; **Bildungschancen** *fpl* oportunidades *fpl* de formación académica; **Bildungseinrichtung** *f* <-, -en> centro *m* de enseñanza; **Bildungsgang** *m* <-(e)s, -gänge> (SCH, UNIV) formación *f;* **Bildungsgrad** *m* <-(e)s, -e> nivel *m* de instrucción; **Bildungsgut** *nt* <-(e)s, -güter> patrimonio *m* cultural; **Bildungshunger** *m* <-s, *ohne pl*> hambre *f* de conocimientos, avidez *f* de saber; **Bildungslücke** *f* <-, -n> laguna *f* cultural; **Bildungsniveau** *nt* <-s, -s> nivel *m* de educación; **Bildungspolitik** *f* <-, *ohne pl*> política *f* educativa; **Bildungsreform** *f* <-, -en> (POL) reforma *f* educativa; **Bildungsreise** *f* <-, -n> viaje *m* de estudios y de formación; **bildungssprachlich** *adj* de lenguaje culto; **Bildungsstand** *m* <-(e)s, -stände> *s.* Bildungsniveau; **Bildungsstätte** *f* <-, -n> centro *m* de enseñanza; **Bildungssystem** *nt* <-s, -e> sistema *m* de educación; **Bildungsurlaub** *m* <-(e)s, -e> vacaciones *fpl* de formación; **Bildungsweg** *m* <-(e)s, -e> vía *f* de formación; **auf dem zweiten ~** en vía subsidiaria de formación; **Bildungswesen** *nt* <-s, *ohne pl*> sistema *m* educativo

Bildunterschrift *f* <-, -en> leyenda *f;* **Bildverarbeitung** *f* <-, -en> (INFOR) procesamiento *m* de imágenes; **Bildwörterbuch** *nt* <-(e)s, -bücher> diccionario *m* gráfico; **Bildzuschrift** *f* <-, -en> carta *f* con foto (*como respuesta a un anuncio*)

Bilge ['bɪlgə] *f* <-, -n> (NAUT) sentina *f*

bilingual ['bi:lɪngua:l, ---'-] *adj* bilingüe

Billard ['bɪljart] *nt* <-s, *ohne pl*> billar *m;* **~ spielen** jugar al billar, taquear *Am;* **Billardkugel** *f* <-, -n> bola *f* de billar; **Billardstock** *m* <-(e)s, -stöcke> taco *m;* **Billardtisch** *m* <-(e)s, -e> (mesa *f* de) billar *m*

Billett [bɪl'jɛt] *nt* <-(e)s, -e *o* -s> **1.** (*Schweiz: Fahr- oder Eintrittskarte*) billete *m* **2.** (*Österr: Brief*) esquela *f,* billete *m*

Billet(t)eur(in)[1] [bɪljɛ'tø:ɐ] *m(f)* <-s, -e; -, -nen> (*Österr: Platzanweiser*) acomodador(a) *m(f)*

Billet(t)eur, -euse[2] *m, f* <-s, -e; -, -n> (*Schweiz: Schaffner*) revisor(a) *m(f)*

Billiarde [bɪ'ljardə] *f* <-, -n> mil billones *mpl*

billig ['bɪlɪç] *adj* **1.** (*preiswert*) barato; **sehr ~** tirado; **macht er es dir ~er?** ¿te lo deja más barato?; **das ist aber nicht sehr ~** esto no es demasiado barato; **~ abzugeben** se vende barato [*o* a buen precio]; **~ davonkommen** (*fam*) salir bien parado, librarse de castigo **2.** (*abw: minderwertig*) barato; (*Ausrede*) poco convincente; **das ist ein ~er Trost** es poco consuelo; **dir ist wohl nichts zu ~!** ¡a ti todo te parece poco!; **Billiganbieter** *m* <-s, -> oferente *m* de mercancías a bajo precio; **Billigarbeiter(in)** *m(f)* <-s, -; -, -nen>

(WIRTSCH) mano *f* de obra barata

billigen ['bɪlɪgən] *vt* aceptar, aprobar; **etw stillschweigend** ~ admitir algo tácitamente; **etw ~d in Kauf nehmen** condescender con algo

Billigflagge *f* <-, -n> (NAUT, COM) bandera *f* de conveniencia; **Billigflug** *m* <-(e)s, -flüge> vuelo *m* chárter

Billigkeit *f* <-, *ohne pl*> precio *m* bajo, baratura *f*; **diese minderwertige Ware wird wegen ihrer ~ trotzdem viel gekauft** este artículo a pesar de su baja calidad se vende mucho por ser barato; **hast du die ~ dieser Masche nicht erkannt?** (*fig*) ¿no has visto que se trata(ba) de un truco barato?

Billigkraft *f* <-, -kräfte> (WIRTSCH) mano *f* de obra barata; **Billigland** *nt* <-(e)s, -länder> (COM) país *m* con bajos costes de producción

Billiglohnland *nt* <-(e)s, -länder> país *m* con sueldos bajos

Billigpreis *m* <-es, -e> (WIRTSCH) bajo precio *m*; **zu ~en verkaufen** vender a bajo precio; **Billigprodukt** *nt* <-(e)s, -e> producto *m* barato

Billigung *f* <-, *ohne pl*> aprobación *f*, consentimiento *m*; **jds ~ finden** contar con la aprobación de alguien

Billigware *f* <-, -n> producto *m* rebajado, mercancía *f* rebajada

Billion [bɪ'ljo:n] *f* <-, -en> billón *m*

Bimbam ['bɪm'bam] *m*: **(ach) du heiliger ~!** ¡(ay) Dios mío!

Bimbo ['bɪmbo] *m* <-s, -s> (*fam abw*) negro *m*; **da hast du ja einen ~ für den Job gefunden!** ¡menudo tonto has encontrado para ese trabajo!

Bimetall ['bi:metal] *nt* <-s, -e> (TECH) bimetal *m*

Bimmel ['bɪməl] *f* <-, -n> (*fam*) campanilla *f*; **Bimmelbahn** *f* <-, -en> (*fam*) trenecillo *m*

bimmeln *vi* (*fam: Glocke*) repicar; (*Telefon*) sonar

Bims [bɪms] *m* <-es, -e>, **Bimsstein** *m* <-(e)s, -e> piedra *f* pómez, pumita *f*

bin [bɪn] *1. präs von* **sein**

binär [bi'nɛ:ɐ] *adj* (MATH, INFOR) binario

Binde ['bɪndə] *f* <-, -n> **1.** (*Verband*) venda *f* **2.** (*Armschlinge*) cabestrillo *m*; **den Arm in einer ~ tragen** llevar el brazo en cabestrillo **3.** (*Monats~*) compresa *f* **4.** (*Wend*): **sich** *dat* **einen hinter die ~ kippen** [*o* **gießen**] (*fam*) empinar el codo

Bindegewebe *nt* <-s, -> tejido *m* conjuntivo; **Bindegewebsmassage** *f* <-, -n> (MED) masaje *m* del tejido conjuntivo

Bindeglied *nt* <-(e)s, -er> vínculo *m*, nexo *m* de unión; (*einer Kette*) eslabón *m*

Bindehaut *f* <-, -häute> (MED) conjuntiva *f*; **Bindehautentzündung** *f* <-, -en> (MED) conjuntivitis *f inv*

Bindemittel *nt* <-s, -> aglomerante *m*, aglutinante *m*

binden ['bɪndən] <bindet, band, gebunden> **I.** *vt* **1.** (*zusammenbinden*) atar, ligar; (*Strauß*) hacer; (*Buch*) encuadernar; **mir sind die Hände gebunden** (*fig*) tengo las manos atadas **2.** (*befestigen*) atar, sujetar; (*Krawatte*) anudar **3.** (GASTR) espesar **4.** (*verpflichten*) comprometer, vincular; **an Bedingungen gebunden sein** estar vinculado a condiciones; **eine ~de Zusage machen** hacer una promesa vinculante **5.** (CHEM, PHYS) ligar, fijar; **Gaswolken mit einem Wasservorhang ~** sujetar nubes de gas con una cortina de agua **6.** (*Laute*) rimar, versificar; **in gebundener Rede** (LIT) en verso **II.** *vr*: **sich ~** (*sich verpflichten*) vincularse (*an* a), comprometerse (*an* a)

bindend *adj* **1.** (*fig*) vinculante (*für* para), obligatorio **2.** (*Leim*) aglutinante **3.** (JUR) vinculatorio

Binder *m* <-s, -> (*Bindemittel*) aglutinante *m*, aglomerante *m*

Bindestrich *m* <-(e)s, -e> guión *m*; **Bindewort** *nt* <-(e)s, -wörter> (LING) conjunción *f*

Bindfaden *m* <-s, -fäden> cordón *m*, cuerda *f*; **es regnet Bindfäden** llueve a cántaros

Bindung ['bɪndʊŋ] *f* <-, -en> **1.** (*Partnerschaft*) relación *f*; (*feste Beziehung*) compromiso *m*; **eine feste ~ eingehen** contraer una relación firme **2.** (*an Heimat, Person*) apego *m* **3.** (*am Ski*) fijación *f* **4.** (CHEM) enlace *m*; **Bindungsenergie** *f* <-, -n> (CHEM) energía *f* de enlace

binnen ['bɪnən] *präp +dat, geh: +gen* en (el transcurso de); (COM) en el término de; **~ kurzem** en breve; **~ einiger Stunden** en algunas horas

Binnendeich *m* <-(e)s, -e> dique *m* interior

binnendeutsch *adj* (alemán) de Alemania; **ein ~er Ausdruck/Dialekt** una expresión (alemana)/un dialecto (alemán) de Alemania; **das ist ~, das sagt man bei uns in der Schweiz nicht** eso se dice en Alemania, nosotros, en Suiza, no lo decimos

Binnenfischerei *f* <-, *ohne pl*> pesca *m* de agua dulce [*o* en aguas interiores]; **Binnengewässer** *nt* <-s, -> aguas *fpl* continentales [*o* interiores]; **Binnenhafen** *m* <-s, -häfen> puerto *m* fluvial [*o* interior]; **Binnenhandel** *m* <-s, *ohne pl*> comercio *m* interior; **Binnenklima** *nt* <-s, -s *o* -klimate> clima *m* interior; **Binnenkonnossement** *nt* <-(e)s, -e> (WIRTSCH) conocimiento *m* de embarque fluvial; **Binnenland** *nt* <-(e)s, -länder> país *m* sin acceso al mar; **Binnenmarkt** *m* <-(e)s, -märkte> mercado *m* interior; **Europäischer ~** mercado único europeo; **Binnenmeer** *nt* <-(e)s, -e> mar *m* interior

Binnenschiffahrt *f* <-, *ohne pl*> *s.* **Binnenschifffahrt**; **Binnenschiffer(in)** *m(f)*

<-s, -; -, -nen> navegante *mf* fluvial; **Binnenschifffahrt**[RR] *f* <-, *ohne pl*> navegación *f* fluvial; **Binnensee** *m* <-s, -n> lago *m* (continental); **Binnenverkehr** *m* <-s, *ohne pl*> tráfico *m* interior; **binnenwirtschaftlich** *adj* de la economía nacional; **Binnenzoll** *m* <-(e)s, -zölle> (WIRTSCH) arancel *m* interior

binokular [binoku'la:ɐ] *adj* binocular

Binom [bi'no:m] *nt* <-s, -e> (MATH) binomio *m*

Binominalkoeffizient [binomi'na:l-] *m* <-en, -en> (MATH) coeficiente *m* binómico

binomisch [bi'no:mɪʃ] *adj* (MATH) binomial; **~e Formel** fórmula binomial

Binse ['bɪnzə] *f* <-, -n> junco *m*; **etw geht in die ~n** (*fam*) algo se echa a perder

Binsenwahrheit *f* <-, -en>, **Binsenweisheit** *f* <-, -en> perogrullada *f*, verdad *f* de Perogrullo

bioaktiv [bioʔak'ti:f] *adj* (ÖKOL) biológicamente activo; **Biobrennstoff** ['bi:o-] *m* <-(e)s, -e> biocombustible *m*; **Biochemie** [bioçe'mi:] *f* <-, *ohne pl*> bioquímica *f*; **Biochemiker(in)** *m(f)* <-s, -; -, -nen> (CHEM) bioquímico, -a *m, f*; **biochemisch** *adj* (CHEM) bioquímico; **Biochip** ['bi:o-] *m* <-s, -s> biochip *m*; **biodynamisch** [---'--] *adj* biodinámico; **Bioethik** ['bi:oʔe:tɪk] *f* <-, *ohne pl*> bioética *f*; **Biogas** ['---] *nt* <-es, -e> biogas *m*

Biogenese *f* <-, -n> biogénesis *f inv*

biogenetisch *adj* biogenético

Biogeograf(in)[RR] *m(f)* <-en, -en; -, -nen>, **Biogeograph(in)** *m(f)* <-en, -en; -, -nen> biogeógrafo, -a *m, f*

Biograf(in)[RR] [bio'gra:f] *m(f)* <-en, -en; -, -nen> biógrafo, -a *m, f*

Biografie[RR] [biogra'fi:] *f* <-, -n> biografía *f*

Biografin[RR] *f* <-, -nen> *s.* **Biograf**

biografisch[RR] *adj* biográfico

Biograph(in) *m(f)* <-en, -en; -, -nen> *s.* **Biograf**

Biographie *f* <-, -n> *s.* **Biografie**

Biographin *f* <-, -nen> *s.* **Biograph**

biographisch *adj s.* **biografisch**

Bioindikator ['bi:oʔɪndika:to:ɐ] *m* <-s, -indikatoren> (GEO) bioindicador *m*

Bioklimatologie *f* <-, *ohne pl*> bioclimatología *f*; **Biokost** ['---] *f* <-, *ohne pl*> comida *f* biológica, alimentación *f* biológica; **Bioladen** ['----] *m* <-s, -läden> (*fam*) tienda *f* de productos naturales

Biologe, **-in** [bio'lo:gə] *m, f* <-n, -n; -, -nen> biólogo, -a *m, f*

Biologie [biolo'gi:] *f* <-, *ohne pl*> biología *f*

Biologin *f* <-, -nen> *s.* **Biologe**

biologisch *adj* biológico; **~ abbaubar** biodegradable; **~ angebautes Gemüse** verdura cultivada sin abonos ni pesticidas químicos

Biomasse ['----] *f* <-, *ohne pl*> (BIOL) biomasa *f*; **Biomedizin** ['-----] *f* <-, *ohne pl*> biomedicina *f*

Biometeorologie *f* <-, *ohne pl*> (BIOL, MED) biometeorología *f*

Biometrie [biome'tri:] *f* <-, *ohne pl*> (AGR, BIOL, MED) biometría *f*

Biomonitoring ['bi:omɔnitɔ:rɪŋ] *nt* <-s, *ohne pl*> (ÖKOL) biosensor *m*; **Biomüll** ['---] *m* <-s, *ohne pl*> basura *f* orgánica, compost *m*

Bionik [bi'o:nɪk] *f* <-, *ohne pl*> (TECH) biónica *f*

Biophysik [---'-] *f* <-, *ohne pl*> biofísica *f*

Biopsie [biɔ'psi:] *f* <-, -n> (MED) biopsia *f*

Biorhythmus ['----] *m* <-, -rhythmen> biorritmo *m*; **Biosoziologie** *f* <-, *ohne pl*> biosociología *f*; **Biosphäre** [--'--] *f* <-, *ohne pl*> (GEO, BIOL) biosfera *f*; **Biosynthese** *f* <-, -n> biosíntesis *f inv*; **Biotechnik** ['----] *f* <-, *ohne pl*> (MED, BIOL) biotecnología *f*; **biotechnisch** [--'--] *adj* (BIOL) biotécnico; **Biotechnologie** ['------, -----'-] *f* <-, -n> (BIOL) biotecnología *f*

biotisch [bi'o:tɪʃ] *adj* biótico

Biotonne ['----] *f* <-, -n> contenedor *m* para la basura orgánica

Biotop [bio'to:p] *nt o m* <-s, -e> (BIOL) biótopo *m*; **Biotopvernetzung** *f* <-, -en> (ÖKOL) encadenamiento *m* de biótopos

Biotreibstoff ['----] *m* <-(e)s, -e> biocarburante *m*; **Biowaschmittel** ['-----] *nt* <-s, -> detergente *m* biodegradable; **Biowissenschaften** ['------] *fpl* ciencias *fpl* biológicas

Biozid [bio'tsi:t] *nt* <-(e)s, -e> biocida *m*

Biozönose [biotso'nø:zə] *f* <-, -n> (BIOL) biozonosis *f inv*

BIP [be:ʔi:'pe:] *nt* <-, *ohne pl*> (WIRTSCH) *Abk. von* **Bruttoinlandsprodukt** PIB *m*

Bipolarität [bipolari'tɛ:t] *f* <-, *ohne pl*> bipolaridad *f*

Birchermüesli *nt* <-s, -s> (*Schweiz*), **Birchermüsli** *nt* <-s, -s> *plato de cereales a base de copos de avena, zumo de limón, fruta rallada, frutos secos y leche condensada o nata*

birgt [bɪrkt] *3. präs von* **bergen**

Birke ['bɪrkə] *f* <-, -n> (BOT) abedul *m*; **Birkenmilchling** ['bɪrkənmɪlçlɪŋ] *m* <-s, -e>, **Birkenreizker** *m* <-s, -> (BOT) robellón *m* de abedul, hongo *m* de abedul; **Birkenwald** *m* <-(e)s, -wälder> bosque *m* de abedules

Birkhahn *m* <-(e)s, -hähne> (ZOOL) gallo *m* (ave)lira (macho); **Birkhuhn** *nt* <-(e)s, -hühner> (ZOOL) gallo *m* lira

Birma ['bɪrma] *nt* <-s> Birmania *f*

Birnbaum *m* <-(e)s, -bäume> peral *m*

Birne ['bɪrnə] *f* <-, -n> **1.** (*Frucht*) pera *f* **2.** (*Glüh~*) bombilla *f* **3.** (*fam: Kopf*) coco *m*

birnenförmig *adj* en forma de pera, piriforme

birst [bɪrst] *3. präs von* **bersten**

bis [bɪs] **I.** *präp +akk* **1.** (*räumlich, zeitlich*) hasta; **von ... ~ ...** de... a..., desde... hasta...; **~ wohin fahren Sie?** ¿hasta dónde va

Ud.?; ~ **Seite 30** hasta la página 30; **das Theater war ~ auf den letzten Platz gefüllt** el teatro estaba lleno hasta los topes; **nass ~ auf die Haut** calado hasta los huesos; **das Wasser ging ihm ~ an die Knie** el agua le llegaba hasta las rodillas; ~ **vor die Tür fahren** ir con el coche hasta la misma puerta; **ich habe ~ drei Uhr gewartet** esperé hasta las tres; **von Freitag ~ Sonntag** de viernes a domingo; **von 9 ~ 11 Uhr** de 9 a 11; ~ **morgen/Montag!** ¡hasta mañana/el lunes!; ~ **bald/später!** ¡hasta pronto/luego!; ~ **jetzt** hasta ahora; **kannst du es ~ Dienstag fertig haben?** ¿puedes tenerlo para el martes?; ~ **dahin** hasta ahí; **noch fünf Minuten ~ zur Pause** faltan cinco minutos para el intermedio; ~ **gegen Mitternacht** hasta medianoche aproximadamente; ~ **einschließlich 100** hasta (el) 100 inclusive; **Jugendliche ~ zu 18 Jahren** jóvenes hasta los 18 años **2.** (*außer*): ~ **auf** excepto, aparte de; ~ **auf ihren Bruder waren alle da** aparte de su hermano estaban todos **3.** (*nicht mehr als*): ~ **zu** como máximo, hasta; ~ **zu 50.000 Menschen passen in das Stadion** en el estadio caben como máximo 50.000 personas **4.** (*Zahlenangabe*) de… a…, entre… y…; **das kostet zwei- ~ dreihundert Mark** cuesta entre dos(cientos) y trescientos marcos; **zwei ~ drei Stunden** dos o tres horas; **drei ~ vier Tage** de tres a cuatro días **II.** *konj* (*~ zu einem Zeitpunkt*) hasta +*inf*, hasta que +*subj*; **ich sage lieber nichts, ~ ich ihn persönlich kennen lerne** prefiero no decir nada hasta conocerlo personalmente; **ich warte, ~ er zurückkommt** espero hasta que vuelva; ~ **dass der Tod euch scheidet** hasta que la muerte os separe; **du gehst hier nicht weg, ~ das gemacht ist** no te vas de aquí hasta que esto esté hecho **III.** *adv* (MUS) bis

Bisam ['bi:zam] *m* <-s, -e *o* -s> **1.** (*Moschus*) almizcle *m* **2.** (*Pelz*) castor *m*; **Bisamratte** *f* <-, -n> rata *f* almizclera, castor *m* del Canadá

Biscaya *f s.* **Biskaya**

Bischof ['bɪʃɔf, *pl:* 'bɪʃø:fə] *m* <-s, Bischöfe>, **Bischöfin** *f* <-, -nen> obispo, -a *m, f*

bischöflich *adj* obispal, episcopal

Bischofsamt *nt* <-(e)s, -ämter> (REL) obispado *m*; **Bischofsmütze** *f* <-, -n> (REL) mitra *f*; **Bischofssitz** *m* <-es, -e> sede *f* episcopal; **Bischofsstab** *m* <-(e)s, -stäbe> (REL) báculo *m* pastoral

B-ISDN ['be:ʔi:ʔɛsde:ʔɛn] *nt* <-, *ohne pl*> (TEL) *Abk. von* **Breitband-ISDN** RDSI *m* de banda ancha

bisexuell ['bi:sɛksuɛl, 'bi:zɛksuɛl] *adj* bisexual

bisher [bɪs'he:ɐ] *adv* hasta ahora, hasta el momento

bisherige(r, s) [bɪs'he:rɪgə, -gɐ, -gəs] *adj* antecedente, anterior; **der ~ Minister** el exministro; **sein ~s Verhalten** su comportamiento hasta ese momento

Biskaya [bɪs'ka:ja] *f* Golfo *m* de Vizcaya

Biskuit [bɪs'kvi:t] *nt o m* <-(e)s, -e *o* -s> bizcocho *m*; **Biskuitgebäck** *nt* <-(e)s, -e> bizcocho *m*; **Biskuitrolle** *f* <-, -n> ≈brazo *m* de gitano (*pastel de bizcocho, enrollado y relleno*); **Biskuitteig** *m* <-(e)s, -e> masa *f* de bizcocho

bislang [bɪs'laŋ] *adv s.* **bisher**

Bismarckhering ['bɪsmark-] *m* <-s, -e> (GASTR) arenque *m* (sin espinas) en escabeche

Bison ['bi:zɔn] *m* <-s, -s> bisonte *m*

biss[RR] [bɪs] *3. imp von* **beißen**

Biss[RR] [bɪs] *m* <-es, -e> **1.** (*das Zubeißen*) mordisco *m*, bocado *m* **2.** (*Bisswunde*) mordedura *f*; **etw hat ~** (*fam*) algo está en su punto; **etw hat keinen (richtigen) ~** (*fam*) algo es un poco soso; **die Mannschaft besaß keinen ~** el equipo no tenía chispa [*o* jugaba sin ímpetu]

biß *s.* **biss**

Biß *m* <-sses, -sse> *s.* **Biss**

bisschen[RR] ['bɪsçən] *adj inv*, **bißchen** *adj inv*: **ein ~** un poco, un poquito; **ein kleines ~** un poquitito [*o* poquitín]; **ein ~ Liebe** un poco de amor; **ich habe kein ~ Zeit für dich** no tengo nada de tiempo para ti; **ein ~ spazieren gehen** ir a pasear un poco; **nicht ein ~ mehr** ni una pizca más; **es geht mir kein ~ besser** no me encuentro ni un poquito mejor; **was soll ich mit dem ~ Geld?** ¿qué hago con ese poquito de dinero?; **das ist ein ~ wenig** es muy poco; **ach du liebes ~!** ¡ay, Dios mío!

Bissen ['bɪsən] *m* <-s, -> bocado *m*

bissig *adj* (*Hund*) mordedor; (*Bemerkung*) mordaz

Bissigkeit[1] *f* <-, -en> (*bissige Bemerkung*) mordacidad *f*

Bissigkeit[2] *f* <-, *ohne pl*> **1.** (*Sarkasmus*) mordacidad *f*, sarcasmo *m* **2.** (*eines Hundes*) propensión *f* a morder

Bisswunde[RR] *f* <-, -n> (*von einer Schlange*) mordedura *f*; (*von einem Hund*) mordisco *m*

bist [bɪst] *2. präs von* **sein**

Bistum ['bɪstu:m, *pl:* 'bɪsty:mɐ] *nt* <-s, Bistümer> obispado *m*

bisweilen [bɪs'vaɪlən] *adv* de vez en cuando, a veces; ~ **denke ich, dass …** a veces pienso que…

Bit [bɪt] *nt* <-(s), -(s)> (INFOR) bit *m*; **Bitmap** ['bɪtmɛp] *nt* <-s, -s> (INFOR, TEL) mapa *m* de bits, bit map *m*; **Bitrate** *f* <-, -n> (INFOR, TEL) tasa *f* de bits, régimen *m* de velocidad en bits

Bit/s (INFOR) *Abk. von* **Bit pro Sekunde** bps

Bittbrief *m* <-(e)s, -e> carta *f* de petición

bitte *adv* por favor; ~ **sehr!**, ~ **schön!** (*anbietend*) ¡tome!; (*auf Dank*) ¡de nada!, ¡no hay de qué!; **Entschuldigung! – ~!** ¡perdone! – ¡no ha sido nada!; (**wie**) ~**?** ¿cómo dice?; **ja, ~?** ¿diga?; **sieh dir das ~ an!** ¡haz el favor de mirar eso!; ~ **nach Ihnen!** ¡por favor, Ud. primero!; **zahlen ~!** ¡por favor, la cuenta!; **~ ~ machen** *pedir algo un niño dando palmadas;* **~ zurücktreten/zurückbleiben!** ¡retrocedan, por favor!/¡manténganse atrás, por favor! (*orden del jefe de estación en el metro o suburbano*); **na ~!** ¿lo ves?; **~, wie du willst** bueno, como quieras

Bitte *f* <-, -n> ruego *m;* (*Ersuchen*) solicitud *f,* aplicación *f Am;* **auf ihre ~ hin** a su ruego; **ich habe eine große ~ an dich** quisiera pedirte un favor muy grande; **ich habe nur die eine ~, dass ...** quiero pedirte únicamente que... *+subj*

bitten ['bɪtən] <bittet, bat, gebeten> *vt* **1.** (*Wunsch äußern*) pedir, rogar; **er bat um Geduld/Verzeihung** pidió paciencia/disculpas; **ich hatte ihn gebeten zu warten** le había pedido que esperara; **es wird gebeten nicht zu rauchen** se ruega no fumar; **wenn ich ~ darf** si me permite; **er lässt sich nicht lange ~** no se hace de rogar; **aber ich bitte dich!, ich muss doch sehr ~!** ¡pero por favor!; **darum möchte ich gebeten haben** (*geh*) eso se sobreentiende; **darf ich um Aufmerksamkeit ~** ruego que presten atención; **sich aufs B~ verlegen** ponerse a rogar; **auf jds B~ hin** a ruego(s) de alguien **2.** (*auffordern*) hacer pasar; (*als Gast*) invitar; **darf ich Sie in mein Büro ~?** ¿quiere pasar a mi despacho, por favor?; **ich lasse ~** que entre **3.** (*anflehen*) suplicar

bitter ['bɪtɐ] *adj* **1.** (*Geschmack, Wahrheit, Klage*) amargo; **einen ~en Geschmack im Mund haben** tener un sabor amargo en la boca; **einen ~en Beigeschmack haben** tener un gustillo amargo **2.** (*Kälte*) intenso, fuerte; (*Unrecht*) grande; **~e Armut** extremada pobreza; **es ist mir ~er Ernst** estoy hablando muy en serio; **sich** *dat* **~e Vorwürfe machen** hacerse vivos reproches; **etw ~ bereuen** arrepentirse amargamente de algo; **etw ~ nötig haben** estar necesitadísimo de algo

Bitter *m* <-s, -> (*Getränk*) bíter *m,* bitter *m*

bitterböse ['--'--] *adj* furioso, muy enojado

Bittere(r) *m* <-n, -n> *s.* **Bitter**

bitterernst ['--'-] *adj* totalmente serio; **ich meine das ~** lo digo muy en serio; **bitterkalt** ['--'-] *adj* terriblemente frío, friísimo

Bitterkeit *f* <-, *ohne pl*> **1.** (*Geschmack*) amargor *m* **2.** (*Verbitterung*) amargura *f*

Bitter lemon ['bɪtɐ 'lɛmən] *nt* <- -(s), – -> bitter lemon *m*

bitterlich **I.** *adj* amargo; (*Beigeschmack*) amarguillo **II.** *adv:* **~ weinen** llorar amargamente, deshacerse en lágrimas; (*Kind*) llorar a moco tendido

Bittermandel *f* <-, -n> (GASTR) almendra *f* amarga; **Bittermandelöl** *nt* <-s, *ohne pl*> (GASTR) aceite *m* de almendras amargas

Bitternis *f* <-, -se> amargura *f*

Bittersalz *nt* <-es, -e> sulfato *m* magnésico; **Bitterstoff** *m* <-(e)s, -e> substancia *f* amarga; **bittersüß** ['--'-] *adj* dulceamargo; (*süßsauer*) agridulce; **~e Schokolade** chocolate amargo; **ein ~es Gefühl** una sensación agridulce

Bittgang ['bɪtgaŋ] *m* <-(e)s, -gänge> solicitud *f;* **Bittgottesdienst** *m* <-(e)s, -e> (misa *f*) rogativa *f;* **Bittschrift** *f* <-, -en> petición *f,* solicitud *f* escrita

Bittsteller(in) *m(f)* <-s, -; -, -nen> solicitante *mf,* peticionario, -a *m, f*

Bitumen [bi'tu:mən] *nt* <-s, – *o* Bitumina> (CHEM) betún *m*

bivalent *adj* (CHEM, LING) bivalente

Biwak ['bi:vak] *nt* <-s, -s *o* -e> vivac *m*

biwakieren* [biva'ki:rən] *vi* vivaquear, acampar

bizarr [bi'tsar] *adj* (*seltsam*) raro; (*wunderlich*) extravagante, estrafalario

Bizeps ['bi:tsɛps] *m* <-(es), -e> bíceps *m inv*

Bk (CHEM) *Abk. von* **Berkelium** Bk

BKA [be:ka:'ʔa:] *nt* <-, *ohne pl*> *Abk. von* **Bundeskriminalamt** Oficina *f* Federal de Investigación Criminal

Blabla [bla'bla:] *nt* <-s, *ohne pl*> (*fam*) blablá *m*

bla bla bla *interj* (*fam abw*) ¡blablabla!

Blache ['blaxə] *f* <-, -n> (*Österr, Schweiz: Tuch, Plane*) lona *f*

Blackbox-Methode[RR] ['blɛk'bɔks-] *f* <-, *ohne pl*> método *m* "caja negra"

Blackout [blɛk'ʔaʊt, '--] *nt o m* <-(s), -s>, **Black-out**[RR] *nt o m* <-(s), -s> **1.** (MED: *Gedächtnislücke*) laguna *f,* pérdida *f* de memoria; **ein ~ haben** quedarse en blanco **2.** (*Stromausfall*) apagón *m*

blaffen ['blafən] *vi* (*fam*) **1.** (*kläffen*) gañir **2.** (*abw: schimpfen*) bufar

Blag *nt* <-s, -en> (*fam abw*), **Blage** ['bla:gə] *f* <-, -n> (*fam abw*) mocoso, -a *m, f* (impertinente), niño, -a *m, f* maleducado, -a *m, f*

blähen ['blɛ:ən] **I.** *vt* inflar, hinchar **II.** *vr:* **sich ~** hincharse, inflarse **III.** *vi* (MED) provocar gases [*o* flatulencia]; **Kaffee kann ~d wirken** el café puede provocar flatulencia

Blähung *f* <-, -en> flato *m,* gases *mpl fam;* (MED) flatulencia *f;* **~en haben** tener flato

blamabel [bla'ma:bəl] *adj* vergonzoso

Blamage [bla'ma:ʒə] *f* <-, -n> plancha *f fam,* patinazo *m fam*

blamieren* **I.** *vt* poner en ridículo; **du hast mich bis auf die Knochen blamiert** me has puesto totalmente en ridículo **II.** *vr:* **sich ~** hacer el [*o* quedar en] ridículo; **da hab ich mich ja schön blamiert** con esto hice el ridículo

blanchieren* [blã'ʃi:rən] *vt* (GASTR) escaldar

blank [blaŋk] *adj* **1.** (*glänzend*) reluciente, brillante; **~ polierte Möbel** muebles pulidos [*o* lustrados]; **~ polierte Schuhe** zapatos lustrados [*o* brillantes]; **~ gewetzte Ärmel** mangas (des)gastadas [*o* rozadas] **2.** (*unbedeckt*) desnudo; **ich bin völlig ~** (*fam*) estoy sin blanca; **das Herz Ass habe ich ~** el as de corazones es la única carta de este palo que tengo; **auf dem ~en Boden schlafen** dormir en el suelo raso **3.** (*rein*) puro; **aus ~em Neid** por pura envidia; **das ist ~er Unsinn** eso es un solemne disparate

blankgewetzt *adj s.* **blank**

blanko ['blaŋko] *adv* **1.** (*unbedruckt*) blanco; **ich möchte Schreibpapier – liniert oder ~?** quisiera papel para escribir – ¿rayado o blanco? **2.** (*ohne Eintrag*) en blanco; **eine Scheck ~ ausstellen** extender un cheque en blanco

Blankoakzept *nt* <-(e)s, -e> (FIN) aceptación *f* en blanco; **Blankoindossament** *nt* <-(e)s, -e> (FIN) endoso *m* en blanco; **Blankokredit** *m* <-(e)s, -e> (FIN) crédito *m* en blanco; **Blankopolice** *f* <-, -n> póliza *f* en blanco; **Blankoscheck** ['blaŋko-] *m* <-s, -s> cheque *m* en blanco; **Blankovollmacht** *f* <-, -en> carta *f* blanca, firma *f* en blanco; **Blankowechsel** *m* <-s, -> (FIN) letra *f* en blanco

blankpoliert *adj s.* **blank**

Blankvers *m* <-es, -e> (LIT) verso *m* blanco

Blase [bla:zə] *f* <-, -n> **1.** (*Luft~*) burbuja *f* **2.** (*Haut~*) ampolla *f*, yuyo *m ZAm;* **sich** *dat* **~n laufen** salirle ampollas a alguien; **~n bilden** ampollar, empollar *Am* **3.** (*Harn~*) vejiga *f;* **eine empfindliche ~ haben** tener la vejiga sensible, tener que orinar a menudo

Blasebalg *m* <-(e)s, -bälge> fuelle *m*

blasen ['bla:zən] <bläst, blies, geblasen> **I.** *vi* (*Wind*) soplar **II.** *vt* **1.** (*Glas*) soplar; **die Industrie bläst viel zu viele Schadstoffe in die Luft** la industria emite demasiadas sustancias nocivas que contaminan el aire **2.** (MUS) tocar (un instrumento de viento) **3.** (*fam*): **jdm was ~** (*jdm die Meinung sagen*) decirle cuatro verdades a alguien; **ich blas dir was!** (*ich werde es nicht tun*) ¡y un pepino! **4.** (*vulg*): **jdm einen ~** hacerle una mamada a alguien, mamársela a alguien

Blasendiagramm *nt* <-s, -e> (INFOR) diagrama *m* de burbujas

Blasenentzündung *f* <-, -en> (MED) cistitis *f inv;* **Blasenkatarr(h)**[RR] *m* <-s, -e> (MED) cistitis *f inv;* **Blasenkatheter** *m* <-s, -> (MED) sonda *f* vesical; **Blasenkrebs** *m* <-es, -e> (MED) cáncer *m* de vejiga; **Blasenleiden** *nt* <-s, -> afección *f* de la vejiga; **Blasenschwäche** *f* <-, -n> (MED) incontinencia *f* de orina; **Blasenspiegelung** *f* <-, -en> (MED) endoscopia *f* de la vejiga; **Blasenstein** *m* <-(e)s, -e> cálculo *m* de vesícula; **Blasentee** *m* <-s, -s> (MED) infusión *f* para la vejiga

Bläser(in) ['blɛ:zɐ] *m(f)* <-s, -; -, -nen> (MUS) músico, -a *m, f* (*que toca un instrumento de viento*); **Bläserquartett** *nt* <-s, -e> (MUS) cuarteto *m* de (instrumentos de) viento

blasiert [bla'zi:ɐt] *adj* (*abw*) altanero, engreído

Blasiertheit[1] *f* <-, -en> (*abw: Äußerung*) insolencia *f*

Blasiertheit[2] *f* <-, *ohne pl*> (*abw: blasierte Art*) engreimiento *m*, petulancia *f*

blasig ['bla:zɪç] *adj* **1.** (*Teig, Flüssigkeit*) lleno de burbujas; **du hast den Teig lang genug geknetet, er wird schon ~** has trabajado bastante la masa, ya empieza a llenarse de burbujas **2.** (MED) lleno de ampollas [*o* de vejigas]; **die verbrannte Haut war ~ geworden** la piel quemada se había ampollado

Blasinstrument ['bla:s-] *nt* <-(e)s, -e> instrumento *m* de viento; **Blaskapelle** *f* <-, -n> (MUS) orquesta *f* de instrumentos de viento; **Blasmusik** *f* <-, *ohne pl*> música *f* de instrumentos de viento

Blasorchester *nt* <-s, -> orquesta *f* de (instrumentos de) viento

Blasphemie [blasfe'mi:] *f* <-, -n> (*geh*) blasfemia *f*

blasphemisch *adj* (*geh*) blasfemo

Blasrohr *nt* <-(e)s, -e> (*Waffe*) cerbatana *f;* (*Düse*) tobera *f*

blass[RR] [blas] *adj*, **blaß** *adj* <blasser *o* blässer, am blassesten *o* am blässesten> pálido, niste *Nic;* (*weißlich*) blanquecino; **~ werden** palidecer; **keinen ~en Schimmer von etw haben** no tener ni idea de algo

Blässe ['blɛsə] *f* <-, *ohne pl*> palidez *f*

blässer ['blɛsɐ] *adj kompar von* **blass**

blässeste(r, s) ['blɛsəstə, -tɐ, -təs] *adj superl von* **blass**

Blässhuhn[RR] *nt* <-(e)s, -hühner>, **Bläßhuhn** *nt* <-(e)s, -hühner> focha *f*

blässlich[RR] *adj*, **bläßlich** *adj* paliducho

bläst [blɛ:st] *3. präs von* **blasen**

Blatt [blat, *pl:* 'blɛtɐ] *nt* <-(e)s, Blätter> **1.** (BOT) hoja *f;* **kein ~ vor den Mund nehmen** no tener pelos en la lengua **2.** (*Papier*) hoja *f;* (*Buchseite*) página *f;* (*Zeitung, Zeitschrift*) periódico *m*, revista *f;* **lose Blätter** hojas sueltas; **das steht auf einem anderen ~** eso es harina de otro costal; **ein unbeschriebenes ~ sein** ser una persona sin antecedentes; **vom ~ spielen/singen** repentizar/cantar a primera vista **3.** (*Spielkarten*) carta *f;* **ein gutes ~ (auf der Hand) haben** tener un buen juego; **das ~ hat sich gewendet** la situación ha cambiado, se dio la vuelta la tortilla **4.** (*von einer Säge*) hoja *f* **5.** (*an Ruder, Propeller*) pala *f;* **Blattader** *f* <-, -n> (BOT) vena *f* de las hojas; **Blattbildung** *f* <-, -en> (BOT) foliación *f*

Blättchen ['blɛtçən] *nt* <-s, -> (*Zigarettenpapier*) papelillo *m*

Blattdünger *m* <-s, -> fertilizante *m* de hojas

blätterig *adj* **1.** (*abblätternd*) descascarillado; **der Anstrich wird ~** la pintura se descascarilla **2.** (*geschichtet*) estratificado; **Schiefer ist ~** la pizarra se caracteriza por su exfoliación

Blättermagen *m* <-s, -mägen> (ZOOL) libro *m* (de los rumiantes), librillo *m* (de los rumiantes)

blättern ['blɛtɐn] *vi* (*a.* INFOR) hojear; **in einem Buch** ~ hojear un libro; **der Putz blättert schon von den Wänden** el enlucido se está desconchando

Blätterpilz *m* <-es, -e> (BOT) agárico *m*

Blätterteig *m* <-(e)s, *ohne pl*> hojaldre *m*, hojuela *f Cuba, Guat;* **Blätterteiggebäck** *nt* <-(e)s, -e> pastas *fpl* de hojaldre, dulce *m* de hojaldre

Blattfall *m* <-(e)s, *ohne pl*> (ÖKOL) caída *f* de las hojas; **Blattfeder** *f* <-, -n> (TECH) resorte *m* de lámina; **Blattform** *f* <-, -en> (BOT) forma *f* de la hoja; **einen Baum an der ~ erkennen** reconocer un árbol por la forma de sus hojas; **blattförmig** *adj* en forma de hoja; **Blattgemüse** *nt* <-s, *ohne pl*> verdura *f* (*de hojas comestibles, como espinaca o acelga*); **Blattgold** *nt* <-(e)s, *ohne pl*> oro *m* batido, pan *m* de oro; **Blattgrün** *nt* <-s, *ohne pl*> (BOT) clorofila *f;* **Blattlaus** *f* <-, -läuse> pulgón *m;* **Blattnerv** *m* <-s, -en> (BOT) vena *f* de las hojas; **Blattpflanze** *f* <-, -n> (BOT) planta *f* de hojas

blättrig *adj s.* **blätterig**

Blattsalat *m* <-(e)s, *ohne pl*> lechuga *f;* **Blattschuss**[RR] *m* <-es, -schüsse> (JAGD) tiro *m* en el lomo (de un animal); **Blattspinat** *m* <-(e)s, *ohne pl*> espinaca *f* entera (sin triturar); **Blattstiel** *m* <-(e)s, -e> pecíolo *m;* **Blattwanze** *f* <-, -n> chinche *f* de las hojas; **Blattwerk** *nt* <-(e)s, *ohne pl*> follaje *m*

blau [blaʊ] *adj* **1.** (*Farbe*) azul; (*Lippen*) amoratado, lívido *geh;* **~es Auge** ojo morado; **~er Brief** *carta del colegio que informa a los padres del mal rendimiento escolar de sus hijos;* **~er Fleck** moratón *m*, cardenal *m fam;* **Forelle ~** (GASTR) *trucha cocida y rociada con agua y vinagre caliente, lo que le da el color azul;* **er war ~ vor Kälte** estaba amoratado de frío; **jdm ~en Dunst vormachen** dársela con queso a alguien; **du wirst noch dein ~es Wunder erleben** te vas a llevar la sorpresa de tu vida **2.** (*fam: betrunken*) borracho, como una cuba, jumado *Am*, jumo *Am*, bolo *ZAm*

Blau *nt* <-s, -> azul *m;* **ein kräftiges ~** un azul muy intenso; **Blaualge** *f* <-, -n> alga *f* azul

blauäugig ['blaʊʔɔɪgɪç] *adj* **1.** (*mit blauen Augen*) de ojos azules **2.** (*leichtgläubig*) crédulo, confiado

Blauäugigkeit *f* <-, *ohne pl*> (*Naivität*) ingenuidad *f*, inocencia *f*

Blaubeere *f* <-, -n> arándano *m*

blaublütig *adj* de sangre azul; **~ sein** tener sangre azul

Blaue[1] ['blaʊə] *nt* <-n> azul *m;* **das ~ vom Himmel versprechen** prometer el oro y el moro; **eine Fahrt ins ~ machen** hacer un viaje al azar; **ins ~ hinein reden** hablar sin ton ni son

Blaue[2] *m* <-n, -n> (*fam*) billete *m* de cien marcos

Bläue ['blɔɪə] *f* <-, *ohne pl*> (color *m*) azul *m*

Blaufelchen *m* <-s, -> (ZOOL) farra *f*, ferra *f*

Blaufuchs *m* <-es, -füchse> (ZOOL) zorro *m* azul; **blaugrau** *adj* gris azulado; **blaugrün** *adj* verde azulado

Blauhelm *m* <-(e)s, -e> (*UNO-Soldat*) casco *m* azul; **Blauhelm-Mission** *f* <-, -en> (POL, MIL) misión *f* de los cascos azules [*o* de la ONU]

blaukariert *adj s.* kariert; **Blaukraut** *nt* <-(e)s, *ohne pl*> (*südd, Österr: Rotkohl*) (col *f*) lombarda *f*

bläulich ['blɔɪlɪç] *adj* azulado

Blaulicht *nt* <-(e)s, -er> luz *f* azul, sirena *f;* **blau|machen** *vi* (*fam: Schule*) fumarse la clase, hacer pellas; (*Arbeit*) no ir al trabajo; **Blaumann** *m* <-(e)s, -männer> (*fam: Arbeitsanzug*) mono *m* azul; **Blaumeise** *f* <-, -n> (ZOOL) herrerillo *m;* **Blaupapier** *nt* <-s, -e> papel *m* de calco azul; **Blaupause** *f* <-, -n> fotocalco *m* azul, cianotipo *m;* **blaurot** *adj* amoratado; **~ anlaufen** amoratarse; **Blausäure** *f* <-, *ohne pl*> (CHEM) ácido *m* cianhídrico

Blauschimmelkäse *m* <-s, -> (GASTR) queso *m* azul

blauschwarz *adj* negro azulado; **Blaustich** *m* <-(e)s, *ohne pl*> (FOTO) color *m* azulado; **einen ~ haben** tirar a azul

blaustichig *adj* (FOTO) de dominante azul

Blaustift *m* <-(e)s, -e> lápiz *m* azul; **Blaustrumpf** *m* <-(e)s, -strümpfe> (*alt abw: gelehrt wirkend*) marisabidilla *f;* **Blausucht** *f* <-, *ohne pl*> (MED) cianosis *f inv;* **Blautanne** *f* <-, -n> (BOT) abeto *m* blanco; **Blauwal** *m* <-(e)s, -e> ballena *f* azul

Blazer ['ble:zɐ, 'blɛɪzɐ] *m* <-s, -> blázer *m*

Blech[1] [blɛç] *nt* <-(e)s, *ohne pl*> (*fam: Unsinn*) disparates *mpl*, tontería *f*

Blech[2] *nt* <-(e)s, -e> **1.** (*Metallplatte*) chapa *f* de metal; (*Weiß~*) (hoja)lata *f* **2.** (*Back~*) bandeja *f* del horno

Blechbläser(in) *m(f)* <-s, -; -, -nen> (MUS) instrumentista *mf* de metal; **Blechblasinstrument** *nt* <-(e)s, -e> instrumento *m* de metal

Blechbüchse *f* <-, -n>, **Blechdose** *f* <-, -n> lata *f*

blechen ['blɛçən] *vi, vt* (*fam*) apoquinar, sacudir(se) el bolsillo

blechern ['blɛçɐn] *adj* **1.** (*Material*) de hojalata **2.** (*Klang*) metálico

Blechgeschirr *nt* <-(e)s, *ohne pl*> vajilla *f* de hojalata; **Blechinstrument** *nt* <-(e)s, -e> (MUS) instrumento *m* de metal; **Blechkanister** *m* <-s, -> bidón *m* de hojalata; **Blechkiste** *f* <-, -n> (*fam abw: Auto*) cuatrolatas *m inv;* **und diese ~ nennst du Wagen?** ¿y a ese montón de chatarra lo llamas coche?; **Blechlawine** *f* <-, -n> (*fam*) avalancha *f* de coches, caravana *f;* **Blechmusik** *f*

<-, -en> (*abw*) charanga *f;* **Blechnapf** *m* <-(e)s, -näpfe> escudilla *f* de hojalata; **Blechschaden** *m* <-s, -schäden> (AUTO) daños *mpl* de carrocería; **Blechschere** *f* <-, -n> tijera(s) *f(pl)* para cortar lata, cizalla *f;* **Blechtrommel** *f* <-, -n> tambor *m* de hojalata

blecken [ˈblɛkən] *vt:* **die Zähne ~** enseñar los dientes

Blei [blaɪ] *nt* <-(e)s, *ohne pl*> (CHEM) plomo *m;* **es liegt mir wie ~ im Magen** me ha caído como una piedra en el estómago; (*fig*) tengo un gran pesar sobre mí; **Bleiakku** *m* <-s, -s> (TECH) acumulador *m* a base de plomo

Bleibe [ˈblaɪbə] *f* <-, -n> alojamiento *m;* **keine ~ haben** no tener dónde alojarse; **eine ~ suchen** buscar alojamiento

bleiben [ˈblaɪbən] <bleibt, blieb, geblieben> *vi sein* **1.** (*nicht weggehen*) quedarse; **~ Sie am Apparat!** ¡no cuelgue!; **hängen ~** (*an einem Ort*) quedarse; (*Wissen*) quedar en la memoria; (*Schüler*) suspender; **an etw hängen ~** (*kleben*) pegarse en algo; (*sich verhaken*) engancharse en algo; **alles bleibt an mir hängen** todo me toca a mí; **bleib doch noch ein bisschen!** ¡quédate un poco más!; **wo bleibt er nur so lange?** ¿dónde se ha metido todo este rato?; **das bleibt unter uns!** ¡esto queda entre nosotros!; **sieh zu, wo du bleibst!** ¡apáñatelas como puedas! **2.** (*nicht ändern*) mantener; (*beharren*) perseverar; **gleich ~** no cambiar; **das bleibt sich gleich** eso no importa, sale comido por lo servido *fam;* **gleich ~d** constante, estable; (*beständig*) permanente; **er bleibt bei seiner Behauptung, dass ...** mantiene su afirmación de que...; **es bleibt dabei** no hay cambios; **hier ist alles beim Alten geblieben** aquí sigue todo como antes; **die Frage blieb unbeantwortet** la pregunta quedó sin respuesta; **er ist derselbe geblieben** no ha cambiado; **er ist und bleibt ein Ganove** ha sido y es un bandido; **am Leben ~** quedar con vida; **wenn das Wetter so bleibt** si el tiempo se mantiene; **liegen ~** (*Person*) quedarse tumbado; (*im Bett*) quedarse en cama; (*vergessen werden*) ser olvidado; (*nicht verkauft werden*) no venderse; (*Auto*) quedar tirado; (*Arbeit*) quedar sin hacer; **offen ~** (*Tür, Fenster*) quedar abierto; (*Frage*) quedar pendiente; **~ Sie doch sitzen!** ¡quédese sentado!; **stehen ~** quedarse de pie; (*anhalten*) detenerse, pararse; **die Uhr ist stehen geblieben** el reloj se ha parado; **bei welchem Text waren wir stehen geblieben?** ¿en qué texto nos habíamos quedado?; **der Satz bleibt jetzt so stehen** la frase se queda así; **stecken ~** (*festsitzen*) quedar fijo; (*im Schlamm*) quedar atascado; (*fam: beim Sprechen*) atascarse **3.** (*anhalten*) seguir, continuar; **das bleibt abzuwarten** hay que esperar; **es bleibt mir nichts weiter zu tun, als ...** no me queda otro remedio que...

bleibend *adj* duradero, persistente; **ein Geschenk von ~em Wert** un regalo de valor duradero; **eine ~de Erinnerung** un recuerdo para siempre

bleiben\|lassen *irr vt s.* **lassen 1.**

Bleiberecht *nt* <-(e)s, *ohne pl*> (POL) derecho *m* de permanencia; **Bleibeschutz** *m* <-es, *ohne pl*> (POL) protección *f* de permanencia [*o* de estancia]

bleich [blaɪç] *adj* pálido

bleichen[1] *vt* (*Wäsche*) blanquear; (*entfärben*) desteñir; (*Haare*) oxigenar

bleichen[2] <bleicht, bleichte *o* blich, gebleicht *o* geblichen> *vi sein* (*seine Farbe verlieren*) desteñirse

Bleichgesicht *nt* <-(e)s, -er> (*fam: blasser Mensch*) persona *f* pálida; (*Weißer*) rostro *m* pálido

bleichgesichtig *adj* (*fam*) blanco de cara; **seit ihrer langen Krankheit war sie ~** desde su enfermedad se ha quedado muy blanca de cara [*o* se le ha quedado la cara muy pálida]

Bleichmittel *nt* <-s, -> descolorante *m;* **Bleichschnabel** *m* <-s, -schnäbel> (*südd, Schweiz: hum*) rostro *m* pálido, calamar *m;* **bist du nicht im Urlaub gewesen, du ~?** ¿es que no has ido de vacaciones, rostro pálido?; **Bleichsucht** *f* <-, *ohne pl*> (MED) palescencia *f*

bleiern [ˈblaɪɐn] *adj* **1.** (*Material*) de plomo **2.** (*Langeweile*) plúmbeo, pesado **3.** (*geh: bleifarben*) plomizo

Bleierz *nt* <-es, -e> (MINER) mineral *m* de plomo; **Bleifarbe** *f* <-, -n> pintura *f* de plomo; **bleifrei** *adj* sin plomo; **Super ~** gasolina super sin plomo; **Bleifuß** *m* <-es, -füße>: **mit ~ fahren** acelerar continuamente; **Bleigießen** *nt* <-s, *ohne pl*> *costumbre en la Nochevieja de derretir plomo, echarlo en agua fría y pronosticar el porvenir de las formas resultantes;* **Bleiglanz** *m* <-es, *ohne pl*> galena *f,* espejado *m Am*

bleihaltig *adj* plomífero, plúmbico

Bleikristall *nt* <-s, *ohne pl*> cristal *m* de Bohemia; **Bleikugel** *f* <-, -n> perdigón *m;* **Bleimantel** *m* <-s, -mäntel> cubierta *f* de plomo; **Bleisatz** *m* <-es, *ohne pl*> (TYPO) composición *f* de plomo; **bleischwer** *adj* pesado como el plomo

Bleistift *m* <-(e)s, -e> lápiz *m;* **mit ~ schreiben** escribir con lápiz; **Bleistiftabsatz** *m* <-es, -sätze> tacón *m* de aguja; **Bleistiftspitzer** *m* <-s, -> sacapuntas *m inv,* afilalápices *m inv;* **Bleistiftzeichnung** *f* <-, -en> dibujo *m* a lápiz

Bleivergiftung *f* <-, -en> (MED) intoxicación *f* causada por plomo; **bleiverglast** *adj* (KUNST) emplomado; **die ~en Kirchenfenster müssen ausgebessert werden** hay que reparar las vidrieras emplomadas [*o* el emplomado] de la iglesia; **Bleiverglasung** *f* <-, -en> emplomado *m* de vidriera

Bleiweiß *nt* <-(es), -> blanco *m* de plomo,

albayalde *m*

Blende ['blɛndə] *f* <-, -n> **1.** (*Lichtschutz*) pantalla *f,* quitasol *m* **2.** (FOTO) diafragma *m* **3.** (*an Fassaden*) puerta *f* ciega, ventana *f* ciega; (*an Kleidung*) tira *f* de tela (de adorno), franja *f* de tela (de adorno)

blenden ['blɛndən] **I.** *vi* (*Licht, Sonne*) deslumbrar, cegar **II.** *vt* **1.** (*beeindrucken*) impresionar, deslumbrar **2.** (*blind machen*) cegar

Blendenautomatik *f* <-, -en> (FOTO) diafragma *m* automático

blendend *adj* **1.** (*großartig*) magnífico, estupendo; **sich ~ amüsieren/unterhalten** divertirse/entretenerse estupendamente **2.** (*strahlend*) deslumbrante, cegador; **~ weiß** blanco deslumbrante; **~ aussehen** estar deslumbrante; **~er Schimmer** brillo cegador

blendendweiß *adj s.* **blendend**

Blender(in) *m(f)* <-s, -; -, -nen> efectista *mf*

blendfrei *adj* (TECH) antideslumbrante

Blendschutz *m* <-es, *ohne pl*> protección *f* antideslumbrante; **Blendschutzzaun** *m* <-(e)s, -zäune> seto *m* antideslumbrante, valla *f* antideslumbrante

Blendung *f* <-, -en> deslumbramiento *m*

Blendwerk *nt* <-(e)s, -e> (*geh abw*) artificio *m;* **früher hielten die Menschen einige Naturphänomene für ~e des Teufels** antiguamente la gente consideraba algunos fenómenos naturales artificios [*o* ardides] del diablo

Blesse ['blɛsə] *f* <-, -n> estrella *f,* lucero *m*

Blesshuhn[RR] *nt* <-(e)s, -hühner>, **Bleßhuhn** *nt* <-(e)s, -hühner> focha *f*

Blessur [blɛ'suːɐ] *f* <-, -en> (*geh*) herida *f*

bleu [bløː] *adj* azul claro

blich (*alt*) *3. imp von* **bleichen**

Blick[1] [blɪk] *m* <-(e)s, -e> (*Hinsehen, Ausdruck*) mirada *f;* (*kurz*) vistazo *m,* ojeada *f;* **alles auf einen ~** todo de una sola mirada; **einen ~ auf etw werfen** echar un vistazo a algo; **einen ~ riskieren** echar una mirada rápida, mirar de reojo; **einen guten ~ für etw haben** tener buen ojo para algo; **keinen ~ für etw haben** no entender de algo; **auf den ersten ~** a primera vista; **jdn keines ~es würdigen** hacer caso omiso de alguien; **sie erwiderte seine ~e** le devolvió la mirada; **wenn ~e töten könnten!** si las miradas mataran...

Blick[2] *m* <-(e)s, *ohne pl*> (*Aussicht*) vista *f,* panorama *m;* **mit ~ auf den Dom** con vistas a la catedral

blicken ['blɪkən] *vi* mirar; **weit ~d** previsor; (*scharfsinnig*) clarividente, perspicaz; **sie blickte zur Seite** miró hacia un lado; **sich ~ lassen** aparecer

Blickfang *m* <-(e)s, -fänge> centro *m* de atención, blanco *m* de las miradas; **Blickfeld** *nt* <-(e)s, -er> campo *m* visual; **ins ~ geraten** llamar la atención; **Blickkontakt** *m* <-(e)s, -e> contacto *m* visual; **Blickpunkt** *m* <-(e)s, -e> centro *m* de interés; (*Gesichtspunkt*) punto *m* de vista; **im ~ stehen** ser el centro de atención; **Blickrichtung** *f* <-, -en> **1.** (*des Blicks*) dirección *f;* **in ~ (nach) Süden** en dirección sur **2.** (*Aspekt*) perspectiva *f;* **aus dieser ~ habe ich die Sache noch gar nicht betrachtet** no había mirado el asunto desde esta perspectiva; **die ~ wechseln** cambiar de perspectiva; **Blickwinkel** *m* <-s, -> ángulo *m* visual, punto *m* de vista; **unter diesem ~** (*fig*) bajo ese aspecto

blieb [bliːp] *3. imp von* **bleiben**

blies [bliːs] *3. imp von* **blasen**

blind [blɪnt] *adj* **1.** (*a. fig: ohne Sehvermögen*) ciego; **auf einem Auge ~** tuerto; **auf dem rechten Auge ~** tuerto del ojo derecho; **~ geboren** ciego de nacimiento; **~ werden** perder la vista; **~er Gehorsam** obediencia ciega; **~ vor Eifersucht/Hass** cegado por los celos/el odio; **~ vor Wut** ciego de ira; **~ fliegen** (AERO) volar a ciegas [*o* sin visibilidad]; **jdm ~ vertrauen** confiar en alguien ciegamente; **bist du ~?** (*fam*) ¿no tienes ojos en la cara? **2.** (*maßlos*) desmedido, sin límites; **~er Eifer schadet nur** (*prov*) quien mucho abarca, poco aprieta **3.** (*Spiegel*) empañado;

Blindband *m* <-(e)s, -bände> (TYPO) maqueta *f* de libro; **Blindbewerbung** *f* <-, -en> solicitud *f* enviada a ciegas

Blinddarm *m* <-(e)s, -därme> (ANAT) apéndice *m;* **Blinddarmentzündung** *f* <-, -en> apendicitis *f inv;* **Blinddarmoperation** *f* <-, -en> (MED) operación *f* del apéndice

Blind Date [blaɪnt dɛɪt] *nt* <- -(s), – -s> cita *f* a ciegas

Blinde(r) *mf* <-n, -n; -n, -n> ciego, -a *m, f;* **das sieht doch ein ~r!** ¡esto lo ve hasta un ciego!

Blindekuh ['---] *f:* **~ spielen** jugar a la gallina ciega; **Blindekuhspiel** *nt* <-(e)s, -e> (juego *m* de la) gallina *f* ciega

Blindenhund *m* <-(e)s, -e> (perro *m*) lazarillo *m;* **Blindenschrift** *f* <-, *ohne pl*> (alfabeto *m*) Braille *m,* escritura *f* Braille

blind|fliegen *irr vi sein s.* **blind 1.**

Blindflug *m* <-(e)s, -flüge> vuelo *m* sin visibilidad

Blindgänger[1] ['blɪntgɛŋɐ] *m* <-s, -> (*Geschoss*) proyectil *m* sin estallar

Blindgänger(in)[2] *m(f)* <-s, -; -, -nen> (*fam: Versager*) fracasado, -a *m, f*

blindgeboren *adj s.* **blind 1.**

blindgläubig **I.** *adj* llevado por una fe ciega **II.** *adv* con fe ciega; **jedem Menschen vertraut sie ~** confía ciegamente en todo el mundo; **~ führten sie seine Befehle aus** ejecutaron sus órdenes con una fe ciega

Blindheit *f* <-, *ohne pl*> ceguera *f,* ceguedad *f;* **angeborene ~** ceguera de nacimiento; **mit ~ geschlagen sein** tener una venda en los ojos

Blindlandung *f* <-, -en> (AERO) aterrizaje *m* sin visibilidad [*o* con instrumentos]

blindlings ['blɪntlɪŋs] *adv* (*unvorsichtig*) sin precaución, imprudentemente; (*unüberlegt*) a ciegas, sin pensar; (*ins Ungewisse*) al azar; **jdm ~ gehorchen** obedecer a alguien a ciegas

Blindschleiche ['blɪntʃlaɪçə] *f* <-, -n> lución *m*

blindwütig *adj* rabioso, furioso

blinken ['blɪŋkən] *vi* **1.** (*funkeln*) fulgurar; (*Stern*) centellear **2.** (*Blinkzeichen geben*) destellar **3.** (AUTO) poner el intermitente; **rechts ~** poner el intermitente derecho

Blinker *m* <-s, -> **1.** (AUTO) intermitente *m* **2.** (*zum Angeln*) cebo *m* metálico destellante; **Blinkerhebel** *m* <-s, -> (AUTO) palanca *f* del intermitente

Blinkfeuer *nt* <-s, -> (NAUT) faro *m* intermitente; **Blinklicht** *nt* <-(e)s, -er> (luz *f*) intermitente *m;* **Blinkzeichen** *nt* <-s, -> señal *f* (luminosa) intermitente; **~ geben** dar el intermitente

blinzeln ['blɪntsəln] *vi* parpadear

Blisterpackung *f* <-, -en> cubierta *f* transparente, envoltura *f* transparente

Blitz [blɪts] *m* <-es, -e> **1.** (PHYS, METEO) rayo *m;* (*zwischen Wolken*) relámpago *m;* **der ~ schlägt ein** el rayo cae; **die Nachricht schlug wie ein ~ ein** la noticia cayó como un rayo; **wie ein geölter ~** (*fam*) como un rayo, como una flecha, como un celaje *Am;* **wie vom ~ getroffen** como tocado por el rayo **2.** (FOTO) flash *m;* **Blitzableiter** *m* <-s, -> pararrayos *m inv;* **Blitzaktion** *f* <-, -en> acción *f* relámpago

blitzartig *adj* fulminante, veloz como un rayo

blitzblank ['-'-] *adj* reluciente, brillante, resplandeciente

blitzen *vi* **1.** (*strahlen*) brillar, relucir **2.** (FOTO: *fam*) utilizar un flash; **wir sind zu schnell gefahren und prompt geblitzt worden** hemos corrido mucho y nos ha pillado el radar **3.** (*beim Gewitter*) relampaguear; **es blitzt und donnert** hay truenos y relámpagos

Blitzesschnelle *f* <-, *ohne pl*> rapidez *f* del rayo; **in/mit ~** como una centella, como un rayo [*o* un relámpago]

Blitzgerät *nt* <-(e)s, -e> (FOTO) flash *m;* **blitzgescheit** *adj* (*fam*) agudo, listísimo; **Blitzgespräch** *nt* <-(e)s, -e> (TEL) conversación *f* relámpago

Blitzkarriere *f* <-, -n> carrera *f* fulgurante [*o* vertiginosa]; **eine ~ machen** llevar una carrera vertiginosa; **Blitzkrieg** *m* <-(e)s, -e> guerra *f* relámpago

Blitzlicht *nt* <-(e)s, -er> (FOTO) flash *m;* **Blitzlichtbirne** *f* <-, -n> (FOTO) bombilla *f* para flash [*o* flas]; **Blitzlichtgerät** *nt* <-(e)s, -e> (FOTO) flash *m;* **Blitzlichtgewitter** *nt* <-s, -> (*fam*) lluvia *f* de flashes; **Blitzlichtwürfel** *m* <-s, -> (FOTO) *s.* **Blitzwürfel**

blitzsauber ['-'--] *adj* (*fam*) limpísimo, limpio como una patena; **Blitzscheidung** *f* <-, -en> divorcio *m* relámpago; **Blitzschlag** *m* <-(e)s, -schläge> rayo *m;* **blitzschnell** ['-'-] *adj* (*fam*) (rápido) como un rayo

Blitzschutzanlage *f* <-, -n> pararrayos *m inv*

Blitzstrahl *m* <-(e)s, -en> (*geh*) rayo *m;* **Blitzumfrage** *f* <-, -n> encuesta *f* de última hora [*o* relámpago]; **Blitzwürfel** *m* <-s, -> (FOTO) cubo *m* de flash

Blizzard ['blɪzɐt] *m* <-s, -s> ventisca *f*

Block[1] [blɔk, *pl:* blœkə] *m* <-(e)s, Blöcke> **1.** (*Stein*) bloque *m* **2.** (POL) bloque *m*

Block[2] *m* <-(e)s, -s *o* Blöcke> **1.** (*Häuser~*) manzana *f*, bloque *m;* **einmal um den ~ laufen** dar una vuelta a la manzana **2.** (*Schreib~*) bloc *m*

Block[3] *m* <-(e)s, -s> **1.** (*Basketball*) bloque *m* **2.** (EISENB) bloqueo *m*

Blockade [blɔ'ka:də] *f* <-, -n> bloqueo *m;* **eine ~ verhängen** imponer un bloqueo

Blockbildung *f* <-, -en> (POL) formación *f* de bloques; **Blockbuchstabe** *m* <-n(s), -n> letra *f* de imprenta; **Blockdiagramm** *nt* <-s, -e> (INFOR) diagrama *m* de bloques

blocken *vi, vt* (SPORT) blocar

Blockflöte *f* <-, -n> flauta *f* dulce

blockfrei *adj* (POL) no alineado; **Blockfreienbewegung** *f* <-, -en> (POL) movimiento *m* de países no alineados; **Blockfreiheit** *f* <-, *ohne pl*> (POL) no alineación *f*

Blockhaus *nt* <-es, -häuser> casa *f* de troncos; **Blockhütte** *f* <-, -n> cabaña *f* de madera

blockieren* [blɔ'ki:rən] **I.** *vi* (*Räder, Bremsen*) bloquear **II.** *vt* (*Zugang, Verkehr*) cerrar, bloquear

Blocksatz *m* <-es, *ohne pl*> (TYPO) composición *f* en forma de bloque; **Blockschema** *nt* <-s, -s *o* -ta *o* -schemen> esquema *m* en bloques; **Blockschokolade** *f* <-, -n> ≈chocolate *m* a la piedra; **Blockschrift** *f* <-, *ohne pl*> letra *f* de imprenta; **Blockstelle** *f* <-, -n> (EISENB) puesto *m* de bloqueo; **Blockstunde** *f* <-, -n> (SCH) bloque *m* (*dos horas de clase seguidas en una misma asignatura*); **morgen haben wir die ersten beiden Stunden Bio als ~** mañana tenemos en las dos primeras horas un bloque de Biología; **Blockunterricht** *m* <-(e)s, *ohne pl*> enseñanza *f* en bloque

Blockwart *m* <-(e)s, -e> (HIST: *Nationalsozialismus*) *persona que durante el nazismo espiaba a sus vecinos*

blöd(e) [blø:t, 'blø:də] *adj* (*fam*) **1.** (*dumm*) tonto, bobo, apantallado *Mex;* **so ein ~er Kerl!** ¡qué tío más tonto! **2.** (*unangenehm*) fastidioso, tonto; **das ist eine ganz ~e Sache** es un asunto muy fastidioso; **lass dich nicht ~ anmachen!** (*fam*) ¡no te dejes enrollar mal!; **zu ~!** ¡lástima!

Blödelei[1] *f* <-, -en> (*fam: Bemerkung*) sandez *f*, chorrada *f*, parida *f*

Blödelei[2] *f* <-, *ohne pl*> (*fam: das Blödeln*) hacer el chorra *m;* **lass endlich diese ~!** ¡deja de hacer el chorra de una vez!

blödeln ['blø:dəln] *vi* hacer el tonto, tontear
blöderweise ['blø:dɐ'vaɪzə] *adj* infelizmente, desgraciadamente
Blödhammel *m* <-s, – *o* -hämmel> (*fam*) gilipollas *m inv*
Blödheit[1] *f* <-, *ohne pl*> (*Schwachsinnigkeit*) imbecilidad *f*
Blödheit[2] *f* <-, -en> (*törichte Handlung*) estupidez *f*, tontería *f*
Blödian ['blø:dia:n] *m* <-s, -e> (*fam*) tonto *m* perdido, gilipollas *m inv*
Blödmann *m* <-(e)s, -männer> imbécil *m;* (*Schimpfwort*) gilipollas *m inv;* **Blödsinn** *m* <-(e)s, *ohne pl*> (*fam*) disparate *m*, tontería *f*, gilipollez *f*, pavada *f CSur;* **mach keinen ~!** ¡no hagas tonterías!; **er redet nur ~** sólo dice pamplinadas [*o* pamplinas]; **komm mir nicht mit so einem ~** no me vengas con pamplinas
blödsinnig *adj* **1.** (*schwachsinnig*) imbécil **2.** (*fam: blöd*) idiota, imbécil; **so ein ~er Text!** ¡vaya texto más idiota!
blöken ['blø:kən] *vi* balar
blond [blɔnt] *adj* rubio; **ein ~es Bier** (*fam*) una cerveza rubia; **~ gefärbt** teñido de rubio, rubio teñido; **~ gefärbte Haare** pelo teñido de rubio; **~ gelockt** con rizos rubios
Blond *nt* <-s, -s> rubio *m;* **ihr Haar ist von einem dunklen ~** tiene el pelo de un rubio oscuro
Blonde(r) *mf* <-n, -n; -n, -n> rubio, -a *m, f*
blondgefärbt *adj s.* **blond**
blondgelockt *adj s.* **blond**
blondieren* *vt* teñir de rubio, oxigenar
Blondine [blɔn'di:nə] *f* <-, -n> rubia *f*
bloß [blo:s] **I.** *adj* **1.** (*unbedeckt*) descubierto; (*nackt*) desnudo; **mit ~em Oberkörper stand er auf der Bühne** estaba en el escenario con el pecho descubierto **2.** (*nichts als*) puro, mero; **seine ~e Anwesenheit** su pura presencia; **mit ~em Auge** a simple vista; **der ~e Gedanke macht mich nervös** sólo pensar en ello, me pone nervioso; **aus ~er Neugier** por pura curiosidad **II.** *adv* (*fam: nur*) únicamente, sólo; **er macht das ~ um mich zu ärgern** lo hace únicamente para enfadarme; **lass das ~!** ¡no se te ocurra meterte en eso!; **was hast du ~?** ¿pero qué te pasa?; **sag ~!** ¡no me digas!; **~ nicht jetzt!** ¡todo menos ahora!
Blöße ['blø:sə] *f* <-, -n> **1.** (*geh: Nacktheit*) desnudez *f* **2.** (*Schwachstelle*) punto *m* débil, flaqueza *f;* **sich** *dat* **eine ~ geben** mostrar su punto débil
bloß|legen *vt* sacar a la luz, descubrir; **bloß|liegen** *irr vi sein* (*unbedeckt*) yacer al descubierto; (*Geheimnis, Fund*) quedar al descubierto, salir a la luz; **bloß|stellen I.** *vt* (*Person*) desenmascarar, zarandear *Am* **II.** *vr:* **sich ~** exponerse; **bloß|strampeln** *vr:* **sich ~** destaparse (a fuerza de patalear); **in der Nacht strampelte sich der Säugling bloß** por la noche el bebé pataleó hasta acabar destapado
Blouson [blu'zɔ̃:] *m o nt* <-(s), -s> cazadora *f*
Blow-out [blɔʊ'ʔaʊt] *m* <-s, -s> reventón *m*
blubbern ['blʊbɐn] *vi* (*fam*) burbujear
Blücher ['blʏçɐ]: **rangehen wie ~** (*fam*) ir a por todas
Bluejeans *pl*, **Blue Jeans**[RR] ['blu:'dʒi:ns] *pl* vaquero(s) *m(pl)*, tejano(s) *m(pl)*
Blues [blu:s] *m* <-, -> (MUS) blues *m inv*
Bluff [blʊf] *m* <-s, -s> (*abw*) fanfarronada *f*, farol *m*, bolazo *m RíoPl*
bluffen ['blʊfən, 'blœfən] *vi* (*abw*) fanfarronear, tirarse un farol, blofear *ZAm, Mex*
blühen ['bly:ən] *vi* **1.** (*Pflanzen*) florecer, florear *Am* **2.** (*Geschäft, Handel*) prosperar, florecer, florear *Am* **3.** (*fam: bevorstehen*) suceder, pasar; **das kann mir auch noch ~** esto también me puede suceder a mí
blühend ['bly:ənt] *adj* **1.** (*Pflanze, Sprache*) florido; (*Frau*) fresco, rozagante; (*Gesichtsfarbe*) saludable **2.** (*Geschäft, Stadt*) próspero, floreciente; (*Fantasie*) exuberante; **sie starb im ~en Alter** murió en la flor de la vida
Blühet ['bly:ət] *m* <-s, *ohne pl*> (*Schweiz: Blütezeit*) floración *f*, florescencia *f*
Blume ['blu:mə] *f* <-, -n> **1.** (BOT) flor *f;* **~n pflanzen/pflücken/säen** plantar/coger/sembrar flores; **die blaue ~** (LIT) la flor azul; **jdm etw durch die ~ sagen** soltar [*o* decir] una indirecta a alguien **2.** (*von Wein*) bouquet *m*, aroma *m* **3.** (*auf Bier*) espuma *f;* **Blumenbank** *f* <-, -bänke> alféizar *m* (de la ventana) lleno de flores, ventana *f* llena de flores; **Blumenbeet** *nt* <-(e)s, -e> arriate *m*, macizo *m* de flores; **Blumenerde** *f* <-, -n> tierra *f* para plantas, su(b)strato *m* vegetal; **Blumenfrau** *f* <-, -en> florista *f*, vendedora *f* de flores; **Blumengeschäft** *nt* <-(e)s, -e> floristería *f*, tienda *f* de flores; **blumengeschmückt** *adj* adornado con flores; **Blumenhändler(in)** *m(f)* <-s, -; -, -nen> florista *mf;* **Blumenkasten** *m* <-s, -kästen> jardinera *f*, macetero *m Am;* **Blumenkohl** *m* <-(e)s, *ohne pl*> coliflor *f;* **Blumenladen** *m* <-s, -läden> floristería *f;* **Blumenmädchen** *nt* <-s, -> florista *f;* **Blumenmann** *m* <-(e)s, -männer> florista *m*, vendedor *m* de flores; **Blumenmuster** *nt* <-s, -> estampado *m* de flores, flores *fpl* estampadas; **diese Vorhänge haben ein ~ aus Seerosen** estas cortinas tienen un estampado de nenúfares; **Blumenständer** *m* <-s, -> macetero *m*, jardinera *f;* **Blumenstock** *m* <-(e)s, -stöcke> planta *f* (en maceta); **ich schenke ihr lieber einen ~ als einen Blumenstrauß** prefiero regalarle una planta antes que un ramo de flores; **Blumenstrauß** *m* <-es, -sträuße> ramo *m* de flores, maceta *f Chil;* **Blumentopf** *m* <-(e)s, -töpfe> maceta *f*, tiesto *m;* **damit kannst du hier aber keinen ~ gewinnen** con eso no llegarás a nada; **Blumenvase** *f* <-, -n> florero *m;* **Blumenzwiebel** *f* <-, -n> bulbo *m*

B

blumig ['blu:mɪç] *adj* **1.** (*Wein*) con bouquet, con aroma **2.** (*Stil*) florido; (*abw*) amanerado

Bluse ['blu:zə] *f* <-, -n> blusa *f*

Blust [blu:st, blʊst] *m o nt* <-(e)s, *ohne pl*> (*Schweiz: Blüte*) flor *f*; (*Blütezeit*) floración *f*

Blut [blu:t] *nt* <-(e)s, *ohne pl*> sangre *f*; **~ bildend** (MED) hematopoyético; **blaues ~ haben** tener sangre azul; **jdm ~ abnehmen** sacar [*o* extraer] sangre a alguien; **es floss ~** corrió la sangre; **er kann kein ~ sehen** no puede ver la sangre; **ruhig ~ bewahren** guardar la sangre fría; **böses ~ machen** (*fig*) hacer mala sangre, pudrir la sangre; **jdn bis aufs ~ reizen** pudrirle [*o* quemarle] la sangre a alguien; **~ vergießen** derramar sangre; **etw liegt jdm im ~** alguien lleva algo en la sangre; **~ und Wasser schwitzen** (*fam*) sudar la gota gorda; **jdm gefriert das ~ in den Adern** a alguien se le hiela la sangre en las venas; **er hat ~ geleckt** (*fam*) ha tomado gusto; **unsere Firma braucht frisches ~** (*fig*) nuestra empresa necesita gente joven; **Blutabnahme** *f* <-, -n> extracción *f* de sangre

Blutalkohol *m* <-s, *ohne pl*>, **Blutalkoholgehalt** *m* <-(e)s, -e> contenido *m* de alcohol en la sangre; **zu hoher ~** demasiado alcohol en la sangre; **Blutalkoholspiegel** *m* <-s, -> (MED) prueba *f* de alcoholemia

Blutandrang *m* <-(e)s, *ohne pl*> congestión *f* sanguínea; **blutarm** *adj* (MED) anémico; **Blutarmut** *f* <-, *ohne pl*> (MED) anemia *f*; **Blutbad** *nt* <-(e)s, -bäder> derramamiento *m* de sangre, baño *m* de sangre; **ein ~ anrichten** provocar un derramamiento de sangre; **Blutbahn** *f* <-, -en> (ANAT) vasos *mpl* sanguíneos, sistema *m* circulatorio; **in die ~ geraten** introducirse en el sistema circulatorio [*o* en la sangre]; **Blutbank** *f* <-, -en> (MED) banco *m* de sangre; **blutbefleckt** *adj* lleno de sangre, ensangrentado; **blutbeschmiert** *adj* ensangrentado; (*bedeckt*) cubierto de sangre; (*getränkt*) empapado de sangre; (*befleckt*) manchado de sangre; **er wechselte den ~en Verband** cambió el vendaje empapado de sangre; **Blutbild** *nt* <-(e)s, -er> cuadro *m* hemático, cuadro *m* sanguíneo; **rotes/weißes ~** (MED) cuadro hemático rojo/blanco; **blutbildend** *adj s.* Blut; **Blutbildung** *f* <-, *ohne pl*> (MED) formación *f* de sangre; **Blutblase** *f* <-, -n> ampolla *f* sanguinolenta; **Blutbuche** *f* <-, -n> (BOT) haya *f* purpúrea

Blutdruck *m* <-(e)s, *ohne pl*> (MED) tensión *f* arterial, presión *f* sanguínea; **hohen/niedrigen ~ haben** tener la tensión alta/baja; **den ~ messen** tomar la tensión; **Blutdruckmesser** *m* <-s, -> (MED) tonómetro *m*; **Blutdruckmessgerät**[RR] *nt* <-(e)s, -e> (MED) esfigmomanómetro *m*; **blutdrucksenkend** **I.** *adj* hipotensor; **Knoblauch enthält eine ~e Substanz** el ajo contiene una sustancia hipotensora **II.** *adv* de efecto hipotensor; **~ wirken** tener efectos hipotensores

Blüte[1] ['bly:tə] *f* <-, -n> **1.** (BOT) flor *f*; **seltsame ~n treiben** (*fig*) tomar proporciones alarmantes **2.** (*fam: Banknote*) billete *m* falso [*o* falsificado]

Blüte[2] *f* <-, *ohne pl*> **1.** (*das Blühen*) floración *f*; **die Bäume stehen in voller ~** los árboles están en plena floración **2.** (*Wohlstand*) prosperidad *f*, florecimiento *m* **3.** (*Höhepunkt*) florecimiento *m*, apogeo *m*; **Kunst und Wissenschaft standen in hoher ~** las artes y las ciencias estaban en pleno florecimiento

Blutegel ['blu:tʔe:gəl] *m* <-s, -> sanguijuela *f*

bluten ['blu:tən] *vi* sangrar; **mir blutet das Herz** (*fig*) se me rompe [*o* desgarra] el corazón

Blütenbecher *m* <-s, -> (BOT) fritilaria *f*, cúpula *f*; **Blütenblatt** *nt* <-(e)s, -blätter> pétalo *m*; **Blütenhonig** *m* <-s, -e> miel *f* de flores

Blütenkelch *m* <-(e)s, -e> (BOT) cáliz *m*; **Blütenkelchblatt** *nt* <-(e)s, -blätter> (BOT) sépalo *m* del cáliz

Blütenknospe *f* <-, -n> capullo *m* (de flor), botón *m*; **Blütenpflanze** *f* <-, -n> (ÖKOL) fanerógama *f*; **Blütenstand** *m* <-(e)s, -stände> (BOT) inflorescencia *f*; **männlicher/weiblicher ~** inflorescencia masculina/femenina; **Blütenstaub** *m* <-(e)s, *ohne pl*> polen *m*

Blutentnahme *f* <-, -n> (MED) extracción *f* de sangre

blütenweiß *adj* blanquísimo, blanco como la flor de almendro; **Blütenzweig** *m* <-(e)s, -e> rama *f* florida [*o* florecida]

Bluter(in) ['blu:tɐ] *m(f)* <-s, -; -, -nen> (MED) hemofílico, -a *m, f*

Bluterguss[RR] ['blu:tʔɛɐgʊs] *m* <-es, -güsse> (MED) derrame *m* sanguíneo, hematoma *m*

Bluterin *f* <-, -nen> *s.* **Bluter**

Bluterkrankheit ['blu:tɐ-] *f* <-, -en> (MED) hemofilia *f*

Blutersatzmittel *nt* <-s, -> sustitutivo *m* sanguíneo

Blütezeit *f* <-, -en> floración *f*; (*fig*) apogeo *m*

Blutfaktor *m* <-s, -en> (MED) factor *m* sanguíneo; **~ VIII** factor sanguíneo VIII; **Blutfarbstoff** *m* <-(e)s, -e> (MED) hemoglobina *f*; **Blutfettwerte** *mpl* (MED) índices *mpl* de albúmina; **Blutfleck** *m* <-(e)s, -e> mancha *f* de sangre; **Blutgefäß** *nt* <-es, -e> (ANAT) vaso *m* sanguíneo; **Blutgerinnsel** *nt* <-s, -> coágulo *m* de sangre; **Blutgerinnung** *f* <-, *ohne pl*> (MED) coagulación *f* de la sangre; **blutgierig** *adj* (*geh*) sanguinario, sediento de sangre; (*a. fig*) cruel

Blutgruppe *f* <-, -n> (MED) grupo *m* sanguíneo; **Blutgruppenbestimmung** *f* <-, -en> (MED) determinación *f* del grupo sanguíneo

Bluthochdruck *m* <-(e)s, *ohne pl*> (MED) hipertensión *f* arterial; **Bluthund** *m* <-(e)s, -e> perro *m* de presa; **Bluthusten** *m* <-s, -> (MED) tos *f* con expectoración sanguínea

blutig *adj* **1.** (*blutbefleckt*) ensangrentado **2.** (*Kampf*) sangriento **3.** (*verstärkend*) muy, mucho; **ein ~er Anfänger** un novato; **es ist mir ~er Ernst** lo digo muy en serio

blutjung ['-'-] *adj* muy joven; **damals war er noch ~** por aquel entonces era todavía muy joven

Blutkonserve *f* <-, -n> (MED) conserva *f* de sangre; **Blutkörperchen** ['blu:tkœrpɐçən] *nt* <-s, -> glóbulo *m* de sangre, hematocito *m;* **Blutkrankheit** *f* <-, -en> (MED) enfermedad *f* de la sangre; **Blutkrebs** *m* <-es, -e> (MED) leucemia *f;* **Blutkreislauf** *m* <-(e)s, -läufe> (MED) circulación *f* sanguínea; **Blutlache** *f* <-, -n> charco *m* de sangre; **blutleer** *adj* exangüe, desangrado; **Blutniederdruck** *m* <-(e)s, *ohne pl*> (MED) presión *f* arterial baja; **Blutorange** *f* <-, -n> naranja *f* de sangre, sanguina *f;* **Blutplasma** *nt* <-s, -plasmen> (MED) plasma *m* sanguíneo

Blutplättchen ['blu:tplɛtçən] *nt* <-s, -> (MED) plaqueta *f* sanguínea, trombocito *m;* **Blutplättchenmangel** *m* <-s, *ohne pl*> (MED) escasez *f* de plaquetas sanguíneas

Blutpräparat *nt* <-(e)s, -e> (MED) preparado *m* de sangre; **Blutprobe** *f* <-, -n> (MED) prueba *f* de sangre; **Blutrache** *f* <-, *ohne pl*> vendetta *f,* venganza *f* sangrienta; **Blutrausch** *m* <-(e)s, -räusche> delirio *m* homicida; **blutreinigend I.** *adj* (MED) depurativo **II.** *adv* (MED) de efecto depurativo [*o* depuratorio]; **~ wirken** tener efectos depurativos; **blutrot** ['-'-] *adj* rojo vivo [*o* de sangre]

blutrünstig ['blu:trʏnstɪç] *adj* sangriento, sanguinario

Blutsauger *m* <-s, -> **1.** (*Tier*) sanguijuela *f* **2.** (*abw: Mensch*) sanguijuela *f,* vampiro *m*

Blutsbruder *m* <-s, -brüder> amigo *m* íntimo (*con el que la amistad se selló con sangre*); **Blutsbrüderschaft** *f* <-, *ohne pl*> hermandad *f* de sangre; **~ schließen** sellar la hermandad con sangre

Blutschande *f* <-, *ohne pl*> incesto *m;* **Blutschuld** *f* <-, *ohne pl*> (*geh*) crimen *m* cruento, asesinato *m* cruento; **er lud eine schwere ~ auf sich** manchó sus manos con un crimen; **Blutschwamm** *m* <-(e)s, -schwämme> (MED) angioma *m;* **Blutsenkung** *f* <-, -en> (MED) sedimentación *f* de sangre; **Blutserum** *nt* <-s, -seren *o* -sera> (MED) suero *m* sanguíneo; **Blutspende** *f* <-, -n> donación *f* de sangre; **Blutspenden** *nt* <-s, *ohne pl*> donación *f* de sangre; **Blutspender(in)** *m(f)* <-s, -; -, -nen> donante *mf* de sangre; **Blutspucken** *nt* <-s, *ohne pl*> (MED) expectoración *f* sanguínea; **Blutspur** *f* <-, -en> huella *f* de sangre

blutstillend *adj* hemostático

Blutstropfen *m* <-s, -> (MED) gota *f* de sangre

Blutstuhl *m* <-(e)s, -stühle> (MED) deposición *f* de sangre, melena *f;* **Blutsturz** *m* <-es, -stürze> (MED) hemorragia *f;* (*aus dem Mund*) vómito *m* de sangre; (*aus der Scheide*) hemorragia *f* vaginal; (*aus der Nase*) hemorragia *f* nasal

blutsverwandt *adj* consanguíneo; **Blutsverwandte(r)** *mf* <-n, -n; -n, -n> pariente *mf* consanguíneo, -a; **Blutsverwandtschaft** *f* <-, -en> (MED) parentesco *m* por consanguinidad

blutt *adj* (*Schweiz: nackt*) desnudo

Bluttat ['blu:tta:t] *f* <-, -en> acto *m* cruento, crimen *m* sangriento; (*Mord*) asesinato *m*

blütteln ['blʏtəln] *vi* (*Schweiz: sich nackt zeigen*) mostrarse [*o* exhibirse] desnudo

Bluttest *m* <-(e)s, -s> análisis *m inv* de sangre; **Bluttransfusion** *f* <-, -en> (MED) transfusión *f* de sangre; **blutüberströmt** ['blu:ty:bɐ(')strø:mt] *adj* bañado en sangre; **Blutübertragung** *f* <-, -en> (MED) transfusión *f* de sangre

Blutung *f* <-, -en> hemorragia *f;* **innere ~en** hemorragias internas; **die monatliche ~** la menstruación; **Blutungsstörungen** *fpl* perturbaciones *fpl* menstruales

blutunterlaufen ['blu:tʊntɐ(')laʊfən] *adj* inyectado en sangre; **Blutuntersuchung** *f* <-, -en> (MED) análisis *m inv* de sangre; **Blutvergießen** *nt* <-s, *ohne pl*> (*geh*) derramamiento *m* de sangre; **Blutvergiftung** *f* <-, -en> septicemia *f,* intoxicación *f* de la sangre; **Blutverlust** *m* <-(e)s, *ohne pl*> pérdida *f* de sangre, hemorragia *f;* **Blutwäsche** *f* <-, -n> (MED) depuración *f* de la sangre; **Blutwurst** *f* <-, -würste> morcilla *f;* **Blutzirkulation** *f* <-, -en> (MED) circulación *f* sanguínea; **Blutzoll** *m* <-(e)s, -zölle> (*geh*) tributo *m* de sangre; **einen hohen ~ fordern** costar mucha sangre, cobrarse muchas vidas

Blutzucker *m* <-s, *ohne pl*> (MED) glucemia *f,* glucosa *f* en la sangre; **Blutzuckerbestimmung** *f* <-, -en> (MED) determinación *f* de azúcar en la sangre; **Blutzuckermessgerät**[RR] *nt* <-(e)s, -e> (MED) medidor *m* de azúcar en la sangre; **Blutzuckerspiegel** *m* <-s, -> (MED) nivel *m* de azúcar en la sangre; **einen hohen ~ haben** tener el azúcar muy alto

Blutzufuhr *f* <-, *ohne pl*> (MED) riego *m* sanguíneo

BLZ [be:ʔɛl'tsɛt] (FIN) *Abk. von* **Bankleitzahl** código *m* de identificación bancaria

b-Moll *nt* <-s, *ohne pl*> (MUS) si *m* bemol menor

BMPT *nt* <-, *ohne pl*> *Abk. von* **Bundesministerium für Post und Telekommunikation** Ministerio *m* Federal de Correos y Telecomunicaciones

BMX-Rad [beːʔɛmˈʔɪksraːt] *nt* <-es, -Räder> bicicleta *f* BMX

BND [beːʔɛnˈdeː] *m* <-, *ohne pl*> *Abk. von* **Bundesnachrichtendienst** servicio *m* secreto de la República Federal de Alemania

Bö [bøː] *f* <-, -en> ráfaga *f*, racha *f*

Boa [ˈboːa] *f* <-, -s> (*a.* ZOOL) boa *f*

Bob [bɔp] *m* <-s, -s> (SPORT) bob(sleigh) *m;* **Bobbahn** *f* <-, -en> (SPORT) pista *f* de bobsleigh; **Bobfahrer(in)** *m(f)* <-s, -; -, -nen> (SPORT) corredor(a) *m(f)* de bobsleigh

Boccia *nt o f* <-, -s> bocha *f*, balero *m Am*

Bock [bɔk, *pl:* ˈbœkə] *m* <-(e)s, Böcke> **1.** (ZOOL) macho *m* (*de cabras, ovejas, corzos...*); (*Ziegen~*) macho *m* cabrío; **einen ~ schießen** (*fig*) meter la pata **2.** (*fam: Mensch*) tío *m*, tipo *m;* **er ist ein geiler ~** es un viejo verde; **er ist ein sturer ~** es un tío tozudo **3.** (*fam: Lust*) gana(s) *f(pl)* (*auf* de); **er hat (keinen) ~ zu tanzen** (no) tiene ganas de bailar **4.** (SPORT) potro *m* **5.** (*Gestell*) caballete *m* **6.** (*Hebe~*) cabria *f;* (AUTO) gato *m* **7.** (*Kutsch~*) pescante *m*

bockbeinig *adj* (*fam*) tozudo, terco, testarudo

Bockbier *nt* <-(e)s, -e> cerveza *f* fuerte

bocken *vi* **1.** (*Kind*) ponerse terco [*o* tozudo]; (*Tier*) ponerse terco [*o* tozudo], empacarse *Am* **2.** (*Motor*) andar a trancas y barrancas

bockig *adj* tozudo, cabezota

Bockleiter *f* <-, -n> escalera *f* de tijera [*o* doble]

Bockmist *m* <-(e)s, *ohne pl*> (*fam*) chorradas *fpl;* **~ machen** [*o* **bauen**] (*Unsinn machen*) hacer tonterías; (*etw verbocken*) joder el invento *vulg;* **wie kann man nur so einen ~ verzapfen!** ¡pero cómo se puede soltar tal sarta de chorradas!

Bocksbeutel *m* <-s, -> (*Weinflasche*) *botella panzuda para el vino de Franconia;* (*Wein*) vino *m* de Franconia; **Bockshorn** [ˈbɔkshɔrn] *nt* <-s, *ohne pl*> (*fam*): **jdn ins ~ jagen** intimidar [*o* amedrentar] a alguien

Bockspringen *nt* <-s, *ohne pl*> (SPORT) salto *m* de potro; **Bocksprung** *m* <-(e)s, -sprünge> (*a.* SPORT) salto *m* de potro

Bockwurst *f* <-, -würste> salchicha *f* cocida

Boden¹ [ˈboːdən, *pl:* ˈbøːdən] *m* <-s, Böden> **1.** (*Erd~*) tierra *f*, terreno *m;* (*Fuß~*) suelo *m;* **zu ~ fallen** caer al suelo; **(wieder) festen ~ unter den Füßen haben** (*fig*) (volver a) tener el porvenir asegurado; **der Vorschlag fiel bei ihm auf fruchtbaren ~** la propuesta tuvo buena acogida por su parte; **die Siedlung wurde in wenigen Monaten aus dem ~ gestampft** la urbanización surgió de la nada en pocos meses; **den ~ unter den Füßen verlieren** perder pie; **jdm den ~ unter den Füßen wegziehen** privar a alguien de su base existencial; **am ~ zerstört sein** estar con el ánimo por los suelos; **ich würde am liebsten im ~ versinken** se me cae la cara de vergüenza, ¡tierra, trágame!; **durch alle Böden (hindurch)** (*Schweiz*) cueste lo que cueste **2.** (*von Gefäß, Meer*) fondo *m* **3.** (*Dach~*) desván *m;* (*Dachwohnung*) ático *m* **4.** (*eines Regals*) balda *f*

Boden² *m* <-s, *ohne pl*> **1.** (*Gebiet*) territorio *m*, terreno *m;* **auf italienischem ~** en territorio italiano; **an ~ gewinnen** ganar terreno **2.** (*Grundlage*) base *f*, fundamento *m;* **auf dem ~ der Tatsachen stehen** estar con los pies en el suelo; **auf den ~ der Tatsachen zurückkommen** volver a la realidad

Bodenaustausch *m* <-(e)s, *ohne pl*> (ÖKOL) recambio *m* del suelo, sustitución *f* del suelo; **Bodenbedeckung** *f* <-, -en> cubierta *f* del suelo; **Bodenbelag** *m* <-(e)s, -läge> revestimiento *m* del suelo, pavimento *m;* **Bodenbelastung** *f* <-, -en> contaminación *f* del suelo; **Bodenbeschaffenheit** *f* <-, -en> (AGR) composición *f* del suelo; **Bodenbewirtschaftung** *f* <-, -en> (AGR) explotación *f* del suelo; **Bodenbonität** *f* <-, -en> (AGR) calidad *f* del suelo; **Bodendecker** *m* <-s, -> (BOT) planta *f* rastrera; **Bodenerhebung** *f* <-, -en> elevación *f* del terreno; **Bodenerosion** *f* <-, -en> (ÖKOL) erosión *f* del suelo; **Bodenertrag** *m* <-(e)s, -träge> productividad *f* del suelo; **Bodenfauna** *f* <-, -faunen> fauna *f* terrestre; **Bodenfeuchtigkeit** *f* <-, *ohne pl*> humedad *f* del suelo; **Bodenflora** *f* <-, -floren> flora *f* del suelo; **Bodenfrost** *m* <-(e)s, *ohne pl*> helada *f* del suelo; **Bodengewinn** *m* <-(e)s, -e> producto *m* del suelo; **Bodengüte** *f* <-, *ohne pl*> (AGR) calidad *f* del suelo; **Bodenhaftung** *f* <-, *ohne pl*> (AUTO) adherencia *f* de las ruedas al suelo; **Bodenhorizont** *m* <-(e)s, -e> (GEO) horizonte *m*

Bodenkammer *f* <-, -n> (*reg*) buhardilla *f*

Bodenkataster *m o nt* <-s, -> catastro *m* de tierras; **Bodenkontrolle** *f* <-, -n> (AERO) control *m* de tierra; **Bodenkrume** *f* <-, -n> capa *f* vegetal; **Bodenkunde** *f* <-, *ohne pl*> (GEO) edafología *f*, pedología *f*

bodenlos *adj* **1.** (*tief*) sin fondo **2.** (*fam: unerhört*) increíble, inaudito; **eine ~e Frechheit** una desfachatez sin nombre

Bodennährstoff *m* <-(e)s, -e> alimento *m* para el suelo; **Bodennebel** *m* <-s, *ohne pl*> neblina *f*, niebla *f*

Bodennutzung *f* <-, -en> (AGR) explotación *f* de la tierra; **Bodennutzungssystem** *nt* <-s, -e> (AGR) sistema *m* de explotación del suelo

Bodenpersonal *nt* <-s, *ohne pl*> (AERO) personal *m* de tierra; **Bodenpolitik** *f* <-, *ohne pl*> (POL) política *f* del suelo; **Bodenprobe** *f* <-, -n> (AGR) prueba *f* del suelo; **Bodenreform** *f* <-, -en> (JUR) reforma *f* agraria; **Bodensatz** *m* <-es, -sätze> poso *m*, sedimento *m;* **Bodenschätze** *mpl* riquezas *fpl* naturales

Bodenschutzgesetz *nt* <-es, -e> ley *f* sobre la protección del suelo

Bodensee *m* <-s> lago *m* de Constanza

Bodensicht *f* <-, *ohne pl*> (AERO) visibilidad *f* del suelo; **Bodenspekulation** *f* <-, -en> especulación *f* del suelo

bodenständig *adj* arraigado

Bodenstation *f* <-, -en> (TEL) estación *f* de tierra; **Bodenstreitkräfte** *fpl* (MIL) infantería *f;* **Bodenturnen** *nt* <-s, *ohne pl*> (SPORT) gimnasia *f* de suelo; **Bodenuntersuchung** *f* <-, -en> (AGR, ÖKOL) examinación *f* de la composición del suelo; **Bodenvase** *f* <-, -n> jarrón *m* para poner en el suelo; **Bodenvergiftung** *f* <-, -en> contaminación *f* del suelo; **Bodenverschmutzung** *f* <-, -en> (ÖKOL) contaminación *f* del suelo [*o* de suelos]; **Bodenversiegelung** *f* <-, -en> (GEO) sellado *m* del fondo; **Bodenwelle** *f* <-, -n> **1.** (*des Bodens*) ondulación *f* del terreno [*o* del suelo] **2.** (ELEK, RADIO) onda *f* terrestre; **Bodenwind** *m* <-(e)s, -e> viento *m* a ras de tierra

Body ['bɔdi] *m* <-s, -s> **1.** (*Kleidungsstück*) body *m* **2.** (INFOR, TEL) texto *m* del mensaje (*correo electrónico*)

Bodybuilding ['bɔdibɪldɪŋ] *nt* <-s, *ohne pl*> bodybuilding *m*

Bodysuit ['bɔdisjuːt] *m* <-(s), -s> body *m*

Böe ['bøːə] *f* <-, -n> ráfaga *f,* racha *f*

Bofist ['boːfɪst, bo'fɪst] *m* <-(e)s, -e> (BOT) bejín *m*

bog [boːk] *3. imp von* **biegen**

Bogen ['boːgən, *pl:* 'bøːgən] *m* <-s, -, *südd, Österr:* Bögen> **1.** (*Kurve*) curva *f;* **der Weg macht hier einen ~** el camino hace aquí una curva; **einen großen ~ um jdn/etw machen** (*fam*) evitar a alguien/algo; **er hat den ~ raus** (*fam*) ya sabe por dónde van los tiros; **jdn in hohem ~ hinauswerfen** (*fam*) mandar a alguien a freír espárragos **2.** (*Sportgerät*) arco *m;* **den ~ überspannen** (*fam*) ir demasiado lejos **3.** (ARCHIT, MUS, MATH) arco *m* **4.** (*Blatt Papier*) hoja *f,* pliego *m;* **Bogenfenster** *nt* <-s, -> ventana *f* arqueada [*o* en forma de arco]

bogenförmig ['boːgənfœrmɪç] *adj* arqueado, en arco

Bogengang *m* <-(e)s, -gänge> (ARCHIT) arcada *f;* **Bogenlampe** *f* <-, -n> (ELEK) lámpara *f* de arco; **Bogenschießen** *nt* <-s, *ohne pl*> (SPORT) tiro *m* de arco; **Bogenschütze, -in** *m, f* <-n, -n; -, -nen> (SPORT) arquero, -a *m, f;* **Bogensehne** *f* <-, -n> (SPORT) cuerda *f* de arco

Boheme [bo'eːm, bo'ɛːm] *f* <-, *ohne pl*> (*geh*) bohemia *f*

Bohemien [boe'mjɛ̃ː] *m* <-s, -s> (*geh*) bohemio *m*

Bohle ['boːlə] *f* <-, -n> tabla *f,* madero *m*

Böhme, -in ['bøːmə] *m, f* <-n, -n; -, -nen> bohemio, -a *m, f,* habitante *mf* de Bohemia

Böhmen ['bøːmən] *nt* <-s> Bohemia *f*

Böhmin *f* <-, -nen> *s.* **Böhme**

böhmisch ['bøːmɪʃ] *adj* bohemio; **das sind ~e Dörfer für mich** esto me suena a chino

Bohne ['boːnə] *f* <-, -n> **1.** (BOT) judía *f,* alubia *f,* poroto *m SAm;* **dicke ~n** habas *fpl;* **grüne ~n** judías verdes, ejotes *mpl ZAm, Mex;* **rote ~n** alubias rojas; **weiße ~n** judías blancas **2.** (*Kaffee~*) grano *m* de café; **nicht die ~!** (*fam*) ¡ni pizca!; **das ist nicht die ~ wert!** esto no vale un comino; **~n in den Ohren haben** hacer oídos de mercader; **Bohneneintopf** *m* <-(e)s, -töpfe> potaje *m* de judías; **Bohnenkaffee** *m* <-s, *ohne pl*> café *m* en grano; **Bohnenkraut** *nt* <-(e)s, *ohne pl*> ajedrea *f* de jardín; **Bohnensalat** *m* <-(e)s, -e> ensalada *f* de judías; **Bohnenstange** *f* <-, -n> rodrigón *m;* **Bohnenstroh** *nt:* **dumm wie ~** (*fam*) tonto del haba [*o* del bote], tonto de capirote [*o* de remate]; **Bohnensuppe** *f* <-, -n> sopa *f* de alubias

Bohner *m* <-s, ->, **Bohnerbesen** *m* <-s, -> encerador *m* de pisos; **Bohnermaschine** *f* <-, -n> enceradora *f* de pisos

bohnern ['boːnɐn] *vi, vt* encerar

Bohnerwachs *nt* <-es, -e> cera *f* para el piso

bohren ['boːrən] **I.** *vt* **1.** (*Loch*) perforar, hacer; (*Brunnen*) (ex)cavar, perforar; **ein Loch in die Wand ~** hacer un agujero en la pared **2.** (*mit Bohrer in Material*) taladrar, barrenar; **in der Nase ~** meterse el dedo en la nariz **II.** *vi* **1.** (*fam: fragen*) insistir, dar la lata; **er bohrte solange, bis sie nachgab** insistió hasta hacerla ceder **2.** (*nach Öl, Wasser*) buscar, hacer prospecciones **3.** (*Zahnarzt*) taladrar **III.** *vr:* **sich in etw ~** penetrar en algo; **sich durch etw ~** penetrar por algo

bohrend *adj:* **ein ~er Blick** una mirada fulminante; **mit ~er Reue** torturado por el remordimiento; **ein ~er Schmerz** un dolor lacerante; **~e Zweifel** dudas atormentadoras

Bohrer[1] *m* <-s, -> taladro *m,* taladradora *f,* barrena *f*

Bohrer(in)[2] *m(f)* <-s, -; -, -nen> perforador(a) *m(f),* taladrador(a) *m(f)*

Bohrfeld *nt* <-(e)s, -er> campo *m* de perforaciones, zona *f* de extracción petrolífera; **Bohrinsel** ['boːɐʔɪnzəl] *f* <-, -n> plataforma *f* de sondeo; **Bohrloch** *nt* <-(e)s, -löcher> agujero *m* de perforación; (*für Erdöl*) pozo *m* de sondeo [*o* de petróleo]; **Bohrmaschine** *f* <-, -n> taladradora *f;* **Bohrprobe** *f* <-, -n> prospección *f* petrolífera; **Bohrturm** *m* <-(e)s, -türme> castillete *m* de sondeo, torre *f* de perforación

Bohrung *f* <-, -en> **1.** (*das Bohren*) perforación *f* **2.** (*Bohrloch*) agujero *m* de perforación; **eine ~ niederbringen** ahondar una perforación

böig ['bøːɪç] *adj* por ráfagas, racheado; **~ auffrischen** rachear

Boiler ['bɔɪlɐ] *m* <-s, -> calentador *m* (de agua), termosifón *m,* calefón *m Arg*

Boje ['bo:jə] *f* <-, -n> (NAUT) boya *f*

Bolero [bo'le:ro] *m* <-s, -s> **1.** (*Tanz*) bolero *m* **2.** (*Jäckchen*) torera *f*

Bolivianer(in) [boli'vja:nɐ] *m(f)* <-s, -; -, -nen> boliviano, -a *m, f*

bolivianisch *adj* boliviano

Bolivien [bo'li:viən] *nt* <-s> Bolivia *f*

Böller ['bœlɐ] *m* <-s, -> mortero *m*

bollern *vi* (*reg: poltern*): **gegen etw ~** golpear algo; **jemand bollerte mit der Faust gegen die Fensterläden** alguien golpeó las contraventanas con el puño

Böllerschuss[RR] *m* <-es, -schüsse> salva *f;* (*als Begrüßung*) salva *f* de honor; **der König wurde mit zehn Böllerschüssen begrüßt** el rey fue saludado con diez salvas de honor

Bollwerk ['bɔlvɛrk] *nt* <-(e)s, -e> **1.** (NAUT) muelle *m* **2.** (*fig: Festung*) baluarte *m*

Bolschewik(in) [bɔlʃe'vɪk] *m(f)* <-en, -en *o* -i; -, -nen> bolchevique *mf*

Bolschewismus [bɔlʃe'vɪsmʊs] *m* <-, *ohne pl*> bolchevismo *m*

Bolschewist(in) *m(f)* <-en, -en; -, -nen> bolchevique *mf*

bolschewistisch *adj* bolchevique

bolzen ['bɔltsən] **I.** *vi* (*fam: Fußball spielen*) patear el balón, chutar; **gehst du mit uns ~?** ¿vienes a dar unos chutes? **II.** *vt* (*fam*) patear; **er hat den Ball in die Schaufensterscheibe gebolzt** ha mandado el balón de una patada contra la luna del escaparate

Bolzen ['bɔltsən] *m* <-s, -> perno *m,* clavija *f;* **Bolzenschneider** *m* <-s, -> cortapernos *m inv*

Bombardement [bɔmbardə'mã:] *nt* <-s, -s, *Schweiz:* -e> (MIL) bombardeo *m*

bombardieren* [bɔmbar'di:rən] *vt* **1.** (MIL) bombardear **2.** (*fam: überhäufen*) acribillar (*mit* a); **sie wurde mit Fragen bombardiert** la acribillaron a preguntas

Bombardierung *f* <-, -en> **1.** (MIL) bombardeo *m;* **die Stadt hielt der schweren ~ stand** la ciudad resistió el intenso bombardeo **2.** (*fam: Überhäufung*) bombardeo *m* (*mit* de), acoso *m* (*mit* de); **eine ~ mit Fragen/Vorwürfen** un bombardeo de preguntas/de reproches

Bombast [bɔm'bast] *m* <-(e)s, *ohne pl*> (*abw*) **1.** (*Redeschwulst*) ampulosidad *f;* **leerer ~** pura palabrería **2.** (*Pomp*) pomposidad *f*

bombastisch [bɔm'bastɪʃ] *adj* (*abw*) rimbombante

Bombe ['bɔmbə] *f* <-, -n> bomba *f;* **eine ~ legen** poner una bomba; **das schlug wie eine ~ ein** cayó como una bomba; **eine ~ hochgehen lassen** (*fam*) hacer estallar una bomba; (*fig*) destapar un escándalo; **Bombenangriff** *m* <-(e)s, -e> bombardeo *m;* **Bombenanschlag** *m* <-(e)s, -schläge> atentado *m* con bomba(s); **Bombenattentat** *nt* <-(e)s, -e> atentado *m* con bomba; **Bombendrohung** *f* <-, -en> amenaza *f* de bomba; **die Polizei erhielt telefonisch eine ~** la policía recibió una amenaza telefónica de bomba; **Bombenerfolg** ['---'-] *m* <-(e)s, -e> (*fam*) éxito *m* rotundo; **bombenfest** ['--'-] *adj* (*fam*) a prueba de bombas; (*Entschluss*) inamovible; **Bombengeschäft** ['---'-] *nt* <-(e)s, -e> (*fam*) negocio *m* redondo; **bombensicher** ['--'--] *adj* **1.** (TECH) a prueba de bomba; (*fig*) infalible **2.** (*fam*) totalmente seguro, sin duda alguna; **das ist ~** no cabe duda; **Bombensplitter** *m* <-s, -> metralla *f;* **bei der Detonation flogen die ~ nach allen Seiten** con la detonación la metralla se esparció en todas las direcciones; **Bombenstimmung** ['--'--] *f* <-, *ohne pl*> (*fam*) ambiente *m* fantástico; **Bombenteppich** *m* <-s, -e> (MIL) lluvia *f* de bombas; **Bombentrichter** *m* <-s, -> cráter *m* de bomba

Bomber ['bɔmbɐ] *m* <-s, -> (MIL) bombardero *m*

bombig *adj* (*fam*) fantástico, magnífico; **eine ~e Stimmung** un ambiente fantástico

Bommel ['bɔməl] *f* <-, -n>, *m* <-s, -> (*reg: Troddel*) borla *f;* **Bommelmütze** *f* <-, -n> (*reg*) gorro *m* con borla

Bon [bɔŋ, bõ:] *m* <-s, -s> **1.** (*Gutschein*) vale *m,* bono *m* **2.** (*Kassenzettel*) tiquet *m*

bona fide ['bo:na 'fi:də] (*geh*) buena fe; **~ handeln** actuar de buena fe; **Bona-fide-Angebot** *nt* <-(e)s, -e> oferta *f* de buena fe

Bonbon [bɔŋ'bɔŋ, bõ'bõ:] *m o nt* <-s, -s> caramelo *m;* **und nun noch ein ~ für alle Freunde der Volksmusik ...** y ahora ofrecemos algo muy especial para todos los amigos de la música folclórica...; **unsere Vorstellung bietet (einige) besondere ~s** nuestra presentación ofrece (algunas) delicias exclusivas; **bonbonfarben** *adj,* **bonbonfarbig** *adj* chillón

Bonbonniere [bɔŋbɔ'nie:rə] *f* <-, -n> **1.** (*Behälter für Süßigkeiten*) bombonera *f* **2.** (*Pralinenschachtel*) caja *f* de bombones

Bonding ['bɔndɪŋ] *nt* <-s, -s> (MED) bonding *m*

bongen ['bɔŋən] *vt* **1.** (*fam: an der Kasse*) registrar, marcar **2.** (*fam: versprechen*): **das ist gebongt!** ¡hecho!

Bongo *nt* <-(s), -s>, *f* <-, -s> bongó *m;* **Bongotrommel** *f* <-, -n> bongó *m*

Bonifikation [bonifika'tsjo:n] *f* <-, -en> (COM) bonificación *f*

bonifizieren* [bonifi'tsi:rən] *vt* (COM) bonificar

Bonität [boni'tɛ:t] *f* <-, -en> (FIN) solvencia *f,* calidad *f* de solvente; **Bonitätsauskunft** *f* <-, -künfte> (FIN, WIRTSCH) información *f* sobre la solvencia; **Bonitätsbestätigung** *f* <-, -en> (FIN, WIRTSCH) testimonio *m* sobre la solvencia; **Bonitätsbeurteilung** *f* <-, -en> (FIN, WIRTSCH) estimación *f* de la solvencia; **Bonitätsbewertung** *f* <-, -en> (FIN,

WIRTSCH) valoración *f* de la solvencia
Bonmot [bõ'mo:] *nt* <-s, -s> (*geh*) observación *f* ingeniosa, anécdota *f* ingeniosa
Bonn [bɔn] *nt* <-s> Bonn *m*
Bonner[1] *adj inv* de (la ciudad de) Bonn, relativo a (la ciudad de) Bonn
Bonner(in)[2] *m(f)* <-s, -; -, -nen> habitante *mf* de Bonn
Bonsai ['bɔnzaɪ] *m* <-(s), -s> bonsai *m*
Bonus ['bo:nʊs] *m* <- *o* -ses, – *o* -se *o* Boni> (COM) gratificación *f*
Bonze ['bɔntsə] *m* <-n, -n> (*abw*) cacique *m*
Bonzokratie *f* <-, -n> (*abw*) caciquismo *m*, caudillaje *m Arg, Chil, Peru*
Boom [bu:m] *m* <-s, -s> boom *m*; **einen neuen ~ erleben** experimentar un nuevo auge
boomen ['bu:mən] *vi* (WIRTSCH: *fam: Geschäft*) prosperar; (*Literatur, Mode*) experimentar un auge
Boot [bo:t] *nt* <-(e)s, -e> barca *f*, chalupa *f*; **ein ~ an Land ziehen** sacar una barca del agua; **das neue ~ vom Stapel laufen lassen** botar la barca nueva al agua; **wir sitzen alle im gleichen ~** (*fam*) todos tiramos de una cuerda
booten ['bu:tən] *vt* (INFOR) inicializar
Bootsbauer(in) *m(f)* <-s, -; -, -nen> armador(a) *m(f)*
Boot-Sektor ['bu:t-] *m* <-s, -en> (INFOR) sector *m* de inicialización
Bootsfahrt *f* <-, -en> viaje *m* en barca; **Bootsflüchtling** *m* <-s, -e> balsero, -a *m, f*, espalda *mf* mojada *Mex;* **Bootshaus** *nt* <-es, -häuser> casa *f* guardabotes; **Bootslänge** *f* <-, -n> eslora *f*; (*Vorsprung*) largo *m*; **der Sieger gewann mit einer halben ~ Vorsprung** el vencedor ganó por medio largo de ventaja; **Bootsmann** *m* <-(e)s, -leute> (NAUT) contramaestre *m*; **Bootssteg** *m* <-(e)s, -e> embarcadero *m*, amarradero *m*; **Bootsverleih** *m* <-(e)s, -e> alquiler *m* de barcas; **Bootsverleiher(in)** *m(f)* <-s, -; -, -nen> dueño, -a *m, f* de un negocio de alquiler de barcas
Bor [bo:ɐ] *nt* <-s, *ohne pl*> (CHEM) boro *m*
Borax ['bo:raks] *m* <-(es), *ohne pl*> (CHEM) bórax *m*; **Boraxglas** *nt* <-es, *ohne pl*> (CHEM) vidrio *m* de bórax
Bord[1] [bɔrt] *m* <-(e)s, *ohne pl*> (NAUT) borda *f*; (*äußerlich*) bordo *m*; **an ~** a bordo; **alle Mann an ~!** ¡todos a bordo!; **frei an ~** (COM) franco a bordo; **über ~ gehen** caer por la borda; **von ~ gehen** desembarcar; **an ~ gehen** subir a bordo, embarcarse; **etw/jdn an ~ nehmen** embarcar [*o* subir a bordo] algo/a alguien; **willkommen an ~!** ¡bienvenidos a bordo!; **etw über ~ werfen** arrojar algo por la borda; **alle Bedenken über ~ werfen** olvidarse de todas las dudas
Bord[2] *nt* <-(e)s, -e> **1.** (*Wandbrett*) anaquel *m*, estante *m*; **Bücher auf ein ~ stellen** poner libros en un estante **2.** (*Schweiz: Rand, Böschung*) borde *m*
Bordbuch *nt* <-(e)s, -bücher> libro *m* de a bordo; **Bordcomputer** *m* <-s, -> ordenador *m* de a bordo
Bordell [bɔr'dɛl] *nt* <-s, -e> burdel *m*; **Bordellwirt(in)** *m(f)* <-(e)s, -e; -, -nen> patrón, -ona *m, f* de un burdel
Bordfunk *m* <-s, *ohne pl*> (NAUT, AERO) (equipo *m* de) radio *f* de a bordo; **Bordfunker(in)** *m(f)* <-s, -; -, -nen> (NAUT, AERO) radiotelegrafista *mf* de a bordo; **Bordinstrumente** *ntpl* (NAUT) instrumentos *mpl* de navegación; (AERO) instrumentos *mpl* de vuelo; **Bordkarte** *f* <-, -n> (AERO) tarjeta *f* de embarque; **Bordmechaniker(in)** *m(f)* <-s, -; -, -nen> mecánico, -a *m, f* de a bordo; **Bordpersonal** *nt* <-s, *ohne pl*> (AERO) tripulación *f*
Bordstein *m* <-(e)s, -e> bordillo *m*, encintado *m*, cordón *m CSur;* **Bordsteinkante** *f* <-, -n> bordillo *m*
Bordüre [bɔr'dy:rə] *f* <-, -n> (*Stoff*) ribete *m*, orla *f*
Bordverpflegung *f* <-, -en> (AERO) comida *f* de a bordo; **Bordwaffen** *fpl* (MIL) armamento *m* de a bordo; **Bordwand** *f* <-, -wände> **1.** (NAUT, AERO) costado *m* **2.** (AUTO) lateral *m*
boreal [bore'a:l] *adj* (GEO) boreal
Borg [bɔrk]: **auf ~** fiado, a crédito; **er hat es auf ~ gekauft** lo ha comprado fiado [*o* a crédito]
borgen ['bɔrgən] *vt* **1.** (*ausleihen*) tomar prestado; **ich habe mir von ihm ein Buch geborgt** tomé prestado un libro suyo **2.** (*verleihen*) prestar
Borke ['bɔrkə] *f* <-, -n> (*nordd*) **1.** (*Rinde*) corteza *f*; **die ~ abschälen** descortezar **2.** (*Kruste einer Wunde*) costra *f*; **Borkenkäfer** *m* <-s, -> escarabajo *m* de la corteza
Born [bɔrn] *m* <-(e)s, -e> (*geh: Quelle*) manantial *m*, fuente *f*; (*fig*) pozo *m*; **ein wahrer ~ der Weisheit/des Wissens** un verdadero pozo de sabiduría/de ciencia
borniert [bɔr'ni:ɐt] *adj* (*abw*) estrecho de miras, duro de mollera
Borretsch ['bɔrɛtʃ] *m* <-(e)s, *ohne pl*> (BOT) borraja *f*
Borsalbe *f* <-, -n> (PHARM) pomada *f* boricada
Börse ['bœrzə] *f* <-, -n> (FIN) bolsa *f*; **amtliche/feste ~** bolsa oficial/fuerte; **Börsenbeginn** *m* <-(e)s, *ohne pl*> (FIN) apertura *f* de la Bolsa; **bei ~** al abrir la Bolsa; **Börsenbericht** *m* <-(e)s, -e> informe *m* bursátil; **börsenfähig** *adj* cotizable en bolsa; **Börsengang** *m* <-(e)s, -gänge> cotización *f* en bolsa; **börsengängig** *adj* cotizado en bolsa; **Börsengeschäft** *nt* <-(e)s, -e> operación *f* bursátil; **~e tätigen** concertar operaciones bursátiles; **Börsenhandel** *m* <-s, *ohne pl*> contratación *f* bursátil; **Börsenhändler(in)** *m(f)* <-s, -; -, -nen> agen-

te *mf* de bolsa; **Börsenindex** *m* <-(es), -e *o* -indizes> índice *m* bursátil; **Börsenkammer** *f* <-, -n> cámara *f* bursátil; **Börsenklima** *nt* <-s, -s *o* -klimate> (WIRTSCH) clima *m* en [*o* de] la bolsa; **Börsenkonsortium** *nt* <-s, -konsortien> consorcio *m* bursátil; **Börsenkrach** *m* <-(e)s, -kräche> derrumbamiento *m* de la bolsa, caída *f* de la bolsa; **Börsenkreise** *mpl* círculos *mpl* bursátiles; **Börsenkurs** *m* <-es, -e> (FIN) cotización *f* bursátil [*o* de bolsa]; **~e manipulieren** manipular las cotizaciones (bursátiles); **Börsenmakler(in)** *m(f)* <-s, -; -, -nen> corredor(a) *m(f)* de bolsa, agente *mf* de cambio y bolsa; **Börsenmanöver** *nt* <-s, -> maniobra *f* de bolsa; **Börsenneuling** *m* <-s, -e> principiante *mf* en bolsa; **börsennotiert** *adj* cotizado en bolsa; **Börsennotierung** *f* <-, -en> cotización *f* bursátil; **Börsenplatz** *m* <-es, -plätze> plaza *f* bursátil; **Börsenplazierung** *f* <-, -en> inversión *f* bursátil; **Börsenpreisbildung** *f* <-, -en> formación *f* del precio en bolsa; **Börsenschluss**[RR] *m* <-es, *ohne pl*> (FIN) cierre *m* de bolsa, clausura *f* de bolsa; **etw bei ~ bekannt geben** anunciar algo en el momento del cierre de la bolsa; **Börsenspekulant(in)** *m(f)* <-en, -en; -, -nen> (WIRTSCH) especulador(a) *m(f)* de bolsa; **Börsentip** *m* <-s, -s> (*fam*) consejo *m* bursátil; **Börsentransaktion** *f* <-, -en> transacción *f* bursátil; **Börsenumsatz** *m* <-es, -sätze> volumen *m* de contratación; **Börsenverkehr** *m* <-(e)s, *ohne pl*> contratación *f* bursátil; **Börsenwert** *m* <-(e)s, -e> valor *m* bursátil; **Börsenzulassung** *f* <-, -en> admisión *f* en bolsa

Börsianer(in) [bœr'zja:nɐ] *m(f)* <-s, -; -, -nen> (*fam*) bolsista *mf*

Borste ['bɔrstə] *f* <-, -n> (ZOOL: *künstlich*) cerda *f*; **Borstentier** *nt* <-(e)s, -e> (*fam*), **Borstenvieh** *nt* <-(e)s, *ohne pl*> (*fam*) animal *m* de bellota

borstig *adj* hirsuto

Borte ['bɔrtə] *f* <-, -n> ribete *m*

Borwasser *nt* <-s, -> agua *f* boricada

bös [bø:s] *adj s.* **böse**

bösartig ['bø:sʔa:ɐtɪç] *adj* **1.** (*Mensch, Tier*) malo, malvado, canijo *Am;* (*Bemerkung*) malicioso **2.** (*Krankheit*) pernicioso; (*Geschwulst*) maligno; (*Fieber, Husten*) fuerte

Bösartigkeit *f* <-, *ohne pl*> **1.** (*Bosheit*) maldad *f*, malicia *f* **2.** (MED) malignidad *f*, carácter *m* maligno

Böschung ['bœʃʊŋ] *f* <-, -en> **1.** (*an der Straße*) terraplén *m* **2.** (*Abhang*) declive *m*

böse ['bø:zə] **I.** *adj* **1.** (*schlecht*) malo; (*Kind*) maleducado; **das B~ ist überall** el mal está por todas partes; **er spielt im Film immer den B~n** siempre hace de malo en las películas; **erlöse uns von dem B~n** líbranos del mal **2.** (*unangenehm*) malo; **das wird ein ~s Erwachen geben** eso será una gran desilusión; **das wird ~ Folgen haben** eso tendrá graves consecuencias **3.** (*verärgert*) enfadado (*auf/mit* con), enojado (*auf/mit* con); **im B~n auseinander gehen** separarse por las malas; **ich bin (mit) ihm [*o* auf ihn] ~** estoy enojado con él **II.** *adv* mal; **es wird ~ enden** eso terminará mal; **das sieht ~ aus** eso tiene mal aspecto; **die Sache kann ~ für uns ausgehen** la cosa puede acabar mal para nosotros; **die Krankheit hat ihn ~ mitgenommen** la enfermedad le ha afectado mucho

Böse *m* <-n, *ohne pl*>: **der ~** (*geh: Teufel*) el Maligno

Bösewicht ['bø:zəvɪçt] *m* <-(e)s, -e *o* -er> bribón *m*, malvado *m*

bösgläubig *adj* (JUR): **~er Erwerb/Käufer** adquisición/comprador de mala fe

boshaft ['bo:shaft] *adj* malvado, pérfido

Bosheit *f* <-, -en> maldad *f*, malicia *f*

Boskop ['bɔskɔp] *m* <-s, -> (*Apfelsorte*) boskop *m* (*manzana inverniza*)

Bosnien ['bɔsniən] *nt* <-s> Bosnia *f*; **Bosnien-Herzegowina** ['bɔsniən hɛrtse'go:vina] *nt* <-s> Bosnia-Herzegovina *f*

Bosnier(in) ['bɔsniɐ] *m(f)* <-s, -; -, -nen> bosnio, -a *m, f*

bosnisch ['bɔsnɪʃ] *adj* bosnio

Bosporus ['bɔspɔrʊs] *m* <-> Bósforo *m*

Boss[RR] [bɔs] *m* <-es, -e>, **Boß** *m* <-sses, -sse> jefe *m*, trompa *m CSur: fam*

böswillig **I.** *adj* malévolo, malintencionado **II.** *adv* con mala intención

Böswilligkeit *f* <-, -en> malevolencia *f*

bot [bo:t] *3. imp von* **bieten**

Bot *nt* <-(e)s, -e> *s.* **Bot(t)**

Botanik [bo'ta:nɪk] *f* <-, *ohne pl*> botánica *f*

Botaniker(in) [bo'ta:nikɐ] *m(f)* <-s, -; -, -nen> botánico, -a *m, f*

botanisch *adj* botánico

botanisieren* [botani'zi:rən] *vt* herborizar

Botanisiertrommel *f* <-, -n> caja *f* de herborista

Bote, -in ['bo:tə] *m, f* <-n, -n; -, -nen> mensajero, -a *m, f*, recadero, -a *m, f*; **Botendienst** *m* <-(e)s, -e> recado *m*; **(für jdn) ~e verrichten** [*o* **erledigen**] hacer un recado (a alguien); **Botengang** *m* <-(e)s, -gänge> recado *m*; **Botengänge machen** hacer recados; **Botenjunge** *m* <-n, -n> botones *m inv*

Botin ['bo:tɪn] *f* <-, -nen> *s.* **Bote**

Botschaft ['bo:tʃaft] *f* <-, -en> **1.** (*geh: Nachricht*) mensaje *m*, noticia *f* **2.** (POL) embajada *f*

Botschafter(in) *m(f)* <-s, -; -, -nen> embajador(a) *m(f)*

Bott [bɔt] *nt* <-(e)s, -e> (*Schweiz: Mitgliederversammlung*) asamblea *f* de socios

Böttcher(in) ['bœtçɐ] *m(f)* <-s, -; -, -nen> tonelero, -a *m, f*

Bottich ['bɔtɪç] *m* <-(e)s, -e> cuba *f*, tina *f*

Botulismus [botu'lɪsmʊs] *m* <-, *ohne pl*> (MED) botulismo *m*

Bouclé [bu'kle:] *nt* <-s, -s> *hilo con nudos* (*para labores de punto*)

Bouillon [bʊl'jɔŋ, bʊl'jõ:] *f* <-, -s> (GASTR, MED) caldo *m;* **Bouillonwürfel** *m* <-s, -> (GASTR) cubito *m* de caldo

Boulevard [bulə'va:ɐ] *m* <-s, -s> bulevar *m;* **Boulevardblatt** *nt* <-(e)s, -blätter> *s.* Boulevardzeitung; **Boulevardpresse** *f* <-, *ohne pl*> prensa *f* sensacionalista [*o* amarilla]; **Boulevardtheater** *nt* <-s, -> (THEAT) teatro *m* de comedia ligera; **ins ~ gehen** ir a la comedia; **Boulevardzeitung** *f* <-, -en> periódico *m* sensacionalista, tabloide *m Am*

Bourgeois [bʊr'ʒo̯a] *m* <-, -> (*geh abw*) burgués *m*

Bourgeoisie [bʊrʒo̯a'zi:] *f* <-, -n> (*geh*) burguesía *f*

Boutique [bu'ti:k] *f* <-, -n> boutique *f*

Bovist ['bo:vɪst, bo'vɪst] *m* <-(e)s, -e> (BOT) bejín *m*

Bowle ['bo:lə] *f* <-, -n> (GASTR) ponche *m* (*bebida hecha de vino, champán, azúcar y frutas*)

Bowling ['bo:lɪŋ, 'bɔʊlɪŋ] *nt* <-s, *ohne pl*> bolos *mpl* americanos, bowling *m;* **Bowlingkugel** *f* <-, -n> bola *f* para jugar a los bolos

Box [bɔks] *f* <-, -en> **1.** (*für Pferde, Rennwagen*) box *m* **2.** (*Lautsprecher*) bafle *m* **3.** (*Behälter*) caja *f*

boxen ['bɔksən] **I.** *vi* (SPORT) boxear **II.** *vt* (*schlagen*) pegar; **er boxte ihr freundschaftlich in die Seiten** le dio un empujón amistoso en los costados; **jdn durch eine Prüfung ~** (*fam*) hacer pasar el examen a alguien a la fuerza **III.** *vr:* **sich gegenseitig ~** boxearse; **sich durch die Menge/durch das Leben ~** (*fam*) abrirse paso a través de la multitud/en la vida

Boxen *nt* <-s, *ohne pl*> (SPORT) boxeo *m*

Boxer[1] *m* (*Hund*) bóxer *m*

Boxer(in)[2] *m(f)* <-s, -; -, -nen> (*Sportler*) boxeador(a) *m(f)*

Boxermotor *m* <-s, -en> (TECH) motor *m* de cilindros antagónicos

Boxernase *f* <-, -n> nariz *f* de boxeador; **Boxershorts** *pl,* **Boxer-Shorts** *pl* shorts *mpl*

Boxhandschuh *m* <-(e)s, -e> guante *m* de boxeo; **Boxkampf** *m* <-(e)s, -kämpfe> combate *m* de boxeo, box *m Am;* **Boxring** *m* <-(e)s, -e> (SPORT) ring *m;* **Boxsport** *m* <-(e)s, *ohne pl*> pugilismo *m*, boxeo *m*

Boy [bɔɪ] *m* <-s, -s> **1.** (*im Hotel*) botones *m inv* **2.** (*sl: junger Kerl*) chaval *m*

Boykott [bɔɪ'kɔt] *m* <-(e)s, -e *o* -s> boicot *m;* **zum ~ aufrufen** llamar al boicot

boykottieren* *vt* boicotear; **ein Land wirtschaftlich/politisch ~** boicotear un país económicamente/políticamente, someter un país a un boicot económico/político

Boykottmaßnahme *f* <-, -n> medida *f* de boicot

Bozen ['bo:tsən] *nt* <-s> Bolzano *m*

Bq (PHYS) *Abk. von* **Becquerel** becquerel *m*

Br (CHEM) *Abk. von* **Brom** Br

BR (RADIO) *Abk. von* **Bayerischer Rundfunk** Radio *f* Baviera

brabbeln ['brabəln] *vt* (*fam*) mascullar

brach [bra:x] **I.** *3. imp von* **brechen II.** *adj* yermo, baldío

Brachfeld *nt* <-(e)s, -er> (AGR) barbecho *m;* **Brachfläche** *f* <-, -n> (AGR) campo *m* de barbecho, área *f* de barbecho

Brachialgewalt [bra'xja:lgəvalt] *f* <-, *ohne pl*> (*geh*) fuerza *f* bruta

Brachland *nt* <-(e)s, *ohne pl*> (AGR) barbecho *m;* **brach|legen** *vt* (AGR) dejar en barbecho, barbechar; **brach|liegen** *irr vi* **1.** (*Acker*) estar en barbecho **2.** (*Talent*) estar desaprovechado

Brachse ['braksə] *f* <-, -n>, **Brachsen** *m* <-s, -> (ZOOL) tenca *f*

brachte ['braxtə] *3. imp von* **bringen**

Brachvogel *m* <-s, -vögel> zarapito *m*, sarapico *m*

brackig *adj* (*Wasser*) salobre; (*Erde*) salobreño

Brackwasser ['brakvasɐ] *nt* <-s, -> agua *f* salobre

Brahmane [bra'ma:nə] *m* <-n, -n> (REL) brahmán *m*

brahmanisch [bra'ma:nɪʃ] *adj* (REL) brahmánico

Braindrain[RR] ['brɛɪndrɛɪn] *m* <-s, *ohne pl*> fuga *f* de cerebros; **Brainstorming** ['brɛɪnstɔ:mɪŋ] *nt* <-s, *ohne pl*> brainstorming *m*

Branche ['brã:ʃə] *f* <-, -n> ramo *m;* **branchenbedingt** *adj* que depende del ramo, relativo al ramo; **branchenfremd** *adj* ajeno al ramo; **Branchenführer** *m* <-s, -> (WIRTSCH) directorio *m* comercial; **Branchenindex** *m* <-(es), -indizes *o* -e> índice *m* de actividades; **Branchenkenner(in)** *m(f)* <-s, -; -, -nen> conocedor(a) *m(f)* del ramo; **Branchenkenntnis** *f* <-, *ohne pl*> (COM) conocimientos *mpl* del ramo; **Branchenmesse** *f* <-, -n> feria *f* especializada; **branchentypisch** *adj* típico [*o* característico] del ramo; **branchenüblich** *adj* habitual [*o* usual] en el ramo; **Branchenverzeichnis** *nt* <-ses, -se> (TEL) páginas *fpl* amarillas

Brand[1] [brant, *pl:* 'brɛndə] *m* <-(e)s, Brände> **1.** (*Feuer*) fuego *m*, incendio *m;* **etw in ~ setzen/stecken** pegar/prender fuego a algo; **in ~ geraten** prenderse, (empezar a) arder **2.** (*fam: Durst*) sed *f* abrasadora; **einen fürchterlichen ~ haben** tener una sed tremenda

Brand[2] *m* <-(e)s, *ohne pl*> (MED) gangrena *f*, necrosis *f inv*

brandaktuell ['---'-] *adj* de gran actualidad; **Brandanschlag** *m* <-(e)s, -schläge> atentado *m* de incendio; **Brandbinde** *f* <-, -n> (MED) venda *f* especial para quemaduras; **einem Patienten eine ~ anlegen** aplicar a un paciente un vendaje para quemaduras; **Brandblase** *f* <-, -n> ampolla *f* de quemadura; **Brandbombe** *f* <-, -n> bomba *f* incendiaria; **Brandbrief** *m* <-(e)s, -e> (*fam*) carta *f* urgente, petición *f* urgente; **brandeilig** ['-'--] *adj* (*fam*) urgentísimo, apremiante

branden ['brandən] *vi* (*geh: Wellen*) romper (*an/gegen* contra)

Brandenburg ['brandənbʊrk] *nt* <-s> Brandeburgo *m*

Brandfleck *m* <-(e)s, -e> quemadura *f;* **Brandgefahr** *f* <-, -en> peligro *m* de incendio

Brandgeruch *m* <-(e)s, -rüche> olor *m* a quemado; **Brandherd** *m* <-(e)s, -e> foco *m* del incendio

brandig *adj* **1.** (MED) gangrenoso **2.** (*Getreide*) atizonado **3.** (*Wend*): **es riecht ~** huele a quemado

Brandkatastrophe *f* <-, -n> catástrofe *f* causada por un incendio

Brandleger(in) *m(f)* <-s, -; -, -nen> (*Österr*) *s.* **Brandstifter**

Brandloch *nt* <-(e)s, -löcher>: **Rudi hat in meine Tischdecke ein ~ gemacht** Rudi me ha quemado el mantel, ahora tiene un agujero; **Brandmal** *nt* <-(e)s, -e *o* -mäler> (*geh*) señal *f* de quemadura; (*bei Zuchtvieh*) marca *f*

brandmarken ['brantmarkən] *vt* denunciar públicamente

Brandmauer *f* <-, -n> cortafuego *m;* **Brandmeister(in)** *m(f)* <-s, -; -, -nen> jefe, -a *m, f* de bomberos; **brandneu** ['-'-] *adj* (*fam*) novísimo, flamante; **Brandopfer** *nt* <-s, -> **1.** (*Opfer eines Brandes*) víctima *f* de un incedio; **mehrere der ~ erlitten schwerste Verbrennungen** varias de las víctimas del incendio sufrieron gravísimas quemaduras **2.** (REL) *sacrificio religioso en el que se incineraba a un animal;* **in alten Zeiten waren ~ für die Götter üblich** antiguamente se acostumbraba ofrecer a los dioses animales incinerados en señal de sacrificio; **Brandrede** *f* <-, -n> discurso *m* incendiario; (*mahnend*) filípica *f;* **er hielt eine wahre ~ gegen abtrünnige Parteimitglieder** su discurso fue una veradera filípica contra los tránsfugas; **Brandrodung** *f* <-, -en> desmonte *m* por incendio; **Brandsalbe** *f* <-, -n> (MED) pomada *f* para quemaduras; **Brandsatz** *m* <-es, -sätze> bomba *f* incendiaria; **Brandschaden** *m* <-s, -schäden> daño *m* causado por un incendio; **brandschatzen** *vt* (HIST: *plündern*) saquear

Brandschutz *m* <-es, *ohne pl*> protección *f* contra incendios; **Brandschutzschneise** *f* <-, -n> pista *f* cortafuegos

Brandsohle *f* <-, -n> plantilla *f* del zapato, palmilla *f*

Brandstelle *f* <-, -n> lugar *m* del incendio; **Brandstifter(in)** *m(f)* <-s, -; -, -nen> incendiario, -a *m, f;* **Brandstiftung** *f* <-, -en> incendio *m* doloso [*o* provocado]

Brandteig *m* <-(e)s, -e> (GASTR) masa *f* de buñuelos

Brandung ['brandʊŋ] *f* <-, -en> embate *m* de las olas, oleaje *m;* **Brandungserosion** *f* <-, -en> (GEO) erosión *f* producida por el embate de las olas

Brandursache *f* <-, -n> causa *f* de un incendio; **die ~ ist noch ungeklärt** aún no se han aclarado las causas del incendio; **Brandversicherung** *f* <-, -en> seguro *m* contra incendios; **Brandwache** *f* <-, -n> **1.** (*Überwachung*) vigilancia *f* de un incendio **2.** (*Posten*) guardia *f* de incendio **3.** (*Schweiz: Feuerwehr*) cuerpo *m* de bomberos; **Brandwunde** *f* <-, -n> quemadura *f*

Brandy ['brɛndi] *m* <-s, -s> coñac *m,* brandi *m*

Brandzeichen *nt* <-s, -> marca *f* de fuego, fierro *m Am,* hierra *f Am*

brannte ['brantə] *3. imp von* **brennen**

Branntkalk *m* <-(e)s, -e> cal *f* viva

Branntwein *m* <-(e)s, -e> aguardiente *m;* **Branntweinsteuer** *f* <-, -n> impuesto *m* sobre los alcoholes etílicos y bebidas alcohólicas

Brasilianer(in) [brazi'lja:nɐ] *m(f)* <-s, -; -, -nen> brasileño, -a *m, f*

brasilianisch *adj* brasileño

Brasilien [bra'zi:liən] *nt* <-s> Brasil *m*

Brasse ['brasə] *f* <-, -n> **1.** (ZOOL) tenca *f* **2.** (NAUT) braza *f*

brät [brɛ:t] *3. präs von* **braten**

Brät [brɛ:t] *nt* <-s, *ohne pl*> (*reg:* GASTR) ≈picadillo *m* (*relleno para salchichas*)

Bratapfel *m* <-s, -äpfel> manzana *f* asada

braten ['bra:tən] <brät, briet, gebraten> *vt* asar; (*in der Pfanne*) freír

Braten *m* <-s, -> asado *m;* **einen ~ im Ofen haben** tener la carne en el horno; **den ~ riechen** (*fam*) oler el postre; **Bratenfett** *nt* <-(e)s, -e> grasa *f* del asado; **Bratensaft** *m* <-(e)s, -säfte> salsa *f,* jugo *m* del asado; **Bratensoße** *f* <-, -n> salsa *f* del asado; **Bratenwender** *m* <-s, -> paleta *f*

Bratfett *nt* <-(e)s, -e> grasa *f* para freír; **Bratfisch** *m* <-(e)s, -e> (*zum Braten bestimmt*) pescado *m* para asar; (*gebraten*) pescado *m* asado; **Brathähnchen** *nt* <-s, ->, **Brathendl** ['bra:thɛnd(ə)l] *nt* <-s, -n> (*Österr, südd*) pollo *m* asado; **Brathering** *m* <-s, -e> arenque *m* frito; **Brathuhn** *nt* <-(e)s, -hühner> gallina *f* asada

Bratkartoffeln *fpl patatas cocidas y después salteadas con cebolla y especias;* **Bratkartoffelverhältnis** *nt* <-ses, -se> (*hum*) *relación de pareja basada en que la mujer cocina y realiza otras tareas domésticas de lo que su amante se aprovecha;* **Bratpfanne** *f* <-, -n> sartén *f;* **Bratröhre** *f* <-, -n> (*reg: Backofen*) horno *m;* **Bratrost** *m* <-(e)s, -e> parrilla *f*

Bratsche ['bra:tʃə] *f* <-, -n> (MUS) viola *f*

Bratschist(in) [bra'tʃɪst] *m(f)* <-en, -en; -, -nen> (MUS) viola *mf*

Bratspieß *m* <-es, -e> asador *m;* **Bratwurst** *f* <-, -würste> salchicha *f* frita

Brauch [braʊx, *pl:* 'brɔɪçə] *m* <-(e)s, Bräuche> costumbre *f,* uso *m;* **hier ist es (so) ~, dass ...** aquí es costumbre que...; **wir feiern nach diesem alten ~** festejamos según esa vieja tradición; **so will es der ~** así lo requiere la tradición

brauchbar *adj* **1.** (*nützlich*) útil **2.** (*geeignet*) apropiado; (*Schüler*) capaz

brauchen ['braʊxən] *vt* **1.** (*benötigen*) necesitar, precisar; (*Zeit*) llevar; **wie lange brauchst du dafür** [*o* **dazu**]? ¿cuánto tiempo necesitas para esto?; **der Kuchen braucht noch eine halbe Stunde** el pastel todavía necesita media hora **2.** (*fam: gebrauchen*) utilizar, emplear; **kannst du die Sachen ~?** ¿te sirven estas cosas?; **ich kann jetzt keinen Besuch ~** no estoy para visitas ahora **3.** (*verbrauchen*) gastar, consumir **4.** (*müssen*) hacer falta (*zu +inf, dass* que *+subj*), ser necesario (*zu+inf, dass* que *+subj*); **du brauchst nicht gleich zu schreien** no es necesario [*o* no hace falta] que te pongas a chillar enseguida; **ich brauche heute nicht zu arbeiten** hoy no tengo que [*o* no necesito] trabajar; **das brauchst du gar nicht erst zu versuchen** ni siquiera lo intentes **5.** (*Schweiz, südd: nötig sein*): **es braucht etw/jdn** es necesario algo/alguien; **es braucht zwei Leute um diesen Karton zu heben** se necesitan dos personas para levantar esta caja

Brauchtum *nt* <-s, -tümer> costumbres *fpl,* usos *mpl*

Brauchwasser *nt* <-s, *ohne pl*> agua(s) *f(pl)* industrial(es)

Braue ['braʊə] *f* <-, -n> ceja *f*

brauen ['braʊən] *vt* **1.** (*Bier*) hacer, fabricar **2.** (*fam: Kaffee*) preparar

Brauer(in) *m(f)* <-s, -; -, -nen> cervecero, -a *m, f*

Brauerei *f* <-, -en> *s.* **Brauhaus**

Brauerin *f* <-, -nen> *s.* **Brauer**

Brauhaus *nt* <-es, -häuser> cervecería *f,* fábrica *f* de cerveza; **Braumeister(in)** *m(f)* <-s, -; -, -nen> maestro, -a *m, f* cervecero, -a

braun [braʊn] *adj* **1.** (*Farbe*) marrón, pancho *Chil;* (*Haare*) castaño; (*Augen*) marrón; (*dunkel*) oscuro; (*Teint*) moreno, bronceado; **~ gebrannt** bronceado; **~ werden** ponerse moreno **2.** (*abw: nationalsozialistisch*) nacionalsocialista, nazi

Braun *nt* <-s, -> marrón *m;* **Braunalge** *f* <-, -n> alga *f* marrón; **braunäugig** ['braʊnʔɔɪgɪç] *adj* de ojos oscuros [*o* marrones]; **Braunbär** *m* <-en, -en> oso *m* pardo

Bräune ['brɔɪnə] *f* <-, *ohne pl*> bronceado *m*

bräunen **I.** *vt* **1.** (*Körper*) broncear **2.** (GASTR) dorar **II.** *vr:* **sich ~** (*sich sonnen*) broncearse

Braunerde *f* <-, -n> tierra *f* parda

braungebrannt *adj s.* **braun 1.**

braunhaarig *adj* castaño, de pelo castaño [*o* marrón]; **sie ist ~ und er blond** ella es castaña y él rubio

Braunkohle *f* <-, *ohne pl*> lignito *m;* **Braunkohlekraftwerk** *nt* <-(e)s, -e> central *f* térmica [*o* termoeléctrica] por combustión de lignito

bräunlich *adj* pardusco, pardo

Braunschweig ['braʊnʃvaɪk] *nt* <-s> Brunswick *m*

Bräunung *f* <-, -en> bronceado *m,* (color *m*) tostado *m;* **das Arbeiten im Freien führt zu einer tiefen ~ des Gesichts** el trabajo al aire libre tuesta profundamente la cara; **eine gleichmäßige ~ des Körpers** un bronceado uniforme del cuerpo; **Bräunungscreme** *f* <-, -s, *Schweiz, Österr:* -n> crema *f* bronceadora; **~ auftragen** ponerse crema para el bronceado

Brause ['braʊzə] *f* <-, -n> **1.** (*Dusche*) ducha *f* **2.** (*Limonade*) (limonada *f*) gaseosa *f;* **Brausekopf** *m* <-(e)s, -köpfe> **1.** (*Duschaufsatz*) roseta *f* de la ducha **2.** (*alt: Hitzkopf*) botafuego *mf;* **ein ~ sein** tener malas pulgas

brausen *vi* **1.** (*Wind*) bramar; **~der Beifall** aplauso cerrado **2.** *sein* (*rasen*) ir a toda velocidad

Brausepulver *nt* <-s, -> polvos *mpl* efervescentes; **Brausetablette** *f* <-, -n> pastilla *f* efervescente

Braut [braʊt, *pl:* 'brɔɪtə] *f* <-, Bräute> novia *f;* **Brautführer** *m* <-s, -> padrino *m* de bodas

Bräutigam ['brɔɪtigam] *m* <-s, -e> novio *m*

Brautjungfer *f* <-, -n> doncella *f* de honor; **Brautkleid** *nt* <-(e)s, -er> traje *m* de novia, vestido *m* de novia; **Brautkranz** *m* <-es, -kränze> corona *f* de la novia (*equivalente a la corona de azahar, pero tejida con mirto*); **Brautleute** *pl s.* **Brautpaar**; **Brautmutter** *f* <-, -mütter> madre *f* de la novia; **Brautpaar** *nt* <-(e)s, -e> (*verlobt*) novios *mpl;* (*verheiratet*) pareja *f* de recién casados; **Brautschau** *f:* **auf ~ gehen, ~ halten** (*hum*) ir a buscar novia; **Brautschleier** *m* <-s, -> velo *m* de novia; **Brautvater** *m* <-s, -väter> padre *m* de la novia

brav [bra:f] *adj* **1.** (*Kind, Tier*) bueno, bien educado; **der ~e Bürger** el buen ciudadano **2.** (*Kleidung*) serio; (*fade*) soso

bravo ['bra:vo] *interj* ¡bravo!, ¡bien!; **Bravoruf** *m* <-(e)s, -e> bravo *m,* vítor *m*

Bravour [bra'vu:ɐ] *f* <-, *ohne pl*> **1.** (*Tapferkeit*) bravura *f* **2.** (*Brillanz*) brillantez *f;* **etw mit ~ bestehen** pasar [*o* acabar] algo con brillantez; **Bravourleistung** *f* <-, -en> derroche *m* de maestría, muestra *f* de valentía; **dieser Salto mortale war eine wirkliche ~** aquel salto mortal fue un verdadero derroche de maestría

bravourös [bravu'rø:s] *adj* brillante

Bravourstück *nt* <-(e)s, -e> (*geh*) obra *f* sensacional; (*Glanznummer*) número *m* este-

B

lar; (MUS) pieza *f* para virtuosos

BravurRR *f* <-, *ohne pl*> *s.* **Bravour**; **Bravurleistung**RR *f* <-, -en> *s.* **Bravourleistung**

bravurösRR *adj s.* **bravourös**

BravurstückRR *nt* <-(e)s, -e> *s.* **Bravourstück**

BRD [be:ʔɛr'de:] *f* (POL) *Abk. von* **Bundesrepublik Deutschland** RFA *f*

Breakdance ['brɛɪkdɛ:ns] *m* <-(s), *ohne pl*> (MUS) breakdance *m*

Break-even-Punkt *m* <-(e)s, -e> (WIRTSCH) punto *m* muerto

Breccie *f* <-, -n> (GEO) brecha *f*

Brechbohnen *fpl* judías *fpl* verdes (tiernas)

Brechdurchfall *m* <-(e)s, -fälle> (MED) cólera *m* nostras

Brecheisen *nt* <-s, -> palanqueta *f*, alzaprima *f*

brechen ['brɛçən] <bricht, brach, gebrochen> **I.** *vi* **1.** *sein* (*zerbrechen*) romperse, quebrarse; **mir bricht das Herz** se me parte el corazón; **auf Biegen und B~** a toda costa, cueste lo que cueste **2.** (*Freundschaft*) romper (*mit* con) **3.** (*fam: erbrechen*) vomitar; **er musste ~** tuvo que vomitar **II.** *vt* **1.** (*durchbrechen*) romper, partir; **in Stücke ~** romper en pedazos, despedazar; **sich** *dat* **einen Arm/ein Bein ~** romperse un brazo/una pierna; **das Eis ~** (*fig*) romper el hielo; **den Waffenstillstand ~** romper el alto el fuego; **das wird ihm das Genick ~** (*fam*) esto le va a dar el resto **2.** (*Widerstand*) romper; (*Rekord*) batir **3.** (*nicht einhalten*) violar, quebrantar; (*Gesetz*) infringir; (*Streik*) boicotear; **die Ehe ~** cometer adulterio; **sein Wort ~** faltar a su palabra **4.** (*Wellen*) romper; (*Licht*) refractar **5.** (*geh: Blume*) arrancar **III.** *vr:* **sich ~ 1.** (*Licht*) refractarse **2.** (*Wellen*) romperse

Brecher ['brɛçɐ] *m* <-s, -> cachón *m*, ola *f* grande

Brechmittel *nt* <-s, -> vomitivo *m*; **er ist ein ~ für mich** me resulta vomitivo; **Brechreiz** *m* <-es, -e> náuseas *fpl*, ganas *fpl* de vomitar

Brechstange *f* <-, -n> palanqueta *f*; **eine Tür mit einer ~ aufbrechen** [*o* **aufhebeln**] apalancar una puerta hasta forzarla

Brechung *f* <-, -en> **1.** (MED) fractura *f* **2.** (PHYS) refracción *f*

Bredouille [bre'dʊljə] *f* <-, *ohne pl*> apuro *m*, aprieto *m*; **in die ~ kommen** meterse en un aprieto; **in der ~ sein** estar en un aprieto

Bregenz ['bre:gɛnts] *nt* <-> Bregenz *f*

Brei [braɪ] *m* <-(e)s, -e> (*für Kinder*) papilla *f*; (*Kartoffel~*) puré *m*; **jdn zu ~ schlagen** moler a alguien a palos; **um den heißen ~ herumreden** (*fam*) andarse con rodeos; **jdm ~ ums Maul/um den Mund schmieren** (*fam*) dar jabón [*o* adular] a alguien

breiig ['braɪɪç] *adj* pastoso

Breisgau ['braɪsgaʊ] *m* <-(e)s> Brisgovia *f*

breit [braɪt] *adj* ancho; (*ausgedehnt*) amplio, extenso; **etw weit und ~ verkünden** pregonar algo a los cuatro vientos; **der Fluss ist 20 m ~** el río tiene 20 m de ancho; **die ~e Öffentlichkeit** el gran público; **mit einem ~en Grinsen** con una amplia sonrisa; **er erzählte die Geschichte lang und ~** contó la historia con mucha prolijidad; **sich ~ machen** (*sich ausbreiten*) extenderse; (*fam: Platz beanspruchen*) acomodarse, arrellanarse; (*fam: sich niederlassen*) instalarse; **Unmut machte sich ~** se propagó el disgusto [*o* desacuerdo] entre la gente; **mach dich nicht so ~!** ¡no te arrellanes tanto!; **~ sein** (*reg: fam*) estar borracho

Breitband *nt* <-(e)s, -bänder> (TEL) banda *f* ancha; **Breitbandantibiotikum** *nt* <-s, -antibiotika> (MED) antibiótico *m* de amplio espectro; **Breitbandkabel** *nt* <-s, -> (TECH) cable *m* de banda ancha; **Breitbandnetz** *nt* <-es, -e> (TECH) red *f* de banda ancha

breitbeinig *adj* despatarrado

Breite ['braɪtə] *f* <-, -n> ancho *m*, anchura *f*; (*Ausdehnung*) extensión *f*; (GEO) latitud *f*; **in voller ~** extensamente, con todo detalle; **in unseren ~n** en nuestras latitudes; **fünf Grad südlicher ~** cinco grados latitud sur; **in die ~ gehen** (*fam*) engordar; **der Artikel geht zu sehr in die ~** el artículo es demasiado extenso

breiten **I.** *vt* **1.** (*ausbreiten*) extender; **die Sanitäter breiteten Decken über die Leichen/Opfer** los enfermeros extendieron mantas sobre las víctimas [*o* cubrieron a las víctimas con mantas] **2.** (*spreizen*) extender, desplegar; **ab und zu breitete einer der Geier seine Flügel** de cuando en cuando alguno de los buitres desplegaba sus alas **II.** *vr:* **sich ~** (*geh*): **die Nacht breitete sich über das Land** la noche se extendió sobre por el campo

Breitenarbeit *f* <-, *ohne pl*> (*a.* SPORT) trabajo *m* de base [*o* en la base]; **Breitengrad** *m* <-(e)s, -e> (GEO) grado *m* de latitud; **Breitenkreis** *m* <-es, -e> (GEO) paralelo *m*; **Breitensport** *m* <-(e)s, *ohne pl*> (SPORT) deporte *m* de masas [*o* popular]; **Breitenwirkung** *f* <-, *ohne pl*> amplia repercusión *f*

breitkrempig *adj* de ala ancha; **einen ~en Hut tragen** llevar (un) sombrero de ala ancha

breit|machen *vr:* **sich ~** *s.* **breit**

Breitmaulfrosch *m* <-(e)s, -frösche> (BOT) rana *f* bocacha

breitrandig *adj* con borde ancho

breit|schlagen *irr vt* (*fam*) engatusar; **du hast dich schon wieder von ihm ~ lassen** te has vuelto a dejar engatusar por él

breitschult(e)rig *adj* ancho de hombros [*o* de espaldas]

Breitseite *f* <-, -n> (MIL) andanada *f*, descarga *f*; **breitspurig** *adj* **1.** (EISENB, TECH) de vía ancha **2.** (*abw: großspurig*) fanfarrón; **~ re-**

den ponerse bravucón; **breit|treten** *irr vt* (*fam: Thema*) tratar detallada y repetidamente; (*Nichtigkeiten*) dar más importancia de lo necesario; **breit|walzen** *vt* (*fam abw*) *s.* **breittreten**

Breitwand *f* <-, -wände> (FILM) cinemascope *m*, pantalla *f* ancha; **Breitwandfilm** *m* <-(e)s, -e> película *f* en Cinemascope; **Breitwandformat** *nt* <-(e)s, -e> (FILM) técnica *f* cinemascope; **ein Film im ~** una película en cinemascope

Brekzie ['brɛktsjə] *f* <-, -n> *s.* **Breccia**

Bremen ['bre:mən] *nt* <-s> Brema *f*

Bremer[1] ['bre:mɐ] *adj inv* relativo a Brema [*o* Bremen], de Brema [*o* Bremen]

Bremer(in)[2] *m(f)* <-s, -; -, -nen> habitante *mf* de Brema [*o* Bremen]

Bremsbacke *f* <-, -n> (AUTO) zapata *f* de freno; **Bremsbelag** *m* <-(e)s, -läge> (AUTO) forro *m* de(l) freno, guarnición *f* de(l) freno

Bremse ['brɛmzə] *f* <-, -n> **1.** (AUTO) freno *m* **2.** (ZOOL) tábano *m*

bremsen *vi, vt* **1.** (*Fahrzeug*) frenar; **ich musste scharf ~ um das Auto rechtzeitig zum Stillstand zu bringen** tuve que frenar con fuerza para conseguir que el coche se detuviera a tiempo **2.** (*fam: Entwicklung*) refrenar; **er ist nicht zu ~** no hay quien le pare

Bremser(in) *m(f)* <-s, -; -, -nen> **1.** (*fam: Verhinderer*) rémora *f* **2.** (EISENB: *alt*) guardafrenos *mf inv* **3.** (SPORT: *Bobfahren*) encargado, -a *m, f* del freno

Bremsfallschirm *m* <-(e)s, -e> (AERO) paracaídas *m inv* de aterrizaje; **Bremsflüssigkeit** *f* <-, -en> (AUTO) líquido *m* de frenos; **Bremshebel** *m* <-s, -> palanca *f* de freno; **Bremsklappe** *f* <-, -n> (AERO) aleta *f* de freno, freno *m* aerodinámico; **Bremsklotz** *m* <-es, -klötze> zapata *f* de freno, almohadilla *f* de freno

Bremskraftverstärker *m* <-s, -> (AUTO) aumentador *m* de la fuerza de frenado

Bremslicht *nt* <-(e)s, -er> luz *f* de freno; **Bremspedal** *nt* <-s, -e> pedal *m* de freno; **Bremsrakete** *f* <-, -n> retrocohete *m*; **Bremsschlauch** *m* <-(e)s, -schläuche> (AUTO) manguera *f* de freno, tubo *m* flexible de los frenos; **Bremsspur** *f* <-, -en> huella *f* de frenado

Bremsung *f* <-, -en> frenado *m*

Bremsvorrichtung *f* <-, -en> dispositivo *m* de freno [*o* de frenado], sistema *m* de frenos; **Bremsweg** *m* <-(e)s, -e> distancia *f* de frenado

brennbar *adj* combustible, inflamable

Brenndauer *f* <-, *ohne pl*> (TECH) duración *f* de combustión; **Brennelement** *nt* <-(e)s, -e> elemento *m* combustible

brennen ['brɛnən] <brennt, brannte, gebrannt> **I.** *vi* **1.** (*Feuer*) arder; (*Material*) quemarse, arder; (*Zigarette, Licht*) estar encendido; **es brennt!** ¡hay un incendio!; **lichterloh ~** arder en llamas; **wie Zunder ~** arder bien; **das brennt ja wie Zunder** esto arde como nada; **wo brennt's denn?** (*fam*) ¿cuál es el problema?; **darauf ~ etw zu tun** morirse por hacer algo **2.** (*Wunde*) arder, punzar; (*Augen*) escocer, picar; (*Gewürz*) quemar, picar; **meine Füße ~** me duelen [*o* arden] los pies **3.** (*Sonne*) quemar **II.** *vt* **1.** (*Ziegel*) cocer **2.** (*Schnaps*) destilar **3.** (*Kaffee*) tostar

brennend *adj* **1.** (*Holz*) ardiente; (*in Flammen*) en llamas **2.** (*Schmerz*) punzante, agudo **3.** (*Problem, Frage*) candente, actual; (*Interesse*) vivo, palpitante; **das interessiert mich ~** me interesa vivamente

Brenner *m* <-s, -> quemador *m*, mechero *m*

Brennerei *f* <-, -en> destilería *f*

Brennessel *f* <-, -n> *s.* **Brennnessel**

Brennglas *nt* <-es, -gläser> vidrio *m* ustorio; **Brennholz** *nt* <-es, *ohne pl*> leña *f*; **Brennkammer** *f* <-, -n> (TECH) cámara *f* de combustión; **Brennmaterial** *nt* <-s, -ien> combustible(s) *m(pl)*; **Brennnessel**[RR] ['brɛnnɛsəl] *f* <-, -n> ortiga *f*; **Brennofen** *m* <-s, -öfen> horno *m* de calcinación; **Brennpunkt** *m* <-(e)s, -e> **1.** (PHYS) foco *m* **2.** (*Mittelpunkt*) centro *m*, primer plano *m*; **im ~ stehen** figurar en el primer plano; **ein sozialer ~** un foco social; **Brennschere** *f* <-, -n> (*alt*) tenacillas *fpl*, rizador *m*; **Brennspiegel** *m* <-s, -> (TECH) espejo *m* ustorio; **Brennspiritus** *m* <-, *ohne pl*> alcohol *m* para quemar; **Brennstab** *m* <-(e)s, -stäbe> (PHYS) barra *f* de combustible nuclear

Brennstoff *m* <-(e)s, -e> combustible *m*; **fossiler ~** combustible fósil; **rauchfreier ~** material combustible sin humo; **Brennstoffkreislauf** *m* <-(e)s, -läufe> (TECH) ciclo *m* de combustibles

Brennweite *f* <-, -n> (PHYS, FOTO) distancia *f* focal

Brennwert *m* <-(e)s, -e> valor *m* calorífico; **physiologischer ~** poder calorífico fisiológico

brenzlig ['brɛntslɪç] *adj* (*fam*) crítico, delicado; **die Sache wird langsam ~** la cosa se está poniendo fea

Bresche ['brɛʃə] *f* <-, -n> brecha *f*; **eine ~ schlagen** abrir una brecha; **für jdn in die ~ springen** sustituir [*o* reemplazar] a alguien

Breslau ['brɛslaʊ] *nt* <-s> Breslau *m*, Wroclaw *m*

Bretagne [bre'tanjə] *f* Bretaña *f*

Bretone, -in [bre'to:nə] *m, f* <-n, -n; -, -nen> bretón, -ona *m, f*

bretonisch *adj* bretón

Brett [brɛt] *nt* <-(e)s, -er> **1.** (*aus Holz*) tabla *f*, tablón *m*, plancha *f* de madera; **schwarzes ~** cartelera *f*; (*Schaukasten*) tablón de anuncios; **ein ~ vor dem Kopf haben** (*fam*) no ver más allá de sus narices; **die ~er, die die Welt bedeuten** (*geh*) el teatro, las tablas **2.** (*Spiel~*) tablero *m* **3.** *pl* (*Skier*) esquí(e)s *mpl*

Brettchen *nt* <-s, -> (*Küche*) tabla *f* (para cortar)

Bretterboden *m* <-s, -böden> tablado *m,* suelo *m* de tablas; (*auf einem Untergestell*) entarimado *m;* **Bretterbude** *f* <-, -n> barraca *f* de tablas

brettern *vi sein* (*fam*) conducir como un loco, ir a toda hostia *vulg;* **mit dem Motorrad durch die Gegend ~** ir con la moto por ahí a toda pastilla

Bretterwand *f* <-, -wände> **1.** (*Trennwand*) tabique *m* de madera; (*Schutzwand*) valla *f* **2.** (*Zaun*) cercado *m* **3.** (*Balkon, Treppe*) baranda *f;* **Bretterzaun** *m* <-(e)s, -zäune> valla *f*

Brettspiel *nt* <-(e)s, -e> juego *m* de tablero

Brevet [bre'veː] *nt* <-s, -s> (*Schweiz: Ausweis*) carné *m,* carnet *m*

brevetieren* [breve'tiːrən] *vt* (*Schweiz: einen Ausweis ausstellen*) expedir un carnet

Brevier [bre'viːɐ] *nt* <-s, -e> **1.** (REL) breviario *m* **2.** (*kurze Darstellung*) guía *f*

Brezel ['breːtsəl] *f* <-, -n> *rosquilla salada típica del sur de Alemania*

bricht [brɪçt] *3. präs von* **brechen**

Bridge [brɪtʃ] *nt* <-, *ohne pl*> bridge *m;* (INFOR, TEL) puente *m*

Brief [briːf] *m* <-(e)s, -e> carta *f;* **persönlicher ~** carta personal; **ein offener/versiegelter ~** una carta abierta/lacrada; **einen ~ zustellen/aufgeben** entregar/despachar [*o* enviar] una carta; **einen ~ mit einer Mark frankieren** franquear una carta con un sello de un marco; **unser ~ ist bisher unbeantwortet geblieben** nuestra carta hasta ahora no ha sido contestada; **der Inhalt dieses ~es ist vertraulich** el contenido de esta carta es confidencial; **einen blauen ~ bekommen** (SCH) *recibir una carta del colegio con el aviso de que el alumno posiblemente tenga que repetir el curso;* **als Antwort auf die Annonce kam eine Flut von ~en** en respuesta al anuncio llegaron montones de cartas; **ich gebe Ihnen ~ und Siegel darauf, dass ich es tun werde** le prometo solemnemente hacerlo; **Briefablage** *f* <-, -n> archivo *m* de correspondencia; **Briefbeschwerer** ['briːfbəʃveːrɐ] *m* <-s, -> pisapapeles *m inv;* **Briefblock** *m* <-s, -s *o* -blöcke> bloc *m* de cartas; **Briefbogen** *m* <-s, – *o* -bögen> pliego *m* de papel de cartas; **Briefbombe** *f* <-, -n> carta *f* bomba, carta-bomba *f*

Briefchen *nt* <-s, -> **1.** (*flaches Päckchen*) sobrecito *m,* paquetito *m* en forma de sobre **2.** (*sl: Drogendosis*) papelina *f*

Briefdrucksache *f* <-, -n> (envío *m* de) impresos *mpl;* **als ~ versenden** enviar como impresos

briefen *vt* (*eine Zusammenfassung geben*) informar brevemente [*o* resumidamente]

Briefeschreiber(in) *m(f)* <-s, -; -, -nen> persona *f* que escribe (muchas) cartas

Brieffreund(in) *m(f)* <-(e)s, -e; -, -nen> amigo, -a *m, f* por correspondencia; **Brieffreundschaft** *f* <-, -en> amistad *f* por correspondencia; **Briefgebühr** *f* <-, -en> franqueo *m* postal; **Briefgeheimnis** *nt* <-ses, *ohne pl*> secreto *m* postal [*o* epistolar]; **Briefhypothek** *f* <-, -en> (FIN) hipoteca *f* de carta

Briefing ['briːfɪŋ] *nt* <-s, -s> **1.** (MIL) breve conferencia *f* sobre la situación **2.** (*Informationsgespräch*) briefing *m,* intercambio *m* informativo entre una agencia publicitaria y su cliente

Briefkarte *f* <-, -n> tarjeta *f* postal (*que se envía en sobre*)

Briefkasten *m* <-s, -kästen> buzón *m;* **elektronischer ~** buzón *m* electrónico; **Briefkastenadresse** *f* <-, -n> dirección *f* postal; **Briefkastendomizil** *nt* <-s, -e> (*Schweiz*) domicilio *m* postal; **Briefkastenfirma** *f* <-, -firmen> empresa *f* buzón

Briefkopf *m* <-(e)s, -köpfe> membrete *m;* **Briefkurs** *m* <-es, -e> (FIN) cotización *f* ofrecida

brieflich *adj* por carta, por escrito; **Einzelheiten werden wir Ihnen ~ mitteilen** le informaremos por escrito sobre los pormenores

Briefmarke *f* <-, -n> sello *m,* estampilla *f Am;* **er sammelt ~n** colecciona sellos; **Briefmarkenalbum** *nt* <-s, -alben> álbum *m* filatélico [*o* de sellos postales]; **Briefmarkenautomat** *m* <-en, -en> expendedor *m* de sellos de correo; **Briefmarkensammler(in)** *m(f)* <-s, -; -, -nen> filatelista *mf,* filatélico, -a *m, f;* **Briefmarkensammlung** *f* <-, -en> colección *f* de sellos de correo [*o* de estampillas]

Brieföffner *m* <-s, -> abrecartas *m inv;* **Briefpapier** *nt* <-s, -e> papel *m* de cartas; **Briefpartner(in)** *m(f)* <-s, -; -, -nen> correspondiente *mf;* **Briefporto** *nt* <-s, -s *o* -porti> franqueo *m;* **Briefpost** *f* <-, *ohne pl*> correo *m;* **Briefroman** *m* <-s, -e> novela *f* epistolar; **Briefschreiber(in)** *m(f)* <-s, -; -, -nen> persona *f* que escribe cartas; **sie ist eine passionierte ~in** escribe cartas con pasión; **Brieftasche** *f* <-, -n> cartera *f,* billetero *m,* billetera *f ZAm, Arg, Chil;* **Brieftaube** *f* <-, -n> paloma *f* mensajera; **Briefträger(in)** *m(f)* <-s, -; -, -nen> cartero, -a *m, f;* **Briefumschlag** *m* <-(e)s, -schläge> sobre *m,* cierro *m Chil;* **verschlossener ~** sobre cerrado; **ein ~ für die Rückantwort liegt bei** adjuntamos un sobre para la respuesta; **Briefwaage** *f* <-, -n> pesacartas *m inv;* **Briefwahl** *f* <-, -en> voto *m* por correo; **Briefwähler(in)** *m(f)* <-s, -; -, -nen> (POL) votante *mf* por correo [*o* por correspondencia]; **Briefwechsel** *m* <-s, -> correspondencia *f,* carteo *m;* **in ~ mit jdm stehen** cartearse con alguien; **einen ~ mit jdm führen** escribirse con alguien; **Briefwerbeaktion** *f* <-, -en> acción *f* publicitaria por correo; **Briefwerbung** *f* <-, *ohne pl*> publicidad *f* por cartas; **Briefzusteller(in)** *m(f)* <-s, -; -, -nen> (*formal*) distribuidor(a) *m(f)* del correo, cartero, -a *m, f*

briet [bri:t] *3. imp von* **braten**

Brigade [bri'ga:də] *f* <-, -n> (MIL) brigada *f;* **Brigadegeneral(in)** *m(f)* <-s, -e *o* -räle; -, -nen> (MIL) general *mf* de brigada; **Brigadekommandeur(in)** *m(f)* <-s, -e; -, -nen> (MIL) comandante *mf* de brigada

Brigg [brɪk] *f* <-, -s> (NAUT) bergantín *m*

Brikett [bri'kɛt] *nt* <-s, -s> briqueta *f*

brillant [brɪ'ljant] *adj* excelente, magnífico

Brillant [brɪ'ljant] *m* <-en, -en> brillante *m*

Brillantine [brɪljan'ti:nə] *f* <-, -n> brillantina *f*

Brillantkollier [brɪl'jantkɔ'lie:] *nt* <-s, -s> collar *m* de brillantes, gargantilla *f* de brillantes; **Brillantring** *m* <-(e)s, -e> anillo *m* de brillantes; **Brillantschmuck** *m* <-(e)s, *ohne pl*> joyas *fpl* con brillantes

Brillanz [brɪ'ljants] *f* <-, *ohne pl*> brillantez *f*

Brille ['brɪlə] *f* <-, -n> (*Augenglas*) gafas *fpl,* anteojos *mpl Am,* lentes *mpl Am;* **eine ~ tragen/brauchen** llevar [*o* usar]/necesitar gafas; **etw durch eine rosarote/schwarze ~ sehen** ver algo de color de rosa/negro; **Brillenetui** *nt* <-s, -s> estuche *m* para gafas; **Brillengestell** *nt* <-(e)s, -e> montura *f* de las gafas; **Brillenglas** *nt* <-es, -gläser> cristal *m* de gafas; **Brillenschlange** *f* <-, -n> **1.** (ZOOL) cobra *f,* serpiente *f* de anteojos *fam* **2.** (*fam abw: Brillenträger*) cuatrojos *mf inv;* **Brillenträger(in)** *m(f)* <-s, -; -, -nen> persona *f* que lleva gafas

brillieren* [brɪl'ji:rən] *vi* (*geh*) brillar (*mit* con), sobresalir (*mit* con)

Brimborium [brɪm'bo:riʊm] *nt* <-s, *ohne pl*> (*fam abw*) **1.** (*Drumherum*) historias *fpl;* **lassen Sie dieses ~ und kommen Sie gleich zur Sache** déjese de historias y vaya al grano **2.** (*Aufheben*) montaje *m;* **das ganze ~ wegen des Jubiläums geht mir auf die Nerven** todo este montaje por el aniversario me pone de los nervios; **ein ~ um etw machen** hacer un mundo de algo

bringen ['brɪŋən] <bringt, brachte, gebracht> *vt* **1.** (*herbringen*) traer; (*hinbringen*) llevar; (*befördern*) transportar; (*begleiten*) acompañar, llevar; **soll ich dich nach Hause ~?** ¿quieres que te lleve a casa?; **es ist Zeit, die Kinder ins Bett zu ~** es hora de acostar a los niños; **das Essen auf den Tisch ~** poner la comida en la mesa; **etw in Ordnung ~** poner algo en orden; **wir werden ihn vor Gericht ~** lo llevaremos a juicio; **das wird uns noch viel Ärger ~** esto aún nos va a traer muchos problemas; **das soll Glück ~** esto dicen que trae buena suerte; **du hast ihn in Verlegenheit gebracht** lo has puesto en un apuro; **seine Ware an den Mann ~** (*fam*) vender sus mercancías; **etw an den Tag ~** revelar algo; **jdm etw nahe ~** despertar el interés de alguien por algo, hacer comprender algo a alguien; **die gemeinsame Tätigkeit hat sie einander nahe gebracht** el trabajo común los ha unido; **jdn auf die Palme ~** (*fam*) enfurecer a alguien, cabrear a alguien; **jdn auf Touren ~** acuciar a alguien; **jdn aus dem Konzept ~** confundir a alguien, hacer perder el hilo a alguien; **wir werden es zur Sprache** [*o* **auf den Tisch**] **~** ya hablaremos de eso; **das sollte man zu Papier ~** esto habría que anotarlo; **etw auf den Markt ~** lanzar algo al mercado; **ein Kind zur Welt ~** dar a luz [*o* traer al mundo] un niño; **es zu etwas** [*o* **es weit**] **~** hacer carrera; **etw mit sich ~** traer algo consigo; **das bringt das Alter so mit sich** esto es cosa de la edad; **etw hinter sich ~** conseguir terminar algo; **~ wir es hinter uns!** ¡acabémoslo de una vez!; **sie wollen sie unbedingt unter die Haube ~** la quieren casar a toda costa; **seine Schäfchen ins Trockene ~** (*fig*) llevar el agua a su molino; **jdn um die Ecke ~** (*fam*) cargarse a alguien; **du wirst mich noch unter die Erde** [*o* **ins Grab**] **~** (*fam*) me vas a matar como sigas así **2.** (*Ertrag, Gewinn*) rendir, producir un beneficio (de); **das Bild brachte 100 Mark** el cuadro produjo un beneficio de 100 marcos; **diese Wertpapiere werden hohe Zinsen ~** estos títulos rendirán intereses muy altos; **das bringt's!** (*fam*) ¡esto es!; **was bringt das?** ¿qué se consigue con esto?; **das bringt doch überhaupt nichts** esto no conduce a nada; **er hat es weit gebracht in seinem Leben, er hat es in seinem Leben zu etwas gebracht** ha logrado [*o* subido] mucho en su vida **3.** (*fam: veröffentlichen*) traer, publicar; (*Wetterbericht, Nachrichten*) emitir; **die Zeitung hat nichts darüber gebracht** el periódico no ha publicado nada al respecto **4.** (*wegnehmen*) quitar (*um*); **jdn ums Leben ~** matar a alguien; **das bringt mich noch um den Verstand** esto aún me va a volver loco; **jdn um Haus und Hof ~** arruinar a alguien **5.** (*bekommen*) conseguir (*zu + inf*); **du bringst mich immer zum Lachen** siempre me haces reír; **sie brachte das Auto zum Stehen** consiguió parar el coche; **er war nicht aus der Fassung zu ~** no fue posible hacerle perder su sangre fría; **du bringst mich nicht dazu, das zu tun** no vas a conseguir que lo haga **6.** (*Wend*): **das kannst du doch nicht ~!** (*fam*) ¡no lo puedes hacer!; **nachdem er die Waffe an sich gebracht hatte, floh er** después de haberse apoderado del arma, huyó; **sie hat mich erst darauf gebracht das zu tun** ella me dio la idea de hacerlo; **etw nicht über sich** [*o* **übers Herz**] **~** no ser capaz de hacer algo

Bringschuld *f* <-, -en> **1.** (JUR) obligación *f* de aportar **2.** (*moralische Verpflichtung*) obligación *f* moral

brisant [bri'zant] *adj* explosivo; **ein ~es Thema** un tema explosivo

Brisanz[1] [bri'zants] *f* <-, *ohne pl*> (*Aktuali-*

tät) actualidad *f*

Brisanz[2] *f* <-, -en> (*Sprengkraft*) fuerza *f* explosiva

Brise ['bri:zə] *f* <-, -n> brisa *f;* **eine steife ~** una brisa fuerte

Britannien [bri'tanjən] *nt* <-s> Gran Bretaña *f*

britannisch [bri'tanɪʃ] *adj* (HIST) britano, británico; **die ~en Stämme** las tribus britanas [*o* británicas]

Brite, -in ['brɪtə, 'bri:tə] *m, f* <-n, -n; -, -nen> británico, -a *m, f*

britisch ['brɪtɪʃ] *adj* británico

Brixen ['brɪksən] *nt* <-s> Brixen *m,* Bressanone *m*

bröck(e)lig *adj* quebradizo, deleznable

bröckeln ['brœkəln] *vi sein* (*Steine*) desmoronarse; (*Putz, Lehm*) desmoronar; (*Brot*) desmigajarse

Brocken ['brɔkən] *m* <-s, -> trozo *m,* pedazo *m;* **ein paar ~ Spanisch sprechen** chapurrear el español; **ein paar ~ Spanisch verstehen** entender un poco de español; **die Prüfung ist ein harter ~ für ihn** el examen es muy duro para él; **da haben wir einen fetten ~ an Land gezogen!** ¡vaya pedazo de pez hemos pescado!

brockenweise *adv* en pedazos, en trozos, troceado; (*fig*) a retazos; **sie gab den Schwänen das Brot ~** daba pan troceado [*o* en trozos] a los cisnes; **die letzten Jahre hatte er ~ Spanisch gelernt** en los últimos años había aprendido español a retazos

bröcklig *adj s.* **bröck(e)lig**

brodeln ['bro:dəln] *vi* **1.** (*Wasser*) hervir a borbotones; **in der Metallbranche brodelt es ganz schön** en la industria del metal hay bastantes tumultos **2.** (*Österr: fam: trödeln*) obrar con cachaza

Brodem ['bro:dəm] *m* <-s, *ohne pl*> (*geh*) vapores *mpl;* (*erstickend*) miasma *f;* **ein stinkender ~** vapores pestilentes

Broiler ['brɔɪlɐ] *m* <-s, -> (*ostd*) pollo *m* asado

Brokat [bro'ka:t] *m* <-(e)s, -e> brocado *m*

Broker(in) ['bro:kɐ] *m(f)* <-s, -; -, -nen> (FIN) broker *mf;* **Brokergeschäft** *nt* <-(e)s, -e> (FIN) operación *f* de compraventa de valores mobiliarios (*en las bolsas anglosajonas*)

Brokerin *f* <-, -nen> *s.* **Broker**

Brokkoli ['brɔkoli] *pl* brécol *m,* bróculi *m*

Brom [bro:m] *nt* <-s, *ohne pl*> (CHEM) bromo *m*

Brombeere ['brɔmbe:rə] *f* <-, -n> **1.** (*Gewächs*) zarza *f,* zarzamora *f* **2.** (*Frucht*) (zarza)mora *f*

Brombeerstrauch *m* <-(e)s, -sträucher> zarzas *fpl,* zarzal *m*

bronchial [brɔnçi'a:l] *adj* (MED) bronquial; **Bronchialasthma** *nt* <-s, *ohne pl*> (MED) asma *m* bronquial; **Bronchialkarzinom** *nt* <-s, -e> (MED) carcinoma *m* bronquial; **Bronchialkatarr(h)**[RR] *m* <-s, -e> (MED) catarro *m* bronquial

Bronchie ['brɔnçiə] *f* <-, -n> (ANAT) bronquio *m*

Bronchitis [brɔn'çi:tɪs] *f* <-, Bronchitiden> (MED) bronquitis *f inv;* **akute/chronische ~** bronquitis aguda/crónica

Bronchopneumonie [brɔnçopnɔɪmo'ni:] *f* <-, -n> (MED) bronquioneumonía *f*

Bronchoskopie [brɔnçosko'pi:] *f* <-, -n> (MED) broncoscopia *f*

Bronze ['brõ:sə] *f* <-, -n> bronce *m*

bronzefarben *adj* bronceado, de color de bronce

Bronzemedaille *f* <-, -n> (SPORT) medalla *f* de bronce

bronzen *adj* de bronce, broncíneo *geh*

Bronzezeit *f* <-, *ohne pl*> Edad *f* del Bronce

Brosche ['brɔʃə] *f* <-, -n> broche *m*

broschiert [brɔ'ʃi:ɐt] *adj* (*flexibel eingebunden*) (encuadernado) en rústica

Broschur[1] [bro'ʃu:ɐ] *f* <-, -en> (*Buch*) libro *m* empaquetado en una cubierta de cartón

Broschur[2] *f* <-, *ohne pl*> (*Broschieren*) encuadernamiento *m* en rústica

Broschüre [brɔ'ʃy:rə] *f* <-, -n> folleto *m*

Broschureinband *m* <-(e)s, -bände> cubierta *f* (en) rústica

Brösel ['brø:zəl] *m* <-s, -> miga *f,* migaja *f*

brös(e)lig *adj* que se hace migas, que se desmigaja; **der Kuchen ist ~** el pastel se desmigaja; **die Mauer ist ~ geworden** la pared se descascarilla

bröseln ['brø:zəln] *vi* **1.** (*bröckeln*) desmigajarse **2.** (*zerbröseln*) hacer(se) migas; **du bröselst immer so, leg dein Brot doch auf einen Teller** siempre haces tantas migas, pon tu pan en un plato

bröslig *adj s.* **brös(e)lig**

Brot [bro:t] *nt* <-(e)s, -e> pan *m;* **ein Laib ~** un pan; **sich** *dat* **sein ~ verdienen** ganarse el pan; **das ist mein tägliches ~** este es mi pan de cada día; **unser tägliches ~ gib uns heute** (REL) el pan nuestro de cada día dánoslo hoy; **das frisst kein ~** (*fig*) eso no pide pan; **für diesen Choleriker zu arbeiten, ist ein hartes ~** trabajar para este tipo colérico es muy duro; **Brotaufstrich** *m* <-(e)s, -e> *todo cuanto se puede untar en el pan;* **Brotbelag** *m* <-(e)s, *ohne pl*> *fiambre, queso, chocolate… para poner en el pan;* **Brotbeutel** *m* <-s, -> zurrón *m*

Brötchen ['brø:tçən] *nt* <-s, -> panecillo *m;* **belegte ~** bocadillos *mpl;* **kleine ~ backen** (*fam*) conformarse con poco; **sich** *dat* **seine ~ verdienen** (*fam*) ganarse la vida; **Brötchengeber(in)** *m(f)* <-s, -; -, -nen> (*fam*) patrono, -a *m, f*

Broteinheit *f* <-, -en> (MED) unidad *f* alimenticia; **Broterwerb** *m* <-(e)s, *ohne pl*> sustento *m;* **etw zum ~ betreiben** dedicarse a un negocio para ganar el pan; **Brotkasten** *m* <-s, -kästen> panera *f;* **Brotknörzel**

['bro:tknœrtsəl] *m* <-s, -> (*südd*) cantero *m* de pan; **Brotkorb** *m* <-(e)s, -körbe> cesta *f* del pan; **Brotkrume** *f* <-, -n>, **Brotkrümel** *m* <-s, -> miga *f* de pan, borona *f Am;* **Brotkruste** *f* <-, -n> corteza *f* de pan

brotlos *adj* en paro, sin empleo; **eine ~e Kunst** una profesión poco lucrativa

Brotmaschine *f* <-, -n> máquina *f* de cortar pan; **Brotmesser** *nt* <-s, -> cuchillo *m* para cortar pan, cuchillo *m* del pan; **Brotrinde** *f* <-, -n> corteza *f* de pan; **Brotröster** *m* <-s, -> (*Toaster*) tostador *m,* tostadora *f;* **Brotschneidemaschine** *f* <-, -n> máquina *f* de cortar pan; **Brotschnitte** *f* <-, -n> rebanada *f* de pan; **Brotsuppe** *f* <-, -n> sopa *f* de pan; **Brotteig** *m* <-(e)s, -e> masa *f* de pan; **Braten im ~** asado con gabardina, asado envuelto en masa de pan; **Brotvermehrung** *f:* **die wunderbare ~** (REL) la multiplicación de los panes (y los peces); **Brotzeit** *f* <-, -en> (*reg*) hora *m* del bocadillo; **~ machen** hacer una pausa para comer un bocadillo

Brouter ['braʊtɐ] *m* <-s, -> (INFOR, TEL) puente-encaminador *m,* brouter *m*

Browser ['braʊzɐ] *m* <-s, -> (INFOR, TEL) browser *m,* explorador *m,* buscador *m*

brr [br] *interj* **1.** (*Befehl an Zugtiere: halt!*) ¡so! **2.** (*Ausruf bei Kälte*) ¡brrr!

BRT *Abk. von* **Bruttoregistertonne** tonelada *f* de registro [*o* de arqueo] bruto

Brucellose [brutsɛ'lo:zə] *f* <-, -n> (MED) brucelosis *f inv*

Bruch [brʊx, *pl:* 'brʏçə] *m* <-(e)s, Brüche> **1.** (*das Zerbrechen*) rotura *f,* fractura *f;* **zu ~** [*o* **in die Brüche**] **gehen** hacerse añicos [*o* trizas]; **ihre Ehe ging in die Brüche** su matrimonio fracasó **2.** (*Zerbrochenes*) despojos *mpl;* **das ist alles nur ~** son puros despojos **3.** (MED: *Knochen*) fractura *f;* (*Eingeweide*) hernia *f;* **ein eingeklemmter ~** una hernia estrangulada; **sich** *dat* **einen ~ heben** herniarse, quebrarse **4.** (MATH) fracción *f;* **wir müssen als Aufgabe diese Brüche lösen** tenemos como tarea sacar estas fracciones **5.** (*eines Verhältnisses, Vertrages*) ruptura *f,* rotura *f;* (*Gesetz*) infracción *f;* (*Eid*) perjurio *m;* (*Vertrauen*) indiscreción *f,* abuso *m* de confianza; **~ des Eheversprechens** ruptura de la promesa de matrimonio; **Bruchband** *nt* <-(e)s, -bänder> (MED) hernia *f;* **Bruchbude** *f* <-, -n> (*fam abw*) ruina *f;* **bruchfest** *adj* irrompible, resistente a la rotura; **Bruchfläche** *f* <-, -n> superficie *f* de rotura [*o* de fractura]; (*zum Ankleben*) superficie *f* a pegar; **Klebstoff dünn auf die beiden ~n auftragen** aplicar una fina capa de pegamento sobre las dos superficies a pegar

brüchig ['brʏçɪç] *adj* **1.** (*Gestein, Mauer*) resquebrajado, quebradizo; (*Glas*) frágil **2.** (*Stoff, Stimme*) cascado, quebradizo

Bruchlandung *f* <-, -en> aterrizaje *m* forzoso; **Bruchrechnen** *nt* <-s, *ohne pl*> (MATH) cálculo *m* de fracciones; **Bruchrechnung** *f* <-, -en> (MATH) cálculo *m* de fracciones [*o* de quebrados]; **Bruchschaden** *m* <-s, -schäden> rotura *f;* **Bruchschokolade** *f* <-, -n> chocolate *m* partido (*que por ello se vende más barato*); **Bruchstelle** *f* <-, -n> (punto *m* de) rotura *f;* (*eines Knochens*) (punto *m* de) fractura *f;* **auf dem Röntgenbild war die ~ deutlich zu erkennen** en la radiografía se apreciaba perfectamente la fractura; **Bruchstrich** *m* <-(e)s, -e> (MATH) línea *f* de quebrado, raya *f;* **Bruchstück** *nt* <-(e)s, -e> fragmento *m,* trozo *m*

bruchstückhaft *adj* fragmentario

Bruchteil *m* <-(e)s, -e> fracción *f;* **im ~ einer Sekunde** en una fracción de segundo; **Bruchteilseigentum** *nt* <-s, *ohne pl*> (JUR) condominio *m*

Bruchzahl *f* <-, -en> (MATH) número *m* fraccionario [*o* quebrado]

Brücke ['brʏkə] *f* <-, -n> **1.** (ARCHIT, MED, SPORT, NAUT) puente *m;* **eine ~ zwischen den Völkern schlagen** tender un puente entre los pueblos [*o* las naciones]; **alle ~n hinter sich abbrechen** quemar las naves; **jdm eine ~ bauen** (*fig*) tender(le) un puente a alguien **2.** (*Teppich*) alfombra *f* corta **3.** (INFOR) puente *m;* **Brückenbau** *m* <-(e)s, *ohne pl*> construcción *f* de puentes; **Brückenbogen** *m* <-s, -bögen> arco *m* de puente; **Brückengebühr** *f* <-, -en> pontazgo *m;* **Brückengeländer** *nt* <-s, -> pretil *m,* baranda *f;* **Brückenkopf** *m* <-(e)s, -köpfe> (MIL) cabeza *f* de puente, cabecera *f* de puente; **Brückenpfeiler** *m* <-s, -> pilar *m* de puente, pila *f;* **Brückenschlag** *m* <-(e)s, -schläge> (*fig*) puente *m;* **das war ein historischer ~** se tendió un puente histórico; **die Reise des Außenministers war ein erster ~** el viaje del ministro de Exteriores ha tendido un primer puente; **Brückenspringen** *nt* <-s, *ohne pl*> puenting *m;* **Brückentag** *m* <-(e)s, -e> (día *m* de) puente *m;* **da nehme ich mir den ~ frei** voy a hacer puente, voy a tomarme un día de puente

Bruder ['bru:dɐ, *pl:* 'bry:dɐ] *m* <-s, Brüder> **1.** (*Verwandter*) hermano *m;* **mein großer/kleiner ~** mi hermano mayor/menor; **unter Brüdern** (*fam*) entre hermanos **2.** (*Ordens~*) fraile *m,* hermano *m;* (*vor dem Namen*) fray *m* **3.** (*fam abw: Kerl*) tipo *m,* tío *m;* **er ist ein gefährlicher ~** es un tío peligroso; **euch Brüder kenne ich** conozco a tipos de vuestra calaña; **Bruderherz** *nt* <-es, *ohne pl*> (*fam*) hermano *m;* **Bruderkrieg** *m* <-(e)s, -e> guerra *f* entre hermanos

brüderlich *adj* fraterno, fraternal; **etw ~ mit jdm teilen** compartir algo con alguien como buenos hermanos

Brüderlichkeit *f* <-, *ohne pl*> hermandad *f*

Brudermord *m* <-(e)s, -e> fratricidio *m;* **Brudermörder(in)** *m(f)* <-s, -; -, -nen>

fratricida *mf*

Bruderschaft *f* <-, -en> hermandad *f;* (REL) congregación *f,* comunidad *f* religiosa

Brüderschaft *f* <-, *ohne pl*> relación *f* amistosa; **mit jdm ~ trinken** ofrecerle el tuteo a alguien (*tomando una copa*)

Brügge ['brʏgə] *nt* <-s> Brujas

Brühe ['bryːə] *f* <-, -n> **1.** (GASTR) caldo *m,* consomé *m* **2.** (*abw: Schmutzwasser*) agua *f* sucia

brühen *vt* (GASTR) escaldar

Brühkartoffeln *fpl* (GASTR) ragú *m* de patatas; **brühwarm** ['-'-] *adj* (*fam: Neuigkeit*) de última hora; **jdm eine Nachricht ~ weitererzählen** ir con la noticia fresca a alguien; **Brühwürfel** *m* <-s, -> pastilla *f* para caldo, cubito *m* de caldo; **Brühwurst** *f* <-, -würste> salchicha *f* cocida (*que se calienta en agua hirviendo*)

Brüllaffe *m* <-n, -n> (ZOOL) mono *m* aullador

brüllen ['brʏlən] *vi* **1.** (*Stier*) bramar; (*Raubtier*) rugir; (*Kalb*) berrear **2.** (*Mensch*) gritar, vociferar; **vor Schmerzen ~** gritar de dolor; **er hat wie am Spieß gebrüllt** gritó como un condenado; **sie brach in ~des Gelächter aus** se echó a reír a carcajadas

Brummbär *m* <-en, -en> (*fam*) gruñón *m;* **er ist ein alter ~** es un viejo gruñón; **Brummbass**[RR] *m* <-es, -bässe> (*fam*) **1.** (MUS) bordón *m* **2.** (*Stimme*) voz *f* bronca, voz *f* de bajo

brummeln *vi:* **etw vor sich hin ~** refunfuñar [*o* mascullar] algo

brummen ['brʊmən] **I.** *vi* **1.** (*Bär, Mensch*) gruñir; (*Fliege, Motor*) zumbar; **mir brummt der Schädel** [*o* **der Kopf**] tengo la cabeza como un bombo **2.** (*falsch singen*) desentonar, desafinar **3.** (*fam: in Haft sein*) estar en chirona **II.** *vt* refunfuñar, gruñir; **etw in seinen Bart ~** murmurar algo entre dientes

Brummer *m* <-s, -> (*fam*) **1.** (*Fliege*) moscardón *m* **2.** (*LKW*) camión *m* pesado

Brummi ['brʊmi] *m* <-s, -s> (*fam*) camión *m*

brummig *adj* (*fam*) gruñón

Brummkreisel *m* <-s, -> peonza *f* de hojalata (*que zumba al girar*); **Brummschädel** *m* <-s, -> (*fam*) dolor *m* de cabeza; **einen ~ haben** tener la cabeza como un bombo

Brunch [brantʃ] *m* <-(e)s, -(e)s *o* -e> brunch *m* (*combinación entre desayuno y almuerzo*)

brunchen ['brantʃən] *vi combinar el desayuno con el almuerzo*

Bruneck [bru'nɛk] *nt* <-s> Bruneck *m*

brünett [bry'nɛt] *adj* (*Mensch*) moreno, morocho *CSur;* (*Haar*) castaño

Brünette(r) [bry'nɛtə, bry'nɛtɐ] *mf* <-n, -n; -n, -n> castaño, -a *m, f;* **wer ist denn der ~, mit dem Elke gekommen ist?** ¿quién es ese chico castaño con el que ha venido Elke?

Brunft [brʊnft] *f* <-, Brünfte> (época *f* de) celo *m;* **in der ~ sein** estar en celo

brunftig *adj* (ZOOL) en celo

Brunftplatz *m* <-es, -plätze> (JAGD) bramadero *m;* **Brunftschrei** *m* <-(e)s, -e> (JAGD) bramido *m* (del ciervo) en época de celo; **Brunftzeit** *f* <-, -en> época *f* de celo; (JAGD) brama *f* (del ciervo)

Brunnen ['brʊnən] *m* <-s, -> **1.** (*Schöpf~*) pozo *m,* cachimba *f Urug;* **artesischer ~** pozo artesiano **2.** (*Spring~*) fuente *f* **3.** (*Heilquelle*) fuente *f,* manantial *m;* **Brunnenbauer(in)** *m(f)* <-s, -; -, -nen> excavador(a) *m(f)* de pozos; **Brunnenbecken** *nt* <-s, -> pilón *m* de la fuente; **Brunnenfigur** *f* <-, -en> escultura *f* de una fuente, estatua *f* de una fuente; **Brunnenkresse** *f* <-, -n> berro *m* de fuente; **Brunnenkur** *f* <-, -en> (MED) terapia *f* con aguas termales, balneoterapia *f;* **eine ~ machen** tomar las aguas; **Brunnenschacht** *m* <-(e)s, -schächte> pozo *m;* **Brunnenvergifter(in)** *m(f)* <-s, -; -, -nen> persona *f* que envenena [*o* que emponzoña] el agua de los pozos *geh;* **Brunnenvergiftung** *f* <-, -en> envenenamiento *m* de pozos, emponzoñamiento *m* de pozos; **Brunnenwasser** *nt* <-s, *ohne pl*> agua *f* de pozo

Brunst [brʊnst, *pl:* 'brʏnstə] *f* <-, Brünste> (época *f* de) celo *m*

brünstig ['brʏnstɪç] *adj* en celo, alunado *CRi*

Brunstschrei *m* <-(e)s, -e> bramido *m* en época de celo; **Brunstzeit** *f* <-, -en> época *f* de celo

brüsk [brʏsk] *adj* brusco, descortés

brüskieren* *vt* ofender, tratar con brusquedad

Brüskierung *f* <-, -en> **1.** (*das Brüskieren*) ofensa *f,* trato *m* ofensivo; **ich verbitte mir diese ~ meiner Person!** ¡no tolero que se me trate de un modo tan ofensivo! **2.** (*barscher Akt*) brusquedad *f;* **diese ständigen ~en nehme ich nicht mehr hin!** ¡no voy a seguir admitiendo un trato tan brusco!

Brüssel ['brʏsəl] *nt* <-s> Bruselas *f*

Brüsseler *adj inv,* **Brüssler**[RR] *adj inv* bruselense; **~ Spitzen** encajes de Bruselas

Brust [brʊst, *pl:* 'brʏstə] *f* <-, Brüste> pecho *m;* (*Busen*) seno *m,* casco *m Peru;* (*Geflügel~*) pechuga *f;* **mit** (**vor Stolz**) **geschwellter ~** lleno de orgullo; **jdn an die ~ drücken** estrechar a alguien contra el pecho; **einen zur ~ nehmen** (*fam*) empinar el codo; **jdm die Pistole auf die ~ setzen** poner a alguien la pistola al pecho; **schwach auf der ~ sein** (*fam*) padecer del pecho; **aus voller ~ singen** cantar a pleno pulmón; **dem Säugling die ~ geben** dar el pecho al bebé; **Brustbein** *nt* <-(e)s, -e> esternón *m,* espuela *f Arg, Chil;* **Brustbeutel** *m* <-s, -> *monedero colgado del cuello;* **Brustbild** *nt* <-(e)s, -er> (KUNST) busto *m;* (FOTO) retrato *m* de medio cuerpo; **Brustdrüse** *f* <-, -n> (ANAT) glándula *f* mamaria

brüsten ['brʏstən] *vr:* **sich** ~ (*abw*) vanagloriarse (*mit* de), presumir (*mit* de)

Brustentzündung *f* <-, -en> (MED) mastitis *f inv*

Brustfell *nt* <-(e)s, -e> (ANAT) pleura *f;* **Brustfellentzündung** *f* <-, -en> (MED) pleuritis *f inv,* pleuresía *f*

Brustflosse *f* <-, -n> (ZOOL) aleta *f* pectoral [*o* torácica]; **Brustgegend** *f* <-, -en> (ANAT) región *f* pectoral, zona *f* pectoral; **Brusthöhe** *f* <-, -n> altura *f* del pecho; **in** ~ a la altura del pecho; **Brusthöhle** *f* <-, -n> (ANAT) tórax *m,* cavidad *f* torácica; **Brustkasten** *m* <-s, -kästen> (ANAT) tórax *m inv,* caja *f* torácica; **Brustknoten** *m* <-s, -> (MED) nódulo *m* en el seno; **Brustkorb** *m* <-(e)s, -körbe> (ANAT) tórax *m inv;* **Brustkrebs** *m* <-es, -e> cáncer *m* de mama; **Brustmuskel** *m* <-s, -n> (ANAT) músculo *m* pectoral; **Brustoperation** *f* <-, -en> (MED) operación *f* del seno; **Brustprothese** *f* <-, -n> (MED) prótesis *f inv* del pecho; **Brustschmerz** *m* <-es, -en> (MED) dolor *m* de pecho; **Brustschwimmen** *nt* <-s, *ohne pl*> (SPORT) estilo *m* braza; **Brustschwimmer(in)** *m(f)* <-s, -; -, -nen> (SPORT) nadador(a) *m(f)* de braza; **sie ist ~in** su especialidad es la braza; **Bruststimme** *f* <-, -n> (MUS) voz *f* de pecho; **Bruststück** *nt* <-(e)s, -e> **1.** (*am Hemd*) pechera *f;* (*am Kleid*) peto *m* **2.** (HIST: *an der Rüstung*) peto *m* **3.** (GASTR) pechuga *f;* **Brusttasche** *f* <-, -n> bolsillo *m* interior; **Brustton** *m* <-(e)s, -töne> (MUS) do *m* de pecho; **etw im** ~ **der Überzeugung sagen** decir algo con mucho énfasis; **Brustumfang** *m* <-(e)s, -fänge> perímetro *m* torácico, ancho *m* del pecho

Brüstung ['brʏstʊŋ] *f* <-, -en> **1.** (*Balkon~*) pretil *m,* barandilla *f* **2.** (*Fenster~*) antepecho *m*

Brustwarze *f* <-, -n> (*bei Frauen*) pezón *m;* (*bei Männern*) tetilla *f;* **Brustwehr** *f* <-, -en> (MIL, HIST) parapeto *m;* **Brustweite** *f* <-, -n> *s.* Brustumfang; **Brustwirbel** *m* <-s, -> (ANAT) vértebra *f* dorsal

Brut[1] ['bru:t] *f* <-, -en> **1.** (*das Brüten*) incubación *f* **2.** (*Vogeljunge*) nidada *f;* (*Fische*) cría *f,* freza *f*

Brut[2] *f* <-, *ohne pl*> (*abw: Gesindel*) gentuza *f*

brutal [bru'ta:l] *adj* brutal

brutalisieren* [brutali'zi:rən] *vt* embrutecer, deshumanizar; **der lang andauernde Krieg hatte die Menschen brutalisiert** la larga guerra había deshumanizado a la gente

Brutalisierung *f* <-, *ohne pl*> embrutecimiento *m*

Brutalität [brutali'tɛ:t] *f* <-, -en> brutalidad *f*

Brutapparat *m* <-(e)s, -e> (AGR, MED) incubadora *f*

brüten ['bry:tən] *vi* **1.** (*Vögel*) empollar, incubar **2.** (*geh: Sonne*) quemar; **~de Hitze** calor aplastante **3.** (*nachgrübeln*) meditar (*über* sobre), reflexionar (*über* sobre); **er brütet schon lange über dieser Aufgabe** lleva un buen tiempo meditando sobre este problema

brütendheiß *adj s.* **heiß 1.**

Brüter *m* <-s, -> (PHYS) reactor *m* (reproductor); **schneller** ~ reactor rápido [*o* de neutrones rápidos]

Brutgebiet *nt* <-(e)s, -e> zona *f* de reproducción; **Bruthitze** *f* <-, *ohne pl*> (*fam*) calor *m* achicharrante, chicharrina *f;* **Brutkasten** *m* <-s, -kästen> (MED) incubadora *f;* **Brutpflege** *f* <-, *ohne pl*> (ZOOL) cuidados *mpl* de reproducción; **Brutplatz** *m* <-es, -plätze> (ZOOL) nidal *m;* **Brutreaktor** *m* <-s, -en> (PHYS) reactor *m* (reproductor); **Brutstätte** *f* <-, -n> lugar *m* de incubación

brutto ['brʊto] *adv* bruto; **2.000 Mark** ~ 2.000 marcos brutos; **Bruttoaufschlag** *m* <-(e)s, -schläge> margen *m* comercial; **Bruttobeitrag** *m* <-(e)s, -träge> cuota *f* bruta; **Bruttoeinkommen** *nt* <-s, -> ingresos *mpl* brutos; **Bruttoeinnahmen** *fpl* ingresos *mpl* brutos; **Bruttofinanzierung** *f* <-, -en> financiación *f* bruta; **Bruttogehalt** *nt* <-(e)s, -hälter> sueldo *m* bruto; **Bruttogewicht** *nt* <-(e)s, *ohne pl*> peso *m* (en) bruto; **Bruttogewinn** *m* <-(e)s, -e> (WIRTSCH) ganancia *f* bruta; **Bruttoinlandsprodukt** *nt* <-(e)s, -e> (WIRTSCH) producto *m* interior bruto; **Bruttolohn** *m* <-(e)s, -löhne> (WIRTSCH) salario *m* bruto; **Bruttomarge** *f* <-, -n> margen *m* bruto; **Bruttopreis** *m* <-es, -e> precio *m* bruto; **Brutto-Primärproduktion** *f* <-, -en> producción *f* primaria bruta; **Bruttoraumzahl** *f* <-, -en> (TECH) tonelada *f* bruta de registro [*o* de arqueo bruto]; **Bruttoregistertonne** *f* <-, -n> (HIST, TECH) tonelada *f* bruta de registro [*o* de arqueo bruto]; **Bruttosatz** *m* <-es, -sätze> tasa *f* bruta; **Bruttosozialprodukt** *nt* <-(e)s, -e> (WIRTSCH) producto *m* nacional bruto; **Bruttoumsatz** *m* <-es, -sätze> ventas *fpl* brutas; **Bruttoverdienst** *m* <-(e)s, -e> ingreso *m* bruto; **Bruttoverdienstspanne** *f* <-, -n> margen *m* de beneficio bruto; **Bruttowert** *m* <-(e)s, -e> valor *m* (en) bruto; **Bruttozeit** *f* <-, -en> tiempo *m* (en) bruto; **Bruttozuwachs** *m* <-es, -wächse> (WIRTSCH) aumento *m* bruto, crecimiento *m* bruto

Brutzeit *f* <-, -en> tiempo *m* de reproducción

brutzeln ['brʊtsəln] **I.** *vi* freírse **II.** *vt* (*fam*) freír

BSE [be:ʔɛs'ʔe:] *Abk. von* **Bovine Spongiforme Encephalopathie** (**Rinderwahnsinn**) locura *f* bovina, encefalopatía *f* bovina

BSG [be:ʔɛs'ge:] (MED) *Abk. von* **Blut(körperchen)senkungsgeschwindigkeit** velocidad *f* de sedimentación de los glóbulos rojos

BSHG [be:ɛsha:'ge:] *nt* <-, *ohne pl*> *Abk. von* **Bundessozialhilfegesetz** ley *f* del régimen de ayudas sociales

BSP [beːʔɛsˈpeː] *nt* <-, *ohne pl*> (WIRTSCH) *Abk. von* **Bruttosozialprodukt** PNB *m*

bt (INFOR) *Abk. von* **Bit** bit *m*

BTA [beːteːˈʔaː] *Abk. von* **biologisch-technische(r) Assistent(in)** auxiliar *mf* biotécnico, -a de laboratorio

btto *Abk. von* **brutto** bruto

Btx [beːteːˈʔɪks] *nt* <-, *ohne pl*> (TEL, INFOR) *Abk. von* **Bildschirmtext** videotexto *m;* **Btx-Anschlussbox**[RR] *f* <-, -en> (INFOR, TEL) caja *f* de conexión para videotexto; **Btx-Decoder** *m* <-s, -> (INFOR, TEL) decodificador *m* para videotexto

Bub [buːp] *m* <-en, -en> (*südd, Österr, Schweiz*) niño *m,* chico *m*

Bube [ˈbuːbə] *m* <-n, -n> (*Spielkarte*) sota *f*

Bubenstreich *m* <-(e)s, -e>, **Bubenstück** *nt* <-(e)s, -e> chiquillada *f*

Büberei *f* <-, -en> chiquillada *f*

Bubikopf [ˈbuːbi-] *m* <-(e)s, -köpfe> peinado *m* a lo garçon

Buch [buːx, *pl:* ˈbyːçɐ] *nt* <-(e)s, Bücher> **1.** (LIT) libro *m,* obra *f;* (*Dreh~*) guión *m;* **ein offenes** [*o* **aufgeschlagenes**] ~ un libro abierto; **sie sitzt ständig über ihren Büchern** siempre está estudiando; **er ist ein Gentleman wie er im ~e steht** es un caballero como Dios manda; **er ist ein ~ mit sieben Siegeln für mich** es un enigma para mí; **das ~ der Bücher** la Biblia; **ich habe hier ein schlaues ~** (*fam*) aquí tengo un libro muy informativo; **er redet wie ein ~** (*fam*) habla como un libro; **das Goldene ~ der Stadt** el libro de oro de la ciudad **2.** (FIN) libro(s) *m(pl);* **über etw ~ führen** llevar la contabilidad de algo; **etw schlägt zu ~e** (*fig*) algo tiene consecuencias; **die Bücher abschließen/schönen** cerrar/manipular los libros; **Buchabschluss**[RR] *m* <-es, -schlüsse> (WIRTSCH) cierre *m* de los libros; **Buchbesprechung** *f* <-, -en> recensión *f,* reseña *f;* **Buchbinder(in)** *m(f)* <-s, -; -, -nen> encuadernador(a) *m(f),* empastador(a) *m(f) Am;* **Buchbinderei** *f* <-, -en> taller *m* de encuadernación

Buchbinderin *f* <-, -nen> *s.* Buchbinder; **Buchblock** *m* <-(e)s, -blöcke *o* -s> bloque *m* de un libro; **Buchclub** *m* <-s, -s> club *m* de libros; **Buchdeckel** *m* <-s, -> tapa *f,* cubierta *f* de un libro; **Buchdruck** *m* <-(e)s, *ohne pl*> tipografía *f,* imprenta *f*

Buchdrucker(in) *m(f)* <-s, -; -, -nen> impresor(a) *m(f),* tipógrafo, -a *m, f*

Buchdruckerei[1] *f* <-, -en> (*Betrieb*) taller *m* de tipografía [*o* tipográfico], imprenta *f*

Buchdruckerei[2] *f* <-, *ohne pl*> (*das Buchdrucken*) tipografía *f*

Buchdruckerin *f* <-, -nen> *s.* **Buchdrucker**

Buchdruckerkunst *f* <-, *ohne pl*> artes *fpl* gráficas

Buche [ˈbuːxə] *f* <-, -n> haya *f*

Buchecker [ˈbuːxʔɛkɐ] *f* <-, -n> hayuco *m*

buchen [ˈbuːxən] *vt* **1.** (*Reise, Platz*) reservar, hacer una reserva (de); **wir möchten einen Flug nach Quito ~** queremos reservar un vuelo a Quito **2.** (COM) contabilizar; **der Betrag wurde zu Ihren Gunsten gebucht** la cantidad fue contabilizada a su favor; **diesen Betrag haben Sie irrtümlich zu seinen Lasten gebucht** esta cantidad se la ha cargado en cuenta equivocadamente; **das kannst du als Erfolg für dich ~** puedes apuntarte un tanto

Buchenholz *nt* <-es, -hölzer> (madera *f* de) haya *f*

Bücherbord *nt* <-(e)s, -e>, **Bücherbrett** *nt* <-(e)s, -er> estante *m;* **Bücherbus** *m* <-ses, -se> bibliobús *m*

Bücherei *f* <-, -en> biblioteca *f*

Bücherfreund(in) *m(f)* <-(e)s, -e; -, -nen> bibliófilo, -a *m, f,* amante *mf* de los libros; **Büchernarr** *m* <-en, -en> (*fam*) ratón *m* de biblioteca, bibliómano, -a *m, f;* **Bücherregal** *nt* <-s, -e> estantería *f* de libros

Bücherschaft *m* <-(e)s, -schäfte> (*Schweiz*) *s.* **Bücherregal**

Bücherschrank *m* <-(e)s, -schränke> biblioteca *f,* librería *f;* **Büchersendung** *f* <-, -en> (*Paket*) paquete *m* con libros; (*Versendungsart*) envío *m* de libros; **Bücherstütze** *f* <-, -n> atril *m;* **Bücherwand** *f* <-, -wände> librería *f,* biblioteca *f;* **Bücherweisheit** *f* <-, -en> ciencia *f* libresca; **sein Wissen ist nur ~** todo lo que sabe lo aprendió en los libros; **Bücherwurm** *m* <-(e)s, -würmer> (*fam*) ratón *m* de biblioteca, bibliómano, -a *m, f*

Buchfink *m* <-en, -en> pinzón *m*

Buchform *f:* **in ~** en (forma de) libro, como libro; **eine Auswahl ihrer Artikel ist in ~ erschienen** una selección de sus artículos ha sido publicada como libro; **Buchführung** *f* <-, -en> contabilidad *f,* teneduría *f* de libros; **einfache/doppelte ~** contabilidad de partida simple/de partida doble; **Buchgeld** *nt* <-es, -er> (FIN) moneda *f* escritural; **Buchgemeinschaft** *f* <-, -en> asociación *f* de amigos del libro; **Buchgewinn** *m* <-(e)s, -e> (FIN) beneficio *m* contable

Buchhalter(in) *m(f)* <-s, -; -, -nen> tenedor(a) *m(f)* de libros, contable *mf*

buchhalterisch *adj* (COM) relativo a la contabilidad

Buchhaltung *f* <-, *ohne pl*> contabilidad *f,* teneduría *f* de libros

Buchhandel *m* <-s, *ohne pl*> comercio *m* librero, librería(s) *f(pl);* **im ~ erhältlich** de venta en librerías; **Buchhändler(in)** *m(f)* <-s, -; -, -nen> librero, -a *m, f;* **buchhändlerisch** *adj* de librero; **sich** *dat* **~e Kenntnisse aneignen** adquirir conocimientos de librero; **Buchhandlung** *f* <-, -en> librería *f;* **Buchhülle** *f* <-, -n> envoltura *f* de un libro; **Buchklub** *m* <-s, -s> club *m* de libros

Buchmacher(in) *m(f)* <-s, -; -, -nen> corredor(a) *m(f)* de apuestas

Buchmalerei¹ *f* <-, *ohne pl*> (*Kunst*) iluminación *f* de manuscritos

Buchmalerei² *f* <-, -en> (*Bild*) miniatura *f*

Buchmarkt *m* <-(e)s, -märkte> (WIRTSCH) mercado *m* de libros; **Buchmesse** *f* <-, -n> feria *f* del libro; **etw auf der Frankfurter ~ ausstellen** exponer algo en la feria del libro de Frankfurt; **Buchprüfer(in)** *m(f)* <-s, -; -, -nen> contador(a) *m(f)* público, -a, revisor(a) *m(f)* de cuentas; **Buchprüfung** *f* <-, -en> revisión *f* de cuentas; **Buchrücken** *m* <-s, -> lomo *m* del libro

Buchs [bʊks] *m* <-es, -e> boj *m*

Buchsaldo *m* <-s, -salden *o* -s *o* -saldi> (FIN) saldo *m* contable

Buchsbaum ['bʊksbaʊm] *m* <-(e)s, -bäume> boj *m*

Buchse ['bʊksə] *f* <-, -n> **1.** (TECH) cojinete *m* **2.** (ELEK) enchufe *m*

Büchse ['bʏksə] *f* <-, -n> **1.** (*Behälter*) bote *m*, caja *f* **2.** (*Konservendose*) lata *f*, bote *m*; **eine ~ Tomaten** una lata de tomates **3.** (*fam: Sammel~*) hucha *f* **4.** (*Gewehr*) escopeta *f*; **Büchsenfleisch** *nt* <-es, *ohne pl*> carne *f* de conserva

Büchsenmacher(in) *m(f)* <-s, -; -, -nen> armero, -a *m, f*

Büchsenmilch *f* <-, *ohne pl*> leche *f* condensada [*o* enlatada]; **Büchsenöffner** *m* <-s, -> abrelatas *m inv*

Buchstabe ['buːxʃtaːbə] *m* <-n(s), -n> letra *f*; **in fetten ~n** en negrita; **in kursiven ~n** en bastardilla; **bitte setzen Sie den Betrag in ~n ein** escriba la cantidad en letras, por favor; **nach dem ~n des Gesetzes** según lo que dice la ley; **sich auf seine vier ~n setzen** (*fam*) sentarse sobre sus posaderas; **buchstabengetreu** *adj* al pie de la letra; **Buchstabenkombination** *f* <-, -en> combinación *f* de letras; **Buchstabenrätsel** *nt* <-s, -> logogrifo *m*; **Buchstabenschloss^RR^** *nt* <-es, -schlösser> cerradura *f* de combinación alfabética [*o* de letras]; **Buchstabenschrift** *f* <-, -en> escritura *f* alfabética

buchstabieren* [buːxʃta'biːrən] *vi, vt* deletrear

buchstäblich ['buːxʃtɛːplɪç] *adj* literal, textual; **ich war ~ in Schweiß gebadet** estaba literalmente empapado en sudor; **die Papiere wurden ihm ~ aus der Hand gerissen** los papeles le fueron arrancados físicamente de la mano

Buchstütze *f* <-, -n> atril *m*

Bucht [bʊxt] *f* <-, -en> (GEO) bahía *f*; (*Meeresbusen*) golfo *m*

Buchteln ['bʊxtəln] *pl* (*Österr*) bollos *mpl* rellenos de mermelada

buchtenreich *adj* sinuoso; **im Süden des Landes ist die Küste sehr ~** al sur del país la costa es muy sinuosa

Buchtitel *m* <-s, -> **1.** (*Titel*) título *m* de un libro; **ich finde den ~ überhaupt nicht ansprechend** el título del libro no me parece en absoluto atractivo **2.** (*Buch*) título *m*, obra *f*; **im vergangenen Jahr haben wir 25 neue ~ verlegt** el pasado año editamos 25 nuevos títulos; **der neue ~ des Autors heißt ...** la nueva obra del autor se titula...; **Buchumschlag** *m* <-(e)s, -schläge> sobrecubierta *f*

Buchung ['buːxʊŋ] *f* <-, -en> **1.** (FIN) cantidad *f*, asiento *m* **2.** (*Reservierung*) reserva *f*, inscripción *f*; **Buchungsbeleg** *m* <-(e)s, -e> (FIN) documento *m* contable, comprobante *m* de asientos; **Buchungscomputer** *m* <-s, -> ordenador *m* de contabilidad, computadora *f* de contabilidad; **Buchungsfehler** *m* <-s, -> (FIN) error *m* contable; **Buchungskarte** *f* <-, -n> (TEL) *tarjeta telefónica que carga la llamada en la cuenta;* **Buchungskontrolle** *f* <-, -n> (FIN) control *m* de asientos; **Buchungstag** *m* <-(e)s, -e> (FIN) fecha *f* del asiento; **buchungstechnisch** *adj:* **aus ~en Gründen** por motivos contables; **Buchungsvorgang** *m* <-(e)s, -gänge> (FIN) operación *f* contable

Buchweizen *m* <-s, *ohne pl*> alforfón *m*

Buchwert *m* <-(e)s, -e> (FIN, COM) valor *m* contable [*o* según libros]

Buchwesen *nt* <-s, *ohne pl*> bibliografía *f*, ciencias *fpl* bibliográficas

Buckel ['bʊkəl] *m* <-s, -> **1.** (*fam: Rücken*) espalda *f*, chepa *f fam*; **mach nicht so einen ~!** ¡enderézate!; **er kann mir den ~ runterrutschen** se puede ir a freír espárragos; **seine 80 Jahre auf dem ~ haben** tener 80 años a cuestas; **ich habe schon genug auf dem ~!** ¡ya tengo suficiente trabajo! **2.** (ANAT) joroba *f*, corcova *f*; **einen ~ haben** tener una joroba

buck(e)lig *adj* (*Mensch*) jorobado, corcovado, cheposo *fam*

Buck(e)lige(r) *mf* <-n, -n; -n, -n> jorobado, -a *m, f*

buckeln *vi* (*fam*) **1.** (*Katze*) encorvarse **2.** (*abw: unterwürfig sein*) someterse (*vor* a); (*fig*) humillarse (*vor* ante); **nach oben ~ und nach unten treten** ser servil con los que están encima y maltratar a los que están debajo; **Buckelrind** *nt* <-(e)s, -er> cebú *m*

bücken ['bʏkən] *vr:* **sich ~** agacharse, inclinarse; **sich nach etw ~** agacharse para recoger algo

bucklig *adj s.* **buck(e)lig**

Bucklige(r) *mf* <-n, -n; -n, -n> *s.* **Buck(e)lige(r)**

Bückling *m* <-s, -e> **1.** (*Fisch*) arenque *m* ahumado **2.** (*fam: Verbeugung*) reverencia *f*; **einen ~ machen** hacer una reverencia

Budapest ['buːdapɛst] *nt* <-s> Budapest *m*

buddeln ['bʊdəln] *vt* (*fam*) cavar

Buddha ['bʊda] *m* <-s, -s> (REL, KUNST) Buda *m*

Buddhismus [bʊ'dɪsmʊs] *m* <-, *ohne pl*> budismo *m*

Buddhist(in) *m(f)* <-en, -en; -, -nen> budista *mf*

buddhistisch *adj* budista

Bude ['bu:də] *f* <-, -n> **1.** (*Kiosk*) chiringuito *m,* trucha *f ZAm* **2.** (*fam abw: Laden*) tenducho *m* **3.** (*fam: Zimmer*) habitación *f,* cuarto *m;* **Leben in die ~ bringen** animar el ambiente; **jdm auf die ~ rücken** (*fam*) presentarse en casa de alguien; **die ~ auf den Kopf stellen** (*fam*) organizar un jolgorio; **jdm die ~ einrennen** [*o* **einlaufen**] dar la lata a alguien; **mir fällt die ~ auf den Kopf** (*fam*) se me cae la casa encima; **sturmfreie ~ haben** *estar solo en casa y aprovechar para armar una juerga o encontrarse con su amante*

Budget [by'dʒe:, bʏ'dʒe:] *nt* <-s, -s> (POL, COM) presupuesto *m;* **damit hast du dein ~ überschritten** te has gastado más de lo que tienes [*o* que te puedes permitir]; **Budgetabweichung** *f* <-, -en> (WIRTSCH) divergencia *f* del presupuesto; **Budgetausschuss**RR *m* <-es, -schüsse> (POL, WIRTSCH) comisión *f* presupuestaria; **Budgetbedarf** *m* <-(e)s, *ohne pl*> (POL, WIRTSCH) demanda *f* presupuestaria; **Budgetbegrenzung** *f* <-, -en> (POL, WIRTSCH) restricción *f* presupuestaria; **Budgetberatung** *f* <-, -en> discusión *f* de presupuestos

budgetieren* [bydʒe'ti:rən, bʏdje'ti:rən] *vi, vt* (POL, WIRTSCH) elaborar un presupuesto, presupuestar

Budgetierung *f* <-, -en> (POL, WIRTSCH) presupuestación *f*

Budgetjahr *nt* <-(e)s, -e> (POL, WIRTSCH) año *m* presupuestario; **Budgetkontrolle** *f* <-, -n> (POL, WIRTSCH) control *m* presupuestario; **Budgetkürzung** *f* <-, -en> (POL, WIRTSCH) recorte *m* del presupuesto; **Budgetmittel** *ntpl* (POL, WIRTSCH) fondos *mpl* presupuestarios; **Budgetpolitik** *f* <-, *ohne pl*> (POL, WIRTSCH) política *f* presupuestaria

Büfett [bʏ'fɛt, bʏ'fe:] *nt* <-(e)s, -e *o* -s> **1.** (*Anrichte*) bufet *m;* **kaltes ~** bufet frío **2.** (*Theke*) mostrador *m*

Büffel ['bʏfəl] *m* <-s, -> búfalo *m*

Büffelei [bʏfə'laɪ] *f* <-, -en> (*fam*) empolle *m;* **das Pauken von Geschichtszahlen ist eine einzige ~** aprenderse fechas históricas es puro empolle

Büffelherde *f* <-, -n> manada *f* de búfalos; **Büffelleder** *nt* <-s, *ohne pl*> cuero *m* de búfalo [*o* de bisonte]

büffeln ['bʏfəln] *vi, vt* (*fam*) empollar, chapar; **für die Schule ~** empollar las lecciones

Buffer ['bafɐ] *m* <-s, -> (INFOR) memoria *f* temporal [*o* intermedia], buffer *m*

Buffett *nt* <-s, -s>, **Büffett** *nt* <-s, -s> (*Österr, Schweiz*) *s.* **Büfett**

Buffo ['bʊfo, *pl:* 'bʊfi] *m* <-s, -s *o* Buffi> (MUS) bufo *m*

Bug [bu:k] *m* <-(e)s, -e> **1.** (NAUT) proa *f* **2.** (AERO) morro *m* **3.** (INFOR) defecto *m*

Bügel ['by:gəl] *m* <-s, -> **1.** (*Kleider~*) percha *f* **2.** (*Griff*) manija *f,* asa *f* **3.** (*Brillen~*) patilla *f* **4.** (*Steig~*) estribo *m* **5.** (*Geldbörse, Reisetasche*) estribo *m* **6.** (*Gewehr*) fiador *m* **7.** (*am Schlepplift*) estribo *m*

Bügelbrett *nt* <-(e)s, -er> tabla *f* de planchar; **Bügeleisen** *nt* <-s, -> plancha *f;* **Bügelfalte** *f* <-, -n> raya *f* del pantalón

bügelfrei *adj* no necesita plancha

Bügelmaschine *f* <-, -n> máquina *f* de planchar

bügeln *vi, vt* planchar; **glatt ~** planchar; **geschniegelt und gebügelt** (*iron*) acicalado, relamido

Buggy ['bagi] *m* <-s, -s> **1.** (*Kinderwagen*) cochecito *m* **2.** (AUTO) buggy *m,* todoterreno *m*

Bugrad *nt* <-(e)s, -räder> (AERO) (rueda *f* en el) tren *m* de aterrizaje delantero

bugsieren* [bʊ'ksi:rən] *vt* **1.** (NAUT: *schleppen*) sirgar **2.** (*fam: befördern*) empujar, remolcar

Bugspriet *nt* <-(e)s, -e> (NAUT) bauprés *m*

Bugwelle *f* <-, -n> (NAUT) ola *f* levantada por la proa; **das Rennboot schob eine mächtige ~ vor sich** *dat* **her** el bote levantaba una gran ola ante sí

buh [bu:] *interj* ¡fuera!

Buh [bu:] *nt* <-s, -s> (*fam*) abucheo *m*

buhen ['bu:ən] *vi* (*fam*) abuchear

buhlen ['bu:lən] *vi* (*geh abw*) luchar (*um* por), aspirar (*um* a)

Buhmann ['bu:man] *m* <-(e)s, -männer> (*fam*) oveja *f* negra; **jdn zum ~ machen** cargar a alguien la culpa de todo; **er war der ~ der Nation** era la oveja negra de la nación

Buhne ['bu:nə] *f* <-, -n> dique *m,* tajamar *m ZAm, Chil*

Bühne ['by:nə] *f* <-, -n> **1.** (THEAT) escenario *m;* **hinter der ~** detrás del escenario; (*fig*) entre bastidores; **die ~ verlassen** salir de escena; (*fig*) irse; **von der ~ (des Lebens) abtreten** desaparecer de escena, morirse; **etw über die ~ bringen** (*fam*) llevar algo a cabo; **etw geht gut über die ~** (*fam*) algo se resuelve sin problemas; **das Projekt ist gut über die ~ gegangen** finalizamos el proyecto sin problemas **2.** (*Schauspielhaus*) teatro *m* **3.** (*Hebe~*) plataforma *f* elevadora; **Bühnenarbeiter(in)** *m(f)* <-s, -; -, -nen> tramoyista *mf;* **Bühnenaussprache** *f* <-, *ohne pl*> (THEAT) *pronunciación normativa del alemán estándar fijada para el teatro;* **Bühnenbearbeitung** *f* <-, -en> adaptación *f* a la escena; **Bühnenbild** *nt* <-(e)s, -er> decorado *m,* escenografía *f;* **Bühnenbildner(in)** ['by:nənbɪltnɐ] *m(f)* <-s, -; -, -nen> escenógrafo, -a *m, f;* **bühnenreif** *adj* maduro para ser puesto en escena; **dein Auftritt war wirklich ~** (*iron*) tu actuación ha sido realmente digna de ser puesta en escena; **Bühnensprache** *f* <-, *ohne pl*> *s.* Bühnenaussprache; **Bühnenstück** *nt* <-(e)s, -e> pieza *f* de teatro; **bühnenwirksam** *adj* con gran efecto teatral

Buhruf ['bu:ru:f] *m* <-(e)s, -e> abucheo *m;* **Buhrufer(in)** *m(f)* <-s, -; -, -nen> persona *f* que abuchea; **sie ließ sich von den ~n nicht beirren und fuhr fort** no se dejó desconcertar por las personas que la abucheaban y prosiguió

buk (*alt*) *3. imp von* **backen**

Bukarest ['bu:karɛst] *nt* <-s> Bucarest *m*

Bukett [bu'kɛt] *nt* <-(e)s, -e *o* -s> **1.** (*geh: Blumenstrauß*) ramo *m* **2.** (*von Wein*) bouquet *m,* aroma *m*

Buklee[RR] *nt* <-s, -s> *s.* **Bouclé**

bukolisch [bu'ko:lɪʃ] *adj* (*geh*) bucólico

Bulette [bu'lɛtə] *f* <-, -n> (*reg*) albóndiga *f;* **ran an die ~n!** (*fam*) ¡al trabajo!

Bulgare, -in [bʊl'ga:rə] *m, f* <-n, -n; -, -nen> búlgaro, -a *m, f*

Bulgarien [bʊl'ga:riən] *nt* <-s> Bulgaria *f*

Bulgarin *f* <-, -nen> *s.* **Bulgare**

bulgarisch *adj* búlgaro

Bulimie [buli'mi:] *f* <-, *ohne pl*> (MED) bulimia *f*

Bullauge ['bʊlʔaʊgə] *nt* <-s, -n> portilla *f,* ojo *m* de buey

Bulldogge *f* <-, -n> (ZOOL) bulldog *m,* perrón *m* de presa

Bulldozer ['bʊldo:zɐ] *m* <-s, -> bulldozer *m*

Bulle ['bʊlə] *m* <-n, -n> **1.** (*Rind*) toro *m* **2.** (*fam abw: Mann*) tiarrón *m;* **er ist ein richtiger ~** es un pedazo de tío **3.** (*fam abw: Polizist*) madero *m;* **Achtung, die ~n kommen!** ¡cuidado, que vienen los maderos [*o* que viene la poli]!

Bullenhitze ['--'--] *f* <-, *ohne pl*> (*fam*) calor *m* sofocante [*o* infernal]

bullenstark ['--'-] *adj* (*fam*) súper, muy fuerte; **das ist ja ~!** ¡esto es genial!

Bullerei *f* <-, *ohne pl*> (*fam abw: Polizei*) maderos *mpl,* poli *f*

Bulletin [bʏl'tɛ̃:] *nt* <-s, -s> boletín *m*

bullig *adj* (*fam*) **1.** (*gedrungen*) fornido, fortachón **2.** (*Hitze*) sofocante

Bullterrier *m* <-s, -> bullterrier *m*

bum [bʊm] *interj* **1.** (*schießen*) ¡pum!; **draußen macht es ~** afuera se oye ¡pum, pum! **2.** (*Kind: hinfallen*) ¡catapum!, ¡cataplum!; **das Kind rannte los und ~, hingefallen!** el niño echó a correr y ¡catapum, se cayó (al suelo)! **3.** (*auffahren, stoßen*) ¡catapum!, ¡cataplum!; **~! – was war das? wieder ein Auffahrunfall?** ¡cataplum! – ¿qué ha sido eso? ¿otra vez se ha chocado un coche?

Bumerang ['bʊmərаŋ, 'bu:mərаŋ] *m* <-s, -s *o* -e> bumerán *m,* bumerang *m;* **Bumerangeffekt** *m* <-(e)s, -e> efecto *m* bumerang

Bummel ['bʊməl] *m* <-s, -> (*fam*) vuelta *f,* paseo *m;* **einen kleinen ~ durch die Stadt machen** dar una vuelta por la ciudad

Bummelant(in) [bʊmə'lant] *m(f)* <-en, -en; -, -nen> (*fam abw*) remolón, -ona *m, f*

Bummelei *f* <-, -en> (*fam*) **1.** (*Trödelei*) lentitud *f* **2.** (*Faulenzerei*) holgazanería *f,* haraganería *f*

bummelig *adj* (*fam a. abw*) tardón, remolón; **~ sein** hacerse el remolón

bummeln *vi* **1.** *sein* (*fam: spazieren gehen*) dar una vuelta, remoler *Chil, Peru;* **in die Stadt ~ gehen** ir a pasear a la ciudad, ir a dar una vuelta por la ciudad **2.** (*fam abw: trödeln*) remolonear; **musst du immer so ~?** ¿siempre tienes que tardar tanto?

Bummelstreik *m* <-s, -s> huelga *f* de celo; **Bummelzug** *m* <-(e)s, -züge> (*fam*) *tren que para en todas las estaciones*

Bummler(in) *m(f)* <-s, -; -, -nen> (*fam*) **1.** (*Spaziergänger*) paseante *mf* **2.** (*Bummelant*) remolón, -ona *m, f;* (*bei der Arbeit*) holgazán, -ana *m, f*

bums [bʊms] *interj* ¡zas!, ¡cataplún!

Bumsbomber *m* <-s, -> (*fam abw*) *vuelo de turismo sexual*

bumsen ['bʊmzən] *vi* **1.** *sein* (*anprallen*) pegarse (*gegen* contra), darse (*gegen* contra) **2.** (*schlagen, klopfen*) dar (*gegen* contra) **3.** (*dumpf dröhnen*): **an der Ecke hat es gebumst** (*fam*) hubo un accidente en la esquina **4.** (*vulg: Geschlechtsverkehr haben*) joder, follar, coger *Am*

Bumslokal *nt* <-s, -e> (*fam abw*) puticlub *m*

Bumsmusik *f* <-, -en> (*fam abw*) charanga *f*

Bund[1] [bʊnt, *pl:* 'bʏndə] *m* <-(e)s, Bünde> **1.** (*Vereinigung*) unión *f,* alianza *f;* **der ~ der Freundschaft** los lazos de amistad; **den ~ fürs Leben schließen, den ~ der Ehe eingehen** (*geh*) casarse; **mit jdm im ~e sein** estar aliado con alguien **2.** (*an Hosen*) pretina *f*

Bund[2] [bʊnt] *m* <-(e)s, -e> (*Karotten*) manojo *m*

Bund[3] *m* <-(e)s, *ohne pl*> **1.** (POL) Estado *m* federal, confederación *f;* **~ und Länder** el Estado federal y los Länder **2.** (*fam: Bundeswehr*) mili *f;* **beim ~ sein** estar en la mili

BUND [be:ʔu:ʔɛn'de:] *m* <-, *ohne pl*> (ÖKOL) *Abk. von* **Bund für Umwelt und Naturschutz Deutschland** Liga *f* Alemana para la Protección del Medio Ambiente y de la Naturaleza

Bündchen ['bʏntçən] *nt* <-s, -> (*Ärmel*) puño *m;* (*Halsausschnitt*) cuello *m*

Bündel ['bʏndəl] *nt* <-s, -> **1.** (*Packen*) lío *m,* fardo *m;* (*von Holz, Stroh*) haz *m;* **sie war ein kleines schreiendes ~** era una cosita menuda que gritaba; **die Opposition schlägt ein ganzes ~ an Maßnahmen vor** la oposición propone un paquete de medidas; **jeder hat sein ~ zu tragen** cada uno tiene que cargar con lo suyo **2.** (*von Akten*) legajo *m* **3.** (*Geldscheine*) fajo *m*

bündeln *vt* **1.** (*zusammenschnüren*) hacer fardos (de), atar; (*Stroh*) agavillar **2.** (*Strahlen*) enfocar, concentrar

bündelweise *adv* en manojos; (*Geld*) en fajos; **Radieschen werden ~ angeboten** los rabanitos se venden en manojos; **er holte ~ Banknoten aus der Tasche** se sacó del bolsillo fajos de billetes

Bundesamt *nt* <-(e)s, -ämter> (ADMIN) oficina *f* federal; **Bundesangestelltentarif** *m* <-s, -e> (ADMIN) tarifa *f* salarial para empleados públicos; **Bundesanleihe** *f* <-, -n> (FIN) empréstito *m* federal; **Bundesanstalt** *f* <-, -en> instituto *m* federal; **die ~ für Arbeit** el instituto federal (para mediación) del trabajo; **Bundesanwalt**, **-anwältin** *m, f* <-(e)s, -wälte; -, -nen> **1.** (*Deutschland*) fiscal *mf* federal **2.** (*Schweiz*) fiscal *mf* de la confederación helvética; **Bundesanwaltschaft** *f* <-, *ohne pl*> **1.** (*beim Bundesgerichtshof*) ≈Fiscalía *f* General del Estado **2.** (*beim Bundesverwaltungsgericht*) ≈Tribunal *m* de lo Contencioso-Administrativo; **Bundesanzeiger** *m* <-s, -> (PUBL: *Deutschland*) ≈Boletín *m* Oficial del Estado, ≈B.O.E. *m;* **Gesetze werden im ~ veröffentlicht** las leyes se publican en el B.O.E.; **Bundesarbeitsgericht** [--'----] *nt* <-(e)s, -e> (JUR) Corte *f* Federal de Trabajo; **Bundesausbildungsförderungsgesetz** *nt* <-es, -e> Ley *f* Federal de Promoción de la Enseñanza (*crédito oficial a estudiantes para sufragar los estudios*); **Bundesautobahn** *f* <-, -en> autopista *f* federal (*en Alemania y Austria*); **Bundesbahn** *f* <-, -en> Ferrocarriles *mpl* Federales; **Bundesbank** *f* <-, *ohne pl*> Banco *m* Federal; **Bundesbehörde** *f* <-, -n> (ADMIN) autoridad *f* federal; **Bundesbürger(in)** *m(f)* <-s, -; -, -nen> ciudadano, -a *m, f* de la República Federal de Alemania, ciudadano, -a *m, f* federal; **bundesdeutsch** *adj* relativo a la República Federal de Alemania, de la República Federal de Alemania; **Bundesdeutsche(r)** *mf* <-n, -n; -n, -n> *s.* **Bundesbürger**; **Bundesebene** *f* <-, -n> nivel *m* federal; **diese Entscheidung wird auf ~ getroffen** esta decisión se tomará en el plano federal; **bundeseigen** *adj* perteneciente a la República Federal de Alemania; **Bundesfinanzhof** [---'--] *m* <-(e)s, -höfe> (ADMIN) Tribunal *m* Federal Fiscal; **Bundesgebiet** *nt* <-(e)s, *ohne pl*> territorio *m* federal; **Bundesgenosse** *m* <-n, -n> (POL) confederado *m*, aliado *m*

Bundesgericht *nt* <-(e)s, -e> (*Schweiz*: JUR) Tribunal *m* de la Confederación Helvética; **Bundesgerichtshof** [---'--] *m* <-(e)s, *ohne pl*> (JUR) Tribunal *m* Federal Supremo

Bundesgesetzblatt *nt* <-(e)s, -blätter> (ADMIN, JUR) Boletín *m* Oficial del Estado; **Bundesgrenzschutz** *m* <-es, *ohne pl*> policía *f* de fronteras de la República Federal de Alemania; **Bundeshauptstadt** *f* <-, -städte> capital *f* federal; **Bundeshaus** *nt* <-es, -häuser> **1.** (*Bundestagsgebäude*) edificio *m* del Bundestag [*o* del Parlamento (federal) alemán] **2.** (*Schweiz*) lugar *m* de reunión del consejo federal; **Bundesheer** *nt* <-(e)s, *ohne pl*> (*Österr*) ejército *m* de la República Federal de Alemania; **Bundesinnenminister(in)** [--'-----] *m(f)* <-s, -; -, -nen> (ADMIN) ministro, -a *m, f* de asuntos interiores; **Bundeskabinett** *nt* <-s, -e> (POL) Gabinete *m* Federal (*consejo de ministros en Alemania*); **Bundeskanzler(in)** *m(f)* <-s, -; -, -nen> canciller *mf* federal; **Bundeskanzleramt** *nt* <-(e)s, *ohne pl*> Cancillería *f* Federal; **Bundeskartellamt** *nt* <-(e)s, -ämter> servicio *m* federal de defensa de la competencia; **Bundeskriminalamt** *nt* <-(e)s, *ohne pl*> (ADMIN) Oficina *f* Federal de Investigación Criminal

Bundeslade *f* <-, *ohne pl*> (REL) Arca *f* de la Alianza [*o* del Testamento]

Bundesland *nt* <-(e)s, -länder> estado *m* federal, land *m;* **Bundesliga** ['bʊndəsli:ga] *f* <-, -ligen> (SPORT) primera división *f;* **Bundesligist** *m* <-en, -en> (SPORT) equipo *m* de la Liga Federal (*en Alemania*); **Bundesminister(in)** *m(f)* <-s, -; -, -nen> ministro, -a *m, f* federal; **Bundesministerium** *nt* <-s, -ministerien> (ADMIN) ministerio *m* federal; **Bundesnachrichtendienst** *m* <-(e)s, -e> servicio *m* secreto de la República Federal de Alemania; **Bundesobligationen** *fpl* (FIN) obligaciones *fpl* del Estado Federal; **Bundespflegesatzverordnung** *f* <-, -en> reglamento *m* sobre tasas hospitalarias y de las residencias de ancianos; **Bundespost** *f* <-, *ohne pl*> Correos *mpl* Federales; **Bundespräsident(in)** *m(f)* <-en, -en; -, -nen> **1.** (*in Deutschland*) Presidente, -a *m, f* de la República Federal de Alemania; (*in Österreich*) Presidente, -a *m, f* de la República **2.** (*Vorsitzender des Bundesrates in der Schweiz*) Presidente, -a *m, f* de la Confederación; **Bundesrat** *m* <-(e)s, *ohne pl*> **1.** (*in Deutschland*) Bundesrat *m*, Cámara *f* Alta de la República Federal; (*in Österreich*) Cámara *f* de Representantes **2.** (*zentrale Regierung in der Schweiz*) Consejo *m* Federal; **Bundesrechnungshof** *m* <-(e)s, *ohne pl*> Tribunal *m* Federal de Cuentas; **Bundesrecht** *nt* <-s, *ohne pl*> derecho *m* federal; **Bundesregierung** *f* <-, -en> gobierno *m* federal; **Bundesrepublik** *f* <-, *ohne pl*>: **~ Deutschland** República Federal de Alemania; **bundesrepublikanisch** *adj* de la República Federal; **die ~e Gesetzgebung** la legislación de la República Federal; **Bundesschatzbrief** *m* <-(e)s, -e> (FIN) valor *m* del Estado Federal, documento *m* del Estado Federal; **Bundessozialgericht** *nt* <-(e)s, -e> (JUR, ADMIN) Corte *f* Federal de Asuntos de Seguridad Social; **Bundesstaat** *m* <-(e)s, -en> **1.** (*Mitgliedsstaat in einem Bund*) estado *m* (con)federado [*o* federal] **2.** (*Staatenbund*) confederación *f;* **Bundesstraße** *f* <-, -n> carretera *f* federal; (*in Spanien*) ≈carretera *f* nacional

Bundestag *m* <-(e)s, *ohne pl*> Cámara *f* Baja del Parlamento alemán, Bundestag *m;* **Bundestagsabgeordnete(r)** *mf* <-n, -n; -n, -n> diputado, -a *m, f* en el Bundestag; **Bundestagsdebatte** *f* <-, -n> debate *m* parlamentario; **Bundestagsfraktion** *f* <-, -en> (ADMIN, POL) grupo *m* de la Asamblea Federal; **Bundestagsmitglied** *nt* <-(e)s, -er> (ADMIN) miembro *m* de la Asamblea Federal; **Bundestagspräsident(in)** *m(f)* <-en, -en; -, -nen> Presidente, -a *m, f* del Bundestag [*o* del Parlamento alemán]; **Bundestagswahl** *f* <-, -en> elección *f* al Parlamento alemán

Bundestrainer(in) *m(f)* <-s, -; -, -nen> (SPORT) entrenador(a) *m(f)* de la selección nacional, seleccionador(a) *m(f)* nacional; **Bundesverdienstkreuz** [---'--] *nt* <-(e)s, -e> Cruz *f* Federal del Mérito; **Bundesverfassung** *f* <-, -en> constitución *f* federal; **Bundesverfassungsgericht** [---'----] *nt* <-(e)s, *ohne pl*> Tribunal *m* Constitucional Federal; **Bundesversammlung** *f* <-, *ohne pl*> Asamblea *f* Federal; **Bundesversicherungsanstalt** *f* <-, -en> (ADMIN, POL): ~ **für Angestellte** *institución alemana al cargo de las pensiones de jubilación para empleados;* **Bundesverwaltungsgericht** [---'----] *nt* <-(e)s, *ohne pl*> Tribunal *m* Contencioso-Administrativo Federal; **Bundesvorstand** *m* <-(e)s, -stände> comisión *f* ejecutiva federal; **Bundeswehr** *f* <-, *ohne pl*> ejército *m* de la República Federal de Alemania; **bundesweit** *adj* en todo el territorio federal

Bundfalte *f* <-, -n> pinza *f;* **ich finde Hosen mit ~n sehr bequem** los pantalones con [*o* de] pinzas me resultan muy cómodos; **Bundfaltenhose** *f* <-, -n> pantalón *m* de pinzas

Bundhose *f* <-, -n> pantalón *m* abrochado en la rodilla

bündig ['bʏndɪç] *adj* **1.** (*kurz, bestimmt*) conciso, preciso; **kurz und** ~ sin rodeos **2.** (*überzeugend*) convincente

Bündigkeit *f* <-, *ohne pl*> concisión *f;* (*Bestimmtheit*) rotundidad *f*

Bündnis [bʏntnɪs] *nt* <-ses, -se> (POL) alianza *f,* pacto *m;* ~ **90/Die Grünen** Los Verdes (*partido ecologista de Alemania con representación en el Parlamento federal*); **Bündnisblock** *m* <-(e)s, -blöcke> (POL) bloque *m* aliado; **Bündnisfraktion** *f* <-, -en> (POL) fracción *f* de la alianza; **Bündnisfreiheit** *f* <-, -en> libertad *f* de alianza; **Bündnisgrüne(r)** *mf* <-n, -n; -n, -n> (POL) partidario, -a *m, f* de Los Verdes; **Bündnispolitik** *f* <-, *ohne pl*> (POL) política *f* de alianzas; **Bündnissystem** *nt* <-s, -e> (POL) sistema *m* de alianzas

Bündnistreue *f* <-, *ohne pl*> (POL) fidelidad *f* a la alianza, lealtad *f* a la alianza

Bundweite *f* <-, -n> talla *f* de cintura; **er hat ~ 52** tiene la talla 52

Bungalow ['bʊŋgalo] *m* <-s, -s> bungalow *m,* bóngalo *m Am*

Bungeejumping ['bandʒidʒampɪŋ] *nt* <-s, *ohne pl*>, **Bungeespringen** ['bandʒiʃprɪŋən] *nt* <-s, *ohne pl*> bungee *m,* salto *m* elástico

Bunker ['bʊnkɐ] *m* <-s, -> **1.** (*Schutzraum*) refugio *m* antiaéreo, búnker *m* **2.** (*beim Golf*) búnker *m*

bunkern *vt* almacenar; **sie hat die Kohle unter der Matratze gebunkert** (*fam*) ha escondido la pasta debajo del colchón

Bunsenbrenner ['bʊnzənbrɛnɐ] *m* <-s, -> (TECH) mechero *m* de Bunsen

bunt [bʊnt] *adj* **1.** (*mehrfarbig*) de varios colores, multicolor; ~**e Farben** colores vivos; ~ **bemalt** pintado de colores; ~ **kariert** de cuadros multicolores; **er ist bekannt wie ein ~er Hund** está más visto que el tebeo, es más conocido que la ruda **2.** (*abwechslungsreich*): ~ **gemischt** variado; **eine ~e Menge** una multitud abigarrada; **das wird ein ~er Abend** será una noche muy variada; **ein ~es Durcheinander** una mezcla **3.** (*wirr*) desordenado; **jetzt wird's mir aber zu ~!** (*fam*) ¡eso pasa de castaño oscuro!

buntbemalt *adj s.* **bunt 1.**; **buntgemischt** *adj s.* **bunt 2.**

Buntheit *f* <-, *ohne pl*> **1.** (*mehrfarbig*) colorido *m,* variedad *f* de colores; **im Sonnenschein erstrahlten die Blumenbeete in ihrer ganzen ~** al sol los macizos de flores deslumbraban con todo su colorido **2.** (*abwechslungsreich*) heterogeneidad *f;* **die Menschenmenge wirkte fröhlich in ihrer ~** la tan variopinta multitud resultaba alegre

buntkariert *adj s.* **bunt 1.**; **Buntmetall** *nt* <-s, -e> metal *m* no ferroso; **Buntpapier** *nt* <-s, -e> papel *m* de colores, papel *m* charol

Buntsandstein *m* <-(e)s, *ohne pl*> (GEO) arenisca *f* abigarrada

Buntspecht *m* <-(e)s, -e> pico *m* picapinos; **Buntstift** *m* <-(e)s, -e> lápiz *m* de color; **Buntwäsche** *f* <-, *ohne pl*> ropa *f* de color

Bünzli ['bʏntsli] *m* <-s, -> (*Schweiz: fam abw*) burgués *m*

Bürde ['bʏrdə] *f* <-, -n> (*geh*) carga *f,* peso *m*

Bure, -in ['buːrə] *m, f* <-n, -n; -, -nen> bóer *mf*

Bürette [by'rɛtə] *f* <-, -n> (CHEM) bureta *f;* **Bürettenklemme** *f* <-, -n> (CHEM) abrazadora *f* de la bureta

Burg [bʊrk] *f* <-, -en> castillo *m;* **Burganlage** *f* <-, -n> fortaleza *f*

Bürge, -in ['bʏrgə] *m, f* <-n, -n; -, -nen> fiador(a) *m(f)*

bürgen *vi* garantizar, avalar; **ich bürge für ihn** respondo de él; **der Name bürgt für Qualität** el nombre garantiza calidad

Burgenland *nt* <-(e)s> Burgenland *m*

Bürger(in) ['bʏrgɐ] *m(f)* <-s, -; -, -nen>

1. (*Staats~*) ciudadano, -a *m, f* 2. (*Einwohner*) habitante *mf,* vecino, -a *m, f* 3. (*Bourgeois*) burgués, -esa *m, f;* **Bürgerbegehren** *nt* <-s, -> petición *f* cívica [*o* de los ciudadanos]; **Bürgerbewegung** *f* <-, -en> movimiento *m* ciudadano [*o* cívico], acción *f* ciudadana [*o* cívica]; **bürgerfern** *adj* alejado de los ciudadanos, de espaldas a la ciudadanía; **hier wird eine ~e Verkehrspolitik betrieben** esta política de tráfico se hace de espaldas a las necesidades de los ciudadanos; **Bürgerfreiheit** *f* <-, *ohne pl*> (JUR) libertad *f* civil; **Bürgerhaus** *nt* <-es, -häuser> 1. (*Gemeindehaus*) asociación *f* de vecinos, centro *m* cultural; **im ~ finden regelmäßig Konzerte statt** en el centro de la asociación de vecinos regularmente tienen lugar conciertos 2. (*Haus eines Bürgers*) casa *f* de la alta burguesía; **um den Marktplatz gruppieren sich vornehme Bürgerhäuser** en torno a la Plaza Mayor se agrupan distinguidas casas de familias burguesas 3. (*alt: bürgerliche Familie*) casa *f* burguesa, buena casa *f;* **er stammt aus einem alten Ulmer ~** procede de una antigua casa burguesa de Ulm

Bürgerin *f* <-, -nen> *s.* **Bürger**

Bürgerinitiative *f* <-, -n> iniciativa *f* ciudadana

Bürgerkrieg *m* <-(e)s, -e> guerra *f* civil; **bürgerkriegsähnlich** *adj* similar a una guerra civil, de preguerra civil; **nach dem Militärputsch herrschten in dem Land ~e Zustände** tras el golpe militar el país se encontraba en una situación de preguerra civil; **Bürgerkriegsflüchtling** *m* <-s, -e> refugiado *m* de la guerra civil

bürgerlich *adj* 1. (*Schicht, Einstellung*) burgués 2. (JUR) civil; **~e Gesellschaft** sociedad civil; **das B~e Gesetzbuch** el Código Civil

Bürgerliche(r) *mf* <-n, -n; -n, -n> burgués, -esa *m, f;* **er ist Graf, seine Frau eine ~** él es conde, su mujer burguesa

Bürgermeister(in) *m(f)* <-s, -; -, -nen> alcalde(sa) *m(f),* regente *mf Mex;* **bürgernah** *adj* cerca del pueblo; **Bürgernähe** *f* <-, *ohne pl*> proximidad *f* al pueblo; **Bürgerpflicht** *f* <-, -en> deber *m* cívico; **Bürgerrecht** *nt* <-(e)s, -e> derecho *m* civil; **Bürgerrechtler(in)** *m(f)* <-s, -; -, -nen> defensor(a) *m(f)* de los derechos humanos y civiles

Bürgerrechtsbewegung *f* <-, -en> movimiento *m* por los derechos civiles; **Bürgerrechtsgesuch** *nt* <-(e)s, -e> (*Schweiz:* POL) petición *f* de ciudadanía

Bürgerrodel *m* <-s, -> (*Schweiz: Bürgerverzeichnis*) censo *m* de ciudadanos, padrón *m*

Bürgerschaft *f* <-, *ohne pl*> ciudadanía *f,* ciudadanos *mpl;* (*Bevölkerung*) población *f;* **Bürgerschaftswahl** *f* <-, -en> *elecciones al parlamento regional en los estados de Brema y Hamburgo*

Bürgerschreck *m* <-s, *ohne pl*> *persona que por su comportamiento fuera de lo convencional causa espanto entre los demás ciudadanos;* **Bürgersteig** ['bʏrgɐʃtaɪk] *m* <-(e)s, -e> acera *f,* vereda *f Am;* **Bürgersteuer** *f* <-, -n> (HIST, WIRTSCH) impuesto *m* municipal

Bürgertum *nt* <-s, *ohne pl*> burguesía *f*

Bürgerversammlung *f* <-, -en> (ADMIN) reunión *f* vecinal

Burgfrieden *m* <-s, *ohne pl*> tregua *f;* **mit jdm ~ schließen** firmar [*o* acordar] una tregua con alguien; **Burggraben** *m* <-s, -gräben> (*Schloss*) foso *m* del castillo; (*Festung*) foso *m* de la fortaleza; **Burgherr(in)** *m(f)* <-(e)n, -en; -, -nen> (HIST) castellano, -a *m, f,* señor(a) *m(f)* de un castillo

Bürgin ['bʏrgɪn] *f* <-, -nen> *s.* **Bürge**

Burgruine *f* <-, -n> castillo *m* en ruinas

Bürgschaft ['bʏrkʃaft] *f* <-, -en> 1. (JUR) aval *m,* garantía *f;* **selbstschuldnerische ~** fianza solidaria; **für jdn eine ~ leisten** hacerse garante de alguien 2. (*Betrag*) fianza *f;* **Bürgschaftsbestellung** *f* <-, -en> (JUR) establecimiento *m* de fianza; **Bürgschaftskredit** *m* <-(e)s, -e> (FIN) crédito *m* de garantía; **Bürgschaftsprovision** *f* <-, -en> (FIN) comisión *f* de garantía; **Bürgschaftsübernahme** *f* <-, *ohne pl*> (FIN) asunción *f* de la fianza; **Bürgschaftsurkunde** *f* <-, -n> (FIN) documento *m* de garantía

Burgund [bʊr'gʊnt] *nt* <-s> Borgoña *f*

Burgunder[1] *m* <-s, -> (*Wein*) borgoña *m*

Burgunder(in)[2] *m(f)* <-s, -; -, -nen> (*Einwohner*) borgoñón, -ona *m, f*

burgundisch *adj* borgoñón

Burgverlies *nt* <-es, -e> mazmorra *f*

Burin ['bu:rɪn] *f* <-, -nen> *s.* **Bure**

burlesk [bʊr'lɛsk] *adj* burlesco, jocoso

Burleske *f* <-, -n> (THEAT) farsa *f,* sainete *m*

Burnout ['bə:nʔaʊt] *m* <-s, -s> (MED) burnout *m,* deterioro *m* prematuro a causa del exceso de trabajo; **sie leidet nun an ~** está quemada de tanto trabajar

Burnus ['bʊrnʊs, *pl:* 'bʊrnʊsə] *m* <-(ses), -se> chilaba *f*

Büro [by'ro:] *nt* <-s, -s> oficina *f,* despacho *m,* archivo *m Kol;* **Büroangestellte(r)** *mf* <-n, -n; -n, -n> empleado, -a *m, f* de oficina, oficinista *mf;* **Büroarbeit** *f* <-, -en> trabajo *m* de oficina; **Büroautomation** *f* <-, *ohne pl*> ofimática *f;* **Bürobedarf** *m* <-s, *ohne pl*> artículos *mpl* de oficina, material *m* de oficina; **Bürogebäude** *nt* <-s, -> edificio *m* de oficinas; **Bürogehilfe, -in** *m, f* <-n, -n; -, -nen> auxiliar *mf* administrativo, -a; **Bürohaus** *nt* <-es, -häuser> edificio *m* de oficinas; **Bürohengst** *m* <-(e)s, -e> (*abw*) chupatintas *m inv;* **Bürohilfe** *f* <-, -n> ayuda *f* en la oficina; **Bürokauffrau** *f* <-, -en> administrativa *f;* **Bürokaufmann** *m* <-(e)s, -männer> administrativo *m;* **Büroklammer** *f* <-, -n> sujetapapeles *m inv,* clip *m,* ataché *m ZAm,* broche *m Chil, Peru, PRico*

Bürokommunikation *f* <-, *ohne pl*> comunicación *f* en la oficina; **Bürokommunikationssystem** *nt* <-s, -e> sistema *m* interior de comunicación (en las oficinas)

Bürokraft *f* <-, -kräfte> oficinista *mf*

Bürokrat(in) [byro'kraːt] *m(f)* <-en, -en; -, -nen> (*abw*) burócrata *mf*

Bürokratie [bʏrokra'tiː] *f* <-, *ohne pl*> burocracia *f*, oficialismo *m Arg*

Bürokratin *f* <-, -nen> *s.* **Bürokrat**

bürokratisch *adj* burocrático, oficialista *Am*

Bürokratismus *m* <-, *ohne pl*> (*abw*) burocratismo *m*

Büromaschine *f* <-, -n> aparato *m* de oficina; **Büromaterial** *nt* <-s, -ien> material *m* de oficina; **Büropersonal** *nt* <-s, *ohne pl*> personal *m* de oficina; **Büroraum** *m* <-(e)s, -räume> oficina *f*; **Büroschluss**[RR] *m* <-es, *ohne pl*> cierre *m* de oficina; **kurz vor ~ wurde er zum Chef gerufen** poco antes de cerrar el jefe lo llamó a su despacho; **nach ~ ist die Innenstadt wie ausgestorben** cuando cierran las oficinas el centro queda como muerto; **Bürostuhl** *m* <-(e)s, -stühle> silla *f* de oficina [*o* de escritorio]; **Bürostunden** *fpl* horas *fpl* de despacho [*o* de oficina]; **Büroturm** *m* <-(e)s, -türme> torre *f* de oficinas; **Bürovorsteher(in)** *m(f)* <-s, -; -, -nen> jefe, -a *m, f* de oficina; **Bürozeit** *f* <-, -en> horario *m* de oficina; **außerhalb der ~** fuera del horario de oficina

Bursche ['bʊrʃə] *m* <-n, -n> chico *m*, chaval *m*, muchacho *m*

Burschenschaft *f* <-, -en> (*Studentenverbindung*) asociación *f* de estudiantes

Burschenschaft(l)er *m* <-s, -> (UNIV) miembro *m* de una asociación de estudiantes

burschikos [bʊrʃi'koːs] *adj* (*Person*) campechano, jovial; (*ungezwungen*) desenvuelto

Bürste ['bʏrstə] *f* <-, -n> cepillo *m*

bürsten *vt* cepillar; **sich** *dat* **die Haare ~** cepillarse el pelo

Bürstenhaarschnitt *m* <-(e)s, -e> corte *m* en cepillo, corte *m* al rape, pelo *m* cepillo *fam*; **mit ~** atusado, tuso; **Bürstenmacher(in)** *m(f)* <-s, -; -, -nen> pincelero, -a *m, f*; **Bürstenmassage** *f* <-, -n> masaje *m* de cepillo; **Bürstenschnitt** *m* <-(e)s, -e> *s.* **Bürstenhaarschnitt**

Bürzel ['bʏrtsəl] *m* <-s -> **1.** (ZOOL: *bei Vögeln*) rabadilla *f*, obispillo *m* **2.** (JAGD) rabo *m*, cola *f* (*del oso, del tejón y del jabalí*)

Bus [bʊs] *m* <-ses, -se> **1.** (*Fahrzeug*) autobús *m*, bus *m*, camión *m Mex*, guagua *f Cuba, PRico* **2.** (INFOR) conductor *m* común; **Busbahnhof** *m* <-(e)s, -höfe> terminal *m* de autobuses, estación *f* de autobuses

Busch [bʊʃ, *pl:* 'bʏʃə] *m* <-(e)s, Büsche> **1.** (*Strauch*) arbusto *m*, mata *f*; **auf den ~ klopfen** (*fam*) sondear el terreno; **hier ist etwas im ~** (*fam*) aquí hay gato encerrado; **sich in die Büsche schlagen** (*fam*) desaparecer a la chita callando; **mit etw hinterm ~ halten** callar [*o* no mencionar] algo **2.** (*in den Tropen*) selva *f* **3.** (*Feder~*) penacho *m*; **Buschbohne** *f* <-, -n> (BIOL) judía *f* enana

Büschel ['bʏʃəl] *nt* <-s, -> haz *m*, manojo *m*; (*Haare*) mechón *m*; **ein ~ Heu** un manojo de heno

büschelweise *adv* (*Haare*) a mechones; (*Gras, Heu*) en haces; **die Haare sind ihm ~ ausgegangen** el pelo se le cayó a mechones

Buschenschänke[RR] *f* <-, -n>, **Buschenschenke** *f* <-, -n> (*Österr*) *taberna donde se toma el vino nuevo de la casa*

Buschfeuer *nt* <-s, -> incendio *m* en la selva (tropical)

buschig *adj* peludo; **mit ~en Augenbrauen** cejudo, con cejas muy pobladas

Buschland *nt* <-(e)s, *ohne pl*> matorral *m*; **Buschmann** *m* <-(e)s, -männer> bosquimano *m*; **Buschmesser** *nt* <-s, -> machete *m*, colín *m ZAm, Ant*, daga *f PRico*; **Buschsteppe** *f* <-, -n> estepa *f* de monte bajo; **Buschwerk** *nt* <-(e)s, *ohne pl*> maleza *f*

Buschwindröschen *nt* <-s, -> (BOT) anémona *f*, anemona *f*

Busen ['buːzən] *m* <-s, -> pecho *m*, seno *m*; **am ~ der Natur** en la (misma) naturaleza, en el campo; **Busenfreund(in)** *m(f)* <-(e)s, -e; -, -nen> amigo, -a *m, f* íntimo, -a

Busfahrer(in) *m(f)* <-s, -; -, -nen> conductor(a) *m(f)* de autobús; **Bushaltestelle** *f* <-, -n> parada *f* de autobuses

Business Class[RR] ['bɪznɪs klaːs] *f* <- -, *ohne pl*>, **Busineß Class** *f* <- -, *ohne pl*> (AERO) business class *m*, clase *f* ejecutiva

Buslinie *f* <-, -n> línea *f* de autobuses

Bussard ['bʊsart] *m* <-s, -e> águila *f* ratonera

Buße ['buːsə] *f* <-, -n> **1.** (REL) penitencia *f*; **~ tun** hacer penitencia **2.** (*a. Schweiz:* JUR) multa *f*; **eine ~ von 1.000 DM zahlen** pagar una multa de 1.000 marcos; **jdn für ein Vergehen mit einer hohen ~ belegen** multar a alguien con una suma muy alta por un delito; **jdn zu einer ~ verurteilen** condenar a alguien a pagar una multa

Bussel ['bʊsəl] *nt* <-s, -(n)> (*südd, Österr*) beso *m*

busseln *vi, vt* (*südd, Österr*) besar

büßen ['byːsən] *vt* **1.** (REL) expiar **2.** (*Tat*) pagar; **das wirst** [*o* **sollst**] **du mir ~** esto me lo vas a pagar **3.** (*Schweiz: mit Geldbuße belegen*) multar

Büßer(in) *m(f)* <-s, -; -, -nen> (REL) penitente, -a *m, f*; **Büßergewand** *nt* <-(e)s, -wänder> (REL) hábito *m* de penitente; (*bei einer Prozession*) hábito *m* de nazareno; **im ~** (*fig*) dándose golpes de pecho; **keineswegs im ~** (*fig*) sin señales de arrepentimiento

Büßerin *f* <-, -nen> *s.* **Büßer**

Busserl ['bʊsɐl] *nt* <-s, -(n)> (*südd, Österr*) beso *m*

busserln *vi, vt* (*südd, Österr*) besar

bußfertig *adj* (REL) arrepentido, contrito; **dem ~en Sünder wird Vergebung gewährt** al pecador contrito se le concede el perdón; **Bußgang** *m* <-(e)s, -gänge> acto *m* de contrición [*o* de expiación]; **einen ~ antreten** (*geh a. fig*) hacer acto de contrición, hacer penitencia; **Bußgebet** *nt* <-(e)s, -e> (oración *f* de) penitencia *f*; **nach der Beichte gab der Pfarrer ihr 10 Vaterunser als ~e auf** tras la confesión el párroco le mandó rezar 10 padrenuestros (en señal) de penitencia

Bußgeld ['bu:s-] *nt* <-(e)s, -er> (JUR) multa *f*; **Bußgeldbescheid** *m* <-(e)s, -e> (JUR) aviso *m* de multa; **Bußgeldkatalog** *m* <-(e)s, -e> cuadro *m* de multas; **Bußgeldstelle** *f* <-, -n> departamento *m* de multas; **Bußgeldverfahren** *nt* <-s, -> (ADMIN, JUR) procedimiento *m* de imposición de sanciones económicas; **Bußgeldverhängung** *f* <-, -en> (ADMIN) imposición *f* de multa

Bussi ['bʊsi] *nt* <-s, -s> (*fam*) besito *m*

Bußpredigt *f* <-, -en> sermón *m* penitencial; **Bußtag** *m* <-(e)s, -e> (REL) día *m* de penitencia; **Buß- und Bettag** día de ayuno [*o* de oración y penitencia] (*festividad protestante que se celebra el miércoles anterior a Todos los Santos*)

Büste ['bʏstə] *f* <-, -n> busto *m*; **Büstenhalter** *m* <-s, -> sostén *m*, sujetador *m*, corpiño *m CSur*

Büstier [bys'tje:] *nt* <-s, -s> bustier *m*

Busverbindung *f* <-, -en> enlace *m* de autobús, servicio *m* de autobús; **auf dem Land sind die ~en nicht gut** en el campo no hay un buen servicio de autobuses; **dahin gibt es keine ~** para ir allí no hay autobús

Butan [bu'ta:n] *nt* <-s, -e> (CHEM) butano *m*; **Butanflasche** *f* <-, -n> botella *f* de butano; **Butangas** *nt* <-es, *ohne pl*> gas *m* butano

Butike *f* <-, -n> *s.* **Boutique**

Butt [bʊt] *m* <-(e)s, -e> (*Scholle*) platija *f*; (*Stein~*) rodaballo *m*

Bütt [bʏt] *f* <-, -en> (*reg*) *podio en forma de tina desde el que se pronuncian discursos humorísticos en Carnaval;* **in die ~ steigen** pronunciar un discurso carnavalesco

Butte ['bʊtə] *f* <-, -n> **1.** (*Tragebehälter*) cuévano *m* **2.** (*südd, Österr, Schweiz*) *s.* **Bütte**

Bütte ['bʏtə] *f* <-, -n> tina *f*

Büttel ['bʏtəl] *m* <-s, -> **1.** (*abw: Handlanger*) esbirro *m*, lacayo, -a *m, f*; **ich bin doch nicht dein ~!** ¡no soy tu lacayo! **2.** (*alt: Gerichtsbote*) esbirro *m*

Bütten ['bʏtən] *nt* <-s, *ohne pl*>, **Büttenpapier** *nt* <-s, -e> papel *m* de tina; **Büttenrede** *f* <-, -n> (*reg*) discurso *m* carnavalesco

Butter ['bʊtɐ] *f* <-, *ohne pl*> mantequilla *f*; **weich wie ~** más blando que manteca; (*fig*) indulgente; **wie ~ in der Sonne schmelzen** (*fig: Nahrungsmittel, Geld*) consumirse muy rápido; **es ist alles in ~** (*fam*) todo está en orden; **er gönnt ihm nicht die ~ auf dem Brot** le envidia todo; **Butterberg** *m* <-(e)s, -e> (AGR) montaña *f* de mantequilla (*por sobreproducción*); **Butterblume** *f* <-, -n> botón *m* de oro

Butterbrot *nt* <-(e)s, -e> (rebanada *f* de) pan *m* con mantequilla; **ein ~ mit Käse** un bocadillo de queso; **etw für ein ~ bekommen** (*fam*) recibir algo por un pedazo de pan; **für ein ~ arbeiten** (*fam*) trabajar por un pedazo de pan; **Butterbrotpapier** *nt* <-s, -e> papel *m* pergamino

Buttercreme *f* <-, -s> (GASTR) crema *f* de mantequilla; **Buttercremetorte** *f* <-, -n> pastel *m* de crema

Butterdose *f* <-, -n> mantequillera *f*, mantequera *f*; **Butterfahrt** *f* <-, -en> *viaje en barco durante el cual existe la posibilidad de comprar productos baratos y exentos de derechos;* **Butterfass**[RR] *nt* <-es, -fässer> **1.** (*alt: zur Herstellung*) mantequera *f*; **gebuttert wurde früher im ~** antes se mazaba la leche en una mantequera **2.** (*zur Aufbewahrung*) barril *m* de mantequilla, mantequera *f*

Butterfly[1] ['bʌtəflaɪ] *m* <-s, -> (*Eiskunstlauf, Turnen*) mariposa *f*

Butterfly[2] *m* <-s, *ohne pl*>, **Butterflystil** *m* <-s, *ohne pl*> (*Schwimmen*) estilo *m* mariposa

Butterkeks *m* <-es, -e> galleta *f* de mantequilla; **Buttermilch** *f* <-, *ohne pl*> suero *m* de leche, leche *f* batida

buttern **I.** *vi* mazar la leche, hacer mantequilla, hacer manteca *Am* **II.** *vt* **1.** (*mit Butter bestreichen*) untar con mantequilla, untar con manteca *Am* **2.** (*fam: investieren*): **Geld in etw ~** meter dinero en algo

Butterpilz *m* <-es, -e> (BOT) boleto *m* comestible; **Buttersäure** *f* <-, -n> (CHEM) ácido *m* butírico; **Butterschmalz** *nt* <-es, *ohne pl*> mantequilla *f* derretida; **butterweich** ['--'-] *adj* (*Frucht*) como manteca, muy tierno; (*Metall, Plastik*) muy dúctil, muy maleable; (*Landung*) muy suave

Büttner(in) ['bʏtnɐ] *m(f)* <-s, -; -, -nen> (*reg*) tonelero, -a *m, f*

Button ['batən] *m* <-s, -s> insignia *f*

Button-down-Kragen [batən'daʊnkra:gən] *m* <-s, -> *cuello de camisa que se fija por un botón a cada lado*

Buttonleiste ['batən-] *f* <-, -n> (INFOR) barra *f* de botones

Butylhydroxytoluol [buty:lhydroksytolu'o:l] *nt* <-s, *ohne pl*> (CHEM) butilhidroxitoluol *m*

Butzenscheibe ['bʊtsən-] *f* <-, -n> *vidrio abombado en el centro con el que se construyen ventanas emplomadas*

BVG [be:faʊ'ge:] *nt* <-, *ohne pl*> (JUR) *Abk. von* **Bundesverfassungsgericht** Tribunal *m* Constitucional Federal

b.w. *Abk. von* **bitte wenden** continúa al dorso

B-Waffe *f* <-, -n> (*biologische Waffe*) arma *f* biológica
BWL [beːveːˈʔɛl] *Abk. von* **Betriebswirtschaftslehre** teoría *f* de la empresa, economía *f* industrial
Bypass [ˈbaɪpaːs] *m* <-(es), -pässe> (MED) bypass *m inv;* **Bypassoperation** *f* <-, -en> (MED) injerto *m* de un bypass
Byte [baɪt] *nt* <-(s), -(s)> (INFOR) byte *m*
byzantinisch [bytsanˈtiːnɪʃ] *adj* (HIST) bizantino
Byzanz [byˈtsants] *nt* <-> Bizancio *m*
bzgl. *Abk. von* **bezüglich** respecto a
bzw. *Abk. von* **beziehungsweise** o sea, mejor dicho, respectivamente

C

C, c [tseː] *nt* <-, -> **1.** (*Buchstabe*) C, c *f;* ~ **wie Cäsar** C de Carmen **2.** (MUS) do *m;* **das hohe** ~ el do de pecho

C (CHEM) *Abk. von* **Kohlenstoff** C

C-14-Methode [tseː'fɪrtseːn-] *f* <-, *ohne pl*> (GEO) método *m* del radiocarbono 14

ca. *Abk. von* **circa** cerca de, aproximadamente

Ca (CHEM) *Abk. von* **Calcium** Ca

Cabrio ['kaːbrio] *nt* <-s, -s>, **Cabriolet** [kabrio'leː] *nt* <-s, -s> cabriolé *m*, descapotable *m*

Cache ['kaʃ] *m* <-, *ohne pl*> (INFOR) caché *m;* **Cache-Speicher** ['kaʃ-] *m* <-s, -> (INFOR) memoria *f* caché [*o* de almacenamiento temporal]

CAD [kat] *nt Abk. von* **Computer Aided Design** CAD *m*

Caddie[1] ['kɛdi] *m* <-s, -s> (*beim Golf: Junge zum Schlägertragen*) cadi *m;* (*Wagen*) carrito *m* de golf

Caddie®[2] *m* <-s, -s> (*Einkaufswagen*) carrito *m* de la compra

Cadmium ['katmiʊm] *nt* <-s, *ohne pl*> (CHEM) cadmio *m*

Café [ka'feː] *nt* <-s, -s> café *m*

Café complet [ka'feː kɔ̃'plɛ] *m* <- -, -s -s> (*Schweiz*) *café con leche y panecillo con mantequilla y mermelada*

Cafeteria [kafete'riːa] *f* <-, Cafeterien> cafetería *f*

cal *Abk. von* (**Gramm**)**kalorie** cal

Calcium ['kaltsiʊm] *nt* <-s, *ohne pl*> (CHEM) calcio *m;* **Calciumcarbonat** [-karbonaːt] *nt* <-s, -e> (CHEM) carbonato *m* cálcico; **Calciumchlorid** *nt* <-s, -e> (CHEM) cloruro *m* cálcico

Caldera [kal'deːra] *f* <-, Calderen> (GEO) caldera *f*

Californium [kali'fɔrniʊm] *nt* <-s, *ohne pl*> (CHEM) californio *m*

Callback [kɔːl'bɛk] *nt* <-, *ohne pl*> (TEL) función *f* de rellamada (*de un módem*)

Callboy ['kɔːlbɔɪ] *m* <-s, -s> call-boy *m*

Callgirl ['kɔːlgœːl] *nt* <-s, -s> call-girl *f;* **Callgirlring** *m* <-(e)s, -e> asociación *f* (no oficial) de prostitutas

CAM *nt* (INFOR) *Abk. von* **Computer Aided Manufacturing** FAO *f*

Camcorder ['kɛmkɔrdɐ] *m* <-s, -> camcórder *m*

Camembert ['kamɑ̃vɛːɐ, 'kaməmbeːɐ] *m* <-s, -s> (GASTR) queso *m* camembert

Camion [ka'mjɔ̃] *m* <-s, -s> (*Schweiz*) camión *m*

Camionneur ['kamjɔnøːɐ, *pl:* -re] *m* <-s, -e> (*Schweiz: Spediteur*) transportista *m*

Camp [kɛmp] *nt* <-s, -s> campamento *m*, campo *m*

campen ['kɛmpən] *vi* (a)campar, hacer camping

Camper(in) ['kɛmpɐ] *m(f)* <-s, -; -, -nen> campista *mf*

campieren* *vi* acampar

Camping ['kɛmpɪŋ] *nt* <-s, *ohne pl*> camping *m;* **Campingartikel** *m* <-s, -> artículo *m* de camping; **für seinen Campingurlaub kaufte er allerlei** ~ compró todo tipo de artículos de camping para las vacaciones; **Campingausrüstung** *f* <-, -en> equipo *m* de camping; **Campingbus** *m* <-ses, -se> caravana *f;* **Campingführer** *m* <-s, -> guía *f* de campings; **Campingplatz** *m* <-es, -plätze> camping *m;* **Campingzubehör** *nt* <-(e)s, -e> artículos *mpl* de camping

Campus ['kampʊs] *m* <-, -> (UNIV) campus *m inv*

Canasta [ka'nasta] *nt* <-s, *ohne pl*> (*Kartenspiel*) canasta *f*

Cancan [kɑ̃'kɑ̃ː] *m* <-s, -s> cancán *m*

cand. (UNIV) *Abk. von* **candidatus** examinando, -a *m, f* de una carrera universitaria; ~ **phil./med.** examinando de filosofía/de medicina

Candela [kan'deːla] *f* <-, -> (PHYS) candela *f*

Cannabis ['kanabɪs] *m* <-, *ohne pl*> (BOT) cáñamo *m;* (*sl: Haschisch*) hachís *m inv*

Cannelloni *pl* (GASTR) canelones *mpl;* ~ **al forno** canelones gratinados

Canossa *nt* <-s, -s> (*geh*) **1.** (*Bittgang*) humillación *f*, petición *f* humillante **2.** (*Wend*): **Gang nach** ~ *acto de humillación y de pedir perdón;* **nach** ~ **gehen** humillarse y pedir perdón

Cañon ['kanjɔn] *m* <-s, -s> (GEO) cañón *m*

Cape [kɛɪp] *nt* <-s, -s> capa *f*, manto *m*

Cappuccino [kapu'tʃiːno] *m* <-(s), -(s)> capuchino *m*

Capriccio *nt* <-s, -s> (KUNST, MUS) capricho *m*

Caquelon *nt* <-s, -s> (*Schweiz*) cacerola *f* para fondue

Car [kaːɐ] *m* <-s, -s> (*Schweiz*) autocar *m*

Caravan ['karavan] *m* <-s, -s> **1.** (*Kombiwagen*) vehículo *m* compacto de carga, pick-up *m* **2.** (*Wohnwagen*) caravana *f*

Carepaket ['kɛːɐpakeːt] *nt* <-(e)s, -e> *paquete con ayuda alimentaria de la organización CARE* (*Cooperative for American Remittances to Europe*) *en zonas de crisis*

Carport ['ka:ɐpɔɐ:t] *m* <-s, -s> aparcamiento *m* cubierto al aire libre
Carrier ['kɛriɐ] *m* <-s, -> (TEL) portadora *f*
Carte blanche *f* <-s, -s> carta *f* blanca
Cartoon ['ka:ɐtu:n] *m* <-(s), -s> **1.** (*Karikatur*) caricatura *f* **2.** (*Bildgeschichte*) historieta *f* de dibujos animados
Cartoonist(in) *m(f)* <-en, -en; -, -nen> caricaturista *mf*
Casanova [kaza'nɔ:va] *m* <-s, -s> casanova *m;* **er bricht alle Frauenherzen, dieser ~!** ¡este casanova es un rompecorazones!
Cäsar¹ ['tsɛ:zar] *m* <-s> (*Staatsmann*) César *m*
Cäsar² *m* <-en, -en> (*Titel*) césar *m*
Cäsarenwahn *m* <-(e)s, *ohne pl*>, **Cäsarenwahnsinn** *m* <-(e)s, *ohne pl*> megalomanía *f*
cash ['kɛʃ] *adv* en metálico, en efectivo; **stell dir vor, er hat sein neues Auto ~ bezahlt** imagínate, ha pagado su nuevo coche en efectivo
Cash *nt* <-, *ohne pl*> dinero *m* en metálico; **ich gebe dir lieber ~ als einen Scheck** prefiero pagarte en metálico que con (un) cheque
Cashewnuss^RR^ ['kɛʃunʊs] *f* <-, -nüsse> anacardo *m*
Cashflow^RR^ ['kɛʃflɔʊ] *m* <-s, *ohne pl*> (WIRTSCH) cash-flow *m*
Casino [ka'zi:no] *nt* <-s, -s> casino *m*
Cäsium ['tsɛ:ziʊm] *nt* <-s, *ohne pl*> (CHEM) cesio *m*
Cassette *f* <-, -n> **1.** (*für Geld*) cajita *f;* (*für Schmuck*) joyero *m* **2.** (*Schutzhülle*) estuche *m* **3.** (*Musik~, Video~*) casete *m o f;* **unbespielte ~** cinta virgen; **etw auf ~ haben** (*fam*) tener algo grabado
Castorbehälter ['kasto:ɐ-] *m* <-s, -> contenedor *m* Castor; **Castortransport** *m* <-(e)s, -e> transporte *m* Castor
Casus Belli^RR^ ['ka:zʊs 'bɛli] *m* <- -, – -> (*geh*) casus belli *m,* caso *m* de guerra
Catch-as-catch-can *nt* <-, *ohne pl*> (SPORT) catch *m*
catchen *vi* (SPORT) luchar al catch (*gegen* contra); **heute Abend catcht er gegen den deutschen Meister** esta noche se enfrenta al campeón alemán de catch
Catcher(in) ['kɛtʃɐ] *m(f)* <-s, -; -, -nen> luchador(a) *m(f)* de catch
Catering ['kɛɪtərɪŋ] *nt* <-s, *ohne pl*> (GASTR) catering *m,* abastecimiento *m;* **Cateringservice** *m* <-, -s> (GASTR) catering *m,* servicio *m* de comidas preparadas; **der ~ einiger Fluggesellschaften ist hervorragend** el catering de algunas compañías de aviación es excelente
Cayennepfeffer [ka'jɛn-] *m* <-s, -> pimienta *f* de Cayena, cayena *f,* ají *m SAm, Ant*
CB-Funk [tse:'be:fʊnk] *m* <-s, *ohne pl*> citizen band *f;* **CB-Funker(in)** *m(f)* <-s, -; -, -nen> radioaficionado, -a *m, f*
cbm (*alt*) *Abk. von* **Kubikmeter** m^3
ccm (*alt*) *Abk. von* **Kubikzentimeter** cm^3
cd (PHYS) *Abk. von* **Candela** cd
Cd (CHEM) *Abk. von* **Cadmium** Cd
CD [tse:'de:] *f* <-, -(s)> *Abk. von* **Compact Disk** CD *m;* **CD-Platte** *f* <-, -n> compact disc *m,* lector *m* de CD; **CD-Plattenspieler** *m* <-s, ->, **CD-Player** [tse:'de:plɛɪɐ] *m* <-s, -> compact disc *m,* tocadiscos *m inv* compacto
CD-ROM [tse:'de:rɔm] *f* <-, -(s)> (INFOR) CD-ROM *m;* **CD-ROM-Laufwerk** *nt* <-(e)s, -e> (INFOR) lector *m* de CD-ROM
CD-Spieler *m* <-s, -> *s.* **CD-Player**
CDU [tse:de:'ʔu:] *f Abk. von* **Christlich Demokratische Union (Deutschlands)** Partido *m* de la Unión Demócratacristiana de Alemania
C-Dur *nt* <-, *ohne pl*> (MUS) do *m* mayor
CD-Video *nt* <-s, -s> videodisco *m;* **CD-Videogerät** *nt* <-(e)s, -e> laserdisc *m;* **CD-Wechsler** *m* <-s, -> cargador *m* múltiple de compact-discs
Ce (CHEM) *Abk. von* **Cer** Ce
Cebit-Messe ['tse:bɪt-] *f* <-, -n> CeBIT *f* (*feria de informática más grande de Europa que se celebra en Hannóver*)
Celli *pl von* **Cello**
Cellist(in) [tʃɛ'lɪst] *m(f)* <-en, -en; -, -nen> violonc(h)elista *mf*
Cello ['tʃɛlo, *pl:* 'tʃɛli, 'tʃɛlos] *nt* <-s, Celli *o* -s> violonc(h)elo *m*
Cellophan® [tsɛlo'fa:n] *nt* <-s, *ohne pl*> celofán® *m*
Celsius ['tsɛlziʊs]: **Grad ~** grado centígrado; **30 Grad ~** 30 grados centígrados; **Celsiusskala** *f* <-, -skalen> (PHYS) escala *f* Celsius
Cembalo ['tʃɛmbalo, *pl:* 'tʃɛmbali, tʃɛmbalos] *nt* <-s, Cembali *o* -s> clavecín *m,* clavicémbalo *m*
Cer [tsɛɐ] *nt* <-s, *ohne pl*> (CHEM) cerio *m*
Ces [tsɛs] *nt* <-, -> (MUS) do *m* bemol
Ceylon ['tsaɪlɔn] *nt* <-s> (HIST) Ceilán *m*
cf. *Abk. von* **confer** confer
Cf (CHEM) *Abk. von* **Californium** Cf
CH (GEO, POL) *Abk. von* **Confoederatio Helvetica** CH
Cha-Cha-Cha ['tʃa'tʃa'tʃa] *m* <-(s), -s> chachachá *m;* **der ~ war ursprünglich ein kubanischer Tanz** el chachachá era en sus orígenes un baile cubano
Chagrinleder [ʃa'grɛ̃:-] *nt* <-s, -> piel *f* labrada
Chalet [ʃa'le:, ʃa'lɛ] *nt* <-s, -s> (*Schweiz*) chalet *m*
Chamäleon [ka'mɛ:leɔn] *nt* <-s, -s> (ZOOL: *a. fig*) camaleón *m*
Champagner [ʃam'panjɐ] *m* <-s, -> champaña *m,* champán *m*
Champignon ['ʃampɪnjɔŋ] *m* <-s, -s> champiñón *m*
Champion ['tʃɛmpjən] *m* <-s, -s> (SPORT) campeón, -ona *m, f*
Chance ['ʃã:s(ə)] *f* <-, -n> **1.** (*Gelegenheit*)

oportunidad *f* (*zu* de), ocasión *f* (*zu* de); **eine ~ wahrnehmen** aprovechar una ocasión; **ich gebe dir noch eine letzte ~** aún te doy una última oportunidad **2.** (*Aussicht*) perspectiva *f* (*auf/zu* de); (*Möglichkeit*) posibilidad *f* (*auf/zu* de); **sich** *dat* **gute ~n ausrechnen** contar con buenas posibilidades; **~n auf einen Gewinn** perspectivas de ganar; **gute/geringe ~n haben** tener buenas/pocas posibilidades; **~n bei jdm haben** (*fam*) tener buenas posibilidades con alguien; **Chancengleichheit** *f* <-, *ohne pl*> igualdad *f* de oportunidades

chancenlos *adj* (*ohne Aussichten*) sin perspectivas; (*ohne Möglichkeiten*) sin posibilidades

changieren* [ʃã'ʒiːrən] *vi* (*Stoff*) irisar

Chanson [ʃã'sõː] *nt* <-s, -s> canción *f*

Chansonnette [ʃãsɔ'nɛtə] *f* <-, -n> (MUS) cantante *f* de canción francesa; **Edith Piaf war eine bekannte ~** Edith Piaf fue una famosa cantante de canción francesa

Chansonsänger(in) *m(f)* <-s, -; -, -nen> cantante *mf* de canción francesa

Chaos ['kaːɔs] *nt* <-, *ohne pl*> caos *m inv*, desorden *m*, confusión *f*, despelote *m Am: fam*; **Ordnung in das ~ bringen** poner orden en el caos; **auf der Straße herrscht ein ziemliches ~** en la calle hay una gran confusión; **Chaostheorie** *f* <-, -n> teoría *f* del caos

Chaot(in) [ka'oːt] *m(f)* <-en, -en; -, -nen> **1.** (*unbeherrschter Mensch*) persona *f* caótica **2.** (*abw: Radikaler*) extremista *mf*

chaotisch [ka'oːtɪʃ] *adj* caótico; (*unordentlich*) desordenado; **es geht ~ zu** es un caos; **hier herrschen ~e Zustände** aquí reina el caos

Chapeau claque [ʃapo'klak] *m* <- -, Chapeaux claques> sombrero *m* de copa plegable

Charakter [ka'raktɐ, *pl:* karak'teːrə] *m* <-s, -e> carácter *m*, naturaleza *f*; **er hat ~** tiene carácter; **sie sind ganz gegensätzliche ~e** son de naturaleza totalmente contraria; **etw formt** [*o* **prägt**] **den ~** algo forma el carácter; **die Unterredung hatte vertraulichen ~** la conversación ha sido de carácter confidencial; **Charakteranlage** *f* <-, -n> carácter *m*, natural *m*; **von ihrer ~ her ist sie sehr willensstark** tiene un carácter [*o* un modo de ser] muy voluntarioso; **Charakterdarsteller(in)** *m(f)* <-s, -; -, -nen> (FILM, THEAT) característico, -a *m, f*; **für die Verkörperung des Faust brauchen wir einen ~** para hacer de Fausto necesitamos un característico; **Charaktereigenschaft** *f* <-, -en> rasgo *m* característico; **Charakterfehler** *m* <-s, -> defecto *m* (de carácter); **charakterfest** *adj* de carácter firme, firme de carácter; **Charakterfestigkeit** *f* <-, *ohne pl*> firmeza *f* de carácter, aplomo *m*; **seine ~ konnte nichts erschüttern, er blieb standhaft** nada podía sacudir su carácter firme, no dio su brazo a torcer

charakterisieren* [karakteri'ziːrən] *vt* caracterizar (*als* de); **dieser Film charakterisiert das 18. Jahrhundert** esta película caracteriza el siglo XVIII; **Stress und Lärm ~ das Stadtleben** el estrés y el ruido caracterizan la vida en las ciudades

Charakterisierung *f* <-, -en> caracterización *f*

Charakteristik [karakte'rɪstɪk] *f* <-, -en> característica *f*

Charakteristikum [karakte'rɪstɪkʊm] *nt* <-s, Charakteristika> (*geh*) rasgo *m* característico, característica *f*

charakteristisch *adj* característico (*für* de), típico (*für* de); **diese Antwort ist ~ für ihn** esta respuesta es típica de él

charakteristischerweise *adv* de modo característico; **~ bekommt er beim Lügen immer einen roten Kopf** es propio de él ponerse rojo cuando miente

Charakterkopf *m* <-(e)s, -köpfe>: **er hat einen ~** tiene una fisionomía muy expresiva

charakterlich *adj* de carácter; **er hat einige ~e Schwächen** tiene algunos defectos de carácter

charakterlos *adj* sin carácter

Charakterlosigkeit[1] *f* <-, -en> (*schändliche Tat*) canallada *f*, vileza *f*; **es ist eine ~, einen Freund so zu hintergehen** es una bajeza engañar así a un amigo

Charakterlosigkeit[2] *f* <-, *ohne pl*> (*Niedertracht*) falta *f* de escrúpulos, bajeza *f*; **seine ~ ist nicht mehr zu überbieten** no hay quien supere su falta de escrúpulos

Charaktermerkmal *nt* <-(e)s, -e> rasgo *m* característico

Charakterologie [karakterolo'giː] *f* <-, *ohne pl*> caracterología *f*

charakterologisch *adj* caracter(i)ológico; **eine ~e Studie über historische Persönlichkeiten** un estudio caracter(i)ológico sobre personalidades históricas

Charakterrolle *f* <-, -n> (FILM, THEAT) papel *m* de característico; **er hat sich zum Darsteller von ~n hochgearbeitet** con el tiempo ha llegado a convertirse en un actor de papeles de característico; **Charakterschauspieler(in)** *m(f)* <-s, -; -, -nen> actor *m* de carácter, actriz *f* de carácter; **Charakterschwäche** *f* <-, -n> debilidad *f* de carácter; **Charakterschwein** *nt* <-(e)s, -e> (*fam*) cerdo *m*; **wie konntest du ihn so linken? du bist ein wahres ~!** ¿pero cómo pudiste dársela de esta manera? ¡mira que eres cerdo!; **Charakterstärke** *f* <-, -n> fuerza *f* de carácter, entereza *f*; **Charakterstudie** *f* <-, -n> (PSYCH) análisis *m inv* del carácter; **charaktervoll I.** *adj* **1.** (*anständig*) íntegro, honrado; **auch in kritischen Situationen zeigt er ~es Verhalten** incluso en las situaciones críticas se comporta de manera íntegra **2.** (*aus-*

geprägt) marcado, pronunciado; **sein ~es Kinn hat er von seinem Vater geerbt** ha heredado su pronunciada barbilla de su padre **II.** *adv* íntegramente, honradamente; **er verhält sich seinen Freunden gegenüber sehr ~** con sus amigos es muy honrado; **Charakterzug** *m* <-(e)s, -züge> rasgo *m* (característico)

Charge ['ʃarʒə] *f* <-, -n> **1.** (*Amt, Rang*) cargo *m* **2.** (THEAT) papel *m* secundario

Charisma ['kaːrɪsma] *nt* <-s, -ta *o* Charismen> (*a.* REL) carisma *m*

Charismatiker(in) *m(f)* <-s, -; -, -nen> (*a.* REL) persona *f* carismática

charismatisch *adj* carismático; **~e Ausstrahlung** poder carismático

Charleston ['tʃarlstn] *m* <-, -s> charlestón *m;* **der ~ war in den zwanziger Jahren ein Modetanz** el charlestón fue en los años veinte un baile de moda

charmant [ʃar'mant] *adj* encantador, simpático

Charme [ʃarm] *m* <-s, *ohne pl*> encanto *m,* gracia *f;* **seinen ganzen ~ aufbieten** servirse de todo su encanto

Charmeur [ʃar'møːɐ] *m* <-s, -e> lisonjero *m,* zalamero *m*

Charta ['karta] *f* <-, -s> (POL) carta *f* constitucional, declaración *f;* **die ~ der Vereinten Nationen** la carta de las Naciones Unidas

Charter *m* <-s, -s> (*a.* WIRTSCH) fletamento *m*

Charterer ['tʃartərɐ] *m* <-s, -> (WIRTSCH) fletador *m*

Charterflug ['tʃaːɐtɐ-] *m* <-(e)s, -flüge> (AERO) (vuelo *m*) chárter *m;* **Charterfluggesellschaft** *f* <-, -en> (AERO) compañía *f* aérea de chárters; **Charterflugzeug** *nt* <-(e)s, -e> (AERO), **Chartermaschine** *f* <-, -n> (AERO) (avión *m*) chárter *m*

chartern ['tʃaːɐtɐn] *vt* fletar

Charterpartie ['tʃartɐ-] *f* <-, -n> (WIRTSCH) carta *f* partida

Charts *pl* (MUS) (listas *fpl* de) superventas *mpl;* **in die ~ kommen** entrar en los superventas; (**ganz oben**) **in den ~ sein** estar en los primeros puestos de los superventas

Chassis [ʃa'siː] *nt* <-, -> **1.** (AUTO) chasis *m inv* **2.** (ELEK) placa *f* de base

Chat [tʃɛt] *m* <-s, -s> (INFOR, TEL: *sl*) charla *f* (*por Internet*)

Chauffeur(in) [ʃɔ'føːɐ] *m(f)* <-s, -e; -, -nen> chófer *mf*

chauffieren* *vt* conducir

Chaussee *f* <-, -n> avenida *f*

Chauvi ['ʃoːvi] *m* <-s, -s> (*fam*) machista *m*

Chauvinismus [ʃovi'nɪsmʊs] *m* <-, *ohne pl*> (*abw*) **1.** (*Nationalismus*) chovinismo *m,* patriotería *f* **2.** (*Sexismus*) machismo *m*

Chauvinist[1] *m* <-en, -en> (*abw: Sexist*) machista *m,* macho *m*

Chauvinist(in)[2] *m(f)* <-en, -en; -, -nen> (*abw: Nationalist*) chovinista *mf*

chauvinistisch *adj* (*abw*) **1.** (*nationalistisch*) chovinista, patriotero **2.** (*frauenfeindlich*) macho, machista

checken ['tʃɛkən] *vt* **1.** (*überprüfen*) revisar, chequear *Am* **2.** (*fam: kapieren*) captar; **das hat er nicht gecheckt** no lo ha captado **3.** (*Eishockey*) empujar, estorbar

Check-in *m o nt* <-s, -s> (AERO) facturación *f;* **um 15.00 Uhr beginnt der** [*o* **das**] **~** a las tres se empieza a facturar (el equipaje)

Checkliste *f* <-, -n> **1.** (*Notizzettel*) recordatorio *m* **2.** (AERO) lista *f* de embarque

Checkpoint *m* <-s, -s> puesto *m* de control; **~ Charlie war der bekannteste Grenzübergang im geteilten Berlin** el "Checkpoint Charlie" era el paso fronterizo más conocido en el Berlín dividido

Check-up *m* <-s, -s> (MED) chequeo *m;* **Sie sollten sich einem regelmäßigen ~ unterziehen** debería hacerse regularmente un chequeo

Chef(in) [ʃɛf] *m(f)* <-s, -s; -, -nen> jefe, -a *m, f,* patrón, -ona *m, f;* **~ vom Dienst** jefe responsable; **Chefarzt, -ärztin** *m, f* <-es, -ärzte; -, -nen> (MED: *eines Krankenhauses*) director(a) *m(f);* (*einer Station*) médico, -a *m, f* jefe; **Chefetage** *f* <-, -n> departamento *m* de ejecutivos; **Chefideologe, -in** *m, f* <-n, -n; -, -nen> principal ideólogo, -a *m, f* de un partido

Chefin *f* <-, -nen> *s.* **Chef**

Chefingenieur(in) *m(f)* <-s, -e; -, -nen> (TECH) ingeniero, -a *m, f* jefe; **Chefkoch, -köchin** *m, f* <-(e)s, -köche; -, -nen> cocinero, -a *m, f* jefe, jefe, -a *m, f* de cocina; **Chefredakteur(in)** *m(f)* <-s, -e; -, -nen> redactor(a) *m(f)* jefe; **Chefredaktion** *f* <-, -en> **1.** (*Aufgabe*) dirección *f,* cargo *m* de redactor jefe; **die ~ wurde Herrn Xaver Mikutsch übertragen** la dirección le fue encomendada al señor Xaver Mikutsch **2.** (*Büro*) despacho *m* del director [*o* del redactor jefe]; **Chefsache** *f* <-, -n> (*fam*): **diese Angelegenheit ist ~** la responsabilidad de esta cuestión la tiene el jefe; **Chefsekretär(in)** *m(f)* <-s, -e; -, -nen> secretario, -a *m, f* de dirección; **Chefunterhändler(in)** *m(f)* <-s, -; -, -nen> negociador(a) *m, f* jefe; **Chefzimmer** *nt* <-s, -> oficina *f* del director, despacho *m* del director

chem. *Abk. von* **chemisch** químico

Chemie [çe'miː] *f* <-, *ohne pl*> química *f;* **anorganische/organische ~** química inorgánica/orgánica; **Chemiearbeiter(in)** *m(f)* <-s, -; -, -nen> trabajador(a) *m(f)* del sector químico; **Chemiefaser** *f* <-, -n> fibra *f* química [*o* sintética]; **Chemieingenieur(in)** *m(f)* <-s, -e; -, -nen> ingeniero, -a *m, f* químico, -a; **Chemiekonzern** *m* <-s, -e> empresa *f* multinacional química; **Chemielaborant(in)** *m(f)* <-en, -en; -, -nen> ayudante *mf* de un laboratorio químico; **Chemiemüll** *m* <-s, *ohne pl*> residuos *mpl* químicos; **Chemieunfall** *m* <-(e)s, -fälle>

accidente *m* con productos químicos [*o* con sustancias químicas]; **Chemiewaffe** *f* <-, -n> arma *f* química; **Chemiewerk** *nt* <-(e)s, -e> planta *f* química

Chemikalie [çemiˈkaːliə] *f* <-, -n> sustancia *f* química

Chemiker(in) [ˈçeːmikɐ] *m(f)* <-s, -; -, -nen> químico, -a *m, f*

Cheminée [ˈʃmɪne] *nt* <-s, -s> (*Schweiz*) chimenea *f*

chemisch *adj* químico; **~e Reinigung** limpieza en seco

Chemorezeptor *m* <-s, -en> (MED) quimiorreceptor *m*

Chemotechnik *f* <-, *ohne pl*> (CHEM) quimiotécnica *f*

Chemotechniker(in) *m(f)* <-s, -; -, -nen> (CHEM) técnico, -a *m, f* químico, -a

Chemotherapeutikum *nt* <-s, -therapeutika> (MED) (fármaco *m*) quimioterapéutico *m*, (medicamento *m*) quimioterapéutico *m*

chemotherapeutisch *adj* (MED) quimioterapéutico

Chemotherapie [çemoteraˈpiː] *f* <-, -n> (MED) quimioterapia *f*

Cherub [ˈçeːrʊp, ˈkeːrʊp, *pl:* ˈkeːrubiːm, çeruˈbiːnən] *m* <-s, Cherubim *o* Cherubinen> (REL) querubín *m*

Chiasmus *m* <-, *ohne pl*> (LING) quiasmo *m*

chic [ʃɪk] *adj* elegante, chic, paquete *Arg;* **sich ~ machen** vestirse elegantemente; **es gilt als ~, in dieses Lokal zu gehen** está de moda ir a este local

Chicago *nt* <-s> Chicago *m*

Chicorée [ʃikoˈreː] *m* <-s, *ohne pl*>, *f* <-, *ohne pl*> achicoria *f* (amarga), endivia *f*

Chiffon *m* <-s, -s> gasa *f* transparente

Chiffre [ˈʃɪfrə] *f* <-, -n> cifra *f;* **Chiffreanzeige** *f* <-, -n> anuncio *m* bajo cifra

chiffrieren* [ʃɪˈfriːrən] *vt* cifrar, poner en clave

Chiffriermaschine *f* <-, -n> máquina *f* para cifrar correspondencia; **Chiffrierschlüssel** *m* <-s, -> clave *f* cifrada; **nach vielen Versuchen fanden sie endlich den ~** tras muchos intentos encontraron finalmente la clave cifrada; **Chiffrierverfahren** *nt* <-s, -> cifrado *m*

Chikago *nt* <-s> *s.* **Chicago**

Chile [ˈçiːle, ˈtʃiːle] *nt* <-s> Chile *m*

Chilene, -in [çiˈleːnə] *m, f* <-n, -n; -, -nen> chileno, -a *m, f*

chilenisch *adj* chileno

Chili [ˈtʃili] *nt* <-s, *ohne pl*> (GASTR: *Pfefferschote*) chile *m*, guindilla *f*, chilli *m Mex;* (*Pfeffersoße*) ajiaco *m*, ají *m;* **Chili-Eintopf** *m* <-(e)s, -töpfe> (GASTR) mole *m;* **Chili-Sauce** *f* <-, -n> (GASTR) chilmole *m*

Chimäre *f* <-, -n> (*a.* BIOL) quimera *f*

China [ˈçiːna] *nt* <-s> China *f;* **aus/in ~** de (la)/en (la) China; **Chinakohl** *m* <-(e)s, *ohne pl*> col *f* rizada; **Chinarestaurant** *nt* <-s, -s> restaurante *m* chino

Chinchilla[1] [tʃɪnˈtʃɪla] *f* <-, -s> (*Nagetier*) chinchilla *f*

Chinchilla[2] *nt* <-s, -s> (*Pelz*) chinchilla *f*

Chinese, -in [çiˈneːzə] *m, f* <-n, -n; -, -nen> chino, -a *m, f*

chinesisch *adj* chino

Chinesisch *nt* <-(s), *ohne pl*>, **Chinesische** *nt* <-n, *ohne pl*> chino *m;* **sprechen Sie ~?** ¿habla Ud. chino?; **einen Text ins ~e übersetzen** traducir un texto al chino

Chinin [çiˈniːn] *nt* <-s, *ohne pl*> (MED) quinina *f;* **Chininvergiftung** *f* <-, -en> envenenamiento *m* de quinina

Chip [tʃɪp] *m* <-s, -s> **1.** (*Spielmarke*) ficha *f* **2.** *pl* (*gebackene Kartoffelscheiben*) patatas *fpl* fritas **3.** (INFOR) chip *m;* **Chipkarte** *f* <-, -n> (INFOR) tarjeta *f* chip, ficha *f* chip; **Chipsatz** *m* <-es, -sätze> (INFOR) juego *m* de chips, conjunto *m* de chips

Chiropraktik *f* <-, *ohne pl*> (MED) quiropráctica *f*, quiropraxia *f*

Chiropraktiker(in) [çiroˈpraktikɐ] *m(f)* <-s, -; -, -nen> (MED) quiropráctico, -a *m, f*

Chirurg(in) [çiˈrʊrk] *m(f)* <-en, -en; -, -nen> cirujano, -a *m, f*

Chirurgie[1] [çirʊrˈgiː] *f* <-, *ohne pl*> (*Fach*) cirugía *f;* **Facharzt für ~** médico especializado en cirugía; **plastische/kosmetische ~** cirugía plástica/estética

Chirurgie[2] *f* <-, -n> (*Abteilung*) sección *f* de cirugía

Chirurgin *f* <-, -nen> *s.* **Chirurg**

chirurgisch *adj* quirúrgico; **~er Eingriff** operación quirúrgica

Chitin [çiˈtiːn] *nt* <-s, *ohne pl*> quitina *f*

Chlor [kloːɐ] *nt* <-s, *ohne pl*> (CHEM) cloro *m;* **Chlorakne** *f* <-, -n> (MED) cloracné *m*

Chloratsprengstoff [kloˈraːt-] *m* <-(e)s, -e> (CHEM) cloratita *f*

chloren [ˈkloːrən] *vt* clorar

Chlorgas *nt* <-es, *ohne pl*> (CHEM) gas *m* cloro; **Chlorgasanlage** *f* <-, -n> planta *f* de gas de cloro

chlorhaltig *adj* clorado; **das Wasser ist stark ~** esta agua contiene mucho cloro

Chlorid *nt* <-(e)s, -e> (CHEM) cloruro *m*

chlorieren [kloˈriːrən] *vt* (*a.* CHEM) clorar

chlorig *adj* clorado

Chlorit[1] *nt* <-s, -e> (CHEM) clorito *m*

Chlorit[2] *m* <-s, -e> (GEO) clorita *f*

Chlorkohlenwasserstoff [ˈ---ˈ---] *m* <-(e)s, -e> (CHEM) hidrocarburo *m* clorado

Chloroform [kloroˈfɔrm] *nt* <-s, *ohne pl*> cloroformo *m*

chloroformieren* *vt* (*alt*) cloroformizar

Chlorophyll [kloroˈfʏl] *nt* <-s, *ohne pl*> (BOT) clorofila *f*

chlororganisch [ˈkloːɐʔɔrgaːnɪʃ] *adj* (CHEM): **~e Verbindungen** compuestos *mpl* orgánicos clorados

Chlorose [kloˈroːzə] *f* <-, -n> (BOT, MED) clorosis *f inv*

Chlorwasser *nt* <-s, *ohne pl*> (CHEM) agua *f* clórica; **Chlorwasserstoff** *m* <-(e)s, *ohne pl*> (CHEM) ácido *m* clorhídrico; **Chlorwasserstoffsäure** ['-'-----] *f* <-, -n> (CHEM) ácido *m* clorhídrico

Choke [tʃoːk] *m* <-s, -s> (AUTO) aire *m*, estárter *m*; **den ~ ziehen** sacar el aire

Cholera ['koːlera, 'kɔləra] *f* <-, *ohne pl*> (MED) cólera *m*; **Choleraepidemie** *f* <-, -n> epidemia *f* de cólera; **vor einigen Jahren wütete eine ~ in Peru** hace algunos años una epidemia de cólera causó estragos en Perú

Choleriker(in) [ko'leːrikɐ] *m(f)* <-s, -; -, -nen> colérico, -a *m, f*

cholerisch *adj* colérico, furioso

Cholesterin [kolɛste'riːn] *nt* <-s, *ohne pl*> (MED) colesterol *m*; **Cholesterinspiegel** *m* <-s, -> (MED) nivel *m* de colesterol

Chopsuey[RR] *nt* <-(s), -s> (GASTR) chop suey *m*

Chor [koːɐ, *pl:* 'køːrə] *m* <-(e)s, Chöre> (MUS, ARCHIT) coro *m*; **gemischter ~** coro mixto; **im ~ sprechen/singen** hablar/cantar a coro

Choral [ko'raːl, *pl:* ko'rɛːlə] *m* <-s, Choräle> (MUS) cántico *m*, (composición *f*) coral *m*

Choreograf(in)[RR] [koreo'graːf] *m(f)* <-en, -en; -, -nen> coreógrafo, -a *m, f*

Choreografie[RR] [koreogra'fiː] *f* <-, -n> coreografía *f*

Choreografin[RR] *f* <-, -nen> *s.* **Choreograf**

choreografisch[RR] *adj* coreográfico

Choreograph(in) *m(f)* <-en, -en; -, -nen> *s.* **Choreograf**

Choreographie *f* <-, -n> *s.* **Choreografie**

Choreographin *f* <-, -nen> *s.* **Choreograf**

choreographisch *adj s.* **choreografisch**

Chorgesang *m* <-(e)s, -sänge> (MUS) canto *m* a coro; **Chorgestühl** ['koːɐgəʃtyːl] *nt* <-(e)s, -e> sillería *f*; **Chorknabe** *m* <-n, -n> (MUS) niño *m* de coro; **Chorleiter(in)** *m(f)* <-s, -; -, -nen> (MUS) director(a) *m(f)* de coro; **Chorsänger(in)** *m(f)* <-s, -; -, -nen> (MUS) corista *mf*

Chose ['ʃoːzə] *f* <-, -n> (*fam*) **1.** (*Angelegenheit*) asunto *m* **2.** (*Dinge*) chismes *mpl*, trastos *mpl*; **die ganze ~** todos los trastos

Chr. *Abk. von* **Christus, Christi** Cristo *m*

Christ(in) [krɪst] *m(f)* <-en, -en; -, -nen> cristiano, -a *m, f*

Christbaum *m* <-(e)s, -bäume> árbol *m* de Navidad; **Christbaumschmuck** *m* <-(e)s, *ohne pl*> adornos *mpl* para el árbol de Navidad

Christdemokrat(in) *m(f)* <-en, -en; -, -nen> demócratacristiano, -a *m, f*, cristianodemócrata *mf*; **christdemokratisch** *adj* demócratacristiano, cristianodemócrata

Christenheit *f* <-, *ohne pl*> cristiandad *f*

Christenpflicht *f* <-, -en> deber *m* cristiano; **es war ihre ~, den Armen zu helfen** su obligación como buena cristiana era ayudar a los necesitados

Christentum *nt* <-s, *ohne pl*> cristianismo *m*

Christenverfolgung *f* <-, -en> (HIST) persecución *f* de los cristianos

Christfest *nt* <-(e)s, -e> (*reg*) (fiesta *f* de) Navidad *f*

Christi *gen von* **Christus: vor ~ Geburt** antes de Cristo; **~ Himmelfahrt** día de la Ascensión (del Señor)

christianisieren* *vt* cristianizar; **die Spanier wollten ganz Südamerika ~** los españoles quisieron cristianizar toda Sudamérica

Christianisierung [krɪstjani'ziːrʊŋ] *f* <-, -en> cristianización *f*

Christin *f* <-, -nen> *s.* **Christ**

Christkind *nt* <-(e)s, *ohne pl*> niño *m* Jesús; **er glaubt noch an das ~** todavía cree en los Reyes Magos

christlich *adj* cristiano; **~ handeln** actuar cristianamente; **den Rest teilten wir ~** repartimos el resto como cristianos

Christmesse *f* <-, -n> (REL), **Christmette** ['krɪstmɛtə] *f* <-, -n> (REL) misa *f* de(l) gallo; **Christnacht** *f* <-, -nächte> Nochebuena *f*; **Christrose** *f* <-, -n> (BOT) eléboro *m* negro, rosa *f* de Navidad; **Christstollen** *m* <-s, -> (GASTR) bollo *m* de Navidad

Christus ['krɪstʊs] *m* <Christi> Cristo *m*, Jesucristo *m*; **vor ~** antes de Cristo

Chrom [kroːm] *nt* <-s, *ohne pl*> (CHEM) cromo *m*

Chromatik [kro'maːtɪk] *f* <-, *ohne pl*> (MUS, PHYS) cromática *f*

Chromatin [kroma'tiːn] *nt* <-s, -e> (BIOL) cromatina *f*

chromatisch *adj* (PHYS, MUS) cromático

Chromatograf [kromato'graːf] *m* <-en, -en> (CHEM) *s.* **Chromatograph**

Chromatografie [kromatogra'fiː] *f* <-, *ohne pl*> (CHEM) *s.* **Chromatographie**

Chromatograph *m* <-en, -en> (CHEM) cromatógrafo *m*

Chromatographie *f* <-, *ohne pl*> (CHEM) cromatografía *f*

Chromatschichtbad *nt* <-(e)s, -bäder> (CHEM) baño *m* de cromado

chromblitzend *adj* cromado; **diese ~en amerikanischen Straßenkreuzer finde ich klasse!** ¡me encantan estos cochazos americanos cromados y relucientes!

Chromosom [kromo'zoːm] *nt* <-s, -en> (BIOL) cromosoma *m*; **Chromosomensatz** *m* <-es, -sätze> (BIOL) dotación *f* cromosómica

Chromstahl *m* <-(e)s, -stähle> (TECH) acero *m* inoxidable

Chronik ['kroːnɪk] *f* <-, -en> crónica *f*

chronisch *adj* crónico, pasmuno *PRico*; **ein ~er Husten** una tos crónica [*o* que no se va];

~**e Geldschwierigkeiten** problemas financieros crónicos

Chronist(in) [kro'nɪst] *m(f)* <-en, -en; -, -nen> cronista *mf*

Chronologie [kronolo'gi:] *f* <-, -n> cronología *f*

chronologisch [krono'lo:gɪʃ] *adj* cronológico; **in** ~**er Reihenfolge** por órden cronológico

Chronometer *m* <-s, -> (TECH) cronómetro *m*

Chrysantheme [kryzan'te:mə] *f* <-, -n> crisantemo *m*

Chur [ku:ɐ] *nt* <-s> Coira *m*

Chuzpe ['xʊtspə] *f* <-, *ohne pl*> (*fam abw*) desfachatez *f*, desvergüenza *f*; **unerhört, mit welcher** ~ **er die Tat leugnet!** ¡hay que ver con qué morro niega el hecho!

CIA *f o m* <-, *ohne pl*> *Abk. von* **Central Intelligence Agency** CIA *f*

Cicerone [tʃitʃe'ro:nə] *m* <-(s), -s *o* Ciceroni> (*alt*) **1.** (*hum: Person*) cicerone *m* **2.** (*Buch*) guía *f* de turismo

Cie. (*Schweiz*) *Abk. von* **Kompanie** Cía.

cif (WIRTSCH) *Abk. von* **cost, insurance, freight** CIF

Cineast(in) [sine'ast] *m(f)* <-en, -en; -, -nen> **1.** (*Filmschaffender*) cineasta *mf* **2.** (*Filmkritiker*) crítico, -a *m, f* cinematográfico, -a **3.** (*Filmkenner*) aficionado, -a *m, f* al cine

cineastisch *adj* cinematográfico; **Spielberg ist ein Meister der** ~**en Effekte** Spielberg es un maestro de los efectos cinematográficos

circa ['tsɪrka] *adv* cerca de, aproximadamente; ~ **drei Stunden/150 DM** tres horas/150 marcos aproximadamente; ~ **ein km** cerca de un km

Circulus vitiosus ['tsɪrkulʊs vi'tsjo:zʊs] *m* <- -, Circuli vitiosi> (*geh: Teufelskreis*) círculo *m* vicioso

Circus *m* <-, -se> *s.* **Zirkus**

Cirrokumulus [tsɪro'ku:mulʊs] *m* <-, -kumuli> (METEO) cirrocúmulos *mpl*

Cirrostratus [tsɪro'stra:tʊs, *pl:* -'stra:ti] *m* <-, -strati> (METEO) cirroestratos *mpl*

Cis [tsɪs] *nt* <-, -> (MUS) do *m* sostenido

City ['sɪti] *f* <-, -s *o* Cities> centro *m* económico y financiero (de una ciudad)

cl *Abk. von* **Zentiliter** cl

Cl (CHEM) *Abk. von* **Chlor** Cl

Clan *m* <-s, -s> clan *m*

Claqueur *m* <-s, -e> alabardero *m*

Clavicembalo [klavi'tʃɛmbalo] *nt* <-s, -s *o* -cembali> (MUS) clavicémbalo *m*

clean [kli:n] *adj* (*sl: nicht mehr drogenabhängig*): ~ **werden** desengancharse; **er ist schon seit einiger Zeit** ~ hace tiempo que no se pincha

Clearing *nt* <-s, -s> (WIRTSCH) compensación *f*, clearing *m*; **Clearing-Bank** *f* <-, -en> (WIRTSCH) banco *m* de compensación

Clementine [klemɛn'ti:nə] *f* <-, -n> clementina *f*

clever ['klɛvɐ] *adj* (*fam*) hábil y astuto, emponchado *Am*

ClevernessRR ['klɛvɐnɛs] *f* <-, *ohne pl*>, **Cleverneß** *f* <-, *ohne pl*> agudeza *f*, listeza *f*; (*abw*) sutileza *f*; **seine** ~ **zeigt sich in einer raschen Auffassungsgabe** se ve lo agudo que es en lo rápido que asimila las cosas; **bemerkenswert mit welcher** ~ **dieser Intrigant arbeitet** es de destacar la sutileza con la que trabaja este intrigante

Client ['klaɪənt] *m* <-s, -s> (INFOR, TEL) cliente *m*

Client/Server ['klaɪənt'sœ:vɐ] *m* <-s, -s> (INFOR, TEL) cliente/servidor *m*

Clinch [klɪntʃ] *m* <-(e)s, *ohne pl*> (*fam*) disputa *f*, querella *f*; **mit jdm im** ~ **liegen** (*fam*) andar a la greña con alguien

Clip [klɪp] *m* <-s, -s> **1.** (*Schmuck*) clip *m*, pinza *f* **2.** (*Verschluss*) cierre *m* **3.** (*Video~*) video-clip *m*

Clique ['klɪkə] *f* <-, -n> **1.** (*Freunde*) pandilla *f*, percha *f Mex* **2.** (*abw: in der Politik*) camarilla *f*; **Cliquenwesen** *nt* <-s, *ohne pl*> (*abw*) exclusivismo *m*; **mit dem** ~ **in der Verwaltung muss aufgeräumt werden!** ¡hay que acabar con el exclusivismo en la administración!; **Cliquenwirtschaft** *f* <-, *ohne pl*> (*abw*) nepotismo *m*

Clochard [klo'ʃa:ɐ] *m* <-s, -s> vagabundo *m*

Clostridium [klɔs'tri:diʊm] *nt* <-s, *ohne pl*> (BIOL) clostridium *m*

Clou [klu:] *m* <-s, -s> (*fam*) atracción *f* principal; **das war der** ~ eso fue lo mejor

Clown [klaʊn] *m* <-s, -s> payaso *m*, clown *m*; **den** ~ **spielen** hacer el payaso; **sich zum** ~ **machen** hacer el ridículo

Club [klʊp] *m* <-s, -s> club *m*

cm *Abk. von* **Zentimeter** cm

Cm (CHEM) *Abk. von* **Curium** Cm

c-Moll *nt* <-, *ohne pl*> (MUS) do *m* menor

Co (CHEM) *Abk. von* **Kobalt** Co

Co. *Abk. von* **Kompanie** Cía.

Coach [kɔʊtʃ] *m* <-(s), -s> entrenador(a) *m(f)*

COBOL ['ko:bɔl] *nt* <-s, *ohne pl*> (INFOR) *Abk. von* **common business oriented language** Cobol *m*; **COBOL-Programm** *nt* <-s, -e> (INFOR) programa *m* (de aplicación) Cobol; **COBOL-Programmiersprache** *f* <-, -n> (INFOR) lenguaje *m* de programación Cobol

Coca ['ko:ka] *f* <-, -(s)>, *nt* <-(s), -(s)> (*fam*), **Coca-Cola®** *f* <-, -(s)>, *nt* <-(s), -(s)> refresco *m* de cola; **bitte ein Pils und zwei Coca-Cola** por favor, una cerveza y dos coca-colas

Cockerspaniel ['kɔkərʃpa:niəl] *m* <-s, -> (ZOOL) cocker spaniel *m*

Cockpit ['kɔkpɪt] *nt* <-s, -s> (AERO, AUTO) cabina *f* de pilotaje

Cocktail ['kɔktɛɪl] *m* <-s, -s> **1.** (*Party*) cóctel *m* **2.** (*Getränk*) cóctel *m*, copetín *m*

Arg; **Cocktailbar** *f* <-, -s> coctelería *f;* **Cocktailkleid** *nt* <-(e)s, -er> vestido *m* de cóctel; **zum Abschlussball trug sie ein tief ausgeschnittenes ~** en la fiesta de fin de curso llevaba un vestido de cóctel muy escotado; **Cocktailparty** *f* <-, -s *o* -parties> cóctel *m*

Cocom *nt* <-> *Abk. von* **Coordinating Committee for East-West Trade Policy** Comité *m* de Coordinación de la Política Comercial entre el Este y Oeste

Code [ko:t] *m* <-s, -s> código *m,* clave *f;* **maschinenlesbare ~s** (INFOR) códigos entendibles por el ordenador

Codex ['ko:dɛks] *m* <-es, -e> **1.** (JUR) código *m* **2.** (*alte Handschriften*) códice *m*

codieren* [ko'di:rən] *vt* **1.** (TECH) cifrar **2.** (LING) codificar

Codierung *f* <-, -en> codificación *f*

Cognac® *m* <-s, -s> coñac *m,* coñá *m*

Coiffeur, -euse [koa'føːɐ] *m, f* <-s, -e; -, -n> (*Schweiz*) peluquero, -a *m, f;* **Coiffeursalon** *m* <-s, -s> (*Schweiz*) peluquería *f*

Coiffeuse *f* <-, -n> *s.* **Coiffeur**

Cola ['ko:la] *f* <-, -(s)> *o nt* <-(s), -(s)> (*fam*) (refresco *m* de) cola *f*

Collage [kɔ'la:ʒə] *f* <-, -n> colage *m*

College *nt* <-(s), -s> (SCH, UNIV) instituto *m;* **College-Mappe** ['kɔlɪtʃ-] *f* <-, -n> cartera *f*

Collier [kɔ'lie:] *nt* <-s, -s> collar *m*

Collision [kɔ'lɪʒən] *f* <-, -s> (INFOR, TEL) colisión *f*

Coloniakübel *m* <-s, -> (*Österr*) contenedor *m* grande de basura

Colorfilm *m* <-(e)s, -e> (FOTO) película *f* en color

Colt® [kɔlt] *m* <-s, -s> revólver *m*

Combo ['kɔmbo] *f* <-, -s> (MUS) combo *m;* **heute abend spielt in unserer Bar eine ~** esta noche toca un combo en nuestro bar

Comeback [kam'bɛk] *nt* <-(s), -s>, **Comeback**[RR] *nt* <-(s), -s> vuelta *f,* regreso *m;* **sie feiert ihr ~** está celebrando sus nuevos éxitos; **ihm ist ein ~ auf der Bühne gelungen** ha logrado regresar a los escenarios

Comecon, COMECON *m o nt* <-> *Abk. von* **Council for Mutual Economic Assistance/Aid** Consejo *m* de Ayuda Mutua Económica

Comic ['kɔmɪk] *m* <-s, -s> cómic *m,* cartón *m Am;* **Comicheft** *nt* <-(e)s, -e> cómic *m,* tebeo *m;* **Comicstrip**[RR] *m* <-s, -s> *s.* **Comic**

Coming-out [kamɪŋ'aʊt] *nt* <-(s), -s> revelación *f;* **sein ~ haben** revelarse al público

Commonwealth ['kɔmənwɛlθ] *nt* <-, *ohne pl*> (POL) Commonwealth *f*

Compactdisc [kɔm'paktdɪsk] *f* <-, -s>, **Compact Disc** *f* <-, -s> disco *m* compacto, compact disc *m*

Compiler [kɔm'paɪlɐ] *m* <-s, -> (INFOR) compilador *m*

Compuserve ['kɔmpjusœ:f] *nt* <-, *ohne pl*> (TEL) CompuServe *m*

Computer [kɔm'pju:tɐ] *m* <-s, -> ordenador *m,* computador *m,* computadora *f Am;* **auf ~ umstellen** informatizar; **Computeranalyse** *f* <-, -n> (INFOR) análisis *m inv* por ordenador; **Computeranimation** *f* <-, -en> animación *f* por ordenador; **Computerbetrug** *m* <-(e)s, *ohne pl*> fraude *m* por ordenador; **Computerdatei** *f* <-, -en> archivo *m;* **Computerdiagnose** *f* <-, -n> (MED) diagnóstico *m* computerizado; **Computerdiagnostik** *f* <-, *ohne pl*> (MED) diagnóstico *m* por ordenador; **Computerentwurfsdaten** *pl* datos *mpl* de diseño por ordenador; **Computerfehler** *m* <-s, -> error *m* de ordenador; **Computerfreak** *m* <-s, -s> (*fam*) aficionado, -a *m, f* a la informática; **computergesteuert** *adj* controlado por ordenador; **computergestützt** *adj* informatizado; **~es Lernen** enseñanza asistida por ordenador; **Computergrafik** *f* <-, -en>, **Computergraphik** *f* <-, -en> gráfica *f* (del ordenador), gráfico *m* (del ordenador)

computerisieren* *vt* (INFOR) computerizar

Computerkasse *f* <-, -n> caja *f* registradora con escáner; **Computerkriminalität** *f* <-, *ohne pl*> (INFOR, JUR) criminalidad *f* en el campo informático; **computerlesbar** *adj* legible para el ordenador; **Computerlinguist(in)** *m(f)* <-en, -en; -, -nen> linguista *mf* informático, -a, especialista *mf* en lenguaje informático; **Computerlinguistik** *f* <-, *ohne pl*> procesamiento *m* lingüístico de datos; **Computerlinguistin** *f* <-, -nen> *s.* **Computerlinguist**

computern* *vi* (*fam*) trabajar con (el) ordenador

Computernetz *nt* <-es, -e> red *f* de ordenador; **Computerprogramm** *nt* <-s, -e> programa *m* de ordenador; **Computersimulation** *f* <-, -en> simulación *f* por ordenador; **Computerspiel** *nt* <-(e)s, -e> juego *m* de ordenador; **Computerspionage** *f* <-, *ohne pl*> espionaje *m* informático; **Computersprache** *f* <-, -n> lenguaje *m* informático; **Computersystem** *nt* <-s, -e> (INFOR) sistema *m* de ordenadores; **Computerterminal** *nt* <-s, -s> (INFOR) terminal *m;* **Computertisch** *m* <-(e)s, -e> mesa *f* para ordenador; **Computertomogramm** *nt* <-(e)s, -e> (MED) tomograma *m* computerizado; **Computertomograph** *m* <-en, -en> (MED) tomógrafo *m* computerizado; **Computertomographie** *f* <-, -n> (MED) tomografía *f* computerizada; **computerunterstützt** *adj* asistido por ordenadores; **~er Unterricht** clase asistida por ordenador; **~e Übersetzung** traducción asistida por ordenador; **Computervirus** *m* <-, -viren> (INFOR) virus *m inv* informático; **Computerzeitschrift** *f* <-, -en> revista *f* de computadores

Comtesse [kɔm'tɛs] *f* <-, -n> condesa *f*

COM-Verfahren ['kɔm-] *nt* <-s, -> proceso *m* COM

Conditio sine qua non *f* <- - - -, *ohne pl*> (*geh*) condición *f* sine qua non

Conférencier [kõferã'sje:] *m* <-s, -s> presentador(a) *m(f)*, animador(a) *m(f)*

Confiserie *f* <-, -n> (*Schweiz*) confitería *f*

Conga *f* <-, -s> (*Tanz, Trommel*) conga *f*

Consulting [kɔn'saltɪŋ] *nt* <-s, *ohne pl*> (WIRTSCH) consulting *m*, asesoría *f*; **Consultingfirma** *f* <-, -firmen> (WIRTSCH) empresa *f* de consulting, consultora *f*

Consumer-Messe [kɔn'sju:mɐ-] *f* <-, -n> feria *f* del consumidor

Container [kɔn'te:nɐ] *m* <-s, -> contenedor *m*, container *m*; **Containerbahnhof** *m* <-(e)s, -höfe> terminal *m* para contenedores; **Containerdorf** *nt* <-(e)s, -dörfer> urbanización *f* de contenedores; **Containerschiff** *nt* <-(e)s, -e> portacontenedores *m inv*; **Containerterminal** *m o nt* <-s, -s> terminal *m* para contenedores, puerto *m* para contenedores; **Containerverkehr** *m* <-s, *ohne pl*> tráfico *m* de contenedores

Containment [kɔn'teɪnmənt] *nt* <-s, -s> **1.** (*Schutzdämmung*) confinamiento *m* **2.** (*Eindämmungspolitik*) política *f* de contención

Contenance [kõtə'nãs(ə)] *f* <-, *ohne pl*> (*geh*) sobriedad *f*, continencia *f*

Contergan® [kɔntɛr'ga:n] *nt* <-s, *ohne pl*> talidomida *f*; **Conterganking** *nt* <-(e)s, -er> (*fam*) *niño con una discapacidad congénita por tomar la madre el medicamento Contergan® durante el embarazo*

Controller [kɔn'trɔʊlɐ] *m* <-s, -> (WIRTSCH) controller *mf*, interventor(a) *m(f)*

Controlling [kɔn'trɔʊlɪŋ] *nt* <-s, *ohne pl*> (WIRTSCH) controlling *m*; **straffes ~** control rígido de la empresa

cool [ku:l] *adj* (*fam*) tranqui

Copilot(in) ['ko:pilo:t] *m(f)* <-en, -en; -, -nen> copiloto *mf*

Co-Prozessor ['ko:-] *m* <-s, -en> (INFOR) coprocesador *m*; **mathematischer ~** coprocesador matemático

Copyright ['kɔpiraɪt] *nt* <-s, -s> copyright *m*, derechos *mpl* de autor(a)

coram publico *adv* (*geh*) en público; **erklär es mir unter vier Augen und nicht ~** dímelo en privado y no en público [*o* delante de todo el mundo]

Cord [kɔrt] *m* <-(e)s, -e *o* -s> pana *f*; **Cordjeans** ['kɔrtdʒi:ns] *pl* vaqueros *mpl* de pana

Cordon bleu [kɔrdõ'blø:] *nt* <- -, -s -s> (GASTR) cordon bleu *m*

Corioliskraft [kɔrjo'lɪs-] *f* <-, *ohne pl*> (PHYS) fuerza *f* de Coriolis

Corner ['kɔ:nɐ] *m* <-s, -> (*Schweiz, Österr: Eckstoß im Fußball*) córner *m*

Cornflakes ['kɔ:nflɛɪks] *pl* cereales *mpl*, copos *mpl* de maíz tostado

Cornichon [kɔrni'ʃõ:] *nt* <-s, -s> (GASTR) pepinillo *m*

Corpora *pl von* **Corpus**

Corporate Network ['kɔrporɛɪt 'nɛtwœ:k] *nt* <- -, - -s> (INFOR, TEL) red *f* corporativa

Corps *nt* <-, -> (MIL) cuerpo *m*

Corpus *nt* <-, Corpora> (LING) corpus *m inv*

Corpus Delicti[RR] ['kɔrpʊs de'lɪkti] *nt* <- -, Corpora Delicti> (JUR) cuerpo *m* del delito

Cortison [kɔrti'zo:n] *nt* <-s, *ohne pl*> (MED) cortisona *f*

cos (MATH) *Abk. von* **Kosinus** cos

Costa Rica ['kɔsta 'ri:ka] *nt* <- -s> Costa Rica *f*

Costaricaner(in) [kɔstari'ka:nɐ] *m(f)* <-s, -; -, -nen> costarricense *mf*, costarriqueño, -a *m, f*

costaricanisch *adj* costarricense, costarriqueño

Couch [kaʊtʃ] *f* <-, -s *o* -en> diván *m*, sofá-cama *m*; **Couchgarnitur** *f* <-, -en> tresillo *m*; **Couchtisch** *m* <-(e)s, -e> mesilla *f* de tresillo

Couleur [ku'lø:ɐ] *f* <-, *ohne pl*> color *m*; **Politiker jeder ~** políticos de todas las ideologías

Countdown ['kaʊnt'daʊn] *m* <-s, -s>, **Count-down**[RR] *m* <-s, -s> cuenta *f* atrás; **der ~ läuft** ha empezado la cuenta atrás

Coup [ku:] *m* <-s, -s> golpe *m*; **ein gelungener ~** un golpe maestro; **einen ~ landen** dar el golpe

Coupé [ku'pe:] *nt* <-s, -s> **1.** (AUTO) cupé *m*, berlina *f* **2.** (*Österr: Zugabteil*) compartimiento *m*

Coupon [ku'põ:] *m* <-s, -s> **1.** (*Beleg*) resguardo *m*, cupón *m* **2.** (FIN) cupón *m* **3.** (*Stoffabschnitt*) retal *m*

Courage [kʊ'ra:ʒə] *f* <-, *ohne pl*> (*fam*) valor *m*, coraje *m*; **~ zeigen** dar muestras de valor; **dazu fehlt ihm die ~** para eso le falta el valor

couragiert [kura'ʒi:ɐt] *adj* valiente, valeroso

Courtage [kʊr'ta:ʒə] *f* <-, -n> (FIN) derechos *mpl* de mediación

Cousin [ku'zɛ̃:] *m*, **Cousine** *f* <-s, -s; -, -n> primo, -a *m, f*

Couvert [ku've:ɐ] *nt* <-s, -s> **1.** (*Bettbezug*) funda *f* (para el edredón) **2.** (*reg: Briefumschlag*) sobre *m* **3.** (*geh: Gedeck*) cubierto *m*

Cover ['kavɐ] *nt* <-s, -> (*Schallplatte, Buch, Zeitschrift*) portada *f*; **Covergirl** *nt* <-s, -s> chica *f* de portada (de revista); **das ~ ist Claudia Schiffer** la chica de la portada es Claudia Schiffer; **Coverversion** *f* <-, -en> (MUS) coverversion *f*

Cowboy ['kaʊbɔɪ] *m* <-s, -s> cowboy *m*, vaquero *m*

Cr (CHEM) *Abk. von* **Chrom** Cr

Crack [krɛk] *m* <-s, -s> **1.** (*Sportler*) deportista *mf* de primera, crac *m* **2.** (*Rauschgift*) crack *m*, pasta *f Am*

Cracker *m* <-s, -(s)> cracker *m*

Crashkurs ['krɛʃkʊrs] *m* <-es, -e> (*Schnellkurs*) cursillo *m* intensivo

Credo ['kre:do] *nt* <-s, -s> (*a. fig* REL) credo *m*

Creme *f* <-, -s> (*a.* GASTR) crema *f*

Crème [kre:m] *f* <-, -s>: ~ **fraîche** nata fresca; **die ~ de la ~** (*geh*) la flor y nata, lo mejorcito

cremefarben *adj* de color crema

Cremetorte *f* <-, -n> (GASTR) tarta *f* de crema

cremig ['kre:mɪç] *adj* cremoso

Crêpe[1] [krɛp] *f* <-, -s> (GASTR) *s.* **Krepp**[1]

Crêpe[2] *m* <-s, -> (*Stoff*) crespón *m;* ~ **de Chine** crespón de China

Crescendo [krɛ'ʃɛndo] *nt* <-s, -s *o* Crescendi> (MUS) crescendo *m;* **schließlich steigerte sich die Musik zum ~** al final la música acababa en un crescendo

Crew [kru:] *f* <-, -s> (NAUT, AERO) tripulación *f*

Croissant [kroa'sɔ̃:] *nt* <-s, -s> cruasán *m,* medialuna *f Am*

Cromargan® [kromar'ga:n] *nt* <-s, *ohne pl*> (METAL) acero *m* inoxidable

Crosstalk ['krɔstɔ:k] *m* <-s, -s> (TEL) diafonía *f,* intermodulación *f*

Croupier [kru'pje:] *m* <-s, -s> crupier *m*

Crux [krʊks] *f* <-, *ohne pl*> (*geh*) **1.** (*Kummer*) cruz *f;* **es ist eine ~ mit dir!** ¡qué cruz tengo contigo! **2.** (*Problem*) problema *m;* **die ~ bei der Sache ist, dass ...** el problema del asunto es que...

Cs (CHEM) *Abk. von* **Cäsium** Cs

C-Schlüssel *m* <-s, -> (MUS) clave *f* de do

CSU [tse:ʔɛs'ʔu:] *f Abk. von* **Christlich Soziale Union (Deutschlands)** Partido *m* de la Unión Cristiano-Social de Alemania

c.t. (UNIV) *Abk. von* **cum tempore** un cuarto de hora (académico) más tarde; **die Vorlesung beginnt um 9 Uhr ~** la clase empieza a las 9 y cuarto

Cu (CHEM) *Abk. von* **Kupfer** Cu

cum grano salis [kʊm 'gra:no 'za:lɪs] *adv* (*geh*) no al pie de la letra; **bitte nehmen Sie meine Äußerung ~** por favor no tome mis palabras al pie de la letra

cum laude *adv* (UNIV) cum laude

cum tempore *adv* (UNIV) un cuarto de hora (académico) más tarde

Cunnilingus [kʊni'lɪŋgʊs] *m* <-, Cunnilingi> cunnilingus *m inv,* cunilinguo *m*

Cup [kap] *m* <-s, -s> (SPORT) copa *f;* **den ~ verteidigen/erringen** defender/ganar la copa

Cupido [ku'pi:do] *m* <-s> cupido *m*

Curie [ky'ri:] *nt* <-, -> (PHYS) curio *m*

Curium ['ku:riʊm] *nt* <-s, *ohne pl*> (CHEM) curio *m*

Curling *nt* <-s, *ohne pl*> (SPORT) curling *m* (*deporte de invierno de procedencia escocesa*)

Curriculum [kʊ'ri:kulʊm] *nt* <-s, Curricula> (*geh: Lehrplan*) plan *m* de estudios, currículo *m*

Curry ['kœri] *m o nt* <-s, -s> curry *m;* **Currywurst** ['kœrivʊrst] *f* <-, -würste> salchicha *f* con salsa de curry

Cursor ['kœ:zɐ] *m* <-s, -s> (INFOR) cursor *m;* **Cursorposition** *f* <-, -en> (INFOR) posición *f* del cursor

Cutaway ['kœtəve, 'katəve] *m* <-s, -s> chaqué *m*

cutten ['katn] *vt* (FILM, RADIO, TV) montar; **die einzelnen Szenen müssen richtig gecuttet werden** hay que hacer el montaje correcto de cada una de las escenas

Cutter(in) ['katɐ] *m(f)* <-s, -; -, -nen> (FILM, RADIO, TV) montador(a) *m(f)*

CVJM [tse:vaʊjɔt'ʔɛm] *m Abk. von* **Christlicher Verein Junger Menschen** Asociación *f* de Jóvenes Cristianos

CVP [tse:faʊ'pe:] *f* (POL: *in der Schweiz*) *Abk. von* **Christlichdemokratische Volkspartei** Partido *m* Popular Cristiano-Demócrata

C-Waffe *f* <-, -n> arma *f* química

Cybercafé ['saɪbɐ-] *nt* <-s, -s> ciberbar *m;* **Cybergeld** *nt* <-(e)s, *ohne pl*> (INFOR) monedero *m* electrónico, cybercash *m;* **Cyberpatrol** ['saɪbɐpɛtrəl] *m* <-(s), -s> (INFOR, TEL) ciberpatrulla *f;* **Cyberspace** ['saɪbɐspɛɪs] *m* <-, *ohne pl*> (INFOR) ciberespacio *m,* espacio *m* virtual

D

D, d [deː] *nt* <-, -> **1.** (*Buchstabe*) D, d *f;* **~ wie Dora** D de Dolores **2.** (MUS) re *m*

da [daː] **I.** *adv* **1.** (*dort*) allí, allá; (*hier*) ahí, aquí; **hier und ~** aquí y allá; **das Schiff liegt irgendwo ~ draußen** el barco está en alguna parte allí fuera; **~ kommt er** allí viene; **~, wo ...** allí donde...; **~ drüben** allí enfrente; **~ oben/unten** aquí arriba/abajo; **gehen sie ~ herum** vaya por allí; **~ ist/sind ...** aquí hay...; **gibst du mir bitte mal das Buch? – ~!** por favor, ¿me das el libro? – ¡aquí tienes! **2.** (*zeitlich*) entonces; **es ist zwei Jahre her, ~ haben sie die Kirche restauriert** han pasado dos años desde que restauraron la iglesia; **als ich das machte, ~ ...** mientras estaba haciendo esto...; **~ fällt mir gerade ein, ...** a todo esto se me acaba de ocurrir que...; **von ~ an** desde entonces **3.** (*in diesem Falle*) en este caso; **~ haben Sie aber nicht Recht** pero en este caso Ud. no tiene razón; **und ~ wagst du es noch zu kommen?** ¿y después de todo esto aún te atreves a venir?; **~ hätte ich es besser selber machen können** en este caso lo hubiera podido hacer mejor solo **4.** (*vorhanden*): **~ sein** estar presente; (*vorrätig*) haber; **es ist niemand ~** no hay nadie; **ich bin gleich wieder ~** vuelvo enseguida; **war Thomas gestern ~** ¿estuvo Tomás ayer?; **ist noch Milch ~?** ¿queda [*o* hay] leche todavía?; **ich bin heute nicht ganz ~** hoy estoy un poco atontado; **das stellt alles ~ Gewesene in den Schatten** esto es algo que no tiene precedentes; **wer ist noch ~?** ¿quién más está?; **~ ist er** aquí está; **wer ~?** ¿quién va? **5.** (*zur Verfügung*): **~ sein für jdn** estar a disposición de alguien; **er ist immer für mich ~** siempre está ahí cuando lo necesito **II.** *konj* **1.** (*weil*) ya que, puesto que, dado que, debido a que, como; **es geht nicht, ~ die Zeit nicht reicht** no se puede hacer, ya que no llega el tiempo; **~ die Sache so ist ...** como está así la cosa... **2.** (*geh: als, wenn*) cuando; **sehnsüchtig erwartet er die Stunde, ~ sie bei ihm sein wird** ansiosamente espera la hora en la que ella estará junto a él

d.Ä. *Abk. von* **der Ältere** el Viejo

DAAD [ˈdeːʔaʔaˈdeː] *m Abk. von* **Deutscher Akademischer Austauschdienst** *organización de las Universidades y Escuelas Superiores alemanas que fomenta el intercambio de científicos y estudiantes*

da|behalten* *irr vt* quedarse (con); **jdn ~** retener a alguien; **die Polizei hat ihn verhört und gleich ~** la policía lo interrogó y lo retuvo allí de inmediato; **sie haben sie in der Klinik gleich ~** la ingresaron en la clínica en el acto

dabei [daˈbaɪ, ˈdaːbaɪ] *adv* **1.** (*örtlich*) incluido, inclusive; **ein Haus mit Garten ~** una casa con jardín incluido; **sind die Lösungen ~?** ¿trae las soluciones incluidas? **2.** (*währenddessen*) al mismo tiempo, simultáneamente; **er arbeitete und hörte ~ Radio** trabajaba y escuchaba la radio al mismo tiempo; **sie fühlt sich wohl ~** se siente a gusto haciendo esto **3.** (*bei dieser Sache*) en esto, en ello; **ich bleibe ~, dass ...** mantengo que...; **das Schwierigste ~** lo más difícil en esto; **wichtig ~ ist, dass ...** lo importante en esto es que...(*+subj*); **was hast du dir denn ~ gedacht?** ¿qué te imaginaste con esto?; **~ kommt nichts heraus** de esto no va a resultar nada; **~ darf man nicht vergessen, dass ...** en ello no se puede olvidar que... **4.** (*außerdem*) a la vez, además; **sie ist reich und ~ bescheiden** es rica y a la vez modesta **5.** (*obgleich*) aunque, a pesar de que; **er ist traurig, ~ hat er gar keinen Grund dazu** está triste sin tener motivo para estarlo **6.** (*Wend*): **bei etw ~ sein** (*mitmachen*) asistir a algo, participar en algo; **~ sein ist alles** participar es lo más importante; **~ sein etw zu tun** estar haciendo algo; **sie war gerade ~ den Rasen zu mähen, als das Unwetter begann** estaba cortando el césped cuando comenzó la tormenta; **hast du die Hausaufgaben fertig? – nein, ich bin noch ~** ¿has terminado los deberes? – no, los estoy haciendo; **dabei|bleiben** *irr vi sein* (*Tätigkeit*) continuar (*bei* con); (*Mitgliedschaft*) permanecer (*bei* en), continuar (*bei* en); **dabei|haben** *irr vt* (*Gegenstand*) tener [*o* llevar] consigo; **jdn bei etw ~ wollen** querer que alguien esté presente en [*o* durante] algo, querer que alguien participe en algo; **dabei|sein** *irr vi sein s.* **dabei 6.**; **dabei|sitzen** *irr vi* estar (presente) (*bei* en); **ich möchte mit ~** (*fam*) quiero estar yo también; **dabei|stehen** *irr vi* estar (ahí); **er stand dabei, als es passierte** estaba ahí cuando pasó

da|bleiben *irr vi sein* quedarse (ahí)

da capo [da ˈkaːpo] *adv* **1.** (*Zugabe*) bis; **~ spielen** tocar un bis, bisar; **~ rufen** pedir un bis; **~! erscholl es vielstimmig aus dem Publikum** ¡otra!, aclamaba el público **2.** (MUS) bis, da capo

Dach [dax, *pl:* ˈdɛçɐ] *nt* <-(e)s, Dächer> techo *m;* (*Ziegel~*) tejado *m;* (*Schutz~, Vor~*) alero *m,* tejado *m* de protección; (AUTO) cubierta *f,* techo *m;* **unterm ~ wohnen** vivir en la buhardilla; **etw unter ~ und Fach bringen** rematar algo; **ein ~ über dem Kopf haben** tener una vivienda; **mit jdm unter einem ~ wohnen** vivir bajo un mismo techo con alguien; **eins aufs ~ kriegen** (*fam*) recibir una reprimenda; **jdm aufs ~ steigen** (*fam*) decir a alguien cuatro verdades; **Dachantenne** *f* <-, -n> (TECH, TV) antena *f* (para el tejado); **Dachbalken** *m* <-s, -> viga *f;* **Dachboden** *m* <-s, -böden> desván *m;* **Dachdecker(in)** *m(f)* <-s, -; -, -nen> tejador(a) *m(f);* **das kannst du halten wie ein ~** (*fam*) lo puedes hacer como te dé la gana; **Dachfenster** *nt* <-s, -> tragaluz *m;* **Dachfirst** *m* <-(e)s, -e> caballete *m* del tejado; **Dachgarten** *m* <-s, -gärten> azotea *f* jardín; **Dachgepäckträger** *m* <-s, -> (AUTO) baca *f,* portaequipajes *m inv;* **Dachgeschoss**[RR] *nt* <-es, -e> ático *m;* **Dachgesellschaft** *f* <-, -en> (WIRTSCH) sociedad *f* dominante; **Dachgleiche(nfeier)** *f* <-, -n> (*Österr: Richtfest*) fiesta *f* de cubrir aguas, fiesta *f* de los tijerales *Am;* **Dachkammer** *f* <-, -n> guardilla *f,* buhardilla *f;* **Dachkännel** ['daxkɛnəl] *m* <-s, -> (*Schweiz, reg: Dachrinne*) canalón *m,* gotera *f;* **Dachlatte** *f* <-, -n> listón *m* del tejado; **Dachlawine** *f* <-, -n> *nieve que se cae del tejado de una casa;* **Dachluke** *f* <-, -n> tragaluz *m,* claraboya *f;* **Dachorganisation** *f* <-, -en> organización *f* central; **Dachpappe** *f* <-, -n> tela *f* asfáltica; **Dachpfanne** *f* <-, -n> teja *f;* **Dachrinne** *f* <-, -n> canalón *m*

Dachs [daks] *m* <-es, -e> tejón *m;* **so ein frecher ~!** (*fam*) ¡qué frescales!; **Dachsbau** *m* <-(e)s, -e> tejonera *f*

Dachschaden *m:* **einen ~ haben** (*fam*) no estar bien de la cabeza, andar mal de la azotea; **Dachschräge** *f* <-, -n> vertiente *f* del tejado; (*innen*) inclinación *f* del techo; **das Sofa stellen wir am besten unter die ~** lo mejor es que pongamos el sofá bajo el techo inclinado

Dächsin ['dɛksɪn] *f* <-, -nen> (ZOOL) tejón *m* hembra

Dachsparren *m* <-s, -> cabrio *m;* **Dachständer** *m* <-s, -> (AUTO) portaequipajes *m inv,* baca *f;* **Dachstube** *f* <-, -n> (*reg*) *s.* Dachkammer; **Dachstuhl** *m* <-(e)s, -stühle> entramado *m* del tejado, armadura *f*

dachte ['daxtə] *3. imp von* **denken**

Dachterrasse *f* <-, -n> azotea *f;* **Dachträger** *m* <-s, -> (AUTO) baca *f,* portaequipajes *m inv;* **Dachverband** *m* <-(e)s, -bände> federación *f* central, holding *m;* **Dachwohnung** *f* <-, -en> ático *m;* **Dachziegel** *m* <-s, -> teja *f*

Dachzimmer *nt* <-s, -> *s.* **Dachkammer**

Dackel ['dakəl] *m* <-s, -> perro *m* salchicha

Dadaismus [dada'ɪsmʊs] *m* <-, *ohne pl*> (KUNST) dadaísmo *m*

Dadaist(in) [dada'ɪst] *m(f)* <-en, -en; -, -nen> (KUNST) dadaísta *mf*

dadurch ['da:dʊrç] *adv* **1.** (*örtlich*) por allí, por ahí **2.** (*auf diese Weise*) con ello, de esta manera; **was willst du ~ erreichen?** ¿qué quieres conseguir con ello?; **~, dass ...** dado que...

dafür ['da:fy:ɐ, da'fy:ɐ] *adv* **1.** (*für das*) de esto, para esto; **etwas/nichts ~ können** tener/no tener la culpa; **~ kann ich nichts** no tengo la culpa de esto; **was kann ich dafür, dass ...?** no es culpa mía que... *+subj;* **wir haben kein Geld ~** no tenemos dinero para esto; **der Grund ~ ist, dass ...** la razón de esto es que...; **ich bin ~** estoy a favor; **alles spricht ~** todo está a favor **2.** (*zum Ausgleich*) en cambio; (*anstatt*) en lugar de ello; **in Englisch ist sie schlecht, ~ ist sie gut in Mathematik** es mala en inglés, pero en cambio sabe mucho de matemáticas **3.** (*im Hinblick darauf*) teniendo en cuenta que, contando con que; **~, dass er so klein ist, spielt er ganz gut Basketball** teniendo en cuenta lo bajo que es, juega muy bien al baloncesto **4.** (*weil*) por algo, para algo; **sie kannte sich in Grammatik aus, ~ war sie ja Linguistin** sabía mucho de gramática, por algo era lingüista; **dafür|halten** *irr vi* (*geh*) opinar; **nach meinem D~** a mi juicio; **dafür|können** *irr vi s.* **dafür 1.**; **dafür|stehen** *irr vi sein* (*Österr: sich lohnen*) valer la pena

DAG [de:ʔa:'ge:] *f Abk. von* **Deutsche Angestelltengewerkschaft** Sindicato *m* Alemán de los Empleados

dagegen ['da:ge:gən, da'ge:gən] *adv* **1.** (*räumlich*) contra ello **2.** (*ablehnend*) en contra; **haben Sie was ~, wenn ich rauche?** ¿le molesta si fumo?; **~ ist nichts einzuwenden** no tengo nada en contra; **wer ist dafür und wer ~, dass ...?** ¿quién está a favor y quién en contra de que...? *+subj;* **alles, was wir wissen, spricht ~, dass er schuldig ist** todo lo que sabemos indica que no es culpable; **spricht irgendetwas ~, dass wir den Plan in die Tat umsetzen?** ¿existe alguna razón por la que no podamos realizar el plan? **3.** (*als Gegenmaßnahme*) contra; **es gibt kein Mittel ~** contra eso no hay remedio **4.** (*verglichen mit*) en comparación; (*im Gegensatz*) en cambio, por el contrario; **es war dort unglaublich kalt, der Winter hier ist nichts ~** allí hacía un frío increíble, en comparación con eso el invierno aquí no es nada; **er sprach fließend Spanisch, ~ konnte er kein Griechisch** hablaba español con fluidez, en cambio no sabía nada de griego; **dagegen|halten** *irr vt* objetar; **da kann man nichts ~** no hay nada que oponer; **dagegen|setzen** *vt* objetar, argumentar en contra; **da lässt sich nichts ~** no hay nada que objetar; **dagegen|stellen** *vr:* **sich ~** oponerse; **auch wenn die Firmenleitung dafür ist, kann sich der Betriebsrat ~** aunque la dirección esté a favor, el comité de empresa

D

puede oponerse; **dagegen|stemmen** *vr:* **sich** ~ oponer resistencia, oponerse con todas sus fuerzas; **sich ~, dass ...** resistirse [*o* oponerse] a que... *+subj*

da|haben *irr vt* **1.** (*fam: vorrätig*) tener; **haben wir genug Getränke für die Party da?** ¿tenemos suficientes bebidas para la fiesta?; **haben sie keine Tageszeitung mehr da?** ¿ya no les queda ningún diario? **2.** (*zu Besuch, im Haus*) tener (en casa); **wir haben heute Abend Freunde** (**zum Abendessen**) **da** esta noche tenemos amigos en casa (para cenar)

daheim [da'haɪm] *adv* (*südd*) en casa; **bei uns** ~ en nuestra casa

Daheim *nt* <-s, *ohne pl*> (*südd, Österr, Schweiz*) hogar *m;* **mein/euer** ~ mi/vuestra casa

Daheimgebliebene(**r**) *mf* <-n, -n; -n, -n> persona *f* que se ha quedado en casa; **wenn die ~n nur wüssten, wie schön es hier ist, wären sie sicher auch mitgekommen!** si los que se han quedado en casa supieran lo bonito que es esto, ¡seguro que hubieran venido!

daher ['da:he:ɐ, da'he:ɐ] *adv* **1.** (*von dort her*) de ahí; ~ **hast du das** de ahí te viene (eso); **das kommt ~, dass ...** esto viene de que... **2.** (*deshalb*) por eso; **von** ~ de ahí que *+subj;* **er hat viel gelesen,** ~ **weiß er das** ha leído mucho, de ahí que lo sepa [*o* por eso lo sabe]; **daher|bringen** *irr vt* (*Österr: herbeibringen*) traer; **dahergelaufene**(**r, s**) *adj* (*abw*) cualquiera; **daher|kommen** *irr vt sein* (*fam*) venir, llegar; **jetzt kommt der schon wieder daher!** ¡ya viene ése otra vez!; **denkst du denn, du kannst einfach ~ und alles kaputtmachen?** ¿es que tú te crees que puedes llegar y cargártelo todo así porque sí?; **wie kommst du denn schon wieder daher?** pero, ¿con qué pintas vienes?; **er kommt immer völlig aufgeblasen daher** siempre se está haciendo el importante; **komm mir nicht so dumm daher!** ¡no me vengas haciéndote el tonto!; **daher|reden I.** *vi* (*fam*) hablar sin ton ni son, hablar a tontas y a locas; **red doch nicht so blöd daher!** ¡no digas tantos disparates! **II.** *vt* (*fam*) decir; **was** (**für einen Blödsinn**) **redest du denn schon wieder daher?** ¿pero, qué (tonterías) dices?

daherum *adv* (para [*o* hacia]) ahí, por ahí; **in welche Richtung soll ich gehen, hierherum oder ~?** ¿en qué dirección debo ir, para aquí o para ahí?

dahin ['da:hɪn, da'hɪn] *adv* **1.** (*an diesen Ort*) allí, ahí; ~ **gehe ich nie wieder** allí no vuelvo nunca más **2.** (*in diese Richtung*) hacia allí, hacia ahí; **seine Bemühungen gehen ~, dass ...** todos sus esfuerzos van encaminados a... *+inf;* ~ **gehend, dass** en el sentido de que; **er äußerte sich ~ gehend, dass ...** se expresó en el sentido de que... **3.** (*so weit*) a tal extremo, a tal punto; **es ist ~ gekommen, dass ...** se ha llegado a tal punto que...; **er wird es ~ bringen, dass ...** va a llegar a tal extremo que... **4.** (*zeitlich*): **bis** ~ hasta entonces; **es ist noch genug Zeit bis** ~ hay tiempo suficiente hasta entonces **5.** (*Wend*): ~ **sein** estar perdido

dahinab [dahɪ'nap, *hinweisend:* 'da:hɪnap] *adv* (hacia) allá abajo

dahinauf [dahɪ'naʊf, *hinweisend:* 'da:hɪnaʊf] *adv* (hacia) allá arriba

dahinaus [dahɪ'naʊs, *hinweisend:* 'da:hɪnaʊs] *adv* por allí

dahin|dämmern *vi sein* vegetar

dahinein [dahɪ'naɪn, *hinweisend:* 'da:hɪnaɪn] *adv* allí adentro

dahin|fallen *irr vi sein* (*Schweiz*) suprimirse; **dahin|fliegen** *irr vi sein* (*geh*) **1.** (*sich vorbeibewegen, vergehen*) volar, pasar volando [*o* al vuelo]; **aus ihrem Abteilfenster sah sie die Landschaft nur so** ~ desde la ventana de su compartimento veía pasar al vuelo el paisaje; **die Tage fliegen dahin** los días vuelan [*o* pasan volando] **2.** (*wegfliegen*) alejarse volando [*o* al vuelo]; **die Zugvögel fliegen bereits dahin, der Herbst ist nahe** las aves migratorias ya se alejan, el otoño está cerca; **dahin|geben** *irr vt* (*geh: weggeben*) dar, entregar; (*opfern*) sacrificar; **sein Leben für das Vaterland** ~ dar su vida por la patria; **ich gäbe alles dahin, wenn ...** lo daría todo si...

Dahingegangene(**r**) *mf* <-n, -n; -n, -n> (*geh*) finado, -a *m, f,* difunto, -a *m, f;* **kannten Sie den werten ~n?** ¿conocía usted al estimado difunto?

dahingegen [dahɪn'ge:gən] *adv* (*geh*) por el contrario, sin embargo; **sie möchte in die Berge, ich ~ lieber ans Meer** ella quisiera ir a la montaña, yo por el contrario al mar

dahin|gehen *irr vi sein* (*geh*) **1.** (*vergehen*) pasarse (volando), volar; **die Zeit ist wie im Fluge dahingegangen** el tiempo se ha pasado volando; **die Stunden gehen dahin und sie ruft mich nicht an ...** pasan las horas y sigue sin llamarme... **2.** (*vorbeigehen*) pasar (por delante de) **3.** (*euph: sterben*) finar, fallecer; **vergangene Nacht ist der alte Mann dahingegangen** la pasada noche falleció el anciano; **dahingestellt** [-'---] *adj* indeciso; **etw bleibt** ~ algo está en tela de juicio; **lassen wir es ~** (**sein**), **ob ...** nos abstenemos de decidir si...; **dahin|raffen** *vt* (*geh*) arrebatar, aniquilar; **die Krankheit raffte ihn dahin** la enfermedad lo mató; **dahin|sagen** [-'---] *vt:* **etw nur so** ~ no decir algo en serio; **dahin|scheiden** *irr vi sein* (*geh euph*) finar, fallecer; **dahin|schleppen** [-'---] *vr:* **sich** ~ (*Mensch*) arrastrarse; (*Zeit*) no pasar; (*Arbeit, Verhandlungen*) tardar mucho, no avanzar; **dahin|schwinden** [-'---] *irr vi sein* (*geh*) pasar volando; **dahin|siechen** *vi sein* (*geh*) irse consumiendo, languidecer; **seit Monaten siecht er dahin und wartet auf sein**

Ende desde hace meses se va consumiendo esperando su fin; **dahin|stehen** *irr vi* no estar decidido; (*noch offen sein*) estar por ver; **ob wir Erfolg haben werden, steht vorerst noch dahin** está aún por ver si tendremos el éxito esperado; **die Entscheidung darüber steht noch dahin** la decisión al respecto aún está por tomar

dahinten [da'hɪntən] *adv* allí atrás, allá atrás

dahinter [da'hɪntɐ] *adv* detrás; **sich ~ klemmen** [*o* **knien**] (*fam: sich anstrengen*) hacer un esfuerzo; **klemm dich ~!** ¡haz un esfuerzo!; **~ kommen** (*fam: herausfinden*) averiguar; (*verstehen*) enterarse, caer en la cuenta; **es wird vermutet, dass die Mafia ~ steckt** (*fam*) se supone que la Mafia tiene algo que ver con eso; **er redet viel, aber es steckt nichts ~** (*fam*) habla mucho, pero todo es paja; **da steckt doch was ~** (*fam fig*) aquí hay gato encerrado; **~ stehen** (*unterstützen*) apoyar; **da ist nichts ~** (*fam fig*) eso no tiene fondo

dahinterher [dahɪntɐ'heːɐ] *adj* (*fam*): **~ sein, dass ...** ir tras [*o* detrás] de que... +*subj;* **die Lieferung ist noch nicht eingetroffen, aber ich bin ~** el envío todavía no ha llegado, pero estoy detrás de ello; **muss man denn ständig nur ~ sein, dass ihr mal was macht?** ¿es que siempre hay que estar detrás de vosotros para que hagáis algo?

dahinter|klemmen *vr:* **sich ~** *s.* **dahinter**; **dahinter|knien** *vr:* **sich ~** *s.* **dahinter**; **dahinter|kommen** *irr vi sein s.* **dahinter**; **dahinter|stecken** *vi s.* **dahinter**; **dahinter|stehen** *irr vi s.* **dahinter**

dahinunter [dahɪ'nʊntɐ, *hinweisend:* 'daːhɪnʊntɐ] *adv* (hacia) allá abajo

dahin|vegetieren* *vi* vegetar

Dahlie ['daːliə] *f* <-, -n> (BOT) dalia *f*

DAK [deːʔaː'kaː] *f Abk. von* **Deutsche Angestelltenkrankenkasse** *seguro de enfermedad para empleados*

Dakapo [da'kaːpo] *nt* <-s, -s> (MUS) da capo *m*

Daktylo ['daktylo] *f* <-, -s> (*Schweiz: Schreibkraft*) dactilógrafa *f*

da|lassen *irr vt* (*fam*) dejar; (*hier*) dejar aquí; (*dort*) dejar allí

da|liegen *irr vi* **1.** (*hingestreckt liegen*) quedar tendido, yacer **2.** (*hingelegt sein*): **hier wird nicht geklaut, du kannst alles offen ~ lassen** aquí no roban, puedes dejarlo todo ahí sin cerrar; **ihre Flugtickets liegen schon da** sus billetes de avión ya están aquí **3.** (*sich erstrecken*) estar, extenderse

dalli ['dali] *adv* (*fam*) dale, anda, corre; **jetzt aber ~!** ¡vamos, de prisa!

Dalmatien [dal'maːtsiən] *nt* <-s> Dalmacia *f*

Dalmatiner [dalma'tiːnɐ] *m* <-s, -> (perro *m*) dálmata *m*

damalige(r, s) *adj* de entonces, de aquel tiempo

damals ['daːmaːls] *adv* entonces, en aquel tiempo; **seit ~** desde entonces; **~, als ...** en aquel tiempo, cuando...

Damast [da'mast] *m* <-(e)s, -e> damasco *m* de seda

damasten [da'mastən] *adj* (*geh*) de (tela de) damasco, (a)damascado; **eine ~e Tischdecke** un mantel de damasco

Dame¹ ['daːmə] *f* <-, *ohne pl*> (*Brettspiel*) juego *m* de damas

Dame² *f* <-, -n> **1.** (*Frau*) señora *f*, dama *f;* **eine ältere ~** una señora mayor; **meine ~n und Herren** señoras y señores; **die ~ des Hauses** la anfitriona, el ama (de la casa) **2.** (*im Schach, beim Damespiel, Spielkarte*) dama *f*

Damebrett *nt* <-(e)s, -er> tablero *m* de damas

Damenbart *m* <-(e)s, -bärte> bigote *m* de mujer; **Damenbegleitung** *f* <-, *ohne pl*>: **in ~** en compañía de una señora [*o* de señoras]; **Damenbekanntschaft** *f* <-, -en> amistad *f* femenina; **~en haben** tener relaciones con mujeres; **eine ~ machen** conocer a una mujer, ligar con una chica *sl;* **Damenbesuch** *m* <-(e)s, -e> visita *f* femenina; **Damenbinde** *f* <-, -n> compresa *f;* **Damendoppel** *nt* <-s, -> (*Tennis*) doble *m* femenino; **Dameneinzel** *nt* <-s, -> (*Tennis*) individual *m* femenino; **Damenfahrrad** *nt* <-(e)s, -räder> bicicleta *f* de señora; **Damenfriseur(in)** *m(f)* <-s, -e; -, -nen> peluquero, -a *m, f* de señoras; **Damengesellschaft** *f* <-, -en> reunión *f* femenina [*o* de señoras]

damenhaft *adj* mujeril

Damenmannschaft *f* <-, -en> (SPORT) equipo *m* femenino [*o* de mujeres]; **Damenmode** *f* <-, -n> moda *f* femenina; **Damenoberbekleidung** *f* <-, *ohne pl*> ropa *f* exterior femenina, ropa *f* de mujer; **Damenrad** *nt* <-(e)s, -räder> bicicleta *f* de señora; **Damensattel** *m* <-s, -sättel> silla *f* de montar para señoras; **im ~ reiten** montar [*o* cabalgar] a (la) mujeriega; **Damensitz** *m* <-es, *ohne pl*> silla *f* de amazona, galápago *m Hond, Peru, Ven;* **im ~ reiten** montar a mujeriegas; **Damentoilette** *f* <-, -n> lavabos *mpl* para señoras, servicios *mpl* de señoras; **Damenwahl** *f* <-, *ohne pl*> *baile en el cual son las mujeres las que sacan a bailar a los hombres;* **Damenwäsche** *f* <-, *ohne pl*> ropa *f* interior femenina

Damespiel *nt* <-(e)s, -e> juego *m* de damas; **Damestein** *m* <-(e)s, -e> peón *m*

Damhirsch ['damhɪrʃ] *m* <-(e)s, -e> (ZOOL) gamo *m*

damisch ['daːmɪʃ] *adj* (*südd, Österr*) **1.** (*fam: dumm*) tonto, estúpido, baboso *Am* **2.** (*fam: schwindlig*) aturdido, atolondrado

damit ['daːmɪt, da'mɪt] **I.** *adv* con ello; **was soll ich ~?** ¿qué hago yo con esto?; **was meint er nur ~?** ¿qué es lo que quiere decir con eso?; **~ befasse ich mich nicht** no me ocupo de esto; **ich meine ~, dass ...** quiero decir con esto que...; **es fing ~ an, dass ...** empezó con que...; **weg ~!** ¡fuera con esto!; **was wollen Sie ~ sagen?** ¿qué quiere decir con esto?; **hör ~ auf!** ¡deja eso!, ¡acaba con eso!; **ich bin ~ zufrieden, dass ...** estoy contento de que... *+subj* **II.** *konj* para *+inf,* para que *+subj;* **er beeilt sich, ~ er nicht zu spät kommt/~ sie nicht warten müssen** se da prisa para no llegar tarde/para que no tengan que esperar

dämlich ['dɛːmlɪç] *adj* (*fam*) tonto, estúpido, baboso *Am*

Dämlichkeit[1] *f* <-, -en> (*fam abw: Handlung*) tontería *f,* bobada *f;* **lass doch diese ~en sein!** ¡déjate de bobadas!

Dämlichkeit[2] *f* <-, *ohne pl*> (*fam abw: Art, Verhalten*) tontería *f,* estupidez *f;* **deine ~ geht mir auf die Nerven!** ¡tu estupidez me saca de quicio!

Damm [dam, *pl:* 'dɛmə] *m* <-(e)s, Dämme> **1.** (*Bahn~, Straßen~*) terraplén *m;* **wieder auf dem ~ sein** (*fam fig*) sentirse bien de nuevo **2.** (*Deich*) dique *m* **3.** (ANAT) perineo *m;* **Dammbruch** *m* <-(e)s, -brüche> **1.** (*Deich*) ruptura *f* de dique **2.** (MED) desgarro *m* (perineal)

dämmen *vt* **1.** (*geh: aufstauen*) estancar, represar **2.** (TECH: *Schall*) absorber

dämm(e)rig *adj* crepuscular; **es wird ~** (*morgens*) amanece; (*abends*) atardece

Dämmerlicht ['dɛmɐ-] *nt* <-(e)s, *ohne pl*> penumbra *f*

dämmern ['dɛmɐn] **I.** *vi* **1.** (*anbrechen*): **der Abend dämmert** cae el día; **der Morgen dämmert** apunta el día **2.** (*fam: bewusst werden*): **es dämmert ihm, dass ...** se está dando cuenta de que...; **jetzt dämmert's (bei) mir** ahora me entero **II.** *vunpers:* **es dämmert** (*morgens*) amanece, alborea; (*abends*) anochece, atardece

Dämmerschlaf *m* <-(e)s, *ohne pl*> (MED) sopor *m;* (*Halbschlaf*) entresueño *m,* duermevela *f;* **im ~** en estado de sopor; (*im Halbschlaf*) semidormido; **Dämmerstunde** *f* <-, -n> (*geh*) crepúsculo *m,* hora *f* crepuscular

Dämmerung ['dɛmərʊŋ] *f* <-, -en> crepúsculo *m;* (*Abend~*) crepúsculo *m* vespertino, ocaso *m;* (*Morgen~*) crepúsculo *m* matutino, alba *f;* **in der ~** en el crepúsculo; **bei Anbruch der ~** (*morgens*) al amanecer; (*abends*) al atardecer

Dämmerzustand *m* <-(e)s, -stände> **1.** (*Halbschlaf*) duermevela *m o f;* **etw im ~ mitbekommen** enterarse de algo entre sueños **2.** (MED: *Bewusstseinstrübung*) (estado *m* de) semiinconsciencia *f;* **der Patient befindet sich im ~** el paciente se encuentra semiinconsciente

dämmrig *adj s.* **dämm(e)rig**

Dammriss[RR] *m* <-es, -e> (MED) desgarro *m* perineal; **Dammschnitt** *m* <-(e)s, -e> (MED) incisión *f* del perineo

Dämmstoff *m* <-(e)s, -e> (TECH) material *m* aislante

Dämmung *f* <-, -en> (TECH) aislamiento *m;* (*Schall*) insonorización *f*

Damoklesschwert ['daːmoklɛsʃveːɐt] *nt* <-(e)s, -er> espada *f* de Damócles; **etw schwebt wie ein ~ über jdm** [*o* **über jds Haupt**] algo significa una amenaza permanente para alguien

Dämon ['dɛːmɔn, *pl:* dɛ'moːnən] *m* <-s, -en> demonio *m,* diablo *m*

dämonisch *adj* endemoniado, diabólico

Dampf [dampf, *pl:* 'dɛmpfə] *m* <-(e)s, Dämpfe> vapor *m;* **unter ~ stehen** estar bajo presión; **jdm ~ machen** (*fam*) meter prisa a alguien; **~ ablassen** (*fam fig*) descargarse, desahogarse; **Dampfbad** *nt* <-(e)s, -bäder> baño *m* turco, baño *m* de vapor; **Dampfbügeleisen** *nt* <-s, -> plancha *f* de vapor; **Dampfdruck** *m* <-(e)s, -drücke> presión *f* del vapor

dampfen ['dampfən] *vi* **1.** (*Speisen*) echar humo, humear **2.** *sein* (*fahren*) salir echando humo; **der Zug dampfte aus dem Bahnhof** el tren salió de la estación echando humo

dämpfen ['dɛmpfən] *vt* **1.** (GASTR) cocinar al vapor **2.** (*Licht*) atenuar, rebajar; (*Lärm*) rebajar; (*Schall, Stoß*) amortiguar; (*Stimme*) bajar **3.** (*Ärger*) calmar; (*Schmerzen*) mitigar

Dampfer ['dampfɐ] *m* <-s, -> buque *m* de vapor; **auf dem falschen/richtigen ~ sein** (*fam fig*) estar equivocado/en lo cierto

Dämpfer ['dɛmpfɐ] *m* <-s, -> (MUS) sordina *f;* **einen ~ bekommen** (*fam*) llevarse un chasco; **jdm einen ~ aufsetzen** bajar los humos a alguien; **etw** *dat* **einen ~ aufsetzen** poner reparos a algo

Dampferlinie *f* <-, -n> (NAUT) línea *f* de barcos

Dampfheizung *f* <-, -en> calefacción *f* a vapor

dampfig *adj* vaporoso, lleno de vapor

Dampfkessel *m* <-s, -> (TECH) caldera *f* de vapor; **Dampfkochtopf** *m* <-(e)s, -töpfe> olla *f* a presión; **Dampfkraft** *f* <-, *ohne pl*> fuerza *f* de vapor; **Dampfkraftwerk** *nt* <-(e)s, -e> central *f* termoeléctrica; **Dampflok** *f* <-, -s>, **Dampflokomotive** *f* <-, -n> locomotora *f* de vapor; **Dampfmaschine** *f* <-, -n> (TECH) máquina *f* de vapor; **Dampfnudel** *f* <-, -n> (GASTR) *bollo de masa de levadura hecho al vapor y con una costra de sal;* **Dampfschiff** *nt* <-(e)s, -e> buque *m* de vapor; **Dampfschifffahrt**[RR] *f* <-, *ohne pl*> (NAUT) navegación *f* a vapor; **Dampfturbine** *f* <-, -n> turbina *f* a vapor

Dämpfung *f* <-, -en> **1.** (*Abschwächung*) reducción *f;* (*Schall*) amortiguamiento *m* **2.** (WIRTSCH: *Inflation, Nachfrage*) reducción *f;* (*Konjunktur*) debilitamiento *m*

Dampfventil *nt* <-s, -e> válvula *f* de vapor; **Dampfwalze** *f* <-, -n> apisonadora *f* de vapor; **Dampfwolke** *f* <-, -n> nube *f* de vapor

Damwild ['damvɪlt] *nt* <-(e)s, *ohne pl*> gamo *m*

danach ['da:na:x, da'na:x] *adv* **1.** (*zeitlich*) despúes; (*später*) más tarde; (*anschließend*) a continuación; ~ **kam der Wetterbericht** después vino el parte metereológico; ~ **bin ich dran** después me toca a mí **2.** (*räumlich*) después, detrás; **sie griff** ~ lo cogió **3.** (*dementsprechend*) como corresponde; **es sieht ganz** ~ **aus, als ob ...** tiene todo el aspecto como si... +*subj;* **richte dich bitte** ~! ¡compórtate de acuerdo con eso [*o* como corresponde]!

Danaergeschenk *nt* <-(e)s, -e> (*geh*) regalo *m* de Satanás, manzana *f* envenenada; **für die afrikanischen Völker war die westliche Kultur ein** ~ para los pueblos africanos la cultura occidental fue un regalo funesto

Dandy ['dɛndi] *m* <-s, -s> dandi *m,* dandy *m,* petimetre *m;* **Dandyfieber** *nt* <-s, *ohne pl*> fiebre *f* de Dandy

Däne, **-in** ['dɛ:nə] *m, f* <-n, -n; -, -nen> danés, -esa *m, f*

daneben [da'ne:bən, 'da:ne:bən] *adv* **1.** (*räumlich*) al lado; **links/rechts** ~ al lado a la izquierda/derecha; **im Haus** ~ en la casa de al lado; **ich stand direkt** ~, **als es passierte** estaba justamente al lado cuando sucedió **2.** (*verglichen mit*) en comparación; (*im Gegensatz dazu*) por el contrario, por contra **3.** (*außerdem*) además, al mismo tiempo **4.** (*Wend*): ~ **sein** (*fam: verwirrt sein*) estar atontado; (*sich nicht wohl fühlen*) no estar muy católico, no andar (nada) bien; **seit drei Tagen ist mir übel, ich bin richtig** ~ (*fam*) desde hace tres días me encuentro mal, no ando nada católico; **daneben|benehmen*** *irr vr:* **sich** ~ (*fam*) meter la pata; **daneben|gehen** [-'----] *irr vi sein* **1.** (*Schuss*) errar el blanco **2.** (*fam: scheitern*) irse al traste, chingarse *Am;* **daneben|geraten*** *irr vi sein* salir mal; **daneben|greifen** *irr vi* equivocarse; **im Ton** ~ (*fam*) equivocarse de tono; **daneben|halten** *irr vt* (*fam*) comparar; **wenn man die Ausgaben des Vorjahres danebenhält, haben wir 100.000 Mark eingespart** comparando los gastos con los [*o* comparado con los gastos] del año pasado hemos ahorrado 100.000 marcos; **daneben|hauen** <haut daneben, haute *o* hieb daneben, danebengehauen> *vi* **1.** (*an etw vorbeihauen*) errar el golpe **2.** (*fam: sich irren*) equivocarse; **daneben|liegen** *irr vi* (*fam*) estar equivocado; **daneben|schießen** *irr vi* **1.** (*das Ziel verfehlen*) errar el tiro **2.** (*fam: falsch liegen*) no acertar, meter la pata; **daneben|sein** *irr vi sein s.* **daneben 4.**; **daneben|treffen** *irr vi* **1.** (*nicht treffen*) fallar; **sie traf nur knapp daneben** falló por muy poco **2.** (*sich unpassend äußern*) meter la pata; **mit einer Frage völlig** ~ meter la pata hasta el fondo con una pregunta **3.** (*falsch liegen*) equivocarse; **mit dieser Antwort hast du voll danebengetroffen** tu respuesta es totalmente equivocada; **der Kandidat trifft immer daneben** el concursante no da ni una

Dänemark ['dɛ:nəmark] *nt* <-s> Dinamarca *f*

dang [daŋ] *3. imp von* **dingen**

danieder|liegen *irr vi* (*geh*) **1.** (*krank sein*) estar postrado en cama **2.** (*nicht gedeihen*) estar en la ruina, ser improductivo

Dänin *f* <-, -nen> *s.* **Däne**

dänisch *adj* danés

Dänisch *nt* <-(s), *ohne pl*>, **Dänische** *nt* <-n, *ohne pl*> danés *m,* lengua *f* danesa; **sprichst du** ~**?** ¿hablas danés?

dank [daŋk] *präp +gen/dat* gracias a, merced a

Dank *m* <-(e)s, *ohne pl*> gracias *fpl;* **besten** [*o* **herzlichen**] ~! ¡muchas gracias!; **mit bestem** ~ **zurück!** ¡se lo devuelvo con un millón de gracias!; **das ist nun der** ~ **dafür** así me lo pagan; **zum** ~ **für ...** en recompensa de...; **jdm** ~ **schulden** quedar agradecido a alguien; **ich bin Ihnen zu** ~ **verpflichtet, weil Sie ...** le estoy obligado [*o* agradecido] porque Ud....; **Dankadresse** *f* <-, -n> (*formal*) escrito *m* de agradecimiento [*o* de reconocimiento]

dankbar *adj* **1.** (*Mensch*) agradecido; **sich** ~ **zeigen** mostrarse agradecido; **ich bin Ihnen sehr** ~ se lo agradezco mucho **2.** (*Aufgabe*) provechoso, satisfactorio **3.** (*fam: strapazierfähig*) resistente

Dankbarkeit *f* <-, *ohne pl*> agradecimiento *m,* gratitud *f;* **aus** ~ **für etw** en agradecimiento por algo

danke *interj* ¡gracias!; ~ **schön/vielmals!** ¡muchas/muchísimas gracias!; **nein,** ~! no ¡gracias!; **kann ich helfen? – ~, es geht schon!** ¿quiere que le ayude? – ¡gracias! no hace falta

danken **I.** *vi* (*Dank aussprechen*) dar las gracias (*für* por), agradecer (*für*); **wir** ~ **für die Einladung** agradecemos la invitación; ~**d annehmen/ablehnen** aceptar/rechazar agradecido; **Betrag** ~**d erhalten** acusamos recibo del importe; **nichts zu** ~! ¡de nada!, ¡no hay de qué! **II.** *vt* **1.** (*geh: verdanken*) agradecer; **nur dem rechtzeitigen Erscheinen der Feuerwehr ist es zu** ~, **dass ...** sólo gracias a la llegada a tiempo de los bomberos es de agradecer que... (+*subj*) **2.** (*belohnen*) agradecer; **die ganze Mühe dankt dir keiner** nadie te agradece el esfuerzo; **dankenswert** *adj* de agradecer, digno de agradecimiento; **es ist** ~, **dass er sich dafür zur Verfügung stellt** se agradece que esté dispuesto a ello

dankerfüllt *adj* agradecido, (lleno) de gratitud; **mit** ~**em Blick** con una mirada (llena) de gratitud; **sie blickte ihren Retter aus ~en Augen an** miró a su salvador con ojos agradecidos

Dankeschön *nt* <-s, *ohne pl*> gracias *fpl;* **ein herzliches ~ sagen** dar las gracias de corazón; **als kleines ~ für Ihre Bestellung erhalten Sie ein Geschenk** por haber hecho el pedido le entregamos un obsequio de agradecimiento

Dankesworte *ntpl* palabras *fpl* de agradecimiento

Dankgottesdienst *m* <-(e)s, -e> (REL: *katholisch*) misa *f* de acción de gracias, tedéum *m;* (*evangelisch*) oficio *m* de acción de gracias, servicio *m* de acción de gracias

Danksagung *f* <-, -en> agradecimiento *m*

Dankschreiben *nt* <-s, -> carta *f* de agradecimiento

dann [dan] *adv* **1.** (*später*) luego, más tarde; (*Zeitpunkt*) entonces; **~ und wann** de vez en cuando; **und was ~?** ¿y entonces qué?; **bis ~!** ¡hasta luego! **2.** (*zu dem Zeitpunkt*) en aquel momento; **das Telefon klingelt immer ~, wenn ich gerade dusche** el teléfono suena siempre cuando me estoy duchando **3.** (*außerdem*) luego, además; **und ~ sagte er noch ...** y luego aún dijo... **4.** (*unter diesen Umständen*) entonces, en este caso; **~ eben nicht!** ¡entonces no!; **selbst ~, wenn ...** incluso si... (*+subj*); **wenn nicht er, wer ~?** ¿si no él, quién entonces?; **~ ist ja alles in Ordnung** entonces todo va bien

dannen ['danən] *adv:* **von ~** (*alt*) de allí [*o* allá], del lugar; **nach ein paar Tagen zogen die Zigeuner wieder von ~** tras unos días los gitanos se marcharon nuevamente; **weiche von ~, Satan!** ¡aléjate (de aquí), Satanás!

dannzumal ['dantsuma:l] *adv* (*Schweiz: formal*) llegado el momento

Danzig ['dantsɪç] *nt* <-s> Danzig *m,* Gdansk *m*

daran [da'ran, 'da:ran] *adv* **1.** (*räumlich*) al lado, por allí; **dicht** [*o* **nahe**] **~** muy cerca; **wir kommen häufig ~ vorbei** pasamos muchas veces por allí; **du kannst dich ~ lehnen** puedes apoyarte en esto **2.** (*zeitlich*): **im Anschluss ~** a continuación; **er war nahe ~ das zu tun** estuvo a punto de hacerlo **3.** (*an dieses, an diesem*) en esto; **ich muss immer ~ denken** pienso continuamente en esto; **man erkennt ~, dass ...** se nota en esto que...; **~ sieht man, wie ...** en esto se ve que...; **~ wird sich nichts ändern** esto no cambiará; **er ist ~ schuld** él tiene la culpa (de esto); **das Schöne ~ ist ...** lo bueno que tiene es...; **daran|geben** *irr vt* (*geh*) dar; **für jdn alles ~** darlo todo por alguien; **ich würde viel ~, wenn ...** daría mucho por...; **daran|gehen** [-'---] *irr vi sein* ponerse (*zu* a), empezar (*zu* a); **daran|machen** [-'---] *vr:* **sich ~** (*fam*) ponerse (*zu* a), empezar (*zu* a); **daran|setzen** [-'---] **I.** *vt* (*einsetzen*) hacer; **du musst alles ~, um ...** tienes que hacer todo lo posible para... **II.** *vr:* **sich ~** (*fam: in Angriff nehmen*) ponerse (*zu* a), empezar (*zu* a); **du musst dich endlich ~, die Rechnungen zu schreiben** por fin tienes que ponerte a escribir las facturas

darauf ['da:raʊf, da'raʊf] *adv* **1.** (*räumlich*) encima; **im Zimmer stand ein Tisch, ~ lagen Bücher** en la habitación había una mesa con libros encima **2.** (*zeitlich*) después; **bald ~** poco después; **am ~ folgenden Tag, am Tag ~** al día siguiente; **~ sagte er ...** a lo que dijo... **3.** (*deshalb*) por lo que, en consecuencia **4.** (*auf dieses*): **ich bin stolz ~, dass ...** estoy orgulloso de que... (*+subj*); **sich ~ verlassen, dass ...** contar con que... (*+subj*); **das kommt ~ an** depende; **lasst uns ~ anstoßen** brindemos por ello; **darauffolgende(r, s)** *adj s.* **darauf 2.**; **daraufhin** ['---] *adv* **1.** (*danach*) a continuación **2.** (*infolgedessen*) en consecuencia, a lo cual

daraus ['da:raʊs, da'raʊs] *adv* de ello; **~ folgt, dass ...** de esto se deduce que...; **was soll ~ werden?** ¿qué va a resultar de esto?; **ich mache mir nichts ~** (*fam*) esto me importa un comino; **was ist ~ geworden?** ¿qué ha sido de ello?

darben ['darbən] *vi* (*geh*) vivir en la miseria; (*hungern*) sufrir hambre

dar|bieten ['da:ɐbi:tən] *irr* **I.** *vt* (*geh: vorführen*) (re)presentar **II.** *vr:* **sich ~** (*geh: Gelegenheit*) presentarse, ofrecerse

Darbietung *f* <-, -en> **1.** (*geh: das Darbieten*) presentación *f* **2.** (*Vorstellung*) representación *f,* función *f*

dar|bringen *irr vt* (*geh: Lied*) tocar; (*Opfer*) ofrendar; **ein Ständchen ~** dar una serenata

darein [da'raɪn, *hinweisend:* 'da:raɪn] *adv* (*geh alt*): **ein Tuch nehmen und etw ~ wickeln** coger un paño y envolver algo con el mismo; **sich ~ ergeben/fügen** entregarse/resignarse a una situación; **dies war ihr Schicksal, doch sie fügten sich nur widerstrebend ~** ése era su destino, pero se resistían a aceptarlo; **darein|finden** *irr vr:* **sich ~** (*geh*) resignarse; **sich ~ etw zu tun** resignarse a hacer algo; **darein|setzen** *vt* (*geh*) emplear; **seine ganze Energie ~ etw zu tun** emplear todas sus fuerzas en hacer algo; **seinen Ehrgeiz ~, dass ...** ambicionar... *+inf*

darf [darf] *3. präs von* **dürfen**

darin ['da:rɪn, da'rɪn] *adv* **1.** (*räumlich*) dentro **2.** (*in dieser Beziehung*) en esto, en eso; **~ ist er ganz groß** es un experto en esto; **wir stimmen ~ überein, dass ...** estamos de acuerdo en que...

dar|legen ['da:ɐle:gən] *vt* **1.** (*Plan, Ansichten*) explicar **2.** (*Gründe*) exponer

Darlegung *f* <-, -en> exposición *f,* explicación *f;* **die ausführliche ~ der Ergebnisse/eines Planes** la exposición detallada de los hechos/de un plan

Darlehen ['da:ɐle:ən] *nt* <-s, -> préstamo *m,* avío *m Cuba, Chil, Peru;* **abgeschriebe-**

nes/befristetes/eingefrorenes ~ préstamo amortizado/a plazo/congelado; **jederzeit kündbares/unkündbares** ~ préstamo rescindible en cualquier momento/no rescindible; **kurzfristiges/langfristiges** ~ préstamo a corto plazo/a largo plazo; **ungesichertes** ~ préstamo sin garantía; **zinsfreies** [*o* **zinsloses**] ~ préstamo sin intereses; ~ **mit bestimmter Laufzeit** préstamo con plazo fijo; **ein** ~ **aufnehmen/gewähren** tomar/conceder un préstamo; **ein** ~ **sichern** garantizar un préstamo; **Darlehensbetrag** *m* <-(e)s, -träge> importe *m* del préstamo; **Darlehensfonds** *m* <-, -> fondo *m* de préstamos; **Darlehensgeber(in)** *m(f)* <-s, -; -, -nen> (FIN) prestamista *mf;* **Darlehensgeschäft** *nt* <-(e)s, -e> operaciones *fpl* de préstamos; **Darlehensnehmer(in)** *m(f)* <-s, -; -, -nen> (FIN) prestatario, -a *m, f;* **Darlehenssumme** *f* <-, -n> (FIN) importe *m* del préstamo, suma *f* del préstamo; **Darlehensvertrag** *m* <-(e)s, -träge> contrato *m* de préstamo

Darling ['daːɐlɪŋ] *m* <-s, -s> **1.** (*Kosewort*) cariño *m* **2.** (*geliebter Mensch*) ser *m* querido

Darm [darm, *pl:* 'dɛrmə] *m* <-(e)s, Därme> intestino *m,* tripa *f;* **nervöser** ~ intestino nervioso; **Darmausgang** *m* <-(e)s, -gänge> (MED) ano *m;* **künstlicher** ~ ano artificial [*o* contranatura]; **Darmentleerung** *f* <-, -en> evacuación *f,* defecación *f;* **Darmerkrankung** *f* <-, -en> (MED) enfermedad *f* intestinal; **Darmflora** *f* <-, *ohne pl*> (MED) flora *f* intestinal; **Darmgrippe** *f* <-, -n> (MED) gripe *f* intestinal; **Darminfektion** *f* <-, -en> (MED) infección *f* intestinal; **Darmkrebs** *m* <-es, -e> (MED) cáncer *m* intestinal; **Darmsaite** *f* <-, -n> (MUS, SPORT) cuerda *f* de tripa; **Darmschleimhaut** *f* <-, -häute> (MED) mucosa *f* intestinal; **Darmspülung** *f* <-, -en> (MED) enema *m;* **Darmtätigkeit** *f* <-, *ohne pl*> (MED) función *f* intestinal, actividad *f* intestial; **Darmträgheit** *f* <-, *ohne pl*> (MED) (r)estreñimiento *m;* **Darmverschlingung** *f* <-, -en> (MED) vólvulo *m;* (*Leiden*) íleo *m;* **Darmverschluss**[RR] *m* <-es, -schlüsse> (MED) oclusión *f* intestinal

darnieder|liegen [dar'niːdɐ-] *irr vi s.* **daniederliegen**

darob [da'rɔp, *hinweisend:* 'daːrɔp] *adv* (*alt a. hum*) por ello, por tal motivo; ~ **ward er sehr erbost** se enfureció mucho por ello; **sich** ~ **wundern, dass ...** sorprenderse de que... +*subj*

Darre ['darə] *f* <-, -n> **1.** (*Trockengestell*) secadero *m* **2.** (*das Trocknen*) secado *m*

dar|reichen ['daːɐraɪçən] *vt* (*geh: Speisen*) servir, ofrecer; (*Hand*) dar

darren ['darən] *vt* (de)secar

darstellbar *adj* representable, descriptible

dar|stellen ['daːɐʃtɛlən] **I.** *vt* **1.** (*schildern*) exponer, presentar; (*beschreiben*) describir; (*schematisch*) esquematizar; (*durch Symbole*) simbolizar **2.** (*abbilden*) representar; **wen soll dieses Bild** ~**?** ¿a quién se supone que representa este cuadro? **3.** (THEAT) hacer el papel (de) **4.** (*bedeuten*) significar, representar; **diese Arbeit stellt eine große Leistung dar** este trabajo significa un gran esfuerzo **II.** *vr:* **sich** ~ (*zeigen*) plantearse; **so wie sich mir die Sache darstellt** tal como se me plantea el asunto

Darsteller(in) *m(f)* <-s, -; -, -nen> actor *m,* actriz *f*

darstellerisch **I.** *adj* (THEAT, FILM) interpretativo; **sie gab eine Probe ihres** ~**en Könnens** dio una muestra de sus dotes interpretativas **II.** *adv* (THEAT, FILM) desde el punto de vista interpretativo; **das Stück wies** ~ **einige Schwächen auf** la obra presentaba algunas deficiencias interpretativas

Darstellung *f* <-, -en> **1.** (THEAT: *Wiedergabe*) representación *f* **2.** (*Schilderung*) exposición *f;* (*Beschreibung*) descripción *f;* **falsche** ~ falsedad *f;* **figürliche** ~ representación figurativa; **Darstellungsform** *f* <-, -en> (THEAT) forma *f* de representación; **Darstellungsmittel** *nt* <-s, -> (KUNST) recurso *m* expresivo; **Darstellungsweise** *f* <-, -n> procedimiento *m* expresivo, modo *m* de representación

dar|tun *irr vt* (*geh*) *s.* **darlegen**

darüber ['daːrybɐ, da'ryːbɐ] *adv* **1.** (*räumlich*) encima; **die Wohnung** ~ **steht leer** la vivienda de arriba está vacía; **mit der Hand** ~ **fahren** pasar la mano por encima; **hier liegt noch Staub, ich muss mal mit einem Tuch** ~ **fahren** aquí todavía hay polvo, tengo que pasar un paño **2.** (*mehr*) más; **18 Jahre und** ~ 18 años y más; ~ **hinaus möchte ich noch bemerken, dass ...** además quisiera resaltar que... **3.** (*zeitlich*) en esto, mientras tanto; ~ **verging die Zeit** en esto se nos pasó el tiempo **4.** (*über eine Angelegenheit*) de esto, sobre esto; **was denkst du** ~**?** ¿qué piensas de esto?; **er hat sich** ~ **beschwert** se quejó de esto; **sich** ~ **machen** (*fam*) ponerse a hacerlo; ~ **nachdenken** pensarlo; ~ **stehen** estar por encima; **darüber|fahren** *irr vi sein s.* **darüber 1.**; **darüber|machen** [-'----] *vr:* **sich** ~ *s.* **darüber 4.**; **darüber|stehen** *irr vi s.* **darüber 4.**

darum ['daːrʊm, da'rʊm] *adv* **1.** (*deshalb*) por eso; **sie hat es nur** ~ **getan, weil ...** sólo lo hizo porque...; **warum? –** ~**!** ¿por qué? – ¡porque sí! **2.** (*räumlich*) en torno a, alrededor **3.** (*um diese Angelegenheit*): **es handelt sich** ~**, dass ...** se trata de que...; ~ **geht es mir gar nicht** no es eso lo que me importa; **ich bitte dich** ~ te lo pido; **red nicht lange** ~ **herum!** ¡no te vayas por otro camino!

darunter ['daːrʊntɐ, da'rʊntɐ] *adv* **1.** (*räumlich*) debajo; **sie nahm die Schachtel hoch und legte die Bücher** ~ levantó la caja y puso los libros por debajo; **die Wohnung** ~

steht leer la vivienda de abajo está vacía; ~ **fallen** (*dazugehören*) encontrarse en un grupo, pertenecer a una categoría; **gilt er als Flüchtling? – nein, er fällt nicht** ~ ¿se le considera un refugiado? – no, no pertenece a ese grupo; **diese Ermäßigung gilt nur für Schwerbehinderte, fällst du etwa ~?** este descuento sólo es para minusválidos, ¿acaso tú lo eres?; ~ **gehen** (*fam:* ~ *passen*) caber debajo, tener sitio; **das ist mein letztes Angebot, ich kann nicht** ~ **gehen** ésta es mi última oferta, no puedo bajar de ahí; ~ **liegen** (*unter dem Niveau liegen*) quedar por debajo; **Ihre Preise sind mir zu hoch, die Konkurrenz liegt weit** ~ sus precios me resultan demasiado altos, la competencia los tiene mucho más bajos; **etw** ~ **mischen** (entre)mezclar algo; **um sein Essen zu vergiften, mischte sie Arsen** ~ para envenenar su comida mezcló arsénico con ella; **sich** ~ **mischen** (entre)mezclarse; **als der flüchtende Dieb die Menschenmenge sah, mischte er sich** ~ cuando el ladrón que huía vio la multitud, se mezcló entre ella; ~ **setzen** (*Unterschrift*) poner debajo; **so, der Brief ist fertig, du brauchst nur noch deine Unterschrift** ~ **zu setzen** bueno, la carta está lista, sólo tienes que firmar debajo **2.** (*weniger*) menos; **18 Jahre und** ~ 18 años y menos **3.** (*dabei*) entre ellos; **es waren viele Kinder** ~ había muchos niños entre ellos **4.** (*unter dieser Angelegenheit*): **er litt ~, dass ...** le apesadumbraba el que... *+subj;* **was versteht man ~?** ¿qué quiere decir esto?; **darunter|fallen** *irr vi sein s.* **darunter 1.**; **darunter|gehen** *irr vi sein s.* **darunter 1.**; **darunter|liegen** *irr vi s.* **darunter 1.**; **darunter|mischen** *vt, vr:* **sich** ~ *s.* **darunter 1.**; **darunter|setzen** *vt s.* **darunter 1.**

Darwinismus [darvi'nɪsmʊs] *m* <-, *ohne pl*> (BIOL) darwinismo *m*

das [das] *art best o pron dem o pron rel s.* **der**, **die**, **das**

da|sein ['da:zaɪn] *irr vi sein s.* **da I.4.**, **I.5.**

Dasein ['da:zaɪn] *nt* <-s, *ohne pl*> **1.** (*Vorhandensein*) existencia *f* **2.** (*Leben*) vida *f,* existencia *f* **3.** (*Anwesenheit*) presencia *f;* **Daseinsberechtigung** *f* <-, *ohne pl*> (*von Personen*) derecho *m* de vivir; (*von Dingen*) razón *f* de ser; **Daseinsfreude** *f* <-, *ohne pl*> alegría *f* de vivir, goce *m* vital; **Daseinskampf** *m* <-(e)s, -kämpfe> lucha *f* por la vida [*o* la supervivencia]

daselbst [da'zɛlpst] *adv* (*alt*) allí (mismo); **geboren in Valencia, gestorben** ~ nacido en Valencia y muerto en esta misma ciudad

da|sitzen *irr vi* estar sentado; **müde** [*o* **traurig**] [*o* **einfach so**] ~ estar sin ganas de nada

dasjenige ['dasje:nɪgə] *pron dem s.* **derjenige**, **diejenige**, **dasjenige**

dass[RR] [das] *konj,* **daß** *konj* que; **bis** ~ hasta que *+subj;* **ohne** ~ sin que *+subj;* **so** ~ de modo que (*+subj*); **so ...,** ~ **...** tan(to)... que...; **nicht** ~ **ich wüsste** no que yo sepa; ~ **er nicht zur Hilfe kam, ist nicht zu entschuldigen** el que no viniera a ayudar no tiene disculpa; **dadurch** ~ **...** al *+inf;* **unter der Bedingung,** ~ **...** bajo la condición (de) que *+subj;* **für den Fall,** ~ **...** en el caso de que *+subj;* **das kommt daher,** ~ **...** esto viene de que...; **es begann damit,** ~ **...** empezó con que...; **die Party war so laut,** ~ **die Nachbarn nicht schlafen konnten** hicieron tanto barullo en la fiesta que los vecinos no podían dormir; ~ **du mir pünktlich nach Hause kommst!** ¡que vuelvas pronto a casa!

dasselbe [das'zɛlbə] *pron dem s.* **derselbe**, **dieselbe**, **dasselbe**

dasselbige *pron dem* (*alt*) *s.* **derselbige**, **dieselbige**, **dasselbige**

da|stehen *irr vi* **1.** (*örtlich*) estar allí (de pie) **2.** (*in einer Situation*) estar, encontrarse; **gut/schlecht** ~ (*Geschäft*) marchar bien/mal; **er steht gut da** está en una buena posición

DAT [dat] *nt* <-(s), -(s)> *Abk. von* **Digital Audio Tape** DAT *m* (*banda magnética que sirve de soporte para el registro digital del sonido*)

Database Marketing ['da:tabɛɪs-] *nt* <-, *ohne pl*> (INFOR) marketing *m* con bases de datos

Datagramm [da:ta'gram] *nt* <-s, -s> (INFOR) datagrama *m;* **Data Link** ['da:talɪŋk] *nt* <- -(s), – -s> (INFOR) enlace *m* (de transmisión) de datos

Datei [da'taɪ] *f* <-, -en> (INFOR) fichero *m,* archivo *m;* **Datei(en)verwaltung** *f* <-, *ohne pl*> (INFOR) gestión *f* de ficheros, manejo *m* de ficheros; **Dateigruppe** *f* <-, -n> (INFOR) grupo *m* de archivos; **Dateimarke** *f* <-, -n> (INFOR) marca *f* de archivo; **Dateiname** *m* <-n, -n> (INFOR) nombre *m* del fichero; **Dateisystem** *nt* <-s, -e> (INFOR) sistema *m* de archivos

Dateiverwaltungstool *nt* <-s, -s> (INFOR) herramienta *f* de administración de archivos

Daten ['da:tən] *pl* **1.** *pl von* **Datum 2.** (*Angaben, a.* INFOR) datos *mpl;* **ankommende/erzeugnisbezogene** ~ datos que entran/datos referentes a los productos; **fehlende/verschlüsselte** ~ datos que faltan/datos codificados; ~ **eingeben** introducir datos; ~ **erheben** recabar datos; **die** ~ **des Patienten** los antecedentes del paciente, los datos personales del paciente; **Datenabgleich** *m* <-(e)s, -e> cruce *m* de datos; **Datenabruf** *m* <-s, *ohne pl*> (INFOR) consulta *f* de datos; **Datenaufbereitung** *f* <-, -en> (INFOR) elaboración *f* de datos; **Datenaufzeichnung** *f* <-, -en> registro *m* de datos; **Datenaustausch** *m* <-(e)s, *ohne pl*> (INFOR) intercambio *m* de datos; **Datenauswertung** *f* <-, -en> análisis *m inv* de datos; **Datenautobahn** *f* <-, -en> (INFOR, TEL) autopista *f* de datos

Datenbank *f* <-, -en> (INFOR) banco *m* de

datos; **Datenbankverwaltung** *f* <-, -en> (INFOR) administración *f* de bancos de datos

Datenbasis *f* <-, -basen> (INFOR) base *f* de datos; **Datenbearbeitung** *f* <-, -en> (*a.* INFOR) elaboración *f* de datos; **Datenbereitstellung** *f* <-, -en> facilitación *f* de datos; **Datenbestand** *m* <-(e)s, -stände> (INFOR) datos *mpl* existentes, estado *m* de datos; **den ~ aktualisieren** actualizar los datos; **Datendurchlauf** *m* <-(e)s, -läufe> (INFOR) ejecución *f* de datos; **Dateneingabe** *f* <-, -n> (INFOR) entrada *f* de datos; **Datenelement** *nt* <-(e)s, -e> (INFOR) elemento *m* de datos; **Datenendgerät** *nt* <-(e)s, -e> (INFOR, TEL) periférico *m* de salida, dispositivo *m* de salida de datos; **Datenerfassung** *f* <-, -en> (INFOR) registro *m* de datos, recopilación *f* de datos; **Datenfeld** *nt* <-(e)s, -er> (INFOR) campo *m* de datos; **Datenfernübertragung** *f* <-, -en> (INFOR, TEL) transmisión *f* de datos, telecomunicación *f* de datos; **Datenfernverarbeitung** *f* <-, -en> (INFOR) tratamiento *m* de datos a larga distancia

Datenfluss[RR] *m* <-es, -flüsse> (INFOR) flujo *m* de datos; **Datenflussdiagramm**[RR] *nt* <-s, -e> (INFOR) diagrama *m* de flujo de datos; **Datenflusskontrolle**[RR] *f* <-, -n> (INFOR, TEL) control *m* de flujo de datos

Datenflut *f* <-, -en> (INFOR) flujo *m* de datos, afluencia *f* de datos; **Datenformat** *nt* <-(e)s, -e> (INFOR) formato *m* de datos; **Datenhandschuh** *m* <-s, -e> (INFOR) guante *m* cibernético [*o* de datos]; **Dateninfobahn** ['da:tənɪnfoba:n] *f* <-, -en> (INFOR) autopista *f* de la información; **Datenkompression** *f* <-, -en> (INFOR, TEL) compresión *f* de datos; **Datenkomprimierung** *f* <-, -en> (INFOR) compresión *f* de datos; **Datenkonvertierung** *f* <-, -en> (INFOR) conversión *f* de datos; **Datenmissbrauch**[RR] *m* <-s, -bräuche> abuso *m* de datos informáticos; **Datennetz** *nt* <-es, -e> (INFOR) red *f* de datos; **Datenpaket** *nt* <-(e)s, -e> (INFOR, TEL) bloque *m* de datos, paquete *m* de datos; **Datenpflege** *f* <-, *ohne pl*> (INFOR) mantenimiento *m* de datos; **Datenquelle** *f* <-, -n> (INFOR, TEL) fuente *f* de datos; **Datenrate** *f* <-, -n> (INFOR) velocidad *f* de transmisión de datos; **Datenreduktion** *f* <-, -en> (INFOR, TEL) reducción *f* de datos; **Datenregistrierung** *f* <-, -en> registro *m* de datos; **Datensatz** *m* <-es, -sätze> (INFOR) juego *m* de datos

Datenschutz *m* <-es, *ohne pl*> (JUR) protección *f* de datos; **Datenschutzbeauftragte(r)** *mf* <-n, -n; -n, -n> encargado, -a *m, f* de la protección de datos

Datenschützer(in) *m(f)* <-s, -; -, -nen> (*fam*) *s.* **Datenschutzbeauftragte(r)**

Datenschutzgesetz *nt* <-es, -e> (JUR) ley *f* de protección de datos

Datensicherheit *f* <-, *ohne pl*> (INFOR) seguridad *f* de datos

Datensicherung *f* <-, *ohne pl*> (INFOR) aseguramiento *m* de datos; **Datensicherungssystem** *nt* <-s, -e> (INFOR) sistema *m* de aseguramiento de datos; **~ mit Rückübertragung** realimentación de la información

Datensichtgerät *nt* <-(e)s, -e> (TECH) unidad *f* de representación [*o* de visualización] de datos; **Datenträger** *m* <-s, -> (INFOR) soporte *m* de datos; **Datentypist(in)** *m(f)* <-en, -en; -, -nen> operador(a) *m(f)* de un terminal (de datos); **Datenübermittlung** *f* <-, -en> (INFOR), **Datenübertragung** *f* <-, -en> (INFOR) transmisión *f* de datos; **Datenübertragungsgeschwindigkeit** *f* <-, -en> velocidad *f* de transmisión de datos; **Datenübertragungszeit** *f* <-, -en> (INFOR) tiempo *m* de transmisión de datos

Datenverarbeitung *f* <-, -en> (INFOR) tratamiento *m* de datos, procesamiento *m* de datos; **elektronische ~** tratamiento electrónico de datos; **Datenverarbeitungsanlage** *f* <-, -n> (INFOR) instalación *f* informática, computadoras *fpl*

Datenverwaltung *f* <-, -en> (INFOR) administración *f* de datos, gestión *f* de datos; **Datenwiederherstellung** *f* <-, *ohne pl*> (INFOR) recuperación *f* de datos; **Datenwust** *m* <-(e)s, *ohne pl*> (*abw*) revoltijo *m* de datos, lío *m* de datos; **Datenzentrale** *f* <-, -n> (INFOR) central *f* de datos; **Datenzwischenspeicher** *m* <-s, -> (INFOR) memoria *f* intermedia de datos

datieren* [da'ti:rən] **I.** *vt* fechar, datar; **datiert sein auf …** llevar fecha de… **II.** *vi* datar (*aus* de)

Dativ ['da:ti:f] *m* <-s, -e> (LING) dativo *m*; **im ~ stehen** estar en dativo; **Dativobjekt** *nt* <-s, -e> (LING) complemento *m* indirecto

dato ['da:to] *adv:* **bis ~** hasta la fecha (de hoy)

Datscha ['datʃa] *f* <-, Datschen> (*ostd*) dacha *f*

Dattel ['datəl] *f* <-, -n> dátil *m*; **Dattelpalme** *f* <-, -n> (BOT) palma *f* datilera

Datum ['da:tʊm] *nt* <-s, Daten> fecha *f*; **äußerstes ~** (WIRTSCH) fecha límite; **das Werk ist jüngeren ~s** la obra es de fecha reciente; **welches ~ haben wir heute?** ¿a qué fecha estamos hoy?; **mit ~ vom 10. Oktober** con fecha del 10 de octubre; **~ des Poststempels** fecha del matasellos, fecha del timbre de correo *Am;* **Datumsanzeige** *f* <-, -n> (INFOR) fecha *f* en pantalla; **Datumsgrenze** *f* <-, -n> línea *f* de cambio de fecha; **Datum(s)stempel** *m* <-s, -> **1.** (*Gerät*) fechador *m* **2.** (*Datum*) fecha *f*

Daube ['daʊbə] *f* <-, -n> (*Fass~*) duela *f*

Dauer ['daʊɐ] *f* <-, *ohne pl*> duración *f*; (*Zeitspanne*) período *m*; **festgesetzte ~** período fijo; **mit unbestimmter ~** con una duración indeterminada; **für die ~ eines Jahres** por un período de un año; **das war nicht von ~** esto no duró mucho; **auf die ~** a la larga;

Dauerarbeitslose(r) *mf* <-n, -n; -n, -n> parado, -a *m, f* de larga duración; **Dauerarbeitslosigkeit** *f* <-, *ohne pl*> paro *m* de larga duración [*o* permanente]; **Dauerauftrag** *m* <-(e)s, -träge> (FIN) orden *f* permanente; **Dauerbehandlung** *f* <-, -en> (MED) tratamiento *m* continuo [*o* permanente]; **Dauerbeschäftigung** *f* <-, -en> puesto *m* permanente; **in ~ bei einer Firma sein** tener un puesto fijo en una empresa; **Dauerbetrieb** *m* <-(e)s, *ohne pl*> (TECH) régimen *m* continuo; **Dauerbrenner** *m* <-s, -> **1.** (*Ofen*) estufa *f* de combustión lenta **2.** (*fam: Erfolg*) éxito *m* permanente; **Dauereinrichtung** *f* <-, -en> institución *f* permanente; **Dauererfolg** *m* <-(e)s, -e> éxito *m* permanente; **Dauerfeldbau** *m* <-(e)s, *ohne pl*> (AGR) labranza *f* continuada

Dauerfrost *m* <-(e)s, -fröste> helada *f* persistente; **Dauerfrostboden** *m* <-s, -böden> terreno *m* permanentemente congelado

Dauergast *m* <-(e)s, -gäste> **1.** (*Stammgast*) cliente *mf* fijo, -a; **~ in einem Lokal sein** ser cliente fijo [*o* habitual] de un establecimiento **2.** (*im Hotel*) huésped *mf* fijo, -a, residente *mf* fijo, -a; **sich (bei jdm) als ~ einrichten** quedarse a vivir (en casa de alguien); **dein Bruder will sich wohl bei uns als ~ einrichten, er ist schon seit Wochen zu Besuch** parece que tu hermano quiere quedarse de huésped permanente, ya lleva semanas de visita, aquí, en nuestra casa

dauerhaft *adj* duradero, permanente

Dauerhaftigkeit *f* <-, *ohne pl*> **1.** (*Beständigkeit*) estabilidad *f* **2.** (*Haltbarkeit*) durabilidad *f*, permanencia *f*

Dauerkarte *f* <-, -n> (billete *m* de) abono *m*, pase *m*; **Dauerlauf** *m* <-(e)s, -läufe> (SPORT) carrera *f* de resistencia; **Dauerlutscher** *m* <-s, -> chupa-chups® *m inv*

dauern ['daʊɐn] **I.** *vi* durar; (*lange*) tardar; **das dauert und dauert** tarda horas y horas; **das dauert wieder!** ¡cómo tarda!; **das dauert mir zu lange** tarda demasiado; **wie lange dauert es denn noch?** ¿cuánto tiempo más va durar eso?; **es dauert noch, bis wir ankommen** hay para rato hasta que lleguemos; **es dauerte nicht lange, bis sie zurückkehrte** no tardó en volver; **die Verhandlungen ~ schon drei Tage** las negociaciones duran ya tres días **II.** *vt* (*geh: leid tun*) dar pena [*o* lástima]; **das arme Tier dauerte mich** me dio lástima el pobre animal

dauernd ['daʊɐnt] *adv* a cada momento, sin cesar

dauernde(r, s) *adj* constante, permanente

Dauerobst *nt* <-(e)s, *ohne pl*> fruta *f* de fuera de temporada, fruta *f* de todo el año duradero [*o* permanente]; **Dauerparker(in)** *m(f)* <-s, -; -, -nen> *persona que aparca su coche por tiempo prolongado en un sitio determinado;* **Dauerregen** *m* <-s, *ohne pl*> (METEO) lluvia *f* continua; **Dauerschaden** *m* <-s, -schäden> (MED) daño *m* permanente; **Dauerstellung** *f* <-, -en> empleo *m* fijo; **Dauerstress**[RR] *m* <-es, *ohne pl*> estrés *m* permanente; **~ haben, im ~ sein** estar permanentemente estresado; **Dauerthema** *nt* <-s, -themen> tema *m* permanente; **Dauerton** *m* <-(e)s, -töne> (TEL, ELEK) tono *m* continuo; **Dauerwelle** *f* <-, -n> permanente *f*; **Dauerwirkung** *f* <-, -en> efecto *m* duradero; **Dauerzustand** *m* <-(e)s, -stände> estado *m* permanente

Däumchen ['dɔɪmçən] *nt* <-s, ->: **~ drehen** (*fam*) aburrirse

Daumen ['daʊmən] *m* <-s, -> (dedo *m*) pulgar *m*; **am ~ lutschen** chupar el dedo; **jdm die ~ drücken** (*fam*) desearle suerte a alguien; **Daumenabdruck** *m* <-(e)s, -drücke> huella *f* del pulgar, impresión *f* digital del pulgar; **daumenbreit** *adj* del ancho de un pulgar

Daumenlutscher(in) *m(f)* <-s, -; -, -nen> (*abw*) niño, -a *m, f* que se chupa el dedo

Daumennagel *m* <-s, -nägel> (ANAT) uña *f* del pulgar; **Daumenregister** *nt* <-s, -> registro *m* digital; **Daumenschraube** *f* <-, -n> empulgueras *fpl*

Däumling ['dɔɪmlɪŋ] *m* <-s, *ohne pl*> (*winzige Märchengestalt*) Pulgarcito *m*

Daune ['daʊnə] *f* <-, -n> plumón *m*; **Daunendecke** *f* <-, -n> edredón *m*; **daunenweich** *adj* suave como el plumón; **der Stoff ist ~** la tela es suave como el plumón

Daus [daʊs] *m*: **ei der ~!** (*alt*) ¡cáspita!

David(s)stern ['da:vɪt(s)-] *m* <-(e)s, -e> estrella *f* de David

Daviscup[RR] *m* <-s, *ohne pl*> (SPORT) copa *f* Davis

davon ['da:fɔn, da'fɔn] *adv* **1.** (*räumlich*) de aquí, de allí; **nicht weit ~** no muy lejos de aquí; **einige Meter ~ entfernt** a unos metros de aquí; **er ist auf und ~** tomó las de Villadiego **2.** (*Anteil*) de esto; **die Hälfte ~** la mitad de esto **3.** (*damit*) de esto; **~ kann man eine Suppe kochen** de esto se puede preparar una sopa **4.** (*Angelegenheit*) de ello, de esto; **hast du dich ~ erholt?** ¿te has recuperado de ello?; **was weißt du ~?** ¿qué sabes de esto?; **das hängt ~ ab, ob ...** esto depende de si...; **was habe ich denn ~?** ¿qué saco yo de esto? **5.** (*dadurch*): **~ kannst du krank werden** con eso te puedes enfermar; **ich bin ~ aufgewacht** me desperté por eso; **das kommt ~, dass ...** esto viene de que...; **davon|eilen** [-'---] *vi sein* (*geh*) salir corriendo; **davon|fahren** *irr vi sein* **1.** (*wegfahren*) alejarse; **im Auto/auf dem Fahrrad ~** marcharse en coche/en bicicleta; **das Auto fuhr mit quietschenden Reifen davon** el coche arrancó con chirrido de neumáticos; **sie schwang sich aufs Fahrrad und fuhr davon** se subió a la bici y se marchó **2.** (*schneller fahren*) adelantar; **jdm ~** pasar a alguien; **da-**

davon|fliegen [-'---] *irr vi sein* alzar el vuelo, echar a volar; **davon|gehen** *irr vi sein* marcharse; **davon|jagen** I. *vi sein* (*sich entfernen*) marcharse como una flecha, salir pitando II. *vt* (*vertreiben*) echar; **davon|kommen** *irr vi sein* librarse, salvarse; (*mit dem Leben*) salvarse, sobrevivir; **er ist noch mal davongekommen** se ha salvado de nuevo; **mit einem blauen Auge ~** (*fig*) salir sin mayores perjuicios; **mit dem Schrecken ~** llevarse (sólo) un susto; **sie kam mit einer Geldstrafe davon** le pusieron sólo una multa; **du kommst mir nicht ungeschoren davon** no te vas a salvar [*o* librar] (del castigo); **davon|laufen** *irr vi sein* 1. (*weglaufen*) echar a correr, huir; **als sie uns sahen, liefen sie davon** cuando nos vieron echaron a correr 2. (*fam: verlassen*) escaparse; **von zu Hause ~** escaparse de casa; **davon|machen** *vr:* **sich ~** (*fam*) escaparse, largarse; **davon|schleichen** *irr* I. *vi sein* escurrirse, escabullirse; **bedrückt ist er davongeschlichen** se escabulló abatido de allí II. *vr:* **sich ~** escurrirse, escaquearse; **sich auf leisen Sohlen ~** irse de puntillas; **davon|stehlen** *irr vr:* **sich ~** (*geh*) escabullirse, ausentarse disimuladamente; **davon|tragen** *irr vt* 1. (*Dinge*) llevarse 2. (*geh: Sieg*) conseguir 3. (*Verletzungen*) sufrir; **davon|ziehen** *irr vi sein* 1. (*weggehen*) partir, marcharse; **im Herbst ziehen die Vögel davon** en otoño se marchan [*o* migran] las aves 2. (*einen Vorsprung gewinnen*) sacar ventaja; **im Schlussspurt gelang es ihm, den anderen Läufern davonzuziehen** en el sprint final consiguió sacar ventaja a los otros corredores; **im Automobilbau sind die Japaner davongezogen** en la construcción de automóviles llevan ventaja los japoneses

davor ['da:fo:ɐ, da'fo:ɐ] *adv* 1. (*räumlich*) delante; **~ liegen** estar (tendido) delante; **~ sein** (*sich befinden*) estar delante; (*fam: verhindern*) interponerse; **wir wollten den Zaun abreißen, aber unser Nachbar war ~** queríamos arrancar la valla, pero se interpuso nuestro vecino; **~ stehen** estar (plantado) delante; **~ stellen** poner delante; **sich ~ stellen** plantarse delante 2. (*zeitlich*) antes; **kurz ~** poco antes; **einige Stunden ~** algunas horas antes 3. (*im Hinblick auf*) de esto, de ello; **er hat mich ~ gewarnt** me previno acerca de esto; **sie hat keine Angst ~** esto no le da miedo; **davor|liegen** *irr vi s.* **davor 1.**; **davor|sein** *irr vi sein s.* **davor 1.**; **davor|stehen** *irr vi s.* **davor 1.**; **davor|stellen** *vt, vr:* **sich ~** *s.* **davor 1.**

DAX *m* <-, *ohne pl*> (FIN) *Abk. von* **Deutscher Aktienindex** DAX *m* (*Índice Alemán de las Acciones*)

dazu ['da:tsu, da'tsu:] *adv* 1. (*räumlich*) a esto; **wozu gehört das? – ~** ¿a qué pertenece esto? – a esto 2. (*außerdem*) además, fuera de eso; **noch ~, wo ...** y además porque... 3. (*dafür*) para esto, para eso; **ich brauche ~ einen Hammer** para esto me hace falta un martillo; **er/das ist ~ da, um ...** él/esto está para...; **~ bist du noch zu jung** aún eres demasiado joven para esto; **ich habe keine Lust ~** no tengo ganas 4. (*darüber*) al respecto; **was meinst** [*o* **sagst**] **du ~?** ¿qué opinas al respecto? 5. (*Wend*): **das führt ~, dass ...** esto nos lleva a que... *+subj;* **wie komme ich denn ~?** (*warum bekomme ich das?*) ¿de dónde me viene eso?; **wie komme ich ~?** (*warum sollte ich es tun?*) ¿porqué (diablos) lo voy a hacer?, ¡no pienso hacerlo!; **wie kommt er ~?** (*auf diese Idee*) ¿cómo se le ocurre?; **dazu|geben** [-'---] *irr vt* añadir (*zu* a); **dazu|gehören*** *vi* formar parte (*zu* de); **das gehört eben auch dazu** esto también forma parte del asunto; **es gehört schon einiges dazu** se requiere cierta valentía para hacerlo

dazugehörige(r, s) *adj* correspondiente

dazu|gesellen* *vr:* **sich ~** unirse (*zu* a); **dazu|kommen** *irr vi sein* 1. (*ankommen*) llegar (en el momento en que) 2. (*hinzugefügt werden*) agregarse (*zu* a); **dazu kommt noch, dass er gelogen hat** y a esto hay que añadir que mintió; **dazu|legen** I. *vt* añadir; **legen Sie mir bitte noch ein Stück Käse dazu** póngame también un trozo de queso, por favor II. *vr:* **sich ~** acostarse al lado; **als das Kind allein nicht schlafen wollte, legte sie sich dazu** cuando el niño no quería dormir solo, se acostaba ella a su lado; **dazu|lernen** *vt* aprender; **man lernt ständig dazu** cada día se aprende algo nuevo

dazumal ['da:tsuma:l] *adv* (*alt*) por aquel entonces, en aquellos tiempos

dazu|rechnen *vt* añadir; **zur Endsumme muss man dann noch die Mehrwertsteuer ~** a la suma total aún hay que añadirle el IVA; **wenn ich dazurechne, wie viel Zeit fürs Fahren draufging, hat sich die Sache nicht gelohnt** si le sumo el tiempo que se fue en el viaje, el asunto no ha valido la pena

dazu|setzen I. *vt* 1. (*zu jdm setzen*) sentar al lado; **darf ich meine Tochter ~?** ¿puedo sentar a mi hija a su lado? 2. (*dazuschreiben*) añadir, escribir al lado; **möchtest du auf dieser Karte einen Gruß ~?** ¿quieres añadir un saludo en la postal? II. *vr:* **sich ~** sentarse al lado; **ist hier noch Platz? – ja, setzen Sie sich dazu!** ¿queda sitio aquí [*o* está libre este sitio]? – ¡sí, siéntese a nuestro lado!; **dazu|tun** *irr vt* añadir, agregar; **Dazutun** [-'--] *nt:* **ohne sein ~** sin su ayuda, sin su intervención

dazwischen ['da:tsvɪʃən, da'tsvɪʃən] *adv* 1. (*räumlich*) en medio; **die Eltern saßen auf dem Sofa, die beiden Kinder ~** los padres estaban sentados en el sofá y los dos hijos entre ellos 2. (*zeitlich*) en medio, de por medio; **es liegen einige Jahre ~** hay un par de años de por medio; **dazwischen|fahren**

[-'----] *irr vi sein* (*eingreifen*) interferir; (*unterbrechen*) interrumpir; **dazwischen|funken** [-'----] *vi* (*fam*) interrumpir; **dazwischen|kommen** *irr vi sein* **1.** (*hineinreichen*) caber; **mit der Hand komme ich dazwischen** me cabe la mano **2.** (*Ereignis*) ocurrir; (*Problem, Aufgabe*) surgir; **mir ist leider etwas dazwischengekommen** desgraciadamente me ha surgido un imprevisto; **dazwischen|reden** *vi* interrumpir; **dazwischen|rufen** *irr vi* interrumpir; **während eines Vortrags ~** interrumpir un discurso [*o* una conferencia]; **dazwischen|schlagen** *irr vi* repartir golpes, golpear a diestro y siniestro; **als die Insassen nicht auseinander gehen wollten, schlug der Aufseher mit einem Knüppel dazwischen** al no querer disolverse los reclusos, el vigilante repartió golpes con una porra; **dazwischen|stehen** *irr vi* **1.** (*zwischen Personen, Dingen stehen*) estar (de pie) en medio; **rechts ist ihre Mutter, links ihr Vater und sie steht dazwischen** a la derecha está su madre, a la izquierda su padre y ella está en medio **2.** (*unentschieden sein*) estar a caballo [*o* a medio camino] entre dos extremos; **mit seiner Meinung ~** estar a caballo entre dos opiniones; **religiös neigt sie weder dem Katholizismus noch dem Luthertum zu, sie steht (irgendwo) dazwischen** en lo religioso no se inclina ni por el catolicismo ni por el luteranismo, está a medio camino entre ambos **3.** (*trennend sein*) interponerse; **sie hätten sich längst vertragen, stünde nicht dieses Missverständnis dazwischen** se hubieran reconciliado ya hace tiempo si no se interpusiera ese malentendido entre ellos; **dazwischen|treten** *irr vi* imponerse; (*eingreifen*) intervenir

dB [de:'be:] *Abk. von* **Dezibel** dB

DB [de:'be:] *f Abk. von* **Deutsche Bahn** Ferrocarriles *mpl* Alemanes; (HIST) *Abk. von* **Deutsche Bundesbahn** Ferrocarriles *mpl* Federales Alemanes

DBB *Abk. von* **Deutscher Beamtenbund** Unión *f* Alemana de Funcionarios

DBP[1] *f* (HIST) *Abk. von* **Deutsche Bundespost** Correo *m* Federal Alemán

DBP[2] *nt Abk. von* **Deutsches Bundespatent** Patente *f* Federal Alemana

DCC [de:tse:'tse:] *f* <-, -(s)> (TECH) *Abk. von* **Digital Compact Cassette** cas(s)et(t)e *m o f* compacto digital

DD [de:'de:] (INFOR) *Abk. von* **Double Density** DD; **DD-Diskette** *f* <-, -n> (INFOR) disquete *m* de doble densidad

DDR [de:de:'ʔɛr] *f* <-> (HIST) *Abk. von* **Deutsche Demokratische Republik** RDA *f;* **die ehemalige** [*o* **frühere**] **~** la antigua RDA; **DDR-Bürger(in)** *m(f)* <-s, -; -, -nen> (HIST) ciudadano, -a *m, f* de la RDA

DDT® *nt* <-(s), *ohne pl*> (CHEM) *Abk. von* **Dichlordiphenyltrichloräthan** DDT® *m*

D-Dur *nt* <-, *ohne pl*> (MUS) re *m* mayor

deaktivieren* [de:ʔakti'vi:rən] *vt* desactivar

Deal ['di:l] *m* <-s, -s> (*sl*) acuerdo *m;* (*Geschäft*) negocio *m;* **mit jdm einen ~ machen** llegar a un acuerdo con alguien

dealen ['di:lən] *vi* traficar

Dealer(in) *m(f)* <-s, -; -, -nen> (*Drogen~*) traficante *mf* de droga(s), camello *m fam*

Debakel [de'ba:kəl] *nt* <-s, -> (*geh*) desastre *m*

Debatte [de'batə] *f* <-, -n> (*a.* POL) debate *m,* discusión *f;* **etw zur ~ stellen** poner algo a debate; **was steht zur ~?** ¿qué tenemos en el programa?

debattieren* *vi, vt* debatir (*über* sobre)

Debet ['de:bɛt] *nt* <-s, -s> (FIN) debe *m,* débito *m;* **jd ist** [*o* **steht**] **mit 1.000 DM im ~** alguien debe 1.000 marcos; **Debetseite** *f* <-, -n> (FIN) (lado *m* del) debe *m*

debil [de'bi:l] *adj* retrasado mental, oligofrénico

Debilität *f* <-, *ohne pl*> debilidad *f* mental

Debitor(in) ['de:bito:ɐ] *m(f)* <-s, -en; -, -nen> (FIN) deudor(a) *m(f)*

Debüt [de'by:] *nt* <-s, -s> estreno *m,* debut *m;* **sein ~ geben** hacer su debut

Debütant(in) [deby'tant] *m(f)* <-en, -en; -, -nen> debutante *mf,* principiante *mf*

Debütantin *f* <-, -nen> **1.** *s.* **Debütant** **2.** (*gesellschaftlicher Neuling*) debutante *f,* jovencita *f* en su puesta de largo, joven *f* que se presenta [*o* entra] en sociedad

debütieren* [deby'ti:rən] *vi* debutar; **als Hamlet/Sopranistin ~** debutar como Hamlet/soprano; **mit einem Werk ~** debutar con una obra

Dechant [dɛ'çant, 'dɛçant, *pl:* dɛ'çantən] *m* <-en, -en> (REL) deán *m*

dechiffrieren* [deʃɪ'fri:rən] *vt* descifrar

Dechiffrierung *f* <-, -en> desciframiento *m*

Deck [dɛk] *nt* <-(e)s, -s> (NAUT) cubierta *f;* **alle Mann an ~!** ¡todo el mundo a cubierta!; **an/unter ~ gehen** ir sobre/bajo cubierta

Deckadresse *f* <-, -n> dirección *f* ficticia [*o* falsa]

Deckaufbauten *mpl* (NAUT) superestructuras *fpl,* estructuras *fpl* sobre la cubierta de un barco

Deckbett *nt* <-(e)s, -en> **1.** (*Bettdecke*) colcha *f,* edredón *m* **2.** (*Schweiz: Bettbezug*) ropa *f* de cama

Deckblatt *nt* <-(e)s, -blätter> **1.** (PUBL: *Titelblatt*) portada *f* **2.** (BOT) bráctea *f*

Decke ['dɛkə] *f* <-, -n> **1.** (*Woll~*) frazada *f* (de lana), manta *f* (de lana); (*Bett~*) manta *f,* cobertor *m;* (*Tages~*) colcha *f,* sobrecama *f;* (*Pferde~*) manta *f* (para caballerías); **mit jdm unter einer ~ stecken** (*fam*) hacer causa común con alguien **2.** (*Tisch~*) mantel *m* **3.** (*Zimmer~*) techo *m;* **an die ~ gehen** (*fam*) subirse a la parra; **jdm fällt die ~ auf den Kopf** (*fam*) a alguien se le cae la casa encima

4. (*Asphalt~*) pavimento *m* (de asfalto) **5.** (*Mantel eines Autoreifens*) cubierta *f*

Deckel ['dɛkəl] *m* <-s, -> **1.** (*von Gefäßen*) tapa *f*, tapadera *f* **2.** (*Buch~*) tapa *f*, sobrecubierta *f* **3.** (*fam: Hut*) sombrero *m*; **eins auf den ~ kriegen** (*fam*) llevarse una bronca; **jdm eins auf den ~ geben** (*fam*) echar a alguien una bronca

decken ['dɛkən] **I.** *vt* **1.** (*be~*) cubrir, tapar; **ein Tuch über etw ~** cubrir [*o* tapar] algo con un paño **2.** (*Bedarf*) cubrir; (*Nachfrage*) satisfacer **3.** (*Tisch*) poner; **es ist für sechs Personen gedeckt** se ha puesto la mesa para seis personas; **sich an den gedeckten Tisch setzen** (*fig*) encontrarlo todo preparado **4.** (SPORT) marcar **5.** (*ein Verbrechen*) cubrir **6.** (FIN: *Scheck*) cubrir; **der Scheck ist nicht gedeckt** el cheque no está cubierto **7.** (ZOOL: *weibliche Tiere*) cubrir; (*Stuten*) acaballar **II.** *vr:* **sich ~** (*übereinstimmen*) coincidir; **ihre Aussagen ~ sich nicht mit seinen** sus declaraciones no coinciden con las de él

Deckenbeleuchtung *f* <-, -en> alumbrado *m* de techo; **Deckengemälde** *nt* <-s, -> (KUNST) fresco *m* de techo [*o* de cielo raso]; **Deckengewölbe** *nt* <-s, -> (ARCHIT) bóveda *f* de techo; **Deckenlampe** *f* <-, -n> lámpara *f* de techo; (*direkt angebracht*) plafón *m*

Deckfarbe *f* <-, -n> **1.** (*Wandfarbe*) pintura *f* que cubre bien **2.** (*Wasserfarbe*) témpera *f*

Deckflügel *m* <-s, -> (ZOOL) élitro *m*

Deckfrucht *f* <-, *ohne pl*> (AGR) fruto *m* de superficie

Deckgewebe *nt* <-s, -> (BIOL) tejido *m* de cubierta

Deckhaar *nt* <-(e)s, *ohne pl*> (ANAT) cabello *m*; (ZOOL) pelo *m*; **Deckhengst** *m* <-(e)s, -e> caballo *m* semental, padrote *m ZAm, Mex*, padrillo *m CSur;* **Deckmantel** *m* <-s, *ohne pl*> pretexto *m*; **unter dem ~ von ...** *+dat*, **unter dem ~ ...** *+gen* bajo pretexto de...; **Deckname** *m* <-ns, -n> nombre *m* falso [*o* fingido]

Deckoffizier *m* <-s, -e> (NAUT) **1.** (*alt: Dienstgrad*) *antiguo grado de la Marina, entre suboficial y oficial* **2.** (*Maat*) cabo *m* de cubierta

Deckung ['dɛkʊŋ] *f* <-, *ohne pl*> **1.** (MIL) defensa *f*; **jdm ~ geben** cubrir a alguien; **in ~ gehen** ponerse a cubierto **2.** (*eines Verbrechers*) encubrimiento *m* **3.** (*von Bedarf, Scheck*) cobertura *f*; **zusätzliche ~** cobertura adicional **4.** (*Übereinstimmung*) armonía *f*, compatibilidad *f*; **unterschiedliche Standpunkte zur ~ bringen** armonizar diferentes puntos de vista **5.** (SPORT: *der Spieler*) marcaje *m*; (*Verteidigung*) defensa *f*; **Deckungsauflage** *f* <-, -n> (PUBL: *von Titeln*) tirada *f* de cobertura; **Deckungsbeitrag** *m* <-(e)s, -träge> (WIRTSCH) margen *m* bruto; **Deckungsgeschäft** *nt* <-(e)s, -e> (WIRTSCH) operación *f* de cobertura; **deckungsgleich** *adj* congruente; **Deckungsgleichheit** *f* <-, *ohne pl*> **1.** (MATH) congruencia *f* **2.** (*Übereinstimmung*) coincidencia *f*; **Deckungsgrad** *m* <-(e)s, -e> grado *m* de recubrimiento; **Deckungskapital** *nt* <-s, *ohne pl*> (WIRTSCH) capital *m* de cobertura; **Deckungszusage** *f* <-, -n> (WIRTSCH) nota *f* de cobertura; **vorläufige ~** nota de cobertura provisional

Deckweiß *nt* <-es, -> (KUNST) blanco *m* opaco

Deckwort *nt* <-(e)s, -wörter> (palabra *f* en) clave *m*

Decoder [di'kɔʊdɐ] *m* <-s, -> (INFOR, TV) descodificador *m*

decodieren* [deko'di:rən] *vt* (INFOR) descodificar

Decrescendo [dekrɛ'ʃɛndo, *pl:* dekrɛ'ʃɛndi] *nt* <-s, -s *o* Decrescendi> (MUS) decrescendo *m*

Dedikationsexemplar *nt* <-s, -e> (MEDIA) ejemplar *m* dedicado [*o* con dedicatoria]

dediziert [dedi'tsi:ɐt] *adj* (INFOR) dedicado

Deduktion [dedʊk'tsjo:n] *f* <-, -en> deducción *f* (*aus* de)

deduktiv [dedʊk'ti:f] *adj* deductivo

deduzieren* [dedu'tsi:rən] *vt* deducir (*aus* de)

Deern [de:ɐn] *f* <-, -s> (*nordd: fam*) moza *f*

Deeskalation [deʔɛskala'tsjo:n] *f* <-, -en> (MIL) reducción *f* escalonada del armamento militar

de facto [de: 'fakto] *adv* de facto, de hecho; **De-facto-Anerkennung** *f* <-, -en> (JUR) reconocimiento *m* de facto

Defätismus [defɛ'tɪsmʊs] *m* <-, *ohne pl*> (*geh*) derrotismo *m*

Defätist(in) [defɛ'tɪst] *m(f)* <-en, -en; -, -nen> (*geh*) derrotista *mf*

defätistisch *adj* (*geh*) derrotista

Default [di'fɔ:lt] *nt* <-(s), -s> (INFOR) default *m*, definición *m* por defecto

defekt [de'fɛkt] *adj* defectuoso, averiado; **~er Sektor** (INFOR) sector defectuoso

Defekt *m* <-(e)s, -e> **1.** (TECH) avería *f* **2.** (MED) defecto *m*

defensiv [defɛn'zi:f] *adj* defensivo

Defensive [defɛn'zi:və] *f* <-, -n> defensiva *f*; **sich in die ~ begeben, in die ~ gehen** ponerse [*o* meterse] a la defensiva; **den Gegner in die ~ drängen** meter al enemigo a la defensiva

Defensivkrieg *m* <-(e)s, -e> (MIL) guerra *f* defensiva [*o* de defensa]; **Defensivspiel** *nt* <-(e)s, -e> (SPORT) juego *m* defensivo

defilieren* [defi'li:rən] *vi haben o sein* desfilar

definierbar [defi'ni:ɐba:ɐ] *adj* definible; **etw ist nicht ~** (MATH) algo no puede ser definido, algo es indefinible

definieren* [defi'ni:rən] *vt* definir; **die Farbe ist schwer zu ~** es difícil definir el color

Definition [defini'tsjo:n] *f* <-, -en> defini-

ción *f;* **laut** ~ según la definición
definitiv [defini'ti:f] *adj* definitivo
Defizit ['de:fitsɪt] *nt* <-s, -e> **1.** (WIRTSCH) déficit *m;* **ein** ~ **(ab)decken/ausgleichen** cubrir/equilibrar un déficit **2.** (*Mangel*) falta *f* (*an* de); **die Partei hat ein** ~ **an Popularität** el partido carece de popularidad
defizitär [defitsi'tɛ:ɐ] **I.** *adj* (*a.* WIRTSCH) deficitario **II.** *adv* (WIRTSCH) deficitariamente, con tendencia al déficit; **im angelaufenen Geschäftsjahr entwickelt sich der Konzern** ~ en el año en curso el consorcio presenta una evolución deficitaria [*o* hacia el déficit]
Defizithaushalt *m* <-(e)s, -e> (WIRTSCH) presupuesto *m* deficitario; **Defizitware** *f* <-, -n> (WIRTSCH) mercancía *f* en descubierto; **Defizitwirtschaft** *f* <-, *ohne pl*> economía *f* deficitaria
Deflation [defla'tsjo:n] *f* <-, -en> (WIRTSCH) deflación *f*
deflationär *adj* (WIRTSCH) deflacionario, deflacionista
deflationistisch *adj* (WIRTSCH) deflacionario
Deflationsrate *f* <-, -n> (WIRTSCH) tasa *f* de deflación
Defloration [deflora'tsjo:n] *f* <-, -en> (MED) desfloración *f*
deflorieren* [deflo'ri:rən] *vt* (MED) desflorar
Deformation *f* <-, -en> deformación *f*
deformieren* [defɔr'mi:rən] *vt* deformar
Deformierung *f* <-, -en> **1.** (MED) deformación *f;* (*im Mutterleib*) malformación *f* **2.** (PHYS: *Verformung*) deformación *f*
Defroster [de'frɔstɐ] *m* <-s, -> (AUTO) descongelante *m;* (*Sprühmittel*) spray *m* antihielo
deftig ['dɛftɪç] *adj* **1.** (*Essen*) fuerte, substancioso **2.** (*Spaß*) fuerte; (*anzüglich*) verde
Deftigkeit¹ *f* <-, -en> (*derbe Äußerung*) grosería *f*
Deftigkeit² *f* <-, *ohne pl*> (*des Essens, einer Äußerung*) su(b)stancia *f*
Degen ['de:gən] *m* <-s, -> espada *f*
Degeneration *f* <-, -en> (*a.* BIOL, MED) degeneración *f;* **Degenerationserscheinung** *f* <-, -en> síntoma *m* de degeneración, señal *f* de degeneración
degenerieren* [degene'ri:rən] *vi sein* (*a.* BIOL, MED) degenerar
Degenfechten *nt* <-s, *ohne pl*> (SPORT) esgrima *f*
degradieren* [degra'di:rən] *vt* (*a.* MIL) degradar (*zu* a)
Degradierung *f* <-, -en> **1.** (MIL) degradación *f;* **das Kriegsgericht verfügte seine** ~ **(vom Major zum Unteroffizier)** el consejo de guerra dictaminó su degradación (de mayor a suboficial) **2.** (*Herabwürdigung*) degradación *f,* denigración *f*
degressiv [degrɛ'si:f] *adj* (FIN: *Abschreibung*) decreciente
Degustation [degʊsta'tsio:n] *f* <-, -en> (GASTR: *geh*) degustación *f*
degustieren* [degʊs'ti:rən] *vt* (GASTR: *geh*) degustar
dehnbar ['de:nba:ɐ] *adj* **1.** (*Material*) elástico; (*in die Länge*) extensible; (PHYS) dilatable **2.** (*Begriff*) vago
Dehnbarkeit *f* <-, *ohne pl*> **1.** (*eines Materials*) elasticidad *f,* flexibilidad *f* **2.** (*eines Begriffs*) sentido *m* amplio
dehnen ['de:nən] **I.** *vt* **1.** (*Material*) estirar; (PHYS) dilatar; (MED: *Bänder*) extender **2.** (*Laute*) alargar **II.** *vr:* **sich** ~ **1.** (*weiter werden*) ensancharse **2.** (*sich recken*) estirarse, desperezarse **3.** (*lange dauern*) dilatarse
Dehnung *f* <-, -en> **1.** (*das Dehnen*) alargamiento *m,* prolongación *f;* (*Erweiterung*) extensión *f;* (*durch Ziehen*) estiramiento *m* **2.** (MED: *Weitung*) dilatación *f;* (*in der Länge*) elongación *f* **3.** (LING) alargamiento *m*
Dehydratation [de:hydrata'tsjo:n] *f* <-, -en> deshidratación *f*
dehydratisieren [dehydrati'zi:rən] *vt* (CHEM: *sl*) deshidratar, desecar; **dehydratisierte Lebensmittel** alimentos deshidratados [*o* liofilizados]
dehydrieren* [dehy'dri:rən] *vt* (CHEM) deshidratar, deshidrogenar
Dehydrierung *f* <-, -en> (CHEM) deshidrogenación *f*
Deibel ['daɪbəl] *m* <-s, -> (*nordd: fam*) diablo *m*
Deich [daɪç] *m* <-(e)s, -e> dique *m*
Deichsel ['daɪksəl] *f* <-, -n> lanza *f,* pértigo *m;* **Deichselbruch** ['daɪksəlbrʊx] *m* <-(e)s, -brüche> rotura *f* de lanza; **die Kutsche blieb wegen eines ~s liegen** la diligencia se quedó en el camino con la lanza rota
deichseln *vt* (*fam*) arreglar; **ich werde das schon** ~ ya lo arreglaré
Deichverband *m* <-(e)s, -bände> asociación *f* de diques (*corporación para el mantenimiento de diques protectores de una zona concreta*)
dein, deine, dein [daɪn] *pron poss* (*adjektivisch*) tu, tus *pl;* ~ **Mantel/Buch** tu abrigo/libro; **~e Lehrerin** tu maestra; **~e Freunde/Eltern** tus amigos/padres; **gehst du mit ~em Freund/~er Schwester/~en Nachbarn?** ¿vas con tu novio/tu hermana/tus vecinos?; **viele Grüße,** ~ **Peter** muchos saludos, Peter; **wie war noch mal** ~ **Name? – Tatjana** ¿cómo era tu nombre? – Tatjana; **du rauchst wohl auch so ~e drei Schachteln am Tag** tú también te fumarás unos tres paquetes al día
deine(r, s) ['daɪnə, -nɐ, -nəs] *pron poss* (*substantivisch*) (el) tuyo *m,* (la) tuya *f,* (los) tuyos *mpl,* (las) tuyas *fpl;* **der Wagen in der Einfahrt, ist das ~r?** el coche que está en la entrada, ¿es tuyo?; **meine Tochter ist kleiner als** ~ mi hija es más baja que la tuya; *s. a.* **dein, deine, dein**
deiner *pron pers gen von* **du** de ti; **wir werden stets** ~ **gedenken** (*geh*) siempre pensa-

remos en ti
deinerseits ['daɪnɐzaɪts] *adv* de tu parte
deinesgleichen ['daɪnəs'glaɪçən] *pron indef* de tu condición, tus semejantes; ~ **kenne ich schon allzu gut** a los de tu calaña los conozco muy bien
deinethalben ['daɪnət'halbən] *adv* (*alt*), **deinetwegen** *adv* por ti; (*negativ*) por tu culpa
deinetwillen ['daɪnət'vɪlən] *adv:* **um** ~ en consideración a ti, por ti
deinige ['daɪnɪgə] *pron poss:* **der/die/das** ~ *geh für* **deine(r, s)** el tuyo/la tuya; **die** ~**n** [*o* **D**~**n**] los tuyos, las tuyas
deins *pron poss s.* **deine(r, s)**
Deismus [de'ɪsmʊs] *m* <-, *ohne pl*> (PHILOS) deísmo *m*
deistisch *adj* (PHILOS) deísta
Déjà-vu-Erlebnis [deʒa'vyː-] *nt* <-ses, -se> (PSYCH) sensación *f* de haber vivido una situación ya una vez
de jure [deː'juːrə] *adv* (JUR) de jure, de derecho; **De-jure-Anerkennung** *f* <-, -en> (JUR) reconocimiento *m* de jure
Deka ['dɛka] *nt* <-(s), -> (*Österr*) *s.* **Dekagramm**
Dekade [de'kaːdə] *f* <-, -n> década *f*
dekadent [deka'dɛnt] *adj* decadente
Dekadenz *f* <-, *ohne pl*> decadencia *f;* (LIT) decadentismo *m*
Dekaeder [deka'eːdɐ] *m* <-s, -> (MATH) decaedro *m*
Dekagramm [deka'gram] *nt* <-s, -e> decagramo *m*
Dekalog [deka'loːk, *genitiv:* deka'loːgəs] *m* <-(e)s, *ohne pl*> (REL) Decálogo *m*, decálogo *m*
Dekan[1] *m* <-s, -e> (REL) deán *m*
Dekan(in)[2] [de'kaːn] *m(f)* <-s, -e; -, -nen> (UNIV) decano, -a *m, f*
Dekanat [deka'naːt] *nt* <-(e)s, -e> (UNIV, REL) decanato *m*
Dekanin *f* <-, -nen> *s.* **Dekan**[2]
Deklamation *f* <-, -en> **1.** (*Vortrag*) declamación *f;* (*Gedichte*) recitación *f* **2.** (*pathetische Äußerung*) palabras *fpl* vacías [*o* huecas]; **seine Versprechungen waren nur** ~**en** sus promesas no eran más que palabras huecas
deklamatorisch [deklama'toːrɪʃ] *adj* declamatorio
deklamieren* [dekla'miːrən] *vt* declamar
Deklaration [deklara'tsjoːn] *f* <-, -en> declaración *f*
deklarieren* [dekla'riːrən] *vt* declarar
Deklarierung *f* <-, -en> (FIN) declaración *f* (de aduana)
deklassieren* [dekla'siːrən] *vt* descalificar, degradar; (SPORT) superar
Deklassierung *f* <-, -en> (SPORT) desclasificación *f;* **unser Sieg bedeutet eine** ~ **des Gegners** nuestra victoria supone la desclasificación del adversario
Deklination [deklina'tsjoːn] *f* <-, -en> **1.** (GRAM) declinación *f*, flexión *f* nominal **2.** (PHYS: *Missweisung*) declinación *f* magnética
deklinierbar *adj* (GRAM) declinable; **Zahlwörter sind nicht** ~ los numerales no son declinables
deklinieren* [dekli'niːrən] *vt* (GRAM) declinar
dekodieren* [deko'diːrən] *vt* (INFOR) descodificar
Dekolleté *nt* <-s, -s>, **Dekolletee**[RR] [dekɔl'teː] *nt* <-s, -s> escote *m*
dekolletiert *adj* escotado; **ein tief** ~**es Kleid** un vestido muy escotado; **eine (tief)** ~**e Bedienung** una camarera (muy) escotada
Dekompression *f* <-, -en> (PHYS) descompresión *f;* **Dekompressionskammer** *f* <-, -n> (PHYS) cámara *f* de descompresión
dekomprimieren* [de-] *vt* (INFOR) descomprimir
Dekomprimierung *f* <-, -en> (INFOR) descompresión *f*
Dekontamination *f* <-, -en> descontaminación *f*
dekontaminieren* [dekɔntami'niːrən] *vt* descontaminar
Dekor [de'koːɐ] *m o nt* <-s, -s *o* -e> decoración *f*, adorno *m*
Dekorateur(in) [dekora'tøːɐ] *m(f)* <-s, -e; -, -nen> decorador(a) *m(f)*
Dekoration [dekora'tsjoːn] *f* <-, -en> decoración *f*, ornamentación *f*
dekorativ [dekora'tiːf] *adj* decorativo
dekorieren* [deko'riːrən] *vt* decorar, adornar
Dekostoff ['deːkoʃtɔf] *m* <-(e)s, -e> tela *f* para decoración
Dekret [de'kreːt] *nt* <-(e)s, -e> decreto *m*
dekretieren* [dekre'tiːrən] *vt* decretar; **Maßnahmen** ~ decretar [*o* dictar] medidas
dekuvrieren* [deku'vriːrən] **I.** *vt* (*geh*) descubrir; **dunkle Machenschaften** ~ sacar a la luz turbios manejos; **jdn** ~ desenmascarar a alguien; **der scheinbar seriöse Geschäftsmann wurde als Betrüger dekuvriert** se descubrió que el aparentemente honorable hombre de negocios era un estafador **II.** *vr:* **sich** ~ (*geh*) descubrirse, quedar al descubierto; **sich als Betrüger/Hochstapler** ~ resultar ser un impostor/un estafador
Deleatur(zeichen) [dele'aːtuːɐ-] *nt* <-s, -> (TYPO: *Tilgungszeichen*) dele *m*, deleátur *m*
Delegation [delega'tsjoːn] *f* <-, -en> delegación *f;* **Delegationschef(in)** *m(f)* <-s, -s; -, -nen> jefe, -a *m, f* de delegación
delegieren* [dele'giːrən] *vt* delegar (*an* en)
Delegierte(r) [dele'giːɐtɐ] *mf* <-n, -n; -n, -n> delegado, -a *m, f*
Delfin[RR] *m* <-s, -e> *s.* **Delphin**
Delfinarium[RR] [dɛlfi'naːriʊm] *nt* <-s, Delfinarien> *s.* **Delphinarium**
Delfinschwimmen[RR] *nt* <-s, *ohne pl*> *s.* **Delphinschwimmen**

Delfter ['dɛlftɐ] *adj inv* (KUNST) de Delft; ~ **Porzellan/Kacheln** porcelana/azulejos de Delft

delikat [deli'ka:t] *adj* (*geh*) **1.** (*wohlschmeckend*) delicioso, exquisito **2.** (*heikel*) delicado

Delikatesse [delika'tɛsə] *f* <-, -n> **1.** (*Leckerbissen*) exquisitez *f;* (*Gericht*) plato *m* exquisito **2.** (*geh: Zartgefühl*) delicadeza *f,* finura *f;* **Delikatessengeschäft** *nt* <-(e)s, -e> tienda *f* de exquisiteces

Delikt [de'lɪkt] *nt* <-(e)s, -e> (JUR) delito *m,* felonía *f Am;* **Deliktshaftung** *f* <-, -en> (JUR) responsabilidad *f* criminal

Delinquent(in) [delɪŋ'kvɛnt] *m(f)* <-en, -en; -, -nen> (*geh*) delincuente *mf*

Delirien *pl von* **Delirium**

delirieren* [deli'ri:rən] *vi* (MED) delirar

Delirium [de'li:riʊm] *nt* <-s, Delirien> delirio *m;* ~ **tremens** delirio tembloroso, delírium trémens *m*

Delkredere [dɛl'kre:dərə] *nt* <-, -> (WIRTSCH) delcrédere *m;* **Delkredereagent(in)** *m(f)* <-en, -en; -, -nen> (WIRTSCH) comisionista *mf* de delcrédere; **Delkrederekommission** *f* <-, -en> (WIRTSCH) comisión *f* de garantía [*o* de delcrédere]

Delle ['dɛlə] *f* <-, -n> (*reg*) abolladura *f,* bollo *m*

delogieren* [delo'ʒi:rən] *vt* (*Österr*) desalojar; **nicht auszugswillige Mieter wurden gewaltsam delogiert** se desalojó a la fuerza a los inquilinos que no querían desocupar la casa

Delphin [dɛl'fi:n] *m* <-s, -e> (ZOOL) delfín *m,* bufeo *m Ant, Hond, Mex*

Delphinarium *nt* <-s, Delphinarien> delfinario *m*

Delphinschwimmen *nt* <-s, *ohne pl*> (SPORT) estilo *m* mariposa

Delta[1] ['dɛlta] *nt* <-s, -s *o* Delten> (GEO) delta *m*

Delta[2] *nt* <-(s), -s> (*griechischer Buchstabe*) delta *f*

Deltaablagerung *f* <-, -en> (GEO) sedimento *m* delta; **deltaförmig** *adj* (*a.* MED) deltoides *inv;* **Deltagleiter** *m* <-s, -> ala *f* delta; **mit einem ~ fliegen** volar en [*o* con] ala delta; **Deltamündung** *f* <-, -en> (GEO) delta *m,* desembocadura *f* en forma de delta; **Deltastrahlen** *mpl* (PHYS) rayos *mpl* delta

Delten *pl von* **Delta**[1]

De-Luxe-Ausführung [də'lyksaʊsfy:rʊŋ] *f* <-, -en> modelo *m* de lujo, versión *f* de lujo; **in ~** en versión de lujo

dem [de(:)m] *art best o pron dem o pron rel dat von* **der, das** *s.* **der, die, das**

Demagoge, -in [dema'go:gə] *m, f* <-n, -n; -, -nen> (*abw*) demagogo, -a *m, f*

Demagogie [demago'gi:] *f* <-, -n> (*abw*) demagogia *f*

Demagogin *f* <-, -nen> *s.* **Demagoge**

demagogisch *adj* (*abw*) demagógico

Demarche [de'marʃ(ə)] *f* <-, -n> (POL) gestión *f;* **bei jdm eine ~ unternehmen** hacer una gestión [*o* gestiones] ante alguien

Demarkationslinie [demarka'tsjo:ns-] *f* <-, -n> (POL, MIL) línea *f* de demarcación

demaskieren* [demas'ki:rən] *vt* desenmascarar

Dementi [de'mɛnti] *nt* <-s, -s> mentís *m inv*

dementieren* *vt* desmentir

Dementierung *f* <-, -en> desmentido *m,* desmentida *f,* mentís *m*

dementsprechend ['de:mʔɛnt'ʃprɛçənt] **I.** *adj* correspondiente; **eine ~e Antwort erhalten** recibir la contestación correspondiente **II.** *adv* **1.** (*... entsprechend*): **sie wurden ~ behandelt** los trataron conforme a lo ocurrido **2.** (*demnach*) por consiguiente; ~ **war sie als Erste zu Hause** por consiguiente fue la primera en llegar a casa

demgegenüber ['---'--] *adv* en cambio, por el contrario; **sie behauptete ~, dass ...** afirmó por el contrario que...

demgemäß ['de:mgəmɛ:s] *adj o adv s.* **dementsprechend**

demilitarisieren* *vt* (MIL) desmilitarizar

Demilitarisierung *f* <-, -en> (MIL) desmilitarización *f*

Demission [demɪ'sjo:n] *f* <-, -en> (POL: *Rücktritt*) demisión *f*

demissionieren* [demɪsio'ni:rən] *vi* **1.** (POL) dimitir, renunciar a un cargo público **2.** (*Schweiz: kündigen*) rescindir el contrato de trabajo, despedirse del puesto de trabajo

demnach ['--] *adv* consiguientemente, por lo tanto; **es ist ~ unmöglich, dass ...** por lo tanto es imposible que...

demnächst [de:m'nɛ:kst] *adv* próximamente, dentro de poco

Demo ['de:mo] *f* <-, -s> (*fam*) mani *f*

demobilisieren* [demobili'zi:rən] *vt* (MIL, POL) desmovilizar

Demodulation [demodula'tsjo:n] *f* <-, -en> (INFOR, TEL) demodulación *f*

Demografie[RR] [demogra'fi:] *f* <-, -n> demografía *f*

demografisch[RR] *adj* demográfico

Demographie *f* <-, -n> *s.* **Demografie**

demographisch *adj s.* **demografisch**

Demökologie [demøkolo'gi:] *f* <-, *ohne pl*> demoecología *f*

Demokrat(in) [demo'kra:t] *m(f)* <-en, -en; -, -nen> demócrata *mf*

Demokratie [demokra'ti:] *f* <-, -n> democracia *f;* **konstitutionelle ~** democracia constitucional; **parlamentarische ~** democracia parlamentaria

Demokratin *f* <-, -nen> *s.* **Demokrat**

demokratisch [demo'kra:tɪʃ] *adj* democrático, demócrata; **~e Regierung** gobierno democrático

demokratisieren* [demokrati'zi:rən] *vt* democratizar

Demokratisierung *f* <-, -en> democratización *f*

demolieren* [demo'li:rən] *vt* demoler

Demonstrant(in) [demɔn'strant] *m(f)* <-en, -en; -, -nen> manifestante *mf*

Demonstration [demɔnstra'tsjo:n] *f* <-, -en> **1.** (*Protestmarsch*) manifestación *f* (*für* a favor de, *gegen* en contra de) **2.** (*geh: Bekundung*) demostración *f*; ~ **militärischer Stärke** demostración de la fuerza militar; **Demonstrationsmaterial** *nt* <-s, -ien> material *m* de apoyo [*o* de enseñanza]; **Demonstrationsrecht** *nt* <-(e)s, *ohne pl*> derecho *m* de manifestación; **Demonstrationszug** *m* <-(e)s, -züge> manifestación *f* callejera

demonstrativ [demɔnstra'ti:f] **I.** *adj* demostrativo, ostensivo, ostensible **II.** *adv* ostensivamente; **Demonstrativpronomen** *nt* <-s, - *o* -pronomina> (LING) pronombre *m* demostrativo

demonstrieren* **I.** *vi* (*protestieren*) manifestarse (*für* a favor de, *gegen* en contra de) **II.** *vt* (*bekunden*) demostrar; **die Regierung demonstriert ihre Entschlossenheit** el gobierno demuestra su firmeza

Demontage [demɔn'ta:ʒə] *f* <-, -n> **1.** (*von Industrieanlagen*) desmantelamiento *m* **2.** (*von Maschinen*) desarme *m*, desmontaje *m* **3.** (*von Sozialleistungen*) desmontaje *m*

demontieren* *vt* desmontar, desarmar

Demoralisation *f* <-, *ohne pl*> desmoralización *f*

demoralisieren* [demorali'zi:rən] *vt* desmoralizar

Demoskop(in) [demo'sko:p] *m(f)* <-en, -en; -, -nen> especialista *mf* en demoscopia

Demoskopie[1] [demosko'pi:] *f* <-, *ohne pl*> (*Verfahren*) demoscopia *f*

Demoskopie[2] *f* <-, -n> (*Umfrage*) sondeo *m* de la opinión pública

Demoskopin *f* <-, -nen> *s.* **Demoskop**

demoskopisch *adj* demoscópico

demselben *pron dem dat von* **derselbe, dasselbe** *s.* **derselbe, dieselbe, dasselbe**

Demut ['de:mu:t] *f* <-, *ohne pl*> humildad *f*; **in** ~ con humildad

demütig ['de:my:tɪç] *adj* humilde; (*unterwürfig*) sumiso

demütigen *vt* humillar; **etw ist (für jdn) ~d** algo es humillante (para alguien)

Demütigung *f* <-, -en> humillación *f*

demzufolge ['--'--] *adv* (*folglich*) por lo tanto, por consiguiente; **er lag zur fraglichen Zeit im Krankenhaus, ~ kann er nicht der Täter sein** durante el tiempo en cuestión estaba en el hospital, por lo tanto no puede ser el culpable

den *art best o pron dem o pron rel akk von* **der** *dat von pl* **die** *s.* **der, die, das**

denaturieren* [denatu'ri:rən] *vt* (CHEM) desnaturalizar

Dendrit [dɛn'dri:t] *m* <-en, -en> (ANAT, GEO) dendrita *f*

Dendrochronologie [dɛndro-] *f* <-, *ohne pl*> dendrocronología *f*

denen *pron dem o pron rel dat von pl* **die** *s.* **der, die, das**

dengeln ['dɛŋəln] *vt* martill(e)ar; (*schärfen*) afilar; **die Sense** ~ afilar la guadaña

Denguefieber ['dɛŋge-] *nt* <-s, *ohne pl*> (MED) fiebre *f* dengue

Den Haag *nt* <- -s> La Haya *f*

Denim® *nt o m* <-s, *ohne pl*> (*Textil*) tela *f* de vaquero azul

Denitrifikation [denitrifika'tsjo:n] *f* <-, *ohne pl*> (CHEM) desnitrificación *f*

Denkansatz *m* <-es, -sätze> punto *m* de partida; **ein interessanter ~, von dem Sie ausgehen!** ¡es interesante su punto de partida!; **Denkanstoß** *m* <-es, -stöße> estímulo *m* para reflexionar [*o* para pensar]; **Denkaufgabe** *f* <-, -n> problema *m* de lógica

denkbar **I.** *adj* imaginable, posible **II.** *adv* (*sehr*) sumamente; **ein ~ günstiges Angebot** una oferta sumamente favorable

Denke *f* <-, *ohne pl*> (*sl: Denkart*) ideas *fpl* (políticas)

denken ['dɛŋkən] <denkt, dachte, gedacht> **I.** *vi* **1.** (*überlegen*) pensar (*an* en, *über/von* de); (*nach~*) meditar, reflexionar; (*logisch*) razonar; **ich denke, also bin ich** pienso, luego existo; **laut** ~ (*fam*) pensar en voz alta; **das gibt mir zu** ~ esto me da que pensar; **solange ich ~ kann** hasta donde mi memoria alcanza; **ich denke nicht daran, das zu tun!** ¡no pienso hacerlo!; **ich darf gar nicht daran** ~ no quiero ni pensarlo; **ich denke daran, mir ein neues Fahrrad zu kaufen** pienso comprarme una bici nueva; **wie denkst du darüber?** ¿qué piensas tú de eso? **2.** (*sich erinnern*) acordarse (*an* de), recordar (*an*); **denk daran!** ¡recuérdalo!, ¡no se te olvide!; **wenn ich so an früher denke** al recordar los tiempos pasados **3.** (*annehmen*) pensar, suponer; **wer hätte das gedacht** quién lo hubiera pensado; **man sollte ~, dass ...** debería suponerse que...; **ich denke schon** creo que sí; **wo ~ Sie hin!** ¿qué se ha figurado Ud.? **4.** (*wollen*) querer; **ganz wie Sie** ~ como Ud. quiera; **mach, wie du denkst!** ¡hazlo como quieras! **II.** *vt* (*sich vorstellen*) imaginarse, figurarse; **was denkst du gerade?** ¿qué estás pensando?; **das hätte ich nicht von ihm gedacht!** ¡no me hubiera imaginado esto de él!; **wie hast du dir das gedacht?** ¿cómo te lo has figurado?; **ich habe mir das anders gedacht** me lo imaginé de otra manera; **das kann ich mir** ~ ya me lo imagino; **das hast du dir wohl so gedacht!** ¡eso te gustaría!; **ich denke mir meinen Teil** ya sacaré yo mis conclusiones; **ich habe mir nichts Böses dabei gedacht** no lo hice con mala intención; **wie ist das gedacht?** ¿qué sentido tiene esto?; **für jdn/etw gedacht sein** ser para alguien/algo

Denken *nt* <-s, *ohne pl*> **1.** (*Nach~*) reflexión *f* **2.** (*logisches ~*) raciocinio *m*, razonamiento *m*; **positives ~** pensamiento positivo

Denker(in) *m(f)* <-s, -; -, -nen> pensador(a) *m(f)*, filósofo, -a *m, f*; **Denkerfalte** *f* <-, -n> (*hum*) arrugas *fpl* de mucho [*o* tanto] pensar

Denkerin *f* <-, -nen> *s.* **Denker**

Denkerstirn *f* <-, -en> (*hum*) frente *f* amplia (de mucho pensar)

Denkfabrik *f* <-, -en> fábrica *f* de ideas; **denkfaul** *adj* lerdo; **Denkfaulheit** *f* <-, *ohne pl*> pereza *f* mental; **Denkfehler** *m* <-s, -> error *m* de lógica; **Denkhilfe** *f* <-, -n> *ayuda para pensar y poder resolver un problema;* **jdm eine ~ geben** dar a alguien una pista

Denkmal ['dɛŋkmaːl] *nt* <-s, -mäler *o* -e> monumento *m*; **jdm ein ~ setzen** [*o* **errichten**] erigir un monumento a alguien; **Denkmalpflege** *f* <-, *ohne pl*> conservación *f* de monumentos; **Denkmalpfleger(in)** *m(f)* <-s, -; -, -nen> conservador(a) *m(f)* de monumentos; **Denkmalschutz** *m* <-es, *ohne pl*> protección *f* de monumentos [*o* del patrimonio nacional]; **etw unter ~ stellen** declarar algo monumento nacional; **unter ~ stehen** ser declarado monumento nacional

Denkmalspflege *f* <-, *ohne pl*> *s.* Denkmalpflege; **Denkmalspfleger(in)** *m(f)* <-s, -; -, -nen> *s.* Denkmalpfleger; **Denkmalsschutz** *m* <-es, *ohne pl*> *s.* **Denkmalschutz**

Denkmodell *nt* <-s, -e> modelo *m* de pensamiento; **Denkpause** *f* <-, -n> pausa *f* para reflexionar; **eine ~ einlegen** hacer una pausa para la reflexión; **Denkpotential** *nt* <-s, -e> capacidad *f* mental; **Denkprozess**[RR] *m* <-es, -e> proceso *m* de entendimiento; **Denkschema** *nt* <-s, -s *o* -schemata *o* -schemen> esquema *m* mental; **in althergebrachte Denkschemata verfallen** caer en esquemas de pensamiento tradicionales; **Denkschrift** *f* <-, -en> memorándum *m*, memoria *f*

Denksport *m* <-(e)s, *ohne pl*> resolución *f* de problemas lógicos; **Denksportaufgabe** *f* <-, -n> rompecabezas *m inv*

denkste *interj* (*fam*) ¡y un jamón!

Denkübung *f* <-, -en> ejercicio *m* mental [*o* para la mente]; **Denkvermögen** *nt* <-s, *ohne pl*> **1.** (*Intelligenz*) capacidad *f* intelectual; **er hat nur ein sehr geringes ~** su capacidad intelectual es muy limitada **2.** (*Konzentration*) capacidad *f* de pensar, capacidad *f* de concentración; **nach vierzehn Stunden Arbeit ist mein ~ ziemlich eingeschränkt** tras catorce horas de trabajo, mi capacidad para pensar es bastante restringida; **Denkweise** *f* <-, -n> modo *m* de pensar; **denkwürdig** *adj* memorable, recordable; **Denkwürdigkeit** *f* <-, *ohne pl*> carácter *m* memorable; **Denkzettel** *m* <-s, -> lección *f*; **jdm einen ~ geben** [*o* **verpassen**] dar a alguien una lección

denn [dɛn] **I.** *part* pues; **was ist ~ passiert?** ¿qué ha pasado, pues?; **warum/wo ~?** pues ¿por qué/dónde?; **ist das ~ so schlimm?** ¿es tan grave, pues?; **wieso ~ nicht?** ¡cómo que no!; **kannst du ~ nicht aufpassen?** ¿pero no puedes prestar atención?; **geschweige ~** y menos **II.** *konj* **1.** (*weil*) pues, puesto que, porque; **ich wollte gehen, ~ es wurde schon dunkel** quería irme, pues se estaba haciendo de noche **2.** (*einschränkend*): **es sei ~, dass ...** a no ser que... *+subj* **3.** (*geh: als*) que; **mehr ~ je** más que nunca; **als treuer Freund bist du mir lieber ~ als Ehemann** te prefiero como amigo fiel que como marido

dennoch ['dɛnɔx] *adv* a pesar de todo, no obstante; **ich werde es ~ tun** a pesar de todo lo haré

denselben *pron dem o pron dem akk von* **derselbe** *dat von* **dieselben** *s.* **derselbe**, **dieselbe**, **dasselbe**

dental [dɛn'taːl] *adj* (MED, LING) dental

Dental *m* <-s, -e> (LING) (sonido *m*) dental *f*

Denudation [denuda'tsjoːn] *f* <-, -en> (GEO) denudación *f*

Denunziant(in) [denʊn'tsjant] *m(f)* <-en, -en; -, -nen> (*abw*) denunciante *mf*, delator(a) *m(f)*

Denunziantentum *nt* <-s, *ohne pl*> (*abw*) modo *m* de ser del denunciante

Denunziantin *f* <-, -nen> *s.* **Denunziant**

Denunziation *f* <-, -en> (*abw*) denuncia *f*

denunzieren* [denʊn'tsiːrən] *vt* (*abw*) denunciar, batir *CSur*

Deo ['deːo] *nt* <-s, -s>, **Deodorant** [deodo'rant] *nt* <-s, -e *o* -s> desodorante *m*

deodorierend **I.** *adj* desodorante; **~e Sprays** esprays desodorantes **II.** *adv* con acción desodorante; **~ wirken** tener acción desodorante, desodorizar

Deoroller *m* <-s, -> desodorante *m* de bola; **Deospray** *m* <-s, -s> desodorante *m* atomizador; **Deostift** *m* <-(e)s, -e> desodorante *m* en barra

Departement [departə'mãː] *nt* <-s, -s> (ADMIN: *Frankreich, Schweiz*) departamento *m*

Dependance [depã'dãs] *f* <-, -n> **1.** (*geh: Zweigstelle*) dependencia *f* **2.** (*Hotelnebengebäude*) anexo *m*

Dependenztheorie [depɛn'dɛnts-] *f* <-, -n> (WIRTSCH) teoría *f* de la dependencia

Depesche [de'pɛʃə] *f* <-, -n> telegrama *m*

deplatziert[RR] [depla'tsiːɐt] *adj*, **deplaziert** *adj* fuera de lugar, impropio

Deponie [depo'niː] *f* <-, -n> vertedero *m*, basurero *m*; **geordnete ~** basurero clasificado

deponieren* *vt* depositar

Deponiesickerwasser *nt* <-s, *ohne pl*> agua *f* de filtración de basurero

Deportation [depɔrta'tsjo:n] *f* <-, -en> deportación *f*
Deportgeschäft [de'pɔrt-] *nt* <-(e)s, -e> (FIN) venta *f* de acciones a plazo y a la baja, deport *m*
deportieren* [depɔr'ti:rən] *vt* deportar
Deportierte(r) *mf* <-n, -n; -n, -n> deportado, -a *m, f*
Depositen [depo'zi:tən] *ntpl* (FIN) depósitos *mpl*, fondos *mpl* depositados; **Depositeneinlage** *f* <-, -n> (FIN) depósito *m;* **Depositengeschäft** *nt* <-(e)s, -e> (FIN) operación *f* de depósito; **Depositenquittung** *f* <-, -en> (FIN) recibo *m* de depósito
Depot [de'po:] *nt* <-s, -s> **1.** (*Sammellager*) depósito *m*, almacén *m* **2.** (*einer Bank*) depósito *m* **3.** (*Fahrzeugpark*) terminal *m* **4.** (GASTR: *bei Wein*) bodega *f* **5.** (*Schweiz: Flaschenpfand*) fianza *f* para el casco; **Depotgeschäft** *nt* <-(e)s, -e> (FIN) operación *f* de depósito; **Depotwechsel** *m* <-s, -> (FIN) letra *f* de cambio de depósito
Depp [dɛp] *m* <-en *o* -s, -e(n)> (*abw*) tonto, -a *m, f*, imbécil *mf*
deppert ['dɛpɐt] **I.** *adj* (*südd, Österr: fam*) imbécil, idiota; **was soll diese ~e Frage?** ¿qué significa esa pregunta tan estúpida? **II.** *adv* (*südd, Österr: fam*) como un(a) idiota; **stell dich nicht so ~ an!** ¡no te comportes como un imbécil!
Depression [deprɛ'sjo:n] *f* <-, -en> (PSYCH, WIRTSCH, GEO) depresión *f;* **neurotische/psychotische ~en** depresiones neuróticas/sicópatas
depressiv *adj* **1.** (*Stimmung*) depresivo **2.** (WIRTSCH) recesivo
deprimieren* [depri'mi:rən] *vt* deprimir; **er ist ganz deprimiert** está muy deprimido; **~d sein** ser deprimente
Deputat [depu'ta:t] *nt* <-(e)s, -e> (SCH, UNIV) horas *fpl* lectivas (de un docente)
Deputation *f* <-, -en> (*alt*) delegación *f*
deputieren* *vt* (MIL, POL) delegar, comisionar
Deputierte(r) [depu'ti:ɐtɐ] *mf* <-n, -n; -n, -n> (POL) diputado, -a *m, f*
der *art best o pron dem gen/dat von* **die** *gen von pl* **die** *s.* **der, die, das**
der, die, das [de:ɐ, di:, das] <die> **I.** *art best* el *m*, la *f*, los *mpl*, las *fpl* **II.** *pron dem* **1.** (*adjektivisch: hier*) este, -a *m, f*, estos *mpl*, estas *fpl;* (*da*) ese, -a *m, f*, esos *mpl*, esas *fpl;* **das Kind dort** aquel niño **2.** (*substantivisch*) éste, -a *m, f*, esto *nt*, éstos *mpl*, éstas *fpl;* **was ist das?** ¿qué es eso?; **wer ist/sind die?** ¿quién es ésa/quiénes son ésos/ésas?; **das hier/da** esto (de aquí)/eso (de ahí); **~/die dort** el/la de allí; **~ war es** fue éste; **das bin ich** éste soy yo; **~ mit dem Koffer** ése de la maleta; **ist das Ihr Auto?** ¿es (éste) su coche?; **nimm den hier** coge éste; **zu der und der Zeit** a tal y tal hora; **~ und arbeiten?** ¿ése, trabajar?; **auch das noch** lo que faltaba; **weißt du noch das, was du mich fragen wolltest?** ¿te acuerdas de lo que me querías preguntar?; **wie dem auch sei** sea como sea; **ich bin mir dessen bewusst** soy consciente de esto; **wenn dem so ist ...** en este caso...; **nach dem, was ich gehört habe** según lo que me han dicho; **warst du diejenige, die ...?** ¿fuiste tú la que...?; *s. a.* **diese(r, s), jene(r, s), derjenige III.** *pron rel* que, quien, quienes *pl*, el/la cual, los/las cuales *pl;* **der Mensch, ~ das getan hat** la persona que lo ha hecho; **sie war/waren die Erste/Ersten, die ...** fue la primera/fueron los primeros que...; **der Mann, bei dem er wohnt** el hombre con quien [*o* con el cual] vive; **der Nachbar, dessen Hund so oft bellt** el vecino cuyo perro ladra tan a menudo
derart ['--] *adv* de tal manera, tanto; **er hat mich ~ geärgert, dass ...** me enfadó de tal manera que...
derartig **I.** *adj* de este tipo, semejante; **sie führt gern ~e Gespräche** le gusta mantener conversaciones de este tipo **II.** *adv* de tal manera, tanto; **er schnarchte ~, dass ...** roncaba de tal manera que...
derb [dɛrp] *adj* **1.** (*kräftig*) fuerte, recio **2.** (*stabil*) sólido **3.** (*Ausdruck*) grosero, vulgar **4.** (*Person*) grosero, pelado *Mex*
Derbheit[1] *f* <-, -en> (*derbe Äußerung*) grosería *f*, rudeza *f*, tosquedad *f*
Derbheit[2] *f* <-, *ohne pl*> **1.** (*derbes Wesen*) ordinariez *f;* **an der ~ seiner Manieren erkennt man gleich, aus welchem Milieu er stammt** en sus modales tan burdos se reconoce de inmediato su procedencia social **2.** (*feste Beschaffenheit*) solidez *f*
Derby ['dɛrbi] *nt* <-s, -s> (SPORT) derby *m*
Deregulierung [de-] *f* <-, -en> (FIN) desregulación *f*
dereinst [de:ɐ'ʔaɪnst] *adv* (*geh*) algún día, en un futuro
deren ['de:rən] *pron dem o pron rel gen von* **die** *s.* **der, die, das**
derenthalben ['de:rənt'halbən] *adv* (*alt*), **derentwegen** ['de:rənt've:gən] *adv* (*relativisch*) por los cuales; (*demonstrativ*) por causa de ellos
derentwillen ['de:rənt'vɪlən] *adv:* **um ~** (*ihr zuliebe*) por ella; (*ihnen zuliebe*) por ellos
derer ['de:rɐ] *pron dem gen von pl* **die** *s.* **der, die, das**
dergestalt ['---] *adv* (*geh*) de tal manera; **~, dass ...** de tal manera que...
dergleichen ['-'--] *pron dem inv* semejante, parecido; **er tat nichts ~** no hizo nada parecido; **und ~ mehr** y más cosas parecidas
Derivat *nt* <-(e)s, -e> (BIOL, CHEM, LING) derivado *m*
Derivativ *nt* <-s, -e> (LING) derivado *m*
derjenige, diejenige, dasjenige ['de:ɐje:nɪgə, 'di:je:nɪgə, 'dasje:nɪgə] <diejenigen> *pron dem* (*hier*) el, la, lo; (*weiter entfernt*) aquel, aquella, aquello; **er ist immer ~, der am lautesten schreit** él

siempre es el que más alto grita; ~ **Schüler, der das getan hat** aquel alumno que lo haya hecho; **ist das ~, welcher ...?** (*fam*) ¿es aquél que...?

derjenigen *pron dem dat/gen von* **diejenige** *gen von* **diejenigen** *s.* **derjenige**, **diejenige**, **desjenige**

derlei ['de:ɐ'laɪ] *pron dem inv s.* **dergleichen**

dermaßen ['de:ɐ'ma:sən] *adv* tanto, de tal modo; **er hat mich ~ geärgert, dass ...** me ha enfadado de tal modo que...; **die Freude war ~ groß** la alegría fue tan grande

Dermatologe, **-in** *m, f* <-n, -n; -, -nen> (MED) dermatólogo, -a *m, f*

Dermatologie [dɛrmatolo'gi:] *f* <-, *ohne pl*> (MED) dermatología *f*

Dermatologin *f* <-, -nen> *s.* **Dermatologe**

derselbe, **dieselbe**, **dasselbe** [de:r'zɛlbə, di:'zɛlbə, das'zɛlbə] <dieselben> *pron dem* el mismo, la misma, lo mismo (*wie* que); **er ist immer noch ganz ~** es el mismo de siempre; **es war ~, der ...** fue el mismo que...; **es ist immer dasselbe** es siempre lo mismo; **nochmal dasselbe, bitte!** ¡otra de lo mismo, por favor!; **das ist ~ Fehler, den ich schon gemacht habe** es el mismo error que ya hice; **das ist doch ein und dasselbe** pero si es exactamente lo mismo

derselbige [de:ɐ'zɛlbɪgə], **dieselbige**, **dasselbige** <dieselbigen> *pron dem* (*alt*) *s.* **derselbe**, **dieselbe**, **dasselbe**

derweil(en) ['de:ɐ'vaɪl(ən)] **I.** *adv* mientras tanto, entretanto **II.** *konj* mientras (que)

Derwisch *m* <-(e)s, -e> (REL) derviche *m*

derzeit ['--] *adv* actualmente; **die ~ beste Methode** el mejor método actualmente

derzeitig *adj* actual; **der ~e Regierungschef** el actual jefe de gobierno

des [dɛs] *art best gen von* **der**, **das** *s.* **der**, **die**, **das**

Des [dɛs] *nt* <-, *ohne pl*> (MUS) re *m* bemol

desaktivieren* [dɛsʔakti'vi:rən] *vt* desactivar

Desaster [de'zastɐ] *nt* <-s, -> desastre *m*

desensibilisieren* [de-] *vt* (MED) desensibilizar

Deserteur(in) [dezɛr'tø:ɐ] *m(f)* <-s, -e; -, -nen> desertor(a) *m(f)*

desertieren* *vi haben o sein* desertar

Desertifikation [dezɛrtifika'tsjo:n] *f* <-, -en> (GEO) desertificación *f*

Desertion [dezɛr'tsjo:n] *f* <-, -en> (MIL) deserción *f*, fuga *f*

desgleichen [dɛs'glaɪçən] *adv* asimismo, igualmente

deshalb ['--] *adv* por eso, por este motivo; **ich habe das ~ getan, weil ...** lo hice porque...; ~ **frage ich ja** por eso pregunto; **gerade ~** por eso mismo, casualmente por eso *Am*

Design [di'zaɪn] *nt* <-s, -s> diseño *m*

designen* *vt* diseñar

Designer(in) *m(f)* <-s, -; -, -nen> diseñador(a) *m(f)*; **Designerdroge** *f* <-, -n> (*synthetische Droge*) droga *f* de diseño, droga *f* sintética

Designerin *f* <-, -nen> *s.* **Designer**

Designermöbel *nt* <-s, -> mueble *m* de diseño; **Designermode** *f* <-, -n> moda *f* de diseñador

designiert [dezi'gni:ɐt] *adj* designado

desillusionieren* [dɛsʔɪluzjo'ni:rən] *vt* desilusionar

Desillusionierung *f* <-, -en> desilusión *f*

Desinfektion [dɛsɪnfɛk'tsjo:n] *f* <-, -en> desinfección *f*; **Desinfektionsmittel** *nt* <-s, -> desinfectante *m*

desinfizieren* *vt* desinfectar

Desinfizierung *f* <-, -en> desinfección *f*

Desinformation ['dɛs-] *f* <-, -en> desinformación *f*; **Desinformationskampagne** *f* <-, -n> campaña *f* de desinformación

Desintegration *f* <-, -en> (*geh*) desintegración *f*; **die ~ eines Bündnisses/Reiches** la desintegración de una alianza/un imperio

Desinteresse ['dɛsʔɪntərɛsə] *nt* <-s, *ohne pl*> desinterés *m* (*an/für* por)

desinteressiert ['dɛsʔɪntərɛsi:ɐt] *adj* desinteresado (*an* en/por)

Desktop ['dɛsktɔp] *m* <-s, -s> (INFOR) ordenador *m* de escritorio

Desktoppublishing[RR] *nt* <-, *ohne pl*>, **Desktop-Publishing**[RR] ['dɛsktɔp 'pablɪʃɪŋ] *nt* <-, *ohne pl*> (INFOR, TYPO) tratamiento *m* de texto avanzado

desodorieren* [dɛsʔodori'zi:rən, desʔodori'zi:rən] *vt* desodorizar

desolat [dezo'la:t] *adj* desolador, desastroso

desorientiert *adj* desorientado, desubicado *Am*

Desorientierung ['dɛsʔoriɛnti:rʊŋ] *f* <-, -en> desorientación *f*

Desoxidation [dɛsʔɔksida'tsjo:n] *f* <-, -en> (CHEM) desoxidación *f*; **Desoxidationsmittel** *nt* <-s, -> (CHEM) agente *m* desoxidante

Desoxyribonukleinsäure [dɛsʔɔksyribonukle'ʔi:n-] *f* <-, -n> (BIOL, MED) ácido *m* desoxirribonucleico

despektierlich [dɛspɛk'ti:ɐlɪç] *adj* (*verächtlich*) despectivo; (*nicht ehrerbietig*) irrespetuoso

Desperado [dɛspe'ra:do] *m* <-s, -s> (*geh*) desesperado, -a *m, f*; (POL) ultrarradical *mf*, fanático, -a *m, f*

Despot(in) [dɛs'po:t] *m(f)* <-en, -en; -, -nen> déspota *mf*, tirano, -a *m, f*

despotisch *adj* despótico

desselben [-'--] *pron dem gen von* **derselbe**, **dasselbe** *s.* **derselbe**, **dieselbe**, **dasselbe**

dessen ['dɛsən] *pron dem o pron rel gen von* **der**, **das** *s.* **der**, **die**, **das**

dessentwillen ['dɛsənt'vɪlən] *adv*: **um ~** por cuya causa

dessenungeachtet ['dɛsənʔʊngə'ʔaxtət] *adv s.* **ungeachtet**
Dessert [dɛ'sɛːɐ] *nt* <-s, -s> postre *m;* **Dessertteller** *m* <-s, -> plato *m* de postre
Dessin [dɛ'sɛ̃ː] *nt* <-s, -s> (*Muster*) estampado *m,* dibujo *m;* **Bettbezüge in farbenfrohen ~s** fundas de edredón con estampados de rico colorido
Dessous [dɛ'suː] *nt* <-, -> ropa *f* interior
destabilisieren* [de-] *vt* desestabilizar
Destillat [dɛstɪ'laːt] *nt* <-(e)s, -e> (CHEM) (producto *m*) destilado *m*
Destillation [dɛstɪla'tsjoːn] *f* <-, -en> (CHEM) destilación *f;* **fraktionierte ~** destilación fraccionada; **Destillationsofen** *m* <-s, -öfen> (CHEM) horno *m* de destilación
destillieren* [dɛstɪ'liːrən] *vt* (CHEM) destilar; **destilliertes Wasser** agua destilada
Destillierkolben *m* <-s, -> (*a.* CHEM) retorta *f*
desto ['dɛsto] *konj* (tanto) más, tanto; **~ besser!** ¡tanto mejor!; **je mehr ..., ~ mehr ...** cuanto más... (tanto) más...; **je früher, ~ besser** cuanto antes, mejor
destruktiv [destrʊk'tiːf, '---] *adj* destructivo
deswegen ['dɛs'veːgən] *adv s.* **deshalb**
Deszendent *m* <-en, -en> **1.** (*Nachkomme*) descendiente *mf* **2.** (ASTR) descendente *m*
Detail [de'taɪ, de'taːj] *nt* <-s, -s> detalle *m;* **ins ~ gehen** entrar en detalles; **Detailfrage** *f* <-, -n> cuestión *f* detallada, pregunta *f* en detalle; **Detailkenntnisse** *fpl* conocimiento(s) *m(pl)* detallado(s)
detaillieren* [deta'jiːrən] *vt* (*geh*) pormenorizar, dar detalles (de)
detailliert [deta'jiːrt] **I.** *adj* detallado **II.** *adv* en detalles, con pormenores; **~ beschreiben** describir en detalle [*o* detalladamente]
Detailliertheit *f* <-, *ohne pl*> minuciosidad *f;* **in aller ~** (**von etw** *dat* **berichten**) (informar sobre algo) con todo detalle
Detaillist(in) *m(f)* <-en, -en; -, -nen> (*Schweiz: Einzelhändler*) detallista *mf*
Detailzwischenhändler(in) *m(f)* <-s, -; -, -nen> detallista *mf* intermediario, -a
Detektei *f* <-, -en> agencia *f* de informes
Detektiv(in) [detɛk'tiːf] *m(f)* <-s, -e; -, -nen> detective *mf;* **Detektivbüro** *nt* <-s, -s> agencia *f* de detectives
Detektivin *f* <-, -nen> *s.* **Detektiv**
detektivisch *adj* detectivesco
Detektivroman *m* <-(e)s, -e> (LIT) novela *f* detectivesca
Detektor [de'tɛktoɐ, *pl:* detɛk'toːrən] *m* <-s, -en> **1.** (TECH) detector *m* **2.** (*im Funkwesen*) receptor *m* de galena
Détente [de'tãːt] *f* <-, *ohne pl*> (POL) distensión *f*
Detergens [de'tɛrgɛns, *pl:* detɛr'gɛntsia] *nt* <-, Detergentia *o* Detergenzien> **1.** (MED: *Desinfektionsmittel*) detergente *m* **2.** (*seifenfreies Reinigungsmittel*) agente *m* de dispersión
determinieren* [detɛrmi'niːrən] *vt* (*geh*) determinar
Determinismus [detɛrmi'nɪsmʊs] *m* <-, *ohne pl*> (PHILOS) determinismo *m*
deterministisch *adj* (PHILOS) determinista
Detonation [detona'tsjoːn] *f* <-, -en> detonación *f*
detonieren* *vi sein* detonar
Detritus [de'triːtʊs] *m* <-, *ohne pl*> (BIOL, GEO, MED) detrito *m;* **Detritusfresser** *m* <-s, -> (BIOL) devorador *m* de detritos
Deubel ['dɔɪbəl] *m* <-s, -> (*reg*) diablo *m*
deucht (*alt*) *3. präs von* **dünken**
deuchte (*alt*) *3. imp von* **dünken**
Deus ex machina ['deːʊs ɛks 'maxina] *m* <- - -, Dei - ->, **Deus ex Machina**[RR] *m* <- - -, Dei - -> (*a.* THEAT: *geh*) deus ex machina *m*
Deut [dɔɪt] *m:* **keinen** [*o* **nicht einen**] **~** ni pizca
deutbar *adj* interpretable; **gut/schlecht ~ sein** ser fácilmente/difícilmente interpretable; **sein Verhalten ist psychologisch ~** su comportamiento tiene una interpretación [*o* explicación] psicológica
deuteln ['dɔɪtəln] *vi* interpretar quisquillosamente; **daran gibt es nichts zu ~** eso está seguro
deuten ['dɔɪtən] **I.** *vi* **1.** (*zeigen*) señalar (*auf*), indicar (*auf*); **er deutet mit dem Finger auf ihn** le señala con el dedo **2.** (*hinweisen*) indicar (*auf*), hacer suponer (*auf*); **alles deutet darauf hin, dass ...** todo indica que... **II.** *vt* (*Text*) interpretar; (*Sterne*) leer (en); **er deutete ihr Nicken als Zustimmung** interpretó su señal de la cabeza como un apoyo
Deuterium [dɔɪ'teːriʊm] *nt* <-s, *ohne pl*> (CHEM) deuterio *m*
deutlich ['dɔɪtlɪç] **I.** *adj* **1.** (*klar*) claro; (*Handschrift*) legible; **jdm etw ~ machen** explicar algo a alguien; **jdm etw klar und ~ sagen** decir algo a alguien clara e inteligiblemente **2.** (*eindeutig*) obvio, evidente; **es wurde ~, dass ...** fue obvio que... **II.** *adv* (*spürbar*) bastante; **hier ist es ~ kälter** aquí hace bastante más frío
Deutlichkeit *f* <-, *ohne pl*> **1.** (*Klarheit*) claridad *f* **2.** (*Nachdruck*) franqueza *f;* **etw mit aller ~ sagen** decir algo con toda franqueza
deutsch [dɔɪtʃ] *adj* alemán; **D~e Mark** marco alemán; **ein ~ sprechender Mann** un hombre que habla alemán
Deutsch *nt* <-(s), *ohne pl*>, **Deutsche** *nt* <-n, *ohne pl*> alemán *m;* **~ sprechen** hablar alemán; **~ sprechend sein** ser germanoparlante, hablar alemán; **er kann/lernt ~** sabe/aprende alemán; **~ für Ausländer** alemán para extranjeros; **auf gut ~ gesagt** dicho llanamente; **wir haben uns auf ~ unterhalten** conversamos en alemán; **etw ins ~e/aus dem ~en übersetzen** traducir algo al/del

alemán

Deutsche(r) *mf* <-n, -n; -n, -n> alemán, -ana *m, f*

Deutsche Demokratische Republik *f* <-n -n -> (POL, HIST) República *f* Democrática Alemana

Deutschenfeind(in) *m(f)* <-(e)s, -e; -, -nen> antialemán, -ana *m, f*, germanófobo, -a *m, f*; **ein ~ sein** ser germanófobo [*o* antialemán]; **Deutschenfreund(in)** *m(f)* <-(e)s, -e; -, -nen> proalemán, -ana *m, f*, germanófilo, -a *m, f*; **ein ~ sein** ser germanófilo [*o* proalemán], simpatizar con los alemanes; **Deutschenhass**[RR] *m* <-es, *ohne pl*> germanofobia *f*; **Deutschenhasser(in)** *m(f)* <-s, -; -, -nen> germanófobo, -a *m, f*; **ein ~ sein** ser germanófobo

Deutscher Aktienindex *m* <-n -(es), *ohne pl*> (FIN) Índice *m* Alemán de las Acciones

Deutsche Telekom [-'te:lekɔm] *f* <-n -, *ohne pl*> *Compañía Telefónica Alemana, sucesora de Correos Federales*

deutschfeindlich *adj* antialemán, germanófobo; **eine ~e Haltung einnehmen** adoptar una actitud antialemana [*o* germanófoba]; **Deutschfeindlichkeit** *f* <-, *ohne pl*> sentimento *m* antialemán, germanofobia *f*; **deutschfreundlich** *adj* proalemán, germanófilo; **~e Äußerungen von sich** *dat* **geben** expresar opiniones proalemanas [*o* filoalemanas]; **Deutschfreundlichkeit** *f* <-, *ohne pl*> sentimiento *m* proalemán, germanofilia *f*

Deutschland *nt* <-s> Alemania *f*; **das vereinte** [*o* **vereinigte**] **~** la Alemania unida [*o* reunificada]; **Deutschlandfrage** *f* <-, *ohne pl*> (HIST) cuestión *f* alemana; **Deutschlandlied** *nt* <-(e)s, *ohne pl*> himno *m* nacional de la República Federal de Alemania; **Deutschlandpolitik** *f* <-, -en> política *f* con respecto a Alemania

Deutschlehrer(in) *m(f)* <-s, -; -, -nen> (SCH) profesor(a) *m(f)* de alemán

deutschnational *adj* (HIST) nacionalista alemán; **~ sein** ser nacionalista alemán

Deutschordensritter *m* <-s, -> (HIST) caballero *m* de la Orden Teutónica

Deutschschweiz *f* <-> Suiza *f* germanohablante [*o* de habla alemana]; **Deutschschweizer(in)** *m(f)* <-s, -; -, -nen> suizo, -a *m, f* de lengua alemana; **deutschschweizerisch** *adj* suizo alemán

deutschsprachig ['dɔɪtʃʃpra:xɪç] *adj* germano-hablante, de habla alemana

deutschsprachlich *adj* de habla alemana; **~er Unterricht** clases en alemán

deutschsprechend *adj s.* **deutsch, Deutsch**

deutschstämmig ['dɔɪtʃʃtɛmɪç] *adj* de origen alemán

Deutschstämmige(r) *mf* <-n, -n; -n, -n> persona *f* de origen alemán

Deutschtum *nt* <-s, *ohne pl*> germanidad *f*

Deutung *f* <-, -en> interpretación *f*; **Deutungsversuch** *m* <-(e)s, -e> (LIT) intento *m* de interpretación [*o* de explicación]; (*Hypothese*) hipótesis *f inv*; **einen ~ machen** [*o* **unternehmen**] formular una hipótesis

Devaluation [devalua'tsjo:n] *f* <-, -en>, **Devalvation** [devalva'tsjo:n] *f* <-, -en> (FIN) devaluación *f*

Devise [de'vi:zə] *f* <-, -n> **1.** (*Wahlspruch*) lema *m* **2.** *pl* (*Währung*) moneda *f* extranjera, divisas *fpl*; **blockierte/freie ~n** divisas bloqueadas/libres; **~n bringend** que reporta divisas; **zahlbar in ~n** pagadero en moneda extranjera; **Devisenanlage** *f* <-, -n> (FIN) inversión *f* en divisas; **Devisenbestimmungen** *fpl* (FIN, JUR) disposiciones *fpl* legales sobre divisas; **Devisenbewirtschaftung** *f* <-, -en> (FIN, POL) control *m* de divisas; **Devisenbilanz** *f* <-, -en> (WIRTSCH) balanza *f* de divisas; **Devisenbörse** *f* <-, -n> (FIN) bolsa *f* de divisas; **devisenbringend** *adj* (WIRTSCH) *s.* **Devise; Devisenbringer** *m* <-s, -> (WIRTSCH) factor *m* de divisas; **Devisenclearing** *nt* <-s, -s> (WIRTSCH) clearing *m* con divisas; **Devisendefizit** *nt* <-s, -e> (WIRTSCH) déficit *m inv* de divisas; **Devisenerwirtschaftung** *f* <-, -en> (WIRTSCH) obtención *f* de divisas; **Devisengegenwert** *m* <-(e)s, -e> (FIN) cambio *m*; **Devisengeschäft** *nt* <-(e)s, -e> (WIRTSCH) operación *f* en divisas; **devisengünstig** *adj* (WIRTSCH) a cambio favorable; **Devisenhandel** *m* <-s, *ohne pl*> (WIRTSCH) comercio *m* de divisas; **Devisenhändler(in)** *m(f)* <-s, -; -, -nen> (WIRTSCH) cambista *mf*; **Devisenkonto** *nt* <-s, -konten> (FIN) cuenta *f* en divisas; **Devisenkontrolle** *f* <-, -n> (FIN) control *m* de cambios; **Devisenkurs** *m* <-es, -e> (FIN) tipo *m* de cambio; **zum gegenwärtigen ~** al cambio actual; **Devisenmakler(in)** *m(f)* <-s, -; -, -nen> (FIN) agente *mf* de cambio, broker *mf*; **Devisenmarkt** *m* <-(e)s, -märkte> (FIN) mercado *m* de divisas; **Devisenmittel** *ntpl* (FIN) recursos *mpl* en divisas; **Devisenrechnung** *f* <-, *ohne pl*> (FIN: *Berechnung*) cálculo *m* en moneda extranjera; **Devisenreserven** *fpl* (FIN) reservas *fpl* internacionales; **Devisenschieber(in)** *m(f)* <-s, -; -, -nen> (*fam*) traficante *mf* de divisas; **Devisenschmuggel** *m* <-s, *ohne pl*> contrabando *m* de divisas; **Devisensperre** *f* <-, -n> (FIN) congelación *f* de divisas; **Devisenterminkurs** *m* <-es, -e> (FIN) cotización *f* del tipo de cambio a plazo; **Devisentransfer** *m* <-s, -s> (WIRTSCH) transferencia *f* de divisas; **Devisenvergehen** *nt* <-s, -> (JUR) delito *m* monetario en materia de divisas; **Devisenwert** *m* <-(e)s, -e> (FIN) valor *m* en divisas

devot [de'vo:t] *adj* (*geh abw*) sumiso, servil

Devotionalien [devotsjo'na:liən] *fpl* (REL) objetos *mpl* de devoción

Dextrose [dɛks'tro:zə] *f* <-, *ohne pl*> (BIOL,

CHEM) dextrosa *f*

Dezember [de'tsɛmbɐ] *m* <-(s)> diciembre *m; s. a.* März

dezent [de'tsɛnt] *adj* **1.** (*taktvoll*) decente **2.** (*Farbe*) discreto

dezentral *adj* descentralizado

dezentralisieren* [de-] *vt* descentralizar

Dezentralisierung *f* <-, -en> descentralización *f*

Dezernat [detsɛr'na:t] *nt* <-(e)s, -e> negociado *m,* sección *f* administrativa

Dezernent(in) [detsɛr'nɛnt] *m(f)* <-en, -en; -, -nen> jefe, -a *m, f* de sección [*o* de negociado]

Dezibel ['de:tsibɛl, detsi'bɛl] *nt* <-s, -> (PHYS) decibel *m*

dezidiert [detsi'di:ɐt] *adj* (*geh*) decidido, enérgico

Dezigramm [detsi'gram, 'de:tsigram] *nt* <-s, -e, *nach Zahlen:* -> decigramo *m*

Deziliter ['de:tsili:tɐ, detsi'li:tɐ] *m o nt* <-s, -> decilitro *m*

dezimal [detsi'ma:l] *adj* decimal; **Dezimalbruch** *m* <-(e)s, -brüche> (MATH) fracción *f* decimal; **Dezimalrechnung** *f* <-, *ohne pl*> (MATH) cálculo *m* decimal; **Dezimalstelle** *f* <-, -n> (MATH) parte *f* decimal; **Dezimalsystem** *nt* <-s, *ohne pl*> (MATH) sistema *m* decimal; **Dezimalzahl** *f* <-, -en> (MATH) número *m* decimal

Dezime ['de:tsimə, de'tsi:mə] *f* <-, -n> (MUS) décima *f*

Dezimeter ['de:tsime:tɐ, detsi'me:tɐ] *m o nt* <-s, -> decímetro *m*

dezimieren* [detsi'mi:rən] *vt* diezmar

Dezimierung *f* <-, -en> diezmo *m;* **die Pest hatte eine ~ der Bevölkerung zur Folge** a consecuencia de la peste quedó diezmada la población

DFB *m* <-> (SPORT) *Abk. von* **Deutscher Fußball-Bund** Federación *f* Alemana de Fútbol

DFÜ [de:ʔɛf'ʔy:] *f* (INFOR, TEL) *Abk. von* **Datenfernübertragung** transmisión *f* de datos, telecomunicación *f* de datos

DGB [de:ge:'be:] *m* <-> *Abk. von* **Deutscher Gewerkschaftsbund** Confederación *f* de los Sindicatos Alemanes

dgl. *Abk. von* **dergleichen** semejante, parecido

d. Gr. *Abk. von* **der/die Große** el/la Grande; **Alexander ~** Alejandro Magno; **Karl ~** Carlomagno; **Katharina ~** Catalina la Grande; **Peter ~** Pedro el Grande

d. h. *Abk. von* **das heißt** o sea, esto es

d.i. *Abk. von* **das ist** esto es, es decir

Dia ['di:a] *nt* <-s, -s> diapositiva *f*

Diabetes [dia'be:tɛs] *m* <-, *ohne pl*> (MED) diabetes *f inv*

Diabetiker(in) [dia'be:tikɐ] *m(f)* <-s, -; -, -nen> (MED) diabético, -a *m, f*

diabetisch [dia'be:tɪʃ] *adj* (MED) diabético

diabolisch [dia'bo:lɪʃ] *adj* (*geh*) diabólico, maligno

diachron(isch) [dia'kro:n(ɪʃ)] *adj* (LING) diacrónico

Diadem [dia'de:m] *nt* <-s, -e> diadema *f*

Diadochen [dia'dɔxən] *pl* (HIST) diadocos *mpl;* **Diadochenkämpfe** *mpl* (*geh*) luchas *fpl* intestinas por el poder

Diagnose [dia'gno:zə] *f* <-, -n> (MED, PSYCH) diagnóstico *m;* **eine ~ stellen** establecer un diagnóstico; **Diagnoseprogramm** *nt* <-s, -e> (INFOR) programa *m* de diagnóstico; **Diagnosezentrum** *nt* <-s, -zentren> (MED) centro *m* de diagnóstico precoz

Diagnostik [dia'gnɔstɪk] *f* <-, *ohne pl*> (MED) diagnosis *f inv*

diagnostisch [dia'gnɔstɪʃ] *adj* (MED) (de) diagnóstico; **jeder Arzt hat seine eigene ~e Methode** cada médico tiene su propio sistema de diagnóstico

diagnostizieren* [diagnɔsti'tsi:rən] *vt* diagnosticar

diagonal [diago'na:l] *adj* diagonal; **etw ~ lesen** (*fam*) leer algo por encima

Diagonale *f* <-, -n> línea *f* diagonal

Diagramm [dia'gram] *nt* <-s, -e> diagrama *m*

Diakon[1] [dia'ko:n] *m* <-s *o* -en, -e *o* -en> (*katholisch, orthodox, anglikanisch*) diácono *m*

Diakon(in)[2] *m(f)* <-s *o* -en, -e *o* -en; -, -nen> (*evangelisch*) hermano, -a *m, f* de la caridad

Diakonie *f* <-, *ohne pl*> (REL) diaconía *f*

Diakonin *f* <-, -nen> *s.* **Diakon**[2]

Diakonisse [diako'nɪsə] *f* <-, -n>, **Diakonissin** *f* <-, -nen> (REL) diaconisa *f*

diakritisch [dia'kri:tɪʃ] *adj* (LING) diacrítico

Dialekt [dia'lɛkt] *m* <-(e)s, -e> dialecto *m*

dialektal *adj* (LING) dialectal

Dialektik *f* <-, *ohne pl*> (PHILOS) dialéctica *f*

dialektisch [dia'lɛktɪʃ] *adj* **1.** (PHILOS) dialéctico **2.** (LING) dialectal

Dialog [dia'lo:k] *m* <-(e)s, -e> (*a.* INFOR) diálogo *m;* **Dialogbereitschaft** *f* <-, *ohne pl*> disposición *f* a dialogar; **Dialogbetrieb** *m* <-(e)s, *ohne pl*> (INFOR) proceso *m* conversacional; **Dialogfähigkeit** *f* <-, *ohne pl*> capacidad *f* de dialogar [*o* de diálogo]; **Dialogfenster** *nt* <-s, -> (INFOR) ventana *f* de diálogo

Dialyse [dia'ly:zə] *f* <-, -n> (MED) hemodiálisis *f inv;* **Dialysetechnik** *f* <-, *ohne pl*> (MED) técnica *f* de la hemodiálisis

Diamant [dia'mant] *m* <-en, -en> diamante *m*

diamanten [dia'mantən] *adj* **1.** (*aus Diamant gearbeitet*) de diamante, diamantino *geh;* **eine ~e Bohrerspitze** un taladro con punta de diamante **2.** (*mit Diamanten besetzt*) de [*o* con] diamantes; **ein ~er Ring** un anillo de diamantes **3.** (*wie ein Diamant*) como (de) diamante, diamantino *geh;* **ein ~er Schimmer** reflejos diamantinos

Diamantring *m* <-(e)s, -e> anillo *m* de diamantes; **Diamantschleifer(in)** *m(f)* <-s, -; -, -nen> diamantista *mf;* **Diamantschliff** *m* <-(e)s, -e> talla *f* de diamante; **Diamantstaub** *m* <-(e)s, *ohne pl*> polvo *m* de diamante

diametral [diame'tra:l] *adj* diametral; ~ **entgegengesetzt** completamente opuesto

Diaphragma [dia'fragma] *nt* <-s, Diaphragmen *o* -s> (MED: *Verhütungsmittel*) diafragma *m*

Diapositiv [diapozi'ti:f, '-----] *nt* <-s, -e> (FOTO) diapositiva *f*

Diaprojektor ['-----] *m* <-s, -en> (FOTO) proyector *m* de diapositivas

Diarahmen *m* <-s, -> (FOTO) marco *m* de diapositiva

Diarrhö(e) [dia'rø:] *f* <-, -n> (MED) diarrea *f*

Diaspora [di'aspora] *f* <-, *ohne pl*> diáspora *f;* **in der ~ leben** vivir dispersados, vivir entre gentes de otras religiones

Diastole [di'astole, dia'sto:lə, *pl:* dia'sto:lən] *f* <-, -n> (MED) diástole *f*

diastolisch [dia'sto:lɪʃ] *adj* (MED) diastólico

Diät [di'ɛ:t] *f* <-, -en> **1.** (*Abmagerungskur*) dieta *f,* régimen *m;* **fettarme ~** dieta pobre en grasas; **streng ~ leben** seguir un régimen estricto, mantener una dieta rígida; **eine ~ machen** seguir un régimen, hacer una dieta; **jdn auf ~ setzen** poner a alguien a dieta **2.** *pl* (POL) dietas *fpl;* **Diätassistent(in)** *m(f)* <-en, -en; -, -nen> (MED) *especialista en regímenes que dirige al paciente nutricional y psicológicamente*

Diätetik [diɛ'te:tɪk] *f* <-, -en> (MED) dietética *f*

diätetisch *adj* (*a.* MED) dietético; **~e Lebensmittel** alimentos dietéticos

Diätfahrplan *m* <-(e)s, -pläne> (*fam*) (plan *m* de) régimen *m;* **Diätkost** *f* <-, *ohne pl*> (*a.* MED) comida *f* de régimen; **jdn auf ~ setzen** poner a alguien a dieta [*o* a régimen]; **Diätkur** *f* <-, -en> (MED) régimen *m* dietético; **Diätmargarine** *f* <-, -n> margarina *f* dietética [*o* de régimen]

Diatonik [dia'to:nɪk] *f* <-, *ohne pl*> (MUS) diatonismo *m*

diatonisch [dia'to:nɪʃ] *adj* (MUS) diatónico

Diavortrag *m* <-(e)s, -träge> conferencia *f* con diapositivas

dich [dɪç] **I.** *pron pers akk von* **du** te; (*betont*) a ti (te); (*mit Präposition*) ti; **ich sehe ~ nachher** luego te veo; **~ wollte ich fragen** a ti quería preguntarte; **es geht um ~** se trata de ti; **pass auf ~ auf!** ¡cuídate!; **das betrifft ~ nicht** esto no va contigo **II.** *pron refl akk von* **du** te; **rasierst du ~ jeden Morgen?** ¿te afeitas todas las mañanas?; **benimm ~!** ¡compórtate!; **du verstehst ~ gut mit ihnen, nicht wahr?** tú te entiendes bien con ellos, ¿verdad?

dicht [dɪçt] **I.** *adj* **1.** (*Wald, Verkehr, Nebel*) denso; (*Haar*) tupido; **~ behaart** velludo, peludo; **~ belaubt** frondoso; **~ besiedelt** densamente poblado; **~ bewölkt** (METEO) anubarrado, encapotado, cubierto; **~ gedrängt** apretado **2.** (*undurchlässig*) hermético, impermeable **3.** (*fam: geschlossen*) cerrado **4.** (*Wend*): **nicht ganz ~ sein** (*fam fig*) no estar muy bien de la cabeza **II.** *adv* (*nahe*): **~ an** [*o* **bei**] cerca de, junto a; **~ an ~ stehen** estar uno junto al otro; **~ davor/daneben** justo delante/al lado

dichtauf *adv* muy (de) cerca; **noch war sein Sieg nicht sicher, die Verfolger lagen ~** su victoria aún no era segura, los perseguidores le iban pisando los talones; **in der Dunkelheit könnten wir uns verlieren, bleibt also alle ~** en la oscuridad podríamos perdernos, manteneos pegados unos a otros

dichtbehaart *adj s.* **dicht I.1.**; **dichtbelaubt** *adj s.* **dicht I.1.**; **dichtbesiedelt** *adj s.* **dicht I.1.**; **dichtbewölkt** ['--'-] *adj s.* **dicht I.1.**

Dichte *f* <-, -n> (*a.* PHYS) densidad *f;* **relative/spezifische ~** densidad relativa/específica

dichten ['dɪçtən] *vi, vt* **1.** (*verfassen*) componer **2.** (*Leck*) tapar, impermeabilizar

Dichter(in) *m(f)* <-s, -; -, -nen> poeta *m,* poetisa *f*

dichterisch *adj* poético

Dichterlesung *f* <-, -en> (LIT) recital *m* de poesía; **eine ~ halten** dar un recital de poesía; **Dichterwort** *nt* <-(e)s, -worte> palabras *fpl* de un poeta; (*Zitat*) cita *f* poética

dichtgedrängt *adj s.* **dicht I.1.**; **dicht\|halten** *irr vi* (*fam*) callarse, guardar un secreto; **er hat nicht dichtgehalten** se ha ido de la lengua

Dichtkunst *f* <-, -künste> poesía *f*

dicht\|machen *vi, vt* (*fam: Laden, Fabrik*) cerrar; (*Grenze, Strecke*) bloquear

Dichtung[1] *f* <-, *ohne pl*> (LIT: *Gattung*) poesía *f*

Dichtung[2] *f* <-, -en> **1.** (LIT: *Gedicht*) poema *m* **2.** (TECH) junta *f*

Dichtungsmasse *f* <-, -n> (TECH) masilla *f* para juntas; **Dichtungsmittel** *nt* <-s, -> (ARCHIT) impermeabilizante *m;* **Dichtungsring** *m* <-(e)s, -e> (TECH) anillo *m* de junta; **Dichtungsscheibe** *f* <-, -n> (TECH) arandela *f* de guarnición

dick [dɪk] *adj* **1.** (*beleibt*) gordo, grueso, obeso; (*umfangreich*) voluminoso; **~ werden** engordar; **die Mauer ist einen Meter ~** el muro tiene un grosor de un metro; **ein ~es Fell haben** (*fig*) ser duro de pellejo; **~ auftragen** (*fam abw: übertreiben*) exagerar; **mit etw das ~e Geld machen** sacar un dineral de algo *fam* **2.** (*fam: geschwollen*) hinchado, entumecido **3.** (*Flüssigkeit*) espeso; (*Qualm, Nebel*) espeso, denso; **es herrscht ~e Luft** (*fam fig*) el ambiente no está para bromas, está la atmósfera cargada; **das ist ein ~er Hund!** (*fam fig*) ¡eso sí que es fuerte!; **sie sind ~ befreundet** (*fam*) son íntimos amigos; **wenn es kommt, kommt's** ~ (*fam*) las desgracias nunca vienen solas

dickbauchig *adj* panzudo; **eine ~e Flasche/Vase** una botella panzuda/un jarrón panzudo

dickbäuchig ['dɪkbɔɪçɪç] *adj* barrigudo, barrigón *fam*, pipón *Ant, Arg, Ecua: fam*

Dickdarm *m* <-(e)s, -därme> (ANAT) intestino *m* grueso

Dicke ['dɪkə] *f* <-, -n> (*von Feststoffen*) grosor *m;* (*von Flüssigkeiten*) espesor *m*

Dickerchen ['dɪkɐçən] *nt* <-s, -> (*fam*) gordito, -a *m, f*

dickfellig ['dɪkfɛlɪç] *adj* (*fam*) insensible, indiferente

Dickfelligkeit *f* <-, *ohne pl*> (*fam*) insensibilidad *f*, indiferencia *f;* **deine ~ wird immer größer** cada vez te resbala más todo

dickflüssig *adj* espeso, consistente

Dickhäuter ['dɪkhɔɪtɐ] *m* <-s, -> (*Tier*) paquidermo *m;* (*Mensch*) persona *f* insensible

Dickicht ['dɪkɪçt] *nt* <-s, -e> maleza *f*, matorral *m*

Dickkopf *m* <-(e)s, -köpfe> (*fam: Mensch*) cabezón, -ona *m, f*, cabezota *mf;* **einen ~ haben** ser un cabezota

dickköpfig *adj* cabezota, terco

dickleibig *adj* **1.** (*Mensch*) grueso; (*a.* MED) obeso **2.** (*Buch*) grueso

Dickleibigkeit *f* <-, *ohne pl*> (*a.* MED) obesidad *f*

dicklich *adj* gordezuelo

dicklippig *adj* befo, bembudo *Am*

Dickmilch *f* <-, *ohne pl*> cuajada *f;* **Dickschädel** *m* <-s, -> *s.* **Dickkopf**

dickschalig *adj* de cáscara gruesa, cascarudo; ~ **sein** tener mucha cáscara; **Walnüsse sind ~er als Erdnüsse** las nueces tienen más cáscara [*o* la cáscara más gruesa] que los cacahuetes

dickwandig *adj* **1.** (*mit dicker Wand versehen*) de [*o* con] paredes gruesas; ~ **sein** tener las paredes gruesas; **eine ~e Vase** un jarrón de paredes gruesas **2.** (ARCHIT: *eine starke Außenwand besitzend*) de muros gruesos; ~ **sein** tener los muros gruesos; **früher wurden Häuser ~er gebaut** antes se construían las casas con muros más gruesos que hoy en día

Dickwanst *m* <-(e)s, -wänste> (*fam abw*) panzón, -ona *m, f*, panzudo, -a *m, f*

Didaktik [di'daktɪk] *f* <-, *ohne pl*> didáctica *f*

didaktisch *adj* didáctico

die [di(:)] *art best o pron dem o pron rel s.* **der, die, das**

Dieb(in) [di:p, 'di:bɪn] *m(f)* <-(e)s, -e; -, -nen> ladrón, -ona *m, f*, malabrista *mf Chil*, chorro, -a *m, f CSur: fam;* **haltet den ~!** ¡al ladrón!

Dieberei *f* <-, -en> (*fam abw*) ratería *f;* **sie hielt sich durch kleine ~en über Wasser** se mantenía gracias a pequeños hurtos

Diebesbande *f* <-, -n> (*abw*) banda *m* de ladrones; **Diebesgut** ['di:bəsgu:t] *nt* <-(e)s, *ohne pl*> botín *m;* **Diebesnest** *nt* <-(e)s, -er> nido *m* de ladrones, guarida *f* de ladrones; **Diebespack** *nt* <-(e)s, *ohne pl*> (*abw*) hatajo *m* de ladrones

Diebin *f* <-, -nen> *s.* **Dieb**

diebisch *adj* ratero, ladrón

Diebsgesindel *nt* <-s, *ohne pl*> (*abw*) hatajo *m* de ladrones

Diebstahl *m* <-(e)s, -stähle> robo *m;* **einfacher** ~ (JUR) hurto *m;* **schwerer** ~ (JUR) robo *m;* ~ **geistigen Eigentums** delito contra la propiedad intelectual; **Diebstahlsicherung** *f* <-, -en> aseguramiento *m* contra robos; **Diebstahlsvorsatz** *m* <-es, -sätze> (JUR) intención *f* de robo; **Diebstahlversicherung** *f* <-, -en> seguro *m* contra el robo

diejenige(n) *pron dem s.* **derjenige, diejenige, dasjenige**

Dieldrin [diɛl'dri:n] *nt* <-s, *ohne pl*> (CHEM) dieldrina *f*

Diele ['di:lə] *f* <-, -n> **1.** (*Brett*) tabla *f* del suelo **2.** (*Vorraum*) vestíbulo *m*, hall *m*

dienen ['di:nən] *vi* **1.** (*nützlich sein*) servir (*zu* para, *als* de); **sein Ärmel diente ihm als Serviette** usaba su manga como servilleta; **das dient einem guten Zweck** esto es para una buena causa; **damit ist mir nicht gedient** esto no me sirve de ayuda; **womit kann ich ~?** ¿en qué puedo servirle?; **ich weiß nicht, wozu das ~ soll** no sé qué sentido tiene eso, no sé de qué sirve eso; **lass dir das zur Warnung ~** que te sirva de advertencia **2.** (MIL) hacer el servicio militar, servir en el ejército

Diener[1] *m* <-s, -> (*fam: Verbeugung*) reverencia *f*

Diener(in)[2] *m(f)* <-s, -; -, -nen> criado, -a *m, f*, sirviente, -a *m, f*, mucamo, -a *m, f Am*

dienern ['di:nɐn] *vi* (*abw*) **1.** (*sich ständig verbeugen*) hacer reverencias (*vor* ante) **2.** (*sich unterwürfig verhalten*) hacer la pelota (*vor* a) *fam*

Dienerschaft *f* <-, -en> criados *mpl*, servidumbre *f*

dienlich *adj* útil; **jdm/etw ~ sein** ser útil a alguien/algo

Dienst [di:nst] *m* <-(e)s, -e> servicio *m;* (*Amt*) función *f;* (*Aufgabe*) oficio *m;* (*Arbeitsschicht*) turno *m;* (MIL) retirado *m;* **öffentlicher ~** servicio público; **außer ~** jubilado; **zum ~ gehen** ir al trabajo; **~ haben, im ~ sein** estar de servicio; **~ habend** [*o* **tuend**] (MIL) de servicio; (*Arzt*) de turno, de servicio; **den ~ antreten** (*Schicht*) empezar el turno; (*Amt*) entrar en funciones; **den ~ quittieren** cesar en el cargo, dimitir del cargo; **in jds ~en stehen** estar al servicio de alguien; **jdn vom ~ suspendieren** suspender a alguien del cargo; **jdm einen schlechten ~ erweisen** hacerle a alguien un flaco favor; **sich in den ~ einer Sache stellen** ponerse al servicio de una causa; **seine Beine versagten ihm den**

~ ya no pudo mantenerse de pie; **Dienstabteil** *nt* <-(e)s, -e> (EISENB) compartimiento *m* de servicio

Dienstag ['di:nsta:k] *m* <-(e)s, -e> martes *m; s. a.* Montag; **Dienstagabend** *m* <-s, -e> noche *f* del martes, martes *m* por la noche; *s. a.* Montagabend; **dienstagabends**RR *adv* los martes por la noche; *s. a.* montagabends; **Dienstagnachmittag** *m* <-(e)s, -e> tarde *f* del martes, martes *m* por la tarde; *s. a.* Montagnachmittag

dienstags *adv* los martes; *s. a.* montags

Dienstalter *nt* <-s, *ohne pl*> antigüedad *f* (laboral), años *mpl* de servicio; **Dienstälteste(r)** *mf* <-n, -n; -n, -n> decano, -a *m, f* de servicio; **Dienstantritt** *m* <-(e)s, *ohne pl*> entrada *f* en funciones [*o* en servicio]; **bei/nach** ~ al/tras entrar en funciones; **Dienstanweisung** *f* <-, -en> instrucción *f;* **Dienstauffassung** *f* <-, -en> espíritu *m* de trabajo; **Dienstaufsicht** *f* <-, -en> (JUR) inspección *f* jerárquica, vigilancia *f* oficial; **Dienstausweis** *m* <-es, -e> tarjeta *f* de identidad

dienstbar *adj* sumiso, servil; **sich** *dat* **jdn ~ machen** ganarse [*o* aprovecharse de] los servicios de alguien

dienstbeflissen *adj* solícito, dispuesto; **dienstbereit** *adj* **1.** (*im Bereitschaftsdienst*) de guardia; ~ **sein** tener turno de guardia; **weißt du, welche Apotheke heute ~ ist?** ¿sabes qué farmacia está hoy de guardia? **2.** (*alt: hilfsbereit*) solícito, servicial; **eine sehr ~e Frau, deine Tante!** ¡tu tía es una señora muy atenta!; **Dienstbereitschaft** *f* <-, *ohne pl*> **1.** (*für den Notfall*) servicio *m* de urgencia; (*ärztlich*) guardia *f;* **Arzt/Apotheke in ~** médico/farmacia de guardia; **in ~ sein** estar de guardia; ~ **haben** tener guardia **2.** (*Hilfsbereitschaft*) solicitud *f;* **Dienstbezüge** *mpl* remuneración *f* (*en un puesto del Estado*)

Dienstbote, -in *m, f* <-n, -n; -, -nen> criado, -a *m, f,* doméstico, -a *m, f;* **Dienstboteneingang** *m* <-(e)s, -gänge> entrada *f* de servicio

Dienstbotin *f* <-, -nen> *s.* Dienstbote; **Diensteid** *m* <-(e)s, -e> (JUR) juramento *m* profesional; **etw auf seinen ~ nehmen** asumir toda la responsabilidad de algo; **einen auf den ~ nehmen** (*iron*) tomar una copa durante el trabajo; **Diensteifer** *m* <-s, *ohne pl*> celo *m;* **diensteifrig** *adj* solícito, dispuesto; **dienstfrei** *adj* libre; **montags habe ich ~** los lunes tengo libre; **Dienstgebrauch** *m* <-(e)s, *ohne pl*> (ADMIN) uso *m* oficial; **nur für den ~** sólo para uso oficial; **Dienstgeheimnis** *nt* <-ses, -se> secreto *m* profesional; **Dienstgespräch** *nt* <-(e)s, -e> (TEL) llamada *f* de servicio

Dienstgrad *m* <-(e)s, -e> (MIL) grado *m,* graduación *f;* **Dienstgradabzeichen** *nt* <-s, -> (MIL) distintivo *m* de grado, galón *m*

diensthabend ['di:nstha:bənt] *adj s.* **Dienst**

Dienstjahr *nt* <-(e)s, -e> año *m* de servicio [*o* de trabajo]; **Dienstkleidung** *f* <-, -en> uniforme *m* de servicio, ropa *f* de servicio; **in ~** de uniforme

Dienstleistung *f* <-, -en> (prestación *f* de) servicio *m;* **bezahlte/industrielle ~en** servicios remunerados/del sector industrial; **Dienstleistungsabend** *m* <-s, -e> (WIRTSCH) *horario comercial prolongado en Alemania, generalmente los jueves hasta las 21:00 horas;* **Dienstleistungsangebot** *nt* <-(e)s, -e> oferta *f* de servicios; **Dienstleistungsbereich** *m* <-(e)s, -e> sector *m* terciario; **Dienstleistungsberuf** *m* <-(e)s, -e> profesión *f* en el sector servicios; **Dienstleistungsbetrieb** *m* <-(e)s, -e> empresa *f* de servicios [*o* del sector terciario]; **Dienstleistungsgesellschaft** *f* <-, -en> (SOZIOL) sociedad *f* de servicios (*sociedad actual en la que las empresas del sector terciario juegan un papel fundamental*); **Dienstleistungsgewerbe** *nt* <-s, *ohne pl*> (industria *f* del) sector *m* terciario; **Dienstleistungssektor** *m* <-s, -en> sector *m* servicios [*o* terciario]; **Dienstleistungsvertrag** *m* <-(e)s, -träge> contrato *m* de servicios

dienstlich *adj* oficial; ~ **unterwegs sein** estar de viaje por razones de trabajo

Dienstmädchen *nt* <-s, -> criada *f,* (empleada *f*) doméstica *f,* mucama *f Am,* muchacha *f Am,* china *f And, CSur;* **Dienstmütze** *f* <-, -n> gorra *f* de servicio; **Dienstpersonal** *nt* <-s, *ohne pl*> personal *m* de servicio; **Dienstpflicht** *f* <-, -en> deber *m,* obligación *f;* (MIL) obligación *f* de servir; **Dienstplan** *m* <-(e)s, -pläne> (*a.* MIL) horario *f* de servicio; **einen ~ aufstellen** [*o* **erstellen**] establecer un horario de servicio; **Dienstprogramm** *nt* <-s, -e> (INFOR) utilidad *f;* **Dienstrang** *m* <-(e)s, -ränge> (MIL) grado *m,* graduación *f;* **Dienstreise** *f* <-, -n> viaje *m* de trabajo; **Dienstsache** *f* <-, -n> **1.** (*Angelegenheit*) asunto *m* oficial **2.** (*Schreiben*) carta *f* oficial; **Dienstschluss**RR *m* <-es, *ohne pl*> hora *f* de cierre; **Dienstsiegel** *nt* <-s, -> (ADMIN) sello *m* oficial; **Dienststelle** *f* <-, -n> departamento *m,* negociado *m;* **die zuständige ~** el departamento correspondiente; **Dienststempel** *m* <-s, -> (ADMIN) sello *m* oficial, estampilla *f* oficial *Am;* **Dienststunden** *fpl* horas *fpl* de oficina [*o* de servicio]; **diensttauglich** *adj* (MIL) apto para el servicio; **diensttuend** *adj s.* Dienst; **dienstunfähig** *adj* incapacitado para el servicio; ~ **sein/werden** estar/quedar incapacitado; **dienstuntauglich** *adj* (MIL) exento por incapacidad, inútil para el servicio; ~ **sein/werden** ser/quedar inútil; **etw macht jdn ~** algo deja inútil a alguien; **Dienstvergehen** *nt* <-s,

-> falta *f* disciplinaria; **Dienstverhältnis** *nt* <-ses, -se> relación *f* de servicio (*entre el funcionario y la autoridad para la que trabaja*); **dienstverpflichten*** *vt* (JUR) obligar a servir; **Dienstvertrag** *m* <-(e)s, -träge> (JUR) contrato *m* de servicios; **Dienstvorschrift** *f* <-, -en> (ADMIN, MIL) instrucción *f*, orden *f* jerárquica; **Dienstwagen** *m* <-s, -> coche *m* oficial [*o* de servicio]; **Dienstweg** *m* <-(e)s, -e> trámite *m* oficial [*o* reglamentario]; **den ~ beschreiten** proceder por (la) vía oficial; **dienstwidrig** *adj* en contra de las normas jerárquicas; **Dienstwohnung** *f* <-, -en> vivienda *f* de servicio [*o* de empresa]; **Dienstzeit** *f* <-, -en> **1.** (*Arbeitszeit*) horario *m* de trabajo **2.** (*Amtsdauer*) años *mpl* de servicio; **Dienstzeugnis** *nt* <-ses, -se> hoja *f* de servicios

dies [di:s] *pron dem s.* **diese(r, s)**

diesbezüglich ['----] **I.** *adj* correspondiente, al respecto **II.** *adv* en relación a esto, por lo que concierne a esto

diese(r, s) ['di:zə, -zɐ, -zəs] <diese> *pron dem* **1.** (*adjektivisch*) este, esta; (*weiter entfernt*) ese, esa; **~r Mann hier/da/dort** este hombre (de aquí)/ese hombre (de ahí)/aquel hombre (de allí); **Anfang ~s Jahres** a principios de este año; **ich fahre ~ Woche nach Berlin** viajo esta semana a Berlín; **~s wunderschöne Buch** este maravilloso libro; **am 12. ~s Monats** el doce del corriente **2.** (*substantivisch*) éste, ésta, esto; (*weiter entfernt*) ése, ésa, eso; **~r hier** éste de aquí; **dies und das** esto y lo otro; **~s und jenes** esto y aquello

Diesel[1] ['di:zəl] *m* <-s, *ohne pl*> (*fam*) *s.* **Dieselkraftstoff**

Diesel[2] *m* <-(s), -> (*fam: Motor, Auto*) diesel *m*, Diesel *m*; **er fährt einen ~** conduce un Diesel [*o* diesel]

Dieselantrieb *m* <-(e)s, -e> (AUTO) accionamiento *m* Diesel

dieselbe(n) *pron dem s.* **derselbe, dieselbe, dasselbe**

dieselbige(n) [di:'zɛlbɪgə(n)] *pron dem* (*alt*) *s.* **derselbige, dieselbige, dasselbige**

Dieselkraftstoff *m* <-(e)s, -e> gasóleo *m*, gasoil *m*, combustible *m* diesel; **Diesellok** *f* <-, -s>, **Diesellokomotive** *f* <-, -n> locomotora *f* Diesel; **Dieselmotor** *m* <-s, -en> motor *m* diesel [*o* de gasoil]; **Dieselöl** *nt* <-(e)s, -e> gasóleo *m*

diesig ['di:zɪç] *adj* calinoso, brumoso

diesjährige(r, s) *adj* de este año

diesmal *adv* esta vez

diesseitig *adj* de este lado; (*des Diesseits*) de este mundo

diesseits ['di:szaɪts] **I.** *präp +gen* a este lado de; (*bei Flüssen*) a esta orilla de **II.** *adv* a este lado; **~ vom Fluss** a esta orilla del río

Diesseits *nt* <-, *ohne pl*> este mundo *m*

Dietrich ['di:trɪç] *m* <-s, -e> (TECH) ganzúa *f*

dieweil [di:'vaɪl] **I.** *adv* (*alt: unterdessen*) entretanto, mientras tanto **II.** *konj* (*alt*) **1.** (*während*) mientras **2.** (*weil*) porque **3.** (*da*) ya que

diffamieren* [dɪfa'mi:rən] *vt* difamar, calumniar; **eine ~de Hetzkampagne** una campaña difamatoria

Diffamierung *f* <-, -en> difamación *f*

Differential [dɪfərɛn'tsja:l] *nt* <-s, -e> *s.* Differenzial; **Differentialgetriebe** *nt* <-s, -> *s.* Differenzialgetriebe; **Differentialgleichung** [dɪfərɛntsi'a:l-] *f* <-, -en> (MATH) *s.* Differenzialgleichung; **Differentialrechnung** *f* <-, -en> *s.* **Differenzialrechnung**

Differenz [dɪfə'rɛnts] *f* <-, -en> **1.** (*Fehlbetrag*) déficit *m inv*, diferencia *f*; **die Prüfung ergab eine ~ von fünfzig Mark** la inspección dio un déficit de cincuenta marcos **2.** (*Streit*) disputa *f*; **es kam zu ~en zwischen ihnen** se produjeron disputas entre ellos; **Differenzbetrag** *m* <-(e)s, -träge> diferencia *f*

Differenzial[RR] [dɪfərɛn'tsja:l] *nt* <-s, -e> (MATH) diferencial *f*; **Differenzialgetriebe**[RR] *nt* <-s, -> (AUTO) (engranaje *m*) diferencial *m*; **Differenzialgleichung** *f* <-, -en> (MATH) ecuación *f* diferencial; **Poisson'sche ~** (CHEM) ecuación *f* de Poisson; **Differenzialrechnung**[RR] *f* <-, -en> (MATH) cálculo *m* diferencial

differenzieren* *vt, vi* (*a.* BIOL, MATH) diferenciar

differenziert *adj* (*geh: fein unterscheidend*) detallado

Differenzierung *f* <-, -en> (*a.* BIOL, MATH) diferenciación *f*

Differenzzahlung *f* <-, -en> (FIN) pago *m* de la diferencia

differieren* [dɪfə'ri:rən] *vi* (*geh*) diferir

diffizil [dɪfi'tsi:l] *adj* (*geh*) complicado

diffundieren* [dɪfʊn'di:rən] **I.** *vi sein* (CHEM) difundirse **II.** *vt* (PHYS) difundir

diffus [dɪ'fu:s] *adj* difuso

Diffusion [dɪfu'zjo:n] *f* <-, -en> (CHEM, PHYS) difusión *f*

digital [digi'ta:l] *adj* digital; **~e Unterschrift** firma digital

digitalisieren* *vt* (INFOR) digitalizar

Digitalrechner *m* <-s, -> (INFOR) calculadora *f* digital; **Digitaltechnik** *f* <-, -en> (INFOR) técnica *f* digital; **Digitaluhr** *f* <-, -en> reloj *m* digital

Diglossie *f* <-, -n> (LING) diglosia *f*

Diktat [dɪk'ta:t] *nt* <-(e)s, -e> **1.** (*Nachschrift*) dictado *m*; **nach ~ schreiben** escribir al dictado **2.** (*Befehl*) mandamiento *m*, imposición *f*; (POL) tratado *m* impuesto

Diktator(in) [dɪk'ta:to:ɐ] *m(f)* <-s, -en; -, -nen> dictador(a) *m(f)*, tirano, -a *m, f*

diktatorisch *adj* dictatorial

Diktatur [dɪkta'tu:ɐ] *f* <-, -en> dictadura *f*; **die ~ des Proletariats** la dictadura del prole-

D

tariado

diktieren* *vt* **1.** (*Text*) dictar **2.** (*geh: aufzwingen*) imponer

Diktiergerät *nt* <-(e)s, -e> dictáfono *m*

Diktion [dɪk'tsjo:n] *f* <-, -en> (*geh*) dicción *f*

dilatorisch [dila'to:rɪʃ] *adj* (*geh*) dilatorio; ~**e Einrede** (JUR) excepción dilatoria

Dildo ['dɪldo] *m* <-s, -s> (*Kunstpenis*) consolador *m*

Dilemma [di'lɛma] *nt* <-s, -s *o* Dilemmata> dilema *m*

Dilettant(in) [dilɛ'tant] *m(f)* <-en, -en; -, -nen> **1.** (*Laie*) diletante *mf*, aficionado, -a *m, f* **2.** (*abw: Stümper*) chapucero, -a *m, f*

dilettantisch *adj* **1.** (*laienhaft*) diletante, aficionado **2.** (*abw: stümperhaft*) chapucero

Dill [dɪl] *m* <-s, -e> eneldo *m*

Dimension [dimɛn'zjo:n] *f* <-, -en> dimensión *f*; **etw nimmt ~en an ...** algo está adquiriendo dimensiones...

Diminutivform [diminu'ti:f-] *f* <-, -en> (LING) diminutivo *m*

Dimmer ['dɪmɐ] *m* <-s, -> interruptor *m* con regulador de voltaje

DIN [di:n, dɪn] *f Abk. von* **Deutsche Industrie-Norm(en)** normas *fpl* DIN; ~ **A4/A5** formatos *mpl* DIN A4/A5

Dinar [di'na:ɐ] *m* <-s, -e> dinar *m*

Diner [di'ne:] *nt* <-s, -s> (*geh*) banquete *m*

DIN-Format *nt* <-(e)s, -e> formato *m* DIN (*según el Instituto de Normalización Alemán*)

Ding[1] [dɪŋ] *nt* <-(e)s, -e> **1.** (*Gegenstand*) objeto *m;* (*Sache*) cosa *f*; **aller guten ~e sind drei** (*prov*) a la tercera va la vencida; **gut ~ will Weile haben** (*prov*) las cosas de palacio van despacio **2.** (*Angelegenheit*) asunto *m;* **vor allen ~en** sobre todo; **über den ~en stehen** no preocuparse demasiado; **ich stehe über diesen ~en** estas cosas no me importan; **guter ~e sein** (*geh*) tener buen humor; **nach Lage der ~e** según el estado del asunto; **das geht nicht mit rechten ~en zu** aquí hay gato encerrado; **das ist ein ~ der Unmöglichkeit** es algo imposible; **so wie die ~e liegen ...** tal y como están las cosas...; **unverrichteter ~e wieder umkehren** volver sin haber conseguido nada

Ding[2] *nt* <-(e)s, -er> (*fam: unbestimmte Sache*) cosa *f*, chisme *m;* **krumme ~er** negocios turbios; **ein junges ~** una jovencilla inocente, un guayabo *fam*

Dingelchen ['dɪŋəlçən] *nt* <-s, -> chuchería *f*, cosilla *f*

dingen <dingt, dingte *o* dang, gedungen *o* gedingt> *vt* (*geh*) contratar; **einen Mörder ~** pagar un asesino

Dingens[1] ['dɪŋəns] *mf* <-, *ohne pl*> (*reg: fam*) *s.* **Dings**[1]

Dingens[2] *nt* <-, *ohne pl*> (*reg: fam*) *s.* **Dings**[2]

dingfest *adj:* **jdn ~ machen** arrestar a alguien

Dingi ['dɪŋgi] *nt* <-s, -s> (*Beiboot*) chinchorro *m*

dinglich *adj* real; ~**e Klage** (JUR) acción real

Dings[1] [dɪŋs] *mf* <-, *ohne pl*> (*fam: Person*) fulano, -a *m, f*, mengano, -a *m, f*

Dings[2] *nt* <-, *ohne pl*> (*fam: Sache*) cosa *f*

Dingsbums[1] ['dɪŋsbʊms] *mf* <-, *ohne pl*> (*fam*) *s.* **Dings**[1]

Dingsbums[2] *nt* <-, *ohne pl*> (*fam*) *s.* **Dings**[2]

Dingsda[1] ['dɪŋsda:] *mf* <-, *ohne pl*> (*fam*) *s.* **Dings**[1]

Dingsda[2] *nt* <-, *ohne pl*> (*fam*) *s.* **Dings**[2]

dinieren* [di'ni:rən] *vi* (*geh: mittags*) almorzar, comer; (*abends*) cenar

Dinkel *m* <-s, -> (BOT) espelta *f*, escanda *f*

Dinosaurier [dino'zaʊriɐ] *m* <-s, -> dinosaurio *m*

Diode [di'o:də] *f* <-, -n> (ELEK) diodo *m*

Dioptrie [diɔp'tri:, *pl:* diɔp'tri:ən] *f* <-, -n> (*Optik*) dioptría *f*

Dioxid *nt* <-s, -e> (CHEM) dióxido *m*

Dioxin [diɔ'ksi:n] *nt* <-s, *ohne pl*> (CHEM) dioxina *f*

dioxinhaltig *adj* (CHEM) que contiene dioxina

Diözese [diø'tse:zə] *f* <-, -n> (REL, ADMIN) diócesis *f*

Diphtherie [dɪfte'ri:] *f* <-, -n> (MED) difteria *f*

Diphthong [dɪf'tɔŋ] *m* <-s, -e> (LING) diptongo *m*

Dipl. *Abk. von* **Diplom** diplomado *m*

Dipl.-Bibl. *Abk. von* **Diplombibliothekar(in)** bibliotecario, -a *m, f* diplomado, -a

Dipl.-Ing. *Abk. von* **Diplomingenieur(in)** ingeniero, -a *m, f* diplomado, -a

Dipl.-Kff. *Abk. von* **Diplomkauffrau** perita *f* mercantil

Dipl.-Kfm. *Abk. von* **Diplomkaufmann** perito *m* mercantil

Diplom [di'plo:m] *nt* <-s, -e> diploma *m;* **sein ~ machen (in etw)** licenciarse (en algo);

Diplomarbeit *f* <-, -en> tesina *f*

Diplomat(in) [diplo'ma:t] *m(f)* <-en, -en; -, -nen> diplomático, -a *m, f*; **Diplomatenkoffer** *m* <-s, -> valija *f* diplomática; **Diplomatenlaufbahn** *f* <-, -en> carrera *f* diplomática; **die ~ einschlagen** seguir la carrera diplomática, dedicarse a la diplomacia

Diplomatie [diploma'ti:] *f* <-, *ohne pl*> diplomacia *f*

Diplomatin *f* <-, -nen> *s.* **Diplomat**

diplomatisch *adj* diplomático; ~**e Beziehungen zu ... unterhalten** mantener relaciones diplomáticas con...; **etw ~ ausdrücken** decir algo de forma diplomática

Diplombibliothekar(in) *m(f)* <-s, -e; -, -nen> bibliotecario, -a *m, f* diplomado, -a

diplomieren* [diplo'mi:rən] *vi* (*Schweiz*) diplomarse; (*Universität*) licenciarse, recibirse *Am;* **in etw** *dat* **~** diplomarse en algo, recibirse de algo *Am*

diplomiert *adj* diplomado; (*Universitätszeug-*

nis) licenciado; ~**er Apotheker** farmacéutico diplomado; ~**e Chemikerin** licenciada en (Ciencias) Químicas

Diplomierte(r) *mf* <-n, -n; -n, -n> diplomado, -a *m, f*

Diplomingenieur(in) *m(f)* <-s, -e; -, -nen> ingeniero, -a *m, f* diplomado, -a; **Diplomkauffrau** *f* <-, -en> perita *f* mercantil; **Diplomkaufmann** *m* <-(e)s, -leute> perito *m* mercantil; **Diplomprüfung** *f* <-, -en> examen *m* de diplomatura; (*Universitätszeugnis*) examen *m* de licenciatura

Dipolzone ['di:po:l-] *f* <-, -n> (CHEM) zona *f* dipolar

dir [di:ɐ] **I.** *pron pers dat von* **du** te; (*betont*) a ti (te); (*mit Präposition*) ti; **ich habe ~ etw mitgebracht** te he traído una cosa; **~ verrate ich nicht, was ich vorhabe!** ¡a ti no te contaré mis planes!; **hinter/vor/unter/über ~** detrás de/delante de/debajo de/encima de ti; **neben ~** a tu lado; **mit ~** contigo; **ein Freund von ~** un amigo tuyo; **gehört das ~?** ¿esto es tuyo?; **soll ich zu ~?** ¿quieres que vaya a tu casa?; **bei ~ ist es meistens etwas zu kalt** en tu casa casi siempre hace un poco de frío; **schau, dass es ~ nicht kaputtgeht!** ¡mira que no se te rompa! **II.** *pron refl dat von* **du** te; **was hast du ~ gekauft?** ¿qué te has comprado?

direkt [di'rɛkt] **I.** *adj* **1.** (*ohne Umweg, unmittelbar*) directo; (*Frage*) sin rodeos; ~**e Rede** (LING) estilo directo; **ein ~er Flug** un vuelo directo; **~ am Bahnhof** en la misma estación; **~ vor dem Haus** justo delante de la casa **2.** (*unverzüglich*) inmediato, directo **II.** *adv* **1.** (*ohne Umweg*) derecho; **die Straße führt ~ ins Zentrum** la calle lleva directamente al centro; **~ übertragen** (RADIO, TV) tra(n)smitir en directo **2.** (*unverzüglich*) enseguida, directamente **3.** (*fam: ausgesprochen*) realmente; **das ist ja ~ gefährlich, was du machst** es realmente peligroso lo que haces; **Direktabnehmer(in)** *m(f)* <-s, -> (WIRTSCH) comprador(a) *m(f)* directo, -a; **Direktabsatz** *m* <-es, -sätze> (WIRTSCH) venta *f* directa; **Direktausfuhr** *f* <-, *ohne pl*> exportación *f* directa; **Direktbegasung** *f* <-, -en> (CHEM) fumigación *f* directa; **Direktbesteuerung** *f* <-, -en> imposición *f* directa; **Direktflug** *m* <-(e)s, -flüge> vuelo *m* directo; **Direkthandel** *m* <-s, *ohne pl*> (WIRTSCH) comercio *m* directo; **Direktinvestition** *f* <-, -en> (WIRTSCH) inversión *f* directa

Direktion [dirɛk'tsjo:n] *f* <-, -en> **1.** (*Leitung*) dirección *f* **2.** (*Schweiz: kantonales Ministerium*) departamento *m* cantonal, secretaría *f* cantonal

Direktive [dirɛk'ti:və] *f* <-, -n> (*geh*) directiva *f*

Direktlieferung *f* <-, -en> (WIRTSCH) entrega *f* directa (*an* en); **Direktmandat** *nt* <-(e)s, -e> mandato *m* directo

Direktor(in) *m(f)* <-s, -en; -, -nen> director(a) *m(f)*; **geschäftsführende ~in** directora gerente

Direktorat *nt* <-(e)s, -e> (ADMIN: *Amt*) directorado *m*; (*Büro*) oficina *f* del director, despacho *m* del director

Direktorenstelle *f* <-, -n> puesto *m* de director

Direktorin *f* <-, -nen> *s.* **Direktor**

Direktorium [dirɛk'to:riʊm, *pl:* dirɛk'to:riən] *nt* <-s, Direktorien> directorio *m*

Direktrice [dirɛk'tri:sə] *f* <-, -n> sastra-directriz *f*

Direktübertragung *f* <-, -en> transmisión *f* en directo; **Direktverbindung** *f* <-, -en> (EISENB, AERO) comunicación *f* directa [*o* sin escalas]; **Direktverkauf** *m* <-(e)s, -käufe> (WIRTSCH) venta *f* directa; **Direktversicherer** *m* <-s, -> compañía *f* de seguros directos; **Direktvertrieb** *m* <-s, -e> venta *f* directa, distribución *f* directa; **Direktwahl** *f* <-, *ohne pl*> (TEL) marcación *f* directa de extensiones; **Direktwerbung** *f* <-, *ohne pl*> (WIRTSCH) publicidad *f* directa

Direktzugriff *m* <-s, -e> (INFOR) acceso *m* directo; **Direktzugriffsspeicher** *m* <-s, -> (INFOR) memoria *f* de acceso directo; **Direktzugriffsspeicher** *m* <-s, -> (INFOR) memoria *f* de acceso directo

Dirigent(in) [diri'gɛnt] *m(f)* <-en, -en; -, -nen> (*a.* MUS) director(a) *m(f)* de orquesta; **Dirigentenstab** *m* <-(e)s, -stäbe> batuta *f*

Dirigentin *f* <-, -nen> *s.* **Dirigent**

dirigieren* *vt* (*a.* MUS) dirigir

Dirigismus [diri'gɪsmʊs] *m* <-, *ohne pl*> (POL) dirigismo *m*

dirigistisch *adj* (WIRTSCH) dirigista

Dirndl ['dɪrnd(ə)l] *nt* <-s, ->, **Dirndlkleid** *nt* <-(e)s, -er> traje *m* tradicional tirolés, vestido *m* tradicional bávaro

Dirne ['dɪrnə] *f* <-, -n> prostituta *f*

Dirnenmilieu *nt* <-s, -s> mundo *m* de la prostitución

Dis [dɪs] *nt* <-, -> (MUS) re *m* sostenido

Disagio [dɪs'ʔa:dʒo] *nt* <-s, -s *o* Disagien> (FIN: *Kreditabschlag*) descuento *m*; **Disagiogewinn** *m* <-(e)s, -e> (FIN) beneficio *m* de descuento

Disassembler [dɪs-] *m* <-s, -> (INFOR) desensamblador *m*

Disco *f* <-, -s> *s.* **Disko**

Discountbroker(in) [dɪs'kaʊnt-] *m(f)* <-s, -; -, -nen> (FIN, WIRTSCH) agente *mf* libre; **Discountgeschäft** *nt* <-(e)s, -e>, **Discountladen** *m* <-s, -läden> (COM) tienda-discount *f*

Disharmonie [dɪsharmo'ni:, *pl:* dɪsharmo'ni:ən] *f* <-, -n> **1.** (MUS) disonancia *f* **2.** (*geh: Unstimmigkeit*) discordia *f*, desavenencia *f*

disharmonisch [dɪshar'mo:nɪʃ] *adj* (*a.* MUS)

disonante

Diskant [dɪs'kant] *m* <-s, -e> (MUS: *Stimmlage*) tiple *m*

Disken *pl von* **Diskus**

Diskette [dɪs'kɛtə] *f* <-, -n> (INFOR) disquete *m*, diskette *m*; **Diskettenbox** *f* <-, -en> (INFOR) caja *f* para disquetes; **Diskettenlaufwerk** *nt* <-(e)s, -e> (INFOR) disquetera *f*

Diskjockey ['dɪskdʒɔki] *m* <-s, -s> pinchadiscos *mf inv*, disc-jockey *mf*

Disko ['dɪsko] *f* <-, -s> disco *f*

Diskont [dɪs'kɔnt] *m* <-s, -e> (FIN) descuento *m*; **abzüglich des ~s** menos [*o* deducido] el descuento; **einen ~ erhöhen/herabsetzen** aumentar/reducir el (tipo de) descuento; **etw mit ~ kaufen** comprar algo con descuento; **diskontfähig** *adj* (FIN) descontable

diskontieren* *vt* (FIN) descontar

Diskontinuität [dɪs-] *f* <-, -en> discontinuidad *f*

Diskontprovision *f* <-, -en> (FIN) comisión *f* del descuento; **Diskontsatz** *m* <-es, -sätze> (FIN) tipo *m* de descuento; **Diskontwechsel** *m* <-s, -> (FIN) letra *f* al descuento; **Diskontwert** *m* <-(e)s, -e> (FIN) valor *m* del descuento

Diskothek [dɪsko'te:k] *f* <-, -en> discoteca *f*

diskreditieren* [dɪskredi'ti:rən] *vt* (*geh*) desacreditar

Diskrepanz [dɪskre'pants] *f* <-, -en> discrepancia *f*

diskret [dɪs'kre:t] *adj* discreto

Diskretion [dɪskre'tsjo:n] *f* <-, *ohne pl*> discreción *f*; (WIRTSCH) confidencialidad *f*, reserva *f* absoluta

diskriminieren* [dɪskrimi'ni:rən] *vt* discriminar

diskriminierend *adj* discriminatorio

Diskriminierung *f* <-, -en> discriminación *f*

Diskurs [dɪs'kʊrs] *m* <-es, -e> (*geh: Erörterung*) diálogo *m*, conversación *f*; (*Vortrag*) discurso *m*; (LING: *sprachliche Äußerung*) discurso *m*

Diskus ['dɪskʊs] *m* <-(ses), -se *o* Disken> (SPORT) disco *m*

Diskussion [dɪskʊ'sjo:n] *f* <-, -en> discusión *f*, debate *m*, argumento *m Am*; **ein Thema zur ~ stellen** poner un tema a debate; **Diskussionsbeitrag** *m* <-(e)s, -träge> intervención *f* en un debate; **Professor Schlüter leistete einen interessanten ~** el profesor Schlüter realizó una interesante intervención; **Diskussionsteilnehmer(in)** *m(f)* <-s, -; -, -nen> participante *mf* en un debate

Diskuswerfen *nt* <-s, *ohne pl*> (SPORT) lanzamiento *m* de disco

Diskuswerfer(in) *m(f)* <-s, -; -, -nen> (SPORT) lanzador(a) *m(f)* de disco

diskutabel [dɪsku'ta:bəl] *adj* discutible; **die Idee halte ich durchaus für ~** según mi opinión, esta idea merece ser discutida

diskutieren* [dɪsku'ti:rən] *vi, vt* discutir (*über* de/sobre); **viel diskutiert** largamente [*o* ampliamente] debatido

Dispache [dɪs'paʃə] *f* <-, -n> (WIRTSCH) liquidación *f* de averías

Dispatcher [dɪs'pɛ̜tʃɪ̭ɐ] *m* <-s, -> (WIRTSCH) *empleado gerente que se ocupa de controlar el proceso de producción de la empresa*

Dispens [dɪs'pɛns] *m* <-es, -e> dispensa *f*

dispensieren* [dɪspɛn'zi:rən] *vt* (*geh*) dispensar (*von* de), eximir (*von* de)

dispergieren* [dɪspɛr'gi:rən] *vt* dispersar

Dispergierungsmittel *nt* <-s, -> (CHEM) agente *m* de dispersión

Dispersion [dɪspɛr'zjo:n] *f* <-, -en> (CHEM, PHYS) dispersión *f*; **Dispersionsfarbe** *f* <-, -n> pintura *f* de dispersión; **Dispersionsharz** [dɪspɛr'zjo:ns-] *nt* <-es, -e> (CHEM) resina *f* de dispersión

Display [dɪs'plɛɪ] *nt* <-s, -s> (INFOR) display *m*

Dispokredit ['dɪspokredi:t] *m* <-(e)s, -e> (*fam*) *s.* **Dispositionskredit**

disponieren* [dɪspo'ni:rən] *vi* (*geh*) disponer (*über* de)

Disposition [dɪspozi'tsjo:n] *f* <-, -en> (*geh*) **1.** (*Verwendung*) disposición *f*; **(jdm) zur ~ stehen** estar a disposición (de alguien); **(jdm) etw zur ~ stellen** poner algo a disposición (de alguien) **2.** (*Planung*) planes *mpl* **3.** (MED: *Anlage*) predisposición *f*; **Dispositionskredit** *m* <-(e)s, -e> (FIN) crédito *m* disponible [*o* a disposición]

Disput [dɪs'pu:t] *m* <-(e)s, -e> (*geh*) disputa *f*, discusión *f*

disputieren* [dɪspu'ti:rən] *vi* (*geh*) disputar (*über* sobre), discutir (*über* sobre)

Disqualifikation [dɪskvalifika'tsjo:n] *f* <-, -en> (*a.* SPORT) descalificación *f*

disqualifizieren* [dɪskvalifi'tsi:rən] *vt* (*a.* SPORT) descalificar

Disqualifizierung *f* <-, -en> (*geh*) descalificación *f*

Dissens [dɪ'sɛns] *m* <-es, -e> disentimiento *m*

Dissertation [dɪsɛrta'tsjo:n] *f* <-, -en> tesis *f inv* doctoral

Dissident(in) [dɪsi'dɛnt] *m(f)* <-en, -en; -, -nen> disidente *mf*

Dissimilation [dɪsimila'tsjo:n] *f* <-, -en> (LING) disimilación *f*

dissonant [dɪso'nant] *adj* (MUS) disonante

Dissonanz [dɪso'nants] *f* <-, -en> (*a.* MUS) disonancia *f*

Distanz [dɪs'tants] *f* <-, -en> distancia *f*; **~ wahren** guardar las distancias; **auf ~ zu jdm gehen** distanciarse de alguien

distanzieren* *vr:* **sich ~** distanciarse

distanziert **I.** *adj* (*geh*) distante; **~ sein** ser distante, tener un comportamiento distante; **Fremden gegenüber ist Sascha sehr ~** Sascha es muy distante con los desconocidos **II.** *adv* (*geh*) de manera distante, con distancia; **sie verhält sich ~** se comporta de un modo distante

Distel ['dɪstəl] *f* <-, -n> cardo *m;* **Distelfink** *m* <-en, -en> (ZOOL) jilguero *m*

distinguiert [dɪstɪŋ'giːɐt] *adj* (*geh*) distinguido

Distrikt [dɪs'trɪkt] *m* <-(e)s, -e> distrito *m*

Disziplin¹ [dɪstsi'pliːn] *f* <-, *ohne pl*> (*Strenge, Wille*) disciplina *f*

Disziplin² *f* <-, -en> (*einer Wissenschaft/Sportart*) disciplina *f*

disziplinarisch [dɪstsipli'naːrɪʃ] *adj* disciplinario

Disziplinarstrafe *f* <-, -n> castigo *m* disciplinario, pena *f* disciplinaria; **Disziplinarverfahren** *nt* <-s, -> (ADMIN) procedimiento *m* disciplinario

disziplinieren* [dɪstsipli'niːrən] *vt* disciplinar

diszipliniert *adj* disciplinado

Diszipliniertheit *f* <-, *ohne pl*> (*geh*) disciplina *f*, carácter *m* disciplinado

disziplinlos *adj* indisciplinado

Disziplinlosigkeit *f* <-, *ohne pl*> (*Eigenschaft*) falta *f* de disciplina

dito ['diːto] *adv* (*fam*) ídem, también

Diuretikum [diu'reːtikʊm] *nt* <-s, Diuretika> (MED) diurético *m*

Diva ['diːva] *f* <-, -s *o* Diven> diva *f*

Divergenz *f* <-, -en> (*a.* MATH) divergencia *f*

divergieren* [divɛr'giːrən] *vi* (*a.* MATH) divergir; **die Auffassungen ~ in diesem Punkt** en este punto divergen las opiniones; **da divergiert ihre Meinung von seiner** en este punto, su opinión diverge de la de él

divers(e) *adj* (*geh*) **1.** (*mehrere*) diverso; **~e Möglichkeiten haben** tener diversas posibilidades **2.** (*verschiedene*) diferente, vario; **~er Ansicht sein** tener una opinión diferente

Diversifikation [divɛrzifika'tsjoːn] *f* <-, -en> (WIRTSCH) diversificación *f*

diversifizieren* *vt* (WIRTSCH) diversificar

Dividend [divi'dɛnt] *m* <-en, -en> (MATH) dividendo *m*

Dividende [divi'dɛndə] *f* <-, -n> (FIN, WIRTSCH) dividendo *m;* **eine ~ ausschütten** repartir un dividendo; **eine ~ beschließen** fijar un dividendo; **Dividendenanspruch** *m* <-(e)s, -sprüche> (FIN, WIRTSCH) derecho *m* a dividendo; **Dividendenausschüttung** *f* <-, -en> (FIN, WIRTSCH) reparto *m* de dividendos; **Dividendenpapier** *nt* <-s, -e> (FIN, WIRTSCH) título *m* de renta variable; **Dividendenwert** *m* <-(e)s, -e> (FIN, WIRTSCH) valor *m* de dividendo

dividieren* *vt* dividir (*durch* por)

Divis [di'viːs] *nt* <-es, -e> (TYPO: *Bindestrich*) guión *m*

Division [divi'zjoːn] *f* <-, -en> (MATH, MIL) división *f* (*durch* por)

Divisionär *m* <-s, -e> (*Schweiz:* MIL) general *m* de división

Divisionsstab *m* <-(e)s, -stäbe> (MIL) cuartel *m* general de división

Divisor [di'viːzoːɐ] *m* <-s, -en> (MATH) divisor *m*

Diwan ['diːvaːn] *m* <-s, -e> (*Liegesofa*) diván *m*

d. J. **1.** *Abk. von* **dieses Jahres** del año corriente, de este año **2.** *Abk. von* **der Jüngere** junior, hijo

DJH *nt* <-(s)> *Abk. von* **Deutsches Jugendherbergswerk** Asociación *f* de Albergues Juveniles Alemanes

DKP [deːkaː'peː] *f Abk. von* **Deutsche Kommunistische Partei** Partido *m* Comunista Alemán

dl *Abk. von* **Deziliter** dl

DLRG *f* <-> *Abk. von* **Deutsche Lebens-Rettungs-Gesellschaft** Sociedad *f* Alemana de Salvamento

dm *Abk. von* **Dezimeter** dm

d.M. *Abk. von* **dieses Monats** de este mes; **„Betr.: Ihr Schreiben vom 17. ~"** "Asunto: su escrito del 17 del corriente"

DM *f* <-, -> *Abk. von* **Deutsche Mark** marco *m* alemán

D-Mark ['deːmark] *f* <-, *ohne pl*> marco *m* alemán

d-Moll *nt* <-, *ohne pl*> (MUS) re *m* menor

D-Netz ['deːnɛts] *nt* <-es, -e> (TEL: *europaweites Mobilfunknetz*) sistema *m* de comunicación móvil europeo

DNS [deːʔɛn'ʔɛs] *f Abk. von* **Desoxyribonukleinsäure** A.D.N. *m*

do. *Abk. von* **dito** íd.

doch [dɔx] **I.** *adv* **1.** (*dennoch*) sin embargo, a pesar de todo; **er hatte ~ Recht** a pesar de todo tenía razón **2.** (*aber*) pero; **du weißt ~, wie ich das meine** pero ya sabes qué quiero decir; **das ist ~ nicht dein Ernst?** pero no lo dirás en serio, ¿no?; **das habe ich mir ~ gedacht** ya me lo había imaginado **3.** (*denn*) pues; **er sagte nichts, wusste er ~, dass sie Recht hatte** no dijo nada pues sabía que ella tenía razón **4.** (*Antwort*) sí, claro que sí; **kommst du nicht mit? – ~!** ¿no vienes? – pues claro que sí; **~, schon, aber ...** claro que sí, pero... **5.** (*Betonung*) sí que; **es schmeckt doch** sí que está bueno; **ich weiß es nicht – ~!** no lo sé – ¡sí que lo sabes! **II.** *part* **1.** (*verstärkend*) pero, pues; **das ist ~ die Höhe!** ¡esto sí que es el colmo!; **nehmen Sie ~ Platz!** ¡pero tome asiento!; **versuch's ~ mal** pues inténtalo; **du hast ~ nicht etwa ...?** ¿no habrás...?; **wie hieß er ~ gleich?** ¿cómo se llamaba? **2.** (*auffordernd*): **gib ~ mal her!** ¡dámelo de una vez!; **soll er ~!** ¡que lo haga si quiere! **3.** (*Zustimmung fordernd*) no es así, verdad; **hier darf man ~ rauchen?** aquí se puede fumar, ¿verdad? [*o* ¿no es así] **III.** *konj* (*aber*) pero, mas; **ich würde es gern tun, ~ ich traue mich nicht** me gustaría hacerlo pero no me atrevo

Docht [dɔxt] *m* <-(e)s, -e> mecha *f*, pabilo *m*

Dock [dɔk] *nt* <-(e)s, -s> dique *m;* **das Schiff liegt im ~** el barco se encuentra en dique; **Dockarbeiter(in)** *m(f)* <-s, -; -, -nen> cargador(a) *m(f)* de muelle

Docker(in) *m(f)* <-s, -; -, -nen> cargador(a) *m(f)* de muelle

Doge ['do:ʒə] *m* <-n, -n> (HIST) dux *m inv;* **der ~ von Venedig/Genua** el Dux de Venecia/Génova

Dogge ['dɔgə] *f* <-, -n> (perro *m*) dogo *m;* **dänische ~** gran danés *m*

Dogma ['dɔgma] *nt* <-s, Dogmen> dogma *m;* **etw zum ~ erheben** declarar algo como dogma

dogmatisch *adj* dogmático

Dogmatismus *m* <-s, *ohne pl*> dogmatismo *m*

Dogmen *pl von* **Dogma**

Dohle ['do:lə] *f* <-, -n> (ZOOL) grajilla *f*

Doktor(in) ['dɔkto:ɐ] *m(f)* <-s, -en; -, -nen> doctor(a) *m(f);* (*a.* MED) médico, -a *m, f;* **Herr/Frau ~** doctor/doctora; **sie ist ~ der Philosophie** es doctora en filosofía; **den [*o* seinen] ~ machen** hacer el doctorado

Doktorand(in) [dɔkto'rant] *m(f)* <-en, -en; -, -nen> (UNIV) doctorando, -a *m, f*

Doktorarbeit *f* <-, -en> (UNIV) tesis *f inv* doctoral; **Doktordiplom** *nt* <-s, -e> (UNIV) título *m* de doctor; **Doktorexamen** *nt* <-s, – *o* -examina> (UNIV) lectura *f* de tesis; **Doktorgrad** *m* <-(e)s, -e> (UNIV) grado *m* de doctor, doctorado *m;* **den ~ erwerben/verleihen** obtener/conceder el grado de doctor; **Doktorhut** *m* <-(e)s, -hüte> (UNIV) birrete *m* de doctor, bonete *m* de doctor; **den ~ erwerben** (*fam*) doctorarse

Doktorin *f* <-, -nen> *s.* **Doktor**

Doktormutter *f* <-, -mütter> (UNIV) directora *f* de tesis; **Doktorprüfung** *f* <-, -en> (UNIV) lectura *f* de tesis; **Doktortitel** *m* <-s, -> (UNIV) doctorado *m*, título *m* de doctor; **jdm den ~ verleihen** extender el título de doctor a alguien; **den ~ erwerben** doctorarse; **Doktorvater** *m* <-s, -väter> (UNIV) director *m* de tesis; **Doktorwürde** *f* <-, -n> (UNIV) *s.* **Doktortitel**

Doktrin [dɔk'tri:n] *f* <-, -en> doctrina *f*

doktrinär *adj* doctrinario

Dokument [doku'mɛnt] *nt* <-(e)s, -e> documento *m;* **~e gegen Akzept/gegen Zahlung** (COM, FIN) documentos contra aceptación/pago a la entrega de los documentos

Dokumentar(in) *m(f)* <-s, -e; -, -nen> documentalista *mf*, especialista *mf* en documentación; **Dokumentaraufnahme** *f* <-, -n> (*a.* FOTO) toma *f* documental; **Dokumentarfilm** *m* <-(e)s, -e> (película *f*) documental *m*

Dokumentarin *f* <-, -nen> *s.* **Dokumentar**

dokumentarisch *adj* documental

Dokumentation [dokumɛnta'tsjo:n] *f* <-, -en> documentación *f;* **Dokumentationszentrum** *nt* <-s, -zentren> centro *m* de documentación

Dokumentenakkreditiv *nt* <-s, -e> (FIN) crédito *m* documentario; **dokumentenecht** *adj* que respeta la integridad del documento; **~e Prospekthülle** funda que no afecta al texto escrito; **~er Klebestreifen** cinta adhesiva que no deja marcas; **~e Tinte** tinta indeleble; **Dokumenteninkasso** *nt* <-s, -s *Österr:* -inkassi> (FIN) cobro *m* documentario; **Dokumentenmappe** *f* <-, -n> carpeta *f* para documentos; **Dokumententratte** *f* <-, -n> (FIN) letra *f* documentaria

dokumentieren* *vt* documentar

Dolcevita^RR ['dɔltʃə'vi:ta] *nt o f* <-, *ohne pl*>, **Dolce Vita**^RR *nt o f* <- -, *ohne pl*> dolce vita *f*

Dolch [dɔlç] *m* <-(e)s, -e> puñal *m*

Dolchstoß *m* <-es, -stöße> puñalada *f;* **Dolchstoßlegende** *f* <-, -n> (HIST) mito *m* de la puñalada

Dolde ['dɔldə] *f* <-, -n> (BOT) umbela *f*

doll [dɔl] **I.** *adj* (*fam*) **1.** (*unglaublich*) increíble **2.** (*großartig*) fantástico, fenomenal **II.** *adv* (*fam: sehr*) mucho, enormemente

Dollar ['dɔla:ɐ] *m* <-(s), -s> dólar *m;* **amerikanischer/australischer/kanadischer ~** dólar americano/australiano/canadiense; **Dollaraufkommen** *nt* <-s, -> (WIRTSCH) ingresos *mpl* en dólares; **Dollarkurs** *m* <-es, -e> (FIN) cotización *f* del dólar; **Dollarland** *nt* <-(e)s, -länder> (WIRTSCH) país *m* donde el dólar es moneda paralela; **Dollarverknappung** *f* <-, -en> (WIRTSCH) escasez *f* de dólares; **Dollarzeichen** *nt* <-s, -> signo *m* del dólar

dolmetschen ['dɔlmɛtʃən] **I.** *vi* hacer de intérprete **II.** *vt* traducir (oralmente)

Dolmetscher(in) *m(f)* <-s, -; -, -nen> intérprete *mf*

Dolmetscherinstitut *nt* <-(e)s, -e>, **Dolmetscherschule** *f* <-, -n> Escuela *f* de Intérpretes

Dolomiten [dolo'mi:tən] *pl:* **die ~** los alpes dolomíticos, los dolomitas

Dom [do:m] *m* <-(e)s, -e> (*Kathedrale*) catedral *f*

Domäne [do'mɛ:nə] *f* <-, -n> **1.** (*Staatsgut*) finca *f* estatal **2.** (*Betätigungsfeld*) esfera *f;* (*Spezialgebiet*) especialidad *f*

domestizieren* [domɛsti'tsi:rən] *vt* domesticar

Domherr *m* <-(e)n, -en> (REL) canónigo *m*

Domina[1] ['do:mina] *f* <-, Dominä> (REL) superiora *f* (de un convento), abadesa *f*

Domina[2] ['do:mina] *f* <-, -s> (*Prostituierte*) *mujer sádica a la que acuden los masoquistas*

dominant [domi'nant] *adj* dominante

Dominante *f* <-, -n> (MUS, ÖKOL) dominante *f*

Dominanz [domi'nants] *f* <-, -en> (*a.* BIOL) dominancia *f*

dominieren* I. *vi* (*vorherrschen*) (pre)dominar, prevalecer; **eine ~de Stellung/Rolle innehaben** tener una posición/un papel predominante [*o* preponderante] II. *vt* (*beherrschen*) dominar

Dominikaner(in) [domini'ka:nɐ] *m(f)* <-s, -; -, -nen> (REL) dominico, -a *m, f*

dominikanisch [domini'ka:nɪʃ] *adj* (REL) dominicano, de dominico; **der ~e Orden** la Orden de los Dominicos [*o* de Santo Domingo]

Dominikanische Republik *f* <-n -> República *f* Dominicana

Domino ['do:mino] *nt* <-s, -s> dominó *m;* **Dominospiel** *nt* <-(e)s, -e> dominó *m;* **Dominostein** *m* <-(e)s, -e> 1. (*Spielstein*) ficha *f* de dominó 2. (GASTR) *dulce navideño compuesto de capas de pan de especias, mazapán y gelatina de frutas, bañado en chocolate*

Domizil [domi'tsi:l] *nt* <-s, -e> (*geh*) domicilio *m*

domizilieren* [domitsi'li:rən] *vt* (FIN): **einen Wechsel ~** domiciliar una letra

Domkapitel *nt* <-s, -> (REL) cabildo *m* (de catedral); **Domkapitular** *m* <-s, -e> (REL) canónigo *m*

Dompfaff ['do:mpfaf] *m* <-s *o* -en, -en> (ZOOL) pardillo *m,* camachuelo *m*

Dompteur, -euse [dɔmp'tø:ɐ] *m, f* <-s, -e; -, -n> domador(a) *m(f)*

Donator(in) [do'na:to:ɐ] *m(f)* <-s, -en; -, -nen> (*Schweiz: Schenker*) donador(a) *m(f)*

Donau ['do:naʊ] *f* <-> Danubio *m;* **Donaumonarchie** *f* <-, *ohne pl*> (HIST) monarquía *f* danubiana [*o* del Danubio] (*Imperio Austriaco*)

Dönerkebab *m* <-s, -s> döner kebab *m* (*especialidad turca de carne*)

Don Juan *m* <- -s, – -s> donjuán *m,* picaflor *m Am*

Donjuanismus [dɔnxua'nɪsmʊs] *m* <-, *ohne pl*> (PSYCH) donjuanismo *m*

Donner ['dɔnɐ] *m* <-s, -> trueno *m,* pillán *m Chil;* **wie vom ~ gerührt** atónito

Donnerbalken *m* <-s, -> (MIL: *sl*) cagatorio *m,* cagadero *m* (*retrete consistente en una viga de asiento y letrina*)

Donnerbüchse *f* <-, -n> (*iron*) escopeta *f,* trueno *m And: argot*

Donnergott *m* <-(e)s, -götter> (MYTH) Dios *m* del Trueno; **Donar war der ~ der alten Germanen** Donar era el dios del trueno para los antiguos germanos; **Donnergrollen** *nt* <-s, *ohne pl*> (*geh*) estruendo *m* del trueno

donnern ['dɔnɐn] I. *vunpers* (METEO) tronar; **es donnert** truena II. *vi* (*lärmen*) retumbar; **mit ~dem Applaus** con un aplauso atronador

Donnerrollen *nt* <-s, *ohne pl*> estruendo *m* del trueno; **Donnerschlag** *m* <-(e)s, -schläge> (estampido *m* del) trueno *m,* tronido *m;* **jdn wie ein ~ treffen** dejar a alguien de piedra [*o* fulminado]; **~!** (*fam alt*) ¡caray!, ¡arrea!

Donnerstag ['dɔnɐsta:k] *m* <-(e)s, -e> jueves *m;* **langer ~** jueves largo (*día de apertura prolongada de las tiendas en Alemania*); *s. a.* **Montag; Donnerstagabend** *m* <-s, -e> noche *f* del jueves, jueves *m* por la noche; *s. a.* **Montagabend**

donnerstagabendsRR *adv* los jueves por la noche; *s. a.* **montagabends; Donnerstagnachmittag** *m* <-(e)s, -e> tarde *f* del jueves, jueves *m* por la tarde; *s. a.* **Montagnachmittag**

donnerstags *adv* los jueves; *s. a.* **montags**

Donnerwetter ['--'--] *nt* <-s, -> (*fam*) bronca *f;* **das wird ein schönes ~ geben!** ¡va a haber una buena bronca!; **zum ~!** ¡diablos!; **~, das ist eine Leistung!** ¡caramba, vaya rendimiento!

doof [do:f] <doofer *o* döfer, am doofsten *o* döfsten> *adj* (*fam abw*) tonto, estúpido, upa *Ecua, Peru;* **so was D~es!** ¡qué estupidez!; **unser ~er Englischlehrer** el estúpido de nuestro profesor de inglés; **dieser ~e Automat hat das Geld verschluckt** este aparato tonto se tragó todo el dinero; **das wird mir hier zu ~** esto me está resultando muy tonto

Doofheit[1] *f* <-, -en> (*fam abw: Handlung*) bobada *f;* (*stärker*) estupidez *f*

Doofheit[2] *f* <-, *ohne pl*> (*fam abw: Art*) bobería *f;* (*stärker*) estupidez *f*

Doofi *m* <-(s), -s> (*fam*) bobo, -a *m, f,* tontorrón, -ona *m, f;* **Klein ~** bobalicón *m*

Doofkopp *m* <-s, -köppe> (*fam*), **Doofmann** *m* <-(e)s, -männer> (*fam*) tonto *m,* estúpido *m*

Dope [do:p] *nt* <-s, *ohne pl*> (*sl: Haschisch*) chocolate *m*

dopen ['do:pən] I. *vt* (SPORT) dopar II. *vi, vr:* **sich ~** (SPORT) doparse

Doping ['do:pɪŋ] *nt* <-s, -s> (SPORT) doping *m,* dopaje *m;* **Dopingkontrolle** *f* <-, -n> (SPORT) control *m* antidoping

Doppel ['dɔpəl] *nt* <-s, -> 1. (*Duplikat*) copia *f,* duplicado *m* 2. (SPORT) dobles *mpl;* **gemischtes ~** dobles mixtos; **Doppeladler** *m* <-s, -> águila *f* bicéfala; **Doppelagent(in)** *m(f)* <-en, -en; -, -nen> espía *mf* doble, agente *mf* doble

Doppelband *m* <-(e)s, -bände> (MEDIA) tomo *m* doble; **Doppelbelastung** *f* <-, -en> doble carga *f;* **Doppelbeschluss**RR *m* <-es, -schlüsse> doble acuerdo *m,* doble resolución *f;* **Doppelbesteuerung** *f* <-, -en> (FIN) doble imposición *f;* **Doppelbett** *nt* <-(e)s, -en> cama *f* de matrimonio

Doppelbock *nt o m* <-(e)s, -> *cerveza estacional de alto contenido alcohólico*

Doppelbuchstabe *m* <-n(s), -n> letra *f* doble; **im Spanischen gibt es praktisch keine ~n außer „rr“** en español no hay prácticamente más letras dobles que la “rr”; **Doppelcharakter** *m* <-s, *ohne pl*> doble naturaleza *f,* ambigüedad *f;* **der ~ der Arbeit**

D

el carácter ambiguo del trabajo; **Doppeldecker** *m* <-s, -> **1.** (AERO) biplano *m* **2.** (*fam: Bus*) omnibús *m* de dos pisos; **doppeldeutig** ['dɔpəldɔɪtɪç] *adj* ambiguo, equívoco

Doppeldeutigkeit[1] *f* <-, -en> (*Äußerung*) doble sentido *m,* sentido *m* ambiguo; **der Text ist voll von ~en** el texto rebosa de palabras con doble sentido

Doppeldeutigkeit[2] *f* <-, *ohne pl*> (*Sinn*) ambigüedad *f,* equivocidad *f;* **die ~ einer Aussage/eines Orakels** la ambigüedad de una afirmación/de un oráculo

Doppelfehler *m* <-s, -> (*Tennis*) doble falta *f;* **Doppelfenster** *nt* <-s, -> ventana *f* de doble hoja; **Doppelgänger(in)** *m(f)* <-s, -; -, -nen> doble *mf,* sosia *mf;* **doppelgleisig** *adj* **1.** (EISENB) de vía doble **2.** (*fig: zwielichtig*) sospechoso

Doppelhaus *nt* <-es, -häuser> dos casas *fpl* adosadas; **Doppelhaushälfte** *f* <-, -n> ≈(chalé *m*) adosado *m*

Doppelkinn *nt* <-(e)s, -e> papada *f;* **Doppelklick** *m* <-s, -s> (INFOR) doble clic *m,* doble pulsación *f;* **doppel|klicken** *vt* (INFOR) hacer doble clic; **Doppelkonsonant** *m* <-en, -en> (LING) consonante *f* doble; **Doppelkopf** *m* <-(e)s, *ohne pl*> (*Kartenspiel*) *juego de cartas parecido al tresillo;* **Doppelkorn** *m* <-(e)s, -> *aguardiente de trigo;* **Doppellaut** *m* <-(e)s, -e> (LING) **1.** (*Diphthong*) diptongo *m* **2.** (*Konsonant*) consonante *f* doble **3.** (*Vokal*) vocal *f* doble; **Doppelleben** *nt* <-s, -> doble vida *f;* **ein ~ führen** llevar una doble vida; **Doppelmoral** *f* <-, *ohne pl*> doble moral *f;* **Doppelmord** *m* <-(e)s, -e> doble asesinato *m* (*an* de); **Doppelname** *m* <-ns, -n> nombre *m* compuesto; **Doppelpass**[RR] *m* <-es, -pässe> (SPORT) pared *f;* **Doppelpunkt** *m* <-(e)s, -e> dos puntos *mpl;* **Doppelrolle** *f* <-, -n> (FILM, THEAT) doble papel *m;* **Doppelschicht** *f* <-, -en> turno *m* doble; **doppelseitig** **I.** *adj* **1.** (*auf einer Doppelseite*) en dos páginas, a doble página; **die Firma wirbt mit einer ~en Anzeige in der Zeitung** la empresa ha puesto en el periódico un anuncio a doble página **2.** (MED: *beidseitig*) doble; **~e Lähmung** hemiplejía bilateral; **~e Lungenentzündung** pulmonía doble **3.** (*mit zwei Seiten*) de dos caras; **eine ~e Jacke** una chaqueta reversible **II.** *adv* por las dos caras; **ein ~ bedruckter Stoff** una tela estampada por las dos caras; **Karten ~ bedrucken** imprimir tarjetas por las dos caras; **er wurde ~ an den Nieren operiert** fue operado de ambos riñones; **Doppelsinn** *m* <-(e)s, *ohne pl*> doble sentido *m;* **doppelsinnig** *adj* ambiguo, equívoco; **Doppelspiel** *nt* <-(e)s, -e> (*abw*) doble juego *m,* juego *m* sucio; **mit jdm ein ~ treiben** jugar un doble juego con alguien, jugar sucio con alguien; **Doppelstecker** *m* <-s, -> (ELEK) enchufe *m* doble; **doppelstöckig** *adj* de dos pisos; **Zweifamilienhäuser sind meistens ~** las casas para dos familias tienen normalmente dos plantas; **London ist für seine ~en Busse berühmt** Londres es famoso por sus autobuses de dos pisos; **ein ~er Whiskey** (*fam*) un whisky doble; **Doppelstunde** *f* <-, -n> dos horas *fpl;* **heute habe ich eine ~ Erdkunde** hoy tengo dos horas de geografía

doppelt ['dɔpəlt] **I.** *adj* doble; **in ~er Ausführung** por duplicado; **ich bin ~ so alt wie Hans** le doblo la edad a Hans; **mit jdm ein ~es Spiel treiben** hacer doble juego con alguien; **er bekommt das D~e** recibe el doble; **auf das D~e steigen** duplicarse; **um das D~e erhöhen** doblar **II.** *adv* repetido, dos veces; **die Briefmarke habe ich ~** tengo este sello repetido; **~ so viel** el doble; **~ sehen** ver doble; **alles ~ und dreifach sagen müssen** tener que repetir todo treinta mil veces; **das ist ~ gemoppelt** (*fam*) esto es repetir el sentido de la palabra; **~ genäht hält besser!** (*prov*) lo que abunda no daña

Doppeltür *f* <-, -en> puerta *f* doble; **Doppelverdiener(in)** *m(f)* <-s, -; -, -nen> **1.** (*Einzelperson*) persona *f* con dos sueldos **2.** *pl* (*Paar*) matrimonio *m* con dos sueldos; **Doppelvokal** *m* <-s, -e> (LING) vocal *f* doble; **Doppelzentner** *m* <-s, -> quintal *m* métrico; **Doppelzimmer** *nt* <-s, -> habitación *f* doble

doppelzüngig ['dɔpəltsʏŋɪç] *adj* falso

Doppelzüngigkeit *f* <-, *ohne pl*> falsedad *f,* doblez *f*

Dopplereffekt ['dɔplɐʔɛfɛkt] *m* <-(e)s, -e> (PHYS) efecto *m* Doppler

Dorado [do'ra:do] *nt* <-s, -s> paraíso *m,* Eldorado *m*

Dorf [dɔrf, *pl:* 'dœrfɐ] *nt* <-(e)s, Dörfer> pueblo *m,* aldea *f;* **das olympische ~** la ciudad olímpica; **auf dem ~ wohnen** vivir en el pueblo; **vom ~ kommen** ser de pueblo; **das sind böhmische Dörfer für mich** esto es chino para mí; **es handelte sich lediglich um potemkinsche Dörfer** sólo se trataba de mentiras, no había nada detrás; **die Welt ist ein ~** (*prov*) el mundo es un pañuelo; **Dorfälteste(r)** *mf* <-n, -n; -n, -n> **1.** (*älteste Person*) más anciano, -a *m, f* del pueblo **2.** (*alt: Dorfvorsteher*) alcalde(sa) *m(f)* del pueblo; **Dorfbewohner(in)** *m(f)* <-s, -; -, -nen> aldeano, -a *m, f,* pueblerino, -a *m, f;* **Dorfjugend** *f* <-, *ohne pl*> juventud *f* rural [*o* lugareña]; **Dorfkrug** *m* <-(e)s, -krüge> (*nordd*) taberna *f,* venta *f*

dörflich *adj* **1.** (*des Dorfes*) del pueblo; **er war mit den ~en Sitten vertraut** estaba familiarizado con las costumbres del pueblo **2.** (*ländlich*) rural; **sie wuchs in einem ~en Milieu auf** creció en un entorno rural

Dorfplatz *m* <-es, -plätze> plaza *f* del pueblo

Dorfschaft *f* <-, -en> (*Schweiz*) aldea *f,* pueblo *m*

Dorfschöne *f* <-, -n>, **Dorfschönheit** *f* <-, -en> (*hum, a. abw*) belleza *f* del lugar; **Dorfschule** *f* <-, -n> escuela *f* del pueblo; **Dorfschulze** *m* <-n, -n> (HIST) alcalde *m;* **Dorftrottel** *m* <-s, -> tonto, -a *m, f* del pueblo

dorisch ['do:rɪʃ] *adj* (ARCHIT, MUS) dórico; **~e Säulen** columnas dóricas

Dorn[1] [dɔrn] *m* <-(e)s, -en> (BOT) espina *f;* **er war dem Chef schon lange ein ~ im Auge** hace tiempo que el jefe se sentía disgustado por él

Dorn[2] *m* <-(e)s, -e> (TECH: *Metallstift*) espiga *m;* (*Werkzeug*) mandril *m;* (*zum Lochen*) punzón *m*

Dornbusch *m* <-es, -büsche> zarzal *m*

Dornengestrüpp *nt* <-(e)s, -e> zarzal(es) *m(pl);* **Dornenhecke** *f* <-, -n> zarza *f,* seto *m* espinoso; **Dornenkrone** *f* <-, -n> corona *f* de espinas

dornig *adj* espinoso

Dornröschen [dɔrn'rø:sçən] *nt* <-s, *ohne pl*> la Bella Durmiente; **Dornröschenschlaf** *m* <-(e)s, *ohne pl*> letargo *m* (*refiriéndose al sueño profundo de la Bella Durmiente*); **aus seinem ~ erwachen** despabilarse, recobrarse; **in einen ~ versinken** perder el sentido de la realidad

dorren ['dɔrən] *vi* (*geh*) secarse

dörren ['dœrən] *vt* secar

Dörrfisch *m* <-(e)s, -e> (GASTR) pescado *m* seco, ≈mojama *f;* **Dörrfleisch** *nt* <-(e)s, *ohne pl*> tocino *m* entreverado; **Dörrobst** *nt* <-(e)s, *ohne pl*> (GASTR) frutos *mpl* secos; **Dörrpflaume** *f* <-, -n> ciruela *f* pasa

dorsal [dɔr'za:l] *adj* (MED, LING) dorsal

Dorsch [dɔrʃ] *m* <-(e)s, -e> (ZOOL) bacalao *m,* abadejo *m*

dort [dɔrt] *adv* allí, allá, ahí; **der Mann ~** el hombre allá; **~ oben/hinten** allí arriba/atrás; **ich komme gerade von ~** justamente vengo de allí; **von ~ aus ist es nicht mehr weit** desde allí ya no está lejos; **~ behalten** retener *fam;* **~ bleiben** quedarse; **dort|behalten*** *irr vt s.* **dort**; **dort|bleiben** *irr vi sein s.* **dort**

dorther ['-'-] *adv* de allí; **von ~** de allí; **dorthin** ['-'-] *adv* hasta allí, hacia ahí; **wie komme ich ~?** ¿cómo llego hasta allí?; **der Weg ~** el camino hacia ahí; **dorthinab** [(')dɔrthɪ'nap, *hinweisend:* 'dɔrthɪap] *adv* (hacia) allá abajo; **dorthinauf** *adv* (hacia) allá arriba; **dorthinaus** ['--'-] *adv* por allí; **bis ~** (*fam*) hasta el no va más; **dorthinein** ['--'-] *adv* allí dentro; **dorthinunter** *adv* (hacia) allá abajo

dortige(r, s) *adj* de allí

DOS [dɔs] (INFOR) *Abk. von* **Disk Operating System** DOS

Dose ['do:zə] *f* <-, -n> **1.** (*Büchse*) caja *f,* bote *m;* (*Konserven~*) lata *f;* **eine ~ Kekse** una caja de galletas; **eine ~ Bier** una lata de cerveza **2.** (*Steck~*) enchufe *m*

Dosen *pl von* **Dose**, **Dosis**

dösen ['dø:zən] *vi* (*fam*) dormitar

Dosenbier *nt* <-(e)s, -e> cerveza *f* en lata; **Dosencontainer** *m* <-s, -> contenedor *m* de botes; **Dosenmilch** *f* <-, *ohne pl*> leche *f* condensada; **Dosenöffner** *m* <-s, -> abrelatas *m inv;* **Dosensuppe** *f* <-, -n> sopa *f* de lata [*o* enlatada]

dosierbar [do'zi:ɐba:ɐ] *adj* dosificable

Dosiereinrichtung [do'zi:ɐ-] *f* <-, -en> dispositivo *m* de dosificación

dosieren* [do'zi:rən] *vt* dosificar

Dosiergefäß *nt* <-es, -e> recipiente *m* de dosificación; **Dosierspender** *m* <-s, -> dosificador *m*

Dosierung[1] *f* <-, *ohne pl*> (*das Dosieren*) dosificación *f*

Dosierung[2] *f* <-, -en> (*Dosis*) dosis *f inv*

dösig ['dø:zɪç] *adj* (*fam*) **1.** (*blöd*) bobo, tonto **2.** (*schläfrig*) soñoliento

Dosimeter [dozi'me:tɐ] *nt* <-s, -> dosímetro *m*

Dosis ['do:zɪs, *pl:* 'do:zən] *f* <-, Dosen> dosis *f inv;* **zulässige ~** dosis permitida; **in kleinen Dosen** en pequeñas dosis

Döskopp *m* <-s, -köppe> (*nordd: fam*) tontorrón, -ona *m, f*

Dossier [dɔ'sje:] *nt* <-s, -s> expediente *m,* dossier *m*

Dotation [dota'tsjo:n] *f* <-, -en> (*geh*) dotación *f,* donación *f*

dotieren* [do'ti:rən] *vt* dotar (*mit* con/de); **gut dotiert** (*Stellung*) bien remunerado; **hoch dotiert** muy bien pagado [*o* retribuido]; **eine mit 4.500 DM dotierte Stelle** un puesto dotado con 4.500 marcos

Dotter ['dɔtɐ] *m o nt* <-s, -> yema *f;* **Dotterblume** *f* <-, -n> calta *f*

doubeln ['du:bəln] **I.** *vt* (FILM) hacer de doble (de) **II.** *vi* (FILM) hacer de doble (en un filme)

Double ['du:b(ə)l] *nt* <-s, -s> (FILM) doble *m*

Doublé [du'ble:] *nt* <-s, -s> *s.* **Dublee**

Douglasfichte ['du:glas-] *f* <-, -n> abeto *m* douglasia

Douglasie [du'gla:zjə] *f* <-, -n> douglasia *f*

Douglastanne ['du:glas-] *f* <-, -n> abeto *m* douglasia

Dow-Jones-Aktienindex [daʊ'dʒɔʊnsʔɪndɛks] *m* <-es, *ohne pl*>, **Dow-Jones-Index** *m* <-es, *ohne pl*> (WIRTSCH) índice *m* Dow-Jones

down [daʊn] *adj* (*sl*) abatido, agotado

Downlink ['daʊnlɪŋk] *nt* <-(s), -s> (TEL) enlace *m* descendente

Download ['daʊnlɔʊt] *nt* <-(s), -s> (INFOR) carga *f* descendente [*o* por teleproceso], download *m* (*transferencia de un ordenador a otro*)

Downsyndrom ['daʊnzʏndro:m] *nt* <-s, *ohne pl*> (MED) mongolismo *m*

Dozent(in) [do'tsɛnt] *m(f)* <-en, -en; -, -nen> profesor(a) *m(f)* universitario, -a

Dozentur [dotsɛn'tu:ɐ, *pl:* dotsɛn'tu:rən] *f*

<-, -en> (UNIV) puesto *m* de profesor(a) [*o* de docente] universitario

dozieren* [do'tsi:rən] *vi* dar clases (magistrales) (*über* sobre)

dpa [de:pe:'ʔa:] *f Abk. von* **Deutsche Presse-Agentur** Agencia *f* de Prensa Alemana

dpt *Abk. von* **Dioptrie** dpt.

Dr. *mf* <-, Dres.> *Abk. von* **Doktor** doctor(a) *m(f)*; **ihr Name ist ~ Christel Steinmetz** su nombre es doctora Christel Steinmetz; **guten Tag, Herr/Frau ~ Müller!** ¡buenos días, doctor/doctora Müller!; **~ med./rer. nat./pol./phil./h.c.** doctor(a) *m(f)* en medicina/en ciencias naturales/en política/en filosofía/honoris causa

Drache ['draxə] *m* <-n, -n> dragón *m*

Drachen *m* <-s, -> **1.** (*aus Papier*) cometa *f*, barrilete *m Am*, volantín *m Am*; **~ steigen lassen** echar (a volar) cometas, hacer subir cometas **2.** (*fam abw: zänkische Frau*) furia *f*, arpía *f*

Drachenfliegen *nt* <-s, *ohne pl*> (SPORT) vuelo *m* en ala delta; **Drachenflieger(in)** *m(f)* <-s, -; -, -nen> (SPORT) deportista *mf* de ala delta

Drachme ['draxmə] *f* <-, -n> (FIN) dracma *f*

Dragee [dra'ʒe:] *nt* <-s, -s>, **Dragée** *nt* <-s, -s> (MED) gragea *f*

Dragoner [dra'go:nɐ] *m* <-s, -> **1.** (HIST) dragón *m* **2.** (*fam abw: resolute Frau*) marimacho *m*

Draht [dra:t, *pl:* 'drɛ:tə] *m* <-(e)s, Drähte> alambre *m*, hilo *m* metálico; **per ~ übermitteln** cablegrafiar, enviar por cable; **den ~ zu jdm nicht abreißen lassen** no perder el contacto con alguien; **einen ~ zu jdm haben** simpatizar con alguien; **der heiße ~** (POL) el teléfono rojo; **auf ~ sein** (*fam*) estar en buena forma; **Drahtbürste** *f* <-, -n> cepillo *m* de púas de metal; **Drahtesel** *m* <-s, -> (*fam*) bici *f*; **Drahtgeflecht** *nt* <-(e)s, -e> alambrada *f*, malla *f* metálica; **Drahtgitter** *nt* <-s, -> alambrado *m*, alambrera *f*

drahtig *adj* (*Figur*) vigoroso

drahtlos I. *adj* sin hilos, inalámbrico **II.** *adv:* **~ telegrafieren** radiotelegrafiar

Drahtschere *f* <-, -n> cizalla *f*

Drahtseil *nt* <-(e)s, -e> cable *m* metálico [*o* de alambre]; **Drahtseilakt** *m* <-(e)s, -e> **1.** (*Zirkus*) número *m* en la cuerda floja **2.** (*fig: gewagtes Unterfangen*) empresa *f* peligrosa; **Drahtseilbahn** *f* <-, -en> teleférico *m*

Drahtverhau *m o nt* <-(e)s, -e> alambrada *f* de espino artificial; **Drahtzaun** *m* <-(e)s, -zäune> alambrado *m*

Drahtzieher(in) *m(f)* <-s, -; -, -nen> instigador(a) *m(f)*, maquinador(a) *m(f)* de intrigas

Drainage *f* <-, -n> *s.* **Dränage**

drainieren* *vt s.* **dränieren**

Draisine [draɪ'zi:nə, drɛ'zi:nə] *f* <-, -n> **1.** (EISENB) vagoneta *f* **2.** (HIST: *Fahrrad*) draisiana *f* (*aparato antecesor de la bicicleta*)

drakonisch [dra'ko:nɪʃ] *adj* draconiano

drall [dral] *adj* (*Person*) robusto, metido en carnes; (*Körperteil*) regordete

Drall *m* <-(e)s, *ohne pl*> (PHYS) rotación *f* sobre el propio eje; **einen ~ nach rechts haben** desviarse a la derecha

Dralon® ['dra:lɔn] *nt* <-(s), *ohne pl*> dralón *m*

Drama ['dra:ma, *pl:* 'dra:mən] *nt* <-s, Dramen> tragedia *f*, drama *m*; **mach da doch kein ~ draus** (*fam*) no lo dramatices

Dramatik [dra'ma:tɪk] *f* <-, *ohne pl*> **1.** (LIT) poesía *f* dramática, dramaturgia *f* **2.** (*Spannung*) dramatismo *m*; **sie liebt ~** le encanta lo dramático

Dramatiker(in) [dra'ma:tikɐ] *m(f)* <-s, -; -, -nen> autor(a) *m(f)* dramático, -a

dramatisch *adj* (*a.* LIT) dramático

dramatisieren* *vt* **1.** (*Roman*) adaptar a la escena **2.** (*aufbauschen*) dramatizar

Dramatisierung *f* <-, -en> dramatización *f*

Dramaturg(in) [drama'tʊrk] *m(f)* <-en, -en; -, -nen> (THEAT, TV) asesor(a) *m(f)* artístico, -a

Dramaturgie [dramatʊr'gi:] *f* <-, -n> dramaturgia *f*, dramática *f*

Dramaturgin *f* <-, -nen> *s.* **Dramaturg**

dramaturgisch [drama'tʊrgɪʃ] *adj* dramatúrgico

Dramen *pl von* **Drama**

dran [dran] *adv* (*fam*): **du bist ~** es tu turno; **jetzt ist er ~** ahora le toca a él; **wer ist jetzt ~?** ¿a quién le toca ahora?; **sind Sie noch ~?** (*Telefon*) ¿todavía está en la línea?; **er ist schlecht/gut ~** le va mal/bien; **ich bin früh ~** todavía tengo tiempo; **ich bin spät ~** ya no tengo tiempo; **da ist was ~** hay algo de verdad en ello; **an dem Radio ist alles ~, was man braucht** la radio tiene todo lo que se necesita; **was ist denn an dem Auto ~?** (*kaputt*) ¿qué ocurre con el coche?; **an der Keule ist nicht viel ~** esta pierna casi no tiene carne; *s. a.* **daran**

Dränage [drɛ'na:ʒə] *f* <-, -n> **1.** (TECH) drenaje *m*, avenamiento *m* **2.** (MED) drenaje *m*

dran|bleiben *irr vi sein* (*fam*) **1.** (*verfolgen*) no soltar (*an*), seguir la pista (*an* de); **ich bleibe an der Geschichte dran** no me perderé esta historia; **ich bleibe an ihm dran** no me despegaré de él **2.** (*Telefon*) no colgar (*an*); **bleiben Sie bitte dran** no cuelgue, por favor

drang [draŋ] *3. imp von* **dringen**

Drang [draŋ] *m* <-(e)s, *ohne pl*> **1.** (*Trieb*) impulso *m*; (*Sehnsucht*) anhelo *m* (*nach/zu* de), ansia *f* (*nach/zu* de); **unwiderstehlicher ~** deseo irresistible; **aus innerem ~** por un impulso instintivo; **einen plötzlichen ~ nach etw verspüren** desear algo ardientemente **2.** (*Zwang*) apremio *m*

dran|geben *irr vt* (*fam: aufgeben*) renunciar a; (*opfern*) sacrificar; **ich würde dafür mein Leben ~** dejaría la vida por eso; **dran|gehen** *irr vi sein* (*fam: in Angriff nehmen*) emprender (*an*), empezar (*an*)

Drängelei [drɛŋə'laɪ] *f* <-, -en> (*abw*) **1.** (*Schubsen*) apretujones *mpl* **2.** (*Bettelei*) ruegos *mpl* continuos y molestos

drängeln ['drɛŋəln] *vi, vt* (*fam*) **1.** (*schieben*) empujar; **nur nicht ~!** ¡no empujen! **2.** (*betteln*) apremiar, pedir con insistencia; **„nun mach schon", drängelte sie (ihn)** "acaba ya de una vez" le apremió

drängen ['drɛŋən] **I.** *vi* **1.** (*eilen*) urgir, correr prisa; **es drängt nicht** no corre prisa **2.** (*schieben*) apretar, empujar **3.** (*fordern*) insistir (*auf* en), instar (*auf* para que +*subj*); **sie drängte auf eine rasche Entscheidung** instó para que se produjera una decisión rápida; **er drängt zur Eile** mete prisa **II.** *vt* **1.** (*schieben*) empujar; (*durch die Menge*) abrirse paso **2.** (*antreiben*) apremiar (*zu* para que +*subj*) **III.** *vr:* **sich ~** apiñarse

Drängen *nt* <-s, *ohne pl*> apremio *m,* insistencia *f;* **auf jds ~ (hin)** a ruegos de alguien

drängend *adj* **1.** (*Fragen, Probleme*) inaplazable, perentorio **2.** (*Tonfall, Stimme*) insistente

Drangsal ['draŋza:l] *f* <-, -e> (*geh*) pena *f,* sufrimientos *mpl*

drangsalieren* [draŋza'li:rən] *vt* (*abw*) torturar, martirizar

dran|halten *irr* **I.** *vt* (*fam: zum Vergleich*) acercar (para comparar) **II.** *vr:* **sich ~** (*sich beeilen*) apurarse, apresurarse; **dran|hängen I.** *vt* (*fam: an etw befestigen*) colgar (*an* en); (*verlängern*) prolongar (por); **wir könnnen an unseren Urlaub noch eine Woche ~** podemos prolongar nuestras vacaciones por una semana **II.** *irr vi* (*fam: an etw hängen*) tener cariño [*o* apego] (*an* a) **III.** *vr:* **sich ~** (*fam: verfolgen*) perseguir (*an*)

dränieren* [drɛ'ni:rən] *vt* **1.** (MED) drenar **2.** (*Boden*) drenar, desaguar

dran|kommen *irr vi sein* (*fam*) **1.** (*an die Reihe kommen*) tocar, llegar el turno (de); **du kommst als Nächste dran** ahora te toca a ti **2.** (SCH: *aufgerufen werden*) ser llamado para decir la lección; **bist du heute drangekommen?** ¿te ha tocado decir la lección hoy? **3.** (*abgefragt werden*) tocar; **welches Thema kommt denn dran?** ¿qué tema toca hoy? **4.** (*erreichen*) alcanzar; **ich komme da nicht dran** no alcanzo ahí; **dran|kriegen** *vt* (*fam*): **jdn (schön) ~** (*zu einer Leistung*) no dejar que alguien escurra el bulto; (*reinlegen*) jugársela a alguien; **dran|lassen** *irr vt* (*fam*) dejar puesto (*an* en); **dran|machen I.** *vt* (*fam*) poner (*an* a/en), fijar (*an* a); (*ankleben*) pegar (*an* en); **ein Etikett an eine Flasche ~** poner una etiqueta a una botella **II.** *vr:* **sich ~** (*fam*) ponerse (*an* con); **sich an ein neues Projekt ~** ponerse con un nuevo proyecto; **dran|nehmen** *irr vt* (*fam: Schüler*) preguntar; (*Kunden, Patienten*) atender; **dran|setzen** *vt* **1.** (*einsetzen*) arriesgar, hacer; **ich werde alles ~ um ...** haré todo lo posible para... **2.** (*beschäftigen*) ocupar; **da kann ich den Lehrling ~** esto se lo dejo hacer al aprendiz

drapieren* [dra'pi:rən] *vt* (*schmücken*) adornar; (*aufwändig falten*) drapear (*um* por)

Drapierung *f* <-, -en> **1.** (*das Schmücken*) decoración *f* con tejidos drapeados **2.** (*der Schmuck*) drapeado *m* **3.** (*das Falten*) pliegue *m* (decorativo)

drastisch ['drastɪʃ] *adj* drástico; **die Preise ~ reduzieren** fulminar los precios

drauf ['draʊf] *adv* (*fam*): **gut ~ sein** estar de buenas; **ich bin heute schlecht ~** hoy estoy de mala leche; **wie ist der denn ~?** ¿a éste qué mosca le picó?; **~ und dran sein zu ...** estar a punto de...; **immer feste ~!** ¡sigue dándole duro!

drauf|bekommen* *irr vt* (*fam*) **1.** (*auf etw bekommen*) conseguir poner (*auf* a); **versuch mal, ob du den Verschluss auf die Flasche draufbekommst** mira a ver si consigues ponerle el tapón a la botella **2.** (*Wend*): **eins ~** (*einen Klaps bekommen*) recibir un cachete; (*ausgeschimpft werden*) recibir una reprimenda

Draufgabe *f* <-, -n> (*Österr*) guantes *mpl,* adehala *f*

Draufgänger(in) ['draʊfgɛŋɐ] *m(f)* <-s, -; -, -nen> corajudo, -a *m, f,* atrevido, -a *m, f*

draufgängerisch ['draʊfgɛŋərɪʃ] *adj* arrojado, lanzado *fam*

drauf|gehen *irr vi sein* (*fam*) **1.** (*sterben*) palmarla **2.** (*Geld*) irse, volar **3.** (*Sache*) romperse, estropearse

Draufgeld *nt* <-es, -er> (JUR) sobreprecio *m,* adehala *f*

drauf|haben *irr vt* (*fam*): **etw ~** tener idea de algo; **drauf|halten** *irr* **I.** *vi* (*fam: schießen*) tomar como blanco (*auf*); **er hat einfach draufgehalten** sólo lo tomó como blanco **II.** *vt* (*fam: Finger*) poner (*auf* en); **drauf|hauen** *irr vi* (*fam*) dar porrazos (*auf* a); **einen ~** juerguearse, montar una juerga; **drauf|kommen** *irr vi sein* (*sich einfallen lassen*): **ich komme nicht drauf!** ¡no se me ocurre!; **wie bist du draufgekommen, dass das die Lösung ist?** ¿cómo se te ocurrió que es ésta la solución?; **drauf|kriegen** *vi* (*fam*): **eins ~** caerle a alguien una bronca; **drauf|lassen** *irr vt* (*fam*) dejar puesto (*auf* en); **drauf|legen** *vt* (*fam*) **1.** (*Betrag*) añadir **2.** (*hinlegen*) poner encima (*auf* de)

drauflos [-'-] *adv* sin darle más vueltas; **drauflos|arbeiten** *vi* (*fam*) ponerse a trabajar sin plan previo, liarse a trabajar sin orden ni concierto; **drauflos|gehen** *irr vi sein* (*fam*) echar a andar sin rumbo fijo; **wir packten unsere Rucksäcke und gingen einfach drauflos** tomamos nuestras mochilas y echamos simplemente a caminar; **drauflos|reden** *vi* (*fam: unüberlegt*) hablar sin pensar; (*ohne Scheu*) hablar sin cortarse; **drauflos|schlagen** *irr vi* (*fam*) liarse a golpes, golpear a diestro y siniestro

drauf|machen *vt* (*fam*): **einen ~** correrse una juerga; **drauf|satteln** *vt* (POL: *sl*) añadir; (*Geld*) dar [*o* conceder] adicionalmente; (*Bemerkung*) soltar (a bocajarro); **für dieses Geld arbeite ich nicht, da müssen Sie schon noch etwas ~** por ese dinero no trabajo, tendrá que ser un poco más generoso; **sie musste auch noch die Bemerkung ~, ich würde lügen** soltó, por si fuera poco, el comentario de que miento; **drauf|sein** *irr vi sein s.* **drauf**; **drauf|setzen** *vt* (*fam*): **jdn ~** (*versetzen*) dejar plantado a alguien; **und um noch eins draufzusetzen ...** y para colmo...; **Draufsicht** *f* <-, -en> vista *f* en planta [*o* de arriba]; (*Zeichnung*) proyección *f* horizontal; **drauf|stehen** *irr vi* (*fam*) **1.** (*auf etw stehen*) estar (puesto) encima (*auf* de); (*Mensch, Tier*) estar (subido) encima (*auf* de); **aua, du stehst genau auf meinem Fuß drauf!** ¡ay, me estás pisando el pie! **2.** (*geschrieben stehen*) estar puesto [*o* escrito] (*auf* en); **was steht auf dem Zettel drauf?** ¿qué pone [*o* hay escrito] en la nota?; **drauf|stoßen** *irr* **I.** *vi sein* (*fam*) llegar directamente (*auf* a), darse de narices [*o* de bruces] (*auf* con); **zum Bahnhof? – immer geradeaus, dann stoßen sie direkt drauf** ¿a la estación? – todo recto, llega usted directamente; **du hast es nicht gefunden? aber du hättest ~ müssen!** ¿que no lo has encontrado? ¡pero si tendrías que haberte dado de narices con ello! **II.** *vt haben* (*fam*): **jdn auf etw ~** servir [*o* poner] algo en bandeja (de plata) a alguien; **drauf|zahlen** **I.** *vi* (*fam*) pagar más **II.** *vt* (*fam*) añadir

draus [draʊs] *adv* (*fam*) *s.* **daraus**; **draus|bringen** *irr vt* (*Österr, Schweiz, südd: fam: aus dem Konzept bringen*) confundir, distraer; **draus|kommen** *irr vi sein* (*Österr, Schweiz, südd: fam: aus dem Konzept kommen*) perder el hilo, desconcentrarse

draußen [ˈdraʊsən] *adv* **1.** (*außerhalb*) fuera; (*im Freien*) al aire libre; **nach ~** hacia fuera; **von ~** de [*o* desde] fuera; **bleib ~!** ¡quédate (a)fuera!; **~ im Garten** fuera en el jardín **2.** (*weit entfernt*) lejos (de aquí); **~ auf dem Lande** allá en el campo; **~ auf dem Meer** en alta mar

drechseln [ˈdrɛksəln] *vi, vt* tornear

Drechsler(in) [ˈdrɛkslɐ] *m(f)* <-s, -; -, -nen> tornero, -a *m, f;* **Drechslerbank** *f* <-, -bänke> torno *m* para madera

Drechslerei[1] *f* <-, -en> (*Werkstatt*) tornería *f,* taller *m* de tornero

Drechslerei[2] *f* <-, *ohne pl*> (*Handwerk*) tornería *f*

Drechslerin *f* <-, -nen> *s.* **Drechsler**

Dreck [drɛk] *m* <-(e)s, *ohne pl*> **1.** (*fam: Schmutz*) suciedad *f,* mugre *f;* (*Schlamm*) lodo *m,* barro *m;* (*Abfall*) basura *f;* **du hast wohl ~ in den Ohren?** (*fig*) ¿estás sordo o qué?; **jdn wie den letzten ~ behandeln** (*fam*) tratar a alguien como a un perro, basurear a alguien *Arg, Urug;* **er hat ~ am Stecken** (*fig*) tiene las manos sucias; **jdn in den ~ ziehen** (*fam fig*) poner verde a alguien **2.** (*abw fam: Kleinigkeit*) asuntillo *m;* **sich um jeden ~ kümmern** meterse en todo; **die Nase in jeden ~ stecken** meter las narices en todas partes **3.** (*wend, fam abw*): **sich einen ~ um etw kümmern** importarle algo a alguien un comino; **mach deinen ~ alleine!** ¡ocúpate tú de tus chanchullos!; **das geht dich einen ~ an** eso no te importa para nada; **die Sache ist einen ~ wert** eso no vale ni un duro; **Dreckarbeit** *f* <-, -en> (*abw*) *s.* **Dreck(s)arbeit**; **Dreckfinger** *m* <-s, -> (*fam*) dedo *m* sucio [*o* pringoso]; **fass mit deinen ~n bloß nichts an!** ¡no toques nada con esos dedos pringosos!; **Dreckfink** *m* <-en, -en> (*fam*) cochino, -a *m, f,* guarro, -a *m, f*

dreckig *adj* (*fam*) **1.** (*schmutzig*) sucio, mugriento, pichoso *Ven;* **sich ~ machen** ensuciarse **2.** (*unanständig*) obsceno, verde **3.** (*Wend*): **es geht mir ~** estoy fatal

Dreckkerl *m* <-(e)s, -e> (*fam abw*) *s.* **Dreck(s)kerl**; **Dreckloch** *nt* <-(e)s, -löcher> (*fam abw*) pocilga *f,* cuchitril *m;* **Drecknest** *nt* <-(e)s, -er> (*fam abw*) pueblo *m* de mala muerte; **Dreckpfote** *f* <-, -n> (*fam abw*) manaza *f,* mano *f* sucia; **Drecksack** *m* <-(e)s, -säcke> (*fam abw*) tipo *m* asqueroso

Dreck(s)arbeit *f* <-, -en> (*abw: die dreckig macht*) trabajo *m* sucio; (*die verabscheut wird*) trabajo *m* asqueroso

Drecksau *f* <-, -säue> (*vulg*) cerdo, -a *m, f;* **Dreckschleuder** *f* <-, -n> (*fam abw*) **1.** (*verleumderische Person*) víbora *f;* **überall intrigiert sie, diese ~!** ¡va intrigando por todas partes, esa (mala) víbora! **2.** (*Umweltverschmutzer*) persona *f* (o cosa) contaminadora [*o* contaminante]; **ein Auto ohne Katalysator ist die reinste ~** un coche sin catalizador es de lo más contaminante; **Dreckschwein** *nt* <-s, -e> (*vulg*) cerdo, -a *m, f*

Dreck(s)kerl *m* <-(e)s, -e> (*fam abw*) sinvergüenza *m,* hijo *m* de puta *vulg*

Dreckspatz *m* <-en, -en> (*fam a. abw*) marrano, -a *m, f,* cochino, -a *m, f;* **Dreckwetter** *nt* <-s, *ohne pl*> (*fam abw*) tiempo *m* de mil demonios

Dreh [dreː] *m* <-(e)s, -s *o* -e> (*fam*) truco *m,* maña *f;* **den ~ heraushaben** conocer el truco

Dreharbeiten *fpl* (FILM) rodaje *m*

Drehbank *f* <-, -bänke> torno *m*

drehbar *adj* giratorio, rotatorio

Drehbewegung *f* <-, -en> movimiento *m* rotatorio, giro *m;* **eine ~ machen** hacer un movimiento giratorio [*o* un giro]; **Drehbleistift** *m* <-(e)s, -e> portaminas *m inv;* **Drehbrücke** *f* <-, -n> (TECH) puente *m* giratorio

Drehbuch *nt* <-(e)s, -bücher> guión *m;* **Drehbuchautor(in)** *m(f)* <-s, -en; -,

-nen> guionista *mf*
Drehbühne *f* <-, -n> tarima *f* giratoria; (THEAT) escenario *m* giratorio
drehen ['dreːən] **I.** *vt* **1.** (*um die Achse*) girar, dar vueltas (a); (*Schraube*) enroscar; **den Kopf** ~ volver la cabeza; **das Radio leiser** ~ (*fam*) bajar la radio; **wie man es auch dreht und wendet** por más vueltas que se le dé **2.** (*Strick*) torcer; (*Faden*) hilar; (*Pillen*) fabricar, hacer; (*Zigarette*) liar; **da kann man ihm einen Strick draus** ~ (*fig*) ahí se le puede perjudicar **3.** (FILM) rodar, filmar **4.** (*fam abw: aussehen lassen*) influir (en); **vielleicht können wir die Sache so** ~**, dass ...** tal vez podamos influir en el asunto de manera que... +*subj* **II.** *vi* **1.** (*Wind*) cambiar; (*Schiff*) virar; (*Auto*) dar la vuelta **2.** (*am Schalter, Steuerrad*) girar (*an*); **da muss doch jemand dran gedreht haben** (*fam fig*) aquí se debió meter alguien por medio **III.** *vr:* **sich** ~ **1.** (*rotieren*) girar, dar vueltas; **mir dreht sich alles im Kopf** la cabeza me da vueltas; **er drehte sich auf den Rücken** se puso boca arriba **2.** (*betreffen*) girar (*um* en torno a); **die ganze Diskussion drehte sich um diese Frage** toda la discusión giró en torno a esta pregunta; **es dreht sich nicht immer alles um dich** no te des tanta importancia
Dreher(in) *m(f)* <-s, -; -, -nen> tornero, -a *m, f*
Drehkartei *f* <-, -en> fichero *m* giratorio; **Drehkran** *m* <-(e)s, -e *o* -kräne> grúa *f* giratoria; **Drehkreuz** *nt* <-es, -e> torniquete *m;* **Drehleiter** *f* <-, -n> escalera *f* rotativa; **Löschfahrzeuge besitzen eine** ~ los coches de bomberos llevan una escala rotativa; **Drehmoment** *nt* <-(e)s, -e> (PHYS, AUTO) momento *m* de giro
Drehorgel *f* <-, -n> organillo *m;* **Drehorgelspieler(in)** *m(f)* <-s, -; -, -nen> organillero, -a *m, f*
Drehort *m* <-(e)s, -e> (FILM) lugar *m* de rodaje; **Drehpause** *f* <-, -n> (FILM) pausa *f* en el rodaje, descanso *m* del rodaje
Drehpunkt *m* <-(e)s, -e> centro *m* de rotación, eje *m;* **der Dreh- und Angelpunkt von etw sein** (*fig*) ser el punto de mira de algo; **Drehrestaurant** *nt* <-s, -s> restaurante *m* giratorio; **Drehschalter** *m* <-s, -> interruptor *m* giratorio; **Drehscheibe** *f* <-, -n> **1.** (EISENB) placa *f* giratoria **2.** (*des Töpfers*) torno *m;* **Drehstrom** *m* <-(e)s, -ströme> (ELEK) corriente *f* trifásica; **Drehstuhl** *m* <-(e)s, -stühle> silla *f* giratoria; **Drehtür** *f* <-, -en> puerta *f* giratoria
Drehung *f* <-, -en> vuelta *f*, giro *m;* (*um die Achse*) rotación *f;* **eine** ~ **um 180 Grad** un giro de 180 grados
Drehwurm *m:* **einen** ~ **kriegen** marearse; **einen** ~ **haben** estar mareado
Drehzahl *f* <-, -en> número *m* de revoluciones; ~ **pro Minute** número de revoluciones por minuto; **Drehzahlbereich** *m* <-(e)s, -e> gama *f* de revoluciones; **hoher/niedriger** ~ alto/bajo espectro de revoluciones; **Drehzahlmesser** *m* <-s, -> cuentarrevoluciones *m inv*
drei [draɪ] *adj inv* tres; ~ **Viertel** tres cuartos; **es ist** ~ **viertel zwei** (*südd*) son las dos menos cuarto; **die Heiligen D~ Könige** los tres Reyes Magos; **er tut so, als könne er nicht bis** ~ **zählen** (*fam*) hace como si ni supiera contar hasta diez; **wir haben keine** ~ **Worte gewechselt** no intercambiamos ni una palabra; **aller guten Dinge sind** ~ (*prov*) a la tercera va la vencida; *s. a.* **acht**
Drei *f* <-, -en> tres *m;* (*Schulnote*) bien *m*
Dreiachteltakt [-'---] *m* <-(e)s, -e> (MUS) compás *m* de tres por ocho
dreiarmig *adj* de tres brazos
dreibändig *adj* en tres tomos [*o* volúmenes]
dreibeinig *adj* de tres patas
Dreibettzimmer *nt* <-s, -> habitación *f* triple
dreiblätt(e)rig *adj* de tres hojas
dreidimensional ['draɪdimɛnzjonaːl] *adj* tridimensional
Dreieck ['draɪʔɛk] *nt* <-(e)s, -e> triángulo *m;* **sie wird im** ~ **springen, wenn sie das hört** (*fam*) se volverá loca cuando se entere de esto
dreieckig *adj* triangular
Dreiecksgeschäft *nt* <-(e)s, -e> (WIRTSCH) operación *f* triangular; **Dreieckstuch** *nt* <-(e)s, -tücher> pañuelo *m* doblado en pico; **Dreiecksverhältnis** *nt* <-ses, -se> ménage *m* à trois
dreieinhalb [draɪʔaɪn'halp] *adj inv* tres y medio
dreieinig *adj* (REL) trino; **der ~e Gott** Dios trino
Dreieinigkeit [-'---] *f* <-, *ohne pl*> (REL) Trinidad *f*
Dreier *m* <-s, -> (*Einheit aus drei Dingen*) trinca *f;* **einen flotten** ~ **machen** (*fam*) realizar el acto sexual de a tres, hacer el amor de a tres; **Dreierkonferenz** *f* <-, -en> (TEL) conferencia *f* a tres (*en RSDI*)
dreierlei ['draɪɐ'laɪ] *adj inv* de tres clases [*o* formas] diferentes, tres clases (diferentes) de; *s. a.* **achterlei**
Dreierreihe *f* <-, -n> fila *f* de a tres; **die Schüler stellten sich in ~n auf** los alumnos formaron filas de (a) tres
dreifach ['draɪfax] **I.** *adj* triple; **in ~er Ausfertigung** por triplicado; **das D~e** el triple **II.** *adv* tres veces; *s. a.* **achtfach**; **Dreifachstecker** *m* <-s, -> (ELEK) enchufe *m* tripolar
dreifaltig *adj* (REL) trino; **der D~e** Dios trino
Dreifaltigkeit [draɪ'faltɪçkaɪt] *f* <-, *ohne pl*> (REL) Trinidad *f;* **die Heilige** ~ la Santísima Trinidad
Dreifarbendruck[1] *m* <-(e)s, -drucke> (TYPO: *gedrucktes Werk*) lámina *f* tricroma
Dreifarbendruck[2] *m* <-(e)s, *ohne pl*> (TYPO: *Verfahren*) tricromía *f*

dreifarbig *adj,* **dreifärbig** *adj* (*Österr*) tricolor, de tres colores

Dreifelderwirtschaft *f* <-, *ohne pl*> (AGR) rotación *m* de cultivos [*o* de cosechas] trienal

Dreifuß *m* <-es, -füße> (*Schemel, Gestell*) trípode *m;* (*Gerät zum Kochen*) trébede *f*

dreifüßig *adj* de tres pies; (*Vers*) ternario

Dreiganggetriebe *nt* <-s, -> cambio *m* de tres marchas; **Dreigangschaltung** *f* <-, -en> cambio *m* de tres velocidades

dreigeschossig *adj* de tres pisos

Dreigespann *nt* <-(e)s, -e> troika *f,* troica *f;* (*fig*) trío *m;* **Dreigestirn** *nt* <-(e)s, -e> (ASTR) tres astros *mpl;* (*Dreiergruppe*) trinca *f*

Dreigroschenheft *nt* <-(e)s, -e> (*abw*) novela *f* de tres al cuarto, folletín *m*

dreihundert ['-'--] *adj inv* trescientos; *s. a.* **achthundert**

dreihundertjährig *adj* tricentenario, de trescientos años; *s. a.* **achthundertjährig**

dreihundertste(r, s) *adj* tricentésimo; *s. a.* **achthundertste(r, s)**

dreihunderttausend *adj inv* trescientos mil

dreijährig *adj* trienal; *s. a.* **achtjährig**

Dreijährige(r) *mf* <-n, -n; -n, -n> niño, -a *m, f* de tres años

Dreikampf *m* <-(e)s, -kämpfe> (SPORT) triatlón *m*

Dreikäsehoch [-'---] *m* <-s, -s> (*fam*) tapón *m,* taponcito *m*

Dreiklang *m* <-(e)s, -klänge> (MUS) trítono *m*

Dreikönige [-'---] *pl:* **nach** ~ después de Reyes

Dreikönigsfest *nt* <-(e)s, -e> (REL) festividad *f* de los Reyes Magos, día *m* de Reyes *fam;* **Dreikönigstag** *m* <-(e)s, -e> (REL) día *m* de Reyes; **in Spanien bekommen die Kinder am ~ Geschenke** en España los niños reciben regalos el día de Reyes

dreiköpfig *adj* de tres miembros; **heute Abend tritt hier eine ~e Band auf** hoy actúa un grupo compuesto por tres músicos [*o* miembros]

Dreiländereck [-'---] *nt* <-(e)s, *ohne pl*> punto *m* de encuentro de las fronteras de tres países

dreimal *adv* tres veces; ~ **darfst du raten** (*fam*) ¿por qué preguntas si ya lo sabes?; *s. a.* **achtmal**

dreimalig *adj* triple; **erst nach ~er Aufforderung verließ er den Platz** no se marchó hasta que se lo exigieron tres veces; **unser geheimes Zeichen ist ~es Klopfen an der Tür** nuestra contraseña son tres golpes en la puerta; **nach ~em Versuch** tras un triple intento, tras tres intentos

Dreimaster ['draɪmastɐ] *m* <-s, -> (NAUT) buque *m* de tres palos

Dreimeilenzone [-'----] *f* <-, -n> zona *f* de las tres millas

Dreimeterbrett [-'---] *nt* <-(e)s, -er> (SPORT) trampolín *m* de tres metros

Dreimonatsgeld [-'---] *nt* <-es, -er> (FIN) depósito *m* a tres meses

drein [draɪn] *adv* (*fam*) *s.* **darein**

drein|blicken *vi:* **finster** ~ poner mala cara; **traurig/ratlos** ~ poner cara triste/desconcertada; **drein|fügen** *vr:* **sich** ~ resignarse; **ihm gefiel die Entscheidung nicht, aber er musste sich** ~ no le agradaba la decisión, pero tuvo que resignarse; **drein|reden** *vi* (*fam*) meterse (*in* en), meter baza (*in* en); **jdm während einer Rede** ~ meterse [*o* meter baza] en el discurso de alguien; **bei meinen Entscheidungen lasse ich mir von niemandem** ~ no permito que nadie se meta en mis decisiones; **drein|schauen** *vi s.* **dreinblicken; drein|schlagen** *irr vi* (*fam*) repartir golpes

Dreiphasenstrom [-'---] *m* <-s, *ohne pl*> (ELEK) corriente *f* trifásica

Dreipunkt(sicherheits)gurt *m* <-(e)s, -e> (AUTO) cinturón *m* de seguridad con tres puntos de sujeción

Dreirad *nt* <-(e)s, -räder> **1.** (*für Kinder*) triciclo *m* **2.** (*Lieferwagen*) camioneta *f* de tres ruedas

dreiräd(e)rig *adj* de tres ruedas; ~ **sein** tener tres ruedas

Dreisatz *m* <-es, -sätze> (MATH) regla *f* de tres; **Dreisatzrechnung** *f* <-, -en> (MATH) regla *f* de tres

dreiseitig *adj* **1.** (*a.* MATH: *mit drei Seiten*) de tres lados, trilátero, trilateral; **jedes Dreieck ist** ~ todos los triángulos tienen tres lados **2.** (*drei Seiten lang*) de tres páginas; **einen ~en Aufsatz schreiben** escribir una redacción de tres páginas (de extensión)

dreisitzig *adj* de tres plazas [*o* asientos]; **eine ~e Reihe** una fila de tres asientos

dreispaltig *adj* (TYPO) a tres columnas; **ein ~er Artikel** un artículo de [*o* a] tres columnas

Dreispitz *m* <-es, -e> (HIST: *Hut*) tricornio *m,* sombrero *m* de tres picos; **Dreisprung** *m* <-(e)s, -sprünge> (SPORT) triple salto *m*

dreispurig *adj* de tres carriles

dreißig ['draɪsɪç] *adj inv* treinta; *s. a.* **achtzig**

dreißiger *adj inv* **1.** (*1930 bis 1939*) de los treinta, de la década [*o* de la añada] de los treinta **2.** (*von 1930*) del (año) treinta; *s. a.* **achtziger**

Dreißiger *m* <-s, -> **1.** (*Wein*) vino *m* (de la cosecha) del treinta **2.** (*Wend*): **in den ~n sein** andar por los treinta y tantos

Dreißigerjahre *ntpl:* **die** ~ los (años) treinta

dreißigjährig ['draɪsɪçjɛːrɪç] *adj* de treinta años; **der D~e Krieg** la Guerra de los Treinta Años; *s. a.* **achtjährig**

Dreißigjährige(r) *mf* <-n, -n; -n, -n> treintañero, -a *m, f;* **als ~/~r** con treinta años

dreißigmal *adj* treinta veces; *s. a.* **achtmal**

Dreißigpfennigmarke *f* <-, -n> sello *m* de treinta pfennig

dreißigste(r, s) *adj* trigésimo; *s. a.* **achtzigste(r, s)**

dreißigstel *adj* trigésimo, treintavo; *s. a.* **achtel**
Dreißigstel *nt* <-s, -> treintavo *m,* trigésima parte *f; s. a.* **Achtel**
dreist [draɪst] *adj* descarado, fresco
dreistellig *adj* de tres cifras
Dreistigkeit¹ ['draɪstɪçkaɪt] *f* <-, *ohne pl*> (*Art*) impertinencia *f,* insolencia *f*
Dreistigkeit² *f* <-, -en> (*Äußerung, Handlung*) impertinencia *f,* insolencia *f*
dreistimmig *adj* (MUS) a tres voces
dreistöckig ['draɪʃtœkɪç] *adj* (ARCHIT) de tres pisos
dreistrophig *adj* de tres estrofas
dreistufig *adj* de tres etapas
dreistündig ['draɪʃtʏndɪç] *adj* de tres horas
dreistündlich *adj* cada tres horas
Dreitagebart [-'---] *m* <-(e)s, -bärte> barba *f* de tres días
dreitägig *adj* de tres días (de duración); **an einer ~en Exkursion teilnehmen** participar en una excursión de tres días
dreitausend ['-'--] *adj inv* tres mil; *s. a.* **achttausend**
Dreitausender ['-'---] *m* <-s, -> (*Gipfel*) pico *m* de tres mil metros
Dreiteiler *m* <-s, -> **1.** (*Kleidung*) tres piezas *m inv* **2.** (TV) serie *f* en tres episodios
dreiteilig *adj* (*Service*) de tres piezas; (*Fernsehserie*) de tres capítulos
Dreiteilung *f* <-, -en> división *f* tripartita
Dreitürer *m* <-s, -> (AUTO) tres puertas *m;* **ich habe einen ~** tengo un tres puertas
dreitürig *adj* (AUTO) de tres puertas; **ein ~es Auto** un tres puertas
dreiundzwanzig *adj inv* veintitrés
dreiviertel ['draɪ'fɪrtəl] *adj inv s.* **drei; Dreiviertelärmel** *m* <-s, -> manga *f* (de) tres cuartos; **dreiviertellang** *adj* (*Rock, Hose*) de tres cuartos
Dreiviertelliterflasche *f* <-, -n> botella *f* de tres cuartos (de litro)
Dreiviertelmehrheit *f* <-, -en> (POL) mayoría *f* de tres cuartos; **Dreiviertelstunde** ['draɪvɪrtəl'ʃtʊndə] *f* <-, -n> tres cuartos *mpl* de hora; **in einer ~** en tres cuartos de hora; **Dreivierteltakt** [-'---] *m* <-(e)s, *ohne pl*> (MUS) compás *m* de tres por cuatro
Dreiwegekatalysator ['draɪ've:gə-] *m* <-s, -en> (AUTO) catalizador *m* de tres vías
dreiwertig *adj* (CHEM, LING) de triple valencia, con tres valencias, trivalente; **ein ~es Verb** un verbo de triple valencia; **nennen Sie ein ~es Element!** ¡nombre un elemento trivalente!
dreiwöchentlich *adj* cada tres semanas
dreiwöchig *adj* de tres semanas
Dreizack ['draɪtsak] *m* <-(e)s, -e> (*Stab mit drei Zinken*) tridente *m*
dreizehn ['--] *adj inv* trece; **jetzt schlägt's aber ~** (*fam*) esto es el colmo; *s. a.* **acht**
dreizehnte(r, s) *adj* decimotercero; *s. a.* **achte(r, s)**
Dreizehntel *nt* <-s, -> treceavo *m,* trezavo *m; s. a.* **Achtel**
Dreizeiler *m* <-s, -> (LIT) terceto *m*
dreizeilig *adj* de tres líneas; **bitte schreiben Sie mit ~em Abstand** por favor, escriba dejando un espacio interlineal de tres líneas
Dreizimmerwohnung [-'----] *f* <-, -en> piso *m* de tres habitaciones
Dres. *pl Abk. von* **Doctores** doctores *mpl,* doctoras *fpl*
Dresche ['drɛʃə] *f* <-, *ohne pl*> (*fam*): **~ bekommen** recibir una paliza
dreschen <drischt, drosch, gedroschen> *vt* **1.** (*Getreide*) trillar; **Phrasen ~** hablar con clichés **2.** (*verprügeln*) zurrar
Drescher(in) *m(f)* <-s, -; -, -nen> (AGR) trillador(a) *m(f)*
Dreschflegel *m* <-s, -> (AGR) trillo *m*
Dreschmaschine *f* <-, -n> (AGR) trilladora *f*
Dresden ['dre:sdən] *nt* <-s> Dresde *m*
Dress^RR^ [drɛs] *m* <-es, -e> (SPORT), *f* <-, -en> (*Österr:* SPORT) traje *m* de deporte
Dreß *m, Österr: f* <-sses, -sse> *s.* **Dress**
dressieren* [drɛ'si:rən] *vt* (*Tier*) adiestrar
Dressing *nt* <-s, -s> (GASTR) aliño *m,* salsa *f* (para ensalada)
Dressman ['drɛsmən] *m* <-s, Dressmen> maniquí *m* masculino, modelo *m* masculino
Dressur [drɛ'su:ɐ] *f* <-, -en> adiestramiento *m,* amaestramiento *m*
dribbeln ['drɪbəln] *vi* (SPORT) regatear, driblar
Dribbling ['drɪblɪŋ] *nt* <-s, -s> (SPORT) regate *m,* dribling *m*
Drift [drɪft] *f* <-, -en> corriente *f* provocada por el viento
driften ['drɪftən] *vi sein* (NAUT) derivar; **die Partei driftet immer mehr nach rechts außen** el partido deriva [*o* se inclina] cada vez más hacia el extremo de derechas; **Driftströmung** *f* <-, -en> corriente *f* de deriva
Drill [drɪl] *m* <-(e)s, *ohne pl*> (MIL) entrenamiento *m,* adiestramiento *m*
Drillbohrer *m* <-s, -> (TECH) parahúso *m,* broca *f* espiral de Arquímedes
drillen ['drɪlən] *vt* **1.** (TECH) taladrar **2.** (MIL) instruir (*auf* en)
Drillich *m* <-s, -e> dril *m,* cutí *m;* **Drillichanzug** *m* <-(e)s, -züge> traje *m* de dril, conjunto *m* de dril; **Drillichzeug** *nt* <-(e)s, *ohne pl*> ropa *f* de dril
Drilling ['drɪlɪŋ] *m* <-s, -e> (*Kind*) trillizo *m*
drin [drɪn] *adv* (*fam*) dentro; **ist in der Flasche noch was ~?** ¿todavía queda algo en la botella?; **es ist noch alles ~** (*fig*) todavía todo está dentro de lo posible; **das ist nicht ~** (*fig*) esto no está previsto; **nach vier Jahren müsste ein Gehaltserhöhung ~ sein, oder?** (*fig*) después de cuatro años debería tocar una subida de sueldo, ¿no?; *s. a.* **darin**
dringen ['drɪŋən] <dringt, drang, gedrungen> *vi* **1.** *sein:* **durch etw ~** atravesar [*o* penetrar] algo; **in etw ~** penetrar en algo, traspasar algo; **aus etw ~** (*Flüssigkeit, Gas*)

escapar [*o* salir] de algo; (*Geräusch*) venir de algo; **in jdn** ~ asediar [*o* acosar] a alguien; **bis zu etw** ~ penetrar hasta algo; **das Geschrei drang bis in die hintersten Ecken des Hauses** el griterío penetró hasta los rincones más alejados de la casa; **an die Öffentlichkeit** ~ trascender al público **2.** (*verlangen*): **auf etw** ~ insistir en algo, exigir algo

dringend *adj* **1.** (*eilig*) urgente, apremiante; **die Sache ist sehr** ~ el asunto corre prisa; **ein ~er Fall** (MED) una urgencia **2.** (*nachdrücklich*) enérgico; ~ **davon abraten, etw zu tun** desaconsejar seriamente de hacer algo; ~ **verdächtig** altamente sospechoso

dringlich *adj* urgente, apremiante

Dringlichkeit *f* <-, -en> urgencia *f;* **von allerhöchster** ~ de máxima prioridad; **von großer** ~ **sein** ser urgentísimo; **Dringlichkeitsanfrage** *f* <-, -n> (POL) consulta *f* urgente; **Dringlichkeitsantrag** *m* <-(e)s, -träge> (POL) moción *f* de urgencia; **Dringlichkeitsvermerk** *m* <-(e)s, -e> nota *f* de urgencia

drin|hängen *irr vi* (*fam*): **mit** ~ (*ebenfalls beteiligt sein*) estar alguien (metido) en el ajo

Drink [drɪnk] *m* <-s, -s> trago *m*

drinnen ['drɪnən] *adv* dentro; ~ **und draußen** dentro y fuera; **ich gehe nach** ~ voy adentro; **hier/dort** ~ aquí/allí dentro

drin|sein *irr vi sein* (*fam*) *s.* **drin**; **drin|sitzen** *irr vi* (*Österr, Schweiz, südd: fam: in der Patsche sitzen*) estar en un aprieto; **drin|stecken** *vi* (*fam*) **1.** (*beschäftigt sein*) estar (muy) metido (*in* en) **2.** (*investiert sein*) costar; **da steckt eine Menge Arbeit drin** ha costado mucho trabajo **3.** (*verwickelt sein*) estar metido (*in* en); **drin|stehen** *irr vi haben oder sein* (*fam: in Raum, Regal*) encontrarse (*in* en), estar (*in* en); (*in Buch, Zeitung*) poner (*in* en), decir (*in* en)

drischt [drɪʃt] *3. präs von* **dreschen**

dritt [drɪt] *adv:* **zu** ~ los tres

drittälteste(r, s) *adj* (*Gegenstand*) tercero de mayor antigüedad; (*Mensch*) tercero de mayor edad; **ich bin der** ~ **Sohn der Familie** soy el tercer hijo de la familia; **in meiner Sammlung ist dieses Exemplar das** ~ este es el tercer ejemplar más antiguo de mi colección

dritte(r, s) ['drɪtə, -tɐ, -təs] *adj* tercero; **D~ Welt** tercer mundo; *s. a.* **achte(r, s)**

Dritte(r) *mf* <-n, -n; -n, -n> tercero, -a *m, f;* **zugunsten eines ~n** a favor de un tercero [*o* una tercera persona]

drittel *adj inv* tercio; *s. a.* **achtel**

Drittel ['drɪtəl] *nt* <-s, -> tercio *m,* tercera parte *f; s. a.* **Achtel**

dritteln *vt* dividir en tres partes

drittens ['drɪtəns] *adv* en tercer lugar; (*bei einer Aufzählung*) tercero; *s. a.* **achtens**

Dritte-Welt-Laden ['--'---] *m* <-s, -Läden> (COM) negocio *m* que vende productos de los países del tercer mundo; **Dritte-Welt-Land** ['--'--] *nt* <-(e)s, -Länder> país *m* tercermundista

drittgrößte(r, s) *adj* (*Gegenstand*) tercero mayor; (*Mensch*) tercero más alto; **er war der** ~ **Schüler in der Klasse** era el tercer alumno más alto de la clase; **dritthöchste(r, s)** *adj* tercero más alto; **diese Kirche hat den ~n Kirchturm Deutschlands** esta iglesia tiene la tercera torre más alta de Alemania

drittklassig *adj* (*abw*) mal(o); (*Beschaffenheit*) de mala calidad

Drittklässler(in)RR *m(f)* <-s, -; -, -nen>, **Drittkläßler(in)** *m(f)* <-s, -; -, -nen> (*südd, Schweiz*) alumno, -a *m, f* de tercer curso (de primaria)

Drittländer *ntpl s.* **Drittstaaten**

drittletzte(r, s) *adj* antepenúltimo; **auf der ~n Silbe betonte Wörter erhalten im Spanischen einen Akzent** en español, las palabras acentuadas en la antepenúltima sílaba llevan acento gráfico; **an ~r Stelle** en antepenúltimo lugar

Drittschuldner(in) *m(f)* <-s, -; -, -nen> (JUR) deudor(a) *m(f)* tercero, -a; **Drittstaaten** *mpl* (EU) países *mpl* terceros

DRK [de:ʔɛr'ka:] *nt* <-> *Abk. von* **Deutsches Rotes Kreuz** Cruz *f* Roja Alemana

droben ['dro:bən] *adv* (*geh*) arriba; **da** ~ ahí arriba

Droge ['dro:gə] *f* <-, -n> droga *f,* pichicata *f Arg;* **Sucht erzeugende** ~ droga productora de toxicomanía [*o* de vicio]; **~n nehmen** tomar drogas, drogarse

dröge ['drø:gə] *adj* (*nordd: trocken*) seco, poco jugoso; (*langweilig*) monótono

Drögeler(in) ['drø:gəlɐ] *m(f)* <-s, -; -, -nen> (*Schweiz*) *s.* **Drogenabhängige(r)**

drogenabhängig *adj* drogadicto, drogodependiente; **Drogenabhängige(r)** *mf* <-n, -n; -n, -n> drogadicto, -a *m, f,* toxicómano, -a *m, f;* **Drogenabhängigkeit** *f* <-, *ohne pl*> drogadicción *f,* toxicomanía *f;* **Drogenbekämpfung** *f* <-, *ohne pl*> lucha *f* contra la droga; **Drogenhandel** *m* <-s, *ohne pl*> narcotráfico *m,* tráfico *m* de drogas; **Drogenkonsum** *m* <-s, *ohne pl*> consumo *m* de drogas; **Drogenkonsument(in)** *m(f)* <-en, -en; -, -nen> consumidor(a) *m(f)* de drogas; **Drogenmissbrauch**RR *m* <-(e)s, *ohne pl*> abuso *m* de drogas; **Drogensucht** *f* <-, *ohne pl*> *s.* Drogenabhängigkeit; **drogensüchtig** *adj s.* **drogenabhängig**; **Drogensüchtige(r)** *mf* <-n, -n; -n, -n> *s.* Drogenabhängige(r); **Drogenszene** *f* <-, -n> ambiente *m* de las drogas; **Drogentote(r)** *mf* <-n, -n; -n, -n> víctima *f* de drogas, muerto, -a *m, f* por drogas

Drogerie [drogə'ri:] *f* <-, -n> droguería *f*

Drogist(in) *m(f)* <-en, -en; -, -nen> empleado, -a *m, f* de droguería, droguero, -a *m, f*

Drohbrief *m* <-(e)s, -e> carta *f* conminatoria

drohen ['dro:ən] *vi* **1.** (*einschüchtern*) amenazar; **sie drohte ihm mit der Polizei** le amenazaba con llamar a la policía; **sie drohte, ihn anzuzeigen** le amenazó con denunciarle **2.** (*bevorstehen*) amenazar, ser inminente; **ihm droht Gefängnis** la condena es inminente **3.** (*zu befürchten sein*): **er drohte einzuschlafen** era de temer que se durmiera

drohend *adj* **1.** (*Haltung, Blick*) amenazador **2.** (*Gefahr, Krieg*) inminente

Drohgebärde *f* <-, -n> gesto *m* de amenaza

Drohne ['dro:nə] *f* <-, -n> zángano *m*, abejorro *m*

dröhnen ['drø:nən] *vi* **1.** (*Geräusch*) retumbar, resonar; (*Schritte*) resonar; (*Ohren*) zumbar; **mir dröhnt der Kopf von all dem Lärm** tengo la cabeza como un bombo por el ruido; **vom Nachbartisch drang ~des Gelächter zu uns herüber** desde la mesa de al lado resonaban estruendosas carcajadas **2.** (*Wend*): **sich voll ~** (*sl*) colocarse; **sich in der Disko voll ~ lassen** entontecerse en la discoteca

Drohung ['dro:ʊŋ] *f* <-, -en> amenaza *f*, intimidación *f*; **gewaltsame ~** amenaza violenta; **das ist doch nur eine leere ~** sólo es una amenaza jactanciosa

drollig ['drɔlɪç] *adj* **1.** (*Geschichte*) gracioso, divertido **2.** (*Kind*) salado, mono

Dromedar ['dro:meda:ɐ, drome'da:ɐ] *nt* <-s, -e> dromedario *m*

Drop-in [drɔp'ʔɪn] *m* <-(s), -s> (INFOR) aparición *f* casual

Drop-out [drɔp'ʔaʊt] *m* <-(s), -s> (INFOR) desaparición *f* casual

Drops [drɔps] *m* <-, -> caramelo *m* ácido

drosch [drɔʃ] *3. imp von* **dreschen**

Droschke ['drɔʃkə] *f* <-, -n> coche *m* de plaza, simón *m*

Drosophila [dro'zo:fila] *f* <-, -s> (ZOOL) drosófila *f*

Drossel ['drɔsəl] *f* <-, -n> (ZOOL) tordo *m*

drosseln ['drɔsəln] *vt* bajar; (*Tempo*) moderar; (*Inflation*) frenar; (*Ausgaben*) reducir

Drosselung *f* <-, -en> **1.** (WIRTSCH) disminución *f*, reducción *f*; **die Regierung erwägt eine ~ der Importe** el gobierno sopesa una reducción de las importaciones **2.** (TECH) estrangulación *f*, estrangulamiento *m*

Drosselventil *nt* <-s, -e> (TECH) válvula *f* de estrangulación

Drosslung [RR] *f* <-, -en>, **Droßlung** *f* <-, -en> *s.* **Drosselung**

drüben ['dry:bən] *adv* al otro lado, enfrente; **hier/da ~** aquí/allá enfrente; **~ auf der anderen Seite** en el lado de enfrente

drüber ['dry:bɐ] *adv* (*fam*) *s.* **darüber**

Druck[1] [drʊk] *m* <-(e)s, *ohne pl*> **1.** (*das Drücken*) presión *f*; (*Beklemmung*) opresión *m*, prendimiento *m Chil;* **durch einen ~ auf den Knopf** pulsando el botón; **einen ~ im Kopf/Magen verspüren** sentir una presión en la cabeza/una pesadez en el estómago **2.** (*Zwang*) estrés *m;* **~ hinter etw machen** meter prisa a un asunto; **unter ~ stehen** estar en pleno estrés; **jdn unter ~ setzen**, **~ auf jdn ausüben** presionar a alguien; **fürchterlich in ~ sein** [*o* **kommen**] estar terriblemente agobiado **3.** (*das Drucken*) impresión *f;* **in ~ gehen** ser imprimido; **etw in ~ geben** dar algo a imprimir

Druck[2] *m* <-(e)s, Drücke> **1.** (PHYS) presión *f;* **atmosphärischer/hydrostatischer/osmotischer ~** presión atmosférica/hidrostática/osmótica; **etw steht unter hohem ~** algo se encuentra bajo una fuerte presión **2.** (*sl: Schuss Rauschgift*) pinchazo *m*

Druck[3] *m* <-(e)s, -e> (KUNST) grabado *m*

Druckabfall *m* <-(e)s, *ohne pl*> (PHYS) descenso *m* de presión; **Druckanstieg** *m* <-(e)s, *ohne pl*> (PHYS) aumento *m* de presión, ascenso *m* de presión; **Druckanzug** *m* <-(e)s, -züge> traje *m* presurizado; **Druckausgleich** *m* <-(e)s, *ohne pl*> (PHYS) compensación *f* de presión; **Druckbehälter** *m* <-s, -> recipiente *m* a presión; **Druckbleistift** *m* <-(e)s, -e> portaminas *m inv;* **Druckbogen** *m* <-s, -bögen> (TYPO) pliego *m* impreso; **Druckbuchstabe** *m* <-n(s), -n> letra *f* de imprenta [*o* de molde]

Drückeberger(in) ['drʏkəbɛrgɐ] *m(f)* <-s, -; -, -nen> (*fam abw*) gandul(a) *m(f)*, persona *f* que se escaquea

Drückebergerei *f* <-, *ohne pl*> (*fam abw*) escaqueo *m;* (*Faulheit*) vaguería *f*

Drückebergerin *f* <-, -nen> *s.* **Drückeberger**

druckempfindlich *adj* sensible a la presión

drucken ['drʊkən] *vt* (TYPO) imprimir (*auf*en); **klein gedruckt** impreso en letras pequeñas; **das klein Gedruckte** la letra pequeña; **mit dieser Schreibmaschine sehen Briefe wie gedruckt aus** con esta máquina de escribir, las cartas parecen salidas de imprenta

drücken ['drʏkən] **I.** *vt* **1.** (*pressen*) apretar, trincar *Am;* (*Schalter*) pulsar; **er drückt auf den Knopf** pulsa el botón; **sie drückte ihre Nase an die Scheibe** pegó su nariz a la ventana; **jdm die Hand ~** estrecharle la mano a alguien; **jdm etw in die Hand ~** dar algo a alguien; **die Schulbank ~** (*fam*) ir al colegio **2.** (*wegschieben*) empujar, apartar; **er drückte sie zur Seite** la empujó a un lado; **„~"** (*an einer Tür*) "empujar" **3.** (*Kleidung*) apretar; **ich weiß, wo ihn der Schuh drückt** (*fig*) sé dónde le aprieta el zapato **4.** (*umarmen*) apretar entre los brazos **5.** (*Preise*) reducir, bajar **II.** *vi* (*Kleidung, Last*) apretar; (*Hitze*) pesar; **das trübe Wetter drückt auf die Stimmung** el tiempo nubloso agobia **III.** *vr:* **sich ~** (*fam*) escabullirse (*vor* de), escaquearse (*vor* de), despedirse a la francesa; **sie hat sich vor der** [*o* **um die**] **Arbeit gedrückt** se ha escaqueado del trabajo

drückend *adj* (*Sorgen, Last*) abrumador, agobiante; (*Wetter*) bochornoso; (*Hitze*) sofocante, agobiante

Drucker[1] *m* <-s, -> (INFOR) impresora *f*

Drucker(in)[2] *m(f)* <-s, -; -, -nen> impresor(a) *m(f)*, tipógrafo, -a *m, f*

Drücker[1] *m* <-s, -> **1.** (*Klinke*) picaporte *m* **2.** (*Tür~*) portero *m* automático **3.** (*am Gewehr*) gatillo *m;* **am ~ sein** [*o* **sitzen**] (*fam*) tener la decisión en la propia mano; **auf den letzten ~** (*fam*) en el último momento

Drücker(in)[2] *m(f)* <-s, -; -, -nen> (*fam: Zeitungswerber*) vendedor(a) *m(f)* ambulante (de revistas)

Druckerei *f* <-, -en> imprenta *f*, tipografía *f*

Druckerin *f* <-, -nen> *s.* **Drucker**[2]

Drückerin *f* <-, -nen> *s.* **Drücker**[2]

Druckerkabel *nt* <-s, -> (INFOR) cable *m* de impresora

Drückerkolonne *f* <-, -n> (*fam*) *personas que venden a domicilio abonos a periódicos o revistas, a menudo con engaño*

Druckerkonfiguration *f* <-, -en> (INFOR) configuración *f* de la impresora

Druckerlaubnis *f* <-, *ohne pl*> permiso *m* de impresión

Druckerpresse *f* <-, -n> prensa *f* tipográfica [*o* de imprimir]; **Druckerschwärze** ['drʊkɐʃvɛrtsə] *f* <-, *ohne pl*> tinta *f* de imprenta; **Druckertreiber** *m* <-s, -> (INFOR) controlador *m* de impresora; **Druckertyp** *m* <-s, -en> (INFOR) tipo *m* de impresora

Druckerzeugnis *nt* <-ses, -se> (TYPO) impreso *m;* **Druckfahne** *f* <-, -n> (TYPO) galerada *f;* **Druckfarbe** *f* <-, -n> (TYPO) tinta *f* de impresión [*o* de imprenta]; **Druckfehler** *m* <-s, -> (TYPO) errata *f*, error *m* de imprenta; **druckfertig** *adj* listo para imprimir

Druckformatvorlage *f* <-, -n> (INFOR) modelo *m* de formato de impresión

druckfrisch *adj* (TYPO) recién impreso; **Druckgefühl** *nt* <-s, -e> opresión *f*, sensación *f* de pesantez; **Druckgeschwindigkeit** *f* <-, -en> (INFOR) velocidad *f* de impresión; **Druckjob** *m* <-s, -s> (INFOR) tarea *f* de impresión; **Druckkabine** *f* <-, -n> (AERO) cabina *f* presurizada; **Druckknopf** *m* <-(e)s, -knöpfe> (*an Geräten*) botón *m* pulsador; (*an Kleidung*) botón *m* automático; **Druckkosten** *pl* (MEDIA) gastos *mpl* de imprenta, costes *mpl* de impresión; **Drucklegung** *f* <-, -en> impresión *f*

Druckluft *f* <-, *ohne pl*> (PHYS) aire *m* presión; **Druckluftbohrer** *m* <-s, -> (TECH) taladro *m* de aire comprimido; **Druckluftbremse** *f* <-, -n> (AUTO) freno *m* neumático [*o* de aire comprimido]

Druckmaschine *f* <-, -n> (TYPO) máquina *f* de imprimir; **Druckmesser** *m* <-s, -> (PHYS) manómetro *m;* **Druckmittel** *nt* <-s, -> **1.** (*Mittel*) medio *m* para ejercer presión **2.** (*Maßnahme*) medida *f* de presión; **als politisches ~** como medida de presión política; **Druckplatte** *f* <-, -n> (TYPO) plancha *f*, clisé *m;* **Druckpumpe** *f* <-, -n> (TECH) bomba *f* hidráulica [*o* impelente]; **Druckregler** *m* <-s, -> (TECH) regulador *m* de presión; **druckreif** *adj* listo para la imprenta; **Drucksache** *f* <-, -n> impreso *m;* **Druckschrift** *f* <-, -en> letra *f* de imprenta [*o* de molde]; **in ~ schreiben** escribir en letra de imprenta [*o* de molde]

drucksen ['drʊksən] *vi* (*fam*) titubear, hacerse el remolón

Druckstelle *f* <-, -n> huella *f* de presión; **Drucktaste** *f* <-, -n> pulsador *m;* **Drucktype** *f* <-, -n> (TYPO) tipo *m* (de impresión [*o* de imprenta]); **druckunempfindlich** *adj* **1.** (*Haut, Körperteil*) insensible a la presión **2.** (*Material*) resistente a la presión; **Druckverband** *m* <-(e)s, -bände> (MED) vendaje *m* compresivo; **Druckverfahren** *nt* <-s, -> (TYPO) procedimiento *m* tipográfico [*o* de impresión]; **Druckvorlage** *f* <-, -n> (TYPO) original *m*

Druckwasserreaktor *m* <-s, -en> reactor *m* de agua a presión

Druckwelle *f* <-, -n> (PHYS) onda *f* expansiva; (*bei einer Explosion*) onda *f* explosiva; **Druckwerk** *nt* <-(e)s, -e> obra *f* impresa

Drudenfuß *m* <-es, -füße> (MYTH) estrella *f* (mágica) de cinco puntas (*amuleto contra brujas*)

Druide [dru'i:də] *m* <-n, -n> (HIST) druida *m*

drum [drʊm] *adv* (*fam*): **sei's ~** sea; **mit allem D~ und Dran** con pelos y señales, con puntos y comas; *s. a.* **darum**

Drumherum [--'-] *nt* <-s, *ohne pl*> (*fam*): **das ganze ~** todo lo que hace parte

Drummer(in) *m(f)* <-s, -; -, -nen> (MUS) percusionista *mf*, batería *mf*

drunten ['drʊntən] *adv* (*südd, Österr*) abajo

drunter ['drʊntɐ] *adv* (*fam*): **es ging alles ~ und drüber** estaba todo revuelto; *s. a.* **darunter**

Drüse ['dry:zə] *f* <-, -n> glándula *f*

DSB [de:ʔɛs'be:] *m* <-> *Abk. von* **Deutscher Sportbund** Confederación *f* Alemana del Deporte

Dschungel ['dʒʊŋəl] *m* <-s, -> selva *f*, jungla *f*

Dschunke ['dʒʊŋkə] *f* <-, -n> junco *m*

DSG *f* <-> *Abk. von* **Deutsche Schlafwagen- und Speisewagen-Gesellschaft** Sociedad *f* Alemana de Coches-cama y Coches-restaurante

dt. *Abk. von* **deutsch** al.

dto. *Abk. von* **dito** íd.

DTP [de:te:'pe:] *nt* (INFOR) *Abk. von* **Desktoppublishing** tratamiento *m* de texto avanzado, autoedición *f*

dtsch. *Abk. von* **deutsch** al.

Dtzd. *Abk. von* **Dutzend** docena *f*

du [du:] *pron pers 2. Sg* tú; **~ Idiot!** ¡idiota!; **ich gehe heute schwimmen, und ~?** hoy voy a nadar, ¿y tú?; **bist ~ es?** ¿eres tú?; **ach ~ lieber Gott!** ¡Dios mío!; **~, ich schaff das nicht** oye, no me sale; **wenn ich ~ wäre** yo que tú

Du *nt* <-(s), -(s)> tú *m;* **jdm das ~ anbieten** ofrecer a alguien el tuteo; **mit jdm per ~ sein** tutear a alguien

dual [du'a:l] *adj* binario, dual; **das D~e System** (*Rücknahme von Verpackungen*) el sistema dual de reciclaje; **Dualsystem** *nt* <-s, -e> (MATH) sistema *m* binario; **Dualzahl** *f* <-, -en> (INFOR) número *m* binario

Dübel ['dy:bəl] *m* <-s, -> taco *m,* espiga *f*

dübeln *vi* espigar

dubios [du'bjo:s] *adj* dudoso

Dublee [du'ble:] *nt* <-s, -s> **1.** (*Material*) chapado *m* (en oro), oro *m* chapado **2.** (*beim Billard*) doblete *m*

Dublette *f* <-, -n> **1.** (*doppeltes Exemplar*) duplicado *m;* (*in einer Sammlung*) ejemplar *m* repetido **2.** (LING) doblete *m* **3.** (*Edelsteinimitation*) doblete *m*

Dublin ['dablɪn] *nt* <-s> Dublín *m*

ducken ['dʊkən] **I.** *vt* (*abw: demütigen*) humillar **II.** *vr:* **sich ~** **1.** (*sich beugen*) agacharse, agazaparse; **in geduckter Stellung** agazapado **2.** (*unterwürfig sein*) doblegarse

Duckmäuser ['dʊkmɔɪzɐ] *m* <-s, -> (*fam abw*) cobarde *mf,* acoquinado, -a *m, f*

duckmäuserisch **I.** *adj* (*fam abw*) pusilánime **II.** *adv* (*fam abw*) con pusilanimidad; **sich ~ verhalten** comportarse de manera pusilánime

Dudelei [du:də'laɪ] *f* <-, -en> (*abw*) murga *f*

dudeln ['du:dəln] *vi* (*fam*) **1.** (RADIO) sonar **2.** (*musizieren*) tocar un instrumento

Dudelsack ['du:dəlzak] *m* <-(e)s, -säcke> gaita *f;* **Dudelsackspieler(in)** *m(f)* <-s, -; -, -nen> (MUS) gaitero, -a *m, f*

Duell [du'ɛl] *nt* <-s, -e> **1.** (*mit Waffen*) duelo *m,* desafío *m;* **jdn zum ~ fordern** retar a alguien a duelo **2.** (SPORT) competición *f,* disputa *f*

Duellant(in) [duɛ'lant] *m(f)* <-en, -en; -, -nen> duelista *mf*

duellieren* *vr:* **sich ~** batirse en duelo

Duett [du'ɛt] *nt* <-(e)s, -e> (MUS) dúo *m,* dueto *m*

Dufflecoat ['dafəlkɔʊt] *m* <-s, -s> dufflecoat *m*

Duft [dʊft, *pl:* 'dʏftə] *m* <-(e)s, Düfte> olor *m;* (*angenehm*) aroma *m;* (*unangenehm*) hedor *m*

dufte *adj* (*reg: fam*) guay, chévere *Am*

duften ['dʊftən] *vi* oler (*nach* a); **es duftet nach Rosen** huele a rosas

duftend *adj* oloroso, de buen olor; (*parfümiert*) perfumado

duftig *adj* vaporoso

Duftmarke *f* <-, -n> (*von Tieren*) marcación *f* del territorio con sustancias aromáticas; **Duftnote** *f* <-, -n> aroma *m;* **Duftstoff** *m* <-(e)s, -e> sustancia *f* aromática; **Duftwasser** *nt* <-s, -wässer> agua *f* de olor *alt;* **Duftwolke** *f* <-, -en> (*iron: Parfüm*) nube *f* de perfume; **sie ist immer in eine ~ gehüllt** va siempre envuelta en un halo de perfume

Dukaten [du'ka:tən] *m* <-s, -> (HIST) ducado *m;* **Dukatenscheißer** *m* <-s, -> (*fam*): **einen ~ haben** tener la gallina de los huevos de oro; **ein ~ sein** ser la gallina de los huevos de oro; **der ist aber ein echter ~** no sé de dónde saca el dinero ese tío, debe de ser la gallina de los huevos de oro

dulden ['dʊldən] *vt* **1.** (*zulassen*) tolerar, admitir; **die Sache duldet keinen Aufschub** el asunto no admite prórroga; **etw stillschweigend ~** hacer la vista gorda **2.** (*geh: ertragen*) aguantar, soportar

Dulder(in) *m(f)* <-s, -; -, -nen> (*geh*) sufridor(a) *m(f);* (REL: *a. fig*) mártir *mf;* **Duldermiene** *f* <-, -n> (*iron*) cara *f* de mártir; **eine ~ aufsetzen** poner cara de mártir

duldsam [dʊltza:m] *adj* (*nachsichtig*) indulgente (*gegen* con/para/para con); (*tolerant*) tolerante (*gegen* con)

Duldsamkeit *f* <-, *ohne pl*> tolerancia *f;* (*Geduld*) paciencia *f*

Duldung *f* <-, -en> tolerancia *f;* **stillschweigende ~** tolerancia tácita

Dumdumgeschoss[RR] [dʊm'dʊm-] *nt* <-es, -e> (bala *f*) dumdum *f,* (bala *f*) dumdum *f*

dumm [dʊm] *adj* <dümmer, am dümmsten> **1.** (*einfältig*) bobo, tonto, estúpido, pendejo *Am,* bembo *Am,* acicuatado *Ant, Mex,* otario *Mex,* apantallado *Mex,* upa *Ecua, Peru;* **~es Zeug reden** decir disparates; **sich ~ anstellen** hacerse el tonto; **ein ~es Gesicht machen** poner cara de bobo; **sich ~ und dämlich verdienen** (*fam*) ganar un dineral; **das ist gar nicht so ~** no es ninguna tontería; **ich lasse mich nicht für ~ verkaufen** (*fam*) no permito que me traten como un tonto **2.** (*unwissend*) ignorante **3.** (*unangenehm*) fastidioso, desagradable; **jdm ~ kommen** (*fam*) fastidiar a alguien; **so etwas D~es!** ¡qué fastidio!; **dummdreist** **I.** *adj* descarado; **~ sein** ser (un) descarado **II.** *adv* con descaro, descaradamente; **er grinste ~** se sonrió con descaro

Dumme(r) *mf* <-n, -n; -n, -n> (*fam*) tonto, -a *m, f;* **einen ~n finden** encontrar un tonto; **der ~ sein** ser el tonto; **die ~n sterben nicht aus** [*o* **werden nicht alle**] los tontos no se acaban, siempre habrá tontos en el mundo

Dummejungenstreich *m* <-(e)s, -e> (*fam*) pillería *f;* **das geht zu weit, das ist kein ~ mehr!** ¡esto va demasiado lejos, es más que una pillería!

Dummenfang *m* <-(e)s, *ohne pl*> (*abw*) caza *f* de tontos; **auf ~ ausgehen** [*o* **sein**] ir a la caza de algún inocente

dümmer ['dʏmɐ] *adj kompar von* **dumm**

dummerweise *adv* desafortunadamente, desgraciadamente

Dummheit[1] *f* <-, *ohne pl*> (*Mangel an Intelligenz*) estupidez *f,* necedad *f;* (*Unwissenheit*) ignorancia *f*

Dummheit² *f* <-, -en> (*Handlung*) estupidez *f*, tontería *f*, pendejada *f Am*, babosada *f ZAm, Mex*, embarrada *f CSur*, arracachada *f Kol;* **eine ~ machen** hacer una estupidez

Dummkopf *m* <-(e)s, -köpfe> (*abw*) tonto, -a *m, f*, estúpido, -a *m, f*, merlo *m Am*, otario, -a *m, f CSur*

dümmlich ['dʏmlɪç] *adj* poco inteligente

dümmste(r, s) ['dʏmstə, -tɐ, -təs] *adj superl von* **dumm**

Dummy¹ ['dami] *m* <-s, -s *o* Dummies> (*Crashtest-Puppe*) muñeca *f* hinchable, maniquí *m* para ensayo de choque

Dummy² *m o nt* <-s, -s *o* Dummies> (*Werbeattrappe, Schaupackung*) muestra *f*, embalaje *m* vacío

dümpeln ['dʏmpəln] *vi* (NAUT) cabecear

dumpf [dʊmpf] *adj* **1.** (*Geräusch*) ronco, sordo **2.** (*stumpfsinnig*) apático **3.** (*Ahnung, Gefühl*) impreciso, vago; (*Schmerz*) sordo **4.** (*muffig*) enmohecido

Dumpfheit *f* <-, *ohne pl*> (*Teilnahmslosigkeit*) apatía *f*, abulia *f*

dumpfig ['dʊmpfɪç] *adj* con olor a humedad; **im Keller war es etwas ~** en el sótano olía un poco a humedad

Dumping ['dampɪŋ] *nt* <-s, *ohne pl*> (WIRTSCH) dumping *m;* **Dumpingpreis** *m* <-es, -e> (WIRTSCH) precio *m* dumping; **Dumpingware** *f* <-, -n> (WIRTSCH) mercancía *f* de dumping

Düne ['dy:nə] *f* <-, -n> duna *f*

Dung [dʊŋ] *m* <-(e)s, *ohne pl*> abono *m*, estiércol *m*

Düngemittel *nt* <-s, -> abono *m*, fertilizante *m*

düngen ['dʏŋən] *vt* abonar, fertilizar

Dünger ['dʏŋɐ] *m* <-s, -> abono *m*, fertilizante *m*

Düngung *f* <-, -en> abono *m;* **mit diesem Dünger reicht eine einmalige ~ aus** con este fertilizante basta con abonar una sola vez

dunkel ['dʊŋkəl] *adj* **1.** (*finster*) oscuro; **es wird ~** está oscureciendo; **im D~n** a oscuras; **im D~n tappen** andar a tientas **2.** (*Farbe*) oscuro; **ein dunkles Rot** un rojo oscuro **3.** (*Ton*) bajo; (*Stimme*) grave **4.** (*unbestimmt*) vago; **sich ~ an etw erinnern** acordarse vagamente de algo; **etw liegt noch im D~n** algo está por aclarar **5.** (*rätselhaft*) misterioso, enigmático; **ich habe ihn über meine Motive im Dunklen gelassen** no le expliqué mis motivos **6.** (*abw: zwielichtig*) sospechoso, oscuro; **eine dunkle Vergangenheit haben** tener un pasado oscuro; **in dunkle Geschäfte verwickelt sein** estar metido en negocios oscuros

Dunkel *nt* <-s, *ohne pl*> **1.** (*geh: Dunkelheit*) oscuridad *f* **2.** (*Undurchschaubarkeit*) oscuridad *f*, misterio *m*

Dünkel ['dʏŋkəl] *m* <-s, *ohne pl*> (*abw: Anmaßung*) arrogancia *f;* (*Eitelkeit*) vanidad *f*, petulancia *f;* (*Hochmut*) soberbia *f*

dunkelblau *adj* azul oscuro; **dunkelblond** *adj* rubio oscuro; **dunkelgrün** *adj* verde oscuro, verdinegro

dunkelhaarig *adj* moreno

dünkelhaft *adj* (*geh*) arrogante, soberbio

dunkelhäutig ['dʊnkəlhɔɪtɪç] *adj* moreno, de piel oscura

Dunkelheit *f* <-, *ohne pl*> oscuridad *f;* **bei Einbruch der ~** al anochecer

Dunkelkammer *f* <-, -n> (FOTO) laboratorio *m*

Dunkelmann *m* <-(e)s, -männer> (*abw*) hampón *m*

dunkeln I. *vi sein* (*Farbe*) ponerse más oscuro **II.** *vunpers* (*geh: Abend werden*) oscurecer

Dunkelraum *m:* **Faraday'scher ~** cámara *f* oscura de Faraday

dunkelrot *adj* rojo oscuro; **Dunkelziffer** *f* <-, -n> cifra *f* negra

dünken ['dʏŋkən] <dünkt *o* deucht, dünkte *o* deuchte, gedünkt *o* gedeucht> **I.** *vr:* **sich ~** (*geh, alt*) creerse; **er dünkt sich wohl schlau, aber weit gefehlt!** ¡se cree muy listo, pero de eso nada! **II.** *vunpers* (*geh, alt*) parecer, antojarse; **jdm** [*o* **jdn**] **dünkt, dass ...** a alguien le parece que...; **dein Vorschlag dünkt mir** [*o* **mich**] **etwas unpassend** tu propuesta se me antoja algo inoportuna

Dünkirchen ['dy:nkɪrçən] *nt* <-s> Dunkerque *m*

dünn [dʏn] *adj* **1.** (*Ast, Scheibe*) fino; **ein ~es Buch** un librito **2.** (*schlank*) delgado; (*mager*) flaco; **sie ist sehr ~ geworden** ha adelgazado mucho; **sich ~ machen** (*fam: Platz machen*) hacer sitio; (*abhauen*) largarse **3.** (*spärlich*) escaso, exiguo; (*Haar*) ralo; **~ besiedelt** [*o* **bevölkert**] poco poblado, escasamente poblado; **~ gesät** escaso; **Erfolge auf diesem Forschungsgebiet sind ~ gesät** los éxitos en este campo son escasos; **Butter ~ auftragen** poner un poco de mantequilla **4.** (*fein, zart*) fino; (*Stimme, Lachen*) débil **5.** (*Suppe*) aguado, claro; (*Kaffee, Tee*) flojo; **dünnbesiedelt** *adj*, **dünnbevölkert** *adj s.* **dünn 3.**

Dünnbrettbohrer *m* <-s, -> (*fam abw*) pazguato, -a *m, f*, necio, -a *m, f*

Dünndarm *m* <-(e)s, -därme> (ANAT) intestino *m* delgado

Dünndruckausgabe *f* <-, -n> (TYPO) edición *f* en papel biblia; **Dünndruckpapier** *nt* <-s, -e> (TYPO) papel *m* biblia

dünne|machen *vr:* **sich ~** (*fam*) escabullirse, zafarse

dünnflüssig *adj* (muy) fluido

dünngesät *adj s.* **dünn 3.**

dünnhäutig ['dʏnhɔɪtɪç] *adj* (*Haut*) de piel fina; (*Mensch*) sensible

dünn|machen *vr:* **sich ~** (*fam*) pirarse, pirárselas; **da kommen die Bullen, ich mach mich lieber dünn!** ¡ahí vienen los maderos, mejor será que me pire!

Dünnpfiff *m* <-(e)s, *ohne pl*> (*fam*) cagalera *f*, seguidillas *fpl*

Dünnsäure *f* <-, -n> (CHEM) ácido *m* diluido; **Dünnsäureverklappung** *f* <-, -en> (ÖKOL) descarga *f* de ácido diluido en el Mar del Norte

dünnschalig *adj* de cáscara fina; (*abw*) de cáscara demasiado delgada; **eine Pfirsich ist** ~ un melocotón tiene la piel [*o* la cáscara] fina; **Batteriehühner legen ~e Eier** las gallinas de los ponederos automáticos ponen huevos de cáscara demasiado fina

Dünnschichtverdampfung *f* <-, -en> (CHEM) evaporación *f* de capa delgada

DünnschissRR *m* <-es, *ohne pl*>, **Dünnschiß** *m* <-sses, *ohne pl*> (*fam*) cagalera *f*

dünnwandig *adj* de paredes finas; **ein ~es Rohr/Glas** un tubo/una copa de paredes finas; **es ist in unserer Wohnung so kalt, weil das Haus zu ~ ist** en nuestro apartamento hace tanto frío porque la casa tiene las paredes muy finas

Dunst[1] [dʊnst, *pl:* 'dʏnstə] *m* <-(e)s, Dünste> (*Dampf*) vapor *m;* (*Ausdünstung*) vaho *m;* (*Rauch*) humo *m*

Dunst[2] *m* <-(e)s, *ohne pl*> (*Nebel*) bruma *f*, neblina *f*

Dunstabzugshaube *f* <-, -n> campana *f* extractora de humos

Dünste *pl von* **Dunst**[1]

dünsten ['dʏnstən] *vt* (GASTR) rehogar

Dunstglocke *f* <-, -n> smog *m*

dunstig ['dʊnstɪç] *adj* **1.** (*neblig*) nebuloso, brumoso **2.** (*verräuchert*) cargado de humo

Dunstkreis *m* <-es, -e> (*geh: jds Umgebung*) ambiente *m*, atmósfera *f;* **Dunstschleier** *m* <-s, -> velo *m* de niebla; **Dunstwolke** *f* <-, -n> vaharada *f*, humareda *f*

Dünung ['dy:nʊŋ] *f* <-, -en> mar *m o f* de fondo

Duo ['du:o] *nt* <-s, -s> (MUS) dúo *m*, dueto *m*

Duodezimalsystem *nt* <-s, *ohne pl*> (MATH) sistema *m* duodecimal

düpieren* [dy'pi:rən] *vt* (*geh*) embaucar, burlar

Duplex ['du:plɛks] *nt* <-, *ohne pl*> (INFOR, TEL) dúplex *m*

Duplikat [dupli'ka:t] *nt* <-(e)s, -e> duplicado *m*, copia *f*

Dur [du:ɐ] *nt* <-, *ohne pl*> (MUS) tono *m* mayor

durch [dʊrç] **I.** *präp +akk* **1.** (*örtlich*) por, a través de; ~ **eine Straße gehen** ir por una calle; ~ **das Fenster schauen** mirar por la ventana; **mitten** ~ **die Stadt** por el centro de la ciudad, cruzando la ciudad; ~ **den Wald** por el bosque, cruzando el bosque **2.** (*mittels*) por (medio de), a través de; **ich habe ihn** ~ **Freunde kennen gelernt** lo he conocido por [*o* a través de] unos amigos; ~ **Zufall** por casualidad **3.** (*infolge von*) a causa de, por; ~ **das viele Rauchen** por fumar tanto **4.** (*zeitlich*) durante; **die ganze Nacht** ~ durante toda la noche **5.** (*teilen*) por; (MATH) dividido por; ~ **drei teilen** dividir por tres **6.** (*Agens*) por; **das Fahrzeug wird** ~ **Motoren getrieben** el vehículo es impulsado por motores **II.** *adv* (*fam*): **es ist schon drei Uhr** ~ ya son más de las tres [*o* las tres pasadas]; **der Zug ist gerade** ~ el tren acaba de pasar; **ist das Gesetz schon** ~? ¿ya ha salido la ley?; **Ihr Kreditantrag ist** ~ ya está (aprobado) su crédito; **Camembert ist erst dann** ~, **wenn er zu zerlaufen beginnt** el camembert no está bueno hasta que ya empieza a deshacerse; **das Fleisch ist** ~ la carne está a punto; **das Fleisch ist noch nicht** ~ la carne todavía no está (hecha); **ich hab das Buch** ~ he acabado de leer el libro; **mit der Zeitung bin ich** ~ ya leí todo el periódico; **ein glatter Bruch: der Knochen ist** ~ una fractura limpia: el hueso está partido; **die Sohle ist** ~ la suela está gastada; ~ **und** ~ completamente, del todo

durch|ackern **I.** *vt* (*fam*) estudiar(se) enterito [*o* de cabo a rabo], investigar [*o* estudiar] a fondo; **er benötigte zwei Wochen, um die Unterlagen durchzuackern** necesitó dos semanas para estudiar a fondo los documentos; **vor der Prüfung muss ich noch mal die ganzen Skripte** ~ antes del examen tengo que estudiarme de cabo a rabo los apuntes **II.** *vr:* **sich** ~ (*fam*) currarse (*durch*); **drei Stunden lang ackerte er sich durch die Post durch** se pasó tres horas currándose el correo; **durch|arbeiten** **I.** *vt* (*Buch*) estudiar a fondo **II.** *vi* (*ohne Pause*) trabajar sin descanso **III.** *vr:* **sich** ~ (*Haufen Arbeit*) vencer (*durch*), acabar (*durch*); (*Dschungel, Berg*) abrirse paso (*durch* por/a través de); **durcharbeitet** *adj* de trabajo; **nach zwei ~en Nächten brauchte sie einen freien Tag** tras haber pasado dos noches trabajando sin descanso necesitaba un día libre; **durch|atmen** *vi* respirar hondo

durchaus ['--, -'-] *adv* **1.** (*völlig*) absolutamente, por completo; ~ **nicht** en absoluto; **bist du daran interessiert? – ~!** ¿estás interesado? – ¡y cómo!; **das ist** ~ **nicht leicht** no es nada fácil; **das lässt sich** ~ **machen** esto suena más que viable **2.** (*unbedingt*) de todas formas

durch|beißen *irr* **I.** *vt* (*zerbeißen*) partir con los dientes **II.** *vr:* **sich** ~ (*fam: Widerstände überwinden*) abrirse paso (*durch* por/a través de), superar (*durch*); **durch|bekommen*** *irr vt* (*fam*) **1.** (*entzweimachen*) (conseguir) partir; **das Seil bekommst du mit der Schere nicht durch** no puedes cortar esa cuerda con las tijeras **2.** (*durch Öffnung*) (conseguir) meter **3.** (*durch Kontrolle*) (conseguir) pasar **4.** (*durch eine Prüfung*) hacer pasar; **der Fahrlehrer hat diesmal all seine Schüler** ~ esta vez el profesor de la autoescuela ha conseguido hacer pasar a todos sus alumnos **5.** (*durchsetzen*) (conseguir) imponer; **ich habe all meine Vorschläge bei der Chefin** ~ he conseguido que mi jefa aceptara todas mis propuestas; **die Regierung konnte die**

Gesetzesänderung (**im Parlament**) ~ el Gobierno logró imponer la enmienda (en el Parlamento); **durch|biegen** *irr vr:* **sich** ~ (*Brett*) doblarse

Durchblasegase *ntpl* gases *mpl* de purga

durch|blasen *irr* I. *vi* colarse (*durch* por); **der Wind bläst durch die Ritzen durch** el viento se cuela por las grietas II. *vt* 1. (*umwehen*) azotar; **an der Küste blies uns der Wind durch** en la costa nos azotaba el viento 2. (*durch Blasen reinigen*) limpiar soplando; **jdm die Ohren** ~ limpiar a alguien los oídos (soplando dentro); **ein verstopftes Rohr** ~ soplar por un tubo para limpiarlo; **durch|blättern** *vt* hojear; **Durchblick** *m* <-(e)s, -e> (*fam: Überblick*) visión *f* de conjunto; **den** ~ **haben/verlieren** (*auf dem Laufenden*) estar/no estar al corriente; **durch|blicken** *vi* 1. (*durchschauen*) mirar (*durch* por) 2. (*fam: verstehen*) comprender, entender; **da blickt ja kein Mensch mehr durch** esto no lo entiende nadie; **etw** ~ **lassen** dejar entrever algo, dar algo a entender; **er ließ sein Einverständnis** ~ dejó entrever que estaba de acuerdo; **durchbluten*** *vt* irrigar; **gut durchblutet werden** tener buena circulación

Durchblutung *f* <-, -en> riego *m* sanguíneo, circulación *f* de la sangre; **Durchblutungsstörung** *f* <-, -en> trastorno *m* circulatorio

durchbohren*[1] *vt* (*durchdringen*) atravesar; **von Kugeln durchbohrt** acribillado a balas; **ein ~der Blick** una mirada penetrante

durch|bohren[2] *vt* (*Loch bohren*) taladrar

durch|boxen I. *vt* (*fam: durchsetzen*) imponer II. *vr:* **sich** ~ (*fam*) 1. (*sich durchsetzen*) imponerse 2. (*einen Weg bahnen*) abrirse paso (*durch* por); **durch|braten** *irr vt* (GASTR) asar bien; (*in der Pfanne*) freír bien; **ein gut durchgebratenes Steak** un bistec bien frito; **durch|brausen** *vi sein* atravesar a toda velocidad [*o* como una exhalación] (*durch* por); **der Fahrer brauste mit hohem Tempo durch die Straßensperre durch** el conductor atravesó a toda velocidad la barrera

durchbrechen*[1] *irr vt* 1. (*durchdringen*) romper; (*Hindernis*) derribar 2. (*Prinzip*) quebrantar

durch|brechen[2] *irr* I. *vi sein* 1. (*entzweigehen*) romperse, quebrarse 2. (*Zähne, Sonne*) salir 3. (*Hass, Wut*) manifestarse II. *vt* (*zerbrechen*) romper, quebrar

Durchbrechung *f* <-, -en> ruptura *f;* **den Demonstranten gelang die** ~ **der Blockade** los manifestantes lograron abrir brecha en el cordón; **Propellerflugzeuge sind nicht zur** ~ **der Schallmauer in der Lage** los aviones de hélice no son capaces de romper la barrera del sonido

durch|brennen *irr vi sein* 1. (*Birne, Sicherung*) fundirse 2. (*fam: ausreißen*) escaparse; **durch|bringen** *irr vt* 1. (*Kranke*) curar 2. (*Prüfling*): **jdn** ~ conseguir que apruebe alguien 3. (*ernähren*) sustentar; (*Kinder*) sacar adelante 4. (*vergeuden*) derrochar, despilfarrar; **durchbrochen** I. *pp von* **durchbrechen**[1] II. *adj* (*Spitze*) quebrado

Durchbruch ['--] *m* <-(e)s, -brüche> 1. (*eines Zahns*) aparición *f;* (*des Blinddarms*) rotura *f* 2. (MIL) irrupción *f* 3. (*Erfolg*) éxito *m;* **jdm/etw** *dat* **zum** ~ **verhelfen** fomentar el éxito de alguien/algo 4. (*Stelle*) brecha *f,* boquete *m*

durch|checken *vt* 1. (AERO: *bis zum Zielort abfertigen*) facturar hasta el destino 2. (*fam: Patient*) chequear; (*Liste*) repasar

durchdacht *pp von* **durchdenken**

durchdenken* *irr vt* examinar a fondo [*o* minuciosamente]; **ein gut durchdachter Plan** un plan bien meditado [*o* bien pensado]; **wohl durchdacht** (*geh*) (muy) bien reflexionado; **durch|diskutieren*** *vt* discutir a fondo; **durch|dränge(l)n** *vr:* **sich** ~ (*fam*) abrirse paso (a empujones); **durch|drehen** I. *vi* 1. *sein* (*Räder*) derrapar 2. *haben o sein* (*fam: die Nerven verlieren*) volverse loco, perder los estribos II. *vt:* **das Fleisch durch den Wolf** ~ pasar la carne por la máquina de picar

durchdringen*[1] *irr vt* 1. (*durchstoßen*) atravesar; (*Flüssigkeit*) penetrar, atravesar 2. (*erfüllen*) llenar, obsesionar; **er ist von der Idee durchdrungen, dass …** está obsesionado con la idea que…

durch|dringen[2] *irr vi sein* 1. (*Flüssigkeit, Kälte*) atravesar; (*Gerücht, Nachricht*) trascender; (*Sonne*) salir; **die Nachricht ist bis zu uns durchgedrungen** la noticia ha trascendido hasta nosotros 2. (*hingelangen*) llegar (*bis zu* a)

durchdringend *adj* (*Kälte, Geruch*) penetrante; (*Schrei*) estridente

Durchdringung *f* <-, *ohne pl*> 1. (*das Durchdringen*) penetración *f* (de) 2. (*geistige Erfassung*) penetración *f* (de), comprensión *f* (de); **die** (**geistige**) ~ **eines Themas** la comprensión (intelectual) de una temática

durch|drücken *vt* 1. (*Knie*) estirar 2. (*fam: durchsetzen*) imponer, hacer pasar 3. (*durch ein Sieb*) pasar (*durch* por)

durchdrungen *pp von* **durchdringen**[1]; **durch|dürfen** *irr vi* (*fam*) poder pasar; **darf ich bitte mal durch?** ¿puedo pasar, por favor?

durcheinander [dʊrçʔaɪˈnandɐ] *adv* (*unordentlich*) revuelto, mezclado; (*verwirrt*) confuso, turbado; **ich bin noch ganz** ~ todavía estoy muy confuso; ~ **bringen** (*in Unordnung bringen*) revolver; (*verwechseln*) confundir; (*verwirren*) desconcertar, embarullar *fam,* abatatar *CSur: fam,* alburear *CRi;* ~ **geraten** (*in Unordnung geraten*) desordenarse, entreverarse *Am;* (*in Verwirrung geraten*) desorientarse, desconcertarse; **durch den Umzug sind die Akten alle** ~ **geraten** con la mudanza se han desordenado todos los documentos; **es kommt vor, dass mir Namen ~ geraten** puede ocurrir que confunda los nombres; **die Blätter sind ~ gewirbelt** las hojas revoloteaban; **ein kräftiger Windstoß hat die Blätter ~ gewirbelt** un fuerte golpe de viento hizo que las hojas revolotearan; **mit seinen Innovationen hat er die Branche ~ gewirbelt** con sus innovaciones levantó revuelo en el ramo; ~ **laufen** correr a trochemoche; ~ **liegen** estar revuelto; **muss hier immer alles so wild ~ liegen?** ¿es que siempre tiene que estar todo tan revuelto?; ~ **reden** hablar todos a la vez; ~ **werfen** (*fam: unordentlich hinwerfen*) tirar por ahí; (*verwechseln*) confundir

Durcheinander ['----] *nt* <-s, *ohne pl*> **1.** (*Unordnung*) desorden *m,* caos *m inv,* desbarajuste *m*, pelote *m Am,* mitote *m Mex,* boche *m And* **2.** (*Verwirrung*) caos *m inv,* confusión *f*

durcheinander|bringen *irr vt s.* **durcheinander**; **durcheinander|geraten*** *irr vi sein s.* **durcheinander**; **durcheinander|kommen** *irr vi sein* (*fam*) *s.* **durcheinandergeraten**; **durcheinander|laufen** *irr vi sein s.* **durcheinander**; **durcheinander|liegen** *irr vi s.* **durcheinander**; **durcheinander|reden** *vi s.* **durcheinander**; **durcheinander|werfen** *irr vt s.* **durcheinander**; **durcheinander|wirbeln** *vi sein, vt haben s.* **durcheinander**

durch|exerzieren* *vt* (*fam*) practicar de principio a fin

durchfahren*[1] *irr vt* **1.** (*bereisen*) recorrer **2.** (*durchqueren*) atravesar; (*Meer*) surcar **3.** (*durchzucken*): **ein Schreck durchfuhr ihn** se estremeció del susto; **ein Gedanke durchfuhr ihn** se le ocurrió una idea

durch|fahren[2] *irr vi sein* **1.** (*ohne Pause*) no parar; **er ist die ganze Nacht durchgefahren** condujo sin parar durante toda la noche; **fahren Sie bis zur nächsten Ampel durch** siga hasta el próximo semáforo **2.** (*durchqueren*) pasar (*durch* por)

Durchfahrt ['--] *f* <-, -en> paso *m,* pasaje *m;* ~ **freihalten!** ¡prohibido aparcar!; ~ **verboten!** ¡se prohibe el paso!; **auf der ~ sein** estar de paso; **Durchfahrtsrecht** *nt* <-(e)s, *ohne pl*> derecho *m* de paso; **Durchfahrtsstraße** *f* <-, -n> calle *f* de tránsito, arteria *f*

Durchfall *m* <-(e)s, *ohne pl*> (MED) diarrea *f,* obradera *f Kol, Guat, Pan*

durch|fallen *irr vi sein* **1.** (*durch ein Loch*) caer (*durch* por) **2.** (*fam: keinen Erfolg haben*) fracasar **3.** (*durch eine Prüfung*) suspender (*durch*); **durch|faulen** *vi sein* pudrirse por completo; **die Brücke musste gesperrt werden, weil einige Balken durchgefault waren** hubo que cerrar el puente porque algunas traviesas estaban completamente podridas; **durch|fechten** *irr* **I.** *vt* (*sich einsetzen*) defender (con éxito); **seine Forderungen ~** lograr imponer sus exigencias; **einen Prozess** (**durch sämtliche Instanzen**) ~ llevar un proceso hasta la última instancia **II.** *vr:* **sich** (**im Leben**) ~ abrirse paso (en la vida), luchar por salir adelante (en la vida); **durch|feiern** *vi* (*fam: ohne Pause feiern*) festejar sin parar; **durch|feilen** *vt* limar, cortar con una lima; **die Gefangenen versuchten die Gitterstäbe durchzufeilen** los presos trataron de cortar las rejas con una lima

durchfeuchten* *vt* empapar, humedecer; (**von etw** *dat*) **durchfeuchtet sein** estar empapado (de [*o* en] algo); **die Hauswand wird vom Regen durchfeuchtet** la pared de la casa se humedece por la lluvia

durch|finden *irr vr:* **sich ~ 1.** (*zum Ziel*) encontrar (*zu*), llegar (*zu* a) **2.** (*sich zurechtfinden*): **bei diesem Durcheinander finde ich mich nicht mehr durch** en medio de este desorden no sé por donde empezar

durchfliegen*[1] *irr vt* **1.** (*fliegend durchqueren*) cruzar (volando) **2.** (*Strecke*) recorrer

durch|fliegen[2] *irr vi sein* **1.** (*ohne Pause*) volar sin hacer escala **2.** (*durch Wolken*) atravesar (volando) (*durch*) **3.** (*fam: bei einer Prüfung*) catear (*in*)

durchfließen*[1] *irr vt* pasar (por)

durch|fließen[2] *irr vi sein* pasar (*durch* por), correr (*durch* por)

durchflogen *pp von* **durchfliegen[1]**

durchflossen *pp von* **durchfließen[1]**

Durchflug *m* <-(e)s, -flüge> **1.** (*durch ein Gebiet*) sobrevuelo *m,* vuelo *m* que atraviesa; **ein ~ durch die Kriegsregion wäre sehr gefährlich** atravesar [*o* sobrevolar] la región en guerra sería muy peligroso **2.** (*Flug mit Zwischenstopp*): **auf dem ~** en tránsito; **Passagiere auf dem ~ werden gebeten, im Warteraum Platz zu nehmen** se ruega a los pasajeros en tránsito que tomen asiento en la sala de espera

Durchfluss[RR] *m* <-es, -flüsse>, **Durchfluß** *m* <-sses, -flüsse> (TECH: *Öffnung*) paso *m;* (*durchfließende Menge*) circulación *f;* **Durchflussmesser[RR]** *m* <-s, -> indicador *m* volumétrico

durchfluten* *vt* (*geh*) **1.** (*erhellen*) iluminar **2.** (*durchströmen*) pasar (por); **durchforschen*** *vt* **1.** (*wissenschaftlich*) investigar a fondo **2.** (*Taschen*) registrar **3.** (*Land*) explorar a fondo; **durchforsten*** *vt* (*fam: eingehend durchsehen*) examinar, escudriñar; **durch|fragen** *vr:* **sich ~** abrirse camino a preguntas; **durch|fressen** *irr vr:* **sich ~ 1.** (*Korrosion*) corroer (*durch*) **2.** (*Nagetier, Ungeziefer*) atravesar royendo (*durch*) **3.** (*fam: schmarotzen*): **sich ~** vivir de gorra

Durchfuhr *f* <-, -en> (WIRTSCH) tránsito *m*

durchführbar *adj* realizable, factible

Durchfuhrbeschränkung *f* <-, -en> (WIRTSCH) limitación *f* del tránsito

durch|führen **I.** *vi* (*Weg*) llevar (*durch* por), ir (*durch* por) **II.** *vt* **1.** (*verwirklichen*) llevar a cabo, realizar, implementar *Am* **2.** (*veranstalten*) efectuar **3.** (*geleiten*) guiar (*durch* por), llevar (*durch* por)

Durchfuhrerlaubnis *f* <-, -se> (WIRTSCH) permiso *m* de tránsito; **Durchfuhrhandel** *m* <-s, *ohne pl*> (WIRTSCH) comercio *m* de tránsito

Durchführung *f* <-, -en> realización *f*, ejecución *f*; **zur ~ gelangen** [*o* **kommen**] llevarse a cabo

Durchfuhrverbot *nt* <-(e)s, -e> (WIRTSCH) prohibición *f* de tránsito

durch|füttern *vt* (*fam*) dar de comer (a)

Durchgabe *f* <-, -n> transmisión *f*; **bei der ~ von Zahlen übers Telefon kommen oft Fehler vor** al transmitir cifras por teléfono se producen a menudo errores

Durchgang[1] *m* <-(e)s, *ohne pl*> (*das Durchgehen*) paso *m*; **~ verboten!** ¡prohibido el paso!

Durchgang[2] *m* <-(e)s, -gänge> **1.** (*Weg*) pasaje *m*, paso *m*; **den ~ versperren** cortar el paso **2.** (*einer Wahl, eines Wettkampfs*) vuelta *f*

durchgängig **I.** *adj* general, universal **II.** *adv* en general

Durchgangsfracht *f* <-, -en> (WIRTSCH) carga *f* de tránsito; **Durchgangsfrachtbrief** *m* <-(e)s, -e> (WIRTSCH) conocimiento *m* de tránsito; **Durchgangsgebühr** *f* <-, -en> (WIRTSCH) derechos *mpl* de tránsito; **Durchgangskonnossement** *nt* <-(e)s, -e> (WIRTSCH) conocimiento *m* de tránsito [*o* directo]

Durchgangslager *nt* <-s, -> campo *m* de tránsito; **Durchgangsstraße** *f* <-, -n> carretera *f* de tránsito; **Durchgangsverkehr** *m* <-(e)s, *ohne pl*> (tráfico *m* de) tránsito *m*

Durchgasungsmittel *nt* <-s, -> agente *m* de gaseado en circulación

durch|geben *irr vt* dar (*durch* por), tra(n)smitir (*durch* por); **im Radio wurde durchgegeben, dass ...** por la radio han dado que...

durchgefroren *adj* completamente helado

durch|gehen *irr sein* **I.** *vi* **1.** (*durch Tür*) pasar (*durch* por), atravesar (*durch*); **der Zug geht durch** es un tren directo **2.** (*Gesetz, Antrag*) ser aprobado, pasar **3.** (*toleriert werden*) ser tolerado, pasar; **wir lassen das nicht länger ~** ya no lo toleramos más **4.** (*weglaufen*) escaparse, fugarse; (*Pferd*) desbocarse, disparar *Am* **5.** (*gehalten werden für*) pasar (*für* por) **6.** (*fam: dazwischenpassen*) caber (*durch/unter* por); **der Brief geht unter der Tür durch** la carta cabe por debajo de la puerta **II.** *vt* (*Text*) examinar, revisar; **sie gingen den Text noch einmal durch** repasaron nuevamente el texto

durchgehend *adj* (*Zug*) directo; (*Öffnungszeiten*) continuo; **~ geöffnet** horario continuo

durchgeistigt *adj* (*geh*) espiritual(izado); **~e Gesichtszüge** rasgos sublimes; **sie sieht irgendwie ~ aus** tiene un aspecto como de estar en otra esfera

durchgeknallt *adj* (*fam: übergeschnappt*) tocado, chiflado

durch|gießen *irr vt* colar (*durch* por), echar (*durch* por); **etw durch ein Sieb ~** pasar algo por un colador; **durch|graben** *irr* **I.** *vt* cavar (*durch* por/a través de), abrir cavando (*durch* por/a través de); **die Diebe hatten einen Tunnel zur Bank durchgegraben** los ladrones habían cavado un túnel hasta el banco **II.** *vr:* **sich ~** abrirse paso cavando (*durch* por/a través de); **Maulwürfe können sich auch unter Mauern und Zäunen zu anderen Grundstücken ~** los topos pueden pasar a otras fincas cavando por debajo de muros y vallas; **durch|greifen** *irr vi* **1.** (*einschreiten*) intervenir (enérgicamente), tomar medidas (rigurosas) (*gegen* contra) **2.** (*mit der Hand*) pasar la mano (*durch* por)

durchgreifend *adj* radical, severo

durch|gucken *vi* (*fam*) mirar (*durch* por);

durch|haben *irr vt* (*fam*) **1.** (*durchgelesen haben*) haber acabado (de leer); **gibst du mir das Buch, wenn du es durchhast?** ¿me das el libro cuando lo hayas acabado? **2.** (*durchgearbeitet haben*) haber acabado (de estudiar); **endlich habe ich den Prüfungsstoff durch!** ¡por fin he terminado de estudiarme la materia para el examen! **3.** (*durchtrennt haben*): **mit einer Kettensäge hat man einen Ast schnell durch** con una sierra mecánica se corta rápidamente una rama; **durch|hacken** *vt* partir (con el hacha); **er hackte den Baumstamm durch** partió el tronco; **gelegentlich hacken Angler die Eisdecke durch** a veces los pescadores rompen la superficie helada; **durch|halten** *irr vi, vt* aguantar

Durchhalteparole *f* <-, -n> (*abw*) palabras *fpl* de aliento [*o* de ánimo]; (MIL) consignas *fpl* de aliento [*o* de ánimo]; **Durchhaltevermögen** *nt* <-s, *ohne pl*> capacidad *f* de resistencia

durch|hängen *irr vi* **1.** (*Seil*) combarse **2.** (*fam: erschlafft sein*) estar fatigado; (*deprimiert sein*) estar desanimado

Durchhänger *m* <-s, -> (*fam*) mala racha *f*

durch|hauen <haut durch, hieb *o* haute durch, durchgehauen> **I.** *vt* **1.** (*durch Schlagen zerteilen*) partir a golpes; (*durchschneiden*) cortar; **mit einem einzigen Schlag haute er das Brett durch** con [*o* de] un solo golpe partió la tabla; **einen Ast mit dem Beil ~** cortar una rama con el hacha **2.** (*fam: verprügeln*) dar una paliza **II.** *vr:* **sich ~** abrirse paso (*durch* por/a través de); **um an den Fluss zu gelangen, mussten sie sich durch das Dickicht ~** para llegar al río tuvieron que abrirse paso por la espesura;

durch|hecheln *vt* (*fam abw: tratschen*) contar cotilleos (sobre), cotillear (sobre); **habt ihr denn nichts Besseres zu tun, als ihre neuesten Affären durchzuhecheln?** ¿no tenéis nada mejor que hacer que cotillear sobre sus últimos líos amorosos?; **durch|heizen** **I.** *vi* **1.** (*gründlich heizen*) poner la calefacción fuerte **2.** (*ohne Unterbrechung heizen*) poner la calefacción en marcha sin interrupción; **bis Mai haben wir durchgeheizt** hasta mayo hemos tenido que tener la calefacción puesta todo el tiempo **II.** *vt* (*gründlich heizen*) calentar bien; **der Kamin heizte das Wohnzimmer durch** la chimenea calentó toda la sala de estar; **durch|helfen** *irr vi* **1.** (*durch eine Öffnung*) ayudar a pasar (*durch* por); **nimm meine Hand, ich helfe dir durch das Fenster durch!** ¡toma mi mano, yo te ayudo a pasar por la ventana! **2.** (*durch eine Notlage*) ayudar a sobrevivir (*durch* en), sacar de apuros (*durch* en); **ihr Onkel half ihr durch die schwierige Zeit durch** su tío la ayudó a pasar los tiempos difíciles; **bis das Arbeitslosengeld kommt, muss er sich** *dat* **alleine** ~ hasta que llegue el subsidio de desempleo tiene que arreglárselas solo; **durch|hören** *vt* **1.** (*heraushören*) sobr(e)entender(se), notar [*o* percibir] (en el tono de voz), adivinar; **man konnte die Enttäuschung bei ihm/durch seine Worte** ~ en el tono de voz empleado se notaba su desilusión **2.** (*durch etw hindurch*) oír; **durch die dünnen Wände konnte man jede Unterhaltung** ~ se podía oír cualquier conversación a través de las finas paredes

durch|ixen *vt* (*fam*) tachar (*con una equis, con la máquina de escribir*); **fehlerhafte Wörter ixte die Sekretärin durch** la secretaria tachó las palabras incorrectas

durchkämmen*¹ *vt* (*Gelände*) registrar (a fondo)

durch|kämmen² *vt* (*Haare*) peinar

durch|kämpfen **I.** *vt* (*durchsetzen*) lograr imponer; **sein Recht/einen Anspruch** ~ hacer valer su derecho/una reclamación; **ich konnte all meine Forderungen** ~ logré imponer todas mis exigencias **II.** *vr:* **sich** ~ **1.** (*a. fig: sich einen Weg bahnen*) abrirse paso; **es gelang ihr, sich durch die Trümmer durchzukämpfen** logró abrirse paso entre los escombros; **wir müssen uns bis zur nächsten Stadt** ~ tenemos que conseguir llegar a la próxima ciudad; **bis zur Prüfung muss ich mich durch all diese Bücher** ~ hasta el examen tengo que empollarme todos estos libros **2.** (*sich behaupten*) abrirse paso (luchando); **sich im Leben** ~ abrirse paso en la vida **3.** (*sich entschließen*) decidirse (tras una lucha interior) (*zu* a); **ich kann mich einfach nicht dazu** ~ no logro decidirme a hacerlo **III.** *vi* **1.** (*weiterkämpfen*) seguir luchando **2.** (*nicht aufgeben*) no ceder; **durch|kauen** *vt* **1.** (*essen*) masticar bien; **man sollte das Essen gut ~, bevor man schluckt** se debería masticar muy bien la comida antes de tragarla **2.** (*fam: besprechen*) dar vueltas; **wir haben das doch bereits tausendmal durchgekaut!** ¡pero si ya le hemos dado mil vueltas a esto!; **durch|klettern** *vi sein* escalar (*durch* a través de/por); **durch einen schmalen Felsspalt** ~ escalar por una estrecha grieta en la roca; **durch|klingen** *irr vi* **1.** (*Klang*) oírse con predominancia **2.** (*Einschätzung, Vorwurf*) manifestarse; **durch|kneten** *vt* **1.** (GASTR) amasar bien; **... dann kneten Sie den Teig mehrmals durch** ...entonces trabaje la masa amasándola varias veces **2.** (*fam: kräftig massieren*) masajear a fondo; **der Masseur knetete sie kräftig durch** el masajista le dio un masaje a fondo; **durch|kommen** *irr vi sein* **1.** (*durch einen Ort, die Menge*) pasar (*durch* por); **hier ist kein D~** aquí no hay salida **2.** (*fam: bei einer Prüfung*) aprobar; (*Antrag*) ser aprobado, pasar **3.** (*durchpassen*) caber (*durch* por) **4.** (*fam: überleben*) salvarse, sobrevivir **5.** (*Erfolg haben*) tener éxito (*mit* con); **damit kommst du bei mir nicht durch** con esto no logras nada conmigo; **durch|können** *irr vi* (*fam*) *s.* **durchdürfen**; **durchkreuzen*** *vt* cruzar, atravesar; (*Pläne*) estorbar, contrariar; **durch|kriechen** *irr vi sein* arrastrarse (*durch* por/a través de); **durch|kriegen** *vt* (*fam*) *s.* **durchbekommen**; **durch|laden** *irr vi, vt* cargar; **die Soldaten luden (die Waffen) durch und schossen** los soldados cargaron (las armas) y dispararon; **durch|langen** **I.** *vi* (*fam*) estirar la mano (*durch* por); **sie langte durch den Zaun durch, um sich** *dat* **eine Blume zu pflücken** metió la mano por la valla para coger una flor **II.** *vt* (*fam: durchreichen*) alcanzar (*durch* por); **kannst du mir bitte die Liege (durch das Fenster)** ~**?** ¿puedes por favor alcanzarme la tumbona (por la ventana)?

Durchlass[RR] *m* <-es, -lässe>, **Durchlaß** *m* <-sses, -lässe> paso *m*, pasaje *m*; **sich** *dat* ~ **verschaffen** conseguir entrar, abrirse paso

durch|lassen *irr vt* **1.** (*Person, Licht*) dejar pasar; **würden Sie mich bitte** ~**?** ¿me deja pasar, por favor? **2.** (*fam: Taten*) dejar pasar, tolerar; **das kann ich ihm nicht** ~ no se lo puedo tolerar

durchlässig ['dʊrçlɛsɪç] *adj* (*für Flüssigkeiten*) permeable; (*für Licht*) tra(n)slúcido, tra(n)sparente

Durchlässigkeit *f* <-, *ohne pl*> **1.** (*Porosität*) porosidad *f*, permeabilidad *f*; **wegen ihrer** ~ **sind Sandböden sehr trocken** debido a su gran porosidad los suelos arenosos son muy secos **2.** (*eines Systems*) permeabilidad *f*, flexibilidad *f*; **die weitgehende** ~ **der Grenzen erleichtert das Reisen** la amplia fluidez de las fronteras facilita los viajes

Durchlaucht ['dʊrçlaʊxt, -'-] *f* <-, -en> alteza *f*; **Euer** ~ Su Alteza

Durchlauf *m* <-(e)s, -läufe> **1.** (INFOR) ejecución *f* **2.** (SPORT) vuelta *f*

durchlaufen*¹ *irr vt* **1.** (*Strecke*) recorrer

2. (*absolvieren: Schule*) ir (a); (*Lehre*) hacer, seguir

durch|laufen² *irr* **I.** *vi sein* **1.** (*durch Tür, Ort*) pasar (corriendo) (*durch* por) **2.** (*ohne Unterbrechung*) correr (sin pausa) **3.** (*Flüssigkeit*) colarse, filtrarse **II.** *vt* (*Schuhe*) gastar, desgastar

durchlaufend *adj* continuo, corrido; **ein ~es Geländer** una barandilla corrida; **ein ~es Sims** una cornisa continua

Durchlauferhitzer ['-----] *m* <-s, -> calentador *m;* **Durchlaufkonto** *nt* <-s, -konten> (WIRTSCH) cuenta *f* puente, cuenta *f* transitoria; **Durchlaufzeit** *f* <-, -en> (WIRTSCH) tiempo-ciclo *m*

durch|lavieren* *vr:* **sich ~** (*fam*) salir adelante (*durch* por/en); **irgendwie schafft sie es immer sich durch das Leben durchzulavieren** de algún modo siempre consigue salir adelante en la vida

durchleben* *vt* vivir, pasar; **durchleiden*** *irr vt* (*geh*) sufrir, pasar; **durch|lesen** *irr vt* leer; **durchleuchten*** *vt* **1.** (*Licht*) alumbrar **2.** (MED) radiografiar, examinar con rayos X **3.** (*Angelegenheit*) dilucidar, analizar

Durchleuchtung *f* <-, -en> **1.** (MED: *das Röntgen*) radioscopia *f* **2.** (*Überprüfung*) examen *m,* investigación *f*

durch|liegen *irr* **I.** *vt* (*Bett, Matratze*) gastar **II.** *vr:* **sich ~** (MED) decentarse, ulcerarse

durchlitten *pp von* **durchleiden**

durchlöchern* [dʊrç'lœçɐn] *vt* perforar, agujerear; **durch|lotsen** *vt* (*fam*) guiar (*durch* por); **durch|lüften** *vt, vi* ventilar, airear; **durch|machen** **I.** *vi* (*fam*) **1.** (*durcharbeiten*) trabajar sin descanso **2.** (*durchfeiern*) festejar sin descanso **II.** *vt* (*fam*) **1.** (*erleiden*) sufrir **2.** (*Kurs*) seguir; **Durchmarsch** *m* <-(e)s, -märsche> **1.** (MIL) marcha *f;* **auf dem ~ sein** estar de paso **2.** (*fam: Durchfall*) diarrea *f,* seguidillas *fpl;* **durch|marschieren*** *vi sein* pasar (*durch* por), marchar (*durch* por)

durchmessen* *irr vt* (*geh*) atravesar

Durchmesser *m* <-s, -> (MATH) diámetro *m;* **ein Meter im ~** un metro de diámetro

durchmischen* *vt* (*Teig, Brei*) entremezclar; **durch|mogeln** *vr:* **sich ~** (*fam abw*) apañarse, arreglárselas; **durch|müssen** *irr vi* (*fam*) **1.** (*durchgelangen*) pasar (*durch* por), entrar (*durch* por); **egal wie, aber die Leitung muss hier durch** no importa cómo, pero el cable tiene que pasar por aquí; **wir mussten durch das Kriegsgebiet durch** tuvimos que pasar por [*o* atravesar] la zona en guerra **2.** (*durchmachen*) pasar (*durch* por); **durch so eine Situation muss früher oder später jeder durch** por una situación como esa tiene que pasar todo el mundo antes o después; **ich kann dir nicht helfen, da musst du ganz alleine durch** yo no puedo ayudarte, tienes que pasar tú solo por ello; **durch|nagen** *vt* roer, partir royendo; **die Mäuse nagten die Kabel durch** los ratones royeron los cables hasta que acabaron partiéndolos; **durchnässen*** *vt* empapar, calar, ensopar *Am;* **ich bin völlig durchnässt** estoy calado hasta los huesos; **durch|nehmen** *irr vt* (*Lektion, Thema*) estudiar, tratar; **durch|nummerieren*RR** *vt* numerar, paginar; **durch|organisieren*** *vt* organizar hasta el más mínimo detalle; **durch|pauken** *vt* (*fam*) **1.** (*durchsetzen*) imponer a la fuerza **2.** (*lernen*) empollar; **durch|pausen** ['dʊrçpaʊzən] *vt* calcar; **durch|peitschen** *vt* (*fam abw: Gesetz*) forzar la aprobación (de)

durchpflügen*¹ *vt* (*durchfurchen*) surcar; **herrlich, wie der Katamaran die Wellen durchpflügt!** ¡es magnífico cómo surca el catamarán las olas!

durch|pflügen² *vt* (AGR) arar a fondo

durch|plumpsen *vi sein* (*fam: durch eine Prüfung*) suspender (*durch*); **durch|probieren*** *vt* (*testen*) probar uno a uno; **der Dieb probierte alle Zahlenkombinationen durch, bis er die richtige gefunden hatte** el ladrón probó todas las combinaciones numéricas, una tras otra, hasta que logró encontrar la correcta; **durch|prügeln** *vt* (*fam*) dar una paliza (a); **durch|pusten** *vt* (*fam*) *s.* **durchblasen**; **durchqueren*** [dʊrç'kveːrən] *vt* atravesar, cruzar; **durch|quetschen** **I.** *vt* (*fam*) estrujar (*durch*) **II.** *vr:* **sich ~** (*fam*) abrirse paso (*durch* por/por entre); **nur mit Mühe konnte sie sich durch die Öffnung im Zaun ~** sólo con esfuerzo pudo pasar por la abertura de la valla; **durch|rasen** *vi sein* (*fam*) pasar a toda pastilla (*durch* por); **durch|rasseln** *vi sein* (*fam: bei einer Prüfung*) suspender; **durch|rechnen** *vt* calcular detalladamente; **durch|regnen** *vunpers* **1.** (*den ganzen Tag*) no cesar de llover **2.** (*durch etw*) entrar agua (*durch* por); **es regnet durchs Dach durch** tenemos una gotera en el techo

Durchreiche ['dʊrçraɪçə] *f* <-, -n> ventanilla *f* pasaplatos

durch|reichen *vt* (*geben*) dar; (*weitergeben*) pasar

Durchreise ['---] *f* <-, -n> tránsito *m* (*durch* por), viaje *m* de paso (*durch* por); **auf der ~ sein** estar de paso

durchreisen*¹ *vt* recorrer

durch|reisen² *vi sein* pasar sin detenerse (*durch* por)

Durchreisende(r) *mf* <-n, -n; -n, -n> pasajero, -a *m, f* en tránsito, viajero, -a *m, f* en tránsito

Durchreisevisum *nt* <-s, -visa *o* -visen> visado *m* de tránsito, visa *f* de tránsito *Am*

durch|reißen *irr* **I.** *vi sein* romperse, desgarrarse **II.** *vt* romper, desgarrar

durchrieseln*¹ *vt* (*geh*) sobrecoger; **ein Schauder durchrieselte sie** un escalofrío la sobrecogió

durch|rieseln² *vi sein* deslizar, resbalar; **ver-**

träumt ließ sie den Sand zwischen ihren Fingern ~ como en ensueños dejaba deslizar la arena entre sus dedos

durch|ringen *irr vr:* **sich** ~ decidirse finalmente (*zu* a); **sich zu einem Entschluss** ~ llegar a tomar una decisión; **durch|rosten** *vi sein* oxidarse (por completo); **durch|rufen** *irr vi* (*fam: anrufen*) telefonear; **durch|rühren** *vt* mezclar bien; **durch|rutschen** *vi sein* pasar (*durch* por), deslizarse (*durch* a través); **unter etw** ~ deslizarse por debajo de algo; **durch|rütteln** *vt* sacudir bien

durchs [dʊrçs] = **durch das** *s.* **durch**

durch|sacken *vi sein* (AERO) descender bruscamente

Durchsage ['dʊrçza:gə] *f* <-, -n> comunicado *m*, aviso *m*

durch|sagen *vt* (*im Radio*) tra(n)smitir, anunciar; **durch|sägen** *vt* serrar, aserrar

Durchsatz *m* <-es, -sätze> (INFOR) rendimiento *m* específico

durch|saufen *irr* **I.** *vi* (*fam*) ponerse ciego a beber, beber sin parar; **er ging nicht zur Arbeit, weil er die Nacht zuvor durchgesoffen hatte** no fue a trabajar porque se había pasado la noche anterior bebiendo **II.** *vr:* **sich** ~ (*fam*) pimplar(se) [*o* ponerse ciego a beber] (*bei* a costa de); **dieser Schmarotzer, immer säuft er sich bei uns durch!** ¡este gorrón, siempre se pimpla a nuestra costa!; **durch|sausen** *vi sein* (*fam: durch eine Prüfung*) suspender (*durch*)

durchschaubar [-'--] *adj* accesible, penetrable; (*verständlich*) comprensible; **ein schwer/leicht ~er Mensch** una persona difícil/fácil de comprender

durchschauen*[1] *vt:* **jds Absichten** [*o* **jdn**] ~ descubrir(le) a alguien el juego

durch|schauen[2] *vi, vt* (*reg*) *s.* **durchsehen**

durch|scheinen *irr vi* **1.** (*Licht*) filtrarse (*durch* por) **2.** (*Schrift, Muster*) tra(n)sparentarse

durchscheinend *adj* tra(n)slúcido, translucientе; (*transparent*) transparente; ~ **sein** tra(n)slucir, transparentar; **~e Stoffe waren im vergangenen Sommer modern** el verano pasado estuvieron de moda las telas transparentes

durch|scheuern *vt* rozar, gastar con el roce; (*Haut*) desollarse; **durch|schieben** *irr vt* deslizar (*durch* por, *unter* por debajo de); **durch|schießen** *irr vi* disparar (*durch* a través de/por); **durch|schimmern** *vi* **1.** (*Sonne*) filtrarse (*durch* por) **2.** (*Schrift*) tra(n)sparentarse **3.** (*Zufriedenheit, Misstrauen*) manifestarse; **in seinen Worten schimmert Misstrauen durch** sus palabras denotan desconfianza; **durch|schlafen** *irr vi* dormir sin despertarse; **der Patient hat die ganze Nacht durchgeschlafen** el enfermo ha dormido toda la noche

Durchschlag ['--] *m* <-(e)s, -schläge> **1.** (*Kopie*) copia *f* **2.** (*Sieb*) colador *m*

durchschlagen*[1] *irr vt* romper, atravesar

durch|schlagen[2] *irr* **I.** *vi sein* **1.** (*Sicherung*) fundirse **2.** (*Feuchtigkeit*) filtrarse **3.** (*Eigenschaft*) salir **II.** *vt* **1.** (*entzweischlagen*) partir (en dos) **2.** (*durch ein Sieb*) pasar (*durch* por) **3.** (*Wand*) abrir **III.** *vr:* **sich** ~ (*durchkommen*) ir tirando, rebuscárselas *CSur*

durchschlagend *adj* (*Beweis*) irrefutable; (*Erfolg*) arrollador; (*Sieg*) aplastante; (*Maßnahme*) eficaz, eficiente; (*Argument*) contundente

Durchschlagpapier *nt* <-(e)s, -e> papel *m* carbón, papel *m* de calcar [*o* de calco]

Durchschlagskraft *f* <-, *ohne pl*> (*Geschoss*) fuerza *f* de percusión; (*Argument*) eficacia *f*; **durchschlagskräftig** *adj* contundente; (*überzeugend*) convincente; **~e Beweise** pruebas contundentes; **seine Argumentation erwies sich als** ~ su argumentación resultó convincente

durch|schlängeln ['dʊrçʃlɛŋəln] *vr:* **sich** ~ abrirse paso (*durch* a través de); (*fig*) mantenerse a flote; **durch|schleppen** **I.** *vt* (*fam*) **1.** (*durchhelfen*) tirar (de); **schwächere Schüler werden oft von leistungsstärkeren (mit) durchgeschleppt** a menudo los mejores alumnos tiran de los peores **2.** (*unterhalten*) sacar adelante; **da sein Bruder arbeitslos war, musste er auch noch dessen Familie (mit)** ~ como su hermano estaba sin trabajo tenía que sacar adelante también a su familia **II.** *vr:* **sich** ~ (*fam*) ir tirando; **durch|schleusen** *vt* **1.** (*Schiff*) hacer pasar por una esclusa **2.** (*durch eine Kontrolle*) infiltrar (*durch* por), colar (*durch* por)

Durchschlupf *m* <-(e)s, -schlüpfe> abertura *f*, portillo *m*

durch|schlüpfen *vi sein* deslizarse (*durch* por); **durch|schmecken** **I.** *vi* sobresalir; **in diesem Salat schmeckt der Essig einfach zu sehr durch** en esta ensalada sobresale demasiado el sabor del vinagre **II.** *vt* notar [*o* percibir] el sabor; **meiner Meinung nach schmeckt man das Kardamom zu stark durch** en mi opinión se nota demasiado el (sabor a) cardamomo

Durchschmelzen *nt* <-s, *ohne pl*> fusión *f* completa

durch|schmuggeln *vt* pasar de contrabando (*durch* por); **trotz aller Kontrollen gelang es den Dealern, ihre Ware durch den Zoll durchzuschmuggeln** pese a todos los controles los traficantes lograron pasar su mercancía por la aduana

durchschneiden*[1] *irr vt* **1.** (*geh: Meer*) surcar **2.** (*mit einem Messer*) cortar **3.** (*Schrei*) romper

durch|schneiden[2] *irr vt* cortar; **er schnitt das Blatt in der Mitte durch** cortó la hoja por la mitad

Durchschnitt ['dʊrçʃnɪt] *m* <-(e)s, -e> promedio *m*, término *m* medio; **im** ~ por término medio; **über/unter dem ~ liegen** [*o* **sein**] estar por encima/por debajo del promedio; **das ist guter ~** está entre los mejores

durchschnitten *pp von* **durchschneiden[1]**

durchschnittlich ['dʊrçʃnɪtlɪç] I. *adj* 1. (*im Durchschnitt*) medio 2. (*mittelmäßig*) mediano 3. (*gewöhnlich*) común, corriente II. *adv* por término medio; **er arbeitet ~ acht Stunden am Tag** por término medio trabaja ocho horas al día

Durchschnittsalter *nt* <-s, -> promedio *m* de edad; **Durchschnittsbürger(in)** *m(f)* <-s, -; -, -nen> ciudadano, -a *m, f* medio, -a; **Durchschnittsehe** *f* <-, -n> matrimonio *m* medio; **eine ~ führen** llevar una vida de matrimonio normal y corriente; **Durchschnittseinkommen** *nt* <-s, -> ingreso(s) *m(pl)* medio(s); **Durchschnittsgeschwindigkeit** *f* <-, -en> velocidad *f* media; **Durchschnittsgesicht** *nt* <-(e)s, -er> cara *f* del montón; **Durchschnittsgröße** *f* <-, -n> tamaño *m* normal [*o* medio]; **Durchschnittskosten** *pl* coste *m* medio; **Durchschnittskurs** *m* <-es, -e> (FIN) cotización *f* media; **Durchschnittsmensch** *m* <-en, -en> persona *f* adocenado, -a [*o* mediocre]; **Durchschnittsnotierung** *f* <-, -en> (FIN) cotización *f* media; **Durchschnittsproduktivität** *f* <-, *ohne pl*> (WIRTSCH) productividad *f* media; **Durchschnittsqualität** *f* <-, -en> calidad *f* mediana; **Durchschnittsschüler(in)** *m(f)* <-s, -; -, -nen> alumno, -a *m, f* medio; **Durchschnittstemperatur** *f* <-, -en> temperatura *f* media; **Durchschnittsumsatz** *m* <-es, -sätze> volumen *m* medio de ventas; **Durchschnittsverbrauch** *m* <-(e)s, *ohne pl*> consumo *m* medio; **Durchschnittsware** *f* <-, -n> mercancía *f* de calidad mediana; **Durchschnittswert** *m* <-(e)s, -e> valor *m* medio

durchschnüffeln* *vt* (*fam abw*), **durch|schnüffeln** *vt* (*fam abw*) husmear; **wieso durchschnüffelst du meine Brieftasche?, wieso schnüffelst du meine Brieftasche durch?** ¿qué haces metiendo las narices en mi cartera?

Durchschreibeblock *m* <-(e)s, -blöcke *o* -s> (*mit Kopierpapier*) block *m* con papel de calco; (*mit beschichtetem Papier*) block *m* de papel carbón

durch|schreiben *irr vt* (*Formular*) calcar

Durchschreibepapier *nt* <-s, -e> papel *m* carbón

durchschreiten* *irr vt* (*geh*) atravesar a grandes pasos

Durchschrift *f* <-, -en> copia *f*

durchschritten *pp von* **durchschreiten**

DurchschussRR *m* <-es, -schüsse> 1. (*Kugel*) penetración *f* 2. (TYPO: *Zeilenzwischenraum*) espacio *m* interlineal, regleta *f* 3. (*Schussfaden*) trama *f*

durch|schütteln *vt* (*Kissen, Person*) sacudir (bien); (*Mischung*) agitar (bien); **wir wurden auf der Fahrt tüchtig durchgeschüttelt** nos menearon de lo lindo durante el viaje

durchschweifen* *vt* (*geh*) recorrer; **auf seinen Wanderungen durchschweifte er Wälder und Felder** en sus marchas recorría bosques y campos

durchschwimmen*[1] *irr vt* (*Kanal, See*) cruzar [*o* atravesar] a nado

durch|schwimmen[2] *irr vi* 1. (*ohne Pause*) nadar sin hacer pausa 2. (*durch einen Fluss*) pasar nadando (*durch* por)

durch|schwitzen *vt* empapar de sudor

durchschwommen *pp von* **durchschwimmen[1]**

durchsegeln*[1] *vt* surcar en un barco de vela; **seit drei Jahren durchsegelt er die Weltmeere** lleva tres años surcando todos los océanos en su barco de vela

durch|segeln[2] *vi sein* 1. (NAUT) cruzar [*o* atravesar] navegando; **zwischen gefährlichen Klippen ~** navegar (por) entre escollos 2. (*fam: durch eine Prüfung*) suspender (*durch*)

durch|sehen *irr* I. *vi* (*hindurchschauen*) mirar (*durch* por) II. *vt* 1. (*überprüfen*) revisar, examinar; **eine Arbeit auf Fehler ~** corregir las faltas de un trabajo 2. (*durchblättern*) hojear; **durch|seihen** *vt* (GASTR) pasar por un tamiz, tamizar, colar (*durch* por/con); **wenn du klare Brühe haben willst, musst du sie ~** si quieres un caldo limpio, tienes que colarlo

durch|sein *irr vi sein* (*fam*) *s.* **durch**

durchsetzbar *adj* realizable

durchsetzen*[1] *vt* (*mit Spitzeln, Fehlern*) (entre)mezclar (*mit* con/de), introducir; **etw mit etw/jdm ~** introducir algo/a alguien en algo

durch|setzen[2] I. *vt* (*verwirklichen*) realizar, llevar a cabo; (*erreichen*) lograr, conseguir; (*Willen*) imponer; **sie muss immer ihren Kopf ~** siempre quiere salirse con la suya II. *vr:* **sich ~** 1. (*Person*) hacerse respetar, imponerse; **du musst dich gegen ihn ~** tienes que imponerte a él 2. (*Idee, Trend*) imponerse

Durchsetzung *f* <-, *ohne pl*> consecución *f*, imposición *f*; **bei der ~ ihrer Forderungen fanden sie keine Unterstützung** no encontraron apoyo para imponer sus exigencias; **Durchsetzungsvermögen** *nt* <-s, *ohne pl*> capacidad *f* de imponerse

durchseuchen* *vt* (MED) infestar

Durchseuchung [-'--] *f* <-, -en> (MED) infestación *f*

Durchsicht *f* <-, *ohne pl*> inspección *f*, revisión *f*; **zur ~** para revisión

durchsichtig *adj* 1. (*Material*) tra(n)sparente, tra(n)slúcido 2. (*Lügen*) evidente, manifiesto

Durchsichtigkeit *f* <-, *ohne pl*> tra(n)sparencia *f*

durch|sickern *vi sein* 1. (*Nachricht*) trascender, difundirse **2.** (*Flüssigkeit*) filtrarse (*durch* por/a través de)

durchsieben*[1] *vt* (*fam: mit Schüssen durchlöchern*) acribillar a balazos

durch|sieben[2] *vt* (*Sand, Mehl*) tamizar; (*Tee*) colar, filtrar; (*Bewerber*) seleccionar, entresacar

durch|spielen *vt* (*simulieren*) simular, reconstruir; **durch|sprechen** *irr vt* discutir punto por punto; **durch|spülen** *vt* (*Mund, Wäsche*) enjuagar; **durch|starten** *vi sein* (*Flugzeug*) elevarse de nuevo; (*Auto*) arrancar a toda velocidad; **durchstechen*** *irr vt* (*Pappe, Ohrläppchen, Brust*) perforar; **durch|stecken** *vt* meter (*durch* por), deslizar (*unter* por debajo de); **durch|stehen** *irr vt* **1.** (*Prüfung, Krankheit*) aguantar **2.** (*Qualen*) sufrir; **durch|steigen** *irr vi sein* **1.** (*durch eine Öffnung*) pasar (*durch* por) **2.** (*fam: begreifen*) entender (*durch*); (*sich zurechtfinden*) aclararse; **da steigt ja kein Mensch durch** esto no lo entiende nadie; **durch|stellen** *vi, vt* (*verbinden*) comunicar; **ein Gespräch für Sie – danke, stellen Sie durch** hay una llamada para Ud. – gracias. Comuníqueme, por favor; **einen Moment noch, ich stelle Sie durch** un momento, ahora le comunico

Durchstieg *m* <-(e)s, -e> abertura *f*, paso *m*; **sie erweiterten die Lücke im Zaun zu einem schmalen ~** agrandaron el hueco en la valla hasta convertirlo en una estrecha abertura; **dieser Spalt ist der ~ zu einer anderen Tropfsteinhöhle** esta grieta da paso [*o* acceso] a otra cueva de estalactitas y estalagmitas

durchstöbern* *vt* (*fam: durchsuchen*) husmear, registrar

durchstochen *pp von* **durchstechen**

Durchstoß *m* <-es, -stöße> (MIL) avance *m*

durchstoßen*[1] *irr vt* (*stoßend durchdringen*) penetrar

durch|stoßen[2] *irr* **I.** *vi sein* (MIL) avanzar (*zu* hasta) **II.** *vt* (*Gegenstand*) atravesar (*durch* por)

durchstreichen*[1] *vt* (*geh*) *s.* **durchstreifen**

durch|streichen[2] *irr vt* tachar

durchstreifen* *vt* **1.** (*wandern*) vagar (por), recorrer (sin rumbo fijo) **2.** (*Polizei*) rastrear

durchstrichen *pp von* **durchstreichen[1]**; **durchströmen*** *vt* (*geh: Gefühl, Energie*) invadir, inundar; **durch|stylen** *vt* (*sl: Wohnung*) decorar en un solo estilo; **durchsuchen*** [dʊrç'zu:xən] *vt* **1.** (*Person*) cachear **2.** (*Gebäude, Gepäck*) registrar

Durchsuchung [-'--] *f* <-, -en> **1.** (*von Personen*) cacheo *m* **2.** (*von Gebäuden*) registro *m*; **Durchsuchungsbefehl** *m* <-(e)s, -e> (JUR) auto *m* de allanamiento, orden *f* judicial de entrada y registro

durchtanzen*[1] *vt* pasar(se) bailando; **das waren noch Zeiten als wir ganze Nächte durchtanzten!** ¡qué tiempos aquellos, cuando nos pasábamos noches enteras bailando!

durch|tanzen[2] **I.** *vi* (*pausenlos tanzen*) bailar sin parar; **wir tanzten bis zum frühen Morgen durch!** ¡estuvimos bailando sin parar hasta altas horas de la madrugada! **II.** *vt* (*abnutzen*) desgastar bailando; **Schuhe/Sohlen ~** desgastar los zapatos/las suelas bailando

durch|trainieren* *vt* someter a entrenamiento, entrenar bien; **seinen Körper/seine Muskeln gut ~** entrenar bien su cuerpo/sus músculos; **gut/schlecht durchtrainiert sein** estar bien/mal entrenado; **durchtränken*** *vt* impregnar (*mit* con/de); **durch|trennen** *vt*, **durchtrennen*** *vt* (*durchschneiden*) cortar, separar; **durch|treten** *irr* **I.** *vi sein* **1.** (*Gas, Flüssigkeit*) salir (*durch* por) **2.** (*fam: hineingehen*) pasar **II.** *vt* (*Pedal*) pisar a fondo

durchtrieben [dʊrç'tri:bən] *adj* astuto, pícaro

Durchtriebenheit *f* <-, *ohne pl*> (*abw*) astucia *f*, zorrería *f fam*; **mit großer ~ versuchte er Kunden für sein dubioses Projekt zu gewinnen** con gran astucia trataba de ganar adeptos para su dudoso [*o* sospechoso] proyecto

durch|tropfen *vi sein* gotear (*durch* por/a través de); **da tropft ja Wasser durch die Decke durch!** ¡gotea agua por el techo!

durchwachen* *vt*: **die Nacht ~** pasar la noche en vela

durchwachsen [dʊrç'vaksən] *adj* **1.** (*Speck*) entreverado **2.** (*fam: mittelmäßig*) mediocre, regular

Durchwahl *f* <-, *ohne pl*> (TEL) **1.** (*Möglichkeit*) comunicación *f* automática, discado *m* directo *Am* **2.** (*fam: ~nummer*) número *m* directo

durch|wählen *vi* (TEL) marcar directamente

Durchwahlnummer *f* <-, -n> (TEL) número *m* de marcado directo

durchwandern*[1] *vt* recorrer caminando; **er wollte Argentinien zu Fuß ~** quería cruzar Argentina a pie

durch|wandern[2] *vi sein* caminar de un tirón (*bis zu* hasta); **wir können eine Pause machen oder aber bis zum Gasthof ~** podemos hacer una pausa o caminar de un tirón hasta el mesón

durch|waschen *irr vt* (*fam: Wäsche*) lavar; **durch|waten** *vi* vadear (*durch* por)

durchweben <durchwebt, durchwebte *o* durchwob, durchwebt *o* durchwoben> *vt* **1.** (*Stoff*) entretejer; **auf dem Markt erstand sie eine Tagesdecke, die mit Goldfäden durchwebt war** en el mercado adquirió una colcha que estaba entretejida con hilos de oro **2.** (*Rede*) entreverar; **ihre Erzählung war mit Motiven alter Märchen durchwoben** su relato estaba entreverado de anécdotas de cuentos antiguos

durchweg ['--, -'-] *adv*, **durchwegs** *adv* (*Ös-*

terr: fam) sin excepción, en su totalidad

durchwehen* *vt* (*geh*) enredarse (en); **der Wind durchwehte ihre Haare** el viento se enredaba en su cabello

durchweichen*[1] *vt* empapar, ablandar

durch|weichen[2] *vi sein* empaparse, ablandarse

durch|wetzen *vt* desgastar; **sich** *dat* **die Ärmel/den Hemdkragen** ~ desgastar los puños/el cuello de la camisa

durch|winden *irr vr:* **sich** ~ abrirse paso (*durch* entre)

durchwirken* *vt* (*geh*) *s.* **durchweben**

durchwoben *pp von* **durchweben**

durch|wollen *irr vi* (*fam*) querer pasar (*durch* por)

durchwühlen*[1] *vt* **1.** (*Erde*) revolver **2.** (*Gepäck, Schrank, Zimmer*) registrar, revolver (en)

durch|wühlen[2] **I.** *vt* (*Zimmer, Haus*) poner patas arriba **II.** *vr:* **sich** ~ (*fam: sich durcharbeiten*) abrirse paso (*durch* por entre)

durch|wurschteln *vr:* **sich** ~ (*fam*), **durch|wursteln** *vr:* **sich** ~ (*fam*) ir tirando;

durch|zählen I. *vi* (*abzählen*) hacer un recuento **II.** *vt* (*zählen*) contar

durchzechen* *vt* (*fam*), **durch|zechen** *vi* (*fam*) correrse una juerga [*o* francachela], estar de juerga [*o* de francachela]; **in diesem Weinkeller haben wir schon so manche Nacht durchzecht!** ¡en esta bodega nos hemos corrido más de una noche de francachela!; **er hat mal wieder die ganze Nacht durchgezecht** ha estado otra vez toda la noche de juerga

durchziehen*[1] *irr vt* **1.** (*Land*) atravesar, recorrer **2.** (*sich erstrecken*) extenderse (por)

durch|ziehen[2] *irr* **I.** *vt* **1.** (*hindurchziehen*) hacer pasar (*durch* por) **2.** (*fam: beenden*) acabar, terminar **II.** *vi sein* (*durchqueren*) atravesar, pasar (*durch* por)

durchzogen *pp von* **durchziehen**[1]

durchzucken* *vt* **1.** (*Blitz*) cruzar **2.** (*Gedanke, Empfindung*) venir (a), surgir (a)

Durchzug[1] *m* <-(e)s, -züge> (*das Durchqueren*) paso *m*

Durchzug[2] *m* <-(e)s, *ohne pl*> (*Luftzug*) corriente *f* de aire

dürfen[1] [ˈdʏrfən] <darf, durfte, dürfen> *vt* (*Modalverb*) **1.** (*Erlaubnis haben*) poder, tener permiso (de/para); **darf ich etwas fragen?** ¿puedo preguntar una cosa?; **darf man hier rauchen?** ¿está permitido fumar aquí?; **wenn ich bitten darf** si me permite/permiten; **wir freuen uns Ihnen mitteilen zu ~, dass ...** nos alegramos de poder informarle/informarles de que...; **ich darf wohl sagen, dass ...** se me permitirá decir que... **2.** (*sollen*) deber, poder; **was darf es sein?** ¿qué desea?; **du darfst ihm das nicht übel nehmen** no debes tomárselo a mal; **das darf doch nicht wahr sein!** ¡no puede ser cierto!; **er darf nichts davon erfahren** no debe enterarse de nada; **sie ~ mir das ruhig glauben** puede creérmelo tranquilamente; **das dürfte Lucia sein** será Lucía; **das dürfte wohl das Beste sein** esto sería [*o* será] lo mejor

dürfen[2] [ˈdʏrfən] <darf, durfte, gedurft> *vi* poder, tener permiso; **ich habe nicht gedurft** no me han dejado, no me han dado permiso

durfte [ˈdʊrftə] *3. imp von* **dürfen**

dürftig [ˈdʏrftɪç] *adj* **1.** (*Unterkunft*) pobre, mísero; (*Gehalt*) miserable **2.** (*Beweis, Kenntnisse*) insuficiente; (*Beleuchtung*) débil

Dürftigkeit *f* <-, *ohne pl*> mezquindad *f;* (*Verhältnisse, Ausstattung*) pobreza *f;* (*Einkommen*) escasez *f;* **er bemängelte die ~ der Unterkunft** criticó la pobreza del alojamiento; **bei der ~ meines Einkommens kann ich bald die Miete nicht mehr bezahlen** con tan escasos ingresos como tengo pronto no podré ni seguir pagando el alquiler

dürr [dʏr] *adj* **1.** (*vertrocknet*) seco **2.** (*Boden*) árido, estéril **3.** (*mager*) flaco

Dürre[1] [ˈdʏrə] *f* <-, *ohne pl*> (*das Ausgetrocknetsein*) sequedad *f;* (*des Bodens*) aridez *f*

Dürre[2] *f* <-, -n> (METEO) sequía *f*

Dürrejahr *nt* <-(e)s, -e> año *m* de sequía; **Dürrekatastrophe** *f* <-, -n> catástrofe *f* de la sequía; **Dürreperiode** *f* <-, -n> período *m* de sequía

Durst [dʊrst] *m* <-(e)s, *ohne pl*> sed *f;* **ich habe ~** tengo sed; **seinen ~ löschen/stillen** apagar/calmar su sed; **einen über den ~ trinken** (*fam*) beber más de la cuenta

dursten *vi* (*geh*) tener sed, estar sediento

dürsten [ˈdʏrstən] **I.** *vunpers* (*geh*) **1.** (*Verlangen haben*) estar sediendo (*nach* de), anhelar (*nach*); **es dürstete ihn nach Gerechtigkeit** estaba sediento de justicia **2.** (*Durst haben*) tener sed; **mich dürstet** tengo sed **II.** *vi* (*geh*) estar sediento (*nach* de), anhelar (*nach*); **er dürstet nach Macht** está sediento de poder

Durstgefühl *nt* <-(e)s, -e> sensación *f* de sed

durstig *adj* sediento (*nach* de); **~ sein** tener sed

durstlöschend *adj,* **durststillend** *adj* que apaga [*o* quita] la sed; **Durststrecke** *f* <-, -n> período *m* difícil; **Durststreik** *m* <-(e)s, -s> huelga *f* de sed; **in den ~ treten** ponerse en huelga de sed; **sich im ~ befinden** estar en huelga de sed

Dusche [ˈduːʃə, ˈdʊʃə] *f* <-, -n> ducha *f,* regadera *f Kol, Mex,* lluvia *f Chil, Arg, Nic;* **unter die ~ gehen** ir a ducharse; **er ist unter der ~** se está duchando; **eine ~ nehmen** tomar una ducha

duschen [ˈduːʃən, ˈdʊʃən] **I.** *vi, vr:* **sich ~** duchar(se), tomar una ducha; **frisch geduscht kann man die Hitze noch ertragen** después de una ducha el calor todavía se puede soportar **II.** *vt* duchar

Duschgel ['du:ʃge:l] *nt* <-s, -e *o* -s> gel *m* de ducha; **Duschhaube** *f* <-, -n> gorro *m* de ducha; **Duschkabine** *f* <-, -n> cabina *f* de ducha; **Duschraum** *m* <-(e)s, -räume> (cuarto *m* de las) duchas *fpl;* **Duschvorhang** *m* <-(e)s, -hänge> cortina *f* de ducha

Düse ['dy:zə] *f* <-, -n> (*beim Flugzeug*) tobera *f;* (*Rohrstück*) boquilla *f*

Dusel ['du:zəl] *m* <-s, *ohne pl*> **1.** (*fam: Glück*) suerte *f* **2.** (*reg*): **im ~ sein** (*benommen, schläfrig*) estar medio dormido; (*Schweiz, südd: angetrunken*) estar un poco embriagado

dus(e)lig *adj* (*fam: benommen*) entorpecido, mareado; (*beschwipst*) un poco bebido, embriagado

duseln *vi* (*fam*) dormitar

düsen *vi sein* (*fam*) ir a toda mecha

Düsenantrieb *m* <-(e)s, -e> propulsión *f* reacción, turbopropulsor *m;* **mit ~** con turbopropulsor; **Düsenflugzeug** *nt* <-(e)s, -e> avión *m* a reacción, jet *m;* **Düsenjäger** *m* <-s, -> (MIL) cazarreactor *m;* **Düsentriebwerk** *nt* <-(e)s, -e> (TECH) turborreactor *m,* motor *m* de reacción *Am*

duslig *adj s.* **dus(e)lig**

Dussel ['dʊsəl] *m* <-s, -> (*fam*) zoquete *m;* (*Tolpatsch*) torpón, -ona *m, f;* **so ein ~! pass doch auf, wo du hintrittst!** ¡qué atolondrado! ¡fíjate por dónde pisas!

Düsseldorf ['dʏsəldɔrf] *nt* <-s> Düsseldorf *m*

dusselig ['dʊsəlɪç] *adj* (*einfältig*) simple; (*dumm*) tonto, bobo

Dusseligkeit *f* <-, *ohne pl*> (*fam: Dämlichkeit*) torpeza *f;* **du wirst das nie kapieren, du bei deiner ~!** ¡no lo entenderás nunca, tan zoquete [*o* tarugo][*o* torpe] como eres!

dusslig[RR] *adj* (*fam*), **dußlig** *adj* (*fam*) *s.* **dusselig**

Dussligkeit[RR] *f* <-, *ohne pl*> (*fam*), **Dußligkeit** *f* <-, *ohne pl*> (*fam*) *s.* **Dusseligkeit**

düster ['dy:stɐ] *adj* **1.** (*dunkel*) oscuro **2.** (*Ort*) sombrío; (*Zukunft*) negro, funesto **3.** (*Wesen*) melancólico, triste; (*Stimmung*) tétrico

Düsterkeit *f* <-, *ohne pl*> **1.** (*Dunkelheit*) oscuridad *f;* (*bedrohlich*) tiniebla *f,* lobreguez *f* **2.** (*Schwermütigkeit*) melancolía *f;* **die ~ seiner Miene** su gesto sombrío

Dutt [dʊt] *m* <-(e)s, -s *o* -e> (*reg: Haarknoten*) moño *m*

Dutyfreeshop[RR] *m* <-(s), -s>, **Duty-free-Shop** ['dju:ti'fri:ʃɔp] *m* <-(s), -s> tienda *f* libre de impuestos

Dutzend ['dʊtsənt] *nt* <-s, -e> docena *f;* **ein halbes ~** media docena; **ein gutes ~** una buena docena; **~e** [*o* **d~e**] **von Büchern** montones de libros

dutzendfach I. *adj* (*prädikativ*) una y mil veces; (*attributiv*) docenas de **II.** *adv* a docenas

Dutzendgesicht *nt* <-(e)s, -er> (*abw*) cara *f* del montón; **Leute, die ein ~ haben, vergisst man schnell** a la gente que tiene una cara del montón se la olvida pronto

dutzendmal *adv* docenas de veces

Dutzendware *f* <-, -n> (*abw*) pacotilla *f,* género *m* de batalla

dutzendweise *adv* **1.** (*im Dutzend*) por docenas **2.** (*fam: in Mengen*) a docenas

duzen ['du:tsən] **I.** *vt* tutear; **ich duze sie** la tuteo **II.** *vr:* **sich ~** tutearse; **ich duze mich mit ihm** me tuteo con él

Duzfreund(in) *m(f)* <-(e)s, -e; -, -nen> amigo, -a *m, f* a quien se tutea

Duzis (*Schweiz*): **mit jdm ~ machen** (*sich duzen*) tutearse con alguien

DV [de:'faʊ] *f* (INFOR) *Abk. von* **Datenverarbeitung** procesamiento *m* de datos

Dy (CHEM) *Abk. von* **Dysprosium** Dy

Dynamik [dy'na:mɪk] *f* <-, *ohne pl*> (*a.* PHYS) dinámica *f*

Dynamiker(in) *m(f)* <-s, -; -, -nen> persona *f* dinámica

dynamisch *adj* (*a.* PHYS) dinámico; **~es Unternehmen** empresa dinámica

dynamisieren* [dynami'zi:rən] *vt* (*a. geh*) dinamizar

Dynamisierung *f* <-, -en> dinamización *f*

Dynamit [dyna'mi:t, dyna'mɪt] *nt* <-s, *ohne pl*> dinamita *f*

Dynamo ['dy:namo] *m* <-s, -s> dinamo *f,* dínamo *f;* **Dynamomaschine** *f* <-, -n> máquina *f* dinamoeléctrica

Dynamometer [dynamo'me:tɐ] *nt* <-s, -> **1.** (*Kraftmesser*) dinamómetro *m* **2.** (PHYS: *Frequenzmesser*) medidor *m* de frecuencias

Dynastie [dynas'ti:] *f* <-, -n> dinastía *f*

dysphotisch [dʏs'fo:tɪʃ] *adj* disfótico

Dysprosium [dʏs'pro:ziʊm] *nt* <-s, *ohne pl*> (CHEM) disprosio *m*

dz *Abk. von* **Doppelzentner** q

D-Zug ['de:tsu:k] *m* <-(e)s, -Züge> tren *m* directo [*o* expreso]; **eine alte Frau ist doch kein ~** (*fam*) una anciana ya no está para muchos trotes; **D-Zug-Tempo** *nt:* **im ~** (*fam*) a toda velocidad

E

E, e [eː] *nt* <-, -> **1.** (*Buchstabe*) E, e *f;* ~ **wie Emil** E de España **2.** (MUS) mi *m*

EAN [eːʔaːˈʔɛn] *f* (WIRTSCH) *Abk. von* **europäische Artikelnummerierung** Numeración *f* Europea de Artículos

Eau de Cologne [oː də koˈlɔnjə] *nt o f* <- - -, Eaux - -> agua *f* de colonia

Ebbe [ˈɛbə] *f* <-, -n> marea *f* baja, bajamar *f;* **es ist** ~ la marea está baja; **bei mir herrscht** ~ (**in der Kasse**) (*fam*) no tengo ni un duro

eben [ˈeːbən] **I.** *adj* **1.** (*flach*) raso, llano **2.** (*glatt*) liso **II.** *adv* **1.** (*in diesem Augenblick*) en este momento, ahora mismo; **ich wollte dich** ~ **anrufen** estaba a punto de llamarte por teléfono **2.** (*gerade vorhin*) hace un instante [*o* momento]; **sie sind** ~ **angekommen** acaban de llegar **3.** (*kurz*) un momento; **hilfst du mir** ~ **mal?** ¿me ayudas un momento? **4.** (*knapp*) justo; **mit seinem Lohn kommt er so** ~ **aus** su sueldo le alcanza justo **5.** (*nun mal*): ~**!** ¡justamente!; **das ist** ~ **so** esto es así; **er ist** ~ **ein Idiot** es que es un idiota; **gut, dann** ~ **nicht** bien, pues entonces nada; **das ist es ja** ~**!** ¡pero si es eso precisamente!; **er ist nicht** ~ **schön** no es precisamente guapo

Ebenbild *nt* <-(e)s, -er> fiel retrato *m,* viva imagen *f*

ebenbürtig [ˈeːbənbʏrtɪç] *adj* igual, de igual clase; **sie ist ihm an Ausdauer** ~ es igual de perseverante que él

ebenda [ˈeːbənˈdaː] *adv* (*in Verweisen*) ibídem; (*geh: genau dort*) allí mismo; **ebendahin** [ˈeːbəndaˈhɪn] *adv* allá mismo; ~ **fahre ich ja** precisamente allí voy; **ebendarum** [ˈeːbəndaˈrʊm] *adv* por esto; **nein,** ~ **frage ich ja!** no, ¡(precisamente) por eso lo pregunto!; **ebendas** [ˈ--ˈ-] *pron dem s.* **ebender, ebendie, ebendas**; **ebender, ebendie, ebendas** <ebendie> *pron dem* (*genau der/die/das*) precisamente él/ella/eso, él mismo/ella misma/eso mismo; **es war** ~ **Ramses ...** fue el propio Ramsés...; **es war ebendas, was ich dir klarmachen wollte** precisamente esto quería explicarte; **ebendeshalb** [ˈ---ˈ-] *adv,* **ebendeswegen** [ˈ---ˈ--] *adv s.* **ebendarum**; **ebendie** [ˈ--ˈ-] *pron dem s.* **ebender, ebendie, ebendas**; **ebendiese(r, s)** *pron dem* (*geh: genau dieser/diese/dieses: adjektivisch*) precisamente es(t)e/es(t)a; (*substantivisch*) precisamente és(t)e/és(t)a/es(t)o

Ebene [ˈeːbənə] *f* <-, -n> **1.** (*Flachland*) llanura *f,* planicie *f* **2.** (*Niveau*) nivel *m,* escala *f;* **auf betrieblicher** ~ a nivel empresarial; **auf höchster** ~ al más alto nivel **3.** (MATH) plano *m;* **schiefe** ~ plano inclinado

ebenerdig [ˈeːbənʔeːɐdɪç] *adj* a ras de suelo; (*Wohnung*) de planta baja

ebenfalls *adv* igualmente, asimismo

Ebenholz [ˈeːbən-] *nt* <-es, -hölzer> (madera *f* de) ébano *m;* **schwarz wie** ~ negro como el ébano [*o* azabache]

ebenjene(r, s) *pron dem* (*geh: genau jener/jene/jenes: adjektivisch*) precisamente aquel/aquella; (*substantivisch*) precisamente aquél/aquélla/aquello

Ebenmaß *nt* <-es, -e> **1.** (*harmonisches Verhältnis*) armonía *f* **2.** (TECH) simetría *f,* proporción *f,* armonía *f*

ebenmäßig *adj* simétrico, proporcionado

ebenso [ˈ---] *adv* igualmente, del mismo modo; ~ **wie** así como, igual que; ~ **gern** de igual manera; ~ **gern wie** igual que; ~ **gut** de igual manera; ~ **gut wie** igual (de bien) que; ~ **lang(e) wie** igual (de largo) que, tan largo como; ~ **oft wie** con la misma frecuencia que; ~ **schön wie** tan bonito como; ~ **sehr** indistintamente; ~ **sehr wie** tanto como, lo mismo que; **ich vermisse dich** ~ **sehr wie du mich** te echo tanto de menos como tú a mí; ~ **viel wie** tanto como, lo mismo que, no menos que; **ich arbeite** ~ **viel wie er** yo trabajo tanto como él; ~ **wenig wie** tan poco como; **das weiß ich** ~ **wenig wie du** esto lo sé tan poco como tú; **ebensogern** [ˈ----] *adv s.* **ebenso**; **ebensogut** *adv s.* **ebenso**; **ebensolang(e)** *adv s.* **ebenso**; **ebensooft** *adv s.* **ebenso**; **ebensosehr** *adv s.* **ebenso**; **ebensoviel** *adv s.* **ebenso**; **ebensowenig** *adv s.* **ebenso**

Eber [ˈeːbɐ] *m* <-s, -> verraco *m,* cerdo *m* macho

Eberesche *f* <-, -n> (BOT) serbal *m*

ebnen [ˈeːbnən] *vt* allanar; **jdm den Weg** ~ allanar(le) a alguien el camino

EC [eːˈtseː] *m* <-(s), -s> **1.** (EISENB) *Abk. von* **Eurocity(zug)** Eurocity *m* **2.** (FIN) *Abk. von* **Eurocheque** eurocheque *m*

echauffieren* [eʃɔˈfiːrən] *vr:* **sich** ~ acalorarse (*über* por)

Echo [ˈɛço] *nt* <-s, -s> eco *m;* **sein Vorschlag fand ein lebhaftes** ~ su propuesta tuvo un gran eco; **Echolot** *nt* <-(e)s, -e> (NAUT) sonar *m;* **Echolotung** [-loːtʊŋ] *f* <-, -en> (TECH) ecosondeo *m;* **Echoortung** *f* <-, -en> localización *f* por ecos; **Echopeilung** *f* <-, -en> orientación *f* por ecos

Echse [ˈɛksə] *f* <-, -n> (ZOOL) lagarto *m*

echt [ɛçt] **I.** *adj* **1.** (*Dokument, Geldschein*)

auténtico; (*Haar, Perle*) natural; (*Kunstwerk*) original; (*Farbe*) sólido; ~ **golden** de oro legítimo; **etw für ~ erklären** declarar algo auténtico **2.** (*Freundschaft, Problem*) auténtico, verdadero **3.** (*typisch*) típico, genuino **II.** *adv* (*fam*) realmente; **~?** ¿de verdad?; **der Film war ~ gut** la película fue realmente buena; **das ist ~ ein Problem** de verdad que es un problema

Echtheit *f* <-, *ohne pl*> **1.** (*von Unterschrift, Dokument*) autenticidad *f* **2.** (*von Gefühlen*) sinceridad *f,* pureza *f* **3.** (*von Farben*) solidez *f;* **Echtheitsbeweis** *m* <-es, -e> prueba *f* de autenticidad; **Echtheitsprüfung** *f* <-, -en> comprobación *f* de la autenticidad

Echtzeit *f* <-, -en> (INFOR) tiempo *m* real; **Echtzeitverarbeitung** *f* <-, -en> (INFOR) procesamiento *m* en tiempo real

Eck [ɛk] *nt* <-(e)s, -e> **1.** (*Österr, südd: Ecke*) esquina *f;* **über ~** en triángulo **2.** (SPORT: *des Tores*) ángulo *m;* **das kurze/lange ~** el ángulo corto/largo

EC-Karte [eˈtseː-] *f* <-, -n> (FIN) tarjeta *f* para eurocheques

Eckball *m* <-(e)s, -bälle> (SPORT) saque *m* de esquina, córner *m;* **Eckbank** *f* <-, -bänke> banco *m* (de) rinconera; **Eckdaten** *ntpl* datos *mpl* de referencia

Ecke [ˈɛkə] *f* <-, -n> **1.** (*außen*) esquina *f;* **er wohnt gleich um die ~** vive a la vuelta de la esquina; **jdn um die ~ bringen** (*fam*) cargarse a alguien; **mit jdm um ein paar ~n verwandt/bekannt sein** ser pariente lejano de alguien/conocer a alguien lejanamente; **an allen ~n und Enden wird gespart** se ahorra en todas partes; **mit ~n und Kanten** áspero, difícil **2.** (*innen*) rincón *m;* **in der ~ stehen müssen** ponerse de cara a la pared; **sich nicht in eine bestimmte ~ stellen lassen** no dejarse encajonar **3.** (SPORT) córner *m,* saque *m* de esquina **4.** (*reg: Gegend*) rincón *m,* parte *f;* **aus welcher ~ kommst du?** ¿de qué parte vienes?

Ecker [ˈɛkɐ] *f* <-, -n> (BOT) hayuco *m*

Eckfenster *nt* <-s, -> ventana *f* rinconera

Eckhaus *nt* <-es, -häuser> casa *f* que hace esquina

eckig *adj* **1.** (*Gegenstand*) cuadrado; (*Gesicht*) anguloso **2.** (*Bewegungen*) torpe, brusco

Eckkneipe *f* <-, -n> bar *m* de la esquina; **Ecklohn** *m* <-(e)s, -löhne> (WIRTSCH) salario *m* base; **Eckpfeiler** *m* <-s, -> (ARCHIT) pilastra *f* angular; (*eines Bogens*) estribo *m;* **Eckpfosten** *m* <-s, -> poste *m* de ángulo [*o* de esquina]; **Eckschrank** *m* <-(e)s, -schränke> rinconera *f,* esquinera *f;* **Eckstein** *m* <-(e)s, -e> **1.** (ARCHIT) piedra *f* angular, ladrillo *m* angular; (*Prellstein*) guardacantón *m* **2.** (*Markstein*) hito *m,* jalón *m;* **Eckstoß** *m* <-es, -stöße> (SPORT) saque *m* de esquina, córner *m;* **einen ~ ausführen** sacar un córner; **einen ~ verwandeln** transformar un córner; **der Schiedsrichter entschied auf ~** el árbitro pitó córner; **Eckstunde** *f* <-, -n> (SCH) *primera y última clase* (*del horario escolar*); **Eckwert** *m* <-(e)s, -e> valor *m* de referencia [*o* indicativo]; **Eckwurf** *m* <-(e)s, -würfe> (SPORT: *beim Handball*) saque *m* de esquina; **einen ~ ausführen** efectuar un saque de esquina; **Eckzahn** *m* <-(e)s, -zähne> colmillo *m,* (diente *m*) canino *m;* **Eckzins** *m* <-es, -en> (FIN) interés *m* de referencia

Economiser [iˈkɔnomaɪzɐ] *m* <-s, -> economizador *m*

Economyclass [ɪˈkɔnəmi klaːs] *f* <-, *ohne pl*> (AERO) clase *f* económica

Ecstasy [ˈɛkstəsi] *nt* <-s, *ohne pl*> (*Droge*) éxtasis *m inv*

Ecu *m* <-(s), -(s)> (FIN), **ECU** *m* <-(s), -(s)> (FIN) *Abk. von* **European Currency Unit** (**europäische Währungseinheit**) ECU *m,* ecu *m*

Ecuador [ekuaˈdoːɐ] *nt* <-s> Ecuador *m*

Ecuadorianer(in) [ekuadoriˈaːnɐ] *m(f)* <-s, -; -, -nen> ecuatoriano, -a *m, f*

ecuadorianisch *adj* ecuatoriano

ed., **Ed.** *Abk. von* **Edition** ed.

Edamer [ˈeːdamɐ] *m* <-s, -> (GASTR) queso *m* Edamer

edaphisch [eˈdaːfɪʃ] *adj* edáfico

edel [ˈeːdəl] *adj* **1.** (*Tier*) de pura raza **2.** (*geh: Mensch, Tat*) caballeroso, noble **3.** (*Stein, Metall*) precioso; (*Holz*) noble; **Edelboutique** *f* <-, -n> boutique *f* de lujo; **Edelfrau** *f* <-, -en> (HIST) noble *f;* **Edelgas** *nt* <-es, -e> (CHEM) gas *m* noble [*o* raro]; **Edelholz** *nt* <-es, -hölzer> madera *f* fina [*o* noble]; **Edelkastanie** *f* <-, -n> (BOT: *Baum*) castaño *m* (común); (*Frucht*) castaña *f* comestible; **Edelkitsch** *m* <-(e)s, *ohne pl*> (*fam*) kitsch *m* pretencioso; **Edelmann** *m* <-(e)s, -leute> (HIST) noble *m;* **Edelmetall** *nt* <-s, -e> metal *m* noble; **Edelmut** *m* <-(e)s, *ohne pl*> (*geh*) generosidad *f,* nobleza *f,* distinción *f*

edelmütig [ˈeːdəlmyːtɪç] *adj* noble, magnánimo

Edelpilzkäse *m* <-s, -> queso *m* azul

Edelschnulze *f* <-, -n> (*abw, iron*) melodrama *m* sentimentaloide; **Edelstahl** *m* <-(e)s, -e *o* -stähle> acero *m* fino [*o* afinado]; **Edelstein** *m* <-(e)s, -e> piedra *f* preciosa; **Edeltanne** *f* <-, -n> (BOT) abeto *m* blanco; **Edelweiß** *nt* <-(es), -e> leontopodio *m*

Eden [ˈeːdən] *nt* <-s, *ohne pl*> (*geh*) edén *m;* **der Garten ~** el Jardín del Edén

EDI (INFOR, TEL) *Abk. von* **Electronic Data Interchange** EDI

edieren* [eˈdiːrən] *vt* (PUBL) publicar, editar

Edikt [eˈdɪkt] *nt* <-(e)s, -e> (HIST) edicto *m*

editieren* [ediˈtiːrən] *vt* (INFOR) editar

Edition [ediˈtsjoːn] *f* <-, -en> edición *f*

Editor[1] [ˈeːditoːɐ] *m* <-s, -en> (INFOR) editor *m*

Editor(in)[2] *m(f)* <-s, -en; -, -nen> (PUBL) editor(a) *m(f)*

Editorial [editori'a:l] *nt* <-(s), -s> (*Leitartikel*) editorial *m*

Editorin *f* <-, -nen> *s.* **Editor**[2]

editorisch [edi'to:rɪʃ] *adj* editorial

E-Dur *nt* <-, *ohne pl*> (MUS) mi *m* mayor

Edutainment ['ɛdjutɛɪnmənt] *nt* <-s, *ohne pl*> (INFOR) edutainment *m*, edutenimiento *m*

EDV [e:de:'faʊ] *f* <-, *ohne pl*> (INFOR) *Abk. von* **elektronische Datenverarbeitung** proceso *m* electrónico de datos, computación *f*; **Einsatz der ~** uso [*o* aplicación] del ordenador; **EDV-Anlage** *f* <-, -n> (INFOR) ordenador *m*, computadora *f*; **EDV-Branche** *f* <-, -n> sector *m* del procesamiento electrónico de datos; **EDV-gestützt** *adj* (INFOR) asistido por ordenador, computerizado

EEG [e:ʔe:'ge:] *nt* <-s, -s> (MED) *Abk. von* **Elektroenzephalogramm** electroencefalograma *m*

Efeu ['e:fɔɪ] *m* <-s, *ohne pl*> (BOT) hiedra *f*, yedra *f*

Effeff [ɛf'ʔɛf] (*fam*): **etw aus dem ~ können** saber algo al dedillo

Effekt [ɛ'fɛkt] *m* <-(e)s, -e> efecto *m*; (*Ergebnis*) resultado *m*

Effekten [ɛ'fɛktən] *pl* (FIN) valores *mpl*, títulos *mpl*; **Effektenabteilung** *f* <-, -en> (FIN) sección *f* de negociación de efectos; **Effektenbörse** *f* <-, -n> (FIN) bolsa *f* de valores; **Effektenhandel** *m* <-s, *ohne pl*> (FIN) comercio *m* de efectos, negociación *f* de efectos; **Effektenmarkt** *m* <-(e)s, -märkte> (FIN) mercado *m* de valores

Effekthascherei *f* <-, -en> (*abw*) efectismo *m*, afán *m* de notoriedad

effektiv [ɛfɛk'ti:f] *adj* **1.** (*wirksam*) efectivo, eficaz **2.** (*tatsächlich*) real, definitivo; **Effektivgeschäft** *nt* <-(e)s, -e> (WIRTSCH) operación *f* al contado

Effektivität [ɛfɛktivi'tɛ:t] *f* <-, *ohne pl*> efectividad *f*, eficacia *f*

Effektivleistung *f* <-, -en> rendimiento *m* efectivo; **Effektivlohn** *m* <-(e)s, -löhne> salario *m* real; **Effektivpreis** *m* <-es, -e> precio *m* real; **Effektivzins** *m* <-es, -en> (FIN) interés *m* efectivo

effektvoll *adj* de gran efecto

effizient [ɛfi'tsjɛnt] *adj* (*geh*) eficiente

Effizienz [ɛfi'tsjɛnts] *f* <-, -en> (*geh*) eficiencia *f*

Effusion [ɛfu'zjo:n] *f* <-, -en> (GEO) efusión *f*

EFTA *f Abk. von* **European Free Trade Association** (**Europäische Freihandelsassoziation**) AELC *f*, EFTA *f*

EG [e:'ge:] *f Abk. von* **Europäische Gemeinschaft** CE *f*

egal [e'ga:l] *adj* igual; **das ist mir ganz ~** (*fam*) me da lo mismo; **das kann dir doch ~ sein** (*fam*) ¿y a ti qué te importa?; **~ wie** (*fam*) sea como sea; **~ wer** (*fam*) sea quien sea; **~ was** (*fam*) sea lo que sea; **~ mit wem** (*fam*) con quien sea

EG-Behörde *f* <-, -n> autoridad *f* de la CE; **EG-Beitrittsvertrag** *m* <-(e)s, -träge> tratado *m* de adhesión a la CE

Egel ['e:gəl] *m* <-s, -> (ZOOL) sanguijuela *f*

Egge ['ɛgə] *f* <-, -n> grada *f*, rastra *f*

eggen *vi, vt* rastrillar

EG-Kommissar(in) *m(f)* <-s, -e; -, -nen> comisario, -a *m, f* de la CE; **EG-Kommission** *f* <-, *ohne pl*> Comisión *f* de la CE; **EG-Ministerrat** *m* <-(e)s, *ohne pl*> Consejo *m* de Ministros de la CE; **EG-Mitgliedsland** *nt* <-(e)s, -länder> país *m* comunitario, país *m* miembro; **EG-Norm** *f* <-, -en> norma *f* comunitaria

Ego ['e:go] *nt* <-s, -s> (PSYCH) ego *m*

Egoismus [ego'ɪsmʊs] *m* <-, *ohne pl*> egoísmo *m*

Egoist(in) *m(f)* <-en, -en; -, -nen> egoísta *mf*, gorrón, -ona *m, f MAm*

egoistisch *adj* egoísta

Egomane, -in [ego'ma:nə] *m, f* <-n, -n; -, -nen> ególatra *mf*

Egomanie *f* <-, *ohne pl*> egomanía *f*

Egomanin *f* <-, -nen> *s.* **Egomane**

Egotrip *m* <-s, -s> (*fam*) egocentrismo *m*, egolatría *f*; **auf dem ~ sein** comportarse egocéntricamente

Egozentriker(in) [ego'tsɛntrikɐ] *m(f)* <-s, -; -, -nen> egocéntrico, -a *m, f*

egozentrisch *adj* egocéntrico

EG-Recht *nt* <-s, *ohne pl*> derecho *m* comunitario; **EG-Richtlinie** *f* <-, -n> directiva *f* comunitaria; **EG-Staat** *m* <-(e)s, -en> estado *m* comunitario

eh [e:] **I.** *konj s.* **ehe II.** *adv* **1.** (*seit immer*): **seit ~ und je** desde siempre **2.** (*Österr, südd: fam: sowieso*) de todas formas **III.** *interj* (*fam*) **1.** (*staunend*) ¡eh!, ¡er! **2.** (*als Anruf*) ¡eh!, ¡pst!

ehe ['e:ə] *konj* antes de +*inf*, antes de que +*subj*; **~ ich es vergesse** antes de que se me olvide; **~ ich das Auto zur Werkstatt bringe, repariere ich es lieber selbst** antes de llevar el coche al taller, prefiero repararlo yo mismo

Ehe *f* <-, -n> matrimonio *m*; **nichtige ~** (JUR) matrimonio nulo; **meine Kinder aus erster ~** los hijos de mi primer matrimonio; **sie leben in wilder ~** viven amancebados; **mit jdm die ~ eingehen** [*o* **schließen**] unirse en [*o* contraer] matrimonio con alguien; **eine glückliche/unglückliche ~ führen** llevar una vida matrimonial feliz/infeliz; **die ~ brechen** cometer adulterio; **eheähnlich** *adj* (JUR) similar al matrimonio; **~e Gemeinschaft** cohabitación como marido y mujer; **Eheaufhebung** *f* <-, -en> (JUR) anulación *f* del matrimonio; **Eheberater(in)** *m(f)* <-s, -; -, -nen> consejero, -a *m, f* matrimonial; **Eheberatung** *f* <-, -en> orientación *f* matrimonial, consulta *f* matrimonial; **Ehebett** *nt* <-(e)s, -en> lecho *m* matrimonial; (*Dop-*

pelbett) cama *f* de matrimonio

ehe|brechen *irr vi* (*alt*) cometer adulterio; **du sollst nicht ~!** (*Bibel*) ¡no cometerás adulterio!

Ehebrecher(in) *m(f)* <-s, -; -, -nen> adúltero, -a *m, f*

ehebrecherisch *adj* adúltero

Ehebruch *m* <-(e)s, -brüche> adulterio *m;* **~ begehen** cometer adulterio

ehedem ['e:əde:m] *adv* (*geh*) antes, antaño; **das Leben von ~** la vida de antes; **er ist so schnell wie ~** es tan rápido como antes

Ehefrau *f* <-, -en> esposa *f,* mujer *f*

Ehegatte, -in *m, f* <-n, -n; -, -nen> (*geh*) esposo, -a *m, f;* (JUR) cónyuge *mf;* **die ~n** (*Eheleute*) el matrimonio; **Ehegatten-Splitting** *nt* <-s, *ohne pl*> partición *f* de los impuestos entre cónyuges (*pagando cada uno de ellos sólo la mitad del impuesto sobre la renta*)

Ehegattin *f* <-, -nen> *s.* Ehegatte; **Eheglück** *nt* <-(e)s, *ohne pl*> felicidad *f* matrimonial [*o* conyugal]; **Ehehindernis** *nt* <-ses, -se> (JUR) impedimento *m* matrimonial; **Ehekrach** *m* <-(e)s, -kräche> disputa *f* matrimonial, reyerta *f* conyugal; **Ehekrise** *f* <-, -n> crisis *f inv* matrimonial; **Ehekrüppel** *m* <-s, -> (*fam*) calzonazos *m inv;* **Eheleben** *nt* <-s, *ohne pl*> vida *f* matrimonial; **Eheleute** *pl* matrimonio *m,* cónyuges *mpl*

ehelich *adj* matrimonial, conyugal; (*Kind*) legítimo; **nicht ~** no legítimo, ilegítimo; **für ~ erklären** declarar hijo legítimo

ehelichen ['e:əlɪçən] *vt* contraer matrimonio (con)

ehelos *adj* soltero

Ehelosigkeit *f* <-, *ohne pl*> celibato *m,* soltería *f*

ehemalige(r, s) ['e:əma:lɪç] *adj* antiguo, ex

ehemals ['e:əma:ls] *adv* antiguamente, antes

Ehemann *m* <-(e)s, -männer> esposo *m,* marido *m;* **Ehename** *m* <-ns, -n> (*formal*) apellido *m* (de un matrimonio); **Ehepaar** *nt* <-(e)s, -e> matrimonio *m;* **Ehepartner(in)** *m(f)* <-s, -; -, -nen> pareja *f,* cónyuge *mf*

eher ['e:ɐ] *adv kompar von* **bald 1.** (*früher*) antes (*als* que), más temprano; **ich komme nicht ~ als bis ...** no vengo antes de que... +*subj;* **warum hast du das nicht ~ gesagt!** ¡haberlo dicho (antes)! **2.** (*lieber*) antes (*als* que); **ich würde ~ zu Fuß gehen als den Bus zu nehmen** preferiría ir andando antes que tomar el autobús **3.** (*vielmehr*) más bien; **er ist ~ klein** es más bien pequeño

Eherecht *nt* <-(e)s, *ohne pl*> derecho *m* matrimonial; **Ehering** *m* <-(e)s, -e> alianza *f,* anillo *m* de boda

ehern ['e:ɐn] *adj* (*geh*) **1.** (*aus Erz*) de bronce **2.** (*Gesetz, Wille*) férreo

Ehesache *f* <-, -n> (JUR) causa *f* matrimonial; **Ehescheidung** *f* <-, -en> (JUR) divorcio *m;* **Eheschließung** *f* <-, -en> casamiento *m,* enlace *m* matrimonial

ehest ['e:əst] *adv* (*Österr: baldigst*) lo antes posible, cuanto antes

Ehestand *m* <-(e)s, *ohne pl*> (*geh*) matrimonio *m;* **in den ~ treten** contraer matrimonio

eheste(r, s) ['e:əstə, -tɐ, -təs] *adj* (*wahrscheinlichster*) el/la más probable; **der ~ Gewinner wird Müller sein** el ganador más probable es Müller

ehesten *superl von* **bald**: **am ~** lo más pronto posible; **in Physik werde ich am ~ bestehen** lo que es más probable que apruebe es la física; **ich würde am ~ hier wohnen** lo que preferiría sería vivir aquí

ehestens ['e:əstəns] *adv* (*frühestens*) lo antes posible, cuanto antes

Eheverkündigung *f* <-, -en> (*Schweiz: Aufgebot*) proclama *f,* amonestación *f* matrimonial

Ehevermittlung *f* <-, -en> tramitación *f* matrimonial; **Ehevermittlungsinstitut** *nt* <-(e)s, -e> agencia *f* matrimonial; **er lernte seine Frau über ein ~ kennen** conoció a su mujer por medio de una agencia matrimonial

Eheversprechen *nt* <-s, -> promesa *f* de matrimonio; **Ehevertrag** *m* <-(e)s, -träge> (JUR) contrato *m* matrimonial, capitulaciones *fpl* matrimoniales; **einen ~ machen** [*o* **schließen**] concertar [*o* cerrar] un contrato matrimonial

Ehrabschneider(in) *m(f)* <-s, -; -, -nen> difamador(a) *m(f),* calumniador(a) *m(f)*

Ehrabschneidung *f* <-, -en> difamación *f*

ehrbar ['e:ɐba:ɐ] *adj* honorable, respetable; (*ehrlich*) honrado

Ehrbegriff *m* <-(e)s, -e> concepto *m* del honor

Ehre ['e:rə] *f* <-, -n> honor *m;* (*Ansehen, Ruhm*) honra *f;* **das Werk macht ihm alle ~** la obra le honra; **auf ~ und Gewissen** por mi palabra y mi honor; **dir zu ~n** para honrarte; **es ist mir eine große ~ Sie kennen zu lernen** es un gran honor para mí conocerle; **mit wem habe ich die ~?** ¿con quién tengo el honor?; **etw in ~n halten** honrar algo; **jdm die letzte ~ erweisen** rendirle a alguien el último homenaje; **wir geben uns die ~ zu ...** nos permitimos...; **etw gereicht jdm zur ~** algo le hace honor a alguien; **was verschafft mir die ~?** (*fam*) ¿a qué debo el honor (de esta visita)?; **jdn in seiner ~ kränken** herir a alguien en su honor; **jdn bei seiner ~ packen** apelar al honor de alguien; **~, wem ~ gebührt** (*prov*) a tal señor, tal honor

ehren *vt* honrar; (*achten*) respetar; **sehr geehrte Damen und Herren!** ¡distinguidos señores y señoras!; **Ihr Vertrauen ehrt mich** su confianza me honra; **ich fühle mich sehr geehrt** me siento muy honrado

Ehrenamt *nt* <-(e)s, -ämter> cargo *m* honorífico; **ehrenamtlich** *adj* honorífico, honorario

Ehrenbürger(in) *m(f)* <-s, -; -, -nen> ciudadano, -a *m, f* de honor, hijo, -a *m, f* adoptivo, -a [*o* predilecto, -a]; **Ehrenbürgerrecht** *nt* <-(e)s, -e> ciudadanía *f* de honor; **für seine Verdienste wurde ihm von der Stadt das ~ verliehen** le nombraron hijo predilecto de la ciudad [*o* ciudadano de honor] en reconocimiento a sus méritos

Ehrendoktor *m* <-s, -en> doctor *m* honoris causa; **Ehrendoktorwürde** *f* <-, -n> (UNIV) (título *m* de) doctor(a) *m(f)* honoris causa; **ihr wurde die ~ der Universität Wien verliehen** la Universidad de Viena le concedió el título de doctora honoris causa

Ehrenerklärung *f* <-, -en> **1.** (JUR: *Widerruf*) satisfacción *f* (pública), retractación *f* formal **2.** (*des Vertrauens*) declaración *f* de confianza; **Ehrenformation** *f* <-, -en> (MIL) formación *f* de honor; **Ehrengast** *m* <-(e)s, -gäste> huésped *m* de honor, invitado, -a *m, f* de honor

ehrenhaft *adj* honorable

Ehrenhaftigkeit *f* <-, *ohne pl*> honorabilidad *f*, honradez *f*

ehrenhalber ['e:rənhalbɐ] *adv* por la honra, ad honórem; **Doktor ~** doctor honoris causa

Ehrenlegion *f* <-, -en> Legión *f* de Honor; **Ehrenloge** *f* <-, -n> palco *m* de honor; **Ehrenmal** *nt* <-(e)s, -e *o* -mäler> monumento *m* conmemorativo; **Ehrenmann** *m* <-(e)s, -männer> hombre *m* de honor; **Ehrenmitglied** *nt* <-(e)s, -er> miembro *m* honorífico [*o* de honor]; **Ehrenplatz** *m* <-es, -plätze> puesto *m* de honor

Ehrenpreis *nt* <-es, -> (BOT) verónica *f*

Ehrenrechte *ntpl* (JUR): **bürgerliche ~** derechos *mpl* civiles honoríficos; **Ehrenrettung** *f* <-, -en> salvación *f* del honor; **zu seiner ~ muss ich einräumen, dass ...** debo reconocer en su favor que...; **Ehrenrunde** *f* <-, -n> (SPORT) vuelta *f* de honor; **eine ~ drehen** (*die Schulklasse wiederholen*) tener que repetir el curso; **Ehrensache** *f* <-, -n> cuestión *f* de honor; **Ehrensalve** *f* <-, -n> salva *f* de honor; **Ehrentag** *m* <-(e)s, -e> día *m* memorable; **Ehrentor** *nt* <-(e)s, -e> (SPORT) gol *m* del honor; **Ehrentribüne** *f* <-, -n> tribuna *f* de honor; **auf der ~ sitzen** estar en la tribuna de honor; **Ehrenurkunde** *f* <-, -n> diploma *m* de honor; **ehrenvoll** *adj* honroso; **Ehrenvorsitzende(r)** *mf* <-n, -n; -n, -n> presidente, -a *m, f* de honor; **Ehrenwache** *f* <-, -n> (MIL) guardia *f* de honor; **die ~ halten** hacer la guardia de honor; **ehrenwert** *adj* honorable; **Ehrenwort** *nt* <-(e)s, -e> palabra *f* de honor; **mein ~!** ¡palabra (de honor)!

ehrerbietig ['e:ɐʔɛɐbi:tɪç] *adj* respetuoso, deferente

Ehrerbietung *f* <-, *ohne pl*> (*geh*) deferencia *f*, respeto *m;* **zeigen Sie etwas mehr ~!** ¡tenga algo más de deferencia!

Ehrfurcht *f* <-, *ohne pl*> (*Achtung*) profundo respeto *m* (*vor* hacia), reverencia *f;* (*Verehrung*) veneración *f* (*vor* por); **vor etw** *dat* **~ haben** respetar algo; **~ gebietend** que impone respeto; **mit ~ gebietender Geste brachte er sie zum Schweigen** con un gesto solemne la hizo callar

ehrfurchtgebietend *adj s.* **Ehrfurcht**

ehrfürchtig ['e:ɐfʏrçtɪç] *adj,* **ehrfurchtsvoll** *adj* respetuoso, reverente

Ehrgefühl *nt* <-(e)s, *ohne pl*> sentimiento *m* del honor

Ehrgeiz *m* <-es, *ohne pl*> ambición *f;* **ehrgeizig** *adj* ambicioso

ehrlich *adj* honesto, honrado; (*aufrichtig*) sincero; **er meint es ~ mit uns** obra de buena fe con nosotros; **~ gesagt** a decir verdad, (dicho) sinceramente; **ich war krank, ~** (*fam*) estuve enfermo, de verdad; **wir haben ~ geteilt** compartimos honradamente; **~ währt am längsten** (*prov*) la verdad es perdurable

ehrlicherweise ['---'--] *adv* honradamente; (*aufrichtigerweise*) sinceramente

Ehrlichkeit *f* <-, *ohne pl*> honradez *f*, honestidad *f;* (*Aufrichtigkeit*) sinceridad *f*

ehrlos *adj* deshonrado, sin honor

Ehrlosigkeit *f* <-, *ohne pl*> falta *f* de honor, ignominia *f*

Ehrung ['e:rʊŋ] *f* <-, -en> homenaje *m* (a)

Ehrverletzung *f* <-, -en> injuria *f*, ultraje *m*

Ehrwürden: **Euer ~** Reverendo Padre

ehrwürdig *adj* venerable, respetable

Ehrwürdigkeit *f* <-, *ohne pl*> veneración *f*, reverencia *f*, respeto *m;* **bitte, haben Sie etwas mehr Respekt vor der ~ des Alters!** ¡por favor, tenga un poco más de respeto hacia las personas mayores!

ei [aɪ] *interj* **1.** (*a. Kind: Verwunderung*) ¡hombre!, ¡vaya!; **~, ~, wen haben wir denn da?** ¡vaya, vaya, mira quién viene por aquí! **2.** (*Kind: Zärtlichkeit*): **du darfst bei der Katze mal ~ ~ machen** puedes acariciar al gato

Ei [aɪ] *nt* <-(e)s, -er> **1.** (*Vogel~, Hühner~*) huevo *m*, blanquillo *m Guat, Mex;* **ein hartes/weiches ~** un huevo duro/pasado por agua; **aus dem ~ schlüpfen** salir del huevo; **wie aus dem ~ gepellt** (*fam*) de punta en blanco; **jdn wie ein rohes ~ behandeln** tratar a alguien con guante de seda; **das ~ des Kolumbus** el huevo de Colón; **sich** *dat* **gleichen wie ein ~ dem anderen** parecerse como un huevo a otro [*o* como dos gotas de agua]; **ach, du dickes ~!** (*fam*) ¡atiza!, ¡demonio! **2.** (*Keimzelle*) óvulo *m* **3.** *pl* (*vulg: Hoden*) huevos *mpl*, pelotas *fpl* **4.** *pl* (*fam: Geld*) pelas *fpl*

Eibe ['aɪbə] *f* <-, -n> tejo *m*

Eibisch ['aɪbɪʃ] *m* <-(e)s, -e> (BOT) altea *f*, malvavisco *m*

Eichamt ['aɪçʔamt] *nt* <-(e)s, -ämter> oficina *f* de pesos y medidas

Eiche ['aɪçə] *f* <-, -n> roble *m*

Eichel ['aɪçəl] *f* <-, -n> **1.** (BOT) bellota *f*

2. (ANAT) glande *m*

Eichelentzündung *f* <-, -en> (MED) balanitis *f inv*

Eichelhäher ['aɪçəlhɛːɐ] *m* <-s, -> (ZOOL) arrendajo *m*

eichen ['aɪçən] *vt* (*Maße*) contrastar; (*Waage, Instrumente*) calibrar; (*Fässer*) marcar; (*Messglas*) graduar

Eichenholz *nt* <-es, -hölzer> madera *f* de roble; **Eichenlaub** *nt* <-(e)s, *ohne pl*> 1. (*Laub der Eiche*) hojas *fpl* de encina 2. (MIL) *condecoración en forma de hojas de encina que se entrega conjuntamente con la Cruz de Caballero;* **er bekam zum Ritterkreuz das ~ verliehen** le concedieron la Cruz de Caballero con las hojas de encina; **Eichenwald** *m* <-(e)s, -wälder> bosque *m* de robles

Eichgewicht *nt* <-(e)s, -e> pesa *f* de contraste, peso *m* patrón

Eichhörnchen *nt* <-s, -> (ZOOL), **Eichkätzchen** *nt* <-s, -> (ZOOL: *reg*) ardilla *f*

Eichmaß *nt* <-es, -e> (TECH) medida *f* de contraste; **Eichmeister(in)** *m(f)* <-s, -; -, -nen> funcionario, -a *m, f* encargado, -a de contrastar las pesas y medidas; (HIST) almotacén *m;* **Eichstrich** *m* <-(e)s, -e> señal *f* de medida, graduación *f*

Eichung *f* <-, -en> contraste *m;* **die Anzeige der Waage wurde bei der letzten ~ überprüft** contrastaron el indicador de la balanza en la última revisión

Eid [aɪt] *m* <-(e)s, -e> juramento *m;* **an ~es statt erklären** (JUR) declarar bajo juramento; **unter ~ stehen** estar bajo juramento; **einen ~ ablegen** [*o* **leisten**] [*o* **schwören**] prestar juramento; **Eidbruch** *m* <-(e)s, -brüche> perjurio *m;* **einen ~ begehen** cometer perjurio; **eidbrüchig** *adj* perjuro; **~ werden** perjurar, cometer perjurio

Eidechse ['aɪdɛksə] *f* <-, -n> (ZOOL) lagarto *m*, iguana *f Am;* **Eidechsenhaut** *f* <-, -häute> piel *f* de lagarto

Eiderente *f* <-, -n> (ZOOL) eíder *m*, pato *m* de flojel

Eidesformel ['aɪdəsfɔrməl] *f* <-, -n> (JUR) fórmula *f* de juramento; **Eidesleistung** *f* <-, -en> juramento *m;* **von dem neuen Präsidenten wird eine ~ verlangt** piden al nuevo presidente que preste juramento; **eidesstattlich** *adj* (JUR) jurado; **~e Erklärung** declaración jurada; **etw ~ erklären** declarar algo bajo juramento

Eidgenosse, -in *m, f* <-n, -n; -, -nen> confederado, -a *m, f;* (*Schweizer Bürger*) suizo, -a *m, f;* **Eidgenossenschaft** *f* <-, -en> confederación *f;* **Schweizerische ~** Confederación Helvética; **Eidgenossin** *f* <-, -nen> *s.* **Eidgenosse**

eidgenössisch *adj* (*schweizerisch*) suizo; (*im Gegensatz zu kantonal*) confederado

eidlich I. *adj* jurado II. *adv* bajo juramento

Eidotter ['aɪdɔtɐ] *nt o m* <-s, -> yema *f* de huevo

Eierbecher *m* <-s, -> huevero *m*, huevera *f;* **Eierbrikett** *nt* <-s, -s> (briqueta *f*) ovoide *m;* **Eierhandgranate** *f* <-, -n> (MIL) granada *f* de mano (ovoide); **Eierkocher** *m* <-s, -> hervidor *m* para huevos; **Eierkohle** *f* <-, -n> carbón *m* ovoide; **Eierkopf** *m* <-(e)s, -köpfe> (*fam*) 1. (*hum, a. abw: Kopf*) cabeza *f* de huevo 2. (*abw: Intellektueller*) intelectualoide *m;* **Eierkuchen** *m* <-s, -> (*süß*) tortita *f*, crepe *f;* **Eierlikör** *m* <-s, -e> licor *m* de huevo; **Eierlöffel** *m* <-s, -> cucharilla *f* para huevos

eiern ['aɪɐn] *vi* (*fam*) 1. *sein* (*Person*) tambalearse 2. (*Sache*): **das Rad eiert** la rueda está torcida

Eierpfannkuchen *m* <-s, -> crepe *f* de huevo; **Eierschale** *f* <-, -n> cascarón *m*, cáscara *f* de huevo; **Eierschneider** *m* <-s, -> cortahuevos *m inv;* **Eierschwamm** *m* <-(e)s, -schwämme> (*Österr*), **Eierschwammerl** *nt* <-s, -n> (*Österr*) cantarela *f*

Eierstock *m* <-(e)s, -stöcke> (ANAT) ovario *m;* **Eierstockentzündung** *f* <-, -en> (MED) inflamación *f* de ovario

Eiertanz *m* (*fam*): **(um etw/jdn) einen (regelrechten) ~ aufführen** expresarse a medias palabras (sobre algo/alguien); **mach nicht so einen ~!** ¡déjate de comedias!; **Eierteigwaren** *fpl* (GASTR) pastas *fpl* (a base de huevo); **Eieruhr** *f* <-, -en> ampolleta *f*, reloj *m* de arena (*para medir el tiempo de cocción de los huevos*)

Eifel ['aɪfəl] *f* <-> Eifel *m*

Eifer ['aɪfɐ] *m* <-s, *ohne pl*> celo *m*, afán *m;* (*Streben*) empeño *m;* **im ~ des Gefechts** en el calor de la disputa

Eiferer, -in *m, f* <-s, -; -, -nen> fanático, -a *m, f*

eifern ['aɪfɐn] *vi* 1. (*geh: streben*) ambicionar (*nach*), ansiar (*nach*) 2. (*schmähen*) clamar (*gegen* contra)

Eifersucht *f* <-, *ohne pl*> celos *mpl;* **aus ~** por celos

Eifersüchtelei *f* <-, -en> (escenas *fpl* de) celos *mpl*

eifersüchtig *adj* celoso (*auf* de); **jdn ~ machen** poner celoso a alguien; **auf jdn ~ sein** tener celos de alguien

Eifersuchtsszene *f* <-, -n> escena *f* de celos; **jdm eine ~ machen** montarle a alguien una escena de celos

Eiffelturm ['aɪfəl-] *m* <-(e)s> torre *f* Eiffel

eiförmig ['aɪfœrmɪç] *adj* ovoide, ovalado

eifrig ['aɪfrɪç] I. *adj* apasionado; (*emsig*) diligente, aplicado; (*fleißig*) aplicado, estudioso II. *adv* con empeño; **er macht seine Arbeit immer sehr ~** siempre trabaja con mucho celo

Eigelb *nt* <-(e)s, -e, *nach Zahlen:* -> yema *f;* **zwei ~ hinzufügen** añadir dos yemas de huevo

eigen ['aɪgən] *adj* 1. (*zugehörig*) propio; **etw**

mit ~en Augen gesehen haben haber visto algo con sus propios ojos; **etw sein E~ nennen** (*geh*) declarar algo de su propiedad; **sich** *dat* **etw zu E~ machen** apropiarse de algo; **in ~er Person** personalmente; **im ~en Namen und für ~e Rechnung** (COM) en nombre y por cuenta propios; **~er Wechsel** (FIN) letra (girada) a la propia orden **2.** (*unabhängig*) propio, independiente; (*gesondert*) aparte; **eine ~e Meinung haben** tener una opinión propia; **sein ~er Herr sein** ser independiente **3.** (*charakteristisch*) característico (de), típico (de); **er antwortete mit dem ihm ~en Zynismus** contestó con el cinismo que le caracteriza **4.** (*wunderlich*) curioso, raro; **sie ist sehr ~** ella es muy suya

Eigenart[1] *f* <-, *ohne pl*> (*Eigentümlichkeit*) particularidad *f*

Eigenart[2] *f* <-, -en> **1.** (*Besonderheit*) peculiaridad *f*, singularidad *f* **2.** (*Wesenszug*) característica *f*

eigenartig *adj* raro, peculiar

Eigenbau *m* <-(e)s, *ohne pl*> **1.** (*fam: Obst, Gemüse*) cosecha *f* propia **2.** (*Konstruktion*) construcción *f* propia; **Marke ~** (*fam*) de fabricación casera; **Eigenbedarf** *m* <-(e)s, *ohne pl*> (*an Gütern*) consumo *m* propio; (*einer Wohnung*) necesidad *f* propia; **Eigenbericht** *m* <-(e)s, -e> (PUBL) artículo *m* redactado por un periodista; **der ~ steht neben einer Meldung der Presseagentur** el artículo del periodista está al lado de una noticia de la agencia de prensa; **Eigenbesitz** *m* <-es, *ohne pl*> (JUR) posesión *f* civil; **Eigenbewirtschaftung** *f* <-, -en> (AGR) explotación *f* propia; **Eigenblut** *nt* <-(e)s, *ohne pl*> (MED) sangre *f* propia

Eigenbrötler(in) ['aɪgənbrøːtlɐ] *m(f)* <-s, -; -, -nen> (*abw*) tipo, -a *m, f* raro, -a, persona *f* extraña

eigenbrötlerisch *adj* solitario

Eigendynamik *f* <-, *ohne pl*> dinámica *f* propia; **~ entwickeln** [*o* **entfalten**] desarrollar la propia dinámica, desplegar los propios recursos; **Eigenenergie** *f* <-, -n> (CHEM) energía *f* propia; **Eigenerzeugung** *f* <-, -en> producción *f* propia; **Eigenfinanzierung** *f* <-, -en> (FIN) autofinanciación *f*; **eigengesetzlich** *adj* autónomo; **Eigengewicht** *nt* <-(e)s, -e> peso *m* propio; **Eigenhandel** *m* <-s, *ohne pl*> (WIRTSCH) comercio *m* por cuenta propia

eigenhändig ['aɪgənhɛndɪç] **I.** *adj* (*Unterschrift*) de su puño y letra; (*Testament*) (h)ológrafo **II.** *adv* con sus propias manos; **etw ~ übergeben** entregar algo en propia mano

Eigenheim *nt* <-(e)s, -e> casa *f* propia

Eigenheit *f* <-, -en> *s.* **Eigenart**[2]

Eigeninitiative *f* <-, -n> iniciativa *f* propia

Eigenkapital *nt* <-s, -e *o* -ien> (FIN) capital *m* propio; **Eigenkapitalbedarf** *m* <-(e)s, -e> (WIRTSCH) demanda *f* de capital propio

Eigenladung *f* <-, -en> (CHEM) carga *f* propia; **Eigenleben** *nt* <-s, *ohne pl*> **1.** (*Privatleben*) vida *f* privada; **bei meiner Arbeitszeit bleibt mir kaum noch ein ~** con el horario de trabajo que tengo apenas me queda tiempo para mí **2.** (*selbständige Existenz*) vida *f* independiente; **mein Mann und ich führen jeder ein ~** mi marido y yo tenemos cada uno su propia vida; **Eigenleistung** *f* <-, -en> **1.** (*Geleistetes*) mérito *m* personal **2.** (*Beitrag*) contribución *f* propia; **Eigenliebe** *f* <-, *ohne pl*> amor *m* propio; **Eigenlob** *nt* <-(e)s, -e> alabanza *f* propia, autoalabanza *f*; **~ stinkt!** (*fam*) ¡la alabanza propia envilece!; **Eigenmacht** *f*: **verbotene ~** (JUR) privación *f* ilícita de la posesión; **eigenmächtig I.** *adj* arbitrario **II.** *adv* sin autorización, por cuenta propia; **~ handeln** obrar por cuenta propia

Eigenmächtigkeit[1] *f* <-, -en> (*Handlung*) acto *m* arbitrario; **ihre ~en verärgerten alle** a todos les molestaba que actuara arbitrariamente [*o* sin consultar a los demás]

Eigenmächtigkeit[2] *f* <-, *ohne pl*> (*Selbstherrlichkeit*) arbitrariedad *f*; **wir kritisieren die ~ seines Vorgehens** criticamos la arbitrariedad de su (forma de) proceder

Eigenmittel *ntpl* (WIRTSCH) medios *mpl* propios; **Eigenmittelbeteiligung** *f* <-, -en> (FIN) participación *f* con fondos propios; **Eigenmittelfinanzierung** *f* <-, -en> (FIN) financiación *f* con fondos propios

Eigenname *m* <-ns, -n> nombre *m* propio

Eigennutz ['aɪgənnʊts] *m* <-es, *ohne pl*> interés *m* personal; **aus ~** por interés

eigennützig ['aɪgənnʏtsɪç] **I.** *adj* (*Person*) interesado, egoísta **II.** *adv* por interés

eigens ['aɪgəns] *adv* expresamente, explícitamente

Eigenschaft *f* <-, -en> cualidad *f*; (*Merkmal*) característica *f*; **in seiner ~ als Vorsitzender** en su calidad de presidente; **Eigenschaftswort** *nt* <-(e)s, -wörter> adjetivo *m*

Eigensinn *m* <-(e)s, *ohne pl*> testarudez *f*, tozudez *f*

eigensinnig *adj* obstinado, testarudo

eigenstaatlich *adj* soberano; **seit langem kämpfen sie um ihre ~e Existenz** desde hace años luchan por su soberanía

Eigenstaatlichkeit *f* <-, *ohne pl*> soberanía *f*

eigenständig *adj* independiente

Eigenständigkeit *f* <-, *ohne pl*> independencia *f*, autonomía *f*

eigentlich ['aɪgəntlɪç] **I.** *adj* **1.** (*wirklich*) verdadero, real; **sein ~er Name lautet ...** su verdadero nombre es...; **die ~e Bedeutung eines Wortes** el sentido propio de una palabra **2.** (*ursprünglich*) original **II.** *adv* (*tatsächlich*) realmente, en realidad; (*im Grunde genommen*) en el fondo, a decir verdad; **wolltest du nicht gestern kommen? – ~ schon** ¿no querías haber venido ayer? – en realidad sí; **was willst du ~?** ¿qué es lo que quieres en realidad?

Eigentor *nt* <-(e)s, -e> (SPORT) gol *m* en propia puerta [*o* meta]

Eigentum *nt* <-s, *ohne pl*> propiedad *f;* **bewegliches ~** propiedad mueble; **geistiges ~** propiedad intelectual; **gemischtes ~** propiedad mixta; **öffentliches/staatliches ~** propiedad pública/estatal; **das Haus ist mein ~** la casa es de mi propiedad

Eigentümer(in) ['aɪgənty:mɐ] *m(f)* <-s, -; -, -nen> propietario, -a *m, f,* dueño, -a *m, f*

eigentümlich *adj* **1.** (*charakteristisch*) típico, característico **2.** (*sonderbar*) extraño, curioso; **das E~e an der Sache ist, dass ...** lo curioso de este asunto es que... *+ind/subj*

Eigentümlichkeit[1] *f* <-, -en> (*Charakteristikum*) característica *f,* peculiaridad *f*

Eigentümlichkeit[2] *f* <-, *ohne pl*> (*Sonderbarkeit*) particularidad *f,* singularidad *f*

Eigentumsanteil *m* <-(e)s, -e> participación *f* en una propiedad; **Eigentumsbeschränkung** *f* <-, -en> limitación *f* de la propiedad; **Eigentumsdelikt** *nt* <-(e)s, -e> (JUR) delito *m* de la propiedad; **Eigentumserwerber** *m* <-s, ->: **unentgeltlicher ~** (JUR) adquirente *m* de propiedad a título gratuito; **Eigentumsförderung** *f* <-, -en> (WIRTSCH) fomento *m* de la propiedad; **Eigentumsklage** *f* <-, -n> (JUR) demanda *f* petitoria; **Eigentumsnachweis** *m* <-es, -e> certificado *m* de propiedad; **Eigentumsrecht** *nt* <-(e)s, -e> derecho *m* de propiedad, dominio *m;* **Eigentumsstörung** *f* <-, -en> (JUR) perturbación *f* de la posesión; **Eigentumsstreuung** *f* <-, -en> difusión *f* de la propiedad; **Eigentumsübertragung** *f* <-, -en> transferencia *f* de la propiedad; **Eigentumsveräußerer** *m* <-s, ->: **unentgeltlicher ~** (JUR) enajenador *m* de la propiedad a título gratuito; **Eigentumsverhältnisse** *ntpl* (JUR) régimen *m* de tenencia; **Eigentumsverletzung** *f* <-, -en> (JUR) daño *m* a la propiedad

Eigentumsvorbehalt *m* <-(e)s, -e> (JUR) reserva *f* de la propiedad; **Eigentumsvorbehaltsklausel** *f* <-, -n> (JUR) cláusula *f* de reserva de propiedad

Eigentumswohnung *f* <-, -en> piso *m* propio [*o* en propiedad], condominio *m Am*

eigenverantwortlich **I.** *adj* de responsabilidad propia; **sie ist für die Planung des Wörterbuches ~ zuständig** es responsable directa de los planes para la realización del diccionario **II.** *adv* por propia cuenta (y riesgo); **~ handeln** obrar por cuenta propia; **in meinem neuen Job kann ich ~ entscheiden** en mi nuevo trabajo puedo decidir por mi propia cuenta; **Eigenverantwortung** *f* <-, *ohne pl*> responsabilidad *f* propia; **etw in ~ tun** hacer algo bajo su propia responsabilidad; **Eigenverbrauch** *m* <-(e)s, *ohne pl*> autoconsumo *m;* **Eigenwechsel** *m* <-s, -> (COM, FIN) letra *f* (girada) a la propia orden; **eigenwillig** *adj* **1.** (*egoistisch*) egoísta **2.** (*sonderbar*) raro, particular; (*unkonventionell*) original **3.** (*eigensinnig*) caprichoso **4.** (*störrisch*) testarudo, terco; **Eigenwilligkeit** *f* <-, *ohne pl*> **1.** (*Eigensinn*) testarudez *f,* tozudez *f* **2.** (*unkonventionelle Art*) falta *f* de convencionalidad, originalidad *f;* **sie kleidet sich mit einer ~, die nicht jedem gefällt** se viste de una forma tan original [*o* tan poco convencional], que no gusta a todo el mundo

eignen ['aɪgnən] *vr:* **sich für etw** [*o* **zu etw** *dat*] **~** (*Person*) reunir las cualidades necesarias para algo, ser apto para algo; (*Sache*) prestarse para algo, ser apropiado para algo; **er eignet sich nicht zum** [*o* **als**] **Lehrer** no tiene madera de profesor

Eigner(in) *m(f)* <-s, -; -, -nen> propietario, -a *m, f*

Eignung *f* <-, *ohne pl*> aptitud *f,* idoneidad *f;* **Eignungsprüfung** *f* <-, -en>, **Eignungstest** *m* <-(e)s, -s *o* -e> examen *m* de aptitud, prueba *f* de aptitud

Eiklar *nt* <-s, -> (*Österr, südd*) clara *f*

Eiland ['aɪlant, *pl:* 'aɪlandə] *nt* <-(e)s, -e> (*geh*) isla *f*

Eilavis ['aɪlʔavi:(s)] *m o nt* <- *o* -es, - *o* -e> (COM) aviso *m* urgente; **Eilbote, -in** *m, f* <-n, -n; -, -nen> mensajero, -a *m, f,* recadero, -a *m, f;* **per** [*o* **durch**] **~** exprés; **Eilbrief** *m* <-(e)s, -e> carta *f* urgente

Eile ['aɪlə] *f* <-, *ohne pl*> (*Hast*) prisa *f,* apuro *m Am;* (*Dringlichkeit*) urgencia *f;* **in ~ sein** estar con prisa, tener prisa, estar apurado *Am;* **das hat keine ~** eso no corre prisa; **jdn zur ~ antreiben** meter prisa a alguien, acuciar a alguien; **in aller ~** a toda prisa

Eileiter *m* <-s, -> (ANAT) oviducto *m,* trompa *f* (de Falopio); **Eileiterentzündung** *f* <-, -en> (MED) inflamación *f* de las trompas uterinas, salpingitis *f inv;* **Eileiterschwangerschaft** *f* <-, -en> (MED) embarazo *m* de trompa de Falopio; **Eileiterunterbindung** *f* <-, -en> (MED) ligadura *f* de trompas

eilen ['aɪlən] *vi* **1.** (*dringend sein*) urgir, correr prisa; **eilt!** ¡urgente!; **damit eilt es nicht** esto no corre prisa **2.** *sein* (*Mensch*) apresurarse, ir corriendo (*zu* a); **jdm zu Hilfe ~** acudir corriendo en socorro de alguien

eilends ['aɪlənts] *adv* deprisa; **ich muss ~ zur Post** tengo que ir de prisa y corriendo a Correos

eilfertig *adj* (*geh*) apresurado; **~ handeln** actuar con prisa [*o* apresuradamente]; **Eilfertigkeit** *f* <-, *ohne pl*> (*geh*) presteza *f,* prontitud *f;* **der Kellner war mit devoter ~ zur Stelle** el camarero estaba presente en actitud solícita y servicial; **Eilgut** *nt* <-(e)s, -güter> mercancías *fpl* urgentes

eilig ['aɪlɪç] *adj* **1.** (*schnell*) rápido, apurado *Am;* **es ~ haben** tener prisa, estar apurado *Am* **2.** (*dringend*) urgente; **die Sache ist ~** el asunto es urgente

eiligst *adv* a toda prisa; **er machte sich ~ auf den Weg** se fue a toda prisa

Eilmarsch *m* <-es, -märsche> (*a.* MIL) marcha *f* forzada; **jetzt gehen wir im ~ nach Hause** (*fig*) ahora iremos a marchas forzadas a casa; **Eilpäckchen** *nt* <-s, -> paquete *m* urgente; **Eilsendung** *f* <-, -en> (*Brief*) carta *f* urgente [*o* exprés]; (*Päckchen*) paquete *m* urgente [*o* exprés]; **Eiltempo** *nt* <-s, *ohne pl*> a toda velocidad; **etw im ~ erledigen** [*o* **tun**] hacer algo a toda velocidad; **ich rannte im ~ zum Bahnhof** fui corriendo a toda velocidad a la estación; **Eilzug** *m* <-(e)s, -züge> (tren *m*) expreso *m*; **Eilzustellung** *f* <-, -en> entrega *f* exprés [*o* urgente]

Eimer ['aɪmɐ] *m* <-s, -> cubo *m*; **die Uhr ist im ~** (*fam*) el reloj está escacharrado; **damit sind meine ganzen Pläne im ~** (*fam*) con eso se han ido al traste todos mis planes

eimerweise *adv* en grandes cantidades; **wir haben ~ Erdbeeren gepflückt** hemos cogido montones de fresas

ein [aɪn] *adv:* **E~/Aus** (*auf Geräten*) on/off; **bei jdm ~ und aus gehen** andar como Pedro por su casa; **nicht mehr ~ noch aus wissen** estar totalmente desconcertado

ein, eine, ein I. *adj* (*Zahlwort*) un, una; **das kostet ~e Mark** cuesta un marco; **es ist ~ Uhr** es la una; **sie ist sein E~ und Alles** ella lo es todo para él; **das ist doch ~ und dasselbe** pero si es exactamente lo mismo; **~ für allemal** de una vez por todas; **in ~em fort** de un tirón II. *art unbest* un, una; **~es Tages** un día; **was für ~ Auto hast du?** ¿qué coche tienes?; **was für ~e Hitze!** ¡qué [*o* vaya] calor!

einachsig *adj* (TECH) de un solo eje; **manche Campingwagen sind ~, andere haben zwei Achsen** algunas caravanas tienen un solo eje, otras, dos

Einakter ['aɪnʔaktɐ] *m* <-s, -> pieza *f* (de teatro) en un acto

einander [aɪ'nandɐ] *pron refl* el uno al otro, mutuamente, recíprocamente; **sie helfen ~** se ayudan mutuamente; **zwei ~ widersprechende Aussagen** dos declaraciones contradictorias

ein|arbeiten I. *vt* 1. (*Mitarbeiter*) iniciar (*in* en) 2. (*einfügen*) introducir (*in* en), meter (*in* en) II. *vr:* **sich ~** integrarse (*in* en); **er hat sich gut eingearbeitet** se ha integrado bien en el equipo de trabajo

Einarbeitungszeit *f* <-, -en> período *m* de adaptación

einarmig *adj* manco

ein|äschern ['aɪnʔɛʃɐn] *vt* (*Leichnam*) incinerar

Einäscherung *f* <-, -en> incineración *f*, cremación *f*

ein|atmen I. *vi* respirar II. *vt* inspirar, inhalar

einäugig ['aɪnʔɔɪgɪç] *adj* tuerto; **unter den Blinden ist der E~e König** (*prov*) en el país de los ciegos el tuerto es el rey

Einbahnstraße *f* <-, -n> calle *f* de sentido único [*o* de dirección única]

ein|balsamieren* *vt* (*Leiche*) embalsamar

Einbalsamierung *f* <-, -en> embalsamamiento *m*

Einband *m* <-(e)s, -bände> encuadernación *f*, tapas *fpl*

einbändig ['aɪnbɛndɪç] *adj* en [*o* de] un tomo

Einbau¹ ['aɪnbaʊ] *m* <-(e)s, *ohne pl*> (*Montage*) montaje *m*, instalación *f*

Einbau² *m* <-(e)s, -ten> (*Teil*) módulos *mpl*

ein|bauen *vt* 1. (*hineinmontieren*) montar (*in* en), incorporar (*in* en); (*installieren*) instalar (*in* en); **mit eingebautem Mikrofon** con micrófono incorporado 2. (*einfügen*) insertar (*in* en)

Einbauküche *f* <-, -n> cocina *f* de módulos (intercambiables)

Einbaum *m* <-(e)s, -bäume> canoa *f*

Einbaumöbel *ntpl* muebles *mpl* empotrados; **Einbaumotor** *m* <-s, -en> motor *m* incorporado; **Einbauschrank** *m* <-(e)s, -schränke> armario *m* empotrado

ein|behalten* *irr vt* retener

Einbehaltung *f* <-, -en> retención *f*

einbeinig *adj* de una sola pierna; (*Fußballer*) que utiliza una sola pierna

ein|berufen* ['aɪnbəru:fən] *irr vt* 1. (*Versammlung*) convocar (*zu* a), citar (*zu* para) 2. (MIL) llamar a filas

Einberufene(r) *mf* <-n, -n; -n, -n> (MIL) recluta *mf*

Einberufung *f* <-, -en> 1. (*einer Versammlung*) convocatoria *f* (*zu* a) 2. (MIL) llamamiento *m* a filas; **Einberufungsbescheid** *m* <-(e)s, -e> (MIL) notificación *f* del llamamiento a filas

ein|betonieren* *vt* empotrar en hormigón (a)

ein|betten *vt* intercalar (*in* en)

Einbettzimmer *nt* <-s, -> habitación *f* de una cama

ein|beulen [ʔaɪnbɔɪlən] *vt* abollar

ein|beziehen* *irr vt* incluir (*in* en)

Einbeziehung *f* <-, *ohne pl*> inclusión *f*; **ich schlage die ~ folgender Themen (in die Diskussion) vor: ...** propongo que se incluyan los siguientes temas (en el debate): ...; **die ~ des Publikums in die Aufführung war neuartig** la participación del público en la representación fue una novedad; **unter ~ von ...** teniendo en cuenta..., considerando...

Einbezug *m* <-(e)s, *ohne pl*> (*Schweiz*) *s.* **Einbeziehung**

ein|biegen *irr vi sein* doblar, girar; **nach links ~** doblar a la izquierda

ein|bilden *vr:* **sich ~** 1. (*sich vorstellen*): **sich** *dat* **etw ~** imaginarse algo, creerse algo; **das bildest du dir nur ein** sólo te lo imaginas; **bilde dir nicht ein, dass ich dir das glaube!** ¡no te imagines que te creo!; **was bildest du dir eigentlich ein?** (*fam*) ¿qué te crees?

2. (*stolz sein*): **sich** *dat* **etwas ~ auf** estar orgulloso de; **darauf können Sie sich etwas ~** tiene Ud. toda la razón del mundo para estar orgulloso; **darauf brauchst du dir nichts einzubilden!** ¡no has hecho nada del otro mundo!

Einbildung¹ *f* <-, -en> (*Trugbild*) ilusión *f*, quimera *f*

Einbildung² *f* <-, *ohne pl*> **1.** (*Vorstellung*) imaginación *f*, fantasía *f* **2.** (*Überheblichkeit*) presunción *f*, arrogancia *f*; **~ ist auch eine Bildung!** (*fam*) ¡de ilusión también se vive!; **Einbildungskraft** *f* <-, *ohne pl*> (poder *m* de) imaginación *f*, capacidad *f* imaginativa

ein|binden *irr vt* **1.** (*Buch*) encuadernar **2.** (*einbeziehen*) incluir (*in* en), integrar (*in* en)

Einbindung *f* <-, -en> integración *f*; **unser Wunsch ist die ~ aller Bürger** nuestro deseo es integrar a todos los ciudadanos

ein|bläuen^RR ['aɪnblɔɪən] *vt* inculcar

ein|blenden **I.** *vt* (*Geräusche, Musik*) intercalar (*in* en) **II.** *vr*: **sich ~** (TV, RADIO) conectar (*in* con)

Einblendfenster *nt* <-s, -> (INFOR) ventana *f* intercalada; **Einblendmenü** *nt* <-s, -s> (INFOR) menú *m* intercalado

Einblendung *f* <-, -en> (FILM, TV, RADIO) **1.** (*das Einblenden*) inserción *f*; **die Sendung wurde für die ~ von Werbespots unterbrochen** interrumpieron el programa para meter [*o* insertar] unas cuñas (publicitarias) **2.** (*eingeblendeter Teil*) espacio *m* insertado, fundido *m*; **die Textzeile auf dem Bildschirm ist eine kurze ~** el texto en la pantalla es una breve sobreimpresión

ein|bleuen *vt s.* **einbläuen**

Einblick *m* <-(e)s, -e> **1.** (*Aussicht*) vista *f*, mirada *f* **2.** (*prüfendes Einsehen*) inspección *f*, examen *m*; **jdm ~ in etw gewähren** permitir a alguien que se entere de algo **3.** (*Einsicht, Kenntnis*) idea *f*; **einen ~ in etw gewinnen** [*o* **bekommen**] formarse una idea de algo

ein|brechen *irr vi* **1.** *sein* (*stürzen*) hundirse, caer; **sie ist auf dem Eis eingebrochen** se hundió en el hielo **2.** *sein* (*Dämmerung, Dunkelheit*) irrumpir **3.** *haben o sein* (*eindringen*) forzar la entrada, entrar a robar; **bei uns ist letzte Nacht eingebrochen worden** anoche nos entraron a robar

Einbrecher(in) *m(f)* <-s, -; -, -nen> ladrón, -ona *m, f*

ein|brennen *irr* **I.** *vt* marcar con hierro caliente, marcar al fuego **II.** *vr*: **sich ins Gedächtnis ~** gravarse en la memoria

ein|bringen *irr* **I.** *vt* **1.** (*Ernte*) recolectar **2.** (*Gewinn*) rendir, rentar; (*Zinsen*) producir; (*Werte*) aportar (*in* a); **sie hat 20.000 Mark in die Firma eingebracht** ha aportado 20.000 marcos a la empresa; **das bringt nichts ein** no merece la pena **3.** (*Gesetz, Antrag*) presentar; (*Vorschläge, Ideen*) aportar (*in* a); **er brachte viele Ideen in das Projekt ein** contribuyó con muchas ideas a la realización del proyecto **II.** *vr*: **sich ~** participar (*in* en); **sich in die Diskussion ~** participar en la discusión

Einbringung *f* <-, *ohne pl*>: **~ eines Gesetzentwurfes** presentación *f* de un proyecto de ley

ein|brocken ['aɪnbrɔkən] *vt* (*fam*): **jdm etwas ~** meter a alguien en un lío; **da hast du dir ja was Schönes eingebrockt!** ¡en buen lío te has metido!

Einbruch *m* <-(e)s, -brüche> **1.** (*in Gebäude*) robo *m* **2.** (*Beginn*) comienzo *m*; **bei ~ der Dämmerung** a la caída de la tarde, al anochecer, al ponerse el sol; **bei ~ des Winters** al comienzo del invierno **3.** (*Einsturz*) derrumbamiento *m*, hundimiento *m* **4.** (*Niederlage*) catástrofe *f*, derrota *f*; **Einbruch(s)diebstahl** *m* <-(e)s, -stähle> (JUR) robo *m* con fractura; **einbruch(s)sicher** *adj* a prueba de robos; **durch neue Schlösser wurde die Haustür ~** con la nueva cerradura la puerta era a prueba de robos; **Einbruch(s)werkzeug** *nt* <-(e)s, -e> *herramienta utilizada para entrar a robar en una casa;* **die Einbrecher hatten ihr ~ am Tatort zurückgelassen** los ladrones habían dejado en el lugar de los hechos las herramientas que habían utilizado para entrar en la casa

ein|buchten ['aɪnbʊxtən] *vt* (*fam*) encarcelar, meter en chirona

Einbuchtung *f* <-, -en> ensenada *f*, bahía *f*

ein|buddeln **I.** *vt* (*fam*) enterrar; **der Hund hatte schon viele Knochen im Garten eingebuddelt** el perro había enterrado [*o* escondido] ya muchos huesos en el jardín **II.** *vr*: **sich ~** (*fam*) enterrarse, aislarse

ein|bürgern **I.** *vt* **1.** (*Person*) naturalizar, nacionalizar **2.** (*Tiere, Pflanzen*) aclimatar **3.** (*Brauch*) introducir **II.** *vr*: **sich ~** (*Brauch, Fremdwort*) generalizarse

Einbürgerung *f* <-, -en> nacionalización *f*, naturalización *f*

Einbuße *f* <-, -n> pérdida *f*; **~n an etw** *dat* **erleiden** sufrir pérdidas de algo

ein|büßen *vt* perder (*an* parte de); **er hat an Ansehen eingebüßt** perdió parte de su buena fama

ein|checken **I.** *vi* (AERO: *Passagiere*) embarcar **II.** *vt* (AERO: *Gepäck*) embarcar, facturar

ein|cremen ['aɪnkreːmən] **I.** *vt* aplicar [*o* dar] crema (en) **II.** *vr*: **sich ~** darse crema; **sich** *dat* **die Hände ~** darse crema en las manos

ein|dämmen *vt* **1.** (*beschränken*) limitar, restringir **2.** (*Fluss*) encauzar

ein|dämmern *vunpers* (*Schweiz: dunkel werden*) atardecer, anochecer

Eindämmung *f* <-, -en> contención *f*; **das oberste Ziel Perus ist die ~ der Cholera** el objetivo prioritario de Perú es contener la propagación del cólera; **Eindämmungspolitik** *f* <-, -en> (POL) política *f* de contención

ein|dampfen *vt* (CHEM) evaporar

ein|decken I. *vt* (*fam: überhäufen*) colmar (*mit* de), llenar (*mit* de); **ich bin mit Arbeit eingedeckt** estoy abrumado de trabajo II. *vr:* **sich ~** (*versorgen*) abastecerse (*mit* de/con), aprovisionarse (*mit* de), premunirse (*mit* de) *Am*

Eindecker *m* <-s, -> (AERO) monoplano *m*

ein|deichen *vt* cerrar con dique

ein|dellen *vt* (*fam*) abollar; **mir hat jemand die Fahrertür eingedellt** alguien me ha hecho un bollo en la puerta del conductor; **diesen Hut müssen Sie in der Mitte ~** a este sombrero tiene que hundirle la copa por el centro

eindeutig ['aɪndɔɪtɪç] *adj* 1. (*unmissverständlich*) inequívoco, unívoco 2. (*deutlich*) claro, patente

Eindeutigkeit *f* <-, *ohne pl*> 1. (*Unmissverständlichkeit*) claridad *f*, falta *f* de ambigüedad; **an der ~ seiner Absicht bestand kein Zweifel** su intención era clara [*o* inequívoca], en eso no había dudas 2. (*Unzweifelhaftigkeit*) evidencia *f*

ein|deutschen *vt* alemanizar, germanizar

ein|dicken I. *vt* (GASTR: *sämiger machen*) (dejar) espesar, amelcochar *Arg, Mex, Par* II. *vi sein* (*zähflüssiger werden*) espesar, hacerse más espeso

eindimensional ['aɪndimɛnzjona:l] *adj* unidimensional

ein|dolen ['aɪndo:lən] *vt* (*Schweiz: kanalisieren*) canalizar

ein|dosen *vt* enlatar; **im Vorratskeller steht eingedoste Wurst** en la despensa de la bodega hay salchichas en lata

ein|dösen *vi sein* (*fam*) adormecerse

ein|drängen *vi sein:* **auf jdn ~** acosar a alguien; (*fig: Erinnerungen*) volver a la memoria a alguien

ein|drecken I. *vi sein* (*fam*) ensuciarse; **wir müssen unsere Gardinen waschen, sie sind stark eingedreckt** tenemos que lavar las cortinas, están muy sucias II. *vr:* **sich ~** (*fam*) ponerse perdido

ein|drehen *vt* 1. (*einschrauben*) enroscar (*in* en); **eine Glühbirne in die Fassung ~** enroscar una bombilla en el portalámparas 2. (*auf Lockenwickler wickeln*): **sich** *dat* **die Haare ~** ponerse rulos

ein|dreschen *irr vi* (*fam*) aporrear (*auf*)

ein|dringen ['aɪndrɪŋən] *irr vi sein* penetrar (*in* en), entrar (*in* en/a); (MIL) invadir (*in*); **auf jdn ~** amenazar a alguien; **mit Fäusten/einem Messer auf jdn ~** pegar un puñetazo/asestar una cuchillada a alguien

Eindringen *nt* <-s, *ohne pl*> penetración *f*; **gewaltsames ~** intrusión *f*

eindringlich I. *adj* insistente II. *adv* con insistencia

Eindringlichkeit *f* <-, *ohne pl*> insistencia *f*, energía *f*; **er warnte ihn mit großer ~ vor den Folgen** le advirtió muy enérgicamente de las consecuencias

Eindringling *m* <-s, -e> intruso, -a *m, f*, quitagusto *m Ecua, Peru*

Eindruck *m* <-(e)s, -drücke> 1. (*Wirkung*) impresión *f*, sensación *f*; **ich habe den ~, dass ...** tengo la impresión de que...; **ich kann mich nicht des ~s erwehren, dass ...** (*geh*) no puedo dejar de pensar que...; **den ~ erwecken, dass ...** dar la impresión de que...; **~ (auf jdn) machen** impresionar (a alguien); **unter dem ~ von etw stehen** estar bajo la impresión de algo; **seinen ~ auf jdn nicht verfehlen** no equivocarse en lo que uno pensaba de alguien 2. (*Druckstelle*) impresión *f*, huella *f*

ein|drücken *vt* (*Blech*) abollar; (*Scheibe*) romper

eindrücklich *adj* (*Schweiz*), **eindrucksvoll** *adj* impresionante

ein|dunkeln *vunpers* (*Schweiz*) *s.* **eindämmern**

eine ['aɪnə] I. *adj o art unbest s.* **ein, eine, ein** II. *pron indef s.* **eine(r, s)**

eine(r, s) *pron indef* uno, una; **weder der ~ noch der andere** ni el uno ni el otro; **~r für alle, alle für ~n** todos para uno y uno para todos; **das ~ sag' ich dir ...** (*fam*) te digo una cosa...; **Männer denken ja immer nur an das ~!** ¡los hombres siempre piensan en lo mismo!; **was für ~r?** ¿cuál?, ¿de qué tipo?; **du bist mir vielleicht ~r** (*fam*) mira que eres; **und das soll ~r glauben** esto no se lo cree nadie; **jdm ~ kleben** [*o* **knallen**] (*fam*) pegar(le) una bofetada a alguien; **es kam ~s zum anderen** lo uno trajo como consecuencia lo otro

ein|ebnen *vt* nivelar, allanar

Einehe *f* <-, -n> monogamia *f*

eineiig ['aɪn'ʔaɪɪç] *adj* univitelino

eineinhalb ['aɪnʔaɪn'halp] *adj inv* uno y medio; **es hat ~ Stunden gedauert** ha durado hora y media

eineinhalbmal *adv* uno y medio; **er verdient ~ soviel wie sie** él gana la mitad [*o* un 50 %] más que ella

Einelternfamilie *f* <-, -n> (SOZIOL) familia *f* monoparental

einen ['aɪnən] I. *vt* (*geh*) unir, unificar II. *vr:* **sich ~** (*geh*) unirse

ein|engen *vt* 1. (*Kleidung*) apretar 2. (*beschränken*) coartar, limitar; **er fühlte sich in seiner Freiheit eingeengt** se sentía coartado en su libertad

Einengung *f* <-, -en> 1. (*Bedrängung*) acoso *m*; **diese übertriebene Zuneigung empfand das Kind als ~** este cariño exagerado le resultaba agobiante al niño 2. (*Beschränkung*) limitación *f*, restricción *f*; **die neue Verordnung bedeutete eine ~ seiner Kompetenz** el nuevo reglamento significaba un recorte de sus competencias

einer I. *art unbest gen/dat von* **eine** *s.* **ein, eine, ein** II. *pron indef gen/dat von* **eine** *s.*

eine(r, s)

Einer *m* <-s, -> **1.** (MATH) unidad *f* **2.** (SPORT) esquife *m*

einerlei *adj inv* **1.** (*gleichgültig*) igual, indiferente; **das ist mir ganz ~** me es igual, me da lo mismo **2.** (*gleichartig*) de la misma clase; *s. a.* **achterlei**

Einerlei ['aɪnɐ'laɪ] *nt* <-s, *ohne pl*> monotonía *f;* **das tägliche ~** la monotonía de todos los días

einerseits *adv* por una parte, por un lado; **~ bin ich neugierig, andererseits habe ich Angst davor** por una parte tengo curiosidad, por la otra tengo miedo

Einerzimmer *nt* <-s, -> (*Schweiz: Einzelzimmer*) habitación *f* individual [*o* sencilla]

einesteils *adv:* **~, ... ander(e)nteils ...** por una parte..., por otra...

einfach ['aɪnfax] **I.** *adj* **1.** (*nur einmal*) simple, sencillo; **eine ~e Fahrkarte** un billete de ida **2.** (*leicht*) sencillo, fácil; **du machst es dir zu ~** te lo haces demasiado fácil **3.** (*schlicht*) modesto, sencillo **II.** *adv* simplemente, sencillamente; **das ist ~ zu dumm** es simplemente demasiado bobo; **es klappt ~ nicht** sencillamente no funciona; **du kannst doch nicht ~ verschwinden** no puedes irte así como así [*o* sin más]

Einfachheit *f* <-, *ohne pl*> sencillez *f,* simplicidad *f;* **der ~ halber** para simplificar

ein|fädeln ['aɪnfɛːdəln] **I.** *vt* **1.** (*Nadel*) enhebrar; (*Faden*) meter [*o* pasar] por (el ojo de) la aguja **2.** (*fam: anbahnen*) maquinar, urdir **II.** *vr:* **sich ~** (*im Verkehr*) integrarse (*in* en)

ein|fahren *irr* **I.** *vi sein* (*Zug, Schiff*) entrar (*in* a/en), efectuar su entrada (*in* a/en) **II.** *vt* **1.** (*beschädigen*) derribar; **einen Zaun ~** derribar una valla **2.** (*Ernte, Fahrwerk*) recoger **3.** (*Auto*) rodar **III.** *vr:* **sich ~** (*sich einspielen*) normalizarse, equilibrarse; **sich auf eingefahrenen Gleisen bewegen** vivir de manera convencional

Einfahrt[1] *f* <-, *ohne pl*> (*eines Zuges*) entrada *f* (*in* a/en); (*Ankunft*) llegada *f* (*in* a)

Einfahrt[2] *f* <-, -en> (*Weg*) entrada *f;* **~ freihalten!** ¡prohibido estacionar!

Einfall *m* <-(e)s, -fälle> **1.** (*Idee*) idea *f,* ocurrencia *f;* **sie hat manchmal seltsame Einfälle** a veces se le ocurren ideas raras **2.** (*von Licht*) incidencia *f* **3.** (MIL) invasión *f* (*in*)

ein|fallen *irr vi sein* **1.** (*in den Sinn kommen*) ocurrir; **was fällt Ihnen ein!** ¡qué se cree Ud.!; **das würde ihm nicht im Traum ~** no se le ocurriría ni en sueños; **du musst dir etwas ~ lassen** tienes que pensar algo, se te tiene que ocurrir algo **2.** (*in Erinnerung kommen*) venir a la memoria; **plötzlich fiel ihm sein Großvater wieder ein** de repente se acordó de su abuelo **3.** (*zusammenstürzen*) derrumbarse, venirse abajo **4.** (*Gesicht, Wangen*) hundirse **5.** (MIL) invadir, irrumpir (*in* en) **6.** (*einstimmen*) acompañar (*in*) **7.** (*Licht*) entrar

einfallslos *adj* sin imaginación; (*langweilig*) soso, aburrido

Einfallslosigkeit *f* <-, *ohne pl*> falta *f* de ideas; **die monotone Fassadengestaltung zeigt die ~ des Architekten** el diseño monótono de la fachada es un exponente de la falta de imaginación del arquitecto

einfallsreich *adj* ocurrente, imaginativo; **Einfallsreichtum** *m* <-(e)s, *ohne pl*> riqueza *f* de ideas, imaginación *f;* **der Garten wurde mit viel Kreativität und ~ gestaltet** el diseño del jardín se hizo con mucha creatividad e imaginación

Einfallswinkel *m* <-s, -> (PHYS) ángulo *m* de incidencia

Einfalt ['aɪnfalt] *f* <-, *ohne pl*> (*Naivität*) ingenuidad *f,* candidez *f;* (*Dummheit*) simpleza *f*

einfältig ['aɪnfɛltɪç] *adj* **1.** (*töricht*) simple, simplón; (*Dummkopf*) mentecato, pendejo *Am,* bembo *Am* **2.** (*naiv*) ingenuo, inocente

Einfaltspinsel *m* <-s, -> (*fam abw*) simplón, -ona *m, f,* panoli *mf,* guanaco, -a *m, f Am*

Einfamilienhaus *nt* <-es, -häuser> casa *f* unifamiliar

ein|fangen *irr vt* (*Tier, Verbrecher*) atrapar, capturar; **sich** *dat* **eine Ohrfeige/Erkältung ~** (*fam*) ganarse una bofetada/pillar un resfriado

ein|färben *vt* teñir

einfarbig *adj* unicolor, monocolor; (*Tier*) tapado *Am*

ein|fassen *vt* **1.** (*Gebiet*) limitar **2.** (*mit Borte*) orlar **3.** (*Edelstein*) engastar

Einfassung *f* <-, -en> **1.** (*das Einfassen*) cercado *m* **2.** (*Umgrenzung*) borde *m,* margen *m*

ein|fetten *vt* engrasar

ein|finden *irr vr:* **sich ~** presentarse (*in* en), acudir (*in* a); **bitte sich 30 Minuten vor Veranstaltungsbeginn ~** por favor, presentarse 30 minutos antes del comienzo del acto

ein|flechten *irr vt* (*Band*) trenzar; (*Bemerkung*) intercalar

ein|fliegen *irr* **I.** *vi sein* llegar en avión **II.** *vt* (*Nachschub, Truppen*) hacer llegar en avión

ein|fließen *irr vi sein* (*Gelder*) entrar; (*Kaltluft*) entrar, llegar; **~ lassen, dass ...** decir de pasada que...

ein|flößen *vt* **1.** (*Medizin*) administrar **2.** (*Bewunderung*) causar; (*Furcht, Achtung*) infundir; (*Vertrauen*) inspirar

Einflugschneise ['aɪnfluːkʃnaɪzə] *f* <-, -n> (AERO) corredor *m* de entrada

Einfluss[RR] *m* <-es, -flüsse>, **Einfluß** *m* <-sses, -flüsse> **1.** (*Einwirkung*) influencia *f* (*auf* sobre); **vulkanischer ~** influencia volcánica; **einen guten ~ auf jdn ausüben** ejercer una buena influencia sobre alguien; **darauf habe ich keinen ~** no puedo influir en eso **2.** (*Wirkung*) efecto *m;* **unter dem ~ von Alkohol stehen** estar bajo los efectos del alcohol **3.** (*Ansehen*) prestigio *m,* crédito *m;* **Einflussbereich**^{RR} *m* <-(e)s, -e> área *f* de influencia, zona *f* de influencia; **einflusslos**^{RR} *adj* que no tiene influencia; **ich bin nicht so ~ wie du denkst** no tengo tan poca influencia como crees

Einflussnahme^{RR} ['aɪnflʊsnaːmə] *f* <-, -n> influencia *f* (*auf* sobre)

einflussreich^{RR} *adj* influyente, de mucha influencia, cogotudo *MAm, Ant;* **Einflusszone**^{RR} *f* <-, -n> zona *f* de influencia

ein|flüstern *vt* **1.** (*abw: suggerieren*): **jdm etw ~** insinuarle algo a alguien; **sie flüstert dir diesen Verdacht ein um uns zu entzweien** te ha metido esta sospecha en la cabeza para enemistarnos **2.** (*flüsternd vorsagen*) decir al oído; **die Lösung hat dir dein Nebenmann eingeflüstert, gib's zu!** la solución te la ha soplado tu compañero, ¡admítelo!

Einflüsterung *f* <-, -en> (*abw*) insinuación *f,* sugerencia *f;* **er hatte ganz auf die ~en seiner Kollegen vertraut** había confiado plenamente en las sugerencias de sus compañeros

ein|fordern *vt* (*geh: Gutachten*) reclamar; (*Gelder*) reclamar, exigir el pago (de)

einförmig ['aɪnfœrmɪç] *adj* uniforme, monótono

Einförmigkeit *f* <-, -en> monotonía *f*

ein|frieden ['aɪnfriːdən] *vt* (*mit Mauer*) cercar, vallar; (*mit Grenzstein*) acotar

Einfriedung *f* <-, -en> **1.** (*das Einfrieden*) cercado *m,* vallado *m* **2.** (*Umzäunung*) cerca *f,* valla *f;* **die ~ des Parks besteht aus einem drei Meter hohen Zaun** la cerca del parque consiste en una valla de tres metros de altura

ein|frieren *irr* **I.** *vi sein* (*Wasserrohr*) congelarse, helarse **II.** *vt* (*Lebensmittel, Löhne*) congelar

Einfrierung *f* <-, -en> (*der Löhne*) congelación *f;* (*der Beziehungen*) suspensión *f*

Einfügemarke *f* <-, -n> (INFOR) punto *m* de inserción; **Einfügemodus** *m* <-, -modi> (INFOR) modo *m* de inserción

ein|fügen **I.** *vt* **1.** (*einarbeiten*) insertar (*in* en) **2.** (*bemerken*) añadir (*in* a); **E~ oder Überschreiben** (INFOR) intercalar o borrar **II.** *vr:* **sich ~** (*anpassen*) adaptarse (*in* a); (*sich integrieren*) integrarse (*in* en)

Einfügetaste *f* <-, -n> (INFOR) tecla *f* de inserción

ein|fühlen *vr:* **sich ~** compenetrarse (*in* con), identificarse (*in* con)

einfühlsam *adj* (*Mensch*) comprensivo; (*Worte*) sugestivo

Einfühlungsvermögen *nt* <-s, *ohne pl*> sensibilidad *f,* compenetración *f*

Einfuhr ['aɪnfuːɐ] *f* <-, -en> importación *f;* **freie ~** importación libre

einführbar *adj* (WIRTSCH) importable

Einfuhrbedarf *m* <-(e)s, *ohne pl*> necesidad *f* de importación; **Einfuhrbeschränkung** *f* <-, -en> restricción *f* a la importación; **Einfuhrbestimmung** *f* <-, -en> régimen *m* de importación

ein|führen *vt* **1.** (*anleiten*) iniciar (*in* en) **2.** (*hineinschieben*) introducir (*in* en) **3.** (COM) importar (*nach* a) **4.** (*bekannt machen*) introducir (*in* en), presentar (*bei* a) **5.** (*etw Neues*) introducir (*in* en); (*Ware*) lanzar (*in* a); (*System*) establecer (*in* en) **6.** (*Wend*): **wieder ~** (*Brauch*) restablecer; (*Ware*) reimportar

Einfuhrerschwerung *f* <-, -en> obstaculización *f* de las importaciones; **Einfuhrfreiliste** *f* <-, -n> lista *f* de mercancías de libre importación; **Einfuhrgenehmigung** *f* <-, -en> permiso *m* de importación; **Einfuhrkontingent** *nt* <-(e)s, -e> (WIRTSCH) contingente *m* de importación; **Einfuhrkontingentierung** *f* <-, -en> (WIRTSCH) contingentación *f* de importaciones; **Einfuhrland** *nt* <-(e)s, -länder> (COM) país *m* de importación; **Einfuhrlizenz** *f* <-, -en> (WIRTSCH) licencia *f* de importación; **Einfuhrsperre** *f* <-, -n> (COM) prohibición *f* de las importaciones

Einführung *f* <-, -en> **1.** (*Hineinschieben*) introducción *f,* implantación *f* **2.** (*von Maßnahmen*) adopción *f;* (*von Steuern*) imposición *f* **3.** (*Anleitung*) introducción *f* **4.** (*Vorstellung*) presentación *f*

Einführungspreis *m* <-es, -e> precio *m* de lanzamiento

Einfuhrverbot *nt* <-(e)s, -e> prohibición *f* de importación; **Einfuhrzoll** *m* <-(e)s, -zölle> (WIRTSCH) derechos *mpl* de importación

ein|füllen *vt* echar (*in* en); **Wasser in eine Flasche ~** llenar una botella de [*o* con] agua

Einfüllöffnung *f* <-, -en> abertura *f* de llenado, boca *f* de carga; **Einfüllstutzen** *m* <-s, -> (AUTO) tubo *m,* embudo *m* (aplicable a un bidón)

Eingabe *f* <-, -n> **1.** (*Antrag*) petición *f,* solicitud *f;* **eine ~ an eine Behörde machen** presentar una solicitud a una autoridad **2.** (INFOR) entrada *f* de datos; **Eingabeaufforderung** *f* <-, -en> (INFOR) instrucción *f* de entrada; **Eingabedaten** *pl* (INFOR) datos *mpl* de entrada; **Eingabefeld** *nt* <-(e)s, -er> (INFOR) campo *m* de entradas; **Eingabegerät** *nt* <-(e)s, -e> (INFOR) dispositivo *m* de entrada; **Eingabemodus** *m* <-, -modi> (INFOR) modo *m* de entrada; **Eingabetaste** *f* <-, -n> (INFOR) tecla *f* de entrada

Eingang^{1} *m* <-(e)s, -gänge> **1.** (*Tür*) entrada *f* **2.** *pl* (*Geld*) entradas *fpl;* (*Post*) correspondencia *f*

Eingang^{2} *m* <-(e)s, *ohne pl*> (*von Post, Ware*) llegada *f;* (*von Geld*) entrada *f;* **~ vorbehalten** (FIN) salvo buen cobro; **wir bestätigen den ~ Ihres Schreibens vom ...** acusamos recibo de su carta del...

eingängig ['aɪngɛŋɪç] *adj* (*Erklärung*) clara; (*Melodie*) pegadizo

eingangs ['aɪngaŋs] **I.** *präp +gen* al comienzo de, al principio de **II.** *adv* al comienzo, al principio; **wie ich ~ erwähnte** como mencioné al principio

Eingangsbestätigung *f* <-, -en> acuse *m* de recibo; **Eingangsdatum** *nt* <-s, -daten> fecha *f* de entrada; **Eingangshalle** *f* <-, -n> vestíbulo *m,* hall *m;* **Eingangskontrolle** *f* <-, -n> control *m* de entrada

ein|geben *irr vt* **1.** (INFOR) introducir (*in* en) **2.** (*Arznei*) administrar **3.** (*geh: Idee*) sugerir, inspirar

eingebildet *adj* (*abw*) **1.** (*hochmütig*) presuntuoso, presumido, facistol *Am,* cajetilla *CSur;* (*anmaßend*) engreído, arrogante **2.** (*nicht wirklich*) imaginario, ficticio

eingeboren *adj* nativo, indígena

Eingeborene(r) *mf* <-n, -n; -n, -n> aborigen *mf,* indígena *mf;* **Eingeborenensprache** *f* <-, -n> lengua *f* nativa

Eingebung ['aɪnge:bʊŋ] *f* <-, -en> (*geh*) inspiración *f,* idea *f;* **eine ~ haben** tener una idea; **göttliche ~** inspiración divina

eingedenk ['aɪngədɛŋk] *adv:* **etw** *gen/***jds ~ sein/bleiben** tener algo/a alguien presente, recordar algo/a alguien; **~ dieses Versprechens war er zuversichtlich** habida cuenta de esa promesa, estaba esperanzado

eingefahren *adj* arraigado

eingefallen *adj* enflaquecido, (muy) delgado; **~e Wangen** mejillas hundidas

eingefleischt ['aɪngəflaɪʃt] *adj* arraigado; **ein ~er Junggeselle** un solterón empedernido

eingefuchst ['aɪngəfʊkst] *adj* (*reg*) experto, perito

ein|gehen *irr sein* **I.** *vi* **1.** (*sich auseinander setzen*) ocuparse (*auf* de); **auf diese Frage gehe ich später näher ein** me ocuparé de esta pregunta más adelante **2.** (*zustimmen*) aceptar (*auf*); **auf einen Vorschlag ~** aceptar una propuesta **3.** (*Post*) llegar **4.** (*Kleidung*) encoger **5.** (*fam: sterben*) morir(se); (*Betrieb*) cerrar **6.** (*fam: verstehen*) entrar; **es geht mir nicht ein, dass ...** no me entra que... *+subj* **7.** (*Wend*): **in die Geschichte ~** pasar a la historia **II.** *vt* **1.** (*Vertrag*) concertar, ultimar **2.** (*Risiko*) correr, aceptar; **ich gehe jede Wette ein, dass er gewinnt** apuesto lo que sea a que gana él **3.** (*Ehe*) contraer; **eine Beziehung ~** comenzar una relación, meterse en relación *fam*

eingehend *adj* (*ausführlich*) exhaustivo, detallado

Eingemachte(s) *nt* <-n, *ohne pl*> conservas *fpl;* **ans ~ gehen** (*fam fig*) ir al grano

ein|gemeinden* *vt* incorporar a un municipio

Eingemeindung *f* <-, -en> (ADMIN) incorporación *f*

eingeschlechtig *adj* (BOT) unisexual

eingeschnappt *adj* (*fam abw*) mosqueado

eingeschossig ['aɪngəʃɔsɪç] *adj* (ARCHIT) de un piso, de una planta

eingeschränkt ['aɪngəʃrɛŋkt] *adj* limitado, restringido; **~ leben** vivir modestamente

eingeschrieben *adj* (*Brief*) certificado

eingesessen **I.** *pp von* **einsitzen** **II.** *adj:* **die Friedrichs sind eine alt ~e Familie** los Friedrich son una familia que lleva (muchas) generaciones viviendo aquí [*o* una familia arraigada en este lugar]

Eingesottene(s) *nt* <-n, *ohne pl*> (*Österr*) *s.* **Eingemachte(s)**

eingespannt *adj* (*beschäftigt*) ocupado; **sehr ~ sein** estar muy ocupado

eingespielt *adj:* **aufeinander ~ sein** entenderse bien, estar armonizados

eingestandenermaßen ['aɪngəʃtandənə'ma:sən] *adv* cierto es que

Eingeständnis *nt* <-ses, -se> reconocimiento *m,* confesión *f*

ein|gestehen* *irr vt* confesar, admitir; **sich** *dat* **etw ~** reconocer [*o* admitir] algo

eingestellt *adj:* **ich bin gegen ihn ~** me es antipático, no me cae bien; **sind Sie konservativ ~?** ¿es conservador usted?; **auf etw ~ sein** estar preparado para (hacer) algo; **ich bin nicht auf Besuch ~** no estoy preparado para recibir visita; **mein ganzes Leben ist auf die Kinder ~** toda mi vida gira alrededor de los niños

eingetragen *adj* (*Mitglied*) inscrito; (*Verein*) registrado

Eingeweide ['aɪngəvaɪdə] *ntpl* vísceras *fpl,* tripas *fpl*

Eingeweihte(r) ['aɪngəvaɪtɐ] *mf* <-n, -n; -n, -n> iniciado, -a *m, f*

ein|gewöhnen* *vr:* **sich ~** acostumbrarse (*in* a), adaptarse (*in* a)

Eingewöhnung *f* <-, *ohne pl*> adaptación *f*

ein|gießen *irr vt* echar (*in* en), verter (*in* en)

ein|gipsen *vt* **1.** (*befestigen*) enyesar; **einen Dübel (in die Wand) ~** sujetar un taco con yeso (a la pared) **2.** (MED) enyesar, escayolar

eingleisig ['aɪnglaɪzɪç] *adj* de una sola vía, de vía única

ein|gliedern *vt* incorporar (*in* a), integrar (*in* en); **wieder ~** reintegrar; (*Gefangene*) reinsertar; **Eingliederung** *f* <-, -en> (*Sozialisierung*) (re)integración *f* (*in* en); (ADMIN: *Behörden, besetzte Gebiete*) integración *f* (*in* en), incorporación *f* (*in* a); **Eingliederungsgeld** *nt* <-(e)s, -er>, **Eingliederungshilfe** *f* <-, -n> ayuda *f* al retornado

ein|graben *irr* **I.** *vt* (*vergraben*) enterrar (*in* en) **II.** *vr:* **sich ~** (*Tier*) esconderse bajo tierra; **etw gräbt sich ins Gedächtnis ein** algo se graba en la memoria

ein|gravieren* *vt* grabar (*in* en)

ein|greifen *irr vi* **1.** (*Einfluss nehmen*) intervenir (*in* en); **seinem E~ war es zu verdanken, dass ...** gracias a su intervención... **2.** (TECH) engranar (*in* en)

Eingreiftruppe *f* <-, -n>: **schnelle ~n (der NATO)** tropas *fpl* de intervención rápida (de la OTAN)

ein|grenzen *vt* (*Problem, Thema*) delimitar

Eingriff *m* <-(e)s, -e> **1.** (MED) intervención *f* **2.** (*Übergriff*) ingerencia *f* (*in* en), intromisión *f* (*in* en)

ein|gruppieren* ['aɪngrʊpiːrən] *vt* **1.** (*Gruppen bilden*) agrupar **2.** (*zuordnen*) clasificar (*in* en), asignar (*in* a)

Eingruppierung *f* <-, -en> clasificación *f*, asignación *f*

ein|haken **I.** *vi* (*fam: in Gespräch*) intervenir; **an dieser Stelle muss man ~** es necesario intervenir en este punto **II.** *vt* (*befestigen*) enganchar (*in* en) **III.** *vr:* **sich bei jdm ~** cogerse del brazo de alguien, tomar a alguien del brazo

Einhalt (*geh*): **jdm/etw** *dat* **~ gebieten** poner coto a alguien/a algo

ein|halten *irr* **I.** *vt* (*Termin, Bedingung*) atenerse (a), respetar; (*Versprechen*) cumplir (con); (*Richtung, Diät*) seguir; (*Abstand*) mantener **II.** *vi* (*geh: aufhören*) parar; **mit** [*o* **in**] **der Arbeit ~** parar de trabajar

Einhaltung *f* <-, *ohne pl*> cumplimiento *m*

ein|hämmern **I.** *vi* **1.** (*einschlagen*): **auf etw/jdn ~** golpear algo/a alguien, dar golpes a algo/a alguien **2.** (*dröhnend einwirken*): **auf jdn ~** retumbar en los oídos de alguien; **diese laute Musik hämmert ja auf einen ein, dass einem das Trommelfell platzen könnte!** ¡esta música alta es tan atronadora que le puede destrozar a uno los tímpanos! **II.** *vt* (*einprägen*): **jdm etw ~** repetir algo a alguien con machaconería; **du musst dir die neuen Rechenformeln ~** tienes que machacar las nuevas fórmulas de cálculo; **sich** *dat* **~, dass ...** meterse en la cabeza que...

ein|handeln *vr* (*fam*): **sich** *dat* **etw ~** recibir algo; **dadurch habe ich mir heftige Kritik eingehandelt** con esto he tenido que soportar duras críticas

einhändig ['aɪnhɛndɪç] *adj* manco, con una sola mano

ein|händigen *vt* (*formal*): **jdm etw ~** entregar algo a alguien

ein|hängen **I.** *vi* (*Hörer*) colgar **II.** *vt* (*Tür, Fenster*) enquiciar **III.** *vr:* **sich bei jdm ~** cogerse del brazo de alguien, tomar a alguien del brazo

ein|hauchen *vt* (*geh: Lebensmut, Zuversicht*) inspirar, dar

ein|hauen *irr* **I.** *vi:* **auf jdn/etw ~** dar golpes a alguien/a algo **II.** *vt* **1.** (*zerstören: Tür*) derribar; (*Fensterscheibe*) romper; **jdm etw ~** romperle algo a alguien (de un puñetazo/golpe) **2.** (*einmeißeln*) grabar (*in* en)

ein|heften *vt* archivar

einheimisch ['aɪnhaɪmɪʃ] *adj* (*Bevölkerung, Pflanzen*) autóctono, nativo *Am;* (*Produkt*) nacional

Einheimische(r) *mf* <-n, -n; -n, -n> (*eines Landes*) natural *mf*, habitante *m*, nativo, -a *m, f Am;* (*eines Ortes*) vecino, -a *m, f*

ein|heimsen ['aɪnhaɪmzən] *vt* (*fam*) embolsar(se)

Einheirat *f* <-, -en> acción *f* de emparentar [*o* de contraer parentesco] (*in* con) (*al contraer matrimonio con un miembro de la familia*); **seine ~ in die Firma erregte großes Aufsehen** su entrada en la empresa (al casarse con la hija del propietario) causó una gran sensación

ein|heiraten *vi* emparentar; **in eine wohlhabende Familie ~** emparentar con una familia acomodada

Einheit ['aɪnhaɪt] *f* <-, -en> (*a.* MIL) unidad *f;* (TEL) paso *m* de contador; **die deutsche ~** la unidad alemana

einheitlich *adj* **1.** (*in sich geschlossen*) unitario; (*homogen*) uniforme, homogéneo **2.** (*genormt*) normalizado, estandarizado; **E~e Europäische Akte** Acta Única Europea

Einheitlichkeit *f* <-, *ohne pl*> **1.** (*Gleichheit*) uniformidad *f*, igualdad *f;* **die ~ ihrer Kleidung wies sie als Gruppe aus** el que todos fueran vestidos igual indicaba que formaban un grupo **2.** (*Geschlossenheit*) unidad *f;* **jeder hier hat eine andere Meinung, wir brauchen mehr ~** aquí cada uno tiene una opinión diferente, necesitamos estar más unificados

Einheitsfrachtsatz *m* <-es, -sätze> flete *m* único; **Einheitsgebühr** *f* <-, -en> (*formal*) tarifa *f* unitaria; **Einheitskleidung** *f* <-, -en> uniforme *m;* **Einheitsliste** *f* <-, -n> (POL) lista *f* única; **Einheitsmaß** *nt* <-es, -e> medida *f* normalizada; **Einheitspreis** *m* <-es, -e> precio *m* único [*o* unificado]; **Einheitssatz** *m* <-es, -sätze> tasa *f* unitaria; **Einheitsschlüssel** *m* <-s, -> llave *f* única; **Einheitsschule** *f* <-, -n> escuela *f* unificada; **Einheitssteuer** *f* <-, -n> impuesto *m* único; **Einheitssteuersatz** *m* <-es, -sätze> tipo *m* impositivo fijo; **Einheitstarif** *m* <-(e)s, -e> (WIRTSCH) tarifa *f* única [*o* unitaria]; **Einheitsverpackung** *f* <-, -en> embalaje *m* normalizado; **Einheitsvertrag** *m* <-(e)s, -träge> contrato *m* uniforme; **Einheitswährung** *f* <-, -en> (FIN, POL) moneda *f* unitaria; **Einheitsware** *f* <-, -n> artículos *mpl* de precio único; **Einheitswert** *m* <-(e)s, -e> valor *m* base

ein|heizen **I.** *vi* (*fam: mahnen*): **jdm ~** cantar(le) a alguien las cuarenta **II.** *vt* (*Ofen, Zimmer*) calentar

Einheizer(in) *m(f)* <-s, -; -, -nen> telonero, -a *m, f*

einhellig ['aɪnhɛlɪç] **I.** *adj* unánime **II.** *adv* por unanimidad

Einhelligkeit *f* <-, *ohne pl*> unanimidad *f*

einher|gehen [-'---] *irr vi sein* (*geh*) ir acompañado (*mit* de)

ein|holen *vt* **1.** (*erreichen*) alcanzar **2.** (*wettmachen*) recuperar **3.** (*Netz*) recoger; (*Fahne, Segel*) arriar **4.** (*Auskunft, Rat*) pedir **5.** (*fam: einkaufen*) comprar

Einholung *f* <-, *ohne pl*> **1.** (*einer Fahne*) arriamiento *m* **2.** (*einer Genehmigung*) obtención *f;* (*eines Gutachtens*) consulta *f*

Einhorn *nt* <-(e)s, -hörner> unicornio *m*

ein\|hüllen *vt* envolver (*in* en/con), (re)cubrir (*in* de/con)

einhundert ['-'--] *adj inv* cien; *s. a.* **achthundert**

einig ['aɪnɪç] *adj* **1.** (*geeint*) unido **2.** (*einer Meinung*) acorde, conforme; **mit jdm ~ gehen** estar de acuerdo con alguien; **ich bin mit ihm in zwei Punkten ~ gegangen** en dos puntos he coincidido con él; **sich** *dat* **über etw ~ sein/werden** estar/ponerse de acuerdo sobre algo

einige(r, s) ['aɪnɪgə, -gɐ, -gəs] *pron indef* algún *m,* alguno, -a *m, f,* algunos *mpl,* algunas *fpl,* unos *mpl,* unas *fpl;* **~ Mal(e)** algunas veces; **~ hundert** [*o* **Hundert**] **Menschen** algunos cientos de personas; **in ~n Tagen** dentro de algunos días; **nach ~r Zeit** después de algún tiempo; **in ~r Entfernung** a cierta distancia; **~ glaubten, dass ...** algunos pensaron que...; **das wird ~s kosten** esto va costar bastante; **dazu gehört schon ~s** hace falta bastante (valor) para hacerlo

ein\|igeln ['aɪnʔiːgəln] *vr:* **sich ~ 1.** (*Igel*) enroscarse **2.** (*Mensch*) aislarse **3.** (*Truppen*) atrincherarse

einigemal *adv s.* **einige(r, s)**

einigen ['aɪnɪgən] **I.** *vt* (*einig machen*) unificar; (*aussöhnen*) conciliar **II.** *vr:* **sich ~** ponerse de acuerdo (*über* sobre), llegar a un acuerdo (*über* sobre); **wir einigten uns auf einen Preis** llegamos a un acuerdo sobre el precio

einigermaßen ['aɪnɪgɐ'maːsən] *adv* hasta cierto punto; (*ziemlich*) bastante; **das ist ~ gut** es bastante bueno; **wie geht es dir? – so ~** ¿cómo estás? – regular

einig\|gehen *irr vi sein s.* **einig 2.**

Einigkeit *f* <-, *ohne pl*> concordia *f,* conformidad *f;* **in diesem Punkt herrschte ~** hubo conformidad sobre este punto; **~ macht stark** la unión hace la fuerza

Einigung *f* <-, -en> **1.** (*Übereinstimmung*) acuerdo *m;* (*Versöhnung*) conciliación *f;* **zu einer ~ kommen** llegar a un acuerdo **2.** (*Vereinigung*) unión *f,* unificación *f*

einigungsbedingt *adj* (WIRTSCH, POL) condicionado por la reunificación; **Einigungsvertrag** *m* <-(e)s, *ohne pl*> (POL) Tratado *m* de Unificación

ein\|impfen *vt* (*fam*): **jdm etw ~** inculcar algo a alguien, meterle algo a alguien en la cabeza

ein\|jagen *vt* dar, meter; **jdm Angst ~** infundir miedo a alguien; **damit willst du mir nur Angst ~** (con eso) sólo quieres meterme miedo; **das jagt mir Angst ein** (eso) me da miedo

einjährig ['aɪnjɛːrɪç] *adj* **1.** (*Kind, Kurs*) de un año; *s. a.* **achtjährig 2.** (*Pflanze*) anual

ein\|kalkulieren* *vt* incluir, contar (con)

Einkammersystem [-'----] *nt* <-s, -e> (POL) sistema *m* unicameral

ein\|kapseln **I.** *vt* (PHARM) encapsular **II.** *vr:* **sich ~** (MED) enquistarse

ein\|kassieren* *vt* **1.** (*Geld*) cobrar **2.** (*fam: festnehmen*) detener **3.** (*fam: wegnehmen*) mangar, coger

Einkauf[1] *m* <-(e)s, -käufe> (*Kauf*) compra *f;* **Einkäufe machen** hacer compras

Einkauf[2] *m* <-(e)s, *ohne pl*> (COM: *Abteilung*) sección *f* de compras

ein\|kaufen **I.** *vi, vt* (*Waren*) comprar; **~ gehen** ir de compras **II.** *vr:* **sich ~** (*Teilhaber werden*) adquirir una parte (*in* de); **sich in eine Firma ~** adquirir parte de una empresa

Einkäufer(in) *m(f)* <-s, -; -, -nen> comprador(a) *m(f)*

Einkaufsbummel *m* <-s, -> vuelta *f* por las tiendas; **einen ~ machen** ir de tiendas; **Einkaufsgenossenschaft** *f* <-, -en> (COM): **~ des Großhandels** cooperativa *f* de compras al por mayor; **Einkaufsleiter(in)** *m(f)* <-s, -; -, -nen> jefe, -a *m, f* de compras; **Einkaufsmeile** *f* <-, -n> calle *f* comercial; **Einkaufspassage** *f* <-, -n> galería *f* comercial; **Einkaufspreis** *m* <-es, -e> precio *m* de compra [*o* de coste]; **Einkaufsquelle** *f* <-, -n>: **weißt du nicht eine gute ~ für Videorekorder?** ¿no sabes de alguna buena tienda donde vendan vídeos?; **Einkaufsselbstkosten** *pl* (WIRTSCH) precio *m* de coste; **Einkaufsstraße** *f* <-, -n> calle *f* comercial; **Einkaufssumme** *f* <-, -n> (*Schweiz*) *precio que un extranjero debe pagar para obtener en Suiza el permiso de trabajo;* **Einkaufstasche** *f* <-, -n> bolsa *f* de la compra; **Einkaufstour** *f* <-, -en> vuelta *f* por las tiendas; **Einkaufswagen** *m* <-s, -> carrito *m* de la compra; **Einkaufszentrum** *nt* <-s, -zentren> centro *m* comercial; **Einkaufszettel** *m* <-s, -> lista *f* de la compra

Einkehr *f* <-, *ohne pl*> (*geh: Selbstbesinnung*) reflexión *f,* examen *m* de conciencia; **diese Berghütte ist der richtige Ort zur ~** esta cabaña es el lugar ideal para reflexionar [*o* para hacer un examen de conciencia]; **jdn zur ~ bringen** hacer reflexionar a alguien; **~ halten** reflexionar sobre uno mismo, hacer un examen de conciencia

ein\|kehren *vi sein* **1.** (*geh: Ruhe, Frieden*) llegar **2.** (*in Gasthof*) ir a tomar algo, ir a un restaurante

ein\|keilen ['aɪnkaɪlən] *vt* fijar con cuña

ein\|kellern *vt* (*Kartoffeln, Kohlen*) almacenar en el sótano; (*Wein*) embodegar

ein\|kerben *vt* grabar (con un objeto punzante) (*in* en)

Einkerbung ['aɪnkɛrbʊŋ] *f* <-, -en> (*am Stock*) incisión *f;* (*in Baustamm*) muesca *f*

ein\|kerkern *vt* (*geh*) recluir (en prisión), enviar a prisión

ein|kesseln *vt* rodear, acordonar

Einkesselung *f* <-, -en> (MIL) cerco *m*

einklagbar *adj* demandable

ein|klagen *vt* (JUR) demandar

ein|klammern *vt* poner entre paréntesis

Einklang *m* <-(e)s, *ohne pl*> **1.** (MUS) unisonancia *f* **2.** (*geh: Harmonie*) armonía *f;* **in ~ mit etw** *dat* **stehen** armonizar con algo; **etw mit etw** *dat* **in ~ bringen** compatibilizar [*o* armonizar] una cosa con otra

ein|kleben *vt* pegar (*in* en)

ein|kleiden *vt* **1.** (*Person*) vestir **2.** (*Rekruten*) equipar

Einkleidung *f* <-, -en> **1.** (MIL) entrega *f* del uniforme [*o* del equipo] **2.** (REL: *Nonne*) toma *f* de velo; (*Mönch*) toma *f* de hábito

ein|klemmen *vt* pillar; **ich habe mir den Finger in der Tür eingeklemmt** me he pillado el dedo con la puerta

ein|klinken **I.** *vt* cerrar; **eine Tür ~** cerrar una puerta con el picaporte; **den Gurt in das Schloss ~** abrochar el cinturón **II.** *vi sein* cerrarse; **er hörte die Tür ~** oyó cómo se cerraba la puerta **III.** *vr:* **sich ~** (*a.* INFOR) engancharse; **sich in ein Gespräch ~** intervenir en una conversación; **sich in ein Geschäft ~** meterse en un negocio

ein|knicken **I.** *vi sein* **1.** (*umknicken: in/mit den Knien*) plegársele las piernas a alguien; (*in/mit dem Knöchel*) torcérsele a alguien el tobillo **2.** (*einen Knick bekommen*) doblar (*an* en/por) **3.** (*nachgeben*) ceder; **seine Popularität ist eingeknickt** su popularidad ha disminuido **II.** *vt haben* **1.** (*umbiegen*) doblar (*an* en/por) **2.** (*fast zerbrechen*) romper sin partir; **er knickte einige Zweige ein um den Weg zu markieren** dobló algunas ramas para marcar el camino

einknöpfbar *adj* que se puede abotonar; **die Jacke hat ein ~es Innenfutter** la chaqueta tiene un forro interior de quita(i)pón que se sujeta con botones

ein|knöpfen *vt* abotonar (*in* a)

ein|knüppeln *vi:* **auf jdn ~** golpear (con una porra) a alguien

ein|kochen **I.** *vi sein* (*Soße*) espesarse (al fuego) **II.** *vt* (*Obst*) confitar

ein|kommen *irr vi sein* (*formal*): **um etw ~** pedir algo; **sie kam bei ihrem Chef um eine Woche Sonderurlaub ein** fue a ver a su jefe para pedirle una semana de vacaciones

Einkommen *nt* <-s, -> sueldo *m,* salario *m;* **verfügbares ~** ingresos disponibles; **beitragspflichtiges** ingreso sujeto a contribución; **festes/steuerpflichtiges ~** renta fija/sujeta a impuestos; **~ aus Arbeit/Handelstätigkeit/Kapital** renta del trabajo/de actividades comerciales/del capital; **~ vor Abzug der Steuern** renta antes de impuestos; **Einkommensentwicklung** *f* <-, -en> evolución *f* de los salarios; **Einkommensermittlung** *f* <-, -en> determinación *f* de rendimientos; **Einkommensgefälle** *nt* <-s, -> (WIRTSCH) desigualdad *f* de los ingresos; **Einkommensgrenze** *f* <-, -n> (WIRTSCH) límite *m* de ingresos; **Einkommensgruppe** *f* <-, -n> categoría *f* salarial; **Einkommensquelle** *f* <-, -n> fuente *f* de ingresos; **Einkommen(s)schichtung** *f* <-, -en> clasificación *f* de ingresos; **einkommen(s)schwach** *adj* (WIRTSCH) de pocos ingresos; **einkommen(s)stark** *adj* (WIRTSCH) de ingresos altos

Einkommen(s)steuer *f* <-, -n> impuesto *m* sobre la renta; **Veranlagung der ~** liquidación del impuesto sobre la renta; **Einkommen(s)steuererklärung** *f* <-, -en> declaración *f* del impuesto sobre la renta; **eine ~ abgeben** presentar la declaración del impuesto sobre la renta; **einkommen(s)steuerpflichtig** *adj* sujeto a la declaración de la renta; **Einkommen(s)steuersatz** *m* <-es, -sätze> tipo *m* del impuesto sobre la renta; **niedrigster ~** tipo mínimo del impuesto sobre la renta

Einkommen(s)stufe *f* <-, -n> nivel *m* de ingresos; **Einkommensverhältnisse** *ntpl* ingresos *mpl;* **Einkommensverteilung** *f* <-, -en> distribución *f* de la renta, reparto *m* de la renta; **Einkommenszuschlag** *m* <-(e)s, -schläge> suplemento *m* a la renta

ein|kreisen *vt* cercar, rodear

Einkreisung *f* <-, -en> cerco *m,* rodeo *m;* **langsam kamen wir zur ~ des Problems** poco a poco íbamos llegando al meollo del problema

ein|kriegen *vr:* **sich ~** (*fam*) dominarse, contenerse; **sie kriegte sich vor Lachen gar nicht mehr ein** no consiguió contener su risa

ein|kringeln *vt* marcar con un círculo

Einkünfte ['aɪnkʏnftə] *pl* ingresos *mpl;* **außerordentliche/feste ~** rendimientos extraordinarios/fijos; **lohnsteuerpflichtige/steuerfreie ~** rendimientos sujetos al impuesto sobre la renta/exentos de impuestos; **~ aus selbständiger und künstlerischer Tätigkeit** rendimientos de las actividades profesionales y artísticas; **~ aus nichtselbständiger Tätigkeit** rendimientos del trabajo; **~ aus beweglichem Vermögen** rendimientos del capital mobiliario; **~ aus Vermietung und Verpachtung** rendimientos del capital inmobiliario

ein|kuppeln *vi* (AUTO) embragar

Einlad ['aɪnla:t] *nt* <-(e)s, *ohne pl*> (*Schweiz*) *s.* **Einladung**

ein|laden *irr vt* **1.** (*Gäste*) invitar (*zu* a); **er hat mich zum Essen eingeladen** me ha invitado a comer; **ich lade dich auf ein Bier ein** te invito a una cerveza **2.** (*Ladung*) cargar (*in* en)

einladend *adj* (*verlockend*) tentador; (*verführerisch*) seductor

Einladung *f* <-, -en> invitación *f* (*zu* a); **Einladungskarte** *f* <-, -n>, **Einladungsschreiben** *nt* <-s, -> invitación *f*

por escrito
Einlage *f* <-, -n> **1.** (*im Schuh*) plantilla *f* ortopédica **2.** (*Zahn~*) empaste *m* provisional **3.** (*Slip~*) salvaslip *m* **4.** (*in der Zeitung*) suplemento *m* **5.** (THEAT) actuación *f* estelar **6.** (FIN: *Spar~*) depósito *m;* (*Kapital~*) inversión *f;* **verzinsliche ~n** depósitos a interés; **Einlagenbank** *f* <-, -en> (FIN) banco *m* de depósitos
ein\|lagern *vt* almacenar
Einlagerung *f* <-, -en> **1.** (*das Einlagern*) almacenamiento *m* **2.** (MINER) depósito *m*
ein\|langen *vi sein* (*Österr: eintreffen*) llegar (*in* a)
Einlass[RR] ['aɪnlas] *m* <-es, *ohne pl*>, **Einlaß** *m* <-sses, *ohne pl*> entrada *f,* admisión *f;* **sich** *dat* **~ in etw verschaffen** ser admitido en un lugar
ein\|lassen *irr* **I.** *vt* **1.** (*hereinlassen*) hacer [*o* dejar] entrar (*in* en); **er ließ sich** *dat* **ein Bad ein** se preparó un baño **2.** (*zulassen*) admitir **3.** (*einpassen*) empotrar (*in* en) **II.** *vr:* **sich ~ 1.** (*Umgang pflegen*) darse (*mit* con), mezclarse (*mit* con); **lass dich nicht mit diesem Ganoven ein** no te mezcles con este tunante **2.** (*mitmachen*) comprometerse (*auf* a), dejarse meter (*auf* en); **ich lasse mich auf keine Diskussion ein** no quiero discutir el tema para nada **3.** (JUR: *zu Klagepunkten*) contestar, manifestarse
einlässlich[RR] ['aɪnlɛslɪç] *adj,* **einläßlich** *adj* (*Schweiz: ausführlich*) extenso, detallado
Einlassung ['aɪnlasʊŋ] *f* <-, -en> (JUR) contestación *f,* manifestación *f*
Einlauf *m* <-(e)s, -läufe> **1.** (MED) lavativa *f,* enema *m* **2.** (SPORT) llegada *f* (a la línea de meta)
ein\|laufen *irr* **I.** *vi sein* **1.** (*Schiff, a.* SPORT) entrar (*in* en/a); (*Zug*) llegar (*in* a) **2.** (*Kleidung*) encoger; **garantiert kein E~!** ¡garantizamos que no encoge! **3.** (*zum Baden*): **das Wasser läuft ein** estoy llenando la bañera **II.** *vt* **1.** (*Schuhe*) adaptar al pie **2.** (*Wend*): **jdm die Bude ~** (*fam*) no dejar en paz a alguien **III.** *vr:* **sich ~** (SPORT) calentar, hacer ejercicios de precalentamiento
ein\|läuten *vt* anunciar (con toque de campanas); **den Wahlkampf ~** abrir la campaña electoral
ein\|leben *vr:* **sich ~** adaptarse (*in* a), aclimatarse (*in* a)
Einlegearbeit *f* <-, -en> (KUNST) **1.** (*Möbelstück*) pieza *f* de marquetería [*o* de taracea] **2.** (*Intarsie*) marquetería *f,* incrustación *f*
ein\|legen *vt* **1.** (*hineintun*) meter; (*Film*) poner **2.** (FIN) depositar **3.** (*Berufung, Protest*) interponer; (*Pause*) intercalar; **ein gutes Wort für jdn ~** interceder por alguien, hablar en favor de alguien **4.** (*Haare*) marcar **5.** (GASTR) macerar; (*marinieren*) marinar; (*in Tunke*) adobar; (*in Essig*) poner en vinagre, escabechar **6.** (KUNST: *intarsieren*) taracear, incrustar
Einleger(in) *m(f)* <-s, -; -, -nen> (FIN) depositante *mf*
Einlegesohle *f* <-, -n> plantilla *f*
ein\|leiten *vt* **1.** (*beginnen*) comenzar, empezar; **die entsprechenden Schritte ~ um zu ...** hacer las gestiones correspondientes para... **2.** (*vorbereiten*) preparar, hacer preparativos (*zu* para); (*Geburt*) provocar; (*Verhandlungen*) entablar, iniciar; (*Prozess, Untersuchung*) instruir, entablar; **gegen ihn wurde ein Verfahren eingeleitet** instruyeron una causa contra él **3.** (*Flüssigkeit*) verter (*in* en/a)
einleitend **I.** *adj* (*einführend*) preliminar, introductorio **II.** *adv:* **~ möchte ich erwähnen, dass ...** para empezar quisiera mencionar que...
Einleitung *f* <-, -en> **1.** (*eines Textes, im Buch*) introducción *f* **2.** (*Eröffnung*) comienzo *m,* inicio *m* **3.** (*Flüssigkeit*) encauzamiento *m;* **Einleitungsformel** *f* <-, -n> (JUR) encabezamiento *m;* **Einleitungsgrenzwert** *m* <-(e)s, -e> valor *m* límite del encauzamiento; **Einleitungsstandard** *m* <-s, -s> estándar *m* del encauzamiento
ein\|lenken *vi* (*nachgeben*) ceder, transigir
ein\|lesen *irr* **I.** *vt* (INFOR) leer **II.** *vr:* **sich ~** (*in ein Thema*) familiarizarse (*in* con), meterse (*in* en) *fam*
ein\|leuchten *vi* ser obvio, saltar a la vista; **das will mir nicht ~** esto no me convence
einleuchtend *adj* (*offensichtlich*) obvio, evidente; (*überzeugend*) convincente
ein\|liefern *vt* entregar; (*Person*) ingresar (*in* en)
Einlieferung *f* <-, -en> entrega *f;* (*ins Krankenhaus*) ingreso *m* (*in* en), hospitalización *f;* (*ins Gefängnis*) entrada *f* (*in* en), ingreso *m* (*in* en); **Einlieferungsbefehl** *m* <-(e)s, -e> (JUR) orden *f* de encarcelamiento; **Einlieferungsschein** *m* <-(e)s, -e> albarán *m* de entrega; (*Post*) resguardo *m*
ein\|lochen *vt* **1.** (*fam: inhaftieren*) enchironar **2.** (*Golfball*) meter en el hoyo
ein\|loggen ['aɪnlɔgən] *vr:* **sich ~** (INFOR) entrar (*in* en)
einlösbar *adj* (*Scheck*) cobrable; (*Gutschein*) canjeable
ein\|lösen *vt* **1.** (*Pfand*) desempeñar **2.** (*Scheck*) cobrar; (*Gutschein*) canjear **3.** (*geh: Versprechen*) cumplir
Einlösung *f* <-, -en> **1.** (*eines Schecks*) cobro *m* **2.** (*eines Pfands*) desempeño *m* **3.** (*eines Versprechens*) cumplimiento *m;* **Einlösungsfrist** *f* <-, -en> plazo *m* de rescate
ein\|lullen *vt* (*fam*) **1.** (*schläfrig machen*) arrullar, adormecer **2.** (*willfährig machen*) aquietar
ein\|machen *vt* **1.** (*Obst*) confitar, almibarar **2.** (*in Essig*) poner en vinagre, escabechar; **eingemachte Gurken** pepinillos en vinagre
Einmachglas *nt* <-es, -gläser> tarro *m* para conservas [*o* confituras]; **Einmachring** *m* <-(e)s, -e> goma *f* de la tapa de un tarro

E

de conservas

einmal ['aɪnma:l] *adv* 1. (*ein Mal*) una vez; **ein- bis zweimal** entre una y dos veces; **noch** ~ otra vez; ~ **eins ist eins** uno por uno es uno; **auf** ~ de repente; ~ **ist keinmal** una vez no cuenta; ~ **mehr** una vez más; **ich möchte erst** ~ **hier bleiben** por ahora quiero quedarme aquí 2. (*früher*) antes; **warst du schon** ~ **hier?** ¿ya has estado aquí antes?; **das war** ~ esto era antes; **es war** ~ ... érase una vez... 3. (*irgendwann*) alguna vez, un día; **besuchen Sie mich doch** ~! ¡venga a verme un día! 4. (*verstärkend*): **sag** ~, **stimmt das?** dime en serio, ¿es eso verdad?; **er hat sie nicht** ~ **besucht** ni siquiera la fue a visitar; **das ist nun** ~ **so** ¡qué se le va a hacer!; **wieder** ~ nuevamente

Einmaleins [aɪnma:l'ʔaɪns] *nt* <-, *ohne pl*> tabla *f* de multiplicar; **das kleine/große** ~ la tabla de multiplicar hasta el 10/hasta el 20

einmalig ['---, -'--] *adj* 1. (*außergewöhnlich*) extraordinario, excepcional 2. (*einzigartig*) único

Einmaligkeit *f* <-, *ohne pl*> unicidad *f*, carácter *m* único; **so eine Landschaft habe ich noch nie gesehen, sie ist von sagenhafter** ~ no he visto nunca un paisaje semejante; es fantástico, único

Einmallinsen *fpl* lentes *mpl o fpl* de contacto de un solo uso; **Einmalspritze** *f* <-, -n> jeringuilla *f* de un solo uso; **Einmalwindel** *f* <-, -n> pañal *m* de un solo uso

Einmannbetrieb ['----, -'---] *m* <-(e)s, -e> 1. (WIRTSCH) empresa *f* unipersonal 2. (*Fahrer*) agente *mf* único, -a; **Einmannkapelle** ['-----, -'----] *f* <-, -n> (MUS) banda *f* de una sola persona

Einmarkstück *nt* <-(e)s, -e> moneda *f* de un marco

Einmarsch *m* <-(e)s, -märsche> entrada *f* (*in* en); (MIL) ocupación *f* (*in* de); **ein|marschieren*** *vi sein* 1. (*hineingehen*) entrar (*in* en) 2. (*gewaltsam*) invadir (*in*); **feindliche Truppen marschieren in das Land ein** tropas enemigas invaden el país

ein|massieren* *vt* aplicar (dando un masaje) (*in* en); (*Creme, Sonnenöl*) poner (*in* en)

ein|mauern *vt* emparedar; (*einlassen*) empotrar; (*ummauern*) amurallar

Ein-Megabit-Chip *m* <-s, -s> (INFOR) chip *m* de un megabyte

ein|meißeln *vt* cincelar; (*eingravieren*) grabar

ein|mengen *vt* añadir poco a poco, entremezclar

Einmeterbrett [-'---] *nt* <-(e)s, -er> (SPORT) trampolín *m* de un metro

ein|mieten *vr*: **sich** ~ alojarse (*bei* en casa de, *in* en), hospedarse (*bei* en casa de, *in* en)

ein|mischen *vr*: **sich** ~ inmiscuirse (*in* en), (entro)meterse (*in* en); **misch dich bitte nicht in unser Gespräch ein** por favor, no te metas en nuestra conversación; **Einmischung** *f* <-, -en> intromisión *f*, injerencia *f*; ~ **in fremde Angelegenheiten** intromisión en asuntos ajenos

einmonatig *adj* de un mes

einmonatlich *adj* mensual

ein|montieren* *vt* (TECH) montar (*in* en)

einmotorig ['aɪnmoto:rɪç] *adj* (AERO) monomotor

ein|motten *vt* 1. (*Kleidung*) guardar (a prueba de polillas) 2. (*fam: Fahrzeug, Gerät*) poner fuera de servicio

ein|mumme(l)n ['aɪnmʊmə(l)n] I. *vt* (*fam*) abrigar bien II. *vr*: **sich** ~ (*fam*) abrigarse bien

ein|münden *vi haben o sein* desembocar; **Einmündung** *f* <-, -en> (*a.* GEO) desembocadura *f*

einmütig ['aɪnmy:tɪç] I. *adj* unánime II. *adv* por unanimidad

Einmütigkeit *f* <-, *ohne pl*> unanimidad *f*

ein|nachten ['aɪnnaxtən] *vunpers* (*Schweiz: dämmern*) anochecer, oscurecer

ein|nähen *vt* (*Reißverschluss, Tasche*) coser; (*enger machen*) estrechar

Einnahme[1] ['aɪnna:mə] *f* <-, *ohne pl*> 1. (MIL) conquista *f*, toma *f* 2. (MED) toma *f*

Einnahme[2] *f* <-, -n> (*Geld*) ingresos *mpl*; **außerordentliche** ~**n** ingresos extraordinarios; **Einnahmequelle** *f* <-, -n> fuente *f* de ingresos

ein|nehmen *irr vt* 1. (*Geld*) cobrar; (*Steuern*) recaudar 2. (*Arznei*) tomar; (*Mahlzeit*) comer, tomar 3. (*Standpunkt*) adoptar; (*Stellung, Posten*) ocupar; **seinen Platz** ~ tomar asiento 4. (*erobern*) tomar, conquistar 5. (*beanspruchen*) ocupar; **der Tisch nimmt zu viel Platz ein** la mesa ocupa demasiado espacio 6. (*Wend*): **jdn für sich** ~ ganarse las simpatías de alguien; **sie hat ein** ~**des Wesen** tiene un carácter seductor; **von sich** *dat*/**jdm eingenommen sein** tener un alto concepto de sí mismo/de alguien

einnehmend *adj* simpático, agradable; **sie hat etwas sehr E**~ es una mujer que tiene gancho

Einnehmer(in) *m(f)* <-s, -; -, -nen> (FIN) cobrador(a) *m(f)*

ein|nicken *vi sein* (*fam*) echar una cabezada

ein|nisten *vr*: **sich** ~ anidar; (*abw: Person*) apalancarse (*bei* en casa de)

Einöde ['aɪnʔø:də] *f* <-, -n> soledad *f*; (*Wüste*) desierto *m*

Einödhof *m* <-(e)s, -höfe> (AGR) granja *f* (situada en un lugar solitario)

ein|ölen *vt* 1. (TECH) engrasar, lubrificar 2. (*Person*): **jdn/sich** ~ poner a alguien/ponerse aceite; **sich** *dat* **die Schultern** ~ (*mit Sonnenöl*) ponerse aceite bronceador en los hombros

ein|ordnen I. *vt* ordenar; (*in Regal*) poner en su sitio; (*in Gruppen*) clasificar; (*einfügen*) meter (*in* en) II. *vr*: **sich** ~ 1. (*sich unterordnen*) integrarse (*in* en) 2. (AUTO) situarse en un carril; **sich links/falsch** ~ situarse en el carril de la izquierda/equivocarse de carril

ein|packen I. *vt* 1. (*in Behälter, Koffer*) meter (*in* en); (*in Papier*) envolver (*in* en); (*zum Versand*) empaquetar 2. (*fam: warm anziehen*) abrigar II. *vi* (*fam fig*): **dann können wir ~** en este caso apaga y vámonos; **pack ein!** ¡vete ya!

ein|parken *vt, vi* aparcar

ein|passen *vt* (*einsetzen*) encajar (*in* en); (*passend machen*) ajustar (*in* a)

ein|pauken *vt* (*fam*): **jdm etw ~** hacer aprender de memoria algo a alguien

ein|pendeln *vr:* **sich ~** estabilizarse

ein|pennen *vi sein* (*fam*) quedarse dormido

Einpersonenhaushalt [-'----] *m* <-(e)s, -e> hogar *m* formado por una persona; **Einpersonenstück** *nt* <-(e)s, -e> (THEAT) obra *f* de un solo actor

Einpfennigstück *nt* <-(e)s, -e> moneda *f* de un pfennig

ein|pferchen ['aɪnpfɛrçən] *vt* (*Vieh*) acorralar

ein|pflanzen *vt* 1. (*Pflanze*) plantar 2. (MED) implantar

Einphasenstrom *m* <-(e)s, -ströme> (PHYS, ELEK) corriente *f* monofásica

einphasig *adj* (PHYS, ELEK) monofásico

ein|pinseln *vt* (MED) pincelar; (GASTR) pintar

ein|planen *vt* tener en cuenta, contar (con); **das war nicht eingeplant** no contábamos con eso

ein|pökeln *vt* (GASTR) poner en salmuera

ein|prägen I. *vt* (*ins Bewusstsein*) inculcar; **sich** *dat* **etw ~** grabarse algo en la memoria; **ich habe den Kindern eingeprägt, dass ...** a los niños les he inculcado que... +*subj* II. *vr:* **sich ~** (*Eindruck hinterlassen*) grabarse

einprägsam ['aɪnprɛːkzaːm] *adj* fácil de retener; (*Melodie*) pegadizo

ein|programmieren* *vt* (INFOR) programar

ein|prügeln I. *vi* (*fam*): **auf jdn ~** golpear a alguien, dar una paliza a alguien II. *vt* (*fam*): **jdm etw ~** hacerle entrar algo a alguien a base de bastonazos; **... und wenn ich es dir ~ muss!** ¡... aunque sea a base de palos [*o* de bofetadas]!

ein|pudern *vt* empolvar; **einem Baby den Po ~** ponerle polvos de talco a un bebé en el culito; **sich** *dat* **das Gesicht ~** empolvarse la cara

ein|quartieren* ['aɪnkvartiːrən] I. *vt* 1. (MIL) acuartelar 2. (*unterbringen*) alojar (*bei* en casa de) II. *vr:* **sich ~** hospedarse (*bei* en casa de); **er hat sich einfach bei uns einquartiert** simplemente se nos metió en casa

Einrad *nt* <-(e)s, -räder> (SPORT) monorrueda *f*

ein|rahmen *vt* poner en un marco, enmarcar

ein|rammen *vt* hincar

ein|rasten *vi sein* encajar

ein|räumen *vt* 1. (*Bücher, Wäsche*) guardar (*in* en); (*Wohnung*) amueblar 2. (*zugestehen*) admitir; (*Recht, Kredit*) conceder; **Sie werden mir doch wohl ~, dass ...** admitirá Ud. que...

Einräumung[1] *f* <-, *ohne pl*> (*Gewährung*) concesión *f;* ~ **eines Kredits** concesión de un crédito

Einräumung[2] *f* <-, -en> (*Zugeständnis*) concesión *f;* **~en machen** hacer concesiones

ein|rechnen *vt* incluir (en una cuenta); **ihn** (**mit**) **eingerechnet** él incluido

Einrede *f* <-, -n> (JUR): ~ **der Rechtshängigkeit** excepción *f* de litispendencia

ein|reden I. *vi:* **auf jdn ~** hablar con insistencia a alguien, tratar de convencer a alguien II. *vt:* **jdm etw ~** hacer creer algo a alguien; **sich** *dat* **etw ~** meterse algo en la cabeza, insistir en algo; **wer hat dir denn den Blödsinn eingeredet?** ¿quién te ha metido estas tonterías en la cabeza?

ein|regnen *vunpers:* **es regnet sich ein** no para de llover

Einreibemittel *nt* <-s, -> linimento *m,* untura *f*

ein|reiben *irr vt* aplicar (en); (*mit Creme, Sonnenöl*) poner; **jdn mit etw** *dat* ~ dar a alguien fricciones con algo

Einreibung *f* <-, -en> fricción *f,* friega *f*

ein|reichen *vt* (*Antrag, Unterlagen*) entregar, presentar; (*Abschied, Scheidung*) pedir, solicitar

Einreichung *f* <-, -en> 1. (*das Einreichen*) presentación *f* 2. (*die Beantragung*) solicitud *f,* petición *f*

ein|reihen I. *vt* colocar (*in* en), incluir (*in* en) II. *vr:* **sich ~** unirse (*in* a)

Einreiher ['aɪnraɪɐ] *m* <-s, -> traje *m* con americana de un solo botón

einreihig ['aɪnraɪɪç] *adj* de una hilera

Einreise *f* <-, -n> entrada *f;* **Einreisebestimmungen** *fpl* disposiciones *fpl* de entrada (al país); **Einreisebewilligung** *f* <-, -en>, **Einreiseerlaubnis** *f* <-, -se>, **Einreisegenehmigung** *f* <-, -en> permiso *m* de entrada

ein|reisen *vi sein* entrar (*in/nach* en)

Einreiseverbot *nt* <-(e)s, -e> prohibición *f* de entrada en un país; **Einreisevisum** *nt* <-s, -visa *o* -visen> visado *m* de entrada

ein|reißen *irr* I. *vi sein* 1. (*Papier*) romperse 2. (*Unsitte, Übel*) arraigar, echar raíces; **so etwas darf man erst gar nicht ~ lassen** no debe permitirse que una cosa así se generalice II. *vt* 1. (*Papier*) rasgar; **ich habe mir den Rock am Zaun eingerissen** me he enganchado [*o* rasgado] la falda en la verja 2. (*Haus*) derribar, demoler

ein|reiten *irr* I. *vi sein* entrar a caballo (*in* en) II. *vt haben:* **ein Pferd ~** acostumbrar a un caballo a la silla de montar, amaestrar [*o* adiestrar] un caballo (acostumbrándolo a la silla de montar)

ein|renken ['aɪnrɛŋkən] *vt* 1. (MED) encajar, componer 2. (*fam: in Ordnung bringen*) arreglar, solucionar

E

ein|rennen *irr vt* **1.** (*Tor*) derribar, echar abajo **2.** (*fam: sich anstoßen*): **sich** *dat* **etw ~** golpearse algo (*an* con); **ich habe mir den Kopf am Dachbalken eingerannt** me he dado un golpe en la cabeza con la viga

ein|richten **I.** *vt* **1.** (*gründen*) crear, fundar; (*Konto*) abrir **2.** (*Wohnung*) equipar; (*möblieren*) amueblar **3.** (*einstellen*) ajustar (*auf* a) **4.** (*arrangieren*) arreglar, organizar; **das lässt sich ~** esto se puede arreglar; **kannst du es so ~, dass ...** puedes arreglarlo de tal forma que... *+subj* **5.** (MED) reducir **6.** (*Verkehrslinie*) abrir, poner **II.** *vr:* **sich ~** (*sich anpassen*) acomodarse (*auf* a); (*sich einstellen*) prepararse (*auf* para); **auf so viel Besuch war ich nicht eingerichtet** no estaba preparado para tanta visita

Einrichtezeit *f* <-, -en> (WIRTSCH) tiempo *m* de preparación

Einrichtung[1] *f* <-, -en> **1.** (*Mobiliar*) mobiliario *m;* (*Ausrüstung*) equipo *m,* equipamiento *m* **2.** (*Institution*) institución *f* **3.** (*Anlage*) instalación *f;* **arbeitssparende ~** instalación que ayuda a economizar trabajo

Einrichtung[2] *f* <-, *ohne pl*> (*Gründung*) fundación *f;* (*einer Verkehrslinie*) apertura *f;* **für die ~ eines Kontos** para abrir una cuenta

Einrichtungsgegenstand *m* <-(e)s, -stände> mueble *m,* objeto *m* de una casa; **Einrichtungshaus** *nt* <-es, -häuser> tienda *f* de muebles y decoración

ein|ritzen *vt* grabar (*in* en)

ein|rollen **I.** *vt* enrollar **II.** *vr:* **sich ~** enrollarse

ein|rosten *vi sein* **1.** (*Schraube, Schloss*) oxidarse **2.** (*fam: Knochen*) entumecerse **3.** (*fam: geistig*) enmohecerse, anquilosarse

ein|rücken **I.** *vi sein* **1.** (*einmarschieren*) entrar (*in* en) **2.** (*eingezogen werden*) ser llamado a filas **II.** *vt* **1.** (TYPO, INFOR) sangrar, correr a la derecha **2.** (*Anzeige*) insertar

ein|rühren *vt* mezclar (*in* con/en)

ein|rüsten *vt* (ARCHIT) montar un andamio alrededor de

eins [aɪns] *adj inv* **1.** (*Zahl*) uno; **Punkt ~** primer punto; *s. a.* **acht** **2.** (*Uhrzeit*): **sie kam um (Punkt) ~** vino a la una (en punto); *s. a.* **acht** **3.** (*verbunden*): **sie fühlen sich ~ miteinander** están totalmente de acuerdo el uno con el otro **4.** (*einerlei*): **das ist ~** (*fam*) da lo mismo

Eins *f* <-, -en> uno *m;* (*Schulnote*) sobresaliente *m*

ein|sacken ['aɪnzakən] **I.** *vi sein* (*fam: einsinken*) hundirse **II.** *vt* (*fam: erbeuten*) embolsar(se)

ein|salben *vt* poner pomada (a)

ein|salzen *irr vt* salar, poner en salmuera

einsam ['aɪnza:m] *adj* **1.** (*allein*) solo; (*verlassen*) abandonado; **sich ~ fühlen** sentirse solo; **~ und verlassen** solo y abandonado **2.** (*abgelegen*) aislado, apartado; **~e Spitze sein** ser genial **3.** (*menschenleer*) desierto, inhabitado

Einsamkeit *f* <-, *ohne pl*> soledad *f*

ein|sammeln *vt* recoger; (*Geld, Spenden*) recaudar

ein|sargen *vt* **1.** (*Tote*) poner en el ataúd **2.** (*Wend*): **sich mit etw** *dat* **~ lassen können** (*fam*) poder irse al diablo con algo; **was, 5000 DM für so eine miese Anlage? damit können Sie sich ~ lassen!** (*fam*) ¿qué?, ¿5.000 marcos por este bodrio de equipo? ¡ande ya, que le zurzan!

Einsatz[1] *m* <-es, -sätze> **1.** (*Teil*) pieza *f* insertada **2.** (*Geld*) apuesta *f* **3.** (MUS) entrada *f* **4.** (MIL) (entrada *f* en) acción *f,* ataque *m*

Einsatz[2] *m* <-es, *ohne pl*> **1.** (*das Einsetzen: von Fahrzeugen, Polizei*) movilización *f;* (SPORT) alineación *f;* **im ~** en acción; **zum ~ kommen** entrar en acción **2.** (*Engagement*) esfuerzo *m;* **politischer ~** compromiso político; **unter ~ seines Lebens** arriesgando su vida; **~ zeigen** mostrar entrega

Einsatz-Ausstoß-Analyse *f* <-, -n> (WIRTSCH) análisis *m inv* de input-output

Einsatzbefehl *m* <-(e)s, -e> orden *f* de entrada en acción; **den ~ geben** dar la orden de entrar en acción; **einsatzbereit** *adj* listo; (TECH) dispuesto para funcionar; (MIL) listo para el combate; **Einsatzbereitschaft** *f* <-, *ohne pl*> disponibilidad *f,* disposición *f* para entrar en acción; **einsatzfähig** *adj* (SPORT, MIL) listo, disponible; (*Maschine, Gerät*) que se puede usar; **Einsatzfreude** *f* <-, *ohne pl*> espíritu *m* emprendedor; **Einsatzgrad** *m* <-(e)s, -e> grado *m* de utilidad; **Einsatzkommando** *nt* <-s, -s>: **mobiles ~** comando *m* móvil; **Einsatzleiter(in)** *m(f)* <-s, -; -, -nen> jefe, -a *m, f* de operaciones; **Einsatzvorbereitung** *f* <-, -en> preparativos *mpl* para la entrada en acción; **Einsatzwagen** *m* <-s, -> (*der Polizei*) coche *m* celular

ein|saugen *irr vt* (*Luft*) aspirar; (*Flüssigkeit*) absorber, chupar

ein|scannen ['aɪnskɛnən] *vt* (INFOR) escanear

Einscannen *nt* <-s, *ohne pl*> (INFOR) escaneo *m*

ein|schalten **I.** *vt* **1.** (*Radio*) poner; (*Motor, Maschine*) poner en marcha; (*Licht, Strom*) encender, prender *Am* **2.** (*hinzuziehen*) llamar (a), recurrir (a) **II.** *vr:* **sich ~** **1.** (*angehen*) ponerse en funcionamiento; (*Licht*) encenderse **2.** (*sich einmischen*) intervenir (*in* en); **der Staatsanwalt schaltete sich in die Ermittlungen ein** el fiscal intervino en las investigaciones

Einschaltquote *f* <-, -n> (RADIO, TV) índice *m* de audiencia

Einschaltung *f* <-, -en> **1.** (ELEK: *Radio, Fernseher*) conexión *f;* **es erfolgte die automatische ~ der Alarmanlage** la alarma saltó automáticamente **2.** (*Hinzuziehung*) intervención *f;* **in diesem Fall ist die ~ eines Anwalts ratsam** en este caso es recomendable que intervenga un abogado

ein|schärfen *vt* inculcar

ein|schätzen *vt* tasar, valorar; **wie ich die Lage einschätze** tal como yo veo la situación; **etw/jdn hoch** ~ estimar algo/a alguien en mucho; **Einschätzung** *f* <-, -en> **1.** (*Meinung*) parecer *m,* opinión *f* **2.** (*Bewertung*) tasación *f,* evaluación *f;* **zu einer bestimmten** ~ **kommen** dar una evaluación determinada; **nach meiner** ~ según mis estimaciones

ein|schenken *vt* servir

ein|schicken *vt* enviar (*an* a), mandar (*an* a)

ein|schieben *irr vt* **1.** (*hineinschieben*) meter (*in* en), introducir (*in* en) **2.** (*einfügen*) intercalar (*in* en)

Einschienenbahn *f* <-, -en> monorraíl *m,* monocarril *m*

ein|schießen *irr* **I.** *vi* **1.** *haben* (SPORT) marcar (*zu*); **er schoss zum 3:0 ein** marcó [*o* hizo] el 3 a 0 **2.** *sein* (*Muttermilch*) subir (*in* a) **3.** *sein* (*Wasser*): **in etw** ~ entrar (a chorro) dentro de algo **II.** *vt haben* **1.** (*zerschießen: Fenster mit Fußball*) romper (de un pelotazo); (*Schloss mit Schußwaffe*) abrir (de/con un disparo) **2.** (*Schusswaffe*) probar **3.** (SPORT): **den Ball zum 3:0** ~ marcar [*o* hacer] el 3 a 0 **4.** (TYPO) interfoliar **III.** *vr:* **sich** ~ *haben* **1.** (MIL: *um treffsicher zu werden*) ejercitar el tiro, hacer ejercicios de tiro **2.** (*als Ziel wählen*): **sich auf etw/jdn** ~ poner algo/a alguien en el centro de todas las críticas, convertir algo/a alguien en el objetivo de todos los ataques

ein|schiffen **I.** *vt* embarcar **II.** *vr:* **sich** ~ embarcarse (*nach* para)

Einschiffung *f* <-, -en> embarque *m;* **Einschiffungshafen** *m* <-s, -häfen> puerto *m* de embarque

ein|schirren *vt* enganchar

einschl. *Abk. von* **einschließlich** inclusive

ein|schlafen *irr vi sein* **1.** (*Person*) dormirse, quedarse dormido; (*Gliedmaßen*) dormirse **2.** (*Freundschaft*) entibiarse

ein|schläfern ['aɪnʃlɛːfɐn] *vt* **1.** (*zum Schlafen bringen*) adormecer **2.** (*narkotisieren*) narcotizar **3.** (*Tier*) matar

einschläfernd *adj* **1.** (*Geräusch*) adormecedor, soporífero **2.** (MED) somnífero

Einschlafstörungen *fpl* (MED) perturbaciones *fpl* en la conciliación del sueño

Einschlag *m* <-(e)s, -schläge> **1.** (*eines Geschosses, Blitzes*) impacto *m,* caída *f* **2.** (*Anteil*) matiz *m,* tono *m*

ein|schlagen *irr* **I.** *vi* **1.** (*Blitz, Bombe*) caer; (*Geschoss*) hacer impacto; **auf jdn** ~ golpear a alguien **2.** (*Anklang finden*) tener eco; **das hat wie eine Bombe eingeschlagen** esto ha caído como una bomba **3.** (*Lenkrad*) girar el volante **II.** *vt* **1.** (*Tür, Scheibe*) romper; (*Zähne*) partir; (*Schädel*) romper; **sie haben sich** *dat* **die Köpfe eingeschlagen** se rompieron [*o* se abrieron] la cabeza **2.** (*Nagel, Pfahl*) clavar (*in* en) **3.** (*einwickeln*) envolver (*in* en) **4.** (*Lenkrad*) girar **5.** (*Richtung*) tomar **6.** (*Stoff*) doblar

einschlägig ['aɪnʃlɛːgɪç] *adj* correspondiente; ~**e Literatur** bibliografía especializada; ~ **vorbestraft** con antecedentes penales

ein|schleichen *irr vr:* **sich** ~ (*Person*) entrar a hurtadillas (*in* en), colarse (*in* en); (*Verdacht*) surgir (*in* en); (*Fehler*) escaparse (*in* en); **in meinen Bericht haben sich Fehler eingeschlichen** se me han escapado [*o* colado] faltas en el informe

ein|schleifen *irr* **I.** *vt* (*Verhaltensweisen*) inculcar **II.** *vr:* **sich** ~ establecerse, asentarse; **das hat sich mit der Zeit so eingeschliffen** eso se ha establecido así con el tiempo

ein|schleppen *vt* **1.** (*Krankheit, Ungeziefer*) transmitir, introducir **2.** (NAUT) remolcar

ein|schleusen *vt* (*Agenten*) infiltrar; (*Drogen*) introducir clandestinamente

ein|schließen *irr* **I.** *vt* **1.** (*einsperren*) encerrar (*in* en); **etw** ~ guardar algo bajo llave **2.** (*umgeben*) rodear, cercar **3.** (*mit einbeziehen*) incluir (*in* en); **Trinkgelder eingeschlossen** propina incluida; **beide eingeschlossen** ambos inclusive **II.** *vr:* **sich** ~ encerrarse; **er hat sich in sein Zimmer eingeschlossen** se ha encerrado en su cuarto

einschließlich ['---] **I.** *präp +gen/dat* inclusive; ~ **Frank** [*o* **Frank** ~] incluido Frank; ~ **des Chefs** incluido el jefe; ~ **Büchern und Briefen** libros y cartas inclusive **II.** *adv* inclusive, incluido; **geöffnet vom 3. bis 8. Mai** ~ abierto del 3 al 8 de mayo inclusive; **bis Nr. 50** ~ hasta el nº 50 incluido

ein|schlummern *vi sein* (*geh*) **1.** (*einschlafen*) dormirse **2.** (*euph: sterben*) morir, pasar a mejor vida

Einschluss^RR *m* <-es, -schlüsse>, **Einschluß** *m* <-sses, -schlüsse> **1.** (GEO) inclusión *f* **2.** (*Einbezug*): **mit** [*o* **unter**] ~ **von etw** (*formal*) incluyendo algo

ein|schmeicheln *vr:* **sich** ~ congraciarse (*bei* con), engatusar (*bei* a) *fam*

einschmeichelnd *adj* insinuante

ein|schmeißen *irr vt* (*fam: zertrümmern*): **eine Scheibe** ~ romper un cristal (a pedradas)

ein|schmelzen *irr vt* (*Metall*) fundir

ein|schmieren **I.** *vt* (*fam: mit Fett*) untar (*mit* con); **die Hände mit Creme** ~ dar crema a las manos **II.** *vr:* **sich** (**mit Creme**) ~ (*fam*) ponerse [*o* darse] crema

ein|schmuggeln *vt* introducir de contrabando (*in* en)

ein|schnappen *vi sein* **1.** (*Tür, Schloss*) encajar **2.** (*fam abw: beleidigt sein*) mosquearse, picarse

ein|schneiden *irr* **I.** *vi* (*in Haut*) clavarse (*in* en) **II.** *vt* (*schneiden*) cortar

einschneidend *adj* incisivo, drástico

ein|schneien *vi sein* cubrirse de nieve; **eingeschneit sein** (*festsitzen*) quedar bloquea-

E

do por la nieve
Einschnitt *m* <-(e)s, -e> **1.** (*Schnitt*) corte *m;* (MED) incisión *f* **2.** (*im Leben*) hito *m*
ein|schnüren *vi, vt* (*einengen*) apretar
ein|schränken ['aɪnʃrɛŋkən] **I.** *vt* reducir, restringir; (*Freiheit*) coartar; **dem kann ich nur eingeschränkt zustimmen** sólo lo puedo aceptar con reservas; **jdn in seinen Rechten ~** coartar a alguien en sus derechos **II.** *vr:* **sich ~** (*sparsam leben*) economizar, reducir los gastos
einschränkend **I.** *adj* restrictivo, limitativo **II.** *adv* haciendo la salvedad; **ich muss ~ dazu sagen, dass ...** tengo que hacer una salvedad a lo dicho y es que...
Einschränkung *f* <-, -en> **1.** (*Verringerung*) reducción *f;* (*von Rechten*) limitación *f,* restricción *f* **2.** (*das Einsparen*) restricción *f* **3.** (*Vorbehalt*) reserva *f;* **ohne/mit ~** sin/con reservas
ein|schrauben *vt* enroscar (*in* en)
Einschreibebrief *m* <-(e)s, -e> carta *f* certificada; **Einschreibegebühr** *f* <-, -en> **1.** (UNIV) tasa *f* de matriculación **2.** (*für Verein*) tasa *f* de inscripción; **es ist eine einmalige ~ von DM 50 zu entrichten** ha de abonarse una tasa única de inscripción de 50 marcos **3.** (*bei der Post*) tasa *f* por certificado
ein|schreiben *irr* **I.** *vt* (*eintragen*) apuntar (*in* en), inscribir (*in* en) **II.** *vr:* **sich ~** (SCH, UNIV) matricularse (*in* en)
Einschreiben *nt* <-s, -> certificado *m;* **etw per ~ schicken** mandar algo certificado; **~ mit Rückschein** certificado con acuse de recibo
Einschreibesendung *f* <-, -en> envío *m* certificado
Einschreibung *f* <-, -en> inscripción *f;* (SCH, UNIV) matrícula *f*
ein|schreien *irr vi:* **auf jdn ~** gritarle a alguien (sin dejarle abrir la boca), echarle una bronca a alguien
ein|schreiten *irr vi sein* intervenir, tomar medidas (*gegen* contra)
Einschreiten *nt* <-s, *ohne pl*> intervención *f*
ein|schrumpeln *vi sein* (*fam: Frucht*) acorcharse, secarse; (*Haut*) arrugarse, acartonarse, apergaminarse
ein|schrumpfen *vi sein* arrugarse; (*einlaufen*) encoger
Einschub *m* <-(e)s, -schübe> inserción *f,* intercalación *f*
ein|schüchtern *vt* intimidar, amedrentar, abatatar *CSur: fam,* acarroñar *Kol*
Einschüchterung *f* <-, -en> intimidación *f;* **zur ~** para intimidar [*o* amedrentar]; **Einschüchterungsversuch** *m* <-(e)s, -e> intento *m* de intimidación
ein|schulen *vt* escolarizar
Einschulung *f* <-, -en> escolarización *f*
EinschussRR *m* <-es, -schüsse>, **Einschuß** *m* <-sses, -schüsse> **1.** (*eines Geschosses*) impacto *m* **2.** (FIN) depósito *m* de dinero; **Einschussloch**RR *nt* <-(e)s, -löcher> orificio *m* de entrada; **Einschussstelle**RR *f* <-, -n> (*am Körper*) orificio *m* de bala; (*an der Wand*) impacto *m* de bala
ein|schütten *vt* echar (*in* en), verter (*in* en)
ein|schweißen *vt* (*in Folie*) plastificar; (TECH) soldar
Einschweißfolie *f* <-, -n> (TECH) plástico *m* (con que se plastifica)
ein|schwören *irr vt* obligar por juramento (*auf* a); **auf etw eingeschworen sein** estar obligado por juramento a algo; **eine eingeschworene Gemeinschaft** una comunidad cerrada [*o* unida]
ein|segnen *vt* (REL) **1.** (*konfirmieren*) confirmar **2.** (*Segen sprechen*) bendecir
Einsegnung *f* <-, -en> (REL) **1.** (*Konfirmation*) confirmación *f* **2.** (*Weihe*) bendición *f*
ein|sehen *irr vt* **1.** (*Gelände, Raum*) ver, abarcar con la vista **2.** (*Schriftstücke*) examinar, echar un vistazo (a) **3.** (*verstehen*) comprender; (*Irrtum, Notwendigkeit*) reconocer; **ich sehe nicht ein, warum ich das tun soll** no veo por qué he de hacerlo
Einsehen *nt:* **so haben Sie doch ein ~!** ¡pero trate de comprender [*o* de ser razonable]!; **(für etw) ein/kein ~ haben** tener/no tener comprensión (por algo)
ein|seifen *vt* (*mit Seife*) enjabonar; (*mit Schnee*) restregar (con nieve)
einseitig ['aɪnzaɪtɪç] *adj* **1.** (POL) unilateral; (*nur eine Person betreffend*) unipersonal **2.** (*Muster*) de un lado, de una cara; (*Lähmung*) de un lado **3.** (*parteiisch*) parcial; **eine ~e Sicht der Dinge** una visión unilateral del asunto **4.** (*Ernährung*) incompleto **5.** (INFOR): **~ beschreibbar** para escritura en un solo lado
Einseitigkeit *f* <-, -en> parcialidad *f;* (*der Ernährung*) desequilibrio *m*
ein|senden *irr vt* enviar (*an* a), remitir (*an* a)
Einsender(in) *m(f)* <-s, -; -, -nen> remitente *mf*
EinsendeschlussRR *m* <-es, *ohne pl*> plazo *m* de envío
Einsendung *f* <-, -en> envío *m*
Einser ['aɪnzɐ] *m* <-s, -> (SCH: *fam*) sobresaliente *m*
einsetzbar *adj* utilizable, que se puede emplear [*o* usar]
ein|setzen **I.** *vi* (*beginnen*) empezar, comenzar **II.** *vt* **1.** (*einfügen*) poner (*in* en), colocar (*in* en); (*Pflanze*) plantar (*in* en) **2.** (*ernennen*) nombrar, designar; (*als Erben*) instituir; (*in ein Amt*) instalar (*in* en); (*Ausschuss*) constituir; **wieder ~** reinstalar **3.** (*Hilfsmittel, Maschine*) emplear, usar; (*Bus, Zug*) poner **4.** (*Polizei*) movilizar **5.** (*Geld*) poner en juego; (*Leben*) arriesgar, jugarse **III.** *vr:* **sich ~** (*sich anstrengen*) emplearse a fondo, dar todo de sí; **sich für etw/jdn ~** interceder a favor de algo/alguien

Einsetzung *f* <-, -en> (*in Amt*) investidura *f;* (*von Erben*) institución *f;* (*von Kommission*) constitución *f*

Einsicht[1] *f* <-, *ohne pl*> (*in Akten, Bücher*) vista *f* (*in* de), inspección *f* (*in* de); ~ **nehmen** revisar, examinar; **jdm ~ in etw gewähren** permitir a alguien el examen de algo

Einsicht[2] *f* <-, -en> **1.** (*Verständnis*) comprensión *f;* (*Vernunft*) razón *f* **2.** (*Erkenntnis*): **ich bin zu der ~ gekommen, dass ...** he llegado a la conclusión de que...; **neue ~en gewinnen** obtener nuevos conocimientos

einsichtig *adj* **1.** (*vernünftig*) comprensivo, razonable; **er war so ~, seinen Fehler zuzugeben** fue tan razonable que reconoció su error **2.** (*verständlich*) convincente, comprensible

Einsichtnahme ['aɪnzɪçtna:mə] *f* <-, -n> (*formal*) inspección *f* (*in* de), examen *m* (*in* de)

ein|sickern *vi sein* infiltrarse (*in* en)

Einsiedler(in) *m(f)* <-s, -; -, -nen> eremita *mf,* ermitaño, -a *m, f*

einsiedlerisch I. *adj* solitario **II.** *adv* de forma solitaria, como un ermitaño

einsilbig ['aɪnzɪlbɪç] *adj* **1.** (LING) monosilábico, monosílabo **2.** (*wortkarg*) seco, de pocas palabras

Einsilbigkeit *f* <-, *ohne pl*> taciturnidad *f*

ein|sinken *irr vi sein* hundirse (*in* en)

ein|sitzen *irr vi* (JUR: *im Gefängnis sein*) cumplir condena

ein|sortieren* *vt* ordenar (*in* en)

einspaltig I. *adj* (TYPO) de una columna **II.** *adv* (TYPO) en una columna

ein|spannen *vt* **1.** (*Blatt*) introducir (*in* en); (*Werkstück*) fijar, sujetar **2.** (*Zugtiere*) uncir **3.** (*fam: arbeiten lassen*) hacer trabajar; **er hat ihn für seine Zwecke eingespannt** se ha valido de él para sus propios fines

Einspänner ['aɪnʃpɛnɐ] *m* <-s, -> **1.** (*Kutsche*) coche *m* de un caballo **2.** (*Österr: Kaffee mit Sahnehaube*) café *m* vienés [*o* con nata]

einspännig *adj* de un (solo) caballo; ~ **fahren** ir con un carro tirado por un (solo) caballo

ein|sparen *vt* ahorrar, economizar

Einsparung *f* <-, -en> economía *f,* ahorro *m;* (*Verminderung*) reducción *f;* **Einsparungseffekt** *m* <-(e)s, -e> efecto *m* ahorro

ein|speichern *vt* (INFOR) almacenar (*in* en), introducir (*in* en)

ein|speisen *vt* **1.** (TECH) alimentar; **Strom in ein Netz ~** alimentar una red de corriente **2.** (INFOR) ingresar, introducir

Einspeisung *f* <-, -en> **1.** (TECH) alimentación *f* **2.** (INFOR) entrada *f*

ein|sperren *vt* **1.** (*einschließen*) encerrar (*in* en) **2.** (*fam: ins Gefängnis*) meter en chirona

ein|spielen I. *vt* **1.** (FILM, THEAT: *Geld*) rentar **2.** (RADIO, TV: *Beitrag*) intercalar, interpolar **II.** *vr:* **sich ~ 1.** (MUS, SPORT) practicar, ejercitarse **2.** (*zur Gewohnheit werden*) normalizarse **3.** (*gut zusammenwirken*) compenetrarse; **das Team ist gut aufeinander eingespielt** el equipo se compenetra estupendamente

Einsprache *f* <-, -n> (*Schweiz:* JUR) *s.* **Einspruch**

einsprachig *adj* (*Wörterbuch*) monolingüe

ein|sprechen *irr vi:* **auf jdn ~** hablar con alguien (de forma insistente)

ein|sprengen *vt* (*Wäsche*) rociar; (*mit Weihrauch*) incensar

ein|springen *irr vi sein:* **für jdn ~** reemplazar a alguien, sustituir a alguien

ein|spritzen *vt* (*a.* AUTO) inyectar

Einspritzer *m* <-s, -> (AUTO), **Einspritzmotor** *m* <-s, -en> (AUTO) motor *m* de inyección

Einspritzpumpe *f* <-, -n> (AUTO) bomba *f* de inyección

Einspruch *m* <-(e)s, -sprüche> **1.** (*Protest*) protesta *f* **2.** (POL) veto *m* **3.** (JUR) recurso *m* (*bei* ante); ~ **erheben** protestar; ~ **einlegen** interponer recurso; **einem ~ stattgeben** admitir (el) recurso; **Einspruchseinlegung** *f* <-, *ohne pl*> (JUR) interposición *f* de recurso; **Einspruchsrecht** *nt* <-(e)s, -e> (JUR) derecho *m* de recurso

ein|sprühen *vt* rociar (completamente)

einspurig ['aɪnʃpu:rɪç] *adj* **1.** (*Eisenbahn*) de una sola vía; (*Straße*) de un solo carril **2.** (*abw: Denken*) de ideas fijas

einst ['aɪnst] *adv* (*geh*) **1.** (*früher*) antiguamente, antaño **2.** (*zukünftig*) algún día

ein|stampfen *vt* (*Kartoffeln*) hacer puré (de); (*Papier, Bücher*) reducir a pasta de papel

Einstand[1] *m* <-(e)s, -stände> (*Arbeitsstelle*) entrada *f* (en funciones), ingreso *m;* **seinen ~ geben** celebrar su ingreso (en un empleo)

Einstand[2] *m* <-(e)s, *ohne pl*> (SPORT: *Tennis*) iguales (a cuarenta)

Einstandspreis *m* <-es, -e> (WIRTSCH) precio *m* de compra

ein|stechen *irr vt* pinchar (*in* en); **er stach wie ein Verrückter auf sein Opfer ein** apuñaló a su víctima como un loco

ein|stecken *vt* **1.** (*hineinstecken*) introducir (*in* en), meter (*in* en); (*Stecker*) enchufar **2.** (*mitnehmen*) llevar; **vergiss nicht, das Geld einzustecken!** ¡no te olvides de llevar el dinero! **3.** (*fam: Brief*) echar **4.** (*fam: überlegen sein*) superar; **den steckst du doch zehnmal ein** a ese le das cien mil vueltas **5.** (*ertragen*) tragar(se)

ein|stehen *irr vi* **1.** (*verantworten*) responsabilizarse (*für* de), hacerse responsable (*für* de) **2.** (*sich verbürgen*): **für etw/jdn ~** garantizar algo/responder de alguien

ein|steigen *irr vi sein* **1.** (*in Fahrzeug*) subir (*in* a); **auf Gleis 7 bitte ~!** ¡pasajeros en vía 7 suban al tren! **2.** (*fam: sich beteiligen*) contribuir (*mit* con); **sie ist mit einer Million in**

E

die Firma eingestiegen aportó a la empresa un millón **3.** (*anfangen*) entrar (*in* en); **er ist in die Politik eingestiegen** se ha metido en política

Einsteinium *nt* <-s, *ohne pl*> (CHEM) einstenio *m*

einstellbar *adj* (*Sitz*) ajustable; (*Temperatur, Zeit*) graduable

ein|stellen **I.** *vt* **1.** (*hineinstellen*) poner (*in* en), colocar (*in* en) **2.** (*anstellen*) contratar, dar empleo, conchabar *Am;* **jdn wieder** ~ readmitir a alguien, volver a emplear a alguien **3.** (*beenden*) parar, dejar; (*Kämpfe, Zahlung, Arbeit*) suspender; (*Produktion*) parar, suspender; (JUR: *Verfahren*) sobreseer; **sie stellten die Arbeit ein** dejaron de trabajar; **die Zeitung hat ihr Erscheinen eingestellt** el periódico ha dejado de publicarse; **das Feuer** ~ dar el alto el fuego **4.** (*regulieren*) ajustar, regular; (*Sender*) sintonizar; (FOTO) enfocar **5.** (SPORT: *Rekord*) igualar **II.** *vr:* **sich** ~ **1.** (*erscheinen*) aparecer; (*Folgen*) hacerse sentir; (*Personen*) acudir, presentarse **2.** (*sich richten nach*) adaptarse (*auf* a), acomodarse (*auf* a) **3.** (*sich vorbereiten*) prepararse (*auf* para)

einstellig *adj* de una cifra

Einstellplatz *m* <-es, -plätze> (plaza *f* de) aparcamiento *m*

Einstellung *f* <-, -en> **1.** (*Anstellung*) colocación *f,* contratación *f* **2.** (*Beendigung*) clausura *f,* suspensión *f* **3.** (JUR: *Verfahren*) sobreseimiento *m;* **zeitweilige** ~ contratación temporal **4.** (*Regulierung*) ajuste *m,* regulación *f* **5.** (FILM) enfoque *m* **6.** (*Gesinnung*) opinión *f*

Einstellungsgespräch *nt* <-(e)s, -e> entrevista *f* de trabajo; **Einstellungsstopp** *m* <-s, -s> suspensión *f* de la contratación; **Einstellungstermin** *m* <-(e)s, -e> fecha *f* de inicio (de un trabajo)

Einstellungsverfügung *f* <-, -en> (JUR) orden *f* de sobreseimiento

Einstich *m* <-(e)s, -e> pinchazo *m*

Einstieg ['aɪnʃti:k] *m* <-(e)s, -e> **1.** (*das Einsteigen*) entrada *f* (*in* en), subida *f* (*in* a) **2.** (*in ein Thema*) acceso *m* (*in* a); **Einstiegsdroge** *f* <-, -n> primera droga *f* (*que lleva a una posterior adicción*)

einstige(r, s) ['aɪnstɪgə, -gɐ, -gəs] *adj* anterior, antiguo

ein|stimmen **I.** *vi* (MUS) unir su voz (*in* a) **II.** *vt* **1.** (*Instrument*) afinar, templar **2.** (*vorbereiten*) preparar (*auf* para)

einstimmig **I.** *adj* **1.** (MUS) de una sola voz, unísono **2.** (*ohne Gegenstimme*) unánime **II.** *adv* **1.** (MUS) al unísono **2.** (*ohne Gegenstimme*) por unanimidad

Einstimmigkeit *f* <-, *ohne pl*> unanimidad *f*

Einstimmung *f:* **zur** ~ **auf etw** como preparación de cara a algo, para crear ambiente de cara a algo

einstmals [aɪnstma:ls] *adv* (*geh*) *s.* **einst**

einstöckig [aɪnʃtœkɪç] *adj* de un piso

ein|stöpseln *vt* (*Stecker, Gerät*) meter (*in* en/dentro de)

ein|stoßen *irr vt* (*Tür*) derribar de un golpe; (*Fenster*) romper de un golpe

Einstrahlung *f* <-, -en> (METEO) insolación *f*

ein|streichen *irr vt* **1.** (*fam: Geld*) embolsar **2.** (THEAT) abreviar

ein|streuen *vt* esparcir; (*Bemerkungen*) entremezclar

ein|strömen *vi sein* **1.** (*Luft, Wasser*) entrar **2.** (*Menschen*) afluir (*in* a), concurrir (*in* a)

einstrophig *adj* de una sola estrofa

ein|studieren *vt* (*Rolle, Antwort*) estudiar

ein|stufen *vt* clasificar (*in* en), encasillar (*in* en)

Einstufung *f* <-, -en> clasificación *f;* ~ **nach der Leistungsfähigkeit** clasificación según la capacidad de rendimiento

einstündig ['aɪnʃtʏndɪç] *adj* de una hora

ein|stürmen *vi sein:* **auf jdn** ~ (*mit Fragen*) acosar a alguien, bombardear a alguien; (*Eindrücke*) invadirle a alguien, sobrevenirle a alguien

Einsturz *m* <-es, -stürze> derrumbamiento *m,* caída *f;* **etw zum** ~ **bringen** derribar algo

ein|stürzen *vi sein* (*Gebäude*) derrumbarse, desmoronarse; (*Dach*) hundirse; **auf jdn** ~ (*Ereignisse*) precipitarse sobre alguien

Einsturzgefahr *f* <-, *ohne pl*> peligro *m* de derrumbamiento

einstweilen ['aɪnst'vaɪlən] *adv* **1.** (*im Moment*) por el momento, por ahora **2.** (*unterdessen*) entretanto, mientras tanto

einstweilig ['aɪnst'vaɪlɪç] *adj* temporal, provisional; **~e Verfügung** (JUR) recurso de urgencia

ein|suggerieren* *vt:* **jdm etw** ~ insinuarle (con insistencia) algo a alguien; **jdm ~, dass ...** sugerirle a alguien que...; (*stärker*) comerle el coco a alguien para convencerle de que...

eintägig ['aɪntɛ:gɪç] *adj* de un día

Eintagsfliege ['----] *f* <-, -n> **1.** (ZOOL) cachipolla *f,* efímera *f* **2.** (*fam: kurzer Erfolg*) flor *f* de un día

ein|tätowieren* *vt:* **jdm etw** ~ tatuarle algo a alguien; **jdm die Blutgruppe** ~ tatuarle a alguien el grupo sanguíneo; **sich** *dat* **etw** ~ **lassen** mandarse tatuar algo; **auf ihrer Schulter sah man einen eintätowierten Schmetterling** en su espalda se veía una mariposa tatuada

ein|tauchen **I.** *vi sein* (*untertauchen*) sumergirse (*in* en) **II.** *vt* sumergir (*in* en); (*eintunken*) meter (*in* en), mojar (*in* en)

Eintausch *m* <-(e)s, *ohne pl*> cambio *m;* **im** ~ **gegen etw** a cambio de algo

ein|tauschen *vt* cambiar (*gegen* por), canjear (*gegen* por)

eintausend ['-'--] *adj inv* mil

ein|teilen *vt* **1.** (*untergliedern*) dividir (*in* en); (*in Klassen*) clasificar (*in* en) **2.** (*für Aufgabe*) destinar (*zu* a), asignar (*zu*); **er wurde zum Nachtdienst eingeteilt** le destinaron al [*o* le asignaron el] turno de noche **3.** (*Geld, Arbeit, Zeit*) repartir, dividir; **teilt euch euren Proviant (gut) ein!** ¡repartíos bien la comida!

Einteiler *m* <-s, -> (SPORT) traje *m* de baño (de una sola pieza)

einteilig *adj* de una pieza

Einteilung *f* <-, -en> **1.** (*Untergliederung*) división *f;* (*Einsortierung*) clasificación *f* **2.** (*von Vorräten*) disposición *f,* organización *f;* (*Verteilung*) reparto *m* **3.** (*für Arbeit*) designación *f*

Eintel ['aɪntəl] *nt, Schweiz a. m* <-s, -> (MATH) entero *m*

ein|tippen *vt* (*in Computer, Kasse*) entrar (*in* en), meter

eintönig ['aɪntøːnɪç] *adj* monótono

Eintönigkeit *f* <-, *ohne pl*> monotonía *f*

Eintopf *m* <-(e)s, -töpfe> (GASTR), **Eintopfgericht** *nt* <-(e)s, -e> (GASTR) potaje *m,* cocido *m,* puchero *m,* hervido *m SAm*

Eintracht ['aɪntraxt] *f* <-, *ohne pl*> concordia *f,* armonía *f*

einträchtig ['aɪntrɛçtɪç] **I.** *adj* concorde, unánime **II.** *adv* en armonía

Eintrag ['aɪntraːk, *pl:* 'aɪntrɛːgə] *m* <-(e)s, -träge> **1.** (*in Liste*) inscripción *f;* (*im Wörterbuch*) entrada *f* **2.** (*Vermerk*) nota *f*

ein|tragen *irr* **I.** *vt* **1.** (*einschreiben*) inscribir (*in* en), apuntar (*in* en); (*einzeichnen*) marcar (*in* en); **bitte tragen Sie hier Ihren Namen ein!** ¡por favor, inscríbase aquí! **2.** (ADMIN) registrar; **eingetragener Verein** asociación registrada; **eingetragenes Warenzeichen** marca registrada **3.** (*Gewinn*) producir; (*Kritik*) originar **II.** *vr:* **sich ~** inscribirse (*in* en)

einträglich ['aɪntrɛːklɪç] *adj* lucrativo, rentable

Eintragung *f* <-, -en> **1.** (*das Eintragen*) inscripción *f,* registro *m;* **amtliche ~** registro oficial; **~ ins Handelsregister** inscripción en el registro mercantil; **~ des Urteils** inscripción de sentencia **2.** (*Vermerk*) nota *f;* **Eintragungsbescheinigung** *f* <-, -en> certificado *m* de registro; **Eintragungsbuch** *nt* <-(e)s, -bücher> libro *m* de registros; **Eintragungsnummer** *f* <-, -n> número *m* de registro

ein|träufeln *vt* echar gota a gota

ein|treffen *irr vi sein* **1.** (*ankommen*) llegar (*in* a) **2.** (*sich bewahrheiten*) hacerse realidad, cumplirse

eintreibbar *adj* cobrable

ein|treiben *irr vt* **1.** (*Schulden*) cobrar; (*Steuern*) recaudar **2.** (*hineinschlagen*) clavar (*in* en), remachar (*in* en)

Eintreibung *f* <-, -en> cobro *m;* **~ ausstehender Schulden** cobro de deudas pendientes

ein|treten *irr* **I.** *vi sein* **1.** (*hineingehen*) entrar (*in* a/en) **2.** (*Ereignis*) suceder, ocurrir; **was wir befürchteten, trat ein** sucedió lo que nos temíamos; **plötzlich trat Stille ein** de pronto se hizo el silencio; **als der Tod eintrat, war der Patient bereits bewusstlos** cuando le sobrevino la muerte, el paciente ya estaba inconsciente **3.** (*Mitglied werden*) ingresar (*in* en) **4.** (*sich einsetzen*) abogar (*für* por) **II.** *vt* (*zertrümmern*) derribar a patadas

Eintreten *nt* <-s, *ohne pl*>: **jds ~ für jdn/etw** la acción [*o* la intervención] de alguien en defensa de alguien/algo

ein|trichtern *vt* (*fam*): **jdm etw ~** meter algo a alguien con cuchara; **diese Ansichten wurden mir eingetrichtert** me metieron estas opiniones a machamartillo

Eintritt *m* <-(e)s, -e> **1.** (*in Zimmer, Gebäude*) entrada *f* **2.** (*in Armee*) incorporación *f;* (*in Verein*) ingreso *m* **3.** (*Beginn*) comienzo *m;* **bei ~ der Dunkelheit** al hacerse de noche **4.** (*~gebühr*) entrada *f;* **~ frei!** ¡entrada libre!; **Eintrittsgeld** *nt* <-(e)s, -er> entrada *f;* **Eintrittskarte** *f* <-, -n> entrada *f,* billete *m,* boleto *m Am;* **Eintrittspreis** *m* <-es, -e> precio *m* de entrada

ein|trocknen *vi sein* secarse

ein|trüben *vunpers* (METEO): **es trübt sich ein** se está nublando

Eintrübung *f* <-, -en> (METEO) nubosidad *f*

ein|trudeln *vi sein* (*fam*) aparecer

ein|tunken *vt* (*reg*) mojar (*in* en)

ein|üben *vt* practicar; (THEAT, MUS) ensayar

ein|verleiben* ['aɪnfɛɐ̯laɪbən] *vt* **1.** (*Besitz*) apropiarse (de), adueñarse (de) **2.** (*Speisen*) comerse

Einverleibung *f* <-, -en> **1.** (POL: *Landgebiete*) anexión *f* **2.** (WIRTSCH: *Unternehmen*) incorporación *f*

Einvernahme ['aɪnvɛɐ̯naːmə] *f* <-, -n> (*Österr, Schweiz:* JUR: *Vernehmung*) interrogatorio *m*

ein|vernehmen* *irr vt* (*Österr, Schweiz:* JUR: *verhören*) interrogar

Einvernehmen ['aɪnfɛɐ̯neːmən] *nt* <-s, *ohne pl*> conformidad *f,* acuerdo *m;* **im ~ mit jdm** de acuerdo con alguien

einvernehmlich *adj* de común acuerdo; **eine ~e Übereinkunft** una decisión de común acuerdo; **etw ~ beschließen** decidir algo de común acuerdo

einverstanden ['aɪnfɛɐ̯ʃtandən] *adj* de acuerdo (*mit* con), conforme (*mit* con); **~!** ¡de acuerdo!, ¡aceptado! *Am;* **sich mit etw** *dat* **~ erklären** declararse conforme con algo; **nicht ~ sein** estar en desacuerdo (*mit* con)

Einverständnis ['aɪnfɛɐ̯ʃtɛntnɪs] *nt* <-ses, -se> **1.** (*Billigung*) conformidad *f,* acuerdo *m;* **mündliches/schriftliches/stillschweigendes ~** consentimiento verbal/por escrito/tácito; **er erklärte sein ~ zu dem Plan** declaró su conformidad con el plan; **in gegenseitigem ~** de mutuo acuerdo **2.** (*Übereinstimmung*) consentimiento *m;* **Einverständniserklärung** *f* <-, -en> declaración *f* de mutua conformidad

Einwaage *f* <-, -n> (COM: *Reingewicht*) peso *m* neto; (*Gewichtsverlust*) pérdida *f* de peso

ein|wachsen[1] *vt* encerar
ein|wachsen[2] *irr vi sein* crecer para adentro (*in* en)
Einwahlknoten *m* <-s, -> (INFOR, TEL) nodo *m* de conmutación
Einwand ['aɪnvant, *pl:* 'aɪnvɛndə] *m* <-(e)s, -wände> objeción *f* (*gegen* a), reparo *m* (*gegen* a); **Einwände gegen etw erheben** poner reparos a algo
Einwanderer, **-wand(r)erin** *m, f* <-s, -; -, -nen> inmigrante *mf*
ein|wandern *vi sein* inmigrar
Einwanderung *f* <-, -en> inmigración *f;* **Einwanderungsgesetz** *nt* <-es, -e> leyes *f* de inmigración
einwandfrei *adj* **1.** (*fehlerlos*) correcto **2.** (*tadellos*) impecable, intachable **3.** (*eindeutig*) claro, patente; **es steht ~ fest, dass ...** está claro que...
Einwandrerin ['aɪnvandrərɪn] *f* <-, -nen> *s.* **Einwanderer**
einwärts ['aɪnvɛrts] *adv* hacia dentro; **Einwärtsschielen** *nt* <-s, *ohne pl*> (MED) estrabismo *m* convergente
ein|weben *vt* entretejer (*in* en)
ein|wechseln *vt* cambiar (*gegen* por)
ein|wecken *vt* (GASTR) (en)confitar
Einwegerzeugnis *nt* <-ses, -se> producto *m* de un solo uso [*o* desechable]; **Einwegflasche** *f* <-, -n> botella *f* no retornable; **Einwegrasierer** *m* <-s, -> maquinilla *f* de afeitar de un solo uso; **Einwegspritze** *f* <-, -n> jeringuilla *f* desechable [*o* de un solo uso]; **Einwegverpackung** *f* <-, -en> embalaje *m* de un solo uso
ein|weichen *vt* poner en [*o* a] remojo, ensopar *SAm*
ein|weihen *vt* **1.** (*eröffnen*) inaugurar **2.** (*fam: erstmalig benutzen*) estrenar **3.** (*vertraut machen*) poner al corriente (*in* de); **sie ist eingeweiht** está al corriente
Einweihung *f* <-, -en> **1.** (*Eröffnung*) inauguración *f* **2.** (*in Geheimnis*) revelación *f* (*in* de); **Einweihungsfeier** *f* <-, -n> fiesta *f* de inauguración
ein|weisen *irr vt* **1.** (*in Tätigkeit*) instruir (*in* en) **2.** (*Fahrzeug*) dirigir (*in* a) **3.** (*ins Krankenhaus*) hospitalizar
Einweisung *f* <-, -en> **1.** (*in Krankenhaus, Anstalt*) internamiento *m;* (*Krankenhaus*) hospitalización *f* **2.** (*in Tätigkeit*) instrucción *f*
ein|wenden *irr vt* objetar (*gegen* a), oponer (*gegen* a); **dagegen lässt sich nichts ~** no hay nada que objetar a esto
Einwendung *f* <-, -en> **1.** (*Einwand*) objeción *f;* **~en machen** hacer objeciones, objetar; **sich** *dat* **~en vorbehalten** reservarse el derecho de objeción **2.** (JUR: *Rechts~*) excepción *f*
ein|werfen *irr vt* **1.** (*Brief*) echar (*in* en); (*Geld*) insertar (*in* en), introducir (*in* en) **2.** (*zertrümmern*) destrozar, romper; **eine Scheibe ~** romper un vidrio (a pedradas) **3.** (*bemerken*) mencionar; **er warf ein, dass ...** mencionó que..., dejó caer que... **4.** (SPORT) sacar de banda
einwertig ['aɪnveːɐtɪç] *adj* (CHEM) monovalente, univalente
ein|wickeln *vt* **1.** (*einpacken*) envolver (*in* en) **2.** (*fam: überreden*) embaucar
Einwickelpapier *nt* <-s, -e> papel *m* para envolver
ein|willigen ['aɪnvɪlɪgən] *vi* aprobar (*in*), estar conforme (*in* con); **in die Scheidung ~** acceder al divorcio
Einwilligung *f* <-, -en> consentimiento *m* (*in* para), aprobación *f* (*in* de); **seine ~ zu etw** *dat* **geben** dar su consentimiento para algo
ein|wirken *vi* actuar (*auf* sobre); (*beeinflussen*) influir (*auf* en)
Einwirkung *f* <-, -en> influencia *f;* **unter der ~ von etw** *dat/***jdm** bajo la influencia de algo/alguien; **Einwirkungsfaktor** *m* <-s, -en> factor *m* de influencia
Einwirkungsmöglichkeit *f* <-, -en> influencia *f;* **es gibt nur diese ~** es la única posibilidad de ejercer influencia
einwöchig ['aɪnvœçɪç] *adj* de una semana
Einwohner(in) *m(f)* <-s, -; -, -nen> habitante *m;* **Einwohnermeldeamt** ['---'---] *nt* <-(e)s, -ämter> oficina *f* de empadronamiento
Einwohnerschaft *f* <-, -en> habitantes *mpl*
Einwohnerzahl *f* <-, -en> número *m* de habitantes
Einwurf *m* <-(e)s, -würfe> **1.** (*das Hineinwerfen*) inserción *f* **2.** (*Bemerkung*) observación *f* **3.** (*für Münzen*) ranura *f* **4.** (SPORT) saque *m* de banda
ein|wurzeln *vi sein* (AGR, BOT) echar raíces
Einzahl *f* <-, -en> (LING) (número *m*) singular *m*
ein|zahlen *vt* pagar (*auf* a), ingresar (*auf* en), enterar *Kol, Mex, CRi;* **sie hat das Geld aufs Konto eingezahlt** ha ingresado el dinero en la cuenta
Einzahler(in) *m(f)* <-s, -; -, -nen> depositante *mf*
Einzahlung *f* <-, -en> pago *m* (*auf* a), ingreso *m* (*auf* en); **Einzahlungsaufforderung** *f* <-, -en> requerimiento *m* de pago; **Einzahlungsbeleg** *m* <-(e)s, -e> recibo *m* de pago [*o* de ingreso]; **Einzahlungsformular** *nt* <-s, -e> impreso *m* de ingresos [*o* de depósitos]; **Einzahlungsfrist** *f* <-, -en> plazo *m* de pago; **Einzahlungspflicht** *f* <-, -en> obligación *f* de ingreso; **Einzahlungsschalter** *m* <-s, -> ventanilla *f* de ingresos; **Einzahlungsschein** *m* <-(e)s, -e> **1.** (*Quittung*) resguardo *m* de ingreso [*o* de depósito] **2.** (*Schweiz: Zahlkarte*) impreso *m* para giro postal
ein|zäunen ['aɪntsɔɪnən] *vt* cercar, vallar
Einzäunung *f* <-, -en> **1.** (*das Einzäunen*)

cerca *f*, cercado *m;* **die ~ des Gartens kann durch einen Maschendrahtzaun erfolgen** el jardín se puede cercar con una tela metálica **2.** (*Zaun*) cerca *f*, valla *f*

ein|zeichnen *vt* marcar

einzeilig *adj* **1.** (*aus einer Zeile*) de una (sola) línea; **mit ~em Abstand schreiben** escribir con una separación de una línea **2.** (*Küche*) que ocupa una sola pared

Einzel ['aɪntsəl] *nt* <-s, -> (SPORT) (partido *m*) individual *m;* **Einzelabschreibung** *f* <-, -en> (WIRTSCH) amortización *f* individual; **Einzelaktionär(in)** *m(f)* <-s, -e; -, -nen> accionista *mf* único, -a; **Einzelaufstellung** *f* <-, -en> relación *f* detallada; **Einzelausgabe** *f* <-, -n> (MEDIA) volumen *m* suelto; **Einzelbett** *nt* <-(e)s, -en> cama *f* individual; **Einzelblatteinzug** *m* <-(e)s, -züge> (INFOR) alimentador *m* de hojas sueltas; **Einzelfahrschein** *m* <-(e)s, -e> billete *m* sencillo

Einzelfall *m* <-(e)s, -fälle> **1.** (*konkreter Fall*) caso *m* concreto, caso *m* particular **2.** (*Ausnahme*) caso *m* especial; **Einzelfallprüfung** *f* <-, -en> examen *m* de casos particulares [*o* de cada caso], consideración *f* de casos particulares [*o* de cada caso]

Einzelfertigung *f* <-, -en> fabricación *f* individual; **Einzel- und Sonderfertigung** fabricación individual y especial

Einzelgänger(in) ['aɪntsəlgɛŋɐ] *m(f)* <-s, -; -, -nen> solitario, -a *m, f*

Einzelhaft *f* <-, *ohne pl*> detención *f* en régimen de incomunicación

Einzelhandel *m* <-s, *ohne pl*> comercio *m* al por menor [*o* al detalle]; **Einzelhandelsgeschäft** *nt* <-(e)s, -e> negocio *m* al por menor; **Einzelhandelsgroßmarkt** *m* <-(e)s, -märkte> gran superficie *f;* **Einzelhandelskauffrau** *f* <-, -en> *s.* Einzelhändler; **Einzelhandelskaufmann** *m* <-(e)s, -leute> *s.* Einzelhändler; **Einzelhandelspreis** *m* <-es, -e> precio *m* minorista [*o* al por menor]; **Einzelhandelsspanne** *f* <-, -n> margen *m* del comercio al por menor

Einzelhändler(in) *m(f)* <-s, -; -, -nen> detallista *mf,* minorista *mf,* comerciante *mf* al por menor

Einzelheit *f* <-, -en> **1.** (*einzelnes Teil*) elemento *m* **2.** (*Detail*) detalle *m,* pormenor *m;* **in allen ~en** con pelos y señales

Einzelkabine *f* <-, -n> (NAUT) camarote *m* individual; **Einzelkalkulation** *f* <-, -en> cálculo *m* individual; **Einzelkampf** *m* <-(e)s, -kämpfe> (SPORT) competición *f* individual; **Einzelkind** *nt* <-(e)s, -er> hijo, -a *m, f* único, -a

Einzeller ['aɪntsɛlɐ] *m* <-s, -> (BIOL) organismo *m* unicelular

einzellig ['aɪntsɛlɪç] *adj* (BIOL) unicelular

einzeln ['aɪntsəln] *adv* por separado, uno por uno; **bitte ~ eintreten** por favor, entren de uno en uno; **~ aufführen** enumerar uno por uno; **etw im E~en besprechen** discutir algo detalladamente

einzelne(r, s) *adj* **1.** (*allein*) único, solo; **jeder/jede E~** cada uno/una; **jede ~ Schülerin** cada una de las alumnas **2.** (*verschieden*) diferente, distinto; **die ~n Teile** las diferentes partes **3.** (*speziell*) particular, especial **4.** (*separat*) separado, aparte **5.** *pl* (*einige*) algunos

Einzelperson *f* <-, -en> persona *f* sola; **für eine ~ ist die Wohnung zu groß** el piso es demasiado grande para una sola persona

Einzelradaufhängung *f* <-, -en> (AUTO) suspensión *f* independiente; **Einzelrichter(in)** *m(f)* <-s, -; -, -nen> juez *mf* unipersonal; **~ ohne Öffentlichkeit** juez unipersonal a puerta cerrada; **Einzelstück** *nt* <-(e)s, -e> pieza *f* única

Einzelteil *nt* <-(e)s, -e> elemento *m,* componente *m;* **etw in seine ~e zerlegen** desmontar algo en todos sus componentes; **Einzelteilfertigung** *f* <-, *ohne pl*> fabricación *f* de piezas

Einzeltherapie *f* <-, -n> (MED) terapia *f* personalizada

Einzelunternehmen *nt* <-s, -> empresa *f* individual; **Einzelwert** *m* <-(e)s, -e> valor *m* individual; **Einzelzelle** *f* <-, -n> (*Gefängnis*) celda *f* individual; **Einzelzimmer** *nt* <-s, -> habitación *f* individual [*o* sencilla]

ein|zementieren* *vt* fijar con cemento (*in* en)

einziehbar *adj* **1.** (*Schulden*) cobrable; (*Steuern*) recaudable **2.** (*konfiszierbar*) confiscable; (*Führerschein*) retirable **3.** (*Fahrgestell*) replegable **4.** (*Fühler, Krallen*) retráctil

ein|ziehen *irr* **I.** *vi sein* **1.** (*beziehen*) mudarse (*in* a), instalarse (*in* en); **wir sind gestern in unsere neue Wohnung eingezogen** ayer nos mudamos a nuestro nuevo piso **2.** (*Einzug halten*) entrar (*in* a/en) **3.** (*Flüssigkeit, Creme*) ser absorbido (*in* por), penetrar (*in* en) **II.** *vt* **1.** (*Segel, Flagge*) arriar; (*Fahrgestell*) replegar; (*Kopf*) bajar; (*Bauch*) meter; (*Bein*) recoger; (*Fühler, Krallen*) retraer; (*Papier*) sangrar **2.** (*Schulden*) cobrar; (*Steuern*) recaudar **3.** (*beschlagnahmen*) confiscar; (*Führerschein, Geld*) retirar **4.** (*Wand*) levantar; (*Decke*) construir; (*Balken*) poner **5.** (*Rekruten*) llamar a filas **6.** (*Erkundigungen*) pedir

Einziehung *f* <-, -en> **1.** (*Beschlagnahmung*) embargo *m,* confiscación *f,* (de)comiso *m* **2.** (*von Banknoten, des Führerscheins*) retirada *f* **3.** (*von Beiträgen, Gebühren*) cobro *m*

einzig ['aɪntsɪç] *adj* único, solo; **wir waren die ~en Gäste** nosotros éramos los únicos huéspedes; **~ und allein** únicamente; **das ist das ~ Wahre** esta es la única verdad; **ein ~es Mal** una sola vez

einzigartig *adj* único, sin par

Einzigartigkeit *f* <-, *ohne pl*> unicidad *f*

E

ein|zuckern *vt* azucarar

Einzug *m* <-(e)s, -züge> **1.** (*von Steuern*) recaudación *f* **2.** (*das Hineingehen*) entrada *f* (*in* en); (*ins Parlament*) ingreso *m* (*in* en); **beim ~ in die neue Wohnung** al instalarse en el nuevo piso **3.** (*Papier*) sangría *f;* **Einzugsbereich** *m* <-(e)s, -e> área *f* de influencia; **Einzugsermächtigung** *f* <-, -en> (FIN) domiciliación *f* bancaria; **Einzugsgebiet** *nt* <-(e)s, -e> **1.** (*Einzugsbereich*) cuenca *f* de captación **2.** (GEO) área *f* útil; **Einzugsverfahren** *nt* <-s, -> (FIN) cobranzas *fpl* bancarias

ein|zwängen ['aɪntsvɛŋən] *vt* introducir [*o* meter] apretando

Einzylindermotor *m* <-s, -en> (AUTO) motor *m* de un cilindro

Eis [aɪs] *nt* <-es, *ohne pl*> **1.** (*gefrorenes Wasser*) hielo *m;* **Wodka auf ~** vodka con hielo; **etw auf ~ legen** (*fig*) suspender algo; **das ~ brechen** (*fig*) romper el hielo; **~ laufen** patinar sobre hielo **2.** (*Speise~*) helado *m;* **ein ~ am Stiel** un polo, una paleta *MAm, Mex;* **Eisaufbruch** *m* <-(e)s, -brüche> descongelación *f;* **Eisbahn** *f* <-, -en> pista *f* de patinaje sobre hielo; **Eisbär** *m* <-en, -en> oso *m* blanco [*o* polar]; **Eisbecher** *m* <-s, -> copa *f* de helado; **Eisbein** *nt* <-(e)s, -e> lacón *m;* **Eisberg** *m* <-(e)s, -e> iceberg *m;* **das ist nur die Spitze des ~s** esto es sólo la punta del iceberg; **Eisbeutel** *m* <-s, -> bolsa *f* de hielo; **Eisblock** *m* <-(e)s, -blöcke> bloque *m* de hielo; **Eisblume** *f* <-, -n> escarcha *f* en forma de flor (en las ventanas); **Eisbombe** *f* <-, -n> tarta *f* helada; **Eisbrecher** *m* <-s, -> rompehielos *m inv*

Eischnee *m* <-s, *ohne pl*> (GASTR) clara *f* a punto de nieve

Eiscreme *f* <-, -s> helado *m;* **Eisdecke** *f* <-, -n> capa *f* de hielo; **Eisdiele** *f* <-, -n> heladería *f*

Eisen ['aɪzən] *nt* <-s, -> hierro *m,* fierro *m Am;* **zwei ~ im Feuer haben** (*fam fig*) encender una vela a Dios y otra al diablo; **zum alten ~ gehören** (*fam fig*) ser de la vieja guardia; **ein heißes ~ anfassen** (*fig*) tocar un tema delicado; **man muss das ~ schmieden, solange es heiß ist** (*prov*) al hierro caliente, batir de repente

Eisenbahn *f* <-, -en> ferrocarril *m,* carril *m Chil;* **es ist höchste ~** (*fam*) ahora hay que darse prisa; **Eisenbahnbrücke** *f* <-, -n> **1.** (*für die Eisenbahn*) puente *m* de ferrocarril **2.** (*für Fußgänger*) puente *m* peatonal; **Eisenbahndirektion** *f* <-, -en> dirección *f* central de los ferrocarriles

Eisenbahner(in) *m(f)* <-s, -; -, -nen> ferroviario, -a *m, f;* **Eisenbahnergewerkschaft** *f* <-, -en> sindicato *m* de los ferroviarios

Eisenbahnerin *f* <-, -nen> *s.* **Eisenbahner**

Eisenbahnfähre *f* <-, -n> tra(n)sbordador *m* de trenes; **Eisenbahngesellschaft** *f* <-, -en> compañía *f* ferroviaria; **Eisenbahnknotenpunkt** *m* <-(e)s, -e> nudo *m* ferroviario; **Eisenbahnnetz** *nt* <-es, -e> red *f* ferroviaria; **Eisenbahntunnel** *m* <-s, -(s)> túnel *m* del tren; **Eisenbahnüberführung** *f* <-, -en> paso *m* elevado de un tren; **Eisenbahnunglück** *nt* <-(e)s, -e> accidente *m* de tren; **Eisenbahnunterführung** *f* <-, -en> paso *m* inferior de un tren; **Eisenbahnwagen** *m* <-s, -> vagón *m*

Eisenbedarf *m* <-(e)s, -e> (MED) necesidad *f* de hierro; **Eisenbeschlag** *m* <-(e)s, -schläge> herraje *m;* **eisenbeschlagen** *adj* (*Truhe*) con herrajes; (*Stiefel*) con puntera y talón de acero; **Eisenblech** *nt* <-(e)s, -e> chapa *f* de hierro; **Eisendraht** *m* <-(e)s, -drähte> alambre *m* de acero; **Eisenerz** *nt* <-es, -e> mineral *m* de hierro, mena *f;* **Eisengehalt** *m* <-(e)s, -e> contenido *m* de hierro; **Eisengießerei** *f* <-, -en> fundición *f* de hierro, factoría *f Am;* **Eisengitter** *nt* <-s, -> rejilla *f* de hierro; **eisenhaltig** ['aɪzənhaltɪç] *adj* (*Flüssigkeit*) ferruginoso; (*Feststoff*) ferroso; **Eisenhut** *m* <-(e)s, -hüte> (BOT): **Blauer ~** acónito *m;* **Eisenhüttenwerk** *nt* <-(e)s, -e> planta *f* siderúrgica; **Eisenindustrie** *f* <-, -n> industria *f* del hierro; **Eisen- und Stahlindustrie** industria siderúrgica y metalúrgica; **Eisenmangel** *m* <-s, *ohne pl*> falta *f* de hierro; **Eisenoxid** *nt* <-(e)s, -e> (CHEM), **Eisenoxyd** *nt* <-(e)s, -e> (CHEM) óxido *m* de hierro; **Eisenpräparat** *nt* <-(e)s, -e> (MED) preparado *m* de hierro; **ein ~ einnehmen** tomar (un preparado de) hierro; **Eisenspäne** *mpl* virutas *fpl* de hierro

Eisenstadt *nt* <-s> Eisenstadt *f*

Eisenstange *f* <-, -n> vara *f* de hierro, varilla *f* de hierro; **Eisentablette** *f* <-, -n> (MED) comprimido *m* de hierro, tableta *f* de hierro; **Eisenträger** *m* <-s, -> (ARCHIT) soporte *m* de hierro; **Eisenverbindung** *f* <-, -en> (CHEM) compuesto *m* de hierro

Eisenwaren *fpl* utensilios *mpl* de ferretería; **Eisenwarenhändler(in)** *m(f)* <-s, -; -, -nen> ferretero, -a *m, f;* **Eisenwarenhandlung** *f* <-, -en> ferretería *f,* abarrotería *f Am*

eisern ['aɪzɐn] *adj* **1.** (*aus Eisen*) de hierro, férreo **2.** (*unnachgiebig*) rígido, inflexible; **~e Disziplin** disciplina férrea; **da bin ich ~!** (*fam*) ¡no hay quien me apee del burro! **3.** (*Wend*): **~e Reserve** última reserva

Eiseskälte ['aɪzəs'kɛltə] *f* <-, *ohne pl*> frío *m* glacial

Eisfach *nt* <-(e)s, -fächer> congelador *m* (del frigorífico); **Eisfläche** *f* <-, -n> superficie *f* helada; **eisfrei** *adj* libre de hielo(s); **Eisgang** *m* <-(e)s, -gänge> deshielo *m;* **eisgekühlt** *adj* helado; **Eisglätte** *f* <-, *ohne pl*> helada *f,* hielo *m;* **Eisheiligen** *mpl:* **die**

(**drei**) ~ *fechas – en el Norte de Alemania del 11 al 13 de mayo y en el Sur del 12 al 15 – hasta las cuales son esperables bruscos descensos de temperatura;* **Eishockey** ['aɪshɔki] *nt* <-s, *ohne pl*> (SPORT) hockey *m* sobre hielo

eisig ['aɪzɪç] *adj* **1.** (*Wasser*) helado; (*Kälte*) glacial **2.** (*Blick, Ton*) helado, reservado

Eiskaffee *m* <-s, -s, *nach Zahlen:* -> café *m* frío con helado y nata montada; **eiskalt** ['-'-] I. *adj* **1.** (*Wind, Tag*) helado **2.** (*abweisend*) frío, helado II. *adv* con frialdad; **jdm** ~ **die Meinung sagen** (*fam*) decirle cuatro verdades a alguien; **Eiskappe** *f* <-, -n>: **polare** ~ cubierta *f* de hielo polar; **Eiskratzer** *m* <-s, -> espátula *f* de rascar hielo; **Eiskristall** *m* <-s, -e> cristal *m* de hielo; **Eiskübel** *m* <-s, -> cubitera *f* para botellas, enfriadera *f*

Eiskunstlauf *m* <-(e)s, *ohne pl*> (SPORT) patinaje *m* artístico (sobre hielo)

Eiskunstläufer(in) *m(f)* <-s, -; -, -nen> (SPORT) patinador(a) *m(f)* artístico, -a sobre hielo

eis|laufen *irr vi s.* **Eis 1.**

Eislaufen *nt* <-s, *ohne pl*> patinaje *m* sobre hielo; **Eisläufer(in)** *m(f)* <-s, -; -, -nen> patinador(a) *m(f)* sobre hielo; **Eismaschine** *f* <-, -n> heladora *f;* **Eismeer** *nt* <-(e)s, -e> (GEO) océano *m* glacial; **Nördliches/Südliches** ~ Océano Glacial Ártico/Antártico; **Eispickel** *m* <-s, -> picahielo *m*

Eisprung *m* <-(e)s, -sprünge> (ZOOL, MED) ovulación *f*

Eisregen *m* <-s, -> (METEO) lluvia *f* helada; **Eisrevue** *f* <-, -n> (SPORT) espectáculo *m* de patinaje artístico; **Eisschießen** *nt* <-s, *ohne pl*> (SPORT) "curling" *m;* **Eisschnelllauf**[RR] *m* <-(e)s, *ohne pl*> (SPORT) patinaje *m* de velocidad [*o* de carreras sobre hielo]; **Eisschnellläufer(in)**[RR] *m(f)* <-s, -; -, -nen> (SPORT) patinador(a) *m(f)* de velocidad; **Eisscholle** *f* <-, -n> témpano *m* de hielo; **Eisschrank** *m* <-(e)s, -schränke> nevera *f,* frigorífico *m,* frigo *m fam;* **Eissport** *m* <-(e)s, *ohne pl*> deportes *mpl* sobre hielo; **Eisstadion** *nt* <-s, -stadien> (SPORT) pista *f* de hielo; **Eistanz** *m* <-es, -tänze> (SPORT) patinaje *m* artístico; **Eistorte** *f* <-, -n> tarta *f* helada; **Eisverkäufer(in)** *m(f)* <-s, -; -, -nen> heladero, -a *m, f,* piragüero, -a *m, f PRico;* **Eisvogel** *m* <-s, -vögel> martín *m* pescador; **Eiswaffel** *f* <-, -n> galleta *f* de helado, barquilla *f PRico, DomR;* **Eiswasser** *nt* <-s, *ohne pl*> agua *f* helada; **Eiswein** *m* <-(e)s, -e> (GASTR) *vino dulce hecho con uvas congeladas;* **Eiswürfel** *m* <-s, -> cubito *m* de hielo; **Eiszapfen** *m* <-s, -> carámbano *m,* calamoco *m;* **Eiszeit** *f* <-, -en> glaciación *f,* era *f* glacial

eiszeitlich *adj* (de la época) glacial, del período glacial

eitel ['aɪtəl] *adj* vanidoso, vano

Eitelkeit *f* <-, -en> vanidad *f*

Eiter ['aɪtɐ] *m* <-s, *ohne pl*> pus *m,* postema *f Mex,* maleza *f Arg, Chil*

Eiterbeule *f* <-, -n> **1.** (MED) forúnculo *m,* furúnculo *m,* divieso *m* **2.** (*abw: Übelstand*) cáncer *m;* **Eiterbildung** *f* <-, -en> (MED) supuración *f,* formación *f* de pus; **Eiterbläschen** ['aɪtɐblɛːsçən] *nt* <-s, -> (MED) pústula *f;* **Eitererreger** *m* <-s, -> (MED) agente *m* piógeno; **Eiterherd** *m* <-(e)s, -e> (MED) foco *m* purulento

eit(e)rig ['aɪt(ə)rɪç] *adj* purulento

eitern ['aɪtɐn] *vi* supurar

Eiterpickel *m* <-s, -> (MED) pústula *f*

eitrig *adj* purulento

Eiweiß *nt* <-es, -e, *nach Zahlen:* -> **1.** (*vom Ei*) clara *f* **2.** (CHEM) albúmina *f* **3.** (BIOL) proteína *f;* **eiweißarm** I. *adj* pobre en proteínas II. *adv:* **sich** ~ **ernähren** hacer una dieta pobre en proteínas; **eiweißhaltig** *adj* (CHEM, BIOL) albuminoso; **Eiweißmangel** *m* <-s, *ohne pl*> deficiencia *f* en proteínas; **eiweißreich** *adj* rico en proteínas; **Eiweißspaltung** *f* <-, -en> desdoblamiento *m* proteolítico

Eizelle *f* <-, -n> óvulo *m*

Ejakulat [ejaku'laːt] *nt* <-(e)s, -e> esperma *m* (eyaculado)

Ejakulation [ejakula'tsjoːn] *f* <-, -en> (BIOL, MED) eyaculación *f;* **Ejakulationsstörung** *f* <-, -en> (MED) problemas *mpl* de eyaculación

ejakulieren* [ejaku'liːrən] *vi* eyacular

EKD [eːkaː'deː] *f* (REL) *Abk. von* **Evangelische Kirche in Deutschland** Iglesia *f* Evangélica de Alemania

Ekel[1] ['eːkəl] *m* <-s, *ohne pl*> asco (*vor* a); (*Widerwille*) repugnancia *f* (*vor* a/de); ~ **erregend** (*widerwärtig*) asqueroso, repugnante, bascoso *Ecua, Kol;* (*gemein*) infame, asqueroso, imposible *Am;* ~ **erregen** dar asco

Ekel[2] *nt* <-s, -> (*fam: Person*) asqueroso, -a *m, f*

ekelerregend *adj s.* **Ekel**[1]

ekelhaft *adj,* **ek(e)lig** ['eːk(ə)lɪç] *adj* **1.** (*widerwärtig*) asqueroso, repugnante, bascoso *Ecua, Kol* **2.** (*gemein*) infame, asqueroso, imposible *Am*

ekeln I. *vr:* **sich** ~: **ich ekele mich vor Ratten** las ratas me dan [*o* me producen] asco II. *vunpers:* **es ekelt mich davor** me da asco

Ekg, EKG [eːkaː'geː] *nt* <-s, -s> (MED) *Abk. von* **Elektrokardiogramm** electrocardiograma *m*

Eklat [e'klaː] *m* <-s, -s> escándalo *m;* **es kam zum** ~ **als ...** el escándalo surgió cuando...

eklatant [ekla'tant] *adj* **1.** (*offensichtlich*) evidente **2.** (*Aufsehen erregend*) sensacional, espectacular

eklig *adj s.* **ek(e)lig**

Eklipse [ɛk'lɪpsə, e'klɪpsə] *f* <-, -n> (ASTR) eclipse *m*

Ekstase [ɛk'staːzə] *f* <-, -n> éxtasis *m inv;* **in**

~ **geraten über etw** quedarse extasiado por algo

ekstatisch *adj* extático; **in ~e Begeisterung geraten** estar extasiado de entusiasmo; **sie tanzte ~ zu den Trommelklängen** bailaba extáticamente al son de los tambores

Ektoparasit [ɛktopara'zi:t] *m* <-en, -en> (BIOL, MED) ectoparásito *m*

Ekzem [ɛk'tse:m] *nt* <-s, -e> (MED) eczema *m*

Elaborat [elabo'ra:t] *nt* <-(e)s, -e> (*abw*) trabajo *m* (escrito) de mala calidad; **dieses kurze ~ soll eine wissenschaftliche Arbeit sein?** ¿a estos cuatro papeluchos le llamas un trabajo científico?

Elan [e'la:n] *m* <-s, *ohne pl*> (*geh*) brío *m*, ímpetu *m*

elastisch [e'lastɪʃ] *adj* elástico

Elastizität [elastitsi'tɛ:t] *f* <-, -en> elasticidad *f*; **Elastizitätsgrenze** *f* <-, -n> (PHYS, TECH) margen *m* de elasticidad

Elba ['ɛlba] *nt* <-s> Elba *m*

Elbe ['ɛlbə] *f* <-> (*Fluss*) Elba *m*

Elch [ɛlç] *m* <-(e)s, -e> (ZOOL) alce *m*, anta *f*

Eldorado [ɛldo'ra:do] *nt* <-s, -s> (*fig*) paraíso *m*

Electronic Banking [ɛlək'trɔnɪk 'bɛŋkɪŋ] *nt* <- -s, *ohne pl*> (FIN) banco *m* informatizado; **Electronic Cash** [ɛlək'trɔnɪk kɛʃ] *nt* <- -s, *ohne pl*> (FIN) efectivo *m* electrónico, moneda *f* electrónica; **Electronic Publishing** [ɛlək'trɔnɪk 'pablɪʃɪŋ] *nt* <- -s, *ohne pl*> (PUBL) autoedición *f* electrónica

Elefant [ele'fant] *m* <-en, -en> elefante *m*; **wie ein ~ im Porzellanladen** (*fam*) como un elefante en una cacharrería; **aus einer Mücke einen ~en machen** (*fam*) hacer una montaña de un grano de arena; **Elefantenbaby** *nt* <-s, -s> **1.** (ZOOL) cría *f* de elefante **2.** (*fam abw: dicklicher Teenager*) chico, -a *m, f* rechoncho, -a [*o* regordete]; **Elefantenbulle** *m* <-n, -n> (ZOOL) macho *m* del elefante; **Elefantenhochzeit** *f* <-, -en> (WIRTSCH) fusión *f* de grandes empresas; **Elefantenkuh** *f* <-, -kühe> elefanta *f*; **Elefantenrüssel** *m* <-s, -> trompa *f* (del elefante)

elegant [ele'gant] *adj* elegante

Eleganz *f* <-, *ohne pl*> elegancia *f*

Elegie [ele'gi:, *pl:* ele'gi:ən] *f* <-, -n> (LIT) elegía *f*

elegisch [e'le:gɪʃ] *adj* (LIT) elegíaco

elektrifizieren* [elɛktrifi'tsi:rən] *vt* electrificar

Elektrifizierung *f* <-, -en> electrificación *f*

Elektrik [e'lɛktrɪk] *f* <-, -en> sistema *m* eléctrico

Elektriker(in) [e'lɛktrikɐ] *m(f)* <-s, -; -, -nen> electricista *mf*

elektrisch [e'lɛktrɪʃ] *adj* eléctrico; **~er Stuhl** silla eléctrica

elektrisieren* [elɛktri'zi:rən] *vt* (*a. fig*) electrizar; **wie elektrisiert** como electrizado

Elektrizität [elɛktritsi'tɛ:t] *f* <-, *ohne pl*> electricidad *f*; **Elektrizitätsgesellschaft** *f* <-, -en> compañía *f* productora de electricidad; **Elektrizitätsversorgung** *f* <-, *ohne pl*> suministro *m* de electricidad; **Elektrizitätswerk** *nt* <-(e)s, -e> central *f* eléctrica, compañía *f* eléctrica, usina *f Am*

Elektroakupunktur [e'lɛktro-] *f* <-, -en> (MED) acupuntura *f* eléctrica; **Elektroanalyse** *f* <-, -n> (CHEM) electroanálisis *m inv*; **Elektroantrieb** *m* <-(e)s, -e> tracción *f* eléctrica; **Elektroartikel** *m* <-s, -> electrodoméstico *m*; **Elektroauto** *nt* <-s, -s> coche *m* eléctrico, automóvil *m* eléctrico; **Elektrochemie** *f* <-, *ohne pl*> electroquímica *f*; **elektrochemisch** *adj* electroquímico

Elektrode [elɛk'tro:də] *f* <-, -n> electrodo *m*

Elektrodialysegefäß *nt* <-es, -e> recipiente *m* de electrodiálisis

Elektroenergie *f* <-, -n> energía *f* eléctrica; **Elektroenzephalogramm** *nt* <-s, -e> (MED) electroencefalograma *m*; **Elektrofahrzeug** *nt* <-(e)s, -e> *s.* Elektroauto; **Elektrofilter** *m o nt* <-s, -> filtro *m* eléctrico; **Elektrogerät** *nt* <-(e)s, -e> aparato *m* eléctrico; (*Haushaltsgerät*) electrodoméstico *m*; **Elektrogeschäft** *nt* <-(e)s, -e> tienda *f* de electrodomésticos; **Elektroherd** *m* <-(e)s, -e> cocina *f* eléctrica; **Elektroindustrie** *f* <-, -n> industria *f* eléctrica; **Elektroingenieur(in)** *m(f)* <-s, -e; -, -nen> ingeniero, -a *m, f* electrónico, -a; **Elektroinstallateur(in)** *m(f)* <-s, -e; -, -nen> electricista *mf*; **Elektrokardiogramm** [------'-] *nt* <-s, -e> (MED) electrocardiograma *m*; **Elektrokarren** *m* <-s, -> carro *m* eléctrico; **Elektrolok** [e'lɛktrolɔk] *f* <-, -s> locomotora *f* eléctrica; **Elektrolumineszenz** [-luminɛstsɛnts] *f* <-, -en> electroluminiscencia *f*

Elektrolyse [elɛktro'ly:zə] *f* <-, -n> (PHYS, CHEM) electrólisis *f inv*

Elektrolyt [elɛktro'ly:t] *m* <-en, -e(n)> (CHEM) electrólito *m*, electrolito *m*; **Elektrolytgetränk** *nt* <-(e)s, -e> (MED) bebida *f* electrolítica

elektrolytisch *adj* (CHEM) electrolítico

Elektromagnet [-'----] *m* <-en *o* -(e)s, -e *o* -en> electroimán *m*; **elektromagnetisch** [-'---'--] *adj* electromagnético; **Elektromagnetismus** *m* <-, *ohne pl*> (PHYS) electromagnetismo *m*; **Elektrometallurgie** *f* <-, *ohne pl*> electrometalurgia *f*; **Elektrometer** [elɛktro'me:tɐ] *nt* <-s, -> (ELEK) electrómetro *m*; **Elektromotor** [-'----] *m* <-s, -en> (TECH) motor *m* eléctrico, electromotor *m*

Elektron ['e:lɛktrɔn, elɛk'tro:n] *nt* <-s, -en> (PHYS) electrón *m*

Elektronegativität *f* <-, *ohne pl*> (CHEM) electronegatividad *f*

Elektronenblitz [elɛk'tro:nən-] *m* <-es,

-e> (FOTO), **Elektronenblitzgerät** *nt* <-(e)s, -e> (FOTO: *alt*) flash *m* electrónico

Elektronenhülle *f* <-, -n> (PHYS) capa *f* electrónica, envoltura *f* electrónica; **Elektronenmikroskop** *nt* <-s, -e> microscopio *m* electrónico; **Elektronenrechner** *m* <-s, -> (INFOR) calculadora *f* electrónica; **Elektronenröhre** *f* <-, -n> válvula *f* electrónica, tubo *m* electrónico; **Elektronenstrahl** *m* <-(e)s, -en> (PHYS) haz *m* electrónico

Elektronik [elɛk'tro:nɪk] *f* <-, *ohne pl*> electrónica *f*; **Elektronikindustrie** *f* <-, -n> industria *f* electrónica; **Elektronikmulti** *m* <-s, -s> multinacional *f* de la electrónica; **Elektronikschrott** *m* <-(e)s, -e> chatarra *f* electrónica

elektronisch [elɛk'tro:nɪʃ] *adj* electrónico; **~er Briefkasten** (INFOR, TEL) buzón electrónico; **~e Datenverarbeitung** proceso electrónico de datos, computación *f*; **~es Kaufhaus** tienda electrónica; **~e Post** (INFOR, TEL) correo electrónico; **~er Zahlungsverkehr** movimiento de pagos electrónico [*o* computerizado]

Elektrorasierer *m* <-s, -> máquina *f* de afeitar eléctrica

Elektroschock *m* <-(e)s, -s> (MED) electrochoque *m*, electroshock *m*; **Elektroschockbehandlung** *f* <-, -en> (MED) tratamiento *m* de electrochoque

Elektrosmog *m* <-(s), -s> electrosmog *m*; **Elektrostatik** *f* <-, *ohne pl*> (PHYS) electrostática *f*; **elektrostatisch** [elɛktro'ʃtatɪʃ] *adj* electro(e)stático; **~e Aufladung** carga electro(e)stática; **Elektrotechnik** *f* <-, *ohne pl*> electrotécnica *f*, electrotecnia *f*; **Elektrotechniker(in)** *m(f)* <-s, -; -, -nen> electrotécnico *mf*; **elektrotechnisch** *adj* electrotécnico; **Elektrotherapie** *f* <-, -n> (MED) electroterapia *f*

Element [ele'mɛnt] *nt* <-(e)s, -e> elemento *m*; **subversive ~e** elementos subversivos; **hier ist er in seinem ~** (*fam*) aquí está en su elemento

elementar [elemɛn'ta:ɐ] *adj* elemental; (*grundlegend*) fundamental, primordial; **Elementaranalyse** *f* <-, -n> análisis *m inv* elemental; **Elementarbegriff** *m* <-(e)s, -e> concepto *m* básico [*o* elemental]; **Elementargewalt** *f* <-, -en> fuerza *f* natural; **Elementarkenntnisse** *fpl* conocimientos *mpl* elementales [*o* básicos]; **Elementarteilchen** *nt* <-s, -> (PHYS) partícula *f* elemental

Elementbau *m* <-s, *ohne pl*> (*Schweiz: Fertigbau*) construcción *f* prefabricada

elend *adj* **1.** (*armselig*) miserable, mísero **2.** (*beklagenswert*) miserable **3.** (*abw: gemein*) vil, miserable; **das ist eine ~e Lüge** eso es una mentira deplorable **4.** (*krank*) enfermizo

Elend ['e:lɛnt] *nt* <-(e)s, *ohne pl*> miseria *f*, indigencia *f*; **das heulende ~ haben** (*fam*) tener la depre, estar depre; **es ist ein ~ mit ihm** da pena verlo

elendig ['e:lɛndɪç, *nachdrücklich:* 'e:'lɛndɪç] *adj* (*reg*) *s.* **elend**

elendiglich *adv* (*geh*) miserablemente; **~ zugrunde** [*o* **zu Grunde**] **gehen** sucumbir miserablemente; **du sollst ~ verrecken!** (*fam abw*) ¡ojalá revientes!

Elendsquartier *nt* <-s, -e> chabola *f*; **Elendsviertel** *nt* <-s, -> barrio *m* de chabolas, barriada *f* de chabolas *Am*, barrio *m* joven *Am*

elf [ɛlf] *adj inv* once; *s. a.* **acht**

Elf *f* <-, -en> (*Zahl, Fußballmannschaft*) once *m*

Elfe ['ɛlfə] *f* <-, -n> sílfide *f*, elfo *m*

Elfenbein ['ɛlfənbaɪn] *nt* <-(e)s, *ohne pl*> marfil *m*

elfenbeinern *adj* de marfil

elfenbeinfarben *adj* de color marfil; **Elfenbeinküste** *f* Costa *f* de Marfil; **Elfenbeinturm** *m* <-(e)s, -türme> torre *f* de marfil

Elfer *m* <-s, -> (SPORT: *sl*) penalti *m*

elfmal *adv* once veces; *s. a.* **achtmal**

Elfmeter [ɛlf'me:tɐ] *m* <-s, -> (SPORT) penalti *m*, penalty *m*; **den ~ schießen** tirar el penalti; **Elfmetermarke** *f* <-, -n> (SPORT) punto *m* de penalti; **Elfmeterschießen** *nt* <-s, *ohne pl*> (SPORT) tanda *f* de penaltis; **nach der Verlängerung kam es zum ~** después de la prórroga hubo (una) tanda de penaltis

elftausend ['-'--] *adj inv* once mil; *s. a.* **achttausend**

elfte(r, s) *adj* undécimo; *s. a.* **achte(r, s)**

elftel *adj inv* onceavo; *s. a.* **achtel**

Elftel ['ɛlftəl] *nt* <-s, -> undécimo, -a *m, f*, undécima parte *f*; *s. a.* **Achtel**

elftens *adv* en undécimo lugar; (*bei einer Aufzählung*) undécimo; *s. a.* **achtens**

eliminieren* [elimi'ni:rən] *vt* eliminar

Eliminierung *f* <-, -en> **1.** (*eines Gegners*) eliminación *f*; **nach ~ der Konkurrenten stand er an der Spitze** tras eliminar a la competencia estaba en primer lugar **2.** (*von Fehlern*) solución *f*, eliminación *f*; **sorgen Sie für die ~ dieser Fehler** solucione [*o* solvente] estos fallos

elisabethanisch [elizabe'ta:nɪʃ] *adj* (HIST): **das E~e Zeitalter** la época Isabelina

elitär [eli'tɛ:ɐ] *adj* elitista

Elite [e'li:tə] *f* <-, -n> elite *f*; **Eliteeinheit** *f* <-, -en> (MIL), **Elitetruppe** *f* <-, -n> (MIL) tropa *f* de elite

Elixier [elɪ'ksi:ɐ] *nt* <-s, -e> elixir *m*

Ellbogen ['ɛl-] *m* <-s, -> codo *m*; **die ~ aufstützen** apoyar los codos; **die ~ gebrauchen** (*fig*) abrirse paso a codazos; **Ellbogenfreiheit** *f* <-, *ohne pl*> (*fig*) libertad *f* de acción; **Ellbogengesellschaft** *f* <-, -en> sociedad *f* caracterizada por la ley de la selva [*o* la competitividad a ultranza]; **Ellbogenmensch** *m* <-en, -en> (*abw*) arribista *mf*, trepa *mf*

Elle ['ɛlə] *f* <-, -n> **1.** (MED) cúbito *m* **2.** (*Maß*) yarda *f*

Ellenbogen ['ɛlən-] *m* <-s, -> *s.* Ellbogen; **Ellenbogenfreiheit** *f* <-, *ohne pl*> (*fig*) *s.* Ellbogenfreiheit; **Ellenbogengesellschaft** *f* <-, -en> *s.* Ellbogengesellschaft; **Ellenbogenmensch** *m* <-en, -en> (*abw*) *s.* **Ellbogenmensch**

ellenlang *adj* (*fam*) larguísimo

Ellipse [ɛ'lɪpsə] *f* <-, -n> **1.** (MATH) elipse *f* **2.** (LING) elipsis *f inv*

elliptisch [ɛ'lɪptɪʃ] *adj* (MATH, LING) elíptico

Ellok ['ɛllɔk] *f* <-, -s>, **E-Lok** ['e:lɔk] *f* <-, -s> (EISENB) *Abk. von* **elektrische Lokomotive** locomotora *f* eléctrica

eloquent [elo'kvɛnt] *adj* (*geh*) elocuente

Eloquenz [elo'kvɛnts] *f* <-, *ohne pl*> (*geh*) elocuencia *f*

El Salvador [ɛl zalva'do:ɐ] *nt* <-s> El Salvador *m*

Elsass[RR] ['ɛlzas] *nt* <-(es)>, **Elsaß** *nt* <-(sses)> Alsacia *f*

Elsässer(in) ['ɛlzɛsɐ] *m(f)* <-s, -; -, -nen> alsaciano, -a *m, f*

elsässisch ['ɛlzɛsɪʃ] *adj* alsaciano

Elsass-Lothringen[RR] ['ɛlzas 'lo:trɪŋən] *nt* <-s> Alsacia-Lorena *f*

Elster ['ɛlstɐ] *f* <-, -n> (ZOOL) urraca *f*

elterlich ['ɛltɐlɪç] *adj* paterno, de los padres

Eltern ['ɛltɐn] *pl* padres *mpl;* **leibliche ~** padres naturales; **Elternabend** *m* <-s, -e> reunión *f* de padres de alumnos; **Elternbeirat** *m* <-(e)s, -räte> asociación *f* de padres de alumnos; **Elternhaus** *nt* <-es, -häuser> casa *f* paterna, hogar *m* paterno; **Elternliebe** *f* <-, *ohne pl*> amor *m* paternal; **elternlos** *adj* sin padres, huérfano

Elternschaft *f* <-, -en> (*Gesamtheit der Eltern*) padres *mpl;* **die ~ war für die Einführung des schulfreien Samstags** los padres estaban a favor de que no hubiera clases los sábados

Elternsprechstunde *f* <-, -n> (SCH) hora *f* de consulta [*o* tutorías] para los padres; **Elternsprechtag** *m* <-(e)s, -e> día *m* de consulta de padres de alumnos y maestros; **Elternteil** *m* <-(e)s, -e> progenitor(a) *m(f);* **ein ~** el padre o la madre, uno de los padres

Elternurlaub *m* <-(e)s, -e> (*Mutter*) baja *f* por maternidad; (*Vater*) baja *f* por paternidad

Email [e'maɪ] *nt* <-s, -s> *s.* **Emaille**

E-Mail ['i:mɛɪl] *f* <-, -s> (INFOR) correo *m* electrónico, e-mail *m;* **eine Nachricht per ~ verschicken** [*o* **übermitteln**] enviar [*o* transmitir] una noticia por correo electrónico; **E-Mail-Adresse** *f* <-, -n> dirección *f* en e-Mail [*o* en correo electrónico]

Emaillack *m* <-(e)s, -e> barniz *m* esmalte

Emaille [e'maljə, e'maɪ] *f* <-, -n> esmalte *m;* **Emaillelack** *m* <-(e)s, -e> barniz *m* esmalte; **Emailleschicht** *f* <-, -en> capa *f* de esmalte

emaillieren* [emal'ji:rən, ema'ji:rən] *vt* esmaltar

E-Mail-Programm *nt* <-s, -e> (INFOR, TEL) programa *m* de e-mail [*o* de correo electrónico]

Emanze [e'mantsə] *f* <-, -n> (*fam abw*) feminista *f*

Emanzipation [emantsipa'tsjo:n] *f* <-, -en> emancipación *f;* **Emanzipationsbewegung** *f* <-, -en> (SOZIOL, POL) movimiento *m* de liberación [*o* de emancipación] (de la mujer)

emanzipatorisch *adj* emancipatorio

emanzipieren* *vr:* **sich ~** emanciparse (*von* de)

emanzipiert *adj* emancipado

Emballage *f* <-, -n> (COM) embalaje *m*

Embargo [ɛm'bargo] *nt* <-s, -s> (JUR, POL) embargo *m;* **ein ~ aufheben/verhängen** levantar/decretar un embargo; **einem ~ unterliegen** estar sujeto a embargo

Emblem [ɛm'ble:m] *nt* <-s, -e *o* Emblemata> emblema *m*

Embolie [ɛmbo'li:] *f* <-, -n> (MED) embolia *f*

Embryo ['ɛmbryo] *m* <-s, -nen *o* -s> (MED, BIOL) embrión *m*

embryonal *adj* (MED, BIOL) embrional

Embryonen *pl von* **Embryo**

emeritieren* [emeri'ti:rən] *vt* (UNIV) declarar emérito, jubilar

Emersion [emɛr'zjo:n] *f* <-, -en> (GEO) emersión *f*

Emigrant(in) [emi'grant] *m(f)* <-en, -en; -, -nen> (*aus politischen Gründen*) emigrado, -a *m, f,* refugiado, -a *m, f;* (*aus wirtschaftlichen Gründen*) emigrante *mf*

Emigration [emigra'tsjo:n] *f* <-, -en> emigración *f*

emigrieren* *vi sein* emigrar

eminent [emi'nɛnt] *adj* (*geh*) eminente, extraordinario

Eminenz *f* <-, -en> (REL) eminencia *f;* **Seine/Eure ~** su Eminencia; **graue ~** eminencia gris

Emir [e'mi:ɐ] *m* <-s, -e> emir *m*

Emirat [emi'ra:t] *nt* <-(e)s, -e> emirato *m;* **Vereinigte Arabische ~e** Emiratos Arabes Unidos

Emission [emɪ'sjo:n] *f* <-, -en> (FIN, PHYS) emisión *f;* **Emissionsbank** *f* <-, -en> banco *m* emisor; **Emissionsgeschäft** *nt* <-(e)s, -e> emisión *f* de valores; **Emissionskredit** *m* <-(e)s, -e> crédito *m* sobre valores; **Emissionskurs** *m* <-es, -e> (FIN) tipo *m* de emisión; **Emissionsmarkt** *m* <-(e)s, -märkte> mercado *m* de emisiones; **Emissionsmodalitäten** *fpl* (FIN) modalidades *fpl* de emisión; **Emissionsmonopol** *nt* <-s, -e> (FIN) monopolio *m* de emisiones; **Emissionsnorm** *f* <-, -en> norma *f* de emisión; **Emissionsquelle** *f* <-, -n> (ÖKOL) origen *m* de emisión; **Emissionsstandard** *m* <-s, -s> estándar *m* de emisión; **Emissi-**

onsüberwachungsgerät *nt* <-(e)s, -e> aparato *m* controlador de la emisión; **Emissionswert** *m* <-(e)s, -e> (ÖKOL) grado *m* de emisión; (FIN) valor *m* de la emisión

Emittent [emɪ'tɛnt] *m* <-en, -en> (FIN, ÖKOL) emisor *m*

emittieren* [emɪ'ti:rən] *vt* (FIN, PHYS) emitir

Emmentaler ['ɛmənta:lɐ] *m* <-s, -> (GASTR) queso *m* em(m)ental

e-Moll *nt* <-, *ohne pl*> (MUS) mi *m* menor

Emotion [emo'tsjo:n] *f* <-, -en> emoción *f*

emotional [emotsjo'na:l] *adj*, **emotionell** [emotsjo'ɛl] *adj* emocional

emotionsgeladen *adj* emotivo; (*Atmosphäre*) cargado; (*Diskussion*) emocional; **emotionslos** *adj* insensible; **er zeigte keine Regung, war völlig** ~ no manifestó ningún sobresalto, su gesto era completamente impasible

empfahl [ɛm'pfa:l] *3. imp von* **empfehlen**

empfand [ɛm'pfant] *3. imp von* **empfinden**

Empfang [ɛm'pfaŋ, *pl:* ɛm'pfɛŋə] *m* <-(e)s, -fänge> **1.** (*im Hotel*) recepción *f* **2.** (TECH, RADIO, TV) recepción *f*; **auf** ~ **schalten/gehen** poner en/ir a "recibir" **3.** (*von Waren*): **etw in** ~ **nehmen** recibir algo; **den** ~ **bestätigen** acusar recibo; **zahlbar bei** ~ pagadero en destino **4.** (*Feier*) recepción *f* **5.** (*Begrüßung*) acogida *f*, recibimiento *m*

empfangen <empfängt, empfing, empfangen> *vt* **1.** (*Waren, a.* RADIO, TV) recibir **2.** (*Gast*) recibir, acoger

Empfänger[1] [ɛm'pfɛŋɐ] *m* <-s, -> (RADIO, TV) (aparato *m*) receptor *m*

Empfänger(in)[2] *m(f)* <-s, -; -, -nen> receptor(a) *m(f)*; (*von Post*) destinatario, -a *m, f*; (*einer Summe*) perceptor(a) *m(f)*; (*einer Unterstützung*) beneficiario, -a *m, f*; (*von Waren*) consignatario, -a *m, f*; ~ **unbekannt/verzogen** destinatario desconocido/ausente sin señas; **Fracht zahlt** ~ (COM) portes debidos

Empfängerabschnitt *m* <-(e)s, -e> (FIN) espacio *m* para el receptor, resguardo *m* para el receptor

Empfängerin *f* <-, -nen> *s.* **Empfänger**[2]

Empfängerland *nt* <-(e)s, -länder> (WIRTSCH) país *m* receptor

empfänglich *adj* susceptible (*für* a), sensible (*für* a)

Empfängnis *f* <-, *ohne pl*> concepción *f*; **die Unbefleckte** ~ (REL) la Inmaculada Concepción; **die** ~ **verhüten** impedir la concepción; **empfängnisverhütend I.** *adj* anticonceptivo **II.** *adv* con efecto anticonceptivo; **manche Pflanzentees wirken** ~ algunas infusiones de hierbas tienen un efecto anticonceptivo

Empfängnisverhütung *f* <-, -en> anticoncepción *f*; **natürliche** ~ anticoncepción natural; **Empfängnisverhütungsmittel** *nt* <-s, -> anticonceptivo *m*

empfangsberechtigt *adj* autorizado para recibir; **Empfangsberechtigte(r)** *mf* <-n, -n; -n, -n> persona *f* autorizada (para recibir algo); **Empfangsbescheinigung** *f* <-, -en> acuse *m* de recibo, resguardo *m*; **Empfangsbestätigung** *f* <-, -en> acuse *m* de recibo, recibí *m*; **Empfangschef(in)** *m(f)* <-s, -s; -, -nen> jefe, -a *m, f* de recepción; **Empfangsdame** *f* <-, -n> recepcionista *f*; **Empfangsgerät** *nt* <-(e)s, -e> (RADIO, TV: *formal*) aparato *m* receptor; **Empfangskonnossement** *nt* <-(e)s, -e> (WIRTSCH) conocimiento *m* recibido para embarque; **Empfangsschüssel** *f* <-, -n> (TV: *fam*) antena *f* parabólica; **Empfangsstation** *f* <-, -en> **1.** (TV, RADIO) estación *f* receptora **2.** (WIRTSCH) destino *m*; **Empfangsvermerk** *m* <-(e)s, -e> recibí *m*; **Empfangszimmer** *nt* <-s, -> sala *f* de recepciones

empfängt [ɛm'pfɛŋt] *3. präs von* **empfangen**

empfehlen [ɛm'pfe:lən] <empfiehlt, empfahl, empfohlen> **I.** *vt* (*raten*) recomendar; **Ihr Geschäft ist mir empfohlen worden** me han recomendado su tienda **II.** *vr:* **sich** ~ **1.** (*geh: sich verabschieden*) despedirse; **ich empfehle mich** me despido de Ud./Uds./... **2.** (*geeignet sein*) ser apto (*als/für* para); **es empfiehlt sich das zu tun** conviene hacerlo; **empfehlenswert** *adj* recomendable

Empfehlung *f* <-, -en> **1.** (*Rat, Fürsprache*) recomendación *f*; **auf** ~ **von jdm** por recomendación de alguien **2.** (*geh: Gruß*) saludo *m* respetuoso; **mit den besten ~en** con mis mejores saludos; **Empfehlungsschreiben** *nt* <-s, -> carta *f* de recomendación

empfiehlt [ɛm'pfi:lt] *3. präs von* **empfehlen**

empfinden [ɛm'pfɪndən] <empfindet, empfand, empfunden> *vt* sentir, experimentar

Empfinden *nt* <-s, *ohne pl*> (*Gespür*) sensación *f*, olfato *m*; **mein natürliches** ~ **sagt mir, dass hier etwas nicht stimmt** mi olfato [*o* mi sexto sentido] me dice que aquí hay algo que no cuadra; **jds** ~ **nach, für jds** ~ según (la opinión de) alguien; **die Frisur ist für mein** ~ **etwas zu lang** a mí me parece que el peinado es demasiado largo

empfindlich [ɛm'pfɪntlɪç] *adj* **1.** (*Person, Haut, Gerät*) sensible (*gegen* a); (*krankheitsanfällig, zerbrechlich*) delicado; **hoch** ~ (TECH, FOTO) altamente sensible, suprasensible **2.** (*reizbar*) susceptible, quisquilloso; **jdn an seiner ~en Stelle treffen** tocar a alguien en su punto débil; **sei nicht so ~!** ¡no seas tan susceptible! **3.** (*Kälte*) intenso, penetrante **4.** (*Verlust*) doloroso

Empfindlichkeit *f* <-, *ohne pl*> **1.** (*Feinfühligkeit*) sensibilidad *f* **2.** (*Reizbarkeit*) susceptibilidad *f* **3.** (*Anfälligkeit*) propensión *f* (*gegen* a)

empfindsam [ɛm'pfɪntza:m] *adj* sensible

Empfindsamkeit *f* <-, *ohne pl*> **1.** (*Fein-*

fühligkeit) sensibilidad *f* **2.** (LIT: *Geistesströmung*) sentimentalismo *m*

Empfindung *f* <-, -en> **1.** (*Wahrnehmung*) sensación *f* **2.** (*Gefühl*) sentimiento *m;* **empfindungslos** *adj* insensible; **Empfindungsvermögen** *nt* <-s, *ohne pl*> sensibilidad *f*

empfing [ɛm'pfɪŋ] *3. imp von* **empfangen**

empfohlen [ɛm'pfo:lən] *pp von* **empfehlen**

empfunden [ɛm'pfʊndən] *pp von* **empfinden**

Emphase [ɛm'fa:zə] *f* <-, -n> (*geh*) énfasis *m inv*

emphatisch [ɛm'fa:tɪʃ] *adj* (*geh*) enfático

Empire[1] ['ɛmpaɪə] *nt* <-(s), *ohne pl*> (*britisches Weltreich*) imperio *m* británico

Empire[2] [ã'pi:r] *nt* <-(s), *ohne pl*> (KUNST) estilo *m* imperio; **dieser Stuhl ist eindeutig ~** esta silla es sin duda de estilo imperio

Empirie [ɛmpi'ri:] *f* <-, *ohne pl*> (*geh*) empirismo *m*

empirisch [ɛm'pi:rɪʃ] *adj* (*geh*) empírico; **~e Forschung** investigación empírica

empor [ɛm'po:ɐ] *adv* (*geh*) hacia arriba; **empor|arbeiten** *vr:* **sich ~** (*geh*) ascender (*zu* a); **sie hat sich von einer einfachen Angestellten zur Abteilungsleiterin emporgearbeitet** ascendió de simple empleada a jefa de sección; **empor|blicken** *vi* (*geh*) levantar [*o* alzar] la vista (*zu* a), mirar hacia arriba (*zu* a)

Empore [ɛm'po:rə] *f* <-, -n> galería *f*, tribuna *f*

empören* [ɛm'pø:rən] **I.** *vt* indignar, ofender; **ich bin empört** estoy indignado **II.** *vr:* **sich ~ 1.** (*sich aufregen*) indignarse (*über* por), enfurecerse (*über* por) **2.** (*sich auflehnen*) sublevarse (*gegen* contra)

empörend *adj* escandaloso, indignante

empor|heben *irr vt* (*geh*) levantar (*zu* hacia/a), alzar (*zu* hacia/a); **empor|kommen** *irr vi sein* (*geh*) **1.** (*vorankommen*) medrar, prosperar; **wenn du im Beruf ~ willst, musst du viel leisten** si quieres medrar [*o* mejorar tu posición] a nivel laboral tienes que trabajar mucho **2.** (*auftauchen*) salir a la superficie **3.** (*aufstehen können*) levantarse

Emporkömmling [ɛm'po:ɐkœmlɪŋ] *m* <-s, -e> (*abw*) advenedizo, -a *m, f*, arribista *mf*

empor|lodern *vi sein* (*geh*) elevarse (*zu* hacia); **die Flammen loderten zum Himmel empor** las llamas se elevaban hacia el cielo; **empor|ragen** *vi* (*geh*) sobresalir, despuntar; **empor|schwingen** *irr* **I.** *vt* (*geh*): **vor Freude schwang er die Fahne empor** de alegría hacía ondear la bandera en lo alto **II.** *vr:* **sich ~** (*geh*): **sie schwang sich zu ihrem Freund auf das Brückengeländer empor** se montó en el pretil del puente donde estaba su amigo; **er schwang sich zu Höchstleistungen empor, um das Finale zu erreichen** (*fig*) tuvo que rendir al máximo para llegar a la final; **empor|steigen** *irr* **I.** *vi sein* (*Rauch*) subir; (*Zweifel, Angst*) aparecer (*in* en) **II.** *vt sein* (*Stufen*) subir

empört [ɛm'pø:ɐt] *adj* indignado

Empörung[1] [ɛm'pø:rʊŋ] *f* <-, *ohne pl*> (*Entrüstung*) indignación *f*, irritación *f;* **seine ~ über sein Verhalten/über seine Schwester** su indignación a causa de su comportamiento/por su hermana

Empörung[2] *f* <-, -en> (*Aufstand*) sublevación *f* (*gegen* contra), levantamiento *m* (*gegen* contra)

empor|ziehen *irr vt* (*geh*) tirar hacia arriba; **mit einer Seilwinde können große Lasten emporgezogen werden** con un torno de cable se pueden levantar grandes pesos

emsig ['ɛmzɪç] *adj* laborioso, asiduo

Emsigkeit *f* <-, *ohne pl*> laboriosidad *f;* **erstaunlich, mit welcher ~ die Ameisen arbeiten** es sorprendente lo diligentes que son las hormigas trabajando; **dank ihrer rastlosen ~ konnte das Projekt fristgerecht abgeschlossen werden** gracias a que trabajó de firme pudo terminarse el proyecto en el plazo establecido

Emu ['e:mu] *m* <-s, -s> (ZOOL) emú *m*

Emulation [emula'tsjo:n] *f* <-, -en> (INFOR) emulación *f*

Emulator [emu'la:to:ɐ] *m* <-s, -en> (INFOR) emulador *m*

Emulgator [emʊl'ga:to:ɐ] *m* <-s, -en> (CHEM) emulsionante *m*

Emulgierbarkeit [emʊl'gi:ɐ-] *f* <-, *ohne pl*> (CHEM) emulsionabilidad *f*

emulgieren* [emʊl'gi:rən] *vt* (CHEM) emulsionar

emulieren* [emu'li:rən] *vt* (INFOR) emular

Emulsion [emʊl'zjo:n] *f* <-, -en> (*a.* CHEM) emulsión *f*

E-Musik *f sin pl* (MUS) música *f* culta

en bloc [ã'blɔk] *adv* en bloque

Endabnehmer(in) ['ɛnt-] *m(f)* <-s, -; -, -nen> (WIRTSCH) comprador(a) *m(f)* final; **Endabrechnung** *f* <-, -en> (FIN) saldo *m* final; **Endalarm** *m* <-(e)s, -e> (*Schweiz: Entwarnung*) fin *m* de la alarma; **Endaufkommen** *nt* <-s, -> (WIRTSCH) rendimiento *m* final; **Endausscheidung** *f* <-, -en> (*a.* SPORT) (fase *f*) final *f;* **in die ~ gelangen** llegar a la final, ser finalista; **Endbahnhof** *m* <-(e)s, -höfe> *s.* **Endstation; Endbenutzer(in)** *m(f)* <-s, -; -, -nen> (INFOR) usuario, -a *m, f* final; **Endbestand** *m* <-(e)s, -stände> (WIRTSCH) últimas existencias *fpl;* **Endbetrag** *m* <-(e)s, -träge> total *m*, montante *m;* **Endbilanz** *f* <-, -en> (WIRTSCH) balance *m* final

Ende[1] ['ɛndə] *nt* <-s, *ohne pl*> **1.** (*Endpunkt*) final *m*, término *m;* (*Film, Buch*) fin *m;* **bis ans ~ der Welt** hasta el fin del mundo; **er wohnt am ~ der Welt** (*fam*) vive donde Cristo perdió la zapatilla [*o* el gorro]; **das war**

das ~ vom Lied (*fam*) se acabó **2.** (*zeitlich*) fin *m*, final *m*; **~ des Jahres** a fines de año; **~ Mai** a fines de mayo **3.** (*fam: Strecke*): **wir haben noch ein ganzes ~ vor uns** aún nos queda un buen trecho **4.** (*Wend*): **zu ~** finalizado; **der Film ist zu ~** la película se ha acabado; **ein Buch zu ~ lesen** terminar de leer un libro; **der Tag geht zu ~** el día llega a su fin; **er ist ~ vierzig** ronda la cincuentena, tiene los cuarenta largos *fam*; **am ~ sein** (*fam*) estar en las últimas; **letzten ~s** al fin y al cabo; **bis zum bitteren ~** hasta el triste final; **ein gutes/böses ~ nehmen** acabar bien/mal; **am ~ seiner Kräfte sein** estar al límite de sus fuerzas; **etw** *dat* **ein ~ machen** (*geh*) poner fin a algo; **kein ~ finden** no acabar nunca; **kein ~ absehen** no ver el final; **seinem ~ zugehen** irse acabando; **das dicke ~ kommt noch** (*fam*) aún queda el rabo por desollar; **~ gut, alles gut!** (*prov*) bien está lo que bien acaba; **lieber ein ~ mit Schrecken als ein Schrecken ohne ~** (*prov*) más vale ponerse una vez colorado que veinte amarillo, entre dos males elegir el menor

Ende² *nt* <-s, -n> (*Endstück*) extremo *m*; (*Geweihspitze*) punta *f*; **am vorderen/hinteren ~ der Reihe** en el extremo superior/inferior de la hilera; **am anderen ~ der Stadt** en el otro extremo de la ciudad; **das ist das ~ der Fahnenstange** eso es el límite

Endeffekt *m* <-(e)s, -e> resultado *m*; **im ~** al fin y al cabo

Endeinkommen *nt* <-s, -> (WIRTSCH) renta *f* final

Endemie [ɛnde'mi:] *f* <-, -n> (MED) endemia *f*

endemisch [ɛn'de:mɪʃ] *adj* (BIOL, MED, ZOOL) endémico

enden ['ɛndən] *vi* terminar, acabar; (*Frist*) vencer; **das Programm endete mit einer Überraschung** el programa terminó con una sorpresa; **nicht ~ wollender Beifall** aplauso ininterrumpido; **wie wird das mit ihm ~?** ¿cómo va a acabar lo suyo?; **das wird böse ~** esto va a acabar mal

Endergebnis *nt* <-ses, -se> resultado *m* final [*o* definitivo]

en détail [ã de'taɪ] *adv* (COM) al detalle; **En-détail-Handel** *m* <-s, *ohne pl*> comercio *m* al detalle

Endgehalt *nt* <-(e)s, -hälter> (FIN) sueldo *m* final; **Endgerät** *nt* <-(e)s, -e> (INFOR) dispositivo *m* de salida; **Endgeschwindigkeit** *f* <-, -en> (AUTO) velocidad *f* máxima; **endgültig** *adj* definitivo; **jetzt ist ~ Schluss** ahora se acabó definitivamente; **etwas E~es lässt sich noch nicht sagen** aún no puede decirse nada definitivo; **Endgültigkeit** *f* <-, *ohne pl*> carácter *m* definitivo; **Endhaltestelle** *f* <-, -n> estación *f* final, última parada *f*; **Endhersteller** *m* <-s, -> productor *m* final

Endivie [ɛn'di:viə] *f* <-, -n> escarola *f*; **Endiviensalat** *m* <-(e)s, -e> ensalada *f* de escarola

Endkampf *m* <-(e)s, -kämpfe> (SPORT) final *f*; **Endkontrolle** *f* <-, -n> (WIRTSCH, TECH) control *m* final (de calidad); **Endlager** *nt* <-s, -> depósito *m* final; **~ für atomare Abfälle** cementerio nuclear

end|lagern *vt* depositar [*o* almacenar] (definitivamente)

Endlagerstätte *f* <-, -n> lugar *m* de almacenamiento definitivo

Endlagerung *f* <-, -en> almacenamiento *m* definitivo

endlich ['ɛntlɪç] **I.** *adj* **1.** (*begrenzt*) limitado **2.** (MATH) finito **II.** *adv* por fin, finalmente; **komm doch ~!** ¡ven de una vez!; **hör ~ damit auf!** ¡deja eso de una vez!

endlos *adj* ilimitado, inacabable

Endlosigkeit *f* <-, *ohne pl*> (*räumlich*) infinito *m*; (*zeitlich*) eternidad *f*

Endlospapier *nt* <-s, -e> (INFOR) papel *m* continuo; **Endlospapiereinzug** *m* <-(e)s, -züge> (INFOR) dispositivo *m* de alimentación de papel continuo

Endlösung *f* <-, -en> solución *f* final; **die ~ der Judenfrage** (HIST) *la exterminación de los judíos por los nazis*

Endmoräne *f* <-, -n> (GEO) morena *f* terminal

endogen [ɛndo'ge:n] *adj* (MED, BOT, PSYCH, GEO) endógeno

endokrin [ɛndo'kri:n] *adj* (MED) endócrino; **~e Drüse** glándula endocrina

Endoparasit [ɛndo-] *m* <-en, -en> (BIOL, MED) endoparásito *m*

Endorphin [ɛndɔr'fi:n] *nt* <-s, -e> (MED) endorfina *f*

Endoskop [ɛndo'sko:p] *nt* <-s, -e> (MED) endoscopio *m*

Endoskopie [ɛndosko'pi:] *f* <-, -n> (MED) endoscopia *f*

Endphase *f* <-, -n> fase *f* final; **Endpreis** *m* <-es, -e> (COM) precio *m* final; **Endprodukt** *nt* <-(e)s, -e> producto *m* final; **Endpunkt** *m* <-(e)s, -e> punto *m* final; **Endreim** *m* <-(e)s, -e> (LIT) rima *f* consonante; **Endresultat** *nt* <-(e)s, -e> resultado *m* final; **das amtliche ~ einer Lotterieziehung** la lista oficial de números premiados de una lotería; **Endrunde** *f* <-, -n> (SPORT) fase *f* final; **Endsaldo** *m* <-s, -salden *o* -s *o* -saldi> (WIRTSCH) balance *m* final; **Endsieg** *m* <-(e)s, -e> (HIST: *Nationalsozialismus*) victoria *f* final; **Endsilbe** *f* <-, -n> (LING) última sílaba *f*; **Endspiel** *nt* <-(e)s, -e> (SPORT) final *f*, partido *m* final; **Endspurt** *m* <-(e)s, -s *o* -e> (SPORT) sprint *m* final; **Endstadium** *nt* <-s, -stadien> última fase *f*; **Endstation** *f* <-, -en> (estación *f*) terminal *f*; **Endsumme** *f* <-, -n> suma *f* total

Endung *f* <-, -en> (LING) terminación *f*, desinencia *f*

Endurteil *nt* <-s, -e> (JUR) fallo *m* (de un tribunal), sentencia *f* definitiva; **Endverbraucher(in)** *m(f)* <-s, -; -, -nen> consumidor(a) *m(f)* final

Endverkaufspreis *m* <-es, -e> (WIRTSCH) precio *m* de venta al público

Endwirt *m* <-(e)s, -e> (BIOL) huésped *m* final

Endzeit *f* <-, *ohne pl*> (REL) final *m* de los tiempos

endzeitlich *adj* (REL) apocalíptico

Endzeitstimmung *f* <-, -en> estado *m* de ánimo apocalíptico

Endziel *nt* <-(e)s, -e> objetivo *m* final; **Endziffer** *f* <-, -n> última cifra *f*; **Endzustand** *m* <-(e)s, -stände> estado *m* final; **im ~** terminado, acabado; **das ist noch nicht der ~, an dem Bild muss noch viel verändert werden** el cuadro no está terminado aún, hay que cambiar muchas cosas; **Endzweck** *m* <-(e)s, -e> finalidad *f*

Energie [enɛr'gi:] *f* <-, -n> energía *f*; **alternative ~n** energías alternativas; **erneuerbare ~n** energías renovables; **kriminelle ~** carga criminal; **thermonukleare ~** energía termonuclear; **~ sparen** ahorrar energía; **viel ~ haben** tener muchas energías; **energieaufwendig** *adj* que consume mucha energía; **Energiebedarf** *m* <-(e)s, *ohne pl*> demanda *f* energética; **energiebewusst**[RR] *adj* (ÖKOL): **sich ~ verhalten** intentar gastar un mínimo de energía con el fin de economizarla; **Energiebilanz** *f* <-, -en> balance *m* energético [*o* de la energía]; **Energieeinsparung** *f* <-, -en> ahorro *m* de energía; **Energieerzeugung** *f* <-, -en> generación *f* de energía, producción *f* de energía; **konventionelle ~** producción de energía convencional; **Energiefluss**[RR] *m* <-es, *ohne pl*> flujo *m* de energía; **Energiegewinnung** *f* <-, -en> obtención *f* de energía; **Energiehaushalt** *m* <-(e)s, -e> (*des Körpers*) equilibrio *m* energético; **energieintensiv** *adj* que consume mucha energía; **Energiekonzept** *nt* <-(e)s, -e> concepto *m* energético; **Energiekrise** *f* <-, -n> crisis *f inv* energética; **Energiepflanze** *f* <-, -n> planta *f* energética; **Energiepolitik** *f* <-, -en> política *f* energética; **Energiepyramide** *f* <-, -n> pirámide *f* energética; **Energiequelle** *f* <-, -n> fuente *f* energética [*o* de energía]; **Energieressourcen** *fpl* fuentes *fpl* de energía; **Energiesektor** *m* <-s, -en> sector *m* energético; **Energiesparen** *nt* <-s, *ohne pl*> ahorro *m* de energía; **energiesparend** *adj* que ahorra energía

Energiesparlampe *f* <-, -n> lámpara *f* que ahorra energía; **Energiesparmaßnahme** *f* <-, -n> (WIRTSCH, ÖKOL) medida *f* para ahorrar energía; **Energiesparpotential** *nt* <-s, -e> potencial *m* de ahorro de energía

Energiesteuer *f* <-, -n> impuesto *m* sobre la energía; **Energieträger** *m* <-s, -> fuente *f* energética; **fossiler ~** portador fósil de energía; **Energieumsatz** *m* <-es, -sätze> consumo *m* de energía; **Energieumwandlung** *f* <-, -en> transformación *f* de energía; **Energieverbrauch** *m* <-(e)s, *ohne pl*> consumo *m* de energía; **Energievergeudung** *f* <-, -en> despilfarro *m* de energía; **Energieverlust** *m* <-(e)s, -e> pérdida *f* de energía

Energieverschwendung *f* <-, -en> despilfarro *m* de energía

Energieversorgung *f* <-, *ohne pl*> abastecimiento *m* de energía, suministro *m* de energía; **Energieversorgungsunternehmen** *nt* <-s, -> empresa *f* abastecedora de energía

Energievorkommen *nt* <-s, -> recursos *mpl* energéticos; **Energievorräte** *mpl* reservas *fpl* de energía; **nicht erneuerbare ~** reservas agotables de energía; **Energiewert** *m* <-(e)s, -e> valor *m* energético; **Energiewirtschaft** *f* <-, *ohne pl*> economía *f* de la energía; **Energiezufuhr** *f* <-, *ohne pl*> alimentación *f* (de energía)

energisch [e'nɛrgɪʃ] *adj* enérgico; (*entschlossen*) decidido

Enfant terrible [ãfãtɛ'ribl] *nt* <- -, -s -s> (*geh*) "enfant terrible" *m*

eng [ɛŋ] **I.** *adj* **1.** (*Straße, Zimmer*) estrecho, angosto **2.** (*Kleidung*) ajustado, ceñido; **sich** *dat* **ein Kleid ~er machen** estrecharse un vestido **3.** (*dicht*) denso; (*gedrängt*) apretado **4.** (*eingeschränkt*) estricto, limitado; **im ~eren Sinne** en sentido estricto; **in die ~ere Wahl kommen** llegar a la última selección **5.** (*Beziehung*) íntimo **II.** *adv:* **~ anliegend** (*Kleid*) muy ajustado; **das Kleid liegt ~ an** el vestido queda ceñido [*o* ajustado]; **~ bedruckt** compacto; **die Textseiten sind ~ bedruckt** las hojas con texto están realizadas en impresión compacta; **~ befreundet sein** ser íntimos amigos; **~ beschrieben** con letra muy apretada; **die Seite ist ~ beschrieben** la página está escrita con letra muy apretada; **die Hose sitzt sehr ~** los pantalones quedan apretados [*o* justos]; **sie sitzen ~ beieinander** están sentados muy juntos; **sieh das doch nicht so ~** no seas tan estricto

Engadin ['ɛŋgadi:n, ɛŋga'di:n] *nt* <-s> Engadina *f*

Engagement[1] [ãgaʒə'mã:] *nt* <-s, *ohne pl*> compromiso *m*; (*Begeisterung*) entusiasmo *m*

Engagement[2] *nt* <-s, -s> (THEAT) contrata *f*

engagieren* [ãga'ʒi:rən] **I.** *vt* (*Künstler*) contratar **II.** *vr:* **sich ~** (*sich einsetzen*) comprometerse (*in* en), intervenir (*für* a favor de); **er hat sich dafür engagiert, dass ...** intervino a favor de que... +*subj*

engagiert *adj* comprometido

enganliegend ['ɛŋʔanli:gənt] *adj s.* **eng II.**; **engbedruckt** *adj s.* **eng II.**; **engbefreundet** *adj s.* **eng II.**; **engbeschrieben** *adj s.* **eng II.**

Enge[1] ['ɛŋə] *f* <-, *ohne pl*> (*räumlich*) estrechez *f*; **jdn in die ~ treiben** poner a alguien entre la espada y la pared

Enge[2] *f* <-, -n> (*Meer~*) estrecho *m*

Engel ['ɛŋəl] *m* <-s, -> ángel *m;* **Engelmacher(in)** *m(f)* <-s, -; -, -nen> (*fam*) persona *f* que practica abortos clandestinos

Engelsgeduld ['---'-] *f* <-, *ohne pl*> paciencia *f* de santo; **Engelszungen** *fpl:* **mit ~** con persuasión; **ich habe mit ~ auf sie eingeredet, doch vergebens** he tratado de convencerla con todas mis dotes de persuasión, pero ha sido inútil

Engerling ['ɛŋɐlɪŋ] *m* <-s, -e> (ZOOL) gusano *m* blanco

engherzig *adj* mezquino, egoista

Engherzigkeit *f* <-, *ohne pl*> mezquindad *f*, falta *f* de generosidad

engl. *Abk. von* **englisch** ingl.

England ['ɛŋlant] *nt* <-s> Inglaterra *f*

Engländer[1] ['ɛŋlɛndɐ] *m* <-s, -> (*Werkzeug*) llave *f* inglesa

Engländer(in)[2] *m(f)* <-s, -; -, -nen> inglés, -esa *m, f*

englisch ['ɛŋlɪʃ] *adj* inglés; **~ sprechend** que habla inglés

Englisch *nt* <-(s), *ohne pl*>, **Englische** *nt* <-n, *ohne pl*> inglés *m;* **sprechen Sie ~?** ¿habla inglés?; **der Text wurde ins ~e übersetzt** tradujeron el texto al inglés; **~ sprechend** que habla inglés, de habla inglesa; **wir suchen eine ~ sprechende Sekretärin** buscamos a una secretaria que hable inglés

englischsprechend *adj s.* **englisch, Englisch**

engmaschig *adj* de malla estrecha

Engpass[RR] *m* <-es, -pässe>, **Engpaß** *m* <-sses, -pässe> **1.** (*Stelle*) paso *m* estrecho, desfiladero *m;* (*eines Flusses*) pongo *m Ecua, Peru* **2.** (*in Versorgung*) dificultades *fpl;* **finanzieller ~** dificultades económicas **3.** (WIRTSCH) cuello *m* de botella, estrangulamiento *m*

en gros [ɑ̃'gro:] *adv* (COM) al por mayor; **Engrosabnehmer(in)** *m(f)* <-s, -; -, -nen> (WIRTSCH) comprador(a) *m(f)* al por mayor

engstirnig *adj* (*abw*) estrecho de miras

Engstirnigkeit *f* <-, *ohne pl*> estrechez *f* de miras

Enjambement *nt* <-s, -s> (LIT) encabalgamiento *m*

Enkel(in) ['ɛŋkəl] *m(f)* <-s, -; -, -nen> nieto, -a *m, f;* **Enkelkind** *nt* <-(e)s, -er> nieto, -a *m, f;* **Enkelsohn** *m* <-(e)s, -söhne> nieto *m;* **Enkeltochter** *f* <-, -töchter> nieta *f*

Enklave [ɛn'kla:və] *f* <-, -n> enclave *m*

en masse [ɑ̃'mas] *adv* (*fam*) a montones

enorm [e'nɔrm] *adj* enorme

en passant [ãpɑ'sã] *adv* **1.** (*beiläufig*) de paso, de pasada **2.** (*im Vorübergehen*) al pasar (por ahí); **beim Spaziergang entdeckte ich ~ ein neues Café** paseando descubrí por casualidad una nueva cafetería

Enquete [ã'ke:t(ə), ã'kɛ:t(ə)] *f* <-, -n> (*Österr: Arbeitstagung*) simposio *m* de trabajo;

Enquetekommission *f* <-, -en> comisión *f* parlamentaria del Bundestag

Ensemble [ã'sã:bəl] *nt* <-s, -s> **1.** (THEAT) compañía *f* de teatro; (MUS) orquesta *f* **2.** (*Kleidungsstück*) conjunto *m*

Ensilage [ãsi'la:ʒə] *f* <-, *ohne pl*> (AGR) ensilado *m*

entarten* [ɛnt'ʔartən] *vi sein* degenerar

Entartung[1] *f* <-, -en> (*Erscheinungsform*) degeneración *f*

Entartung[2] *f* <-, *ohne pl*> (*Abweichen von der Norm*) depravación *f*, perversión *f*

entäußern* *vr:* **sich etw** *gen* **~** (*geh*) desprenderse de algo

entbehren* [ɛnt'be:rən] **I.** *vt* **1.** (*geh: vermissen*) echar de menos **2.** (*verzichten*) prescindir (de), privarse (de); **wir können ihn einfach nicht ~** sencillamente no podemos prescindir de él **II.** *vi* (*geh: fehlen*) carecer (+*gen* de); **jeder Grundlage ~** carecer de fundamento; **der Anblick entbehrte nicht einer gewissen Komik** la escena no careció de una cierta gracia

entbehrlich [ɛnt'be:ɐlɪç] *adj* prescindible; (*überflüssig*) superfluo

Entbehrung *f* <-, -en> privación *f;* **entbehrungsreich** *adj* lleno de privaciones; **etw ist ~** algo obliga a sufrir (muchas) privaciones

entbieten* *irr vt* (*geh*) dirigir, ofrecer; **der Wanderer entbot den Vorübergehenden einen herzlichen Gruß** el excursionista hizo un saludo cordial a los que pasaban

entbinden* *irr* **I.** *vi* (*gebären*) dar a luz, acostar *MAm, Mex*, desembarazar *Chil* **II.** *vt* **1.** (*von einer Pflicht*) desligar (*von* de), eximir (*von* de); **ich habe ihn von seinen Verpflichtungen entbunden** le he eximido de sus obligaciones **2.** (*Frau*) asistir en el parto

Entbindung *f* <-, -en> (MED) parto *m;* **Entbindungsklinik** *f* <-, -en> clínica *f* de maternidad; **Entbindungsstation** *f* <-, -en> (MED) sala *f* de maternidad [*o* de partos], paritorio *m*

entblättern* **I.** *vt* desfoliar **II.** *vr:* **sich ~ 1.** (*Blätter verlieren*) perder las hojas **2.** (*fig fam*) desnudarse

entblöden* *vr:* **sich nicht ~, etw zu tun** (*geh abw*) no darle vergüenza a alguien hacer algo, no avergonzarse alguien de hacer algo

entblößen* [ɛnt'blø:sən] **I.** *vt* (*Körperteil*) descubrir; **eine entblößte Schulter** unos hombros descubiertos; **musst du dich so entblößt zeigen!** ¡es necesario que vayas así, enseñándolo todo! **II.** *vr:* **sich ~** (*sich ausziehen*) desnudarse

Entblößung *f* <-, -en> desnudamiento *m;* **unsittliche ~** desnudamiento inmoral

entboten *pp von* **entbieten**

entbrannt *pp von* **entbrennen**

entbrennen* *irr vi sein* (*geh: Kampf, Streit*) desencadenarse

entbunden *pp von* **entbinden**

E

entbürokratisieren* *vt* (WIRTSCH) desburocratizar

entdecken* *vt* **1.** (*Unbekanntes*) descubrir **2.** (*finden*) encontrar, hallar; **etw wieder ~** redescubrir algo

Entdecker(in) *m(f)* <-s, -; -, -nen> descubridor(a) *m(f)*

Entdeckung *f* <-, -en> descubrimiento *m;* **Entdeckungsreise** *f* <-, -n> viaje *m* de exploración

Ente ['ɛntə] *f* <-, -n> **1.** (ZOOL) pato *m,* ánade *mf;* **der ist eine lahme ~** (*fam*) es más lento que el caballo del malo **2.** (*Zeitungs~*) bulo *m,* camelo *m,* borrego *m Am,* echada *f Arg, Mex,* milonga *f And, CSur* **3.** (AUTO) dos caballos *m inv*

entehren* [ɛnt'ʔeːrən] *vt* deshonrar, desprestigiar

Entehrung *f* <-, -en> deshonra *f,* desprestigio *m*

enteignen* [ɛnt'ʔaɪgnən] *vt* expropiar

Enteignung *f* <-, -en> expropiación *f;* **Enteignungsbeschluss**RR *m* <-es, -schlüsse> (JUR) auto *m* de expropiación; **Enteignungsverfügung** *f* <-, -en> (JUR) orden *f* de expropiación

enteilen* *vi sein* (*geh*) alejarse precipitadamente [*o* con rapidez]

enteisen* [ɛnt'ʔaɪzən] *vt* deshelar, descongelar

Enteisung *f* <-, -en> descongelación *f*

Entenbraten *m* <-s, -> (GASTR) pato *m* asado; **Entenei** *nt* <-(e)s, -er> huevo *m* de pata; **Entenküken** *nt* <-s, -> patito *m,* cría *f* de pato

Entente [ã'tãːt(ə), *pl:* ã'tãːtən] *f* <-, -n> (HIST) entente *f*

enterben* *vt* desheredar

Enterhaken *m* <-s, -> (HIST, NAUT) arpeo *m*

Enterich ['ɛntərɪç] *m* <-s, -e> pato *m* macho

entern ['ɛntɐn] *vt* abordar

Enterorezeptor [ɛntero-] *m* <-s, -en> (BIOL) enteroreceptor *m*

Entertainer(in) ['ɛntɐteːnɐ, 'ɛntɐtɛɪnɐ] *m(f)* <-s, -; -, -nen> animador(a) *m(f),* entertainer *mf*

Enter-Taste ['ɛntɐtastə] *f* <-, -n> (INFOR) tecla *f* return [*o* retorno]

entfachen* [ɛnt'faxən] *vt* (*geh*) **1.** (*Feuer*) encender, atizar **2.** (*Leidenschaft, Hass*) desatar, encender; (*Krieg*) provocar

entfahren* *irr vi sein* (*Worte*) escaparse; **ihm ist ein Schimpfwort ~** se le ha escapado un taco

entfallen* *irr vi sein* **1.** (*wegfallen*) suprimirse; **der Anspruch auf Zuschüsse entfällt** se suprime el derecho a subvenciones **2.** (*erhalten*) tocar, corresponder; **auf die Losnummer 113 ~ 100.000 Mark** al número 113 le corresponden 100.000 marcos **3.** (*geh: entgleiten*) escaparse **4.** (*vergessen*) olvidarse; **die Einzelheiten sind mir ~** se me olvidaron los detalles

entfalten* **I.** *vt* **1.** (*Papier, Serviette*) desdoblar, desplegar **2.** (*Plan, Gedankengang*) explicar, detallar **3.** (*Kräfte, Talent*) mostrar, revelar **II.** *vr:* **sich ~ 1.** (*Knospe, Fallschirm*) abrirse, desplegarse **2.** (*Fähigkeiten*) desarrollar(se); **hier kann ich mich nicht richtig ~** aquí no puedo desarrollar bien mis facultades

Entfaltung *f* <-, -en> desarrollo *m,* desenvolvimiento *m;* **zur ~ kommen** desarrollarse

entfärben* *vt* desteñir

Entfärber *m* <-s, ->, **Entfärbungsmittel** *nt* <-s, -> decolorante *m*

entfernen* [ɛnt'fɛrnən] **I.** *vt* **1.** (*Fleck, Schmutz*) quitar (*aus* de), sacar (*aus* a); (MED) extirpar, extraer **2.** (*abbringen*) alejar; **das entfernt uns vom Thema** esto nos aleja del tema **II.** *vr:* **sich ~ 1.** (*weggehen*) irse, marcharse, alejarse; **die Schritte entfernten sich langsam** los pasos se alejaron lentamente **2.** (*vom Thema, von der Wahrheit*) alejarse, apartarse

entfernt [ɛnt'fɛrnt] *adj* **1.** (*fern*) distante, lejano; (*abgelegen*) apartado, alejado; **das Haus liegt (ca.) 300 Meter von hier ~** la casa está a (unos) 300 metros de aquí; **nicht im E~esten** en absoluto **2.** (*weitläufig*) lejano; **er ist ~ mit mir verwandt** es un pariente lejano **3.** (*Ähnlichkeit*) vago

Entfernung *f* <-, -en> **1.** (*Abstand*) distancia *f;* **aus der ~** de [*o* desde] lejos; **in einiger ~** a cierta distancia **2.** (*Wegnahme*) eliminación *f;* (*aus dem Amt*) destitución *f;* **Entfernungsmesser** *m* <-s, -> telémetro *m*

entfesseln* *vt* desencadenar, desatar; **bei diesem Unwetter schienen alle Naturgewalten entfesselt zu sein** en ese temporal parecía que se habían desencadenado [*o* desatado] todas las fuerzas de la naturaleza

entfetten* *vt* desengrasar

Entfettungskur *f* <-, -en> (*fam*) cura *f* de adelgazamiento; **eine ~ machen** hacer una cura de adelgazamiento

entfeuchten* *vt* deshumedecer

Entfeuchtungsapparat *m* <-(e)s, -e> aparato *m* de deshumidificación

entflammbar [ɛnt'flambaːɐ] *adj* inflamable

entflammen* **I.** *vi sein* **1.** (*Hass, Streit*) encenderse, desencadenarse **2.** (*sich begeistern*) apasionarse (*für* por), entusiasmarse (*für* por) **II.** *vt* (*Hass, Liebe*) provocar **III.** *vr:* **sich ~** (*Stoff, Gas*) inflamarse

entflechten* *irr vt* **1.** (*entwirren*) destejer **2.** (WIRTSCH) desconcentrar, descentralizar; (*ein Kartell*) disolver

Entflechtung *f* <-, -en> (WIRTSCH) desconcentración *f*

entfliegen* *irr vi sein* escapar (volando)

entfliehen* *irr vi sein* huir (*aus* de); **die Polizei sucht nach zwei entflohenen Sträflingen** la policía busca a dos presos fugados

entflochten *pp von* **entflechten**

entflogen *pp von* **entfliegen**

entflohen *pp von* **entfliehen**

entfremden* [ɛnt'frɛmdən] *vt* **1.** (*Person*) distanciar; **sein neues Amt hat ihn mir entfremdet** su nuevo cargo nos ha distanciado; **etw seinem Zweck** ~ hacer mal uso de algo **2.** (PHILOS) alienar

Entfremdung *f* <-, -en> **1.** (*Abstand*) distancia *f* **2.** (PHILOS) alienación *f*

entfrosten* *vt* (AUTO) descongelar

Entfroster *m* <-s, -> **1.** (*beim Kühlschrank*) descongelador *m* **2.** (*Sprühmittel*) anticongelante *m* **3.** (AUTO) luneta *f* térmica

entführen* *vt* secuestrar, raptar, plagiar *Am*

Entführer(in) *m(f)* <-s, -; -, -nen> secuestrador(a) *m(f)*, raptor(a) *m(f)*

Entführung *f* <-, -en> secuestro *m*, rapto *m*, plagio *m Am*

entgangen *pp von* **entgehen**

entgasen* *vt* desgasificar

entgegen [ɛnt'ge:gən] **I.** *adv* **1.** (*Richtung*) en la dirección (de); **der Zukunft** ~ hacia el futuro **2.** (*zuwider*) en contra; **meinem Wunsch** ~ contrario a mi deseo **II.** *präp +dat* (*im Gegensatz*) en oposición a, en contra de; ~ **meinem Rat** en contra de mi consejo

entgegen\|bringen *irr vt* (*Interesse*) mostrar, manifestar; **entgegen\|eilen** *vi sein:* **jdm** ~ ir corriendo hacia alguien, acudir corriendo al encuentro de alguien; **jdm entgegengeeilt kommen** salir corriendo al encuentro de alguien; **etw** *dat* ~ ir corriendo [*o* deprisa] hacia algo; **er eilt bereits der nächsten Konferenz entgegen** en estos momentos va a toda prisa camino de otra conferencia; **entgegen\|fahren** *irr vi sein:* **jdm** ~ ir (en coche) en dirección hacia alguien; **jdm entgegengefahren kommen** llegar (en coche) de la dirección contraria; **als sie schon fast da war, kam er ihr noch entgegengefahren** cuando ella ya casi había llegado, apareció él de la dirección contraria; **entgegen\|fiebern** *vi* esperar con gran impaciencia; **entgegen\|gehen** *irr vi sein* (*einer Person*) avanzar (hacia); **dem Ende** ~ ir terminando, acercarse al final

entgegengesetzt *adj* **1.** (*gegenteilig*) opuesto, contrario; **in ~er Richtung** en sentido contrario; **am ~en Ende der Stadt** en el otro extremo de la ciudad **2.** (*widersprechend*) contradictorio

entgegen\|halten *irr vt* **1.** (*darbieten*) ofrecer, presentar; (*entgegenstrecken*) extender; **jdm die Hand** ~ (*a. fig*) tender la mano a alguien **2.** (*einwenden*) oponer

entgegen\|kommen *irr vi sein* **1.** (*sich nähern: Person*) ir [*o* salir] al encuentro (de); (*Fahrzeug*) venir de frente, venir en dirección contraria **2.** (*nachgeben*) hacer concesiones, dar facilidades **3.** (*entsprechen*) convenir, ajustarse (a); **dein Vorschlag kommt mir sehr entgegen** tu propuesta me conviene

Entgegenkommen *nt* <-s, *ohne pl*> **1.** (*Haltung*) buena voluntad *f*, amabilidad *f* **2.** (*Zugeständnis*) deferencia *f*, concesión *f*

entgegenkommend *adj* **1.** (*gefällig*) complaciente, servicial **2.** (*aufmerksam*) atento **3.** (*Fahrzeug, Verkehr*) en sentido opuesto

entgegenkommenderweise *adv* amablemente, atentamente; **die Rückzahlung des Darlehens wurde ihr ~ gestundet** tuvieron la atención de concederle una prórroga para devolver el préstamo; **wenn Sie mir ~ mal hierbei helfen könnten** si tuviera la amabilidad de ayudarme [*o* de echarme una mano] en esto

entgegen\|laufen *irr vi sein* **1.** (*zulaufen*): **jdm** ~ ir corriendo al encuentro de alguien; **jdm entgegengelaufen kommen** salir corriendo al encuentro de alguien **2.** (*im Gegensatz stehen*): **etw** *dat* ~ ser contrario a algo; **dein Plan läuft meiner Vorstellung entgegen** tu plan es contrario [*o* se opone] a la idea que yo tengo

Entgegennahme *f* <-, -n> (*formal*) recepción *f*, recibo *m*

entgegen\|nehmen *irr vt* (*Waren*) recibir; (*Aufgabe*) hacerse cargo (de); **entgegen\|schlagen** *irr vi sein:* **jdm** ~ ir en dirección hacia alguien; **aus dem Keller schlug ihr eisige Kälte entgegen** notaba un frío helado que venía del sótano; **den Feuerwehrleuten schlugen hohe Flammen entgegen** los bomberos se enfrentaban a grandes llamas; **kaum erschien die beliebte Politikerin, schlug ihr Jubel entgegen** apenas apareció, la estimada política fue recibida con enorme júbilo; **entgegen\|sehen** *irr vi* esperar, aguardar; **entgegen\|setzen** *vt* oponer (a), contraponer (a); **er hat ihrem Vorschlag nichts Gleichwertiges entgegenzusetzen** no tiene nada equiparable que pueda oponer a su propuesta

entgegen\|stehen *irr vi* **1.** (*hinderlich sein*) obstaculizar; **folgende Probleme stehen dem Plan entgegen** los siguientes problemas obstaculizan el plan **2.** (*im Gegensatz stehen*) oponerse (a); **dem steht nichts entgegen** no hay inconvenientes

entgegen\|stellen *vr:* **sich jdm/etw** *dat* ~ (*sich in den Weg stellen*) oponerse a alguien/a algo; **sich der herrschenden Meinung/der Regierungspolitik** ~ ir en contra de la opinión reinante/de la política del gobierno

entgegen\|strecken *vt* tender; **jdm die Hände** ~ tenderle a alguien las manos; **entgegen\|treten** *irr vi sein:* **jdm** ~ ir hacia alguien, acercarse a alguien; **etw** *dat* ~ (*Einhalt gebieten*) oponer resistencia a algo, oponerse a algo

entgegen\|wirken *vi* contrarrestar; **die Regierung wirkt der Inflation entgegen** el gobierno lucha contra la inflación

entgegnen* [ɛnt'ge:gnən] *vt* contestar; (*schärfer*) replicar

Entgegnung *f* <-, -en> respuesta *f*, contestación *f*; (*Erwiderung*) réplica *f*

entgehen* *irr vi sein* **1.** (*einer Gefahr, Strafe*)

escapar(se) (a) **2.** (*unbemerkt bleiben*) escaparse; **ihm entgeht einfach nichts** no se le escapa nada de nada **3.** (*Wend*): **sich** *dat* **etw** (**nicht**) ~ **lassen** (no) perderse algo; **das lasse ich mir nicht** ~ eso no me lo pierdo

entgeistert [ɛnt'gaɪstɐt] *adj* estupefacto, atónito

Entgelt [ɛnt'gɛlt] *nt* <-(e)s, -e> **1.** (*Bezahlung*) retribución *f*, pago *m;* **ohne/gegen** ~ gratis/pagando; **für ein geringes** ~ a cambio de una pequeña cantidad de dinero; **vereinbartes** ~ retribución acordada **2.** (*Entschädigung*) indemnización *f* **3.** (*Gebühr*) tasa *f*

entgelten* *irr vt* (*geh*) pagar; (*mit Geld*) remunerar

entgiften* *vt* desintoxicar; (*reinigen*) purificar

Entgiftung *f* <-, -en> **1.** (*von Abgasen*) descontaminación *f* **2.** (MED: *des Körpers*) desintoxicación *f;* (*des Blutes*) purificación *f;* **sie musste zur** ~ **auf die Dialysestation** tuvo que ir a hacerse una hemodiálisis al hospital; **Entgiftungsmittel** *nt* <-s, -> desintoxicante *m*

entgleisen* [ɛnt'glaɪzən] *vi sein* **1.** (*Zug*) descarrilar, desrielar *Am* **2.** (*Mensch*) portarse mal, salirse de tono

Entgleisung *f* <-, -en> **1.** (*eines Zuges*) descarrilamiento *m* **2.** (*des Benehmens*) desliz *m*, salida *f* de tono

entgleiten* *irr vi sein* (*geh*) escurrirse, escaparse; **jdm entgleitet die Kontrolle über etw** alguien pierde el control sobre algo

entglitten *pp von* **entgleiten**

entgolten *pp von* **entgelten**

entgräten* [ɛnt'grɛːtən] *vt* quitar las espinas (a/de)

enthaaren* [ɛnt'haːrən] **I.** *vt* depilar **II.** *vr:* **sich** ~ depilarse

Enthaarung *f* <-, -en> depilación *f;* **Enthaarungscreme** *f* <-, -s> crema *f* depilatoria; **Enthaarungsmittel** *nt* <-s, -> depilatorio *m;* **Enthaarungswachs** *nt* <-es, *ohne pl*> cera *f* depilatoria

enthalten* *irr* **I.** *vt* (*beinhalten*) incluir, contener; **Frühstück ist im Preis** ~ el desayuno está incluido en el precio **II.** *vr:* **sich** ~ (*geh a.* POL) abstenerse (de); (*verzichten*) contener; **sie enthielt sich** (**der Stimme**) se abstuvo (en la votación); **ich konnte mich dieser Bemerkung nicht** ~ no pude reprimir el comentario

enthaltsam [ɛnt'haltzaːm] *adj* abstinente; (*vom Alkohol*) abstemio; (*sexuell*) continente

Enthaltsamkeit *f* <-, *ohne pl*> abstinencia *f;* (*sexuell*) continencia *f*

Enthaltung *f* <-, -en> abstención *f;* **sie wurde mit sieben Jastimmen bei zwei ~en gewählt** ha sido votada con siete votos a favor y dos abstenciones

enthärten* *vt* (*Wasser*) rebajar el grado hidrométrico [*o* la dureza del agua]

enthaupten* [ɛnt'haʊptən] *vt* decapitar

Enthauptung *f* <-, -en> decapitación *f*

enthäuten* *vt* (*Tier*) desollar; (*Zwiebel*) pelar

entheben* *irr vi* (*geh*): **jdn seines Amtes** ~ cesar [*o* suspender] a alguien de su cargo

enthemmen* *vi, vt* desinhibir; **Alkohol enthemmt** el alcohol desinhibe

enthemmt *adj* (*Person*) desinhibido, descontrolado

Enthemmung *f* <-, *ohne pl*> desinhibición *f*

enthoben *pp von* **entheben**

enthüllen* *vt* **1.** (*Denkmal*) descubrir **2.** (*geh: Lüge*) descubrir, revelar; (*Skandal*) destapar

Enthüllung *f* <-, -en> **1.** (*von Denkmal*) inauguración *f* **2.** (*von Geheimnis*) revelación *f;* ~ **vertraulicher Informationen** revelación de información confidencial; **Enthüllungsjournalismus** *m* <-, *ohne pl*> periodismo *m* de investigación

Enthusiasmus [ɛntuzi'asmʊs] *m* <-, *ohne pl*> entusiasmo *m*

Enthusiast(in) *m(f)* <-en, -en; -, -nen> entusiasta *mf*

enthusiastisch **I.** *adj* entusiasta **II.** *adv* con entusiasmo

Entionisierung *f* <-, -en> (CHEM) deionización *f*

entjungfern* *vt* desvirgar, desflorar *geh*

Entjungferung *f* <-, -en> desfloración *f*

entkalken* *vt* descalcificar

entkeimen* *vt* purificar, depurar

entkernen* *vt* **1.** (*Kirschen*) deshuesar; (*Wassermelone*) quitar las pepitas (a/de) **2.** (ARCHIT) hacer más espacioso (quitando edificios)

entkleiden* **I.** *vt* (*geh*) desvestir **II.** *vr:* **sich** ~ (*geh*) desvestirse

entknoten* *vt* desanudar

entkoffeiniert [ɛntkɔfeï'niːɐt] *adj* descafeinado

entkolonialisieren* *vt* (POL) descolonizar

Entkolonialisierung *f* <-, -en> (POL) descolonización *f*

entkommen* *irr vi sein* escaparse (*aus* de), huir (*aus* de); **aus dem Gefängnis** ~ huir de la cárcel; **jdm** ~ escapar(se) de alguien; **sie konnte ihren Verfolgern** ~ pudo escapar de sus perseguidores

Entkommen *nt* <-, *ohne pl*> huida *f*, evasión *f;* **es gibt kein** ~ no hay posibilidad de huida [*o* de evasión]; **aus der Lage gab es kein E~** no había salida a la situación

entkorken* *vt* descorchar, quitar el corcho (a/de)

entkräften* [ɛnt'krɛftən] *vt* **1.** (*Person*) debilitar **2.** (*Behauptung, Verdacht*) invalidar, anular

Entkräftung *f* <-, -en> **1.** (*von Person*) debilitamiento *m* **2.** (*eines Verdachts*) nulidad *f*, anulación *f*

entkrampfen* **I.** *vt* (*Muskeln*) desagarrotar, distender **II.** *vr:* **sich** ~ (*Körper, Muskel*) desagarrotarse; (*Situation*) normalizarse; (*Atmosphäre*) relajarse

Entkrampfung *f* <-, -en> **1.** (*Muskeln*) desentumecimiento *m;* **die Massage dient der ~ der verspannten Muskulatur** el masaje sirve para desentumecer la musculatura (que está) tensa **2.** (*Atmosphäre, Lage*) distensión *f;* **ein unabhängiger Vermittler sorgte für die ~ der Gespräche** un mediador independiente procuró distender las conversaciones

entkriminalisieren* *vt* (JUR) descriminalizar

Entlad *m* <-(e)s, *ohne pl*> (*Schweiz: das Ausladen*) descarga *f*

entladen* *irr* **I.** *vt* (*LKW, Schiff*) descargar **II.** *vr:* **sich ~** (*Batterie, Zorn*) descargarse

Entladung *f* <-, -en> (*a.* ELEK) descarga *f;* **Entladungshafen** *m* <-s, -häfen> puerto *m* de descarga

entlang [ɛnt'laŋ] **I.** *präp +gen/dat* a lo largo de; **~ des Weges** [*o* **dem Weg**] a lo largo del camino **II.** *präp +akk* a lo largo de; **die Wand ~** a lo largo de la pared **III.** *adv:* **am Fluss ~** a lo largo del río; **hier ~** (siguiendo) por aquí; **entlang|fahren** *irr* **I.** *vi sein:* **an etw** *dat* **~** pasar a lo largo de algo **II.** *vt sein* (*Straße*) seguir, pasar (por); **entlang|gehen** *irr* **I.** *vi sein:* **an etw** *dat* **~** caminar [*o* ir] a lo largo de algo **II.** *vt sein* (*Straße*) pasar (por), seguir

entlarven* [ɛnt'larfən] *vt* descubrir, desenmascar, poner al descubierto

Entlarvung *f* <-, -en> descubrimiento *m*

entlassen* *irr vt* **1.** (*kündigen*) despedir, fletar *Arg, Chil, Urug;* **er wurde fristlos ~** fue despedido sin previo aviso **2.** (*aus Krankenhaus*) dar de alta; (*aus Gefängnis*) soltar, poner en libertad; (*aus Armee*) licenciar; (*aus Schule*) dejar; (*aus Vertrag, Verpflichtung*) librar

Entlassung *f* <-, -en> **1.** (*aus Arbeitsverhältnis*) despido *m;* **fristlose/grundlose/sofortige ~** despido sin preaviso/inmotivado/inmediato; **unrechtmäßige** [*o* **widerrechtliche**] **~** despido improcedente **2.** (*aus Gefängnis*) excarcelación *f,* puesta *f* en libertad; **bedingte ~** libertad condicional; **Entlassungsabfindung** *f* <-, -en> indemnización *f* por despido; **Entlassungsausgleich** *m* <-(e)s, -e> compensación *f* por despido; **Entlassungsentschädigung** *f* <-, -en> indemnización *f* por despido; **Entlassungsgrund** *m* <-(e)s, -gründe> causa *f* del despido, motivo *m* del despido; **Entlassungsverfahren** *nt* <-s, -> procedimiento *m* de despido; **Entlassungszeugnis** *nt* <-ses, -se> certificado *m* de despido

entlasten* *vt* **1.** (*Balken, Achse*) descargar; (*Telefonleitung, Verkehr*) descongestionar; (*Person*) aliviar, quitar; **er sollte den Chef etwas ~** tendría que quitar trabajo al jefe; **die Bürger steuerlich ~** reducir la presión fiscal sobre el ciudadano **2.** (*Gewissen*) aliviar, desahogar **3.** (*Angeklagte*) exculpar, exonerar **4.** (COM: *Geschäftsführung billigen*) aprobar; **den Vorstand ~** aprobar la gestión de la junta directiva **5.** (FIN: *ausgleichen*) saldar; **ein Konto ~** saldar una cuenta bancaria

Entlastung *f* <-, -en> **1.** (JUR) exculpación *f;* (COM, FIN) descarga *f;* **steuerliche ~** desgravación fiscal **2.** (*des Verkehrsaufkommens*) descongestión *f;* **Entlastungsanlage** *f* <-, -n> instalación *f* de descarga; **Entlastungsbeweis** *m* <-es, -e> (JUR) prueba *f* de descargo; **Entlastungsmaterial** *nt* <-s, -ien> (JUR) hechos *mpl* justificativos, pruebas *fpl* de descargo; **Entlastungszeuge**, **-in** *m, f* <-n, -n; -, -nen> testigo *mf* de descargo; **Entlastungszug** *m* <-(e)s, -züge> (EISENB) tren *m* adicional

entlauben* [ɛnt'laʊbən] **I.** *vt* (*Wälder*) defoliar **II.** *vr:* **sich ~** (*Baum*) perder las hojas

Entlaubungsmittel *nt* <-s, -> desfoliador *m*

entlaufen* *irr vi sein* (*Mensch*) escaparse; (*Tier*) extraviarse

entlausen* *vt* despiojar

entledigen* [ɛnt'le:dɪgən] *vr* (*geh*): **sich etw** *gen* **~** liberarse de algo, deshacerse de algo; **sich seiner Kleidung/einer Verpflichtung ~** quitarse la vestimenta/librarse de una obligación

entleeren* *vt* vaciar

Entleerung *f* <-, -en> **1.** (*Container, Gefäß*) vaciado *m* **2.** (*Blase, Darm*) evacuación *f*

entlegen [ɛnt'le:gən] *adj* (*entfernt*) distante, lejano; (*abgelegen*) retirado, alejado

entlehnen* *vt* tomar (*aus* de); (LING) tomar prestado (*aus* de)

Entlehnung *f* <-, -en> (LING: *Lehnwort*) préstamo *m*

entleihen* *irr vt* prestar, tomar prestado

Entleiher(in) *m(f)* <-s, -; -, -nen> prestatario, -a *m, f*

Entleihung *f* <-, -en> alquiler *m*

entliehen *pp von* **entleihen**

entloben* [ɛnt'lo:bən] *vr:* **sich ~** disolver los esponsales, romper un compromiso matrimonial

Entlobung *f* <-, -en> rompimiento *m* del compromiso matrimonial

entlocken* *vt:* **jdm etw ~** arrebatar algo a alguien

entlohnen* *vt,* **ent|löhnen*** *vt* (*Schweiz*) pagar un sueldo, remunerar

Entlohnung *f* <-, -en>, **Entlöhnung** *f* <-, -en> (*Schweiz*) **1.** (*das Entlohnen*) pago *m,* remuneración *f* **2.** (*Lohn*) salario *m,* sueldo *m*

entlüften* *vt* (TECH: *Bremsleitung*) ventilar; (*Heizung*) purgar

Entlüftung *f* <-, -en> ventilación *f*

entmachten* [ɛnt'maxtən] *vt* derrocar

Entmachtung *f* <-, -en> derrocamiento *m*

entmannen* *vt* (*geh: kastrieren*) castrar

entmenscht [ɛnt'mɛnʃt] *adj* inhumano, brutal

entmilitarisieren* *vt* desmilitarizar

Entmilitarisierung *f* <-, -en> desmilitarización *f*

entmündigen* [ɛnt'mʏndɪgən] *vt* poner bajo tutela, inhabilitar

Entmündigung *f* <-, -en> incapacitación *f,* interdicción *f* civil

entmutigen* [ɛnt'mu:tɪgən] *vt* desanimar, abatir; **sich nicht ~ lassen** no dejarse desanimar

Entmutigung *f* <-, -en> abatamiento *m,* desánimo *m*

Entnahme [ɛnt'na:mə] *f* <-, -n> toma *f*

Entnazifizierung [ɛntnatsifi'tsi:rʊŋ] *f* <-, -en> (HIST, POL) desnazificación *f*

entnehmen* *irr vt* **1.** (*herausnehmen*) tomar, sacar **2.** (*folgern*) deducir, derivar; **ich entnahm seiner Äußerung, dass ...** deduje de su observación que...

entnerven* *vt* enervar *geh*

entnervt *adj* (*Blick*) tenso, descompuesto; (*Mensch*) nervioso, crispado; **ich bin völlig ~!** ¡estoy hasta las narices [*o* a cien]!; **ganz ~ gab er schließlich das Rennen auf** harto a más no poder, abandonó finalmente la carrera

entnommen *pp von* **entnehmen**

entölen* *vt* (TECH) desaceitar

Entomogamie [ɛntomoga'mi:] *f* <-, *ohne pl*> (BOT) entomogamia *f*

Entomologie [ɛntomolo'gi:] *f* <-, *ohne pl*> entomología *f*

entpuppen* [ɛntpʊpən] *vr:* **sich ~** descubrirse (*als* como); **er hat sich als Betrüger entpuppt** resultó ser un estafador

entrahmen* *vt* (GASTR) desnatar, descremar

entrahmt *adj* desnatado, descremado

enträtseln* *vt* (*Schrift*) descifrar; (*Geheimnis*) desvelar

entrechten* [ɛnt'rɛçtən] *vt* privar de sus derechos

Entrechtete(r) *mf* <-n, -n; -n, -n> persona *f* privada de sus derechos; **Robin Hood ist der Rächer der ~n** Robin Hood es el vengador de los desamparados

Entrechtung *f* <-, -en> privación *f* de los derechos

entreißen* *irr vt* **1.** (*wegreißen*): **jdm etw ~** arrebatar [*o* arrancar] algo a alguien **2.** (*geh: retten*): **jdn einer Gefahr ~** salvar a alguien de un peligro

entrichten* *vt* abonar, pagar; **Beiträge an die Sozialversicherung ~** cotizar a la Seguridad Social; **eine Gebühr ~** abonar una tasa; **Zoll auf etw ~** pagar aduana sobre algo

Entrichtung *f* <-, -en> (*formal*) pago *m*

entringen* *irr vt* (*geh*): **jdm etw ~** arrebatarle algo a alguien

entrinnen* *irr vi sein* (*geh*) salvarse (+*dat* de), escaparse (+*dat* de)

Entrinnen *nt* <-s, *ohne pl*> salvación *f,* escapatoria *f;* **es gibt kein ~** no hay escapatoria

entrissen *pp von* **entreißen**

entrollen* *vt* (*geh*) desenrollar; (*Fahne*) desplegar

entronnen *pp von* **entrinnen**

Entropie [ɛntro'pi:] *f* <-, -n> (PHYS) entropía *f*

entrosten* *vt* desoxidar, quitar la herrumbre (a)

entrücken* *vt* (*geh*): **jdn etw** *dat* **~** apartar a alguien de algo; **die jahrelange Beschäftigung mit metaphysischen Dingen hatte sie ganz der Realität entrückt** su dedicación durante años a cuestiones metafísicas había hecho que perdiera completamente el contacto con la realidad; **diese Musik entrückt mich irgendwie der Gegenwart** esta música me hace olvidar de alguna manera el presente

entrückt [ɛnt'rʏkt] *adj* (*Mensch*) ensimismado; (*Blick*) extasiado

entrümpeln* [ɛnt'rʏmpəln] *vt* quitar los trastos viejos (de)

Entrümpelung *f* <-, -en> eliminación *f* de trastos

entrungen *pp von* **entringen**

entrüsten* [ɛnt'rʏstən] **I.** *vt* indignar **II.** *vr:* **sich ~** indignarse (*über* por), encolerizarse (*über* por)

entrüstet *adj* indignado (*über* por)

Entrüstung *f* <-, -en> indignación *f* (*über* por), enojo *m* (*über* por/contra)

entsaften* [ɛnt'zaftən] *vt* extraer el jugo (de); (*Zitrusfrüchte*) exprimir

Entsafter *m* <-s, -> exprimidor *m*

entsagen* *vi* (*geh*) renunciar (+*dat* a), abstenerse (+*dat* de)

Entsagung *f* <-, -en> (*geh*) renuncia *f;* **voller ~** con abnegación; **entsagungsvoll** *adj* (*geh*) abnegado

entsalzen* *vt* desalar

Entsalzung *f* <-, -en> desalinización *f;* **Entsalzungsanlage** *f* <-, -n> planta *f* desalinizadora

entsandt *pp von* **entsenden**

entschädigen* *vt* indemnizar (*für* por), compensar (*für* de/por)

Entschädigung *f* <-, -en> indemnización *f* (*für* por), compensación *f* (*für* por/de); **einmalige ~** indemnización única; **Entschädigungsangebot** *nt* <-(e)s, -e> oferta *f* de indemnización; **schriftliches ~** oferta de indemnización por escrito; **Entschädigungsanspruch** *m* <-(e)s, -sprüche> derecho *m* a indemnización; **Entschädigungsberechtigte(r)** *mf* <-n, -n; -n, -n> beneficiario, -a *m, f* de la indemnización; **Entschädigungssumme** *f* <-, -n> cuantía *f* de la indemnización; **Entschädigungszahlung** *f* <-, -en> pago *m* de indemnización

entschärfen* *vt* **1.** (*Bombe*) desactivar **2.** (*Streit, Krise*) apaciguar, calmar

Entscheid [ɛnt'ʃaɪt] *m* <-(e)s, -e> *s.* **Entscheidung**

entscheiden* *irr* **I.** *vi, vt* (*bestimmen*) decidir (*über* sobre), resolver; **ich habe das [*o* darüber] nicht zu ~** no lo decido yo; **die Sache ist bereits entschieden** el asunto ya está decidido **II.** *vi* (JUR) fallar [*o* dictar] una sentencia

III. *vr:* **sich** ~ decidirse (*für* por, *gegen* en contra de); **ich kann mich nicht** ~ no me puedo decidir

entscheidend *adj* decisivo, determinante; (*wichtig*) crucial; **im ~en Augenblick** en el momento decisivo

Entscheidung *f* <-, -en> decisión *f;* (JUR) resolución *f,* fallo *m;* **eine** ~ **anfechten/aufheben** apelar/anular una resolución; ~ **am grünen Tisch** decisión burocrática; **außergerichtliche/gerichtliche** ~ decisión extrajudicial/judicial; **eine** ~ **treffen/fällen** tomar/adoptar una decisión; **vor einer** ~ **stehen** estar a las puertas de una decisión; **Entscheidungsbefugnis** *f* <-, -se> poder *m* decisorio; (**keine**) ~ **haben** (no) tener poder decisorio; **jdm** ~ **erteilen** conceder a alguien poder decisorio; **Entscheidungsbehörde** *f* <-, -n> autoridad *f* decisoria; **Entscheidungsbereich** *m* <-(e)s, -e> ámbito *m* de decisión; **Entscheidungsebene** *f* <-, -n> nivel *m* de decisión; **Entscheidungsfindung** *f* <-, -en> proceso *m* de determinación; **Entscheidungsfreiheit** *f* <-, *ohne pl*> libertad *f* de decisión; **entscheidungsfreudig** *adj* enérgico, decidido; **Entscheidungsgewalt** *f* <-, -en> poder *m* de decisión; **Entscheidungsgrund** *m* <-(e)s, -gründe> motivo *m* de la decisión; **Entscheidungskriterium** *nt* <-s, -kriterien> criterio *m* de decisión; **Entscheidungsprozess**[RR] *m* <-es, -e> proceso *m* de determinación; **Entscheidungsschlacht** *f* <-, -en> (MIL) batalla *f* decisiva; **Entscheidungsspiel** *nt* <-(e)s, -e> (SPORT) partido *m* de desempate; **Entscheidungsträger(in)** *m(f)* <-s, -; -, -nen> persona *f* con capacidad de decisión [*o* con poder decisorio]

entschieden [ɛnt'ʃiːdən] I. *pp von* **entscheiden** II. *adj* (*entschlossen*) decidido, impositivo *CSur;* (*nachdrücklich*) rotundo, categórico; **ein ~er Gegner der Todesstrafe** un enemigo rotundo de la pena capital

Entschiedenheit *f* <-, *ohne pl*> firmeza *f,* decisión *f;* **etw mit aller** ~ **zurückweisen** rechazar algo categóricamente

entschlacken* *vt* (MED) desintoxicar

Entschlackung *f* <-, -en> (MED) depuración *f,* desintoxicación *f;* **Entschlackungskur** *f* <-, -en> (MED) cura *f* para depurar [*o* desintoxicar] el organismo

entschlafen* *irr vi sein* (*geh euph*) fallecer

Entschlafene(r) *mf* <-n, -n; -n, -n> (*geh euph*) difunto, -a *m, f,* finado, -a *m, f*

entschleiern* *vt* (*geh*) descubrir

entschließen* *irr vr:* **sich** ~ decidirse (*zu* a); **sich anders** ~ cambiar de opinión

Entschließung *f* <-, -en> decisión *f;* **gemeinsame** ~ decisión conjunta; **Entschließungsantrag** *m* <-(e)s, -träge> (POL) propuesta *f* de resolución

entschlossen [ɛnt'ʃlɔsən] I. *pp von* **entschließen** II. *adj* decidido, abicado *CSur;* **kurz** ~ sin vacilar, con decisión; **fest** ~ absolutamente decidido; **sie war zu allem** ~ estaba dispuesta a todo; **wild** ~ **sein etw zu tun** estar completamente decidido a hacer algo

Entschlossenheit *f* <-, *ohne pl*> resolución *f,* firmeza *f*

entschlummern* *vi sein* (*geh*) fallecer

entschlüpfen* *vi sein* salir del huevo; (*fig*) escaparse

Entschluss[RR] *m* <-es, -schlüsse>, **Entschluß** *m* <-sses, -schlüsse> decisión *f,* resolución *f;* **einen** ~ **fassen** tomar una decisión

entschlüsseln* *vt* descifrar, descodificar

Entschlüsselung *f* <-, -en> de(s)codificación *f,* desciframiento *m*

Entschlussfähigkeit[RR] *f* <-, *ohne pl*> capacidad *f* de decisión; **entschlussfreudig**[RR] *adj* decidido; **Entschlussfreudigkeit**[RR] *f* <-, *ohne pl*> decisión *f,* determinación *f;* **Entschlusskraft**[RR] *f* <-, *ohne pl*> firmeza *f,* energía *f,* capacidad *f* de decisión; **entschlusslos**[RR] I. *adj* indeciso II. *adv* indeciso, sin decidirse

entschuldbar *adj* disculpable, perdonable

entschuldigen* [ɛnt'ʃʊldɪɡən] I. *vt* 1. (*verzeihen*) disculpar, perdonar; (*rechtfertigen*) justificar; **das ist durch nichts zu** ~ no hay nada que pueda justificarlo; **bitte** ~ **Sie mich einen Moment** por favor, discúlpeme un momento; ~ **Sie bitte!** ¡disculpe Ud., por favor! 2. (*um Verzeihung bitten*) disculpar (*bei* ante, *für* por); (*rechtfertigen*) justificar (*bei* ante); **meine Frau lässt sich** ~ mi mujer pide disculpas por no haber podido venir; **ich möchte das Fehlen meines Sohnes** ~ (SCH) quisiera disculpar la falta de asistencia de mi hijo a clase II. *vr:* **sich** ~ disculparse (*für* por, *bei* ante), pedir excusas (*bei* a, *für* por); **ich möchte mich bei Ihnen für meine Verspätung** ~ quisiera disculparme por mi retraso

entschuldigend *adj* de disculpa

Entschuldigung *f* <-, -en> disculpa *f,* excusa *f;* (*Vorwand*) pretexto *m;* (*Bescheinigung für die Schule*) justificante *m;* ~! ¡perdón!; **jdn für etw um** ~ **bitten** pedir disculpas a alguien por algo; **was haben Sie als** [*o* **zu Ihrer**] ~ **vorzubringen?** ¿qué puede aducir en su defensa?; **Entschuldigungsbrief** *m* <-(e)s, -e> carta *f* de disculpa; (SCH) justificante *m*

entschweben* *vi sein* (*geh hum*) desaparecer (de)

entschwefeln* *vt* (CHEM) desazufrar, desulfurar

Entschwefelung *f* <-, -en> (CHEM) desazufración *f,* desulfuración *f;* **Entschwefelungsanlage** *f* <-, -n> planta *f* de desulfuración

entschwinden* *irr vi sein* (*geh*) 1. (*Person*) alejarse, perderse 2. (*Zeit*) volar

entschwunden *pp von* **entschwinden**

entseelt [ɛnt'ze:lt] *adj* (*geh*) exánime
Entseelte(r) *mf* <-n, -n; -n, -n> (*geh*) fallecido, -a *m, f*, finado, -a *m, f*
entsenden* *irr vt* (*geh*) enviar, mandar
Entsendung *f* <-, -en> (*a.* POL) envío *m*
entsetzen* *vt* horrorizar, espantar; **ich war völlig entsetzt** me quedé totalmente horrorizado
Entsetzen *nt* <-s, *ohne pl*> horror *m*, espanto *m*; **Entsetzensschrei** *m* <-(e)s, -e> grito *m* de horror
entsetzlich [ɛnt'zɛtslɪç] **I.** *adj* horrible, espantoso **II.** *adv* (*fam: sehr*) terriblemente, tremendamente; ~ **viel Geld** un dineral terrible
entsetzt [ɛnt'zɛtst] *adj* horrorizado (*über* por); **ich bin ~!** ¡estoy horrorizado!
entseuchen* [ɛnt'zɔɪçən] *vt* (ÖKOL) descontaminar
entsichern* *vt* (*Waffe*) quitar el seguro (a/de)
entsinnen* [ɛnt'zɪnən] *irr vr:* **sich** ~ recordar, acordarse (de); **sich jds** [*o* **an jdn**] ~ recordar a alguien
entsonnen *pp von* **entsinnen**
entsorgen* *vt* (*Müll*) eliminar; (*Fabrik*) eliminar los desechos (de)
Entsorger *m* <-s, -> dispositivo *m* de eliminación de basuras
Entsorgung [ɛnt'zɔrgʊŋ] *f* <-, -en> eliminación *f* de basuras; **Entsorgungsbetrieb** *m* <-(e)s, -e> empresa *f* eliminadora de basuras; **Entsorgungsleistung** *f* <-, -en> servicio *m* de eliminación de basuras; **Entsorgungspark** *m* <-s, -s> (WIRTSCH, ÖKOL) centro *m* de eliminación de basuras; **Entsorgungsunternehmen** *nt* <-s, -> empresa *f* eliminadora de basuras
entspannen* **I.** *vt* **1.** (*Körper*) relajar **2.** (*Lage*) calmar **II.** *vr:* **sich** ~ **1.** (*Mensch*) relajarse; (*sich ausruhen*) descansar; **ich muss mich im Urlaub mal richtig** ~ tengo que descansar a tope durante las vacaciones **2.** (*Lage*) normalizarse, distenderse **3.** (*Muskeln*) relajarse
Entspannung *f* <-, -en> **1.** (*von Mensch*) relajación *f*, relajamiento *m*; **etw zur ~ tun** hacer algo para relajarse **2.** (POL) distensión *f*; **Entspannungsmethode** *f* <-, -n> método *m* de relajación; **Entspannungsmittel** *nt* <-s, -> producto *m* relajante; **Entspannungspolitik** *f* <-, -en> política *f* de distensión; **Entspannungstechnik** *f* <-, -en> técnica *f* de relajación; **Entspannungstherapie** *f* <-, -n> terapia *f* de relajación; **Entspannungsübung** *f* <-, -en> ejercicio *m* de relajación
entspinnen* *irr vr:* **sich** ~ entablarse, entramarse
entsponnen *pp von* **entspinnen**
entsprechen* *irr vi* **1.** (*übereinstimmen*) corresponderse (+*dat* con), corresponder (+*dat* a); **das entspricht nicht den Tatsachen** esto no corresponde a los hechos **2.** (*Wunsch, Bitte*) acceder (+*dat* a); (*Anforderungen*) satisfacer (+*dat*)
entsprechend **I.** *adj* **1.** (*übereinstimmend*) correspondiente; (*sinngemäß*) análogo; (*jeweilig*) respectivo **2.** (*angemessen*) adecuado, conveniente, acorde (con) **II.** *adv* debidamente, adecuadamente; **sich ~ verhalten** actuar conforme a la situación **III.** *präp* +*dat* según, conforme a; ~ **deinem Rat** [*o* **deinem Rat** ~] de acuerdo con tu consejo, siguiendo tu consejo
Entsprechung *f* <-, -en> (*Übereinstimmung*) correspondencia *f*, concordancia *f*; (*Analogie*) analogía *f*; (*Äquivalent*) equivalente *m*
entspringen* *irr vi sein* **1.** (*Fluss*) nacer (*in* en) **2.** (*herrühren*) resultar (+*dat* de), originarse (+*dat* en)
entsprochen *pp von* **entsprechen**
entsprungen *pp von* **entspringen**
entstammen* *vi sein* proceder (+*dat* de); (*einer Familie*) descender (+*dat* de)
entstanden *pp von* **entstehen**
entstauben* *vt* desempolvar, quitar el polvo de
entstehen* *irr vi sein* **1.** (*Streit, Gerücht*) surgir (*aus* de), originarse (*aus* de), nacer (*aus* de); (*Gebäude*) construirse; (*Feuer*) producirse; **es werden für Sie keine Kosten daraus** ~ a Ud. no le representará [*o* supondrá] gasto alguno; **für den entstandenen Schaden** por el daño ocasionado; **die Sache ist im E~ begriffen** el asunto está en pañales **2.** (*sich herleiten*) derivarse (*aus* de)
Entstehung *f* <-, -en> **1.** (*Ursprung*) origen *m*, comienzo *m* **2.** (*das Werden*) formación *f*; **Entstehungsgeschichte** *f* <-, -en> génesis *f inv*; **Entstehungsort** *m* <-(e)s, -e> lugar *m* de creación [*o* de producción]
entsteigen* *irr vi sein* salir (+*dat* de), surgir (+*dat* de); **einem Auto** ~ salir de un coche; **dem Wasser** ~ surgir del agua
entsteinen* *vt* deshuesar
entstellen* *vt* **1.** (*verunstalten*) deformar, desfigurar; **bis zur Unkenntlichkeit entstellt** totalmente desfigurado, deformado hasta resultar irreconocible **2.** (*Text, Sinn*) tergiversar, manipular
Entstellung *f* <-, -en> **1.** (*von Menschen*) desfiguración *f*, deformación *f* **2.** (*von Sachverhalten*) alteración *f*, tergiversación *f*
entsticken* *vt* (TECH, CHEM) eliminar el óxido de nitrógeno de
Entstickung [ɛnt'ʃtɪkʊŋ] *f* <-, -en> (TECH, CHEM) eliminación *f* del óxido de nitrógeno
entstiegen *pp von* **entsteigen**
entstören* *vt* (RADIO, TEL, TECH) eliminar las interferencias (de)
Entstörer *m* <-s, -> (RADIO, TEL, TECH) dispositivo *m* antiparasitario, dispositivo *m* antiparásito *Am*
Entstörung *f* <-, -en> **1.** (TEL: *Leitung*) eli-

minación *f* de interferencias **2.** (ELEK: *Auto*) eliminación *f* de ruidos parásitos; **Entstörungsstelle** *f* <-, -n> (TEL) servicio *m* de averías telefónicas

entströmen* *vi sein* (*geh: Flüssigkeit*) fluir (+*dat* de), manar (+*dat* de); (*Gas*) escapar (+*dat* de); (*Menschen*) salir (+*dat* de)

enttabuisieren* *vt* destabuizar

enttarnen* *vt* desenmascarar; **man hat ihn als Betrüger enttarnt** han descubierto que era un estafador

enttäuschen* *vt* decepcionar, desilusionar; (*Hoffnung*) frustrar; **ich muss Sie leider ~** desgraciadamente tengo que desilusionarle

enttäuschend *adj* decepcionante

enttäuscht *adj* decepcionado, desilusionado

Enttäuschung *f* <-, -en> desilusión *f*, decepción *f*, chasco *m fam;* **jdm eine ~ bereiten** desilusionar a alguien; **zu meiner ~ kam er nicht** para mi gran decepción no acudió

entthronen* *vt* (*geh*) destronar

entvölkern* [ɛntˈfœlkɐn] *vt* despoblar

Entvölkerung *f* <-, *ohne pl*> despoblación *f*

entwachsen* *irr vi sein:* **unsere Tochter entwächst der elterlichen Fürsorge** nuestra hija se ha emancipado [*o* liberado de la autoridad paterna]; **mit 13 Jahren bist du diesen Kindereien doch wohl ~!** ¡con 13 años ya no tienes edad para hacer esas chiquilladas!

entwaffnen* [ɛntˈvafnən] *vt* (*a. fig*) desarmar

entwaffnend *adj* (*fig*) encantador, cautivador

Entwaffnung *f* <-, -en> desarme *m*

entwalden* *vt* despoblar; **ein weites Gebiet ~** despoblar una zona amplia de árboles

Entwaldungsmittel *nt* <-s, -> medio *m* de despoblación

entwarnen* *vi* avisar del cese de la alarma; **nach dem falschen Alarm wurde die Bevölkerung entwarnt** tras comprobarse que era una falsa alarma avisaron a la población del cese de la misma

Entwarnung *f* <-, -en> cese *m* de alarma; **~ geben** dar el toque de cese de alarma

entwässern* [ɛntˈvɛsɐn] *vt* (*Gelände, Moor*) drenar, desaguar; (MED) drenar; (*dehydratisieren*) deshidratar

Entwäss(e)rung *f* <-, -en> (*von Moor, Gelände*) drenaje *m;* (MED) drenaje *m;* (*Dehydratation*) deshidratación *f;* **Entwässerungsgraben** *m* <-s, -gräben> zanja *f* de drenaje; **Entwässerungsmittel** *nt* <-s, -> (MED) agente *m* de drenaje; **Entwässerungssystem** *nt* <-s, -e> red *f* de aguas residuales

Entwässrung[RR] *f* <-, -en>, **Entwäßrung** *f* <-, -en> *s.* **Entwäss(e)rung**

entweder [ˈɛntveːdɐ, -ˈ--] *konj:* **~ ... oder ...** o (bien)... o...

Entweder-oder[RR] *nt* <-, -> una de dos, lo tomas o lo dejas; **du musst dich entscheiden, es gibt nur ein ~** tienes que decidirte, una cosa u otra

entweichen* *irr vi sein* (*Person, Gas*) huir (*aus* de), escapar (*aus* de)

entweihen* *vt* profanar

Entweihung *f* <-, -en> profanación *f*, sacrilegio *m*

entwenden* *vt* (*geh*) sustraer, robar

entwerfen* *irr vt* **1.** (*in Gedanken, zeichnerisch*) proyectar, esbozar, diseñar; (*Plan*) trazar **2.** (*schriftlich*) hacer un borrador (de)

entwerten* *vt* **1.** (*Fahrschein*) cancelar, invalidar, picar *fam* **2.** (*im Wert mindern*) devaluar, depreciar

Entwerter *m* <-s, -> cancelador *m*, canceladora *f*

Entwertung *f* <-, -en> **1.** (*Wertminderung*) devaluación *f*, depreciación *f* **2.** (*von Fahrkarten*) cancelación *f*, picado *m fam*

entwichen *pp von* **entweichen**

entwickeln* **I.** *vt* **1.** (*Theorie, Plan*) desarrollar; **hoch entwickelt** muy desarrollado, de alto nivel **2.** (FOTO) revelar **II.** *vr:* **sich ~** desarrollarse (*aus* de), evolucionar (*aus* de); (*Rauch*) producirse, formarse; **die Verhandlungen entwickelten sich günstig** las negociaciones se desarrollaron favorablemente; **sich zu etw** *dat* **~** transformarse en algo

Entwickler *m* <-s, -> (FOTO) revelador *m*

Entwicklung *f* <-, -en> **1.** (*Wachstum*) desarrollo *m*, evolución *f;* **konjunkturelle/mittelfristige/rückläufige ~** desarrollo coyuntural/a medio plazo/regresivo; **ökonomische ~en** desarrollos económicos; **stammesgeschichtliche ~** desarrollo histórico genealógico; **sich in der ~ befinden** estar en estado de desarrollo **2.** (*von Rauch*) formación *f* **3.** (*einer Idee, Theorie*) desarrollo *m*, desenvolvimiento *m* **4.** (FOTO) revelado *m* **5.** (*neues Produkt*) desarrollo *m*, creación *f;* **computerunterstützte ~** creación asistida por ordenador; **Entwicklungsabschnitt** *m* <-(e)s, -e> fase *f* de desarrollo; **Entwicklungsdienst** *m* <-(e)s, -e> voluntariado *m* en países en vías de desarrollo; **entwicklungsfähig** *adj* susceptible de desarrollo [*o* de mejora] [*o* de evolución]; **Entwicklungsgeschichte** *f* <-, *ohne pl*> (BIOL) (historia *f* de la) evolución *f;* **entwicklungsgeschichtlich** *adj* (BIOL) ontogénico; **Entwicklungshelfer(in)** *m(f)* <-s, -; -, -nen> voluntario, -a *m, f* en los países en (vías de) desarrollo; **Entwicklungshilfe** *f* <-, *ohne pl*> ayuda *f* al [*o* para el] desarrollo; **Entwicklungsingenieur(in)** *m(f)* <-s, -e; -, -nen> ingeniero, -a *m, f* de desarrollo; **Entwicklungsjahre** *ntpl* pubertad *f;* **in den ~n sein** estar en la pubertad; **Entwicklungskosten** *pl* (WIRTSCH) gastos *mpl* de desarrollo; **Entwicklungsland** *nt* <-(e)s, -länder> país *m* en (vías de) desarrollo; **Entwicklungsmaßnahme** *f* <-, -n> medida *f* de desarrollo; **Entwicklungsplanung** *f* <-, -en> (POL) planificación *f* de desarrollo; **Entwick-**

lungsprognose *f* <-, -n> (WIRTSCH) pronóstico *m* del desarrollo; **entwicklungsschwach** *adj:* ~**e Region** región *f* deprimida; **Entwicklungsstadium** *nt* <-s, -stadien> estadio *m* de desarrollo; **Entwicklungsstand** *m* <-(e)s, -stände> nivel *m* de desarrollo; **Entwicklungsstufe** *f* <-, -n> grado *m* de desarrollo, nivel *m* de desarrollo; **Entwicklungstempo** *nt* <-s, -s> velocidad *f* de desarrollo; **Entwicklungsverfahren** *nt* <-s, -> procedimiento *m* de desarrollo; **Entwicklungszeit** *f* <-, -en> **1.** (BIOL) época *f* de desarrollo, pubertad *f* **2.** (FOTO) tiempo *m* de revelado

entwinden* *irr* **I.** *vt* (*geh*): **jdm etw** ~ quitarle algo a alguien, arrebatarle algo a alguien **II.** *vr* (*geh*): **sich jdm/etw** *dat* ~ escaparse de alguien/algo, lograr soltarse de alguien/algo

entwirren* [ɛnt'vɪrən] *vt* (*geh*) **1.** (*Knoten, Fäden*) desenredar, desembrollar **2.** (*Unklarheiten*) aclarar, clarificar

entwischen* [ɛnt'vɪʃən] *vi sein* (*fam*) escapar(se), escabullirse

entwöhnen* [ɛnt'vøːnən] *vt* **1.** (*Säugling*) destetar **2.** (*geh: abbringen*) desacostumbrar, deshabituar

entworfen *pp von* **entwerfen**

entwunden *pp von* **entwinden**

entwürdigen* *vt* humillar, degradar

entwürdigend *adj* humillante, degradante

Entwürdigung *f* <-, -en> humillación *f*, degradación *f*

Entwurf *m* <-(e)s, -würfe> **1.** (*Konzept*) borrador *m*, esbozo *m*, esqueleto *m Chil*, machote *m Am;* (*Projekt*) proyecto *m* **2.** (*Zeichnung*) diseño *m* **3.** (*Skizze*) croquis *m inv*, bosquejo *m*

entwurzeln* *vt* arrancar de raíz, desarraigar

Entwurzelte(r) *mf* <-n, -n; -n, -n> desarraigado, -a *m, f*

Entwurzelung *f* <-, -en> desarraigo *m*

entzaubern* *vt* desencantar

entzerren* *vt* **1.** (*auseinander ziehen*) espaciar, distanciar **2.** (RADIO, TEL: *Empfangsqualität verbessern*) corregir, rectificar

Entzerrung *f* <-, -en> **1.** (*das Entzerren*) fluidez *f;* **ein zeitlich gestaffeltes Arbeitsende würde zu einer** ~ **des Verkehrs beitragen** un final de la jornada escalonado contribuiría a hacer más fluido [*o* a descongestionar] el tráfico **2.** (TECH, RADIO) corrección *f*, rectificación *f*

entziehen* *irr* **I.** *vt* **1.** (*Erlaubnis, Unterstützung*) quitar; (*Wort, Führerschein*) retirar **2.** (*Flüssigkeit, Nährstoffe*) extraer **3.** (*Hand*) quitar **II.** *vr:* **sich** ~ **1.** (*einer Verpflichtung*) sustraerse (a), rehuir **2.** (*einer Person*) rehuir; (*einer Umarmung*) evitar **3.** (*verborgen bleiben*) escaparse (a); **das entzieht sich meiner Kenntnis** esto se escapa a mi conocimiento **III.** *vi* (*fam: Süchtige*) desintoxicarse

Entziehung *f* <-, -en> **1.** (*Wegnahme*) privación *f;* ~ **des Grundbesitzes** desposeimiento *m*, expropiación *f;* ~ **eines Vermächtnisses** revocación de un legado **2.** (~*skur*) desintoxicación *f;* **Entziehungsanstalt** *f* <-, -en> centro *m* de desintoxicación; **Entziehungskur** *f* <-, -en> cura *f* de desintoxicación

entzifferbar *adj* legible; **eine nicht** ~**e Schrift** una letra ilegible

entziffern* [ɛnt'tsɪfɐn] *vt* descifrar, descodificar

Entzifferung *f* <-, -en> descifre *m*, desciframiento *m*

entzogen *pp von* **entziehen**

entzücken* *vt* encantar; (*begeistern*) entusiasmar

Entzücken [ɛn'tsʏkən] *nt* <-s, *ohne pl*> (*geh*) encanto *m;* **jdn in** ~ **versetzen** encantar a alguien

entzückend *adj* encantador

Entzug *m* <-(e)s, *ohne pl*> **1.** (*von Rauschgift, Alkohol*) desintoxicación *f;* **er ist auf** ~ (*sl*) está haciendo una cura de desintoxicación **2.** (*des Führerscheins*) retirada *f;* (*von Unterstützung*) supresión *f;* ~ **der Fahrerlaubnis** retirada del permiso de conducir **3.** (*von Flüssigkeit*) extracción *f;* **Entzugserscheinung** *f* <-, -en> síntoma *m* de abstinencia; ~**en** síndrome de abstinencia, mono *m sl*, pavo *m sl;* **Entzugsschmerzen** *mpl* (MED) dolores *mpl* de abstinencia; **Entzugssymptom** *nt* <-s, -e> (MED) síntoma *m* de abstinencia

entzündbar [ɛnt'tsʏntbaːɐ] *adj* inflamable

entzünden* **I.** *vr:* **sich** ~ **1.** (*Feuer fangen*) incendiarse, inflamarse **2.** (MED) inflamarse; **mein Hals ist entzündet** tengo la garganta inflamada **3.** (*hervorgerufen werden*) producirse (*an* por), originarse (*an* por); **der Streit hatte sich daran entzündet, dass ...** la disputa se había originado porque... **II.** *vt* (*geh: Feuer, Kerze, Leidenschaft*) encender

entzündet *adj* inflamado

entzündlich *adj* **1.** (MED: *entzündet*) inflamado; (*zu entzünden*) inflamatorio **2.** (*Gas, Brennstoff*) inflamable; **leicht** ~ fácilmente inflamable

Entzündung *f* <-, -en> (MED) inflamación *f;* **entzündungshemmend** *adj* (MED) antiinflamatorio; ~ **wirken** bajar la inflamación; **Entzündungsherd** *m* <-(e)s, -e> (MED) foco *m* inflamatorio

entzwei [ɛnt'tsvaɪ] *adj inv* **1.** (*kaputt*) roto, destrozado; **das Glas ist** ~ la copa está rota **2.** (*gespalten*) partido; **entzwei|brechen** *irr* **I.** *vi sein* romperse **II.** *vt haben* partir (en dos trozos); **er brach das Brötchen entzwei und gab jedem eine Hälfte** partió el pan por la mitad y dio un trozo a cada uno

entzweien* **I.** *vt* (*Familie, Freunde*) enemistar **II.** *vr:* **sich** ~ (*uneins werden*) enemistarse (*mit* con)

entzwei|gehen *irr vi sein* romperse (en pedazos)

Entzweiung *f* <-, -en> desavenencia *f*, desacuerdo *m;* **wegen einer Streitigkeit kam es zwischen ihnen zur** ~ una disputa hizo que se desavinieran
E-Nummern ['e:nʊmɐn] *fpl* números *mpl* E
en vogue [ɑ̃'vo:k] *adv* (*geh: in Mode*) en boga
Enzephalitis [ɛntsefa'li:tɪs] *f* <-, Enzephalitiden> (MED) encefalitis *f inv*
Enzephalogramm [ɛntsefalo'gram] *nt* <-s, -e> (MED) encefalograma *m*
Enzian ['ɛntsia:n] *m* <-s, -e> **1.** (BOT) genciana *f* **2.** (*Schnaps*) licor *m* de genciana
Enzyklika *f* <-, Enzykliken> (REL) encíclica *f*
Enzyklopädie [ɛntsyklopɛ'di:] *f* <-, -n> enciclopedia *f*
enzyklopädisch [ɛntsyklo'pɛ:dɪʃ] *adj* enciclopédico
Enzym [ɛn'tsy:m] *nt* <-s, -e> enzima *m o f*
Epen *pl von* **Epos**
ephemer [efe'me:ɐ] *adj* (*a.* BOT, ZOOL) efímero
Epidemie [epide'mi:] *f* <-, -n> epidemia *f*
Epidemiologe, -in [epidemio'lo:gə] *m, f* <-n, -n; -, -nen> (MED) epidemiólogo, -a *m, f*
Epidemiologie [epidemiolo'gi:] *f* <-, *ohne pl*> (MED) epidemiología *f*
Epidemiologin *f* <-, -nen> *s.* **Epidemiologe**
epidemiologisch *adj* (MED) epidemiológico
epidemisch [epi'de:mɪʃ] *adj* (MED) epidémico
Epigone [epi'go:nə] *m* <-n, -n> (LIT, KUNST: *geh*) epígono *m*
Epigramm [epi'gram] *nt* <-s, -e> (LIT) epigrama *m*
Epik ['e:pɪk] *f* <-, *ohne pl*> (LIT) épica *f*, poesía *f* épica
Epikureer(in) [epiku're:ɐ] *m(f)* <-s, -; -, -nen> (*geh a.* PHILOS) epicúreo, -a *m, f*
Epilepsie [epilɛ'psi:] *f* <-, -n> (MED) epilepsia *f*
Epileptiker(in) [epi'lɛptikɐ] *m(f)* <-s, -; -, -nen> epiléptico, -a *m, f*
epileptisch [epi'lɛptɪʃ] *adj* epiléptico; ~**er Anfall** ataque epiléptico
Epilimnion [epi'lɪmniɔn] *nt* <-s, Epilimnien> epilimnio *m*
Epilog [epi'lo:k] *m* <-s, -e> epílogo *m*
Epirogenese [epiroge'ne:zə] *f* <-, -n> (GEO) epirogénesis *f inv*
episch ['e:pɪʃ] *adj* épico
Episkopat [epɪsko'pa:t] *nt o m* <-(e)s, -e> (REL) episcopado *m*
Episode [epi'zo:də] *f* <-, -n> episodio *m*
Epistel [e'pɪstəl] *f* <-, -n> epístola *f*
Epitaph [epi'ta:f] *nt* <-s, -e> (*geh*) **1.** (*Inschrift*) epitafio *m*, inscripción *f* **2.** (*Gedenktafel*) monumento *m*
Epithel [epi'te:l] *nt* <-s, -e> (BIOL) epitelio *m*
Epizentrum [epi'tsɛntrʊm] *nt* <-s, -zentren> (GEO) epicentro *m*
epochal *adj* **1.** (*Epoche machend*) memorable, que trasciende a su época; **eine** ~**e Entdeckung, eine Entdeckung von** ~**er Bedeutung** un descubrimiento que hace época; **das ist wieder eine ihrer** ~**en Ideen** (*iron, abw*) es otra de esas geniales ocurrencias suyas **2.** (SCH): ~**er Unterricht** *enseñanza que, por motivos pedagógicos, se concentra durante un tiempo en una sola materia*
Epoche [e'pɔxə] *f* <-, -n> época *f;* ~ **machend** memorable
epochemachend *adj s.* **Epoche**
Epos ['e:pɔs] *nt* <-, Epen> (LIT) epopeya *f*, poema *m* épico
Epoxidharz [epɔ'ksi:t-] *nt* <-es, -e> resina *f* epoxi
Epstein-Barr-Virus ['ɛpʃtaɪn'barvi:rʊs] *nt o m* <-, -Viren> (MED) virus *m inv* Epstein Barr
Equipe [e'kɪp, *pl:* e'kɪpən] *f* <-, -n> (SPORT) equipo *m*
er [e:ɐ] *pron pers 3. Sg m* él; **da ist** ~ **ja!** ¡allí viene!; **wenn ich** ~ **wäre** si yo fuera él; **sie ist größer als** ~ es más alta que él; **ist dein Hund ein E**~ **oder eine Sie?** ¿el tuyo es perro o perra?; **was ist mit dem Brief? ist** ~ **fertig?** ¿qué pasa con la carta? ¿ya está lista?
Er (CHEM) *Abk. von* **Erbium** Er
erachten* [ɛɐ'ʔaxtən] *vt* (*geh*) considerar, estimar (*für/als* como)
Erachten *nt* <-s, *ohne pl*>: **meines** ~**s** en mi opinión
erahnen* *vt* adivinar, entrever
erarbeiten* *vt* **1.** (*erstellen*) elaborar **2.** (*erlangen*): **sich** *dat* ~ (*Position, Vermögen*) alcanzar, lograr; (*Wissen*) adquirir
Erbadel ['ɛrpʔa:dəl] *m* <-s, *ohne pl*> nobleza *f* hereditaria; **Erbanlage** *f* <-, -n> (BIOL) factor *m* hereditario; **Erbanspruch** *m* <-(e)s, -sprüche> derecho *m* a la herencia; **Erbantritt** *m* <-(e)s, *ohne pl*> adición *f* de la herencia
erbarmen* [ɛɐ'barmən] *vr:* **sich** ~ compadecerse; **sich jds** ~ tener compasión de alguien, compadecerse de alguien
Erbarmen [ɛɐ'barmən] *nt* <-s, *ohne pl*> compasión *f;* **mit jdm** ~ **haben** compadecerse de alguien; **kein** ~ **kennen** no sentir compasión; **ohne/aus** ~ sin/por compasión; **erbarmenswert** *adj* lastimoso, lastimero; **das Elend in diesen Hütten ist** ~ la miseria en estas barracas inspira compasión
erbärmlich [ɛɐ'bɛrmlɪç] *adj* **1.** (*elend*) miserable, pingucho *Chil;* (*jämmerlich*) lamentable **2.** (*schlecht*) espantoso, miserable; **es tat** ~ **weh** dolió espantosamente **3.** (*gemein*) infame
Erbärmlichkeit *f* <-, *ohne pl*> **1.** (*Gemeinheit*) bajeza *f;* **er war sich** *dat* **der** ~ **seiner Tat bewusst** era consciente de la bajeza [*o* de lo ruin] de su acto **2.** (*einer Leistung*) pobreza *f;* **die** ~ **des Spiels wollte der Trainer nicht kommentieren** el entrenador no quiso comentar el juego lamentable

E

erbarmungslos *adj* despiadado, sin compasión; **erbarmungsvoll** I. *adj* compasivo, misericordioso; **als ~er Christ half er den Armen** ayudaba a los pobres, cristiano caritativo [*o* misericordioso] que era II. *adv* lleno de compasión, con total misericordia

erbauen* I. *vt* 1. (*Gebäude*) construir, levantar, edificar 2. (*geh: erfreuen*) deleitar II. *vr:* **sich ~** (*geh: erfreuen*) encontrar placer (*an* en), gozar (*an* de)

Erbauer(in) *m(f)* <-s, -; -, -nen> constructor(a) *m(f)*

erbaulich *adj* (*Literatur*) edificante

Erbausschließung *f* <-, -en> (JUR) desheredamiento *m*

Erbauung *f* <-, -en> edificación *f*

erbberechtigt *adj* (JUR) con derecho a herencia; **~ sein** tener derecho a herencia

Erbbiologie *f* <-, *ohne pl*> genética *f;* **erbbiologisch** *adj* genético

Erbe[1] ['ɛrbə] *nt* <-s, *ohne pl*> herencia *f;* **das ~ antreten** tomar posesión de la herencia

Erbe, -in[2] *m, f* <-n, -n; -, -nen> heredero, -a *m, f;* **gesetzlicher** [*o* **rechtmäßiger**] **~** heredero legítimo; **jdn als ~n einsetzen** constituir heredero a alguien

erbeben* [-'--] *vi sein* temblar

Erbeinsetzung *f* <-, -en> (JUR) institución *f* de heredero

erben ['ɛrbən] *vi, vt* heredar (*von* de)

Erbengemeinschaft *f* <-, -en> (JUR) comunidad *f* sucesoria [*o* hereditaria]; **Erbenhaftung** *f* <-, -en> (JUR) responsabilidad *f* del heredero

erbeten *pp von* **erbitten**

erbetteln* *vt* mendigar

erbeuten* [ɛɐ'bɔɪtən] *vt* apresar, tomar como botín

Erbfaktor *m* <-s, -en> (BIOL) factor *m* hereditario; **Erbfall** *m* <-(e)s, -fälle> (JUR) muerte *f* del causante; **Erbfehler** *m* <-s, -> (BIOL) defecto *m* hereditario, vicio *m* hereditario; **Erbfeind(in)** *m(f)* <-(e)s, -e; -, -nen> (*Volk*) enemigo *m* histórico; (*Gegner*) enemigo *m* jurado; **Erbfolge** *f* <-, -n> sucesión *f;* **gesetzliche ~** sucesión legítima

Erbgut *nt* <-(e)s, *ohne pl*> (BIOL) patrimonio *m* hereditario, herencia *f;* **Erbgutschäden** *mpl* (MED) defectos *mpl* hereditarios; **erbgutschädigend** *adj* (MED) genéticamente dañino

erbieten* *irr vr:* **sich ~ etw zu tun** ofrecerse a [*o* para] hacer algo

Erbin ['ɛrbɪn] *f* <-, -nen> *s.* **Erbe[2]**

Erbinformation *f* <-, -en> (BIOL, MED) información *f* genética

erbitten* *irr vt* (*geh*): **etw von jdm ~** solicitar algo a alguien, pedir algo a alguien

erbittern* [ɛɐ'bɪtɐn] *vt* irritar, enfurecer

erbittert *adj* (*Kampf, Diskussion*) enconado

Erbitterung *f* <-, *ohne pl*> exasperación *f*

Erbium ['ɛrbiʊm] *nt* <-s, *ohne pl*> (CHEM) erbio *m*

Erbkrankheit *f* <-, -en> (MED) enfermedad *f* hereditaria

erblassen* *vi sein* palidecer; **vor Neid ~** ponerse pálido de envidia

Erblasser(in) ['ɛrplasɐ] *m(f)* <-s, -; -, -nen> (JUR) testador(a) *m(f)*

Erblast *f* <-, -en> problema *m* heredado

erbleichen* *vi sein* palidecer

erblich ['ɛrplɪç] *adj* hereditario; **~ belastet sein** tener una tara hereditaria

Erblichkeit *f* <-, *ohne pl*> herencia *f*

erblicken* *vt* (*geh*) ver; (*in der Ferne*) divisar, visualizar *Am*

erblinden* *vi sein* quedarse ciego, perder la vista

Erblindete(r) *mf* <-n, -n; -n, -n> ciego, -a *m, f*

Erblindung *f* <-, -en> pérdida *f* de la vista; **zur ~ führen** causar ceguera

erblühen* *vi sein* florecer; (*Blüte*) abrirse

Erbmasse ['ɛrpmasə] *f* <-, -n> 1. (JUR) (conjunto *m* de) bienes *mpl* de la herencia 2. (BIOL) genotipo *m;* **Erbonkel** *m* <-s, -> (*fam*) tío *m* rico, tío *m* de América

erbosen* [ɛɐ'bo:zən] I. *vt* enfadar, enojar; **dein schlechtes Betragen hat sie sehr erbost** tu mal comportamiento la ha enfadado mucho; **über jdn/etw erbost sein** estar enfadado con alguien/por algo II. *vr:* **sich über jdn/etw ~** enfadarse con alguien/por algo

erbost [ɛɐ'bo:st] *adj* (*geh*) furioso (*über* por)

erboten *pp von* **erbieten**

Erbpacht *f* <-, -en> (JUR) enfiteusis *f inv,* censo *m* enfitéutico [*o* enfiteuticario]; **das Grundstück wurde ihm zur ~ überschrieben** le transfirieron el terreno en censo enfitéutico

erbracht *pp von* **erbringen**

erbrechen* *irr* I. *vi* vomitar, debocar *Arg, Bol,* buitrear *Chil, Peru;* **bis zum E~** (*fam*) hasta la saciedad II. *vt* (*geh: Siegel*) romper; (*Schloss*) forzar

Erbrecht[1] *nt* <-(e)s, -e> (JUR) derecho *m* de sucesión

Erbrecht[2] *nt* <-s, *ohne pl*> (JUR) derecho *m* sucesorio

erbringen* *irr vt* (*Gewinne*) producir; (*Beweise*) aducir

erbrochen *pp von* **erbrechen**

Erbrochene(s) *nt* <-n, *ohne pl*> vómito *m;* **auf dem Lätzchen des Babys war ~s** había manchas de vómitos en el babero del bebé

Erbschaft *f* <-, -en> herencia *f,* legado *m;* **eine ~ machen** heredar; **Erbschaft(s)steuer** *f* <-, -n> impuesto *m* sobre la herencia; **Erbschaftsverwalter(in)** *m(f)* <-s, -; -, -nen> administrador(a) *m(f)* de la herencia

Erbschein *m* <-(e)s, -e> (JUR) declaración *f* de herederos; **Erbschleicher(in)** *m(f)* <-s, -; -, -nen> heredípeta *mf;* **Erbschleicherei** *f* <-, *ohne pl*> (JUR) captación *f* de herencias; **Erbschleicherin** *f* <-, -en> *s.* **Erb-**

schleicher

Erbse ['ɛrpsə] *f* <-, -n> guisante *m,* arveja *f Am;* **erbsengroß** *adj* como un guisante (de grande), del tamaño de un guisante; **Erbsensuppe** *f* <-, -n> (GASTR) sopa *f* de guisantes

Erbstück *nt* <-(e)s, -e> herencia *f,* objeto *m* heredado; **Erbsünde** *f* <-, -n> (REL) pecado *m* original; **Erbtante** *f* <-, -n> (*fam*) tía *f* rica, tía *f* de América; **Erbteil** *nt o m* <-(e)s, -e> (JUR) parte *f* hereditaria; **Erbvergleich** *m* <-(e)s, -e> (JUR) acuerdo *m* entre herederos

Erdachse ['eːɐtʔaksə] *f* <-, *ohne pl*> eje *m* terrestre

erdacht *pp von* **erdenken**

Erdanziehung *f* <-, *ohne pl*> gravedad *f,* fuerza *f* de atracción terrestre; **Erdapfel** *m* <-s, -äpfel> (*Österr, südd: Kartoffel*) patata *f,* papa *f Am;* **Erdarbeiten** *fpl* movimiento *m* de tierras, obras *fpl* de excavación; **Erdatmosphäre** *f* <-, *ohne pl*> atmósfera *f* terrestre; **Erdbahn** *f* <-, *ohne pl*> (ASTR) órbita *f* terrestre, órbita *f* de la Tierra; **Erdball** *m* <-(e)s, *ohne pl*> globo *m* terráqueo [*o* terrestre]

Erdbeben *nt* <-s, -> terremoto *m,* seísmo *m;* **schwaches ~** terremoto suave; **Erdbebenherd** *m* <-(e)s, -e> (GEO) hipocentro *m,* foco *m* sísmico; **erdbebensicher** *adj* a prueba de terremotos, antisísmico

Erdbebenwarte *f* <-, -n> observatorio *m* sismográfico; **Erdbebenwelle** *f* <-, -n> onda *f* sísmica

Erdbeere *f* <-, -n> fresa *f*

erdbeerfarben *adj* (de color) fresa

Erdbeschleunigung *f* <-, *ohne pl*> (PHYS) aceleración *f* de la gravedad; **Erdbestattung** *f* <-, -en> enterramiento *m* bajo tierra; **Erdbevölkerung** *f* <-, *ohne pl*> población *f* mundial; **Erdbewohner(in)** *m(f)* <-s, -; -, -nen> habitante *mf* de la Tierra, terrícola *mf;* **Erdboden** *m* <-s, *ohne pl*> tierra *f,* suelo *m;* **wie vom ~ verschluckt** como si se lo/la hubiera tragado la tierra; **eine Stadt dem ~ gleich machen** arrasar una ciudad, no dejar piedra sobre piedra

Erde[1] ['eːɐdə] *f* <-, *ohne pl*> **1.** (*Welt*) tierra *f,* mundo *m;* **auf der ~** en la tierra; **im Himmel und auf ~n** tanto en el cielo como en la tierra **2.** (*Boden*) suelo *m,* tierra *f;* **auf die ~ fallen** caer al suelo; **unter der ~** subterráneo

Erde[2] *f* <-, -n> **1.** (*Erdreich*) tierra *f;* **jdn unter die ~ bringen** (*fam*) causar la muerte de alguien; **~ zu ~** (REL) de la tierra vienes y a la tierra vuelve **2.** (ELEK) toma *f* de tierra

erden *vt* (ELEK) colocar una toma de tierra (en)

Erdenbürger(in) *m(f)* <-s, -; -, -nen>: **ein neuer** [*o* **kleiner**] **~** (*hum*) un recién nacido

erdenken* *irr vt* idear, imaginar, inventar

erdenklich *adj* imaginable, concebible; **sich** *dat* **alle ~e Mühe geben** hacer todo lo posible

Erderwärmung *f* <-, -en> (ÖKOL) calentamiento *m* de la tierra; **zunehmende ~** calentamiento progresivo de la tierra

erdfarben ['eːɐtfarbən] *adj* de color terroso [*o* tierra]

Erdgas *nt* <-es, -e> gas *m* natural; **Erdgas-Förderabgabe** *f* <-, -n> impuesto *m* sobre la explotación de gas natural; **Erdgasgewinnung** *f* <-, -en> explotación *f* de gas natural; **Erdgasleitung** *f* <-, -en> tubería *f* de gas; **Erdgasversorgung** *f* <-, *ohne pl*> abastecimiento *m* de gas natural

Erdgeruch *m* <-(e)s, -rüche> olor *m* a tierra; **Erdgeschichte** *f* <-, *ohne pl*> (GEO) geología *f;* **erdgeschichtlich** **I.** *adj* (GEO) geológico **II.** *adv* (GEO) desde un punto de vista geológico; **der Trilobit stammt aus ~ neuerer Zeit** el trilobites es de un período geológico más reciente; **Erdgeschoss**[RR] *nt* <-es, -e> planta *f* baja; **Erdhaufen** *m* <-s, -> montón *m* de tierra, terraplén *m*

Erdhörer *m* <-s, -> geófono *m*

Erdhülle *f* <-, *ohne pl*> geosfera *f*

erdichten* *vt* (*geh*) inventar, imaginar

erdig ['eːɐdɪç] *adj* **1.** (*erdhaltig*) terroso, téreo **2.** (*Geschmack, Geruch*) a tierra

Erdinnere(s) *nt* <-n, *ohne pl*> interior *m* de la tierra; **Erdkabel** *nt* <-s, -> (TECH) cable *m* subterráneo; **Erdkarte** *f* <-, -n> (GEO) mapamundi *m;* **Erdkern** *m* <-(e)s, -e> (GEO) núcleo *m* terrestre; **Erdklumpen** *m* <-s, -> terrón *m;* **Erdkreis** *m* <-es, -e> (*geh*) mundo *m,* orbe *m;* **Frieden soll auf dem ganzen ~ sein** debería haber paz en todo el mundo; **Erdkruste** *f* <-, *ohne pl*> corteza *f* terrestre; **Erdkugel** *f* <-, *ohne pl*> globo *m* terráqueo; **Erdkunde** *f* <-, *ohne pl*> geografía *f;* **erdkundlich** *adj* geográfico; **erdmagnetisch** *adj* magnético terrestre; **Erdmagnetismus** *m* <-, *ohne pl*> (GEO) magnetismo *m* terrestre; **Erdmantel** *m* <-s, *ohne pl*> (GEO) manto *m* terrestre; **Erdmittelpunkt** *m* <-(e)s, *ohne pl*> centro *m* de la tierra

Erdnuss[RR] *f* <-, -nüsse> cacahuete *m,* maní *m;* **Erdnussbutter**[RR] *f* <-, *ohne pl*> mantequilla *f* de cacahuete

Erdoberfläche *f* <-, *ohne pl*> superficie *f* terrestre; **Erdöl** *nt* <-(e)s, -e> petróleo *m,* canfín *m MAm;* (WIRTSCH) crudo *m;* **~ exportierend** exportador de petróleo; **~ exportierende Staaten** países exportadores de petróleo; **nach ~ bohren** perforar en busca de petróleo, hacer prospecciones petrolíferas

erdolchen* [ɛɐ'dɔlçən] *vt* (*geh*) apuñalar

Erdölembargo *nt* <-s, -s> (POL) embargo *m* de petróleo; **erdölexportierend** *adj s.* Erdöl; **Erdölgebiet** *nt* <-(e)s, -e> región *f* petrolífera; **Erdölgewinnung** *f* <-, -en> explotación *f* petrolífera; **Erdölindustrie** *f* <-, -n> industria *f* de crudos de petróleo; **Erdölleitung** *f* <-, -en> oleoducto *m,* pipeline *m;* **Erdölraffinerie** *f* <-, -n> refinería *f* petrolífera; **Erdölverarbeitung** *f* <-, -en> refinación *f* del petróleo; **Erdölverbrauch**

m <-(e)s, -bräuche> consumo *m* de petróleo; **Erdölvorkommen** *nt* <-s, -> yacimento *m* petrolífero; **Erdölzone** *f* <-, -n> zona *f* petrolífera

Erdreich *nt* <-(e)s, -e> tierra *f*

erdreisten* [ɛɐ'draɪstən] *vr:* **sich** ~ (*geh*) tener la desfachatez (*zu* de)

Erdrinde *f* <-, *ohne pl*> *s.* **Erdkruste**

erdröhnen* *vi sein* retumbar, tronar

erdrosseln* *vt* estrangular

Erdrosselte(r) *mf* <-n, -n; -n, -n> estrangulado, -a *m, f*

erdrücken* *vt* **1.** (*zu Tode*) aplastar **2.** (*Sorgen, Schulden*) abrumar; **~de Beweise** pruebas contundentes

Erdrutsch ['eːɐtrʊtʃ] *m* <-(e)s, -e> desprendimiento *m* de tierras; **erdrutschartig** *adj* **1.** (*wie ein Erdrutsch*) como un desprendimiento de tierras **2.** (*Sieg*) arrollador; (*Verlust*) inmenso; **Erdrutschsieg** *m* <-(e)s, -e> (POL) victoria *f* aplastante

Erdschicht *f* <-, -en> **1.** (*eine Schicht Erde*) capa *f* de tierra **2.** (GEO: *Ablagerungsschicht*) estrato *m;* **Erdscholle** *f* <-, -n> gleba *f,* terrón *m;* **Erdspalte** *f* <-, -n> grieta *f;* **Erdstoß** *m* <-es, -stöße> seísmo *m,* temblor *m* de tierra; **Erdstrahlen** *mpl* (PHYS) rayos *mpl* terráqueos; **Erdteil** *m* <-(e)s, -e> continente *m*

erdulden* *vt* aguantar, soportar

Erdumdrehung *f* <-, -en> rotación *f* de la tierra; **Erdumfang** *m* <-(e)s, -fänge> circunferencia *f* de la tierra; **Erdumkreisung** *f* <-, -en> vuelo *m* orbital; **Erdumlaufbahn** *f* <-, -en> órbita *f* de la tierra, trayectoria *f* de la tierra; **Erdumsegelung** *f* <-, -en> (SPORT) vuelta *f* al mundo en velero

Erdung ['eːɐdʊŋ] *f* <-, -en> (ELEK) toma *f* de tierra

Erdwall *m* <-(e)s, -wälle> terraplén *m*

Erdwärme *f* <-, *ohne pl*> geotermia *f;* **Erdwärmeenergie** *f* <-, *ohne pl*> energía *f* geotérmica; **Erdwärmekraftwerk** *nt* <-(e)s, -e>: **geothermisches** ~ central *f* eléctrica geotérmica

Erdzeitalter *nt* <-s, -> (GEO) era *f* geológica

ereifern* [ɛɐ'ʔaɪfɐn] *vr:* **sich** ~ apasionarse (*über* con), acalorarse (*über* por)

ereignen* [ɛɐ'ʔaɪgnən] *vr:* **sich** ~ suceder, ocurrir

Ereignis *nt* <-ses, -se> acontecimiento *m,* suceso *m;* **kriegsauslösendes** ~ evento que provoca la guerra; **unvorhergesehene ~se** acontecimientos imprevistos; **ein freudiges** ~ un feliz acontecimiento; **das** ~ **des Jahres** el acontecimiento del año

ereignislos *adj* sin incidentes, aburrido

ereignisreich *adj* rico en acontecimientos, movido

ereilen* *vt* (*geh*) alcanzar, sorprender

Erektion [erɛk'tsjoːn] *f* <-, -en> erección *f;* **eine** ~ **haben** tener una erección; **Erektionsstörung** *f* <-, -en> (MED) perturbación *f* en la erección, problema *f* de erección

Eremit(in) [ere'miːt] *m(f)* <-en, -en; -, -nen> eremita *mf,* ermitaño, -a *m, f*

ererbt *adj* heredado

erfahren¹ **I.** *pp von* **erfahren²** **II.** *adj* experimentado, entendido (*in* en)

erfahren*² *irr vt* **1.** (*Nachricht*) (llegar a) saber, enterarse (de); **wenn das dein Vater erfährt ...** si tu padre se entera de esto...; **wir haben ~, dass ...** supimos que... **2.** (*geh: erleben*) experimentar, vivir; (*Leid*) sufrir, padecer

Erfahrenheit *f* <-, *ohne pl*> (*geh*) experiencia *f*

Erfahrung *f* <-, -en> experiencia *f;* (*praktische*) práctica *f;* **aus (eigener)** ~ por experiencia (propia); **eine** ~ **machen** tener una experiencia; **die** ~ **machen, dass ...** hacer la experiencia de que..., comprobar que...; **er hat damit schlechte/gute ~en gemacht** a él le ha dado malos/buenos resultados; **etw in** ~ **bringen** enterarse de algo; **nach meiner** ~ **...** la experiencia que yo tengo es que...; **Erfahrungsaustausch** *m* <-(e)s, *ohne pl*> intercambio *m* de experiencias; **erfahrungsgemäß** *adv* por experiencia; ~ **ist es ...** según muestra la experiencia,...; **Erfahrungswert** *m* <-(e)s, -e> valor *m* empírico

erfassbar^RR^ *adj,* **erfaßbar** *adj* **1.** (PHILOS: *begreifbar*) comprehensible; **Gott ist denkbar, aber nicht** ~ uno se puede imaginar a Dios, pero no es comprehensible **2.** (*zu ermitteln: Naturerscheinung*) comprobable, constatable

erfassen* *vt* **1.** (*mit Händen*) agarrar, sujetar **2.** (*mitreißen*) arrastrar; **er wurde von einem Auto erfasst** fue arrastrado por un coche **3.** (*Angst, Freude*) sobrevenir **4.** (*begreifen*) concebir, comprender **5.** (*registrieren*) registrar; (*Daten, Texte*) meter; **das ist statistisch erfasst** esto está registrado estadísticamente **6.** (*einbeziehen*) incluir; (*berücksichtigen*) considerar

Erfassung *f* <-, -en> **1.** (*das Verstehen*) comprensión *f* **2.** (*das Registrieren*) registro *m;* (*von Bewohnern*) empadronamiento *m;* (MIL) alistamiento *m* **3.** (INFOR: *von Daten, Text*) registro *m;* **Erfassungsgruppe** *f* <-, -n> grupo *m* registrado; **Erfassungsverfahren** *nt* <-s, -> método *m* de registro

erfinden* *irr vt* inventar; **die ganze Geschichte ist frei erfunden** toda la historia es una pura invención

Erfinder(in) *m(f)* <-s, -; -, -nen> inventor(a) *m(f);* **Erfindergeist** *m* <-(e)s, *ohne pl*> ingenio *m,* inventiva *f*

Erfinderin *f* <-, -nen> *s.* **Erfinder**

erfinderisch *adj* ingenioso

Erfindung *f* <-, -en> invención *f;* (*Produkt*) invento *m;* **eine** ~ **machen** inventar algo; **Erfindungsgabe** *f* <-, -n> ingenio *m,* inventiva *f;* **Erfindungsgeist** *m* <-(e)s, *ohne pl*> ingenio *m,* inventiva *f;* **Erfindungs-**

reichtum *m* <-s, *ohne pl*> fantasía *f*, inventiva *f*
erflehen* *vt* (*geh*) suplicar; (*Hilfe*) implorar
Erfolg [ɛɐ'fɔlk] *m* <-(e)s, -e> éxito *m*; (*Ergebnis*) resultado *m*; (*Folge*) consecuencia *f*; (*Wirkung*) efecto *m*; ~ **versprechend** prometedor; **ein voller** ~ un éxito completo; **er hatte damit** ~ tuvo éxito con ello; **mit dem** ~, **dass ...** con el efecto de que...; **seine Bemühungen blieben ohne** ~ sus esfuerzos fueron en vano; **von** ~ **gekrönt** coronado por el éxito
erfolgen* *vi sein* suceder, realizarse; (*Zahlung, Beitritt*) efectuarse; **die Antwort erfolgte sofort** contestaron en seguida
erfolglos I. *adj* infructuoso; (*nutzlos*) ineficaz II. *adv* sin éxito; (*vergeblich*) en vano
Erfolglosigkeit *f* <-, *ohne pl*> fracaso *m*
erfolgreich I. *adj* (*Person*) triunfante, afortunado; (*Maßnahme*) eficaz II. *adv* con éxito
Erfolgsaussicht *f* <-, -en> perspectiva *f* de éxito; **Erfolgsautor(in)** *m(f)* <-s, -en; -, -nen> autor(a) *m(f)* de éxito; **Erfolgsbilanz** *f* <-, -en> balance *m* de resultados [*o* de éxitos]; **Erfolgsdenken** *nt* <-s, *ohne pl*> manera *f* de pensar orientada hacia el éxito; **Erfolgserlebnis** *nt* <-ses, -se> (sensación *f* de) éxito *m*; **Erfolgshonorar** *nt* <-s, -e> honorario *m* adicional en caso de éxito; **Erfolgskontrolle** *f* <-, -n> control *m* de los resultados; **Erfolgsmensch** *m* <-en, -en> triunfador(a) *m(f)*; **Erfolgsrezept** *nt* <-(e)s, -e> receta *f* para el éxito
erfolgversprechend *adj* prometedor; **höchst ~e Maßnahmen** medidas muy prometedoras
erforderlich [ɛɐ'fɔrdɐlɪç] *adj* necesario, preciso; **unbedingt** ~ indispensable; **die ~en Unterlagen** los documentos requeridos; ~ **machen** hacer necesario; **es ist ~, dass ...** es necesario que... +*subj*
erfordern* *vt* requerir, precisar
Erfordernis *nt* <-ses, -se> necesidad *f*, exigencia *f*; (*Voraussetzung*) requisito *m*; **technische ~se** requisitos técnicos; **allen ~sen genügen** satisfacer todos los requisitos
erforschen* *vt* estudiar, investigar; (*Land, Weltraum*) explorar; (*Meinung*) sondear
Erforschung *f* <-, -en> investigación *f*; (*von Land*) exploración *f*; (*von Meinung*) sondeo *m*
erfragen* *vt* preguntar, averiguar
erfreuen* I. *vt* (*Freude bereiten*) alegrar; **sehr erfreut!** ¡encantado!; **über jdn/etw erfreut sein** alegrarse por alguien/por algo II. *vr*: **sich** ~ 1. (*sich freuen*) alegrarse (*an* ante); **sie erfreuten sich an diesem Anblick** se alegraron ante esta perspectiva 2. (*geh: genießen*) gozar (de); **sie erfreut sich bester Gesundheit** goza de una salud estupenda
erfreulich *adj* agradable; (*Nachricht*) grato; (*befriedigend*) satisfactorio; **ich habe Neuigkeiten – ~e?** tengo noticias – ¿buenas?
erfreulicherweise [-'---'--] *adv* por suerte, afortunadamente
erfrieren* *irr vi sein* 1. (*Person, Tier*) morirse de frío 2. (*Pflanze, Körperteil*) congelarse, helarse
Erfrierung *f* <-, -en> congelación *f*
erfrischen* I. *vi, vt* refrescar, reanimar II. *vr*: **sich** ~ refrescarse
erfrischend *adj* (*Brise, Getränk*) refrescante, reanimador; (*Naivität*) encantador, que da gusto
Erfrischung *f* <-, -en> 1. (*das Erfrischen*) refrigeración *f* 2. (*Getränk*) refresco *m*, fresco *m Am*, aparador *m Hond*
Erfrischungsgetränk *nt* <-(e)s, -e> refresco *m*; **Erfrischungsraum** *m* <-(e)s, -räume> bar *m*, cantina *f*; **Erfrischungsstand** *m* <-(e)s, -stände> tenderete *m*, fresquería *f Am*; **Erfrischungstuch** *nt* <-(e)s, -tücher> toallita *f* refrescante
erfroren *pp von* **erfrieren**
erfüllen* I. *vt* 1. (*aus-, anfüllen*) llenar (*mit* de) 2. (*Bedingung*) cumplir (con); (*Versprechen*) cumplir; (*Wunsch, Bitte*) corresponder (a); (*Erwartungen*) satisfacer; (*Aufgabe*) desempeñar, implementar *Am*; **das Gerät erfüllt seinen Zweck** el aparato cumple con su cometido II. *vr*: **sich** ~ (*wahr werden*) realizarse, verse cumplido
Erfüllung *f* <-, -en> 1. (*Befriedigung*) satisfacción *f* 2. (*einer Aufgabe*) ejecución *f*, desempeño *m*; (*eines Vertrages, einer Pflicht*) cumplimiento *m*; (*eines Planes*) realización *f*; **in** ~ **gehen** cumplirse; **jdn zur** ~ **eines Vertrages auffordern** requerir a alguien la ejecución de un contrato; **Erfüllungsanspruch** *m* <-(e)s, -sprüche> (JUR) pretensión *f* de cumplimiento
Erfüllungsgehilfe, -in *m, f* <-n, -n; -, -nen> (JUR) auxiliar *mf* ejecutivo, -a; **sich zu jds ~n machen** convertirse en el segundón de alguien; **Erfüllungsklage** *f* <-, -n> (JUR) demanda *f* de cumplimiento; **Erfüllungsort** *m* <-(e)s, -e> (JUR) lugar *m* de cumplimiento; **Erfüllungstermin** *m* <-s, -e> (JUR, WIRTSCH) fecha *f* de cumplimiento; **Erfüllungsverweigerung** *f* <-, -en> (JUR) denegación *f* de cumplimiento; **Erfüllungszeitpunkt** *m* <-(e)s, -e> (JUR) momento *m* de cumplimiento
erfunden *pp von* **erfinden**
Erg [ɛrk] *nt* <-s, -> (PHYS) ergio *m*
ergangen *pp von* **ergehen**
ergänzen* [ɛɐ'gɛntsən] I. *vt* (*vervollständigen*) complementar, completar; (*hinzufügen*) añadir II. *vr*: **sich** ~ (*zusammenpassen*) complementarse
ergänzend I. *adj* adicional, complementario; **erlauben Sie mir eine ~e Bemerkung** permítame añadir algo II. *adv*: **ich möchte ~ darauf hinweisen, dass ...** quisiera señalar, además, que...

E

Ergänzung *f* <-, -en> **1.** (*Vervollständigung*) complemento *m* **2.** (*Zusatz*) adición *f*, añadidura *f*; **zur ~ sei noch gesagt, dass ...** añádase a esto que... **3.** (LING) complemento *m*; **Ergänzungsabgabe** *f* <-, -n> (FIN) tasa *f* complementaria; **Ergänzungsband** *m* <-(e)s, -bände> suplemento *m*; **Ergänzungshaushalt** *m* <-(e)s, -e> (WIRTSCH) presupuesto *m* complementario; **Ergänzungssteuer** *f* <-, -n> impuesto *m* complementario

ergattern* [ɛɐ'gatɐn] *vt* (*fam*) hacerse (con), pescar

ergaunern* *vt* timar, estafar

ergeben¹ **I.** *pp von* **ergeben²** **II.** *adj* **1.** (*untertänig*) sumiso; (*demütig*) devoto **2.** (*treu*) leal, fiel

ergeben*² *irr* **I.** *vt* (*Ergebnis*) dar como resultado; (MATH) dar por resultado; (*Bilanz*) arrojar; (*Untersuchungen*) demostrar, revelar; **die Umfrage hat ~, dass ...** la encuesta ha dado como resultado que...; **die Summe ergab 100 DM** la suma ascendió a 100 marcos **II.** *vr:* **sich ~** **1.** (*kapitulieren*) rendirse, capitular **2.** (*sich herausstellen*) producirse; (*Schwierigkeit*) surgir; **es hat sich nichts Neues ~** no se ha producido ninguna novedad **3.** (*folgen*) resultar (*aus* de), deducirse (*aus* de); **daraus ergibt sich, dass ...** de esto resulta que... **4.** (*sich hingeben*): **sich etw** *dat*/**jdm ~** entregarse a algo/a alguien; **sich dem Alkohol ~** darse a la bebida

Ergebenheit *f* <-, *ohne pl*> **1.** (*Anhänglichkeit*) afección *f*, apego *m* **2.** (*Treue*) lealtad *f* **3.** (*Fügsamkeit*) devoción *f*, sumisión *f*

Ergebnis [ɛɐ'ge:pnɪs] *nt* <-ses, -se> resultado *m*; (*Folge*) consecuencia *f*; **die Untersuchung führte zu keinem ~** la investigación no dio ningún resultado; **wir sind zu dem ~ gekommen, dass ...** hemos llegado a la conclusión de que...; **Ergebnisermittlung** *f* <-, -en> (WIRTSCH) determinación *f* del resultado; **Ergebnisfeld** *nt* <-(e)s, -er> (INFOR) campo *m* de resultados

ergebnislos *adj* sin resultado, infructuoso; **~ bleiben** no dar resultado

ergehen* *irr* **I.** *vi sein* (*geh: Gesetz*) publicarse; (*Einladung, Rechnung*) ser enviado **II.** *vunpers sein* (*geschehen*): **ihr ist es dort gut/schlecht ergangen** le ha ido bien/mal allí; **etw über sich ~ lassen** soportar algo **III.** *vr:* **sich ~** (*äußern*) explayarse (*in* sobre)

ergiebig [ɛɐ'gi:bɪç] *adj* productivo; (*Geschäft*) lucrativo; (*Boden*) fértil, fecundo; **wirtschaftlich ~** económicamente productivo; **sehr ~ sein** rendir mucho; (*Produkt*) cundir

Ergiebigkeit *f* <-, *ohne pl*> eficacia *f*, rendimiento *m*; **ein Waschmittel mit verbesserter ~** un detergente con mayor rendimiento [*o* de mayor eficacia]

ergießen* *irr vr:* **sich ~** derramarse (*auf* por, *über* sobre); (*münden*) desembocar (*in* en); (*ins Meer*) desaguar (*in* en)

erglänzen* *vi sein* (*geh*) brillar, relucir

erglühen* *vi sein* (*vor Liebe, Zorn*) arder (*vor* de/en)

ergo ['ɛrgo] *adv* (*also*) ergo

Ergometer [ɛrgo'me:tɐ] *nt* <-s, -> (MED) ergómetro *m*

Ergonomie [ɛrgono'mi:] *f* <-, *ohne pl*> ergonomía *f*

ergonomisch [ɛrgo'no:mɪʃ] *adj* ergonómico; **~e Tastatur** teclado ergonómico

ergossen *pp von* **ergießen**

Ergotherapeut(in) [ɛrgotera'pɔɪt] *m(f)* <-en, -en; -, -nen> ergoterapeuta *mf*; **Ergotherapie** *f* <-, -n> ergoterapia *f*

Ergotismus [ɛrgo'tɪsmʊs] *m* <-, *ohne pl*> (MED) ergotismo *m*

ergötzen* [ɛɐ'gœtsən] **I.** *vt* (*geh: vergnügen*) divertir **II.** *vr:* **sich ~** divertirse (*an* en/con)

ergrauen* [ɛɐ'graʊən] *vi sein* encanecer

ergreifen* *irr vt* **1.** (*fassen*) coger, agarrar; (*Furcht, Ahnung*) acometer, sobrevenir; (*Maßnahmen, Macht, Partei*) tomar; (*Gelegenheit*) aprovechar; **sie ergriff das Wort** tomó la palabra **2.** (*festnehmen*) detener **3.** (*erschüttern*) conmover, emocionar

ergreifend *adj* conmovedor, emocionante

Ergreifung *f* <-, -en> captura *f*, aprehensión *f*

ergriffen [ɛɐ'grɪfən] **I.** *pp von* **ergreifen** **II.** *adj* conmovido, emocionado

Ergriffenheit *f* <-, *ohne pl*> (profunda) emoción *f*; **er stand stumm vor ~** se quedó sin palabras de la emoción

ergründen* *vt* averiguar, indagar

Erguss[RR] [ɛɐ'gʊs, *pl:* ɛɐ'gʏsə] *m* <-es, -güsse>, **Erguß** *m* <-sses, -güsse> **1.** (MED) derrame *m* **2.** (*abw: Redeschwall*) verborrea *f* **3.** (*Samen~*) eyaculación *f*

erhaben [ɛɐ'ha:bən] *adj* **1.** (*erhöht*) elevado, saliente **2.** (*überlegen*) por encima (*über* de); **über jeden Verdacht ~ sein** estar por encima de cualquier sospecha **3.** (*feierlich*) sublime, eminente

Erhabenheit *f* <-, *ohne pl*> elevación *f*, sublimidad *f*

Erhalt *m* <-(e)s, *ohne pl*> (*formal*) **1.** (*Empfang*) recibo *m* **2.** (*Instandhaltung*) mantenimiento *m*

erhalten* *irr vt* **1.** (*bekommen*) recibir; (*Genehmigung*) obtener; (*Gehalt*) cobrar; (*Geldstrafe*) recibir; **Betrag dankend ~** importe recibido; **ich habe meine Vermutung bestätigt ~** se ha confirmado mi sospecha **2.** (*bewahren*) conservar, mantener; **jdn am Leben ~** mantener a alguien con vida; **etw ist gut ~** algo está bien conservado; **sehr gut ~ aussehen** estar muy bien conservado

erhältlich [ɛɐ'hɛltlɪç] *adj* conseguible; (*käuflich*) en venta; **schwer ~** difícil de conseguir

Erhaltung *f* <-, *ohne pl*> conservación *f*, mantenimiento *m*; **Erhaltungsmaßnah-**

me *f* <-, -n> medida *f* de conservación [*o* de mantenimiento]; **Erhaltungsnahrung** *f* <-, *ohne pl*> alimento *m* de conservación; **Erhaltungsration** *f* <-, -en> ración *f* de conservación

erhängen* **I.** *vt* colgar, ahorcar; **Tod durch E~** muerte por ahorcamiento **II.** *vr:* **sich ~** ahorcarse

erhärten* *vt* **1.** (*Material*) endurecer **2.** (*These, Vermutung*) corroborar, confirmar

Erhärtung *f* <-, -en> **1.** (*Behauptung, Aussage*) corroboración *f* **2.** (*von Gegenständen*) endurecimiento *m*

erhaschen* [ɛɐ'haʃən] *vt* (*Blick, Wort*) captar, pescar *fam*

erheben* *irr* **I.** *vt* **1.** (*hochheben*) levantar, alzar, erguir; **erhobenen Hauptes** con la cabeza erguida; **hoch erhobenen Hauptes** con la cabeza bien alta; **er erhob sein Glas** alzó su vaso **2.** (*Steuern*) imponer; (*Eintritt*) cobrar; **es wird eine Teilnahmegebühr erhoben** se cobrará una tasa de inscripción **3.** (*Geschrei, Protest*) levantar; **die Stimme ~** levantar la voz **4.** (*Daten*) hacer constar **5.** (*Einwände*) poner (*gegen* a); (*Forderungen*) formular; **er erhob Anklage gegen ihn** le puso un pleito **II.** *vr:* **sich ~ 1.** (*aufstehen*) levantarse; (*sich aufrecht halten*) erguirse **2.** (*Flugzeug, Vogel*) emprender el vuelo **3.** (*geh: Sturm*) levantarse; (*Frage*) plantearse **4.** (*sich auflehnen*) sublevarse (*gegen* contra), rebelarse (*gegen* contra)

erhebend *adj* (*geh*) edificante; **ein ~er Augenblick** un momento edificante

erheblich [ɛɐ'he:plɪç] *adj* notable, considerable; (*wichtig*) importante; **~ besser** mucho mejor; **etw für ~ erklären** (*Schweiz: mehrheitlich annehmen*) aceptar algo mayoritariamente

Erhebung *f* <-, -en> **1.** (*Anhöhe*) elevación *f;* (*Hügel*) colina *f* **2.** (*Aufstand*) sublevación *f* **3.** (FIN: *von Abgaben*) cobro *m,* recaudación *f;* **einmalige/steuerliche ~** recaudación única/fiscal **4.** (*Umfrage*) sondeo *m,* encuesta *f;* **Erhebungsverfahren** *nt* <-s, -> (FIN) procedimiento *m* de recaudación

erheitern* [ɛɐ'haɪtɐn] **I.** *vt* (*geh*) regocijar **II.** *vr:* **sich ~** (*geh*) regocijarse

Erheiterung *f* <-, -en> diversión *f,* regocijo *m*

erhellen* **I.** *vt* **1.** (*Raum*) iluminar, alumbrar **2.** (*Zusammenhänge*) aclarar, poner en claro **II.** *vr:* **sich ~ 1.** (*Himmel*) despejarse **2.** (*Gesicht*) iluminarse

Erhellung *f* <-, -en> aclaración *f,* esclarecimiento *m;* **das brachte ein wenig ~ in die Angelegenheit** aquello arrojó un poco de luz en el asunto

erhitzen* [ɛɐ'hɪtsən] **I.** *vt* **1.** (*Speisen*) calentar **2.** (*erregen*) excitar **II.** *vr:* **sich ~ 1.** (*Speisen*) calentarse **2.** (*sich erregen*) excitarse, acalorarse

Erhitzung *f* <-, -en> **1.** (*das Erhitzen*) calentamiento *m* **2.** (*Erregung*) acaloramiento *m*

erhoben *pp von* **erheben**

erhoffen* *vt* esperar; **was erhoffst du dir davon?** ¿qué esperas de esto?

erhöhen* [ɛɐ'hø:ən] **I.** *vt* **1.** (*Damm, Mauer*) subir (*um* en) **2.** (*Spannung*) aumentar **3.** (*Geschwindigkeit, Steuern*) aumentar, subir; **wir mussten den Preis auf vier Mark/um vier Mark ~** tuvimos que subir el precio a cuatro marcos/en cuatro marcos; **ich erhöhe um 100 Mark** (*Poker*) subo 100 marcos **4.** (MUS: *um einen Halbton*) elevar en un semitono **II.** *vr:* **sich ~** (*Gehalt, Spannung*) aumentar; **die Preise ~ sich um fünf Prozent** los precios aumentan en un cinco por ciento

erhöht *adj* (*Wert, Blutdruck*) alto

Erhöhung *f* <-, -en> **1.** (*einer Mauer*) subida *f* **2.** (*der Preise, Geschwindigkeit*) aumento *m;* **Erhöhungszeichen** *nt* <-s, -> (MUS) sostenido *m*

erholen* *vr:* **sich ~ 1.** (*ausspannen*) reponerse (*von* de), recuperarse (*von* de), alentarse *Hond, Mex;* **er hat sich von seiner Krankheit erholt** se ha restablecido de su enfermedad **2.** (COM) recuperarse

erholsam [ɛɐ'ho:lza:m] *adj* tranquilo, reposado

Erholung *f* <-, *ohne pl*> **1.** (*Ruhe*) descanso *m,* reposo *m* **2.** (*Genesung*) restablecimiento *m,* recuperación *f;* **wirtschaftliche ~** recuperación económica; **Erholungsaufenthalt** *m* <-(e)s, -e> vacaciones *fpl;* **erholungsbedürftig** *adj* que necesita descanso [*o* reposo]; **die ~en Kurgäste hielten Mittagsruhe** los pacientes del balneario necesitados de reposo se echaron la siesta; **Erholungsgebiet** *nt* <-(e)s, -e> zona *f* de descanso; **Erholungsheim** *nt* <-(e)s, -e> clínica *f* de reposo; **Erholungskur** *f* <-, -en> cura *f* de reposo; **Erholungsort** *m* <-(e)s, -e> lugar *m* de reposo; **Erholungspause** *f* <-, -n> descanso *m,* pausa *f* de descanso; **Erholungsurlaub** *m* <-(e)s, -e> vacaciones *fpl* (de reposo); **Erholungswert** *m* <-(e)s, -e> (ÖKOL) valor *m* recreativo

erhören* *vt* (*geh: Bitte*) atender, corresponder (a)

erigieren* [eri'gi:rən] *vi sein* ponerse erecto; **ein erigierter Penis** un pene erecto

Erika ['e:rika] *f* <-, -s *o* Eriken> (BOT) brezo *m*

erinnerlich *adj:* **jdm ~ sein** acordarse (de); **soviel mir ~ ist** por lo que yo recuerdo

erinnern* [ɛɐ'ʔɪnɐn] **I.** *vi, vt* recordar (*an* a); **sie erinnert sehr an ihre Mutter** recuerda mucho a su madre; **ich sollte dich daran ~, dass ...** te tenía que recordar que... **II.** *vr:* **sich ~** acordarse (*an* de), recordar (*an*); **erinnerst du dich?** ¿te acuerdas?; **soweit ich mich ~ kann** por lo que yo recuerdo

Erinnerung *f* <-, -en> **1.** (*Gedächtnis*) memoria *f;* **etw in guter ~ behalten** guardar buena memoria de algo; **sich bei jdm in ~**

bringen hacer que alguien se acuerde de uno **2.** (*Zurückdenken*) recuerdo *m* (*an* de) **3.** (*Mahnung*) advertencia *f* **4.** (*Andenken*) recuerdo *m;* **zur ~ an jdn** en recuerdo de alguien; **Erinnerungslücke** *f* <-, -n> laguna *f* (en la memoria); **Erinnerungsstück** *nt* <-(e)s, -e> recuerdo *m;* **Erinnerungsvermögen** *nt* <-s, *ohne pl*> memoria *f*

erkalten* *vi sein* enfriarse

erkälten* [ɛr'kɛltən] *vr:* **sich ~** resfriarse, enfriarse, constiparse, acatarrarse, afluxionarse *Kol, Cuba*

erkältet *adj* resfriado

Erkältung *f* <-, -en> resfriado *m,* enfriamiento *m,* constipado *m,* catarro *m;* **eine ~ bekommen** resfriarse, enfriarse, constiparse, afluxionarse *Kol, Cuba;* **sich** *dat* **eine ~ holen** (*fam*) pillar un enfriamiento; **Erkältungskrankheit** *f* <-, -en> (MED) catarro *m*

erkämpfen* *vt* luchar (por); **sich** *dat* **etw ~** conseguir algo con esfuerzo

erkannt *pp von* **erkennen**

erkaufen* *vt* pagar (por); **das hast du dir teuer erkauft** has pagado un alto precio por ello

erkennbar *adj* reconocible (*an* por); (*wahrnehmbar*) perceptible

erkennen* *irr* **I.** *vt* **1.** (*wahrnehmen*) ver, distinguir **2.** (*identifizieren*) reconocer (*an* por), identificar (*an* por); **jdn an etw** *dat* **wieder ~** reconocer a alguien por [*o* en] algo; **er war nicht wieder zu ~** había cambiado totalmente; **ich habe ihn an der Stimme erkannt** le reconocí por la voz; **sich zu ~ geben** identificarse **3.** (*Fehler, Irrtum*) reconocer, darse cuenta (de) **II.** *vi* (JUR) condenar (*auf* a)

erkenntlich [ɛɐ'kɛntlɪç] *adj:* **sich (bei jdm) ~ zeigen** mostrarse agradecido (a alguien)

Erkenntlichkeit *f* <-, -en> agradecimiento *m*

Erkenntnis *f* <-, -se> conocimiento(s) *m(pl);* (*Einsicht*) comprensión *f;* **zu der ~ kommen, dass ...** llegar a la conclusión de que...; **Erkenntnisstand** *m* <-(e)s, *ohne pl*> grado *m* de conocimiento

Erkennungsdienst *m* <-(e)s, -e> departamento *m* de identificación de la policía; **erkennungsdienstlich** **I.** *adj* de la identificación (policial), del departamento de identificación de la policía; **behindern Sie bitte nicht die ~en Untersuchungen!** ¡no dificulte los trabajos de identificación de la policía! **II.** *adv:* **der Verdächtige wurde ~ behandelt** fotografiaron y tomaron huellas al sospechoso; **Erkennungsmarke** *f* <-, -n> chapa *f* de identificación [*o* de identidad]; **Erkennungsmelodie** *f* <-, -n> (MUS) sintonía *f;* **Erkennungszeichen** *nt* <-s, -> contraseña *f,* señal *f*

Erker ['ɛrkɐ] *m* <-s, -> saledizo *m,* voladizo *m;* **Erkerfenster** *nt* <-s, -> ventana *f* de saledizo [*o* voladizo]; **Erkerzimmer** *nt* <-s, -> habitación *f* con saledizo [*o* voladizo]

erklärbar [ɛɐ'klɛːɐbaːɐ] *adj* explicable

erklären* **I.** *vt* **1.** (*erläutern*) explicar; (*deuten*) interpretar; **ich kann mir die Sache nur so ~, dass ...** sólo me lo puedo explicar en tanto que... *+ind/subj;* **wie erklärst du dir das?** ¿cómo te lo explicas? **2.** (*Unabhängigkeit, Krieg*) declarar; (*Rücktritt*) presentar; **ich erkläre die Ausstellung für eröffnet** declaro inaugurada la exposición; **jdn für schuldig/vermisst/tot ~** declarar a alguien culpable/desaparecido/muerto; **etw für ungültig ~** declarar algo no válido **II.** *vr:* **sich ~ 1.** (*folgen*) explicarse (*aus* por), deducirse (*aus* de); **das erklärt sich daraus, dass ...** esto es debido [*o* se debe] a que... **2.** (*sagen*) manifestarse (*für* a favor de, *gegen* contra), declararse (*für* a favor de, *gegen* contra); **sich einverstanden ~** manifestarse de acuerdo

erklärend **I.** *adj* explicativo, aclaratorio; **einige ~e Worte sprechen** decir una palabras aclaratorias **II.** *adv:* **... fügte sie ~ hinzu** ...añadió a modo de aclaración

erklärlich *adj* claro, evidente; (*verständlich*) comprensible

erklärt *adj* (*Gegner, Ziel, Favorit*) declarado

Erklärung *f* <-, -en> **1.** (*Erläuterung*) explicación *f;* (*Deutung*) interpretación *f;* (*Grund*) motivo *m,* razón *f* **2.** (*Verlautbarung*) declaración *f,* comunicado *m* oficial; **eidesstattliche/öffentliche ~** declaración bajo juramento/pública; **eine ~ abgeben** prestar declaración

erklettern* *vt* escalar, trepar (a)

erklimmen [ɛɐ'klɪmən] <erklimmt, erklomm, erklommen> *vt* (*geh*) escalar

erklingen* *irr vi sein* sonar, resonar

erklomm [ɛɐ'klɔm] *3. imp von* **erklimmen**

erklommen [ɛɐ'klɔmən] *pp von* **erklimmen**

erklungen *pp von* **erklingen**

erkor *imp von* **erküren**

erkoren *pp von* **erküren**

erkranken* *vi sein* enfermar (*an* de)

Erkrankung *f* <-, -en> enfermedad *f*

erkühnen* [ɛɐ'kyːnən] *vr* (*geh*): **sich ~, etw zu tun** osar hacer algo, atreverse a hacer algo; **was ~ Sie sich?** ¡cómo se atreve!

erkunden* [ɛɐ'kʊndən] *vt* (*Geheimnis*) averiguar; (*Lage*) sondear; (*Gelände*) explorar

erkundigen* [ɛɐ'kʊndɪgən] *vr:* **sich ~** informarse (*nach/über* sobre), preguntar (*nach/über* por); **ich habe mich bei ihm nach dem Weg erkundigt** le pregunté por el camino

Erkundigung *f* <-, -en> investigación *f,* información *f;* **~en (über jdn/etw) einziehen** informarse (sobre alguien/algo)

Erkundung *f* <-, -en> exploración *f*

erküren <erkürt, erkürte *o* erkor, erkürt *o* erkoren> *vt* escoger, elegir; **wieso wollt ihr mich zum Vorsitzenden ~?** ¿por qué queréis escogerme [*o* elegirme] a mí de presidente?; **wen habt ihr dieses Mal zum Sündenbock erkoren?** ¿esta vez, a quién habéis escogido como cabeza de turco?

Erlagschein [ɛɐ'la:kʃaɪn] *m* <-(e)s, -e> (*Österr: Zahlkarte*) impreso *m* para giro postal

erlahmen* *vi sein* **1.** (*Person*) cansarse, fatigarse **2.** (*geh: Interesse, Kraft*) decaer

erlangen* [ɛɐ'laŋən] *vt* (*bekommen*) obtener, conseguir; (*erreichen*) alcanzar

Erlass[RR] [ɛɐ'las] *m* <-es, -e>, **Erlaß** *m* <-sses, -sse> **1.** (*Verfügung*) decreto *m,* orden *f;* (*eines Gesetzes*) promulgación *f* **2.** (*von Schulden*) condonación *f* **3.** (*einer Strafe*) remisión *f*

erlassen* *irr vt* **1.** (*Gesetz, Haftbefehl*) promulgar; (*Amnestie*) decretar **2.** (*befreien von*): **jdm etw** ~ (*Pflicht, Arbeit*) eximir a alguien de algo; (*Strafe, Schulden*) condonar algo a alguien

Erlassung *f* <-, -en> condonación *f*

erlauben* [ɛɐ'laʊbən] *vt* permitir; (*behördlich*) autorizar; **ist es erlaubt hier zu rauchen?** ¿está permitido fumar aquí?; ~ **Sie mal!** (*fam*) ¡pero qué se ha creído!; ~ **Sie, dass ich mich vorstelle?** ¿me permite que me presente?; **sich** *dat* **etw** ~ permitirse algo; **wenn ich mir die Bemerkung** ~ **darf** si se me permite la observación; **was erlaubst du dir denn?** ¿qué te has creído?; **einen neuen Wagen können wir uns nicht** ~ no nos podemos permitir (comprar) un coche nuevo

Erlaubnis *f* <-, -se> permiso *m;* (*behördlich*) autorización *f;* **allgemeine** ~ autorización general; **eine** ~ **einholen** solicitar una licencia [*o* autorización]; **jdn um** ~ **bitten** [*o* **fragen**] pedir permiso a alguien; **mit Ihrer** ~ con su permiso

Erlaubnisschein *m* <-(e)s, -e> pase *m*

erlaucht [ɛɐ'laʊxt] *adj* ilustre, augusto

erläutern* [ɛɐ'lɔɪtɐn] *vt* explicar

erläuternd **I.** *adj* aclaratorio, explicativo; **eine ~e Zeichnung ist beigefügt** se añade un dibujo ilustrativo **II.** *adv* aclarativamente, a modo de explicación; **zuerst möchte ich einige Dinge** ~ **anmerken** en primer lugar quisiera decir algunas cosas a modo de explicación

Erläuterung *f* <-, -en> explicación *f;* (*Kommentar*) comentario *m*

Erle ['ɛrlə] *f* <-, -n> (BOT) aliso *m*

erleben* *vt* **1.** (*Freude*) vivir; (*Leid, Niederlage*) sufrir; (*Enttäuschung*) llevarse **2.** (*mit~*) vivir, experimentar; **wenn du das tust, kannst du was** ~ (*fam*) si lo haces te vas a acordar; **du wirst noch dein blaues Wunder** ~ te vas a quedar de una pieza **3.** (*kennen lernen, dabei sein*) ver; **so habe ich ihn noch nie erlebt** nunca le había visto así; **dass ich das noch** ~ **muss!** ¡que tenga que vivir una cosa así!

Erlebensfallversicherung *f* <-, -en> seguro *m* de vida para caso de supervivencia

Erlebnis *nt* <-ses, -se> vivencia *f;* (*Erfahrung*) experiencia *f;* (*Ereignis*) acontecimiento *m;* **das Konzert war ein** ~ el concierto fue (todo) un acontecimiento; **Erlebnisaufsatz** *m* <-es, -sätze> (SCH) redacción *f* (sobre una experiencia personal)

erledigen* [ɛɐ'le:dɪgən] **I.** *vt* **1.** (*Auftrag, Geschäft*) hacer, llevar a cabo; (*Angelegenheit*) resolver; **erledigt!** ¡solucionado!; **ich habe noch etwas zu** ~ aún tengo que hacer algo; **wird erledigt!** ¡se hará!; **ordnungsgemäß** ~ diligenciar debidamente; **die Sache ist für mich erledigt** para mí el asunto está concluido **2.** (*sl: töten*) liquidar, eliminar; (*ruinieren*) arruinar **II.** *vr:* **sich** ~ arreglarse, resolverse; **das hat sich erledigt** ya está resuelto

erledigt [ɛɐ'le:dɪçt] *adj* (*fam*) cansado; **ich bin völlig** ~ estoy hecho polvo

Erledigung[1] *f* <-, -en> (*Besorgung*) compra *f;* **umgehende** ~ tramitación inmediata; **~en machen** hacer compras

Erledigung[2] *f* <-, *ohne pl*> (*das Erledigen*) tramitación *f,* arreglo *m*

erlegen[1] *pp von* **erliegen**

erlegen*[2] [ɛɐ'le:gən] *vt* (*geh*) matar

erleichtern* [ɛɐ'laɪçtɐn] *vt* aliviar; (*um Gewicht*) aligerar; (*Arbeit, Verständnis*) facilitar; **sein Herz** ~ desahogarse; **erleichtert atmete er auf** respiró con alivio; **die Nachricht erleichterte ihn** la noticia lo alivió; **jdn um 100 DM** ~ (*fam*) mangarle a alguien 100 marcos

Erleichterung *f* <-, *ohne pl*> alivio *m,* desahogo *m;* **zu meiner großen** ~ para mi gran alivio; **das Medikament wird ihm** ~ **verschaffen** el medicamento le aliviará

erleiden* *irr vt* (*Schmerzen*) soportar; (*Niederlage*) sufrir

Erlenmeyerkolben ['ɛrlənmaɪɐ-] *m* <-s, -> (CHEM) matraz *m* Erlenmeyer

erlernbar *adj* que se puede aprender; **leicht/schwer** ~ **sein** ser fácil/difícil de aprender

erlernen* *vt* aprender

erlesen *adj* escogido, selecto

erleuchten* *vt* iluminar, alumbrar

Erleuchtung *f* <-, -en> iluminación *f,* inspiración *f;* **eine** ~ **haben** tener una inspiración

erliegen* *irr vi sein* (*einer Versuchung*) sucumbir (+*dat* a); (*einem Irrtum*) caer (+*dat* en); **zum E~ kommen** quedar paralizado

erlischt *3. präs von* **erlöschen**

erlitten *pp von* **erleiden**

Erlös [ɛɐ'lø:s] *m* <-es, -e> ingreso *m,* beneficio *m*

erlosch *3. imp von* **erlöschen**

erloschen *pp von* **erlöschen**

erlöschen <erlischt, erlosch, erloschen> *vi sein* **1.** (*Flamme, Vulkan*) apagarse, extinguirse **2.** (*Anspruch*) prescribir; (*Interesse*) desaparecer

Erlöschen *nt* <-s, *ohne pl*> **1.** (*Flamme, Vulkan*) extinción *f;* ~ **einer Firma** disolución de una empresa **2.** (*Anspruch*) expiración *f;* ~ **der Verjährung** expiración de la prescripción

erlösen* *vt* librar (*von* de), salvar (*von* de); (REL) redimir

erlösend I. *adj* aliviante; **eine Inhalation kann bei Erkältung ~e Wirkung haben** una inhalación puede procurar alivio en caso de resfriado II. *adv* que procura alivio

Erlöser *m* <-s, -> 1. (*Retter*) salvador *m* 2. (REL) Salvador *m,* Redentor *m*

Erlösung *f* <-, -en> (*Rettung*) salvación *f;* (*Befreiung*) liberación *f;* (REL) redención *f*

ermächtigen* [ɛɐ'mɛçtɪgən] *vt* autorizar (*zu* para), habilitar (*zu* para); **dazu bin ich nicht ermächtigt** no estoy autorizado para ello

Ermächtigung *f* <-, -en> (JUR) autorización *f* (*zu* para); **Ermächtigungsgesetz** *nt* <-es, *ohne pl*> (POL) ley *f* de autorización

ermahnen* *vt* reprender, exhortar (*zu* a); (*warnen*) advertir

Ermahnung *f* <-, -en> exhortación *f,* amonestación *f;* (*Warnung*) advertencia *f*

ermangeln* *vi* (*geh*) carecer (+*gen* de)

Ermangelung *f* <-, *ohne pl*> (*geh*): **in ~ einer Lösung** a falta de una solución

ermannen* *vr:* **sich ~** (*geh*) armarse de valor (*zu* para); **jetzt ermanne dich endlich zu einer Erklärung!** ¡ahora haz el esfuerzo de una vez y da una explicación!

ermäßigen* [ɛɐ'mɛːsɪgən] I. *vt* reducir, disminuir II. *vr:* **sich ~** bajar; **der Preis ermäßigt sich um 20 Prozent** el precio baja (en) un 20 por ciento

Ermäßigung *f* <-, -en> 1. (*Senkung*) reducción *f* 2. (*Preisnachlass*) rebaja *f,* descuento *m*

ermatten* [ɛɐ'matən] I. *vi sein* (*geh*) perder las fuerzas, bajar el rendimiento; **nach 500 Metern begann der Schwimmer zu ~** tras 500 metros, el nadador empezó a mostrar síntomas de cansancio II. *vt haben* (*geh*) agotar; (**von etw** *dat*) **ermattet sein** estar agotado (por algo)

ermessen* *irr vt* juzgar, evaluar

Ermessen *nt* <-s, *ohne pl*> parecer *m,* juicio *m;* **nach menschlichem ~** según el parecer común; **in jds ~ liegen** quedar al libre albedrío de alguien; **Ermessensfrage** *f* <-, -n> cuestión *f* de libre albedrío; **Ermessensspielraum** *m* <-(e)s, -räume> (JUR) margen *m* de evaluación

ermitteln* [ɛɐ'mɪtəln] I. *vi* (JUR) proseguir las diligencias (*gegen* contra) II. *vt* 1. (*Täter, Adresse*) averiguar; **jds Aufenthaltsort ~** localizar a alguien 2. (*Sieger*) determinar 3. (MATH) calcular

Ermittler(in) *m(f)* <-s, -; -, -nen> informante *mf;* (*Detektiv*) detective *mf,* agente *mf* de la policía; **verdeckter ~** agente secreto

Ermittlung *f* <-, -en> 1. (*polizeilich*) investigación *f,* pesquisa *f;* **~en durchführen** [*o* **anstellen**] investigar un caso 2. (*Feststellung*) descubrimiento *m;* **Ermittlungsausschuss**[RR] *m* <-es, -schüsse> comisión *f* investigadora; **Ermittlungsbeamte(r)** *mf* <-n, -n; -n, -n>, **-beamtin** *f* <-, -nen> inspector(a) *m(f)* de policía; **Ermittlungskommission** *f* <-, -en> comisión *f* investigadora; **Ermittlungsrichter(in)** *m(f)* <-s, -; -, -nen> (JUR) juez(a) *m(f)* instructor(a); **Ermittlungsverfahren** *nt* <-s, -> (JUR) sumario *m;* **Ermittlungszeitraum** *m* <-(e)s, -räume> (*Bemessungszeitraum*) período *m* impositivo

ermöglichen* [ɛɐ'møːklɪçən] *vt* hacer posible, posibilitar

ermorden* *vt* asesinar

Ermordete(r) *mf* <-n, -n; -n, -n> asesinado, -a *m, f;* (JUR) interfecto, -a *m, f*

Ermordung *f* <-, -en> asesinato *m,* homicidio *m*

ermüden* [ɛɐ'myːdən] I. *vi sein* 1. (*Person*) cansarse, fatigarse 2. (TECH) fatigarse II. *vt* (*Person*) cansar, fatigar

ermüdend *adj* fatigoso, cansador *Arg*

Ermüdung *f* <-, -en> cansancio *m;* (*a.* TECH) fatiga *f;* **Ermüdungserscheinung** *f* <-, -en> síntoma *m* de cansancio [*o* de fatiga]

ermuntern* [ɛɐ'mʊntɐn] *vt* estimular, animar (*zu* a)

Ermunterung *f* <-, -en> 1. (*das Ermuntern*): **zu jds ~** para levantarle el ánimo a alguien 2. (*ermunternde Worte*) palabras *fpl* de ánimo

ermutigen* [ɛɐ'muːtɪgən] *vt* alentar (*zu* a), animar (*zu* a)

ermutigend I. *adj* que anima, que levanta el ánimo; **danke für deine ~en Worte** gracias por tus palabras de ánimo [*o* de aliento] II. *adv* para animar; **er nickte ihr ~ zu** le hizo una seña para darle ánimos; **das klingt nicht sehr ~** esto no suena muy alentador

Ermutigung *f* <-, -en> ánimo(s) *m(pl),* aliento *m;* **er sprach einige Worte der ~** pronunció unas palabras de aliento [*o* para infundir ánimo(s)]

ernähren* I. *vt* 1. (*mit Nahrung*) alimentar 2. (*sorgen für*) mantener, sustentar II. *vr:* **sich ~** alimentarse (*von* de); **er ernährt sich nur von Brot** sólo se alimenta de pan, vive sólo de pan

Ernährer(in) *m(f)* <-s, -; -, -nen> sustentador(a) *m(f)* de la familia

Ernährung *f* <-, *ohne pl*> 1. (*Nahrung*) alimentación *f;* **ausgewogene/falsche/richtige ~** alimentación equilibrada/incorrecta/correcta; **natriumarme ~** alimentación pobre en sodio 2. (*Unterhalt*) sustento *m;* **Ernährungsgewohnheiten** *fpl* (MED) costumbres *fpl* alimenticias; **Ernährungsweise** *f* <-, -n> dieta *f,* tipo *m* de alimentación; **eine gesunde/ungesunde ~** una dieta [*o* una alimentación] sana/insana; **Ernährungswissenschaft** *f* <-, *ohne pl*> ciencia *f* de la nutrición, trofología *f;* **Ernährungswissenschaftler(in)** *m(f)* <-s, -; -, -nen> experto, -a *m, f* en nutrición, trofólogo, -a *m, f*

ernannt *pp von* **ernennen**

ernennen* *irr vt* nombrar, designar; **selbst ernannt** autodesignado

Ernennung *f* <-, -en> nombramiento *m* (*zu* para), designación *f* (*zu* para); **Ernennungsschreiben** *nt* <-s, -> carta *f* de nombramiento; **Ernennungsurkunde** *f* <-, -n> nombramiento *m*

erneuerbar [ɛɐ'nɔɪɐbaːɐ] *adj* renovable; ~**e Energiequellen** fuentes de energía renovables; **nicht** ~**e Ressourcen** recursos no renovables

Erneuerer, -in *m, f* <-s, -; -, -nen> renovador(a) *m(f)*

erneuern* [ɛɐ'nɔɪɐn] *vt* **1.** (*Gesuch, Vertrag*) renovar; (*Maschinenteil*) cambiar **2.** (*Gebäude*) restaurar **3.** (*Freundschaft*) reavivar; (*Beziehungen*) reanudar

Erneuerung *f* <-, -en> **1.** (*das Auswechseln*) cambio *m;* **die Krankenschwester kümmerte sich um die** ~ **der Verbände** la ATS se ocupaba de renovar los vendajes; **die allwöchentliche** ~ **der Bettwäsche ist für sie selbstverständlich** para ella es normal cambiar la ropa de cama cada semana **2.** (*Renovierung, Restaurierung*) renovación *f* **3.** (*Verlängerung der Gültigkeit*) renovación *f* **4.** (*Wandel*) cambio *m,* renovación *f*

erneut [ɛɐ'nɔɪt] *adv* de nuevo, otra vez

erniedrigen* [ɛɐ'niːdrɪgən] **I.** *vt* **1.** (*demütigen*) humillar **2.** (*Druck*) disminuir; (*Preise*) bajar **3.** (MUS) abemolar, bajar medio tono **II.** *vr:* **sich** ~ humillarse (*vor* ante), rebajarse (*vor* ante), achicarse (*vor* ante) *Am,* achucuyarse (*vor* ante) *MAm,* achucutarse (*vor* ante) *Kol, Ecua*

Erniedrigung *f* <-, -en> **1.** (*Demütigung*) humillación *f* **2.** (MUS) abemolado *m;* **Erniedrigungszeichen** *nt* <-s, -> (MUS) bemol *m*

ernst [ɛrnst] *adj* **1.** (*Mensch, Drohung, Gesicht*) serio; (*Absicht*) firme; **er bemühte sich,** ~ **zu bleiben** se esforzó por mantenerse serio [*o* guardar la seriedad]; ~**e Bedenken haben** tener serias dudas; **jdn/etw** ~ **nehmen** tomar a alguien/algo en serio; **etw** ~ **meinen** decir algo en serio; **ein durchaus** ~ **gemeintes Angebot** una oferta totalmente seria [*o* hecha totalmente en serio] **2.** (*Lage, Krankheit*) grave; **es ist nichts E**~**es** no es nada grave **3.** (*feierlich*) solemne; ~**e Musik** música solemne

Ernst *m* <-es, *ohne pl*> **1.** (*Strenge, Nachdenklichkeit*) severidad *f,* rigor *m* **2.** (*ernster Wille*) seriedad *f;* **das ist mein voller** ~ lo digo muy en serio; **mit etw** *dat* ~ **machen** realizar algo; **im** ~ en serio; **allen** ~**es** con toda seriedad **3.** (*Gewichtigkeit*) gravedad *f;* **der** ~ **des Lebens** la cara seria de la vida

Ernstfall *m* <-(e)s, -fälle> caso *m* de urgencia, emergencia *f;* **im** ~ en caso de urgencia

ernstgemeint *adj s.* **ernst 1.**

ernsthaft *adj* **1.** (*Verletzung*) grave **2.** (*Miene, Angebot*) serio

Ernsthaftigkeit *f* <-, *ohne pl*> seriedad *f*

ernstlich I. *adj* **1.** (*Bedenken*) serio; (*Gefahr*) grave **2.** (*Absicht, Wunsch*) firme **II.** *adv* **1.** (*ermahnen*) en serio **2.** (*krank sein*) gravemente

Ernte ['ɛrntə] *f* <-, -n> **1.** (*Vorgang*) recolección *f,* recogida *f;* (*von Mais*) pizca *f Mex* **2.** (*das Geerntete*) cosecha *f;* **Erntedankfest** [--'--] *nt* <-(e)s, -e>, **Erntedanktag** *m* <-(e)s, -e> Día *m* de Acción de Gracias; **Ernteertrag** *m* <-(e)s, -träge> cosecha *f;* **Erntefläche** *f* <-, -n> superficie *f* a cosechar

ernten ['ɛrntən] *vt* **1.** (*Getreide*) cosechar, recolectar; (*Mais*) pizcar *Mex* **2.** (*Dank, Lob*) cosechar

Ernteschaden *m* <-s, -schäden> daños *mpl* en la cosecha

ernüchtern* [ɛɐ'nʏçtɐn] *vt* **1.** (*Betrunkene*) desembriagar **2.** (*enttäuschen*) desilusionar

Ernüchterung *f* <-, -en> desilusión *f,* desencanto *m*

Eroberer, -in [ɛɐ'ʔoːbərɐ] *m, f* <-s, -; -, -nen> conquistador(a) *m(f)*

erobern* [ɛɐ'ʔoːbɐn] *vt* **1.** (*Festung, Stadt*) conquistar **2.** (*Sympathien, Märkte*) conquistar, ganar

Eroberung *f* <-, -en> conquista *f;* **Eroberungskrieg** *m* <-(e)s, -e> guerra *f* de conquista

erodieren* [ero'diːrən] *vt* (GEO) erosionar

eröffnen* **I.** *vt* **1.** (*Konto, Geschäft*) abrir; (*einweihen*) inaugurar; (*Sitzung, Verhandlung*) dar comienzo (a); **etw wieder** ~ volver a abrir algo; **etw für eröffnet erklären** declarar algo inaugurado **2.** (*Testament*) leer **3.** (JUR: *Verfahren*) establecer **4.** (MIL: *Angriff*) abrir; **das Feuer** ~ abrir fuego **5.** (*mitteilen*): **jdm etw** ~ comunicar algo a alguien, hacer saber algo a alguien **II.** *vr:* **sich** ~ (*Perspektiven*) abrirse

Eröffnung *f* <-, -en> **1.** (*von Geschäft*) apertura *f;* (*Einweihung*) inauguración *f* **2.** (*Mitteilung*) confidencia *f;* **jdm eine** ~ **machen** hacerle una confidencia a alguien **3.** (JUR) apertura *f* **4.** (*Angriff, Schach*) apertura *f;* **Eröffnungsansprache** *f* <-, -n> discurso *m* inaugural; **Eröffnungsbeschluss**RR *m* <-es, -schlüsse> (JUR) auto *m* de apertura [*o* procesamiento]; **Eröffnungsbestand** *m* <-(e)s, -stände> (WIRTSCH) existencias *fpl* iniciales; **Eröffnungsbetrag** *m* <-(e)s, -träge> (WIRTSCH) importe *m* inicial; **Eröffnungsbilanz** *f* <-, -en> (WIRTSCH) balance *m* inicial; **Eröffnungsbuchung** *f* <-, -en> (WIRTSCH) asiento *m* de apertura; **Eröffnungsgebot** *nt* <-(e)s, -e> oferta *f* inicial; **Eröffnungskurs** *m* <-es, -e> (FIN) cotización *f* de apertura; **Eröffnungssitzung** *f* <-, -en> sesión *f* de apertura; **Eröffnungstermin** *m* <-s, -e> (WIRTSCH) fecha *f* de apertura

erogen [ero'geːn] *adj* erógeno; ~**e Zone** zona

erógena
erörtern* [ɛɐ'œrtɐn] *vt* discutir, debatir
Erörterung *f* <-, -en> **1.** (*das Erörtern*) discusión *f* **2.** (*Text*) comentario *m*
Eros ['eːrɔs] *m* <-, *ohne pl*> eros *m*
EroscenterRR *nt* <-s, -> (*euph*) burdel *m*
Erosion [ero'zjoːn] *f* <-, -en> (GEO) erosión *f*; **Erosionsschutz** *m* <-es, *ohne pl*> (ÖKOL) protección *f* contra la erosión
Erotik [e'roːtɪk] *f* <-, *ohne pl*> erotismo *m*
Erotikon *nt* <-s, Erotika *o* Erotiken> (*erotische Literatur*) literatura *f* erótica
erotisch *adj* erótico
Erpel ['ɛrpəl] *m* <-s, -> pato *m* macho
erpicht [ɛɐ'pɪçt] *adj*: **auf etw ~ sein** estar ansioso por algo
erpressen* *vt* **1.** (*Person*) chantajear (*mit* con) **2.** (*Lösegeld, Geständnis*) extorsionar
Erpresser(in) *m(f)* <-s, -; -, -nen> chantajista *mf*, extorsionista *mf*; **Erpresserbrief** *m* <-(e)s, -e> carta *f* de chantaje
Erpresserin *f* <-, -nen> *s.* **Erpresser**
erpresserisch *adj* extorsionista
Erpressung *f* <-, -en> extorsión *f*, chantaje *m*; **~ von Schutzgeld** extorsión mediante la coacción a realizar pagos; **verbrecherische ~** (JUR) chantaje criminal; **Erpressungsversuch** *m* <-(e)s, -e> (JUR) intento *m* de extorsión [*o* de chantaje]
erproben* *vt* probar, ensayar
erprobt *adj* probado, experimentado; **in ~er Weise** probado; **das Gerät ist noch nicht ~** el aparato no ha sido probado todavía; **er ist in solchen Dingen ~** tiene experiencia en esas cosas
Erprobung *f* <-, -en> prueba *f*, ensayo *m*
erquicken* [ɛɐ'kvɪkən] *vt* (*geh*) fortalecer, reanimar
erquicklich *adj* (*geh*) agradable
Erquickung *f* <-, -en> (*geh*) **1.** (*Erfrischung*) refrescamiento *m*, refresco *m*; **zur ~** para refrescarse **2.** (*Freude*) alegría *f*; **ihr jugendlicher Liebreiz ist eine ~ für mich** esa gracia juvenil que tiene la encuentro vivificante
Errata [ɛ'raːta] *pl von* **Erratum**
erraten* [ɛɐ'raːtən] *irr vt* adivinar; **das errätst du nie** esto no lo adivinas en la vida
Erratum *nt* <-s, Errata> (TYPO) errata *f*
errechnen* *vt* calcular
erregbar [ɛɐ'reːkbaːɐ] *adj* excitable, irritable
Erregbarkeit *f* <-, *ohne pl*> susceptibilidad *f*, alterabilidad *f*
erregen* [ɛɐ'reːgən] **I.** *vt* **1.** (*emotional, sexuell*) excitar; **eine erregte Diskussion** una discusión acalorada **2.** (*hervorrufen*) provocar, causar; (*Interesse, Bewunderung*) despertar; (*Ärger*) desatar **3.** (*Fantasie*) estimular **II.** *vr*: **sich ~** excitarse (*über* con); (*Gemüter*) acalorarse
Erreger *m* <-s, -> (MED) germen *m* patógeno
Erregung *f* <-, -en> excitación *f*, prendimiento *m Kol, Ven*
erreichbar *adj* alcanzable; (*Ort*) accesible; **schwer ~** (*Person*) difícil de localizar; **telefonisch ~ sein** ser localizable por teléfono
erreichen* *vt* **1.** (*Person*) localizar; **unter welcher Nummer kann ich Sie ~?** ¿en qué número de teléfono puedo localizarle? **2.** (*Zug, Alter*) alcanzar; (*Ort*) llegar (a); **ich kann es mit der Hand ~** llego con la mano **3.** (*zustande bringen*) conseguir, lograr
Erreichung *f* <-, *ohne pl*> consecución *f*; **bei ~ des 60. Lebensjahres kann man sich vorzeitig pensionieren lassen** cuando se cumplen 60 años se puede pedir la jubilación anticipada
erretten* *vt* (*geh*) salvar (*aus* de)
Erretter(in) *m(f)* <-s, -; -, -nen> (*geh*) liberador(a) *m(f)*
Errettung *f* <-, *ohne pl*> (*geh*) liberación *f* (*aus* de)
errichten* *vt* **1.** (*Gebäude*) levantar, construir, edificar; (*Denkmal*) erigir **2.** (*gründen*) fundar, establecer
Errichtung *f* <-, -en> **1.** (*Aufstellung: Barrikaden*) levantamiento *m*; (*Galgen*) construcción *f*; (*Plakatwand*) construcción *f*, montaje *m* **2.** (*Erbauung: Haus*) construcción *f*, levantamiento *m* **3.** (*Gründung*) establecimiento *m*
erringen* *irr vt* conseguir, conquistar; (*Erfolg*) obtener
erröten* [ɛɐ'røːtən] *vi sein* sonrojarse, ruborizarse; **jdn zum E~ bringen** hacer sonrojar a alguien
errungen *pp von* **erringen**
Errungenschaft [ɛɐ'rʊŋənʃaft] *f* <-, -en> conquista *f*, logro *m*; (*der Technik*) adelanto *m*
ersaß *3. imp von* **ersitzen**
Ersatz [ɛɐ'zats] *m* <-es, *ohne pl*> **1.** (*Auswechselung*) sustitución *f* **2.** (*Entschädigung*) indemnización *f*; (*Belohnung*) recompensa *f*; **jdm ~ leisten** indemnizar a alguien; **Ersatzbefriedigung** *f* <-, -en> (PSYCH) satisfacción *f* sustitutoria, compensación *f*; **Ersatzbeschaffung** *f* <-, *ohne pl*> (WIRTSCH) reposición *f*; **Ersatzdienst** *m* <-(e)s, -e> prestación *f* sustitutoria; **Ersatzdroge** *f* <-, -n> (MED) sustitutivo *m* de la droga, sucedáneo *m* de la droga; **Ersatzinvestition** *f* <-, -en> (WIRTSCH) inversión *f* de renovación [*o* de reemplazo]; **Ersatzkasse** *f* <-, -n> caja *f* de enfermedad; **Ersatzlösung** *f* <-, -en> solución *f* sustitutiva; **Ersatzmann** *m* <-(e)s, -männer> suplente *m*, sustituto *m*; (SPORT) reserva *m*; **Ersatzmittel** *nt* <-s, -> sustitutivo *m*; **Ersatzreifen** *m* <-s, -> rueda *f* de recambio; **Ersatzschlüssel** *m* <-s, -> llave *m* de repuesto; **Ersatzspieler(in)** *m(f)* <-s, -; -, -nen> reserva *mf*, suplente *mf*, jugador(a) *m(f)* suplente
Ersatzteil *nt* <-(e)s, -e> (pieza *f* de) repuesto *m*; **Ersatzteillager** *nt* <-s, -> almacén *m* de piezas de recambio
ersatzweise [ɛɐ'zatsvaɪzə] *adv* como alter-

nativa; **er spielt ~ für Müller mit** juega en lugar de Müller

ersaufen* *irr vi sein* (*fam*) ahogarse, morir ahogado

ersäufen* [ɛɐ̯ˈzɔɪfən] *vt* ahogar

erschaffen* *irr vt* (*geh*) crear

Erschaffung *f* <-, *ohne pl*> (*geh*) creación *f*

erschallen <erschallt, erscholl *o* erschallte, erschollen *o* erschallt> *vi sein* (*geh*) resonar; (*Gelächter*) estallar

erschaudern* *vi sein* (*geh*) sentir un escalofrío

erschauern* [ɛɐ̯ˈʃaʊɐn] *vi sein* (*geh*) estremecerse

erscheinen* *irr vi sein* **1.** (*sichtbar werden*) aparecer **2.** (*sich einfinden*) presentarse, aparecer; **als Zeuge vor Gericht ~** comparecer como testigo en el juzgado **3.** (*Buch, Zeitung*) publicarse, aparecer **4.** (*sich darstellen, scheinen*) parecer; **es erscheint mir wünschenswert, dass ...** me parece conveniente que... +*subj*

Erscheinen *nt* <-s, *ohne pl*> **1.** (*Gäste*) asistencia *f;* **ich danke Ihnen für Ihr zahlreiches ~** les agradezco su numerosa presencia **2.** (*das Sichtbarwerden*) aparición *f* **3.** (*Buch, Zeitung*) publicación *f;* **die Zeitung stellte ihr ~ ein** el periódico dejó de publicarse

Erscheinung *f* <-, -en> **1.** (*Tatsache*) fenómeno *m;* **in ~ treten** manifestarse **2.** (*Gestalt*) figura *f;* (*äußere*) aspecto *m,* apariencia *f;* **seiner äußeren ~ nach** según su apariencia **3.** (*Vision*) visión *f;* (*Gespenst*) aparición *f;* **Erscheinungsbild** *nt* <-(e)s, -er> aspecto *m,* imagen *f;* **gepflegtes ~** buena presencia; **sein äußeres ~ war immer sehr gepflegt** su aspecto exterior estaba siempre muy bien cuidado; **Erscheinungsform** *f* <-, -en> **1.** (*Erscheinung*) apariencia *f,* aspecto *m* **2.** (MED) forma *f* de manifestación; **Erscheinungsjahr** *nt* <-(e)s, -e> año *m* de publicación; **Erscheinungsort** *m* <-(e)s, -e> lugar *m* de publicación; **Erscheinungsweise** *f* <-, -n> *s.* **Erscheinungsform**

erschienen *pp von* **erscheinen**

erschießen* *irr vt* matar de un tiro, matar a tiros, balear *SAm,* tronar *Mex;* (*hinrichten*) fusilar

Erschießung *f* <-, -en> ejecución *f,* fusilamiento *m;* **Erschießungskommando** *nt* <-s, -s> piquete *m* de ejecución

erschlaffen* [ɛɐ̯ˈʃlafən] *vi sein* (*Muskeln*) relajarse

Erschlaffung *f* <-, -en> agotamiento *m,* debilitamiento *m*

erschlagen[1] I. *pp von* **erschlagen[2]** II. *adj* (*fam*) **1.** (*erschöpft*) hecho polvo **2.** (*fassungslos*) atónito; **sie war wie ~** se quedó de piedra

erschlagen*[2] *irr vt* matar a golpes [*o* a palos]; **vom Blitz ~** fulminado por el rayo

erschleichen* *irr vt* (*abw: durch Täuschung*) conseguir capciosamente; (*durch List*) obtener por astucia

erschlichen *pp von* **erschleichen**

erschließbar *adj* (*Bauland*) urbanizable

erschließen* *irr vt* **1.** (*Land, Bodenschätze*) explotar; (*Märkte*) abrir; (*Baugelände*) urbanizar; (*für den Tourismus*) urbanizar **2.** (*folgern*) deducir

Erschließung *f* <-, -en> **1.** (*von Bodenschätzen*) aprovechamiento *m;* **industrielle ~** desarrollo industrial; **~ von Reserven** explotación de reservas **2.** (*von Märkten*) apertura *f;* **industrielle ~** habilitación básica industrial **3.** (*von Baugelände*) urbanización *f;* **Erschließungskosten** *pl* (WIRTSCH) costes *mpl* de urbanización; **Erschließungsplan** *m* <-(e)s, -pläne> plan *m* de urbanización

erschlossen *pp von* **erschließen**

erscholl [ɛɐ̯ˈʃɔl] *3. imp von* **erschallen**

erschollen [ɛɐ̯ˈʃɔlən] *pp von* **erschallen**

erschöpfbar *adj* agotable; **~e Rohstoffe** materias primas que se pueden agotar [*o* no renovables]

erschöpfen* I. *vt* **1.** (*verbrauchen*) agotar, gastar; **meine Geduld ist erschöpft** se me ha acabado la paciencia **2.** (*ermüden*) agotar, cansar; **sie ist völlig erschöpft** está totalmente agotada **3.** (*Thema*) tratar exhaustivamente II. *vr:* **sich ~ 1.** (*Gesprächsstoff, Thema*) agotarse, acabarse **2.** (*beschränkt sein*) reducirse (*in* a), no pasar (*in* de)

erschöpfend *adj* agotador; **ein Thema ~ behandeln** tratar un tema a fondo, agotar un tema

Erschöpfung *f* <-, -en> agotamiento *m;* **bis zur ~** hasta el agotamiento; **Erschöpfungszustand** *m* <-(e)s, -stände> (estado *m* de) agotamiento *m*

erschossen *pp von* **erschießen**

Erschossene(r) *mf* <-n, -n; -n, -n> muerto, -a *m, f* de bala

erschrak *3. imp von* **erschrecken[2]**, **erschrecken[3]**

erschrecken*[1] *vt* asustar, dar un susto

erschrecken[2] <erschrickt, erschrak, erschrocken> *vi sein* asustarse (*über/vor* de), espantarse (*über/vor* de); **sie erschrak bei dem Gedanken, dass ...** se asustó al pensar que...; **ich war zu Tode erschrocken** me llevé un susto de muerte

erschrecken[3] <erschreckt *o* erschrickt, erschreckte *o* erschrak, erschreckt *o* erschrocken> *vr:* **sich ~** (*fam*) asustarse (*über/vor* de), llevarse un susto, avisparse (*vor* de, *bei* de)

Erschrecken *nt* <-s, *ohne pl*> terror *m*

erschreckend *adj* espantoso, alarmante; **ein ~es Beispiel** un ejemplo alarmante

erschrickt *3. präs von* **erschrecken[2]**, **erschrecken[3]**

erschrocken [ɛɐ̯ˈʃrɔkən] I. *pp von* **erschrecken[2]**, **erschrecken[3]** II. *adj* asustado, achuchado *CSur*

erschüttern* [ɛɐ̯ˈʃʏtɐn] *vt* **1.** (*Erdbeben, Ex-*

plosion) hacer temblar, sacudir **2.** (*Glauben, Gesundheit*) quebrantar; (*Vertrauen*) poner en duda **3.** (*Nachricht, Erlebnis*) conmover (profundamente), afectar, conmocionar; **er war erschüttert über diesen Vorfall** estaba conmocionado a causa de este incidente; **sie lässt sich durch nichts ~** no hay nada que la conmueva

erschütternd *adj* conmovedor

erschüttert *adj* conmovido, afectado

Erschütterung *f* <-, -en> **1.** (*Beben*) sacudida *f*, temblor *m* **2.** (*Ergriffenheit*) conmoción *f*, emoción *f*

erschweren* [ɛɐ'ʃve:rən] *vt* dificultar; **unter erschwerten Bedingungen** bajo condiciones difíciles

erschwerend **I.** *adj* agravante; **~e Umstände** circunstancias agravantes **II.** *adv:* **~ kommt hinzu, dass ...** por si fuera poco...

Erschwernis [ɛɐ'ʃve:ɐnɪs] *f* <-, -se> dificultad *f*, obstáculo *m*; **Erschwerniszulage** *f* <-, -n> plus *m* por trabajos penosos, paga *f* extra por trabajos penosos

Erschwerung *f* <-, -en> complicación *f*, obstrucción *f*

erschwindeln* *vt* estafar, timar

erschwinglich [ɛɐ'ʃvɪŋlɪç] *adj* asequible

ersehen* *irr vt* sacar (*aus* de), saber (*aus* por); (*folgern*) deducir (*aus* de); **das Geburtsdatum können Sie aus meinen Unterlagen ~** mi fecha de nacimiento la encontrará en mi documentación

ersehnen* *vt* suspirar (por), anhelar; **der ersehnte Augenblick** el momento anhelado

ersessen *pp von* **ersitzen**

ersetzbar *adj* sustituible; **jeder Mensch ist ~** cualquier persona es sustituible

ersetzen* *vt* **1.** (*Person*) reemplazar (*durch* por), sustituir (*durch* por) **2.** (*auswechseln*) cambiar (*durch* por) **3.** (*Ausgaben*) reintegrar, reembolsar **4.** (*a.* FIN: *Verlust*) indemnizar (*durch* por); **jdm einen Schaden ~** indemnizar a alguien por un daño

ersichtlich [ɛɐ'zɪçtlɪç] *adj* evidente, obvio; **ohne ~en Grund** sin motivo aparente; **hieraus ist ~, dass ...** de aquí se deduce que...

ersinnen* *irr vt* (*geh*) idear, imaginar; (*erfinden*) inventar

ersitzen* *vt* **1.** (*abw: durch Anwesenheit erwerben*) adquirir por presencia (ininterrumpida); **er hat sich seine Beförderung nur ersessen** sólo consiguió el ascenso por no faltar nunca **2.** (JUR) usucapir

Ersitzung *f* <-, -en> (JUR) usucapión *f*

ersoffen *pp von* **ersaufen**

ersonnen *pp von* **ersinnen**

erspähen* *vt* (*den Feind*) espiar; (*ein Wild*) acechar; (*eine Person*) atisbar

ersparen* *vt* **1.** (*Ärger*) evitar, ahorrar; **~ Sie sich** *dat* **die Mühe** ahórrese la molestia; **ihr bleibt aber auch nichts erspart** (*fam*) a ella le toca todo **2.** (*Geld*) ahorrar

Ersparnis *f* <-, -se> ahorro *m* (*an* de)

Ersparte(s) *nt* <-n, *ohne pl*> (FIN) ahorros *mpl*

ersprießlich *adj* (*geh*) fructífero, productivo

erst [e:ɐst] **I.** *adv* **1.** (*zuerst*) primero; (*an ~er Stelle*) en primer lugar; **mach ~ einmal die Arbeit fertig** acaba primero con el trabajo **2.** (*zu Beginn*) al principio **3.** (*nicht früher als*) no hasta; **er kam ~ gestern** no vino hasta ayer **4.** (*nur*) sólo, solamente; **ich habe ~ drei Bier getrunken** sólo he bebido tres cervezas hasta ahora; **sie ist ~ zwei Jahre alt** tiene solamente dos años; **er tat es ~, als ...** no lo hizo hasta... **II.** *part:* **da ging's ~ richtig los** entonces empezó la fiesta de verdad; **gerade ~** ahora mismo; **er war gerade ~ hier** acaba de estar aquí; **~ gestern fragte sie ...** ayer mismo preguntó...; **jetzt ~ recht!** ¡ahora más que nunca!; **wenn sie ~ weg sind** cuando hayan partido; **und ich ~!** ¡pues anda que yo!, ¿qué tendría que decir yo?

erstanden *pp von* **erstehen**

erstarken* [ɛɐ'ʃtarkən] *vi sein* fortalecer(se)

erstarren* *vi sein* **1.** (*vor Kälte*) helarse, entumecerse, encalambrarse *Am* **2.** (*Flüssigkeit, Lava*) solidificar(se); (*Wasser*) helarse **3.** (*vor Schreck*) quedarse de piedra; (*Blut*) helarse

Erstarrung *f* <-, *ohne pl*> (*durch Kälte*) entumecimiento *m*, congelación *f*; (*einer Flüssigkeit, von Lava*) solidificación *f*; **Erstarrungsgestein** *nt* <-(e)s, -e> rocas *fpl* eruptivas

erstatten* [ɛɐ'ʃtatən] *vt* (*Kosten*) reembolsar, devolver; **Anzeige (gegen jdn) ~** poner una denuncia (a alguien); **Bericht ~ über etw/jdn** informar sobre algo/alguien

Erstattung *f* <-, -en> (*Rückzahlung*) reembolso *m*, devolución *f*; (*Rückgabe*) restitución *f*; **erstattungsfähig** *adj* reembolsable; **nicht ~** no reembolsable

erstauf|führen *vt:* **das Musical wurde in Hamburg erstaufgeführt** el estreno del musical tuvo lugar en Hamburgo

Erstaufführung *f* <-, -en> (THEAT) estreno *m*; **Erstauflage** *f* <-, -n> (PUBL) primera edición *f*, primera tirada *f*; **eine ~ in Höhe von 20.000 Exemplaren** una primera tirada de 20.000 ejemplares; **die ~ ist bereits vergriffen** la primera edición ya está agotada; **Erstauftrag** *m* <-(e)s, -träge> pedido *m* inicial

erstaunen* **I.** *vi sein* sorprenderse, quedar asombrado (*über* de/por) **II.** *vt* sorprender, pasmar

Erstaunen *nt* <-s, *ohne pl*> (*Verwunderung*) asombro *m*; (*Überraschung*) sorpresa *f*; (*Befremden*) extrañeza *f*; **zu meinem größten ~** para mi gran sorpresa

erstaunlich *adj* (*verwunderlich*) asombroso, pasmoso; (*überraschend*) sorprendente, sorpresivo *Am*; (*bewundernswert*) admirable

erstaunlicherweise [-'---'--] *adv* sorprendentemente

erstaunt **I.** *adj* de sorpresa; **wieso machst du so ein ~es Gesicht?** ¿por qué pones esa cara de sorpresa?; ~ **sein** estar sorprendido (*über* por) II. *adv* sorprendido; ~ **sah sie ihn an** le miraba sorprendida

Erstausfertigung *f* <-, -en> copia *f* original

Erstausgabe *f* <-, -n> primera edición *f*; **Erstausgabepreis** *m* <-es, -e> precio *m* de lanzamiento, precio *m* de la primera edición

Erstausstattung *f* <-, -en> equipamiento *m* inicial, instalación *f* inicial; (*für Babys*) canastilla *f*; **Erstausstrahlung** *f* <-, -en> (TV, RADIO) primer programa *m*, primera emisión *f*

erstbeste(r, s) *adj*: **die ~ Gelegenheit** la primera ocasión (que se presente); **der/die/das E~** el primero/la primera/lo primero (que aparezca)

Erstbesteigung *f* <-, -en> primera ascensión *f*

erste(r, s) ['eːɐstə, -tɐ, -təs] *adj* primero; **am ~n August** el primero de agosto; **im ~n Stock** en el primer piso; **als E~s muss ich sagen ...** en primer lugar tengo que decir...; **das ~ Mal** la primera vez; **zum ~n Mal** por primera vez; **fürs E~** de momento; **~ Hilfe** primeros auxilios; **~ Klasse** primera clase; *s. a.* **achte(r, s)**

erstechen* *irr vt* acuchillar, matar a cuchilladas, carnear *Mex*

erstehen* *irr vt* adquirir

Erste-Hilfe-Kasten [--'----] *m* <-s, -Kästen> (MED) botiquín *m* (de primeros auxilios); **Erste-Hilfe-Kurs** *m* <-es, -e> curso *m* de primeros auxilios; **Erste-Hilfe-Leistung** *f* <-, -en> primeros *mpl* auxilios

ersteigen* *irr vt* subir (a)

ersteigern* *vt* comprar en subasta, comprar regateando *fam*

Ersteigung *f* <-, -en> ascensión *f*

Erste-Klasse-Abteil *nt* <-(e)s, -e> (EISENB) departamento *m* de primera clase; **Erste-Klasse-Wagen** *m* <-s, -> (EISENB) vagón *m* de primera clase

erstellen* *vt* **1.** (*bauen*) edificar, construir **2.** (*Gutachten, Plan*) hacer, elaborar **3.** (INFOR) crear; **neu ~** recrear

Erstellung *f* <-, -en> **1.** (*formal: eines Gebäudes*) construcción *f*; **hier soll die ~ eines neuen Wohnhauses erfolgen** aquí se construirá un edificio de viviendas **2.** (*Anfertigung: Gutachten*) redacción *f*; (*Abrechnung, Konzept*) elaboración *f*; **Erstellungsdatum** *nt* <-s, -daten> (INFOR) fecha *f* de creación

erstemal ['eːɐstəmaːl] *adv s.* **erste(r, s)**

erstenmal ['eːɐstən'maːl] *adv s.* **erste(r, s)**

erstens ['eːɐstəns] *adv* en primer lugar; (*bei einer Aufzählung*) primero; *s. a.* **achtens**

erster ['eːɐstɐ] *adj s.* **erste(r, s)**

erstere(r, s) ['eːɐstərə, -rɐ, -rəs] *adj* (*erstgenannt*) primero; **der/die/das E~** el primero/la primera/lo primero

erstes *adj s.* **erste(r, s)**

erstgebärend ['eːɐstgəbɛːrənt] *adj* primípara, primeriza *fam*; **Erstgebärende** *f* <-, -n> primípara *f*; **erstgeboren** ['eːɐstgəboːrən] *adj* primogénito

Erstgeburt *f* <-, *ohne pl*> (JUR) primogenitura *f*; **Erstgeburtsrecht** *nt* <-(e)s, -e> (JUR) primogenitura *f*

erstgenannt ['eːɐstgənant] *adj* primero, citado en primer lugar

Ersthypothek *f* <-, -en> primera hipoteca *f*

ersticken* [ɛɐ'ʃtɪkən] I. *vi sein* (*Person*) ahogarse, sofocarse; **die Luft war zum E~** el aire era sofocante; **mit erstickter Stimme** con voz ahogada; **er erstickt noch in der Arbeit** se va a morir de tanto trabajo II. *vt* **1.** (*töten*) ahogar, asfixiar **2.** (*Aufruhr, Gefahr*) sofocar; **etw im Keim ~** sofocar algo en su origen **3.** (*Feuer*) extinguir, apagar

Erstickte(r) *mf* <-n, -n; -n, -n> ahogado, -a *m, f*

Erstickung *f* <-, -en> (MED) asfixia *f*; **Erstickungsanfall** *m* <-(e)s, -fälle> (MED) ataque *m* de asfixia

erstiegen *pp von* **ersteigen**

erstklassig ['eːɐstklasɪç] *adj* **1.** (*ausgezeichnet*) excelente, de primera calidad [*o* clase], chévere *Am* **2.** (SPORT) de primera categoría

Erstklässler(in)^RR ['eːɐstklɛslɐ] *m(f)* <-s, -; -, -nen>, **Erstkläßler(in)** *m(f)* <-s, -; -, -nen> (*südd, Schweiz*) alumno, -a *m, f* de la primera clase (de la escuela primaria)

Erstkommunikant(in) ['eːɐstkɔmunikant] *m(f)* <-en, -en; -, -nen> (REL) niño, -a *m, f* que recibe la Primera Comunión; **Erstkommunion** *f* <-, -en> (REL) Primera Comunión *f*; **Erstkunde, -in** *m, f* <-n, -n; -, -nen> primer(a) cliente, -a *m, f*; **Erstlagerung** *f* <-, -en> primer almacenamiento *m*

Erstling ['eːɐstlɪŋ] *m* <-s, -e> **1.** (KUNST, FILM) opera prima *f*; **auf der Buchmesse wurde der ~ der Autorin präsentiert** presentaron el primer libro de la autora en la feria del libro **2.** (*erstgeborenes Kind*) primer hijo *m*, primera hija *f*, primogénito, -a *m, f*; **Erstlingswerk** *nt* <-(e)s, -e> primera obra *f*

erstmalig ['eːɐstmaːlɪç] I. *adj* primero II. *adv* por primera vez

erstmals ['eːɐstmaːls] *adv* por primera vez

erstochen *pp von* **erstechen**

Erstochene(r) *mf* <-n, -n; -n, -n> apuñalado, -a *m, f*

erstrahlen* *vi sein* (*geh*) brillar, resplandecer

erstrangig ['eːɐstraŋɪç] *adj* de primera clase; (FIN) preferente

erstreben* *vt* (*geh*) ambicionar, aspirar (a); **erstrebenswert** *adj* que vale la pena, digno de esfuerzo

erstrecken* *vr*: **sich ~ 1.** (*betreffen*) referirse (*auf* a) **2.** (*räumlich*) extenderse (*über* por); **der Wald erstreckt sich über ein großes Gebiet** el bosque se extiende por una vasta región **3.** (*zeitlich*) durar (*über*)

Erstschlag *m* <-(e)s, -schläge> (MIL) primer ataque *m;* **Erststimme** *f* <-, -n> (POL) primer voto *m*

Ersttagsbrief *m* <-(e)s, -e> *sobre o tarjeta especial con sello impresos por primera vez*

Ersttäter(in) *m(f)* <-s, -; -, -nen> delincuente *mf* primario, -a

erstunken [ɛɐ̯ˈʃtʊŋkən] *adj* (*fam*): **das ist ~ und erlogen** eso es una solemne mentira [*o* una mentira como una casa]

erstürmen* *vt* tomar por asalto

Erstveröffentlichung *f* <-, -en> (MEDIA) **1.** (*Veröffentlichung*) (primera) publicación *f* **2.** (*Werk*) publicación *f* nueva; **Erstveröffentlichungsrecht** *nt* <-(e)s, -e> (PUBL) derecho *m* de primera publicación

ersuchen* *vt:* **jdn um etw ~** pedir algo a alguien, solicitar algo a alguien

Ersuchen *nt* <-s, -> petición *f,* solicitud *f*

ertappen* *vt* sorprender, pillar; **ich habe ihn auf frischer Tat ertappt** le sorprendí en flagrante; **ich ertappte mich bei dem Gedanken ...** me sorprendí pensando que...

erteilen* *vt* (*Erlaubnis*) conceder, otorgar; (*Rat*) dar; (*Unterricht, Befehl*) impartir, dar; **sie erteilte ihm das Wort** le concedió la palabra

ertönen* [ɛɐ̯ˈtøːnən] *vi sein* sonar

Ertrag [ɛɐ̯ˈtraːk, *pl:* ɛɐ̯ˈtrɛːgə] *m* <-(e)s, -träge> **1.** (*Produktmenge*) rendimiento *m* **2.** (*Gewinn*) beneficio *m,* ganancia *f* **3.** (AGR) cosecha *f;* **~ abwerfen** producir una cosecha

ertragen* *irr vt* soportar, aguantar

ertragfähig *adj s.* **ertragsfähig; Ertragfähigkeit** *f* <-, *ohne pl*> *s.* **Ertragsfähigkeit**

erträglich [ɛɐ̯ˈtrɛːklɪç] *adj* **1.** (*zu ertragen*) soportable, aguantable **2.** (*fam: recht gut*) regular, pasable

ertraglos *adj* improductivo

ertragreich *adj* productivo

Ertragsanteil *m* <-(e)s, -e> (WIRTSCH) participación *f* en el producto [*o* en las ganancias]; **Ertragsausschüttung** *f* <-, -en> (WIRTSCH) distribución *f* de ganancias; **Ertragsbilanz** *f* <-, -en> (WIRTSCH) balance *m* de resultados; **Ertragseinbruch** *m* <-(e)s, -brüche> (WIRTSCH) merma *f* de beneficios; **Ertragsentwicklung** *f* <-, -en> (WIRTSCH) evolución *f* de los beneficios; **ertragsfähig** *adj* (WIRTSCH) productivo; **~er Boden** (AGR) tierra productiva; **Ertragsfähigkeit** *f* <-, *ohne pl*> **1.** (*des Bodens*) fertilidad *f* **2.** (*einer Geldanlage*) productividad *f;* **Ertragsgrenze** *f* <-, -n> (WIRTSCH) límite *m* de beneficios; **Ertragskraft** *f* <-, -kräfte> (WIRTSCH) rentabilidad *f;* **Ertragslage** *f* <-, -n> (WIRTSCH) situación *f* de rentabilidad; **Ertragsleistung** *f* <-, -en> (AGR) rendimiento *m* (agrícola); **Ertragsniveau** *nt* <-s, -s> **1.** (WIRTSCH) nivel *m* de rentabilidad **2.** (AGR) nivel *m* de rendimiento; **Ertragsspanne** *f* <-, -n> (WIRTSCH) margen *m* de ganancias; **Ertragssteigerung** *f* <-, -en> (WIRTSCH) aumento *m* del rendimiento, incremento *m* de la productividad; **Ertragssteuer** *f* <-, -n> (FIN) impuesto *m* sobre beneficios

ertränken* *vt* ahogar

erträumen* *vt* soñar (con); **das habe ich mir schon lange erträumt** he soñado con esto desde hace tiempo

ertrinken* *irr vi sein* ahogarse, morir ahogado

Ertrinken *nt* <-s, *ohne pl*> (muerte *f* por) ahogamiento *m*

ertrotzen* *vt* (*geh*) conseguir por obstinación

ertrunken *pp von* **ertrinken**

Ertrunkene(r) *mf* <-n, -n; -n, -n> ahogado, -a *m, f*

ertüchtigen* [ɛɐ̯ˈtʏçtɪgən] *vr:* **sich ~** (*geh*) fortalecerse, robustecerse

Ertüchtigung *f* <-, -en> (*geh*) fortalecimiento *m;* **körperliche ~** fortalecimiento físico

erübrigen* [ɛɐ̯ˈyːbrɪgən] **I.** *vt* **1.** (*übrig behalten*) ahorrar; **kannst du etwas Geld ~?** ¿puedes ahorrar un poco de dinero? **2.** (*haben*) tener; **das kommt darauf an, wie viel Zeit ich ~ kann** depende del tiempo que me sobre **II.** *vr:* **sich ~** (*unnötig sein*) sobrar, ser superfluo; **das hat sich jetzt alles erübrigt** esto resulta superfluo ahora

eruieren* [eruˈiːrən] *vt* (*geh: Sachverhalt*) averiguar; (*Österr, Schweiz: Täter, Halter*) seguir la pista (de)

Eruption [erupˈtsjoːn] *f* <-, -en> (GEO, MED) erupción *f;* **Eruptionswolke** *f* <-, -n> nube *f* de erupción

Eruptivgestein [erʊpˈtiːf-] *nt* <-(e)s, -e> (GEO) roca *f* volcánica

erwachen* *vi sein* (*geh*) despertar

Erwachen *nt* <-s, *ohne pl*> (*geh*) despertar *m;* **beim ~ musste sie an die bevorstehende Prüfung denken** cuando se despertó tuvo que pensar en el examen que le tocaba hacer dentro de poco; **das wird ein böses ~ geben** (*fig*) va a ser un duro despertar; **das war ein böses ~** (*fig*) fue una sorpresa desagradable

erwachsen[1] [ɛɐ̯ˈvaksən] **I.** *pp von* **erwachsen**[2] **II.** *adj* adulto, mayor

erwachsen[2] *irr vi sein* (*entstehen*) crecer; (*hervorgehen*) surgir (*aus* de), originarse (*aus* de)

Erwachsene(r) *mf* <-n, -n; -n, -n> adulto, -a *m, f;* **Erwachsenenbildung** *f* <-, *ohne pl*> educación *f* de adultos; **Erwachsenentaufe** *f* <-, -n> bautizo *m* de adultos

erwägen [ɛɐ̯ˈvɛːgən] <erwägt, erwog, erwogen> *vt* considerar, sopesar, ponderar *geh*

Erwägung *f* <-, -en> consideración *f;* **etw in ~ ziehen** tomar algo en consideración

erwähnen* [ɛɐ̯ˈvɛːnən] *vt* mencionar; **unten erwähnt** abajo citado; **wie schon erwähnt** tal como ya ha sido mencionado (anteriormente); **ich vergaß zu ~, dass ...** se me olvidó mencionar que…; **erwähnenswert** *adj* digno de mención; **ein ~es Detail** un detalle digno de mención; **~ wäre noch, dass …** aún habría que mencionar que…

Erwähnung *f* <-, -en> mención *f*

erwärmen* **I.** *vt* calentar, caldear **II.** *vr:* **sich ~ 1.** (*warm werden*) calentarse **2.** (*sich begeistern*) entusiasmarse (*für* con)

Erwärmung *f* <-, -en> calentamiento *m*

erwarten* *vt* **1.** (*warten, hoffen*) esperar; **ein Kind ~** esperar un niño; **sie kann es kaum noch ~** casi no puede aguardar; **das war zu ~** esto era de esperar; **so was hatte ich (mir) nicht von ihm erwartet** no (me) esperaba algo así de él **2.** (*verlangen*) exigir **3.** (*erhoffen*) esperar; **er erwartet von uns, dass wir gehorchen** espera de nosotros que le obedezcamos; **ich habe mir mehr davon erwartet** esperaba más de eso; **es wurde wider E~ ein schöner Tag** al contrario de lo que parecía hizo un día agradable

Erwartung *f* <-, -en> esperanza *f*, expectativa *f*; **den ~en entsprechen** ser conforme a lo esperado; **hinter jds ~en zurückbleiben** quedar por debajo de [*o* defraudar] las expectativas de alguien; **mit gespannter ~ sahen sie dem Treffen entgegen** esperaban el encuentro con gran expectación; **Erwartungsdruck** *m* <-(e)s, *ohne pl*> presión *f* de las expectativas; **erwartungsgemäß** *adv* según lo esperado; **Erwartungshaltung** *f* <-, -en> esperanza *f*, expectativa *f*; **Erwartungshorizont** *m* <-(e)s, *ohne pl*> expectativas *fpl*; **erwartungsvoll** **I.** *adj* ilusionado **II.** *adv* lleno de expectación

erwecken* *vt* **1.** (*geh: aufwecken*) despertar **2.** (*hervorrufen*) producir, causar; (*Zweifel*) dar lugar (a); (*Vertrauen*) inspirar; **Vertrauen ~d** que inspira confianza; **einen Vertrauen ~den Eindruck machen** causar una impresión de gran confianza; **das erweckte den Anschein, als ob …** esto produjo la impresión como si… +*subj*

erwehren* *vr* (*geh*): **sich etw** *gen* **~** defenderse de algo, oponerse a algo; **ich konnte mich der Tränen nicht ~** no pude reprimir el llanto

erweichen* [ɛɐ'vaɪçən] *vt* ablandar; **er ließ sich nicht ~** no se dejó ablandar por mis ruegos

erweisen* [ɛɐ'vaɪzən] *irr* **I.** *vt* **1.** (*nachweisen*) comprobar, confirmar; **es gilt als erwiesen, dass …** se da por confirmado el hecho de que… +*subj* **2.** (*Dienst, Gefallen*) hacer; (*Dankbarkeit*) mostrar **II.** *vr:* **sich ~** (*sich zeigen*) demostrar, resultar; **sie hat sich als sehr zuverlässig erwiesen** ha demostrado ser de fiar

erweiterbar *adj* (INFOR) ampliable, expandible

erweitern* [ɛɐ'vaɪtɐn] **I.** *vt* **1.** (*Gebäude, Flugplatz, Kenntnisse*) ampliar; (*Straße*) ensanchar (*um* en) **2.** (*vermehren*) aumentar (*um* en) **II.** *vr:* **sich ~** ampliarse, ensancharse (*um* en); (*Blutgefäße, Pupille*) dilatarse

Erweiterung *f* <-, -en> **1.** (*Durchfahrt, Anlage, Kenntnisse*) ampliación *f* **2.** (*Kapazität, Angebot*) aumento *m* **3.** (*Pupillen, Gefäße*) dilatación *f* **4.** (INFOR) ampliación *f*; **Erweiterungsinvestition** *f* <-, -en> (WIRTSCH) inversión *f* de expansión; **Erweiterungskarte** *f* <-, -n> (INFOR) tarjeta *f* de ampliación; **Erweiterungssteckplatz** *m* <-es, -plätze> (INFOR) ranura *f* de expansión

Erwerb [ɛɐ'vɛrp] *m* <-(e)s, -e> **1.** (*Anschaffung, Kauf*) compra *f*, adquisición *f*; **gutgläubiger ~** (JUR) adquisición de buena fe **2.** (*Verdienst*) ganancia *f* **3.** (*Arbeit*) trabajo *m*

erwerben* *irr vt* **1.** (*Waren, Kenntnisse*) adquirir; **etw käuflich ~** comprar algo **2.** (*Anerkennung, Vertrauen*) ganarse

Erwerber(in) *m(f)* <-s, -; -, -nen> adquisidor(a) *m(f)*, adquirente *mf*; **Erwerbermodell** *nt* <-s, -e> (FIN) *modelo para conseguir desgravación fiscal invirtiendo en propiedades*

Erwerbsarbeit *f* <-, -en> trabajo *m* remunerado; **Erwerbsbevölkerung** *f* <-, *ohne pl*> (POL, WIRTSCH) población *f* activa [*o* productiva]; **erwerbsfähig** *adj* capaz de ejercer una profesión; **Erwerbsgrundlage** *f* <-, -n> base *f* de subsistencia, medio *m* de vida; **Erwerbsleben** *nt* <-s, *ohne pl*> (WIRTSCH) vida *f* profesional [*o* activa]

erwerbslos *adj* sin empleo, parado, cesante *Am*

Erwerbslose(r) *mf* <-n, -n; -n, -n> parado, -a *m, f*, desempleado, -a *m, f*, cesante *mf Am*

Erwerbslosigkeit *f* <-, *ohne pl*> desempleo *m*

erwerbstätig *adj* activo; **~ sein** estar en activo

Erwerbstätige(r) [ɛɐ'vɛrpstɛːtɪgɐ] *mf* <-n, -n; -n, -n> asalariado, -a *m, f*

Erwerbstätigkeit *f* <-, -en> actividad *f* remunerada; **vorübergehende ~** trabajo temporal; **erwerbsunfähig** *adj* incapaz de ejercer una profesión, incapacitado para el trabajo

Erwerbsunfähigkeit *f* <-, *ohne pl*> incapacidad *f* laboral; **Erwerbsunfähigkeitsrente** *f* <-, -n> renta *f* por incapacidad laboral

Erwerbszweig *m* <-(e)s, -e> ramo *m* industrial

Erwerbung *f* <-, -en> adquisición *f*

erwidern* [ɛɐ'viːdɐn] *vt* **1.** (*antworten*) contestar (*auf* a), replicar (*auf* a); **darauf konnte er nichts ~** a esto no pudo replicar nada **2.** (*Gruß, Besuch*) devolver; **jds Gefühle ~** corresponder a los sentimientos de alguien

Erwiderung *f* <-, -en> **1.** (*Antwort*) contestación *f*, respuesta *f* **2.** (*von Gefühlen*) reciprocidad *f*; **Erwiderungsrecht** *nt* <-(e)s, -e> derecho *m* de réplica

erwiesen *pp von* **erweisen**

erwiesenermaßen [ɛɐ'viːzənɐ'maːsən]

adv como ha sido comprobado, notoriamente
erwirken* *vt* obtener, conseguir
erwirtschaften* *vt* producir; **Gewinne** ~ generar beneficios
erwischen* *vt* (*fam*) **1.** (*ergreifen*) pillar, pescar; **es muss ausgerechnet immer mich** ~ es que siempre me tiene que tocar a mí **2.** (*ertappen*) pillar, atrapar, acapillar *Mex;* **sie hat ihn beim Stehlen erwischt** le pilló robando
erwog [ɛɐ'vo:k] *3. imp von* **erwägen**
erwogen [ɛɐ'vo:gən] *pp von* **erwägen**
erworben [ɛɐ'vɔrbən] **I.** *pp von* **erwerben** **II.** *adj* adquirido; **~er Herzfehler** (MED) lesión cardíaca adquirida
erwünscht [ɛɐ'vʏnʃt] *adj* deseado; **Spanischkenntnisse** ~ se requieren conocimientos de español; **du bist hier nicht** ~ aquí no eres persona grata
erwürgen* [ɛɐ'vʏrgən] *vt* estrangular, ahogar
Erwürgte(r) *mf* <-n, -n; -n, -n> estrangulado, -a *m, f*
Erythromycin® *nt* <-s, *ohne pl*> (MED) eritromicina® *f*
Erz [e:ɐts, ɛrts] *nt* <-es, -e> mineral *m,* mena *f;* **armes/minderwertiges** ~ mineral pobre/de baja calidad; **Erzader** ['ɛrtsʔa:dɐ] *f* <-, -n> veta *f* metalífera [*o* de mineral]
erzählen* *vt* contar, narrar; **etw wieder** ~ recontar algo; **erzähl mal, was/wie ...** cuéntame qué/cómo...; **wem erzählst du das?** (*fam*) ¿y a quién te crees que se lo cuentas?; **mir kannst du nichts** ~ (*fam*) a mí no me puedes engañar
Erzähler(in) *m(f)* <-s, -; -, -nen> narrador(a) *m(f)*
Erzählung *f* <-, -en> **1.** (LIT) narración *f,* cuento *m* **2.** (*Bericht*) relato *m*
Erzbischof, -bischöfin ['ɛrts-] *m, f* <-s, -schöfe; -, -nen> arzobispo *mf;* **erzbischöflich** *adj* arzobispal; **Erzbistum** ['ɛrtsbɪstu:m] *nt* <-s, -tümer> (REL), **Erzdiözese** *f* <-, -n> (REL) arzobispado *m;* **Erzengel** *m* <-s, -> arcángel *m*
erzeugen* *vt* **1.** (*herstellen*) producir, fabricar; (CHEM, PHYS) generar, producir **2.** (*hervorrufen*) provocar, generar
Erzeuger(in) *m(f)* <-s, -; -, -nen> **1.** (BIOL) progenitor(a) *m(f)* **2.** (AGR) productor(a) *m(f);* **Erzeugergemeinschaft** *f* <-, -en> (WIRTSCH) agrupación *f* de productores
Erzeugerin *f* <-, -nen> *s.* **Erzeuger**
Erzeugerpreis *m* <-es, -e> precio *m* de fábrica; **Erzeugerrisiko** *nt* <-s, -risiken> riesgo *m* del productor
Erzeugnis *nt* <-ses, -se> producto *m;* **branchenfremdes/branchentypisches** ~ producto ajeno al ramo/típico del ramo; **einheimische ~se** productos nacionales; **handelsübliches** ~ producto habitual (en el comercio); ~ **mit Warenzeichen** producto con marca de fábrica; **Erzeugnisselbstkosten** *pl* (WIRTSCH) coste *m* propio del producto; **Erzeugnissortiment** *nt* <-(e)s, -e> surtido *m* de productos; **Erzeugnisvorkalkulation** *f* <-, -en> cálculo *m* previo del coste del producto
Erzeugung *f* <-, -en> producción *f;* **Erzeugungsdefizit** *nt* <-s, -e> déficit *m inv* en la producción
Erzfeind(in) ['ɛrts-] *m(f)* <-(e)s, -e; -, -nen> enemigo, -a *m, f* mortal
Erzgebirge ['e:ɐts-, 'ɛrts-] *nt* <-s> Montes *mpl* Metálicos
Erzherzog(in) ['ɛrts-] *m(f)* <-s, -zöge; -, -nen> (HIST) archiduque(sa) *m(f)*
erziehbar *adj* educable; **schwer** ~ difícil de educar
erziehen* *irr vt* educar (*zu* para), criar; **gut/schlecht erzogen sein** ser bien/mal educado
Erzieher(in) *m(f)* <-s, -; -, -nen> educador(a) *m(f),* pedagogo, -a *m, f;* (*Kindergärtner*) maestro, -a *m, f* de un jardín de infancia, educador(a) *m(f)* de párvulos *Am*
erzieherisch *adj* educador, pedagógico
Erziehung *f* <-, *ohne pl*> educación *f,* enseñanza *f;* **Erziehungsanstalt** *f* <-, -en> correccional *m;* **Erziehungsbeihilfe** *f* <-, -n> (JUR) subsidio *m* de educación; **erziehungsberechtigt** *adj* titular de la patria potestad; **Erziehungsberechtigte(r)** *mf* <-n, -n; -n, -n> titular *mf* de la patria potestad; **Erziehungsgeld** *nt* <-(e)s, *ohne pl*> *ayuda familiar por hijos;* **Erziehungsjahr** *nt* <-(e)s, -e> (*Mutter*) baja *f* de un año por maternidad; (*Vater*) baja *f* de un año por paternidad; **Erziehungsmethode** *f* <-, -n> método *m* educativo; **Erziehungsurlaub** *m* <-(e)s, -e> (*Mutter*) baja *f* por maternidad; (*Vater*) baja *f* por paternidad; **Erziehungswesen** *nt* <-s, *ohne pl*> instrucción *f* pública, educación *f;* **Erziehungswissenschaft** *f* <-, *ohne pl*> pedagogía *f,* ciencias *fpl* de la educación; **Erziehungswissenschaftler(in)** *m(f)* <-s, -; -, -nen> pedagogo, -a *m, f*
erzielen* *vt* obtener, lograr; (*Tor*) marcar; **eine Einigung** ~ llegar a un acuerdo
erzittern* *vi sein* temblar; (*vibrieren*) vibrar
erzkonservativ *adj* ultraconservador; **ein Kind** ~ **erziehen** dar a un niño una educación ultraconservadora
Erzlager ['e:ɐts-, 'ɛrts-] *nt* <-s, -> (GEO) veta *f* de minerales, panizo *m Chil*
erzogen *pp von* **erziehen**
erzreaktionär ['ɛrtsreaktsjo'nɛ:ɐ] *adj* (*abw*) ultrarreaccionario
erzürnen* [ɛɐ'tsʏrnən] *vt* (*geh: zornig machen*) irritar, encolerizar
erzwingbar *adj* (JUR) coercible
erzwingen* *irr vt* forzar, conseguir por la fuerza
Erzwingung *f* <-, *ohne pl*> forzamiento *m,* coacción *f*
erzwungen *pp von* **erzwingen**
es [ɛs] **I.** *pron pers 3. Sg nt* **1.** *Nominativ* ello;

(*Mensch*) él, ella; ~ **ist sehr hübsch** es muy bonito; **und das Kind? – ~ spielt im Garten** ¿y el niño? – está jugando en el jardín; **wie heißt das Mädchen? – ~ heißt Anne** ¿cómo se llama la chica? – se llama Anne **2.** *akk* lo; **ich weiß ~ nicht** no lo sé; **er hat ~ mir gegeben** me lo ha dado **II.** (*unpers*): ~ **gibt nichts mehr zu tun** no hay nada más que hacer; ~ **hat gestern eine große Party stattgefunden** ayer hubo una gran fiesta; **ihr wurde ~ schlecht** se puso mala; ~ **freut mich, dass ...** me alegra que... +*subj*, me alegro de que... +*subj*; ~ **wurde getanzt** se bailó; ~ **ist vier Uhr** son las cuatro; ~ **hat geläutet** ha sonado el timbre; ~ **regnet** llueve; **ich bin ~** soy yo; **sie hat ~ auf den Mantel abgesehen** la tomó con el abrigo

Es[1] (CHEM) *Abk. von* **Einsteinium** Es

Es[2] *nt* <-, -> (MUS) mi *m* bemol

ESA *f Abk. von* **European Space Agency** Agencia *f* Espacial Europea

Esche ['ɛʃə] *f* <-, -n> (BOT) fresno *m*; **Eschenholz** *nt* <-es, *ohne pl*> (madera *f* de) fresno *m*

Escudo [ɛs'ku:do] *m* <-(s), -(s)> (FIN) escudo *m*

Esel(in) ['e:zəl] *m(f)* <-s, -; -, -nen> **1.** (ZOOL) burro, -a *m, f*, asno, -a *m, f* **2.** (*fam: Mensch*) estúpido, -a *m, f*, burro, -a *m, f*

Eselsbrücke *f* <-, -n> (*fam*) regla *f* mnemotécnica; **Eselsohr** *nt* <-(e)s, -en> (*fam*) doblez *m* (de la página de un libro), borde *m* redoblado

Eskalation [ɛskala'tsjo:n] *f* <-, -en> escalada *f*; (POL) escalación *f*

eskalieren* [ɛska'li:rən] *vi sein* agravarse

Eskapade [ɛska'pa:də] *f* <-, -n> aventura *f*

Eskimo ['ɛskimo] *m* <-s, -s> esquimal *m*; **Eskimofrau** *f* <-, -en> esquimal *f*

Eskorte [ɛs'kɔrtə] *f* <-, -n> escolta *f*

eskortieren* *vt* escoltar

Esoterik [ezo'te:rɪk] *f* <-, *ohne pl*> esoterismo *m*

esoterisch *adj* esotérico

Espe ['ɛspe] *f* <-, -n> (BOT) álamo *m* temblón; **Espenlaub** *nt* <-(e)s, *ohne pl*>: **wie ~ zittern** (*fam*) temblar como una hoja

Esperanto [ɛspe'ranto] *nt* <-(s), *ohne pl*> esperanto *m*

Espresso [ɛs'prɛso] *m* <-(s), -s *o* Espressi, *nach Zahlen:* -> café *m* solo [*o* exprés]; **Espressomaschine** *f* <-, -n> máquina *f* de café exprés

Esprit [ɛs'pri:] *m* <-s, *ohne pl*> ingenio *m*, agudeza *f*

Essay ['ɛse, 'ɛsɛɪ] *m o nt* <-s, -s> (LIT) ensayo *m*

essbar[RR] ['ɛsba:ɐ] *adj*, **eßbar** *adj* comestible

Essbesteck[RR] *nt* <-(e)s, -e>, **Eßbesteck** *nt* <-(e)s, -e> cubertería *f* de mesa

Ess-Brech-Sucht[RR] ['-'--] *f* <-, *ohne pl*>, **Eß-Brech-Sucht** *f* <-, *ohne pl*> (MED) bulimia *f*

Esse ['ɛsə] *f* <-, -n> **1.** (*Rauchfang*) campana *f* de chimenea **2.** (*reg: Schornstein*) chimenea *f*

essen ['ɛsən] <isst, aß, gegessen> *vi, vt* comer; **zu Abend/Mittag** ~ cenar/almorzar; **in diesem Restaurant kann man gut ~** [*o* **isst man gut**] en este restaurante se come bien; ~ **gehen** ir a comer (a un restaurante); **den Teller leer ~** acabar el plato; **das ist gegessen!** (*fam*) ¡ya está!

Essen *nt* <-s, -> comida *f*; (*Gericht*) plato *m*; **beim ~** durante la comida; **bleib doch zum ~** quédate a comer; ~ **auf Rädern** *servicio social de reparto de comida para personas ancianas*

Essenausgabe[1] *f* <-, -n> (*Schalter*) mostrador *m* (de reparto) de comidas

Essenausgabe[2] *f* <-, *ohne pl*> (*Verteilung*) reparto *m* de comidas

Essenmarke *f* <-, -n> bono *m* para (la) comida, ficha *f* para (la) comida

Essensausgabe *f s.* **Essenausgabe**; **Essensmarke** *f* <-, -n> *s.* **Essenmarke**; **Essenszeit** *f* <-, -en> (*mittags*) hora *f* de comer [*o* de almorzar]; (*abends*) hora *f* de cenar

essentiell [ɛsɛn'tsjɛl] *adj s.* **essenziell**

Essenz [ɛ'sɛnts] *f* <-, -en> esencia *f*

essenziell[RR] [ɛsɛn'tsjɛl] *adj* esencial

Esser(in) ['ɛsɐ] *m(f)* <-s, -; -, -nen>: **er ist ein guter/schlechter ~** es buen/mal comedor

Essgeschirr[1 RR] *nt* <-(e)s, -e> (MIL) plato *m* de campaña

Essgeschirr[2 RR] *nt* <-(e)s, *ohne pl*> (*Gefäße*) vajilla *f*

Eßgeschirr *nt s.* **Essgeschirr**

Essgewohnheiten[RR] *fpl*, **Eßgewohnheiten** *fpl* hábitos *mpl* alimentarios

Essig ['ɛsɪç] *m* <-s, -e> vinagre *m*; **mit dem Ausflug ist endgültig ~** (*fam*) la excursión se ha ido definitivamente al traste; **Essigessenz** *f* <-, -en> esencia *f* de vinagre; **Essiggurke** *f* <-, -n> pepinillo *m* en vinagre; **essigsauer** *adj* (CHEM) acético; **essigsaures Natrium** sodio en ácido acético; **essigsaure Salze** sales del ácido acético; **Essigsäure** *f* <-, *ohne pl*> ácido *m* acético

Esskastanie[RR] *f* <-, -n>, **Eßkastanie** *f* <-, -n> castaña *f*; **Esskultur**[RR] *f* <-, -en>, **Eßkultur** *f* <-, -en> gastronomía *f*

Esslöffel[RR] *m* <-s, ->, **Eßlöffel** *m* <-s, -> cuchara *f*; **ein ~ Mehl** una cucharada de harina; **esslöffelweise**[RR] *adv*, **eßlöffelweise** *adv* a cucharadas

Essstäbchen[RR] ['ɛsʃtɛ:pçən] *ntpl*, **Eßstäbchen** *ntpl* palillos *mpl* para comer; **Essstörung**[RR] *f* <-, -en>, **Eßstörung** *f* <-, -en> (MED) trastorno *m* en los hábitos alimentarios; **Esssucht**[RR] *f* <-, *ohne pl*>, **Eßsucht** *f* <-, *ohne pl*> (MED) bulimia *f*; **Esstisch**[RR] *m* <-(e)s, -e>, **Eßtisch** *m* <-(e)s, -e> mesa *f* de comedor; **Esswaren**[RR] *fpl*, **Eßwaren** *fpl* comestibles *mpl*; **Esszimmer**[RR] *nt* <-s, ->, **Eßzimmer** *nt* <-s, -> comedor *m*

E

Establishment [ɪs'tɛblɪʃmənt] *nt* <-s, -s> establishment *m*, sistema *m* (establecido)

Este, **-in** ['eːstə] *m, f* <-n, -n; -, -nen> estonio, -a *m, f*

Ester ['ɛstɐ] *m* <-s, -> (CHEM) éster *m*

Estin *f* <-, -nen> *s.* **Este**

Estland ['ɛstlant] *nt* <-s> Estonia *f*

estnisch ['ɛstnɪʃ] *adj* estonio

Estragon ['ɛstragɔn] *m* <-s, *ohne pl*> estragón *m*, dragoncillo *m*

Estremadura [ɛstrema'duːra] *f* Extremadura *f*

Estrich ['ɛstrɪç] *m* <-s, -e> pavimento *m*, solado *m*

Eszett [ɛs'tsɛt] *nt* <-, -> eszet *f*, ß *f*

etablieren* [eta'bliːrən] **I.** *vt* establecer, fundar **II.** *vr:* **sich ~** establecerse

etabliert *adj* establecido

Etablissement [etablɪsə'mãː] *nt* <-s, -s> (*geh: Lokal*) establecimiento *m*

Etage [e'taːʒə] *f* <-, -n> planta *f*, piso *m*; **in** [*o* **auf**] **der zweiten ~** en la segunda planta; **Etagenbett** *nt* <-(e)s, -en> litera *f*; **Etagenheizung** *f* <-, -en> calefacción *f* individual por pisos; **Etagenwohnung** *f* <-, -en> apartamento *m*, piso *m*

et al. *Abk. von* **et alii** (**und andere**) y otros

Etappe [e'tapə] *f* <-, -n> **1.** (*a.* SPORT: *räumlich, zeitlich*) etapa *f* **2.** (MIL) retaguardia *f*; **Etappensieg** *m* <-(e)s, -e> (SPORT) victoria *f* de una etapa; (*fig: Teilerfolg*) victoria *f* parcial; **Etappensieger**(**in**) *m(f)* <-s, -; -, -nen> (SPORT) ganador(a) *m(f)* de la etapa

Etat [e'taː] *m* <-s, -s> presupuesto *m*; **den ~ ausgleichen** equilibrar el presupuesto; **Etatentwurf** *m* <-(e)s, -würfe> proyecto *m* de presupuesto; **Etatjahr** *nt* <-(e)s, -e> (ADMIN) año *m* presupuestario; **etatmäßig** *adj:* **~e Ausgaben** gastos presupuestarios; **Etatüberschuss**[RR] *m* <-es, -schüsse> superávit *m inv* presupuestario

etc. [eːteː'tseː] *Abk. von* **et cetera** etc.

etepetete ['eːtəpə'teːtə] *adj inv* (*fam*) remilgado, de mírame y no me toques

Eternit® [etɛr'niːt] *m o nt* <-s, *ohne pl*> eternita® *f*

Ethik ['eːtɪk] *f* <-, *ohne pl*> ética *f*

ethisch *adj* ético

ethnisch ['ɛtnɪʃ] *adj* étnico

Ethnobotanik *f* <-, *ohne pl*> etnobotánica *f*

Ethnografie[RR] *f* <-, -n>, **Ethnographie** [ɛtnogra'fiː] *f* <-, -n> etnografía *f*

Ethnologe, **-in** [ɛtno'loːgə] *m, f* <-n, -n; -, -nen> etnólogo, -a *m, f*

Ethnologie [ɛtnolo'giː] *f* <-, *ohne pl*> etnología *f*

Ethnologin *f* <-, -nen> *s.* **Ethnologe**

Ethos ['eːtɔs] *nt* <-, *ohne pl*> ética *f*

Etikett [eti'kɛt] *nt* <-(e)s, -e(n)> etiqueta *f*, rótulo *m*

Etikette [eti'kɛtə] *f* <-, -n> etiqueta *f*

Etikettenschwindel *m* <-s, *ohne pl*> falsificación *f* de etiquetas

etikettieren* *vt* **1.** (*Dosen, Flaschen*) etiquetar **2.** (*fig: betiteln*) tachar (*als* de)

etliche(**r**, **s**) ['ɛtlɪçə, -çɐ, -çəs] *pron indef* (*geh*) algunos *mpl*, algunas *fpl*; **~ Mal**(**e**) algunas veces; **~ unter den Zuschauern** algunos espectadores; **er ist um ~s älter als ich** es bastante mayor que yo

etlichemal *adv s.* **etliche**(**r**, **s**)

Etrusker(**in**) [e'trʊskɐ] *m(f)* <-s, -; -, -nen> (HIST) etrusco, -a *m, f*

etruskisch [e'trʊskɪʃ] *adj* (HIST) etrusco

Etsch [ɛtʃ] *f* <-> Adigio *m*

Etüde [e'tyːdə] *f* <-, -n> (MUS) estudio *m*

Etui [ɛt'viː, ety'iː] *nt* <-s, -s> estuche *m*

etwa ['ɛtva] **I.** *adv* **1.** (*ungefähr*) aproximadamente, más o menos; **sie ist ~ dreißig** tiene unos treinta años; **~ so** más o menos así **2.** (*beispielsweise*) por ejemplo; **wie ~ in diesem Fall** como por ejemplo en este caso **3.** (*Schweiz: ab und zu*) a veces, de vez en cuando; **nach der Reise haben wir uns noch ~ gesehen** después del viaje nos hemos visto alguna vez **II.** *part* (*vielleicht*) quizá, tal vez; **willst du ~ schon gehen?** ¿es que te quieres ir ya?; **du willst doch nicht ~ behaupten, dass ...?** ¿no querrás decir que...?; **... oder ~ nicht?** ..., ¿o acaso no?; **das war keine Absicht, oder ~ doch?** no fue a propósito, ¿o sí?

etwaige(**r**, **s**) ['ɛtvaːɪç, -'--] *adj* eventual, posible; **haben Sie ~ Einwände?** ¿tiene algo que objetar?

Etwapreis *m* <-es, -e> precio *m* aproximativo

etwas ['ɛtvas] *pron indef* algo; (*ein bisschen*) un poco, algo; **hast du noch ~ Geld?** ¿te queda algo de dinero?; **ohne ~ zu sagen** sin decir nada; **das ist ~ anderes** esto es otra cosa; **aus ihm wird nie ~** nunca llegará a ser algo; **hast du ~ gegen mich?** ¿tienes algo contra mí?; **sie hat ~ mit ihm** (*fam*) está liada con él; **die Sache hat ~ für sich** el asunto tiene algo; **da ist ~ Wahres dran** hay algo de verdad en ello; **er versteht ~ davon** entiende algo de esto

Etwas *nt* <-, *ohne pl*> algo; **ein winziges ~ lag auf dem Weg** había una cosa diminuta en el camino; **sie hat das gewisse ~** tiene un no sé qué

etwelche(**r**, **s**) ['ɛtvɛlçə] *adj* (*Schweiz*) *s.* **etliche**

Etymologie [etymolo'giː] *f* <-, -n> etimología *f*

etymologisch [etymo'loːgɪʃ] *adj* etimológico

Eu (CHEM) *Abk. von* **Europium** Eu

EU [eː'ʔuː] *f Abk. von* **Europäische Union** UE *f*; **EU-Behörde** *f* <-, -n> Autoridad *f* de la UE; **EU-Beitritt** *m* <-(e)s, -e> ingreso *m* en la UE; **EU-Bürger**(**in**) *m(f)* <-s, -; -, -nen> ciudadano, -a *m, f* de la UE; **EU-Bürgerschaft** *f* <-, *ohne pl*> ciudadanía *f* de la UE

euch [ɔɪç] **I.** *pron pers mfpl dat/akk von* **ihr** os; (*betont*) a vosotros/vosotras... (os); (*mit Präposition*) vosotros/vosotras; **wie habt ihr ~ in China verständigt?** ¿cómo os habéis entendido en China?; ~ **würde es interessieren/gefallen** a vosotros/vosotras os interesaría/gustaría; **Blumen für ~!** ¡flores para vosotros/vosotras!; **ein Freund von ~** un amigo vuestro; **gehören ~ die Räder?** ¿son vuestras las bicis?; **mit ~** con vosotros/vosotras; **bei ~ gefällt es mir sehr gut** me gusta estar en vuestra casa; **nächste Woche komme ich mal wieder zu ~** la semana que viene vendré a vuestra casa otra vez; **über ~ wohnt ein Bekannter von uns** encima de vosotros vive un conocido nuestro **II.** *pron refl mfpl dat/akk von* **ihr** os; **setzt ~!** ¡sentaos!; **ihr könnt es ~ überlegen** os lo podéis pensar

Eucharistie [ɔɪçarɪs'tiː] *f* <-, -n> (REL) eucaristía *f*

euer ['ɔɪɐ] *pron pers pl gen von* **ihr** de vosotros/vosotras

euer, eu(e)re, euer *pron poss* (*adjektivisch*) vuestro, -a *m, f,* vuestros *mpl,* vuestras *fpl;* ~ **Hund/Sohn** vuestro perro/hijo; **eure Wohnung/Freunde/Blumen** vuestro piso/vuestros amigos/vuestras flores; **ihr wohnt bei eurem Bruder/eurer Mutter/euren Eltern** vivís en casa de vuestro hermano/vuestra madre/vuestros padres; **E~ Exzellenz** Vuestra Excelencia

eu(e)re(r, s) *pron poss* (*substantivisch*) (el) vuestro *m,* (la) vuestra *f,* (los) vuestros *mpl,* (las) vuestras *fpl;* **das große Stück ist eures** [*o* **euers**] el trozo grande es (el) vuestro; **meine Pläne sind anders als eure** mis planes son diferentes de los vuestros; *s. a.* **euer, eu(e)re, euer**

EU-Führerschein *m* <-(e)s, -e> permiso *m* de conducir de la UE

Eugenik [ɔɪ'geːnɪk] *f* <-, *ohne pl*> (MED) eugenesia *f*

eugenisch [ɔɪ'geːnɪʃ] *adj* (MED) eugenésico

EU-Gipfel *m* <-s, -> cumbre *f* comunitaria

Eukalyptus [ɔɪka'lʏptʊs] *m* <-, Eukalypten *o* -> (BOT) eucalipto *m;* **Eukalyptusbonbon** *m o nt* <-s, -s> caramelo *m* de eucalipto

EU-Kommissar(in) *m(f)* <-s, -e; -, -nen> (POL) comisario, -a *m, f* de la UE; **EU-Kommission** *f* <-, *ohne pl*> Comisión *f* de la UE; **EU-Land** *nt* <-(e)s, -Länder> país *m* comunitario

Eule ['ɔɪlə] *f* <-, -n> (ZOOL) lechuza *f;* **~n nach Athen tragen** llevar leña al monte

Eulenspiegel *m* <-s, -> payaso *m,* bufón *m*

Eulenspiegelei *f* <-, -en> travesura *f;* **sie wurde Opfer einer ~** le hicieron una travesura

EU-Ministerrat *m* <-(e)s, *ohne pl*> Consejo *m* de Ministros de la UE; **EU-Mitgliedsland** *nt* <-(e)s, -länder> país *m* miembro de la UE; **EU-Norm** *f* <-, -en> Norma *f* de la UE

Eunuch [ɔɪ'nuːx] *m* <-en, -en> eunuco *m*

Euphemismus [ɔɪfe'mɪsmʊs] *m* <-, Euphemismen> eufemismo *m*

euphemistisch *adj* eufemístico

Euphorie [ɔɪfo'riː] *f* <-, -n> euforia *f*

euphorisch [ɔɪ'foːrɪʃ] *adj* eufórico

euphotisch [ɔɪ'foːtɪʃ] *adj* eufótico; **der ~e Bereich** la región eufótica

Euratom [ɔɪra'toːm] *f Abk. von* **Europäische Atomgemeinschaft** Euratom *m*

eure(r, s) ['ɔɪrə, -rɐ, -rəs] *pron poss o pron pers s.* **euer**

Eureka [juə'riːkɐ] *f Abk. von* **European Research Coordination Agency** Eureka *m*

eurer ['ɔɪrɐ] *pron poss o pron pers s.* **euer**

eurerseits ['ɔɪrɐzaɪts] *adv* por vuestra parte

eures ['ɔɪrəs] *pron poss o pron pers s.* **euer**

euresgleichen ['--'--] *pron indef* de vuestra condición, vuestros semejantes; ~ **wollen wir hier nicht haben** no queremos aquí a gente de vuestra calaña

euretwegen ['ɔɪrətveːgən] *adv* por vosotros; (*negativ*) por vuestra culpa

euretwillen ['ɔɪrətvɪlən] *adv:* **um ~** por vosotros

Eurhythmie [ɔɪrʏt'miː] *f* <-, *ohne pl*> euritmia *f*

eurige(r, s) ['ɔɪrɪgə, -gɐ, -gəs] *pron poss geh für* **eu(e)re(r, s): der/die/das ~** el vuestro/la vuestra; **die ~n** los vuestros/las vuestras

Euro ['ɔɪro] *m* <-(s), -(s)> (EU) euro *m;* **Euroanleihe** *f* <-, -n> (FIN) euroemisión *f*

Eurocheque *m* <-s, -s> eurocheque *m;* **Eurochequekarte** *f* <-, -n> tarjeta *f* de eurocheque

Eurocity *m* <-s, -s>, **Eurocityzug** [ɔɪro'sɪtitsuːk] *m* <-(e)s, -züge> (EISENB) Eurocity *m* (*tren equivalente al Intercity que cubre también recorridos fuera de Alemania*)

Eurodollar *m* <-s, -s> (WIRTSCH) eurodólar *m*

Euro-Geld *nt* <-(e)s, *ohne pl*> (EU) dinero *m* europeo; **Eurogeldmarkt** *m* <-(e)s, *ohne pl*> euromercado *m* de dinero

Eurokapitalmarkt *m* <-(e)s, *ohne pl*> euromercado *m* de capitales; **Eurokommunismus** *m* <-, *ohne pl*> (POL) eurocomunismo *m*

Eurokrat(in) *m(f)* <-en, -en; -, -nen> (POL) eurócrata *mf*

Euromarkt *m* <-(e)s, *ohne pl*> euromercado *m*

Europa [ɔɪ'roːpa] *nt* <-s> Europa *f;* **Europaabgeordnete(r)** *mf* <-n, -n; -n, -n> eurodiputado, -a *m, f;* **Europacup** [ɔɪ'roːpakap] *m* <-s, -s> (SPORT) copa *f* de Europa

Europäer(in) [ɔɪro'pɛːɐ] *m(f)* <-s, -; -, -nen> europeo, -a *m, f*

Europafrage *f* <-, -n> (POL) cuestión *f* europea

europäisch *adj* europeo; **E~e Atomgemeinschaft** Comunidad Europea de la Energía Atómica; **E~e Freihandelsassoziation** Asocia-

E

ción Europea de Libre Comercio; **E~e Gemeinschaft** Comunidad Europea; **E~er Gerichtshof** Tribunal de Justicia Europeo; **E~e Integration** Integración Europea; **E~e Investitionsbank** Banco Europeo de Inversiones; **E~e Kommission** Comisión Europea; **E~es Parlament** Parlamento Europeo; **E~er Rat** Consejo Europeo; **E~e Union** Unión Europea; **E~e Währungseinheit** unificación monetaria europea; **E~es Währungsinstitut** Instituto Monetario Europeo; **E~es Währungssystem** Sistema Monetario Europeo; **E~e Wirtschaftsgemeinschaft** (HIST) Comunidad Económica Europea; **E~e Zahlungsunion** Unión Europea de Pagos

europäisieren* *vt* europeizar

Europameister(in) *m(f)* <-s, -; -, -nen> (SPORT) campeón, -ona *m, f* de Europa; **Europameisterschaft** *f* <-, -en> (SPORT) campeonato *m* de Europa, Eurocopa *f;* **Europaparlament** *nt* <-(e)s, *ohne pl*> (EU) Parlamento *m* Europeo; **Europapass**[RR] *m* <-es, -pässe> pasaporte *m* de la Unión Europea; **Europapokal** *m* <-s, -e> (SPORT) copa *f* de Europa; **Europapolitiker(in)** *m(f)* <-s, -; -, -nen> político, -a *m, f* europeísta; **Europarat** *m* <-(e)s, *ohne pl*> Consejo *m* de Europa; **Europastraße** *f* <-, -n> (AUTO) carretera *f* intereuropea; **Europawahlen** *fpl* elecciones *fpl* europeas

Europium [ɔɪ'ro:piʊm] *nt* <-s, *ohne pl*> (CHEM) europio *m*

Europol ['ɔɪropo:l] *f* <-, -en> (POL) Europol *f*

Eurosignal *nt* <-s, -e> (TEL) euroseñal *f*

Euroskeptiker(in) *m(f)* <-s, -; -, -nen> (POL) euroescéptico, -a *m, f*

Eurotunnel *m* <-s, *ohne pl*> eurotúnel *m*

Eurovision [---'-] *f* <-, *ohne pl*> Eurovisión *f;* **Eurovisionssendung** *f* <-, -en> (TV) programa *m* de Eurovisión

Euro-Währung *f* <-, -en> (EU) moneda *f* europea

euryhalin [ɔɪryha'li:n] *adj* (BIOL) eurihalino

euryphag [ɔɪry'fa:k] *adj* (BIOL) eurífago

eurytherm [ɔɪry'tɛrm] *adj* (BIOL) euritermo

Euter ['ɔɪtɐ] *m* <-s, -> ubre *f*

Euthanasie [ɔɪtana'zi:] *f* <-, *ohne pl*> eutanasia *f*

eutroph [ɔɪ'tro:f] *adj* eutrófico

Eutrophierung [ɔɪtro'fi:rʊŋ] *f* <-, -en> eutroficación *f*

ev. (REL) *Abk. von* **evangelisch** protestante

e.V., E.V. *Abk. von* **eingetragener Verein** sociedad *f* registrada; **Deutsche Krebshilfe ~** Asociación alemana para la Lucha contra el Cáncer

Eva ['e:fa, 'e:va] *f* <-, -s> (*fam hum: Frau*) mujer *f;* **mit 13 war sie schon eine richtige ~** con 13 años ya era toda una mujercita; **Evakostüm** ['e:fa-] *nt* <-(e)s, *ohne pl*> (*fam*) *s.* **Evaskostüm**

evakuieren* [evaku'i:rən] *vt* evacuar, desalojar

Evakuierte(r) *mf* <-n, -n; -n, -n> evacuado, -a *m, f*

Evakuierung *f* <-, -en> evacuación *f,* desalojo *m*

Evangelien *pl von* **Evangelium**

evangelisch [evaŋ'ge:lɪʃ] *adj* evangélico, protestante

Evangelist [evaŋge'lɪst] *m* <-en, -en> (REL) evangelista *m*

Evangelium [evaŋ'ge:liʊm] *nt* <-s, Evangelien> evangelio *m*

Evaporation [evapora'tsjo:n] *f* <-, -en> evaporación *f*

Evaskostüm ['e:fas-] *nt* <-(e)s, *ohne pl*> (*fam*): **im ~** como vino al mundo, como la parió su madre

Event [i'vɛnt] *m o nt* <-s, -s> (*fam*) evento *m*

Eventualantrag [evɛntu'a:l-] *m* <-(e)s, -träge> (JUR) petición *f* subsidiaria; **Eventualfall** *m* <-(e)s, -fälle> eventualidad *f;* **im ~** si se diera el caso; **für den ~ gibt es Katastrophenschutzpläne** en caso necesario existe un plan de control de catástrofes

Eventualität [evɛntuali'tɛ:t] *f* <-, -en> eventualidad *f,* posibilidad *f*

eventuell [evɛntu'ɛl] *adj* eventual, posible

Evergreen ['ɛvɐgri:n] *m o nt* <-s, -s> melodía *f* de siempre

evident [evi'dɛnt] *adj* (*geh*) evidente

ev.-luth. (REL) *Abk. von* **evangelisch-lutherisch** protestante-luterano

Evolution [evolu'tsjo:n] *f* <-, -en> evolución *f;* **Evolutionstheorie** *f* <-, -n> (BIOL) teoría *f* de la evolución

evtl. *Abk. von* **eventuell** eventual, posible

E-Werk ['e:vɛrk] *nt* <-(e)s, -e> *Abk. von* **Elektrizitätswerk** central *f* eléctrica

EWG [e:ve:'ge:] *f* <-, *ohne pl*> (HIST) *Abk. von* **Europäische Wirtschaftsgemeinschaft** CEE *f*

EWI [e:ve:'ʔi:] *nt* <-s, *ohne pl*> *Abk. von* **Europäisches Währungsinstitut** IME *m*

ewig ['e:vɪç] *adj* **1.** (*unendlich*) eterno; **das ~e Leben** la vida eterna; **~er Schnee** nieves perpetuas; **für immer und ~** para siempre jamás **2.** (*fam: ständig*) continuo; (*endlos*) infinito; **das dauert ja ~ (und drei Tage)** esto dura una eternidad; **du warst ja ~ lange nicht hier** hace un montón de tiempo que no has venido por aquí

Ewiggestrige(r) ['e:vɪçgɛstrɪgɐ] *mf* <-n, -n; -n, -n> persona *f* que vive anclada en el pasado, carroza *mf fam*

Ewigkeit *f* <-, -en> eternidad *f,* perpetuidad *f;* (REL) eternidad *f;* **das dauert ja eine ~** (*fam*) esto dura una eternidad; **bis in alle ~** (*fam*) para siempre

EWS [e:ve:'ʔɛs] *nt* <-, *ohne pl*> (EU) *Abk. von* **Europäisches Währungssystem** SME *m*

EWU [e:ve:'ʔu:] *f* <-, *ohne pl*> (EU) *Abk. von* **Europäische Währungsunion** UME *f*

ex [ɛks] *adv* (*fam*): **~ und hopp** ≈arriba, abajo, al centro y adentro; **etw auf ~ trinken** beber

algo de un trago
Ex *mf* <-, -; -, -> (*fam*) ex *mf*
exakt [ɛ'ksakt] *adj* exacto; (*Uhrzeit*) en punto; (*sorgfältig*) esmerado, cuidadoso; **er kam ~ um 12 Uhr an** llegó a las 12 en punto
Exaktheit *f* <-, *ohne pl*> (*Bild*) exactitud *f*, precisión *f*; (*Informationen, Darstellung*) rigor *m*
exaltiert [ɛksal'tiːɐt] *adj* (*geh*) exaltado
Examen [ɛ'ksaːmən, *pl:* ɛ'ksaːmina] *nt* <-s, – *o* Examina> examen *m*; **~ machen, ins ~ gehen** examinarse; **das ~ mit zwei machen** sacar un notable en el examen; **Examensangst** *f* <-, -ängste> miedo *m* a los exámenes; **Examensarbeit** *f* <-, -en> tesina *f*; **Examenskandidat(in)** *m(f)* <-en, -en; -, -nen> candidato, -a *m, f* al examen final (de carrera)
Examina *pl von* **Examen**
examinieren* [ɛksami'niːrən] *vt* **1.** (*untersuchen*) investigar, examinar **2.** (*prüfen*) examinar (*in* de, *über* sobre); **er wurde in Geschichte/über den Unabhängigkeitskrieg examiniert** le examinaron de historia/le hicieron un examen sobre la guerra de la independencia
Exegese [ɛkse'geːzə] *f* <-, -n> (*geh a.* REL) exegesis *f inv*, exégesis *f inv*
exekutieren* [ɛkseku'tiːrən] *vt* ejecutar
Exekution [ɛkseku'tsjoːn] *f* <-, -en> ejecución *f*; **Exekutionskommando** *nt* <-s, -s> comando *m* de ejecución
Exekutive [ɛkseku'tiːvə] *f* <-, -n> (JUR, POL) ejecutivo *m*; **Exekutivgewalt** *f* <-, -en> (POL) poder *m* ejecutivo; **Exekutivorder** *f* <-, -s *o* -n> (POL) orden *f* ejecutiva; **Exekutivorgan** *nt* <-s, -e> (POL) órgano *m* ejecutivo
Exempel [ɛ'ksɛmpəl] *nt* <-s, -> (*geh*) ejemplo *m*; **ein ~ statuieren** instituir un ejemplo, dar un escarmiento
Exemplar [ɛksɛm'plaːɐ] *nt* <-s, -e> ejemplar *m*
exemplarisch [ɛksɛm'plaːrɪʃ] *adj* (*geh*) ejemplar; **jdn ~ bestrafen** castigar a alguien de forma ejemplar
exerzieren* [ɛksɛr'tsiːrən] *vi* (MIL) hacer maniobras
Exerzierplatz [ɛksɛr'tsiːɐ-] *m* <-es, -plätze> (MIL) campo *m* de instrucción [*o* de maniobras]
Exerzitien [ɛksɛr'tsiːtsiən] *pl* (REL) ejercicios *mpl* espirituales
Exhibitionismus [ɛkshibitsjo'nɪsmʊs] *m* <-, *ohne pl*> exhibicionismo *m*
Exhibitionist(in) *m(f)* <-en, -en; -, -nen> exhibicionista *mf*
exhumieren* [ɛkshu'miːrən] *vt* exhumar
Exhumierung *f* <-, -en> exhumación *f*
Exil [ɛ'ksiːl] *nt* <-s, -e> exilio *m*; **im ~ leben** vivir en el exilio; **ins ~ gehen** exiliarse; **Exilliteratur** *f* <-, -en> (LIT) literatura *f* en el exilio; **Exilregierung** *f* <-, -en> gobierno *m* en el exilio
existent [ɛskɪs'tɛnt] *adj* existente
Existentialismus [ɛksɪstɛntsja'lɪsmʊs] *m* <-, *ohne pl*> (PHILOS) existencialismo *m*
Existentialist(in) [ɛksɪstɛntsja'lɪst] *m(f)* <-en, -en; -, -nen> (PHILOS) existencialista *mf*
existentialistisch *adj* (PHILOS) existencialista
existentiell [ɛksɪstɛn'tsjɛl] *adj s.* **existenziell**
Existenz[1] [ɛksɪs'tɛnts] *f* <-, *ohne pl*> (*Dasein*) existencia *f*
Existenz[2] *f* <-, -en> **1.** (*berufliche Stellung*) sustento *m*; **sich** *dat* **eine ~ aufbauen** montar un negocio; **die ~ sichern** asegurarse la subsistencia **2.** (*abw: Mensch*) individuo *m*; **er ist eine verkrachte** [*o* **gescheiterte**] **~** es un fracaso (de persona)
Existenzangst *f* <-, -ängste> angustia *f* existencial; **Existenzberechtigung** *f* <-, -en> autojustificación *f*; **Existenzgründer(in)** *m(f)* <-s, -; -, -nen> fundador(a) *m(f)* de un negocio; **Existenzgrundlage** *f* <-, -n> base *f* de subsistencia; **Existenzgründung** *f* <-, -en> acción *f* de crearse una posición (para ganarse el sustento)
Existenzialismus [ɛksɪstɛntsja'lɪsmʊs] *m* <-, *ohne pl*> (PHILOS) existencialismo *m*
Existenzialist(in) [ɛksɪstɛntsja'lɪst] *m(f)* <-en, -en; -, -nen> (PHILOS) existencialista *mf*
existenzialistisch *adj* (PHILOS) existencialista
existenziell [ɛksɪstɛn'tsjɛl] *adj* existencial
Existenzkampf *m* <-(e)s, -kämpfe> lucha *f* por la existencia; **Existenzminimum** *nt* <-s, *ohne pl*> mínimo *m* vital [*o* de subsistencia]
Existenzsicherung *f* <-, *ohne pl*> aseguramiento *m* de los medios de vida [*o* del sustento]; **das geringe Einkommen reicht gerade für unsere ~ aus** los reducidos ingresos apenas alcanzan para cubrir los gastos mínimos [*o* para ir tirando]
existieren* [ɛksɪs'tiːrən] *vi* **1.** (*vorhanden sein*) existir **2.** (*auskommen*) vivir (*von* de), sobrevivir (*von* con); **von den paar Mark kann ja niemand ~** nadie puede vivir de este par de duros
Exitus ['ɛksitʊs] *m* <-, *ohne pl*> (MED) muerte *f*
Exklave [ɛks'klaːvə] *f* <-, -n> (POL) exclave *m*
exklusiv [ɛksklu'ziːf] *adj* (*geh*) exclusivo
exklusive [ɛksklu'ziːvə] **I.** *präp +gen* con exclusión de, excluyendo **II.** *adv* excluido, sin incluir
Exklusivität *f* <-, *ohne pl*> (*geh*) exclusividad *f*
Exklusivrecht *nt* <-(e)s, -e> (JUR) derecho *m* exclusivo; **Exklusivvermarktung** *f* <-, -en> (WIRTSCH) comercialización *f* exclusiva; **Exklusivvertrag** *m* <-(e)s, -träge> (COM) contrato *m* de exclusividad

Exkommunikation *f* <-, -en> (REL) excomunión *f*

exkommunizieren* *vt* (REL) excomulgar

Exkremente [ɛkskre'mɛntə] *ntpl* (*geh*) excrementos *mpl*, defecaciones *fpl*

Exkret [ɛks'kre:t] *nt* <-(e)s, -e> (MED, ZOOL) excreta *f*

Exkretion [ɛkskre'tsjo:n] *f* <-, -en> (MED, ZOOL) excreción *f*

Exkurs [ɛks'kʊrs] *m* <-es, -e> digresión *f*

Exkursion [ɛkskʊr'zjo:n] *f* <-, -en> excursión *f*

Exlibris [ɛks'li:bri:s] *nt* <-, -> ex libris *m inv*, exlibris *m inv*

Exmatrikulation [ɛksmatrikula'tsjo:n] *f* <-, -en> (UNIV) exmatriculación *f*

exmatrikulieren* *vt* (UNIV) borrar de la matrícula (de estudiantes)

Exobiologie [-----'-] *f* <-, *ohne pl*> exobiología *f*

Exodus ['ɛksodʊs] *m* <-, -se> (*geh: Auszug*) éxodo *m*

exogen [ɛkso'ge:n] *adj* (MED, BIOL, GEO) exógeno

exorbitant [ɛksɔrbi'tant] *adj* (*geh*) exorbitante

Exorzist(in) [ɛksɔr'tsɪst] *m(f)* <-en, -en; -, -nen> (REL) exorcista *mf*

Exosphäre [--'--] *f* <-, *ohne pl*> exosfera *f*

Exot(in) [ɛ'kso:t] *m(f)* <-en, -en; -, -nen> **1.** (*Tier*) animal *m* exótico; (*Pflanze*) planta *f* exótica; (*Mensch*) persona *f* de un país exótico **2.** (*fam: kauziger Typ*) bicho *m* raro

exotisch [ɛ'kso:tɪʃ] *adj* exótico

Expander *m* <-s, -> (SPORT) extensores *mpl*

expandieren* [ɛkspan'di:rən] *vi* (COM) expandir; (PHYS) dilatarse

Expansion [ɛkspan'zjo:n] *f* <-, -en> (*a.* POL, WIRTSCH) expansión *f*; **Expansionsplan** *m* <-(e)s, -pläne> plan *m* de expansión; **Expansionspolitik** *f* <-, -en> política *f* de expansión; **Expansionsschwäche** *f* <-, -n> debilidad *f* en la expansión; **Expansionsstrategie** *f* <-, -n> estrategia *f* de expansión

Expedition [ɛkspedi'tsjo:n] *f* <-, -en> expedición *f*

Experiment [ɛksperi'mɛnt] *nt* <-(e)s, -e> experimento *m*

experimentell [ɛksperimen'tɛl] *adj* experimental

experimentieren* *vi* experimentar (*mit* con), hacer experimentos (*mit* con)

experimentierfreudig *adj* que le gusta hacer experimentos

Experte, -in [ɛks'pɛrtə] *m, f* <-n, -n; -, -nen> experto, -a *m, f*; (*Sachkundige*) perito, -a *m, f*; **Expertenauffassung** *f* <-, -en> opinión *f* de expertos; **nach ~** según la opinión de los expertos; **Expertenbefragung** *f* <-, -en> consulta *f* a expertos; **Experteneinschätzung** *f* <-, -en> estimación *f* de expertos; **Expertengruppe** *f* <-, -n> grupo *m* de expertos; **Expertengutachten** *nt* <-s, -> dictamen *m* de un experto, peritaje *m*; **Expertenrat** *m* <-(e)s, -räte> consejo *m* de expertos; **Expertensystem** *nt* <-s, -e> (INFOR) sistema *m* de experto(s)

Expertin *f* <-, -nen> *s.* **Experte**

Expertise [ɛkspɛr'ti:zə] *f* <-, -n> peritaje *m*

explizit [ɛkspli'tsi:t] *adj* explícito

explodieren* [ɛksplo'di:rən] *vi sein* **1.** (*Bombe*) explotar, estallar **2.** (*vor Zorn*) estallar, explotar **3.** (*Preise, Kosten*) dispararse; (*Bevölkerungszahl*) explotar

Exploitation [ɛksplɔɪta'tsjo:n, ɛksplɔɪ'tɛɪʃən] *f* <-, -en> (WIRTSCH) explotación *f*; **Exploitationsgrad** *m* <-(e)s, -e> (WIRTSCH) nivel *m* de explotación

Explosion [ɛksplo'zjo:n] *f* <-, -en> **1.** (*von Bombe*) explosión *f*, estallido *m* **2.** (*vor Zorn, von Bevölkerungszahl*) explosión *f*

explosionsartig *adj* **1.** (*einer Explosion ähnlich*) como una explosión **2.** (*rapide*) rápido

Explosionsgefahr *f* <-, -en> peligro *m* de explosión

explosiv [ɛksplo'zi:f] *adj* (*Material, a.* LING) explosivo; **er hat ein ~es Temperament** se enfada enseguida

Explosiv *m* <-s, -e>, **Explosivlaut** *m* <-(e)s, -e> (LING) explosiva *f*

Explosivstoff *m* <-(e)s, -e> (TECH) explosivo *m*

Exponat [ɛkspo'na:t] *nt* <-(e)s, -e> (KUNST) obra *f* expuesta

Exponent [ɛkspo'nɛnt] *m* <-en, -en> (MATH) exponente *m*

exponentiell [ɛksponen'tsjɛl] *adj* exponencial

exponieren* [ɛkspo'ni:rən] **I.** *vt* (*geh*) exponer; **an exponierter Stelle** en un puesto muy comprometido **II.** *vr:* **sich ~** exponerse, arriesgarse

Export [ɛks'pɔrt] *m* <-(e)s, -e> (*a.* INFOR) exportación *f*; **Exportakkreditiv** *nt* <-s, -e> (WIRTSCH) crédito *m* documentario de exportación; **Exportartikel** *m* <-s, -> artículo *m* de exportación; **Exportbeihilfen** *fpl* subvenciones *fpl* a la exportación

Exporteur(in) [ɛkspɔr'tø:ɐ, *pl:* ɛkspɔr'tø:rə] *m(f)* <-s, -e; -, -nen> exportador(a) *m(f)*; **Exportfinanzierung** *f* <-, -en> (WIRTSCH) financiación *f* de la exportación

Exportfirma *f* <-, -firmen> casa *f* exportadora, empresa *f* exportadora; **Exportförderung** *f* <-, -en> (WIRTSCH) estímulo *m* a la exportación; **Exportgemeinschaft** *f* <-, -en> comunidad *f* de exportación; **Exportgenehmigung** *f* <-, -en> (WIRTSCH) autorización *f* de exportación, permiso *m* de exportación; **Exportgeschäft** *nt* <-(e)s, -e> negocio *m* de exportación; **Exporthandel** *m* <-s, *ohne pl*> comercio *m* exportador

exportieren* [ɛkspɔr'ti:rən] *vt* (*a.* INFOR) exportar

Exportkauffrau *f* <-, -en> técnico *f* en exportación; **Exportkaufmann** *m* <-(e)s, -leute> técnico *m* en exportación; **Exportkontingent** *nt* <-(e)s, -e> (WIRTSCH) contingente *m* de exportación; **Exportkredit** *m* <-(e)s, -e> (WIRTSCH) crédito *m* a la exportación; **exportlastig** *adj* con más exportaciones que importaciones; **Exportlizenz** *f* <-, -en> (WIRTSCH) licencia *f* de exportación; **Exportquote** *f* <-, -n> cuota *f* de exportación; **Exportregelung** *f* <-, -en> reglamentación *f* de la exportación; **Exportrentabilität** *f* <-, *ohne pl*> rentabilidad *f* de la exportación; **Exportschlager** *m* <-s, -> gran éxito *m* de exportación; **Exportsendung** *f* <-, -en> envío *m* de exportación; **Exportüberhang** *m* <-(e)s, -hänge> excedente *m* de exportación; **Exportüberschuss**^RR *m* <-es, -schüsse> excedente *m* de exportación; **Exportverbot** *nt* <-(e)s, -e> prohibición *f* de exportación

Exposition [ɛkspozi'tsjo:n] *f* <-, -en> (*a.* GEO, MUS, FOTO) exposición *f*

Express^RR [ɛks'prɛs] *m* <-es, *ohne pl*>, **Expreß** *m* <-sses, *ohne pl*> (tren *m*) expreso *m*, (tren *m*) exprés *m*; **per ~** urgente

Expressgut^RR *nt* <-(e)s, -güter> (EISENB) envío *m* exprés; **Expressgutabfertigung**^RR *f* <-, -en> (EISENB) expedición *f* urgente de mercancías; **Expressgutverkehr**^RR *m* <-(e)s, *ohne pl*> (EISENB) tráfico *m* de mercancías por expreso

Expressionismus [ɛksprɛsjo'nɪsmʊs] *m* <-, *ohne pl*> (KUNST, MUS, LIT) expresionismo *m*

Expressionist(in) [ɛksprɛsio'nɪst] *m(f)* <-en, -en; -, -nen> (KUNST, LIT, MUS) expresionista *mf*

expressionistisch *adj* (KUNST, MUS, LIT) expresionista

expressis verbis [ɛks'prɛsi:s 'vɛrbi:s] *adv* (*geh*) expressis verbis

expressiv [ɛksprɛ'si:f] *adj* expresivo

Expressstraße^RR *f* <-, -n> (*Schweiz: Schnellstraße*) autovía *f*

exquisit [ɛkskvi'zi:t] *adj* exquisito

Extension [ɛkstɛn'zjo:n] *f* <-, -en> (INFOR) extensión *f*

extensiv [ɛkstɛn'zi:f] *adj* extensivo

Extensivierung [ɛstɛnzi'vi:rʊŋ] *f* <-, -en> extensificación *f*

extern [ɛks'tɛrn] *adj* externo

Externe(r) *mf* <-n, -n; -n, -n> (SCH) (alumno, -a *m, f*) externo, -a *m, f*

exterritorial *adj* extraterritorial

Exterritorialität *f* <-, *ohne pl*> extraterritorialidad *f*

extra ['ɛkstra] **I.** *adj inv* (*fam*) **1.** (*zusätzlich*) adicional; **eine ~ Belohnung** una recompensa adicional **2.** (*gesondert*) aparte, separado; **auf einem ~ Blatt** en hoja aparte **II.** *adv* **1.** (*gesondert*) aparte, separado **2.** (*zusätzlich*) extra **3.** (*eigens*) especialmente; **das hast du ~ gemacht** (*fam*) esto lo has hecho a propósito

Extra *nt* <-s, -s> extra *m*; **alle ~s inklusive** con todos los extras incluidos

Extraausgabe *f* <-, -n> **1.** (MEDIA) edición *f* extraordinaria, extra(ordinario) *m* **2.** (FIN) gasto *m* extraordinario; **Extraausstattung** *f* <-, -en> equipamiento *m* adicional; **Extrablatt** *nt* <-(e)s, -blätter> edición *f* extra [*o* extraordinaria]; **Extrafahrt** *f* <-, -en> (*Schweiz*) viaje *m* extraordinario; **extrafein** *adj* (*fam*) superfino

extrahieren* [ɛkstra'hi:rən] *vt* (MED) extraer (*aus* de)

extrakorporal [ɛkstrakɔrpo'ra:l, '-----] *adj* (MED) extracorporal

Extrakt [ɛks'trakt] *m o nt* <-(e)s, -e> extracto *m*, esencia *f*

Extraktion [ɛkstrak'tsjo:n] *f* <-, -en> (CHEM) extracción *f*; **Extraktionseinsatz** *m* <-es, *ohne pl*> (CHEM) empleo *m* de extracción

extrauterin [ɛkstraʔute'ri:n] *adj* (MED) extrauterino

extravagant ['ɛkstravagant, ---'-] *adj* extravagante, excéntrico

Extravaganz ['ɛkstravagants, ---'-] *f* <-, -en> extravagancia *f*

extravertiert [ɛkstravɛr'ti:ɐt] *adj* (PSYCH) *s.* **extrovertiert**

Extrawurst *f* <-, -würste> (*fam*): **Mensch, du kriegst immer eine ~!** ¡chico, a ti hay que echarte de comer aparte!; **Extrazug** *m* <-(e)s, -züge> (*Schweiz: Sonderzug*) tren *m* especial

extrem [ɛks'tre:m] **I.** *adj* extremo **II.** *adv* en extremo

Extrem *nt* <-s, -e> extremo *m*; **Extremfall** *m* <-(e)s, -fälle> caso *m* extremo; **im ~** en último extremo

Extremismus [ɛkstre'mɪsmʊs] *m* <-, Extremismen> extremismo *m*

Extremist(in) *m(f)* <-en, -en; -, -nen> extremista *mf*, ultra *mf fam*

extremistisch *adj* extremista, ultra

Extremitäten [ɛkstremi'tɛ:tən] *fpl* extremidades *fpl*

Extremsport *m* <-(e)s, -e>, **Extremsportart** *f* <-, -en> deporte *m* de alto riesgo

Extremwert *m* <-(e)s, -e> (MATH) valor *m* extremo

extrovertiert [ɛkstrovɛr'ti:ɐt] *adj* extravertido, extrovertido

exzellent [ɛkstsɛ'lɛnt] *adj* excelente

Exzellenz [ɛkstsɛ'lɛnts] *f* <-, -en> Excelencia *f*; **(Euer) ~** (Su) Excelencia

exzentrisch [ɛks'tsɛntrɪʃ] *adj* (*a.* MATH) excéntrico

exzerpieren* [ɛkstsɛr'pi:rən] *vt* (*geh*) extractar

Exzerpt [ɛks'tsɛrpt] *nt* <-(e)s, -e> (*geh*) extracto *m*

Exzess^RR [ɛks'tsɛs] *m* <-es, -e>, **Exzeß** *m* <-sses, -sse> exceso *m*, abuso *m*; **etw bis**

zum ~ treiben excederse en algo
exzessiv [--'-] *adj* (*geh*) excesivo, desmesurado
Eyeliner ['aɪlaɪnɐ] *m* <-s, -> delineador *m* de ojos
EZU [eːtsɛt'ʔuː] *f* <-, *ohne pl*> (POL, WIRTSCH) *Abk. von* **Europäische Zahlungsunion** UEP *f*
E-Zug ['eːtsuːk] *m* <-(e)s, -züge> (EISENB) *Abk. von* **Eilzug** (tren *m*) expreso *m*

F

F, f [ɛf] *nt* <-, -> **1.** (*Buchstabe*) F, f *f;* ~ **wie Friedrich** F de Francia **2.** (MUS) fa *m*

f. 1. *Abk. von* **folgende** (**Seite**) y (página) siguiente; **die Erläuterungen stehen auf S. 17**~ las explicaciones se encuentran en la página 17 y siguiente **2.** *Abk. von* **für** para

Fa. *Abk. von* **Firma** firma *f,* casa *f*

Fabel ['fa:bəl] *f* <-, -n> fábula *f*

fabelhaft *adj* fabuloso, formidable, fain *ZAm, Kol, Mex, PRico;* **ist sie nicht ~?** ¿no es maravillosa?

fabeln I. *vi* fantasear (*von* con); **ihr Mann spricht im Fieber, er fabelt irgendetwas von einem vergrabenen Schatz!** su marido delira, cuenta algo sobre un tesoro enterrado; **glaubt ihm nichts, Kinder, euer Onkel fabelt mal wieder!** ¡no le creáis una palabra, niños, vuestro tío se está inventando fábulas [*o* batallitas]! **II.** *vt* desbarrar, desvariar; **du fabelst mal wieder nur dummes Zeug!** ¡ya estás otra vez contando burradas!; **was fabelst du da? nie und nimmer habe ich dir einen solchen Auftrag erteilt!** ¡no desvaríes!, nunca jamás te he encargado algo semejante

Fabeltier *nt* <-(e)s, -e> animal *m* fabuloso [*o* mitológico]; **Fabelwesen** *nt* <-s, -> ser *m* fabuloso

Fabrik [fa'bri:k] *f* <-, -en> fábrica *f;* **ab ~** (WIRTSCH) ex fábrica; **er geht in die ~** (*fam*) trabaja en una fábrica; **Fabrikabfälle** *mpl* residuos *mpl* de las fábricas; **Fabrikabsatz** *m* <-es, -sätze> (COM) venta *f* desde la fábrica

Fabrikant(in) [fabri'kant] *m(f)* <-en, -en; -, -nen> fabricante *mf*

Fabrikarbeiter(in) *m(f)* <-s, -; -, -nen> obrero, -a *m, f* de fábrica [*o* industrial]

Fabrikat [fabri'ka:t] *nt* <-(e)s, -e> **1.** (*Produkt*) producto *m,* artículo *m;* **ausländisches/einheimisches ~** producto extranjero/del país **2.** (*Marke*) marca *f*

Fabrikation [fabrika'tsjo:n] *f* <-, -en> fabricación *f,* producción *f;* **die ~ einstellen/wieder aufnehmen** suspender/reanudar la fabricación; **Fabrikationsbetrieb** *m* <-(e)s, -e> fábrica *f,* planta *f* de producción, factoría *f;* **Fabrikationsfehler** *m* <-s, -> defecto *m* de fabricación [*o* de fábrica]

Fabrikbesitzer(in) *m(f)* <-s, -; -, -nen> fabricante *mf;* **Fabrikgelände** *nt* <-s, -> terreno *m* de la fábrica; **Fabrikhalle** *f* <-, -n> nave *f* industrial

Fabrikler(in) *m(f)* <-s, -; -, -nen> (*Schweiz*) obrero, -a *m, f* de fábrica

fabrikmäßig *adj* en serie; ~ **hergestellt** fabricado en serie

fabrikneu *adj* (recién salido) de fábrica, (totalmente) nuevo; (*fam*) flamante; **Fabrikware** *f* <-, -n> producto *m* fabricado; **das ist reine ~** (*abw*) esto no es de marca

fabrizieren* [fabri'tsi:rən] *vt* (*fam*) fabricar, hacer; **was hast du da schon wieder fabriziert?** ¿qué has armado otra vez?

fabulieren* [fabu'li:rən] *vi* **1.** (*erzählen*) contar cuentos **2.** (*lügen*) contar cuentos (chinos), contar trolas

Facelifting ['feɪslɪftɪŋ] *nt* <-s, -s> **1.** (MED) operación *f* de cirugía estética, "lifting" *m;* **sich einem ~ unterziehen** someterse a una operación de cirugía estética, hacerse un "lifting" **2.** (*Verschönerungsaktion*) remozamiento *m;* **dieses Gebäude braucht dringend ein ~** este edificio necesita ser remozado urgentemente

Facette [fa'sɛtə] *f* <-, -n> faceta *f;* **Facettenauge** *nt* <-s, -n> (ZOOL) ojo *m* compuesto

Fach [fax, *pl:* 'fɛçɐ] *nt* <-(e)s, Fächer> **1.** (*in einem Koffer, einer Tasche*) bolsillo *m;* (*im Bücherregal, Schrank*) casilla *f,* anaquel *m;* (*Schublade*) cajón *m;* (*Post~*) casilla *f* **2.** (*Berufszweig*) ramo *m,* especialidad *f;* (*Wissensgebiet*) especialidad *f,* campo *m;* (*Unterrichts~*) materia *f,* asignatura *f;* **vom ~ sein** ser del ramo; **Fachabteilung** *f* <-, -en> departamento *m* especializado

Facharbeiter(in) *m(f)* <-s, -; -, -nen> obrero, -a *m, f* cualificado, -a [*o* especializado, -a]; **Facharbeiterbrief** *m* <-(e)s, -e> *título de trabajador cualificado*

Facharbeiterin *f* <-, -nen> *s.* **Facharbeiter**; **Facharzt, -ärztin** *m, f* <-es, -ärzte; -, -nen> (médico, -a *m, f*) especialista *mf;* **fachärztlich I.** *adj* (*Behandlung, Untersuchung*) por un especialista; (*Attest*) de un (médico) especialista; **sich in ~e Behandlung begeben** ponerse en manos de un especialista *fam* **II.** *adv* por un especialista; **bei Problemen mit den Nieren sollten Sie sich unbedingt ~ behandeln/untersuchen lassen** en caso de problemas renales debería llevarle/verle sin falta un especialista; **Fachausdruck** *m* <-(e)s, -drücke> término *m* técnico; **Fachbereich** *m* <-(e)s, -e> **1.** (*Fachgebiet*) especialidad *f* **2.** (UNIV) facultad *f;* **Fachbuch** *nt* <-(e)s, -bücher> libro *m* técnico [*o* especializado]; **Fachbuchhandlung** *f* <-, -en> librería *f* especializada

fächeln ['fɛçəln] **I.** *vt* abanicar **II.** *vr:* **sich ~**

F

abanicarse

Fächer¹ ['fɛçɐ] *m* <-s, -> abanico *m*

Fächer² *pl von* **Fach**

Fächerpalme *f* <-, -n> (BOT) latania *f*, palmera *f* de abanico

fächerübergreifend *adj* interdisciplinario

Fachfrau *f* <-, -en> especialista *f*, experta *f*; **fachfremd** *adj* lego en la materia, ajeno al ramo; ~ **unterrichten** dar clases sin estar especializado

Fachgebiet *nt* <-(e)s, -e> especialidad *f*; **Fachgebietsleiter(in)** *m(f)* <-s, -; -, -nen> jefe, -a *m, f* de sección

fachgebunden ['faxgəbʊndən] *adj* vinculado al ramo; **fachgerecht** **I.** *adj* (*Ausbildung*) (realizado) por profesores especializados [*o* por profesionales del ramo]; (*Erledigung*) (realizado) por personal competente [*o* de manera profesional]; (*Ausführung*) profesional **II.** *adv* de manera profesional; **der Bezug des Sofas wurde von einem Polsterer ~ ausgeführt** el tapizado del sofá fue hecho por un tapicero (de manera) profesional; **Fachgeschäft** *nt* <-(e)s, -e> tienda *f* especializada (*für* en); **Fachgruppe** *f* <-, -n> **1.** (*Fachleute*) grupo *m* de especialistas, comisión *f* de expertos; **er arbeitet in einer vom Verkehrsminister beauftragten ~ für Sicherheit im Straßenverkehr** trabaja en una comisión de expertos en seguridad vial creada por orden del Ministro de Transportes **2.** (*Studenten*) grupo *m* de trabajo especializado; **Fachhandel** *m* <-s, *ohne pl*> comercio *m* especializado; **Fachhändler(in)** *m(f)* <-s, -; -, -nen> comerciante *mf* especializado, -a; **Fachhochschule** *f* <-, -n> escuela *f* técnica superior; ~ **für Ernährungswissenschaften** escuela superior de ciencias de la alimentación; **Fachidiot(in)** *m(f)* <-en, -en; -, -nen> (*abw*) especialista *mf* (limitado, -a a su campo laboral); **Fachjargon** *m* <-s, -s> jerga *f* de los expertos; **Fachkenntnisse** *fpl* conocimientos *mpl* técnicos [*o* especializados]; **Fachkraft** *f* <-, -kräfte> experto, -a *m, f*, especialista *mf*; **Fachkreise** *mpl* círculos *mpl* competentes; **er gilt in ~n als Scharlatan** entre los especialistas se le considera un charlatán; **fachkundig** ['faxkʊndɪç] *adj* competente, experto

fachkundlich *adj* de una especialidad

Fachlehrer(in) *m(f)* <-s, -; -, -en> (SCH) profesor(a) *m(f)* de una especialidad; **Fachlehrgang** *m* <-(e)s, -gänge> curso *m* de especialización; **Fachleiter(in)** *m(f)* <-s, -; -, -nen> profesor(a) *m(f)* titular (*que asiste a un profesor en prácticas*); **Fachleute** *pl von* **Fachmann**

fachlich *adj* profesional, técnico, factual; **dafür ist er ~ nicht qualifiziert** para ello no está cualificado

Fachliteratur *f* <-, *ohne pl*> literatura *f* técnica [*o* especializada]; **Fachmann** *m* <-(e)s, -leute *o* -männer> especialista *m*, experto *m*

fachmännisch ['faxmɛnɪʃ] *adj* competente, profesional; **das sieht recht ~ aus** parece el trabajo de un profesional

Fachmesse *f* <-, -n> feria *f* especializada; **Fachorgan** *nt* <-s, -e> órgano *m* especializado; **Fachpresse** *f* <-, *ohne pl*> prensa *f* especializada; **Fachrichtung** *f* <-, -en> rama *f*, especialización *f* (académica); **die ~ Physik an der Universität Köln** la facultad de física de la universidad de Colonia

Fachschaft *f* <-, -en> **1.** (UNIV) organización *f* estudiantil, junta *f* de estudiantes **2.** (*Berufsgruppe*) organización *f* profesional

Fachschule *f* <-, -n> instituto *m* de formación profesional [*o* técnica]; **Fachschulreife** *f* <-, *ohne pl*> título *m* que da acceso a una Escuela Técnica Superior; **nachdem sie die ~ erworben hatte, studierte sie an der Fachhochschule** tras sacarse el título de acceso estudió en la Escuela Técnica Superior

Fachsimpelei [faxzɪmpə'laɪ] *f* <-, -en> (*fam*) conversaciones *fpl* sobre la propia profesión; **wenn sich Medizinstudenten privat treffen, geht es nicht ohne ~ ab** cuando los estudiantes de medicina se reúnen en privado nunca dejan de hablar de temas médicos; **ewig diese ~en, könnt ihr euch nicht mal über ein normales Thema unterhalten?** siempre hablando del trabajo, ¿no podríais tocar algún día un tema normal?; **fachsimpeln** ['-zɪmpəln] *vi* (*fam*) hablar de asuntos profesionales [*o* de negocios]; **Fachsprache** *f* <-, -n> lenguaje *m* técnico, jerga *f*; **fachsprachlich** **I.** *adj* del [*o* en] lenguaje técnico **II.** *adv* en términos técnicos; **Fachtext** *m* <-(e)s, -e> texto *m* especializado [*o* técnico]; **fachübergreifend** *adj* interdisciplinario; **Fachwelt** *f* <-, *ohne pl*> expertos *mpl*, medios *mpl* competentes

Fachwerk *nt* <-(e)s, -e> (ARCHIT) entramado *m*; **Fachwerkhaus** *nt* <-es, -häuser> casa *f* de paredes entramadas

Fachwissen *nt* <-s, *ohne pl*> *s.* **Fachkenntnisse**; **Fachwort** *nt* <-(e)s, -wörter> término *m* técnico; (LING) tecnolecto *m*; **Fachwörterbuch** *nt* <-(e)s, -bücher> diccionario *m* técnico [*o* de tecnicismos]; **Fachzeitschrift** *f* <-, -en> revista *f* especializada

Fackel ['fakəl] *f* <-, -n> antorcha *f*; **wie eine ~ brennen** arder como una tea

fackeln *vi* (*fam*) vacilar, titubear; **da wird nicht lange gefackelt** ahí no se andan con contemplaciones

Fackelschein *m* <-(e)s, *ohne pl*> luz *f* de la antorcha; **bei ~ konnten die Besucher nur wenig von der Tropfsteinhöhle erkennen** iluminados por antorchas, los visitantes pudieron ver poca cosa de la cueva de estalactitas; **Fackelzug** *m* <-(e)s, -züge> procesión *f* de antorchas

Factoring ['fɛktorɪŋ] *nt* <-s, *ohne pl*>

(WIRTSCH) factoring *m*

fad(e) [faːt, 'faːdə] *adj* (*abw*) **1.** (*Speise*) insípido, de poco sabor, soso **2.** (*langweilig*) aburrido, soso

fädeln ['fɛːdln] *vt:* **etw in etw ~** enhebrar algo en [*o* por] algo; **etw auf etw ~** ensartar algo en [*o* por] algo; **es ist nicht leicht, einen dicken Faden durch ein enges Nadelöhr zu ~** no es fácil pasar un hilo grueso por un ojo de aguja estrecho

Faden ['faːdən, *pl:* 'fɛːdən] *m* <-s, Fäden> **1.** (*Näh~*) hilo *m;* **der rote ~** (*fig*) el hilo conductor; **die Fäden in der Hand haben** [*o* **halten**] (*fig*) tener la sartén por el mango; **sein Schicksal hängt am seidenen ~** su vida pende de un hilo; **den ~ verlieren** (*fig*) perder el hilo, írsele el santo al cielo; **nach Strich und ~** (*fam*) totalmente; **keinen guten ~ an jdm lassen** poner a alguien como un trapo; **keinen trockenen ~ mehr am Leib haben** estar hecho una sopa **2.** (MED) punto *m;* **die Fäden ziehen** quitar los puntos

Fadenkreuz *nt* <-es, -e> (TECH) retícula *f;* **ins ~ geraten** (*fig*) ser blanco de las críticas [*o* acusaciones]; **jdn/etw im ~ haben** (*fig*) tener a alguien/algo en el punto de mira; **Fadennudeln** *fpl* (GASTR) fideos *mpl*

fadenscheinig ['faːdənʃaɪnɪç] *adj* (*abw: Argument*) poco convincente, sin fuerza, ralo *CSur*

Fadenwurm *m* <-(e)s, -würmer> filaria *f*

Fadheit *f* <-, *ohne pl*> insipidez *f*

Fagott [fa'gɔt] *nt* <-(e)s, -e> fagot *m;* **Fagottbläser(in)** *m(f)* <-s, -; -, -nen> (MUS) fagot(ista) *mf;* **sie spielt als ~in im Salzburger Stadtorchester** es la fagotista de [*o* toca el fagot en] la orquesta municipal de Salzburgo

Fagottist(in) [fagɔ'tɪst] *m(f)* <-en, -en; -, -nen> (MUS) *s.* **Fagottbläser**

fähig ['fɛːɪç] *adj* **1.** (*imstande*) capaz (*zu* de); **zu allem ~ sein** ser capaz de todo **2.** (*begabt*) inteligente **3.** (*geschickt*) hábil **4.** (*befähigt*) cualificado (*zu* para) **5.** (*geeignet*) idóneo (*zu* para)

Fähigkeit¹ *f* <-, *ohne pl*> (*das Imstandesein*) habilidad *f* (*zu* para), capacidad *f* (*zu* para)

Fähigkeit² *f* <-, -en> (*Begabung*) talento *m;* (*geistig*) facultad *f*

fahl [faːl] *adj* (*Farbe*) pálido; (*Gesichtsfarbe*) lívido; (*Licht*) mortecino; **das ~e Licht des Mondes** la luz mortecina de la luna; **er ist ganz ~ im Gesicht** está más blanco que el papel

fahnden ['faːndən] *vi:* **nach etw/jdm ~** buscar algo/a alguien

Fahndung *f* <-, -en> búsqueda *f* (*nach* de), pesquisas *fpl;* **Fahndungsfoto** *nt* <-s, -s> foto *f* de búsqueda, foto *f* de: se busca *fam;* **Fahndungsliste** *f* <-, -n> lista *f* de personas buscadas; **auf der ~ stehen** figurar en la lista de personas buscadas por la policía

Fahne¹ ['faːnə] *f* <-, -n> **1.** (*Flagge*) bandera *f,* estandarte *m;* (NAUT) pabellón *m;* **mit fliegenden ~n** con las banderas desplegadas; **etw auf seine ~ schreiben** (*fig*) fijarse algo como meta; **seine ~ nach dem Wind drehen** [*o* **hängen**] cambiar de camisa **2.** (TYPO) galerada *f,* prueba *f*

Fahne² *f* <-, *ohne pl*> (*fam: Atem*) tufo *m* de [*o* a] alcohol; **eine ~ haben** apestar a alcohol

Fahnenabzug *m* <-(e)s, -züge> (TYPO) galerada *f,* prueba *f;* **Fahneneid** *m* <-(e)s, -e> (MIL) jura *f* de la bandera; **Fahnenflucht** *f* <-, *ohne pl*> (MIL) deserción *f;* **fahnenflüchtig** *adj* (MIL) desertor; **~ werden** desertar; **Fahnenflüchtige(r)** *mf* <-n, -n; -n, -n> (MIL) desertor(a) *m(f);* (*Wehrpflichtiger*) prófugo *m;* **Fahnenhalter** *m* <-s, -> (MIL) portabandera *f;* **Fahnenmast** *m* <-(e)s, -e> asta *f* de la bandera; **Fahnenstange** *f* <-, -n> asta *f* (de una bandera); **Fahnenträger(in)** *m(f)* <-s, -; -, -nen> abanderado, -a *m, f*

Fähnrich ['fɛːnrɪç] *m* <-s, -e> (MIL) aspirante *m* a oficial (*en el ejército alemán*); **~ zur See** guardiamarina *m,* guardia *m* marina

Fahrausweis *m* <-es, -e> **1.** (*Fahrkarte*) billete *m,* pasaje *m,* boleto *m Am* **2.** (*Schweiz: Führerschein*) carné *m* de conducir, permiso *m* de conducir; **Fahrausweisautomat** *m* <-en, -en> expendedor *m* automático de billetes

Fahrbahn *f* <-, -en> vía *f;* **das Auto war von der ~ abgekommen** el coche se salió de la carretera; **Fahrbahnverengung** *f* <-, -en> (AUTO) estrechamiento *m* de la vía

fahrbar *adj* (TECH) móvil, con ruedas *fam;* **ein ~er Untersatz** (*fam*) *bicicleta, coche u otro vehículo*

fahrbereit *adj* (AUTO) en condiciones (de poder funcionar); **der Wagen stand in leicht beschädigtem, aber noch ~em Zustand auf dem Hof** el coche estaba en el patio, tenía ligeros desperfectos pero funcionaba aún

Fahrbereitschaft¹ *f* <-, -en> (*Dienststelle*) *parque móvil de coches y conductores oficiales de una institución*

Fahrbereitschaft² *f* <-, *ohne pl*> (*Bereitschaftsdienst*) servicio *m* de conductor; **~ haben** estar de servicio como conductor

Fahrdienstleiter(in) *m(f)* <-s, -; -, -nen> (EISENB) jefe, -a *m, f* de estación

Fähre ['fɛːrə] *f* <-, -n> transbordador *m,* ferry *m;* **die ~ nach England nehmen** coger [*o* tomar] el ferry hacia Inglaterra

fahren ['faːrən] <fährt, fuhr, gefahren> **I.** *vi sein* **1.** (*los~*) salir; **der Zug fährt in 5 Minuten** el tren sale dentro de 5 minutos **2.** (*sich fortbewegen*) ir (*mit* en); (*Fahrzeug*) estar en marcha; **mit dem Motorrad ~** ir en moto; **Rollschuh ~** patinar; **Ski ~** esquiar; **Karusell ~** montar(se) en el tiovivo; **geradeaus ~** seguir recto; **wie schnell fährt dein Auto?** ¿qué velocidad puede alcanzar tu coche?; **wie schnell fährst du?** ¿a qué velocidad vas? **3.** (*verkehren*) pasar, circular; **die Straßenbahn fährt alle 10 Minuten/durch das Zentrum** el tranvía pasa cada 10 minutos/por el centro; **die Züge ~ nicht am Wochenende** los trenes no circulan los fines de semana **4.** (*reisen*) ir (*nach* a) **5.** (*durch/über etw streichen*): **sie fuhr ihm durch die Haare** le pasó la mano por el pelo **6.** (*fam: zurechtkommen*) llevarse bien; **er ist mit ihm immer gut ge~** siempre se ha llevado bien con él **7.** (*Wend*): **der Schreck fuhr ihm in die Glieder** el susto le atravesó de parte a parte; **~ lassen** (*loslassen*) soltar; (*aufgeben*) abandonar, dejar; **er ließ das Seil ~ und stürzte in die Tiefe** soltó [*o* se desasió de] la cuerda y se precipitó al vacío; **lass diesen Kerl doch ~, der ist es nicht wert, dass du weiter an ihm festhältst!** ¡deja al tipo ese, no se merece que sigas con él! **II.** *vt* **1.** *haben o sein* (*Straße, Umleitung*) ir (por) **2.** (*befördern*) transportar, llevar; (*Personen*) llevar; **ich fahre dich nach Hause** te llevo a casa **3.** (*steuern*) conducir, manejar *Am;* **lass mich ~** déjame conducir a mí **4.** (SPORT): **ein Rennen ~** participar en una carrera (de automóviles); **eine gute Zeit ~** conseguir buenos resultados en una carrera **5.** (*Produktion*): **Sonderschichten ~** hacer turnos extras; **die Produktion wird vorübergehend mit 50% ge~** la producción se reducirá temporalmente a un 50% **III.** *vr:* **sich ~** (*Fahrzeug*) marchar, funcionar; **dein Wagen fährt sich immer noch gut** tu coche aún está en buenas condiciones

fahrend *adj* (HIST: *Musikant*) ambulante; **~es Volk** pueblo errante; **früher spielten ~e Musikanten auf Festen auf** antiguamente los músicos ambulantes tocaban en las fiestas

Fahrenheit ['fa:rənhaɪt] (PHYS): **20 Grad ~** 20 grados Fahrenheit

fahren|lassen* *irr vt s.* **fahren I.7.**

Fahrensmann *m* <-(e)s, -leute *o* -männer> (*nordd: Seemann*) marinero *m*

Fahrer(in) ['fa:rɐ] *m(f)* <-s, -; -, -nen> (*Auto~, Bus~*) conductor(a) *m(f),* chófer *mf;* (*Motorrad~*) motociclista *mf;* (*Fahrrad~*) ciclista *mf*

Fahrerei [fa:rə'raɪ] *f* <-, *ohne pl*> (*abw*) conducir *m* constantemente, viajar *m* constantemente; **er hatte die ständige ~ von München nach Augsburg satt** (*fam*) estaba harto de viajar constantemente de Múnich a Augsburgo

Fahrerflucht *f* <-, *ohne pl*> *huida del lugar del accidente* (*y omisión de socorro*); **~ begehen** huir del lugar del accidente; **Fahrerhaus** *nt* <-es, -häuser> cabina *f* del conductor

Fahrerin *f* <-, -nen> *s.* **Fahrer**

Fahrerlaubnis *f* <-, -se> (*formal*) **1.** (*Genehmigung*) permiso *m* de conducir **2.** (*Führerschein*) carné *m* de conducir

Fahrersitz *m* <-(e)s, -e> (AUTO, EISENB) asiento *m* del conductor

Fahrgast *m* <-(e)s, -gäste> pasajero, -a *m, f;* **Fahrgeld** *nt* <-(e)s, *ohne pl*> precio *m* del billete, tarifa *f;* **das ~ zurückerstatten** r(e)embolsar el precio del billete; **Fahrgelegenheit** *f* <-, -en> **1.** (*zum Mitfahren*) *oportunidad de viajar con alguien en su coche* **2.** (*Verkehrsverbindung*) comunicación *f;* **Fahrgemeinschaft** *f* <-, -en> *grupo de personas que se juntan para ir al trabajo en un sólo vehículo, para economizar gasolina y proteger el medio ambiente;* **sie bildeten eine ~ zur Arbeit** se juntaron para ir al trabajo en un coche; **Fahrgeschwindigkeit** *f* <-, -en> velocidad *f* (en la conducción de un vehículo); **durch überhöhte ~ kommt es häufig zu Unfällen** el exceso de velocidad es causa frecuente de accidentes; **Fahrgestell** *nt* <-(e)s, -e> **1.** (AUTO) chasis *m inv* **2.** (AERO) tren *m* de aterrizaje

fahrig ['fa:rɪç] *adj* **1.** (*unruhig*) inquieto, nervioso **2.** (*zerstreut*) distraído

Fahrkarte *f* <-, -n> billete *m,* pasaje *m,* boleto *m Am;* **eine ~ hin und zurück** un billete de ida y vuelta; **eine ~ lösen** comprar un billete; **Fahrkartenausgabe** *f* <-, -n> *s.* Fahrkartenschalter; **Fahrkartenautomat** *m* <-en, -en> distribuidor *m* automático de billetes; **Fahrkartenschalter** *m* <-s, -> ventanilla *f* de venta de billetes, despacho *m* de billetes

Fahrkomfort *m* <-s, *ohne pl*> (AUTO) comodidad *f*

fahrlässig ['fa:ɐlɛsɪç] *adj* descuidado, negligente; **~e Tötung** (JUR) homicidio imprudente; **grob ~** gravemente negligente; **~ handeln** obrar con imprudencia [*o* con descuido]

Fahrlässigkeit *f* <-, -en> negligencia *f,* descuido *m;* (JUR) imprudencia *f;* **grobe/schuldhafte/strafbare ~** imprudencia temeraria/culposa/punible

Fahrlehrer(in) *m(f)* <-s, -; -, -nen> profesor(a) *m(f)* de autoescuela

Fährmann ['fɛ:ɐ-] *m* <-(e)s, -männer *o* -leute> barquero *m*

Fahrplan *m* <-(e)s, -pläne> horario *m;* **Fahrplanauszug** *m* <-(e)s, -züge> nota *f* de un horario, extracto *m* de un horario

fahrplanmäßig *adj* conforme al horario previsto; **~ abfahren/ankommen** salir/llegar a la hora prevista

Fahrpraxis *f* <-, *ohne pl*> experiencia *f* en conducir con el coche; **er hat erst wenig ~** aún tiene poca práctica con el coche; **sie muss erst ~ erlangen** todavía tiene que adquirir práctica con el coche

Fahrpreis *m* <-es, -e> precio *m* del trayecto [*o* del billete]; **Fahrpreisermäßigung** *f* <-, -en> rebaja *f* en el precio del billete

Fahrprüfung *f* <-, -en> (examen *m*) práctico *m* de conducir; **die ~ ablegen** hacer el examen práctico de conducir

Fahrrad ['fa:ɐra:t] *nt* <-(e)s, -räder> bicicleta *f,* bici *f fam,* ciclo *m Cuba;* (**mit dem**) ~ **fahren** ir en bicicleta; **Fahrradfahrer**(**in**) *m(f)* <-s, -; -, -nen> ciclista *mf;* **Fahrradkette** *f* <-, -n> cadena *f* de la bicicleta; **Fahrradkurier** *m* <-s, -e> mensajero, -a *m, f* exprés en bicicleta; **Fahrradständer** *m* <-s, -> aparcamiento *m* para bicicletas; **Fahrradtourist**(**in**) *m(f)* <-en, -en; -, -nen> cicloturista *mf;* **Fahrradweg** *m* <-(e)s, -e> pista *f* para ciclistas; (*in der Stadt*) carril *m* para bicicletas

Fahrrichtung *f* <-, -en> (*Schweiz*) *s.* Fahrtrichtung; **Fahrrinne** *f* <-, -n> (AUTO) ranura *f* de la vía; (NAUT) trayecto *m* navegable

Fahrschein *m* <-(e)s, -e> *s.* Fahrkarte; **Fahrscheinautomat** *m* <-en, -en> *s.* Fahrkartenautomat; **Fahrscheinentwerter** *m* <-s, -> máquina *f* canceladora de billetes

Fährschiff *nt* <-(e)s, -e> *s.* **Fähre**

Fahrschule *f* <-, -n> autoescuela *f;* **Fahrschüler**(**in**) *m(f)* <-s, -; -, -nen> persona *f* que está sacando el permiso de conducir; **Fahrspur** *f* <-, -en> (AUTO) vía *f;* **Fahrstil** *m* <-(e)s, -e> estilo *m* de conducción; **manche Autofahrer haben einen aggressiven** ~ algunos conductores tienen un estilo de conducción agresivo; **dein ~ geht mir auf die Nerven!** ¡me pone frenético cómo conduces!; **bei ihrem riskanten ~ wundert es mich, dass sie noch keinen Unfall gehabt hat!** conduciendo de esa manera tan arriesgada como lo hace, ¡me sorprende que aún no haya tenido ningún accidente!

Fahrstuhl *m* <-(e)s, -stühle> ascensor *m;* (*für Lasten*) montacargas *m inv;* **Fahrstuhlführer**(**in**) *m(f)* <-s, -; -, -nen> ascensorista *mf;* **Fahrstuhlschacht** *m* <-(e)s, -schächte> hueco *m* del ascensor, caja *f* del ascensor

Fahrstunde *f* <-, -n> clase *f* de conducir; **~n nehmen** tomar clases de conducir

Fahrt [faːɐt] *f* <-, -en> **1.** (*Reise*) viaje *m;* (*Ausflug*) excursión *f;* (*Strecke*) trayecto *m;* **nach drei Stunden** ~ después de tres horas de viaje; **auf der** ~ durante el viaje; **eine ~ antreten** irse de viaje; **gute ~!** ¡buen viaje!; **freie ~ haben** tener el paso libre **2.** (*Geschwindigkeit*) velocidad *f,* marcha *f;* **in voller** ~ a toda velocidad; **er kommt richtig in** ~ (*fam fig*) se está animando **3.** (FILM: *Kamera~*) movimiento *m* de la cámara

fährt [fɛːɐt] *3. präs von* **fahren**

Fahrtantritt *m* <-(e)s, -e> comienzo *m* de un viaje; **ein verantwortungsbewusster Autofahrer kontrolliert vor ~, ob sein Auto in Ordnung ist** un conductor responsable comprueba que su coche está en condiciones antes de ponerse en camino; **Fahrscheine für die Straßenbahn sind vor ~ am Automaten zu lösen** los billetes deben sacarse en las máquinas expendedoras antes de subir al tranvía

fahrtauglich *adj* en condiciones de conducir; ~ **sein** estar en condiciones de conducir; **Fahrtauglichkeit** *f* <-, *ohne pl*> capacidad *f* para conducir; **der Arzt bescheinigte ihre** ~ el médico certificó que está en condiciones de conducir

Fahrtdauer *f* <-, *ohne pl*> duración *f* del viaje [*o* del recorrido]; **nach einer ~ von drei Stunden gelangten sie an ihr Ziel** después de haber estado viajando tres horas llegaron finalmente a su destino

Fährte [ˈfɛːɐtə] *f* <-, -n> rastro *m,* pista *f;* **auf der falschen ~ sein** seguir una falsa pista; **auf der richtigen ~ sein** ir por el buen camino; **jdn auf die richtige ~ bringen** poner a alguien sobre la buena pista

Fahrtenbuch *nt* <-(e)s, -bücher> (AUTO) libro *m* de ruta; **Fahrtenmesser** *nt* <-s, -> cuchillo *m* de excursionista [*o* de funda]; **Fahrtenschreiber** *m* <-s, -> (AUTO) tacógrafo *m,* tacómetro *m*

Fahrtkosten *pl* gastos *mpl* de viaje; **die ~ voll erstatten** r(e)embolsar íntegramente los gastos de viaje

Fahrtrichtung *f* <-, -en> sentido *m* de marcha [*o* de trayecto]; **entgegen der** ~ en sentido contrario; **in** ~ en sentido [*o* dirección] de marcha; **in ~ Süden** en dirección al Sur; **Fahrtrichtungsanzeiger** *m* <-s, -> (AUTO) indicador *m* de dirección

fahrtüchtig *adj* **1.** (*Person*) capaz de conducir **2.** (*Fahrzeug*) en estado de marcha, a punto, en buen estado

Fahrtüchtigkeit *f* <-, *ohne pl*> **1.** (*Person*) capacidad *f* de conducir **2.** (*Fahrzeug*) estado *m* de marcha

Fahrtunterbrechung *f* <-, -en> interrupción *f* del viaje, parada *f* en medio del viaje; **Fahrtwind** *m* <-(e)s, -e> (*Gegenwind*) viento *m* en contra

fahruntüchtig [ˈfaːɐʔʊntʏçtɪç] *adj* **1.** (*Person*) incapaz de conducir **2.** (*Fahrzeug*) no apto para el transporte

Fahrverbot *nt* <-(e)s, -e> retirada *f* del permiso de conducir; **ein ~ von drei Monaten verhängen** retirar el carné de conducir por tres meses; **Fahrverhalten** *nt* <-s, *ohne pl*> **1.** (*Person*) conducta *f* en el tráfico **2.** (*Fahrzeug*) cualidades *fpl* ruteras; **Fahrwasser** *nt* <-s, *ohne pl*> aguas *fpl* navegables; (*Durchfahrt*) canal *m* de navegación; **in jds ~ schwimmen** (*fam fig*) seguirle la corriente a alguien; **Fahrweise** *f* <-, -n> *s.* Fahrstil; **Fahrwerk** *nt* <-(e)s, -e> (AERO) tren *m* de aterrizaje; **Fahrwind** *m* <-(e)s, -e> **1.** (NAUT) viento *m* en popa [*o* a favor] **2.** *s.* Fahrtwind; **Fahrzeit** *f* <-, -en> duración *f* del trayecto; **nach einer ~ von drei Stunden** después de tres horas de viaje

Fahrzeug *nt* <-(e)s, -e> vehículo *m;* **Fahrzeugbau** *m* <-(e)s, *ohne pl*> construcción *f* de vehículos; **Fahrzeugbrief** *m* <-(e)s, -e> permiso *m* de circulación; **Fahrzeug-**

halter(in) *m(f)* <-s, -; -, -nen> titular *mf* del vehículo, proprietario, -a *m, f* del vehículo; **Fahrzeugindustrie** *f* <-, -n> (WIRTSCH) industria *f* automovilística; **Fahrzeuglenker(in)** *m(f)* <-s, -; -, -nen> (*Schweiz: Fahrer*) conductor(a) *m(f)* (del vehículo); **Fahrzeugnummer** *f* <-, -n> número *m* de bastidor; **Fahrzeugpapiere** *ntpl* documentación *f* del vehículo, papeles *mpl* del coche *fam;* **Fahrzeugpark** *m* <-s, -s> *s.* Fuhrpark; **Fahrzeugschein** *m* <-(e)s, -e> documentación *f* del vehículo; **Fahrzeugzulassung** *f* <-, -en> matriculación *f* (del vehículo)

Faible ['fɛɪbəl] *nt* <-s, -s> (*geh*) afición *f* (*für* a), inclinación *f* (*für* por); **ein ~ für etw haben** tener un flaco por algo *fam*

fair [fɛːɐ] *adj* (*anständig*) correcto; (*gerecht*) justo; (SPORT) limpio; **~ spielen** jugar limpio; **sich ~ verhalten** comportarse correctamente

FairnessRR ['fɛːɐnɛs] *f* <-, *ohne pl*>, **Fairneß** *f* <-, *ohne pl*> comportamiento *m* leal; (SPORT) juego *m* limpio

Fairplay ['fɛːɐ'plɛɪ] *nt* <-, *ohne pl*> (*a.* SPORT) fair play *m*

Fäkalien [fɛ'kaːliən] *fpl* (*formal*) heces *fpl,* excrementos *mpl;* **Fäkalienschlamm** *m* <-(e)s, -e *o* -schlämme> cieno *m* fecal

Fakir [fa'kiːɐ] *m* <-s, -e> faquir *m*

Faksimile [fak'ziːmile] *nt* <-s, -s> facsímil *m;* **Faksimileausgabe** *f* <-, -n> edición *f* facsímil; **er besaß eine ganze Reihe ~n von mittelalterlichen Handschriften** poseía una serie completa de facsímiles de manuscritos medievales

Fakten ['faktən] *pl von* **Faktum**

faktisch ['faktɪʃ] **I.** *adj* real, efectivo **II.** *adv* de hecho

Faktor ['faktoːɐ] *m* <-s, -en> **1.** (*Umstand*) factor *m* **2.** (MATH) coeficiente *m,* factor *m;* **Faktorenmatrix** *f* <-, -matrizes *o* -matrizen> (WIRTSCH) matriz *f* factorial; **Faktorkosten** *pl* (FIN, WIRTSCH) coste *m* de los factores

Faktorproportionentheorem *nt* <-s, *ohne pl*> (WIRTSCH) teorema *m* Heckscher-Ohlin

Faktotum [fak'toːtʊm] *nt* <-s, -s *o* Fakten> **1.** (*Arbeitskraft*) factótum *m;* **sie ist Mädchen für alles, eben das ~ im Haus** es la chica para todo, por así decirlo, el factótum de la casa **2.** (*fam: schrulliger Mensch*) vejecito *m* singular

Faktum ['faktʊm] *nt* <-s, Fakten> hecho *m;* **sich auf die Fakten stützen** basarse en los hechos

fakturieren* [faktu'riːrən] *vt* (FIN, WIRTSCH) facturar

Fakultas [fa'kʊltas, *pl:* fakʊl'tɛːtn] *f* <-, Fakultäten>: **die ~ für etw haben** tener el diploma de aptitud para impartir algo; **die Universität sucht eine Lehrkraft mit ~ in Spanisch und Italienisch** la Universidad busca docente cualificado para impartir español e italiano

Fakultät [fakʊl'tɛːt] *f* <-, -en> **1.** (UNIV) facultad *f;* **die medizinische ~** la facultad de medicina **2.** (MATH) factorial *f*

Fakultäten *pl von* **Fakultas**, **Fakultät**

fakultativ [fakʊlta'tiːf] *adj* (*geh*) facultativo

Falange [fa'laŋgə] *f* (POL, HIST) Falange *f* Española y de las JONS

Falbe ['falbə] *m* <-n, -n> (ZOOL) caballo *m* bayo

Falke ['falkə] *m* <-n, -n> halcón *m*

Falkner(in) ['falknɐ] *m(f)* <-s, -; -, -nen> halconero, -a *m, f*

Fall1 [fal] *m* <-(e)s, *ohne pl*> (*das Fallen, a.* PHYS) caída *f;* **freier ~** caída libre; **zu ~ kommen** (*geh*) caerse; (*fig*) fracasar; **er hat ihn zu ~ gebracht** (*geh fig*) le ha hecho fracasar

Fall2 [fal, *pl:* 'fɛlə] *m* <-(e)s, Fälle> **1.** (*Umstand, a.* MED, LING, JUR) caso *m;* **für den ~, dass ...** en caso de que... *+subj;* **gesetzt den ~, dass ...** pongamos por caso que... *+subj;* **auf gar keinen ~** de ninguna manera; **auf jeden ~** en cualquier caso; **im schlimmsten/günstigsten ~** en el peor/mejor de los casos; **er ist ein hoffnungsloser ~** es un caso perdido; **ein (leichter/schwerer) ~ von ...** un caso (leve/grave) de...; **in diesem ~** en este caso; **der vorliegende ~** el presente caso; **von ~ zu ~** caso por caso; **auf alle Fälle** de todas maneras; **für alle Fälle** por si acaso **2.** (JUR: *Rechtssache*) causa *f*

Fallback [fɔːl'bɛk] *nt* <-(s), -s> (TEL) fallback *m*

Fallbeil *nt* <-(e)s, -e> guillotina *f*

Falle ['falə] *f* <-, -n> **1.** (*Hinterhalt, Fanggerät*) trampa *f;* **in der ~ sitzen** haber caído en la trampa, haber mordido el anzuelo; **jetzt schnappt die ~ zu** ahora se cierra la trampa; **jdm eine ~ stellen** tender(le) [*o* poner(le)] a alguien una trampa **2.** (*Schweiz: Türklinke*) picaporte *m* **3.** (*fam: Bett*) cama *f,* catre *m;* **in die ~ gehen** ir a la cama

Fälle *pl von* **Fall**2

fallen ['falən] <fällt, fiel, gefallen> *vi sein* **1.** (*hinab~, sich stürzen, a.* MIL) caer; **~ lassen** (*Dinge*) dejar caer; (*Masche*) dejar escapar, perder; (*Plan*) abandonar; (*Person*) abandonar (en la estacada); **Vorsicht, fall nicht!** ¡cuidado, no te caigas!; **sie ließ sich in einen Sessel ~** se dejó caer en un sillón; **die Tür fiel ins Schloss** la puerta se engatilló; **es fällt Schnee** nieva; **es fällt Regen** llueve; **er ließ den Plan ~** renunció al proyecto; **sie fiel in tiefen Schlaf** cayó en un profundo sueño; **er fällt von einem Extrem ins andere** va de un extremo a otro; **jdm um den Hals ~** echar(le) los brazos al cuello a alguien; **sie ist nicht auf den Mund ge~** (*fam*) tiene buenas salidas; **sie ist nicht auf den Kopf ge~** (*fam fig*) no tiene un pelo de tonta; **er fiel ihr ins Wort** la interrumpió **2.** (*sinken*) bajar, descender; **die Temperatur ist um 10 Grad ge~** la temperatura descendió 10 grados; **im Preis ~** bajar de precio; **der Dollar fällt immer noch** el dólar sigue bajando **3.** (*sich richten, treffen*) recaer (*auf* sobre, *an* en); **die Wahl fiel auf ihn** fue nombrado él, salió elegido él; **die Erbschaft fiel an die Kinder** la herencia les tocó a los hijos; **da fiel sein Blick auf den Kalender** entonces, dirigió la mirada hacia el [*o* al] calendario **4.** (*erfasst werden*) entrar (*in/unter* en), estar incluido (*in/unter* en); **das fällt auch in diese Kategorie** esto también entra en esta categoría; **das fällt nicht unter diese Bestimmung** esto no está incluido en estas disposiciones **5.** (*Licht*) penetrar, caer **6.** (*Entscheidung*) ser tomado; (*Urteil*) ser fallado, ser dictado **7.** (*verlauten*): **eine Bemerkung ~ lassen** dejar caer un comentario; **sein Name ist nicht ge~** su nombre no fue mencionado; **darüber ist noch kein Wort ge~** sobre eso no se ha dicho aún ni palabra **8.** (*sich ereignen*): **kurz danach fiel das Tor zum 3:0** poco después se produjo el gol del 3 a 0; **sein Geburtstag fällt dieses Jahr auf einen Montag** su cumpleaños cae este año en lunes; **es fielen drei Schüsse** se oyeron tres disparos **9.** (*sein*): **das fällt ihm schwer/leicht** esto le resulta difícil/fácil; **Chemie ist mir nie leicht ge~** la química siempre me ha costado trabajo; **es dürfte dir schwer ~, das zu beweisen** te costará probar eso; **es ist mir sehr schwer ge~, das zu sagen** me ha costado mucho decirlo

fällen ['fɛlən] *vt* **1.** (*Baum, Holz*) talar, tumbar *Am* **2.** (*Entscheidung*): **ein Urteil ~** (JUR) fallar, dictar sentencia; **ein Urteil über jdn ~** juzgar a alguien, emitir un juicio sobre alguien **3.** (MATH: *Lot*) trazar; **das Lot auf einer Geraden ~** trazar la perpendicular sobre una recta

fallen|lassen *irr vt s.* **fallen 1., 7.**

Fallensteller(in) *m(f)* <-s, -; -, -nen> cazador(a) *m(f)* que utiliza trampas

Fallgeschwindigkeit *f* <-, -en> (PHYS) velocidad *f* de caída

Fallgesetz *nt* <-(e)s, -e> (PHYS) ley *f* de la gravedad; **Fallgrube** *f* <-, -n> trampa *f*, hoyo *m*

fällig ['fɛlɪç] *adj* **1.** (FIN: *Zinsen*) pagadero, vencido; **~e Forderung** obligación exigible; **~e Rechnung** cuenta pendiente de pago; **morgen wird die Zahlung ~** mañana se cumple el plazo; **am [*o* zum] 20. Oktober ~ sein** vencer el 20 de octubre; **noch nicht ~** por vencer; **das Schiff ist ~ am ...** se espera que el barco llegue el... **2.** (*notwendig*) necesario

Fälligkeit *f* <-, -en> (FIN) vencimiento *m*; **bei/nach/vor ~** al/después del/antes del vencimiento; **Fälligkeitstag** *m* <-(e)s, -e> día *m* del vencimiento; **Fälligkeitstermin** *m* <-s, -e> fecha *f* de vencimiento

Falliment [fali'mɛnt] *nt* <-s, -e> (WIRTSCH) quiebra *f*

Fallobst *nt* <-(e)s, *ohne pl*> frutas *fpl* caídas (del árbol)

Fallout ['fɔːl'ʔaʊt] *m* <-s, -s>, **Fall-out**[RR] *m* <-s, -s> precipitación *f* radi(o)activa, lluvia *f* radi(o)activa; **nach dem Unglück von Tschernobyl ging der ~ auch in Deutschland nieder** tras el accidente de Chernóbil, se registró también en Alemania lluvia radiactiva

Fallreep ['falreːp] *nt* <-s, -s> (NAUT) escalerilla *f* de portalón

falls [fals] *konj* en caso de que +*subj*, si; **~ du Lust hast, komm mit** si tienes ganas, vente

Fallsammlung *f* <-, -en> (JUR) casuística *f*

Fallschirm *m* <-(e)s, -e> paracaídas *m inv*; **mit dem ~ abspringen** lanzarse en paracaídas; **Fallschirmabsprung** *m* <-(e)s, -sprünge> salto *m* en paracaídas; **Fallschirmjäger(in)** *m(f)* <-s, -; -, -nen> (MIL) paracaidista *mf*; **Fallschirmspringen** *nt* <-s, *ohne pl*> paracaidismo *m*; **Fallschirmspringer(in)** *m(f)* <-s, -; -, -nen> paracaidista *mf*

Fallstrick *m* <-(e)s, -e> trampa *f*, ardid *m*; **im Kleingedruckten von Verträgen sind häufig ~e versteckt** en la letra pequeña [*o* menuda] de los contratos a menudo se esconden trampas; **jdm ~e legen** engañar a alguien, tender a alguien una trampa

Fallstudie *f* <-, -n> estudio *m* científico (de un caso concreto)

fällt [fɛlt] *3. präs von* **fallen**

Falltür *f* <-, -en> trampilla *f*; (NAUT) escotilla *f*

Fällung *f* <-, -en> **1.** (*eines Baumes*) tala *f* **2.** (*eines Urteils, Schiedsspruchs*) pronunciamiento *m* **3.** (CHEM: *eines Stoffes*) precipitación *f*

Fallwind *m* <-(e)s, -e> (METEO) viento *m* descendente

falsch [falʃ] **I.** *adj* **1.** (*verkehrt*) equivocado, erróneo; **in den ~en Zug einsteigen** equivocarse de tren; **~er Alarm** falsa alarma; **bei jdm an den F~en geraten** equivocarse con alguien; **etw in den ~en Hals bekommen** malentender algo y tomarlo a mal **2.** (*gefälscht*) falsificado, falso; (*Zähne*) postizo; (*Schmuck*) falso, de imitación **3.** (*unpassend*) erróneo, falso; **nur keine ~e Bescheidenheit** todo, menos falsa modestia **4.** (*hinterhältig*) falso, alevoso; **~e Versprechungen machen** hacer promesas en vano **II.** *adv* mal; **~ berechnen/darstellen** calcular/exponer mal; **Sie sind ~ verbunden** (TEL) se ha equivocado Ud. de número; **das hast du ~ verstanden** lo has entendido mal; **das hat er ~ aufgefasst** esto lo ha entendido mal, esto le ha sentado mal *fam*; **damit liegst du ~** estás equivocado; **mit dieser Antwort liegst du total ~** esta contestación es completamente falsa; **~ parken** aparcar en lugar prohibido; **da sind Sie hier ~** se ha equivocado Ud. de lugar; **~ spielen** (*betrügen*) hacer trampas (en el juego)

Falschaussage *f* <-, -n> (JUR) falso testimonio *m*

fälschen ['fɛlʃən] *vt* falsificar; **Geld/Urkunden** ~ falsificar dinero/documentos

Fälscher(in) *m(f)* <-s, -; -, -nen> falsificador(a) *m(f)*

Falschfahrer(in) *m(f)* <-s, -; -, -nen> conductor(a) *m(f)* suicida

Falschgeld *nt* <-(e)s, *ohne pl*> dinero *m* falso; (*Münze*) moneda *f* falsa; (*Schein*) billete *m* falso; **Falschgeldherstellung** *f* <-, *ohne pl*> (*Geldscheine*) falsificación *f* de billetes

Falschheit *f* <-, -en> falsedad *f;* (*Hinterhältigkeit*) alevosía *f*

fälschlich ['fɛlʃlɪç] *adj* erróneo, equivocado; ~ **beschuldigt werden** ser culpado injustamente [*o* por error]

fälschlicherweise ['---'--] *adv* **1.** (*irrtümlicherweise*) por error **2.** (*zu Unrecht*) injustamente

falsch|liegen *irr vi s.* **falsch II.**

Falschmeldung *f* <-, -en> noticia *f* errónea, borrego *m Am;* **Falschmünzer(in)** ['falʃmʏntsɐ] *m(f)* <-s, -; -, -nen> (JUR) falsificador(a) *m(f)* de monedas; **Falschmünzerei** *f* <-, *ohne pl*> falsificación *f* de moneda; **Falschmünzerin** *f* <-, -nen> *s.* **Falschmünzer**; **Falschparker** ['falʃparkɐ] *m* <-s, -> persona *f* que aparca en zona prohibida; **falsch|spielen** *vi s.* **falsch II.**; **Falschspieler(in)** *m(f)* <-s, -; -, -nen> fullero, -a *m, f,* tahúr, -ura *m, f,* tramposo, -a *m, f fam*

Fälschung ['fɛlʃʊŋ] *f* <-, -en> **1.** (*Tätigkeit*) falsificación *f,* falseamiento *m* **2.** (*Gegenstand*) falsificación *f;* **fälschungssicher** *adj* que no se puede falsificar; **ein ~er Ausweis** un documento de identificación infalsificable

Falsett [fal'zɛt] *nt* <-(e)s, -e> (MUS) falsete *m*

Falsifikat [falzifi'ka:t] *nt* <-(e)s, -e> (*geh*) falsificación *f*

Falsifikation [falzifika'tsjo:n] *f* <-, -en> (*geh*) **1.** (*Widerlegung*) refutación *f* **2.** (*Verfälschung*) falsificación *f*

falsifizieren* [falzifi'tsi:rən] *vt* **1.** (*widerlegen*) refutar **2.** (*verfälschen*) falsificar

Faltblatt *nt* <-(e)s, -blätter> prospecto *m,* folleto *m;* **Faltboot** *nt* <-(e)s, -e> bote *m* hinchable; **Faltdach** *nt* <-(e)s, -dächer> techo *m* plegable

Falte ['faltə] *f* <-, -n> **1.** (*in Stoff, Papier*) pliegue *m,* doblez *m;* **etw in ~n legen** doblar algo; **~n werfen** hacer pliegues **2.** (*Haut~*) arruga *f;* **ich bekomme ~n** me están saliendo arrugas; **die Stirn in ~n legen** fruncir el ceño

falten ['faltən] *vt* **1.** (*Papier, Stoff*) doblar, plegar **2.** (*Hände*) juntar

faltenfrei *adj* (*Gesicht*) sin arrugas; (*Stoffart*) que no se arruga; **Faltengebirge** *nt* <-s, -> (GEO) montañas *fpl* plegadas; **faltenlos** *adj* sin arrugas, liso; **ihre ~e Haut ist das Ergebnis ihres zweiten Faceliftings!** ¡la tersura de su piel es el resultado de su segundo "lifting"!; **faltenreich** *adj* (*Gesicht*) lleno de arrugas, ajado; (*Stoff*) arrugado; **Faltenrock** *m* <-(e)s, -röcke> falda *f* plisada [*o* de tablas]; **Faltenwurf** *m* <-(e)s, *ohne pl*> (*Stoff*) (efecto *m* del) pliegue *m,* caída *f*

Falter ['faltɐ] *m* <-s, -> (ZOOL) mariposa *f*

faltig *adj* **1.** (*Gesicht*) arrugado **2.** (*Stoff*) con muchos pliegues, plisado; (*zerknittert*) arrugado

Faltkarton *m* <-s, -s *o* -e> caja *f* de cartón plegable; **Faltprospekt** *m* <-(e)s, -e> folleto *m,* tríptico *m*

Falz [falts] *m* <-es, -e> **1.** (*Buchbinderei*) pliegue *m* **2.** (ARCHIT) renvalso *m;* (*Kerbschnitt*) muesca *f,* rebajo *m*

falzen ['faltsən] *vt* **1.** (*Papier*) plegar **2.** (*Holz*) ensamblar

Fam. *Abk. von* **Familie** familia *f*

familiär [fami'ljɛ:ɐ] *adj* familiar; **er musste wegen ~er Angelegenheiten weg** tuvo que irse por asuntos familiares

Familie [fa'mi:ljə] *f* <-, -n> familia *f;* **eine ~ gründen** fundar un hogar; **er gehört zur ~** es de la familia; **das liegt in der ~** es cosa de familia; **das kommt in den besten ~n vor** en todos los sitios cuecen habas, eso pasa en las mejores familias; **das bleibt in der ~** esto queda entre nosotros; **Familienangehörige(r)** *mf* <-n, -n; -n, -n> familiar *mf,* pariente *mf;* **Familienanschluss**[RR] *m* <-es, *ohne pl*> acogida *f* (de un extraño) en una familia; **Familienanzeige** *f* <-, -n> anuncio *m* (*de bodas, bautizos, etc.*); **sie gaben ihre Hochzeit durch eine ~ bekannt** dieron a conocer su enlace matrimonial mediante un anuncio en el periódico; **Familienbesitz** *m* <-es, -e> patrimonio *m* familiar; **in ~ sein** ser propiedad familiar; **die Ländereien befinden sich seit Generationen in ~** las tierras son desde generaciones propiedad de la familia; **nach dem Tod des Vaters wurde der ~ unter den Kindern aufgeteilt** tras la muerte del padre se repartieron las propiedades de la familia entre los hijos; **Familienbetrieb** *m* <-(e)s, -e> establecimiento *m* de explotación familiar, empresa *f* familiar; **Familienbuch** *nt* <-(e)s, -bücher> libro *m* de familia; **Familienfeier** *f* <-, -n> fiesta *f* familiar; **Familienfest** *nt* <-(e)s, -e> fiesta *f* familiar, reunión *f* familiar; **anlässlich seines 50. Geburtstages kamen sie alle zum ~** con motivo de su 50 cumpleaños, toda la familia se reunió para celebrarlo; **Familiengesellschaft** *f* <-, -en> (JUR, WIRTSCH) sociedad *f* familiar; **Familienheim** *nt* <-(e)s, -e> hogar *m* familiar; **Familienkreis** *m* <-es, -e> familia *f,* seno *m* de la familia; **im engsten ~** (*privat*) en la más estricta intimidad; **Familienleben** *nt* <-s, *ohne pl*> vida *f* de familia [*o* familiar]; **Familienmitglied** *nt* <-(e)s, -er> miembro *m* de la familia; **Familienname** *m* <-ns, -n> apellido *m;* **Familienoberhaupt** *nt* <-(e)s, -häupter> cabeza *f* de familia; **Familienplanung** *f* <-, *ohne pl*> planificación *f* familiar; **Familienpolitik** *f* <-, *ohne pl*> política *f* familiar; **Familienrecht** *nt* <-(e)s, *ohne pl*> (JUR) derecho *m* de familia; **Familienstand** *m* <-(e)s, *ohne pl*> estado *m* civil; **Familientragödie** *f* <-, -n> tragedia *f* familiar; **Familienunternehmen** *nt* <-s, -> empresa *f* familiar; **Familienvater** *m* <-s, -väter> padre *m* de familia; **Familienverhältnisse** *ntpl* situación *f* familiar; **Familienvorstand** *m* <-(e)s, -stände> cabeza *f* de familia; **Familienzusammenführung** *f* <-, -en> reunificación *f* de la familia; **Familienzuwachs** *m* <-es, *ohne pl*> aumento *m* de la familia; **wir bekommen ~** vamos a tener familia

famos [fa'mo:s] *adj* (*fam*) estupendo, excelente

Famulatur [famula'tu:ɐ] *f* <-, -en> (MED) *período de prácticas que los estudiantes de medicina tienen que realizar en un hospital*

Famulus ['fa:mulʊs, *pl:* 'fa:muli] *m* <-, Famuli> (*geh*) **1.** (MED) estudiante *m* de medicina en prácticas **2.** (HIST) ayudante *m* de profesor de universidad

Fan [fɛn, fɛ:n] *m* <-s, -s> fan *mf,* aficionado, -a *m, f;* (*Fußball~*) hincha *mf*

Fanal [fa'na:l] *nt* <-s, -e> (*geh*) señal *f;* **mit seinem Selbstmordversuch hatte er ein ~ setzen wollen** con su intento de suicidio había querido llamar la atención

Fanatiker(in) [fa'na:tikɐ] *m(f)* <-s, -; -, -nen> fanático, -a *m, f*

fanatisch [fa'na:tɪʃ] *adj* fanático

fanatisiert *adj* fanatizador

Fanatismus [fana'tɪsmʊs] *m* <-, *ohne pl*> fanatismo *m*

Fanclub *m* <-s, -s> *s.* **Fanklub**

fand [fant] *3. imp von* **finden**

Fanfare [fan'fa:rə] *f* <-, -n> clarín *m,* charanga *f*

Fang [faŋ] *m* <-(e)s, *ohne pl*> **1.** (*von Vierbeinern*) caza *f;* (*von Fischen*) pesca *f* **2.** (*Beute*) presa *f,* captura *f;* (*Fische*) redada *f;* **einen guten ~ machen** hacer una buena presa

Fangarm *m* <-(e)s, -e> tentáculo *m*

Fänge ['fɛŋə] *mpl* (*Fangarme*) tentáculos *mpl;* (*Krallen*) garras *fpl;* (*Reißzähne*) colmillos *mpl;* **in jds ~ geraten** (*fam*) caer en manos de alguien; **jdn in seinen ~n haben** (*fam fig*) tener a alguien en sus manos

Fangeinrichtung *f* <-, -en> (TEL) dispositivo *m* de intercepción de llamadas (anónimas)

fangen ['faŋən] <fängt, fing, gefangen> **I.** *vt* **1.** (*Ball*) coger, agarrar *Am;* **du wirst dir gleich eine ~** (*fam*) te vas a ganar una bofetada; **jdn durch Versprechungen ~** ganarse a alguien con promesas; **so leicht lässt er sich nicht ~** (*überlisten*) no es tan fácil de engañar; **Feuer ~** prender fuego; (*fig*) entusiasmarse; **mit Speck fängt man Mäuse** (*prov*) cebo haya en el palomar, que palomas no faltarán **2.** (*Tier*) cazar; (*Fisch*) pescar **3.** (*Verbrecher*) apresar, coger **II.** *vr:* **sich ~** (*Gleichgewicht wieder finden*) mantener el equilibrio; (*seelisch*) dominarse

Fangflotte *f* <-, -n> (NAUT) flota *f* de pesca; **Fangfrage** *f* <-, -n> pregunta *f* capciosa; **jdm eine ~ stellen** comprometer a alguien con una pregunta; **Fanggründe** *mpl* caladeros *mpl* de pesca; **die ~ vor der Küste/auf hoher See** los caladeros de la costa/de alta mar; **Fangleine** *f* <-, -n> (NAUT) amarra *f*

Fanglomerat [fanglome'ra:t] *nt* <-(e)s, -e> (GEO) fango *m* de aluvión, fanglomerado *m*

Fangnetz *nt* <-es, -e> red *f* de pesca; **Fangquote** *f* <-, -n> cuota *f* de pesca; **Japans ~ wurde vergangenes Jahr erhöht** el año pasado aumentó la cuota pesquera de Japón; **Fangschaltung** *f* <-, -en> (TEL) dispositivo *m* de intercepción; **Fangschiff** *nt* <-(e)s, -e> barco *m* de pesca, (barco *m*) pesquero *m;* **Fangschuss**[RR] *m* <-es, -schüsse> (JAGD) tiro *m* de gracia; **der Jäger gab einen ~ ab, um den Hirsch vollends zu erlegen** el cazador remató definitivamente al ciervo con un tiro de gracia

fängt [fɛŋt] *3. präs von* **fangen**

Fangvorrichtung *f* <-, -en> **1.** (*von Kabinen*) mecanismo *m* de seguridad, dispositivo *m* de seguridad; (*von Aufzügen*) paracaídas *m inv* **2.** (TEL) *s.* **Fangeinrichtung**; **Fangzahn** *m* <-(e)s, -zähne> colmillo *m*

Fanklub *m* <-s, -s> club *m* de fans; **Fanpost** *f* <-, *ohne pl*> cartas *fpl* de admiradores

Fantasie [fanta'zi:] *f* <-, -n> fantasía *f,* imaginación *f;* **sie hat eine blühende ~** tiene una fantasía desbordante; **eine schmutzige ~ haben** tener una imaginación sucia; **in seiner ~** en su imaginación; **das regt die ~ an** esto estimula la imaginación; **da musst du deine ~ spielen lassen** tienes que echar tu imaginación a volar

fantasiebegabt[RR] *adj* con mucha imaginación; **Fantasiegebilde**[RR] *nt* <-s, -> fantasía *f,* quimera *f;* **fantasielos**[RR] *adj* falto de imaginación [*o* de fantasía], sin imaginación; **Fantasielosigkeit**[RR] *f* <-, *ohne pl*> falta *f* de imaginación; **Fantasiepreis**[RR] *m* <-es, -e> (*fam*) precio *m* prohibitivo

fantasieren*[RR] [fanta'zi:rən] *vi* fantasear; (*träumen*) soñar (*von* con); (MED) delirar

fantasievoll[RR] *adj* lleno de fantasía, con mucha imaginación

Fantast(in)[RR] [fan'tast] *m(f)* <-en, -en; -, -nen> (*abw*) soñador(a) *m(f)*

Fantasterei[RR] *f* <-, -en> (*abw*) ilusiones *fpl,* fantasías *fpl*

Fantastin[RR] *f* <-, -nen> *s.* **Fantast**

fantastisch[RR] *adj* **1.** (*nicht realistisch*) fantástico; **es mag ~ klingen, aber ...** puede que suene a cuento, pero... **2.** (*fam: großartig*) fantástico, estupendo; (*unglaublich*) increíble; **es schmeckt** ~ está riquísimo

Farad [fa'ra:t] *nt* <-(s), -> (PHYS) farad(io) *m*

Farbabzug *m* <-(e)s, -züge> (FOTO) copia *f* en color; **Farbaufnahme** *f* <-, -n> (FOTO) fotografía *f* en color

Farbband *nt* <-(e)s, -bänder> cinta *f* mecanográfica; **Farbbandkassette** *f* <-, -n> cartucho *m* de la cinta mecanográfica

Farbbeutel *m* <-s, -> bolsa *f* llena de pintura; **Farbbildschirm** *m* <-(e)s, -e> (INFOR, TV) monitor *m* en color; **Farbdruck** *m* <-(e)s, -e> (TYPO) impresión *f* en color [*o* polícroma]

Farbe ['farbə] *f* <-, -n> **1.** (*Farbton*) color *m;* (*Gesichts~*) tez *f;* ~ **bekommen** ponerse moreno; **war der Film in ~?** la película, ¿era en color?; **etw in den dunkelsten ~n schildern** describir algo cargando mucho las tintas **2.** (*zum Anstreichen*) pintura *f* **3.** (*zum Färben*) tinte *m* **4.** (*Spielkarten~*) palo *m;* ~ **bekennen** (*fig*) manifestar sus verdaderas inclinaciones, quitarse la careta

farbecht *adj* (de color) sólido; **Farbechtheit** *f* <-, *ohne pl*> solidez *f* de color

Färbemittel *nt* <-s, -> tinte *m,* (sustancia *f*) colorante *m*

färben ['fɛrbən] **I.** *vi* (*ab~*) desteñir, decolorar **II.** *vt* (*Stoff, Haare*) teñir, colorar; **rot** ~ teñir de rojo **III.** *vr:* **sich** ~ (*Laub, Himmel*) colorearse (de), teñirse (de); **sich rot** ~ colorearse de rojo; **die Pflaumen** ~ **sich schon** las ciruelas están tomando color

farbenblind *adj* daltónico, daltoniano; **Farbenblindheit** *f* <-, *ohne pl*> daltonismo *m,* acromatopsia *f;* **Farbendruck** *m* <-(e)s, -e> (TYPO) *s.* **Farbdruck; farbenfreudig** *adj,* **farbenfroh** *adj* de rico colorido, abigarrado; **Farbenkasten** *m* <-s, -kästen> caja *f* de colores; **Farbenlehre** *f* <-, -n> (KUNST, PHYS) teoría *f* de los colores; **Farbenpalette** *f* <-, -n> **1.** (*des Malers*) paleta *f* **2.** (*Auswahl an Farben*) gama *f* de colores, variedad *f* de colores; **Farbenpracht** *f* <-, *ohne pl*> riqueza *f* de colores; **farbenprächtig** *adj* (*geh*) de gran colorido, de vivos colores; **Farbenreichtum** *m* <-s, *ohne pl*> riqueza *f* de colores; **Farbenspiel** *nt* <-(e)s, -e> juego *m* de colores

Färber(in) ['fɛrbɐ] *m(f)* <-s, -; -, -nen> tintorero, -a *m, f*

Färberei *f* <-, -en> tintorería *f,* batán *m Chil*

Färberin *f* <-, -nen> *s.* **Färber**

Farbfernsehen *nt* <-s, *ohne pl*> televisión *f* en color; **Farbfernseher** *m* <-s, ->, **Farbfernsehgerät** *nt* <-(e)s, -e> televisor *m* en color; **Farbfilm** *m* <-(e)s, -e> (FILM) película *f* en color; (FOTO) carrete *m* de color; **Farbfilter** *m o nt* <-s, -> (FOTO) filtro *m* cromático; **Farbfoto** *nt* <-s, -s> foto *f* en color; **Farbfotografie** *f* <-, -n> fotografía *f* en color

Farbgebung *f* <-, -en> coloración *f,* colorido *m*

farbig ['farbɪç] *adj* **1.** (*bunt*) de colores; **eine ~e Postkarte** una postal en color **2.** (*Hautfarbe*) de color, trigueño *Am* **3.** (*lebhaft*) pintoresco, vivo

färbig *adj* (*Österr*) *s.* **farbig**

Farbige(r) ['farbɪgɐ] *mf* <-n, -n; -n, -n> ciudadano, -a *m, f* de color, trigueño, -a *m, f Am*

Farbkasten *m* <-s, -kästen> *s.* **Farb(en)kasten; Farbkopierer** *m* <-s, -> (foto)copiadora *f* en color; **Farblehre** *f* <-, -n> *s.* **Farb(en)lehre**

farblich I. *adj* relativo a los colores **II.** *adv* de los colores; **Rock und Bluse waren nicht** ~ **aufeinander abgestimmt** el color de la falda no armonizaba [*o* no hacía juego] con el de la blusa

farblos *adj* **1.** (*ohne Farbe*) descolorido, sin color; (*blass*) pálido; (*Lack*) tra(n)sparente **2.** (*langweilig*) aburrido; **Farbmonitor** *m* <-s, -e> monitor *m* en color; **Farbphotographie** *f* <-, -n> *s.* **Farbfotografie; Farbpigment** *nt* <-(e)s, -e> pigmento *m* colorante; **Farbscanner** *m* <-s, -> escáner *m* de color; **Farbskala** *f* <-, -skalen> gama *f* de colores; **Farbstift** *m* <-(e)s, -e> lápiz *m* de color; **Farbstoff** *m* <-(e)s, -e> colorante *m;* **Farbton** *m* <-(e)s, -töne> matiz *m* (de color), tono *m;* **ein dunkler/heller** ~ un tono de color oscuro/claro; **Farbtupfer** *m* <-s, -> manchita *f* de color, brote *m* de color

Färbung ['fɛrbʊŋ] *f* <-, -en> **1.** (*das Färben*) teñido *m* **2.** (*Tönung*) matiz *m,* tinte *m* **3.** (POL) tendencia *f* política

Farce [fars] *f* <-, -n> **1.** (THEAT) farsa *f;* **eine** ~ **als Theaterstück** una farsa como pieza de teatro **2.** (GASTR) relleno *m*

Farm [farm] *f* <-, -en> finca *f,* granja *f;* (AGR) explotación *f* agropecuaria, hacienda *f Am,* estancia *f Am*

Farmer(in) *m(f)* <-s, -; -, -nen> ganadero, -a *m, f,* granjero, -a *m, f,* ranchero, -a *m, f Am,* estanciero, -a *m, f Am;* **Farmerlunge** *f* <-, -n> (MED) pulmón *m* de agricultor

Farmhaus *nt* <-es, -häuser> casa *f* de una granja

Farn [farn] *m* <-(e)s, -e>, **Farnkraut** *nt* <-(e)s, -kräuter> helecho *m*

Färse ['fɛrzə] *f* <-, -n> (ZOOL) novilla *f;* (*jünger als ein Jahr*) becerra *f*

Fasan [fa'za:n] *m* <-s, -e *o* -en> faisán *m*

Fasanerie [fazanə'ri:, *pl:* fazanə'ri:ən] *f* <-, -n> **1.** (*Gehege*) faisanería *f* **2.** (HIST: *Gebäude*) edificio *m* de una faisanería (*construido en el S.XVII-XVIII y caracterizado por su gran lujo*)

faschieren* [fa'ʃi:rən] *vt* (*Österr:* GASTR) picar, moler

Faschierte(s) *nt* <-n, *ohne pl*> (*Österr*) carne *f* picada

Fasching ['faʃɪŋ] *m* <-s, -s *o* -e> (*Österr, südd*) carnaval *m;* **Faschingsdienstag** ['faʃɪŋs-, --'--] *m* <-(e)s, -e> martes *m* de carnaval

Faschismus [fa'ʃɪsmʊs] *m* <-, *ohne pl*> (POL) fascismo *m*; **Faschismustheorie** *f* <-, -n> (POL) teoría *f* del fascismo; **marxistisch-leninistische ~** teoría marxista-leninista del fascismo

Faschist(in) [fa'ʃɪst] *m(f)* <-en, -en; -, -nen> fascista *mf*

faschistisch *adj* fascista, facha *fam*

Faselei [fa:zə'laɪ] *f* <-, -en> (*fam abw*) sandeces *fpl*

faseln ['fa:zəln] **I.** *vi* (*fam abw*) decir tonterías (*von/über* de), desvariar **II.** *vt* (*fam abw*): **dummes Zeug ~** decir tonterías; **was faselt er da nur vor sich hin?** ¿qué disparates está diciendo ahora?

Faser ['fa:zɐ] *f* <-, -n> fibra *f*; **Faserholz** *nt* <-es, *ohne pl*> madera *f* fibrosa

fas(e)rig *adj* **1.** (*voller Fasern*) fibroso, hebroso **2.** (*zerfasert*) deshilachado

fasern ['fa:zɐn] *vi* deshila(cha)rse; **minderwertige Textilien ~ schon nach der ersten Wäsche** los tejidos de baja calidad se deshilachan ya tras el primer lavado

Faserschreiber *m* <-s, ->, **Faserstift** *m* <-(e)s, -e> rotulador *m* de fibra, marcador *m* *Arg*

Fasnacht ['fasnaxt] *f* <-, *ohne pl*> (*reg*) *s.* **Fastnacht**

fasrig *adj s.* **fas(e)rig**

Fass[RR] [fas, *pl:* 'fɛsɐ] *nt* <-es, Fässer>, **Faß** *nt* <-sses, Fässer> barril *m*; (*größer*) tonel *m*; (*kleiner*) cuba *f*; (*für Chemikalien*) bidón *m*; **Bier vom ~** cerveza de barril; **ein ~ anstechen** espitar un barril; **ein ~ aufmachen** (*fig*) celebrar algo; **ein ~ ohne Boden** (*fig*) un pozo sin fondo; **etw bringt das ~ zum Überlaufen** (*fig*) algo es la gota que colma el vaso; **voll wie ein ~ sein** (*fam*) estar borracho como una cuba; **das schlägt dem ~ den Boden aus** eso pasa de castaño oscuro

Fassade [fa'sa:də] *f* <-, -n> fachada *f*; **das ist doch nur ~** no es más que fachada

fassbar[RR] *adj*, **faßbar** *adj* concreto, comprensible

Fassbier[RR] *nt* <-(e)s, -e> cerveza *f* de barril

fassen ['fasən] **I.** *vt* **1.** (*ergreifen*) coger, tomar, agarrar *Am*; **er fasste ihre Hand** cogió su mano; **sie fasst ihn an** [*o* **bei**] **der Hand** le tomó de la mano; **er bekam das Seil zu ~** llegó a coger [*o* agarrar] la cuerda; **da kann man sich nur an den Kopf ~** (*fam*) es para llevarse las manos a la cabeza **2.** (*festnehmen*) apresar, detener **3.** (*aufnehmen*) tener capacidad (para) **4.** (*Vertrauen*) coger; **Mut ~** armarse de valor **5.** (*Vorsatz, Entschluss*) tomar; **ich kann keinen klaren Gedanken ~** no puedo pensar con claridad; **etw ins Auge ~** tomar algo en consideración **6.** (*begreifen*) comprender, entender; **es ist nicht zu ~!** ¡es increíble! **7.** (*Edelstein*) engastar; (*Bild*) enmarcar **8.** (*ausdrücken*) expresar (*in* con); **wie soll ich das in Worte ~?** ¿cómo voy a expresarlo con palabras? **II.** *vr*: **sich ~** (*sich beruhigen*) calmarse, serenarse

Fässer *pl von* **Faß**, **Fass**

fässerweise *adv* (*in Fässern*) por barriles; (*in großen Mengen*) en grandes cantidades; **auf dem Volksfest wurde ~ Bier ausgeschenkt** en la fiesta popular se sirvió cerveza en abundancia

Fassette[RR] *f* <-, -n> *s.* Facette; **Fassettenauge**[RR] *nt* <-s, -n> *s.* **Facettenauge**

fasslich[RR] *adj*, **faßlich** *adj* comprensible, fácil de entender

Fasson [fa'sɔ̃:] *f* <-, -s> (*normale Form*) forma *f*; (*Machart*) hechura *f*; **jeder soll nach seiner ~ selig werden** cada uno que viva a su manera; **aus der ~ geraten** (*fam*) engordar

Fassreifen[RR] *m* <-s, -> cincho *m*, fleje *m*

Fassung[1] ['fasʊŋ] *f* <-, -en> **1.** (*eines Edelsteins*) engaste *m*, engarce *m*; (*Brille*) montura *f* **2.** (*Glühbirne*) portalámparas *m inv* **3.** (*Text, Buch*) versión *f*

Fassung[2] *f* <-, *ohne pl*> (*Beherrschung*) serenidad *f*, dominio *m* de sí mismo; **die ~ verlieren/bewahren** perder la/guardar calma; **etw mit ~ tragen** llevar algo con serenidad; **jdn aus der ~ bringen** sacar de quicio a alguien; **völlig außer ~ geraten** salirse completamente de sus casillas

Fassungskraft *f* <-, *ohne pl*> capacidad *f* de comprensión

fassungslos *adj* desconcertado, perplejo; (*außer sich*) fuera de sí; (*verwirrt*) confuso

Fassungslosigkeit *f* <-, *ohne pl*> perplejidad *f*

Fassungsvermögen *nt* <-s, *ohne pl*> **1.** (*Auffassungsgabe*) capacidad *f* de comprensión; **das übersteigt mein ~** esto sobrepasa mi capacidad de comprensión **2.** (*räumlich*) capacidad *f*, tonelaje *m*

Fasswein[RR] *m* <-(e)s, -e> vino *m* de barril; **in manchen Lokalen wird ~ ausgeschenkt** en algunos restaurantes sirven vino de barril

fassweise[RR] *adv* por barriles

fast [fast] *adv* casi; **~ nie** casi nunca; **~ nichts** casi nada; **~ alle waren da** la mayoría ha venido, estuvieron casi todos

fasten ['fastən] *vi* ayunar; **drei Tage ~** ayunar durante tres días

Fastenkur *f* <-, -en> régimen *m* (alimenticio); **Fastenzeit** *f* <-, -en> período *m* de ayuno; (*im Christentum*) cuaresma *f*

Fastfood[RR] *nt* <-(s), *ohne pl*>, **Fast Food**[RR] [fa:st fu:t] *nt* <- -(s), *ohne pl*> comida *f* rápida, fast food *m o f inv*

Fastnacht *f* <-, *ohne pl*> carnaval *m*

Fasttag *m* <-(e)s, -e> día *m* de ayuno [*o* de abstinencia]; **einen ~ einlegen** [*o* **machen**] ayunar durante un día

Faszination [fatsina'tsjo:n] *f* <-, *ohne pl*> fascinación *f*; **eine ~ auf jdn ausüben** atraer [*o* fascinar] mucho a alguien

faszinieren* [fastsi'ni:rən] *vt* fascinar

faszinierend *adj* fascinante
fatal [fa'taːl] *adj* fatal
Fatalismus [fata'lɪsmʊs] *m* <-s, *ohne pl*> fatalismo *m*
Fatalist(in) [fata'lɪst] *m(f)* <-en, -en; -, -nen> fatalista *mf*
fatalistisch [fata'lɪstɪʃ] *adj* fatalista
Fata Morgana ['faːta mɔr'gaːna] *f* <- -, - -s *o* Morganen> espejismo *m*
Fatzke ['fatskə] *m* <-n *o* -s, -n *o* -s> (*fam abw*) vano, -a *m, f,* vanidoso, -a *m, f*
fauchen ['faʊxən] *vi* **1.** (*Katze*) bufar **2.** (*abw: Mensch*) gruñir, refunfuñar
faul [faʊl] *adj* **1.** (*verdorben*) podrido; (*verwesend*) putrefacto; (*Zahn*) cariado **2.** (*träge*) perezoso, vago, bausán *Am,* poncho *Am;* **so ein ~er Kerl!** ¡qué tío más vago!; **sich auf die ~e Haut legen** tumbarse a la bartola **3.** (*fam abw: zweifelhaft*) dudoso, sospechoso; **an der Sache ist was ~** aquí hay gato encerrado; **eine ~e Ausrede** una excusa ridícula; **das ist doch alles ~er Zauber** es todo mentira **4.** (FIN: *Kunde, Kredit*) moroso; **Faulbecken** *nt* <-s, -> pila *f* de putrefacción; **Faulbehälter** *m* <-s, -> tanque *m* de fermentación
Fäule ['fɔɪlə] *f* <-, *ohne pl*> (*geh*) putrefacción *f,* corrupción *f*
faulen ['faʊlən] *vi haben o sein* pudrirse, podrirse; (*Zahn*) cariarse
faulenzen ['faʊlɛntsən] *vi* holgazanear, no dar golpe, achancharse *SAm,* apandorgarse *Peru,* apolismar *CRi*
Faulenzer(in) *m(f)* <-s, -; -, -nen> holgazán, -ana *m, f,* vago, -a *m, f,* manganzón, -ona *m, f Am*
Faulenzerei *f* <-, *ohne pl*> holgazanería *f,* pereza *f*
Faulenzerin *f* <-, -nen> *s.* **Faulenzer**
faulfähig *adj* pudrible; **Faulfähigkeit** *f* <-, *ohne pl*> pudribilidad *f;* **Faulgas** *nt* <-es, -e> biogás *m*
Faulheit *f* <-, *ohne pl*> pereza *f;* **aus ~ etw nicht tun** no hacer algo por pereza; **vor ~ stinken** (*fam*) ser más vago que la chaqueta de un guardia
faulig *adj* podrido; (*Obst*) picado
Fäulnis ['fɔɪlnɪs] *f* <-, *ohne pl*> podredumbre *f,* putrefacción *f;* **~ erregend** saprógeno; **in ~ übergehen** pudrirse, descomponerse; **fäulniserregend** *adj s.* Fäulnis; **fäulnisfähig** *adj* putrefactivo; **Fäulnisprozess**[RR] *m* <-es, -e> proceso *m* de descomposición
Faulpelz *m* <-es, -e> (*fam abw*) perezoso, -a *m, f,* vago, -a *m, f;* **Faulschlamm** *m* <-(e)s, -schlämme> sapropelo *m;* **Faultier** *nt* <-(e)s, -e> **1.** (ZOOL) perezoso *m,* aí *m Arg, Par* **2.** (*fam: Faulpelz*) vago, -a *m, f*
Faulung *f* <-, -en> putrefacción *f*
Faun *m* <-(e)s, -e> (MYTH) fauno *m*
Fauna ['faʊna] *f* <-, Faunen> fauna *f*
Faust [faʊst, *pl:* 'fɔɪstə] *f* <-, Fäuste> puño *m;* **die ~ ballen** cerrar el puño; **auf eigene ~ handeln** actuar por su propia cuenta; **die Fäuste in der Tasche ballen** (*fig*) tragar saliva; **mit der ~ auf den Tisch hauen** (*fig*) imponerse con resolución y energía; **das passt wie die ~ aufs Auge** (*fam*) eso no pega ni con cola; **die ~ im Nacken spüren** (*fig*) sentirse presionado
Faustball *m* <-(e)s, *ohne pl*> (SPORT) *variante de voleibol*
Fäustchen ['fɔɪstçən] *nt:* **sich** *dat* **ins ~ lachen** reírse taimadamente
faustdick ['-'-] *adj* (*fam*): **es ~ hinter den Ohren haben** no haber nacido ayer; **eine ~e Lüge** una mentira como una casa
Fäuste *pl von* **Faust**
Fäustel ['fɔɪstl] *m* <-s, -> mazo *m,* mallo *m*
Faustfeuerwaffe *f* <-, -n> arma *f* de fuego manual; **faustgroß** *adj* grande como un puño; **Fausthandschuh** *m* <-(e)s, -e> manopla *f;* **Faustkeil** *m* <-(e)s, -e> pico *m* (de puño)
Fäustling ['fɔɪstlɪŋ] *m* <-s, -e> manopla *f*
Faustpfand *nt* <-(e)s, -pfänder> prenda *f;* **Faustrecht** *nt* <-(e)s, *ohne pl*> ley *f* del más fuerte; **Faustregel** *f* <-, -n> regla *f* general; **Faustschlag** *m* <-(e)s, -schläge> puñetazo *m,* impacto *m Am,* trompicón *m ZAm, Ant*
Fautfracht ['faʊt-] *f* <-, -en> (COM) flete *m* falso, carga *f* muerta
Fauxpas [fo'pa] *m* <-, -> metedura *f* de pata, falta *f* de tacto; **einen ~ begehen** meter la pata
favorisieren* [favori'ziːrən] *vt* **1.** (*bevorzugen*) favorecer, preferir **2.** (SPORT) considerar (como) favorito (a)
Favorit(in) [favo'riːt] *m(f)* <-en, -en; -, -nen> favorito, -a *m, f*
Fax ['faks] *nt* <-, -(e)> (TEL) fax *m inv;* **per ~** por fax; **~ on Demand** (servicio de) fax bajo demanda; **Faxabruf** *m* <-(e)s, -e> (TEL) servicio *m* de fax bajo demanda
Faxen ['faksən] *fpl* (*fam*) aspavientos *mpl,* payasadas *fpl;* (*Ausflüchte*) pretextos *mpl;* **mach bloß keine ~!** ¡déjate de bromas!; **die ~ dicke haben** estar hasta las narices (de las tonterías)
faxen **I.** *vi* (TEL) mandar un fax **II.** *vt* (TEL) mandar por fax
Faxkarte *f* <-, -n> (TEL) placa *f* de fax, tarjeta *f* de fax; **Faxlogbuch** *nt* <-(e)s, -bücher> (TEL) protocolo *m* de mensajes de fax, informe *m* de actividades; **Faxmailing** [-mɛɪlɪŋ] *nt* <-, *ohne pl*> (TEL) faxmailing *m* (*publicidad por fax*); **Faxmodem** *nt* <-s, -s> (TEL) faxmódem *m;* **Faxphone** [-fɔʊn] *nt* <-(s), -s> (TEL) combinación *f* entre fax y teléfono; **Faxpolling** [-pɔʊlɪŋ] *nt* <-, *ohne pl*> (TEL) servicio *m* de fax bajo demanda; **Faxpost** *f* <-, *ohne pl*> (TEL) correo *m* por fax; **Faxserver** *m* <-s, -> (INFOR, TEL) servidor *m* de fax; **Faxsoftware** *f* <-, -s> (INFOR, TEL) software *m* de fax

Fayence [fa'jã:s, *pl:* fa'jã:sn] *f* <-, -n> porcelana *f* de Faenza; **die Ausstellung zeigt wunderschöne ~n** la exposición muestra espléndidas piezas de porcelana de Faenza

Fazialisparese [fa'tsja:lɪspare:zə] *f* <-, -n> (MED: *Gesichtslähmung*) paresia *f* facial

Fazit ['fa:tsɪt] *nt* <-s, -s> (*Ergebnis*) resultado *m,* resumen *m;* (*Schlussfolgerung*) conclusión *f;* **das ~ aus etw ziehen** sacar las conclusiones de algo

FBI [ɛfbi'ʔaɪ] *m o nt Abk. von* **Federal Bureau of Investigation** FBI *m*

FC [ɛf'tse:] *m* <-(s)> (SPORT) *Abk. von* **Fußballclub** C.F. *m*

FCKW [ɛftse:ka:'ve:] *nt Abk. von* **Fluorchlorkohlenwasserstoff** CFC *m;* **FCKW-frei** *adj* sin CFC

FDGB *m* (HIST: *in der ehemaligen DDR*) *Abk. von* **Freier Deutscher Gewerkschaftsbund** Asociación *f* Libre de Sindicatos Alemanes

FDJ *f* (HIST: *in der ehemaligen DDR*) *Abk. von* **Freie Deutsche Jugend** Juventudes *fpl* Libres Alemanas

FDP [ɛfde:'pe:] *f* **1.** (*Deutschland*) *Abk. von* **Freie Demokratische Partei** Partido *m* Demócrata Liberal (de Alemania) **2.** (*Schweiz*) *Abk. von* **Freisinnig-Demokratische Partei** Partido *m* Demócrata Liberal (de Suiza)

F-Dur ['ɛf'du:ɐ] *nt* <-, *ohne pl*> (MUS) fa *m* mayor

Fe (CHEM) *Abk. von* **Ferrum** Fe

Feature ['fi:tʃɐ] *nt* <-s, -s> **1.** (*Sendung*) reportaje *m,* documental *m* **2.** (*Merkmal*) rasgo *m,* característica *f*

Feber ['fe:bɐ] *m* <-s, -> (*Österr*) *s.* **Februar**

Februar ['fe:brua:ɐ] *m* <-(s), -e> febrero *m; s. a.* **März**

fechten ['fɛçtən] <ficht, focht, gefochten> *vi* **1.** (SPORT) practicar la esgrima; **Florett ~** practicar esgrima con florete **2.** (*kämpfen*) luchar (*gegen* contra)

Fechten *nt* <-s, *ohne pl*> (SPORT) esgrima *f*

Fechter(in) *m(f)* <-s, -; -, -nen> esgrimidor(a) *m(f)*

Fechtlehrer(in) *m(f)* <-s, -; -, -nen>, **Fechtmeister(in)** *m(f)* <-s, -; -, -nen> profesor(a) *m(f)* de esgrima; **Fechtsaal** *m* <-(e)s, -säle> sala *f* de esgrima; **Fechtsport** *m* <-(e)s, *ohne pl*> esgrima *f* (como disciplina deportiva)

Feder ['fe:dɐ] *f* <-, -n> **1.** (*eines Vogels*) pluma *f;* **~n lassen** (*fam fig*) salir perjudicado; **in den ~n liegen** (*fam*) estar en la cama; **sich mit fremden ~n schmücken** adornarse con los méritos de otros **2.** (*Schreibgerät*) pluma *f;* **zur ~ greifen** tomar la pluma; **das kann nicht aus der ~ eines Fachmanns stammen** esto no lo puede haber escrito un entendido [*o* profesional] **3.** (TECH) resorte *m,* muelle *m*

Federball[1] *m* <-(e)s, *ohne pl*> (SPORT) badminton *m,* bádminton *m;* **~ spielen** jugar al badminton

Federball[2] *m* <-(e)s, -bälle> (*Ball*) pelota *f* de badminton [*o* de bádminton]

Federballschläger *m* <-s, -> (SPORT) raqueta *f* de badminton [*o* de bádminton]

Federbein *nt* <-(e)s, -e> (TECH, AUTO) riostra *f* telescópica

Federbett *nt* <-(e)s, -en> edredón *m,* plumón *m;* **Federboa** *f* <-, -s> boa *f* de plumas; **Federbusch** *m* <-(e)s, -büsche> plumero *m;* **Federdecke** *f* <-, -n> *s.* **Federbett**

Federfuchser(in) *m(f)* <-s, -; -, -nen> (*abw*) oficinista *mf* que se excede en sus competencias; **Beamte haben den Ruf, ~ zu sein** los funcionarios tienen fama de excederse en sus funciones [*o* de extralimitarse en sus competencias]

federführend *adj* responsable, competente; **~ in etw** *dat* **sein** ser el que lleva la batuta en algo; **Federführung** *f* <-, *ohne pl*> competencia *f,* responsabilidad *f;* **bei diesem Projekt hat die Gesellschaft „Meier GmbH" die alleinige ~** en este proyecto, la sociedad "Meier GmbH" tiene la responsabilidad exclusiva; **unter der ~** *+gen* bajo la dirección de; **das Projekt wird unter der ~ des Bundesbauministers realisiert** el proyecto se realiza bajo la dirección del Ministro Federal de Obras Públicas; **Federgewicht** *nt* <-(e)s, *ohne pl*> peso *m* pluma

Federgewichtler(in) *m(f)* <-s, -; -, -nen> (SPORT) peso *m(f)* pluma

Federhalter *m* <-s, -> portaplumas *m inv*

Federkernmatratze *f* <-, -n> colchón *m* de muelles

Federkiel *m* <-(e)s, -e> cañón *m* de la pluma; **Federkissen** *nt* <-s, -> almohada *f* de plumas, cojín *m* de plumas; **Federkohl** *m* <-(e)s, *ohne pl*> (*Schweiz: Grünkohl*) col *f* rizada [*o* de Milán]; **federleicht** ['--'-] *adj* ligero como una pluma; **Federlesen** *nt:* **nicht viel ~(s) machen** no andarse con rodeos; **um etw nicht viel ~(s) machen** tratar un asunto sin mucha ceremonia; **Federmäppchen** *nt* <-s, -> (SCH) portaplumas *m inv*

federn **I.** *vi* (*schwingen*) ser elástico **II.** *vt* **1.** (AUTO) equipar con una suspensión **2.** (*rupfen*) desplumar

federnd *adj* elástico; (*Gang*) ligero; **einen ~en Gang haben** ir a paso ligero

Federstrich *m* <-(e)s, -e> plumada *f;* **mit speziellen Schönschreibfedern kann man verschiedene ~e üben** con plumas especiales para caligrafía se pueden practicar diversas plumadas; **mit einem ~** (*kurzerhand*) de un plumazo

Federung *f* <-, -en> **1.** (*bei Möbeln*) muelles *mpl* **2.** (AUTO) suspensión *f*

Federvieh *nt* <-(e)s, *ohne pl*> (*fam*) volatería *f*

Federweiße(r) *m* <-n, -n> (GASTR) vino *m* joven

Federwolke *f* <-, -n> (METEO) cirro *m*

Federzeichnung *f* <-, -en> dibujo *m* a pluma

Fee [fe:, *pl:* 'fe:ən] *f* <-, -n> hada *f;* **die gute/böse** ~ el hada madrina/mala

Feedback *nt* <-s, -s>, **Feed-back**[RR] [fi:t'bɛk] *nt* <-s, -s> **1.** (TV, RADIO) feed-back *m,* comunicación *f* con retroacción **2.** (*in der Kybernetik*) feed-back *m,* retroalimentación *f*

Feeder ['fi:dɐ] *m* <-s, -> (TECH) línea *f* de alimentación

Feeling ['fi:lɪŋ] *nt* <-s, *ohne pl*> feeling *m* (*für* por)

feenhaft ['fe:ənhaft] *adj* (LIT) (como) de hadas

Fegefeuer ['fe:gə-] *nt* <-s, *ohne pl*> (REL) purgatorio *m*

fegen ['fe:gən] **I.** *vi* **1.** (*kehren*) barrer, pasar la escoba; (*Schweiz: feucht wischen*) fregar, pasar un paño húmedo **2.** *sein* (*rasen*) ir a toda mecha; (*Wind*) soplar con fuerza **II.** *vt* **1.** (*Zimmer, Straße*) barrer; (*Schweiz: feucht wischen*) fregar **2.** (*Schornstein*) deshollinar

Fehde ['fe:də] *f* <-, -n> querella *f,* altercado *m;* **Fehdehandschuh** *m:* **jdm den ~ hinwerfen** lanzar el guante a alguien

fehl [fe:l] *adv:* ~ **am Platz sein** (*Person*) estar de más; (*Bemerkung*) no venir al caso

Fehl *m:* **ohne ~ (und Tadel)** (*geh*) sin defectos, sin tacha; (*Charakter*) intachable; (*Haut*) sin imperfecciones, tersa

Fehlalarm *m* <-(e)s, -e> falsa alarma *f;* **Fehlanpassung** *f* <-, -en> adaptación *f* errónea; **Fehlanzeige** *f* <-, -n> (*fam*) resultado *m* negativo; **hast du sie gefunden? – nein, ~!** ¿la encontraste? – no, falsa alarma

fehlbar *adj* **1.** (*nicht gegen Fehler gefeit*) falible; ~ **sein** no ser infalible, ser falible **2.** (*Schweiz:* JUR: *schuldig*) culpable

Fehlberechnung *f* <-, -en> cálculo *m* erróneo; **Fehlbesetzung** *f* <-, -en> (FILM, THEAT) mal reparto *m* de papeles; **Fehlbetrag** *m* <-(e)s, -träge> déficit *m inv;* **Fehlbildung** *f* <-, -en> (BIOL) formación *f* defectuosa; **Fehldatierung** *f* <-, -en> fecha *f* equivocada; **Fehldiagnose** *f* <-, -n> diagnóstico *m* erróneo; **eine ~ stellen** hacer un diagnóstico erróneo; **Fehldisposition** *f* <-, -en> planificación *f* incorrecta; **Fehleinschätzung** *f* <-, -en> estimación *f* falsa

fehlen ['fe:lən] **I.** *vi* **1.** (*abwesend sein*) faltar, estar ausente **2.** (*nicht vorhanden sein, mangeln*) faltar; **es fehlte nicht viel, und ...** no faltó mucho para que... +*subj* **3.** (*vermisst werden*) ser echado de menos, faltar; **du hast mir sehr gefehlt** te he echado mucho de menos; **das hat uns gerade noch gefehlt!** (*fam*) ¡lo que nos faltaba! **4.** (*gesundheitlich*) pasar, tener; **was fehlt dir?** ¿qué te pasa? **5.** (*Wend*): **weit gefehlt!** (*geh*) ¡nada al derecho! **II.** *vunpers* faltar; **es fehlt an allen Ecken und Kanten** falta de todo; **es soll ihr an nichts ~** (*geh*) que no le falte de nada; **an mir soll es nicht ~** que por mí no sea

Fehlentscheidung *f* <-, -en> decisión *f* equivocada

Fehler ['fe:lɐ] *m* <-s, -> **1.** (*Irrtum*) error *m,* falta *f;* (*Tipp~*) errata *f;* **nicht behebbare ~** (INFOR) errores no eliminables; **einen ~ machen** [*o* **begehen**] incurrir en un error, cometer un error; ~ **beseitigen** eliminar errores, depurar; **mir ist ein ~ unterlaufen** he cometido un error **2.** (*Mangel*) defecto *m;* **sichtbarer ~** defecto visible; **jeder hat (seine) ~** todos tenemos (nuestros) fallos [*o* (nuestras) faltas] **3.** (*Schuld*) culpa *f;* **das war nicht dein ~** no fue culpa tuya; **fehleranfällig** *adj* propenso a errores; **Fehleranzeige** *f* <-, -n> (INFOR) *s.* **Fehlermeldung**; **Fehlerbehebung** *f* <-, -en> (INFOR) eliminación *f* de errores; **Fehlerbeseitigung** *f* <-, *ohne pl*> eliminación *f* de errores; **Fehlereingrenzung** *f* <-, -en> delimitación *f* de errores; **Fehlererkennung** *f* <-, *ohne pl*> (INFOR) detección *f* de errores, reconocimiento *m* de errores; **fehlerfrei** *adj* correcto, sin faltas [*o* errores]; (*makellos*) perfecto, impecable; **Fehlergrenze** *f* <-, -n> margen *m* de error

fehlerhaft *adj* **1.** (*kaputt*) defectuoso **2.** (*falsch*) incorrecto, falso

Fehlerkorrektur *f* <-, -en> corrección *f* de errores; **fehlerlos** *adj s.* **fehlerfrei**; **Fehlermeldung** *f* <-, -en> (INFOR) aviso *m* de error, indicación *f* de error; **Fehlernachricht** *f* <-, -en> (INFOR) mensaje *m* de error

Fehlernährung ['fe:lʔɛɐ-] *f* <-, *ohne pl*> falsa alimentación *f*

Fehlerprotokoll *nt* <-s, -e> (INFOR) protocolo *m* de errores; **Fehlerquelle** *f* <-, -n> fuente *f* de errores; **Fehlerquote** *f* <-, -n> cuota *f* de errores; **Fehlersuche** *f* <-, -n> (*a.* INFOR) búsqueda *f* de errores; **Fehlersuchprogramm** *nt* <-(e)s, -e> (INFOR) programa *m* de diagnóstico de errores; **Fehlertoleranz** *f* <-, -en> **1.** (TECH) tolerancia *f* en el error **2.** (INFOR) tolerancia *f* con las averías; **Fehlerwahrscheinlichkeit** *f* <-, *ohne pl*> probabilidad *f* de errores

Fehlfabrikat *nt* <-(e)s, -e> (WIRTSCH) producto *m* defectuoso; **Fehlfarbe** *f* <-, -n> **1.** (*im Kartenspiel*) fallo *m* **2.** (*Zigarre*) puro *m* (*con las hojas o capas exteriores descoloridas*); **Fehlfunktion** *f* <-, -en> (TECH) mal funcionamiento *m;* **Fehlgeburt** *f* <-, -en> aborto *m* involuntario; **eine ~ haben** abortar involuntariamente

fehl|gehen *irr vi sein* (*geh*) equivocarse; **in einer Annahme ~** no acertar al suponer algo

Fehlgriff *m* <-(e)s, -e> medida *f* equivocada, desacierto *m;* **Fehlinformation** *f* <-, -en> falsa información *f,* información *f* equivocada; **Fehlinvestition** *f* <-, -en> (WIRTSCH) inversión *f* equivocada; **Fehlkalkulation** *f* <-, -en> cálculo *m* equivocado, error *m* en el cálculo; **Fehlkonstruktion** *f* <-, -en> (*abw*) construcción *f* defectuosa;

Fehlleistung *f* <-, -en> **1.** (*Lapsus*) lapsus *m inv,* desliz *m* **2.** (PSYCH) acto *m* fallido; **Freudsche** ~ acto fallido freudiano; **Fehlmenge** *f* <-, -n> (WIRTSCH) falta *f;* **Fehlpass**[RR] *m* <-es, -pässe> (SPORT) pase *m* errado; **Fehlplanung** *f* <-, -en> planificación *f* incorrecta; **Fehlprodukt** *nt* <-(e)s, -e> (WIRTSCH) producto *m* defectuoso; **Fehlschaltung** *f* <-, -en> (ELEK) conexión *f* errónea; (TEL) mala conexión *f;* **Fehlschlag** *m* <-(e)s, -schläge> (*Misserfolg*) fracaso *m,* fallo *m;* **fehl|schlagen** *irr vi sein* fracasar, fallar; **das Unternehmen ist fehlgeschlagen** el plan se fue al garete *fam;* **Fehlschluss**[RR] *m* <-es, -schlüsse> falsa conclusión *f,* conclusión *f* equivocada; **aus seiner Antwort zog sie den ~, dass er nicht mit ihr ausgehen wolle** de su repuesta sacó la falsa conclusión de que él no quería salir con ella; **Fehlspekulation** *f* <-, -en> (FIN, WIRTSCH) especulación *f* equivocada; **Fehlstart** *m* <-(e)s, -s *o* -e> (TECH, SPORT) salida *f* nula; **Fehltritt** *m* <-(e)s, -e> paso *m* en falso; **Fehlurteil** *nt* <-(e)s, -e> sentencia *f* equivocada; **Fehlverhalten** *nt* <-s, *ohne pl*> comportamiento *m* incorrecto; **vorsätzliches** ~ comportamiento incorrecto premeditado; **Fehlzündung** *f* <-, -en> (TECH) encendido *m* defectuoso

Feier ['faɪɐ] *f* <-, -n> **1.** (*Fest*) fiesta *f;* **zur ~ des Tages** para celebrar el día **2.** (*Zeremonie*) festividad *f,* acto *m* solemne

Feierabend *m* <-s, -e> fin *m* del trabajo; (*von Geschäften*) hora *f* de cierre; **am** ~ después del trabajo; ~ **haben** salir del trabajo; ~ **machen** terminar la jornada; **jetzt ist aber ~!** (*fam fig*) ¡ahora se acabó!

feierlich *adj* solemne, ceremonioso; (*förmlich*) formal; **das ist schon nicht mehr** ~ (*fam*) esto ya pasa de castaño oscuro

Feierlichkeit[1] *f* <-, *ohne pl*> (*Feierlichsein*) solemnidad *f*

Feierlichkeit[2] *f* <-, -en> (*Fest*) acto *m* solemne

feiern ['faɪɐn] **I.** *vt* **1.** (*Party, Weihnachten*) celebrar, festejar; **Wiedersehen** ~ celebrar el reencuentro; **das muss gefeiert werden** esto hay que celebrarlo **2.** (*umjubeln*) elogiar, aplaudir; **eine gefeierte Sängerin** una cantante muy aplaudida **II.** *vi* estar de fiesta, farrear *CSur*

Feierschicht *f* <-, -en> (*a.* BERGB) turno *m* no trabajado, turno *m* de descanso; **eine ~ einlegen** saltar [*o* eliminar] un turno

Feierstunde *f* <-, -n> acto *m* solemne, momento *m* solemne; **Feiertag** *m* <-(e)s, -e> día *m* festivo, fiesta *f;* **gesetzlicher/kirchlicher** ~ fiesta oficial/religiosa

feiertags *adv* los festivos; **sonn- und** ~ domingos y festivos

Feiertagszulage *f* <-, -n> plus *m* por trabajar en días festivos

feig(e) [faɪk, 'faɪgə] *adj* (*abw: ohne Mut*) cobarde, gallina *fam,* flojo *Am,* bizcocho *Mex,* amargo *Arg,* gurrumino *Bol*

Feige ['faɪgə] *f* <-, -n> **1.** (*Frucht*) higo *m* **2.** (*Baum*) higuera *f;* **Feigenbaum** *m* <-(e)s, -bäume> (BOT) higuera *f;* **Feigenblatt** *nt* <-(e)s, -blätter> (BOT) hoja *f* de higuera

Feigheit ['faɪkhaɪt] *f* <-, *ohne pl*> cobardía *f,* pendejada *f Am: fam*

Feigling ['faɪklɪŋ] *m* <-s, -e> (*abw*) cobarde *mf,* gallina *mf,* naco *m ZAm,* chota *mf PRico*

Feile ['faɪlə] *f* <-, -n> lima *f*

feilen ['faɪlən] *vt* limar; (*vervollkommnen*) pulir, retocar; **an einer Rede** ~ dar los últimos toques a un discurso

feilschen ['faɪlʃən] *vi* (*abw*) regatear (*um*)

Feilspäne *mpl* (TECH) limaduras *fpl*

fein [faɪn] *adj* **1.** (*zart*) fino, delicado; (*Strich*) delgado; (*Gewebe*) fino; **~e Unterschiede** pequeñas diferencias **2.** (*Sand, Staub, Regen*) menudo; (*Nebel*) poco espeso; ~ **gemahlen** bien molido **3.** (*exquisit*) exquisito; (*erlesen*) selecto; **das F~ste vom F~sten** lo mejorcito; **dieser Wein ist vom F~sten** este es un vino selecto **4.** (*feinsinnig*) fino; (*vornehm*) fino, distinguido; (*elegant*) elegante, refinado; **du bist dir wohl zu ~ dafür** te crees demasiado fino para esto; **er hat sich ~ gemacht** se ha puesto de punta en blanco *fam* **5.** (*genau*) preciso, exacto; ~ **säuberlich** nítidamente; **eine ~e Nase haben** tener un olfato muy fino; **ein ~es Gehör haben** tener un oído muy fino; **hier lässt sich die Temperatur ganz ~ einstellen** ahí se puede ajustar la temperatura con mucha precisión **6.** (*fam: erfreulich, anständig*) bueno; **~!** ¡maravilloso!; **~, dass du wieder da bist** qué bien que ya hayas vuelto **7.** (*Wend*): **er ist jetzt ~ heraus** le han salido bien las cosas; **ein ~er Kerl** un gran tipo

Feinabstimmung *f* <-, -en> (TECH) ajuste *m* fino [*o* preciso]; (RADIO) sintonización *f* exacta; **Feinarbeit** *f* <-, -en> trabajo *m* de precisión; **erst werden die Formen der Skulptur im Groben aus dem Stein gemeißelt, dann folgt die** ~ primero se esculpen en la piedra las formas de la escultura a grandes rasgos y luego se pasa a trabajar los detalles; **Feinbäckerei** *f* <-, -en> pastelería *f*

Feind(in) [faɪnt] *m(f)* <-(e)s, -e; -, -nen> enemigo, -a *m, f,* adversario, -a *m, f;* **zum ~ überlaufen** pasarse al enemigo; **sich** *dat* **jdn zum ~ machen** enemistarse con alguien; **Feindbild** *nt* <-(e)s, -er> *concepto de lo que consideramos enemigo*

Feindesland ['faɪndəslant] *nt* <-(e)s, *ohne pl*> (MIL) país *m* enemigo

Feindin *f* <-, -nen> *s.* **Feind**

feindlich *adj* enemigo, hostil; **jdm gegenüber ~ gesinnt sein** sentir hostilidad hacia alguien, querer mal a alguien

Feindschaft *f* <-, *ohne pl*> enemistad *f*

feindselig ['-zeːlɪç] *adj* hostil, enemigo

Feindseligkeit *f* <-, *ohne pl*> enemistad *f*, hostilidad *f*

Feindseligkeiten *fpl* hostilidades *fpl*

Feineinstellung *f* <-, -en> (TECH, RADIO) *s.* **Feinabstimmung**

feinfühlend *adj* con tacto

feinfühlig *adj* sensible, delicado

Feingefühl *nt* <-(e)s, *ohne pl*> tacto *m*, sensibilidad *f*; **Feingehalt** *m* <-(e)s, -e> quilate *m*

feinglied(e)rig ['faɪngli:d(ə)rɪç] *adj* (*Hände, Gestalt*) gracil, fino

Feingold *nt* <-(e)s, *ohne pl*> oro *m* de ley

Feinheit[1] *f* <-, *ohne pl*> **1.** (*Beschaffenheit, Qualität*) fineza *f*, finura *f* **2.** (*Vornehmheit*) distinción *f*, refinamiento *m*

Feinheit[2] *f* <-, -en> **1.** (*Nuance*) detalle *m*, pormenor *m*; **bis in alle ~en** hasta en los más mínimos detalles **2.** (*Subtilität*) sutileza *f*

feinkörnig *adj* de grano fino

Feinkost *f* <-, *ohne pl*> (GASTR) exquisiteces *fpl*; **Feinkostgeschäft** *nt* <-(e)s, -e> tienda *f* de ultramarinos de primera calidad

feinmaschig *adj* de malla fina

Feinmechanik *f* <-, *ohne pl*> (TECH) mecánica *f* de precisión

Feinmechaniker(in) *m(f)* <-s, -; -, -nen> mecánico *mf* de precisión; **sie ist eine der wenigen Frauen, die eine Lehre zur ~in machen** es de las pocas mujeres que hacen un aprendizaje para mecánico de precisión

Feinschmecker(in) *m(f)* <-s, -; -, -nen> gourmet *mf*, sibarita *mf*

Feinsilber *nt* <-s, *ohne pl*> plata *f* de ley

feinsinnig ['faɪnzɪnɪç] *adj* sensible, refinado

Feinunze *f* <-, -n> onza *f* (*para oro y plata de ley*); **Feinwäsche** *f* <-, *ohne pl*> ropa *f* delicada; **Feinwaschmittel** *nt* <-s, -> detergente *m* suave

feist [faɪst] *adj* gordo, obeso

feixen ['faɪksən] *vi* reír sarcásticamente

Felchen ['fɛlçən] *m o nt* <-s, -> (ZOOL) corégono *m*

Feld [fɛlt] *nt* <-(e)s, -er> **1.** (*Acker, Bereich*) campo *m*, tablón *m Am*; **auf freiem ~** en pleno campo; **das ist ein weites ~** (*fig*) ese es un tema que da mucho de sí; **das ~ bestellen** labrar las tierras **2.** (MIL) campo *m* de batalla; **gegen jdn zu ~e ziehen** (*fig geh*) lanzarse en una campaña contra alguien; **das ~ räumen** dejar el campo libre **3.** (*auf einem Spielbrett*) casilla *f*; (*auf dem Schachbrett*) escaque *m*; (*auf einem Formular, in einem Muster*) casilla *f* **4.** (INFOR: *Teil des Datensatzes*) campo *m* **5.** (SPORT: *Spiel~*) terreno *m* de juego; (*beim Radrennen*) pelotón *m*; **er führte das ~ der Verfolger an** encabezaba el pelotón **6.** (ELEK) campo *m* **7.** (*Wend*): **Argumente ins ~ führen** traer una serie de argumentos a colación; **Feldahorn** *m* <-s, -e> (BOT) arce *m* campestre; **Feldarbeit** *f* <-, -en> (AGR) faena *f*; **Feldbeobachtungen** *fpl* observaciones *fpl* del campo; **Feldbett** *nt* <-(e)s, -en> somier *m* plegable; (MIL) cama *f* de campaña; **Feldblume** *f* <-, -n> (BOT) flor *f* campestre; **Feldflasche** *f* <-, -n> cantimplora *f*; **Feldflur** *f* <-, *ohne pl*> parcela *f* rural; **Feldforschung** *f* <-, -en> estudio *m* de campo; **~ betreiben** realizar estudios de campo; **Feldfrucht** *f* <-, -früchte> (AGR) fruto *m* del campo; **Feldgeistliche(r)** *m* <-n, -n> (MIL) capellán *m* militar [*o* castrense]; **Feldherr** *m* <-n, -en> comandante *m* (en jefe); (*Stratege*) estratega *m*; **Feldhockey** *nt* <-s, *ohne pl*> (SPORT) hockey *m* sobre hierba

Feldjäger[1] *mpl* (MIL: *Truppe*) policía *f* militar

Feldjäger(in)[2] *m(f)* <-s, -; -, -nen> (MIL: *Angehöriger der ~*) policía *mf* militar

Feldküche *f* <-, -n> (MIL) cocina *f* de campo; **Feldlager** *nt* <-s, -> (*a.* MIL) campamento *m*; **Feldlazarett** *nt* <-s, -e> (MIL) ambulancia *f*, hospital *m* de primera sangre; **Feldmarschall** *m* <-s, -schälle> (MIL) mariscal *m* de campo; **Feldmaus** *f* <-, -mäuse> (ZOOL) ratón *m* de campo; **Feldpost** *f* <-, *ohne pl*> (MIL) correo *m* militar; **Feldsalat** *m* <-(e)s, -e> rapónchigo *m*, ruiponce *m*; **Feldspat** ['fɛltʃpa:t] *m* <-(e)s, -e *o* -späte> (*Mineral*) feldespato *m*; **Feldstärke** *f* <-, -n> (PHYS) intensidad *f* de campo; **Feldstecher** ['fɛltʃtɛçɐ] *m* <-s, -> gemelos *mpl*, prismáticos *mpl*; **Feldstudie** *f* <-, -n> *s.* Feldforschung; **Feldtheorie** *f* <-, -n> (PHYS) teoría *f* del campo; **Feldversuch** *m* <-(e)s, -e> ensayo *m* de campo; **Feldwebel** ['fɛltve:bəl] *m* <-s, -> sargento *m* (mayor); **Feldweg** *m* <-(e)s, -e> camino *m* vecinal; **Feldweibel** *m* <-s, -> (*Schweiz*) *s.* Feldwebel; **Feldzug** *m* <-(e)s, -züge> (*a. fig*) campaña *f*; (MIL) expedición *f* militar; **einen ~ gegen etw/jdn unternehmen** lanzar una campaña contra algo/alguien

Felge ['fɛlgə] *f* <-, -n> **1.** (*vom Rad*) llanta *f* **2.** (SPORT) molinete *m*; **Felgenbremse** *f* <-, -n> (TECH) freno *m* de la llanta

Fell [fɛl] *nt* <-(e)s, -e> piel *f*, pellejo *m*; **einem Tier das ~ abziehen** desollar un animal; **ein dickes ~ haben** (*fam fig*) tener una coraza en lugar de piel; **jdm das ~ über die Ohren ziehen** (*fam*) engañar a alguien, aprovecharse de alguien; **seine ~e wegschwimmen sehen** (*fig*) perder las esperanzas

Fellache [fɛ'laxə] *m* <-n, -n> felá *m*, fellah *m*

Fellatio [fɛ'la:tsjo] *f* <-, *ohne pl*> felación *f*

Fels[1] [fɛls] *m* <-ens, -en> (*geh: Felsen*) roca *f*, peña *f*; (*größer*) peñasco *m*; **wie ein ~ in der Brandung stand sie da** (*fig*) se mantuvo al pié del cañón

Fels[2] *m* <-, *ohne pl*> (*Gestein*) roca *f*

Felsblock *m* <-(e)s, -blöcke>, **Felsbrocken** *m* <-s, -> roca *f*

Felsen ['fɛlzən] *m* <-s, -> *s.* Fels; **felsenfest** ['--'-] *adj* firme, sólido; **ich bin ~ davon überzeugt, dass ...** estoy firmemente convencido de que...; **Felsenriff** *nt* <-(e)s, -e> (GEO) arrecife *m*; **Felsenschlucht** *f* <-,

-en> garganta *f* escarpada, quebrada *f*

Felsgestein *nt* <-(e)s, -e> roca *f*

felsig ['fɛlzɪç] *adj* **1.** (*mit Felsen*) rocoso, peñascoso **2.** (*aus Felsgestein*) rocoso

Felsmalerei *f* <-, -en> pintura *f* rupestre; **Felsmassiv** *nt* <-s, -e> macizo *m* rocoso; **Felsspalte** *f* <-, -n> grieta *f* (entre las rocas); **Felsvorsprung** *m* <-(e)s, -sprünge> saliente *m* de una roca; **Felswand** *f* <-, -wände> peña *f* escarpada, pared *f* de una roca

Feme ['fe:mə] *f* <-, -n>, **Femegericht** *nt* <-(e)s, -e> (HIST) tribunal *f* de la Vehma; **Fememord** *m* <-(e)s, -e> asesinato *m* político (ejecutado por los miembros de la propia organización)

Feminat *nt* <-(e)s, -e> **1.** (*eines Gremiums*) *ocupación de los cargos directivos de un organismo sólo por mujeres* **2.** (*System*) sistema *m* matriarcal

feminin [femi'ni:n] *adj* femenino

Femininum [femi'ni:nʊm, '----] *nt* <-s, Feminina> femenino *m*

Feminismus [femi'nɪsmʊs] *m* <-, *ohne pl*> feminismo *m*

Feminist(in) [femi'nɪst] *m(f)* <-en, -en; -, -nen> feminista *mf;* **~innen und ~en streben eine grundsätzliche Veränderung der traditionellen Rollenverteilung an** los feministas y las feministas abogan por una profunda reforma de los papeles desempeñados tradicionalmente por el hombre y la mujer

feministisch *adj* feminista

Fenchel ['fɛnçəl] *m* <-s, -> hinojo *m*

Fenster ['fɛnstɐ] *nt* <-s, -> **1.** (*in Gebäuden, a.* INFOR) ventana *f;* (*an Fahrzeugen*) ventanilla *f;* **zum ~ hinausschauen** mirar por la ventana; **jd ist weg vom ~** (*fig*) alguien ha desaparecido del panorama; **das Geld zum ~ hinauswerfen** tirar el dinero por la ventana **2.** (*eines Briefumschlags*) ventanilla *f;* **Fensterbank** *f* <-, -bänke>, **Fensterbrett** *nt* <-(e)s, -er> antepecho *m;* **Fensterbriefumschlag** *m* <-(e)s, -schläge> sobre *m* de ventanilla; **Fensterflügel** *m* <-s, -> hoja *f* de la ventana; **Fensterglas** *nt* <-es, *ohne pl*> vidrio *m,* cristal *m;* **Fenstergröße** *f* <-, -n> (INFOR) tamaño *m* de ventana; **Fensterheber** ['fɛnstɐhe:bɐ] *m* <-s, -> (AUTO) elevalunas *m inv;* **elektrischer ~** elevalunas automático; **Fensterkitt** *m* <-(e)s, -e> masilla *f* (de cristalero); **Fensterkreuz** *nt* <-es, -e> cruz *f* de la ventana; **Fensterkurbel** *f* <-, -n> (*a.* AUTO) manivela *f* elevalunas; **Fensterladen** *m* <-s, -läden> postigo *m,* contraventana *f;* **Fensterleder** *nt* <-s, -> gamuza *f*

fensterln ['fɛnstɐln] *vi* (*südd, Österr*) pelar la pava (*colarse el amante en la habitación de su amada por la ventana*)

fensterlos *adj* sin ventanas; **wenn das Bad ein ~er Raum ist, muss es besonders gut gelüftet werden** si el baño no tiene ventanas debe estar muy bien ventilado; **Fensternische** *f* <-, -n> nicho *m* de ventana; **Fensterplatz** *m* <-es, -plätze> asiento *m* de ventanilla; **Fensterputzer(in)** *m(f)* <-s, -; -, -nen> limpiador(a) *m(f)* de cristales; **Fensterrahmen** *m* <-s, -> marco *m* de la ventana

Fensterrede *f* <-, -n> discurso *m* altisonante

Fensterscheibe *f* <-, -n> vidrio *m,* cristal *m;* (*Auto, Schaufenster*) luna *f;* **Fenstersims** *m o nt* <-es, -e> poyete *m* de la ventana; **Fensterstock** *m* <-(e)s, -stöcke> (*Österr*) *s.* **Fensterrahmen;** **Fenstersturz** *m* <-es, -stürze> **1.** (ARCHIT) dintel *m* de ventana, umbral *m* de ventana **2.** (*Sturz aus einem Fenster*) caída *f* por la ventana **3.** (HIST): **Prager ~** defenestración *f* de Praga; **Fenstertechnik** *f* <-, -en> (INFOR) técnica *f* de ventana

Ferien ['fe:riən] *pl* vacaciones *fpl;* **die großen ~** las vacaciones de verano; **in die ~ fahren** ir(se) de vacaciones; (*im Sommer*) ir de veraneo; **~ machen/haben** estar de/tener vacaciones; **Feriendorf** *nt* <-(e)s, -dörfer> urbanización *f* turística; **Feriengast** *m* <-(e)s, -gäste> turista *mf;* (*Sommergast*) veraneante *mf;* **Ferienhaus** *nt* <-es, -häuser> chalet *m* para las vacaciones, chalé *m* para las vacaciones; **Ferienheim** *nt* <-(e)s, -e> residencia *f* de vacaciones, colonia *f* de vacaciones; **die Kinder verbrachten ihre Sommerferien in einem ~** los niños pasaron sus vacaciones en una colonia de verano; **Ferienkurs** *m* <-es, -e> curso *m* de vacaciones; **Ferienlager** *nt* <-s, -> campamento *m* de vacaciones; **Ferienort** *m* <-(e)s, -e> centro *m* turístico; **Ferienreise** *f* <-, -n> viaje *m* turístico; **Ferientag** *m* <-(e)s, -e> día *m* de vacaciones; **Ferienwohnung** *f* <-, -en> apartam(i)ento *m* para las vacaciones; **Ferienzeit** *f* <-, *ohne pl*> (época *f* de) vacaciones *fpl*

Ferkel ['fɛrkəl] *nt* <-s, -> **1.** (ZOOL) lechón *m* **2.** (*fam: Mensch*) cochino, -a *m, f,* guarro, -a *m, f*

Ferkelei *f* <-, -en> (*fam abw*) cochinada *f*

ferkeln *vi* **1.** (ZOOL) parir [*o* tener cochinillos] (la cerda) **2.** (*fam abw: Dreck machen*) hacer cochinadas; (*stärker*) hacer guarradas [*o* el guarro]

Fermate [fɛr'ma:tə] *f* <-, -n> (MUS) fermata *f*

Ferment [fɛr'mɛnt] *nt* <-(e)s, -e> (BIOL) fermento *m*

Fermentierung [fɛrmɛn'ti:rʊŋ] *f* <-, -en> (CHEM) fermentación *f*

Fermium ['fɛrmiʊm] *nt* <-s, *ohne pl*> (CHEM) fermio *m*

fern [fɛrn] **I.** *adj* (*räumlich, zeitlich*) lejano, distante; **eines ~en Tages werden wir uns wieder sehen** llegará el día en el que nos volveremos a ver; **der F~e Osten** el Extremo Oriente **II.** *adv* lejos; **von ~** de lejos; **~ von**

hier lejos de aquí; **von ~ betrachtet** visto desde lejos; **(sich) ~ halten von etw/jdm** (*geh*) mantener(se) alejado de algo/alguien; **ich hielt mich von ihr ~** me mantuve alejado de ella; **etw liegt jdm ~** alguien no quiere algo en absoluto; **es liegt mir ~, zu ...** no tengo la intención de...; **nichts liegt mir ~er, als ...** nada más lejos de mi voluntad que...; **etw** *dat* **~ stehen** (*geh*) sentir desapego hacia algo; **einem Plan ~ stehen** distanciarse de un plan; **jdm ~ stehen** no tener relación con alguien; **es steht mir ~, das zu sagen** ¡lejos de mí el decir algo así!; **Fernamt** *nt* <-(e)s, -ämter> (TEL) central *f* telefónica; **um von Quito nach München zu telefonieren, muss das ~ ein Auslandsgespräch vermitteln** para poder hacer una llamada de Quito a Múnich la operadora tiene que establecer la conferencia; **Fernbahn** *f* <-, -en> tren *m* de largo recorrido; **Fernbedienung** *f* <-, -en> mando *m* a distancia, telemando *m;* **fern|bleiben** *irr vi sein* (*geh*) no asistir (a), no tomar parte (en); **er ist der Schule ferngeblieben** no asistió a clase; **Fernbleiben** *nt* <-s, *ohne pl*> ausencia *f;* (*von der Arbeit*) absentismo *m* laboral; (*vom Unterricht*) no asistencia *f* a los cursos; **Fernblick** *m* <-(e)s, *ohne pl*> vista *f* panorámica

ferne *adv* (*geh*) *s.* **fern**

Ferne ['fɛrnə] *f* <-, *ohne pl*> (*räumlich, zeitlich*) lejanía *f*, distancia *f;* **aus der ~ betrachtet** visto de lejos; **in die ~ ziehen** (*geh*) irse por esos mundos de Dios; **der Prüfungstermin lag noch in weiter ~** la fecha del examen estaba todavía lejos

Fernempfang *m* <-(e)s, *ohne pl*> (RADIO) recepción *f* a distancia

ferner ['fɛrnɐ] **I.** *konj* (*außerdem*) aparte de eso, además; **~ möchte ich darauf hinweisen, dass ...** además quiero señalar que... **II.** *adv* (*künftig*) en adelante, en lo sucesivo

fernerhin *adv o konj s.* **ferner**

Fernerkundung *f* <-, -en> teledetección *f;* **Fernfahrer(in)** *m(f)* <-s, -; -, -nen> camionero, -a *m, f;* **Fernfahrt** *f* <-, -en> largo recorrido *m* (de un transportista en camión); **Fernflug** *m* <-(e)s, -flüge> (AERO) vuelo *m* de (larga) distancia; **Ferngas** *nt* <-es, -e> gas-ciudad *m* (*obtenido lejos de donde se consume*); **Ferngespräch** *nt* <-(e)s, -e> (*Inland*) llamada *f* interurbana; (*Ausland*) llamada *f* internacional; **ein ~ führen** (*Ausland*) llamar al extranjero; (*Inland*) llamar a provincias; **ferngesteuert** ['fɛrngəʃtɔɪɐt] *adj* teledirigido; **Fernglas** *nt* <-(e)s, -gläser> gemelos *mpl,* prismáticos *mpl;* **fern|gucken** *vi* (*fam*) mirar [*o* ver] la tele; **fern|halten** *irr* **I.** *vt s.* **fern II. II.** *vr:* **sich ~** *s.* **fern II.**; **Fernhandel** *m* <-s, *ohne pl*> (COM) comercio *m* a distancia; **Fernheizung** *f* <-, -en> (sistema *m* de) calefacción *f* a distancia; **Fernkopie** *f* <-, -n> (TEL) fax *m inv,* telecopia *f;* **fernkopieren*** **I.** *vi* (TEL) enviar un fax **II.** *vt* (TEL) enviar por fax; **Fernkopierer** *m* <-s, -> (TEL) telefax *m inv,* telecopiadora *f;* **Fernkursus** *m* <-, -kurse> (SCH) curso *m* por correspondencia; **Fernlaster** *m* <-s, -> (*fam*) camión *m* de transportes de largo recorrido

Fernlastverkehr *m* <-(e)s, *ohne pl*> transporte *m* internacional por carretera; **ein Großteil der Güter wird im ~ befördert** una gran parte de las mercancías se transporta al extranjero por carretera; **Fernlastwagen** *m* <-s, -> camión *m* TIR; **Fernlastzug** *m* <-(e)s, -züge> (AUTO) tráiler *m*

Fernleihe ['fɛrnlaɪə] *f* <-, -n> servicio *m* de préstamo interbibliotecario entre dos ciudades

Fernleitung *f* <-, -en> línea *f* a gran distancia; **Fernleitungsnetz** *nt* <-es, -e> (TEL) red *f* de líneas de larga distancia

fern|lenken *vt* teledirigir

Fernlenkung[1] *f* <-, -en> (*Apparat*) telemando *m,* teledirección *f*

Fernlenkung[2] *f* <-, *ohne pl*> (*das Lenken*) telecontrol *m*

Fernlicht *nt* <-(e)s, *ohne pl*> (AUTO) luz *f* larga [*o* de carretera]; **fern|liegen** *irr vi s.* **fern II.**

Fernmeldeamt *nt* <-(e)s, -ämter> (TEL) central *f* telefónica, Telefónica *f;* **Fernmeldedienst** *m* <-(e)s, -e> (TEL) servicio *m* de telecomunicación; **Fernmeldegeheimnis** *nt* <-ses, *ohne pl*> (JUR) secreto *m* de telecomunicación; **Fernmeldesatellit** *m* <-en, -en> (TEL) satélite *m* para [*o* de] telecomunicaciones; **Fernmeldetechnik** *f* <-, *ohne pl*> (TEL) técnica *f* de telecomunicaciones; **Fernmeldewesen** *nt* <-s, *ohne pl*> (TEL) telecomunicaciones *fpl*

fernmündlich *adj* (TEL) por teléfono; **Fernost** [fɛrn'ʔɔst]: **aus/in ~** del/en el Extremo Oriente; **fernöstlich** ['-'--] *adj* del Extremo Oriente; **Fernrohr** *nt* <-(e)s, -e> telescopio *m;* **Fernruf** *m* <-(e)s, -e> (TEL: *formal*) número *m* de teléfono; **Fernschnellzug** *m* <-(e)s, -züge> (EISENB) tren *m* rápido; **Fernschreiben** *nt* <-s, -> (*Text*) télex *m inv,* teletipo *m*

Fernschreiber[1] *m* <-s, -> (*Apparat*) télex *m inv,* teletipo *m*

Fernschreiber(in)[2] *m(f)* <-s, -; -, -nen> persona *f* encargada de accionar el teletipo

Fernschreibnetz *nt* <-es, -e> (TEL) red *f* de télex [*o* teletipográfica]

fernschriftlich *adj* (TEL) (transmitido) por télex

Fernsehansager(in) *m(f)* <-s, -; -, -nen> locutor(a) *m(f)* de televisión; **Fernsehanstalt** *f* <-, -en> cadena *f* de televisión; **die öffentlich-rechtlichen ~en** las cadenas de televisión de titularidad pública; (*in Spanien*) el Ente; **Fernsehantenne** *f* <-, -n> antena *f* de televisión; **Fernsehapparat** *m* <-(e)s, -e> televisor *m;* **Fernsehaufnahme** *f* <-, -n> grabación *f* de televisión

fern|sehen *irr vi* ver la tele(visión)
Fernsehen *nt* <-s, *ohne pl*> televisión *f*; **etw kommt im ~** dan algo en la televisión; **im ~ übertragen** televisar, transmitir por televisión; **er arbeitet beim ~** trabaja para [*o* en] la televisión; **bekannt aus Film und ~** conocido del cine y de la televisión; **am ~** (*Schweiz*) en la televisión
Fernseher *m* <-s, -> (*fam: Gerät*) tele *f*; **den ganzen Tag vor dem ~ sitzen** pasarse el día entero delante de la tele
Fernsehfilm *m* <-(e)s, -e> película *f* de televisión; **Fernsehgebühr** *f* <-, -en> impuesto *m* por el uso de un televisor; **Fernsehgerät** *nt* <-(e)s, -e> televisor *m*, aparato *m* de televisión; **Fernsehinterview** *nt* <-s, -s> entrevista *f* en televisión; **Fernsehjournalist(in)** *m(f)* <-en, -en; -, -nen> periodista *mf* de televisión; **Fernsehkamera** *f* <-, -s> cámara *f* de televisión; **Fernsehnachrichten** *fpl* (TV) noticias *fpl* de la televisión [*o* televisadas]; **die ~ haben darüber nicht berichtet** en las noticias de la tele no han dicho nada de eso; **deine Schule war gestern in den ~** ayer salió tu escuela en las noticias de la tele; **Fernsehnetz** *nt* <-es, -e> red *f* de (emisoras de) televisión; **Fernsehprogramm** *nt* <-(e)s, -e> programa *m* de televisión; **Fernsehrechte** *ntpl* (JUR, TV) derechos *mpl* de televisión; **Fernsehsatellit** *m* <-en, -en> satélite *m* de televisión; **Fernsehsender** *m* <-s, -> canal *m* de televisión; **Fernsehsendung** *f* <-, -en> emisión *f* de televisión; **Fernsehspiel** *nt* <-(e)s, -e> película *f* de televisión, telefilm *m*; **Fernsehstudio** *nt* <-s, -s> estudio *m* de televisión; **Fernsehtechnik** *f* <-, -en> técnica *f* de la televisión; **Fernsehtechniker(in)** *m(f)* <-s, -; -, -nen> técnico, -a *m, f* en [*o* de] televisión; **Fernsehteilnehmer(in)** *m(f)* <-s, -; -, -nen> (*formal*) abonado, -a *m, f* a la televisión, telespectador(a) *m(f)*; **Fernsehturm** *m* <-(e)s, -türme> torre *f* de televisión, pirulí *m fam*; **Fernsehübertragung** *f* <-, -en> retransmisión *f* televisiva; **Fernsehwerbung** *f* <-, *ohne pl*> publicidad *f* en la televisión; **Fernsehzeitschrift** *f* <-, -en> revista *f* de televisión; **Fernsehzuschauer(in)** *m(f)* <-s, -; -, -nen> telespectador(a) *m(f)*
Fernsicht *f* <-, *ohne pl*> vista *f* panorámica
Fernsprechamt *nt* <-(e)s, -ämter> central *f* telefónica; **Fernsprechanlage** *f* <-, -n> instalación *f* telefónica; **Fernsprechansagedienst** *m* <-(e)s, -e> servicio *m* de anuncios telefónicos; **Fernsprechanschluss**[RR] *m* <-es, -schlüsse> enganche *m* a la red telefónica; **Fernsprechapparat** *m* <-(e)s, -e> teléfono *m*, aparato *m* telefónico; **Fernsprechauskunft** *f* <-, -künfte> información *f* (telefónica)
Fernsprecher *m* <-s, -> teléfono *m*
Fernsprechgebühr *f* <-, -en> tarifa *f* telefónica; **Fernsprechnetz** *nt* <-es, -e> (TEL) red *f* telefónica; **Fernsprechteilnehmer(in)** *m(f)* <-s, -; -, -nen> usuario, -a *m, f* de la red telefónica; **Fernsprechverkehr** *m* <-(e)s, *ohne pl*> (TEL) telefonía *f*; **Fernsprechvermittlung** *f* <-, -en> (TEL) central *f* telefónica; **Fernsprechzelle** *f* <-, -n> (TEL) cabina *f* telefónica; **Fernsprechzentrale** *f* <-, -n> (TEL) central *f* telefónica
fern|stehen *irr vi s.* **fern II.**; **fern|steuern** *vt* dirigir con mando a distancia, teledirigir
Fernsteuerung[1] *f* <-, -en> (*Apparat*) mando *m* a distancia, telemando *m*
Fernsteuerung[2] *f* <-, *ohne pl*> (*das Steuern*) telecontrol *m*
Fernstraße *f* <-, -n> (AUTO) ≈carretera *f* nacional; **Fernstudium** *nt* <-s, -studien> carrera *f* a distancia; **Fernüberwachung** *f* <-, -en> vigilancia *f* a distancia; **~ per Video** vigilancia por cámaras de vídeo; **Fernuniversität** *f* <-, -en> universidad *f* a distancia; **Fernverkehr** *m* <-s, *ohne pl*> **1.** (*Eisenbahn*) servicio *m* de largo recorrido; (*Auto*) tráfico *m* interurbano **2.** (*Telefon*) servicio *m* interurbano; **Fernverkehrsstraße** *f* <-, -n> (AUTO) *s.* **Fernstraße**
Fernwärme *f* <-, *ohne pl*> sistema *m* de calefacción a distancia; **Fernwärmeversorgung** *f* <-, *ohne pl*> abastecimiento *m* de calor a distancia
Fernweh ['fɛrnveː] *nt* <-(e)s, *ohne pl*> (*geh*) nostalgia *f* de países lejanos; **Fernwirken** *nt* <-s, *ohne pl*> (INFOR, TEL) telecontrol *m*; **Fernziel** *nt* <-(e)s, -e> (*fig*) objetivo *m* a largo plazo; **Fernzug** *m* <-(e)s, -züge> tren *m* de largo recorrido
Ferse ['fɛrzə] *f* <-, -n> (*a. Strumpf~*) talón *m*; **jdm (dicht) auf den ~n sein** ir pisando los talones a alguien; **sich an die ~n von jdm hängen** [*o* **heften**] perseguir a alguien con insistencia; **Fersenbein** *nt* <-(e)s, -e> (ANAT) calcáneo *m*; **Fersengeld** *nt* <-es, *ohne pl*>: **~ geben** (*fam*) pirárselas
fertig ['fɛrtɪç] *adj* **1.** (*beendet*) terminado, acabado; (*vollendet*) listo; **halb ~** a medio hacer; **das Essen ist ~** la comida está lista; **bist du ~ mit Duschen?** ¿has acabado de ducharte?; **er hat die Hausaufgaben schon ~** ya terminó los deberes; **mit dir bin ich endgültig ~** (*fam*) no quiero tener nada más que ver contigo; **etw ~ bekommen** [*o* **bringen**], **etw ~ kriegen** (*fam: vollenden*) acabar algo, terminar algo; **der bringt es nicht ~, ihm das zu sagen** (*fam*) no es capaz de decírselo; **etw ~ kaufen** comprar algo ya preparado [*o* hecho]; **etw ~ machen** (*beenden*) acabar [*o* finalizar] algo; **etw ~ stellen** concluir algo; **wirst du rechtzeitig ~?** ¿acabarás a tiempo?; **jdn ~ machen** (*fam: zurechtweisen*) echar una bronca a alguien; (*zermürben*) desmoralizar a alguien; (*töten*) acabar con alguien, liquidar a alguien; (*ruinieren*) arruinar a alguien; **das macht mich total ~** eso me hace

F

polvo; **sie machten ihn ~** acabaron con él; **mit jdm ~ werden** (*fam*) arreglárselas con alguien; **sieh zu, wie du damit ~ wirst** (*fam fig*) arréglatelas como puedas **2.** (*bereit*) listo (*zu* para), preparado (*zu* para); **~ zur Abfahrt** listo para irse; (**sich**) **~ machen** (*fam*) arreglar(se), preparar(se); **mach dich ~, wir müssen los!** prepárate, ¡tenemos que irnos!; **auf die Plätze, ~, los!** ¡preparados, listos, ya! **3.** (*fam: erschöpft*) rendido, frito; **mit den Nerven ~ sein** tener los nervios destrozados; **ich bin völlig** [*o* **fix und**] **~** estoy hecho polvo

Fertigbau *m* <-(e)s, -ten>, **Fertigbauweise** *f* <-, *ohne pl*> construcción *f* prefabricada; **Fertigbearbeitung** *f* <-, -en> acabado *m*

fertig|bekommen* *irr vt s.* **fertig 1.**

Fertigbeton *m* <-s, -e *o* -s> hormigón *m* prefabricado

fertig|bringen *irr vt s.* **fertig 1.**

fertigen ['fɛrtɪgən] *vt* elaborar, fabricar

Fertigfabrikat *nt* <-(e)s, -e> (WIRTSCH) *s.* Fertigprodukt; **Fertiggericht** *nt* <-(e)s, -e> plato *m* preparado [*o* precocinado]; **Fertighaus** *nt* <-es, -häuser> casa *f* prefabricada

Fertigkeit *f* <-, -en> **1.** (*Geschicklichkeit*) habilidad *f*, destreza *f* **2.** *pl* (*Fähigkeit*) aptitudes *fpl;* (*Kenntnis*) conocimientos *mpl*

Fertigkleidung *f* <-, *ohne pl*> ropa *f* de confección

fertig|kriegen *vt s.* fertig **1.**; **fertig|machen** **I.** *vt s.* fertig **1. II.** *vr:* **sich ~** *s.* **fertig 2.**; **Fertigmontage** *f* <-, -n> montaje *m* acabado; **Fertigprodukt** *nt* <-(e)s, -e> (WIRTSCH) producto *m* elaborado [*o* manufacturado]; **fertig|stellen** *vt s.* **fertig 1.**

Fertigstellung *f* <-, -en> conclusión *f;* **bei pünktlicher ~ der Arbeit** terminando puntualmente el trabajo; **Fertigstellungstermin** *m* <-s, -e> fecha *f* de terminación

Fertigteil *nt* <-(e)s, -e> elemento *m* prefabricado

Fertigung *f* <-, -en> fabricación *f*, producción *f;* **~ nach Maß** producción a medida; **Fertigungsabschnitt** *m* <-(e)s, -e> fase *f* de producción; **Fertigungsanlage** *f* <-, -n> (TECH, WIRTSCH) planta *f* de fabricación; **Fertigungskosten** *pl* (FIN, WIRTSCH) costes *mpl* de producción; **Fertigungsmuster** *nt* <-s, -> (TECH, WIRTSCH) muestra *f* de fabricación; **Fertigungsserie** *f* <-, -n> (TECH, WIRTSCH) serie *f* de producción; **Fertigungsstandort** *m* <-(e)s, -e> (WIRTSCH) lugar *m* de producción; **Fertigungsstraße** *f* <-, -n> (TECH, WIRTSCH) vía *f* de fabricación [*o* producción]; **Fertigungsteil** *nt* <-(e)s, -e> (TECH, WIRTSCH) pieza *f* de fabricación; **Fertigungsverfahren** *nt* <-s, -> (TECH, WIRTSCH) proceso *m* de fabricación

Fertigware *f* <-, -n> (WIRTSCH) producto *m* manufacturado [*o* elaborado]

Fertilität [fɛrtili'tɛ:t] *f* <-, *ohne pl*> (BIOL, MED) fertilidad *f*

Fes[1] [fɛs] *m* <-(es), -(e)> fez *m*

Fes[2] [fɛs] *nt* <-, -> (MUS) fa *m* bemol

fesch [fɛʃ] *adj* **1.** (*fam: schick*) elegante; (*hübsch*) guapo **2.** (*Österr: nett*) amable

Fessel ['fɛsəl] *f* <-, -n> **1.** (*zum Festbinden*) atadura *f;* (*Kette*) cadena *f*, hierros *mpl;* **jdm ~n anlegen** poner a alguien los grilletes **2.** (ANAT: *vom Pferd*) espolón *m* **3.** (ANAT: *beim Menschen*) empeine *m* (del pie); **Fesselballon** *m* <-s, -s> globo *m* cautivo

fesseln ['fɛsəln] *vt* **1.** (*festbinden*) atar; (*an den Händen*) maniatar; **jdn an Händen und Füßen ~** atar a alguien de manos y pies; **ans Bett gefesselt sein** (*fig*) tener que guardar cama **2.** (*faszinieren*) fascinar; **er war von ihr gefesselt** ella le fascinaba

fesselnd *adj* (*faszinierend: Bericht, Erzählung*) fascinante; (*Mensch*) atractivo, cautivador; **der Roman war so ~, dass er ihn in einem Zug verschlang** la novela era tan emocionante que se la leyó de un tirón; **der Anblick von Picassos Bildern ist immer wieder ~** mirar los cuadros de Picasso resulta una y otra vez una experiencia fascinante

fest [fɛst] *adj* **1.** (*kompakt*) sólido, compacto; (*hart*) duro; **~ werden** ponerse sólido, solidificarse **2.** (*stabil*) robusto **3.** (*stark, kräftig*) fuerte; **die Tür ~ schließen** cerrar la puerta con fuerza; **etw ~ anziehen/zudrehen** enroscar/cerrar algo fuertemente; **sie hatte schon ~ geschlafen** ya estaba profundamente dormida **4.** (*unerschütterlich*) firme, inconmovible; **sie ist ~ entschlossen** está firmemente decidida; **~ umrissen** perfectamente definido [*o* claro]; **sich** *dat* **etw ~ vornehmen** tener la firme intención de hacer algo; **etw nimmt langsam ~e Formen an** algo va tomando forma lentamente; **jdn ~ anblicken** fijar la mirada en alguien; **das hat er ~ versprochen** lo prometió solemnemente **5.** (*ständig*) fijo; (*dauerhaft*) permanente, constante; **~es Gehalt** sueldo fijo; **~ angestellt** con empleo fijo; **jdn ~ anstellen** contratar a alguien como fijo; **einen ~en Wohnsitz haben** tener un domicilio fijo; **es gibt dafür keine ~en Regeln** para esto no existen reglas fijas; **er ist in ~en Händen** (*fam*) tiene novia; **er hat seit einem Jahr eine ~e Freundin** desde hace un año tiene novia; **in diesem Haus hat alles seinen ~en Platz** en esta casa cada cosa tiene su sitio **6.** (*Schweiz: rundlich*) rollizo

Fest [fɛst] *nt* <-(e)s, -e> fiesta *f*, pachanga *f Am: fam,* milonga *f And, CSur;* **man muss die ~e feiern, wie sie fallen** hay que celebrar las fiestas tal y como caen; **Frohes ~!** ¡Felices Fiestas!; **Festakt** *m* <-(e)s, -e> acto *m* solemne

Festangebot *nt* <-(e)s, -e> (WIRTSCH) oferta *f* en firme; **festangestellt** *adj s.* **fest 5.**; **Festangestellte(r)** *mf* <-n, -n; -n, -n> empleado, -a *m, f* fijo, -a; **die Mitarbeiter**

des Verlages setzen sich aus 17 ~n und 45 Freien zusammen en la editorial trabajan 17 trabajadores en plantilla y 45 eventuales

Festansprache *f* <-, -n> *s.* **Festrede**

Festanstellung *f* <-, -en> contrato *m* indefinido, empleo *m* fijo; **Festauftrag** *m* <-(e)s, -träge> (WIRTSCH) pedido *m* en firme

fest|beißen *irr vr:* **sich ~ 1.** (*Hund*): **sich (an [*o* in] der Beute) ~** morder y no soltar la presa **2.** (*nicht weiterkommen*) atascarse (*an* en); **sich an etw ~** aferrarse en algo

Festbeleuchtung *f* <-, -en> iluminación *f* para la(s) fiesta(s); (*fam iron*) iluminación *f* exagerada, demasiadas luces *fpl* encendidas

Festbetrag *m* <-(e)s, -träge> cantidad *f* fija; **Festbezüge** *mpl* (FIN, WIRTSCH) ingresos *mpl* fijos

fest|binden *irr vt* atar (*an* a), anudar (*an* a), pegar *Mex;* **fest|bleiben** *irr vi sein* quedar firme, no ceder

Festbrennstoff *m* <-(e)s, -e> combustible *m* sólido

feste *adv* (*fam: nach Kräften: feiern*) de lo lindo; (*arbeiten, mithelfen*) de firme; **immer ~ druff!** (*schlagen*) ¡dale fuerte!

Feste *f* <-, -n> (*alt*) *s.* **Festung**

festen ['fɛstən] *vi* (*Schweiz*) *s.* **feiern**

Festessen *nt* <-s, -> comida *f* de gala, banquete *m*

fest|fahren *irr vr:* **sich ~ 1.** (*stecken bleiben*) atascarse (*in* en); (*Schiff*) embarrancar, tocar fondo **2.** (*Verhandlungen*) paralizarse, estancarse; **fest|frieren** *irr vi sein* estar helado [*o* congelado] y pegarse (*an* a)

Festgelage *nt* <-s, -> (*geh*) festín *m,* banquete *m*

Festgeld *nt* <-(e)s, -er> (FIN) depósito *m* a plazo fijo; **Festgeldanlage** *f* <-, -n> (FIN) dinero *m* a término fijo

fest|haken I. *vt* enganchar (*an* en), sujetar (*an* en) **II.** *vr:* **sich ~** engancharse, quedarse enredado

Festhalle *f* <-, -n> salón *m* de fiestas

fest|halten *irr* **I.** *vi* aferrarse (*an* a); **er hält an seiner Meinung fest** no da su brazo a torcer **II.** *vt* **1.** (*halten*) sujetar; **sie hielt ihn am Arm fest** lo agarró por el brazo **2.** (*zurückhalten*) detener, retener **3.** (*aufzeichnen*) retener; (*mit Kamera*) fotografiar; (*mit Tonband*) grabar **III.** *vr:* **sich ~** sujetarse (*an* en/a), agarrarse (*an* a)

festigen ['fɛstɪgən] **I.** *vt* reforzar, consolidar; **ein gefestigter Charakter** un carácter estable **II.** *vr:* **sich ~** reforzarse, consolidarse

Festiger *m* <-s, -> (*Haar~*) fijador *m* (para el pelo)

Festigkeit *f* <-, *ohne pl*> **1.** (*Widerstandsfähigkeit*) solidez *f,* resistencia *f;* (*Stabilität*) estabilidad *f* **2.** (*Entschlossenheit*) firmeza *f* **3.** (*Standhaftigkeit*) perseverancia *f,* constancia *f*

Festigung *f* <-, -en> consolidación *f,* afianzamiento *m*

Festival ['fɛstivəl] *nt* <-s, -s> festival *m*

fest|klammern I. *vt* sujetar (con pinzas); **die Wäsche an der (Leine) ~** sujetar [*o* tender] la ropa (en la cuerda) con pinzas **II.** *vr:* **sich ~** agarrarse (*an* a/en); **fest|kleben I.** *vi sein* estar pegado (*an* en/a) **II.** *vt* pegar (*an* a/en)

Festkomma *nt* <-s, -s *o* -kommata> (INFOR) coma *f* fija

Festkörper *m* <-s, -> (PHYS) cuerpo *m* sólido; **Festkosten** *pl* gastos *mpl* fijos

fest|krallen *vr:* **sich ~** agarrarse fuertemente [*o* con las uñas] (*an* de/a)

Festland[1] *nt* <-(e)s, -länder> (*Kontinent*) continente *m*

Festland[2] *nt* <-(e)s, *ohne pl*> (*im Gegensatz zum Meer*) tierra *f* firme

Festland(s)sockel *m* <-s, -> plataforma *f* continental, "schelf" *m*

fest|legen I. *vt* **1.** (*bestimmen*) fijar, establecer; **es wurde schriftlich festgelegt, dass ...** se estableció por escrito que... **2.** (FIN) invertir a plazo fijo **3.** (*verpflichten*) comprometer (*auf* a) **II.** *vr:* **sich ~** (*sich binden*) comprometerse (*auf* a), prometer (*auf*); **ich kann mich noch nicht ~** aún no puedo prometer nada

Festlegung *f* <-, -en> establecimiento *m,* fijación *f*

festlich ['fɛstlɪç] *adj* de fiesta; (*feierlich*) solemne, ceremonioso; **der Saal ist ~ geschmückt** la sala está decorada de fiesta; **etw ~ begehen** celebrar algo

Festlichkeit[1] *f* <-, -en> (*Ereignis*) festividad *f,* acto *m* solemne

Festlichkeit[2] *f* <-, *ohne pl*> (*das Festlichsein*) solemnidad *f*

fest|liegen *irr vi* **1.** (*bestimmt sein*) estar fijado, estar establecido; **der Termin liegt nun fest** la fecha ya está fijada **2.** (NAUT) embarrancar; **das Schiff liegt seit Wochen im Hafen fest** hace semanas que el barco está atracado en el puerto [*o* no puede salir del puerto] **3.** (FIN) estar inactivo [*o* invertido]; **fest|machen I.** *vi* (NAUT) amarrar **II.** *vt* **1.** (*vereinbaren*) fijar, concertar; **ein Geschäft ~** concertar un negocio **2.** (*befestigen*) fijar (*an* en/a), sujetar (*an* en/a), pegar *Mex*

Festmahl *nt* <-(e)s, -e *o* -mähler> (*geh*) banquete *m,* festín *m*

Festmeter *m o nt* <-s, -> metro *m* cúbico de madera; **liefern Sie mir bitte sieben ~ Kaminholz** envíeme por favor siete metros cúbicos de leña

fest|nageln *vt* **1.** (*Bretter*) clavar (*an* a/en) **2.** (*fam: festlegen*) comprometer (*auf* a); **ich ließ mich darauf nicht ~** yo no me quise comprometer con eso

Festnahme ['fɛstna:mə] *f* <-, -n> detención *f,* arresto *m;* **vorläufige ~** detención provisional

fest|nehmen *irr vt* detener, arrestar; **sich ~ lassen** entregarse; **jdn vorläufig ~** detener provisionalmente a alguien

F

Festplatte *f* <-, -n> (INFOR) disco *m* duro; **etw auf der ~ abspeichern** grabar algo en el disco duro; **Festplattenlaufwerk** *nt* <-(e)s, -e> (INFOR) unidad *f* del disco duro; **externes ~** (INFOR) unidad externa de disco duro

Festplatz *m* <-es, -plätze> recinto *m* ferial, real *m* de la feria

Festpreis *m* <-es, -e> (WIRTSCH) precio *m* fijo

Festrede *f* <-, -n> discurso *m* solemne; **eine ~ anlässlich des 100. Todestages von jdm halten** pronunciar un discurso en homenaje al centenario de la muerte de alguien; **Festredner(in)** *m(f)* <-s, -; -, -nen> orador(a) *m(f);* **Festsaal** *m* <-(e)s, -säle> salón *m* de fiestas

fest|saugen *vr:* **sich ~** agarrarse [*o* adherirse] succionando (*an* a); **fest|schnallen** *vr:* **sich ~** amarrar el cinturón; **fest|schrauben** *vt* **1.** (*anziehen*) apretar **2.** (*anschrauben*) atornillar (*an* a/en); **fest|schreiben** *irr vt* establecer, fijar

Festschrift *f* <-, -en> escrito-homenaje *m,* publicación *f*

fest|setzen I. *vt* **1.** (*bestimmen*) fijar, convenir; **vertraglich festgesetzt** estipulado por contrato; **das Treffen wurde auf 11 Uhr festgesetzt** el encuentro fue fijado para las 11; **zur festgesetzten Zeit** a la hora convenida **2.** (*festnehmen*) arrestar, encarcelar **II.** *vr:* **sich ~ 1.** (*Staub, Schmutz*) pegarse (*auf* a, *in* en) **2.** (*Gedanke*) arraigarse

Festsetzung *f* <-, -en> determinación *f,* fijación *f*

fest|sitzen *irr vi* **1.** (*befestigt sein*) estar fijo, estar bien sujeto **2.** (*Schmutz*) estar pegado (*auf* a) **3.** (*Fahrzeug*) estar atascado (*in* en); (*Schiff*) estar encallado; **nach den Schneefällen saßen wir drei Tage fest** después de las fuertes nevadas estuvimos sin poder movernos del sitio durante tres días

Festspiele *ntpl* festival *m;* **Festspielhaus** *nt* <-es, -häuser> gran teatro *m* (apropiado para festivales)

fest|stecken I. *vi haben o südd, Österr, Schweiz: sein* (*stecken bleiben*) quedar(se) atascado (*in* en); **schon nach kurzer Fahrt steckten sie in einem Stau fest** tras pocos kilómetros se quedaron atascados en una caravana **II.** *vt* (*befestigen*) fijar, sujetar; **die junge Frau hat sich** *dat* **ihre Haare kunstvoll festgesteckt** la jovencita se ha sujetado el cabello con mucho arte

fest|stehen *irr vi* **1.** (*festgelegt sein*) estar decidido, estar fijado **2.** (*sicher sein*) ser seguro; **fest steht, dass ...** lo que es seguro es que...; **eines steht fest ...** una cosa es segura...

feststellbar *adj* (*ermittelbar*) comprobable, constatable; **seine Identität war nicht ~** no se pudo comprobar su identidad

fest|stellen *vt* **1.** (*arretieren*) fijar, bloquear **2.** (*ermitteln*) averiguar; (*Personalien*) tomar; (*Krankheit*) diagnosticar; **das wird sich ~ lassen** eso ya se averiguará **3.** (*bemerken*) notar, comprobar **4.** (*sagen*) manifestar, declarar; **ich möchte ~, dass ...** quiero manifestar que...

Feststelltaste *f* <-, -n> tecla *f* fijadora

Feststellung *f* <-, -en> **1.** (*Ermittlung*) averiguación *f,* investigación *f* **2.** (*Konstatierung*) comprobación *f,* verificación *f;* (*Beobachtung*) observación *f;* **wir mussten leider die ~ machen, dass ...** lamentablemente tuvimos que comprobar que...; **wir sind zu der ~ gekommen, dass ...** hemos llegado a la conclusión de que... **3.** (*Aussage*) declaración *f,* constatación *f;* **ich lege Wert auf die ~, dass ...** quisiera constatar que...; **Feststellungsurteil** *nt* <-s, -e> (JUR) sentencia *f* declarativa

Feststimmung *f* <-, *ohne pl*> ambiente *m* de domingo; **in ~ sein** tener cara de domingo; **auf dem Marktplatz herrschte ~** en la Plaza Mayor reinaba un ambiente de fiesta

Feststoff *m* <-(e)s, -e> sustancia *f* sólida; **schwebende ~e** sustancias sólidas flotantes

Festtafel *f* <-, -n> (*geh*) mesa *f* del banquete; **zu Weihnachten war die ~ reichlich gedeckt** el día de Navidad en la mesa no faltaba de nada

Festtag *m* <-(e)s, -e> día *m* festivo

festtags *adv* en días festivos

Festtagsstimmung *f* <-, *ohne pl*> ambiente *m* de domingo; **in ~ sein** tener cara de domingo; **auf dem Marktplatz herrschte ~** en la Plaza Mayor reinaba un ambiente de fiesta

fest|treten *irr* **I.** *vt* pisar; **ein festgetretener kleiner Fußweg** un caminito formado por el paso continuo de gente **II.** *vr:* **das tritt sich fest!** (*iron: als Trost*) ¡no pasa nada, se recoge y ya está!; (*als Scherz*) ¡creo que se te ha caído algo!

festumrissen *adj s.* **fest 4.**

Festung ['fɛstʊŋ] *f* <-, -en> fortaleza *f,* fuerte *m;* **die ~ stürmen** asaltar el fuerte

festverzinslich ['fɛstfɛɐtsɪnslɪç] *adj* (FIN) a [*o* de] renta fija; **Festwährung** *f* <-, -en> (FIN) moneda *f* estable; **Festwert** *m* <-(e)s, -e> valor *m* fijo

Festwiese *f* <-, -n> *s.* Festplatz; **Festzelt** *nt* <-(e)s, -e> carpa *f;* (*auf einem Volksfest*) entoldado *m*

fest|ziehen *irr vt* asegurar, fijar; **Festzins** *m* <-es, -en> (FIN) intereses *mpl* fijos

Festzug *m* <-(e)s, -züge> desfile *m,* cabalgata *f*

fest|zurren *vt* amarrar

Fete ['fe:tə, 'fɛ:tə] *f* <-, -n> (*fam*) guateque *m,* fiesta *f,* bochinche *m Mex*

Feten *pl von* **Fete, Fetus**

Fetisch ['fe:tɪʃ] *m* <-(e)s, -e> fetiche *m*

Fetischismus *m* <-, *ohne pl*> fetichismo *m*

Fetischist(in) *m(f)* <-en, -en; -, -nen> fetichista *mf*

fett *adj* **1.** (*Speisen*) graso, grasiento; **~ essen** comer comidas grasas **2.** (*Mensch*) gordo, grueso, seboso *abw;* (*Haut, Haare*) graso; ~ **werden** (*abw*) engordar **3.** (*ertragreich*) lucrativo, abundante; ~**e Beute machen** (*fam fig*) conseguir un gran botín **4.** (TYPO) en negrilla; ~ **gedruckt** (impreso) en negrilla

Fett *nt* <-(e)s, -e> grasa *f;* **tierische/pflanzliche ~e** grasas animales/vegetales; **sein ~ abkriegen** (*fam*) recibir su merecido; ~ **ansetzen** (*fam*) echar tripa [*o* carnes]; **Fettansatz** *m* <-es, -sätze> obesidad *f,* gordura *f;* **zu ~ neigen** tener tendencia a la obesidad; **du solltest auf Süßigkeiten verzichten, weil du zu ~ neigst** no deberías tomar dulces porque tienes tendencia a engordar; **fettarm** *adj* pobre en grasas; **Fettauge** *nt* <-s, -n> ojo *m* de grasa [*o* de aceite]

Fettbauch *m* <-(e)s, -bäuche> (*fam abw*) **1.** (*fetter Bauch*) tripa *f* **2.** (*fetter Mann*) barrigón *m,* seboso *m;* **Fettcreme** *f* <-, -s> crema *f* grasa; **Fettdepot** *nt* <-s, -s> (ANAT) depósito *m* de grasa

Fettdruck *m* <-(e)s, *ohne pl*> (TYPO) impresión *f* en negrilla

Fettembolie *f* <-, -n> (MED) embolia *f* grasosa

fetten **I.** *vi* ser grasiento **II.** *vt* engrasar

Fettfilm *m* <-(e)s, -e> película *f* grasa; **die Creme hinterlässt einen ~ auf der Haut** la crema deja una película grasa sobre la piel; **Fettfleck** *m* <-(e)s, -e>, **Fettflecken** *m* <-s, -> mancha *f* de grasa

fettgedruckt ['fɛtgədrʊkt] *adj s.* **fett 4.**

Fettgehalt *m* <-(e)s, -e> contenido *m* en grasa; **Fettgewebe** *nt* <-(e)s, *ohne pl*> (ANAT, MED) tejido *m* adiposo

fetthaltig *adj* graso

fettig *adj* graso, grasiento; (*schmierig*) pringoso

Fettkloß *m* <-es, -klöße> (*fam*) gordo, -a *m, f;* **Fettklumpen** *m* <-s, -> **1.** (*Ansammlung von Fett*) grumo *m* de grasa; **dicke ~ schwammen in der Suppe** en la sopa flotaban grumos grandes de grasa **2.** (*fam abw: fetter Mensch*) (gordo *m*) seboso *m;* **Fettleber** *f* <-, -n> (MED) hígado *m* adiposo

fettleibig ['fɛtlaɪbɪç] *adj* obeso, gordo

Fettleibigkeit *f* <-, *ohne pl*> obesidad *f,* gordura *f*

fettlöslich *adj* soluble en grasa; **Fettlösungsmittel** *nt* <-s, -> disolvente *m* de grasas; **Fettnäpfchen** ['fɛtnɛpfçən] *nt* <-s, -> (*fam*): **ins ~ treten** meter la pata; **Fettpflanze** *f* <-, -n> (BOT) crasulácea *f;* **Fettpolster** *nt* <-s, -> (ANAT) panículo *m;* **Fettpresse** *f* <-, -n> (TECH) pistola *f* de engrasar, bomba *f* de engrasar; **fettreich** **I.** *adj* graso **II.** *adv* rico en grasa; **viele Menschen leiden an Gicht, weil sie sich zu ~ ernähren** muchas personas padecen gota porque su alimentación es demasiado grasa; **Fettrückgewinnung** *f* <-, -en> recuperación *f* de grasas; **Fettsack** *m* <-(e)s, -säcke> (*fam abw: fetter Mensch*) seboso *m;* **was ist er für ein ~!** ¡qué tipo más seboso!; **Fettsalbe** *f* <-, -n> pomada *f*

Fettsäure *f* <-, -n> ácido *m* graso; **essentielle ~** ácido graso esencial; **mehrfach ungesättigte ~** ácido de plurirradicales no saturados; **ungesättigte/gesättigte ~n** ácidos grasos no saturados/saturados; **Fettsäureester** *m* <-s, -> (CHEM) ester *m* de ácido graso

Fettschicht *f* <-, -en> capa *f* de grasa; (ANAT) panículo *m* adiposo; **Fettsucht** *f* <-, *ohne pl*> (MED) obesidad *f,* adiposis *f inv;* **fetttriefend** *adj* chorreante de grasa; ~**e Pommes** patatas fritas chorreando grasa; **Fettwanst** ['fɛtvanst] *m* <-(e)s, -wänste> (*fam abw*) barrigón, -ona *m, f,* barrigudo, -a *m, f*

Fetus ['fe:tʊs] *m* <-(ses), - *o* Feten> (MED) feto *m*

fetzen ['fɛtsən] **I.** *vi* (*fam*) **1.** (*abreißen*) arrancar (*von* de) **2.** (*Musik*) molar **II.** *vr:* **sich ~** (*fam: sich streiten*) pelearse

Fetzen ['fɛtsən] *m* <-s, -> **1.** (*Stoff~*) jirón *m,* retazo *m;* (*Papier~*) pedazo *m,* jirón *m;* **in ~ gekleidet sein** ir cubierto de harapos [*o* andrajos]; **etw in ~ reißen** hacer trizas algo; **sich streiten, dass die ~ fliegen** (*fam*) reñir acaloradamente **2.** (*Gesprächs~*) pedazo *m*

fetzig *adj* (*fam: Musik*) marchoso

feucht [fɔɪçt] *adj* húmedo; ~ **werden** humedecerse; **eine ~e Aussprache haben** (*fam*) escupir al hablar; ~**e Umschläge machen** preparar compresas húmedas; **er hat ganz ~e Augen bekommen, als er davon sprach** al hablar de aquello, se le llenaron los ojos de lágrimas; **das geht dich einen ~en Kehrricht an** (*fam*) esto te importa un comino; **Feuchtbiotop** *nt* <-s, -e> (ÖKOL) biotopo *m* húmedo; **Feuchtboden** *m* <-s, -böden> (GEO) terreno *m* húmedo

feuchteln *vi* (*Schweiz: feucht riechen*) oler a moho [*o* a húmedo]

feuchtfröhlich *adj* (*fam*) alegre y animado; **eine ~e Party** una fiesta con buen ambiente y con bebidas (alcohólicas); **Feuchtgebiet** *nt* <-(e)s, -e> zona *f* húmeda; **feuchtheiß** *adj* caliente y húmedo; **das ~e Klima der Tropen** el clima caluroso y húmedo de los trópicos

Feuchtigkeit *f* <-, *ohne pl*> humedad *f;* **hohe/niedrige ~** alto/bajo grado de humedad; **vor ~ schützen** proteger contra la humedad; **feuchtigkeitsbeständig** *adj* resistente a la humedad, hidrófugo; **Feuchtigkeitscreme** *f* <-, -s> crema *f* hidratante; **Feuchtigkeitsemulsion** *f* <-, -en> emulsión *f* hidratante; **Feuchtigkeitsgehalt** *m* <-(e)s, -e> grado *m* de humedad, contenido *m* de humedad; **Feuchtigkeitslotion** *f* <-, -en> loción *f* hidratante; **Feuchtigkeitspflege** *f* <-, *ohne pl*> tratamiento *m* hidratante; **feuchtigkeitssicher** *adj:* ~**e Isolierung/Verpackung** aislamiento/embalaje hidrófugo

feuchtkalt ['-'-] *adj* de frío húmedo; **feuchtwarm** ['-'-] *adj* de calor húmedo; (*schwül*) bochornoso; **Feuchtwiese** *f* <-, -n> pradera *f* húmeda

feudal [fɔɪ'da:l] *adj* **1.** (POL) feudal **2.** (*fam: prächtig*) bien, elegante; **Feudalherr** *m* <-n, -en> señor *m* feudal; **Feudalherrschaft** *f* <-, *ohne pl*> feudalismo *m*

Feudalismus [fɔɪda'lɪsmʊs] *m* <-s, *ohne pl*> feudalismo *m*

Feudel ['fɔɪdəl] *m* <-s, -> (*nordd*) trapo *m* de fregar

feudeln *vt* (*nordd*) fregar

Feuer[1] ['fɔɪɐ] *nt* <-s, *ohne pl*> **1.** (MIL) fuego *m*; ~ **frei!** ¡fuego!; **das ~ eröffnen** abrir [*o* romper] fuego; **das ~ einstellen** cesar el fuego **2.** (*Hitze*): **die Wunde brennt wie ~** la herida arde muchísimo; **die beiden sind wie ~ und Wasser** los dos son totalmente diferentes **3.** (*Temperament*): **dieses Pferd hat viel ~** este caballo tiene mucho temperamento

Feuer[2] *nt* <-s, -> **1.** (*vom Menschen kontrolliert*) fuego *m*; **das olympische ~** la llama olímpica; **~ machen** encender [*o* hacer] (el) fuego; **~ speien** vomitar fuego; **~ speiend** (*Drache, Vulkan*) que escupe fuego, ignívomo *geh*; **jdm ~ geben** dar fuego a alguien; **haben Sie ~?** ¿tiene fuego?; **mit dem ~ spielen** (*fig*) jugar con fuego; **für jdn/etw seine Hand ins ~ legen** poner la mano en el fuego por alguien/algo; **jdm ~ unterm Hintern machen** (*fam*) meter prisa a alguien **2.** (*Brand*) fuego *m*, incendio *m*; **an etw** *akk* **~ legen** incendiar algo; **~ bricht aus** se declara un incendio; **~ fangen** (*in Brand geraten*) incendiarse; (*sich begeistern*) entusiasmarse; **~ und Flamme für etw sein** (*fam*) entusiasmarse por algo; **für jdn durchs ~ gehen** dejarse matar por alguien; **zwei Eisen im ~ haben** (*fig*) tener dos posibilidades abiertas; **gebranntes Kind scheut das ~** (*prov*) gato escaldado del agua fría huye

Feueralarm *m* <-(e)s, -e> alarma *f* de incendio; **Feueranzünder** *m* <-s, -> encendedor *m*; **Feuerball** *m* <-(e)s, -bälle> (*a. geh*) bola *f* de fuego; **Feuerbefehl** *m* <-(e)s, -e> (MIL) orden *f* de fuego; **feuerbeständig** *adj* resistente al fuego; **Feuerbestattung** *f* <-, -en> cremación *f*, incineración *f*; **Feuereifer** *m* <-s, *ohne pl*> celo *m*, fervor *m*; **etw mit ~ betreiben** hacer algo con mucho entusiasmo; **Feuereinstellung** *f* <-, -en> (MIL) alto *m* el fuego; **der Kommandeur gab den Befehl zur ~** el comandante dio la orden de alto el fuego; **feuerfest** *adj* a prueba de fuego; (*beständig*) resistente al fuego; (PHYS, CHEM) incombustible; (*Stein*) refractario; **Feuergefahr** *f* <-, -en> peligro *m* de incendio; **feuergefährlich** *adj* inflamable, combustible; **Feuergefecht** *nt* <-(e)s, -e> (MIL) tiroteo *m*; **Feuerhaken** *m* <-s, -> atizador *m*; **Feuerholz** *nt* <-es, *ohne pl*> leña *f*

Feuerland *nt* <-(e)s> Tierra *f* del Fuego

Feuerleiter *f* <-, -n> **1.** (*am Haus*) escalera *f* de incendios **2.** (*der Feuerwehr*) escalera *f* de bomberos; **Feuerlöscher** *m* <-s, -> extintor *m* de incendios; **Feuermal** *nt* <-(e)s, -e> (MED) quemadura *f*; **Feuermelder** *m* <-s, -> teléfono *m* para avisar a los bomberos

feuern **I.** *vi* **1.** (*schießen*) disparar **2.** (*heizen*) calentar **II.** *vt* **1.** (*einheizen*) calentar **2.** (*fam: entlassen*) despedir con cajas destempladas, bombear *Kol* **3.** (*fam: hinschleudern*) tirar **4.** (*Wend*): **jdm eine ~** (*fam*) pegarle a alguien una bofetada

Feuerpause *f* <-, -n> (MIL) alto *m* el fuego, tregua *f*; **eine ~ einlegen/vereinbaren/brechen** imponer/acordar/romper un alto el fuego; **Feuerpolizei** *f* <-, -en> autoridades *fpl* encargadas de la protección contra incendios (*en España: ICONA*); **Feuerprobe** *f* <-, -n> prueba *f* del fuego; **eine ~ bestehen** pasar la prueba de fuego; **Feuerqualle** *f* <-, -n> (ZOOL) ortiga *f* de mar, acalefo *m*; **feuerrot** ['--'-] *adj* rojo encendido; **er wurde ~** se puso más colorado que un tomate; **Feuersalamander** *m* <-s, -> (ZOOL) salamandra *f* común

Feuersbrunst ['fɔɪɐsbrʊnst] *f* <-, -brünste> (*geh*) incendio *m*, fuego *m*

Feuerschein *m* <-(e)s, -e> resplandor *m* del fuego

Feuerschiff *nt* <-(e)s, -e> (NAUT) buque *m* faro

Feuerschlucker(in) *m(f)* <-s, -; -, -nen> hombre *m* tragafuegos, mujer *f* tragafuegos

Feuerschutz *m* <-es, *ohne pl*> **1.** (*Maßnahmen gegen Brandgefahr*) medidas *fpl* preventivas contra incendios **2.** (MIL) fuego *m* de apoyo; **Feuerschutzbestimmungen** *fpl* disposiciones *fpl* sobre la protección contra incendios

Feuersgefahr *f* <-, -en> *s.* **Feuergefahr**

feuersicher *adj* **1.** (*feuerfest*) resistente al fuego, incombustible **2.** (*geschützt*) protegido contra el fuego; **feuerspeiend** *adj s.* **Feuer**[2] **1.**; **Feuerspritze** *f* <-, -n> bomba *f* de [*o* contra] incendios; **Feuerstein** *m* <-(e)s, -e> (*Gesteinsart*) pedernal *m*, flint *m*; (*im Feuerzeug*) piedra *f* de mechero; **Feuerstelle** *f* <-, -n> (*am Herd*) fogón *m*, brasero *m Am*; **Feuertaufe** *f* <-, -n> (MIL) bautismo *m* de fuego; **Feuertod** *m* <-(e)s, -e> (HIST) muerte *f* en la hoguera; **Hexen und Ketzer wurden früher zum ~ verurteilt** antiguamente las brujas y los herejes eran condenados a morir en la hoguera; **Feuertreppe** *f* <-, -n> escalera *f* de incendios; **Feuertür** *f* <-, -en> puerta *f* de incendios, escape *m* de incendios

Feuerung *f* <-, *ohne pl*> fuego *m*

Feuerversicherung *f* <-, -en> seguro *m* contra incendios; **feuerverzinkt** *adj* (METAL) galvanizado al fuego; **Feuerwache** *f* <-,

-n> puesto *m* de bomberos; **Feuerwaffe** *f* <-, -n> arma *f* de fuego; **Feuerwasser** *nt* <-s, *ohne pl*> (*fam*) aguardiente *m*

Feuerwehr ['fɔɪɐve:ɐ] *f* <-, -en> **1.** (*Institution*) cuerpo *m* de bomberos; **die freiwillige ~** los bomberos voluntarios **2.** (*fam: ~einheit*) bomberos *mpl;* **schnell wie die ~** volando; **Feuerwehrauto** *nt* <-s, -s> coche *m* de los bomberos; (*groß*) camión *m* de los bomberos; **Feuerwehrfrau** *f* <-, -en> bombera *f;* **Feuerwehrleiter** *f* <-, -n> escalera *f* de bomberos; **Feuerwehrmann** *m* <-(e)s, -männer *o* -leute> bombero *m;* **Feuerwehrschlauch** *m* <-(e)s, -schläuche> manguera *f* de incendios; **Feuerwehrübung** *f* <-, -en> ejercicio *m* de prácticas de los bomberos

Feuerwerk *nt* <-(e)s, -e> fuegos *mpl* artificiales

Feuerwerker(in) *m(f)* <-s, -; -, -nen> pirotécnico, -a *m, f*

Feuerwerkskörper *m* <-s, -> (*Rakete*) cohete *m;* (*Knallkörper*) petardo *m*

Feuerzange *f* <-, -n> tenazas *fpl*

Feuerzangenbowle *f* <-, -n> (GASTR) *ponche con un pilón de azúcar rociado con ron para encenderlo*

Feuerzeug *nt* <-(e)s, -e> encendedor *m,* mechero *m;* **Feuerzeugbenzin** *nt* <-s, -e> gasolina *f* para encendedores [*o* mecheros]; **Feuerzeuggas** *nt* <-es, -e> gas *m* para encendedores

Feuilleton [fœjə'tõ:] *nt* <-s, -s> **1.** (*Zeitungsteil*) suplemento *m* cultural **2.** (*Artikel*) artículo *m* para el suplemento cultural

Feuilletonist(in) *m(f)* <-en, -en; -, -nen> folletinista *mf*

feurig ['fɔɪrɪç] *adj* **1.** (*temperamentvoll*) vivo, impetuoso; (*leidenschaftlich*) apasionado **2.** (*Rede*) vehemente **3.** (*Auge*) centelleante

Fez [fe:ts] *m* <-es, *ohne pl*> (*fam: Spaß*) jarana *f;* **wir haben viel ~ gemacht** nos lo hemos pasado en grande

ff. *Abk. von* **folgende (Seiten)** y (páginas) siguientes; **die Erläuterungen stehen auf S.17~** las explicaciones se encuentran en la página 17 y siguientes

FH [ɛf'ha:] *f Abk. von* **Fachhochschule** escuela *f* técnica superior

Fiaker ['fjakɐ] *m* <-s, -> (*Österr*) **1.** (*Kutsche*) coche *m* de alquiler, (coche *m*) simón *m* **2.** (*Kutscher*) (cochero *m*) simón *m*

Fiasko ['fjasko] *nt* <-s, -s> fracaso *m;* **ein ~ erleben** fracasar

Fibel ['fi:bəl] *f* <-, -n> **1.** (*Schul~*) abecedario *m* **2.** (*Lehrbuch*) manual *m*

Fiber ['fi:bɐ] *f* <-, -n> (MED, BIOL) fibra *f*

Fibrin [fi'bri:n] *nt* <-s, *ohne pl*> (MED) fibrina *f*

Fibrom [fi'bro:m] *nt* <-s, -e> (MED) fibroma *m*

Fibrose [fi'bro:zə] *f* <-, -n> (MED) fibrosis *f inv*

Fiche [fi:ʃ] *m o nt* <-s, -s> **1.** (*Filmkarte*) ficha *f* **2.** (*Schweiz: Kartei, Datei*) ficha *f*

ficht [fɪçt] *3. präs von* **fechten**

Fichte ['fɪçtə] *f* <-, -n> abeto *m* rojo [*o* falso], pícea *f;* **kanadische ~** pino canadiense

fichten *adj* de (madera de) picea

Fichtennadelextrakt *m* <-(e)s, -e> esencia *f* de pino

Fichtenzapfen *m* <-s, -> (BOT) piña *f*

Fick [fɪk] *m* <-s, -s> (*vulg*) follaje *m,* polvo *m*

ficken ['fɪkən] *vi, vt* (*vulg*) joder, follar, coger *Am*

fick(e)rig *adj* (*reg: fam*) inquieto, nervioso

Fideikommiss^RR^ [fideikɔ'mɪs] *nt* <-es, -e> (JUR) fideicomiso *m*

fidel [fi'de:l] *adj* (*fam*) alegre, de buen humor

Fidibus ['fi:dibʊs] *m* <-(ses), -(se)> (*alt*) *trozo de papel que se utiliza para enceder algo;* **mit dem ~ steckte er sich** *dat* **seine Pfeife an** con el trozo de papel se encendió la pipa

Fidschiinseln ['fɪtʃiʔɪnzəln] *fpl* Islas *fpl* Fidji

Fieber ['fi:bɐ] *nt* <-s, -> fiebre *f;* **(40 Grad) ~ haben** tener (40 grados de) fiebre; **soll ich dir ~ messen?** ¿quieres que te mida la fiebre?; **Fieberanfall** *m* <-(e)s, -fälle> ataque *m* de fiebre; **Fieberblasen** *fpl* ampollas *fpl* de la fiebre; **Fieberfantasie^RR^** *f* <-, -n> delirio *m;* **während ihrer Malariaanfälle wurde sie von ~n gequält** durante los ataques de malaria sufría delirios; **fieberfrei** *adj* sin fiebre

fieberhaft *adj* febril; **wir haben ~ nach ihm gesucht** lo hemos buscado como locos [*o* por todas partes]

fieb(e)rig ['fi:b(ə)rɪç] *adj* febril, achuchado *CSur*

fieberkrank *adj* calenturiento; **Fieberkurve** *f* <-, -n> curva *f* de (la) temperatura; **Fiebermittel** *nt* <-s, -> (MED) medicamento *m* contra la fiebre

fiebern *vi* **1.** (*Fieber haben*) tener fiebre **2.** (*erregt sein*): **vor Erregung ~** temblar de exitación **3.** (*verlangen*) temblar de ansiedad (*nach* por); **er fieberte danach, sie kennen zu lernen** se moría por conocerla

Fieberphantasie *f* <-, -n> *s.* **Fieberfantasie**; **fiebersenkend** *adj* antipirético; **ein ~es Mittel** un antipirético; **Fieberthermometer** *nt* <-s, -> termómetro *m*

fiebrig *adj s.* **fieb(e)rig**

Fiedel ['fi:dəl] *f* <-, -n> (MUS) violín *m*

fiedeln **I.** *vt* (*abw*) rascar **II.** *vi* (*abw*) rascar el violín

fiel [fi:l] *3. imp von* **fallen**

fiepen ['fi:pən] *vi* **1.** (*Jägersprache*) agamitar **2.** (*Hund, Vogel*) gemir, gimotear **3.** (*Alarm, Fernseher*) chirriar

fies [fi:s] *adj* (*fam*) **1.** (*abstoßend*) asqueroso, repugnante **2.** (*charakterlich*) asqueroso, antipático; (*lästig*) desagradable, pesado; **so ein ~er Charakter** que tipo más desagradable

Fiesling ['fi:slɪŋ] *m* <-s, -e> (*fam abw*) tipo

m asqueroso; **ein richtiger ~!** ¡un asqueroso de mierda!

Fifa, **FIFA** *f* <-, *ohne pl*> *Abk. von* **Fédération Internationale de Football Association** FIFA *f*

Fifo-Verfahren ['fi:fo-] *nt* <-s, -> (WIRTSCH) procedimiento *m* Fifo

fifty-fifty ['fɪfti'fɪfti] *adv* (*fam*): **~ machen** hacer mitad y mitad

Figaro ['fi:garo] *m* <-s, -s> (*iron*) barbero *m*, fígaro *m elev*

fighten ['faɪtən] *vi* (SPORT) pelear duramente, luchar a brazo partido

Figur [fi'gu:ɐ] *f* <-, -en> **1.** (*Gestalt*) figura *f*; **auf seine ~ achten** cuidar la línea; **er machte eine gute ~** causó una buena impresión **2.** (*Persönlichkeit, a.* LIT) personaje *m*, figura *f* **3.** (*Spielstein*) pieza *f* **4.** (*Abbildung*) ilustración *f*

figurativ [figura'ti:f] *adj* figurado, metafórico; (KUNST) figurativo

figürlich [fi'gy:ɐlɪç] *adj* **1.** (*figurmäßig*) en cuanto a la figura **2.** (*figurativ*) figurado, metafórico, figurativo

Fiktion [fɪk'tsjo:n] *f* <-, -en> ficción *f*

fiktiv [fɪk'ti:f] *adj* ficticio

File-Server *m* <-s, -> (INFOR) servidor *m* de archivos

Filet [fi'le:] *nt* <-s, -s> (GASTR) filete *m*; **Filetbraten** *m* <-s, -> solomillo *m* asado; **Filetsteak** *nt* <-s, -s> solomillo *m*, bife *m* de lomo *Arg*

Filialabteilung *f* <-, -en> (WIRTSCH) departamento *m* de la sucursal

Filiale [fi'lja:lə] *f* <-, -n> sucursal *f*, filial *f*; **eine ~ eröffnen/schließen** abrir/cerrar una sucursal; **Filialgeschäft** *nt* <-(e)s, -e> (WIRTSCH) comercio *m* de sucursales múltiples; **Filialleiter(in)** *m(f)* <-s, -; -, -nen> jefe, -a *m, f* de sucursal

filigran *adj* de filigrana

Filigran *nt* <-s, -e> filigrana *f*; **Filigranarbeit** *f* <-, -en> filigrana *f*; **das Diadem zeugt von beeindruckender ~** la diadema es una muestra impresionante de (trabajo de) filigrana

Filipino, **-a** [fili'pi:no] *m, f* <-s, -s; -, -s> filipino, -a *m, f*

Filius *m* <-, -se> (*iron*) retoño *m*, vástago *m geh*; **darf ich Ihnen meinen Herrn ~ vorstellen?** ¿me permiten, señores, presentarles a mi vástago?

Film[1] [fɪlm] *m* <-(e)s, -e> **1.** (*dünne Schicht*) película *f* **2.** (FOTO) carrete *m*; **einen ~ entwickeln lassen** llevar a revelar un carrete de fotos **3.** (TV) película *f*, filme *m*; **in einen ~ gehen** ir a ver una película; **einen ~ drehen** rodar una película; **einen ~ vorführen/anschauen** proyectar/ver una película

Film[2] *m* <-(e)s, *ohne pl*> (*Branche*) cine *m*; **sie ist beim ~** trabaja en el cine; **ich gehe zum ~** voy a ser actor de cine

Filmarchiv *nt* <-s, -e> archivo *m* de películas; **Filmatelier** *nt* <-s, -s> estudio *m* cinematográfico; **Filmaufnahme** *f* <-, -n> toma *f*; **Filmdiva** *f* <-, -diven> estrella *f* de cine [*o* de la pantalla]

Filmemacher(in) *m(f)* <-s, -; -, -nen> director(a) *m(f)* de cine

filmen ['fɪlmən] **I.** *vt* rodar, filmar **II.** *vi* rodar una película, filmar

Filmfestival *nt* <-s, -s>, **Filmfestspiele** *ntpl* festival *m* de cine; **Filmgeschäft** *nt* <-(e)s, *ohne pl*> industria *f* del cine [*o* cinematográfica]; **Filmheld(in)** *m(f)* <-en, -en; -, -nen> héroe *m* de la película, heroína *f* de la película; **Filmindustrie** *f* <-, -n> industria *f* cinematográfica

filmisch *adj* cinematográfico

Filmkamera *f* <-, -s> cámara *f* de cine; **Filmkunst** *f* <-, *ohne pl*> cinematografía *f*; **Filmmusik** *f* <-, -en> banda *f* sonora (de una película); **Filmproduzent(in)** *m(f)* <-en, -en; -, -nen> productor(a) *m(f)* cinematográfico, -a; **Filmprojektor** *m* <-s, -en> proyector *m* de cine; **Filmprüfstelle** *f* <-, -n> oficina *f* de censura; **Filmregisseur(in)** *m(f)* <-s, -e; -, -nen> realizador(a) *m(f)*, director(a) *m(f)* de cine; **Filmreportage** *f* <-, -n> **1.** (*Reportage mit Film*) reportaje *m* cinematográfico **2.** (*mit Hilfe filmischer Mittel produziert*) reportaje *m* filmado; **Filmriss**[RR] *m* <-es, -e> **1.** (TV) corte *m* de la película **2.** (*Black-out*) fallo *m* repentino de la memoria; **ich hatte einen ~** (*fam*) me quedé en blanco, me falló la memoria; **Filmrolle** *f* <-, -n> **1.** (*Part*) papel *m* en una película; **der junge Schauspieler bekam seine erste ~ angeboten** al joven actor le ofrecieron su primer papel **2.** (*Spule*) rollo *m* de película

Filmsatz *m* <-es, *ohne pl*> (TYPO) fotocomposición *f*

Filmschaffende(r) *mf* <-n, -n; -n, -n> cineasta *mf*

Filmschauspieler(in) *m(f)* <-s, -; -, -nen> actor *m* de cine, actriz *f* de cine; **Filmspule** *f* <-, -n> bobina *f* cinematográfica; **Filmstar** *m* <-s, -s> estrella *f* de cine; **Filmstudio** *nt* <-s, -s> estudio *m* cinematográfico; **diese Szene wurde in einem ~ gedreht** esta escena fue rodada en un estudio; **Filmtheater** *nt* <-s, -> cine *m*; **Filmverleih** *m* <-(e)s, -e> distribuidora *f* cinematográfica; **Filmvorführer(in)** *m(f)* <-s, -; -, -nen> operador(a) *m(f)* de cine; **Filmvorführgerät** *nt* <-(e)s, -e> proyector *m* de cine; **Filmvorführung** *f* <-, -en> presentación *f* de película; **Filmvorschau** *f* <-, -en> tráiler *m*, avance *m* de una película; **Filmvorstellung** *f* <-, -en> **1.** (*das Vorstellen*) presentación *f* de película **2.** (*Kinovorstellung*) función *f* (de cine); **Filmzensur** *f* <-, *ohne pl*> censura *f* de películas

Filou [fi'lu:] *m* <-s, -s> (*fam*) pillo *m*

Filter ['fɪltɐ] *m* <-s, -> filtro *m*; **eine Zigarette ohne ~** un cigarrillo sin filtro; **Filteranla-**

ge *f* <-, -n> (TECH) instalación *f* de filtraje; **Filterbecken** *nt* <-s, -> pila *f* filtrante; **Filtereinsatz** *m* <-es, -sätze> (TECH) cartucho *m* filtrante; **Filterkaffee** *m* <-s, *ohne pl*> café *m* de filtro; **Filtermundstück** *nt* <-(e)s, -e> boquilla *f*

filtern *vt* filtrar

Filterpapier *nt* <-s, -e> (papel *m* de) filtro *m;* **Filterrückstand** *m* <-(e)s, -stände> residuo *m* de filtración; **Filtertüte** *f* <-, -n> filtro *m;* **Filterzigarette** *f* <-, -n> cigarrillo *m* con filtro

Filtrat [fɪl'tra:t] *nt* <-(e)s, -e> (TECH) filtrado *m,* materia *f* filtrada

Filtration [fɪltra'tsjo:n] *f* <-, -en> (TECH) filtrado *m*

filtrieren* [fɪl'tri:rən] *vt* (TECH) filtrar

Filtrierflasche [fɪl'tri:ɐ-] *f* <-, -n> frasco *m* de filtración

Filz [fɪlts] *m* <-es, -e> **1.** (*Gewebe*) fieltro *m* **2.** (POL) nepotismo *m*

filzen ['fɪltsən] **I.** *vi* (*Wolle*) apelmazarse **II.** *vt* (*fam*) **1.** (*durchsuchen*) registrar, cachear **2.** (*bestehlen*) dejar limpio

Filzhut *m* <-(e)s, -hüte> sombrero *m* de fieltro, callampa *f Chil*

filzig *adj* **1.** (*samtig*) afelpado, aterciopelado; **die Blätter mancher Bäume haben eine ~e Unterseite** las hojas de algunos árboles tienen una cara inferior aterciopelada [*o* tomentosa] **2.** (*verfilzt*) enmarañado; **ungepflegte Haare können schnell ~ werden** el cabello descuidado se enmaraña [*o* se enreda] con mucha facilidad

Filzlaus *f* <-, -läuse> ladilla *f*

Filzokratie [fɪltsokra'ti:] *f* <-, -n> ≈enchufismo *m*

Filzpantoffel *m* <-s, -n> pantufla *f* de fieltro, zapatilla *f* de fieltro; **Filzschreiber** *m* <-s, ->, **Filzstift** *m* <-(e)s, -e> rotulador *m*

Fimmel ['fɪməl] *m* <-s, -> (*fam abw*) manía *f,* idea *f* fija; **einen ~ für etw haben** sentir gran afición por algo; **er hat einen ~** le falta un tornillo

final *adj* (*geh*) final; **die Planungen treten jetzt in ihre ~e Phase** las planificaciones entran ahora en la fase final; **Krebs im ~en Stadium** cáncer terminal

Finale [fi'na:lə] *nt* <-s, -> final *f;* **ins ~ kommen** llegar a la final

Finalsatz *m* <-es, -sätze> (GRAM) oración *f* final

Finanzabkommen *nt* <-s, -> acuerdo *m* financiero; **Finanzamt** [fi'nants-] *nt* <-(e)s, -ämter> Delegación *f* de Hacienda, impositiva *f Am;* **Finanzausgleich** *m* <-(e)s, -e> compensación *f* financiera; **Finanzausschuss**[RR] *m* <-es, -schüsse> comisión *f* de hacienda; **Finanzautonomie** *f* <-, -n> autonomía *f* fiscal; **Finanzbeamte(r)** *mf* <-n, -n; -n, -n>, **-beamtin** *f* <-, -nen> funcionario, -a *m, f* de Hacienda, agente *mf* fiscal; **Finanzbehörde** *f* <-, -n> delegación *f* de Hacienda, Agencia *f* Tributaria; **Finanzberater(in)** *m(f)* <-s, -; -, -nen> asesor(a) *m(f)* fiscal y financiero, -a; **Finanzbericht** *m* <-(e)s, -e> informe *m* financiero; **Finanzbuchhalter(in)** *m(f)* <-s, -; -, -nen> contable *mf* financiero, -a; **Finanzchef(in)** *m(f)* <-s, -s; -, -nen> director(a) *m(f)* financiero, -a; **Finanzdienstleistung** *f* <-, -en> servicio *m* financiero; **Finanzeinnahme** *f* <-, -n> ingreso *m* fiscal

Finanzen [fi'nantsən] *pl* finanzas *fpl;* **die ~ sanieren** sanear las finanzas; **das übersteigt meine ~** (*fam*) esto está por encima de mis posibilidades

Finanzexperte, -in *m, f* <-n, -n; -, -nen> experto, -a *m, f* financiero, -a; **Finanzgebaren** *nt* <-s, *ohne pl*> manera *f* de administrar las finanzas; **Finanzgenie** *nt* <-s, -s> genio *m* de las finanzas; **Finanzgericht** *nt* <-(e)s, -e> (JUR) tribunal *m* de Hacienda; **Finanzgeschäfte** *ntpl* operaciones *fpl* financieras; **Finanzhaushalt** *m* <-(e)s, -e> presupuesto *m* financiero; **Finanzhilfe** *f* <-, -n> ayuda *f* financiera, apoyo *m* financiero; **Finanzhoheit** *f* <-, *ohne pl*> (JUR) soberanía *f* financiera

finanziell [finan'tsjɛl] *adj* financiero, económico; **~ gesund/leistungsfähig** económicamente sano/potente; **~ schlecht gestellt sein** estar mal de dinero; **jdn ~ unterstützen** apoyar a alguien financieramente; **in ~e Schwierigkeiten geraten** tener problemas económicos; **sich ~ an etw beteiligen** participar financieramente en algo

Finanzier [finan'tsje:] *m* <-s, -s> financiero, -a *m, f*

finanzieren* [finan'tsi:rən] *vt* financiar, costear; **frei finanzierter Wohnungsbau** construcción de viviendas de financiación privada

Finanzierung *f* <-, -en> financiación *f;* **langfristige/mittelfristige/kurzfristige ~** financiación a largo plazo/a medio plazo/a corto plazo; **Finanzierungsaufwand** *m* <-(e)s, *ohne pl*> gastos *mpl* de financiación; **Finanzierungsbank** *f* <-, -en> banco *m* de financiación; **Finanzierungsform** *f* <-, -en> método *m* de financiación; **Finanzierungsgeschäft** *nt* <-(e)s, -e> negocio *m* de financiación; **Finanzierungsgesellschaft** *f* <-, -en> sociedad *f* de financiación; **Finanzierungsmittel** *ntpl* medios *mpl* de financiación; **Finanzierungspaket** *nt* <-(e)s, -e> paquete *m* de financiación

Finanzinstitut *nt* <-(e)s, -e> instituto *m* financiero; **Finanzkalkül** *nt o m* <-s, -e> cálculo *m* financiero; **Finanzkonsortium** *nt* <-s, -konsortien> consorcio *m* financiero; **Finanzkontrolle** *f* <-, -n> control *m* presupuestario; **finanzkräftig** *adj* con capacidad financiera; **Finanzlage** *f* <-, -n> situación *f* financiera [*o* económica]; **das Unternehmen befindet sich in einer schwierigen ~** la empresa se encuentra en una situa-

F

ción financiera difícil; **Finanzlast** *f* <-, -en> carga *f* financiera; **Finanzmakler(in)** *m(f)* <-s, -; -, -nen> intermediario, -a *m, f* financiero, -a; **Finanzmanager(in)** *m(f)* <-s, -; -, -nen> gerente *mf* financiero, -a; **Finanzmarkt** *m* <-(e)s, -märkte> mercado *m* financiero; **Finanzminister(in)** *m(f)* <-s, -; -, -nen> ministro, -a *m, f* de Hacienda; **Finanzministerium** *nt* <-s, -ministerien> ministerio *m* de Hacienda; **Finanzplanung** *f* <-, -en> planificación *f* financiera; **Finanzplatz** *m* <-es, -plätze> centro *m* financiero; **Finanzpolitik** *f* <-, -en> (*a.* WIRTSCH) política *f* financiera; **finanzpolitisch** *adj* político-financiero; **Finanzprognose** *f* <-, -n> pronóstico *m* financiero; **finanzschwach** *adj* sin capacidad económica [*o* financiera]; **Finanzspritze** *f* <-, -n> apoyo *m* financiero; **finanzstark** *adj s.* **finanzkräftig**; **finanztechnisch** *adj* financiero; **Finanzverhältnisse** *ntpl* condiciones *fpl* económicas; **Finanzverwalter(in)** *m(f)* <-s, -; -, -nen> administrador(a) *m(f)* fiscal; **Finanzverwaltung** *f* <-, -en> administración *f* financiera; **Finanzwelt** *f* <-, *ohne pl*> mundo *m* de las finanzas; **Finanzwesen** *nt* <-s, *ohne pl*> hacienda *f*; **Finanzwirtschaft** *f* <-, *ohne pl*> (WIRTSCH) economía *f* financiera; **Finanzwissenschaft** *f* <-, -en> ciencia *f* de la administración de las finanzas; **Finanzzusammenschluss**[RR] *m* <-es, -schlüsse> (WIRTSCH) unión *f* financiera, fusión *f* financiera

Findelkind ['fɪndəlkɪnt] *nt* <-(e)s, -er> expósito, -a *m, f*

finden ['fɪndən] <findet, fand, gefunden> **I.** *vt* **1.** (*allgemein*) encontrar; (*unvermutet*) dar con; **wieder ~** (*Dinge*) encontrar; (*Person*) reencontrar; (*Mut, Sprache*) recobrar; **er war nirgends zu ~** no lo encontramos en ninguna parte; **ihr Haus ist gut/schlecht zu ~** su casa es fácil/difícil de encontrar; **Anklang ~** encontrar aprobación; **Beachtung ~** recibir atención; **ich muss zu mir selbst ~** necesito un momento de tranquilidad; **sie fand ihn schlafend/bei der Arbeit** se lo encontró durmiendo/en el trabajo; **sie fand keine Ruhe** no halló reposo; **sie findet Freude an der Arbeit** le gusta su trabajo; **ich finde es hier ganz angenehm** encuentro este sitio muy agradable; **ich finde nichts Schlimmes dabei** no encuentro nada de malo en ello; **kein Ende ~** no acabar nunca; **Verwendung ~** poder ser utilizado; **wer sucht, der findet** (*prov*) quién busca encuentra **2.** (*meinen*) opinar; **ich finde, dass ...** opino que...; **~ Sie nicht auch, dass ...?** ¿no opina Ud. también que...?; **ich finde es gut, dass ...** me parece bien que... **II.** *vr*: **sich ~ 1.** (*zum Vorschein kommen*) aparecer; **der Schlüssel wird sich schon (wieder) ~** ya aparecerá la llave **2.** (*in Ordnung kommen*) arreglarse; **das wird sich alles ~** todo se arreglará

Finder(in) *m(f)* <-s, -; -, -nen> persona *f* que encuentra algo; **Finderlohn** *m* <-(e)s, *ohne pl*> gratificación *f*

Fin de siècle [fɛ̃d'sjɛkl] *nt* <- - -, *ohne pl*> (KUNST, LIT) época *f* de finales de siglo XIX, "fin de siècle" *m*

findig *adj* ingenioso, listo

Findigkeit *f* <-, *ohne pl*> ingeniosidad *f*, inventiva *f*

Findling ['fɪntlɪŋ] *m* <-s, -e> (GEO) roca *f* errática

Finesse[1] [fi'nɛsə] *f* <-, *ohne pl*> (*geh: Schlauheit*) finura *f*

Finesse[2] *f* <-, -n> (*geh*) **1.** (*Detail*) detalle *m* **2.** (*Trick*) truco *m*, artimaña *f*; **mit allen ~n** con todo tipo de artimañas

fing [fɪŋ] *3. imp von* **fangen**

Finger ['fɪŋɐ] *m* <-s, -> dedo *m*; **der kleine ~** el (dedo) meñique; **mit dem ~ auf jdn zeigen** señalar con el dedo a alguien; **jdm auf die ~ klopfen** (*fam fig*) echar a alguien un rapapolvo; **das kann man sich doch an den (fünf) ~n abzählen!** (*fam*) ¡es evidente!; **~ weg!** ¡no lo toques!; **er hat überall die ~ drin** (*fam fig*) mete sus narices en todo; **da solltest du lieber die ~ von lassen** (*fam fig*) será mejor que no te metas en esto; **jdm (genau) auf die ~ schauen** (*fig*) controlar a alguien; **jdn in die ~ bekommen** coger [*o* agarrar] a alguien; **lange ~ machen** (*fam*) ser largo [*o* suelto] de manos; **sich** *dat* **die ~ verbrennen** (*fig*) pillarse los dedos; **sich** *dat* **etw aus den ~n saugen** sacarse algo de la manga; **keinen ~ rühren für jdn** (*fam*) no mover ni un dedo por alguien; **jdn um den ~ wickeln** (*fam*) ganarse a alguien; **sich** *dat* **die ~ nach etw lecken** (*fam*) morirse de ganas por obtener algo; (*beim Essen*) chuparse los dedos por algo; **keinen ~ krumm machen** (*fam*) no dar ni golpe; **Fingerabdruck** *m* <-(e)s, -drücke> huella *f* digital, impresión *f* dactilar; **genetischer ~** característica genética; **Fingerabdrücke nehmen** tomar las huellas dactilares

Fingerbreit *m* <-, ->: **keinen ~ nachgeben** no ceder ni un ápice

fingerdick ['--'-] *adj* del grueso de un dedo; **Fingerfarbe** *f* <-, -n> pintura *f* para pintar con los dedos

fingerfertig *adj* hábil, mañoso; **~ sein** ser un manitas *fam*

Fingerfertigkeit *f* <-, *ohne pl*> habilidad *f* manual; **Fingergelenk** *nt* <-(e)s, -e> nudillo *m*; **Fingerglied** *nt* <-(e)s, -er> (ANAT) falange *f*

Fingerhakeln *nt* <-s, *ohne pl*> (*Österr, Schweiz, südd*) lucha *f* de dedos (*prueba deportiva en la que dos competidores, sujetándose mutuamente el dedo corazón, intentan desplazarse el uno al otro haciendo fuerza, empujando...*)

Fingerhandschuh *m* <-(e)s, -e> guante

m; **Fingerhut** *m* <-(e)s, -hüte> **1.** (*beim Nähen*) dedal *m* **2.** (BOT) dedalera *f*; **Fingerknöchel** *m* <-s, -> nudillo *m*; **Fingerknochen** *m* <-s, -> falange *f*; **Fingerkuppe** *f* <-, -n> yema *f* (del dedo)

Fingerling ['fɪŋɐlɪŋ] *m* <-s, -e> **1.** (MED) dedil *m* **2.** (*eines Fingerhandschuhs*) dedo *m*

fingern **I.** *vi* manosear (*an*) **II.** *vt* (*fam*) hurgar

Fingernagel *m* <-s, -nägel> uña *f*; **an den Fingernägeln kauen** comerse las uñas

Fingerspitze *f* <-, -n> punta *f* del dedo, yema *f* del dedo; **mir juckt es in den ~n!** (*fig*) estoy muy ansioso [*o* impaciente]; **Fingerspitzengefühl** *nt* <-(e)s, *ohne pl*> tacto *m*, diplomacia *f*; **er hat dazu das nötige ~** tiene la delicadeza necesaria para ello

Fingerübung *f* <-, -en> (MUS) ejercicio *m* de velocidad

Fingerzeig ['fɪŋɐtsaɪk] *m* <-s, -e> señal *f*; **das war ein ~ des Schicksals** fue una advertencia del destino

fingieren* [fɪŋ'giːrən] *vt* fingir, simular

Finish ['fɪnɪʃ] *nt* <-s, -s> **1.** (*Politur*) acabado *m*; **Sie können den Schrank wahlweise in mattem oder hochglänzendem ~ bekommen** pueden escoger el armario con acabado mate o brillante **2.** (SPORT: *Endspurt*) sprint *m* (final); **nach einem atemberaubenden ~ ging er als erster durchs Ziel** tras un impresionante sprint cruzó en primer lugar la línea de meta

Fink [fɪŋk] *m* <-en, -en> (ZOOL) pinzón *m*

Finken ['fɪŋkən] *m* <-s, -> (*Schweiz: Hausschuh*) zapatilla *f*, pantufla *f*; **die ~ klopfen** tomar las de Villadiego

Finne, -in ['fɪnə] *m, f* <-n, -n; -, -nen> finlandés, -esa *m, f*

finnisch *adj* finlandés; **~e Sprache** finés *m*

Finnisch *nt* <-(s), *ohne pl*>, **Finnische** *nt* <-n, *ohne pl*> finlandés *m*, finés *m*; **sprechen Sie ~?** ¿habla finlandés [*o* finés]?; **sie hat den Text ins ~e übersetzt** ha traducido el texto al finés [*o* finlandés]

Finnland ['fɪnlant] *nt* <-s> Finlandia *f*

Finnlandisierung *f* <-, *ohne pl*> (POL: *abw*) finlandización *f*

finster ['fɪnstɐ] *adj* **1.** (*dunkel*) oscuro; (*düster*) tenebroso, lóbrego; **es sieht ~ aus** tiene muy mal aspecto; **im F~n tappen** andar a tientas **2.** (*anrüchig*) dudoso, sospechoso **3.** (*mürrisch*) huraño, ceñudo; **jdn ~ ansehen** mirar a alguien con un aire sombrío

Finsterling *m* <-s, -e> (*fam abw*) gruñón, -ona *m, f*

Finsternis *f* <-, -se> oscuridad *f*; **partielle/totale ~** oscuridad parcial/total

Finte ['fɪntə] *f* <-, -n> **1.** (*Vorwand*) ardid *m*, artimaña *f*, treta *f*, manganeta *f Hond* **2.** (SPORT) finta *f*

Firlefanz ['fɪrləfants] *m* <-es, *ohne pl*> (*fam: Krempel*) cachivache *m*; **~ reden** decir sandeces

firm [fɪrm] *adj*: **in etw ~ sein** estar versado en algo, ser experto en algo

Firma ['fɪrma, *pl:* 'fɪrmən] *f* <-, Firmen> empresa *f*, firma *f*; (*Fabrik*) fábrica *f*; **führende ~** empresa líder; **eine ~ gründen/führen/schließen** fundar/llevar [*o* dirigir]/cerrar una empresa; **eingetragene ~** empresa inscrita en el Registro Mercantil

Firmament [fɪrma'mɛnt] *nt* <-(e)s, *ohne pl*> (*geh*) firmamento *m*

firmen ['fɪrmən] *vt* (REL) confirmar

Firmen *pl von* **Firma**

Firmenansehen *nt* <-s, *ohne pl*> reputación *f* de la empresa; **Firmenausschließlichkeit** *f* <-, *ohne pl*> (JUR, WIRTSCH) exclusividad *f* de una empresa, derecho *m* exclusivo de una empresa; **Firmenchef(in)** *m(f)* <-s, -s; -, -nen> jefe, -a *m, f* de una empresa; **firmeneigen** *adj* perteneciente a la empresa; **Firmeneintragung** *f* <-, -en> (JUR, WIRTSCH) inscripción *f* de la empresa; **Firmengründer(in)** *m(f)* <-s, -; -, -nen> fundador(a) *m(f)* de la empresa; **Firmengründung** *f* <-, -en> fundación *f* de empresa; **Firmeninhaber(in)** *m(f)* <-s, -; -, -nen> titular *mf* de una empresa; **firmenintern** *adj* interno de la firma; **Firmenleitung** *f* <-, -en> gerencia *f*; **Firmenname** *m* <-ns, -n> nombre *m* comercial; **Firmenpleite** *f* <-, -n> quiebra *f* de una empresa; **Firmenrechte** *ntpl* derechos *mpl* de empresa; **Firmenregister** *nt* <-s, -> registro *m* comercial; **Firmenschild** *nt* <-(e)s, -er> rótulo *m* de una empresa; **Firmensiegel** *nt* <-s, -> sello *m* de la casa; **Firmensitz** *m* <-es, -e> (JUR, WIRTSCH) sede *f* social, domicilio *m* comercial; **Firmensprecher(in)** *m(f)* <-s, -; -, -nen> portavoz *mf* de una empresa; **Firmenstempel** *m* <-s, -> sello *m* de la empresa; **Firmenvorstand** *m* <-(e)s, -stände> dirección *f* de la empresa; **Firmenwagen** *m* <-s, -> coche *m* de la empresa; **Firmenwert** *m* <-(e)s, -e> (WIRTSCH) fondo *m* de comercio; **Firmenzeichen** *nt* <-s, -> marca *f* de una fábrica; **eingetragenes ~** marca registrada; **Firmenzusammenschluss**[RR] *m* <-es, -schlüsse> fusión *f* de empresas

firmieren* [fɪr'miːrən] *vi* signar (*als* como, *mit* con)

Firmling ['fɪrmlɪŋ] *m* <-s, -e> (REL) confirmando, -a *m, f*

Firmung ['fɪrmʊŋ] *f* <-, -en> (REL) confirmación *f*

Firn [fɪrn] *m* <-(e)s, *ohne pl*> **1.** (*Schnee*) nieve *f* endurecida **2.** (*Gletscher*) ventisquero *m*

Firnis ['fɪrnɪs] *m* <-ses, -se> barniz *m*

firnissen ['fɪrnɪsn] *vt* barnizar

First [fɪrst] *m* <-(e)s, -e> **1.** (*Dach*) caballete *m*, cumbrera *f* **2.** (*Gipfel*) cumbre *f*; **Firstziegel** *m* <-s, -> teja *f* de caballete

Fis [fɪs] *nt* <-, -> (MUS) fa *m* sostenido

Fisch [fɪʃ] *m* <-(e)s, -e> **1.** (ZOOL) pez *m*;

(*Ware, Gericht*) pescado *m;* ~ **verarbeitende Industrie** industria pesquera; **stumm sein wie ein ~** no decir esta boca es mía; **sich wie ein ~ im Wasser fühlen** sentirse como pez en el agua; **das ist weder ~ noch Fleisch** (*fam fig*) esto está a medias; **das sind kleine ~e für mich** (*fam*) eso está chupado; **ein dicker ~ sein** (*fam fig*) ser un pez gordo **2.** (ASTR) piscis *m inv;* **er ist (ein) ~** es (un) piscis; **Fischadler** *m* <-s, -> (ZOOL) águila *f* pescadora; **fischarm** *adj* pobre en peces; **wegen der Wasserverschmutzung sind viele Flüsse heute ~** debido a la contaminación del agua, muchos ríos tienen hoy en día pocos peces; **Fischauge** *nt* <-s, -n> **1.** (ZOOL) ojo *m* del pez **2.** (FOTO) ojo *m* de pez; **Fischbein** *nt* <-(e)s, *ohne pl*> (barba *f* de) ballena *f;* **Fischbestand** *m* <-(e)s, -stände> existencia *f* de peces; **Fischbesteck** *nt* <-(e)s, -e> cubierto *m* para pescado; **Fischblase** *f* <-, -n> (ZOOL) vejiga *f* natatoria; **Fischdampfer** *m* <-s, -> vapor *m* pesquero

fischen *vi, vt* pescar; **mit dem Netz ~** pescar con la red; **im Trüben ~** pescar en río revuelto

Fischenz ['fɪʃɛnts] *f* <-, -en> (*Schweiz: Fischpacht*) arrendamiento *m* por el que se obtiene el derecho de pesca

Fischer(in) *m(f)* <-s, -; -, -nen> pescador(a) *m(f);* **Fischerboot** *nt* <-(e)s, -e> barco *m* pesquero; **Fischerdorf** *nt* <-(e)s, -dörfer> pueblo *m* que vive de la pesca

Fischerei *f* <-, *ohne pl*> pesca *f;* **Fischereiaufsichtsbehörde** *f* <-, -n> (ADMIN) autoridad *f* para la supervisión de la pesca; **Fischereibetrieb** *m* <-(e)s, -e> empresa *f* pesquera; **Fischereierlaubnis** *f* <-, -se> licencia *f* de pesca; **Fischereihafen** *m* <-s, -häfen> puerto *m* pesquero; **Fischereistreit** *m* <-(e)s, -e> conflicto *m* pesquero; **Fischereiwesen** *nt* <-s, *ohne pl*> economía *f* pesquera; **Fischereizone** *f* <-, -n> zona *f* de pesca

Fischerin *f* <-, -nen> *s.* **Fischer**

Fischernetz *nt* <-es, -e> red *f* para pescar

Fischfang *m* <-(e)s, *ohne pl*> pesca *f;* **auf ~ gehen** ir de pesca; **vom ~ leben** vivir de la pesca; **Fischfangflotte** *f* <-, -n> flota *f* pesquera; **Fischfanggebiet** *nt* <-(e)s, -e> zona *f* pesquera, área *f* de pesca; **~ vor der Küste** zona costera de pesca

Fischfilet *nt* <-s, -s> (GASTR) filete *m* de pescado, lomo *m* de pescado; **Fischfutter** *nt* <-s, *ohne pl*> comida *f* para peces; **Fischgeruch** *m* <-(e)s, -rüche> olor *m* a pescado; **Fischgeschäft** *nt* <-(e)s, -> pescadería *f*

Fischgräte *f* <-, -n> espina *f* de pescado; **Fischgrätenmuster** *nt* <-s, -> dibujo *m* de espiga

Fischgründe *mpl* caladero *m;* **Fischhandel** *m* <-s, *ohne pl*> comercio *m* de pescado; **Fischhändler(in)** *m(f)* <-s, -; -, -nen> pescadero, -a *m, f;* **Fischkonserve** *f* <-, -n> conserva *f* de pescado; **Fischkultur** *f* <-, -en> piscifactoría *f;* **Fischkutter** *m* <-s, -> cúter *m* pesquero; **Fischlaich** *m* <-(e)s, -e> huevas *fpl* de los peces, freza *f;* **Fischmarkt** *m* <-(e)s, -märkte> mercado *m* de pescado; (*am Hafen*) lonja *f;* **Fischmehl** *nt* <-(e)s, -e> harina *f* de pescado; **Fischmesser** *nt* <-s, -> cuchillo *m* para el pescado; **Fischnetz** *nt* <-es, -e> red *f* para pescar; **Fischotter** *m* <-s, -> nutria *f;* **fischreich** *adj* rico en pesca; **~es Gewässer** aguas ricas en pesca; **Fischreichtum** *m* <-s, *ohne pl*> riqueza *f* pesquera; **Fischreiher** *m* <-s, -> (ZOOL) garza *f* real, cenicienta *f;* **Fischreuse** *f* <-, -n> nasa *f,* nansa *f;* **Fischrogen** *m* <-s, -> (ZOOL) huevas *fpl* de pescado; **Kaviar ist gesalzener ~ des Störs** el caviar es la hueva salpresa del esturión; **Fischschwarm** *m* <-(e)s, -schwärme> banco *m* de peces, cardume(n) *m;* **Fischstäbchen** ['fɪʃʃtɛːpçən] *nt* <-s, -> (GASTR) barrita *f* de pescado; **Fischsterben** *nt* <-s, *ohne pl*> mortandad *f* piscícola; **Fischsuppe** *f* <-, -n> sopa *f* de pescado; **Fischteich** *m* <-(e)s, -e> vivero *m* de peces, criadero *m* de peces; **fischverarbeitend**[RR] *adj s.* **Fisch 1.**; **Fischvergiftung** *f* <-, -en> intoxicación *f* (por consumo) de pescado; **Fischweg** *m* <-(e)s, -e> ruta *f* de los peces; **Fischwirtschaft** *f* <-, *ohne pl*> industria *f* pesquera; **Fischzucht** *f* <-, *ohne pl*> piscicultura *f;* **Fischzug** *m* <-(e)s, -züge> (*gewinnbringende Unternehmung*) negocio *m* provechoso, collo *m fam;* **der Besuch des Flohmarktes stellte sich als lohnender ~ heraus** la visita al mercadillo [*o* al rastro] resultó de lo más provechosa; **einen (guten) ~ machen** hacer un buen negocio [*o* una buena compra]; **in Schottland machte er einen guten ~ für seine Antiquitätensammlung** en Escocia hizo una buena adquisición para su colección de antigüedades

Fisimatenten [fizima'tɛntən] *pl* (*fam*) rodeos *mpl,* excusas *fpl;* **mach keine ~!** ¡al grano!

fiskalisch [fɪs'kaːlɪʃ] *adj* fiscal

Fiskaljahr *nt* <-(e)s, -e> (FIN, WIRTSCH) ejercicio *m* fiscal; **Fiskalpolitik** *f* <-, -en> (FIN, POL) política *f* fiscal

Fiskus ['fɪskʊs] *m* <-, *ohne pl*> Hacienda *f,* fisco *m*

Fisolen [fi'zoːlən] *fpl* (*Österr: grüne Bohnen*) judías *fpl,* frijoles *mpl Am*

Fission [fɪ'sjoːn] *f* <-, -en> (PHYS) fisión *f*

Fissur [fɪ'suːɐ] *f* <-, -en> (MED) fisura *f;* **bei zu trockenen Lippen kann es zu ~en kommen** cuando los labios están excesivamente (re)secos se pueden producir grietas

Fistel ['fɪstəl] *f* <-, -n> (MED) fístula *f*

Fistelstimme *f* <-, -n> (voz *f* de) falsete *m*

fit [fɪt] *adj* en (buena) forma; **sich ~ halten** mantenerse en forma

FitnessRR ['fɪtnɛs] *f* <-, *ohne pl*>, **Fitneß** *f* <-, *ohne pl*> buena forma *f;* **Fitnesscenter**RR ['fɪtnɛssɛntɐ] *nt* <-s, -> gimnasio *m;* **Fitnessraum**RR *m* <-(e)s, -räume> gimnasio *m;* **Fitnessstudio**RR *nt* <-s, -s> gimnasio *m;* **Fitnesstraining**RR *nt* <-s, -s> práctica *f* deportiva, entrenamiento *m;* **regelmäßiges ~ hält gesund** practicar deporte con regularidad mantiene a uno sano

Fittich ['fɪtɪç] *m* <-(e)s, -e> (*geh*) ala *f;* **jdn unter seine ~e nehmen** ocuparse [*o* cuidar] de alguien

Fitzel *m o nt* <-s, -> (*reg*) pedazo *m* pequeño, trozo *m* pequeño; **von dem Käse ist leider nur noch ein ~ übrig** del queso sólo queda un pedacito

fix [fɪks] *adj* **1.** (*Gehalt, Kosten*) fijo; **eine ~e Idee** una obsesión, una idea fija **2.** (*fam: schnell*) rápido; (*gewandt*) vivo; **~ und fertig sein** (*erschöpft*) estar para el arrastre; **jdn ~ und fertig machen** hacer polvo a alguien **3.** (*reg: abw: bei Verstand*): **nicht ganz ~ sein** no estar en su (sano) juicio

Fixa *pl von* **Fixum**

Fixbelastung *f* <-, -en> (FIN, WIRTSCH) carga *f* fija

fixen ['fɪksən] *vi* (*sl*) pincharse

Fixer(in) *m(f)* <-s, -; -, -nen> (*sl*) **1.** (*Abhängiger*) drogadicto, -a *m, f,* toxicómano, -a *m, f* **2.** (FIN) bajista *mf;* **Fixerbesteck** *nt* <-(e)s, -e> (*fam*) utensilios *mpl* de un drogodependiente (*jeringa, cucharilla, etc.*)

Fixerin *f* <-, -nen> *s.* **Fixer**

fixfertig *adj* (*Schweiz: fix und fertig*) *s.* **fix**

Fixgeschäft *nt* <-(e)s, -e> negocio *m* fijo

Fixierbad *nt* <-(e)s, -bäder> (FOTO) baño *m* de fijación, fijador *m*

fixieren* [fɪ'ksiːrən] *vt* **1.** (*befestigen*) fijar (*an* a/en) **2.** (*schriftlich festhalten*) concertar, fijar por escrito; **jdn ~** clavar los ojos en alguien; **auf etw fixiert sein** (PSYCH) depender emocionalmente de algo **3.** (FOTO) fijar

Fixiermittel [fɪ'ksiːɐ-] *nt* <-s, -> (TECH) agente *m* de fijación

Fixierung *f* <-, -en> fijación *f*

Fixigkeit *f* <-, *ohne pl*> (*fam*) rapidez *f*

Fixing ['fɪksɪŋ] *nt* <-s, -s> (FIN) fixing *m*

Fixkauf *m* <-(e)s, -käufe> (WIRTSCH) compra *f* fija; (*Börsentermingeschäft*) compra *f* a la baja; **Fixkosten** *pl* costes *mpl* fijos; **Fixpunkt** *m* <-(e)s, -e> punto *m* fijo; **Fixstern** *m* <-(e)s, -e> (ASTR) estrella *f* fija

Fixum ['fɪksʊm, *pl:* 'fɪksa] *nt* <-s, Fixa> sueldo *m* fijo

Fjord [fjɔrt] *m* <-(e)s, -e> fiordo *m*

FKK [ɛfka:'ka:] *Abk. von* **Freikörperkultur** nudismo *m;* **FKK-Anhänger(in)** *m(f)* <-s, -; -, -nen> nudista *mf;* **~ sein** ser nudista; **ich wusste gar nicht, dass du ein ~ bist** no sabía que practicabas el nudismo; **FKK-Strand** *m* <-(e)s, -strände> playa *f* nudista

flach [flax] *adj* **1.** (*eben*) llano, plano; **mit der ~en Hand** con la palma de la mano; **sich ~ hinlegen** tenderse; **auf dem ~en Land** en el campo **2.** (*niedrig*) bajo, playo *CSur;* (*Gewässer*) poco profundo; (*Teller*) llano **3.** (*abw: oberflächlich*) banal, superficial; **Flachbildschirm** *m* <-(e)s, -e> (INFOR, TV) pantalla *f* plana

flachbrüstig *adj* de pecho plano

Flachdach *nt* <-(e)s, -dächer> tejado *m* plano; **Flachdruck** *m* <-(e)s, -e> (TYPO) impresión *f* plana

Fläche ['flɛçə] *f* <-, -n> **1.** (*Gebiet*) superficie *f;* (*Bauwesen*) terreno *m;* **~n ausweisen** delimitar zonas; **forstwirtschaftliche ~** zona forestal **2.** (MATH: *Grund~*) plano *m;* (*eines Würfels*) cara *f*

Flacheisen *nt* <-s, -> **1.** (*Eisen*) pletina *f* **2.** (*Werkzeug*) escoplo *m*

Flächenausdehnung *f* <-, -en> extensión *f* de la superficie; **Flächenbrand** *m* <-(e)s, -brände> incendio *m* de rápida propagación; **flächendeckend** *adj* que cubre totalmente un campo determinado [*o* una zona determinada]; **flächengleich** *adj* de la misma superficie, de [*o* con] la misma área; **konstruiere zwei ~e Dreiecke mit einer übereinstimmenden Seitenlänge** (MATH) construye dos triángulos con la misma área y cuyos lados tengan la misma longitud; **Flächengleiter** *m* <-s, -> (SPORT) parapente *m;* **Flächeninhalt** *m* <-(e)s, -e> (MATH) área *f;* **Flächenland** *nt* <-(e)s, -länder> territorio *m* extenso y de baja densidad de población; **Flächenmaß** *nt* <-es, -e> (MATH) medida *f* de superficie; **Flächennutzungsplan** *m* <-(e)s, -pläne> (ADMIN, GEO) plan *m* para el aprovechamiento del suelo; **Flächenstaat** *m* <-(e)s, -en> *s.* Flächenland; **Flächenstilllegung**RR *f* <-, -en> (ADMIN, AGR) reducción *f* de las áreas agrarias; **Flächentarifvertrag** *m* <-(e)s, -träge> (WIRTSCH) contrato *m* colectivo global

flach|fallen *irr vi sein* (*fam*) suspenderse

Flachglas *nt* <-es, -gläser> vidrio *m* (en placas)

Flachhang *m* <-(e)s, -hänge> vaguada *f*

Flachheit *f* <-, *ohne pl*> **1.** (GEO) llanura *f,* planicie *f* **2.** (*fam*) Oberflächlichkeit, superficialidad *f*

flächig ['flɛçɪç] *adj* llano, plano

Flachküste *f* <-, -n> costa *f* llana; **Flachland** *nt* <-(e)s, *ohne pl*> llanura *f,* llano *m;* **flach|legen I.** *vt* (*fam: hinstrecken*) echar al suelo **II.** *vr:* **sich ~** (*fam*) echarse un rato a dormir; **flach|liegen** *irr vi* (*fam: krank sein*) estar enfermo; **Flachmann** *m* <-(e)s, -männer> (*fam*) botellín *m* de aguardiente para el bolsillo

Flachs [flaks] *m* <-es, *ohne pl*> **1.** (BOT) lino *m* **2.** (*fam: Spaß*) burla *f;* **flachsblond** ['-'-] *adj* rubio platino

Flachschlitzschraubenzieher *m* <-s, -> (TECH) destornillador *m* para tornillos con cabeza ranurada

Flachse ['flaksə] *f* <-, -n> (*Österr, südd: Sehne*) tendón *m*

flachsen ['flaksən] *vi* (*fam*) bromear

Flachsinn *m* <-(e)s, *ohne pl*> tontería *f,* disparate *m*

Flachzange *f* <-, -n> alicates *mpl* de boca plana

flackern ['flakɐn] *vi* **1.** (*Feuer*) llamear, flamear **2.** (*Licht*) titilar, centellear; **der Bildschirm flackert** la pantalla centellea

Fladen ['fla:dən] *m* <-s, -> **1.** (*Pfannkuchen*) filloa *f,* torta *f* **2.** (*Kuhdung*) boñigo *m,* boñiga *f;* **Fladenbrot** *nt* <-(e)s, -e> pan *m* árabe

Flagge ['flagə] *f* <-, -n> bandera *f;* **die ~ hissen/einholen/streichen** enarbolar/arriar/abatir la bandera; **das Schiff fährt unter spanischer ~** el barco navega con pabellón español; **~ zeigen** (*fig*) tomar partido

flaggen *vi:* **halbmast ~** ondear la bandera a media asta

Flaggenalphabet *nt* <-(e)s, *ohne pl*> (NAUT) Código *m* (Internacional) de Señales; **Flaggenmast** *m* <-(e)s, -e(n)> asta *f;* **am ~ wurde die Staatsflagge gehisst** hizaron la bandera nacional en el asta; **Flaggenmissbrauch**RR *m* <-(e)s, -bräuche> abuso *m* de pabellón; **Flaggensignal** *nt* <-s, -e> señal *f* de bandera; **Flaggenwechsel** *m* <-s, -> (NAUT, COM) transferencia *f* de pabellón

Flaggschiff ['flak-] *nt* <-(e)s, -e> (MIL) buque *m* insignia, capitana *f*

flagrant [fla'grant] *adj* (*geh*) flagrante

flagranti [fla'granti]: **in ~** con las manos en la masa

Flair [flɛ:ɐ] *nt o m* <-s, *ohne pl*> (*von Menschen*) encanto *m,* aire *m;* (*von Sachen*) ambiente *m,* atmósfera *f;* **eine Weltstadt mit ~** una gran capital con carácter

Flak [flak] *f* <-, -(s)> (MIL) *Abk. von* **Flugzeugabwehrkanone** cañón *m* antiaéreo; **Flakhelfer** *m* <-s, -> (HIST) auxiliar *m* de artillería antiaérea

Flakon [fla'kõ:] *m o nt* <-s, -s> (*geh*) frasco *m*

flambieren* [flam'bi:rən] *vt* flamear

Flame, -in ['flɑ:mə] *m, f* <-n, -n; -, -nen> flamenco, -a *m, f*

Flämin ['flɛ:mɪn] *f* <-, -nen> flamenca *f*

Flamingo [fla'mɪŋgo] *m* <-s, -s> (ZOOL) flamenco *m*

flämisch ['flɛ:mɪʃ] *adj* flamenco

Flämisch *nt* <-(s), *ohne pl*>, **Flämische** *nt* <-n, *ohne pl*> flamenco *m*

Flamme ['flamə] *f* <-, -n> **1.** (*vom Feuer*) llama *f;* **in ~n aufgehen** arder, incendiarse; **in ~n stehen** estar en llamas; **etw den ~n übergeben** echar algo a las llamas; **Feuer und ~ sein** arder de entusiasmo **2.** (*Gas~*) fuego *m;* **etw auf kleiner ~ kochen** cocinar algo a fuego lento **3.** (*am Gasherd*) fogón *m* de gas

flammend *adj* (*Inferno*) ardiente; (*Worte, Blicke*) apasionado

Flammenmeer *nt* <-(e)s, -e> (*geh*) mar *m* de llamas; **Flammenschutz** *m* <-es, *ohne pl*> (TECH) guardafuego *m;* **Flammentod** *m* <-(e)s, -e> (*geh*) muerte *f* en la hoguera; **den ~ erleiden** morir en la hoguera; **angeblichen Hexen drohte früher der ~** sobre las presuntas brujas pendía antiguamente la amenaza de la muerte en la hoguera; **Flammenwerfer** *m* <-s, -> (MIL) lanzallamas *m inv*

Flandern ['flandɐn] *nt* <-s> Flandes *m*

flandrisch ['flandrɪʃ] *adj* flamenco; **sie verbrachten ihren Urlaub an der ~en Küste** pasaron sus vacaciones en la costa de Flandes

Flanell [fla'nɛl] *m* <-s, -e> franela *f*

flanieren* [fla'ni:rən] *vi haben o sein* callejear

Flanke ['flaŋkə] *f* <-, -n> **1.** (ANAT) flanco *m;* (*Pferd*) ijada *f,* verija *f Am* **2.** (MIL) flanco *m,* ala *f* **3.** (SPORT: *Sprung*) volteo *m;* (*Pass*) entrega *f,* pase *m;* **eine hohe ~ schlagen** centrar por alto

flanken *vi* (SPORT) centrar

Flankenschutz *m* <-es, *ohne pl*> (MIL): **der General entsandte die Brigade als ~** el general envió a la brigada para cubrir los flancos; **jdm ~ geben** dar protección a alguien

flankieren* *vt* acompañar, flanquear; **~de Maßnahmen** medidas adicionales; **von zwei Polizisten flankiert** flanqueado [*o* acompañado] por dos policías

Flansch [flanʃ] *m* <-(e)s, -e> (TECH) brida *f*

Flappe ['flapə] *f* <-, -n> (*nordd*) boca *f* (torcida); **eine ~ ziehen** poner [*o* torcer] morro; **schau dir ihre ~ an!** ¡mira qué cara pone!

flapsig ['flapsɪç] *adj* (*fam*) grosero, fresco

Fläschchen *nt* <-s, -> (*Baby~*) biberón *m;* **Fläschchenwärmer** *m* <-s, -> calientabiberones *m inv*

Flasche ['flaʃə] *f* <-, -n> **1.** (*Gefäß*) botella *f;* (*für Babys*) biberón *m,* mamadera *f Am;* **einem Baby die ~ geben** dar el biberón a un bebé; **aus der ~ trinken** beber de la botella, beber a morro *fam;* **zur ~ greifen** (*fig*) darse a la bebida; **etw in ~n füllen** [*o* **auf ~n ziehen**] embotellar algo; **drei ~n Bier** tres botellas de cerveza; **zu tief in die ~ schauen** (*fig*) beber demasiado **2.** (*fam: Versager*) cero *m* a la izquierda, berzotas *mf inv;* **Flaschenbier** *nt* <-(e)s, -e> cerveza *f* en botella(s) [*o* embotellada]; **Flaschenbürste** *f* <-, -n> cepillo *m* para limpiar botellas; **Flaschengärung** *f* <-, -en> fermentación *f* en botella; **Flaschengas** *nt* <-es, -e> gas *m* de botella; **Flaschengestell** *nt* <-(e)s, -e> botellero *m;* **Flaschenhals** *m* <-es, -hälse> gollete *m;* **Flaschenkind** *nt* <-(e)s, -er> niño *m* criado con biberón; **Flaschenkürbis** *m* <-ses, -se> calabaza *f* vinatera; **Flaschennahrung** *f* <-, -en> alimento *m* para biberones; **Flaschenöffner** *m* <-s, -> abrebotellas *m inv;* **Flaschenpfand** *nt* <-(e)s, *ohne pl*> (precio *m* del) envase *m,* casco *m;*

Flaschenpost *f* <-, *ohne pl*> botella *f* arrojada al mar (con un mensaje)
Flaschentomate *f* <-, -n> (BOT) tomate *m* de pera [*o* de botella]
flaschenweise *adv* **1.** (*Flasche um Flasche*) botella tras botella, en grandes cantidades; **nach dem Sportunterricht trank er die Cola ~** después de la clase de gimnasia se bebió litros y litros de coca-cola **2.** (COM: *in einzelnen Flaschen*) botella a botella, por botellas; **erfolgt die Lieferung ~, erheben wir einen Aufpreis** si el suministro se efectúa por botellas se carga un sobreprecio
Flaschenzug *m* <-(e)s, -züge> aparejo *m*, sistema *m* de poleas
Flaschner(in) ['flaʃnɐ] *m(f)* <-s, -; -, -nen> (*südd, Schweiz*) hojalatero, -a *m, f*, fontanero, -a *m, f*
Flatter ['flatɐ] *f*: **die ~ machen** pirárselas
flatterhaft *adj* (*abw*) veleidoso, inconstante; **ein ~es Wesen** una persona caprichosa
Flatterhaftigkeit *f* <-, *ohne pl*> veleidad *f*, inconstancia *f*
Flattermann *m* <-(e)s, -männer> (*fam*) **1.** (*Hähnchen*) pollo *m* asado **2.** (*nervöser Mensch*) persona *f* nerviosa, neura *mf* **3.** (*Nervosität*) neura *f*, nerviosismo *m*; **vor der nächsten Prüfung bekommt er wieder einen ~** en el próximo examen estará otra vez con la neura
flattern ['flatɐn] *vi* **1.** *sein* (*Tier*) revolotear **2.** (*Hände*) temblar **3.** *sein* (*Fahne*) ondear; (*Papier*) revolotear
Flattersatz *m* <-es, *ohne pl*> (TYPO) composición *f* a pedazos; **in ~** no alineado
flau [flaʊ] *adj* **1.** (*schwach*) flojo, débil; **mir ist ~ im Magen** me mareo **2.** (FIN) flojo
Flauheit *f* <-, *ohne pl*> mareo *m*, vahído *m*
Flaum [flaʊm] *m* <-(e)s, *ohne pl*> **1.** (*Federn*) plumón *m* **2.** (*Härchen*) pelusa *f*, pelusilla *f*, vello *m*; (*Bartwuchs*) bozo *m*; **Flaumfeder** *f* <-, -n> plumón *m*
flaumig ['flaʊmɪç] *adj* plumoso, velloso; **das Gefieder der jungen Vögel ist noch ganz ~** las plumas de los pájaros jóvenes están aún totalmente cubiertas de pelusa
Flausch [flaʊʃ] *m* <-(e)s, -e> flojel *m*
flauschig *adj* blando, suave
Flause *f* <-, -n> (*fam*) **1.** (*Unsinn*) bobada *f*, tontería *f*; **sie hat nur ~n im Kopf** no tiene más que pájaros en la cabeza; **dir werde ich die ~n austreiben** ya te despabilaré **2.** (*Ausflucht*) pretexto *m*, excusa *f*
Flaute ['flaʊtə] *f* <-, -n> **1.** (NAUT) calma *f* chicha; **es herrscht absolute ~** no hay marcha **2.** (FIN) periodo *m* de crisis [*o* de poca actividad]; **geschäftliche ~** estancamiento de los negocios; **wirtschaftliche ~** depresión económica; **es herrscht absolute ~** el negocio está paralizado **3.** (*Wend*): **die Party war eine ~** (*fam*) la fiesta fue un chasco
fläzen ['flɛːtsn] *vr*: **sich ~** (*fam*) repantigarse (*in/auf* en), (ar)repanchigarse (*in/auf* en), arrellanarse (*in/auf* en); **fläz dich nicht so in den Sessel!** ¡no te repantigues así en el sillón!
Flechse *f* <-, -n> (*Sehne*) tendón *m*
Flechte ['flɛçtə] *f* <-, -n> **1.** (BOT) liquen *m* **2.** (MED) herpes *m o f*
flechten ['flɛçtən] <flicht, flocht, geflochten> *vt* tejer; (*Haare*) trenzar; **einen Blumenkranz ~** hacer una corona de flores
Flechtwerk *nt* <-(e)s, -e> malla *f*
Fleck [flɛk] *m* <-(e)s, -e> **1.** (*Schmutz~, Farb~*) mancha *f*; **ein blauer ~** un moratón; **einen ~ entfernen** quitar una mancha; **ein weißer ~ auf der Landkarte** (*fig*) un territorio sin explorar **2.** (*fam: Stelle*) lugar *m*, sitio *m*; **sich nicht vom ~ rühren** no moverse del sitio; **nicht vom ~ kommen** no avanzar [*o* adelantar]; **das Herz auf dem rechten ~ haben** tener el corazón en su sitio
Fleckchen *nt* <-s, -> (*Gegend*) lugar *m*; **ein schönes ~ Erde habt ihr euch da ausgesucht!** ¡vaya lugar de ensueño que habéis escogido!
Flecken ['flɛkən] *m* <-s, -> **1.** (*Schmutz~, Farb~*) mancha *f* **2.** (*Dorf*) pueblo *m*, aldea *f*;
Fleckenentferner *m* <-s, -> quitamanchas *m inv*; **fleckenlos** *adj* sin manchas
Fleckentferner *m* <-s, ->, **Fleckenwasser** *nt* <-s, -wässer> quitamanchas *m inv*
Fleckerlteppich *m* <-s, -e> (*Österr, südd*) *s.* **Flickenteppich**
Fleckfieber *nt* <-s, -> (MED) tifus *m inv* exantemático, tabardillo *m*
fleckig ['flɛkɪç] *adj* manchado, con manchas; (*Obst*) picado; (*Tierfell*) a pintas
Flecktyphus *m* <-, *ohne pl*> (MED) *s.* **Fleckfieber**
fleddern ['flɛdɐn] *vt* (*fam abw: durchwühlen*) revolver; (*Leiche*) despojar, expoliar
Fledermaus ['fleːdɐmaʊs] *f* <-, -mäuse> murciélago *m*
Fleece *nt* <-, *ohne pl*> fleece *m*
Fleet [fleːt] *nt* <-(e)s, -e> canal *m* (*en ciudades*)
Flegel ['fleːgəl] *m* <-s, -> (*abw*) grosero, -a *m, f*, bruto, -a *m, f*; **Flegelalter** *nt* <-s, *ohne pl*> edad *f* del pavo
Flegelei *f* <-, -en> (*abw*) grosería *f*, gamberrada *f*
flegelhaft *adj* (*abw: Benehmen*) grosero; (*Kind*) mal educado
Flegeljahre *ntpl* edad *f* del pavo
flegeln *vr*: **sich ~** (*fam abw*) repantigarse (*auf/in* en), (ar)repanchigarse (*auf/in* en), arrellanarse *en*; **flegel dich nicht so auf die Bank, sitz gerade!** ¡no te pongas [*o* te repantigues] así en el banco, siéntate recto!
flehen ['fleːən] *vi* implorar, suplicar; **um Gnade ~** implorar el perdón; **zu Gott ~** rogar a Dios
flehentlich ['fleːəntlɪç] **I.** *adj* (*geh*) fervoroso, ferviente **II.** *adv* (*geh*) encarecidamente; **jdn ~ bitten** rogar encarecidamente a alguien
Fleisch [flaɪʃ] *nt* <-(e)s, *ohne pl*> carne *f*;

(*Frucht~*) pulpa *f;* ~ **fressend** carnívoro; **vom ~ fallen** (*fam*) quedarse en los huesos; **sich** *dat/akk* **ins eigene ~ schneiden** (*fig*) echar piedras contra el propio tejado; **ihm ist das Gesetz schon in ~ und Blut übergegangen** ya ha asimilado la ley; **ihr eigen(es) ~ und Blut** (*geh*) su hijo; **Fleischbeschauer(in)** *m(f)* <-s, -; -, -nen> inspector(a) *m(f)* de matadero

Fleischbrühe *f* <-, -n> caldo *m* de carne, consomé *m;* **Fleischbrühwürfel** *m* <-s, -> (GASTR) cubitos *mpl* de caldo de carne

Fleischeinwaage *f* <-, -n> peso *m* de la carne

Fleischer(in) *m(f)* <-s, -; -, -nen> carnicero, -a *m, f;* **Fleischerbeil** *nt* <-(e)s, -e> hacha *f* de carnicero

Fleischerei *f* <-, -en> carnicería *f*

Fleischerin *f* <-, -nen> *s.* **Fleischer**

Fleischermesser *nt* <-s, -> cuchillo *m* de carnicero

Fleischesser(in) *m(f)* <-s, -; -, -nen> persona *f* que come carne; **im Gegensatz zu ~n ernähren sich Vegetarier ganz ohne Fleisch** al contrario de las personas que comen carne, los vegetarianos prescinden totalmente de ella en su alimentación; **Fleischextrakt** *m* <-(e)s, -e> (GASTR) extracto *m* de carne

fleischfarben *adj* rosado, color carne

fleischfressend *adj s.* **Fleisch**

Fleischfresser *m* <-s, -> (ZOOL) carnívoro *m*

Fleischhauer(in) *m(f)* <-s, -; -, -nen> (*Österr*) carnicero, -a *m, f*

Fleischhauerei *f* <-, -en> (*Österr*) carnicería *f*

Fleischhauerin *f* <-, -nen> *s.* **Fleischhauer**

fleischig *adj* carnoso; (*Frucht*) pulposo; (*Person*) rollizo

Fleischkäse *m* <-, -> queso *m* de cerdo; **Fleischklopfer** *m* <-s, -> ablandador *m;* **Fleischkloß** *m* <-es, -klöße> **1.** (GASTR) albóndiga *f* **2.** (*fam abw: dicker Mensch*) seboso, -a *m,f;* **Fleischklößchen** ['flaɪʃkløːsçən] *nt* <-s, -> albóndiga *f,* albondiguilla *f*

fleischlich *adj* **1.** (*Kost*) cárnico, de carne **2.** (*Begierde*) carnal

fleischlos *adj* (*Nahrung*) sin carne, vegetariano; ~ **essen** alimentarse de vegetales

Fleischpastete *f* <-, -n> (GASTR) paté *m* de carne; **Fleischsalat** *m* <-(e)s, -e> ≈salpicón *m;* **Fleischspieß** *m* <-es, -e> broqueta *m* de carne, brocheta *f* de carne, pincho *m* moruno, anticucho *m Peru;* **Fleischtomate** *f* <-, -n> tomate *m* de ensalada; **Fleischtopf** *m* <-(e)s, -töpfe> ≈olla *f,* ≈puchero *m,* ≈cocido *m;* **Fleischvergiftung** *f* <-, -en> (MED) intoxicación *f* (por consumo) de carne; **Fleischvogel** *m* <-s, -vögel> (*Schweiz:* GASTR: *Roulade*) carne *f* arrollada, niños *mpl* envueltos *RíoPl;* **Fleischwaren** *fpl* carne *f,* productos *mpl* cárnicos; **Fleischwolf** *m* <-(e)s, -wölfe> máquina *f* de picar carne; **etw durch den ~ drehen** desmenuzar algo; **Fleischwunde** *f* <-, -n> herida *f* profunda; **Fleischwurst** *f* <-, -würste> embutido *m*

Fleiß [flaɪs] *m* <-es, *ohne pl*> aplicación *f,* diligencia *f;* (*Eifer*) empeño *m;* **ohne ~ kein Preis** (*prov*) no hay atajo sin trabajo

fleißig **I.** *adj* **1.** (*arbeitsam*) aplicado, trabajador **2.** (*fam: regelmäßig*) regular **II.** *adv* **1.** (*arbeitsam*) con empeño, con diligencia **2.** (*fam: regelmäßig*) a menudo

flektieren* [flɛk'tiːrən] *vt* (LING: *Verb*) conjugar; (*Substantiv*) declinar

flennen ['flɛnən] *vi* (*fam abw*) llorar

fletschen ['flɛtʃən] *vt:* **die Zähne ~** regañar los dientes

Fleurop® ['flɔɪrɔp] *f* <-, *ohne pl*> Interflora® *f;* **er ließ ihr zum Geburtstag über ~ Blumen zukommen** le envió un ramo de flores por su cumpleaños a través de Interflora

flexibel [flɛ'ksiːbəl] *adj* flexible

flexibilisieren* [fleksibili'ziːrən] *vt* flexibilizar

Flexibilisierung *f* <-, -en> flexibilización *f*

Flexibilität [flɛksibili'tɛːt] *f* <-, *ohne pl*> flexibilidad *f*

Flexion [flɛ'ksjoːn] *f* <-, -en> (LING) flexión *f;* **Flexionsendung** *f* <-, -en> (LING) desinencia *f*

flicht [flɪçt] *3. präs von* **flechten**

Flickarbeit *f* <-, -en> remiendo *m,* apaño *m*

flicken ['flɪkən] *vt* (*Reifen*) echar parches (a), reparar; (*Kleidung*) recoser, remendar

Flicken *m* <-s, -> remiendo *m;* **einen ~ aufsetzen** echar un remiendo; **Flickenteppich** *m* <-s, -e> alfombrilla *f* de retazos

Flickschuster(in) <-s, -; -, -nen> *m(f)* **1.** (*fam: Stümper*) chapucero, -a *m, f* **2.** (*alt: Schuster für Ausbesserungen*) zapatero, -a *m, f* remendón, -ona; **Flickschusterei** *f* <-, -en> (*fam*) parche *m,* chapucería *f;* ~ **betreiben** chapucear, poner parches; **Flickschusterin** *f* <-, -nen> *s.* Flickschuster; **Flickwerk** *nt* <-(e)s, *ohne pl*> (*abw*) chapuza *f,* chapucería *f;* **die Reform war reinstes ~** la reforma fue una verdadera chapuza; **Flickwort** *nt* <-(e)s, -wörter> (LING) partícula *f* expletiva; **Flickzeug** *nt* <-(e)s, *ohne pl*> (*allgemein*) estuche *m* de reparación; (*Fahrrad, Reifen*) caja *f* de parches; (*Nähzeug*) avíos *mpl* de coser, costurero *m*

Flieder ['fliːdɐ] *m* <-s, -> (BOT) lila *f;* **Fliederbusch** *m* <-(e)s, -büsche> (BOT) lila *f,* lilo *f*

fliederfarben *adj* (color) lila

Fliege ['fliːgə] *f* <-, -n> **1.** (ZOOL) mosca *f;* **er tut keiner ~ was zuleide** [*o* **zu Leide**] no es capaz de hacerle daño ni a una mosca; **zwei ~n mit einer Klappe schlagen** (*fam*) matar dos pájaros de un tiro; **sie starben wie die ~n** cayeron como moscas; **sag ihm, er soll**

'ne ~ machen (*fam*) dile que se largue **2.** (*Krawatte*) pajarita *f*

fliegen ['fli:gən] <fliegt, flog, geflogen> **I.** *vi sein* **1.** (*Tier, Flugzeug*) volar; (*Person*) ir en avión; **wann fliegt die nächste Maschine nach Mallorca?** ¿cuándo sale el próximo avión hacia Mallorca?; **was machst du im Urlaub? – ich fliege nach Mexico** ¿qué vas a hacer en las vacaciones? – me voy a México; **wie lange fliegt man von Wien nach Buenos Aires?** ¿cuánto tiempo tarda el vuelo de Viena a Buenos Aires?; **bist du schon mal geflogen?** ¿ya has ido en avión alguna vez?; **ich kann doch nicht ~** no soy un reactor; **mit ~den Fahnen** a toda velocidad **2.** (*Ball, Stein*) volar; (*geworfen werden*) ser lanzado, ser arrojado; **der Ball flog über das Tor** la pelota voló por encima de la portería; **ein Stein flog durchs Fenster** arrojaron una piedra contra la ventana; **plötzlich kam ein Schneeball geflogen und traf ihn am Kopf** de repente llegó una bola de nieve que le golpeó en la cabeza; **in die Luft ~** estallar por los aires; **sie flog ihm um den Hals** se le echó al cuello **3.** (*fam: hinausgeworfen werden*): **ich bin geflogen** me han echado; **er ist (auf die Straße) geflogen** le pusieron de patitas en la calle **4.** (*fam: durchfallen*): **durchs Examen ~** cargar el examen **5.** (*fam: angezogen werden*) pirrarse (*auf* por); **er fliegt auf neue Autos** se pirra por coches nuevos **II.** *vt* **1.** (*Flugzeug*) pilotar **2.** (*Güter, Passagiere*) transportar por aire **3.** (*Route*) cubrir; **musst du morgen arbeiten? – ja, ich fliege Düsseldorf – New York** ¿tienes que trabajar mañana? – sí, me toca la ruta Düsseldorf – Nueva York

fliegend *adj* volador, volante; **in ~er Eile** volando; **~e Händler** vendedores *mpl* ambulantes; **der F~e Holländer** (*Sage*) el holandés errante; (*Oper*) el buque fantasma

Fliegendreck *m* <-s, *ohne pl*> cagada *f* de mosca; **Fliegenfänger** *m* <-s, -> atrapamoscas *m inv;* **Fliegenfenster** *nt* <-s, -> alambrera *f*, mosquitera *f*; **Fliegengewicht** *nt* <-(e)s, -e> (SPORT) peso *m* mosca

Fliegengewichtler(in) *m(f)* <-s, -; -, -nen> (SPORT) peso *mf* mosca

Fliegengitter *nt* <-s, -> alambrera *f*; **Fliegenklatsche** ['fli:gənklatʃə] *f* <-, -n>, **Fliegenpatsche** *f* <-, -n> matamoscas *m inv;* **Fliegenpilz** *m* <-es, -e> amanita *f* muscaria

Flieger[1] ['fli:gɐ] *m* <-s, -> (*fam: Flugzeug*) avión *m*

Flieger(in)[2] *m(f)* <-s, -; -, -nen> (*Pilot*) piloto *mf*

Fliegeralarm *m* <-(e)s, -e> alarma *f* aérea; **Fliegerangriff** *m* <-(e)s, -e> ataque *m* aéreo

Fliegerei *f* <-, *ohne pl*> volar *m*, pilotar *m* (un avión), ir *m* en avión; **sie musste die ~ aufgeben, weil ihr Sehvermögen nachließ** tuvo que dejar de pilotar (el avión) porque perdió vista

Fliegerhorst *m* <-(e)s, -e> (MIL) base *f* aérea

Fliegerin *f* <-, -nen> *s.* **Flieger**

fliegerisch *adj* aeronáutico; **die Kunstflugstaffel stellt ihr ~es Können unter Beweis** la escuadrilla de aviones hace una demostración de sus habilidades acrobáticas

Fliegerstaffel *f* <-, -n> (MIL) escuadrilla *f*

fliehen ['fli:ən] <flieht, floh, geflohen> *vi sein* huir (*vor* de), correrse; (*aus dem Gefängnis*) escaparse (*aus* de); **er flieht vor der Polizei/vor dem Gewitter/ins Ausland** huye de la policía/de la tormenta/al extranjero; **zu jdm ~** refugiarse en casa de alguien

Fliehkraft *f* <-, -kräfte> (PHYS) fuerza *f* centrífuga

Fliese ['fli:zə] *f* <-, -n> (*aus Stein*) baldosa *f*, baldosín *m;* (*Kachel*) azulejo *m;* **~n auslegen** poner baldosas [*o* mosaico]

fliesen ['fli:zn] *vt* (*Fußboden*) (em)baldosar; (*Wand*) cubrir con azulejos, azulejar; **das Bad war ganz in weiß gefliest** todo el baño tenía baldosas y azulejos blancos; **sie bevorzugt geflieste Böden** prefiere el suelo de baldosa

Fliesenboden *m* <-s, -böden>, **Fliesenfußboden** *m* <-s, -böden> suelo *m* embaldosado [*o* de baldosa], baldosado *m Kol, Chil;* **Fliesenleger(in)** *m(f)* <-s, -; -, -nen> solador(a) *m(f)*, embaldosador(a) *m(f)*

Fließband *nt* <-(e)s, -bänder> cadena *f* de fabricación; **am ~ arbeiten** [*o* **stehen**] trabajar en la cadena; **wie am ~** en cadena; **Fließbandarbeit** *f* <-, -en> trabajo *m* en cadena (de fabricación); **Fließbandfertigung** *f* <-, *ohne pl*> fabricación *f* en cadena

fließen ['fli:sən] <fließt, floss, geflossen> *vi sein* (*Fluss, Gelder, Spenden, Verkehr*) fluir; (*Tränen*) correr; (*heraus~*) salir; **das Wasser fließt nur spärlich** sale poca agua; **die Elbe fließt in die Nordsee** el Elba desemboca en el Mar del Norte; **der Sekt floss in Strömen** el champán corrió a litros; **es ist genug Blut geflossen** ya se ha derramado bastante sangre; **alles fließt** (PHILOS) todo cambia

fließend **I.** *adj* **1.** (*Wasser*) corriente; **~es Gewässer** agua viva; **ein Zimmer mit ~ Wasser** una habitación con agua corriente; **~er Verkehr** tráfico fluido **2.** (*Grenze, Übergang*) difuso **II.** *adv* con soltura, con fluidez; **sie spricht ~ Katalanisch** habla catalán con fluidez

Fließfähigkeit *f* <-, *ohne pl*> (CHEM) fluidez *f*; **Fließfertigung** *f* <-, -en> (TECH, WIRTSCH) fabricación *f* en cadena; **Fließheck** *nt* <-(e)s, -s *o* -e> (AUTO) parte *f* trasera aerodinámica; **Fließpapier** *nt* <-s, -e> (papel *m*) secante *m;* **Fließpunkt** *m* <-(e)s, -e> (CHEM) punto *m* de fluidez

flimmerfrei *adj* (*Bildschirm*) sin centelleo; **Flimmerkiste** *f* <-, -n> (*fam abw*) tele *f*, caja *f* tonta

flimmern ['flɪmɐn] *vi* brillar, relucir; (*Sterne*) centellear; **über den Bildschirm** ~ (*fam*) ser retransmitido por televisión; **es flimmert mir vor den Augen** se me va la vista

flink [flɪŋk] *adj* **1.** (*lebhaft*) vivo, despabilado **2.** (*schnell*) rápido; ~ **wie ein Wiesel** rápido [*o* veloz] como una liebre; **mit etw** ~ **bei der Hand sein** ser muy ágil en algo **3.** (*geschickt*) hábil

Flinte ['flɪntə] *f* <-, -n> fusil *m,* escopeta *f;* **die** ~ **ins Korn werfen** (*fam fig*) arrojar la toalla; **Flintenweib** *nt* <-(e)s, -er> (*abw*) **1.** (*alt: bewaffnete Frau*) mujer *f* armada **2.** (*rigorose Frau*) mujer *f* de armas tomar

Flipchart[RR] ['flɪptʃa:ɐt] *m o nt* <-s, -s>, **Flip-Chart** *m o nt* <-s, -s> flip-chart *m,* pizarra *f* magnética

Flipper ['flɪpɐ] *m* <-s, -> (*fam*), **Flipperautomat** *m* <-en, -en> flipper *m,* flíper *m*

flippern *vi* (*fam*) jugar al flipper

flippig ['flɪpɪç] *adj* (*fam*) desenfadado, pasota

flirren ['flɪrən] *vi* (*Luft, Hitze*) cintilar, centellear

Flirt [flɪrt, flœrt] *m* <-s, -s> ligue *m,* coqueteo *m*

flirten ['flɪrtən, 'flœrtən] *vi* flirtear, ligar, afilar *Par, RíoPl*

Flittchen ['flɪtçən] *nt* <-s, -> (*fam abw*) mujerzuela *f*

Flitter[1] ['flɪtɐ] *m* <-s, -> (*Paillette*) lentejuela *f*

Flitter[2] *m* <-s, *ohne pl*> (*abw: Tand*) oropel *m,* adorno *m*

Flittergold *nt* <-(e)s, *ohne pl*> oropel *m*

Flitterwochen *fpl* luna *f* de miel; **in die** ~ **fahren** irse de luna de miel

Flitzebogen ['flɪtsə-] *m* <-s, - *o* -bögen> (*fam*) arco *m* (de flecha); **er war gespannt wie ein** ~ se moría de curiosidad (por saberlo)

flitzen ['flɪtsən] *vi sein* (*fam*) ir volando, ir pitando

Flitzer *m* <-s, -> (*fam*) coche *m* deportivo; **da kommt Karin in ihrem roten** ~ por allí viene Karin en su deportivo rojo

floaten ['flo:tn, 'floʊtn] *vi* (FIN) fluctuar; **flexible Wechselkurse** ~ **innerhalb gewisser Bandbreiten** los tipos de cambio flexibles oscilan dentro de determinadas bandas de fluctuación

Floating ['floʊtɪŋ] *nt* <-s, *ohne pl*> (FIN) flotación *f*

flocht [flɔxt] *3. imp von* **flechten**

Flocke ['flɔkə] *f* <-, -n> copo *m;* **der Schnee fiel in dichten** ~**n** la nieve cayó en copos gruesos

flockig *adj* coposo

Flockungsmittel *nt* <-s, -> (CHEM) agente *m* floculante

flog [flo:k] *3. imp von* **fliegen**

floh [flo:] *3. imp von* **fliehen**

Floh [flo:, *pl:* 'flø:ə] *m* <-(e)s, Flöhe> **1.** (ZOOL) pulga *f;* **Flöhe haben** tener pulgas; **es ist leichter, einen Sack Flöhe zu hüten, als ...** cualquier otra cosa es más fácil que...; **jdm einen** ~ **ins Ohr setzen** (*fam*) ponerle a alguien la mosca detrás de la oreja; **die Flöhe husten hören** (*fam*) sentir crecer la hierba **2.** *pl* (*fam: Geld*) pelas *fpl,* cuartos *mpl;* **Flohmarkt** *m* <-(e)s, -märkte> rastro *m,* mercadillo *m;* **Flohzirkus** *m* <-, -se> exhibición *f* de pulgas amaestradas

Flokati [flo'ka:ti] *m* <-(s), -s> alfombra *f* de lana

Flom ['flo:m] *m* <-s, *ohne pl*>, **Flomen** ['flo:mən] *m* <-s, *ohne pl*> grasa *f* de riñón de cerdo (*para elaborar manteca*)

Flop [flɔp] *m* <-s, -s> fracaso *m;* **der Film war ein** ~ la película fue un fracaso

Floppydisk[RR] *f* <-, -s>, **Floppy Disk**[RR] ['flɔpidɪsk] *f* <- -, - -s> (INFOR) disco *m* flexible

Flor [flo:ɐ] *m* <-s, -e *o* Flöre> (*dünnes Gewebe*) velo *m,* crespón *m;* (*Teppich, Samt*) velludillo *m*

Flora ['flo:ra, *pl:* 'flo:rən] *f* <-, Floren> flora *f*

Flöre *pl von* **Flor**

Floren *pl von* **Flora**

Florentiner *m* <-s, -> **1.** (GASTR) "florentina" *f* (*torta por una parte cubierta de chocolate y por la otra de almendras troceadas*) **2.** (*Strohhut*) sombrero *m* de paja ancho de alas

florentinisch *adj* florentino

Florenz [flo'rɛnts] *nt* <-> Florencia *f*

Florett [flo'rɛt] *nt* <-(e)s, -e> florete *m;* ~ **fechten** practicar esgrima de florete; **Florettfechten** *nt* <-s, *ohne pl*> (SPORT) florete *m*

florieren* [flo'ri:rən] *vi* florecer, prosperar; **die Wirtschaft/das Geschäft floriert** la economía/el negocio está en pleno auge

Florist(in) [flo'rɪst] *m(f)* <-en, -en; -, -nen> florista *mf*

Floskel ['flɔskəl] *f* <-, -n> fórmula *f* de cortesía; **nichts als abgedroschene** ~**n!** ¡pura retórica!, ¡palabras hueras!

floss[RR] [flɔs], **floß** *3. imp von* **fließen**

Floß [flo:s, *pl:* 'flø:sə] *nt* <-es, Flöße> balsa *f*

Flosse ['flɔsə] *f* <-, -n> **1.** (*vom Fisch, Taucher*) aleta *f* **2.** (NAUT) orza *f* fija **3.** (*fam: Hand*) mano *f*

flößen ['flø:sn] *vt* **1.** (*befördern*) acarrear [*o* transportar] por el río; **die gefällten Tropenbäume wurden auf dem Amazonas zum nächsten Sägewerk geflößt** los árboles tropicales talados fueron acarreados por el Amazonas hasta el próximo aserradero **2.** (*ein~*) administrar (*in* en); **der Patientin wurde die Fleischbrühe schluckweise in den Mund geflößt** a la paciente le daban el caldo cuchara a cuchara

Flößer(in) *m(f)* <-s, -; -, -nen> almadiero, -a *m, f,* balsero, -a *m, f*

Flotationsanlage [flota'tsjo:ns-] *f* <-, -n>

(TECH) instalación *f* de flotación

Flöte ['flø:tə] *f* <-, -n> **1.** (MUS) flauta *f;* ~ **spielen** tocar la flauta **2.** (*Sektglas*) copa *f* de champán

flöten **I.** *vi* **1.** (*Flöte spielen*) tocar la flauta; (*Vogel, Mensch*) gorjear, gorgoritear; (*fam: süßlich sprechen*) hablar con voz meliflua **2.** (*fam: verloren gehen*): ~ **gehen** irse al traste; **mein ganzes Geld ist** ~ **gegangen** he perdido todo mi dinero **II.** *vt* (*auf der Flöte spielen*) tocar con la flauta; (*pfeifen*) silbar

Flötenbläser(in) *m(f)* <-s, -; -, -nen> flautista *mf*

flöten|gehen *irr vi s.* **flöten I.2.**

Flötenkessel *m* <-s, -> hervidor *m* de silbato; **Flötenspiel** *nt* <-(e)s, *ohne pl*> música *f* de flauta; **Flötenspieler(in)** *m(f)* <-s, -; -, -nen> flautista *mf;* **Flötenton** *m* <-(e)s, -töne>: **jdm die Flötentöne beibringen** (*fig*) inculcar a alguien los buenos modales

Flötist(in) [flø'tɪst] *m(f)* <-en, -en; -, -nen> (MUS) flautista *mf*

flott [flɔt] *adj* **1.** (*fam: rasch*) rápido; **aber ein bisschen** ~! ¡date prisa! **2.** (*fam: Person*) atractivo; (*Kleidung*) de moda, chic; (*Musik*) marchoso; **ein ~er junger Mann** un chico que quita el hipo; **ein ~es Leben führen** llevar una vida muy relajada **3.** (*lebenslustig*) alegre **4.** (*einsatzbereit*) a punto, arreglado; (NAUT) a flote; **der Wagen ist wieder** ~ el coche ya está arreglado

Flotte ['flɔtə] *f* <-, -n> armada *f,* flota *f;* **Flottenabkommen** *nt* <-s, -> (POL) acuerdo *m* naval; **Flottenstützpunkt** *m* <-(e)s, -e> (MIL) base *f* naval; **Flottenverband** *m* <-(e)s, -bände> (MIL) división *f* naval

Flottille [flɔ'tɪl(j)ə] *f* <-, -n> **1.** (MIL) flotilla *f* **2.** (NAUT) flota *f* de pesca

flott|machen *vt* **1.** (*Schiff*) desencallar, desembarrancar **2.** (*fam: Fahrzeug*) poner a punto

flottweg *adv* (*fam*) de una tirada, de un tirón, sin interrupción; **arbeitet mal ~, dann sind wir früh fertig!** ¡trabajad de un tirón [*o* sin parar] y así terminaremos pronto!

Flöz [flø:ts] *nt* <-es, -e> (BERGB) filón *m,* veta *f*

Fluch [flu:x, *pl:* 'fly:çə] *m* <-(e)s, Flüche> **1.** (*Verwünschung*) maldición *f;* **ein** ~ **lastet auf unserer Familie** una maldición pesa sobre nuestra familia; **einen** ~ **ausstoßen** lanzar una maldición **2.** (*Schimpfwort*) taco *m,* palabrota *f,* puteada *f CSur: vulg;* **fluchbeladen** *adj* (*geh*) maldito

fluchen ['flu:xən] *vi* soltar [*o* echar] tacos, dar puteadas *CSur: vulg;* **auf** [*o* **über**] **etw** ~ maldecir algo

Flucht[1] [flʊxt] *f* <-, *ohne pl*> (*das Fliehen*) huida *f* (*aus/vor* vor), fuga *f* (*aus* de); **vor jdm/etw die** ~ **ergreifen** huir de alguien/algo; **jdn in die** ~ **schlagen** hacer que alguien emprenda la huida; **auf der** ~ **sein** huir, andar fugitivo, andar de agache *Kol;* **jdm zur** ~ **verhelfen** proporcionar a alguien los medios para que huya; **nach geglückter** ~ después de lograr la huida; **die** ~ **nach vorn antreten** emprender una huida hacia delante

Flucht[2] *f* <-, -en> **1.** (ARCHIT) punto *m* de fuga **2.** (*geh: Zimmer~*) serie *f* de habitaciones

fluchtartig **I.** *adj* precipitado **II.** *adv* de prisa y corriendo, a la desbandada; **die Gaststätte** ~ **verlassen** salir corriendo [*o* pitando] del restaurante, salir precipitadamente del restaurante

Fluchtauto *nt* <-s, -s> coche *m* utilizado en la huida

flüchten ['flʏçtən] **I.** *vi sein* huir (*aus/vor* de), fugarse (*aus* de); (*aus dem Gefängnis*) evadirse (*aus* de) **II.** *vr:* **sich** ~ (*Schutz suchen*) refugiarse (*in* en), cobijarse (*in* en); **sich in den Alkohol** ~ refugiarse en la bebida

Fluchtfahrzeug *nt* <-(e)s, -e> vehículo *m* utilizado en la huida; **Fluchtgefahr** *f* <-, *ohne pl*> peligro *m* de fuga; **es besteht** ~ existe peligro de fuga; **Fluchthelfer(in)** *m(f)* <-s, -; -, -nen> *persona que ayuda a alguien a huir;* **die** ~ **ermöglichten den Menschen die Grenze zu passieren** los que les ayudaron a huir facilitaron a las personas traspasar la frontera; **Fluchthilfe** *f* <-, -n> ayuda *f* para huir; ~ **leisten** prestar ayuda para huir

flüchtig ['flʏçtɪç] *adj* **1.** (*flüchtend*) fugitivo; **ein ~er Verbrecher** un delincuente fugitivo de la justicia **2.** (*kurz*) rápido; **einen ~en Blick auf jdn/etw werfen** dar [*o* echar] un vistazo a alguien/algo **3.** (*oberflächlich*) superficial; **ich kenne ihn nur** ~ lo conozco sólo de vista; **etw** ~ **lesen** leer algo por encima **4.** (CHEM) volátil

Flüchtige(r) *mf* <-n, -n; -n, -n> fugitivo, -a *m, f;* **nach der Tat fehlte von dem** ~ **jede Spur** tras el suceso no había ni rastro del fugitivo

Flüchtigkeit[1] *f* <-, *ohne pl*> **1.** (*Oberflächlichkeit*) superficialidad *f* **2.** (*Ungenauigkeit*) imprecisión *f* **3.** (CHEM) volatilidad *f*

Flüchtigkeit[2] *f* <-, -en> (*~sfehler*) descuido *m*

Flüchtigkeitsfehler *m* <-s, -> descuido *m;* (*Auslassung*) olvido *m*

Flüchtling *m* <-s, -e> refugiado, -a *m, f,* desplazado, -a *m, f,* corrido, -a *m, f And;* **politischer** ~ refugiado político; **Flüchtlingsausweis** *m* <-es, -e> (ADMIN) carnet *m* (acreditativo de la condición) de refugiado; **Flüchtlingslager** *nt* <-s, -> campo *m* de refugiados; **Flüchtlingsstrom** *m* <-(e)s, -ströme> flujo *m* de refugiados

Fluchtpunkt *m* <-(e)s, -e> punto *m* de fuga; **Fluchtversuch** *m* <-(e)s, -e> tentativa *f* de evasión, intento *m* de fuga; **einen** ~ **unternehmen** intentar la fuga; **Fluchtweg** *m* <-(e)s, -e> **1.** (*Verbrecher*) camino *m* de fuga, trayecto *m* de la fuga; **jdm den** ~ **abschneiden** cortar el paso a quien escapa **2.** (*in Schulen, Firmen*) lugar *m* destinado a la hui-

F

da en caso de fuego

Flug [flu:k, *pl:* 'fly:gə] *m* <-(e)s, Flüge> vuelo *m;* **die Zeit verging wie im ~(e)** el tiempo pasó volando

Flugabwehr *f* <-, *ohne pl*> (MIL) defensa *f* antiaérea; **Flugabwehrkanone** *f* <-, -n> (MIL) cañón *m* antiaéreo; **Flugabwehrkörper** *m* <-s, -> (MIL) cuerpo *m* antiaéreo; **Flugabwehrrakete** *f* <-, -n> (MIL) cohete *m* antiaéreo

Flugangst *f* <-, -ängste> miedo *m* de [*o* a] volar; **Flugasche** *f* <-, *ohne pl*> cenizas *fpl* volantes; **Flugaufkommen** *nt* <-s, *ohne pl*> (AERO) volumen *m* de vuelos; **Flugbahn** *f* <-, -en> trayectoria *f;* **von der ~ abkommen** desviarse de la trayectoria; **Flugbegleiter(in)** *m(f)* <-s, -; -, -nen> auxiliar *mf* de vuelo; **Flugbenzin** *nt* <-s, -e> gasolina *f* para los aviones; **Flugbetrieb** *m* <-(e)s, *ohne pl*> servicio *m* aéreo; **Flugblatt** *nt* <-(e)s, -blätter> octavilla *f,* volante *m;* **Flugboot** *nt* <-(e)s, -e> hidroavión *m;* **Flugdatenschreiber** *m* <-s, -> (AERO) caja *f* negra; **Flugdauer** *f* <-, *ohne pl*> duración *f* del vuelo; **die ~ beträgt vier Stunden** el vuelo durará cuatro horas; **Flugdrachen** *m* <-s, -> (SPORT) aerodeslizador *m;* **Flugechse** *f* <-, -n> pterosaurio *m,* reptil *m* fósil volador

Flügel ['fly:gəl] *m* <-s, -> **1.** (*eines Vogels, Flugzeugs*) ala *f;* **mit den ~n schlagen** batir las alas, aletear; **etw verleiht jdm ~** algo da alas a alguien; **die ~ hängen lassen** (*fam*) andar alicaído; **jdm die ~ stutzen** cortar las alas [*o* los vuelos] a alguien **2.** (*von Gebäude, Truppe, Spielfeld, Partei*) ala *f;* **der linke ~** el ala izquierda **3.** (*einer Windmühle*) aspa *f;* (*eines Propellers*) pala *f* **4.** (*Fenster-, Tür~*) hoja *f* **5.** (MUS) piano *m* de cola; **auf dem ~ spielen** tocar el piano; **Flügelaltar** *m* <-s, -e> retablo *m;* **Flügelfenster** *nt* <-s, -> (ARCHIT) ventana *f* de dos batientes; **Flügelhorn** *nt* <-(e)s, -hörner> (MUS) "flügelhorn" *m* (*bugle soprano en si bemol*); **Flügelkämpfe** *mpl* (POL) debates *mpl* entre las corrientes [*o* entre los grupos]; **flügellahm** *adj* **1.** (*Vogel*) aliquebrado **2.** (*Mensch*) alicaído; **Flügelmann** *m* <-(e)s, -männer *o* -leute> **1.** (SPORT: *fútbol*) extremo *m;* (*baloncesto*) ala *m* **2.** (MIL) cabo *m* de fila, guía *m;* **Flügelmutter** *f* <-, -n> tuerca *f* de mariposa; **Flügelschlag** *m* <-(e)s, -schläge> aletazo *m,* aleteo *m;* **Flügelschraube** *f* <-, -n> palomilla *f;* **Flügeltür** *f* <-, -en> puerta *f* de dos hojas

Flugfeld *nt* <-(e)s, -er> aeródromo *m,* campo *m* de aviación; **Fluggast** *m* <-(e)s, -gäste> pasajero, -a *m, f* de un avión

flügge ['flʏgə] *adj* **1.** (*Vogel*) volantón **2.** (*fam: Kind*): **~ werden** independizarse

Fluggepäck *nt* <-(e)s, *ohne pl*> equipaje *m* (en un viaje en avión)

Fluggerät[1] *nt* <-(e)s, -e> (AERO: *Luftfahrzeug*) aparato *m* volador, artefacto *m* volador; **Gleitschirme, Ballons, Drachen und andere ~e** parapentes, globos, alas delta y otros artefactos voladores

Fluggerät[2] *nt* <-(e)s, *ohne pl*> (*a.* MIL: *Gesamtheit aller Luftfahrzeuge*) flota *f* aérea; **das ~ der Bundeswehr wird inspiziert** la flota aérea del ejército alemán está siendo revisada

Fluggeschwindigkeit *f* <-, -en> velocidad *f* de vuelo; **Fluggesellschaft** *f* <-, -en> línea *f* aérea, compañía *f* aérea; **Flughafen** *m* <-s, -häfen> aeropuerto *m;* **auf dem ~** en el aeropuerto; **Flughöhe** *f* <-, -n> altura *f* de vuelo; **die ~ beträgt 10.000 Meter** la altura de vuelo es de 10.000 metros; **Flughörnchen** *nt* <-s, -> (ZOOL) ardilla *f* voladora; **Flughund** *m* <-(e)s, -e> (ZOOL) zorro *m* volador [*o* volante]; **Flugkapitän** *m* <-s, -e> comandante *mf* (de un avión), piloto *mf;* **Flugkilometer** *m* <-s, -> kilómetro *m* (aéreo); **bis Timbuktu sind es etwa 1300 ~** hasta Tumbuctú hay unos 1300 kilómetros (aéreos); **Flugkörper** *m* <-s, -> misil *m;* **Fluglärm** *m* <-(e)s, *ohne pl*> ruido *m* de aviones; **Fluglehrer(in)** *m(f)* <-s, -; -, -nen> piloto *mf,* instructor(a) *m(f)* de vuelo; **Flugleitsystem** *nt* <-s, -e> sistema *m* de control del tráfico aéreo; **Flugleitung** *f* <-, -en> control *m* de tráfico aéreo; **Fluglinie** *f* <-, -n> línea *f* aérea; **Fluglotse, -in** *m, f* <-n, -n; -, -nen> controlador(a) *m(f)* aéreo, -a; **Flugnetz** *nt* <-es, -e> red *f* de rutas aéreas; **die Lufthansa hat in Europa ein besonders dichtes ~** Lufthansa tiene en Europa una red particularmente amplia de rutas aéreas; **Flugnummer** *f* <-, -n> número *m* de vuelo; **Flugobjekt** *nt* <-(e)s, -e> objeto *m* volante; **unbekanntes ~** objeto volante no identificado, ovni *m;* **Flugpersonal** *nt* <-s, *ohne pl*> personal *m* de vuelo; **Flugplan** *m* <-(e)s, -pläne> horario *m* de vuelos; **Flugplatz** *m* <-es, -plätze> aeródromo *m;* **Flugraum** *m* <-(e)s, -räume> espacio *m* aéreo; **der Frankfurter ~ ist überlastet** el espacio aéreo de Frankfurt está saturado; **Flugreise** *f* <-, -n> viaje *m* aéreo [*o* en avión]; **Flugrichtung** *f* <-, -en> dirección *m* del vuelo; **Flugroute** *f* <-, -n> ruta *f* aérea; **die ~ von Paris nach Madrid führt über die Pyrenäen** en la ruta aérea entre París y Madrid se sobrevuelan los Pirineos

flugs [flu:ks] *adv* (*geh*) en seguida, en un abrir y cerrar de ojos

Flugsand *m* <-(e)s, *ohne pl*> arena *f* movediza; **Flugschein** *m* <-(e)s, -e> **1.** (*Lizenz*) carné *m* de piloto **2.** (*Flugticket*) billete *m* de avión, pasaje *m* de avión *Am;* **Flugschneise** *f* <-, -n> (AERO) corredor *m* aéreo; **Flugschreiber** *m* <-s, -> (AERO) caja *f* negra, registrador *m* de datos de vuelo

Flugschrift *f* <-, -en> *s.* **Flugblatt**

Flugschule *f* <-, -n> escuela *f* de aviación; **Flugschüler(in)** *m(f)* <-s, -; -, -nen>

alumno, -a *m, f* piloto; **Flugsicherheit** *f* <-, *ohne pl>* (AERO) seguridad *f* de vuelo; **Flugsicherung** *f* <-, -en> (AERO) protección *f* de vuelo; **Flugsimulator** *m* <-s, -en> simulador *m* de vuelos; **Flugstaub** *m* <-(e)s, -e *o* -stäube> polvo *m* volátil; **Flugsteig** *m* <-(e)s, -e> (AERO) puerta *f*; **Passagiere für den Flug nach Kingston bitte zum ~ acht!** pasajeros del vuelo a Kingston, diríjanse por favor a la puerta (número) ocho; **Flugstrecke** *f* <-, -n> tramo *m* de vuelo; **Flugstunde** *f* <-, -n> **1.** (*Zeit*) hora *f* de vuelo **2.** (*Unterricht*) clase *f* de aviación; **flugtauglich** *adj* apto para el vuelo

Flugtechnik¹ *f* <-, -en> (AERO: *Technik des Fliegens*) aeronáutica *f*

Flugtechnik² *f* <-, *ohne pl>* (AERO: *Technik des Flugzeugbaus*) ingeniería *f* aeronáutica

Flugticket *nt* <-s, -s> billete *m* de avión, pasaje *m* de avión *Am;* **Flugverbindung** *f* <-, -en> (AERO) línea *f* aérea

Flugverbot *nt* <-(e)s, -e> prohibición *f* de vuelo; **ein ~ über Bosnien verhängen** declarar Bosnia como zona de exclusión aérea; **Flugverbotszone** *f* <-, -n> zona *f* de exclusión aérea, zona *f* que está prohibido sobrevolar

Flugverkehr *m* <-(e)s, *ohne pl>* tráfico *m* aéreo; **Flugwaffe** *f* <-, -n> (*Schweiz: Luftwaffe*) aviación *f*; **Flugwesen** *nt* <-s, *ohne pl>* (AERO) aviación *f*; **Flugzeit** *f* <-, -en> duración *f* del vuelo; **Flugzettel** *m* <-s, -> (*Österr*) *s.* **Flugblatt**

Flugzeug ['flu:ktsɔɪk] *nt* <-(e)s, -e> avión *m;* **mit dem/im/per ~** en/en el/por avión; **einmotoriges/mehrmotoriges ~** avión monomotor/multimotor; **Flugzeugabsturz** *m* <-es, -stürze> caída *f* de un avión, accidente *m* de aviación; **Flugzeugbau** *m* <-(e)s, *ohne pl>* construcción *f* aeronáutica; **Flugzeugbesatzung** *f* <-, -en> tripulación *f*; **Flugzeugentführer(in)** *m(f)* <-s, -; -, -nen> pirata *mf* aéreo, -a; **Flugzeugentführung** *f* <-, -en> secuestro *m* de un avión; **Flugzeugfabrik** *f* <-, -en> fábrica *f* de aviones; **Flugzeugführer(in)** *m(f)* <-s, -; -, -nen> piloto *mf*; **Flugzeughalle** *f* <-, -n> hangar *m;* **Flugzeugindustrie** *f* <-, -n> industria *f* aeronáutica; **Flugzeugkatastrophe** *f* <-, -n> catástrofe *f* aérea; **Flugzeugkonstrukteur(in)** *m(f)* <-s, -e; -, -nen> constructor(a) *m(f)* de aviones; **Flugzeugladung** *f* <-, -en> carga *f* del avión; **Flugzeugmechaniker(in)** *m(f)* <-s, -; -, -nen> mecánico, -a *m, f* de aviones; **Flugzeugmodell** *nt* <-s, -e> aeromodelo *m;* **Flugzeugträger** *m* <-s, -> portaaviones *m inv;* **Flugzeugtyp** *m* <-s, -en> tipo *m* de avión, clase *f* de avión; **Flugzeugunglück** *nt* <-(e)s, -e> accidente *m* aéreo; **Flugzeugwrack** *nt* <-(e)s, -s> escombros *mpl* de avión

Flugziel *nt* <-(e)s, -e> destino *m* (de vuelo); **wir erreichen Buenos Aires, unser ~, in 14 Stunden** llegaremos a Buenos Aires, nuestro destino final, en 14 horas

Fluidum ['flu:idʊm] *nt* <-s, Fluida> efluvio *m*

Fluktuation [flʊktua'tsjo:n] *f* <-, -en> fluctuación *f*; **~ der Arbeitskräfte** fluctuación de mano de obra; **natürliche ~** fluctuación natural; **in diesem Verein gibt es eine starke ~ der Mitglieder** en esta asociación los miembros varían muy a menudo; **Fluktuationsarbeitslosigkeit** *f* <-, *ohne pl>* (WIRTSCH) paro *m* fluctuante

fluktuieren* [flʊktu'i:rən] *vi* fluctuar, oscilar

Flunder ['flʊndɐ] *f* <-, -n> (ZOOL) platija *f*; **platt sein wie eine ~** (*fig*) quedarse de piedra

Flunkerei [flʊŋkə'raɪ] *f* <-, -en> (*fam*) trola *f*, cuento *m* chino, pepa *f And*

flunkern ['flʊŋkɐn] *vi* (*fam*) contar una trola

Flunsch [flʊnʃ] *m* <-(e)s, -e> (*fam*): **einen ~ machen** [*o* **ziehen**] poner cara de circunstancias, poner mala cara

Fluor ['flu:oɐ] *nt* <-s, *ohne pl>* (CHEM) flúor *m*

Fluorchlorkohlenwasserstoff *m* <-(e)s, -e> (CHEM) hidrocarburo *m* fluoroclorado

Fluoreszenz [fluorɛs'tsɛnts] *f* <-, *ohne pl>* fluorescencia *f*

fluoreszieren* [fluorɛs'tsi:rən] *vi* brillar

fluoreszierend *adj* (CHEM) fluorescente

Fluorgel *nt* <-s, -e> gel *m* de flúor

Fluorid [fluo'ri:t] *nt* <-(e)s, -e> fluoruro *m*

fluoridieren* [fluori'di:rən] *vt* (*a.* CHEM) fluorar

Fluorkohlenwasserstoff *m* <-(e)s, -e> (CHEM) fluorocarbono *m;* **Fluorlack** *m* <-(e)s, -e> (MED) esmalte *m* de flúor; **Fluortablette** *f* <-, -n> (MED) tableta *f* de flúor

Flur¹ [flu:ɐ] *m* <-(e)s, -e> (*im Haus*) pasillo *m,* corredor *m*

Flur² *f* <-, -en> (*geh: Land*) campo *m,* campiña *f*; **Feld und ~** los campos; **allein auf weiter ~** (*fig*) más solo que el uno; **Flurbereinigung** *f* <-, -en> concentración *f* parcelaria; **Flureinteilung** *f* <-, -en> (AGR) parcelación *f*; **Flurname** *m* <-ns, -n> *nombre propio que se le da a un campo determinado;* **Flurschaden** *m* <-s, -schäden> daño *m* de las cosechas [*o* de los campos]

Fluse ['flu:zə] *f* <-, -n> pelusa *f*

Fluss¹ᴿᴿ [flʊs, *pl:* 'flʏsə] *m* <-es, Flüsse> (*Gewässer*) río *m;* **unten am ~** abajo, a orillas del río

Fluss²ᴿᴿ *m* <-es, *ohne pl>* (*das Fließen*) flujo *m;* (*Verlauf*) curso *m;* **die Dinge sind im ~** las cosas siguen su curso; **die Verhandlungen kamen langsam in ~** las negociaciones se pusieron en marcha poco a poco

Fluß *m s.* **Fluss**

flussabwärtsᴿᴿ [-'--] *adv* río abajo; **Flussarmᴿᴿ** *m* <-(e)s, -e> brazo *m* de río; (*Zufluss*) afluente *m;* **toter ~** afluente pobre [*o*

F

muerto]; **flussaufwärts**[RR] [-'--] *adv* río arriba; **Flussbegradigung**[RR] *f* <-, -en> encauzamiento *m;* **Flussbett**[RR] *nt* <-(e)s, -en> cauce *m*

Flussdiagramm[RR] *nt* <-s, -e> (INFOR) diagrama *m* de flujo

Flüsse *pl von* **Fluss**[1]

Flussfisch[RR] *m* <-(e)s, -e> (ZOOL) pez *m* de río; (GASTR) pescado *m* de río

flüssig ['flʏsɪç] *adj* **1.** (*nicht fest*) líquido; ~ **machen** licuefacer; ~ **werden** licuarse **2.** (*Stil, Verkehr*) fluido; ~ **lesen/sprechen** leer/hablar con soltura **3.** (*Geld, Kapital*) disponible; ~ **machen** liquidar; **ich bin im Moment nicht** ~ (*fam*) de momento no tengo capital disponible; **Flüssigei** *nt* <-s, *ohne pl*> masa *f* líquida del huevo; **Flüssigerdgas** *nt* <-es, -e> gas *m* natural licuado; **Flüssiggas** *nt* <-es, -e> gas *m* licuado (de petróleo)

Flüssigkeit[1] *f* <-, -en> (*Stoff*) líquido *m*

Flüssigkeit[2] *f* <-, *ohne pl*> (*Zustand*) fluidez *f*

Flüssigkeitsersatz *m* <-es, *ohne pl*> (MED) sustitutivo *m* líquido; **Flüssigkeitsmaß** *nt* <-es, -e> medida *f* de capacidad; **Flüssigkeitsmenge** *f* <-, -n> cantidad *f* de líquido(s)

Flüssigkleber *m* <-s, -> pegamento *m,* adhesivo *m*

Flüssigkristall *m* <-s, -e> cristal *m* líquido; **Flüssigkristallanzeige** *f* <-, -n> (INFOR) pantalla *f* de cristal líquido

flüssig|machen *vt s.* **flüssig 1., 3.**; **Flüssigseife** *f* <-, -n> jabón *m* líquido; **Flüssigwaschmittel** *nt* <-s, -> detergente *m* líquido

Flusskraftwerk[RR] *nt* <-(e)s, -e> central *f* hidroeléctrica (*que se nutre de una corriente de agua*); **Flusskrebs**[RR] *m* <-es, -e> cangrejo *m* de río, jaiba *f Am;* **Flusslandschaft**[RR] *f* <-, -en> **1.** (GEO) zona *m* fluvial **2.** (KUNST) paisaje *m* fluvial; **Flusslauf**[RR] *m* <-(e)s, -läufe> curso *m* de un río; **Flussmündung**[RR] *f* <-, -en> desembocadura *f* (de un río), bocana *f Am,* barra *f Mex, Ven;* **Flussniederung**[RR] *f* <-, -en> vega *f;* **Flusspferd**[RR] *nt* <-(e)s, -e> hipopótamo *m;* **Flussregulierung**[RR] *f* <-, -en> regulación *f* de un río; **Flussschifffahrt**[RR] *f* <-, *ohne pl*> navegación *f* fluvial

Flussspat[RR] *m* <-(e)s, -e> (CHEM) espato *m* flúor, fluorina *f,* fluorita *f*

Flusssteuerung[RR] *f* <-, -en> (INFOR, TEL) control *m* de flujo (de datos)

Flussufer[RR] *nt* <-s, -> orilla *f* de un río, ribera *f* de un río, margen *m o f*

flüstern ['flʏstɐn] *vi, vt* susurrar, cuchichear; **das kann ich dir** ~ (*fam*) puedes confiar en ello; **dem werde ich was** ~ (*fam*) a este le voy a cantar las cuarenta; **jdm etw leise ins Ohr** ~ susurrar a alguien algo al oído

Flüsterpropaganda *f* <-, *ohne pl*> propaganda *f* clandestina; **Flüsterstimme** *f* <-, -n> voz *f* apagada [*o* susurrada]; **während ihrer Kehlkopfentzündung hatte sie nur eine** ~ mientras tuvo la infección de garganta sólo hablaba en susurros; **mit** ~ (**sprechen**) (hablar) en voz baja; **Flüsterton** *m* <-(e)s, *ohne pl*> voz *f* baja; **im** ~ **reden** hablar en voz baja; **Flüstertüte** *f* <-, -n> (*fam iron*) megáfono *m*

Flut[1] [flu:t] *f* <-, *ohne pl*> (*im Gezeitenwechsel*) marea *f* alta, pleamar *f;* **es ist** ~ hay marea alta; **die** ~ **geht zurück** la marea está bajando

Flut[2] *f* <-, -en> **1.** (*geh: Wassermassen*) raudal *m;* (*Wellen*) olas *fpl;* **sich in die ~en stürzen** lanzarse contra las olas **2.** (*Menge*) aluvión *m,* oleada *f;* **eine** ~ **von Briefen** una montaña de cartas

fluten I. *vi sein* (*geh: Wasser, Licht*) inundar (*in*) **II.** *vt* (NAUT) llenar, anegar

Flutkatastrophe *f* <-, -n> inundación *f*

Flutlicht *nt* <-(e)s, *ohne pl*> iluminación *f* con proyectores; **Flutlichtanlage** *f* <-, -n> torres *fpl* de iluminación

flutschen ['flʊtʃən] *vi sein* (*fam*) **1.** (*Tätigkeit*) ir a las mil maravillas **2.** (*Gegenstand*): **aus der Hand** ~ resbalarse de la mano

Flutwelle *f* <-, -n> ola *f* de pleamar

fluvial [flu'vja:l] *adj* (GEO) fluvial

fm, Fm *Abk. von* **Festmeter** m^3

f-Moll *nt* <-, *ohne pl*> (MUS) fa *m* menor

fob [fɔp] (COM) *Abk. von* **free on board** FOB; ~ **Hamburg** FOB Hamburgo; **Fobkalkulation** *f* <-, -en> (COM) cálculo *m* FOB; **Fobklausel** *f* <-, -n> (COM) cláusula *f* FOB; **Foblieferung** *f* <-, -en> (COM) suministro *m* FOB; **Fobpreis** *m* <-es, -e> (COM) precio *m* FOB

focht [fɔxt] *3. imp von* **fechten**

Fock [fɔk] *f* <-, -en> (NAUT) trinquete *m;* **Fockmast** *m* <-(e)s, -e(n)> (NAUT) (palo *m* de) trinquete *m;* **Focksegel** *nt* <-s, -> (NAUT) trinquete *m*

Föderalismus [fødera'lɪsmʊs] *m* <-, *ohne pl*> (POL) federalismo *m*

föderalistisch *adj* (POL) federalista

Föderation [fødera'tsjo:n] *f* <-, -en> (POL) federación *f*

föderativ [fødera'ti:f] *adj* (ADMIN, POL) federativo

fohlen ['fo:lən] *vi* (ZOOL) parir un potro

Fohlen ['fo:lən] *nt* <-s, -> potro *m,* potranco *m*

Föhn [fø:n] *m* <-(e)s, -e> **1.** (METEO) *viento cálido al norte y sur de los Alpes* **2.** (*Haartrockner*) secador *m* de pelo

föhnen[RR] ['fø:nən] *vt* secar (con el secador)

Föhnfestiger[RR] *m* <-s, -> fijador *m* para el pelo; **Föhnfrisur**[RR] *f* <-, -en> peinado *m* hecho con el secador

föhnig ['fø:nɪç] *adj* (METEO) de [*o* con] "foehn" (*viento cálido y seco de los Alpes*); **die Luftströme, die von den Alpen kommen, be-**

scheren München ~es Wetter las corrientes de aire procedentes de los Alpes hacen que haya "foehn" en Múnich

Föhre ['fø:rə] *f* <-, -n> (*reg*) pino *m* silvestre

Fokus ['fo:kʊs] *m* <-, -se> (*Brennpunkt*) foco *m;* (*Krankheitsherd*) foco *m* (infeccioso)

Folge ['fɔlgə] *f* <-, -n> **1.** (*Wirkung*) consecuencia *f,* repercusiones *fpl;* (*Ergebnis*) resultado *m;* **der Vorfall blieb nicht ohne ~n** el incidente tuvo consecuencias; **dies hatte zur ~, dass ...** esto tuvo como consecuencia que... (*+subj*); **das kann böse ~n haben** esto puede tener graves consecuencias; **sie muss die ~n tragen** tiene que cargar con las consecuencias; **an den ~n einer Krankheit sterben** morir de enfermedad; **an den ~n eines Unfalls sterben** morir a causa de las heridas de un accidente; **einem Befehl ~ leisten** (*formal*) cumplir una orden **2.** (RADIO, TV) capítulo *m;* (*Zeitung*) número *m;* **ein Fernsehspiel in drei ~n** una serie de televisión en tres capítulos **3.** (*Aufeinander~*) serie *f;* **in rascher ~** sucesivamente; **Folgeauftrag** *m* <-(e)s, -träge> orden *f* de enlace, pedido *m* consecutivo; **Folgebedarf** *m* <-(e)s, *ohne pl*> (WIRTSCH) demanda *f* consecutiva; **Folgeerscheinung** *f* <-, -en> consecuencia *f,* efecto *m;* (MED) secuela *f;* **Folgeinvestition** *f* <-, -en> (FIN, WIRTSCH) inversión *f* sucesiva

folgen ['fɔlgən] *vi* **1.** *sein* (*nachgehen*) seguir; **können Sie mir ~?** ¿me comprende?; **er folgte ihrem Beispiel/ihrem Rat** siguió su ejemplo/su consejo; **jdm auf den Fersen ~** pisar a alguien los talones **2.** *sein* (*zeitlich*) seguir, continuar; **Fortsetzung folgt** continuará; **wie folgt** como sigue **3.** *sein* (*sich ergeben*) deducirse (*aus* de), derivarse (*aus* de); **daraus folgt, dass ...** de ahí se deduce que... **4.** (*gehorchen*) obedecer

folgend *adj* siguiente; **Seite 17 und ~e** página 17 y siguientes; **es handelt sich um F~es** se trata de lo siguiente; **im F~en** a continuación, en lo sucesivo

folgendermaßen ['fɔlgəndɐ(')ma:sən] *adv,* **folgenderweise** *adv* de la siguiente manera, como sigue; **die Sache hat sich ~ zugetragen** la cosa fue así [*o* de la siguiente manera]

folgenlos *adj* sin consecuencias

folgenschwer *adj* de graves consecuencias, grave

Folgeprämie *f* <-, -n> prima *f* sucesiva [*o* renovante]

folgerichtig *adj* consecuente, lógico

Folgerichtigkeit *f* <-, *ohne pl*> consecuencia *f*

folgern ['fɔlgɐn] *vt* deducir (*aus* de), sacar la conclusión (*aus* de)

Folgerung *f* <-, -en> conclusión *f* (*aus* de), deducción *f* (*aus* de)

Folgesatz *m* <-es, -sätze> (LING) oración *f* consecutiva

Folgeschaden *m* <-s, -schäden> daño *m* resultante; **Folgeschreiben** *nt* <-s, -> carta *f* consecutiva

folgewidrig *adj* inconsecuente, ilógico

Folgezeit *f* <-, *ohne pl*> porvenir *m;* **in der ~** en lo sucesivo

folglich ['fɔlklɪç] *adv* en consecuencia, por lo tanto

folgsam ['fɔlkza:m] *adj* obediente; (*gefügig*) dócil

Folgsamkeit *f* <-, *ohne pl*> obediencia *f*

Foliant [fo'ljant] *m* <-en, -en> libro *m* tamaño folio

Folie ['fo:liə] *f* <-, -n> (*Plastik~*) plástico *m* (*para alimentos, etc*); (*aus Metall*) lámina *f*

Folien *pl von* **Folie, Folio**

Folienschweißgerät *nt* <-(e)s, -e> máquina *f* de envasado al vacío

Folio *nt* <-s, -s *o* Folien> (TYPO) folio *m;* **der Kunstband wurde in ~ gedruckt** el tomo de arte fue impreso en folios

Folklore [fɔlk'lo:rə] *f* <-, *ohne pl*> folclore *m,* folklore *m*

folkloristisch [fɔlklo'rɪstɪʃ] *adj* folclórico, folklórico

Folksänger(in) ['fɔlk-] *m(f)* <-s, -; -, -nen> cantante *mf* de folk; **Folksong** *m* <-s, -s> canción *f* popular, copla *f Am*

Follikel [fɔ'li:kəl] *m* <-s, -> (BIOL, MED) folículo *m;* **Follikelsprung** *m* <-(e)s, -sprünge> (BIOL, MED) ovulación *f*

Folsäure ['fo:l-] *f* <-, *ohne pl*> ácido *m* fólico

Folter ['fɔltɐ] *f* <-, -n> tormento *m,* tortura *f;* **jdn auf die ~ spannen** (*fig*) tener a alguien en vilo; **Folterbank** *f* <-, -bänke> caballete *m* de tortura

Folterer *m* <-s, -> torturador *m*

Folterinstrument *nt* <-(e)s, -e> instrumento *m* de tortura; **Folterkammer** *f* <-, -n> cámara *f* de tortura; **Folterknecht** *m* <-(e)s, -e> torturador(a) *m(f);* **Foltermethode** *f* <-, -n> método *m* de tortura

foltern *vt* torturar

Folteropfer *nt* <-s, -> torturado, -a *m, f;* (REL) mártir *mf*

Folterung *f* <-, -en> tortura *f*

Folterwerkzeug *nt* <-(e)s, -e> instrumento *m* de tortura

Fon[RR] *nt* <-s, -s> *s.* **Phon**

Fön® *m* <-(e)s, -e> secador *m* de pelo

Fond [fõ:] *m* <-s, -s> **1.** (GASTR) caldo *m* concentrado **2.** (*Hintergrund*) fondo *m* **3.** (AUTO: *geh*) asientos *mpl* traseros; **im ~ sitzen** estar sentado atrás

Fonds [fõ:(s)] *m* <-, -> **1.** (*Geldreserve*) fondo *m;* **unteilbarer ~** fondo indivisible **2.** *pl* (FIN: *Schuldverschreibung*) obligación *f,* fondo *m;* **öffentliche ~** fondos públicos; **Fondsertrag** *m* <-(e)s, -träge> (FIN) rendimiento *m* del fondo; **Fondsgesellschaft** *f* <-, -en> (FIN, WIRTSCH) sociedad *f* de fondos; **Fondssparer(in)** *m(f)* <-s, -; -, -nen> (FIN) ahorrador(a) *m(f)* de fondos

Fondue [fõ'dy:] *nt* <-s, -s> (GASTR) fondue *f*

F

fönen *vt s.* **föhnen**

Fönfestiger *m* <-s, -> *s.* Föhnfestiger; **Fönfrisur** *f* <-, -en> *s.* **Föhnfrisur**

Fonotypist(in)[RR] *m(f)* <-en, -en; -, -nen> *s.* **Phonotypist**

Font [fɔnt] *m* <-s, -s> (INFOR, TYPO) grupo *m* de caracteres; **Drucker~** grupo de caracteres de la impresora

Fontäne [fɔn'tɛːnə] *f* <-, -n> **1.** (*Wasserstrahl*) surtidor *m* **2.** (*Springbrunnen*) fuente *f*

Fontanelle [fɔnta'nɛlə] *f* <-, -n> (ANAT) fontanela *f*

foppen ['fɔpən] *vt* tomar el pelo (a)

Fora *pl von* **Forum**

forcieren* [fɔr'siːrən] *vt* **1.** (*steigern*) aumentar **2.** (*erzwingen*) forzar, imponer; **ein Projekt ~** forzar un plan

forciert *adj* (*geh: Lächeln*) forzado; (*Gebärden*) estudiado; (*Höflichkeit*) falto de naturalidad; **sie verzog das Gesicht zu einem ~en Lächeln** puso una sonrisa forzada en sus labios

Förde ['føːɐdə] *f* <-, -n> (GEO) ría *f*

Förderanlage *f* <-, -n> instalación *f* de extracción; **Förderband** *nt* <-(e)s, -bänder> (TECH) cinta *f* transportadora, correa *f* transportadora

Förderer, -in *m, f* <-s, -; -, -nen> promotor(a) *m(f)*, patrocinador(a) *m(f)*; (LIT, KUNST) mecenas *mf inv*

Förderkorb *m* <-(e)s, -körbe> (BERGB) jaula *f* de extracción; **Förderkosten** *pl* (FIN, BERGB) costes *mpl* de extracción

Förderkurs *m* <-es, -e> (SCH) curso *m* de refuerzo, clases *fpl* especiales

Förderleistung *f* <-, -en> (BERGB) capacidad *f* de extracción [*o* de transporte], volumen *m* de extracción; (*Pumpe*) caudal *m*

förderlich *adj* conveniente (para), favorable (a); **das ist der Sache nicht gerade ~** no es precisamente lo más adecuado para este fin

Fördermenge *f* <-, -n> **1.** (BERGB) cantidad *f* extraída **2.** (TECH) caudal *m*; **Fördermittel** *ntpl* **1.** (WIRTSCH) subvenciones *fpl*, medios *mpl* de subvención **2.** (BERGB) medios *mpl* de extracción

fordern ['fɔrdɐn] *vt* **1.** (*verlangen*) exigir (*von* de), reclamar (*von* de); **der Unfall forderte fünf Menschenleben** el accidente costó la vida a cinco personas; **jds Kopf ~** reclamar la cabeza de alguien **2.** (*Leistung*) exigir; **zu viel von jdm ~** exigir demasiado de alguien **3.** (*Rechte*) reivindicar

fördern ['fœrdɐn] *vt* **1.** (*Bodenschätze*) explotar, extraer **2.** (*unterstützen*) fomentar, promover, pilotear *Am*; (*Künstler*) patrocinar, proteger; (*Talent*) activar, hacer prosperar; (*Wachstum, Umsatz*) potenciar, impulsar; (*begünstigen*) favorecer

fordernd *adj* (*Haltung, Beruf*) exigente

Förderschacht *m* <-(e)s, -schächte> (BERGB) pozo *m* de extracción; **Förderseil** *nt* <-(e)s, -e> (BERGB) cable *m* de extracción [*o* de transporte]

Förderstufe *f* <-, -n> (SCH) *quinto y sexto cursos de la educación primaria alemana -correspondientes al Tercer Ciclo de la española- que sirven de orientación para decidir luego el camino a seguir: bien el Gymnasium, bien la Realschule, etc.*

Förderturm *m* <-(e)s, -türme> (BERGB) torre *f* de extracción, torreta *f* de extracción

Forderung *f* <-, -en> **1.** (*Anspruch*) exigencia *f*, demanda *f*; **eine ~ anmelden/einklagen** reclamar/demandar una pretensión; **die ~en erfüllen** cumplir las exigencias; **hohe ~en an etw/jdn stellen** ser muy exigente con algo/alguien **2.** (FIN, WIRTSCH: *Betrag*) deuda *f*; **ausstehende ~en** deudas pendientes; **eine ~ regulieren** pagar una deuda **3.** (*von Rechten*) reivindicación *f*

Förderung *f* <-, -en> **1.** (*von Bodenschätzen*) explotación *f*, extracción *f* **2.** (*Unterstützung*) promoción *f*, fomento *m*; (*finanziell*) subsidio *m*, ayuda *f* económica; **wirtschaftliche ~** fomento económico; **Maßnahmen zur ~ von etw ergreifen** [*o* **einleiten**] adoptar medidas para la promoción de algo

Forderungsberechtigte(r) *mf* <-n, -n; -n, -n> (JUR) titular *mf* de una pretensión; **Forderungseinziehung** *f* <-, -en> (FIN) cobro *m* de deudas

Förderungsgebiet *nt* <-(e)s, -e> zona *f* favorecida [*o* de fomento]

Forderungspfändung *f* <-, -en> (JUR) embargo *m* de derechos

Förderunterricht *m* <-(e)s, -e> (SCH) curso *m* de refuerzo [*o* de apoyo]

Förderwagen *m* <-s, -> (BERGB) vagoneta *f*

Forelle [fo'rɛlə] *f* <-, -n> trucha *f*; **~ blau** (GASTR) trucha cocida

Foren *pl von* **Forum**

forensisch [fo'rɛnzɪʃ] *adj* (JUR) forense; **~e Medizin** medicina forense

Forfaitierung [fɔrfɛ'tiːrʊŋ] *f* <-, -en> (WIRTSCH) forfaiting *m*

Forke ['fɔrkə] *f* <-, -n> (*nordd*) horca *f*

Form[1] [fɔrm] *f* <-, -en> **1.** (*Gestalt*) forma *f*; **etw in ~ bringen** dar forma a algo; **aus der ~ geraten** deformarse; **weibliche ~n** curvas femeninas; **es hat die ~ eines Dreiecks/einer Kugel** tiene forma de triángulo/de esfera; **das Projekt nimmt feste ~en an** el proyecto se está concretando **2.** (*Art und Weise*) manera *f*, forma *f*; **die ~en des Zusammenlebens** las formas de convivencia **3.** (*Back-, Gieß~*) molde *m* **4.** (*Umgangs~*) formas *fpl*, modales *mpl*; **die ~ wahren** guardar las formas; **der ~ halber** por mor a las formalidades; **in aller ~** en debida forma

Form[2] *f* <-, *ohne pl*> (*Kondition*) forma *f*; **in ~ kommen/sein** ponerse/estar en forma

formal [fɔr'maːl] *adj* formal

Formaldehyd ['fɔrmʔaldehyːt] *nt* <-s, *ohne pl*> (CHEM) formaldehido *m*

Formalie [fɔr'ma:ljə] *f* <-, -n> formalidad *f*
Formalismus[1] [fɔrma'lɪsmʊs] *m* <-, Formalismen> (*Handlung*) formalidad *f*
Formalismus[2] *m* <-, *ohne pl*> (*Richtung, Vorgehen*) formalismo *m*
Formalität [fɔrmali'tɛ:t] *f* <-, -en> **1.** (ADMIN) formalidad *f*, trámite *m*; **die ~en erledigen** tramitar las formalidades **2.** (*Äußerlichkeit*) formalidad *f*
formaljuristisch *adj* jurídico-formal
Format[1] [fɔr'ma:t] *nt* <-(e)s, -e> (*Größe*) tamaño *m*, formato *m*; **im DIN-A4-~** en formato DIN A4
Format[2] *nt* <-(e)s, *ohne pl*> **1.** (*Persönlichkeit*) personalidad *f*; **sie hat ~** tiene personalidad **2.** (*Niveau*) nivel *m*; (*Bedeutung*) importancia *f*
formatieren* [fɔrma'ti:rən] *vt* (INFOR) formatear
Formatierung *f* <-, -en> (INFOR) formateo *m*
Formation [fɔrma'tsjo:n] *f* <-, -en> formación *f*
formbar *adj* moldeable
Formbarkeit *f* <-, *ohne pl*> plasticidad *f*
formbeständig *adj* de forma estable; **Formblatt** *nt* <-(e)s, -blätter> (hoja *f* del) formulario *m*, (hoja *f* del) impreso *m*; **Formbrief** *m* <-(e)s, -e> carta *f* formal
Formel ['fɔrməl] *f* <-, -n> (*a.* MATH, CHEM) fórmula *f*; (*Redewendung*) modismo *m*, giro *m*; **eine chemische ~** una fórmula química; **die ~ 1** (SPORT) la fórmula uno; **etw auf eine ~ bringen** (*fig*) resumir algo
Formel-1-Pilot(in) *m(f)* <-en, -en; -, -nen> (SPORT) piloto *mf* de Fórmula 1; **Formel-1-Rennen** *nt* <-s, -> (SPORT) carrera *f* de Fórmula 1; **Formel-1-Wagen** *m* <-s, -> (SPORT) (coche *m* de) Fórmula 1 *m*
Formelkram *m* <-(e)s, *ohne pl*> (*fam abw*) (gran cantidad *f* de) fórmulas *fpl*; **das Fach Physik interessierte mich schon, wenn nur der ganze ~ nicht wäre!** la física me interesaría, ¡si no fuera por el montón de fórmulas!
formell [fɔr'mɛl] *adj* formal; **er ist immer sehr ~** siempre es muy formal
Formelsammlung *f* <-, -en> formulario *m*
formen ['fɔrmən] *vt* moldear, formar
Formenlehre *f* <-, -n> (LING, BIOL, MUS) morfología *f*
formenreich *adj* con gran variedad de formas
Former(in) *m(f)* <-s, -; -, -nen> (METAL) moldeador(a) *m(f)*
Formerei *f* <-, -en> (METAL) moldeo *m*
Formerin *f* <-, -nen> *s.* **Former**
Formfehler *m* <-s, -> defecto *m* de forma
Formgebung *f* <-, -en> (*Möbel, Skulptur*) modelado *m*
formieren* [fɔr'mi:rən] *vt* formar; **Truppen ~** formar tropas
Formierung *f* <-, -en> formación *f*
Formkrise *f* <-, -n> (SPORT) etapa *f* de baja forma
förmlich ['fœrmlɪç] **I.** *adj* **1.** (*offiziell*) formal, oficial **2.** (*steif*) formal **II.** *adv* (*regelrecht*) casi, por así decirlo; **er ging ~ in die Knie** casi se arrodilló
Förmlichkeit *f* <-, -en> formalidad *f*; **bitte nur keine ~en!** ¡por favor, no se anden con muchos cumplidos!
formlos *adj* **1.** (*ohne Form*) informe, amorfo **2.** (*zwanglos*) informal, sin ceremonias; (*Antrag*) informal
Formlosigkeit *f* <-, *ohne pl*> **1.** (*Gestaltlosigkeit*) falta *f* de forma, amorfismo *m*; **im Nebel verschwammen die Konturen der Bäume zur ~** en la niebla, los contornos de los árboles se desdibujaban hasta ser irreconocibles **2.** (*Zwanglosigkeit*) naturalidad *f*, informalidad *f*; **die ~ der Hochzeitsfeier sorgte für eine gute Stimmung bei den Gästen** la informalidad de la boda propició que hubiera un buen ambiente entre los invitados
Formsache *f* <-, -n> formalidad *f*; **das ist reine ~** eso es pura formalidad; **formschön** *adj* de forma elegante; **Formschwäche** *f* <-, -n> falta *f* de forma, (estado *m* de) baja forma *f*; **wegen einer ~ konnte die Läuferin sich nicht unter den besten zehn Teilnehmern platzieren** debido a su baja forma, la corredora no pudo estar entre los diez primeros clasificados; **Formtief** *nt* <-s, -s> (SPORT) baja forma *f*; **sich in einem ~ befinden, ein ~ durchmachen** encontrarse bajo de forma [*o* en baja forma]
Formular [fɔrmu'la:ɐ] *nt* <-s, -e> formulario *m*, impreso *m*, esqueleto *m Am*; **ein ~ ausfüllen** cumplimentar un formulario; **Formularsteuerung** *f* <-, -en> (INFOR) control *m* de papeles; **Formularvorschub** *m* <-(e)s, -schübe> (INFOR) salto *m* de página
formulieren* [fɔrmu'li:rən] *vt* formular, expresar; **eine Bemerkung ~** formular una observación; **hast du schon den Text formuliert?** ¿ya has redactado el escrito?
Formulierung *f* <-, -en> **1.** (*Vorgang*) redacción *f* **2.** (*Ergebnis*) formulación *f*, expresión *f*
Formung[1] *f* <-, -en> (*Form*) forma *f*, diseño *m*
Formung[2] *f* <-, *ohne pl*> (*das Formen*) formación *f*, modelación *f*; **die ~ des Charakters beginnt schon in frühester Kindheit** la formación [*o* la modelación] del carácter empieza en los primeros años de la niñez
formvollendet *adj* de forma perfecta; **formwidrig** *adj* que no respeta la forma
forsch [fɔrʃ] *adj* resuelto, enérgico; **~ voranschreiten** avanzar con determinación
förscheln ['fœrʃəln] *vi* (*Schweiz*) averiguar cuidadosamente (*nach*)
forschen ['fɔrʃən] *vi* investigar; **nach etw ~** indagar algo
forschend **I.** *adj* escrutador, escudriñador; **er musterte ihn mit einem ~en Blick** le

F

examinó con una escudriñadora mirada II. *adv* escrutadoramente; **sie betrachtete sich ~ im Spiegel** se miró de forma escrutadora en el espejo

Forscher(in) *m(f)* <-s, -; -, -nen> investigador(a) *m(f)*; **Forscherdrang** *m* <-(e)s, *ohne pl*> afán *m* de investigación

Forscherin *f* <-, -nen> *s.* **Forscher**

Forscherteam *nt* <-s, -s> equipo *m* investigador

Forschheit *f* <-, *ohne pl*> resolución *f*, energía *f*; **mit großer ~ stellte sie ihn zur Rede** con gran resolución le llamó a capítulo

Forschung[1] *f* <-, -en> (*~sprojekt*) investigación *f*

Forschung[2] *f* <-, *ohne pl*> (*das Forschen, die Wissenschaft*) investigación *f*; **~ und Entwicklung** investigación y desarollo; **~ und Lehre** investigación y docencia

Forschungsabteilung *f* <-, -en> departamento *m* de investigación; **Forschungsanstalt** *f* <-, -en> instituto *m* de investigación; **Forschungsarbeit** *f* <-, -en> trabajo *m* de investigación (científica), labor *f* investigadora; **Forschungsauftrag** *m* <-(e)s, -träge> encargo *m* (de un proyecto) de investigación; **der ~ brachte dem Institut neue Arbeitsplätze** el contrato de investigación aportó nuevos puestos de trabajo al Instituto; **Forschungsbericht** *m* <-(e)s, -e> informe *m* de una investigación; **der ~ fasst alle gewonnenen Ergebnisse zusammen** el informe de la investigación resume todos los resultados obtenidos; **Forschungsbudget** *nt* <-s, -s> presupuesto *m* de investigación; **Forschungsergebnis** *nt* <-ses, -se> resultado *m* de la investigación; **Forschungsfonds** *m* <-, -> fondo *m* de investigación; **betrieblicher ~** fondo empresarial de investigación; **Forschungsgebiet** *nt* <-(e)s, -e> campo *m* de investigación; **Forschungsgemeinschaft** *f* <-, -en> equipo *m* investigador; **Forschungsinstitut** *nt* <-(e)s, -e> instituto *m* de investigación; **Forschungsinvestition** *f* <-, -en> inversión *f* para la investigación; **Forschungslabor** *nt* <-s, -s *o* -e> laboratorio *m* de investigación; **Forschungsmittel** *ntpl* recursos *mpl* para la investigación; **Forschungsökonomie** *f* <-, -n> economía *f* de la investigación; **Forschungsprogramm** *nt* <-(e)s, -e> programa *m* de investigaciones; **Forschungsprojekt** *nt* <-(e)s, -e> proyecto *m* de investigación; **Forschungsreise** *f* <-, -n> viaje *m* de exploración, expedición *f* de investigación; **Forschungsreisende(r)** *mf* <-n, -n; -n, -n> explorador(a) *m(f)*; **Forschungssatellit** *m* <-en, -en> satélite *m* de exploración; **Forschungssektor** *m* <-s, -en> sector *m* de investigación; **Forschungsstation** *f* <-, -en> observatorio *m*; **Forschungsvorhaben** *nt* <-s, -> proyecto *m* de investigación; **Forschungszentrum** *nt* <-s, -zentren> centro *m* de investigación; **Forschungszweig** *m* <-(e)s, -e> rama *f* científica; **die Lebensmittelchemie ist einer von vielen ~en der Chemie** la química alimentaria es una de las múltiples ramas de la química

Forst [fɔrst] *m* <-(e)s, -e(n)> bosque *m*, monte *m*; **Forstamt** *nt* <-(e)s, -ämter> dirección *f* general de la política forestal [*o* de montes]; **Forstarbeiter(in)** *m(f)* <-s, -; -, -nen> obrero, -a *m, f* forestal; **Forstaufseher(in)** *m(f)* <-s, -; -, -nen> *s.* **Förster**; **Forstbeamte(r)** *mf* <-n, -n; -n, -n>, **-beamtin** *f* <-, -nen> funcionario, -a *m, f* de montes; **Forstbewirtschaftung** *f* <-, -en> cultivo *m* forestal

Förster(in) ['fœrstɐ] *m(f)* <-s, -; -, -nen> guarda *mf* forestal, guardabosque *mf*; (*Forstwirt*) ingeniero, -a *m, f* de montes

Försterei *f* <-, -en> casa *f* del guardabosque

Försterin *f* <-, -nen> *s.* **Förster**

Forstfrevel *m* <-s, -> delito *m* forestal, hurto *m* forestal; **Forsthaus** *nt* <-es, -häuser> casa *f* del guardabosque; **Forstrecht** *nt* <-(e)s, *ohne pl*> derecho *m* forestal; **Forstrevier** *nt* <-s, -e> territorio *m* forestal, distrito *m* forestal; **Forstschaden** *m* <-s, -schäden> daño *m* forestal; **Forstschädling** *m* <-(e)s, -e> parásito *m* forestal; **die meisten Borkenkäfer sind ~e** la mayoría de barrenillos son dañinos para el bosque; **Forstverwaltung** *f* <-, -en> administración *f* forestal [*o* de montes]; **Forstwesen** *nt* <-s, *ohne pl*> régimen *m* forestal; **Forstwirt(in)** *m(f)* <-(e)s, -e; -, -nen> ingeniero, -a *m, f* de montes; **Forstwirtschaft** *f* <-, *ohne pl*> silvicultura *f*, explotación *f* forestal; **Forstwissenschaft** *f* <-, -en> silvicultura *f*; **Forstwissenschaftler(in)** *m(f)* <-s, -; -, -nen> científico, -a *m, f* forestal

Forsythie [fɔr'zy:tsjə, fɔr'zy:tjə] *f* <-, -n> (BOT) forsythia *f* (suspensa)

fort [fɔrt] *adv* **1.** (*weg*) fuera; (*verschwunden*) desaparecido; (*verloren*) perdido; **er will ~ von uns** quiere irse de nuestro lado; **~ mit ihm!** ¡fuera con él!; **seine Freunde sind schon ~** sus amigos ya se han ido; **weit ~** muy lejos **2.** (*weiter*): **und so ~** etcétera; **in einem ~** continuamente, sin parar

Fort [fo:ɐ] *nt* <-s, -s> fuerte *m*

fortan [fɔrt'ʔan] *adv* de aquí en adelante, en lo sucesivo

fort|begeben* *irr vr:* **sich ~** (*geh*) irse, marcharse

Fortbestand *m* <-(e)s, *ohne pl*> continuidad *f*; (*der Arten*) perpetuación *f*

fort|bestehen* *irr vi* persistir, perdurar

fort|bewegen* **I.** *vt* mover, desplazar **II.** *vr:* **sich ~** desplazarse, moverse

Fortbewegung *f* <-, -en> movimiento *m*, locomoción *f*; **Fortbewegungsmittel** *nt* <-s, -> medio *m* de locomoción

fort|bilden I. *vt* perfeccionar II. *vr:* **sich** ~ perfeccionarse

Fortbildung *f* <-, -en> perfeccionamiento *m;* **berufliche/betriebliche** ~ capacitación profesional/laboral; **Fortbildungskurs** *m* <-es, -e> curso *m* de capacitación, curso *m* de ampliación de estudios; **Fortbildungsseminar** *nt* <-(e)s, -e> seminario *m* de perfeccionamiento

fort|bleiben *irr vi sein* no volver; **nur kurz/jahrelang** ~ estar fuera por poco tiempo/durante años; **nach dem Streit ist er fortgeblieben** no ha vuelto desde la pelea

Fortbleiben *nt* <-s, *ohne pl*> ausencia *f;* **sein langes** ~ **war nicht zu entschuldigen** su larga ausencia no tenía excusa

fort|bringen *irr vt* llevar(se)

Fortdauer *f* <-, *ohne pl*> perduración *f,* continuación *f*

fort|dauern *vi* persistir, continuar

fortdauernd *adv* continuamente, de continuo

forte ['fɔrtə] *adv* (MUS) forte

fort|entwickeln* I. *vt* seguir desarrollando; **in der Entwicklungsabteilung werden die Geräte ständig verbessert und fortentwickelt** en el departamento de desarrollo, los instrumentos se mejoran y perfeccionan constantemente II. *vr:* **sich** ~ continuar desarrollándose, seguir evolucionando; **dieser Veränderungsprozess ist noch nicht abgeschlossen, sondern wird sich** ~ este proceso de transformación aún no está finalizado, sino que seguirá evolucionando [*o* desarrollándose]

Fortentwicklung *f* <-, *ohne pl*> desarrollo *m* posterior, evolución *f*

fort|fahren *irr* I. *vi sein* 1. (*wegfahren*) marcharse, salir 2. (*weitermachen*) continuar, seguir; ~ **etw zu tun** continuar haciendo algo II. *vt* (*wegtransportieren*) llevar(se), transportar

Fortfall *m* <-(e)s, *ohne pl*> supresión *f,* eliminación *f;* **fort|fallen** *irr vi sein* suprimirse, omitirse

fort|fliegen *irr vi sein* salir [*o* escaparse] volando; **der Kanarienvogel war fortgeflogen, als die Käfigtür offen stand** el canario se había escapado cuando la puerta de la jaula estaba abierta; **ein Windstoß kam, und alle Blätter, die auf dem Tisch lagen, flogen fort** vino un golpe de viento y todas las hojas que estaban sobre la mesa salieron volando; **halte deinen Hut fest, sonst fliegt er (dir) fort** sujétate el sombrero o se (te) lo llevará el viento

fort|führen *vt* 1. (*wegbringen*) llevar(se) 2. (*fortsetzen*) continuar, seguir

Fortführung *f* <-, -en> proseguimiento *m,* prosecución *f;* **die** ~ **des Projektes ist gesichert** la continuación del proyecto está asegurada; **Fortführungsinvestition** *f* <-, -en> inversión *f* de ampliación

Fortgang *m* <-(e)s, *ohne pl*> 1. (*das Weggehen*) salida *f,* partida *f;* **nach seinem** ~ **war es sehr still hier** cuando se marchó todo quedó en silencio 2. (*der Verlauf*) marcha *f,* curso *m;* **seinen** ~ **nehmen** seguir su curso

fort|geben *irr vt* dar; **fort|gehen** *irr vi sein* 1. (*weggehen*) partir, marcharse 2. (*sich fortsetzen*) continuar, seguir

fortgeschritten ['fɔrtgəʃrɪtən] I. *pp von* **fortschreiten** II. *adj* avanzado; (*entwickelt*) desarrollado; **zu** ~**er Stunde** a altas horas de la mañana

Fortgeschrittene(r) *mf* <-n, -n; -n, -n> (SCH, UNIV) estudiante *mf* avanzado, -a; **Kurse für Anfänger und** ~ cursos para principiantes y avanzados; **Deutschkurs für** ~**e** curso superior de alemán; **Fortgeschrittenenkurs** *m* <-es, -e> (SCH, UNIV) curso *m* para avanzados

fortgesetzt ['fɔrtgəsɛtst] *adj* continuo, repetido

fort|jagen *vt* 1. (*Person*) echar 2. (*Tier*) ahuyentar

fort|kommen *irr vi sein* 1. (*wegkommen*) irse, marcharse; **mach, dass du fortkommst!** ¡lárgate! 2. (*weggebracht werden*) ser llevado 3. (*Fortschritte machen*) avanzar, adelantar 4. (*abhanden kommen*) perderse, extraviarse

Fortkommen *nt* <-s, *ohne pl*>: **berufliches** ~ desarrollo profesional

fort|können *irr vi* poder ir(se) [*o* marchar(se)]; **kann ich jetzt endlich fort?** ¿puedo irme ya de una vez?; **geh du doch bitte ans Telefon, ich kann gerade nicht fort** ¿puedes coger el teléfono?, en estos momentos estoy ocupado [*o* yo no puedo ir ahora]

fort|lassen *irr vt* 1. (*weggehen lassen*) dejar ir(se), dejar salir 2. (*auslassen*) suprimir, omitir

fort|laufen *irr vi sein* 1. (*weglaufen*) echar a correr 2. (*ausreißen*) escaparse (*von* de); **mein Hund ist fortgelaufen** mi perro se escapó [*o* se perdió]

fortlaufend I. *adj* (*aufeinander folgend*) consecutivo; (*ununterbrochen*) continuo, ininterrumpido II. *adv* sin cesar

fort|leben *vi* seguir (viviendo)

fort|müssen *irr vi* 1. (*weggehen müssen*) tener que marcharse [*o* salir]; **ich muss fort, mein Bus wartet nicht!** ¡tengo que irme, el autobús no espera! 2. (*weggebracht werden müssen: Brief*) tener que echar al correo; (*Abfall*) tener que tirar (al contenedor de la basura); **die Briefe müssen heute noch fort** tengo que ir a echar las cartas (al correo) hoy sin falta

fort|nehmen *irr vt* quitar; **Klaus nimmt seiner kleinen Schwester das Spielzeug fort** Klaus le quita el juguete a su hermana pequeña

fort|pflanzen *vr:* **sich** ~ 1. (*Menschen, Tiere*) reproducirse, multiplicarse 2. (*Schall, Ge-*

danke) propagarse, transmitirse

Fortpflanzung *f* <-, *ohne pl*> (MED, BIOL) reproducción *f,* procreación *f;* **fortpflanzungsfähig** *adj* capaz de reproducirse; **Fortpflanzungsfähigkeit** *f* <-, *ohne pl*> capacidad *f* reproductora; **Fortpflanzungsorgan** *nt* <-(e)s, -e> órgano *m* genital [*o* de reproducción]

fort|räumen *vt* quitar, recoger, guardar; **könntest du wohl deine Sachen ~?** ¿sería posible que quitaras tus cosas?

fort|reißen *irr vt* llevarse [*o* arrastrar] (consigo); **das Haus wurde von der Flut fortgerissen** la inundación se llevó la casa por delante; **die Fluten rissen Häuser und Autos mit sich** *dat* **fort** las inundaciones se llevaron casas y coches por delante; **sich von seinen Gefühlen/von der allgemeinen Begeisterung ~ lassen** dejarse llevar por los sentimientos/por la emoción general

fort|rennen *irr vi sein* irse [*o* marcharse] corriendo; **sie wollte den Taschendieb noch festhalten, doch der war bereits fortgerannt** quería coger al ladrón, pero éste ya se había ido corriendo

Fortsatz *m* <-es, -sätze> (*a.* ANAT) apéndice *m*

fort|schaffen *vt* quitar [*o* sacar] (de en medio); **die Kisten müssen heute noch fortgeschafft werden!** ¡las cajas tenemos que sacarlas hoy (de aquí)!

fort|scheren ['fɔrtʃe:rən] *vr:* **sich ~** (*fam*) marcharse volando; **scher dich fort!** ¡desaparece!

fort|schicken *vt* (*Person*) mandar a casa, echar; (*entlassen*) despedir; (*Post*) enviar, mandar

fort|schreiben *irr vt* (*fortlaufend ergänzen*) complementar, ajustar; (*weiterführen*) actualizar

Fortschreibung *f* <-, -en> **1.** (*das Ergänzen*) actualización *f;* **die ~ der Kassenbestände muss regelmäßig überprüft werden** la actualización del saldo de caja debe ser revisada con regularidad **2.** (*Weiterführung*) continuación *f;* **die Grünen sind gegen eine ~ der bisherigen Wirtschafts- und Umweltpolitik** los Verdes están en contra de que continúe la actual política económica y medioambiental

fort|schreiten *irr vi sein* **1.** (*vorangehen*) avanzar, adelantar; (*Zeit*) pasar; (*Entwicklung*) seguir; **~de Automatisierung der Produktionsprozesse** automatización progresiva de los procesos de producción **2.** (*Verschmutzung*) extenderse; **die Ausbreitung der Epidemie schreitet weiter fort** la epidemia sigue propagándose

Fortschritt *m* <-(e)s, -e> progreso *m,* mejora *m;* **gute ~e machen** hacer importantes progresos

fortschrittlich *adj* avanzado, progresista, progre *fam*

Fortschrittlichkeit *f* <-, *ohne pl*> **1.** (*Einstellung*) ideas *fpl* progresistas [*o* avanzadas] **2.** (*Verfahren*) progresismo *m;* **die ~ der neuen Operationsmethode ist umstritten** es discutible que el nuevo método de operación suponga un adelanto [*o* un progreso]

fortschrittsfeindlich *adj* antiprogresista; **diese Politikerin hat eine ~e Einstellung** esta política tiene unas ideas antiprogresistas; **Fortschrittsglaube** *m* <-ns, *ohne pl*> fe *f* en el progreso; **fortschrittsgläubig** *adj* que cree [*o* tiene fe] en el progreso; **~ sein** creer [*o* tener fe] en el progreso

fort|setzen **I.** *vt* (*weitermachen*) proseguir, continuar; **unser Spielfilm wird am nächsten Samstag fortgesetzt** nuestro largometraje continuará el próximo sábado **II.** *vr:* **sich ~** (*sich ausdehnen*) extenderse, prolongarse

Fortsetzung *f* <-, -en> continuación *f;* **~ folgt** continuará; **Fortsetzungsgeschichte** *f* <-, -n>, **Fortsetzungsroman** *m* <-(e)s, -e> novela *f* por entregas

fort|stehlen *irr vr:* **sich ~** escabullirse

fort|tragen *irr vt* trasladar

fort|treiben *irr* **I.** *vi sein* ser arrastrado (por la corriente); **das Papierboot trieb mit der Strömung fort** el barco de papel se alejaba arrastrado por la corriente; **das Boot trieb immer weiter fort** la corriente arrastraba el bote cada vez más y más lejos **II.** *vt haben* (*verjagen*) expulsar; **er trieb die heulenden Hunde fort** ahuyentó a los perros que aullaban

Fortuna [fɔr'tu:na] *f* <-> (MYTH) Fortuna *f;* **dieser Tempel war ~ geweiht** este templo estaba consagrado a la diosa Fortuna

Fortüne [fɔr'ty:nə] *f* <-, *ohne pl*> (*geh*) suerte *f,* fortuna *f;* **keine ~ haben** no tener suerte

fortwährend **I.** *adj* continuo, ininterrumpido **II.** *adv* sin cesar

fort|werfen *irr vt* tirar, botar *Am*

fort|wirken *vi* continuar influyendo

fort|wollen *irr vi* querer marcharse [*o* salir] (*aus/von* de)

fort|ziehen *irr* **I.** *vi sein* (*umziehen*) mudarse, trasladarse **II.** *vt* (*wegzerren*) apartar, arrastrar

Forum ['fo:rʊm] *nt* <-s, Foren *o* Fora> foro *m;* **Forumsdiskussion** *f* <-, -en> foro *m,* coloquio *m;* **die Politiker kamen zu einer öffentlichen ~ zusammen** los políticos se reunieron para tomar parte en un foro abierto al público; **Forumsgespräch** *nt* <-(e)s, -e> foro *m,* coloquio *m*

fossil [fɔ'si:l] *adj* (GEO) fósil

Fossil [fɔ'si:l, *pl:* fɔ'si:ljən] *nt* <-s, -ien> fósil *m*

fossil(is)ieren* [fɔsi'li:rən, fɔsili'zi:rən] *vi sein* fosilizarse

Föten *pl von* **Fötus**

Foto[1] ['fo:to] *nt* <-s, -s> (*Bild*) foto *f;* **von jdm/etw ein ~ machen** sacar una foto de alguien/algo

Foto² *m* <-s, -s> (*fam: ~apparat*) máquina *f* (fotográfica)

Fotoalbum *nt* <-s, -alben> álbum *m* de fotos; **Fotoamateur(in)** *m(f)* <-s, -e; -, -nen> fotógrafo, -a *m, f* aficionado, -a; **Fotoapparat** *m* <-(e)s, -e> cámara *f* fotográfica, máquina *f* fotográfica; **Fotoatelier** *nt* <-s, -s> estudio *m* fotográfico; **Foto-CD** *f* <-, -(s)> disco *m* compacto para fotos; **Fotochemikalie** [----'---] *f* <-, -n> producto *m* fotoquímico; **Fotoecke** *f* <-, -n> ángulo *m* (*para álbum de fotos*)

fotogen [foto'ge:n] *adj* fotogénico

Fotograf(in) [foto'gra:f] *m(f)* <-en, -en; -, -nen> fotógrafo, -a *m, f*

Fotografie [fotogra'fi:] *f* <-, -n> fotografía *f*

fotografieren* *vi, vt* fotografiar; **er lässt sich nicht gerne ~** no le gusta que le saquen fotos

Fotografin *f* <-, -nen> *s.* **Fotograf**

fotografisch *adj* fotográfico; **sie hat ein ~es Gedächtnis** tiene una memoria fotográfica, tiene muy buena memoria

Fotokopie [fotoko'pi:] *f* <-, -n> fotocopia *f;* **~n machen** sacar fotocopias; **fotokopieren*** *vi, vt* fotocopiar; **Fotokopierer** *m* <-s, ->, **Fotokopiergerät** *nt* <-(e)s, -e> fotocopiadora *f;* **Fotolabor** *nt* <-s, -e *o* -s> laboratorio *m* fotográfico; **Fotomodell** *nt* <-s, -e> modelo *mf* de fotos; **Fotomontage** [---'--] *f* <-, -n> montaje *m* fotográfico; **Fotopapier** *nt* <-(e)s, -e> papel *m* fotográfico; **Fotoreportage** *f* <-, -n> reportaje *m* fotográfico; **Fotoreporter(in)** *m(f)* <-s, -; -, -nen> reportero, -a *m, f* fotográfico, -a; **Fotosatz** *m* <-es, *ohne pl*> (TYPO) fotocomposición *f*

FotosyntheseRR [foto-] *f* <-, *ohne pl*> (BIOL) fotosíntesis *f*

Fotothek *f* <-, -en> fototeca *f*

FotovoltaikRR [fotovɔl'ta:ɪk] *f* <-, *ohne pl*> fotovoltaica *f*

Fötus ['fø:tʊs] *m* <-(ses), -se *o* Föten> (MED) feto *m*

Fotze ['fɔtsə] *f* <-, -n> (*vulg*) coño *m,* conejo *m*

Fötzel ['fœtsəl] *m* <-s, -> (*Schweiz*) gandul *m*

Foul [faʊl] *nt* <-s, -s> (SPORT) falta *f,* penal *m Am;* **Foulelfmeter** ['faʊlʔɛlfme:tɐ] *m* <-s, -> (SPORT) penalti *m*

foulen ['faʊlən] *vt, vi* (SPORT) hacer una falta; **jdn ~** hacerle una falta a alguien

foutieren* *vr:* **sich ~** (*Schweiz: abw*) pasar ampliamente (*um* de)

Foxtrott ['fɔkstrɔt] *m* <-s, -s *o* -e> fox-trot *m*

Foyer [fo̯a'je:] *nt* <-s, -s> hall *m,* vestíbulo *m*

Fr (CHEM) *Abk. von* **Francium** Fr

Fr. *Abk. von* **Frau** Sra.

Fracht [fraxt] *f* <-, -en> **1.** (*Ladung*) carga *f;* (NAUT) cargamento *m,* flete *m;* **durchgehende/volle ~** flete corrido/completo; **~ aufnehmen** tomar carga; **etw in ~ nehmen** fletar algo; **~ gegen Nachnahme** porte [*o* carga] contra reembolso **2.** (*Gebühr*) porte *m,* gastos *mpl* de transporte; **Frachtbrief** *m* <-(e)s, -e> carta *f* de porte; (NAUT) guía *f* de carga; (AERO) carta *f* de porte aéreo; **durchgehender ~** carta de porte directo; **Frachtempfänger(in)** *m(f)* <-s, -; -, -nen> receptor(a) *m(f)* de la carga

Frachtenbahnhof *m* <-(e)s, -höfe> (*Österr: Güterbahnhof*) estación *f* de mercancías, estación *f* de carga *Am*

Frachter *m* <-s, -> buque *m* de carga, carguero *m*

Frachtflugzeug *nt* <-(e)s, -e> avión *m* de carga

frachtfrei *adj* (COM) a porte pagado, franco de porte; **die Lieferung wird ~ zugestellt** el envío se enviará a portes pagados

Frachtführer(in) *m(f)* <-s, -; -, -nen> transportista *mf;* **Frachtgebühr** *f* <-, -en> flete *m,* derechos *mpl* de transporte; **Frachtgeschäft** *nt* <-(e)s, -e> transacción *f* de transporte; **Frachtgut** *nt* <-(e)s, -güter> carga *f,* mercancía *f,* flete *m Am;* **etw als ~ schicken** [*o* **versenden**] mandar algo en [*o* por] pequeña velocidad; **Frachtkahn** *m* <-(e)s, -kähne> (NAUT) gabarra *f,* chalana *f;* **Frachtkosten** *pl* portes *mpl,* gastos *mpl* de transporte; **Fracht- und Löschungskosten** costes de carga y descarga; **Frachtnachnahme** *f* <-, -n> porte *m* contra reembolso; **Frachtnachteil** *m* <-(e)s, -e> (WIRTSCH) desventaja *f* en la carga [*o* en el tráfico de mercancías]; **Frachtraum** *m* <-(e)s, *ohne pl*> bodega *f* de carga; **Frachtschiff** *nt* <-(e)s, -e> buque *m* de carga, carguero *m;* **Frachtstück** *nt* <-(e)s, -e> bulto *m,* paquete *m;* **Frachttarif** *m* <-(e)s, -e> (WIRTSCH) tarifa *f* de carga; **Frachtverkehr** *m* <-(e)s, *ohne pl*> tráfico *m* de mercancías [*o* de carga]; **Frachtversender(in)** *m(f)* <-s, -; -, -nen> expedidor(a) *m(f);* **Frachtversicherung** *f* <-, -en> seguro *m* de fletes; **Frachtvertrag** *m* <-(e)s, -träge> contrato *m* de transporte; **Frachtzuschlag** *m* <-(e)s, -schläge> sobretasa *f* de transporte

Frack [frak, *pl:* 'frɛkə] *m* <-(e)s, Fräcke> frac *m,* fraque *m;* **die Herren waren alle im ~ (erschienen)** los caballeros vinieron todos en frac

Fracksausen *nt:* **~ haben/bekommen** (*fam: Angst*) tener [*o* pasar] canguelo [*o* canguis]

Frackzwang *nt* <-(e)s, *ohne pl*> obligación *f* de llevar frac; **es herrscht kein ~** no es obligatorio llevar frac [*o* ir de etiqueta]

Frage ['fra:gə] *f* <-, -n> pregunta *f;* (*Problem*) cuestión *f;* **eine ~ zu etw haben** tener una pregunta con respecto a algo; **eine ~ an jdn richten** dirigir una pregunta a alguien; **jdm eine ~ stellen** hacer una pregunta a alguien; **etw in ~ stellen** (*zweifeln*) cuestionar

F

algo; (*gefährden*) poner algo en peligro; **auf eine ~ antworten** responder a una pregunta; **eine ~ beantworten** contestar una pregunta; **vor der ~ stehen, ob ...** encontrarse ante la cuestión [*o* duda], de si...; **das kommt nicht in ~** (*ist ungeeignet*) esto no se puede tomar en cuenta; (*wird auf keinen Fall gemacht*) ¡ni hablar!, ¡de eso nada!; **das ist die** (**große**) **~** esa es la cuestión; **das steht außer ~, das ist keine ~** de eso no cabe duda; **gibt es noch ~n?** ¿queda alguna pregunta?; **haben Sie noch ~n?** ¿todavía tiene alguna pregunta?; **eine gute ~!** ¡buena pregunta!; **~ und Antwort stehen** rendir cuentas; **das ist eine ~ des Geldes** es una cuestión de dinero; **auf eine dumme ~** (**bekommt man**) **eine dumme Antwort** ≈a preguntas necias, oídos sordos; (**das ist**) **ohne ~ eine gute Idee!** ¡sin duda (es) una buena idea!

Fragebogen *m* <-s, -bögen> cuestionario *m;* **einen ~ ausfüllen** cumplimentar un cuestionario; **Fragebogenaktion** *f* <-, -en> campaña *f* de reparto de cuestionarios, operación *f* de reparto de cuestionarios

Fragefürwort *nt* <-(e)s, -wörter> (GRAM) pronombre *m* interrogativo

frägeln ['frɛːgln] *vi* (*Schweiz*) *preguntar algo con tacto o también utilizando cualquier tipo de ardid*

fragen ['fraːgən] **I.** *vi, vt* preguntar (*nach* por); **jdn nach dem Weg ~** preguntar a alguien por el camino; **jdn nach dem Ausweis ~** pedir a alguien el documento de identidad; **hat jemand nach mir gefragt?** ¿preguntó alguien por mí?; **ich habe ihn nach seiner Meinung gefragt** le pregunté su opinión; **um Erlaubnis/Rat ~** pedir permiso/un consejo; **sie warf mir einen ~den Blick zu** me miró interrogativamente; **wie alt sind Sie, wenn ich ~ darf?** ¿qué edad tiene Ud., si me permite la pregunta?; **man wird ja wohl noch ~ dürfen** (*fam*) se podrá preguntar, ¿no?; **weißt du, ob sie pünktlich gewesen ist? – frag mich nicht** ¿sabes si ha sido puntual? – (a mí) no me digas; **ohne viel zu ~** sin muchos rodeos; **frag nicht so dumm!** ¡no hagas preguntas tan tontas!; **da fragst du noch?** ¿y aún lo preguntas?; **~ kostet nichts** preguntar no cuesta nada; **da fragst du mich zu viel** (*fam*) a eso no te puedo contestar; **jdm Löcher in den Bauch ~** acribillar a alguien a preguntas; **sein Typ ist sehr gefragt** es una persona muy requerida **II.** *vr:* **sich ~** preguntarse; **ich frage mich, wie er das gemeint hat** me pregunto qué es lo que ha querido expresar con eso; **es fragt sich, ob ...** habría que ver si...; **da fragt man sich** (**wirklich**), **ob das sinnvoll ist** ahí se pregunta uno si eso tiene algún sentido

Fragepronomen *nt* <-s, – *o* -pronomina> pronombre *m* interrogativo

Fragerei [fraːgə'raɪ] *f* <-, -en> (*abw*) interrogatorio *m*

Fragesatz *m* <-es, -sätze> frase *f* interrogativa; **Fragesteller**(**in**) *m(f)* <-s, -; -, -nen> encuestador(a) *m(f),* interrogador(a) *m(f);* **Fragestellung** *f* <-, -en> **1.** (*Formulierung*) planteamiento *m* de un problema **2.** (*Problem*) problema *m;* **Fragestunde** *f* <-, -n> (POL) hora *f* de interpelaciones; **Fragewort** *nt* <-(e)s, -wörter> partícula *f* interrogativa; **Fragezeichen** *nt* <-s, -> (signo *m* de) interrogación *f*

fragil [fra'giːl] *adj* (*geh*) frágil

Fragilität *f* <-, *ohne pl*> (*geh*) fragilidad *f*

fraglich ['fraːklɪç] *adj* **1.** (*zweifelhaft*) dudoso; (*ungewiss*) incierto; **es ist ~, ob ...** no se sabe si... **2.** (*betreffend*) en cuestión; **zur ~en Zeit** a la hora en cuestión

fraglos *adv* sin duda alguna, sin lugar a dudas

Fragment [fra'gmɛnt] *nt* <-(e)s, -e> fragmento *m*

fragmentarisch [fragmɛn'taːrɪʃ] *adj* fragmentario; **die Handschrift ist nur ~ erhalten** sólo quedan fragmentos del manuscrito

fragwürdig *adj* dudoso; (*verdächtig*) sospechoso; **ein ~es Lokal** un bar de mala reputación

Fragwürdigkeit *f* <-, -en> (*Geschäft*) carácter *m* turbio [*o* sospechoso], licitud *f* dudosa; (*Angelegenheit*) oscuridad *f;* (*Lokal*) mala reputación *f;* **es kursieren Gerüchte über die ~ dieses Politikers** circulan rumores que ponen en entredicho la credibilidad de este político

Fraktion [frak'tsjoːn] *f* <-, -en> **1.** (CHEM, MATH) fracción *f* **2.** (POL) grupo *m* parlamentario, fracción *f* parlamentaria; **Fraktionsführer**(**in**) *m(f)* <-s, -; -, -nen> jefe, -a *m, f* de (un) grupo (parlamentario); **fraktionslos** *adj* (POL) no adscrito a ningún grupo parlamentario; **nach ihrem Austritt aus der Partei blieb sie ~** al darse de baja de su partido también se quedó sin grupo parlamentario; **Fraktionssitzung** *f* <-, -en> reunión *f* de un grupo parlamentario; **Fraktionsvorsitzende**(**r**) *mf* <-n, -n; -n, -n> presidente, -a *m, f* de un grupo parlamentario; **Fraktionszwang** *m* <-(e)s, *ohne pl*> disciplina *f* de voto; **unter ~ abstimmen** votar de acuerdo con lo decidido por el partido

Fraktur¹ [frak'tuːɐ] *f* <-, -en> (MED) fractura *f*

Fraktur² *f* <-, *ohne pl*> (TYPO) letra *f* gótica; **mit jdm ~ reden** decir a alguien cuatro verdades

Franc [frãː] *m* <-(s), -s> franco *m*

Franchise¹ [frã'ʃiːzə] *f* <-, -n> (*im Versicherungswesen*) franquicia *f*

Franchise² ['fr̥ae̥ntʃaɪz] *nt* <-, *ohne pl*> (WIRTSCH) franquicia *f;* **Franchisebasis** *f* (WIRTSCH): **etw auf ~ vergeben** adjudicar algo a base de franquicia; **Franchisegeber**(**in**) *m(f)* <-s, -; -, -nen> (WIRTSCH) franquiciador(a) *m(f);* **Franchisekonzept** *nt* <-(e)s, -e> (WIRTSCH) concepto *m* de franquicia;

Franchisenehmer(in) *m(f)* <-s, -; -, -nen> (WIRTSCH) franquiciado, -a *m, f;* **Franchiseprodukt** *nt* <-(e)s, -e> (WIRTSCH) producto *m* de franquicia

Franchising ['frɛntʃaɪzɪŋ] *nt* <-s, *ohne pl*> (WIRTSCH) franquicia *f*

Francium ['frantsjʊm] *nt* <-s, *ohne pl*> (CHEM) francio *m*

frank [fraŋk] *adv:* ~ **und frei** con franqueza, con toda sinceridad

Franke ['fraŋkə] *m,* **Fränkin** *f* <-n, -n; -, -nen> franco, -a *m, f*

Franken[1] ['fraŋkən] *nt* <-s> Franconia *f*

Franken[2] ['fraŋkən] *m* <-s, -> (*Währung*) franco *m* suizo

Frankfurt ['fraŋkfʊrt] *nt* <-s> Francfort *m;* ~ **am Main** Francfort del Main; ~ **an der Oder** Francfort del Oder

Frankfurter *f* <-, -> (GASTR) (salchicha *f* de) frankfurt *m;* **ein Paar ~ mit Senf und Kartoffelsalat, bitte!** ¡un par de frankfurts con mostaza y ensaladilla de patatas, por favor!

frankieren* [fraŋ'kiːrən] *vt* franquear

Frankiermaschine [fraŋ'kiːɐ-] *f* <-, -n> franqueadora *f*

Frankierung *f* <-, -en> franqueo *m*

Fränkin *f* <-, -nen> *s.* **Franke**

fränkisch ['frɛŋkɪʃ] *adj* franco, de Franconia

franko ['fraŋko] *adv* (COM) porte pagado; **Frankobrief** *m* <-(e)s, -e> carta *f* franca de porte

Frankokanadier(in) *m(f)* <-s, -; -, -nen> francocanadiense *mf;* **frankokanadisch** ['-----] *adj* francocanadiense

frankophil [fraŋko'fiːl] *adj* (*geh*) francófilo

Frankophilie *f* <-, *ohne pl*> (*geh*) francofilia *f;* **musst du denn immer französische Musik hören? deine ~ geht mittlerweile zu weit!** ¿tienes que escuchar siempre música francesa? ¡esta pasión tuya por lo francés es exagerada!

frankophon [fraŋko'foːn] *adj* francófono

Frankopreis *m* <-es, -e> (WIRTSCH) precio *m* franco

Frankreich ['fraŋkraɪç] *nt* <-s> Francia *f;* **leben wie Gott in ~** vivir como Dios [*o* como un rey]

Franse ['franzə] *f* <-, -n> **1.** (*Decke*) fleco *m* **2.** (*Haar*) flequillo *m*

fransen *vi* deshilacharse

fransig *adj* **1.** (*mit Fransen*) con flecos **2.** (*ausgefranst*) deshilachado

Franzbranntwein ['frants-] *m* <-(e)s, *ohne pl*> alcohol *m* para fricciones

Franziskaner(in) [frantsɪs'kaːnɐ] *m(f)* <-s, -; -, -nen> (REL) franciscano, -a *m, f;* **Franziskanerorden** *m* <-s, -> (REL) orden *f* franciscana

Franzose, -zösin [fran'tsoːzə] *m, f* <-n, -n; -, -nen> francés, -esa *m, f;* **Franzosenkrankheit** *f* <-, *ohne pl*> (*alt*) sífilis *f inv*

französisch [fran'tsøːzɪʃ] *adj* francés

Französisch *nt* <-(s), *ohne pl*>, **Französische** *nt* <-n, *ohne pl*> francés *m;* **er ist in Frankreich, um ~ zu lernen** está en Francia para aprender francés; **sie hat den Text aus dem ~en übersetzt** ha traducido el texto del francés; ~ **sprechend** francófono

französischsprachig *adj* de habla francesa, francófono

frappant [fra'pant] *adj* (*geh*) sorprendente, pasmoso, chocante; **die Ähnlichkeit der Geschwister ist geradezu ~** el parecido de los hermanos es sorprendente [*o* asombroso]

frappieren* [fra'piːrən] *vt* **1.** (*überraschen*) asombrar, sorprender; **eine ~de Ähnlichkeit** una semejanza asombrosa **2.** (GASTR) helar

Fräse ['frɛːzə] *f* <-, -n> fresa *f,* fresadora *f*

fräsen ['frɛːzən] *vt* fresar

Fräser ['frɛːzɐ] *m* <-s, -> fresa *f*

Fräsmaschine *f* <-, -n> (máquina *f*) fresadora *f*

fraß [fraːs] *3. imp von* **fressen**

Fraß [fraːs] *m* <-es, -e> **1.** (*für Raubtiere*) comida *f,* alimento *m;* **einem Tier etw zum ~ vorwerfen** echar algo de comer a un animal **2.** (*fam abw: Essen*) bazofia *f,* porquería *f*

fraternisieren* *vi* (*geh*): **mit jdm ~** (con)fraternizar con alguien; **ihm wurde vorgeworfen, er habe mit dem Feind fraternisiert** le acusaron de confraternizar con el enemigo

Fraternisierung *f* <-, *ohne pl*> (*geh*) (con)fraternidad (*mit* con); **den Truppen war jede ~ mit der Bevölkerung verboten** a las tropas les estaba prohibido establecer cualquier tipo de confraternidad con la población

Fratz [frats] *m* <-es, -e> (*fam*) muñeco, -a *m, f;* **ein süßer ~** una monada de niño

Fratze ['fratsə] *f* <-, -n> (*fam*) **1.** (*abw: Gesicht*) facha *f* **2.** (*Grimasse*) mueca *f;* **eine ~ schneiden** [*o* **ziehen**] hacer muecas

frau [fraʊ] *pron indef* una; **da braucht ~ nichts mehr dazu zu sagen** a eso una ya no tiene que añadir nada más

Frau [fraʊ] *f* <-, -en> **1.** (*allgemein*) mujer *f;* **zur ~ werden** hacerse mujer; **eine ~ von Welt** una mujer de mundo **2.** (*Ehe~*) mujer *f,* esposa *f;* **seine geschiedene ~** su ex-mujer; **seine zukünftige ~** su futura mujer **3.** (*Anrede: vor dem Nachnamen*) señora *f;* (*vor dem Vornamen*) doña *f;* ~ **Doktor** doctora; **Unsere Liebe ~** (REL) Nuestra Señora, la Santísima Virgen

Frauchen ['fraʊçən] *nt* <-s, -> (*Haustierbesitzerin*) dueña *f;* **sei ein braver Hund und komm zu ~!** ¡sé (un perro) bueno y ven con tu ama!

Frauenarbeit[1] *f* <-, -en> (*typische Arbeit einer Frau*) trabajo *m* para mujeres; **die Arbeit am Presslufthammer ist keine ~** el trabajo con el martillo neumático no es para mujeres

Frauenarbeit[2] *f* <-, *ohne pl*> **1.** (*Erwerbstätigkeit von Frauen*) trabajo *m* de (una) mujer;

in vielen Firmen wird ~ niedriger entlohnt als vergleichbare Arbeit von Männern en muchas empresas, el trabajo que ejecutan las mujeres está menos remunerado que el que en comparación realizan los hombres **2.** (*Arbeit zugunsten der Frau*) trabajo *m* en pro de la mujer

Frauenarzt, **-ärztin** *m, f* <-es, -ärzte; -, -nen> ginecólogo, -a *m, f*; **Frauenbeauftragte(r)** *mf* <-n, -n; -n, -n> (POL) delegado, -a *m, f* de la mujer; **Frauenberuf** *m* <-(e)s, -e> profesión *f* de mujer; **Erzieherin ist immer noch ein typischer ~** la de educadora continúa siendo una típica profesión de mujer; **Frauenbewegung** *f* <-, *ohne pl*> movimiento *m* feminista; **frauenfeindlich** *adj* misógino; **Frauenförderung** *f* <-, *ohne pl*> fomento *m* de las mujeres; **Frauenfrage** *f* <-, -n> cuestión *f* de los derechos de la mujer; **Frauengeschichten** *fpl* (*fam*) rollos *mpl* con mujeres; **Frauengruppe** *f* <-, -n> (*Verband*) organización *f* feminista; (*kleine Gruppe*) grupo *m* de mujeres (*que se reúne para discutir sus problemas*); **Frauenhaar** *nt* <-(e)s, -e> **1.** (*das Haar einer Frau*) cabello *m* de una mujer **2.** (BOT) culantrillo *m* (dorado); **Frauenhand** *f* <-, -hände> mano *f* de una mujer; **von (zarter) ~** por una mano femenina (y suave); **Frauenhaus** *nt* <-(e)s, -häuser> casa *f* refugio para mujeres (maltratadas); **Frauenheilkunde** *f* <-, *ohne pl*> (MED) ginecología *f*; **Fachärztin für ~ und Geburtshilfe** médica especialista en ginecología y obstetricia, ginecóloga y tocóloga; **Frauenheld** *m* <-en, -en> Don Juan (Tenorio) *m*, tenorio *m*; **Frauenkenner** *m* <-s, -> conocedor *m* de las mujeres, entendido *m* en mujeres; **er hält sich für einen ~** se cree que conoce a las mujeres; **Frauenklinik** *f* <-, -en> clínica *f* ginecológica; **Frauenleiden** *nt* <-s, -> enfermedad *f* de la mujer; **Frauenmörder** *m* <-s, -> asesino *m* de mujeres; **Jack the Ripper war einer der berüchtigsten ~** Jack el Destripador fue uno de los más tristemente famosos asesinos de mujeres; **Frauenpolitik** *f* <-, *ohne pl*> política *f* de la mujer; **Frauenquote** *f* <-, -n> cuota *f* femenina

Frauenrechtler(in) ['fraʊənrɛçtlɐ] *m(f)* <-s, -; -, -nen> feminista *mf*

Frauenschuh *m* <-(e)s, -e> (BOT) zapato *m* de Venus, cipripedio *m*; **Frauenstimme** *f* <-, -n> voz *f* de mujer; **Frauentaxi** *nt* <-s, -s> taxi *m* para mujeres; **Frauenüberschuss**^RR *m* <-es, -schüsse> número *m* superior de mujeres; **Frauenwahlrecht** *nt* <-(e)s, *ohne pl*> derecho *m* de voto de la mujer; **Frauenzeitschrift** *f* <-, -en> revista *f* femenina; **Frauenzimmer** *nt* <-s, -> (*abw*) mujerzuela *f*, chancleta *f Am*

Fräulein ['frɔɪlaɪn] *nt* <-s, -> señorita *f*

fraulich *adj* femenino

Fraulichkeit *f* <-, *ohne pl*> femin(e)idad *f*

frdl. *Abk. von* **freundlich** amable

Freak [fri:k] *m* <-s, -s> (*fam*) pasota *mf*

freakig *adj* (*fam*) pasota; (*spleenig*) tocado; (*exzentrisch*) extravagante; (*seltsam*) raro

frech [frɛç] *adj* **1.** (*respektlos*) insolente, impertinente, conchudo *Am*, fregado *Am*, pechugón *Am*, zafado *Am*, cachafaz *SAm*, impávido *Chil*; **halt deinen ~en Mund!** ¡cierra el pico!; **~ werden** ponerse impertinente; **jdm ~ kommen** ser descarado con alguien; **sich ~ benehmen** ser insolente; **er ist ~ wie Oskar** es un frescales, es un caradura **2.** (*keck*) desvergonzado, atrevido; (*Kleidung*) descocado;

Frechdachs *m* <-es, -e> (*fam*) sinvergüenza *mf*, fresco, -a *m, f*

Frechheit¹ *f* <-, -en> impertinencia *f*, desfachatez *f*

Frechheit² *f* <-, *ohne pl*> (*Frechsein*) impertinencia *f*, desfachatez *f*, lisura *f Am*, concha *f Am*, pechuga *f Am*, impavidez *Chil*; **das ist der Gipfel der ~** eso es el colmo de la impertinencia; **die ~ haben** [*o* **besitzen**] **zu ...** tener la cara de...

Freesie ['fre:ziə] *f* <-, -n> (BOT) iris *m* germánico, lirio *m* cárdeno

Fregatte [fre'gatə] *f* <-, -n> (MIL) fragata *f*; **Fregattenkapitän** *m* <-s, -e> capitán *m* de fragata

frei [fraɪ] *adj* **1.** (*unabhängig*) libre; (*in Freiheit*) en libertad; **~er Mitarbeiter** colaborador *m*; **das ist alles ~ erfunden** eso es pura invención; **~ lebend** (que vive) en libertad; **~e Hand haben** tener carta blanca; **jdm ~e Hand lassen** dejar vía libre a alguien; **aus ~en Stücken** voluntariamente; **~ sprechen** hablar sin papeles; **sie kann ~ wählen** puede escoger libremente; **~e und geheime Wahlen** elecciones libres y secretas; **~ laufende Hühner** gallinas criadas en libertad; **der Verbrecher läuft noch ~ herum** el criminal anda suelto todavía; **~ für Kinder ab 12 Jahren** permitido para niños a partir de los 12 años; **sich** *dat* **einen ~en Tag nehmen, sich** *dat* **einen Tag ~ nehmen** pedir [*o* tomar] un día libre; **Donnerstag ist ~** el jueves es festivo **2.** (*befreit*) libre (*von* de), exento (*von* de); **der ~e Fall** la caída libre; **sie ist ~ von Vorurteilen** está libre de prejuicios; **jdn auf ~en Fuß setzen** poner [*o* dejar] a alguien en libertad; **für etw ~e Fahrt geben** dar luz verde a algo **3.** (*offen*) abierto, descubierto; **unter ~em Himmel** al aire libre; **~ lassen** (*nicht besetzen*) dejar libre, no ocupar; (*nicht beschreiben*) dejar en blanco; **~ stehen** (*Haus, Baum*) estar aislado; (*Spieler*) estar descubierto **4.** (*Stuhl*) libre; (*Arbeitsstelle*) vacante; **ist hier ~?** ¿está libre?; **Zimmer ~!** se alquila habitación; **einen Platz ~ machen** hacer sitio **5.** (*kosten*) gratuito, libre de gastos; **~ an Bord** (COM) franco a bordo; **~ Längsseite Seeschiff** (COM) franco al costado del buque; **Eintritt ~** entrada gratuita; **wir liefern ~ Haus** suministramos franco domicilio; **zur**

~**en Verfügung stehen** estar a libre disposición **6.** (*Ansichten*) liberal **7.** (~*mütig*) franco, abierto; **ich bin so** ~ me tomo la libertad

Freibad *nt* <-(e)s, -bäder> piscina *f* (descubierta)

frei|bekommen* *irr* **I.** *vi* (*Freizeit*) tener (el día) libre; **wegen einer Besprechung haben alle Schüler** ~ a causa de una reunión les han dado el día libre a todos los alumnos; **könnte ich am Freitag ~?** ¿podría tomarme el viernes libre?; **ich habe heute von meinem Chef den Nachmittag** ~ hoy el jefe me ha dado la tarde libre **II.** *vt* (conseguir) liberar; **einen Gefangenen** ~ liberar a un prisionero; **einen festgefahrenen Wagen** ~ liberar un coche atrapado

Freiberufler(in) *m(f)* <-s, -; -, -nen> profesional *mf* libre; **als** ~ **arbeiten** ejercer una profesión liberal

freiberuflich *adj* de profesión liberal; ~ **tätig sein** trabajar por cuenta propia, trabajar como autónomo

Freibetrag *m* <-(e)s, -träge> importe *m* libre de impuestos

Freibeuter *m* <-s, -> (HIST) filibustero *m*

Freibeuterei *f* <-, *ohne pl*> (HIST) piratería *f*, filibusterismo *m*

Freibier *nt* <-s, *ohne pl*> cerveza *f* gratuita

freibleibend *adj* (WIRTSCH) sin compromiso; ~**es Angebot** oferta sin compromiso; **etw** ~ **anbieten** ofrecer algo sin ningún compromiso; **Freibrief** *m* <-(e)s, -e>: **kein** ~ **für etw sein** no ser una carta blanca [*o* un cheque en blanco] para algo

Freiburg ['fraɪbʊrk] *nt* <-s> Friburgo *m*

Freidenker(in) *m(f)* <-s, -; -, -nen> librepensador(a) *m(f)*

Freie ['fraɪə] *nt* <-n, -n> aire *m* libre; **im** ~**n** al aire libre; **ins** ~ **gehen** salir al aire libre

freien **I.** *vi* (*alt*): **um jdn** ~ cortejar a alguien **II.** *vt* (*alt*) matrimoniar, casarse con; **sie kannten sich erst wenige Wochen, als er sie freite** apenas se conocían unas semanas cuando contrajo matrimonio con ella

Freier ['fraɪɐ] *m* <-s, -> (*fam*) cliente *m* de una prostituta

Freiersfüße *mpl*: **auf** ~**n wandeln** [*o* **gehen**] (*hum*) ir a la caza de una mujer casadera

Freiexemplar *nt* <-(e)s, -e> ejemplar *m* gratuito; **Freifahrt** *f* <-, -en> viaje *m* gratuito; **Freifläche** *f* <-, -n> superficie *f* libre

Freifrau *f* <-, -en> (*a.* HIST) baronesa *f*

Freigabe *f* <-, -n> **1.** (*von Personen*) liberación *f*; **die** ~ **eines Mitarbeiters/eines Spielers** la liberación de un trabajador/de un jugador; **die** ~ **eines Gefangenen** la puesta en libertad de un preso **2.** (*beschlagnahmter Sachen*) desembargo *m*, levantamiento *m* del embargo **3.** (*verbotener Sachen*) autorización *f*, liberalización *f*; **die** ~ **leichter Drogen fordern** exigir la liberalización de las drogas blandas **4.** (*gesperrten Guthabens*) desbloqueo *m* **5.** (*bisher festgesetzter Sachen*) descongelación *f*; (*von Preisen*) liberalización *f*; **die** ~ **des Aktienkurses** el desbloqueo de la cotización de las acciones **6.** (*nicht zugänglicher Bereiche*) apertura *f*; **die** ~ **einer Straße für den Verkehr** la apertura al tráfico de una calle

Freigang *m* <-(e)s, -gänge> (JUR) (salida *f* de) permiso *m* (cuando se tiene régimen abierto)

Freigänger(in) ['fraɪgɛŋɐ] *m(f)* <-s, -; -, -nen> (JUR) recluso, -a *m, f* en régimen abierto

frei|geben *irr* **I.** *vt* **1.** (*Gefangene*) poner en libertad **2.** (*Guthaben*) desbloquear **3.** (*Straße*) abrir al tráfico; **den Weg** ~ franquear el paso **4.** (*Arzneimittel, Film*) autorizar; **etw zum Verkauf** ~ autorizar la venta de algo **5.** (*Preise*) liberalizar **II.** *vi*: **jdm** ~ dar libre a alguien; **ich gebe Ihnen zwei Stunden frei** le doy dos horas libres

freigebig ['fraɪge:bɪç] *adj* desprendido, generoso, obsequioso *Mex*

Freigebigkeit *f* <-, *ohne pl*> generosidad *f*, liberalidad *f*

Freigehege *nt* <-s, -> espacio *m* al aire libre (*donde los animales pueden ser observados en su hábitat natural*)

Freigeist *m* <-es, -er> *s.* **Freidenker**

Freigelassene(r) *mf* <-n, -n; -n, -n> (HIST) liberto, -a *m, f*, manumiso, -a *m, f*

Freigepäck *nt* <-(e)s, *ohne pl*> equipaje *m* permitido

Freigrenze *f* <-, -n> (FIN) límite *m* de exención, límite *m* exento; (*für Zollwaren*) cantidad *f* máxima (que se puede pasar por aduana sin pagar tasas); (*für Gepäck*) límite *m* permitido de peso

frei|haben *irr vi* (*fam*) tener libre, librar

Freihafen *m* <-s, -häfen> puerto *m* franco

frei|halten *irr vt* **1.** (*reservieren*) guardar **2.** (*Durchgang*) dejar libre; **Ausfahrt** ~ no aparcar; **jdm den Rücken** ~ respaldar a alguien **3.** (*Zeche*) pagar, cargar con los gastos

Freihandel *m* <-s, *ohne pl*> (WIRTSCH) comercio *m* libre; **Freihandelsabkommen** *nt* <-s, -> (WIRTSCH) tratado *m* de libre comercio; **Freihandelszone** *f* <-, -n> (WIRTSCH) zona *f* de libre comercio

freihändig ['fraɪhɛndɪç] *adj* (*Fahrrad fahren*) sin manos; (*schießen*) sin apoyo

Frei-Haus-Lieferung *f* <-, -en> (COM) entrega *f* franca a domicilio

Freiheit[1] ['fraɪhaɪt] *f* <-, *ohne pl*> libertad *f*; (*Unabhängigkeit*) independencia *f*; **seine** ~ **verlieren** perder su independencia; **jdm die** ~ **schenken** poner a alguien en libertad

Freiheit[2] ['fraɪhaɪt] *f* <-, -en> (*Recht*) libertad *f*; **staatsbürgerliche** ~**en** libertades civiles; **dichterische** ~ licencia poética; **alle** ~**en haben** [*o* **genießen**] tener todas las libertades; **sich** *dat* **die** ~ **nehmen etw zu tun** tomarse la libertad de hacer algo

freiheitlich *adj* liberal

F

Freiheitsberaubung *f* <-, -en> (JUR) privación *f* de la libertad individual; **Freiheitsdrang** *m* <-(e)s, *ohne pl*> sed *f* de libertad; **Freiheitsentzug** *m* <-(e)s, *ohne pl*> (JUR) reclusión *f*; **Freiheitskampf** *m* <-(e)s, -kämpfe> lucha *f* por la independencia; **Freiheitskämpfer(in)** *m(f)* <-s, -; -, -nen> persona *f* que lucha por la libertad [*o* la independencia]; **Freiheitskrieg** *m* <-(e)s, -e> guerra *f* de independencia; **freiheitsliebend** *adj* amante de la libertad; **Katzen sind ~e Tiere** los gatos son animales que aman la libertad; **Freiheitsstatue** *f*: **die (amerikanische)** ~ la estatua de la libertad; **Freiheitsstrafe** *f* <-, -n> (JUR) reclusión *f*; **lebenslängliche** ~ prisión [*o* cadena] perpetua; **er wurde zu einer ~ verurteilt** le han impuesto pena de presión; **er muss eine ~ von drei Jahren abbüßen** lo condenaron a tres años de prisión

freiheraus *adv* directamente, sin tapujos; **etw ~ sagen** decir algo con toda franqueza; **etw ~ zugeben** reconocer algo abiertamente

Freiherr *m* <-(e)n, -en> (*a.* HIST) barón *m*

freiherrlich *adj relativo al barón y/o a la baronesa;* **Anette von Droste-Hülshoff stammt aus einer westfälischen ~en Familie** Anette von Droste-Hülshoff procede de una familia de barones westfalianos; **er zog sich auf seine ~en Güter zurück** se retiró a su baronía

Freikarte *f* <-, -n> entrada *f* gratuita

frei|kaufen *vt* pagar el rescate (para)

Freikirche *f* <-, -n> (REL) Iglesia *f* libre (*iglesia protestante independiente del Estado o del land*)

Freiklettern *nt* <-s, *ohne pl*> escalada *f* libre

frei|kommen *irr vi sein* ser puesto en libertad (*aus* de); **endlich kamen die Geiseln frei** los rehenes fueron puestos finalmente en libertad

Freikörperkultur *f* <-, *ohne pl*> nudismo *m*, desnudismo *m*

Freikorps *nt* <-, -> (HIST, MIL) cuerpo *m* de voluntarios

Freiland *nt* <-(e)s, *ohne pl*> (AGR) campo *m* (de cultivo); **auf/im** ~ al descubierto, al aire libre; **Freilandgemüse** *nt* <-s, -> (AGR) hortalizas *fpl* cultivadas al descubierto; **Freilandkultur** *f* <-, -en> (AGR) cultivo *m* al aire libre (*y no en invernaderos*)

frei|lassen *irr vt* dejar en libertad, soltar

Freilassung *f* <-, -en> puesta *f* en libertad, liberación *f*

Freilauf *m* <-(e)s, -läufe> (TECH: *Werkzeug*) rueda *f* libre; (*Auto, Fahrrad*) piñón *m* libre

freilaufend *adj s.* **frei 1.**

freilebend *adj s.* **frei 1.**

frei|legen *vt* poner al descubierto; **antike Ruinen** ~ descubrir [*o* excabar] ruinas antiguas

Freilegung *f* <-, -en> (*Ruinen*) excavación *f*; (*Trümmer*) limpieza *f*

Freileitung *f* <-, -en> cable *m* de alta tensión (aéreo)

freilich ['fraɪlɪç] *adv* **1.** (*allerdings*) sin embargo, de hecho; **es scheint ~ nicht leicht zu sein** sin embargo, no parece ser fácil **2.** (*südd: selbstverständlich*) naturalmente, claro que sí

Freilichtbühne *f* <-, -n> teatro *m* al aire libre; **Freilichtkino** *nt* <-s, -s> cine *m* al aire libre; **Freilichttheater** *nt* <-s, -> teatro *m* al aire libre

Freilos *nt* <-es, -e> **1.** (SPORT) exento *m* **2.** (*Lotterielos*) billete *m* de lotería gratuito

frei|machen **I.** *vt* **1.** (*frankieren*) franquear **2.** (*fam: nicht arbeiten*) tomar vacaciones; **eine Woche** ~ tomar una semana de vacaciones **II.** *vr:* **sich** ~ (*beim Arzt*) desnudarse, quitarse la ropa

Freimaurer *m* <-s, -> masón *m*

Freimaurerei *f* <-, *ohne pl*> (franc)masonería *f*

freimaurerisch *adj* (franc)masón

Freimaurerloge *f* <-, -n> logia *f* (masónica)

Freimut *m* <-(e)s, *ohne pl*> franqueza *f*, sinceridad *f*

freimütig ['fraɪmy:tɪç] **I.** *adj* franco, sincero **II.** *adv* con franqueza

Freimütigkeit *f* <-, *ohne pl*> franqueza *f*, sinceridad *f*

frei|nehmen *irr vt, vi* tomarse libre; **(sich** *dat*) **eine Woche** ~ tomar(se) una semana libre

Freiplatz *m* <-es, -plätze> **1.** (*kostenloser Platz*) invitación *f*; **ich habe zwei Freiplätze für das Konzert, möchtest du mit?** tengo dos invitaciones para el concierto, ¿quieres venir? **2.** (*Stipendium*) beca *f*

frei|pressen *vt:* **jdn** ~ conseguir la libertad de alguien (utilizando el chantaje); **die Terroristen versuchten ihren Anführer freizupressen** los terroristas, a través del chantaje, intentaron conseguir la puesta en libertad de su cabecilla

Freiraum *m* <-(e)s, *ohne pl*> (PSYCH) libertad *f* de movimiento [*o* de acción]

freireligiös *adj* (*Einstellung*) aconfesional; (*Gemeinschaft*) de religión libre

freischaffend *adj* independiente; **~er Künstler** artista independiente

Freischaffende(r) *mf* <-n, -n; -n, -n> "freelance" *mf*, trabajador(a) *m(f)* autónomo, -a

Freischärler(in) *m(f)* <-s, -; -, -nen> guerrillero, -a *m, f*; **Regierungseinheiten und ~ lieferten sich** *dat* **erbitterte Kämpfe** hubo luchas encarnizadas entre la guerrilla y las tropas gubernamentales

frei|schaufeln *vt* abrir a golpe de pala; (*einen Gegenstand*) sacar a golpe de pala; **einen Schatz** ~ desenterrar un tesoro; **einen verschütteten Eingang** ~ desembarazar de escombros una entrada; **eine zugeschneite Straße** ~ hacer transitable una calle cegada por la nieve

frei|schießen *irr vt:* **sich** *dat* **den Weg** ~ abrirse paso a tiros

frei|schwimmen *irr vr:* **sich** ~ (*selbständig werden*) independizarse

Freischwimmer *m:* **den** ~ **machen** hacer un examen oficial de natación; **Freischwimmerzeugnis** *nt* <-ses, -se> título *m* de natación (*que acredita haber superado la prueba de los 15 minutos de natación*)

frei|setzen *vt* (*Energie*) liberar

Freisetzung *f* <-, -en> liberación *f*

freisinnig ['fraɪzɪnɪç] *adj* liberal

frei|sprechen *irr vt* (JUR) absolver, declarar inocente; **er wurde wegen erwiesener Unschuld freigesprochen** fue absuelto después de haber probado su inocencia

Freispruch *m* <-(e)s, -sprüche> absolución *f;* **auf** ~ **plädieren** abogar por la absolución

Freistaat *m* <-(e)s, -en> estado *m* libre; **der** ~ **Bayern** el estado libre de Baviera

Freistatt *f* <-, -stätten>, **Freistätte** *f* <-, -n> (*geh*) refugio *m*

frei|stehen *irr vi* **1.** (*leer stehen*) estar desocupado [*o* deshabitado] **2.** (*überlassen sein*): **etw steht jdm frei** ser libre de decidir algo; **es steht Ihnen frei, das zu tun** Ud. es el que decide si hacerlo o no; **frei|stellen** *vt* **1.** (*befreien*) eximir (*von* de), dispensar (*von* de); **er wurde zwei Tage für diese Arbeit freigestellt** le dispensaron por dos días para que realizara aquel trabajo **2.** (*anheim stellen*) dejar optar [*o* elegir]; **es wurde uns freigestellt, daran teilzunehmen** nos dejaron elegir si queríamos participar o no

Freistellung *f* <-, -en> excedencia *f;* ~ **vom Wehrdienst** exención *f* del servicio militar

Freistempel *m* <-s, -> (sello *m* del) franqueo *m*

Freistil *m* <-(e)s, *ohne pl*> (SPORT) estilo *m* libre; **Freistilringen** *nt* <-s, *ohne pl*> (SPORT) lucha *f* libre; **Freistilschwimmen** *nt* <-s, *ohne pl*> (SPORT) natación *f* (de estilo) libre

Freistoß *m* <-es, -stöße> (SPORT) (lanzamiento *m* de) falta *f;* **direkter/indirekter** ~ falta directa/indirecta

Freistunde *f* <-, -n> (SCH) hora *f* libre; **eine** ~ **haben** tener una hora libre

Freitag ['fraɪta:k] *m* <-(e)s, -e> **1.** (*Wochentag*) viernes *m;* ~ **der 13.** viernes trece; (*Unglückstag*) martes y trece; *s.a.* **Montag 2.** (*Schweiz: Feiertag*) día *m* festivo

freitags *adv* los viernes

Freitod *m* <-(e)s, -e> suicidio *m;* **den** ~ **wählen** suicidarse; **Freiton** *m* <-(e)s, -töne> (TEL) tono *m* de marcar [*o* de llamada]

freitragend *adj* (BAUW) sin soportes, sin columnas; (*Brücke*) suspendido; **das Dach der Festhalle war eine ~e Konstruktion aus Stahl und Glas** el techo de la sala de fiestas era una construcción a base de acero y cristal desprovista de columnas; **Freitreppe** *f* <-, -n> (ARCHIT) escalinata *f;* **Freiübung** *f* <-, -en> (SPORT) gimnasia *f* (sin aparatos)

Freiumschlag *m* <-(e)s, -schläge> sobre *m* franqueado; **benutzen Sie bitte den beigefügten** ~ utilicen por favor el sobre franqueado que se adjunta

Freiverkehr *m* <-(e)s, *ohne pl*> (FIN) mercado *m* extraoficial

freiweg *adv* (*fam*) directamente, con franqueza; **sag mir nur ~, was los ist** dime sin ambages [*o* sin rodeos] qué es lo que pasa

Freiwild *nt* <-(e)s, *ohne pl*> caza *f* libre

freiwillig *adj* voluntario; **~e Feuerwehr** cuerpo voluntario de bomberos; **etw** ~ **tun** hacer algo voluntariamente; **sich** ~ **zu etw melden** apuntarse voluntariamente a algo

Freiwillige(r) ['fraɪvɪlɪgɐ] *mf* <-n, -n; -n, -n> voluntario, -a *m, f;* ~ **vor!** ¡que se presenten los voluntarios!

Freiwilligkeit *f* <-, *ohne pl*> espontaneidad *f*

Freiwurf *m* <-(e)s, -würfe> (SPORT) tiro *m* libre; **Freizeichen** *nt* <-s, -> (TEL) señal *f* para marcar

Freizeichnung *f* <-, -en> (JUR) exoneración *f;* **Freizeichnungsklausel** *f* <-, -n> (JUR) cláusula *f* de exoneración de responsabilidad

Freizeit[1] *f* <-, *ohne pl*> (*arbeitsfreie Zeit*) tiempo *m* libre [*o* de ocio]; **in meiner** ~ en mi tiempo de ocio

Freizeit[2] *f* <-, -en> (*Zeltlager*) campamento *m*

Freizeitaktivität *f* <-, -en> actividad *f* de tiempo libre; **Freizeitausgleich** *m* <-(e)s, *ohne pl*> *tiempo libre como compensación de la tensión sufrida durante las horas de trabajo;* **Freizeitbekleidung** *f* <-, -en> *s.* Freizeitkleidung; **Freizeiteinrichtungen** *fpl* centros *mpl* de ocio; **Freizeitgesellschaft** *f* <-, *ohne pl*> (SOZIOL) sociedad *f* del ocio; **Freizeitgestaltung** *f* <-, -en> planificación *f* del tiempo libre; **Freizeithemd** *nt* <-(e)s, -en> camisa *f* de diario; **Freizeitindustrie** *f* <-, -n> industria *f* del ocio; **Freizeitkleidung** *f* <-, -en> ropa *f* de andar por casa *fam;* **Freizeitpark** *m* <-(e)s, -s> parque *m* de atracciones; **Freizeitweltmeister** *m* <-s, -> (*fam*) campeón *m* mundial del ocio; **Freizeitwert** *m* <-(e)s, *ohne pl*>: **eine Anlage mit hohem** ~ una instalación de alto valor para actividades de ocio

Freizone *f* <-, -n> (COM) zona *f* franca

freizügig ['fraɪtsy:gɪç] *adj* **1.** (*großzügig*) generoso **2.** (*Film, Buch*) liberal

Freizügigkeit *f* <-, *ohne pl*> **1.** (*Großzügigkeit*) generosidad *f,* desprendimiento *m* **2.** (*Ungezwungenheit: im Umgang*) desenfado *m,* desparpajo *m;* (*des Moralbegriffs*) liberalidad *f;* (*der Kleidung*) atrevimiento *m;* **die geltende Moral ist im Vergleich zu früher von größerer** ~ la moral reinante es, comparada con la de tiempos atrás, mucho más liberal; **die ~ ihres Ausschnitts war ihr bei dem unerwarteten Zusammentreffen etwas peinlich** el atrevido escote que llevaba le resultó embarazoso en su encuentro casual **3.** (*Freiheit in der Wahl des Wohnortes*) libertad *f* en la elección del lugar de residencia

fremd [frɛmt] *adj* **1.** (*ausländisch*) extranjero; (*aus anderem Ort*) forastero; **ich bin hier ~** no soy de aquí; **~e Sprachen lernen** aprender idiomas **2.** (*anderen gehörend*) ajeno, de otro(s); **in ~em Namen und für ~e Rechnung** (COM) en nombre y por cuenta ajena; **sich in ~e Angelegenheiten einmischen** meterse en asuntos ajenos; **ohne ~e Hilfe** sin ayuda de otro(s); **ein Buch unter ~em Namen herausgeben** publicar un libro bajo un seudónimo; **etw geht in ~e Hände über** algo pasa a manos ajenas; **sich mit ~en Federn schmücken** (*fig*) adornarse con los méritos de otro(s) **3.** (*unbekannt*) desconocido; **das ist mir ~** no lo conocía **4.** (*~artig*) extraño

fremdartig ['frɛmtaːɐtɪç] *adj* (*ungewöhnlich*) extraño, raro; (*fremd*) extranjero

Fremdartigkeit *f* <-, *ohne pl*> extrañeza *f*, exotismo *m*

Fremdaufwendungen *fpl* (FIN) gastos *mpl* extraordinarios

Fremdbestäubung *f* <-, -en> (BOT) alogamia *f*

fremdbestimmt *adj* determinado por fuerzas ajenas

Fremde[1] ['frɛmdə] *f* <-, *ohne pl*> (*geh: Land*) (país *m*) extranjero *m*; **in der ~** en el extranjero; **in die ~ gehen** irse al extranjero

Fremde(r)[2] *mf* <-n, -n; -n, -n> **1.** (*aus einem anderem Land*) extranjero, -a *m, f*; (*aus einem anderem Ort*) forastero, -a *m, f* **2.** (*Unbekannter*) desconocido, -a *m, f*

fremdeln *vi* (*Kind*) ser tímido con extraños

fremden ['frɛmdən] *vi* (*Schweiz*) *s.* **fremdeln**

fremdenfeindlich *adj* xenófobo, hostil hacia los extranjeros; **Fremdenfeindlichkeit** *f* <-, *ohne pl*> xenofobia *f*, hostilidad *f* hacia los extranjeros

Fremdenführer[1] *m* <-s, -> (*Buch*) guía *f* turística

Fremdenführer(in)[2] *m(f)* <-s, -; -, -nen> (*Person*) guía *mf* turístico, -a

Fremdenlegion *f* <-, *ohne pl*> (MIL) legión *f* extranjera, tercio *m* extranjero; **Fremdenlegionär** *m* <-s, -e> (MIL) legionario *m*

Fremdentsorger *m* <-s, -> empresa *f* de terceros que elimina residuos

Fremdenverkehr *m* <-(e)s, *ohne pl*> turismo *m*; **Fremdenverkehrsamt** *nt* <-(e)s, -ämter>, **Fremdenverkehrsverein** *m* <-(e)s, -e> oficina *f* de turismo; **Fremdenverkehrszentrum** *nt* <-s, -zentren> oficina *f* de turismo

Fremdenzimmer *nt* <-s, -> **1.** (*Hotelzimmer*) habitación *f* **2.** (*Gästezimmer*) cuarto *m* de huéspedes, habitación *f* de huéspedes

Fremdfinanzierung *f* <-, -en> (FIN) financiación *f* externa

fremd|gehen *irr vi sein* (*fam*) ser infiel, tener una aventurita, poner los cuernos a alguien *abw*

Fremdheit *f* <-, *ohne pl*> extrañeza *f*, exotismo *m*

Fremdherrschaft *f* <-, *ohne pl*> (POL) dominación *f* extranjera; **Fremdinvestition** *f* <-, -en> (FIN, WIRTSCH) inversión *f* en empresas ajenas; **Fremdkapital** *nt* <-s, *ohne pl*> (WIRTSCH) capital *m* ajeno, recursos *mpl* de terceros; **Fremdkörper** *m* <-s, -> (MED, BIOL) cuerpo *m* extraño

fremdländisch ['frɛmtlɛndɪʃ] *adj* extranjero; (*exotisch*) exótico

Fremdling *m* <-s, -e> (*alt, geh*) forastero *m*

Fremdmittel *ntpl* (FIN) recursos *mpl* ajenos

Fremdsprache *f* <-, -n> lengua *f* extranjera, idioma *m* extranjero; **eine ~ erlernen/beherrschen** aprender/dominar un idioma (extranjero); **Fremdsprachenkorrespondent(in)** *m(f)* <-en, -en; -, -nen> secretario, -a *m, f* con idiomas; **Fremdsprachensekretär(in)** *m(f)* <-s, -e; -, -nen> secretario, -a *m, f* con idiomas; **Fremdsprachenunterricht** *m* <-(e)s, -e> clases *fpl* de idiomas [*o* de lengua extranjera]; **~ geben** dar clases de idiomas

fremdsprachig *adj* (*Literatur*) escrito en otro idioma; (*Mensch*) que habla un idioma extranjero; (*Unterricht*) en un idioma extranjero; **fremdsprachlich** *adj* (*Wort*) extranjero; (*Unterricht*) de idioma extranjero; **Fremdstoff** *m* <-(e)s, -e> sustancia *f* extraña; **Fremdverschulden** *nt* <-s, *ohne pl*> (JUR) culpa *f* ajena; **fremdverschuldet** ['frɛmtvɛɐʃʊldət] *adj* (JUR) por culpa ajena; **ein ~er Unfall** un accidente causado por culpa ajena

Fremdwährung *f* <-, -en> (FIN) moneda *f* extranjera; **Fremdwährungskonto** *nt* <-s, -konten> (FIN) cuenta *f* en moneda extranjera

Fremdwort *nt* <-(e)s, -wörter> extranjerismo *m*; **Höflichkeit ist für ihn ein ~** (*fig*) no sabe lo que es la cortesía; **Fremdwörterbuch** *nt* <-(e)s, -bücher> diccionario *m* de extranjerismos

frenetisch [fre'neːtɪʃ] *adj* (*geh*) frenético, apasionado

frequentieren* [frekvɛn'tiːrən] *vt* (*geh*) frecuentar; **das Restaurant war gut frequentiert** el restaurante estaba muy concurrido

Frequenz [fre'kvɛnts] *f* <-, -en> **1.** (PHYS) frecuencia *f* de onda **2.** (MED) frecuencia *f* **3.** (*einer Veranstaltung*) asistencia *f*; **eine Straße mit starker ~** una calle muy transitada

Fresko ['frɛsko] *nt* <-s, Fresken> (KUNST) fresco *m*

Freskomalerei[1] *f* <-, *ohne pl*> (KUNST: *Gat-*

tung) pintura *f* al fresco
Freskomalerei[2] *f* <-, -en> (KUNST: *Werk*) fresco *m*
Fressalien [frɛ'saːliən] *pl* (*fam*) vituallas *fpl*
Fresse ['frɛsə] *f* <-, -n> (*fam: Mund, Gesicht*) jeta *f*, morro *m*; **die ~ halten** cerrar el pico; **eine große ~ haben** (*fig*) ser un farolero; **jdm die ~ polieren** partirle los morros a alguien; **ach du meine ~!** ¡ay Dios mío!
fressen ['frɛsən] <frisst, fraß, gefressen> **I.** *vi, vt* **1.** (*Tier*) comer; (*fam: Mensch: gierig*) tragar, devorar; **sich voll ~** (*Tier*) hartarse; (*fam: Person*) atiborrarse, llenarse la panza; **sie gab dem Hund etw zu ~** le dió algo de comer al perro; **ich fresse einen Besen, wenn ...** que me muera si...; **er wird dich schon nicht ~** (*fam*) no te preocupes que no te va a comer; **den habe ich ge~** (*fam fig*) no lo puedo tragar; **jdn zum F~ gern haben** (*fam*) querer mucho a alguien; **er frisst mir die Haare vom Kopf** (*fam*) ¡me come el alma!; **einen Narren an jdm ge~ haben** beber los vientos por alguien; **er frisst ihr quasi aus der Hand** (*fig*) hace prácticamente todo lo que le dice; **die hat wohl die Weisheit mit Löffeln ge~** (*abw*) esta se cree muy sabihonda **2.** (*Benzin, Zeit, Geld*) comer, tragar **II.** *vr:* **sich ~** (*Bohrer*) penetrar (*in* en, *durch* por); (*Säure, Rost*) corroer (*durch*)
Fressen ['frɛsən] *nt* <-, *ohne pl*> **1.** (*Futter*) pasto *m*, forraje *m*; **das ist ein gefundenes ~ für ihn** (*fam fig*) esto le viene a las mil maravillas [*o* de perilla] **2.** (*fam abw: Essen*) bodrio *m*, rancho *m*
Fresser(in) *m(f)* <-s, -; -, -nen> (*fam abw*) comilón, -ona *m, f*, glotón, -ona *m, f*; **ein unnützer ~** una boca de más
Fresserei *f* <-, -en> (*fam abw: Gelage*) comilona *f*; **Weihnachten war wieder eine einzige ~** como siempre en Navidad nos pusimos las botas
Fresserin *f* <-, -nen> *s.* **Fresser**
Fressgier[RR] *f* <-, *ohne pl*>, **Freßgier** *f* <-, *ohne pl*> (*abw*) glotonería *f*; **Fresskorb**[RR] ['frɛs-] *m* <-(e)s, -körbe>, **Freßkorb** *m* <-(e)s, -körbe> (*fam: Picknick*) cesta *f* de picnic; (*Geschenk*) cesta *f* de regalo (con comestibles); **Fressnapf**[RR] *m* <-(e)s, -näpfe>, **Freßnapf** *m* <-(e)s, -näpfe> comedero *m*; **Fresspaket**[RR] *nt* <-(e)s, -e>, **Freßpaket** *nt* <-(e)s, -e> (*fam*) paquete *m* de comida; **Fresssack**[RR] *m* <-(e)s, -säcke>, **Freßsack** *m* <-(e)s, -säcke> (*fam abw*) comilón, -ona *m, f*, glotón, -ona *m, f*; **Fresssucht**[RR] *f* <-, *ohne pl*>, **Freßsucht** *f* <-, *ohne pl*> glotonería *f*, voracidad *f*; **Fresswerkzeuge**[RR] *ntpl*, **Freßwerkzeuge** *ntpl* (ZOOL: *Insekten*) palpos *mpl* (maxilares); **Fresszelle**[RR] *f* <-, -n>, **Freßzelle** *f* <-, -n> (BIOL, MED) fagocito *m*
Frettchen ['frɛtçən] *nt* <-s, -> hurón *m*
Freude ['frɔɪdə] *f* <-, *ohne pl*> (*Fröhlichkeit*) alegría *f* (*über* por); (*Wonne*) gozo *m*; (*innere* ~) satisfacción *f*; **vor ~ strahlen/weinen** resplandecer/llorar de alegría; **~ an etw haben** alegrarse de algo; **daran hat er seine helle ~** le gusta mucho; **das Kind macht ihm viel ~** el niño le produce mucha alegría; **jdm eine ~ bereiten/machen** causarle/darle una alegría a alguien; **das ist aber eine ~!** ¡pero qué alegría!; **vor ~ an die Decke springen** (*fam*) dar botes de alegría; **jdm die ~ verderben** aguar la fiesta a alguien; **zu meiner größten ~** para mi gran satisfacción; **aus Spaß an der ~** (*fam*) por pura alegría; **es ist mir eine ~, Sie hier begrüßen zu dürfen** es una gran placer para mí el poderle saludar aquí; **Schadenfreude ist die schönste ~** (*prov*) la alegría por el mal ajeno es la que más gusta
Freuden *fpl* (*geh: Vergnügung*) placer *m*; **das tue ich mit ~** lo hago con placer; **die kleinen ~ des Lebens** los pequeños placeres de la vida
Freudenbotschaft *f* <-, -en> grata noticia *f*; **die Nachricht von ihrem Lottogewinn war eine große ~** la noticia de que le había tocado la lotería fue una gran alegría; **Freudenfest** *nt* <-(e)s, -e> celebración *f*; **sie feiern ein großes ~** están haciendo una celebración por todo lo alto; **Freudenfeuer** *nt* <-s, -> hoguera *f*, fogata *f*; **Freudengeschrei** *nt* <-s, *ohne pl*> gritos *mpl* de alegría; **Freudenhaus** *nt* <-es, -häuser> casa *f* de citas; **Freudenmädchen** *nt* <-s, -> (*geh*) prostituta *f*; **Freudenschrei** *m* <-(e)s, -e> chillido *m* de alegría, grito *m* de alegría; **in ~e ausbrechen** chillar [*o* gritar] de alegría; **Freudensprung** *m* <-(e)s, -sprünge> salto *m* de alegría; **einen ~ machen** saltar de alegría; **Freudentag** *m* <-(e)s, -e> día *m* de júbilo; **Freudentanz** *m* <-es, -tänze>: **einen ~ aufführen** saltar y brincar de alegría; **Freudentaumel** *m* <-s, *ohne pl*> arrebato *m* de alegría; **sie verfiel in einen wahren ~** cayó en un verdadero paroxismo de alegría; **Freudentränen** *fpl* lágrimas *fpl* de alegría
freudestrahlend *adj* radiante (de alegría)
freudig ['frɔɪdɪç] **I.** *adj* **1.** (*froh*) contento; (*fröhlich*) alegre **2.** (*Ereignis*) feliz **II.** *adv* (*begeistert*) con alegría; (*erfreut*) de buen grado; **~ überrascht sein** estar sorprendido de alegría; **jdn ~ stimmen** alegrar a alguien
freudlos ['frɔɪtloːs] *adj* triste
Freudlosigkeit *f* <-, *ohne pl*> tristeza *f*
freuen ['frɔɪən] **I.** *vr:* **sich ~** alegrarse; **ich freue mich sehr über dein Geschenk** tu regalo me gusta mucho; **ich freue mich, dass du kommst** me alegro de que vengas; **ich freue mich darauf, dich wieder zu sehen** tengo ilusión de verte; **ich freue mich mit dir** comparto tu alegría; **ich freue mich für dich** [*o* **mit dir**], **dass du gewonnen hast** me alegro por ti que hayas ganado; **da hast du dich zu früh gefreut** (*fam*) te has

alegrado antes de tiempo; **sie freute sich schon sehr auf das Fest** esperaba ansiosamente [*o* impacientemente] que llegara el día de la fiesta; **wenn zwei sich streiten, freut sich der Dritte** (*prov*) peleándose dos, el tercero gana **II.** *vt* alegrar; **Ihr Besuch hat mich sehr gefreut** su visita me ha alegrado mucho; **es freut mich, Sie kennen zu lernen** encantado de conocerle; **das freut mich** (esto) me alegra; **es freut mich, zu sehen, dass ...** me alegra ver que... (*+subj*)

Freund(**in**) [frɔɪnt] *m(f)* <-(e)s, -e; -, -nen> **1.** (*Kamerad*) amigo, -a *m, f*, chamaco, -a *m, f Mex;* **viele ~e haben** tener muchos amigos; **unter ~en** entre amigos; **gute ~e werden** hacerse buenos amigos; **jdn zum ~ gewinnen** trabar amistad con alguien; **ein schöner ~!** (*iron*) ¡vaya amigo!, ¡valiente amigo, ese! *Am,* ¡lindo amigo, ese! *Am;* **mein lieber ~!** (*iron*) ¡amigo mío!; **~e erkennt man in der Not** (*prov*) en la necesidad se ve la amistad **2.** (*fester ~*) novio, -a *m, f* **3.** (*Anhänger, Förderer*) amigo, -a *m, f;* (KUNST, SPORT) aficionado, -a *m, f* (*von* a); **er/sie ist kein ~ von großen Worten** es persona de pocas palabras; **ich bin kein ~ von Hunden** no soy muy amigo de los perros

Freundchen ['frɔɪntçən] *nt* <-s, -> amiguito *m;* **komm mal her, mein ~!** (*iron*) ¡ven aquí, amiguito!

freundeidgenössisch ['frɔɪntʔaɪtgənœsɪʃ] *adj* (*Schweiz: geh*) prosuizo

Freundeskreis ['frɔɪndəs-] *m* <-es, -e> círculo *m* de amigos, grupo *m* de amigos; **wir feiern nur im engsten ~** celebramos sólo con los amigos más íntimos; **einen großen ~ haben** tener muchos amigos

Freund-Feind-Denken *nt* <-s, *ohne pl*> (SOZIOL) *actitud en la que una persona o bien es amigo o bien enemigo de otra persona*

Freundin *f* <-, -nen> *s.* **Freund**

freundlich ['frɔɪntlɪç] *adj* **1.** (*wohlwollend, liebenswürdig*) amable; (*herzlich*) cordial, cariñoso; **jdm ~ gesinnt sein** ser amable con alguien; **mit ~en Grüßen** (*am Briefende*) muy atentamente le saluda; **~ zu jdm sein** ser amable con alguien; **das ist sehr ~ von Ihnen** esto es muy amable de su parte; **seien Sie bitte so ~ und kommen Sie zu mir** hágame el favor de venir a verme; **bitte recht ~!** ¡sonría! **2.** (*angenehm*) agradable; (*Zimmer*) acogedor; (*Gegend*) ameno; (*Wetter, Himmel*) claro, agradable **3.** (FIN) favorable

freundlicherweise ['---'--] *adv* amablemente; **sie kam mich ~ besuchen** tuvo la amabilidad de venir a visitarme

Freundlichkeit[1] *f* <-, *ohne pl*> (*Verhalten*) cordialidad *f*, afabilidad *f;* **würden Sie (wohl) die ~ haben das zu tun?** ¿tendría Ud. la amabilidad de hacer eso?

Freundlichkeit[2] *f* <-, -en> (*Handlung*) favor *m;* (*Bemerkung*) amabilidad *f;* **jdm ~en erweisen** hacer favores a alguien

Freundschaft *f* <-, -en> amistad *f;* **mit jdm ~ schließen** trabar amistad con alguien; **jdm die ~ kündigen** romper la amistad con alguien; **aus alter ~** como viejo amigo; **da hört die ~ auf** (*fam*) ahí se acaba la amistad; **kleine Geschenke erhalten die ~** con pequeños regalos se conservan las amistades

freundschaftlich *adj* amistoso; **jdm ~ gesinnt sein** querer bien a alguien; **jdm ~ verbunden sein** ser amigo de alguien

Freundschaftsbande *ntpl* (*geh*) lazos *mpl* de amistad, vínculos *mpl* de amistad; **~ mit jdm knüpfen** establecer lazos de amistad con alguien; **Freundschaftsbesuch** *m* <-(e)s, -e> visita *f* de amistad; **Freundschaftsdienst** *m* <-(e)s, -e> favor *m* (entre amigos); **jdm einen ~ erweisen** hacer un favor a alguien; **Freundschaftspreis** *m* <-es, -e> precio *m* de amigo; **ich mache dir einen ~** te lo vendo a un buen precio [*o* a precio de amigo]; **Freundschaftsspiel** *nt* <-(e)s, -e> (SPORT) partido *m* amistoso; **Freundschaftsvertrag** *m* <-(e)s, -träge> (POL) pacto *m* de amistad

Frevel ['fre:fəl] *m* <-s, -> (*geh*) crimen *m;* (REL) sacrilegio *m*, profanación *f*

frevelhaft *adj* (*geh: verbrecherisch*) criminal; (REL) sacrílego

Frevelhaftigkeit *f* <-, *ohne pl*> (*geh*) bajeza *f;* (*einer Tat*) atrocidad *f*, depravación *f*

freveln *vi* (*geh*) cometer un delito; (REL) pecar

Freveltat *f* <-, -en> (*geh*) atrocidad *f;* **eine ~ begehen** cometer una atrocidad

Frevler(**in**) ['fre:flɐ] *m(f)* <-s, -; -, -nen> criminal *mf;* (REL) sacrílego, -a *m, f*

frevlerisch ['fre:flərɪʃ] *adj s.* **frevelhaft**

Friede *m* <-ns, *ohne pl*>: **~ sei mit Euch!** (REL) ¡la paz sea con vosotros!; **~ seiner Asche!** (REL) ¡descanse en paz!; *s. a.* **Frieden**

Frieden *m* <-s, *ohne pl*> paz *f;* **~ schließen** hacer las paces; **~ stiften** poner paz; **in ~ leben** vivir en paz; **lasst mich doch in ~!** (*fam*) ¡dejádme en paz!; **um des lieben ~s willen** por la paz; **ich traue dem ~ nicht** no me fío de la paz; **Friedensbedingungen** *fpl* (POL) condiciones *fpl* de paz; **die Sieger diktierten den Unterlegenen ihre ~** los vencedores impusieron sus condiciones de paz a los vencidos; **Friedensbemühungen** *fpl* (POL) esfuerzos *mpl* por la paz; **Friedensbewegung** *f* <-, -en> movimiento *m* pacifista; **Friedensbruch** *m* <-(e)s, -brüche> violación *f* de la paz

Friedensforschung *f* <-, -en> investigación *f* sobre la paz; **Friedensforschungsinstitut** *nt* <-(e)s, -e> instituto *m* de investigación sobre la paz

Friedensgespräche *ntpl* negociaciones *fpl* de paz; **Friedensgrenze** *f* <-, -n> frontera *f* de la paz; **Friedensinitiative** *f* <-, -n> **1.** (*Handlung*) iniciativa *f* para la paz **2.** (*Friedensbewegung*) movimiento *m* pacifista;

Friedenskonferenz *f* <-, -en> conferencia *f* sobre la paz; **Friedensmarsch** *m* <-es, -märsche> marcha *f* por la paz; **Friedensnobelpreis** *m* <-es, -e> premio *m* Nobel de la paz; **Friedensordnung** *f* <-, *ohne pl*> reglas *fpl* que rigen en tiempo de paz; **Friedenspfeife** *f* <-, -n> pipa *f* de la paz; **die ~ rauchen** fumar la pipa de la paz; **Friedenspflicht** *f* <-, -en> (JUR) obligación *f* de respetar la paz social; **die ~ verletzen** atentar contra la paz social; **Friedensplan** *m* <-(e)s, -pläne> plan *m* de paz; **einen ~ ausarbeiten/vorlegen** elaborar/presentar un plan de paz; **Friedenspolitik** *f* <-, -en> política *f* en pro de la paz; **Friedensprozess**[RR] *m* <-es, -e> proceso *m* de paz [*o* de pacificación]; **Friedensrichter(in)** *m(f)* <-s, -; -, -nen> **1.** (JUR) juez *mf* de paz **2.** (*Schweiz: Laienrichter*) juez *mf* sin la formación jurídica universitaria; **Friedensschluss**[RR] *m* <-es, *ohne pl*> conclusión *f* del tratado de paz; **Friedenssicherung** *f* <-, -en> mantenimiento *m* de la paz, consolidación *f* de la paz; **Friedensstärke** *f* <-, *ohne pl*> (MIL) efectivos *mpl* en tiempos de paz; **friedensstiftend** *adj* pacificador; **Friedensstifter(in)** *m(f)* <-s, -; -, -nen> pacificador(a) *m(f)*; **bei einem Konflikt ~ sein** [*o* **als ~ tätig werden**] actuar como pacificador en un conflicto; **Friedenstaube** *f* <-, -n> paloma *f* de la paz

Friedenstifter(in) *m(f)* <-s, -; -, -nen> *s.* **Friedensstifter**

Friedenstruppe *f* <-, -n> tropa *f* pacificadora; **Friedensverhandlung** *f* <-, -en> negociación *f* de paz; **Friedensvertrag** *m* <-(e)s, -träge> tratado *m* de paz; **Friedenszeit** *f* <-, -en> período *m* de paz, periodo *m* de paz; **in ~en** en tiempos de paz

friedfertig ['fri:tfɛrtɪç] *adj* pacífico

Friedfertigkeit *f* <-, *ohne pl*> carácter *m* apacible [*o* pacífico]

Friedhof ['fri:tho:f] *m* <-(e)s, -höfe> cementerio *m*, camposanto *m*, panteón *m Am*; **Friedhofskapelle** *f* <-, -n> capilla *f* del cementerio; **Friedhofsruhe** *f* <-, *ohne pl*> (*fig: völlige Stille*) silencio *m* sepulcral; **es herrscht ~** hay un silencio sepulcral

friedlich *adj* pacífico; (*ruhig*) tranquilo; **nun sei ~!** ¡estáte tranquilo!

friedliebend ['fri:tli:bənt] *adj* pacífico, amante de la paz

frieren [fri:rən] <friert, fror, gefroren> **I.** *vi* **1.** *sein* (*Wasser, Boden*) helarse **2.** (*Mensch, Tier*) tener frío; **ich friere** tengo frío; **ich friere an den Zehen** tengo frío en los dedos de los pies; **wie ein Schneider ~** morirse de frío **II.** *vunpers* helar; **mich friert** me estoy helando; **es hat heute Nacht gefroren** esta noche ha helado

Fries [fri:s] *m* <-es, -e> (ARCHIT) friso *m*

Friese, -in ['fri:zə] *m, f* <-n, -n; -, -nen> frisio, -a *m, f*, frisón, -ona *m, f*

friesisch *adj* frisio, frisón

Friesland ['fri:slant] *nt* <-s> Frisia *f*

frigid(e) [fri'gi:t, fri'gi:də] *adj* (MED) frígido

Frigidität [frigidi'tɛ:t] *f* <-, *ohne pl*> frigidez *f*

Frikadelle [frika'dɛlə] *f* <-, -n> (GASTR), **Frikandelle** [frikan'dɛlə] *f* <-, -n> (GASTR: *reg*) albóndiga *f*, almóndiga *f*, hamburguesa *f*

Frikassee [frika'se:] *nt* <-s, -s> (GASTR) fricasé *m*

Frikativ *m* <-s, -e>, **Frikativlaut** *m* <-(e)s, -e> (LING) sonido *m* fricativo, fricativa *f*

Friktion *f* <-, -en> (TECH) fricción *f*

Frisbee® *nt* <-, -s> frisbee® *m*, plato *m* volador; **~ spielen** jugar al frisbee®; **Frisbeescheibe** *f* <-, -n> disco *m* "frisbee"

frisch [frɪʃ] **I.** *adj* **1.** (*Lebensmittel, Wind, Erinnerung*) fresco; (*Kräfte*) nuevo; **~e Luft schöpfen** [*o* **schnappen**] tomar aire fresco; **jdn an die ~e Luft setzen** (*fam*) poner a alguien de patitas en la calle; **~ und munter sein** (*fam*) estar rebosando de salud; **jdn auf ~er Tat ertappen** pillar a alguien in fraganti; **im Bundestag weht ein ~er Wind** el ambiente en el Parlamento Federal se está animando; **das ist mir noch in ~er Erinnerung** me acuerdo muy bien de eso; **~ gewagt ist halb gewonnen** (*prov*) obra empezada, medio acabada **2.** (*sauber*) limpio; **das Bett ~ beziehen** mudar la cama; **sich ~ machen** asearse **3.** (*fam: unbenutzt*) nuevo; **ein ~es Blatt Papier nehmen** coger una hoja nueva de papel **4.** (*Farbe*) vivo **II.** *adv* (*eben erst*) recién; **~ gestrichen** recién pintado; **~ gebacken** (*fig*) flamante; (*Ehemann*) recién casado; **~ gebackenes Brot** pan recién salido del horno

Frische ['frɪʃə] *f* <-, *ohne pl*> **1.** (*Kühle*) frescor *m*, frescura *f*; **dann sehen wir uns in alter ~ wieder** (*iron*) ya nos veremos (tan frescos y sanos como siempre) **2.** (*von Farben*) viveza *f*

Frischfleisch *nt* <-(e)s, *ohne pl*> carne *f* fresca

frischgebacken *adj s.* **frisch II.**

Frischgemüse *nt* <-s, -> verdura *f* fresca

Frischhaltebeutel *m* <-s, -> bolsa *f* de plástico (para guardar y preservar alimentos); **Frischhaltebox** *f* <-, -en> fresquera *f*; **Frischhaltefolie** *f* <-, -n> celofán *m*; **Frischhaltepackung** *f* <-, -en> envase *m* al vacío

Frischkäse *m* <-s, -> queso *m* fresco

Frischling *m* <-s, -e> (JAGD) jabato *m*

Frischluft *f* <-, *ohne pl*> aire *m* fresco; **Frischmilch** *f* <-, *ohne pl*> leche *f* fresca

Frischwarenmarkt *m* <-(e)s, -märkte> mercado *m* de productos frescos

frischweg *adv* despreocupadamente; **die Kinder fingen ~ an zu singen** los niños se pusieron espontáneamente a cantar; **sie erzählte ~, was ihr auf der Seele lag** contó

sin tapujos lo que la agobiaba
Frischzelle *f* <-, -n> (MED) célula *f* fresca
Friseur(in) [fri'zøːɐ] *m(f)* <-s, -e; -, -nen> peluquero, -a *m, f;* **zum ~ gehen** ir al peluquero [*o* a la peluquería]; **Friseursalon** *m* <-s, -s> peluquería *f*
Friseuse [fri'zøːzə] *f* <-, -n> peluquera *f*
frisieren* [fri'ziːrən] *vt* **1.** (*Haar: kämmen*) peinar; (*formen*) moldear; (*Person*) peinar **2.** (*fam: ändern*) retocar; **die Bilanzen ~** retocar los balances **3.** (AUTO: *fam*) aumentar la cilindrada (de)
Frisierkommode *f* <-, -n> (*alt*) tocador *m;* **Frisiermantel** *m* <-s, -mäntel> peinador *m;* **Frisiersalon** *m* <-s, -s> (*alt*) peluquería *f;* **Frisierspiegel** *m* <-s, -> espejo *m* del tocador
Frisör *m,* **Frisöse** *f* <-s, -e; -, -n> *s.* **Friseur**
frisst[RR] [frɪst], **frißt** *3. präs von* **fressen**
Frist [frɪst] *f* <-, -en> **1.** (*Zeitraum*) plazo *m;* **letzte ~** último plazo; **vertragliche ~** plazo contractual; **eine ~ einhalten** cumplir un plazo; **nach/vor Ablauf der ~** cumplido el plazo/antes de cumplirse el plazo; **Sie haben eine ~ von sieben Tagen** tiene un plazo de siete días; **die ~ läuft ab** el plazo expira; **eine ~ festsetzen/verlängern/verstreichen lassen** fijar/prolongar/dejar pasar un plazo; **innerhalb kürzester ~** en el más breve plazo **2.** (*Aufschub*) prórroga *f;* **er gewährte ihm eine ~ von drei Tagen** le concedió una prórroga de tres días **3.** (*Zeitpunkt*) fecha *f;* **Fristeinlage** *f* <-, -n> (FIN) depósito *m* a plazo fijo
fristen ['frɪstən] *vt:* **sein Leben** [*o* **Dasein**] **~** ir tirando
Fristenlösung *f* <-, -en>, **Fristenregelung** *f* <-, -en> (JUR) ley *f* del aborto (*que permite la interrupción del embarazo durante los tres primeros meses de gestación*)
fristgerecht *adj* a tiempo; **etw ~ liefern** suministrar algo en el plazo debido
fristlos *adj* inmediato, sin plazo; **er wurde ~ entlassen** fue despedido de inmediato; **jdm ~ kündigen** despedir a alguien sin preaviso
Fristsetzung *f* <-, -en> fijación *f* de un plazo; **Fristverlängerung** *f* <-, -en> moratoria *f,* aplazamiento *m;* **Fristwechsel** *m* <-s, -> (COM, FIN) letra *f* a plazo
Frisur [fri'zuːɐ] *f* <-, -en> peinado *m;* (*Haarschnitt*) corte *m* de pelo
Friteuse *f* <-, -n> *s.* **Fritteuse**
fritieren* *vt s.* **frittieren**
Fritten ['frɪtən] *fpl* (*fam: Pommes frites*) patatas *fpl* fritas, papas *fpl* fritas *Am;* **Frittenbude** *f* <-, -n> (*nordd: fam*) puesto *m* de salchichas
Fritteuse[RR] [fri'tøːzə] *f* <-, -n> freidora *f*
frittieren*[RR] [fri'tiːrən] *vt* (GASTR) freír (con mucho aceite)
frivol [fri'voːl] *adj* **1.** (*leichtfertig*) frívolo **2.** (*anzüglich*) picante, indecente
Frivolität[1] *f* <-, -en> (*frivole Äußerung*) expresión *f* obscena [*o* indecente]
Frivolität[2] *f* <-, *ohne pl*> **1.** (*Anzüglichkeit: Anspielung, Bemerkung*) atrevimiento *m;* (*Witz*) obscenidad *f* **2.** *ohne pl* (*Leichtfertigkeit*) ligereza *f,* frivolidad *f*
Frl. *Abk. von* **Fräulein** Srta.
froh [froː] *adj* **1.** (*fröhlich*) alegre; (*glücklich*) feliz; **~ gelaunt** alegre; **~ gestimmt** de (buen) humor; **das stimmte ihn ~** esto le alegró; **F~e Weihnachten!** ¡Feliz Navidad! **2.** (*fam: zufrieden*) satisfecho, contento; **du kannst ~ sein, dass ...** puedes estar contento de que... (+*subj*); **ich bin ~, dass ...** me alegro de que... +*subj;* **~ über etw sein** estar contento por algo; **seines Lebens nicht mehr ~ werden** no hallar sosiego **3.** (*erfreulich*) bueno, agradable; **frohgelaunt** *adj s.* **froh 1.**; **frohgestimmt** *adj s.* **froh 1.**
fröhlich ['frøːlɪç] *adj* alegre
Fröhlichkeit *f* <-, *ohne pl*> alegría *f,* buen humor *m*
frohlocken* *vi* (*geh*) **1.** (*triumphieren*) alegrarse mucho (*especialmente del mal ajeno*) (*über* de/por) **2.** (*jubeln*) gritar con entusiasmo (*über* por), celebrar con júbilo (*über*)
Frohnatur *f* <-, -en> persona *f* alegre [*o* risueña]; **Frohsinn** *m* <-(e)s, *ohne pl*> alegría *f,* alborozo *m*
fromm [frɔm] *adj* <frommer *o* frömmer, am frommsten *o* am frömmsten> devoto, piadoso; **das ist wohl nur ein ~er Wunsch** esto seguramente no es más que un deseo piadoso
Frömmelei[1] [frœmə'laɪ] *f* <-, *ohne pl*> (*abw: das Frömmeln*) santurronería *f*
Frömmelei[2] *f* <-, -en> (*abw: Handlung*) muestra *f* exagerada de devoción
frömmeln ['frœməln] *vi* (*abw*) santurronear
frömmer *adj kompar von* **fromm**
Frömmigkeit ['frœmɪçkaɪt] *f* <-, *ohne pl*> religiosidad *f,* devoción *f*
Frömmler(in) *m(f)* <-s, -; -, -nen> beato, -a *m, f,* santurrón, -ona *m, f*
frömmste(r, s) *adj superl von* **fromm**
Fron [froːn] *f* <-, -en>, **Fronarbeit** *f* <-, -en> **1.** (*geh: Arbeit*) trabajo *m* ímprobo **2.** (HIST) servidumbre *f* feudal
Fronde ['frõːdə] *f* <-, -n> (POL) partido *m* de la oposición
Frondienst *m* <-(e)s, -e> (HIST) servidumbre *f* feudal
fronen ['froːnən] *vi* (*geh: hart arbeiten*) trabajar duro
frönen ['frøːnən] *vi* (*geh*) entregarse, darse; **einer Leidenschaft/einem Laster ~** entregarse a una pasión/a un vicio
Fronleichnam [froːn'laɪçnaːm] *m* <-(e)s, *ohne pl*> (REL) Corpus *m* Christi; **(an) ~ fahren wir nach Hamburg** (en) el día del Corpus vamos a Hamburgo; **Fronleichnamsfest** *nt* <-(e)s, -e> (REL) fiesta *f* del Corpus; **Fronleichnamsprozession** *f* <-, -en>

(REL) procesión *f* del Corpus

Front [frɔnt] *f* <-, -en> **1.** (ARCHIT) frente *m*, fachada *f* **2.** (MIL, METEO) frente *m;* **in vorderster ~ stehen** (MIL) combatir en primera fila; **gegen jdn ~ machen** oponerse [*o* hacer frente] a alguien **3.** *pl* (*Position*) posiciones *fpl*, posturas *fpl;* **klare ~en schaffen** establecer posiciones claras; **die ~en haben sich verhärtet** las posturas se han endurecido

Frontabschnitt *m* <-(e)s, -e> (MIL) sector *m* del frente

frontal [frɔn'ta:l] *adj* frontal, de frente; **Frontalangriff** *m* <-(e)s, -e> (MIL) ataque *m* frontal; **Frontalunterricht** *m* <-(e)s, *ohne pl*> (SCH) enseñanza *f* frontal; **Frontalzusammenstoß** *m* <-es, -stöße> choque *m* de frente, colisión *f* frontal

Frontantrieb *m* <-(e)s, -e> (AUTO) tracción *f* delantera

Frontbericht *m* <-(e)s, -e> (MIL) informe *m* del frente

Frontmotor *m* <-s, -en> (AUTO) motor *m* frontal; **mit ~** con el motor delante; **Frontscheibe** *f* <-, -n> (AUTO) parabrisas *m inv*

Frontsoldat(in) *m(f)* <-en, -en; -, -nen> (MIL) soldado, -a *m, f* en el frente

Frontspoiler *m* <-s, -> (AUTO) spoiler *m* delantero

Fronturlaub *m* <-(e)s, -e> (MIL) permiso *m* de vacaciones (para los soldados en el frente)

Frontwand *f* <-, -wände> (ARCHIT) pared *f* frontal

Frontwechsel *m* <-s, -> cambio *m* de bando; **~!** (*fig*) ¡cambio de escenario!

fror [fro:ɐ] *3. imp von* **frieren**

Frosch [frɔʃ, *pl:* 'frœʃə] *m* <-(e)s, Frösche> rana *f;* **einen ~ im Hals haben** (*fam*) estar ronco; **sei kein ~!** (*fam*) ¡no seas gallina!; **Froschkönig** *m* <-s, -e> príncipe *m* encantado; **Froschlaich** *m* <-(e)s, -e> huevas *fpl* de rana; **Froschmann** *m* <-(e)s, -männer> hombre-rana *m*, submarinista *mf;* **Froschperspektive** *f* <-, -n> vista *f* desde abajo; **etw aus der ~ betrachten** mirar algo desde abajo; **Froschschenkel** *m* <-s, -> (GASTR) anca *f* de rana

Frost [frɔst, *pl:* 'frœstə] *m* <-(e)s, Fröste> helada *f;* **es herrscht strenger ~** hay fuertes heladas; **zehn Grad ~** diez grados bajo cero; **Frostbeule** *f* <-, -n> sabañón *m;* **Frostboden** *m* <-s, -böden> suelo *m* helado

fröstelig *adj* helado (de frío)

frösteln ['frœstəln] **I.** *vi* tiritar de frío, temblar de frío **II.** *vunpers:* **es fröstelt mich** tengo frío

frostempfindlich *adj* sensible a las heladas [*o* a las bajas temperaturas]; **frostfrei I.** *adj* sin heladas; **die Nacht war ~ und sternklar** ha sido una noche sin heladas y con el cielo estrellado **II.** *adv* (BAUW) protegido contra las heladas; **Frostgefahr** *f* <-, *ohne pl*> (METEO) peligro *m* de heladas; **bei ~** en caso de heladas; **es besteht keine ~ mehr für Niederbayern** ha desaparecido el peligro de heladas en la Baja Baviera; **Frostgrenze** *f* <-, -n> (METEO) límite *m* de heladas

frostig *adj* **1.** (*Luft, Wetter*) helado, frío **2.** (*unfreundlich*) frío, glacial; **eine ~e Atmosphäre** un ambiente glacial

Frostigkeit *f* <-, *ohne pl*> **1.** (METEO) clima *m* glacial **2.** (*abweisende Kühle*) frialdad *f*, insensibilidad *f*

frostklar *adj* (METEO) claro y helado; **bei ~er Nacht** en una noche clara y helada

fröstlig *adj s.* **fröstelig**

Frostpunkt *m* <-(e)s, -e> punto *m* de congelación; **frostresistent** *adj* resistente a las heladas; **Frostsalbe** *f* <-, -n> ungüento *m* para sabañones; **Frostschaden** *m* <-s, -schäden> daño *m* causado por la helada; **Frostschutzmittel** *nt* <-s, -> anticongelante *m;* **Frostwetter** *nt* <-s, *ohne pl*> (METEO) (tiempo *m* de) heladas *fpl*

Frotté *m o nt* <-(s), -s>, **Frottee** ['frɔte:] *m o nt* <-(s), -s> rizo *m*

Frotteehandtuch *nt* <-(e)s, -tücher> (*fam*) *s.* **Frottier(hand)tuch**

frottieren* [frɔ'ti:rən] *vt* frotar, restregar

Frottier(hand)tuch [frɔ'ti:ɐ-] *nt* <-(e)s, -tücher> toalla *f* de rizo

Frotzelei¹ *f* <-, *ohne pl*> (*fam: Behandlung*) guasa *f;* **hör doch mit der ewigen ~ auf!** ¡ya vale de tanta guasa!

Frotzelei² *f* <-, -en> (*fam: Bemerkung*) guasa *f;* **deine ~en gehen mir auf die Nerven!** ¡esas guasitas tuyas me revientan!

frotzeln ['frɔtsəln] *vi* (*fam*) meterse (*über* con)

Frucht¹ [frʊxt, *pl:* 'frʏçtə] *f* <-, Früchte> **1.** (BOT) fruto *m;* (*Obst*) fruta *f;* **verbotene Früchte** (*fig*) fruta prohibida; **Früchte tragen** dar fruto **2.** (*Embryo*) embrión *m*, feto *m* **3.** (*Ergebnis*) fruto *m*, resultado *m;* **jdn um die Früchte seiner Arbeit bringen** quitarle a alguien los frutos de su trabajo

Frucht² *f* <-, *ohne pl*> (*reg: Getreide*) cereales *mpl*, mies *f*

fruchtbar *adj* fértil, fecundo

Fruchtbarkeit *f* <-, *ohne pl*> fertilidad *f*, fecundidad *f*

Fruchtblase *f* <-, -n> (ANAT) bolsa *f* amniótica, amnios *m inv*

Früchtchen ['frʏçtçən] *nt* <-s, -> (*fam abw*): **ein sauberes ~!** ¡menuda alhaja [*o* pieza]!; **du bist mir vielleicht ein schönes ~!** ¡buena pieza estás tú hecho!

Früchtebrot *nt* <-(e)s, -e> (GASTR) pan *m* de frutas

fruchten ['frʊxtən] *vi* ser útil, dar frutos; **all das fruchtet doch sowieso nichts** todo eso es en vano

Früchtetee *m* <-s, -s> infusión *f* de frutas

Fruchtfleisch *nt* <-(e)s, *ohne pl*> pulpa *f;* **Fruchtfliege** *f* <-, -n> (ZOOL) drosófila *f;* **Fruchtfolge** *f* <-, -n> (AGR) rotación *f* de cultivos

Fruchtifikationszeit [frʊxtifika'tsjo:ns-] *f*

<-, -en> tiempo *m* de fructificación

fruchtig *adj* (*Duft*) con olor a fruta; (*Geschmack*) con sabor a fruta

Fruchtkapsel *f* <-, -n> (BOT) folículo *m*; **Fruchtknoten** *m* <-s, -> (BOT) ovario *m*; **fruchtlos** *adj* (*vergeblich*) infructuoso, inútil; **Fruchtlosigkeit** *f* <-, *ohne pl*> infructuosidad *f*, esterilidad *f*; **Fruchtmark** *nt* <-s, *ohne pl*> pulpa *f* de fruta; **Fruchtpresse** *f* <-, -n> exprimidor *m*, exprimidora *f*; **Fruchtsaft** *m* <-(e)s, -säfte> zumo *m* de frutas, jugo *m* de frutas; **Fruchtstand** *m* <-(e)s, -stände> (BOT) fructificación *f*

Fruchtwasser *nt* <-s, *ohne pl*> (MED) líquido *m* amniótico; **Fruchtwasserspiegelung** *f* <-, -en> (MED) amnioscopia *f*; **Fruchtwasseruntersuchung** *f* <-, -en> (MED) examen *m* del líquido amniótico

Fruchtwechsel *m* <-s, -> (AGR) rotación *f* de cultivos

Fruchtzucker *m* <-s, -> fructosa *f*

frugal [fru'ga:l] **I.** *adj* (*geh*) frugal **II.** *adv* (*geh*) con sencillez; **sie leben sehr ~** viven con mucha sencillez

früh [fry:] **I.** *adj* **1.** (*nicht spät*) temprano; **in ~ester Kindheit** a temprana edad; **~ am Morgen** de madrugada; **~ im Jahr** a principios de año; **es ist noch ~** todavía es temprano; **~er geht's nicht** no es posible antes; **das hättest du ~er sagen müssen** lo deberías haber dicho antes; **so ~ wie möglich** cuanto antes **2.** (*~zeitig*) prematuro; **ein ~er Tod** una muerte prematura; **~er oder später** tarde o temprano; **er hat schon ~ erkannt, dass ...** muy pronto se dió cuenta de (que)...; **~ übt sich, was ein Meister werden will** (*prov*) el que ha de ser bachiller, menester ha de aprender **II.** *adv* (*morgens*) (por la) mañana; **heute ~** esta mañana; **Dienstag ~** el martes por la mañana; **um 6 Uhr ~** a las 6 de la mañana; **~ aufstehen** madrugar; **von ~ bis spät arbeiten** trabajar de sol a sol [*o* sin parar]; **Frühankömmling** *m* <-s, -e> (*Frühgeborenes*) prematuro, -a *m, f*

frühauf *adv*: **von ~** desde la niñez, desde pequeño

Frühaufsteher(in) *m(f)* <-s, -; -, -nen> madrugador(a) *m(f)*

Frühbeet *nt* <-(e)s, -e> almajara *f*

Frühchen ['fry:çən] *nt* <-s, -> (*fam*) (niño, -a *m, f*) prematuro, -a *m, f*

frühchristlich *adj* (HIST) paleocristiano; (REL) del cristianismo primitivo; **Frühdienst** *m* <-(e)s, -e> turno *m* de mañana; **~ haben** estar de turno de mañana

Frühe ['fry:ə] *f* <-, *ohne pl*>: **in aller ~** de madrugada

früher ['fry:ɐ] **I.** *kompar von* **früh II.** *adj* **1.** (*ehemalig*) ex, antiguo; (*vorhergehend*) anterior; **seine ~en Freunde** sus antiguos amigos; **der ~e Besitzer** el dueño anterior **2.** (*vergangen*) pasado; **in ~en Zeiten** en tiempos pasados **III.** *adv* **1.** (*vorher*) antes, anteriormente; **wir kennen uns von ~** nos conocemos de antes; **genau wie ~** igual que antes **2.** (*ehemals*) antiguamente, en otros tiempos

Früherkennung *f* <-, -en> (MED) diagnóstico *m* precoz

frühestens ['fry:əstəns] *adv* como muy temprano; **~ in einer Woche** en una semana como muy temprano

frühestmöglich ['fry:əstmø:klɪç] *adj* próximo (posible); **zum ~en Termin** cuanto antes (posible)

Frühgeburt *f* <-, -en> **1.** (*Geburt*) parto *m* prematuro **2.** (*Kind*) (niño, -a *m, f*) prematuro, -a *m, f*; **Frühgemüse** *nt* <-s, -> hortalizas *fpl* tempranas; **Frühgeschichte** *f* <-, *ohne pl*> **1.** (HIST) protohistoria *f* (*periodo entre la prehistoria y la historia propiamente dicha*) **2.** (*einer Bewegung*) inicios *mpl*, fase *f* inicial; **Frühherbst** *m* <-(e)s, -e> otoño *m* temprano, principio *m* del otoño; **im ~** a comienzos del otoño; **frühherbstlich** *adj* de principios de otoño

Frühjahr *nt* <-(e)s, -e> primavera *f*; **im nächsten ~** la próxima primavera; **Frühjahrsmüdigkeit** *f* <-, *ohne pl*> cansancio *m* primaveral [*o* de primavera]; **Frühjahrsputz** *m* <-es, *ohne pl*> limpieza *f* de primavera

Frühkartoffeln *fpl* patatas *fpl* tempranas; **frühkindlich** *adj* (PSYCH: *Entwicklung, Erlebnis*) de la primera infancia; **Frühkultur** *f* <-, -en> (HIST) *período inicial de una cultura*; **der Grabhügel war ein Überrest aus der Zeit der keltischen ~** el túmulo era un resto de la época inicial de la cultura celta

Frühling ['fry:lɪŋ] *m* <-s, -e> primavera *f*; **Frühlingsanfang** *m* <-(e)s, -fänge> comienzo *m* de la primavera; **heute ist ~** hoy comienza la primavera; **Frühlingsgefühle** *ntpl*: **~ bekommen** enamorarse (a una edad ya avanzada)

frühlingshaft *adj* primaveral

Frühlingsrolle *f* <-, -n> (GASTR) *masa frita rellena de legumbres y carne o pescado*; **Frühlingssuppe** *f* <-, -n> (GASTR) sopa *f* de verduras, menestra *f*; **Frühlingszeit** *f* <-, *ohne pl*> (*geh*) primavera *f*

frühmorgens [fry:'mɔrgəns] *adv* por la mañana temprano, de madrugada, en la amanezquera *Mex, PRico*; **Frühnebel** *m* <-s, -> niebla *f* matinal, neblina *f* matutina; **Frühobst** *nt* <-(e)s, *ohne pl*> fruta *f* temprana; **Frühpensionierung** *f* <-, -en> jubilación *f* anticipada; **frühreif** *adj* **1.** (*Kind*) precoz **2.** (*Obst, Gemüse*) temprano; **Frühreife** *f* <-, *ohne pl*> precocidad *f*; **Frührentner(in)** *m(f)* <-s, -; -, -nen> pensionista *mf* que cobra la renta antes de lo que le correspondería; **Frühschicht** *f* <-, -en> turno *m* de mañana; **ich habe heute ~** hoy me toca el turno de mañana; **Frühschoppen** *m* <-s, -> aperitivo *m*; **zum ~ gehen** ir a tomar el aperitivo;

Frühsommer *m* <-s, -> verano *m* temprano, principio *m* del verano; **im ~** a comienzos del verano; **bei uns ist jetzt ~, wir haben jetzt ~** aquí está empezando el verano; **frühsommerlich** *adj* veraniego; **~e Temperaturen** temperaturas veraniegas; **Frühsport** *m* <-(e)s, *ohne pl*> deporte *m* matinal; **Frühstadium** *nt* <-s, -stadien> fase *f* inicial; **einen Tumor im ~ erkennen** detectar un tumor en estadio temprano; **Frühstart** *m* <-(e)s, -s> (SPORT) salida *f* en falso [*o* no válida]

Frühstück *nt* <-(e)s, -e> desayuno *m;* **was möchtest du zum ~?** ¿qué quieres desayunar?; **das ~ machen** preparar el desayuno

frühstücken *vi, vt* desayunar

Frühstücksbrett *nt* <-(e)s, -er> tabla *f* de desayuno; **Frühstücksbrot** *nt* <-(e)s, -e> bocadillo *m* (para desayunar); **Frühstücksbüfett** *nt* <-s, -s> buffet-desayuno *m;* **Frühstücksfernsehen** *nt* <-s, *ohne pl*> programación *f* televisiva matinal; **Frühstückspause** *f* <-, -n> hora *f* del desayuno; **~ machen** hacer la hora del desayuno

Frühwarnsystem *nt* <-s, -e> (MIL) sistema *m* de alarma preventiva; **Frühwerk** *nt* <-(e)s, -e> obra *f* temprana; **Frühzeit** *f* <-, *ohne pl*> comienzos *mpl*

frühzeitig I. *adj* 1. (*früh*) temprano 2. (*vorzeitig*) prematuro, precipitado II. *adv* (*vorzeitig*) antes de tiempo

Frust [frʊst] *m* <-(e)s, *ohne pl*> (*fam*) chasco *m;* **seinen ~ abreagieren** descargarse del frustre

frusten *vt* (*fam*) frustrar, decepcionar

Frustration [frʊstra'tsjo:n] *f* <-, -en> (*a.* PSYCH) frustración *f*

frustrieren* [frʊs'tri:rən] *vt* (*a.* PSYCH) frustrar

frustrierend *adj* (*a.* PSYCH) frustrante

frz. *Abk. von* **französisch** fr.

F-Schlüssel ['ɛfʃlʏsəl] *m* <-s, -> (MUS) clave *f* de fa

Fuchs [fʊks, *pl:* 'fʏksə] *m* <-es, Füchse> 1. (*Tier*) zorro *m*, grulla *f Mex;* **wo sich ~ und Igel gute Nacht sagen** donde Cristo dió las tres voces 2. (*Pelz*) piel *f* de zorro 3. (*fam: Person*) zorro, -a *m, f;* **ein alter ~ sein** ser zorro viejo; **schlau wie ein ~ sein** ser más listo que un coyote 4. (*Pferd*) alazán *m;* **Fuchsbau** *m* <-(e)s, -e> zorrera *f*

fuchsen ['fʊksən] I. *vt* fastidiar, cabrear *sl;* **die Sache hat mich sehr gefuchst** el asunto me fastidió un montón II. *vr:* **sich ~** enfadarse (*über* por), cabrearse (*über* por) *sl*

Fuchsie ['fʊksjə] *f* <-, -n> (BOT) fucsia *f*

fuchsig ['fʊksɪç] *adj* 1. (*fuchsrot*) bermejo 2. (*ungeduldig*) impaciente 3. (*fam: wütend*) hecho una furia

Füchsin ['fʏksɪn] *f* <-, -nen> zorra *f*

Fuchsjagd *f* <-, -en> caza *f* del zorro; **auf die ~ gehen** ir a la caza del zorro; **Fuchspelz** *m* <-es, -e> (piel *f* de) zorro *m;* **fuchsrot** *adj* fucsia; **Fuchsschwanz** *m* <-es, -schwänze> 1. (*eines Fuchses*) cola *f* de zorro 2. (BOT) cola *f* de zorra 3. (*Werkzeug*) serrucho *m*

fuchsteufelswild ['-'--'-] *adj* (*fam*) rabioso, furibundo; **~ sein** estar loco de rabia, estar hecho un basilisco *Am*

Fuchtel[1] ['fʊxtəl] *f* <-, *ohne pl*> (*fam: Herrschaft*): **unter jds ~ stehen** estar bajo la férula [*o* a las órdenes] de alguien

Fuchtel[2] *f* <-, -n> (*reg: Person*) camorrista *f*, pendenciera *f*

fuchteln *vi* (*fam*) gesticular; **mit den Armen ~** bracear

fuchtig ['fʊxtɪç] *adj* (*fam: wütend*) hecho una furia; **er wurde sehr ~, als ich ihm absagte** se puso hecho una furia [*o* se subió por las paredes] cuando le dije que no

Fuder ['fu:dɐ] *nt* <-s, -> 1. (*Wagenladung*) carretada *f* 2. (*Hohlmaß für Wein*) cuba *f* 3. (*Wend*): **das ~ überladen** (*Schweiz: des Guten zu viel tun*) exagerar, cargar las tintas

fuderweise *adv* (*fam*) a montones, en grandes cantidades; **die Schüler vertilgten ~ Frikadellen** los escolares se zamparon cantidad de hamburguesas

fuffzig ['fʊftsɪç] *adj inv* (*reg*) cincuenta

Fuffziger *m* <-s, -> (*reg: Fünfzigpfennigstück*) moneda *f* de cincuenta pfennigs; (*Fünfzigmarkschein*) billete *m* de cincuenta marcos; **ein falscher ~er** (*fam fig*) una persona hipócrita, un Judas

Fug [fu:k] *m:* **mit ~ und Recht** con todo el derecho del mundo, con razón

Fuge ['fu:gə] *f* <-, -n> 1. (*Ritze*) ranura *f*, hendidura *f;* **aus den ~n geraten sein** estar fuera de quicio; **es kracht in allen ~n** cruje por todas las ranuras 2. (MUS) fuga *f*

fügen ['fy:gən] I. *vr:* **sich ~** 1. (*unterordnen*) someterse (a), resignarse (*in* a); **sich in sein Schicksal ~** conformarse con su destino 2. (*passen*) ajustarse (*in* a), ensamblarse (*in* con) 3. (*geh: geschehen*) suceder, ocurrir; **es fügte sich, dass ...** sucedió que... *+subj* II. *vt* juntar (*an/in* con/en); (*ineinander*) encajar

fugenlos I. *adj* sin juntas II. *adv* sin dejar juntas

fügsam *adj* dócil, dúctil

Fügsamkeit *f* <-, *ohne pl*> docilidad *f*, obediencia *f*

Fügung *f* <-, -en> coincidencia *f;* (*göttlich*) providencia *f;* **das war eine ~ des Schicksals** fue un lance de fortuna; **durch eine glückliche ~ trafen wir uns wieder** nos volvimos a encontrar por una feliz casualidad

fühlbar *adj* 1. (*merklich*) notable, patente 2. (*tastbar*) palpable

fühlen ['fy:lən] I. *vt, vi* 1. (*empfinden*) sentir; **zart ~d** delicado, tierno; **sie fühlte kein Mitleid mit ihm** no sintió compasión por él 2. (*tasten*) palpar, tocar; **sie fühlte ihm den Puls** le tomó el pulso; **jdm auf den Zahn ~**

tantear a alguien **II.** *vr:* **sich ~ 1.** (*empfinden*) sentirse; **ich fühle mich für dich verantwortlich** me siento responsable de tu persona; **sich in seinem Element ~** estar en su salsa; **sich versucht ~ etw zu tun** sentir la tentación de hacer algo; **sich wie neu geboren ~** sentirse como nuevo **2.** (*sich halten für*) tenerse (*als* por), creerse (*als*); **er fühlt sich als Held** se cree (que es) un héroe

Fühler *m* <-s, -> antena *f;* **seine ~ ausstrecken** (*fam fig*) tantear el terreno

Fühlung *f* <-, *ohne pl*> contacto *m;* **mit jdm in ~ bleiben** quedar en contacto con alguien

Fühlungnahme *f* <-, -n> toma *f* de contacto

fuhr [fu:ɐ] *3. imp von* **fahren**

Fuhre ['fu:rə] *f* <-, -n> **1.** (*Ladung*) carga *f;* **eine ~ Sand** un porte de arena **2.** (*Taxieinsatz*) viaje *m* (en taxi)

führen ['fy:rən] **I.** *vi* **1.** (*in Führung liegen*) ir a la cabeza; (SPORT) llevar ventaja; **X führt 1:0 (gegen Y)** X va ganando por 1:0 (a Y) **2.** (*verlaufen*) ir, llevar; **diese Straße führt nach Münster** esta carretera lleva a Münster **3.** (*ergeben*) llevar (*zu* a), conducir (*zu* a); **das führt nur zu Streitigkeiten** esto sólo conduce a disputas; **das führt doch zu nichts** esto no lleva a nada; **das führt zu weit** esto va demasiado lejos **II.** *vt* **1.** (*leiten*) dirigir, llevar; (*Gruppe, Mannschaft*) encabezar, guiar **2.** (*geleiten*) llevar, guiar; (*begleiten*) acompañar; **ich führe Sie zum Chef** le llevo a ver al jefe; **was führt Sie zu mir?** ¿qué le trae por aquí? **3.** (*Auto*) llevar, conducir, manejar *Am* **4.** (*hinbewegen*) llevar (*zu/in* a); **den Löffel zum Mund ~** llevar la cuchara a la boca; **seine Beobachtung führte die Polizei auf eine Spur** su observación hizo que la policía encontrara una pista; **das wird uns in den Ruin ~** esto nos llevará a la ruina; **etw mit sich** *dat* **~** llevar algo consigo **5.** (*Titel*) tener; (*Namen*) llevar **6.** (*Geschäftsbücher, Tagebuch*) llevar **7.** (*Waren*) vender, tener a la venta **8.** (*Gespräch*) sostener, tener; **Verhandlungen ~** negociar; (**bei etw**) **Regie ~** dirigir (algo) **III.** *vr:* **sich ~** (*sich benehmen*) comportarse; **er führt sich tadellos** se comporta impecablemente

führend *adj:* **~es Zeichen** (INFOR) carácter guía, primero, más importante; **die Firma ist ~ auf ihrem Gebiet** esta empresa es la primera de su ramo; **~e Persönlichkeiten** altos cargos

Führer[1] ['fy:rɐ] *m* <-s, -> (*Buch*) guía *f*

Führer(in)[2] *m(f)* <-s, -; -, -nen> **1.** (*Leiter*) líder *mf,* dirigente *mf,* capo *m Arg* **2.** (*Fremden~*) guía *mf* (turístico, -a)

Führerausweis *m* <-es, -e> (*Schweiz*) *s.* Führerschein; **Führerflucht** *f* <-, *ohne pl*> (*Schweiz:* JUR: *Fahrerflucht*) *huida del lugar del accidente* (*y omisión de socorro*); **Führerhaus** *nt* <-es, -häuser> cabina *f* del conductor

Führerin *f* <-, -nen> *s.* **Führer**

führerlos *adj* **1.** (*Gruppe, Partei*) sin líder **2.** (*Wagen*) sin conductor

Führerschein *m* <-(e)s, -e> permiso *m* de conducir, carné *m* de conducir, licencia *f Am,* carné *m* de manejo *Am;* **jdm den ~ entziehen** retirarle a alguien el permiso de conducir; **den ~ machen** sacar el carné (de conducir); **Führerscheinentzug** *m* <-(e)s, *ohne pl*> (JUR) privación *f* del permiso de conducir; **Führerscheinprüfung** *f* <-, -en> examen *m* de conducir

Führerstand *m* <-(e)s, -stände> (*Zug, Straßenbahn*) cabina *f* del conductor

Fuhrmann[1] *m* <-(e)s, -leute *o* -männer> (*alt: Kutscher*) cochero *m*

Fuhrmann[2] *m* <-(e)s, *ohne pl*> (ASTRON) Auriga *m*

Fuhrpark *m* <-s, -s> parque *m* móvil [*o* de vehículos]

Führung[1] ['fy:rʊŋ] *f* <-, *ohne pl*> **1.** (*Leitung*) dirección *f;* **~ der Geschäfte** gestión de los negocios; **unter jds ~** bajo la dirección de alguien **2.** (SPORT): **in ~ liegen** estar a la cabeza; **die ~ übernehmen, in ~ gehen** llevar la delantera **3.** (*Benehmen*) comportamiento *m;* **wegen guter ~ auf Bewährung entlassen** poner en libertad condicional por buen comportamiento

Führung[2] *f* <-, -en> (*Besichtigung*) visita *f* (guiada)

Führungsanspruch *m* <-(e)s, -sprüche> pretensión *f* de encabezar [*o* de liderar] (*una organización, etc.*); **die Abstimmung in der Partei soll seinen ~ untermauern** la votación en el partido debe corroborar su voluntad de liderar el mismo; **Führungsaufgabe** *f* <-, -n> función *f* directiva, tarea *f* ejecutiva; **Führungsbereich** *m* <-(e)s, -e> área *f* de gestión; **Führungsebene** *f* <-, -n> dirección *f;* **Führungseigenschaften** *fpl* cualidades *fpl* de liderazgo; **Führungsetage** *f* <-, -n> departamento *m* de ejecutivos; **in den ~n deutscher Unternehmen** entre los ejecutivos de las empresas alemanas; **Führungsgeschick** *nt* <-(e)s, *ohne pl*> dotes *fpl* de liderazgo; **Führungskraft** *f* <-, -kräfte> directivo, -a *m, f,* ejecutivo, -a *m, f;* **Führungskrise** *f* <-, -n> crisis *f inv* en la dirección; **Führungsmannschaft** *f* <-, -en> equipo *m* directivo; **Führungsnachwuchs** *m* <-es, *ohne pl*> jóvenes *mpl* directivos; **Führungsposition** *f* <-, -en> puesto *m* directivo, posición *f* de dirigente; **Führungsqualitäten** *fpl* dotes *fpl* de liderazgo; **Führungsrolle** *f* <-, *ohne pl*> (*Führungsposition*) liderazgo *m;* **Führungsschicht** *f* <-, -en> capa *f* directiva; **Führungsschiene** *f* <-, -n> (TECH) riel *m* de guía, carril *m* de guía; **Führungsschwäche** *f* <-, -n> **1.** (*mangelnde Fähigkeit zu führen*) falta *f* de dotes de mando **2.** (*Schwäche bei der Führung*) debilidad *f* en el desempeño de un mando; **Führungsspitze** *f* <-, -n> **1.** (*Unternehmen*) cúpula *f* directiva, altos ejecutivos *mpl* **2.** (*Partei*) dirigentes *mpl* del partido, ejecutiva *f;* **Führungsstab** *m* <-(e)s, -stäbe> (MIL) estado *m* mayor (operativo); **Führungsstärke** *f* <-, -n> **1.** (*Stärke zu führen*) fuerte capacidad *f* de mando **2.** (*Stärke bei der Führung*) fortaleza *f* en el desempeño de un mando; **Führungsstil** *m* <-(e)s, -e> estilo *m* de dirección; **Führungswechsel** *m* <-s, -> cambio *m* en la ejecutiva; **Führungszeugnis** *nt* <-ses, -se> certificado *m* de buena conducta; **polizeiliches ~** certificado policial de buena conducta

Fuhrunternehmen *nt* <-s, -> empresa *f* de transportes; **Fuhrunternehmer(in)** *m(f)* <-s, -; -, -nen> transportista *mf;* **Fuhrwerk** *nt* <-(e)s, -e> carruaje *m*

fuhrwerken *vi* (*fam*) trabajar bulliciosamente (*mit* con), manejar torpemente (*mit*); **mit den Armen ~** mover los brazos de aquí para allá; **mit Geräten ~** trajinar aparatos sin parar; **was fuhrwerkst du da in der Küche, dass alle Töpfe so scheppern?** ¿qué es ese trajín en la cocina que no cesa el ruido de los cacharros?

Fülle ['fʏlə] *f* <-, *ohne pl*> **1.** (*Körper~*) corpulencia *f* **2.** (*Menge*) montón *m,* abundancia *f,* cardume(n) *m CSur;* **eine ~ von Anregungen** un montón de sugerencias; **in Hülle und ~** a montones

füllen ['fʏlən] **I.** *vt* **1.** (*voll machen*) llenar (*mit* de/con) **2.** (GASTR) rellenar (*mit* de/con) **3.** (*ein~*) echar (*in* en); **Wein in Flaschen ~** embotellar vino **4.** (*Zahn*) empastar **II.** *vr:* **sich ~** (*voll werden*) llenarse (*mit* con/de); **der Saal füllte sich mit Gästen** la sala se llenó de invitados; **ihre Augen füllten sich mit Tränen** (*geh*) sus ojos se le llenaron de lágrimas

Füllen *nt* <-s, -> (*geh*) *s.* **Fohlen**

Füller ['fʏlɐ] *m* <-s, -> (*fam*) pluma *f,* lapicera *f Arg*

Füllfederhalter *m* <-s, -> pluma *f* estilográfica

Füllgewicht *nt* <-(e)s, -e> peso *m* neto; **Füllgut** *nt* <-(e)s, *ohne pl*> (WIRTSCH) envases *mpl;* **Füllhorn** *nt* <-(e)s, -hörner> (MYTH) cuerno *m* de la abundancia

füllig *adj* relleno, gordo; (*Haar*) voluminoso

Füllmaterial *nt* <-s, -ien> material *m* de relleno

Füllsel ['fʏlzəl] *nt* <-s, -> **1.** (*Material*) relleno *m* **2.** (*Wort*) ripio *m*

Füllung *f* <-, -en> **1.** (*Zahn~*) empaste *m,* emplomadura *f Am* **2.** (GASTR) relleno *m* **3.** (*für Matratzen, Polster*) relleno *m* **4.** (*bei Türen*) entrepaño *m*

Füllwort *nt* <-(e)s, -wörter> (LING) partícula *f* expletiva

fulminant [fʊlmi'nant] *adj* brillante, espléndido

Fumarsäure [fu'maːɐ-] *f* <-, *ohne pl*> (CHEM) ácido *m* fumárico

Fummel ['fʊməl] *m* <-s, -> (*fam*) harapos *mpl,* pingo *m*

Fummelei *f* <-, -en> (*fam: umständliche Handhabung*) manejo *m* fastidioso; **so eine ~ bis ich mal den Faden durch das Nadelöhr gezogen habe** ¡qué fastidio!, ¡mira que he estado tiempo hasta que he conseguido pasar el hilo por el ojo de la aguja!

fummeln ['fʊməln] *vi* **1.** (*fam: herumtasten*) manosear (*an*), jugar (*an* con) **2.** (*fam: streicheln*) meter mano; **ich bitte dich, hör auf zu ~!** por favor, ¡deja de sobarme!; **sie ~** se acarician **3.** (SPORT: *sl*) regatear, driblar

Fund[1] [fʊnt] *m* <-(e)s, -e> (*~stück*) hallazgo *m;* **einen ~ machen** hacer un hallazgo

Fund[2] *m* <-(e)s, *ohne pl*> (*das Finden*) hallazgo *m;* (*Entdecken*) descubrimiento *m*

Fundament [fʊnda'mɛnt] *nt* <-(e)s, -e> **1.** (ARCHIT) cimientos *mpl* **2.** (*Grundlage*) fundamento *m,* base *f;* **die ~e für etw schaffen/zu etw legen** crear/construir las bases para algo

fundamental *adj* fundamental

Fundamentalismus [fʊndamɛnta'lɪsmʊs] *m* <-s, *ohne pl*> fundamentalismo *m*

Fundamentalist(in) *m(f)* <-en, -en; -, -nen> fundamentalista *mf,* integrista *mf*

fundamentalistisch *adj* fundamentalista, integrista

Fundbüro *nt* <-s, -s> oficina *f* de objetos perdidos; **Fundgrube** *f* <-, -n> mina *f;* **der Laden ist eine ~ für alte Bücher** la tienda es una mina de libros viejos

Fundi ['fʊndi] *m* <-s, -s>, *f* <-, -s> (POL: *sl*) verde *mf* con una ideología fundamentalista

fundieren* [fʊn'diːrən] *vt* fundamentar; **eine fundierte Beurteilung** una valoración bien fundada

fündig ['fʏndɪç] *adj:* **~ werden** (*finden*) encontrar lo que se buscaba; (*herausfinden*) descubrir lo que se quería saber

Fundort *m* <-(e)s, -e> (*a.* JUR) lugar *m* del hallazgo; **die Polizei untersuchte den ~ der Leiche** la policía registró el lugar en el que se encontró el cadáver; **Fundsache** *f* <-, -n> objeto *m* perdido; **Fundstätte** *f* <-, -n> (*geh*) *s.* **Fundort**

Fundus ['fʊndʊs] *m* <-, -> **1.** (*an Erfahrungen, Wissen*) fondo *m,* caudal *m* **2.** (FILM, THEAT: *für Kostüme*) vestuario *m;* (*für Requisiten*) almacén *m*

fünf [fʏnf] *adj inv* cinco; **es ist ~ Minuten vor zwölf** son las doce menos cinco; **~(e) gerade sein lassen** (*fam*) hacer la vista gorda; **seine ~ Sinne beisammenhaben** estar atento, estar en su sano juicio; **das kannst du dir an deinen ~ Fingern abzählen** (*fam*) eso está más claro que el agua; *s. a.* **acht**

Fünf *f* <-, -en> **1.** (*Zahl, Buslinie, Würfelaugen*) cinco *m* **2.** (SCH: *mangelhaft*) insuficiente *m*

Fünfeck *nt* <-(e)s, -e> pentágono *m*

fünfeckig *adj* pentagonal

Fünfer ['fʏnvɐ] *m* <-s, -> (*fam*) **1.** (*Fünfpfennigstück*) moneda *f* de cinco pfennigs [*o* peniques] **2.** (*Fünfmarkstück*) moneda *f* de cinco marcos **3.** (*Schweiz, Österr, südd*) cinco *m*; **ich will den ~ und das Weggeli** (*Schweiz*) quiero todo para mí (y para los otros, nada)

fünferlei ['fʏnvɐlaɪ] *adj inv* de cinco clases [*o* formas] diferentes, cinco clases (diferentes) de; *s. a.* **achterlei**

fünffach **I.** *adj* quíntuplo; **das F~** el quíntuplo **II.** *adv* cinco veces; *s. a.* **achtfach**

Fünfganggetriebe *nt* <-s, -> (AUTO) engranaje *m* de cinco marchas

fünfhundert ['-'--] *adj inv* quinientos; *s. a.* **achthundert**

fünfhundertjährig *adj* de quinientos años; *s. a.* **achtjährig**

fünfhundertste(r, s) ['-'---] *adj* quingentésimo; *s. a.* **achthundertste(r, s)**

Fünfjahresplan [-'---] *m* <-(e)s, -pläne> (POL) plan *m* quinquenal

fünfjährig *adj* (*fünf Jahre alt*) de cinco años; (*fünf Jahre dauernd*) de cinco años de duración; *s. a.* **achtjährig**

Fünfjährige(r) *mf* <-n, -n; -n, -n> niño, -a *m, f* de cinco años; **sie kam bereits als ~ in die Schule** fue ya a la escuela a la edad de cinco años

Fünfkampf *m* <-(e)s, -kämpfe> (SPORT) pentatlón *m*

fünfköpfig *adj* (*Familie*) de cinco miembros; (*Fabelwesen*) de cinco cabezas

Fünfling *m* <-s, -e> quintillizo *m*

fünfmal *adv* cinco veces; *s. a.* **achtmal**

fünfmalig *adj* cinco veces repetido; **nach ~er Aufforderung bequemte er sich zu kommen** después de pedírselo cinco veces accedió a venir

Fünfmarkschein *m* <-(e)s, -e> billete *m* de cinco marcos

Fünfmarkstück [-'--] *nt* <-(e)s, -e> moneda *f* de cinco marcos

Fünfpfennigstück [-'---] *nt* <-(e)s, -e> moneda *f* de cinco pfennigs [*o* peniques]

Fünfprozenthürde ['--'---] *f* <-, -n> (POL) obstáculo *m* (de la cláusula) del cinco por ciento; **Fünfprozentklausel** ['--'---] *f* <-, -n> (POL) cláusula *f* del cinco por ciento

fünfseitig *adj* de cinco páginas

fünfstellig *adj* de cinco cifras

fünfstöckig *adj* de cinco pisos

fünfstündig *adj* de cinco horas

fünfstündlich *adj* cada cinco horas

fünft: **zu ~** (en grupos de) cinco; *s. a.* **acht**[2]

Fünftagewoche [-'----] *f* <-, -n> semana *f* laboral de cinco días

fünftägig *adj* de cinco días; **er besuchte einen ~en Weiterbildungskurs** tomó parte en un curso de perfeccionamiento de cinco días de duración

fünftausend ['-'--] *adj inv* cinco mil; *s. a.* **achttausend**

Fünftausender *m* <-s, -> (GEO) cinco mil *m*; **im Himalaya gibt es eine ganze Reihe von ~n** en el Himalaya hay un gran número de picos con más de cinco mil metros de altura

fünfte(r, s) *adj* quinto; **das ~ Rad am Wagen sein** (*fig*) ir de pegote [*o* de carabina]; *s. a.* **achte(r, s)**

fünfteilig *adj* (*Serie*) de cinco capítulos

fünftel *adj inv* quinto; *s. a.* **achtel**

Fünftel ['fʏnftəl] *nt* <-s, -> quinto, -a *m, f*, quinta parte *f*; *s. a.* **Achtel**

fünftens ['fʏnftəns] *adv* en quinto lugar; (*bei einer Aufzählung*) quinto; *s. a.* **achtens**

fünftletzte(r, s) *adj* (SPORT) en quinta posición empezando por la cola; *s. a.* **achtletzte(r, s)**

fünftürig *adj* de cinco puertas; **ein ~es Auto** un cinco puertas; **ist der Wagen ~?** ¿el coche es un cinco puertas?

Fünfuhrtee *m* <-s, -s> té *m* que se toma a las cinco de la tarde

Fünfunddreißigstundenwoche [----'----] *f* <-, -n> semana *f* laboral de treinta y cinco horas

fünfwöchentlich *adj* cada cinco semanas

fünfwöchig *adj* de cinco semanas

fünfzehn *adj inv* quince; *s. a.* **acht**

fünfzehnte(r, s) *adj* decimoquinto; *s. a.* **achte(r, s)**

fünfzehntel *adj inv* quinceavo; *s. a.* **achtel**

Fünfzeiler *m* <-s, -> poema *m* de cinco versos

fünfzeilig *adj* de cinco líneas

fünfzig ['fʏnftsɪç] *adj inv* cincuenta; *s. a.* **achtzig**

fünfziger *adj inv* **1.** (*1950 bis 1959*) de los (años) cincuenta **2.** (*von 1950*) del año cincuenta; *s. a.* **achtziger**

Fünfziger ['fʏnftsɪgɐ] *m* <-s, -> **1.** (*Wein*) vino *m* de la añada de los cincuenta **2.** (*fam: Fünfzigmarkschein*) billete *m* de cincuenta marcos; (*Fünfzigpfennigstück*) moneda *f* de cincuenta pfennigs

Fünfzigerjahre *ntpl*: **die ~** los años cincuenta

fünfzigjährig *adj* (*fünfzig Jahre alt*) de cincuenta años; (*fünfzig Jahre dauernd*) de cincuenta años de duración; *s. a.* **achtjährig**

Fünfzigjährige(r) *mf* <-n, -n; -n, -n> persona *f* de cincuenta años

Fünfzigmarkschein [--'--] *m* <-(e)s, -e> billete *m* de cincuenta marcos

Fünfzigpfennigstück [--'---] *nt* <-(e)s, -e> moneda *f* de cincuenta pfennigs

fünfzigste(r, s) *adj* quincuagésimo; *s. a.* **achtzigste(r, s)**

fünfzigstel *adj* cincuentavo; *s. a.* **achtel**

Fünfzimmerwohnung *f* <-, -en> piso *m* de cinco habitaciones [*o* de cuatro habitaciones más salón]

fungieren* [fʊŋ'giːrən] *vi* hacer (*als* de), trabajar (*als* de)

Fungistatikum [fʊŋgiˈstaːtikʊm] *nt* <-s, Fungistatika> (MED) fungistático *m*

Fungizid [fʊŋgiˈtsiːt] *nt* <-(e)s, -e> fungicida *m*

Funk [fʊŋk] *m* <-s, *ohne pl*> **1.** (*Übertragung*) radiotelegrafía *f*, telegrafía *f* sin hilos; **über ~ sprechen** hablar por radio **2.** (*Rund~*) radio *f*; **er ist bekannt durch ~ und Fernsehen** es conocido por la radio y la televisión; **Funkamateur(in)** *m(f)* <-s, -e; -, -nen> radioaficionado, -a *m, f*; **Funkausstellung** *f* <-, -en> exposición *f* de radio y televisión

Fünkchen *nt*: **ein/kein ~ ...** una/ni una pizca de...; **kein ~ Anstand/Ehre** ni una pizca de decencia/de honor; **an der Geschichte ist kein ~ Wahrheit!** ¡en esta historia no hay un ápice de verdad!

Funke [ˈfʊŋkə] *m* <-ns, -n> chispa *f*; **~n sprühen** echar chispas; **ein ~ sprang über** saltó una chispa; **der zündende ~** la chispa; **ein ~ Hoffnung** un rayito de esperanza; **keinen ~n Anstand im Leib haben** no tener ni pizca de educación; **tanzen, dass die ~n fliegen** bailar como loco

funkeln [ˈfʊŋkəln] *vi* brillar, resplandear

funkelnagelneu [ˈ--ˈ--ˈ-] *adj* (*fam*) flamante, novísimo

funken [ˈfʊŋkən] **I.** *vt* (*Nachricht*) radiar, retransmitir por radio **II.** *vi* (*Funken sprühen*) chispear, echar chispas **III.** *vunpers* (*fam: verstehen*): **endlich hat es bei ihm gefunkt** por fin se le encendió la bombilla

Funken *m* <-s, -> *s.* Funke; **Funkenflug** *m* <-(e)s, -flüge> proyección *f* de chispas

funkentstört *adj* antiparásito

Funker(in) *m(f)* <-s, -; -, -nen> radiotelegrafista *mf*

Funkfeuer *nt* <-s, -> (AERO, NAUT) radiofaro *m*; **Funkgerät** *nt* <-(e)s, -e> aparato *m* de radio, radio *f*; **Funkhaus** *nt* <-es, -häuser> emisora *f* de radio(difusión); **Funkkolleg** *nt* <-s, -s> enseñanza *f* por radio; **Funknavigation** *f* <-, *ohne pl*> (AERO, NAUT) radionavegación *f*; **Funknetz** *nt* <-es, -e> (AERO, NAUT) red *f* de estaciones de radio; **Funkpeilung** *f* <-, -en> (RADIO) radiogoniometría *f*

Funkrufempfänger *m* <-s, -> (TEL) receptor *m* de llamada

Funkschatten *m* <-s, -> (TEL) falta *f* de cobertura; **Funksignal** *nt* <-s, -e> señal *f* radioeléctrica [*o* radiotelegráfica]; **Funksprechgerät** *nt* <-(e)s, -e> transmisor-receptor *m* radiofónico, walkie-talkie *m*; **Funksprechverkehr** *m* <-(e)s, *ohne pl*> (TEL) radiotelefonía *f*; **Funkspruch** *m* <-(e)s, -sprüche> mensaje *m* de radio; **Funkstation** *f* <-, -en> estación *f* radiotelegráfica; (*Sendestation*) estación *f* emisora; (*Empfangsstation*) estación *f* receptora; **Funkstille** *f* <-, *ohne pl*> **1.** (*Sendepause*) silencio *m* de radio **2.** (*fam: im zwischenmenschlichen Bereich*) falta *f* de noticias, silencio *m*; **es herrscht ~** no se oye nada

Funkstreife *f* <-, -n> radiopatrulla *f*; **Funkstreifenwagen** *m* <-s, -> coche *m* radiopatrulla

Funktaxi *nt* <-s, -s> radiotaxi *m*; **Funktechnik** *f* <-, *ohne pl*> radiotécnica *f*; **Funktelefon** *nt* <-s, -e> radioteléfono *m*, teléfono *m* celular

Funktion¹ [fʊŋkˈtsjoːn] *f* <-, *ohne pl*> (*einer Maschine*) funcionamiento *m*; **in ~ treten** ponerse en funcionamiento; **etw außer ~ setzen** dejar algo fuera de funcionamiento

Funktion² *f* <-, -en> **1.** (*Amt, Aufgabe*) cargo *m*; (*Ausübung eines Amtes*) función *f*; **ausübende ~** función ejecutiva; **eine ~ haben/ausüben** tener/ejercer un cargo; **sie übt die ~en einer Ministerin aus** ejerce las funciones de ministra **2.** (*Zweck, Leistungsmerkmal, a.* TECH, INFOR) función *f*; **hat dieser Schalter irgendeine ~?** ¿tiene esta ventanilla alguna función? **3.** (MATH) función *f*

funktional [fʊŋktsjoˈnaːl] *adj* funcional

Funktionär(in) [fʊŋktsjoˈnɛːɐ] *m(f)* <-s, -e; -, -nen> funcionario, -a *m, f*

funktionell *adj* (*a.* MED) funcional

funktionieren* *vi* funcionar; **von ganz allein ~** funcionar sólo

Funktionsbild *nt* <-(e)s, -er> (ELEK) esquema *m* funcional; **funktionsfähig** *adj* apto para funcionar; **funktionsgerecht** *adj* (TECH) adaptado a la función; **Funktionsstörung** *f* <-, -en> (MED) disfunción *f*, trastorno *m* funcional; **~en der Nieren können zu einer Blutvergiftung führen** la disfunción de los riñones puede causar septicemia; **Funktionstaste** *f* <-, -n> (INFOR) tecla *f* de función

funktionstüchtig *adj* que funciona bien

Funktionsverb *nt* <-s, -en> (LING) verbo *m* funcional (*en una construcción pluriverbal pierde su significado propio*)

Funkturm *m* <-(e)s, -türme> torre *f* de radiodifusión; **Funkverbindung** *f* <-, -en> comunicación *f* por radio; **Funkverkehr** *m* <-s, *ohne pl*> radiocomunicaciones *fpl*; **Funkwagen** *m* <-s, -> coche *m* radiopatrulla; **Funkzelle** *f* <-, -n> (TEL) celda *f* de radioemisión, célula *f* de radioemisión

Funzel [ˈfʊntsəl] *f* <-, -n> (*fam abw*) lámpara *f* que apenas alumbra

für [fyːɐ] *präp +akk* **1.** (*zugunsten von*) para, por; **das ist nichts ~ mich** esto no es para mí; **die Sachen sind ~ mich** estas cosas son para mí; **kann ich noch etw ~ Sie tun?** ¿puedo hacer algo más por Ud.?; **ich bin ~ deine Idee** estoy a favor de tu idea; **sich ~ etw entscheiden** decidirse por algo; **die Sache hat was ~ sich** el asunto tiene un algo especial **2.** (*im Verhältnis zu*) para; **er ist sehr groß ~ sein Alter** está muy alto para su edad; **das ist eine Sache ~ sich** esto es cosa aparte **3.** (*zeitlich*) por; **ich gehe ~ zwei Jahre ins Ausland** me voy por dos años al extranjero; **~ immer** para siempre; **~s Erste** por ahora; **~ den**

Fall, dass ... en caso de que... +*subj;* **Tag ~ Tag** día tras día; **Schritt ~ Schritt** paso a paso; **~ ganz** (*Schweiz*) para siempre **4.** (*wegen*) a causa de, por; **ich möchte mich ~ mein Verhalten entschuldigen** quisiera disculparme por mi comportamiento; **ich ~ meine Person** en cuanto a mí; **~ einmal** (*Schweiz: ausnahmsweise*) por una vez, por excepción **5.** (*zum Zweck*) para; **~ diese Arbeit brauche ich zwei Wochen** necesito dos semanas para realizar este trabajo; **ein Mittel ~ Kopfschmerzen** (*fam*) un remedio para [*o* contra] el dolor de cabeza; **~ nichts und wieder nichts** absolutamente para nada **6.** (*im Austausch*) por; (*anstelle von*) en lugar de, por; **ich bin ~ ihn eingesprungen** fui en su lugar; **was verlangen Sie ~ den Anzug?** ¿cuánto pide por el traje? **7.** (*mit Fragepronomen*): **was ~ ...?** ¿qué...?; **was ~ ein Pilz ist das?** ¿qué clase de seta es?; **was ~ eine komische Idee!** ¡menuda ocurrencia!

Für *nt:* **das ~ und Wider** el pro y el contra, los pros y los contras; **das ~ und Wider dieser Vorschläge wurde diskutiert** se discutieron los pros y los contras de esta propuesta

Furan *nt* <-s, -e> (CHEM) furano *m,* furfurano *m*

Fürbitte ['---] *f* <-, -n> (*Bitte*) intercesión *f* (*für* a favor de), intervención *f* (*für* a favor de); (REL) ruego *m;* **für jdn ~ einlegen** interceder a favor de alguien

Furche ['fʊrçə] *f* <-, -n> **1.** (*Acker~*) surco *m* **2.** (*im Gesicht*) arruga *f*

furchen *vt* (*geh: Boden*) surcar; **mit gefurchter Stirn** con la frente arrugada

Furcht [fʊrçt] *f* <-, *ohne pl*> miedo *m* (*vor* a/de), temor *m* (*vor* a/de); (*stärker*) terror *m* (*vor* a/de); **~ einflößend** [*o* **erregend**] espantoso; **jdm ~ einflößen** infundir miedo a alguien; **vor jdm/etw ~ haben** tener miedo a [*o* de] alguien/algo; **jdn in ~ versetzen** atemorizar [*o* meter miedo] a alguien; **vor ~ erblassen** ponerse blanco del susto, palidecer de miedo

furchtbar **I.** *adj* **1.** (*schrecklich*) horroroso, horrible **2.** (*fam: sehr groß*) enorme, tremendo; **einen ~en Hunger haben** estar muerto de hambre **II.** *adv* (*fam: sehr*) muy; **~ nett** simpatiquísimo; **sich ~ blamieren** meter la pata hasta el fondo

furchteinflößend *adj s.* **Furcht**

fürchten ['fʏrçtən] **I.** *vi* (*sich sorgen*) temer (*um/für* por); **ich fürchte um sein Leben** temo por su vida; **zum F~ aussehen** tener un aspecto espantoso; **jdn das F~ lehren** amedrentar a alguien **II.** *vt* temer, tener miedo (a/de); **ich fürchte, dass ...** (*befürchte*) temo que... +*subj;* **ich fürchte ihn nicht** no le tengo miedo; **weder Tod noch Teufel ~** no temer a nada **III.** *vr:* **sich ~** tener miedo (*vor* a/de), corcovear *Mex;* **ich fürchte mich nicht vor ihm** no le tengo miedo; **er fürchtet sich bei Gewitter** le asusta la tormenta

fürchterlich ['fʏrçtɐlɪç] *adj s.* **furchtbar**

furchterregend *adj s.* **Furcht**

furchtlos *adj* sin temor, intrépido

Furchtlosigkeit *f* <-, *ohne pl*> intrepidez *f,* valentía *f*

furchtsam *adj* miedoso, medroso

Furchtsamkeit *f* <-, *ohne pl*> miedo *m,* temor *m,* pendejada *f Am: fam*

füreinander [fyːɐʔaɪ'nandɐ] *adv* uno para el otro; **~ da sein** estar el uno para el otro; **sie sind wie ~ geschaffen** están hechos el uno para el otro

Furie ['fuːriə] *f* <-, -n> furia *f;* **wie von ~n gejagt sprang er aus dem Bett** saltó de la cama a toda furia; **sie gingen wie ~n aufeinander los** se liaron a palos hechos unas furias

Furnier [fʊr'niːɐ] *nt* <-s, -e> chapa *f* de madera

furnieren* [fʊr'niːrən] *vt* enchapar, chapear

Furore [fu'roːrə] *f* <-, *ohne pl*>: **~ machen** causar sensación

Fürsorge ['---] *f* <-, *ohne pl*> **1.** (*Betreuung*) asistencia *f,* cuidado *m;* **öffentliche ~** asistencia social **2.** (*fam: finanzielle Unterstützung*) pensión *f,* ayuda *f* del Estado; **von der ~ leben** vivir de la asistencia social [*o* de la caridad estatal]; **Fürsorgeamt** *nt* <-(e)s, -ämter> (*Schweiz: Sozialamt*) oficina *f* de asistencia social; **Fürsorgepflicht** *f* <-, *ohne pl*> (JUR) deber *f* de protección

Fürsorger(in) *m(f)* <-s, -; -, -nen> (*alt*) asistente *mf* social

fürsorglich *adj* cuidadoso, cariñoso

Fürsorglichkeit *f* <-, *ohne pl*> atención *f,* cuidado *m;* **dank der ~ meiner lieben Frau bin ich wieder genesen** gracias a los cuidados de mi querida esposa he recobrado la salud

Fürsprache *f* <-, -n> intercesión *f;* **für jdn ~ einlegen** interceder por [*o* a favor de] alguien

Fürsprech *m* <-s, -e> **1.** (*alt*) *s.* **Fürsprecher** **2.** (*Schweiz: Rechtsanwalt*) abogado *m*

Fürsprecher(in) *m(f)* <-s, -; -, -nen> intercesor(a) *m(f);* **in jdm einen ~ haben** tener en alguien a un valedor

Fürst(in) [fʏrst] *m(f)* <-en, -en; -, -nen> príncipe *m,* princesa *f;* **leben wie ein ~** vivir como un rey; **Fürstengeschlecht** *nt* <-(e)s, -er>, **Fürstenhaus** *nt* <-es, -häuser> dinastía *f;* **er stammt aus einem uralten ~** procede de una dinastía muy antigua

Fürstentum *nt* <-s, -tümer> principado *m;* **das ~ Monaco** el principado de Monaco

Fürstin *f* <-, -nen> *s.* **Fürst**

fürstlich *adj* **1.** (*prächtig*) regio, ostentoso; (*Essen*) opíparo; **~ bewirtet/empfangen werden** ser recibido como un rey **2.** (*einen Fürsten betreffend*) principesco

Furt [fʊrt] *f* <-, -en> vado *m*

Furunkel [fu'rʊŋkəl] *m o nt* <-s, -> forúnculo *m*

fürwahr *adv* (*geh, alt*) en verdad, realmente;

wohlan, das ist ~ eine gute Nachricht! ¡ea, esta sí que es realmente una buena noticia!

Fürwort *nt* <-(e)s, -wörter> (GRAM) pronombre *m*

Furz [fʊrts, *pl:* 'fʏrtsə] *m* <-es, Fürze> (*fam*) pedo *m;* **einen ~ lassen** soltar un pedo

furzen *vi* (*fam*) soltar un pedo

Fusel ['fu:zəl] *m* <-s, *ohne pl*> (*fam abw: Branntwein*) matarratas *m inv*

Fusion [fu'zjo:n] *f* <-, -en> fusión *f*

fusionieren* [fuzjo'ni:rən] *vi* fusionarse

Fusionsbilanz *f* <-, -en> (WIRTSCH) balance *m* de fusión; **Fusionsenergie** *f* <-, -n> (PHYS) energía *f* de fusión

Fusionskontrolle *f* <-, -n> (WIRTSCH) control *m* de fusiones; **Fusionskontrollorgan** *nt* <-s, -e> (WIRTSCH) órgano *m* de control de fusiones

Fusionsreaktor *m* <-s, -en> (PHYS) reactor *m* de fusión; **Fusionsvereinbarung** *f* <-, -en> (WIRTSCH) acuerdo *m* de fusión; **Fusionsvertrag** *m* <-(e)s, -träge> (WIRTSCH) contrato *m* de fusión

Fuß [fu:s, *pl:* 'fy:sə] *m* <-es, Füße> pie *m;* **am ~ des Berges** al pie de la montaña; **zu ~ gehen** ir andando [*o* a pie]; **zu ~ sein** haber venido andando; **gut zu ~ sein** poder caminar bien; **er ist schlecht zu ~** le cuesta caminar; **sich** *dat* **die Füße vertreten** pasearse un poco para estirar las piernas; **sich** *dat* **die Füße wund laufen** despellejarse los pies; **festen Boden unter die Füße bekommen** (*fig*) empezar a tener la vida asegurada; **jdm den Boden unter den Füßen wegziehen** despojar a alguien de su base existencial; **heute bin ich mit dem linken ~ zuerst aufgestanden** (*fig*) hoy me levanté con el pie izquierdo; **die Sache hat Hand und ~** el asunto tiene pies y cabeza; **auf großem ~ leben** vivir a lo grande; **auf eigenen Füßen stehen** (*fig*) ser independiente; **mit jdm auf gutem ~e stehen** llevarse bien con alguien; **das Publikum lag ihr zu Füßen** (*geh*) el público estaba a sus pies; **sie bekam kalte Füße** (*fam fig*) le entró miedo; **jdm etw vor die Füße werfen** (*fig*) tirarle algo a alguien a la cara; **~ fassen** consolidarse [*o* afirmarse]; **jdn auf freien ~ setzen** liberar a alguien; **mit einem ~ im Grab stehen** estar con un pie en la tumba; **die Strafe folgte auf dem ~e** no tardó en llegar el castigo; **bei ~!** (*perro*) ¡aquí!; **Fußabdruck** *m* <-(e)s, -drücke> huella *f* (del pie), pisada *f;* **Fußabstreifer** *m* <-s, -> (*reg*), **Fußabtreter** *m* <-s, -> (*reg*) felpudo *m;* **Fußangel** *f* <-, -n> (*a. fig*) cepo *m;* **achten Sie bei Vertragsabschluss auf ~n!** (*fig*) ¡fíjese en la letra pequeña [*o* menuda] cuando estipule el contrato!; **Fußbad** *nt* <-(e)s, -bäder> baño *m* de pies; (MED) pediluvio *m*

Fußball[1] *m* <-(e)s, *ohne pl*> (SPORT) fútbol *m,* balompié *m;* **~ spielen** jugar al fútbol

Fußball[2] *m* <-(e)s, -bälle> (*Ball*) pelota *f* de fútbol

Fußballclub *m* <-s, -s> *s.* **Fußballklub**

Fußballer(in) *m(f)* <-s, -; -, -nen> futbolista *mf,* jugador(a) *m(f)* de fútbol

Fußballfan *m* <-s, -s> hincha *mf;* **Fußballklub** *m* <-s, -s> club *m* deportivo de fútbol, fútbol-club *m;* **Fußballmannschaft** *f* <-, -en> equipo *m* de fútbol; **Fußballmeisterschaft** *f* <-, -en> campeonato *m* (de liga) de fútbol; **Fußballplatz** *m* <-es, -plätze> campo *m* de fútbol; **Fußballrowdy** *m* <-s, -s> hincha *mf;* **Fußballspiel** *nt* <-(e)s, -e> partido *m* de fútbol; **Fußballspieler(in)** *m(f)* <-s, -; -, -nen> *s.* **Fußballer(in)**; **Fußballstadion** *nt* <-s, -stadien> estadio *m* de fútbol; **Fußballtoto** *m o nt* <-s, *ohne pl*> quiniela *f* (de fútból); **Fußballverein** *m* <-(e)s, -e> club *m* de fútbol; **Fußballweltmeisterschaft** *f* <-, -en> copa *f* mundial de fútbol, mundial *m* de fútbol

Fußbank *f* <-, -bänke> banquillo *m,* escabel *m*

Fußboden *m* <-s, -böden> suelo *m,* piso *m;* **Fußbodenbelag** *m* <-(e)s, -läge> pavimiento *m,* revestimiento *m* del suelo; **Fußbodenheizung** *f* <-, -en> calefacción *f* de suelo

Fußbreit *m* <-, *ohne pl*> pie *m;* **er wich keinen ~ zurück** no retrocedió ni un palmo

Fußbremse *f* <-, -n> freno *m* de pie

Füße *pl von* **Fuß**

Fussel ['fʊsəl] *m* <-s, ->, *f* <-, -n> mota *f,* pelusa *f*

fusselig *adj* **1.** (*fusselnd*) que deja pelusas **2.** (*voller Fusseln*) lleno de pelusas **3.** (*ausgefranst*) deshilachado; **sich** *dat* **den Mund ~ reden** (*fam*) gastar saliva en balde

fusseln *vi* soltar pelo, deshilacharse

fußen ['fu:sən] *vi* apoyarse (*auf* en), basarse (*auf* en)

Fußende *nt* <-s, -n> pie *m* de la cama; **Fußfesseln** *fpl* grillos *mpl;* **der Häftling wurde mit ~ in den Gerichtssaal geführt** el preso fue conducido con grillos en los pies a la sala de audiencias

Fußgänger(in) ['fu:sgɛŋɐ] *m(f)* <-s, -; -, -nen> peatón, -ona *m, f;* **Fußgängerbrücke** *f* <-, -n> puente *m* peatonal

Fußgängerin *f* <-, -nen> *s.* **Fußgänger**

Fußgängerstreifen *m* <-s, -> (*Schweiz*), **Fußgängerübergang** *m* <-(e)s, -gänge>, **Fußgängerüberweg** *m* <-(e)s, -e> paso *m* de peatones; **Fußgängerzone** *f* <-, -n> zona *f* peatonal

Fußgelenk *nt* <-(e)s, -e> articulación *f* del pie; **Fußgymnastik** *f* <-, *ohne pl*> gimnasia *f* de los pies; **fußhoch I.** *adj* de un pie de altura; **sie wanderten durch fußhohen Schnee** caminaban con la nieve hasta los tobillos **II.** *adv* de un pie de altura; **das Wasser stand ~ im überfluteten Keller** el agua llegaba a los tobillos en el sótano inundado;

F

fußkalt *adj* frío; **auf ~en Böden sollte man nicht barfuß laufen** por un suelo frío no se debería andar descalzo; **Fußleiste** *f* <-, -n> rodapiés *m inv*

fusslig[RR] *adj*, **fußlig** *adj s.* **fusselig**

Fußmarsch *m* <-(e)s, -märsche> caminata *f;* **Fußmatte** *f* <-, -n> felpudo *m*, estera *f;* **Fußnagel** *m* <-s, -nägel> uña *f* del pie; **Fußnote** *f* <-, -n> nota *f* a pie de página; **Fußpfad** *m* <-(e)s, -e> sendero *m;* **durch den Dschungel führte nur ein unwegsamer ~** sólo un sendero intransitable conducía a través de la jungla; **Fußpflege** *f* <-, *ohne pl*> pedicura *f;* **Fußpfleger(in)** *m(f)* <-s, -; -, -nen> pedicuro, -a *m, f;* **Fußpilz** *m* <-es, *ohne pl*> (MED) micosis *f inv* en los pies; **Fußpuder** *m* <-s, -> polvos *mpl* para los pies

Fußreflexzonenmassage *f* <-, -n> (MED) masaje *m* de las zonas de reflejos de los pies

Fußschalter *m* <-s, -> (TECH: *Nähmaschine, Stehlampe*) interruptor *m* de pedal; **Fußschaltung** *f* <-, -en> (AUTO) pedal *m* de cambio de velocidades; **Fußschweiß** *m* <-es, *ohne pl*> sudor *m* de pies; **Fußsohle** *f* <-, -n> planta *f* del pie; **Fußspitze** *f* <-, -n> punta *f* del pie; **Fußspur** *f* <-, -en> pista *f*, huella *f* del pie; **Fußstapfen** *m* <-s, -> huella *f* (del pie), pisada *f;* **in jds ~ treten** (*fig*) seguir el ejemplo de alguien; **Fußstütze** *f* <-, -n> apoyapiés *m inv;* **Fußtritt** *m* <-(e)s, -e> (*von Menschen*) puntapié *m*, patada *f;* (*von Tieren*) coz *f;* **jdm einen ~ geben** dar un puntapié a alguien; **einen ~ bekommen** recibir un puntapié; **Fußvolk** *nt* <-(e)s, *ohne pl*> **1.** (MIL) infantería *f*, peonaje *m* **2.** (*abw: breite Masse*) los del montón *mpl*, masa *f;* **Fußweg** *m* <-(e)s, -e> **1.** (*Weg*) camino *m*, vereda *f Am;* (*Bürgersteig*) acera *f*, vereda *f Am* **2.** (*Entfernung*) camino *m;* **15 Minuten ~** 15 minutos andando; **Fußzeile** *f* <-, -n> (INFOR) pie *m* de página

futsch [fʊtʃ] *adj inv* (*fam*) perdido; **das Geld ist ~** es dinero volado

Futter[1] ['fʊtɐ] *nt* <-s, *ohne pl*> (*Nahrung*) alimento *m*, comida *f;* **gut im ~ stehen** estar bien cebado

Futter[2] *nt* <-s, -> **1.** (*in Kleidung, Briefumschlag*) forro *m* **2.** (*Tür~*) revestimiento *m*

Futteral [fʊtəˈraːl] *nt* <-s, -e> funda *f*

Futtergebiet *nt* <-(e)s, -e> zona *f* forrajera; **Futterkrippe** *f* <-, -n> pesebre *m;* **an der ~ sitzen** (*fig*) tener un puestazo

Futtermittel *nt* <-s, -> alimento *m* para animales; **Futtermittelindustrie** *f* <-, -n> (AGR, WIRTSCH) industria *f* de alimentos para animales

füttern ['fʏtɐn] *vt* **1.** (*Tier*) dar de comer (a); (*Baby*) dar de comer (a), alimentar; **„F~ verboten"** "prohibido dar de comer" **2.** (*Computer*) alimentar **3.** (*Kleidung*) forrar

futtern ['fʊtɐn] *vi, vt* (*fam*) papar

Futternapf *m* <-(e)s, -näpfe> comedero *m;* **Futterneid** *m* <-(e)s, *ohne pl*> **1.** (*von Tier, Mensch*) rivalidad *f* por la comida **2.** (*fam: beruflich*) envidia *f* profesional; **Futterpflanze** *f* <-, -n> (AGR) planta *f* forrajera; **Futterrübe** *f* <-, -n> (AGR) remolacha *f* forrajera, betabel *m* forrajero *Mex;* **Futtersack** *m* <-(e)s, -säcke> morral *m*

Futterstoff *m* <-(e)s, -e> tela *f* para forros

Futtertrog *m* <-(e)s, -tröge> comedero *m*

Fütterung[1] ['fʏtərʊŋ] *f* <-, -en> (*Tier~*) forraje *m*

Fütterung[2] *f* <-, *ohne pl*> (*das Auskleiden*) revestimiento *m*

Futterwirtschaft *f* <-, *ohne pl*> (AGR) economía *f* forrajera

Futur [fuˈtuːɐ] *nt* <-s, -e> (LING) futuro *m*

Futuresmarkt *m* <-(e)s, -märkte> (FIN) mercado *m* de futuros

Futurismus [futuˈrɪsmʊs] *m* <-, *ohne pl*> (LIT, KUNST, POL) futurismo *m*

futuristisch *adj* futurista

Futurologe, -in [futuroˈloːgə] *m, f* <-n, -n; -, -nen> futurólogo, -a *m, f*

Futurologie [futuroloˈgiː] *f* <-, *ohne pl*> futurología *f*

Futurologin *f* <-, -nen> *s.* **Futurologe**

G

G, g [ge:] *nt* <-, -> G, g *f;* ~ **wie Gustav** G de Granada
g *Abk. von* **Gramm** gr
gab [ga:p] *3. imp von* **geben**
Gabardine ['gabardi:n, gabar'di:n(ə)] *m* <-s, *ohne pl*>, *f* <-, *ohne pl*> gabardina *f*
Gabe ['ga:bə] *f* <-, -n> **1.** (*Geschenk*) regalo *m,* obsequio *m;* **milde** ~ limosna *f* **2.** (*Talent*) don *m,* dotes *fpl* **3.** (MED) dosis *f inv* **4.** (*Schweiz: Preis*) premio *m*
Gabel ['ga:bəl] *f* <-, -n> **1.** (*vom Besteck*) tenedor *m* **2.** (*vom Telefon, Fahrrad*) horquilla *f* **3.** (AGR) horca *f;* **Gabelbissen** *m* <-s, -> (GASTR) **1.** (*Stück Heringsfilet*) pinchito *m* de arenque en escabeche **2.** (*Appetithappen*) tapa *f* de arenque en escabeche
gabeln ['ga:bəln] *vr:* **sich** ~ bifurcarse
Gabelstapler *m* <-s, -> carretilla *f* elevadora (de horquilla)
Gabelung *f* <-, -en> bifurcación *f*
Gabentisch *m* <-(e)s, -e> (mesa *f* de los) regalos *mpl* de Navidad; **zur Bescherung wurden die Kinder an den** ~ **geführt** con ocasión de la Navidad los niños fueron conducidos a la mesa donde se encontraban sus regalos
gackern ['gakɐn] *vi* **1.** (*Huhn*) cacarear **2.** (*fam: Mensch*) reírse
Gadolinium [gado'li:niʊm] *nt* <-s, *ohne pl*> (CHEM) gadolinio *m*
gaffen ['gafən] *vi* (*abw*) mirar boquiabierto
Gaffer(in) *m(f)* <-s, -; -, -nen> (*abw*) papamoscas *mf inv,* papanatas *mf inv*
Gag [gɛk] *m* <-s, -s> **1.** (FILM, THEAT) truco *m,* gag *m* **2.** (*Witz*) salida *f* chistosa
Gage ['ga:ʒə] *f* <-, -n> honorario *m,* sueldo *m*
gähnen ['gɛ:nən] *vi* bostezar; **eine ~de Leere** un vacío absoluto
GAL [gal] *f Abk. von* **Grün-Alternative Liste** *lista electoral formada por los Verdes y otros partidos alternativos*
Gala¹ ['ga:la] *f* <-, *ohne pl*> (*festliche Kleidung*) vestido *m* de gala; **sich in** ~ **werfen** engalanarse, vestirse de gala
Gala² *f* <-, -s> *s.* **Galavorstellung**
Galaabend *m* <-s, -e> noche *f* de gala; **Galaanzug** *m* <-(e)s, -züge> traje *m* de etiqueta; **zum Empfang erschienen die Herren im** ~ en la recepción los caballeros iban de etiqueta; **Galadiner** *nt* <-s, -s> banquete *m* (de gala); **Galaempfang** *m* <-(e)s, -fänge> recepción *f* de gala
galaktisch [ga'laktɪʃ] *adj* (ASTR) galáctico
galant [ga'lant] *adj* galante
Galauniform *f* <-, -en> (MIL) uniforme *m* de gala; **Galavorstellung** *f* <-, -en> función *f* de gala
Galaxie [gala'ksi:] *f* <-, -n> (ASTR) galaxia *f*
Galaxien *pl von* **Galaxie**, **Galaxis²**
Galaxis¹ [ga'laksɪs] *f* <-, *ohne pl*> (ASTR: *Milchstraße*) Vía *f* Láctea
Galaxis² *f* <-, Galaxien> (ASTR: *Galaxie*) galaxia *f*
Galeere [ga'le:rə] *f* <-, -n> galera *f;* **Galeerensklave** *m* <-n, -n> (HIST) galeote *m;* **Galeerensträfling** *m* <-s, -e> (HIST) condenado *m* a galeras
Galenit [gale'ni:t] *m* <-s, -e> galena *f*
Galeone [gale'o:nə] *f* <-, -n> (HIST) galeón *m*
Galerie [galə'ri:] *f* <-, -n> **1.** (ARCHIT) galería *f* **2.** (*Gemälde~*) galería *f* de arte **3.** (*Schweiz, Österr: Tunnel mit Öffnungen*) galería *f*
Galerist(in) [galə'rɪst] *m(f)* <-en, -en; -, -nen> galerista *mf*
Galgen ['galgən] *m* <-s, -> patíbulo *m;* **jdn an den** ~ **bringen** llevar a alguien al patíbulo; **Galgenfrist** *f* <-, -en> plazo *m* perentorio; **Galgenhumor** *m* <-s, *ohne pl*> humor *m* negro; **Galgenvogel** *m* <-s, -vögel> (*fam abw: Strolch*) rufián *m*
Galicien [ga'li:tsiən] *nt* <-s> Galicia *f*
Galicier(in) *m(f)* <-s, -; -, -nen> gallego, -a *m, f*
galicisch *adj* gallego
Galiläa [gali'lɛ:a] *nt* <-s> (HIST) Galilea *f*
Galionsfigur [ga'ljo:nsfigu:ɐ] *f* <-, -en> (NAUT) mascarón *m* de proa
Gallapfel *m* <-s, -äpfel> (BOT) bugalla *f,* cecidia *f*
Galle ['galə] *f* <-, -n> **1.** (*menschliches Sekret*) bilis *f inv;* (*tierisches Sekret*) hiel *f* **2.** (*Organ*) vesícula *f* biliar; **gallenbitter** *adj* amargo como la hiel; **der Hustensaft ist** ~ el jarabe (para la tos) es amargo como la hiel
Gallenblase *f* <-, -n> (ANAT) vesícula *f* biliar; **Gallenblasenoperation** *f* <-, -en> operación *f* de la vesícula biliar
Gallengang *m* <-(e)s, -gänge> (ANAT) conducto *m* biliar; **Gallengrieß** *m* <-es, -e> (MED) arenillas *f* (biliares) *pl;* **Gallenkolik** *f* <-, -en> cólico *m* hepático [*o* biliar]; **Gallenleiden** *nt* <-s, -> padecimiento *m* biliar; **Gallenstein** *m* <-(e)s, -e> cálculo *m* vesicular
Gallert ['galərt] *nt* <-(e)s, -e> gelatina *f,* jalea *f*
gallertartig ['galɐtʔa:ɐtɪç] *adj* gelatinoso
Gallerte [ga'lɛrtə] *f* <-, -n> gelatina *f,* jalea *f*
Gallien ['galjən] *nt* <-s> (HIST) Galia *f*
Gallier(in) ['galiɐ] *m(f)* <-s, -; -, -nen> (HIST)

galo, -a *m, f*

gallig ['galɪç] *adj* (*bitter*) agrio, mordaz; **mein Bruder hat einen sehr ~en Humor** mi hermano tiene un humor muy agrio

gallisch ['galɪʃ] *adj* galo, de la Galia

Gallium ['galiʊm] *nt* <-s, *ohne pl*> (CHEM) galio *m*

Gallone [ga'lo:nə] *f* <-, -n> galón *m*

Galopp [ga'lɔp] *m* <-s, -e *o* -s> galope *m;* **~ reiten** ir a(l) galope

galoppieren* *vi haben o sein* galopar; **~de Inflation** inflación galopante

galt [galt] *3. imp von* **gelten**

Galvanisation *f* <-, -en> (MED) galvanización *f*

galvanisch [gal'va:nɪʃ] *adj* (ELEK) galvánico

Galvaniseur(in) *m(f)* <-s, -e; -, -nen> galvanizador(a) *m(f)*

Galvanisierbad *nt* <-(e)s, -bäder> (CHEM) baño *m* de galvanoplastia

galvanisieren* [galvani'zi:rən] *vt* (TECH) galvanizar

Galvanometer [galvano'me:tɐ] *nt* <-s, -> (TECH) galvanómetro *m*

Gamasche [ga'maʃə] *f* <-, -n> (*a. alt*) polaina *f*

Gambe ['gambə] *f* <-, -n> (MUS) viola *f* de gamba, bajoncillo *m*

Gameboy® ['gɛɪmbɔɪ] *m* <-s, -s> gameboy® *m;* **Gameshow** *f* <-, -s> (TV) programa-concurso *m,* concurso *m* televisivo; **eine ~ leiten** presentar un concurso en televisión

Gamma ['gama] *nt* <-(s), -s> gamma *f;* **Gammastrahlen** *mpl* (PHYS, MED) rayos *mpl* gamma; **Gammastrahlung** *f* <-, -en> (PHYS) radiación *f* (de rayos) gamma

gamm(e)lig ['gam(ə)lɪç] *adj* (*fam*) **1.** (*Nahrungsmittel*) malo, podrido **2.** (*Kleidung*) desaliñado, descuidado

gammeln ['gaməln] *vi* (*fam*) **1.** (*Lebensmittel*) estropearse **2.** (*Person*) gandulear, holgazanear

Gammler(in) ['gamlɐ] *m(f)* <-s, -; -, -nen> (*fam alt a. abw*) beat *mf,* inadapatado, -a *m, f;* **die vielen ~ waren ein Ärgernis für die Bürger** la gran cantidad de inadaptados eran una molestia para los ciudadanos

gammlig *adj s.* **gamm(e)lig**

Gams [gams] *f* <-, -(en)> (*Österr, südd:* ZOOL) *s.* **Gämse**[RR]; **Gamsbart** *m* <-(e)s, -bärte> adorno *m* de pelos de gamuza (*en forma de mechón y aplicado generalmente a un sombrero*); **Gamsbock** *m* <-(e)s, -böcke>, **Gämsbock**[RR] *m* <-(e)s, -böcke> (ZOOL) gamuza *f* (macho), rebeco *m* (macho)

Gämse[RR] ['gɛmzə] *f* <-, -n> (ZOOL) gamuza *f,* rebeco *m*

Gamsgras ['gamsgra:s] *nt* <-es, -gräser> (BOT) hierba *f* alpina [*o* de gamuza]; **Gamsleder** *nt* <-s, -> (piel *f* de) gamuza *f*

gang [gaŋ]: **~ und gäbe** usual, normal, corriente

Gang[1] [gaŋ, *pl:* 'gɛŋə] *m* <-(e)s, Gänge> **1.** (*Gehweise*) (modo *m* de) andar *m;* **aufrechter ~** posición erguida; **einen aufrechten ~ haben** andar erguido **2.** (*Spazier~*) paseo *m;* (*Weg*) camino *m;* **auf ihrem ~ zum Arzt sah sie ...** (de) camino al médico vio...; **ein schwerer ~** un paso difícil; **der ~ an die Börse** el curso de la bolsa; **ein ~ nach Kanossa** (*fig*) una penitencia humillante **3.** (*Betrieb*) marcha *f;* **eine Maschine in ~ setzen** poner en marcha una máquina; **den Motor in ~ halten** mantener el motor en marcha; **Verhandlungen in ~ bringen** iniciar negociaciones **4.** (*Ablauf*) curso *m,* marcha *f;* **der ~ der Ereignisse** la marcha de los acontecimientos; **etw geht seinen (gewohnten) ~** algo sigue su marcha (acostumbrada); **es ist etwas im ~e** algo flota en el aire; **etw ist in vollem ~(e)** algo está en plena marcha [*o* actividad] **5.** (TECH, AUTO) marcha *f;* **im zweiten ~ fahren** ir en segunda; **in den dritten ~ schalten** cambiar a tercera; **den ~ herausnehmen** poner el motor en ralentí **6.** (*Flur*) pasillo *m,* corredor *m;* **draußen auf dem** [*o* **im**] **~** fuera en el pasillo **7.** (GASTR) plato *m*

Gang[2] [gɛŋ] *f* <-, -s> **1.** (*Bande*) banda *f,* trinca *f And, CSur* **2.** (*Clique*) cuadrilla *f,* percha *f Mex*

Gangart *f* <-, -en> (modo *m* de) andar *m,* paso *m,* andares *mpl fam*

gangbar *adj* (*Weg, Brücke*) transitable; (*Lösung*) viable

Gängelband *nt* <-(e)s, -bänder> andadores *mpl*

Gängelei *f* <-, -en> (*fam abw*) tutela *f;* **hör endlich mit der ~ auf, ich kann auf eigenen Füßen stehen!** deja de querer organizarme la vida, sé valerme por mí mismo

gängeln ['gɛŋəln] *vt* (*fam abw*) tener bajo su tutela

Ganggestein *nt* <-(e)s, -e> (GEO) roca *f* filoniana

gängig ['gɛŋɪç] *adj* **1.** (*üblich*) normal, usual; (*geläufig*) corriente **2.** (*viel gekauft*) de buena venta

Ganglion ['gaŋ(g)liɔn] *nt* <-s, Ganglien> (ANAT) ganglio *m*

Gangschaltung *f* <-, -en> (TECH: *im Auto*) (caja *f* de) cambios *mpl;* (*Fahrrad*) marchas *fpl*

Gangster ['gɛŋstɐ] *m* <-s, -> (*abw*) gángster *m,* pistolero *m;* **Gangstermethoden** *fpl* (*abw*) métodos *mpl* sucios [*o* mafiosos]

Gangway *f* <-, -s> escalera *f* (para subir a bordo), escalerilla *f* (para subir a bordo), rampa *f* de acceso

Ganove, -in [ga'no:və] *m, f* <-n, -n; -, -nen> (*fam abw*) tunante *mf,* golfo, -a *m, f*

Gans [gans, *pl:* 'gɛnzə] *f* <-, Gänse> (ZOOL) ganso *m;* (*Weibchen*) oca *f;* **blöde ~** idiota *f,* cretina *f*

Gänseblümchen ['gɛnzəbly:mçən] *nt* <-s, -> (BOT) maya *f,* margarita *f* silvestre; **Gänsebraten** *m* <-s, -> asado *m* de ganso; **Gän-**

sebrust *f* <-, -brüste> (GASTR) pechuga *f* de ganso; **Gänsefüßchen** ['gɛnzəfy:sçən] *nt* <-s, -> (*fam*) comilla *f*; **in ~** entre comillas; **Gänsehaut** *f* <-, *ohne pl*> carne *f* de gallina; **Gänsekiel** *m* <-(e)s, -e> pluma *f* de ganso [*o* de oca]

Gänseklein *nt* <-s, *ohne pl*> (GASTR) menudillos *mpl* de ganso

Gänseleberpastete *f* <-, -n> (GASTR) paté *m* de ganso

Gänsemarsch *m* <-(e)s, *ohne pl*>: **im ~** en fila india

Gänserich ['gɛnzərɪç] *m* <-s, -e> (ZOOL) ganso *m* macho

Gänseschmalz *nt* <-es, -e> (GASTR) manteca *f* de ganso; **Gänsewein** *m* <-(e)s, *ohne pl*> (*fam hum*) agua *f neutr*

Ganter *m* <-s, -> (*nordd:* ZOOL) *s.* **Gänserich**

ganz [gants] **I.** *adj* **1.** (*gesamt*) todo, entero; (*vollständig*) completo; **die ~e Zeit über** durante todo el tiempo; **die ~e Wahrheit** toda la verdad; **~ Europa** toda Europa; **eine ~e Zahl/Note** un número entero/una nota redonda; **eine ~e Drehung** un giro completo; **das ist eine ~e Menge** esto es bastante; **das dauert eine ~e Weile** esto dura bastante; **sie hat ~e Arbeit geleistet** (*fam iron*) lo destrozó todo; **im G~en war ich dreimal hier** en total he estado tres veces aquí **2.** (*fam: unbeschädigt*) en buenas condiciones, intacto; **etw wieder ~ machen** reparar algo **3.** (*fam: bloß*) sólo; **das Buch hat ~e drei Mark gekostet** el libro ha costado sólo tres marcos **II.** *adv* **1.** (*völlig*) totalmente, completamente; **etw ~ allein machen** hacer algo totalmente solo; **das ist ~ meine Meinung** comparto totalmente esta opinión; **das ist ~ sein Stil** es típico de él; **das ist etwas ~ anderes** esto es algo totalmente distinto; **~ und gar** completamente; **~ und gar nicht** nada de nada; **~ im Gegenteil** todo lo contrario **2.** (*vollständig*) del todo, por completo; **etw ~ aufessen** comerse algo del todo; **~ hinten/vorn** detrás/delante del todo; **~ wie Sie meinen** como Ud. quiera, lo que Ud. mande; **~ gleich, wie es ist** sea como sea; **du hast ~ Recht** tienes toda la razón **3.** (*ziemlich*) bastante; **das gefällt mir ~ gut** esto me gusta bastante **4.** (*sehr*) muy; **ein ~ kleiner Rest** un resto minúsculo; **ein ~ klein wenig** muy poco; **~ viel Geld** muchísimo dinero

Gänze ['gɛntsə] *f*: **zur ~** totalmente, en su totalidad

Ganze(s) *nt* <-n, *ohne pl*> total *m*, conjunto *m*; **etw als ~s betrachten** considerar algo en conjunto; **das ist nichts Halbes und nichts ~s** esto no es ni fu ni fa; **aufs ~ gehen** (*fam*) jugarse el todo por el todo; **es geht ums ~** todo está en juego

Ganzheit *f* <-, -en> totalidad *f*, globalidad *f*; **in seiner ~** en su totalidad

ganzheitlich *adj* global; **~e Medizin** medicina integral [*o* global]

Ganzheitsmedizin *f* <-, *ohne pl*> (MED) medicina *f* (p)sicosomática; **viele Menschen vertrauen der ~ mehr als der Schulmedizin** mucha gente confía más en la medicina psicosomática que en la medicina convencional; **Ganzheitsmethode** *f* <-, *ohne pl*> método *m* integral

ganzjährig *adj* durante todo el año; **eine ~e Öffnung des Hotels wäre unrentabel** no resultaría rentable mantener abierto el hotel durante todo el año; **das Schwimmbad hat** [*o* **ist**] **~ geöffnet** la piscina tiene abierto [*o* está abierta] durante todo el año

gänzlich ['gɛntslɪç] **I.** *adj* total, completo **II.** *adv* del todo, por completo

ganzseitig *adj* dc página entera

ganztägig ['gantstɛ:gɪç] **I.** *adj* de todo el día **II.** *adv* todo el día; **~ arbeiten** trabajar jornada completa

Ganztagsschule *f* <-, -n> colegio *m* de jornada completa

gar [ga:ɐ] **I.** *adj* (*Speise*): **~ sein** estar hecho (a punto), estar en su punto; **~ kochen** cocer; **den Eintopf muss man auf kleiner Flamme ~ kochen** el cocido debe hacerse [*o* cocerse] a fuego lento **II.** *adv* **1.** (*überhaupt*): **~ nichts** nada de nada; **~ keiner** ninguno; **auf ~ keinen Fall** en ningún caso, bajo ningún concepto; **das ist ~ nicht schlecht** no está nada mal **2.** (*sogar*) incluso, por lo demás; **und nun will sie ~ ...** y ahora quiere incluso...; **du hast doch nicht ~ die Polizei angerufen?** ¿no habrás llamado a la policía?

Garage [ga'ra:ʒə] *f* <-, -n> garaje *m*, establo *m Cuba*; (*Wagenstellplatz*) cochera *f*

garagieren* [ga'ra:ʒi:rən] *vt* (*Österr: in die Garage stellen*) meter [*o* guardar] en el garaje; **bitte ~ Sie den Rolls-Royce!** ¡por favor, aparque el "Rolls" en el garaje!

Garagist(in) [gara'ʒɪst] *m(f)* <-en, -en; -, -nen> (*Schweiz: Werkstattbesitzer*) propietario, -a *m, f* de un taller de coches

Garant(in) [ga'rant] *m(f)* <-en, -en; -, -nen> garante *mf*

Garantie [garan'ti:] *f* <-, -n> garantía *f*; **die Kamera hat ein Jahr ~** la cámara tiene un año de garantía; **die Reparatur geht auf ~** la reparación entra dentro de la garantía; **unter ~** (*fam*) con seguridad, con garantía; **Garantieabkommen** *nt* <-s, -> (JUR, WIRTSCH) convenio *m* de garantía; **Garantiebetrag** *m* <-(e)s, -träge> (FIN, JUR, WIRTSCH) importe *m* de garantía; **Garantieempfänger(in)** *m(f)* <-s, -; -, -nen> (JUR, WIRTSCH) garantizado, -a *m, f*; **Garantieerklärung** *f* <-, -en> (JUR, WIRTSCH) declaración *f* de garantía; **Garantiefrist** *f* <-, -en> (JUR, WIRTSCH) plazo *m* de garantía; **Garantiekapital** *nt* <-s, -e *o* -ien> (JUR, FIN, WIRTSCH) capital *m* de garantía; **Garantiepflicht** *f* <-, -en> (JUR, WIRTSCH) obligación *f* de garantía

garantieren* *vi, vt* garantizar (*für*), abogar

(*für* por)

garantiert *adv* (*fam*) con toda seguridad; **ich komme ~ zu deinem Geburtstag** ten por seguro [*o* te aseguro] que vendré el día de tu cumpleaños; **glaubst du er kommt? – ~ !** ¿crees que vendrá? – ¡seguro!

Garantieschein *m* <-(e)s, -e> (resguardo *m* de) garantía *f;* **Garantieverletzung** *f* <-, -en> (JUR, WIRTSCH) incumplimiento *m* de la garantía; **Garantieverpflichtung** *f* <-, -en> (FIN, JUR, WIRTSCH) obligación *f* garantizada; **Garantiewechsel** *m* <-s, -> (FIN) letra *f* de garantía

Garantin *f* <-, -nen> *s.* **Garant**

Garaus ['ga:ɐʔaʊs] *m* (*fam*): **jdm/etw** *dat* **den ~ machen** cargarse a [*o* acabar con] alguien/algo

Garbe ['garbə] *f* <-, -n> **1.** (*von Korn*) haz *m,* gavilla *f* **2.** (*von Schüssen*) ráfaga *f*

Gardasee ['gardaze:] *m* <-s> lago *m* de Garda

Garde ['gardə] *f* <-, -n> guardia *f;* **Gardemaß** *nt* <-es, *ohne pl*> (HIST) altura *f* (*requerida para ser admitido en las tropas de élite o la guardia de Corps*); **für Offiziere der Elitetruppen galt ein ~ von mindestens 1,90 Meter** los oficiales de las tropas de élite debían tener una estatura de al menos 1 metro 90; **~ haben** (*hum: sehr groß sein*) ser alto como un pino; **mit 1,87 Meter hat deine Freundin ja geradezu ~!** ¡1,87!, ¡tu amiga es más alta que un pino!; **Garderegiment** *nt* <-(e)s, -er> (HIST) **1.** (*Elitetruppe*) cuerpo *m* de élite **2.** (*Truppe eines Monarchen*) guardia *f* de Corps

Garderobe¹ [gardə'ro:bə] *f* <-, *ohne pl*> (*Kleidung*) ropa *f,* guardarropa *m;* **für ~ wird nicht gehaftet** la empresa no responde de los objetos personales

Garderobe² *f* <-, -n> **1.** (*Kleiderablage*) percha *f,* perchero *m* **2.** (*Raum*) guardarropa *m* **3.** (*Ankleideraum*) camerino *m,* vestuario *m*

Garderobenfrau *f* <-, -en> guardarropa *f,* mujer *f* que trabaja en un guardarropa; **Garderobenhaken** *m* <-s, -> colgador *m;* **häng deinen Mantel bitte an den ~!** ¡pon tu abrigo en el colgador, por favor!; **Garderobenmann** *m* <-(e)s, -männer> guardarropa *m,* hombre *m* que trabaja en un guardarropa; **Garderobenmarke** *f* <-, -n> ficha *f* del guardarropa; **sie gab ihre ~ ab, um im Gegenzug ihren Mantel entgegenzunehmen** entregó la ficha para que le dieran, a cambio, su abrigo; **Garderobenschrank** *m* <-(e)s, -schränke> (armario *m*) ropero *m;* **Garderobenständer** *m* <-s, -> percha *f,* perchero *m*

Garderobier(e) [gardəro'bie:] *m(f)* <-s, -s; -, -n> (THEAT) ayudante *mf* de camerino

Gardine [gar'di:nə] *f* <-, -n> cortina *f;* **hinter schwedischen ~n** (*fam*) entre rejas; **Gardinenleiste** *f* <-, -n> riel *m* (para cortinas); **Gardinenpredigt** *f* <-, -en> (*fam*) sermoneo *m;* **Gardinenstange** *f* <-, -n> barra *f* para cortinas; (*Leiste*) riel *m*

Gardist *m* <-en, -en> **1.** (*in einer Elitetruppe*) miembro *m* de las tropas de élite **2.** (*in einer königlichen Garde*) miembro *m* de la guardia de Corps; **er war ~ in der königlichen Garde** era miembro de la guardia de Corps

garen ['ga:rən] *vt* (GASTR) cocer; **auf kleiner Flamme ~** cocer a fuego lento

gären ['gɛ:rən] <gärt, gor *o* gärte, gegärt *o* gegoren> **I.** *vi haben o sein* fermentar **II.** *vt* fermentar

Garette *f* <-, -n> (*Schweiz: Schubkarren*) carretilla *f*

gar|kochen *vt s.* **gar**

Garn [garn] *nt* <-(e)s, -e> hilo *m;* **jdm ins ~ gehen** caer en las redes de alguien

Garnele [gar'ne:lə] *f* <-, -n> (ZOOL) gamba *f;* (*kleiner*) camarón *m*

garni [gar'ni:]: **Hotel ~** hotel tipo "bed and breakfast"

garnieren* [gar'ni:rən] *vt* guarnecer; (GASTR) adornar

Garnierung *f* <-, -en> guarnición *f,* decoración *f;* **der Jungkoch war für die ~ der Speisen zuständig** el joven cocinero era el encargado de decorar los platos; **die ~ des Kuchens bestand aus kandierten Kirschen** el pastel estaba decorado [*o* adornado] con cerezas confitadas

Garnison [garni'zo:n] *f* <-, -en> (MIL) guarnición *f;* **Garnisonsstadt** *f* <-, -städte> (MIL) plaza *f* militar

Garnitur [garni'tu:ɐ] *f* <-, -en> juego *m,* conjunto *m*

Garnknäuel *m o nt* <-s, -> ovillo *m;* **Garnrolle** *f* <-, -n> bobina *f* de hilo

Garotte *f* <-, -n> (*alt*) garrote *m* (vil); **der Mörder wurde zur ~ verurteilt** el asesino fue condenado a morir en el garrote

gar|sein *irr vi sein s.* **gar**

garstig ['garstɪç] *adj* **1.** (*frech*) malo, desvergonzado **2.** (*hässlich*) feo; (*abstoßend*) asqueroso

Garten ['gartən, *pl:* 'gɛrtən] *m* <-s, Gärten> jardín *m;* (*Nutz~*) huerto *m;* **botanischer/zoologischer ~** jardín botánico/parque zoológico; **der ~ Eden** el jardín del Edén; **Gartenarbeit** *f* <-, -en> trabajo *m* en el jardín; **Gartenarchitekt(in)** *m(f)* <-en, -en; -, -nen> arquitecto, -a *m, f* de jardines; **Gartenbau** *m* <-(e)s, *ohne pl*> jardinería *f,* horticultura *f;* **Gartenblume** *f* <-, -n> flor *f* de jardín; **Gartenfest** *nt* <-(e)s, -e> fiesta *f* en el jardín; **Gartengerät** *nt* <-(e)s, -e> utensilio *m* de jardinería; **Gartenhag** ['gartənha:k, *pl:* 'gartənhɛ:gə] *m* <-(e)s, -häge> (*Schweiz*) *s.* **Gartenhecke; Gartenhaus** *nt* <-es, -häuser> pabellón *m;* **Gartenhecke** *f* <-, -n> seto *m* (de jardín); **Gartenlaube** *f* <-, -n> cenador *m;* **Gartenlokal** *nt* <-s, -e> restaurante *m* con terraza, café *m* con terraza; **Gartenmesser** *nt* <-s, -> podadera *f;* **Gartenmöbel** *ntpl* muebles *mpl* de jardín; **Garten-Sauerampfer** *m* <-s, -> (BOT) acederilla *f* jardinera; **Gartenschau** *f* <-, -en> feria *f* de jardinería; **Gartenschere** *f* <-, -n> tijeras *fpl* de podar, podadora *f;* **Gartenschlauch** *m* <-(e)s, -schläuche> manguera *f* de riego; **Gartensitzplatz** *m* <-es, -plätze> (*Schweiz: Terrasse*) terraza *f;* **Gartenstadt** *f* <-, -städte> ciudad *f* jardín; **Gartentor** *nt* <-(e)s, -e> portal *m* (del jardín); **Gartenzaun** *m* <-(e)s, -zäune> seto *m;* **Gartenzwerg** *m* <-(e)s, -e> *enanito de decoración que se pone en el jardín*

Gärtner(in) ['gɛrtnɐ] *m(f)* <-s, -; -, -nen> jardinero, -a *m, f*

Gärtnerei [gɛrtnə'raɪ] *f* <-, -en> jardinería *f;* (*für Nutzpflanzen*) establecimiento *m* de horticultura

Gärtnerin *f* <-, -nen> *s.* **Gärtner**

gärtnerisch **I.** *adj* (*Ausbildung*) de jardinero; (*Gestaltung*) del jardín; (*Kenntnisse*) de jardinería; **nach der Schule begann sie eine ~e Ausbildung** después de la escuela empezó estudios de jardinería **II.** *adv* (*ausbilden*) en jardinería; (*gestalten*) en forma de jardín; **der verwilderte Park soll ~ neu gestaltet werden** el parque abandonado será ajardinado de nuevo

gärtnern *vi* dedicarse a la jardinería, trabajar en el jardín; **ich gärtnere leidenschaftlich gerne** a mí me encanta la jardinería

Gärung ['gɛːrʊŋ] *f* <-, -en> fermentación *f;* **alkoholische ~** fermentación alcohólica; **in ~ übergehen** fermentar

Gas¹ [gaːs] *nt* <-es, -e> (CHEM) gas *m*

Gas² *nt* <-es, *ohne pl*> (AUTO): **~ geben** acelerar, pisar el acelerador; **~ wegnehmen** levantar el pie del acelerador

Gasanzünder *m* <-s, -> encendedor *m* de gas; **Gasaustausch** *m* <-(e)s, *ohne pl*> (BIOL) intercambio *m* gaseoso; **Gasbehälter** *m* <-s, -> depósito *m* de gas; **Gasbeleuchtung** *f* <-, -en> alumbrado *m* de gas; **Gasbrenner** *m* <-s, -> mechero *m* de gas; **Gasfeuerzeug** *nt* <-(e)s, -e> encendedor *m* de gas, mechero *m* de gas; **Gasflamme** *f* <-, -n> llama *f* de gas; **Gasflasche** *f* <-, -n> bombona *f* de gas

gasförmig *adj* gaseoso, gaseiforme

Gashahn *m* <-(e)s, -hähne> llave *f* del gas; **Gashebel** *m* <-s, -> (TECH) palanca *f* del gas; **Gasheizung** *f* <-, -en> calefacción *f* de gas; **Gasherd** *m* <-(e)s, -e> cocina *f* de gas; **Gashülle** *f* <-, -n> capa *f* gaseosa; **Gaskammer** *f* <-, -n> cámara *f* de gas; **Gaskocher** *m* <-s, -> hornillo *m* de gas; **Gaslampe** *f* <-, -n> lámpara *f* de gas; **Gaslaterne** *f* <-, -n> farol *m* de gas; **Gasleitung** *f* <-, -en> conducción *f* del gas; **Gasmann** *m* <-(e)s, -männer> (*fam*) hombre *m* del gas, gasista *m;* (*Ableser*) verificador *m;* **Gasmaske** *f* <-, -n> careta *f* antigás, máscara *f* antigás; **Gasofen** *m* <-s, -öfen> horno *m* de gas

Gasolin [gazo'liːn] *nt* <-s, *ohne pl*> gasolina *f*

Gasometer *m* <-s, -> (*alt*) gasómetro *m*

Gaspedal *nt* <-s, -e> acelerador *m;* **Gaspistole** *f* <-, -n> pistola *f* de gas; **Gasrohr** *nt* <-(e)s, -e> conducto *m* del gas

Gasse ['gasə] *f* <-, -n> **1.** (*kleine Straße*) callejón *m,* callejuela *f;* **jdm eine ~ bilden** abrirle el paso a alguien **2.** (*Österr: Straße*) calle *f;* **über die ~** (*zum Mitnehmen*) para llevar; **Gassenhauer** *m* <-s, -> (MUS: *fam*) cancioncilla *f,* coplilla *f;* **Gassenjunge** *m* <-n, -n> pilluelo *m*

Gassi (*fam*): (**mit dem Hund**) **~ gehen** bajar al perro, sacar al perro; **war der Hund heute schon ~?** ¿ya ha salido el perro hoy?; **komm Rex,** (**wir gehen**) **~!** ¡ven, Rex, vamos a la calle!

Gast [gast, *pl:* 'gɛstə] *m* <-(e)s, Gäste> huésped *mf;* (*eingeladener*) invitado, -a *m, f;* (*von Lokal*) cliente *mf;* **ungebetene Gäste** intrusos *mpl;* **bei jdm zu ~ sein** estar invitado a casa de alguien; **Gastarbeiter(in)** *m(f)* <-s, -; -, -nen> trabajador, -a *m, f* extranjero, -a, inmigrante *mf;* **Gastdozent(in)** *m(f)* <-en, -en; -, -nen> profesor *mf* temporal (de otra universidad)

Gästebuch *nt* <-(e)s, -bücher> libro *m* de huéspedes, álbum *m* de visitantes; **sich in das ~ eintragen** inscribirse en el libro de huéspedes; **Gästehaus** *nt* <-es, -häuser> casa *f* de huéspedes; **das ~ unserer Firma** la residencia para invitados de nuestra empresa; **Gästezimmer** *nt* <-s, -> cuarto *m* de huéspedes, habitación *f* de invitados

gastfreundlich *adj* hospitalario; **Gastfreundschaft** *f* <-, *ohne pl*> hospitalidad *f;* **jdm ~ gewähren** ofrecer hospitalidad a alguien; **Gastgeber(in)** *m(f)* <-s, -; -, -nen> anfitrión, -ona *m, f;* **Gastgeschenk** *nt* <-(e)s, -e> agasajo *m,* regalo *m;* **als Dankeschön für die Einladung brachte sie ein ~ mit** ella llevó un pequeño detalle como muestra de agradecimiento por la invitación; **Gasthaus** *nt* <-es, -häuser>, **Gasthof** *m* <-(e)s, -höfe> **1.** (*zum Übernachten*) fonda *f,* casa *f* de huéspedes; (*höhere Kategorie*) hostal *m,* pensión *f* **2.** (*nur Essen*) mesón *m;* **Gasthörer(in)** *m(f)* <-s, -; -, -nen> (UNIV) oyente *mf*

gastieren* [gas'tiːrən] *vi* actuar (como compañía de teatro invitada)

Gastland *nt* <-(e)s, -länder> país *m* de acogida

gastlich *adj* hospitalario; **jdn ~ aufnehmen** acoger a alguien cordialmente

Gastmannschaft *f* <-, -en> equipo *m* visitante; **Gastprofessor(in)** *m(f)* <-s, -en; -, -nen> catedrático, -a *m, f* invitado, -a; **Gastrecht** *nt* <-(e)s, *ohne pl*> normas *fpl* de hospitalidad

Gastritis [gas'tri:tɪs] *f* <-, Gastritiden> (MED) gastritis *f inv*

Gastroenteritis [gastroʔɛnte'ri:tɪs] *f* <-, -enteritiden> (MED) gastroenteritis *f inv*

Gastrolle *f* <-, -n> (THEAT, TV) aparición *f* como estrella invitada; **in einer ~ sehen wir heute ...** hoy tenemos como estrella invitada a...

Gastronom(in) *m(f)* <-en, -en; -, -nen> gastrónomo, -a *m, f*

Gastronomie [gastrono'mi:] *f* <-, *ohne pl*> gastronomía *f*

Gastronomin *f* <-, -nen> *s.* **Gastronom**

gastronomisch [gastro'no:mɪʃ] *adj* gastronómico

Gastspiel *nt* <-(e)s, -e> actuación *f* de una compañía teatral invitada

Gaststätte *f* <-, -n> restaurante *m;* **Gaststättengewerbe** *nt* <-s, *ohne pl*> gastronomía *f,* (ramo *m* de la) hostelería *f;* **das Hotel- und ~** el ramo de la hostelería (y restauración); **im ~ arbeiten** trabajar en la hostelería

Gaststube *f* <-, -n> (*Getränke*) bar *m;* (*Speisen*) comedor *m*

Gasturbine *f* <-, -n> (TECH) turbina *f* de gas

Gastvorlesung *f* <-, -en> clase *f* impartida por un catedrático invitado; **Gastwirt(in)** *m(f)* <-(e)s, -e; -, -nen> dueño, -a *m, f* de un restaurante, fondista *mf Am;* **Gastwirtschaft** *f* <-, -en> mesón *m,* taberna *f,* fonda *f Am;* **Gastzimmer** *nt* <-s, -> **1.** *s.* **Gästezimmer** **2.** (*Gaststube*) comedor *m* (de un restaurante)

Gasuhr *f* <-, -en> contador *m* de gas; **Gasverbrauch** *m* <-(e)s, *ohne pl*> consumo *m* de gas; **Gasvergiftung** *f* <-, -en> intoxicación *f* por gas [*o* de gas]; **Gasversorgung** *f* <-, *ohne pl*> suministro *m* de gas; **Gaswerk** *nt* <-(e)s, -e> central *f* de gas, usina *f Am;* **Gaszähler** *m* <-s, -> contador *m* de gas

Gateway ['gɛɪtwɛɪ] *nt* <-s, -s> (INFOR, TEL) pasarela *f,* gateway *m*

GATT [gat] *nt* <-s> (POL, WIRTSCH) *Abk. von* **General Agreement on Tariffs and Trade** (**Allgemeines Zoll- und Handelsabkommen**) GATT *m*

Gatte, -in ['gatə] *m, f* <-n, -n; -, -nen> (*geh*) esposo, -a *m, f,* cónyuge *mf*

Gatter ['gatɐ] *nt* <-s, -> vallado *m*

Gattin ['gatɪn] *f* <-, -nen> *s.* **Gatte**

GATT-Liberalisierung *f* <-, -en> (POL, WIRTSCH) liberalización *f* del GATT; **GATT-Raum** *m* <-(e)s, -Räume> (POL, WIRTSCH) espacio *m* del GATT

Gattung ['gatʊŋ] *f* <-, -en> **1.** (BIOL) especie *f* **2.** (MUS, LIT) género *m;* (KUNST) estilo *m;* **Gattungsbegriff** *m* <-(e)s, -e> nombre *m* genérico, término *m* genérico; **Gattungsname** *m* <-ns, -n> (BIOL, ZOOL) género *m,* nombre *m* genérico; **Rotwild und Damwild sind auch unter dem ~n Rehwild bekannt** el venado y el gamo son también conocidos bajo el nombre genérico de venado; **Gattungsvermächtnis** *nt* <-ses, -se> (JUR) legado *m* genérico

GATT-Vereinbarungen *fpl* (POL, WIRTSCH) acuerdos *mpl* del GATT

Gau [gaʊ] *m o reg: nt* <-(e)s, -e> **1.** (HIST) comarca *f;* (*größer*) provincia *f* **2.** (HIST: *Nationalsozialismus*) circunscripción *f* territorial (*en tiempos de los nazis*) **3.** (*Bezirk*) circunscripción *f,* zona *f*

GAU [gaʊ] *m* <-(s), -s> *Abk. von* **größter anzunehmender Unfall** máximo accidente *m* previsible

Gaucho ['gaʊtʃo] *m* <-(s), -s> gaucho *m;* **Gauchomesser** *nt* <-s, -> terne *m Arg*

Gaudi ['gaʊdi] *f* <-, *ohne pl*> (*fam*) jolgorio *m;* (*Lärm*) bulla *f*

Gaukler(in) ['gaʊklɐ] *m(f)* <-s, -; -, -nen> prestidigitador(a) *m(f);* (*Betrüger*) estafador(a) *m(f)*

Gaul [gaʊl, *pl:* 'gɔɪlə] *m* <-(e)s, Gäule> (*abw*) rocín *m,* jamelgo *m,* cuaco *m Mex;* **einem geschenkten ~ schaut man nicht ins Maul** (*prov*) a caballo regalado no le mires el dentado

Gauleiter(in) *m(f)* <-s, -; -, -nen> (HIST: *Nationalsozialismus*) jefe, -a *m, f* de una circunscripción territorial

Gaullismus *m* <-, *ohne pl*> (HIST) gaullismo *m*

Gaullist(in) *m(f)* <-en, -en; -, -nen> (HIST) gaullista *mf*

Gaumen ['gaʊmən] *m* <-s, -> paladar *m;* **einen feinen ~ haben** (*geh*) tener un paladar fino; **Gaumenfreude** *f* <-, -n> delicia *f,* manjar *m* (de dioses); **das Essen war eine wahre ~** la comida fue una verdadera delicia [*o* estuvo deliciosa]

Gaumenkitzel *m* <-s, -> (*geh*) *s.* **Gaumenfreude**; **Gaumenlaut** *m* <-(e)s, -e> (LING) sonido *m* gutural; **Gaumensegel** *nt* <-s, -> (ANAT) paladar *m* blando, velo *m* del paladar; **Gaumenzäpfchen** *nt* <-s, -> (ANAT) úvula *f,* campanilla *f*

Gauner(in) ['gaʊnɐ] *m(f)* <-s, -; -, -nen> **1.** (*abw: Betrüger*) estafador(a) *m(f),* timador(a) *m(f);* (*Dieb*) ladrón, -ona *m, f,* bribón, -ona *m, f,* ficha *f Am* **2.** (*fam: durchtriebener Mensch*) pícaro, -a *m, f,* pillo, -a *m, f*

Gaunerei *f* <-, -en> **1.** (*Betrug*) estafa *f* **2.** (*Machenschaften*) picaresca *f* **3.** (*böser Streich*) mala jugada *f,* mala pasada *f*

Gaunerin *f* <-, -nen> *s.* **Gauner**

Gaunersprache *f* <-, -n> germanía *f;* **das Rotwelsch ist eine deutsche ~** el "rotwelsch" es una germanía alemana

Gazastreifen ['ga:za-] *m* <-s> franja *f* de Gaza

Gaze ['ga:zə] *f* <-, -n> gasa *f*

Gazelle [ga'tsɛlə] *f* <-, -n> (ZOOL) gacela *f*

G-Dur ['ge:'du:ɐ] *nt* <-, *ohne pl*> (MUS) sol *m* mayor

Geächtete(r) *mf* <-n, -n; -n, -n> desterrado, -a *m, f*

geädert [gə'ʔɛːdɐt] *adj* (*Blätter*) veteado; (*Haut*) estriado

geartet [gə'ʔaːɐtət] *adj* constituido; **das Problem ist so ~, dass ...** el problema es de tal índole que...

Geäst [gə'ʔɛst] *nt* <-(e)s, *ohne pl*> ramaje *m*

geb. *Abk. von* **geboren** nacido; **Luise Reimann, ~ Klein** Luise Reimann, de soltera Klein

Gebäck [gə'bɛk] *nt* <-(e)s, -e> (*Kekse*) galletas *fpl*, factura *f Arg;* (*Tee~*) pastas *fpl*

gebacken [gə'bakən] *pp von* **backen**

Gebälk [gə'bɛlk] *nt* <-(e)s, -e> vigas *fpl*, viguería *f*

geballt [gə'balt] *adj* concentrado

gebannt [gə'bant] *adj* fascinado, cautivado; **sie starrten mich an wie ~** me miraban como embobados

gebar [gə'baːɐ] *3. imp von* **gebären**

Gebärde [gə'bɛːɐdə] *f* <-, -n> gesto *m*, ademán *m*

gebärden* *vr:* **sich ~** comportarse, portarse

Gebärdensprache *f* <-, -n> lenguaje *m* de señas

Gebaren [gə'baːrən] *nt* <-s, *ohne pl*> comportamiento *m*, conducta *f*

gebären* [gə'bɛːrən] <gebiert *o* gebärt, gebar, geboren> *vt* parir, desocupar *Am;* (*Mensch*) dar a luz, alumbrar; **lebend ~d** (ZOOL) vivíparo; **wo sind Sie geboren?** ¿dónde nació Ud.?

gebärfähig [gə'bɛːɐ-] *adj* fecundo; **Frauen im ~en Alter** mujeres en edad fecunda [*o* de procrear]

Gebärmutter *f* <-, -mütter> (ANAT) matriz *f*, útero *m;* **Gebärmutterhals** *m* <-es, -hälse> (ANAT) cuello *m* uterino; **Gebärmutterkrebs** *m* <-es, -e> (MED) cáncer *m* de útero; **Gebärmuttermund** *m* <-(e)s, -münder> (ANAT) orificio *m* del útero; **Gebärmutterschleimhaut** *f* <-, -häute> (MED) mucosa *f* uterina

gebauchpinselt *adj* (*fam*): **sich ~ fühlen** sentirse halagado

Gebäude [gə'bɔɪdə] *nt* <-s, -> **1.** (*Bauwerk*) edificio *m* **2.** (*Gefüge*) sistema *m;* **Gebäudekomplex** *m* <-es, -e> complejo *m* arquitectónico; **Gebäudereinigung** *f* <-, -en> **1.** (*das Reinigen*) limpieza *f* de edificios; **die ~ wurde von einer Fachfirma durchgeführt** una empresa especializada llevó a cabo la limpieza del edificio **2.** (*Betrieb*) empresa *f* de limpieza de edificios; **„Frischmann & Söhne, ~"** "Frischmann & Söhne, limpieza de edificios"; **Gebäudeteil** *m* <-(e)s, -e> parte *f* de un edificio

Gebäulichkeit [gə'bɔɪlɪçkaɪt] *f* <-, -en> (*Schweiz: Gebäude*) edificio *m*

gebaut *adj:* **gut/muskulös ~ sein** tener una buena constitución física/una constitución musculosa; **so wie du ~ bist, ist es für dich ganz einfach** (*fam hum: veranlagt*) con tu talento no tendrás ninguna dificultad

Gebeine [gə'baɪnə] *ntpl* (*geh*) esqueleto *m*, osamenta *f*

Gebell(e) [gə'bɛl(ə)] *nt* <-(e)s, *ohne pl*> (*fam abw*) ladridos *mpl*

geben ['geːbən] <gibt, gab, gegeben> **I.** *vt* **1.** (*reichen*) dar; (*aushändigen*) entregar; (*verteilen*) repartir, distribuir; (*schenken*) regalar; (*beim Telefonieren*) pasar; **~ Sie mir bitte Herrn Müller** páseme al Señor Müller, por favor; **was darf ich Ihnen ~?** ¿qué le doy?; (*beim Essen*) ¿qué le sirvo?; **sie gab ihm eine Ohrfeige** le dio una bofetada; **das Dach gibt ihnen Schutz vor dem Regen** el techo les protege de la lluvia; **ihre Reaktion gab ihm wieder Hoffnung** su reacción le dio de nuevo esperanzas; **ich gab nichts auf sein Gerede** no hice caso a lo que dijo; **er würde viel darum ~, wenn ...** lo que daría él por... +*inf;* **jdm etw zu verstehen ~** dar a entender algo a alguien; **etw von sich** *dat* **~** decir algo **2.** (*gewähren*) dar; (*Frist, Kredit*) conceder; **jdm Recht ~** dar(le) la razón a alguien **3.** (*ergeben*) dar, producir; **das gibt keinen Sinn** esto no tiene (ningún) sentido; **ein Wort gab das andere** las palabras se sucedieron sin pausa **4.** (*veranstalten*) hacer, dar; (TV) dar, poner **5.** (*unterrichten*) enseñar, dar (clases de); **sie gibt Englisch** da clases de inglés **II.** *vunpers* (*existieren, vorkommen*) haber, suceder; **was gibt's?** (*fam*) ¿qué hay?; **es wird Regen ~** tendremos lluvia; **es gibt heute Fisch** hoy hay pescado; **wo gibt es Briefmarken?** ¿dónde hay sellos?; **es gibt keine blauen Hunde** los perros azules no existen; **das gibt's doch gar nicht!** ¡imposible!; **was es nicht alles gibt!** ¡lo que hay que ver!; **das hat es ja noch nie ge~!** ¡eso no ha pasado nunca!; **gibt es noch Eintrittskarten?** ¿quedan todavía entradas? **III.** *vi* **1.** (*bei Kartenspiel*) dar; **wer gibt?** ¿quién da? **2.** (SPORT: *Aufschlag haben*) sacar **IV.** *vr:* **sich ~ 1.** (*nachlassen*) pasar, desaparecer; **das gibt sich mit der Zeit** esto se pasa [*o* se soluciona] con el tiempo **2.** (*sich benehmen*) dárselas (*als* de)

Gebenedeite *f* <-n, *ohne pl*> (REL): **die ~** la Santísima Virgen

Geber(in) *m(f)* <-s, -; -, -nen> (*Kartenspiel*) mano *mf;* **wer ist bei der nächsten Runde der ~?** ¿quién es mano en la próxima partida?

Geberland *nt* <-(e)s, -länder> (POL, WIRTSCH) país *m* donador; **Geberlaune** *f* <-, *ohne pl*> ganas *fpl* de mostrarse generoso [*o* espléndido]; **in ~ sein** sentirse generoso [*o* espléndido]

Gebet [gə'beːt] *nt* <-(e)s, -e> oración *f;* **sein ~ wurde erhört** su oración fue escuchada; **jdn ins ~ nehmen** (*fam*) echar(le) un sermón a alguien; **Gebetbuch** *nt* <-(e)s, -bücher> devocionario *m*, libro *m* de oraciones

gebeten [gə'beːtən] *pp von* **bitten**

Gebetsmühle *f* <-, -n> (REL) molino *m* de

oración

gebetsmühlenhaft *adj* constante, continuo; **die ~e Wiederholung ihrer Aussage überzeugte den Richter nicht** la repetición constante de su declaración no convenció al juez

Gebetsteppich *m* <-s, -e> (REL) alfombrilla *f* para oraciones

gebiert [gə'biːɐt] *3. präs von* **gebären**

Gebiet [gə'biːt] *nt* <-(e)s, -e> **1.** (*Fläche: Gesamt~*) territorio *m;* (*Teil~*) zona *f,* región *f;* **ländliches ~** zona rural; **strahlenverseuchtes ~** zona contaminada por radiaciones; **weite ~e waren überschwemmt** amplias zonas quedaron inundadas **2.** (*Sachbereich*) campo *m,* terreno *m;* **auf diesem ~** en este campo; **seine Kenntnisse auf einem ~ vertiefen** profundizar sus conocimientos en un campo

gebieten* [gə'biːtən] *irr* **I.** *vt* (*geh*) **1.** (*befehlen*) mandar **2.** (*verlangen*) requerir, exigir; **das gebietet besondere Aufmerksamkeit** esto requiere especial atención **II.** *vi* (*geh*) **1.** (*verfügen*) disponer (*über* de); **über etw ~** disponer de algo **2.** (*befehlen*) mandar (*über*); **über ein Land ~** mandar un país

Gebieter(in) *m(f)* <-s, -; -, -nen> señor(a) *m(f);* (HIST: *Regent*) soberano, -a *m, f*

gebieterisch *adj* (*geh*) imperioso, imperativo

Gebietsanspruch *m* <-(e)s, -sprüche> reivindicación *f* territorial; **Gebietshoheit** *f* <-, *ohne pl*> soberanía *f* territorial; **~ besitzen** tener la soberanía territorial; **Gebietsleiter(in)** *m(f)* <-s, -; -, -nen> jefe, -a *m, f* de zona; **Gebietsreform** *f* <-, -en> (ADMIN) reforma *f* sectorial [*o* territorial]

gebietsweise *adv* (METEO) por [*o* en] zonas

gebig *adj* (*Schweiz*) **1.** (*praktisch*) práctico; **die neuen Skischuhe sind ~, mit einem Griff sind sie zugeschnallt** las nuevas botas de esquiar son prácticas, se cierran con un solo movimiento **2.** (*prima*) fantástico; **das war eine ~e Idee** fue una idea fantástica; **was, du kommst nicht mit? das finde ich aber nicht ~** ¿qué?, ¿que no vienes? eso sí que no me parece bien

Gebilde [gə'bɪldə] *nt* <-s, -> **1.** (*Bild*) figura *f,* imagen *f;* **ein merkwürdiges ~** un objeto raro **2.** (*Form*) forma *f* **3.** (*Schöpfung*) creación *f* **4.** (*Gefüge*) estructura *f* **5.** (*der Fantasie, Erzeugnis*) producto *m;* **ein ~ seiner Fantasie** un producto de su imaginación **6.** (*Werk*) obra *f*

gebildet [gə'bɪldət] *adj* culto, ilustrado

Gebildete(r) *mf* <-n, -n; -n, -n> persona *f* culta; **die ~n** las personas cultas

Gebimmel [gə'bɪməl] *nt* <-s, *ohne pl*> (*fam abw*) campanilleo *m,* tintineo *m*

Gebinde [gə'bɪndə] *nt* <-s, -> (*Blumen~*) ramo *m,* ramillete *m*

Gebirge [gə'bɪrgə] *nt* <-s, -> sierra *f,* montes *mpl,* montaña *f;* **im/ins ~** en [*o* por]/a la sierra [*o* montaña]

gebirgig *adj* montañoso

Gebirgsbahn [gə'bɪrks-] *f* <-, -en> (EISENB) tren *m* de montaña; **Gebirgsbildung** *f* <-, -en> (GEO) orogenia *f;* **Gebirgsdorf** *nt* <-(e)s, -dörfer> aldea *f* de montaña; **Gebirgsjäger(in)** *m(f)* <-s, -; -, -nen> (MIL) soldado *mf* de montaña; **Gebirgslandschaft** *f* <-, -en> **1.** (GEO) zona *f* de montaña, paisaje *m* montañoso **2.** (KUNST) paisaje *m* de montaña; **Gebirgsmassiv** *nt* <-(e)s, -e> macizo *m* montañoso; **Gebirgsrücken** *m* <-s, -> (GEO) cresta *f* de la montaña; **über den ~ führt ein beliebter Wanderweg** hay un sendero en la cresta de la montaña que gusta mucho; **Gebirgsstraße** *f* <-, -n> carretera *f* de montaña; **Gebirgszug** *m* <-(e)s, -züge> cordillera *f,* sierra *f*

Gebiss[RR] [gə'bɪs] *nt* <-es, -e>, **Gebiß** *nt* <-sses, -sse> dentadura *f;* (*künstliches*) dentadura *f* postiza, prótesis *f inv* dental

gebissen [gə'bɪsən] *pp von* **beißen**

Gebläse [gə'blɛːzə] *nt* <-s, -> (TECH) fuelle *m* mecánico; (AUTO) ventilación *f,* refrigeración *f*

geblasen [gə'blaːzən] *pp von* **blasen**

geblichen (*alt*) *pp von* **bleichen**[2]

geblieben [gə'bliːbən] *pp von* **bleiben**

Geblödel *nt* <-s, *ohne pl*> (*fam*) boberías *fpl;* **der Komiker brachte die Zuschauer mit seinem ~ zum Lachen** el cómico hizo reír al público con sus bobadas

geblümt [gə'blyːmt] *adj* floreado, con flores

Geblüt *nt* (*geh*): **von edlem ~ sein** tener sangre azul

gebogen [gə'boːgən] **I.** *pp von* **biegen** **II.** *adj* doblado, torcido

geboren [gə'boːrən] **I.** *pp von* **gebären** **II.** *adj:* **ich bin ein ~er Dortmunder** soy natural de Dortmund; **er ist der ~e Wissenschaftler** nació para (ser) científico; **Katharina Schmidt, ~e Schulze** Katharina Schmidt, de soltera Schulze

geborgen [gə'bɔrgən] **I.** *pp von* **bergen** **II.** *adj* protegido, a salvo; **sich ~ fühlen** sentirse protegido

Geborgenheit *f* <-, *ohne pl*> seguridad *f,* (sensación *f* de) protección *f*

geborsten [gə'bɔrstən] *pp von* **bersten**

Gebot [gə'boːt] *nt* <-(e)s, -e> **1.** (*Grundsatz*) mandamiento *m;* (*Vorschrift*) precepto *m;* (*Befehl*) orden *f;* **die Zehn ~e** los Diez Mandamientos, el Decálogo; **Sicherheit ist oberstes ~** la seguridad ante todo **2.** (*Erfordernis*) necesidad *f;* **Vernunft ist das ~ der Stunde** la razón es la necesidad del momento **3.** (*bei Auktion*) oferta *f;* **ein ~ machen** hacer una oferta

geboten [gə'boːtən] **I.** *pp von* **bieten, gebieten** **II.** *adj* **1.** (*ratsam*) aconsejable, conveniente; **erhöhte Vorsicht ist ~** aconsejamos mucha precaución **2.** (*notwendig*) necesario

Gebotsschild *nt* <-(e)s, -er> señal *f* de prohibición

Gebr. (WIRTSCH) *Abk. von* **Gebrüder** Hnos.

Gebrabbel *nt* <-s, *ohne pl*> (*fam abw*) farfulla *f;* **sprich deutlich, was soll immer dies ~!** habla claro, ¡es que no puedes dejar de farfullar!

gebracht [gə'braxt] *pp von* **bringen**

gebrannt [gə'brant] **I.** *pp von* **brennen** **II.** *adj* **1.** (*Mandel*) garapiñado **2.** (*prov*): **~es Kind scheut das Feuer** gato escaldado del agua fría huye

gebraten [gə'bra:tən] *pp von* **braten**

Gebratene(s) *nt* <-n, *ohne pl*> (GASTR) asado *m*

Gebräu [gə'brɔɪ] *nt* <-(e)s, -e> (*abw*) brebaje *m,* mejunje *m*

Gebrauch [gə'braʊx] *m* <-(e)s, *ohne pl*> (*Benutzung*) uso *m;* (*Verwendung*) empleo *m,* utilización *f;* **übermäßiger ~** empleo excesivo; **für den eigenen ~** de uso personal; **sparsam im ~** económico; **zum äußeren ~** para uso externo; **aus dem ~ kommen** caer en desuso; **von etw** *dat* **~ machen** hacer uso de algo; **etw in ~ haben** usar algo, tener algo en uso; **vor ~ gut schütteln** agítese antes de usar

Gebräuche [gə'brɔɪçə] *mpl* usos *mpl,* costumbres *fpl;* **Sitten und ~** usos y costumbres

gebrauchen* [gə'braʊxən] *vt* **1.** (*Werkzeug, Auto*) usar, utilizar; (*List, Verstand*) emplear; **zum ersten Mal ~** estrenar; **Gewalt ~** recurrir a la fuerza; **etw gebraucht kaufen** comprar algo de segunda mano **2.** (*nützlich sein*) servir; **das kann ich gut/gar nicht ~** esto me sirve de mucho/no me sirve de nada; **er ist zu nichts zu ~** no sirve para nada

gebräuchlich [gə'brɔɪçlɪç] *adj* común, corriente; **nicht mehr ~** fuera de uso

Gebrauchsanleitung *f* <-, -en>, **Gebrauchsanweisung** *f* <-, -en> instrucciones *fpl* de uso, modo *m* de empleo; **Gebrauchsartikel** *m* <-s, -> artículo *m* de uso; **Gebrauchseigenschaften** *fpl* características *fpl* de empleo; **gebrauchsfertig** *adj* listo para ser utilizado; **~ sein** estar a punto; **Gebrauchsgegenstand** *m* <-(e)s, -stände> artículo *m* de uso

Gebrauchsmuster *nt* <-s, -> (JUR) modelo *m* de utilidad; **Gebrauchsmusterschutz** *m* <-es, *ohne pl*> (JUR) protección *f* de modelos de utilidad

Gebrauchsrecht *nt* <-(e)s, -e> (JUR) derecho *m* de uso

Gebrauchswert *m* <-(e)s, -e> valor *m* útil; **Gebrauchswert-Kostenanalyse** *f* <-, -n> (FIN, WIRTSCH) análisis *m inv* de costes del valor útil; **Gebrauchswertminderung** *f* <-, -en> reducción *f* del valor útil

gebraucht [gə'braʊxt] *adj* usado, de segunda mano; **Gebrauchtwagen** *m* <-s, -> coche *m* usado [*o* de segunda mano]

Gebrauchtwarenhandel *m* <-s, *ohne pl*> negocio *m* de productos de segunda mano

gebrechen* [gə'brɛçən] *irr vunpers* (*geh*): **jdm gebricht es an etw** *dat* alguien carece de algo; **obwohl sie viel verdient, gebricht es ihr immer an Geld** aunque gana mucho, siempre anda escasa de dinero

Gebrechen *nt* <-s, -> (*geh*) dolencia *f,* achaque *m*

gebrechlich [gə'brɛçlɪç] *adj* (*schwach*) débil, tronchado *And;* (*altersschwach*) decrépito; (*kränklich*) achacoso

Gebrechlichkeit *f* <-, *ohne pl*> (*Schwäche*) debilidad *f;* (*Altersschwäche*) decrepitud *f*

gebrochen [gə'brɔxən] **I.** *pp von* **brechen, gebrechen** **II.** *adj* (*Mensch*) afligido; (*Stimme*) entrecortado; **~ deutsch sprechen** chapurrear el alemán

Gebrüder [gə'bry:dɐ] *mpl* (WIRTSCH) hermanos *mpl*

Gebrüll [gə'brʏl] *nt* <-(e)s, *ohne pl*> (*von Menschen*) vocerío *m,* griterío *m;* (*von Tieren*) rugido *m,* bramido *m*

Gebrumm(e) *nt* <-(e)s, *ohne pl*> **1.** (*Geräusch: Bär*) rugido *m* **2.** (*Protest*) gruñido *m;* **das ~ des Sohnes über den täglichen Aufwasch ärgerte die Mutter sehr** a la madre le fastidiaba mucho que su hijo rezongara [*o* refunfuñara] cada día a la hora de fregar los platos

Gebühr [gə'by:ɐ] *f* <-, -en> tasa *f;* (*Abgabe*) derechos *mpl;* (*Telefon~*) tarifa *f;* (*Post~*) porte *m;* (*Vermittlungs~*) comisión *f;* (*Autobahn~*) peaje *m;* **amtliche/fällige/symbolische ~** tasa oficial/pagadera/simbólica; **eine ~ berechnen** levantar una tasa; **~en einziehen** cobrar derechos; **eine ~ erheben** introducir una tasa; **~ zahlt Empfänger** porte a cargo del destinatario; **über ~** más de lo debido

gebühren* [gə'by:rən] **I.** *vi* (*geh*) corresponder; **seiner Leistung gebührt Anerkennung** su rendimiento merece ser reconocido **II.** *vr:* **sich ~** (*geh*) ser apropiado, ser conveniente; **für einen Geistlichen gebührt es sich nicht kurze Hosen zu tragen** no es apropiado que un religioso lleve pantalones cortos; **wie es sich gebührt** tal como debe ser

gebührend **I.** *adj* debido, conveniente **II.** *adv* como es debido

Gebühreneinheit *f* <-, -en> (TEL) paso *m* de contador; **Gebührenerhöhung** *f* <-, -en> aumento *m* de las tasas; **Gebührenerlass**[RR] *m* <-es, -e> exención *f* de tasas; **Gebührenermäßigung** *f* <-, -en> rebaja *f* de tarifas; **Gebührenermittlung** *f* <-, -en> (TEL) información *f* de tarificación; **gebührenfrei** *adj* exento de tasas; **~er Anruf** llamada sin recargo; **Gebührenmarke** *f* <-, -n> (ADMIN) timbre *m;* **Gebührenordnung** *f* <-, -en> (ADMIN, FIN) arancel *m,* tarifa *f* arancelaria; **verbindliche ~** tarifa oficial; **gebührenpflichtig** *adj* sujeto a tasas; (*Autobahn*) de peaje; **eine ~e Verwarnung** una multa; **Gebührenpolitik** *f* <-, -en> política *f* tarifaria; **Gebührenzähler** *m* <-s, -> (TEL) contador *m* (de pasos telefónicos)

gebunden [gə'bʊndən] **I.** *pp von* **binden** **II.** *adj* **1.** (*verpflichtet*) sujeto (*an* a), ligado (*an* a); **anderweitig ~ sein** tener otros compromisos; **an einen Ort ~ sein** estar obligado a quedarse en un (determinado) sitio **2.** (*Kapital, Preise*) controlado

Geburt [gə'buːɐt] *f* <-, -en> **1.** (*Entbindung*) parto *m;* **ambulante ~** parto ambulatorio; **eine leichte/schwere ~** un parto fácil/difícil; **bei der ~** durante el parto **2.** (*das Geborenwerden*) nacimiento *m;* **von ~ an** desde el nacimiento; **blind von ~ an** ciego de nacimiento; **vor/nach Christi ~** antes/después de Cristo **3.** (*Abstammung*) origen *m;* **von hoher ~** de noble cuna; **Geburtenbeschränkung** *f* <-, -en> control *m* de natalidad; **ohne ~en wird die Erdbevölkerung sprunghaft zunehmen** si no se llevan a cabo controles de natalidad, la población mundial se disparará; **Geburtenkontrolle** *f* <-, *ohne pl*> control *m* de natalidad; **Geburtenrate** *f* <-, -n> tasa *f* de natalidad; **Geburtenregelung** *f* <-, *ohne pl*> control *m* de natalidad; **Geburtenrückgang** *m* <-(e)s, -gänge> descenso *m* del número de nacimientos, disminución *f* de la natalidad; **geburtenschwach** *adj* (de tasa) de natalidad baja; **ein ~er Jahrgang** un año de natalidad baja; **geburtenstark** *adj* (de tasa) de natalidad alta; **Geburtenüberschuss**[RR] *m* <-es, -schüsse> exceso *m* de natalidad; **Geburtenzahl** *f* <-, -en> natalidad *f;* **in den Ländern Afrikas ist mit steigenden ~en zu rechnen** es de esperar que la natalidad aumente en los países africanos; **Geburtenziffer** *f* <-, -n> índice *m* de natalidad

Geburtenzuwachs *m* <-es, -wächse> aumento *m* de la natalidad; **Geburtenzuwachsrate** *f* <-, -n> tasa *f* de incremento de la natalidad

gebürtig [gə'bʏrtɪç] *adj* natural (*aus* de); **er ist aus Valencia ~** es natural de Valencia; **die ~en Kölner** los naturales de Colonia

Geburtsanzeige *f* <-, -n> anuncio *m* de nacimiento; **~n** nacimientos *mpl;* **Geburtsdatum** *nt* <-s, -daten> fecha *f* de nacimiento; **Geburtseinleitung** *f* <-, -en> (MED) provocación *f* del parto; **Geburtsfehler** *m* <-s, -> defecto *m* congénito; **Geburtshaus** *nt* <-es, -häuser> casa *f* natal; **in Marbach steht Schillers ~** en Marbach se encuentra la casa donde nació Schiller; **Geburtshelfer(in)** *m(f)* <-s, -; -, -nen> (MED) obstetra *mf,* tocólogo, -a *m, f;* **Geburtshilfe** *f* <-, *ohne pl*> (MED) ayuda *f* médica en el parto, asistencia *f* médica en el parto; **Geburtsjahr** *nt* <-(e)s, -e> año *m* de(l) nacimiento; **Geburtsland** *nt* <-(e)s, -länder> país *m* natal; **sind Sie aus Spanien? – nein, mein ~ ist Argentinien** ¿es usted español? – no, nací en Argentina; **Geburtsort** *m* <-(e)s, -e> lugar *m* de nacimiento; **Geburtspositionen** *fpl* (MED) posiciones *fpl* de parto; **Geburtsstadt** *f* <-, -städte> ciudad *f* natal; **Geburtsstation** *f* <-, -en> maternidad *f,* nursery *f Arg*

Geburtstag *m* <-(e)s, -e> **1.** (*Jahrestag*) cumpleaños *m inv,* aniversario *m;* **herzlichen Glückwunsch zum ~!** ¡feliz cumpleaños!; **~ feiern** celebrar el cumpleaños; **~ haben** cumplir años, estar de cumpleaños; **wann hast du ~?** ¿cuándo es tu cumpleaños? **2.** (*Tag der Geburt*) fecha *f* de nacimiento; **Geburtstagsgeschenk** *nt* <-(e)s, -e> regalo *m* de cumpleaños, ahorca *f Ven;* **Geburtstagskarte** *f* <-, -n> tarjeta *f* de (felicitación de) cumpleaños; **Geburtstagskind** *nt* <-(e)s, -er> persona *f* que cumple años

Geburtstermin *m* <-s, -e> fecha *f* del parto; **Geburtsurkunde** *f* <-, -n> acta *f* de nacimiento; **Geburtsvorbereitung** *f* <-, -en> (MED) preparación *f* al parto; **Geburtswehen** *fpl* (MED) contracciones *fpl* del parto

Gebüsch [gə'bʏʃ] *nt* <-(e)s, -e> matorral *m;* (*Dickicht*) maleza *f*

Geck [gɛk] *m* <-en, -en> (*abw*) petimetre *m;* **mit deinem Seidentüchlein siehst du aus wie ein ~** con tu pañuelito de seda pareces un fantoche

Gecko ['gɛko] *m* <-s, -s> (ZOOL) salamanquesa *f*

gedacht [gə'daxt] *pp von* **denken, gedenken**

Gedächtnis [gə'dɛçtnɪs] *nt* <-ses, -se> **1.** (*Erinnerungsvermögen*) memoria *f;* **aus dem ~** de memoria; **ein gutes/schlechtes ~ haben (für etw)** tener buena/mala memoria (para algo); **wenn mich mein ~ nicht trügt** si no me falla la memoria; **jdn/etw im ~ behalten** retener a alguien/algo en la memoria; **sich** *dat* **etw ins ~ zurückrufen** recordar algo, acordarse de algo; **ein ~ wie ein Sieb** (*fam*) una memoria de grillo; **sein ~ verlieren** perder la memoria **2.** (*Gedenken*) recuerdo *m* (*an* de), memoria *f* (*an* de); **ein Mahnmal zum ~ an die Toten** un monumento en memoria de los muertos; **Gedächtnishilfe** *f* <-, -n> ayuda *f* para la memoria; **Gedächtnislücke** *f* <-, -n> laguna *f* en la memoria; **Gedächtnisprotokoll** *nt* <-s, -e> acta *f* (*redactada tras una reunión, junta, etc. a base de memoria*); **Gedächtnisschwund** *m* <-(e)s, *ohne pl*> (MED) pérdida *f* de memoria; **Gedächtnisstütze** *f* <-, -n> recurso *m* mnemotécnico; **Gedächtnisverlust** *m* <-(e)s, -e> (MED) pérdida *f* de memoria

gedämpft [gə'dɛmpft] *adj* (*Geräusch, Farbe*) apagado; (*Licht*) suave; **mit ~er Stimme** en voz baja

Gedanke [gə'daŋkə] *m* <-ns, -n> **1.** (*Idee, Absicht*) idea *f;* (*Einfall*) ocurrencia *f;* **mir kommt da der ~, dass ...** se me ocurre que...; **sich mit dem ~n tragen etw zu tun**

(*geh*) abrigar la idea de hacer algo; **sie kam auf den ~n, dass ...** tuvo la idea de que..., se le ocurrió que...; **mit dem ~n spielen zu ...** jugar con la idea de...; **jdn auf einen ~n bringen** hacer pensar a alguien en algo; **auf dumme ~n kommen** hacer disparates **2.** (*Überlegung*) pensamiento *m*, reflexión *f*; **sich** *dat* **~n machen** pensar, reflexionar; **der bloße ~ macht mich verrückt** con sólo pensarlo me vuelvo loco; **in ~n vertieft** absorto [*o* sumido] en sus pensamientos; **jdn auf andere ~n bringen** distraer a alguien **3.** (*Begriff*) concepto *m*

Gedankenaustausch *m* <-(e)s, *ohne pl*> intercambio *m* de ideas, cambio *m* de impresiones; **Gedankenblitz** *m* <-es, -e> (*fam*) idea *f* repentina, ocurrencia *f*; **Gedankenfreiheit** *f* <-, *ohne pl*> libertad *f* de pensamiento; **Gedankengang** *m* <-(e)s, -gänge> razonamiento *m*, raciocinio *m*; **Gedankengebäude** *nt* <-s, -> (*geh*) pensamiento *m*; **Gedankengut** *nt* <-(e)s, *ohne pl*> ideario *m*; (*Ideologie*) ideología *f*; (*Gedanken*) pensamiento *m*; **das kommunistische ~** el ideario comunista; **das islamische ~** el pensamiento islámico; **der Autor wurde heftig für sein reaktionäres ~ kritisiert** el autor fue muy criticado por su ideología reaccionaria

gedankenlos *adj* **1.** (*unüberlegt*) irreflexivo; **etw ~ tun** hacer algo sin pensar **2.** (*zerstreut*) distraído

Gedankenlosigkeit *f* <-, *ohne pl*> **1.** (*Unüberlegtheit*) irreflexión *f* **2.** (*Zerstreutheit*) distracción *f*

Gedankensprung *m* <-(e)s, -sprünge> salto *m* de una idea a otra; **Gedankenstrich** *m* <-(e)s, -e> guión *m*, raya *f*; **Gedankenübertragung** *f* <-, *ohne pl*> telepatía *f*; **gedankenverloren** *adj* ensimismado (en sus ideas); **gedankenvoll** *adj* pensativo; **ganz ~ saß sie vor ihrem Schreibtisch** estaba sentada frente a su mesa absorta completamente en sus pensamientos; **Gedankenwelt** *f* <-, -en> mundo *m* interior; **er lebt in seiner eigenen ~** vive en su propio mundo

gedanklich *adj* (*Anstrengung*) mental, intelectual

Gedärm [gəˈdɛrm] *nt* <-(e)s, -e> intestinos *mpl*, tripas *fpl fam*

Gedeck [gəˈdɛk] *nt* <-(e)s, -e> cubierto *m*; (*Kaffee~*) servicio *m* de café

gedeckt [gəˈdɛkt] *adj* (*Farbe*) apagado

Gedeih [gəˈdaɪ]: **auf ~ und Verderb** pase lo que pase, para bien o para mal

gedeihen [gəˈdaɪən] <gedeiht, gedieh, gediehen> *vi sein* **1.** (*Pflanze*) crecer, darse bien; (*Kinder*) desarrollarse bien **2.** (*vorankommen*) avanzar, prosperar, chapearse *Chil*; **die Sache ist so weit gediehen, dass ...** el asunto ha avanzado tanto que...

Gedeihen *nt* <-s, *ohne pl*> (*geh*) éxito *m*; (*Wirtschaft*) buena marcha *f*; **jdm gutes ~ wünschen** desearle a alguien mucho éxito

gedeihlich *adj* (*geh: erfolgreich: Haltung*) útil, saludable; (*Verhandlungen*) exitoso; (*Zusammenarbeit*) fructífero; **die bisher geführten Gespräche waren sehr ~** las conversaciones mantenidas hasta el momento han sido muy fructíferas

gedenken* *irr vi* (*geh*) **1.** (*erinnern*) recordar (+*gen*), pensar (+*gen* en); (*feierlich*) conmemorar (+*gen*); **der Toten ~** recordar a los muertos **2.** (*vorhaben*) pensar, tener la intención (de); **ich gedenke morgen abzureisen** tengo la intención de salir mañana

Gedenken *nt* <-s, *ohne pl*> recuerdo *m* (*an* de), conmemoración *f* (*an* de); **zum/im ~ an jdn** en recuerdo de alguien; **zum/im ~ an etw** en conmemoración de algo

Gedenkfeier *f* <-, -n> acto *m* conmemorativo; **Gedenkmarke** *f* <-, -n> sello *m* conmemorativo; **auf dem Brief klebte eine ~ zum 20. Todestag von Carl Zuckmayer** la carta llevaba un sello conmemorativo del 20 aniversario de la muerte de Carl Zuckmayer; **Gedenkminute** *f* <-, -n> minuto *m* de silencio; **eine ~ einlegen** guardar un minuto de silencio; **Gedenkmünze** *f* <-, -n> moneda *f* conmemorativa; **Gedenkrede** *f* <-, -n> discurso *m* conmemorativo; **anlässlich des 100. Geburtstages des berühmten Komponisten wurde eine ~ gehalten** pronunciaron un discurso en conmemoración del primer centenario del nacimiento del famoso compositor; **Gedenkstätte** *f* <-, -n> lugar *m* conmemorativo; **Gedenkstein** *m* <-(e)s, -e> lápida *f* (conmemorativa); **Gedenkstunde** *f* <-, -n> acto *m* conmemorativo [*o* solemne]; **Gedenktafel** *f* <-, -n> placa *f* conmemorativa; **Gedenktag** *m* <-(e)s, -e> aniversario *m*

gedeucht (*alt*) *pp von* **dünken**

Gedicht [gəˈdɪçt] *nt* <-(e)s, -e> poema *m*, poesía *f*; **ein ~ aufsagen** recitar un poema; **das ist ein ~** (*fig*) esto es un poema; **Gedichtsammlung** *f* <-, -en> antología *f* de poesía; **eine ~ spanischer Lyriker** una antología de la lírica española

gediegen [gəˈdiːgən] *adj* **1.** (*von guter Qualität*) bien hecho, sólido **2.** (*Charakter*) íntegro; (*Kenntnisse*) sólido **3.** (*rein*) puro; (*Silber, Gold*) de ley

Gediegenheit *f* <-, *ohne pl*> **1.** (*Solidität: Einrichtung*) buena construcción *f*; (*Gegenstand*) solidez *f*, estabilidad *f*, resistencia *f* **2.** (*Gründlichkeit: Kenntnisse*) solidez *f*

gedieh [gəˈdiː] *3. imp von* **gedeihen**

gediehen [gəˈdiːən] *pp von* **gedeihen**

Gedöns [gəˈdœːns] *nt* <-es, *ohne pl*> (*reg*) **1.** (*Getue*) aspaviento *m* **2.** (*Zeug, Ding*) trasto *m*

Gedränge [gəˈdrɛŋə] *nt* <-s, *ohne pl*> **1.** (*Drängelei*) apreturas *fpl*; **am Einkaufssamstag herrscht immer so ein ~** los sábados siempre hay muchas apreturas **2.** (*Menschenmenge*) gentío *m*, muchedumbre *f*

Gedrängel *nt* <-s, *ohne pl*> (*fam*): **sobald der Sommerschlussverkauf startet, beginnt auch das ~ an den Wühltischen** tan pronto comienzan las rebajas de verano, la gente se arremolina en los mostradores de ocasión

gedrängt [gə'drɛŋt] *adj* (*gerafft*) conciso; (*knapp*) breve; **ein ~er Stil** un estilo conciso; **der Bus war ~ voll** el autobús iba a tope

Gedröhne *nt* <-s, *ohne pl*> fragor *m*; **das ~ der Maschine** el estruendo de las máquinas

gedroschen [gə'drɔʃən] *pp von* **dreschen**

gedrückt [gə'drʏkt] *adj* (*niedergeschlagen*) deprimido

Gedrücktheit *f* <-, *ohne pl*> (*Niedergeschlagenheit: Mensch*) abatimiento *m*; (*Stimmung*) desaliento *m*; **hast du schlechte Nachrichten bekommen oder was ist der Grund für deine ~?** ¿has recibido malas noticias o a qué se debe tu abatimiento?

gedrungen [gə'drʊŋən] **I.** *pp von* **dringen** **II.** *adj* rechoncho, regordete

Gedrungenheit *f* <-, *ohne pl*> cualidad *f* de rechoncho; **seine unvorteilhafte Kleidung unterstrich noch die ~ seines Körperbaus** la ropa, poco favorecedora, resaltaba aún más su figura rechoncha

Gedudel *nt* <-s, *ohne pl*> (*fam abw: auf einem Instrument*) cencerreo *m*; **das ~ des Radios** el runrún de la radio; **sein ~ auf der Flöte geht mir auf die Nerven** me pone de los nervios con tanto darle a la flauta

Geduld [gə'dʊlt] *f* <-, *ohne pl*> paciencia *f*; **die ~ verlieren** perder la paciencia; **mit jdm/etw ~ haben** tener paciencia con alguien/algo; **meine ~ ist erschöpft** se me ha agotado la paciencia; **jds ~ auf die Probe stellen** poner a prueba la paciencia de alguien; **jdn um ~ bitten** pedir a alguien que tenga paciencia

gedulden* [gə'dʊldən] *vr*: **sich ~** tener paciencia; (*warten*) esperar

geduldig **I.** *adj* paciente; **Papier ist ~** (*fam*) el papel todo lo aguanta **II.** *adv* con paciencia; **~ warten** esperar con paciencia

Geduldsfaden *m*: **jetzt reißt mir aber der ~!** (*fam*) ¡ahora se me acabó la paciencia!; **Geduldsprobe** *f* <-, -n> prueba *f* de paciencia; **Geduldsspiel** *nt* <-(e)s, -e> juego *m* de paciencia

gedungen *pp von* **dingen**

gedunsen [gə'dʊnzən] *adj* abota(r)gado; **durch die Einnahme von Kortison bekommen viele Patienten ein ~es Gesicht** a muchos pacientes se les abotarga la cara al tomar cortisona

gedurft [gə'dʊrft] *pp von* **dürfen**

geehrt [gə'ʔeːɐt] *adj* (*in Briefen*) estimado; **sehr ~er Herr X/sehr ~e Frau Y** estimado Sr. X/estimada Sra. Y; (**meine**) **sehr ~e(n) Damen und Herren** muy Sres. míos

geeignet [gə'ʔaɪgnət] *adj* **1.** (*Mensch*) apto (*für* para), idóneo (*für* para); **er ist für diese Arbeit nicht ~** no es apto para este trabajo; **jdn für ~ halten** considerar a alguien competente **2.** (*Material*) adecuado (*für* para), apto (*für* para) **3.** (*zweckmäßig*) oportuno, apropiado; **im ~en Augenblick** en el momento oportuno

Geest [geːst] *f* <-, *ohne pl*>, **Geestland** ['geːstlant] *nt* <-(e)s, *ohne pl*> (GEO) Geestland *m* (*brezal arenoso del norte de Alemania*)

Gefahr [gə'faːɐ] *f* <-, -en> peligro *m* (*für* para); (*Wagnis*) riesgo *m*; **in ~ schweben** correr peligro; **außer ~ sein** estar fuera de peligro; **ihm droht keine ~** no corre peligro; **es besteht die ~, dass ...** existe el peligro de que... +*subj*; **auf eigene ~** por propia cuenta y riesgo; **auf ~ des Absenders** por cuenta y riesgo del remitente; **auf jede ~ hin** a todo riesgo; **~ laufen etw zu tun** correr el riesgo de hacer algo; **sich in ~ begeben, sich einer ~ aussetzen** exponerse a un peligro; **auf die ~ hin, dass ...** a riesgo de que... +*subj*

gefährden* [gə'fɛːɐdən] *vt* poner en peligro; (*bedrohen*) amenazar; (*aufs Spiel setzen*) arriesgar; **sein Leben ist gefährdet** corre peligro de muerte

Gefährdung *f* <-, -en> amenaza *f* (*für* para, *durch* a causa de/por parte de); **Gefährdungshaftung** *f* <-, -en> (JUR) responsabilidad *f* por riesgo

gefahren [gə'faːrən] *pp von* **fahren**

Gefahrengebiet *nt* <-(e)s, -e> región *f* peligrosa; **obwohl der Hindukusch als politisches ~ deklariert ist, reisen immer wieder Touristen dorthin** muchos turistas siguen viajando al Hindukush, aunque por motivos políticos está considerado como zona peligrosa; **Gefahrenherd** *m* <-(e)s, -e> foco *m* de peligro; **Gefahrenmoment** *nt* <-(e)s, -e> momento *m* de peligro, peligro *m* potencial; **Leitern und rutschende Teppiche sind typische ~e im Haushalt** las escaleras de mano y las alfombras resbaladizas son las causas típicas de los accidentes domésticos; **Gefahrenquelle** *f* <-, -n> fuente *f* de peligro; **Gefahrenstelle** *f* <-, -n> lugar *m* peligroso; **eine unübersichtliche Einmündung ist immer eine ~** una desembocadura con poca [*o* escasa] visibilidad siempre es un peligro; **Gefahrenzone** *f* <-, -n> zona *f* de peligro; **Gefahrenzulage** *f* <-, -n> suplemento *m* por peligro

Gefahrgut *nt* <-(e)s, -güter> mercancías *fpl* peligrosas; **Gefahrguttransport** *m* <-(e)s, -e> transporte *m* de mercancías peligrosas

gefährlich [gəfɛːɐlɪç] *adj* peligroso; (*gewagt*) arriesgado; (*Krankheit*) grave

Gefährlichkeit *f* <-, *ohne pl*> peligrosidad *f*; (*von Krankheit*) gravedad *f*

gefahrlos *adj* sin peligro

Gefährt [gəˈfɛːɐt] *nt* <-(e)s, -e> vehículo *m*

Gefährte, **-in** [gəˈfɛːɐtə] *m, f* <-n, -n; -, -nen> (*geh*) compañero, -a *m, f*, camarada *mf*

Gefahrübernahme *f* <-, *ohne pl*> (JUR, WIRTSCH) asunción *f* de riesgo; **gefahrvoll** *adj* (*Leben*) lleno de peligros, arriesgado; (*Reise*) azaroso; (*Unternehmung*) arriesgado; **Sprengstoffexperten führen ein ~es Leben** la vida de los artificieros está expuesta constantemente al peligro

Gefälle [gəˈfɛlə] *nt* <-s, -> **1.** (*Neigung*) pendiente *f*, declive *m*; **eine Straße mit starkem ~** una carretera de fuerte declive **2.** (*Unterschied*) desnivel *m*, diferencia *f*

gefallen[1] [gəˈfalən] **I.** *pp von* **fallen, gefallen II.** *adj* (*gestorben*) caído

gefallen*[2] *irr vi* gustar, agradar; **das gefällt mir** (**nicht**) (no) me gusta; **wie gefällt dir mein Rock?** ¿qué te parece mi falda?; **wie gefällt es dir in Deutschland?** ¿te gusta Alemania?; **es gefällt mir gar nicht, dass ...** no me gusta nada que... *+subj;* **sich** *dat* **etw ~ lassen** (*fam*) aguantar algo

Gefallen[1] *nt* <-s, *ohne pl*> (*Freude*) gusto *m;* **an etw** *dat*/**jdm ~ finden** tomarle gusto a algo/encontrar a alguien simpático

Gefallen[2] *m* <-s, -> (*Gefälligkeit*) favor *m;* **jdm einen ~ tun** hacer un favor a alguien; **jdn um einen ~ bitten** pedir un favor a alguien; **tu mir den ~ und sei ruhig!** ¡hazme el favor y cállate!

Gefallene(**r**) *mf* <-n, -n; -n, -n> (soldado *mf*) caído, -a *m, f;* **Gefallenendenkmal** *nt* <-(e)s, -mäler *o* -e> monumento *m* a los caídos

gefällig [gəˈfɛlɪç] *adj* **1.** (*hilfsbereit*) complaciente, servicial; **sich ~ zeigen** mostrarse servicial; **jdm ~ sein** ser servicial con alguien, hacer un favor a alguien **2.** (*ansprechend*) agradable **3.** (*erwünscht*): **ein Stück Kuchen ~?** ¿le apetece un trozo de tarta?

Gefälligkeit[1] *f* <-, -en> (*Freundschaftsdienst*) servicio *m*, favor *m;* **jdm eine ~ erweisen** hacer un favor a alguien

Gefälligkeit[2] *f* <-, *ohne pl*> amabilidad *f;* (*Entgegenkommen*) deferencia *f;* **etw aus reiner ~ tun** hacer algo por complacer

Gefälligkeitsflagge *f* <-, -n> (WIRTSCH) pabellón *m* de conveniencia [*o* complacencia]; **Gefälligkeitswechsel** *m* <-s, -> (FIN) letra *f* de favor, aceptación *f* de acomodación

gefälligst [gəˈfɛlɪçst, gəˈfɛlɪkst] *adv* (*fam*): **lass mich ~ in Ruhe!** ¡haz el favor de dejarme en paz!; **benimm dich ~ anständig!** ¡a ver si te comportas como es debido!

Gefällstrecke *f* <-, -n> pendiente *f*

gefangen [gəˈfaŋən] **I.** *pp von* **fangen II.** *adj* **1.** (*in Gefangenschaft*): **~ halten** tener encarcelado; **~ gehalten werden** estar preso; **ein Tier in einer Kiste ~ halten** tener encerrado un animal en una caja; **~ nehmen** tomar preso, capturar; (*Kriegsgefangene*) hacer prisionero **2.** (*gebannt*) cautivado; **jds Aufmerksamkeit ~ halten** (*geh*) cautivar la atención de alguien

Gefangene(**r**) *mf* <-n, -n; -n, -n> **1.** (*Kriegs~*) prisionero, -a *m, f* de guerra; **~ machen** hacer prisioneros **2.** (*Häftling*) preso, -a *m, f*, detenido, -a *m, f;* **Gefangenenaustausch** *m* <-(e)s, *ohne pl*> intercambio *m* de prisioneros; **Gefangenenbefreiung** *f* <-, *ohne pl*> (JUR) liberación *f* de presos; **Gefangenenlager** *nt* <-s, -> campamento *m* de prisioneros; **Gefangenentransportwagen** *m* <-s, -> furgón *m* celular

gefangen|halten *irr vt s.* **gefangen II.1., II.2.**

Gefangennahme [gəˈfaŋənnaːmə] *f* <-, *ohne pl*> detención *f*, captura *f*

gefangen|nehmen *irr vt s.* **gefangen II.1.**

Gefangenschaft *f* <-, -en> prisión *f*, cautiverio *m;* **in ~ lebende Tiere** animales en cautividad; **in ~ geraten** caer prisionero

Gefängnis [gəˈfɛŋnɪs] *nt* <-ses, -se> **1.** (*Gebäude*) prisión *f*, cárcel *f;* **jdn ins ~ bringen** meter a alguien en prisión [*o* en la cárcel]; **ins ~ kommen** ir a la cárcel; **im ~ sitzen** estar en la cárcel; **sie wurde aus dem ~ entlassen** fue puesta en libertad **2.** (*Strafe*) prisión *f*, (pena *f* de) cárcel *f;* **ein Jahr ~ bekommen** ser condenado a un año de cárcel; **Gefängnisaufseher**(**in**) *m(f)* <-s, -; -, -nen> carcelero, -a *m, f;* **Gefängnisdirektor**(**in**) *m(f)* <-s, -en; -, -nen> director(a) *m(f)* de la cárcel; **Gefängnishof** *m* <-(e)s, -höfe> patio *m* de la cárcel; **Gefängnisinsasse**, **-in** *m, f* <-n, -n; -, -nen> recluso, -a *m, f;* **Gefängnisstrafe** *f* <-, -n> pena *f* de cárcel [*o* de prisión]; **jdn zu einer ~ verurteilen** condenar a alguien a prisión; **Gefängniswärter**(**in**) *m(f)* <-s, -; -, -nen> carcelero, -a *m, f;* **Gefängniszelle** *f* <-, -n> celda *f*

Gefasel [gəˈfaːzəl] *nt* <-s, *ohne pl*> (*fam abw*) sandeces *fpl*

Gefäß [gəˈfɛːs] *nt* <-es, -e> **1.** (*Behälter*) vasija *f*, recipiente *m* **2.** (BIOL, MED, BOT) vaso *m;* **gefäßerweiternd** *adj* (MED) vasodilatador; **Gefäßkrankheit** *f* <-, -en> (MED) enfermedad *f* vascular

gefasst[RR] [gəˈfast] *adj,* **gefaßt** *adj* **1.** (*beherrscht*) contenido, sereno **2.** (*eingestellt*) preparado (*auf* para); **auf etw ~ sein** esperar algo; **sich auf etw ~ machen** prepararse para algo; **er kann sich auf etw ~ machen!** (*fam*) ¡ya se puede ir preparando!

Gefasstheit[RR] *f* <-, *ohne pl*>, **Gefaßtheit** *f* <-, *ohne pl*> aplomo *m*, serenidad *f;* **das Urteil nahm er mit großer ~ entgegen** escuchó el fallo con mucho aplomo

gefäßverengend *adj* (MED) vasoconstrictor; **Gefäßverkalkung** *f* <-, -en> (MED) arteriosclerosis *f inv*, calcificación *f* arterial

Gefecht [gəˈfɛçt] *nt* <-(e)s, -e> combate *m;* **jdn außer ~ setzen** poner a alguien fuera de combate; **im Eifer des ~s** en el ardor del combate; **Gefechtsausbildung** *f* <-, -en> (MIL) instrucción *f* de combate; **gefechtsbereit** *adj* (MIL) preparado [*o* dispuesto] para el combate; **etw ~ machen** disponer algo para el combate; **die Geschütze wurden ~ gemacht** se dispusieron los cañones para el combate; **gefechtsklar** *adj* (MIL) en zafarrancho de combate; **ein Schiff ~ machen** poner un barco en zafarrancho de combate; **Alarm! das Schiff sofort ~ machen!** ¡alarma!, ¡zafarrancho de combate!; **Gefechtskopf** *m* <-(e)s, -köpfe> (MIL) cabeza *f* de una bomba; **Gefechtsstand** *m* <-(e)s, -stände> (MIL) puesto *m* de mando

gefeit [gəˈfaɪt] (*geh*): **gegen etw ~ sein** estar a salvo de algo

Gefiedel [gəˈfiːdəl] *nt* <-s, *ohne pl*> (*fam abw*) rasgueo *m* del violín; **dein ständiges ~ auf der Geige geht mir auf die Nerven!** ¡que no dejes de rasgar el violín me pone de los nervios!

Gefieder [gəˈfiːdɐ] *nt* <-s, -> plumaje *m*

gefiedert *adj* **1.** (*mit Federn*) emplumado, con plumas, plumífero *fam* **2.** (BOT) pinnado

Gefilde [gəˈfɪldə] *nt* <-s, -> (*geh*) campos *mpl*, campiña *f*

gefinkelt [gəˈfɪŋkəlt] *adj* (*Österr: durchtrieben*) listo, agudo

Geflecht [gəˈflɛçt] *nt* <-es, -e> (*Netz*) red *f*; (*Korb~*) labor *f* de mimbre

gefleckt [gəˈflɛkt] *adj* moteado

Geflimmer *nt* <-s, *ohne pl*> **1.** (*einer Lichtquelle*) centelleo *m*; (*eines Sterns*) titileo *m* **2.** (INFOR, FILM, TV) resplandor *m* **3.** (*der Hitze, Luft*) espejeo *m*; (*des Wassers*) cabrilleo *m* **4.** (*unscharfe Sicht*) chiribitas *fpl*; **ich bekam Kopfschmerzen und das ~ vor meinen Augen wurde immer schlimmer** me dio dolor de cabeza y cada vez veía más chiribitas

geflissentlich [gəˈflɪsəntlɪç] *adv* a propósito, adrede; **etw ~ überhören** hacerse el sordo a propósito

geflochten [gəˈflɔxtən] *pp von* **flechten**

geflogen [gəˈfloːgən] *pp von* **fliegen**

geflohen [gəˈfloːən] *pp von* **fliehen**

geflossen [gəˈflɔsən] *pp von* **fließen**

Geflügel *nt* <-s, *ohne pl*> **1.** (*als Haustiere*) aves *fpl* de corral **2.** (*Fleisch*) carne *f* de ave [*o* de pluma]; **Geflügelfleisch** *nt* <-(e)s, *ohne pl*> carne *f* de ave; **Geflügelsalat** *m* <-(e)s, -e> ensalada *f* de carne de ave; **Geflügelschere** *f* <-, -n> tijeras *fpl* para aves

geflügelt *adj* alado, con alas; **ein ~es Wort** un dicho

Geflügelzucht *f* <-, -en> avicultura *f*

Geflunker [gəˈflʊŋkɐ] *nt* <-s, *ohne pl*> (*fam abw*) embuste *m*, mentiras *fpl*, volado *m* *MAm*

Geflüster [gəˈflʏstɐ] *nt* <-s, *ohne pl*> cuchicheo *m*, susurro *m*

gefochten [gəˈfɔxtən] *pp von* **fechten**

Gefolge *nt* <-s, -> séquito *m*, cortejo *m*

Gefolgschaft[1] *f* <-, *ohne pl*> (*Treue*) vasallaje *m*

Gefolgschaft[2] *f* <-, -en> (*Anhänger*) seguidores *mpl*; (SPORT) aficionados *mpl*

Gefolgsfrau *f* <-, -en> **1.** (*Anhängerin*) seguidora *f* **2.** (HIST) vasalla *f*; **Gefolgsmann** *m* <-(e)s, -leute *o* -männer> **1.** (*Anhänger*) seguidor *m* **2.** (HIST) vasallo *m*

Gefrage *nt* <-s, *ohne pl*> (*abw*) preguntas *fpl* continuas [*o* molestas]

gefragt [gəˈfraːkt] *adj* (*Künstler*) solicitado; (*Ware*) de gran demanda

gefräßig [gəˈfrɛːsɪç] *adj* (*abw*) voraz; (*verfressen*) glotón, comilón, tragón *fam*

Gefräßigkeit *f* <-, *ohne pl*> voracidad *f*, glotonería *f*

Gefreite(r) [gəˈfraɪtɐ] *mf* <-n, -n; -n, -n> (MIL) cabo *m*

gefressen [gəˈfrɛsən] *pp von* **fressen**

Gefrieranlage [gəˈfriːɐ-] *f* <-, -n> instalación *f* frigorífica; **Gefrierbeutel** *m* <-s, -> bolsa *f* para congelados

gefrieren* [gəˈfriːrən] *irr vi sein* helarse, congelarse; (*in der Kühltruhe*) congelarse

Gefrierfach *nt* <-(e)s, -fächer> congelador *m*; **Gefrierfleisch** *nt* <-(e)s, *ohne pl*> carne *f* congelada; **Gefriergemüse** *nt* <-s, -> verduras *fpl* congeladas; **gefriergetrocknet** *adj* liofilizado; **Gefrierpunkt** *m* <-(e)s, -e> (PHYS) punto *m* de congelación; **Temperaturen um den/unter dem/über dem ~** temperaturas alrededor de/bajo/sobre cero grados; **Gefrierschrank** *m* <-(e)s, -schränke> congelador *m*; **Gefriertrocknung** *f* <-, *ohne pl*> liofiliación *f*; **Gefriertruhe** *f* <-, -n> congelador *m*

gefroren [gəˈfroːrən] **I.** *pp von* **frieren, gefrieren II.** *adj* helado, congelado; **hart ~** congelado

Gefuchtel *nt* <-s, *ohne pl*> (*fam abw*) *acción de agitar nerviosamente algo en el aire*; **lass das ~ mit dem Messer!** ¡deja ya de juguetear [*o* de hacer figuras] con el cuchillo en la mano!

Gefüge [gəˈfyːgə] *nt* <-s, -> **1.** (*Struktur*) estructura *f*; (*System*) sistema *m* **2.** (*das Zusammengefügte*) construcción *f*

gefügig *adj* (*abw*) dócil, sumiso; **sich** *dat* **jdn ~ machen** doblegarse a alguien

Gefügigkeit *f* <-, *ohne pl*> docilidad *f*, sumisión *f*; **die ~ des Hundes ist beachtlich** la docilidad del perro es asombrosa

Gefühl[1] [gəˈfyːl] *nt* <-(e)s, -e> **1.** (*körperliche Wahrnehmung*) sensación *f*; **ohne ~** insensible; **kein ~ in den Fingern haben** no tener sensibilidad en los dedos; **etw mit ~ machen** hacer algo con finura **2.** (*seelische Empfindung*) sentimiento *m*; **das Höchste der ~e** el non plus ultra; **er nahm die Nachricht mit gemischten ~en auf** la noticia le produjo desasosiego; **sie erwiderte seine ~e nicht** no respondía a sus sentimientos

Gefühl[2] *nt* <-(e)s, *ohne pl*> **1.** (*Ahnung*)

sensación *f,* impresión *f;* **ich habe das ~, dass er lügt** tengo la sensación de que miente, me da la impresión de que miente; **ich habe ein ungutes ~ bei dieser Sache** hay algo en este asunto que no veo claro; **sie wird das ~ nicht los beobachtet zu werden** tiene continuamente la sensación de ser observada; **etw im ~ haben** intuir algo **2.** (*Sinn*) sentido *m;* **ein ~ für Gerechtigkeit** sentido de la justicia

gefühllos *adj* insensible; (*hartherzig*) impasible

Gefühllosigkeit *f* <-, *ohne pl*> insensibilidad *f;* (*Hartherzigkeit*) impasibilidad *f*

Gefühlsanwandlung *f* <-, -en> brote *m* de sentimientos; **Gefühlsausbruch** *m* <-(e)s, -brüche> arrebato *m* de sentimientos; **gefühlsbetont** *adj* sentimental; **Gefühlsduselei** [gəfy:lsdu:zəˈlaɪ] *f* <-, -en> (*fam abw*) sensiblería *f,* sentimentalismo *m;* **gefühlsecht** *adj* (*Kondom*) sensitivo; **Gefühlshaushalt** *m* <-(e)s, *ohne pl*> vida *f* emocional; **der Typ hat meinen ~ total durcheinandergebracht** (*fam*) ese tío ha trastocado mi vida emocionalmente; **gefühlskalt** *adj* frío, impasible; (*frigide*) frígido; **Gefühlskälte** *f* <-, *ohne pl*> frialdad *f;* (*Frigidität*) frigidez *f;* **Gefühlsleben** *nt* <-s, *ohne pl*> estado *m* emocional

gefühlsmäßig *adj* **1.** (*seelisch*) sentimental **2.** (*intuitiv*) intuitivo

Gefühlsmensch *m* <-en, -en> sentimental *mf;* **als reiner ~ lässt er sich stark von Sympathien leiten** tan sentimental como es se deja llevar fácilmente por las simpatías; **Gefühlsregung** *f* <-, -en> emoción *f,* sentimiento *m;* **Gefühlssache** *f* <-, -n> sensación *f;* **das ist reine ~** se trata de una mera sensación

gefühlvoll *adj* sentimental; (*empfindsam*) sensible; (*liebevoll*) cariñoso; (*zärtlich*) tierno, afectuoso

Gefummel *nt* <-s, *ohne pl*> (*fam*) **1.** (*schwierige Arbeit*) trabajo *m* (fastidioso); **das ist vielleicht immer ein ~ bis ich den Faden durch das Nadelöhr gezogen habe!** ¡qué pérdida de tiempo hasta que he logrado enhebrar la aguja! **2.** (*Berührung*) toqueteo *m;* (*sexuell*) manoseo *m,* sobe *m;* **lass endlich das ~ an meiner Kleidung, es ist mir doch egal, ob meine Fliege schief sitzt oder nicht** deja ya de retocarme la ropa, me da igual si la pajarita está bien puesta o no; **hör endlich mit dem ~ auf und nimm deine Hände weg!** ¡para ya de sobarme y quítame las manos de encima!

gefunden [gəˈfʊndən] *pp von* **finden**

Gegacker [gəˈgakɐ] *nt* <-s, *ohne pl*> **1.** (*der Hühner*) cacareo *m;* **was hat dieses laute ~ im Hühnerhaus zu bedeuten?** ¿pero qué es este cacareo en el gallinero? **2.** (*fam: Gekicher*) risitas *fpl,* risas *fpl* tontas; **hört mit dem ~ auf, ihr albernen Backfische!** ¡dejad de reír de esa manera tan tonta, chiquillas!

gegangen [gəˈgaŋən] *pp von* **gehen**

gegeben [gəˈge:bən] **I.** *pp von* **geben** **II.** *adj* **1.** (*vorhanden*) dado; **unter den ~en Umständen** dadas las circunstancias **2.** (*geeignet*) apropiado, oportuno; **zu ~er Zeit** en el momento oportuno, en su momento

gegebenenfalls [gəˈge:bənənfals] *adv* dado el caso, en caso necesario

Gegebenheit *f* <-, -en> hecho *m;* (*Umstand*) circunstancia *f*

gegen [ˈge:gən] **I.** *präp +akk* **1.** (*entgegen, feindlich*) en contra de, contra; (*im Gegensatz zu*) contrario a; **ich habe nichts ~ dich** no tengo nada contra ti [*o* en contra tuya]; **das ist ~ das Gesetz** esto va contra la ley; **~ jede Erwartung/Hoffnung** contra toda expectativa/esperanza **2.** (*angelehnt*) contra; **~ die Wand** contra la pared; **etw ~ das Licht halten** mantener algo contra la luz **3.** (*zur Bekämpfung von*) contra; **haben Sie etwas ~ Kopfschmerzen?** ¿tiene algo contra el dolor de cabeza? **4.** (*Richtung*) hacia **5.** (*verglichen mit*) en comparación con; **~ ihn erschien er klein** en comparación con él parecía pequeño **6.** (*im Austausch für*) contra, por; **Lieferung nur ~ bar** entrega contra pago al contado; **~ Vorlage des Personalausweises** presentando el carné de identidad **7.** (*zeitlich*) sobre, a eso de; **~ Abend** al anochecer; **sie kam ~ 10** vino sobre las 10 **II.** *adv* (*etwa*) alrededor de, más o menos; **~ 15 Personen** alrededor de 15 personas

Gegenangebot *nt* <-(e)s, -e> contraoferta *f;* **Gegenangriff** *m* <-(e)s, -e> **1.** (MIL) contraofensiva *f* **2.** (SPORT) contraataque *m;* **Gegenanspruch** *m* <-(e)s, -sprüche> (JUR) contrademanda *f;* **Gegenanzeige** *f* <-, -n> (MED) contraindicación *f;* **Gegenargument** *nt* <-(e)s, -e> contraargumento *m;* **Gegenbehauptung** *f* <-, -en> aseveración *f* contraria, contraargumento *m;* **Gegenbeispiel** *nt* <-(e)s, -e> contraejemplo *m,* ejemplo *m* contrario; **Gegenbesuch** *m* <-(e)s, -e> *visita que se hace para devolver una primera visita a alguien;* **einen ~ machen** devolver una visita; **jdm einen ~ abstatten** devolverle a alguien una visita; **morgen werde ich dir einen ~ abstatten** mañana iré yo a tu casa [*o* a verte]; **Gegenbeweis** *m* <-es, -e> prueba *f* en contra; **den ~ erbringen** [*o* **antreten**] probar lo contrario; **Gegenbuchung** *f* <-, -en> (FIN) contrapartida *f;* **Gegenbürgschaft** *f* <-, -en> (JUR) contrafianza *f*

Gegend [ˈge:gənt] *f* <-, -en> **1.** (*Gebiet*) región *f,* zona *f;* (*Stadtviertel*) barrio *m;* **in der ~ von Hamburg** cerca de Hamburgo; **sie zeigte in die ~, aus der die Geräusche gekommen waren** señaló la dirección de donde habían venido los ruidos; **komm, wir machen die ~ unsicher** (*fam*) venga, vamos de juerga **2.** (*Umgebung*) alrededores *mpl;* **die ~ um**

Madrid los alrededores de Madrid **3.** (*Wend*): **durch die ~ fahren** (*fam*) dar una vuelta (en coche); **durch die ~ laufen** (*fam*) dar un paseo; **durch die ~ schreien** (*fam*) ir gritando por ahí; **in die ~ gucken** (*fam*) dejar vagar la mirada

Gegendarstellung *f* <-, -en> rectificación *f;* **Gegendemonstration** *f* <-, -en> contramanifestación *f;* **Gegendienst** *m* <-(e)s, -e> *favor que se hace para devolver otro;* **jdm einen ~ erweisen** devolver un favor a alguien; **ich bin gerne bereit, dich jetzt zu decken, aber irgendwann erwarte ich einen ~ von dir** estoy dispuesto a defenderte ahora, pero espero que alguna vez me devuelvas el favor; **Gegendruck** *m* <-(e)s, *ohne pl*> **1.** (*Reaktion*) reacción *f* **2.** (TECH) contrapresión *f* **3.** (TYPO) contrapueba *f*

gegeneinander [geːgənʔaɪˈnandɐ] *adv* uno contra otro; **Fotos/Bilder ~ halten** cotejar fotos/cuadros; **Original und Fälschung ~ halten** cotejar el original con la falsificación; **~ prallen** (*Fahrzeuge*) chocar de frente; **~ stehen** (*einander widersprechen*) ser contradictorios, contradecirse; **~ stoßen** (*gegeneinander prallen: Kugeln, Autoskooter*) chocar (entre sí); **sie haben etwas ~** (*fam*) están enfrentados

Gegeneinander *nt* <-s, *ohne pl*> confrontación *f;* **das politische ~ von Regierung und Opposition** el enfrentamiento político entre gobierno y oposición

gegeneinander|halten *irr vt s.* **gegeneinander**

gegeneinander|prallen *vi sein s.* **gegeneinander**

gegeneinander|stehen *irr vi s.* **gegeneinander**

gegeneinander|stoßen *irr vi sein s.* **gegeneinander**

Gegenfahrbahn *f* <-, -en> carril *m* contrario; **Gegenforderung** *f* <-, -en> (JUR) contrarreclamación *f;* **eine ~ erheben** entablar una contrarreclamación; **Gegenfrage** *f* <-, -n>: **eine ~ stellen** contestar una pregunta con otra; **Gegengebot** *nt* <-(e)s, -e> (WIRTSCH) contraoferta *f;* **Gegengerade** *f* <-n, -n> (SPORT) recta *f* contraria; **nachdem der Läufer 200m gerannt war, gelangte er auf der ~n ins Ziel** tras haber corrido 200 metros, el atleta llegó a la meta situada en la recta opuesta; **Gegengewalt** *f* <-, *ohne pl*> *violencia generada en respuesta a otra acción violenta;* **Gewalt erzeugt ~** la violencia genera más violencia; **Gegengewicht** *nt* <-(e)s, -e> contrapeso *m;* **als ~ zu etw** *dat* como contrapeso a algo; **Gegengift** *nt* <-(e)s, -e> (MED) antídoto *m;* **Gegengutachten** *nt* <-s, -> contradictamen *m*

gegen|halten *irr vi* oponer resistencia; **bei zu starker Seitenströmung muss man das Kanu mit dem Paddel ~** cuando la corriente lateral es demasiado fuerte hay que mantener la canoa de través con ayuda del remo

Gegenkampagne *f* <-, -n> contracampaña *f;* **Gegenkandidat(in)** *m(f)* <-en, -en; -, -nen> candidato, -a *m, f* de la oposición; **Gegenklage** *f* <-, -n> (JUR) reconvención *f;* **Gegenkläger(in)** *m(f)* <-s, -; -, -nen> (JUR) demandante *mf* de reconvención; **Gegenkonto** *nt* <-s, -konten> (FIN) contracuenta *f;* **Gegenkopplung** *f* <-, -en> (ELEK) realimentación *f*

gegenläufig *adj* (*Entwicklung*) contrario; (TECH) en sentido contrario, opuesto

Gegenleistung *f* <-, -en> contrapartida *f;* **als ~ für etw** como contrapartida a algo; **erbrachte ~** contraprestación efectuada

gegen|lenken *vi* girar el volante en sentido contrario; (*Fahrrad*) mover el manillar en dirección contraria; **wegen des Aquaplanings musste sie ~ um nicht von der Fahrbahn abzukommen** debido al aquaplaning tuvo que girar el volante en sentido contrario para no salirse de la calzada

gegen|lesen *irr vt* releer, repasar

Gegenlicht *nt* <-(e)s, *ohne pl*> (FOTO) contraluz *f;* **bei/im ~** a contraluz; **Gegenlichtaufnahme** *f* <-, -n> (FOTO) fotografía *f* a contraluz

Gegenliebe *f* <-, *ohne pl*> amor *m* recíproco; **auf (wenig) ~ stoßen** ser (poco) correspondido; **Gegenmaßnahme** *f* <-, -n> contramedida *f;* **Gegenmehr** *nt* <-, *ohne pl*> (*Schweiz: Gegenstimmen*) voto *m* en contra; **Gegenmittel** *nt* <-s, -> (MED, PHARM: *gegen eine Krankheit*) vacuna *f* (*gegen* contra); (*gegen ein Gift*) antídoto *m* (*gegen* contra); **bislang ist noch kein wirksames ~ gegen Aids gefunden worden** aún no se ha descubierto ningún antivirus efectivo contra el sida; **Gegenoffensive** *f* <-, -n> contraofensiva *f;* **Gegenpapst** *m* <-(e)s, -päpste> (HIST) antipapa *m;* **Gegenpartei** *f* <-, -en> **1.** (*Gruppe mit anderem Standpunkt*) oposición *f;* **die ~ ergreifen** pasarse al bando contrario; **der Richter hörte sich** *dat* **auch die Argumente der ~ an** el juez también escuchó los argumentos de la parte contraria **2.** (*gegnerische Gruppe*) equipo *m* contrario; **Gegenpol** *m* <-(e)s, -e> polo *m* contrario; **den ~ zu etw** *dat/***zu jdm bilden** ser el polo opuesto de algo/de alguien; **Gegenprobe** *f* <-, -n> contraprueba *f;* **Gegenrechnung** *f* <-, -en> **1.** (*Nachprüfung*) verificación *f* de una cuenta **2.** (FIN) contrapartida *f;* **durch ~ ausgleichen** compensar por contrapartida; **Gegenrede** *f* <-, -n> (*Widerrede*) réplica *f;* **obwohl er den Film nicht sehen wollte, ging er ohne ~ mit ins Kino** aunque no quería ver la película fue al cine sin rechistar; **Gegenreform** *f* <-, -en> contrarreforma *f;* **Gegenreformation** *f* <-, *ohne pl*> (HIST) Contrarreforma *f;* **Gegenrichtung** *f* <-, -en> dirección *f* opuesta, sentido *m* opuesto

Gegensatz *m* <-es, -sätze> **1.** (*Verschiedenheit*) oposición *f;* **im ~ zu etw** *dat* **stehen** estar en oposición con algo; **im ~ zu dir habe ich keine Schulden** a diferencia de ti [*o* al contrario que tú] yo no tengo deudas **2.** (*Unterschied*) contraste *m;* **einen ~ zu etw** *dat* **bilden** contrastar con algo; **Gegensätze ziehen sich an** los extremos se atraen; **unüberbrückbare Gegensätze** diferencias insuperables **3.** (*Widerspruch*) contradicción *f* (*zu* con); **seine Worte stehen im ~ zu seinen Taten** sus palabras están en contradicción con sus actos

gegensätzlich ['--zɛtslɪç] *adj* (*entgegengesetzt*) contrario; (*widersprüchlich*) opuesto

Gegensätzlichkeit *f* <-, *ohne pl*> divergencia *f,* contraposición *f*

Gegenschlag *m* <-(e)s, -schläge> contragolpe *m,* contraataque *m;* **Gegenseite** *f* <-, -n> **1.** (*räumlich*) lado *m* opuesto **2.** (POL) (partido *m* de la) oposición *f* **3.** (JUR) parte *f* contraria

gegenseitig ['ge:gənzaɪtɪç] *adj* mutuo, recíproco; **in ~em Einverständnis** de mutuo acuerdo; **sich** *dat* **~ helfen** ayudarse el uno al otro

Gegenseitigkeit *f* <-, *ohne pl*> reciprocidad *f;* **das beruht auf ~** esto es recíproco; **ein Vertrag auf ~** (JUR) un contrato sobre la base de la reciprocidad; **Gegenseitigkeitsabkommen** *nt* <-s, -> (JUR, WIRTSCH) convenio *m* de reciprocidad; **Gegenseitigkeitsgeschäft** *nt* <-(e)s, -e> (JUR, WIRTSCH) transacción *f* de reciprocidad; **Gegenseitigkeitsgesellschaft** *f* <-, -en> (JUR, WIRTSCH: *Versicherungswesen*) sociedad *f* de seguros mutuos; **Gegenseitigkeitsvertrag** *m* <-(e)s, -träge> (JUR, WIRTSCH) contrato *m* de reciprocidad

Gegensinn *m:* **im ~** en sentido contrario; **die Glühbirne muss im ~ in die Fassung gedreht werden** la bombilla debe enroscarse en el portalámparas en sentido contrario

Gegenspieler(in) *m(f)* <-s, -; -, -nen> adversario, -a *m, f,* contrincante *mf;* **Gegenspionage** *f* <-, *ohne pl*> contraespionaje *m*

Gegensprechanlage *f* <-, -n> interfono *m,* dúplex *m*

Gegenstand *m* <-(e)s, -stände> **1.** (*Körper*) objeto *m;* (*Ding*) cosa *f;* **Gegenstände des täglichen Bedarfs** utensilios de primera necesidad **2.** (*Thema*) tema *m,* objeto *m* **3.** (*Ziel*) objeto *m;* **zum ~ allgemeiner Bewunderung werden** convertirse en objeto de admiración general

gegenständlich ['ge:gənʃtɛntlɪç] *adj* (KUNST) figurativo

gegenstandslos *adj* **1.** (*hinfällig*) nulo, sin validez; (*überflüssig*) superfluo; **betrachten Sie dieses Schreiben als ~** considere este escrito nulo **2.** (*unbegründet*) sin fundamento, injustificado **3.** (KUNST) abstracto

gegen|steuern *vi s.* **gegenlenken**

Gegenstimme *f* <-, -n> **1.** (*bei einer Abstimmung*) voto *m* en contra; **ohne ~** por unanimidad **2.** (*Meinung*) opinión *f* contraria; **Gegenstoß** *m* <-es, -stöße> (MIL) contraataque *m;* **einen ~ führen** contraatacar; **Gegenströmung** *f* <-, -en> **1.** (*einer Flüssigkeit*) contracorriente *f* **2.** (*entgegengesetzte Entwicklung*) movimiento *m* de reacción; **der Expressionismus entwickelte sich als ~ zum Naturalismus** el expresionismo surgió como reacción al naturalismo; **Gegenstück** *nt* <-(e)s, -e> **1.** (*Gegensatz*) lo contrario (*zu* de) **2.** (*Pendant*) equivalente *m* (*zu* de); **Gegenteil** *nt* <-(e)s, -e> lo contrario (*von* de); **(ganz) im ~!** ¡todo lo contrario!, ¡al contrario!; **sich vom ~ überzeugen** convencerse de lo contrario

gegenteilig *adj* contrario, opuesto; **~er Meinung sein** tener opiniones opuestas

Gegentor *nt* <-(e)s, -e> (SPORT) gol *m* en contra; **Gegentreffer** *m* <-s, -> (SPORT) gol *m* en contra; **einen ~ erzielen** hacer un gol; **einen ~ hinnehmen** [*o* **einstecken**] **müssen** (*fam*) tener que encajar un gol; **sie selbst erzielten 6 Tore, mussten dafür aber auch 4 ~ einstecken** ellos mismos marcaron 6 goles pero, a cambio, encajaron 4

gegenüber [gegən'ʔy:bɐ] **I.** *präp* +*dat* **1.** (*örtlich*) frente a, enfrente de; **er wohnt mir ~** vive enfrente de mí; **ich wohne dem Kino ~** [*o* **~ dem Kino**] vivo enfrente del cine **2.** (*einer Person*) frente a, por lo que respecta a; (*in Gegenwart*) delante de; (*angesichts*) ante, de cara a; **das wäre ihm ~ unfair** sería injusto por lo que a él respecta **3.** (*im Vergleich zu*) en comparación con **II.** *adv* enfrente; **das Haus ~** la casa de enfrente; **~ von ...** enfrente de...; **schräg ~** casi enfrente

Gegenüber *nt* <-s, -> el *m* de enfrente, la *f* de enfrente; (*Nachbar*) vecino, -a *m, f* de enfrente

gegenüber|liegen *irr vt haben o sein* estar (situado) (enfrente de/frente a); **die Kirche liegt dem Friedhof schräg gegenüber** la iglesia está situada casi frente al cementerio; **die Truppen liegen sich** *dat* **in den Gräben gegenüber** las tropas están situadas en las trincheras unas frente a las otras; **gegenüberliegend** *adj* de enfrente; **auf der ~en Seite** en el lado opuesto; **gegenüber|sehen** *irr vt:* **sich etw** *dat*/**jdm ~** (*vor sich sehen*) verse frente a [*o* enfrente de] algo/alguien; (*sich konfrontiert sehen*) afrontar algo/hacer frente a alguien; **plötzlich sah sie sich ihrem Chef gegenüber** de repente se vio frente a su jefe; **er sieht sich einer großen Herausforderung gegenüber** tiene que afrontar un gran desafío; **gegenüber|sitzen** *irr vi haben o sein:* **etw** *dat*/**jdm ~** estar sentado frente a [*o* enfrente de] algo/alguien; **sich** *dat* **~** estar sentado frente a frente [*o* cara a cara]; **bei der Familienfeier saßen sich die Geschwister gegenüber** en la fiesta fa-

G

miliar los hermanos estaban sentados uno frente a otro; **gegenüber|stehen** *irr vi:* **jdm positiv/negativ** ~ tener simpatía/antipatía hacia alguien; **etw** *dat* **positiv/negativ** ~ defender/rechazar algo; **gegenüber|stellen** *vt* **1.** (*Person*) confrontar (+*dat* con); (JUR) carear (+*dat* con); **der Zeuge wurde dem Angeklagten gegenübergestellt** hubo un careo entre el testigo y el acusado **2.** (*vergleichen*) contraponer (+*dat* a), comparar (+*dat* con); **Gegenüberstellung** *f* <-, -en> **1.** (*von Personen*) confrontación *f;* (JUR) careo *m* **2.** (*Vergleich*) contraposición *f,* comparación *f;* **gegenüber|treten** *irr vi sein:* **jdm** ~ (*vor jdn hintreten*) presentarse delante de alguien; **etw** *dat/***jdm** ~ (*die Stirn bieten*) hacer frente a algo/alguien; **in diesem Zustand kannst du niemandem** ~ en este estado no puedes presentarte delante de nadie; **er trat seinem Schicksal mutig gegenüber** afrontó su destino con valor

Gegenverkehr *m* <-(e)s, *ohne pl*> tráfico *m* en contra; **Gegenversprechen** *nt* <-s, -> contrapromesa *f;* **Gegenversuch** *m* <-(e)s, -e> experimento *m* de control; **Gegenvorschlag** *m* <-(e)s, -schläge> contrapropuesta *f,* contraproposición *f*

Gegenwart ['ge:gənvart] *f* <-, *ohne pl*> **1.** (*Jetztzeit*) actualidad *f,* presente *m;* **die Kunst der** ~ el arte actual [*o* contemporáneo] **2.** (LING) presente *m* **3.** (*Anwesenheit*) presencia *f;* **in** ~ **der Gäste** en presencia de los invitados

gegenwärtig ['ge:gənvɛrtɪç] *adj* actual, presente; (*aus dieser Zeit*) contemporáneo; **etw ist jdm nicht** ~ alguien no tiene presente algo; **sein Name ist mir im Moment nicht** ~ ahora mismo no me acuerdo de su nombre

gegenwartsbezogen *adj* actual, contemporáneo; (*Mensch*) que vive el presente; **die Themen seiner Romane sind immer sehr** ~ los temas de sus novelas están siempre estrechamente relacionados con la actualidad; **Gegenwartsform** *f* <-, -en> (GRAM) presente *m;* **gegenwartsnah** **I.** *adj* (*Bericht*) de actualidad, actual; (*Film, Erzählung*) moderno; **diese ~e Analyse trifft den Puls der Zeit** este análisis de actualidad recoge el espíritu de la época **II.** *adv* (*denken, schreiben*) acorde con los tiempos actuales; (*unterrichten*) adaptado a la realidad actual [*o* presente]; **er unterrichtet die Schüler sehr** ~ **und mit den modernsten Methoden** enseña a sus alumnos con los métodos más modernos basándose en las tendencias más actuales; **Gegenwartssprache** *f* <-, -n> lengua *f* actual; **die deutsche** ~ **ist in diesem Wörterbuch gut repräsentiert** el alemán actual [*o* de hoy] está bien recogido en este diccionario

Gegenwechsel *m* <-s, -> (FIN) contragiro *m;* **Gegenwehr** *f* <-, -en> (*Verteidigung*) defensa *f;* (*Widerstand*) resistencia *f;* ~ **leisten** ofrecer resistencia; **Gegenwert** *m* <-(e)s, -e> contravalor *m;* **Gegenwind** *m* <-(e)s, -e> viento *m* en contra; **gegen|zeichnen** *vt* refrendar; **Gegenzeuge, -in** *m, f* <-n, -n; -, -nen> (JUR) testigo *mf* de cargo; **Gegenzug** *m* <-(e)s, -züge> **1.** (*Schach*) (jugada *f* de) respuesta *f* **2.** (*Reaktion*) reacción *f* a la contra; **im** ~ (**zu**) como compensación (por) **3.** (EISENB) tren *m* en dirección contraria

gegessen [gə'gɛsən] *pp von* **essen**

geglichen [gə'glɪçən] *pp von* **gleichen**

geglitten [gə'glɪtən] *pp von* **gleiten**

geglommen [gə'glɔmən] *pp von* **glimmen**

Gegner(in) ['ge:gnɐ] *m(f)* <-s, -; -, -nen> enemigo, -a *m, f,* adversario, -a *m, f,* oponente *mf*

gegnerisch *adj* contrario; **die ~en Parteien** los partidos contrarios; **der ~e Anwalt/Torwart** el abogado de la parte contraria/el portero contrario

Gegnerschaft *f* <-, -en> oposición *f*

gegolten [gə'gɔltən] *pp von* **gelten**

gegoren [gə'go:rən] *pp von* **gären**

gegossen [gə'gɔsən] *pp von* **gießen**

gegr. *Abk. von* **gegründet** fundado

gegraben [gə'gra:bən] *pp von* **graben**

gegriffen [gə'grɪfən] *pp von* **greifen**

Gegröle [gə'grø:lə] *nt* <-s, *ohne pl*> (*fam abw*) griterío *m,* vocerío *m;* **durch das** ~ **der Besoffenen wurden die Anwohner geweckt** la batahola que armaban los borrachos despertó a los vecinos

Gehabe [gə'ha:bə] *nt* <-s, *ohne pl*> (*abw*) pose *f;* (*Gestik*) ademanes *mpl;* **er ging mir mit seinem albernen** ~ **auf die Nerven** me puso frenética con sus tonterías

Gehackte(s) [gə'haktəs] *nt* <-n, *ohne pl*> carne *f* picada

Gehalt[1] [gə'halt] *m* <-(e)s, -e> **1.** (*Anteil*) contenido *m* (*an* de); (*prozentual*) porcentaje *m;* (CHEM) concentración *f,* grado *m* **2.** (*Alkohol~*) graduación *f,* grados *mpl* **3.** (*geistig*) sustancia *f*

Gehalt[2] [gə'halt, *pl:* gə'hɛltɐ] *nt* <-(e)s, Gehälter> salario *m;* **ein überdurchschnittliches** ~ una retribución superior a la media; **festes** ~ sueldo fijo; **ein** ~ **beziehen** cobrar un sueldo

gehalten [gə'haltən] *pp von* **halten**

gehaltlos *adj* **1.** (*Metall*) pobre (*an* en); (*Essen*) sin sustancia **2.** (*oberflächlich*) insustancial, insignificante

Gehaltsabrechnung *f* <-, -en> liquidación *f* de la nómina; **Gehaltsansprüche** *mpl:* ~ **stellen** reclamar un aumento de sueldo; **die Gewerkschaft will höhere** ~ **geltend machen** el sindicato quiere reclamar salarios más altos; **an meinen früheren Arbeitgeber habe ich noch** ~ **in Höhe von 2356,98 DM** mi último patrono me debe aún 2356,98 marcos en concepto de salarios; **Gehaltsaufbesserung** *f* <-, -en> mejora *f* salarial; **Gehaltsbescheinigung** *f* <-, -en> nómina *f;* **vor Bewilligung des Kredites bitten wir noch um Vorlage einer ~ des Arbeitgebers** antes de conceder el crédito deberá presentar una nómina de su empresa; **Gehaltsempfänger(in)** *m(f)* <-s, -; -, -nen> asalariado, -a *m, f;* **Gehaltserhöhung** *f* <-, -en> aumento *m* salarial; **Gehaltsforderung** *f* <-, -en> (*Einforderung*) pretensiones *fpl* económicas; **die ~ des Bewerbers als überhöht zurückweisen** rechazar las pretensiones económicas del solicitante por ser demasiado elevadas; **Gehaltsfortzahlung** *f* <-, -en> (WIRTSCH) pago *m* continuado del salario; **die ~ im Krankheitsfall** la continuidad en el pago del salario en caso de enfermedad; **Gehaltsgruppe** *f* <-, -n> grupo *m* salarial, categoría *f* salarial; **jdn in eine höhere ~ einstufen** asignar a alguien a un grupo salarial más elevado; **Gehaltshöhe** *f* <-, *ohne pl*> cuantía *f* del salario; **leistungsbedingte ~** salario según rendimiento; **Gehaltsklasse** *f* <-, -n> (WIRTSCH) categoría *f* salarial; **Gehaltskonto** *nt* <-s, -konten> cuenta-salario *f;* **Gehaltskürzung** *f* <-, -en> (WIRTSCH) recorte *m* de salarios; **eine ~ vornehmen** recortar los salarios; **Gehaltsliste** *f* <-, -n> (WIRTSCH) nómina *f;* **Gehaltsnachzahlung** *f* <-, -en> pago *m* del resto del sueldo; **Gehaltspfändung** *f* <-, -en> (JUR, WIRTSCH) embargo *m* del salario; **Gehaltsstufe** *f* <-, -n> *s.* Gehaltsgruppe; **Gehaltstabelle** *f* <-, -n> (WIRTSCH) tabla *f* de salarios; **Gehaltsverhandlung** *f* <-, -en> negociación *f* salarial, ronda *f* salarial; **nach zähen ~en kam sie in eine höhere Gehaltsgruppe** tras duras negociaciones le asignaron un grupo salarial más elevado; **Gehaltsvorrückung** *f* <-, -en> (*Österr*) *s.* Gehaltserhöhung; **Gehaltsvorschuss**[RR] *m* <-es, -schüsse> anticipo *m* sobre el sueldo; **Gehaltsvorstellung** *f* <-, -en> aspiraciones *fpl* económicas; **bitte geben Sie Ihre ~en an** indicar por favor aspiraciones económicas; **Gehaltswunsch** *m* <-(e)s, -wünsche> pretensiones *fpl* económicas; **wir können Ihren Gehaltswünschen leider nicht nachkommen** lamentablemente no podemos satisfacer sus pretensiones económicas; **Gehaltszahlung** *f* <-, -en> pago *m* de la nómina; **ist die ~ schon auf meinem Konto eingegangen?** ¿me han ingresado ya la nómina?; **Gehaltszulage** *f* <-, -n> sobresueldo *m*

gehaltvoll *adj* **1.** (*Essen*) sustancioso, nutritivo **2.** (*Buch*) valioso

Gehämmer [gəˈhɛmɐ] *nt* <-s, *ohne pl*> (*abw*) martilleo *m*

gehandikapt [gəˈhɛndikɛpt] *adj* en desventaja

gehangen [gəˈhaŋən] *pp von* **hängen**

Gehängte(r) *mf* <-n, -n; -n, -n> ahorcado, -a *m, f*

Gehänsel *nt* <-s, *ohne pl*> (*fam abw*) pitorreo *m;* **sie lässt sich nicht anmerken, wie sehr sein ~ sie trifft** no deja que se le note lo mucho que le afectan sus burlas

geharnischt [gəˈharnɪʃt] *adj* enérgico, violento; **einen ~en Brief schreiben** escribir una carta enérgica

gehässig [gəˈhɛsɪç] *adj* (*abw*) odioso, lleno de odio; (*böswillig*) malévolo; (*feindselig*) hostil

Gehässigkeit[1] *f* <-, *ohne pl*> (*Böswilligkeit*) malevolencia *f;* (*Feindseligkeit*) hostilidad *f*

Gehässigkeit[2] *f* <-, -en> (*Bemerkung*) grosería *f*

gehauen [gəˈhaʊən] *pp von* **hauen**

gehäuft [gəˈhɔɪft] *adj* **1.** (*Auftreten*) frecuente **2.** (*voll*) lleno; **ein ~er Löffel** una cucharada colmada

Gehäuse [gəˈhɔɪzə] *nt* <-s, -> carcasa *f;* (*von Uhr*) caja *f;* (AUTO) cárter *m;* (INFOR) caja *f;* (*vom Obst*) corazón *m*

gehbehindert [ˈgeːbəhɪndɐt] *adj* inválido

Gehege [gəˈheːgə] *nt* <-s, -> cercado *m;* **jdm ins ~ kommen** entrometerse en los planes de alguien

geheiligt *adj* sagrado; **sie ließen sich** *dat* **ihre ~e Sonntagsruhe nicht stören** (*a. iron*) su descanso dominical era sagrado para ellos (y no permitían que nadie les molestase)

geheim [gəˈhaɪm] *adj* secreto; (*Kräfte*) oculto; (*vertraulich*) confidencial; **im G~en** (*heimlich*) clandestinamente; (*insgeheim*) en secreto; **streng ~** altamente secreto; **etw ~ halten** mantener algo en secreto, guardar silencio sobre algo; **etw vor jdm ~ halten** ocultar algo a alguien; **~ tun** (*fam*) hacerse el misterioso; **Geheimagent(in)** *m(f)* <-en, -en; -, -nen> agente *mf* secreto, -a; **Geheimbund** *m* <-(e)s, -bünde> asociación *f* secreta; **Geheimdienst** *m* <-(e)s, -e> servicio *m* secreto [*o* de inteligencia]

Geheimdienstler(in) *m(f)* <-s, -; -, -nen> (*fam*) agente *mf* del servicio secreto; **die ~** el servicio secreto; **man munkelt, er sei früher mal ~ gewesen** dicen que había formado parte del servicio secreto

Geheimfach *nt* <-(e)s, -fächer> cajón *m* secreto; **geheim|halten** *irr vt s.* **geheim**

Geheimhaltung *f* <-, *ohne pl*> ocultación *f;* **unter strengster ~** con la máxima discreción; **Geheimhaltungspflicht** *f* <-, -en> obligación *f* de guardar secreto

Geheimkonto *nt* <-s, -konten> (FIN) cuenta *f* secreta

Geheimnis *nt* <-ses, -se> secreto *m;* (*Unerforschtes*) misterio *m;* **jdm ein ~ anvertrauen** confiar a alguien un secreto; **ein ~ verraten** revelar un secreto; **ein ~ wahren** guardar un secreto; **ein offenes ~** un secreto a voces; **ein ~ vor jdm haben** ocultarle algo a alguien; **er macht kein ~ daraus, dass er es wusste** no oculta que lo sabía; **das ist das ganze ~** no hay más secreto que ese; **jdn in**

die ~se des Angelns einweihen iniciar a alguien en los secretos de la pesca; **Geheimniskrämer(in)** *m(f)* <-s, -; -, -nen> (*fam abw*) secretista *mf*; **Geheimniskrämerei** *f* <-, *ohne pl*> (*fam abw*) secreteo *m*; **Geheimniskrämerin** *f* <-, -nen> *s.* Geheimniskrämer; **Geheimnisträger(in)** *m(f)* <-s, -; -, -nen> (POL, MIL) persona *f* con acceso a los secretos de Estado; **als Staatssekretär war er zugleich ~** en su calidad de secretario de Estado tenía acceso a los secretos de Estado

Geheimnistuer(in) *m(f)* <-s, -; -, -nen> (*fam abw*) persona *f* que disfruta teniendo secretos; **jetzt sag schon, was los ist, du ~!** ¡dime de una vez lo que sucede y no me vengas con secretos!

Geheimnistuerei [---tuːəˈraɪ] *f* <-, *ohne pl*> (*fam abw*) secreteo *m*

Geheimnistuerin *f* <-, -nen> *s.* **Geheimnistuer**

geheimnisumwittert *adj* (*geh*) lleno de misterios; **um das ~e Schloss ranken sich viele düstere Geschichten** sobre el misterioso castillo se cuentan muchas historias lúgubres; **Geheimnisverrat** *m* <-(e)s, *ohne pl*> (JUR) divulgación *f* de secretos; **geheimnisvoll** *adj* misterioso

Geheimnummer *f* <-, -n> número *m* secreto; **Geheimpolizei** *f* <-, -en> policía *f* secreta; **Geheimpolizist(in)** *m(f)* <-en, -en; -, -nen> policía *mf* secreto, -a

Geheimrat, -rätin *m, f* <-(e)s, -räte; -, -nen> (HIST) consejero,-a *m, f* privado, -a; **Geheimratsecken** *fpl* (*fam*) entradas *fpl*

Geheimrezept *nt* <-(e)s, -e> receta *f* secreta; **die Salatsoße ist nach einem ~ meiner Großmutter** la salsa para la ensalada es una receta secreta de mi abuela; **Geheimsache** *f* <-, -n> asunto *m* confidencial; **Geheimschrift** *f* <-, -en> escritura *f* cifrada, criptografía *f*; **Geheimtipp**[RR] *m* <-s, -s> soplo *m*; **geheim|tun** *irr vi* (*fam*) *s.* **geheim**; **Geheimtür** *f* <-, -en> puerta *f* secreta; **Geheimwaffe** *f* <-, -n> (MIL) arma *f* secreta; **Geheimzahl** *f* <-, -en> número *m* secreto; **Geheimziffer** *f* <-, -n> código *m* secreto

Geheiß [gəˈhaɪs] *nt* <-es, *ohne pl*> (*geh*) orden *f*; **etw auf jds ~ tun** hacer algo por orden de alguien

geheißen *pp von* **heißen**

gehemmt I. *adj* cohibido; **Sie sind doch hoffentlich in meiner Gegenwart nicht ~?** ¿espero que no se sienta cohibido por mi presencia? **II.** *adv* cohibidamente, con inseguridad; **in Gesellschaft benimmt sie sich sehr ~** en sociedad se comporta con mucha inseguridad

gehen [ˈgeːən] <geht, ging, gegangen> **I.** *vi sein* **1.** (*allgemein*) ir; (*zu Fuß*) andar, caminar; **zu Fuß ~** ir a pie; **ich gehe jetzt zum Arzt** ahora me voy al médico; **über die Grenze ~** pasar la frontera; (*fig*) sobrepasar los límites, ir demasiado lejos; **es geht immer geradeaus** es todo seguido; **aufs Gymnasium/in die Schule ~** ir al instituto/al colegio; **sie ging zum Film** se hizo actriz; **ins Bett ~** acostarse, irse a la cama; **tanzen/schwimmen/schlafen ~** ir a bailar/a nadar/a dormir; **an Land ~** bajar a tierra; **an die Arbeit ~** empezar a trabajar; **das geht zu weit** eso es demasiado, eso pasa de la raya; **jdm nahe ~** afectar a alguien; **der Tod der Mutter geht ihr sehr nahe** le afecta mucho la muerte de la madre; **wie war der Film? – es geht** (*fam*) ¿qué tal la película? – regular; **bist du wieder gesund? – es geht** (*fam*) ¿ya estás bien? – voy tirando; **darum geht es mir nicht** eso no me interesa; **wie geht's?** ¿qué tal?; **es geht mir gut** me va bien; **es geht ihm schon wieder besser** ya está mejor; **lass es dir gut ~!** ¡que te vaya bien!; **sie ließen es sich** *dat* **gut ~** se permitieron algunos lujos; **es geht mir schlecht** (*körperlich*) me encuentro mal; (*finanziell*) estoy [*o* ando] mal de dinero; **wie ~ die Geschäfte?** ¿qué tal andan los negocios?; **mir ist es genauso gegangen** me pasó lo mismo; **ich hörte, wie die Tür ging** escuché la puerta; **so geht das nicht weiter** esto no puede seguir así; **das geht über meine Kräfte** esto sobrepasa mis fuerzas; **mir geht nichts über meinen Urlaub** para mí no hay nada más importante que las vacaciones; **in Zivil/in Schwarz ~** ir de paisano/de luto; **das geht in die Tausende** [*o* **tausende**] esto asciende a varios miles; **in Stücke ~** romperse; **in sich ~** reflexionar sobre sí mismo; **mit der Zeit ~** estar al día; **er ist von uns gegangen** (*geh*) nos ha dejado; **das geht gegen mich** esto va contra mí; **das Essen geht auf mich** la comida corre de mi cuenta; **das Fenster geht aufs Meer** la ventana da al mar; **geh nicht an den Kuchen!** (*fam*) ¡no toques el pastel!; **wenn es nach mir ginge, ...** si dependiera de mí...; **gehst du noch mit ihm?** (*fam*) ¿todavía sales con él?; **über Leichen ~** (*fig*) no tener escrúpulos; **mit jdm durch dick und dünn ~** (*fam*) apoyar a alguien contra viento y marea; **wo sie geht und steht** (*fam*) a todas partes; **vor sich ~** (*fam*) ocurrir, suceder **2.** (*weg~*) irse, marcharse; (*Zug, Schiff*) salir (*um* a, *nach* para); **wann geht der nächste Zug?** ¿cuándo sale el próximo tren?; **auf Reisen ~** salir de viaje **3.** (*funktionieren*) funcionar, marchar; (*Uhr*) andar, marchar; **die Uhr geht (falsch)** el reloj anda (mal); **glatt ~** (*fam*) salir bien; **das ist ja noch einmal glatt gegangen!** (*fam*) ¡nos hemos vuelto a librar por los pelos!; **gut ~** ir [*o* salir] bien; **ich zeige dir, wie das geht** te enseño cómo se hace; **kann ich helfen? – danke, es geht schon** ¿le ayudo? – gracias, ya está; **hoffentlich geht das gut!** ¡ojalá salga bien!; **das ist ja noch mal gut gegangen** ha resultado bien otra vez; **wenn alles gut geht, ...** si todo va [*o* sale] bien…; **schief** ~ (*fam*) fracasar; **wird schon schief ~!** (*fam iron*) ¡todo se arreglará! **4.** (*sich gut verkaufen*) tener buena salida, venderse bien; **gut ~d** próspero, floreciente; **nicht** ~ tener mala venta, venderse mal **5.** (*Teig*) subir **6.** (*Wind*) soplar **7.** (*reichen*) llegar (*bis* hasta); **das Wasser ging ihm bis zum Knie** el agua le llegaba hasta la rodilla **8.** (*hindurchpassen*) caber (*durch* por, *in* en); **das geht nicht in meinen Kopf** no me cabe en la cabeza **9.** (*andauern*) durar; **wie lange geht das denn noch?** ¿y cuánto tiempo va a durar esto todavía?; **das geht schon eine halbe Stunde** esto dura ya media hora **10.** (*möglich sein*) ser posible; **es wird schon** ~ todo saldrá bien; **nichts geht mehr** (*im Kasino*) no va más **11.** (*betreffen*) tratarse (*um* de); **worum geht's denn?** ¿de qué se trata?; **es geht um Leben und Tod** es cuestión de vida o muerte **12.** (*urteilen*) juzgar, opinar; **danach kann man nicht** ~ uno no se puede guiar por eso **13.** (*Wend*): ~ **lassen** (*fam: in Ruhe lassen*) dejar tranquilo [*o* en paz]; **du solltest ihn ~ lassen** deberías dejarle tranquilo [*o* en paz]; **sich ~ lassen** descuidarse, abandonarse; **lass dich nicht so ~!** ¡no te abandones tanto! **II.** *vt* **1.** *sein* (*Strecke, Kilometer*) recorrer **2.** (*Wend*): **sie ist gegangen worden** (*fam*) la han echado a la calle

Gehen *nt* <-s, *ohne pl*> **1.** (*zu Fuß*) andar *m;* **mit 95 Jahren fiel ihm das ~ immer schwerer** a sus 95 años le resultaba cada vez más difícil andar **2.** (*das Weggehen, a.* SPORT) marcha *f;* **sein vorzeitiges ~ wurde von allen sehr bedauert** todos lamentaron su marcha prematura; **er gewann die Goldmedaille im ~** ganó la medalla de oro en marcha

Gehenkte(r) [gəˈhɛŋktɐ] *mf* <-n, -n; -n, -n> *s.* **Gehängte(r)**

gehen|lassen *irr* **I.** *vr:* **sich ~** *s.* **gehen I.13. II.** *vt s.* **gehen I.13.**

Geher(in) [ˈgeːɐ] *m(f)* <-s, -; -, -nen> (SPORT) atleta *mf* de marcha, marchador(a) *m(f)*

gehetzt [gəˈhɛtst] *adj* ajetreado, atosigado; **du siehst so ~ aus, stehst du so sehr unter Stress?** tienes cara de angustia, ¿es que estás estresado?

geheuer [gəˈhɔɪɐ] *adj:* **nicht (ganz) ~ sein** (*verdächtig*) ser sospechoso; **das ist mir nicht** ~ (*unheimlich*) me da algo de miedo

Geheul(e) *nt* <-s, *ohne pl*> **1.** (*fam abw: Weinen, von Kindern*) lloriqueo *m,* gimoteo *m;* **hör mit dem ~ auf!** ¡deja de lloriquear! **2.** (*fam abw:* (*Be*)*klagen*) lloriqueo *m* **3.** (*von Tieren*) gimoteo *m* **4.** (*von Wind, Sturm*) gemido *m;* (*laut*) aullido *m* **5.** (*eines Gerätes*) chirrido *m*

Gehilfe, -in [gəˈhɪlfə] *m, f* <-n, -n; -, -nen> **1.** (*geh: Hilfskraft*) asistente *mf,* ayudante *mf;* **kaufmännischer** ~ técnico comercial **2.** (JUR) colaborador(a) *m(f);* **Gehilfenbrief** *m* <-(e)s, -e> diploma *m* de asistente; **Gehilfenprüfung** *f* <-, -en> examen *m* para la obtención del diploma de técnico comercial

Gehilfenschaft *f* <-, *ohne pl*> (*Schweiz:* JUR: *Beihilfe*) complicidad *f;* **er wurde der ~ bezichtigt** lo acusaron de complicidad

Gehilfin *f* <-, -nen> *s.* **Gehilfe**

Gehirn [gəˈhɪrn] *nt* <-(e)s, -e> cerebro *m;* **Gehirnakrobatik** *f* <-, *ohne pl*> (*fam*) gimnasia *f* mental; **diese Theorie zur Raumzeitstruktur ist die reinste** ~ esta teoría sobre la estructura espacio-temporal es un auténtico rompecabezas; **gehirnamputiert** *adj* (*fam: sehr dämlich*) tonto de remate; **Gehirnblutung** *f* <-, -en> (MED) derrame *m* cerebral; **Gehirnchirurgie** *f* <-, *ohne pl*> (MED) cirugía *f* cerebral; **Gehirndurchblutungsstörung** *f* <-, -en> (MED) perturbación *f* de la irrigación cerebral; **Gehirnerschütterung** *f* <-, -en> (MED) conmoción *f* cerebral; **Gehirnflüssigkeit** *f* <-, -en> (MED) líquido *m* cerebral

Gehirnhaut *f* <-, -häute> (ANAT) meninge *f;* **Gehirnhautentzündung** *f* <-, -en> (MED) meningitis *f inv*

Gehirnprellung *f* <-, -en> (MED) contusión *f* cerebral; **Gehirnschlag** *m* <-(e)s, -schläge> (MED) derrame *m* cerebral, apoplejía *f;* **Gehirnsubstanz** *f* <-, -en> (ANAT) su(b)stancia *f* encefálica; **Gehirntumor** *m* <-s, -e> (MED) tumor *m* cerebral; **Gehirnwäsche** *f* <-, -n> lavado *m* de cerebro; **Gehirnzelle** *f* <-, -n> (ANAT) célula *f* cerebral

gehoben [gəˈhoːbən] **I.** *pp von* **heben II.** *adj* **1.** (*Stellung*) elevado, alto; **~er Dienst** funcionariado de alto grado **2.** (*Ausdrucksweise*) elevado, culto **3.** (*Stimmung*) festivo, alegre

Gehöft [gəˈhøːft] *nt* <-(e)s, -e> granja *f*

geholfen [gəˈhɔlfən] *pp von* **helfen**

Gehölz [gəˈhœlts] *nt* <-es, -e> **1.** (*Baumbestand*) bosquecillo *m* **2.** *pl* (*Holzgewächse*) plantas *fpl* leñosas

Gehör [gəˈhøːɐ] *nt* <-(e)s, *ohne pl*> **1.** (*Hörvermögen*) oído *m;* **absolutes** ~ (MUS) oído perfecto; **nach dem ~ spielen** tocar de oído **2.** (*Aufmerksamkeit*) atención *f;* **jdm ~ schenken** prestar atención a alguien; ~ **finden** ser escuchado; **sich** *dat* ~ **verschaffen** hacerse escuchar

gehorchen* *vi* obedecer; **jdm nicht** ~ desobedecer a alguien; **der Hund gehorchte ihm aufs Wort** el perro le obedeció enseguida; **seine Stimme/seine Hand gehorchte ihm nicht** su voz/su mano no le respondió

gehören* **I.** *vi* **1.** (*als Eigentum*) pertenecer (a), ser (de); **das Auto gehört ihm** el coche es suyo, es su coche **2.** (*zugewandt sein*) ser partidario (de); **dem Verlierer gehört meine ganze Sympathie** el perdedor merece mi mayor simpatía; **sein Herz gehört dem Rennsport** su corazón está en las carreras **3.** (*zählen zu*) ser (*zu* de), formar parte (*zu* de); **das gehört zu seinen Pflichten** es parte de sus deberes; **er gehört jetzt zur Familie** ahora forma parte de la familia; **dieser Wein**

gehört zu den Besten des Landes es uno de los mejores vinos del país **4.** (*seinen Platz haben*) tener su sitio (*in* en); **Frauen ~ nicht mehr in die Küche** el lugar de las mujeres ya no es la cocina; **solches Gesindel gehört in den Knast** gentuza como ésta debería estar en la cárcel; **dieses Thema gehört nicht hierhin** este tema no viene al caso; **er gehört ins Bett** debería acostarse; **wo gehört das hin?** ¿dónde se pone esto? **5.** (*nötig sein*) hacer falta, requerir; **dazu gehört Mut** esto requiere valentía; **er gehört verprügelt** se merece una paliza; **dazu gehört nicht viel/schon einiges** (*fam*) para hacer eso no hace falta nada/hay que tener algo especial **II.** *vr:* **sich ~** convenir, ser conveniente; **das gehört sich nicht** esto no se hace; **wie es sich gehört** como es debido

Gehörfehler *m* <-s, -> defecto *m* auditivo; **einen ~ haben** tener un defecto auditivo; **hast du einen ~?** (*fam iron*) ¿es que estás sordo?; **Gehörgang** *m* <-(e)s, -gänge> (ANAT) conducto *m* auditivo

gehörig **I.** *adj* **1.** (*gehörend*) perteneciente (*zu* a), correspondiente (*zu* a); **nicht zur Sache ~** que no corresponde al asunto **2.** (*angemessen*) debido; (*erforderlich*) necesario; **er behandelt sie mit dem ~en Respekt** la trata con el respeto debido **3.** (*fam: gründlich*) fuerte, solemne; **eine ~e Tracht Prügel** una buena paliza **II.** *adv* **1.** (*gebührend*) convenientemente, como es debido; **ich habe ihm ~ die Meinung gesagt** le dije mi opinión como se merecía **2.** (*gründlich*) mucho; **er wurde ~ verprügelt** le dieron una soberana paliza

gehörlos *adj* sordo

Gehörlose(r) *mf* <-n, -n; -n, -n> sordo, -a *m, f*

Gehörlosigkeit *f* <-, *ohne pl*> sordera *f*

Gehörnerv *m* <-s, -en> (ANAT) nervio *m* auditivo

gehörnt [gəˈhœrnt] *adj* (*Tier*) cornudo, astado; (*Ehemann*) cornudo

gehorsam *adj* obediente

Gehorsam [gəˈhoːɐzaːm] *m* <-s, *ohne pl*> obediencia *f;* **sich** *dat* **~ verschaffen** hacerse obedecer; **jdm den ~ verweigern** negar obediencia a alguien

Gehörschaden *m* <-s, -schäden> (MED) defecto *m* auditivo; **Gehörschutz** *m* <-es, -e> protección *f* de los oídos; **Gehörsinn** *m* <-(e)s, *ohne pl*> (sentido *m* del) oído *m*

Gehrung [ˈgeːrʊŋ] *f* <-, -en> (TECH) inglete *m;* **auf ~ sägen** sesgar

Gehsteig [ˈgeːʃtaɪk] *m* <-(e)s, -e> acera *f,* vereda *f Am,* banqueta *f Guat, Mex*

Gehtnichtmehr (*fam*): **bis zum ~** hasta más no poder, hasta la saciedad; **ich habe ihr das bis zum ~ erklärt, aber sie begreift es einfach nicht** se lo he explicado cien mil veces pero sencillamente no alcanza a entenderlo

Gehtraining *nt* <-s, -s> (MED) ejercicio *m* de andar, entrenamiento *m* de andar

Gehupe [gəˈhuːpə] *nt* <-s, *ohne pl*> pitada *f*

Gehweg *m* <-(e)s, -e> **1.** (*Bürgersteig*) acera *f* **2.** (*Fußweg*) camino *m*

Geier [ˈgaɪɐ] *m* <-s, -> (ZOOL) buitre *m;* **weiß der ~!** (*fam*) ¡sabe Dios!

Geifer [ˈgaɪfɐ] *m* <-s, *ohne pl*> espumarajo *m*

geifern *vi* **1.** (*sabbern*) babear; **eine ~de Dogge stand hinter dem Tor** un dogo echando babas estaba detrás de la puerta **2.** (*abw: Gehässigkeiten ausstoßen*) estar rabioso; **meine missgünstige Nachbarin geifert wieder gegen mich** la envidiosa de mi vecina vuelve a despotricar contra mí

Geige [ˈgaɪgə] *f* <-, -n> violín *m;* **die erste ~ spielen** (*fam fig*) llevar la voz cantante; **nach jds ~ tanzen** (*fam fig*) bailar al son que toca alguien

geigen *vi* (*fam*) tocar el violín; **jdm seine Meinung ~** decirle a alguien cuatro verdades

Geigenbogen *m* <-s, -bögen> arco *m* de violín; **Geigenkasten** *m* <-s, -kästen> funda *f* de violín

Geiger(in) *m(f)* <-s, -; -, -nen> violinista *mf*

Geigerzähler [ˈgaɪgɐ-] *m* <-s, -> (PHYS) contador *m* (de) Geiger

geil [gaɪl] *adj* **1.** (*fam: großartig*) guay, genial; (*toll*) demasiado, de puta madre; **ein ~er Typ** un tipo de puta madre **2.** (*lüstern*) cachondo; **~ werden/machen** ponerse/poner cachondo; **der ist doch bloß ~ auf dich** solamente te tiene ganas

Geilheit *f* <-, *ohne pl*> (*Lüsternheit, a. abw*) cachondez *f vulg*

Geisel [ˈgaɪzəl] *f* <-, -n> rehén *mf;* **~n nehmen** tomar rehenes; **Geiselgangster** *m* <-s, -> *s.* **Geiselnehmer; Geiselhaft** *f* <-, *ohne pl*> cautiverio *m* de los rehenes; **Geiselnahme** [ˈ--naːmə] *f* <-, -n> toma *f* de rehenes; **Geiselnehmer(in)** *m(f)* <-s, -; -, -nen> secuestrador(a) *m(f)*

Geisha [ˈgeːʃa] *f* <-, -s> geisha *f*

Geiß [gaɪs] *f* <-, -en> (*südd, Österr, Schweiz: Ziege*) cabra *f*

Geißblatt *nt* <-(e)s, *ohne pl*> (BOT) madreselva *f*

Geißbock *m* <-(e)s, -böcke> (*südd, Österr, Schweiz: Ziegenbock*) macho *m* cabrío

Geißel [ˈgaɪsəl] *f* <-, -n> (*fig*) azote *m*

geißeln **I.** *vt* fustigar, condenar **II.** *vr:* **sich ~** (*sich peitschen*) fustigarse

Geißeltierchen *nt* <-s, -> (BIOL) flagelado *m*

Geißelung *f* <-, -en> **1.** (*Anprangerung*) denuncia *f* feroz, flagelo *m elev;* **die ~ der politischen Missstände führte zu keinem Erfolg** la denuncia de la mala situación política no obtuvo ningún éxito **2.** (*Peinigung*) flagelación *f;* **im Mittelalter war die ~ ein häufiges Mittel der Selbstkasteiung** en la Edad Media la flagelación era un medio frecuente de autopenitencia; **die Cholera war eine ~**

für die Menschen Perus (*fig geh*) el cólera azotó sin piedad la población de Perú

Geist[1] [gaɪst] *m* <-(e)s, -er> **1.** (*Denker*) espíritu *m* **2.** (*Gespenst*) fantasma *m,* espíritu *m,* azoro *m Am,* celaje *m MAm, And, Ant;* **von allen guten ~ern verlassen sein** (*fam*) perder la cabeza, hacer algo sin pies ni cabeza

Geist[2] *m* <-(e)s, *ohne pl*> **1.** (*Verstand*) mente *f;* **etw im ~e vor sich** *dat* **sehen** imaginarse algo vivamente **2.** (*Scharfsinn*) espíritu *m;* (*Witz*) gracia *f* **3.** (*Seele*) espíritu *m;* **der Heilige ~** el Espíritu Santo; **den ~ aufgeben** (*fam*) estropearse, chingarse *Am;* **mein altes Auto hat seinen ~ aufgegeben** (*fam*) mi viejo coche ya no tira más **4.** (*Gesinnung*) espíritu *m*

Geisterbahn *f* <-, -en> tren *m* fantasma; **Geisterbild** *nt* <-(e)s, -er> (TV) imagen *f* fantasma; **Geisterfahrer(in)** *m(f)* <-s, -; -, -nen> conductor(a) *m(f)* (de coche) kamikaze; **Geisterglaube** *m* <-ns, *ohne pl*> creencia *f* en los espíritus; **der Glaube an Hexen und Teufel hat seine Wurzeln im germanischen ~n** la creencia en brujas y demonios tiene sus raíces en la misma que los germanos tenían en los espíritus

geisterhaft *adj* **1.** (*geheimnisvoll*) misterioso **2.** (*gespenstisch*) espectral

Geisterhand *f:* **wie von ~** como por arte de magia

geistern *vi sein* **1.** (*herumgehen*): **durch etw ~** deambular por algo, rondar por algo; **nachts geistert er durchs Haus, weil er nicht schlafen kann** por la noche da vueltas por la casa porque no puede conciliar el sueño **2.** (*spuken*): **durch etw ~** rondar por algo; **der Film geistert mir immer noch durch den Kopf** la película no deja de rondarme por la cabeza

Geisterseher(in) *m(f)* <-s, -; -, -nen> visionario, -a *m, f;* **Geisterstadt** *f* <-, -städte> (*verlassene Stadt*) ciudad *f* fantasma; **Geisterstimme** *f* <-, -n> voz *f* espectral; **Geisterstunde** *f* <-, -n> hora *f* bruja [*o* de los fantasmas]

geistesabwesend ['gaɪstəs-] *adj* ausente, distraído; **Geistesabwesenheit** *f* <-, *ohne pl*> distracción *f;* **Geistesblitz** *m* <-es, -e> (*fam*) ocurrencia *f,* salida *f;* **Geistesgegenwart** *f* <-, *ohne pl*> presencia *f* de ánimo; **geistesgegenwärtig** *adj* animoso, con presencia de ánimo; **Geistesgeschichte** *f* <-, *ohne pl*> historia *f* del pensamiento; **geistesgestört** *adj* perturbado mental, desequilibrado mental; **Geistesgestörte(r)** *mf* <-n, -n; -n, -n> loco, -a *m, f,* demente *mf;* **Geistesgestörtheit** *f* <-, *ohne pl*> desequilibrio *m* mental

Geistesgröße[1] *f* <-, -n> (*Mensch*) eminencia *f*

Geistesgröße[2] *f* <-, *ohne pl*> (*Befähigung*) facultades *fpl*

Geisteshaltung *f* <-, -en> mentalidad *f;* **geisteskrank** *adj* enfermo mental; **Geisteskranke(r)** *mf* <-n, -n; -n, -n> loco, -a *m, f,* demente *mf;* **wie ein ~r** (*fam*) como un loco; **Geisteskrankheit** *f* <-, -en> enfermedad *f* mental; **Geistesleben** *nt* <-s, *ohne pl*> vida *f* intelectual; **Geistesstörung** *f* <-, -en> trastorno *m* mental; **geistesverwandt** *adj* congenial; **Geistesverwirrung** *f* <-, -en> trastorno *m* mental; **Geisteswissenschaften** *fpl* ciencias *fpl* humanas, humanidades *fpl,* letras *fpl fam;* **Geisteswissenschaftler(in)** *m(f)* <-s, -; -, -nen> hombre *m* de letras, mujer *f* de letras, humanista *mf;* **geisteswissenschaftlich** *adj* humanístico, de letras; **Geisteszustand** *m* <-(e)s, *ohne pl*> estado *m* mental; **normaler ~** estado mental normal

Geistheiler(in) *m(f)* <-s, -; -, -nen> santero, -a *m, f,* curandero, -a *m, f*

geistig ['gaɪstɪç] *adj* **1.** (*Kräfte, Arbeit*) mental; **~ behindert** deficiente mental; **~ gesund sein** gozar de buena salud mental **2.** (*Mensch*) intelectual; **~es Eigentum** propiedad intelectual **3.** (*vorgestellt*) espiritual

geistlich ['gaɪstlɪç] *adj* espiritual; (*klerikal*) clerical; (*kirchlich*) eclesiástico; **~e Musik** música sacra; **~e Dichtung** poesía religiosa; **~er Beistand** apoyo espiritual

Geistliche(r) *mf* <-n, -n; -n, -n> eclesiástico *m,* clérigo *m*

Geistlichkeit *f* <-, *ohne pl*> clero *m*

geistlos *adj* trivial, insustancial; (*einfallslos*) poco ingenioso; (*dumm*) tonto; (*langweilig*) aburrido, sin gracia

Geistlosigkeit[1] *f* <-, -en> (*Äußerung*) banalidad *f,* simpleza *f;* **verschon mich bitte in Zukunft mit deinen ~en!** ¡ahórrame tus simplezas en el futuro, por favor!

Geistlosigkeit[2] *f* <-, *ohne pl*> (*Art*) vaciedad *f,* trivialidad *f;* **sie ärgerte sich über die ~ der Unterhaltungsshows** la ponía mala la trivialidad de los "shows" televisivos

geistreich *adj* ingenioso, con chispa, con gracia

geisttötend *adj* monótono, aburrido

geistvoll *adj* **1.** (*scharfsinnig*) ingenioso; **ihren ~en Bemerkungen war nichts hinzuzufügen** nada había que añadir a sus agudas observaciones **2.** (*anspruchsvoll*) profundo, de gran nivel (intelectual); **dieser Philosoph hat ein sehr ~es Buch geschrieben** este filósofo ha escrito un libro muy profundo

Geiz [gaɪts] *m* <-es, *ohne pl*> avaricia *f,* tacañería *f*

geizen *vi* cicatear (*mit* con)

Geizhals *m* <-es, -hälse> (*abw*) avaro, -a *m, f,* tacaño, -a *m, f,* bacalao *m Chil*

geizig *adj* avaro, tacaño, cicatero, amarrado *CSur, PRico,* coño *Chil*

Geizkragen *m* <-s, -> (*fam abw*) *s.* **Geizhals**

Gejammer [gə'jamɐ] *nt* <-s, *ohne pl*> (*fam*

G

abw) lamentaciones *fpl,* quejas *fpl*

Gejohle [gə'jo:lə] *nt* <-s, *ohne pl*> (*fam abw*) griterío *m*

gekannt [gə'kant] *pp von* **kennen**

Gekeife [gə'kaɪfə] *nt* <-s, *ohne pl*> (*abw*) griterío *m,* vocerío *m;* **der Dieb wurde vom wütenden ~ der Marktfrauen verfolgt** al ladrón le perseguían los gritos enfurecidos de las vendedoras del mercado

Gekicher [gə'kɪçɐ] *nt* <-s, *ohne pl*> (*fam abw*) risitas *fpl*

Gekläff(**e**) *nt* <-(e)s, *ohne pl*> (*fam abw*) ladridos *mpl*

Geklapper [gə'klapɐ] *nt* <-s, *ohne pl*> (*fam abw*) traqueteo *m;* (*mit den Zähnen*) castañeteo *m;* (*von Schreibmaschine*) tecle(te)o *m*

Geklimper *nt* <-s, *ohne pl*> tecleteo *m;* **ich kann sein ~** (**auf dem Klavier**) **nicht mehr hören!** ¡ya no aguanto más que siga aporreando el piano!

Geklingel *nt* <-s, *ohne pl*> (*fam abw*) tintineo *m*

Geklirr [gə'klɪr] *nt* <-s, *ohne pl*> (*abw*) retintín *m,* tintineo *m*

geklommen *pp von* **klimmen**

geklont [gə'klo:nt] *adj* clónico

geklungen [gə'klʊŋən] *pp von* **klingen**

Geknatter [gə'knatɐ] *nt* <-s, *ohne pl*> (*abw*) estruendo *m*

geknickt [gə'knɪkt] *adj* (*fam: niedergeschlagen*) deprimido, afligido

gekniffen [gə'knɪfən] *pp von* **kneifen**

Geknister [gə'knɪstɐ] *nt* <-s, *ohne pl*> (*Papier*) crujido *m;* (*Feuer*) crepitación *f*

gekommen [gə'kɔmən] *pp von* **kommen**

gekonnt [gə'kɔnt] **I.** *pp von* **können II.** *adj* conseguido, bien hecho; **das war sehr ~** ha estado muy bien (conseguido)

Gekrächze [gə'krɛçtsə] *nt* <-s, *ohne pl*> graznidos *mpl*

Gekrakel [gə'kra:kəl] *nt* <-s, *ohne pl*> (*fam abw*) **1.** (*krakelige Schrift*) garabato *m;* **dein ~ kann ja keiner lesen!** ¡no hay quien pueda leer tus garabatos! **2.** (*dauerndes Krakeln*) garabateo *m;* **kannst du mal mit dem ~ aufhören?** ¿puedes dejar de garabatear de una vez?

Gekreuzigte(**r**) *mf* <-n, -n; -n, -n> crucificado, -a *m, f;* **beim Völkermord gab es Hunderte von ~n** en el genocido fueron crucificados cientos de personas; (**Jesus,**) **der ~** Jesús Crucificado

Gekritzel [gə'krɪtsəl] *nt* <-s, *ohne pl*> (*abw*) garabatos *mpl*

gekrochen [gə'krɔxən] *pp von* **kriechen**

Gekröse [gə'krø:zə] *nt* <-s, -> (ANAT) mesenterio *m*

gekünstelt [gə'kʏnstəlt] *adj* (*abw*) amanerado; (*Stil*) rebuscado, afectado; (*Lächeln*) artificial

Gel [ge:l] *nt* <-s, -e> gel *m*

Gelaber [gə'la:bɐ] *nt* <-s, *ohne pl*> (*abw*) palabrería *f*

Gelächter [gə'lɛçtɐ] *nt* <-s, -> risa *f,* carcajada *f;* **in ~ ausbrechen** estallar en carcajadas

gelackmeiert [gə'lakmaɪɐt] *adj* (*fam*) embromado, engañado

geladen [gə'la:dən] **I.** *pp von* **laden II.** *adj* (*fam: zornig*) furioso, rabioso; **eine ~e Atmosphäre** un ambiente cargado

Gelage [gə'la:gə] *nt* <-s, -> banquete *m,* comilona *f*

gelähmt [gə'lɛ:mt] *adj* paralizado, paralítico; **halbseitig ~** hemipléjico

Gelähmte(**r**) *mf* <-n, -n; -n, -n> paralítico, -a *m, f,* impedido, -a *m, f*

Gelände [gə'lɛndə] *nt* <-s, -> terreno *m,* playa *f Am;* (*Ausstellungs~*) recinto *m;* (*Fabrik~*) zona *f* industrial; **bebaubares/bebautes/unbebautes ~** terreno edificable/edificado/sin edificar; **auf freiem ~** a campo abierto; **Geländeabschnitt** *m* <-(e)s, -e> sección *f* de un terreno; **Geländefahrt** *f* <-, -en> viaje *m* en un todoterreno; **mit dem Jeep machten sie eine ~ quer durch den Wald** atravesaron el bosque de punta a punta en el jeep; **Geländefahrzeug** *nt* <-(e)s, -e> (vehículo *m*) todo terreno *m;* **geländegängig** *adj* (AUTO) todo terreno; **Geländelauf** *m* <-(e)s, -läufe> (SPORT) (carrera *f* de) cross *m,* carrera *f* a campo traviesa; **der ~ führte über Feld- und Waldwege** la carrera de cross atravesaba todo tipo de caminos y bosques

Geländer [gə'lɛndɐ] *nt* <-s, -> barandilla *f,* baranda *f;* (*Treppen~*) pasamanos *m inv;* **sich am ~ festhalten** agarrarse a la barandilla

Geländerennen *nt* <-s, -> (SPORT) carrera *f* a campo traviesa, cros *m inv;* **Geländeübung** *f* <-, -en> (MIL) maniobras *fpl* (al aire libre); **Geländewagen** *m* <-s, -> (vehículo *m*) todo terreno *m*

gelang [gə'laŋ] *3. imp von* **gelingen**

gelangen* [gə'laŋən] *vi sein* **1.** (*ankommen*) llegar (*zu/nach/an* a) **2.** (*erreichen*) lograr (*zu*), alcanzar (*zu*); **zu einer Überzeugung ~** llegar a una conclusión; **zur Ausführung ~** llegar a realizarse **3.** (*Schweiz: sich wenden*) dirigirse (*an* a)

gelangweilt [gəlaŋvaɪlt] **I.** *adj* aburrido; **das ~e Publikum fing an zu buhen** el público, aburrido, profirió en abucheos; **die meisten Zuhörer lauschten dem Redner mit ~er Miene** la mayoría de los espectadores miraban al orador con cara de aburrimiento **II.** *adv* (*dasitzen, zuhören*) con aburrimiento; **er gähnte ~** bostezó de aburrimiento

gelassen [gə'lasən] **I.** *pp von* **lassen II.** *adj* (*ruhig*) sereno, sosegado; (*unerschütterlich*) imperturbable **III.** *adv* con calma; **~ bleiben** no perder la calma

Gelassenheit *f* <-, *ohne pl*> sosiego *m,* serenidad *f*

Gelatine [ʒela'ti:nə] *f* <-, *ohne pl*> gelatina *f*

gelaufen [gə'laʊfən] *pp von* **laufen**

geläufig [gə'lɔɪfɪç] *adj* corriente; **dieses**

Wort ist mir nicht ~ no conozco esta palabra

gelaunt [gəˈlaʊnt] *adj:* **übel** ~ de mal humor, malhumorado; **gut ~ sein** estar de buen humor; **schlecht ~ sein** estar de mal humor, estar alebrestado *Mex*

Geläut(e) [gəˈlɔɪt(ə)] *nt* <-(e)s, *ohne pl*> toque *m* de campanas, repique *m* de campanas

gelb [gɛlp] *adj* amarillo; ~ **werden** amarillear; **das ist nicht das G~e vom Ei** (*fam*) eso no es lo mejor

Gelb *nt* <-s, -> amarillo *m;* **die Ampel stand auf** ~ el semáforo estaba en amarillo

gelbbraun *adj* (color) mostaza; **Gelbfieber** *nt* <-s, *ohne pl*> (MED) fiebre *f* amarilla; **Gelbfilter** *m o nt* <-s, -> (FOTO) filtro *m* amarillo; **gelbgrün** *adj* verde amarillento

gelblich *adj* amarillento

Gelbsucht *f* <-, *ohne pl*> (MED) ictericia *f;* **infektiöse** ~ ictericia infecciosa

gelbsüchtig *adj* (MED) ictérico

Gelbwurzel *f* <-, -n> (BOT) cúrcuma *f*

Geld [gɛlt] *nt* <-(e)s, *ohne pl*> dinero *m,* plata *f Am,* pisto *m MAm,* burata *f Ven,* agüita *f Peru;* **effektives/flüssiges/hartes** ~ dinero en efectivo/líquido/en metálico; **gegen bares** ~ a cambio de dinero contante y sonante; **etw zu ~ machen** sacar dinero de algo; **um ~ spielen** jugar por dinero; **(viel/wenig) ~ kosten** costar (mucho/poco) dinero; **das geht ganz schön ins** ~ esto cuesta un montón; ~ **locker machen** soltar la mosca; **im ~ schwimmen** (*fam*) nadar en oro, estar forrado de dinero; **das ~ zum Fenster rauswerfen** (*fam*) tirar los cuartos por la ventana; **jdm das ~ aus der Tasche ziehen** (*fam*) timar a alguien; ~ **waschen** blanquear dinero; **sie hat ~ wie Heu** (*fam*) le sale el dinero hasta por las orejas; **nicht für ~ und gute Worte** (*fam*) por nada del mundo; ~ **stinkt nicht** (*prov*) tener dinero no hace daño; **Geldabfluss**^RR^ *m* <-es, *ohne pl*> (FIN, WIRTSCH) salida *f* de dinero; **Geldabwertung** *f* <-, -en> (FIN) devaluación *f;* **Geldakkumulation** *f* <-, -en> (FIN) acumulación *f* de capital; **Geldangelegenheit** *f* <-, -en> asunto *m* de dinero; **Geldanlage** *f* <-, -n> inversión *f* de capital; **Geldanleihe** *f* <-, -n> (FIN) préstamo *m* financiero; **Geldanweisung** *f* <-, -en> (FIN) giro *m;* **telegrafische** ~ giro telegráfico; **Geldautomat** *m* <-en, -en> cajero *m* automático; **Geldbedarf** *m* <-(e)s, *ohne pl*> (FIN, WIRTSCH) demanda *f* de dinero; **Geldbetrag** *m* <-(e)s, -träge> suma *f,* importe *m;* **Geldbeutel** *m* <-s, -> monedero *m,* portamonedas *m inv Chil, Ven;* **tief in den ~ greifen** (*fam*) sacudirse el bolsillo; **Geldbewegung** *f* <-, -en> (FIN, WIRTSCH) movimiento *m* financiero; **Geldbombe** *f* <-, -n> caja (fuerte) *f* de noche; **Geldbörse** *f* <-, -n> *s.* Geldbeutel; **Geldbuße** *f* <-, -n> multa *f;* **Geldeingänge** *mpl* (FIN, WIRTSCH) entradas *fpl;* **Geldeinlage** *f* <-, -n> (FIN) aportación *f* en dinero; **Geldeinwurf** *m* <-(e)s, -würfe> ranura *f;* **Geldemission** *f* <-, -en> (FIN) emisión *f* de moneda; **Geldempfänger** *m* <-s, -> beneficiario, -a *m, f;* **Geldentwertung** *f* <-, -en> devaluación *f* monetaria [*o* de la moneda]

Gelder *ntpl* (*Mittel*) fondos *mpl;* **fremde** ~ capital ajeno; **öffentliche** ~ fondos públicos; ~ **veruntreuen** malversar fondos

Gelderwerb *m* <-(e)s, *ohne pl*> ingreso *m;* **einem ~ nachgehen** practicar un oficio; **sie muss keinem ~ nachgehen, weil sie viel Geld geerbt hat** no le hace falta trabajar porque ha heredado mucho dinero; **ist das Taxifahren Ihr einziger ~?** ¿el trabajo de taxista es su única fuente de ingresos?; **Geldflüssigkeit** *f* <-, *ohne pl*> (FIN) liquidez *f* del mercado de dinero; **Geldgeber(in)** *m(f)* <-s, -; -, -nen> patrono, -a *m, f,* financiero, -a *m, f;* **Geldgeschäft** *nt* <-(e)s, -e> (FIN) transacción *f* financiera, negocio *m;* **Geldgeschenk** *nt* <-(e)s, -e> donación *f* en dinero; **Geldgier** *f* <-, *ohne pl*> (*abw*) avidez *f* de dinero; **geldgierig** *adj* (*abw*) codicioso; **Geldgürtel** *m* <-s, -> gato *m;* **Geldhahn** *m:* **jdm den ~ zudrehen** cerrar el grifo (del dinero) a alguien; **Geldheirat** *f* <-, -en> (*abw*) matrimonio *m* de conveniencia; **Geldinstitut** *nt* <-s, -e> (FIN, WIRTSCH) institución *f* bancaria; **Geldkarte** *f* <-, -n> tarjeta *f* de crédito; **Geldknappheit** *f* <-, *ohne pl*> (WIRTSCH) escasez *f* de dinero [*o* de fondos]; **die Erhöhung des Diskontsatzes könnte zu einer ~ führen** el aumento del tipo de descuento podría causar una escasez de fondos; **Geldkreislauf** *m* <-(e)s, -läufe> (FIN, WIRTSCH) circulación *f* monetaria; **Geldkrise** *f* <-, -n> (FIN, WIRTSCH) crisis *f inv* monetaria; **Geldkurs** *m* <-es, -e> (FIN) cotización *f;* **Geldleistung** *f* <-, -en> (*formal*) pago *m;* **Geld- und Sachleistungen** prestaciones en dinero y materiales

geldlich *adj* financiero; ~ **gesehen steht er sich gut** desde el punto de vista financiero está bien situado

Geldmangel *m* <-s, *ohne pl*> escasez *f* de dinero

Geldmarkt *m* <-(e)s, -märkte> (FIN) mercado *m* de dinero; **Geldmarktfonds** *m* <-, -> (FIN) fondo *m* de inversión mobiliaria; **Geldmarktschwankungen** *fpl* (FIN, WIRTSCH) fluctuaciones *fpl* del mercado de dinero

Geldmenge *f* <-, -n> **1.** (*Summe*) *s.* **Geldbetrag 2.** (*im Umlauf*) volumen *m* de dinero; **Geldmengenpolitik** *f* <-, *ohne pl*> (FIN, POL) política *f* del volumen monetario

Geldmittel *ntpl:* **fehlende** ~ falta *f* de recursos financieros; **Geldnachfrage** *f* <-, -n> (WIRTSCH) demanda *f* de dinero; **Geldpolitik** *f* <-, *ohne pl*> (FIN) política *f* monetaria; **Geldquelle** *f* <-, -n> fuente *f* de financiación; **Geldreserve** *f* <-, -n> reservas *fpl* de dinero; **Geldrolle** *f* <-, -n> cartucho *m* de monedas; **Geldschein** *m* <-(e)s, -e> billete *m* de banco; **Geldschrank** *m* <-(e)s, -schränke> caja *f* de caudales; **Geldschwierigkeiten** *fpl:* **in ~ sein** [*o* **stecken**] tener problemas *mpl* económicos; **Geldsorgen** *fpl* problemas *mpl* de dinero [*o* financieros]; **Geldspende** *f* <-, -n> donativo *m;* **eine ~ leisten** hacer un donativo; **Geldspielautomat** *m* <-en, -en> tragaperras *f inv;* **Geldstrafe** *f* <-, -n> multa *f;* **zu einer ~ verurteilen, mit einer ~ belegen** poner una multa; **Geldstrom** *m* <-(e)s, -ströme> (FIN, WIRTSCH) flujo *m* monetario; **Geldstück** *nt* <-(e)s, -e> moneda *f;* **Geldsumme** *f* <-, -n> suma *f,* importe *m;* **Geldtasche** *f* <-, -n> monedero *m,* billetero *m;* **Geldtransfer** *m* <-s, -s> (FIN, WIRTSCH) transferencia *f* monetaria; **Geldüberfluss**[RR] *m* <-es, *ohne pl*> (FIN, WIRTSCH) exceso *m* de dinero; **Geldumlauf** *m* <-(e)s, *ohne pl*> (WIRTSCH) circulación *f* de dinero

Geldverkehr *m* <-(e)s, *ohne pl*> operaciones *fpl* monetarias; **Geldverknappung** *f* <-, -en> (WIRTSCH) escasez *f* de dinero; **Geldverlegenheit** *f* <-, *ohne pl*> apuros *mpl* (económicos); **in ~ sein** estar en un apuro, pasar estrecheces; **ich bin wegen unvorhergesehener Ausgaben in ~** estoy en un apuro debido a (unos) gastos imprevistos; **Geldverleiher(in)** *m(f)* <-s, -; -, -nen> prestamista *mf;* **Geldvermehrung** *f* <-, -en> (FIN, WIRTSCH) aumento *m* de capital; **Geldverschwendung** *f* <-, *ohne pl*> despilfarro *m* (de dinero); **Geldvolumen** *nt* <-s, -> (FIN, WIRTSCH) volumen *m* monetario; **Geldvorrat** *m* <-(e)s, -räte> (FIN, WIRTSCH) reserva *f* de dinero; **Geldwaschanlage** *f* <-, -n> (*fam*) tapadera *f* para el blanqueo de dinero; **einige italienische Restaurants sollen ~n der Mafia sein** dicen que algunos restaurantes italianos son las tapaderas de la mafia para blanquear dinero; **Geldwäsche** *f* <-, *ohne pl*> (*fam*) blanqueo *m* de dinero; **Geldwäscher(in)** *m(f)* <-s, -; -, -nen> (*fam*) persona *f* que se dedica al blanqueo de dinero; **Geldwechsel** *m* <-s, -> (FIN) cambio *m;* **Geldwechsler(in)** *m(f)* <-s, -; -, -nen> (FIN) cambista *mf;* **Geldwert** *m* <-(e)s, *ohne pl*> valor *m* monetario; **geldwirtschaftlich** *adj* (FIN, WIRTSCH) enonómico-monetario; **Geldzuwendung** *f* <-, -en> ayuda *f* económica; **für das Studium erhält sie von ihren Eltern monatliche ~en** para la financiación de su carrera [*o* de sus estudios (universitarios)] recibe mensualmente dinero de sus padres

geleckt *adj:* **wie ~ aussehen** (*fam: fein gekleidet*) ir de punta en blanco; (*sauber*) estar como los chorros del oro; **in diesem maßgeschneiderten Anzug siehst du wie ~ aus** con este traje a medida vas hecho un figurín

Gelee [ʒe'le:] *m o nt* <-s, -s> jalea *f,* gelatina *f*

Gelege [gə'le:gə] *nt* <-s, -> (*Eier*) nidada *f,* puesta *f;* **ein ~ von zehn Eiern** una nidada [*o* puesta] de diez huevos; **Wilderer nehmen immer wieder die ~ von Wildenten aus** los cazadores furtivos roban una y otra vez los huevos de los patos silvestres

gelegen [gə'le:gən] **I.** *pp von* **liegen II.** *adj* **1.** (*örtlich*) situado; **gut/zentral ~** bien situado/céntrico **2.** (*passend*) conveniente, oportuno **III.** *adv* a propósito, de perlas *fam;* **Ihr Angebot kommt mir sehr ~** su oferta me viene muy a propósito; **mir ist viel/wenig daran ~, dass ...** considero muy/poco importante que... +*subj*

Gelegenheit *f* <-, -en> ocasión *f* (*zu* para); (*günstige*) oportunidad *f;* **die ~ haben etw zu tun** tener la ocasión de hacer algo; **ich hatte noch keine ~ ihn zu fragen** todavía no he tenido (la) ocasión de preguntarle; **bei dieser ~** en esta ocasión; **wenn sich die ~ bietet** si se presenta la oportunidad; **die ~ beim Schopfe fassen** aprovechar la ocasión; **~ macht Diebe** (*prov*) la ocasión hace al ladrón; **Gelegenheitsarbeit** *f* <-, -en> trabajo *m* ocasional [*o* transitorio], changa *f Arg;* **Gelegenheitsarbeiter(in)** *m(f)* <-s, -; -, -nen> obrero, -a *m, f* de ocasión, changador(a) *m(f) Arg;* **Gelegenheitsdieb(in)** *m(f)* <-(e)s, -e; -, -nen> descuidero, -a *m, f;* **Gelegenheitsgeschäft** *nt* <-(e)s, -e> negocio *m* de ocasión; **Gelegenheitskauf** *m* <-(e)s, -käufe> (COM) ocasión *f,* ganga *f fam*

gelegentlich **I.** *adj* esporádico, ocasional **II.** *adv* **1.** (*bei Gelegenheit*) cuando sea oportuno **2.** (*manchmal*) de vez en cuando

gelehrig [gə'le:rɪç] *adj* inteligente, que aprende fácilmente

Gelehrigkeit *f* <-, *ohne pl*> facultades *fpl* para el aprendizaje, facilidad *f* de comprensión; **bei deiner ~ wirst du diese Vorgänge bald verstehen** con lo rápido que entiendes tú las cosas captarás rápidamente estos procesos; **es heißt, dass Hunde eine bessere ~ besitzen als Katzen** se dice que los perros aprenden con más facilidad que los gatos

gelehrsam *adj* (*geh*) *s.* **gelehrt**

Gelehrsamkeit *f* <-, *ohne pl*> (*geh*) *s.* **Gelehrtheit**

gelehrt [gə'le:ɐt] *adj* sabio, erudito

Gelehrte(r) *mf* <-n, -n; -n, -n> sabio, -a *m, f,* erudito, -a *m, f,* hombre *m* de letras, mujer *f* de letras; (*Wissenschaftler*) científico, -a *m, f;* **darüber streiten sich die ~n** este asunto sigue siendo motivo de discusión (científica)

Gelehrtheit *f* <-, *ohne pl*> sabiduría *f,* erudición *f;* **seine ~ ist in Fachkreisen bekannt** la vastedad de su ciencia [*o* de su saber] es conocida en los círculos especializados

Geleise [gə'laɪzə] *nt* <-s, -> (*Österr, Schweiz: geh*) **1.** (EISENB) vía *f* **2.** (*Schiene*) raíl *m*

Geleit [gə'laɪt] *nt* <-(e)s, -e> **1.** (*geh: Begleitung*) acompañamiento *m;* **freies ~** salvoconducto *m;* **jdm das letzte ~ geben** asistir al entierro de alguien **2.** (*Eskorte*) escolta *f;* (NAUT) convoy *m*

geleiten* *vt* (*geh*) llevar, conducir; (*begleiten*) acompañar; (*eskortieren*) escoltar

Geleitschutz *m* <-es, *ohne pl*> escolta *f;* **~ geben** escoltar; **Geleitwort** *nt* <-(e)s, -e> prefacio *m;* **Geleitzug** *m* <-(e)s, -züge> (MIL) convoy *m* (escolta)

Gelenk [gə'lɛnk] *nt* <-(e)s, -e> (ANAT, TECH) articulación *f;* **Gelenkbus** *m* <-ses, -se> (AUTO) ómnibus *m inv* articulado; **Gelenkentzündung** *f* <-, -en> (MED) artritis *f inv;* **Gelenkfahrzeug** *nt* <-(e)s, -e> (AUTO) vehículo *m* articulado; **Gelenkflüssigkeit** *f* <-, -en> (MED) líquido *m* articular

gelenkig *adj* (*Person*) ágil

Gelenkigkeit *f* <-, *ohne pl*> flexibilidad *f*

Gelenkkapsel *f* <-, -n> (ANAT) cápsula *f* articular

Gelenkkopf *m* <-(e)s, -köpfe> (ANAT), **Gelenkkugel** *f* <-, -n> (ANAT) cóndilo *m;* **Gelenkpfanne** *f* <-, -n> (ANAT) cótila *f;* **Gelenkrheumatismus** *m* <-, -rheumatismen> (MED) reumatismo *m* articular; **Gelenkschmiere** *f* <-, -n> (ANAT) líquido *m* sinovial, sinovia *f;* **Gelenkwelle** *f* <-, -n> (TECH) árbol *m* de transmisión

gelernt *adj* (*Arbeiter*) cualificado, especializado; **~e Arbeiter beschäftigen** contratar trabajadores cualificados

gelesen [gə'le:zən] *pp von* **lesen**

Gelichter [gə'lɪçtɐ] *nt* <-s, *ohne pl*> (*abw*) gentuza *f;* **um die Hafenkneipen treibt sich viel übles ~ herum** por los bares del puerto merodea mucha gente de mala calaña

Geliebte(r) [gə'li:ptɐ] *mf* <-n, -n; -n, -n> amante *mf,* querido, -a *m, f,* camote *m Am*

geliefert [gə'li:fɐt] *adj* (*fam*): **~ sein** estar jodido *vulg;* **wenn er das erfährt, bin ich ~** si se entera de esto estoy jodido

geliehen [gə'li:ən] *pp von* **leihen**

gelieren* [ʒe'li:rən] *vi* (GASTR) gelatinizar

gelind(e) [gə'lɪnt, ge'lɪndə] *adj* **1.** (*geh: mild*) suave **2.** (*fam: Schauer, Wut*) suave, moderado; **~e gesagt** dicho con buenas palabras

gelingen [gə'lɪŋən] <gelingt, gelang, gelungen> *vi sein* salir (bien), lograr; **allen gelang die Flucht** todos lograron huir; **ich hoffe, es gelingt mir** espero lograrlo [*o* que me salga]

Gelingen *nt* <-s, *ohne pl*> éxito *m;* **gutes ~!** ¡mucho éxito!; **auf gutes ~!** ¡por el éxito!

gelitten [gə'lɪtən] *pp von* **leiden**

gell(e) [gɛl, 'gɛlə] *interj* (*südd, Schweiz*): **~?** ¿verdad?, ¿no (es cierto)?

gellen ['gɛlən] *vi* **1.** (*dröhnen*) retumbar; **ein Schrei gellte durch die Stille der Nacht** un chillido rompió el silencio de la noche **2.** (*nachhallen*) resonar

gellend *adj* penetrante

geloben* *vt* (*geh: versprechen*) prometer (solemnemente); (*schwören*) jurar

Gelöbnis [gə'lø:pnɪs] *nt* <-ses, -se> (*geh*) promesa *f* solemne; **ein ~ ablegen** prometer solemnemente

gelockt [gə'lɔkt] *adj* (*lockig: Haar*) rizado; (*Mensch*) con el pelo rizado; **sie hatte langes ~es Haar** tenía el cabello largo y rizado; **seine Frau war schwarzhaarig und ~** su mujer tenía el pelo negro y rizado

gelogen [gə'lo:gən] *pp von* **lügen**

gelöst [gə'lø:st] *adj* relajado

Gelse ['gɛlzə] *f* <-, -n> (*Österr: Stechmücke*) mosquito *m*

gelt [gɛlt] *interj* (*südd, Schweiz, Österr*) *s.* **gell**

Gelte ['gɛltə] *f* <-, -n> (*Schweiz*) cubo *m* de ordeñar

gelten ['gɛltən] <gilt, galt, gegolten> *vi* **1.** (*gültig sein*) tener validez, ser válido; (JUR) estar vigente [*o* en vigor]; **die Wette gilt** la apuesta es válida; **etw ~ lassen** dejar pasar algo; **das gilt nicht** eso no vale; **die Beschränkung gilt auch für Mitglieder** la limitación también es válida para los socios **2.** (*zutreffen*) valer (*für* para) **3.** (*eingeschätzt werden*) ser considerado (*als* como), pasar (*als* por); **es gilt als sicher, dass ...** es seguro que... **4.** (*bestimmt sein*) estar destinado [*o* dirigido] (+*dat* a), ir por (+*dat*) *fam;* **der Anschlag galt dem Präsidenten** el atentado estaba destinado al presidente; **~ für jdn/für etw** (*betreffen*) afectar a alguien/a algo; **und das gilt auch für dich** y esto también va por ti

geltend *adj* (*üblich*) general; (JUR) vigente; **Gründe ~ machen** alegar razones (*für* para); **Forderungen ~ machen** formular demandas

Geltendmachung *f* <-, *ohne pl*> (*formal*) validación *f;* **die ~ Ihrer Forderung ist noch bis Jahresende möglich** tiene la posibilidad de presentar la reclamación hasta finales de año

Geltung *f* <-, *ohne pl*> **1.** (*Gültigkeit*) validez *f;* **~ haben** ser válido **2.** (*Bedeutung*) importancia *f,* peso *m;* (*Ansehen*) prestigio *m,* respeto *m;* (*Einfluss*) influencia *f;* **sich** *dat* **/ etw** *dat* **~ verschaffen** hacerse respetar/hacer respetar algo; **zur ~ kommen** resaltar; **etw zur ~ bringen** acentuar algo, (hacer) resaltar algo; **Geltungsbedürfnis** *nt* <-ses, *ohne pl*> afán *m* de notoriedad [*o* de protagonismo]; **geltungsbedürftig** *adj* deseoso de figurar [*o* de hacerse notar]; **als ~er Typ muss er immer im Mittelpunkt stehen** es un figurón, siempre tiene que ser el centro de atención; **Geltungsbereich** *m* <-(e)s, -e> **1.** (*einer Vorschrift*) ámbito *m* de aplicación; (*Gültigkeit*) ámbito *m* de vigencia [*o* de validez] **2.** (*einer Fahrkarte*) zona *f* de validez; **an dieser Haltestelle endet der ~ der Fahrkarte** el billete pierde su validez a partir de esta parada; **Geltungsdauer** *f* <-, *ohne pl*> plazo *m* de validez; **Geltungssucht** *f* <-, *ohne pl*> afán *m* de protagonismo, necesidad *f* de sentirse admirado y respetado; **seine ~ macht ihn bei allen Freunden unbeliebt** su afán de protagonismo hace que goce de pocas simpatías entre todos sus amigos; **Geltungstrieb** *m* <-(e)s, *ohne pl*> *s.* **Geltungsbedürfnis**

Gelübde [gəˈlʏpdə] *nt* <-s, -> (*geh*) voto *m;* **ein ~ ablegen** [*o* **leisten**] hacer un voto

gelungen [gəˈlʊŋən] **I.** *pp von* **gelingen** **II.** *adj* (*gut*) estupendo; (*erfolgreich*) exitoso; **sehr ~** muy conseguido; **etw ist gut/ schlecht ~** algo ha salido bien/mal

Gelüst *nt* <-(e)s, -e> (*geh*) deseo *m;* (*nach Speisen*) apetito *m;* (*sexuell*) apetito *m,* deseos *mpl*

gelüsten* *vunpers* (*geh*): **jdn gelüstet es nach etw** *dat* alguien tiene un antojo [*o* ganas] de algo; **mich gelüstet (es) nach einem großen Eis** me muero por tomarme un gran helado; **mich gelüstet es (danach), ihm die Meinung zu sagen** me muero de ganas de decirle lo que pienso

GEMA [ˈgeːma] *f Abk. von* **Gesellschaft für musikalische Aufführungs- und mechanische Vervielfältigungsrechte** *sociedad alemana para derechos de ejecución musical y reproducción mecánica*

gemach [gəˈmaːx] *interj* ¡(con) calma!; **~, ~, eins nach dem anderen!** ¡calma, cada cosa a su tiempo!

Gemach [gəˈmaːx] *nt* <-(e)s, -mächer> (*geh*) aposento *m*

gemächlich [gəˈmɛ(ː)çlɪç] *adj* (*ruhig*) tranquilo, sosegado; (*langsam*) lento, parsimonioso

Gemahl(in) [gəˈmaːl] *m(f)* <-(e)s, -e; -, -nen> (*geh*) esposo, -a *m, f*

gemahlen [gəˈmaːlən] *pp von* **mahlen**

Gemahlin *f* <-, -nen> *s.* **Gemahl**

gemahnen* [gəˈmaːnən] *vi, vt* (*geh*) recordar (*an* a)

Gemälde [gəˈmɛːldə] *nt* <-s, -> cuadro *m;* **Gemäldegalerie** *f* <-, -n> **1.** (*Sammlung*) colección *f* de cuadros **2.** (*Gebäude*) pinacoteca *f;* **Gemäldesammlung** *f* <-, -en> colección *f* de cuadros

Gemarkung [gəˈmarkʊŋ] *f* <-, -en> término *m* municipal, demarcación *f*

gemasert [gəˈmaːzɐt] *adj* veteado; **dieses Holz ist sehr schön ~** esta madera tiene unas vetas preciosas

gemäß [gəˈmɛːs] **I.** *präp +dat* según, conforme a, de acuerdo con; **~ der Information, der Information ~** según la información; **~ Art. 5 des Gesetzes** conforme al artículo 5 de la ley **II.** *adj* conforme, adecuado; **eine den Umständen ~e Reaktion** una reacción conforme a las circunstancias

gemäßigt [gəˈmɛːsɪçt] *adj* moderado; (*Klima*) templado

Gemäuer [gəˈmɔɪɐ] *nt* <-s, -> (*geh*) murallas *fpl* en ruina; **ein altes ~** un edificio en ruinas

Gemecker [gəˈmɛkɐ] *nt* <-(e)s, *ohne pl*> **1.** (*fam abw: von Mensch*) critiqueo *m* **2.** (*von Ziege*) balido *m*

gemein [gəˈmaɪn] *adj* **1.** (*niederträchtig*) infame, amarrado *CSur, PRico;* (*hinterhältig*) pérfido; (*unverschämt*) descarado, bascoso *Kol, Ecua;* **das war ~** eso fue una canallada; **so ein ~er Kerl!** ¡qué canalla! **2.** (*ordinär*) vulgar; (*unanständig*) indecente, obsceno **3.** (*fam: ärgerlich*) fastidioso **4.** (*gemeinsam*) común; **etw mit jdm ~ haben** tener algo en común con alguien

Gemeinbesitz *m* <-es, *ohne pl*> propiedad *f* común [*o* colectiva]; **etw in ~ überführen** colectivizar algo, socializar algo; **die Grünflächen in der Siedlung befinden sich in ~** las zonas verdes de la urbanización son propiedad colectiva

Gemeinde [gəˈmaɪndə] *f* <-, -n> **1.** (ADMIN) municipio *m,* comuna *f Am;* (*Einwohner*) comunidad *f* **2.** (REL) parroquia *f;* (*Menschen*) feligreses *mpl;* **Gemeindeabgabe** *f* <-, -n> impuesto *m* municipal; **Gemeindeammann** *m* <-(e)s, -männer> (*Schweiz*) **1.** (*Gemeindevorsteher*) alcalde *m* **2.** (*Vollstreckungsbeamter*) ejecutor *m;* **Gemeindeamt** *nt* <-(e)s, -ämter> (ADMIN) administración *f* municipal; **Gemeindebann** *m* <-(e)s, -e> (*Schweiz: Gemeindegebiet*) término *m* municipal; **Gemeindebeamte(r)** *mf* <-n, -n; -n, -n>, **-beamtin** *f* <-, -nen> (ADMIN) funcionario, -a *m, f* municipal; **Gemeindebezirk** *m* <-(e)s, -e> (ADMIN) **1.** (*zugehöriges Gebiet*) término *m* municipal **2.** (*Österr: Wiener Bezirk*) municipio *m* vienés; **gemeindeeigen** *adj* comunal; **Gemeindehaus** *nt* <-es, -häuser> casa *f* parroquial; **Gemeindehelfer(in)** *m(f)* <-s, -; -, -nen> diácono, -a *m, f;* **Gemeindemitglied** *nt* <-(e)s, -er> (REL) feligrés, -esa *m, f;* **Gemeindeordnung** *f* <-, -en> reglamento *m* municipal; **Gemeindepflegestation** *f* <-, -en> servicio *m* municipal de cuidados sanitarios; **Gemeindepräsident(in)** *m(f)* <-en, -en; -, -nen> (*Schweiz*) alcalde(sa) *m(f)*

Gemeinderat[1] *m* <-(e)s, -räte> (*Gremium*) concejo *m* municipal, consistorio *m reg;* (*a.* REL) cabildo *m*

Gemeinderat, -rätin[2] *m, f* <-(e)s, -räte; -, -nen> (*Person*) concejal(a) *m(f)*

Gemeindesaal *m* <-(e)s, -säle> (REL) sala *f* (de actos) de la parroquia; **Gemeindeschwester** *f* <-, -n> diaconisa *f;* **Gemeindesteuer** *f* <-, -n> impuesto *m* municipal; **Gemeindeversammlung** *f* <-, -en> **1.** (REL) reunión *f* parroquial [*o* de feligreses] **2.** (*Schweiz*) junta *f* de vocales de una comunidad; **Gemeindeverwaltung** *f* <-, -en> administración *f* municipal; **Gemeindevor-**

stand *m* <-(e)s, -stände> (ADMIN) **1.** (*Verwaltungsgremium*) concejo *m* municipal **2.** (*Bürgermeister*) alcalde, -esa *m, f;* **Gemeindevorsteher(in)** *m(f)* <-s, -; -, -nen> (ADMIN) alcalde, -esa *m, f;* **Gemeindewahl** *f* <-, -en> (POL) elecciones *fpl* locales, ≈elecciones *fpl* municipales; **Gemeindewirtschaft** *f* <-, *ohne pl*> economía *f* municipal; **Gemeindezentrum** *nt* <-s, -zentren> (*der Kirche*) centro *m* parroquial; (*der Kommune*) centro *m* municipal

Gemeineigentum *nt* <-s, *ohne pl*> (POL, WIRTSCH) propiedad *f* pública

gemeingefährlich *adj* que constituye un peligro público

Gemeingut *nt* <-(e)s, *ohne pl*> (*geh*) patrimonio *m* público

Gemeinheit[1] *f* <-, *ohne pl*> (*Gesinnung*) infamia *f*, vileza *f*

Gemeinheit[2] *f* <-, -en> **1.** (*Handlung*) canallada *f;* **so eine ~!** ¡qué canallada! **2.** (*fam: Ärgernis*) fastidio *m*

gemeinhin [-'--] *adv* normalmente, generalmente

Gemeinkosten *pl* (WIRTSCH) gastos *mpl* generales

Gemeinnutz *m* <-es, *ohne pl*> utilidad *f* común

gemeinnützig *adj* de utilidad pública

Gemeinnützigkeit *f* <-, *ohne pl*> utilidad *f* pública

Gemeinplatz *m* <-es, -plätze> tópico *m*, lugar *m* común

gemeinsam **I.** *adj* común; (*Erklärung, Pressekonferenz*) conjunto; **~er Markt** mercado común; **mit jdm ~e Sache machen** hacer causa común con alguien **II.** *adv* en común; (*zusammen*) juntos; **etw ~ benutzen** utilizar algo conjuntamente; **sie haben viel ~** tienen mucho en común

Gemeinsamkeit *f* <-, -en> característica *f* común, punto *m* en común

Gemeinschaft *f* <-, -en> comunidad *f;* (*Verbindung*) unión *f;* **eheähnliche ~** cohabitación como marido y mujer, matrimonio de uso; **die Europäische ~** la Comunidad Europea; **in ~ mit jdm** en cooperación con alguien

gemeinschaftlich **I.** *adj* común **II.** *adv* conjuntamente, en común

Gemeinschaftsantenne *f* <-, -n> antena *f* colectiva; **Gemeinschaftsarbeit** *f* <-, -en> trabajo *m* en equipo [*o* en comunidad]; **Gemeinschaftseigentum** *nt* <-s, *ohne pl*> **1.** (*der Gemeinschaft*) propiedad *f* colectiva **2.** (*einer Gemeinde*) propiedad *f* comunal; **Gemeinschaftsfinanzierung** *f* <-, -en> (FIN) financiación *f* comunitaria; **Gemeinschaftsgefühl** *nt* <-(e)s, *ohne pl*> sentimiento *m* de comunidad; **Gemeinschaftsgeist** *m* <-(e)s, *ohne pl*> sentido *m* cívico, conciencia *f* cívica; **Gemeinschaftsinteressen** *ntpl* (EU) intereses *mpl* comunitarios; **Gemeinschaftskonto** *nt* <-s, -konten> (FIN) cuenta *f* conjunta; **Gemeinschaftskunde** *f* <-, *ohne pl*> sociología *f;* **Gemeinschaftspraxis** *f* <-, -praxen> consultorio *m* colectivo; **Gemeinschaftsproduktion** *f* <-, -en> coproducción *f;* **Gemeinschaftsraum** *m* <-(e)s, -räume> sala *f* común; **Gemeinschaftsunternehmen** *nt* <-s, -> empresa *f* en comunidad; (EU) empresa *f* comunitaria; **Gemeinschaftswährung** *f* <-, -en> (EU, FIN) moneda *f* única; **Gemeinschaftszelle** *f* <-, -n> celda *f* común

Gemeinsinn *m* <-(e)s, *ohne pl*>: **fehlender ~** actitud *f* incívica; **Gemeinsprache** *f* <-, *ohne pl*> (LING) lengua *f* común; **gemeinverständlich** *adj* inteligible, al alcance de todos; **Gemeinwerk** *nt* <-(e)s, -e> (*Schweiz: ehrenamtliche Arbeit*) trabajo *m* de voluntario; **Gemeinwesen** *nt* <-s, -> comunidad *f;* **Gemeinwohl** *nt* <-(e)s, *ohne pl*> bien *m* común, interés *m* público; **dem ~ dienen** servir al bien común, ser de interés público

Gemenge [gə'mɛŋə] *nt* <-s, -> **1.** (*Mischung*) mezcla *f* **2.** (*Durcheinander*) mezcla *f;* (*von Menschen*) multitud *f*

gemessen [gə'mɛsən] **I.** *pp von* **messen** **II.** *adj* (*geh*) parsimonioso, mesurado; (*förmlich*) formal; (*langsam*) acompasado; **~en Schrittes** a paso lento

Gemetzel [gə'mɛtsəl] *nt* <-s, -> (*abw*) matanza *f*, carnicería *f*

gemieden [gə'miːdən] *pp von* **meiden**

Gemisch [gə'mɪʃ] *nt* <-(e)s, -e> mezcla *f;* **mageres/fettes ~** (AUTO) mezcla de porcentaje bajo/alto

gemischt [gə'mɪʃt] *adj* mezclado, mixto; **mit ~en Gefühlen** con sentimientos encontrados

gemischtsprachig *adj* plurilingüe

Gemischtwarenhandlung *f* <-, -en> (COM: *alt*) bazar *m*

Gemme ['gɛmə] *f* <-, -n> camafeo *m*

gemocht [gə'mɔxt] *pp von* **mögen**

gemolken [gə'mɔlkən] *pp von* **melken**

gemoppelt [gə'mɔpəlt] (*fam*): **das ist doppelt ~** eso es una redundancia

Gemotze [gə'mɔtsə] *nt* <-s, *ohne pl*> (*fam abw*) crítica *f;* **hör mit dem ewigen ~ auf!** ¡deja ya de echar pestes!

Gemsbock *m* <-(e)s, -böcke> (ZOOL) *s.* **Gämsbock**

Gemse *f* <-, -n> (ZOOL) *s.* **Gämse**

Gemunkel [gə'mʊŋkəl] *nt* <-s, *ohne pl*> rumores *mpl*

Gemurmel [gə'mʊrməl] *nt* <-s, *ohne pl*> murmullo *m*

Gemüse [gə'myːzə] *nt* <-s, -> verdura *f*, hortalizas *fpl*, yuyos *mpl Peru;* (*Hülsenfrüchte*) legumbres *fpl;* **das junge ~** (*fig fam*) la gente menuda; **Gemüseanbau** *m* <-(e)s, *ohne pl*> (AGR) cultivo *m* de hortalizas [*o* de verduras]; **Gemüsefach** *nt* <-(e)s, -fächer> (*im Kühlschrank*) cajón *m* de la verdura; **Gemü-**

sefrau *f* <-, -en> (*fam*) verdulera *f*, gatera *f* *Bol, Ecua, Peru;* **Gemüsegarten** *m* <-s, -gärten> (*groß*) huerta *f;* (*klein*) huerto *m;* **Gemüsegärtner(in)** *m(f)* <-s, -; -, -nen> horticultor(a) *m(f);* **Gemüsehändler(in)** *m(f)* <-s, -; -, -nen> verdulero, -a *m, f;* **Gemüseladen** *m* <-s, -läden> verdulería *f;* **Gemüsesaft** *m* <-(e)s, -säfte> zumo *m* de verduras; **Gemüsesuppe** *f* <-, -n> (*mit frischem Gemüse*) sopa *f* de verduras; (*mit getrocknetem Gemüse*) sopa *f* juliana; **Gemüsezwiebel** *f* <-, -n> cebolla *f*

gemusstRR [gəˈmʊst], **gemußt** *pp von* **müssen**

gemustert [gəˈmʊstɐt] *adj* con dibujos, estampado

Gemüt [gəˈmyːt] *nt* <-(e)s, -er> **1.** (*Psyche*) ánimo *m;* **die Entscheidung erregte die ~er** la decisión excitó los ánimos **2.** (*Charakter*) carácter *m,* naturaleza *f* **3.** (*Seele*) alma *f,* corazón *m;* **das ist ihm aufs ~ geschlagen** esto le ha deprimido; **das ist etwas fürs ~** es algo para el corazón; **sich** *dat* **etw zu ~e führen** (*etw beherzigen*) tomar algo en consideración; (*fam: sich etw gönnen*) obsequiarse con algo

gemütlich **I.** *adj* **1.** (*angenehm*) agradable; (*einladend*) acogedor; (*bequem*) cómodo; **mach's dir ~** ponte cómodo; **in ~em Tempo** a un ritmo agradable **2.** (*gemächlich*) lento, tranquilo **3.** (*Person*) bonachón **II.** *adv* a gusto

Gemütlichkeit *f* <-, *ohne pl*> (*Bequemlichkeit*) comodidad *f,* confort *m;* (*Behaglichkeit*) bienestar *m,* confortabilidad *f;* **in aller ~** a sus anchas; **da hört die ~ aber auf!** (*fam*) ¡hasta ahí podíamos llegar!

Gemütsart *f* <-, -en> carácter *m,* manera *f* de ser; **meine Freundin hat eine ruhige ~** mi amiga tiene una manera de ser tranquila; **Gemütsbewegung** *f* <-, -en> emoción *f,* conmoción *f;* **gemütskrank** *adj* con trastornos mentales; **Gemütskranke(r)** *mf* <-n, -n; -n, -n> enfermo, -a *m, f* psíquico, -a; **Gemütskrankheit** *f* <-, -en> enfermedad *f* psíquica; **Gemütslage** *f* <-, -n> estado *m* de ánimo; **je nach ~** según el estado de ánimo; **Gemütsmensch** *m* <-en, -en> (*fam*) buenazo, -a *m, f,* bonachón, -ona *m, f;* **Gemütsregung** *f* <-, -en> *s.* **Gemütsbewegung;** **Gemütsruhe** *f* <-, *ohne pl*> serenidad *f* de ánimo; **in aller ~** con toda tranquilidad; **Gemütsverfassung** *f* <-, -en>, **Gemütszustand** *m* <-(e)s, -stände> estado *m* de ánimo

gemütvoll *adj* sentimental; **du bist wirklich ein ~er Mensch, wenn du jetzt schon anfängst zu weinen** mira que eres sentimental si te echas ya ahora a llorar

gen [gɛn] *präp +akk* (*alt*) hacia; **sehnsuchtsvoll blickte sie ~ Himmel** miró hacia el cielo con ojos melancólicos

Gen [geːn] *nt* <-s, -e> (BIOL) gen(e) *m;* **mutiertes ~** gen mutado

genannt [gəˈnant] *pp von* **nennen**

genarbt [gəˈnarpt] *adj* granular; **die Aktentasche ist aus ~em Leder** el maletín es de cuero granular

genas [gəˈnaːs] *3. imp von* **genesen**

genau [gəˈnaʊ] **I.** *adj* **1.** (*exakt*) exacto, justo, mero *Mex* **2.** (*sorgfältig*) escrupuloso, esmerado; **er ist sehr ~** es muy escrupuloso **3.** (*ausführlich*) detallado; **ich weiß nichts G~eres darüber** no sé nada más concreto acerca de ello **II.** *adv* (*exakt*) exactamente, precisamente, casualmente *Am;* (*Uhrzeit*) en punto; **~ dasselbe** exactamente lo mismo; **~ das Gegenteil** justo lo contrario; **ihn kenne ich ~** le conozco como si le hubiera parido; **es ist ~ 10 Uhr** son las diez en punto; **so ~ wollte ich es nicht wissen!** ¡tan detalladamente no quería saberlo!; **meine Uhr geht ~** mi reloj va bien [*o* en punto]; **etw ~ nehmen** tomar algo al pie de la letra; **~ genommen** para ser exactos, estrictamente hablando; **~ genommen ist das nicht richtig** en sentido estricto esto no es correcto

genaugenommen *adv s.* **genau II.**

Genauigkeit *f* <-, *ohne pl*> **1.** (*Exaktheit*) exactitud *f,* precisión *f;* (*in der Wiedergabe*) fidelidad *f* **2.** (*Sorgfalt*) esmero *m*

genauso [gəˈnaʊzoː] *adv* de igual modo, de la misma manera; **~ gut** (*mit dem gleichen Ergebnis*) de la misma manera, de manera análoga; (*auch*) igualmente; **~ gut könnte ich behaupten, dass ...** de manera análoga podría afirmar que...; **du hättest ~ gut zu Hause bleiben können** lo mismo hubieses podido quedarte en casa; **~ gut wie** igualmente bien que, igual de bien que; **~ viel wie** tanto como, lo mismo que; **sie verdient ~ viel** ella gana lo mismo; **~ wenig wie** tan poco como; **er verdient ~ wenig** él tampoco gana más; **man kann ~ wenig behaupten, dass ...** tampoco se puede afirmar que... *+subj;* **~ wie** así como, igual que; **genausogut** *adv s.* **genauso;** **genausoviel** *adv s.* **genauso;** **genausowenig** *adv s.* **genauso**

Genbank *f* <-, -en> banco *m* de genes

Gendarm [ʒanˈdarm] *m* <-en, -en> (*Österr*) gendarme *m*

Gendarmerie [ʒandarməˈriː] *f* <-, -n> (*Österr*) gendarmería *f*

Genealoge, -in [geneaˈloːgə] *m, f* <-n, -n; -, -nen> genealogista *mf*

Genealogie *f* <-, *ohne pl*> genealogía *f*

Genealogin *f* <-, -nen> *s.* **Genealoge**

genealogisch *adj* genealógico

genehm [gəˈneːm] *adj* (*geh*) grato, agradable; **ist es (Ihnen) ~, wenn ...?** ¿sería de su agrado si *+subj...*?, ¿le agradaría que *+subj...*?

genehmigen* [gəˈneːmɪgən] *vt* autorizar; (*erlauben*) permitir; (*bewilligen*) conceder; (*Antrag*) aprobar; **sich** *dat* **etw ~** (*fam*) permitirse algo; **sich** *dat* **einen ~** (*fam*) tomarse una copa

Genehmigung *f* <-, -en> autorización *f;* (*Erlaubnis*) permiso *m,* licencia *f;* (*eines Antrags*) aprobación *f*

Genehmigungspflicht *f* <-, *ohne pl*> (ADMIN, JUR): **einer ~ unterliegen** estar sujeto a una licencia legal; **jeder Neubau unterliegt der ~** (**durch die zuständige Baubehörde**) toda obra está sujeta a la licencia de obras (por parte de la autoridad competente); **genehmigungspflichtig** *adj* (ADMIN, JUR) sujeto a autorización; **Genehmigungsverfahren** *nt* <-s, -> procedimiento *m* de autorización; **Genehmigungszertifikat** *nt* <-(e)s, -e> certificado *m* de autorización

geneigt [gəˈnaɪkt] *adj:* **zu etw** *dat* **~ sein** estar dispuesto a hacer algo

Geneigtheit *f* <-, *ohne pl*> (*geh*) **1.** (*Wohlwollen*) afecto *m,* simpatía *f;* **dass er sich so intensiv für deine Belange eingesetzt hat, zeigt seine ~** (**dir gegenüber**) haber defendido tus intereses con tanta vehemencia es una muestra de la simpatía que él siente por ti **2.** (*Bereitwilligkeit*) predisposición *f,* inclinación *f;* **mit einem kleinen Trinkgeld wächst seine ~, mal ein Auge zuzudrücken** a cambio de una pequeña propina está más predispuesto a hacer la vista gorda

Genera *pl von* **Genus**

General(in) [genəˈraːl] *m(f)* <-s, -e *o* -räle; -, -nen> general *mf*

Generalamnestie *f* <-, -n> (JUR) amnistía *f* general; **Generalbevollmächtigte(r)** *mf* <-n, -n; -n, -n> (JUR, WIRTSCH) apoderado, -a *m, f* general; (POL) plenipotenciario, -a *m, f;* **Generalbundesanwalt, -anwältin** *m, f* <-(e)s, -wälte; -, -nen> fiscal *mf* general federal; **Generaldirektor(in)** *m(f)* <-s, -en; -, -nen> director(a) *m(f)* general

Generalin *f* <-, -nen> *s.* **General**

Generalinspekteur(in) *m(f)* <-s, -e; -, -nen> (MIL) inspector(a) *m(f)* general del Ejército alemán (*militar de más alto rango en el Ejército alemán por debajo solamente del Ministro de Defensa*); **Generalintendant(in)** *m(f)* <-en, -en; -, -nen> (THEAT) director(a) *m(f)* artístico, -a

generalisieren* *vt* (*geh*) generalizar; **dieser Fall darf nicht generalisiert werden** este caso no se puede generalizar

Generalist(in) *m(f)* <-en, -en; -, -nen> generalista *mf;* **kulturwissenschaftliche Studien bilden zum ~en aus** las carreras de letras forman generalistas

Generalität *f* <-, -en> (MIL) generalato *m*

Generalkonsul(in) *m(f)* <-s, -n; -, -nen> cónsul *mf* general; **Generalkonsulat** *nt* <-(e)s, -e> (POL) consulado *m* general

Generalleutnant *m* <-s, -s> (MIL) teniente *m* general; **Generalmajor** *m* <-s, -e> (MIL) teniente *m* general

Generalprobe *f* <-, -n> (THEAT) ensayo *m* general; **generalrevidieren*** *vt* (*Schweiz*) *s.* **generalüberholen;** **Generalsekretär(in)** *m(f)* <-s, -e; -, -nen> (POL) secretario, -a *m, f* general; **Generalstaatsanwalt, -anwältin** *m, f* <-(e)s, -wälte; -, -nen> (JUR) fiscal *mf* general; **Generalstab** *m* <-(e)s, -stäbe> (MIL) Estado *m* Mayor

Generalstabskarte *f* <-, -n> mapa *m* oficial en el antiguo Reich alemán (*con una escala de 1:100.000*)

generalstabsmäßig *adv* de forma detallada y perfeccionista; **das Fest war ~ vorbereitet** la fiesta estaba organizada hasta el mínimo detalle

Generalstreik *m* <-(e)s, -s> huelga *f* general; **generalüberholen*** *vt* (TECH) revisar; **etw ~ lassen** hacer una revisión general de algo; **mein Auto wurde gerade generalüberholt** acabo de hacer una revisión general del coche; **Generalüberholung** *f* <-, -en> (TECH) revisión *f* general; **Generaluntersuchung** *f* <-, -en> (MED) examen *m* general, chequeo *m Am;* **Generalversammlung** *f* <-, -en> asamblea *f* general; **Generalvertreter(in)** *m(f)* <-s, -; -, -nen> (COM) representante *mf* general; **Generalvertretung** *f* <-, -en> (POL, WIRTSCH) representación *f* general; **Generalvollmacht** *f* <-, -en> (JUR) poder *m* general

Generation [genəraˈtsjoːn] *f* <-, -en> generación *f;* **seit ~en** desde hace (varias) generaciones; **Generationenvertrag** *m* <-(e)s, *ohne pl*> contrato *m* generacional

Generationskonflikt *m* <-(e)s, -e> conflicto *m* generacional; **Generationswechsel** *m* <-s, -> (BIOL) generación *f* alternante

Generator [genəˈraːtoːɐ] *m* <-s, -en> **1.** (*zur Stromerzeugung*) generador *m* **2.** (*Gas~*) gasógeno *m*

generell [genəˈrɛl] **I.** *adj* general **II.** *adv* en [*o* por lo] general; **ich habe ~ nichts dagegen einzuwenden, dass ...** en general no tengo nada en contra de que... *+subj*

generieren* *vt* (INFOR: *hervorbringen*) generar

Generikum *nt* <-s, Generika> (PHARM) (medicamento *m*) genérico *m*

generös *adj* (*geh*) generoso

Genese *f* <-, -n> (*a.* MED) génesis *f inv;* **die ~ dieser Viruserkrankung ist noch nicht erforscht** la génesis de esta enfermedad viral no ha sido investigada aún

genesen [gəˈneːzən] <genest, genas, genesen> *vi sein* (*geh*) sanar (*von* de), restablecerse, convalecer

Genesis *f* <-> (REL) Génesis *m*

Genesung *f* <-, -en> (*geh*) restablecimiento *m,* convalecencia *f;* **Genesungsurlaub** *m* <-(e)s, -e> (MIL) permiso *m* por convalecencia

Genetik [geˈneːtɪk] *f* <-, *ohne pl*> (BIOL) genética *f*

Genetiker(in) [geˈneːtikɐ] *m(f)* <-s, -; -, -nen> (BIOL) genético, -a *m, f*

genetisch [geˈneːtɪʃ] *adj* (BIOL) genético; ~

signifikante Dosis dosis genéticamente significativa

Genf [gɛnf] *nt* <-s> Ginebra *f*

Genfer *adj* ginebrino; **der ~ See** el lago Lemán; **die ~ Konvention** la convención de Ginebra

Genforscher(in) *m(f)* <-s, -; -, -nen> genetista *mf;* **Genforschung** *f* <-, *ohne pl*> investigación *f* genética

genial [ge'nja:l] *adj* genial

Genialität *f* <-, *ohne pl*> genialidad *f*

Genick [gə'nɪk] *nt* <-(e)s, -e> nuca *f;* **das bricht ihm das ~** (*fam*) esto le va a matar; **Genickschuss**[RR] *m* <-es, -schüsse> tiro *m* en la nuca; **Genickstarre** *f* <-, *ohne pl*> (MED) tortícolis *f inv*

Genie [ʒe'ni:] *nt* <-s, -s> **1.** (*Person, Fähigkeit*) genio *m;* **ein verkanntes ~** un genio desconocido **2.** (*Schweiz:* MIL) tropa *f* de zapadores

Genien *pl von* **Genius**

genieren* [ʒe'ni:rən] *vr:* **sich ~** sentir vergüenza, avergonzarse, cortarse *fam;* **~ Sie sich nicht** no le dé vergüenza

genießbar *adj* comestible; **etw ist nicht ~** algo no sabe bien

genießen [gə'ni:sən] <genießt, genoss, genossen> *vt* **1.** (*auskosten*) gozar (de), disfrutar (de); **jds Vertrauen ~** gozar de la confianza de alguien **2.** (*zu sich nehmen*) tomar; (*essen*) comer; (*trinken*) beber; (*mit Genuss*) saborear; **das ist mit Vorsicht zu ~** hay que tener cuidado con esto; **er ist heute nicht zu ~** (*fam*) está de un humor de perros hoy **3.** (*Ausbildung, Erziehung*) recibir

Genießer(in) *m(f)* <-s, -; -, -nen> sibarita *mf*

genießerisch *adj* con placer

Geniestreich [ʒe'ni:-] *m* <-(e)s, -e> genialidad *f*

Genietruppe [ʒe'ni:-] *f* <-, -n> (*Schweiz:* MIL) cuerpo *m* de ingenieros del ejército

genital [geni'ta:l] *adj* (MED) genital

Genitalbereich *m* <-(e)s, -e> zona *f* genital, genitales *mpl*

Genitalien [geni'ta:liən] *ntpl* (MED) (órganos *mpl*) genitales *mpl*

Genitiv ['ge:niti:f] *m* <-s, -e> (LING) genitivo *m*

Genius ['ge:niʊs, *pl:* 'ge:niən] *m* <-, Genien> (*geh*) genio *m*

Genmanipulation *f* <-, -en> (BIOL) manipulación *f* de genes, manipulación *f* genética; **Genmutation** *f* <-, -en> (BIOL) mutación *f* de genes

Genom [ge'no:m] *nt* <-s, -e> (BIOL) genoma *m*

genommen [gə'nɔmən] *pp von* **nehmen**

genormt [gə'nɔrmt] *adj* normalizado, estandarizado

genoss[RR] [gə'nɔs], **genoß** *3. imp von* **genießen**

Genosse, -in [gə'nɔsə] *m, f* <-n, -n; -, -nen> compañero, -a *m, f*

genossen [gə'nɔsən] *pp von* **genießen**

Genossenschaft *f* <-, -en> cooperativa *f;* **eingetragene ~** cooperativa registrada

Genossenschaftler(in) *m(f)* <-s, -; -, -nen> cooperativista *mf*

genossenschaftlich *adj* cooperativo; **~ organisiert sein** estar organizado en cooperativas

Genossenschaftsbank *f* <-, -en> banco *m* cooperativo; **Genossenschaftsverband** *m* <-(e)s, -bände> (WIRTSCH) federación *f* de cooperativas

Genossin *f* <-, -nen> *s.* **Genosse**

genötigt *adj:* **~ sein etw zu tun** estar obligado a hacer algo; **sich ~ sehen etw zu tun** verse obligado [*o* forzado] a hacer algo; **angesichts der Flutkatastrophe sah man sich ~ die Anzahl der Helfer im Notstandsgebiet zu erhöhen** en vista de las inundaciones fue necesario incrementar el número de ayudantes en la zona afectada

Genozid [geno'tsi:t] *m o nt* <-(e)s, -e *o* -ien> genocidio *m*

Genre ['ʒã:rə] *nt* <-s, -s> género *m;* **Genrebild** *nt* <-(e)s, -er> (KUNST) pintura *f* de género, obra *f* (pictórica) de género; **Genremalerei** *f* <-, *ohne pl*> pintura *f* de género

Gent [gɛnt] *nt* <-s> Gante *m*

Gentechnik *f* <-, *ohne pl*> (BIOL) ingeniería *f* genética; **Gentechniker(in)** *m(f)* <-s, -; -, -nen> (BIOL) genetista *mf;* **gentechnisch** *adj* (BIOL) tecnogenético; **Gentechnologie** *f* <-, *ohne pl*> (BIOL) ingeniería *f* genética

Gentleman's Agreement ['dʒɛntəlmɛ:ns ə'gri:mənt] *nt* <- -, – -s>, **Gentlemen's Agreement** *nt* <- -, – -s> pacto *m* de caballeros

Gentransfer *m* <-s, -s> (BIOL) transferencia *f* de genes

Genua ['ge:nua] *nt* <-s> Génova *f*

genug [gə'nu:k] *adv* bastante, suficiente; **es ist ~ Platz** hay sitio suficiente; **dazu bin ich alt ~** soy lo suficientemente mayor para esto; **er kann nie ~ kriegen** nunca tiene bastante; **das Beste ist für ihn gerade gut ~** sólo se conforma con lo mejor; **das ist ~ für mich** con esto me basta; **jetzt ist es aber ~!** ¡ya basta!; **ich habe ~ von der ewigen Schufterei** ya estoy harto de tanto curre; **das ist wenig ~** esto es bien poco

Genüge [gə'ny:gə]: **zur ~** bastante; **jdm/einer Aufgabe ~ tun** (*geh*) satisfacer a alguien/cumplir con una tarea

genügen* [gə'ny:gən] *vi* bastar, ser suficiente; **den Anforderungen ~** satisfacer las exigencias

genügend *adj* bastante, suficiente

genügsam *adj* contentadizo, modesto

Genügsamkeit *f* <-, *ohne pl*> (*Bescheidenheit*) modestia *f;* (*Mäßigung*) moderación *f*

Genugtuung [gə'nu:ktu:ʊŋ] *f* <-, -en> satisfacción *f*

Genus ['gɛnʊs, 'ge:nʊs] *nt* <-, Genera> (LING) género *m*

Genuss[1][RR] [gə'nʊs] *m* <-es, *ohne pl*> **1.** (*Konsum*) consumo *m* **2.** (*Nutznießung*) disfrute *m*, usufructo *m*; **in den ~ von etw** *dat* **kommen** (llegar a) disfrutar de algo

Genuss[2][RR] [gə'nʊs, *pl*: gə'nʏsə] *m* <-es, -nüsse> (*Vergnügen*) placer *m*; (*stärker*) goce *m*, deleite *m*; **der Anblick war ein ~ für mich** la vista me deparó un sumo placer

Genuß [gə'nʊs] *m* <-sses, -nüsse> *s.* **Genuss**

genüsslich[RR], **genüßlich** **I.** *adj* gozoso **II.** *adv* con fruición

Genussmensch[RR] *m* <-en, -en> sibarita *m*; **als typischer ~ kostet Micha alle Vergnügungen aus, die sich ihm bieten** como todo sibarita, Micha se apunta a todas las diversiones que se le presentan; **Genussmittel**[RR] *nt* <-s, -> estimulante *m*; **Genussschein**[RR] *m* <-(e)s, -e> (WIRTSCH) bono *m* de disfrute; **Genusssucht**[RR] *f* <-, *ohne pl*> (*a. abw*) hedonismo *m*; **in ihrer ~ vergisst sie alles andere** (sumida) en su hedonismo se olvida de todo lo demás; **genusssüchtig**[RR] *adj* entregado a los placeres; **genussvoll**[RR] *adj* con placer

Geochemie [---'-] *f* <-, *ohne pl*> geoquímica *f*

Geodäsie [geodɛ'zi:] *f* <-, *ohne pl*> geodesia *f*

Geodreieck® ['ge:o-] *nt* <-(e)s, -e> escuadra *f*

Geodynamik [geody'na:mɪk] *f* <-, *ohne pl*> (GEO) geodinámica *f*

Geograf(in)[RR] *m(f)* <-en, -en; -, -nen> *s.* **Geograph**

Geografie[RR] *f* <-, *ohne pl*> *s.* **Geographie**

Geografin[RR] *f* <-, -nen> *s.* **Geograf**

geografisch[RR] *adj s.* **geographisch**

Geograph(in) [geo'gra:f] *m(f)* <-en, -en; -, -nen> geógrafo, -a *m, f*

Geographie [geogra'fi:] *f* <-, *ohne pl*> geografía *f*

Geographin *f* <-, -nen> *s.* **Geograph**

geographisch *adj* geográfico

Geologe, -in [geo'lo:gə] *m, f* <-n, -n; -, -nen> geólogo, -a *m, f*

Geologie [geolo'gi:] *f* <-, *ohne pl*> geología *f*

Geologin *f* <-, -nen> *s.* **Geologe**

geologisch *adj* geológico

geomagnetisch [---'--] *adj* geomagnético

Geometrie [geome'tri:] *f* <-, *ohne pl*> geometría *f*

geometrisch [geo'me:trɪʃ] *adj* geométrico

Geomorphologie *f* <-, *ohne pl*> (GEO) geomorfología *f*

Geoökologie *f* <-, *ohne pl*> (GEO) geoecología *f*

Geophon [geo'fo:n] *nt* <-s, -e> geófono *m*

Geophysik *f* <-, *ohne pl*> (PHYS) geofísica *f*

Geopolitik *f* <-, *ohne pl*> geopolítica *f*

geopolitisch *adj* geopolítico

Georgien [ge'ɔrgiən] *nt* <-s> Georgia *f*

Georgier(in) *m(f)* <-s, -; -, -nen> georgiano, -a *m, f*

georgisch *adj* georgiano

Geosphäre [--'--] *f* <-, *ohne pl*> geosfera *f*

Geothermik *f* <-, *ohne pl*> (GEO) geotermia *f*

geothermisch *adj* (GEO) geotérmico

Geowissenschaften ['ge:o-] *fpl* geociencias *fpl*

geozentrisch *adj* (ASTR) geocéntrico

Gepäck [gə'pɛk] *nt* <-(e)s, *ohne pl*> equipaje *m*, bultos *mpl fam*; **sein ~ aufgeben** facturar su equipaje; **diplomatisches ~** valija diplomática

Gepäckabfertigung[1] *f* <-, -en> (*Schalter*) taquilla *f* de facturación

Gepäckabfertigung[2] *f* <-, *ohne pl*> (*das Abfertigen*) facturación *f* de equipajes

Gepäckablage *f* <-, -n> portaequipaje(s) *m* (*inv*)

Gepäckannahme[1] *f* <-, -n> (*Schalter*) depósito *m* de equipajes

Gepäckannahme[2] *f* <-, *ohne pl*> (*das Annehmen*) recepción *f* de equipajes

Gepäckaufbewahrung *f* <-, -en> consigna *f*; **Gepäckaufbewahrungsschein** *m* <-(e)s, -e> resguardo *m* de la consigna

Gepäckaufgabe[1] *f* <-, -n> (*Schalter*) mostrador *m* de facturación

Gepäckaufgabe[2] *f* <-, *ohne pl*> (*das Aufgeben*) facturación *f*

Gepäckaufkleber *m* <-s, -> etiqueta *f* para equipaje; **Gepäckausgabe** *f* <-, -n> entrega *f* de equipajes; **Gepäckkarren** *m* <-s, -> carr(it)o *m* (para el equipaje); **Gepäckkontrolle** *f* <-, -n> control *m* de equipajes; **Gepäcknetz** *nt* <-es, -e> rejilla *f* portaequipajes; **Gepäckschein** *m* <-(e)s, -e> resguardo *m* de consigna [*o* de equipaje]; **Gepäckschließfach** *nt* <-(e)s, -fächer> consigna *f* automática; **Gepäckständer** *m* <-s, -> portaequipaje(s) *m* (*inv*); **Gepäckstück** *nt* <-(e)s, -e> bulto *m*

Gepäckträger[1] *m* <-s, -> (*am Fahrrad*) portaequipajes *m inv*, portapaquetes *m inv*

Gepäckträger(in)[2] *m(f)* <-s, -; -, -nen> (*Person*) mozo, -a *m, f* de equipajes

Gepäckwagen *m* <-s, -> **1.** (*im Bahnhof*) carrito *m* portaequipajes **2.** (*des Zuges*) furgón *m* de equipajes

Gepard ['ge:part] *m* <-s, -e> (ZOOL) guepardo *m*

gepfeffert [gə'pfɛfɐt] *adj* (*fam*) **1.** (*Preise*) exorbitante, desmesurado **2.** (*Kritik*) duro; (*Strafe*) severo **3.** (*schwierig*) duro, difícil

gepfiffen [gə'pfɪfən] *pp von* **pfeifen**

gepflegt [gə'pfle:kt] *adj* cuidado; (*Restaurant, Kleidung*) elegante; (*Atmosphäre*) cuidado, sofisticado; (*Ausdrucksweise*) culto; **~ essen gehen** ir a comer a un restaurante de lujo

Gepflegtheit *f* <-, *ohne pl*> (*Mensch*) compostura *f,* refinamiento *m;* (*Garten, Haus*) cuidado *m*

Gepflogenheit [gə'pflo:gənhaɪt] *f* <-, -en> (*geh*) costumbre *f*

Geplänkel [gə'plɛŋkəl] *nt* <-s, -> escaramuza *f*

Geplapper [gə'plapɐ] *nt* <-s, *ohne pl*> (*fam*) cháchara *f,* palabrería *f*

Geplärre *nt* <-s, *ohne pl*> (*fam: abw*) **1.** (*Weinen, Klagen*) lloriqueo *m,* gimoteo *m;* **hör endlich mit dem ~ auf!** ¡deja de lloriquear de una vez! **2.** (*Geschrei*) berridos *mpl* **3.** (*eines Radios*) pitido *m*

Geplätscher [gə'plɛtʃɐ] *nt* <-s, *ohne pl*> (*des Wassers*) murmullo *m*

Geplauder [gə'plaʊdɐ] *nt* <-s, *ohne pl*> charla *f,* conversación *f;* **bei angenehmem ~ vergeht die Zeit wie im Fluge** cuando la conversación es agradable el tiempo se pasa volando

Gepolter [ge'pɔltɐ] *nt* <-s, *ohne pl*> estrépito *m,* estruendo *m*

Gepräge [gə'prɛ:gə] *nt* <-s, *ohne pl*> (*geh*) carácter *m,* colorido *m;* **die Universitätsstadt hat durch die vielen Studenten ein ganz besonderes ~** el gran número de estudiantes le confiere a la ciudad universitaria un carácter muy particular

gepriesen [gə'pri:zən] *pp von* **preisen**

gepunktet [gə'pʊŋktət] *adj* (*Linie*) de puntos; (*Muster*) con puntos

gequält [gə'kvɛ:lt] *adj* (*Lächeln*) forzado

Gequassel *nt* <-s, *ohne pl*> (*fam abw*) habladurías *fpl*

Gequatsche [gə'kvatʃə] *nt* <-s, *ohne pl*> (*fam abw*) cháchara *f,* palique *m;* **wegen eures ~s habe ich von dem Vortrag kein Wort mitbekommen** como os habéis pasado el tiempo de palique no me he enterado ni de una palabra de la conferencia

gequollen [gə'kvɔlən] *pp von* **quellen**

gerade [gə'ra:də] **I.** *adj* **1.** (*geradlinig, nicht krumm*) recto; (*aufrecht*) derecho; **~ biegen** (*verbogenes Teil*) enderezar, poner recto; **~ halten** (*senkrecht halten: Pfahl*) mantener recto [*o* en vertical]; (*Kopf, Oberkörper*) poner derecho; (*waagerecht halten*) mantener derecho; **sich ~ halten** mantener el equilibrio; **~ sitzen** sentarse con la espalda recta [*o* derecha]; **sitz ~!** ¡siéntate derecho!; **~ stehen** estar [*o* tenerse] derecho **2.** (*Charakter*) sincero, franco **3.** (MATH) par; **die ~n Zahlen** los números pares **II.** *adv* **1.** (*soeben*) ahora mismo, recién *Am;* **er ist ~ eben gekommen** acaba de llegar; **sie duscht ~** se está duchando; **wo Sie ~ da sind ...** ya que está Ud. aquí... **2.** (*knapp*) justo; **er kam ~ noch rechtzeitig** llegó justo a tiempo; **das hat mir ~ noch gefehlt!** ¡lo que me faltaba! **3.** (*ausgerechnet, genau*) precisamente; **~ deshalb rufe ich Sie an** precisamente por eso le llamo; **das ist es ja ~!** ¡eso es precisamente!; **~ du solltest das verstehen** precisamente tú deberías entenderlo; **er ist nicht ~ eine Schönheit** (*fam*) no es precisamente una belleza; **warum ~ ich?** ¿por qué precisamente yo?

Gerade [gə'ra:də] *f* <-n, -n> **1.** (MATH) (línea *f*) recta *f* **2.** (SPORT) recta *f* **3.** (*Boxen*) directo *m;* **eine rechte/linke ~** un directo con la derecha/con la izquierda

geradeaus [---'-] *adv* seguido, recto, derecho; **immer ~** todo seguido [*o* recto] [*o* derecho]

gerade|biegen[1] *irr vt* (*fam: in Ordnung bringen*) arreglar

gerade|biegen[2] *irr vt* (*verbogenes Teil*) *s.* **gerade I.1.**

gerade|halten *irr vt, vr:* **sich ~** *s.* **gerade I.1.**

geradeheraus [-'---'-] *adv* (*fam*) abiertamente, francamente

gerädert [gə'rɛ:dɐt] *adj* (*fam*) hecho polvo; **wie ~ sein** estar hecho polvo

gerade|sitzen *irr vi s.* **gerade I.1.**

gerade|stehen[1] *irr vi:* **für etw ~** responder de algo

gerade|stehen[2] *irr vi s.* **gerade I.1.**

geradewegs [-'---] *adv* directamente, sin rodeos

geradezu [-'---] *adv* verdaderamente, realmente; **das ist ~ lächerlich** es realmente ridículo

Geradheit *f* <-, *ohne pl*> sinceridad *f,* franqueza *f*

geradlinig [gə'ra:tli:nɪç] *adj* (*Straße*) recto; (*Abstammung*) directo; (*Charakter*) sincero, franco

Geradlinigkeit *f* <-, *ohne pl*> (*a. fig*) rectitud *f;* (*Charakter*) sinceridad *f*

gerammelt [gə'raməlt] *adv* (*fam*): **~ voll** atestado, hasta los topes

Gerangel *nt* <-s, *ohne pl*> (*fam*) **1.** (*Balgerei*) peleas *fpl* (*um* por) **2.** (*fig: Kampf*) forcejeo *m* (*um* por) **3.** (*abw: Diskussion*) tira y afloja *m* (*um* por)

Geranie [ge'ra:niə] *f* <-, -n> (BOT) geranio *m*

gerann [gə'ran] *3. imp von* **gerinnen**

gerannt [gə'rant] *pp von* **rennen**

Gerant(in) [ʒe'rant] *m(f)* <-en, -en; -, -nen> (*Schweiz*) gerente *mf*

Gerassel [gə'rasəl] *nt* <-s, *ohne pl*> (*fam: Ketten*) ruido *m* de cadenas; (*Schlüsselbund*) tintineo *m;* **mit lautem ~ bewegte er die schweren Ketten** movía las pesadas cadenas estrepitosamente

Gerät[1] [gə'rɛ:t] *nt* <-(e)s, -e> **1.** (*allgemein*) utensilio *m,* implemento *m Am* **2.** (TECH: *Apparat*) aparato *m;* (*Instrument*) instrumento *m* **3.** (SPORT) aparato *m* de gimnasia

Gerät[2] *nt* <-(e)s, *ohne pl*> útiles *mpl,* utillaje *m;* (*Ausrüstung*) equipo *m*

Gerätekonfiguration *f* <-, -en> (INFOR) configuración *f* de dispositivos

geraten[1] [gə'ra:tən] *pp von* **geraten, raten**

geraten[2] *irr vi sein* **1.** (*gelangen*) llegar (*nach* a), ir a parar (*nach* a); **in Verlegenheit** ~ sentir vergüenza; **in Brand** ~ incendiarse; **in Schwierigkeiten** ~ caer en una situación difícil; **unter ein Auto** ~ ser atropellado por un coche; **er ist an den Falschen** ~ dio con alguien que no era; **in Gefangenschaft** ~ caer preso; **wir sind in ein Gewitter** ~ nos sorprendió una tormenta; **das ist längst in Vergessenheit** ~ hace tiempo que esto cayó en el olvido; **in Wut** ~ enfurecerse; **in Not** ~ verse en apuros; **ins Stocken** ~ (*beim Sprechen*) perder el hilo; (*Verkehr*) quedarse parado; **außer sich** *dat/akk* ~ salirse de sus casillas **2.** (*gelingen*) salir; **gut/schlecht** ~ salir bien/mal; **das ist etwas lang/kurz** ~ eso ha quedado algo largo/corto; **nach jdm** ~ salir a alguien

Geräteraum *m* <-(e)s, -räume> (SPORT) sala *f* de material de gimnasia

Geräteschuppen *m* <-s, -> cobertizo *m*

Geräteturnen *nt* <-s, *ohne pl*> gimnasia *f* por aparatos

Geratewohl [gəˈraːtəvoːl, ---ˈ-] *nt* (*fam*): **aufs** ~ al azar, a la buena de Dios, a destajo *Arg, Chil*

Gerätschaften *fpl* aperos *mpl*

Geratter [gəˈratɐ] *nt* <-s, *ohne pl*> (*fam abw: Güterwaggon*) traqueteo *m,* triquitraque *m;* (*Moped*) matraqueo *m,* ruido *m* ensordecedor

Geräucherte(s) [gəˈrɔɪçɐtə] *nt* <-n, *ohne pl*> (GASTR) carne *f* ahumada; **es gab Erbseneintopf mit ~m** había puchero de guisantes con carne ahumada

geraum [gəˈraʊm] *adj* (*geh*): **seit ~er Zeit** desde hace algún tiempo; **es dauerte eine ~e Zeit** duró algún tiempo

geräumig [gəˈrɔɪmɪç] *adj* espacioso, amplio

Geräumigkeit *f* <-, *ohne pl*> (*Haus, Wohnung*) amplitud *f,* espaciosidad *f;* (*Schrank*) capacidad *f;* **sie staunten über die** ~ **ihres Hotelzimmers** se maravillaron por lo espaciosa que era su habitación del hotel

Geräusch [gəˈrɔɪʃ] *nt* <-(e)s, -e> ruido *m;* **geräuscharm** *adj* de poco ruido; **geräuschdämmend** *adj* (TECH) insonorizante; **geräuschempfindlich** *adj* sensible al ruido; **Geräuschkulisse** *f* <-, -n> ruido *m* ambiente; **geräuschlos** *adj* sin ruido, silencioso; **Geräuschminderung** *f* <-, -en> disminución *f* del ruido; **Geräuschpegel** *m* <-s, -> nivel *m* de ruido; **geräuschvoll** **I.** *adj* ruidoso, alborotado **II.** *adv* con mucho ruido

Geräusper [gəˈrɔɪspɐ] *nt* <-s, *ohne pl*> carraspeo *m,* carraspera *f;* **mit lautstarkem** ~ **machte er auf sich aufmerksam** para llamar la atención carraspeó con fuerza

gerben [ˈgɛrbən] *vt* curtir, curar

Gerber(in) *m(f)* <-s, -; -, -nen> curtidor(a) *m(f)*

Gerberei *f* <-, -en> curtiduría *f,* tenería *f,* curtiembre *f Am*

Gerberin *f* <-, -en> *s.* **Gerber**

Gerbsäure *f* <-, -n> tanino *m,* ácido *m* tánico

gerecht [gəˈrɛçt] *adj* **1.** (*Person, Urteil*) justo; (*Strafe*) merecido **2.** (*berechtigt*) justificado, fundado; **jdm/etw** *dat* ~ **werden** valorar debidamente a alguien/corresponder a algo; **er wurde den hohen Erwartungen nicht** ~ no estuvo a la altura de las expectativas

gerechterweise [-ˈ--ˈ--] *adv* para ser justos, en justicia

gerechtfertigt *adj* justificado

Gerechtigkeit *f* <-, *ohne pl*> justicia *f;* **jdm** ~ **widerfahren lassen** hacer justicia a alguien; **... und die** ~ **nimmt ihren Lauf ...** y la justicia se impone; **das ist ausgleichende** ~ esto hace justicia (a una injusticia anterior); **Gerechtigkeitsgefühl** *nt* <-(e)s, *ohne pl*> sentido *m* de la justicia; **dieses Urteil widerstrebt meinem** ~ esta sentencia atenta contra mi sentido de la justicia; **Gerechtigkeitsliebe** *f* <-, *ohne pl*> amor *m* a la justicia; **gerechtigkeitsliebend** *adj* con sentido de la justicia; **als ~er Mensch kann ich diese ungerechte Behandlung einfach nicht hinnehmen** mi sentido de la justicia me impide aceptar este trato injusto; **Gerechtigkeitssinn** *m* <-(e)s, *ohne pl*> sentido *m* de la justicia

Gerede [gəˈreːdə] *nt* <-s, *ohne pl*> **1.** (*Geschwätz*) perorata *f,* pelambre *m Am* **2.** (*Klatsch*) habladurías *fpl;* **ins** ~ **kommen** andar en lenguas; **jdn ins** ~ **bringen** hablar mal de alguien

geregelt *adj* **1.** (*geordnet: Mahlzeiten*) regular; (*Leben*) ordenado; **sich an ~e Arbeitszeiten gewöhnen** acostumbrarse a un horario laboral fijo **2.** (*Wend*): **~er Katalysator** (AUTO) catalizador *m* asistido por ordenador

gereichen* *vi* (*geh*): **jdm zur Ehre** ~ ser un honor para alguien; **jdm zum Nutzen/zum Nachteil** ~ ser provechoso/perjudicial para alguien

gereizt [gəˈraɪtst] *adj* irritado; (*nervös*) nervioso

Gereiztheit *f* <-, *ohne pl*> irritabilidad *f,* susceptibilidad *f*

Geriater(in) *m(f)* <-s, -; -, -nen> (MED) geriatra *mf*

Geriatrie [geriaˈtriː] *f* <-, *ohne pl*> (MED) geriatría *f*

geriatrisch *adj* (MED) geriátrico; **eine intensive ~e Behandlung** un tratamiento geriátrico intensivo

Gericht [gəˈrɪçt] *nt* <-(e)s, -e> **1.** (*Speise*) comida *f,* plato *m* **2.** (*Institution*) tribunal *m* (de justicia), juzgado *m;* ~ **erster/letzter Instanz** juzgado de primera/última instancia; **vor** ~ **gehen** presentarse a juicio; **jdn vor** ~ **stellen** llevar a alguien a juicio; **jdn/einen Fall vor** ~ **bringen** llevar a alguien/un caso a los tribunales; **jdn vor** ~ **verteidigen** defender a alguien en juicio, adosar a alguien *Am;*

G

wegen etw vor ~ kommen/stehen ir a/comparecer en juicio por algo; **Hohes ~** Tribunal Supremo; **das Jüngste ~** (REL) el Juicio Final; **über jdn zu ~ sitzen** (*geh*) juzgar a alguien; **mit jdm ins ~ gehen** (*fig*) criticar a alguien **3.** (*Gebäude*) palacio *m* de justicia, juzgado *m*

gerichtlich *adj* judicial, forense; **etw ~ anordnen** decretar algo judicialmente; **gegen jdn ~ vorgehen** presentar demanda judicial contra alguien; **auf ~em Wege** por vía judicial; **jdn ~ verfolgen** iniciar un pleito contra alguien

Gerichtsakte *f* <-, -n> expediente *m* judicial; **Gerichtsarzt, -ärztin** *m, f* <-es, -ärzte; -, -nen> médico, -a *m, f* forense

Gerichtsbarkeit *f* <-, *ohne pl*> (JUR) jurisdicción *f*

Gerichtsbeamte(r) *mf* <-n, -n; -n, -n>, **-beamtin** *f* <-, -nen> oficial *mf* de justicia; **Gerichtsbeschluss**[RR] *m* <-es, -schlüsse> sentencia *f*, resolución *f* judicial; **Gerichtsbezirk** *m* <-(e)s, -e> jurisdicción *f*, distrito *m* jurisdiccional; **Gerichtsdiener(in)** *m(f)* <-s, -; -, -nen> ujier *m*

Gerichtsentscheid *m* <-(e)s, -e>, **Gerichtsentscheidung** *f* <-, -en> resolución *f* judicial; **Gerichtsferien** *pl* vacaciones *fpl* judiciales; **Gerichtshof** *m* <-(e)s, -höfe> tribunal *m* de justicia, corte *f Am;* **der Europäische ~** el Tribunal de Justicia Europeo; **der Internationale ~** el Tribunal Internacional de Justicia; **der Oberste ~** el Tribunal Supremo; **Gerichtskosten** *pl* gastos *mpl* judiciales; **Gerichtsmedizin** *f* <-, *ohne pl*> medicina *f* forense [*o* legal]; **Gerichtsmediziner(in)** *m(f)* <-s, -; -, -nen> médico, -a *m, f* forense; **gerichtsmedizinisch I.** *adj* forense; **der ~e Befund ergab, dass die Leiche vergiftet worden war** el examen del médico forense constató que la muerte se había producido por envenenamiento **II.** *adv* por un médico forense; **die Leiche wurde ~ untersucht** el cadáver fue examinado por un médico forense; **Gerichtsort** *m* <-(e)s, -e> lugar *m* de jurisdicción; **Gerichtssaal** *m* <-(e)s, -säle> sala *f* de audiencia; **Gerichtsschreiber(in)** *m(f)* <-s, -; -, -nen> (*Schweiz*) escribano, -a *m, f;* **Gerichtssitzung** *f* <-, -en> audiencia *f;* **Gerichtsstand** *m* <-(e)s, -stände> (JUR) jurisdicción *f;* **~ ist B.** el lugar de jurisdicción será B.; **Gerichtstermin** *m* <-s, -e> fecha *f* de la vista, día *m* de la vista; **der ~ wurde von dem zuständigen Richter festgesetzt** la fecha de la vista fue determinada por el juez competente; **Gerichtsurteil** *nt* <-s, -e> sentencia *f* judicial; **Gerichtsverfahren** *nt* <-s, -> pleito *m* judicial, juicio *m;* **ordentliches ~** juicio ordinario [*o* plenario]; **gegen jdn ein ~ einleiten** abrir un pleito contra alguien; **Gerichtsverhandlung** *f* <-, -en> juicio *m*, vista *f;* **Gerichtsvollzieher(in)** *m(f)* <-s, -; -, -nen> agente *mf* ejecutivo, -a; **Gerichtswesen** *nt* <-s, *ohne pl*> justicia *f*

gerieben [gə'ri:bən] *pp von* **reiben**

gering [gə'rɪŋ] *adj* **1.** (*klein*) pequeño; (*wenig*) poco; (*knapp*) escaso; (*beschränkt*) limitado; (*Preis, Temperatur*) bajo; (*Entfernung*) corto; **Material von ~er Qualität** material de baja calidad; **etw/jdn ~ achten** [*o* **schätzen**] menospreciar algo/a alguien; (*verachten*) despreciar algo/a alguien **2.** (*unbedeutend*) insignificante, mínimo; **die ~ste Kleinigkeit regt ihn auf** la pequeñez más nimia le enfada; **das stört mich nicht im G~sten** no me molesta lo más mínimo; **kein G~erer als ...** nada menos que...

gering|achten *vt s.* **gering 1.**

geringelt *adj* (*Socken*) con rayas horizontales; (*Schlange*) enroscado; (*Schwänzchen*) en espiral, enroscado

geringfügig [gə'rɪŋfy:gɪç] **I.** *adj* mínimo, insignificante, nimio **II.** *adv* ligeramente

Geringfügigkeit *f* <-, -en> nimiedad *m;* **das Verfahren wird wegen ~ eingestellt** (JUR) el procedimiento se sobresee por falta de motivo

gering|schätzen *vt s.* **gering 1.**

geringschätzig *adj* despectivo, desdeñoso

Geringschätzung *f* <-, *ohne pl*> desprecio *m*, menosprecio *m*

geringwertig *adj* de poco valor

gerinnen [gə'rɪnən] <gerinnt, gerann, geronnen> *vi sein* (*Milch*) cuajar(se); (*Blut*) coagular(se)

Gerinnsel [gə'rɪnzəl] *nt* <-s, -> coágulo *m* (de sangre)

Gerinnung *f* <-, -en> coagulación *f;* **Gerinnungsmittel** *nt* <-s, -> (MED) coagulante *m*

Gerippe [gə'rɪpə] *nt* <-s, -> **1.** (*Skelett*) esqueleto *m* **2.** (*von Schiff*) cuadernas *fpl*, armazón *m o f;* (*von Flugzeug*) costilla *f* **3.** (*Aufsatz*) estructura *f*

gerippt *adj* **1.** (*a.* ARCHIT) acanalado, estriado; **ein ~er Pulli** un jersey de canalé **2.** (BOT) nervado

gerissen [gə'rɪsən] **I.** *pp von* **reißen II.** *adj* (*fam: schlau*) astuto, taimado, gaucho *CSur*, jaiba *Ant, Mex*

Gerissenheit *f* <-, *ohne pl*> astucia *f*, zorrería *f*

geritten [gə'rɪtən] *pp von* **reiten**

Germ [gɛrm] *m* <-(e)s, -e> (*Österr, südd*) levadura *f*

Germane, -in [gɛr'ma:nə] *m, f* <-n, -n; -, -nen> germano, -a *m, f*

Germania *f* <-> (MYTH) Germania *f*

Germanien [gɛr'ma:niən] *nt* <-s> (HIST) Germania *f*

Germanin *f* <-, -nen> *s.* **Germane**

germanisch *adj* (HIST, LING) germánico

Germanist(in) [gɛrma'nɪst] *m(f)* <-en, -en; -, -nen> germanista *mf*

Germanistik [gɛrma'nɪstɪk] *f* <-, *ohne pl*> Germánicas *fpl*, filología *f* germánica [*o* alemana]

Germanistin *f* <-, -nen> *s.* **Germanist**

germanistisch *adj* de germánicas, de filología germánica; **das ~e Studium hat sie mit der Promotion abgeschlossen** ha concluido sus estudios de Germánicas realizando el doctorado

Germanium *nt* <-s, *ohne pl*> (CHEM) germanio *m*

gern(e) ['gɛrn(ə)] <lieber, am liebsten> *adv* con (mucho) gusto; **sehr ~!** ¡con mucho gusto!; **ich möchte zu ~ wissen, ob ...** me gustaría muchísimo saber si...; **sie liest ~** le gusta leer; **er hat es ~, wenn ...** le gusta que... +*subj;* **ein ~ gesehener Gast** un invitado bienvenido; **du bist hier immer ein ~ gesehener Gast** en esta casa siempre eres bienvenido; **das wird hier nicht ~ gesehen** esto no se ve con buenos ojos aquí; **kommst du mit? – ja, ~** ¿te vienes? – sí, con mucho gusto; **~ geschehen!** ¡no hay de qué!; **das glaube ich ~** sí que me lo creo; **du kannst ~ mitkommen** puedes venir si te apetece; **ich hätte ~ den Chef gesprochen** quisiera hablar con el jefe; **ich hätte ~ ein Pfund Spinat** quisiera medio kilo de espinacas; **dieses Modell wird sehr ~ genommen** este modelo tiene muy buena aceptación; **du kannst mich mal ~ haben** (*fam*) no te quiero ver ni en pintura

Gernegroß ['---] *m* <-, -e> (*fam abw*) fanfarrón, -ona *m, f,* farolero, -a *m, f*

gerngesehen *adj s.* **gern**

Geröchel [gə'rœçəl] *nt* <-s, *ohne pl*> estertor *m elev*

gerochen [gə'rɔxən] *pp von* **riechen**

Geröll [gə'rœl] *nt* <-(e)s, -e> grava *f,* gravilla *f;* (*Rollsteine*) cantos *mpl* rodados; (*Kiesel*) guijarros *mpl;* (*Reste*) rocalla *f*

geronnen [gə'rɔnən] *pp von* **gerinnen, rinnen**

Gerontologe, -in *m, f* <-n, -n; -, -nen> (MED) gerontólogo, -a *m, f*

Gerontologie [gerɔntolo'gi:] *f* <-, *ohne pl*> (MED) gerontología *f*

Gerontologin *f* <-, -nen> *s.* **Gerontologe**

Gerste ['gɛrstə] *f* <-, -n> cebada *f;* **Gerstenkorn** *nt* <-(e)s, -körner> **1.** (BOT) grano *m* de cebada **2.** (MED) orzuelo *m;* **Gerstensaft** *m* <-(e)s, *ohne pl*> (*fam: Bier*) cerveza *f*

Gerte ['gɛrtə] *f* <-, -n> (*Stock*) vara *f;* (*Peitsche*) fusta *f;* **gertenschlank** *adj* **1.** (*gertig*) cimbreño **2.** (*sehr schlank*) delgadísimo; (*abw*) escuálido; (*Mädchen*) escurrido; (*dürr*) enjuto, seco de carnes

Geruch[1] [gə'rʊx, *pl:* gə'rʏçə] *m* <-(e)s, Gerüche> (*Sinneseindruck*) olor *m* (*nach* a)

Geruch[2] *m* <-(e)s, *ohne pl*> (*~ssinn*) olfato *m*

geruchlos *adj* sin olor, inodoro

Geruchsbekämpfung *f* <-, -en> control *m* de los malos olores; **Geruchsbelästigung** *f* <-, -en> molestia *f* por malos olores

Geruchsempfindung[1] *f* <-, -en> (*Wahrnehmung*) olfato *m*

Geruchsempfindung[2] *f* <-, *ohne pl*> (*Geruchssinn*) (sentido *m* del) olfato *m*

Geruchsnerv *m* <-s, -en> nervio *m* olfativo [*o* olfatorio]; **Geruchsorgan** *nt* <-(e)s, -e> órgano *m* olfativo; **Geruchssinn** *m* <-(e)s, *ohne pl*> olfato *m;* **Geruchsverschluss**[RR] *m* <-es, -schlüsse> (TECH) sifón *m* (inodoro)

Gerücht [gə'rʏçt] *nt* <-(e)s, -e> rumor *m,* boquilla *f Ecua;* **es geht das ~, dass ...** circula el rumor de que..., corre la voz de que...; **das halte ich für ein ~** para mí, esto son rumores; **ein ~ in die Welt setzen** difundir un rumor, correr la voz; **Gerüchteküche** *f* <-, -n> fábrica *f* de rumores

gerufen [gə'ru:fən] *pp von* **rufen**

geruhen* [gə'ru:ən] *vi* (*geh, alt*): **~ etw zu tun** dignarse a hacer algo; **würdest du jetzt mal endlich ~ aufzustehen!** (*iron*) ¡te dignarías a levantarte de una vez!

geruhsam [gə'ru:za:m] *adj* sosegado, tranquilo

Gerümpel [gə'rʏmpəl] *nt* <-s, *ohne pl*> (*abw*) trastos *mpl,* cachivaches *mpl,* traste *m Am*

Gerundium [ge'rʊndiʊm, *pl:* ge'rʊndiən] *nt* <-s, Gerundien> (LING) gerundio *m*

Gerundiv *nt* <-s, -e> (LING) gerundivo *m*

Gerundivum [gerʊn'di:vʊm, *pl:* gerʊn'di:va] *nt* <-s, Gerundiva> (LING) gerundivo *m*

gerungen [gə'rʊŋən] *pp von* **ringen**

Gerüst [gə'rʏst] *nt* <-(e)s, -e> **1.** (*Bau~*) andamio *m,* armazón *m o f* **2.** (*Aufbau*) estructura *f;* **Gerüstbau** *m* <-(e)s, *ohne pl*> montaje *m* de andamios; **„August Schlüter KG, ~"** "August Schlüter KG, constructor de andamios"; **Gerüstbauer(in)** *m(f)* <-s, -; -, -nen> constructor(a) *m(f)* de andamios

Gerüstbaufirma *f* <-, -firmen> (empresa *f*) constructora *f* de andamios

gerüttelt *adj:* **~ voll** (*alt*) lleno a rebosar, atestado

Ges [gɛs] *nt* <-, -> (MUS) sol *m* bemol

gesalzen [gə'zaltsən] **I.** *pp von* **salzen II.** *adj* (*fam*) **1.** (*mit Salz*) salado **2.** (*Preis*) alto, exorbitante **3.** (*Brief*) duro

gesammelt *adj* **1.** (*komplett*) completo **2.** (*konzentriert*) concentrado; **mit ~er Aufmerksamkeit verfolgte er das Autorennen** toda su atención se centraba en la carrera de coches; **diese Aufgabe wird unsere ~e Kraft erfordern** para realizar esta tarea tendremos que utilizar toda nuestra energía

gesamt [gə'zamt] *adj* todo; (*völlig*) total; (*vollständig*) completo, entero; **die ~e Familie war da** estuvo toda la familia; **Gesamtanalyse** *f* <-, -n> análisis *m inv* global; **Gesamtansicht** *f* <-, -en> vista *f* general [*o* de conjunto]; **Gesamtanzeige** *f* <-, -n>

(INFOR) pantalla *f* completa; **Gesamtarbeitsvertrag** *m* <-(e)s, -träge> (*Schweiz*) contrato *m* colectivo; **Gesamtauflage** *f* <-, -n> (MEDIA) tirada *f* total; **diese Zeitschrift erscheint in einer ~ von 1,5 Mio. Exemplaren** la tirada de esta revista es de 1,5 millones de ejemplares; **Gesamtaufwand** *m* <-(e)s, *ohne pl*> (FIN) gastos *mpl* en total; **Gesamtausgabe** *f* <-, -n> obras *fpl* completas, edición *f* completa; **Gesamtbedarf** *m* <-(e)s, *ohne pl*> demanda *f* agregada; **Gesamtbetrag** *m* <-(e)s, -träge> importe *m* total; **Gesamtbevölkerung** *f* <-, *ohne pl*> población *f* total; **Gesamtbilanz** *f* <-, -en> (FIN, WIRTSCH) balance *m* consolidado; **Gesamtbild** *nt* <-(e)s, -er> visión *f* de conjunto, idea *f* general; **aus den wenigen Informationen kann ich mir kein ~ machen** con tan poca información no puedo hacerme ninguna idea general; **Gesamtbürgschaft** *f* <-, -en> (JUR) garantía *f* global; **gesamtdeutsch** *adj* de toda Alemania; **Gesamteigentum** *nt* <-s, *ohne pl*> propiedad *f* comunitaria; **Gesamteindruck** *m* <-(e)s, -drücke> impresión *f* final [*o* definitiva]; **Gesamteinkünfte** *pl* ingresos *mpl* totales; **Gesamtergebnis** *nt* <-ses, -se> resultado *m* final [*o* definitivo]; **im ~** en total; **Gesamtgewicht** *nt* <-(e)s, -e> peso *m* bruto; **zulässiges ~** (AUTO) peso máximo total

gesamthaft I. *adj* (*Schweiz: gesamt*) total II. *adv* (*Schweiz: ingesamt*) en total

Gesamthandeigentum *nt* <-s, *ohne pl*> (JUR) propiedad *f* mancomunada

gesamthänderisch *adj* (JUR) de mancomún

Gesamtheit *f* <-, *ohne pl*> totalidad *f*, conjunto *m*; **in seiner/ihrer ~** en su totalidad

Gesamthochschule *f* <-, -n> universidad *f* integrada, universidad *f* politécnica; **Gesamtkosten** *pl* (WIRTSCH) costes *mpl* totales; **Gesamtkunstwerk** *nt* <-(e)s, -e> (KUNST, MUS) obra *f* de arte integral; **Gesamtnutzungsdauer** *f* <-, *ohne pl*> (WIRTSCH) vida *f* útil total; **Gesamtplanung** *f* <-, -en> planificación *f* global; **Gesamtpreis** *m* <-es, -e> precio *m* total; **Gesamtprodukt** *nt* <-(e)s, -e> producto *m* global; **Gesamtschaden** *m* <-s, -schäden> daños *mpl* totales; **Gesamtschuldner(in)** *m(f)* <-s, -; -, -nen> (JUR) deudor(a) *m(f)* solidario, -a; **gesamtschuldnerisch** *adj* (JUR): **~ haftbar** responsable mancomunadamente; **Gesamtschule** *f* <-, -n> escuela *f* integrada (*que engloba a la "Hauptschule", la "Realschule" y el "Gymnasium" en una única unidad*) **Gesamtsieger(in)** *m(f)* <-s, -; -, -nen> (SPORT) vencedor(a) *m(f)*, campeón, -ona *m, f*

Gesamtstrafe *f* <-, -n> (JUR) pena *f* total; **Gesamtstrafenbildung** *f* <-, -en> (JUR) acumulación *f* (de penas)

Gesamtsumme *f* <-, -n> importe *m* total; **Gesamtüberschuss**^RR *m* <-es, -schüsse> (FIN, WIRTSCH) superávit *m inv* total; **Gesamtübersicht** *f* <-, -en> vista *f* general, visión *f* de conjunto; **Gesamtverbrauch** *m* <-(e)s, *ohne pl*> consumo *m* global; **Gesamtvereinbarung** *f* <-, -en> acuerdo *m* global; **Gesamtvermögen** *nt* <-s, -> totalidad *f* del patrimonio; **Gesamtvolumen** *nt* <-s, -> volumen *m* total; **Gesamtvorräte** *mpl* (GEO) reservas *fpl* últimas; **Gesamtwerk** *nt* <-(e)s, -e> obra *f* completa; **Gesamtwert** *m* <-(e)s, -e> valor *m* total; **Gesamtwertung** *f* <-, -en> (SPORT) puntuación *f* final; **Gesamtzusammenhang** *m* <-(e)s, -hänge> conexión *f* total

gesandt [gə'zant] *pp von* **senden**

Gesandte(r) [gə'zantɐ] *mf* <-n, -n; -n, -n>, **Gesandtin** *f* <-, -nen> enviado, -a *m, f*; (HIST) legado, -a *m, f*; **bevollmächtigter ~r** enviado extraordinario; **päpstlicher ~r** legado papal, nuncio *m*

Gesandtin *f* <-, -nen> *s.* **Gesandte**

Gesandtschaft *f* <-, -en> legación *f*; **päpstliche ~** nunciatura *f*

Gesang[1] [gə'zaŋ] *m* <-(e)s, *ohne pl*> (*das Singen*) canto *m*, cantar *m*

Gesang[2] [gə'zaŋ, *pl:* gə'zɛŋə] *m* <-(e)s, -sänge> (*Lied*) canción *f*, canto *m*; (REL) cántico *m*; **gregorianische Gesänge** canto gregoriano

Gesangbuch *nt* <-(e)s, -bücher> libro *m* de cánticos; **Gesanglehrer(in)** *m(f)* <-s, -; -, -nen> profesor(a) *m(f)* de canto

gesanglich *adj* (*Talent*) para el canto

Gesangstunde *f* <-, -n> clase *f* de canto; **~n geben/nehmen** dar/recibir clases de canto; **Gesangunterricht** *m* <-(e)s, -e> clases *fpl* de canto; **Gesangverein** *m* <-(e)s, -e> orfeón *m*, asociación *f* coral

Gesäß [gə'zɛːs] *nt* <-es, -e> trasero *m*, posaderas *fpl*; **Gesäßbacke** *f* <-, -n> nalga *f*; **Gesäßmuskel** *m* <-s, -n> (ANAT) glúteo *m*; **Gesäßtasche** *f* <-, -n> bolsillo *m* trasero

gesättigt *adj* (CHEM) saturado; **~e Fettsäuren** ácidos grasos saturados

Gesäusel [gə'zɔɪzəl] *nt* <-s, *ohne pl*> **1.** (*anhaltendes Säuseln: Blätter*) susurro *m*, murmullo *m*; (*Wind*) susurro *m*, runruneo *m* **2.** (*iron: einschmeichelndes Reden*): **hör mit dem ~ auf, damit erreichst du bei mir gar nichts!** ¡deja ya de poner esa voz melosa, así no conseguirás nada de mí!

Geschädigte(r) *mf* <-n, -n; -n, -n> perjudicado, -a *m, f*

geschaffen [gə'ʃafən] *pp von* **schaffen**[1]

Geschäft[1] [gə'ʃɛft] *nt* <-(e)s, -e> **1.** (*Handel*) negocio *m*; **wie gehen die ~e?** ¿cómo van los negocios?; **mit jdm ~e machen** hacer negocios con alguien; **ein ~ abschließen** [*o* **abwickeln**] cerrar un negocio; **mit jdm ins ~ kommen** establecer relaciones comerciales con alguien; **~e mit etw** *dat* **machen** hacer negocios con algo; **die ~e für jdn führen** llevar los negocios de alguien; **das ~ mit der**

Angst el negocio del miedo **2.** (*Firma*) empresa *f* comercial; **morgen gehe ich nicht ins ~** (*fam*) mañana no voy al trabajo **3.** (*Laden*) tienda *f,* negocio *m* **4.** (*Aufgabe*) trabajo *m;* **er versteht sein ~** conoce el negocio; **seinen ~en nachgehen** atender sus negocios **5.** (*Schweiz: Angelegenheit*) ocasión *f* **6.** (*fam: Notdurft*): **sein ~ verrichten** [*o* **machen**] hacer sus necesidades

Geschäft² *nt* <-(e)s, *ohne pl*> (*Gewinn*) negocio *m;* **ein gutes/schlechtes ~ machen** hacer un buen/mal negocio

Geschäftemacher(in) *m(f)* <-s, -; -, -nen> (*abw*) negociante *mf;* (*Wucherer*) usurero, -a *m, f*

Geschäftemacherei *f* <-, -en> (*abw*) afán *m* por obtener siempre beneficios; **immer diese ~! tu doch einmal etwas, ohne gleich Profit daraus schlagen zu wollen!** ¡siempre pensando en hacer negocios! ¡haz algo de forma altruista!

geschäften* *vi* (*Schweiz: Handel treiben*) comerciar

geschäftig *adj* diligente

Geschäftigkeit *f* <-, *ohne pl*> trajín *m,* ajetreo *m*

geschäftlich *adj* comercial, de negocios; **~ unterwegs sein** estar en viaje de negocios; **wir haben G~es zu besprechen** tenemos que hablar de negocios

Geschäftsabschluss[RR] *m* <-es, -schlüsse> transacción *f,* cierre *m* de un negocio; **Geschäftsaktivitäten** *fpl* (WIRTSCH) actividades *fpl* comerciales; **Geschäftsanteil** *m* <-(e)s, -e> participación *f* (en el negocio); **Geschäftsaufgabe** *f* <-, -n>, **Geschäftsauflösung** *f* <-, -en> cese *m* de negocio; **Geschäftsbank** *f* <-, -en> (FIN) banco *m* comercial; **Geschäftsbedingungen** *fpl* (COM) términos *mpl* comerciales, condiciones *fpl* de contrato; **allgemeine ~** condiciones generales de contrato; **Geschäftsbereich** *m* <-(e)s, -e> (POL: *eines Ministers*) (ámbito *m* de) competencias *fpl;* **Geschäftsbericht** *m* <-(e)s, -e> (COM) informe *m* comercial, memoria *f* comercial; **Geschäftsbesuch** *m* <-(e)s, -e> visita *f* de negocios; **Geschäftsbeziehung** *f* <-, -en> (WIRTSCH) relación *f* comercial; **~en mit dem Ausland unterhalten** mantener relaciones comerciales con el extranjero; **Geschäftsbrief** *m* <-(e)s, -e> carta *f* comercial; **Geschäftsbücher** *ntpl* libros *mpl* de cuentas [*o* de contabilidad]; **Geschäftsessen** *nt* <-s, -> comida *f* de negocios; **geschäftsfähig** *adj* (JUR) capaz; **Geschäftsfähigkeit** *f* <-, *ohne pl*> (JUR) capacidad *f* contractual; **Geschäftsfrau** *f* <-, -en> mujer *f* de negocios; **Geschäftsfreund(in)** *m(f)* <-(e)s, -e; -, -nen> colega *mf,* compañero, -a *m, f;* **geschäftsführend** *adj* gestor; **~e Gesellschafterin** socia gestora; **Geschäftsführer(in)** *m(f)* <-s, -; -, -nen> **1.** (*von Unternehmen*) gerente *mf* **2.** (*von Organisation*) secretario, -a *m, f* general; **Geschäftsführung** *f* <-, *ohne pl*> **1.** (*Vorgang*) gerencia *f,* gestión *f* **2.** (*Personal*) gerentes *mpl,* gestores *mpl*

Geschäftsgang¹ *m* <-(e)s, -gänge> (*geschäftlicher Gang*) gestión *m* de negocios, tramitación *f*

Geschäftsgang² *m* <-(e)s, *ohne pl*> (*Gang der Geschäfte*) marcha *f* de los negocios

Geschäftsgebaren *nt* <-s, *ohne pl*> métodos *mpl* comerciales, gestión *f;* **betrügerisches ~** métodos comerciales fraudulentos; **unlauteres** [*o* **unsauberes**] **~** práctica comercial desleal; **Geschäftsgepflogenheit** *f* <-, -en> costumbre *f* comercial; **Geschäftsgewinn** *m* <-(e)s, -e> beneficio *m* comercial; **Geschäftshaus** *nt* <-es, -häuser> **1.** (*Gebäude*) establecimiento *m* comercial **2.** (*Firma*) empresa *f;* **Geschäftsinhaber(in)** *m(f)* <-s, -; -, -nen> propietario, -a *m, f* de un negocio; **Geschäftsinteresse** *nt* <-s, -n> interés *m* comercial; **Geschäftsjahr** *nt* <-(e)s, -e> ejercicio *m,* año *m* económico; **im laufenden ~** en el ejercicio actual [*o* corriente]; **Geschäftskapital** *nt* <-s, -e *o* -ien> capital *m* social; **Geschäftskonto** *nt* <-s, -konten> cuenta *f* de negocios; **Geschäftskorrespondenz** *f* <-, -en> correspondencia *f* comercial; **Geschäftskosten** *pl* gastos *mpl* comerciales; **auf ~** a cuenta de la empresa; **Geschäftslage** *f* <-, -n> **1.** (*wirtschaftlich*) situación *f* comercial, estado *m* de los negocios; **gute ~** estado favorable de los negocios **2.** (*geographisch*) emplazamiento *m* de un negocio, situación *f* geográfica de un negocio; **Geschäftsleben** *nt* <-s, *ohne pl*> vida *f* comercial; **im ~ stehen** estar metido en la vida comercial; **Geschäftsleiter(in)** *m(f)* <-s, -; -, -nen> gerente *mf;* **Geschäftsleitung** *f* <-, -en> dirección *f,* gerencia *f;* **Geschäftsleute** *pl von* Geschäftsmann; **Geschäftsliste** *f* <-, -n> (*Schweiz: Tagesordnung*) orden *m* del día; **Geschäftsmann** *m* <-(e)s, -leute *o* -männer> hombre *m* de negocios

geschäftsmäßig I. *adj* de negocios; **eine ~e Unterredung** una reunión de negocios; **einen ~en Ton anschlagen** hablar con un tono frío e impersonal **II.** *adv* (por motivo) de negocios, debido a los negocios; **er ist nicht zum Vergnügen nach Dublin geflogen, sondern ~** no se ha ido de vacaciones a Dublín, sino en viaje de negocios

Geschäftsmethode *f* <-, -n> prácticas *fpl* comerciales; **mit unlauteren ~n arbeiten** practicar la competencia desleal; **Geschäftsordnung** *f* <-, -en> reglamento *m;* **Geschäftspartner(in)** *m(f)* <-s, -; -, -nen> **1.** (*Beteiligter*) socio, -a *m, f* **2.** (*Handelspartner*) socio, -a *m, f* comercial; **Ge-**

schäftspolitik *f* <-, *ohne pl*> política *f* de la compañía; **Geschäftspraktiken** *fpl* prácticas *fpl* comerciales; **wettbewerbsbeschränkende** ~ prácticas comerciales que limitan la libre competencia; **Geschäftsraum** *m* <-(e)s, -räume> (*Büro*) oficina *f;* (*Laden*) local *m* comercial; **Geschäftsreise** *f* <-, -n> viaje *m* de negocios; **auf** ~ **sein** estar de viaje de negocios; **geschäftsschädigend** *adj* perjudicial para el negocio; **Geschäftsschädigung** *f* <-, -en> perjuicio *m* comercial; **die Bank drohte, ihrem Mitarbeiter wegen** ~ **zu kündigen** el banco amenazó con despedir al trabajador acusándole de perjuicio comercial; **Geschäftsschluss**[RR] *m* <-es, *ohne pl*> (hora *f* de) cierre *m* de los comercios; **nach** ~ después del cierre de los comercios; **Geschäftssinn** *m* <-(e)s, *ohne pl*> habilidad *f* para los negocios, sentido *m* para los negocios; **Geschäftsstelle** *f* <-, -n> (*Büro*) despacho *m,* oficina *f;* (*Filiale*) sucursal *f;* (*Gericht*) secretaría *f* del juzgado; **Geschäftsstraße** *f* <-, -n> calle *f* comercial; **Geschäftsstunden** *fpl* (*bei Verwaltung*) horas *fpl* de oficina; (*bei Läden*) horario *m* comercial; **Geschäftstätigkeit** *f* <-, *ohne pl*> actividad *f* comercial; **Geschäftsträger**(**in**) *m(f)* <-s, -; -, -nen> encargado, -a *m, f* de negocios; **geschäftstüchtig** *adj* hábil para el comercio, ducho en los negocios; **Geschäftsübernahme** *f* <-, -n> adquisición *f* de un negocio; **geschäftsunfähig** *adj* (JUR) incapaz; **Geschäftsunfähigkeit** *f* <-, *ohne pl*> (JUR) incapacidad *f;* **Geschäftsverbindung** *f* <-, -en> (WIRTSCH) relación *f* comercial; ~**en pflegen** mantener relaciones comerciales; **Geschäftsverkehr** *m* <-(e)s, -e> relaciones *fpl* comerciales; **Geschäftsviertel** *nt* <-s, -> zona *f* comercial, barrio *m* comercial; **Geschäftsvolumen** *nt* <-s, -> (WIRTSCH) volumen *m* de negocios; **Geschäftsvorgang** *m* <-(e)s, -gänge> operación *f* comercial; **abgewickelte Geschäftsvorgänge** operaciones realizadas; **Geschäftswagen** *m* <-s, -> coche *m* de la empresa; **Geschäftswelt** *f* <-, *ohne pl*> mundo *m* empresarial; **Geschäftswert** *m* <-(e)s, -e> (WIRTSCH) valor *m* añadido de una empresa; **Geschäftszeit** *f* <-, -en> horario *m* comercial; **Geschäftszimmer** *nt* <-s, -> oficina *f,* despacho *m;* **Geschäftszweig** *m* <-(e)s, -e> ramo *m* comercial

geschah [gəˈʃaː] *3. imp von* **geschehen**

Geschaukel [gəˈʃaʊkəl] *nt* <-s, *ohne pl*> (*Kind*) balanceo *m;* (*Bus, Straßenbahn*) tambaleo *m,* meneo *m;* **das war ein** ~ **mit dem alten Bus durch die Pyrenäen!** ¡vaya triquitraque el del viejo autobús al cruzar los Pirineos!

gescheckt [gəˈʃɛkt] *adj* (*Pferd*) pío; (*Hund, Rind*) con manchas; **Dalmatiner sind schwarz-weiß** ~**e Hunde** los dálmatas son perros con manchas blancas y negras

geschehen [gəˈʃeːən] <geschieht, geschah, geschehen> *vi sein* pasar, ocurrir, suceder; **wie konnte das** ~**?** ¿cómo pudo pasar esto?; **als ob nichts** ~ **wäre** como si no hubiera pasado nada; **was geschieht mit diesen Flaschen?** ¿qué hacemos con estas botellas?; **es ist um jdn** ~ alguien está perdido; **es muss etwas** ~ tiene que pasar algo; **er wusste nicht, wie ihm geschah, als plötzlich das Licht ausging** no sabía lo que estaba sucediendo cuando, de repente, la luz se apagó; **nach all dem G**~**en** después de todo lo ocurrido, después de todo lo que ha pasado

Geschehen *nt* <-s, -> (*geh*) sucesos *mpl,* acontecimientos *mpl*

Geschehnis *nt* <-ses, -se> (*geh*) suceso *m,* acontecimiento *m*

gescheit [gəˈʃaɪt] *adj* inteligente, listo; (*vernünftig*) sensato

Geschenk [gəˈʃɛŋk] *nt* <-(e)s, -e> regalo *m,* obsequio *m;* **ein** ~ **des Himmels** un regalo llovido [*o* caído] del cielo; **jdm ein** ~ **machen** regalar algo a alguien; **kleine** ~**e erhalten die Freundschaft** (*prov*) los pequeños regalos ayudan a conservar la amistad; **Geschenkartikel** *m* <-s, -> artículo *m* de regalo; **Geschenkboutique** *f* <-, -n> tienda *f* de regalos; **Geschenkgutschein** *m* <-(e)s, -e> vale *m* de regalo; **Geschenkpackung** *f* <-, -en> cajita *f* de regalo, envoltorio *m* de regalo; **Geschenkpapier** *nt* <-s, -e> papel *m* de regalo

Geschichte[1] [gəˈʃɪçtə] *f* <-, *ohne pl*> (*Entwicklungsprozess*) historia *f;* **Alte/Mittlere/Neue** ~ Historia Antigua/de la Edad Media/Moderna; ~ **machen** hacer época; **in die** ~ **eingehen** pasar a la historia

Geschichte[2] *f* <-, -n> **1.** (*Erzählung*) cuento *m* **2.** (*fam: Angelegenheit*) asunto *m,* cosa *f,* cuestión *f Am;* **das ist ja eine schöne** ~ pues vaya una historia; **was machst du für** ~**n?** ¿pero qué estás haciendo?; **mach keine** ~**n!** ¡no hagas tonterías!

Geschichtenerzähler(**in**) *m(f)* <-s, -; -, -nen> cuentista *mf*

geschichtlich *adj* histórico

Geschichtsatlas *m* <- *o* -ses, -atlanten *o* -se> atlas *m inv* histórico; **Geschichtsbewusstsein**[RR] *nt* <-s, *ohne pl*> conciencia *f* histórica; **Geschichtsbuch** *nt* <-(e)s, -bücher> libro *m* de historia; **Geschichtsepoche** *f* <-, -n> época *f* histórica; **Geschichtsfälschung** *f* <-, -en> falsedad *f* de hechos históricos; **in totalitären Staaten sind die Geschichtsbücher oft nichts anderes als** ~**en** en los Estados totalitarios, los libros de historia a menudo no son más que pura falacia; **Geschichtskenntnisse** *fpl* conocimientos *mpl* de historia; **umfassende** ~ amplios conocimientos de historia; **geschichtslos** *adj* (*Dasein*) sin conciencia histórica; (*Mensch, Volk*) sin raíces históricas; **Geschichtsschreiber(in)** *m(f)* <-s, -; -, -nen> historiador(a) *m(f)*, historiógrafo, -a *m, f*; **Geschichtsschreibung** *f* <-, *ohne pl*> historiografía *f*; **Geschichtswissenschaft** *f* <-, *ohne pl*> historia *f*, historiología *f*; **Geschichtswissenschaftler(in)** *m(f)* <-s, -; -, -nen> historiador(a) *m(f)*; **Geschichtszahl** *f* <-, -en> fecha *f* histórica

Geschick¹ [gəˈʃɪk] *nt* <-(e)s, -e> (*geh: Schicksal*) suerte *f*, fortuna *f*

Geschick² *nt* <-(e)s, *ohne pl*> habilidad *f*, destreza *f*

Geschicklichkeit *f* <-, *ohne pl*> habilidad *f*, destreza *f*

geschickt *adj* hábil, diestro, mañoso *fam*; **sich bei etw** *dat* ~ **anstellen** ser hábil [*o* diestro] en algo, darse maña en algo *fam*

Geschicktheit *f* <-, *ohne pl*> habilidad *f*, destreza *f*

geschieden [gəˈʃiːdən] *pp von* **scheiden**

Geschiedene(r) *mf* <-n, -n; -n, -n> divorciado, -a *m, f*; **ihr ~r/seine ~** (*fam*) su ex (marido)/su ex (mujer)

geschieht [gəˈʃiːt] *3. präs von* **geschehen**

geschienen [gəˈʃiːnən] *pp von* **scheinen**

Geschirr¹ [gəˈʃɪr] *nt* <-(e)s, -e> **1.** (*Ess~*) vajilla *f*; (*Kaffee~*) juego *m* de café **2.** (*Pferde~*) arreos *mpl*

Geschirr² *nt* <-(e)s, *ohne pl*> (*Gesamtheit*) platos *mpl*, vajilla *f*

Geschirrablage *f* <-, -n> escurreplatos *m inv*; **Geschirraufzug** *m* <-(e)s, -züge> montaplatos *m inv*; **Geschirrschrank** *m* <-(e)s, -schränke> aparador *m*, alacena *f*; **Geschirrspülen** *nt* <-s, *ohne pl*> lavado *m* de los platos; **das ~ erledigt mal sie, mal ihr Mann** los platos los friega unas veces ella, otras, su marido; **Geschirrspüler** *m* <-s, -> (*fam*), **Geschirrspülmaschine** *f* <-, -n> lavaplatos *m inv*, lavavajillas *m inv*; **Geschirrspülmittel** *nt* <-s, -> (líquido *m*) lavavajillas *m inv*; **Geschirrtuch** *nt* <-(e)s, -tücher> trapo *m* (para secar la vajilla), paño *m* de cocina; **Geschirrwaschmaschine** *f* <-, -n> (*Schweiz*) *s.* **Geschirrspülmaschine**

geschissen [gəˈʃɪsən] *pp von* **scheißen**

geschlafen [gəˈʃlaːfən] *pp von* **schlafen**

geschlagen [gəˈʃlaːgən] *pp von* **schlagen**

Geschlecht¹ [gəˈʃlɛçt] *nt* <-(e)s, *ohne pl*> **1.** (BIOL) sexo *m*; **beiderlei ~s** de ambos sexos **2.** (*~steil*) sexo *m*, órgano *m* genital

Geschlecht² *nt* <-(e)s, -er> **1.** (*Gesamtheit der Lebewesen*): **das andere ~** el otro sexo; **das schwache/starke ~** (*fam*) el sexo débil/fuerte; **das schöne ~** (*fam*) el bello sexo **2.** (*Gattung, a.* LING) género *m* **3.** (*Familie*) familia *f* **4.** (*Generation*) generación *f*

Geschlechterrolle *f* <-, -n> rol *m* sexual [*o* por sexos]

geschlechtlich *adj* sexual

geschlechtlos *adj s.* **geschlechtslos**

Geschlechtsakt *m* <-(e)s, -e> acto *m* sexual [*o* carnal], coito *m*; **Geschlechtsgenosse**, **-in** *m, f* <-n, -n; -, -nen> persona *f* del mismo sexo; **Geschlechtshormon** *nt* <-s, -e> hormona *f* sexual; **geschlechtskrank** *adj* que padece una enfermedad venérea; **Geschlechtskranke(r)** *mf* <-n, -n; -n, -n> persona *f* que padece una enfermedad venérea; **Geschlechtskrankheit** *f* <-, -en> enfermedad *f* venérea; **Geschlechtsleben** *nt* <-s, *ohne pl*> vida *f* sexual; **seine Schwester führt ein sehr freies ~** su hermana lleva una vida sexual muy liberal; **geschlechtslos** *adj* **1.** (BIOL) asexual **2.** (*abw: Person*) asexuado; **Geschlechtsorgan** *nt* <-s, -e> órgano *m* sexual; **geschlechtsreif** *adj* (BIOL): ~ **sein** haber alcanzado la madurez sexual; **Geschlechtsreife** *f* <-, *ohne pl*> madurez *f* sexual; **Geschlechtsteil** *nt* <-(e)s, -e> órgano *m* sexual [*o* genital]; **Geschlechtstrieb** *m* <-(e)s, -e> (BIOL) instinto *m* sexual; **Geschlechtsumwandlung** *f* <-, -en> cambio *m* de sexo, operación *f* de sexo; **Geschlechtsverkehr** *m* <-(e)s, *ohne pl*> relaciones *fpl* sexuales; **mit jdm ~ haben** tener relaciones sexuales con alguien; **Geschlechtswort** *nt* <-(e)s, -wörter> (LING) artículo *m*

geschlichen [gəˈʃlɪçən] *pp von* **schleichen**

geschliffen [gəˈʃlɪfən] **I.** *pp von* **schleifen** **II.** *adj* (*Ausdrucksweise*) pulido, refinado

geschlossen [gəˈʃlɔsən] **I.** *pp von* **schließen** **II.** *adj* **1.** (*zusammenhängend*) compacto; **~e Gesellschaft** reunión privada; **50 km/h innerhalb ~er Ortschaften** 50 km/h dentro de las poblaciones **2.** (*Vokal*) cerrado **III.** *adv* colectivamente; **wir standen ~ hinter ihm** le apoyamos colectivamente; **~ für/gegen etw stimmen** votar por unanimidad a favor de/contra algo

Geschlossenheit *f* <-, *ohne pl*> unidad *f*; **das gemeinsame Auftreten der Politiker bot ein Bild der ~** la aparición conjunta de los políticos ofrecía una imagen de unidad

geschlungen [gəˈʃlʊŋən] *pp von* **schlingen**

Geschmack¹ [gəˈʃmak] *m* <-(e)s, *ohne pl*> (*~ssinn*) gusto *m*

Geschmack² *m* <-(e)s, -schmäcke; *fam:* -schmäcker> **1.** (*einer Speise*) sabor *m* (*nach* a), gusto *m* (*nach* a); **in Bezug auf etw auf den ~ gekommen sein** haber cogido el gusto a algo **2.** (*ästhetisches Empfinden*) gusto *m*; **für meinen ~** para mi gusto; **das ist nicht nach meinem ~** no es de mi gusto; **an etw** *dat* **~ finden** cogerle el gusto a algo; **je nach ~** según gusto; **guten/keinen (guten) ~ haben** tener buen/no tener (buen) gusto; **über ~ lässt sich (nicht) streiten** (*prov*) sobre gustos no hay nada escrito, para gustos se hicieron los colores

geschmacklich I. *adj* de gusto, de sabor; **bei diesem Wein merke ich sofort einen ~en Unterschied** en este vino aprecio en seguida un sabor diferente II. *adv* en lo referente al gusto [*o* al sabor]; **etwas Rotwein würde die Soße ~ abrunden** un poco de vino tinto le daría el toque final a la salsa

geschmacklos *adj* 1. (*Speisen*) sin gusto, sin sabor 2. (*taktlos*) de mal gusto

Geschmacklosigkeit¹ *f* <-, -en> (*Bemerkung*) observación *f* soez, comentario *m* de mal gusto

Geschmacklosigkeit² *f* <-, *ohne pl*> (*Eigenschaft*) falta *f* de gusto

Geschmacksache *f* <-, -n> *s.* **Geschmackssache**

Geschmacksfrage *f* <-, -n> cuestión *f* de gusto; **eine ~ sein** ser cuestión de gusto; **in ~n** en cuestiones de gusto; **Geschmacksnerv** *m* <-s, -en> nervio *m* gustativo; **Geschmacksrichtung** *f* <-, -en> gusto *m*, sabor *m*; **Eis gibt es in verschiedenen ~en** hay helados de distintos sabores; **Vanille ist genau meine ~!** (*fam*) ¡la vainilla es el sabor que más me gusta!; **Geschmackssache** *f* <-, -n> cuestión *f* de gusto; **das ist reine ~** es pura cuestión de gusto; **Geschmackssinn** *m* <-(e)s, *ohne pl*> (sentido *m* del) gusto *m*; **Geschmacksverirrung** *f* <-, -en> (*abw*) mal gusto *m*; **unter ~ leiden** (*fam*) no tener gusto; **Geschmacksverstärker** *m* <-s, -> reforzante *m* del sabor

geschmackvoll I. *adj* de buen gusto II. *adv* con gusto

Geschmeide [gəˈʃmaɪ̯də] *nt* <-s, -> (*geh*) joyas *fpl*

geschmeidig [gəˈʃmaɪ̯dɪç] *adj* 1. (*biegsam*) flexible, elástico; (*weich*) suave, blando 2. (*Körper*) ágil

Geschmeidigkeit *f* <-, *ohne pl*> 1. (*Biegsamkeit*) flexibilidad *f*, elasticidad *f*; (*Weichheit*) suavidad *f* 2. (*des Körpers*) agilidad *f*

Geschmeiß [gəˈʃmaɪs] *nt* <-es, *ohne pl*> (*abw*) 1. (*Ungeziefer*) bicho *m*, bicharrajo *m* 2. (*Menschen*) chusma *f*

Geschmier(e) [gəˈʃmiːr(ə)] *nt* <-(e)s, *ohne pl*> (*fam abw*) 1. (*unleserliche Handschrift*) garabatos *mpl*; **dieses ~ kann niemand lesen** no hay quien lea estos garabatos 2. (*kritisierter Artikel*) bodrio *m* de artículo; **dass so ein ~ überhaupt gedruckt wird! dieser schäbige Artikel steckt ja voll von Lügen** ¡que tal bodrio se publique! el artículo está repleto de mentiras 3. (*schlechte Malerei*) pintarrajo *m*

geschmissen [gəˈʃmɪsən] *pp von* **schmeißen**

geschmolzen [gəˈʃmɔltsən] *pp von* **schmelzen**

Geschmuse [gəˈʃmuːzə] *nt* <-s, *ohne pl*> (*fam*) *hacer caricias;* **sobald im Kino der Film anfing, ging das ~ auf den hinteren Plätzen los** tan pronto empezó la película en el cine, los de las filas de atrás empezaron a besuquearse

Geschnatter *nt* <-s, *ohne pl*> 1. (*von Gänsen*) graznidos *mpl* 2. (*fam abw: von Menschen*) parloteo *m*

Geschnetzelte(s) [gəˈʃnɛtsəltəs] *nt* <-n, *ohne pl*> (*reg:* GASTR) *especie de ragú servido con una salsa espesa*

geschniegelt [gəˈʃniːgəlt] *adj* (*fam abw*) emperifollado; **~ und gestriegelt** [*o* **gebügelt**] de punta en blanco

geschnitten [gəˈʃnɪtən] *pp von* **schneiden**

geschnoben (*alt*) *pp von* **schnauben**

geschoben [gəˈʃoːbən] *pp von* **schieben**

gescholten [gəˈʃɔltən] *pp von* **schelten**

Geschöpf [gəˈʃœpf] *nt* <-(e)s, -e> criatura *f*; **ein ~ der Fantasie** una creación de la fantasía

geschoren [gəˈʃoːrən] *pp von* **scheren**

Geschoss^RR [gəˈʃɔs] *nt* <-es, -e>, **Geschoß** *nt* <-sses, -sse> 1. (*von Waffen*) proyectil *m* 2. (*Etage*) piso *m*, planta *f*

Geschossbahn^RR *f* <-, -en> trayectoria *f* (del proyectil)

geschossen [gəˈʃɔsən] *pp von* **schießen**

geschraubt [gəˈʃraʊpt] *adj* (*fam abw: Stil*) rebuscado, amanerado

Geschrei *nt* <-s, *ohne pl*> gritos *mpl*, griterío *m*; **viel ~ um etw machen** (*fam*) poner el grito en el cielo por algo

geschrieben [gəˈʃriːbən] *pp von* **schreiben**

geschrie(e)n [gəˈʃriː(ə)n] *pp von* **schreien**

geschritten [gəˈʃrɪtən] *pp von* **schreiten**

geschunden [gəˈʃʊndən] *pp von* **schinden**

Geschütz [gəˈʃʏts] *nt* <-es, -e> boca *f* de fuego, cañón *m*; **schweres ~ auffahren** (*fam*) disparar toda la artillería; **Geschützfeuer** *nt* <-s, -> (MIL) fuego *m* de artillería

Geschwader [gəˈʃvaːdɐ] *nt* <-s, -> (MIL) escuadra *f*

Geschwafel [gəˈʃvaːfəl] *nt* <-s, *ohne pl*> (*fam abw*) palabrería *f*, verborrea *f*

Geschwätz [gəˈʃvɛts] *nt* <-es, *ohne pl*> (*fam abw*) 1. (*Gerede*) perorata *f*, palabrería *f* 2. (*Klatsch*) cotilleo *m*

geschwätzig *adj* (*abw*) chismoso

Geschwätzigkeit *f* <-, *ohne pl*> (*abw*) verborrea *f*, verbosidad *f*

geschweift [gəˈʃvaɪft] *adj* (TYPO): **~e Klammer** corchete *m*

geschweige [gəˈʃvaɪgə] *konj* ni mucho menos, y menos aún, por no hablar de; **er hat kein Geld für eine Wohnung, ~ denn für ein Haus** no tiene dinero para pagar un piso, y menos aún para pagar una casa

geschwiegen [gəˈʃviːgən] *pp von* **schweigen**

geschwind [gəˈʃvɪnt] *adj* (*reg*) rápido, veloz

Geschwindigkeit [gəˈʃvɪndɪçkaɪt] *f* <-, -en> velocidad *f*, viada *f And;* **mit einer ~ von X km/h** a una velocidad de X km/h;

wegen überhöhter ~ por exceso de velocidad; **Geschwindigkeitsbegrenzung** *f* <-, -en>, **Geschwindigkeitsbeschränkung** *f* <-, -en> límite *m* de velocidad; **Geschwindigkeitskontrolle** *f* <-, -n> control *m* de velocidad; **Geschwindigkeitsüberschreitung** *f* <-, -en> exceso *m* de velocidad

Geschwister [gəˈʃvɪstɐ] *pl* hermanos *mpl;* (*Schwestern*) hermanas *fpl*

geschwisterlich I. *adj* fraternal; **eine gewisse ~e Ähnlichkeit zwischen den beiden Kindern lässt sich nicht leugnen** no se puede negar que hay un cierto parecido entre los dos hermanos II. *adv* como hermanos, de manera fraternal

Geschwisterliebe *f* <-, *ohne pl*> 1. (*Zuneigung*) amor *m* de hermanos [*o* fraternal] 2. (*Beziehung*) amor *m* (incestuoso) entre hermanos; **Geschwisterpaar** *nt* <-(e)s, -e> hermanos *mpl,* hermano y hermana; **Hänsel und Gretel sind ein** ~ Hansel y Gretel son hermanos

geschwollen [gəˈʃvɔlən] I. *pp von* **schwellen** II. *adj* (*abw: Stil*) exagerado, ampuloso; ~ **reden** hablar ampulosamente

geschwommen [gəˈʃvɔmən] *pp von* **schwimmen**

geschworen [gəˈʃvoːrən] *pp von* **schwören**

Geschworene(r) [gəˈʃvoːrənɐ] *mf* <-n, -n; -n, -n> jurado, -a *m, f;* **~r sein** actuar como miembro del jurado; **Geschworenenbank** *f* <-, -bänke> estrado *m* del jurado; **Geschworenengericht** *nt* <-(e)s, -e> tribunal *m* de jurados; **Geschworenenliste** *f* <-, -n> lista *f* de jurados, panel *m Cuba, PRico;* **die ~ aufstellen** disponer la lista de los miembros del jurado; **Geschworenenspruch** *m* <-(e)s, -sprüche> veredicto *m;* **einstimmiger** ~ veredicto unánime

Geschwulst [gəˈʃvʊlst] *f* <-, -schwülste> tumor *m;* (*Schwellung*) tumefacción *f*

geschwunden [gəˈʃvʊndən] *pp von* **schwinden**

geschwungen [gəˈʃvʊŋən] *pp von* **schwingen**

Geschwür [gəˈʃvyːɐ] *nt* <-(e)s, -e> (MED) úlcera *f*

gesegnet *adj* (*geh*) feliz; **~es Weihnachtsfest!** ¡feliz Navidad!; **~e Ostern!** ¡felices Pascuas!; **~e Mahlzeit!** damos gracias al Señor por los alimentos que vamos a tomar

gesehen [gəˈzeːən] *pp von* **sehen**

Geselchte(s) [gəˈzɛlçtəs] *nt* <-n, *ohne pl*> (*südd, Österr:* GASTR: *Rauchfleisch*) carne *f* ahumada

Geselle[1] [gəˈzɛlə] *m* <-n, -n> (*Bursche*) muchacho *m,* tío *m sl*

Geselle, -in[2] *m, f* <-n, -n; -, -nen> (*Handwerker*) oficial *mf*

gesellen* [gəˈzɛlən] *vr:* **sich** ~ juntarse (*zu* con)

Gesellenbrief *m* <-(e)s, -e> título *m* de oficial; **Gesellenprüfung** *f* <-, -en> examen *m* para obtener el título de oficial; **Gesellenstück** *nt* <-(e)s, -e> pieza *m* artesanal (*que se presenta para obtener el título de oficial*)

gesellig *adj* (*Mensch*) sociable, comunicativo; **ein ~es Beisammensein** una velada amigable

Geselligkeit[1] *f* <-, -en> (*Anlass*) velada *f*

Geselligkeit[2] *f* <-, *ohne pl*> (*eines Menschen*) sociabilidad *f*

Gesellin *f* <-, -nen> *s.* **Geselle**[2]

Gesellschaft [gəˈzɛlʃaft] *f* <-, -en> 1. (SOZIOL) sociedad *f* 2. (*Organisation*) asociación *f,* sociedad *f;* (WIRTSCH) sociedad *f,* compañía *f;* ~ **mit beschränkter Haftung** sociedad de responsabilidad limitada; ~ **bürgerlichen Rechts** sociedad civil 3. (*Begleitung, Umgang*) compañía *f;* **jdm ~ leisten** hacer compañía a alguien; **er ist in schlechte ~ geraten** ha caído en malas compañías 4. (*Fest*) fiesta *f;* (*Gäste*) círculo *m,* grupo *m;* **geschlossene** ~ círculo privado, reunión privada

Gesellschafter(in) *m(f)* <-s, -; -, -nen> 1. (*Unterhalter*) compañero, -a *m, f,* acompañante *mf* 2. (WIRTSCH) socio, -a *m, f;* **beschränkt/unbeschränkt haftender** ~ socio de responsabilidad limitada/ilimitada; **persönlich haftender** ~ socio con responsabilidad personal; **stiller** ~ socio participante; **Gesellschafteranteil** *m* <-(e)s, -e> (JUR, WIRTSCH) parte *f* social; **Gesellschafterbeschluss**[RR] *m* <-es, -schlüsse> (WIRTSCH) acuerdo *m* social; **Gesellschafterversammlung** *f* <-, -en> (WIRTSCH) junta *f* de socios

gesellschaftlich *adj* social

Gesellschaftsanteil *m* <-(e)s, -e> (FIN, WIRTSCH) participación *f;* **gesellschaftsfähig** *adj* 1. (*Mensch*) presentable 2. (*Benehmen*) socialmente aceptable; **Gesellschaftsform** *f* <-, -en> 1. *s.* **Gesellschaftsordnung** 2. (COM: *Betriebsform*) persona *f* jurídica; **für unsere Firma haben wir die ~ einer GmbH gewählt** para nuestra empresa hemos escogido la persona jurídica de S.L.; **Gesellschaftsgläubiger(in)** *m(f)* <-s, -; -, -nen> (FIN, WIRTSCH) acreedor(a) *m(f)* social; **Gesellschaftsgründung** *f* <-, -en> (JUR, WIRTSCH) constitución *f* de una sociedad; **Gesellschaftskapital** *nt* <-s, -e *o* -ien> (FIN, WIRTSCH) capital *f* social; **Gesellschaftskritik** *f* <-, -en> crítica *f* social; **Gesellschaftsordnung** *f* <-, -en> orden *m* social; **Gesellschaftspolitik** *f* <-, *ohne pl*> política *f* social

Gesellschaftsrecht[1] *nt* <-(e)s, -e> (COM: *Anspruch*) derechos *mpl* de una sociedad

Gesellschaftsrecht[2] *nt* <-s, *ohne pl*> (JUR: *Rechtsordnung*) derecho *m* de sociedades

Gesellschaftsregister *nt* <-s, -> (JUR, WIRTSCH) registro *m* de sociedades; **Gesellschaftsschicht** *f* <-, -en> capa *f* social;

Gesellschaftsspiel *nt* <-(e)s, -e> juego *m* de sociedad; **Gesellschaftstanz** *m* <-es, -tänze> baile *m* de salón; **Gesellschaftsvermögen** *nt* <-s, -> (FIN, WIRTSCH) patrimonio *m* social; **Gesellschaftsvertrag** *m* <-(e)s, -träge> (WIRTSCH, JUR) contrato *m* social; **Gesellschaftswissenschaft** *f* <-, -en> sociología *f*

gesessen [gəˈzɛsən] *pp von* **sitzen**

Gesetz [gəˈzɛts] *nt* <-es, -e> ley *f;* **ein ungeschriebenes ~** una ley no escrita; **das ~ der Schwerkraft** la ley de la gravedad; **das ~ hüten** respetar la ley; **etw zum ~ erklären** hacer ley de algo; **~e erlassen** dictar leyes; **mit dem ~ in Konflikt geraten** entrar en conflicto con la ley; **Gesetzblatt** *nt* <-(e)s, -blätter> (ADMIN) boletín *m* oficial; **Gesetzbuch** *nt* <-(e)s, -bücher> código *m;* **Bürgerliches ~** código civil; **Gesetzentwurf** *m* <-(e)s, -würfe> proyecto *m* de ley; **einen ~ einbringen** presentar un proyecto de ley; **einen ~ verabschieden** aprobar un proyecto de ley

Gesetzesbestimmungen *fpl* disposiciones *fpl* legales; **Gesetzesbrecher(in)** *m(f)* <-s, -; -, -nen> infractor(a) *m(f)* de la ley; **Gesetzesfiktion** *f* <-, -en> ficción *f* legal; **Gesetzeshüter(in)** *m(f)* <-s, -; -, -nen> (*hum: Polizist*) policía *mf,* guardián, -ana *m, f* de la ley; **Gesetzesinitiative** *f* <-, -n> (POL) iniciativa *f* de ley; **Gesetzeskonflikt** *m* <-(e)s, -e> conflicto *m* de leyes; **Gesetzeskraft** *f* <-, *ohne pl*> fuerza *f* de ley; **volle ~** pleno vigor; **Gesetzeslücke** *f* <-, -n> vacío *m* legal; **Gesetzessammlung** *f* <-, -en> recopilación *f* de leyes; **Gesetzestext** *m* <-(e)s, -e> texto *m* legal; **gesetzestreu** *adj* fiel a la ley; **Gesetzesübertretung** *f* <-, -en> infracción *f* de ley; **Gesetzesvollzug** *m* <-(e)s, *ohne pl*> ejecución *f* de la ley; **Gesetzesvorlage** *f* <-, -n> proyecto *m* de ley

gesetzgebend [gəˈzɛtsgeːbənt] *adj* legislativo; **Gesetzgeber** *m* <-s, -> legislador *m;* **Gesetzgebung** *f* <-, *ohne pl*> legislación *f*

gesetzlich *adj* legal; (*rechtmäßig*) legítimo; **~er Feiertag** fiesta oficial; **~e Regelungen/Bestimmungen** reglamentos/normas legales; **~ erlaubt/geschützt** legalmente permitido/protegido por la ley; **etw ~ verfügen** decretar algo por fuerza de ley; **~ verpflichtet** obligado por la ley

Gesetzlichkeit *f* <-, *ohne pl*> **1.** (*Rechtmäßigkeit*) legitimidad *f,* legalidad *f* **2.** (*Rechtsordnung*) ordenamiento *m* jurídico, legalidad *f*

gesetzlos *adj* anárquico

Gesetzlosigkeit[1] *f* <-, -en> (*Missachtung der Gesetze*) inobservancia *f* de las leyes

Gesetzlosigkeit[2] *f* <-, *ohne pl*> (*Fehlen von Gesetzen*) anarquía *f*

gesetzmäßig *adj* **1.** (*rechtmäßig*) legal, legítimo **2.** (*regelmäßig*) regular

Gesetzmäßigkeit[1] *f* <-, *ohne pl*> (JUR) legitimidad *f,* legalidad *f*

Gesetzmäßigkeit[2] *f* <-, -en> (*Regelmäßigkeit*) regularidad *f*

gesetzt [gəˈzɛtst] *adj* (*ruhig*) sosegado, sereno; (*ernst*) serio

Gesetztheit *f* <-, *ohne pl*> serenidad *f* (de espíritu), sosiego *m*

gesetzwidrig *adj* ilegal

Gesetzwidrigkeit *f* <-, -en> ilegalidad *f,* actuación *f* ilegal; **nach langen Ermittlungen kamen die ~en ans Licht** tras largas investigaciones salieron todas las irregularidades a la luz

ges. gesch. (*Marke*) *Abk. von* **gesetzlich geschützt** reg.

gesichert [gəˈzɪçɐt] *adj* asegurado

Gesicht [gəˈzɪçt] *nt* <-(e)s, -er> **1.** (*Körperteil, Miene*) cara *f;* **sein wahres ~ zeigen** quitarse la careta, enseñar el cobre *Am;* **etw zu ~ bekommen** llegar a ver algo; **das ~ wahren** salvar la cara; **sein ~ verlieren** perder prestigio, quedar mal; **es steht ihm ins ~ geschrieben** lo lleva escrito en la frente; **jdm etw ins ~ sagen** decirle a alguien algo a la cara; **jdm wie aus dem ~ geschnitten sein** ser el vivo retrato de alguien; **der Realität ins ~ sehen** ver las cosas como son; **ein unfreundliches ~ machen** poner cara de mal humor; **ein langes ~ machen** poner cara larga; **ein ~ machen wie drei Tage Regenwetter** (*fam*) poner cara de acelga **2.** (*Anblick*) aspecto *m;* **die Sanierung hat dem Viertel ein neues ~ verliehen** el saneamiento le ha dado un nuevo aspecto al barrio; **Gesichtsausdruck** *m* <-(e)s, -drücke> (expresión *f* de la) cara *f;* **Gesichtscreme** *f* <-, -s> crema *f* facial; **Gesichtsfarbe** *f* <-, -n> color *m* del rostro; (*Teint*) tez *f;* **Gesichtsfeld** *nt* <-(e)s, -er> (*Blickfeld*) campo *m* visual; **Gesichtskontrolle** *f* <-, -n> (*fam a. hum*) control *m* del aspecto externo; **in der neuen Disco machen sie jeden Abend eine ~** en la discoteca nueva controlan cada noche cómo vas vestido; **Gesichtskreis** *m* <-es, -e> **1.** (*Blickfeld*) campo *m* visual **2.** (*geistig*) horizontes *mpl;* **Gesichtslähmung** *f* <-, -en> (MED) parálisis *f inv* facial; **gesichtslos** *adj* **1.** (*ohne Gesicht*) sin cara, sin rostro **2.** (*Mensch*) sin substancia; **Gesichtsmaske** *f* <-, -n> mascarilla *f* facial; **Gesichtsmilch** *f* <-, *ohne pl*> leche *f* facial; **Gesichtspunkt** *m* <-(e)s, -e> punto *m* de vista; **unter diesem ~** desde [*o* bajo] este punto de vista; **Gesichtsrose** *f* <-, -n> (MED) rosa *f* facial; **Gesichtsverlust** *m* <-(e)s, -e> pérdida *f* de imagen (pública); **Gesichtswasser** *nt* <-s, -wässer> loción *f* para la cara; **Gesichtswinkel** *m* <-s, -> ángulo *m* visual; (*fig*) punto *m* de vista, enfoque *m;* **Gesichtszüge** *mpl* rasgos *mpl,* facciones *fpl*

Gesims [gəˈzɪms] *nt* <-es, -e> moldura *f*

Gesindel [gəˈzɪndəl] *nt* <-s, *ohne pl*> (*abw*) chusma *f*, purria *f*, gentuza *f*, pacotilla *f Am*; **mit diesem ~ möchte ich nichts zu tun haben!** ¡no quiero tener nada que ver con esta chusma!

gesinnt [gəˈzɪnt] *adj*: **gleich ~** de la misma manera de pensar; **jdm freundlich/übel ~ sein** sentir simpatía/antipatía por alguien

Gesinnung [gəˈzɪnʊŋ] *f* <-, -en> (*Denkart*) modo *m* de pensar, ideas *fpl*; (*Überzeugung*) convicciones *fpl*; **politische ~** credo político; **seine ~ wechseln** cambiar de opinión; **Gesinnungsgenosse, -in** *m, f* <-n, -n; -, -nen> correligionario, -a *m, f*, simpatizante *mf*; **gesinnungslos** *adj* (*abw*) sin principios, desleal; **dieser ~e Schuft hat seine Freunde verraten** este canalla sin principios ha traicionado a sus amigos; **Gesinnungswandel** *m* <-s, *ohne pl*>, **Gesinnungswechsel** *m* <-s, -> cambio *m* de opinión, chaqueteo *m fam pey*

gesittet [gəˈzɪtət] *adj* (*anständig*) decente; (*gut erzogen*) bien educado; **sich ~ aufführen** comportarse bien

Gesöff [gəˈzœf] *nt* <-(e)s, -e> (*fam abw*) brebaje *m*, mejunje *m*

gesoffen [gəˈzɔfən] *pp von* **saufen**

gesogen [gəˈzoːgən] *pp von* **saugen**

gesondert [gəˈzɔndɐt] **I.** *adj* separado, aparte **II.** *adv* por separado, aparte; **etw ~ verpacken** envolver algo por separado

gesonnen [gəˈzɔnən] **I.** *pp von* **sinnen** **II.** *adj*: **~ sein etw zu tun** tener la intención de hacer algo

gesotten [gəˈzɔtən] *pp von* **sieden**

gespalten [gəˈʃpaltən] *pp von* **spalten**

Gespan [gəˈʃpaːn] *m* <-en, -en> (*Schweiz: Kamerad*) compañero *m*

Gespann [gəˈʃpan] *nt* <-(e)s, -e> **1.** (*Wagen*) tiro *m*; (*Ochsen und Joch*) yunta *f* **2.** (*Personen*) pareja *f*

gespannt [gəˈʃpant] *adj* **1.** (*neugierig*) curioso (*auf* por); **ich bin ~, was daraus wird** tengo mucha curiosidad por ver qué pasa con esto **2.** (*aufmerksam*) atento **3.** (*Lage*) tenso

Gespanntheit *f* <-, *ohne pl*> **1.** (*Neugierigkeit*) curiosidad *f* **2.** (*Aufmerksamkeit*) atención *f* **3.** (*Gereiztheit*) tensión *f*

Gespenst [gəˈʃpɛnst] *nt* <-(e)s, -er> fantasma *m*, espanto *m Am*, azoro *m MAm*; (*von Toten*) aparecido *m*; **~er sehen** (*a. iron*) ver visiones; **Gespenstergeschichte** *f* <-, -n> historia *f* de fantasmas

gespensterhaft *adj* fantasmal, espectral; **~e Schatten tauchten im Nebel auf** de entre la niebla surgieron sombras espectrales

gespenstig *adj*, **gespenstisch** *adj* fantasmal

gespie(e)n [gəˈʃpiː(ə)n] *pp von* **speien**

gespielt [gəˈʃpiːlt] *adj* (*vorgetäuscht*) simulado, fingido

gespien [gəˈʃpiːn] *pp von* **speien**

Gespinst *nt* <-(e)s, -e> hilado *m*

gesponnen [gəˈʃpɔnən] *pp von* **spinnen**

Gespött [gəˈʃpœt] *nt* <-(e)s, *ohne pl*> sarcasmo *m*, burla *f*; **sich zum ~ der Leute machen** ser el hazmerreír de la gente

Gespräch [gəˈʃprɛːç] *nt* <-(e)s, -e> **1.** (*Unterhaltung*) conversación *f* (*über* de/sobre); (*Plauderei*) charla *f* (*über* sobre); **(mit jdm) ein ~ führen** conversar [*o* mantener una conversación] (con alguien); **mit jdm ins ~ kommen** trabar conversación con alguien; **das ~ auf etw bringen** llevar la conversación a algo; **im ~ sein** estar en boca de todos **2.** (TEL) conferencia *f*; (*Anruf*) llamada *f* (telefónica); **ein ~ anmelden** pedir línea

gesprächig *adj* comunicativo, locuaz

Gesprächigkeit *f* <-, *ohne pl*> locuacidad *f*, facilidad *f* de palabra

gesprächsbereit *adj* dispuesto a conversar; **Gesprächsdauer** *f* <-, *ohne pl*> duración *f* de una conversación; (TEL) duración *f* de una llamada; **nach dreistündiger ~ wurden die Verhandlungen abgebrochen** al cabo de tres horas se interrumpieron las negociaciones; **Gesprächseinheit** *f* <-, -en> (TEL) unidad *f*; **Gesprächsfaden** *m* <-s, -fäden> hilo *m* (de una conversación); **den ~ abreißen lassen** hacer perder el hilo de una conversación; **Gesprächsnotiz** *f* <-, -en> apunte *m*, nota *f*; **Gesprächspartner(in)** *m(f)* <-s, -; -, -nen> interlocutor(a) *m(f)*; **Gesprächsstoff** *m* <-(e)s, -e> tema *m* de conversación; **Gesprächsteilnehmer(in)** *m(f)* <-s, -; -, -nen> tertuliano, -a *m, f*, contertulio, -a *m, f*; **wieviele ~ kommen zu unserer Diskussionsrunde?** ¿cuánta gente participará en el debate?; **Gesprächsthema** *nt* <-s, -themen> tema *m* de conversación; **Gesprächstherapie** *f* <-, -n> (PSYCH) terapia *f* conversacional

gespreizt [gəˈʃpraɪtst] *adj* (*abw*) afectado, amanerado

gesprenkelt [gəˈʃprɛŋkəlt] *adj* con puntos, moteado

Gespritzte(r) [gəˈʃprɪtstɐ] *m* <-n, -n> (*südd, Österr:* GASTR) *vino con agua mineral con gas*

gesprochen [gəˈʃprɔxən] *pp von* **sprechen**

gesprossen [gəˈʃprɔsən] *pp von* **sprießen**

gesprungen [gəˈʃprʊŋən] *pp von* **springen**

Gespür [gəˈʃpyːɐ] *nt* <-s, *ohne pl*> sentido *m* (*für* de), olfato *m* (*für* para)

gest. *Abk. von* **gestorben** fallecido

Gestade [gəˈʃtaːdə] *nt* <-s, -> (*geh: Küste*) costa *f*; (*Ufer*) orilla *f*

Gestagen [gɛstaˈgeːn] *nt* <-s, -e> (*Hormon*) gestágeno *m*

Gestalt [gəˈʃtalt] *f* <-, -en> **1.** (*äußere Erscheinung*) aspecto *m*; (*Wuchs*) talla *f*, estatura *f* **2.** (*Form*) forma *f*, figura *f*; **etw zeigt sich in seiner wahren ~** algo se muestra en su verdadero aspecto; **~ annehmen** tomar cuer-

G

po; **etw** *dat* ~ **verleihen** dar forma a algo; **in ~ von** en forma de **3.** (*Persönlichkeit*) personaje *m;* **Dracula ist eine düstere ~** Drácula es un personaje tenebroso **4.** (*Person*) persona *f;* **zwei armselige ~en** dos pobres hombres

gestalten* **I.** *vt* **1.** (*Wohnung*) distribuir; (*Vortrag, Unterricht*) elaborar; (*Freizeit, Leben*) organizar **2.** (ARCHIT, KUNST) formar; (*Bild, Figur, Entwurf*) hacer, crear **II.** *vr:* **sich ~** (*geh*) formarse; **der Ablauf wird sich folgendermaßen ~** el desarrollo será de la siguiente manera; **die Bergung gestaltete sich schwieriger als erwartet** el rescate resultó más difícil de lo esperado

Gestalter(in) *m(f)* <-s, -; -, -nen> diseñador(a) *m(f)*

gestalterisch *adj* creativo

Gestaltpsychologie *f* <-, *ohne pl*> (PSYCH) psicología *f* de la forma

Gestaltung *f* <-, -en> (*Wohnung*) distribución *f;* (*von Thema, Veranstaltung*) presentación *f;* (*Freizeit*) organización *f;* (*Aufbau*) estructuración *f;* (*schöpferisch*) creación *f*

Gestammel [gəˈʃtaməl] *nt* <-s, *ohne pl*> (*abw*) tartamudeo *m*

gestanden [gəˈʃtandən] *pp von* **gestehen, stehen**

geständig [gəˈʃtɛndɪç] *adj* confeso; **~ sein** confesar

Geständnis [gəˈʃtɛntnɪs] *nt* <-ses, -se> confesión *f;* **ein ~ ablegen** confesar; **ich muss dir ein ~ machen!** ¡tengo que confesarte algo!

Gestänge [gəˈʃtɛŋə] *nt* <-s, -> varillaje *m*

Gestank [gəˈʃtaŋk] *m* <-(e)s, *ohne pl*> (*abw*) hedor *m,* mal olor *m,* peste *f fam,* berrinche *m Mex,* fortaleza *f Chil*

Gestapo [geˈstaːpo] *f* (*des NS-Regimes*) *Abk. von* **Geheime Staatspolizei** Gestapo *f*

gestatten* [gəˈʃtatən] *vt* permitir; (*offiziell*) autorizar; **jdm etw ~** autorizar a alguien (para) algo; **es ist Ihnen nicht gestattet, das Land zu verlassen** no se le permite abandonar el país; **wenn ich mir die Bemerkung ~ darf** si me permite la observación; **Sie ~?** (con) permiso; **~, Meier** con permiso, Meier; **er gestattete sich** *dat* **einen Kognak** se permitió un coñac

Geste [ˈgeːstə, ˈgɛstə] *f* <-, -n> gesto *m*

Gesteck [gəˈʃtɛk] *nt* <-(e)s, -e> centro *m* de mesa

gestehen *irr vt* **1.** (JUR) confesar **2.** (*zugeben*) admitir, reconocer; **offen gestanden weiß ich es nicht** a decir verdad no lo sé

Gestein [gəˈʃtaɪn] *nt* <-(e)s, -e> mineral *m;* (*Fels*) roca *f;* **vulkanisches ~** roca volcánica; **Gesteinsprobe** *f* <-, -n> (GEO) muestra *f* de roca; **Gesteinsschicht** *f* <-, -en> (GEO) estrato *m* de roca

Gestell [gəˈʃtɛl] *nt* <-(e)s, -e> **1.** (*Unterbau*) armazón *m o f;* (*Stütze*) soporte *m* **2.** (AUTO) chasis *m inv* **3.** (*Brillen~*) montura *f*

gestellt [gəˈʃtɛlt] *adj* (*Szene*) montado; (*Foto*) poco natural

gestern [ˈgɛstɐn] *adv* ayer; **~ Abend/Morgen** ayer por la noche/por la mañana; **~ vor einer Woche** ayer hace ocho días; **ich bin doch nicht von ~** (*fam*) no nací ayer

Gestern *nt* <-, *ohne pl*> (*Vergangenheit*) ayer *m*

gestiefelt [gəˈʃtiːfəlt] *adj* con botas (puestas); **er ist für den Ausritt ~** se ha puesto las botas para salir a montar; **der G~e Kater** el Gato con Botas; **~ und gespornt** (*fam hum*) listo para salir

gestiegen [gəˈʃtiːgən] *pp von* **steigen**

Gestik [ˈgeːstɪk, ˈgɛstɪk] *f* <-, *ohne pl*> gestos *mpl,* ademanes *mpl*

Gestikulation *f* <-, -en> gesticulación *f*

gestikulieren* [gɛstikuˈliːrən, gestiku'liːrən] *vi* gesticular, hacer gestos

Gestirn [gəˈʃtɪrn] *nt* <-(e)s, -e> astro *m*

gestoben [gəˈʃtoːbən] *pp von* **stieben**

gestochen [gəˈʃtɔxən] **I.** *pp von* **stechen** **II.** *adj* (*sorgfältig*) esmerado; (*Handschrift*) claro; **~ scharf** (*Foto*) muy nítido

gestohlen [gəˈʃtoːlən] *pp von* **stehlen**

Gestöhn(e) [gəˈʃtøːn(ə)] *nt* <-(e)s, *ohne pl*> (*fam*) gemidos *mpl,* quejidos *mpl;* **unter viel ~ hat er mir dann doch geholfen** después de mucho quejarse accedió a ayudarme; **aus dem Nebenzimmer ertönte das ~ des verliebten Pärchens** en la habitación contigua se oían los jadeos de la pareja de enamorados

gestorben [gəˈʃtɔrbən] *pp von* **sterben**

gestört [gəˈʃtøːɐt] *adj* **1.** (PSYCH: *Verhältnis*) perturbado; (*Kind*) problemático; **geistig/psychisch ~** perturbado **2.** (*fam: verrückt*) chiflado

gestoßen [gəˈʃtoːsən] *pp von* **stoßen**

Gestotter *nt* <-s, *ohne pl*> (*fam abw*) tartamudeo *m*

Gesträuch [gəˈʃtrɔɪç] *nt* <-(e)s, -e> arbustos *mpl*

gestreift [gəˈʃtraɪft] *adj* a rayas, rayado; **grünweiß ~** a rayas verdes y blancas; **grau ~e Anzüge sind wieder modern** los trajes a rayas de color gris vuelven a estar de moda

gestreng *adj* (*alt*) severo; **er war ein ~er, aber gerechter Herrscher** era un gobernante duro, pero justo

gestresstRR [gəˈʃtrɛst] *adj,* **gestreßt** *adj* estresado

gestrichen [gəˈʃtrɪçən] **I.** *pp von* **streichen** **II.** *adj* (*Maßangabe*) raso, rasado; **ein ~er Teelöffel voll Zucker** una cucharilla rasa de azúcar; **ich hab die Schnauze ~ voll** (*fam*) estoy hasta las narices

gestrig [ˈgɛstrɪç] *adj* de ayer; **die ewig G~en** los chapados a la antigua, los carrozas

gestritten [gəˈʃtrɪtən] *pp von* **streiten**

Gestrüpp [gəˈʃtrʏp] *nt* <-(e)s, -e> broza *f,* maleza *f,* pajonal *m Am*

gestunken [gəˈʃtʊŋkən] *pp von* **stinken**

Gestürm *nt* <-s, *ohne pl*> (*Schweiz*)

1. (*Lärm*) ruido *m* **2.** (*Aufruhr*) revuelo *m* **3.** (*Geschwätz*) cháchara *f*

Gestüt [gəˈʃtyːt] *nt* <-(e)s, -e> criadero *m* de caballos

Gesuch [gəˈzuːx] *nt* <-(e)s, -e> solicitud *f*, petición *f*, aplicación *f Am*, presentación *f Am;* **ein ~ einreichen** presentar una solicitud; **einem ~ entsprechen** acceder a una solicitud

gesucht [gəˈzuːxt] *adj* **1.** (*gekünstelt*) amanerado, rebuscado **2.** (*begehrt*) solicitado

Gesülze *nt* <-s, *ohne pl*> (*fam abw*) conversación *f* que carece de fundamento; **so ein ~ kann ich mir nicht anhören!** ¡estoy harto de tantas bobadas!

Gesumm(e) [gəˈzʊm(ə)] *nt* <-(e)s, *ohne pl*> zumbido *m*

gesund [gəˈzʊnt] *adj* <gesünder *o* gesunder, am gesündesten *o* am gesundesten> sano; (*heilsam*) saludable; **~e Ernährung** alimentación sana; **der ~e Menschenverstand** el sentido común; **~es Misstrauen** desconfianza razonable; **wieder ~ werden** recobrar la salud; **ich bin ~ und munter** estoy sano y salvo; **Vitamin C ist ~** la vitamina C es buena para la salud; **Sport hält ~** el deporte mantiene en forma; **~ aussehen** tener buen aspecto; **~e Anschauungen haben** tener ideas sanas

Gesunde(r) *mf* <-n, -n; -n, -n> persona *f* sana

gesunden* [gəˈzʊndən] *vi sein* (*geh*) **1.** (*Mensch*) sanar, recuperarse **2.** (*Wirtschaft*) recuperarse

gesünder [gəˈzʏndɐ] *adj kompar von* **gesund**

gesündeste(r, s) [gəˈzʏndəstə, -tɐ, -təs] *adj superl von* **gesund**

Gesundheit *f* <-, *ohne pl*> **1.** (*des Menschen*) salud *f;* **geistige ~** salud mental; **etw für seine ~ tun** hacer algo por su salud; **auf Ihre ~!** ¡a su salud!; **bei guter ~ sein** tener [*o* gozar de] buena salud; **~!** (*beim Niesen*) ¡Jesús!, ¡salud! **2.** (*der Wirtschaft*) prosperidad *f*

gesundheitlich *adj* **1.** (*die Gesundheit betreffend*) de salud; (*Institution*) sanitario; **aus ~en Gründen** por razones de salud **2.** (*der Gesundheit dienend*) saludable

Gesundheitsamt *nt* <-(e)s, -ämter> Departamento *m* de Sanidad; **Gesundheitsapostel** *m* <-s, -> (*iron*) apóstol *m* de la vida sana; **gesundheitsbewusst**[RR] *adj* consciente de la salud; **Gesundheitsbewusstsein**[RR] *nt* <-s, *ohne pl*> conciencia *f* de la salud; **Gesundheitsdezernent(in)** *m(f)* <-en, -en; -, -nen> jefe, -a *m, f* de negociado en la administración de Sanidad; **gesundheitsfördernd** *adj* saludable; **Gesundheitsminister(in)** *m(f)* <-s, -; -, -nen> ministro, -a *m, f* de Sanidad; **Gesundheitsministerium** *nt* <-s, -ministerien> Ministerio *m* de Sanidad; **gesundheitsschädlich** *adj* perjudicial para la salud; **Gesundheitsvorsorge** *f* <-, *ohne pl*> previsión *f* de la salud; **Gesundheitswelle** *f* <-, -n> ola *f* de salud; **Gesundheitswesen** *nt* <-s, *ohne pl*> sanidad *f;* **Gesundheitszeugnis** *nt* <-ses, -se> (ADMIN, MED) certificado *m* médico; **Gesundheitszustand** *m* <-(e)s, -stände> estado *m* de salud

gesund|schreiben[RR] *irr vt* dar de alta; **gesund|schrumpfen** *vt* (*fam*) sanear, racionalizar; **gesund|stoßen** *irr vr:* **sich ~** (*fam*) hacer su agosto

Gesundung *f* <-, *ohne pl*> **1.** (MED) curación *f*, restablecimiento *m* **2.** (WIRTSCH: *einer Firma*) recuperación *f;* (*der Staatsfinanzen*) saneamiento *m*

gesungen [gəˈzʊŋən] *pp von* **singen**

gesunken [gəˈzʊŋkən] *pp von* **sinken**

getan *pp von* **tun**

Getier [gəˈtiːɐ] *nt* <-(e)s, *ohne pl*> bichos *mpl*

getigert [gəˈtiːgɐt] *adj* atigrado; **eine ~e Katze** un gato atigrado; **ein ~es Fell** una piel atigrada

Getöse [gəˈtøːzə] *nt* <-s, *ohne pl*> estrépito *m*, estruendo *m*, chivateo *m Am*

getragen [gəˈtraːgən] **I.** *pp von* **tragen** **II.** *adj* **1.** (*Musik*) lento **2.** (*Kleidung*) usado, de segunda mano

Getrampel *nt* <-s, *ohne pl*> (*fam abw*) ruido *m* de pasos, zapateo *m*, pataleo *m*

Getränk [gəˈtrɛŋk] *nt* <-(e)s, -e> bebida *f;* **Getränkeautomat** *m* <-en, -en> máquina *f* automática de bebidas; **Getränkedose** *f* <-, -n> lata *f* de bebida; **Getränkekarte** *f* <-, -n> (GASTR) carta *f* de bebidas; **Getränkemarkt** *m* <-(e)s, -märkte> supermercado *m* de bebidas; (*innerhalb eines Supermarktes*) sección *f* de bebidas; **Getränkesteuer** *f* <-, -n> impuesto *m* sobre (las) bebidas

Getrappel [gəˈtrapl] *nt* <-s, *ohne pl*> (*Schritte*) ruido *m* de pisadas; (*Hufe*) trápala *f;* **emsiges ~ war auf den Fluren zu hören** en los pasillos se oía un continuo ruido de pisadas

Getratsch(e) [gəˈtraːtʃ(ə)] *nt* <-(e)s, *ohne pl*> (*fam abw*) chismorreo *m*, chismes *mpl;* **geht das ~ schon wieder los?** ¿otra vez chismorreando?

getrauen* *vr:* **sich ~** atreverse (*zu* a); **ich getraue mich nicht mehr Gehalt zu fordern** no me atrevo a pedir un aumento de sueldo

Getreide [gəˈtraɪdə] *nt* <-s, -> cereales *mpl o fpl;* **Getreideanbau** *m* <-(e)s, *ohne pl*> cultivo *m* de cereales; **Getreideart** *f* <-, -en> variedad *f* de cereal; **Getreideernte** *f* <-, -n> cosecha *f* de cereales; **Getreidekorn** *nt* <-(e)s, -körner> grano *m* (de cereal)

Getreideland[1] *nt* <-(e)s, -länder> (*Staat*) país *m* productor de cereales

Getreideland[2] *nt* <-(e)s, *ohne pl*> (*Ackerland*) campo *m* de cereales

Getreidemühle *f* <-, -n> molino *m* harine-

G

ro; **Getreidepflanze** *f* <-, -n> planta *f* cereal; **Getreideprodukt** *nt* <-(e)s, -e> producto *m* a base de cereales; **Getreidesilo** *m o nt* <-s, -s>, **Getreidespeicher** *m* <-s, -> silo *m* de cereales, granero *m*

getrennt [gəˈtrɛnt] **I.** *adj* separado **II.** *adv* por separado; ~ **leben** vivir separados; **schreibt man das ~?** ¿eso se escribe separado?; **Getrenntschreibung** *f* <-, -en> (GRAM) escritura *f* en dos palabras [*o* separada]; **zu beachten ist die ~ von „zu Hause"** obsérvese que "zu Hause" se escribe separado; **Getrenntveranlagung** *f* <-, -en> (FIN) tributación *f* individual

getreten *pp von* **treten**

getreu [gəˈtrɔɪ] **I.** *adj* (*geh*) fiel **II.** *präp +dat* fiel a; ~ **den Regeln** fiel a las reglas

Getreue(r) *mf* <-n, -n; -n, -n> (*geh*) incondicional *mf*, leal *mf*; **seine ~n hielten bis zum Schluss zu ihm** sus partidarios le apoyaron incondicionalmente hasta el final

Getriebe [gəˈtriːbə] *nt* <-s, -> (*an Maschine*) engranaje *m*, mecanismo *m*; (AUTO) caja *f* de cambios

getrieben *pp von* **treiben**

Getriebeöl *nt* <-(e)s, -e> (AUTO) aceite *m* lubricante; **Getriebeschaden** *m* <-s, -schäden> (AUTO) avería *f* en la caja de cambios

getroffen *pp von* **treffen**

getrogen *pp von* **trügen**

Getrommel *nt* <-s, *ohne pl*> (*auf einer Trommel*) ruido *m* del tambor; (*mit den Fingern*) tamborileo *m*, tabaleo *m*

getrost [gəˈtroːst] *adv* **1.** (*vertrauensvoll*) con confianza, sin miedo **2.** (*ohne Bedenken*) sin objeción alguna, tranquilamente; **man darf ~ behaupten, dass die Geschäfte gut gehen** se puede afirmar sin objeción alguna que los negocios van bien

getrübt [gəˈtryːpt] *adj* turbio, enturbiado

getrunken *pp von* **trinken**

Getto [ˈgɛto] *nt* <-s, -s> gueto *m*, ghetto *m*

gettoisieren* *vt* **1.** (*zum Getto machen*) convertir en un gueto **2.** (*geh: absondern*) aislar, separar

Getue [gəˈtuːə] *nt* <-s, *ohne pl*> (*fam abw*) pose *f*; **ein zimperliches ~** remilgos *mpl*

Getümmel [gəˈtʏməl] *nt* <-s, -> tumulto *m*, alboroto *m*

getüpfelt [gəˈtʏpfəlt] *adj* moteado

Getuschel *nt* <-s, *ohne pl*> (*fam abw*) cuchicheos *mpl* (*über* sobre)

geübt [gəˈʔyːpt] *adj* (*erfahren*) experto; (*geschickt*) hábil; **im Reden ~ sein** tener facilidad de palabra

Gew. *Abk. von* **Gewerkschaft** sindicato *m*

GEW [geːʔeːˈveː] *f Abk. von* **Gewerkschaft für Erziehung und Wissenschaft** sindicato *m* de profesores

Gewächs [gəˈvɛks] *nt* <-es, -e> **1.** (*Pflanze*) planta *f*, vegetal *m* **2.** (*Geschwulst*) tumor *m*

gewachsen [gəˈvaksən] **I.** *pp von* **wachsen[1]** **II.** *adj*: **jdm/etw** *dat* **~ sein** estar a la altura de alguien/algo

Gewächshaus *nt* <-es, -häuser> invernadero *m*

gewagt [gəˈvaːkt] *adj* **1.** (*riskant*) arriesgado, peligroso **2.** (*moralisch bedenklich*) osado, atrevido

gewählt [gəˈvɛːlt] *adj* (*Stil*) culto; (*elegant*) elegante

gewahr [gəˈvaːɐ] *adj* (*geh*): **etw** *gen/akk/* **jds** [*o* **jdn**] **~ werden** apercibirse de algo/alguien

Gewähr [gəˈvɛːɐ] *f* <-, *ohne pl*> garantía *f*; **ohne ~** sin garantía; **jdm die ~ dafür bieten, dass ...** garantizarle a alguien que...

gewahren* [gəˈvaːrən] *vt* (*geh*) percatarse de, darse cuenta de; **seine Freunde gewahrten ihn nicht** sus amigos no se percataron de él; **er gewahrte die schemenhaften Umrisse der Burg** vislumbró el contorno espectral del castillo

gewähren* [gəˈvɛːrən] **I.** *vt* (*bewilligen*) otorgar, conceder; (*geben*) dar, proporcionar; (*erlauben*) permitir **II.** *vi*: **jdn ~ lassen** dejar plena libertad a alguien

gewährleisten* *vt* asegurar, garantizar

Gewährleistung *f* <-, -en> **1.** (*Sicherstellung, Mängelhaftung*) garantía *f* **2.** (*Schweiz: Genehmigung*) permiso *m*; **Gewährleistungsanspruch** *m* <-(e)s, -sprüche> (JUR, WIRTSCH) derecho *m* de garantía; **Gewährleistungsfrist** *f* <-, -en> (JUR, WIRTSCH) plazo *m* de garantía; **Gewährleistungspflicht** *f* <-, -en> (JUR, WIRTSCH) obligación *f* de garantía

Gewahrsam [gəˈvaːɐzaːm] *m* <-s, *ohne pl*> **1.** (*Obhut*) custodia *f*; **etw in ~ nehmen** tomar algo en custodia **2.** (*Gefangenschaft*) arresto *m*; **jdn in ~ nehmen** arrestar a alguien

Gewährsmann *m* <-(e)s, -männer *o* -leute> garante *m*, avalador *m*

Gewährung *f* <-, -en> concesión *f*; (*Erlaubnis*) permiso *m*

Gewalt[1] [gəˈvalt] *f* <-, -en> (*Macht*) poder *m*; **elterliche ~** patria potestad; **höhere ~** (caso de) fuerza mayor; **sich in der ~ haben** dominarse, mantener el control sobre sí mismo; **jdn in seiner ~ haben** tener a alguien en su poder; **in jds ~ geraten** caer en poder de alguien; **er verlor die ~ über seinen Wagen** perdió el control de su coche; **mit aller ~** a toda costa; **die ~ über Leben und Tod** el poder sobre la vida y la muerte; **alle ~ geht vom Volk aus** todo el poder emana del pueblo

Gewalt[2] *f* <-, *ohne pl*> **1.** (*~tätigkeit*) violencia *f*, fuerza *f*; **mit ~** por fuerza, con violencia, a la brava *Am*, por las bravas *Am*; **~ anwenden** recurrir a la fuerza; **sich** *dat* **~ antun** forzarse **2.** (*Heftigkeit*) fuerza *f*, vehemencia *f*

Gewaltakt *m* <-(e)s, -e> acto *m* de violencia [*o* violento]; **Gewaltanwendung** *f* <-,

-en> empleo *m* de la violencia; **gewaltbereit** *adj* dispuesto a la violencia; **Gewaltbereitschaft** *f* <-, *ohne pl*> disposición *f* a la violencia

Gewaltenteilung *f* <-, *ohne pl*> separación *f* de poderes, división *f* de poderes

gewaltfrei I. *adj* no violento II. *adv* sin violencia; **Gewaltherrschaft** *f* <-, *ohne pl*> tiranía *f*, dictadura *f*; **Gewaltherrscher(in)** *m(f)* <-s, -; -, -nen> tirano, -a *m, f*

gewaltig I. *adj* 1. (*mächtig*) poderoso 2. (*riesig*) enorme, inmenso II. *adv* (*fam: sehr*) tremendamente; **sich ~ irren** estar en un gran error

gewaltlos *adj* sin violencia, pacífico; **~er Widerstand** resistencia pacífica

Gewaltlosigkeit *f* <-, *ohne pl*> renuncia *f* a la violencia

Gewaltmarsch *m* <-(e)s, -märsche> marcha *f* forzada

Gewaltmaßnahme *f* <-, -n> coacción *f*

Gewaltmonopol *nt* <-s, -e> monopolio *m* del poder

gewaltsam I. *adj* violento II. *adv* a la fuerza, a viva fuerza; **eine Tür ~ öffnen** forzar una puerta

Gewalttat *f* <-, -en> acto *m* violento; (*Verbrechen*) crimen *m*; **Gewalttäter(in)** *m(f)* <-s, -; -, -nen> criminal *mf* peligroso, -a

gewalttätig *adj* violento, brutal

Gewalttätigkeit[1] *f* <-, *ohne pl*> (*Eigenschaft*) brutalidad *f*, violencia *f*

Gewalttätigkeit[2] *f* <-, -en> *s.* **Gewalttat**

Gewaltverbrechen *nt* <-s, -> crimen *m* violento; **Gewaltverbrecher(in)** *m(f)* <-s, -; -, -nen> *s.* Gewalttäter; **Gewaltverherrlichung** *f* <-, *ohne pl*> apología *f* de la violencia, exaltación *f* de la violencia

Gewaltverzicht *m* <-(e)s, -e> renuncia *f* a la violencia [*o* al uso de la fuerza]; **Gewaltverzichtsabkommen** *nt* <-s, -> (POL) convenio *m* de renuncia a la violencia

Gewaltwelle *f* <-, -n> onda *f* de violencia

Gewand [gə'vant, *pl:* gə'vɛndɐ] *nt* <-(e)s, -wänder> 1. (*geh: Kleidungsstück*) vestimenta *f*; (*Umhang*) manto *m*, capa *f*; **in neuem ~** (*fig*) con una nueva presentación 2. (*Schweiz: Kleidung*) vestido *m*

gewandet *adj* (*hum alt*) vestido, ataviado

gewandt [gə'vant] I. *pp von* **wenden**[2] II. *adj* hábil, diestro; (*Auftreten*) seguro; (*Stil*) fluido

Gewandtheit *f* <-, *ohne pl*> (*im Auftreten*) seguridad *f*, soltura *f*; (*der Bewegungen*) destreza *f*, agilidad *f*; **seine Ausdrucksweise zeugt von großer ~ (im Stil)** su forma de expresarse da fe de una gran precisión y riqueza

gewann [gə'van] *3. imp von* **gewinnen**

gewärtig [gə'vɛrtɪç] *adj* (*geh*): **etw** *gen* **~ sein** hacerse a la idea de algo, esperar algo, estar preparado para algo; **er ist einer Prüfung ~** está preparado para un examen; **ich bin ~, dass sie jeden Moment anruft** espero a que llame en cualquier momento

gewärtigen* *vt* (*geh*) 1. (*erhoffen*): **etwas/nichts (von jdm) ~** esperar algo/no esperar nada (de alguien); **von ihm wirst du keine Nachsicht zu ~ haben** no esperes de él que sea indulgente 2. (*sich gefasst machen auf*): **etw zu ~ haben** estar preparado para algo; **etw ~ müssen** contar con algo, esperar algo; **für diese Verkehrsübertretung werden Sie ein Bußgeld zu ~ haben** hágase a la idea de que tendrá que pagar una multa por esta infracción de tráfico; **du musst zum Chef; ob du etwas Unangenehmes/Vorhaltungen zu ~ hast?** el jefe dice que vayas, ¿esperas acaso que suceda algo desagradable/que te recrimine algo?

Gewäsch [gə'vɛʃ] *nt* <-(e)s, *ohne pl*> (*fam abw*) tonterías *fpl*, bobadas *fpl*; **wie lange muss ich mir dieses ~ noch anhören?** ¿tengo que seguir aguantando estas bobadas todavía mucho rato?

gewaschen [gə'vaʃən] *pp von* **waschen**

Gewässer [gə'vɛsɐ] *nt* <-s, -> agua(s) *f(pl)*; **ein fließendes/stehendes ~** aguas corrientes/estancadas [*o* muertas]; **Gewässerinstandhaltung** *f* <-, -en> (ÖKOL) conservación *f* de las aguas; **Gewässerkunde** *f* <-, *ohne pl*> hidrografía *f*; **Gewässerreinhaltung** *f* <-, *ohne pl*> (ÖKOL), **Gewässerschutz** *m* <-(e)s, *ohne pl*> protección *f* de aguas; **Gewässerverschmutzung** *f* <-, -en> contaminación *f* de las aguas

Gewebe [gə've:bə] *nt* <-s, -> (*a.* MED, BIOL) tejido *m*; **Gewebsflüssigkeit** *f* <-, -en> (MED) líquido *m* del tejido; **Gewebstransplantation** *f* <-, -en> (MED) transplantación *f* de tejido

Gewehr [gə've:ɐ] *nt* <-(e)s, -e> fusil *m*; **Gewehrkolben** *m* <-s, -> culata *f* del fusil; **Gewehrkugel** *f* <-, -n> bala *f* de fusil; **Gewehrlauf** *m* <-(e)s, -läufe> cañón *m* del fusil

Geweih [gə'vaɪ] *nt* <-(e)s, -e> cornamenta *f*, cuernos *mpl*

Gewerbe[1] [gə'vɛrbə] *nt* <-s, -> (*Tätigkeit*) oficio *m*, profesión *f*; **ein ~ anmelden** solicitar la licencia profesional, registrar un negocio; **ein ~ (be)treiben** dedicarse a un oficio

Gewerbe[2] *nt* <-s, *ohne pl*> (*Betrieb*) empresa *f* (mediana)

Gewerbeaufsicht *f* <-, -en> inspección *f* de trabajo; **Gewerbeaufsichtsamt** *nt* <-(e)s, -ämter> Departamento *m* de Inspección Industrial

Gewerbeberechtigung *f* <-, -en> (JUR, WIRTSCH) licencia *f* profesional; **Gewerbebetrieb** *m* <-(e)s, -e> empresa *f* industrial [*o* comercial]; **Gewerbeertragssteuer** *f* <-, -n> (FIN, WIRTSCH) impuesto *m* sobre el beneficio industrial; **Gewerbefläche** *f* <-, -n> superficie *f* industrial; **Gewerbefreiheit** *f* <-, -en> (WIRTSCH) libertad *f* de industria; **Gewerbegebiet** *nt* <-(e)s, -e> polígono *m* industrial; **Gewerbekapitalsteuer** *f* <-,

-n> (FIN, WIRTSCH) impuesto *m* sobre el capital industrial; **Gewerbeordnung** *f* <-, -en> reglamento *m* industrial [*o* de industrias]; **Gewerbepark** *m* <-(e)s, -s> parque *m* industrial; **Gewerbeschein** *m* <-(e)s, -e> licencia *f* profesional; **Gewerbesteuer** *f* <-, -n> impuesto *m* industrial; **Gewerbetreibende(r)** *mf* <-n, -n; -n, -n> industrial *mf;* **Gewerbezentrum** *nt* <-s, -zentren> (WIRTSCH) centro *m* industrial; **Gewerbezweig** *m* <-(e)s, -e> ramo *m* industrial [*o* comercial]

gewerblich [gə'vɛrplɪç] *adj* comercial; (*industriell*) industrial; (*beruflich*) profesional; **etw ~ nutzen** usar algo con fines comerciales

gewerbsmäßig *adj* profesional

Gewerkschaft [gə'vɛrkʃaft] *f* <-, -en> sindicato *m;* **in der ~ sein** estar sindicado; **in die ~ gehen** sindicarse

Gewerkschaft(l)er(in) *m(f)* <-s, -; -, -nen> sindicalista *mf*

gewerkschaftlich *adj* sindical; **~ organisiert** organizado sindicalmente [*o* en sindicatos]

Gewerkschaftsbewegung *f* <-, -en> movimiento *m* sindical; **Gewerkschaftsboss**RR *m* <-es, -e> (*fam a. abw*) dirigente *mf* sindical; **Gewerkschaftsbund** *m* <-(e)s, -e> confederación *f* de sindicatos; **Gewerkschaftsführer(in)** *m(f)* <-s, -; -, -nen> líder *m* sindical; **Gewerkschaftsfunktionär(in)** *m(f)* <-s, -e; -, -nen> funcionario, -a *m, f* sindical; **Gewerkschaftsmitglied** *nt* <-(e)s, -er> sindicalista *mf;* **Gewerkschaftsverband** *m* <-(e)s, -bände> federación *f* sindical; **Gewerkschaftswesen** *nt* <-s, *ohne pl*> sindicalismo *m*

gewesen [gə've:zən] *pp von* **sein**

gewichen [gə'vɪçən] *pp von* **weichen**

Gewicht[1] [gə'vɪçt] *nt* <-(e)s, *ohne pl*> **1.** (*Schwere, a.* PHYS) peso *m;* **frachtpflichtiges ~** peso sujeto a tarifa; **spezifisches ~** peso específico; **sein ~ halten** mantener su peso; **für jdn sein ganzes ~ in die Waagschale werfen** hacer uso de toda su autoridad [*o* influencia] en favor de alguien; **der Preis geht nach ~** el precio va según peso **2.** (*Bedeutung*) peso *m,* importancia *f;* **(nicht) ins ~ fallen** (no) tener importancia; **auf etw ~ legen** dar importancia a algo

Gewicht[2] *nt* <-(e)s, -e> (*für Waage, Uhr, a.* SPORT) pesa *f*

gewichten* *vt* (*Bedeutung beimessen*) atribuir la debida [*o* correspondiente] importancia (a)

Gewichtheben *nt* <-s, *ohne pl*> (SPORT) levantamiento *m* de pesas [*o* de pesos]; **Gewichtheber(in)** *m(f)* <-s, -; -, -nen> levantador(a) *m(f)* de pesas [*o* de pesos]

gewichtig *adj* **1.** (*bedeutungsvoll*) importante, de peso **2.** (*iron: dick*) obeso

Gewichtsabnahme *f* <-, -n> pérdida *f* de peso; **Gewichtsangabe** *f* <-, -n> indicación *f* del peso; **Gewichtsklasse** *f* <-, -n> (SPORT) categoría *f;* **Gewichtskontrolle** *f* <-, -n> control *m* del peso; **Gewichtsverlust** *m* <-(e)s, -e> pérdida *f* de peso; **Gewichtszunahme** *f* <-, -n> aumento *m* de peso

Gewichtung *f* <-, -en> baremo *m;* **auf Grund veränderter Voraussetzungen musste eine andere ~ der Projekte vorgenommen werden** al variar las condiciones de los proyectos tuvo que ser modificado a su vez el baremo

gewieft [gə'vi:ft] *adj* (*fam*), **gewiegt** [gə'vi:kt] *adj* (*fam*) astuto, ladino

Gewieher [gə'vi:ɐ] *nt* <-s, *ohne pl*> **1.** (*Pferd*) relincho *m* **2.** (*abw: Gelächter*) carcajada *f*

gewiesen [gə'vi:zən] *pp von* **weisen**

gewillt [gə'vɪlt] *adj:* **~ sein etw zu tun** estar dispuesto a hacer algo

Gewimmel *nt* <-s, *ohne pl*> gentío *m,* enjambre *m*

Gewimmer [gə'vɪmɐ] *nt* <-s, *ohne pl*> gimoteo *m,* lloriqueo *m;* **aus dem Kinderzimmer drang klägliches ~** se oía un gimoteo lastimero en la habitación de los niños

Gewinde [gə'vɪndə] *nt* <-s, -> (TECH) rosca *f;* **Gewindebohrer** *m* <-s, -> (TECH) macho *m* de roscar; **Gewindegang** *m* <-(e)s, -gänge> (TECH) vuelta *f* de rosca; **Gewindeschneider** *m* <-s, -> (TECH) peine *m* de terrajar

Gewinn[1] [gə'vɪn] *m* <-(e)s, -e> **1.** (WIRTSCH) beneficio *m,* ganancia *f;* **anfallender/effektiver ~** beneficio acumulado/efectivo; **erzielter/reiner ~** beneficio obtenido/neto; **am ~ beteiligt sein** participar en los beneficios; **mit ~ arbeiten/verkaufen** trabajar/vender con beneficios; **~ aus Sachanlagen** beneficio procedente del material inmovilizado; **~ nach/vor Steuern** beneficios después/antes de impuestos; **~ machen** obtener beneficios; **~ abwerfen** producir beneficios **2.** (*in Lotterie*) premio *m*

Gewinn[2] *m* <-(e)s, *ohne pl*> (*Nutzen*) provecho *m;* **~ bringend** lucrativo; (*vorteilhaft*) ventajoso; **aus etw** *dat* **~ schlagen** sacar provecho de algo

Gewinnabführung *f* <-, -en> (FIN, WIRTSCH) transferencia *f* de beneficios; **Gewinnabschöpfung** *f* <-, -en> (FIN, WIRTSCH) absorción *f* del excedente de beneficios; **Gewinnanspruch** *m* <-(e)s, -sprüche> (FIN, WIRTSCH) derecho *m* a beneficios; **Gewinnanteil** *m* <-(e)s, -e> participación *f* en los beneficios; **Gewinnausfall** *m* <-(e)s, -fälle> (FIN, WIRTSCH) pérdida *f* de beneficios; **Gewinnausschüttung** *f* <-, -en> (WIRTSCH) reparto *m* de dividendos [*o* beneficios]; **gewinnberechtigt** *adj* (FIN, WIRTSCH) con derecho a participar en los beneficios; **Gewinnbeteiligung** *f* <-, -en> participación *f* en los beneficios; **gewinnbringend** *adj* lucrativo; (*vorteilhaft*) ventajoso; ~**es Unternehmen** empresa lucrativa; ~ **investieren** invertir para obtener ganancias; **Gewinnchance** *f* <-, -n> oportunidad *f* de ganar; **Gewinneinbruch** *m* <-(e)s, -brüche> (WIRTSCH) reducción *f* notable de beneficios; **Gewinneinbußen** *fpl* disminución *f* del beneficio

gewinnen* [gə'vɪnən] <gewinnt, gewann, gewonnen> **I.** *vt* **1.** (*Krieg, Spiel, Medaille*) ganar; **sie hat den Hochsprung gewonnen** ha ganado el salto de altura **2.** (*erhalten*) ganar, obtener; **Zeit/Boden** ~ ganar tiempo/terreno; **Abstand** ~ distanciarse, tomar distancia; **damit ist nichts gewonnen** con esto no se gana nada; **jds Sympathie** ~ ganarse las simpatías de alguien; **jdn zum Freund** ~ ganarse la amistad de alguien; **jdn für etw** ~ ganar(se) a alguien para algo; **Einblick in etw** ~ llegar a conocer algo; **wie gewonnen, so zerronnen** (*prov*) lo que el agua trae, el agua se lleva **3.** (*Rohstoff*) sacar, obtener; (*erzeugen*) elaborar; (*Energie*) producir; (*Kohle*) extraer; **aus diesen Trauben wird Wein gewonnen** de estas uvas se hace vino **II.** *vi* **1.** (*siegen*) vencer, ganar (*bei* en); (*in Lotterie*) ganar; **die Mannschaft gewann 1:3** el equipo ganó por 1 a 3; **ich habe im Lotto gewonnen** me ha tocado la primitiva **2.** (*zunehmen, besser werden*) ganar (*an* en); **an Höhe/an Bedeutung** ~ ganar en altura/en importancia **3.** (*besser wirken*) ganar (*durch* con), mejorar (*durch* con)

gewinnend *adj* (*Wesen*) agradable, simpático

Gewinner(in) *m(f)* <-s, -; -, -nen> ganador(a) *m(f)*; (*bei Lotterie, Preisausschreiben*) agraciado, -a *m, f*; (*Lotto*) acertante *mf*; (*Sieger*) vencedor(a) *m(f)*; (SPORT) ganador(a) *m(f)*; **Gewinnerstraße** *f*: **auf der** ~ **sein** (SPORT) estar camino de la victoria

Gewinnklasse *f* <-, -n> categoría *f* de premios; **Gewinnlos** *nt* <-es, -e> boleto *m* premiada; **Gewinnmaximierung** *f* <-, -en> (WIRTSCH) maximización *f* del beneficio; **Gewinnmitnahme** *f* <-, -n> (WIRTSCH) toma *f* de beneficios; **Gewinnnummer**[RR] *f* <-, -n> número *m* ganador; **Gewinnpotential** *nt* <-s, -e> (FIN, WIRTSCH) potencial *m* de beneficio; **Gewinnrückgang** *m* <-(e)s, -gänge> (FIN, WIRTSCH) contracción *f* de los beneficios; **Gewinnrücklage** *f* <-, -n> (FIN, WIRTSCH) reserva *f* de beneficios; **Gewinnspanne** *f* <-, -n> (WIRTSCH) margen *m* de beneficio; **Gewinnstreben** *nt* <-s, *ohne pl*> ánimo *m* de lucro, deseo *m* de lucro; **Gewinnsucht** *f* <-, -süchte> codicia *f*, ansia *f* de ganar (siempre); **aus** ~ por codicia, por afán de lucro; **aus reiner** ~ **hat er Steuern hinterzogen** ha defraudado a Hacienda: simplemente para obtener más dinero; **gewinnsüchtig** *adj* codicioso, deseoso de ganar (siempre); **Gewinnteilung** *f* <-, -en> (FIN, WIRTSCH) reparto *m* de beneficios; **gewinnträchtig** *adj* beneficioso; **Gewinnummer** *f* <-, -n> *s.* Gewinnnummer; **Gewinnumverteilung** *f* <-, -en> (FIN, WIRTSCH) redistribución *f* de los beneficios

Gewinn- und Verlustrechnung *f* <-, -en> (FIN, WIRTSCH) cuenta *f* de pérdidas y ganancias

Gewinnung *f* <-, -en> **1.** (*von Rohstoffen*) obtención *f*, explotación *f*; (*von Kohle*) extracción *f* **2.** (*Erzeugung*) producción *f*, elaboración *f*

Gewinnverlust *m* <-(e)s, -e> (FIN, WIRTSCH) pérdida *f* de ganancias; **Gewinnzahl** *f* <-, -en> número *m* premiado; **die** ~**en im Samstagslotto lauten ...** los números premiados en la lotería del sábado son el...; **Gewinnzone** *f* <-, -n> margen *m* (de ganancias); **dem Unternehmen droht der Abstieg aus der** ~ puede que la empresa no obtenga el margen de beneficios esperado

Gewinsel *nt* <-s, *ohne pl*> (*abw*) **1.** (*von Tier*) aullido *m*, gañido *m* **2.** (*Klagen*) lamentaciones *fpl*

Gewirr [gə'vɪr] *nt* <-(e)s, *ohne pl*> maraña *f*, enredo *m*; (*von Stimmen*) confusión *f*; (*von Straßen*) laberinto *m*

Gewisper *nt* <-s, *ohne pl*> cuchicheo *m*; **der Lehrer regte sich sehr über das** ~ **seiner Schüler auf** al profesor le molestaban mucho los cuchicheos de sus alumnos

gewiss[RR], **gewiß** [gə'vɪs] **I.** *adj* **1.** (*sicher*) seguro; **sich** *dat* **einer Sache** ~ **sein** (*geh*) estar seguro de una cosa **2.** (*bestimmt*) tal, cierto; **hier ist ein** ~**er Herr Müller** aquí está un tal Señor Müller; **in** ~**em Maße** en cierta medida **II.** *adv* (*sicher*) seguramente; (*zweifellos*) indudablemente; **aber** ~ **doch!** ¡seguro que sí!; **sie denken** ~, **dass ich übertreibe** indudablemente piensan que exagero

Gewissen [gə'vɪsən] *nt* <-s, -> conciencia *f*; **ein gutes/schlechtes** ~ **haben** tener buena/mala conciencia; **kein** ~ **haben** no tener conciencia [*o* escrúpulos]; **jdn/etw auf dem** ~ **haben** tener a alguien/algo sobre su conciencia; **jdm ins** ~ **reden** apelar a la conciencia de alguien; **sein** ~ **erleichtern** descargar la conciencia; **ein gutes** ~ **ist ein sanftes Ruhekissen** (*prov*) la mejor almohada es una conciencia tranquila

gewissenhaft *adj* concienzudo; (*penibel*) escrupuloso

Gewissenhaftigkeit *f* <-, *ohne pl*> escrupulosidad *f*; (*Sorgfalt*) esmero *m*

gewissenlos *adj* sin escrúpulo(s); ~ **handeln** obrar de mala fe

Gewissenlosigkeit *f* <-, *ohne pl*> falta *f* de conciencia

Gewissensbisse *mpl* remordimientos *mpl* (de conciencia); **ich habe** [*o* **bekomme**] ~ tengo remordimientos de conciencia, me remuerde la conciencia; **Gewissensentscheidung** *f* <-, -en> cuestión *f* de conciencia; **Gewissenserforschung** *f* <-, -en> (REL) examen *m* de conciencia; **Gewissensfrage** *f* <-, -n> cuestión *f* de conciencia; **Gewissensfreiheit** *f* <-, *ohne pl*> libertad *f* de conciencia; **Gewissensgründe** *mpl* razones *fpl* de conciencia; **Gewissenskonflikt** *m* <-(e)s, -e> conflicto *m* de conciencia, problema *m* de conciencia; **Gewissenspflicht** *f* <-, -en> deber *m* de conciencia

gewissermaßen [-'--'--] *adv* en cierto sentido, por decirlo así, hasta cierto punto

GewissheitRR *f* <-, -en>, **Gewißheit** *f* <-, -en> certeza *f*, certidumbre *f*; ~ **haben über etw** estar seguro de algo; **sich** *dat* ~ **über etw verschaffen** cerciorarse de algo

Gewitter [gə'vɪtɐ] *nt* <-s, -> tormenta *f*; **Gewitterfront** *f* <-, -en> (METEO) frente *m* tormentoso; **in der Nacht nähert sich Deutschland von Nordwesten her eine** ~ por la noche se acercará a Alemania un frente tormentoso procedente del noroeste; **Gewitterhimmel** *m* <-s, -> cielo *m* tormentoso

gewitt(e)rig *adj* de tormenta, tormentoso

gewittern* *vunpers* haber tormenta

Gewitterregen *m* <-s, -> lluvia *f* tormentosa; **Gewitterschauer** *m* <-s, -> chaparrón *m*; **Gewitterstimmung** *f* <-, -en> cerrazón *f*; **Gewittersturm** *m* <-(e)s, -stürme> tormenta *f* de viento fuerte; **Gewitterwolke** *f* <-, -n> nube *f* de tormenta, nubarrón *m*

gewittrig *adj s.* **gewitt(e)rig**

gewitzigt *adj*: ~ **sein** (**durch etw**) salir escarmentado (de algo)

gewitzt [gə'vɪtst] *adj* listo, ladino, fregado *Am*, pendejo *And*

Gewitztheit *f* <-, *ohne pl*> listeza *f*

gewoben [gə'vo:bən] *pp von* **weben**

gewogen [gə'vo:gən] **I.** *pp von* **wiegen** **II.** *adj* (*geh*): **etw** *dat* ~ **sein** ser propicio a algo; **jdm** ~ **sein** tener simpatía por alguien

Gewogenheit *f* <-, *ohne pl*> (*geh*) afecto *m*; **um seine** ~ **dir gegenüber zu erhalten, solltest du alles tun** deberías hacer todo lo que está en tus manos para conservar el afecto que te tiene

gewöhnen* [gə'vø:nən] **I.** *vt* acostumbrar (*an* a); (*an Klima*) aclimatar (*an* a) **II.** *vr*: **sich** ~ acostumbrarse (*an* a), imponerse (*an* a); (*vertraut machen*) familiarizarse (*an* con); (*an Klima*) aclimatarse (*an* a); **er konnte sich nur schwer daran** ~ **früh aufzustehen** le costaba acostumbrarse a levantarse temprano

Gewohnheit [gə'vo:nhaɪt] *f* <-, -en> costumbre *f*, hábito *m*; **aus** (**alter**) ~ por (pura) costumbre; **sich** *dat* **etw zur** ~ **machen** acostumbrarse a algo, convertir algo en una costumbre; **jdm zur** ~ **werden** convertirse en un hábito para alguien; **aus der** ~ **kommen** perder la costumbre

gewohnheitsmäßig **I.** *adj* acostumbrado, habitual **II.** *adv* de costumbre, habitualmente

Gewohnheitsmensch *m* <-en, -en> persona *f* rutinaria; **Gewohnheitsrecht** *nt* <-(e)s, -e> (JUR) derecho *m* consuetudinario; **Gewohnheitstäter(in)** *m(f)* <-s, -; -, -nen> delincuente *mf* habitual; **Gewohnheitstier** *nt* <-(e)s, -e> (*iron*) persona *f* de costumbres; **Gewohnheitstrinker(in)** *m(f)* <-s, -; -, -nen> bebedor(a) *m(f)* habitual; **Gewohnheitsverbrecher(in)** *m(f)* <-s, -; -, -nen> delincuente *mf* habitual

gewöhnlich [gə'vø:nlɪç] **I.** *adj* **1.** (*gewohnt*) habitual, acostumbrado **2.** (*alltäglich*) corriente, común **3.** (*ordinär*) ordinario, vulgar **II.** *adv* (*normalerweise*) normalmente; **wie** ~ como siempre; **für** ~ normalmente

gewohnt [gə'vo:nt] *adj* **1.** (*daran gewöhnt*) habituado, acostumbrado; **ich bin es** ~ **lange zu arbeiten** estoy acostumbrado a trabajar hasta tarde **2.** (*vertraut*) familiar; **die** ~**e Umgebung** el ambiente familiar

gewohntermaßen *adv* como de costumbre; **er stand** ~ **um 7 Uhr auf** se levantó a las 7 como de costumbre

Gewöhnung [gə'vø:nʊŋ] *f* <-, *ohne pl*> habituación *f* (*an* a); (*an Klima*) aclimatación *f* (*an* a); **das ist eine Frage der** ~ es cuestión de habituarse; **Gewöhnungssache** *f* <-, *ohne pl*> cuestión *f* de costumbre

Gewölbe [gə'vœlbə] *nt* <-s, -> bóveda *f*

gewölbt [gə'vœlpt] *adj* arqueado; (*Decke*) abovedado

gewonnen [gə'vɔnən] *pp von* **gewinnen**

geworben [gə'vɔrbən] *pp von* **werben**

geworden [gə'vɔrdən] *pp von* **werden**[1]

geworfen [gə'vɔrfən] *pp von* **werfen**

gewrungen [gə'vrʊŋən] *pp von* **wringen**

Gewühl [gə'vy:l] *nt* <-(e)s, *ohne pl*> (*Gedränge*) multitud *f*, mogollón *m fam*

gewunden [gə'vʊndən] **I.** *pp von* **winden** **II.** *adj* (*Flusslauf, Straße*) sinuoso, tortuoso; (*Ausdrucksweise*) retorcido

gewunken [gə'vʊŋkən] *pp von* **winken**

Gewürm [gə'vʏrm] *nt* <-(e)s, -e> gusanos *mpl*; (*Ungeziefer*) bichos *mpl*, sabandijas *fpl*

Gewürz [gə'vʏrts] *nt* <-es, -e> especia *f*, condimento *m*; **Gewürzbord** *nt* <-(e)s, -e> especiero *m*; **Gewürzgurke** *f* <-, -n> pepinillo *m* en vinagre; **Gewürzkraut** *nt* <-(e)s, -kräuter> hierba *f* de condimento, yuyo *m PRico, Urug, Ven*; **Gewürzmischung** *f* <-, -en> mezcla *f* de especias; **Gewürznelke** *f* <-, -n> clavo *m*; **Gewürzpflanze** *f* <-, -n> planta *f* aromática, especia *f*; **Gewürzständer** *m* <-s, -> especiero *m*

Gewusel [gə'vu:zl] *nt* <-s, *ohne pl*> (*reg*) *s.* **Gewimmel**

gewusstRR [gə'vʊst], **gewußt** *pp von* **wissen**

Geysir ['gaɪzi:ɐ] *m* <-s, -e> géiser *m*

gez. *Abk. von* **gezeichnet** fdo.

gezackt [gə'tsakt] *adj* con picos; (TECH, BOT) dentado

gezahnt [gə'tsa:nt] *adj,* **gezähnt** [gə'tsɛ:nt] *adj* (TECH, BOT) dentado

Gezänk [gə'tsɛŋk] *nt* <-(e)s, *ohne pl*> (*abw*), **Gezanke** *nt* <-s, *ohne pl*> (*abw*) pelea *f,* riña *f*

gezeichnet [gə'tsaɪçnət] *adj* **1.** (*im Brief*) firmado **2.** (*von Krankheit, Stress*): **von etw** *dat* **~ sein** estar marcado por algo

Gezeiten [gə'tsaɪtən] *pl* marea *f;* **Gezeitenenergie** *f* <-, *ohne pl*> energía *f* mareomotriz; **Gezeitenkraftwerk** *nt* <-(e)s, -e> central *f* mareomotriz

Gezeitenstrom *m* <-(e)s, -ströme> corriente *f* de marea; **Gezeitenstromanlage** *f* <-, -n> central *f* mareomotriz flotante

Gezeitentafel *f* <-, -n> calendario *m* de las mareas; **Gezeitenwechsel** *m* <-s, -> cambio *m* de marea; **Gezeitenzone** *f* <-, -n> zona *f* de entremareas

Gezerre [gə'tsɛrə] *nt* <-s, *ohne pl*> (*abw: Streiterei*) rencillas *fpl,* disputas *fpl;* **ich bin dieses ~ leid, soll er doch meinetwegen das Haus erben!** ¡estoy harta de tantas rencillas, por mí que herede él la casa!

Gezeter [gə'tse:tɐ] *nt* <-s, *ohne pl*> (*abw*) griterío *m,* alboroto *m*

gezielt [gə'tsi:lt] *adj* encauzado, dirigido a un fin; (*genau*) preciso; (*überlegt*) bien calculado; **~ nachfragen** preguntar con precisión

geziemen* [gə'tsi:mən] *vr:* **sich ~** convenir; **das geziemt sich nicht!** ¡eso no se hace!

geziemend *adj* (*geh*) debido; **er begegnete dieser Persönlichkeit mit der ihr ~en Hochachtung** recibió a esta personalidad con el debido respeto

geziert [gə'tsi:ɐt] *adj* (*abw*) afectado

Gezirpe [gə'tsɪrpə] *nt* <-s, *ohne pl*> (*Grillen*) canto *m;* (*Zikaden*) chirrido *m*

gezogen [gə'tso:gən] *pp von* **ziehen**

Gezücht [gə'tsʏçt] *nt* <-(e)s, -e> (*abw*) **1.** (*geh: Gesindel*) chusma *f,* gente *f* de mala calaña **2.** (*alt: widerliche Kriechtiere*) bichos *mpl,* bicharracos *mpl*

Gezweig [gə'tsvaɪk] *nt* <-(e)s, *ohne pl*> (*geh*) ramaje *m*

Gezwitscher [gə'tsvɪtʃɐ] *nt* <-s, *ohne pl*> gorjeo *m,* trinos *mpl*

gezwungen [gə'tsvʊŋən] **I.** *pp von* **zwingen II.** *adj* forzado

gezwungenermaßen [-'---'--] *adv* por obligación, forzosamente

ggf. *Abk. von* **gegebenenfalls** en su caso, en caso necesario

Ghana ['ga:na] *nt* <-s> Ghana *f*

Ghanaer(in) ['ga:naɐ] *m(f)* <-s, -; -, -nen> ghanés, -esa *m, f*

ghanaisch ['ga:naɪʃ] *adj* ghanés

Ghetto ['gɛto] *nt* <-s, -s> *s.* **Getto**

ghettoisieren* *vt s.* **gettoisieren**

Ghostwriter(in) ['gɔʊstraɪtɐ] *m(f)* <-s, -; -, -nen> negro *m*

GHz *Abk. von* **Gigahertz** GHz

Gibbon ['gɪbɔn] *m* <-s, -s> (ZOOL) gibón *m*

Gibraltar [gi'bralta:ɐ, --'-] *nt* <-s> Gibraltar *m*

Gibraltarer(in) [gibral'ta:rɐ] *m(f)* <-s, -; -, -nen> gibraltareño, -a *m, f*

gibt [gi:pt] *3. präs von* **geben**

Gicht [gɪçt] *f* <-, *ohne pl*> (MED) gota *f;* **Gichtanfall** *m* <-(e)s, -fälle> (MED) ataque *m* de gota; **Gichtknoten** *m* <-s, -> (MED) nodo *m* gotoso; **gichtkrank** *adj* (MED) gotoso; **Gichtkranke(r)** *mf* <-n, -n; -n, -n> (MED) gotoso, -a *m, f*

Giebel ['gi:bəl] *m* <-s, -> (ARCHIT) frontón *m;* **Giebeldach** *nt* <-(e)s, -dächer> (ARCHIT) tejado *m* a dos vertientes; **Giebelfenster** *nt* <-s, -> ventana *f* en el frontón de un edificio; **Giebelhaus** *nt* <-es, -häuser> casa *f* con frontón; **Giebelseite** *f* <-, -n> fachada *f* con frontón; **Giebelwand** *f* <-, -wände> fachada *f* lateral con frontón; **Giebelzimmer** *nt* <-s, -> buhardilla *f,* desván *m;* **wir haben auf dem Dachboden ein kleines ~ ausgebaut** hemos habilitado una pequeña habitación en el desván

Gier [gi:ɐ] *f* <-, *ohne pl*> avidez *f* (*nach* de), codicia *f* (*nach* de); (*Fress~*) voracidad *f,* gula *f*

gieren ['gi:rən] *vi* **1.** (*geh*) codiciar (*nach*) **2.** (NAUT: *hin und hergehen*) guiñar

gierig *adj* ávido (*nach* de); (*hab~*) codicioso; (*gefräßig*) voraz; **~ essen/trinken** comer/beber con gula [*o* como un glotón]

gießen ['gi:sən] <gießt, goss, gegossen> **I.** *vt* **1.** (*Pflanzen*) regar **2.** (*Metall, Glas*) fundir **3.** (*herstellen*) moldear; (*Glocken, Statue*) fundir; (*Kerzen*) hacer, elaborar **4.** (*hinein~*) servir, echar; **voll ~** llenar (hasta el borde); **sie goss sich** *dat* **noch etwas Wein ins Glas** se sirvió un poco más de vino **5.** (*verschütten*) verter **II.** *vunpers* (*fam: regnen*) llover mucho; **es gießt in Strömen** llueve a cántaros

Gießer(in) *m(f)* <-s, -; -, -nen> (METAL) fundidor(a) *m(f);* **in dieser Gießerei sind 14 ~ beschäftigt** en esta fundición trabajan 14 fundidores

Gießerei[1] *f* <-, *ohne pl*> (*Vorgang*) fundición *f*

Gießerei[2] *f* <-, -en> (*Betrieb*) (taller *m* de) fundición *f*

Gießereiarbeiter(in) *m(f)* <-s, -; -, -nen> (METAL) fundidor(a) *m(f);* **Gießereibetrieb** *m* <-(e)s, -e> (taller *m* de) fundición *f*

Gießerin *f* <-, -nen> *s.* **Gießer**

Gießform *f* <-, -en> (TECH) molde *m* de fundición

Gießkanne *f* <-, -n> regadera *f;* **Gießkannenprinzip** *nt* <-s, *ohne pl*>: **etw nach dem ~ austeilen** (*fam*) repartir algo a partes iguales

Gift [gɪft] *nt* <-(e)s, -e> veneno *m;* (MED) tóxico *m;* **das ist ~ für ihn** eso es muy perjudicial para él; **darauf kannst du ~ nehmen** (*fam*) apuesto la cabeza; **sein ~ verspritzen** hablar con lengua viperina; **~ und Galle spu-**

G

cken (*fam*) echar sapos y culebras; **Giftbecher** *m* <-s, -> (HIST) copa *f* de veneno; **nach seiner Verurteilung wurde Sokrates der ~ mit dem Schierlingstrank gereicht** tras su condena le ofrecieron a Sócrates la copa que contenía cicuta; **Giftdrüse** *f* <-, -n> (ZOOL) glándula *f* que segrega veneno

giften *vi* (*fam*) echar [*o* decir] pestes (*gegen* de); **die Abgeordneten gifteten gegen die Radikalreformer** los diputados echaban pestes de los reformistas radicales

Giftfracht *f* <-, -en> mercancía *f* tóxica

Giftgas *nt* <-es, -e> gas *m* tóxico; **Giftgasattacke** *f* <-, -n> ataque *m* con gases tóxicos

giftgrün *adj* verde cardenillo

gifthaltig *adj*, **gifthältig** *adj* (*Österr*) venenoso

giftig *adj* **1.** (*Substanz*) venenoso, tóxico **2.** (*fam: boshaft*) mordaz, malicioso

Giftigkeit *f* <-, *ohne pl*> **1.** (*einer Substanz*) venenosidad *f*, toxicidad *f* **2.** (*fam: einer Person*) malicia *f*

Giftküche *f* <-, -n> (*fam hum*) taller *m* de alquimista; **Giftmischer(in)** *m(f)* <-s, -; -, -nen> (*fam*) **1.** (*abw: jd, der Gift zubereitet*) persona *f* que elabora venenos **2.** (*hum: Apotheker*) boticario, -a *m, f*, farmacéutico, -a *m, f*; **Giftmord** *m* <-(e)s, -e> asesinato *m* por envenenamiento, homicidio *m* por envenenamiento; **er soll mit Hilfe von geheimnisvollen Pflanzengiften mehrere ~e begangen haben** se dice que ha cometido varios asesinatos utilizando el veneno de unas plantas secretas; **Giftmörder(in)** *m(f)* <-s, -; -, -nen> asesino, -a *m, f* (que utiliza veneno para sus crímenes); **diese ~in hat drei Ehemänner mit Strychnin umgebracht** esta asesina ha matado a tres maridos con estricnina

Giftmüll *m* <-(e)s, *ohne pl*> (ÖKOL) desechos *mpl* tóxicos, residuos *mpl* tóxicos; **Giftmülldeponie** *f* <-, -n> vertedero *m* de residuos tóxicos; **Giftmüllexport** *m* <-(e)s, -e> (ÖKOL) exportación *f* de residuos tóxicos; **Giftmüllverbrennungsanlage** *f* <-, -n> (ÖKOL) planta *f* incineradora de basuras tóxicas [*o* de residuos tóxicos]

Giftnotrufzentrale *f* <-, -n> central *f* asesora para intoxicaciones

Giftnudel *f* <-, -n> (*fam: gehässiger Mensch*) víbora *f*; **intrigant und boshaft, diese ~!** además de intrigante, mala, ¡vaya víbora!; **Giftpfeil** *m* <-(e)s, -e> flecha *f* envenenada; **Giftpflanze** *f* <-, -n> (BOT) planta *f* venenosa; **Giftpilz** *m* <-es, -e> (BOT) seta *f* venenosa; **Giftschlange** *f* <-, -n> serpiente *f* venenosa; **Giftschrank** *m* <-(e)s, -schränke> armario *m* de los venenos; **Giftspritze** *f* <-, -n> (*fam*) *s.* **Giftnudel**; **Giftstoff** *m* <-(e)s, -e> sustancia *f* tóxica; **Giftviper** *f* <-, -n> víbora *f* venenosa, equis *f inv Kol;* **Giftwolke** *f* <-, -n> nube *f* tóxica; **Giftzwerg** *m* <-(e)s, -e> (*fam abw*) víbora *f*

Gigabyte ['gi:gabaɪt] *nt* <-(s), -(s)> (INFOR) gigabyte *m*

Gigant(in) [gi'gant] *m(f)* <-en, -en; -, -nen> gigante, -a *m, f*

gigantisch *adj* gigantesco, gigante

Gigantomanie [gigantoma'ni:] *f* <-, *ohne pl*> gigantomanía *f*

Gigawatt *nt* <-s, -> (PHYS, TECH) gigavatio *m;* **Gigawattstunde** *f* <-, -n> gigavatiohora *f*

Gigerl ['gi:gel] *m o nt* <-s, -(n)> (*Österr: fam*) *s.* **Geck**

Gigolo ['ʒi:golo, 'ʒɪgolo] *m* <-s, -s> gigoló *m*

gilben ['gɪlbn] *vi sein* (*geh*) amarillear

Gilde ['gɪldə] *f* <-, -n> gremio *m*

gilt [gɪlt] *3. präs von* **gelten**

Gimpel ['gɪmpəl] *m* <-s, -> **1.** (ZOOL) camachuelo *m* (común) **2.** (*fam abw: Mensch*) bobo, -a *m, f*, papanatas *mf inv*

Gin [dʒɪn] *m* <-s, -s> ginebra *f*; ~ **Tonic** gin tonic

ging [gɪŋ] *3. imp von* **gehen**

Ginseng ['gɪnzɛŋ] *m* <-s, -s> (BOT) ginseng *m*

Ginster ['gɪnste] *m* <-s, -> (BOT) retama *f*, genista *f*

Gipfel ['gɪpfəl] *m* <-s, -> **1.** (*eines Berges*) cumbre *f*, cima *f* **2.** (*Höhepunkt*) culminación *f*, apogeo *m;* **das ist doch der ~!** ¡esto es el colmo! **3.** (POL) cumbre *f*

Gipfeli *m* <-s, -> (*Schweiz: Hörnchen*) cruasán *m*

Gipfelkonferenz *f* <-, -en> (POL) (conferencia *f*) cumbre *f*; **Gipfelkreuz** *nt* <-es, -e> cruz *f* en la cima de una montaña; **gleich haben wir das ~ erreicht** pronto habremos llegado a la cruz de la cima

gipfeln *vi* culminar (*in* en); **seine Rede gipfelte in der Behauptung, dass ...** su discurso culminó con la afirmación de que...

Gipfelpunkt *m* <-(e)s, -e> punto *m* culminante, cenit *m;* **Gipfeltreffen** *nt* <-s, -> (POL) (reunión *f*) cumbre *f*

Gips [gɪps] *m* <-es, -e> **1.** (*Baumaterial*) yeso *m* **2.** (MED) escayola *f*; **er hat den Fuß in ~** tiene el pie enyesado [*o* escayolado]; **Gipsabdruck** *m* <-(e)s, -drücke> (*durch Eindrücken*) impresión *f* en yeso; (*Abguss*) moldeado *m* en yeso; **Gipsabguss**[RR] *m* <-es, -güsse> (KUNST) vaciado *m* en yeso, modelo *m* en yeso; **bevor das Kunstwerk in Metall gegossen wurde, musste ein ~ genommen werden** antes de fundir la escultura en metal fue necesario hacer un molde de yeso; **Gipsarm** *m* <-(e)s, -e> (*fam*) brazo *m* enyesado; **wegen seines ~es konnte er nicht am Examen teilnehmen** como tenía el brazo enyesado no pudo hacer el examen; **Gipsbein** *nt* <-(e)s, -e> (*fam*) pierna *f* enyesada [*o* escayolada]

gipsen *vt* **1.** (*Wand*) enyesar, encalar **2.** (*fam:*

Arm, Bein) enyesar, escayolar
Gipser(in) *m(f)* <-s, -; -, -nen> yesero, -a *m, f;* (*für Stuckarbeiten*) estuquista *mf,* estucador(a) *m(f)*
gipsern *adj* de [*o* en] yeso
Gipsfigur *f* <-, -en> figura *f* de yeso; **Gipskorsett** *nt* <-(e)s, -e> (MED) corsé *m* de escayola; **Gipsverband** *m* <-(e)s, -bände> escayola *f*
Giraffe [gi'rafə] *f* <-, -n> jirafa *f*
Giralgeld [ʒi'ra:l-] *nt* <-es, -er> (FIN) dinero *m* en cuenta
Girant(in) [ʒi'rant] *m(f)* <-en, -en; -, -nen> (FIN) endosante *mf*
girieren* [ʒi'ri:rən] *vt* (FIN): **einen Scheck/Wechsel** ~ girar un cheque/una letra de cambio
Girlande [gɪr'landə] *f* <-, -n> guirnalda *f,* festón *m*
Giro ['ʒi:ro] *nt* <-s, -s> (FIN) giro *m;* ~ **fehlt** falta giro; **Giroauftrag** *m* <-(e)s, -träge> (FIN) orden *f* de giro; **Giroeinlagen** *fpl* (FIN) depósitos *mpl* en cuentas corrientes; **Girokonto** ['ʒi:rokɔnto] *nt* <-s, -s *o* -konten> cuenta *f* corriente; **Giroscheck** *m* <-s, -s> cheque *m* cruzado; **Giroverkehr** *m* <-(e)s, *ohne pl*> (FIN) operaciones *fpl* de giros; **Girozentrale** *f* <-, -n> (oficina *f*) central *f* de transacción de pagos
girren ['gɪrən] *vi* arrullar; **ich konnte nicht schlafen, weil die Tauben girrten** no pude dormir porque oía arrullar a las palomas; **wenn sie mit ihrem Freund sprach, flötete und girrte sie immerzu** cuando hablaba con su amigo, más que hablar se deshacía en suspiros
Gis [gɪs] *nt* <-, -> (MUS) sol *m* sostenido
Gischt [gɪʃt] *f* <-, -en> espuma *f* de las olas
Gitarre [gi'tarə] *f* <-, -n> guitarra *f;* **Gitarrenspiel** *nt* <-(e)s, *ohne pl*> música *f* de guitarra; **Gitarrenspieler(in)** *m(f)* <-s, -; -, -nen> guitarrista *mf*
Gitarrist(in) *m(f)* <-en, -en; -, -nen> guitarrista *mf*
Gitter ['gɪtɐ] *nt* <-s, -> **1.** (*Fenster~, Tür~*) reja *f;* (*für Pflanzen*) enrejado *m;* **hinter ~ kommen** (*fam*) ir a la cárcel; **hinter ~n sitzen** (*fam*) estar entre rejas **2.** (CHEM) red *f* cristalina, retículo *m* cristalino **3.** (GEO, MATH) cuadrícula *f;* **Gitterbett** *nt* <-(e)s, -en> cuna *f;* **Gitterfenster** *nt* <-s, -> ventana *f* enrejada
gitterförmig *adj* en forma de rejilla; (*Tabelle*) cuadriculado
Gitterrost *m* <-(e)s, -e> (*am Ofen*) parrilla *f;* (*Abdeckung*) reja *f;* **Gitterstab** *m* <-(e)s, -stäbe> barrote *m;* **Gittertor** *nt* <-(e)s, -e> portón *m* enrejado; **Gitterwerk** *nt* <-(e)s, -e> reja *f,* enrejado *m;* **Gitterzaun** *m* <-(e)s, -zäune> enverjado *m*
Glace [gla:s] *f* <-, -n> (*Schweiz: Speiseeis*) helado *m*
Glaceehandschuh[RR] *m* <-(e)s, -e>, **Glacéhandschuh** [gla'se:hantʃu:] *m* <-(e)s, -e> guante *m* de cabritilla; **jdn mit ~en anfassen** (*fam fig*) tratar a alguien con guante de seda
Glacis [gla'si] *nt* <-, -> (MIL) glacis *m,* explanada *f*
Gladiator [gladi'a:to:ɐ] *m* <-s, -en> (HIST) gladiador *m*
Gladiole [gla'djo:lə] *f* <-, -n> (BOT) gladiolo *m,* gladíolo *m*
Glamour ['glɛmɐ] *m o nt* <-s, *ohne pl*> glamour *m;* **Glamourgirl** ['glɛmɐgœrl] *nt* <-s, -s> estrella *f* de la pantalla
Glanz [glants] *m* <-es, *ohne pl*> **1.** (*von Fläche, Haaren, Augen*) brillo *m;* (*Schimmer*) resplandor *m* **2.** (*Pracht*) esplendor *m;* **mit ~ und Gloria** (*fam*) con todos los honores; **oh, welch ~ in meiner Hütte!** (*fam*) ¡cuánto honor en mi humilde morada!; **Glanzabzug** *m* <-(e)s, -züge> (FOTO) papel *m* brillante; **ich möchte die Bilder nicht matt, sondern auf ~** las fotos no las quiero mates, sino con brillo
glänzen ['glɛntsən] **I.** *vi* **1.** (*Glanz haben*) brillar; (*strahlen*) resplandecer **2.** (*in einem Fach*) resplandecer (*durch* por), brillar (*durch* por); **durch Abwesenheit ~** brillar por su ausencia **II.** *vt* (*Schweiz: zum G~ bringen*) dar brillo (a)
glänzend **I.** *adj* **1.** (*Lack, Augen*) brillante; (*Foto*) en brillo **2.** (*fam: sehr gut*) genial, espléndido **II.** *adv* de maravilla, de lo lindo; **wir haben uns ~ amüsiert** nos divertimos de lo lindo
Glanzleder *nt* <-s, -> charol *m;* **Glanzleistung** *f* <-, -en> actuación *f* brillante; **Glanzlicht** *nt* <-(e)s, -er> **1.** (*glänzendes Licht*) luz *f* brillante **2.** (*Wend*): **etw** *dat* **ein ~/~er aufsetzen** darle a algo un toque especial; **einer Show (durch etw) ~er aufsetzen** darle a un espectáculo un toque especial (mediante algo); **der Auftritt dieses berühmten Sängers setzte der Show noch ein ~ auf** la actuación de este famoso cantante supuso otro momento estelar del espectáculo; **glanzlos** *adj* sin brillo; **Glanznummer** *f* <-, -n> número *m* sensacional, atracción *f* principal, actuación *f* estelar; **Glanzpapier** *nt* <-s, -e> papel *m* satinado; **Glanzpolitur** *f* <-, -en> abrillantador *m;* **glanzvoll** *adj* **1.** (*ausgezeichnet*) brillante, espléndido **2.** (*prunkhaft*) suntuoso; **Glanzzeit** *f* <-, -en> época *f* de esplendor [*o* dorada]
Glarus ['gla:rʊs] *nt* <-es> (*Kanton und Stadt*) Glarus *m*
Glas[1] [gla:s] *nt* <-es, *ohne pl*> (*Material*) vidrio *m,* cristal *m;* **geblasenes ~** vidrio soplado; **„Vorsicht ~!“** “¡frágil!”; **die Stücke waren hinter/unter ~ zu bewundern** los objetos se podían ver detrás de un cristal/en una vitrina
Glas[2] [gla:s, *pl:* 'glɛ:zɐ] *nt* <-es, Gläser> **1.** (*Trinkgefäß*) vaso *m;* (*mit Stiel*) copa *f;*

(~*behälter*) frasco *m;* (*Schraub~*) tarro *m;* **ein ~ über den Durst trinken** (*fam*) tomar una copa de más; **zu tief ins ~ gucken** (*fam*) empinar el codo **2.** (*Fern~, Opern~*) prismáticos *mpl* **3.** (*Brillen~*) cristal *m*

Glas³ [gla:s] *nt* <-es, -en> (NAUT) media hora *f;* **es schlägt acht ~en** la campana ha sonado ocho veces

Glasauge *nt* <-s, -n> ojo *m* de cristal; **Glasbaustein** *m* <-(e)s, -e> (ARCHIT) ladrillo *m* de vidrio; **Glasbläser(in)** *m(f)* <-s, -; -, -nen> vidriero, -a *m, f,* soplador(a) *m(f)* de vidrio

Glasbläserei *f* <-, -en> vidriería *f*

Glasbläserin *f* <-, -nen> *s.* **Glasbläser**

Glasbruch *m* <-(e)s, -brüche> pedazos *mpl* de vidrio

Gläschen ['glɛ:sçən] *nt* <-s, ->: **bringst du bitte noch ein paar ~ Alete mit?** ¿me puedes traer unos potitos de Alete?; **noch ein ~ (Wein/Schnaps)?** ¿otro chupito (de vino/de aguardiente)?; **darauf müssen wir ein ~ trinken** eso tenemos que mojarlo *fam*

Glascontainer *m* <-s, -> (*für Altglas*) contenedor *m* de vidrio

Glaser(in) *m(f)* <-s, -; -, -nen> vidriero, -a *m, f*

Glaserei *f* <-, -en> (*Betrieb*) cristalería *f,* vidriería *f*

Glaserin *f* <-, -nen> *s.* **Glaser**

gläsern ['glɛ:zɐn] *adj* de vidrio, de cristal; (*fig: transparent*) transparente

Glasfabrik *f* <-, -en> vidriería *f,* fábrica *f* de vidrio

Glasfaser *f* <-, -n> fibra *f* de vidrio; **Glasfaserkabel** *nt* <-s, -> (TECH) cable *m* fibroóptico

Glasfiberstab *m* <-(e)s, -stäbe> (SPORT) pértiga *f* de fibra de vidrio

Glasglocke *f* <-, -n> **1.** (*Glocke aus Glas*) campana *f* de cristal **2.** (*Käseglocke*) quesera *f* de cristal; **Glashaus** *nt* <-es, -häuser> invernadero *m;* **wer im ~ sitzt, soll nicht mit Steinen werfen** (*prov*) el que tiene tejado de vidrio, no tire piedras al de su vecino; **Glashütte** *f* <-, -n> taller *m* de vidrio, vidriería *f*

glasieren* [gla'zi:rən] *vt* **1.** (*Keramik*) vidriar **2.** (GASTR) glasear

glasig ['gla:zɪç] *adj* **1.** (*Blick*) vidrioso **2.** (GASTR) sofrito

Glaskasten *m* <-s, -kästen> vitrina *f;* **glasklar** ['-'-] *adj* **1.** (*durchsichtig, hell*) claro, transparente **2.** (*deutlich*) claro como el agua

Glasknochenkrankheit *f* <-, *ohne pl*> (MED) enfermedad *f* cartilaginosa

Glaskolben *m* <-s, -> matraz *m* (de cristal)

Glaskörpertrübung *f* <-, -en> (MED) enturbación *f* del cuerpo vítreo [*o* cristalino]; **~ des Auges** enturbación del cuerpo vítreo [*o* cristalino] del ojo

Glasmalerei *f* <-, *ohne pl*> pintura *f* sobre vidrio

Glasnost ['glasnɔst] *f* <-, *ohne pl*> (POL) glasnost *f*

Glasnudel *f* <-, -n> (GASTR) fideos *mpl* chinos (*transparentes, hechos de arroz*); **Glasperle** *f* <-, -n> perla *f* de vidrio; **Glasplatte** *f* <-, -n> placa *f* de vidrio; **Glasröhre** *f* <-, -n> tubo *m* de vidrio; **Glasscheibe** *f* <-, -n> cristal *m,* vidrio *m;* **Glasscherbe** *f* <-, -n> fragmento *m* de vidrio; **~n** vidrios rotos; **Glasschleifer(in)** *m(f)* <-s, -; -, -nen> **1.** (*jd, der Gläser verziert*) vidriero, -a *m, f* **2.** (*jd, der Glas bearbeitet*) pulidor(a) *m(f)* de vidrio; **Glasschneider** *m* <-s, -> cortavidrios *m inv;* **Glasschrank** *m* <-(e)s, -schränke> vitrina *f,* cristalera *f;* **Glassplitter** *m* <-s, -> astilla *f* de vidrio, esquirla *f* de vidrio; **Glastür** *f* <-, -en> puerta *f* vidriera [*o* de vidrio], mampara *f Peru*

Glasur [gla'zu:ɐ] *f* <-, -en> **1.** (*auf Keramik*) esmalte *m* **2.** (GASTR: *aus Schokolade*) cobertura *f* de chocolate

Glasversicherung *f* <-, -en> seguro *m* de rotura de cristales; **Glaswaren** *fpl* objetos *mpl* de vidrio [*o* de cristal]; **Glaswolle** *f* <-, *ohne pl*> lana *f* de vidrio, vidrio *m* hilado

glatt [glat] <glatter, *fam:* glätter, am glattesten, *fam:* am glättesten> **I.** *adj* **1.** (*eben*) plano; (*nicht rau*) liso; (*Haut*) suave; (*Haare*) liso **2.** (*rutschig*) resbaladizo **3.** (*reibungslos*) perfecto **4.** (*fam: eindeutig*) claro, rotundo; **das macht ~e 1000 Mark** son exactamente 1000 marcos; **ich habe eine ~e Eins bekommen** recibí nada menos que un sobresaliente **5.** (*Typ*) empalagoso **II.** *adv* **1.** (*problemlos*) sin problemas, sin obstáculos **2.** (*rundweg*) rotundamente; (*einfach*) sencillamente; **das habe ich doch ~ vergessen** sencillamente se me ha olvidado

glatt|bügeln *vt s.* **bügeln**

Glätte ['glɛtə] *f* <-, *ohne pl*> **1.** (*Ebenheit*) llanura *f;* (*nicht rau*) lisura *f* **2.** (*von Straßen*) estado *m* resbaladizo

Glatteis *nt* <-es, *ohne pl*> hielo *m,* superficie *f* helada; **„Vorsicht ~!“** “peligro, placas de hielo”; **jdn aufs ~ führen** (*fig*) poner a alguien en un aprieto; **Glatteisgefahr** *f* <-, *ohne pl*> peligro *m* de (formación de) hielo

glätten ['glɛtən] **I.** *vt* **1.** (*eben machen*) alisar; (*Falten*) desfruncir, desarrugar; **die Wogen ~** (*fig*) calmar los ánimos **2.** (*Schweiz: bügeln*) planchar **II.** *vr:* **sich ~** (*Meer, Sturm*) calmarse; **ihre Stirn glättete sich** desarrugó la frente

glätter ['glɛtɐ] *adj* (*fam*) *kompar von* **glatt**

glätteste(r, s) ['glɛtəstə, -tɐ, -təs] *adj* (*fam*) *superl von* **glatt**

glatt|gehen *irr vi sein* (*fam*) *s.* **gehen I.3.**

glatt|kämmen *vt s.* **kämmen**

glattrasiert *adj s.* **rasieren I.**

glatt|schleifen *irr vt s.* **schleifen² 2.**

glatt|streichen *irr vt s.* **streichen I.5.**

glattweg ['glatvɛk] *adv* (*fam: rundweg*) rotundamente; (*völlig*) completamente; **das ist**

~ **gelogen** esto es una mentira de cabo a rabo

Glatze ['glatsə] *f* <-, -n> calva *f*, pelada *f* *CSur;* **eine ~ haben/bekommen** ser/quedarse calvo; **Glatzenbildung** *f* <-, -en> (MED) alopecia *f*

Glatzkopf *m* <-(e)s, -köpfe> (*fam*) calvo, -a *m, f*

glatzköpfig ['glatskœpfɪç] *adj* calvo, pelado

Glaube ['glaʊbə] *m* <-ns, *ohne pl*> **1.** (REL) fe *f* (*an* en), creencias *fpl;* **der christliche ~** la fe cristiana; **vom ~n abfallen** apostatar de la fe; **jüdischen ~ns** de religión judía **2.** (*Vertrauen*) fe *f* (*an* en), creencia *f*, crédito *m;* (*Meinung*) opinión *f;* (*Überzeugung*) convicción *f;* **in dem ~n sein, dass ...** estar en la creencia de que...; **jdn in dem ~n belassen, dass er Recht hat** dejar a alguien creyendo que tiene razón; **etw** *dat* **~n/keinen ~n schenken** dar/no dar crédito a algo; **in gutem ~n handeln** actuar de buena fe **3.** (*Zuversicht*) confianza *f* (*an* en); **den ~n an etw verlieren** perder la confianza en algo

glauben ['glaʊbən] **I.** *vt* **1.** (*meinen*) creer(se), pensar; **ich glaube, ja/nein** creo que sí/que no; **ich glaube nicht, dass das geht** no creo que se pueda hacer esto; **sie glaubte ihn in Schwierigkeiten** (*geh*) le creía en dificultades; **sich/jdn im Recht ~** creerse uno que tiene la razón/creer que alguien tiene la razón; **einer musste daran ~** (*fam fig*) uno estiró la pata **2.** (*für wahr halten*) creer(se); **das glaubst du doch selber nicht** eso no te lo crees ni tú; **es ist nicht zu ~!** ¡es increíble!; **ich glaube dir** te creo; **ich glaube es dir** creo lo que dices; **sie glaubte ihr kein Wort** no le creyó ni una palabra; **glaubst du so was von mir?** (*fam*) ¿me crees capaz de una cosa así?; **ob du es glaubst oder nicht, ich habe gewonnen** te lo creas o no, he ganado; **sie machten uns ~, es sei Nacht** (*geh*) nos hicieron creer que era de noche **II.** *vi* **1.** (REL) creer (*an* en); **ich glaube an Gott** creo en Dios **2.** (*vertrauen*) creer (*an* en), confiar (*an* en); **ich glaube an dich** creo en ti

Glauben *m* <-s, *ohne pl*> *s.* **Glaube; Glaubensbekenntnis** *nt* <-ses, -se> (REL, POL) credo *m;* **Glaubensfrage** *f* <-, -n> (REL) cuestión *f* de fe; **in ~n** en lo que respeta a cuestiones de fe; **Glaubensfreiheit** *f* <-, *ohne pl*> libertad *f* de culto(s); **Glaubensgemeinschaft** *f* <-, -en> comunidad *f* de creyentes; **Glaubenszweifel** *m* <-s, -> (REL) duda *f* de fe

glaubhaft *adj* creíble, fidedigno; **jdm etw ~ machen** presentar algo de forma convincente a alguien

Glaubhaftigkeit *f* <-, *ohne pl*> credibilidad *f*

gläubig ['glɔɪbɪç] *adj* (REL) creyente; (*fromm*) pío, piadoso

Gläubige(r) *mf* <-n, -n; -n, -n> (REL) creyente *mf*

Gläubiger(in) *m(f)* <-s, -; -, -nen> (WIRTSCH) acreedor(a) *m(f);* **Gläubigerbank** *f* <-, -en> (WIRTSCH) banco *m* acreedor; **Gläubigerbegünstigung** *f* <-, -en> (JUR, WIRTSCH) favorecimiento *m* de acreedores

Gläubigerin *f* <-, -nen> (WIRTSCH) *s.* **Gläubiger**

Gläubigerland *nt* <-(e)s, -länder> (WIRTSCH) país *m* acreedor; **Gläubigerversammlung** *f* <-, -en> (WIRTSCH) junta *f* de acreedores; **Gläubigervertrag** *m* <-(e)s, -träge> (JUR, WIRTSCH) contrato *m* de acreedores

glaublich *adj:* **kaum/wenig ~ sein** ser apenas/poco creíble; **die Zeugenaussage klingt kaum ~** la declaración del testigo es muy poco creíble

glaubwürdig *adj* digno de crédito [*o* de fe], creíble

Glaubwürdigkeit *f* <-, *ohne pl*> credibilidad *f*

Glaukom [glaʊ'ko:m] *nt* <-s, -e> (MED) glaucoma *m*

glazial [gla'tsja:l] *adj* (GEO) glaciar, glacial; **Glaziallandschaft** *f* <-, -en> (GEO) paisaje *m* glacial [*o* glaciar]

Glaziologie [glatsjolo'gi:] *f* <-, *ohne pl*> glaciología *f*

gleich [glaɪç] **I.** *adj* **1.** (*a.* MATH: *~wertig*) igual; (*identisch*) idéntico; **der/die/das G~e** el mismo/la misma/lo mismo; **das G~e wie ...** lo mismo que...; **zu ~en Teilen** a partes iguales; **in ~er Weise** de la misma manera; **zur ~en Zeit** a la misma hora; **das läuft auf das G~e hinaus** esto viene a ser lo mismo; **G~es mit G~em vergelten** pagar con la misma moneda; **zwei mal zwei (ist) ~ vier** dos por dos (es) igual a cuatro **2.** (*ähnlich*) parecido, similar; **~ gelagert** equiparable, comparable; **die Probleme sind keineswegs ~ gelagert** los problemas no son en absoluto equiparables; **G~ und G~ gesellt sich gern** cada oveja con su pareja **3.** (*~gültig*): **das ist mir ~** (*fam*) me da igual; **es ist mir ~, ob ...** me da lo mismo si...; **ganz ~ was er sagt** no importa lo que él diga **II.** *adv* **1.** (*sofort*) ahora mismo, inmediatamente; (*demnächst*) pronto; **ich komme ~** ahora voy; **bis ~** hasta ahora; **~ darauf** al poco rato; **sie ist ~ zurück** vuelve en seguida; **~ heute** hoy mismo; **warum nicht ~ so?** ¿por qué no lo hiciste/dijiste en ese momento?; **habe ich es nicht ~ gesagt?** ¿qué te dije?; **das dachte ich mir ~** ya me lo imaginaba; **wie hieß sie doch ~?** ¿cómo se llamaba? **2.** (*dicht daneben*) justo, directamente; **der Schrank steht ~ neben der Tür** el armario está justo al lado de la puerta; **~ hier** aquí mismo **3.** (*ebenso*) igual; **~ schnell** igual de rápido; **~ groß** del mismo tamaño; **~ viel** la misma cantidad; **du musst sie beide ~ behandeln** los debes tratar igual **III.** *präp* +*dat* (*geh: wie*) igual a; **~ einem Schmetterling** cual una mariposa

gleichaltrig ['glaɪçaltrɪç] *adj* de la misma edad; **sie sind ~** tienen la misma edad

gleichartig *adj* de la misma especie, similar

gleichauf *adv* (SPORT) **1.** (*auf gleicher Höhe*) igualado, a la misma altura; **im Endspurt lag der Verfolger ~ mit dem Meister** en la recta final el contrincante se puso a la misma altura que el campeón **2.** (*punktgleich*) empatado (a puntos)

gleichbedeutend *adj* equivalente (*mit* a); **Gleichbehandlung** *f* <-, *ohne pl*> igualdad *f* de trato; **gleichberechtigt** *adj* con los mismos derechos; **Gleichberechtigung** *f* <-, *ohne pl*> igualdad *f* de derechos

gleich|bleiben *irr* **I.** *vi sein s.* **bleiben 2. II.** *vr:* **sich ~** *sein s.* **bleiben 2.**

gleichbleibend *adj s.* **bleiben 2.**

gleichen ['glaɪçən] <gleicht, glich, geglichen> *vi* parecerse (a); **sie gleicht ihrer Schwester** se parece a su hermana; **sie ~ einander wie ein Ei dem anderen** se parecen como un huevo a otro, se parecen como dos gotas de agua

gleichentags *adv* (*Schweiz*) el mismo día

gleichermaßen ['--'--] *adv,* **gleicherweise** *adv* de la misma manera, igualmente

gleichfalls *adv* igualmente; **danke ~!** ¡gracias, igualmente!

gleichfarbig *adj* del mismo color; **Fenster und Wände ~ streichen** pintar las ventanas del mismo color que las paredes; **gleichförmig** *adj* uniforme, igual; (*eintönig*) monótono

Gleichförmigkeit *f* <-, *ohne pl*> uniformidad *f,* igualdad *f*

gleichgelagert *adj s.* **gleich I.2.**; **gleichgeschlechtig** *adj* del mismo sexo; **gleichgeschlechtlich** *adj* **1.** (*von gleichem Geschlecht*) del mismo sexo **2.** (*homosexuell*) homosexual; **gleichgesinnt** ['glaɪçgəzɪnt] *adj s.* **gesinnt**

Gleichgewicht *nt* <-(e)s, *ohne pl*> (*a.* PSYCH) equilibrio *m;* **natürliches/ökologisches ~** equilibrio natural/ecológico; **monetäres ~** equilibrio monetario; **~ der Kräfte** equilibrio de fuerzas; **aus dem ~ kommen/bringen** perder el equilibrio/desequilibrar; **im ~ sein** estar equilibrado

gleichgewichtig *adj* **1.** (*ausgeglichen*) equilibrado **2.** (*gleich wichtig*) de igual importancia, del mismo peso

Gleichgewichtsorgan *nt* <-s, -e> (ANAT) órgano *m* del equilibrio; **Gleichgewichtssinn** *m* <-(e)s, -e> sentido *m* del equilibrio; **Gleichgewichtsstörung** *f* <-, -en> (MED) perturbación *f* del sentido del equilibrio

gleichgültig *adj* **1.** (*ohne Anteilnahme*) indiferente (*gegenüber* a) **2.** (*unwichtig*) insignificante; **das ist mir ~** eso me da igual

Gleichgültigkeit *f* <-, *ohne pl*> indiferencia *f* (*gegenüber* frente a); (*Desinteresse*) desinterés *m* (*gegenüber* frente a)

Gleichheit *f* <-, *ohne pl*> igualdad *f;* (*Übereinstimmung*) conformidad *f;* **~ vor dem Gesetz** igualdad ante la ley; **Gleichheitszeichen** *nt* <-s, -> signo *m* de igualdad

gleich|kommen *irr vi sein* **1.** (*gleichen*) equivaler (a); **die Antwort kommt fast einer Beleidigung gleich** la respuesta equivale casi a una ofensa **2.** (*mit Leistung*) igualar (*an* en); **gleichlautend** *adj s.* **lauten**; **gleich|machen** *vt* igualar, nivelar; **etw dem Erdboden ~** no dejar piedra sobre piedra, arrasar algo

Gleichmacherei *f* <-, -en> (*abw*) falta *f* de sentido crítico, generalización *f;* **der hat einen Hang zur ~** ése mide todo por el mismo rasero

Gleichmaß *nt* <-es, *ohne pl*> **1.** (*Ebenmaß*) simetría *f,* proporción *f* **2.** (*geh*) *s.* **Gleichmäßigkeit**

gleichmäßig *adj* **1.** (*gleichförmig*) uniforme **2.** (*regelmäßig*) regular, constante **3.** (*ausgeglichen*) equilibrado **4.** (*ebenmäßig*) simétrico

Gleichmäßigkeit *f* <-, *ohne pl*> **1.** (*Gleichförmigkeit*) uniformidad *f* **2.** (*Regelmäßigkeit*) regularidad *f,* constancia *f;* **mit schöner ~** con gran regularidad **3.** (*Ausgeglichenheit*) equilibrio *m* **4.** (*in der Form*) simetría *f*

Gleichmut *m* <-(e)s, *ohne pl*> impasibilidad *f,* ecuanimidad *f*

gleichmütig *adj* impasible, imperturbable; **wie kannst du angesichts dieser brutalen Szenen so ~ bleiben!** ¡cómo puedes permanecer impertérrito ante estas escenas tan brutales!; **was regst du dich so auf? bleib ~er, das ist besser für die Nerven!** ¿por qué te exaltas tanto? ¡tranquilízate, es mejor para tus nervios!

gleichnamig ['glaɪçna:mɪç] *adj* homónimo, del mismo nombre; **ein Film nach dem ~en Roman von ...** una película según la novela del mismo título de...

Gleichnis *nt* <-ses, -se> parábola *f*

gleichrangig ['glaɪçraŋɪç] *adj* del mismo rango, de igual categoría; (*gleichwertig*) equivalente

Gleichrichter *m* <-s, -> (ELEK) rectificador *m* (de corriente)

gleichsam *adv* (*geh*) en cierto modo; **~ als ob ...** como si... *+subj*

gleich|schalten *vt* (POL: *abw*) obligar a pensar de la misma manera

Gleichschaltung *f* <-, -en> (POL: *abw*) unificación *f* política forzada, obligación *f* de defender una misma línea política; **durch die ~ aller Parteien war gewährleistet, dass eine einheitliche Parteienmeinung vertreten wurde** unificando por la fuerza a todos los partidos, se garantizaba la defensa de una opinión de partido unitaria

gleichschenk(e)lig *adj* (MATH): **~es Dreieck** triángulo *m* isósceles

Gleichschritt *m* <-(e)s, *ohne pl*> marcha *f* al compás; **im ~ marschieren** marchar al compás

gleich|sehen *irr vi* **1.** (*ähnlich sehen*): **etw** *dat*/**jdm** ~ parecerse a algo/a alguien; **sieht sie nicht ihrer Oma gleich?** ¿no se parece a su abuela?; **dieses Auto sieht einem Sportwagen gleich** este coche parece de carreras **2.** (*fam: typisch sein für*): **jdm** ~ ser propio [*o* característico] de alguien; **sie ist wieder zu spät gekommen? – das sieht ihr gleich!** ¿ha vuelto a llegar tarde? – ¡es habitual en ella!; **gleichseitig** *adj* (MATH) equilátero; **gleich|setzen** *vt* **1.** (*vergleichen*) equiparar (*mit* a/con) **2.** (*als gleichwertig einstufen*) igualar (*mit* a/con); **Gleichsetzung** *f* <-, -en> **1.** (*im Vergleich*) equiparación *f* **2.** (*gleichwertiger Dinge*) igualación *f*; **Gleichspannung** *f* <-, -en> (ELEK) voltaje *m* continuo; **Gleichstand** *m* <-(e)s, *ohne pl*> (SPORT) empate *m*

gleich|stehen *irr vi*: **etw** *dat*/**jdm** ~ tener el mismo valor que algo/alguien, ser equivalente a algo/a alguien; **hinsichtlich ihrer Stellung im Verlag stehen sie sich** *dat* **gleich** en lo que respecta a su posición en la editorial poseen la misma categoría; **gleich|stellen** *vt* igualar (*mit* a/con); (JUR) conceder los mismos derechos (*mit* que)

Gleichstellung *f* <-, *ohne pl*> igualdad *f*; **die ~ der Frau mit dem Mann** la equiparación de la mujer con el hombre; **Gleichstellungsbeauftragte(r)** *mf* <-n, -n; -n, -n> (POL) delegado, -a *m, f* para la equiparación de derechos

Gleichstrom *m* <-(e)s, *ohne pl*> (ELEK) corriente *f* continua; **gleich|tun** *irr vt*: **es jdm** ~ (*nachahmen*) imitar a alguien (en algo), hacer lo mismo que alguien; (*in Leistung*) competir con alguien

Gleichung *f* <-, -en> (MATH) ecuación *f*; **eine ~ n-ten Grades** una ecuación de grado x

gleichviel [glaɪçˈfiːl] *adv* no importa, da igual; **Argumente hin, Argumente her, ~, die Entscheidung bleibt bestehen** sea lo que sea, la decisión se mantiene firme; **~ ob er will oder nicht, er muss das Geld zurückzahlen** (da igual que) quiera o no: el dinero lo tiene que devolver

gleichwertig *adj* del mismo valor, equivalente

Gleichwertigkeit *f* <-, -en> equivalencia *f*

gleichwie *konj* (*geh*) igual que si, como si

gleichwink(e)lig *adj* isógono, equiángulo

gleichwohl [ˈ-ˈ-] *adv* no obstante, sin embargo

gleichzeitig **I.** *adj* simultáneo **II.** *adv* al mismo tiempo, simultáneamente

Gleichzeitigkeit *f* <-, *ohne pl*> simultaneidad *f*; **mit dem Gerundium wird die ~ von Handlungen dargestellt** a través del gerundio se expresa la simultaneidad de acciones

gleich|ziehen *irr vi* igualar, alcanzar; **in den Ergebnissen mit anderen Unternehmen** ~ igualar los resultados de otras empresas

Gleis [glaɪs] *nt* <-es, -e> vía *f*; **auf ~ zehn** en la vía diez; **aus dem ~ kommen** [*o* **geraten**] (*fig*) perder el ritmo acostumbrado; **die Sache kommt schon wieder ins rechte ~** las aguas vuelven a su cauce; **Gleisanlage** *f* <-, -n> ramal *m* ferroviario; **Gleisanschluss**[RR] *m* <-es, -schlüsse> vía *f* de empalme, ramal *m* por vía férrea; **der Chemiekonzern hat einen eigenen ~** el consorcio químico tiene su propio ramal por vía férrea; **Gleisarbeiten** *fpl* trabajos *mpl* en la vía férrea

gleißen [ˈglaɪsən] *vi* (*geh*) relumbrar, resplandecer; **~des Licht** luz deslumbrante

Gleitboot *nt* <-(e)s, -e> hidroplano *m*

gleiten [ˈglaɪtən] <gleiten, glitt, geglitten> *vi* **1.** *sein* (*fliegen*) planear **2.** *sein* (*rutschen*) deslizarse **3.** *sein* (*sich bewegen*) deslizarse (*über* por), resbalar (*über* por/sobre); (*Blick, Hand*) pasar (*über* por) **4.** (*fam: bei Arbeitszeit*) tener un horario flexible

Gleitflug *m* <-(e)s, -flüge> planeo *m*; **im ~** planeando; **Gleitflugzeug** *nt* <-(e)s, -e> planeador *m*; **Gleitkufe** *f* <-, -n> patín *m* de aterrizaje; **auf seinen ~n landen** aterrizar frenando con los patines; **Gleitmittel** *nt* <-s, -> (MED) lubricante *m*

Gleitschirm *m* <-(e)s, -e> parapente *m*; **Gleitschirmfliegen** *nt* <-s, *ohne pl*> (SPORT) parapente *m*; **Gleitschirmflieger(in)** *m(f)* <-s, -; -, -nen> (SPORT) persona *f* que hace parapente

Gleitschutz *m* <-es, *ohne pl*> (AUTO) mecanismo *m* antideslizante, dispositivo *m* antideslizante

Gleitzeit *f* <-, *ohne pl*> horario *m* (de trabajo) flexible

Glencheck [ˈglɛntʃɛk] *m* <-(s), -s> (*Karomuster*) dibujo *m* a cuadros; **bei uns ist ~ ganz aus der Mode gekommen** los cuadros (en la ropa) están pasados totalmente de moda

Gletscher [ˈglɛtʃɐ] *m* <-s, -> glaciar *m*; **Gletscherbrand** *m* <-(e)s, -brände> *insolación que se produce/sufre en las montañas*; **Gletscherkunde** *f* <-, *ohne pl*> glaciología *f*; **Gletscherspalte** *f* <-, -n> grieta *f* de glaciar

Glibber [ˈglɪbɐ] *m* <-s, *ohne pl*> (*nordd: fam*) mucosidad *f*, viscosidad *f*

glibberig [ˈglɪbərɪç] *adj* (*nordd: fam: gallertartig*) gelatinoso

glich [glɪç] *3. imp von* **gleichen**

Glied [gliːt] *nt* <-(e)s, -er> **1.** (*Körperteil*) miembro *m*; **der Schreck saß ihm in den ~ern** el susto le llegó hasta la médula **2.** (*Finger~*) falange *f* **3.** (*Penis*) miembro *m* (viril), pene *m* **4.** (*Ketten~*) eslabón *m* **5.** (*Teil*) miembro *m*

Gliederfüßer *m* <-s, -> (ZOOL) artrópodo *m*

gliedern [ˈgliːdɐn] **I.** *vt* **1.** (*ordnen*) clasificar, estructurar **2.** (*unterteilen*) (sub)dividir (*in* en) **II.** *vr*: **sich ~** (*sich teilen*) dividirse (*in* en); **der Text gliedert sich in drei Abschnitte**

G

el texto se divide en tres párrafos

Gliederpuppe *f* <-, -n> muñeca *f* articulada; **Gliederschmerz** *m* <-es, -en> dolor *m* articular

Gliederung *f* <-, -en> **1.** (*das Gliedern*) clasificación *f*, estructuración *f*; (*Einteilung*) división *f* (*in* en) **2.** (*Aufbau*) estructura *f*

Gliedmaßen ['gliːtmaːsən] *pl* miembros *mpl*, extremidades *fpl*

Gliedstaat *m* <-(e)s, -en> Estado *m*, provincia *f Arg*

glimmen ['glɪmən] <glimmt, glomm *o* glimmte, geglommen *o* geglimmt> *vi* arder (sin llama)

Glimmer ['glɪmɐ] *m* <-s, -> **1.** (MINER) mica *f* **2.** (*Schimmer*) destello *m*, resplandor *m*

glimmern ['glɪmɐn] *vi* centellear, destellar, resplandecer

Glimmstängel^RR *m* <-s, ->, **Glimmstengel** *m* <-s, -> (*fam*) pitillo *m*

glimpflich ['glɪmpflɪç] **I.** *adj* (*mild*) suave; (*Strafe*) leve **II.** *adv* **1.** (*ohne Schaden*) bien parado; **wir sind noch ~ davongekommen** aún salimos bien parados del asunto **2.** (*nachsichtig*) con indulgencia, sin perjuicio

glitschen *vi sein* (*fam*) resbalarse, escurrirse; **mir ist die Seife aus der Hand geglitscht** se me ha resbalado el jabón de las manos; **der Fisch glitschte vom Tisch** el pez se escurrió de la mesa

glitschig ['glɪtʃɪç] *adj* (*fam: Weg*) resbaladizo, resbaloso; (*Fisch*) escurridizo

glitt [glɪt] *3. imp von* **gleiten**

glitzern ['glɪtsɐn] *vi* destellar, centellear

global [glo'baːl] *adj* global; **Globalabkommen** *nt* <-s, -> acuerdo *m* global; **Globalbetrag** *m* <-(e)s, -träge> importe *m* global; **Globalgenehmigung** *f* <-, -en> autorización *f* global

Globalisierung *f* <-, -en> globalización *f*

Globalkredit *m* <-(e)s, -e> (FIN) crédito *m* global; **Globalmodell** *nt* <-s, -e> modelo *m* global; **Globalstrahlung** *f* <-, -en> (METEO) radiación *f* global

Globen *pl von* **Globus**

Globetrotter(in) ['gloːbətrɔtɐ] *m(f)* <-s, -; -, -nen> trotamundos *mf inv*

Globus ['gloːbʊs] *m* <-(ses), -se *o* Globen> globo *m*

Glocke ['glɔkə] *f* <-, -n> **1.** (*in Kirchen*) campana *f*; **etw an die große ~ hängen** (*fam fig*) echar las campanas al vuelo; **wissen, was die ~ geschlagen hat** (*fam fig*) saber a qué atenerse **2.** (*reg: Klingel*) timbre *m* **3.** (*Käse~*) quesera *f*; **Glockenbalken** *m* <-s, -> brazo *m* de la campana; **Glockenblume** *f* <-, -n> campánula *f*, campanilla *f*; **glockenförmig** *adj* acampanado; **Glockengeläute** *nt* <-s, *ohne pl*> toque *m* de campanas; **Glockengießer(in)** *m(f)* <-s, -; -, -nen> campanero, -a *m, f*, fundidor(a) *m(f)* de campanas; **Glockenklang** *m* <-(e)s, -klänge> tañido *m* (de campanas); **Glockenläuten** *nt* <-s, *ohne pl*> toque *m* de campanas

Glockenrock *m* <-(e)s, -röcke> falda *f* con vuelo; **heute trägt kein junges Mädchen mehr einen ~** hoy en día ninguna chica lleva ya una falda con vuelo; **Glockenschlag** *m* <-(e)s, -schläge> campanada *f*; **Glockenspiel** *nt* <-(e)s, -e> carillón *m*; **Glockenstuhl** *m* <-(e)s, -stühle> armazón *m o f* de campana, melena *f* de campana; **Glockenturm** *m* <-(e)s, -türme> campanario *m*

glockig *adj* acampanado

Glöckner(in) ['glœknɐ] *m(f)* <-s, -; -, -nen> campanero, -a *m, f*; **„der ~ von Notre Dame"** "el jorobado de Notre Dame"

glomm [glɔm] *3. imp von* **glimmen**

Glorie ['gloːriə] *f* <-, *ohne pl*> (*geh: Ruhm*) gloria *f*

Glorienschein *m* <-(e)s, -e> aureola *f*

glorifizieren* [glorifi'tsiːrən] *vt* glorificar

Glorifizierung *f* <-, -en> glorificación *f*, enaltecimiento *m*; **die ~ dieses Mörders ist ein Skandal** es un escándalo que se glorifique a este asesino

Gloriole [glo'rioːlə] *f* <-, -n> (*geh*) aureola *f*

glorios [glo'rioːs] *adj*, **glorreich** ['gloːɐraɪç] *adj* glorioso

Glossar [glɔ'saːɐ] *nt* <-s, -e> glosario *m*

Glosse ['glɔsə] *f* <-, -n> glosa *f*, comentario *m*

glossieren* *vt* **1.** (MEDIA: *kurz kommentieren*) comentar, glosar **2.** (*spöttisch kommentieren*) hacer comentarios sarcásticos respecto a, criticar sarcásticamente

Glotzaugen *ntpl* (*fam*) ojos *mpl* saltones; **~ machen** poner ojos de besugo; **der wird ~ machen, wenn er meinen neuen Wagen sieht!** ¡se le van a salir los ojos de las órbitas cuando vea mi nuevo coche!; **mit ~ starrte er die Kinder an** miraba fijamente a los niños

Glotze *f* <-, -n> (*fam*) tele *f*, caja *f* tonta

glotzen ['glɔtsən] *vi* (*fam*) **1.** (*anstarren*) mirar, clavar la vista (*auf* en); **glotz nicht so!** ¡no mires así! **2.** (*fernsehen*) ver la tele

Glück [glʏk] *nt* <-(e)s, *ohne pl*> suerte *f*, fortuna *f*, pegada *f CSur*, zapallo *m Arg, Chil*; (*Glücklichsein*) felicidad *f*; **~ haben** tener suerte, pegarla *Am: sl*; **kein ~ haben** tener mala suerte; **jdm zu etw** *dat* **~ wünschen** desear suerte a alguien para algo; **sein ~ versuchen** probar fortuna; **jdm ~ bringen** traer suerte a alguien; **sie kann von ~ sagen, dass nichts passiert ist** ha tenido la suerte de que no ha pasado nada; **zum ~** por suerte; **~ auf!** (*Bergarbeitergruß*) ¡buena suerte!; **viel ~!** ¡mucha suerte!; **ein ~!** (*fam*) ¡qué suerte!; (**das ist**) **dein ~!** (*fam*) ¡vaya suerte la tuya!; **sie weiß noch nichts von ihrem ~** todavía no sabe la que le ha caído en suerte; **~ im Unglück haben** dentro de lo malo, lo mejor; **mehr ~ als Verstand haben** tener más suerte que entendimiento; **auf gut ~** a la buena de Dios; **jeder ist seines ~es Schmied** (*prov*) cada uno es el artífice de su ventura; **~ und**

Glas, wie leicht bricht das (*prov*) lo que te ha tocado por suerte, no lo tengas por fuerte

Glucke ['glʊkə] *f* <-, -n> (gallina *f*) clueca *f*

glücken ['glʏkən] *vi sein* salir (bien), dar buen resultado

gluckern ['glʊkɐn] *vi* borbot(e)ar, gorgotear

glücklich I. *adj* **1.** (*vom Glück begünstigt*) dichoso, afortunado; **die ~e Gewinnerin** la afortunada ganadora; **wer ist der/die G~e ?** ¿quién es el afortunado/la afortunada? **2.** (*günstig*) feliz; **ein ~er Zufall** una feliz coincidencia **3.** (*froh*) feliz; **er ist wunschlos ~** es enormemente feliz; **sie kann sich ~ schätzen, dass ...** puede considerarse satisfecha de que... +*subj* II. *adv* **1.** (*gut, mit Glück*) felizmente, bien **2.** (*froh*) felizmente; **~ verheiratet sein** ser feliz en su matrimonio, estar felizmente casado

glücklicherweise ['---'--] *adv* felizmente, por suerte

glücklos *adj* sin suerte, infeliz

Glücksbringer *m* <-s, -> talismán *m*

glückselig [-'--, '---] *adj* muy feliz

Glückseligkeit[1] *f* <-, -en> (*Ereignis*) acontecimiento *m* lleno de dicha

Glückseligkeit[2] *f* <-, *ohne pl*> (*Zustand*) dicha *f*, felicidad *f*; **vor lauter ~ brachte sie kein Wort heraus** de la emoción se había quedado sin habla [*o* muda]

glucksen *vi* **1.** (*Flüssigkeit, Gewässer*) borbot(e)ar **2.** (*Person*) barbot(e)ar

Glücksfall *m* <-(e)s, -fälle> golpe *m* de fortuna [*o* de suerte]; **Glücksgefühl** *nt* <-(e)s, -e> sentimiento *m* de felicidad; **Glücksgöttin** *f* <-, -nen> (MYTH) diosa *f* Fortuna; **ich habe im Lotto gewonnen – die ~ war mir hold!** (*fig*) me ha tocado la lotería – ¡la fortuna me ha sonreído!; **Glückskind** *nt* <-(e)s, -er> afortunado, -a *m, f*; **Glücksklee** *m* <-s, *ohne pl*> trébol *m* de cuatro hojas; **Glückspfennig** *m* <-s, -e> centavo *m* de la suerte; **Glückspilz** *m* <-es, -e> (*fam*) suertudo, -a *m, f*; **Glücksrad** *nt* <-(e)s, -räder> rueda *f* de la fortuna; **Glücksritter** *m* <-s, -> (*a. abw*) vividor(a) *m(f)*, aventurero *m*; **der lebt in den Tag hinein wie ein ~** es un vividor que vive sin pensar en el día de mañana; **Glückssache** *f* <-, *ohne pl*> cuestión *f* de suerte; **Glücksschweinchen** *nt* <-s, -> *figura en forma de cerdo símbolo de la buena suerte;* **zur bevorstehenden Prüfung schenkte Karin ihrem Freund ein dickes ~ aus Marzipan** ante el inminente examen, Karin le regaló a su novio un cerdito grande de mazapán (para desearle suerte); **Glücksspiel** *nt* <-(e)s, -e> juego *m* de azar; **Glücksspieler(in)** *m(f)* <-s, -; -, -nen> jugador(a) *m(f)* de azar; **Glückssträhne** *f* <-, -n> racha *f* de suerte; **Glückstag** *m* <-(e)s, -e> día *m* de suerte

glückstrahlend *adj* radiante

Glückstreffer *m* <-s, -> golpe *m* de suerte, batacazo *m CSur;* **Glückszahl** *f* <-, -en> número *m* de la suerte

Glückwunsch *m* <-(e)s, -wünsche> (*~karte*) felicitación *f*; (*als Wunsch*) enhorabuena *f*; **herzlichen ~!** ¡felicidades!; **herzlichen ~ zum Geburtstag!** ¡feliz cumpleaños!; **herzlichen ~ zum Examen!** ¡enhorabuena por el (examen) aprobado!; **Glückwunschkarte** *f* <-, -n> tarjeta *f* de felicitación; **Glückwunschtelegramm** *nt* <-(e)s, -e> telegrama *m* de felicitación

Gluconsäure [glu'ko:n-] *f* <-, *ohne pl*> (CHEM) ácido *m* glucónico

Glucose [glu'ko:zə] *f* <-, *ohne pl*> (CHEM) glucosa *f*

Glühbirne *f* <-, -n> bombilla *f*, foco *m Am*, ampolleta *f Arg*

glühen ['gly:ən] *vi* **1.** (*Kohlen*) arder (sin llama) **2.** (*Metall*) ponerse al rojo (vivo); (*Wangen, Körper*) arder **3.** (*geh: erregt sein*) arder (*vor* de); **er glühte vor Eifer** ardía de entusiasmo

glühend *adj* (*Metall*) candente, al rojo (vivo); (*Wangen*) enrojecido; (*Hass, Verehrer*) ardiente; **~ heiß** abrasador; **rot ~** candente; **weiß ~** incandescente, candente; **~e Kohlen** carbones encendidos; **wie auf ~en Kohlen sitzen** (*fig*) estar en ascuas

Glühfaden *m* <-s, -fäden> filamento *m* incandescente; **Glühlampe** *f* <-, -n> lámpara *f* incandescente; **Glühwein** *m* <-(e)s, -e> *vino tinto caliente aromatizado con especias;* **Glühwürmchen** ['-vʏrmçən] *nt* <-s, -> luciérnaga *f*, cocuyo *m Am*

Glukose [glu'ko:ze] *f* <-, *ohne pl*> (CHEM) glucosa *f*

Glupschauge ['glʊpʃaʊgə] *nt* <-s, -n> (*nordd*) ojo *m* saltón; **~n machen** mirar pasmado

Glut [glu:t] *f* <-, -en> (*von Kohlen*) brasa *f*, ascua *f*; (*von Zigarette*) ceniza *f* ardiente

Glutamat [gluta'ma:t] *nt* <-(e)s, -e> (CHEM) glutamato *m*

Glutamin [gluta'mi:n] *nt* <-s, -e> (CHEM) glutamina *f*; **Glutaminsäure** *f* <-, -n> (CHEM) ácido *m* glutamínico

Glutarsäure [glu'ta:ɐ-] *f* <-, *ohne pl*> (CHEM) ácido *m* glutárico

glutäugig *adj* (*geh*) de ojos ardientes; **eine ~e Zigeunerin tanzte den Flamenco** una gitana de mirada fogosa bailaba flamenco

Gluthitze ['-'--] *f* <-, *ohne pl*> calor *m* abrasador; **glutrot** ['-'-] *adj* rojo candente

Glykol [gly'ko:l] *nt* <-s, -e> (CHEM) glicol *m;* **Glykolsäure** *f* <-, *ohne pl*> (CHEM) ácido *m* glicólico

Glyzerin [glytse'ri:n] *nt* <-s, *ohne pl*> (CHEM) glicerina *f*

GmbH [ge:ʔɛmbe:'ha:] *f* <-, -s> *Abk. von* **Gesellschaft mit beschränkter Haftung** S.L. *f*

g-Moll ['ge:'mɔl] *nt* <-, *ohne pl*> (MUS) sol *m* menor

Gnade ['gna:də] *f* <-, -n> **1.** (*a.* REL) gracia *f*

2. (*Barmherzigkeit*) misericordia *f* **3.** (*Milde*) clemencia *f;* (*Nachsicht*) indulgencia *f;* **für jdn um ~ bitten** pedir clemencia para alguien; **~ vor Recht ergehen lassen** optar por la clemencia; **von Gottes ~n** por la gracia de Dios; **Gnadenakt** *m* <-(e)s, -e> (JUR) derecho *m* de gracia, indulto *m;* **auf Grund eines ~es wurde er vorzeitig entlassen** gracias a un indulto fue puesto en libertad antes de tiempo; **Gnadenbrot** *nt* <-(e)s, *ohne pl*> manutención *f* caritativa (*para ancianos y personas necesitadas*); **Gnadenfrist** *f* <-, -en> plazo *m* de gracia; **Gnadengesuch** *nt* <-(e)s, -e> petición *f* de gracia; **gnadenlos** *adj* sin piedad; **Gnadenschuss**[RR] *m* <-es, -schüsse> tiro *m* de gracia; **Gnadenstoß** *m* <-es, -stöße> golpe *m* de gracia; **den ~ geben** rematar, despenar *Am;* **Gnadentod** *m* <-(e)s, -e> (*geh*) muerte *f* sin sufrimiento físico, muerte *f* digna; **Gnadenweg** *m* <-(e)s, *ohne pl*> (JUR) procedimiento *m* para la concesión del indulto; **auf dem ~** a título de gracia

gnädig ['gnɛːdɪç] *adj* **1.** (*gütig*) benigno; (*barmherzig*) misericordioso; (*wohlwollend*) benévolo **2.** (*mild*) clemente; (*nachsichtig*) indulgente **3.** (*herablassend*) condescendiente **4.** (*Wend*): **~es Fräulein/~e Frau/~er Herr** señorita/señora/señor

Gneis [gnaɪs] *m* <-es, -e> gneis *m inv*

Gnom [gnoːm] *m* <-en, -en> gnomo *m,* duende *m*

Gnostik ['gnɔstɪk] *f* <-, *ohne pl*> (REL) gnosticismo *m*

Gnostiker(in) *m(f)* <-s, -; -, -nen> (REL) (g)nóstico, -a *m, f*

gnostisch *adj* (REL) gnóstico

Gnu [gnuː] *nt* <-s, -s> (ZOOL) ñu *m*

Goal [goːl] *nt* <-s, -s> (*Österr, Schweiz:* SPORT: *Tor*) gol *m*

Gobelin [gobə'lɛ̃ː] *m* <-s, -s> tapiz *m*

Gockel ['gɔkəl] *m* <-s, -> (*südd: fam*) gallo *m*

Gokart[RR] *m* <-(s), -s>, **Go-Kart** *m* <-(s), -s> **1.** (SPORT: *Rennwagen*) cart *m,* kart *m* **2.** (*für Kinder*) coche *m* de juguete con pedales

Gold [gɔlt] *nt* <-(e)s, *ohne pl*> oro *m;* **schwarzes ~** (*Kohle*) carbón *m;* (*Erdöl*) oro negro; **treu wie ~** de fiar; **~ wert sein** valer su peso en oro; **nicht für alles ~ der Welt** ni por todo el oro del mundo; **~ holen** (SPORT) llevarse oro, conseguir el oro; **es ist nicht alles ~, was glänzt** (*prov*) no es oro todo lo que reluce; **Goldader** *f* <-, -n> filón *m* de oro; **Goldalge** *f* <-, -n> alga *f* dorada; **Goldammer** ['gɔltʔamɐ] *f* <-, -n> (ZOOL) escribano *m* cerillo; **Goldbarren** *m* <-s, -> lingote *m* de oro, barra *f* de oro; **Goldbarsch** *m* <-(e)s, -e> (ZOOL) gallineta *f* nórdica; **Goldbestand** *m* <-(e)s, -stände> reservas *fpl* de oro; **goldbestickt** *adj* con bordados de oro; **Golddeckung** *f* <-, -en> (FIN) reserva-oro *f;* **Golddistel** *f* <-, -n> (BOT) abrojo *m* dorado, cardo *m* dorado; **Golddoublé** ['gɔltduble:] *nt* <-s, -s>, **Golddublee** *nt* <-s, -s> oro *m* chapado

golden ['gɔldən] *adj* **1.** (*aus Gold*) de oro; **~e Schallplatte** disco de oro; **ein ~es Herz haben** tener un corazón de oro; **das ~e Zeitalter** (*Mythologie*) la Edad de Oro; (LIT) el Siglo de Oro; **die ~e Mitte wählen** optar por el justo medio **2.** (*goldfarben*) dorado, de color oro

Goldesel *m* <-s, -> asno *m* de oro; **Goldfaden** *m* <-s, -fäden> hilo *m* de oro, hilo *m* briscado; **die Decke war mit Gold- und Silberfäden durchwirkt** la colcha tenía un briscado de oro y plata; **goldfarben** *adj,* **goldfarbig** *adj* dorado; **Goldfarn** *m* <-(e)s, -e> (BOT) helecho *m* rubio; **Goldfasan** *m* <-(e)s, -e *o* -en> (ZOOL) faisán *m* dorado; **Goldfisch** *m* <-(e)s, -e> (ZOOL) pez *m* rojo, ciprino *m* dorado; **Goldgehalt** *m* <-(e)s, -e> contenido *m* en oro; **goldgelb** *adj* amarillo dorado; **Goldgier** *f* <-, *ohne pl*> avidez *f* de oro; **goldgierig** *adj* ávido de oro; **Goldgräber(in)** ['-grɛːbɐ] *m(f)* <-s, -; -, -nen> buscador(a) *m(f)* de oro; **Goldgrube** *f* <-, -n> (*a. fig fam*) mina *f* de oro; **Goldhaar** *nt* <-(e)s, -e> (BOT) culantrillo *m;* **Goldhafer** *m* <-s, -> (BOT) avena *f* carmelitana; **goldhaltig** *adj,* **goldhältig** *adj* (*Österr:* MINER) de oro, aurífero; **die neu entdeckte Goldader ist ~er als die alte** la nueva veta que han descubierto es más rica en oro que la vieja; **Goldhamster** *m* <-s, -> hámster *m*

goldig *adj* (*fam: niedlich*) mono, rico

Goldjunge *m* <-n, -n> (*fam*) **1.** (*Kosewort*) niño *m* preferido; **was für ein ~ ihr Sohn ist!** ¡qué hijo más precioso [*o* majo] tiene! **2.** (SPORT: *Goldmedaillengewinner*) medallista *m* de oro; **Goldklumpen** *m* <-s, -> terrón *m* de oro; **Goldlack** *m* <-(e)s, -e> (BOT) alhelí *m;* **Goldmädchen** *nt* <-s, -> (*fam*) **1.** (*Kosewort*) niña *f* preferida; **Ihre Tochter ist ein wahres ~!** ¡su hija es una auténtica preciosidad! **2.** (SPORT: *Goldmedaillengewinnerin*) medallista *f* de oro

Goldmedaille *f* <-, -n> (SPORT) medalla *f* de oro; **Goldmedaillengewinner(in)** *m(f)* <-s, -; -, -nen> (SPORT) ganador(a) *m(f)* de la medalla de oro

Goldmine *f* <-, -n> mina *f* de oro; (*gutes Geschäft*) mina *f* de dinero, tronchado *m Mex;* **Goldmünze** *f* <-, -n> moneda *f* de oro; **Goldpapier** *nt* <-(e)s, -e> papel *m* dorado; **Goldplombe** *f* <-, -n> empaste *m* de oro; **Goldrahmen** *m* <-s, -> marco *m* de oro; **Goldrand** *m* <-(e)s, -ränder> borde *m* de oro; **eine Brille mit ~** gafas con una montura bañada en oro; **Goldrausch** *m* <-(e)s, *ohne pl*> fiebre *f* del oro; **Goldregen** *m* <-s, -> **1.** (BOT) borne *m* **2.** (*Wohlstand*) riquezas *fpl* inesperadas, maná *m fam;*

Goldreif *m* <-(e)s, -e> (*geh*) brazalete *m* de oro; **Goldreserve** *f* <-, -n> (FIN) reserva *f* en oro; **goldrichtig** ['-'--] *adj* (*fam*) absolutamente correcto; **ihre Entscheidung war ~** su decisión fue un pleno acierto; **Goldschatz** *m* <-es, -schätze> **1.** (*Schatz*) tesoro *m* de oro **2.** (*Kosewort*) tesoro *m*; **Goldschmied(in)** *m(f)* <-(e)s, -e; -, -nen> orfebre *mf*

Goldschmiedearbeit *f* <-, -en> trabajo *m* de orfebrería; **Goldschmiedekunst** *f* <-, *ohne pl*> orfebrería *f*

Goldschmiedin *f* <-, -nen> *s.* **Goldschmied**; **Goldschnitt** *m* <-(e)s, -e> canto *m* dorado; **Goldstaub** *m* <-(e)s, -e *o* -stäube> oro *m* en polvo; **Goldstück** *nt* <-(e)s, -e> **1.** (*Münze*) moneda *f* de oro **2.** (*fam: Mensch*) tesoro *m*, cielo *m*; **Goldsucher(in)** *m(f)* <-s, -; -, -nen> buscador(a) *m(f)* de oro; **Goldvorkommen** *nt* <-s, -> yacimiento *m* de oro; **Goldwaage** *f* <-, -n> balanza *f* para oro; **jedes Wort auf die ~ legen** (*fam*) tomar todo lo que se dice al pie de la letra; **Goldwährung** *f* <-, -en> (WIRTSCH) patrón-oro *m*, patrón *m* de divisas de oro; **Goldwäscher(in)** *m(f)* <-s, -; -, -nen> buscador(a) *m(f)* de oro

Golf¹ [gɔlf] *m* <-(e)s, -e> (GEO) golfo *m*

Golf² *nt* <-s, *ohne pl*> (SPORT) golf *m*

Golfer(in) *m(f)* <-s, -; -, -nen> golfista *mf*

Golfkrieg *m* <-(e)s, -e> guerra *f* del Golfo

Golf Open [gɔlf 'ɔʊpən] *ntpl* abierto *m* de golf; **Golfplatz** *m* <-es, -plätze> campo *m* de golf; **Golfschläger** *m* <-s, -> palo *m* de golf; **Golfspieler(in)** *m(f)* <-s, -; -, -nen> jugador(a) *m(f)* de golf

Golfstaat *m* <-(e)s, -en> Estado *m* del Golfo; **Golfstrom** *m* <-(e)s, *ohne pl*> (GEO) corriente *f* del golfo

Golftasche *f* <-, -n> bolsa *f* de los palos de golf

Golgatha ['gɔlgata] *nt* <-s> Gólgota *m*

Goliath ['go:liat] *m* <-s, -s> **1.** (REL) Goliat *m* **2.** (*fam: riesiger Mensch*) gigante *m*; **mit seinen zwei Meter zehn ist er ein richtiger ~** mide dos metros diez, ¡es un auténtico gigante!

Gondel ['gɔndəl] *f* <-, -n> **1.** (*Boot*) góndola *f* **2.** (*am Ballon*) barquilla *f*; (*von Seilbahn*) cabina *f*; **Gondelbahn** *f* <-, -en> (*Schweiz*) funicular *m* aéreo, teleférico *m*

gondeln *vi sein* (*fam*) deambular (*mit* en); (*mit einem Boot*) remar lentamente (*mit* en); **mit dem Fahrrad gondelte er durch die Stadt** daba vueltas en bicicleta por la ciudad; **manchmal ~ wir (mit dem Boot) über den friedlichen See** a veces damos un paseo en barca por las tranquilas aguas del lago

Gondoliere [gɔndo'lje:rə, *pl:* gɔndo'lje:ri] *m* <-, Gondolieri> gondolero *m*

Gong [gɔŋ] *m* <-s, -s> gong *m*, batintín *m*

gongen ['gɔŋən] **I.** *vunpers* sonar el gong **II.** *vi* (*den Gong schlagen*) hacer sonar el gong

Gongschlag *m* <-(e)s, -schläge> golpe *m* de gong; **beim ~ wird es genau sieben Uhr!** ¡cuando suene el gong serán las siete!

gönnen ['gœnən] *vt* no envidiar, conceder de buen grado; **das gönne ich ihm** se lo merece; **jdm etw nicht ~** envidiar algo a alguien; **ich gönne ihr, dass sie eine Stelle gefunden hat** me alegro que haya encontrado trabajo; **sich** *dat* **etw ~** permitirse algo; **man gönnt sich ja sonst nichts** un día es un día; **es sei dir gegönnt!** (*von mir aus*) ¡por mí sí!

Gönner(in) *m(f)* <-s, -; -, -nen> patrocinador(a) *m(f)*; (*von Künstler*) mecenas *mf inv*

gönnerhaft *adj* (*abw*) displicente

Gönnerin *f* <-, -nen> *s.* **Gönner**

Gönnerlaune *f* <-, *ohne pl*> *s.* **Geberlaune**; **Gönnermiene** *f* <-, -n> (*abw*) displicencia *f*, aire *m* de superioridad

Gonokokkus [gono'kɔkʊs] *m* <-, Gonokokken> (MED) gonococo *m*

Gonorrhöe [gonɔ'rø:, *pl:* gonɔ'rø:ən] *f* <-, -n> (MED) gonorrea *f*

Goodwill ['gʊdwɪl] *m* <-s, *ohne pl*> **1.** (WIRTSCH: *Firmenwert*) fondo *m* de comercio **2.** (*Ansehen*) renombre *m*, buen nombre *m* **3.** (*freundliche Gesinnung*) buena voluntad *f*

Goodwilltour *f* <-, -en> viaje *m* oficial (para estrechar los contactos diplomáticos); **der Minister begab sich auf eine ~, um Kreditzusagen für sein Land zu erhalten** el ministro emprendió un viaje oficial con el fin de obtener créditos para su país

gor [go:ɐ] *3. imp von* **gären**

Göre ['gø:rə] *f* <-, -n> (*nordd*) **1.** (*Kind*) chiquillo, -a *m, f* **2.** (*freches Mädchen*) mocosa *f*, descarada *f*

Gorilla [go'rɪla] *m* <-s, -s> gorila *m*

Gospel ['gɔspəl] *m o nt* <-s, -s> (REL, MUS) gospel *m*; **Gospelsänger(in)** *m(f)* <-s, -; -, -nen> cantante *mf* de gospel; **Gospelsong** *m* <-s, -s> *s.* **Gospel**

goss^RR^ [gɔs], **goß** *3. imp von* **gießen**

Gosse ['gɔsə] *f* <-, -n> **1.** (*Rinnstein*) arroyo *m* **2.** (*abw: üble Verhältnisse*) arroyo *m*; **in der ~ landen** [*o* **enden**] acabar en el arroyo; **jdn aus der ~ holen** sacar a alguien del arroyo

Gote, -in ['go:tə] *m, f* <-n, -n; -, -nen> godo, -a *m, f*

Gotik ['go:tɪk] *f* <-, *ohne pl*> gótico *m*

Gotin *f* <-, -nen> *s.* **Gote**

gotisch *adj* gótico

Gott¹ [gɔt] *m* <-es, *ohne pl*> (*monotheistisch*) Dios *m*; **der liebe ~** Dios, Nuestro Señor; **lieber ~, ...** Dios, Nuestro Señor...; **an ~ glauben** creer en Dios; **zu ~ beten** rezar a Dios; **mit ~es Hilfe** con la ayuda de Dios; **grüß ~!** (*reg*) ¡buenos días!, ¡buenas tardes!, ¡buenas noches!; **mein ~!, o ~!** ¡Dios mío!; **um ~es willen!** ¡por el amor de Dios!, ¡por Dios!; **~ sei Dank!** (*fam*) ¡gracias a Dios!; ~

G

hab ihn selig Dios le tenga en su gloria; **wenn ..., dann gnade dir** ~ ¡Dios te guarde si...!; ~ **weiß was/wie viel/wann ...** (*fam*) Dios sabe qué/cuánto/cuando...; **ich schwöre bei** ~ lo juro por Dios; **weiß** ~ **nicht** (*fam*) Dios sabe que no; **in ~es Namen** (*fam*) en nombre de Dios, por Dios; **leider ~es** por desgracia; ~ **bewahre!** ¡Dios no lo quiera!; **über** ~ **und die Welt reden** hablar de lo divino y de lo humano; **leben wie** ~ **in Frankreich** vivir a cuerpo de rey; **den lieben** ~ **einen guten Mann sein lassen** dejarlo todo a la ventura de Dios

Gott[2] [gɔt, *pl:* 'gœtɐ] *m,* **Göttin** *f* <-es, Götter; -, -nen> (*polytheistisch*) dios(a) *m(f);* **die griechischen/römischen Götter** los dioses griegos/romanos; **ein Bild für die Götter** un espectáculo divino

Gotte ['gɔtə] *f* <-, -n> (*Schweiz*) madrina *f*

Gotterbarmen *nt:* **zum** ~ (*fam: mitleiderregend*) desgarradamente; (*jämmerlich schlecht*) terriblemente; **draußen war es so bitterkalt, dass ich zum** ~ **gefroren habe** fuera hacía un frío tan terrible que casi que me quedo congelado; **lass ihn nicht singen, denn er singt zum** ~**!** ¡no le dejes cantar que lo hace de pena!

Götterbild *nt* <-(e)s, -er> (MYTH) ídolo *m;* **Götterbote** *m* <-n, -n> (MYTH) mensajero *m* de los dioses; **Hermes, ~ des Zeus** Hermes, el mensajero de Zeus; **Götterdämmerung** *f* <-, *ohne pl*> crepúsculo *m* de los dioses; **Göttergatte, -in** *m, f* <-n, -n; -, -nen> (*fam hum*) marido *m,* esposa *f;* **darf ich vorstellen: das ist mein** ~ permítanme que les presente a mi pareja [*o* a mi media naranja]

gottergeben I. *adj* fatalista, resignado; **sei doch nicht so ~; nimm dein Schicksal selber in die Hand** no seas tan fatalista y lleva tú mismo las riendas de tu destino II. *adv* resignadamente, sumisamente; **statt sich zu widersetzen, fügte er sich** ~ **in sein Schicksal** en lugar de oponer resistencia aceptó su destino con resignación

Götterspeise *f* <-, -n> gelatina *f*

Gottesacker *m* <-s, -äcker> (*alt*) camposanto *m,* cementerio *m;* **Gottesanbeterin** *f* <-, -nen> (ZOOL) mantis *f inv* religiosa; **Gottesdienst** *m* <-(e)s, -e> culto *m;* (*evangelisch*) servicio *m* religioso; (*katholisch*) misa *f;* **Gottesfurcht** *f* <-, *ohne pl*> temor *m* de Dios; **gottesfürchtig** *adj* temeroso de Dios; **Gotteshaus** *nt* <-es, -häuser> (REL) casa *f* de Dios; (*Kirche*) iglesia *f;* **Gotteslästerer, -in** *m, f* <-s, -; -, -nen> blasfemo, -a *m, f;* **gotteslästerlich** *adj* blasfemo; **Gotteslästerung** *f* <-, -en> blasfemia *f,* sacrilegio *m;* **Gottesmutter** *f* <-, *ohne pl*> (REL): **Maria, die** ~ María, la Madre de Dios; **heilige ~, hilf!** ¡Virgen Santísima, ayúdame!; **Gottessohn** *m* <-(e)s, *ohne pl*> (REL): **Jesus Christus, der** ~ Jesucristo, el Hijo de Dios; **der** ~ **ist auf die Erde herabgestiegen, um die Menschen zu retten** el Hijo de Dios bajó a la Tierra para salvar a la humanidad; **Gottesurteil** *nt* <-s, -e> (HIST) juicio *m* de Dios

Gottheit *f* <-, -en> dios *m,* deidad *f*

Götti ['gœti] *m* <-s, -> (*Schweiz*) padrino *m*

Göttin ['gœtɪn] *f* <-, -nen> *s.* **Gott**[2]

Göttingen ['gœtɪŋən] *nt* <-s> Gotinga *f*

göttlich *adj* **1.** (*auf Gott bezogen*) divino **2.** (*fam: herrlich*) divino, maravilloso

gottlob ['gɔtlo:p] *adv* gracias a Dios; **das müssen wir** ~ **nicht machen** gracias a Dios no tenemos que hacerlo

gottlos *adj* **1.** (*Gott nicht achtend*) impío, profano **2.** (*atheistisch*) ateísta, ateo

Gottlosigkeit *f* <-, *ohne pl*> **1.** (*Nichtachtung Gottes*) impiedad *f* **2.** (*Unglaube*) ateísmo *m*

Gottseibeiuns *m* <-, *ohne pl*> (*alt euph*): **der (leibhaftige)** ~ el Diablo (en persona)

gottserbärmlich I. *adj* (*fam*) espantoso; **ich halte diese ~e Hitze nicht mehr aus** ya no soporto este espantoso calor II. *adv* (*fam*) muchísimo; **in dieser Kälte friere ich** ~ con este frío me congelo

Gottvater *m* <-s, *ohne pl*> (REL) Dios *m* Padre; **~, Sohn und Heiliger Geist** Dios Padre, Hijo y Espíritu Santo; **gottverdammt** *adj* (*fam*) maldito, jodido *vulg;* **kannst du einmal mit diesem ~en Geld aufhören!** ¡no puedes dejar de una vez el jodido dinero!; **gottverlassen** *adj* (*fam*) abandonado, en el quinto pino; **Gottvertrauen** *nt* <-s, *ohne pl*> confianza *f* en Dios

Götze ['gœtsə] *m* <-n, -n> ídolo *m,* fetiche *m;* **Götzenbild** *nt* <-(e)s, -er> ídolo *m;* **Götzendiener(in)** *m(f)* <-s, -; -, -nen> idólatra *mf;* **Götzendienst** *m* <-(e)s, *ohne pl*> idolatría *f*

Götzzitat *nt* <-(e)s, *ohne pl*>: **das** ~ "que le den por el culo"; **voller Wut antwortete er mit dem** ~ lleno de rabia respondió: "¡Que te den por el culo!"

Gourmand [gʊr'mã:] *m* <-s, -s> gourmet *m*

Gourmet [gʊr'me:] *m* <-s, -s> gourmet *m*

Gouvernante [guvɛr'nantə] *f* <-, -n> (*alt*) institutriz *f*

Gouvernement [guvɛrnə'mã:] *nt* <-s, -s> **1.** (HIST) gobernación *f* **2.** (*Verwaltungsbezirk*) municipio *m*

Gouverneur(in) [guvɛr'nø:ɐ, guvɐ'nø:ɐ] *m(f)* <-s, -e; -, -nen> gobernador(a) *m(f)*

Grab [gra:p, *pl:* 'grɛ:bɐ] *nt* <-(e)s, Gräber> sepultura *f,* tumba *f,* ancuviña *f Chil;* (*~mal*) sepulcro *m;* **jdn zu ~e tragen** (*geh*) dar sepultura [*o* sepultar] a alguien; **verschwiegen wie ein** ~ **sein** (*fam*) ser callado como una tumba; **mit einem Bein im** ~ **stehen** estar con un pie en el hoyo [*o* la sepultura]; **jdn ins** ~ **bringen** llevar a alguien al sepulcro; **das bringt mich noch ins** ~**!** (*fam*) ¡esto me matará!; **er würde sich im** ~ **umdrehen** se revolvería en su tumba; **ein Geheimnis mit ins ~ nehmen** llevarse un secreto a la tumba; **sich** *dat* **sein eigenes ~ schaufeln** cavar su propia tumba; **Grabbeigabe** *f* <-, -n> ofrenda *f* funeraria; **die Gräber ägyptischer Pharaonen enthalten reiche ~n** las tumbas de los faraones contienen abundantes ofrendas funerarias

Grabbeltisch *m* <-(e)s, -e> (*reg: fam*) mostrador *m* con ofertas (de ocasión)

graben ['gra:bən] <gräbt, grub, gegraben> **I.** *vi* **1.** (*um~*) cavar **2.** (*nach Gold, Kohle*) buscar (*nach*), extraer (*nach*) **II.** *vt* (*ausheben*) cavar; (*Brunnen, Graben*) abrir **III.** *vr:* **sich jdm ins Gedächtnis ~** grabarse en la memoria de alguien

Graben ['gra:bən] *m* <-s, Gräben> **1.** (*für Rohr, Kabel*) zanja *f;* (*Bewässerungs~*) acequia *f;* (*Straßen~*) cuneta *f* **2.** (GEO) fosa *f,* cepa *f Mex;* (*Bodensenkung*) falla *f* **3.** (*Burg~, Orchester~*) foso *m* **4.** (*Schützen~*) trinchera *f;* **Grabenbruch** *m* <-(e)s, -brüche> (GEO) zona *f* de hundimiento tectónico

Grabesrand *m* <-(e)s, -ränder> borde *m* de una tumba; **die Hinterbliebenen standen am ~ und warfen eine Schaufel Erde auf den Sarg** los parientes del difunto estaban al pie de la tumba y arrojaban una palada de tierra sobre el ataúd; **Grabesruhe** *f* <-, *ohne pl*>, **Grabesstille** *f* <-, *ohne pl*> silencio *m* sepulcral; **in der dunklen Krypta des Domes herrschte ~** en la oscura cripta de la catedral reinaba un silencio sepulcral; **Grabesstimme** *f* <-, *ohne pl*> (*fam*) voz *f* sepulcral; **mit ~** con voz sepulcral

Grabgewölbe *nt* <-s, -> **1.** (*Krypta*) cripta *f* **2.** (*Gruft*) bóveda *f,* cripta *f;* **Grabhügel** *m* <-s, -> túmulo *m;* **Grabinschrift** *f* <-, -en> epitafio *m,* inscripción *f* sepulcral; **Grabkammer** *f* <-, -n> cámara *f* mortuoria; **Grabkreuz** *nt* <-es, -e> cruz *f* de la tumba; **nur ein kleines ~ erinnerte an den Verstorbenen** sólo una pequeña cruz en la tumba evocaba al fallecido; **Grabmal** *nt* <-(e)s, -e *o* -mäler> sepulcro *m;* **Grabplatte** *f* <-, -n> losa *f* sepulcral; **Grabräuber(in)** *m(f)* <-s, -; -, -nen> ladrón, -ona *m, f* de sepulturas; **Grabrede** *f* <-, -n> oración *f* fúnebre, responso *m;* **Grabschänder(in)** ['-ʃɛndɐ] *m(f)* <-s, -; -, -nen> profanador(a) *m(f)* de tumbas; **Grabschändung** *f* <-, -en> violación *f* de sepulturas

grabschen *vi, vt s.* **grapschen**

Grabstätte *f* <-, -n> fosa *f,* tumba *f;* **Grabstein** *m* <-(e)s, -e> lápida *f,* piedra *f* sepulcral; **Grabstelle** *f* <-, -n> (lugar *m* en el que se encuentra una) tumba *f*

gräbt [grɛ:pt] *3. präs von* **graben**

Grabung *f* <-, -en> excavación *f*

Gracht [graxt] *f* <-, -en> canal *m*

Grad [gra:t] *m* <-(e)s, -e> grado *m;* **akademischer ~** título académico; **ein Winkel von 60 ~** un ángulo de 60 grados; **bei fünf ~ Kälte** a cinco grados bajo cero; **das Thermometer zeigt sieben ~** el termómetro marca siete grados; **minus drei ~** tres grados bajo cero; **Verbrennungen dritten ~es** quemaduras de tercer grado; **Verwandte zweiten ~es** parientes de segundo grado; **er war im höchsten ~ nervös** estaba sumamente nervioso; **bis zu einem gewissen ~** hasta cierto punto

grade *adj o adv* (*fam*) *s.* **gerade**

Gradeinteilung *f* <-, -en> división *f* en grados, graduación *f*

Gradient [gradi'ɛnt] *m* <-en, -en> (PHYS, MATH) gradiente *m*

Gradmesser *m* <-s, -> escala *f* graduada; **die Popularität ist kein ~ für Qualität** la popularidad no es sinónimo de calidad

Gradualismus [gradua'lɪsmʊs] *m* <-, *ohne pl*> (WIRTSCH) gradualismo *m*

graduell [gradu'ɛl] *adj* gradual

graduiert [gradu'i:ɐt] *adj* (SCH) graduado

Graf [gra:f] *m,* **Gräfin** *f* <-en, -en; -, -nen> conde(sa) *m(f)*

Graffito [gra'fi:to, *pl:* gra'fi:ti] *m o nt* <-(s), Graffiti> grafito *m,* pintada *f*

Grafik[1] ['gra:fɪk] *f* <-, *ohne pl*> (KUNST) artes *fpl* gráficas, diseño *m* gráfico

Grafik[2] *f* <-, -en> **1.** (*Kunstwerk*) dibujo *m* gráfico, litografía *f* **2.** (*Schaubild*) gráfico *m,* gráfica *f*

Grafikdrucker *m* <-s, -> (INFOR) impresora *f* gráfica

Grafiker(in) ['gra:fikɐ] *m(f)* <-s, -; -, -nen> grafista *mf,* diseñador(a) *m(f)* gráfico, -a

Grafikkarte *f* <-, -n> (INFOR) tarjeta *f* gráfica; **Grafikmodus** *m* <-, -modi> (INFOR) modo *m* de gráficos; **Grafikprogramm** *nt* <-(e)s, -e> (INFOR) programa *m* gráfico; **Grafiktablett** *nt* <-s, -e> (INFOR) tabla *f* de gráficos

Gräfin ['grɛ:fɪn] *f* <-, -nen> *s.* **Graf**

grafisch *adj* gráfico

Grafit[RR] *m* <-s, -e> *s.* **Graphit**

gräflich ['grɛ:flɪç] *adj* (*einem Grafen gehörend*) condal

Grafologe[RR], **-in** *m, f* <-n, -n; -, -nen> *s.* **Graphologe**

Grafologie[RR] *f* <-, *ohne pl*> *s.* **Graphologie**

Grafologin[RR] *f* <-, -nen> *s.* **Grafologe**

Grafschaft *f* <-, -en> condado *m*

Grahambrot ['gra:hambro:t] *nt* <-(e)s, -e> (tipo *m* de) pan *m* de molde integral

Gral [gra:l] *m* <-s>: **der Heilige ~** el Santo Grial; **Gralshüter(in)** *m(f)* <-s, -; -, -nen> (LIT) defensor(a) *m(f),* paladín *m;* **die ~ einer Lehre/eines Gesetzes** (*fig*) los paladines de una doctrina/de una ley

gram [gra:m] *adj* (*geh*): **jdm ~ sein** guardar rencor a alguien

Gram [gra:m] *m* <-(e)s, *ohne pl*> (*geh*) aflicción *f,* pesar *m*

grämen ['grɛ:mən] *vr:* **sich ~** (*geh*) afligirse

G

(*über* por), entristecerse (*über* por/con)
gramerfüllt *adj* (*geh*) afligido, compungido, pesaroso; **mit ~er Stimme sprach sie von ihrem verstorbenen Sohn** con voz afligida habló de su hijo fallecido
Gramm [gram] *nt* <-s, -e, *nach Zahlen:* -> gramo *m*
Grammatik [gra'matɪk] *f* <-, -en> (LING) gramática *f*
grammatikalisch [gramati'ka:lɪʃ] *adj* (LING) gramatical
Grammatikregel *f* <-, -n> regla *f* gramatical
grammatisch *adj* (LING) gramatical, gramático; ~ **richtig** gramaticalmente correcto
Grammel ['graməl] *f* <-, -n> (*Österr, südd*) chicharrón *m*, chicharro *m*
Grammofon[RR] *nt* <-s, -e>, **Grammophon®** [gramo'fo:n] *nt* <-s, -e> gramófono *m*
gramvoll *adj s.* **gramerfüllt**
Granat [gra'na:t] *m* <-(e)s, -e> **1.** (*Garnele*) cigala *f* **2.** (*Mineral*) granate *m*
Granatapfel *m* <-s, -äpfel> (BOT) granada *f*
Granate [gra'na:tə] *f* <-, -n> (MIL) granada *f*, obús *m*
Granatfeuer *nt* <-s, *ohne pl*> (MIL) fuego *m* de granadas; **Granatsplitter** *m* <-s, -> (MIL) casco *m* de granada; **von einem ~ getroffen werden** ser alcanzado por un casco de granada; **Granatwerfer** *m* <-s, -> (MIL) lanzagranadas *m inv*
Grand Canyon [grɛnt 'kɛnjən] *m* <- -(s)> (Gran) Cañón *m* del Colorado
Grande ['grandə] *m* <-n, -n> grande *m* de España
Grandhotel ['grã:hotɛl] *nt* <-s, -s> hotel *m* de lujo
grandios [gran'djo:s] *adj* grandioso
Grand Prix [grã'pri:] *m* <- -, – -> (SPORT) gran premio *m*
Granit [gra'ni:t] *m* <-s, -e> granito *m*; **bei jdm auf ~ beißen** dar en hueso con alguien
Granne ['granə] *f* <-, -n> (BOT) arista *f*, barba *f*; **Gerste hat besonders lange, typische ~n** la cebada tiene aristas especialmente largas y muy particulares
grantig ['grantɪç] *adj* (*reg: fam*) malhumorado, gruñón
Granulat [granu'la:t] *nt* <-(e)s, -e> granulado *m*
granulieren* **I.** *vi haben o sein* (MED: *Körnchen bilden*) granularse **II.** *vt haben* (*körnig machen*) granular
granulös [granu'lø:s] *adj* granuloso
Grapefruit ['gre:pfru:t, 'grɛɪpfru:t] *f* <-, -s> (BOT) pomelo *m*, toronja *f Am*; **Grapefruitsaft** *m* <-(e)s, -säfte> zumo *m* de pomelo
Graph [gra:f] *m* <-en, -en> (MATH) gráfico *m*
Graphik ['gra:fɪk] *f s.* Grafik; **Graphikdrucker** *m* <-s, -> *s.* **Grafikdrucker**
Graphiker(in) *m(f)* <-s, -; -, -nen> *s.* **Grafiker**
Graphikkarte *f* <-, -n> *s.* Grafikkarte; **Graphikmodus** *m* <-, -modi> *s.* Grafikmodus; **Graphikprogramm** *nt* <-(e)s, -e> *s.* Grafikprogramm; **Graphiktablett** *nt* <-s, -e> *s.* **Grafiktablett**
graphisch *adj s.* **grafisch**
Graphit [gra'fi:t] *m* <-s, -e> grafito *m*, plombagina *f*
Graphologe, **-in** *m, f* <-n, -n; -, -nen> grafólogo, -a *m, f*
Graphologie [grafolo'gi:] *f* <-, *ohne pl*> grafología *f*
Graphologin *f* <-, -nen> *s.* **Graphologe**
grapschen **I.** *vt* (*fam*) **1.** (*nehmen*) agarrar, pillar; **sich** *dat* **etw** ~ agarrar algo, cogerse algo **2.** (*südd: stehlen*) escamotear, mangar **3.** (*packen*) agarrar, pillar; (*festnehmen*) echar el guante (a); **der Bankräuber grapschte sich einen Bankbesucher und nahm ihn als Geisel** el atracador agarró a un cliente del banco y lo tomó como rehén; **ich werde mir den Schuldigen schon noch ~** ya agarraré [*o* pillaré] yo al culpable; **die Polizei hat sich den Kidnapper gegrapscht** la policía ha echado el guante [*o* ha pillado] a los secuestradores **4.** (*für sich gewinnen*) ligarse; **er hat sich meine Schwester gegrapscht** se ha ligado a mi hermana **II.** *vi* **1.** (*greifen*) agarrar; **nach etw ~** echar mano a algo **2.** (*anfassen*) agarrar; (*abw: betatschen*) toquetear; (*sexuell*) meter mano; **sich** *dat* **an die Nase ~** estarse toqueteando la nariz; **er grapscht der Kellnerin immer an den Hintern** siempre le toca [*o* mete mano en] el culo a la camarera
Gras[1] [gra:s, *pl:* 'grɛ:zɐ] *nt* <-es, Gräser> (*Pflanze*) hierba *f*
Gras[2] *nt* <-es, *ohne pl*> (*Rasen*) hierba *f*, césped *m*; **sich ins ~ legen** tumbarse sobre la hierba; **das ~ wachsen hören** (*fam*) tener un sexto sentido; **über etw ~ wachsen lassen** (*fam*) echar tierra sobre algo; **ins ~ beißen** (*fam*) irse al otro barrio
grasbewachsen *adj* herboso, cubierto de hierba; **die alte Mauer war nach all den Jahren ~** el viejo muro estaba tras tantos años cubierto de hierba; **Grasbüschel** *nt* <-s, -> manojo *m* de hierba; **beim Jäten der Beete riss sie ganze ~ heraus** al escardar los arriates arrancaba manojos de hierba enteros; **Grasdecke** *f* <-, -n> césped *m*
grasen ['gra:zən] *vi* pacer, pastar
Grasfrosch *m* <-(e)s, -frösche> rana *f* verde; **grasgrün** ['-'-] *adj* verde intenso; **Grashalm** *m* <-(e)s, -e> brizna *f* de hierba, paja *f*; **Grashüpfer** ['gra:shʏpfɐ] *m* <-s, -> (*fam*) saltamontes *m inv*; **Grasland** *nt* <-(e)s, *ohne pl*> (AGR) pastizal *m*, pradera *f*; **Graslilie** *f* <-, -n> (BOT) azucena *f* silvestre; **Grasmücke** *f* <-, -n> (ZOOL) curruca *f*; **Grasnarbe** *f* <-, -n> capa *f* de césped; **Grasnelke** *f* <-, -n> (BOT) clavel *m* de París;

Graspflanze *f* <-, -n> hierba *f*

Grass *nt* <-, *ohne pl*> (*sl*) hierba *f;* **die Polizei hat ihn mit 20 Gramm ~ erwischt** la policía lo ha pillado con 20 gramos de hierba

Grassamen *m* <-s, -> (BOT) semilla *f* de hierba

grassieren* [gra'si:rən] *vi* extenderse, propagarse

grässlich[RR] ['grɛslɪç] *adj,* **gräßlich** *adj* **1.** (*schrecklich*) horrible, espantoso; (*abscheulich*) atroz, horrendo **2.** (*fam: unangenehm, schlimm*) terrible, espantoso; **wir haben uns ~ gelangweilt** nos aburrimos terriblemente

Grässlichkeit[1 RR] *f* <-, -en> (*Tat*) atrocidad *f,* monstruosidad *f*

Grässlichkeit[2 RR] *f* <-, *ohne pl*> (*grässliche Art: Anblick*) repugnancia *f;* (*Blutbad, Verbrechen*) atrocidad *f,* horror *m;* (*Film*) horror *m*

Gräßlichkeit *f s.* **Grässlichkeit**

Grassteppe *f* <-, -n> estepa *f* de hierba

Grat [gra:t] *m* <-(e)s, -e> (*a.* ARCHIT) cresta *f*

Gräte ['grɛ:tə] *f* <-, -n> espina *f*

Gratifikation [gratifika'tsjo:n] *f* <-, -en> gratificación *f*

gratinieren* [grati'ni:rən] *vt* (GASTR) gratinar

gratis ['gra:tɪs] *adv* gratis, de coca *Mex: fam;* **Gratisaktie** *f* <-, -n> (FIN) acción *f* gratuita; **Gratisanzeiger** *m* <-s, -> (*Schweiz*) periódico *m* de anuncios; **Gratisprobe** *f* <-, -n> muestra *f* gratuita

Grätsche ['grɛ:tʃə] *f* <-, -n> (SPORT) salto *m* con las piernas abiertas

grätschen ['grɛ:tʃn] **I.** *vi sein* (SPORT): **über etw ~** saltar por encima de algo con las piernas abiertas; **die Turner grätschten der Reihe nach über den Kasten** los gimnastas saltaban el plinton con las piernas abiertas uno tras otro; **im Turnunterricht übten die Schüler das G~** en la clase de gimnasia, los alumnos practicaron el salto con las piernas abiertas **II.** *vt* (SPORT): **die Beine ~** abrir las piernas; **die Beine zum Spagat ~** abrir las piernas hasta hacer el "spagat"

Grätschsprung *m* <-(e)s, -sprünge> (SPORT) salto *m* con las piernas abiertas

Gratulant(in) [gratu'lant] *m(f)* <-en, -en; -, -nen> congratulante *mf,* felicitante *mf*

Gratulation [gratula'tsjo:n] *f* <-, -en> felicitación *f,* congratulaciones *fpl*

gratulieren* *vi* felicitar (*zu* por), dar la enhorabuena (*zu* por); **gratuliere!** ¡felicidades!, ¡enhorabuena!

Gratwanderung *f* <-, -en> excursión *f* de alta montaña; **sich auf einer ~ befinden** (*fig*) estar en la cuerda floja

grau [graʊ] *adj* **1.** (*Farbe*) gris; **die ~en Zellen** la materia [*o* substancia] gris; **~e Haare** canas *fpl;* **er hat ~e Haare bekommen** le han salido canas; **alt und ~ werden** volverse viejo y canoso; **~ in ~** de gris, lóbrego **2.** (*trostlos, öde*) monótono; **der ~e Alltag** la monotonía cotidiana **3.** (*ungewiss*) incierto; **in ~er Vorzeit** en un pasado remoto

Grau *nt* <-s, -> **1.** (*Farbe*) gris *m* **2.** (*Trostlosigkeit*) monotonía *f*

grauäugig ['graʊʔɔɪgɪç] *adj* de ojos grises

Graubart *m* <-(e)s, -bärte> (*fam*) hombre *m* barbicano [*o* barbiblanco]; **graubärtig** *adj* barbicano, barbiblanco; **graublau** *adj* gris azulado; **die Farbe ihrer Augen war ~** sus ojos eran de color gris azulado; **graubraun** ['-'-] *adj* marrón gris; **Graubrot** *nt* <-(e)s, -e> (*reg*) pan *m* moreno

Graubünden [graʊ'bʏndən] *nt* <-s> (GEO) cantón *m* de los Grisones

Graubündner(in) *m(f)* <-s, -; -, -nen> grisón, -ona *m, f*

Gräuel[RR] ['grɔɪəl] *m* <-s, -> (*geh*) **1.** (*Abscheu*) horror *m* **2.** (*Tat*) atrocidad *f;* **Gräuelmärchen**[RR] *nt* <-s, -> historia *f* de horror, atrocidad *f* inventada; **Gräueltat**[RR] *f* <-, -en> atrocidad *f*

grauen ['graʊən] *vunpers* horrorizar; **mir graut** [*o* **es graut mir**] **vor der Prüfung** el examen me horroriza

Grauen[1] ['graʊən] *nt* <-s, *ohne pl*> espanto *m,* horror *m;* **~ erregend** horroroso, espantoso

Grauen[2] *nt* <-s, -> horror *m;* **die ~ des Krieges** los horrores de la guerra

grauenerregend *adj* horroroso, espantoso

grauenhaft *adj,* **grauenvoll** *adj* **1.** (*Anblick, Unfall*) espeluznante, aterrador **2.** (*fam: unangenehm*) espantoso, terrible

Graugans *f* <-, -gänse> (ZOOL) ánsar *m* común; **graugestreift** *adj s.* **gestreift; graugrün** *adj* gris verdoso; **die neuen Uniformen waren ~** los nuevos uniformes eran de color gris verdoso

grauhaarig *adj* canoso, cano *geh*

graulen ['graʊlən] **I.** *vt* (*fam*): **jdn aus etw** *dat* **~** expulsar a alguien de algo; **niemand konnte ihn leiden und so wurde er schließlich aus seinem Amt gegrault** nadie le aguantaba, por eso le echaron al final de su puesto **II.** *vr:* **sich ~** (*fam*) tener miedo (*vor* de); **kleine Kinder ~ sich meist vor der Dunkelheit** los niños pequeños tienen normalmente miedo de la oscuridad **III.** *vunpers* (*fam*): **jdm** [*o* **jdn**] **grault es vor etw** *dat/* **jdm** alguien tiene miedo de algo/alguien, alguien teme algo/a alguien; **mir** [*o* **mich**] **grault schon vor der nächsten Steuerprüfung** la próxima inspección fiscal me da miedo ya

gräulich[1] ['grɔɪlɪç] *adj* (*Farbe*) grisáceo

gräulich[2 RR] *adj* **1.** (*schrecklich*) horrible, espantoso; (*abscheulich*) atroz, horrendo **2.** (*fam: unangenehm, schlimm*) terrible, espantoso; **wir haben uns ~ gelangweilt** nos aburrimos terriblemente

Graupe ['graʊpə] *f* <-, -n> cebada *f*

Graupel ['graʊpəl] *f* <-, -n> granizo *m* fino; **Graupelschauer** *m* <-s, -> granizada *f,* chaparrón *m* de granizo fino

Graupensuppe *f* <-, -n> sopa *f* de cebada

Graus [graʊs] *m* <-es, *ohne pl*> horror *m,* espanto *m;* **es ist ein ~ mit etw** *dat*/**jdm** algo/alguien es un desastre; **o ~!** (*hum*) ¡uy, qué miedo!

grausam ['graʊzaːm] *adj* **1.** (*brutal*) cruel, brutal **2.** (*schrecklich*) terrible

Grausamkeit *f* <-, -en> crueldad *f*

Grauschimmel[1] *m* <-s, -> (ZOOL) caballo *m* tordo

Grauschimmel[2] *m* <-s, *ohne pl*> (*Belag*) moho *m*

Grauschleier *m* <-s, -> (*Wäsche*) color *m* grisáceo, capa *f* de suciedad

grausen ['graʊzən] *vunpers* dar miedo, espantar; **es graust ihn vor Ratten** las ratas le dan miedo, tiene miedo a [*o* de] las ratas; **es graust mich** me horroriza, tengo miedo; **da kann es einem ja ~** se le ponen a uno los pelos de punta

Grausen ['graʊzən] *nt* <-s, *ohne pl*> horror *m,* espanto *m;* **ihn packte das kalte ~** se horrorizó

grausig *adj s.* **grauenhaft**

grauslich *adj* (*Österr*) *s.* **grässlich**

Grauspecht *m* <-(e)s, -e> (ZOOL) pito *m* cano; **Graustufe** *f* <-, -n> (TV, INFOR) tono *m* gris

Grauwacke *f* <-, -n> (GEO) meta-grauvaca *f*

Grauzone *f* <-, -n> *zona intermedia entre legalidad e ilegalidad*

Graveur(in) [gra'vøːɐ] *m(f)* <-s, -e; -, -nen> grabador(a) *m(f)*

Gravierarbeit *f* <-, -en> **1.** (*das Gravieren*) grabado *m,* acción *f* de grabar **2.** (*gravierter Gegenstand*) (objeto *m*) grabado *m*

gravieren* [gra'viːrən] *vt* grabar (*in* en)

gravierend *adj* (*Umstände*) agravante; (*Fehler*) grave

Gravierung *f* <-, -en> grabado *m*

Gravimeter [gravi'meːtɐ] *nt* <-s, -> (PHYS) gravímetro *m*

Gravimetrie [gravime'triː] *f* <-, *ohne pl*> (PHYS, CHEM) gravimetría *f*

Gravis ['graːvɪs] *m* <-, -> (LING) acento *m* grave

Gravitation [gravita'tsjoːn] *f* <-, *ohne pl*> (PHYS) gravitación *f;* **Gravitationsfeld** *nt* <-(e)s, -er> (PHYS) campo *m* gravitacional; **Gravitationsgesetz** *nt* <-(e)s, -e> (PHYS) ley *f* de la gravedad; **Gravitationskraft** *f* <-, -kräfte> (PHYS) fuerza *f* gravitacional

gravitätisch [gravi'tɛːtɪʃ] *adj* solemne, grave

Gravur [gra'vuːɐ] *f* <-, -en> grabado *m*

Graz [graːts] *nt* <-> Graz *m*

Grazie ['graːtsjə] *f* <-, *ohne pl*> gracia *f,* donaire *m,* quimba *f Am*

grazil [gra'tsiːl] *adj* grácil, esbelto

graziös [gra'tsjøːs] *adj* garboso, airoso; **~e Bewegungen** movimientos garbosos [*o* con gracia]

Greenpeace-Aktivist(in) ['griːnpiːs-] *m(f)* <-en, -en; -, -nen> activista *mf* de Greenpeace

Greenwicher Zeit ['grɪnɪdʒɐ-, 'grɪnɪtʃɐ-] *f* <- -, *ohne pl*> hora *f* de Greenwich

gregorianisch [gregori'aːnɪʃ] *adj* (MUS) gregoriano

Greif *m* <-(e)s *o* -en, -e(n)> **1.** (MYTH) grifo *m* **2.** *s.* **Greifvogel**

Greifarm *m* <-(e)s, -e> (TECH) (brazo *m*) manipulador *m;* **Greifbagger** *m* <-s, -> (TECH) excavadora *f* de cuchara

greifbar *adj* **1.** (*zur Hand*) accesible, a mano; **in ~er Nähe sein** estar al alcance de la mano **2.** (*konkret*) concreto

greifen ['graɪfən] <greift, griff, gegriffen> **I.** *vi* **1.** (TECH) engarzar; **ineinander ~** engranar **2.** (*wirksam werden*) surtir efecto; **tief ~d** profundo; **um sich ~** propagarse, extenderse **3.** (*fassen*) agarrar (*nach*), asir (*nach*), tocar (*an*); (*ergreifen*) echar mano (*zu* de/a); (*zu bestimmten Mitteln*) hacer uso (*zu* de), recurrir (*zu* a); **zum G~ nah** a un paso; **er musste tief in die Tasche ~** tuvo que rascarse el bolsillo; **zu einem Buch ~** echar mano a un libro; **zu den Waffen ~** recurrir a las armas; **das ist aus der Luft gegriffen** esto carece de base; **sich** *dat* **an den Kopf ~** llevarse las manos a la cabeza, no poder creerlo; **zu härteren Mitteln ~** recurrir a medidas más drásticas **II.** *vt* (*nehmen*) coger, tomar *Am;* (*packen*) agarrar, asir

Greifer *m* <-s, -> (TECH) cuchara *f*

Greiftrupp *m* <-s, -s> (policía *f*) antidisturbios *mpl;* **Greifvogel** *m* <-s, -vögel> ave *f* de presa; **Greifzange** *f* <-, -n> tenaza(s) *f(pl),* napoleón *m Chil*

greinen ['graɪnən] *vi* (*fam abw*) llorar, lloriquear; **ich kann dieses klägliche G~ nicht mehr hören!** ¡no soporto más ese lloriqueo lastimero!

greis [graɪs] *adj* (*geh*) anciano

Greis(in) [graɪs] *m(f)* <-es, -e; -, -nen> (*geh*) anciano, -a *m, f;* **Greisenalter** *nt* <-s, *ohne pl*> edad *f* senil, vejez *f,* senectud *f*

greisenhaft *adj* decrépito; **sie sah verlebt, ja fast ~ aus** tenía un aspecto ajado, casi decrépito

Greisin *f* <-, -nen> *s.* **Greis**

grell [grɛl] *adj* **1.** (*Licht, Farbe*) chillón; **~ beleuchtet** con (una) luz deslumbrante [*o* cegadora] **2.** (*Stimme*) chillón; (*Schrei*) estridente, penetrante

grellbeleuchtet *adj s.* **grell**

Grelle *f* <-, *ohne pl*> **1.** (*des Lichts*) luz *f* deslumbrante [*o* cegadora] **2.** (*eines Tones*) estridencia *f,* agudeza *f* **3.** (*einer Farbe*) colorido *m* chillón

grellrot I. *adj* (de color) rojo fuerte [*o* intenso]; **sein neues Sportcabrio war ~** su nuevo deportivo descapotable era de un rojo intenso **II.** *adv* con un color rojo subido [*o* intenso]; **das Mädchen hatte sich** *dat* **die Lippen ~ geschminkt** la chica se había pintado los labios de un rojo intenso

Gremium ['gre:miʊm] *nt* <-s, Gremien> gremio *m,* comisión *f*

Grenzbereich *m* <-(e)s, -e> área *f* fronteriza; (*fig*) límites *mpl;* **Grenzbewohner(in)** *m(f)* <-s, -; -, -nen> persona *f* que vive en una zona fronteriza; **Grenzbezirk** *m* <-(e)s, -e> zona *f* fronteriza; **Grenzdichte** *f* <-, -n> (PHYS) densidad *f* límite

Grenze ['grɛntsə] *f* <-, -n> **1.** (*Staats~*) frontera *f* (*zu* con); **die ~ zu Belgien** la frontera con Bélgica; **grüne ~** paso de frontera no vigilado; **frei ~ Lieferland** (COM) franco frontera país proveedor **2.** (*Begrenzung*) límite *m;* **etw** *dat* **~n setzen** poner límites a algo; **das liegt an der ~ des Erlaubten** esto roza la ilegalidad; **an ~n stoßen** llegar a sus límites; **alles hat seine ~n** todo tiene su límite; **die oberste/unterste ~** el límite superior/inferior; **sich in ~n halten** mantenerse dentro de los límites; **ihre Großzügigkeit kennt keine ~n** su generosidad no tiene límites

grenzen *vi* **1.** (*Grenze haben*) limitar (*an* con), lindar (*an* con) **2.** (*fig: nahe kommen*) rayar (*an* en), rozar (*an*); **das grenzt an Betrug** eso roza el fraude

grenzenlos *adj* **1.** (*räumlich*) sin límites, ilimitado **2.** (*sehr groß*) inmenso, enorme

Grenzenlosigkeit *f* <-, *ohne pl*> **1.** (*ungeheure Weite*) inmensidad *f;* **die ~ der Pampa ist unfassbar** la inmensidad [*o* vastedad] de la pampa es increíble **2.** (*Maßlosigkeit: Dummheit*) grandiosidad *f;* (*Vertrauen, Verachtung*) desmesura *f;* **dies ist nur durch die ~ ihrer Naivität zu erklären** esto sólo se puede explicar por su enorme ingenuidad

Grenzer(in) *m(f)* <-s, -; -, -nen> (*fam*) **1.** (*Zöllner*) aduanero, -a *m, f* **2.** (*Grenzsoldat*) soldado, -a *m, f* fronterizo, -a

Grenzerlös *m* <-es, -e> (FIN, WIRTSCH) beneficio *m* marginal; **Grenzertrag** *m* <-(e)s, -träge> (FIN, WIRTSCH) rendimiento *m* marginal; **Grenzfall** *m* <-(e)s, -fälle> caso *m* extremo

grenzflächenaktiv *adj* (CHEM, PHYS): **~e Stoffe** sustancias interfacialmente activas

Grenzgänger(in) ['-gɛŋɐ] *m(f)* <-s, -; -, -nen> trabajador(a) *m(f)* fronterizo, -a; **Grenzgebiet** *nt* <-(e)s, -e> zona *f* fronteriza; **Grenzkonflikt** *m* <-(e)s, -e> (POL) conflicto *m* fronterizo; **Grenzkontrolle** *f* <-, -n> control *m* de fronteras; **Grenzkosten** *pl* (FIN, WIRTSCH) coste *m* marginal; **Grenzland** *nt* <-(e)s, -länder> zona *f* fronteriza; **Grenzlinie** *f* <-, -n> línea *f* fronteriza; (*SPORT*) línea *f;* **Grenzmauer** *f* <-, -n> pared *f* medianera; **grenznah** *adj* cerca de la frontera; **Grenzpfahl** *m* <-(e)s, -pfähle> mojón *m;* **Grenzposten** *m* <-s, -> puesto *m* fronterizo; **Grenzschutz** *m* <-es, *ohne pl*> protección *f* de la frontera; **Grenzsituation** *f* <-, -en> (*fig*) situación *m* límite; **Grenzstadt** *f* <-, -städte> ciudad *f* fronteriza; **Grenzstein** *m* <-(e)s, -e> mojón *m* (fronterizo), hito *m* (fronterizo); **Grenzstreitigkeit** *f* <-, -en> (POL) conflicto *m* fronterizo; **Grenzübergang** *m* <-(e)s, -gänge> paso *m* fronterizo, puesto *m* fronterizo; **grenzüberschreitend** *adj* (*Handel, Verkehr*) internacional; **Grenzübertritt** *m* <-(e)s, -e> paso *m* de frontera(s); **Grenzverkehr** *m* <-(e)s, *ohne pl*> tráfico *m* fronterizo; **kleiner ~** tráfico fronterizo regular; **Grenzverlauf** *m* <-(e)s, -läufe> línea *f* fronteriza; **Peru und Ecuador können sich nicht auf einen ~ einigen** Perú y Ecuador no se ponen de acuerdo a la hora de establecer sus fronteras; **Grenzwert** *m* <-(e)s, -e> (MATH) valor *m* límite; **oberer/unterer ~** valor mínimo/máximo; **Grenzzwischenfall** *m* <-(e)s, -fälle> incidente *m* en la frontera; **als jemand illegal die Grenze überqueren wollte, kam es zu einem ~** hubo un incidente en la frontera cuando alguien intentó cruzarla de forma ilegal

Gretchenfrage *f* <-, *ohne pl*> (*geh*) *pregunta delicada pero crucial* (*en alusión al "Fausto" de Goethe*)

Greuel *m* <-s, -> *s.* **Gräuel**; **Greuelmärchen** *nt* <-s, -> *s.* **Gräuelmärchen**; **Greueltat** *f* <-, -en> *s.* **Gräueltat**

greulich *adj s.* **gräulich**[2]

Greyerzer ['graɪɐtsɐ] *m* <-s, -> (GASTR): **~ (Käse)** (queso *m* de) gruyere *m*

Griebe ['gri:bə] *f* <-, -n> chicharrón *m,* chicharro *m;* **Griebenschmalz** *nt* <-es, -e> (GASTR) manteca *f* con chicharrones

Grieche, -in ['gri:çə] *m, f* <-n, -n; -, -nen> griego, -a *m, f*

Griechenland *nt* <-s> Grecia *f*

Griechin *f* <-, -nen> *s.* **Grieche**

griechisch *adj* griego; **~-orthodox** ortodoxo griego; **~-römisch** (KUNST, HIST, SPORT) grecorromano, greco-romano

Griechisch *nt* <-(s), *ohne pl*>, **Griechische** *nt* <-n, *ohne pl*> griego *m;* **sprechen Sie ~?** ¿habla griego?; **letztes Jahr wurde der Text ins ~e übersetzt** el año pasado tradujeron el texto al griego

grienen ['gri:nən] *vi* (*nordd: fam: grinsen*) sonreír; **was grienst du mich so blöde an?** ¿y tú por qué sonríes de esa manera tan tonta?

Griesgram ['gri:sgra:m] *m* <-(e)s, -e> (*abw*) cascarrabias *mf inv*

griesgrämig **I.** *adj* huraño; (*Miene*) avinagrado **II.** *adv* con gesto huraño; **er blickt immer so ~ drein** tiene siempre una mirada huraña

Grieß [gri:s] *m* <-es, -e> sémola *f;* **Grießbrei** *m* <-(e)s, -e> papilla *f* de sémola; **Grießkloß** *m* <-es, -klöße> albóndiga *f* de sémola; **Grießpudding** *m* <-s, -e *o* -s> pudin *m* de sémola, budín *m* de sémola

griff [grɪf] *3. imp von* **greifen**

Griff [grɪf] *m* <-(e)s, -e> **1.** (*das Greifen*) agarre *m;* **einen ~ nach etw** *dat* **tun** agarrar algo; **mit jdm/etw** *dat* **einen guten ~ getan haben** haber tenido suerte con alguien/algo;

G

etw im ~ haben dominar algo; **etw in den ~ bekommen** conseguir dominar algo **2.** (*Stiel, Messer~*) mango *m;* (*Schubladen-, Fenster~*) tirador *m;* (*Klinke*) picaporte *m;* (*Henkel, Koffer~*) asa *f;* (*Knauf, Fahrrad~*) puño *m* **3.** (*Hand~*) maniobra *f;* **mit wenigen ~en hatte sie das Pferd gesattelt** ensilló el caballo en un abrir y cerrar de ojos; **bei ihr sitzt jeder ~** es muy mañosa **4.** (MUS: *Fingerstellung*) digitación *f* **5.** (SPORT) presa *f*

griffbereit *adj* al alcance de la mano; **etw ~ haben** tener algo al alcance de la mano

Griffbrett *nt* <-(e)s, -er> mango *m;* (MUS) diapasón *m*

Griffel ['grɪfəl] *m* <-s, -> **1.** (*Stift*) estilete *m,* gis *m Kol* **2.** (BOT) estilo *m,* pistilo *m;* **Griffelkasten** *m* <-s, -kästen> (SCH) plumier *m*

griffig *adj* **1.** (*Maschine*) manejable **2.** (*Boden*) antideslizante **3.** (*Gewebe*) agradable al tacto

Griffloch *nt* <-(e)s, -löcher> (MUS) agujero *m* (de un instrumento de música)

Grill [grɪl] *m* <-s, -s> **1.** (*Bratrost*) parrilla *f;* **vom ~** a la parrilla **2.** (AUTO: *Kühler~*) rejilla *f* del radiador, parrilla *f*

Grille ['grɪlə] *f* <-, -n> (ZOOL) grillo *m*

grillen ['grɪlən] **I.** *vt* asar a la parrilla **II.** *vi* hacer una barbacoa

Grillgericht *nt* <-(e)s, -e> (GASTR: *Fleisch*) plato *m* de carne a la parrilla [*o* a la brasa]; (*Fisch*) plato *m* de pescado a la parrilla [*o* a la brasa]; **Grillrestaurant** *nt* <-s, -s> restaurante *m* especializado en carnes a la brasa

Grimasse [gri'masə] *f* <-, -n> mueca *f,* mohín *m;* **~n schneiden** hacer muecas

Grimm [grɪm] *m* <-(e)s, *ohne pl*> (*geh*) rabia *f,* furia *f;* **diese Unterstellung erfüllte ihn mit ungeheuerlichem ~** esta imputación le ha puesto terriblemente furioso; **voller ~ (auf jdn) sein** estar furioso (con alguien)

grimmig *adj* **1.** (*Person*) furioso; (*stärker*) rabioso **2.** (*Kälte*) crudo

Grind [grɪnt] *m* <-(e)s, -e> **1.** (*fam: Kruste, Schorf*) tiña *f* **2.** (*südd, Schweiz: Kopf*) coco *m*

grinsen ['grɪnzən] *vi* sonreír(se), esbozar una sonrisa

Grinsen *nt* <-s, *ohne pl*> (*spöttisch*) sonrisa *f* burlona; (*ironisch*) sonrisa *f* irónica; **sein höhnisches ~ war unerträglich** su sonrisa sádica era insoportable; **ein schadenfrohes ~** una sonrisa maliciosa

grippal [grɪ'pa:l] *adj* (MED) gripal; **~er Infekt** afección gripal

Grippe ['grɪpə] *f* <-, -n> gripe *f,* gripa *f Kol, Urug, Ven;* **asiatische ~** gripe [*o* influenza] asiática; **(die) ~ haben** tener (la) gripe; **Grippe-Impfstoff** *m* <-(e)s, -e> (MED) vacuna *f* contra la gripe; **Grippemittel** *nt* <-s, -> (MED) antigripal *m;* **Grippevirus** *m o nt* <-, -viren> (MED) virus *m inv* de la gripe; **Grippewelle** *f* <-, -n> epidemia *f* de gripe

Grips [grɪps] *m* <-es, -e> (*fam*) sesos *mpl,* caletre *m;* **seinen ~ anstrengen** estrujarse los sesos

Grislibär[RR] *m* <-en, -en>, **Grizzlybär** *m* <-en, -en> (ZOOL) (oso *m*) grizzly *m;* **die ~en** los osos grizzly

grob [gro:p] *adj* <gröber, am gröbsten> **1.** (*Sand, Kaffee, Mehl*) grueso; (*Papier*) áspero; (*Gewebe*) basto; **~ gemahlen** de grano grueso **2.** (*Gesichtszüge*) tosco; (*Arbeit*) sucio **3.** (*Fehler*) grave; **~er Unfug** abuso grave; **aus dem Gröbsten heraus sein** (*fam*) haber pasado lo peor **4.** (*ungefähr*) aproximativo; **~ gerechnet** contado aproximadamente; **in ~en Zügen** a grandes rasgos **5.** (*abw: barsch*) basto, tosco, zafio, concho *MAm,* guaso *SAm,* gaucho *Arg, Urug,* faíno *Cuba;* **sei nicht so ~ zu mir** no seas tan grosero conmigo; **Grobberechnung** *f* <-, -en> cálculo *m* aproximativo

gröber ['grø:bɐ] *adj kompar von* **grob**

grobfaserig *adj* (*Holz, Papier*) de fibra gruesa; (*Stoff*) basto

grobgemahlen *adj s.* **grob 1.**

Grobheit[1] *f* <-, -en> (*Äußerung, Benehmen*) grosería *f*

Grobheit[2] *f* <-, *ohne pl*> (*Art*) tosquedad *f,* zafiedad *f*

Grobian ['gro:bia:n] *m* <-(e)s, -e> (*abw*) grosero *m,* zafio *m,* morral *m Kol*

grobknochig *adj* huesudo, con los huesos marcados; **sie hat ein hageres, ~es Gesicht** tiene una cara chupada y huesuda; **grobkörnig** *adj* de grano grueso

gröblich ['grø:plɪç] *adj* (*geh*) grave; **jdn ~ beleidigen** injuriar groseramente a alguien

grobmaschig *adj* de mallas gruesas

grobschlächtig *adj* (*abw*) tosco, recio; **mit ihren 90 Kilo ist sie ein ~es Frauenzimmer** con sus 90 kilos esa mujerzuela es toda una tiarrona

gröbste(r, s) ['grø:pstə, -tɐ, -təs] *adj superl von* **grob**

Grog [grɔk] *m* <-s, -s> grog *m*

groggy ['grɔgi] *adj* (*fam*) grogui, hecho polvo

grölen ['grø:lən] *vi* (*fam abw*) gritar, chillar

Groll [grɔl] *m* <-(e)s, *ohne pl*> (*geh*) rencor *m;* **einen ~ gegen jdn hegen** guardar rencor a alguien

grollen *vi* (*geh*) **1.** (*Donner*) retumbar **2.** (*Person*) guardar rencor (+*dat* a), estar enfadado (+*dat* con); **sie grollt (mit) ihrem Bruder** está enfadada con su hermano

Grönland ['grø:nlant] *nt* <-s> Groenlandia *f*

Grönländer(in) ['grø:nlɛndɐ] *m(f)* <-s, -; -, -nen> groenlandés, -esa *m, f*

grönländisch *adj* groenlandés

Gros [gro:, *gen, pl:* gro:s] *nt* <-, -> mayoría *f,* grueso *m;* **das ~ der Studenten** la mayoría de los estudiantes

Groschen ['grɔʃən] *m* <-s, -> (*fam*) moneda *f* de diez pfennigs; **der ~ ist bei ihm gefallen** (*fam*) ha caído en la cuenta; **Groschenblatt** *nt* <-(e)s, -blätter> (*abw*) periodicucho *m,* periódico *m* de tres al cuarto; **Groschengrab** *nt* <-(e)s, -gräber> (*alt hum*) máquina *f* tragaperras; **jetzt spiele ich schon zwei Stunden und habe immer noch nichts gewonnen – so ein ~!** llevo ya dos horas jugando y aún no he ganado un duro – ¡esto sí que es una "máquina traga perras"!; **Groschenheft** *nt* <-(e)s, -e> (*abw*) folletín *m;* **Groschenroman** *m* <-s, -e> (*abw*) novela *f* folletinesca

groß [gro:s] <größer, am größten> *adj* **1.** (*allgemein*) gran(de); (*geräumig*) espacioso; (*Fläche*) extenso, vasto; (*dick*) grueso; **die Hose ist mir zwei Nummern zu ~** el pantalón es dos tallas demasiado grande para mí; **eine ~e Koalition** una gran coalición; **mit dem größten Vergnügen** con el mayor placer; **~en Wert auf etw legen** dar gran importancia a algo; **sie war seine ~e Liebe** fue su gran amor; **~ in Mode sein** estar muy de moda; **ich habe ~e Lust zu gehen** tengo muchas ganas de irme; **was soll ich ~ dazu sagen?** (*fam*) ¿qué quieres que te diga?; **was kann man schon ~ machen?** (*fam*) ¿qué se puede hacer?; **er hat es mir ~ und breit erzählt** me lo ha contado con pelos y señales **2.** (*hoch, hoch gewachsen*) alto; **wie ~ bist du?** ¿cuánto mides?; **er ist fast zwei Meter ~** mide casi dos metros **3.** (*zeitlich*) largo; **die ~en Ferien** las vacaciones de verano **4.** (*älter*) mayor; (*erwachsen*) adulto; **meine ~e Schwester** mi hermana mayor; **hier bin ich ~ geworden** aquí crecí; **wenn ich ~ bin** cuando sea grande [*o* mayor]; **ein Vergnügen für G~ und Klein** una diversión para grandes y pequeños **5.** (*Menge*) numeroso; **eine ~e Familie** una familia numerosa; **sie verdient jetzt das ~e Geld** ahora gana un dineral; **im G~en und Ganzen** en general **6.** (*bedeutend*) grande; (*wichtig*) importante; **~ angelegt** amplio, a gran escala; **etw ~ schreiben** (*fig*) conceder gran importancia a algo; **~e Worte machen, ~e Reden schwingen** (*fam: angeben*) presumir; (*versprechen*) prometer el oro y el moro; **ich bin kein ~er Redner** no soy un gran orador; **ganz ~ rauskommen** (*fam*) hacerse famoso; **Karl der G~** Carlomagno; **sein Geburtstag wurde ~ gefeiert** (*fam*) su cumpleaños fue celebrado por todo lo alto; **Großabnehmer(in)** *m(f)* <-s, -; -, -nen> comprador(a) *m(f)* al por mayor; **Großaktionär(in)** *m(f)* <-s, -e; -, -nen> (WIRTSCH) accionista *mf* mayoritario, -a; **Großalarm** *m* <-(e)s, -e> alarma *f* general; **großangelegt** ['gro:sʔangəle:kt] *adj s.* **groß 6.**; **Großangriff** *m* <-(e)s, -e> (MIL) ataque *m* a gran escala

großartig *adj* grandioso; (*prächtig*) magnífico; (*ausgezeichnet*) excelente; **das ist ja ~!** ¡eso (sí que) es excelente!

Großartigkeit *f* <-, *ohne pl*> grandiosidad *f;* (*Pracht*) magnificencia *f*

Großaufnahme *f* <-, -n> **1.** (FOTO) foto *f* de primer plano **2.** (FILM) primer plano *m;* **Großauftrag** *m* <-(e)s, -träge> (WIRTSCH) pedido *m* de gran volumen; **Großbetrieb** *m* <-(e)s, -e> **1.** (WIRTSCH) gran empresa *f* **2.** (AGR) explotación *f* a gran escala; **Großbildschirm** *m* <-(e)s, -e> (INFOR) pantalla *f* grande; **Großbrand** *m* <-(e)s, -brände> gran incendio *m;* **Großbritannien** [gro:sbri'tanjən] *nt* <-s> Gran Bretaña *f;* **Großbuchstabe** *m* <-n(s), -n> (letra *f*) mayúscula *f,* letra *f* capital *Am;* **in ~n** en mayúsculas; **großbürgerlich** ['-'---] *adj* de la alta burguesía; **Großbürgertum** *nt* <-s, *ohne pl*> alta burguesía *m;* **Großcomputer** *m* <-s, -> ordenador *m* central

Größe ['grø:sə] *f* <-, -n> **1.** (*Ausdehnung*) dimensión *f,* extensión *f;* (*Format*) tamaño *m;* (*Rauminhalt*) volumen *m;* **das hängt von der ~ der Gruppe ab** esto depende del tamaño del grupo [*o* de lo grande que sea el grupo]; **plötzlich sah ich ihn in voller ~ vor mir** de repente lo vi frente a mí de cuerpo entero **2.** (*Höhe*) altura *f;* (*Körper~*) estatura *f;* **eine Frau mittlerer ~** una mujer de mediana estatura **3.** (*für Kleidung*) talla *f;* (*Schuhe*) número *m;* **Schuhe in ~ 38** zapatos del (número) 38; **Anzüge in allen ~n** trajes de todas las tallas **4.** (PHYS, MATH) magnitud *f;* **unbekannte ~** magnitud desconocida **5.** (*Bedeutsamkeit*) importancia *f;* (*Großartigkeit*) grandeza *f,* grandiosidad *f* **6.** (*Persönlichkeit*) autoridad *f*

Großeinkauf *m* <-(e)s, -käufe> compra *f* en grandes cantidades; **Großeinsatz** *m* <-es, -sätze> gran operación *f,* despliegue *m;* **großelterlich** *adj* relativo a los abuelos; **Großeltern** *pl* abuelos *mpl;* **Großenkel(in)** *m(f)* <-s, -; -, -nen> bisnieto, -a *m, f*

Größenordnung *f* <-, -en> dimensión *f*

großenteils ['gro:sən(')taɪls] *adv* en su mayoría, en su mayor parte

Größenunterschied *m* <-(e)s, -e> diferencia *f* de tamaño; (*Höhe, Körpergröße*) diferencia *f* de altura; **obwohl sie beide zehn sind, besteht zwischen ihnen ein beachtlicher ~** aunque los/las dos tienen diez años, existe una considerable diferencia de altura entre ellos/ellas; **Größenverhältnis** *nt* <-ses, -se> proporción *f;* **Größenwahn** *m* <-(e)s, *ohne pl*> (*abw*), **Größenwahnsinn** *m* <-s, *ohne pl*> (*abw*) megalomanía *f;* **größenwahnsinnig** *adj* megalómano

größer ['grø:sɐ] *adj kompar von* **groß**

Großfahndung *f* <-, -en> gran redada *f;* **die Polizei leitete eine ~ ein** la policía inició una gran redada; **Großfamilie** *f* <-, -n> familia *f* numerosa; **Großfläche** *f* <-, -n> (COM) gran superficie *f*

großflächig ['gro:sflɛçɪç] *adj* grande; (*geräumig*) amplio, extenso

Großformat *nt* <-(e)s, -e> gran tamaño *m,* formato *m* grande

großformatig *adj* de gran tamaño

Großglockner *m* <-s> Grossglockner *m*

G

(*montaña más alta de Austria*)

Großgrundbesitz *m* <-es, *ohne pl*> latifundio *m;* **Großgrundbesitzer(in)** [-ˈ----] *m(f)* <-s, -; -, -nen> latifundista *mf*

Großhandel *m* <-s, *ohne pl*> comercio *m* al por mayor; **Großhandelsbetrieb** *m* <-(e)s, -e> (COM) empresa *f* mayorista; **Großhandelspreis** *m* <-es, -e> (COM, FIN) precio *m* al por mayor; **Großhandelsrabatt** *m* <-(e)s, -e> (COM, FIN) descuento *m* al por mayor

Großhändler(in) *m(f)* <-s, -; -, -nen> comerciante *mf* al por mayor, mayorista *mf;* **Großhandlung** *f* <-, -en> almacén *m* de venta al por mayor; **er arbeitet in einer ~ für Tabak** trabaja en un almacén de tabacos de venta al por mayor

großherzig *adj* (*geh*) magnánimo

Großherzigkeit *f* <-, *ohne pl*> generosidad *f*

Großherzog(in) *m(f)* <-s, -zöge; -, -nen> gran duque(sa) *m(f);* **Großherzogtum** *nt* <-s, -tümer> Gran Ducado *m*

Großhirn *nt* <-(e)s, -e> (ANAT) cerebro *m;* **Großhirnrinde** *f* <-, -n> (ANAT) corteza *f* cerebral

großindustriell *adj* de la gran industria; **Großindustrielle(r)** *mf* <-n, -n; -n, -n> gran industrial *mf*

Grossist(in) *m(f)* <-en, -en; -, -nen> (WIRTSCH) mayorista *mf*

Großkapitalist(in) *m(f)* <-en, -en; -, -nen> gran capitalista *mf;* **was bist du für ein ~!** (*fam hum: hast du viel Geld!*) ¡tú sí que eres un capitalista!

Großkind *nt* <-(e)s, -er> (*Schweiz: Enkelkind*) nieto, -a *m, f*

großkotzig [ˈgroːskɔtsɪç] *adj* (*fam abw*) fanfarrón, farolero

Großküche *f* <-, -n> (GASTR) cocina *f* de restaurante

Großkundgebung *f* <-, -en> manifestación *f* masiva, acto *m* multitudinario; **Großmacht** *f* <-, -mächte> gran potencia *f;* **Großmama** [ˈgroːsmamaː] *f* <-, -s> (*fam*) abuelita *f;* **Großmarkt** *m* <-(e)s, -märkte> mercado *m* central, mercado *m* de abasto *Arg;* **Großmast** *m* <-(e)s, -e(n)> (NAUT) palo *m* mayor; **Großmaul** *nt* <-(e)s, -mäuler> (*fam abw*) fanfarrón, -ona *m, f,* farolero, -a *m, f*

großmäulig *adj* (*fam abw*) fanfarrón; **~e Ankündigungen** fanfarronadas *fpl*

großmehrheitlich *adj* (*Schweiz*) por mayoría; **Großmut** *f* <-, *ohne pl*> generosidad *f,* magnanimidad *f*

großmütig [ˈgroːsmyːtɪç] *adj* generoso, magnánimo

Großmutter *f* <-, -mütter> abuela *f,* nanoya *f Guat;* **das kannst du deiner ~ erzählen** (*fam*) eso se lo cuentas a tu abuela; **großmütterlich** *adj* **1.** (*der Großmutter gehörend*) relativo a la abuela; **als Kind verbrachte sie ihre Ferien im ~en Haus** de niño pasaba las vacaciones en casa de la abuela **2.** (*in der Art einer Großmutter*) como (haría) una abuela; **mit ~er Fürsorge kümmerte sie sich um die Waise** cuidó del huérfano con el desvelo de una abuela; **Großneffe** *m* <-n, -n> sobrino *m* nieto; **Großnichte** *f* <-, -n> sobrina *f* nieta; **Großoffensive** *f* <-, -n> gran ofensiva *f;* **Großonkel** *m* <-s, -> tío *m* abuelo; **Großpapa** [ˈgroːspapaː] *m* <-s, -s> (*fam*) abuelito *m;* **Großrat, -rätin** *m, f* <-(e)s, -räte; -, -nen> (*Schweiz*) miembro *m* de un parlamento cantonal

Großraum *m* <-(e)s, -räume> área *f;* **im ~ Köln** en el área de Colonia; **Großraumabteil** *nt* <-(e)s, -e> (EISENB) compartim(i)ento *m* colectivo; **Großraumbüro** *nt* <-s, -s> oficina *f* colectiva; **Großraumflugzeug** *nt* <-(e)s, -e> avión *m* de gran capacidad

großräumig [ˈgroːsrɔɪmɪç] *adj* (*geräumig*) amplio, espacioso; (*großflächig*) grande

Großraumwagen *m* <-s, -> coche *m* de gran capacidad; (EISENB) coche *m* sin compartimentos, vagón *m* sin compartimentos

Großrechner *m* <-s, -> (INFOR) macrocomputador *m;* **Großreinemachen** [-ˈ----] *nt* <-s, *ohne pl*> (*fam*) limpieza *f* general [*o* a fondo]; **Großschnauze** *f* <-, -n> (*fam*) jactancioso, -a *m, f,* bravucón, -ona *m, f;* **groß|schreiben**[RR] *irr vt* escribir con mayúsculas; **Großschreibung** *f* <-, -en> (empleo *m* de) mayúsculas *fpl;* **Großsegel** *nt* <-s, -> (NAUT) vela *f* mayor

großspurig [ˈgroːsʃpuːrɪç] *adj* (*abw*) arrogante, presumido

Großstadt *f* <-, -städte> gran ciudad *f,* metrópoli(s) *f* (*inv*); **Großstadtbevölkerung** *f* <-, -en> población *f* de una gran ciudad

Großstädter(in) *m(f)* <-s, -; -, -nen> habitante *mf* de una gran ciudad; **großstädtisch** *adj* propio de una ciudad grande, metropolitano

Großstadtmensch *m* <-en, -en> habitante *m* de una gran ciudad [*o* de una metrópoli(s)] *m;* **als typischer ~ braucht sie Hektik und Trubel** es una persona muy metropolitana: necesita del trajín y del ruido

Großtante *f* <-, -n> tía *f* abuela; **Großtat** *f* <-, -en> proeza *f,* hazaña *f*

größte(r, s) [ˈgrøːstə, -tɐ, -təs] *adj superl von* **groß**

großtechnisch *adj* (*Anlage*) a escala industrial; (*Projekt*) a gran escala

Großteil *m* <-(e)s, -e> mayor parte *f,* mayoría *f;* **zu einem ~** en su mayor parte

größtenteils [ˈgrøːstən(ˈ)taɪls] *adv* en su mayor parte, mayoritariamente

größtmöglich *adj* (el, la) mayor posible

Großtuerei [groːstuːəˈraɪ] *f* <-, *ohne pl*> (*abw*) fanfarronería *f;* (*Angeberei*) aires *mpl* de grandeza

groß|tun *irr* **I.** *vi* (*abw*) fanfarronear, compadrear *CSur* **II.** *vr:* **sich ~** (*abw*) darse importancia (*mit* de), jactarse (*mit* de)

Großunternehmen *nt* <-s, -> (WIRTSCH) empresa *f* grande; **Großunternehmer(in)** *m(f)* <-s, -; -, -nen> gran empresario, -a *m, f;* **Großvater** *m* <-s, -väter> abuelo *m;* **großväterlich** *adj* **1.** (*dem Großvater gehörend*) relativo al abuelo; **er hat den ~en Betrieb übernommen** se ha hecho cargo de la empresa del abuelo **2.** (*in der Art eines Großvaters*) como (haría) un abuelo; **mit ~er Liebe kümmerte er sich um seinen Enkel** con amor de abuelo cuidaba de su nieto; **Großveranstaltung** *f* <-, -en> acto *m* multitudinario; **Großverbraucher** *m* <-s, -> gran consumidor *m;* **Großverdiener(in)** *m(f)* <-s, -; -, -nen> persona *f* con altos ingresos; **Großvertrieb** *m* <-(e)s, *ohne pl*> (COM) venta *f* al por mayor; **Großwetterlage** *f* <-, -n> (METEO) situación *f* meteorológica general

Großwild *nt* <-(e)s, *ohne pl*> (pieza *f* de) caza *f* mayor; **Großwildjagd** *f* <-, -en> caza *f* mayor

groß|ziehen *irr vt* **1.** (*Kinder*) educar, criar **2.** (*Tiere*) criar

großzügig ['groːstsyːgɪç] *adj* **1.** (*freigebig*) generoso **2.** (*tolerant*) tolerante, liberal **3.** (*weiträumig*) amplio, extenso

Großzügigkeit *f* <-, *ohne pl*> **1.** (*Freigebigkeit*) generosidad *f* **2.** (*Toleranz*) liberalidad *f,* tolerancia *f*

grotesk [gro'tɛsk] *adj* grotesco

Grotte ['grɔtə] *f* <-, -n> gruta *f*

Groupie ['gruːpi] *nt* <-s, -s> groupie *f*

grub [gruːp] *3. imp von* **graben**

Grübchen ['gryːpçən] *nt* <-s, -> hoyuelo *m*

Grube ['gruːbə] *f* <-, -n> fosa *f,* hoyo *m;* (BERGB) mina *f;* **wer andern eine ~ gräbt, fällt selbst hinein** (*prov*) quien fosa cava, en ella caerá

Grübelei *f* <-, -en> cavilación *f*

grübeln ['gryːbəln] *vi* cavilar, rumiar; **ins G~ geraten** darle vueltas a algo

Grubenarbeiter(in) *m(f)* <-s, -; -, -nen> (BERGB) minero, -a *m, f*

Grubenbetrieb[1] *m* <-(e)s, -e> (BERGB: *Unternehmen*) empresa *f* minera

Grubenbetrieb[2] *m* <-(e)s, *ohne pl*> (BERGB: *Aktivitäten*) explotación *f* minera

Grubenexplosion *f* <-, -en> explosión *f* minera; **Grubenförderung** *f* <-, -en> (BERGB) extracción *f* minera; **Grubengas** *nt* <-es, -e> grisú *m;* **Grubenlampe** *f* <-, -n> lámpara *f* de seguridad (de los mineros); **Grubenotter** *f* <-, -n> (ZOOL) víbora *f* de cascabel [*o* de la cruz], yarará *f SAm;* **Grubenunglück** *nt* <-(e)s, -e> accidente *m* minero, catástrofe *f* minera

Grübler(in) *m(f)* <-s, -; -, -nen> persona *f* meditabunda e introvertida

grüblerisch ['gryːblərɪʃ] *adj* caviloso, pensativo

grüezi ['gryːɛtsi] *interj* (*Schweiz*) ¡hola!

Gruft [grʊft, *pl:* 'grʏftə] *f* <-, Grüfte> (*geh*) panteón *m;* (*in der Kirche*) cripta *m*

grummeln ['grʊməln] *vi* **1.** (*Mensch*) gruñir **2.** (*Donner*) bramar

Grummet ['grʊmət] *nt* <-s, *ohne pl*> (AGR) *heno que se obtiene tras la segunda o tercera siega*

grün [gryːn] *adj* **1.** (*Farbe, a.* POL) verde; **G~er Punkt** (ÖKOL) el punto verde (*marca de materiales reciclables*); **~e Grenze** frontera no vigilada; **~e Bohnen** judías verdes; **~er Salat** lechuga *f;* **jdn ~ und blau schlagen** (*fam*) moler a alguien a palos; **sich ~ und blau ärgern** (*fam*) ponerse furioso; **~es Licht geben** dar luz verde; **auf keinen ~en Zweig kommen** no salir adelante **2.** (*unreif*) inmaduro, verde **3.** (*abw: unerfahren*) novato, bisoño; **ein ~er Junge** un mozalbete; **jdm nicht ~ sein** (*fam*) no caer bien a alguien

Grün[1] *nt* <-s, -> (*Farbe*) verde *m;* **die Ampel steht auf ~** el semáforo está en verde; **ich hatte ~** (*fam*) tenía verde; (**das ist**) **dasselbe in ~** (eso es) prácticamente lo mismo

Grün[2] *nt* <-s, *ohne pl*> **1.** (*Pflanzen*) verde *m;* (*~fläche, Rasen*) zona *f* verde; **in der Stadt gibt es wenig ~** en la ciudad no hay muchas zonas verdes **2.** (*junge Triebe*) verdor *m*

Grünalge *f* <-, -n> (BOT) alga *f* verde

grün-alternativ ['----'-] *adj* (POL) de los Verdes-alternativos; **Grün-Alternative Liste** *f* <-, -n> (POL) *lista electoral formada por los Verdes y otros partidos alternativos*

Grünanlage *f* <-, -n> parque *m*

grünäugig ['gryːnʔɔɪgɪç] *adj* de ojos verdes

grünblau ['-'-] *adj* verde azulado

Grund[1] [grʊnt] *m* <-(e)s, *ohne pl*> **1.** (*Erdboden*) suelo *m;* **~ und Boden** terrenos *mpl;* **jdn in ~ und Boden reden** abrumar a alguien con argumentos **2.** (*eines Gewässers, Gefäßes*) fondo *m;* **auf ~ laufen** encallar; **im ~e** (**genommen**) en el fondo; **im ~e seines Herzens** en el fondo de su corazón; **zu ~e gehen** irse a pique, fundirse *Am;* **etw** *dat* **auf den ~ gehen** averiguar algo; **jdn/etw zu ~e richten** arruinar a alguien/estropear algo **3.** (*Grundlage*) fundamento *m,* base *f;* **den ~ zu etw** *dat* **legen** poner las bases para algo, sentar las bases de algo; **von ~ auf** desde el principio; **etw zu ~e legen** tomar algo por base; **zu ~e liegen** basarse en; **zu ~e liegend** que sirve de base

Grund[2] [grʊnt, *pl:* 'grʏndə] *m* <-(e)s, Gründe> (*Ursache*) razón *f,* motivo *m;* **hinreichender ~** motivo suficiente; **ich habe dafür meine Gründe** tengo mis motivos para ello; **es besteht kein ~ zur Klage** no hay motivo de queja; **aus gesundheitlichen Gründen** por razones de salud; **aus dem einfachen ~e, dass ...** por la simple razón de que…; **ohne ~** sin razón; **auf ~ von** a causa de; **aus guten Gründen** por razones fundadas; **aus gutem ~** por una buena razón; **aus**

unerfindlichen Gründen por razones inexplicables; **das ist doch kein ~** eso no es ninguna razón

Grundabgabe *f* <-, -n> (FIN) contribución *f* territorial

grundanständig ['-'---] *adj* muy honrado

Grundausbildung *f* <-, -en> (MIL) instrucción *f* (militar); **Grundausstattung** *f* <-, -en> equipamiento *m* básico (*an* de); **Grundbedeutung** *f* <-, -en> **1.** (LING) significado *m* primitivo **2.** (*Hauptaussage*) idea *f* fundamental, significado *m* básico; **Grundbedingung** *f* <-, -en> condición *f* básica; **Grundbegriff** *m* <-(e)s, -e> **1.** (*Begriff*) término *m* básico, concepto *m* básico **2.** *pl* (*Grundlagen*) elementos *mpl* fundamentales, fundamentos *mpl*

Grundbesitz *m* <-es, *ohne pl*> bienes *mpl* raíces, propiedad *f* inmobiliaria; **den ~ entziehen** expropiar; **landwirtschaftlicher/städtischer ~** propiedad rústica/urbana; **vererbbarer ~** propiedad inmobiliaria hereditable; **Grundbesitzer(in)** *m(f)* <-s, -; -, -nen> latifundista *mf,* hacendado, -a *m, f,* terrateniente *mf;* **Grundbestandteil** *m* <-(e)s, -e> elemento *m* básico [*o* base]; **Grundbetrag** *m* <-(e)s, -träge> cantidad *f* base, importe *m* base

Grundbuch *nt* <-(e)s, -bücher> (ADMIN, JUR) registro *m* de la propiedad; **Grundbuchamt** *nt* <-(e)s, -ämter> (ADMIN, JUR) oficina *f* del registro de la propiedad; **Grundbuchauszug** *m* <-(e)s, -züge> extracto *m* del registro de la propiedad, copia *f* del registro de la propiedad; **Grundbucheintragung** *f* <-, -en> inscripción *f* en el registro de la propiedad

Grunddienstbarkeit *f* <-, -en> (JUR) servidumbre *f*

grundehrlich *adj* absolutamente sincero

Grundeigentümer(in) *m(f)* <-s, -; -, -nen> propietario, -a *m, f* (de inmuebles)

Grundeigentumsurkunde *f* <-, -n> certificado *m* de propiedad inmobiliaria

gründen ['grʏndən] **I.** *vt* **1.** (*Stadt, Fabrik, Institution*) fundar; (*schaffen*) crear **2.** (*stützen*) apoyar (*auf* en) **II.** *vr:* **sich ~** basarse (*auf* en), fundarse (*auf* en); **worauf ~ sich seine Ansprüche?** ¿en qué se basan sus exigencias?

Gründer(in) *m(f)* <-s, -; -, -nen> fundador(a) *m(f);* **Gründeraktie** *f* <-, -n> (FIN) acción *f* de fundador; **Gründergeneration** *f* <-, -en> generación *f* fundadora

Gründerin *f* <-, -nen> *s.* **Gründer**

Gründerjahre *ntpl s.* **Gründerzeit**

Grundertragssteuer *f* <-, -n> (FIN) impuesto *m* sobre la renta territorial

Grunderwerb *m* <-(e)s, -e> (JUR) adquisición *f* de bienes raíces [*o* inmuebles]; **Grunderwerbssteuer** *f* <-, -n> impuesto *m* sobre la adquisición de bienes inmuebles

Gründerzeit *f* <-, *ohne pl*> (HIST, ARCHIT) *años de gran expansión industrial en Alemania a partir de 1871*

grundfalsch ['-'-] *adj* absolutamente falso

Grundfarbe *f* <-, -n> **1.** (*Rot, Gelb, Blau*) color *m* primario [*o* fundamental] **2.** (*Untergrund*) fondo *m;* **Grundfesten** ['grʊntfɛstən] *pl:* **an den ~ von etw** *dat* **rütteln, etw bis in die ~ erschüttern** hacer tambalear las bases de algo; **Grundfläche** *f* <-, -n> (*eines Körpers*) base *f;* (*eines Gebietes*) superficie *f;* **Grundforderung** *f* <-, -en> (JUR) reivindicación *f* básica; **Grundform** *f* <-, -en> (*elementare Form*) forma *f* elemental; (LING) forma *f* primitiva; (*des Verbes*) infinitivo *m;* **Grundgebühr** *f* <-, -en> tarifa *f* básica [*o* fija]; **Grundgedanke** *m* <-ns, -n> idea *f* fundamental; **Grundgehalt** *nt* <-(e)s, -hälter> salario *m* base

Grundgesetz[1] *nt* <-es, -e> (*Grundsatz*) principio *m* básico

Grundgesetz[2] *nt* <-es, *ohne pl*> (POL) ley *f* orgánica [*o* fundamental]; (*Verfassung*) Constitución *f;* **grundgesetzwidrig** *adj* (POL) anticonstitucional

Grundhaltung *f* <-, -en> posición *f* fundamental

grundieren* [grʊn'diːrən] *vt* dar la primera capa (a)

Grundierung *f* <-, -en> (*Grundfarbe*) capa *f* de fondo [*o* de imprimación]

Grundimmunisierung *f* <-, -en> (MED) inmunización *f* de base; **Grundinvestition** *f* <-, -en> inversión *f* básica; **Grundkapital** *nt* <-s, -e *o* -ien> (WIRTSCH) capital *m* inicial; **genehmigtes ~** capital social autorizado; **Grundkenntnisse** *fpl* conocimientos *mpl* básicos, nociones *fpl;* **~ in allgemeiner Buchführung** nociones de contabilidad general; **Grundkosten** *pl* coste *m* básico; **Grundkurs** *m* <-es, -e> **1.** (SCH) ≈asignatura *f* optativa (en BUP y COU) **2.** (*in einer Fremdsprache*) curso *m* elemental

Grundlage *f* <-, -n> base *f,* fundamento *m;* **die ~n für etw schaffen** sentar las bases para algo; **auf der ~ dieser Erkenntnisse** sobre la base de estos conocimientos; **diese Behauptung entbehrt jeder ~** esa afirmación carece de fundamento; **Grundlagenforschung** *f* <-, -en> investigación *f* pura; **Grundlagenvertrag** *m* <-(e)s, -träge> (POL) acuerdo *m* básico

Grundlasten *fpl* cargas *fpl* hipotecarias

grundlegend ['grʊntleːgənt] *adj* fundamental, básico

gründlich ['grʏntlɪç] **I.** *adj* (*sorgfältig*) cuidadoso; (*eingehend*) detenido, minucioso; (*gewissenhaft*) concienzudo **II.** *adv* (*fam: sehr*) a fondo, profundamente; **da hat sie sich ~ getäuscht** ahí se ha equivocado del todo

Gründlichkeit *f* <-, *ohne pl*> (*Genauigkeit*) minuciosidad *f;* (*Sorgfalt*) esmero *m,* cuidado *m*

Gründling ['grʏntlɪŋ] *m* <-s, -e> (ZOOL) gobio *m*

Grundlinie *f* <-, -n> **1.** (SPORT) línea *f* de fondo **2.** (*Geometrie*) base *f;* **Grundlinienspiel** *nt* <-(e)s, -e> (SPORT: *Tennis*) juego *m* (desde la línea) de fondo

Grundlohn *m* <-(e)s, -löhne> sueldo *m* base

grundlos *adj* sin fundamento, inmotivado

Grundmauer *f* <-, -n> cimientos *mpl;* **bis auf die ~n niederbrennen/zerstören** quemar/destruir hasta los cimientos

Grundmoräne *f* <-, -n> (GEO) morena *f* de fondo

Grundnahrungsmittel *nt* <-s, -> alimento *m* básico, producto *m* alimenticio básico

Gründonnerstag [-'---] *m* <-(e)s, -e> Jueves *m* Santo

Grundordnung *f* <-, -en> orden *m* básico; **Grundpfeiler** *m* <-s, -> **1.** (*tragender Pfeiler*) puntal *m,* pilar *m* de fundamento, pilote *m* de fundamento **2.** (*wesentliches Element*) piedra *f* angular; **Grundprodukt** *nt* <-(e)s, -e> producto *m* básico; **Grundrechenart** *f* <-, -en> (MATH) regla *f* aritmética; **Grundrecht** *nt* <-(e)s, -e> derecho *m* fundamental; **Grundregel** *f* <-, -n> regla *f* fundamental [*o* básica]; **Grundrente** *f* <-, -n> (*Mindestrente*) renta *f* básica; **Grundriss**^RR *m* <-es, -e> **1.** (ARCHIT) planta *f* **2.** (*kurze Abhandlung*) esbozo *m* **3.** (*Lehrbuch*) manual *m*

Grundsatz *m* <-es, -sätze> principio *m;* **an seinen Grundsätzen festhalten** mantener sus principios; **sich** *dat* **etw zum ~ machen** tomar algo como divisa; **Grundsatzentscheidung** *f* <-, -en> decisión *f* de principio

grundsätzlich ['grʊntzɛtslɪç] **I.** *adj* **1.** (*Frage, Unterschied, Bedeutung*) básico, fundamental **2.** (*aus Prinzip*) de principio **II.** *adv* (*immer*) por principio; (*eigentlich*) en principio; **~ ist das verboten** en principio eso está prohibido

Grundsatzpapier *nt* <-s, -e> (POL) documento-guía *m;* **ein ~ verfassen** redactar un documento-guía; **Grundsatzposition** *f* <-, -en> (*a.* POL) posición *f* fundamental; **Grundsatzvereinbarung** *f* <-, -en> (*a.* POL) acuerdo *m* de principio

Grundschrift *f* <-, -en> (TYPO) (tipo *m* de) letra *f* base

Grundschuld *f* <-, -en> (FIN) deuda *f* hipotecaria

Grundschule *f* <-, -n> escuela *f* primaria [*o* básica]; **Grundschüler(in)** *m(f)* <-s, -; -, -nen> alumno, -a *m, f* de primaria; **zur Einschulung bekommen die ~ eine große Schultüte** el primer día de escuela, a los niños se les da un enorme cucurucho con chucherías

Grundschullehrer(in) *m(f)* <-s, -; -, -nen> maestro, -a *m, f* de escuela primaria

Grundstein *m* <-(e)s, -e> base *f,* cimientos *mpl;* **den ~ zu etw** *dat* **legen** sentar las bases de algo; **Grundsteinlegung** *f* <-, -en> (ARCHIT) colocación *f* de la primera piedra

Grundstellung *f* <-, -en> **1.** (SPORT: *Turnen*) posición *f* de salida **2.** (*Schach*) posición *f* inicial

Grundsteuer *f* <-, -n> (FIN) contribución *f* territorial, impuesto *m* territorial; **Grundsteuerveranlagung** *f* <-, -en> (FIN) amillaramiento *m*

Grundstock *m* <-(e)s, -stöcke> base *f*

Grundstoff *m* <-(e)s, -e> (*Rohstoff*) materia *f* prima; (*Element*) elemento *m;* (*Zutaten*) ingrediente *m;* **Grundstoffindustrie** *f* <-, -n> industria *f* de materias primas

Grundstoffwechsel *m* <-s, -> (BIOL) metabolismo *m* básico

Grundstück *nt* <-(e)s, -e> terreno *m;* **Grundstücksabschreibung** *f* <-, -en> (FIN, WIRTSCH) amortización *f* de una propiedad inmobiliaria; **Grundstücksbelastung** *f* <-, -en> hipoteca *f* de un terreno; **Grundstücksbesitzer(in)** *m(f)* <-s, -; -, -nen> terrateniente *mf;* (*von viel Land*) latifundista *mf;* **Grundstücksmakler(in)** *m(f)* <-s, -; -, -nen> agente *mf* inmobiliario, -a; **Grundstücks- und Immobilienmakler** agente de la propiedad inmobiliaria; **Grundstückspacht** *f* <-, -en> arrendamiento *m* rústico; **Grundstückspreis** *m* <-es, -e> precio *m* del terreno

Grundstücks- und Immobilienfirma *f* <-, -firmen> agencia *f* inmobiliaria

Grundstudium *nt* <-s, *ohne pl*> (UNIV) ≈primer ciclo *m* (de los estudios superiores); **Grundstufe** *f* <-, -n> (SCH) *primer ciclo del Gymnasium alemán correspondiente al segundo ciclo de la primaria española;* **Grundton** *m* <-(e)s, -töne> **1.** (MUS) tono *m* fundamental [*o* básico] **2.** (*Farbe*) fondo *m;* **Grundübel** *nt* <-s, -> vicio *m* capital, fuente *f* de todos los males; **Grundumsatz** *m* <-es, -sätze> (MED) metabolismo *m* basal

Gründung ['grʏndʊŋ] *f* <-, -en> **1.** (*eines Unternehmens, Vereins*) fundación *f,* establecimiento *m;* (*einer Familie*) fundación *f;* (*Schaffung*) creación *f* **2.** (*Gebäudeteil*) cimientos *mpl*

Gründünger *m* <-s, -> abono *m* verde

Gründungsakt *m* <-(e)s, -e> acto *m* de constitución; **Gründungseinlage** *f* <-, -n> (FIN, WIRTSCH) aportación *f* inicial; **Gründungsgesellschafter(in)** *m(f)* <-s, -; -, -nen> (WIRTSCH) socio, -a *m, f* originario, -a; **Gründungsinvestition** *f* <-, -en> (FIN, WIRTSCH) inversión *f* inicial; **Gründungskapital** *nt* <-s, -e *o* -ien> (FIN, WIRTSCH) capital *m* de fundación; **Gründungskosten** *pl* (FIN, WIRTSCH) gastos *mpl* de establecimiento; **Gründungsmitglied** *nt* <-(e)s, -er> miembro *m* fundador; **Gründungsurkunde** *f* <-, -n> (JUR) escritura *f* de constitución; **Gründungsvertrag** *m* <-(e)s, -träge> (JUR) contrato *m* de constitución

Grundvergütung *f* <-, -en> remuneración

f básica; **Grundvermögen** *nt* <-s, -> bienes *mpl* inmuebles; **grundverschieden** ['--'--] *adj* radicalmente diferente; **Grundvertrag** *m* <-(e)s, -träge> contrato *m* base

Grundwasser *nt* <-s, *ohne pl*> aguas *fpl* subterráneas, capa *f* freática; **Grundwasserabsenkung** *f* <-, -en> rebajamiento *m* de la capa freática [*o* del nivel de las aguas]; **Grundwasserleiter** *m* <-s, -> conducto *m* de aguas subterráneas; **Grundwassersperrschicht** *f* <-, -en> capa *f* barrera de las aguas subterráneas; **Grundwasserspiegel** *m* <-s, -> nivel *m* de aguas subterráneas [*o* de la capa freática]; **Grundwasserversalzung** *f* <-, -en> salinización *f* de las aguas subterráneas; **Grundwasservorkommen** *nt* <-s, -> acuífero *m*

Grundwehrdienst *m* <-(e)s, *ohne pl*> instrucción *f* militar básica; **Grundwerkstoff** *m* <-(e)s, -e> material *m* básico; **Grundwort** *nt* <-(e)s, -wörter> (LING) raíz *f*, radical *m*; **Grundwortschatz** *m* <-es, -schätze> (LING) vocabulario *m* básico; **Grundzahl** *f* <-, -en> **1.** (*Kardinalzahl*) número *m* cardinal **2.** (MATH: *Basis*) base *f*

Grundzins *m* <-es, -en> canon *m*; **grundzinspflichtig** *adj* sujeto a canon

Grundzug *m* <-(e)s, -züge> rasgo *m* fundamental; **etw in den Grundzügen darstellen** representar [*o* explicar] algo esquemáticamente

Grüne(r) *mf* <-n, -n; -n, -n> (POL) miembro *m* del Partido Ecologista; **die ~n** los Verdes

Grüne(s) *nt* <-n, *ohne pl*> **1.** (*in Blumensträußen*) verde *m* **2.** (*fam: Rohkost*) verduras *fpl* **3.** (*Natur*) naturaleza *f*; **ins ~ fahren** ir al campo; **im ~n wohnen** vivir en el campo

grünen *vi* (*geh*) verdecer, verdear

Grünfink *m* <-en, -en> (ZOOL) verderón *m* común; **Grünfläche** *f* <-, -n> zona *f* verde, espacio *m* verde; **Grünfutter** *nt* <-s, *ohne pl*> (AGR) herbaje *m*, forraje *m*

Grunge [grantʃ] *m* <-, *ohne pl*> (MUS) grunge *m*

Grüngürtel *m* <-s, -> cinturón *m* verde; **Grünkern** *m* <-(e)s, -e> (GASTR) harina *f* de escanda; **Grünkohl** *m* <-(e)s, -e> (GASTR) col *f* rizada; **Grünland** *nt* <-(e)s, *ohne pl*> (AGR) prado *m*, pastizal *m*

grünlich *adj* verdoso

Grünpflanze *f* <-, -n> planta *f* (de interior) sin flores; **Grünschnabel** *m* <-s, -schnäbel> (*abw*) mocoso, -a *m, f*, pipiolo, -a *m, f*; **Grünspan** *m* <-(e)s, *ohne pl*> cardenillo *m*, verdete *m*; **Grünspecht** *m* <(e)s, -e> (ZOOL) pico *m* verde; **Grünstich** *m* <-(e)s, -e> (FOTO) matiz *m* verdoso; **Grünstreifen** *m* <-s, -> franja *f* de césped

grunzen ['grʊntsən] *vi* (*a. Mensch*) gruñir

Grünzeug *nt* <-(e)s, *ohne pl*> (*fam*) **1.** (*Kräuter*) hierbas *fpl* **2.** (*Rohkost*) verdura *f* fresca; **Grünzone** *f* <-, -n> zona *f* verde

Gruppe ['grʊpə] *f* <-, -n> grupo *m*; (*von Leuten*) grupo *m*, tropilla *f CSur*; (*Arbeits~*) equipo *m*; (*Kategorie*) grupo *m*; (SPORT: *bei Meisterschaft*) grupo *m*; **Gruppenarbeit** *f* <-, *ohne pl*> trabajo *m* en grupo [*o* de equipo]; **Gruppenaufnahme** *f* <-, -n> retrato *m* de grupo; **zur Hochzeit wurde eine ~ von der ganzen Familie gemacht** el día de la boda hicieron una foto de toda la familia; **Gruppenbild** *nt* <-(e)s, -er> retrato *m* de grupo; **Gruppenbildung** *f* <-, -en> formación *f* de grupos; **Gruppenbuchung** *f* <-, -en> reserva *f* para grupos; **Gruppendynamik** *f* <-, *ohne pl*> (PSYCH) dinámica *f* de grupo(s); **gruppendynamisch** *adj* (PSYCH) dinámico-grupal; **Gruppenfoto** *nt* <-s, -s> foto *f* de grupo; **Gruppenführer(in)** *m(f)* <-s, -; -, -nen> **1.** (*Arbeitsgruppe*) jefe, -a *m, f* de grupo **2.** (*Jugendgruppe*) monitor(a) *m(f)* (de un grupo) **3.** (HIST: *Nationalsozialismus*) jefe, -a *m, f* de compañía de la SS (*equivalente a un general del ejército*); **Gruppenklage** *f* <-, -n> (JUR) demanda *f* colectiva; **Gruppenleiter(in)** *m(f)* <-s, -; -, -nen> (*in Firma*) jefe, -a *m, f*; (*Jugendgruppe*) jefe, -a *m, f* del grupo, monitor(a) *m(f)*; **Gruppenreise** *f* <-, -n> viaje *m* en grupo; **Gruppensex** *m* <-(es), *ohne pl*> cama *f* redonda; **Gruppensieg** *m* <-(e)s, -e> (SPORT) victoria *f* de grupo; **Gruppentarif** *m* <-s, -e> tarifa *f* colectiva; **Gruppentherapie** *f* <-, -n> (PSYCH, MED) terapia *f* de grupo; **Gruppenunterricht** *m* <-(e)s, *ohne pl*> **1.** (*in Gruppen*) clase *f* por grupos **2.** (*von einer Gruppe*) clase *f* en grupo; **gruppenweise** *adv* por grupos, en grupos

gruppieren* [grʊ'pi:rən] **I.** *vt* agrupar **II.** *vr*: **sich ~** agruparse

Gruppierung *f* <-, -en> agrupación *f*

Grus [gru:s] *m* <-es, -e> (*a.* GEO) escombros *mpl*

Gruselfilm *m* <-(e)s, -e> película *f* de horror; **Gruselgeschichte** *f* <-, -n> historia *f* de miedo

grus(e)lig ['gru:z(ə)lɪç] *adj* horripilante, terrorífico

gruseln **I.** *vr*: **sich ~** horrorizarse (*vor* de); **ich grusel mich vor Spinnen** las arañas me producen horror; **ich grusel mich davor, nachts alleine zu Hause zu bleiben** me horroriza [*o* me da pánico] quedarme solo en casa de noche **II.** *vunpers*: **jdn** [*o* **jdm**] **gruselt (es) vor etw** *dat* a alguien le horroriza algo; **mich** [*o* **mir**] **gruselt (es) in solch unheimlichen Gemäuern** las ruinas lúgubres me producen escalofríos; **gruselt (es) dich** [*o* **dir**] **auch?** ¿a ti también te da miedo?; **auf diesem Friedhof kann man nachts das G~ lernen** en este cementerio se puede llegar a sentir lo que es el verdadero horror

Gruselstimmung *f* <-, -en> ambiente *m* escalofriante

gruslig *adj s.* **grus(e)lig**

Gruß [gru:s, *pl*: 'gry:sə] *m* <-es, Grüße> saludo *m;* **jdm die Hand zum ~ reichen** estrecharle a alguien la mano para saludarle; **viele Grüße an deine Eltern!** ¡recuerdos a tus padres!; **jdm Grüße bestellen** saludar a alguien; **mit freundlichen Grüßen** atentamente; **einen ~ erwidern** devolver un saludo; **Grußadresse** *f* <-, -n>, **Grußbotschaft** *f* <-, -en> saludo *m* (en una comunicación escrita)

grüßen ['gry:sən] *vt* saludar; **grüß deinen Vater von uns** saluda a tu padre de nuestra parte; **grüß dich!** ¡hola!; **sie lässt (dich) schön ~** te manda saludos

Grußformel *f* <-, -n> fórmula *f* de despedida (en una comunicación escrita); **„Mit freundlichen Grüßen" ist eine übliche ~ am Schluss eines Briefes** "Atentamente" es una fórmula de despedida usual en una carta; **grußlos** *adv* sin saludar; **Grußwort** *nt* <-(e)s, -e> saludo *m*

Grütze ['grʏtsə] *f* <-, -n> (GASTR) sémola *f;* **rote ~** *especie de jalea de frutas*

Guano [gu'a:no] *m* <-s, *ohne pl*> guano *m*

Guatemala [guate'ma:la] *nt* <-s> Guatemala *f*

Guatemalteke, -in [guatemal'te:kə] *m, f* <-n, -n; -, -nen> guatemalteco, -a *m, f*

guatemaltekisch *adj* guatemalteco

Guave [gu'a:və] *f* <-, -n> (BOT) guayaba *f*

gucken ['gʊkən, 'kʊkən] **I.** *vi* (*fam*) mirar, ver; (*hervor~*) asomar; **guck mal!** ¡mira!; **das Hemd guckt ihm aus der Hose** le asoma la camisa por el pantalón; **aus dem Fenster ~** asomarse a la ventana **II.** *vt* (*fam*) ver; **Fernsehen ~** ver la televisión

Guckloch *nt* <-(e)s, -löcher> mirilla *f*

Guerilla [ge'rɪlja] *f* <-, -s> guerrilla *f;* **Guerillakämpfer(in)** *m(f)* <-s, -; -, -nen> guerrillero, -a *m, f;* **Guerillakrieg** *m* <-(e)s, -e> guerra *f* de guerrillas

Gugelhopf ['gu:gəlhɔpf] *m* <-(e)s, -e> (*Schweiz*), **Gugelhupf** ['gu:gəlhʊpf] *m* <-(e)s, -e> (*südd, Österr: Napfkuchen*) pastel *m* de molde

Güggeli ['gʏgəli] *nt* <-s, -> (*Schweiz: Brathähnchen*) pollo *m* asado

Guillotine [gɪljo'ti:nə, gijo'ti:nə] *f* <-, -n> guillotina *f*

guillotinieren* *vt* (HIST) guillotinar

Guinea [gi'ne:a] *nt* <-s> Guinea *f*

Guineer(in) [gi'ne:ɐ] *m(f)* <-s, -; -, -nen> guineano, -a *m, f*

guineisch [gi'ne:ɪʃ] *adj* guineano

Gulasch ['gʊlaʃ] *m o nt* <-(e)s, -e *o* -s> (GASTR) gulasch *m,* estofado *m* de carne; **Gulaschkanone** *f* <-, -n> (*iron: beim Militär*) cocina *f* de campaña; **Gulaschsuppe** *f* <-, -n> sopa *f* húngara

Gulden ['gʊldən] *m* <-s, -> florín *m*

gülden ['gʏldn] *adj* (*geh*) de oro

Gülle ['gʏlə] *f* <-, *ohne pl*> (AGR) estiércol *m* líquido

Gully ['gʊli] *m o nt* <-s, -s> sumidero *m*

gültig ['gʏltɪç] *adj* válido; (*Gesetz*) vigente; (*Münze*) de curso legal; **nach den ~en Bestimmungen** según las disposiciones vigentes; **der Fahrplan ist ab 1. Oktober ~** el horario es válido a partir del primero de octubre; **die Fahrkarte ist nicht mehr ~** el billete está caducado

Gültigkeit *f* <-, *ohne pl*> **1.** (*von Geld, Fahrkarte*) validez *f;* **allgemeine ~** validez universal; **die ~ verlieren** perder la validez **2.** (*von Gesetz, Vertrag*) vigor *m,* vigencia *f;* **Gültigkeitsdauer** *f* <-, *ohne pl*> período *m* de validez; **Gültigkeitserklärung** *f* <-, -en> convalidación *f*

Gummi[1] ['gʊmi] *m o nt* <-s, -(s)> (*Material*) goma *f*

Gummi[2] *m o nt* <-s, -s> (*fam: Kondom*) goma *f*

Gummi[3] *m* <-s, -s> (*Radier~*) goma *f* (de borrar)

Gummi[4] *nt* <-s, -s> (*fam: ~band*) goma *f*

Gummiball *m* <-(e)s, -bälle> pelota *f* de goma; **Gummiband** *nt* <-(e)s, -bänder> goma *f,* cinta *f* elástica; **Gummibärchen** ['gʊmibɛ:ɐçən] *nt* <-s, -> caramelo *m* de goma (en forma de osito); **Gummibaum** *m* <-(e)s, -bäume> **1.** (*Kautschukbaum*) árbol *m* del caucho, gomero *m Am* **2.** (*Zierpflanze*) ficus *m inv*

gummieren* *vt* engomar; **Selbstklebeetiketten sind bereits vom Hersteller gummiert** las etiquetas autoadhesivas ya vienen engomadas de fábrica

Gummierung *f* <-, -en> **1.** (*Vorgang*) engomado *m* **2.** (*Klebstoffschicht*) engomado *m,* goma *f*

Gummigeschoss[RR] *nt* <-es, -e> proyectil *m* de goma; **Gummihandschuh** *m* <-(e)s, -e> guante *m* de goma; **Gummiknüppel** *m* <-s, -> porra *f;* **Gummiparagraph** *m* <-en, -en> (*fam*) parágrafo *m* (de interpretación) flexible, norma *f* flexible; **Gummireifen** *m* <-s, -> (AUTO) neumático *m;* **Gummiring** *m* <-(e)s, -e> arandela *f* de goma; **Gummischuhe** *mpl* zapatos *mpl* de goma, ahulados *mpl MAm;* **Gummisohle** *f* <-, -n> suela *f* de goma; **Gummistiefel** *m* <-s, -> bota *f* de goma [*o* de agua]; **Gummistrumpf** *m* <-(e)s, -strümpfe> media *f* de compresión; **Gummizelle** *f* <-, -n> celda *f* de seguridad; **Gummizug** *m* <-(e)s, -züge> goma *f* (elástica)

Gunst [gʊnst] *f* <-, *ohne pl*> (*Wohlwollen*) simpatía *f,* favor *m;* **zu ~en ...** *+gen* a favor de..., en beneficio de...; **ein Irrtum zu meinen ~en** un error a mi favor; **(hoch) in jds ~ stehen** gozar (mucho) de las simpatías de alguien; **er erkannte die ~ der Stunde** supo aprovechar el momento; **Gunstbeweis** *m* <-es, -e>, **Gunstbezeigung** *f* <-, -en> prueba *f* de simpatía

günstig ['gʏnstɪç] *adj* favorable, propicio; (*Augenblick*) oportuno; **es trifft sich ~, dass**

… resulta oportuno que… +*subj;* **im ~sten Fall** en el mejor de los casos; **zu ~en Bedingungen** en condiciones favorables

günstigstenfalls *adv* en el mejor de los casos

Günstling ['gʏnstlɪŋ] *m* <-s, -e> (*abw*) favorito, -a *m, f;* **Günstlingswirtschaft** *f* <-, *ohne pl*> (*abw*) favoritismo *m*

Gupf [gʊpf] *m* <-(e)s, -e> (*südd, Österr, Schweiz: fam*) cima *f*

Guppy ['gʊpi] *m* <-s, -s> (ZOOL) pez *m* de colores (de acuario)

Gurgel ['gʊrgəl] *f* <-, -n> gaznate *m,* garganta *f;* **jdm an die ~ springen** saltar al cuello de alguien

Gurgelmittel *nt* <-s, -> producto *m* para hacer gárgaras

gurgeln *vi* **1.** (*Wasser, Fluss*) borbotear **2.** (*Person*) hacer gárgaras, gargarear *Chil, Guat, Peru*

Gurgelwasser *nt* <-s, -wässer> líquido *m* para hacer gárgaras, gargarismo *m*

Gurke ['gʊrkə] *f* <-, -n> pepino *m;* **saure ~n** pepinillos en vinagre; **Gurkensalat** *m* <-(e)s, -e> ensalada *f* de pepinos

gurren ['gʊrən] *vi* (*a. Mensch*) arrullar

Gurt [gʊrt] *m* <-(e)s, -e> (*Riemen*) correa *f;* (*Sicherheits~*) cinturón *m;* (*Sattel~*) cincha *f;* **den ~ anlegen** abrocharse el cinturón

Gürtel ['gʏrtəl] *m* <-s, -> **1.** (*an Kleidung*) cinturón *m;* **den ~ enger schnallen** (*fam*) apretarse el cinturón **2.** (*Zone*) cinturón *m,* zona *f;* **Gürtellinie** *f* <-, *ohne pl*> cintura *f;* **ein Schlag unter die ~** (*fam a. fig*) un golpe bajo; **Gürtelreifen** *m* <-s, -> neumático *m* radial [*o* de cinturón]; **Gürtelrose** *f* <-, *ohne pl*> (MED) culebrilla *f;* **Gürtelschnalle** *f* <-, -n> hebilla *f* de cinturón; **Gürteltier** *nt* <-(e)s, -e> (ZOOL) armadillo *m,* peludo *m CSur*

Gurtmuffel *m* <-s, -> (*fam*) *persona que no se pone el cinturón de seguridad;* **Gurtpflicht** *f* <-, *ohne pl*> obligatoriedad *f* del uso del cinturón de seguridad; **es besteht ~** es obligatorio ponerse el cinturón de seguridad; **Gurtspanner** ['-ʃpanɐ] *m* <-s, -> (AUTO), **Gurtstraffer** ['-ʃtrafɐ] *m* <-s, -> (AUTO) pretensor *m* de(l) cinturón (de seguridad)

Guru ['gu:ru] *m* <-s, -s> **1.** (REL) gurú *m* **2.** (*fam*) líder *m*

GUS [gʊs] *f* (POL) *Abk. von* **Gemeinschaft Unabhängiger Staaten** CEI *f*

Guss[RR] [gʊs, *pl:* 'gʏsə] *m* <-es, Güsse>, **Guß** *m* <-sses, Güsse> **1.** (*von Metall*) fundición *f;* **wie aus einem ~** como de una pieza **2.** (*fam: Regen~*) chaparrón *m,* aguacero *m* **3.** (*Zucker~*) baño *m* de azúcar; **Gusseisen**[RR] *nt* <-s, *ohne pl*> hierro *m* fundido [*o* colado]; **gusseisern**[RR] *adj* de hierro fundido; **Gussform**[RR] *f* <-, -en> molde *m* de fundición; **Gussstahl**[RR] *m* <-(e)s, -stähle> (METAL) acero *m* fundido

Gusto ['gʊsto] *m* <-s, -s> gusto *m;* **mit ~** con gusto; **nach eigenem ~** según el gusto propio; **ganz nach ~** al gusto (de cada uno)

gut [gu:t] <besser, am besten> **I.** *adj* **1.** (*allgemein*) buen(o); **ein ~er Freund** un buen amigo; **~e Besserung!** ¡que te mejores!; **ist die Milch noch ~?** ¿está buena la leche todavía?; **er ist in Mathe sehr ~** es muy bueno en mates; **das ist ja alles ~ und schön, aber …** todo esto está muy bien pero…; **es wird wieder ~** todo se arreglará; **G~ und Böse auseinander halten** separar el bien del mal; **die G~en und die Bösen** los buenos y los malos; **findest du Strandurlaub ~?** ¿te gusta pasar las vacaciones en la playa?; **ich glaube, der Typ findet dich ~** (*fam*) creo que le molas a ese tío; **lassen wir es damit ~ sein** (*fam*) dejémoslo estar **2.** (*Mensch*) bondadoso; **ein ~er Mensch sein** ser (una) buena persona; **sei so ~ und …** haz el favor de… +*inf;* **~ zu jdm sein** ser bueno con alguien **3.** (*richtig*) correcto **4.** (*nützlich*) útil; **wer weiß, wozu das ~ ist?** ¿quién sabe para qué sirve esto? **5.** (*für Gesundheit*) saludable (*für* para); **das ist ~ gegen Husten** esto es bueno contra la tos **6.** (*vorteilhaft*) ventajoso **7.** (*angemessen*) adecuado; **das ist auch ~ so** así es como debe ser; **er ist immer für eine Überraschung ~** (*fam*) siempre está dispuesto a dar una sorpresa **8.** (*reichlich*) buen; **eine ~e Stunde** una hora larga; **ein ~es Pfund Mehl** medio kilo de harina bien pesado **9.** (SCH: *Note*) notable **II.** *adv* bien; **schon ~!** ¡bueno, está bien!; **das schmeckt ~** esto sabe bien; **sein Geschäft geht nicht ~** el negocio le va mal; **etw ~ können** saber hacer algo bien; **das verkauft sich ~** esto se vende bien; **er hat es dort ~** allí le va bien; **~ so!** ¡así está bien!; **~ gemacht!** ¡bien hecho!; **du bist ~!** ¡ésta sí que es buena!; **das kann ~ sein** es posible; **du hast ~ reden** tú bien puedes hablar; **so ~ wie nichts** (*fam*) casi nada; **die Sitzung dauerte ~ und gern drei Stunden** (*fam*) la sesión duró tres horas como poco; **mach's ~!** ¡que te vaya bien!; **ich kann ihn nicht ~ im Stich lassen** (*fam*) no me parece bien dejarle en la estacada; **er stellt sich ~ mit dir, weil er dein Auto braucht** te hace la rosca porque necesita tu coche; **du tust ~ daran, hier erst mal zu verschwinden** más vale que te largues de aquí

Gut *nt* <-(e)s, Güter> **1.** (*Besitz*) bienes *mpl;* **mein Hab und ~** todo lo que poseo; **bewegliche Güter** bienes muebles; **unbewegliche Güter** (JUR) bienes inmuebles; **irdische Güter** bienes terrenales **2.** (*Land~*) finca *f,* hacienda *f Am* **3.** (*Ware*) mercancía *f;* **leicht verderbliche/kurzlebige Güter** mercancías perecederas/de poca duración

Gutachten ['gu:tʔaxtən] *nt* <-s, -> dictamen *m* (pericial), peritaje *m;* **ein ~ erstellen** emitir un dictamen

Gutachter(in) *m(f)* <-s, -; -, -nen>

1. (*Sachkundiger*) experto, -a *m, f,* perito, -a *m, f* **2.** (UNIV) examinador(a) *m(f)*

gutartig *adj* **1.** (*Wesen, Tier*) bueno **2.** (MED) benigno; **gutaussehend** *adj s.* **aussehen**; **gutbezahlt** *adj s.* **bezahlen**; **gutbürgerlich** ['-'---] *adj* (*a.* GASTR) burgués; **gutdotiert** *adj s.* **dotieren**

Gutdünken ['gu:tdʏŋkən] *nt* <-s, *ohne pl*>: **nach ~ (verfahren)** (proceder) a discreción

Gute(s) *nt* <-n, *ohne pl*> bueno *nt;* **das ~ im Menschen** lo bueno de la persona; **~s tun** hacer el bien; **von ihm ist nichts ~s zu erwarten** no hay que esperar nada bueno de él; **das ~ daran** lo bueno de eso; **alles ~!** ¡que vaya bien!; **es hat alles auch sein ~s** (*prov*) todo tiene su lado bueno

Güte ['gy:tə] *f* <-, *ohne pl*> **1.** (*Freundlichkeit*) bondad *f,* amabilidad *f;* **wenn Sie die ~ hätten mir zu helfen** si tuviese la bondad de ayudarme; **ein Vorschlag zur ~** un compromiso; **ach du liebe ~!, meine ~!** (*fam*) ¡ay, Dios mío! **2.** (*Qualität*) calidad *f;* **von erster ~** de primera calidad; **das war ein Reinfall erster ~** (*fam*) fue un fracaso de primera; **Güteeigenschaften** *fpl* propiedades *fpl* de calidad; **Güteklasse** *f* <-, -n> (WIRTSCH) clase *f,* calidad *f;* **diese Eier sind ~ A** estos huevos son de clase A; **Gütemerkmal** *nt* <-(e)s, -e> distintivo *m* de calidad

Gutenachtgeschichte [--'----] *f* <-, -n> cuento *m* para dormir; **Gutenachtkuss**[RR] *m* <-es, -küsse> beso *m* de buenas noches; **jetzt gibt Papi dir noch einen ~ und dann schläfst du** ahora papá te dará un beso de buenas noches y luego a dormir

Güteprüfung *f* <-, -en> control *m* de calidad

Güterabfertigung *f* <-, -en> (EISENB) **1.** (*Vorgang*) expedición *f* de mercancías **2.** (*Stelle*) terminal *f* de carga; **Güterabsatz** *m* <-es, -sätze> (COM) venta *f* de mercancías; **Güterbahnhof** *m* <-(e)s, -höfe> estación *f* para trenes de carga; **Güterfernverkehr** ['--'---] *m* <-(e)s, *ohne pl*> transporte *m* de mercancías a larga distancia; **Gütergemeinschaft** *f* <-, -en> (JUR) comunidad *f* de bienes; **in ~ leben** vivir en comunidad de bienes; **Güternahverkehr** *m* <-(e)s, *ohne pl*> transporte *m* de mercancías a corta distancia; **Gütertransport** *m* <-(e)s, -e> transporte *m* de mercancías; **Gütertrennung** *f* <-, -en> (JUR) separación *f* de bienes; **in ~ leben** vivir en separación de bienes; **Güterumlauf** *m* <-(e)s, *ohne pl*> (WIRTSCH) circulación *f* de mercancías; **freier ~** libre circulación de mercancías; **Güterverkehr** *m* <-(e)s, *ohne pl*> transporte *m* de mercancías; **Güterwagen** *m* <-s, -> vagón *m* de carga; **Güterzug** *m* <-(e)s, -züge> tren *m* de carga [*o* de mercancías], tren *m* carguero *CSur*

Gütesiegel *nt* <-s, -> (WIRTSCH) sello *m* de calidad, marchamo *m* de calidad

Güteverhandlung *f* <-, -en> (JUR) acto *m* de conciliación

Gütevorschrift *f* <-, -en> (WIRTSCH) prescripción *f* de calidad; **Gütezeichen** *nt* <-s, -> etiqueta *f* de calidad

gut|gehen *irr vi sein s.* **gehen I.1., I.3.**; **gutgehend** *adj s.* **gehen I.4.**; **gutgelaunt** *adj s.* **gelaunt**; **gutgemeint** ['gu:tgəmaɪnt] *adj s.* **meinen 5.**; **gutgläubig** *adj* de buena fe; **~er Besitzer/Erwerb** propietario/adquisición de buena fe; **Gutgläubigkeit** *f* <-, *ohne pl*> buena fe *f*

gut|haben *irr vt:* **etw ~ (bei jdm)** poder pedir algo (a alguien) (*porque con anterioridad se le ha hecho algún favor*); **du hast noch ein Bier bei mir gut** te debo aún una cerveza; **Guthaben** ['gu:tha:bən] *nt* <-s, -> (FIN) haber *m,* saldo *m* activo; **eingefrorenes/gesperrtes ~** activo congelado/cuenta bloqueada; **gut|heißen** *irr vt* aprobar, dar por bueno; **gutherzig** *adj* bondadoso

gütig ['gy:tɪç] *adj* bondadoso; (*freundlich*) amable; (*nachsichtig*) indulgente

gütlich ['gy:tlɪç] *adj* amistoso; **sich ~ einigen** llegar a un acuerdo amistoso; **sich an etw** *dat* **~ tun** comer algo con gusto

gut|machen *vt* (*Schaden*) reparar; (*Fehler*) enmendar, corregir; **wieder ~** (*Fehler*) enmendar, subsanar; (*Schaden*) reparar, subsanar; (*Verlust*) resarcir; **das ist gar nicht wieder gutzumachen** esto apenas se puede enmendar; **ich habe einiges bei dir gutzumachen** tengo que devolverte algunos favores

gutmütig ['gu:tmy:tɪç] *adj* bondadoso

Gutmütigkeit *f* <-, *ohne pl*> bondad *f*

Gutsbesitzer(in) *m(f)* <-s, -; -, -nen> propietario, -a *m, f* de una finca, terrateniente *mf*

Gutschein *m* <-(e)s, -e> vale *m;* **gut|schreiben** *irr vt* abonar, acreditar

Gutschrift *f* <-, -en> abono *m* en cuenta; **Gutschriftsanzeige** *f* <-, -n> (FIN) nota *f* de crédito

Gutshaus *nt* <-es, -häuser> finca *f;* **Gutsherr(in)** *m(f)* <-en, -en; -, -nen> hacendado, -a *m, f;* **Gutshof** *m* <-(e)s, -höfe> granja *f,* finca *f,* hacienda *f Am,* fundo *m Am*

gutsituiert ['gu:tzitu'i:ɐt] *adj s.* **situieren**

Gutsverwalter(in) *m(f)* <-s, -; -, -nen> administrador(a) *m(f)*

gut|tun *irr vi s.* **tun I.**

guttural [gʊtu'ra:l] *adj* (LING) gutural

gutunterrichtet *adj s.* **unterrichten 2.**; **gutverdienend** *adj s.* **verdienen 1.**; **gutwillig I.** *adj* complaciente, amable **II.** *adv* de buen grado, de buena voluntad

gymnasial [gʏmna'zia:l] *adj* (SCH) del bachillerato, de la educación secundaria; **die ~e Oberstufe umfasst die letzten drei Klassen des Gymnasiums** el "oberstufe" alemán comprende los últimos tres cursos de la educación secundaria; **Gymnasiallehrer(in)** *m(f)* <-s, -; -, -nen> (SCH) profesor(a) *m(f)* de Enseñanza Media [*o* de instituto]; **Gym-**

nasialprofessor(in) *m(f)* <-s, -en; -, -nen> (*Österr*) *s.* **Gymnasiallehrer**

Gymnasiast(in) [gʏmnazi'ast] *m(f)* <-en, -en; -, -nen> alumno, -a *m, f* de Enseñanza Media [*o* de instituto]

Gymnasium [gʏm'na:ziʊm] *nt* <-s, Gymnasien> instituto *m* de Enseñanza Media, liceo *m Am*

Gymnastik [gʏm'nastɪk] *f* <-, *ohne pl*> gimnasia *f;* **Gymnastikanzug** *m* <-(e)s, -züge> (SPORT) mallas *fpl*

gymnastisch *adj* gimnástico; **er macht jeden Morgen seine ~en Übungen** cada día por la mañana hace ejercicios de gimnasia

Gynäkologe, -in [gynɛko'lo:gə] *m, f* <-n, -n; -, -nen> (MED) ginecólogo, -a *m, f*

Gynäkologie [gynɛkolo'gi:] *f* <-, *ohne pl*> (MED) ginecología *f*

Gynäkologin *f* <-, -nen> (MED) *s.* **Gynäkologe**

gynäkologisch *adj* (MED) ginecológico

H

H, h [haː] *nt* <-, -> **1.** (*Buchstabe*) H, h *f;* ~ **wie Heinrich** H de Huelva **2.** (MUS) si *m*

h 1. (*Uhrzeit*) *Abk. von* **Uhr** h; **um 12.00** ~ a las 12.00 h **2.** (*bei Maßeinheiten*) *Abk. von* **Stunde: 120 km/**~ 120 km/h

H (CHEM) *Abk. von* **Wasserstoff** H

ha[1] [ha, haː] *interj* ¡ja!, ¡ah!

ha[2] *Abk. von* **Hektar** hectárea *f*

hä [hɛ] *interj* (*fam*) ¿qué?; **~, was hast du da gerade gesagt** ¿qué?, ¿qué acabas de decir?

Haar [haːɐ] *nt* <-(e)s, -e> **1.** (*Kopf~*) pelo *m,* cabello *m,* moño *m Chil;* (*Körper~, Tier~*) pelo *m;* **blondes/dunkles** ~ pelo rubio/oscuro; **trockenes/fettiges** ~ cabello seco/graso; **sich** *dat* **die** [*o* **seine**] **~e waschen** lavarse el pelo; **sich** *dat* **die ~e schneiden lassen** cortarse el pelo; **mir stehen die ~e zu Berge** (*fam*) se me ponen los pelos de punta; **kein gutes ~ an jdm lassen** (*fam*) poner a alguien de vuelta y media; **sich** *dat* **in die ~e geraten** (*fam*) tener una bronca; **sich** *dat* **in den ~en liegen** (*fam*) andar [*o* estar] a la greña; **sich** *dat* **aufs ~ gleichen** parecerse como un huevo a otro; **sich** *dat* **die ~e raufen** tirarse de los pelos; **deswegen lasse ich mir keine grauen ~e wachsen** (*fam*) eso me tiene sin cuidado; **jdm die ~e vom Kopf fressen** (*fam*) salir a alguien caro [*o* más caro que un hijo tonto]; **~e auf den Zähnen haben** no tener pelos en la lengua; **jdm kein ~ krümmen** (*fam*) no tocar (ni) un pelo a alguien; **das ist an den ~en herbeigezogen** (*fam*) esto no tiene ni pies ni cabeza; **immer ein ~ in der Suppe finden** (*fam*) poner pegas a todo; **sich** *dat* **durch die ~e fahren** andarse en el pelo **2.** (*fig: ein bisschen*) ni un pelo; **um kein ~ besser** (*fam*) ni una pizca mejor; **um ein ~** (*fam*) por los pelos; **Haaransatz** *m* <-es, -sätze> *parte de la frente donde comienza la cabellera;* **Haarausfall** *m* <-(e)s, *ohne pl*> caída *f* del cabello; (MED) alopecia *f;* **Haarband** *nt* <-(e)s, -bänder> cinta *f* para el pelo

Haarbreit *nt:* **nicht (um) ein ~, um kein ~** ni un ápice, ni lo más mínimo; **wir werden um kein ~ nachgeben** no cederemos ni un ápice [*o* ni un milímetro]

Haarbürste *f* <-, -n> cepillo *m* del pelo; **Haarbüschel** *nt* <-s, -> mechón *m* de pelo; **Haar-Curler** ['-kœːlɐ] *m* <-s, -> moldeador *m*

haaren ['haːrən] *vi, vr:* **sich ~** (*Tier*) perder el pelo

Haarentferner *m* <-s, ->, **Haarentfernungsmittel** *nt* <-s, -> (*Creme*) crema *f* depilatoria; (*Wachs*) cera *f* depilatoria

Haaresbreite *f* <-, -n>: **um ~** por poco, por un pelo; **er hat sein Ziel um ~ verfehlt** falló por un pelo

Haarfarbe *f* <-, -n> color *m* del pelo; **Haarfestiger** *m* <-s, -> fijador *m* para el pelo; **Haargefäß** *nt* <-es, -e> (ANAT) (vaso *m*) capilar *m;* **haargenau** ['--'-] *adv* (*fam*) exactamente; (*ausführlich*) con pelos y señales; **stimmt ~!** ¡justamente eso!; **jdm etw ~ erklären** explicar algo a alguien con pelos y señales

haarig ['haːrɪç] *adj* **1.** (*behaart*) peludo **2.** (*heikel*) peliagudo, escabroso, peludo *MAm: fam*

Haarklammer *f* <-, -n> horquilla *f* (para el pelo); **haarklein** ['-'-] *adv* con pelos y señales, con puntos y comas; **er hat mir alles ~ erzählt** me lo ha contado todo con pelos y señales; **Haarklemme** *f* <-, -n> horquilla *f* (para el pelo); **Haarknoten** *m* <-s, -> moño *m;* **meine Oma trägt einen ~** mi abuela lleva moño; **Haarlack** *m* <-(e)s, -e> laca *f* para el pelo; **haarlos** *adj* (*Mensch*) lampiño; (*Baby*) pelón; (*Schädel*) calvo; (*Tier*) sin pelo

Haarnadel *f* <-, -n> horquilla *f* (de moño), gancho *m Am;* **Haarnadelkurve** *f* <-, -n> curva *f* muy cerrada

Haarnetz *nt* <-es, -e> redecilla *f* para el pelo; **Haarpflege** *f* <-, *ohne pl*> cuidado *m* del cabello; **Haarpracht** *f* <-, -en> mata *f* de pelo, melena *f;* **was für eine ~!** ¡qué mata de pelo!; **Haarreif** *m* <-(e)s, -e> diadema *f;* **Haarriss**[RR] *m* <-es, -e> grieta *f* muy fina, hendidura *f* muy fina; **haarscharf** ['-'-] **I.** *adj* (*genau*) agudísimo, muy exacto **II.** *adv* **1.** (*nahe*) muy cerca **2.** (*präzise*) exactamente; **Haarschleife** *f* <-, -n> lazo *m;* **Haarschnitt** *m* <-(e)s, -e> corte *m* de pelo, peinado *m;* **Haarschopf** *m* <-(e)s, -schöpfe> cabellera *f,* mechón *m* de pelo; **er packte ihn beim ~ und warf ihn hinaus** le cogió por los pelos y le echó fuera; **Haarspalterei** [---'-] *f* <-, -en> (*abw*) sutileza *f;* **~ betreiben** rizar el rizo; **Haarspange** *f* <-, -n> pasador *m* (para el pelo); **Haarspitze** *f* <-, -n> punta *f* del cabello; **gespaltene/abgebrochene ~n** puntas abiertas/partidas; **Haarspray** *m o nt* <-s, -s> laca *f;* **Haarsträhne** *f* <-, -n> mechón *m,* guedeja *f;* **haarsträubend** ['haːɐʃtrɔɪbənt] *adj* espeluznante, horripilante; **Haarteil** *nt* <-(e)s, -e> postizo *m;* (*Toupet*) tupé *m;* **Haartracht** *f* <-, -en> (*alt, geh*) peinado *m,* tocado *m;* **Haartrockner** *m* <-s, -> secador *m* (de mano); **Haarwä-**

sche *f* <-, -n> lavado *m* de pelo; **Haarwaschmittel** *nt* <-s, -> champú *m;* **Haarwasser** *nt* <-s, -wässer> loción *f* capilar; **Haarwild** *nt* <-(e)s, *ohne pl*> caza *f* de pelo

Haarwuchs *m* <-es, *ohne pl*> **1.** (*das Wachsen*) crecimiento *m* del pelo **2.** (*Haare*) cabellera *f,* melena *f;* **Haarwuchsmittel** *nt* <-s, -> regenerador *m* del pelo

Haarwurzel *f* <-, -n> (ANAT) raíz *f* capilar

Hab [ha:p]: ~ **und Gut** (*geh*) todos los bienes

Habachtstellung *f* <-, -en> (MIL) porte *m* marcial; **in ~ gehen** ponerse firme, cuadrarse

Habe ['ha:bə] *f* <-, *ohne pl*> (*geh*) bienes *mpl,* propiedad *f;* **persönliche/unbewegliche ~** tenencias personales/bienes inmuebles

Habeaskorpusakte [ha:beas'kɔrpʊs-ʔaktə] *f* <-, *ohne pl*> (JUR) acta *f* de hábeas corpus

haben ['ha:bən] <hat, hatte, gehabt> **I.** *vt* **1.** (*besitzen*) tener, poseer; (*erhalten*) recibir (*von* de); **lieber ~** preferir; **hier hast du das Buch** aquí tienes el libro; **er hat außergewöhnliche Fähigkeiten** posee facultades extraordinarias; **wir ~ noch Zeit bis Ende März** tenemos tiempo hasta finales de marzo; **ich habe Hunger/Durst** tengo hambre/sed; **kann ich bitte den Zucker ~?** ¿me das el azúcar, por favor?; **sie will 100 Mark für das Material ~** pide 100 marcos por el material; **hast du Fieber?** ¿tienes fiebre?; **eine Fünf in Englisch ~** tener un insuficiente en inglés; **er hat keine Lust mehr** ya no tiene ganas; **ich habe kein Geld dabei** no llevo dinero; **wir ~ heute schönes Wetter** hoy hace buen tiempo; **den Wievielten ~ wir heute?** ¿a cuántos [*o* qué día] estamos hoy?; **morgen ~ wir Mittwoch** mañana es miércoles; **das Kleid habe ich von meiner Schwester** este vestido lo tengo de mi hermana; **ich habe noch zu arbeiten** aún tengo que trabajar; **sie hat es weit nach Hause** tiene un largo camino hasta su casa; **ich habe schon zwei Erkältungen hinter mir** ya he pasado dos catarros; **sie hat es nicht leicht mit ihm** no lo tiene fácil con él; **schön hast du es hier** lo tienes todo muy bonito; **die Ohren hat sie vom Vater** tiene las orejas de su padre; **das Haus hat was von einem Schloss** la casa tiene un algo de castillo; **und was habe ich davon?** ¿y qué saco yo de eso?; **das hast du jetzt davon** ¿ves? ¡eso es lo que has sacado!; **er hat etwas auf dem Herzen** algo le pasa; **was hast du?** ¿qué te pasa?; **ich hab's an der Blase** (*fam*) estoy enferma de la vejiga; **das hat das Meer so an sich, dass es salzig ist** (*iron*) el mar suele ser salado; **er ist noch zu ~** (*fam*) aún está libre; **dafür ist er nicht zu ~** para eso no hay quien le convenza, eso no le va; **da ~ wir den Salat/die Bescherung** (*fam*) aquí tenemos el lío/el embrollo; **etw dagegen ~** estar en contra de algo; **sie hat nichts dagegen** no tiene nada en contra; **ich habe nichts gegen ihn** no me cae mal; **etw ~ wollen** querer algo; **ich kann das nicht ~** (*fam*) eso no lo soporto; **was hat es damit auf sich?** ¿qué significa esto?; **der Vorschlag hat etwas für sich** es una buena propuesta; **das hat es in sich** (*fam*) es un asunto difícil; **dieser Wein hat es in sich** este vino es bastante fuerte, este vino pega bastante *fam;* **etw hinter sich ~** haber superado algo; **ich habe noch viel vor mir** aún me queda mucho; **du hast noch das ganze Leben vor dir** tienes toda la vida por delante; **sie hat etwas mit dem Tennislehrer** tiene un lío (amoroso) con el profesor de tenis; **was man hat, das hat man** (*fig*) hay que saber valorar lo que se tiene; **ich hab's!** ¡ya lo tengo!; **ich hätte gerne ...** quisiera...; **wie gehabt** como de costumbre; **wo hast du die Bücher stehen/das Bild hängen?** ¿dónde tienes puestos los libros/colgado el cuadro?; **wer hat, der hat** (*prov*) quien tiene dinero, tiene todo **2.** (*müssen, sollen*) deber, tener que; **ich habe noch sehr viel zu tun** aún tengo mucho que hacer; **hier hat er nichts zu suchen** aquí no tiene nada que hacer; **hast du etwas dazu zu sagen?** ¿tienes algo que decir sobre esto?; **jetzt hast du zu schweigen** ahora lo que tienes que hacer es callarte **II.** *vr:* **sich ~** (*fam abw: sich anstellen*) andar con remilgos; **hab dich nicht so** no te pongas así; **damit hat sich die Sache** (*fam*) con esto se acabó **III.** *aux* haber; **ich will nichts gesagt ~, aber ...** no quiero decir nada, pero..., no es por nada, pero...; **das hätten wir (geschafft)!** ¡ya está (listo)!, ¡lo hemos logrado!; **ich hätte gerne Herrn Müller gesprochen** desearía hablar con el Sr. Müller

Haben *nt* <-s, *ohne pl*> (WIRTSCH) haber *m;* **im ~ buchen** anotar al haber

Habenichts ['ha:bənɪçts] *m* <-(es), -e> (*abw*) pobre diablo *m,* muerto, -a *m, f* de hambre

Habenseite *f* <-, -n> (FIN) haber *m,* lado *m* acreedor; **Habenzinsen** *mpl* (FIN) intereses *mpl* acreedores

Habgier *f* <-, *ohne pl*> (*abw*) codicia *f,* angurria *f Am;* **habgierig** *adj* (*abw*) codicioso, angurriento *Am*

habhaft *adj* (*geh*): **etw** *gen* **~ werden** apropiarse de algo; **jds ~ werden** apropiarse de alguien, hacerse con alguien

Habicht ['ha:bɪçt] *m* <-s, -e> (ZOOL) azor *m* (común)

habil. (UNIV) *Abk. von* **habilitatus** *capacitado para acceder a una cátedra*

Habilitation [habilita'tsjo:n] *f* <-, -en> (UNIV) *capacitación para acceder a una cátedra de universidad;* **Habilitationsschrift** *f* <-, -en> (UNIV) *disertación escrita con la que se obtiene la capacitación para acceder a una cátedra de universidad*

habilitieren *vi, vr:* **sich ~** (UNIV) *capacitarse*

para acceder a una cátedra

Habit [ha'bi:t] *nt o m* <-s, -e> **1.** (REL) hábito *m* **2.** (*geh, a. abw: Aufzug*) pinta *f*

Habitat [habi'ta:t] *nt* <-s, -e> (BIOL) hábitat *m*

Habsburger(in) ['ha:psbʊrgɐ] *m(f)* <-s, -; -, -nen> (HIST) Habsburgo *mf*

habsburgisch ['ha:psbʊrgɪʃ] *adj* (HIST) de los Habsburgo

Habseligkeiten ['ha:pze:lɪçkaɪtən] *fpl* efectos *mpl* personales

Habsucht *f* <-, *ohne pl*> (*abw*) codicia *f*, angurria *f Am;* **habsüchtig** *adj* (*abw*) ávido, codicioso, angurriento *Am*

hach [hax] *interj* ¡qué bien!

Hachel ['haxəl] *f* <-, -n> (*Österr: Küchenhobel*) raspador *m*, instrumento *m* para raspar verduras

hacheln ['haxəln] *vt* (*Österr: hobeln*): **das Gemüse ~** partir la verdura en trozos pequeños [*o* en láminas]

Hachse ['haksə] *f* <-, -n> (*reg*) **1.** (*Schweinefleisch*) pierna *f* de cerdo; (*Kalbsfleisch*) pierna *f* de ternera **2.** (*fam hum: Bein*) pata *f*; **zieh deine langen ~n ein!** ¡quita esas zancas!

Hackbeil *nt* <-(e)s, -e> macheta *f*, hachuela *f*; **mit dem ~ zertrennte der Metzger die Koteletts** el carnicero partió las costillas con la macheta; **Hackblock** *m* <-(e)s, -blöcke> tajo *m;* **Hackbraten** *m* <-s, -> (GASTR) asado *m* de carne picada; **Hackbrett** *nt* <-(e)s, -er> **1.** (*Küchengerät*) tabla *f* de cortar **2.** (MUS) clavicémbalo *m*, clavicímbano *m*

Hacke ['hakə] *f* <-, -n> **1.** (*Gartengerät*) azada *f* **2.** (*reg: Ferse, am Strumpf*) talón *m* **3.** (*reg: am Schuh*) tacón *m;* **sich** *dat* **die ~n nach etw** *dat* **ablaufen** recorrer medio mundo para conseguir algo

Hackebeil *nt* <-(e)s, -e> (*reg*) *s.* **Hackbeil**

hacken ['hakən] **I.** *vt* **1.** (*Holz*) cortar, partir; (*Zwiebeln*) picar; **etw klein ~** picar algo; (*Holz*) partir algo (en trozos pequeños); **etw in Stücke ~** hacer pedazos algo **2.** (*Boden, Garten*) mullir; (*Loch*) cavar **II.** *vi* **1.** (*Vogel*) dar picotazos, picotear **2.** (INFOR) violar datos

Hackepeter *m* <-s, *ohne pl*> (*nordd*) *s.* **Hackfleisch**

Hacker(in) ['hakɐ] *m(f)* <-s, -; -, -nen> (INFOR) hacker *mf*

Hackfleisch *nt* <-(e)s, *ohne pl*> carne *f* picada; **aus jdm ~ machen** (*fam*) hacer picadillo a alguien; **Hackklotz** *m* <-es, -klötze> tajo *m;* **Hackordnung** *f* <-, -en> (ZOOL) jerarquía *f* de picoteo, orden *m* de picoteo; (*fig*) ley *f* del más fuerte

Häcksel ['hɛksəl] *m o nt* <-s, *ohne pl*> (AGR) paja *f* cortada

Hacksteak *nt* <-s, -s> filete *m* de carne picada, hamburguesa *f;* **Hackstock** *m* <-(e)s, -stöcke> (*Österr*) tajo *m*

Hader ['ha:dɐ] *m* <-s, *ohne pl*> (*geh: Zwist*) discordia *f;* **mit jdm in ~ leben** estar enemistado con alguien, andar a la greña con alguien; **begrabt euren ~ und vertragt euch!** ¡enterrad vuestras discordias y haced las paces!

Haderlump *m* <-en, -en> (*Österr, südd: abw*) desharrapado *m*, miserable *m;* **dass du nicht diesen ~en heiratest!** ¡y que no se te ocurra casarte con ese perdido!

hadern ['ha:dɐn] *vi* (*geh*) **1.** (*streiten*) reñir (*mit* con); **mit dem Schicksal ~** luchar contra su destino **2.** (*unzufrieden sein*) estar descontento (*mit* con/de); **mit seinem Schicksal ~** estar descontento de su destino

Hades ['ha:dɛs] *m* <-, *ohne pl*> (LIT) Hades *m*

Hafen ['ha:fen, *pl:* 'hɛ:fən] *m* <-s, Häfen> puerto *m;* **in den ~ einlaufen** entrar en el puerto; **aus dem ~ auslaufen** salir del puerto; **einen ~ ansteuern** poner rumbo a un puerto; **im sicheren ~** a salvo; **der ~ der Ehe** el matrimonio; **Hafenamt** *nt* <-(e)s, -ämter> oficina *f* del puerto, autoridades *fpl* portuarias; **Hafenanlagen** *fpl* instalaciones *fpl* portuarias, dársenas *fpl;* **Hafenarbeiter(in)** *m(f)* <-s, -; -, -nen> obrero, -a *m, f* portuario, -a, estibador(a) *m(f);* **Hafenbecken** *nt* <-s, -> zona *f* portuaria; **Hafenbehörde** *f* <-, -n> junta *f* del puerto, autoridades *fpl* marítimas; **Hafeneinfahrt** *f* <-, -en> entrada *f* del puerto, boca *f* del puerto; **Hafengebühr** *f* <-, -en> derechos *mpl* portuarios, anclaje *m;* **Hafenkneipe** *f* <-, -n> taberna *f* portuaria; **Hafenkonnossement** *nt* <-(e)s, -e> (COM) conocimiento *m* de puerto; **Hafenliegegeld** *nt* <-es, -er> (COM, FIN) gastos *mpl* de estadía en el puerto; **Hafenliegezeit** *f* <-, -en> (COM) estadía *f* en el puerto; **Hafenmeister(in)** *m(f)* <-s, -; -, -nen> capitán *m* de puerto; **Hafenpolizei** *f* <-, *ohne pl*> servicio *m* de vigilancia portuaria; **Hafenrundfahrt** *f* <-, -en> vuelta *f* por el puerto; **Hafensperre** *f* <-, -n> (COM) cierre *m* de puerto; **Hafenstadt** *f* <-, -städte> ciudad *f* portuaria; **Hafenverwaltung** *f* <-, -en> administración *f* portuaria; **Hafenviertel** *nt* <-s, -> barrio *m* portuario; (*fam: Kneipenviertel*) barrio *m* de bares nocturnos

Hafer ['ha:fɐ] *m* <-s, -> avena *f;* **ihn sticht der ~** (*fam*) está enloquecido; **Haferbrei** *m* <-(e)s, -e> papilla *f* de avena; **Haferflocke** *f* <-, -n> copo *m* de avena; **Hafergrütze** *f* <-, -n> *especie de sémola de avena;* **Haferkorn** *nt* <-(e)s, -körner> grano *m* de avena; **Hafermehl** *nt* <-s, *ohne pl*> harina *f* de avena; **Hafersack** *m* <-(e)s, -säcke> saco *m* de avena; **den Pferden wurden Hafersäcke umgehängt** les colgaron sacos de avena a los caballos; **Haferschleim** *m* <-(e)s, -e> (GASTR) papilla *f* de avena

Haff [haf] *nt* <-(e)s, -s *o* -e> (GEO) *lago de agua dulce en la costa meridional del Báltico*

Hafnium ['ha(:)fniʊm] *nt* <-s, *ohne pl*> (CHEM) hafnio *m*

Haft [haft] *f* <-, *ohne pl*> arresto *m;* **in ~**

sein/nehmen estar en/poner bajo arresto; **jdn aus der ~ entlassen** poner en libertad a alguien; **Haftanordnung** *f* <-, -en> (JUR) orden *f* de detención; **Haftanstalt** *f* <-, -en> penitenciaría *f*, centro *m* de reclusión; **Haftaussetzung** *f* <-, -en> (JUR) suspensión *f* provisional del arresto

haftbar *adj:* **jdn für etw ~ machen** hacer a alguien responsable de algo; **für etw ~ gemacht werden** incurrir en responsabilidad de [*o* por] algo

Haftbefehl *m* <-(e)s, -e> (JUR) orden *f* de detención [*o* de arresto], requisitoria *f Arg;* **einen ~ gegen jdn ausstellen** dictar auto de prisión contra alguien; **jdn mit** [*o* **per**] **~ suchen** buscar a alguien con orden de detención; **Haftdauer** *f* <-, *ohne pl*> tiempo *m* (transcurrido) en prisión; **nach dreijähriger ~ wurde sie vorzeitig entlassen** tras tres años de cárcel salió en libertad antes de cumplir íntegramente la condena

Haftel ['haftəl] *nt* <-s, -> (*südd, Österr*) corchete *m;* **Haftelmacher** *m* <-s, -> (*südd, Österr*): **aufpassen wie ein ~** prestar mucha atención, abrir bien los ojos

haften ['haftən] *vi* **1.** (*kleben*) pegar (*an* a/en) **2.** (*Schmutz*) pegarse (*an* a/en); **etw bleibt jdm im Gedächtnis ~** algo se le graba a alguien en la memoria **3.** (JUR: *aufkommen*) responder (*für* de/por, *mit* con), hacerse cargo (*für* de); **beschränkt/unbeschränkt ~** responder limitadamente/ilimitadamente; **für jdn ~** responder por alguien; **für Garderobe wird nicht gehaftet** la dirección no se responsabiliza del guardarropa; **haften|bleiben** *irr vi sein s.* **haften 2.**

Haftentlassung *f* <-, -en> puesta *f* en libertad, excarcelación *f;* **bedingte ~** libertad condicional; **Haftentschädigung** *f* <-, -en> (JUR) indemnización *f* por privación ilegal de libertad

haftfähig *adj* **1.** (JUR) apto para el arresto, en condiciones de ser encarcelado **2.** (*leicht haftend*) (con buen poder) adherente

Haftfähigkeit *f* <-, *ohne pl*> **1.** (TECH, PHYS) adherencia *f;* **diese Reifen besitzen eine gute ~ auf nasser Fahrbahn** estos neumáticos tienen una buena adherencia cuando la calzada está mojada **2.** (JUR) ausencia *f* de contraindicación médica para el encarcelamiento

Häftling ['hɛftlɪŋ] *m* <-s, -e> preso, -a *m, f,* detenido, -a *m, f;* **politischer ~** preso político

Haftnotiz *f* <-, -en> "post-it" *m*

Haftpflicht *f* <-, *ohne pl*> responsabilidad *f* civil

haftpflichtig *adj* responsable

haftpflichtversichert *adj:* **~ sein** tener seguro de responsabilidad civil [*o* contra daños a terceros]; **bei welcher Versicherung sind Sie ~?** ¿cuál es la compañía de su seguro (de responsabilidad civil)?; **Haftpflichtversicherung** *f* <-, -en> seguro *m* de responsabilidad civil

Haftreifen *m* <-s, -> (AUTO) neumático *m* de invierno

Haftrichter(in) *m(f)* <-s, -; -, -nen> juez(a) *m(f)* de instrucción

Haftschale *f* <-, -n> lente *f* de contacto, lentilla *f* de contacto

Haftstrafe *f* <-, -n> (JUR) condena *f;* **eine ~ verbüßen** cumplir una condena

haftunfähig *adj* (JUR) que no puede ser encarcelado (por contraindicación médica [*o* por razones de salud]); **erkrankte Angeklagte können für ~ erklärt werden** los procesados enfermos, por contraindicación médica, pueden quedar exentos de su encarcelamiento

Haftung[1] *f* <-, *ohne pl*> (TECH, PHYS) adherencia *f*

Haftung[2] *f* <-, -en> (JUR) responsabilidad *f;* **beschränkte/unbeschränkte ~** responsabilidad limitada/ilimitada; **persönliche ~** responsabilidad personal; **die ~ übernehmen** asumir la responsabilidad

Haftungsausschluss[RR] *m* <-es, -schlüsse> (JUR) exoneración *f* de responsabilidad; **Haftungsausschlussklausel[RR]** *f* <-, -n> (JUR) cláusula *f* de exoneración de responsabilidad

Haftungsbeschränkung *f* <-, -en> (JUR) limitación *f* de la responsabilidad; **Haftungsklausel** *f* <-, -n> (JUR) cláusula *f* de responsabilidad

Hafturlaub *m* <-(e)s, -e> (JUR) permiso *m* eventual; **Haftverkürzung** *f* <-, -en> (JUR) reducción *f* de la detención [*o* del arresto]; **Haftverschonung** *f* <-, -en> (JUR) suspensión *f* de la ejecución del auto de prisión, no ejecución *f* del auto de prisión; **Haftzeit** *f* <-, -en> pena *f* de reclusión; **jds ~ verkürzen** reducir la pena a alguien

Hag [ha:k] *m* <-s, -e *o* Häge> (*Schweiz*) seto *m;* **jd ist am ~** alguien está perplejo

Hagebutte ['ha:gəbʊtə] *f* <-, -n> (fruto *m* del) escaramujo *m,* tapaculo *m fam;* **Hagebuttentee** *m* <-s, -s> infusión *f* de escaramujo

Hagedorn *m* <-(e)s, -e> (*nordd*) espino *m* albar [*o* blanco]

Hagel ['ha:gəl] *m* <-s, -> granizo *m;* (*Schauer*) granizada *f;* **Hagelkorn** *nt* <-(e)s, -körner> **1.** (METEO) granizo *m* **2.** (MED: *Geschwulst*) chalazión *m*

hageln ['ha:gəln] **I.** *vunpers* granizar; **es hagelt** graniza, está granizando **II.** *vi, vunpers* (*Fragen, Vorwürfe*) llover

Hagelschaden *m* <-s, -schäden> daño *m* causado por el granizo; **der ~ wurde mit 5000 DM beziffert** los daños causados por el granizo ascendieron a 5000 marcos; **Hagelschauer** *m* <-s, -> granizada *f;* **Hagelschlag** *m* <-(e)s, -schläge> **1.** (*Schauer*) granizada *f* **2.** (*Schaden*) daños *mpl* causados por el granizo

hager ['ha:gɐ] *adj* flaco, flamenco *Hond, PRi*

co

Hagestolz *m* <-es, -e> (*alt hum*) solterón *m* empedernido; **als 50jähriger ~ entschloss er sich zu heiraten** después de toda una vida de soltería, tomó la decisión de casarse a los 50 años

HagiografieRR [hagiogra'fi:] *f* <-, -n>, **Hagiographie** *f* <-, -n> hagiografía *f*

haha [ha'ha(:)] *interj* **1.** (*Lachen*) ¡ja ja ja! **2.** (*aha*) ¡ajá!, ¡ajajá!

Häher ['hɛ:ɐ] *m* <-s, -> (ZOOL) arrendajo *m*

Hahn [ha:n, *pl:* 'hɛ:nə] *m* <-(e)s, Hähne> **1.** (*Tier*) gallo *m;* **er ist der ~ im Korb** (*fam*) es el dueño del cotarro; **nach jdm/etw** *dat* **kräht kein ~ mehr** (*fam*) alguien/algo ya no le interesa a nadie **2.** (*Wasser~*) grifo *m,* bitoque *m Mex, RíoPl;* (*Gas~*) llave *f;* **der ~ tropft** el grifo gotea; **jdm den ~ zudrehen** cortarle la ayuda económica a alguien **3.** (*an Schusswaffen*) gatillo *m*

Hähnchen ['hɛ:nçən] *nt* <-s, -> pollo *m*

Hahnenfuß *m* <-es, *ohne pl*> (BOT) francesilla *f,* marimoña *f;* **Hahnenfußgewächs** *nt* <-es, -e> espuela *f* de caballero, consólida *f* real

Hahnenkamm *m* <-(e)s, -kämme> cresta *f* (del gallo); **Hahnenkampf** *m* <-(e)s, -kämpfe> pelea *f* de gallos, tapado *m Am;* **Hahnenschrei** *m* <-(e)s, -e> canto *m* del gallo; **beim** [*o* **mit dem**] **ersten ~** cuando despunta el día; **sie steht immer mit dem ersten ~ auf** siempre se levanta a primera hora del día

Hahnentritt *m* <-(e)s, -e> (BIOL) galladura *f;* **Hahnentrittmuster** *nt* <-s, -> pata *f* de gallo

Hahnium ['ha:niʊm] *nt* <-s, *ohne pl*> (CHEM) hahnio *m*

Hahnrei ['ha:nraɪ] *m* <-s, -e> (*alt hum, a. abw*) cornudo *m;* **jdn zum ~ machen** ponerle los cuernos a alguien

Hai [haɪ] *m* <-(e)s, -e>, **Haifisch** *m* <-(e)s, -e> tiburón *m*

Haifischflosse *f* <-, -n> aleta *f* de tiburón; **Haifischflossensuppe** *f* <-, -n> sopa *f* de aleta de tiburón

Hain [haɪn] *m* <-(e)s, -e> (*geh*) soto *m;* (*Wäldchen*) bosquecillo *m*

Hainbuche *f* <-, -n> carpe *m*

Haiti [ha'i:ti] *nt* <-s> Haití *m*

Haitianer(in) [hai'tja:nɐ] *m(f)* <-s, -; -, -nen> haitiano, -a *m, f*

haitianisch *adj* haitiano

Häkchen ['hɛ:kçən] *nt* <-s, -> **1.** (*Zeichen*) señal *f* de conforme (en forma de V); **hinter jedem Namen machte er ein ~** detrás de cada nombre hacía una señal **2.** (*fam: diakritisches Zeichen*) signo *m* diacrítico **3.** (*Wend*): **was ein ~ werden will, krümmt sich beizeiten** (*prov*) no hay nada como empezar de jovencito

Häkelarbeit *f* <-, -en> labor *f* de ganchillo; **Häkelgarn** *nt* <-(e)s, -e> hilo *m* de ganchillo

häkeln ['hɛ:kəln] **I.** *vi* hacer ganchillo **II.** *vt* hacer a ganchillo; **einen Pullover ~** hacer un jersey a ganchillo

Häkelnadel *f* <-, -n> (aguja *f* de) ganchillo *m*

haken ['ha:kən] **I.** *vt* (*einhängen*) enganchar **II.** *vi* (*klemmen*) atascarse; (*Tür*) cerrar mal; **da hakt es** (*fam*) ahí está la pega

Haken ['ha:kən] *m* <-s, -> **1.** (*zum Aufhängen*) gancho *m,* garfio *m;* (*Zeichen*) gancho *m;* **~ schlagen** (*Hase*) rehurtarse, huir en zigzag; (*fig*) cambiar (repentinamente) de rumbo; **mit ~ und Ösen** (*fam*) a toda costa **2.** (*Boxen*) gancho *m* **3.** (*fam: Schwierigkeit*) inconveniente *m,* intríngulis *m inv;* **die Sache hat nur einen ~** es que la cosa tiene un inconveniente

hakenförmig *adj* en [*o* de] forma de gancho, ganchudo

Hakenkreuz *nt* <-es, -e> cruz *f* gamada; **Hakennase** *f* <-, -n> nariz *f* aguileña

Halali [hala'li:] *nt* <-s, -(s)> (JAGD) halalí *m* (*señal que da por concluida la caza*); **zum ~ blasen** tocar halalí

halb [halp] **I.** *adj* medio; **eine ~e Stunde** media hora; **eine ~e Note** (MUS) una nota blanca; **ein ~er Ton** un semitono; **eine ~e Stelle** (trabajo de) media jornada; **die ~e Wahrheit** la verdad a medias; **sich auf ~em Wege treffen** encontrarse a medio camino; **zum ~en Preis** a mitad de precio; **es ist ~ drei** son las dos y media; **~ Hamburg** medio Hamburgo; **mein Mann ist schon selbst ein ~er Arzt** mi marido tiene tanta afición a la medicina que parece un médico; **nichts H~es und nichts Ganzes** ni chicha ni limoná [*o* limonada]; **keine ~en Sachen machen** no hacer las cosas a medias; **das sind ja noch ~e Kinder** pero si aún son unos chiquillos; **das dauert ja eine ~e Ewigkeit** (*fam*) esto tarda una eternidad; **~ und ~** mitad y mitad; **mit jdm ~e-~e machen** (*fam*) ir a medias con alguien **II.** *adv* a medias, medio; **er hat die Arbeit nur ~ getan** ha hecho el trabajo sólo a medias; **nur ~ zuhören** escuchar sólo a medias; **~ öffnen** entreabrir; **das Zimmer ist ~ so groß/so teuer wie das andere** el cuarto es la mitad de grande/cuesta la mitad que el otro; **das ist ~ so schlimm** no es para tanto; **sie ist ~ taub** está medio sorda; **sich ~ totlachen** morirse de risa; **er war ~ verhungert** estaba medio muerto de hambre; **Halbaffe** *m* <-n, -n> **1.** (ZOOL) lémur *m* **2.** (*fam abw: Idiot*) imbécil *m;* **halbamtlich** *adj* (POL, PUBL) semioficial; **halbautomatisch** *adj* semiautomático; **Halbbildung** *f* <-, *ohne pl*> (*abw*) conocimientos *mpl* superficiales; **halbbitter** *adj* semiamargo; **eine Tafel ~e Schokolade** una tableta de chocolate semiamargo; **Halbblut** *nt* <-(e)s, *ohne pl*> **1.** (*Mischling*) mestizo *m* **2.** (*Pferd*) media sangre *m;* **Halbbruder** *m* <-s, -brüder> hermanastro

H

m, medio hermano *m;* **Halbbyte** *nt* <-(s), -(s)> (INFOR) nibble *m,* mitad *f* de un byte; **Halbdunkel** *nt* <-s, *ohne pl*> penumbra *f;* **Halbduplex** *nt* <-, *ohne pl*> (INFOR, TEL) semidúplex *m*

Halbe ['halbə] *m o nt o f* <-n, -n, *nach Zahlen:* -> (*fam*) tanque *m* (de cerveza); **drei ~ bitte!** ¡tres tanques, por favor!

Halbedelstein *m* <-(e)s, -e> piedra *f* semipreciosa

halbe-halbe *adv* mitad y mitad; (**mit jdm**) **~ machen** ir a medias (con alguien)

halber ['halbɐ] *präp +gen* (*geh*) por, por causa de; **der Ordnung ~** por el orden

halberwachsen *adj* casi adulto, adolescente; **~ sein** ser un adolescente; **Halbfabrikat** *nt* <-(e)s, -e> (WIRTSCH) artículo *m* semimanufacturado, producto *m* semiacabado; **halbfertig** *adj s.* **fertig 1.**; **Halbfertigprodukt** *nt* <-(e)s, -e> (WIRTSCH) producto *m* semielaborado; **halbfest** *adj* (*Käse*) semiduro; (*Honig*) semisólido; **halbfett** *adj* **1.** (TYPO) media negrilla, seminegrita **2.** (*Lebensmittel*) semigraso; **Halbfinale** *nt* <-s, -> (SPORT) semifinal *f;* **halbflüssig** *adj* medio líquido, semilíquido; **halbgebildet** *adj* (*abw*) con una formación deficitaria; **~ sein** tener una formación deficitaria; **Halbgeschwister** *ntpl* medios hermanos *mpl,* hermanastros *mpl;* **Halbgott**, **-göttin** *m, f* <-(e)s, -götter; -, -nen> (*a. fig*) semidiós, -osa *m, f*

Halbheit *f* <-, -en> (*abw: Unzulänglichkeit*) insuficiencia *f;* (*Maßnahme*) medida *f* poco eficaz; **mach keine ~en!** ¡no hagas las cosas a medias!

halbherzig *adj* poco decidido, poco entusiasmado

Halbherzigkeit *f* <-, *ohne pl*> falta *f* de entusiasmo

halbieren* [hal'biːrən] *vt* **1.** (*teilen*) partir por la mitad, dividir (en dos partes iguales) **2.** (*reduzieren*) reducir a la mitad

Halbierung *f* <-, -en> reducción *f* a la mitad [*o* en un 50%]; **wir streben eine ~ des Preisanstiegs an** nuestro objetivo es reducir a la mitad el incremento de los precios

Halbinsel *f* <-, -n> península *f*

Halbjahr *nt* <-(e)s, -e> semestre *m;* **das erste ~** la primera mitad del año; **Halbjahresbericht** [-'----] *m* <-(e)s, -e> (WIRTSCH) informe *m* semestral; **Halbjahresumsatz** *m* <-es, -sätze> (WIRTSCH) volumen *m* semestral de ventas

halbjährig *adj* (*ein halbes Jahr dauernd*) semestral; (*ein halbes Jahr alt*) de seis meses; **ein ~er Kurs** un curso semestral; **ein ~es Baby** un bebé de seis meses; **halbjährlich** **I.** *adj* semestral; **meine ~e Untersuchung** mi revisión semestral **II.** *adv* cada seis meses; **ich lasse mich ~ untersuchen** cada seis meses me hago una revisión; **Halbjude**, **-jüdin** *m, f* <-n, -n; -, -nen> medio judío, -a *m, f* (*persona cuyo padre o cuya madre es judío o judía*); **mein Opa ist Jude, mein Vater ~** mi abuelo es judío, mi padre es judío sólo por parte de padre; **Halbkanton** *m* <-(e)s, -e> (*Schweiz:* POL) semicantón *m;* **Halbkreis** *m* <-es, -e> semicírculo *m,* hemiciclo *m;* **Halbkugel** *f* <-, -n> **1.** (MATH) semiesfera *f* **2.** (GEO) hemisferio *m;* **die nördliche/südliche ~** el hemisferio norte/sur; **halblang** *adj* (*Rock*) que llega a media pierna; (*Haar*) media melena; **nun mach mal ~!** (*fam*) ¡frénate!, ¡deja de exagerar tanto!; **halblaut** *adj* a media voz

Halblederband *m* <-(e)s, -bände> (encuadernación *f* en) media pasta *f*

Halbleinenband *m* <-(e)s, -bände> encuadernación *f* en tela mixta

Halbleiter *m* <-s, -> (ELEK, INFOR) semiconductor *m;* **halblinks** [-'-] *adj s.* **links I.**; **halbmast** *adv:* **auf ~** a media asta; **~ flaggen** poner la bandera a media asta; **Halbmesser** *m* <-s, -> (*Radius*) radio *m;* **Halbmetall** *nt* <-s, -e> (CHEM) semimetal *m;* **Halbmond** *m* <-(e)s, -e> media luna *f*

halbmondförmig *adj* en forma de hoz [*o* de medialuna]

halbnackt ['-'-] *adj s.* **nackt**; **halboffen** ['-'--] *adj s.* **offen 1.**

halbpart ['halppart] *adv:* (**mit jdm**) **~ machen** (*fam*) ir a medias (con alguien)

Halbpension *f* <-, *ohne pl*> media pensión *f;* **halbrechts** [-'-] *adj s.* **rechts I.**; **halbrund** *adj* semicircular; **Halbschatten** *m* <-s, -> media luz *f,* semisombra *f;* (*a.* ASTR) penumbra *f;* **Halbschlaf** *m* <-(e)s, *ohne pl*> sueño *m* ligero, duermevela *f;* **im ~ liegen** estar medio dormido [*o* en duermevela]; **Halbschuh** *m* <-(e)s, -e> zapato *m* abotinado

Halbschwergewicht *nt* <-(e)s, *ohne pl*> (SPORT) peso *m* semipesado

Halbschwergewichtler(in) *m(f)* <-s, -; -, -nen> (SPORT) peso *mf* semipesado, -a

Halbschwester *f* <-, -n> hermanastra *f,* media hermana *f;* **halbseitig** *adj* **1.** (MED): **~e Lähmung** hemiplejía *f* **2.** (*Anzeige*) de media página; **Halbstarke(r)** *mf* <-n, -n; -n, -n> (*fam abw*) gamberro, -a *m, f;* **halbstündig** ['halpʃtʏndɪç] *adj* de media hora; **halbstündlich** ['halpʃtʏntlɪç] *adj* cada media hora; **Halbstürmer(in)** *m(f)* <-s, -; -, -nen> (SPORT) centrocampista *mf,* mediocampista *mf*

halbtags ['halptaːks] *adv* media jornada; **~ arbeiten** trabajar media jornada; **Halbtagsarbeit** *f* <-, -en>, **Halbtagsbeschäftigung** *f* <-, -en> trabajo *m* de media jornada; **Halbtagskraft** *f* <-, -kräfte> empleado, -a *m, f* de media jornada

Halbton *m* <-(e)s, -töne> (MUS) semitono *m;* **halbtot** ['-'-] *adj s.* **tot**; **Halbvokal** *m* <-(e)s, -e> (LING) semivocal *f;* **halbvoll** ['-'-] *adj s.* **voll I.**; **halbwach** ['-'-] *adj s.* **wach 1.**; **Halbwahrheit** *f* <-, -en> media verdad *f,*

verdad *f* a medias; **Halbwaise** *f* <-, -n> huérfano, -a *m, f* (de padre o de madre)
halbwegs ['halpveːks] *adv* más o menos, casi
Halbwelt *f* <-, *ohne pl*> bajos fondos *mpl,* (mundo *m* del) hampa *f*
Halbwertszeit *f* <-, -en> (PHYS) vida *f* media radiactiva
Halbwissen *nt* <-s, *ohne pl*> (*abw*) conocimientos *mpl* superficiales
halbwüchsig *adj* adolescente; **eine ~e Tochter erziehen** educar a una adolescente
Halbwüchsige(r) ['-vyːksɪgɐ] *mf* <-n, -n; -n, -n> adolescente *mf*
Halbzeit *f* <-, -en> (SPORT): **erste/zweite ~** primer/segundo tiempo *m;* **in der ~** en el descanso
Halde ['haldə] *f* <-, -n> (BERGB: *Abraum~*) escombrera *f;* (*Kohle~*) existencias *fpl* de carbón en bocamina; (*Müll~*) montaña *f* de desperdicios [*o* de basura]; **auf ~ legen/produzieren** almacenar/producir en stock
half [half] *3. imp von* **helfen**
Hälfte ['hɛlftə] *f* <-, -n> mitad *f;* **Kinder zahlen die ~** los niños pagan la mitad; **in der gegnerischen ~** (SPORT) en el campo contrario; **um die ~ größer/ kleiner** la mitad más grande/pequeño; **nur die ~ verstehen** entender sólo la mitad; **meine bessere ~** (*fam*) mi media naranja; **auf der ~ des Weges** a mitad de camino
hälften ['hɛlftən] *vt s.* **halbieren**
Halfter¹ ['halftɐ] *m o nt* <-s, -> (*für Tiere*) cabestro *m,* ronzal *m,* bozal *m Am*
Halfter² *nt o f* <-s, – *o* -n> (*für Pistolen*) pistolera *f,* cañonera *f Am*
Hall [hal] *m* <-(e)s, -e> (*Klang, Echo*) resonancia *f*
Halle ['halə] *f* <-, -n> (*Fabrik~, Lager~*) nave *f;* (*Bahnhofs~*) vestíbulo *m;* (*Flughafen~*) terminal *f;* (*Hangar*) hangar *m;* (*Ausstellungs~*) pabellón *m;* (*Messe~*) recinto *m* ferial; (*Hotel~*) hall *m;* (*Turn~*) gimnasio *m;* **in diesen heiligen ~n** (*fam iron*) en estos sagrados recintos; **in der ~** (SPORT) en pista cubierta
halleluja(h) [hale'luːja] *interj* ¡aleluya!
Halleluja(h) *nt* <-s, -s> (REL) aleluya *m o f;* **das ~ anstimmen** entonar el aleluya
hallen ['halən] *vi* resonar, retumbar
Hallenbad *nt* <-(e)s, -bäder> piscina *f* cubierta; **Hallensport** *m* <-(e)s, -e> deporte *m* en pista cubierta; **Hallenturnen** *nt* <-s, *ohne pl*> gimnasia *f* deportiva
Hallig ['halɪç, *pl:* 'halɪgən] *f* <-, -en> (GEO) *pequeña isla frente a las costas de Schleswig-Holstein no protegida por diques*
Hallimasch ['halimaʃ] *m* <-(e)s, -e> (BOT) hongo *m* color de miel
hallo ['halo, ha'loː] *interj* **1.** (*Gruß*) ¡hola! **2.** (*Zuruf*) ¡oiga!, ¡eh!; **~, Sie!** ¡oiga Ud.!
Hallo ['halo, ha'loː] *nt* <-s, -s> **1.** (*Freude*) alegría *f* **2.** (*reg: Aufsehen*) barullo *m,* jaleo *m;* **es gab ein großes ~** había un gran barullo
Hallodri [ha'loːdri] *m* <-s, -s> (*Österr, südd*) alborotador *m,* alborotapueblos *m inv*
Halluzination [halutsina'tsjoːn] *f* <-, -en> alucinación *f*
halluzinogen *adj* (BIOL, CHEM) alucinógeno; **~e Drogen stehen unter Strafe** los alucinógenos están penalizados
Halluzinogen [halutsino'geːn] *nt* <-s, -e> (MED) alucinógeno *m*
Halm [halm] *m* <-(e)s, -e> paja *f;* **auf dem ~ verkaufen** (AGR) vender antes de la cosecha
Halo ['haːlo, *pl:* ha'loːnən] *m* <-(s), -s *o* Halonen> (PHYS) halo *m*
halobio(n)tisch [halobi'ɔntɪʃ, halobi'oːtɪʃ] *adj* (BIOL) halobiótico
Halogen [halo'geːn] *nt* <-s, -e> (CHEM) halógeno *m;* **Halogenbirne** *f* <-, -n> bombilla *f* halógena; **Halogenlampe** *f* <-, -n>, **Halogenleuchte** *f* <-, -n> lámpara *f* halógena; **Halogenscheinwerfer** *m* <-s, -> (AUTO) faro *m* halógeno
Halonen *pl von* **Halo**
Halophyt [halo'fyːt] *m* <-en, -en> (BOT) halófito *m*
Hals [hals, *pl:* 'hɛlzə] *m* <-es, Hälse> **1.** (ANAT) cuello *m;* (*Kehle*) garganta *f;* **den ~ recken** estirar el cuello; **sich** *dat* **nach jdm den ~ verrenken** (*fam*) esperar a alguien ansiosamente; **das Wasser steht ihm bis zum ~** está con el agua al cuello; **~ über Kopf** (*fam: plötzlich*) de golpe y porrazo; (*unüberlegt*) de cabeza; **jdm um den ~ fallen** arrojarse al cuello de alguien; **sich jdm an den ~ werfen** (*fam*) pegarse a [*o* colgarse de] alguien; **sich** *dat* **den ~ brechen** (*fam*) romperse el cuello; (*fig*) estrellarse; **jdm den ~ umdrehen** (*fam*) arruinar (económicamente) a alguien; **wer hat uns die Polizei auf den ~ gehetzt?** (*fam*) ¿quién nos ha echado encima la policía?; **sich** *dat* **jdn/etw vom ~ schaffen** (*fam*) quitarse a alguien/algo de encima; **aus vollem ~** a voz en cuello, a grito pelado; **das Wort blieb ihm im ~(e) stecken** la palabra se le quedó atragantada en la garganta; **er hat viel am ~** (*fam*) tiene muchas preocupaciones; **bleib mir mit deinen Problemen vom ~** (*fam*) ¡déjame tranquilo con tus problemas!; **das hängt mir zum ~ heraus** (*fam*) estoy hasta el gorro; **etw in den falschen ~ bekommen** (*fam*) entender mal algo; **sie kann den ~ nicht voll kriegen** (*fam*) no se conforma con nada **2.** (*Flaschen~*) cuello *m* **3.** (*von Instrument*) mango *m*
Halsabschneider(in) *m(f)* <-s, -; -, -nen> (*fam abw*) usurero, -a *m, f*
Halsausschnitt *m* <-(e)s, -e> escote *m,* canesú *m SAm;* **Halsband** *nt* <-(e)s, -bänder> **1.** (*für Hunde, Katzen*) collar *m* **2.** (*Samt~*) gargantilla *f*
halsbrecherisch ['halsbrɛçərɪʃ] *adj* peligrosísimo, arriesgado
Halsbund *m* <-(e)s, -bünde> ribete *m* del cuello; **Halsentzündung** *f* <-, -en> infla-

mación *f* de garganta, faringitis *f inv;* **Halskette** *f* <-, -n> collar *m,* cadena *f* del cuello; (*Kollier*) gargantilla *f;* **Halskrause** ['-kraʊzə] *f* <-, -n> (*gefältelter Kragen*) gorguera *f,* lechuguilla *f;* (*bei Vögeln*) collar *m;* (MED) collarín *m*

Hals-Nasen-Ohren-Arzt, -Ärztin [---'---] *m, f* <-es, -Ärzte; -, -nen> otorrinolaringólogo, -a *m, f,* otorrino, -a *m, f fam*

Halsschlagader *f* <-, -n> (arteria *f*) carótida *f;* **Halsschmerzen** *mpl* dolor *m* de garganta; **ich habe** ~ me duele la garganta; **Halsschmuck** *m* <-(e)s, *ohne pl*> collares *mpl*

halsstarrig *adj* (*abw*) tozudo, cabezón

Halsstarrigkeit *f* <-, *ohne pl*> (*abw*) terquedad *f,* testarudez *f,* cabezonería *f*

Halstuch *nt* <-(e)s, -tücher> pañuelo *m* (del cuello), golilla *f Bol, Urug;* (*Foulard*) fular *m*

Hals- und Beinbruch *interj* ¡buena suerte!; ~ **für deinen Wettkampf!** ¡buena suerte en la competición!

Halsweite *f* <-, -n> talla *f* de cuello [*o* de camisa]; **welche ~ haben Sie?** ¿qué talla de cuello usa?; **Halswirbel** *m* <-s, -> vértebra *f* cervical

halt [halt] I. *adv* (*Schweiz, Österr, südd: eben*) pues; **wir müssen es ~ versuchen** pues no tenemos más remedio que intentarlo; **die Dinge sind ~ so** (pues) es que las cosas son así II. *interj* 1. (*zum Anhalten*) ¡alto! 2. (*zum Aufhören*) ¡basta!

Halt[1] *m* <-(e)s, *ohne pl*> (*Stütze*) apoyo *m,* sostén *m;* ~ **suchen/finden** buscar/encontrar apoyo; **den ~ verlieren** perder el equilibrio; **keinen ~ haben** estar sin amparo; **innerer** ~ equilibrio espiritual

Halt[2] *m* <-(e)s, -e *o* -s> 1. (*Stopp*) parada *f;* **ohne ~ durchfahren** viajar sin efectuar paradas; ~ **machen** parar, detenerse; **vor nichts ~ machen** no retroceder ante nada 2. (*Schweiz: Grundstücksgröße*) área *f* (de superficie)

hält [hɛlt] *3. präs von* **halten**

haltbar *adj* 1. (*Lebensmittel*) conservable; **begrenzt** ~ conservable por tiempo limitado; **mindestens ~ bis 10. August** consumir preferentemente antes del 10 de agosto; ~ **machen** conservar 2. (*strapazierfähig*) resistente, duradero 3. (*Behauptung, Theorie*) sostenible 4. (SPORT) parable; **der Schuss war** ~ el tiro fue se podía parar

Haltbarkeit *f* <-, *ohne pl*> 1. (*von Lebensmitteln*) tiempo *m* de conservación, durabilidad *f* 2. (*Strapazierfähigkeit*) resistencia *f;* **Haltbarkeitsdatum** *nt* <-s, -daten> fecha *f* de caducidad

Haltbarmachung *f* <-, *ohne pl*> (GASTR) conservación *f*

Haltegriff *m* <-(e)s, -e> asidero *m,* agarradero *m*

halten ['haltən] <hält, hielt, gehalten> I. *vi* 1. (*stehen bleiben*) parar, detenerse 2. (*festsitzen*) estar fijo 3. (*widerstandsfähig sein*) resistir, ser resistente; **Sport hält jung** el deporte mantiene en forma 4. (*dauern*) durar; (*Stoff, Konserven*) conservarse; (*Wetter*) mantenerse; **zu jdm** ~ apoyar a alguien; **an sich** ~ contenerse, dominarse II. *vt* 1. (*fest~*) sostener, sujetar; **die Beine ins Wasser** ~ meter las piernas en el agua; **sich** *dat* **den Bauch vor Lachen** ~ (*fam*) agarrarse la barriga de tanto reír; **etw offen** ~ dejar algo abierto; **halt den Mund!** (*fam*) ¡cierra el pico! 2. (*zurück~*) retener; (*auf~*) detener; (SPORT) tener, parar; **mich hält hier nichts mehr** nada me retiene aquí 3. (*besitzen*) tener; **einen Hund** ~ tener un perro; **Anteile** ~ tener acciones 4. (*Rekord, Kontakt, Gebiet*) mantener; **ein Land besetzt** ~ mantener ocupado un país 5. (*Versprechen*) cumplir; (*Rede*) pronunciar; (*Unterricht*) dar, dictar *Am;* **was man verspricht, muss man auch** ~ lo prometido es deuda 6. (*gestalten*) decorar; **das Zimmer ganz in Weiß** ~ decorar la habitación de blanco 7. (*erachten*): **etw/jdn für etw** ~ tomar algo/a alguien por algo; **ich habe sie für deine Schwester ge~** la tomé por tu hermana; **ich halte ihn für ziemlich intelligent** le considero bastante inteligente; **viel/nichts von jdm** ~ tener mucha/no tener ninguna fe en alguien; **wofür ~ Sie mich?** ¿por quién me toma Ud.?; **was ~ Sie davon?** ¿qué le parece? III. *vr:* **sich** ~ 1. (*bleiben*) mantenerse; (*haltbar sein*) conservarse; **dein Vater hat sich aber gut ge~** tu padre se ha conservado muy bien 2. (*sich orientieren*) atenerse (*an* a); ~ **Sie sich links/Richtung Norden** siga por la izquierda/en dirección norte 3. (*sich aufrecht* ~) mantenerse; (*fest~*) tenerse, agarrarse; **ich kann mich nicht mehr** ~ ya no consigo tenerme; **halte dich gerade!** ¡manténte derecho!; **sich auf den Beinen** ~ tenerse en pie

Halteplatz *m* <-es, -plätze> parada *f;* **Haltepunkt** *m* <-(e)s, -e> parada *f*

Halter(in) *m(f)* <-s, -; -, -nen> (*Fahrzeug~, Tier~*) dueño, -a *m, f*

Halterung *f* <-, -en> soporte *m*

Haltestelle *f* <-, -n> parada *f*

Halteverbot *nt* <-(e)s, -e> estacionamiento *m* prohibido; **absolutes/eingeschränktes** ~ estacionamiento prohibido/limitado; **hier ist** ~ aquí está prohibido estacionar; **im ~ stehen/parken** estacionar/aparcar en zona prohibida; **Halteverbot(s)schild** *nt* <-(e)s, -er> señal *f* de estacionamiento prohibido

haltlos *adj* 1. (*Mensch*) inconstante, veleidoso 2. (*Theorie*) inconsistente; (*Argument*) endeble; (*Behauptung*) insostenible

Haltlosigkeit *f* <-, *ohne pl*> 1. (*von Mensch*) inconstancia *f,* volubilidad *f* 2. (*von Theorie*) inconsistencia *f*

halt|machen *vi s.* **Halt[2] 1.**

Haltung[1] *f* <-, *ohne pl*> 1. (*Fassung*) serenidad *f,* dominio *m* de sí (mismo); ~ **bewahren**

mantener la serenidad **2.** (*von Tieren*) tenencia *f;* (*Tierzucht*) cría *f*

Haltung[2] *f* <-, -en> **1.** (*Körper~*) postura *f,* porte *m;* (*Stellung*) posición *f;* **in gebückter ~** encorvado; **eine gute/schlechte ~ haben** mantenerse derecho/mal; **~ annehmen** [*o* **einnehmen**]**!** (MIL) ¡firmes! **2.** (*Einstellung*) posición *f,* actitud *f;* **eine klare ~ zu einer Frage einnehmen** adoptar una posición clara frente a una cuestión **3.** (*Benehmen*) comportamiento *m,* conducta *f*

Haltungsfehler *m* <-s, -> **1.** (SPORT) postura *f* errónea **2.** (MED) mala postura *f;* **Haltungsschaden** *m* <-s, -schäden> (MED) lesión *f* por mala postura; **er bekam einen ~, weil er immer schief lief** tenía una lesión que se debía a un defecto por andar siempre ladeado [*o* torcido]

Halunke [ha'lʊŋkə] *m* <-n, -n> canalla *m,* granuja *m*

Hämatit [hɛma'ti:t] *m* <-s, -e> (GEO) hematites *f inv*

Hämatom [hɛma'to:m] *nt* <-s, -e> (MED) hematoma *m*

Hamburg ['hambʊrk] *nt* <-s> Hamburgo *m*

Hamburger[1] ['hambʊrgɐ] *m* <-s, -> (GASTR) hamburguesa *f*

Hamburger[2] *adj inv* de Hamburgo, hamburgués

Hamburger(in)[3] *m(f)* <-s, -; -, -nen> hamburgués, -esa *m, f*

hamburgisch ['hambʊrgɪʃ] *adj* de Hamburgo, hamburgués; **ein bekannter ~er Stadtteil** un barrio conocido de Hamburgo

Häme ['hɛ:mə] *f* <-, *ohne pl*> malicia *f,* malevolencia *f;* **voller ~ erzählt sie von dem Unglück ihrer Nachbarn** hablaba con toda la malicia [*o* malevolencia] del mundo del accidente de su vecino

hämisch ['hɛ:mɪʃ] *adj* malicioso

Hammel ['haməl] *m* <-s, -> **1.** (*Schafbock*) carnero *m* **2.** (*vulg: Mensch*) imbécil *mf,* gilipollas *mf inv;* **blöder ~!** ¡gilipollas!; **Hammelbeine** *ntpl:* **jdm die ~ langziehen** (*fam*) echarle un rapapolvo a alquien; **jdn bei den ~n kriegen** [*o* **nehmen**] (*fam*) pedirle cuentas a alguien, llamar [*o* traer] a alguien a capítulo; **Hammelbraten** *m* <-s, -> asado *m* de carnero; **Hammelfleisch** *nt* <-(e)s, *ohne pl*> carne *f* de carnero; **Hammelherde** *f* <-, -n> rebaño *m* de carneros; **sie benehmen sich wie eine ~!** (*fam abw*) ¡se comportan como si fueran una manada de cabras!; **diese ~!** (*fam abw*) ¡vaya una caterva de gente!; **Hammelkeule** *f* <-, -n> pata *f* de carnero; **Hammelkotelett** *nt* <-s, -s> chuleta *f* de carnero; **Hammelrücken** *m* <-s, -> (GASTR) lomo *m* de carnero; **Hammelsprung** *m* <-(e)s, -sprünge> (POL: *Abstimmungsverfahren*) votación *f* por grupos

Hammer ['hamɐ, *pl:* 'hɛmɐ] *m* <-s, Hämmer> **1.** (*Werkzeug, a.* SPORT) martillo *m;* **unter den ~ kommen** subastarse **2.** (ANAT) martillo *m* **3.** (MUS) macillo *m* **4.** (*fam: Fehler*) burrada *f,* error *m* garrafal; **in seinem Diktat waren einige dicke Hämmer** en su dictado había algunos errores garrafales; **einen ~ haben** (*fam*) estar sonado **5.** (*fam: Zumutung*): **das ist ja der ~!** ¡esto es el colmo!

hämmern ['hɛmɐn] **I.** *vi* **1.** (*Maschine, Person*) martillear **2.** (*Puls, Herz*) palpitar **3.** (*mit den Fäusten*) golpear con los puños **II.** *vt* **1.** (*Metall, Blech*) golpear, martillear **2.** (*fam: Melodie*) martillear, machacar

Hammerschlag *m* <-(e)s, -schläge> golpe *m* de martillo; **Hammerstiel** *m* <-(e)s, -e> mango *m* de un martillo; **Hammerwerfen** *nt* <-s, *ohne pl*> (SPORT) lanzamiento *m* de martillo; **Hammerwerfer(in)** *m(f)* <-s, -; -, -nen> (SPORT) lanzador(a) *m(f)* de martillo; **Hammerzehe** *f* <-, -n> (MED) dedo *m* en forma de martillo

Hammondorgel *f* <-, -n> (MUS) órgano *m* electrónico

Hämoglobin [hɛmoglo'bi:n] *nt* <-s, *ohne pl*> (MED) hemoglobina *f*

Hämophilie [hɛmofi'li:, *pl:* hɛmofi'li:ən] *f* <-, -n> (MED) hemofilia *f*

Hämorrhoiden [hɛmoro'i:dən] *pl,* **Hämorriden**[RR] *pl* (MED) hemorroides *fpl*

Hampelmann ['hampəlman] *m* <-(e)s, -männer> **1.** (*Spielzeug*) *muñeco de madera que mueve brazos y piernas al tirar de un cordel* **2.** (*fam abw: Mensch*) fantoche *m,* mamarracho *m*

hampeln *vi* (*fam*) no parar quieto; **hör auf zu ~!** ¡estáte quieto!

Hamster ['hamstɐ] *m* <-s, -> (ZOOL) hámster *m;* **Hamsterbacken** *fpl* (*fam*) mofletes *mpl;* **iss nicht so viel Schokolade, du hast ja schon richtige ~!** ¡no comas más chocolate que ya tienes unos buenos mofletes!

Hamsterer, -in *m, f* <-s, -; -, -nen> (*fam*) acaparador(a) *m(f);* **wenn es Sonderangebote gibt, kommen die ~** cuando hay rebajas vienen los que lo quieren acaparar todo

Hamsterkauf *m* <-(e)s, -käufe> acaparamiento *m*

hamstern *vt* acaparar, amontonar

Hand [hant, *pl:* 'hɛndə] *f* <-, Hände> mano *f;* **die öffentliche ~** el sector público; **an ~ von** por medio de; **von ~** a mano; **jdm die ~ geben/schütteln** dar/estrechar la mano a alguien; **linker/rechter ~** a mano izquierda/derecha; **linker/rechter ~ sehen Sie …** a su izquierda/derecha pueden observar…; **von ~ verarbeiten** elaborar a mano; **aus erster/zweiter ~** de primera/segunda mano; **eine ~ voll** un puñado; **eine ~ voll Zuschauer** un puñado de espectadores; **alle Hände voll zu tun haben** (*fam*) estar agobiado de trabajo; **etw aus der ~ legen** soltar algo; **etw in die ~ nehmen** coger [*o* tomar] algo con la mano; (*fig*) hacerse cargo de algo; **in die Hände klatschen** dar palmadas [*o* pal-

H

mas]; **etw zur ~ haben** tener algo a mano; **jds rechte ~ sein** ser el brazo derecho de alguien; **zwei linke Hände haben** (*fam*) ser un manazas; **sich mit Händen und Füßen verständigen** (*fam*) entenderse por señas; **sich mit Händen und Füßen gegen etw wehren** (*fam*) defenderse con uñas y dientes contra algo; **ein gutes Blatt auf der ~ haben** tener buenas cartas; **~ und Fuß haben** tener pies y cabeza; **weder ~ noch Fuß haben** no tener pies ni cabeza; **seine Hände in Unschuld waschen** (*geh*) lavarse las manos; **die Hände über dem Kopf zusammenschlagen** (*fam*) llevarse las manos a la cabeza; **die ~ im Spiel haben** andar en el ajo; **es lässt sich nicht von der ~ weisen, dass ...** no se puede negar que...; **~ in ~** (cogidos) de la mano; **~ in ~ mit jdm arbeiten** trabajar mano a mano con alguien, complementarse en el trabajo; **~ anlegen** echar una mano; **freie ~ haben** tener plena libertad (*zu* para); **das liegt auf der ~** es obvio; **man konnte nicht die ~ vor Augen sehen** estaba tan oscuro que no se podía ver ni la mano delante de los ojos; **für etw/jdn die** [*o* **seine**] **~ ins Feuer legen** poner la mano en el fuego por algo/alguien; **von der ~ in den Mund leben** vivir al día; **er ist bei ihnen in guten Händen** con ellos está en buenas manos; **in festen Händen sein** (*fam*) estar comprometido, tener un compromiso; **etw von langer ~ planen** planear algo con mucha antelación; **etw unter der ~ verkaufen** vender algo bajo mano; **mit etw** *dat* **schnell bei der ~ sein** (*fam*) no vacilar en hacer o decir algo; **jdm etw zu treuen Händen übergeben** dejar algo en manos de alguien, encomendar algo a alguien; **jdm etw in die ~ drücken** ponerle a alguien algo en la mano; **jdm in die Hände fallen** caer en manos de alguien; **etw aus der ~ geben** dejar algo en manos de otro; **jdn an der ~ haben** (*fam*) conocer a alguien que puede ser útil; **jdn in der ~ haben** tener a alguien en un puño; **jdm aus der ~ lesen** leer la mano a alguien; **jdm die ~ auflegen** bendecir a alguien; **an jdn ~ anlegen** pegar a alguien; **wehe, du legst ~ an mich!** ¡ay de ti como me pongas la mano encima!; **in die Hände spucken** (*fig*) poner manos a la obra; **jdn auf Händen tragen** llevar en palmas [*o* palmillas] a alguien, hacer todo por alguien; **zu jds Händen, zu Händen von jdm** a la atención de alguien, a manos de alguien; **Hände hoch!** ¡arriba las manos!; **Hände weg!** ¡no tocar!, ¡quita las manos de ahí!; **eine ~ wäscht die andere** (*prov*) amor con amor se paga;
Handänderung *f* <-, -en> (*Schweiz: Besitzerwechsel*) cambio *m* de propietario;
Handapparat *m* <-(e)s, -e> libros *mpl* (especializados) de consulta; **der ~ der Romanisten steht in der Bibliothek** los libros de consulta para los estudiantes de Hispánicas están en la biblioteca

Handarbeit[1] *f* <-, *ohne pl*> (*Tätigkeit*) trabajo *m* manual; **etw in ~ anfertigen** hacer algo a mano

Handarbeit[2] *f* <-, -en> **1.** (*Gegenstand*) objeto *m* hecho a mano; (*kunstgewerblich*) artesanía *f* **2.** (*textile ~*) labores *fpl*

Handaufheben *nt* <-s, *ohne pl*>: **durch ~** a mano alzada

Handauflegen *nt* <-s, *ohne pl*>: **durch ~** poniendo la(s) mano(s) encima; **Wundertäter sollen Menschen durch bloßes ~ heilen** se dice de los milagreros que curan a la gente tocándola simplemente con las manos; **Handball** *m* <-(e)s, *ohne pl*> (*Spiel*) balonmano *m;* **Handballen** *m* <-s, -> (ANAT) pulpejo *m*

Handballer(in) *m(f)* <-s, -; -, -nen> (*fam*) *s.* **Handballspieler**

Handballspiel *nt* <-(e)s, -e> partido *m* de balonmano; **Handballspieler(in)** *m(f)* <-s, -; -, -nen> jugador(a) *m(f)* de balonmano

Handbedienung *f* <-, -en> mando *m* manual; **mit ~** (que funciona) manualmente; **Handbetrieb** *m* <-(e)s, *ohne pl*> accionamiento *m* manual; **Handbewegung** *f* <-, -en> movimiento *m* de la mano; **Handbibliothek** *f* <-, -en> biblioteca *f* manual; **Handbohrer** *m* <-s, -> taladro *m;* **handbreit I.** *adj* de un palmo; **ein ~er Spalt** una rendija de un palmo **II.** *adv:* **die Tür ließ sich nur ~ öffnen** la puerta sólo se podía abrir un palmo

Handbreit *f* <-, -> palmo *m*

Handbremse *f* <-, -n> (AUTO) freno *m* de mano; **die ~ ziehen** echar el freno de mano; **Handbuch** *nt* <-(e)s, -bücher> manual *m*

Händchen ['hɛntçən] *nt* <-s, -> (*fam*): **~ halten** hacer manitas; **sieh mal, wer uns da ~ haltend entgegenkommt!** ¡mira quién viene hacia nosotros haciendo manitas!; **ein ~ für etw haben** tener buena mano para algo; **händchenhaltend** *adj o adv s.* **Händchen**

Handcreme *f* <-, -s> crema *f* de manos; **Handdiktiergerät** *nt* <-(e)s, -e> dictáfono *m* portátil

Händedruck *m* <-(e)s, -drücke> apretón *m* de manos

Handel ['handəl] *m* <-s, *ohne pl*> **1.** (*Gewerbe*) comercio *m;* (*Markt*) mercado *m;* (*verbotener ~*) tráfico *m;* **freier ~** libre comercio; **der ~ mit Edelsteinen** el comercio de piedras preciosas; **etw in den ~ bringen** sacar algo al mercado; **etw aus dem ~ ziehen** retirar algo del mercado; **mit etw** *dat*/**jdm ~ treiben** comerciar con algo/alguien; **im ~ sein** estar a la venta **2.** (*Geschäft*) negocio *m*

Händel ['hɛndəl] *mpl* (*geh*) contienda *f,* disputa *f,* reyerta *f*

handeln ['handəln] **I.** *vi* **1.** (*agieren*) actuar, obrar **2.** (*Handel treiben*) comerciar (*mit* con); (*unerlaubt*) traficar (*mit* con); **er handelt mit Drogen** trafica con drogas **3.** (*feil-*

schen) regatear; **da lasse ich nicht mit mir ~** yo no regateo **4.** (*Buch*) tratar (*von* de, *über* sobre) **II.** *vunpers:* **sich ~** tratarse (*um* de); **es handelt sich wohl um ein Versehen** debe tratarse de un error; **worum handelt es sich?** ¿de qué se trata? **III.** *vt* vender, distribuir; **diese Aktien werden nicht an der Börse gehandelt** estas acciones no se cotizan en bolsa; **der Spinat wird für vier Mark gehandelt** las espinacas se venden a cuatro marcos; **er wird als ihr Nachfolger gehandelt** se está barajando la posibilidad de que él la suceda

Handelnde(r) *mf* <-n, -n; -n, -n> agente *mf*

Handelsabkommen *nt* <-s, -> convenio *m* comercial, acuerdo *m* comercial; **Handelsakademie** *f* <-, -n> (SCH) escuela *f* superior de comercio; **Handelsakzept** *nt* <-(e)s, -e> (COM, FIN) letra *f* comercial de cambio aceptada; **Handelsartikel** *m* <-s, -> género *m* mercantil; **Handelsattaché** *m* <-s, -s> (POL) agregado *m* comercial; **Handelsbank** *f* <-, -en> (WIRTSCH) banco *m* comercial; **Handelsbedingungen** *fpl* condiciones *fpl* comerciales; **Handelsbeschränkung** *f* <-, -en> restricción *f* del comercio; **~en aufheben/verhängen** levantar/decretar restricciones comerciales; **Handelsbevollmächtigte(r)** *mf* <-n, -n; -n, -n> (COM) agente *mf* comercial; **Handelsbeziehungen** *fpl* relaciones *fpl* comerciales

Handelsbilanz *f* <-, -en> balanza *f* comercial; **aktive/passive ~** saldo favorable/desfavorable; **Handelsbilanzdefizit** *nt* <-s, -e> (COM, FIN) déficit *m inv* de la balanza comercial; **Handelsbrauch** *m* <-(e)s, -bräuche> usanza *f* comercial; **Handelsdefizit** *nt* <-s, -e> (WIRTSCH) déficit *m inv* comercial; **Handelseinbuße** *f* <-, -n> pérdida *f* comercial; **handelseinig** *adj:* **~ sein/werden** estar/ponerse de acuerdo; **Handelsembargo** *nt* <-s, -s> embargo *m* comercial; **ein ~ verhängen** ordenar un embargo comercial; **Handelsflagge** *f* <-, -n> (NAUT) bandera *f* de marina mercante; **Handelsflotte** *f* <-, -n> marina *f* mercante, flota *f* mercante; **Handelsfreiheit** *f* <-, -en> (WIRTSCH) libertad *f* de comercio [*o* comercial]; **Handelsgericht** *nt* <-(e)s, -e> (JUR) tribunal *m* comercial; **Handelsgesellschaft** *f* <-, -en> sociedad *f* mercantil [*o* comercial]; **offene ~** sociedad colectiva; **Handelsgesetz** *nt* <-es, -e> ley *f* mercantil; **Handelsgesetzbuch** *nt* <-(e)s, -bücher> (JUR) código *m* de comercio; **Handelshafen** *m* <-s, -häfen> puerto *m* comercial; **Handelskammer** *f* <-, -n> Cámara *f* de Comercio; **Industrie- und ~** Cámara de Industria y Comercio; **Handelskette** *f* <-, -n> cadena *f* de comercios; **Handelsklasse** *f* <-, -n> (COM, WIRTSCH) clase *f*, categoría *f;* **die Tomaten sind ~ I** los tomates son de primera (clase); **Handelsklauseln** *fpl:* **Internationale ~** cláusulas *fpl* de comercio internacionales; **Handelsmarine** *f* <-, -n> *s.* Handelsflotte; **Handelsmarke** *f* <-, -n> marca *f* registrada [*o* comercial]; **Handelsmesse** *f* <-, -n> feria *f* comercial; **Handelsmission** *f* <-, -en> (POL) misión *f* comercial; **Handelsniederlassung** *f* <-, -en> (WIRTSCH) factoría *f;* **Handelspartner(in)** *m(f)* <-s, -; -, -nen> socio, -a *m, f* comercial; **Handelspolitik** *f* <-, -en> política *f* comercial; **Handelspraktik** *f* <-, -en> práctica *f* comercial; **Handelsrecht** *nt* <-(e)s, *ohne pl*> derecho *m* mercantil; **Handelsregister** *nt* <-s, -> registro *m* mercantil; **Eintragung ins ~** inscripción en el registro mercantil; **Handelsschiff** *nt* <-(e)s, -e> barco *m* mercante; **Handelsschranke** *f* <-, -n> barrera *f* comercial; **~n errichten** levantar barreras comerciales; **Handelsschule** *f* <-, -n> academia *f* de comercio, escuela *f* de comercio; **höhere ~** escuela superior de comercio; **Handelsspanne** *f* <-, -n> margen *m* comercial; **handelsüblich** *adj* habitual en el comercio; **~es Erzeugnis** producto de uso comercial; **~e Größe** tamaño habitual; **Handelsverband** *m* <-(e)s, -bände> asociación *f* mercantil; **Handelsverbot** *nt* <-(e)s, -e> prohibición *f* de comerciar; **Handelsverkehr** *m* <-(e)s, *ohne pl*> intercambio *m* comercial; **Handelsvertrag** *m* <-(e)s, -träge> contrato *m* comercial; **Handelsvertreter(in)** *m(f)* <-s, -; -, -nen> representante *mf* (comercial), agente *mf* comercial; **Handelsvolumen** *nt* <-s, -> (WIRTSCH) volumen *m* de intercambio; **Handelsware** *f* <-, -n> mercancía *f;* **Handelswechsel** *m* <-s, -> (COM, FIN) letra *f* de cambio comercial; **Handelswert** *m* <-(e)s, -e> valor *m* comercial; **Handelszeichen** *nt* <-s, -> marca *f* comercial; **Handelszentrum** *nt* <-s, -zentren> centro *m* comercial; **Handelszweig** *m* <-(e)s, -e> (WIRTSCH) rama *f* del comercio, sector *m* comercial

Handeltreibende(r) *mf* <-n, -n; -n, -n> (WIRTSCH) comerciante *mf*, negociante *mf*

händeringend ['hɛndərɪŋənd] *adj* desesperado; **Händeschütteln** *nt* <-s, *ohne pl*> apretón *m* de manos; **hier ist es üblich, dass man sich durch ~ begrüßt** aquí es normal saludarse dándose la mano; **Händetrockner** *m* <-s, -> secador *m* de manos; **Händewaschen** *nt* <-s, *ohne pl*>: **nach dem ~** tras lavarse las manos

Handfeger ['-fe:gɐ] *m* <-s, -> escobilla *f;* **Handfertigkeit** *f* <-, -en> habilidad *f* manual; **handfest** *adj* **1.** (*Mensch*) robusto, forzudo **2.** (*Mahlzeit*) fuerte, sustancioso **3.** (*Beweis, Argument*) contundente; (*Skandal, Krach*) tremendo, de aúpa *fam* **4.** (*Vorschlag*) viable, concreto; **Handfeuerlöscher** *m* <-s, -> extintor *m* de mano; **Handfeuerwaffe** *f* <-, -n> arma *f* de fuego portátil; **Handfläche** *f* <-, -n> palma *f*

H

(de la mano); **Handfunkgerät** *nt* <-(e)s, -e> radio *f* portátil; **handgearbeitet** ['hantgəʔarbaɪtət] *adj* elaborado [*o* hecho] a mano; **Handgeld** *nt* <-es, -er> **1.** (*Vertrag*) arras *fpl* **2.** (*Arbeitsvertrag*) anticipo *m;* **Handgelenk** *nt* <-(e)s, -e> muñeca *f;* **etw aus dem ~ schütteln** (*fam*) hacer algo con soltura; **handgemacht** *adj* hecho a mano; **handgemalt** *adj* pintado a mano; **handgemein** *adj:* (**mit jdm**) **~ werden** enzarzarse en una pelea (con alguien); **miteinander ~ werden** llegar a las manos; **Handgemenge** *nt* <-s, -> riña *f,* pelea *f,* bulla *f SAm;* **in ein ~ geraten** llegar a las manos; **Handgepäck** *nt* <-(e)s, *ohne pl*> equipaje *m* de mano; **handgeschrieben** *adj* escrito a mano; **handgestrickt** *adj* calcetado a mano, tejido a mano; **Handgranate** *f* <-, -n> granada *f* de mano

handgreiflich *adj* **1.** (*gewalttätig*) violento; **~ werden** llegar a las manos **2.** (*Erfolg*) evidente, palpable; (*Beweis*) palmario

Handgreiflichkeit *f* <-, -en> violencia *f;* **nach der hitzigen Diskussion kam es zu ~en** tras la acalorada discusión llegaron a las manos

Handgriff *m* <-(e)s, -e> **1.** (*zum Festhalten, Tragen*) asidero *m;* (*Stiel*) mango *m,* manija *f* **2.** (*Bewegung*) maniobra *f;* **mit ein paar ~en** con pocas maniobras

Handhabe *f* <-, -n> motivo *m;* (**k**)**eine gesetzliche** [*o* **juristische**] **~ haben** (no) tener motivo jurídico

handhaben ['hantha:bən] *vt* **1.** (*Gesetz*) aplicar **2.** (*bedienen*) manejar; (*gebrauchen*) usar **3.** (*verfahren*) proceder

Handhabung *f* <-, -en> **1.** (*Bedienung*) manejo *m* **2.** (*Anwendung*) aplicación *f*

Handharmonika *f* <-, -s *o* -harmoniken> acordeón *m*

Handicap *nt* <-s, -s> *s.* **Handikap**

handicapen *vt s.* **handikapen**

Handikap ['hɛndikɛp] *nt* <-s, -s> hándicap *m*

handikapen ['hɛndikɛpən] *vt* perjudicar, estorbar; **sein Gipsarm handikapt ihn sehr** el brazo enyesado le estorba [*o* le molesta] mucho

händisch ['hɛndɪʃ] *adj* (*Österr: manuell*) manual

Handkante *f* <-, -n> canto *m* de la mano; **Handkantenschlag** *m* <-(e)s, -schläge> golpe *m* con el canto de la mano; **mit einem ~ schlug er das Brett entzwei** partió la tabla en dos con (el canto de) la mano

Handkarren *m* <-s, -> carretilla *f;* **Handkäse** *m* <-s, -> (*reg*) *tipo de queso alemán en forma redonda;* **Handkäs' mit Musik** *queso con escabeche;* **Handkoffer** *m* <-s, -> maleta *f* pequeña; **Handkuss**RR *m* <-es, -küsse> besamanos *m inv*

Handlanger(in) ['-laŋɐ] *m(f)* <-s, -; -, -nen> **1.** (*Hilfsarbeiter*) peón *m,* obrero, -a *m, f* no cualificado, -a **2.** (*abw: Verbündeter*) cómplice *mf;* **Handlangerdienst** *m* <-es, -e> (*abw*) trabajo *m* sucio; **jdm ~e leisten** prestar ayuda a alguien (en un asunto sucio)

Handlangerin *f* <-, -nen> *s.* **Handlanger**

Handlauf *m* <-(e)s, -läufe> pasamano(s) *m* (*inv*); **die alte Frau stützte sich auf den ~** la anciana se apoyaba en el pasamano

Händler(in) ['hɛndlɐ] *m(f)* <-s, -; -, -nen> comerciante *mf;* (*Verkäufer*) vendedor(a) *m(f);* **fliegender ~** vendedor ambulante; **Händlerrabatt** *m* <-(e)s, -e> (COM, FIN) descuento *m* de comerciante

Handlesekunst *f* <-, -künste> quiromancia *f,* quiromancía *f;* **viele Zigeuner beherrschen die ~** muchos gitanos dominan la quiromancia

handlich ['hantlɪç] *adj* manejable, de fácil manejo

Handlichkeit *f* <-, *ohne pl*> manejabilidad *f*

Handlinie *f* <-, -n> línea *f* de la mano; **jds ~n lesen** leer (las líneas de) la mano a alguien; **Handliniendeutung** *f* <-, -en> quiromancia *f,* quiromancía *f;* **meine ~ war vielversprechend** la interpretación que me hicieron de las rayas de la mano era muy prometedora

Handlung ['handlʊŋ] *f* <-, -en> **1.** (*Tat*) acción *f,* acto *m;* **strafbare ~** acción punible; **notarielle/unerlaubte/verbrecherische ~** acto notarial/ilícito/criminal; **Ort der ~** lugar de los hechos **2.** (*von Buch, Film*) argumento *m;* **Handlungsablauf** *m* <-(e)s, -läufe> (LIT, THEAT) desarrollo *m* de la acción; **Handlungsbedarf** *m* <-(e)s, *ohne pl*> (*a.* POL) necesidad *f* de actuar; **im Moment besteht dringender/kein ~** en este momento es necesario actuar urgentemente/no es necesario actuar; **Handlungsbevollmächtigte(r)** *mf* <-n, -n; -n, -n> apoderado, -a *m, f;* **handlungsfähig** *adj* capaz de actuar; **Handlungsfähigkeit** *f* <-, *ohne pl*> capacidad *f* de actuar; **Handlungsfreiheit** *f* <-, *ohne pl*> libertad *f* de acción; **Handlungsmarge** *f* <-, -n> (WIRTSCH) margen *m* de acción; **Handlungsspielraum** *m* <-(e)s, -räume> libertad *f* de acción; (**keinen**) **~ haben** (no) tener libertad de acción; **handlungsunfähig** *adj* incapaz de actuar; **Handlungsvollmacht** *f* <-, -en> (COM, JUR) poder *m* mercantil; **Handlungsweise** *f* <-, -n> modo *m* de actuar, procedimiento *m*

Handmehr *nt* <-s, *ohne pl*> (*Schweiz*) votación *f* a mano alzada; **Handorgel** *f* <-, -n> (*Schweiz: Drehorgel*) organillo *m;* (*Ziehharmonika*) acordeón *m*

Handout [hɛnt'ʔaʊt] *nt* <-s, -s>, **Hand-out**RR *nt* <-s, -s> papeleta *f*

Handpflege *f* <-, *ohne pl*> manicura *f;* **eine Creme zur ~** una crema para (el cuidado de) las manos; **Handpuppe** *f* <-, -n> títere *m;* **Handreichung** *f* <-, -en> **1.** (*Hilfeleistung*) (prestación *f* de) ayuda *f,* servicio *m*

2. (*Richtlinien*) orientación *f*, instrucción *f*; **Handrücken** *m* <-s, -> dorso *m* de la mano; **Handsatz** *m* <-es, *ohne pl*> (TYPO) composición *f* a mano; **ein Buch im ~ herstellen** hacer un libro componiéndolo a mano; **Handschellen** *fpl* esposas *fpl*; **jdm ~ anlegen** esposar a alguien; **mit ~ gefesselt** esposado; **Handschlag** *m* <-(e)s, -schläge> apretón *m* de manos; **keinen ~ tun** (*fam*) no mover un dedo; **mit** [*o* **per**] [*o* **durch**] **~ besiegeln** sellar [*o* pactar] con un apretón de manos; **Handschreiben** *nt* <-s, -> carta *f* autógrafa

Handschrift *f* <-, -en> **1.** (*einer Person*) letra *f*; **eine** (**gut**) **leserliche ~ haben** tener buena letra; **das war seine ~** (*fig*) lleva su sello **2.** (*Text*) manuscrito *m*; **Handschriftendeutung** *f* <-, -en> grafología *f*

handschriftlich **I.** *adj* escrito a mano, manuscrito **II.** *adv* a mano, por escrito

Handschuh *m* <-(e)s, -e> guante *m*; **Handschuhfach** *nt* <-(e)s, -fächer>, **Handschuhkasten** *m* <-s, -kästen> guantera *f*

Handshake ['hɛntʃɛɪk] *m* <-s, -s> (INFOR, TEL) establecimiento *m* de comunicación, handshake *m*

Handspiegel *m* <-s, -> espejo *m* de mano; **Handspiel** *nt* <-(e)s, -e> (SPORT) mano *f*

Handstand *m* <-(e)s, -stände> pino *m*; **Handstandüberschlag** *m* <-(e)s, -schläge> (SPORT) paloma *f*; **einen ~ machen** hacer una paloma

Handstreich *m* <-(e)s, -e> (MIL): **in einem ~** en un golpe de mano; **im ~ wurde der Diktator gestürzt** en un golpe de mano derrocaron al dictador

handstreichartig *adj* por sorpresa; **die ~e Einnahme einer Festung** la toma por sorpresa de una fortaleza

Handtasche *f* <-, -n> bolso *m* de mano; **Handteller** *m* <-s, -> palma *f* de la mano

Handtuch *nt* <-(e)s, -tücher> toalla *f*, enjugamanos *m inv Am*; **das ~ werfen** (*fam*) tirar la toalla; **Handtuchhalter** *m* <-s, -> toallero *m*; **Handtuchspender** *m* <-s, -> toallero *m* automático

Handumdrehen *nt*: **im ~** en un santiamén, en menos que canta un gallo; **handverlesen** *adj* **1.** (*Früchte, Nüsse*) seleccionado a mano **2.** (*hum: Gäste, Zuhörer*) (cuidadosamente) seleccionado; **Handvoll** *f* <-, -> *s.* **Hand**; **Handwagen** *m* <-s, -> carretilla *f*; **handwarm** ['-'-] *adj* tibio; **Handwaschbecken** *nt* <-s, -> lavabo *m*; **Handwäsche** *f* <-, *ohne pl*> (*Waschen*) lavado *m* a mano; (*Wäsche*) ropa *f* para lavar a mano

Handwerk[1] *nt* <-(e)s, -e> (*Beruf*) oficio *m* (manual); **sein ~ verstehen** saber su oficio; **jdm das ~ legen** poner fin a las actividades de alguien; **jdm ins ~ pfuschen** hacer la competencia a alguien

Handwerk[2] *nt* <-(e)s, *ohne pl*> (*~erschaft*) artesanado *m*

Handwerker(in) *m(f)* <-s, -; -, -nen> trabajador(a) *m(f)* manual; (*Kunst~*) artesano, -a *m, f*; **die ~ im Haus haben** estar de obras en casa; **Handwerkerinnung** *f* <-, -en> corporación *f* de artesanos

handwerklich *adj* artesanal

Handwerksberuf *m* <-(e)s, -e> oficio *m* manual [*o* de artesano]; **den ~ des Schreiners ausüben** dedicarse al oficio de carpintero; **Handwerksbetrieb** *m* <-(e)s, -e> taller *m* (de artesanía), empresa *f* artesanal; **Handwerkskammer** *f* <-, -n> Cámara *f* de Artesanía, Gremio *m* de Artesanos; **Handwerksmeister(in)** *m(f)* <-s, -; -, -nen> maestro, -a *m, f* de artesanía; **Handwerkszeug** *nt* <-(e)s, *ohne pl*> herramientas *fpl*

Handwurzel *f* <-, -n> (ANAT) carpo *m*; **Handwurzelknochen** *m* <-s, -> (ANAT) (hueso *m* del) carpo *m*

Handy *nt* <-s, -s> (teléfono *m*) móvil *m*

Handzeichen *nt* <-s, -> señal *f* que se da con la mano; (*Schriftzug*) rúbrica *f*; **Abstimmung durch ~** votación a mano alzada; **Handzeichnung** *f* <-, -en> dibujo *m* a mano; **Handzettel** *m* <-s, -> volante *m*

hanebüchen ['ha:nəby:çən] *adj* (*geh fig*) inaudito, pasmoso

Hanf [hanf] *m* <-(e)s, *ohne pl*> cáñamo *m*

Hänfling ['hɛnflɪŋ] *m* <-s, -e> **1.** (ZOOL) pardillo *m* común **2.** (*fam: schwächlicher Mensch*) enclenque *m*

Hang[1] [haŋ, *pl:* 'hɛŋə] *m* <-(e)s, Hänge> (*Abhang*) pendiente *f*, cuesta *f*, guindo *m* *Guat*

Hang[2] *m* <-(e)s, *ohne pl*> (*Tendenz*) inclinación *f*, propensión *f*; **einen ~ zu etw** *dat* **haben** tener propensión a algo

Hanganbau *m* <-(e)s, *ohne pl*> cultivo *m* en pendiente

Hangar ['haŋga:ɐ, -'-] *m* <-s, -s> (AERO) hangar *m*

Hängebrücke *f* <-, -n> puente *m* colgante; **Hängegleiter** *m* <-s, -> (SPORT) ala *f* delta; **Hängelampe** *f* <-, -n> lámpara *f* colgante

hangeln ['haŋəln] *vi, vr*: **sich ~** moverse colgado de las manos

Hängematte *f* <-, -n> hamaca *f*

hangen ['haŋən] *vi* (*Schweiz*) *s.* **hängen**

hängen[1] ['hɛŋən] <hängt, hing, gehangen> *vi* **1.** (*herunter~*) colgar (*an* de/en), pender (*an* de); **sein Schicksal hängt an einem seidenen Faden** su destino pende de un hilo; **Spannung hing in der Luft** la tensión flotaba en el ambiente; **der Schrank hängt voller Kleider** el armario está lleno de ropa; **den ganzen Tag vor dem Fernseher ~** (*fam*) estar todo el día colgado de la tele; **an der Flasche ~** (*fam*) estar colgado de la botella **2.** (*haften*) estar adherido (*an* a); **er hing an ihren Lippen** se pegó a sus labios; **an jdm/am Leben ~** querer a alguien/amar la vida; **sich an jdn ~** pegarse a alguien

3. (*schief sein*) estar inclinado (*nach* hacia)

hängen[2] *vt* **1.** (*auf~*) colgar; **die Fahne** [*o* **den Mantel**] **nach dem Wind ~** arrimarse al sol que más calienta **2.** (*befestigen*) fijar; (*an Haken*) enganchar **3.** (*Verbrecher*) ahorcar, colgar

hängen|bleiben *irr vi sein s.* **bleiben 1.**; **hängen|lassen*** *irr* **I.** *vt s.* **lassen 1. II.** *vr:* **sich ~** *s.* **lassen 1.**

Hängeohr *nt* <-(e)s, -en> oreja *f* caída; **die ~en verleihen dem Basset ein trauriges Aussehen** las orejas caídas le dan al basset un aspecto triste

Hängepartie *f* <-, -n> (*Schach*) partida *f* de ajedrez con interrupciones

Hänger ['hɛŋɐ] *m* <-s, -> (*fam*) remolque *m*

Hängeschrank *m* <-(e)s, -schränke> armario *m* suspendido

Hängeschultern *fpl* hombros *mpl* caídos; **sitz gerade, sonst bekommst du ~!** ¡siéntate recto o se te encorvará la espalda!

hängig *adj* (*Schweiz*) **1.** (JUR: *anhängig*) pendiente **2.** (*unerledigt*) pendiente (de arreglar), sin despachar

Hanglage *f* <-, -n> **1.** (*Lage*) ladera *f*, falda *f*; **ein Haus in ~** una casa (situada) en una ladera **2.** *pl* (*Gebiet*) laderas *fpl*; **dieser Wein wird in den ~n um Stuttgart angebaut** este vino se cultiva en las laderas de los alrededores de Stuttgart; **Hangwind** *m* <-(e)s, -e> viento *m* ascendente dinámico

Hannover [ha'no:fɐ] *nt* <-s> Hannóver *m*

Hannoveraner[1] [hanovə'ra:nɐ] *m* <-s, -> (ZOOL) caballo *m* hannoveriano

Hannoveraner(in)[2] *m(f)* <-s, -; -, -nen> habitante *mf* de Hannóver

hannover(i)sch [ha'no:fər(ɪ)ʃ] *adj*, **hannöver(i)sch** [ha'nø:fər(ɪ)ʃ] *adj* de Hannóver

Hansaplast® [hanza'plast, 'hanzaplast] *nt* <-(e)s, *ohne pl*> tira *f* de esparadrapo; **gib mir bitte ein ~, ich habe mich geschnitten** dame una tirita que me he cortado

Hansdampf [hans'damf] *m* <-(e)s, -e>: **~ (in allen Gassen)** (*fam*) metomentodo *m*

Hanse ['hanzə] *f* <-, *ohne pl*> (HIST) Hansa *f*, Ansa *f*

Hanseat(in) [hanze'a:t] *m(f)* <-en, -en; -, -nen> **1.** (*Einwohner*) habitante *mf* de una ciudad hanseática (*Bremen, Hamburgo y Lübeck*); **die Bremer ~en haben heute gewählt** los habitantes de Bremen han votado hoy **2.** (HIST) comerciante *mf* de una ciudad hanseática; **die Hanse vertrat die Interessen der ~en** la Hansa defendía los intereses de sus comerciantes

hanseatisch [hanze'a:tɪʃ] *adj* (h)anseático

Hänselei *f* <-, -en> guasa *f*, pitorreo *m*; **lass diese ewige ~!** ¡deja ya de guasearte [*o* de pitorrearte] todo el rato!

hänseln ['hɛnzəln] *vt*: **jdn ~** tomar el pelo a alguien, burlarse de alguien

Hansestadt ['hanzə-] *f* <-, -städte> ciudad *f* (h)anseática

Hanswurst [-'-, '--] *m* <-(e)s, -e *o* -würste> **1.** (THEAT) arlequín *m*, polichinela *m* **2.** (*Narr*) payaso *m*

Hantel ['hantəl] *f* <-, -n> pesas *fpl*

hantieren* [han'ti:rən] *vi* trabajar (*mit* con)

hapern ['ha:pɐn] *vi* **1.** (*fehlen*) faltar (*an* de) **2.** (*schlecht sein*) tener dificultades (*mit* con); **es hapert bei ihm mit der Aussprache** lo que le falla es la pronunciación

häppchenweise ['hɛpçənvaɪzə] *adv* (*fam*) a bocados

Happen ['hapən] *m* <-s, -> (*fam*) bocado *m*, piscolabis *m inv*, puntal *m Am*; **schnell einen ~ essen** tomar un bocado rápido

Happening ['hɛpənɪŋ] *nt* <-s, -s> happening *m*

happig ['hapɪç] *adj* (*fam*) exagerado; (*Preis*) exorbitante

happy ['hɛpi] *adj inv* (*fam*) feliz y contento; **nach dem Telefonat war er (ganz) ~** después de la llamada por teléfono estaba como unas pascuas; **Happyend**[RR] *nt* <-(s), -s>, **Happy End**[RR] [hɛpi'ʔɛnt] *nt* <- -(s), - -s> final *m* feliz; **ein Film mit ~** una película con un final feliz; **Happyhour**[RR] *f* <-, -s>, **Happy Hour**[RR] [hɛpi'(ʔ)aʊɐ] *f* <- -, - -s> hora *f* feliz

Harakiri [hara'ki:ri] *nt* <-(s), -s> haraquiri *m*, harakiri *m*; **~ begehen** hacerse el haraquiri

Harass[RR] *m* <-es, -e>, **Haraß** *m* <-sses, -sse> (*Lattenkiste*) cajón *m* enrejado; (*Getränkekiste*) caja *f* de refrescos [*o* de bebidas]

Hardcopy *f* <-, -s>, **Hard Copy**[RR] ['ha:tkɔpi] *f* <- -, - -s> (INFOR) impresión *f* de datos, salida *f* impresa; **Hardcore** *m* <-s, *ohne pl*> hard-core *m*; **Hardcover**[RR] *nt* <-s, -s>, **Hard Cover**[RR] ['ha:tkavɐ] *nt* <- -s, - -s> (*Buchausgabe*) encuadernación *f* en cartoné; **Harddisk** *f* <-, -s>, **Hard Disk**[RR] ['ha:tdɪsk] *f* <- -, - -s> (INFOR) disco *m* duro; **Hardliner** ['ha:tlaɪnɐ] *m* <-s, -> (persona *f*) intransigente *mf*; **Hardrock**[RR] *m* <-s, *ohne pl*>, **Hard Rock** ['ha:trɔk] *m* <- -s, *ohne pl*> (MUS) rock *m* duro; **Hardtop** ['ha:dtɔp] *nt o m* <-s, -s> (AUTO) **1.** (*Dach*) capota *f* dura **2.** (*Sportwagen*) descapotable *m* con capota dura

Hardware ['ha:twɛ:ɐ] *f* <-, -s> (INFOR) hardware *m*, equipo *m* físico; **Hardwarefehler** *m* <-s, -> (INFOR) error *m* de hardware; **Hardwarekomponente** *f* <-, -n> (INFOR) componente *m* de hardware; **Hardwarekonfiguration** *f* <-, -en> (INFOR) configuración *f* de hardware

Harem ['ha:rɛm] *m* <-s, -s> harén *m*

Häresie [hɛre'zi:] *f* <-, -n> (*a.* REL) herejía *f*

Häretiker(in) [hɛ're:tikɐ] *m(f)* <-s, -; -, -nen> (*a.* REL) hereje *mf*

häretisch [hɛ're:tɪʃ] *adj* (*a.* REL) herético

Harfe ['harfə] *f* <-, -n> arpa *f*

Harfenist(in) [harfə'nɪst] *m(f)* <-en, -en; -, -nen> (MUS) arpista *mf*

Harfenspiel *nt* <-(e)s, *ohne pl*> (MUS) concierto *m* de arpa

Harke ['harkə] *f* <-, -n> rastrillo *m*, rastro *m*; **jdm zeigen, was eine ~ ist** (*fam*) cantarle a alguien las cuarenta, echar un sermón a alguien

harken *vt* rastrillar

Harlekin ['harleki:n] *m* <-s, -e> arlequín *m*

härmen ['hɛrmən] *vr*: **sich ~** (*geh*) afligirse, entristecerse

harmlos ['harmlo:s] *adj* inofensivo; (*arglos*) inocente; (*Verletzung, Krankheit*) leve, ligero; (*Tier*) manso; (*Medikament*) inocuo; **es fing alles ganz ~ an** todo empezó sin ningún problema; **ein ~es Vergnügen** una distracción inofensiva

Harmlosigkeit[1] *f* <-, -en> (*Arglosigkeit*) inocencia *f*, ingenuidad *f*; **in aller ~** inocentemente, sin malicia

Harmlosigkeit[2] *f* <-, *ohne pl*> (*Ungefährlichkeit: Wunde*) levedad *f*; (*Erkrankung*) levedad *f*, benignidad *f*; (*Droge, Medikament*) inocuidad *f*; **der Arzt bestätigte die ~ der Infektion** el médico confirmó que la infección no era grave

Harmonie [harmo'ni:] *f* <-, -n> armonía *f*

Harmonien *pl von* **Harmonie**, **Harmonium**

harmonieren* *vi* armonizar (*mit* con); **sie ~ sehr gut** se llevan muy bien

Harmonika [har'mo:nika] *f* <-, -s *o* Harmoniken> (MUS: *Mund~*) armónica *f*; (*Zieh~*) acordeón *m*

harmonisch [har'mo:nɪʃ] *adj* **1.** (MUS) armónico **2.** (*zusammenpassend*) armonioso; **eine ~e Ehe führen** llevar un matrimonio en armonía

harmonisieren* *vt* armonizar; **verschiedene Konzepte/Systeme ~** armonizar conceptos/sistemas distintos

Harmonisierung *f* <-, -en> (*a.* WIRTSCH) armonización *f*; **~ des Zollwesens** armonización de las aduanas

Harmonium [har'mo:niʊm] *nt* <-s, -s *o* Harmonien> (MUS) armonio *m*

Harn [harn] *m* <-(e)s, -e> orina *f*; **Harnblase** *f* <-, -n> (ANAT) vejiga *f* de la orina; **Harndrang** *m* <-(e)s, *ohne pl*> **1.** (*Bedürfnis*) ganas *fpl* de orinar; **~ verspüren** tener ganas de orinar **2.** (*a.* MED: *mit Schmerz*) pujo *m*, tenesmo *m*

harnen ['harnən] *vi* (*alt, formal*) orinar

Harnisch ['harnɪʃ] *m* <-s, -e> **1.** (HIST) arnés *m* **2.** (*Wend*): **jdn in ~ bringen** sacar a alguien de sus casillas; **in ~ geraten** [*o* **kommen**] subirse por las paredes; (**wegen etw** *gen/dat*) **in ~ sein** estar furioso (por algo)

Harnlassen *nt* <-s, *ohne pl*> (*formal*) acción *f* de orinar; **ständiges ~ kann Zeichen einer Blasenentzündung sein** la necesidad de orinar constantemente puede ser un síntoma de cistitis; **Harnleiter** *m* <-s, -> (ANAT) uréter *m*; **Harnröhre** *f* <-, -n> (ANAT) uretra *f*; **Harnsäure** *f* <-, -n> ácido *m* úrico; **Harnstoff** *m* <-(e)s, -e> urea *f*; **harntreibend** *adj* diurético; **Harnvergiftung** *f* <-, -en> (MED) uremia *f*; **Harnwege** *mpl* (ANAT) vías *fpl* urinarias

Harpune [har'pu:nə] *f* <-, -n> arpón *m*; (*Haken*) garfio *m*

Harpunier [harpu'ni:ɐ] *m* <-s, -e> arponero *m*

harpunieren* [harpu'ni:rən] *vt* arponear

harren ['harən] *vi* (*geh*) esperar (con impaciencia) (+*gen*)

harsch [harʃ] *adj* **1.** (*Schnee*) duro, helado **2.** (*geh: barsch*) áspero, rudo

Harsch [harʃ] *m* <-(e)s, *ohne pl*> nieve *f* dura

harschig *adj* (*Schnee*) helado

hart [hart] <härter, am härtesten> **I.** *adj* **1.** (*nicht weich*) duro; **~e Drogen** drogas duras; **~ werden** endurecerse; (*Brot*) ponerse duro; (*Mensch*) hacerse [*o* volverse] duro; **Eier ~ kochen** cocer los huevos duros; **sie schläft gerne ~** le gusta dormir en cama dura **2.** (*Währung*) sólido, estable **3.** (*Wasser*) crudo, duro **4.** (*widerstandsfähig*) resistente; **~ im Nehmen sein** encajar bien los golpes **5.** (*schwer*) duro, difícil; (*Kampf*) duro, encarnizado; (*Arbeit*) duro, ímprobo; (*Aufprall*) fuerte; **das war ein ~er Schlag für ihn** fue un duro golpe para él **6.** (*~herzig*) duro, insensible; **jdn ~ anfassen** tratar a alguien con dureza **7.** (*streng*) severo, riguroso; **~ bedrängt** muy acosado [*o* presionado]; **~ durchgreifen** adoptar medidas rigurosas; **~ bleiben** mantenerse firme; **jdm ~ zusetzen** apremiar a alguien; **es geht ~ auf ~** luchan a brazo partido **II.** *adv* (*nahe*) muy cerca (*an* de); **~ an der Grenze des Erlaubten** muy cerca del límite de lo permitido

hartbedrängt *adj s.* **hart I.7.**

Härte ['hɛrtə] *f* <-, -n> **1.** (*Festigkeit*) dureza *f* **2.** (*Stabilität*) estabilidad *f*, solidez *f* **3.** (*Kalkgehalt*) dureza *f* **4.** (*Widerstandsfähigkeit*) resistencia *f* **5.** (*Schwierigkeitsgrad*) dureza *f*, dificultad *f* **6.** (*Strenge*) rigor *m*, severidad *f* **7.** (*Gefühllosigkeit*) insensibilidad *f*; (*Grausamkeit*) crueldad *f*; **der Schicksalsschlag traf ihn in seiner ganzen ~** el revés de la fortuna le afectó con toda su crudeza; **soziale ~n** injusticias sociales; **in seinem Gesicht lag ein Zug von unbeugsamer ~** su cara reflejaba una dureza inflexible **8.** (*Heftigkeit*) violencia *f*, fuerza *f*; **Härtefall** *m* <-(e)s, -fälle> caso *m* extremo; **Härtefonds** *m* <-, -> (FIN) fondo *m* (para situaciones) de emergencia; **für die Opfer wurde ein ~ bereitgestellt** se creó un fondo de emergencia para ayudar a las víctimas; **Härtegrad** *m* <-(e)s, -e> (TECH) grado *m* de dureza; **Härteklausel** *f* <-, -n> (JUR) cláusula *f* de inconveniencia

härten ['hɛrtən] **I.** *vi, vt* endurecer **II.** *vr*: **sich ~** endurecerse

härter ['hɛrtɐ] *adj kompar von* **hart**

Härteskala *f* <-, -skalen> (MINER) escala *f* de dureza

härteste(r, s) ['hɛrtəstə, -tɐ, -təs] *adj superl von* **hart**

Härtetest *m* <-(e)s, -s *o* -e> prueba *f* de resistencia

Hartfaserplatte *f* <-, -n> tablero *m* aglomerado

hartgefroren *adj s.* **gefroren II.**; **hartgekocht** *adj s.* **kochen I.2.**

Hartgeld *nt* <-(e)s, *ohne pl*> moneda *f* en metálico; **Hartgeldwährung** *f* <-, -en> (FIN) moneda *f* fuerte

hartgesotten ['hartgəzɔtən] *adj* **1.** (*unsensibel*) duro **2.** (*verstockt*) duro de pelar [*o* de cabeza]

Hartgummi *m o nt* <-s, -(s)> goma *f* dura, vulcanita *f*, ebonita *f*

hartherzig *adj* duro de corazón

Hartherzigkeit[1] *f* <-, -en> (*hartherzige Tat*) crueldad *f*

Hartherzigkeit[2] *f* <-, *ohne pl*> (*Gefühllosigkeit*) insensibilidad *f*, dureza *f* de corazón

Hartholz *nt* <-es, -hölzer> madera *f* dura; **Hartkäse** *m* <-s, -> queso *m* de pasta dura

hartleibig *adj* (*stur*) testarudo, tozudo

Hartleibigkeit *f* <-, *ohne pl*> (*Sturheit*) testarudez *f*, tozudez *f*

hartnäckig ['hartnɛkɪç] *adj* **1.** (*stur*) obstinado, terco **2.** (*ausdauernd*) tenaz **3.** (*Krankheit*) pertinaz; (*Fleck*) resistente

Hartnäckigkeit *f* <-, *ohne pl*> **1.** (*Sturheit*) obstinación *f*, terquedad *f* **2.** (*Ausdauer*) tenacidad *f*, remache *m Kol* **3.** (*von Krankheit*) pertinacia *f*

Hartplatz *m* <-es, -plätze> (SPORT) superficie *f* dura; **ich spiele lieber auf einem Aschenplatz als auf einem ~** prefiero jugar en una pista de ceniza que en una pista dura

Hartschalenkoffer *m* <-s, -> maleta *f* de cobertura dura

Härtung ['hɛrtʊŋ] *f* <-, -en> (TECH) endurecimiento *m*

Hartweizen *m* <-s, -> trigo *m* duro; **Hartwurst** *f* <-, -würste> embutido *m* (curado o ahumado)

Harz[1] [ha:ɐts] *nt* <-es, -e> resina *f*

Harz[2] *m* <-es> (GEO): **der ~** el Harz

harzen ['ha:ɐtsən] **I.** *vi* segregar resina; **der Weihnachtsbaum harzt** del árbol de Navidad sale resina, el árbol de Navidad segrega resina **II.** *vt* tratar con resina; **einen Wein ~** tratar un vino con resina

Harzer ['ha:ɐtsɐ] *m* <-s, ->, **Harzer Käse** *m* <- -s, – -> (GASTR) queso *m* "harz" (*queso magro de fuerte olor*)

Harzer Roller *m* <- -s, – -> **1.** (GASTR) queso *m* "harz" (*queso magro de fuerte olor*) **2.** (ZOOL) *canario muy cantor*

harzig *adj* **1.** (*Harz enthaltend*) resinoso **2.** (*Schweiz: mühsam*) dificultoso

Harzleim *m* <-(e)s, -e> cola *f* de resina; **Harzöl** *nt* <-(e)s, -e> aceite *m* de resina

Hasard [ha'zart] *nt* <-s, *ohne pl*> **1.** (*Glücksspiel*) juego *m* de azar **2.** (*Wend*): **mit etw** *dat* **~ spielen** (*geh*) jugarse [*o* arriesgar] algo a la ligera

Hasardeur(in) [hazar'dø:r] *m(f)* <-s, -e; -, -nen> (*abw*) jugador(a) *m(f)*

Hasardspiel *nt* <-(e)s, -e> **1.** *s.* **Hasard** **2.** (*Unternehmung*) empresa *f* arriesgada; **die vereisten Straßen machen jede Fahrt zum ~** las carreteras heladas convierten cualquier viaje en una empresa arriesgada

Hasch [haʃ] *nt* <-s, *ohne pl*> (*fam*) hachís *m inv*

Haschee [ha'ʃe:] *nt* <-s, -s> (GASTR) carne *f* picada en salsa

haschen ['haʃən] *vi* (*fam*) fumar porros

Häschen ['hɛ:sçən] *nt* <-s, -> (*fam: Kosename*): **wollen wir eine Radtour machen, (mein) ~?** ¿qué te parece si damos un paseo en bicicleta, cariñito mío?

Häscher ['hɛʃɐ] *m* <-s, -> (*alt, geh*) esbirro *m*

Hascherl ['haʃɐl] *nt* <-s, -(n)> (*Österr: fam*) pobre criatura *f*; **dass du so geärgert wirst, du armes ~!** ¡pobrecito mío, qué enfadado que está él!

haschieren* [ha'ʃi:rən] *vt* (GASTR) picar (muy fino)

Haschisch ['haʃɪʃ] *m o nt* <-(s), *ohne pl*> hachís *m inv*

Hase ['ha:zə] *m* <-n, -n> liebre *f*; **falscher ~** (*Hackbraten*) asado de carne picada; **sehen** [*o* **wissen**], **wie der ~ läuft** (*fam*) saber por donde van los tiros; **da liegt der ~ im Pfeffer** (*fam*) ahí está la madre del cordero, ahí está el quid de la cuestión

Hasel ['ha:zəl] *f* <-, -n> (BOT) avellano *m*; **Haselbusch** *m* <-es, -büsche> (BOT) avellano *m*; **Haselkätzchen** *nt* <-s, -> (BOT) amento *m* de avellano; **Haselmaus** *f* <-, -mäuse> (ZOOL) lirón *m*

Haselnuss[RR] ['ha:zəlnʊs] *f* <-, -nüsse> avellana *f*; **Haselnussstrauch**[RR] *m* <-(e)s, -sträucher> (BOT) avellano *m*

Hasenbraten *m* <-s, -> (GASTR) liebre *f* asada; **Hasenfuß** *m* <-es, -füße> (*fam abw*) cagueta *mf*; **sei kein ~ und mach mit!** ¡no seas cagueta y participa!; **Hasenpanier** *nt*: **das ~ ergreifen** (*alt, fam*) tomar [*o* coger] las de Villadiego; **Hasenpfeffer** *m* <-s, -> (GASTR) lebrada *f*; **Hasenscharte** ['ha:zənʃartə] *f* <-, -n> labio *m* leporino

Häsin ['hɛ:zɪn] *f* <-, -nen> liebre *f* hembra

Haspel ['haspəl] *f* <-, -n> rodillo *m*, bobina *f* para enrollar

haspeln **I.** *vi* (*fam*) barbullar, barbot(e)ar **II.** *vt* devanar

Hass[RR] [has] *m* <-es, *ohne pl*>, **Haß** *m* <-sses, *ohne pl*> odio *m*; **~ auf jdn haben** odiar a alguien; **sich** *dat* **jds ~ zuziehen** granjearse el odio de alguien

hassen ['hasən] *vt* odiar; **ich hasse ihn wie die Pest** (*fam*) le odio a muerte; **hassens-**

wert *adj* odioso

hasserfüllt[RR] *adj* lleno de odio

hässig ['hɛsɪç] *adj* (*Schweiz: übellaunig*) de mal humor

hässlich[RR] ['hɛslɪç] *adj,* **häßlich** *adj* **1.**(*Aussehen*) feo, macaco *Cuba, Chil;* (*Wetter*) malo **2.**(*gemein*) feo, malo; ~ **von jdm sprechen** hablar mal de alguien **3.**(*unangenehm*) desagradable

Hässlichkeit[1RR] *f* <-, *ohne pl*> (*des Aussehens*) fealdad *f*

Hässlichkeit[2RR] *f* <-, -en> (*Gemeinheit*) maldad *f*

Häßlichkeit *f s.* **Hässlichkeit**

Hassliebe[RR] *f* <-, *ohne pl*> amor-odio *m;* **Hasstirade**[RR] *f* <-, -n> (*abw*) invectiva *f* llena de odio; **dem Redner wurden ~n entgegengeschrien** al conferenciante le lanzaron palabras llenas de odio; **hassverzerrt**[RR] *adj:* **ein ~es Gesicht** una cara descompuesta de ira

Hast [hast] *f* <-, *ohne pl*> (*Eile*) prisa *f,* apresuramiento *m;* (*Überstürzung*) precipitación *f*

haste = **hast du** (*fam*) tienes; ~ **mal 'ne Mark?** ¿tienes un marco?; (**was**) ~, **was kannste** a toda mecha; ~ **was, biste was** (*prov*) tanto vales, cuanto tienes, tanto tienes, tanto vales

hasten ['hastən] *vi sein* (*geh*) ir a toda prisa, apresurarse; (*sich überstürzen*) precipitarse

hastig **I.** *adj* (*eilig*) apresurado; (*überstürzt*) precipitado **II.** *adv* (*schnell*) a toda prisa; (*überstürzt*) precipitadamente; **nicht so ~!** ¡no tan deprisa!

hat [hat] *3. präs von* **haben**

hätscheln ['hɛ(:)tʃəln] *vt* **1.**(*liebkosen*) acariciar **2.**(*abw: bevorzugen*) mimar

hatschi [ha'tʃi(:), 'hatʃi] *interj* ¡achís!

hatte ['hatə] *3. imp von* **haben**

Hattrick ['hæ̱ttrɪk] *m* <-s, -s> **1.**(SPORT) "hattrick" *m* (*tres tantos en un solo partido o tres victorias consecutivas*) **2.**(*Dreifacherfolg*) triple éxito *m*

Hatz [hats] *f* <-, -en> **1.**(*südd, Österr: Hetze*) precipitación *f* **2.**(*Hetzjagd*) caza *f* con jauría [*o* de montería]; (*auf Menschen*) persecución *f* (encarnizada)

Haube ['haʊbə] *f* <-, -n> **1.**(*Kopfbedeckung*) cofia *f;* **jdn unter die ~ bringen** (*fam*) casar a alguien **2.**(AUTO) capó *m* **3.**(*von Vögeln*) copete *m* **4.**(*Trocken~*) secador *m;* **Haubenlerche** *f* <-, -n> (ZOOL) cogujada *f* común; **Haubenmeise** *f* <-, -n> (ZOOL) herrerillo *m* capuchino; **Haubentaucher** *m* <-s, -> (ZOOL) somorgujo *m* lavanco [*o* moñudo]

Haubitze *f* <-, -n> **1.**(MIL) obús *m;* **eine ~ in Stellung bringen** emplazar un obús **2.**(*Wend*): **voll wie eine ~ sein** estar como una cuba

Hauch [haʊx] *m* <-(e)s, -e> (*geh*) **1.**(*Atem*) aliento *m* **2.**(*Luftzug*) soplo *m,* aire *m;* **ein kühler ~** un aire fresco **3.**(*Anflug, Duft*) matiz *m,* toque *m*

hauchdünn ['-'-] *adj* finísimo; **sie erhielten eine ~e Mehrheit** ganaron por los pelos

hauchen ['haʊxən] **I.** *vi* (*ausatmen*) espirar, respirar **II.** *vt* (*Worte*) susurrar

Hauchlaut *m* <-(e)s, -e> (LING) sonido *m* aspirado

hauchzart ['-'-] *adj* (*dünn*) muy fino, muy delgado; (*fein*) delicado, suave

Haudegen ['haʊde:gən] *m* <-s, -> veterano *m* (de guerra); **ein alter ~** un viejo veterano de guerra

Haue[1] ['haʊə] *f* <-, *ohne pl*> (*fam: Schläge*) paliza *f,* zurra *f;* ~ **kriegen** recibir una paliza

Haue[2] *f* <-, -n> (*südd, Österr, Schweiz: Hacke*) azada *f*

hauen[1] ['haʊən] <haut, haute *o* hieb, gehauen> **I.** *vt* (*fam: schlagen*) sacudir, arrear; (*verprügeln*) dar una paliza; **er hat ihn grün und blau ge~** le ha dado [*o* arreado] una buena paliza **II.** *vi* (*schlagen*): **er haute** [*o* **hieb**] **mit der Faust auf den Tisch** dio [*o* pegó] un puñetazo en la mesa

hauen[2] ['haʊən] <haut, haute, gehauen> **I.** *vi* (*Wend*): **auf die Pauke ~** (*fig*) ir de juerga **II.** *vt* **1.**(*meißeln*) esculpir; **er haut eine Figur in Stein** esculpe una figura en piedra **2.**(*fam: Nagel*) clavar (*in* en) **3.**(BERGB) extraer **III.** *vr:* **sich ~** (*fam*) pegarse (*mit* con)

Hauer *m* <-s, -> **1.**(*Bergmann*) picador *m* (de minas) **2.**(*Eckzahn*) colmillo *m*

Häufchen ['hɔɪfçən] *nt* <-s, -> montoncito *m;* **er kam wie ein ~ Elend nach Hause** volvió a casa hecho una miseria [*o* una lástima]

häufeln ['hɔɪfəln] *vt* **1.**(AGR) aporcar; **nach dem Pflanzen wird Spargel gehäufelt** una vez plantados, los espárragos se aporcan **2.**(*aufschichten*) amontonar; **der Bauer häufelt das Heu zum Trocknen** el campesino amontona el heno para que se seque

Haufen ['haʊfən] *m* <-s, -> **1.**(*Anhäufung*) montón *m,* cerro *m And;* (*Stapel*) pila *f;* **jdn über den ~ rennen/fahren** (*fam*) tumbar/derribar a alguien; **jdn über den ~ schießen** (*fam*) matar a tiros a alguien; **etw über den ~ werfen** (*fam*) arrojar por la borda algo **2.**(*fam: Menge*) montón *m,* cúmulo *m,* percha *f CSur,* tendal *m CSur;* **einen ~ Arbeit haben** tener un montón de trabajo; **ein ~ Probleme** un cúmulo de problemas **3.**(*Schar*) gentío *m,* muchedumbre *f;* (*Gruppe*) cuadrilla *f;* **wir sind ein toller ~** somos una cuadrilla fantástica

häufen ['hɔɪfən] **I.** *vt* acumular, amontonar; **zwei gehäufte Esslöffel Zucker** dos cucharadas colmadas de azúcar **II.** *vr:* **sich ~** amontonarse, acumularse

Haufendorf *nt* <-(e)s, -dörfer> pueblo *m* de casas desperdigadas

haufenweise *adv* (*fam*) a montones; **da lagen ~ Bücher** había montones de libros

Haufenwolke *f* <-, -n> cúmulo *m*

häufig ['hɔɪfɪç] **I.** *adj* frecuente; (*wiederholt*)

repetido **II.** *adv* a menudo, con frecuencia; ~ **besuchen** frecuentar

Häufigkeit *f* <-, -en> frecuencia *f;* **Häufigkeitszahl** *f* <-, -en>, **Häufigkeitsziffer** *f* <-, -n> frecuencia *f*

Häufung *f* <-, -en> acumulación *f;* (*Verkehrsunfälle*) aumento *m,* incremento *m;* **es kam zu einer ~ von Cholerafällen** se produjo un aumento de casos de cólera

Haupt [haʊpt, *pl:* 'hɔɪptɐ] *nt* <-(e)s, Häupter> (*geh*) **1.** (*Kopf*) cabeza *f;* **gesenkten/erhobenen ~es** cabizbajo/con la cabeza alta **2.** (*Anführer*) jefe, -a *m, f*

Hauptaktionär(in) *m(f)* <-s, -e; -, -nen> (WIRTSCH) accionista *mf* principal; **Hauptakzent** *m* <-(e)s, -e> **1.** (LING) acento *m* principal **2.** (*Schwerpunkt*) énfasis *m inv* principal; **den ~ auf etw legen** poner el énfasis en algo; **Hauptaltar** *m* <-s, -täre> altar *m* mayor; **hauptamtlich** *adj* de carrera; (*angestellt*) contratado; **Hauptangeklagte(r)** *mf* <-n, -n; -n, -n> (JUR) acusado, -a *m, f* principal; **Hauptanschluss**RR *m* <-es, -schlüsse> (TEL) línea *f* principal; **Hauptaspekt** *m* <-(e)s, -e> aspecto *m* principal; **Hauptaufgabe** *f* <-, -n> tarea *f* principal; **Hauptaugenmerk** *nt* <-(e)s, *ohne pl*>: **sein ~ auf etw/jdn richten** fijarse especialmente en algo/alguien; **Hauptausgang** *m* <-(e)s, -gänge> salida *f* principal; **Hauptbahnhof** *m* <-(e)s, -höfe> estación *f* central; **Hauptbedingung** *f* <-, -en> condición *f* principal; **Hauptberuf** *m* <-(e)s, -e> profesión *f* principal, primer oficio *m;* **hauptberuflich I.** *adj* profesional **II.** *adv* profesionalmente, como profesión principal; **Hauptbestandteil** *m* <-(e)s, -e> parte *f* integrante, componente *m* principal, elemento *m* fundamental; **etw in seine ~e zerlegen** descomponer algo en sus elementos principales; **Hauptbetriebszeit** *f* <-, -en> horas *fpl* punta; **Hauptbilanz** *f* <-, -en> (FIN, WIRTSCH) balance *m* general; **Hauptbuch** *nt* <-(e)s, -bücher> (COM) libro *m* mayor; **Hauptdarsteller(in)** *m(f)* <-s, -; -, -nen> protagonista *mf;* **Hauptdeck** *nt* <-(e)s, -s> (NAUT) cubierta *f* principal; **Haupteingang** *m* <-(e)s, -gänge> entrada *f* principal; **Haupteinnahmequelle** *f* <-, -n> fuente *f* principal de ingresos

Häuptel ['hɔɪptəl] *nt* <-s, -(n)> (*Österr: Salatkopf*) lechuga *f;* (*Kohlkopf*) repollo *m;* **Häuptelsalat** *m* <-(e)s, -e> (*südd, Österr*) lechuga *f*

Haupterzeugnis *nt* <-ses, -se> (WIRTSCH) producto *m* principal

Haupteslänge *f:* **jdn um ~ überragen** (*geh*) ganar a alguien un palmo en altura

Hauptfach *nt* <-(e)s, -fächer> (SCH, UNIV) asignatura *f* principal, especialidad *f* principal; **Hauptfigur** *f* <-, -en> personaje *m* principal, protagonista *mf;* **Hauptfilm** *m* <-(e)s, -e> película *f* principal; **Hauptgang** *m* <-(e)s, -gänge> **1.** (GASTR) segundo plato *m;* **im ~ servieren wir ...** de segundo plato tenemos... **2.** (ARCHIT) corredor *m* central **3.** *s.* Hauptwaschgang; **Hauptgebäude** *nt* <-s, -> edificio *m* principal; **Hauptgericht** *nt* <-(e)s, -e> plato *m* principal, segundo plato *m;* **Hauptgeschäftsstelle** *f* <-, -n> (*a.* WIRTSCH) oficina *f* principal; **Hauptgeschäftszeit** *f* <-, -en> (WIRTSCH) horas *fpl* punta, horas *fpl* de mayor afluencia; **Hauptgewicht** *nt* <-(e)s, -e> énfasis *m inv* principal; **das ~ auf etw legen** poner el énfasis en algo; **Hauptgewinn** *m* <-(e)s, -e> primer premio *m,* gordo *m fam;* **sie hat den ~ gezogen** le ha tocado el gordo; **Hauptgläubiger(in)** *m(f)* <-s, -; -, -nen> (FIN, WIRTSCH) acreedor(a) *m(f)* principal; **Hauptgruppe** *f* <-, -n> (INFOR) grupo *m* principal

Haupthaar *nt* <-(e)s, *ohne pl*> (*geh*) cabellera *f*

Haupthahn *m* <-(e)s, -hähne> grifo *m* principal, llave *f* principal; **Hauptinformant(in)** *m(f)* <-en, -en; -, -nen> informante *mf* principal; **Hauptkommissar(in)** *m(f)* <-s, -e; -, -nen> comisario, -a *m, f* (jefe); **Hauptkundengruppe** *f* <-, -n> (WIRTSCH) clientela *f* principal; **Hauptlast** *f* <-, -en> carga *f* principal; **die ~ der Arbeit lag bei ihr alleine** la mayor carga del trabajo recaía sobre ella sola; **Hauptleitung** *f* <-, -en> (*für Wasser, Gas*) tubería *f* principal; (*für Strom, Telefon*) línea *f* principal

Hauptleute *pl von* **Hauptmann**

Hauptlieferant *m* <-en, -en> (WIRTSCH) proveedor *m* principal

Häuptling ['hɔɪptlɪŋ] *m* <-s, -e> jefe *m* de tribu, cacique *m*

Hauptmahlzeit *f* <-, -en> comida *f* principal

Hauptmann *m* <-(e)s, -leute> **1.** (MIL) capitán *m* **2.** (*Schweiz: Gemeindevorsteher*) alcalde *m*

Hauptmenü *nt* <-s, -s> (INFOR) menú *m* principal; **Hauptmerkmal** *nt* <-(e)s, -e> característica *f* principal; **Hauptmieter(in)** *m(f)* <-s, -; -, -nen> inquilino, -a *m, f* principal; **Hauptnahrungsmittel** *nt* <-s, -> alimento *m* básico; **Hauptnenner** *m* <-s, -> (MATH) denominador *m* común; **Hauptniederlassung** *f* <-, -en> (WIRTSCH) agencia *f* principal; **Hauptperson** *f* <-, -en> personaje *m* principal, protagonista *mf;* **Hauptplatine** *f* <-, -n> (INFOR, ELEK) platina *f* principal; **Hauptportal** *nt* <-s, -e> entrada *f* principal; **wir treffen uns am ~ der Kathedrale** nos encontramos en la puerta [*o* la entrada] principal de la catedral

Hauptpost *f* <-, *ohne pl*> central *f* de correos; **Hauptpostamt** *nt* <-(e)s, -ämter> oficina *f* central de Correos, administración *f* central de Correos

Hauptproblem *nt* <-s, -e> problema *m* principal; **Hauptquartier** *nt* <-s, -e> (MIL)

cuartel *m* general; **Hauptrechner** *m* <-s, -> (INFOR) ordenador *m* central; **Hauptreisezeit** *f* <-, -en> *días de máximo tráfico durante un período vacacional;* **zur ~ stecken viele Urlauber im Stau** en los días de vacaciones en los que el tráfico es más intenso se producen muchas caravanas; **Hauptrolle** *f* <-, -n> papel *m* principal [*o* protagonista]; **Hauptsache** *f* <-, -n> punto *m* principal; **die ~ ist, dass ...** lo principal es que... *+subj;* **~, du bist gesund/es klappt** lo principal es que estés sano/que salga bien; **in der ~** principalmente; **zur ~ kommen** llegar a lo principal

hauptsächlich ['haʊptzɛçlɪç] **I.** *adj* principal, fundamental; (*wesentlich*) esencial **II.** *adv* sobre todo, principalmente; **~ deshalb, weil ...** principalmente porque...

Hauptsaison *f* <-, -s> temporada *f* alta; **Hauptsatz** *m* <-es, -sätze> (LING) oración *f* principal; **Hauptschalter** *m* <-s, -> (ELEK) interruptor *m* principal; **Hauptschiff** *nt* <-(e)s, -e> (ARCHIT) nave *f* central; **Hauptschlagader** *f* <-, -n> (ANAT) aorta *f;* **Hauptschlüssel** *m* <-s, -> llave *f* maestra

Hauptschulabgänger(in) *m(f)* <-s, -; -, -nen> ≈graduado, -a *m, f* escolar; *s. a.* Hauptschüler

Hauptschuld *f* <-, *ohne pl*> culpa *f* principal; **jdn trifft die ~ an etw** *dat* sobre alguien recae la mayor parte de culpa de algo; **jd trägt die ~ an etw** *dat* alguien es el principal culpable de algo; **Hauptschuldige(r)** *mf* <-n, -n; -n, -n> culpable *mf* principal; **Hauptschuldner(in)** *m(f)* <-s, -; -, -nen> (JUR) deudor(a) *m(f)* principal; **Hauptschule** *f* <-, -n> ≈escuela *f* de Enseñanza General Básica (*formación escolar mínima obligatoria que comprende entre los 10 y los 16 años de edad*); **Hauptschüler(in)** *m(f)* <-s, -; -, -nen> ≈alumno, -a *m, f* de Enseñanza General Básica; *s. a.* Hauptschule

Hauptschullehrer(in) *m(f)* <-s, -; -, -nen> profesor(a) *m(f)* de una "Hauptschule" (*profesor de tercer ciclo de primaria y de primer curso de la ESO*)

Hauptschwierigkeit *f* <-, -en> dificultad *f* principal; **Hauptseminar** *nt* <-s, -e> (UNIV) seminario *m* especializado, ≈asignatura *f* de especialidad [*o* segundo ciclo]; **Hauptsendezeit** *f* <-, -en> (TV) tiempo *m* de máxima audiencia; **Hauptsicherung** *f* <-, -en> (ELEK) fusible *m* principal; **Hauptsitz** *m* <-es, -e> sede *f* principal; **Hauptspeicher** *m* <-s, -> (INFOR) memoria *f* central; **Hauptspeise** *f* <-, -n> (GASTR) plato *m* principal; **Hauptstadt** *f* <-, -städte> capital *f;* **hauptstädtisch** *adj* de la capital, capitalino; **Hauptstraße** *f* <-, -n> calle *f* principal, ≈Calle *f* Mayor, coso *m reg;* **Hauptstrecke** *f* <-, -n> (EISENB) vía *f* principal; **die ~ Hannover-München war gesperrt** la vía principal entre Hannóver y Munich estaba cerrada; **Hauptstudium** *nt* <-s, *ohne pl*> (UNIV) ≈segundo ciclo *m* (de los estudios superiores); **Haupttäter(in)** *m(f)* <-s, -; -, -nen> autor(a) *m(f)* principal; **Hauptteil** *m* <-(e)s, -e> parte *f* principal, mayor parte *f;* **der ~ der Arbeit ist schon erledigt** la mayor parte del trabajo ya está hecha; **Hauptteilhaber(in)** *m(f)* <-s, -; -, -nen> (JUR, WIRTSCH) socio, -a *m, f* principal; **Haupttreffer** *m* <-s, -> *s.* Hauptgewinn; **Hauptursache** *f* <-, -n> motivo *m* principal; **Hauptverfahren** *nt* <-s, -> (JUR) plenario *m;* **Hauptverhandlung** *f* <-, -en> (JUR) juicio *m* oral

Hauptverkehrsstraße *f* <-, -n> calle *f* principal, arteria *f* principal; **Hauptverkehrszeit** *f* <-, -en> hora *f* punta

Hauptversammlung *f* <-, -en> asamblea *f* general; **Hauptverwaltung** *f* <-, -en> administración *f* central; **Hauptverzeichnis** *nt* <-ses, -se> (INFOR) directorio *m* principal; **Hauptvorstand** *m* <-(e)s, -stände> (WIRTSCH) dirección *f* general; **Hauptwache** *f* <-, -n> comisaría *f* central de la policía; **Hauptwarengruppe** *f* <-, -n> (WIRTSCH) grupo *m* de mercancías principales; **Hauptwäsche** *f* <-, -n> lavado *m* principal; **Hauptwaschgang** *m* <-(e)s, -gänge> fase *f* principal de lavado; **Hauptwirt** *m* <-(e)s, -e> (BIOL) huésped *m* principal; **Hauptwohnsitz** *m* <-es, -e> domicilio *m* principal; **Hauptwort** *nt* <-(e)s, -wörter> (LING) sustantivo *m;* **Hauptzeuge, -in** *m, f* <-n, -n; -, -nen> (JUR) testigo *mf* principal

hau ruck [haʊ'rʊk] *interj* ¡fuer-za!, ¡a la una, a las dos y a las tres!

Haus [haʊs, *pl:* 'hɔɪzɐ] *nt* <-es, Häuser> **1.** (*Wohn~, Heim*) casa *f;* (*Gebäude*) edificio *m;* **von ~ zu ~ gehen** ir de casa en casa; **wir wohnen ~ an ~** vivimos puerta con puerta; **aus dem ~ gehen** salir de casa; **seit der Sohn aus dem ~ ist** desde que el hijo está fuera de casa; **der Herr des ~es** el señor de la casa; **ein Freund des ~es** un amigo de la casa; **außer ~ essen** comer fuera (de casa); **ins ~ liefern** entregar a domicilio; **etw steht ins ~** algo es de esperar, algo está al caer; **~ und Hof verspielen** perder hasta la camisa; **jdn nach ~e bringen/schicken** acompañar/enviar a alguien a su casa; **nirgendwo zu ~e sein** ser un extraño en todas partes; **fühlen Sie sich wie zu ~e!** ¡siéntase como en su casa!; **nach ~e kommen** volver a casa; **er ist nicht zu ~e** no está en casa; **bei uns zu ~e** en nuestra casa; **wie geht's zu ~e?** ¿qué tal está la familia?; **in etw** *dat* **zu ~e sein** (*fam*) conocer bien algo; **vor ausverkauftem ~ spielen** actuar con el teatro repleto de público; **frei ~** (COM) franco (a) domicilio; **hallo, altes ~** (*fam*) ¡hola, amigote!; **~ halten** economizar **2.** (*geh: Herkunft*) familia *f,* casa *f;* **er ist aus gutem ~e** es de buena familia [*o* casa]; **von ~e aus** originalmente, desde siempre **3.** (*Unternehmen*) casa *f,* empresa *f;* **das ers-**

te ~ am Platz la empresa de mejor reputación **4.** (*Dynastie*) casa *f,* dinastía *f* **5.** (*Schnecken~*) concha *f,* casita *f* del caracol **6.** (ASTR) casa *f* (celeste) **7.** (POL) Cámara *f;* **Hausaltar** *m* <-s, -täre> (REL) oratorio *m;* **Hausangestellte(r)** *mf* <-n, -n; -n, -n> criado, -a *m, f,* empleado, -a *m, f* (del hogar); **Hausanschluss**[RR] *m* <-es, -schlüsse> (TECH) acometida *f;* (TEL) comunicación *f* interior, teléfono *m* interior [*o* interno]; **Hausantenne** *f* <-, -n> antena *f* de casa; **Hausanzug** *m* <-(e)s, -züge> traje *m* de casa; **Hausapotheke** *f* <-, -n> botiquín *m;* **Hausarbeit** *f* <-, -en> **1.** (*im Haushalt*) trabajo *m* de la casa, quehaceres *mpl* domésticos **2.** (SCH) deberes *mpl;* (UNIV) trabajo *m* escrito (hecho en casa); **Hausarrest** *m* <-(e)s, -e> arresto *m* domiciliario; **Hausarzt, -ärztin** *m, f* <-es, -ärzte; -, -nen> médico, -a *m, f* de cabecera; **Hausaufgabe** *f* <-, -n> (SCH) trabajo *m* para casa; **~n** deberes *mpl;* **Hausaufsatz** *m* <-es, -sätze> (SCH) redacción *f* (que se hace como deber escolar)

hausbacken *adj* **1.** (*Hausmittel*) casero **2.** (*abw: bieder*) aburguesado; (*langweilig*) aburrido

Hausbar *f* <-, -s> mueble-bar *m*

Hausbau *m* <-(e)s, *ohne pl*> construcción *f* de una casa; **im Frühjahr beginnen sie mit dem ~** en primavera empiezan con la construcción de la casa

Hausbesetzer(in) *m(f)* <-s, -; -, -nen> okupa *mf sl;* **Hausbesetzerszene** *f* <-, -n> movimiento *m* okupa, okupas *mpl*

Hausbesetzung *f* <-, -en> okupación *f;* **Hausbesitz** *m* <-es, *ohne pl*> propiedad *f* inmobiliaria; **Hausbesitzer(in)** *m(f)* <-s, -; -, -nen> propietario, -a *m, f* de una casa; **Hausbesorger(in)** *m(f)* <-s, -; -, -nen> (*Österr: Hausmeister*) conserje *mf,* portero, -a *m, f;* **Hausbesuch** *m* <-(e)s, -e> visita *f* domiciliaria; **Hausbewohner(in)** *m(f)* <-s, -; -, -nen> vecino, -a *m, f* de una casa; **Hausboot** *nt* <-(e)s, -e> barco *m* vivienda; **Hausbrand** *m* <-(e)s, *ohne pl*> combustible *m* para uso doméstico; **Hausbriefkasten** *m* <-s, -kästen> buzón *m*

Häuschen ['hɔɪsçən] *nt* <-s, -> casita *f;* **ganz aus dem ~ sein** (*fam*) estar completamente fuera de sí

Hausdame *f* <-, -n> ama *f* de llaves; **die ~ meldete den Besuch an** el ama de llaves anunció la visita; **Hausdetektiv(in)** *m(f)* <-s, -e; -, -nen> detective *mf* privado (*de grandes almacenes, casinos, etc.*); **Hausdiener** *m* <-s, -> (*im Privathaus*) criado *m;* (*im Hotel*) mozo *m;* **Hausdrachen** *m* <-s, -> (*fam abw*) arpía *f,* tarasca *f*

Hausdurchsuchung *f* <-, -en> (*Österr*) registro *m* domiciliario; **Hausdurchsuchungsbefehl** *m* <-s, -e> (JUR) orden *f* de registro domiciliario

hauseigen *adj* propio de la casa, que pertenece a la casa; **das Hotel verfügt über ein ~es Schwimmbad** el hotel dispone de piscina privada; **Hauseigentümer(in)** *m(f)* <-s, -; -, -nen> propietario, -a *m, f* de la casa; **Hauseinfahrt** *f* <-, -en> entrada *f* (de la casa); **die ~ ist freizuhalten!** ¡no aparcar delante de la entrada!, ¡dejar libre la entrada!; **Hauseingang** *m* <-(e)s, -gänge> entrada *f* de la casa

hausen ['haʊzən] *vi* (*fam*) **1.** (*abw: wüten*) causar estragos, devastar **2.** (*wohnen*) vivir (*in* en)

Häuserblock *m* <-(e)s, -s *o* -blöcke> manzana *f,* cuadra *f Am;* **Häuserfront** *f* <-, -en> frente *m* de varias casas, fachadas *fpl* de varias casas; **Häusermakler(in)** *m(f)* <-s, -; -, -nen> (WIRTSCH) agente *mf* inmobilario, -a; **Häusermeer** *nt* <-(e)s, -e> (*geh*) *conjunto de edificios de una ciudad vistos desde un punto elevado;* **sie schauten über das endlose ~ der Stadt** contemplaban el inmenso panorama que ofrecía la ciudad (a sus pies); **Häuserreihe** *f* <-, -n>, **Häuserzeile** *f* <-, -n> hilera *f* de casas; **die Freundinnen wohnen in derselben ~** las amigas viven en la misma acera

Hausflur *m* <-(e)s, -e> pasillo *m*

Hausfrau *f* <-, -en> **1.** (*Haushalt führende Frau*) ama *f* de casa **2.** (*Österr, südd: Zimmerwirtin*) alquiladora *f* de habitaciones; **Hausfrauenart** *f* <-, *ohne pl*> estilo *f* casero; **nach** [*o* **auf**] **~** (al modo) casero

hausfraulich *adj* doméstico; **~e Tätigkeiten** tareas domésticas

Hausfreund *m* <-(e)s, -e> **1.** (*der Familie*) amigo *m* de la casa **2.** (*Geliebter*) alegraesposas *m inv*

Hausfriede *m* <-ns, *ohne pl*> paz *f* del hogar [*o* doméstica]; **Hausfriedensbruch** *m* <-(e)s, -brüche> (JUR) allanamiento *m* de morada

Hausgebrauch *m* <-(e)s, *ohne pl*> uso *m* doméstico; **für den ~** para uso doméstico; **Hausgeburt** *f* <-, -en> parto *m* en casa; **Hausgehilfin** *f* <-, -nen> *s.* **Haushaltshilfe;** **hausgemacht** ['haʊsgəmaxt] *adj* casero, de fabricación casera; **Hausgemeinschaft** *f* <-, -en> **1.** (*im Haushalt*) comunidad *f* **2.** (*Hausbewohner*) vecindad *f,* comunidad *f* de vecinos; **Hausgötter** *mpl* (MYTH) lares *mpl*

Haushalt ['haʊshalt] *m* <-(e)s, -e> **1.** (*Hausgemeinschaft*) casa *f;* **jdm den ~ führen** llevar(le) la casa a alguien; **einen ~ gründen/auflösen** poner/levantar casa; **im ~ helfen** ayudar en casa **2.** (*Familie*) hogar *m,* familia *f;* **die privaten ~e** los hogares **3.** (POL: *Etat*) presupuesto *m;* **kommunaler/öffentlicher ~** hacienda local/pública

haus|halten *irr vi* economizar (*mit*)

Haushälterin ['haʊshɛltərɪn] *f* <-, -nen> ama *f* de llaves

haushälterisch *adj* económico, ahorrativo

Haushaltsabfall *m* <-(e)s, -fälle> basura *f* doméstica, residuos *mpl* domésticos; **Haushaltsabstriche** *mpl* (FIN, WIRTSCH) recortes *mpl* presupuestarios; **Haushaltsabwässer** *ntpl* aguas *fpl* residuales domésticas; **Haushaltsartikel** *m* <-s, -> artículo *m* doméstico [*o* de menaje]; **Haushaltsausgaben** *fpl* (FIN, WIRTSCH) gastos *mpl* presupuestarios; **Haushaltsberatung** *f* <-, -en> (FIN, POL, WIRTSCH) discusión *f* sobre el presupuesto; **Haushaltsbesteuerung** *f* <-, -en> (FIN) tributación *f* presupuestaria; **Haushaltsbuch** *nt* <-(e)s, -bücher> libreta *f* de las cuentas de la casa; **als ordentliche Hausfrau führt sie ein** ~ como buena ama de casa anota todos los gastos domésticos en una libreta; **Haushaltsdebatte** *f* <-, -n> (POL) debate *m* sobre el presupuesto; **Haushaltsdefizit** *nt* <-s, -e> (POL) déficit *m inv* presupuestario; **Haushaltsentwurf** *m* <-(e)s, -würfe> (FIN, POL, WIRTSCH) proyecto *m* de presupuesto; **Haushaltsführung** *f* <-, -en> gobierno *m* de la casa; (FIN) gestión *f* presupuestaria; **doppelte** ~ (FIN) doble ingreso; **Haushaltsgeld** *nt* <-(e)s, *ohne pl*> dinero *m* para los gastos domésticos; **Haushaltsgerät** *nt* <-(e)s, -e> aparato *m* doméstico; **Haushaltsgesetz** *nt* <-es, -e> (FIN, POL) ley *f* presupuestaria; **Haushaltshilfe** *f* <-, -n> empleada *f* de hogar, asistenta *f*; **Haushaltsjahr** *nt* <-(e)s, -e> (POL) año *m* presupuestario; **Haushaltskasse** *f* <-, *ohne pl*> presupuesto *m* familiar; **Haushaltsloch** *nt* <-(e)s, -löcher> (FIN) agujero *m* presupuestario, déficit *m inv* presupuestario; **das** ~ **stopfen** cubrir el agujero presupuestario; **Haushaltsmittel** *ntpl* (POL) fondos *mpl* presupuestarios; **Haushaltsnachtrag** *m* <-(e)s, -träge> (FIN, POL, WIRTSCH) complemento *m* presupuestario; **Haushaltspackung** *f* <-, -en> (WIRTSCH) paquete *m* familiar, envase *m* familiar; **wenn Reis im Angebot ist, kaufe ich gleich eine** ~ cuando el arroz está de oferta compro el paquete familiar; **Haushaltsplan** *m* <-(e)s, -pläne> (POL) presupuesto *m*; **Haushaltspolitik** *f* <-, *ohne pl*> (FIN, POL, WIRTSCH) política *f* presupuestaria; **Haushaltsreiniger** *m* <-s, -> producto *m* de limpieza (para el hogar); **Haushaltsreserve** *f* <-, -n> (FIN, WIRTSCH) reserva *f* presupuestaria; **Haushaltsüberschuss**[RR] *m* <-es, -schüsse> (FIN, POL, WIRTSCH) superávit *m inv* presupuestario; **Haushaltsverbrauch** *m* <-(e)s, -bräuche> uso *m* doméstico; **Haushaltswaage** *f* <-, -n> balanza *f* de cocina; **Haushaltsware** *f* <-, -n> artículo *m* doméstico [*o* de menaje]

Haushaltung *f* <-, -en> **1.** (*Haushalt*) hogar *m* **2.** (*Haushaltsführung*) gobierno *m* de la casa

Hausherr(in) *m(f)* <-(e)n, -en; -, -nen> dueño, -a *m, f* de la casa, señor(a) *m(f)* de la casa

haushoch ['-'-] *adj* (*groß*) como una casa, enorme; (*außergewöhnlich*) descomunal; **jdm** ~ **überlegen sein** dar(le) cien vueltas a alguien; **jdn** ~ **schlagen** derrotar a alguien aplastantemente

hausieren* [haʊ'ziːrən] *vi* trabajar como vendedor ambulante, ir vendiendo de casa en casa; **mit etw** *dat* ~ **gehen** (*fam*) contar algo a todo el mundo, divulgar algo

Hausierer(in) *m(f)* <-s, -; -, -nen> vendedor(a) *m(f)* ambulante, pacotillero, -a *m, f Am*

Hausjacke *f* <-, -n> chaqueta *f* de estar por casa; **Hauskapelle** *f* <-, -n> (REL) capilla *f* privada; **Hauskauf** *m* <-(e)s, -käufe> compra *f* de una casa; **seine Bank gewährt ihm einen Kredit für den** ~ su banco le ha concedido un crédito para comprar la casa; **Hauskleid** *nt* <-(e)s, -er> bata *f*, vestido *m* de estar por casa; **Hauskonzert** *nt* <-(e)s, -e> velada *f* musical; **Hauslehrer(in)** *m(f)* <-s, -; -, -nen> preceptor *m*, institutriz *f*; (*Privatlehrer*) profesor(a) *m(f)* particular

häuslich ['hɔɪslɪç] *adj* **1.** (*Arbeiten, Pflichten*) doméstico; (*Familie betreffend*) familiar **2.** (*Familienleben liebend*) casero; **sich** ~ **niederlassen** (*fam*) poner casa

Häuslichkeit *f* <-, *ohne pl*> vida *f* hogareña; ~ **ist ihr verhasst; sie geht lieber aus** detesta quedarse en casa; prefiere salir

Hausmacherart ['haʊsmaxɐʔaːɐt] *f* (GASTR): **nach** ~ según receta casera; **Hausmacherkost** *f* <-, *ohne pl*> (GASTR) cocina *f* casera; **unsere Oma kocht gute** ~ nuestra abuela hace unos sabrosos platos caseros

Hausmacht *f* <-, *ohne pl*> **1.** (POL) base *f* de poder; **die** ~ **hielt dem Minister den Rücken frei** el entorno próximo al ministro le cubrió las espaldas **2.** (HIST) alodio *m*

Hausmädchen *nt* <-s, -> sirvienta *f*

Hausmann *m* <-(e)s, -männer> amo *m* de casa; **Hausmannskost** *f* <-, *ohne pl*> comida *f* casera

Hausmantel *m* <-s, -mäntel> batín *m*; **Hausmarke** *f* <-, -n> **1.** (*einer Einzelhandelsfirma*) marca *f* de la casa **2.** (*fam: bevorzugte Marke*) marca *f* favorita; **das ist meine** ~ es mi marca favorita; **Hausmeister(in)** *m(f)* <-s, -; -, -nen> **1.** (*in Wohnhaus*) conserje *mf*, portero, -a *m, f*; (*in öffentlichen Gebäuden*) bedel(a) *m(f)* **2.** (*Schweiz: Hausbesitzer*) propietario, -a *m, f* de la casa; **Hausmitteilung** *f* <-, -en> **1.** (*Mitteilung*) aviso *m* interno **2.** (WIRTSCH: *Druckschrift*) boletín *m* de la empresa; **Hausmittel** *nt* <-s, -> remedio *m* casero; **Hausmüll** *m* <-s, *ohne pl*> basura *f* doméstica; **Hausmusik** *f* <-, -en> música *f* de aficionados; **Hausmutter** *f* <-, -mütter> directora *f*, gobernanta *f*; **die** ~ **der Jugendherberge** la directora del albergue juvenil; **Hausmütterchen** *nt* <-s, -> (*abw*) ≈maruja *f*; **Hausnummer** *f* <-, -n> número *m* de (la) casa [*o* de la calle];

Hausordnung *f* <-, -en> reglamento *m* interno [*o* de la casa]; **Hausputz** *m* <-es, *ohne pl*> limpieza *f* (general) de la casa; **jedes Frühjahr ist großer ~ bei uns** cada año por primavera hacemos una limpieza general de la casa

Hausrat *m* <-(e)s, *ohne pl*> menaje *m,* mobiliario *m* y enseres *mpl* del hogar; **Hausratversicherung** *f* <-, -en> seguro *m* del hogar

Hausräuke ['-rɔɪkə] *f* <-, -n> (*Schweiz: Einweihungsfeier*) fiesta *f* de inauguración; **Hausrecht** *nt* <-(e)s, *ohne pl*> (JUR) derecho *m* doméstico; **von seinem ~ Gebrauch machen** hacer uso de sus derechos de propietario; **Haussammlung** *f* <-, -en> recolecta *f* a domicilio; **die nächste ~ ist für die Kriegshinterbliebenen** la próxima recolecta que haremos por las casas es para las viudas y huérfanos de guerra; **Hausschlachtung** *f* <-, -en> matanza *f* casera; **die Wurst ist aus unserer ~** el embutido es de matanza propia; **Hausschlüssel** *m* <-s, -> llave *f* de (la) casa; **Hausschuh** *m* <-(e)s, -e> zapatilla *f;* **Hausschwamm** *m* <-(e)s, -schwämme> hongo *m* destructor, hupe *f;* **dem ~ kann durch Holzschutz vorgebeugt werden** la hupe se puede evitar protegiendo la madera

Hausse [ho:s, 'ho:sə, o:s] *f* <-, -n> (FIN) alza *f;* **auf ~ spekulieren** especular [*o* jugar] al alza

Haussegen *m:* **der ~ hängt (bei jdm) schief** (*fam*) alguien tiene líos en casa; **Hausstand** *m* <-(e)s, -stände> (*geh*) casa *f;* **einen (eigenen) ~ gründen** poner casa (propia)

Haussuchung *f* <-, -en> (JUR) registro *m* domiciliario; **Haussuchungsbefehl** *m* <-(e)s, -e> (JUR) orden *f* de registro, mandato *m* de registro domiciliario

Haustarif *m* <-(e)s, -e> (WIRTSCH) convenio *m* de la empresa; **Haustelefon** *nt* <-s, -e> interfono *m;* **Haustier** *nt* <-(e)s, -e> animal *m* doméstico

Haustür *f* <-, -en> puerta *f* de (la) casa; **Haustürgeschäft** *nt* <-(e)s, -e>, **Haustürverkauf** *m* <-(e)s, -käufe> (COM) venta *f* a domicilio

Haustyrann(in) *m(f)* <-en, -en; -, -nen> (*fam: Vater, Mutter*) (padre *m* de familia) tirano *m,* (madre *f* de familia) tirana, f; (*Ehemann, -frau*) marido *m* tirano, esposa *f* tirana; **als ~ duldet er keinen Widerspruch** como padre de familia/como marido es un tirano y no tolera ninguna protesta

Hausvater *m* <-s, -väter> director *m;* **der ~ der Jugendherberge** el director del albergue juvenil; **Hausverbot** *nt* <-(e)s, -e> *prohibición de entrar en un sitio determinado;* **Hausverwalter(in)** *m(f)* <-s, -; -, -nen> administrador(a) *m(f)* de una casa; **Hausverwaltung** *f* <-, -en> administración *f* de la casa; **Haus- und Grundstücksverwaltung** administración de fincas; **Hauswart(in)** *m(f)* <-(e)s, -e; -, -nen> (*Österr: in Wohnhäusern*) conserje *mf,* portero, -a *m, f;* (*in öffentlichen Gebäuden*) bedel(a) *m(f);* **Hauswirt(in)** *m(f)* <-(e)s, -e; -, -nen> propietario, -a *m, f* de una casa, casero, -a *m, f;* **Hauswirtschaft** *f* <-, *ohne pl*> economía *f* doméstica; **hauswirtschaftlich** *adj* de la economía doméstica; (*Kurs*) de economía doméstica

Hauswirtschaftsschule *f* <-, -n> escuela *f* de economía doméstica

Hauszelt *nt* <-(e)s, -e> tienda *f* (de campaña) familiar

Haus-zu-Haus-Verkauf *m* <-(e)s, -käufe> (COM) venta *f* a domicilio; **Haus-zu-Haus-Verkehr** *m* <-(e)s, *ohne pl*> (COM) transporte *m* puerta a puerta

Haut [haʊt, *pl:* 'hɔɪtə] *f* <-, Häute> **1.** (*von Mensch, Tier, Obst*) piel *f,* pellejo *m abw;* (*Gesichts~*) cutis *m inv;* **nass bis auf die ~** calado hasta los huesos; **nur ~ und Knochen sein** (*fam*) no ser más que piel y huesos, estar en los huesos; **seine ~ zu Markte tragen** (*sich prostituieren*) prostituirse, venderse; (*für jdn ein Risiko eingehen*) jugarse la piel (*für* por); **seine ~ so teuer wie möglich verkaufen** (*fam*) vender caro su pellejo; **sich seiner ~ wehren** (*fam*) defender su pellejo; **versuchen, seine ~ zu retten** intentar salvar el pellejo; **aus der ~ fahren** (*fam*) salirse de sus casillas; **er kann nicht aus seiner ~ heraus** (*fam*) la cabra siempre tira al monte; **ihm ist nicht wohl in seiner ~** (*fam*) no se siente a gusto; **in ihrer ~ möchte ich nicht stecken** (*fam*) no quisiera estar en su pellejo; **mit heiler ~ davonkommen** (*fam*) salvar la piel; **mit ~ und Haaren** (*fam*) completamente; **das geht (mir) unter die ~** (*fam*) esto me llega al alma; **auf der faulen ~ liegen** (*fam*) estar tumbado a la bartola; **eine ehrliche ~** (*fam*) una persona honrada **2.** (*auf Flüssigkeit*) tela *f,* telilla *f;* **Hautabschürfung** *f* <-, -en> excoriación *f;* **Hautarzt, -ärztin** *m, f* <-es, -ärzte; -, -nen> dermatólogo, -a *m, f;* **Hautatmung** *f* <-, *ohne pl*> (MED, ZOOL) respiración *f* cutánea; **Hautausschlag** *m* <-(e)s, -schläge> (MED) erupción *f* cutánea, alfombrilla *f Cuba;* **Hautcreme** *f* <-, -s> crema *f* para la piel

Hautecouture[RR] *f* <-, *ohne pl*>, **Haute Couture** *f* <- -, *ohne pl*> alta costura *f*

häuten ['hɔɪtən] **I.** *vt* pelar, despellejar **II.** *vr:* **sich ~** (*Reptilien*) mudar la piel; (*fam: Mensch*) pelarse

hauteng ['-'-] *adj* muy ceñido, pegado al cuerpo

Hautevolee [(h)o:tvo'le:] *f* <-, *ohne pl*> (*abw, iron*) alta sociedad *f*

Hautfarbe *f* <-, -n> color *m* de la piel; (*Teint*) tez *f;* **hautfarben** *adj* (de) color carne; **hautfreundlich** *adj* (*Stoff*) agradable a la piel; (*Seife, Reiniger*) saludable para la piel; **Hautklinik** *f* <-, -en> clínica *f* dermatológica; **Hautkontakt** *m* <-(e)s, -e> contacto *m* con la piel; **bei** [*o* **mit**] **dieser Substanz sollte man jeden ~ vermeiden** se ha de evitar todo contacto de esta substancia con la piel; **Hautkrankheit** *f* <-, -en> enfermedad *f* de la piel, dermatosis *f inv;* **Hautkrebs** *m* <-es, -e> cáncer *m* de piel [*o* cutáneo]; **hautnah** ['-'-] **I.** *adj* **1.** (*fam: Schilderung*) muy realista **2.** (SPORT) estrecho **II.** *adv* desde muy cerca; **etw ~ miterleben** presenciar algo desde muy cerca; **er wurde ~ gedeckt** (SPORT) fue marcado estrechamente; **Hautpflege** *f* <-, *ohne pl*> cuidado *m* de la piel; **Hautpilz** *m* <-es, -e> hongo *m* de la piel; (MED) dermatófito *m;* **hautschonend** *adj* cuidadoso con la piel, que no irrita la piel; **Hauttransplantation** *f* <-, -en> (MED) trasplante *m* de piel

Häutung *f* <-, -en> (ZOOL) muda *f*

Havanna[1] [ha'vana] *nt* <-s> La Habana *f*

Havanna[2] *f* <-, -s>, **Havannazigarre** *f* <-, -n> habano *m*

Havarie [hava'ri:] *f* <-, -n> (AERO, NAUT) avería *f;* **Havariegutachten** *nt* <-s, -> (AERO, NAUT) dictamen *m* de avería

havarieren* [hava'ri:rən] *vi* **1.** (NAUT) sufrir un accidente; **der havarierte Frachter lag tagelang auf der Sandbank fest** el carguero estuvo varios días varado en el banco de arena **2.** (*Österr: verunglücken*) tener un accidente

Hawaiigitarre *f* <-, -n> guitarra *f* hawaiana

Haxe ['haksə] *f* <-, -n> (*südd*) pata *f*

Hazienda [ha'tsjɛnda] *f* <-, -s> hacienda *f*, estancia *f Am*

Hbf. *Abk. von* **Hauptbahnhof** estación *f* central

H-Bombe *f* <-, -n> (MIL) bomba *f* H, bomba *f* de hidrógeno

h.c. *Abk. von* **honoris causa** honoris causa

HD [ha:'de:] (INFOR) *Abk. von* **High Density** HD; **HD-Diskette** [ha:'de:dɪskɛtə] *f* <-, -n> (INFOR) disquete *m* HD, diskette *m* HD

HDE [ha:de:'ʔe:] *Abk. von* **Hauptverband des deutschen Einzelhandels** asociación *f* general de los minoristas alemanes

HDTV [ha:de:te:'vaʊ] *nt* <-s, *ohne pl*> *Abk. von* **High Definition Television** televisión *f* de alta definición

H-Dur ['ha:'du:ɐ] *nt* <-, *ohne pl*> (MUS) si *m* mayor

he [he:] *interj* ¡eh!, ¡oiga!, ¡epa! *MAm;* **~, Sie da!** ¡eh, Ud.!

He (CHEM) *Abk. von* **Helium** He

Headhunter(in) ['hɛthantɐ] *m(f)* <-s, -; -, -nen> (WIRTSCH) cazatalentos *mf inv,* cazacerebros *mf inv*

Hearing ['hi:rɪŋ] *nt* <-(s), -s> (POL) audición *f* (pública)

heavy ['hɛvɪ] *adj inv* (*sl*) fuerte; **das ist echt ~, die haben mich einfach rausgeschmissen** es muy fuerte, sencillamente me han echado

Heavymetal[RR] *nt* <-, *ohne pl*> (MUS) heavy metal *m;* **Heavymetal-Band**[RR] *f* <-, -s> grupo *m* de heavy (metal), banda *f* de heavy (metal)

Hebamme ['he:bamə] *f* <-, -n> partera *f*, comadrona *f*

Hebebühne *f* <-, -n> (TECH) plataforma *f* elevadora

Hebel ['he:bəl] *m* <-s, -> palanca *f;* **einen ~ ansetzen** aplicar una palanca; **alle ~ in Bewegung setzen** (*fam*) tocar todas las teclas; **am längeren ~ sitzen** tener la sartén por el mango; **Hebelarm** *m* <-(e)s, -e> (PHYS) palanca *f;* **Hebelgriff** *m* <-(e)s, -e> (SPORT) llave *f;* (**bei jdm**) **einen ~ ansetzen** hacer una llave (a alguien); **Hebelkraft** *f* <-, -kräfte> (PHYS) momento *m* de la palanca; **Hebelwirkung** *f* <-, -en> efecto *m* de palanca, acción *f* de palanca

heben ['he:bən] <hebt, hob, gehoben> **I.** *vt* **1.** (*hoch~*) alzar, levantar; (*Schatz, Wrack*) subir, levantar; **die Stimme ~** elevar la voz; **einen Wagen auf die Bühne ~** subir un vehículo al escenario; **einen ~ gehen** (*fam*) ir de copas **2.** (*steigern*) aumentar; (*verbessern*) mejorar; **den Umsatz ~** aumentar el volumen de operaciones **3.** (*südd: halten*) sujetar **II.** *vr:* **sich ~ 1.** (*Nebel, Vorhang*) levantarse **2.** (*sich verbessern*) mejorarse; **seine Stimmung hob sich gleich** su ánimo se levantó enseguida **III.** *vi* (*südd: haltbar sein*) conservarse

Heber ['he:bɐ] *m* <-s, -> (CHEM) tubo *m* sifón; (*Pipette*) pipeta *f*

Hebesatz *m* <-es, -sätze> (FIN, WIRTSCH) tipo *m* estimativo

Hebräer(in) [he'brɛ:ɐ] *m(f)* <-s, -; -, -nen> hebreo, -a *m, f*

hebräisch [he'brɛ:ɪʃ] *adj* hebreo, hebraico

Hebräisch *nt* <-(s), *ohne pl*>, **Hebräische** *nt* <-n, *ohne pl*> hebreo *m;* **sprechen Sie ~?** ¿habla hebreo?; **einen Text ins ~e/aus dem ~en übersetzen** traducir un texto al hebreo/del hebreo

Hebung ['he:bʊŋ] *f* <-, -en> **1.** (*das Hinaufbefördern*) levantamiento *m;* (*Anstieg, Verbesserung*) mejora *f*, realce *m* **2.** (LIT: *Versmaß*) sílaba *f* marcada **3.** (GEO) elevación *f*

hecheln ['hɛçəln] *vi* (*Hund*) jadear

Hecht [hɛçt] *m* <-(e)s, -e> **1.** (*Fisch*) lucio *m;* **er ist ein ~ im Karpfenteich** (*fam*) alborota el cotarro **2.** (*fam: Mann*): **ein toller ~!** ¡vaya tío!

hechten ['hɛçtən] *vi sein* (SPORT) saltar en plancha; **vom Sprungbrett ~** saltar en plancha desde el trampolín; **über den Kasten/das Pferd ~** hacer un salto en plancha en el plinto/caballo; **ins Wasser ~** tirarse en plancha al agua; **nach etw** *dat* **~** tirarse en plancha para coger algo

Hechtrolle *f* <-, -n> (SPORT) voltereta *f* con salto de carpa; **Hechtsprung** *m* <-(e)s,

-sprünge> (*Turnen*) salto *m* con el cuerpo extendido; (*Schwimmen*) salto *m* de la carpa; **Hechtsuppe** *f:* **es zieht wie ~** (*fam*) sopla [*o* corre] un biruji, hay una corriente fuertísima

Heck [hɛk] *nt* <-(e)s, -e *o* -s> (NAUT) popa *f;* (AUTO, AERO) parte *f* trasera; **Heckantrieb** *m* <-(e)s, -e> (AUTO) accionamiento *m* trasero

Hecke ['hɛkə] *f* <-, -n> seto *m;* **Heckenrose** *f* <-, -n> escaramujo *m,* rosal *m* silvestre; **Heckenschere** *f* <-,-n> cortasetos *m inv;* **Heckenschütze, -in** *m, f* <-n, -n; -, -nen> francotirador(a) *m(f)*

Heckfenster *nt* <-s, -> (AUTO) luneta *f* (trasera); **Heckflosse** *f* <-, -n> (AUTO) alerón *m* (trasero); **Heckklappe** *f* <-, -n> (AUTO) quinta puerta *f,* puerta *f* del maletero

hecklastig *adj* (*Schiff*) apopado; (*Auto*) cargado de atrás; **mit so viel Gepäck muss der Wagen ~ werden** con tanto equipaje se cargará la parte trasera del coche [*o* se cargará de cola el coche]

Heckmeck ['hɛkmɛk] *m* <-s, *ohne pl*> (*fam*): **mach jetzt keinen ~!** (*keine Umstände*) ¡no te tomes ninguna molestia!; **wir bekommen eine Revision, aber macht bloß keinen ~** (*kein Aufheben*) van a pasar a hacernos una revisión, pero no montéis ningún número

Heckmotor *m* <-s, -en> (TECH) motor *m* trasero

Heckscheibe *f* <-, -n> (AUTO) cristal *m* trasero, luneta *f* trasera; **heizbare ~** luneta trasera térmica; **Heckscheibenheizung** *f* <-, -en> (AUTO) aire *m* caliente de la luneta (trasera); **Heckscheibenwaschanlage** *f* <-, -n> (AUTO) lava-limpia luneta *f* trasera; **Heckscheibenwischer** *m* <-s, -> (AUTO) limpiaparabrisas *m inv* (de la luneta trasera)

Heckspoiler *m* <-s, -> (AUTO) spoiler *m* trasero, alerón *m;* **Hecktür** *f* <-, -en> (AUTO) puerta *f* trasera

heda ['he:da] *interj* ¡eh!

Hedgegeschäft ['hɛtʃ-] *nt* <-(e)s, -e> (WIRTSCH) *negocio que resulta de la oscilación de precios en el mercado*

Hedonismus [hedo'nɪsmʊs] *m* <-, *ohne pl*> (PHILOS) hedonismo *m*

hedonistisch *adj* (*geh*) hedonista

Heer [he:ɐ] *nt* <-(e)s, -e> **1.** (MIL) ejército *m;* **das stehende ~** el ejército activo permanente **2.** (*Menge*) sinnúmero *m,* manada *f;* **ein ~ von Touristen** un ejército de turistas; **Heeresbericht** *m* <-(e)s, -e> (MIL) parte *m* militar; **Heeresleitung** *f* <-, -en> (MIL) alto mando *m* militar; **Heereszug** *m* <-(e)s, -züge> (MIL) *s.* **Heerzug**

Heerführer *m* <-s, -> (HIST) jefe *m* del ejército; **Heerlager** *nt* <-s, -> (HIST) campamento *m* militar; **Heerscharen** *fpl* **1.** (*fam: große Anzahl*) multitudes *fpl;* **~ von Touristen besuchen im Sommer die Altstadt** multitudes de turistas recorren en verano el casco viejo **2.** (*Wend*): **die himmlischen ~** (REL) los ejércitos celestiales; **Heerstraße** *f* <-, -n> (HIST) camino *m* militar; **Heerzug** *m* <-(e)s, -züge> (MIL) **1.** (*Feldheer*) ejército *m* en campaña **2.** (*Feldzug*) campaña *f* (militar), expedición *f* militar

Hefe ['he:fə] *f* <-, -n> levadura *f;* **Hefegebäck** *nt* <-(e)s, -e> pastas *fpl* (elaboradas con una masa de levadura); **Hefekuchen** *m* <-s, -> pastel *m* (elaborado con una masa de levadura); **Hefepilz** *m* <-es, -e> levadura *f;* **Hefeteig** *m* <-(e)s, -e> masa *f* de levadura; **Hefeteilchen** *nt* <-s, -> pastel *m* (individual) (elaborado con una masa de levadura)

Heft [hɛft] *nt* <-(e)s, -e> **1.** (*Schreib~*) cuaderno *m* **2.** (*einer Zeitschrift*) número *m* **3.** (*Broschüre*) folleto *m* **4.** (*geh: von Waffen*) puño *m;* **das ~ in der Hand haben** llevar las riendas; **das ~ in die Hand nehmen** tomar las riendas; **das ~ aus der Hand geben** abandonar la dirección; **jdm das ~ aus der Hand nehmen** arrebatar el poder a alguien

heften ['hɛftən] **I.** *vt* **1.** (*anbringen*) fijar (*an* en), colgar (*an* en); (*mit Heftklammer*) grapar **2.** (*Buch*) encuadernar **3.** (*Stoffe*) hilvanar **4.** (*Blick, Augen*) clavar (*auf* en), fijar (*auf* en); **er heftete seine Augen auf ihr Gesicht** clavó la mirada en su cara **5.** (*Schweiz: Wunde: nähen*) suturar; (*verbinden*) vendar; (*pflastern*) poner una tirita [*o* un esparadrapo] **II.** *vr:* **sich ~** (*Blick*) clavarse (*auf* en), fijarse (*auf* en); (*Verfolger*) pegarse (*an* a); **sich an jds Fersen ~** pegarse a los talones de alguien; **sein Blick heftete sich auf sie** su mirada se clavó en ella

Hefter *m* <-s, -> **1.** (*Mappe*) clasificador *m* **2.** (*Heftmaschine*) grapadora *f*

Heftfaden *m* <-s, ->, **Heftgarn** *nt* <-(e)s, -e> hilván *m,* hilo *m* de hilvanar; **Heftgerät** *nt* <-(e)s, -e> grapadora *f*

heftig ['hɛftɪç] *adj* **1.** (*stark*) fuerte; (*gewaltig*) vehemente, violento; (*ungestüm*) impetuoso; (*Leidenschaft*) ardiente; (*Kälte*) intenso; (*Sehnsucht, Abneigung*) profundo; (*Widerstand*) duro; (*Kampf*) encarnizado **2.** (*unbeherrscht*) colérico; (*Ton*) duro

Heftigkeit *f* <-, *ohne pl*> **1.** (*Wucht*) violencia *f;* (*Ungestüm*) vehemencia *f* **2.** (*Ungestüm*) ímpetu *m,* impetuosidad *f*

Heftklammer *f* <-, -n> **1.** (*für Heftmaschine*) grapa *f* **2.** (*Büroklammer*) clip *m;* **Heftklammernentferner** *m* <-s, -> quitagrapas *m inv*

Heftmaschine *f* <-, -n> grapadora *f;* **Heftpflaster** *nt* <-s, -> tirita *f;* **Heftstreifen** *m* <-s, -> tira *f* de plástico (para archivar); **Heftzange** *f* <-, -n> grapadora *f;* **Heftzwecke** *f* <-, -n> chincheta *f,* chinche *f*

Hege ['he:gə] *f* <-, *ohne pl*>: **~ des Wildes** protección *f* de la caza mayor

Hegemonie [hegemo'ni:] *f* <-, -n> hegemonía *f*

hegen ['he:gən] *vt* **1.** (*Wild, Pflanzen*) guardar **2.** (*geh*) abrigar; **Misstrauen/Zweifel/Hoffnung** ~ abrigar desconfianza/dudas/esperanzas; **für etw/jdn Achtung** ~ estimar algo/a alguien; **ein lang gehegter Wunsch** un deseo acariciado desde tiempo atrás; **eine lang gehegte Illusion** una ilusión alimentada durante largo tiempo

Hehl [heːl] *m o nt:* **kein(en)** ~ **aus etw** *dat* **machen** no hacer un secreto de algo

Hehler(in) *m(f)* <-s, -; -, -nen> encubridor(a) *m(f)*

Hehlerei *f* <-, -en> (JUR) encubrimiento *m*

hehr [heːɐ] *adj* (*geh*) elevado, sublime, venerable

hei [haɪ] *interj* ¡ostras!, ¡caray!; ~, **macht das einen Spaß!** ¡ostras tú, es alucinante!

Heia ['haɪa] *f* <-, -(s)> (*Kind*) cama *f;* **jetzt geht's ab in die** ~**!** ¡y ahora a la cama!

Heide[1] ['haɪdə] *f* <-, -n> (*Landschaft*) brezal *m;* **die Lüneburger** ~ las landas de Lüneburg

Heide, -in[2] *m, f* <-n, -n; -, -nen> (REL) pagano, -a *m, f*

Heidekraut *nt* <-(e)s, *ohne pl*> (BOT) brezo *m*

Heideland *nt* <-(e)s, *ohne pl*> brezal *m*

Heidelbeere ['haɪdəlbeːrə] *f* <-, -n> arándano *m*

Heidelberg ['haɪdəlbɛrk] *nt* <-s> Heidelberg *m*

Heidenangst ['--'-] *f* <-, *ohne pl*> (*fam*) miedo *m* cerval, pavor *m;* **eine** ~ **vor etw** *dat* **haben** tener un miedo cerval a algo; **Heidenarbeit** *f* <-, *ohne pl*> (*fam*) trabajo *m* de negros, trabajo *m* de mil demonios; **es ist eine** ~ **zu ...** hay que trabajar como un negro para...; **Kinder machen eine** ~**!** ¡los niños dan un trabajo de mil demonios!; **Heidengeld** ['--'-] *nt* <-(e)s, *ohne pl*> (*fam*) dineral *m;* **etw kostet ein** ~ algo cuesta un ojo de la cara; **Heidenlärm** ['--'-] *m* <-(e)s, *ohne pl*> (*fam*) ruido *m* infernal; **Heidenspaß** ['--'-] *m* <-es, *ohne pl*> (*fam*) jolgorio *m,* jarana *f;* **einen** ~ **haben** pasarlo bomba

Heidentum *nt* <-s, *ohne pl*> paganismo *m*

Heidin *f* <-, -nen> *s.* **Heide**[2]

heidnisch ['haɪdnɪʃ] *adj* pagano

Heidschnucke ['haɪtʃnʊkə] *f* <-, -n> (ZOOL) *oveja pequeña criada en las landas de Lüneburg*

heikel ['haɪkəl] *adj* **1.** (*Angelegenheit*) delicado **2.** (*reg: wählerisch*) exigente; (*schwer zufrieden zu stellen*) difícil de contentar

heil [haɪl] *adj* **1.** (*unverletzt*) ileso, sano y salvo; ~ **ankommen** llegar sano y salvo; **etw** ~ **überstehen** salir ileso de algo; **mit** ~**er Haut davonkommen** salir bien librado **2.** (*wieder gesund*) curado **3.** (*intakt*) intacto, entero; **etw wieder** ~ **machen** reparar algo; **die** ~**e Welt** el paraíso terrenal

Heil *nt* <-(e)s, *ohne pl*> **1.** (*Wohlergehen*) prosperidad *f;* (*Glück*) fortuna *f;* **Petri** ~**!** ¡buena pesca!; **sein** ~ **in etw** *dat* **suchen** buscar su salvación en algo **2.** (REL: *Erlösung*) salvación *f*

Heiland ['haɪlant] *m* <-(e)s, *ohne pl*> (REL): **der/unser** ~ El Salvador/nuestro Redentor

Heilanstalt *f* <-, -en> **1.** (*Sanatorium*) sanatorio *m* **2.** (*Irrenanstalt*) clínica *f* (p)siquiátrica; **Heilbad** *nt* <-(e)s, -bäder> **1.** (*medizinisches Bad*) baño *m* medicinal **2.** (*Kurort*) estación *f* hidrotermal

heilbar *adj* curable

Heilbarkeit *f* <-, *ohne pl*> curabilidad *f*

Heilbutt ['haɪlbʊt] *m* <-(e)s, -e> (ZOOL) rodaballo *m*

heilen ['haɪlən] **I.** *vi sein* (*Wunde*) cicatrizarse; (*Verletzung*) curarse, sanar **II.** *vt* (*Patienten, Krankheit*) curar (*von* de), sanar (*mit* con)

Heilerfolg *m* <-(e)s, -e> (MED) éxito *m* terapéutico; **Heilfasten** *nt* <-s, *ohne pl*> (MED) ayuno *m* terapéutico

heilfroh ['-'-] *adj* (*fam*) contentísimo, aliviado; **sie war** ~**, dass ...** estaba contentísima de que... +*subj*

Heilgymnastik *f* <-, *ohne pl*> (MED) gimnasia *f* terapéutica; **Heilhaut** *f* <-, *ohne pl*>: **eine gute/schlechte** ~ **haben** tener buena/mala encarnadura

heilig ['haɪlɪç] *adj* santo, sagrado; **die H~e Dreifaltigkeit** la Santísima Trinidad; **der H~e Stuhl** la Santa Sede; **die H~e Jungfrau** la Santísima Virgen; **der H~e Geist/der ~e Vater** el Espíritu Santo/el Santo Padre; **die H~en Drei Könige** los Reyes Magos; **die H~e Schrift** la Sagrada Escritura; **H~er Abend** Nochebuena *f;* **jd hält etw** ~ algo es sagrado para alguien; ~ **sprechen** (REL) canonizar; **dir ist aber auch nichts** ~ para ti no hay nada sagrado; **etw hoch und** ~ **versprechen** prometer algo por lo más sagrado; **Heiligabend** [haɪlɪç'ʔaːbənt] *m* <-s, -e> Nochebuena *f*

Heilige(r) *mf* <-n, -n; -n, -n> santo, -a *m, f*

heiligen ['haɪlɪgən] *vt* santificar; **der Zweck heiligt die Mittel** el fin justifica los medios

Heiligenbild *nt* <-(e)s, -er> (REL: *eines Heiligen*) (imagen *f* de un) santo *m;* (*einer Heiligen*) (imagen *f* de una) santa *f;* **die Frauen beteten vor dem** ~ las mujeres rezaban frente al santo; **Heiligenschein** *m* <-(e)s, -e> aureola *f;* **Heiligenverehrung** *f* <-, *ohne pl*> (REL) veneración *f* de los santos

heilig|halten *irr vt s.* **heilig**

Heiligkeit *f* <-, *ohne pl*> santidad *f;* **Eure/Seine** ~ Vuestra/Su Santidad

heilig|sprechen *irr vt* (REL) *s.* **heilig**

Heiligsprechung *f* <-, -en> (REL) canonización *f*

Heiligtum *nt* <-(e)s, -tümer> santuario *m;* (*Reliquie*) reliquia *f;* (*a. fig*) objeto *m* de culto

Heilklima *nt* <-s, -s *o* -klimate> clima *m* saludable; **Heilkraft** *f* <-, -kräfte> fuerza *f* curativa; **heilkräftig** *adj* (*Stoff*) curativo, saludable; **Heilkraut** *nt* <-(e)s, -kräuter> hierba *f* medicinal; **Heilkunde** *f* <-, *ohne pl*> (ciencia *f* de la) medicina *f;* **heilkundig**

H

adj entendido en medicina [*o* en tratamientos curativos]

Heilkundige(r) *mf* <-n, -n; -n, -n> médico, -a *m, f,* experto, -a *m, f* en medicina

heillos *adj* terrible, infernal

Heilmittel *nt* <-s, -> remedio *m,* medicina *f;* **Heilpflanze** *f* <-, -n> planta *f* medicinal; **Heilpraktiker(in)** *m(f)* <-s, -; -, -nen> médico, -a *m, f* homeopático, -a; **Heilquelle** *f* <-, -n> aguas *fpl* medicinales

heilsam *adj* (*Methode*) curativo

Heilsarmee *f* <-, *ohne pl*> Ejército *m* de Salvación

Heilschlaf *m* <-(e)s, *ohne pl*> (MED) sueño *m* terapéutico; **Heilstätte** *f* <-, -n> (MED) sanatorio *m;* **eine bekannte ~ für Lungenkranke** un sanatorio famoso para tuberculosos

Heilung *f* <-, -en> curación *f,* cura *f;* **Heilungsprozess**[RR] *m* <-es, -e> (MED) proceso *m* curativo

Heilverfahren *nt* <-s, -> terapia *f,* tratamiento *m* terapéutico

heim [haɪm] *adv* a casa

Heim *nt* <-(e)s, -e> **1.** (*Zuhause*) hogar *m,* casa *f* **2.** (*Studenten~, Alters~*) residencia *f;* (*Obdachlosen~*) asilo *m;* (*Kinder~*) hogar *m* **3.** (*Erholungs~*) sanatorio *m;* **Heimabend** *m* <-s, -e> velada *f* (*en una residencia, un hospital, etc.*); **Heimarbeit** *f* <-, -en> trabajo *m* a domicilio; **Heimarbeiter(in)** *m(f)* <-s, -; -, -nen> persona *f* que trabaja desde casa

Heimat ['haɪma:t] *f* <-, -en> **1.** (*~land*) patria *f;* (*~region*) tierra *f* (natal); **seine zweite ~** su segunda patria; **jdm zur ~ werden** llegar a ser la segunda patria de alguien **2.** (*Herkunftsland*) país *m* de origen; **Heimatabend** *m* <-s, -e> *nocturna popular y tradicional;* **heimatberechtigt** *adj* (*wohnberechtigt*) con derecho a domicilio; (*Schweiz: Bürgerrecht in einem Ort besitzend*) con derecho de vecindad cantonal; **Heimatdichter(in)** *m(f)* <-s, -; -, -nen> poeta *mf* regional [*o* local]; **Heimaterde** *f* <-, *ohne pl*> tierra *f* natal; **Heimatfilm** *m* <-(e)s, -e> película *f* popular [*o* regional]; **Heimatflughafen** *m* <-s, -häfen> aeropuerto *m* (de mi ciudad); **Heimathafen** *m* <-s, -häfen> puerto *m* de origen; **Heimatkunde** *f* <-, *ohne pl*> (SCH) estudios *mpl* de la geografía e historia regional; **Heimatland** *nt* <-(e)s, -länder> patria *f*

heimatlich *adj* **1.** (*aus der Heimat*) de la patria, de la tierra natal **2.** (*an Heimat erinnernd*) que recuerda la patria

Heimatliebe *f* <-, *ohne pl*> apego *m* a la tierra natal; **seine ~ zieht ihn immer wieder an die Ostsee** el apego que tiene a su terruño le lleva una y otra vez al mar Báltico

heimatlos *adj* sin patria, apátrida

Heimatlose(r) *mf* <-n, -n; -n, -n> apátrida *mf*

Heimatmuseum *nt* <-s, -museen> museo *m* de historia local; **Heimatort** *m* <-(e)s, -e> lugar *m* de nacimiento [*o* de origen], pago *m Arg, Peru;* **Heimatrecht** *nt* <-(e)s, -e> (JUR) derecho *m* nacional [*o* de domicilio]; **Heimatschein** *m* <-(e)s, -e> (*Schweiz*) certificado *m* de ciudadanía; **Heimatstadt** *f* <-, -städte> ciudad *f* de origen; **heimatvertrieben** *adj* expulsado (de su tierra natal); **die ~en Deutschen verließen ihre Siedlungsgebiete** los alemanes expulsados de su tierra natal abandonaron sus asentamientos; **Heimatvertriebene(r)** *mf* <-n, -n; -n, -n> *personas que habitaban los territorios del Este entonces pertenecientes al Reich y que después de 1945 tuvieron que emigrar*

heim|begeben* *irr vr:* **sich ~** irse a casa; **heim|bringen** *irr vt* **1.** (*begleiten*) llevar a casa **2.** (*mitbringen*) traer a casa

Heimchen ['haɪmçən] *nt* <-s, -> **1.** (ZOOL) grillo *m* doméstico **2.** (*Wend*): **~ am Herd** (*abw*) ama *f* de casa; **sie mauserte sich vom ~ am Herd zur emanzipierten Frau** pasó de ser una simple ama de casa a ser una mujer emancipada

Heimcomputer *m* <-s, -> (INFOR) ordenador *m* personal

heimelig ['haɪməlɪç] *adj* acogedor; **im Winter ist es schön ~ am Kamin** en invierno es muy acogedor sentarse frente a la chimenea; **das Kätzchen fühlt sich bei uns schon ganz ~** el gato se siente con nosotros como en casa

heim|fahren *irr* **I.** *vi sein* ir [*o* regresar] a casa **II.** *vt* llevar a casa; **Heimfahrt** *f* <-, -en> regreso *m* a casa, vuelta *f* a casa

Heimfall *m* <-(e)s, *ohne pl*> (JUR) reversión *f*

heim|finden *irr vi* encontrar el camino de vuelta a casa; **soll ich dich begleiten? – nein danke, ich finde alleine heim** ¿te acompaño? – no, gracias, ya sabré encontrar el camino de vuelta; **heim|führen** *vt* **1.** (*nach Hause bringen*) acompañar a casa; **die Pflegerin führte den Blinden heim** la asistenta acompañó al ciego a su casa **2.** (*geh: nach Hause ziehen*) llevar (de nuevo) a casa; **die Sorge um sein Kind führte ihn heim** la preocupación que tiene por su hijo le hizo volver a casa **3.** (*geh, alt: heiraten*): **ein Mädchen ~** tomar a una mujer por esposa; **heim|gehen** *irr vi sein* volver [*o* regresar] a casa

heimisch *adj* **1.** (*einheimisch*) nacional, del país; **die ~e Fauna** la fauna indígena [*o* regional] [*o* nacional]; **~ machen** nacionalizar; **~ sein in einer Gegend** ser propio de una región **2.** (*vertraut*) familiarizado; **sich ~ fühlen** sentirse como en su casa

Heimkehr ['haɪmke:ɐ] *f* <-, *ohne pl*> regreso *m* a casa, vuelta *f* a casa

heim|kehren *vi sein* volver [*o* regresar] a casa

Heimkehrer(in) *m(f)* <-s, -; -, -nen> repatriado, -a *m, f*

Heimkind *nt* <-(e)s, -er> expósito, -a *m, f,* inclusero, -a *m, f*

Heimkino *nt* <-s, -s> **1.** (*Filmvorführung*) cine *m* en casa **2.** (*Ausrüstung*) equipo *m* para proyectar cine en casa

heim|kommen *irr vi sein* volver [*o* regresar] a casa

Heimleiter(in) *m(f)* <-s, -; -, -nen> director(a) *m(f)* de una residencia

heim|leuchten *vi* (*fam*): **jdm** ~ cantar a alguien las cuarenta

heimlich ['haɪmlɪç] **I.** *adj* secreto; (*unerlaubt*) clandestino; (*verstohlen*) furtivo **II.** *adv* en secreto, a escondidas; ~ **tun** (*abw*) adoptar un aire enigmático, andar con tapujos; **sich ~ mit jdm treffen** encontrarse en secreto con alguien; ~, **still und leise** (*fam*) a la chita callando

Heimlichkeit[1] *f* <-, -en> (*Geheimnis*) secreto *m*

Heimlichkeit[2] *f* <-, *ohne pl*> (*Verborgenheit*) clandestinidad *f*

Heimlichtuer(in) *m(f)* <-s, -; -, -nen> (*abw*) persona *f* que anda con secretismos

Heimlichtuerei [----'-] *f* <-, -en> (*abw*) secreteo *m*

Heimlichtuerin *f* <-, -nen> *s.* **Heimlichtuer**

heimlich|tun *irr vt* (*abw*) *s.* **heimlich II.**

heim|müssen *irr vi* tener que ir a casa; **ich muss heim, sonst schimpfen meine Eltern** tengo que irme a casa, si no habrá bronca con mis padres; **Heimniederlage** *f* <-, -n> (SPORT) derrota *f* en casa [*o* en campo propio]; **Heimreise** *f* <-, -n> viaje *m* de regreso; **die ~ antreten** emprender el viaje de regreso; **heim|reisen** *vi sein* ir a casa; **während der Internatsferien durfte sie ~** durante las vacaciones del internado podía ir a casa; **heim|schicken** *vt* enviar a casa; **Heimsieg** *m* <-(e)s, -e> (SPORT) victoria *f* en casa [*o* en campo propio]; **Heimspiel** *nt* <-(e)s, -e> (SPORT) partido *m* en campo propio [*o* en casa]; **Heimstätte** *f* <-, -n> (JUR) hogar *m* familiar

heim|suchen *vt* (*Krankheit*) afectar, atacar; (*Katastrophe*) devastar; (*Wahnvorstellungen, Alpträume*) invadir

Heimsuchung *f* <-, -en> **1.** (*Schicksalsschlag*) golpe *m* del destino, revés *m* de la fortuna **2.** (REL) prueba *f* divina; (*Strafe*) castigo *m* divino

Heimtrainer *m* <-s, -> (SPORT) bicicleta *f* estática

heim|trauen *vr:* **sich ~** atreverse a volver a casa; **sich mit etw** *dat* **nicht ~** no atreverse a volver a casa con algo

Heimtücke *f* <-, *ohne pl*> perfidia *f,* malicia *f;* (JUR) alevosía *f;* **heimtückisch** *adj* pérfido, malicioso; (JUR) alevoso, con alevosía

Heimvorteil *m* <-(e)s, *ohne pl*> (SPORT) ventaja *f* de jugar en casa [*o* en campo propio]

heimwärts ['haɪmvɛrts] *adv* (en dirección) a casa

Heimweg *m* <-(e)s, -e> camino *m* de regreso; **sich auf den ~ machen** emprender el camino de regreso

Heimweh *nt* <-s, *ohne pl*> nostalgia *f,* añoranza *f,* morriña *f reg;* ~ **haben nach etw** *dat*/**jdm** tener nostalgia de algo/alguien, añorar algo/a alguien; **meine Tochter bekam ~** le entró nostalgia a mi hija; **heimwehkrank** *adj* nostálgico, con morriña

heimwerken *vi* dedicarse al bricolaje; **Heimwerker(in)** *m(f)* <-s, -; -, -nen> artesano, -a *m, f* aficionado, -a, aficionado, -a *m, f* al bricolaje; **Heimwesen** *nt* <-s, -> (*Schweiz: Anwesen*) finca *f,* propiedad *f* rural

heim|wollen *irr vi* querer ir a casa; **wollt ihr schon so früh heim?** ¿ya queréis iros tan pronto a casa?

heim|zahlen *vt* vengarse; **jdm etw ~** hacer pagar algo a alguien; **das zahl ich dir heim!** ¡me lo vas a pagar caro!, ¡me las pagarás!

heim|ziehen *irr* **I.** *vi sein* (*geh*) volver a casa; **erschöpft von ihrer Wanderung zogen sie wieder heim** agotados por la excursión emprendieron de nuevo el camino de vuelta a casa **II.** *vunpers haben* (*geh*): **es zieht jdn heim** alguien tiene ganas de volver a casa; **den Weltenbummler zog es wieder heim** el trotamundos quería volver a casa

heim|zünden *vt* (*Schweiz*) *s.* **heimleuchten**

Heini ['haɪni] *m* <-s, -s> (*fam*) idiota *m,* tonto *m* del bote

Heinzelmännchen ['haɪntsəlmɛnçən] *nt* <-s, -> (*Märchen*) duendecillo *m* (trabajador), geniecillo *m* (trabajador)

Heirat ['haɪraːt] *f* <-, -en> matrimonio *m;* (*Hochzeit*) boda *f*

heiraten ['haɪraːtən] *vi, vt* casarse (con), contraer matrimonio (con), amarrarse *Am;* **kirchlich ~** casarse por la iglesia; **sie hat in eine reiche Familie geheiratet** se casó con uno de familia rica

Heiratsabsichten *fpl* intenciones *fpl* de casarse, proyectos *mpl* matrimoniales; **Heiratsalter** *nt* <-s, *ohne pl*> (JUR) edad *f* núbil, edad *f* casadera; **im besten ~ sein** (*fam*) estar en la mejor edad para casarse; **Heiratsantrag** *m* <-(e)s, -träge> propuesta *f* de matrimonio; **Heiratsanzeige** *f* <-, -n> **1.** (*Karte, Bekanntgabe*) anuncio *m* de boda **2.** (*für Partnersuche*) anuncio *m* matrimonial; **heiratsfähig** *adj* núbil, casadero; **sie haben zwei Töchter im ~en Alter** tienen dos hijas casaderas [*o* en edad de merecer]; **Heiratskandidat(in)** *m(f)* <-en, -en; -, -nen> (*hum*) pretendiente, -a *m, f fam;* **Heiratsschwindler(in)** *m(f)* <-s, -; -, -nen> timador(a) *m(f)* matrimonial, estafador(a) *m(f)* matrimonial; **Heiratsurkunde** *f* <-, -n> partida *f* de matrimonio, certificado *m* de matrimonio; **Heiratsvermittler(in)** *m(f)*

H

<-s, -; -, -nen> asesor(a) *m(f)* matrimonial, consultor(a) *m(f)* matrimonial; **Heiratsvermittlung** *f* <-, -en> (*das Vermitteln*) arreglo *m* de casamientos; (*Vermittlungsinstitut*) agencia *f* matrimonial

heischen ['haɪʃən] *vt* (*geh*) exigir; **der Schauspieler verbeugte sich Beifall ~d** el actor se inclinó buscando el aplauso del público [*o* su aprobación]

heiser ['haɪzɐ] *adj* ronco; (*stimmlos*) afónico

Heiserkeit *f* <-, *ohne pl*> ronquera *f;* (*Stimmlosigkeit*) afonía *f*

heiß [haɪs] *adj* **1.** (*von hoher Temperatur*) caliente; (*Wetter*) caluroso; (GEO) cálido; **brütend ~** (*fam*) achicharrante; **es ist (brütend) ~** hace (un) calor (achicharrante); **kochend ~** hirviente, hirviendo; **mir ist ~** tengo calor; **Vorsicht, das ist ~!** ¡cuidado, que quema!; **das Essen ~ machen** calentar la comida; **es läuft mir ~ und kalt den Rücken hinunter** tengo escalofríos; **eine ~e Spur** una pista segura; **ein ~er Tipp** (*fam*) algo muy recomendable; **der ~e Draht** el teléfono rojo; **es wird nichts so ~ gegessen, wie es gekocht wird** (*prov*) no es tan fiero el león como lo pintan; **was ich nicht weiß, macht mich nicht ~** (*prov*) ojos que no ven, corazón que no siente **2.** (*Kampf*) encarnizado; (*Debatte*) violento, fuerte; **sich** *dat* **die Köpfe ~ reden** discutir ardientemente; **in der Metallindustrie ist ein ~er Herbst zu erwarten** para la industria metalúrgica pronostican un otoño muy conflictivo [*o* lleno de conflictos laborales] **3.** (*leidenschaftlich*) ardiente; **~ ersehnt** muy deseado; **~ geliebt** adorado; **jdn ~ und innig lieben** querer a alguien ardientemente; **~ umkämpft** ardorosamente [*o* muy] disputado; **~ umstritten** muy cuestionado; **eine ~ umstrittene Frage** una pregunta que despierta gran controversia; **er ist ganz ~ darauf, diesen Film zu sehen** (*fam*) se muere de ganas de ver esta película **4.** (*fam: heikel*) delicado; **~e Ware** contrabando *m;* **ein ~es Eisen anfassen** tocar una cuestión delicada **5.** (*fam: rollig, läufig*) en celo **6.** (*fam: großartig*) de putamadre *sl;* **~e Rhythmen** ritmos calientes; **ein ~er Schlitten** un cochazo

heißa ['haɪsa] *interj* (*alt*) *s.* **hei**

heißblütig ['haɪsbly:tɪç] *adj* (*leidenschaftlich*) apasionado, ardiente; (*impulsiv*) impulsivo, impetuoso

heißen ['haɪsən] <heißt, hieß, geheißen> **I.** *vi* **1.** (*Namen haben*) llamarse; **wie ~ Sie?** ¿cómo se llama Ud.?; **ich weiß nicht, wie die Straße heißt** no sé cómo se llama la calle; **was heißt „Kuss" auf griechisch?** ¿cómo se dice "beso" en griego? **2.** (*bedeuten*) significar, querer decir; **das heißt** es decir; **was heißt das [*o* soll das ~]?** ¿qué significa esto?; **was heißt „mesa"?** ¿qué significa "mesa"?; **das heißt so viel wie ...** lo cual viene a significar que...; **dass er angerufen hat, will (schon) etwas/noch nichts ~** que haya llamado (ya) quiere decir algo/no quiere decir nada **3.** (*geh: behauptet werden*) decirse; (*verlauten*) correr la voz; (*zu lesen sein*) estar escrito, decir; **es heißt, er sei sehr krank** se dice que está muy enfermo; **aus dem Weißen Haus heißt es, man werde abwarten** en [*o* desde] la Casa Blanca dicen [*o* informan] que aguardarán los sucesos; **auf Seite acht heißt es: „..."** en la página ocho pone lo siguiente: "..." **II.** *vt* (*geh*) **1.** (*nennen*) llamar, calificar (de), tachar (de); **sie hieß ihn einen Lügner** le llamó mentiroso **2.** (*befehlen*) ordenar, mandar; **sie hieß ihn schweigen** le ordenó que se callara **III.** *vunpers* (*geh: nötig sein*) haber que; **nun heißt es schnell handeln** ahora hay que obrar rápidamente

heißersehnt *adj s.* **heiß 3.**; **heißgeliebt** *adj* (*fam*) *s.* **heiß 3.**; **Heißhunger** *m* <-s, *ohne pl*> hambre *f* canina; **heißhungrig I.** *adj* hambrón, que tiene un hambre canina **II.** *adv* con un hambre canina; **heiß|laufen** *irr vi sein* (TECH) recalentarse

Heißluft *f* <-, *ohne pl*> aire *m* caliente; **Heißluftheizung** *f* <-, -en> calefacción *f* de aire caliente; **Heißluftherd** *m* <-(e)s, -e> cocina *f* de aire caliente; **Heißlufttrockner** *m* <-s, -> secador *m* de aire caliente

Heißmangel *f* <-, -n> calandria *f* en caliente

Heißsporn *m* <-(e)s, -e> persona *f* impetuosa

heißumkämpft *adj s.* **heiß 3.**; **heißumstritten** *adj s.* **heiß 3.**

Heißwasserbereiter *m* <-s, -> calentador *m* de agua, generador *m* de agua caliente

Heißwasserspeicher *m* <-s, -> depósito *m* de agua caliente

heiter ['haɪtɐ] *adj* **1.** (*fröhlich*) alegre; (*lustig*) divertido; **das kann ja ~ werden** (*fam*) esto se puede poner bien **2.** (*unbeschwert*) sereno; (*Tag, Himmel*) sereno, despejado; **das Wetter bleibt ~** sigue el tiempo soleado; **~ bis wolkig** nubosidad con claros; **wie aus ~em Himmel** (*plötzlich*) de golpe y porrazo; (*unerwartet*) como caído del cielo

Heiterkeit *f* <-, *ohne pl*> alegría *f,* buen humor *m;* (*Ausgeglichenheit*) serenidad *f,* elación *f Am*

Heizanlage *f* <-, -n> (instalación *f* de) calefacción *f*

heizbar *adj* con calefacción; **~e Heckscheibe** (AUTO) luneta trasera térmica

Heizdecke *f* <-, -n> manta *f* eléctrica

heizen ['haɪtsən] **I.** *vi* encender la calefacción [*o* la estufa]; **ab Oktober wird geheizt** la calefacción se enciende a partir de octubre; **wir ~ mit Gas** tenemos calefacción a gas **II.** *vt* (*Raum*) calentar; **unser Schlafzimmer ist nicht geheizt** en nuestro dormitorio la calefacción no está puesta

Heizer(in) *m(f)* <-s, -; -, -nen> (*Beruf*) fogonero, -a *m, f*

Heizgerät *nt* <-(e)s, -e> calefactor *m,* (aparato *m* de) calefacción *f;* **Heizkessel** *m* <-s, -> caldera *f* de calefacción; **Heizkissen** *nt* <-s, -> almohadilla *f* eléctrica; **Heizkörper** *m* <-s, -> radiador *m;* **Heizkosten** *pl* gastos *mpl* de calefacción; **Heizkraftwerk** *nt* <-(e)s, -e> central *f* de producción combinada de calor y electricidad; **Heizlüfter** *m* <-s, -> termoventilador *m,* calefactor *m* de aire caliente; **Heizmaterial** *nt* <-s, -ien> combustible *m;* **Heizofen** *m* <-s, -öfen> estufa *f;* **Heizöl** *nt* <-(e)s, *ohne pl*> fuel *m* combustible, gasóleo *m* de calefacción; **Heizsonne** *f* <-, -n> estufa *f* de radiación; **Heizstrahler** *m* <-s, -> radiador *m* eléctrico

Heizung[1] *f* <-, *ohne pl*> (*das Heizen*) calefacción *f*

Heizung[2] *f* <-, -en> **1.** (*fam: Heizkörper*) radiador *m* **2.** *s.* Heizanlage; **Heizungsanlage** *f* <-, -n> *s.* Heizanlage; **Heizungskeller** *m* <-s, -> cuarto *m* de calderas (*espacio en el sótano donde se encuentra la instalación de calefacción*); **Heizungsmonteur(in)** *m(f)* <-s, -e; -, -nen> calefactor(a) *m(f);* **Heizungsrohr** *nt* <-(e)s, -e> tubo *m* de calefacción

Heizwerk *nt* <-(e)s, -e> central *f* productora de calor; **Heizwert** *m* <-(e)s, -e> potencia *f* calorífica, poder *m* calorífico

Hektar ['hɛkta:ɐ] *nt o m* <-s, -e, *nach Zahlen:* ->, **Hektare** ['hɛkta:rə] *f* <-, -n> (*Schweiz*) hectárea *f*

Hektik ['hɛktɪk] *f* <-, *ohne pl*> ajetreo *m,* trajín *m;* **nur keine ~!** ¡con calma!

hektisch ['hɛktɪʃ] *adj* inquieto, nervioso

Hektograf [hɛkto'gra:f] *m* <-en, -en> (TYPO) hectógrafo *m*

Hektografie[1RR] [hɛktogra'fi:] *f* <-, *ohne pl*> (TYPO: *Verfahren*) hectografía *f*

Hektografie[2RR] *f* <-, -n> (TYPO: *Abzug*) multicopia *f,* hectografía *f*

hektografieren*[RR] [hɛktogra'fi:rən] *vt* (TYPO) multicopiar, hectografiar

Hektograph *m* <-en, -en> (TYPO) *s.* **Hektograf**

Hektographie *f* (TYPO) *s.* **Hektografie**

hektographieren* *vt* (TYPO) *s.* **hektografieren**

Hektoliter ['hɛktoli:tɐ] *m o nt* <-s, -> hectolitro *m*

helau [he'laʊ] *interj* ¡viva! (*exclusivamente durante el carnaval*)

Held(in) [hɛlt] *m(f)* <-en, -en; -, -nen> héroe *m,* heroína *f;* **der ~ des Tages** el hombre del día; **den ~en spielen** echárselas [*o* dárselas] de valiente; **Heldendarstellung** *f* <-, -en> (THEAT) papel *m* de protagonista masculino; **Heldendichtung** *f* <-, *ohne pl*> (LIT) poesía *f* épica [*o* de gesta]; **Heldenepos** *nt* <-, -epen> (LIT) epopeya *f;* **Heldengedicht** *nt* <-(e)s, -e> (LIT) poema *m* épico [*o* heroico]

heldenhaft *adj* heroico

Heldenlied *nt* <-(e)s, -er> (LIT) poema *m* épico; **Heldenmut** *m* <-(e)s, *ohne pl*> heroismo *m;* **mit wahrem ~ bestand er das Abenteuer** resistió la aventura de forma heroica

heldenmütig *adj* heroico

Heldenrolle *f* <-, -n> (THEAT) papel *m* de héroe [*o* de protagonista]; **Heldensage** *f* <-, -n> leyenda *f* heroica; **Heldentat** *f* <-, -en> heroicidad *f,* acto *m* heroico, gracia *f* *Kol;* **Heldentenor** *m* <-s, -nöre> (MUS, THEAT) tenor *m* dramático; **Heldentod** *m* <-(e)s, -e> (*geh*) muerte *m* heroica; **den ~ sterben** morir como un héroe [*o* por la patria]

Heldentum *nt* <-s, *ohne pl*> heroísmo *m*

Heldin *f* <-, -nen> *s.* **Held**

helfen ['hɛlfən] <hilft, half, geholfen> *vi* **1.** (*Hilfe leisten*) ayudar (+*dat* a alguien, *bei* en); (*in Not*) auxiliar (+*dat*); (*beistehen*) asistir (+*dat*), echar una mano (+*dat*); **kann ich Ihnen ~?** ¿le puedo ayudar?; **soll ich dir/Ihnen ~?** ¿te/le ayudo?; **er half ihr aus dem Mantel** le ayudó a quitarse el abrigo; **ihm ist nicht zu ~** no tiene remedio; **die Ärzte können ihr nicht ~** los médicos no pueden hacer nada por ella [*o* no pueden salvarla]; **ich kann mir nicht ~, aber ...** no hay más vuelta de hoja, pero...; **man muss sich** *dat* **zu ~ wissen** hay que saber salir del paso; **ich weiß mir vor lauter Arbeit nicht zu ~** no sé qué hacer con tanto trabajo; **dir werde ich ~!** ¡ya te apañaré yo! **2.** (*heilsam sein*) ser bueno (*gegen* para); **hat das Medikament geholfen?** ¿ha dado resultados [*o* ha servido] el medicamento? **3.** (*nützen*) servir (+*dat*); **es hilft uns nicht, wenn ...** no nos sirve de nada, si...; **was hilft's?** ¿qué le vamos a hacer?; **es hilft alles nichts** no hay remedio; **da hilft kein Jammern und kein Klagen** en esto no valen ni quejas ni lloros **4.** (*Schweiz: mitmachen*) participar

Helfer(in) *m(f)* <-s, -; -, -nen> ayudante *mf,* asistente *mf;* **ein ~ in der Not** un salvador; **Helfershelfer(in)** *m(f)* <-s, -; -, -nen> (JUR) cómplice *mf* (encubridor(a))

Helfersyndrom *nt* <-s, -e> manía *f* de querer siempre ayudar; **Helferzelle** *f* <-, -n> (MED) célula *f* colaboradora

Helgoland ['hɛlgolant] *nt* <-s> Hel(i)goland *f*

Heli ['he:li] *m* <-s, -s> (*Schweiz: fam*), **Helikopter** [heli'kɔptɐ] *m* <-s, -> helicóptero *m*

Heliophyt [heljo'fy:t] *m* <-en, -en> (BOT) heliófita *f*

Helium ['he:liʊm] *nt* <-s, *ohne pl*> (CHEM) helio *m;* **Heliumkern** *m* <-(e)s, -e> núcleo *m* del helio

hell [hɛl] *adj* **1.** (*Licht, Farbe, Haut, Augen*) claro; (*Haar*) claro, rubio; **~es Bier** cerveza rubia; **es wird ~** amanece; **es bleibt jetzt länger ~** ya no anochece tan temprano; **ist es dir ~ genug?** ¿tienes suficiente luz?; **in ~en Flammen** en llamas; **~ leuchtend** vivo, intenso; **eine Bluse von ~ leuchtendem Rot** una blusa de un rojo vivo **2.** (*voller Licht*) luminoso; (*erleuchtet*) iluminado; **mein Zimmer ist sehr** ~ mi cuarto tiene mucha luz [*o* es muy luminoso] **3.** (*Ton*) agudo **4.** (*klug*) listo, inteligente; **ein ~er Kopf** una cabeza inteligente; **der ~e Wahnsinn** una locura absoluta; **in ~en Scharen** en masa; **von etw** *dat* **~ begeistert sein** estar totalmente entusiasmado por algo; **seine ~e Freude an etw** *dat* **haben** disfrutar mucho con algo

hellauf ['hɛl'ʔaʊf] *adv* totalmente, absolutamente; ~ **begeistert** totalmente entusiasmado

hellblau ['-'-] *adj* azul claro; **hellblond** ['-'-] *adj* rubio claro; **helldunkel** *adj* (KUNST) claro y oscuro, en [*o* de] claroscuro

Helle ['hɛlə] *f* <-, *ohne pl*> (*geh*) claridad *f*, clareza *f*, lucidez *f*

Helle(s) *nt* <-n, -n, *nach Zahlen:* -> (GASTR) cerveza *f* dorada

Hellebarde [hɛlə'bardə] *f* <-, -n> (HIST) alabarda *f*

Hellene, -in [hɛ'le:nə] *m, f* <-n, -n; -, -nen> (HIST) heleno, -a *m, f*

hellenisch *adj* (HIST: *Philosophen, Bauwerke*) helénico

Hellenismus [hɛle'nɪsmʊs] *m* <-, *ohne pl*> (HIST) helenismo *m*

hellenistisch *adj* (HIST: *Kunst, Zeit*) helenístico

Heller ['hɛlɐ] *m* <-s, -> (HIST) *antigua moneda alemana de plata o cobre;* **bis auf den letzten ~** (*fam*) hasta el último céntimo; **auf ~ und Pfennig** (*fam*) completamente, hasta el último céntimo; **keinen** [*o* **nicht einen**] **~ wert sein** (*fam*) no valer un céntimo

helleuchtend *adj s.* **hell 1.**

hellhaarig *adj* rubio, de cabellos rubios, de pelo rubio

hellhäutig ['-hɔɪtɪç] *adj* de piel blanca

hellhörig *adj* **1.** (*Raum*) que se oye todo, de paredes finas **2.** (*Mensch*) de buen oído; **~ werden** aguzar el oído

hellicht *adj s.* **helllicht**

Helligkeit *f* <-, *ohne pl*> **1.** (*Helle*) claridad *f* **2.** (*Lichtstärke*) luminosidad *f*; **Helligkeitseinstellung** *f* <-, -en> ajuste *m* de brillo; **Helligkeitsregler** *m* <-s, -> (ELEK) regulación *f* de la claridad

helllicht[RR] ['hɛlɪçt] *adj:* **am ~en Tag** en pleno día

Hellraumprojektor *m* <-s, -en> (*Schweiz: Tageslichtprojektor*) retroproyector *m*

hellsehen *vi* prever (el futuro), tener visiones; **kann ich (etwa) ~?** ¿te crees que lo sé todo?; **Hellseher(in)** *m(f)* <-s, -; -, -nen> vidente *mf*, pitonisa *f*

Hellseherei *f* <-, *ohne pl*> (*abw*) clarividencia *f*

Hellseherin *f* <-, -nen> *s.* **Hellseher**

hellseherisch **I.** *adj* telepático, de vidente **II.** *adv* con propiedades de vidente [*o* telepáticas]

hellwach ['-'-] *adj* totalmente despierto

Helm [hɛlm] *m* <-(e)s, -e> (*Schutz~, Sturz~*) casco *m;* **Helmbusch** *m* <-(e)s, -büsche> (HIST) penacho *m;* **Helmpflicht** *f* <-, *ohne pl*> obligatoriedad *f* del uso del casco; **Helmschmuck** *m* <-(e)s, *ohne pl*> (HIST: *Helmbusch*) penacho *m;* (*Phantasiereten*) cimera(s) *f(pl)*

Helsinki ['hɛlzɪŋki] *nt* <-s> Helsinki *m*

Helvetien [hɛl've:tsiən] *nt* <-s> Helvecia *f*

Hemd [hɛmt] *nt* <-(e)s, -en> camisa *f;* **etw wie sein ~ wechseln** (*fam abw*) cambiar algo como de camisa; **jdn bis aufs ~ ausziehen** (*fam*) dejar a alguien sin camisa; **das ~ ist mir näher als der Rock** (*fig*) primero son mis clientes que mis parientes

Hemdbluse *f* <-, -n> camisa *f*, blusa *f;* **Hemdblusenkleid** *nt* <-(e)s, -er> vestido *m* camisero

Hemdbrust *f* <-, -brüste> pechera *f*

Hemdenknopf *m* <-(e)s, -knöpfe> botón *m* de camisa

Hemdenmatz *m* <-es, -e *o* -mätze> (*fam hum: kleines Kind*) *crío que lleva simplemente una camisita;* **na, komm her, du/mein kleiner ~!** ¡venga, ven aquí, pequeñajo mío [*o* renacuajo]!

Hemdenstoff *m* <-(e)s, -e> tela *f* para camisas; **Baumwolle ist ein gängiger ~** el algodón es un material habitual en la confección de camisas

Hemdkragen *m* <-s, -> cuello *m* de camisa

Hemdsärmel *m* <-s, -> manga *f* de camisa; **in ~n** (*fam*) en mangas de camisa

hemdsärmelig *adj* en mangas de camisa; (*fig*) desenfadado, campechano, de andar por casa *fam*

Hemisphäre [hemi'sfɛ:rə] *f* <-, -n> hemisferio *m;* **die nördliche/südliche ~** el hemisferio norte/sur

hemmen ['hɛmən] *vt* **1.** (*aufhalten*) parar, detener **2.** (*hindern*) obstaculizar, impedir; **jdn in seiner Entwicklung ~** impedir el desarrollo de alguien **3.** (PSYCH) inhibir, cohibir

Hemmnis *nt* <-ses, -se> obstáculo *m*

Hemmschuh *m* <-(e)s, -e> zapata *f* (de freno); (*fig*) traba *f;* **etw** *dat* **einen ~ in den Weg legen** poner trabas a algo; **Hemmschwelle** *f* <-, -n> barrera *f* (p)sicológica

Hemmung *f* <-, -en> **1.** (*Beeinträchtigung*) impedimento *m* **2.** (PSYCH) inhibición *f*, cohibición *f* **3.** (*Bedenken*) escrúpulos *mpl;* **~en haben** tener escrúpulos; **ich habe ~en** me da corte *fam;* **nur keine ~en!** ¡sin vergüenza!, ¡no te cortes! *fam*

hemmungslos *adj* **1.** (*zügellos*) desenfrenado **2.** (*bedenkenlos*) sin escrúpulos

Hemmungslosigkeit *f* <-, *ohne pl*> **1.** (*Zügellosigkeit*) desenfreno *m* **2.** (*Bedenkenlosigkeit*) falta *f* de escrúpulos

Hendl ['hɛnd(ə)l] *nt* <-s, -(n)> (*Österr: Hähnchen*) pollo *m* (asado)

Hengst [hɛŋst] *m* <-(e)s, -e> semental *m,* padrillo *m SAm*

Henkel ['hɛŋkəl] *m* <-s, -> asa *f;* **Henkelglas** *nt* <-es, -gläser> vaso *m* de asa; **Henkelkorb** *m* <-(e)s, -körbe> cesta *f* con asas; **Henkelkrug** *m* <-(e)s, -krüge> jarra *f;* **Henkelmann** *m* <-(e)s, -männer> (*fam*) fiambrera *f,* táper *m;* **nimm dir zur Schichtarbeit deinen ~ mit!** ¡llévate la fiambrera para hacer tu trabajo de turno!

henken ['hɛŋkən] *vt* (*alt*) ahorcar

Henker ['hɛnkɐ] *m* <-s, -> verdugo *m;* **was zum ~ machst du hier?** ¿qué demonios estás haciendo aquí?

Henker(s)beil *nt* <-(e)s, -e> (HIST) hacha *f* del verdugo; **Henkersknecht** *m* <-(e)s, -e> (HIST) ayudante *m* del verdugo; **Henkersmahlzeit** *f* <-, -en> última comida *f* del condenado a muerte; (*fam*) comida *f* de despedida

Henna ['hɛna] *f o nt* <-(s), *ohne pl*> (BOT) alheña *f*

Henne ['hɛnə] *f* <-, -n> gallina *f*

Hepatitis [hepa'ti:tɪs, *pl:* hepati'ti:dən] *f* <-, Hepatitiden> (MED) hepatitis *f inv*

her [he:ɐ] *adv* **1.** (*räumlich*) hacia aquí [*o* acá]; **wo kommen Sie ~?** ¿de dónde es Ud.?; **von weit ~** de muy lejos; **komm ~!** ¡ven aquí!; **gib ~!** ¡trae!; **Geld ~!** (*fam*) ¡el dinero!; **~ damit!** (*fam: du*) ¡dámelo!; (*Sie sg*) ¡démelo!; **irgendwo ~ sein** ser [*o* provenir] de alguna parte; **hinter jdm/etw** *dat* **~ sein** (*fam*) ir detrás de alguien/algo, perseguir a alguien/algo; **die Katze ist hinter der Maus ~** (*fam*) el gato corre detrás del ratón; **das ist genau der Teppich, hinter dem ich schon lange ~ bin** (*fam*) esta es exactamente la alfombra que andaba buscando **2.** (*zeitlich*) hace; **ich kenne ihn von früher ~** le conozco de antes; **wie lange ist das ~?** ¿cuánto tiempo hace?; **das ist schon lange ~** de eso hace ya tiempo **3.** (*Wend*): **von ... ~** (*betreffend*) en cuanto a, por lo que respecta a; **von der Idee ~ ist das nicht schlecht** en cuanto a la idea, no está mal; **mit jdm/etw** *dat* **ist es nicht weit ~** (*fam*) alguien/algo no vale mucho

herab [hɛ'rap] *adv* (*geh*) (hacia) abajo; **von oben ~** despectivamente; **herab|blicken** *vi* (*geh*) mirar (hacia) abajo; **auf jdn ~** mirar a alguien por encima del hombro; **herab|fallen** *irr vi sein* caerse; **herab|flehen** *vt* (*geh*) rogar a Dios; **herab|fließen** *irr vi sein* fluir (hacia abajo) (*von* de, *an* por); **der Bergbach floss (die Hänge) herab ins Tal** el torrente de la montaña bajaba (por la pendiente) hasta el valle; **herab|hängen** *irr vi* pender, colgar; **herab|lassen** *irr* **I.** *vt* (*geh*) bajar; (*an Seil*) descolgar **II.** *vr:* **sich ~ 1.** (*an Seil*) descolgarse; **er ließ sich an einem Seil die Mauer herab** se descolgó por el muro a través de una cuerda **2.** (*sich bereit erklären*) rebajarse (*zu* a); **sie ließ sich herab uns zu helfen** se rebajó a ayudarnos; **herablassend I.** *adj* desdeñoso **II.** *adv* con aire de desprecio, despectivamente

Herablassung *f* <-, *ohne pl*> actitud *f* desdeñosa, desprecio *m*

herab|mindern *vt* **1.** (*abwerten*) despreciar, hablar mal de; **jds Arbeit ~** despreciar el trabajo de alguien **2.** (*bagatellisieren*) menospreciar; **eine Gefahr ~, um niemanden zu beunruhigen** quitarle [*o* restarle] importancia a un peligro para no intranquilizar a nadie **3.** (*reduzieren*) disminuir; **die Qualität der Produkte ~** disminuir la calidad de los productos; **herab|sehen** *vi s.* **herabblicken**; **herab|setzen** *vt* **1.** (*senken*) reducir, bajar **2.** (*schmälern*) desacreditar, desprestigiar

Herabsetzung *f* <-, -en> **1.** (*von Preisen*) rebaja *f;* **~ des Schadensersatzes** reducción de la indemnización **2.** (*von Menschen*) descrédito *m,* desprestigio *m*

herab|steigen *irr vi sein* bajar (*von* de); **steig jetzt endlich von deinem Thron herab!** (*fig*) ¡bájate de una vez del pedestal!; **herab|würdigen** *vt* denigrar, desacreditar

Herabwürdigung *f* <-, -en> descrédito *m,* desprestigio *m;* **eine schmähliche Beurteilung als ~ empfinden** considerar una crítica ultrajante una ofensa

Heraldik [he'raldɪk] *f* <-, *ohne pl*> heráldica *f*

heraldisch [he'raldɪʃ] *adj* heráldico

heran [hɛ'ran] *adv* por aquí; **nur ~!** ¡acérquense!; **heran|arbeiten** *vr:* **sich ~** acercarse con esfuerzos (*an* a); **im Gespräch arbeitete man sich langsam an den Kern des Problems heran** en las conversaciones se iba llegando poco a poco al fondo del problema; **heran|bilden I.** *vt* (*ausbilden*) formar (*zu*); (*erziehen*) educar (*zu* para) **II.** *vr:* **sich ~ 1.** (*sich entwickeln*) perfeccionarse (*zu* como) **2.** (*ausgebildet werden*) formarse (*zu* como), estudiar (*zu* para); **heran|bringen** *irr vt* (*Dinge*) acercar; **heran|fahren** *irr vi sein* acercarse (*an* a), aproximarse (*an* a); **heran|führen** *vt* **1.** (*näher bringen*) conducir (*an* hasta), llevar (*an* hasta) **2.** (*an Thema*) iniciar (*an* en)

heran|gehen *irr vi sein* **1.** (*näher treten*) aproximarse (*an* a), acercarse (*an* a) **2.** (*an Problem*) abordar; (*an Aufgabe*) acometer; **Herangehensweise** *f* <-, -n> forma *f* de proceder

heran|kommen *irr vi sein* **1.** (*sich nähern*) acercarse (*an* a), aproximarse (*an* a); **etw an sich ~ lassen** dejar que algo se acerque; (*fig*) dejar que llegue algo; **nichts an sich ~ lassen** no dejarse afectar por nada, no dejar que nada le llegue a uno **2.** (*heranreichen*) alcanzar **3.** (*Zugang haben*) tener acceso (*an* a); (*kaufen*) poder comprar, poder adquirir; **kommst du günstig an einen Computer heran?** ¿tienes posibilidades para adquirir un ordenador a buen precio?; **heran|machen** *vr:* **sich ~** (*fam*) **1.** (*beginnen*) emprender, ponerse (a +*inf*) **2.** (*an Person*) mosconear, rondar; **heran|nahen** *vi sein* (*geh*) **1.** (*näher kommen*) aproximarse; (MIL) avanzar **2.** (*bevorstehen*) amenazar, ser inminente; **ein Gewitter/Unglück naht heran** amenaza tormenta/la desgracia es inminente; **heran|reichen** *vi* **1.** (*an Regal*) alcanzar **2.** (*gleichkommen*) igualarse (*an* a), equipararse (*an* con); **heran|reifen** *vi sein* (*geh: Früchte*) ir madurando; (*Menschen, Pläne*) desarrollarse, madurar; **der Jugendliche ist zu einem Mann herangereift** el adolescente se ha hecho (un) hombre; **die Pläne ~ lassen** dejar que los planes tomen forma [*o* se concreten] [*o* maduren]; **heran|rücken I.** *vi sein* aproximarse (*an* a), acercarse (*an* a); **mit einem Stuhl an den Kamin ~** acercarse con la silla a la chimenea **II.** *vt* acercar (*an* a); **heran|schaffen** *vt* traer, acercar, aproximar; **heran|schleichen** *irr* **I.** *vi sein* aproximarse sin ser visto [*o* furtivamente] (*an* a) **II.** *vr:* **sich ~** aproximarse sin ser visto [*o* furtivamente] (*an* a); **heran|tasten** *vr:* **sich ~** tantear; **sich an etw ~** acercarse a algo con mucho cuidado [*o* precaución]; **heran|tragen** *irr vt* **1.** (*Dinge*) traer, acercar **2.** (*Anliegen*) presentar; **heran|treten** *irr vi sein* **1.** (*näher kommen*) acercarse (*an* a), aproximarse (*an* a) **2.** (*sich wenden*) dirigirse (*an* a); **heran|wachsen** *irr vi sein* crecer

Heranwachsende(r) *mf* <-n, -n; -n, -n> (*Teenager*) adolescente *mf;* (JUR) joven *mf* entre 18 y 21 años

heran|wagen *vr:* **sich ~ 1.** (*räumlich*) atreverse a acercarse (*an* a) **2.** (*an Problem*) atreverse a abordar (*an*); (*an Aufgabe*) atreverse a acometer (*an*); **heran|ziehen** *irr* **I.** *vi sein* (*näher kommen*) acercarse, aproximarse **II.** *vt* **1.** (*näher holen*) acercar(se); **er zog den Hocker zu sich heran** (se) acercó el taburete **2.** (*Sachverständige, Helfer*) consultar, recurrir; (*Sache*) recurrir (a); **jdn zu einer Aufgabe ~** llamar a alguien para una tarea; **etw zum Vergleich ~** establecer una comparación con algo **3.** (*Kind, Tier*) criar; (*Pflanze*) cultivar **4.** (*ausbilden*) preparar (*zu* para), formar (*zu* para)

herauf [hɛ'raʊf] *adv* hacia arriba; **hier ~!** ¡por aquí arriba!; **den Berg ~** cuesta arriba; **heraufbeschworen** *pp von* **heraufbeschwören**; **herauf|beschwören*** *irr vt* **1.** (*Erinnerung*) evocar **2.** (*verursachen*) causar, provocar; **herauf|bringen** *irr vt* **1.** (*Gegenstand*) traer; **vergiss nicht mir die Zeitung heraufzubringen!** ¡no te olvides [*o* que no se te olvide] traerme el periódico! **2.** (*Person*) llevar (arriba); **bring deinen Freund mit herauf in die Wohnung!** ¡sube a tu amigo al piso!; **herauf|führen** *vi, vt* conducir [*o* llevar] hacia arriba; **herauf|holen** *vt* subir; **kannst du mir bitte Kartoffeln ~?** ¿me puedes subir patatas (del sótano [*o* de abajo])?; **herauf|kommen** *irr vi sein* (*Person*) subir; **herauf|setzen** *vt* (*Preise*) subir; (*Geschwindigkeit*) aumentar; **herauf|steigen** *irr vi sein* **1.** (*nach oben steigen*) subir; **einen Berg/eine Treppe ~** subir una montaña/una escalera **2.** (*geh: aufsteigen*) levantarse, subir; **Nebelschwaden steigen herauf** se está levantando niebla; **herauf|ziehen** *irr* **I.** *vi sein* (*Gewitter*) levantarse **II.** *vt* subir (tirando)

heraus [hɛ'raʊs] *adv* (hacia) fuera, afuera; **~ da!** ¡fuera de ahí!; **~ mit ihm!** ¡afuera con él!; **von innen ~** desde dentro; **aus einer Notlage ~** debido a un apuro; **aus der Überzeugung ~ handeln, dass ...** obrar con la convicción de que…; **~ mit der Sprache!** ¡suelta la lengua!; **wir wohnen zur Straße ~** nuestro piso da a la calle; **~ sein** (*Blinddarm*) haber sido extirpado; (*Buch*) haber sido publicado; (*entschieden sein*) haberse decidido; (*bekannt sein*) saberse; **ist die neu angekündigte Zeitschrift eigentlich schon ~?** ¿ya ha salido la revista que han anunciado?; **das ist noch nicht ~** eso no se sabe todavía; **aus dem Alter bin ich ~** ya se me ha pasado la edad; **heraus|arbeiten I.** *vt* (*Unterschiede*) poner de relieve, hacer resaltar; (*fam: Arbeitszeit*) adelantar [*o* recuperar] horas de trabajo **II.** *vr:* **sich ~** salir, abrirse paso; **sich aus etw** *dat* **~** conseguir salir de algo, abrirse paso poco a poco; **heraus|bekommen*** *irr vt* **1.** (*Wechselgeld*) recibir la vuelta; **Sie bekommen noch 80 Pfennig heraus** tenga, 80 pfennig de vuelta **2.** (*Rätsel, Aufgabe*) resolver; (*Geheimnis*) descubrir; (MATH: *fam*) sacar **3.** (*Fleck*) poder eliminar [*o* quitar]; (*Nagel*) poder sacar **4.** (*erfahren*) llegar a saber; **heraus|bilden** *vr:* **sich ~** formarse (*aus* de); **heraus|brechen** *irr* **I.** *vi sein:* **aus jdm ~** (*Schrei*) salir (de la boca) de alguien; (*Hass, Wut*) salir fuera de alguien **II.** *vt haben* extraer (*aus* de), arrancar (*aus* de); **heraus|bringen** *irr vt* **1.** (*nach draußen bringen*) sacar, llevar afuera **2.** (*Buch*) publicar; (*Ware*) sacar al mercado, lanzar; **wir bringen dich ganz groß heraus** (*fam*) te promocionaremos por todo lo alto **3.** (*erfahren*) llegar a saber; **aus ihm war nichts herauszubringen** no hubo forma de sacarle nada; **heraus|drehen** *vt* (*Glühbirne*) desenroscar (*aus* de); (*Schraube*) destornillar (*aus* de); **heraus|drücken** *vt* **1.** (*hervorkommen lassen*) sacar apretando [*o* haciendo presión] (*aus* de) **2.** (*vorwölben*) sacar; **die Brust/den Brustkorb ~** sacar pecho; **heraus|fahren** *irr vi sein* salir (*aus* de); **heraus|filtern** *vt* (TECH) separar filtrando; (*Informationen*) escoger, entresacar; **heraus|finden** *irr vt* **1.** (*aus Gebäude, Ort*) saber salir **2.** (*entdecken*) descubrir; **heraus|fischen** *vt* (*fam*) sacar, pescar; **heraus|fliegen** *irr* **I.** *vi sein* **1.** (*Vogel*) salir volando; **der Wagen flog aus der Kurve heraus** (*fam*) el coche se salió de la curva **2.** (*fam: aus Arbeitsstelle*) ser despedido, ser echado del trabajo; (*aus Ausscheidungsrunde*) ser descalificado

II. *vt* (*wegbringen*) echar fuera (*aus* de), tirar, desechar

Herausforderer, **-in** *m, f* <-s, -; -, -nen> desafiador(a) *m(f);* (*Provokateur*) provocador(a) *m(f)*

heraus|fordern *vt* (*a.* SPORT) desafiar, retar; (*provozieren*) provocar (*zu* a); **er hat das Schicksal förmlich herausgefordert** realmente desafió al destino; **herausfordernd** *adj* desafiante, retador; (*provozierend*) provocador; **Herausforderung** *f* <-, -en> desafío *m;* (SPORT) desafío *m,* reto *m;* (*Provokation*) provocación *f;* (*Bewährungsprobe*) prueba *f;* **eine ~ annehmen** responder a un reto; **eine ~ darstellen** [*o* **sein**] ser un desafío; **sich einer ~ stellen** enfrentarse a un desafío

heraus|führen I. *vi* conducir hacia fuera (*aus* de); **nur ein Weg führt** (**aus dem Labyrinth**) **wieder heraus** un solo camino conduce a la salida (del laberinto) **II.** *vt* acompañar fuera (*aus* de)

Herausgabe *f* <-, *ohne pl*> **1.** (*Übergabe*) entrega *f* **2.** (*eines Buches*) edición *f* **3.** (*von Aktien*) emisión *f* **4.** (JUR) restitución *f;* **Herausgabeklage** *f* <-, -n> (JUR) acción *f* de reivindicación

heraus|geben *irr vt* **1.** (*herausreichen*) entregar, dar **2.** (*aushändigen*) entregar, dejar **3.** (*Wechselgeld*) dar la vuelta; **sie haben mir falsch herausgegeben** me han dado mal la vuelta; **ich kann nicht ~** no tengo cambio **4.** (*Buch*) editar **5.** (*Aktien*) emitir **6.** (JUR) restituir

Herausgeber(in) *m(f)* <-s, -; -, -nen> **1.** (*von Buch*) editor(a) *m(f)* **2.** (*von Zeitung*) director(a) *m(f)*

heraus|gehen *irr vi sein* (*Person, Fleck*) salir (*aus* de); (*Fenster*) dar (*auf* a); **aus sich** *dat* **~** abrirse, soltarse

Herausgeld *nt* <-(e)s, *ohne pl*> (*Schweiz: Wechselgeld*) cambio *m*

heraus|greifen *irr vt* entresacar; **heraus|gucken** *vi* (*fam*) **1.** (*heraussehen*) mirar hacia afuera, asomarse; **aus dem Fenster ~** asomarse a la ventana **2.** (*sichtbar sein*) verse; **dein Unterhemd guckt heraus** se te ve la camiseta; **heraus|haben** *irr vt* (*fam: Splitter, Trick, Lösung*) haber sacado; **ich habe den Trick heraus!** ¡he sacado el truco!; **ich habe es heraus!** ¡ya lo tengo!; **heraus|halten** *irr* **I.** *vt* **1.** (*nach draußen halten*) sacar, mantener por fuera **2.** (*fam: fern halten*) mantener alejado [*o* a distancia] **II.** *vr:* **sich ~** mantenerse alejado (*aus* de); **sich aus etw** *dat* **~** no meterse en algo; **heraus|hängen** *vt* (*fam*): **etw ~** dárselas de algo; **heraus|hauen** <haut heraus, haute heraus, herausgehauen> *vt* (*fam*) salvar, sacar de un apuro; **heraus|heben** *irr vt* **1.** (TECH) sacar (*aus* de) **2.** (*hervorheben*) destacar, poner de relieve; **heraus|helfen** *irr vi* **1.** (*beim Herauskommen, a. fig*) ayudar a salir; (*beim Aussteigen*) ayudar a bajar (*aus* de); **jdm aus der Klemme ~** sacar a alguien del atolladero **2.** (*beim Ausziehen*) ayudar a quitarse; **jdm aus dem Mantel ~** ayudar a alguien a quitarse el abrigo; **heraus|holen** *vt* **1.** (*nach draußen holen, befreien*) sacar (*aus* de); **das Letzte aus sich** *dat* **~** dar lo máximo **2.** (*Vorteil ziehen*) sacar provecho (*aus* de) **3.** (*fam: erfahren*) sacar (*aus* de), sonsacar; **aus ihm ist nichts herauszuholen** no hay forma de sonsacarle nada **4.** (SPORT: *Zeit*) recuperar; (*guten Platz*) conseguir, lograr, sacar; **heraus|hören** *vt* (*Stimme, Instrument*) oír [*o* percibir] entre otros sonidos; (*Enttäuschung*) percibir [*o* notar] en el tono de voz; **heraus|kehren** *vt* (*Überlegenheit*) presumir (de), echárselas (de), dárselas (de); **wenn er den Chef herauskehrt, kann ich ihn nicht leiden** cuando se las echa de jefe no lo aguanto; **heraus|kommen** *irr vi sein* **1.** (*aus Haus, Krankenhaus*) salir (*aus* de); **er ist noch nie aus seinem Dorf herausgekommen** no ha salido nunca de su pueblo; **sie kam aus dem Lachen nicht mehr heraus** no pudo parar de reír **2.** (*fam: Resultat sein*) ser el resultado (*bei* de); (*sich ergeben*) resultar (*bei* de), salir (*bei* de); **was soll dabei ~?** ¿qué va a resultar de ello?, ¿qué provecho se saca de eso?; **es kommt nichts dabei heraus** no tiene sentido, no conduce a nada; **es kommt auf dasselbe heraus** da lo mismo **3.** (*fam: Geheimnis, Wahrheit*) descubrirse, llegarse a saber; **wenn das herauskommt, ...** si esto sale a la luz...; **ganz groß ~** tener mucho éxito; **mit der Sprache ~** desembuchar **4.** (*Modell, Buch*) salir; **unsere Firma kommt mit einem neuen Wagen heraus** nuestra empresa va a lanzar un coche nuevo al mercado **5.** (*Kartenspiel*) ser mano; **heraus|kriegen** *vt* (*fam*) *s.* **herausbekommen**; **heraus|kristallisieren*** **I.** *vt* (CHEM) cristalizar; (*klar herausarbeiten*) concretar **II.** *vr:* **sich ~** (CHEM) cristalizarse; (*fig*) concretarse (*als* como); **heraus|lassen** *irr vt* **1.** (*nach draußen*) dejar salir, sacar (*aus* de); (*loslassen*) soltar (*aus* de); **die Sau ~** (*fam fig*) sacar el animal que se lleva dentro **2.** (*fam: mitteilen*) soltar; **so sehr ich sie bearbeite, sie lässt nichts heraus** por más que me la trabajé, no soltó prenda **3.** (*fam: weglassen*) no mencionar (*aus* en); **lassen sie bei ihrem Bericht bitte alle Namen heraus** por favor, omita en su informe todos los nombres **4.** (*fam: nicht einbeziehen*) dejar fuera; **ich bitte euch, mich aus eurem Streit herauszulassen** os ruego que me dejéis fuera de vuestra discusión; **seine persönliche Meinung aus einem Artikel ~** dejar su opinión personal aparte en un artículo; **heraus|laufen** *irr vi sein* correr hacia afuera, salir corriendo (*aus* de); (*Flüssigkeit*) derramarse; **heraus|lesen** *irr vt* (*aus Text, Miene*) descubrir (*aus* en); **heraus|locken** *vt* (*Geheimnis*) sonsacar, descubrir con artimañas; **he-**

raus|lösen *vt* eliminar; **heraus|machen** **I.** *vt* (*fam: Dorn, Fleck*) sacar, quitar **II.** *vr:* **sich ~** (*fam: sich entwickeln*) medrar, hacer progresos; **er hat sich prächtig herausgemacht** medró estupendamente; **heraus|müssen** *irr vi* (*fam*) **1.** (MED: *Organ*) tener que ser extirpado **2.** (*gesagt werden müssen*) tener que ser dicho **3.** (*nach draußen müssen*) tener que salir (*aus* de); **ich muss hier endlich heraus!** ¡tengo que salir de aquí de una vez!

herausnehmbar *adj* extraíble

heraus|nehmen *irr vt* sacar (*aus* de); **ein Kind aus der Schule ~** sacar a un niño del colegio; **sich** *dat* **den Blinddarm ~ lassen** operarse del apéndice; **sich** *dat* **~ etw zu tun** tomarse la libertad de [*o* atreverse a] hacer algo; **sich** *dat* **viel ~** (*fam*) pasarse un montón; **heraus|pauken** *vt* (*fam*) sacar (*aus* de); **Ihr Prozess ist verfahren, aber ich pauke Sie da heraus** su proceso está encallado, pero yo le sacaré de esta; **heraus|picken** *vt* **1.** (*mit dem Schnabel*) picotear (*aus* de) **2.** (*nehmen*) sacar (*aus* de); (*auswählen*) seleccionar; **der Nationaltrainer pickt (sich** *dat*) **die besten Spieler heraus** el seleccionador nacional se queda con los mejores jugadores; **sich** *dat* **die Rosinen aus dem Kuchen ~** (*fig*) llevarse [*o* cogerse] lo mejor; **heraus|platzen** *vi sein* (*fam*) **1.** (*lachen*) prorrumpir en risas **2.** (*spontan sagen*): **mit etw** *dat* **~** salir [*o* descolgarse] con algo; **musstest du mit unserem Plan ~?** ¿era necesario descolgarte descubriendo nuestro plan?; **heraus|putzen** **I.** *vt* (*schmücken*) acicalar **II.** *vr:* **sich ~** acicalarse, engalanarse, empavonarse *MAm*, apirularse *Chil;* **heraus|ragen** *vi* sobresalir (*aus* de), destacarse (*aus* de); **heraus|reden** *vr:* **sich ~** (*fam*) buscar pretextos, poner excusas; **heraus|reißen** *irr vt* arrancar, quitar; **heraus|rücken** **I.** *vi sein* (*fam: zugeben*) soltar, desembuchar; **rück mit der Wahrheit heraus!** ¡desembucha ya! **II.** *vt* (*fam: hergeben*) soltar, espichar *Chil;* **rück mal etwas Geld heraus!** ¡suelta un par de duros!; **heraus|rutschen** *vi sein* salirse; (*Wort*) escaparse; **das ist mir nur so herausgerutscht** (*fam*) se me escapó; **heraus|schälen** *vr:* **sich ~** manifestarse; **heraus|schauen** *vi* **1.** (*aus Fenster*) mirar (*aus* por) **2.** (*fam: bei Geschäft*) salir (*bei* de); **was schaut für mich dabei heraus?** ¿qué saco yo de esto?; **heraus|schlagen** *irr vt* **1.** (*Wand*) quitar **2.** (*fam: Gewinn, Vorteil*) ganar, sacar; (*Frist*) conseguir; **heraus|schleudern** *vt* **1.** (*Gegenstand*) arrojar (*aus* por) **2.** (*Person*): **aus etw** *dat* **herausgeschleudert werden** salir despedido de algo; **bei dem Aufprall wurde der Fahrer herausgeschleudert** el conductor salió despedido al producirse el choque **3.** (*Worte*) echar, soltar; **plötzlich schleuderte er viele Vorwürfe heraus** de repente empezó a soltar una sarta de reproches; **heraus|schlüpfen** *vi sein* **1.** (*nach draussen kommen*) salir; (*ausziehen*) sacarse, quitarse; (*fig*) escaparse; **aus einem Mantel/den Schuhen ~** sacarse el abrigo/los zapatos; **es tut mir leid, das ist mir nur so herausgeschlüpft** lo siento, se me ha escapado **2.** (*verlassen*) salir (*aus* de); **das Küken ist (aus dem Ei) herausgeschlüpft** el pollito ha salido (del huevo); **heraus|schmecken** **I.** *vt* notar el sabor, sacar el sabor; **aus dieser Suppe kann man die Zutaten kaum ~** de esta sopa sopa casi no se puede sacar el sabor de los ingredientes **II.** *vi* sobresalir, notarse; **da schmeckt der Pfeffer zu stark heraus** sabe demasiado a pimienta; **heraus|schneiden** *irr vt* recortar; (MED) extirpar; **heraus|schreiben** *irr vt* copiar (fragmentos de un texto) (*aus* de), extractar; **heraus|schreien** *irr vt* gritar; **seine Wut/seine Angst ~** gritar de rabia/de miedo; **heraus|sein** *irr vi sein s.* **heraus**

heraußen [hɛˈraʊsən] *adv* (*südd, Österr: hier draußen*) aquí afuera

heraus|springen *irr vi sein* **1.** (*nach draußen springen*) saltar afuera; **aus dem Fenster ~** arrojarse [*o* tirarse] por la ventana **2.** (*Sicherung*) saltar **3.** (*fam: Gewinn*) sacar provecho (*bei* de); **und was springt dabei für mich heraus?** ¿y qué saco yo de esto?; **heraus|spritzen** *vi sein* salir a chorro; **heraus|sprudeln** **I.** *vi sein* brotar (*aus* de), manar (*aus* de) **II.** *vt haben* (*Worte*) salir a borbotones; **nun mal langsam und hübsch der Reihe nach, nicht alles so herausgesprudelt!** ¡ahora despacito y por orden y sin hablar a borbotones!; **heraus|stehen** *irr vi* sobresalir (*aus* de); **heraus|stellen** **I.** *vt* **1.** (*nach draußen stellen*) sacar, poner afuera **2.** (*hervorheben*) destacar, poner de relieve **II.** *vr:* **sich ~** (*sich erweisen*) resultar, comprobarse; **die Vermutung hat sich als richtig herausgestellt** la suposición resultó ser cierta; **es stellte sich heraus, dass ...** se ha comprobado que...; **es wird sich ~, wer/ob ...** se comprobará quién/si...; **das muss sich erst noch ~** aún se tiene que comprobar esto; **heraus|strecken** *vt* (*Arm, Zunge*) sacar (*aus/zu* de); (*Kopf*) asomar (*aus/zu* por); **heraus|streichen** *irr vt* **1.** (*durchstreichen*) tachar, borrar **2.** (*loben*) poner de relieve, resaltar; **heraus|stürzen** *vi sein* salir corriendo (*aus* de), salir precipitadamente (*aus* de); **heraus|suchen** *vt* escoger, seleccionar; **heraus|treten** *irr vi sein* salir (*aus* de); **heraus|tröpfeln** *vi sein* (*fam*) gotear (*aus* de), caer gotas (*aus* de); **heraus|wagen** *vr:* **sich ~** atreverse a salir (*aus* de); **heraus|werfen** *irr vt* arrojar, echar; (*hinauswerfen*) echar fuera; **heraus|winden** *irr vr:* **sich ~** salir (*aus* de); **sich aus einer heiklen Lage ~** salir de una situación comprometida; **heraus|wirtschaften** *vt* obtener [*o* sacar] (un beneficio); **heraus|wollen** *irr vi* querer salir (*aus* de);

nicht mit der Sprache ~ no querer decir nada; **heraus|ziehen** *irr vt* sacar (*aus* de)

herb [hɛrp] *adj* **1.** (*Geschmack*) acerbo, acre; (*Wein*) seco **2.** (*Enttäuschung*) amargo; (*Verlust*) doloroso **3.** (*Charakter*) rudo, seco **4.** (*Worte, Kritik*) duro

Herbarium [hɛr'ba:riʊm] *nt* <-s, Herbarien> herbario *m*

herbei [hɛɐ'baɪ] *adv* por aquí, hacia aquí; **herbei|bringen** *irr vt* (*Gegenstand*) traer; (*Beweise*) procurar, conseguir; **herbei|eilen** *vi sein* venir corriendo, acudir deprisa; **herbei|führen** *vt* causar, provocar; (*Gelegenheit*) proporcionar; **herbei|holen** *vt* hacer [*o* mandar] venir; **holen Sie bitte rasch den Rettungswagen/einen Arzt herbei!** ¡llame deprisa a una ambulancia/vaya deprisa a buscar a un médico!; **herbei|lassen** *irr vr:* **sich zu etw** *dat* ~ dignarse a (hacer) algo; **sich (dazu) ~ etw zu tun** dignarse a hacer algo, tener a bien hacer algo; **herbei|reden** *vt* atraer (una desgracia) con palabras; **du hast den Unfall herbeigeredet** has hablado tanto del accidente que al final sucedió; **herbei|rufen** *irr vt* llamar, hacer venir; **herbei|schaffen** *vt* (*fam*) **1.** (*bringen*) traer; **geh hin und schaff ihn mir herbei!** ¡ve y tráemelo aquí! **2.** (*besorgen*) conseguir; **die Teile hat mir ein Bekannter aus der Werkstatt herbeigeschafft** las piezas me las ha conseguido un conocido del taller; **herbei|sehnen** *vt:* **jdn/etw** ~ sentir la ausencia de [*o* añoranza por] alguien/algo; **diesen Augenblick hatten die Geschundenen jahrelang herbeigesehnt** las personas maltratadas habían estado esperando muchos años este momento; **herbei|strömen** *vi sein* acudir en masa; **Schaulustige strömten neugierig herbei** un gran número de curiosos acudieron a presenciar el acto; **herbei|winken** *vt* llamar haciendo señas; **den Kellner** ~ llamar al camarero haciendo una seña; **ein Taxi** ~ hacer una seña para parar un taxi; **herbei|wünschen** *vt* desear que llegue

her|bekommen* *irr vt* (*fam*) conseguir, procurar; **wo soll ich um diese Zeit Rosen ~?** ¿de dónde saco yo rosas a estas horas?

her|bemühen* **I.** *vt* (*geh*) hacer venir; **ich muss dich leider** ~ lo siento, pero tengo que hacerte venir **II.** *vr:* **sich** ~ (*geh*) molestarse en venir; **Sie müssen sich nicht persönlich** ~ no tiene que molestarse en venir personalmente

Herberge ['hɛrbɛrgə] *f* <-, -n> albergue *m*

Herbergseltern *pl* directores *mpl* de un albergue; **Herbergsmutter** *f* <-, -mütter> directora *f* de un albergue juvenil; **Herbergsvater** *m* <-s, -väter> director *m* de un albergue juvenil

her|bestellen* ['he:ɐ-] *vt* hacer venir, citar

her|beten *vt* (*abw*) decir de corrido, repetir de memoria

Herbheit *f* <-, *ohne pl*> (*Geschmack*) sabor *m* acre; (*Duft*) acrimonia *f;* (*Wein*) gusto *m* acerbo, acidez *f*

her|bitten *irr vt* hacer venir

herbivor [hɛrbi'vo:ɐ] *adj* herbívoro

Herbizid [hɛrbi'tsi:t] *nt* <-(e)s, -e> herbicida *m*

her|bringen *irr vt* traer

Herbst [hɛrpst] *m* <-(e)s, -e> otoño *m*

Herbstäquinoktium ['hɛrpstʔɛkvinɔktsjʊm] *nt* <-s, -äquinoktien> equinoccio *m* de otoño

Herbstaster *f* <-, -n> (BOT) aster *m* (*que florece en otoño*); **Herbstfarben** *fpl* colores *mpl* otoñales; **Herbstferien** *pl* vacaciones *fpl* de otoño

herbstlich *adj* otoñal

Herbstmonat *m* <-s, -e> mes *m* otoñal; **Herbstwetter** *nt* <-s, *ohne pl*> tiempo *m* otoñal [*o* de otoño]

Herbstzeitlose *f* <-, -n> (BOT) cólquico *m*

Herculaneum [hɛrku'la:neʊm] *nt* <-s> Herculano *m*

Herd [he:ɐt] *m* <-(e)s, -e> **1.** (*in Küche*) cocina *f;* **den ganzen Tag am ~ stehen** (*fam*) estar todo el día metido en la cocina; **eigener ~ ist Goldes wert** (*prov*) el tener un hogar propio no se paga ni con oro **2.** (*Brand~, a.* MED) foco *m*

Herde ['he:ɐdə] *f* <-, -n> (*Schafe, Rinder*) rebaño *m,* hato *m;* (*Schweine*) piara *f;* (*wilde Tiere*) manada *f;* **Herdenmensch** *m* <-en, -en> persona *f* gregaria; **Herdentier** *nt* <-(e)s, -e> **1.** (*Tier*) animal *m* gregario **2.** (*abw: Person*) persona *f* gregaria; **Herdentrieb** *m* <-(e)s, -e> (*fig a.* ZOOL) instinto *m* gregario, gregarismo *m*

Herdplatte *f* <-, -n> placa *f* (eléctrica)

Heredität [heredi'tɛ:t] *f* <-, -en> **1.** (MED: *Erblichkeit*) herencia *f* **2.** (JUR: *Erbfolge*) heredad *f*

herein [hɛ'raɪn] *adv* adentro, hacia dentro; **~!** ¡adelante!, ¡pase!; **herein|bekommen*** *irr vt* (*fam: Ware, Sender*) recibir; **herein|bitten** *irr vt* hacer pasar; **der Arzt bat den nächsten Patienten (zu sich) herein** el médico hizo pasar al siguiente paciente; **herein|brechen** *irr vi sein* **1.** (*Wassermassen*) irrumpir **2.** (*geh: Unglück*) sobrevenir; (*Nacht, Dämmerung*) caer (*über* sobre); **herein|bringen** *irr vt* **1.** (*nach drinnen bringen*) entrar, llevar adentro **2.** (*fam: Unkosten, Verluste*) eliminar; **herein|dürfen** *irr vi* (*fam*) poder entrar (*in* en); **herein|fahren** *irr* **I.** *vi sein* entrar (con un vehículo) **II.** *vt haben* entrar (con un vehículo) (*in* en); **bitte vorsichtig, wenn Sie den Kran hier ~!** ¡vaya con cuidado por favor cuando entre con la grúa aquí!; **herein|fallen** *irr vi sein* **1.** (*in Loch*) caer (*in* en); (*Licht*) entrar (*in* en/a) **2.** (*fam: sich täuschen lassen*) dejarse engañar (*auf* por), caer en la trampa **3.** (*fam: erfolglos sein*) llevarse un chasco (*mit* con); **herein|führen** *vt* acompañar [*o* llevar] adentro (*in* en); **bitte führen Sie die alte Frau (zu mir) herein** haga pasar, por favor, a la anciana; **die Mafiosi wurden gefesselt (in den Gerichtssaal) hereingeführt** llevaron a los mafiosos encadenados (a la sala de audiencias); **herein|holen** *vt* entrar, meter; **jdn ~** hacer entrar a alguien; **herein|kommen** *irr vi sein* entrar (*in* a/en); **bitte kommen Sie doch herein!** ¡entre, por favor!; **herein|kriegen** *vt* (*fam*) *s.* **hereinbekommen**; **herein|lassen** *irr vt* dejar entrar; **herein|legen** *vt* **1.** (*nach drinnen legen*) poner adentro **2.** (*fam: betrügen*) engañar, embaucar, carnear *Chil;* **herein|nehmen** *irr vt* **1.** (*nach drinnen nehmen*) entrar **2.** (*in Liste, Angebot*) incluir (*in* en); **herein|platzen** *vi sein* (*fam*) entrar de sorpresa y sin previo aviso (*in* en), meterse, colarse, irrumpir (*in* en); **in eine Besprechung ~** entrar en una conferencia así como así; **herein|regnen** *vunpers:* **es regnet herein** la lluvia entra aquí; **herein|reiten** *irr* **I.** *vi sein* entrar (montando a caballo) (*in* en); **er ritt zu uns/in die Manege herein** vino hacia nosotros montando a caballo/entró a caballo en la pista del circo **II.** *vt haben* (*fig fam*) meter (en un apuro); **er steckte schon in der Klemme, durch ihren Leichtsinn hat sie ihn nur noch tiefer hereingeritten** ya tenía suficientes apuros y, con su descuido, no hizo más que empeorar su situación **III.** *vr:* **sich ~** *haben* (*fam*) meterse (en un apuro); **zügeln Sie Ihre Zunge, Sie reiten sich nur noch tiefer herein!** ¡contenga su lengua o la pringará aún más!; **herein|rufen** *irr vt* **1.** (*nach drinnen holen*) hacer entrar; **rufen Sie bitte den nächsten Patienten zu mir herein!** ¡haga pasar al siguiente paciente!; **geh mal an die Tür und ruf die Kinder (zum Essen) herein** asómate a la puerta y diles a los niños que entren (a comer) **2.** (*nach drinnen rufen*) decir en voz alta; **jdm etw ~** decirle en voz alta algo a alguien (desde la calle); **herein|schauen** *vi* **1.** *s.* **hereinsehen 2.** (*fam: besuchen*) visitar (*bei* a), pasar(se) (*bei* por casa de); **herein|schneien I.** *vunpers:* **es schneit herein** la nieve entra por la ventana [*o* puerta] **II.** *vi sein* (*fam: Besuch*) venir [*o* entrar] de rondón, colarse; (*Brief*) llegar de sorpresa [*o* desprevenidamente]; **herein|sehen** *irr vi* mirar para el interior [*o* para dentro]; **herein|spazieren*** *vi sein* (*fam*) ir entrando (*in* en); **herein|stecken** *vt* introducir (*in* en, *zu* hacia/por); **schau mal, wer da den Kopf (zu uns) hereinsteckt!** ¡mira a ver quién asoma la cabeza (por nuestra puerta [*o* ventana])!; **herein|strömen** *vi sein* **1.** (*Wasser*) entrar (a chorro) (*in/zu* en) **2.** (*Fans, Besucher*) acudir (de todas partes) (*in/zu* a); **herein|stürzen** *vi sein* entrar atropelladamente (*in* en); **herein|wagen** *vr:* **sich ~** atreverse a entrar (*in* en, *zu* a); **hier sind wir sicher, sie werden sich nicht zu uns ~** aquí estamos seguros, no se atreverán a venir a buscarnos; **herein|wollen** *irr vi* (*fam*) querer entrar (*in* en, *zu* a)

her|fahren *irr* **I.** *vi sein* **1.** (*gefahren kommen*) venir (en un vehículo), llegar (en un vehículo) **2.** (*entlangfahren*): **hinter jdm/etw** *dat* **~** seguir (en un vehículo) detrás de alguien/algo, perseguir (en un vehículo) a alguien/algo; **vor jdm/etw** *dat* **~** conducir delante de alguien/de algo **II.** *vt haben:* **jdn/etw ~** traer a alguien/algo (en un vehículo)

Herfahrt ['heːɐ-] *f* <-, -en> venida *f;* **auf der ~** a la venida

her|fallen *irr vi sein* **1.** (*angreifen*) atacar (*über*), asaltar (*über*); (*mit Fragen*) acosar a preguntas (*über*) **2.** (*kritisieren*) atacar (*über*), criticar duramente (*über*); **über etw ~** caer sobre algo

her|finden *irr vi* encontrar el camino

Hergang ['heːɐ-] *m* <-(e)s, -gänge> acontecimientos *mpl,* lo ocurrido; **den ~ schildern** contar lo que pasó

her|geben *irr* **I.** *vt* **1.** (*herausgeben*) dar, entregar; **gib her!** ¡dame!; **geben Sie her!** ¡déme! **2.** (*taugen*) valer; **das Buch gibt nicht viel her** el libro no vale mucho **II.** *vr:* **sich ~** prestarse (*für* a); **gib dich für so etwas nicht her!** ¡no te prestes a una cosa así!

hergebracht ['heːɐgəbraxt] *adj* tradicional

her|gehen *irr vi sein* **1.** (*begleiten*): **neben/vor/hinter jdm ~** ir al lado de/delante de/detrás de alguien **2.** (*fam: zugehen*): **es ging heiß [*o* hoch] her** hubo mucho jaleo **3.** (*südd, Österr*) *s.* **herkommen**

her|gehören* *vi s.* **hierher**

hergelaufene(r, s) *adj* (*abw*) cualquiera

her|haben *irr vt* (*fam*) haber sacado; **wo hast du denn diese Manieren/diese Ausdrucksweise her?** ¿de dónde has sacado esos modales/esa expresión?; **wo hast du bloß diesen Charakter her?** ¿pero de dónde habrás sacado tú ese carácter?; **her|halten** *irr* **I.** *vt* acercar **II.** *vi* servir (*als* de); **als Entschuldigung ~** servir de excusa; **er muss immer ~** siempre tiene que pagar el pato; **her|holen** *vt* ir a buscar, ir (por); **der Vergleich ist weit hergeholt** el ejemplo es muy rebuscado; **her|hören** *vi* escuchar

Hering ['heːrɪŋ] *m* <-s, -e> **1.** (*Fisch*) arenque *m;* **dünn wie ein ~** flaco como un espárrago **2.** (*Zeltpflock*) estaquilla *f;* **Heringssalat** *m* <-(e)s, -e> (GASTR), **Heringstopf** *m* <-(e)s, -töpfe> (GASTR) ensalada *f* de arenques

herinnen [hɛ'rɪnən] *adv* (*südd, Österr: drinnen, innen*) aquí adentro

Herisau ['heːrizaʊ] *nt* <-s> Herisau *m*

her|jagen I. *vi sein:* **hinter jdm/etw** *dat* **~** correr a toda velocidad detrás de alguien/de algo, perseguir a toda velocidad a alguien/algo; **die Hunde jagten hinter dem Hasen her** los perros perseguían a la liebre **II.** *vt haben* perseguir y traer (*zu* hacia), perseguir pisándole los talones (*vor* a)

her|kommen *irr vi sein* **1.** (*hierher kommen*) venir; (*sich nähern*) aproximarse, acercarse **2.** (*stammen*) venir (*aus* de), ser (*aus* de); **wo kommen Sie her?** ¿de dónde es Ud.? **3.** (*herrühren*) venir (*von* de), resultar (*von* de)

herkömmlich ['heːɐkœmlɪç] *adj* tradicional; (*konventionell*) convencional

Herkules ['hɛrkulɛs] *m* <-, -se>: **ein** (**wahrer**) ~ un (auténtico) hércules; **Herkulesarbeit** *f* <-, -en> obra *f* de romanos, trabajo *m* de chinos *fam*

Herkunft ['heːɐkʊnft] *f* <-, *ohne pl*> origen *m;* (**von**) **zweifelhafter** ~ de oscuro origen, de procedencia dudosa; **das Wort ist arabischer** ~ la palabra es de origen árabe; **Herkunftsbescheinigung** *f* <-, -en> (COM) certificado *m* de origen; **Herkunftsbezeichnung** *f* <-, -en> (COM) denominación *f* de origen; **Herkunftsland** *nt* <-(e)s, -länder> país *m* de origen; **Herkunftszertifikat** *nt* <-(e)s, -e> (COM) certificado *m* de origen

her|laufen *irr vi sein* **1.** (*entlanglaufen*) pasar, recorrer **2.** (*gelaufen kommen*) venir corriendo (*zu* a/hacia) **3.** (*begleiten*): **hinter/neben/vor jdm** ~ correr detrás de/al lado de/delante de alguien

her|leiten **I.** *vt* (*ableiten*) deducir (*aus* de), derivar (*aus* de) **II.** *vr:* **sich** ~ (*herrühren*) derivar (*aus* de)

her|machen **I.** *vi* importar; **das macht viel her** esto causa buena impresión **II.** *vr:* **sich** ~ (*fam*) emprender (*über*); **sich über die Arbeit** ~ poner manos a la obra; **sich über das Essen** ~ abalanzarse sobre la comida; **sie machten sich über das kalte Büfett her** se abalanzaron sobre el bufé frío

Hermaphrodit [hɛrmafro'diːt] *m* <-en, -en> hermafrodita *m*

Hermelin [hɛrmə'liːn] *m* <-s, -e> armiño *m*

Hermeneutik [hɛrme'nɔɪtɪk] *f* <-, *ohne pl*> hermenéutica *f*

hermeneutisch [hɛrme'nɔɪtɪʃ] *adj* hermenéutico

hermetisch [hɛr'meːtɪʃ] *adj* hermético; **ein Gebäude** ~ **abriegeln** cerrar un edificio herméticamente

hernach [hɛɐ'naːx] *adv* (*reg*) después, más tarde

her|nehmen *irr vt* tomar, sacar

hernieder [hɛɐ'niːdɐ] *adv* (*geh*) *s.* **herab**

Heroen *pl von* **Heros**

Heroin [hero'iːn] *nt* <-s, *ohne pl*> heroína *f*

Heroine [hero'iːnə] *f* <-, -n> (THEAT) heroína *f*

heroisch [he'roːɪʃ] *adj* (*geh*) heroico

Heroismus [hero'ɪsmʊs] *m* <-, *ohne pl*> (*geh*) heroísmo *m*

Herold ['heːrɔlt] *m* <-(e)s, -e> (*a.* HIST) heraldo *m*

Heros ['heːrɔs, *pl:* he'roːən] *m* <-, Heroen> **1.** (*geh: Held*) héroe *m* **2.** (MYTH) semidiós *m*

Herpes ['hɛrpɛs] *m* <-, *ohne pl*> (MED) herpe(s) *m;* ~ **genitalis/simplex** herpe(s) genital/simplex; **Herpesvirus** *nt o m* <-, -viren> (MED) virus *m inv* del herpe(s)

her|plappern *vt* (*fam*) decir al (buen) tuntún

Herr[1] [hɛr] *m* <-(e)n, -en> **1.** (*Mann*) señor *m,* caballero *m;* **den großen ~en markieren** darse aires de gran señor; **der ~ der Schöpfung** el rey de la creación, el ser humano; **die ~en der Schöpfung** (*iron: die Männer*) los hombres; **„Herren"** "caballeros" **2.** (*Anrede*) señor *m;* ~ **Meier** el señor Meier; **der ~ wünschen?** ¿qué desea el señor?; ~ **Ober!** ¡camarero! **3.** (REL) Señor *m*

Herr(in)[2] *m(f)* <-(e)n, -en; -, -nen> (*Gebieter*) amo, -a *m, f,* patrón, -ona *m, f;* ~ **im Haus se sein** llevar la batuta en casa; **er war nicht ~ der Lage** no era dueño de la situación; ~ **seiner Sinne sein** ser dueño de sí mismo; **nicht mehr ~ seiner Sinne sein** no ser dueño de sus actos; **sein eigener ~ sein** ser su propio amo, no depender de nadie; ~ **über Leben und Tod** Dios (todopoderoso); **aus aller ~en Länder** de todos los países, de todos los rincones del mundo; **wie der ~, so's Gescherr** (*prov*) a tal amo tal criado

Herrchen *nt* <-s, -> (*Hundebesitzer*) amo *m,* dueño *m*

Herrenartikel *m* <-s, -> artículo *m* de caballero; **Herrenausstatter** *m* <-s, -> tienda *f* de ropa de caballero; **Herrenbegleitung** *f* <-, *ohne pl*> compañía *f* masculina; **in ~** en compañía masculina; **Herrenbekanntschaft** *f* <-, -en>: **eine ~ machen** (*fam*) conocer a un hombre; **Herrenbekleidung** *f* <-, -en> ropa *f* de caballero; **Herrenbesuch** *m* <-(e)s, -e> **1.** (*Besucher*) visitante *m* (masculino) **2.** (*Besuch*) visita *f* (masculina); **Herrendoppel** *nt* <-s, -> (SPORT) doble *m* masculino; **Herreneinzel** *nt* <-s, -> (SPORT) individual *m* masculino; **Herrenfahrrad** *nt* <-(e)s, -räder> bicicleta *f* de señor; **Herrenfriseur(in)** *m(f)* <-s, -e; -, -nen> peluquero, -a *m, f* para caballeros

Herrengesellschaft[1] *f* <-, -en> (*Runde von Herren*) reunión *f* (exclusivamente) de caballeros

Herrengesellschaft[2] *f* <-, *ohne pl*> (*Herrenbegleitung*): **in ~** en compañía de un hombre

Herrenhaus *nt* <-es, -häuser> casa *f* señorial

herrenlos *adj* sin dueño, realengo *Am*

Herrenmode *f* <-, -n> moda *f* masculina; **Herrensalon** *m* <-s, -s> peluquería *f* para caballeros; **Herrensitz** *m* <-es, -e> casa *f* señorial; **Herrentoilette** *f* <-, -n> servicio *m* de caballeros, aseos *mpl* para caballeros; **Herrenwitz** *m* <-es, -e> chiste *m* verde

Herrgott ['-'-] *m* <-(e)s> Señor *m,* Dios Nuestro Señor *m;* ~ **noch mal!** (*fam*) ¡Dios mío!; **Herrgottsfrühe** *f:* **in aller ~** (*fam*) muy de mañana, de madrugada; **Herrgottsschnit-**

zer(in) *m(f)* <-s, -; -, -nen> (*südd, Österr*) imaginero, -a *m, f;* **Herrgottswinkel** *m* <-s, -> (*südd, Österr*) *en una habitación de un caserío, rincón con crucifijo y otros objetos religiosos*

her|richten *vt* **1.** (*vorbereiten*) preparar, arreglar **2.** (*reparieren*) arreglar

Herrin ['hɛrɪn] *f* <-, -nen> *s.* **Herr**[2]

herrisch *adj* imperioso, autoritario

herrje(h) [hɛr'je:] *interj,* **herrjemine** [hɛr'je:mine] *interj* ¡por Dios!, ¡Jesús!

herrlich *adj* espléndido; (*wunderbar*) maravilloso; (*ausgezeichnet*) excelente

Herrlichkeit *f* <-, -en> esplendor *m,* suntuosidad *f,* magnificencia *f*

Herrschaft *f* <-, *ohne pl*> **1.** (*Macht*) poder *m* (*über* sobre), dominio *m* (*über* sobre); (*Regierung*) gobierno *m* **2.** (*Kontrolle*) control *m* (*über* de); **er verlor die ~ über sein Auto** perdió el control de su coche

Herrschaften *fpl* señores *mpl;* **die ~ wollen zahlen?** ¿los señores desean la cuenta?

herrschaftlich *adj* señorial

Herrschaftsanspruch *m* <-(e)s, -sprüche> pretensión *f* de poder; **der Thronfolger will seinen ~ geltend machen** el príncipe heredero quiere hacer valer sus poderes; **Herrschaftsbereich** *m* <-(e)s, -e> ámbito *m* de poder

herrschen ['hɛrʃən] *vi* **1.** (*Macht haben*) dominar; (*regieren*) gobernar; (*König*) reinar (*über* en/sobre), mandar (*über* en/sobre) **2.** (*bestehen*) existir; (*Freude, Angst, Chaos*) reinar; (*Not, Nebel, Verkehr*) haber; (*Meinung, Ansicht*) predominar; **im Zimmer herrschte bedrückende Stille** en la habitación reinaba un silencio opresivo; **es herrschte allgemeine Ratlosigkeit** reinaba un desconcierto general

herrschend *adj* reinante; **die ~e Klasse** la clase dirigente; **die ~e Meinung** la opinión dominante

Herrscher(in) *m(f)* <-s, -; -, -nen> soberano, -a *m, f,* gobernante *mf;* **Herrschergeschlecht** *nt* <-(e)s, -er>, **Herrscherhaus** *nt* <-es, -häuser> (POL, HIST) dinastía *f*

Herrscherin *f* <-, -nen> *s.* **Herrscher**

Herrschsucht *f* <-, *ohne pl*> despotismo *m,* tiranía *f;* **herrschsüchtig** *adj* despótico, dominante

her|rufen *irr vt* **1.** (*herbeirufen*) llamar (para que venga) **2.** (*nachrufen*): **etw hinter jdm ~** gritar algo detrás de alguien

her|rühren *vi* resultar (*von* de)

her|sagen *vt* recitar

her|schauen *vi* (*reg*) **1.** (*hersehen*) mirar (aquí) (*zu* hacia) **2.** (*Wend*): **da schau her!** (*Österr: fam: sieh mal an!*) ¡quién lo hubiera dicho!

her|schicken *vt* **1.** (*zu jdm schicken*) mandar (a alquien que vaya) (*zu* a); **schicken Sie ihn bitte gleich zu mir her!** ¡hágale venir en seguida! **2.** (*nachschicken*): **jdn hinter jdm/etw** *dat* **~** mandar a alguien que vaya a por alguien/algo

her|schieben *irr vt* arrimar empujando; **etw vor sich** *dat* **~** dejar algo para otro día

her|sehen *irr vi* **1.** (*in jds Richtung sehen*) mirar (en dirección) (*zu* a/hacia) **2.** (*nachsehen*): **hinter jdm/etw** *dat* **~** seguir a alguien/algo con la mirada

her|sein *irr vi sein s.* **her**

her|stammen *vi* ser (*aus* de), ser oriundo [*o* natural] (*aus* de); **wo stammst du her?** ¿de dónde eres (oriundo)?

her|stellen *vt* **1.** (*erzeugen*) producir, fabricar **2.** (*schaffen*) crear; (*Verbindung*) establecer **3.** (*an einen Ort*) poner

Hersteller(in) *m(f)* <-s, -; -, -nen> productor(a) *m(f),* fabricante *mf;* (*in Verlag*) encargado, -a *m, f* de la producción de libros; **Herstellerfirma** *f* <-, -firmen> (empresa *f*) fabricante *m*

Herstellerin *f* <-, -nen> *s.* **Hersteller**

Herstellerpreis *m* <-es, -e> precio *m* de fábrica

Herstellung *f* <-, *ohne pl*> fabricación *f,* producción *f;* (*in Verlag*) producción *f* de libros; **serienmäßige ~** producción en serie; **Herstellungsfehler** *m* <-s, -> fallo *m* de fábrica, defecto *m* de fábrica; **Herstellungsgang** *m* <-(e)s, -gänge> (TECH, WIRTSCH) ciclo *m* de fabricación; **Herstellungskosten** *pl* costes *mpl* de fabricación, gastos *mpl* de producción; **Herstellungsland** *nt* <-(e)s, -länder> país *m* productor; **Herstellungsmuster** *nt* <-s, -> (TECH, WIRTSCH) muestra *f* de fabricación; **Herstellungsprozess**[RR] *m* <-es, -e> (TECH, WIRTSCH) proceso *m* de fabricación

her|tragen *irr vt* **1.** (*herbeitragen*) traer (*zu* a/hacia (aquí)) **2.** (*entlangtragen*): **etw hinter/neben/vor jdm ~** llevar [*o* cargar con] algo detrás de/al lado de/delante de alguien

her|trauen *vr:* **sich ~** atreverse a ir (*zu* hacia), atreverse a venir (*zu* hacia/a casa de); **komm doch, trau dich ruhig her, ich fress dich doch nicht!** ¡ven, no tengas miedo, que no como a nadie!

Hertz [hɛrts] *nt* <-, -> (PHYS) hertz *m,* hercio *m*

herüben [hɛ'ry:bən] *adv* (*südd, Österr: auf dieser Seite*) aquí, en este lugar

herüber [hɛ'ry:bɐ] *adv* hacia aquí, hacia acá; **herüber|bitten** *irr vt* pedir que venga (*zu* a/hacia); **gehen Sie mal an den Nachbartisch und bitten Sie die junge Dame zu uns herüber!** ¡acérquese a la mesa de al lado y pídale a la joven que venga a nuestra mesa!; **herüber|bringen** *irr vt* traer (*zu* a/hacia aquí); **würden Sie mir wohl bitte mal den Mantel ~?** ¿sería tan amable de traerme el abrigo?; **herüber|dürfen** *irr vi* (*fam*) poder ir (*zu* a); **herüber|fahren** *irr* **I.** *vi sein* venir (en vehículo) (*zu* a/hacia) **II.** *vt haben* traer aquí (en vehículo); **herüber|geben** *irr vt* dar, pasar; **gib doch bitte mal den Braten (zu mir) herüber!** ¡pásame el asado, por favor!; **herüber|holen** *vt* ir a buscar; **er holte das Kind zu sich** *dat* **ins Arbeitszimmer herüber** fue a buscar al niño y se lo llevó a su estudio; **herüber|kommen** *irr vi sein* llegar (hasta aquí); (*hierher gelangen*) ir a parar (aquí) (*zu* hacia); **kommen Sie doch bitte mal (zu mir) herüber, ich muss Sie was fragen!** ¡haga el favor de venir, tengo que preguntarle algo!; **herüber|lassen** *irr vt* dejar pasar [*o* entrar] [*o* venir]; **herüber|laufen** *irr vi sein* venir corriendo (*zu* hacia aquí); **wer von euch zuerst zu mir herübergelaufen ist, hat gewonnen** el primero que llegue adonde yo estoy habrá ganado; **herüber|reichen I.** *vi* llegar hasta; **über den Zaun** ~ sobrepasar la valla; **Nachbars Kirschbaum reicht bis in unseren Garten herüber** el cerezo de los vecinos invade nuestro jardín **II.** *vt* (*geh*) *s.* **herübergeben**; **herüber|retten** *vt s.* **hinüberretten**; **herüber|schicken** *vt* mandar [*o* traer] aquí (*zu* hacia); **der Chef schickt mich (zu Ihnen) herüber** vengo (a verle) de parte del jefe; **herüber|schwimmen** *irr vi sein* venir nadando (*zu* hacia aquí, *über* por); **herüber|sehen** *irr vi* mirar (*zu* en dirección a); **herüber|werfen** *irr vt* lanzar [*o* tirar] (aquí) (*zu* en dirección a); **herüber|wollen** *irr vi* (*fam*) querer venir (*zu* hacia aquí), querer pasar (*über* por); **herüber|ziehen** *irr vt* llevarse (tirando) consigo [*o* con uno] (*zu* a); **sie zogen den Verwundeten zu sich** *dat* **in den Unterstand herüber** arrastraron al herido consigo al refugio subterráneo

herum [hɛ'rʊm] *adv* **1.** (*rings*) alrededor, en los alrededores; **um ...** ~ alrededor de...; **die Gegend um Berlin** ~ los alrededores de Berlín; **hier** ~ por aquí; **links/rechts** ~ por la izquierda/derecha; **anders** ~ al revés, por el otro lado; **verkehrt** ~ al revés, del revés, cabeza abajo; ~ **sein** (*fam: beendet*) haberse terminado [*o* acabado]; (*bekannt*) ser de dominio público; **um jdn** ~ **sein** (*fam*) estar cerca de [*o* próximo a] alguien **2.** (*fam: ziellos*) por ahí **3.** (*fam*): **um ...** ~ (*ungefähr*) alrededor de...; (*Menge, Alter*) aproximadamente, más o menos; (*Uhrzeit*) sobre, hacia; **so um die fünfzig Mark** ~ unos cincuenta marcos; **herum|albern** *vi* hacer el bobo, tontear; **herum|ärgern** *vr:* **sich** ~ (*fam*) enfadarse (*mit* con); (*sich anstrengen*) fastidiarse (*mit* con); **herum|bekommen*** *irr vt* (*fam: überreden*) convencer, hacer cambiar de opinión; **herum|blättern** *vi:* **in etw** *dat* ~ hojear algo; **herum|brüllen** *vi* (*fam*) dar gritos, vociferar; **herum|bummeln** *vi* (*fam*) **1.** *sein* (*spazieren*) callejear, aplanar *Arg, Chil, PRico* **2.** (*faulenzen*) vagar, gandulear; **sie hat den ganzen Morgen nur herumgebummelt** anduvo ganduleando toda la mañana por ahí; **herum|doktern** *vi* (*fam*) **1.** (*zu kurieren versuchen*): **an jdm** ~ tratar de curar a alguien; **geh doch lieber zum Spezialisten, dein unfähiger Hausarzt hat lange genug an dir herumgedoktert** mejor será que vayas al especialista, tu incompetente médico de cabecera ya ha hecho demasiadas pruebas contigo **2.** (*zu reparieren versuchen*): **an etw** *dat* ~ tratar (infructuosamente) de reparar [*o* arreglar] algo; **herum|drehen I.** *vi* trastear; **nun dreh doch nicht dauernd am Radio herum** deja la radio tranquila de una vez **II.** *vt* (*wenden*) dar vuelta(s) (a); (*Kopf*) volver; **jdm das Wort im Mund** ~ dar la vuelta a las palabras de alguien; **den Schlüssel zweimal** ~ dar dos vueltas a la llave **III.** *vr:* **sich** ~ darse la vuelta; **sie drehten sich im Kreis herum** dieron vueltas; **herum|drücken** *vr:* **sich** ~ **1.** (*fam: sich drücken*) escaquearse (*vor* de) **2.** (*abpassen*) rondar, merodear; **er drückt sich vor meinem Haus herum** ronda mi casa; **herum|drucksen** *vi* (*fam*) andarse con rodeos; **herum|erzählen*** *vt* (*fam*) ir contando; **wir wollen im Mai heiraten, aber bitte erzähl das nicht gleich herum!** ¡queremos casarnos en mayo, pero, por favor, no lo vayas a contar en seguida por ahí!

herum|fahren *irr* **I.** *vi sein* **1.** (*umfahren*) dar la vuelta (*um* a); (*um eine Ecke*) doblar **2.** (*fam: ziellos*) dar una vuelta, pasear **3.** (*sich umdrehen*) volverse (de repente); **vor Schreck** ~ volverse del susto **II.** *vt* (*fam: umherfahren*) pasear (en coche) (*in* por)

herum|flegeln *vr:* **sich** ~ (*fam abw*) repanchi(n)garse, estar sentado de mala manera; **flegele dich nicht so auf dem Sofa herum!** ¡no te repanchigues así en el sofá!; **herum|fragen** *vi* (*fam*) preguntar por todas partes, preguntar a todo el mundo; **er hat ja herumgefragt und trotzdem nichts mitgekriegt** ha estado preguntando a todo el mundo y sigue sin enterarse de nada; **herum|fuchteln** *vi* (*fam*) gesticular; **mit etw** *dat* ~ no parar quieto con algo; **mit den Armen** ~ bracear; **herum|führen I.** *vi* (*Straße, Mauer*) dar la vuelta (*um* alrededor de), rodear (*um*) **II.** *vt:* **jdn** ~ (*als Führer*) servir de guía a alguien, hacer de guía para alguien; **jdn in der Stadt** ~ llevar a alguien por la ciudad; **jdn an der Nase** ~ (*fam*) tomar el pelo a alguien; **herum|fuhrwerken** *vi* (*fam*): **mit etw** *dat* ~ manejar algo, manipular algo; **herum|fummeln** *vi* (*fam*) **1.** (*handwerklich*) hacer (unos) arreglos (*an* en); **hör bitte auf, an dem Gerät herumzufummeln, überlass diese Arbeit lieber einem Fachmann!** por favor, ¡deja ya de hacerte el manitas queriendo arreglar el aparato, mejor será que lo repare un profesional! **2.** (*anfassen*): **an etw** *dat*/**jdm** ~ sobar algo/a alguien; **Mutti, hör doch endlich auf, an meinen Haaren herumzufummeln!** ¡mamá, deja ya de sobarme el pelo!; **herum|geben** *irr vt* pasar, hacer circular; **eine Anwesenheitsliste** ~ pasar una

H

lista de asistencia; **herum|gehen** *irr vi sein* **1.** (*herumspazieren*) dar una vuelta (*um* por); (*fam: ziellos*) pasearse, ir por ahí; **ich gehe um den See herum** doy una vuelta por el lago; **das geht mir schon lange im Kopf herum** hace tiempo que esto me da vueltas en la cabeza **2.** (*fam: Zeit*) pasar **3.** (*fam: Gerücht, Nachricht*) circular, propagarse; **herum|geistern** [-ˈ-gaɪstɐn] *vi sein* (*fam*) andar pululando; **herum|hacken** *vi* (*fam*): **auf jdm** ~ meterse con alguien, criticar constantemente a alguien; **herum|hängen** *irr vi* (*fam*) estar colgado, estar sin hacer nada; **in der Gegend** ~ estar tirado por ahí; **herum|horchen** *vi* (*fam*) curiosear, escuchar aquí y allá; **herum|huren** *vi* (*sl abw*) tirarse (*mit* a); **lass lieber die Finger von Hildegard, die hurt doch mit jedem herum!** ¡mejor que te alejes de Hildegard, esa va por ahí tirándose a todos los tíos!; **herum|irren** *vi sein* errar, vagar; **herum|kommandieren*** *vt* (*fam*) mandonear; **herum|kommen** *irr vi sein* (*fam*) **1.** (*reisen*) viajar, correr mundo; **sie ist viel in der Welt herumgekommen** ha corrido mucho mundo **2.** (*vermeiden können*) poder evitar (*um*); **darum** ~ **etw zu tun** poder evitar hacer algo **3.** (*umgehen*): **um die Ecke** ~ doblar la esquina; **herum|kramen** *vi* (*fam*) revolver por todas partes; **herum|krebsen** *vi* (*fam*) ir tirando (más mal que bien); **beruflich verbessert er sich nicht, sondern krebst nur so herum** a nivel laboral no mejora, sino que va tirando como puede; **herum|kriegen** *vt* (*fam*) **1.** (*Zeit*) pasar **2.** (*überreden*): **jdn** ~ convencer a alguien, persuadir a alguien **3.** (*verführen*) ligarse; **sie hat ihn gleich herumgekriegt** se lo ha ligado enseguida; **eine Frau** ~ pasar a una por la piedra *vulg;* **herum|kutschieren*** *vt* (*fam*) dar una vuelta (*in* por), llevar en coche (*in* por); **herum|laufen** *irr vi sein* **1.** (*fam: ziellos*) correr de un lado para otro; (*spazieren gehen*) pasear, dar una vuelta (por) **2.** (*um etw*) dar una vuelta (corriendo) (*um* a), correr (*um* alrededor de); **so kannst du doch nicht** ~**!** (*fam*) ¡así no puedes andar por ahí!; **herum|liegen** *irr vi* (*fam*) **1.** (*Sache*) estar tirado **2.** (*Person*) estar tumbado; **herum|lungern** [-ˈ-lʊŋɐn] *vi* (*fam*) haraganear, andar ocioso; **herum|machen** **I.** *vi* (*fam*) **1.** (*herumtasten*): **an etw** *dat* ~ toquetear algo **2.** (*herumnörgeln*): **an jdm/etw** *dat* ~ meterse con alguien/algo **II.** *vt* (*fam*): **etw um etw** ~ poner algo alrededor de algo; **eine Schleife um das Geschenk** ~ ponerle un lazo al regalo; **herum|meckern** *vi* (*fam*) quejarse por todo, poner reparos a todo; **ständig an allem** ~ estar siempre criticándolo todo; **herum|nörgeln** *vi* (*fam*) meterse (*an* con), poner reparos (*an* a); **herum|pröbeln** [-ˈ-prøːbəln] *vi* (*Schweiz: sich versuchen*) aventurarse (*an* con), experimentar; **herum|quälen** *vr:* **sich** ~ (*fam*) **1.** (*sich qualvoll befassen*): **sich mit jdm/etw** *dat* ~ tener que aguantar a alguien/romperse los cascos [*o* la cabeza] con algo **2.** (*qualvoll leiden*) atormentarse (*mit* con); **herum|rätseln** *vi* discurrir, hacerse cábalas; **an etw** *dat* ~ dar vueltas a algo; **wir haben tagelang (daran) herumgerätselt, wer ...** nos hemos pasado días enteros cavilando quién...; **es wird viel über die Ursache des Unfalls herumgerätselt** se han hecho muchas cábalas sobre las causas del accidente; **herum|reden** *vi* (*fam*) **1.** (*belangloses Zeug reden*) decir simplezas [*o* necedades]; **der redet nur so herum** no dice más que tonterías; **es war ein Scherz, ich habe nur so herumgeredet!** ¡era una broma, sólo hablaba por hablar! **2.** (*ausweichend reden*): **um etw** ~ hablar con rodeos de algo; **herum|reichen** *vt* hacer circular; (*Speisen*) ofrecer; **herum|reisen** *vi sein* **1.** (*auf Reisen sein*) viajar constantemente **2.** (*bereisen*) viajar; **in Südamerika** ~ viajar por Sudamérica, recorrer Sudamérica; **herum|reißen** *irr vt* hacer una maniobra brusca (en sentido contrario) (con); **sie konnte das Lenkrad gerade noch** ~ en el último momento pudo girar el volante; **herum|reiten** *irr vi sein* (*fam*) **1.** (*ziellos*) pasear a caballo **2.** (*auf etw bestehen*) emperrarse (*auf* en), empecinarse (*auf* en); **herum|rennen** *irr vi sein* (*fam*) **1.** (*umherrennen*) dar vueltas (corriendo) (*auf/in* por/en); **die Kinder rannten auf dem Schulhof herum** los niños correteaban por el patio de la escuela **2.** (*umkreisen*): **um etw** ~ dar una vuelta corriendo a algo, correr alrededor de algo; **herum|scharwenzeln*** *vi sein* (*fam abw*): **um jdn** ~ hacerle la pelota a alguien; **herum|schlagen** *irr vr* (*fam*): **sich mit jdm/etw** *dat* ~ luchar con alguien/algo; **herum|schleppen** *vt* (*fam: Sachen, Person*) llevar, arrastrar; **jdn in der ganzen Stadt** ~ llevar a alguien por toda la ciudad; **etw mit sich** *dat* ~ llevar algo a cuestas; (*Problem*) andar preocupado por algo; **herum|schnüffeln** *vi* (*fam abw*) husmear, hurguetear *Am;* **im Haus** ~ husmear por la casa; **herum|schreien** *irr vi* (*fam*) pegar gritos; **warum schreist du hier so laut herum?** ¿por qué vas dando esos gritos?

herum|sein *irr vi sein s.* **herum 1.**

herum|sitzen *irr vi* **1.** (*fam: untätig dasitzen*) estar (sentado) sin hacer nada **2.** (*im Kreis sitzen*): **um jdn/etw** ~ estar sentado alrededor de alguien/algo; **herum|spielen** *vi:* **mit etw** *dat* ~ andar jugueteando con algo; **herum|sprechen** *irr vr:* **sich** ~ (*Nachricht*) divulgarse; **herum|springen** *irr vi sein* (*fam*) saltar, brincar (*um* alrededor de); **herum|spuken** **I.** *vi* trasguear; **ihm spukt die Idee noch immer im Kopf herum** esta idea aún le ronda por la cabeza **II.** *vunpers:* **es spukt im Haus herum** hay fantasmas en la casa; **herum|stehen** *irr vi* (*fam*) estar por ahí (*um* alrededor de); **in der Küche stehen**

überall Flaschen herum en la cocina hay botellas por todas partes; **um jdn** ~ rodear a alguien; **herum|stöbern** *vi* (*fam*): **in etw** *dat* ~ revolver algo, rebuscar en algo; **herum|stochern** *vi* (*fam*): **in etw** *dat* ~ hurgar en algo; **in den Zähnen** ~ escarbar en los dientes; **im Essen** ~ comer sin apetito; **in jds Vergangenheit** ~ (*fig*) escarbar en el pasado de alguien; **herum|stoßen** *irr vt* mandar de un sitio para otro; **er wurde in seiner Jugend viel herumgestoßen** en su niñez le llevaron de aquí para allá; **herum|streiten** *irr vr:* **sich** ~ (*fam*) andar (constantemente) a la greña (*mit* con); **ich will mich jetzt gar nicht mit dir ~, du darfst nicht gehen, damit basta** no quiero discutir ahora contigo, no puedes ir y punto [*o* y se acabó]; **herum|streunen** *vi sein* (*abw*) andar vagabundeando; **~de Hunde fanden bei ihr ein neues Zuhause** los perros vagabundos encontraron un nuevo hogar en su casa; **herum|suchen** *vi* (*fam*) rebuscar, buscar por todas partes; **ich habe schon überall herumgesucht** ya he rebuscado por todas partes; **herum|tanzen** *vi* (*fam*) bailar (*um* alrededor de); **jdm auf der Nase** ~ manejar a alguien a su antojo; **herum|toben** *vi* (*fam*) **1.** *sein o haben* (*ausgelassen spielen*) retozar; (*lauter*) alborotar; **die Kinder tobten im Zimmer herum** los niños retozaban [*o* armaban alboroto] en la habitación **2.** *haben* (*schimpfen*) hacer ruido y bramar; **hörst du den Lärm? unser Nachbar tobt wieder herum** ¿oyes el ruido? nuestro vecino la está armando de nuevo; **herum|tragen** *irr vt* (*fam*) **1.** (*bei sich tragen*): **etw mit sich** *dat* ~ llevar algo (siempre) consigo **2.** (*abw: weitererzählen*) divulgar, contar a otros; **herum|trampeln** *vi sein* (*fam a. fig*) pisotear (*auf*); **jdm auf dem Kopf** ~ (*fig*) volver loco a alguien, poner de los nervios a alguien; **auf jdm** ~ pisotear a alguien; **auf jds Nerven/Gefühlen** ~ destrozar los nervios/pisotear los sentimientos de alguien; **herum|treiben** *irr vr:* **sich** ~ (*fam abw*) vagabundear; (*auf der Straße*) callejear; **wo hast du dich wieder herumgetrieben?** ¿por dónde te has metido?

Herumtreiber(in) *m(f)* <-s, -; -, -nen> (*fam*) vagabundo, -a *m, f,* merodeador(a) *m(f)*

herum|trödeln *vi* (*fam*) **1.** (*herumschlendern*) andar por ahí **2.** (*langsam sein*) perder el tiempo; **wenn ihr nicht immer so ~ würdet, wären wir schon längst fertig** si no perdierais tanto el tiempo, ya habríamos terminado hace tiempo **3.** (*nichts tun*) rascarse la barriga, mirar a las musarañas; **ich habe den ganzen Morgen nur herumgetrödelt** me ha pasado toda la mañana tumbado a al bartola; **wenn du weiterhin so herumtrödelst, wirst du es zu nichts bringen** si sigues sin dar palo, no llegarás a nada; **herum|turnen** *vi sein* (*fam*) (saltar y) hacer el indio (*auf/in* encima de); **herum|werfen** *irr vt* **1.** (*Dinge*) desparramar **2.** (*Kopf*) volver; **das Ruder/Steuer** ~ dar un golpe de timón/de volante; **herum|wickeln** *vt* envolver (*um* alrededor de); **die Kordel um das Paket** ~ atar el paquete con el cordel; **herum|wieseln** *vi sein* (*fam*) estar atareado; **um jdn** ~ trajinar alrededor de alguien; **ich weiß nicht wo er ist, irgendwo wird er wieder** ~ no sé dónde está, por ahí andará trajinando otra vez; **ich kann Restaurants nicht leiden, wo ständig Kellner um einen** ~ no soporto los restaurantes donde los camareros no paran de dar vueltas a tu alrededor sirviéndote; **herum|wühlen** *vi* (*fam*) revolver (*in* en); **herum|zeigen** *vt* (*fam*) enseñar a todo el mundo, lucir; **etw überall** ~ ir enseñando algo por todas partes; **etw/jdn voller Stolz** ~ ir presumiendo de algo/de alguien, ir luciendo algo/a alguien; **herum|ziehen** *irr* **I.** *vi sein* (*fam: ziellos*) vagar, vagabundear; **in der Welt** ~ vagar por el mundo **II.** *vr:* **sich** ~ (*begrenzen*) extenderse (*um* alrededor de), rodear (*um*)

herunten [hɛˈrʊntən] *adv* (*südd, Österr: hier unten*) aquí abajo

herunter [hɛˈrʊntɐ] *adv* (hacia) abajo; **den Berg** ~ monte abajo; ~ **sein** (*fam: Jalousie*) estar bajado; (*Fieber*) haber bajado; **bist du wohl bald vom Baum ~!** (*fam*) ¡a ver si bajas de una vez del árbol!; **herunter|bekommen*** *vt* (*fam*) **1.** (*schlucken können*) poder tragar **2.** (*entfernen können*) poder quitar **3.** (*heruntertransportieren können*) poder bajar; **herunter|brennen** *irr vi* **1.** *sein* (*Kerze*) quemarse, consumirse **2.** (*Sonne*) caer de plano (*auf* en); **herunter|bringen** *irr vt* **1.** (*Gegenstand*) bajar **2.** (*fam: ruinieren*) arruinar; **herunter|drücken** *vt* **1.** (*Hebel, Taste*) oprimir **2.** (*fam: Preise, Niveau*) rebajar; **herunter|fahren** *irr* **I.** *vi sein* bajar, descender (*de un vehículo*) **II.** *vt* **1.** (*nach unten bringen*) bajar, descender **2.** (*Maschine*) parar; **herunter|fallen** *irr vi sein* caerse; **herunter|geben** *irr vt* pasar (hacia abajo); **der Meister gab seinem Lehrling den Eimer herunter** el jefe le pasó el cubo al aprendiz; **herunter|gehen** *irr vi sein* (*a. Preis, Temperatur*) bajar; **er ging die Treppe herunter** bajó la escalera

heruntergekommen *adj* (*fam*) venido a menos

herunter|handeln *vt* (*fam*) regatear; **herunter|hängen** *irr vi* (*Lampe, Haare*) colgar; **herunter|hauen** <haut herunter, haute *o* hieb herunter, heruntergehauen> *vi* (*fam*) sacudir, arrear; **jdm eine** ~ soltar a alguien un sopapo; **herunter|holen** *vt* bajar; (MIL: *Flugzeug*) derribar; **herunter|klappen** *vt* plegar hacia abajo; **herunter|klettern** *vi sein* bajar (*von* de); **kletterst du wohl sofort (vom Apfelbaum) herunter!** ¡haces el favor de bajar en seguida (del manzano)!; **herunter|kommen** *irr vi sein* **1.** (*nach unten kommen*) bajar **2.** (*fam: ver-*

wahrlosen) venir a menos, decaer; (*Person*) envilecerse, hundirse; (*Gesundheit*) deteriorarse; **herunter|können** *irr vi* (*fam*) poder bajar (*von* de); **herunter|kriegen** *vt* (*fam*) *s.* herunterbekommen; **herunter|kurbeln** *vt* bajar (con una manilla); **das Autofenster** ~ bajar la ventanilla del coche; **herunter|laden** *irr vt* (INFOR) descargar; **herunter|lassen** *irr* **I.** *vt* **1.** (*abseilen*) bajar con una cuerda; **langsam ließ er die Kiste aus dem Hubschrauber herunter** fue descolgando despacio la caja desde el helicóptero **2.** (*Jalousie*) bajar **II.** *vr:* **sich** ~ bajar atado (*an* a), descolgarse (*an* con); **herunter|laufen** *irr vi sein* (*Person*) bajar corriendo; **herunter|leiern** *vt* (*fam abw*) soltar un rollo; **eine Rede auswendig** ~ soltar un discurso de memoria; **herunter|machen** *vt* (*fam: kritisieren*) criticar; (*schlecht machen*) difamar; **jdn** ~ dejar a alguien como un trapo; **herunter|nehmen** *irr vt* quitar (*von* de); **herunter|purzeln** *vi sein* (*fam*) caer (de lo alto); **herunter|putzen** *vt* (*fam*) *s.* heruntermachen; **herunter|rasseln** *vt* (*fam*) decir de corrido; **herunter|reichen** **I.** *vi* llegar (*bis zu* hasta); **der Zweig reichte fast auf den Boden herunter** la rama llegaba casi hasta el suelo **II.** *vt* pasar (hacia abajo); **ich reiche dir jetzt das Bild herunter** ahora te paso el cuadro; **herunter|reißen** *irr vt* arrancar, desprender; **herunter|schalten** *vi* (AUTO) cambiar, bajar (*in* a); **herunter|schießen** *irr vt* (*Vogel*) abatir a tiros; (*Flugzeug*) derribar; **herunter|schlucken** *vt* (*fam*) **1.** (*Bissen*) tragar **2.** (*Ärger, Wut*) tragarse; **herunter|schrauben** *vt* **1.** (*Deckel*) destornillar **2.** (*Niveau*) rebajar; (*Ansprüche*) reducir; **herunter|sehen** *irr vi* mirar (hacia) abajo; **an jdm** ~ mirar a alguien de arriba abajo; **auf jdn** ~ mirar a alguien por encima del hombro

herunter|sein *irr vi sein* (*fam*) *s.* **herunter**

herunter|setzen *vt* bajar; **herunter|springen** *irr vi sein* saltar (*von* de); (*aus großer Höhe*) tirarse (*von* de); **herunter|steigen** *irr vi sein* bajar, descender (*von* de); **herunter|stufen** *vt* (*Gehaltsgruppe*) bajar el sueldo; **herunter|stürzen** **I.** *vi sein* **1.** (*herunterfallen*) caerse **2.** (*fam: heruntereilen*) bajar a toda prisa **II.** *vt* **1.** (*herunterwerfen*) derribar **2.** (*fam: trinken*) beber de un trago; **herunter|werfen** *irr vt* tirar abajo; **herunter|wirtschaften** *vt* (*fam abw: Firma, Staat*) arruinar (económicamente); **herunter|wollen** *irr vi* (*fam*) querer bajar (*von* de); **er wollte zu ihr herunter** quería bajar adonde estaba ella; **herunter|ziehen** *irr vt* tirar hacia abajo, bajar tirando

hervor [hɛɐ'foːɐ] *adv* (*geh*) hacia delante; (*heraus*) fuera; **hervor|bringen** *irr vt* **1.** (*erzeugen*) producir **2.** (*Wort*) decir; (*Melodie*) tocar; **hervor|gehen** *irr vi sein* (*geh: sich ergeben*) deducirse (*aus* de), desprenderse (*aus* de); **sie ging als Siegerin aus dem Wettkampf hervor** resultó vencedora en el campeonato; **hervor|gucken** *vi* (*fam*) salir, sobresalir; **der Unterrock guckt unter dem Kleid hervor** la enagua sobresale por debajo del vestido; **das Hemd guckt aus der Hose hervor** la camisa sobresale del pantalón; **das Kind guckt hinter seiner Mutter hervor** el niño se asoma por detrás de su madre; **hervor|heben** *irr vt* poner de relieve, realzar

Hervorhebung *f* <-, -en> (*a.* INFOR) resalte *m*

hervor|holen *vt* sacar (*aus* de); **hervor|kehren** *vt* (*geh*) presumir (de), hacer alarde (de); **er kehrt gern den Chef hervor** le gusta hacer alarde de su condición de jefe; **hervor|kommen** *irr vi sein* salir; **unter dem Tisch** ~ salir de debajo de la mesa; **hervor|locken** *vt* hacer salir; **hervor|ragen** *vi* **1.** (*räumlich*) sobresalir, resaltar **2.** (*Person*) distinguirse (*durch* por)

hervorragend *adj* **1.** (*räumlich*) saliente **2.** (*ausgezeichnet*) excelente, fabuloso

hervor|rufen *irr vt* (*bewirken*) provocar, dar lugar (a); (*Bewunderung, Eindruck*) causar; (*Streit, Protest*) promover; **seine Bemerkung rief große Heiterkeit hervor** su observación provocó mucha risa; **hervor|sehen** *irr vi* asomar; **dein Rock sieht unter dem Mantel hervor** te asoma la falda por debajo del abrigo; **hervor|springen** *irr vi sein* **1.** (*hervorkommen*) salir de repente (*hinter* de detrás de) **2.** (*hervorragen*) sobresalir, resaltar; **hervor|stechen** *irr vi* destacar, llamar la atención; **hervor|stehen** *irr vi* sobresalir; **hervor|stoßen** *irr vt* proferir, lanzar; **hervor|treten** *irr vi sein* **1.** (*heraustreten*) salir (*hinter* de detrás de) **2.** (*Kontraste*) destacarse; (*Umrisse*) dibujarse; (*Ader*) marcarse; ~**de Augen** ojos saltones; **hervor|tun** *irr vr:* **sich** ~ **1.** (*durch Leistung*) distinguirse **2.** (*angeben*) darse importancia (*mit* con); **hervor|wagen** *vr:* **sich** ~ atreverse a salir; **hervor|zaubern** *vt* sacar por sorpresa [*o* de repente] (*aus* de); **hervor|ziehen** *irr vt* sacar

her|wagen *vr:* **sich** ~ atreverse a venir aquí

Herweg *m* <-(e)s, -e> camino *m* hacia aquí

Herz[1] [hɛrts] *nt* <-ens, -en> **1.** (*Organ*) corazón *m;* (*Seele*) alma *f;* **im Grunde seines ~ens** en el fondo de su corazón; **von ~en gern** con mil amores; **mir blutet das** ~ se me parte el corazón; **ich tue es leichten ~ens** lo haré con mucho gusto; **schweren ~ens** sintiéndolo en el alma, con el corazón dolorido; **das ~ schlägt ihm bis zum Halse** tiene el corazón en un puño; **ein ~ und eine Seele sein** ser uña y carne; **ein ~ aus Stein haben** tener un corazón de piedra; **ein gutes/goldenes ~ haben** tener un gran corazón/un corazón de oro; **sich** *dat* **etw zu ~en nehmen** tomarse algo a pecho; **etw nicht über's ~ bringen** no ser capaz de algo, no tener el coraje [*o* el valor] para algo; **ihm geht das Schicksal der Frau zu ~en** le llega al alma el destino de la mujer; **etw auf dem ~en haben** estar afligido por algo; **etw auf ~ und Nieren prüfen** (*fam*) examinar algo detenidamente; **jdm sein ~ ausschütten** abrir el corazón a alguien; **jdm das ~ brechen** (*geh*) partir el corazón [*o* el alma] a alguien; **aus ganzem ~en** de todo corazón; **Hand aufs ~** con el corazón en la mano; **mir ist ein Stein vom ~en gefallen** se me quitó un peso de encima; **ihr wurde warm ums ~** se emocionó; **mir fällt das ~ in die Hose** (*fam*) se me cae el alma a los pies; **sich** *dat* **ein ~ fassen** hacer de tripas corazón; **jdm etw ans ~ legen** entregar algo al cuidado personal de alguien; **jdm am ~en liegen** ser muy importante para alguien; **jdn ins ~ schließen** cogerle cariño a alguien; **aus seinem ~en keine Mördergrube machen** llevar el corazón en la mano; **alles, was das ~ begehrt** todo lo que se pueda desear; **er hat ein ~ für Tiere/Kinder** le gustan los animales/los niños; **haben Sie doch ein ~!** ¡tenga compasión! **2.** (*Zentrum*) corazón *m,* centro *m;* (*Inneres*) núcleo *m;* **sie stießen zum ~en des Kontinents vor** avanzaron hasta el corazón del continente; **verwenden Sie nur das ~ der Artischocke** utilice solamente el corazón de la alcachofa **3.** (*~form*) forma *f* de corazón, figura *f* de corazón

Herz[2] *nt* <-ens, -> (*Kartenspiel*) corazones *mpl,* ≈copas *fpl;* **~ ist Trumpf** pinta en copas

herzallerliebst *adj:* **ist dieses Baby nicht ~?** ¿no es este bebé un verdadero encanto?; **mein ~er Schatz!** ¡cariño de mi alma!; **Herzallerliebste(r)** *mf* <-n, -n; -n, -n> querido, -a *m, f,* cariño *m;* **wie geht es meiner ~n?** ¿cómo está el cariño de mi alma?; **Herzanfall** *m* <-(e)s, -fälle> (MED) ataque *m* cardíaco [*o* al corazón]; **Herzbeschwerden** *fpl* trastornos *mpl* cardíacos [*o* de corazón]; **Herzbeutel** *m* <-s, -> (ANAT) pericardio *m;* **herzbewegend** *adj* conmovedor

Herzblatt *nt* <-(e)s, -blätter> **1.** (BOT) hoja *f* de retoño; (*bei Salat*) cogollo *m* **2.** (*fam: Schatz*) cariño *m,* tesoro *m*

Herzblut *nt:* **jd gäbe sein ~ für jdn hin** (*geh*) alguien daría el alma por alguien; **etw mit seinem ~ schreiben** (*geh*) escribir algo con el corazón en la mano; **Herzbube** *m* <-n, -n> sota *f* de corazones

Herzchen *nt* <-s, -> **1.** (*fam: Schatz*): **komm, mein ~!** ¡ven, corazón mío! **2.** (*abw: naiver Mensch*) inocente *m;* **was bist du mir für ein ~!** ¡pero mira que eres inocente!

Herzchirurg(in) *m(f)* <-en, -en; -, -nen> cardiocirujano, -a *m, f;* **Herzchirurgie** *f* <-, *ohne pl*> cirugía *f* cardíaca; **Herzchirurgin** *f* <-, -nen> *s.* Herzchirurg; **Herzdame** *f* <-, -n> dama *f* de corazones

her|zeigen *vt* (*fam*) dejar ver, mostrar; **zeig mir doch mal deine neuen Schuhe her** déjame ver tus zapatos nuevos

herzen ['hɛrtsən] *vt* (*geh*) acariciar, mimar

Herzensangelegenheit *f* <-, -en> **1.** (*wichtiges Anliegen*) cuestión *f* importante; **es ist mir eine ~, es ihm selber zu sagen** para mí es muy importante decírselo personalmente **2.** (*Liebesangelegenheit*) asunto *m* del corazón; **Herzensbedürfnis** *nt:* **jdm ein ~ sein** ser un asunto de gran importancia para alguien; **Herzensbildung** *f* <-, *ohne pl*> (*geh*) tacto *m,* sensibilidad *f*

Herzensbrecher(in) *m(f)* <-s, -; -, -nen> rompecorazones *mf inv*

herzensgut ['--'-] *adj* (*fam*) muy bondadoso, de gran corazón; **Herzensgüte** *f* <-, *ohne pl*> (*geh*) bondad *f* de corazón, buen corazón *m;* **Herzenslust** *f* <-, *ohne pl*>: **nach ~** a pedir de boca, a placer; **Herzenswunsch** *m* <-es, -wünsche> sueño *m* dorado

herzergreifend *adj* conmovedor, emocionante; **herzerweichend** *adj* conmovedor; **Herzfehler** *m* <-s, -> lesión *f* cardíaca; **Herzflattern** *nt* <-s, *ohne pl*> aleteo *m* cardíaco [*o* del corazón]; **plötzlich bekam sie heftiges ~** de repente le empezó a palpitar el corazón muy rápidamente; **Herzflimmern** *nt* <-s, *ohne pl*> (MED) fibrilación *f* (cardíaca)

herzförmig *adj* en forma de corazón, cordiforme; **dieser Baum hat ~e Blätter** este árbol tiene hojas cordiformes

Herzfrequenz *f* <-, -en> (MED) frecuencia *f* cardíaca; **Herzgeräusche** *ntpl* (MED) soplo *m* cardíaco

herzhaft *adj* (*a.* GASTR: *kräftig*) fuerte; (*deftig*) sabroso; **~ lachen** reírse con ganas

her|ziehen *irr* **I.** *vi sein* **1.** (*umziehen*) venirse a vivir aquí **2.** (*gehen*): **hinter/vor/neben jdm/etw** *dat* **~** marchar [*o* ir] detrás de/delante de/al lado de alguien/algo **3.** (*reden über*): **über jdn ~** hablar mal de alguien **II.** *vt* (*fam: heranziehen*) acercar (*zu* a); **etw hinter sich** *dat* **~** arrastrar algo detrás de sí

herzig ['hɛrtsɪç] *adj* mono, rico

Herzinfarkt *m* <-(e)s, -e> infarto *m* de miocardio; **Herzinsuffizienz** *f* <-, -en> (MED) insuficiencia *f* cardíaca; **Herzjagen** *nt* <-s, *ohne pl*> (MED) taquicardia *f;* **Herzkammer** *f* <-, -n> ventrículo *m* (del corazón)

Herzkirsche *f* <-, -n> (BOT) cereza *f* garrafal

Herzklappe *f* <-, -n> válvula *f* del corazón; **künstliche ~** válvula artificial del corazón; **Herzklappenfehler** *m* <-s, -> (MED) lesión *f* valvular

Herzklopfen *nt* <-s, *ohne pl*> latido *m* del corazón, palpitaciones *fpl;* **~ haben** sentir palpitaciones; **Herzkönig** *m* <-s, -e> rey *m* de corazones; **herzkrank** *adj* enfermo del corazón; **Herzkrankheit** *f* <-, -en> enfermedad *f* cardíaca, cardiopatía *f;* **Herzkranzgefäß** *nt* <-es, -e> vaso *m* coronario

Herz-Kreislauf-Erkrankung *f* <-, -en> (MED) enfermedad *f* cardiovascular; **Herz-Kreislauf-System** *nt* <-s, -e> (MED) sistema *m* cardiocirculatorio

Herzleiden *nt* <-s, -> (MED) enfermedad *f*

cardíaca

herzlich I. *adj* (*liebevoll*) afectuoso, cariñoso; (*Gruß*) cordial; ~**e Grüße von ...** saludos cordiales de...; ~**en Dank** muchísimas gracias II. *adv* de todo corazón; ~ **willkommen!** ¡bienvenido!; ~ **gern!** ¡con mucho gusto!; **das ist ja** ~ **wenig** es bastante poco

Herzlichkeit *f* <-, *ohne pl*> cordialidad *f*, cariño *m*

herzlos *adj* sin corazón; (*grausam*) cruel

Herzlosigkeit *f* <-, *ohne pl*> insensibilidad *f*; (*Grausamkeit*) crueldad *f*

Herz-Lungen-Maschine *f* <-, -n> (MED) corazón-pulmón *m* artificial, máquina *f* cardiopulmonar

Herzmassage *f* <-, -n> (MED) masaje *m* cardíaco; **Herzmittel** *nt* <-s, -> (MED: *fam*) cardiotónico *m*; **Herzmuskel** *m* <-s, -n> miocardio *m*

Herzog(in) ['hɛrtso:k] *m(f)* <-s, -zöge; -, -nen> duque(sa) *m(f)*

herzoglich ['hɛrtso:klɪç] *adj* ducal; **über dem Tor prangt das** ~**e Wappen** sobre la puerta luce el blasón ducal

Herzogtum *nt* <-s, -tümer> ducado *m*

Herzpatient(in) *m(f)* <-en, -en; -, -nen> (MED) enfermo, -a *m, f* del corazón; **viele** ~**en warten auf ein Spenderherz** muchos cardiópatas esperan la donación de un corazón; **Herzrasen** *nt* <-s, *ohne pl*> (*fam*) taquicardia *f*

Herzrhythmus *m* <-, -rhythmen> (MED) ritmo *m* cardíaco; **Herzrhythmusstörung** *f* <-, -en> (MED) arritmia *f* cardíaca

Herzschlag *m* <-(e)s, -schläge> **1.** (*einzelner Schlag*) latido *m* cardíaco [*o* del corazón] **2.** (*Herzstillstand*) ataque *m* cardíaco; **Herzschrittmacher** *m* <-s, -> (MED) marcapasos *m inv*; **Herzschwäche** *f* <-, -n> (MED) insuficiencia *f* cardíaca; **Herzspezialist(in)** *m(f)* <-en, -en; -, -nen> (MED) cardiólogo, -a *m, f*; **herzstärkend** I. *adj* (MED, PHARM) cardiotónico II. *adv* (MED, PHARM): **dieses Präparat wirkt** ~ este preparado tiene efectos cardiotónicos; **Herzstiche** *mpl* puntadas *fpl* en el corazón, punzadas *fpl* en el corazón; **Herzstillstand** *m* <-(e)s, *ohne pl*> (MED) paro *m* cardíaco

Herzstück *nt* <-(e)s, -e> parte *f* central, corazón *m*

Herztätigkeit *f* <-, *ohne pl*> (MED) acción *f* cardíaca; **Herztod** *m* <-(e)s, -e> (MED) muerte *f* cardíaca; **Herzton** *m* <-(e)s, -töne> (MED) ruido *m* cardíaco, sonido *m* cardíaco; **Herztransplantation** *f* <-, -en> tra(n)splante *m* de corazón; **Herzversagen** *nt* <-s, *ohne pl*> fallo *m* cardíaco; **herzzerreißend** I. *adj* desgarrador II. *adv* que le parte a uno el corazón; **er weinte** ~ lloraba tanto que se le partía a uno el corazón

Hesse, **-in** ['hɛsə] *m, f* <-n, -n; -, -nen> habitante *m* de Hesse

Hessen *nt* <-s> Hesse *f*

Hessin *f* <-, -nen> *s.* **Hesse**

hessisch *adj* de Hesse

heterogen [hetero'ge:n] *adj* heterogéneo

Heterogenität [heterogeni'tɛ:t] *f* <-, *ohne pl*> heterogeneidad *f*

Heterosexualität *f* <-, *ohne pl*> heterosexualidad *f*

heterosexuell [heterozɛksu'ɛl, heterosɛksu'ɛl] *adj* heterosexual

heterotroph [hetero'tro:f] *adj* (BIOL) heterótrofo

Het(h)iter(in) [he'ti:tɐ] *m(f)* <-s, -; -, -nen> (HIST) hitita *mf*

Hetzblatt *nt* <-(e)s, -blätter> (*abw: Zeitung*) periódico *m* demagógico; (*Zeitschrift*) revista *f* demagógica

Hetze ['hɛtsə] *f* <-, *ohne pl*> **1.** (*Eile*) prisa *f* **2.** (*abw: Hetzkampagne*) campaña *f* de difamación

hetzen ['hɛtsən] I. *vi* **1.** *sein* (*sich beeilen*) darse prisa, apurarse **2.** (*abw: aufwiegeln*) agitar los ánimos (*gegen* contra) II. *vt* **1.** (*jagen*) acosar, perseguir, ajotar *MAm, Ant* **2.** (*antreiben*) meter prisa III. *vr:* **sich** ~ darse prisa, apurarse

Hetzer(in) ['hɛtsɐ] *m(f)* <-s, -; -, -nen> (*abw*) agitador(a) *m(f)*, provocador(a) *m(f)*

Hetzerei[1] *f* <-, -en> (*fam abw: Hetzreden*) instigación *f*, difamación *f*

Hetzerei[2] *f* <-, *ohne pl*> (*Eile*) prisas *fpl*; **diese ständige** ~ **macht mich noch ganz krank** estas prisas continuas me matan

Hetzerin *f* <-, -nen> *s.* **Hetzer**

hetzerisch *adj* difamador

Hetzjagd *f* <-, -en> **1.** (*Verfolgung*) persecución *f* **2.** (*Jagd*) caza *f* de acoso **3.** (*große Eile*) prisas *fpl*; **Hetzkampagne** *f* <-, -n> campaña *f* difamatoria

Heu [hɔɪ] *nt* <-(e)s, *ohne pl*> heno *m*; ~ **machen** henificar; **Geld wie** ~ **haben** (*fam*) estar forrado de dinero; **sie haben ihr** ~ **nicht auf derselben Bühne** (*Schweiz*) no son de la misma opinión; **Heuboden** *m* <-s, -böden> (AGR) henil *m*

Heuchelei [hɔɪçə'laɪ] *f* <-, -en> (*abw*) hipocresía *f*, falluteria *Arg, Urug: fam*; (*Scheinheiligkeit*) mojigatería *f*

heucheln ['hɔɪçəln] *vi, vt* simular, fingir

Heuchler(in) ['hɔɪçlɐ] *m(f)* <-s, -; -, -nen> hipócrita *mf*; (*Scheinheiliger*) mojigato, -a *m, f*

heuchlerisch *adj* hipócrita, falluto *Arg, Urug: fam*

heuen ['hɔɪən] *vi* (AGR: *reg*) henificar, hacer heno; **wir waren den ganzen Tag beim H**~ estuvimos todo el día haciendo heno

heuer ['hɔɪɐ] *adv* (*Schweiz, Österr, südd*) este año

Heuer ['hɔɪɐ] *f* <-, -n> (NAUT) paga *f* de los marineros

Heuernte *f* <-, -n> **1.** (*das Ernten*) henificación *f* **2.** (*geerntetes Heu*) heno *m*; **Heugabel** *f* <-, -n> horca *f*, horcón *m*; (*aus Holz*) bieldo *m*; **Heuhaufen** *m* <-s, -> montón *m*

de heno
Heulboje *f* <-, -n> (NAUT) baliza *f* acústica
heulen ['hɔɪlən] *vi* **1.** (*fam: weinen*) llorar; **ich könnte ~ vor Wut** podría llorar de rabia **2.** (*Tier, Motor, Sirene, Wind*) aullar
Heuler *m* <-s, -> **1.** (ZOOL) cría *f* de foca, foca *f* joven **2.** (*Wend*): **das ist ja der letzte ~!** (*fam: unerhört*) ¡(esto) es la hostia (de increíble)!; (*klasse*) ¡(esto) es una pasada de guay!
Heulsuse ['hɔɪlzu:zə] *f* <-, -n> (*fam abw*) llorona *f;* **Heulton** *m* <-(e)s, -töne> aullido *m;* (*einer Sirene*) sirena *f*
heurig ['hɔɪrɪç] *adj* (*Österr*) de este año
Heurige(r) ['hɔɪrɪgɐ] *m* <-n, -n> (*Österr: neuer Wein*) vino *m* joven [*o* de la última cosecha]
Heuschnupfen *m* <-s, -> fiebre *f* del heno, alergia *f* al polen; **Heuschober** *m* <-s, -> (*südd, Österr, Schweiz*) almiar *m* grande; **Heuschrecke** ['hɔɪʃrɛkə] *f* <-, -n> saltamontes *m inv,* langosta *f;* **Heustadel** *m* <-s, -> (*südd, Österr, Schweiz*) henal *m,* henil *m*
heut *adv* (*fam*) hoy
heute ['hɔɪtə] *adv* hoy; (*heutzutage*) hoy (en) día; ~ **Morgen** [*o* **früh**]/**Abend** esta mañana/noche; ~ **Nacht habe ich schlecht geträumt** anoche tuve pesadillas; ~ **Nacht soll es regnen** dicen que esta noche va a llover; **hast du die Zeitung von ~?** ¿tienes el periódico de hoy?; **Schluss für ~** basta por hoy; ~ **vor acht Tagen** hace ocho días; **von ~ auf morgen** de la noche a la mañana; **lieber ~ als morgen** mejor hoy que mañana; **die Jugend von ~** la juventud de hoy; **er hat sich bis ~ nicht wieder gemeldet** hasta ahora no ha vuelto a llamar [*o* a dar noticias de sí]; **was du ~ kannst besorgen, das verschiebe nicht auf morgen** (*prov*) no dejes para mañana lo que puedas hacer hoy
heutig ['hɔɪtɪç] *adj* de hoy; (*gegenwärtig*) actual; **unser ~es Schreiben** nuestra carta de hoy; **am ~en Tag** en el día de hoy; **am ~en Abend** esta noche; **die ~e Zeitung** el periódico de hoy; **in der ~en Zeit** en nuestros tiempos; **mit dem ~en Datum** con fecha de hoy
heutzutage ['hɔɪttsuta:gə] *adv* hoy (en) día
Heuwagen *m* <-s, -> (AGR) tractor *m* cargado de heno; **Heuwender** *m* <-s, -> (AGR) henificadora *f*
Hexachlorbenzol [hɛksa'klo:ɐbɛntso:l] *nt* <-s, *ohne pl*> (CHEM) hexaclorobenzol *m*
Hexadezimalsystem [hɛksadetsi'ma:lzyste:m] *nt* <-s, *ohne pl*> (INFOR, MATH) sistema *m* hexadecimal; **Hexadezimalzahl** *f* <-, -en> (INFOR, MATH) número *m* hexadecimal
Hexaeder [hɛksa'ʔe:dɐ] *nt* <-s, -> (MATH: *Würfel*) hexaedro *m*
hexagonal [hɛksago'na:l] *adj* (MATH: *sechseckig*) hexagonal
Hexameter [hɛ'ksa:metɐ] *m* <-s, -> (LIT) hexámetro *m*
Hexe ['hɛksə] *f* <-, -n> bruja *f*
hexen ['hɛksən] *vi* hacer brujerías; **ich kann doch nicht ~** (*fam*) no puedo hacer milagros
Hexenhäuschen *nt* <-s, -> (GASTR) *figura de pan de especias que representa una casa;* **zu Weihnachten wünsche ich mir ein ~** estas Navidades quiero que me traigan una casita de chocolate; **Hexenjagd** *f* <-, -en> (*abw*) caza *f* de brujas; **Hexenkessel** *m* <-s, -> infierno *m;* **das Stadion war ein wahrer ~** el estadio era un auténtico infierno; **Hexenmeister** *m* <-s, -> (*alt*) hechicero *m;* **Hexenprozess**[RR] *m* <-es, -e> (HIST) proceso *m* contra las brujas; **Hexenschuss**[RR] *m* <-es, *ohne pl*> (*fam*) lumbago *m;* **Hexenverbrennung** *f* <-, -en> (HIST) quema *f* de brujas; **Hexenwahn** *m* <-(e)s, *ohne pl*> (HIST) obsesión *f* por creer (erróneamente) en la existencia de brujas
Hexer *m* <-s, -> brujo *m*
Hexerei *f* <-, -en> brujería *f,* payé *m CSur*
hg. *Abk. von* **herausgegeben** ed.
Hg (CHEM) *Abk. von* **Hydrargyrum** Hg
Hg. *Abk. von* **Herausgeber(in)** (*eines Buches*) editor(a) *m(f);* (*einer Zeitung*) director(a) *m(f)*
HG [ha:'ge:] *f* <-, -s> *Abk. von* **Handelsgesellschaft** sociedad *f* mercantil
HGB *nt* <-(s), *ohne pl*> (JUR) *Abk. von* **Handelsgesetzbuch** código *m* mercantil
Hibernation [hibɛrna'tsjo:n] *f* <-, -en> (MED) hibernación *f*
Hibiskus [hi'bɪskʊs, *pl:* hi'bɪskən] *m* <-, Hibisken> (BOT) hibisco *m*
hick [hɪk] *interj* (*fam*) ¡hip!; **was machst du ständig ~, hast du getrunken?** no paras de tener hipo [*o* de hipar], ¿has estado bebiendo?
Hickhack ['hɪkhak] *m o nt* <-s, -s> (*fam*) discusión *f* estéril; **ewig dieses ~, einigt euch doch endlich!** siempre dándole vueltas a la noria, ¡a ver si llegáis a un acuerdo!
Hickory ['hɪkori] *m* <-s, -s> hicoris *m inv,* hickory *m*
hie [hi:] *adv:* ~ **und da** de vez en cuando, esporádicamente
hieb [hi:p] *3. imp von* **hauen**
Hieb [hi:p] *m* <-(e)s, -e> **1.** (*Schlag*) golpe *m;* (*mit Peitsche*) latigazo *m;* (*mit Faust*) puñetazo *m* **2.** (*Wunde*) herida *f* **3.** *pl* (*fam: Prügel*) palos *mpl,* paliza *f;* **gleich setzt es ~e** te voy a dar una buena paliza **4.** (*Bemerkung*) pulla *f*
hieb- und stichfest *adj* (*fig*) contundente, invulnerable
Hiebwaffe *f* <-, -n> arma *f* blanca
hielt [hi:lt] *3. imp von* **halten**
hier [hi:ɐ] *adv* **1.** (*räumlich*) aquí; (*bei Aufruf*) ¡presente!; ~ **entlang** por aquí; **das Haus ~** esta casa; ~ **in der Nähe** aquí cerca; ~ **und da** aquí y allá; **dieser ~** éste de aquí; ~ **oben/unten/hinten** aquí arriba/abajo/atrás; **etw ~ behalten** quedarse con algo; **kann ich das Buch ~ behalten?** ¿me puedo quedar con el libro?; ~ **bleiben** quedarse aquí; ~ **geblie-**

H

ben! ¡alto ahí!, ¡ni un paso más!; ~ **lassen** dejar aquí; ~ **sein** estar aquí; **deine Brille ist** ~ tus gafas están aquí; **der Bus wird bald** ~ **sein** el autobús llegará pronto; ~ **bin ich!** ¡aquí estoy!; **ich bin nicht von** ~ no soy de aquí; **du hast** ~ **gar nichts zu sagen** aquí no tienes nada que decir; ~ **hast du das Geld** aquí tienes el dinero; **guten Tag,** ~ **spricht** [*o* **ist**] **Müller** (*am Telefon*) buenos días, el Sr./la Sra. Müller al habla [*o* al aparato]; **das steht mir bis** ~ (*fam*) estoy hasta aquí **2.** (*zeitlich*) ahora; **von** ~ **an** desde ahora **3.** (*an diesem Punkt*) en este punto, aquí; ~ **muss ich dir Recht geben** en este punto te tengo que dar la razón

hieran ['hi:ran, '-'-] *adv* **1.** (*räumlich*) aquí (mismo) **2.** (*an dieser Sache*) en esto, en ello; ~ **sieht man, dass ...** en esto se ve que...; ~ **zweifle ich** lo pongo en duda; ~ **werde ich mich noch lange erinnern** de esto me acordaré por mucho tiempo

Hierarchie [hierar'çi:] *f* <-, -n> jerarquía *f*

hierarchisch [hie'rarçɪʃ] *adj* jerárquico

hierauf ['hi:raʊf, '-'-] *adv* **1.** (*räumlich*) sobre esto **2.** (*sodann*) acto seguido, a continuación

hieraus ['hi:raʊs, '-'-] *adv* **1.** (*räumlich*) de aquí **2.** (*aus dieser Sache*) de esto, de ello

hier|behalten* *irr vt s.* **hier 1.**

hierbei ['hi:ɐbaɪ] *adv* **1.** (*währenddessen*) en esto, con esto **2.** (*in diesem Fall*) en este caso, a este respecto

hier|bleiben *irr vi sein s.* **hier 1.**

hierdurch ['hi:ɐdʊrç, '-'-] *adv* **1.** (*räumlich*) por aquí **2.** (*auf Grund*) por ello, a causa de esto

hierfür ['hi:ɐfy:ɐ, '-'-] *adv* **1.** (*zu diesem Zweck*) para esto **2.** (*als Gegenwert*) por ello, a cambio

hiergegen [(')hi:ɐ'ge:gən, *hinweisend:* 'hi:ɐge:gən] *adv* **1.** (*gegen diesen Gegenstand*) contra esto, aquí; **der Wagen ist** ~, **gegen diesen Baum, geprallt** el coche ha chocado aquí, contra este árbol **2.** (*an diese Stelle*) aquí; **ich drücke mal** ~, **tut das weh?** (si) aprieto aquí, ¿te hace daño? **3.** (*gegen diesen Sachverhalt*) contra esto; ~ **werde ich Beschwerde einlegen** recurriré contra esto

hierher ['hi:ɐhe:ɐ, '-'-] *adv* (hacia) aquí; (*örtlich*) para acá; ~**!** ¡aquí!; **bis** ~ **und nicht weiter!** ¡hasta aquí y ni un paso más!; ~ **bringen** traer (hacia) aquí; ~ **gehören** (*an diesen Ort gehören*) pertenecer a este lugar [*o* aquí]; (*relevant sein*) venir al caso; **das gehört nicht** ~ esto no entra aquí; ~ **holen** (*Person*) hacer venir aquí; (*Gegenstand*) traer aquí; ~ **kommen** venir (para) aquí; ~**d schaffen** traer (hacia) aquí; ~ **schicken** enviar aquí; ~ **setzen** poner aquí; **sich** ~ **setzen** sentarse aquí; ~ **stellen** poner aquí; **sich** ~ **stellen** ponerse aquí

hierherauf [(')hi:ɐhɛ'raʊf, *hinweisend:* 'hi:ɐhɛraʊf] *adv* hacia aquí arriba; **bis** ~ **habe ich es geschafft** hasta aquí (arriba) [*o* hasta esta altura] he llegado; **komm** ~**, zwei Menschen trägt das Ross sicher!** ¡sube aquí arriba, el caballo seguro que aguanta a dos personas!

hierher|bringen *irr vt s.* **hierher**; **hierher|gehören*** *vi s.* **hierher**; **hierher|holen** *vt s.* **hierher**; **hierher|kommen** *irr vi sein s.* **hierher**; **hierher|schaffen** *vt s.* **hierher**; **hierher|schicken** *vt s.* **hierher**; **hierher|setzen** *vt, vr:* **sich** ~ *s.* **hierher**; **hierher|stellen** *vt, vr:* **sich** ~ *s.* **hierher**

hierherum ['hi:ɐhɛrʊm, '--'-] *adv* por aquí; **hierhin** ['hi:ɐhɪn, '-'-] *adv* aquí; ~ **und dorthin** aquí y allá; **bis** ~ hasta aquí; **hierhinab** *adv* hacia abajo, de aquí abajo; **der Weg zum See führt** ~ el camino hacia el lago sigue a partir de aquí cuesta abajo; **hierhinauf** *adv* hacia arriba, de aquí arriba; **wir müssen** ~ **klettern** tenemos que escalar aquí hacia arriba; **hierhinaus** *adv* (de aquí) afuera; **hierhinein** *adv* (de aquí) adentro; **ich glaube, er ist** ~ **gegangen** creo que ha entrado (por) aquí; **hierhinter** *adv* aquí detrás; **die Münzen sind** ~ **gefallen** las monedas han caído aquí detrás; **hierhinunter** *adv s.* **hierhinab**

hierin ['hi:rɪn, '-'-] *adv* **1.** (*örtlich*) aquí dentro **2.** (*in dieser Beziehung*) en este punto, por lo que respecta a esto; ~ **muss ich dir Recht geben** en este punto te tengo que dar la razón

hier|lassen *irr vt s.* **hier 1.**

hiermit ['hi:ɐmɪt, '-'-] *adv* con esto; (*im Brief*) por la presente; ~ **teilen wir Ihnen mit, dass ...** por la presente le comunicamos que...

hiernach ['hi:ɐna:x, '-'-] *adv* **1.** (*danach*) a continuación **2.** (*zufolge*) según esto

Hieroglyphe [hiero'gly:fə] *f* <-, -n> jeroglífico *m*

hier|sein *irr vi sein s.* **hier 1.**

hierüber ['hi:ry:bɐ, '-'--] *adv* **1.** (*örtlich*) encima de esto; (*Richtung*) por aquí **2.** (*ein Thema betreffend*) sobre esto; ~ **sprechen wir noch** ya hablaremos sobre esto

hierum [(')hi:'rʊm, *hinweisend:* 'hi:rʊm] *adv* **1.** (*um diese Angelegenheit*) sobre esto, respecto de esto; **es geht** ~**, sieh dir die Akte an!** se trata de esto, ¡mírate el expediente! **2.** *s.* **hierherum**

hierunter ['hi:rʊntɐ, '-'--] *adv* **1.** (*örtlich*) debajo de esto **2.** (*wegen*) a causa de esto **3.** (*in dieser Gruppe*) entre estas cosas **4.** (*Wend*): ~ **versteht man ...** esto quiere decir...

hiervon ['hi:ɐfɔn, '-'-] *adv* de esto; ~ **hätte ich gern noch ein bisschen mehr** quisiera un poco más de esto

hiervor ['hi:ɐfo:ɐ, '-'-] *adv* **1.** (*räumlich*) delante de esto **2.** (*zeitlich*) antes de esto

hierzu ['hi:ɐtsu:, '-'-] *adv* **1.** (*für diesen Zweck*) para ello; ~ **brauchen wir ...** para ello necesitamos... **2.** (*betreffend*) con respecto a esto, a propósito de esto; ~ **möchte**

ich sagen, dass ... con respecto a esto quisiera decir que... **3.** (*zugehörig*) a esto, a ello

hierzulande ['hi:ɐtsu(')landə] *adv* en este país, aquí

hiesig ['hi:zɪç] *adj* de aquí

Hiesige(r) *mf* <-n, -n; -n, -n> uno, -a *m, f* de aquí *fam* (*persona del país, de la ciudad o del pueblo*); **Franz hat eine ~ geheiratet** Franz se ha casado con una de aquí

hieß [hi:s] *3. imp von* **heißen**

hieven ['hi:fən, 'hi:vən] *vt* **1.** (NAUT) izar; **Anker ~** levar anclas **2.** (*fam*) subir

Hi-Fi ['haɪfi, haɪ'fi:] *Abk. von* **High-Fidelity** alta fidelidad; **Hi-Fi-Anlage** ['haɪfiʔanla:gə] *f* <-, -n> equipo *m* de alta fidelidad

Hifthorn ['hɪfthɔrn] *nt* <-(e)s, -hörner> (JAGD) trompa *f* de caza

high [haɪ] *adj inv* (*berauscht*) colocado; (*mit Drogen*) moco, grifo *Mex;* **Highlife** ['haɪ(')laɪf] *nt* <-s, *ohne pl*> (*fam*): **bei Schmitz ist [*o* herrscht] wieder ~** en casa de los Schmitz hay movida otra vez; **Highsociety**RR *f* <-, *ohne pl*>, **High Society** [haɪ sə'saɪəti] *f* <- -, *ohne pl*> alta sociedad *f;* **Hightech**RR *nt o f* <-(s), *ohne pl*>, **High-Tech** ['haɪ'tɛk] *nt o f* <-(s), *ohne pl*> alta tecnología *f*

hihi [hi'hi:, 'hi'hi] *interj* ¡je, je!

hijacken ['haɪdʒɛkən] *vt* (*fam*) secuestrar; **ein Flugzeug ~** secuestrar un avión

Hijacker(in) ['haɪdʒɛkɐ] *m(f)* <-s, -; -, -nen> pirata *mf* aéreo, -a

Hilfe ['hɪlfə] *f* <-, -n> ayuda *f;* (*~leistung*) socorro *m,* auxilio *m;* (INFOR) ayuda *f;* **~!** ¡socorro!; **ärztliche ~** asistencia médica; **erste ~** primeros auxilios; **humanitäre ~** ayuda humanitaria; **jdn um ~ bitten** pedir ayuda a alguien; **~ leisten** prestar ayuda; **~ holen** ir a buscar ayuda; **jdm zu ~ kommen** acudir en auxilio de alguien; **etw zu ~ nehmen** servirse de algo como ayuda, ayudarse con algo; **um ~ rufen** pedir socorro; **~ suchend** en busca de ayuda; **das war eine große ~** fue una gran ayuda; **du warst mir eine/keine große ~** fuiste/no fuiste una gran ayuda, me ayudaste/no me ayudaste mucho; **mit ~ von** con ayuda de; **Hilfeleistung** *f* <-, -en> prestación *f* de auxilio; **er wurde wegen unterlassener ~ angezeigt** le denunciaron por no prestar auxilio; **Hilfemenü** *nt* <-s, -s> (INFOR) menú *m* de ayuda; **Hilferuf** *m* <-(e)s, -e> grito *m* de socorro; **Hilfeschrei** *m* <-(e)s, -e> grito *m* de socorro [*o* de auxilio]; **Hilfestellung** *f* <-, -en> (SPORT) ayuda *f;* (*Anleitung, Unterstützung*) apoyo *m;* **hilfesuchend** *adj s.* Hilfe; **Hilfesuchende(r)** *mf* <-n, -n; -n, -n> persona *f* en busca de socorro [*o* que busca ayuda]; **Hilfesystem** *nt* <-s, -e> (INFOR) sistema *m* de ayuda; **Hilfetaste** *f* <-, -n> (INFOR) tecla *f* de ayuda

hilflos *adj* (*allein*) desamparado, indefenso; (*ratlos*) desorientado; (*unbeholfen*) torpe

Hilflosigkeit *f* <-, *ohne pl*> desamparo *m,* abandono *m;* (*Ratlosigkeit*) desorientación *f*

hilfreich *adj* (*geh*) **1.** (*hilfsbereit*) servicial **2.** (*nützlich*) útil; **er/es war uns sehr ~** nos sirvió de mucha ayuda

Hilfsaktion *f* <-, -en> acción *f* de socorro; **Hilfsarbeiter(in)** *m(f)* <-s, -; -, -nen> trabajador(a) *m(f)* auxiliar, peón, -ona *m, f;* **hilfsbedürftig** *adj* menesteroso, necesitado; **Hilfsbedürftigkeit** *f* <-, *ohne pl*> indigencia *f,* falta *f* de medios para vivir; **hilfsbereit** *adj* servicial, solícito, (bien) dispuesto, dispuesto a ayudar, comedido *Am;* **Hilfsbereitschaft** *f* <-, *ohne pl*> solicitud *f,* buena disposición *f,* comedimiento *m Am;* **seine ~ ist bekannt** es sabido lo muy servicial que es; **Hilfsdatei** *f* <-, -en> (INFOR) fichero *m* auxiliar; **Hilfsdienst** *m* <-(e)s, -e> servicio *m* de auxilio; (MED) servicio *m* de urgencias; **Hilfsfunktion** *f* <-, -en> (INFOR) función *f* de ayuda; **Hilfskonto** *nt* <-s, -konten> (FIN) cuenta *f* auxiliar; **Hilfskraft** *f* <-, -kräfte> auxiliar *mf,* ayudante *mf;* **studentische ~** ayudante estudiantil; **wissenschaftliche ~** asistente universitario; **Hilfsmittel** *nt* <-s, -> recurso *m,* medio *m;* **Hilfsmotor** *m* <-s, -en> motor *m* auxiliar; **Hilfspolizist(in)** *m(f)* <-en, -en; -, -nen> policía *mf* auxiliar; **Hilfsprogramm** *nt* <-s, -e> utilidad *f,* programa *m* de ayuda; **Hilfstrupp** *m* <-s, -s> refuerzos *mpl,* tropa *f* auxiliar; **Hilfsverb** *nt* <-(e)s, -en> (LING) verbo *m* auxiliar; **Hilfswerk** *nt* <-(e)s, -e> institución *f* benéfica; **hilfswillig** *adj* dispuesto a ayudar; **~e Mitbürger unterstützten die Rettungsarbeiten** ciudadanos voluntarios cooperaron en las operaciones de salvamento

Hilfswillige(r) *mf* <-n, -n; -n, -n> ayudante *mf* voluntario, -a

hilft [hɪlft] *3. präs von* **helfen**

Himbeere ['hɪmbe:rə] *f* <-, -n> frambuesa *f;* **Himbeergeist** ['hɪmbe:ɐ-] *m* <-(e)s, *ohne pl*> aguardiente *m* de frambuesa; **Himbeersaft** *m* <-(e)s, -säfte> zumo *m* de frambuesa; **Himbeersirup** *m* <-s, -e> jarabe *m* de frambuesa; **Himbeerstrauch** *m* <-(e)s, -sträucher> frambueso *m*

Himmel ['hɪməl] *m* <-s, -> **1.** (METEO, ASTR, REL) cielo *m;* **am ~** en el cielo; **im ~** en la gloria, en el reino de los cielos; **der Opa ist im ~** (*Kindersprache*) el abuelito está en el cielo; **in den ~ kommen** ir al cielo; **~ und Hölle** (*Kinderspiel*) ≈rayuela *f;* **~ und Hölle in Bewegung setzen** (*fam*) remover el cielo y la tierra, tocar todos los resortes; **aus heiterem ~** (*plötzlich*) de sopetón, de golpe y porrazo; (*unerwartet*) como llovido [*o* caído] del cielo, inesperadamente; **unter freiem ~** a cielo raso [*o* abierto]; **zwischen ~ und Erde** en el aire, sobrenatural; **der ~ hängt voller Geigen für jdn, jd ist im siebten ~** alguien se siente como en el séptimo cielo; **dieses Unrecht schreit zum ~** esa injusticia clama al cielo; **um ~s willen!** ¡cielo santo!, ¡santo cielo!;

dem ~ sei Dank! ¡gracias a Dios!; **ach du lieber ~!** (*fam*) ¡cielo santo!, ¡Santo Dios!; **~, Arsch und Zwirn!** (*vulg*) ¡me cago en diez!, ¡me cago en la leche!; **es ist noch kein Meister vom ~ gefallen** (*prov*) la práctica hace al maestro **2.** (*beim Bett, Thron*) dosel *m*

himmelangst *adj:* **jdm ist ~** alguien está muerto de miedo; **jdm wird ~** a alguien le entra un miedo de muerte

Himmelbett *nt* <-(e)s, -en> cama *f* con dosel; **himmelblau** ['--'-] *adj* azul cielo

Himmeldonnerwetter *interj:* **~ noch (ein)mal!** (*fam*) ¡mecachis!

Himmelfahrt *f* (REL): **Christi ~** Ascensión *f* (de Nuestro Señor); **Mariä ~** (fiesta *f* de la) Asunción *f;* **an Christi ~** el día de la Ascensión; **Himmelfahrtskommando** *nt* <-s, -s> (*fam*) **1.** (*Unternehmen*) operación *f* suicida **2.** (*Truppe*) comando *m* suicida; **Himmelfahrtsnase** *f* <-, -n> (*fam hum*) nariz *f* respingona; **Himmelfahrtstag** *m* <-(e)s, -e> (REL) día *m* de la Ascensión

Himmelherrgott *interj:* **~ noch (ein)mal!** (*fam*) ¡hombre!, ¡joder! *vulg*

himmelhoch **I.** *adj* altísimo **II.** *adv* **1.** (*sehr weit*) en mucho; **unsere Mannschaft war ~ überlegen** nuestro equipo ha sido superior con diferencia **2.** (*Wend*): **~ jauchzend, zu Tode betrübt** primero muy animado, luego, muy deprimido; **Himmelreich** *nt* <-(e)s, *ohne pl*> (REL) reino *m* de los cielos, gloria *f,* paraíso *m;* **ins ~ kommen** ir al paraíso; **himmelschreiend** *adj* que clama al cielo

Himmelskörper *m* <-s, -> (ASTR) cuerpo *m* celeste, astro *m;* **Himmelsrichtung** *f* <-, -en> punto *m* cardinal; **die vier ~en** los cuatro puntos cardinales; **sie kommt aus dieser ~** viene de esta dirección; **sie kamen aus allen ~en angerannt** venían corriendo de todas las direcciones [*o* de todos lados]; **Himmelsschlüssel** *m o nt* <-s, -> (BOT) primavera *f;* **Himmelszelt** *nt* <-(e)s, *ohne pl*> (*geh*) firmamento *m*

himmelweit ['--'-] *adj* (*fam*) enorme, inmenso; **ein ~er Unterschied** una diferencia enorme

himmlisch ['hɪmlɪʃ] *adj* **1.** (*vom Himmel*) celestial; (*göttlich*) divino; **der ~e Vater** el Padre celestial **2.** (*wunderbar*) divino, maravilloso

hin [hɪn] **I.** *adv* **1.** (*in Richtung auf*) hacia allá; (*entlang*) a lo largo; **bis ... ~** hasta...; **zum Haus ~** hacia la casa; **nichts wie ~!** ¡vamos ya!, ¡en marcha!; **~ und zurück** (*Fahrkarte*) ida y vuelta; **~ und her** de un lado para otro; **Sonntag ~, Sonntag her, ich muss die Arbeit beenden** sea domingo o no, tengo que terminar el trabajo; **nach außen ~ tat er so, als ob ...** de cara al exterior hizo como si...; **die Schlafzimmer liegen zur Straße ~** los dormitorios dan [*o* miran] a la calle; **vor sich ~ träumen/schreiben/gucken** estar distraído/escribiendo algo para sí/con la mirada distraída; **wo ist sie ~?** (*fam*) ¿adónde se ha ido? **2.** (*zeitlich*): **das ist noch lange ~** aún falta [*o* queda] mucho tiempo; **zum Frühjahr/Jahresende ~** para la primavera/para fin de año; **~ und wieder** de vez en cuando **3.** (*daraufhin*): **auf ... ~** en relación a...; **auf meine Bitte ~** en relación a mi solicitud; **auf die Gefahr ~, dass ...** a riesgo de que... +*subj* **II.** *adj* (*fam*) **1.** (*kaputt*) roto; **der Motor ist ~** el motor está averiado; **sein guter Ruf ist ~** su buena reputación está arruinada; **~ ist ~** lo roto, roto está **2.** (*Wend*): **von jdm ganz ~ sein** estar prendado de alguien

Hin [hɪn] *nt:* **~ und Her** ir y venir *m;* (*Hickhack*) tira y afloja *m;* **nach langem ~ und Her** después de darle muchas vueltas

hinab [hɪ'nap] *adv* (hacia) abajo; **den Berg ~** monte abajo

hin|arbeiten *vi:* **auf etw ~** tener algo como meta, aspirar a algo

hinauf [hɪ'naʊf] *adv* arriba; **da ~!** ¡por allí arriba!; **~ und hinab** arriba y abajo; **den Fluss ~** río arriba; **hinauf|begleiten*** *vt* acompañar arriba; **hinauf|bringen** *irr vt* (*Person*) acompañar arriba; (*Gegenstand*) subir arriba; **gleich bringe ich dir dein Frühstück hinauf** ahora mismo te subo el desayuno; **hinauf|fahren** *irr* **I.** *vi sein* subir **II.** *vt* subir; **hinauf|führen** **I.** *vi* (*Weg*) subir **II.** *vt* llevar arriba, conducir arriba; **hinauf|gehen** *irr vi sein* subir; **hinauf|klettern** *vi sein* subir arriba (escalando); **eine Leiter ~** subir una escalera; **auf einen Baum ~** trepar a un árbol; **hinauf|kommen** *irr vi sein* subir; **hinauf|laufen** *irr vi sein* subir arriba (corriendo); **die Stufen ~** subir (corriendo) los escalones; **hinauf|reichen** **I.** *vi* llegar (*bis zu* hasta (arriba)); **mit dem Pinsel bis zur Decke ~** alcanzar [*o* llegar hasta] el techo con el pincel **II.** *vt:* **jdm etw ~** pasar algo a alguien (hacia arriba); **ich reiche dir das Werkzeug auf die Leiter hinauf** te paso las herramientas a la escalera; **hinauf|schauen** *vi* (*reg*) mirar (hacia arriba); **hinauf|schrauben** *vt* subir, aumentar; **jedes Jahr wird unsere Miete hinaufgeschraubt** cada año nos suben el alquiler; **hinauf|sehen** *irr vi* mirar (hacia arriba); **hinauf|setzen** *vt* (*Preise*) aumentar, subir; **hinauf|steigen** *irr vi sein* subir; **hinauf|tragen** *irr vt* subir; **warte, ich trage dir die Kiste hinauf** espera, te subo la caja (arriba); **hinauf|treiben** *irr vt* hacer subir

hinaus [hɪ'naʊs] *adv* fuera, afuera; **~ mit dir!** ¡fuera contigo!; **zur Tür ~** por la puerta; **wo geht es ~?** ¿por dónde se sale?; **dort ~** saliendo por allí; **auf Jahre ~** durante años; **über das Ziel ~** más allá de lo previsto; **darüber ~** aparte de esto; **über die 30 ~** por encima de los 30; **über die 30 ~ sein** haber pasado los 30; **über diese Ansichten bin ich jetzt lange ~** estas ideas hace tiempo que las abandoné; **über die Abfahrt (der Autobahn) ~ sein** (*fam*) haber pasado de largo la salida (de la autopista); **als ich ihn fragen wollte, war er schon** ~ (*fam*) cuando quise preguntarle, ya había salido de casa; **hinaus|befördern*** *vt* llevar hacia fuera; (*hinauswerfen*) echar fuera; **hinaus|begleiten*** *vt* acompañar hacia fuera; **hinaus|beugen** I. *vt* asomar; **den Kopf** ~ asomar [*o* sacar] la cabeza II. *vr:* **sich** ~ asomarse (*aus/zu* por/a); **beug dich nicht so weit aus dem** [*o* **zum**] **Fenster hinaus!** ¡no te asomes tanto por [*o* a] la ventana!; **hinaus|blicken** *vi* mirar (afuera) (*zu* por); **hinaus|bringen** *irr vt* 1. (*Person*) acompañar afuera; **warten Sie, ich bringe Sie noch zur Tür hinaus** espere, le acompañaré a la puerta 2. (*Gegenstand*) sacar afuera; **kannst du bitte den Abfall** ~**?** ¿puedes sacar la basura (afuera)?; **hinaus|drängen** I. *vi* amontonarse para salir (*aus* de) II. *vt* expulsar (*aus* de); **hinaus|dürfen** *irr vi* poder salir (*aus* de); **Mama, darf ich noch ein bisschen hinaus?** mamá, ¿puedo salir un poquito?; **hinaus|ekeln** *vt* (*fam*): **jdn** ~ hacer la vida imposible a alguien (hasta que se va); **hinaus|fahren** *irr* I. *vi sein* salir (*aus* de); **rückwärts aus der Parklücke** ~ salir marcha atrás del aparcamiento II. *vt* 1. (*Person*) llevar para afuera 2. (*Fahrzeug*) sacar; **hinaus|finden** *irr vi* encontrar la salida (*aus* de); **hinaus|fliegen** *irr vi sein* 1. (*Vogel*) salir volando (*aus* de) 2. (*fam: Person*) ser echado (*aus* de); **hinaus|führen** I. *vi* 1. (*nach draußen führen*) llevar [*o* conducir] afuera (*aus* de) 2. (*überschreiten: Plan*) superar; (*über das vertretbare Maß*) exceder II. *vt* acompañar afuera; **hinaus|gehen** *irr vi sein* 1. (*aus Raum*) salir (*aus* de) 2. (*Zimmer, Fenster*) dar (*auf* a) 3. (*überschreiten*) exceder (*über*), sobrepasar (*über*); **das geht über meine Befugnisse hinaus** esto excede a mis competencias; **hinaus|geleiten*** *vt* (*geh*) acompañar afuera; **hinaus|gucken** *vi* (*fam*) mirar (afuera) (*zu* por); **hinaus|halten** *irr vt* sostener hacia el exterior; **der Beifahrer hielt den Arm zum Fenster hinaus** el acompañante extendía el brazo por fuera de la ventanilla; **hinaus|hängen** *vt* colgar; **die Wäsche auf die Leine** ~ colgar la colada en el tendedero (exterior); **hinaus|jagen** I. *vi sein* salir corriendo [*o* a toda mecha] (*aus* de) II. *vt* echar (*aus* de); **hinaus|katapultieren*** *vt* (POL: *sl*) expulsar (*aus* de); **hinaus|klettern** *vi sein* salir trepando; **aus einer Grube** ~ salir de una fosa; **aus dem** [*o* **zum**] **Fenster** ~ salir trepando por la ventana; **ins Freie** ~ salir al aire libre; **hinaus|kommen** *irr vi sein* 1. (*nach draußen kommen*) salir (*aus* de, *zu* a) 2. (*überschreiten*) sobrepasar (*über*) 3. (*fam: hinauslaufen*) terminar (*auf* en), acabar (*auf* en); **das kommt auf dasselbe hinaus** da lo mismo; **hinaus|komplimentieren*** *vt* acompañar afuera con buenas palabras; **hinaus|lassen** *irr vt* 1. (*nach draußen lassen*) dejar salir (afuera) (*aus* de) 2. (*hinausbegleiten*) acompañar afuera; **hinaus|laufen** *irr vi sein* 1. (*nach draußen laufen*) salir (corriendo) (*aus* de) 2. (*als Ergebnis haben*) terminar (*auf* en), acabar (*auf* en); **es läuft darauf hinaus, dass ...** esto terminará en que...; **hinaus|lehnen** *vr:* **sich** ~ asomarse (*aus* por); **hinaus|posaunen*** *vt* (*fam*) propagar a los cuatro vientos; **hinaus|ragen** *vi* 1. (*nach oben ragen*) descollar (*über* por encima de); **dieser Turm ragt hoch über die Häuser hinaus** esta torre descuella sobre las casas 2. (*nach außen ragen*) sobresalir (*auf* hacia); **die Fahnenstange ragt auf die Straße hinaus** el mástil de la bandera se inclina sobre la calle 3. (*übertreffen*): **über jdn/etw** ~ sobresalir entre alguien/algo; **dieser Intellektuelle ragt über seine Zeitgenossen hinaus** este intelectual sobresale entre sus contemporáneos; **hinaus|reichen** I. *vi* 1. (*bis nach draußen reichen*): **bis zu etw** *dat* ~ llegar hasta algo; **reicht das Kabel bis zur Steckdose hinaus?** ¿llega [*o* alcanza] el cable hasta el enchufe? 2. (*weiterhin reichen*): **über etw** ~ alcanzar [*o* ser suficiente] hasta más allá de algo; **das Haushaltsgeld reicht über den Monat hinaus** el dinero del presupuesto alcanza hasta pasado este mes II. *vt* entregar; **sie reichte ihm den Umschlag durch den Türschlitz hinaus** le entregó [*o* le pasó] el sobre por la rendija de la puerta; **hinaus|rennen** *irr vi sein* salir corriendo; **sobald es klingelte, rannten die Kinder auf den Schulhof hinaus** tan pronto sonó el timbre, los niños salieron pitando al patio; **hinaus|schaffen** *vt* sacar (fuera) (*aus* de); **schaffen Sie (mir) den Kerl hinaus!** ¡saque a este tipo de mi casa!; **hinaus|schauen** *vi* (*reg*) mirar (afuera) (*zu* por); **hinaus|schicken** *vt:* **jdn** ~ mandar salir a alguien; **hinaus|schieben** *irr vt* 1. (*Termin*) aplazar, prorrogar 2. (*Person, Gegenstand*) sacar empujando; **hinaus|schießen** *irr vi* 1. (*mit Gewehr*) disparar hacia fuera 2. *sein* (*fam: hinausrennen*) salir corriendo; **über das Ziel** ~ (*fig*) pasar de la raya; **hinaus|schmeißen** *irr vt* (*fam*) echar (*aus* de)

Hinausschmiss^RR^ *m* <-es, -e>, **Hinausschmiß** *m* <-sses, -sse> (*fam*) despido *m;* **die zweite Abmahnung bedeutete für den Mitarbeiter den** ~ a la segunda sanción pusieron al trabajador de patitas en la calle

hinaus|schmuggeln *vt* sacar de contrabando (*aus* de), pasar ilegalmente (*aus* de); **die Flüchtlinge wurden aus ihrem Land hinausgeschmuggelt** ayudaron a salir ilegalmente de su país a los refugiados; **hinaus|schreien** *irr* I. *vi* gritar (*zu* por); **zum Fenster** ~ gritar (sacando la cabeza) por la ventana II. *vt* (*geh*) gritar; **seine Trauer/Wut** ~ gritar de dolor/de rabia; **hinaus|schwimmen** *irr vi sein* nadar (mar adentro) (*zu* en dirección a); **hinaus|sehen**

H

irr vi mirar (afuera) (*zu* por); **hinaus|sein** *irr vi sein s.* **hinaus**; **hinaus|setzen** I. *vt* 1. (*nach draußen stellen*) poner afuera 2. (*fam: hinauswerfen*) echar, despedir II. *vr:* **sich** ~ sentarse afuera; **ich setze mich auf die Terrasse/in den Garten** me siento fuera en la terraza/en el jardín; **hinaus|stehlen** *vr:* **sich** ~ salir a hurtadillas; **sich aus dem Zimmer** ~ salir a hurtadillas de la habitación; **sich aus der** [*o* **zur**] **Tür** ~ escabullirse por la puerta; **er konnte sich in den Hof** ~ logró salir a escondidas al patio; **hinaus|steigen** *irr vi sein* salir afuera; **der Einbrecher stieg durch das Fenster** [*o* **zum Fenster**] **hinaus** el ladrón salió de la casa (trepando) por la ventana; **hinaus|stellen** *vt* colocar fuera; **stell bitte der Katze ihre Milch hinaus auf den Hof!** ¡ponle la leche al gato en el patio!; **hinaus|strecken** *vt* sacar afuera; **neugierig streckte er den Kopf zur Tür hinaus** por curiosidad asomó la cabeza por la puerta; **hinaus|stürmen** *vi sein* salir corriendo; **hinaus|stürzen** I. *vi sein* 1. (*hinausfallen*) caer 2. (*hinauseilen*) salir precipitadamente; **zur** [*o* **aus der**] **Tür** ~ salir precipitadamente por la puerta; **wütend stürzte er auf die Straße hinaus** rabioso, salió atolondradamente de casa a la calle II. *vr:* **sich** ~ *haben* tirarse (*aus/zu* por); **sich aus dem Fenster** [*o* **zum Fenster**] ~ tirarse por la ventana; **hinaus|tragen** *irr vt* 1. (*nach draußen tragen*) llevar afuera; **trag den Liegestuhl auf die Terrasse hinaus** saca la tumbona a la terraza 2. (*verbreiten*) expandir, difundir 3. (*weiter tragen*) llevar (más allá de); **sein Schwung trug ihn über die Achtmetermarke hinaus** su impulsó le catapultó más allá de los ocho metros; **hinaus|treiben** *irr vt* (*aus dem Haus*) echar (*aus* de); (*aus dem Stall*) sacar (*aus* de); **im Frühjahr wird das Vieh wieder auf die Weide hinausgetrieben** en primavera, el ganado se lleva de nuevo a apacentar al campo; **hinaus|treten** *irr vi sein* salir afuera; **zur** [*o* **aus der**] **Tür** ~ salir afuera (de la habitación, de la casa...); **auf die Straße/in den Garten** ~ salir a la calle/al jardín; **hinaus|wachsen** *irr vi sein:* **über sich selbst** ~ superarse a sí mismo; **über seine Grenzen** ~ superar sus limitaciones; **die Bereitschaft über sich selbst hinauszuwachsen** el afán de superación; **hinaus|wagen** *vr:* **sich** ~ atreverse a salir; **sich zur** [*o* **aus der**] **Tür** ~ atreverse a salir afuera (de la habitación, de la casa...); **sich auf den Hof/in den Garten** ~ atreverse a salir al patio/al jardín; **hinaus|werfen** *irr vt* 1. (*Sache*) tirar (*zu/aus* por); **einen Blick** ~ echar un vistazo por la ventana; **Geld zum Fenster** ~ (*fam*) echar la casa por la ventana 2. (*Person*) echar (*aus* de), fletar *Arg, Chil,* bombear *Kol;* **hinaus|wollen** *irr vi* (*fam*) 1. (*abzielen*) pretender (*auf*); **worauf willst du hinaus?** ¿qué es lo que pretendes?; **hoch** ~ tener grandes ambiciones [*o* altas miras] 2. (*nach draußen wollen*) querer salir (*aus* de); **hinaus|ziehen** *irr* I. *vi sein* salir (*aus* de); **in die Welt** ~ ir a (re)correr mundo II. *vt* 1. (*nach draußen ziehen*) sacar (*aus* de) 2. (*verzögern*) retardar, atrasar III. *vr:* **sich** ~ 1. (*sich in die Länge ziehen*) no acabar nunca, ir para largo 2. (*sich verzögern*) atrasarse; **hinaus|zögern** I. *vt* aplazar, dilatar II. *vr:* **sich** ~ retrasarse, atrasarse

Hinauszögerung *f* <-, -en> demora *f*

hin|bekommen* *irr vt s.* **hinkriegen**

hin|bestellen* *vt* hacer venir

hin|biegen *irr vt* (*fam*) amañar; **das biegen wir schon hin** ya nos las arreglaremos para conseguirlo

hin|blättern *vt* (*fam*) soltar dinero, pagar a tocateja

Hinblick *m:* **im** ~ **auf ...** (*in Bezug auf*) en cuanto a...; (*angesichts*) con vistas a...; **im** ~ **darauf, dass ...** considerando que...

hin|breiten *vt* (*geh*) extender, exponer

hin|bringen *irr vt* llevar; (*a. Waren*) transportar

hin|denken *irr vi:* **wo denkst du hin!** ¡pero tú qué te crees!; **wo denken Sie hin!** ¡pero usted qué se piensa!

hinderlich [ˈhɪndɐlɪç] *adj* molesto; ~ **sein** ser un estorbo (*für* para)

hindern [ˈhɪndɐn] *vt* 1. (*abhalten*) impedir; **ich will Sie nicht daran** ~ no quiero ponerle trabas; **was hindert dich daran dort hinzugehen?** ¿qué te impide ir allí? 2. (*behindern*) estorbar

Hindernis [ˈhɪndɐnɪs] *nt* <-ses, -se> (*a.* SPORT) obstáculo *m;* **ein** ~ **überwinden** salvar un obstáculo; **jdm ~se in den Weg legen** poner trabas a alguien; **Hindernislauf** *m* <-(e)s, -läufe> (SPORT) carrera *f* de obstáculos; **Hindernisläufer(in)** *m(f)* <-s, -; -, -nen> (SPORT) corredor(a) *m(f)* de obstáculos; **Hindernisrennen** *nt* <-s, -> (SPORT) carrera *f* de obstáculos

Hinderungsgrund *m* <-(e)s, -gründe> razón *f* en contra, impedimento *m*

hin|deuten *vi* 1. (*zeigen*) señalar (con el dedo) (*auf*) 2. (*hinweisen*) indicar (*auf*); **nichts deutet darauf hin, dass ...** nada indica que... *+subj*

Hindi [ˈhɪndi] *nt* <-, *ohne pl*> (LING) hindi *m*

Hindin [ˈhɪndɪn] *f* <-, -nen> (*geh*) cierva *f*

hin|drehen *vt* (*fam*) arreglar, montarse; **er dreht immer alles so hin, wie es ihm passt** se lo monta [*o* se las arregla] siempre de la manera que le conviene

Hindu [ˈhɪndu] *m* <-(s), -(s)> hindú *mf*

Hinduismus [hɪnduˈɪsmʊs] *m* <-, *ohne pl*> hinduismo *m*

hinduistisch *adj* hinduista

hindurch [hɪnˈdʊrç] *adv* 1. (*räumlich*) por en medio, a través; **mitten** ~ por el mismo medio 2. (*zeitlich*) durante; **das ganze Jahr** ~ durante todo el año; **hindurch|gehen** *irr vi* *sein* **1.** (*durchschreiten*) pasar (*durch* por); **unter einer Brücke** ~ pasar por debajo de un puente **2.** (*durchdringen*): **durch etw/jdn** ~ atravesar algo/a alguien **3.** (*durch etw bewegt werden können*) pasar (*durch* por); **der neue Schrank geht nicht durch die Tür hindurch** el armario nuevo no pasa por la puerta

hin|dürfen *irr vi* (*fam*): **zu jdm/etw** *dat* ~ poder ir a casa de alguien/a ver algo; **dürfen wir zur Kirmes hin?** ¿podemos ir a la feria?

hin|eilen *vi sein* ir corriendo (*zu* a); **ich bin sofort zu ihm ins Krankenhaus hingeeilt** he ido en seguida corriendo a verle al hospital; **he, wo eilst du so schnell hin?** ¡eh, tú!, ¿adónde vas tan deprisa?

hinein [hɪ'naɪn] *adv* (hacia) adentro; **da** ~ (por) allí adentro; ~ **mit dir!** ¡adentro contigo!; **er fiel mitten in die Pfütze** ~ se cayó en medio del charco; **bis tief in die Nacht** ~ hasta bien entrada la noche; **hinein|begeben*** *irr vr:* **sich** ~ (*geh*) dirigirse (*in* a); **Sie dürfen sich schon in den Saal** ~ pueden entrar ya en la sala; **hinein|bekommen*** *irr vt* conseguir meter; **in diese Kneipe bekommst du mich nicht hinein!** ¡no conseguirás que entre en ese bar!; **hinein|blicken** *vi* mirar (*in* hacia adentro de); **durch die Vorhänge (in das Zimmer)** ~ echar una mirada a través de las cortinas (dentro de la habitación); **hinein|bringen** *irr vt* **1.** (*hineintragen*) llevar (*in* adentro de); **er brachte dem Patienten das Essen ins Zimmer hinein** le llevaba la comida a la habitación al paciente **2.** *s.* hineinbekommen; **hinein|bugsieren*** *vt* (*fam*) meter a la fuerza (*in* en/dentro de); **wir bugsierten das Möbelstück in den Anhänger hinein** metimos con esfuerzos [*o* conseguimos meter] el mueble en el remolque; **hinein|denken** *irr vr:* **sich in jdn** [*o* **jds Lage**] ~ ponerse en el lugar [*o* la situación] de alguien; **hinein|deuten** *vt:* **etw in etw** ~ interpretar algo en algo; **man sollte in diese Bemerkung nicht allzu viel** ~ no debería atribuirse demasiada importancia a este comentario; **viele Interpretatoren versuchten, in diese Textstelle eine besondere Absicht hineinzudeuten** muchos críticos quisieron ver [*o* interpretar] una intención especial en este pasaje; **hinein|drängen I.** *vi sein* entrar empujando (*in* en); **die Besucher drängten in die Festhalle hinein** los espectadores entraron a empujones en la sala de fiestas **II.** *vt haben* empujar (*in* dentro de) **III.** *vr:* **sich** ~ *haben* entrar a empujones; **sich am Eingang** ~ abrirse paso a empujones en la entrada; **hinein|fallen** *irr vi sein* caer (*in* dentro de); **hinein|finden** *irr* **I.** *vi* encontrar el camino (*in* hacia) **II.** *vr:* **sich** ~ **1.** (*sich vertraut machen*) familiarizarse (*in* con) **2.** (*sich abfinden*) adaptarse (*in* a), conformarse (*in* con)

hinein|fressen *irr* **I.** *vt* (*fam*): **etw in sich** ~ devorar algo; (*Gefühle*) reprimir algo; **seinen Ärger/Frust in sich** ~ reprimir [*o* tragarse] su enfado/su frustación **II.** *vr:* **sich in etw** ~ carcomer algo; **die Holzwürmer hatten sich in das Möbelstück hineingefressen** la carcoma había carcomido el mueble; **hinein|gehen** *irr vi sein* **1.** (*eintreten*) entrar (*in* en/a) **2.** (*hineinpassen*) caber (*in* en), tener sitio (*in* en); **hier geht kein Mensch mehr hinein** aquí no hay sitio para nadie más; **hinein|geraten*** *irr vi sein* ir a parar (*in* a); **hinein|gießen** *irr vt* verter (*in* dentro de); **etw in sich** ~ apiparse [*o* apiporrarse] de algo; **hinein|greifen** *irr vi* meter la mano (*in* en); **hinein|gucken** *vi* (*fam*) echar una mirada [*o* una ojeada] (*in* a); **hinein|halten** *irr* **I.** *vi* (*fam*): **in etw** ~ apuntar a algo **II.** *vt* meter (*in* dentro de); **hinein|interpretieren*** *vt* (*geh*) sobreinterpretar; **hinein|klettern** *vi sein* entrar (trepando); **durch ein Kellerfenster (ins Haus)** ~ entrar (en la casa) por una ventana del sótano; **hinein|knien** *vr:* **sich** ~ (*fam*) meterse de lleno, dedicarse por completo (*in* en); **hinein|kommen** *irr vi sein* **1.** (*hineingelangen können*) entrar (*in* en) **2.** (*fam: deponiert werden*): **in etw** ~ ponerse en [*o* dentro de] algo; **der Müll kommt in diesen Abfalleimer hinein!** ¡la basura va en este cubo!; **hinein|komplimentieren*** *vt* hacer pasar (*in* a); **hinein|kriegen** *vt* (*fam*) *s.* hineinbekommen; **hinein|lachen** *vi:* **in sich** ~ reírse para sus adentros; **hinein|lassen** *irr vt* dejar entrar (*in* a/en); **hinein|laufen** *irr vi sein* **1.** (*in etw laufen*) entrar (corriendo) (*in* en), ir (corriendo) (*in* a/hacia) **2.** (*fließen*): **etw in sich** ~ **lassen** apiparse de algo, empinar el codo con algo; **hinein|legen** *vt* **1.** (*nach innen legen*) meter (*in* en), poner (*in* en); (*aufbewahren*) guardar (*in* en) **2.** (*fam: betrügen*) engañar, timar **3.** (*Gefühl*) poner; **hinein|manövrieren*** **I.** *vt* **1.** (*in etw manövrieren*) meter (maniobrando) (*in* en); **der Kapitän manövrierte den Tanker in das Hafenbecken hinein** el capitán maniobró el petrolero para entrar en la dársena **2.** (*in eine missliche Situation*): **jdn in etw** ~ meter a alguien en algo; **durch deine Blödheit hast du uns in eine tolle Lage hineinmanövriert!** ¡en buena nos has metido con tu estupidez! **II.** *vr:* **sich in etw** ~ meterse en algo; **du hast dich in eine ausweglose Lage hineinmanövriert!** ¡te has metido en un callejón sin salida!; **hinein|passen** *vi* **1.** (*Platz haben*) caber (*in* en), tener sitio (*in* en) **2.** (*passend sein*) caber (*in* en), encajar (*in* en) **3.** (*in Gruppe, Umgebung*) cuadrar (*in* con), armonizar (*in* con); **hinein|pfuschen** *vi* (*fam*) meterse, entrometerse; **pfusch mir doch nicht immer in meine Arbeit hinein!** ¡deja de metérteme siempre en el trabajo!; **hinein|platzen** *vi sein* (*fam*) entrar (de sorpresa, por equivocación, etc.) (*in* en); **hinein|pressen** *vt* meter a presión (*in* en); **hinein|pumpen** *vt* introducir bombeando (*in*

H

en); **hineinǀragen** *vi:* **in etw** ~ sobresalir en algo, adentrarse en algo; **hineinǀreden** *vi* **1.** (*unterbrechen*) interrumpir **2.** (*abw: sich einmischen*) meterse (en asuntos de otros); **er will mir immer in alles** ~ siempre quiere meterse en mis asuntos; **hineinǀregnen** *vunpers:* **es regnet hinein** la lluvia está entrando (*in* en); **es hat durch das Dach hineingeregnet** la lluvia ha entrado a través del techo; **hineinǀreichen** **I.** *vi* **1.** (*ausreichen*): **in etw** ~ alcanzar hasta algo, ser suficiente hasta algo; **unsere Vorräte reichen bis in den Sommer hinein** nuestras provisiones alcanzan hasta el verano **2.** (*sich erstrecken*) llegar (*bis in* hasta) **II.** *vt* entregar; **hineinǀreißen** *irr vt* (*fam*) meter (*in* en); **in was für eine Situation hast du uns hineingerissen?** ¿en qué situación nos has metido?; **hineinǀreiten** *irr* **I.** *vi sein* entrar a caballo (*in* en) **II.** *vt haben* (*fam*) meter (*in* en); **jetzt hast du mich auch noch in den Schlamassel hineingeritten!** ¡ahora me has metido también a mí en el embrollo!; **hineinǀrennen** *irr vi sein* (*fam*) entrar (corriendo) (*in* en), ir (corriendo) (*in* a/hacia); **hineinǀriechen** *irr vi* (*fam*): **in etw** ~ hacerse una idea de algo; **hineinǀschaffen** *vt* llevar (*in* adentro de); **mit Mühe schafften wir die schwere Truhe (ins Haus) hinein** con muchos esfuerzos conseguimos meter el pesado baúl (en la casa); **hineinǀschauen** *vi* **1.** (*fam: einen Besuch machen*) pasar a saludar (*bei* a), ir a ver (*bei* a); **schau doch ruhig mal hinein, wenn du wieder mal in Dohlenfulda bist!** ¡pásate por aquí cuando vuelvas por Dohlenfulda! **2.** (*reg*) *s.* **hineinsehen**; **hineinǀschlagen** *irr vt* (*Nagel*) clavar (*in* en); **hineinǀschleichen** *irr* **I.** *vi sein* meterse [*o* entrar] a hurtadillas (*in* en) **II.** *vr:* **sich** ~ *haben* meterse [*o* entrar] a hurtadillas (*in* en); **hineinǀschlingen** *irr vt* (*Essen*) engullir, devorar; **hineinǀschlittern** *vi sein* (*fam*) **1.** (*in Graben*) caer deslizándose (*in* en) **2.** (*fam: in Situation*) ir a parar (*in* en); **hineinǀschlüpfen** *vi sein* **1.** (*in ein Kleidungsstück*) ponerse (*in*), meterse (*in* en) **2.** (*in ein Gebäude*) meterse (*in* en); **hineinǀschmuggeln** **I.** *vt* pasar de contrabando (*in* a/en) **II.** *vr:* **sich** ~ colarse (*in* en); **hineinǀschreiben** *irr vt* escribir (*in* en); **hineinǀschütten** *vt* poner (*in* dentro de), echar (*in* en), verter (*in* en); **hineinǀsehen** *irr vi* mirar (*in* dentro de); **hineinǀsetzen** **I.** *vt* poner (*in* en/dentro de) **II.** *vr:* **sich** ~ meterse (*in* en), sentarse (*in* en); **sie setzten sich in das Karussell hinein** se montaron en el tiovivo; **hineinǀspazieren*** *vi sein* entrar (*in* en); **nur hineinspaziert!** ¡pasen, pasen!; **hineinǀspielen** *vi* intervenir; **da spielen noch andere Gesichtspunkte mit hinein** aquí intervienen además otros factores; **hineinǀstecken** *vt* (*fam*) **1.** (*hineinlegen, -stellen*) meter (*in* en), introducir (*in* en) **2.** (*investieren*) invertir (*in* en); **er hat viel Arbeit hineingesteckt** ha invertido mucho trabajo; **hineinǀsteigern** *vr:* **sich** ~ (*in Kummer, Wut*) dejarse llevar (*in* por); (*in Vorstellung*) obsesionarse (*in* con); (*in Streit, Problem*) enfrascarse (*in* en); **er hat sich in den Gedanken so hineingesteigert, dass ...** se obsesionó tanto con la idea que...; **hineinǀstopfen** *vt* (*fam*) **1.** (*hineinstecken*) meter apretadamente (*in* en) **2.** (*essen*): **etw in sich** ~ atiborrarse de algo; **hineinǀstoßen** *irr vt* empujar (*in* adentro de); (*Schwert*) clavar (*in* adentro de); **hineinǀströmen** *vi sein* penetrar (*in* en), entrar (*in* en); **hineinǀstürzen** **I.** *vi sein* caer (*in* dentro de); **pass auf, du könntest** ~**!** ¡cuidado, podrías caer dentro! **II.** *vt haben* empujar (*in* adentro de) **III.** *vr:* **sich** ~ *haben* caer (*in* dentro de), precipitarse (*in* dentro de); **hineinǀtappen** *vi sein* (*fam*) entrar a tientas (*in* en); **in eine Falle** ~ (*fig*) caer en una trampa; **hineinǀtragen** *irr vt* llevar (*in* adentro de), entrar (*in* en); **hineinǀtun** *irr vt* (*fam*) meter (*in* en); **ich tu dir etwas in die Sparbüchse hinein** te meto algo en la hucha; **einen Blick in etw** ~ (*fig*) echar un vistazo a algo; **hineinǀversetzen*** *vr:* **sich in jdn** [*o* **jds Lage**] ~ ponerse en el lugar [*o* en la situación] de alguien; **versetz dich doch mal in meine Lage hinein!** ¡pero intenta ponerte en mi lugar!; **hineinǀwachsen** *irr vi sein* acostumbrarse (*in* a), familiarizarse (*in* con); **hineinǀwagen** *vr:* **sich** ~ atreverse a ir (*zu* hacia), atreverse a entrar (*in* en); **hineinǀwollen** *irr vi* querer entrar (*in* a/en); **das will nicht in meinen Kopf hinein** (*fam*) esto no me cabe [*o* entra] en la cabeza; **hineinǀziehen** *irr* **I.** *vi sein* entrar (*in* a) **II.** *vt* **1.** (*Dinge*) tirar hacia dentro, arrastrar hacia dentro **2.** (*in Verbrechen*) implicar (*in* en), enredar (*in* en); **hineinǀzwängen** **I.** *vt* embutir (*in* en) **II.** *vr:* **sich** ~ embutirse; **in diese Hose muss ich mich regelrecht** ~ para meterme estos pantalones tengo que embutirme de veras; **hineinǀzwingen** *irr vt* obligar a entrar (*in* en), introducir por la fuerza (*in* en)

hinǀfahren *irr* **I.** *vi sein* ir (en coche) **II.** *vt* (*Person*) llevar, conducir; (*Dinge*) llevar, transportar; **Hinfahrt** *f* <-, -en> (viaje *m* de) ida *f;* **Hin- und Rückfahrt** (viaje *m* de) ida y vuelta *f;* **auf der** ~ a la ida

hinǀfallen *irr vi sein* caerse; **er fiel der Länge nach hin** se cayó cuan largo era; **wo die Liebe hinfällt** por donde cae el amor

hinfällig *adj* **1.** (*gebrechlich*) caduco; (*schwach*) débil **2.** (*ungültig*) nulo; **Hinfälligkeit** *f* <-, *ohne pl*> **1.** (*a.* JUR) caducidad *f* **2.** (*Ungültigkeit*) nulidad *f*

hinǀfinden *irr vi* saber llegar, encontrar (el camino); **findest du allein hin?** ¿sabrás llegar solo?, ¿lo encontrarás?; **hinǀfläzen** *vr:* **sich** ~, **hinǀflegeln** *vr:* **sich** ~ (*fam abw*) (ar)repanchigarse, repanti(n)garse; **sitz gerade**

und fläz [*o* **flegel**] **dich nicht so hin!** ¡siéntate recto y no te arrepanchigues así!; **hin|fliegen** *irr* I. *vi sein* 1. (*im Flugzeug*) ir en avión 2. (*fam: hinfallen*) caerse de bruces, romperse las narices II. *vt* (*Personen, Waren*) transportar en avión; **Hinflug** *m* <-(e)s, -flüge> vuelo *m* de ida; **Hin- und Rückflug** viaje de ida y vuelta; **hin|führen** *vi, vt* llevar, conducir; **wo soll das ~?** ¿adónde irá a parar esto?

hing [hɪŋ] *3. imp von* **hängen**

Hingabe *f* <-, *ohne pl*> 1. (*Begeisterung*) entusiasmo *m,* pasión *f* 2. (*Selbstlosigkeit*) entrega *f*

hin|geben *irr* I. *vt* (*geh: opfern*) sacrificar, consagrar II. *vr:* **sich ~** (*sich widmen*) entregarse; **sich falschen Hoffnungen ~** abrigar falsas esperanzas

Hingebung *f* <-, *ohne pl*> entrega *f;* **hingebungsvoll** *adj* (*selbstlos*) abnegado, entregado

hingegen [-'--] *adv* por el contrario, en cambio

hingegossen *adj* (*fam*): **wie ~ dasitzen** repanchigarse [*o* repantigarse] del todo (sentado); **wie ~ daliegen** repanchigarse [*o* repantigarse] del todo (tumbado)

hin|gehen *irr vi sein* 1. (*an Ort*) ir (*zu* a); **wo geht es hier hin?** ¿adónde se va por aquí?; **etw ~ lassen** hacer la vista gorda 2. (*Zeit*) pasar, transcurrir; **hin|gehören*** *vi* (*fam*) tener su sitio (*zu* en), pertenecer (*zu* a); **wo gehören die Bücher hin?** ¿dónde hay que poner los libros?; **hin|geraten*** *irr vi sein* ir a parar; **wie sind Sie denn nach Bayern ~?** ¿cómo han ido a parar, pues, a Baviera?; **wo bin ich denn hier ~?** (*fam: was geht hier vor?*) ¿pero qué demonios pasa aquí?

hingerissen ['hɪŋgərɪsən] I. *pp von* **hinreißen** II. *adj* encantado, maravillado; **er war ganz ~** estaba totalmente pasmado

hin|gucken *vi* (*fam*) mirar; **guck mal genau hin!** ¡míralo bien!; **hin|halten** *irr vt* 1. (*Gegenstand*) ofrecer; (*Hand*) tender; **sie hielt mir die Hand hin** me tendió la mano 2. (*warten lassen*) dar largas, hacer esperar; **du hast mich nun lange genug hingehalten** ya me has dado bastantes largas

Hinhaltetaktik *f* <-, -en> táctica *f* dilatoria

hin|hauen <haut hin, haute hin, hingehauen> I. *vi* (*fam: klappen*) funcionar; **das hat hingehauen** ha funcionado; **das haut schon hin** es verdad II. *vt* (*fam abw: Arbeit*) chapucear III. *vr:* **sich ~** (*fam: schlafen legen*) acostarse; **hin|hören** *vi* escuchar; **du hast nicht richtig hingehört** no has escuchado bien; **hin|kauern** *vr:* **sich ~** acuclillarse

Hinkebein *nt* <-(e)s, -e> (*fam*) 1. (*Bein*) pata *f* coja 2. (*Mensch*) cojo, -a *m, f*

Hinkelstein *m* <-(e)s, -e> (*fam*) menhir *m*

hinken ['hɪŋkən] *vi* cojear, ser cojo; **er hinkt auf dem linken Fuß** cojea del pie izquierdo; **dieser Vergleich hinkt** esta comparación está coja

hin|knallen I. *vi sein* (*fam*) caerse de bruces II. *vt haben* (*fam*) arrojar con fuerza; **... und damit knallte er seinem Chef die Kündigung hin** ... y le arrojó a su jefe la carta de despido en la mesa; **hin|knien** *vi, vr:* **sich ~** arrodillarse (*auf* en, *vor* ante); **hin|kommen** *irr vi sein* 1. (*an Ort*) llegar, ir 2. (*fam: stimmen*) ser correcto; **das kommt ungefähr hin** es más o menos así 3. (*fam: auskommen*) alcanzar; **kommen wir mit drei Flaschen Wein hin?** ¿nos alcanzará con tres botellas de vino?; **hin|kriegen** *vt* (*fam*) 1. (*fertig bringen*) lograr, conseguir; **das hast du toll hingekriegt!** ¡qué bien te ha salido! 2. (*in Ordnung bringen*) arreglar; **das kriegen wir schon** (**wieder**) **hin** esto ya lo arreglaremos [*o* solucionaremos]; **hin|langen** *vi* (*fam*) 1. (*zupacken*) agarrar, coger 2. (*zuschlagen*) pegar, golpear

hinlänglich *adj* suficiente, bastante; **~ bekannt sein** ser suficientemente conocido

hin|lassen *irr vt* (*fam*) dejar ir; **meine Eltern lassen mich nicht zur Disco hin** mis padres no me dejan ir a la discoteca; **hin|laufen** *irr vi sein* 1. (*rennen*) correr, ir corriendo (hacia) 2. (*reg: fam: zu Fuß gehen*) ir(se) andando, ir(se) a pie; **hin|legen** I. *vt* 1. (*Dinge*) dejar, poner 2. (*Verletzte, Kind*) acostar 3. (*fam: darbieten*) ejecutar grandiosamente; **sie hat einen tollen Tanz hingelegt** ejecutó un baile fantástico II. *vr:* **sich ~** 1. (*auf Boden*) tumbarse (*auf* en) 2. (*ins Bett gehen*) acostarse 3. (*fam: hinfallen*) caerse, dar con la nariz en el suelo; **hin|lümmeln** *vr:* **sich ~** (*fam*) *s.* **hinfläzen**; **hin|machen** I. *vi* (*fam*) 1. (*Notdurft*) hacer sus necesidades 2. (*reg: sich beeilen*) darse prisa; **mach hin! gleich fährt der Bus ab** ¡date prisa!, el autobús sale en seguida II. *vt* (*fam*) colocar; **machen Sie mir die Lampe bitte da hin!** ¡coloque la lámpara ahí, por favor!; **hin|morden** *vt* (*abw*) asesinar de forma brutal; **hin|müssen** *irr vi* (*fam*) tener que ir (*zu* a)

Hinnahme *f* <-, *ohne pl*> aceptación *f;* **für Fatalisten ist die ~ des Schicksals etwas Selbstverständliches** aceptar el destino es para los fatalistas algo evidente

hin|nehmen *irr vt* (*Tatsache*) aceptar; (*erdulden*) aguantar; (*tolerieren*) tolerar; **hin|neigen** I. *vt:* **etw zu jdm ~** inclinar algo hacia alguien II. *vr:* **sich ~** inclinarse (*zu* hacia)

hinnen ['hɪnən] *adv:* **von ~** (*alt, geh*) fuera de aquí; **von ~ gehen** [*o* **scheiden**] (*alt, geh*) marcharse de aquí

hin|pfeffern *vt* (*fam*) 1. (*hinschleudern*) arrojar (violentamente); **er pfefferte seinem Vermieter die Kündigung hin** le arrojó a su casero el aviso de desahucio 2. (*Kritik*) decir en tono brusco, soltar, espetar; **er bekam eine schneidende Antwort hingepfeffert** le espetaron [*o* soltaron] una respuesta brusca e incisiva; **hin|plumpsen** *vi sein* (*fam*) caer pesadamente; **hin|raffen** *vt* arrebatar, aniquilar; **hin|reichen** I. *vi* alcanzar, ser suficiente; **wie lange werden unsere Vorräte ~?** ¿hasta cuándo alcanzarán nuestras provisiones? II. *vt:* **jdm etw ~** entregar algo a alguien

hinreichend ['hɪnraɪçənt] *adj* suficiente

Hinreise *f* <-, -n> (viaje *m* de) ida *f*

hin|reißen *irr vt:* **sich (von jdm/etw** *dat*) **zu etw** *dat* **~ lassen** dejarse seducir [*o* llevar] (por algo/alguien) a algo; **sich dazu ~ lassen etw zu tun** dejarse convencer a hacer algo; **hinreißend** *adj* fascinante, magnífico; **~ schön** de una belleza fascinante

hin|rennen *irr vi sein* correr (*zu* hacia); **hin|richten** *vt* ajusticiar, ejecutar

Hinrichtung *f* <-, -en> ejecución *f*

hin|rotzen *vt* (*fam: nachlässig anfertigen*) hacer de cualquier manera; **ein hingerotzter Artikel** un artículo mal redactado; **hin|schaffen** *vt* llevar (*zu* a); **hin|schauen** *vi* mirar (*zu* a); **wenn man genau hinschaut, sieht man den Fehler** si uno se fija bien se ve la falta; **hin|scheiden** *irr vi sein* (*geh*) fallecer; **hin|schicken** *vt* mandar (*zu* a)

Hinschied ['hɪnʃi:t] *m* <-(e)s, -e> (*Schweiz: geh: Tod*) muerte *f*, defunción *f*

hin|schlagen *irr vi sein s.* **hinfallen**; **hin|schleichen** *irr vi sein, vr:* **sich ~** *haben* avanzar a hurtadillas, acercarse sigilosamente; **hin|schleppen** I. *vt* arrastrar II. *vr:* **sich ~** (*Veranstaltung*) hacerse largo; (*Zeit*) pasar lentamente; **hin|schmeißen** *irr vt* (*fam*) 1. (*hinwerfen*) arrojar al suelo 2. (*aufgeben*) dejar, abandonar; **manchmal möchte ich alles ~ und gehen** a veces quisiera dejarlo todo y marcharme; **hin|schmelzen** *irr vi sein* 1. (*Gegenstand*) derretirse, fundirse 2. (*fam iron: Person*) derretirse; **vor Rührung ~** derretirse de emoción; **hin|schmieren** *vt* (*fam*) 1. (*Schmutz*) pringar (*an* en, *auf* en) 2. (*abw: malen, schreiben*) garabatear, emborronar (*auf/an*); **der Aufsatz ist einfach nur schnell hingeschmiert** la redacción está escrita de cualquier manera; **hin|schreiben** *irr* I. *vi* (*fam: an jdn*) escribir (una carta) II. *vt* escribir; **das können Sie ruhig so ~** lo puede escribir así, tal cual; **hin|sehen** *irr vi* mirar (*zu* hacia); **bei genauerem H~** mirándolo de cerca; **hin|sein** *irr vi sein* (*fam*) *s.* **hin II.**; **hin|setzen** I. *vt* 1. (*abstellen*) poner, colocar 2. (*Kind*) sentar II. *vr:* **sich ~** sentarse; **setz dich gerade hin!** ¡siéntate derecho!

Hinsicht *f* <-, -en>: **in ~ auf ...** en cuanto a...; **in dieser ~** en relación a esto; **in jeder/gewisser ~** a todas luces/en cierto modo; **in finanzieller/beruflicher ~** con respecto al dinero/a la profesión

hinsichtlich *präp +gen* con respecto a, en cuanto a

hin|sinken *irr vi sein* (*geh*) hundirse; **hin|sitzen** *irr vi sein* (*südd, Schweiz*) sentarse

Hinspiel *nt* <-(e)s, -e> (SPORT) partido *m* de ida, encuentro *m* de ida

hin|stehen *irr vi sein* (*südd, Schweiz*) ponerse, plantarse; **hin|stellen** I. *vt* 1. (*Gegenstand*) poner, colocar 2. (*bezeichnen*) calificar (*als* de); **er stellte ihn als Betrüger hin** le calificó de estafador II. *vr:* **sich ~** ponerse, plantarse; **stell dich gerade hin!** ¡ponte derecho!; **hin|steuern** *vi:* **auf etw ~** (*fig*) tener algo como meta; **hin|strömen** *vi sein* acudir en masa [*o* en tropel] (*zu* a); **alle Fans strömten zum Stadion hin** todos los seguidores acudieron en masa al estadio; **hin|stürzen** *vi sein* 1. (*hinfallen*) caerse 2. (*hineilen*) precipitarse (*zu* hacia)

hintan|stellen *vt* (*geh: zurückstellen*) posponer

hinten ['hɪntən] *adv* atrás, detrás; (*im hinteren Teil*) en la parte posterior, al fondo; **ein Schlag von ~** un golpe por detrás; **von ~ anfangen** empezar desde atrás; **sich ~ anstellen** ponerse a la cola; **ganz ~ im Buch** al final del libro; **das stimmt ~ und vorne nicht, das ist doch von ~ bis vorn gelogen** (*fam fig*) esto es una mentira de cabo a rabo; **ihr Gehalt reicht vorne und ~ nicht** (*fam*) su sueldo no alcanza para nada; **ich weiß schon nicht mehr, wo ~ und vorne ist** (*fam*) ya no sé si voy o vengo; **hintendran** [--'-] *adv* (*fam: hinten an etw*) detrás; **hintendrauf** [--'-] *adv* (*fam: hinten auf etw*) atrás; **etw/jdn ~ nehmen/haben** (*im Auto*) llevar/tener algo/a alguien detrás; **er kriegt noch eins ~** le van a dar (un azote) en el culo; **hintenherum** ['----] *adv* 1. (*gehen, kommen*) por detrás 2. (*fam: heimlich*) por detrás; (*illegal*) clandestinamente; **hintennach** [--'-] *adv* (*südd, Schweiz*) detrás; **hintenrum** ['---] *adv* (*fam*) *s.* **hintenherum**; **hintenüber** [--'--] *adv* (*fallen*) para atrás

hinter ['hɪntɐ] I. *präp +dat* 1. (*da~*) detrás de, tras; (*am Ende von*) al final de; **drei Kilometer ~ Granada** a tres kilómetros de Granada; **das Schlimmste hast du schon ~ dir** ya has pasado lo peor; **~ etw kommen** (*fam*) descubrir algo 2. (*zeitlich*) después de 3. (*Reihenfolge*) atrás; **er ließ ihn weit ~ sich** *dat* le dejó muy atrás; **~ der Entwicklung zurückbleiben** quedarse atrás en el desarrollo II. *präp +akk* (hacia) atrás, detrás de; **stell das Buch ~ die anderen** pon el libro detrás de los otros; **das muss ich noch ~ mich bringen** tengo que acabar con esto; **Hinterachse** *f* <-, -n> eje *m* trasero; **Hinterausgang** *m* <-(e)s, -gänge> salida *f* trasera; **Hinterbacke** *f* <-, -n> (*fam*) nalga *f*

Hinterbänkler(in) *m(f)* <-s, -; -, -nen> (POL: *sl abw*) *diputado sin cargo específico ni en el gobierno ni en la oposición*

Hinterbein *nt* <-(e)s, -e> pata *f* trasera; **sich auf die ~e stellen** (*fam fig*) mostrar los dientes

Hinterbliebene(r) [hɪntɐ'bli:bənɐ] *mf* <-n,

-n; -n, -n> pariente *mf* del difunto; **wir ~n** los que aquí quedamos; **Hinterbliebenenrente** *f* <-, -n> (FIN) pensión *f* del superviviente [*o* de supervivencia], pensión *f* familiar
hinterbracht *pp von* **hinterbringen**
hinterbringen* *irr vt* (*geh*): **jdm etw ~** decir secretamente algo a alguien; **in ihrer Anwesenheit sollten wir darüber besser nicht reden, die hinterbringt sicher wieder alles dem Chef** delante de ella mejor que no hablemos de ello, seguro que se lo cuenta después todo al jefe
Hinterdeck *nt* <-(e)s, -s> (NAUT) cubierta *f* de popa
hinterdrein [hɪntɐ'draɪn] *adv* (*dahinter folgend*) detrás
hintere(r, s) ['hɪntərə, -rɐ, -rəs] *adj* de atrás, trasero
hintereinander [hɪntɐʔaɪ'nandɐ] *adv* **1.** (*räumlich*) uno detrás de otro, en fila india; **~ fahren** viajar [*o* ir] uno detrás de otro; **~ gehen** ir uno detrás de otro, ir en fila; **~ stehen** estar en fila **2.** (*zeitlich*) uno después de otro; **vier Wochen ~** cuatro semanas seguidas; **dreimal ~** tres veces seguidas; **hintereinander|fahren** *irr vi sein s.* **hintereinander 1.**; **hintereinander|gehen** *irr vi sein s.* **hintereinander 1.**
hintereinanderher [-----'-] *adv* (*gehen*) uno detrás de otro, en fila india; (*einer nach dem anderen*) de uno en uno
hintereinander|stehen *irr vi s.* **hintereinander 1.**
Hintereingang *m* <-(e)s, -gänge> entrada *f* trasera, puerta *f* de atrás
hinterfotzig *adj* (*reg: vulg*) venenoso, con mala leche; **frag doch nicht so ~!** ¡no preguntes con tan mala leche!
hinterfragen* *vt* indagar
Hinterfuß *m* <-es, -füße> (ZOOL) pata *f* posterior
hintergangen *pp von* **hintergehen**
Hintergaumenlaut *m* <-(e)s, -e> (LING) (sonido *m*) velar *f*
Hintergebäude *nt* <-s, -> edificio *m* posterior [*o* de atrás]
Hintergedanke *m* <-ns, -n> segunda intención *f*
hintergehen* *irr vt* engañar, embaucar
Hintergrund *m* <-(e)s, -gründe> fondo *m;* (*Ursache*) causas *fpl;* **in den ~ treten** perder importancia; **im ~ bleiben/stehen** mantenerse/permanecer en la sombra; **der politische/soziale ~** el fondo político/social; **der Mord hat politische Hintergründe** el asesinato tiene un fondo político; **vor dem ~ dieser Ereignisse** con estos hechos de fondo
hintergründig ['--grʏndɪç] *adj* enigmático, recóndito
Hintergrundmusik *f* <-, -en> música *f* de fondo; **Hintergrundprogramm** *nt* <-s, -e> (INFOR) programa *m* de fondo; **Hintergrundprozess^RR** *m* <-es, -e> (INFOR) proceso *m* de fondo
hinter|haken *vi* (*fam*) investigar en profundidad
Hinterhalt *m* <-(e)s, -e> emboscada *f;* **im ~ liegen** estar emboscado; **jdn aus dem ~ überfallen** atacar a alguien por la espalda; **in einen ~ geraten** caer en una emboscada; **jdn in einen ~ locken** meter a alguien en una emboscada, hacer caer a alguien en una trampa
hinterhältig ['hɪntɐhɛltɪç] *adj* alevoso, insidioso
Hinterhältigkeit *f* <-, *ohne pl*> alevosía *f,* felonía *f*
Hinterhand *f* <-, -hände> (ZOOL) cuarto *m* trasero; **etw in der ~ haben** tener algo en reserva; **Hinterhaus** *nt* <-es, -häuser> edificio *m* posterior [*o* de atrás]
hinterher [--'-, '---] *adv* **1.** (*räumlich*) detrás **2.** (*zeitlich*) después, posteriormente; **~ tut es dir leid** después lo vas a sentir; **hinterher|fahren** [hɪntɐ'heːɐ-] *irr vi sein* seguir (con el coche), ir detrás (con el coche); **hinterher|hinken** *vi sein* **1.** (*hinkend verfolgen*) ir detrás [*o* perseguir] cojeando **2.** (*zu langsam folgen*) seguir con atraso; **die Gesetzgebung hinkt der sozialen Entwicklung hinterher** la legislación va a remolque del desarrollo social; **hinterher|kommen** *irr vi sein* **1.** (*folgen*) seguir **2.** (*danach kommen: Konsequenz*) venir detrás, seguir luego; **so kommst du nicht davon, da kommt noch etwas hinterher** esto no se queda así, ya verás lo que te espera; **hinterher|laufen** *irr vi sein* (*dahinter gehen*) ir detrás (de), seguir; (*rennen*) correr detrás (de); **jdm ~** (*fam*) perseguir a alguien; **hinterher|schicken** *vt* mandar; **sie schickten den Schülern eine Aufsichtsperson hinterher** mandaron a un vigilante a que fuera tras los alumnos
Hinterhof *m* <-(e)s, -höfe> patio *m* trasero; **Hinterkopf** *m* <-(e)s, -köpfe> cogote *m,* región *f* occipital; **etw im ~ haben** tener algo en (la) mente; **Hinterlader** *m* <-s, -> arma *f* de retrocarga; **Hinterlage** *f* <-, -n> (*Schweiz: Kaution*) fianza *f,* caución *f;* **Hinterland** *nt* <-(e)s, *ohne pl*> interior *m* de un país
hinterlassen* *irr vt* dejar, legar, dejar en herencia; **~e Werke** obras póstumas; **das Opfer hinterlässt drei Kinder** la víctima deja tres hijos
Hinterlassenschaft *f* <-, -en> herencia *f,* legado *m*
Hinterlassung *f* <-, *ohne pl*> (*formal*): **sie ist ohne ~ ihrer neuen Anschrift verzogen** se fue sin dejar su nueva dirección
hinterlegen* *vt* depositar
Hinterleger(in) *m(f)* <-s, -; -, -nen> (*a.* JUR) depositador(a) *m(f)*
Hinterlegung *f* <-, -en>: **~ bei Gericht** depósito *m* judicial
Hinterlist *f* <-, -en> perfidia *f,* insidia *f;* **hin-**

terlistig *adj* pérfido, insidioso

hinterm ['hɪntɐm] (*fam*) = **hinter dem** detrás de; **die Garage ist ~ Haus** el garaje está detrás de la casa

Hintermann *m* <-(e)s, -männer> **1.** (*räumlich*) persona *f* que está [*o* va] detrás **2.** (*Drahtzieher*) maquinador *m;* **Hintermannschaft** *f* <-, -en> (SPORT) defensa *f*

hintern ['hɪntɐn] (*fam*) = **hinter den** detrás de; **stell dich ~ Baum** ponte detrás del árbol

Hintern ['hɪntɐn] *m* <-s, -> (*fam*) trasero *m,* culo *m,* poto *m And;* **jdm den ~ versohlen** dar a alguien unos azotes en el culo; **ein Tritt in den ~** una patada en el culo; **sich auf den ~ setzen** (*hinfallen*) caerse de culo; (*lernen*) empollar, ponerse a trabajar; **jdm in den ~ kriechen** lamer a alguien el culo; **ich könnte mir** [*o* **mich**] **in den ~ beißen!** ¡tengo [*o* me da] una rabia!

Hinterpfote *f* <-, -n> (ZOOL) pata *f* posterior

Hinterrad *nt* <-(e)s, -räder> rueda *f* trasera; **Hinterradantrieb** *m* <-(e)s, -e> (AUTO) tracción *f* trasera

hinterrücks ['hɪntɐrʏks] *adv* (*abw*) por la espalda

hinters ['hɪntɐs] (*fam*) = **hinter das** detrás de; **es ist ~ Regal gefallen** se cayó (por) detrás de la estantería

Hinterseite *f* <-, -n> **1.** (*Rückseite*) parte *f* trasera, parte *f* de atrás; (*eines Gebäudes*) espalda *f;* (*einer Münze*) reverso *m* **2.** (*fam: Hintern*) trasero *m;* **Hintersinn** *m* <-(e)s, -e> sentido *m* oculto; **hintersinnen*** *irr vr:* **sich ~** (*Schweiz: grübeln*) cavilar, reflexionar

hintersinnig *adj* críptico; **eine ~e Bemerkung** una observación críptica

Hintersitz *m* <-es, -e> asiento *m* trasero

hintersonnen *pp von* **hintersinnen**

hinterste(r, s) *adj superl von* **hintere(r, s)**

Hintersteven *m* <-s, -> (*nordd: hum: Gesäß*) trasero *m;* **Hinterteil** *nt* <-(e)s, -e> **1.** (*fam: Gesäß*) trasero *m,* nalgas *fpl* **2.** (*Teil*) parte *f* trasera; **Hintertreffen** *nt* (*fam*): **ins ~ geraten** perder terreno; **hintertreiben*** *irr vt* hacer fracasar, frustrar; **Hintertreppe** *f* <-, -n> escalera *f* de servicio

hintertrieben *pp von* **hintertreiben**

Hintertupfingen ['hɪntɐ'tʊpfɪŋən] *nt* <-s, *ohne pl*> (*fam: rückständiger Ort*) pueblo *m* muy apartado y retrasado (*nombre inventado*)

Hintertür *f* <-, -en>, **Hintertürl** ['--ty:ɐl] *nt* <-s, -(n)> (*Österr*) **1.** (*Tür*) puerta *f* trasera **2.** (*Ausweg*) puerta *f* de atrás; **sich** *dat* **eine ~ offenhalten** asegurarse una salida; **durch die ~** (*auf illegalen Umwegen*) con medios [*o* vías] ilegales

Hinterwäldler(in) ['hɪntɐvɛltlɐ] *m(f)* <-s, -; -, -nen> (*abw*) provinciano, -a *m, f*

hinterwäldlerisch *adj* (*abw*) provinciano

hinterziehen* *irr vt* defraudar; **Steuern ~** defraudar impuestos [*o* a Hacienda]

Hinterziehung *f* <-, -en> (JUR) fraude *m,* ocultación *f*

Hinterzimmer *nt* <-s, -> habitación *f* de atrás

hinterzogen *pp von* **hinterziehen**

hin|tragen *irr vt* llevar (*zu* a/hasta); **hin|treten** *irr vi sein:* **zu etw** *dat* **~** acercarse a algo; **vor jdn ~** plantarse delante de alguien; **hin|tun** *irr vt* (*fam*) poner, meter

hinüber [hɪ'ny:bɐ] *adv* **1.** (*gegenüber*) al otro lado, enfrente; (*nach dort*) hacia allá; **da ~!** ¡(por) allí enfrente! **2.** (*Wend*): **~ sein** (*fam: verdorben*) estar pasado; (*kaputt*) estar estropeado [*o* roto], estar chingado *Am: fam;* (*ganz hingerissen sein*) quedarse maravillado; (*tot sein*) estar muerto; **hinüber|blicken** *vi* echar un vistazo (*zu* a), mirar (*zu* a); **hinüber|bringen** *irr vt* llevar (*zu* a), transportar (*zu* a); **hinüber|fahren** *irr* **I.** *vi sein* ir [*o* viajar] (al otro lado); **wir sind mit der Fähre (über die Wolga) hinübergefahren** cruzamos (el Volga) con el transbordador **II.** *vt haben* pasar [*o* cruzar] (al otro lado); **hinüber|führen I.** *vi* atravesar, cruzar; **die Brücke führt über den Rhein/auf die andere Seite hinüber** el puente cruza el Rin/lleva hacia el otro lado **II.** *vt* acompañar [*o* llevar] (hacia el otro lado); **jdn auf die andere Straßenseite ~** ayudar a alguien a cruzar la calle; **hinüber|gehen** *irr vi sein* ir (hacia allí/hacia el otro lado); **in ein Nebenzimmer ~** pasar a una habitación lateral; **ich geh mal kurz hinüber (in die Küche) und koche uns einen Kaffee** voy en un momento (a la cocina) a preparar un café; **hinüber|helfen** *irr vi* ayudar a pasar (al otro lado); **jdm über den Zebrastreifen ~** ayudar a alguien a cruzar el paso de cebra; **hinüber|kommen** *irr vi sein* ir (hacia el otro lado/hacia allí); **warte, ich komme gleich zu dir ins Büro hinüber** espera, voy a verte enseguida a tu despacho; **hinüber|lassen** *irr vt* dejar pasar; **man ließ ihn über die Grenze (zu seinen Freunden) hinüber** le dejaron cruzar la frontera (para ir a ver a sus amigos); **hinüber|reichen I.** *vi* llegar (hasta), alcanzar (hasta); **die Zweige reichen über den Zaun hinüber** las ramas llegan por encima de la valla hasta el otro lado; **die Flöze reichen in das Nachbarland hinüber** los filones [*o* vetas] se adentran en el país vecino **II.** *vt* pasar, alcanzar; **hinüber|retten I.** *vt* salvar; (*in spätere Zeit*) conservar, salvar (*in* para) **II.** *vr:* **sich ~** (*über Brücke, Grenze*) salvarse (*über* por); (*fig*) aguantar (*bis* hasta); **hinüber|schwimmen** *irr vi sein* pasar nadando; **zum anderen Ufer ~** ir nadando hasta la otra orilla; **hinüber|sein** *irr vi sein s.* **hinüber 2.**; **hinüber|setzen** *vt* (*über Fluss*) llevar al otro lado; **hinüber|springen** *irr vi sein* saltar (al otro lado); **hinüber|steigen** *irr vi sein* pasar por encima; **hinüber|werfen** *irr vt* lanzar (al otro lado); **einen Ball in den Nachbargarten ~** tirar una pelota al jardín del vecino; **hinüber|wollen** *irr vi* (*fam*) querer ir [*o* pasar] al otro lado; **willst du auch hinüber nach Sylt?** ¿tú también quieres ir a (la isla de) Sylt?

hin- und her|bewegen* *vt, vr:* **sich** ~ mover(se) adelante y atrás [*o* de aquí para allá]; **hin- und her|fahren** *irr vi sein* viajar de acá para allá; **zwischen Regensburg und Nürnberg** ~ hacer el camino de ida y vuelta entre Ratisbona y Núremberg; **diese Kerle auf ihren Motorrädern fahren ständig hin und her, um uns zu terrorisieren!** estos tipos van con sus motos calle arriba y abajo con la intención de atemorizarnos

Hinundhergerede *nt* <-s, *ohne pl*> (*a. abw*) parloteo *m,* charloteo *m*

hinunter [hɪˈnʊntɐ] *adv* (hacia) abajo; **bis** ~ **zum Fluss** hasta (abajo) el río; **den Berg** ~ monte abajo; **hinunter|blicken** *vi* mirar hacia abajo; **hinunter|bringen** *irr vt* **1.** (*nach unten bringen*) llevar abajo; **etw in den Keller** ~ llevar algo al sótano **2.** (*fam: Essen*) poder tragar; **hinunter|fahren** *irr* **I.** *vi sein* bajar, descender **II.** *vt* bajar, descender; **hinunter|fallen** *irr vi sein* caerse; **mir ist die Vase hinuntergefallen** se me ha caído el jarrón; **sie ist die Treppe hinuntergefallen** se ha caído por la escalera; **hinunter|fließen** *irr vi sein* fluir, correr; **die Abwässer fließen den Rhein hinunter** las aguas residuales fluyen por el Rin; **hinunter|gehen** *irr vi sein* bajar; **hinunter|kippen** *vt* **1.** (*Müll*) arrojar, tirar **2.** (*fam: trinken*) beber de un trago; **hinunter|klettern** *vi sein* bajar, descender; **hinunter|lassen** *irr vt* bajar; **etw zu den Verletzten** ~ bajar algo hasta donde están los heridos *fam;* **hinunter|laufen** *irr vi sein* bajar; **die Stufen** ~ bajar los peldaños; **hinunter|reichen I.** *vi* llegar (*bis zu* hasta) **II.** *vt:* **jdm etw** ~ pasarle [*o* entregarle] algo a alguien; **hinunter|schalten** *vi* (AUTO) poner una marcha más corta; **in einen niedrigeren Gang** ~ poner una marcha más corta; **hinunter|schauen** *vi* (*reg*) mirar (hacia) abajo; **hinunter|schlingen** *irr vt* (*fam a. abw*) zampar, tragar; **hinunter|schlucken** *vt* **1.** (*Speise*) tragar **2.** (*Beleidigung, Kritik*) tragarse, aguantar; **hinunter|schmeißen** *irr vt* (*fam*) tirar (hacia abajo); **hinunter|schütten** *vt* (*fam: trinken*) beber (de un trago), verter; **musst du den Wein so ~?** ¿tienes que beber el vino de esta manera?; **hinunter|sehen** *irr vi* mirar (hacia) abajo; **hinunter|spülen** *vt* (*fam: hinunterschlucken*) tragar; (*Ärger*) tragarse; **etw den Ausguss** ~ verter algo por el desagüe; **hinunter|stürzen I.** *vt* **1.** (*Person*) precipitar, arrojar **2.** (*Getränk*) beber de un trago **II.** *vi sein* (*hinunterfallen*) precipitarse, caerse (*in* a); (*eilen*) bajar corriendo **III.** *vr:* **sich** ~ arrojarse (*in* a, *aus* por), tirarse (*in* a, *aus* por); **hinunter|werfen** *irr vt* tirar, arrojar; **hinunter|würgen** *vt* (*Essen*) tragar a duras penas; **hinunter|ziehen** *irr* **I.** *vi sein* (*fam: umziehen*): **ins Erdgeschoss** ~ mudarse a la planta baja; **in den Süden** ~ trasladarse [*o* mudarse] al sur **II.** *vt haben* tirar hacia abajo; **jdn zu sich** *dat* ~ tirar de alguien hacia abajo **III.** *vr:* **sich** ~ *haben* extenderse (*bis* hasta)

hin|wagen *vr:* **sich** ~ atreverse a ir (*zu* a)

hinweg [hɪnˈvɛk] *adv* (*geh*) **1.** (*räumlich*) fuera; ~ **mit euch!** ¡fuera con vosotros!; **über jdn/etw** ~ por encima de alguien/algo **2.** (*zeitlich*) durante; **über viele Jahre** ~ durante muchos años

Hinweg [ˈhɪnveːk] *m* <-(e)s, -e> ida *f;* **Hin- und Rückweg** camino de ida y vuelta; **auf dem** ~ a la ida

hinweg|bringen *irr vt:* **jdn über etw** ~ ayudar a alguien a superar algo; **hinweg|gehen** *irr vi sein:* **über etw** ~ pasar algo por alto; **hinweg|helfen** *irr vi:* **jdm über etw** ~ consolar a alguien, animar a alguien; **sie halfen mir über die schlimme Zeit hinweg** me ayudaron a superar los tiempos difíciles; **hinweg|kommen** *irr vi sein:* **über etw** ~ sobreponerse a algo, olvidar algo; **hinweg|raffen** *vt* (*geh*) causar la muerte (de), llevar a la tumba; **die Pest raffte Millionen Menschen hinweg** la peste causó la muerte de millones de personas; **hinweg|sehen** *irr vi* **1.** (*schauen*): **über etw** ~ mirar por encima de algo **2.** (*nicht beachten*) no hacer caso de algo; **er sah darüber hinweg, dass ...** hizo la vista gorda a que... *+subj;* **hinweg|setzen** *vr:* **sich über etw** ~ pasar por alto algo, no hacer caso a algo; **hinweg|täuschen** *vt* engañar (*über*); **sein Lächeln konnte nicht über seine Enttäuschung** ~ su sonrisa no podía disimular su decepción; **das kann uns nicht über die Lage** ~ eso no nos hace olvidar la situación; **hinweg|trösten I.** *vt* consolar, ayudar a sobreponerse; **jdn über einen Verlust** ~ consolar a alguien de una pérdida **II.** *vr:* **sich** ~ consolarse, sobreponerse; **sich über eine Niederlage** ~ sobreponerse a una derrota; **sie hat sich schnell über ihn hinweggetröstet** se ha consolado pronto de haberle perdido

Hinweis [ˈhɪnvaɪs] *m* <-es, -e> **1.** (*Tipp*) indicación *f,* advertencia *f;* **~e für den Benutzer** indicaciones para el usuario; **unter** ~ **auf ...** refiriéndose a..., señalando..., haciendo hincapié en... **2.** (*Anzeichen*) indicio *m;* **es gibt nicht den geringsten** ~ **dafür, dass ...** no existe el más pequeño indicio de que...

hin|weisen *irr* **I.** *vi* indicar (*auf*), advertir (*auf*); **er wies ausdrücklich darauf hin, dass ...** advirtió expresamente que... **II.** *vt:* **jdn auf etw** ~ indicar algo a alguien

Hinweisschild *nt* <-(e)s, -er>, **Hinweistafel** *f* <-, -n> letrero *m* indicador

hin|wenden *irr* **I.** *vt* (*Kopf*) volver (*zu* hacia) **II.** *vr:* **sich** ~ dirigirse (*zu* a)

Hinwendung *f* <-, -en>: **eine** ~ **zum Besseren** un giro favorable, un mejoramiento

hin|werfen *irr* **I.** *vt* **1.** (*wegwerfen*) tirar,

H

echar **2.** (*fam: aufgeben*) dejar, abandonar **3.** (*Bemerkung*) hacer, dejar caer **4.** (*Zeichnung*) bosquejar, esbozar **II.** *vr:* **sich** ~ tirarse al suelo; **hin|wirken** *vi:* **bei jdm auf etw ~** intentar convencer a alguien de algo; **darauf ~, dass ...** intentar conseguir que... *+subj;* **hin|wollen** *irr vi* (*fam*) querer ir (*zu* a)

Hinz [hɪnts] (*fam*): ~ **und Kunz** fulano y mengano

hin|zaubern *vt* (*fam*) improvisar; **hin|ziehen** *irr* **I.** *vt* **1.** (*heranziehen*) atraer, tirar (*zu* hacia); **sich zu jdm hingezogen fühlen** sentirse atraído por alguien **2.** (*verzögern*) atrasar **II.** *vr:* **sich** ~ **1.** (*andauern*) ser interminable, ir para largo **2.** (*sich erstrecken*) extenderse (*bis* hasta) **III.** *vi sein* (*umziehen*) irse a vivir (a); **hin|zielen** *vi* **1.** (*anspielen*): **auf etw ~** hacer alusión a algo; **ich möchte wissen, auf was deine Andeutung hinzielte** me gustaría saber a qué te referías con tu insinuación **2.** (*anstreben*): **auf etw ~** aspirar a algo; **ihre Politik zielt auf die Einführung der Demokratie hin** con su política aspiran a introducir la democracia

hinzu [hɪn'tsuː] *adv* aparte de esto; (*überdies*) además; **hinzu|fügen** *vt* añadir (*zu* a), agregar (*zu* a)

Hinzufügung *f* <-, -en> añadido *m,* añadidura *f;* **unter ~ einer kurzen Erklärung** añadiendo una breve aclaración

hinzu|geben *irr vt* **1.** (*zusätzlich geben*): **jdm etw ~** darle a alguien algo suplementario [*o* de regalo] **2.** (*beigeben*) añadir; **der Bratensoße einen Schuss Rotwein ~** añadir a la salsa un chorrito de vino tinto; **hinzu|gewinnen*** *irr vt* ganar, captar; **hinzu|kommen** *irr vi sein* **1.** (*Person*) venir, llegar **2.** (*Sache*) agregarse (*zu* a); **kommt noch etwas hinzu?** ¿desea algo más?; **es kommt noch hinzu, dass ...** hay que añadir que...; **hinzu|rechnen** *vt* añadir a la cuenta; **hinzu|setzen I.** *vt* (*hinzufügen*) añadir (*zu* a), agregar (*zu* a) **II.** *vr:* **sich** ~ (*geh: dazusetzen*) sentarse (a la mesa) (*zu* con); **hinzu|zählen** *vt* añadir, sumar; **hinzu|ziehen** *irr vt* (*einbeziehen*) incluir (*zu* en); (*um Rat fragen*) consultar; **man sollte einen Fachmann ~** habría que consultar a un experto

Hiobsbotschaft ['hiːɔps-] *f* <-, -en> mala noticia *f,* noticia *f* funesta; **eine ~ überbringen** traer una mala noticia

Hip-Hop ['hɪphɔp] *m* <-s, *ohne pl*> (MUS) hip-hop *m*

hipp, hipp, hurra ['hɪp'hɪphʊ'raː] *interj* ¡hurra!, ¡viva!; **der Sieger lebe hoch! – ~!** ¡viva el vencedor! – ¡viva!

Hipphipphurra *nt* <-s, -s> hurra *m,* viva *m;* **der Sieg muss gefeiert werden, also ein dreifaches ~ auf unsere siegreiche Mannschaft!** tenemos que celebrar la victoria, así que vi(c)toreemos a nuestro equipo campeón

Hippie ['hɪpi] *m* <-s, -s> hippy *mf,* hippie *mf*

Hirn [hɪrn] *nt* <-(e)s, -e> **1.** (GASTR) sesos *mpl* **2.** (*fam: Verstand*) cerebro *m,* sesos *mpl;* **jds ~ entspringen** salir de la mente de alguien

Hirnanhangdrüse *f* <-, -n> (ANAT) hipófisis *f inv*

Hirnerschütterung *f* <-, -en> (*Schweiz:* MED) conmoción *f* cerebral; **Hirngespinst** ['hɪrngəʃpɪnst] *nt* <-(e)s, -e> (*abw*) quimera *f,* fantasmagoría *f*

Hirnhaut *f* <-, -häute> (ANAT) meninge *f;* **Hirnhautentzündung** *f* <-, -en> (MED) meningitis *f inv*

hirnlos *adj* (*fam*) descabellado, desatinado; **Hirnrinde** *f* <-, -n> (ANAT) corteza *f* cerebral, córtex *m;* **hirnrissig** ['-rɪsɪç] *adj* (*fam*) descabellado; **Hirnschlag** *m* <-(e)s, -schläge> (MED) derrame *m* cerebral, apoplejía *f;* **Hirntod** *m* <-(e)s, -e> (MED) muerte *f* cerebral; **hirntot** *adj* (MED) clínicamente muerto; ~ **sein** estar clínicamente muerto; **Hirntote(r)** *mf* <-n, -n; -n, -n> (MED) persona *f* clínicamente muerta; **Hirntumor** *m* <-s, -e *o* -en> (MED) tumor *m* cerebral; **hirnverbrannt** *adj* (*abw*) descerebrado; **Hirnwindung** *f* <-, -en> (ANAT) circunvolución *f* cerebral

Hirsch [hɪrʃ] *m* <-(e)s, -e> (ZOOL) ciervo *m;* **Hirschfänger** *m* <-s, -> (JAGD) cuchillo *m* largo de monte; **Hirschgeweih** *nt* <-(e)s, -e> cornamenta *f* del ciervo; **Hirschhorn** *nt* <-(e)s, *ohne pl*> cuerno *m* de ciervo; **Hirschkäfer** *m* <-s, -> (ZOOL) ciervo *m* volante; **Hirschkalb** *nt* <-(e)s, -kälber> (ZOOL) cervato *m;* **Hirschkeule** *f* <-, -n> (GASTR) pierna *f* de venado; **Hirschkuh** *f* <-, -kühe> cierva *f;* **Hirschleder** *nt* <-s, -> (piel *f* de) ante *m*

Hirse ['hɪrzə] *f* <-, -n> mijo *m;* **Hirsebrei** *m* <-(e)s, -e> papilla *f* de mijo; **Hirsekorn** *nt* <-(e)s, -körner> grano *m* de mijo

Hirt *m* <-en, -en> (*alt*) pastor *m*

Hirte, -in ['hɪrtə] *m, f* <-n, -n; -, -nen> pastor(a) *m(f);* **der Gute ~** (REL) el Buen Pastor; **Hirtenbrief** *m* <-(e)s, -e> (REL) carta *f* pastoral; **Hirtenflöte** *f* <-, -n> flauta *f* de pastor; (*des Gottes Pan*) flauta *f* de Pan, siringa *f;* **Hirtenhund** *m* <-(e)s, -e> perro *m* (de) pastor; **Hirtenstab** *m* <-(e)s, -stäbe> (*geh a.* REL) cayado *m*

Hirtentäschel *nt* <-s, *ohne pl*>, **Hirtentäschelkraut** *nt* <-(e)s, *ohne pl*> (BOT) bolsa *f* de pastor

Hirtin *f* <-, -nen> *s.* **Hirte**

His [hɪs] *nt* <-, -> (MUS) si *m* sostenido

Hisbollah *f* <-, *ohne pl*> hezbollah *m*

Hispanist(in) [hɪspa'nɪst] *m(f)* <-en, -en; -, -nen> hispanista *mf*

Hispanistik *f* <-, *ohne pl*> filología *f* hispánica, Hispánicas *fpl*

Hispanistin *f* <-, -nen> *s.* **Hispanist**

hissen ['hɪsən] *vt* izar; (*schwingen*) enarbolar

Histamin [hɪsta'miːn] *nt* <-s, -e> (MED) histamina *f*

Histochemie [hɪsto-] *f* <-, *ohne pl*> histo-

química *f*
Histogramm [hɪsto'gram] *nt* <-s, -e> histograma *m*
Histologie [hɪstolo'giː] *f* <-, *ohne pl*> (MED) histología *f*
histologisch [hɪsto'loːgɪʃ] *adj* (MED) histológico
Historiker(in) [hɪs'toːrikɐ] *m(f)* <-s, -; -, -nen> historiador(a) *m(f)*
Historiographie [hɪstoriogra'fiː] *f* <-, *ohne pl*> (*geh*) historiografía *f*
historisch [hɪs'toːrɪʃ] *adj* histórico
Hit [hɪt] *m* <-(s), -s> (*fam*) **1.** (MUS) éxito *m* (musical), hit *m* **2.** (*Verkaufsschlager*) hit *m*, éxito *m* de ventas; **Hitliste** *f* <-, -n> lista *f* de éxitos, ranking *m*; **Hitparade** *f* <-, -n> (*Musiksendung*) programa *m* de éxitos musicales; (*Hitliste*) lista *f* de éxitos musicales
Hitze ['hɪtsə] *f* <-, *ohne pl*> **1.** (*Temperatur*) calor *m*; **eine drückende ~** un calor agobiante; **etw bei starker/mittlerer ~ backen** cocer algo a horno fuerte/moderado **2.** (*Erregung*) acaloramiento *m*; **sich in ~ reden** acalorarse al hablar; **hitzebeständig** *adj* resistente al calor; **Hitzebeständigkeit** *f* <-, *ohne pl*> resistencia *f* al calor, termorresistencia *f*; **Hitzebläschen** *nt* <-s, -> (MED) sarpullido *m*; **hitzeempfindlich** *adj* termosensible, sensible al calor; **Hitzeflimmern** *nt* <-s, *ohne pl*> centelleo *m* de calor; **hitzefrei** *adj* (SCH): **~ haben** no tener clase debido al fuerte calor; **wenn es noch zwei Grad wärmer wird, bekommen wir ~** dos grados más y nos dan libre; **Hitzeperiode** *f* <-, -n> período *m* de calor; **Hitzeschild** *m* <-(e)s, -e> (TECH) escudo *m* protector del calor; **Hitzewallungen** *fpl* (MED) sofocos *mpl*; **Hitzewelle** *f* <-, -n> ola *f* de calor
hitzig ['hɪtsɪç] *adj* **1.** (*leidenschaftlich*) apasionado; (*jähzornig*) colérico; (*heftig*) vehemente **2.** (*Debatte*) acalorado
Hitzkopf *m* <-(e)s, -köpfe> botafuego *mf*, cascarrabias *mf inv*
hitzköpfig *adj* exaltado
Hitzschlag *m* <-(e)s, -schläge> insolación *f*; **einen ~ haben/bekommen** tener/sufrir una insolación
HIV [haːʔiː'faʊ] *nt* <-(s), *ohne pl*> (MED) *Abk. von* **human immunodeficiency virus** VIH *m*; **~ positiv/negativ** seropositivo/seronegativo; **HIV-infiziert** *adj* (MED) seropositivo; **HIV-Test** *m* <-(e)s, -s *o* -e> (MED) test *m* del SIDA
Hiwi ['hiːvi] *mf* <-s, -s; -, -s> (UNIV: *fam*) *Abk. von* **Hilfswissenschaftler(in)** asistente *mf* científico, -a
Hizbullah *f* <-, *ohne pl*> hezbollah *m*
hl *m Abk. von* **Hektoliter** hl
hl. *adj Abk. von* **heilig** Sto., Sta.
Hl. *Abk. von* **Heilige(r)** S(to)., Sta.
hm [hm] *part* **1.** (*Zustimmung auf Frage*) sí, hum; (*im Gespräch*) ya, ya **2.** (*Nachdenklichkeit*) mmm; **~, das ist schwierig** mmm, esto es difícil
H-Milch ['haːmɪlç] *f* <-, *ohne pl*> leche *f* U.H.T.
h-Moll ['haː'mɔl] *nt* <-, *ohne pl*> (MUS) si *m* menor
HNO *m* <-s, -s> (MED) *Abk. von* **Hals-Nasen-Ohren-Arzt** otorrino *m*
HNO-Arzt, -Ärztin [haːʔɛn'ʔoː-] *m, f* <-es, -Ärzte; -, -nen> otorrino, -a *m, f*
Ho (CHEM) *Abk. von* **Holmium** Ho
hob [hoːp] *3. imp von* **heben**
Hobby ['hɔbi] *nt* <-s, -s> hobby *m*; **Hobbyraum** *m* <-(e)s, -räume> *espacio donde uno practica un pasatiempo;* **für seine Bastelarbeiten hat er im Keller einen ~** en el sótano tiene una habitación para hacer bricolaje
Hobel ['hoːbəl] *m* <-s, -> cepillo *m* de carpintero; **Hobelbank** *f* <-, -bänke> banco *m* de carpintero
hobeln ['hoːbəln] *vi, vt* **1.** (*Bretter*) cepillar **2.** (GASTR) partir en láminas, rallar
Hobelspan *m* <-(e)s, -späne> viruta *f*
hoch [hoːx] <höher, am höchsten> **I.** *adj* **1.** (*räumlich, Geschwindigkeit, Temperatur, Lebensstandard*) alto; **das ist drei Meter ~** tiene una altura de tres metros; **ein hohes Amt bekleiden** ocupar un alto cargo; **ein hoher Beamter** un alto funcionario; **~ gestellt** de alta categoría, de alto rango; **es handelt sich um einen ~ gestellten Funktionär** se trata de un alto funcionario; **im hohen Norden** en el extremo norte; **das hohe Haus** la Cámara Alta; **er ist ein hohes Tier** (*fam*) es un pez gordo; **das ist mir zu ~** (*fam*) eso no me cabe en la cabeza; **auf dem hohen Ross sitzen** tener muchos humos **2.** (*Ton*) agudo, alto **3.** (*Zahl, Preis*) elevado; (*Alter*) avanzado; (*Geldstrafe*) fuerte; **in hohem Alter sein** ser de edad avanzada; **hohe Steuern** impuestos altos **4.** (*Bedeutung*) grande; **hoher Besuch** una visita importante; **hohe Ehre** un gran honor; **hohe Ansprüche stellen** tener grandes exigencias; **mit hoher Wahrscheinlichkeit** casi con toda seguridad, altamente probable **II.** *adv* **1.** (*nach oben*) (hacia) arriba; **er zeigte ~ zum 12. Stock** indicó hacia el 12º piso; **~ hinauswollen** (*fam*) tener altas miras; **wenn es ~ kommt** (*fam*) como mucho; **die Treppe ~ fallen** (*fig*) salir beneficiado **2.** (*in einiger Höhe*) en [*o* a] lo alto; **~ am Himmel** en lo alto del cielo; **~ oben** muy arriba; **wir fliegen 13.000 Meter ~** volamos a una altura de 13.000 metros; **es geht ~ her** hay mucho jaleo; **~ pokern** (*fig*) arriesgarse mucho; **~ setzen** [*o* **spielen**] pujar alto **3.** (*sehr*) muy, mucho; (*stark*) altamente; (*äußerst*) sumamente; **das rechne ich dir ~ an** valoro mucho esto (que has hecho); **jdn/etw ~ einschätzen** estimar mucho a alguien/algo; **er ist ~ betagt** es de edad muy avanzada; **sie ist ~ begabt** es altamente dotada, tiene mucho talento; **~ versichert sein**

tener un seguro muy alto, estar muy bien asegurado; **etw ~ und heilig versprechen** (*fam*) prometer solemnemente algo **4.** (MATH) elevado; **drei ~ sieben** tres elevado a siete

Hoch *nt* <-s, -s> **1.** (*~ruf*) viva *m;* **ein ~ auf jdn ausbringen** dar un viva en honor de alguien **2.** (METEO) anticiclón *m,* altas presiones *fpl*

Hochachtung *f* <-, *ohne pl*> respeto *m,* gran aprecio *m;* **mit vorzüglicher ~** atentamente; **bei aller ~ vor Ihrer Leistung ...** con todos los respetos por su trabajo...; **hochachtungsvoll** *adv* (*im Brief*) atentamente

Hochadel *m* <-s, *ohne pl*> alta nobleza *f;* **dem europäischen ~ entstammen** proceder de la alta aristocracia europea; **hochaktuell** ['---'-] *adj* de gran actualidad; **Hochaltar** *m* <-s, -täre> altar *m* mayor; **Hochamt** *nt* <-(e)s, -ämter> (REL) misa *f* mayor; **hochangesehen** ['-'----] *adj* de gran prestigio; **hochanständig** ['-'---] *adj* (*Handlung*) muy noble

hoch|arbeiten *vr:* **sich ~** ascender (a fuerza de trabajo), trabajarse un puesto *fam*

hochauflösend *adj* (INFOR, TV: *Bildschirm*) de alta definición

Hochbahn *f* <-, -en> tren *m* elevado

Hochbau[1] *m* <-(e)s, *ohne pl*> (*Bauwesen*) construcción *f* sobre tierra; **Hoch- und Tiefbau** construcción de edificios y obras públicas

Hochbau[2] *m* <-(e)s, -ten> (*Bauwerk*) edificio *m* alto

hochbegabt ['--'-] *adj s.* **begabt**; **hochbeladen** *adj s.* **beladen I.**; **hochberühmt** ['--'-] *adj* muy famoso; **hochbetagt** ['--'-] *adj* de edad avanzada; **Hochbetrieb** *m* <-(e)s, *ohne pl*> (*fam*) mucha actividad *f,* intensa actividad *f;* **es herrschte ~** reinaba intensa actividad; **hochbezahlt** ['--'-] *adj s.* **bezahlen**; **hoch|binden** *irr vt* (*Haare*) recoger; (*Pflanze*) recoger [*o* atar] (las ramas); **Hochblüte** *f* <-, -n> (*wirtschaftlich, geistig*) prosperidad *f,* florecimiento *m*

hoch|bocken *vt* (AUTO) levantar [*o* elevar] sobre un gato

hoch|bringen *irr vt* (*fam*) **1.** (*nach oben bringen*) llevar (arriba); **die Tochter durfte keinen Jungen mit ~** (*fam*) la hija no podía llevar a ningún chico (arriba) a su habitación **2.** (*zuversichtlich machen*) levantar el ánimo; (*aufpäppeln*) cuidar, atender **3.** (*eine Erektion bekommen*): **einen/keinen ~** empalmarse/no empalmarse

Hochburg *f* <-, -en> baluarte *m*

hochdeutsch *adj* alto alemán

Hochdeutsch *nt* <-(s), *ohne pl*> alto alemán *m,* alemán *m* estándar

hochdotiert *adj s.* **dotieren**

hoch|drehen *vt* (AUTO) revolucionar

Hochdruck *m* <-(e)s, *ohne pl*> **1.** (TYPO: *Verfahren*) impresión *f* en relieve **2.** (PHYS) presión *f* alta; **mit** [*o* **unter**] **~ arbeiten** (*fam fig*) trabajar a toda máquina **3.** (METEO) altas presiones *fpl;* **Hochdruckgebiet** *nt* <-(e)s, -e> (METEO) zona *f* de altas presiones, anticiclón *m*

Hochebene *f* <-, -n> meseta *f,* altiplano *m;* **hochempfindlich** ['--'--] *adj s.* **empfindlich 1.**; **hochentwickelt** ['--'--] *adj s.* **entwickeln I.1.**; **hocherfreut** ['--'-] *adj* encantado; **hocherhoben** *adj s.* **erheben I.1.**; **hochexplosiv** ['---'-] *adj* altamente explosivo

hoch|fahren *irr* **I.** *vi sein* **1.** (*fam: nach oben fahren*) subir **2.** (*aufbrausen*) perder los estribos, subirse a la parra **3.** (*aufschrecken*) sobresaltarse **II.** *vt* **1.** (TECH: *Maschine*) cebar **2.** (*fam*) subir

hochfahrend *adj* (*geh*) arrogante, altivo

Hochfinanz *f* <-, *ohne pl*> altas finanzas *fpl;* **Hochfläche** *f* <-, -n> *s.* **Hochebene**

hoch|fliegen *irr vi sein* **1.** (*Vogel*) alzar el vuelo **2.** (*Trümmer einer Explosion*) saltar por los aires; **hochfliegend** *adj* ambicioso; (*enthusiastisch*) entusiástico; **~e Pläne** planes de altos vuelos; **Hochform** *f* <-, *ohne pl*> plena forma *f;* **in ~ sein** estar en plena forma; **Hochformat** *nt* <-(e)s, -e> formato *m* vertical; **Hochfrequenz** *f* <-, -en> (PHYS) alta frecuencia *f;* **Hochfrisur** *f* <-, -en> peinado *m* alto; **das Haar zu einer ~ hochstecken** peinar el pelo en alto; **Hochgarage** *f* <-, -n> garaje *m* elevado; **Hochgebirge** *nt* <-s, -> alta montaña *f;* **Hochgefühl** *nt* <-(e)s, -e> emoción *f,* entusiasmo *m,* exaltación *f*

hoch|gehen *irr vi sein* **1.** (*Vorhang*) levantarse; (*Person, Preise*) subir **2.** (*fam: Bombe*) estallar **3.** (*fam: gefasst werden*) ser descubierto

hochgeistig ['-'--] *adj* de alto nivel intelectual

hochgelehrt *adj* erudito, de una vasta cultura; **Hochgenuss**[RR] *m* <-es, -nüsse> delicia *f,* goce *m;* **es ist mir ein ~** es una delicia para mí; **hochgeschlossen** *adj* (*Bluse*) cerrado hasta el cuello

Hochgeschwindigkeitscomputer *m* <-s, -> computadora *f* de alta velocidad, ordenador *m* de alta velocidad; **Hochgeschwindigkeitstrasse** *f* <-, -n> (EISENB) trazado *m* de alta velocidad; **Hochgeschwindigkeitszug** *m* <-(e)s, -züge> tren *m* de alta velocidad

hochgestellt *adj* (*Persönlichkeit*) *s.* **hoch I.1.**

hochgestochen *adj* (*fam abw: Stil, Rede*) amanerado, rebuscado; (*Person*) pretencioso; **hochgewachsen** *adj s.* **wachsen**[1]; **Hochglanz** *m* <-es, *ohne pl*> brillo *m* intenso, lustre *m;* **in ~** (*Foto*) en brillo; **etw auf ~ bringen** dar lustre a algo

hochgradig ['ho:xgra:dɪç] *adj* extremo

hoch|gucken *vi* (*fam*) *s.* **hochsehen**

hochhackig ['ho:xhakɪç] *adj* de tacones altos

hoch|halten *irr vt* 1. (*in die Höhe halten*) mantener en lo alto, levantar 2. (*schätzen*) estimar (mucho); (*bewahren*) conservar
Hochhaus *nt* <-es, -häuser> edificio *m* alto, edificio *m* de varios pisos, casa *f* de altos *RíoPl, Hond, PRico;* (*Wolkenkratzer*) rascacielos *m inv*
hoch|heben *irr vt* levantar, alzar
hochherzig *adj* (*geh*) generoso; ~ **sein** ser generoso
Hochherzigkeit *f* <-, *ohne pl*> (*geh*) generosidad *f*
hochindustrialisiert ['------'-] *adj s.* **industrialisieren; hochintelligent** ['----'-] *adj* muy inteligente, inteligentísimo; **hochinteressant** ['----'-] *adj* muy interesante, interesantísimo; ~ **klingen** sonar [*o* parecer] muy interesante
hoch|jagen *vt* 1. (*fam: sprengen*) volar 2. (AUTO: *sl: Motor*) revolucionar 3. (*aufscheuchen*) espantar; **die Rebhühner wurden von dem Hund hochgejagt** el perro espantó las perdices; **hoch|jubeln** *vt* (*fam*) ensalzar [*o* elogiar] exageradamente
hochkant ['ho:xkant] *adv,* **hochkantig** *adv* de canto; **jdn ~ rauswerfen** (*fam*) echar a alguien con cajas destempladas
hochkarätig ['-karɛ:tɪç] *adj* de muchos quilates; **~er Wissenschaftler** científico de gran peso
hochklappbar *adj* (*Luke*) que se abre hacia arriba; (*Sitz*) que se pliega hacia arriba
hoch|klappen I. *vi sein* plegarse hacia arriba II. *vt haben* (*Klappe*) plegar hacia arriba; (*Kragen*) subir; **hoch|klettern** *vi sein* subir (*an* a), trepar (*an* a); **hoch|kommen** *irr vi sein* (*fam*) 1. (*heraufkommen*) subir; **er kommt die Treppe hoch** viene subiendo la escalera 2. (*Erinnerungen*) venir a la memoria 3. (*beruflich*) ascender, tener éxito 4. (*gesund werden*) restablecerse 5. (*erbrechen*) vomitar, devolver; **das Essen kommt mir hoch** voy a vomitar
Hochkonjunktur *f* <-, -en> (WIRTSCH) coyuntura *f* favorable, período *m* de gran prosperidad económica
hoch|können *irr vi* (*fam*) 1. (*sich erheben können*) poder levantarse; **hilf ihr beim Aufstehen, sie kann alleine nicht hoch** ayúdala a levantarse, no puede hacerlo sola 2. (*hochklettern können*) poder subir [*o* trepar] (*auf* a)
hochkonzentriert ['---'-] *adj* de alta concentración
hoch|krempeln *vt* arremangar
hoch|kriegen *vt* (*fam*) 1. (*heben können*) poder levantar 2. (*Wend*): **einen/keinen ~** (*fam euph*) empalmarse/no empalmarse
Hochkultur *f* <-, -en> civilización *f* muy desarrollada
hoch|kurbeln *vt* (*fam*) subir (con una manilla); **das Autofenster ~** subir la ventanilla del coche
hoch|laden *vt* (INFOR) cargar
Hochland *nt* <-(e)s, -länder> altiplano *m,* altiplanicie *f*
hoch|leben *vi:* **er/sie lebe hoch!** ¡viva(él/ella)!; **jdn ~ lassen** dar vivas a alguien, vivar a alguien *Am;* **hoch|legen** *vt* (*Beine, Kopf*) colocar en alto
Hochleistung *f* <-, -en> alto rendimiento *m;* **Hochleistungschip** *m* <-s, -s> (INFOR) chip *m* de alto rendimiento; **Hochleistungssport** *m* <-(e)s, -e> deporte *m* de alto rendimiento
Hochlohnland *nt* <-(e)s, -länder> (WIRTSCH) país *m* de salarios [*o* sueldos] altos
hochmodern ['--'-] *adj* ultramoderno, supermoderno
Hochmoor *nt* <-(e)s, -e> (GEO) pantano *m* alto
Hochmut *m* <-(e)s, *ohne pl*> soberbia *f,* arrogancia *f;* ~ **kommt vor dem Fall** (*prov*) al que al cielo escupe, en la cara le cae, aunque la garza vuela muy alta, el halcón la mata
hochmütig ['-my:tɪç] *adj* soberbio; (*herablassend*) desdeñoso
Hochmütigkeit *f* <-, *ohne pl*> *s.* **Hochmut**
hochnäsig ['-nɛ:zɪç] *adj* (*fam abw: eingebildet*) engreído, creído; (*arrogant*) arrogante
Hochnäsigkeit *f* <-, *ohne pl*> (*fam abw*) altanería *f*
Hochnebel *m* <-s, -> (METEO) niebla *f* de altura
hoch|nehmen *irr vt* 1. (*heben*) levantar, subir 2. (*fam: necken*) tomar el pelo, meterse (con)
Hochofen *m* <-s, -öfen> (TECH) altos hornos *mpl;* **Hochparterre** *nt* <-s, -s> entresuelo *m;* **Hochplateau** ['-plato] *nt* <-s, -s> meseta *f,* altiplano *m*
hochprozentig *adj* (*Säure*) de alta concentración; (*Alkohol*) de alta graduación
hoch|puschen *vt* (*sl*) aumentar; **durch einen Strohmann ließ sie den Preis ~** hizo aumentar el precio utilizando un hombre de paja
hochqualifiziert ['----'-] *adj s.* **qualifizieren I.1.**
hoch|ragen *vi* sobresalir, descollar; **~de Wolkenkratzer prägen das Bild von Manhattan** los elevados rascacielos configuran la imagen de Manhattan
hochrangig *adj* de alto rango
hoch|rechnen *vt* (*Statistik*) computar aproximadamente, realizar el cómputo aproximado; **Hochrechnung** *f* <-, -en> cómputo *m* aproximado
hoch|reißen *irr vt* levantar de golpe
Hochrelief *nt* <-s, -s> (KUNST) altorrelieve *m*
hochrot *adj* rojo encendido, rojo vivo; ~ **vor Erregung sein** estar rojo como la grana de excitación
Hochruf *m* <-(e)s, -e> vítor *m,* viva *m*
hoch|rüsten I. *vi* (MIL) proveerse de armas en

exceso, hacer preparativos de guerra **II.** *vt* (*technisch verbessern*) proveer de tecnología moderna; **Hochrüstung** *f* <-, -en> (MIL) armamento *m* excesivo; **hoch|rutschen** *vi sein* (*fam*) subirse; **dieser Rock rutscht (mir) immer hoch** esta falda se me sube todo el tiempo

Hochsaison *f* <-, -s, *südd, Österr:* -en> temporada *f* alta

hoch|schätzen *vt s.* **schätzen 1.**; **hoch|schaukeln** *vt, vr:* **sich** ~ ir acalorándose; **hoch|schießen** *irr vi sein* **1.** (AGR: *Saat*) crecer rápido **2.** (*fam: hinaufrasen*) subir corriendo; **hoch|schlagen** *irr vt* (*Kragen*) subir; **hoch|schnellen** *vi sein* (*Sprungfeder*) saltar hacia arriba; (*Mensch*) levantarse dando un respingo; **hoch|schrauben** *vt* **1.** (*Stuhl*) subir **2.** (*Preise, Ansprüche*) aumentar

hoch|schrecken[1] *vt haben* asustar, levantar de un susto; **die Vögel** ~ asustar a los pájaros, hacer levantar el vuelo a los pájaros; **das Telefon schreckte mich aus dem Schlaf hoch** me desperté de un brinco al sonar el teléfono

hoch|schrecken[2] <schrickt hoch, schreckte hoch *o* schrak hoch, hochgeschreckt> *vi sein* levantarse de un susto; **aus dem Schlaf** ~ despertarse de un susto; **sie schreckt beim kleinsten Geräusch hoch** da un respingo al más mínimo ruido

Hochschulabschluss[RR] *m* <-es, -schlüsse> licenciatura *f,* título *m* universitario; **Hochschulabsolvent(in)** *m(f)* <-en, -en; -, -nen> licenciado, -a *m, f* (universitario, -a), egresado, -a *m, f Arg, Chil;* **Hochschulbildung** *f* <-, *ohne pl*> estudios *mpl* universitarios

Hochschule *f* <-, -n> escuela *f* superior, universidad *f,* colegio *m* mayor *Am;* **Technische** ~ Escuela Técnica Superior; **Pädagogische** ~ Escuela de Magisterio; ~ **für Musik** Conservatorio Superior de Música; **Hochschüler(in)** *m(f)* <-s, -; -, -nen> (estudiante *mf*) universitario, -a *m, f*

Hochschullehrer(in) *m(f)* <-s, -; -, -nen> profesor(a) *m(f)* universitario, -a; **Hochschulreife** *f* <-, *ohne pl*> *especie de selectividad que capacita para una carrera técnica;* **Hochschulstudium** *nt* <-s, -studien> estudios *mpl* superiores, carrera *f* universitaria; **mit abgeschlossenem** ~ con licenciatura (universitaria); **Hochschulwesen** *nt* <-s, *ohne pl*> enseñanza *f* superior [*o* universitaria]; **Hochschulzulassung** *f* <-, -en> título *m* de acceso a una carrera universitaria

hochschwanger *adj* en avanzado estado de gestación

Hochsee *f* <-, *ohne pl*> alta mar *f;* **Hochseefischerei** *f* <-, *ohne pl*> pesca *f* de altura; **hochseetüchtig** *adj* (NAUT) en buen estado de navegabilidad por alta mar

hoch|sehen *irr vi* (*fam*) levantar la vista [*o* los ojos]

Hochseil *nt* <-(e)s, -e> cuerda *f* floja; **Hochseilakt** *m* <-(e)s, -e> número *m* de equilibrismo

hochsensibel ['--'--] *adj* muy sensible, hipersensible

Hochsicherheitsgefängnis *nt* <-ses, -se> cárcel *f* de máxima [*o* alta] seguridad

Hochsitz *m* <-es, -e> (*Jagd*) puesto *m* elevado, mirador *m* (de cazadores); **Hochsommer** *m* <-s, -> pleno verano *m;* **hochsommerlich I.** *adj* veraniego, canicular; ~ **sein** ser veraniego [*o* de verano] **II.** *adv* de pleno verano, plenamente veraniego; **draußen ist es** ~ **heiß** fuera hace un calor canicular [*o* plenamente veraniego]

Hochspannung *f* <-, -en> (ELEK) alta tensión *f;* **Vorsicht** ~! ¡cuidado, alta tensión!; **Hochspannungsleitung** *f* <-, -en> línea *f* de alta tensión; **Hochspannungsmast** *m* <-(e)s, -e(n)> poste *m* de alta tensión

hoch|spielen *vt* (*aufbauschen*) inflar, exagerar, aumentar la importancia (de)

Hochsprache *f* <-, -n> (LING) lenguaje *m* culto

hoch|springen *irr vi sein* **1.** (*aufspringen*) levantarse de golpe; **aufgeregt sprang er von seinem Stuhl hoch** irritado se levantó de golpe de la silla **2.** (*nach oben springen*) saltar (hacia arriba); **pass auf, dass der Hund nicht wieder an mir hochspringt!** ¡vigila que el perro no me salte otra vez encima! **3.** (SPORT) practicar el salto de altura; **Hochspringer(in)** *m(f)* <-s, -; -, -nen> (SPORT) saltador(a) *m(f)* de altura; **Hochsprung** *m* <-(e)s, *ohne pl*> (SPORT) salto *m* de altura

höchst [hø:kst, hø:çst] *adv* altamente, sumamente, de lo más *fam;* **Höchstalter** *nt* <-s, -> edad *f* máxima

Hochstand *m* <-(e)s, -stände> puesto *m* elevado, mirador *m* (de cazadores)

hoch|stapeln *vi* (*abw*) timar, estafar, embaucar

Hochstapler(in) *m(f)* <-s, -; -, -nen> impostor(a) *m(f);* (*Betrüger*) estafador(a) *m(f)*

Höchstbeanspruchung *f* <-, -en> esfuerzo *m* máximo

Höchstbedarf *m* <-(e)s, *ohne pl*> demanda *f* máxima; **Höchstbetrag** *m* <-(e)s, -träge> importe *m* máximo; **Höchstbietende(r)** *mf* <-n, -n; -n, -n> licitador(a) *m(f)* más alto, -a

höchste(r, s) ['hø:kstə, -tɐ, -təs, 'hø:çstə, -tɐ, -təs] *adj superl von* **hoch 1.** (*räumlich*) más alto; **am ~n** lo más alto **2.** (*in Hierarchie*) superior; **die** ~ **Instanz** la instancia suprema; **ich werde mich an ~r Stelle beschweren** me quejaré a las instancias superiores **3.** (*äußerst*) extremo; **in ~m Maß(e)** extremadamente; **etw in den ~n Tönen loben** elogiar mucho algo; **das ist das H~ der Gefühle** esto es lo máximo; **das** ~ **Gut** el más alto bien

hoch|stecken *vt* (*Haare*) sujetar

hochstehend *adj s.* **stehen I.2.**
hoch|steigen *irr vi sein* subir; (*in die Luft*) elevarse, ascender
hoch|stellen *vt* **1.** (*an einen höheren Ort*) poner en un sitio elevado **2.** (INFOR, TYPO) superindexar
höchstens ['hø:kstəns, 'hø:çstəns] *adv* **1.** (*nicht mehr als*) como mucho, no más de; **es waren ~ zehn Minuten** fueron como mucho diez minutos **2.** (*außer*) excepto, en todo caso; **~ wenn ...** a no ser que... *+subj*, como mucho si..., en todo caso si...
Höchstfall *m*: **im ~** como máximo; **Höchstform** *f* <-, *ohne pl*> (SPORT) plena forma *f*; **in ~** en plena forma; **Höchstgebot** *nt* <-(e)s, -e> mayor postura *f*; **Höchstgeschwindigkeit** *f* <-, -en> velocidad *f* máxima; **zulässige ~** velocidad máxima permitida; **Höchstgewicht** *nt* <-(e)s, *ohne pl*> peso *m* máximo; **Höchstgewinn** *m* <-(e)s, -e> beneficio *m* máximo; **Höchstgrenze** *f* <-, -n> límite *m* máximo
hoch|stilisieren* *vt* realzar inmerecidamente
Hochstimmung *f* <-, *ohne pl*> entusiasmo *m*, euforia *f*
Höchstleistung *f* <-, -en> rendimiento *m* máximo; (SPORT) récord *m*; **Höchstmaß** *nt* <-es, -e> máximo *m* (*an* de); **ein ~ an Präzision** un máximo de precisión; **Höchstmenge** *f* <-, -n> cantidad *f* máxima; **zulässige ~** cantidad máxima permitida; **höchstpersönlich** ['--'--] *adv* en persona; **Höchstpreis** *m* <-es, -e> precio *m* máximo; **höchstrichterlich** ['-'---] *adj* del Tribunal Supremo, de la Corte Suprema de Justicia; **eine ~e Entscheidung** una decisión del Tribunal Supremo; **Höchststand** *m* <-(e)s, -stände> altura *f* máxima; **Höchststrafe** *f* <-, -n> pena *f* máxima; **die ~ fordern** pedir la pena máxima; **höchstwahrscheinlich** ['--'--] *adv* con toda probabilidad, muy probablemente; **Höchstwert** *m* <-(e)s, -e> valor *m* máximo; **der ~ der Strahlenbelastung ist überschritten** se ha sobrepasado el valor máximo de exposición a la radiación
hoch|stylen *vt* acicalar, poner a la última
höchstzulässig ['-'---] *adj* máximo permitido; **~es Gesamtgewicht** tara máxima (permitida)
Hochtechnologie *f* <-, -n> (TECH) alta tecnología *f*; **Hochtechnologieindustrie** *f* <-, -n> (WIRTSCH) industria *f* de alta tecnología
Hochtemperaturreaktor *m* <-s, -en> reactor *m* de alta temperatura
Hochtour *f* <-, -en> **1.** (*Bergtour*) excursión *f* alpina **2.** (*Höchstmaß*): **auf ~en laufen** [*o* **arbeiten**] trabajar a toda marcha; **jd/etw auf ~en bringen** (*fam*) calentar a alguien/algo al máximo
hochtourig ['-tu:rɪç] *adj* (TECH) con el motor muy revolucionado
hochtrabend ['-tra:bənt] *adj* (*abw*) altisonante, rimbombante
hoch|treiben *irr vt* (*Kosten*) hacer subir [*o* aumentar]
hochverehrt *adj* muy estimado; **Hochverrat** *m* <-(e)s, *ohne pl*> (JUR) alta traición *f*; **hochverzinslich** *adj* (FIN) de alto tipo de interés
Hochwald *m* <-(e)s, -wälder> monte *m* alto
Hochwasser *nt* <-s, -> **1.** (*bei Flut*) marea *f* alta **2.** (*eines Flusses*) crecida *f*, riada *f*; **der Fluss führt ~** el río ha sufrido una crecida **3.** (*Überschwemmung*) inundación *f*; **Hochwassergefahr** *f* <-, -en> peligro *m* de inundación; **Hochwasserschaden** *m* <-s, -schäden> daños *mpl* por inundación; **Hochwasserschutz** *m* <-es, *ohne pl*> protección *f* contra las inundaciones; **Hochwasserstand** *m* <-(e)s, -stände> nivel *m* de la crecida [*o* riada]
hoch|werfen *irr vt* lanzar al aire; **wirf mir bitte meine Brieftasche hoch, sie ist mir hinuntergefallen** tírame la cartera, que se me ha caído
hochwertig *adj* de alta calidad, fain *Am*
Hochwild *nt* <-(e)s, *ohne pl*> caza *f* mayor
hochwillkommen *adj* especialmente bienvenido
Hochzahl *f* <-, -en> (MATH) exponente *m*
Hochzeit[1] ['hɔxtsaɪt] *f* <-, -en> (*Heirat*) boda *f*, casamiento *m*; **silberne/goldene/diamantene ~ feiern** celebrar las bodas de plata/de oro/de diamante; **man kann nicht auf zwei ~en tanzen** (*fam fig*) no se puede repicar y estar en misa [*o* en la procesión]
Hochzeit[2] ['ho:xtsaɪt] *f* <-, -en> (*geh: Blütezeit*) apogeo *m*, auge *m*
Hochzeitsfeier *f* <-, -n> boda *f*; **Hochzeitsgast** *m* <-(e)s, -gäste> invitado, -a *m, f* a una boda; **Hochzeitsgeschenk** *nt* <-(e)s, -e> regalo *m* de boda; **jdm etw zum ~ machen** regalar algo a alguien para su boda; **Hochzeitskleid** *nt* <-(e)s, -er> vestido *m* de novia; **Hochzeitsnacht** *f* <-, -nächte> noche *f* de bodas; **Hochzeitsreise** *f* <-, -n> viaje *m* de novios [*o* de luna de miel]; **Hochzeitstag** *m* <-(e)s, -e> **1.** (*Tag der Heirat*) día *m* de la boda **2.** (*Jahrestag*) aniversario *m* de boda
hoch|ziehen *irr vt* **1.** (*emporziehen*) subir; (*Nase*) aspirar, sorber(se los mocos) *fam*; (*Augenbrauen*) enarcar **2.** (*fam: Gebäude, Wand*) levantar
Hocke ['hɔkə] *f* <-, -n> posición *f* en cuclillas; **in die ~ gehen** acuclillarse, ponerse en cuclillas; **in der ~ sitzen** estar en cuclillas
hocken ['hɔkən] *vi* **1.** (*in Hocke*) estar en cuclillas **2.** (*fam: sitzen*) estar sentado **3.** (SPORT: *hockend springen*) saltar agachado (*über*)
Hocker ['hɔkɐ] *m* <-s, -> taburete *m*; **jdn vom ~ hauen** [*o* **reißen**] (*begeistern*) chiflar

H

algo a alguien

Höcker ['hœkɐ] *m* <-s, -> **1.** (*bei Kamelen*) joroba *f*, giba *f* **2.** (*im Gelände*) elevación *f*, eminencia *f*

Hockey ['hɔki] *nt* <-s, *ohne pl*> hockey *m*; **Hockeyschläger** *m* <-s, -> (SPORT) stick *m* de hockey

Hoden ['ho:dən] *m* <-s, -> testículo *m*; **Hodensack** *m* <-(e)s, -säcke> bolsa *f* testicular, escroto *m*

Hof [ho:f, *pl:* 'hø:fə] *m* <-(e)s, Höfe> **1.** (*Innen~, Hinter~*) patio *m* (interior) **2.** (*Bauern~*) finca *f*, granja *f* **3.** (*Gerichts~, Königs~*) corte *f*; **am ~e Karls V.** en la corte de Carlos V; **bei ~e** en la corte **4.** (*um Sonne, Mond*) halo *m*, corona *f*

Hofdame *f* <-, -n> cortesana *f*

hoffen ['hɔfən] *vi, vt* esperar; (*vertrauen*) confiar (*auf* en); **wir ~ auf baldige Besserung** confiamos en una rápida mejora; **~ wir das Beste!** ¡esperemos lo mejor!; **da kann man nur ~** sólo se puede esperar; **es bleibt zu ~, dass ...** queda por esperar que... *+subj;* **wir ~, dass ...** esperamos que... *+subj;* **ich will nicht ~, dass ...** espero que no... *+subj;* **H~ und Harren macht manchen zum Narren** (*prov*) quien espera desespera

hoffentlich ['hɔfəntlɪç] *adv* ojalá *+subj;* **~ kommt er bald** ojalá venga pronto; **du bist mir doch ~ nicht böse?** espero que no estés enfadado conmigo

Hoffnung ['hɔfnʊŋ] *f* <-, -en> esperanza *f*; **in der ~, dass ...** con la esperanza de que... *+subj;* **jdm/sich** *dat* **~en machen** dar esperanzas a alguien/tener esperanzas; **mach dir keine ~en** no te hagas ilusiones; **die ~ aufgeben/verlieren** abandonar/perder la esperanza; **neue ~ schöpfen** cobrar nuevas esperanzas; **seine ~en auf jdn/etw setzen** depositar sus esperanzas en alguien/algo; **eine ~ zerstören** defraudar una esperanza; **sich falschen ~en hingeben** hacerse falsas esperanzas; **es besteht noch ~ auf ...** todavía hay [*o* queda la] esperanza de que... *+subj;* **etw berechtigt zu der ~, dass ...** algo da motivos para esperar que... *+subj;* **du bist meine einzige/letzte ~** eres mi única/última esperanza; **Hoffnungsfunke** *m* <-ns, -n> rayo *m* de esperanza; **hoffnungslos** *adj* **1.** (*verzweifelt*) sin esperanza, desesperado **2.** (*fam: unverbesserlich*) sin remedio; **du bist ~** no tienes remedio

Hoffnungslosigkeit *f* <-, *ohne pl*> desesperanza *f*, desesperación *f*

Hoffnungsschimmer *m* <-s, -> rayo *m* de esperanza; **Hoffnungsträger(in)** *m(f)* <-s, -; -, -nen> esperanza *f*; **die neue Bürgermeisterin ist die ~in der Partei** la nueva alcaldesa es la esperanza del partido, el partido tiene puestas todas sus esperanzas en la nueva alcaldesa; **hoffnungsvoll** *adj* **1.** (*zuversichtlich*) esperanzado, lleno de esperanza; **~ in die Zukunft blicken** mirar al futuro lleno de esperanza **2.** (*Erfolg versprechend*) esperanzador, prometedor

Hofhund *m* <-(e)s, -e> perro *m* guardián

hofieren* [ho'fi:rən] *vt* **1.** (*geh: den Hof machen*) hacer la corte, galantear, cortejar **2.** (*fam: den Chef*) hacer la pelota [*o* la rosca]

höfisch ['hø:fɪʃ] *adj* (HIST) de la corte, cortesano; **~e Dichtung** poesía cortesana

höflich ['hø:flɪç] *adj* cortés; (*liebenswürdig*) amable; **wir bitten Sie ~ ...** le rogamos amablemente...

Höflichkeit *f* <-, -en> cortesía *f*; **aus reiner ~** por pura cortesía; **Höflichkeitsbesuch** *m* <-(e)s, -e> visita *f* de cortesía [*o* de cumplido]; **Höflichkeitsfloskel** *f* <-, -n> fórmula *f* de cortesía

Hoflieferant(in) *m(f)* <-en, -en; -, -nen> proveedor(a) *m(f)* de palacio

Höfling ['hø:flɪŋ] *m* <-s, -e> cortesano *m*, palaciego *m*

Hofmarschall *m* <-s, -schälle> mayordomo *m* mayor

Hofnarr *m* <-en, -en> (HIST) bufón *m*; **Hofrat** *m* <-(e)s, -räte> (*Österr: Ehrentitel*) consejero *m* áulico (*título honorífico para funcionarios con méritos*); **Hofstaat** *m* <-(e)s, *ohne pl*> (HIST) corte *f*

Hoftor *nt* <-(e)s, -e> puerta *f* que da al patio

hohe(r, s) ['ho:ə, 'ho:ɐ, 'ho:əs] *adj s.* **hoch**

Höhe ['hø:ə] *f* <-, -n> **1.** (*räumlich, a.* MUS) altura *f*; **an ~ gewinnen/verlieren** ganar/perder altura; **die Läufer liegen auf gleicher ~** los corredores están a la misma altura; **in die ~ gehen** (*Preise*) subir; (*fam*) enfurecerse; **das Schiff liegt auf der ~ von Gibraltar** el barco está a la altura de Gibraltar; **die ~n und Tiefen des Lebens** los altibajos de la vida; **die ~ eines Tons/einer Stimme** la altura de un tono/de una voz; **~n und Bässe** altos y bajos; **auf der ~ der Zeit** a la altura de los tiempos; **auf der ~ der Zeit sein** estar al día; **auf der ~ sein** (*fam*) estar en plena forma; **das ist doch die ~!** (*fam*) ¡esto es el colmo! **2.** (*An~*) alto *m*, elevación *f* **3.** (*Betrag*) importe *m*; **bis zur ~ von 1.000 DM** hasta el importe de 1.000 marcos; **der Gewinn in ~ von 20.000 DM geht an ...** el ganador del premio de 20.000 marcos es...; **das hängt von der ~ der Temperatur/des Gehaltes ab** depende de la temperatura/del sueldo; **etw in die ~ treiben** hacer subir algo **4.** (*~punkt*) cima *f*; **sie war auf der ~ ihrer Karriere** estaba en la cima de su carrera

Hoheit ['ho:haɪt] *f* <-, *ohne pl*> **1.** (*Staatsgewalt*) soberanía *f*; (*Würde*) grandeza *f* **2.** (*Anrede*) Alteza; **Königliche ~** Alteza Real

hoheitlich *adj* (POL) soberano; **die Zollkontrolle ist ein ~er Akt** el control de las fronteras es un acto de soberanía

Hoheitsadler *m* <-s, -> (POL) águila *f* de una bandera; **der Stander an der Limousine trug den deutschen ~** el estandarte de la limusina llevaba el águila de la bandera alemana; **Hoheitsgebiet** *nt* <-(e)s, -e> territorio *m* nacional; **Hoheitsgewalt** *f* <-, -en> (POL: *Jurisdiktion*) jurisdicción *f,* soberanía *f;* **Hoheitsgewässer** *ntpl* aguas *fpl* jurisdiccionales [*o* territoriales]; **außerhalb der ~** fuera de las aguas jurisdiccionales; **Hoheitsrecht** *nt* <-(e)s, -e> (derecho *m* de) soberanía *f;* **hoheitsvoll** *adj* (*geh*) soberano, supremo; **Hoheitszeichen** *nt* <-s, -> emblema *m* nacional

Höhenangabe *f* <-, -n> especificación *f* de altura; **Höhenangst** *f* <-, -ängste> miedo *m* a las alturas, vértigo *m;* **Höhenflug** *m* <-(e)s, -flüge> (AERO) vuelo *m* de altura; **geistiger ~** auge espiritual; **Höheninversion** *f* <-, -en> (METEO) inversión *f* de alturas; **Höhenkrankheit** *f* <-, *ohne pl*> (MED) mal *m* de las alturas, soroche *m Am,* puna *f SAm;* **Höhenleitwerk** *nt* <-(e)s, -e> (AERO) estabilizador *m* (de elevación) horizontal, empenaje *m* horizontal; **Höhenlinie** *f* <-, -n> (GEO) curva *f* de nivel; **Höhenmesser** *m* <-s, -> altímetro *m;* **Höhenruder** *nt* <-s, -> (AERO) timón *m* de profundidad; **Höhensonne** *f* <-, -n> lámpara *f* ultravioleta; **Höhenunterschied** *m* <-(e)s, -e> diferencia *f* de altura; **höhenverstellbar** *adj* de altura regulable; **Höhenzug** *m* <-(e)s, -züge> (GEO) cordillera *f*

Hohepriester *m* <-s, -> (REL) sumo sacerdote *m*

Höhepunkt *m* <-(e)s, -e> **1.** (*allgemein*) punto *m* culminante, culmen *m;* (*Gipfel*) cima *f,* apogeo *m;* (*eines Dramas*) clímax *m inv;* (*der Sonne, eines Himmelskörpers*) cenit *m;* **der ~ einer Karriere/der Macht** el apogeo de una carrera/la cima del poder; **der ~ der Kurve** el vértice de la curva; **den ~ erreichen** culminar, llegar al máximo; **seinen ~ überschreiten** superar [*o* exceder] la cumbre de su carrera **2.** (*Orgasmus*) orgasmo *m;* **zum ~ kommen** llegar al orgasmo, alcanzar [*o* conseguir] el orgasmo

höher ['hø:ɐ] *adj kompar von* **hoch** más alto (*als* que); (*Stellung*) superior (*als* a); (*vor Zahlen*) más (*als* de); **~e Führungskraft** cuadro superior; **~e Gewalt** fuerza mayor; **~ gestellt** (de categoría) superior; **~ schrauben** aumentar (progresivamente); **die Steuern werden jedes Jahr ~ geschraubt** los impuestos aumentan cada año; **~ stufen** aumentar de categoría; **die Mitarbeiterin wurde um zwei Gehaltsstufen ~ gestuft** a la compañera de trabajo le subieron dos categorías (de sueldo); **höhergestellt** *adj s.* **höher**; **höher|schrauben** *vt s.* **höher**; **höher|stufen** *vt s.* **höher**

hohl [ho:l] *adj* **1.** (*leer*) hueco **2.** (*konkav*) cóncavo; (*Wangen*) hundido **3.** (*Klang, Stimme*) hueco **4.** (*abw: geistlos*) vacío; **~es Geschwätz** conversación vacía

hohläugig *adj* de [*o* con los] ojos hundidos

Höhle ['hø:lə] *f* <-, -n> **1.** (*in Felsen*) cueva *f;* (*Grotte*) gruta *f;* (*Hohlraum*) hueco *m* **2.** (*Augen~*) órbita *f,* cuenca *f* de los ojos **3.** (*Tier~*) madriguera *f;* **sich in die ~ des Löwen begeben** meterse en la boca del lobo; **Höhlenbewohner(in)** *m(f)* <-s, -; -, -nen> **1.** (ZOOL) animal *m* cavernícola **2.** *s.* Höhlenmensch; **Höhlenforscher(in)** *m(f)* <-s, -; -, -nen> espeleólogo, -a *m, f;* **Höhlenforschung** *f* <-, -en> espeleología *f;* **Höhlenkunde** *f* <-, *ohne pl*> espeleología *f;* **Höhlenmalerei** *f* <-, -en> pintura *f* rupestre; **Höhlenmensch** *m* <-en, -en> (HIST) cavernícola *m,* troglodita *m*

Hohlheit *f* <-, *ohne pl*> **1.** (*hohle Beschaffenheit*) calidad *f* de hueco, oquedad *f* **2.** (*abw: Geistlosigkeit*) oquedad *f,* vaciedad *f;* **sie war sich** *dat* **der ~ seiner Phrasen bewusst** era consciente de lo huero de sus grandes palabras

Hohlkopf *m* <-(e)s, -köpfe> (*abw*) cabeza *mf* hueca, cabeza *mf* de chorlito; **Hohlkörper** *m* <-s, -> cuerpo *m* hueco; **Hohlkreuz** *nt* <-es, -e> lordosis *f inv;* **Hohlmaß** *nt* <-es, -e> medida *f* de capacidad; **Hohlmauer** *f* <-, -n> muro *m* hueco

Hohlraum *m* <-(e)s, -räume> cavidad *f;* **Hohlraumversiegelung** *f* <-, -en> (AUTO) tratamiento *m* anticorrosivo

Hohlsaum *m* <-(e)s, -säume> vainica *f;* **Hohlspiegel** *m* <-s, -> espejo *m* cóncavo; **Hohlstunde** *f* <-, -n> (SCH) hueco *m;* **eine ~ haben** tener un hueco entre clases

Höhlung *f* <-, -en> hueco *m,* concavidad *f*

Hohlwand *f* <-, -wände> pared *f* hueca; **Hohlweg** *m* <-(e)s, -e> (GEO) camino *m* hondo; **Hohlziegel** *m* <-s, -> (ARCHIT) ladrillo *m* hueco

Hohn [ho:n] *m* <-(e)s, *ohne pl*> (*Spott*) burla *f,* pifia *f And;* (*bitterer ~*) sarcasmo *m;* (*Verachtung*) desprecio *m;* **das ist der reinste ~** es una verdadera ironía; **~ und Spott ernten** cosechar burlas

höhnen ['hø:nən] **I.** *vi* (*geh*) burlarse, guasear **II.** *vt* (*geh*) burlarse (de), guasearse (de)

Hohngelächter *nt* <-s, -> risa *f* guasona

höhnisch ['hø:nɪʃ] *adj* burlón, sarcástico

hohn|lachen *vi* reír burlonamente

hohn|sprechen *irr vi:* **etw** *dat* **~** estar en absoluta contradicción con algo; **sein Vorgehen spricht der Vernunft hohn** su manera de actuar va contra toda lógica

hoho [ho'ho:] *interj:* **er will mich besiegen? ~, das soll er mal versuchen!** ¿que me quiere ganar? ¡sí, sí [*o* je, je], que lo intente!; **~, jetzt mal ganz langsam, erst reden wir darüber!** ¡bueno, bueno, despacito, eh!, primero hablamos del tema

hoi [hɔɪ] *interj* (*Schweiz: hallo*) ¡hola!

Hokuspokus [ho:kʊs'po:kʊs] *m* <-, *ohne pl*> **1.** (*Zauberwort*) abracadabra *m;* **~ Fidibus** abracadabra, pata de cabra **2.** (*Trick*) juego *m* de manos **3.** (*abw: Getue*) farsa *f,* teatro *m*

H

hold [hɔlt] *adj* **1.** (*fam iron*): **~e Gattin** dulce esposa **2.** (*geh: wohlgesonnen*) benévolo, clemente; **Fortuna blieb ihrem Schicksal ~** la diosa de la fortuna le era favorable

Holder ['hɔldɐ] *m* <-s, -> (*südd, Schweiz*) *s.* **Holunder**

Holding ['hɔʊldɪŋ] *f* <-, -s> (WIRTSCH) holding *m;* **Holdinggesellschaft** *f* <-, -en> (WIRTSCH) holding *m*

holen ['hoːlən] *vt* **1.** (*herbringen*) (ir a) buscar; (*herbeischaffen*) traer; (*wegschaffen*) recoger; (*Arzt, Polizei*) llamar; **jdn aus dem Bett ~** sacar a alguien de la cama; **Atem** [*o* **Luft**] **~** coger aire; **bei ihm ist nichts zu ~** no se puede conseguir nada de él; **ich hole ihn an den Apparat** le paso con él, ahora se pone; **soll ich uns Eis ~?** (*kaufen*) ¿voy a por helado?; **ich hole uns etwas zu trinken** voy (a) por algo de beber; **sich** *dat* **bei jdm einen Rat ~** pedir un consejo a alguien **2.** (*fam: zuziehen*) coger, pillar; **ich habe mir eine Erkältung geholt** he cogido un catarro

holla ['hɔla] *interj* ¡epa!

Holland ['hɔlant] *nt* <-s> Holanda *f*

Holländer(in) ['hɔlɛndɐ] *m(f)* <-s, -; -, -nen> holandés, -esa *m, f;* **„der Fliegende ~"** "el holandés errante", "el buque fantasma"

holländisch *adj* holandés

Hölle ['hœlə] *f* <-, *ohne pl*> infierno *m;* **die ~ auf Erden** la miseria absoluta; **in die ~ kommen** ir al infierno; **es war die (reinste) ~** fue un (verdadero) infierno; **jdm das Leben zur ~ machen** hacer a alguien la vida imposible; **jdm die ~ heiß machen** (*fam*) atormentar a alguien; **es war die ~ los** (*fam*) ahí andaba el diablo suelto; **fahr zur ~!** ¡vete al diablo!; **zur ~ mit dir!** ¡al diablo contigo!; **Höllenangst** ['--'-] *f* <-, -ängste> (*fam*) miedo *m* cerval; **Höllenfürst** *m* <-en, -en> (*geh*) príncipe *m* de las tinieblas; **Höllenhund** *m* <-(e)s, -e> (MYTH) can *m,* cancerbero *m;* **Höllenlärm** ['--'-] *m* <-(e)s, *ohne pl*> (*fam*) ruido *m* infernal; **Höllenmaschine** *f* <-, -n> (*fam*) máquina *f* infernal [*o* fragorosa]; **Höllenqual** ['--'-] *f* <-, -en> (*fam*) tormenta *f,* tortura *f*

Höllenstein *m* <-(e)s, *ohne pl*> (CHEM) nitrato *m* de plata

Holler ['hɔlɐ] *m* <-s, -> (*südd, Österr*) *s.* **Holunder**

höllisch *adj* **1.** (*die Hölle betreffend*) infernal **2.** (*fam: schrecklich*) infernal, endemoniado, atroz; **das tut ~ weh** (*Schmerz*) esto duele endemoniadamente; **~e Angst haben** tener un miedo infernal **3.** (*fam: groß*) enorme, tremendo; **die Soße ist ~ scharf** la salsa es tremendamente picante; **~ aufpassen** prestar extremada atención

Hollywoodschaukel ['hɔlɪwʊdʃaʊkəl] *f* <-, -n> balancín *m*

Holm [hɔlm] *m* <-(e)s, -e> **1.** (*Geländer, Barren*) madero *m* de cabeza **2.** (*Axt*) mango *m* del hacha **3.** (*Leiter*) larguero *m* de la escalera **4.** (TECH) larguero *m*

Holmium ['hɔlmiʊm] *nt* <-s, *ohne pl*> (CHEM) holmio *m*

Holocaust ['hoːlokaʊst] *m* <-(s), -s> holocausto *m*

Holografie[RR] [hologra'fiː] *f* <-, -n> (PHYS) holografía *f*

Hologramm [holo'gram] *nt* <-s, -e> (PHYS) holograma *m,* holografía *f*

Holographie *f* <-, -n> (PHYS) *s.* **Holografie**

holp(e)rig ['hɔlp(ə)rɪç] *adj* **1.** (*Weg*) desigual, lleno de baches **2.** (*Stil*) tosco; **~ lesen** leer a trancas y barrancas

holpern ['hɔlpɐn] *vi* **1.** (*Auto*) ir a trompicones **2.** (*beim Lesen, Sprechen*) atrancarse, atropellarse

holprig *adj s.* **holp(e)rig**

Holschuld *f* <-, -en> (JUR) obligación *f* de entrega, entrega *f* reclamable

holterdiepolter ['hɔltɐdi'pɔltɐ] *adv* precipitadamente, de golpe y porrazo

Holunder [ho'lʊndɐ] *m* <-s, -> saúco *m;* **Holunderbaum** *m* <-(e)s, -bäume> saúco *m;* **Holunderbeere** *f* <-, -n> baya *f* de saúco; **Holunderbusch** *m* <-(e)s, -büsche>, **Holunderstrauch** *m* <-(e)s, -sträucher> saúco *m;* **Holunderwein** *m* <-(e)s, -e> vino *m* de saúco

Holz[1] [hɔlts] *nt* <-es, *ohne pl*> (*Material*) madera *f;* (*Brenn~*) leña *f;* **~ hacken/sägen** cortar leña/serrar madera; **~ verarbeitend** maderero; **aus demselben/anderem** [*o* **einem anderen**] **~ geschnitzt sein** (*fig*) estar/no estar hechos de la misma madera

Holz[2] [hɔlts, *pl:* 'hœltsɐ] *nt* <-es, Hölzer> palo *m*

Holzalkohol *m* <-s, -e> alcohol *m* de madera; **Holzapfel** *m* <-s, -äpfel> manzana *f* silvestre; **Holzart** *f* <-, -en> tipo *m* de madera; **Holzauge** *nt:* **~, sei wachsam!** (*fam hum*) ¡ten cuidado!

Holzbau[1] *m* <-(e)s, -ten> (*Gebäude*) edificio *m* de madera

Holzbau[2] *m* <-(e)s, *ohne pl*> (*das Bauen*) construcción *f* en [*o* de] madera

Holzbearbeitung *f* <-, -en> trabajo *m* de la madera; **Holzbearbeitungsindustrie** *f* <-, -n> industria *f* de la madera

Holzbein *nt* <-(e)s, -e> pierna *f* de palo, pata *f* de palo; **Holzbläser(in)** *m(f)* <-s, -; -, -nen> (MUS) músico, -a *m, f* que toca instrumentos de viento madera; **Holzblasinstrument** *nt* <-(e)s, -e> (MUS) instrumento *m* de viento madera; **Holzbock** *m* <-(e)s, -böcke> **1.** (*Stützgestell*) caballete *m* **2.** (*Zecke*) garrapata *f* común; **Holzbohrer** *m* <-s, -> barrena *f* para madera, taladro *m* para madera

Hölzchen ['hœltsçən] *nt:* **vom ~ aufs Stöckchen kommen** irse por las ramas

holzen ['hɔltsən] *vi* (SPORT: *sl*) dar leña; **beim Match wurde mächtig geholzt: fünf gelbe**

und zwei rote Karten! en el partido se repartió leña de lo lindo: cinco tarjetas amarillas y dos rojas

hölzern ['hœltsɐn] *adj* **1.** (*aus Holz*) de madera **2.** (*Haltung, Bewegung*) torpe, desmañado

Holzerzeugung *f* <-, -en> producción *f* de madera; **Holzfäller(in)** ['hɔltsfɛlɐ] *m(f)* <-s, -; -, -nen> leñador(a) *m(f)*

Holzfaser *f* <-, -n> fibra *f* de madera; **Holzfaserplatte** *f* <-, -n> tablero *m* de conglomerado

holzfrei *adj* (*Papier*) sin madera, sin celulosa; **Holzgeist** *m* <-es, -e> alcohol *m* metílico; **Holzhacker(in)** *m(f)* <-s, -; -, -nen> (*Österr*) *s.* **Holzfäller**

holzhaltig *adj* (*Papier*) que contiene pasta de madera

Holzhammer *m* <-s, -hämmer> mazo *m* de madera; **jdm etw mit dem ~ beibringen** (*fam*) enseñar algo a alguien a lo bruto; **Holzhammermethode** *f* <-, -n>: **mit der ~** (*gewaltsam*) a golpes, a patadas; (*plump*) a puñetazos; **die ~ ist doch nicht der beste Weg** la mejor manera no es hacerlo a golpes

Holzhandel *m* <-s, *ohne pl*> maderería *f;* **Holzhändler(in)** *m(f)* <-s, -; -, -nen> comerciante *mf* de maderas, maderero, -a *m, f;* **Holzhaus** *nt* <-es, -häuser> casa *f* de madera

holzig ['hɔltsɪç] *adj* (*Gemüse*) lleno de hebras

Holzkitt *m* <-(e)s, -e> masilla *f* (para madera); **Holzklotz** *m* <-es, -klötze> bloque *m* de madera, tarugo *m;* **Holzkohle** *f* <-, *ohne pl*> carbón *m* vegetal; **Holzkopf** *m* <-(e)s, -köpfe> **1.** (*geschnitzt*) cabeza *f* de madera **2.** (*fam abw: Mensch*) tarugo *m;* **Holzlager** *nt* <-s, -> maderería *f;* **Holzleim** *m* <-(e)s, *ohne pl*> cola *f* para madera; **Holzmasse** *f* <-, -n> pasta *f* de madera; **Holzofen** *m* <-s, -öfen> horno *m* de leña; **Holzscheit** *nt* <-(e)s, -e> haz *m* de leña; **Holzschnitt** *m* <-(e)s, -e> xilografía *f*

holzschnittartig **I.** *adj* simplista, simplicista **II.** *adv* con simpleza, con simplismo

Holzschnitzer(in) *m(f)* <-s, -; -, -nen> escultor(a) *m(f)* en madera, tallista *mf* de madera

Holzschnitzerei[1] *f* <-, -en> (*Arbeit aus Holz*) talla *f* en madera; **für unsere Weihnachtskrippe kaufen wir ~en** para nuestro belén navideño compramos figuras de madera

Holzschnitzerei[2] *f* <-, *ohne pl*> (*das Schnitzen*) xilografía *f*

Holzschnitzerin *f* <-, -nen> *s.* Holzschnitzer; **Holzschraube** *f* <-, -n> tornillo *m* de madera; **Holzschuh** *m* <-(e)s, -e> zueco *m*

Holzschutzmittel *nt* <-s, -> impregnante *m* para madera

Holzspiritus *m* <-, -se> alcohol *m* metílico de madera; **Holzsplitter** *m* <-s, -> astilla *f* (de madera); **Holzstich** *m* <-(e)s, -e> (KUNST) grabado *m* en madera; **Holzstoß** *m* <-es, -stöße> pila *f* de leña; **Holztechnik** *f* <-, *ohne pl*> técnica *f* de la madera; **holzverarbeitend** *adj s.* Holz[1]; **Holzwaren** *fpl* artículos *mpl* de madera; **Holzweg** *m:* **auf dem ~ sein, sich auf dem ~ befinden** estar equivocado; **Holzwolle** *f* <-, *ohne pl*> virutas *fpl;* **Holzwurm** *m* <-(e)s, -würmer> carcoma *f*

Homebanking ['hɔʊmbɛŋkɪŋ] *nt* <-, *ohne pl*> (INFOR, FIN) banca *f* en casa, telebanca *f,* homebanking *m;* **Homecomputer** ['hɔʊmkɔmpju:tɐ] *m* <-s, -> (INFOR) ordenador *m* para el hogar; **Homepage** ['hoʊmpeɪdʒ] *f* <-, -s> (INFOR) Home Page *f*

homerisch [ho'me:rɪʃ] *adj* (LIT) homérico

Homeshopping ['hɔʊmʃɔpɪŋ] *nt* <-, *ohne pl*> (INFOR) telecompra *f,* homeshopping *m;* **Hometrainer** *m* <-s, -> (SPORT) bicicleta *f* estática

Homo ['ho:mo] *m* <-s, -s> (*fam*) homosexual *m*

homogen [homo'ge:n] *adj* homogéneo

homogenisieren* [homogeni'zi:rən] *vt* homogeneizar

Homogenität *f* <-, *ohne pl*> homogeneidad *f*

Homograf[RR] [homo'gra:f] *nt* <-s, -e>, **Homograph** *nt* <-s, -e> (LING) palabra *f* homógrafa, homógrafo *m*

homonym [homo'ny:m] *adj* (LING) homónimo

Homonym [homo'ny:m] *nt* <-s, -e> (LING) homónimo *m*

Homöopath(in) [homøo'pa:t] *m(f)* <-en, -en; -, -nen> homeópata *mf*

Homöopathie [homøopa'ti:] *f* <-, *ohne pl*> homeopatía *f*

Homöopathin *f* <-, -nen> *s.* **Homöopath**

homöopathisch [homøo'pa:tɪʃ] *adj* homeopático

Homophon [homo'fo:n] *nt* <-s, -e> (LING) palabra *f* homófona, homófono *m*

Homo sapiens ['ho:mo 'za:piɛns] *m* <- -, *ohne pl*> homo *m* sapiens

Homosexualität *f* <-, *ohne pl*> homosexualidad *f;* **homosexuell** *adj* homosexual

Homosexuelle(r) *mf* <-n, -n; -n, -n> homosexual *mf*

Honduraner(in) [hɔndu'ra:nɐ] *m(f)* <-s, -; -, -nen> hondureño, -a *m, f*

honduranisch *adj* hondureño

Honduras [hɔn'du:ras] *nt* <-> Honduras *m*

Hongkong ['hɔŋ'kɔŋ] *nt* <-s> Hong Kong *m*

Honig ['ho:nɪç] *m* <-s, -e> miel *f;* **türkischer ~** *dulce de origen turco, similar al turrón duro;* **süß wie ~** dulce como la miel; **jdm ~ um den Bart** [*o* **ums Maul**] **schmieren** (*fam*) lisonjear a alguien; **Honigbiene** *f* <-, -n> abeja *f* (obrera)

honigfarben *adj,* **honiggelb** *adj* melado, de color miel

Honigkuchen *m* <-s, -> bizcocho *m* de miel; **Honigkuchenpferd** *nt:* **wie ein ~**

H

grinsen [*o* **strahlen**] (*fam hum*) sonreír de oreja a oreja

Honiglecken *nt:* **etw ist kein ~** (*fam*) no ser plato de gusto, no ser algo para chuparse los dedos; **Honigmelone** *f* <-, -n> melón *m;* **honigsüß** ['--'-] *adj* (*abw, a. fig*) empalagoso, dulzón; (*Stimme*) melifluo; **Honigtau** *m* <-(e)s, *ohne pl*> ligamaza *f;* **Honigwabe** *f* <-, -n> panal *m;* **Honigwein** *m* <-(e)s, -e> *bebida alcohólica hecha a base de aguamiel y plantas aromáticas*

Honorar [hono'ra:ɐ] *nt* <-s, -e> honorarios *mpl;* **gegen ~ arbeiten** trabajar a destajo

Honorarprofessor(in) *m(f)* <-s, -en; -, -nen> (UNIV) catedrático, -a *m, f* honorario, -a de universidad

Honoratioren [honora'tsjo:rən] *pl* notables *mpl;* **Honoratiorenpartei** *f* <-, *ohne pl*> (HIST) *partido alemán del S.XIX compuesto por miembros de la burguesía*

honorieren* [hono'ri:rən] *vt* **1.** (*anerkennen*) reconocer **2.** (*bezahlen*) remunerar

honorig [ho'no:rɪç] *adj* (*alt: ehrenhaft*) honesto; **ein ~er Bürger** un ciudadano honorable [*o* honesto]

honoris causa [ho'no:rɪʃ 'kaʊza] *adv* honoris causa; **Doktor ~** doctor honoris causa

Hooligan ['hu:ligən] *m* <-s, -s> (*Fußballrowdy*) hincha *mf*

Hopfen ['hɔpfən] *m* <-s, -> lúpulo *m;* **bei jdm ist ~ und Malz verloren** (*fam*) alguien es un caso perdido; **Hopfenstange** *f* <-, -n> **1.** (AGR) rodrigón *m* de lúpulo **2.** (*Wend*): **eine (richtige) ~ sein** (*fam*) ser una persona espigada

hopp [hɔp] *interj* (*fam: los, rasch*) ¡vamos!; **~, ~!** ¡arriba!, ¡de prisa!

hoppeln ['hɔpəln] *vi sein* (*Hase*) brincar

hoppla ['hɔpla] *interj* **1.** (*beim Stolpern*) ¡cuidado!, ¡ay! **2.** (*Aufmerksamkeit erregen*) ¡eh!; **~, jetzt komm' ich!** ¡eh, que ahora me toca a mí!

hops [hɔps] *interj* (*beim Springen*) ¡aúpa!; **~ sein** (*tot*) estar frito; (*verloren*) estar perdido

hopsala ['hɔpsala] *interj,* **hopsasa** ['hɔpsasa] *interj* ¡aúpa!, ¡upa!

hopsen ['hɔpsən] *vi sein* dar brincos [*o* saltos]

Hopser *m* <-s, -> (*fam*) saltito *m*

hops|gehen *irr vi sein* (*fam: sterben*) morirse; (*verloren gehen*) perderse

hörbar ['hø:ɐba:ɐ] *adj* audible; **kaum ~** apenas audible

Hörbrille *f* <-, -n> gafas *fpl* con varilla auditiva

horchen ['hɔrçən] *vi* escuchar (*an* en); (*angestrengt*) aguzar el oído

Horcher(in) *m(f)* <-s, -; -, -nen> fisgón, -ona *m, f,* curioso, -a *m, f;* **der ~ an der Wand hört seine eigne Schand!** (*prov*) quien escucha, su mal oye

Horchposten *m* <-s, -> (MIL) puesto *m* de escucha; **auf ~ sein** (*fam hum*) estar a la escucha

Horde ['hɔrdə] *f* <-, -n> **1.** (*Volksstamm, wilde Schar*) horda *f;* (*Tiere*) banda *f* **2.** (*Obstlattengestell*) cañizo *m,* rejilla *f*

hören ['hø:rən] **I.** *vi, vt* **1.** (*allgemein*) oír; **ich hörte ihn kommen** le oí llegar; **man höre und staune!** ¡se queda uno boquiabierto!; **na, ~ Sie mal!** ¡pero, oiga!; **hör mal, ...** oye,...; **ich habe sagen ~, dass ...** he oído decir que...; **du hörst wohl schlecht!** ¿es que no oyes?; **wie ich höre, sind Sie auch eingeladen** según he oído, también le han invitado a Ud.; **das lässt sich schon eher ~** (*fam*) eso ya suena mejor; **was muss ich da ~?** (*fam*) ¿de qué me estoy enterando ahí?; **kennst du einen Peter Müller? – nie gehört!** (*fam*) ¿conoces a un tal Peter Müller? – ¡no lo he oído en mi vida! **2.** (*zu~, hin~*) escuchar; **Radio ~** escuchar la radio; **er hört sich gern reden** le gusta oírse; **eine Vorlesung ~** asistir a una conferencia; **vorher muss noch der Sachverständige gehört werden** antes hay que escuchar al experto; **ich kann das nicht mehr ~** ya no lo puedo escuchar más **3.** (*erfahren*) (llegar a) saber, enterarse; **du hast lange nichts mehr von dir ~ lassen** hace mucho que no tenemos noticias tuyas; **von etw** *dat* **nichts ~ wollen** no querer saber nada de algo; **ich will davon nichts ~!** ¡déjame tranquilo con eso! **4.** (*erkennen*) notar (*an* por); **sie hörte an seiner Stimme, dass er gleich weinen würde** se dio cuenta [*o* notó] por su voz que se echaría a llorar; **woran hörst du das?** ¿cómo [*o* en qué] lo notas? **II.** *vi* (*gehorchen*) obedecer; (*auf Rat*) seguir, hacer caso (*auf* a); **alles hört auf mein Kommando** yo tengo el mando; **der Hund hört auf den Namen Bello** el perro responde al nombre de Bello; **wer nicht ~ will, muss fühlen** (*prov*) a oídos sordos palos de ciego

Hörensagen ['----] *nt:* **vom ~** de oídas

Hörer[1] *m* <-s, -> auricular *m,* audífono *m Am,* tubo *m Am;* **den ~ abnehmen/auflegen** contestar/colgar

Hörer(in)[2] *m(f)* <-s, -; -, -nen> oyente *mf;* (*Radio~*) radioyente *mf*

Hörerbrief *m* <-(e)s, -e> (RADIO) carta *f* de un radioyente

Hörerin *f* <-, -nen> *s.* **Hörer**[2]

Hörerschaft *f* <-, -en> audiencia *f,* oyentes *mpl*

Hörfehler *m* <-s, -> defecto *m* en el oído; **Hörfolge** *f* <-, -n> (RADIO) serial *m* radiofónico; **Hörfunk** *m* <-(e)s, *ohne pl*> radio *f,* radiodifusión *f;* **Hörgerät** *nt* <-(e)s, -e> audífono *m*

hörig *adj:* **jdm ~ sein** ser dependiente de alguien, estar sometido a alguien; (*sexuell*) estar encoñado con alguien *vulg*

Hörige(r) *mf* <-n, -n; -n, -n> (HIST) siervo, -a *m, f*

Hörigkeit *f* <-, -en> (*Abhängigkeit*) dependencia *f;* (*Unterwerfung*) sumisión *f*

Horizont [hori'tsɔnt] *m* <-(e)s, -e> horizonte *m;* **am** ~ en el horizonte; **einen engen** ~ **haben** ser de estrechos horizontes; **das geht über meinen** ~ eso está fuera de mis alcances

horizontal [horitsɔn'ta:l] *adj* horizontal; **das** ~**e Gewerbe** (*fam*) la prostitución, la carrera

Horizontale *f* <-n, -n> **1.** (MATH) línea *f* horizontal **2.** (*Lage*) posición *f* horizontal

Hormon [hɔr'mo:n] *nt* <-s, -e> hormona *f;* **follikelstimulierendes** ~ (MED) hormona estimulante de folículo

hormonal [hɔrmo'na:l] *adj,* **hormonell** [hɔrmo'nɛl] *adj* hormonal

Hormonhaushalt *m* <-(e)s, -e> función *f* hormonal; **Hormonpräparat** *nt* <-(e)s, -e> preparado *m* hormonal

Hörmuschel *f* <-, -n> auricular *m*

Horn[1] [hɔrn, *pl:* 'hœrnɐ] *nt* <-(e)s, Hörner> **1.** (*beim Tier*) cuerno *m,* asta *f;* **jdm Hörner aufsetzen** (*fam*) poner los cuernos a alguien; **sich** *dat* **die Hörner abstoßen** (*fam*) sentar la cabeza; **den Stier bei den Hörnern packen** agarrar al toro por los cuernos **2.** (MUS) cuerno *m,* trompa *f;* **ins gleiche** ~ **stoßen** (*fam*) estar de acuerdo **3.** (AUTO) bocina *f* **4.** (GEO): **das** ~ **von Afrika** el Cuerno de África; **das Goldene** ~ el Bósforo

Horn[2] *nt* <-(e)s, -e> (*Material*) concha *f,* cuerno *m;* **ein Kamm aus** ~ un peine de concha

Hornbläser(in) *m(f)* <-s, -; -, -nen> (MUS) trompa *mf*

Hornblende *f* <-, -n> (GEO) hornablenda *f*

Hornbrille *f* <-, -n> gafas *fpl* de concha

Hörnchen ['hœrnçən] *nt* <-s, -> **1.** (*Gebäck*) cruasán *m* **2.** (ZOOL: *Erd~*) perrito *m* de la pradera

Hörnerklang *m* <-(e)s, -klänge> toque *m* de corneta

Hörnerv *m* <-s, -en> (ANAT) nervio *m* auditivo

Horngestell *nt* <-(e)s, -e> (*Brille*) montura *f* de concha

Hornhaut *f* <-, -häute> **1.** (*Schwiele*) callo(s) *m(pl),* callosidad *f* **2.** (*am Auge*) córnea *f;* **Hornhautentzündung** *f* <-, -en> (MED) queratitis *f inv,* inflamación *f* de la córnea (transparente)

Hornisse [hɔr'nɪsə] *f* <-, -n> avispón *m*

Hornist(in) *m(f)* <-en, -en; -, -nen> (MUS) trompa *mf*

Hornochse *m* <-n, -n> (*fam*) estúpido *m,* imbécil *m*

Horoskop [horo'sko:p] *nt* <-s, -e> horóscopo *m*

horrend [hɔ'rɛnt] *adj* exagerado; ~**er Preis** precio exorbitante

Hörrohr *nt* <-(e)s, -e> estetoscopio *m*

Horror ['hɔro:ɐ] *m* <-s, *ohne pl*> horror *m* (*vor* a); **Horrorfilm** *m* <-(e)s, -e> película *f* de terror [*o* de horror]; **Horrorszenarium** *nt* <-s, -szenarien> escenario *m* de horror; **Horrorszene** *f* <-, -n> (FILM) escena *f* de terror [*o* de horror]; **Horrortrip** *m* <-s, -s> (*fam*) viaje *m* infernal

Hörsaal *m* <-(e)s, -säle> aula *f* (universitaria), sala *f*

Horsd'œuvre [ɔr'dø:vrə] *nt* <-s, -s> (GASTR) entremés *m*

Hörspiel *nt* <-(e)s, -e> pieza *f* radiofónica

Horst [hɔrst] *m* <-(e)s, -e> (*Greifvogelnest*) nido *m* de aves de rapiña

Hörsturz *m* <-es, -stürze> (MED) pérdida *f* (repentina) del oído

Hort [hɔrt] *m* <-(e)s, -e> **1.** (*geh: Zufluchtsort*) refugio *m* **2.** (*Kinder~*) guardería *f*

horten ['hɔrtən] *vt* acopiar, acaparar, abarcar *Am*

Hortensie [hɔr'tɛnzjə] *f* <-, -n> hortensia *f*

Hörvermögen *nt* <-s, *ohne pl*> oído *m,* facultad *f* auditiva; **Hörweite** *f* <-, -n> alcance *m* del oído; **sich in/außer** ~ **befinden** estar al alcance/fuera del alcance del oído

Höschenwindel ['hø:sçən-] *f* <-, -n> pañal *m*

Hose ['ho:zə] *f* <-, -n> pantalón *m,* pantalones *mpl,* calzones *mpl Am;* **kurze** ~**n** pantalones cortos; **sie hat die** ~**n an** (*fam*) ella lleva los pantalones; **etw geht in die** ~ (*fam*) algo sale mal; **sich** *dat* **vor Angst in die** ~ **machen** (*fam*) cagarse de miedo; **das ist Jacke wie** ~ (*fam*) da lo mismo; **hier ist heute tote** ~ (*sl*) aquí no hay marcha hoy; **Hosenanzug** *m* <-(e)s, -züge> traje *m* de chaqueta y pantalón; **Hosenaufschlag** *m* <-(e)s, -schläge> vuelta *f* del patalón; **Hosenband** *nt* <-(e)s, -bänder> cinturilla *f* a la altura de la rodilla (del pantalón)

Hosenbandorden *m* <-s, -> **1.** (*Samtband*) cinta *f* de terciopelo **2.** (*Orden*) orden *f* de la Jarretera

Hosenbein *nt* <-(e)s, -e> pernera *f* (del pantalón); **Hosenboden** *m* <-s, -böden> fondillos *mpl* (del pantalón); **jdm den** ~ **versohlen** (*fam*) calentarle las posaderas a alguien; **sich auf den** ~ **setzen** (*fam*) ponerse a trabajar, empollar; **Hosenbügel** *m* <-s, -> percha *f* de pantalón; **Hosenbund** *m* <-(e)s, -bünde> cinturilla *f,* pretina *f* (del pantalón); **Hosenklammer** *f* <-, -n> pinza *f* para pantalón; **Hosenlatz** *m* <-es, -lätze, *Österr a.* -e> **1.** (*einer Latzhose*) peto *m* **2.** (*reg: Hosenschlitz*) bragueta *f*

Hosenmatz *m* <-es, -e *o* -mätze> (*fam hum*): **komm zu mir, du kleiner** ~! ¡ven aquí, pequeñajo!

Hosennaht *f* <-, -nähte> costura *f* del pantalón; **Hosenrock** *m* <-(e)s, -röcke> falda-pantalón *f;* **Hosensack** *m* <-(e)s, -säcke> (*reg, Schweiz*) *s.* Hosentasche; **Hosenscheißer** *m* <-s, -> (*vulg*) cobarde *mf,* cagueta *mf;* **Hosenschlitz** *m* <-es, -e> bragueta *f;* **Hosenspanner** *m* <-s, -> percha *f* de pantalón; **Hosenstall** *m* <-(e)s, -ställe> (*fam hum*) bragueta *f;* **Hosentasche** *f* <-, -n> bolsillo *m* del pantalón; **Hosenträ-**

ger *mpl* tirantes *mpl,* tiradores *mpl Arg, Urug;* **Hosentür** *f* <-, -en> (*fam hum*) bragueta *f*

hosianna [ho'ziana] *interj* (REL) ¡hosanna!

Hospital [hɔspi'ta:l, *pl:* hɔspi'tɛ:lɐ] *nt* <-s, -e *o* Hospitäler> hospital *m*

Hospitalismus [hɔspita'lɪsmʊs] *m* <-, *ohne pl*> (MED) hospitalismo *m*

Hospitant(in) [hɔspi'tant] *m(f)* <-en, -en; -, -nen> **1.** (SCH) *profesor(a) en prácticas que asiste de oyente a las clases de su mentor* **2.** (UNIV) oyente *mf* **3.** (POL) diputado, -a *m, f* sin grupo parlamentario concreto (*que se adhiere a uno que le es afín*)

hospitieren* [hɔspi'ti:rən] *vi* asistir a un curso en calidad de oyente

Hospiz [hɔs'pi:ts] *nt* <-es, -e> **1.** (*Heim*) hospicio *m* **2.** (*Sterbeheim*) casa *f* mortuoria

Host [hɔʊst] *m* <-s, -s> (INFOR) host *m,* ordenador *m* central; **Host-Anwendung** *f* <-, -en> (INFOR) aplicación *f* de ordenador central; **Hostbetreiber(in)** ['hɔʊstbətraɪbɐ] *m(f)* <-s, -; -, -nen> (INFOR) distribuidor(a) *m(f)* de documentación

Hostess [hɔs'tɛs] *f* <-, -en>, **Hosteß** *f* <-, -ssen> azafata *f* de congreso

Hostie ['hɔstjə] *f* <-, -n> (REL) hostia *f*

Host-Übertragung *f* <-, -en> (INFOR) transmisión *f* por ordenador central

Hotdog[RR] *m o nt* <-s, -s>, **Hot Dog**[RR] ['hɔt 'dɔ(:)k] *m o nt* <- -s, - -s> perro *m* caliente, perrito *m* caliente, hot dog *m*

Hotel [ho'tɛl] *nt* <-s, -s> hotel *m;* ~ **garni** hotel con desayuno (solamente); **Hotelbesitzer(in)** *m(f)* <-s, -; -, -nen> propietario, -a *m, f* de hotel; **Hotelboy** [-'-bɔɪ] *m* <-s, -s> botones *m inv*

Hotelfach *nt* <-(e)s, *ohne pl*> sector *m* hotelero; **Hotelfachschule** *f* <-, -n> Escuela *f* Superior de Hostelería

Hotelführer *m* <-s, -> guía *f* de hoteles; **Hotelgast** *m* <-(e)s, -gäste> cliente *mf* (de un hotel), huésped *mf;* **Hotelgewerbe** *nt* <-s, -> hostelería *f;* **Hotel- und Gaststättengewerbe** hostelería *f*

Hotelier [hotə'lje:, hotɛ'lje:] *m* <-s, -s> hotelero *m*

Hotelkette *f* <-, -n> (WIRTSCH) cadena *f* de hoteles; **Hotelrechnung** *f* <-, -en> cuenta *f* del hotel

Hotelzimmer *nt* <-s, -> habitación *f* de hotel

Hotline ['hɔtlaɪn] *f* <-, -s> línea *f* caliente

Hotmelt-Beschichtung ['hɔtmɛlt-] *f* <-, -en> (CHEM) recubrimiento *m* por adhesivo termosellable

hott [hɔt] *interj* ¡arre!

h.p. *Abk. von* **horsepower** CV

Hr. *Abk. von* **Herr** Sr.

HR *Abk. von* **Hessischer Rundfunk** radio *f* de Hesse

Hrn *Abk. von* **Herrn** (al) Sr.

hrsg. *Abk. von* **herausgegeben** editado

Hrsg. *Abk. von* **Herausgeber(in)** editor(a) *m(f),* director(a) *m(f)*

HTML (INFOR) *Abk. von* **Hypertext Markup Language** HTML

HTTP (INFOR, TEL) *Abk. von* **Hypertext Transport Protokoll** HTTP

hu [hu:] *interj* (*Schaudern*) ¡puf!, ¡fuchi! *Am;* (*Kälte*) ¡jo!; ~, **was für eine eklige Spinne!** ¡puf, qué araña más asquerosa!; ~, **ist das kalt draußen!** ¡jo, qué frío hace ahí fuera!

hü [hy:] *interj* (*fam*): **mal** ~, **mal hott** una vez así, otra vez asá; **mal** ~, **mal hott sagen** cambiar siempre de opinión

Hub[1] [hu:p, *pl:* 'hy:bə] *m* <-(e)s, Hübe> (TECH) elevación *f*

Hub[2] [hap] *m* <-(s), -s> (INFOR) hub *m,* elemento *m* central

Hubbel ['hʊbəl] *m* <-s, -> (*reg*) bache *m*

hubbelig ['hʊbəlɪç] *adj* (*reg*) lleno de baches

Hubble-Teleskop *nt* <-(e)s, -e> telescopio *m* (espacial) de Hubble

hubblig *adj* (*reg*) *s.* **hubbelig**

Hubbrücke *f* <-, -n> puente *m* levadizo

hüben ['hy:bən] *adv:* ~ **und** [*o* **wie**] **drüben** aquí y allá, tanto aquí como allá

Hubraum *m* <-(e)s, -räume> (TECH) cilindrada *f*

hübsch [hʏpʃ] **I.** *adj* **1.** (*Aussehen*) guapo; (*schön*) bonito; (*niedlich*) mono; **sich** ~ **machen** ponerse guapo **2.** (*fam: beträchtlich*) bonito; **ein** ~**es Vermögen/Sümmchen** un bonito capital/una bonita suma **3.** (*iron: unangenehm*): **eine** ~**e Geschichte/Bescherung** ¡bonita historia/sorpresa!; **da hast du dir was H**~**es eingebrockt** mira la que has armado **II.** *adv* (*ziemlich*) bastante; **sei** ~ **artig!** ¡pórtate bien!; **das wirst du** ~ **bleiben lassen!** ¡deja eso!; **immer** ~ **der Reihe nach!** ¡así, uno detrás del otro!

Hubschrauber *m* <-s, -> helicóptero *m;* **Hubschrauberlandeplatz** *m* <-es, -plätze> (AERO) helipuerto *m*

huch [hʊx, hu(:)x] *interj* ¡huy!

Hucke ['hʊkə] *f* <-, -n> carga *f;* **ich hau dir die** ~ **voll** (*fam*) te voy a medir las costillas; **jdm die** ~ **voll lügen** (*fam*) decir a alguien una sarta de mentiras; **sich** *dat* **die** ~ **voll saufen** (*fam*) emborracharse como una cuba

huckepack ['hʊkəpak] *adv* (*fam*): **jdn/etw** ~ **nehmen** llevar a alguien/algo a caballito, llevar a alguien/algo a babucha *RíoPl;* **Huckepackverfahren** *nt* <-s, -> (EISENB) sistema *m* de transporte combinado de ferrocarril y carretera; **Huckepackverkehr** *m* <-(e)s, *ohne pl*> (EISENB) transporte *m* combinado de ferrocarril y carretera; **Beförderung von LKWs im** ~ transporte de camiones mediante el sistema combinado de ferrocarril y carretera

hudeln ['hu:dəln] *vi* (*südd, Österr: fam*) chapucear

Hudler(in) ['hu:dlɐ] *m(f)* <-s, -; -, -nen> (*südd, Österr: fam*) chapucero, -a *m, f*

hudlig ['hu:dlɪç] I. *adj* (*südd, Österr: fam*) chapucero II. *adv* (*südd, Österr: fam*) en plan chapucero

Huf [hu:f] *m* <-(e)s, -e> (*der Pferde*) casco *m,* pecueca *f Kol, Ecua, Ven;* (*der Spalthufer*) pezuña *f*

Hufeisen *nt* <-s, -> herradura *f;* **hufeisenförmig** *adj* en forma de herradura

Hüferl ['hy:fɐl] *nt* <-s, -> (*Österr*) cadera *f*

Huflattich ['-latɪç] *m* <-s, -e> (BOT) fárfara *f,* uña *f* de caballo

Hufnagel *m* <-s, -nägel> clavo *m* de herradura; **Hufschlag** *m* <-(e)s, -schläge> 1. (*Getrappel*) trápala *f;* **der ~ der Pferde kündigte ihre Ankunft an** el ruido de los caballos trapaleando anunciaba su llegada 2. (*Stoß*) coz *f;* **Hufschmied** *m* <-(e)s, -e> herrador *m*

Hüftbein ['hʏft-] *nt* <-(e)s, -e> (ANAT) *s.* **Hüftknochen**

Hüfte ['hʏftə] *f* <-, -n> cadera *f;* **die Arme in die ~n stemmen** poner los brazos en jarras; **die ~n wiegen** mover las caderas; **aus der ~ schießen** desenfundar y disparar

Hüftgelenk *nt* <-(e)s, -e> (ANAT) articulación *f* de la cadera; **künstliches ~** cadera artificial; **Hüftgürtel** *m* <-s, -> liguero *m;* **Hüfthalter** *m* <-s, -> faja *f;* **hüfthoch** I. *adj* que llega hasta la cintura; **das Wasser im Teich ist ~** el agua del estanque llega hasta la cintura II. *adv* hasta la cintura; **sie wateten ~ durch das Wasser** andaban por el agua que les llegaba a la cintura

Huftier *nt* <-(e)s, -e> (ZOOL) ungulado *m*

Hüftknochen *m* <-s, -> (ANAT) (hueso *m*) ilíaco *m,* ilion *m;* **Hüftleiden** *nt* <-s, -> (MED) problemas *mpl* de cadera; **Hüftsteak** *nt* <-s, -s> (GASTR) filete *m* de cadera

Hügel ['hy:gəl] *m* <-s, -> colina *f,* cerro *m*

hüg(e)lig *adj* con colinas, con altibajos

Hügelkette *f* <-, -n> cadena *f* de colinas; **Hügelland** *nt* <-(e)s, -länder> terreno *m* montuoso

Hugenotte, -in [hugə'nɔtə] *m, f* <-n, -n; -, -nen> (HIST) hugonote, -a *m, f*

hüglig *adj s.* **hüg(e)lig**

huh [hu:] *interj s.* **hu**

hüh [hy:] *interj s.* **hü**

Huhn [hu:n, *pl:* 'hy:nɐ] *nt* <-(e)s, Hühner> 1. (*Gattung, Gericht*) pollo *m;* **da lachen ja die Hühner** (*fam*) esto es ridículo; **mit den Hühnern aufstehen/zu Bett gehen** levantarse/acostarse con las gallinas; **ein blindes ~ findet auch (mal) ein Korn** (*prov*) a veces suena la flauta por casualidad 2. (*Henne*) gallina *f;* **freilaufende Hühner** gallinas criadas en el campo [*o* al aire libre]; **du dummes ~!** (*fam*) ¡gilipollas!; **ein verrücktes ~ sein** (*fam*) estar más loco que una cabra

Hühnchen ['hy:nçən] *nt* <-s, -> (GASTR) pollo *m;* **mit jdm ein ~ rupfen** (*fam*) cantar las cuarenta a alguien

Hühnerauge *nt* <-s, -n> (MED) callo *m;* **Hühneraugenpflaster** *nt* <-s, -> (MED) apósito *m* anticallos

Hühnerbatterie *f* <-, -n> batería *f* de gallinas; **Hühnerbouillon** *f* <-, -s>, **Hühnerbrühe** *f* <-, -n> caldo *m* de pollo [*o* de gallina]; **Hühnerbrust** *f* <-, -brüste> 1. (GASTR) pechuga *f* de pollo 2. (MED) pecho *m* de gallina; **Hühnerei** ['hy:nɐʔaɪ] *nt* <-(e)s, -er> huevo *m* de gallina, blanquillo *m Guat, Mex;* **Hühnerfarm** *f* <-, -en> granja *f* avícola; **Hühnerhabicht** *m* <-(e)s, -e> azor *m;* **Hühnerhof** *m* <-(e)s, -höfe> gallinero *m;* **mein Nachbar hat einen ~** mi vecino tiene un corral con gallinas

Hühnerklein *nt* <-s, *ohne pl*> (GASTR) menudillos *mpl*

Hühnerleiter *f* <-, -n> 1. (*für Hühner*) escalera *f* del gallinero 2. (*hum: schmale Treppe*) escalera *f* estrecha; **Hühnerstall** *m* <-(e)s, -ställe> gallinero *m,* paraíso *m Mex;* **Hühnerstange** *f* <-, -n> percha *f* del gallinero; **Hühnersuppe** *f* <-, -n> sopa *f* de pollo; **Hühnerzucht** *f* <-, *ohne pl*> avicultura *f,* cría *f* de pollos

huhu [hu'hu:] *interj* ¡yuju!

hui [huɪ] *interj* 1. (*Sausen*) ¡puf!; **~, was für ein Sturm!** ¡puf, vaya tormenta! 2. (*Wend*): **im** [*o* **in einem**] **H~** (*fam*) en menos que canta un gallo, en un abrir y cerrar de ojos

Huld [hʊlt] *f* <-, *ohne pl*> (*alt, geh*) afecto *m;* (*eines Herrschers*) favor *m*

huldigen ['hʊldɪgən] *vi* (*geh*) 1. (*anhängen*) venerar (+*dat*), acatar (+*dat*), rendir homenaje (+*dat* a) 2. (*frönen*) entregarse (+*dat* a), ser aficionado (+*dat* a)

Huldigung *f* <-, -en> homenaje *m*

huldvoll I. *adj* (*alt, geh*) altanero, altivo; **mit einer ~en Geste** con un gesto altanero II. *adv* (*alt, geh*) de forma altanera; **~ lächelnd** con una sonrisa altanera; **tu nicht so ~, das hättest du mir ohnehin geben müssen!** (*iron*) ¡no me vengas con tantas monsergas, eso me lo tendrías que haber dado sin más!

Hülle ['hʏlə] *f* <-, -n> funda *f;* **die sterbliche ~** (*geh*) los restos mortales; **die ~n fallen lassen** (*fam*) desvestirse; **in ~ und Fülle** (*fam*) a porrillo, a patadas

hüllen ['hʏlən] *vt* (*geh*) envolver (*in* en); **sich in Schweigen ~** no despegar los labios, guardar silencio

hüllenlos *adj* (*fam*) en cueros, en pelotas

Hülse ['hʏlzə] *f* <-, -n> 1. (*Etui*) estuche *m;* (*Geschoss~*) cartucho *m* 2. (BOT) vaina *f;* **Hülsenfrucht** *f* <-, -früchte> (*Pflanze*) planta *f* leguminosa; (*Frucht*) legumbre *f*

human [hu'ma:n] *adj* humano; **Humangenetik** *f* <-, *ohne pl*> genética *f* humana

Humanisierung [humani'zi:rʊŋ] *f* <-, *ohne pl*> humanización *f;* **~ der Arbeitswelt** humanización del trabajo

Humanismus [huma'nɪsmʊs] *m* <-, *ohne pl*> humanismo *m*

Humanist(in) *m(f)* <-en, -en; -, -nen> humanista *mf*

humanistisch *adj* humanista; **~e Bildung** educación humanista

humanitär [humani'tɛːɐ] *adj* humanitario; **~e Ziele/Hilfe** fines humanitarios/ayuda humanitaria

Humanität *f* <-, *ohne pl*> humanidad *f;* **Humanitätsduselei** *f* <-, -en> (*abw*) humanitarismo *m* excesivo [*o* mal entendido]

Humankapital *nt* <-s, *ohne pl*> (WIRTSCH) capital *m* humano; **Humanmedizin** *f* <-, *ohne pl*> medicina *f* humana; **Humanmediziner(in)** *m(f)* <-s, -; -, -nen> médico, -a *m, f;* **Humanökologie** [hu'maːn-] *f* <-, *ohne pl*> ecología *f* humana

Humbug ['hʊmbuːk] *m* <-s, *ohne pl*> (*fam abw: Unsinn*) tontería *f,* bobada *f;* (*Schwindel*) patraña *f*

humid [hu'miːt] *adj* húmedo

Humifizierung [humifi'tsiːrʊŋ] *f* <-, *ohne pl*> (BIOL) humificación *f*

Huminsäure [hu'miːn-] *f* <-, -n> *s.* **Humussäure**

Hummel ['hʊməl] *f* <-, -n> abejorro *m;* **~n im Hintern haben** (*fam*) no parar, no poder estarse quieto

Hummer ['hʊmɐ] *m* <-s, -> langosta *f;* **Hummercocktail** *m* <-s, -s> (GASTR) cóctel *m* de langosta

Humor [hu'moːɐ] *m* <-s, *ohne pl*> humor *m;* **schwarzer ~** humor negro; **er hat (keinen) Sinn für ~** (no) tiene sentido del humor; **etw mit ~ nehmen/tragen** tomar/llevar algo con humor; **~ ist, wenn man trotzdem lacht** (*prov*) humor es cuando te ríes aunque no haya motivo

Humoreske [humo'rɛskə] *f* <-, -n> **1.** (LIT) narración *f* humorística **2.** (MUS) pieza *f* humorística

Humorist(in) [humo'rɪst] *m(f)* <-en, -en; -, -nen> (*a.* LIT) humorista *mf*

humoristisch [humo'rɪstɪʃ] *adj* humorístico

humorlos *adj* sin humor

Humorlosigkeit *f* <-, *ohne pl*> falta *f* de humor; **kein Wunder, dass er so ernst reagiert, bei seiner ~!** no me sorprende que haya reaccionado tan seriamente, ¡con el poco humor que tiene!

humorvoll *adj* lleno de humor; (*witzig*) jocoso

humpeln ['hʊmpəln] *vi sein* cojear

Humpen ['hʊmpən] *m* <-s, -> jarra *f,* jarro *m;* **ein ~ Bier** una jarra de cerveza

Humus ['huːmʊs] *m* <-, *ohne pl*> humus *m;* **Humusboden** *m* <-s, -böden>, **Humuserde** *f* <-, -n> humus *m,* tierra *f* vegetal; **Humussäure** *f* <-, -n> ácido *m* húmico

Hund [hʊnt] *m,* **Hündin** *f* <-(e)s, -e; -, -nen> perro, -a *m, f;* **ein räudiger ~** un perro sarnoso; **~e an die Leine nehmen** lleven los perros de la correa; **Vorsicht, bissiger ~!** ¡cuidado con el perro!; **sie sind wie ~ und Katze** (*fam*) se llevan como el perro y el gato; **jdn wie einen ~ behandeln** (*fam*) tratar a alguien como a un perro; **auf den ~ gekommen sein** (*fam*) estar hecho polvo; **vor die ~e gehen** (*fam*) arruinarse, irse al concho *CSur;* **da liegt der ~ begraben** (*fam*) ahí está el quid de la questión; **damit lockt man keinen ~ hinterm Ofen hervor** (*fam*) con eso no se logrará llamar la atención de nadie; **keine schlafenden ~e wecken** no llamar la atención sobre hechos que podrían traer desventajas; **bekannt sein wie ein bunter ~** ser más conocido que la ruda, estar más visto que el tebeo; **er ist ein armer ~** (*fam*) es un pobre desgraciado; **das ist ja ein dicker ~!** (*fam*) esto sí que es fuerte; **er ist ein gerissener ~** (*fam*) es un caradura; **ein falscher/feiger ~** (*fam*) un falso/cobarde; **du blöder/gemeiner ~!** (*fam*) ¡imbécil!/¡qué perro eres!; **viele ~e sind des Hasen Tod** (*prov*) uno solo contra muchos está perdido; **~e, die bellen, beißen nicht** (*prov*) perro ladrador poco mordedor; **Hundebiss**[RR] *m* <-es, -e> mordedura *f* de perro; **hundeelend** ['--'--] *adj* (*fam*): **mir ist ~** me siento fatal; **Hundefänger(in)** *m(f)* <-s, -; -, -nen> perrero, -a *m, f;* **Hundefutter** *nt* <-s, *ohne pl*> alimento *m* para perros; **Hundegebell** *nt* <-(e)s, *ohne pl*> ladrido *m* de perro; **durch lautes/wütendes ~ wurde er geweckt** le despertaron unos fuertes/furiosos ladridos de perro; **Hundehalsband** *nt* <-(e)s, -bänder> collar *m* de perro; **Hundehalter(in)** *m(f)* <-s, -; -, -nen> (*formal*) propietario, -a *m, f* de un perro; **Hundehaltung** *f* <-, -en> (*formal*) posesión *f* de un perro; **jede ~ muss der Gemeinde angezeigt werden** todo aquel que posea un perro debe declararlo al municipio; **Hundehütte** *f* <-, -n> caseta *f* del perro, perrera *f;* **Hundekälte** ['--'--] *f* <-, *ohne pl*> (*fam*) frío *m* de perros; **Hundekuchen** *m* <-s, -> galleta *f* para perros; **Hundeleben** *nt* <-s, *ohne pl*> (*fam abw*) vida *f* de perro; **ein ~ führen** llevar una vida de perro; **Hundeleine** *f* <-, -n> correa *f* del perro; **Hundelohn** *m* <-(e)s, -löhne> (*fam abw*) sueldo *m* de miseria; **Hundemarke** *f* <-, -n> **1.** (*Hundesteuermarke*) *chapa que lleva el perro en el collar como señal de que su dueño ha pagado el impuesto sobre perros* **2.** (*sl: von Polizist, Soldat*) chapa *f* de identificación; **hundemüde** ['--'--] *adj* (*fam*) muerto de cansancio; **Hunderasse** *f* <-, -n> raza *f* canina

hundert ['hʊndɐt] *adj inv* cien, ciento; **einige ~** [*o* **H~**] **Menschen** algunos cientos de personas; **einer unter ~** uno entre cien; **die Chance steht eins zu ~** la posibilidad es mínima, hay una posibilidad de uno entre cien; **da war ich auf ~** (*fam*) estaba a cien; *s. a.* **achthundert**

Hundert[1] *f* <-, -en> (*Zahl*) cien *m*

Hundert[2] *nt* <-s, -> (*Maßeinheit*) centenar

m; **zehn vom ~** diez por ciento

Hunderte *ntpl* (*große Anzahl*) cientos *mpl;* **es geht in die ~** (*fam*) son unos cientos; **~ von Menschen** cientos de personas; **einer unter ~n** uno entre cientos; **sie kamen zu ~n** llegaron a centenares

Hunderter *m* <-s, -> **1.** (MATH) centena *f* **2.** (*fam: Geldschein*) billete *m* de cien; **auf einen ~ herausgeben** dar la vuelta de un billete de cien

hunderterlei *adj inv* (*fam*) de cien clases [*o* formas] diferentes, cien clases (diferentes) de; **ich habe ~ Dinge zu tun** tengo mil cosas que hacer; *s. a.* **achterlei**

hundertfach I. *adj* céntuplo; **die ~e Menge** el céntuplo; **eine ~e Vergrößerung** una ampliación cien veces mayor **II.** *adv* cien veces; *s. a.* **achtfach**

hundertfünfzigprozentig *adj* (*fam*) fanático; **eine ~e Kommunistin/Sektenanhängerin** una comunista acérrima/una fanática adepta de la secta; **ein H~er sein** (*abw*) ser un defensor a ultranza [*o* acérrimo] de una ideología

Hundertjahrfeier [--'---] *f* <-, -n> centenario *m*

hundertjährig *adj* (*hundert Jahre alt*) centenario, de cien años; (*hundert Jahre dauernd*) de cien años de duración; *s. a.* **achtjährig**

Hundertjährige(r) *mf* <-n, -n; -n, -n> centenario, -a *m, f; s. a.* **Achtjährige(r)**

hundertmal *adv* cien veces; **ich habe dir das schon ~ gesagt** ya te lo he dicho cien veces; *s. a.* **achtmal**

Hundertmarkschein [--'--] *m* <-(e)s, -e> billete *m* de cien marcos

Hundertmeterlauf [--'---] *m* <-(e)s, -läufe> (SPORT) carrera *f* de cien metros

hundertprozentig ['---(')--] **I.** *adj* **1.** (*als Anteil*) del cien por cien; (*Alkohol*) puro **2.** (*fam: völlig*) total; (*zuverlässig*) seguro **II.** *adv* al cien por cien, completamente; **Sie haben ~ Recht** tiene Ud. toda la razón; **ich bin mir ~ sicher** estoy completamente seguro

Hundertsatz *m* <-es, -sätze> (*formal*) porcentaje *m*

Hundertschaft *f* <-, -en> (*Polizeieinheit*) centuria *f*

hundertste(r, s) ['hʊndɐtstə, -tɐ, -təs] *adj* centésimo; **zum ~n Mal** por centésima vez; **~r Geburtstag/Todestag von ...** centenario del nacimiento/de la muerte de...; *s. a.* **achtzigste(r, s)**

hundertstel ['hʊndɐtstəl] *adj inv* centésimo; *s. a.* **achtel**

Hundertstel *nt* <-s, -> centésima *f,* centésima parte *f; s. a.* **Achtel; Hundertstelsekunde** ['----(')--] *f* <-, -n> (SPORT) centésima *f* de segundo

hunderttausend ['--'--] *adj inv* cien mil; *s. a.* **achttausend**

Hunderttausend *nt* <-s, -e> cien mil *mpl;* **das erste ~ wurde verkauft** los primeros cien mil fueron vendidos; **sie kamen zu ~en** vinieron por cientos de miles; **die Schäden gehen in die ~e** los daños se elevan a varios cientos de miles

hunderttausendstel ['--'---] *adj inv* cienmilésimo; *s. a.* **achtel**

Hunderttausendstel *nt* <-s, -> cienmilésima *f,* cienmilésima parte *f; s. a.* **Achtel**

Hundesalon *m* <-s, -s> peluquería *f* canina; **Hundescheiße** *f* <-, *ohne pl*> (*vulg*) caca *f* de perro; **verdammt, ich bin in ~ getreten!** ¡hostia, he pisado mierda de perro!; **Hundeschlitten** *m* <-s, -> trineo *m* de perros; **Hundeschnauze** *f* <-, -n> hocico *m* de perro; **kalt wie eine ~ sein** (*fam*) ser frío como el hielo; **Hundesohn** *m* <-(e)s, -söhne> (*abw*) hijo *m* de perra; **Hundesteuer** *f* <-, -n> impuesto *m* sobre los perros; **Hundewetter** *nt* <-s, *ohne pl*> (*fam*) tiempo *m* de perros; **Hundezwinger** *m* <-s, -> perrera *f*

Hündin ['hʏndɪn] *f* <-, -nen> *s.* **Hund**

hündisch *adj* (*abw: unterwürfig*) servil, adulón

hundsgemein *adj* (*fam*) infame, canalla; **es tut ~ weh** duele horrores; **er kann ~ sein/werden** puede ser/puede convertirse en un diablo; **hundsmiserabel** *adj* (*fam*) **1.** (*niederträchtig*) despreciable; **du hundsmiserabler Kerl, diese Niedertracht wirst du büßen** tú, perro miserable, esta canallada la vas a pagar **2.** (*schlecht*) fatal, malísimo; **ein hundsmiserabler Film** una película de pena; **sich ~ fühlen** sentirse fatal [*o* de pena]; **Hundstage** *mpl* canícula *f,* caniculares *mpl*

Hüne ['hy:nə] *m* <-n, -n> gigante *m;* **Hünengrab** *nt* <-(e)s, -gräber> (*fam*) tumba *f* megalítica

hünenhaft *adj* muy robusto, gigantesco

Hunger ['hʊŋɐ] *m* <-s, *ohne pl*> hambre *f;* **~ haben** tener hambre; **ich habe ~ auf Schokolade** me apetece chocolate; **~ wie ein Wolf haben** tener un hambre canina [*o* de lobo]; **ich bekomme ~** me está entrando hambre; **seinen ~ stillen** matar el hambre; **ich sterbe** [*o* **komme um**] **vor ~** me muero de hambre; **~ leiden** sufrir hambre; **~ ist der beste Koch** (*prov*) a buen hambre no hay pan duro; **Hungergefühl** *nt* <-(e)s, -e> sensación *f* de hambre, ganas *fpl* de comer; **~ verspüren** sentir hambre; **Hungerjahr** *nt* <-(e)s, -e> año *m* de hambre; **Hungerkünstler(in)** *m(f)* <-s, -; -, -nen> ayunador(a) *m(f)* profesional; **Hungerkur** *f* <-, -en> régimen *m,* dieta *f* absoluta; **Hungerleider(in)** *m(f)* <-s, -; -, -nen> (*fam abw*) muerto, -a *m, f* de hambre; **Hungerlohn** *m* <-(e)s, -löhne> (*abw*) (sueldo *m* de) miseria *f,* sueldo *m* de hambre; **Hungermarsch** *m* <-(e)s, -märsche> manifestación *f* de hambre

hungern ['hʊŋɐn] *vi* **1.** (*Hunger leiden*) sufrir [*o* pasar] hambre **2.** (*fasten*) ayunar, hacer

H

una dieta; **sich zu Tode** ~ dejarse morir de hambre; **sich schlank** ~ adelgazar pasando hambre, hacer dieta **3.** (*geh: sich sehnen*) anhelar (*nach*), estar ávido (*nach* de); **er hungert nach Anerkennung** anhela que reconozcan su mérito; **ihn hungert nach Macht** está ávido de poder

Hungerregion *f* <-, -en> región *f* de hambre; **Hungersnot** *f* <-, -nöte> hambre *f*, hambruna *f Am;* **Hungerstreik** *m* <-(e)s, -s> huelga *f* de hambre; **in den** ~ **treten** declararse en huelga de hambre; **Hungertod** *m* <-(e)s, *ohne pl*> muerte *f* por inanición; **Hungertuch** *nt* <-(e)s, -tücher>: **am** ~ **nagen** (*fam*) morirse de hambre

hungrig [ˈhʊŋrɪç] *adj* hambriento, filoso *Hond;* ~ **nach etw** *dat* [*o* **auf etw**] **sein** tener hambre de algo; **sehr** ~ **sein** estar muy hambriento, tener mucha hambre

Hunne, **-in** [ˈhʊnə] *m, f* <-n, -n; -, -nen> (HIST) huno, -a *m, f*

Hunsrück [ˈhʊnsrʏk] *m* <-s> "Hunsrück" *m* (*grupo montañoso en Renania-Palatinado y el Sarre*); **wir fahren in den** ~ nos vamos al "Hunsrück"

Hupe [ˈhuːpə] *f* <-, -n> claxon *m*, bocina *f*

hupen [ˈhuːpən] *vi* tocar el claxon [*o* la bocina]

hupfen [ˈhʊpfən] *vi sein* (*südd*) **1.** *s.* **hüpfen** **2.** (*Wend*): **das ist gehupft wie gesprungen** (*fam*) lo mismo da

hüpfen [ˈhʏpfən] *vi sein* brincar, dar saltos

Hupfer *m* <-s, -> (*südd*), **Hüpfer** *m* <-s, -> saltito *m*

Hupkonzert *nt* <-(e)s, -e> (*fam*) bocinazos *mpl*, concierto *m* de bocinas; **Hupsignal** *nt* <-(e)s, -e> (AUTO) señal *f* de bocina, bocinazo *m;* **Hupton** *m* <-(e)s, -töne> (AUTO) bocinazo *m;* **Hupzeichen** *nt* <-s, -> (AUTO) *s.* **Hupsignal**

Hurde [ˈhʊrdə] *f* <-, -n> (*südd, Schweiz: Lattengestell*) enrejado *m*

Hürde [ˈhʏrdə] *f* <-, -n> (SPORT: *a. fig*) valla *f;* **eine** ~ **nehmen** saltar [*o* pasar] una valla; (*fig*) superar una dificultad; **Hürdenlauf** *m* <-(e)s, -läufe> (SPORT) carrera *f* de vallas; **Hürdenläufer(in)** *m(f)* <-s, -; -, -nen> (SPORT) corredor(a) *m(f)* de obstáculos; **Hürdenrennen** *nt* <-s, -> (SPORT) concurso *m* hípico

Hure [ˈhuːrə] *f* <-, -n> (*vulg*) puta *f*, ramera *f*

huren [ˈhuːrən] *vi* (*abw fam*) ir de putas; **er soff und hurte nächtelang** durante noches enteras bebía y se iba de putas

Hurenbock *m* <-(e)s, -böcke> (*vulg*) putero *m;* **Hurensohn** *m* <-(e)s, -söhne> (*vulg*) hijo *m* de puta

hurra [huˈraː, hʊˈraː] *interj* ¡hurra!; **Hurrapatriotismus** *m* <-, *ohne pl*> (*abw*) patriotería *f* exagerada; **Hurraruf** *m* <-(e)s, -e> (grito *m* de) hurra *m*

Hurrikan [ˈhʊrika(ː)n] *m* <-s, -e *o* -s> huracán *m*

hurtig [ˈhʊrtɪç] **I.** *adj* (*alt*) rápido **II.** *adv* (*alt*) rápido, deprisa; ~, ~! **ich habe nicht endlos Zeit!** ¡deprisa, deprisa, que no tengo todo el tiempo del mundo!

Husar [huˈzaːɐ] *m* <-en, -en> (HIST) húsar *m*

husch [hʊʃ] *interj* ¡zas!; **und** ~! ¡y zas!

huschen [ˈhʊʃən] *vi sein* deslizarse rápidamente

hüsteln [ˈhyːstəln] *vi* toser ligeramente

husten [ˈhuːstən] *vi* toser; **denen werde ich was** ~ (*fam*) ya se pueden ir preparando

Husten [ˈhuːstən] *m* <-s, -> tos *f;* **Hustenanfall** *m* <-(e)s, -fälle> acceso *m* de tos, ataque *m* de tos; **Hustenbonbon** *nt* <-s, -s> caramelo *m* contra la tos; **Hustenmittel** *nt* <-s, -> antitusígeno *m;* **Hustenreiz** *m* <-es, *ohne pl*> picor *m* de garganta, ganas *fpl* de toser; **Hustensaft** *m* <-(e)s, -säfte> jarabe *m* contra la tos; **hustenstillend** *adj* contra la tos; (MED) béquico, pectoral; **Hustentee** *m* <-s, -s> infusión *f* antitusígena; **Hustentropfen** *mpl* gotas *fpl* antitusígenas

Hut[1] [huːt, *pl:* ˈhyːtə] *m* <-(e)s, Hüte> **1.** (*Kopfbedeckung*) sombrero *m;* **mir geht der** ~ **hoch** (*fam*) esto ya pasa de la raya; **seinen** ~ **nehmen** (*fam*) dimitir; **alles unter einen** ~ **bringen** (*fam*) compaginar; (*harmonisieren*) encontrar un denominador común; **etw aus dem** ~ **zaubern** (*fam*) sacar algo del sombrero; **das ist ein alter** ~ (*fam*) es lo de siempre; **mit etw** *dat*/**jdm nichts am** ~ **haben** (*fam*) no (querer) tener nada que ver con algo/alguien; **das kannst du dir an den** ~ **stecken** (*fam*) te lo puedes meter donde te quepa; (*das kannst du dir abschminken*) ya te puedes ir olvidando de eso **2.** (*von Pilzen*) sombrerete *m*

Hut[2] [huːt] *f* <-, *ohne pl*> (*geh: Schutz*) protección *f;* **vor jdm/etw** *dat* **auf der** ~ **sein** tener cuidado [*o* andar con cuidado] con alguien/algo; **in guter** [*o* **sicherer**] ~ **sein** estar a buen recaudo

Hutablage *f* <-, -n> percha *f;* **Hutband** *nt* <-(e)s, -bänder> cinta *f* del sombrero

hüten [ˈhyːtən] **I.** *vt* (*Vieh*) pastorear, cuidar; (*Kinder*) cuidar, achichiguar *Mex;* (*Geheimnis*) guardar; **das Haus/Bett** ~ cuidar la casa/guardar cama; **hüte deine Zunge!** ¡cuida esa lengua! **II.** *vr:* **sich** ~ (*sich vorsehen*) tener cuidado (*vor* con), andar con cuidado; **hüte dich vor ihm!** ¡ten cuidado con él!; **hüte dich das zu tun!** ¡ni se te ocurra hacerlo!; **ich werde mich** ~! (*fam*) ¡me cuidaré mucho!

Hüter(in) *m(f)* <-s, -; -, -nen> (*geh*) guardián, -ana *m, f;* **der** ~ **des Gesetzes** el guardián de la ley

Hutfeder *f* <-, -n> pluma *f* del sombrero; **Hutgeschäft** *nt* <-(e)s, -e> sombrerería *f;* **Hutkrempe** *f* <-, -n> ala *f* de sombrero; **Hutmacher(in)** *m(f)* <-s, -; -, -nen> sombrerero, -a *m, f;* **Hutnadel** *f* <-, -n> aguja *f* de sombrero

Hutsche ['hʊtʃə] *f* <-, -n> (*Österr*) **1.** (*Schaukel*) columpio *m* **2.** (*fam: Schimpfwort*) fulana *f,* golfa *f*
hutschen I. *vi* (*Österr: schaukeln*) columpiarse, mecerse (en el columpio) **II.** *vr:* **sich** ~ (*Österr: fam*) largarse; **hutsch dich, dass du fortkommst!** ¡fuera de aquí!
Hutschnur *f:* **das geht mir über die** ~ (*fam*) esto pasa de la raya; **Hutständer** *m* <-s, -> percha *f* para sombreros
Hütte ['hʏtə] *f* <-, -n> **1.** (*Haus*) choza *f,* cabaña *f;* (*Berg~, Ski~*) refugio *m* **2.** (*Industrieanlage*) planta *f* siderúrgica; **Hüttenarbeiter** *m* <-s, -> obrero *m* metalúrgico; **Hüttenindustrie** *f* <-, -n> industria *f* siderúrgica; **Hüttenkäse** *m* <-s, -> queso *m* fresco granulado, cottage cheese *m;* **Hüttenkunde** *f* <-, *ohne pl*> metalurgia *f;* **Hüttenschuh** *m* <-(e)s, -e> zapatilla *f* de lana (en forma de calcetín); **Hüttenwerk** *nt* <-(e)s, -e> planta *f* siderúrgica
hutzelig ['hʊtsəlɪç] *adj* (*alter Mensch*) arrugado, viejecito
H-Vollmilch ['haːfɔlmɪlç] *f* <-, *ohne pl*> leche *f* U.H.T.
Hyäne [hy'ɛːnə] *f* <-, -n> (ZOOL) hiena *f*
Hyazinthe [hya'tsɪntə] *f* <-, -n> jacinto *m*
hybrid [hy'briːt] *adj* híbrido; **~e Netze** (INFOR, TEL) redes híbridas
Hybridadapter *m* <-s, -> (INFOR, TEL) adaptador *m* híbrido; **Hybridantrieb** *m* <-(e)s, -e> (TECH) accionamiento *m* híbrido
Hybride [hy'briːdə] *f o m* <-n, -n> (BIOL) híbrido *m*
Hybridisierung [hybridi'ziːrʊŋ] *f* <-, -en> (BIOL) hibridización *f*
Hybridschaltung [hy'briːt-] *f* <-, -en> (ELEK, INFOR) circuito *m* híbrido
Hybris ['hyːbrɪs] *f* <-, *ohne pl*> (*geh*) altanería *f,* orgullo *m* desmesurado
Hydra[1] ['hyːdra] *f* <-, *ohne pl*> (*Fabelwesen*) Hidra *f*
Hydra[2] *f* <-, Hydren> (*Polyp*) hidra *f*
Hydrant [hy'drant] *m* <-en, -en> boca *f* de incendio [*o* de riego]
Hydraulik [hy'draʊlɪk] *f* <-, *ohne pl*> (TECH) hidráulica *f*
hydraulisch *adj* (TECH) hidráulico
Hydren *pl von* **Hydra**[2]
hydrieren* [hy'driːrən] *vt* (CHEM) hidrogenar
Hydrodynamik ['hyːdrodynaːmɪk, hydrody'naːmɪk] *f* <-, *ohne pl*> (PHYS) hidrodinámica *f;* **hydroelektrisch** ['---'--] *adj* (PHYS, TECH, MED) hidroeléctrico
Hydrographie [hydrogra'fiː] *f* <-, *ohne pl*> hidrografía *f*
Hydrokultur ['----, ---'-] *f* <-, -en> hidrocultivo *m*
Hydrologie [hydrolo'giː] *f* <-, *ohne pl*> hidrología *f*
Hydrolyse [hydro'lyːzə] *f* <-, -n> (CHEM) hidrólisis *f inv;* **Hydrolyseanlage** *f* <-, -n> instalación *f* de hidrólisis
Hydrometer [--'--] *nt* <-s, -> hidrómetro *m*
Hydrophyt [hydro'fyːt] *m* <-en, -en> (BOT) hidrófito *m*
Hydrosphäre *f* <-, *ohne pl*> (GEO) hidrosfera *f;* **Hydrotechnik** ['----] *f* <-, *ohne pl*> hidrotecnia *f;* **hydrotechnisch** *adj* hidrotécnico, hidráulico; **hydrotherapeutisch** *adj* (MED) hidroterápico; **Hydrotherapie** ['-----, ----'-] *f* <-, -n> (MED) hidroterapia *f*
Hygiene [hy'gjeːnə] *f* <-, *ohne pl*> higiene *f;* **Hygienemaßnahme** *f* <-, -n> medida *f* higiénica; **Hygienepapier** *nt* <-s, -e> papel *m* higiénico; **Hygienevorschrift** *f* <-, -en> norma *f* de higiene
hygienisch *adj* higiénico; ~ **einwandfrei** en condiciones higiénicas impecables
Hygrometer [hygro'meːtɐ] *nt* <-s, -> (METEO) higrómetro *m*
hygroskopisch [hygro'skoːpɪʃ] *adj* (CHEM) higroscópico
Hymen ['hyːmən] *m o nt* <-s, -> (ANAT) himen *m*
Hymne ['hʏmnə] *f* <-, -n> himno *m;* **die spanische** ~ el himno español
hyperaktiv ['hyːpɐ-] *adj* hiperactivo
Hyperbel [hy'pɛrbəl] *f* <-, -n> **1.** (MATH) hipérbola *f* **2.** (*a.* LING) hipérbole *f*
hyperbolisch *adj* (LING, MATH) hiperbólico; **etwas** ~ **ausdrücken** expresar algo hiperbólicamente
hyperkorrekt ['hyːpɐkɔrɛkt] *adj* supercorrecto; (LING) hipercorrecto; **~es Verhalten** comportamiento supercorrecto; **Hyperlink** ['haɪpɐlɪŋk, 'hyːpɐ-] *m* <-s, -s> (INFOR, TEL) hiperenlace *m,* hyperlink *m;* **Hypermedia** ['haɪpɐmiːdia] *ntpl* (INFOR) hipermedios *mpl;* **hypermodern** [hypɐmo'dɛrn, 'hyːpɐmodɛrn] **I.** *adj* (*fam*) supermoderno, hipermoderno, ultramoderno **II.** *adv* (*fam*) de forma supermoderna [*o* hipermoderna]; **ihr seid wirklich** ~ **eingerichtet!** ¡os habéis montado la casa en plan auténticamente moderno!; **hypersensibel** ['hyːpɐ-] *adj* hipersensible; **Hypertext** ['hyːpɐ-] *m* <-es, -e> (INFOR) hipertexto *m*
Hypertonie [hypɐto'niː] *f* <-, -n> (MED) **1.** (*Bluthochdruck*) hipertensión *f* **2.** (*erhöhte Muskelspannung*) hipertonía *f*
hypertroph [hypɐ'troːf] *adj* (MED) hipertrofiado
Hypertrophie [hypɐtro'fiː] *f* <-, *ohne pl*> (MED) hipertrofia *f*
Hypnose [hʏp'noːzə] *f* <-, -n> hipnosis *f inv;* **unter** ~ **stehen** estar bajo hipnosis
hypnotisch [hʏp'noːtɪʃ] *adj* hipnótico
Hypnotiseur(in) [hʏpnoti'zøːɐ] *m(f)* <-s, -e; -, -nen> hipnotizador(a) *m(f)*
hypnotisierbar *adj* hipnotizable; **er ist leicht** ~ es fácil hipnotizarle
hypnotisieren* [hʏpnoti'ziːrən] *vt* hipnotizar; **sie blieb wie hypnotisiert stehen** se detuvo como si la hubieran hipnotizado
Hypochonder [hypo'xɔndɐ] *m* <-s, -> hi-

H

pocondríaco, -a *m, f*

Hypochondrie [hypoxɔn'dri:] *f* <-, -n> (MED) hipocondría *f*

Hypolimnion [hypo'lɪmniɔn, *pl:* hypo'lɪmniən] *nt* <-s, Hypolimnien> (GEO) hipolimnion *m*

Hypophyse [hypo'fy:zə] *f* <-, -n> (ANAT) hipófisis *f inv*

Hypotenuse [hypote'nu:zə] *f* <-, -n> (MATH) hipotenusa *f*

Hypothek [hypo'te:k] *f* <-, -en> (FIN) hipoteca *f*; **formlose/nachstehende** ~ hipoteca informal/posterior; ~ **auf Grund und Boden** hipoteca sobre terrenos; **eine** ~ **aufnehmen** imponer una hipoteca; **das Haus mit einer** ~ **belasten** hipotecar la casa; **eine** ~ **eintragen** registrar una hipoteca

hypothekarisch *adj:* ~ **belasten** hipotecar

Hypothekenbank *f* <-, -en> banco *m* hipotecario; **Hypothekenbestellung** *f* <-, -en> (FIN, JUR): **formelle** ~ constitución *f* formal de hipoteca; **Hypothekenbrief** *m* <-(e)s, -e> título *m* hipotecario; **Hypothekendarlehen** *nt* <-s, -> (FIN) préstamo *m* hipotecario; **hypothekenfrei** *adj* (FIN) libre de hipotecas; **Hypothekengläubiger(in)** *m(f)* <-s, -; -, -nen> (WIRTSCH) acreedor(a) *m(f)* hipotecario, -a; **Hypothekenpfandbrief** *m* <-(e)s, -e> (FIN) cédula *f* hipotecaria; **Hypothekenschuld** *f* <-, -en> deuda *f* hipotecaria; **Hypothekenschuldner(in)** *m(f)* <-s, -; -, -nen> (FIN) deudor(a) *m(f)* hipotecario, -a; **Hypothekentilgung** *f* <-, -en> (FIN) reembolso *m* de hipotecas; **Hypothekenzins** *m* <-es, -en> (WIRTSCH) interés *m* hipotecario

Hypothese [hypo'te:zə] *f* <-, -n> hipótesis *f inv;* **eine** ~ **aufstellen/widerlegen** formular/rebatir una hipótesis

hypothetisch [hypo'te:tɪʃ] *adj* hipotético

Hypotonie [hypoto'ni:] *f* <-, -n> (MED) **1.** (*niedriger Blutdruck*) hipotensión *f* **2.** (*herabgesetzte Muskelspannung*) hipotonía *f*

Hypozentrum [hypo-] *nt* <-s, -zentren> (GEO) hipocentro *m*

Hysterie [hʏste'ri:] *f* <-, -n> histeria *f*

hysterisch [hʏs'te:rɪʃ] *adj* histérico

Hz *Abk. von* **Hertz** hz

I

I, i [iː] *nt* <-, -> I, i *f;* ~ **wie Ida** I de Inés; **das Tüpfelchen auf dem** ~ el punto sobre la i; (*Krönung*) el último detalle, el remate

i [iː] *interj* ¡puaj!; ~, **das stinkt!** ¡puaj, qué peste!; ~ **wo!** ¡ni en sueños!

i.A. *Abk. von* **im Auftrag** p.o.

IAA[1] [iːʔaːˈʔaː] *nt* <-(s)> *Abk. von* **Internationales Arbeitsamt** Oficina *f* Internacional del Trabajo

IAA[2] *f Abk. von* **Internationale Automobil-Ausstellung** Exposición *f* Internacional del Automóvil

iah [ˈiːʔaː] *interj* (*Esel*) ¡ía!

i.Allg.[RR] *Abk. von* **im Allgemeinen** en general

Iambus *m* <-, Iamben> (LIT) yambo *m*

ib. *Abk. von* **ibidem** ibid.

iberisch [iˈbeːrɪʃ] *adj* ibérico; **die I~e Halbinsel** la Península Ibérica

ibid. *Abk. von* **ibidem** ibid.

IC [iːˈtseː] *m* <-(s), -s> *Abk. von* **Intercity(zug)** Intercity *m*

ICE [iːtseːˈʔeː] *m* <-(s), -s> *Abk. von* **Intercityexpress** ≈AVE *m* (*tren de alta velocidad*); **ICE-Zuschlag** *m* <-(e)s, -schläge> (EISENB) suplemento *m* del ICE

ich [ɪç] *pron pers 1. Sg* yo; ~ **Idiot!** ¡idiota de mí!; **immer** ~! ¡siempre yo!; **wer hat gerufen? –** ~ ¿quién ha llamado? – yo; **wer ist da? –** ~ **bin's** ¿quién está ahí? – soy yo

Ich *nt* <-(s), -s> yo *m;* **mein anderes/zweites/besseres** ~ mi otro/segundo/mejor yo; **das eigene** ~ **verleugnen** negar su propio yo; **ichbezogen** [ˈɪçbəzoːgən] *adj* egocéntrico; **Icherzählung**[RR] *f* <-, -en>, **Ich-Erzählung** *f* <-, -en> (LIT) narrativa *f* escrita en primera persona; **Ichform** *f* <-, -en> (LING, LIT) primera persona *f;* **in der** ~ **geschrieben** escrito en primera persona

Ichthyol® [ɪçtyˈoːl] *nt* <-s, *ohne pl*> ictiol *m;* **Ichthyolsalbe** *f* <-, -n> pomada *f* de ictiol

Icon [ˈaɪkən] *nt* <-s, -s> (INFOR) icono *m*

IC-Zuschlag *m* <-(e)s, -schläge> suplemento *m* para el Intercity

IDA [ˈiːda] *Abk. von* **International Development Association (Internationale Entwicklungsvereinigung)** Asociación *f* Internacional de Desarrollo

ideal [ideˈaːl] *adj* ideal; **diese Wohnung ist** ~ **für uns** este piso es ideal para nosotros

Ideal *nt* <-s, -e> ideal *m;* **Idealbild** *nt* <-(e)s, -er> ideal *m,* prototipo *m;* **er ist das** ~ **eines Ehemannes** él es el prototipo de marido [*o* el marido ideal]

idealerweise *adv* en el caso ideal, en el mejor de los casos; **für diese Arbeit sind Sie** ~ **zweisprachig aufgewachsen** lo ideal para este trabajo es que sea bilingüe

Idealfall *m* <-(e)s, -fälle> caso *m* ideal; **im** ~ **würde ich 60 Kilo wiegen** mi peso ideal son 60 kilos; **Idealgewicht** *nt* <-(e)s, -e> peso *m* ideal

idealisieren* [idealiˈziːrən] *vt* idealizar

Idealisierung *f* <-, -en> idealización *f*

Idealismus [ideaˈlɪsmʊs] *m* <-, *ohne pl*> idealismo *m*

Idealist(in) *m(f)* <-en, -en; -, -nen> idealista *mf*

idealistisch *adj* idealista

Ideallösung *f* <-, -en> solución *f* ideal; **Idealvorstellung** *f* <-, -en> concepto *m* ideal

Idee [iˈdeː, *pl:* iˈdeːən] *f* <-, -n> **1.** (*Vorstellung, Einfall*) idea *f;* **gute** ~**!** ¡buena idea!; **er/sie kam auf eine** ~ se le ocurrió algo [*o* una idea]; **wie kommst du denn auf die** ~**?** ¿cómo se te ocurre esto?; **ich habe eine** ~ tengo una idea; **eine** ~ **haben, warum/wie/wo …** tener idea (de) por qué/cómo/dónde…; **die** ~ **zu etw** *dat* **haben** tener la idea para algo; **jdn auf die** ~ **bringen etw zu tun** dar a alguien la idea de hacer algo; **jdn auf andere** ~**n bringen** distraer a alguien; **du machst dir keine** ~ **davon, wie/wie viel ich …** no te puedes hacer una idea de cómo/de cuánto yo…; **ich habe nicht die leiseste** ~ **davon** (*fam*) no tengo ni la más remota idea de esto; **das ist bei ihm eine fixe** ~ eso es una idea fija [*o* una obsesión] suya **2.** (*fam: ein bisschen*) pizca *f,* poquitín *m;* **eine** ~ **Salz** una pizca de sal; **keine** ~ **besser** ni una pizca mejor; **er ist eine** ~ **zu doof** es más bien tonto

ideell [ideˈɛl] *adj* ideal; **der** ~**e Wert eines Geschenkes** el valor ideal de un regalo

ideenarm *adj* con [*o* de] pocas ideas, falto de ideas, poco imaginativo; **obwohl er in einer Werbeagentur arbeitet, ist er sehr** ~ a pesar de trabajar en una agencia publicitaria no es nada creativo; **ideenlos** *adj* (*Mensch*) sin ideas; (*Gestaltung*) poco innovador; **die Gestaltung der neuen Fassade ist wirklich** ~ el diseño de la nueva fachada no es nada innovador

Ideenlosigkeit *f* <-, *ohne pl*> (*Mensch*) falta *f* de ideas; (*Konzeption*) falta *f* de originalidad; **pfiffige Einfälle darf man bei ihrer** ~ **nicht erwarten** no esperes de ella ideas fantásticas con la poca inventiva que tiene

ideenreich [iˈdeːən-] *adj* creativo; **Ideen-**

reichtum *m* <-s, *ohne pl*> inventiva *f*, facultad *f* imaginativa

Iden ['i:dən] *pl* (HIST) idus *mpl;* **die ~ des März** los idus de marzo

Identifikation [idɛntifika'tsjo:n] *f* <-, -en> (PSYCH) identificación *f;* **Identifikationsfigur** *f* <-, -en> (*fam*) personaje *m* de identificación

identifizieren* [idɛntifi'tsi:rən] **I.** *vt* identificar **II.** *vr:* **sich ~** identificarse

Identifizierung *f* <-, -en> (*Leiche, Täter*) identificación *f*

identisch [i'dɛntɪʃ] *adj* idéntico (*mit* a), individual (*mit* a) *And, CSur*

Identität [idɛnti'tɛ:t] *f* <-, -en> identidad *f;* **seine ~ nachweisen** identificarse; **Identitätskarte** *f* <-, -n> (*Schweiz: Personalausweis*) carné *m* de identidad; **Identitätskrise** *f* <-, -n> crisis *f inv* de identidad; **Identitätsnachweis** *m* <-es, -e> prueba *f* de identidad; **Identitätstäuschung** *f* <-, -en> (JUR) engaño *m* de identidad; **Identitätsverlust** *m* <-(e)s, -e> (PSYCH) pérdida *f* de identidad

Ideologe, -in [ideo'lo:gə] *m, f* <-n, -n; -, -nen> ideólogo, -a *m, f*

Ideologie [ideolo'gi:] *f* <-, -n> ideología *f;* **Ideologiekritik** *f* <-, -en> (SOZIOL) crítica *f* ideológica; **ideologiekritisch** *adj* (SOZIOL) de la crítica ideológica

Ideologin *f* <-, -nen> *s.* **Ideologe**

ideologisch *adj* ideológico

Idiom [i'djo:m] *nt* <-s, -e> (LING) **1.** (*Jargon*) idiolecto *m* **2.** (*Wendung*) giro *m*

Idiomatik *f* <-, *ohne pl*> **1.** (LING) idiomática *f* **2.** (*Redewendungen*) expresiones *fpl* idiomáticas

idiomatisch [idjo'ma:tɪʃ] *adj* (LING) idiomático; **~e Wendung** giro idiomático

idiomorph [idjo'mɔrf] *adj* (GEO) idiomorfo

Idiot(in) [i'djo:t] *m(f)* <-en, -en; -, -nen> (*fam abw*) idiota *mf*, merlo *m Am;* **Idiotenhügel** *m* <-s, -> (*fam hum*) pista *f* de esquí para principiantes; **er fuhr nicht einmal den ~ hinunter** no se atrevió ni tan siquiera con la pista para principiantes; **idiotensicher I.** *adj* (*fam hum: Verschluss*) superfácil de manejar; **die ~ere Gebrauchsanweisung verstehst du auch** estas instrucciones de uso son supersencillas y también las entenderás tú **II.** *adv* (*fam*) sin problemas; **die Fernbedienung lässt sich ~ handhaben** el mando a distancia es superfácil de manejar

Idiotie [idjo'ti:] *f* <-, -n> **1.** (MED) idiocia *f*, idiotez *f* **2.** (*fam abw: Dummheit*) idiotez *f*

Idiotin *f* <-, -nen> *s.* **Idiot**

idiotisch *adj* (*fam abw*) idiota

Idol [i'do:l] *nt* <-s, -e> ídolo *m*

Idyll *nt* <-s, -e>, **Idylle** [i'dʏlə] *f* <-, -n> idilio *m*

idyllisch *adj* idílico

i.e. *Abk. von* **id est** (**das heißt**) i.e.

IE [i:'ʔe:] *f* (CHEM) *Abk. von* **Internationale Einheit** Unidad *f* Internacional

Ifo ['i:fo] *Abk. von* **Institut für Wirtschaftsforschung** instituto *m* de investigación económica

IG [i:'ge:] *f* **1.** *Abk. von* **Industriegewerkschaft** sindicato *m* industrial **2.** *Abk. von* **Interessengemeinschaft** comunidad *f* de intereses

Igel ['i:gəl] *m* <-s, -> (ZOOL) erizo *m*

igitt(igitt) [i'gɪt(igɪt)] *interj* (*reg*) ¡puaj!, ¡qué asco!

Iglu ['i:glu] *m o nt* <-s, -s> iglú *m*

Ignorant(in) [igno'rant, ɪgno'rant] *m(f)* <-en, -en; -, -nen> (*abw*) ignorante *mf*

Ignoranz *f* <-, *ohne pl*> (*abw*) ignorancia *f*

ignorieren* *vt* ignorar, no hacer caso (a/de), pasar por alto (de)

Iguana [i'gu̯a:na] *f* <-, -s> (ZOOL) iguana *f*, caimán *m Bol*

IHK [i:ha:'ka:] *f Abk. von* **Industrie- und Handelskammer** Cámara *f* de Industria y Comercio

ihm [i:m] *pron pers dat von* **er, es** le; (*betont: Mensch*) a él… (le); (*mit Präposition: Mensch*) él; **sie hat ~ nichts gesagt** no le ha dicho nada; **bleibt das Fahrrad da? – ja, da kann ~ nichts passieren** ¿la bici se queda ahí? – sí, ahí no puede pasarle nada; **~ kommt so etwas gar nicht lustig vor** a él una cosa así no le parece divertida; **hinter/vor/unter/über ~** detrás/delante/debajo/encima de él; **neben ~** a su lado; **mit ~** con él; **das Auto gehört ~** el coche es suyo; **heute gehen wir zu ~/sind wir bei ~ zum Essen eingeladen** hoy vamos a su casa/estamos invitados a comer en su casa; **ein Freund von ~** un amigo suyo; **das Problem ist ~ zu groß geworden** el problema se le ha hecho demasiado grande

ihn [i:n] *pron pers 3. Sg m akk von* **er** lo; (*betont: Mensch*) a él… (le, lo) *Am;* (*betont*) a él… (lo, le); **ich treffe ~ heute Abend** le [*o* lo] veo esta noche; **was hälst du von diesem Artikel? – ich habe ~ noch nicht gelesen** ¿qué te parece este artículo? – aún no lo he leído; **sie ist nett, aber ~ kann ich echt nicht leiden** ella es maja, pero a él de verdad que no lo aguanto; **den Kuchen habe ich für ~ gebacken** el pastel lo he hecho para él

ihnen ['i:nən] *pron pers mfpl dat von* **sie** les; (*betont: Mensch*) a ellos/ellas… (les); (*mit Präposition: Menschen*) ellos/ellas; **niemand half ~** no les ayudó nadie; **stehen deine Blumen immer draußen? – ja, die frische Luft tut ~ gut** ¿siempre tienes las plantas fuera? – sí, el aire fresco les sienta bien; **~ wäre das zu teuer** a ellos/ellas les resultaría demasiado caro; **hinter/vor/unter/über ~** detrás/delante/debajo/encima de ellos/ellas; **neben ~** a su lado; **mit ~** con ellos/ellas; **ein Freund von ~** un amigo suyo; **das Haus gehört ~** la casa es suya; **bei ~ wird immer gut gegessen** en su casa siempre se come bien;

ich möchte mal zu ~ me gustaría ir alguna vez a su casa; **die Tochter ist ~ ins Kloster gegangen** se les ha ido la hija al convento

Ihnen *pron pers* (*Höflichkeitsform*) *dat von* **Sie** le *sg,* les *pl;* (*betont*) a usted… (le)/a ustedes… (les), a Ud.… (le)/a Uds.… (les); (*mit Präposition*) usted/ustedes, Ud./Uds.; **wir wollten ~ eine Freude machen** queríamos darle/darles una alegría; **~ hätte es bestimmt auch gefallen** a Ud./Uds. seguro que también le/les habría gustado; **hinter/vor/unter/über ~** detrás/delante/debajo/encima de Ud./Uds.; **neben ~** a su lado; **mit ~** con Ud./Uds.; **ein Freund von ~** un amigo suyo; **gehört ~ dieser Hund?** ¿es suyo este perro?; **wohnen Ihre Kinder noch bei ~?** ¿sus hijos viven todavía en su casa?; **wenn Sie nicht kommen können, gehen wir gerne zu ~** si no puede/pueden venir Ud./Uds., iremos con mucho gusto a su casa

ihr [iːɐ] **I.** *pron pers* **1.** *2. pl mf* vosotros *mpl,* vosotras *fpl,* ustedes *Am;* **~ beiden/drei** vosotros/vosotras dos/tres; **~ Lieben!** ¡queridos/queridas! **2.** *dat von sg* **sie** le; (*betont: Mensch*) a ella… (le); (*mit Präposition: Mensch*) ella; **ich habe ~ noch nichts gegeben** todavía no le he dado nada; **lässt du die Soße in der Sonne? schadet ~ die Hitze nicht?** ¿dejas la salsa al sol? ¿no le afecta el calor?; **~ solltest du was Besseres anbieten** a ella deberías ofrecerle algo mejor; **hinter/vor/unter/über ~** detrás/delante/debajo/encima de ella; **neben ~** a su lado; **mit ~** con ella; **ein Freund von ~** un amigo suyo; **wem gehört das Bild? – ~** ¿de quién es el cuadro? – suyo; **gehst du häufig zu ~?** ¿vas mucho a su casa?; **bei ~ war ich noch nie** no he estado nunca en su casa; **ich soll dich von ~ grüßen** me ha dicho que te salude de su parte **II.** *pron poss s.* **ihr, ihre, ihr**

ihr, ihre, ihr *pron poss* (*adjektivisch*) su *sg,* sus *pl;* (*einer Frau*) de ella; (*mehrerer Menschen*) de ellos/ellas; **~ Unterricht/Projekt** su clase/proyecto; **~e Tochter/Bekannten** su hija/sus conocidos; **sie macht/machen viel aus ~em Urlaub/~er Zeit/~en Möglichkeiten** saca/sacan mucho partido de sus vacaciones/su tiempo/sus posibilidades

Ihr, Ihre, Ihr *pron poss* (*adjektivisch: Höflichkeitsform*) su *sg,* sus *pl;* (*einer Person*) de usted, de Ud.; (*mehrerer Menschen*) de ustedes, de Uds.; **~ Beruf/Kind** su profesión/hijo; **~e Zeit/Schuhe** su tiempo/sus zapatos; **was halten Sie von ~em Kollegen/~er Chefin/~en Mitbürgern?** ¿qué opina Ud./opinan Uds. de su compañero/su jefa/sus conciudadanos?

ihre(r, s) [ˈiːrə, -rɐ, -rəs] *pron poss substantivisch* (el) suyo *m,* (la) suya *f,* (los) suyos *mpl,* (las) suyas *fpl;* (*einer Frau*) de ella; (*mehrerer Menschen*) de ellos/ellas; **dieses Geschenk ist ~s** este regalo es (el) suyo; **unsere Kinder sind mit ~n befreundet** nuestros hijos son amigos de los suyos; *s. a.* **ihr, ihre, ihr**

Ihre(r, s) *pron poss* (*substantivisch: Höflichkeitsform*) (el) suyo *m,* (la) suya *f,* (los) suyos *mpl,* (las) suyas *fpl;* (*einer Person*) de usted, de Ud.; (*mehrerer Menschen*) de ustedes, de Uds.; **ist dieser Wagen ~r?** ¿es suyo este coche?; **unser Haus ist doch nicht so groß wie ~s** nuestra casa no es tan grande como la suya; *s. a.* **Ihr, Ihre, Ihr**

ihrer [ˈiːrɐ] *pron pers* **1.** *gen von sg* **sie** de ella **2.** *pl gen von pl* **sie** de ellos/ellas

Ihrer *pron pers gen von* **Sie** (*Höflichkeitsform*) de usted *sg,* de ustedes *pl*

ihrerseits [ˈiːrɐzaɪts] *adv* **1.** *Sg* por parte de ella, por su parte; **sie hat sich ~ anders entschlossen** ella por su parte ha tomado otra decisión **2.** *pl* por parte de ellos/de ellas, por su parte; **wenn sie ~ nichts dagegen einzuwenden haben** si ellos/ellas por su parte no tienen nada que objetar

Ihrerseits *adv* **1.** *Sg* por parte de usted, por su parte **2.** *pl* por parte de ustedes, por su parte

ihresgleichen [ˈ--ˈ--] *pron indef* sus semejantes, de su condición; **er hatte noch nie ~ kennen gelernt** nunca había conocido a una chica como ella; **sie fühlen sich nur unter ~ wohl** sólo se sienten a gusto entre los de su clase

Ihresgleichen *pron indef* sus semejantes, de su condición; **~ benimmt sich anders** las personas como Ud./Uds. se comportan de otra manera

ihrethalben *adv* (*alt*) *s.* **ihretwegen**

Ihrethalben *adv* (*alt*) *s.* **Ihretwegen**

ihretwegen [ˈiːrətˈveːgən] *adv* **1.** *Sg* por ella; **ich habe es nur ~ getan** lo hice solamente por ella **2.** *pl* por ellos, por ellas; **es ist ~ geschehen** pasó por culpa de ellos/de ellas, pasó por su culpa

Ihretwegen *adv* **1.** *Sg* por usted **2.** *pl* por ustedes

ihretwillen [ˈiːrətˈvɪlən] *adv* **1.** *Sg:* **um ~** por consideración a ella, por ella **2.** *pl:* **um ~** por consideración a ellos/a ellas, por ellos/por ellas

Ihretwillen *adv* **1.** *Sg:* **um ~** por consideración a usted, por usted **2.** *pl:* **um ~** por consideración a ustedes, por ustedes

ihrige *pron poss geh für* **ihre(r, s)**: **der/die/das ~** el suyo/la suya; (*einer Frau*) el/la de ella; (*mehrerer Menschen*) el/la de ellos/ellas; **die ~n** los suyos/las suyas; (*einer Frau*) los/las de ella; (*mehrerer Menschen*) los/las de ellos/ellas

Ihrige *pron poss* (*Höflichkeitsform*) *geh für* **Ihre(r, s)**: **der/die/das ~** el suyo/la suya, el/la de usted *sg,* el/la de ustedes *pl;* **die ~n** los suyos/las suyas, los/las de usted *sg,* los/las de ustedes *pl*

i.J. *Abk. von* **im Jahre**: **~ 1807** en el año 1807

Ikone [iˈkoːnə] *f* <-, -n> icono *m;* **Ikonenwand** *f* <-, -wände> iconostasio *m*

IKRK [iːkaːʔɛrˈkaː] *nt Abk. von* **Internationa-**

les Komitee vom Roten Kreuz Comité *m* Internacional de la Cruz Roja

Ikterus ['ɪkterʊs] *m* <-, *ohne pl*> (MED) ictericia *f*

illegal ['ɪlega:l] *adj* ilegal

Illegalität *f* <-, -en> ilegalidad *f*

illegitim ['ɪlegiti:m] *adj* ilegítimo

illiquid ['ɪlikvi:t] *adj* (FIN) ilíquido

Illit *m* <-s, -e> (GEO) illita *f*

illoyal ['ɪlɔɪa:l] *adj* (*geh*) desleal

Illoyalität *f* <-, *ohne pl*> (*geh*) deslealtad *f*

Illumination [ɪlumina'tsjo:n] *f* <-, -en> (*a.* REL) iluminación *f*

illuminieren* *vt* (*a.* KUNST) iluminar

Illusion [ɪlu'zjo:n] *f* <-, -en> ilusión *f*; **sich der ~ hingeben, dass ...** hacerse la ilusión de que...; **sich** *dat* **über etw (keine) ~en machen** (no) hacerse ilusiones sobre algo; **jdm die ~en rauben** quitar la ilusión a alguien

illusionär [ɪluzjo'nɛ:ɐ] *adj* utópico, irreal

illusionslos *adj* desilusionado

illusorisch [ɪlu'zo:rɪʃ] *adj* ilusorio; (*trügerisch*) engañoso; **es ist völlig ~ zu glauben, dass ...** es totalmente ilusorio pensar que... +*ind/subj*

illuster [ɪ'lʊstɐ] *adj* (*geh*) ilustre

Illustration [ɪlʊstra'tsjo:n] *f* <-, -en> ilustración *f*

illustrativ [ɪlʊstra'ti:f] *adj* (*anschaulich*) ilustrativo

Illustrator(in) [ɪlʊs'tra:to:ɐ] *m(f)* <-s, -en; -, -nen> ilustrador(a) *m(f)*

illustrieren* [ɪlʊs'tri:rən] *vt* ilustrar

Illustrierte [ɪlʊs'tri:ɐtə] *f* <-n, -n> revista *f*

Illustrierung *f* <-, -en> ilustración *f*

Iltis ['ɪltɪs] *m* <-ses, -se> (ZOOL) turón *m*

im [ɪm] = **in dem** en el/en la; **~ Haus/Garten** en la casa/en el jardín; **~ Gehen** al andar, andando; **~ Liegen/Sitzen** acostado/sentado; *s. a.* **in**

IM [i:'ʔɛm] *mf* <-(s), -(s); -, -(s)> *Abk. von* **informelle(r) Mitarbeiter(in)** colaborador(a) *m(f)* informal (*del Servicio de Seguridad del Estado (STASI) de la República Democrática Alemana*)

Image ['ɪmɪtʃ] *nt* <-(s), -s> imagen *f* (pública), prestigio *m*; **Imagepflege** *f* <-, *ohne pl*> cuidado *m* de la imagen [*o* del prestigio]; **~ betreiben** cultivar el cuidado de la imagen; **Imageverlust** *m* <-(e)s, -e> pérdida *f* de la imagen [*o* del prestigio]

imaginär [imagi'nɛ:ɐ] *adj* imaginario

Imagination [imagina'tsjo:n] *f* <-, -en> (*geh*) imaginación *f*

Imam [i'ma:m] *m* <-s, -e> (REL) imam *m*, imán *m*

Imbiss[RR] ['ɪmbɪs] *m* <-es, -e>, **Imbiß** *m* <-sses, -sse> **1.** (*Häppchen*) piscolabis *m inv*, colación *f*, ≈tapa *f*, causa *f Chil, Peru* **2.** (*Verkaufsstelle*) bar *m*, snack-bar *m*; **Imbissstand**[RR] *m* <-(e)s, -stände> merendero *m*, chiringuito *m*; **Imbissstube**[RR] *f* <-, -n> bar *m*, snack-bar *m*

Imitat [imi'ta:t] *nt* <-(e)s, -e> imitación *f*

Imitation [imita'tsjo:n] *f* <-, -en> imitación *f*

Imitator(in) [imi'ta:to:ɐ] *m(f)* <-s, -en; -, -nen> imitador(a) *m(f)*

imitieren* [imi'ti:rən] *vt* imitar

Imker(in) ['ɪmkɐ] *m(f)* <-s, -; -, -nen> apicultor(a) *m(f)*, colmenero, -a *m, f*

Imkerei[1] *f* <-, *ohne pl*> (*Tätigkeit*) apicultura *f*

Imkerei[2] *f* <-, -en> (*Betrieb*) establecimiento *m* de apicultura

Imkerin *f* <-, -nen> *s.* **Imker**

immanent [ɪma'nɛnt] *adj* (PHILOS) inmanente

Immanenz [ɪma'nɛnts] *f* <-, *ohne pl*> (PHILOS) inmanencia *f*

immateriell ['ɪmaterjɛl, ---'-] *adj* inmaterial

Immatrikulation [ɪmatrikula'tsjo:n] *f* <-, -en> matriculación *f*, matrícula *f*

immatrikulieren* [ɪmatriku'li:rən] **I.** *vt* **1.** (UNIV: *einschreiben*) matricular (*für* en), inscribir (*für* en) **2.** (*Schweiz: Fahrzeug zulassen*) matricular **II.** *vr:* **sich ~** (UNIV) matricularse (*für* en), inscribirse (*für* en)

Imme ['ɪmə] *f* <-, -n> (*geh: Biene*) abeja *f*

immens [ɪ'mɛns] *adj* inmenso

immer ['ɪmɐ] *adv* siempre; (*unaufhörlich*) continuamente, permanentemente; **es ist ~ dasselbe** siempre ocurre lo mismo; **für ~** para siempre; **~ mit der Ruhe!** ¡con calma!; **~ geradeaus** todo seguido; **sie arbeitet ~ noch dort** sigue trabajando ahí; **er ist ~ noch nicht da** aún [*o* todavía] no ha llegado; **~ wenn ...** siempre que...; **~ wieder** siempre de nuevo; **wie ~** como siempre; **~ besser** cada vez mejor; **~ mehr** cada vez más; **~ drei auf einmal** de tres en tres; **wer auch ~ ...** quienquiera que... +*subj*; **was auch ~** sea lo que sea; **wo/wie auch ~ ...** dondequiera/comoquiera que... +*subj*; **~ mal** (*fam*) de vez en cuando

immerdar *adv* (*geh*) para siempre; **er wollte ihr ~ die Treue halten** quería serle fiel hasta el fin de sus días

immerfort ['--'-] *adv* continuamente, ininterrumpidamente

immergrün *adj* perenne

Immergrün *nt* <-s, -e> (BOT) siempreviva *f*

immerhin ['--'-] *adv* por lo menos, al fin y al cabo

immerwährend *adj* (*geh*) perpetuo

immerzu ['--'-] *adv* (*fam*) continuamente, sin interrupción

Immigrant(in) [ɪmi'grant] *m(f)* <-en, -en; -, -nen> inmigrante *mf*

Immigration [ɪmigra'tsjo:n] *f* <-, -en> inmigración *f*

immigrieren* *vi sein* inmigrar

Immissionen [ɪmɪ'sjo:nən] *fpl* inmisiones *fpl*

Immissionsschaden *m* <-s, -schäden> (ÖKOL) daño *m* por inmisión; **Immissions-**

schutz *m* <-es, *ohne pl*> protección *f* contra las inmisiones

immobil *adj* (*geh*) inmóvil; **ohne Auto bin ich ~** sin coche no puedo ir a ninguna parte

Immobiliarbesitz [ɪmobi'lja:ɐ-] *m* <-es, *ohne pl*> propiedad *f* inmueble; **Immobiliarkredit** *m* <-(e)s, -e> (FIN) crédito *m* inmobiliario

Immobilien [ɪmo'bi:liən] *fpl* (bienes *mpl*) inmuebles *mpl;* **Immobilienbesitz** *m* <-es, *ohne pl*> propiedad *f* inmueble; **Immobilienfonds** *m* <-, -> (FIN) fondo *m* inmobiliario; **Immobiliengesellschaft** *f* <-, -en> (WIRTSCH) sociedad *f* inmobiliaria; **Immobilienhändler(in)** *m(f)* <-s, -; -, -nen> agente *mf* de la propiedad inmobiliaria, **Immobilienholding** *f* <-, -s> (WIRTSCH) holding *m* inmobiliario; **Immobilienmakler(in)** *m(f)* <-s, -; -, -nen> agente *mf* inmobiliario, -a; **Immobilienmarkt** *m* <-(e)s, -märkte> mercado *m* inmobiliario; **Immobilienverwaltung** *f* <-, -en> administración *f* de fincas

Immortelle [ɪmɔr'tɛlə] *f* <-, -n> (BOT) perpetua *f*

immun [ɪ'mu:n] *adj* (MED, JUR) inmune (*gegen* a/contra); **Immunabwehr** *f* <-, *ohne pl*> resistencia *f* inmunológica [*o* inmunitaria]

Immundefekt *m* <-(e)s, -e> (MED) defecto *m* de inmunidad; **Immundefekt-Virus** *nt o m* <-, -Viren> (MED) virus *m inv* de defecto de inmunidad

Immunglobulin [ɪ'mu:nglobuli:n] *nt* <-s, -e> (MED) inmunoglobulina *f*

immunisieren* [ɪmuni'zi:rən] *vt* (MED) inmunizar (*gegen* contra)

Immunisierung *f* <-, -en> (MED) inmunización *f* (*gegen* contra)

Immunität *f* <-, -en> (MED, JUR) inmunidad *f* (*gegen* a/contra); **erworbene/natürliche ~** inmunidad adquirida/natural; **diplomatische ~** inmunidad diplomática; **parlamentarische ~ genießen** gozar de inmunidad parlamentaria; **jds ~ aufheben** levantar la inmunidad de alguien

Immunkörper *m* <-s, -> cuerpo *m* inmune

Immunologe, -in [ɪmuno'lo:gə] *m, f* <-n, -n; -, -nen> (MED) inmunólogo, -a *m, f*

immunologisch *adj* (MED) inmunológico

Immunschwäche *f* <-, -n> (MED) inmunodeficiencia *f;* **Immunschwächekrankheit** *f* <-, -en> (MED) enfermedad *f* por inmunodeficiencia

Immunserum *nt* <-s, -sera *o* -seren> (MED) suero *m* inmune; **Immunsystem** *nt* <-s, -e> (MED) sistema *m* inmunológico [*o* inmunitario]; **Immuntherapie** *f* <-, -n> (MED) inmunoterapia *f*

Impedanz [ɪmpe'dants] *f* <-, -en> (ELEK) impedancia *f*

imperativ *adj* imperativo; **~es Mandat** (POL) mandato imperativo; **etw ~ verlangen** exigir algo de forma imperativa

Imperativ ['ɪmperati:f] *m* <-s, -e> (LING) imperativo *m*

Imperator [ɪmpe'ra:to:ɐ] *m* <-s, -en> (HIST) emperador *m*

Imperfekt ['ɪmpɛrfɛkt] *nt* <-s, -e> (LING) imperfecto *m*

Imperialismus [ɪmperia'lɪsmʊs] *m* <-, *ohne pl*> imperialismo *m;* **Imperialismustheorie** *f* <-, -n> (POL) teoría *f* del imperialismo

Imperialist(in) *m(f)* <-en, -en; -, -nen> imperialista *mf*

imperialistisch *adj* imperialista

Imperium [ɪm'pe:riʊm, *pl:* ɪm'pe:riən] *nt* <-s, Imperien> (*geh*) imperio *m*

impermeabel [ɪmpɛrme'a:bəl] *adj* (MED) impermeable

impertinent [ɪmpɛrti'nɛnt] *adj* (*geh*) impertinente

Impertinenz [ɪmpɛrti'nɛnts] *f* <-, -en> (*geh*) insolencia *f*, impertinencia *f*

Impfausweis *m* <-es, -e> certificado *m* de vacunación

impfen ['ɪmpfən] *vt* vacunar (*gegen* contra); **bist du gegen Tetanus geimpft?** ¿estás vacunado contra el tétanos?

Impfling *m* <-s, -e> (MED) *persona que debe ser/que ha sido vacunada*

ImpfpassRR *m* <-es, -pässe> carnet *m* de vacunación; **Impfpflicht** *f* <-, *ohne pl*> vacunación *f* obligatoria; **Impfpistole** *f* <-, -n> pistola *f* de vacunar; **Impfschaden** *m* <-s, -schäden> secuelas *fpl* de la vacuna; **Impfschein** *m* <-(e)s, -e> certificado *m* de vacunación; **Impfstoff** *m* <-(e)s, -e> vacuna *f*

Impfung *f* <-, -en> vacunación *f*

Impfzwang *m* <-(e)s, *ohne pl*> (MED) vacunación *f* obligatoria

Implantat [ɪmplan'ta:t] *nt* <-(e)s, -e> (MED) injerto *m*

Implantation [ɪmplanta'tsjo:n] *f* <-, -en> (MED) implantación *f*, injerto *m*

implantieren* [ɪmplan'ti:rən] *vt* (TECH, MED) implantar

implementieren* [ɪmplemɛn'ti:rən] *vt* (INFOR) implementar

Implementierung *f* <-, -en> (INFOR) implementación *f*

implizieren* [ɪmpli'tsi:rən] *vt* implicar

implizit [ɪmpli'tsi:t] *adj* implícito; **etw ~ ausdrücken** expresar algo de manera implícita

implodieren* *vi sein* (TECH) implotar

Implosion *f* <-, -en> (TECH) implosión *f*

Imponderabilien [ɪmpɔndera'bi:liən] *pl* (*geh*) imponderables *mpl*, imprevisiones *fpl;* **auch die ~ müssen berücksichtigt werden** los imponderables también deben tenerse en cuenta

imponieren* [ɪmpo'ni:rən] *vi* imponer, infundir respeto; **es imponiert mir, wie sie das schafft** me impresiona cómo lo hace

imponierend *adj* (*Mensch*) impresionante,

imponente

Imponiergehabe [ɪmpoˈniːɐ-] *nt* <-s, *ohne pl*> pavoneo *m;* (*Angeberei*) presunción *f*

Import [ɪmˈpɔrt] *m* <-(e)s, -e> **1.** (*Wareneinfuhr*) importación *f* **2.** (*Waren*) importaciones *fpl* **3.** (INFOR) importación *f;* **Importabgaben** *fpl* (COM, FIN) derechos *mpl* de importación; **Importbeschränkung** *f* <-, -en> (WIRTSCH) limitación *f* de importaciones

Importeur(in) [ɪmpɔrˈtøːɐ] *m(f)* <-s, -e; -, -nen> importador(a) *m(f)*

Importfinanzierung *f* <-, -en> (COM, FIN) financiación *f* de las importaciones; **Importgenehmigung** *f* <-, -en> (COM, JUR) permiso *m* de importación

Importgut *nt* <-(e)s, -güter> (WIRTSCH) importaciones *fpl,* mercancía *f* importada; **Importhafen** *m* <-s, -häfen> (COM) puerto *m* de importación; **Importhandel** *m* <-s, *ohne pl*> (COM) comercio *m* de importación

importieren* [ɪmpɔrˈtiːrən] *vt* importar

Importkapazität *f* <-, -en> (COM) capacidad *f* de importación; **Importkonnossement** *nt* <-(e)s, -e> (COM) conocimiento *m* de importación; **Importkontingent** *nt* <-(e)s, -e> (COM) contingente *m* de importación; **Importlizenz** *f* <-, -en> (COM, JUR) licencia *f* de importación; **Importmonopol** *nt* <-s, -e> (COM) monopolio *m* de importación; **Importprämie** *f* <-, -n> (COM, FIN) prima *f* de importación; **Importquote** *f* <-, -n> (COM) cuota *f* de importación; **Importrestriktion** *f* <-, -en> (COM, POL) restricción *f* de la importación; **Importsubvention** *f* <-, -en> (COM, FIN, POL) subvención *f* a la importación; **Importziffer** *f* <-, -n> (COM) cifra *f* de importaciones; **Importzoll** *m* <-(e)s, -zölle> (WIRTSCH) derecho *m* de importación

imposant [ɪmpoˈzant] *adj* impresionante, imponente; (*iron*) ridículo

impotent [ˈɪmpotɛnt] *adj* impotente

Impotenz [ˈɪmpotɛnts] *f* <-, *ohne pl*> impotencia *f*

imprägnieren* [ɪmprɛˈgniːrən] *vt* impregnar; (*Stoff*) impermeabilizar

Imprägnierung *f* <-, -en> impermeabilización *f*

Impressen *pl von* **Impressum**

Impression [ɪmprɛˈsjoːn] *f* <-, -en> impresión *f,* sensación *f,* efecto *m*

Impressionismus [ɪmprɛsjoˈnɪsmʊs] *m* <-, *ohne pl*> (KUNST) impresionismo *m*

Impressionist(in) *m(f)* <-en, -en; -, -nen> (KUNST) impresionista *mf*

impressionistisch *adj* (KUNST) impresionista

Impressum [ɪmˈprɛsʊm] *nt* <-s, Impressen> (PUBL) pie *m* de imprenta

Improvisation [ɪmprovizaˈtsjoːn] *f* <-, -en> (*a.* MUS) improvisación *f*

Improvisator(in) [ɪmproviˈzaːtoːɐ] *m(f)* <-s, -en; -, -nen> improvisador(a) *m(f)*

improvisieren* [ɪmproviˈziːrən] *vt* improvisar

Impuls [ɪmˈpʊls] *m* <-es, -e> impulso *m;* **jdm/etw** *dat* **neue ~e geben** darle a alguien/algo un nuevo impulso; **Impulsgenerator** *m* <-s, -en> (ELEK) generador *m* de electricidad

impulsiv [ɪmpʊlˈziːf] *adj* impulsivo

Impulsmodulation *f* <-, -en> (INFOR, TEL) modulación *f* por codificación de impulsos; **Impulswahlverfahren** *nt* <-s, -> (TEL) marcación *f* por (codificación de) impulsos

imstande [ɪmˈʃtandə] *adv* capaz; **~ sein etw zu tun** ser capaz de hacer algo

in [ɪn] **I.** *präp +dat* **1.** (*wo*) en; (*darin*) dentro de; **~ Magdeburg/~ diesem Buch** en Magdeburgo/en este libro; **~ der Hand** en la mano; **~ der Schule** en el colegio; **~ Mathe ist er schwach** está flojo en mates; **gibt es das Kleid auch ~ Grün?** ¿tienen el vestido también en verde?; **~ einer bestimmten Absicht** con una intención determinada; **~ dieser Situation** en esta situación; **~ Betrieb sein** estar en funcionamiento; **die Klausur/der Schnaps hat es ~ sich** *dat* es todo un examen/un aguardiente **2.** (*zeitlich: während*) en, durante; (*binnen*) dentro de, en; **~ den Ferien** en las vacaciones; **~ drei Tagen kommt ihr Mann wieder** su marido vuelve dentro de tres días; **~ drei Jahren lernt man sich gut kennen** en tres años uno se llega a conocer bien; **~ der nächsten Woche** la semana que viene; **morgen ~ vierzehn Tagen** dentro de quince días; **im nächsten Jahr** (en) el año que viene; **im Jahr(e) 1977** en (el año) 1977; **~ der Nacht** por la noche; **im Januar** en enero **II.** *präp +akk* (*Richtung*) a; **~ die Schweiz/~s Ausland fahren** ir a Suiza/al extranjero; **wir ziehen ~ eine andere Stadt** nos mudamos a otra ciudad; **sie geht ~ den Garten/~s Kino** va al jardín/al cine; **ich gehe jetzt ~s Bett** me voy a la cama [*o* a acostar]; **~ (den) Urlaub fahren** ir(se) de vacaciones; **~ Gefahr/~ eine Falle geraten** correr peligro/caer en una trampa; **~s Rutschen geraten** resbalar **III.** *adj* (*fam*): **~ sein** estar de moda; **Tango ist wieder ~** el tango está otra vez de moda

In (CHEM) *Abk. von* **Indium** In

inaktiv [ˈɪnʔaktiːf] *adj* inactivo

inaktivieren* [ɪnʔaktiˈviːrən] *vt* inactivar; (INFOR) desactivar

Inaktivierung *f* <-, -en> (INFOR) desactivación *f*

Inaktivität *f* <-, *ohne pl*> (*a.* CHEM, MED) inactividad *f*

inakzeptabel *adj* inaceptable

Inangriffnahme [ɪnˈʔangrɪfnaːmə] *f* <-, -n> (*formal*) comienzo *m,* iniciación *f*

Inanspruchnahme [-ˈ----] *f* <-, -n> (*eines Gerätes*) uso *m,* utilización *f;* (*eines Hilfsmittels*) empleo *m;* (*eines Menschen*) ocupación *f*

Inbegriff [ˈɪnbəgrɪf] *m* <-(e)s, -e> encarnación *f,* prototipo *m*

inbegriffen ['----] *adj* incluido; **die Bedienung ist im Preis** ~ el servicio está incluido en el precio

Inbesitzhalten *nt* <-s, *ohne pl*> (JUR) retención *f;* **Inbesitznahme** *f* <-, -n> (*formal*) toma *f* de posesión

Inbetriebnahme [--'---] *f* <-, -n> puesta *f* en servicio; (*einer Maschine*) puesta *f* en marcha

Inbrunst ['ɪnbrʊnst] *f* <-, *ohne pl*> (*geh*) fervor *m,* ardor *m*

inbrünstig ['ɪnbrʏnstɪç] *adj* (*geh*) fervoroso, ferviente, ardiente

Inbusschlüssel® ['ɪnbʊs-] *m* <-s, -> (TECH) llave *f* con macho hexagonal; **Inbusschraube®** *f* <-, -n> (TECH) tornillo *m* con hembra hexagonal

Incoterms ['ɪŋkotœ:ms] *pl* (WIRTSCH) *Abk. von* **International Commercial Terms** incoterms *mpl*

Indefinitpronomen [ɪndefi'ni:t-, 'ɪndefini:t-] *nt* <-s, -> (LING) pronombre *m* indefinido

indem [ɪn'de:m] *konj* **1.** (*während*) mientras, al +*inf;* ~ **sie das sagte ...** (según iba) diciendo esto... **2.** (*dadurch dass*): **sie sparte Geld,** ~ **sie ihre Kleidung selbst machte** ahorraba dinero haciéndose ella misma la ropa

Inder(in) ['ɪndɐ] *m(f)* <-s, -; -, -nen> indio, -a *m, f* (de la India), hindú *mf fam;* **zum** ~ **essen gehen** ir al restaurante indio

indes *adv,* **indessen** [ɪn'dɛsən] *adv* **1.** (*inzwischen*) entretanto, mientras tanto **2.** (*jedoch*) sin embargo; **er blieb** ~ **lieber** él, sin embargo, prefirió quedarse

Index[1] ['ɪndɛks, *pl:* 'ɪnditse:s] *m* <-(es), -e *o* Indizes> (*Register*) índice *m*

Index[2] ['ɪndɛks, *pl:* 'ɪnditse:s] *m* <-(es), Indizes> (WIRTSCH, MATH, PHYS, LING) índice *m*

Index[3] ['ɪndɛks] *m* <-(es), -e> (REL) índice *m* (expurgatorio); **auf den** ~ **setzen/dem** ~ **stehen** poner/figurar en el índice de los libros prohibidos [*o* en el expurgatorio]

Indexbildung *f* <-, -en> (WIRTSCH) indexación *f;* **Indexlohn** *m* <-(e)s, -löhne> (WIRTSCH) salario *m* índice

Indianer(in) [ɪndi'anɐ] *m(f)* <-s, -; -, -nen> indígena *mf,* indio, -a *m, f* (americano, -a); **Indianerstamm** *m* <-(e)s, -stämme> tribu *f* india

indianisch *adj* indígena, indio

Indien ['ɪndiən] *nt* <-s> (la) India *f*

indifferent ['ɪndɪfərɛnt, ---'-] *adj* indiferente (*gegenüber* a)

Indifferenz ['ɪndɪfərɛnts] *f* <-, *ohne pl*> indiferencia *f* (*gegenüber* a), desinterés *m* (*gegenüber* frente a)

indigniert [ɪndi'gni:ɐt] *adj* (*geh*) indignado, enojado

Indigo ['ɪndigo] *m o nt* <-s, -s> índigo *m;* **indigoblau** ['---'-] *adj* azul índigo, azul añil

Indikation [ɪndika'tsjo:n] *f* <-, -en> (MED, JUR) indicación *f*

Indikativ ['ɪndikati:f] *m* <-s, -e> (LING) indicativo *m*

Indikator [ɪndi'ka:to:ɐ] *m* <-s, -en> indicador *m* (*für* de); **Indikatorbereich** *m* <-(e)s, -e> margen *m* del indicador; **Indikatorpflanze** *f* <-, -n> planta *f* indicadora

Indio ['ɪndjo] *m* <-s, -s> indígena *mf,* indio *m* (americano)

indirekt ['ɪndirɛkt] *adj* indirecto; ~**e Rede** estilo indirecto; ~**e Steuer/Wahl** impuesto/sufragio indirecto

indisch ['ɪndɪʃ] *adj* indio, de la India

indiskret ['ɪndɪskre:t] *adj* indiscreto

Indiskretion ['----, ---'-] *f* <-, -en> indiscreción *f;* **eine** ~ **begehen** cometer una indiscreción

indiskutabel ['-----, ---'--] *adj* indiscutible

Indium ['ɪndiʊm] *nt* <-s, *ohne pl*> (CHEM) indio *m*

Individualismus [ɪndividua'lɪsmʊs] *m* <-, *ohne pl*> individualismo *m*

Individualist(in) [ɪndividua'lɪst] *m(f)* <-en, -en; -, -nen> individualista *mf*

individualistisch *adj* individualista

Individualität *f* <-, -en> individualidad *f*

Individualverkehr *m* <-(e)s, *ohne pl*> (*formal*) circulación *f* individual

individuell [ɪndividu'ɛl] *adj* individual; **etw** ~ **gestalten** realizar algo individualmente

Individuendichte *f* <-, -n> (ÖKOL) densidad *f* de individuos

Individuum [ɪndi'vi:duʊm, *pl:* ɪndi'vi:duən] *nt* <-s, Individuen> individuo *m*

Indiz [ɪn'di:ts] *nt* <-es, -ien> indicio *m* (*für* de)

Indizes *pl von* **Index**[1], **Index**[2]

Indizienbeweis *m* <-es, -e> (JUR) prueba *f* basada en indicios; **Indizienprozess**[RR] *m* <-es, -e> (JUR) proceso *m* judicial indiciario [*o* basado en indicios]

indizieren* [ɪndi'tsi:rən] *vt* **1.** (MED) indicar **2.** (REL) poner en el índice (de libros prohibidos) **3.** (MATH) aplicar un índice (a) **4.** (INFOR) indexar

Indochina [ɪndo'çi:na] *nt* <-s> Indochina *f*

indoeuropäisch ['ɪndoʔɔɪro'pɛ:ɪʃ] *adj* (LING, HIST) indoeuropeo; **indogermanisch** ['---'--] *adj* (LING, HIST) indogermánico, indoeuropeo; **Indogermanistik** [ɪndogɛrma'nɪstɪk] *f* <-, *ohne pl*> (LING) lingüística *f* indoeuropea

Indoktrination *f* <-, -en> (*a.* POL: *abw*) adoctrinamiento *m*

indoktrinieren* [ɪndɔktri'ni:rən] *vt* (*abw*) adoctrinar, indoctrinar

Indonesien [ɪndo'ne:ziən] *nt* <-s> Indonesia *f*

Indonesier(in) *m(f)* <-s, -; -, -nen> indonesio, -a *m, f*

indonesisch *adj* indonesio

Indossament [ɪndɔsa'mɛnt] *nt* <-(e)s, -e> (FIN) endoso *m*

I

Indossant(in) [ɪndɔ'sant] *m(f)* <-en, -en; -, -nen> (FIN) endosante *mf*

Indossat(in) [ɪndɔ'sa:t] *m(f)* <-en, -en; -, -nen>, **Indossatar(in)** *m(f)* <-s, -e; -, -nen> (FIN) endosatario, -a *m, f*

indossieren* [ɪndɔ'si:rən] *vt* endosar

Induktanz [ɪndʊk'tants] *f* <-, *ohne pl*> (ELEK) inductancia *f*

Induktion [ɪndʊk'tsjo:n] *f* <-, -en> (ELEK, PHILOS) inducción *f*

induktiv [ɪnduk'ti:f] *adj* (ELEK, PHILOS) inductivo

Induktor [ɪn'dʊkto:ɐ] *m* <-s, -en> (PHYS) inductor *m*

industrialisieren* [ɪndʊstriali'zi:rən] *vt* industrializar; **hoch industrialisiert** altamente industrializado

Industrialisierung *f* <-, -en> industrialización *f*

Industrie [ɪndʊs'tri:] *f* <-, -n> industria *f;* **chemische/Metall verarbeitende ~** industria química/metalúrgica; **Industrieabfälle** *mpl* residuos *mpl* industriales, desechos *mpl* industriales; **Industrieabwasser** *nt* <-s, -wässer> aguas *fpl* residuales de la industria; **Industrieaktie** *f* <-, -n> acción *f* industrial; **Industrieanlage** *f* <-, -n> instalación *f* industrial, planta *f* industrial; **Industrieballung** *f* <-, -en> aglomeración *f* industrial; **Industriebereich** *m* <-(e)s, -e> área *f* industrial; **Industriebetrieb** *m* <-(e)s, -e> empresa *f* industrial; **staatseigener ~** empresa industrial del Estado; **Industriebörse** *f* <-, -n> bolsa *f* de mercancías (*sobre todo de la industria textil*); **Industriedesign** *nt* <-s, -s> diseño *m* industrial; **Industrieerzeugnis** *nt* <-ses, -se> producto *m* industrial [*o* manufacturado]; **Industriegebiet** *nt* <-(e)s, -e>, **Industriegelände** *nt* <-s, -> zona *f* industrial, polígono *m* industrial; **Industriegesellschaft** *f* <-, -en> sociedad *f* industrial; **Industriegewerkschaft** *f* <-, -en> sindicato *m* (obrero) industrial; **Industriekauffrau** *f* <-, -en> perito *f* industrial; **Industriekaufmann** *m* <-(e)s, -leute> perito *m* industrial; **Industriekomplex** *m* <-es, -e> complejo *m* industrial; **Industriekonzern** *m* <-s, -e> grupo *m* industrial; **Industrieland** *nt* <-(e)s, -länder> país *m* industrial; **Industrielandschaft** *f* <-, -en> paisaje *m* industrial

industriell [ɪndʊstri'ɛl] *adj* industrial; **die ~e Revolution** la revolución industrial; **~e Fertigung** fabricación industrial

Industrielle(r) [ɪndʊstri'ɛlɐ] *mf* <-n, -n; -n, -n> industrial *mf*

Industriemacht *f* <-, -mächte> potencia *f* industrial; **Industriemelanismus** *m* <-, -melanismen> (ÖKOL) melanismo *m* industrial; **Industriemesse** *f* <-, -n> feria *f* industrial; **Industriemüll** *m* <-s, *ohne pl*> residuos *mpl* industriales; **Industrienation** *f* <-, -en> país *m* industrializado; **Industrienorm** *f* <-, -en> (TECH) estándar *m* industrial; **Deutsche ~** Norma Industrial Alemana (*consejo regulador de estándar industrial en Alemania*); **Industriepark** *m* <-s, -s> parque *m* industrial; **Industrieproduktion** *f* <-, -en> producción *f* industrial; **Industrieroboter** *m* <-s, -> robot *m* industrial; **Industriesektor** *m* <-s, -en> sector *m* industrial; **Industriespionage** *f* <-, *ohne pl*> espionaje *m* industrial; **Industriestaat** *m* <-(e)s, -en> estado *m* industrializado; **Industriestadt** *f* <-, -städte> ciudad *f* industrial; **Industriestandort** *m* <-(e)s, -e> punto *m* (de concentración) industrial

Industrie- und Handelsbank *f* <-, -en> (FIN) banco *m* de industria y comercio

Industrie- und Handelskammer *f* <-, -n> Cámara *f* de Industria y Comercio

Industrieverband *m* <-(e)s, -bände> asociación *f* industrial; **Industrievereinigung** *f* <-, -en> organización *f* industrial; **Industriewirtschaft** *f* <-, -en> economía *f* industrial; **Industriezentrum** *nt* <-s, -zentren> centro *m* industrial; **Industriezone** *f* <-, -n> zona *f* industrial; **Industriezweig** *m* <-(e)s, -e> ramo *m* de (la) industria, sector *m* industrial

induzieren* [ɪndu'tsi:rən] *vt* (PHILOS, MED, ELEK) inducir

ineffektiv ['ɪn-] *adj* inefectivo, ineficaz

ineffizient *adj* ineficiente, ineficaz

Ineffizienz *f* <-, -en> ineficiencia *f,* ineficacia *f*

ineinander [ɪn(ʔ)aɪ'nandɐ] *adv* uno en otro; **sich ~ verlieben** enamorarse uno del otro;

ineinander|greifen *irr vi s.* **greifen I.1.**;

ineinander|schieben *irr vt s.* **schieben I.2.**

inert [i'nɛrt] *adj* inerte; **~es Gas** gas inerte

infam [ɪn'fa:m] *adj* (*abw*) infame

Infamie [ɪnfa'mi:] *f* <-, -n> (*abw*) infamia *f*

Infanterie [ɪnfantə'ri:, '----] *f* <-, -n> (MIL) infantería *f;* **Infanterieregiment** *nt* <-(e)s, -er> (MIL) regimiento *m* de infantería

Infanterist [ɪnfantə'rɪst] *m* <-en, -en> (MIL) soldado *m* de infantería

infantil [ɪnfan'ti:l] *adj* (PSYCH) infantil; (*abw*) infantiloide, infantil

Infarkt [ɪn'farkt] *m* <-(e)s, -e> (MED) infarto *m*

Infekt [ɪn'fɛkt] *m* <-(e)s, -e> (MED) infección *f;* **ein grippaler ~** una infección gripal

Infektion [ɪnfɛk'tsjo:n] *f* <-, -en> (MED) infección *f;* **Infektionsgefahr** *f* <-, -en> (MED) peligro *m* de infección; **Infektionsherd** *m* <-(e)s, -e> (MED) foco *m* infeccioso; **Infektionskrankheit** *f* <-, -en> (MED) enfermedad *f* infecciosa

infektiös [ɪnfek'tsjø:s] *adj* (MED) infeccioso

infernalisch [ɪnfɛr'nɑ:lɪʃ] **I.** *adj* (*geh*) **1.** (*Geheul*) infernal; (*Gelächter*) maldito, endemoniado **2.** (*Gestank*) apestoso, que huele a demonios **II.** *adv* (*geh*) **1.** (*lachen*) de forma siniestra [*o* diabólica] **2.** (*stinken*) a demonios

Inferno [ɪn'fɛrno] *nt* <-s, *ohne pl*> infierno *m*

Infertilität [----'-, '-----] *f* <-, *ohne pl*> (MED) infecundidad *f*

Infestation [ɪnfɛsta'tsjoːn] *f* <-, -en> infestación *f*

Infiltration [ɪnfɪltra'tsjoːn] *f* <-, -en> (POL, GEO, MED) infiltración *f*; **Infiltrationskapazität** *f* <-, -en> capacidad *f* de infiltración

infiltrieren* [ɪnfɪl'triːrən] *vt* (*geh*) **1.** (*a.* MED, TECH) infiltrar, infiltrarse (en) **2.** (*unterwandern*) infiltrar(se) (en)

Infinitiv ['ɪnfinitiːf] *m* <-s, -e> (LING) infinitivo *m*

infizieren* [ɪnfi'tsiːrən] **I.** *vt* (MED) infectar, contagiar; (INFOR) contaminar (*con un virus informático*) **II.** *vr:* **sich ~** (MED) **1.** (*krank werden*) contagiarse **2.** (*sich anstecken*) coger *fam;* **sie hat sich mit Aids infiziert** ha cogido el sida

in flagranti [ɪn fla'granti] *adv* in fraganti

Inflation [ɪnfla'tsjoːn] *f* <-, -en> (WIRTSCH) inflación *f;* **galoppierende/schleichende ~** inflación galopante/reptante; **die ~ eindämmen** detener la inflación

inflationär [ɪnflatsjo'nɛːɐ] *adj* (WIRTSCH) inflacionista, inflacionario; **~e Geldpolitik** política monetaria inflacionista

inflationistisch *adj* (POL, WIRTSCH: *inflationär*) inflacionario; (*des Inflationismus*) inflacionista; **sich ~ entwickeln** desarrollarse con tendencia inflacionista; **sich ~ auswirken** tener consecuencias inflacionarias

Inflationsbarometer *nt* <-s, -> barómetro *m* de la inflación; **Inflationsdruck** *m* <-(e)s, *ohne pl*> presión *f* inflacionaria; **Inflationserscheinung** *f* <-, -en> fenómeno *m* inflacionario; **Inflationsmarge** *f* <-, -n> margen *m* de inflación; **Inflationsrate** *f* <-, -n> (WIRTSCH) tasa *f* de inflación; **Inflationsspirale** *f* <-, -n> (WIRTSCH) espiral *f* inflacionista

inflatorisch [ɪnfla'toːrɪʃ] *adj* (WIRTSCH) inflacionario

inflexibel *adj* (*geh*) inflexible, rígido; **so ~ wie du bist, findest du nie eine Anstellung** con lo inflexible que eres no encontrarás nunca un empleo

Infloreszenz [ɪnflorɛs'tsɛnts] *f* <-, -en> (BOT) inflorescencia *f*

Influenzavirus [ɪnflu'ɛntsa-] *nt o m* <-, -viren> (MED) virus *m inv* de la gripe

Info ['ɪnfo] *nt* <-s, -s> (*fam*) folleto *m* (informativo); **Infobahn** *f* <-, -en> (INFOR, TEL) autopista *f* de la información

infolge [ɪn'fɔlgə] *präp +gen* a [*o* como] consecuencia de, a [*o* por] causa de; **~ eines Unfalls** como consecuencia de un accidente; **~ Nebels** a causa de la niebla

infolgedessen [---'--] *adv* en consecuencia, por consiguiente

Informant(in) [ɪnfɔr'mant] *m(f)* <-en, -en; -, -nen> informante *mf,* informador(a) *m(f)*

Informatik [ɪnfɔr'maːtɪk] *f* <-, *ohne pl*> informática *f*

Informatiker(in) [ɪnfɔr'maːtikɐ] *m(f)* <-s, -; -, -nen> informático, -a *m, f*

Information [ɪnfɔrma'tsjoːn] *f* <-, -en> **1.** (*Nachricht*) información *f* (*über* sobre); **fehlende ~** falta de información; **das Recht der Bürger auf ~** el derecho de los ciudadanos a la información; **zu Ihrer ~** para su información; **nach neuesten ~en** según información reciente; **die genetische ~** la información genética **2.** (*Empfang*) información *f;* **wenden Sie sich bitte an die ~** diríjase a información, por favor

informationell [ɪnfɔrmatsjo'nɛl] *adj* informativo

Information Highway [ɪnfɔr'mɛɪʃənhaɪwɛɪ] *m* <- -s, – -s> (INFOR) autopista *f* de la información

Informationsaustausch *m* <-(e)s, *ohne pl*> intercambio *m* de información; **Informationsblatt** *nt* <-(e)s, -blätter> hoja *f* de información [*o* informativa]; **Informationsdienst** *m* <-(e)s, -e> servicio *m* de información; **Informationsfluss**[RR] *m* <-es, *ohne pl*> flujo *m* de comunicaciones; **Informationsflut** *f* <-, -en> avalancha *f* de información; **Informationsgesellschaft** *f* <-, -en> sociedad *f* de la información; **Informationsindustrie** *f* <-, -n> industria *f* de la información; **Informationsmaterial** *nt* <-s, -ien> material *m* informativo; **Informationsquelle** *f* <-, -n> fuente *f* de información

Informationsstand[1] *m* <-(e)s, *ohne pl*> (*Kenntnisstand*) nivel *m* informativo

Informationsstand[2] *m* <-(e)s, -stände> (*Auskunftsschalter*) (stand *m* de) información *f*

Informationssystem *nt* <-s, -e> (INFOR) sistema *m* de información; **Informationstechnik** *f* <-, *ohne pl*> técnica *f* de la información; **Informationstechnologie** *f* <-, -n> tecnología *f* de la información

Information Superhighway [ɪnfɔr'mɛɪʃən'sjuːpɐhaɪwɛɪ] *m* <- -s, – -s> (INFOR) superautopista *f* de la información

Informationsverbreitung *f* <-, *ohne pl*> difusión *f* de información; **Informationsvorsprung** *m* <-(e)s, -sprünge> adelanto *m* de informaciones

informativ [---'-] *adj* informativo

Informator(in) [ɪnfɔr'maːtoːɐ] *m(f)* <-s, -en; -, -nen> informador(a) *m(f)*

informatorisch [ɪnfɔrma'toːrɪʃ] *adj* (*geh*) informativo

informell ['ɪnfɔrmɛl, --'-] *adj* **1.** (*ohne Formalitäten*) informal **2.** (*informatorisch*) informativo

informieren* [ɪnfɔr'miːrən] **I.** *vt* informar

(*über* sobre/de); **da bist du falsch informiert worden** te han informado mal; **(gut) informierte Kreise** círculos (bien) informados **II.** *vr:* **sich** ~ informarse (*über* sobre/de), enterarse (*über* de); **ich werde mich darüber** ~ me informaré sobre esto

Informierung *f* <-, -en> información *f*

infrageRR: ~ **kommen** entrar en consideración; **das kommt nicht** ~ (*ist ungeeignet*) esto no se puede tomar en cuenta; **etw** ~ **stellen** poner algo en duda

infrarot [ɪnfra'ro:t] *adj* (PHYS) infrarrojo; **Infrarotbestrahlung** *f* <-, -en> (MED) tratamiento *m* con lámpara de infrarrojos; **Infrarotlicht** *nt* <-(e)s, *ohne pl*> luz *f* infrarroja; **Infrarotscheinwerfer** *m* <-s, -> (TECH) proyector *m* infrarrojo; **Infrarotstrahlen** *mpl* rayos *mpl* infrarrojos; **Infrarotstrahler** *m* <-s, -> radiador *m* infrarrojo; **Infrarotstrahlung** *f* <-, -en> (PHYS, TECH) radiación *f* infrarroja

Infraschall ['ɪnfra-] *m* <-(e)s, *ohne pl*> (PHYS) infrasonido *m;* **Infrastruktur** ['----] *f* <-, -en> infraestructura *f*

Infusion [ɪnfu'zjo:n] *f* <-, -en> (MED) infusión *f*

Ing. *Abk. von* **Ingenieur(in)** ing.

Ingenieur(in) [ɪnʒe'njø:ɐ] *m(f)* <-s, -e; -, -nen> ingeniero, -a *m, f;* **Ingenieurbüro** *nt* <-s, -s> oficina *f* técnica

Ingenieurin *f* <-, -nen> *s.* **Ingenieur**

Ingenieurschule *f* <-, -n> Escuela *f* (Superior) de Ingenieros

Ingredienz [ɪngre'djɛnts] *f* <-, -en> (*a.* CHEM) ingrediente *m*

Ingrimm ['ɪngrɪm] *m* <-(e)s, *ohne pl*> (*geh, alt*) rabia *f* contenida

Ingwer ['ɪŋvɐ] *m* <-s, *ohne pl*> jengibre *m*

Inh. 1. *Abk. von* **Inhaber(in)** propietario, -a *m, f* **2.** *Abk. von* **Inhalt** contenido *m*

Inhaber(in) ['ɪnha:bɐ] *m(f)* <-s, -; -, -nen> (*Eigentümer*) propietario, -a *m, f,* dueño, -a *m, f;* (*eines Kontos, Amtes, Passes*) titular *mf;* (*von Aktien*) tenedor(a) *m(f),* poseedor(a) *m(f),* portador(a) *m(f);* **Inhaberaktie** *f* <-, -n> (FIN) acción *f* al portador

Inhaberin *f* <-, -nen> *s.* **Inhaber**

Inhaberindossament *nt* <-s, -e> (FIN) endoso *m* al portador; **Inhaberscheck** *m* <-s, -s> (FIN) cheque *m* al portador; **Inhaberschuldverschreibung** *f* <-, -en> (FIN) obligación *f* al portador; **Inhaberwechsel** *m* <-s, -> (FIN) letra *f* al portador

inhaftieren* [ɪnhaf'ti:rən] *vt* detener, encarcelar

Inhaftierte(r) *mf* <-n, -n; -n, -n> preso, -a *m, f,* detenido, -a *m, f*

Inhaftierung *f* <-, -en> detención *f*

Inhalation [ɪnhala'tsjo:n] *f* <-, -en> (MED) inhalación *f;* **Inhalationsmittel** *nt* <-s, -> inhalador *m*

inhalieren* [ɪnha'li:rən] **I.** *vt* inhalar **II.** *vi* hacer inhalaciones

Inhalt ['ɪnhalt] *m* <-(e)s, -e> **1.** (*allgemein*) contenido *m* **2.** (MATH: *Fläche*) área *f;* (*Raum*) volumen *m,* capacidad *f*

inhaltlich I. *adj* del contenido **II.** *adv* en cuanto al contenido

Inhaltsanalyse *f* <-, -n> análisis *m inv* de contenido; **Inhaltsangabe** *f* <-, -n> resumen *m,* sumario *m;* **Inhaltserklärung** *f* <-, -en> declaración *f* del contenido; **inhaltslos** *adj* vacío, sin contenido; **inhaltsreich** *adj* denso, de mucho contenido; **inhaltsschwer** *adj* tra(n)scendental, de gran importancia (informativa); **Inhaltsstoff** *m* <-(e)s, -e> contenido *m;* **Inhaltsübersicht** *f* <-, -en>, **Inhaltsverzeichnis** *nt* <-ses, -se> tabla *f* de materias, índice *m*

inhomogen *adj* no homogéneo, desigual

inhuman *adj* (*geh*) inhumano

Inhumanität *f* <-, -en> (*geh*) inhumanidad *f,* crueldad *f,* dureza *f*

Initiale [initsj'a:lə] *f* <-, -n> (letra *f*) inicial *f*

initialisieren* [initsjali'zi:rən] *vt* (INFOR) inicializar

Initialisierung *f* <-, -en> (INFOR) inicialización *f*

Initialzündung [ini'tsja:l-] *f* <-, -en> **1.** (TECH) impulso *m* **2.** (*Idee*) empuje *m,* iniciativa *f*

Initiation [initsja'tsjo:n] *f* <-, -en> (*a.* REL, SOZIOL) iniciación *f;* **Initiationsritus** *m* <-, -riten> (*a.* REL, SOZIOL) rito *m* de iniciación

initiativ *adj* con iniciativa, emprendedor; **~er Mitarbeiter gesucht** se busca persona emprendedora; ~ **sein** tener iniciativa, ser emprendedor; **(in etw** *dat***)** ~ **werden** tomar la iniciativa (en algo)

Initiative [initsja'ti:və] *f* <-, -n> **1.** (*allgemein*) iniciativa *f;* **die** ~ **ergreifen** tomar la iniciativa; **etw aus eigener** ~ **tun** hacer algo por iniciativa propia; ~ **entfalten** emprender la iniciativa **2.** (*Schweiz: Volksbegehren*) iniciativa *f* popular

Initiator(in) [ini'tsja:to:ɐ] *m(f)* <-s, -en; -, -nen> iniciador(a) *m(f)*

initiieren* [initsi'i:rən] *vt* iniciar

Injektion [ɪnjɛk'tsjo:n] *f* <-, -en> (MED) inyección *f;* **Injektionsnadel** *f* <-, -n> (MED) cánula *f;* **Injektionsspritze** *f* <-, -n> (MED) jeringa *f*

injizieren* [ɪnji'tsi:rən] *vt* (MED) inyectar

Inka ['iŋka] *mf* <-(s), -(s); -, -(s)> (HIST) inca *mf*

Inkarnation [ɪnkarna'tsjo:n] *f* <-, -en> (*a.* REL) encarnación *f*

Inkasso [ɪn'kaso] *nt* <-s, -s *o* Inkassi> (FIN) cobro *m;* **zum** ~ a cobrar; **Inkassoanspruch** *m* <-(e)s, -sprüche> (FIN) derecho *m* a cobro; **Inkassobeauftragte(r)** *mf* <-n, -n; -n, -n> (FIN) cobrador(a) *m(f);* **Inkassobüro** *nt* <-s, -s> (FIN, WIRTSCH) agencia *f* de cobro; **Inkassofirma** *f* <-, -firmen> (FIN, WIRTSCH) empresa *f* de cobro; **Inkassowechsel** *m* <-s, -> (FIN) letra *f* al cobro

Inkaufnahme *f* <-, *ohne pl>* (*formal*) aceptación *f*, asunción *f*; **ohne ~ höherer Kosten können wir nicht schneller liefern** si no se asumen costos mayores no podemos distribuir más rápido

inkl. *Abk. von* **inklusive** inclusive, incluido

Inklination [ɪnklina'tsjo:n] *f* <-, -en> (GEO) inclinación *f* magnética

inklusive [ɪnklu'zi:və] **I.** *präp +gen* inclusive, incluido; **~ der Bearbeitunsgebühr** incluidos derechos de gestión **II.** *adv* inclusive, incluido; **bis 28. November ~** hasta el 28 de noviembre inclusive; **alles ~** todo incluido

inkognito *adv* (*geh*) de incógnito; **der Schauspieler reiste ~** el actor viajó de incógnito

Inkognito [ɪn'kɔgnito] *nt* <-s, -s> (*geh*) incógnito *m;* **sein ~ wahren** permanecer en [*o* guardar el] anonimato

inkohärent ['----, ---'-] *adj* incoherente

Inkohärenz ['----, ---'-] *f* <-, -en> incoherencia *f*

Inkohlung ['ɪnko:lʊŋ] *f* <-, *ohne pl>* (GEO) carbonización *f*

inkompatibel ['-----, ---'--] *adj* (INFOR, JUR) incompatible

Inkompatibilität [ɪnkɔmpatibili'tɛ:t] *f* <-, -en> (INFOR, JUR) incompatibilidad *f*

inkompetent ['ɪnkɔmpetɛnt] *adj* incompetente

Inkompetenz ['ɪnkɔmpetɛnts] *f* <-, -en> incompetencia *f*; **fachliche ~** incompetencia profesional

inkongruent ['----, ---'-] *adj* (MATH) incongruente

inkonsequent *adj* inconsecuente

Inkonsequenz ['----, ---'-] *f* <-, -en> inconsecuencia *f*

inkonsistent ['----, ---'-] *adj* (*a.* PHILOS) inconsistente

Inkonsistenz ['----, ---'-] *f* <-, -en> (*a.* PHILOS) inconsistencia *f*

Inkontinenz ['ɪnkɔntinɛnts, ---'-] *f* <-, -en> (MED) incontinencia *f*

inkorrekt ['---] *adj* incorrecto

Inkraftsetzung [-'---] *f* <-, -en> (*formal*) puesta *f* en vigor

Inkrafttreten [-'---] *nt* <-s, *ohne pl>*, **In-Kraft-Treten**[RR] *nt* <-s, *ohne pl>* entrada *f* en vigor

inkriminieren* [ɪnkrimi'ni:rən] *vt* incriminar

Inkubation [ɪnkuba'tsjo:n] *f* <-, -en> (MED, ZOOL) incubación *f*; **Inkubationszeit** *f* <-, -en> (MED) tiempo *m* de incubación

Inkubator [ɪnku'ba:to:ɐ] *m* <-s, -en> (MED) incubadora *f*

Inkurssetzung [-'---] *f* <-, -en> (FIN) puesta *f* en circulación

Inland ['ɪnlant] *nt* <-(e)s, *ohne pl>* **1.** (*Gegensatz zu Ausland*) país *m;* **im In- und Ausland** dentro y fuera del país; **im ~ hergestellte Waren** productos nacionales **2.** (*Gegensatz zu Küste*) interior *m* (del país); **Inlandeis** *nt* <-es, *ohne pl>* glaciar *m* continental; **Inlandflug** *m* <-(e)s, -flüge> vuelo *m* nacional

inländisch ['ɪnlɛndɪʃ] *adj* nacional, interior

Inlandsabsatz *m* <-es, -sätze> (COM) ventas *fpl* en el mercado nacional; **Inlandsmarkt** *m* <-(e)s, -märkte> (WIRTSCH) mercado *m* nacional [*o* interior]; **Inlandsnachfrage** *f* <-, -n> (COM) demanda *f* interna; **Inlandsporto** *nt* <-s, -s *o* -porti> franqueo *m* nacional; **Inlandsproduktion** *f* <-, *ohne pl>* (WIRTSCH) producción *f* nacional; **Inlandsverbrauch** *m* <-(e)s, -bräuche> (WIRTSCH) consumo *m* nacional; **Inlandsverschuldung** *f* <-, -en> (FIN, WIRTSCH) endeudamiento *m* interno; **Inlandswechsel** *m* <-s, -> (FIN) letra *f* interior

Inlaut *m* <-(e)s, -e> (LING) sonido *m* en posición intermedia (*de una sílaba o palabra*)

Inlay ['ɪnleɪ] *nt* <-s, -s> (MED) empaste *m*

Inlett ['ɪnlɛt] *nt* <-(e)s, -e *o* -s> funda *f* (del edredón); **ein mit Gänsedaunen gefülltes ~** un edredón relleno de plumas de ganso

inliegend *adj* (*Österr: beiliegend*) adjunto

inmitten [ɪn'mɪtən] *präp +gen* (*geh*) en medio de

Inn [ɪn] *m* <-(s)> Inn *m*

in natura [ɪn na'tu:ra] **1.** (*in Wirklichkeit*) en realidad; **er sieht ~ ganz anders aus als im Film** en la realidad no se parece en nada a la persona que interpreta en la película **2.** (*fam: in Naturalien*) en especie(s)

inne|haben ['ɪnə-] *irr vt* (*Amt*) ocupar, desempeñar; (*geh: besitzen*) poseer; **inne|halten** *irr vi* interrumpir; (*in Bewegung*) detenerse

innen ['ɪnən] *adv* (por) dentro, en el interior; **~ drin** dentro; **~ und außen** (por) dentro y por fuera; **die Tür geht nach ~ auf** la puerta se abre hacia dentro; **wie sieht das Haus von ~ aus?** ¿cómo es la casa por dentro?; **Innenansicht** *f* <-, -en> vista *f* interior; **Innenantenne** *f* <-, -n> antena *f* colectiva; **Innenarchitekt(in)** *m(f)* <-en, -en; -, -nen> arquitecto, -a *m, f* de interiores; **Innenarchitektur** *f* <-, *ohne pl>* arquitectura *f* interior [*o* de interiores]; **Innenaufnahme** *f* <-, -n> (FOTO) fotografía *f* de interiores; **Innenausbau** *m* <-(e)s, *ohne pl>* ampliación *f* del interior (de una casa); **Innenausstattung** *f* <-, -en> decoración *f* interior; **der Raum hat eine interessante ~** la habitación tiene una decoración interesante; **Innenbahn** *f* <-, -en> (SPORT) pista *f* interior, calle *f* interior; **Innenbeleuchtung** *f* <-, -en> (*Raum*) iluminación *f* interior; (*Fahrzeug*) luz *f* interior; **Innendienst** *m* <-(e)s, -e> servicio *m* interno; **im ~ sein/arbeiten** estar/trabajar en el servicio interno; **Inneneinrichtung** *f* <-, -en> decoración *f* interior [*o* de interiores], interiorismo *m;* **Innen-**

hof *m* <-(e)s, -höfe> patio *m*, solar *m MAm, Ant;* **Innenkurve** *f* <-, -n> curva *f* interior; **Innenleben** *nt* <-s, *ohne pl*> **1.** (*eines Menschens*) vida *f* interior **2.** (*fam: eines Gerätes*) interiores *mpl;* **Innenminister(in)** *m(f)* <-s, -; -, -nen> (POL) ministro, -a *m, f* del Interior; **Innenministerium** *nt* <-s, -ministerien> (POL) Ministerio *m* del Interior; **Innenohr** *nt* <-(e)s, -en> (ANAT) oído *m* interno; **Innenpolitik** *f* <-, -en> política *f* interior; **innenpolitisch** *adj* de la política interior; **Innenraum** *m* <-(e)s, -räume> (espacio *m*) interior *m;* **Innenschmarotzer** *m* <-s, -> (BIOL) parásito *m* interno; **Innenseite** *f* <-, -n> (parte *f*) interior *m*, (cara *f*) interior *m;* **Innenspiegel** *m* <-s, -> (AUTO) espejo *m* retrovisor; **Innenstadt** *f* <-, -städte> centro *m* de la ciudad; **Innentasche** *f* <-, -n> bolsillo *m* interior; **Innentemperatur** *f* <-, -en> temperatura *f* interior; **Innenverkleidung** *f* <-, -en> recubrimiento *m* interior, revestimiento *m* interior; **Innenwand** *f* <-, -wände> tabique *m*

innerbetrieblich ['ɪnɐ-] *adj* intraempresarial, interno; **innerdeutsch** *adj* (HIST: *Angelegenheit, Handel*) interalemán; **die ~e Grenze** la frontera interalemana

innere(r, s) ['ɪnərə, -rɐ, -rəs] *adj* **1.** (*räumlich*) interior, interno; **Einmischung in die ~n Angelegenheiten** intromisión en asuntos internos **2.** (MED) interno; **Facharzt für ~ Krankheiten** médico especializado en enfermedades internas **3.** (*geistig, seelisch*) interior; **eine ~ Stimme** una voz interior

Innere(s) ['ɪnərəs] *nt* <-n, *ohne pl*> interior *m;* **Minister des ~n** ministro del Interior; **in ihrem tiefsten ~n** en lo más hondo [*o* profundo]

Innereien [ɪnə'raɪən] *pl* vísceras *fpl*, asaduras *fpl*, achuras *fpl CSur, Bol;* (*bei Geflügel*) menudillos *mpl*

innerhalb ['ɪnɐhalp] **I.** *präp +gen* **1.** (*örtlich*) dentro de **2.** (*zeitlich*) dentro de, en el plazo de; **~ dieser/einer Woche muss es fertig sein** tiene que estar acabado esta misma semana/en (el plazo de) una semana **II.** *adv* dentro; **~ von** dentro de

innerlich *adj* **1.** (*innen*) por dentro; (MED) interno; **das Medikament ist ~ anzuwenden** es un medicamento para uso interno **2.** (*geistig, seelisch*) interior

Innerlichkeit *f* <-, *ohne pl*> intimidad *f*, espiritualidad *f*

innerorts *adj* (*Schweiz*) dentro del pueblo [*o* de la ciudad]

innerparteilich *adj* dentro del propio partido; **~e Auseinandersetzungen** conflictos internos del partido

innerste(r, s) ['ɪnɐstə, -tɐ, -təs] *adj superl von* **innere(r, s)** el/la/lo más interior; (*fig*) el más íntimo/la más íntima/lo más íntimo; **die ~ der drei Mauern** el muro más interior de los tres, el más interior de los tres muros; **sein ~s Wesen** su modo de ser más íntimo, su naturaleza más íntima

Innerste(s) *nt* <-n, *ohne pl*> (*bei Personen*) lo más íntimo, corazón *m;* (*bei Dingen*) fondo *m*, interior *m;* **ihr ~s blieb ihm verborgen** lo más íntimo de su ser le quedó oculto

innert [ɪ'nɛrt] *präp +gen* (*Schweiz, Österr*) *s.* **innerhalb**

inne|wohnen ['ɪnə-] *vi* (*geh*): **jdm/etw** *dat* ~ ser inherente a alguien/algo

innig ['ɪnɪç] *adj* (*tief*) profundo; (*herzlich*) cordial; (*inbrünstig*) ferviente, ardiente; **mein ~ster Wunsch** mi deseo más ardiente; **jdn heiß und ~ lieben** amar a alguien con toda el alma

Innigkeit *f* <-, *ohne pl*> (*Dank, Wunsch*) sinceridad *f;* (*Freude, Zuneigung*) profundidad *f;* (*Beziehung, Freundschaft*) intimidad *f*

inniglich *adv* (*geh: lieben*) profundamente, sinceramente; **jdm tief und ~ verbunden sein** estar íntimamente unido a alguien

Innovation [ɪnova'tsjo:n] *f* <-, -en> innovación *f;* **Innovationskraft** *f* <-, -kräfte> potencia *f* innovadora, fuerza *f* innovadora

innovativ [ɪnova'ti:f] *adj* (*Denken*) innovador

innovatorisch [ɪnova'to:rɪʃ] *adj* (*Mensch*) innovador

Innsbruck ['ɪnsbrʊk] *nt* <-s> Innsbruck *m*

Innung ['ɪnʊŋ] *f* <-, -en> corporación *f*, gremio *m;* **Innungskrankenkasse** *f* <-, -n> *una de las principales cajas de seguro en Alemania*

inoffiziell ['ɪnʔɔfitsjɛl] *adj* extraoficial, oficioso; **jdm etw ~ mitteilen** comunicar algo a alguien de manera extraoficial

inoperabel *adj* (MED) inoperable; **~ sein** ser inoperable

inopportun *adj* (*geh*) inoportuno; **es wäre ~ in den Konflikt einzugreifen** sería inoportuno intervenir en el conflicto

in petto [ɪn 'pɛto] *adv* (*fam*): **etw (gegen jdn) ~ haben** tener algo en la manga (para utilizarlo contra alguien)

in puncto [ɪn 'pʊŋkto] *präp +nom/gen* en [*o* por] lo que se refiere a

Input ['ɪnpʊt] *m o nt* <-s, -s> (INFOR) input *m*, inducto *m*

Input-Output-Analyse ['ɪnpʊt'aʊtpʊt-] *f* <-, -n> (WIRTSCH) análisis *m inv* de input-output

Inquisition [ɪnkvizi'tsjo:n] *f* <-, -en> (HIST) Inquisición *f*

Inquisitor [ɪnkvi'zi:to:ɐ] *m* <-s, -en> (HIST) inquisidor *m*

inquisitorisch [ɪnkvizi'to:rɪʃ] *adj* (*geh: Methode, Verhör*) inquisitorial

ins [ɪns] = **in das** al/a la; **wir gehen ~ Kasino** vamos al casino; *s. a.* **in**

Insasse, -in ['ɪnzasə] *m, f* <-n, -n; -, -nen> (*eines Fahrzeugs*) ocupante *mf;* (*eines Heims*) residente *mf;* (*eines Gefängnisses*) preso, -a *m, f,* recluso, -a *m, f*

Insassenunfallversicherung *f* <-, -en> seguro *m* de ocupantes

Insassin *f* <-, -nen> *s.* **Insasse**

insbesondere [ɪnsbəˈzɔndərə] *adv* especialmente, en particular; **das gilt ~ dann, wenn ...** esto es válido especialmente cuando...

Inschrift [ˈ--] *f* <-, -en> inscripción *f*

Insekt [ɪnˈzɛkt] *nt* <-(e)s, -en> insecto *m*

Insektenbekämpfung *f* <-, -en> desinsectación *f;* **Insektenbekämpfungsmittel** *nt* <-s, -> insecticida *m*

Insektenfresser *m* <-s, -> devorador *m* de insectos; **Insektengift** *nt* <-(e)s, -e> insecticida *m;* **Insektenkunde** *f* <-, *ohne pl*> (ZOOL) entomología *f;* **Insektenplage** *f* <-, -n> plaga *f* de insectos; **Insektenpulver** *nt* <-s, -> (polvo *m*) insecticida *m;* **Insektenstich** *m* <-(e)s, -e> picadura *f* de (un) insecto

Insektenvernichtungsmittel *nt* <-s, ->, **Insektenvertilgungsmittel** *nt* <-s, ->, **Insektizid** [ɪnzɛktiˈtsiːt] *nt* <-s, -e> insecticida *m*

Insel [ˈɪnzəl] *f* <-, -n> **1.** (*Land*) isla *f;* **die Kanarischen ~n** las Islas Canarias **2.** (*fig*) remanso *m;* **eine ~ der Ruhe** un remanso de paz; **Inselbewohner(in)** *m(f)* <-s, -; -, -nen> habitante *m* de una isla, isleño, -a *m, f,* insular *mf;* **Inselgruppe** *f* <-, -n> archipiélago *m;* **Inselwelt** *f* <-, -en> conjunto *m* de islas; (*Inselgruppen*) conjunto *m* de archipiélagos; **die ~ des Pazifiks** los archipiélagos del Pacífico

Insemination [ɪnzeminaˈtsjoːn] *f* <-, -en> (MED, ZOOL) inseminación *f*

Inserat [ɪnzeˈraːt] *nt* <-(e)s, -e> (PUBL) anuncio *m,* aviso *m Am;* **ein ~ aufgeben** poner un anuncio; **Inseratenteil** *m* <-(e)s, -e> (PUBL) rúbrica *f* de anuncios

Inserent(in) [ɪnzeˈrɛnt] *m(f)* <-en, -en; -, -nen> (PUBL) anunciante *mf*

inserieren* [ɪnzeˈriːrən] *vi* (PUBL) poner un anuncio (*in* en)

insgeheim [ˈ--ˈ-] *adv* en secreto, a escondidas; **~ hat sie sich amüsiert** se divirtió en secreto

insgesamt [ˈ--ˈ-] *adv* en total, en conjunto

Insider(in) [ˈɪnsaɪdɐ] *m(f)* <-s, -; -, -nen> persona *f* enterada

Insigne [ɪnˈziːgnə, *pl:* ɪnˈziːgniən] *nt* <-s, Insignien> insignia *f*

insistieren* [ɪnzɪsˈtiːrən] *vi* (*geh*) insistir (*auf* en)

Inskription [ɪnskrɪpˈtsjoːn] *f* <-, -en> (*Österr: Kursbelegung*) inscripción *f*

inskünftig [ˈɪnskʏnftɪç] *adv* (*Schweiz: künftig*) en el futuro

insofern [--ˈ-, -ˈ--] **I.** *adv* en este sentido, en este aspecto; **~ sind wir einverstanden** hasta ahí estamos de acuerdo; **er hat ~ Recht, als ...** tiene razón en el sentido de que... **II.** *konj* **1.** (*für den Fall*) con tal que +*subj,* siempre que +*subj,* en tanto que +*subj* **2.** (*in dem Maß*) en la medida que +*subj*

insolvent [ˈ---, --ˈ-] *adj* (FIN) insolvente

Insolvenz [ˈ---, --ˈ-] *f* <-, -en> (FIN) insolvencia *f*

insoweit [--ˈ-, -ˈ--] *adv o konj s.* **insofern**

in spe [ɪn ˈspeː] *adj inv* futuro; **meine Schwiegereltern ~** mis futuros suegros

Inspektion [ɪnspɛkˈtsjoːn] *f* <-, -en> **1.** (*allgemein*) inspección *f,* chequeo *m Am* **2.** (AUTO) revisión *f;* **das Auto zur ~ bringen** llevar el coche a la revisión; **Inspektionsreise** *f* <-, -n> viaje *m* de inspección

Inspektor(in) [ɪnˈspɛktɔːɐ] *m(f)* <-s, -en; -, -nen> inspector(a) *m(f)*

Inspiration [ɪnspiraˈtsjoːn] *f* <-, -en> inspiración *f*

inspirieren* [ɪnspiˈriːrən] *vt* inspirar (*zu* a)

Inspizient(in) [ɪnspitsiˈɛnt] *m(f)* <-en, -en; -, -nen> (THEAT, TV) regidor(a) *m(f)*

inspizieren* [ɪnspiˈtsiːrən] *vt* inspeccionar, controlar

instabil [ˈ---, --ˈ-] *adj* inestable

Instabilität [ˈ-----, ----ˈ-] *f* <-, -en> inestabilidad *f*

Installateur(in) [ɪnstalaˈtøːɐ] *m(f)* <-s, -; -, -nen> instalador(a) *m(f);* (*Klempner*) fontanero, -a *m, f*

Installation [ɪnstalaˈtsjoːn] *f* <-, -en> (*a.* INFOR, TECH) instalación *f;* **Installationsdiskette** *f* <-, -n> (INFOR) disquete *m* de instalación; **Installationsprogramm** *nt* <-s, -e> (INFOR) programa *m* de instalación

installieren* [ɪnstaˈliːrən] *vt* (TECH) instalar, montar; (INFOR) instalar; **Anlagen ~** montar instalaciones

instand [ɪnˈʃtant] *adv:* **jdn ~ setzen etw zu tun** poner a alguien en condiciones de hacer algo; **etw ~ setzen/halten** arreglar/conservar algo; **gut ~ sein** estar en buen estado; **instand|besetzen*** *vt s.* **besetzen 1.**

Instandhaltung *f* <-, -en> mantenimiento *m,* conservación *f;* **laufende ~** mantenimiento corriente; **Instandhaltungskosten** *pl* costes *mpl* de conservación [*o* de mantenimiento]; **die ~ wurden auf die Miete umgelegt** los costes de conservación se cargaron en el alquiler

inständig [ˈɪnʃtɛndɪç] **I.** *adj* **1.** (*dringlich*) urgente **2.** (*nachdrücklich*) fervoroso **II.** *adv* encarecidamente, insistentemente; **etw ~ hoffen** tener puestas todas las esperanzas en algo, esperar algo de todo corazón

Instandsetzung [-ˈ---] *f* <-, -en> arreglo *m,* saneamiento *m*

Instantkaffee [ɪnˈstant-] *m* <-s, -s> café *m* instantáneo

Instanz [ɪnˈstants] *f* <-, -en> **1.** (*Behörde*) autoridad *f* competente **2.** (JUR) instancia *f;* **in erster/zweiter ~** en primera/segunda instancia; **bis zur letzten ~ gehen** ir hasta la última instancia; **Instanzenweg** *m* <-(e)s, -e> trámites *mpl* administrativos, gestiones *fpl* burocráticas; **der ~ in der Behörde ist**

kompliziert los trámites a seguir en la administración son complicados

Instinkt [ɪn'stɪŋkt] *m* <-(e)s, -e> instinto *m;* **der tierische/mütterliche** ~ el instinto animal/maternal; **für etw** ~ **beweisen** demostrar un buen instinto para algo, tener intuición para algo

instinktiv [ɪnstɪŋk'ti:f] *adj* instintivo; ~ **nahm sie die Hand weg** instintivamente retiró la mano

instinktmäßig *adj* de forma instintiva, por instinto

Institut [ɪnsti'tu:t] *nt* <-(e)s, -e> (UNIV) facultad *f*

Institution [ɪnstitu'tsjo:n] *f* <-, -en> institución *f*

institutionell [ɪnstitutsjo'nɛl] *adj* institucional

instruieren* [ɪnstru'i:rən] *vt* **1.** (*informieren*) informar **2.** (*anweisen*) dar instrucciones

Instruktion [ɪnstrʊk'tsjo:n] *f* <-, -en> **1.** (*Anweisung*) directiva *f,* orden *f* **2.** (*Anleitung*) instrucción *f*

instruktiv [ɪnstruk'ti:f] *adj* instructivo

Instrument [ɪnstru'mɛnt] *nt* <-(e)s, -e> (*a.* MUS) instrumento *m*

instrumental [ɪnstrumɛn'ta:l] *adj* (*a.* MUS) instrumental; **Instrumentalbegleitung** *f* <-, -en> (MUS) acompañamiento *m* instrumental; **mit/ohne** ~ **singen** cantar con/sin acompañamiento instrumental

instrumentalisieren* [ɪnstrumɛntali'zi:rən] *vt* **1.** (*geh: als Instrument benutzen*) instrumentalizar **2.** (MUS) instrumentar

Instrumentalist(in) *m(f)* <-en, -en; -, -nen> (MUS) instrumentista *mf*

Instrumentalmusik *f* <-, -en> música *f* instrumental; **Instrumentalstück** *nt* <-(e)s, -e> (MUS) pieza *f* instrumental

Instrumentarium [ɪnstrumɛn'ta:riʊm, *pl:* ɪnstrumɛn'ta:riən] *nt* <-s, Instrumentarien> (*a.* MUS) instrumental *m*

Instrumentenflug *m* <-(e)s, -flüge> (AERO) vuelo *m* por instrumentos

instrumentieren* [ɪnstrumɛn'ti:rən] *vt* (MUS) instrumentar, orquestar

Insuffizienz ['ɪnzʊfitsjɛnts, ---'-] *f* <-, -en> **1.** (*Unvermögen*) incapacidad *f,* incompetencia *f* **2.** (MED) insuficiencia *f*

Insulaner(in) [ɪnzu'la:nɐ] *m(f)* <-s, -; -, -nen> isleño, -a *m, f,* insular *mf*

Insulin [ɪnzu'li:n] *nt* <-s, *ohne pl*> (MED) insulina *f;* **Insulinspritze** *f* <-, -n> (MED) inyección *f* de insulina

inszenieren* [ɪnstse'ni:rən] *vt* (THEAT) poner en escena, escenificar

Inszenierung *f* <-, -en> **1.** (THEAT) puesta *f* en escena, escenificación *f* **2.** (*abw: in Politik, Öffentlichkeit*) trama *f*

intakt [ɪn'takt] *adj* intacto, íntegro

Intarsia *f* <-, Intarsien>, **Intarsie** [ɪn'tarziə] *f* <-, -n> taracea *f,* marquetería *f*

integer [ɪn'te:gɐ] *adj* (*geh*) íntegro

Integral [ɪnte'gra:l] *nt* <-s, -e> (MATH) integral *f*

Integralhelm *m* <-(e)s, -e> (AUTO) casco *m* integral

Integralrechnung *f* <-, -en> (MATH) cálculo *m* integral

Integration [ɪntegra'tsjo:n] *f* <-, -en> (*a.* MATH) integración *f;* ~ **der Zuwanderer** integración de los inmigrantes; **Integrationsfigur** *f* <-, -en> (SOZIOL) figura *f* integradora

integrativ [ɪntegra'ti:f] *adj* integrativo

integrieren* [ɪnte'gri:rən] *vt* (*a.* MATH) integrar; **wieder in die Gesellschaft** ~ reintegrar [*o* reinsertar] en la sociedad

Integrierung *f* <-, -en> integración *f*

Integrist(in) [ɪnte'grɪst] *m(f)* <-en, -en; -, -nen> integrista *mf*

Integrität [ɪntegri'tɛ:t] *f* <-, *ohne pl*> integridad *f*

Intellekt [ɪntɛ'lɛkt] *m* <-(e)s, *ohne pl*> intelecto *m*

intellektuell [ɪntɛlɛktu'ɛl] *adj* intelectual

Intellektuelle(r) *mf* <-n, -n; -n, -n> intelectual *mf*

intelligent [ɪntɛli'gɛnt] *adj* inteligente

Intelligenz [ɪntɛli'gɛnts] *f* <-, *ohne pl*> **1.** (*Denkfähigkeit*) inteligencia *f;* **künstliche** ~ (INFOR) inteligencia artificial **2.** (*Gebildete*) intelectuales *mpl;* **Intelligenzbestie** *f* <-, -n> (*fam*) genio *m,* monstruo *m* de inteligencia

Intelligenzija *f* <-, *ohne pl*> intelligentsia *f*

Intelligenzquotient *m* <-en, -en> cociente *m* intelectual, coeficiente *m* de inteligencia; **Intelligenztest** *m* <-(e)s, -s *o* -e> test *m* de nivel intelectual [*o* de inteligencia]

Intendant(in) [ɪntɛn'dant] *m(f)* <-en, -en; -, -nen> (RADIO, TV, THEAT) director(a) *m(f)* artístico, -a

Intendantur [ɪntɛndan'tu:ɐ, *pl:* -ren] *f* <-, -en> (*alt a.* MIL) intendencia *f*

Intendanz [ɪntɛn'dants] *f* <-, -en> (RADIO, TV, THEAT: *Amt*) cargo *m* de director(a) artístico, -a; (*Büro*) oficina *f* del director artístico/de la directora artística

intendieren* [ɪnten'di:rən] *vt* (*geh*) pretender, proponerse

Intensität [ɪntɛnzi'tɛ:t] *f* <-, -en> intensidad *f*

intensiv [ɪntɛn'zi:f] *adj* **1.** (*gründlich*) intensivo **2.** (*Farbe, Schmerz*) intenso

intensivieren* [ɪntɛnzi'vi:rən] *vt* intensificar

Intensivierung *f* <-, -en> intensificación *f*

Intensivkurs *m* <-es, -e> curso *m* intensivo; **Intensivmedizin** *f* <-, *ohne pl*> medicina *f* intensiva; **Intensivnutzung** *f* <-, -en>: **landwirtschaftliche** ~ utilización *f* agraria intensiva; **Intensivstation** *f* <-, -en> (MED) unidad *f* de cuidados intensivos, unidad *f* de vigilancia intensiva; **Intensivtierhaltung** *f* <-, *ohne pl*> explotación *f* intensiva de ganado; **Intensivwirtschaft** *f*

<-, *ohne pl*> (AGR) agricultura *f* intensiva

Intention [ɪntɛn'tsjo:n] *f* <-, -en> intención *f*

intentional [ɪntɛntsjo'na:l] *adj* intencional

interaktiv [ɪntɐʔak'ti:f] *adj* (*a.* INFOR) interactivo; ~**es Fernsehen** (INFOR) televisión interactiva

Intercity [ɪntɐ'sɪti] *m* <-s, -s> (EISENB) tren *m* rápido interurbano, Intercity *m;* **Intercityexpress**[RR] *m* <-es, -e> (EISENB) ≈AVE *m*

interdependent [ɪntɐdepɛn'dɛnt] *adj* interdependiente

Interdependenz *f* <-, -en> interdependencia *f*

interdisziplinär [ɪntɐdɪstsipli'nɛ:ɐ] *adj* interdisciplinario

interessant [ɪnt(ə)rɛ'sant] *adj* interesante; **sich ~ machen** hacerse el interesante

interessanterweise [ɪnt(ə)rɛ'santɐ'vaɪzə] *adv* curiosamente

Interesse [ɪntə'rɛsə, ɪn'trɛsə] *nt* <-s, -n> interés *m* (*an/für* en/por); **öffentliches/persönliches ~** interés público/personal; **~ haben/zeigen** tener/mostrar interés; **es liegt in deinem eigenen ~** es en tu propio interés [*o* beneficio]; **im ~ des Friedens** en beneficio de la paz; **er vertritt meine ~n** defiende mis intereses; **mit wachsendem ~** con creciente interés; **jds ~ für etw wecken** [*o* **gewinnen**] despertar el interés de alguien por algo

interessehalber [ɪntə'rɛsəhalbɐ, ɪn'trɛsə-] *adv* por interés

interesselos *adj* sin interés

Interessengebiet *nt* <-(e)s, -e> ámbito *m* de intereses, especialidad *f;* **Interessengemeinschaft** *f* <-, -en> comunidad *f* de intereses; **Interessengruppe** *f* <-, -n> grupo *m* de interesados; **Interessenkollision** *f* <-, -en> colisión *f* de intereses; **Interessenkonflikt** *m* <-(e)s, -e> conflicto *m* de intereses; **Interessensphäre** *f* <-, -n> (POL) esfera *f* de intereses [*o* de influencia]

Interessent(in) [ɪnt(ə)rɛ'sɛnt] *m(f)* <-en, -en; -, -nen> interesado, -a *m, f* (*an/für* en/por)

Interessenverband *m* <-(e)s, -bände> asociación *f* de intereses; **Interessenvertretung** *f* <-, -en> representación *f* de intereses

interessieren* [ɪnt(ə)rɛ'si:rən] **I.** *vr:* **sich ~** interesarse (*für* por), tener interés (*für* en/por); **sie interessiert sich für moderne Literatur** le interesa la literatura moderna **II.** *vt* interesar; **das würde ihn ~!** ¡esto le interesaría!; **das hat dich nicht zu ~** esto no te interesa, esto no es asunto tuyo; **jdn für etw ~** interesar a alguien por algo, despertar el interés de alguien por algo

interessiert [ɪnt(ə)rɛ'si:ɐt] **I.** *adj* interesado; **kulturell ~ sein** tener intereses intelectuales; **an etw** *dat*/**jdm ~ sein** estar interesado en [*o* por] algo/alguien; **sich ~ zeigen** mostrarse interesado; **ich bin nicht daran ~, dass ...** no me interesa que... +*subj* **II.** *adv* con interés; **~ zuhören** escuchar con interés

Interface ['ɪntɐfɛɪs] *nt* <-, -s> (INFOR) interfase *f,* interface *f*

Interferenz [ɪntɐfe'rɛnts] *f* <-, -en> (PHYS, TECH) interferencia *f*

Interferon [ɪntɐfe'ro:n] *nt* <-s, -e> (BIOL, MED) interferón *m*

intergalaktisch [ɪntɐga'laktɪʃ] *adj* (ASTR) intergaláctico

Interieur [ɛ̃te'rjø:ɐ] *nt* <-s, -s *o* -e> interior *m*

Interim ['ɪnterɪm] *nt* <-s, -s> (*geh*) solución *f* provisional, ínterin *m;* **diese Regelung ist nur ein dreiwöchiges ~** esta reglamentación es sólo una solución provisional para tres semanas; **Interimsabkommen** *nt* <-s, -> acuerdo *m* interino; **Interimsaktie** *f* <-, -n> (FIN) talón *m* provisional de acciones; **Interimshaushalt** *m* <-(e)s, -e> (FIN, WIRTSCH) presupuesto *m* provisional; **Interimslösung** ['ɪnterɪms-] *f* <-, -en> solución *f* interina [*o* provisional]; **Interimsregelung** *f* <-, -en> reglamentación *f* interina [*o* provisional]; **Interimsregierung** *f* <-, -en> (POL) gobierno *m* interino [*o* provisional]; **Interimsschein** *m* <-(e)s, -e> (WIRTSCH) resguardo *m* provisional (de la acción)

Interjektion [ɪntɐjɛk'tsjo:n] *f* <-, -en> (LING) interjección *f*

interkontinental [ɪntɐ-] *adj* intercontinental; **Interkontinentalrakete** *f* <-, -n> (MIL) misil *m* intercontinental

interkulturell *adj* intercultural

intermediär [ɪntɐme'djɛ:ɐ] *adj* intermediario

Intermezzo [ɪntɐ'mɛtso] *nt* <-s, -s *o* -mezzi> (*a.* MUS, THEAT) intermezzo *m*

intern [ɪn'tɛrn] *adj* interno

Interna *pl* (*geh*) información *f* restringida [*o* reservada]; **~ aus dem Ministerium wurden publik** se ha hecho pública información restringida del ministerio

Internalisierung [ɪntɛrnali'zi:rʊŋ] *f* <-, -en> apropiación *f*

Internat [ɪntɐ'na:t] *nt* <-(e)s, -e> internado *m,* colegio *m* de internos

international [ɪntɐnatsjo'na:l] *adj* internacional; **I~es Arbeitsamt** Oficina Internacional del Trabajo; **I~e Automobilausstellung** Exposición Internacional del Automóvil; **I~er Gerichtshof** Tribunal Internacional de Justicia; **I~es Olympisches Komitee** Comité Olímpico Internacional; **I~er Währungsfonds** Fondo Monetario Internacional

Internationale *f* <-, *ohne pl*> (POL) Internacional *f*

internationalisieren* [ɪntɐnatsjonali'zi:rən] *vt* (POL, JUR) internacionalizar

internationalistisch [ɪntɐnatsjona'lɪstɪʃ] *adj* (POL) internacionalista

Internatsschüler(in) *m(f)* <-s, -; -, -nen>

alumno, -a *m, f* de un internado, internado, -a *m, f*

Internet ['ɪntɐnɛt] *nt* <-s, -s> (INFOR) Internet *m;* **Internet-Adresse** *f* <-, -n> (INFOR) dirección *f* en Internet; **Internet-Surfer(in)** *m(f)* <-s, -; -, -nen> (INFOR) internauta *mf;* **Internet-Terminal** *nt* <-s, -s> (INFOR) terminal *m* de Internet

internieren* [ɪntɐ'niːrən] *vt* internar

Internierte(r) [ɪntɐ'niːɐtɐ] *mf* <-n, -n; -n, -n> (MIL, MED) internado, -a *m, f*

Internierung *f* <-, -en> **1.** (MIL) internamiento *m* **2.** (MED) ingreso *m;* **Internierungslager** *nt* <-s, -> campo *m* de concentración

Internist(in) [ɪntɐ'nɪst] *m(f)* <-en, -en; -, -nen> (MED) internista *mf*

interparlamentarisch *adj* (POL) interparlamentario; **interplanetar** *adj* (ASTR) interplanetario

Interpol ['ɪntɐpoːl] *f* Interpol *f,* Organización *f* Internacional de Policía Criminal

Interpolation [ɪntɐpola'tsjoːn] *f* <-, -en> (MATH) interpolación *f*

interpolieren* [ɪntɐpo'liːrən] *vt* (MATH) interpolar

Interpret(in) [ɪntɐ'preːt] *m(f)* <-en, -en; -, -nen> (MUS) intérprete *mf*

Interpretation [ɪntɐpreta'tsjoːn] *f* <-, -en> interpretación *f;* **falsche** ~ interpretación equivocada [*o* falsa]

interpretatorisch [ɪntɐpreta'toːrɪʃ] *adj* interpretatorio

Interpreter *m* <-s, -> (INFOR) interpretadora *f*

interpretieren* [ɪntɐpre'tiːrən] *vt* interpretar; **da hast du mich falsch interpretiert** en esto me has interpretado mal

Interpretin *f* <-, -nen> *s.* **Interpret**

interpunktieren* [ɪntɐpʊŋk'tiːrən] *vt* (LING) puntuar, poner los signos de puntuación (en)

Interpunktion [ɪntɐpʊŋk'tsjoːn] *f* <-, *ohne pl*> (LING) puntuación *f;* **Interpunktionsregel** *f* <-, -n> reglas *fpl* de puntuación, normas *fpl* de puntuación; **Interpunktionszeichen** *nt* <-s, -> signo *m* de puntuación

Interrailkarte ['ɪntɐrɛɪlkartə] *f* <-, -n> (EISENB) billete *m* Interrail

Interregio [ɪntɐ'reːgio] *m* <-s, -s> (EISENB) tren *m* rápido interregional

Interregnum [ɪntɐ'rɛgnʊm] *nt* <-s, -regnen *o* -regna> (HIST) interregno *m*

Interrogativpronomen *nt* <-s, – *o* -pronomina> (LING) pronombre *m* interrogativo; **Interrogativsatz** [ɪntɛroga'tiːfzats] *m* <-es, -sätze> (LING) frase *f* interrogativa

interstellar [ɪntɐstɛ'laːɐ] *adj* (ASTR) interestelar

interterritorial *adj* interterritorial; **I~er Kompensationsfonds** (FIN, POL) Fondo de Compensación Interterritorial

Intervall [ɪntɐ'val] *nt* <-s, -e> (*a.* MUS) intervalo *m;* **Intervallschaltung** *f* <-, -en> conexión *f* de intervalos; **Intervalltraining** *nt* <-s, -s> (SPORT) interval *m,* entrenamiento *m* por intervalos

intervenieren* [ɪntɐve'niːrən] *vi* (MIL, POL) intervenir

Intervention [ɪntɐvɛn'tsjoːn] *f* <-, -en> (MIL, POL) intervención *f;* **Interventionspreis** *m* <-es, -e> (EU, WIRTSCH) precio *m* de intervención

Interview [ɪntɐ'vjuː, 'ɪntɐvju] *nt* <-s, -s> entrevista *f,* interviú *m o f;* **ein ~ geben/machen** conceder/hacer una entrevista

interviewen* [ɪntɐ'vjuːən] *vt* entrevistar, reportear *Am*

Interviewer(in) [ɪntɐ'vjuːɐ] *m(f)* <-s, -; -, -nen> entrevistador(a) *m(f)*

Inthronisation [ɪntroniza'tsjoːn] *f* <-, -en> (*geh*) entronización *f*

Intifada *f* <-, *ohne pl*> (POL): **die ~ (der Palästinenser)** la intifada (de los palestinos)

intim [ɪn'tiːm] *adj* íntimo; **mit jdm ~ werden** tener relaciones sexuales con alguien

Intima *f* <-, Intimä> **1.** (ANAT) íntima *f* **2.** (*geh alt hum*) *s.* **Intimus**

Intimbereich *m* <-(e)s, -e> (*a. fig*) genitales *mpl,* zona *f* íntima; **Intimfeind(in)** *m(f)* <-(e)s, -e; -, -nen> (*geh*) enemigo, -a *m, f* íntimo, -a; **Intimhygiene** *f* <-, *ohne pl*> higiene *f* íntima

Intimi *pl von* **Intimus**

Intimität [ɪntimi'tɛːt] *f* <-, -en> intimidad *f*

Intimkontakt *m* <-(e)s, -e> relaciones *fpl* íntimas [*o* sexuales]; **ihren ersten ~ hatte sie mit 16 Jahren** tuvo su primera relación sexual a los 16 años; **Intimlotion** *f* <-, -en> loción *f* íntima; **Intimpartner(in)** *m(f)* <-s, -; -, -nen> compañero, -a *m, f* íntimo, -a; **Intimsphäre** *f* <-, -n> esfera *f* íntima, intimidad *f* personal; **Intimspray** *nt* <-s, -s> spray *m* vaginal

Intimus ['ɪntimʊs, *pl:* 'ɪntimi] *m,* **Intima** *f* <-, Intimi; -, Intimä> (*geh alt hum*) (amigo, -a *m, f*) íntimo, -a *m, f*

Intimverkehr *m* <-(e)s, *ohne pl*> relaciones *fpl* íntimas

intolerant ['----] *adj* intolerante

Intoleranz ['----] *f* <-, *ohne pl*> intolerancia *f*

Intonation [ɪntona'tsjoːn] *f* <-, -en> (MUS, LING) entonación *f*

intonieren* *vt* (MUS) entonar; **ein Fis ~** entonar un fa sostenido

intramuskulär [ɪntramusku'lɛːɐ] *adj* (MED) intramuscular

Intranet ['ɪntranɛt] *nt* <-, *ohne pl*> (INFOR) Intranet *f* (*difusión de información dentro de una compañía*)

intransitiv ['----] *adj* (LING) intransitivo

intrauterin [ɪntraʔute'riːn] *adj* (MED) intrauterino; **Intrauterinpessar** *nt* <-(e)s, -e> (MED) dispositivo *m* intrauterino, diu *m*

intravenös [ɪntrave'nøːs] **I.** *adj* (MED: *Injektion*) intravenoso **II.** *adv* (MED: *ernähren*) por vena

intrigant [ɪntri'gant] *adj* intrigante

Intrigant(in) [--'-] *m(f)* <-en, -en; -, -nen> intrigante *mf*

Intrige [ɪn'tri:gə] *f* <-, -n> intriga *f;* **~n spinnen** urdir intrigas

intrigieren* [ɪntri'gi:rən] *vi* intrigar (*gegen* contra)

Introduktion [ɪntrodʊk'tsjo:n] *f* <-, -en> (*a.* MUS, MED) introducción *f*

introvertiert ['ɪntrovɛrti:ɐt] *adj* introvertido

Intrusion [ɪntru'zjo:n] *f* <-, -en> (GEO) intrusión *f*

Intuition [ɪntui'tsjo:n] *f* <-, -en> intuición *f*

intuitiv [ɪntui'ti:f] *adj* intuitivo

intus ['ɪntʊs] *adj inv* (*fam*): **etw ~ haben** (*auswendig können*) tener algo memorizado; (*verstanden haben*) haber comprendido algo; (*zu sich genommen haben*) haber tomado algo; **ein paar Gläser Wein ~ haben** haberse bebido algunas copas de vino; **er hat schon drei Teller Suppe ~** ya se ha comido tres platos de sopa

invalid(e) [ɪnva'li:t, ɪnva'li:də] *adj* inválido

Invalide, -in *m, f* <-n, -n; -, -nen> inválido, -a *m, f,* minusválido, -a *m, f;* **Invalidenrente** *f* <-, -n> pensión *f* de invalidez

Invalidin *f* <-, -nen> *s.* **Invalide**

Invalidität [ɪnvalidi'tɛ:t] *f* <-, *ohne pl*> invalidez *f*

invariabel ['ɪnvaria:bəl] *adj* invariable

Invariante [ɪnvari'antə] *f* <-, -n> (MATH, PHYS) invariante *f*

Invasion [ɪnva'zjo:n] *f* <-, -en> invasión *f*

Invasor(in) [ɪn'va:zo:ɐ] *m(f)* <-s, -en; -, -nen> (MIL) invasor(a) *m(f)*

Inventar [ɪnvɛn'ta:ɐ] *nt* <-s, -e> **1.** (COM: *Firmenvermögen*) bienes *mpl* de una empresa; (*Gegenstände*) mobiliario *m;* **lebendes/totes ~** (COM) inventario vivo/muerto; **der gehört hier (schon) zum ~** (*fam*) este ya pertenece al mobiliario **2.** (*Verzeichnis*) inventario *m;* **das ~ aufstellen** inventariar, hacer inventario; **etw ins ~ aufnehmen** incluir algo en el inventario

Inventur [ɪnvɛn'tu:ɐ] *f* <-, -en> inventario *m,* recuento *m* de existencias; **~ machen** inventariar, hacer inventario

Inversion [ɪnvɛr'zjo:n] *f* <-, -en> (METEO, CHEM, MATH, LING) inversión *f;* **Inversionsschicht** *f* <-, -en> (METEO) capa *f* inversora; **Inversionswetterlage** *f* <-, -n> (METEO) (estado *m* de) inversión *f* térmica

invertieren* [ɪnvɛr'ti:rən] *vt* (INFOR) invertir

investieren* [ɪnvɛs'ti:rən] *vt* invertir (*in* en); **sie hat viel Geld/Energie in das Unternehmen investiert** ha invertido mucho dinero/mucha energía en la empresa

Investition [ɪnvɛsti'tsjo:n] *f* <-, -en> inversión *f;* **kurzfristige/langfristige ~en** inversiones a corto/a largo plazo; **laufende ~en** inversiones continuas; **risikofreie** [*o* **sichere**] **~** inversiones sin riesgo; **Investitionsanleihe** *f* <-, -n> (FIN) empréstito *m* de inversión; **Investitionsanreiz** *m* <-es, -e> (WIRTSCH) incentivos *mpl* de inversión; **Investitionsausgabe** *f* <-, -n> (FIN, WIRTSCH) gastos *mpl* de inversión; **Investitionsbank** *f* <-, -en> (WIRTSCH) banco *m* de inversiones

Investitionsgüter *ntpl* (WIRTSCH) bienes *mpl* de capital; **Investitionsgüternachfrage** *f* <-, -n> (WIRTSCH) demanda *f* de bienes de inversión

Investitionshilfe *f* <-, -n> (FIN, WIRTSCH) ayuda *f* a la inversión; **Investitionsklima** *nt* <-s, -s> (FIN, WIRTSCH) clima *m* inversionista; **günstiges ~** clima inversionista favorable; **Investitionskosten** *pl* (FIN, WIRTSCH) gastos *mpl* de inversión; **Investitionspolitik** *f* <-, -en> (FIN, POL, WIRTSCH) política *f* de inversiones; **Investitionsstau** *m* <-(e)s, -s *o* -e> (FIN, WIRTSCH) estancamiento *m* de las inversiones; **Investitionssteuer** *f* <-, -n> (FIN, WIRTSCH) impuesto *m* sobre las inversiones; **Investitionsträger(in)** *m(f)* <-s, -; -, -nen> (FIN ,WIRTSCH) inversionista *mf*

Investment [ɪn'vɛstmənt] *nt* <-s, -s> (FIN) inversión *f;* **Investmentfonds** *m* <-, -> (FIN) fondo *m* de inversión [*o* de inversión mobiliaria]; **offener ~** fondo de inversión con participación ilimitada; **Investmentgesellschaft** *f* <-, -en> (FIN) sociedad *f* de inversiones [*o* de inversión de capitales]; **Investmentsparen** *nt* <-s, *ohne pl*> (FIN) ahorro *m* por inversiones; **Investmenttrust** *m* <-s, -s> (FIN) trust *m* de inversión de capitales; **Investmentzertifikat** *nt* <-(e)s, -e> (FIN) certificado *m* de inversión

Investor(in) [ɪn'vɛsto:ɐ] *m(f)* <-s, -en; -, -nen> (WIRTSCH) inversor(a) *m(f),* inversionista *mf*

Investruine *f* <-, -n> (WIRTSCH) ruina *f* inversionista

in vitro *adv* (MED) in vitro; **In-vitro-Fertilisation** [ɪn 'vi:tro fɛrtiliza'tsjo:n] *f* <-, -en> (MED) fecundación *f* in vitro

involvieren* [ɪnvɔl'vi:rən] *vt* incluir (*in* en), comprender (*in* en)

inwendig ['ɪnvɛndɪç] **I.** *adj* interior, interno **II.** *adv* por dentro; **etw in- und auswendig kennen** (*fam*) conocer algo al dedillo

inwiefern [--'-], **inwieweit** [--'-] *adv* en qué medida, hasta qué punto

Inzahlungnahme *f* <-, -n> (COM, FIN) admisión *f* como pago; **bei ~ Ihres alten Fahrzeugs kostet der neue Wagen immer noch 20.000 DM** dando en pago su coche viejo, el nuevo aún cuesta 20.000 marcos

Inzest ['ɪntsɛst] *m* <-(e)s, -e> incesto *m*

Inzucht ['ɪntsʊxt] *f* <-, -en> procreación *f* consanguínea

inzwischen [-'--] *adv* entretanto, mientras tanto

IO-Adresse [i:'ʔo:-] *f* <-, -n> (INFOR) dirección *f* de E/S (*entrada/salida*)

IOK [i:ʔo:'ka:] *nt* <-(s)> *Abk. von* **Internationales Olympisches Komitee** COI *m*

Ion [i'oːn] *nt* <-s, -en> (PHYS, CHEM) ion *m;* **Ionenaustausch** *m* <-(e)s, *ohne pl*> (CHEM, PHYS) intercambio *m* iónico; **Ionenfluss**RR *m* <-es, -flüsse> (CHEM, PHYS) flujo *m* iónico; **Ionenladung** *f* <-, -en> (CHEM) carga *f* iónica

Ionisation [ioniza'tsjoːn] *f* <-, -en> (PHYS, CHEM) ionización *f;* **Ionisationsenergie** *f* <-, -n> (CHEM) energía *f* de ionización

ionisch [i'oːnɪʃ] *adj* (HIST) jónico

ionisieren* [ioni'ziːrən] *vi, vt* (CHEM) ionizar

Ionosphäre [iono'sfɛːrə] *f* <-, *ohne pl*> ionosfera *f*

i-PunktRR ['iːpʊŋkt] *m* <-(e)s, -e> (LING) punto *m* sobre la i; **bis auf den ~** hasta (en) el más mínimo detalle

IQ [iː'kuː] *m* <-(s), -(s)> *Abk. von* **Intelligenzquotient** CI *m*

Ir (CHEM) *Abk. von* **Iridium** Ir

i.R. *Abk. von* **im Ruhestand** jubilado, en retiro

IRA *f Abk. von* **Irish Republican Army** IRA *m*

Irak [i'raːk] *m* <-s> Iraq *m,* Irak *m*

Iraker(in) *m(f)* <-s, -; -, -nen> iraquí *mf*

irakisch *adj* iraquí

Iran [i'raːn] *m* <-s> Irán *m*

Iraner(in) *m(f)* <-s, -; -, -nen> iraní *mf*

iranisch *adj* iraní

irden ['ɪrdən] *adj* de barro

irdisch ['ɪrdɪʃ] *adj* **1.** (*zur Erde gehörend*) terrestre **2.** (*Gegensatz zum Himmel*) terrenal

Ire, -in ['iːrə] *m, f* <-n, -n; -, -nen> irlandés, -esa *m, f*

irgend ['ɪrgənt] *adv:* **... oder ~ so etwas ...** o cualquier cosa por el estilo; **wenn ~ möglich** a ser posible, de alguna manera; **irgendein** ['---] *pron indef s.* **irgendeine(r)**; **irgendeine(r)** ['--'--] *pron indef* **1.** (*einer*) algún, alguno *m,* alguna *f;* **haben Sie noch ~n Wunsch?** ¿tiene algún otro deseo? **2.** (*ein beliebiges*) cualquier(a); **ich gehe nicht mit ~m aus** yo no salgo con cualquiera; **irgendeinmal** *adv* alguna vez; **besucht mich doch ~ wieder!** ¡venid a verme en otra ocasión!; **irgendeins** *pron indef s.* **irgendeine(r)**; **irgendetwas**RR ['--'--] *pron indef* algo; **ohne ~** sin nada; **irgendjemand**RR ['--'--] *pron indef* alguien; **irgendwann** ['--'-] *adv* algún día, en cualquier momento; **~ einmal** alguna vez; **~ nächste Woche** en cualquier momento la semana que viene; **irgendwas** ['--'-] *pron indef* (*fam*) **1.** (*etwas*) algo, alguna cosa; **fällt dir noch ~ ein?** ¿se te ocurre alguna otra cosa? **2.** (*Beliebiges*) cualquier cosa; **falls du ~ brauchst ...** si necesitas cualquier cosa...; **irgendwelche** ['--'--] *pron indef* **1.** (*manche*) algunos *mpl,* algunas *fpl;* **~ Leute meinten ...** algunos [*o* algunas personas] opinaron... **2.** (*beliebige*) cualquier(a); **solltest du ~ Probleme haben ...** si tienes cualquier problema...; **irgendwer** ['--'-] *pron indef* **1.** (*jemand*) alguien; **~ muss das machen** alguien tiene que hacerlo **2.** (*eine beliebige Person*) cualquier persona, cualquiera; **er ist schließlich nicht ~** no es un cualquiera; **irgendwie** ['--'-] *adv* de alguna manera, de una forma o de otra; **irgendwo** ['--'-] *adv* en alguna parte; **irgendwoher** ['---'-] *adv* de cualquier parte, de algún lugar; **irgendwohin** ['---'-] *adv* a algún lugar, a cualquier parte

Iriden, Irides *pl von* **Iris**2

Iridium [i'riːdiʊm] *nt* <-s, *ohne pl*> (CHEM) iridio *m*

Irin ['iːrɪn] *f* <-, -nen> *s.* **Ire**

Iris1 ['iːrɪs] *f* <-, -> (BOT) iris *m,* lirio *m*

Iris2 *f* <-, - *o* Iriden *o* Irides> (ANAT: *des Auges*) iris *m*

irisch ['iːrɪʃ] *adj* irlandés

IRK [iːʔɛr'kaː] *nt* <-(s)> *Abk. von* **Internationales Rotes Kreuz** Cruz *f* Roja Internacional

Irland ['ɪrlant] *nt* <-s> Irlanda *f*

Ironie [iro'niː] *f* <-, -n> ironía *f;* **eine ~ des Schicksals** una ironía del destino

ironisch [i'roːnɪʃ] *adj* irónico

irr *adj s.* **irre**

irrational ['----, ---'-] *adj* irracional

irre ['ɪrə] *adj* **1.** (*verwirrt*) desorientado, confuso; **du machst mich ganz ~** (*fam*) me vuelves loco **2.** (*geistesgestört*) loco; **jdn für ~ halten** tomar a alguien por loco **3.** (*fam: toll*) loco, tremendo, de putamadre *sl;* **~ gut/hübsch** súper bien/guapo; **ein ~s Interesse an etw** *dat* **haben** tener un interés loco por algo

Irre1 ['ɪrə] *f* <-, *ohne pl*>: **jdn in die ~ führen** (*betrügen*) engañar a alguien; (*falschen Weg angeben*) despistar a alguien

Irre(r)2 ['ɪrɐ] *mf* <-n, -n; -n, -n> (*Geistesgestörte*) loco, -a *m, f;* **ein armer ~r** un pobre loco

irreal ['---, --'-] *adj* (*geh*) irreal

Irrealität *f* <-, *ohne pl*> (*geh*) irrealidad *f*

irre|führen ['ɪrə-] *vt* engañar; **irreführend** *adj* que conduce a error; (*missverständlich*) equívoco, confuso; (*betrügerisch*) engañoso; **Irreführung** *f* <-, -en> engaño *m;* **irre|gehen** *irr vi sein* (*geh*) **1.** (*sich irren*) ir equivocado, equivocarse; **~ in der Vermutung, dass ...** ir equivocado al sospechar que... **2.** (*sich verlaufen*) equivocarse; **mit diesem Stadtplan können Sie nicht ~** con este plano de la ciudad no puede perderse

irregulär ['ɪregulɛːɐ, ---'-] *adj* irregular

Irregularität [ɪregulari'tɛːt] *f* <-, -en> irregularidad *f*

irre|leiten *vt* (*geh*) **1.** (*falsch leiten*) desviar (del camino), guiar mal **2.** (*zu falschem Tun verleiten*) inducir a error, desorientar

Irreleitung *f* <-, *ohne pl*> (*zu falschem Tun verleiten*) inducción *f* a error

irrelevant ['ɪrelevant] *adj* irrelevante

Irrelevanz1 *f* <-, *ohne pl*> (*geh: mangelnde Bedeutung*) irrelevancia *f*

Irrelevanz2 *f* <-, -n> (*geh: Bemerkung*) irrelevancia *f*

irre|machen *vt* (*unsicher machen*) desconcertar; (*durcheinander bringen*) confundir; (*nervös machen*) volver loco, poner de los nervios *fam;* (*irreführen*) conducir a error

irren ['ɪrən] **I.** *vr:* **sich ~** equivocarse; **ich habe mich im Tag geirrt** me he equivocado de día; **Sie ~ sich** está Ud. equivocado; **sie haben sich in ihm geirrt** se han equivocado con él; **wenn ich mich nicht irre** si no me equivoco; **I~ ist menschlich** (*prov*) errar es humano **II.** *vi sein* (*umherstreifen*) errar (*durch* por), vagar (*durch* por)

Irrenanstalt *f* <-, -en> *s.* Irrenhaus; **Irrenarzt, -ärztin** *m, f* <-es, -ärzte; -, -nen> (*fam*) médico, -a *m, f* de locos; **Irrenhaus** *nt* <-es, -häuser> manicomio *m;* **hier geht es zu wie im ~** (*fam*) esto parece un manicomio

irreparabel ['ɪrepara:bəl] *adj* irreparable

irre|reden *vi* desvariar

Irresein *nt* <-s, *ohne pl*> (*alt*) demencia *f,* locura *f*

irreversibel ['ɪrevɛrzi:bəl, ---'--] *adj* irreversible

Irrfahrt ['ɪr-] *f* <-, -en> odisea *f,* viaje *m* con muchas vueltas; **Irrgang** *m* <-(e)s, -gänge> laberinto *m;* **der ~ schien kein Ende zu nehmen** el laberinto parecía no tener fin; **Irrgarten** *m* <-s, -gärten> laberinto *m;* **Irrglaube** *m* <-ns, *ohne pl*>, **Irrglauben** *m* <-s, *ohne pl*> **1.** (*falsche Auffassung*) opinión *f* errónea, concepto *m* erróneo **2.** (REL) heterodoxia *f;* **irrgläubig** *adj* (REL) hereje; **~ sein** ser un hereje

irrig ['ɪrɪç] *adj* equivocado, erróneo

irrigerweise ['ɪrɪgɐ'vaɪzə] *adv* por error, por equivocación

Irritation [ɪrita'tsjo:n] *f* <-, -en> (*geh*) irritación *f*

irritieren* [ɪri'ti:rən] *vt* desconcertar; (*stören*) molestar

Irrläufer *m* <-s, -> envío *m* equivocado [*o* mal dirigido]; **Irrlehre** *f* <-, -n> (*a.* PHILOS) doctrina *f* errónea; (REL) doctrina *f* herética; **Irrlicht** *nt* <-(e)s, -er> fuego *m* fatuo, luz *f* mala *Arg, Urug;* **Irrsinn** *m* <-s, *ohne pl*> locura *f,* demencia *f*

irrsinnig *adj* **1.** (*verrückt*) loco, demente **2.** (*fam: groß*) loco, tremendo; (*toll*) de putamadre *sl*

Irrtum *m* <-s, -tümer> error *m,* yerro *m geh,* equívoco *m Am,* aberración *f Am,* pelada *f MAm, And, Ant;* **einen ~ einsehen/erkennen** reconocer/percibir un error; **einem ~ unterliegen** incurrir en error; **ihr ist ein ~ unterlaufen** cometió un error; **sich im ~ befinden** estar en un error; **Irrtümer und Auslassungen vorbehalten** salvo error u omisión

irrtümlich ['ɪrty:mlɪç] **I.** *adj* erróneo, equivocado **II.** *adv* por error; **irrtümlicherweise** *adv* **1.** (*sich irrend*) equivocadamente, erróneamente **2.** (*aus Versehen*) por error, por equivocación

Irrweg *m* <-(e)s, -e> camino *m* equivocado

Irrwisch ['ɪrvɪʃ] *m* <-es, -e> (*fam*) trasto *m,* niño, -a *m, f* revoltoso, -a; **kannst du mal still sitzen, du kleiner ~?** ¡eres un trasto!, ¿no puedes estarte sentado, quietecito?

ISBN [i:ʔɛsbe:'ʔɛn] *f* <-, -> *Abk. von* **Internationale Standardbuchnummer** ISBN *m*

Ischias ['ɪʃias] *m o nt* <-, *ohne pl*> (MED) ciática *f;* **Ischiasnerv** *m* <-s, -en> nervio *m* ciático

ISDN [i:ʔɛsde:'ʔɛn] (TEL) *Abk. von* **Integrated Services Digital Network** RSDI *f;* **ISDN-Anschluss**[RR] *m* <-es, -schlüsse> (TEL) conexión *f* RSDI; **ISDN-Backup** *nt* <-(s), -s> (TEL) backup *m* de RSDI; **ISDN-Karte** *f* <-, -n> (TEL) tarjeta *f* de RSDI, adaptador *m* RSDI; **ISDN-Netz** *nt* <-es, *ohne pl*> Red *f* Digital de Servicios Integrados; **~ mit hoher Übertragungsrate** Red Digital de Servicios Integrados de alta velocidad

Islam [ɪs'la:m] *m* <-(s), *ohne pl*> (REL) islam *m*

islamisch *adj* (REL) islámico; **I~e Heilsfront** Frente Islámico de Salvación

islamisieren* [ɪslami'zi:rən] *vt* (REL) islamizar

Islamisierung *f* <-, -en> (REL) islamización *f*

Island ['i:slant] *nt* <-s> Islandia *f*

Isländer(in) ['i:slɛndɐ] *m(f)* <-s, -; -, -nen> islandés, -esa *m, f*

isländisch *adj* islandés

ISO ['i:zo] *f* (WIRTSCH) *Abk. von* **International Organization for Standardization** ISO *f*

Isobare [izo'ba:rə] *f* <-, -n> (METEO) isobara *f*

isochron [izo'kro:n] *adj* (INFOR, TEL) isócrono; **~er Datenverkehr** transferencia isócrona de datos

Isolation [izola'tsjo:n] *f* <-, -en> (*allgemein*) aislamiento *m;* (*von Gefangenen*) incomunicación *f*

Isolationismus [izolatsjo'nɪsmʊs] *m* <-, *ohne pl*> (POL) aislacionismo *m*

isolationistisch *adj* (POL) aislacionista

Isolationshaft *f* <-, *ohne pl*> incomunicación *f;* **in ~ sein** estar incomunicado

Isolator [izo'la:to:ɐ] *m* <-s, -en> (PHYS, ELEK) aislador *m*

Isolierband [izo'li:ɐ-] *nt* <-(e)s, -bänder> cinta *f* aislante

isolieren* [izo'li:rən] *vt* **1.** (*absondern*) aislar (*von* de); (*Häftlinge*) incomunicar **2.** (*abdichten*) aislar (*gegen* contra)

Isolierkanne *f* <-, -n> termo *m;* **Isoliermasse** *f* <-, -n>, **Isoliermaterial** *nt* <-(e)s, -ien> (material *m*) aislante *m;* **Isolierschicht** *f* <-, -en> capa *f* aislante; **Isolierstation** *f* <-, -en> (MED) estación *f* aislada

isoliert **I.** *adj* aislado, fuera de contexto; **diese Sichtweise ist zu ~** este punto de vista es demasiado aislado [*o* inconexo] **II.** *adv* **1.** (*abgeschlossen*) aislado; **sie lebte ganz ~ auf einem Bauernhof** vivía totalmente aislada en

una casa de campo **2.** (*zusammenhanglos*) fuera de contexto; **diese Tat kann nicht ~ gesehen werden** este hecho no puede verse fuera de contexto
Isolierung *f* <-, -en> aislamiento *m* (*gegen* contra); (*von Gefangenen*) incomunicación *f*
Isomatte® ['i:zomatə] *f* <-, -n> (colchoneta *f*) aislante *m*
ISO-Norm *f* <-, -en> (WIRTSCH) norma *f* ISO
Isotherme [izo'tɛrmə] *f* <-, -n> (METEO) isoterma *f*
Isotop [izo'to:p] *nt* <-s, -e> (CHEM) isótopo *m*
Isotropie [izotro'pi:] *f* <-, *ohne pl*> (PHYS, CHEM) isotropía *f*
Israel ['i:srae:l, 'ɪsrae:l] *nt* <-s> Israel *m*
Israeli *mf* <-(s), -(s); -, -(s)> israelí *mf*
israelisch [isra'e:lɪʃ, ɪsra'e:lɪʃ] *adj* israelí
Israelit(in) [israe'li:t, ɪsrae'li:t] *m(f)* <-en, -en; -, -nen> israelita *mf*
israelitisch *adj* israelita
isstRR [ɪst], **ißt** *3. präs von* **essen**
ist [ɪst] *3. präs von* **sein**
Istanbul ['ɪstanbu:l] *nt* <-s> Estambul *m*
Istaufwand *m* <-(e)s, *ohne pl*> (FIN, WIRTSCH) gastos *mpl* efectivos; **Istbestand**RR *m* <-(e)s, -stände>, **Ist-Bestand** ['ɪstbəʃtant] *m* <-(e)s, -stände> (*Geld*) saldo *m*, efectivo *m* en caja; (*Waren*) existencias *fpl* de mercancías; **Isteinnahmen** *fpl* (FIN, WIRTSCH) ingresos *mpl* efectivos; **Istgewinn** *m* <-(e)s, -e> (FIN, WIRTSCH) ganancia *f* real
Isthmus ['ɪstmʊs] *m* <-, Isthmen> (GEO) istmo *m*
IststärkeRR *f* <-, -n>, **Ist-Stärke** *f* <-, -n> (MIL) efectivos *mpl*
IstwertRR ['ɪstve:ɐt] *m* <-(e)s, -e> (INFOR, MATH) valor *m* actual; **Istzahlen** *fpl* (WIRTSCH) reales *mpl*
Italien [i'ta:liən] *nt* <-s> Italia *f*
Italiener(in) [ita'lje:nɐ] *m(f)* <-s, -; -, -nen> italiano, -a *m, f*
italienisch *adj* italiano
Italienisch *nt* <-(s), *ohne pl*>, **Italienische** *nt* <-n, *ohne pl*> italiano *m*; **sprechen Sie ~?** ¿habla Ud. italiano?; **einen Text ins ~e übersetzen** traducir un texto al italiano
Italowestern *m* <-s, -> (FILM) espagueti-western *m*, italowestern *m*
i.Tr. *Abk. von* **in der Trockenmasse** en extracto seco
i-TüpfelchenRR ['i:tʏpfəlçən] *nt* <-s, -> punto *m* sobre la i; (*Krönung*) último detalle *m*, remate *m*
i.V. *Abk. von* **in Vertretung** p.d.
IWF [i:ve:'ʔɛf] *m* <-(s)> *Abk. von* **Internationaler Währungsfonds** FMI *m*

J

J, j [jɔt] *nt* <-, -> J, j *f;* ~ **wie Julius** J de Juan
J (CHEM) *Abk. von* **Jod** J
ja [ja:] *adv* **1.** (*zustimmend*) sí; **zu etw** *dat* ~ **sagen** decir sí a algo; **ich glaube** ~ creo que sí; **wenn** ~, **dann ...** en caso afirmativo...; **ach** ~ ah sí; **aber** ~ pero claro que sí; ~ **doch!** ¡que sí!; **das ist** ~ **richtig, aber ...** sí que es cierto, pero...; **das ist schwer,** ~ **sogar unmöglich** esto es difícil, sí, imposible incluso; **zu allem** ~ **und amen sagen** decir amén [*o* que sí] a todo **2.** (*fragend*) sí; **du bist also einverstanden,** ~**?** o sea que estás de acuerdo, ¿sí?; **ich habe ihn gestern gesehen –** ~**?** lo he visto ayer – ¿de veras? **3.** (*doch*): **es ist** ~ **bekannt, dass ...** pues ya se sabe que...; **das sage ich** ~ eso es precisamente lo que yo digo, pues eso es lo que estoy diciendo; **da kommt er** ~ ahí viene **4.** (*aber*): **das ist** ~ **fürchterlich** pero eso es realmente terrible; **es ist** ~ **noch früh** pero si aún es temprano; ~**, weißt du das denn nicht?** ¡oye!, ¿es que no lo sabes? **5.** (*bloß*): **komm** ~ **pünktlich!** ¡que llegues puntual!, ¡como vengas tarde!; **mach das** ~ **nicht!** ¡que no lo hagas!, ¡como lo hagas!
Ja *nt* <-(s), -(s)> sí *m;* **eine Frage mit** ~ **beantworten** contestar una pregunta con un sí [*o* afirmativamente]; **mit (einem)** ~ **stimmen** votar (por el) sí
Jacht [jaxt] *f* <-, -en> yate *m;* **Jachtklub** *m* <-s, -s> club *m* náutico
Jacke ['jakə] *f* <-, -n> chaqueta *f;* (*für Herren*) americana *f,* saco *m Am;* (*Wind*~) cazadora *f;* **das ist** ~ **wie Hose** (*fam*) da lo mismo perro que gato; **jdm die** ~ **voll hauen** (*fam*) zurrar la badana a alguien; **Jackentasche** *f* <-, -n> bolsillo *m* de la chaqueta
Jacketkrone *f* <-, -n> (MED) funda *f*
Jackett [ʒa'kɛt] *nt* <-s, -s> chaqueta *f,* americana *f,* saco *m Am*
Jackpot ['dʒɛkpɔt] *m* <-s, -s> (*im Lotto*) bote *m;* **diesen Sonntag sind 50.000 DM im** ~ este domingo hay 50.000 marcos de bote
Jade ['ja:də] *f* <-, *ohne pl*> jade *m*
Jagd [ja:kt] *f* <-, -en> **1.** (*von Wild, a. fig*) caza *f;* **auf der** ~ **sein** estar de caza; ~ **auf etw machen** dar caza a algo, cazar algo; **er ist auf der** ~ **nach einer guten Stelle** anda a la caza de un buen puesto **2.** *s.* Jagdrevier; **Jagdaufseher(in)** *m(f)* <-s, -; -, -nen> guardabosque(s) *mf* (*inv*); **Jagdbehörde** *f* <-, -n> autoridad *f* de caza; **Jagdbeute** *f* <-, *ohne pl*> caza *f,* presa *f* de caza; **Jagdbezirk** *m* <-(e)s, -e> distrito *m* de caza, coto *m* de caza; **Jagdbomber** *m* <-s, -> (MIL) (bombardero *m*) caza *m;* **Jagdflinte** *f* <-, -n> *s.* Jagdgewehr; **Jagdflugzeug** *nt* <-(e)s, -e> (MIL) avión *m* de caza; **Jagdgeschwader** *nt* <-s, -> (MIL) escuadrón *m* de cazas, cazabombarderos *m inv;* **Jagdgesellschaft** *f* <-, -en> participantes *mpl* en una cacería, (grupo *m* de) cazadores *mpl;* **Jagdgewehr** *nt* <-(e)s, -e> escopeta *f* de caza, fusil *m* de caza; **Jagdglück** *nt* <-(e)s, *ohne pl*> suerte *f* en la cacería; **das** ~ **war uns hold, denn wir erlegten 24 Fasane** la suerte nos ha sonreído, hemos cazado 24 faisanes; **Jagdgründe** *mpl:* **in die ewigen** ~ **eingehen** entregar el alma, pasar a mejor vida; **Jagdhaus** *nt* <-es, -häuser> cabaña *f* de caza; **Jagdhorn** *nt* <-(e)s, -hörner> corneta *f* de monte; **Jagdhund** *m* <-(e)s, -e> perro *m* de caza; **Jagdhütte** *f* <-, -n> cabaña *f* del montero; **Jagdmesser** *nt* <-s, -> cuchillo *m* de monte; **Jagdpächter** *m* <-s, -> arrendatario *m* de caza; **Jagdrevier** *nt* <-s, -e> coto *m* de caza, cazadero *m;* **Jagdschein** *m* <-(e)s, -e> licencia *f* de caza; **den** ~ **haben** (*fam fig*) haber sido declarado judicialmente falto de juicio [*o* como irresponsable]; **Jagdschloss**[RR] *nt* <-es, -schlösser> pabellón *m* de caza; **Jagdzeit** *f* <-, -en> tiempo *m* de caza
jagen ['ja:gən] **I.** *vt* **1.** (*Tier*) cazar, dar caza (a); (*Mensch*) perseguir; **jdm/sich** *dat* **eine Kugel durch den Kopf** ~ (*fam*) pegarle a alguien un tiro en la cabeza/pegarse un tiro (en la cabeza) **2.** (*ver*~) ahuyentar; **jdn in die Flucht/aus dem Haus** ~ poner a alguien en fuga/echar a alguien de casa; **mit Fleisch kann man ihn** ~ (*fam*) la carne le repele **II.** *vi* **1.** (*auf Jagd gehen*) ir [*o* estar] de caza **2.** *sein* (*rasen*) correr a toda velocidad **3.** (*ersehnen*) ansiar, anhelar; **nach Geld/Ruhm** ~ ansiar dinero/la gloria
Jagen *nt* <-s, -> (*Forstwirtschaft*) sección *f* forestal
Jäger[1] ['jɛ:gɐ] *m* <-s, -> (MIL) (bombardero *m*) caza *m*
Jäger(in)[2] ['jɛ:gɐ] *m(f)* <-s, -; -, -nen> (*Person*) cazador(a) *m(f);* **ein passionierter** ~ un cazador apasionado
Jägerei *f* <-, *ohne pl*> (*das Jagen*) caza *f;* **ich als Tierschützerin verurteile deine** ~ como protector de los animales condeno que practiques la caza
Jägerin *f* <-, -nen> *s.* **Jäger**[2]
Jägerlatein *nt* <-s, *ohne pl*> (*fam*) jerga *f* de los cazadores; **Jägerschnitzel** *nt* <-s,

-> (GASTR) *escalope* (*sin rebozar*) *con salsa de champiñones;* **Jägerzaun** *m* <-(e)s, -zäune> verja *f* de maderas entrecruzadas

Jaguar ['ja:gua:ɐ] *m* <-s, -e> jaguar *m,* tigre *m Am*

jäh [jɛ:] *adj* (*geh*) **1.** (*plötzlich*) repentino, súbito; (*überstürzt*) precipitado; (*Entschluss*) rápido **2.** (*Abgrund*) escarpado

jählings ['jɛ:lɪŋs] *adv* (*geh*) **1.** (*urplötzlich*) de repente, de golpe; **vor Schreck fuhr sie ~ auf** del susto dio un respingo **2.** (*steil: abfallen*) en precipicio, en escarpa; **der Wasserfall stürzte ~ ins Tal** la cascada caía desde lo alto hacia el valle

Jahr [ja:ɐ] *nt* <-(e)s, -e> año *m;* **das alte/neue ~** el año viejo/nuevo; **die neunziger ~e** los años noventa; **alle ~e wieder** todos los años; **einmal im ~** una vez al año; **jedes zweite/dritte ~** cada dos/tres años; **auf ~e hinaus** para (muchos) años; **das ganze ~ (über)** (durante) todo el año; **das Buch/der Sportler des ~es** el libro/deportista del año; **steuerfreie ~e** ejercicios libres de impuestos; **seit ~ und Tag** desde siempre; **nächstes/vergangenes ~** el año próximo/pasado; **von ~ zu ~** de año en año; **vor einem ~** hace un año; **jdm ein frohes neues ~ wünschen** desear a alguien (un) feliz año nuevo; **in jungen ~en** de jóvenes; **sie ist 18 ~e alt** tiene 18 años; **mit 30 ~en** a los 30 años; **in die ~e kommen** entrar en años; **in den besten ~en sein** estar en los mejores años; **er ist um ~e gealtert** ha envejecido mucho; **die sieben fetten/mageren ~e** los siete años de abundancia/de carestía

jahraus [ja:ɐ'ʔaʊs] *adv:* **~, jahrein** año tras año

Jahrbuch *nt* <-(e)s, -bücher> anuario *m,* crónica *f*

jahrelang ['ja:rəlaŋ] **I.** *adj* de muchos años **II.** *adv* durante (muchos) años

jähren ['jɛ:rən] *vr:* **sich ~** celebrarse el aniversario (de); **es jährt sich heute zum 10. Mal, dass …** hoy hace 10 años que…

Jahresabonnement ['ja:rəs-] *nt* <-s, -s> abono *m* anual; (*einer Zeitung*) suscripción *f* anual; **Jahresabrechnung** *f* <-, -en> (WIRTSCH) liquidación *f* de fin de año

Jahresabschluss[RR] *m* <-es, -schlüsse> (WIRTSCH) balance *m* anual, liquidación *f* de fin de año; **Jahresabschlussbericht**[RR] *m* <-(e)s, -e> (WIRTSCH) memoria *f* anual; **Jahresabschlussbilanz**[RR] *f* <-, -en> (WIRTSCH) balance *m* anual; **Jahresabschlussprüfung**[RR] *f* <-, -en> (WIRTSCH) revisión *f* del balance anual

Jahresanfang *m* <-(e)s, -fänge> principios *mpl* del año; **Jahresaufkommen** *nt* <-s, -> (WIRTSCH) rendimiento *m* anual; **Jahresausgaben** *fpl* (WIRTSCH) gastos *mpl* anuales; **Jahresbasis** *f* <-, -basen> base *f* anual; **Jahresbeginn** *m* <-(e)s, *ohne pl*> *s.* Jahresanfang; **Jahresbeitrag** *m* <-(e)s, -träge> cuota *f* anual; **Jahresbericht** *m* <-(e)s, -e> (WIRTSCH) informe *m* sobre el año [*o* anual]; **Jahresbestzeit** *f* <-, -en> (SPORT) mejor marca *f* de la temporada; **er lief die diesjährige ~** hizo la mejor marca de la temporada; **Jahresbilanz** *f* <-, -en> (WIRTSCH) balance *m* del año [*o* anual]; **Jahresbudget** *nt* <-s, -s> (WIRTSCH) presupuesto *m* anual; **Jahresdurchschnitt** *m* <-(e)s, -e> promedio *m* anual; **Jahreseinkommen** *nt* <-s, -> renta *f* anual; **Jahresende** *nt* <-s, *ohne pl*> fin *m* de año; **Jahresetat** *m* <-s, -s> (WIRTSCH) presupuesto *m* anual; **Jahresfrist** *f* <-, *ohne pl*> (JUR) plazo *m* de un año; **vor ~** antes de acabar el año; **Jahresgehalt** *nt* <-(e)s, -hälter> salario *m* anual; **Jahreshauptversammlung** *f* <-, -en> (WIRTSCH) junta *f* general anual (de accionistas); **Jahreshaushaltsgesetz** *nt* <-es, -e> (POL) ley *f* de presupuestos generales; **Jahreskarte** *f* <-, -n> abono *m* anual; **die Verkehrsbetriebe empfehlen eine ~ für Pendler** las empresas de transporte recomiendan sacarse un abono anual para aquellos que se desplazan a diario; **Jahresplaner** *m* <-s, -> agenda *f* anual; **Jahresprämie** *f* <-, -n> prima *f* anual; **Jahresrente** *f* <-, -n> renta *f* anual; **Jahresring** *m* <-(e)s, -e> (BOT) anillo *m* anual; **Jahrestag** *m* <-(e)s, -e> aniversario *m;* **Jahresüberschuss**[RR] *m* <-es, -schüsse> (WIRTSCH) beneficio *m* neto total; **Jahresumsatz** *m* <-es, -sätze> (WIRTSCH) cifra *f* anual de negocios; **Jahresurlaub** *m* <-(e)s, -e> vacaciones *fpl* del año; **Jahreswagen** *m* <-s, -> (AUTO) *coche nuevo, adquirido a precio rebajado por un empleado en la industria automovilística, que puede ser revendido al cabo de un año;* **Jahreswechsel** *m* <-s, -> año *m* nuevo; **zum ~ alles Gute!** ¡próspero año nuevo!; **Jahreswende** *f* <-, -n> cambio *m* de año; **Jahreszahl** *f* <-, -en> año *m,* fecha *f;* **Jahreszeit** *f* <-, -en> estación *f* (del año), época *f* del año; **für die ~ ist es zu kalt** hace demasiado frío para esta época del año; **jahreszeitlich** *adj* de la temporada, estacional; **~ bedingt sein** deberse a la temporada; **Jahreszins** *m* <-es, -en> tipo *m* anual; **effektiver ~** (FIN) tipo anual efectivo

Jahrgang *m* <-(e)s, -gänge> **1.** (*Geburtsjahr*) año *m* natal, generación *f;* **er ist ~ 1970** nació en el año 1970; **er ist mein** [*o* **wir sind ein**] **~** somos de la misma generación **2.** (*von Wein*) cosecha *f* **3.** (*von Zeitschrift*) año *m* **4.** (UNIV) promoción *f*

Jahrhundert [-'--] *nt* <-s, -e> siglo *m;* **jahrhundertealt** *adj* (*Möbel, Buch*) secular, de (muchos) siglos; **jahrhundertelang** *adj* (*Entwicklung, Tradition*) secular, de (muchos) siglos

Jahrhundertwende *f* <-, -n> fin *m* de siglo

jährlich ['jɛ:ɐlɪç] *adj* anual

Jahrmarkt *m* <-(e)s, -märkte> feria *f;*

Jahrmarktsbude *f* <-, -n> caseta *f* de feria, barraca *f* de feria
Jahrmillionen [--'--] *fpl* millones *mpl* de años
Jahrtausend [-'--] *nt* <-s, -e> milenio *m;* **jahrtausendelang I.** *adj* de miles de años, milenario **II.** *adv* (durante) miles de años
Jahrtausendwende *f* <-, -n> fin *m* de milenio
Jahrzehnt [jaːɐ'tseːnt] *nt* <-s, -e> década *f,* decenio *m;* **jahrzehntelang** *adj* de varias décadas, de muchos decenios
Jähzorn ['jɛːtsɔrn] *m* <-(e)s, *ohne pl*> **1.** (*Eigenschaft*) iracundia *f,* irascibilidad *f* **2.** (*Anfall*) arrebato *m* de cólera; **jähzornig** *adj* irascible, iracundo, berrinchudo *Am*
Jakobiner(in) [jako'biːnɐ] *m(f)* <-s, -; -, -nen> (HIST) jacobino, -a *m, f;* **Jakobinermütze** *f* <-, -n> (HIST) gorro *m* frigio
Jakobsleiter ['jaːkɔps-] *f* <-, -n> (NAUT) escala *f* de gato; **Jakobsmuschel** *f* <-, -n> **1.** (REL) venera *f,* concha *f* de peregrino *fam* **2.** (GASTR) vieira *f*
Jalousie [ʒalu'ziː, *pl:* ʒalu'ziːən] *f* <-, -n> persiana *f*
Jambus ['jambʊs] *m* <-, Jamben> (LIT) yambo *m*
Jammer ['jamɐ] *m* <-s, *ohne pl*> **1.** (*Wehklagen*) lamento *m,* llanto *m* **2.** (*Elend*) miseria *f,* calamidad *f;* **ein Bild des ~s bieten** ofrecer un aspecto mísero; **es ist ein ~, dass ...** (*fam*) es una lástima que... +*subj;* **Jammerbild** *nt* <-(e)s, -er> escena *f* lastimosa; **Jammergeschrei** *nt* <-s, *ohne pl*> (*geh*) grito *m* lastimero; **Jammergestalt** *f* <-, -en> (*bedauernswerter Mensch*) figura *f* lastimosa [*o* lastimera]; **Jammerlappen** *m* <-s, -> (*fam abw*) calzonazos *m inv,* persona *f* apocada [*o* pusilánime]
jämmerlich ['jɛmɐlɪç] *adj* (*Zustand, Aussehen*) lamentable, deplorable; (*elend*) miserable, rabón *Mex;* (*herzzerreißend*) desgarrador
jammern ['jamɐn] *vi* lamentarse (*über* de); (*klagen*) quejarse (*über* de); **nach jdm/etw** *dat* ~ preguntar lloriqueando por alguien/pedir algo lloriqueando; **jdm die Ohren voll ~** soltarle la llorera a alguien
jammerschade ['--'--] *adj:* ~ **sein** (*fam*) ser una verdadera pena
Janker ['jaŋkɐ] *m* <-s, -> (*südd, Österr: Strickjacke*) rebeca *f;* (*Trachtenjacke*) chaqueta *f* folclórica
Jänner ['jɛnɐ] *m* <-s, -> (*Österr: Januar*) enero *m; s. a.* **März**
Januar ['januaːɐ] *m* <-(s), -e> enero *m; s. a.* **März**
Japan ['jaːpan, 'jaːpaːn] *nt* <-s> Japón *m*
Japaner(in) [ja'paːnɐ] *m(f)* <-s, -; -, -nen> japonés, -esa *m, f*
japanisch *adj* japonés
Japanisch *nt* <-(s), *ohne pl*>, **Japanische** *nt* <-n, *ohne pl*> japonés *m;* **sprechen Sie ~?** ¿habla Ud. japonés?; **ins ~e übersetzen** traducir al japonés
Japanologie [japanolo'giː] *f* <-, *ohne pl*> filología *f* japonesa
japsen ['japsən] *vi* (*fam*): (**nach Luft**) ~ jadear
Jargon [ʒar'gõː] *m* <-s, -s> jerga *f,* jerigonza *f*
Jarowisation [jaroviza'tsjoːn] *f* <-, -en> (AGR) jarovización *f*
Jasager(in) ['jaːzaːgɐ] *m(f)* <-s, -; -, -nen> (*abw*) conformista *mf*
Jasmin [jas'miːn] *m* <-s, -e> jazmín *m*
Jaspis ['jaspɪs] *m* <- *o* -ses, -se> jaspe *m*
Jass[RR] [jas] *m* <-es, *ohne pl*>, **Jaß** *m* <-sses, *ohne pl*> (*Schweiz*) "jass" *m* (*juego de cartas*)
jassen *vi* (*Schweiz*) jugar al "jass"
Jastimme ['jaːʃtɪmə] *f* <-, -n> voto *m* afirmativo
jäten ['jɛːtən] *vt* escardar, desherbar, carpir *Am,* chapear *Am;* **Unkraut** ~ arrancar las malas hierbas
Jauche ['jaʊxə] *f* <-, -n> estiércol *m* líquido, purín *m;* **Jauchegrube** *f* <-, -n> pozo *m* de purín
jauchen ['jaʊxən] **I.** *vi* (AGR) abonar (la tierra) con estiércol, echar estiércol (a las tierras); **was für ein Gestank, da jaucht jemand!** ¡qué peste!, seguro que alguien está echando estiércol **II.** *vt* (AGR) abonar con estiércol, estercolar; **der Mais wird kräftig gejaucht** el maíz se abona mucho con estiércol
jauchzen ['jaʊxtsən] *vi* lanzar gritos de júbilo
Jauchzer *m* <-s, -> grito *m* de júbilo
jaulen ['jaʊlən] *vi* (*Hund*) aullar
Jause ['jaʊzə] *f* <-, -n> (*Österr: Zwischenmahlzeit*) merienda *f,* colación *f*
jausen ['jaʊzən] *vi* (*Österr*) merendar, tomar un tentempié
jawohl [ja'voːl] *part* claro, ciertamente; **antreten! – ~!** (MIL) ¡preséntese! – ¡a la orden!; **kommst du heute Abend? – ~!** ¿vienes esta noche? – ¡por supuesto!
jawoll *interj* (*fam a. hum: zu Befehl!*) ¡a sus órdenes!
Jawort ['jaːvɔrt] *nt* <-(e)s, -e> consentimiento *m,* asentimiento *m;* **jdm das ~ geben** dar el sí a alguien
Jazz [dʒɛːs] *m* <-, *ohne pl*> jazz *m;* **Jazzgymnastik** *f* <-, *ohne pl*> gym-jazz *m;* **Jazzkapelle** *f* <-, -n> grupo *m* de jazz; **Jazzkeller** *m* <-s, -> club *m* de jazz
je [jeː] **I.** *adv* **1.** (*jemals*) alguna vez; **wer hätte das ~ gedacht!** ¡quién lo hubiera imaginado!; **es ist schlimmer denn ~** es peor que nunca; **seit eh und ~** desde tiempos inmemoriales **2.** (*jeweils*) cada; **ich gebe euch ~ zwei Stück** os doy dos trozos a cada uno; **es können ~ zwei Personen eintreten** pueden entrar de dos en dos; **für ~ drei Exemplare** por cada tres ejemplares; **~ beteiligter Student** por cada estudiante que participe **II.** *präp* +*akk* (*pro*) por; **10 DM ~ Stunde** 10 marcos

por hora; ~ **Erwachsenen** por (cada) adulto **III.** *konj* cuanto; **er wird vernünftiger, ~ älter er wird** cuanto mayor se hace, más sensato se vuelve; ~ **nachdem** según; ~ **nachdem, ob/wie ...** según si/cómo...; ~ **nach Größe** según el tamaño; ~ **nach den Umständen** según las circunstancias; ~ **mehr ... desto** [*o* **um so**] **mehr ...** cuanto más... (tanto) más...; ~ **eher ihr kommt, desto** [*o* **um so**] **besser** cuanto antes vengáis, (tanto) mejor; ~ **eher, desto** [*o* **um so**] **lieber** cuanto antes mejor; ~ **mehr, desto** [*o* **um so**] **besser** cuanto más, (tanto) mejor **IV.** *interj:* **oh ~!** ¡ay!, ¡madre mía!; **oh ~ oh ~!** ¡ay, ay, ay!, ¡ay, Jesús!

Jeans [dʒiːns] *f(pl)* vaqueros *mpl,* tejanos *mpl,* jeans *mpl Am;* **Jeansanzug** *m* <-(e)s, -züge> traje *m* vaquero; **Jeanshose** *f* <-, -n> pantalón *m* vaquero [*o* tejano]; **Jeansjacke** *f* <-, -n> chaqueta *f* vaquera, cazadora *f* vaquera; **Jeansrock** *m* <-(e)s, -röcke> falda *f* vaquera

Jeck [jɛk] *m* <-en, -en> (*reg: Karnevalsnarr*) máscara *f;* **jeder ~ ist anders** (*fig*) cada uno tiene su manera de vivir

jede(r, s) ['jeːdə, -dɐ, -dəs] *pron indef* **1.** (*substantivisch*) cada uno/una; **~r von uns** cada uno de nosotros; **ein ~r** cualquiera; **alles und ~s** todos y cada uno; **~m das seine** a cada cual lo suyo; ~ **zweite** una de cada dos; **~r für sich** cada uno para sí; **~r gegen ~n** todos contra todos **2.** (*adjektivisch*) cada; (*all*) todo; (*ein beliebiges*) cualquier(a); **das weiß doch ~s Kind** esto lo saben todos los niños; **auf ~n Fall** en todo caso; **ohne ~n Grund** sin ninguna razón; **um ~n Preis** a toda costa, a cualquier precio; **es kann ~n Augenblick passieren** puede suceder en cualquier momento; **ohne ~ Hoffnung** sin esperanza alguna

jedenfalls ['jeːdənfals] *adv* en todo caso, sea como sea; **er hat ~ nichts davon gesagt** en todo caso no dijo nada al respecto

jedermann ['---] *pron indef* todos, cada uno; **das ist nicht ~s Sache** esto no es para todos los gustos; **das würde nicht ~ tun** eso no lo hace cualquiera

jederzeit ['--'-] *adv* siempre, a cualquier hora

jedesmal ['--'-] *adv* cada vez, siempre; **~, wenn ...** cada vez que..., siempre que...

jedoch [je'dɔx] *konj* pero, sin embargo; **ich habe ihm mehrmals geschrieben, er hat ~ nie geantwortet** le he escrito varias veces y, sin embargo, no me ha contestado nunca

jedwede(r, s) *pron indef* (*alt*) cualquier(a); **das sagt nicht ~m zu** esto no le gusta a todo el mundo

Jeep® [dʒiːp] *m* <-s, -s> jeep *m*

jegliche(r, s) ['jeːklɪçə, -çɐ, -çəs] *pron indef* cualquier tipo [*o* clase] de; **ich verbitte mir ~ Einmischung/Kritik** no admito entrometimiento alguno/no acepto ningún tipo de crítica

jeher ['jeːheːɐ, '-'-] *adv:* **von** [*o* **seit**] ~ desde siempre, desde tiempos inmemoriales

jein *adv* (*iron*) sí pero no; **J~ sagen** no decir ni (que) sí ni (que) no

Jelängerjelieber [je'lɛŋɐje'liːbɐ] *nt* <-s, -> (BOT) madreselva *f*

jemals ['jeːmaːls] *adv* alguna vez, jamás; **hat man ~ so etwas gesehen?** ¿habráse visto semejante cosa?

jemand ['jeːmant] *pron indef* alguien; (*verneint*) nadie; **ist hier ~?** ¿hay alguien aquí?; ~ **anderes** otra persona; **ohne ~en zu sehen** sin ver a nadie; ~ **Fremdes** algún extraño

Jena ['jeːna] *nt* <-s, *ohne pl*> Jena *f*

jene(r, s) ['jeːnə, -nɐ, -nəs] *pron dem* (*geh*) **1.** (*adjektivisch: da*) ese, esa; (*dort*) aquel, aquella; **in ~n Tagen** en aquellos días **2.** (*substantivisch: da*) ése, ésa, eso; (*dort*) aquél, aquélla, aquello; **wir sprachen von diesem und ~m** hablamos de esto y aquello

jenseitig ['jeːnzaɪtɪç] *adj* del otro lado

jenseits ['jeːnzaɪts] **I.** *präp +gen* al otro lado de, más allá de **II.** *adv* en el [*o* al] otro lado, más allá; ~ **von Gut und Böse** más allá del bien y del mal

Jenseits *nt* <-, *ohne pl*> más allá *m,* otro mundo *m;* **jdn ins ~ befördern** mandar a alguien al otro mundo

Jersey ['dʒœːsi] *m* <-(s), -s> (*Kleiderstoff*) jersey *m,* tricot *m*

Jerusalem [je'ruːzalɛm] *nt* <-s> Jerusalén *m*

Jesses ['jɛsəs] *interj* (*fam*) ¡Dios!; **~, dass ich das vergessen konnte!** ¡Dios, que pueda habérseme olvidado!

Jesuit [jezu'iːt] *m* <-en, -en> (REL) jesuita *m;* **Jesuitenorden** *m* <-s, -> (REL) orden *f* de los jesuitas

Jesuitentum *nt* <-s, *ohne pl*> (REL) jesuitismo *m*

Jesus ['jeːzʊs] *m* <Jesu> (REL) Jesús *m;* ~ **Christus** Jesucristo *m;* **Jesuskind** *nt* <-(e)s, -er> (REL, KUNST) niño *m* Jesús; **Maria mit dem ~** (la Virgen) María con el niño Jesús; **Jesuslatschen** *pl* (*fam hum o abw*) sandalias *fpl* muy sencillas, alpargatas *fpl*

Jet [dʒɛt] *m* <-(s), -s> jet *m,* avión *m* a reacción

Jetlag ['dʒɛtlɛk] *m* <-s, -s> (AERO) jet lag *m*

Jeton [ʒə'tõː] *m* <-s, -s> ficha *f;* **„drei ~s auf Rot"** "tres fichas al rojo"

Jetset[RR] *m* <-s, -s>, **Jet-set** ['dʒɛtsɛt] *m* <-s, -s> jet(-set) *f,* alta sociedad *f;* **Jetstream** ['dʒɛtstriːm] *m* <-(s), -s> (METEO) corriente *f* de chorro

jetten ['dʒɛtən] *vi* (*fam*) viajar en jet

jetzige(r, s) *adj* actual, presente

jetzt [jɛtst] *adv* ahora; (*augenblicklich*) en este momento; ~ **gleich** ahora mismo; **bis ~** hasta ahora; ~ **oder nie** ahora o nunca; **von ~ an** a partir de ahora; ~ **schon?** ¿ya?; **war er ~ der Mörder oder nicht?** al final, ¿era el asesino o no?

Jetzt *nt* <-, *ohne pl*> (*geh: Gegenwart*) ahora *m*, presente *m*; **im Hier und ~** aquí y ahora
Jetztzeit *f* <-, *ohne pl*> tiempo *m* presente
jeweilige(r, s) *adj* correspondiente, respectivo; (*augenblicklich*) actual
jeweils ['je:vaɪls] *adv* (*jedesmal*) cada vez; **~ am Monatsersten** cada primero de mes; **die ~ Größten aus jeder Gruppe** los más altos de cada grupo; **~ vier Personen** cada vez cuatro personas
Jg. (*Zeitschrift*) *Abk. von* **Jahrgang** año *m*
Jh. *Abk. von* **Jahrhundert** siglo *m*
JH *Abk. von* **Jugendherberge** albergue *m* juvenil
jiddisch ['jɪdɪʃ] *adj* judeoalemán, yiddish
Jiu-Jitsu ['dʒi:u 'dʒɪtsu] *nt* <-(s), *ohne pl*> (SPORT) jiu-jitsu *m*
Job [dʒɔp] *m* <-s, -s> **1.** (*fam: Arbeit*) trabajo *m*, pega *f CSur, Mex* **2.** (INFOR) tarea *f*
jobben ['dʒɔbən] *vi* (*fam*) currar (*als* de), tener un curre
Jobber(in) ['dʒɔbɐ] *m(f)* <-s, -; -, -nen> **1.** (FIN) especulador(a) *m(f)* de bolsa, agiotista *mf* **2.** (*fam: Gelegenheitsarbeiter*) trabajador(a) *m(f)* temporal
Jobbörse *f* <-, -n> bolsa *f* de trabajo
JobhoppingRR ['dʒɔphɔpɪŋ] *nt* <-s, -s> jobhopping *m*
JobsharingRR ['dʒɔpʃɛ:rɪŋ] *nt* <-(s), *ohne pl*> jobsharing *m*
Jobsuche *f* <-, -n> (*fam*) búsqueda *f* de trabajo; **Jobverlust** *m* <-(e)s, -e> pérdida *f* del empleo; **Jobvermittlung** *f* <-, -en> tramitación *f* de empleos
Joch [jɔx] *nt* <-(e)s, -e> (*Last*) yugo *m*; **Jochbein** *nt* <-(e)s, -e> (ANAT) pómulo *m*
Jockei *m* <-s, -s>, **Jockey** ['dʒɔki] *m* <-s, -s> (SPORT) yoquei *m*, jockey *m*
Jod [jo:t] *nt* <-(e)s, *ohne pl*> (*a.* CHEM) yodo *m*
jodeln ['jo:dəln] *vi* cantar a la tirolesa
jodhaltig *adj* yodado
Jodler(in) ['jo:dlɐ] *m(f)* <-s, -; -, -nen> (MUS) cantador(a) *m(f)* a la tirolesa
Jodmangel *m* <-s, *ohne pl*> (MED) falta *f* de yodo; **Jodsalz** *nt* <-es, *ohne pl*> sal *f* yodada; **Jodtinktur** *f* <-, -en> (MED, CHEM) tintura *f* de yodo
Joga ['jo:ga] *m o nt* <-(s), *ohne pl*> yoga *m*
joggen ['dʒɔgən] *vi sein* hacer footing
Jogger(in) *m(f)* <-s, -; -, -nen> persona *f* que practica footing
Jogging ['dʒɔgɪŋ] *nt* <-s, *ohne pl*> footing *m*; **Jogginganzug** *m* <-(e)s, -züge> chándal *m*
Joghurt ['jo:gʊrt] *m o nt* <-(s), -(s)> yogur *m*; **Joghurtbecher** *m* <-s, -> vasito *m* de yogur, tarrina *f*
Jogi ['jo:gi] *m* <-s, -s> yogui *m*
JogurtRR *m o nt* <-(s), -(s)> *s.* **Joghurt**; **Jogurtbecher**RR *m* <-s, -> *s.* **Joghurtbecher**
Johannesevangelium *nt* <-s, *ohne pl*> (REL) evangelio *m* según San Juan
Johannisbeere [jo'hanɪsbe:rə] *f* <-, -n> grosella *f*; **schwarze ~** casis *f inv*; **Johannisbeerstrauch** *m* <-(e)s, -sträucher> (BOT) grosellero *m*
Johannisbrot *nt* <-(e)s, *ohne pl*> (BOT) algarroba *f*; **Johannisbrotbaum** *m* <-(e)s, -bäume> (BOT) algarrobo *m*
Johanniskäfer *m* <-s, -> luciérnaga *f*; **Johannistag** *m* <-(e)s, -e> (REL) día *m* de San Juan
johlen ['jo:lən] *vi* (*abw*) gritar, dar voces; **~de Kinder** niños ruidosos
Joint [dʒɔɪnt] *m* <-s, -s> (*fam*) porro *m*, canuto *m sl*
JointventureRR *nt* <- -(s), - -s>, **Joint Venture**RR ['dʒɔɪntvɛntʃɐ] *nt* <-(s), -s> (WIRTSCH) joint venture *f*
Jo-Jo ['jo:jo] *nt* <-s, -s> yoyó *m*
Joker ['dʒo:kɐ] *m* <-s, -> comodín *m*; **Jokerzeichen** *nt* <-s, -> (INFOR) comodín *m*
Jolle ['jɔlə] *f* <-, -n> **1.** (*Ruderboot*) yola *f* **2.** (*Segelboot*) yate *m* de vela
Jongleur(in) [ʒɔ̃'gløːɐ, ʒɔŋ'løːɐ] *m(f)* <-s, -e; -, -nen> malabarista *mf*
jonglieren* **I.** *vt* hacer juegos malabares (con) **II.** *vi* hacer juegos malabares (*mit* con); (*fig: mit Begriffen, Formeln*) manejar con mucha habilidad (*mit*), hacer malabarismos (*mit* con)
Joppe ['jɔpə] *f* <-, -n> (*reg*) chaqueta *f* sin cuello
Jordan ['jɔrdan] *m* <-s> Jordán *m*; **über den ~ gehen** (*euph*) irse de este mundo; **jdn über den ~ gehen lassen** (*euph*) mandar a alguien al otro barrio
Jordanien [jɔr'da:niən] *nt* <-s> Jordania *f*
Jordanier(in) *m(f)* <-s, -; -, -nen> jordano, -a *m, f*
jordanisch *adj* jordano
Jot [jɔt] *nt* <-, -> (*Buchstabe*) jota *f*
Jota ['jo:ta] *nt* <-(s), -s> (*griechischer Buchstabe*) iota *f*; **kein** [*o* **nicht ein**] **~ verändern** (*fig*) no cambiar ni una coma
Joule [dʒu:l, dʒaʊl] *nt* <-(s), -> (PHYS) julio *m*
Jour fixe [ʒu:ɐ 'fɪks] *m* <- -, -s -s> día *m* fijo [*o* fijado]
Journal [ʒʊr'na:l] *nt* <-s, -e> **1.** (PUBL: *geh*) revista *f* **2.** (NAUT) diario *m* de a bordo **3.** (WIRTSCH) diario *m*
Journalismus [ʒʊrna'lɪsmʊs] *m* <-, *ohne pl*> periodismo *m*
Journalist(in) *m(f)* <-en, -en; -, -nen> periodista *mf*
Journalistik *f* <-, *ohne pl*> (UNIV) periodismo *m*; **ein Studium der ~ abschließen** licenciarse en periodismo
Journalistin *f* <-, -nen> *s.* **Journalist**
journalistisch *adj* periodístico
jovial [jo'vja:l] *adj* alegre, jovial
Jovialität *f* <-, *ohne pl*> jovialidad *f*
Joystick ['dʒɔɪstɪk] *m* <-s, -s> (INFOR) palan-

ca *f* de mando, joystick *m*

jr. *Abk. von* **junior** júnior *m,* hijo *m*

Jubel ['ju:bəl] *m* <-s, *ohne pl*> júbilo *m,* regocijo *m,* elación *f Am;* **in ~ ausbrechen** prorrumpir en júbilo; **~, Trubel, Heiterkeit** alborozo y alegría; **Jubelgeschrei** *nt* <-s, *ohne pl*> grito *m* de júbilo; **in lautes ~ ausbrechen** prorrumpir en gritos de júbilo; **Jubelhochzeit** *f* <-, -en> (*fam*) aniversario *m* de boda (*en fechas muy señaladas, como son las Bodas de Plata, las de Oro, etc.*); **Jubeljahr** *nt* <-(e)s, -e> año *m* jubilar; **nur alle ~e einmal** (*fam*) de higos a brevas

jubeln ['ju:bəln] *vi* dar gritos de júbilo

Jubelruf *m* <-(e)s, -e> grito *m* de júbilo

Jubiläen *pl von* **Jubiläum**

Jubilar(in) [jubi'la:ɐ] *m(f)* <-s, -e; -, -nen> homenajeado, -a *m, f*

Jubiläum [jubi'lɛ:ʊm] *nt* <-s, Jubiläen> aniversario *m,* fiesta *f* conmemorativa; **zehnjähriges ~** décimo aniversario; **fünfzigjähriges ~** cincuentenario *m;* **hundertjähriges ~** centenario *m;* **Jubiläumsausgabe** *f* <-, -en> edición *f* conmemorativa

jubilieren* *vi* (*geh*) **1.** (*jubeln*) gritar de júbilo (*über* por) **2.** (*frohlocken*) alegrarse (*über* de)

juchhe [jʊx'he:] *interj,* **juchheisa** *interj,* **juchheißa** *interj,* **juchhu** *interj* ¡yupi!; **~, ich werde Vater!** ¡yupi, voy a ser padre!

juchzen ['jʊxtsən] *vi* (*fam*) soltar un grito de alegría

jucken ['jʊkən] **I.** *vi, vt* **1.** (*Juckreiz verursachen*) picar, hormiguear; **mir juckt der Kopf, es juckt mich am Kopf** me pica la cabeza **2.** (*fam: reizen*) tener ganas, apetecer; **das juckt mich doch nicht** no me interesa [*o* atrae] nada **II.** *vt* (*fam: reizen*) apetecer, atraer; (*kümmern*) interesar **III.** *vr:* **sich ~** (*fam*) rascarse **IV.** *vunpers* tener ganas; **mir juckt es in den Fingern zu ...** tengo unas ganas enormes de...

Juckpulver *nt* <-s, -> (*fam*) polvos *mpl* picapica

Juckreiz *m* <-es, -e> picor *m,* picazón *f;* **juckreizlindernd** *adj* (MED) aliviador de la picazón

Judas ['ju:das] *m* <-, -se> (*abw*) judas *m;* **du hast geplaudert? du ~!** ¿te has ido de la boca? ¡eres un judas!; **Judaskuss**[RR] *m* <-es, -küsse> beso *m* de Judas; **Judaslohn** *m* <-(e)s, -löhne> dinero *m* obtenido a cambio de una traición; **diesen ~ kannst du für dich behalten!** ¡te puedes quedar con ese dinero sucio!

Jude ['ju:də] *m,* **Jüdin** *f* <-n, -n; -, -nen> judío, -a *m, f;* **Judenhass**[RR] *m* <-es, *ohne pl*> odio *m* a los judíos; **Judenstern** *m* <-(e)s, -e> (HIST) estrella *f* de David (*signo distintivo que debían llevar los judíos en la ropa durante el nacionalsocialismo*)

Judentum *nt* <-s, *ohne pl*> judaísmo *m,* religión *f* judía

Judenverfolgung *f* <-, -en> (HIST) persecución *f* de los judíos; **Judenvernichtung** *f* <-, *ohne pl*> (HIST) exterminio *m* de los judíos

Jüdin ['jy:dɪn] *f* <-, -nen> *s.* **Jude**

jüdisch ['jy:dɪʃ] *adj* judío

Judo ['ju:do] *nt* <-(s), *ohne pl*> (SPORT) judo *m,* yudo *m*

Judoka *mf* <-(s), -(s); -, -(s)> (SPORT) judoka *mf,* yudoka *mf*

Jugend ['ju:gənt] *f* <-, *ohne pl*> **1.** (*Altersstufe*) juventud *f,* adolescencia *f;* **von ~ an** desde joven; **seine früheste ~** los primeros años de su adolescencia; **er verlebte seine ~ auf dem Land** pasó su juventud en el campo **2.** (*junge Leute*) juventud *f,* jóvenes *mpl;* **die heutige ~** la juventud de hoy; **Jugendamt** *nt* <-(e)s, -ämter> oficina *f* de protección de menores; **Jugendarbeit** *f* <-, *ohne pl*> trabajo *m* con jóvenes; **Jugendarbeitslosigkeit** *f* <-, *ohne pl*> paro *m* juvenil

Jugendarrest *m* <-(e)s, -e> arresto *m* juvenil; **Jugendarrestanstalt** *f* <-, -en> correccional *m* de menores

Jugendaustausch *m* <-(e)s, *ohne pl*> intercambio *m* juvenil; **Jugendbewegung** *f* <-, -en> (SOZIOL) movimiento *m* juvenil; **die ~** (HIST) *movimiento del cambio de siglo que propugnaba la vida sencilla y natural y el retorno a las raíces populares;* **Jugendbild** *nt* <-(e)s, -er> foto *f* de juventud; **das ist ein ~ von mir, da war ich 13** esta es un foto de cuando era joven, tenía entonces 13 años; **Jugendbildnis** *nt* <-ses, -se> (KUNST) retrato *m* de juventud *m;* **das Gemälde ist ein ~ Dürers** es un retrato del joven Durero; **Jugendbuch** *nt* <-(e)s, -bücher> libro *m* juvenil

jugendfrei *adj* apto para menores; (FILM) apto para todos los públicos

Jugendfreund(in) *m(f)* <-(e)s, -e; -, -nen> amigo, -a *m, f* de juventud; **jugendgefährdend** *adj* no apto para menores; **Jugendgericht** *nt* <-(e)s, -e> (JUR) tribunal *m* de menores; **Jugendgruppe** *f* <-, -n> grupo *m* juvenil; **sie betreut zwei ~n** se ocupa de dos grupos juveniles; **Jugendhelfer(in)** *m(f)* <-s, -; -, -nen> monitor(a) *m(f),* asistente, -a *m, f* (social) de menores; **Jugendherberge** *f* <-, -n> albergue *m* juvenil; **Jugendhilfe** *f* <-, *ohne pl*> asistencia *f* (social) a los menores; **Jugendjahre** *ntpl* años *mpl* mozos [*o* de juventud]; **Jugendkriminalität** *f* <-, *ohne pl*> delincuencia *f* juvenil

jugendlich *adj* **1.** (*Altersstufe*) joven, adolescente **2.** (*jung wirkend, durch Jugend bedingt*) juvenil; **sich ~ kleiden** vestirse de forma juvenil; **~er Leichtsinn** imprudencia juvenil

Jugendliche(r) *mf* <-n, -n; -n, -n> joven *mf,* adolescente *mf;* **~ unter 16 Jahren** menores de 16 años

Jugendlichkeit *f* <-, *ohne pl*> **1.** (*Alter*) juventud *f;* **seine ~ konnte das Vergehen nicht entschuldigen** su juventud no disculpaba el delito cometido **2.** (*Erscheinungsbild*) aspecto *m* juvenil; **sportlichere Kleidung würde deine ~ unterstreichen** la ropa deportiva acentuaría tu aspecto juvenil

Jugendliebe *f* <-, -n> primer amor *m,* amor *m* juvenil; **Jugendmannschaft** *f* <-, -en> (SPORT) equipo *m* juvenil; **in der ~ spielen** jugar con los juveniles; **Jugendpflege** *f* <-, *ohne pl*> (*alt*) *s.* **Jugendhilfe**; **Jugendpolitik** *f* <-, *ohne pl*> política *f* juvenil; **Jugendrichter(in)** *m(f)* <-s, -; -, -nen> (JUR) juez(a) *m(f)* de menores; **Jugendschutz** *m* <-es, *ohne pl*> protección *f* de menores; **Jugendsekte** *f* <-, -n> secta *f* juvenil [*o* de jóvenes]; **sich einer ~ anschließen** adherirse a una secta juvenil; **Jugendstil** *m* <-s, *ohne pl*> (KUNST, ARCHIT) Modernismo *m;* **Jugendstrafanstalt** *f* <-, -en> (JUR) centro *m* penitenciario de menores, correccional *m;* **Jugendstrafe** *f* <-, -n> (JUR) pena *f* juvenil [*o* de prisión para menores]; **Jugendstraftäter(in)** *m(f)* <-s, -; -, -nen> (JUR) delincuente *mf* juvenil; **Jugendsünde** *f* <-, -n> pecado *m* de juventud; **Jugendtorheit** *f* <-, -en> muchachada *f;* **Jugendtraum** *m* <-(e)s, -träume> sueño *m* de juventud; **Jugendwohnheim** *nt* <-(e)s, -e> residencia *f* (de estudiantes); **in den Ferien steht das ~ leer** durante las vacaciones la residencia está vacía; **Jugendzeit** *f* <-, *ohne pl*> tiempo *m* de la juventud, juventud *f;* **Jugendzentrum** *nt* <-s, -zentren> centro *m* juvenil [*o* de la juventud]

Jugoslawe, -in [jugo'sla:və] *m, f* <-n, -n; -, -nen> yugoslavo, -a *m, f*

Jugoslawien [jugo'sla:viən] *nt* <-s> Yugoslavia *f*

Jugoslawin *f* <-, -nen> *s.* **Jugoslawe**

jugoslawisch *adj* yugoslavo

Julei ['ju:laɪ, ju'laɪ] *m* <-(s), -s>, **Juli** ['ju:li] *m* <-(s), -s> julio *m; s. a.* **März**

Jumbo *m* <-s, -s>, **Jumbojet**[RR] *m* <-(s), -s>, **Jumbo-Jet** ['jʊmbo-, 'dʒambo-] *m* <-(s), -s> (AERO) jumbo(-jet) *m*

Jumper ['dʒampɐ] *m* <-s, -> (INFOR) puente *m*

jun. *Abk. von* **junior** júnior *m,* hijo *m*

jung [jʊŋ] *adj* <jünger, am jüngsten> joven; **J~ und Alt** jóvenes y viejos; **von ~ auf** desde joven; **sie ist 18 Jahre ~** sólo tiene 18 años; **~ heiraten/sterben** casarse/morir joven; **Jungbrunnen** *m* <-s, -> fuente *f* de la juventud [*o* de rejuvenecimiento]

Junge[1] ['jʊŋə] *m* <-n, -n> **1.** (*Knabe*) niño *m,* gurrumino *m Mex* **2.** (*junger Mann*) muchacho *m,* chico *m,* chamaco *m Mex,* pibe *m Arg;* **alter ~!** (*fam*) ¡hombre!; **~, ~!** (*fam*) ¡vaya, vaya!; **jdn wie einen dummen ~n behandeln** tratar a alguien como a un niño bobo

Junge(s)[2] *nt* <-n, -n> cría *f;* (*von Hunden, Raubtier*) cachorro *m;* (*von Vögeln*) pollo *m,* polluelo *m;* **die Katze hat ~ gekriegt** la gata ha parido

Jungengesicht *nt* <-(e)s, -er> cara *f* de niño

jungenhaft *adj* de muchacho, amuchachado

jünger ['jʏŋɐ] *adj kompar von* **jung** más joven, menor; **~ sein als** ser más joven que; **ihr ~er Bruder** su hermano menor; **~en Datums sein** ser de fecha reciente; **sich ~ machen** quitarse años

Jünger(in) ['jʏŋɐ] *m(f)* <-s, -; -, -nen> discípulo, -a *m, f*

Jüngere(r) *mf* <-n, -n; -n, -n> **1.** (*jüngerer Mensch*) joven *mf;* **in unserem Kurs sind auch ~** en nuestro curso hay también gente joven **2.** (*junior*): **der ~/die ~** el Joven/la Joven; **ein Gemälde von Cranach dem ~n** una pintura de Cranach el Joven

Jungfer ['jʊŋfɐ] *f* <-, -n> **1.** (*alt: Fräulein*) señorita *f* **2.** (*Wend*): **eine alte ~** (*abw*) una solterona; **Jungfernfahrt** *f* <-, -en> viaje *m* inaugural, primer viaje *m;* **Jungfernflug** *m* <-(e)s, -flüge> vuelo *m* inaugural, primer vuelo *m;* **1967 startete diese Maschine zu ihrem ~** este avión hizo su viaje inaugural en 1967; **Jungfernhäutchen** [-hɔɪtçən] *nt* <-s, -> (ANAT) himen *m;* **Jungfernrede** *f* <-, -n> (POL) primer discurso *m* de un diputado; **Jungfernzeugung** *f* <-, -en> (BIOL) partenogénesis *f inv*

Jungfrau *f* <-, -en> **1.** (*Frau*) virgen *f;* **die ~ Maria** la Virgen María; **die Heilige ~** la Santísima Virgen; **dazu bin ich gekommen, wie die ~ zum Kind** (*fam*) me ha llegado como caído del cielo **2.** (ASTR) Virgo *m*

jungfräulich ['jʊŋfrɔɪlɪç] *adj* (*geh*) virgen; (*fig*) virginal, virgen

Jungfräulichkeit *f* <-, *ohne pl*> (*geh*) virginidad *f,* pureza *f*

Junggeselle, -in *m, f* <-n, -n; -, -nen> soltero, -a *m, f;* **eingefleischter ~** solterón empedernido; **Junggesellenbude** *f* <-, -n> (*fam*) piso *m* de soltero *neutr;* **Junggesellendasein** *nt* <-s, *ohne pl*>, **Junggesellenleben** *nt* <-s, *ohne pl*> vida *f* de soltero; **Junggesellenwohnung** *f* <-, -en> piso *m* de soltero; **Junggesellenzeit** *f* <-, -en> época *f* de soltero, vida *f* de soltero; **in meiner ~ bin ich Stammgast in diesem Weinkeller gewesen** de soltero era cliente habitual de esta bodega

Junggesellin *f* <-, -nen> *s.* **Junggeselle**

Jüngling ['jʏŋlɪŋ] *m* <-s, -e> (*abw*) mozalbete *m*

Jungpflanze *f* <-, -n> planta *f* joven; **Jungsozialist(in)** *m(f)* <-en, -en; -, -nen> (POL) miembro *m* de las juventudes socialistas

jüngst [jʏŋst] *adv* (*geh*) recientemente

jüngste(r, s) *adj superl von* **jung** menor; **die ~ Entwicklung hat gezeigt, dass ...** los últimos acontecimientos han demostrado que..., el reciente progreso ha demostrado que…; **die ~ deutsche Literatur** la literatura alemana actual; **das ~ Gericht** el Juicio Final; **der ~ Tag** el Día del Juicio; **ich bin ja auch nicht mehr der J~** tampoco soy ya un guayabo

Jungsteinzeit *f* <-, *ohne pl*> (HIST) neolítico *m*

jüngstens *adv* (*alt, geh*) *s.* **jüngst**

Jungtier *nt* <-(e)s, -e> animal *m* joven

jungverheiratet ['--'---] *adj s.* **verheiraten I.**; **Jungverheiratete(r)** ['--'----] *mf* <-n, -n; -n, -n>, **Jungvermählte(r)** *mf* <-n, -n; -n, -n> (*geh*) recién casado, -a *m, f*

Jungvieh *nt* <-(e)s, *ohne pl*> (*allgemein*) animal *m* joven; (*Rinder*) novillo, -a *m, f;* **Jungwähler(in)** *m(f)* <-s, -; -, -nen> (POL) novato, -a *m, f* en las elecciones; **Jungwild** *nt* <-(e)s, *ohne pl*> (JAGD) pieza *f* de caza joven; **Jungwuchs** *m* <-es, *ohne pl*> (ÖKOL) arbolado *m* nuevo

Juni ['ju:ni] *m* <-(s), -s> junio *m; s. a.* **März**; **Junikäfer** *m* <-s, -> (ZOOL) escarabajo *m* de San Juan

junior ['ju:nio:ɐ, 'ju:njo:ɐ] *adj* (*geh*) júnior, hijo; **Peter Müller ~** Peter Müller, hijo [*o* júnior]

Junior(in) *m(f)* <-s, -en; -, -nen> **1.** (*fam*) hijo, -a *m, f* **2.** (SPORT) júnior *mf;* **Juniorchef(in)** *m(f)* <-s, -s; -, -nen> hijo, -a *m, f* del jefe

Juniorenausweis *m* <-es, -e> (EISENB) *s.* **Junior-Pass**

Juniorin *f* <-, -nen> *s.* **Junior**

Juniorpartner(in) *m(f)* <-s, -; -, -nen> (WIRTSCH, JUR) socio *m* menor; **Junior-Pass**[RR] *m* <-es, -Pässe> (EISENB) billete *m* de tren con reducción para jóvenes

Junk-Bond *m* <-s, -s> (FIN) bono *m* basura

Junker ['jʊŋkɐ] *m* <-s, -> (HIST) junker *m*, noble hacendado *m*

Junkfood ['dʒankfu:t] *nt* <-s, *ohne pl*> comida *f* sin valor alimenticio, comida *f* basura

Junkie ['dʒaŋki] *m* <-s, -s> (*fam*) yonqui *mf*

Junktim ['jʊŋktɪm] *nt* <-s, -s> (POL) acuerdo *m* global; **zwischen den beiden Vereinbarungen besteht ein ~** los dos acuerdos son interdependientes

Juno ['ju:no] *m* <-(s), -s> *s.* **Juni**

Junta ['xʊnta, 'jʊnta] *f* <-, Junten> (MIL, POL) junta *f*

Jupe [ʒy:p] *f* <-, -s> (*Schweiz*), **Jupe** *m* <-s, -s> (*Schweiz: Rock*) falda *f*

Jupiter ['ju:pitɐ] *m* <-s> (*a.* ASTR) Júpiter *m*

jur. *Abk. von* **juristisch** jurídico

Jura[1] ['ju:ra] *m* <-s, *ohne pl*> (GEO) **1.** (*Formation*) jurásico *m* **2.** (*Gebirge, Schweizer Kanton*) Jura *m*

Jura[2] (JUR) Derecho *m;* **~ studieren** estudiar Derecho

Jurastudium *nt* <-s, -studien> (UNIV) (carrera *f* de) derecho *m*

Jurisdiktion [ju:rɪsdɪk'tsjo:n] *f* <-, -en> (*geh*) jurisdicción *f*

Jurisprudenz [ju:rɪspru'dɛnts] *f* <-, *ohne pl*> (*geh*) jurisprudencia *f*

Jurist(in) [ju'rɪst] *m(f)* <-en, -en; -, -nen> jurista *mf;* **Juristendeutsch** *nt* <-(s), *ohne pl*> (*a. abw*) lenguaje *m* jurídico (alemán); **dein ~ verstehe ich nicht** este alemán jurídico tuyo no lo entiendo; **Juristensprache** *f* <-, *ohne pl*> lenguaje *m* jurídico

Juristerei *f* <-, *ohne pl*> (*iron: Rechtswissenschaft*) jurisprudencia *f;* (*Tätigkeit*) actividad *f* de los juristas; (*Rechtsprechung*) actividad *f* jurisprudencial

Juristin *f* <-, -nen> *s.* **Jurist**

juristisch [ju'rɪstɪʃ] *adj* jurídico; **die ~e Fakultät** la Facultad de Derecho; **~e Person** persona jurídica

Juror(in) ['ju:ro:ɐ] *m(f)* <-s, -en; -, -nen> (miembro *m* de un) jurado *m*

Jury [ʒy'ri:, 'ʒy:ri] *f* <-, -s> jurado *m;* **nicht entscheidungsfähige ~** (JUR) jurado sin facultad decisoria

Jus[1] *nt* <-, *ohne pl*> o (*Österr:* JUR) *s.* **Jura**

Jus[2] *f o m o nt* <-, *ohne pl*> (*Schweiz: Fruchtsaft*) zumo *m* de frutas, jugo *m* de frutas

Juso ['ju:zo] *m* <-s, -s> (POL) *s.* **Jungsozialist**

just [jʊst] *adv* justo, justamente; **~ als er kam** justo cuando vino

justieren* [jʊs'ti:rən] *vt* (TECH, PHYS) ajustar

Justierung *f* <-, -en> (TECH, PHYS) ajuste *m*

Just-in-time-Produktion [dʒast?ɪn'taɪm-] *f* <-, *ohne pl*> (WIRTSCH) producción *f* just-in-time

Justitia *f* <-, *ohne pl*> **1.** (*geh: personifiziertes Recht*) justicia *f;* **hier muss ~ aber ein Auge zugedrückt haben!** ¡aquí la justicia sí que ha hecho la vista gorda! **2.** (MYTH) (la diosa) Justicia *f*

Justitiar(in) [jʊsti'tsja:ɐ] *m(f)* <-s, -e; -, -nen> *s.* **Justiziar**

Justiz [jʊs'ti:ts] *f* <-, *ohne pl*> justicia *f;* **Justizbeamte(r)** *mf* <-n, -n; -n, -n>, **-beamtin** *f* <-, -nen> empleado, -a *m, f* de la justicia; **Justizbehörde** *f* <-, -n> autoridad *f* judicial [*o* jurídica], justicia *f;* **Justizgebäude** *nt* <-s, -> palacio *m* de justicia

Justiziar(in)[RR] [jʊsti'tsja:ɐ] *m(f)* <-s, -e; -, -nen> (JUR: *angestellter Jurist*) asesor(a) *m(f)* jurídico, -a

Justizirrtum *m* <-s, -tümer> (JUR) equivocación *f* judicial; **Justizminister(in)** *m(f)* <-s, -; -, -nen> ministro, -a *m, f* de Justicia; **Justizministerium** *nt* <-s, -ministerien> Ministerio *m* de Justicia; **Justizmord** *m* <-(e)s, -e> (JUR) ejecución *f* (de pena capital) por error judicial, asesinato *m* judicial; **Justizreform** *f* <-, -en> reforma *f* judicial; **Justizvollzugsanstalt** *f* <-, -en> establecimiento *m* penitenciario

Jute ['ju:tə] *f* <-, *ohne pl*> yute *m*

Juwel [ju've:l] *m o nt* <-s, -en> joya *f*, alhaja *f;* **Juwelenhandel** *m* <-s, *ohne pl*> comercio *m* de joyas

Juwelier[1] [juve'liːɐ] *m* <-s, -e> (*Geschäft*) joyería *f*

Juwelier(in)[2] [juve'liːɐ] *m(f)* <-s, -e; -, -nen> joyero, -a *m, f*

Juweliergeschäft *nt* <-(e)s, -e>, **Juwelierladen** *m* <-s, -läden> joyería *f*

Jux [jʊks] *m* <-es, -e> (*fam*) juerga *f*, cachondeo *m sl;* **aus ~ und Tollerei** de broma y de juerga, de cachondeo *sl;* **sich** *dat* **einen ~ aus etw** *dat* **machen** hacer algo en broma, cachondearse de algo *sl*

juxen *vi* (*fam*) bromear; **glaub ihm nicht, der juxt doch nur!** ¡no le creas, está bromeando!

juxig *adj* (*fam*) cachondo *sl*

jwd [jɔtve'deː] *adv* (*fam hum*) muy lejos, en el quinto pino; **ich möchte nicht so ~ wohnen!** ¡no quisiera vivir tan lejos [*o* en el quinto pino]!

J

K

K, k [ka:] *nt* <-, -> K, k *f;* ~ **wie Kaufmann** K de Kenia

K (CHEM) *Abk. von* **Kalium** K

Kaba® ['ka:ba] *m o nt* <-s, *ohne pl*> ≈Cola-Cao® *m;* **möchtest du ein(en)** ~**?** ¿quieres un cola-cao?

Kabarett [kaba'rɛt, kaba're:] *nt* <-s, -s> café-teatro *m;* **politisches** ~ café-teatro político

Kabarettist(in) [kabarɛ'tɪst] *m(f)* <-en, -en; -, -nen> artista *mf* de café-teatro

kabarettistisch *adj* de cabaret

Kabäuschen [ka'bɔɪsçən] *nt* <-s, -> (*reg: für Gartengeräte*) cobertizo *m;* (*des Parkwächters*) garita *f*

kabbeln ['kabəln] *vr:* **sich** ~ (*nordd*) pelearse; **die Geschwister** ~ **sich** los hermanos se pelean [*o* andan a la greña]

Kabel ['ka:bəl] *nt* <-s, -> cable *m;* **Kabelanschluss**[RR] *m* <-es, -schlüsse> toma *f* de la televisión por cable; **Kabelfernsehen** *nt* <-s, *ohne pl*> televisión *f* por cable

Kabeljau ['ka:bəljaʊ] *m* <-s, -s *o* -e> bacalao *m*

Kabelkanal *m* <-s, -näle> (RADIO, TV) canal *m* por cable; **Kabelklemme** *f* <-, -n> (ELEK) borne *m,* clavija *f;* **Kabelleger** *m* <-s, -> (buque *m*) cablero *m;* **Kabelnetz** *nt* <-es, -e> red *f* de la televisión por cable; **Kabelrolle** *f* <-, -n> bobina *f* de cable; **Kabeltrommel** *f* <-, -n> tambor *m* (para cable)

Kabine [ka'bi:nə] *f* <-, -n> cabina *f;* (*Umkleide~*) vestuario *m;* (*Schiffs~*) camarote *m;* (AERO) carlinga *f;* **Kabinenroller** *m* <-s, -> (AUTO) coche *m* con forma de huevo

Kabinett [kabi'nɛt] *nt* <-s, -e> (POL) gabinete *m,* consejo *m* de ministros; **Kabinettsbeschluss**[RR] *m* <-es, -schlüsse> acuerdo *m* del consejo de ministros, acuerdo *m* del gabinete; **Kabinettschef(in)** *m(f)* <-s, -s; -, -nen> jefe, -a *m, f* del gobierno; **Kabinettskrise** *f* <-, -n> crisis *f inv* ministerial; **Kabinettssitzung** *f* <-, -en> sesión *f* del consejo de ministros, reunión *f* del consejo de ministros

Kabinettstück *nt* <-(e)s, -e> jugada *f* maestra

Kabinettsumbildung *f* <-, -en> reajuste *m* ministerial

Kabinettwein *m* <-(e)s, -e> vino *m* selecto alemán

Kabis ['ka:bɪs] *m* <-, *ohne pl*> (*Schweiz: Kohl*) col *f*

Kabrio ['ka:brio] *nt* <-(s), -s>, **Kabriolett** ['ka:briole, kabrio'le:, kabrio'lɛt] *nt* <-s, -s> (coche *m*) descapotable *m*

Kabuff [ka'bʊf] *nt* <-s, -e *o* -s> (*reg*) tugurio *m*

Kachel ['kaxəl] *f* <-, -n> azulejo *m,* baldosa *f*

kacheln *vt* poner baldosas

Kachelofen *m* <-s, -öfen> estufa *f* de azulejos, estufa *f* (de) cerámica

Kacke ['kakə] *f* <-, *ohne pl*> (*vulg*) **1.** (*Kot*) caca *f,* mierda *f* **2.** (*Angelegenheit*) mierda *f*

kacken *vi* (*vulg*) cagar

Kacker(in) *m(f)* <-s, -; -, -nen> (*vulg abw*) cabrón, -ona *m, f;* **der alte** ~ **will mich nur fertig machen** este viejo mamón sólo quiere hundirme

Kadaver [ka'da:vɐ] *m* <-s, -> cadáver *m* (de un animal); **Kadavergehorsam** *m* <-s, *ohne pl*> (*abw*) obediencia *f* ciega

Kadenz [ka'dɛnts] *f* <-, -en> (MUS) cadencia *f*

Kader ['ka:dɐ] *m* <-s, -> (POL, SPORT) cuadro *m*

Kadett [ka'dɛt] *m* <-en, -en> (MIL) cadete *m*

Kadi ['ka:di] *m* <-s, -s> **1.** (*islamischer Richter*) cadí *m* **2.** (*fam: Gericht*) tribunal *m;* **jdn vor den** ~ **zerren** [*o* **schleppen**] llevar a alguien ante los tribunales

Kadmium ['katmiʊm] *nt* <-s, *ohne pl*> (CHEM) cadmio *m;* **Kadmiumbad** *nt* <-(e)s, -bäder> (CHEM) baño *m* de cadmio

Käfer ['kɛ:fɐ] *m* <-s, -> (*a.* AUTO) escarabajo *m*

Kaff [kaf] *nt* <-s, -s *o* -e *o* Käffer> (*fam abw*) pueblucho *m,* pueblo *m* de mala muerte

Kaffee ['kafe, ka'fe:] *m* <-s, -s> café *m;* **gemahlener** ~ café molido; ~ **kochen** preparar [*o* hacer] café; **(einen)** ~ **trinken** tomar (un) café; **schwarzer/starker/dünner** ~ café solo/fuerte/flojo; **bitte drei** ~ tres cafés, por favor; **eine Tasse/ein Kännchen** ~ una taza/una jarrita de café; ~ **mit Milch/ohne Zucker** café con leche/sin azúcar; **wir sind zum** ~ **eingeladen** estamos invitados a tomar café; **es gibt** ~ **und Kuchen** hay café y tartas; **kalter** ~ (*reg: Spezi*) limonada con coca-cola; **das ist kalter** ~ (*fam*) eso es lo sabe todo el mundo; **Kaffeeautomat** *m* <-en, -en> máquina *f* de café; **Kaffeebaum** *m* <-(e)s, -bäume> cafeto *m,* café *m;* **Kaffeebohne** *f* <-, -n> grano *m* de café; **kaffeebraun** *adj* color café; **Kaffeeersatz**[RR] *m* <-es, *ohne pl*>, **Kaffee-Ersatz** *m* <-es, *ohne pl*> sucedáneo *m* del café, achicoria *f;* **Kaffeeextrakt**[RR] *m* <-(e)s, -e>, **Kaffee-Extrakt** *m* <-(e)s, -e> extracto *m* de café; **Kaffeefahrt** *f* <-, -en> **1.** (*Ausflug*) excursión *f* por la tarde para tomar el café **2.** (*mit Werbeveranstaltung*) excursión *f* con café y presentación publicitaria; **Kaffeefilter** *m* <-s, -> filtro *m* de café; **Kaffeegeschirr** *nt* <-(e)s, -e> juego *m* de café; **Kaffeehaus** *nt* <-es, -häuser> café *m;* **Kaffeekanne** *f* <-, -n> cafetera *f;* **Kaffeeklatsch** *m* <-(e)s, -e> (*fam*) tertulia *f;* **Kaffeekränzchen** [-krɛntsçən] *nt* <-s, -> (*fam*) tertulia *f* de señoras; **Kaffeelöffel** *m* <-s, -> cucharilla *f* de café; **Kaffeemaschine** *f* <-, -n> cafetera *f* eléctrica, greca *f Am;* **Kaffeemühle** *f* <-, -n> molinillo *m* de café; **Kaffeepause** *f* <-, -n> pausa *f* (para tomar un café); **Kaffeeplantage** *f* <-, -n> cafetal *m,* plantación *f* de café; **Kaffeesatz** *m* <-es, *ohne pl*> poso *m* del café; **aus dem ~ lesen** leer el futuro en los posos del café; **Kaffeeservice** *nt* <-(s), -> juego *m* de café; **Kaffeestrauch** *m* <-(e)s, -sträucher> (BOT, AGR) cafeto *m;* **Kaffeetante** *f* <-, -n> (*fam*) persona *f* que toma mucho café; **eine ~ sein** ser muy cafetero; **Kaffeetasse** *f* <-, -n> taza *f* de café; **Kaffeewärmer** *m* <-s, -> cubrecafetera *m;* **Kaffeewasser** *nt* <-s, *ohne pl*> agua *f* para el café

Käffer *pl von* **Kaff**

Käfig ['kɛːfɪç] *m* <-s, -e> jaula *f;* **goldener ~** (*fig*) jaula de oro; **faradayscher ~** (PHYS) jaula *f* de Faraday, caja *f* de Faraday

Käfighaltung *f* <-, -en> explotación *f* en batería; **dies sind Eier von Hühnern aus der ~** estos huevos son de gallinas de granja [*o* criadas en una granja]

Kaftan ['kaftan] *m* <-s, -e> caftán *m*

kahl [kaːl] *adj* **1.** (*ohne Haar*) pelado, calvo; **~ geschoren** rapado, pelado al rape **2.** (*ohne Vegetation, Wand*) pelado **3.** (*ohne Blätter*) deshojado; **einen Baum ~ fressen** comerse todas las hojas de un árbol; **die Schädlinge haben den Baum ~ gefressen** los parásitos han dejado el árbol sin hojas; **Kahlfraß** *m* <-es, -e> defoliación *f* total; **kahl|fressen** *irr vt s.* **kahl 3.**; **kahlgeschoren** ['kaːlgəʃoːrən] *adj s.* **kahl 1.**

Kahlheit *f* <-, *ohne pl*> **1.** (*Kahlköpfigkeit*) calvicie *f* **2.** (*Blattlosigkeit*) desnudez *f;* **die ~ der Bäume wirkt irgendwie deprimierend** los árboles sin hojas dan una sensación algo deprimente **3.** (*kahle Beschaffenheit*) desertificación *f,* desertización *f*

Kahlkopf *m* <-(e)s, -köpfe> (*fam*) pelón, -ona *m, f,* calvo, -a *m, f*

kahlköpfig ['kaːlkœpfɪç] *adj* pelón, pelado

Kahlköpfigkeit *f* <-, *ohne pl*> calvicie *f*

Kahlschlag *m* <-(e)s, -schläge> **1.** (*Fällen*) desmonte *m* completo; **großflächige Kahlschläge** desmonte completo de grandes superficies **2.** (*Schlagfläche*) claro *m,* espacio *m* talado

Kahn [kaːn, *pl:* 'kɛːnə] *m* <-(e)s, Kähne> **1.** (*kleines Boot*) bote *m,* lancha *f* **2.** (*Lastschiff*) gabarra *f;* **Kahnfahrt** *f* <-, -en> viaje *m* en barca, paseo *m* en barca

Kai [kaɪ] *m* <-s, -s> muelle *m,* malecón *m;* **ab ~** sobre muelle; **frei ~** franco muelle; **am ~ festmachen** atracar al muelle

Kaiman ['kaɪman] *m* <-s, -e> caimán *m,* lagarto *m Am*

Kaimauer *f* <-, -n> muro *m* del muelle

Kainsmal *nt* <-(e)s, -e> estigma *m,* mancha *f;* **er trägt das ~ des Verrates** lleva encima el estigma del traidor

Kairo ['kaɪro] *nt* <-s> El Cairo

Kaiser(in) ['kaɪzɐ] *m(f)* <-s, -; -, -nen> emperador *m,* emperatriz *f;* **sich um des ~s Bart streiten** discutir por nimiedades; **Kaiseradler** *m* <-s, -> águila *f* imperial; **Kaiserhaus** *nt* <-es, -häuser> familia *f* imperial

Kaiserin *f* <-, -nen> *s.* **Kaiser**

Kaiserkrone *f* <-, -n> **1.** (HIST) corona *f* del emperador **2.** (BOT) corona *f* imperial

kaiserlich *adj* imperial; **~ und königlich** (HIST) imperial y real

Kaiserpfalz *f* <-, -en> (HIST) palacio *m* imperial; **Kaiserreich** *nt* <-(e)s, -e> imperio *m;* **Kaiserschmarr(e)n** *m* <-s, -> (*Österr:* GASTR) *tortilla desmenuzada con azúcar y pasas*

Kaiserschnitt *m* <-(e)s, -e> (MED) cesárea *f*

Kaisertum *nt* <-s, -tümer> (HIST, POL) imperio *m*

Kajak ['kaːjak] *m o nt* <-s, -s> (SPORT) kayac *m*

Kajalstift *m* <-(e)s, -e> lápiz *m* de ojos, contorno *m* de ojos; **die Augen mit ~ umranden** pintarse raya en torno a los ojos

Kajüte [ka'jyːtə] *f* <-, -n> camarote *m*

Kakadu ['kakadu] *m* <-s, -s> cacatúa *f*

Kakanien [ka'kaːniən] *nt* <-s> (*iron*) *el Imperio Austrohúngaro*

kakanisch [ka'kaːnɪʃ] *adj* (*iron*) *propio o típico del Imperio Austrohúngaro*

Kakao [ka'kaʊ] *m* <-s, -s> **1.** (*Pulver, Pflanze*) cacao *m,* cacahuatl *m Mex* **2.** (*Getränk*) chocolate *m;* **jdn durch den ~ ziehen** (*fam*) tomar el pelo a alguien; **Kakaobaum** *m* <-(e)s, -bäume> cacao *m;* **Kakaobohne** *f* <-, -n> grano *m* de cacao; **Kakaobutter** *f* <-, *ohne pl*> manteca *f* de cacao; **Kakaopulver** *nt* <-s, -> cacao *m* en polvo

Kakerlak ['kaːkɐlak] *m* <-s *o* -en, -en> cucaracha *f*

Kaki ['kaːki] *m* <-(s), *ohne pl*> caqui *m*

Kakofonie[RR] *f* <-, -n>, **Kakophonie** [kakofo'niː] *f* <-, -n> cacofonía *f*

Kaktee [kak'teːə] *f* <-, -n>, **Kaktus** ['kaktʊs, *pl:* kak'teːən] *m* <-ses, Kakteen> cactus *m inv,* cacto *m*

Kaktusfeige *f* <-, -n> higo *m* chumbo

Kalabrien [ka'laːbriən] *nt* <-s> Calabria *f*

Kalamität [kalami'tɛːt] *f* <-, -en> (*Schwierigkeit*) dificultad *f;* (*stärker*) calamidad *f,* desastre *m;* **jdn in ~en bringen** causar dificultades a alguien; **in ~en kommen** verse envuelto en dificultades

Kalaschnikow *f* <-, -s> Kaláshnikov *m*

Kalauer ['kaːlaʊɐ] *m* <-s, -> retruécano *m*

Kalb [kalp, *pl:* 'kɛlbɐ] *nt* <-(e)s, Kälber>

ternero, -a *m, f;* **das Goldene ~** el becerro de oro

kalben ['kalbən] *vi* (*Kuh*) parir (un ternero)

Kalbfleisch *nt* <-(e)s, *ohne pl*> (carne *f* de) ternera *f*

Kalbsbraten *m* <-s, -> asado *m* de ternera, ternera *f* asada; **Kalbshachse** *f* <-, -n> (GASTR), **Kalbshaxe** *f* <-, -n> (*südd:* GASTR) pierna *f* de ternera; **Kalbskotelett** *nt* <-s, -s> (GASTR) chuleta *f* de ternera; **Kalbsleder** *nt* <-s, -> piel *f* de ternera [*o* becerra]; **Kalbsschnitzel** *nt* <-s, -> escalope *m* de ternera

Kaldaunen [kal'daʊnən] *fpl* (GASTR: *Kutteln*) callos *mpl*

Kaleidoskop [kalaɪdo'sko:p] *nt* <-(e)s, -e> calidoscopio *m*, caleidoscopio *m*

Kalender [ka'lɛndɐ] *m* <-s, -> calendario *m;* (*Taschen~*) agenda *f;* **der gregorianische/julianische ~** el calendario gregoriano/juliano [*o* romano]; **Kalenderjahr** *nt* <-(e)s, -e> año *m* natural; **Kalendermonat** *m* <-(e)s, -e> mes *m* natural; **Kalenderwoche** *f* <-, -n>: **die Lieferung erfolgt in der 24. ~** la mercancía será entregada en la semana 24 (de este año)

Kalesche [ka'lɛʃə] *f* <-, -n> (HIST) calesa *f*

Kali ['ka:li] *nt* <-s, -s> (CHEM: *Kalisalz*) sal *f* potásica

Kaliber [ka'li:bɐ] *nt* <-s, -> **1.** (TECH: *von Waffen*) calibre *m* **2.** (*fam: Sorte*) calibre *m*, índole *f;* **Anschuldigungen solchen ~s ...** acusaciones de tal calibre...

Kalibrierpipette [kali'bri:ɐ-] *f* <-, -n> (CHEM) pipeta *f* de calibrado

Kalibrierung [kali'bri:rʊŋ] *f* <-, -en> calibrado *m*

Kalidünger *m* <-s, -> (CHEM) abono *m* potásico

Kalif [ka'li:f] *m* <-en, -en> (REL) califa *m*

Kalifat [kali'fa:t] *nt* <-s, -e> (REL) califato *m*

Kalifornien [kali'fɔrniən] *nt* <-s> California *f*

Kalilauge *f* <-, -n> (CHEM) potasa *f* cáustica

Kalium ['ka:liʊm] *nt* <-s, *ohne pl*> (CHEM) potasio *m;* **kaliumhaltig** *adj* (CHEM) potásico; **Kaliumnitrat** *nt* <-s, -e> (CHEM) nitrato *m* potásico; **Kaliumpermanganat** ['ka:liʊmpɛrmaŋgana:t] *nt* <-s, -e> (CHEM) permanganato *m* potásico

Kalk [kalk] *m* <-(e)s, -e> **1.** (*~stein, Baustoff*) cal *f;* **gebrannter/gelöschter ~** cal viva/muerta; **er** [*o* **sein Gesicht**] **wurde weiß wie ~** se puso blanco como la cal **2.** (*Kalzium*) calcio *m;* **Kalkablagerung** *f* <-, -en> depósito *m* de cal; (MED) calcificación *f;* **den Wasserkessel von seinen ~en befreien** quitar la (incrustación de) cal de la caldera; **Kalkbildung** *f* <-, -en> calcificación *f;* **Kalkboden** *m* <-s, -böden> terreno *m* calcáreo, suelo *m* calizo; **Kalkbrennerei** *f* <-, -en> fábrica *f* de cal

kalken *vt* **1.** (*tünchen*) encalar, enlucir con cal **2.** (*düngen*) abonar con cal

kalkhaltig *adj* calcáreo, calizo

Kalkmangel *m* <-s, *ohne pl*> **1.** (*des Bodens*) falta *f* de cal **2.** (MED) carencia *f* de calcio; **Kalkofen** *m* <-s, -öfen> (TECH) horno *m* de cal; **Kalksandstein** *m* <-(e)s, *ohne pl*> (GEO) caliza *f;* **Kalkstein** *m* <-(e)s, -e> (GEO) piedra *f* caliza

Kalkül[1] [kal'ky:l] *m o nt* <-s, -e> (*Überlegung*) cálculo *m;* **etw** (**mit**) **ins ~ ziehen** considerar algo de antemano

Kalkül[2] *m* <-s, -e> (MATH) cálculo *m*

Kalkulation [kalkula'tsjo:n] *f* <-, -en> cálculo *m;* **knappe ~** cálculo justo; **nach meiner ~** según mis cálculos; **Kalkulationsfehler** *m* <-s, -> (WIRTSCH) error *m* de cálculo; **Kalkulationsrichtlinie** *f* <-, -n> (WIRTSCH) norma *f* de cálculo; **Kalkulationszuschlag** *m* <-(e)s, -schläge> (WIRTSCH) recargo *m* por cálculo

kalkulierbar [kalku'li:ɐba:ɐ] *adj* calculable

kalkulieren* [kalku'li:rən] *vt* calcular

Kalkwerk *nt* <-(e)s, -e> mina *f* de cal, calería *f*

Kalligrafie[RR] *f* <-, *ohne pl*>, **Kalligraphie** [kaligra'fi:] *f* <-, *ohne pl*> caligrafía *f*

Kalme ['kalmə] *f* <-, -n> (METEO) calma *f;* **Kalmengürtel** *m* <-s, -> (METEO) cinturón *m* de las calmas

Kalorie [kalo'ri:, *pl:* kalo'ri:ən] *f* <-, -n> caloría *f;* **kalorienarm** *adj* bajo en calorías; **Kalorienbedarf** *m* <-(e)s, -e> demanda *f* de calorías; **Kalorienbombe** *f* <-, -n> (*fam*) plato *m* que engorda mucho; **Kaloriengehalt** *m* <-(e)s, -e> contenido *m* calórico; **kalorienreduziert** *adj* bajo en calorías; **eine ~e Ernährung** una alimentación baja en calorías; **kalorienreich** *adj* rico en calorías

kalt [kalt] *adj* <kälter, am kältesten> **1.** (*allgemein*) frío; (*eis~*) helado; **mir ist/wird ~** tengo frío/me entra [*o* da el] frío; **es ist ~** hace frío; **ist das ~!** ¡qué frío!; **heute bleibt die Küche ~** hoy no cocinamos; **abends essen wir ~** por la noche tomamos una cena fría; **das Essen wird ~** la comida se enfría; **etw ~ stellen** poner algo a enfriar; **die Wohnung kostet 400 DM ~** el piso cuesta 400 marcos sin gastos de calefacción; **ihm brach der ~e Schweiß aus** le entró un sudor frío; **es überlief ihn ~** le entró miedo; **mit der Frage hat er mich ~ erwischt** (*fam*) con la pregunta me pilló desprevenido; **während des K~en Krieges** durante la guerra fría **2.** (*gefühllos*) frío; (*gleichgültig*) indiferente; **~ bleiben** quedarse impasible; **jdm die ~e Schulter zeigen** (*fam*) volver la espalda a alguien; (*einem Verehrer*) dar calabazas a alguien; **kalt|bleiben** *irr vi sein s.* **kalt**

Kaltblut *nt* <-(e)s, *ohne pl*> caballo *m* de tiro

Kaltblüter [-bly:tɐ] *m* <-s, -> (ZOOL) animal

m de sangre fría, heterotermo *m,* poiquilotermo *m*

kaltblütig [-bly:tɪç] **I.** *adj* (*unerschrocken*) intrépido, temerario; (*skrupellos*) sin escrúpulos **II.** *adv* a sangre fría

Kaltblütigkeit *f* <-, *ohne pl*> impavidez *f,* sangre *f* fría

Kälte ['kɛltə] *f* <-, *ohne pl*> **1.** (*Temperatur*) frío *m;* **bei dieser ~** con este frío; **es herrschte eine eisige ~** hacía un frío intenso; **vor ~ zittern** temblar de frío; **drei Grad ~** tres grados bajo cero **2.** (*Gefühlsarmut*) frialdad *f;* (*Gleichgültigkeit*) indiferencia *f;* **wir wurden mit eisiger ~ empfangen** nos recibieron con mucha frialdad; **kältebeständig** *adj* (TECH) resistente al frío; **Kältebrücke** *f* <-, -n> (ARCHIT) puente *m* térmico; **Kälteeinbruch** *m* <-(e)s, -brüche> (METEO) llegada *f* del frío; **kälteempfindlich** *adj* sensible al frío; **Kälteerzeugung** *f* <-, -en> producción *f* de frío; **Kältegrad** *m* <-(e)s, -e> grado *m* bajo cero; **Kältekonservierung** *f* <-, -en> conservación *f* en frío; **Kältemaschine** *f* <-, -n> (TECH) máquina *f* frigorífica; **Kältemittel** *nt* <-s, -> medio *m* frigorífico; **Kälteperiode** *f* <-, -n> período *m* de frío

kälter ['kɛltɐ] *adj kompar von* **kalt**

kälteresistent *adj* resistente al frío

Kälteschutzmittel *nt* <-s, -> (TECH) anticongelante *m*

kälteste(r, s) ['kɛltəstə, -tɐ, -təs] *adj superl von* **kalt**

Kältetechnik *f* <-, *ohne pl*> técnica *f* del frío; **Kälteverfahren** *nt* <-s, -> frío *m* industrial [*o* artificial]; **Kältewelle** *f* <-, -n> ola *f* de frío

Kaltfront *f* <-, -en> (METEO) frente *m* frío; **kaltgepresst**[RR] [-gəprɛst] *adj,* **kaltgepreßt** *adj* (*Öl*) prensado en frío

kaltherzig *adj* insensible, cruel

kaltlächelnd ['-'--] *adv s.* **lächeln 2.**; **kalt|lassen** *irr vt s.* **lassen 1.**; **Kaltleiter** *m* <-s, -> (PHYS, TECH) conductor *m* frío

Kaltluft *f* <-, *ohne pl*> (METEO) aire *m* frío; **antarktische/arktische ~** aire frío antártico/ártico; **Kaltluftfront** *f* <-, -en> (METEO) frente *m* (de aire) frío

kalt|machen *vt* (*sl*) cargarse, liquidar; **Kaltmiete** *f* <-, -n> alquiler *m* sin los gastos de calefacción; **Kaltschale** *f* <-, -n> sopa *f* fría y dulce

kaltschnäuzig ['kaltʃnɔɪtsɪç] *adj* (*fam*) frío; (*gleichgültig*) indiferente; (*frech*) impertinente

Kaltschnäuzigkeit *f* <-, *ohne pl*> (*fam: Gleichgültigkeit*) indiferencia *f;* (*Frechheit*) impertinencia *f*

Kaltstart *m* <-(e)s, -s> **1.** (AUTO) arranque *m* en frío **2.** (INFOR) nuevo arranque *m* del programa sin desconectar el ordenador; **Kaltstartautomatik** *f* <-, -en> (AUTO) arranque *m* automático en frío

kalt|stellen *vt* (*fam: Person*) eliminar, privar de influencia; **Kaltzeit** *f* <-, -en> (GEO) período *m* frío [*o* previo a la glaciación]

Kalvinismus [kalvi'nɪsmʊs] *m* <-, *ohne pl*> (REL) calvinismo *m*

Kalvinist(in) [kalvi'nɪst] *m(f)* <-en, -en; -, -nen> (REL) calvinista *mf*

kalvinistisch *adj* (REL) calvinista

Kalzium ['kaltsiʊm] *nt* <-s, *ohne pl*> (CHEM) calcio *m;* **Kalziumkarbonat** *nt* <-(e)s, -e> (CHEM) carbonato *m* de calcio; **Kalziummangel** *m* <-s, *ohne pl*> carencia *f* de calcio, falta *f* de calcio

kam [ka:m] *3. imp von* **kommen**

Kambodscha [kam'bɔdʒa] *nt* <-s> Camboya *f*

Kamee [ka'me:ə] *f* <-, -n> camafeo *m*

Kamel [ka'me:l] *nt* <-(e)s, -e> **1.** (*Tier*) camello *m* **2.** (*fam abw: Mensch*) tonto, -a *m, f,* burro, -a *m, f;* **ich/du ~!** ¡tonto de mí/de ti!; **so ein ~!** ¡qué tonto!; **Kamelhaar** *nt* <-(e)s, *ohne pl*> pelo *m* de camello

Kamelie [ka'me:ljə] *f* <-, -n> (BOT) camelia *f*

Kamellen *pl:* **das sind alte** [*o* **olle**] **~** (*fam*) esta historia se la sabe ya todo quisqui

Kameltreiber(in) *m(f)* <-s, -; -, -nen> camellero, -a *m, f*

Kamera ['kaməra] *f* <-, -s> **1.** (FILM, TV) cámara *f;* **vor der ~ stehen** estar delante de la cámara; **vor die ~ treten** ponerse delante de la cámara **2.** (FOTO) máquina *f* fotográfica, cámara *f* fotográfica

Kamerad(in) [kamə'ra:t] *m(f)* <-en, -en; -, -nen> camarada *mf,* compañero, -a *m, f,* cuate, -a *m, f Guat, Mex*

Kameradschaft *f* <-, *ohne pl*> compañerismo *m,* camaradería *f*

kameradschaftlich *adj* de camaradería; **eine ~e Geste** un gesto de camaradería

Kameradschaftsgeist *m* <-(e)s, *ohne pl*> espíritu *m* de camaradería; **in diesem Fußballverein herrscht ein guter ~** en este club de fútbol hay un buen espíritu de equipo

Kamerafahrt *f* <-, -en> (FILM, TV) movimiento *m* de la cámara; **Kamerafrau** *f* <-, -en> operadora *f;* **Kameraführung** *f* <-, -en> (FILM, TV) dirección *f* de cámara; **Kameramann** *m* <-(e)s, -männer *o* -leute> operador *m,* cámara *m fam;* **kamerascheu** *adj* que no se deja filmar o fotografiar

Kamerun ['kaməru:n, --'-] *nt* <-s> (el) Camerún *m*

Kameruner(in) ['----, --'--] *m(f)* <-s, -; -, -nen> camerunense *mf*

kamerunisch ['----, --'--] *adj* camerunense

Kamikaze [kami'ka:tsə] *m* <-, -> kamikaze *m*

Kamille [ka'mɪlə] *f* <-, -n> manzanilla *f;* **Kamillentee** *m* <-s, -s> (infusión *f* de) manzanilla *f*

Kamin [ka'mi:n] *m, Schweiz: nt* <-s, -e> **1.** (*im Wohnraum*) chimenea *f,* hogar *m* **2.** (*südd: Schornstein*) chimenea *f* **3.** (*im Berg*) grieta *f,* chimenea *f;* **Kaminaufsatz**

m <-es, -sätze> sombrerete *m* de chimenea; **Kaminbesteck** *nt* <-(e)s, -e> juego *m* de utensilios de la chimenea; **Kaminfeger(in)** *m(f)* <-s, -; -, -nen> (*reg*) deshollinador(a) *m(f)*, limpiachimeneas *m inv;* **Kaminfeuer** *nt* <-s, -> fuego *m* de la chimenea; **ein ~ machen** encender la chimenea; **Kamingespräch** *nt* <-(e)s, -e> conversación *f* (confidencial) a la lumbre de la chimenea; **Kaminkehrer(in)** *m(f)* <-s, -; -, -nen> (*reg*) *s.* **Kaminfeger**

Kaminsims *m o nt* <-es, -e> repisa *f* de la chimenea

Kamm [kam, *pl:* 'kɛmə] *m* <-(e)s, Kämme> **1.** (*zum Kämmen*) peine *m;* **alles über einen ~ scheren** medirlo todo por el mismo rasero **2.** (*Hahnen~, Gebirgs~, Wellen~*) cresta *f* **3.** (GASTR: *Nackenstück*) morrillo *m*

kämmen ['kɛmən] *vt* peinar; **ich kämme mir/ihm die Haare** me peino/le peino el pelo; **das Haar glatt ~** alisar el pelo; **seine Haare sind glatt gekämmt** lleva el pelo liso

Kammer ['kamɐ] *f* <-, -n> **1.** (*für Vorräte*) despensa *f*, alacena *f;* (*für Besen*) escobero *m* **2.** (POL) Cámara *f;* (*in Spanien*) Congreso *m* de los Diputados **3.** (JUR) sala *f* **4.** (*Ärzte~*) colegio *m;* **Kammerchor** *m* <-(e)s, -chöre> coro *m* de cámara; **Kammerdiener(in)** *m(f)* <-s, -; -, -nen> (HIST) ayuda *m* de cámara

Kämmerer, -in ['kɛmərɐ] *m, f* <-s, -; -, -nen> (ADMIN) tesorero, -a *m, f*

Kammergericht *nt* <-(e)s, -e> (JUR) tribunal *m* cameral

Kämmerin *f* <-, -nen> *s.* **Kämmerer**

Kammerjäger(in) *m(f)* <-s, -; -, -nen> fumigador(a) *m(f)*, desinsectador(a) *m(f);* **Kammerkonzert** *nt* <-(e)s, -e> concierto *m* de cámara

Kämmerlein *nt:* **im stillen ~** a solas, entre cuatro paredes

Kammermusik *f* <-, -en> música *f* de cámara; **Kammerorchester** *nt* <-s, -> orquesta *f* de cámara; **Kammersänger(in)** *m(f)* <-s, -; -, -nen> "cantante *mf* de cámara" (*título concedido en Alemania por instituciones municipales o estatales a distinguidos cantantes*); **Kammerspiel** *nt* <-(e)s, -e> teatro *m* de salón; **Kammerton** *m* <-(e)s, -töne> (MUS) diapasón *m* normal; **Kammerzofe** *f* <-, -n> (HIST) doncella *f*, camarera *f*

Kammgarn *nt* <-(e)s, -e> hilado *m* de lana peinada

Kampagne [kam'panjə] *f* <-, -n> campaña *f*

Kampanien [kam'paːniən] *nt* <-s> Campania *f*

Kämpe ['kɛmpə] *m* <-n, -n> (*alt, a. hum*) defensor *m*, paladín *m;* **ein alter ~** un viejo luchador; **ein wackerer ~ für die Interessen der Arbeiter** un valiente defensor de los intereses de los trabajadores

Kampf [kampf, *pl:* 'kɛmpfə] *m* <-(e)s, Kämpfe> **1.** (*allgemein*) lucha *f;* **ein ~ auf Leben und Tod** una lucha a muerte; **der ~ ums Überleben** la lucha por la supervivencia; **der ~ für/gegen etw** la lucha por/contra algo; **jdm/etw** *dat* **den ~ ansagen** declarar la guerra a alguien/algo **2.** (*~handlung*) combate *m;* **auf in den ~!** ¡al ataque!; **er ist im ~ gefallen** cayó en combate; **ein ungleicher ~** un combate desigual; **es kommt zum ~** acaba en combate **3.** (*Box~*) combate *m;* **Kampfabschnitt** *m* <-(e)s, -e> (MIL) zona *f* de combate [*o* de lucha]; **Kampfabstimmung** *f* <-, -en> (POL) votación *f* reñida; **Kampfansage** *f* <-, -n> reto *m;* **Kampfbahn** *f* <-, -en> (SPORT) estadio *m;* **kampfbereit** *adj* (MIL) dispuesto para luchar; **Kampfbomber** *m* <-s, -> (MIL) avión *m* de combate; **Kampfeinsatz** *m* <-es, -sätze> (MIL) operación *f* militar, acción *f* militar, misión *f* militar

kämpfen ['kɛmpfən] *vi* luchar (*um/für* por, *gegen* contra); (MIL) combatir; **mit etw** *dat* **zu ~ haben** tener problemas con algo; **sie kämpfte um ihr Leben** luchó por su vida; **er kämpft für seine Überzeugung** lucha por sus ideales; **sie kämpfte mit dem Tod** se debatió entre la vida y la muerte; **er kämpfte mit den Tränen** intentó contener las lágrimas; **ich habe lange mit mir ~ müssen** he tenido que luchar durante mucho tiempo contra mí mismo

Kampfer ['kampfɐ] *m* <-s, *ohne pl*> (BOT) alcanfor *m*

Kämpfer(in) *m(f)* <-s, -; -, -nen> **1.** (MIL) combatiente *mf* **2.** (SPORT: *a. fig*) luchador(a) *m(f)*, faite *m Am*

Kampferbaum *m* <-es, -bäume> (BOT) alcanfor *m*

Kämpferin *f* <-, -nen> *s.* **Kämpfer**

kämpferisch *adj* luchador; (*kampflustig*) combativo, faite *Am;* (POL) militante

Kämpfernatur *f* <-, -en> carácter *m* luchador, naturaleza *f* combativa

kampferprobt *adj* (MIL) aguerrido; **kampffähig** *adj* (SPORT) en disposición de luchar; **Kampfflugzeug** *nt* <-(e)s, -e> (MIL) avión *m* de combate; **Kampfgas** *nt* <-es, -e> (MIL) gas *m* mostaza [*o* de guerra]; **Kampfgefährte, -in** *m, f* <-n, -n; -, -nen> (*a.* MIL) compañero, -a *m, f* de luchas [*o* de batallas]; **Kampfgeist** *m* <-(e)s, *ohne pl*> espíritu *m* combativo; **Kampfgewühl** *nt* <-(e)s, *ohne pl*> (*a.* MIL) fragor *m* de la batalla; **Kampfgruppe** *f* <-, -n> (MIL) destacamento *m;* **Kampfhandlung** *f* <-, -en> (MIL) operación *f* militar; **die ~en einstellen** cesar las operaciones militares; **Kampfhubschrauber** *m* <-s, -> (MIL) helicóptero *m* de combate; **Kampfhund** *m* <-(e)s, -e> perro *m* de pelea; **Kampfkraft** *f* <-, *ohne pl*> fuerza *f* combativa [*o* de combate]; **kampflos** *adj* (*widerstandslos*) sin resistencia; **kampflustig** *adj* combativo, peleón *fam;* **Kampfmittel** *nt* <-s, -> (MIL) medio *m* de combate [*o* de lucha]; **die biochemischen Waffen waren nur ein Teil der** ~ las armas bioquímicas fueron sólo una parte de los medios de guerra utilizados; **gegen das Land wurde ein Embargo für alle** ~ **erlassen** decretaron un embargo de todo tipo de armas al país; **Kampfpause** *f* <-, -n> (*a.* MIL) tregua *f;* **Kampfplatz** *m* <-es, -plätze> (MIL) lugar *m* de combate; **Kampfpreis** *m* <-es, -e> (WIRTSCH) precio *m* dumping; **die** ~**e lockten viele neue Kunden an** los precios dumping atrajeron [*o* el dumping atrajo] muchos clientes; **Kampfrichter(in)** *m(f)* <-s, -; -, -nen> (SPORT) árbitro, -a *m, f*

Kampfsport *m* <-(e)s, -e> deporte *m* de combate; **Kampfsportart** *f* <-, -en> arte *f* marcial; **Karate ist eine von vielen** ~**en** el kárate es una de las numerosas artes marciales

Kampfstärke *f* <-, -en> (MIL) efectivos *mpl* de combate, ejército *m;* **eine** ~ **von 1200 Mann** un ejército de 1200 soldados [*o* hombres]; **Kampfstoff** *m* <-(e)s, -e> (MIL) agentes *mpl* químicos de combate (*p.ej., material radiactivo, químico o biológico*); **Kampftruppe** *f* <-, -n> (MIL) tropa *f* de combate; **kampfunfähig** *adj* (SPORT, MIL) fuera de combate; **Kampfverband** *m* <-(e)s, -bände> (MIL) unidad *f* de combate; **Kampfwagen** *m* <-s, -> **1.** (*alt: Panzer*) vehículo *m* blindado [*o* acorazado] **2.** (HIST) carro *m* romano, cuadriga *f;* **Kampfwille** *m* <-ns, *ohne pl*> (*a.* MIL) combatividad *f;* **sein** ~ **ist ungebrochen** su combatividad está intacta

kampieren* [kam'pi:rən] *vi* acampar

Kanada ['kanada] *nt* <-s> (el) Canadá *m*

Kanadier(in) [ka'na:diɐ] *m(f)* <-s, -; -, -nen> canadiense *mf*

kanadisch *adj* canadiense

Kanaille [ka'naljə] *f* <-, -n> (*abw*) canalla *m*

Kanake, -in [ka'na:kə] *m, f* <-n, -n; -, -nen> **1.** (*Südseeinsulaner*) canaco, -a *m, f* **2.** (*fam abw: Immigrant in Deutschland*) extranjero, -a *m, f* (*aplícase sobre todo a los inmigrantes turcos en Alemania*)

Kanal [ka'na:l, *pl:* ka'nɛ:lə] *m* <-s, Kanäle> **1.** (*Wasserlauf*) canal *m;* **der** ~ (*Ärmelkanal*) (el Canal de) la Mancha; **den** ~ **voll haben** (*fam*) estar harto **2.** (*Abwasser*~) alcantarillado *m;* (*Bewässerungs*~) acequia *f;* **in dunkle Kanäle fließen** ir a parar a destinos sospechosos **3.** (RADIO, TV) canal *m;* **Kanalarbeiter(in)** *m(f)* <-s, -; -, -nen> obrero, -a *m, f* limpiador(a) de alcantarillas; **Kanaldeckel** *m* <-s, -> tapa *f* de alcantarillado [*o* de canalización]; **Kanalgebühr** *f* <-, -en> (ADMIN) derechos *mpl* de canal; **Kanalinseln** *fpl* (GEO) islas *fpl* del canal

Kanalisation [kanaliza'tsjo:n] *f* <-, -en> canalización *f;* (*für Abwässer*) alcantarillado *m;* **Kanalisationsnetz** *nt* <-es, -e>, **Kanalisationssystem** *nt* <-s, -e> red *f* de alcantarillado

kanalisieren* *vt* canalizar

Kanalratte *f* <-, -n> (*a. fig, abw*) rata *f* de alcantarilla; **Kanaltunnel** *m* <-s, – *o* -s> túnel *m* del Canal de la Mancha

Kanapee [kana'pe:] *nt* <-s, -s> (*Sofa, garnierte Schnittchen*) canapé *m*

Kanaren [ka'na:rən] *pl:* **die** ~ (las) Canarias *fpl*

Kanarienvogel [ka'na:riənfo:gəl] *m* <-s, -vögel> canario *m*

Kanarier(in) [ka'na:riɐ] *m(f)* <-s, -; -, -nen> canario, -a *m, f*

kanarisch [ka'na:rɪʃ] *adj* canario; **die K**~**en Inseln** las Islas Canarias

Kandare [kan'da:rə] *f* <-, -n> (*Zaumzeug*) bocado *m;* **jdn an die** ~ **nehmen** meter a alguien en cintura

Kandelaber *m* <-s, -> **1.** (*Kerzenständer*) candelabro *m* **2.** (*Laterne*) farola *f* (de brazos)

Kandidat(in) [kandi'da:t] *m(f)* <-en, -en; -, -nen> **1.** (*für eine Wahl*) candidato, -a *m, f;* **jdn (für etw) als** ~**en aufstellen** presentar [*o* proponer] a alguien como candidato (para [*o* a] algo) **2.** (*Prüfling*) examinando, -a *m, f;* **Kandidatenliste** *f* <-, -n> lista *f* de candidatos [*o* de la candidatura]

Kandidatin *f* <-, -nen> *s.* **Kandidat**

Kandidatur [kandida'tu:ɐ] *f* <-, -en> candidatura *f;* **seine** ~ **anmelden/zurückziehen** presentar/retirar su candidatura

kandidieren* [kandi'di:rən] *vi* presentarse como candidato; **für das Amt der Bürgermeisterin** ~ presentarse como candidata para ocupar el puesto de alcaldesa

kandieren* *vt* escarchar; **kandierte Früchte** frutas escarchadas

kandiert [kan'di:ɐt] *adj* escarchado; ~**e Früchte** frutas escarchadas

Kandis ['kandɪs] *m* <-, *ohne pl*>, **Kandiszucker** *m* <-s, -> azúcar *m* cande

Känguru[RR] ['kɛŋguru] *nt* <-s, -s>, **Känguruh** *nt* <-s, -s> canguro *m*

Kaninchen [ka'ni:nçən] *nt* <-s, -> conejo *m;* **sich wie die** ~ **vermehren** (*fam abw*) reproducirse como los conejos; **Kaninchenbau** *m* <-(e)s, -e> conejera *f;* **Kaninchenstall** *m* <-(e)s, -ställe> conejera *f,* conejal *m,* conejar *m*

Kanister [ka'nɪstɐ] *m* <-s, -> bidón *m*

kann [kan] *3. präs von* **können**

Kannbestimmung[RR] *f* <-, -en>, **Kann-Bestimmung** *f* <-, -en> (JUR) disposición *f* facultativa

Kännchen ['kɛnçən] *nt* <-s, -> jarrita *f*

Kanne ['kanə] *f* <-, -n> jarra *f,* jarro *m;* (*Milch*~) lechera *f;* (*Tee*~) tetera *f;* (*Kaffee*~) cafetera *f;* (*Gieß*~) regadera *f;* **einen in der** ~ **haben** (*fam*) tener un pedal; **volle** ~ (*fam*) a toda mecha, a toda pastilla

Kannibale, -in [kani'ba:lə] *m, f* <-n, -n; -, -nen> caníbal *mf*

Kannibalismus [kaniba'lɪsmʊs] *m* <-, *ohne pl*> canibalismo *m*

kannte ['kantə] *3. imp von* **kennen**
Kanon ['ka:nɔn] *m* <-s, -s> (*a.* MUS) canon *m*
Kanonade [kano'na:də] *f* <-, -n> **1.** (*fam: Flut*) catarata *f*, aluvión *m*; **eine** (**wahre**) ~ **von Beschimpfungen** un (auténtico) chaparrón de insultos **2.** (HIST: *Beschuss*) cañoneo *m*; **nach längeren Vorbereitungen begannen sie mit der** ~ tras largos preparativos, empezaron a cañonear [*o* a disparar sus cañones]
Kanone [ka'no:nə] *f* <-, -n> **1.** (*Geschütz*) cañón *m* **2.** (*fam: Könner*) as *m* **3.** (*fam: Revolver*) pistola *f*, revólver *m* **4.** (*Wend*): **unter aller** ~ **sein** (*fam*) ser pésimo, no poder ser peor
Kanonenboot *nt* <-(e)s, -e> (MIL) cañonero *m*; **Kanonenbootpolitik** *f* <-, *ohne pl*> (POL) política *f* de cañoneros
Kanonendonner *m* <-s, -> cañonazos *mpl*, estruendo *m* de los cañones; **Kanonenfutter** *nt* <-s, *ohne pl*> (*fam abw*) carne *f* de cañón; **Kanonenkugel** *f* <-, -n> bala *f* de cañón; **Kanonenofen** *m* <-s, -öfen> estufa *f* de carbón; **Kanonenrohr** *nt* <-(e)s, -e> tubo *m* de cañón; **Kanonenschuss**^RR *m* <-es, -schüsse> tiro *m* de cañón, cañonazo *m*
Kanonier [kano'ni:ɐ] *m* <-s, -e> (MIL) artillero *m*
Kanoniker [ka'no:nikɐ] *m* <-s, ->, **Kanonikus** [ka'no:nikʊs] *m* <-, Kanoniker> (REL) canónigo *m*
Kanonisation [kanoniza'tsjo:n] *f* <-, -en> (REL: *Heiligsprechung*) canonización *f*
kanonisch [ka'no:nɪʃ] *adj* (REL) canónico
kanonisieren* *vt* (REL) canonizar
Kanossa [ka'nɔsa] *nt* <-s, -s> (*geh*) **1.** (*Bittgang*) humillación *f*, petición *f* humillante **2.** (*Wend*): **Gang nach** ~ *acto de humillación y de pedir perdón;* **nach** ~ **gehen** humillarse y pedir perdón
Kantabrer(in) [kan'ta:brɐ] *m(f)* <-s, -; -, -nen> cántabro, -a *m, f*
Kantabrien [kan'ta:briən] *nt* <-s> Cantabria *f*
kantabrisch *adj* (*aus Kantabrien*) cántabro; (*vom nördlichen Küstengebiet*) cantábrico; **K~es Gebirge** Cordillera Cantábrica; **K~es Meer** Mar Cantábrico
Kantate [kan'ta:tə] *f* <-, -n> (MUS) cantata *f*
Kante ['kantə] *f* <-, -n> (*Rand*) borde *m*; (*Ecke*) canto *m*, esquina *f*; **an allen Ecken und ~n** por todas partes; **Geld auf die hohe ~ legen** (*fam*) hacer economías
kanten ['kantən] *vt* poner de canto
Kanten ['kantən] *m* <-s, -> (*nordd: Brot~*) canto *m* (de pan), cantero *m* de pan
Kanthaken ['kantha:kən] *m* <-s, -> gancho *m*, garfio *m*; **jdn beim ~ kriegen** [*o* **nehmen**] (*alt, fam*) pedirle cuentas a alguien
Kantholz *nt* <-es, -hölzer> madera *f* escuadrada
kantig *adj* esquinado; (*Gesicht*) anguloso
Kantine [kan'ti:nə] *f* <-, -n> cantina *f*, comedor *m*
Kanton [kan'to:n] *m* <-s, -e> cantón *m*
kantonal [kanto'na:l] *adj* cantonal
Kantor(in) ['kanto:ɐ] *m(f)* <-s, -en; -, -nen> (MUS) director(a) *m(f)* de coro y organista
Kantorei [kanto'raɪ] *f* <-, -en> (REL) coro *m* (de iglesia)
Kantorin *f* <-, -nen> *s.* **Kantor**
Kanu ['ka:nu, ka'nu:] *nt* <-s, -s> (SPORT) piragua *f*, bongo *m Am*, chalupa *f Mex*
Kanüle [ka'ny:lə] *f* <-, -n> (MED) cánula *f*, bitoque *m Am*
Kanusport *m* <-(e)s, *ohne pl*> piragüismo *m*
Kanute, -in [ka'nu:tə] *m, f* <-n, -n; -, -nen> (SPORT) piragüista *mf*
Kanzel ['kantsəl] *f* <-, -n> **1.** (*in Kirche*) púlpito *m*; **von der ~ herab predigen** predicar desde el púlpito; (*fig*) hablar ex cátedra **2.** (AERO) cabina *f*
kanzerogen [kantsero'ge:n] *adj* (MED) cancerígeno
Kanzlei [kants'laɪ] *f* <-, -en> **1.** (*Büro*) despacho *m*; (*von Rechtsanwalt*) bufete *m*; (*von Notar*) notaría *f* **2.** (*Staats~*) cancillería *f*; **Kanzleibeamte(r)** *mf* <-n, -n; -n, -n>, **-beamtin** *f* <-, -nen> funcionario, -a *m, f* de negociado
Kanzler(in) ['kantslɐ] *m(f)* <-s, -; -, -nen> **1.** (POL) canciller *mf*, presidente, -a *m, f* del Gobierno (*en Alemania y Austria*) **2.** (UNIV) rector(a) *m(f)*; **Kanzleramt** *nt* <-(e)s, *ohne pl*> cancillería *f*, presidencia *f* del Gobierno (*en Alemania y Austria*); **Kanzlerbonus** *m* <-(ses), -(se) *o* -boni> ventaja *f* electoral por el hecho de ser canciller
Kanzlerin *f* <-, -nen> *s.* **Kanzler**
Kanzlerkandidat(in) *m(f)* <-en, -en; -, -nen> candidato, -a *m, f* a la cancillería, candidato, -a *m* a la presidencia de Gobierno (*en Alemania y Austria*)
Kaolin [kao'li:n] *nt* <-s, -e> (GEO) caolín *m*
Kap [kap] *nt* <-s, -s> cabo *m*; **das ~ der Guten Hoffnung** el Cabo de Buena Esperanza; ~ **Hoorn** Cabo de Hornos
Kap. *Abk. von* **Kapitel** cap., cap^o
Kapaun [ka'paʊn] *m* <-s, -e> capón *m*
Kapazität [kapatsi'tɛ:t] *f* <-, -en> **1.** (*Fassungsvermögen, a.* WIRTSCH) capacidad *f*; **freie ~** capacidad desaprovechada **2.** (*Experte*) experto, -a *m, f*; **Kapazitätsauslastung** *f* <-, *ohne pl*> (WIRTSCH) aprovechamiento *m* de la capacidad; **volle ~** aprovechamiento máximo de la capacidad; **Kapazitätsüberhang** *m* <-(e)s, -hänge> (WIRTSCH) exceso *m* de capacidad
kapazitiv [kapatsi'ti:f] *adj* (ELEK: *Kondensator*) capacitivo
Kapee [ka'pe:] (*fam*): **schwer von ~ sein** ser corto de entendederas
Kapelle [ka'pɛlə] *f* <-, -n> **1.** (*Bau*) capilla *f*

2. (MUS) orquesta *f*

Kapellmeister(in) *m(f)* <-s, -; -, -nen> (MUS) director(a) *m(f)* de orquesta

Kaper[1] ['ka:pɐ] *f* <-, -n> alcaparra *f*

Kaper[2] *m* <-s, -> corsario *m*

kapern ['ka:pɐn] *vt* (NAUT) apresar, tomar como botín

Kaperschiff *nt* <-(e)s, -e> (HIST) (buque *m*) corsario *m*

kapieren* [ka'pi:rən] *vt* (*fam*) captar; **kapiert?** ¿ya?; **er hat schnell kapiert** lo ha captado rápidamente; **er kapiert nie etwas!** ¡siempre está en ayunas!

Kapillardruck [kapɪ'la:ɐ-] *m* <-(e)s, -drücke *o* -e> (PHYS) presión *f* capilar; **Kapillargefäß** *nt* <-es, -e> (ANAT) (vaso *m*) capilar *m*

Kapillarität [kapɪlari'tɛ:t] *f* <-, *ohne pl*> (PHYS) capilaridad *f*

Kapillarwirkung *f* <-, *ohne pl*> (PHYS) efecto *m* capilar

kapital *adj* **1.** (JAGD) magnífico, enorme; **ein ~er Bock** un corzo grande; **ein ~er Hirsch mit mächtigem Geweih** un enorme ciervo con poderosa cornamenta **2.** (*fam: groß*) capital; **der ~e Irrtum hatte schreckliche Folgen** el error capital tuvo consecuencias espantosas

Kapital [kapi'ta:l, *pl:* kapi'ta:liən] *nt* <-s, -e *o* -ien> capital *m;* **amortisiertes/festliegendes/flüssiges ~** capital amortizado/fijo/líquido; **gewinnbringendes ~** capital rentable; **konstantes/variables ~** capital constante/variable; **~ abschreiben/anlegen/freisetzen** amortizar/invertir/aportar capital; **~ aufnehmen** tomar dinero a préstamo; **~ aus etw** *dat* **schlagen** sacar provecho de algo; **sie ist mit zehn Prozent am ~ der Firma beteiligt** es socia de la empresa con un diez por ciento del capital; **totes ~** (*fig*) conocimientos no utilizados; **Kapitalabfluss**[RR] *m* <-es, -flüsse> (FIN) flujo *m* de capitales; **Kapitalabwanderung** *f* <-, -en> (FIN) fuga *f* de capitales

Kapitalanlage *f* <-, -n> (FIN) inversión *f* de capital; **festverzinsliche/sichere ~n** inversiones a renta fija/seguras; **Kapitalanlagegesellschaft** *f* <-, -en> sociedad *f* de inversión; **Kapitalanlagegüter** *ntpl* (WIRTSCH) bienes *mpl* de inversión de capital

Kapitalanleger(in) *m(f)* <-s, -; -, -nen> (FIN) inversionista *mf;* **Kapitalaufstockung** *f* <-, -en> (FIN) aumento *m* de capital; **Kapitalaufwand** *m* <-(e)s, *ohne pl*> (FIN) gastos *mpl* de capital; **Kapitalausstattung** *f* <-, -en> (WIRTSCH) provisión *f* de capital; **Kapitalbedarf** *m* <-(e)s, -e> (WIRTSCH) necesidad *f* de capital; **Kapitalbeschaffung** *f* <-, -en> (WIRTSCH) obtención *f* de capital; **Kapitalbildung** *f* <-, -en> (FIN) formación *f* de capital; **Kapitaldecke** *f* <-, -n> (FIN) garantía-capital *f;* **Kapitaldividende** *f* <-, -n> (WIRTSCH) participación *f* en el capital; **Kapitalentnahme** *f* <-, -n> (WIRTSCH) retirada *f* de capital; **Kapitalerhöhung** *f* <-, -en> (WIRTSCH) ampliación *f* de capital

Kapitalertrag *m* <-(e)s, -träge> (FIN) rendimiento *m* del capital; **Kapitalertragssteuer** *f* <-, -n> (FIN) impuesto *m* sobre la renta del capital

Kapitalexport *m* <-(e)s, -e> (FIN) exportación *f* de capital(es); **Kapitalflucht** *f* <-, *ohne pl*> (FIN) evasión *f* de capitales; **Kapitalfluss**[RR] *m* <-es, -flüsse> (WIRTSCH) flujo *m* de capital(es); **Kapitalgesellschaft** *f* <-, -en> (FIN) sociedad *f* de capital; **Kapitalgewinn** *m* <-(e)s, -e> ganancia *f* de capital; **Kapitalgüter** *ntpl* (WIRTSCH) bienes *mpl* de capital

Kapitalien *pl von* **Kapital**

kapitalisieren* [kapitali'zi:rən] *vt* (COM) capitalizar

Kapitalismus [kapita'lɪsmʊs] *m* <-, *ohne pl*> capitalismo *m*

Kapitalist(in) [kapita'lɪst] *m(f)* <-en, -en; -, -nen> capitalista *mf*

kapitalistisch *adj* capitalista

kapitalkräftig *adj* adinerado, rico; **Kapitalmangel** *m* <-s, *ohne pl*> (FIN) falta *f* de capital; **Kapitalmarkt** *m* <-(e)s, -märkte> (FIN) mercado *m* de capitales; **freier ~** mercado libre de capitales; **Kapitalmehrheit** *f* <-, *ohne pl*> (WIRTSCH) mayoría *f* del capital; **die ~ eines Unternehmens erwerben** adquirir la mayoría del capital de una empresa; **Kapitalnachfrage** *f* <-, -n> (WIRTSCH) demanda *f* de capital; **Kapitalrendite** *f* <-, -n> (WIRTSCH) rendimiento *m* del capital; **Kapitalreserve** *f* <-, -n> (POL, FIN) reserva *f* de capitales, capital *m* acumulado; **Kapitalsammelstellen** *fpl* (WIRTSCH) instituciones *fpl* de acumulación de capital; **Kapitalschnitt** *m* <-(e)s, -e> (WIRTSCH) reducción *f* de capital; **Kapitalstärke** *f* <-, *ohne pl*> (WIRTSCH) fuerza *f* económica; **Kapitalsteuer** *f* <-, -n> impuesto *m* sobre el capital; **Kapitaltransfer** *m* <-s, -s> (WIRTSCH) transferencia *f* de capital; **Kapitalumsatz** *m* <-es, -sätze> (FIN) movimiento *m* del capital; **Kapitalverbrechen** *nt* <-s, -> (JUR) crimen *m* capital; **Kapitalverkehr** *m* <-(e)s, *ohne pl*> (WIRTSCH) circulación *f* de capitales; **freier ~** libre circulación de capitales; **Kapitalverlust** *m* <-(e)s, -e> pérdida *f* de capital

Kapitän(in) [kapi'tɛ:n] *m(f)* <-s, -e; -, -nen> **1.** (NAUT, SPORT) capitán, -ana *m, f* **2.** (AERO) comandante *mf;* **Kapitänleutnant** *m* <-s, -s *o* -e> (MIL) teniente *m* de navío

Kapitänspatent *nt* <-(e)s, -e> (NAUT) certificado *m* de capitán, diploma *m* de capitán

Kapitel [ka'pɪtəl] *nt* <-s, -> **1.** (*Abschnitt*) capítulo *m;* **ein dunkles ~ in seinem Leben** un capítulo oscuro de su vida; **dieses ~ ist für mich erledigt** este capítulo queda zanjado

K

para mí; **das ist ein anderes** ~ (*fig*) eso es otro cantar **2.** (REL) cabildo *m*, capítulo *m*

Kapitell [kapiˈtɛl] *nt* <-s, -e> (ARCHIT) capitel *m*

Kapitelüberschrift *f* <-, -en> título *m* de un capítulo; **die ~en sind in Großbuchstaben gedruckt** los títulos de los capítulos están en letras mayúsculas

Kapitulation [kapitulaˈtsjoːn] *f* <-, -en> capitulación *f*, rendición *f* (*vor* ante); **bedingungslose** ~ capitulación incondicional

kapitulieren* [kapituˈliːrən] *vi* capitular, rendirse (*vor* ante)

Kaplan [kaˈplaːn, *pl:* kaˈplɛːnə] *m* <-s, Kapläne> capellán *m*

Kapo [ˈkapo] *m* <-s, -s> (*südd: fam: Vorarbeiter*) capataz *m*

Kaposisarkom *nt* <-s, -e> (MED) sarcoma *m* Kaposi

Kappe [ˈkapə] *f* <-, -n> **1.** (*Kopfbedeckung*) gorro *m*, gorra *f*; **etw auf seine ~ nehmen** (*fam*) asumir la responsabilidad de algo; **das geht auf ihre** ~ eso corre de su cuenta; **jdm die ~ waschen** [*o* **putzen**] (*Schweiz*) cantarle a alguien las cuarenta **2.** (*Verschluss*) tapa *f*; (*von Stift*) capucha *f*, capuchón *m* **3.** (*am Schuh*) refuerzo *m*; (*hinten*) contrafuerte *m*; (*vorne*) puntera *f*

kappen [ˈkapən] *vt* **1.** (*Seil*) cortar **2.** (*Finanzmittel*) reducir; **die Rentenerhöhung** ~ frenar el aumento de las pensiones

Kappes [ˈkapəs] *m* <-, *ohne pl*> (*reg: fam*) tonterías *fpl*, chorradas *fpl*; ~ **reden** decir bobadas

Käppi [ˈkɛpi] *nt* <-s, -s> quepis *m inv*, kepis *m inv*

Kapriole [kapriˈoːlə] *f* <-, -n> **1.** (*Luftsprung, im Reitsport*) cabriola *f* **2.** (*Streich, Laune*) capricho *m*

kapriziös [kapriˈtsjøːs] *adj* (*geh*) caprichoso

Kapsel [ˈkapsəl] *f* <-, -n> **1.** (*Behälter*) recipiente *m*, receptáculo *m* **2.** (BOT, MED) cápsula *f* **3.** (*Raumfahrt*) cápsula *f* espacial

Kapstadt [ˈkapʃtat] *nt* <-s> Ciudad *f* del Cabo [*o* de El Cabo]

kaputt [kaˈpʊt] *adj* (*fam*) **1.** (*entzwei*) roto, estropeado **2.** (*erschöpft*) hecho polvo; **ein ~er Typ** un tipo reventado; **kaputt|fahren** *irr vt* (*fam*) destrozar (por un accidente o golpe con el coche); **ich habe meinen Kotflügel kaputtgefahren** me he cargado el guardabarros (dándole un golpe al conducir); **kaputt|gehen** *irr vi sein* **1.** (*fam*) estropearse, romperse (*von* por); **kann der Computer davon ~, dass man ...?** ¿el ordenador se puede estropear si...? **2.** (*fam: Beziehung, Nerven*) arruinarse, destruirse (*an* por); (*Pflanze*) marchitarse (*an* por) **3.** (*fam: Firma*) quebrar **4.** (*sl: sich psychisch erschöpfen*) destrozarse; **in diesem Büro gehe ich noch kaputt** esta oficina va a acabar conmigo; **kaputt|kriegen** *vt* (*fam*) romper, cargarse; **die neue Vase ist schon zerbrochen? du kriegst aber auch alles kaputt!** ¿ya se ha roto el florero nuevo? ¡desde luego, es que te lo cargas todo!; **dieser Wagen ist nicht kaputtzukriegen** este coche está hecho a prueba de bombas; **kaputt|lachen** *vr:* **sich** ~ morirse [*o* troncharse] de risa (*über* por); **kaputt|machen** I. *vt* (*fam*) **1.** (*zerbrechen*) romper, destrozar **2.** (*ruinieren*) arruinar **3.** (*psychisch erschöpfen*) destrozar; **der Stress macht ihn kaputt** el estrés lo mata II. *vr:* **sich** ~ (*fam*) matarse; **mach dich doch nicht kaputt!** ¡no te mates!; **mit der ewigen Fliegerei macht er sich noch kaputt** si sigue volando sin descanso aún se va a matar; **kaputt|schlagen** *irr vt* (*fam*) destrozar, cargarse; **vor Wut schlug er das Geschirr kaputt** de rabia destrozó la vajilla

Kapuze [kaˈpuːtsə] *f* <-, -n> capucha *f*, capuchón *m*

Kapuziner[1] [kapuˈtsiːnɐ] *m* <-s, -> (*Österr:* GASTR: *Milchkaffee*) café *m* con leche

Kapuziner(in)[2] *m(f)* <-s, -; -, -nen> (REL) capuchino, -a *m, f*

Kapuzinerkresse *f* <-, -n> (BOT) capuchina *f*

Karabiner [karaˈbiːnɐ] *m* <-s, -> **1.** (*Gewehr*) carabina *f* **2.** (*Österr:* ~*haken*) mosquetón *m*; **Karabinerhaken** *m* <-s, -> mosquetón *m*

Karacho [kaˈraxo] *nt:* **mit** ~ (*fam*) a toda mecha

Karaffe [kaˈrafə] *f* <-, -n> garrafa *f*, frasca *f*

Karambolage [karamboˈlaːʒə] *f* <-, -n> colisión *f* en cadena [*o* múltiple]

karambolieren* [karamboˈliːrən] *vi* hacer una carambola

Karamel *m, Schweiz: nt* <-s, *ohne pl*>, **Karamell**[RR] [karaˈmɛl] *m, Schweiz: nt* <-s, *ohne pl*> caramelo *m*, azúcar *m* tostado

Karaoke [karaˈoːkə] *nt* <-(s), *ohne pl*> karaoke *m*

Karat [kaˈraːt] *nt* <-(e)s, -e> quilate *m*

Karate [kaˈraːtə] *nt* <-(s), *ohne pl*> kárate *m*

Karavelle [karaˈvɛlə] *f* <-, -n> (NAUT, HIST) carabela *f*

Karawane [karaˈvaːnə] *f* <-, -n> caravana *f*; **~n von Autos Richtung Süden** caravanas (de coches) en dirección sur

Karawanserei *f* <-, -en> caravasar *m*

Karbid [karˈbiːt] *nt* <-(e)s, -e> (CHEM) carburo *m*; **Karbidlampe** *f* <-, -n> lámpara *f* de carburo

Karbol [karˈboːl] *nt* <-s, *ohne pl*> (CHEM) carbol *m*, fenol *m*

Karbonat [karboˈnaːt] *nt* <-(e)s, -e> (CHEM) carbonato *m*

Karbunkel [karˈbʊŋkəl] *m* <-s, -> (MED) ántrax *m inv*

Kardamom [kardaˈmoːm] *m o nt* <-s, -e(n)> (BOT) cardamomo *m*

Kardangelenk [karˈdaːn-] *nt* <-(e)s, -e> (TECH) (junta *f*) cardan *m*, articulación *f* cardan; **Kardantunnel** *m* <-s, -(s)> (AUTO)

suspensión *f* cardan; **Kardanwelle** *f* <-, -n> (TECH) árbol *m* de cardán

Kardinal [kardi'na:l, *pl:* kardi'nɛ:lə] *m* <-s, Kardinäle> (REL) cardenal *m*

Kardinalfehler *m* <-s, -> error *m* fundamental; **Kardinaltugend** *f* <-, -en> (REL) virtud *f* cardinal; **Kardinalzahl** *f* <-, -en> número *m* cardinal

Kardiogramm [kardio'gram] *nt* <-s, -e> (MED) cardiograma *m*

Kardiologe, **-in** [kardio'lo:gə] *m, f* <-n, -n; -, -nen> (MED) cardiólogo, -a *m, f*

Kardiologie [kardiolo'gi:] *f* <-, *ohne pl*> (MED) cardiología *f*

Kardiologin *f* <-, -nen> (MED) *s.* **Kardiologe**

Karenztag [ka'rɛnts-] *m* <-(e)s, -e> día *m* de carencia (salarial); **Karenzzeit** *f* <-, -en> tiempo *m* de carencia

Karfiol [kar'fjo:l] *m* <-s, *ohne pl*> (*Österr*) coliflor *f*

Karfreitag [ka:ɐ'fraɪta:k] *m* <-(e)s, -e> Viernes *m* Santo; *s. a.* **Montag**

Karfunkel [kar'fʊŋkəl] *m* <-s, ->, **Karfunkelstein** *m* <-(e)s, -e> carbúnculo *m*, carbunclo *m*, rubí *m*

karg [kark] <karger *o* kärger, am kargsten *o* am kärgsten> *adj* **1.** (*gering*) escaso; (*armselig*) pobre, mezquino; (*Essen*) frugal **2.** (*Wand*) pelado **3.** (*unfruchtbar*) árido

kargen ['kargən] *vi* (*geh*) cicatear (*mit* con); **er kargt nicht mit Lob und Anerkennung** no escatima ni elogios ni reconocimientos

kärger ['kɛrgɐ] *adj kompar von* **karg**

Kargheit *f* <-, *ohne pl*> **1.** (*des Bodens*) aridez *f* **2.** (*der Ausstattung*) sencillez *f*; (*des Essens*) frugalidad *f*

kärglich ['kɛrklɪç] *adj* escaso; (*Gehalt*) mezquino, miserable; (*Essen*) frugal

kärgste(r, s) ['kɛrkstə, -tɐ, -təs] *adj superl von* **karg**

Karibik [ka'ri:bɪk] *f* (el) Caribe *m*

karibisch *adj* caribeño; **die K~en Inseln** las islas caribeñas [*o* del Caribe]

kariert [ka'ri:ɐt] *adj* (*Stoff*) de [*o* a] cuadros; (*Papier*) cuadriculado; **blau ~** a [*o* con] cuadros azules; **klein ~** (*Stoff*) a cuadros pequeños; (*Papier*) cuadriculado, de cuadrícula pequeña

Karies ['ka:riɛs] *f* <-, *ohne pl*> (MED) caries *f inv*; **kariesfördernd** *adj* (MED) estimulante de la caries, que provoca caries

Karikatur [karika'tu:ɐ] *f* <-, -en> caricatura *f*

Karikaturist(in) [karikatu'rɪst] *m(f)* <-en, -en; -, -nen> caricaturista *mf*

karikieren* [kari'ki:rən] *vt* caricaturizar

kariös [kari'ø:s] *adj* (MED) cariado

karitativ [karita'ti:f] *adj* caritativo

Karkasse [kar'kasə] *f* <-, -n> (TECH) carcasa *f*

Karmeliter(in) [karme'li:tɐ] *m(f)* <-s, -; -, -nen> (REL) carmelita *mf*

Karmesin [karme'zi:n] *nt* <-s, *ohne pl*> carmesí *m*, carmín *m*; **karmesinrot** *adj* carmesí

karminrot [kar'mi:n-] *adj* carmín

Karneval ['karnəval] *m* <-s, -e *o* -s> carnaval *m*; **Karnevalszug** *m* <-(e)s, -züge> desfile *m* de carnaval

Karnickel [kar'nɪkəl] *nt* <-s, -> (*reg*) conejo *m*

karnivor [karni'vo:ɐ] *adj* (BIOL) carnívoro

Karnivore [karni'vo:rə] *mf* <-n, -n; -n, -n> carnívoro, -a *m, f*

Kärnten ['kɛrntən] *nt* <-s> Carintia *f*

Karo ['ka:ro] *nt* <-s, -s> **1.** (*Viereck*) cuadrado *m*; (*Raute*) rombo *m*; (*auf Kleidung*) cuadro *m* **2.** (*spanisches Kartenspiel*) oros *mpl*; (*französisches Kartenspiel*) diamantes *mpl*; **Karoass**[RR] *nt* <-es, -e> as *m* de diamantes

Karolinger ['ka:rolɪŋɐ] *mpl* (HIST) Carolingios *mpl*

karolingisch ['ka:rolɪŋɪʃ] *adj* (HIST) carolingio

Karomuster *nt* <-s, -> dibujo *m* a cuadros; **ein Rock mit ~** una falda a cuadros

Karosse [ka'rɔsə] *f* <-, -n> **1.** (*Kutsche*) carroza *f* **2.** (*fam: Karosserie*) carrocería *f*

Karosserie [karɔsə'ri:] *f* <-, -n> carrocería *f*; **Karosseriebauer(in)** *m(f)* <-s, -; -, -nen> carrocero, -a *m, f*

Karotin [karo'ti:n] *nt* <-s, -e> (CHEM) carotina *f*

Karotte [ka'rɔtə] *f* <-, -n> zanahoria *f*

Karpaten [kar'pa:tən] *pl* Cárpatos *mpl*

Karpfen ['karpfən] *m* <-s, -> (ZOOL) carpa *f*; **Karpfenteich** *m* <-(e)s, -e> criadero *m* de carpas; **Karpfenzucht** *f* <-, -en> cría *f* de carpas

Karre ['karə] *f* <-, -n> *s.* **Karren**

Karree [ka're:] *nt* <-s, -s> **1.** (*Viereck*) cuadrado *m* **2.** (*Häuserblock*) manzana *f*, cuadra *f Am*; **ums ~ gehen** dar una vuelta a la manzana **3.** (*Österr:* GASTR: *Rippenstück*) chuleta *f*, costilla *f*

karren ['karən] *vt* transportar (en carretas), carretear; **die Sandsäcke wurden an die Bruchstelle des Deiches gekarrt** llevaron los sacos de arena con carretas al lugar de la rotura del dique; **von überall her wurden Studenten zur Kundgebung gekarrt** (*fam*) de todas partes llegaron estudiantes en autobuses a la manifestación

Karren ['karən] *m* <-s, -> **1.** (*Wagen*) carro *m*; **sich nicht vor jds ~ spannen lassen** no dejar que alguien se aproveche de uno; **für jdn den ~ aus dem Dreck ziehen** (*fam*) sacarle a alguien las castañas del fuego; **jdm an den ~ fahren** (*fam*) poner a alguien como un trapo **2.** (*abw: Auto*) cacharro *m*, carraca *f*

Karrette [ka'rɛtə] *f* <-, -n> (*Schweiz: Schubkarre*) carretilla *f*

Karriere [ka'rje:rə] *f* <-, -n> carrera *f* (profesional); **~ machen** hacer carrera; **Karrierefrau** *f* <-, -en> arribista *f*; **Karriereknick** *m* <-(e)s, -e> bajón *m* en la carrera; **Karrie-**

remacher(in) *m(f)* <-s, -; -, -nen> (*abw*) arribista *mf*
Karrierist(in) [karje'rɪst] *m(f)* <-en, -en; -, -nen> arribista *mf*
Karsamstag [kaːɐ'zamstaːk] *m* <-(e)s, -e> Sábado *m* Santo [*o* de Gloria]; *s. a.* **Montag**
Karst [karst] *m* <-(e)s, -e> (GEO) carst *m,* karst *m;* **Karstboden** *m* <-s, -böden> (GEO) suelo *m* cárstico
karstig ['karstɪç] *adj* (GEO) cárs(t)ico, kárstico
Karstlandschaft *f* <-, -en> (GEO) carst *m,* karst *m*
Karte ['kartə] *f* <-, -n> **1.** (*Visiten~, Kredit~*) tarjeta *f;* **die gelbe/rote ~** (SPORT) la tarjeta amarilla/roja **2.** (*Ansichts~*) (tarjeta *f*) postal *f;* **eine ~ schreiben** escribir una postal **3.** (*Speise~*) carta *f* (del menú); **Herr Ober, bitte die ~!** camarero, ¡la carta, por favor!; **nach der ~ essen** comer a la carta **4.** (*Land~*) mapa *m* **5.** (*Fahr~*) billete *m,* boleto *m Am;* (*Eintritts~*) entrada *f,* billete *m* **6.** (*Spiel~*) naipe *m,* carta *f;* **jdm die ~n legen** echar las cartas a alguien; **~n spielen** jugar a las cartas; **gute ~n auf der Hand haben** tener buenas cartas; **mit offenen/verdeckten ~n spielen** (*a. fig*) enseñar las cartas/ocultar el juego; **alles auf eine ~ setzen** (*a. fig*) jugarse el todo por el todo a una carta; **seine ~n aufdecken** (*a. fig*) poner las cartas sobre la mesa; **jdm in die ~n gucken** (*fam*) mirarle las cartas a alguien; (*fig*) intentar descubrir los planes secretos de alguien; **sich** *dat* **nicht in die ~n sehen lassen** esconder la bola **7.** (INFOR) tarjeta *f* gráfica
Kartei [kar'taɪ] *f* <-, -en> fichero *m;* **eine ~ über jdn/etw führen** llevar un fichero sobre alguien/algo, tener a alguien/algo fichado; **Karteikarte** *f* <-, -n> ficha *f;* **Karteikasten** *m* <-s, -kästen> fichero *m;* **Karteileiche** *f* <-, -n> (*iron*) *ficha que contiene datos de personas o hechos que ya no existen o están pasados;* **Karteischrank** *m* <-(e)s, -schränke> fichero *m*
Kartell [kar'tɛl] *nt* <-s, -e> (WIRTSCH) cártel *m;* **ein ~ bilden** formar un cártel; **Kartellabsprache** *f* <-, -n> (WIRTSCH) acuerdo *m* de cártel; **Kartellamt** *nt* <-(e)s, -ämter> autoridad *f* de vigilancia de los cárteles; **Kartellbehörde** *f* <-, -n> (WIRTSCH) autoridad *f* de vigilancia de los cárteles; **Kartellgericht** *nt* <-(e)s, -e> *s.* Kartellbehörde; **Kartellgesetz** *nt* <-es, -e> ley *f* anticártel, ley *f* sobre restricciones de la competencia
kartellieren* *vt* (WIRTSCH) agrupar en cárteles
Kartellrecht *nt* <-(e)s, *ohne pl*> legislación *f* sobre cárteles; **Kartellverordnung** *f* <-, -en> reglamento *m* sobre cárteles
Kartenbesitzer(in) *m(f)* <-s, -; -, -nen> poseedor(a) *m(f)* de tarjeta; **~ können mit ihrer Karte Geld abheben/telefonieren** los que poseen una tarjeta pueden retirar dinero/llamar por teléfono; **Kartenhaus** *nt* <-es, -häuser> **1.** (*Figur aus Spielkarten*) castillo *m* de naipes; **alle ihre Pläne fielen in sich zusammen wie ein ~** todos sus planes se desmoronaron como un castillo de naipes **2.** (NAUT: *Raum für Seekarten*) caseta *f* de derrota; **Karteninhaber(in)** *m(f)* <-s, -; -, -nen> (WIRTSCH, FIN) titular *mf* de la tarjeta; **Kartenkunststück** *nt* <-(e)s, -e> truco *m* de cartas; **Kartenlegen** *nt* <-s, *ohne pl*> cartomancia *f;* **Kartenleger(in)** *m(f)* <-s, -; -, -nen> cartomántico, -a *m, f;* **Kartenreiter** *m* <-s, -> lengüeta *f* guía; **Kartenspiel** *nt* <-(e)s, -e> **1.** (*Spiel*) juego *m* de naipes [*o* de cartas] **2.** (*Spielkarten*) baraja *f;* **Kartenspieler(in)** *m(f)* <-s, -; -, -nen> jugador(a) *m(f)* de cartas; **Kartenständer** *m* <-s, -> soporte *m* para mapas; **Kartentelefon** *nt* <-s, -e> teléfono *m* de tarjetas
Kartenvorverkauf *m* <-(e)s, *ohne pl*> venta *f* anticipada de localidades; **Kartenvorverkaufsstelle** *f* <-, -n> taquilla *f* de venta anticipada de localidades, boletería *f Am*
Kartenwerk *nt* <-(e)s, -e> cartografía *f*
kartieren* [kar'tiːrən] *vt* **1.** (GEO) cartografiar, levantar mapas (de) **2.** (*in Kartei*) fichar
Kartoffel [kar'tɔfəl] *f* <-, -n> patata *f,* papa *f Am;* **neue ~n** patatas nuevas [*o* de la última cosecha]; **die ~n von unten wachsen sehen** (*fam*) estar criando malvas; **jdn fallen lassen wie eine heiße ~** (*fam*) dejar a alguien en la estacada; **für jdn die ~n aus dem Feuer holen** (*fig*) sacarle a alguien las castañas del fuego; **Kartoffelbrei** *m* <-s, *ohne pl*> puré *m* de patatas; **Kartoffelchip** *m* <-s, -s> patata *f* frita; **Kartoffelernte** *f* <-, -n> (AGR) cosecha *f* de patatas; **Kartoffelkäfer** *m* <-s, -> escarabajo *m* de la patata, dorífora *f;* **Kartoffelkloß** *m* <-es, -klöße> croqueta *f* de patata; **Kartoffelkraut** *nt* <-(e)s, *ohne pl*> hoja *f* de la patata; **Kartoffelmehl** *nt* <-(e)s, -e> (AGR) harina *f* de patata; **Kartoffelpuffer** *m* <-s, -> (GASTR) *fritura de patatas ralladas;* **Kartoffelpüree** *nt* <-s, *ohne pl*> puré *m* de patata, naco *m Kol;* **Kartoffelsalat** *m* <-(e)s, -e> ensalada *f* de patatas; **Kartoffelschale** *f* <-, -n> piel *f* de la patata; **Kartoffelschäler** *m* <-s, -> pelador *m* de patatas; **Kartoffelstärke** *f* <-, -n> (BIOL) almidón *m* de patatas; **Kartoffelstock** *m* <-(e)s, *ohne pl*> (*Schweiz*) puré *m* de patatas
Kartograf(in)RR *m(f)* <-en, -en; -, -nen> *s.* **Kartograph**
KartografieRR *f* <-, *ohne pl*> *s.* **Kartographie**
KartografinRR *f* <-, -nen> *s.* **Kartograph**
kartografisch *adj s.* **kartographisch**
Kartograph(in) [karto'graːf] *m(f)* <-en, -en; -, -nen> cartógrafo, -a *m, f*
Kartographie [kartogra'fiː] *f* <-, *ohne pl*> cartografía *f*
Kartographin *f* <-, -nen> *s.* **Kartograph**
kartographisch [karto'graːfɪʃ] *adj:* **~ erfassen** cartografiar

Karton [kar'tɔŋ] *m* <-s, -s> **1.** (*Material*) cartón *m;* (*Foto~*) cartulina *f* **2.** (*Behälter*) caja *f*

Kartonage [karto'naːʒə] *f* <-, -n> cartonaje *m,* embalaje *m* de cartón

kartonieren* [karto'niːrən] *vt* encuadernar en cartón

kartoniert [karto'niːɐt] *adj* (*Buch*) empastado, encuadernado en cartoné

Kartusche [kar'tʊʃə] *f* <-, -n> **1.** (TECH: *Behälter*) cartucho *m;* (*Tonerpatrone*) tóner *m* **2.** (MIL: *Geschosshülse*) cartucho *m;* (*leere Geschosshülle*) casquillo *m* **3.** (KUNST: *Zierornament*) voluta *f*

Karussell [karʊ'sɛl] *nt* <-s, -s *o* -e> tiovivo *m,* caballitos *mpl*

Karwendelgebirge *nt* <-s> montes *mpl* Karwendel

Karwoche ['kaːɐvɔxə] *f* <-, -n> Semana *f* Santa

Karyatide [karya'tiːdə] *f* <-, -n> (KUNST) cariátide *f*

Karzer[1] ['kartsɐ] *m* <-s, -> (HIST: *Zelle*) celda *f* (*aula que antiguamente hacía las funciones de celda de castigo en universidades e institutos*)

Karzer[2] *m* <-s, *ohne pl*> (HIST: *Strafe*) arresto *m* (*impuesto a estudiantes de universidad o de instituto*)

karzinogen [kartsino'geːn] *adj* (MED) cancerígeno

Karzinom [kartsi'noːm] *nt* <-s, -e> (MED) carcinoma *m*

Kasachstan ['kazaxstaːn] *nt* <-s> Kazajstán *m*

Kaschemme [ka'ʃɛmə] *f* <-, -n> (*fam abw*) bar *m* de mala reputación, barucho *m*

kaschieren* [ka'ʃiːrən] *vt* ocultar, tapar

Kaschmir[1] ['kaʃmiːɐ] *m* <-s, -e> (*Wolle, Gewebe*) cachemir *m*

Kaschmir[2] *nt* <-s> Cachemira *m*

Käse ['kɛːzə] *m* <-s, -> **1.** (GASTR) queso *m;* **~ schließt den Magen** es bueno comer queso de postre; **mit ~ überbacken** gratinar con queso **2.** (*fam abw: Unsinn*) tonterías *fpl,* chorradas *fpl;* **das ist doch alles ~, was du erzählst!** ¡no dices más que bobadas!

Käseblatt *nt* <-(e)s, -blätter> (*fam abw*) periodicucho *m*

Käsebrot *nt* <-(e)s, -e> pan *m* con (mantequilla y) queso; **Käsegebäck** *nt* <-(e)s, -e> pasta *f* de queso; **Käseglocke** *f* <-, -n> quesera *f*

Kasein [kaze'iːn] *nt* <-s, *ohne pl*> (CHEM) caseína *f*

Käsekuchen *m* <-s, -> tarta *f* de queso

Kasematte [kazə'matə] *f* <-, -n> (HIST) casamata *f*

Käseplatte *f* <-, -n> tabla *f* de quesos

Käserei *f* <-, -en> quesería *f*

Kaserne [ka'zɛrnə] *f* <-, -n> (MIL) cuartel *m;* **Kasernenhof** *m* <-(e)s, -höfe> (MIL) patio *m* del cuartel

kasernieren* [kazɛr'niːrən] *vt* acuartelar

Käseschnitte *f* <-, -n> *s.* **Käsebrot**

käseweiß *adj* (*fam*), **käsig** ['kɛːzɪç] *adj* (*fam*) pálido, descolorido

Kasino [ka'ziːno] *nt* <-s, -s> **1.** (MIL) comedor *m* de oficiales **2.** (*Spiel~*) casino *m,* casa *f* de juego

Kaskade [kas'kaːdə] *f* <-, -n> cascada *f*

Kaskoversicherung ['kasko-] *f* <-, -en> seguro *m* contra todo riesgo; **~ mit Selbstbeteiligung** seguro a riesgo parcial

Kasper(le) ['kaspɐ(lə)] *m* <-s, -> títere *m;* **Kasper(le)theater** *nt* <-s, -> guiñol *m,* teatro *m* de títeres

kaspern ['kaspɐn] *vi* (*fam*) payasear

Kaspertheater *nt* <-s, -> *s.* **Kasper(le)theater**

Kassa ['kasa] *f* <-, Kassen> **1.** (*Österr*) caja *f* **2.** (WIRTSCH) caja *f;* **gegen ~** contra pago al contado; **per ~ bezahlen** pagar en efectivo; **Kassageschäft** *nt* <-(e)s, -e> (FIN, WIRTSCH) operación *f* al contado

Kassandraruf *m* <-(e)s, -e> (*geh*) advertencia *f,* aviso *m* (*de que ocurrirá una catástrofe*); **trotz der ~e wurden keine Vorsichtsmaßnahmen getroffen** a pesar de todas las advertencias no se tomaron medidas de precaución

Kasse ['kasə] *f* <-, -n> **1.** (*Behälter, Zahlstelle*) caja *f;* **in die ~ greifen** (*fam*) meter mano a la caja; **~ machen** hacer la caja; **die ~ hat schon geschlossen** la caja ya está cerrada; **die ~ klingelt** (*fam*) el dinero entra a raudales; **jdn zur ~ bitten** (*fam*) reclamar dinero a alguien **2.** (*Bargeld*) efectivo *m* en caja, dinero *m* contante, dinero *m fam;* **netto ~** (COM) neto al contado; **knapp/gut bei ~ sein** (*fam*) andar mal/bien de dinero; **die ~ stimmt** las cuentas están en orden; **wir haben getrennte ~n** hacemos cuentas separadas; **ein großes Loch in die ~ reißen** (*fam*) costar mucho dinero **3.** (*für Eintritts-, Fahrkarten*) taquilla *f;* **die Karten können an der ~ abgeholt werden** las entradas se pueden recoger en la taquilla **4.** (*fam: Bank*) caja *f*

Kassel ['kasəl] *nt* <-s> Kassel *m*

Kasseler ['kasəlɐ] *nt* <-s, -> (GASTR) *carne de cerdo cocida y ahumada, similar al lacón*

Kassenabschluss[RR] *m* <-es, -schlüsse> (WIRTSCH) cierre *m* de caja

Kassenarzt, -ärztin *m, f* <-(e)s, -ärzte; -, -nen> médico, -a *m, f* de la Seguridad Social

Kassenautomat *m* <-en, -en> cajero *m* automático [*o* permanente]; **Kassenbeleg** *m* <-(e)s, -e> comprobante *m* de compra; **Kassenbestand** *m* <-es, -stände> efectivo *m* en caja; **Kassenbilanz** *f* <-, -en> balance *m* de caja; **Kassenbon** *m* <-s, -s> tíquet *m* de compra, tique *m*

Kassenbrille *f* <-, -n> (*fam*) gafas *fpl* pagadas por la Seguridad Social

Kassenbuch *nt* <-(e)s, -bücher> libro *m* de caja; **Kassendefizit** *nt* <-s, -e>

K

(WIRTSCH) déficit *m inv* de caja; **Kassenerfolg** *m* <-(e)s, -e> **1.** (FILM, THEAT) éxito *m* de taquilla **2.** (*Ware*) éxito *m* de ventas; **Kassenfehlbetrag** *m* <-(e)s, -träge> déficit *m inv* de caja; **Kassenfüller** *m* <-s, -> (FILM, THEAT, MUS: *fam*) éxito *m* de taquilla

Kassengestell *nt* <-(e)s, -e> (*fam*) montura *f* (de gafas) pagada por la Seguridad Social; **Kassenpatient(in)** *m(f)* <-en, -en; -, -nen> paciente *mf* de la Seguridad Social

Kassenprüfung *f* <-, -en> (WIRTSCH) auditoría *f* financiera; **Kassenschalter** *m* <-s, -> taquilla *f*, caja *f*; **Kassenschlager** *m* <-s, -> (*fam*) superventas *m inv*; (*Film*) película *f* taquillera; **Kassenstunden** *fpl* (WIRTSCH) horas *fpl* de caja; **Kassensturz** *m* <-es, -stürze> (*fam*) cómputo *m* del dinero disponible; ~ **machen** contar el dinero; **Kassenüberschuss**[RR] *m* <-es, -schüsse> (WIRTSCH) excedente *m* de caja; **Kassenumsatz** *m* <-es, -sätze> movimiento *m* de caja; **Kassenwart(in)** *m(f)* <-(e)s, -e; -, -nen> tesorero, -a *m, f*; **Kassenzettel** *m* <-s, -> **1.** (*Quittung*) factura *f* **2.** *s.* **Kassenbon**

Kasserolle *f* <-, -n> (*Stieltopf*) cazo *m*, cacerola *f*

Kassette [ka'sɛtə] *f* <-, -n> **1.** (*für Geld*) cajita *f*; (*für Schmuck*) joyero *m* **2.** (*Schutzhülle*) estuche *m* **3.** (*Musik~, Video~*) cas(s)et(t)e *m*; **unbespielte** ~ cinta virgen; **etw auf** ~ **haben** (*fam*) tener algo grabado; **Kassettendeck** *nt* <-s, -s> (platina *f*) cas(s)et(t)e *m*; **Kassettenradio** *nt* <-s, -s> radiocas(s)ete *m*; **Kassettenrekorder** *m* <-s, -> cas(s)et(t)e *m*, magnetófono *m*

Kassiber [ka'siːbɐ] *m* <-s, -> (*sl*) mensaje *m* secreto (*usado por presidiarios para mantener contactos entre ellos o con el exterior*)

Kassier [ka'siːɐ] *m* <-s, -e> (*südd, Österr, Schweiz*) *s.* **Kassierer**

kassieren* [ka'siːrən] **I.** *vi* **1.** (*Kellner*) cobrar **2.** (*fam: Geld einnehmen*) ganar **II.** *vt* **1.** (*einnehmen*) cobrar (*von/bei* de) **2.** (*fam: sich aneignen*) quedarse (con), apropiarse (de); (*wegnehmen*) quitar **3.** (*fam: einstecken müssen*) tragarse, tener que soportar **4.** (JUR: *aufheben*) casar

Kassierer(in) *m(f)* <-s, -; -, -nen> cajero, -a *m, f*; (*im Verein*) tesorero, -a *m, f*

Kassler[RR] ['kaslɐ] *nt* <-s, ->, **Kaßler** *nt* <-s, -> *s.* **Kasseler**

Kastagnette [kasta'njɛtə] *f* <-, -n> castañuela *f*

Kastanie [kas'taːniə] *f* <-, -n> **1.** (*Baum*) castaño *m* **2.** (*Frucht*) castaña *f*; **geröstete ~n** castañas asadas; **für jdn die ~n aus dem Feuer holen** (*fam*) sacarle a alguien las castañas del fuego; **Kastanienbaum** *m* <-(e)s, -bäume> castaño *m*; **kastanienbraun** *adj* castaño

Kästchen ['kɛstçən] *nt* <-s, -> **1.** (*Behälter*) cajita *f* **2.** (*auf Papier*) cuadrícula *f*

Kaste ['kastə] *f* <-, -n> casta *f*

kasteien* [kas'taɪən] *vr*: **sich** ~ mortificarse

Kasteiung *f* <-, -en> mortificación *f* (autoimpuesta), penitencia *f*

Kastell [kas'tɛl] *nt* <-s, -e> castillo *m*

Kastellan [kastɛ'laːn] *m* <-s, -e> **1.** (*Aufsichtsbeamter*) director *m*, encargado *m* **2.** (HIST: *Burgwart*) alcaide *m*

Kasten ['kastən, *pl:* 'kɛstən] *m* <-s, Kästen> **1.** (*Kiste*) caja *f*; (*größerer*) cajón *m*; **zwei Kästen Bier** dos cajas de cerveza; **etwas auf dem** ~ **haben** (*fam*) ser listo **2.** (*Schau~*) vitrina *f* de exposición **3.** (*fam: Brief~*) buzón *m* **4.** (*fam abw: Radio*) cacharro *m*, aparato *m*; (*Fernseher*) caja *f* tonta **5.** (*Turngerät*) plinto *m* **6.** (*fam abw: Gebäude*) caserón *m* **7.** (*Österr, Schweiz: Schrank*) armario *m*

Kastenform *f* <-, -en> **1.** (*Form*) forma *f* cuadrada **2.** (*Backform*) molde *m* cuadrado

Kastengeist *m* <-(e)s, *ohne pl*> (SOZIOL: *abw*) espíritu *m* de castas [*o* de clases]

Kastenwagen *m* <-s, -> (AUTO) furgoneta *f*

Kastenwesen *nt* <-s, *ohne pl*> sistema *m* de castas; **die Parias bilden die niedrigste Kaste des indischen ~s** los parias forman la casta más baja del sistema de castas indio

Kastilien [kas'tiːliən] *nt* <-s> Castilla *f*

Kastilier(in) *m(f)* <-s, -; -, -nen> castellano, -a *m, f*

kastilisch *adj* castellano

Kastrat [kas'traːt] *m* <-en, -en> castrado *m*

Kastration [kastra'tsjoːn] *f* <-, -en> castración *f*

kastrieren* [kas'triːrən] *vt* castrar

Kasuistik *f* <-, *ohne pl*> (*a. geh* PHIL, REL, MED) casuística *f*

kasuistisch *adj* **1.** (*die Kasuistik betreffend*) casuístico **2.** (*geh: spitzfindig*) sutil; **dieser ~en Argumentation kann ich nicht folgen** no puedo seguir esta sutil [*o* alambicada] argumentación

Kasus ['kaːzʊs] *m* <-, -> (LING) caso *m*

Kat [kat] *m* <-s, -s> **1.** (CHEM, AUTO) *Abk. von* Katalysator catalizador *m* **2.** (SPORT) *Abk. von* Katamaran catamarán *m*

katabolisch [kata'boːlɪʃ] *adj* (BIOL, MED) catabólico

Katabolismus [katabo'lɪsmʊs] *m* <-, *ohne pl*> (BIOL, MED) catabolismo *m*

Katafalk [kata'falk] *m* <-s, -e> catafalco *m*

Katakomben [kata'kɔmbən] *fpl* catacumbas *fpl*

Katalane, -in [kata'laːnə] *m, f* <-n, -n; -, -nen> catalán, -ana *m, f*

katalanisch *adj* catalán

Katalog [kata'loːk] *m* <-(e)s, -e> catálogo *m*

katalogisieren* [katalogi'ziːrən] *vt* catalogar

Katalogisierung *f* <-, -en> catalogación *f*

Katalognummer *f* <-, -n> número *m* de catálogo

Katalonien [kata'loːniən] *nt* <-s> Cataluña

f

Katalysator [kataly'za:to:ɐ] *m* <-s, -en> (CHEM, AUTO) catalizador *m;* **geregelter ~** catalizador regulado; **Katalysatorauto** *nt* <-s, -s> coche *m* con catalizador

Katalyse [kata'ly:zə] *f* <-, -n> (CHEM) catálisis *f inv*

katalysieren* [kataly'zi:rən] *vt* (CHEM) catalizar

katalytisch [kata'ly:tɪʃ] *adj* (CHEM) catalítico

Katamaran [katama'ra:n] *m* <-s, -e> catamarán *m*

Katapult [kata'pʊlt] *nt o m* <-(e)s, -e> (TECH, MIL) catapulta *f*

katapultieren* [katapʊl'ti:rən] *vt* (AERO: *a. fig*) catapultar

Katarakt [kata'rakt] *m* <-(e)s, -e> catarata *f*

Katarr[RR] [ka'tar] *m* <-s, -e> (MED), **Katarrh** *m* <-s, -e> (MED) catarro *m*

Kataster [ka'tastɐ] *m o nt* <-s, -> catastro *m;* **Katasteramt** *nt* <-es, -ämter> oficina *f* del catastro

katastrieren* [katas'tri:rən] *vt* inscribir en el catastro

katastrophal [katastro'fa:l] *adj* catastrófico

Katastrophe [katas'tro:fə] *f* <-, -n> **1.** (*Unglück*) catástrofe *f,* desastre *m* **2.** (*fig*) desastre *m;* **seine Kleidung ist eine ~** su ropa es un desastre; **Katastrophenalarm** *m* <-(e)s, -e> alerta *f* roja; **Katastropheneinsatz** *m* <-es, -sätze> movilización *f* en caso de catástrofes, intervención *f* en caso de catástrofes; **das Technische Hilfswerk ist für den ~ bestimmt** Protección Civil está pensada para movilizaciones en caso de catástrofe; **Katastrophengebiet** *nt* <-(e)s, -e> zona *f* catastrófica; **Katastrophenhilfe** *f* <-, -n> ayuda *f* en caso de catástrofes; **Katastrophenopfer** *nt* <-s, -> víctima *f* de una catástrofe; **Katastrophenschutz** *m* <-es, *ohne pl*> medidas *fpl* de protección contra catástrofes; **Katastrophenstimmung** *f* <-, -en> catastrofismo *m*

Kate ['ka:tə] *f* <-, -n> cabaña *f*

Katechismus [katɛ'çɪsmʊs] *m* <-, Katechismen> (REL) catecismo *m*

kategorial [kategori'a:l] *adj* (*geh*) categorial

Kategorie [katego'ri:] *f* <-, -n> categoría *f;* **etw in verschiedene ~n einteilen** clasificar algo

kategorisch [kate'go:rɪʃ] *adj* categórico; **der ~e Imperativ** el imperativo categórico; **das lehnte er ~ ab** lo rechazó categóricamente

Kater ['ka:tɐ] *m* <-s, -> **1.** (*Tier*) gato *m;* **der gestiefelte ~** el gato con botas **2.** (*fam: Unwohlsein*) resaca *f,* goma *f Am;* **einen ~ haben** tener resaca

Katerfrühstück *nt* <-(e)s, -e> (*fam*) desayuno *m* para superar una resaca (*compuesto normalmente de pepinos y arenques*)

kath. *Abk. von* **katholisch** católico

Katharsis ['ka:tarzɪs] *f* <-, *ohne pl*> (REL, PSYCH, LIT) catarsis *f inv*

Katheder [ka'te:dɐ] *nt* <-s, -> (UNIV: *Lehrstuhl*) cátedra *f*

Kathedrale [kate'dra:lə] *f* <-, -n> catedral *f*

Kathete [ka'te:tə] *f* <-, -n> (MATH) cateto *m*

Katheter [ka'te:tɐ] *m* <-s, -> (MED) catéter *m*

Kathode [ka'to:də] *f* <-, -n> (PHYS) cátodo *m*

Katholik(in) [kato'li:k] *m(f)* <-en, -en; -, -nen> católico, -a *m, f*

katholisch [ka'to:lɪʃ] *adj* católico, mocho *Mex;* **er ist streng ~** es muy católico

Katholizismus [katoli'tsɪsmʊs] *m* <-, *ohne pl*> catolicismo *m,* religión *f* católica

Kation ['katio:n, *pl:* kati'o:nən] *nt* <-s, -en> (PHYS) catión *m;* **Kationenaustauscher** *m* <-s, -> (CHEM) intercambiador *m* de cationes

Kattun [ka'tu:n] *m* <-s, -e> cotón *m*

Katz [kats] *f:* **~ und Maus mit jdm spielen** (*fam*) jugar al gato y al ratón con alguien; **für die ~ sein** (*fam*) no servir para nada, ser inútil

katzbuckeln ['---] *vi* (*abw*) arrastrarse; **vor jdm ~** arrastrarse a los pies de alguien

Kätzchen ['kɛtsçən] *nt* <-s, -> (BOT) amento *m;* **zu Ostern blühen die ~** por Pascua florecen los amentos

Katze ['katsə] *f* <-, -n> **1.** (*Haus~*) gato *m,* cucho *m Chil;* (*weiblich*) gata *f,* cucha *f Chil;* **wie die ~ um den heißen Brei schleichen** (*fam*) andarse con rodeos; **die ~ im Sack kaufen** (*fam*) comprar a ciegas; **die ~ aus dem Sack lassen** (*fam*) destapar un secreto; **Katz und Maus mit jdm spielen** (*fam*) jugar al gato y al ratón con alguien; **meine Arbeit war für die Katz** (*fam*) todo mi trabajo ha sido para nada; **bei Nacht sind alle ~n grau** de noche todos los gatos son pardos; **die ~ lässt das Mausen nicht** (*prov*) el hijo de la gata, ratones mata; **wenn die ~ aus dem Haus ist, tanzen die Mäuse** (*prov*) cuando el gato no está en casa, los ratones hacen fiesta **2.** (*Raubtierart*) felino *m*

katzenartig **I.** *adj* gatuno **II.** *adv* como un gato

Katzenauge *nt* <-s, -n> **1.** (*Mineral*) ojo *m* de gato, crisoberilo *m* **2.** (*fam: Rückstrahler*) reflector *m* rojo, catafaro *m*

katzenfreundlich *adj* (*alt, fam abw*) falso; **meinem Chef traue ich nicht, er ist mir zu ~** no me fío de mi jefe, es demasiado falso

katzenhaft *adj* felino, gatuno

Katzenjammer *m* <-s, *ohne pl*> (*fam*) moral *f* baja; **am nächsten Tag war der ~ groß** al día siguiente tenía la moral por los suelos; **Katzenmusik** *f* <-, *ohne pl*> (*fam abw*) música *f* ratonera; **hör mit deinem Geigenspiel auf, diese ~ ist unerträglich** para ya de tocar el violín, ¡qué música ratonera más insoportable!; **Katzensprung** *m* <-(e)s, -sprünge>: **es ist nur ein ~ (von hier)** está a dos pasos (de aquí); **Katzenstreu** [-ʃtrɔɪ] *f* <-, -en> serrín *m* para gatos; **Katzenwäsche** *f* <-, -n> (*fam*) lavoteo *m;* **~ machen**

lavotearse, lavarse a lo gato; **Katzenzunge** *f* <-, -n> (GASTR, ZOOL) lengua *f* de gato

Katz-und-Maus-Spiel *nt* <-(e)s, -e> juego *m* del gato y el ratón; **ich bin dieses ~ leid, ich werde ihm meine Meinung sagen** estoy harto de jugar al gato y al ratón con él, voy a decirle lo que pienso

Kauderwelsch ['kaʊdɐvɛlʃ] *nt* <-(s), *ohne pl*> galimatías *m inv*

kauen ['kaʊən] *vi, vt* masticar; **an den Nägeln ~** comerse las uñas

kauern ['kaʊɐn] **I.** *vi* estar en cuclillas **II.** *vr:* **sich ~** acuclillarse

Kauf [kaʊf, *pl:* 'kɔɪfə] *m* <-(e)s, Käufe> compra *f* (*von* de); (*Erwerb*) adquisición *f* (*von* de); **guter/schlechter ~** buena/mala compra; **~ auf Abruf/Abzahlung** (WIRTSCH) compra a requerimiento/a plazos; **~ auf Probe/Voranmeldung/Ziel** (WIRTSCH) compra a título de prueba/con previo aviso/a plazos; **~ nach Muster** (WIRTSCH) compra según muestra; **etw zum ~ anbieten** poner algo en venta; **ein ~ in Raten/auf Kredit** una compra a plazos/a crédito; **die Tasche ist ein guter ~** el bolso es una ganga; **etw in ~ nehmen** contar con algo, asumir algo; **Kaufabschluss**[RR] *m* <-es, -schlüsse> conclusión *f* de una compra; **bei ~** al realizarse la compra; **Kaufabsicht** *f* <-, -en> intención *f* de compra; **Kaufangebot** *nt* <-(e)s, -e> oferta *f* de compra; **Kaufbereitschaft** *f* <-, -en> (WIRTSCH) disposición *f* de compra

kaufen ['kaʊfən] *vt* (*Ware, bestechen*) comprar; (*erwerben*) adquirir; **viel gekauft** muy comprado; **etw fertig ~** comprar algo ya hecho; **fest ~** (FIN) comprar en firme; **etw auf Raten ~** comprar algo a plazos; **ein Buch für 40 DM ~** comprar un libro por 40 marcos; **auf dem Markt kauft man billiger** en el mercado se compra más barato; **ich habe (mir) ein neues Kleid gekauft** (me) he comprado un vestido nuevo; **die Zeugen sind gekauft** los testigos han sido comprados; **dafür kann ich mir nichts ~** (*fam*) esto no me sirve de nada; **den kaufe ich mir** (*fam*) éste me lo compro

Käufer(in) ['kɔɪfɐ] *m(f)* <-s, -; -, -nen> comprador(a) *m(f)*; (*Kunde*) cliente, -a *m, f*; **~ anlocken** atraer clientes; **einen ~ für etw finden** encontrar un comprador para algo; **Käufermarkt** *m* <-(e)s, *ohne pl*> (WIRTSCH) mercado *m* de compradores; **Käuferschicht** *f* <-, -en> clase *f* de compradores

Kauffrau *f* <-, -en> perita *f* comercial [*o* mercantil]; (*Händlerin*) comerciante *f*

Kaufhaus *nt* <-es, -häuser> grandes almacenes *mpl*, emporio *m MAm;* **Kaufhausdetektiv(in)** *m(f)* <-s, -e; -, -nen> detective *mf* de grandes almacenes

Kaufkraft *f* <-, *ohne pl*> (WIRTSCH) poder *m* adquisitivo, capacidad *f* adquisitiva [*o* de compra]; **überschüssige ~** exceso de poder adquisitivo; **kaufkräftig** *adj* (WIRTSCH) solvente; **Kaufladen** *m* <-s, -läden> (*Spielzeug*) tienda *f* de juguete, almacén *m* de juguete; **Kaufleute** *pl s.* **Kaufmann**

käuflich ['kɔɪflɪç] *adj* **1.** (*Waren*) comprable; **etw ~ erwerben** adquirir algo; **~e Liebe** amor comprable **2.** (*bestechlich*) sobornable, comprable

Käuflichkeit *f* <-, *ohne pl*> (*abw*) corruptibilidad *f*, venalidad *f*; **der Verdacht der ~ hat sich bei diesem Politiker erhärtet** la sospecha sobre la corruptibilidad de este político se ha confirmado

Kauflust *f* <-, *ohne pl*> ganas *fpl* de comprar; **steigende ~** aumento de la tendencia a comprar; **die ~ hat nachgelassen** la gente ya no está tan dispuesta a comprar; **kauflustig** *adj* con ganas de comprar; **heute sind die Kunden sehr ~** los clientes muestran hoy muchas ganas de comprar

Kauflustige(r) *mf* <-n, -n; -n, -n> comprador(a) *m(f)*; **die ~n drängten sich um die Sonderangebote** los compradores se arremolinaban alrededor de las rebajas

Kaufmann *m* <-(e)s, -leute> perito *m* comercial [*o* mercantil]; (*Händler*) comerciante *m;* (HIST) mercader *m*

kaufmännisch [-mɛnɪʃ] *adj* comercial, mercantil

Kaufoption *f* <-, -en> (FIN) opción *f* de compra; **Kaufpreis** *m* <-es, -e> precio *m* de compra; **Kaufrausch** *m* <-(e)s, -räusche> fiebre *f* compradora; **Kaufsumme** *f* <-, -n> (WIRTSCH) total *m* de compras; **Kaufvertrag** *m* <-(e)s, -träge> contrato *m* de compraventa; **~ mit Eigentumsvorbehalt** contrato de compraventa con reserva de propiedad; **einen ~ abschließen** cerrar un contrato de compraventa; **Kaufwert** *m* <-(e)s, -e> valor *m* de compra; **Kaufzwang** *m* <-(e)s, -zwänge> obligación *f* de comprar; **ohne ~** sin compromiso

Kaugummi *m o nt* <-s, -s> chicle *m*, goma *f* de mascar

Kaukasus ['kaʊkazʊs] *m* <-> Cáucaso *m*

Kaulquappe ['kaʊlkvapə] *f* <-, -n> renacuajo *m*

kaum [kaʊm] *adv* **1.** (*wahrscheinlich nicht*) probablemente no; **ob sie heute noch kommt? – wohl ~** ¿va a venir todavía hoy? – no creo; **ich glaube ~, dass ...** no creo que... +*subj* **2.** (*noch nicht einmal, fast nicht*) apenas; **~ jemand** casi nadie; **sie war ~ hereingekommen, als ...** apenas había entrado cuando...; **es dauerte ~ drei Stunden** apenas duró tres horas; **es ist ~ zu glauben** es difícil de creer

Kaumuskel *m* <-s, -n> (ANAT) masetero *m;* **streng deine ~n mal an!** (*fam hum*) ¡mastica bien!

kausal [kaʊ'za:l] *adj* causal; **~ zusammenhängen** estar en relación causa-efecto

Kausalgesetz *nt* <-es, *ohne pl*> (PHILOS) ley *f* de la causalidad

Kausalität [kaʊzali'tɛːt] *f* <-, -en> causalidad *f;* **Kausalitätsprinzip** *nt* <-s, *ohne pl*> (PHILOS) principio *m* de (la) causalidad
Kausalprinzip *nt* <-s, *ohne pl*> (PHILOS) principio *m* de (la) causalidad; **Kausalsatz** *m* <-es, -sätze> (LING) oración *f* causal; **Kausalzusammenhang** *m* <-(e)s, -hänge> relación *f* causa-efecto
kaustisch ['kaʊstɪʃ] *adj* (CHEM) cáustico
Kautabak ['kaʊ-] *m* <-s, -e> tabaco *m* de mascar, breva *f Am*
Kaution [kaʊ'tsjoːn] *f* <-, -en> **1.** (JUR) fianza *f;* **eine ~ für jdn stellen** pagar una fianza por alguien; **gegen ~** bajo fianza **2.** (*bei Mieten*) garantía *f,* depósito *m*
Kautschuk ['kaʊtʃʊk] *m* <-s, -e> caucho *m,* hule *m Am*
Kauz [kaʊts, *pl:* 'kɔɪtsə] *m* <-es, Käuze> (ZOOL) mochuelo *m;* **ein komischer ~** un tío raro
kauzig *adj* raro, estrafalario
Kavalier [kava'liːɐ] *m* <-s, -e> caballero *m;* **er ist immer ~** siempre se comporta como un caballero; **Kavaliersdelikt** *nt* <-(e)s, -e> peccata minuta *pl*
Kavalierstart *m* <-(e)s, -s> arrancada *f* (del coche) haciendo patinar las ruedas; **mit seinem ~ will er mir imponieren, der Spinner!** arrancando así en plan Fórmula-1 quiere impresionarme, ¡será majadero!
Kavallerie [kavalə'riː, '----] *f* <-, -n> (HIST) caballería *f*
Kavallerist [kavalə'rɪst, '----] *m* <-en, -en> (HIST) soldado *m* de caballería
Kaviar ['kaːviaːɐ] *m* <-s, -e> caviar *m,* huevas *fpl* de esturión
KB [kaː'beː] *Abk. von* **Kilobyte** Kb
KBit/s (INFOR) *Abk. von* **Kilobit pro Sekunde** Kbps, kbps
kcal *Abk. von* **Kilokalorie** Kcal
Kebab [ke'ba(ː)p] *m* <-(s), -s> (GASTR) kébab *m*
keck [kɛk] *adj* fresco, descarado
Keckheit *f* <-, -en> atrevimiento *m,* descaro *m*
Keeper(in) ['kiːpɐ] *m(f)* <-s, -; -, -nen> (*Österr, Schweiz:* SPORT: *Torwart*) portero, -a *m, f,* arquero, -a *m, f Am*
Kefe ['keːfə] *f* <-, -n> (*Schweiz: Erbse*) guisante *m*
Kefir ['keːfɪr] *m* <-s, *ohne pl*> kéfir *m*
Kegel ['keːgəl] *m* <-s, -> **1.** (*Geometrie, a. Berg~, Licht~*) cono *m* **2.** (*Spielfigur*) bolo *m;* **Kegelabend** *m* <-s, -e> reunión *f* para jugar a los bolos; **Kegelbahn** *f* <-, -en> bolera *f;* **Kegelbruder** *m* <-s, -brüder> (*fam*) compañero *m* del club de bolos
kegelförmig [-fœrmɪç] *adj* cónico
Kegelkugel *f* <-, -n> bola *f* (del juego de bolos)
kegeln ['keːgəln] *vi* jugar a los bolos
Kegelschnitt *m* <-(e)s, -e> (MATH) sección *f* cónica; **Kegelschwester** *f* <-, -n> (*fam*) compañera *f* del club de bolos; **Kegelstumpf** *m* <-(e)s, -stümpfe> (MATH) cono *m* truncado
Kegler(in) ['keːglɐ] *m(f)* <-s, -; -, -nen> jugador(a) *m(f)* de bolos
Kehle ['keːlə] *f* <-, -n> garganta *f;* **jdm an die ~ springen** saltarle a alguien a la chepa; **jdm die ~ durchschneiden** degollar a alguien; **aus voller ~ singen** cantar a grito pelado; **mir war die ~ wie zugeschnürt** se me hizo un nudo en la garganta; **etw in die falsche ~ kriegen** (*fam*) entender algo mal
kehlig *adj* (LING) gutural
Kehlkopf *m* <-(e)s, -köpfe> (ANAT) laringe *f;* **Kehlkopfentzündung** *f* <-, -en> (MED) laringitis *f inv;* **Kehlkopfkrebs** *m* <-es, -e> (MED) cáncer *m* de laringe
Kehllaut *m* <-(e)s, -e> (LING) **1.** (*Glottal*) sonido *m* glotal **2.** (*kehliger Laut*) sonido *m* gutural
Kehraus ['keːɐʔaʊs] *m* <-, *ohne pl*> **1.** (*letzter Tanz*) último baile *m;* **als ~ tanzten wir einen Walzer** el último baile que bailamos fue un vals **2.** (*Wend*): **den ~ feiern** celebrar el final de una fiesta; **am Aschermittwoch wird kräftig ~ gefeiert** el miércoles de ceniza se celebra intensamente el final del Carnaval
Kehrbesen ['keːɐ-] *m* <-s, -> (*reg*) escoba *f;* **Kehrblech** *nt* <-(e)s, -e> (*reg*) recogedor *m*
Kehre ['keːrə] *f* <-, -n> **1.** (*Kurve*) curva *f,* viraje *m* **2.** (SPORT) vuelta *f*
kehren ['keːrən] **I.** *vt* **1.** (*drehen*) dar la vuelta, volver; **die Innenseite nach außen ~** volver del revés; **er ist in sich gekehrt** está totalmente encerrado en sí mismo **2.** (*fegen*) barrer **II.** *vr:* **sich ~ 1.** (*sich wenden*) volverse **2.** (*sich kümmern*) preocuparse (*an* de) **III.** *vi* **1.** (*fegen*) barrer **2.** (*Schweiz: drehen: Wind, Trend*) cambiar; (*Auto*) virar
Kehricht ['keːrɪçt] *m o nt* <-s, *ohne pl*> (*geh*) basura *f,* desperdicios *mpl;* **das geht dich einen feuchten ~ an!** (*fam*) ¡eso te importa un comino!
Kehrmaschine *f* <-, -n> barredora *f*
Kehrreim *m* <-(e)s, -e> estribillo *m*
Kehrschaufel *f* <-, -n> recogedor *m*
Kehrseite *f* <-, -n> **1.** (*Rückseite*) revés *m,* reverso *m;* **die ~ der Medaille** la otra cara de la moneda **2.** (*Rücken*) espalda *f;* **jdm seine ~ zudrehen** volverle la espalda a alguien **3.** (*Nebenerscheinung*) aspecto *m* negativo
kehrt [keːɐt] *interj* (MIL) ¡media vuelta!; **Kompanie – ~!** compañía – ¡media vuelta!; **kehrt|machen** *vi* (*fam*) **1.** (*zurückgehen*) dar la vuelta, volver **2.** (*aufgeben*) volverse atrás, dar marcha atrás; **Kehrtwendung** *f* <-, -en> media vuelta *f*
Kehrwert *m* <-(e)s, -e> (MATH) valor *m* inverso
Kehrwoche *f* <-, -n> (*südd*) *semana en la que la limpieza de la escalera corresponde a*

uno de los inquilinos; **die ~ machen** corresponder a alguien la limpieza de la escalera

keifen ['kaɪfən] *vi* (*abw*) berrear, vociferar

Keil [kaɪl] *m* <-(e)s, -e> **1.** (*Werkzeug*) cuña *f;* **er versucht einen ~ zwischen uns zu treiben** intenta separarnos **2.** (*Bremsklotz*) zapata *f* en cuña

Keile ['kaɪlə] *f* <-, *ohne pl*> (*reg: fam*) paliza *f,* zurra *f;* **~ kriegen** recibir una paliza

keilen ['kaɪlən] *vr:* **sich ~** (*fam*) pelearse

Keiler *m* <-s, -> jabalí *m* macho

Keilerei *f* <-, -en> (*fam*) camorra *f,* trifulca *f*

keilförmig [-fœrmɪç] *adj* cuneiforme

Keilhose *f* <-, -n> pantalón *m* de pierna estrecha; **Keilkissen** *nt* <-s, -> travesaño *m;* **Keilriemen** *m* <-s, -> (TECH) correa *f* trapezoidal, mecanismo *m* de la correa trapezoidal; **Keilschrift** *f* <-, -en> (HIST) escritura *f* cuneiforme

Keim [kaɪm] *m* <-(e)s, -e> **1.** (BOT) germen *m;* **etw im ~ ersticken** sofocar algo en su origen **2.** (*Embryo*) embrión *m* **3.** (*Krankheitserreger*) germen *m* (infeccioso); **Keimblatt** *nt* <-(e)s, -blätter> (BOT) cotiledón *m;* **Keimdrüse** *f* <-, -n> (ANAT, ZOOL) glándula *f* sexual

keimen *vi* **1.** (BOT) brotar **2.** (*Verdacht, Hoffnung*) surgir, nacer

Keimfähigkeit *f* <-, *ohne pl*> poder *m* germinativo

keimfrei *adj* aséptico, esterilizado; **etw ~ machen** esterilizar algo, desinfectar algo

Keimling *m* <-s, -e> (BOT) brote *m,* germen *m*

keimtötend *adj* antiséptico

Keimung *f* <-, -en> (BIOL, BOT) germinación *f*

Keimzelle *f* <-, -n> **1.** (BIOL) célula *f* germinal, gameto *m* **2.** (*Anfang*) germen *m*

kein, keine, kein [kaɪn, 'kaɪnə, kaɪn] *pron indef* **1.** (*nicht ein, nichts an*) no; (*~ Einziger*) ningún *m,* ninguna *f;* **sie hat ~ Auto** no tiene coche; **ich habe ~e Zeit** no tengo tiempo; **~ einziges Mal** ni una sola vez; **in ~ster Weise** de ninguna manera; **es war ~ Mensch da** no había nadie; **das ist ~e gute Idee** no es una buena idea; **~e Ahnung!** ¡ni idea!; **~ bisschen (Lust)** ni pizca (de ganas) **2.** (*nicht einmal*) ni, ni siquiera; **das ist ~e 200 Meter von hier** no está ni a 200 metros de aquí; **sie war noch ~e fünf Minuten weg, als ...** no hacía ni (siquiera) cinco minutos que se había ido, cuando...

keine(r, s) ['kaɪnə, -nɐ, -nəs] *pron indef* nadie, ninguno; **ich kenne ~n, der das kann** no conozco a nadie que sepa hacerlo; **es war ~r da** no había nadie; **~r/s von beiden** ninguno de los dos; **~r von uns** ninguno de nosotros; **~s der Kinder** ninguno de los niños

keinerlei ['--'-] *adj inv* ningún, de ningún tipo; **ich mache mir ~ Gedanken darüber** esto no me preocupa lo más mínimo

keinerseits ['--'-] *adv* (*von niemandem*) de ninguna parte, por parte de nadie; (*bei niemandem*) en ninguna parte

keinesfalls ['--'-] *adv* de ningún modo, de ninguna manera; **er darf mich ~ hier sehen** de ningún modo me debe ver aquí

keineswegs ['--'-] *adv* en absoluto, en modo alguno, nadita *Mex;* **sie ist ~ dumm** no es nada tonta

keinmal *adv* ni una sola vez, ninguna vez

keins [kaɪns] *pron indef s.* **keine(r, s)**

Keks [ke:ks] *m o nt* <-(es), -(e)> (*Gebäck*) galleta *f;* **jdm auf den ~ gehen** (*fam*) poner negro a alguien, caer gordo a alguien

Kelch [kɛlç] *m* <-(e)s, -e> **1.** (*Glas*) copa *f;* (REL) cáliz *m;* **den bitteren ~ (bis zur Neige) leeren müssen** (*geh fig*) apurar el cáliz de la amargura (hasta las heces); **lass diesen ~ an mir vorübergehen!** (*fig*) ¡aparta de mí este cáliz! **2.** (BOT) cáliz *m*

kelchförmig *adj* (*Blüte*) caliciforme; **dieses Weinglas hat einen ~en Aufsatz** esta copa de vino tiene forma de cáliz

Kelchglas *nt* <-es, -gläser> copa *f* en forma de cáliz

Kelle ['kɛlə] *f* <-, -n> **1.** (*Schöpflöffel*) cucharón *m* **2.** (*Signalstab*) disco *m* **3.** (*Maurer~*) palustre *m,* paleta *f* de albañil

Keller ['kɛlɐ] *m* <-s, -> sótano *m;* **Kellerassel** ['kɛlɐʔasəl] *f* <-, -n> cochinilla *f*

Kellerei *f* <-, -en> bodega *f;* (*Sekt~*) cava *f,* bodega *f*

Kellerfenster *nt* <-s, -> tragaluz *m;* **Kellergeschoss**[RR] *nt* <-es, -e> sótano *m;* **Kellergewölbe** *nt* <-s, -> **1.** (*Keller*) sótano *m* abovedado **2.** (*Gewölbe*) bóveda *f* del sótano; **Kellerkind** *nt* <-(e)s, -er> (*fam*) niño *m* de clase baja; **er kommt aus ärmlichen Verhältnissen, ein ~ eben!** es de humilde extracción, ¡un niño pobre, vaya!; **Kellerlokal** *nt* <-(e)s, -e> bodega *f;* **Kellermeister(in)** *m(f)* <-s, -; -, -nen> bodeguero, -a *m, f;* **Kellerwohnung** *f* <-, -en> (piso *m* en el) sótano *m*

Kellner(in) ['kɛlnɐ] *m(f)* <-s, -; -, -nen> camarero, -a *m, f*

kellnern *vi* (*fam*) trabajar de camarero/camarera

Kelte, -in ['kɛltə] *m, f* <-n, -n; -, -nen> (HIST) celta *mf*

Kelter ['kɛltɐ] *f* <-, -n> lagar *m*

Kelterei *f* <-, -en> lagar *m*

keltern ['kɛltɐn] *vt* prensar; **Trauben ~** pisar la uva

Keltin *f* <-, -nen> *s.* **Kelte**

keltisch ['kɛltɪʃ] *adj* celta

Kelvin ['kɛlvɪn] *nt* <-s, -> (PHYS) kelvin *m*

Kemenate [keme'na:tə] *f* <-, -n> **1.** (HIST: *Frauengemächer*) aposento *m* de la dama **2.** (*fam hum: privater Raum*) aposento *m*

Kenia ['ke:nia] *nt* <-s> Kenia *f*

Kenianer(in) [keni'a:nɐ] *m(f)* <-s, -; -, -nen> keniata *mf*

kenianisch *adj* keniata

Kennbuchstabe *m* <-n(s), -n> letra *f* indicadora [*o* distintiva]

Kenndaten *pl* (TECH) datos *mpl* característicos

kennen ['kɛnən] <kennt, kannte, gekannt> *vt* conocer; (*wissen*) saber; ~ **Sie Herrn X?** ¿conoce al señor X?; ~ **Sie ihren Namen?** ¿sabe cómo se llama?; **sie kennt uns nicht mehr** no quiere saber nada de nosotros; **kennst du mich noch?** ¿te acuerdas de mí?; **jdn** ~ **lernen** conocer a alguien; **ich habe ihn in Sevilla** ~ **gelernt** le conocí en Sevilla; **die Einführung dient dazu die Methoden** ~ **zu lernen** la introducción sirve para conocer los métodos; **es freut mich Sie** ~ **zu lernen** encantado de conocerle; **wenn du nicht sofort kommst, kannst du mich mal** ~ **lernen** (*fam*) si no vienes en seguida, ya verás; **wie ich ihn kenne ...** tal y como le conozco...; **da kennst du mich aber schlecht** no me conoces bien; **sie** ~ **ihn als zuverlässigen Kollegen** le tienen por un colega fiable; **er kennt kein Erbarmen** no tiene compasión; **da kenne ich nichts!** ¡me da lo mismo!; **sie kennt ihn von früher** le conoce de antes; **ich kenne sie vom Sehen** la conozco de vista

kennen|lernen *vt s.* **kennen**

Kenner(in) *m(f)* <-s, -; -, -nen> **1.** (*Sachverständiger*) perito, -a *m, f,* experto, -a *m, f* **2.** (*Autorität*) conocedor(a) *m(f),* entendido, -a *m, f;* **Kennerblick** *m* <-(e)s, -e> mirada *f* experta, ojo *m* clínico; **etw mit** ~ **betrachten** mirar algo con ojo de buen cubero

kennerhaft **I.** *adj* experto, de conocedor **II.** *adv* como un experto, de entendido

Kennerin *f* <-, -nen> *s.* **Kenner**

Kennermiene *f* <-, -n> mirada *f* de experto

Kennnummer[RR] *f* <-, -n> número *m* de identificación

kenntlich ['kɛntlɪç] *adj:* ~ **machen** marcar, remarcar

Kenntnis ['kɛntnɪs] *f* <-, *ohne pl*> (*das Bekanntsein*) conocimiento *m;* **von etw** *dat* ~ **haben/erhalten** tener noticia de algo/llegar a saber algo; **jdn von etw** *dat* **in** ~ **setzen** poner a alguien en conocimiento de algo; **etw/jdn zur** ~ **nehmen** tomar nota de algo/prestar atención a alguien; **in/ohne** ~ **der Umstände** con/sin conocimiento de causa; **das entzieht sich meiner** ~ (*geh*) no estoy al corriente

Kenntnisnahme *f* <-, *ohne pl*> (*formal*): **zur** ~ para su conocimiento; **nach** ~ después de haber tenido conocimiento

kenntnisreich *adj* (*geh*) docto, erudito

Kenntnisse *fpl* (*Wissen*) conocimientos *mpl;* **ausgezeichnete** ~ **(in Mathematik) besitzen** tener extraordinarios conocimientos (en matemáticas); **seine** ~ **auffrischen/vertiefen** refrescar/profundizar sus conocimientos; **seine** ~ **reichen dazu nicht aus** sus conocimientos no bastan para ello

Kennummer *f* <-, -n> *s.* **Kennnummer**

Kennung *f* <-, -en> (TECH) caracterización *f*

Kennwort *nt* <-(e)s, -wörter> contraseña *f,* código *m;* **Kennwortschutz** *m* <-es, *ohne pl*> (INFOR) protección *f* por contraseña

Kennzahl *f* <-, -en> *s.* **Kennziffer**

Kennzeichen *nt* <-s, -> **1.** (*Merkmal*) característica *f;* (*zur Unterscheidung*) distintivo *m;* **besondere** ~ rasgos distintivos **2.** (*Markierung*) señal *f,* marca *f* **3.** (AUTO) matrícula *f;* **amtliches** ~ placa de matrícula

kennzeichnen *vt* **1.** (*markieren*) marcar, señalar; **etw als zerbrechlich** ~ señalar algo como frágil **2.** (*charakterisieren*) caracterizar (*als* de), calificar (*als* de)

kennzeichnend *adj* característico

Kennziffer *f* <-, -n> **1.** (*als Kennzeichen*) número *m* indicador, índice *m* **2.** (MATH) característica *f*

kentern ['kɛntɐn] *vi sein* zozobrar

Keramik [ke'raːmɪk] *f* <-, -en> cerámica *f;* **Keramikinlay** [-ɪnlɛɪ] *nt* <-s, -s> (MED) incrustación *f* cerámica

keramisch [ke'raːmɪʃ] *adj* de cerámica, de barro

Kerbe ['kɛrbə] *f* <-, -n> (*Einschnitt*) muesca *f;* (*in Holz, Metall*) entalladura *f;* (*Zeichen*) marca *f;* **in dieselbe** ~ **schlagen** (*fam*) llover sobre mojado

Kerbel ['kɛrbəl] *m* <-s, *ohne pl*> (BOT) perifollo *m*

kerben ['kɛrbən] *vt* grabar (*in* en); **er kerbte seine Initialen in den Baum** grabó [*o* inscribió] sus iniciales en el árbol

Kerbholz *nt* (*fam*): **etwas auf dem** ~ **haben** no tener la conciencia limpia

Kerbtier *nt* <-(e)s, -e> (ZOOL) insecto *m*

Kerker ['kɛrkɐ] *m* <-s, -> **1.** (HIST) calabozo *m* **2.** (*Österr: Zuchthaus*) penitenciaría *f;* **Kerkermeister** *m* <-s, -> (HIST) carcelero *m*

Kerl [kɛrl] *m* <-s, -e> (*fam*) tío *m,* pisco *m Kol: abw;* **du blöder** ~**!** ¡estúpido!; **er ist ein ganzer** ~ es todo un hombre; **er/sie ist ein feiner** ~ es un buen chico/una buena chica

Kern [kɛrn] *m* <-(e)s, -e> **1.** (*von Apfel, Birne*) pepita *f,* pepa *f Am;* (*von Pfirsich, Pflaume*) hueso *m;* (*von Sonnenblume, Melone*) pipa *f* **2.** (BIOL, PHYS) núcleo *m* **3.** (*Mittelpunkt*) centro *m* **4.** (*das Wesentliche*) fondo *m,* parte *f* esencial; **der** ~ **einer Aussage** la parte esencial de una idea; **jedes Märchen hat einen wahren** ~ cada cuento tiene algo de verdad; **in ihr steckt ein guter** ~ tiene un buen corazón; **schließlich war nur noch der harte** ~ **übrig** (*fam*) al final sólo quedaron los últimos fieles; **Kernabschirmung** *f* <-, -en> (PHYS) apantallamiento *m* del núcleo; **Kernarbeitszeit** *f* <-, -en> (WIRTSCH) horas *fpl* fijas de trabajo; **Kernbildung** *f* <-, -en> (PHYS) nucleación *f;* **Kernbrennstoff** *m* <-(e)s, -e> (TECH) combustible *m* nuclear

Kernenergie *f* <-, *ohne pl*> energía *f* nuclear; **Kernenergieausstieg** *m* <-(e)s, -e> (POL) abandono *m* de la energía nuclear

Kernexplosion *f* <-, -en> explosión *f* nuclear; **Kernfach** *nt* <-(e)s, -fächer> (SCH) asignatura *f* troncal [*o* obligatoria]; **Kernfamilie** *f* <-, -n> (SOZIOL) familia *f* nuclear

Kernforschung *f* <-, *ohne pl*> investigación *f* nuclear; **Kernforschungszentrum** *nt* <-s, -zentren> centro *m* de investigación de física nuclear

Kernfrage *f* <-, -n> pregunta *f* esencial, cuestión *f* fundamental; **Kernfrucht** *f* <-, -früchte> (BOT) fruto *m* con pepitas; **Kernfusion** *f* <-, -en> (PHYS) fusión *f* nuclear; **Kerngedanke** *m* <-ns, -n> pensamiento *m* central; **Kerngehäuse** *nt* <-s, -> corazón *m;* **kerngesund** ['--'-] *adj* rebosante de salud; **Kernholz** *nt* <-es, -hölzer> duramen *m*

kernig ['kɛrnɪç] *adj* **1.** (*urwüchsig*) robusto, fuerte **2.** (*Obst*) lleno de pepitas

Kerninduktion *f* <-, -en> (PHYS) inducción *f* nuclear

Kernkraft *f* <-, *ohne pl*> energía *f* nuclear; **Kernkraftbefürworter(in)** *m(f)* <-s, -; -, -nen> partidario, -a *m, f* de la energía nuclear; **Kernkraftgegner(in)** *m(f)* <-s, -; -, -nen> detractor(a) *m(f)* de la energía nuclear; **Kernkraftwerk** *nt* <-(e)s, -e> central *f* nuclear, planta *f* nucleoeléctrica

Kernladungszahl *f* <-, -en> (CHEM) número *m* atómico; **Kernland** *nt* <-(e)s, -länder> asentamiento *m* primitivo; **kernlos** *adj* sin pipas [*o* pepitas]; **Kernobst** *nt* <-es, *ohne pl*> fruta *f* de pepita; **Kernphysik** *f* <-, *ohne pl*> física *f* nuclear; **Kernphysiker(in)** *m(f)* <-s, -; -, -nen> físico, -a *m, f* nuclear; **Kernproblem** *nt* <-s, -e> cuestión *f* crucial, punto *m* clave; **Kernpunkt** *m* <-es, -e> punto *m* esencial [*o* clave], nudo *m* de la cuestión; **Kernreaktion** *f* <-, -en> (PHYS) reacción *f* nuclear; **Kernreaktor** *m* <-s, -en> (PHYS) reactor *m* nuclear; **Kernschmelze** *f* <-, *ohne pl*> (PHYS) fusión *f* del núcleo (del reactor)

Kernseife *f* <-, -n> jabón *m* duro

Kernspaltung *f* <-, -en> (PHYS) fisión *f* nuclear; **Kernspeicher** *m* <-s, -> (INFOR) memoria *f* de núcleos

Kernspin ['kɛrnspɪn] *m* <-s, -s> (PHYS) espín *m* nuclear; **Kernspintomograf**[RR] *m* <-en, -en>, **Kernspintomograph** *m* <-en, -en> (MED) aparato *m* de tomografía de espín nuclear

Kernstrahlung *f* <-, -en> (PHYS) radiación *f* nuclear; **Kernstück** *nt* <-(e)s, -e> parte *f* esencial, corazón *m;* **Kerntechnik** *f* <-, -en> (PHYS) técnica *f* nuclear; **kerntechnisch** *adj* (PHYS) de técnica nuclear, nucleónico; **Kerntechnologie** *f* <-, -n> (PHYS) tecnología *f* nuclear; **Kernteilung** *f* <-, -en> (BIOL: *direkt*) amitosis *f inv;* (*indirekt*) mitosis *f inv;* **Kernumwandlung** *f* <-, -en> (PHYS) transformación *f* nuclear; **Kernverschmelzung** *f* <-, -en> (PHYS) fusión *f* nuclear

Kernwaffen *fpl* armas *fpl* nucleares; **kernwaffenfrei** *adj* desnuclearizado, libre de armas nucleares; **Kernwaffenversuch** *m* <-(e)s, -e> (MIL) prueba *f* nuclear

Kernzeit *f* <-, -en> horario *m* fijo (*en un horario flexible, horas en las que el trabajador está obligado a ocupar su puesto de trabajo*); **unsere ~ geht von 9.00 Uhr bis 15.00 Uhr** nuestro horario fijo va de 9 a 3 de la tarde

Kerosin [kero'ziːn] *nt* <-s, *ohne pl*> queroseno *m*

Kerze ['kɛrtsə] *f* <-, -n> **1.** (*aus Wachs*) vela *f* **2.** (*Zünd~*) bujía *f* **3.** (SPORT) vela *f,* clavo *m;* **eine ~ machen** hacer el clavo; **Kerzenbeleuchtung** *f* <-, -en> *s.* Kerzenlicht; **Kerzendocht** *m* <-(e)s, -e> mecha *f* de la vela; **kerzengerade** ['---'--] *adj* derecho como una vela; **~ sitzen** estar sentado más derecho que una vela; **Kerzenhalter** *m* <-s, -> candelero *m;* **Kerzenleuchter** *m* <-s, -> (*für mehrere Kerzen*) candelabro *m,* candil *m Mex;* (*für eine Kerze*) candelero *m;* (*mit Griff*) palmatoria *f;* **Kerzenlicht** *nt* <-(e)s, *ohne pl*> luz *f* de vela; **bei ~** a la luz de la vela; **Kerzenschlüssel** *m* <-s, -> (AUTO) llave *f* para bujías; **Kerzenständer** *m* <-s, -> candelero *m*

Kescher ['kɛʃɐ] *m* <-s, -> (*zum Fischen*) buitrón *m;* (*für Insekten*) cazamariposas *m inv*

kess[RR] [kɛs] *adj,* **keß** *adj* **1.** (*vorlaut*) fresco, descarado **2.** (*Kleidung*) moderno

Kessel ['kɛsəl] *m* <-s, -> **1.** (*Dampf~*) caldera *f,* tacho *m Am;* (*Wasser~*) hervidor *m* **2.** (*Tal*) valle *m* cerrado **3.** (MIL) sitio *m,* cerco *m* **4.** (*Schweiz: Eimer*) cubo *m;* **Kesselflicker(in)** *m(f)* <-s, -; -, -nen> (*alt*) calderero, -a *m, f;* **Kesselhaus** *nt* <-es, -häuser> (TECH) sala *f* de calderas; **Kesselpauke** *f* <-, -n> (MUS) timbal *m;* **Kesselschmied** *m* <-(e)s, -e> (HIST) calderero *m;* **Kesselstein** *m* <-(e)s, *ohne pl*> (CHEM) incrustación *f* de caldera; **Kesseltreiben** *nt* <-s, *ohne pl*> (*Hetzkampagne*) campaña *f* de difamación

Kessheit[RR] *f* <-, *ohne pl*>, **Keßheit** *f* <-, *ohne pl*> frescura *f,* descaro *m*

Ketchup ['kɛtʃap] *m o nt* <-(s), -s> *s.* **Ketschup**

Keton [ke'toːn] *nt* <-s, -e> (CHEM) cetona *f*

Ketsch [kɛtʃ] *f* <-, -en> (NAUT) queche *m*

Ketschup[RR] ['kɛtʃap] *m o nt* <-(s), -s> ketchup *m,* catchup *m*

Kette ['kɛtə] *f* <-, -n> **1.** (*Eisen~, Hotel~, Menschen~, Fahrrad~*) cadena *f;* **einen Hund an die ~ legen** atar un perro con cadena; **jdn in ~n legen** encadenar a alguien; (*fig*) privar a alguien de su libertad; **seine ~n sprengen** romper sus cadenas; (*fig*) liberarse de la opresión **2.** (*Hals~*) collar *m,* cadena *f* del cuello; **eine ~ um den Hals tragen** llevar un collar **3.** (*Reihe*) serie *f;* **eine ~ von Ereignissen** una serie de acontecimientos

ketten *vt* encadenar (*an* a), poner cadenas (*an*

a)

Kettenbrief *m* <-(e)s, -e> *carta que debe ser copiada y remitida a varias personas más;* **Kettenfahrzeug** *nt* <-(e)s, -e> (MIL, TECH) vehículo *m* oruga; **Kettenglied** *nt* <-(e)s, -er> eslabón *m;* **Kettenhemd** *nt* <-(e)s, -en> (HIST) cota *f* de malla; **Kettenhund** *m* <-(e)s, -e> perro *m* guardián (atado a una cuerda); **Kettenkarussell** *nt* <-s, -s *o* -e> cadenas *fpl;* **Kettenrauchen** *nt* <-s, *ohne pl*>: **von deinem ~ bekommst du noch mal Lungenkrebs** fumando como un carretero acabarás con cáncer de pulmón; **Kettenraucher(in)** *m(f)* <-s, -; -, -nen> fumador(a) *m(f)* empedernido, -a; **Kettenreaktion** *f* <-, -en> (CHEM, PHYS) reacción *f* en cadena; **Kettenschaltung** *f* <-, -en> cambio *m* de piñón; **Kettenschutz** *m* <-es, -e> (*Fahrrad*) guardacadena *m,* cubrecadena *m*

Ketzer(in) ['kɛtsɐ] *m(f)* <-s, -; -, -nen> hereje *mf*

Ketzerei [kɛtsə'raɪ] *f* <-, -en> herejía *f*

Ketzerin *f* <-, -nen> *s.* **Ketzer**

ketzerisch *adj* herético

keuchen ['kɔɪçən] *vi* jadear

Keuchhusten *m* <-s, *ohne pl*> tos *f* ferina

Keule ['kɔɪlə] *f* <-, -n> **1.** (*Waffe*) maza *f,* porra *f;* **chemische ~** porra química; (*fam*) insecticida *m* **2.** (*Sportgerät*) maza *f* **3.** (*Tier~*) pierna *f,* pata *f;* (*Geflügel~*) muslo *m;* **Keulenschlag** *m* <-(e)s, -schläge> porrazo *m;* **jdn wie ein ~ treffen** caer a alguien como una bomba

keusch [kɔɪʃ] *adj* casto, púdico; **~ leben** vivir castamente

Keuschheit *f* <-, *ohne pl*> castidad *f;* **Keuschheitsgelübde** *nt* <-s, -> (REL) voto *m* de castidad; **das ~ ablegen** hacer voto de castidad; **Keuschheitsgürtel** *m* <-s, -> (HIST) cinturón *m* de castidad

Keyboard ['ki:bɔ:t] *nt* <-s, -s> teclado *m*

Keynesianer(in) [kɛɪnzi'a:nɐ] *m(f)* <-s, -; -, -nen> (WIRTSCH) keynesiano, -a *m, f*

Keyword ['ki:wœ:t] *nt* <-s, -s> (INFOR) palabra *f* clave

Kffr. *Abk. von* **Kauffrau** comercial *f*

Kfm. *Abk. von* **Kaufmann** comercial *m*

Kfz *nt* <-(s), -(s)> *Abk. von* **Kraftfahrzeug** automóvil *m*

kg *Abk. von* **Kilogramm** kg

KG [ka:'ge:] *f* <-, -s> *Abk. von* **Kommanditgesellschaft** sociedad *f* comanditaria [*o* en comandita]

kgl. *Abk. von* **königlich** real

K-Gruppe ['ka:-] *f* <-, -n> (POL) grupo *m* comunista (*nombre usado por los opositores para los partidarios del marxismo-leninismo*)

Khaki *m* <-(s), *ohne pl*> caqui *m*

khakifarben *adj* (de color) caqui

kHz (PHYS) *Abk. von* **Kilohertz** khz

KI [ka:'ʔi:] (INFOR) *Abk. von* **künstliche Intelligenz** inteligencia *f* artificial

Kibbuz [kɪ'bu:ts] *m* <-, -e *o* Kibbuzim> kibutz *m*

Kichererbse ['kɪçɐ-] *f* <-, -n> garbanzo *m*

kichern ['kɪçɐn] *vi* reírse para dentro, reír a medias

Kickdown [kɪk'daʊn] *nt* <-s, -s>, **Kickdown**[RR] *nt* <-s, -s> (AUTO) pisada *f* a fondo del acelerador

kicken ['kɪkən] **I.** *vi* (*fam: Fußball spielen*) jugar al fútbol **II.** *vt* (*fam: Ball*) chutar

Kicker(in) *m(f)* <-s, -(s); -, -nen> (*fam*) futbolista *mf*

Kickoff[RR] [kɪk'ʔɔf] *m* <-s, -s>, **Kick-off** *m* <-s, -s> (*Schweiz:* SPORT: *Fußballanstoß*) saque *m*

Kickstarter ['kɪkʃtartɐ] *m* <-s, -> (AUTO) pedal *m* de arranque

Kid [kɪt] *nt* <-s, -s> **1.** (*Glacéleder*) cabritilla *f* **2.** (*sl: Kind, Jugendlicher*) chaval(a) *m(f)*

kidnappen ['kɪtnɛpən] *vt* secuestrar

Kidnapper(in) ['kɪtnɛpɐ] *m(f)* <-s, -; -, -nen> secuestrador(a) *m(f)*

Kidnapping ['kɪtnɛpɪŋ] *nt* <-s, -s> secuestro *m*

kiebig ['ki:bɪç] *adj* (*reg*) **1.** (*frech*) impertinente, descarado; **verkneif dir deine ~en Bemerkungen!** ¡trágate tus comentarios impertinentes! **2.** (*aufgebracht*) furioso; **wieso bist du plötzlich so ~?** ¿por qué estás tan furioso de repente?

Kiebitz ['ki:bɪts] *m* <-es, -e> **1.** (*Vogel*) avefría *f* **2.** (*fam: Person*) mirón, -ona *m, f*

kiebitzen ['ki:bɪtsən] *vi* (*fam*) observar, estar de mirón

Kiefer[1] ['ki:fɐ] *f* <-, -n> (BOT) pino *m*

Kiefer[2] *m* <-s, -> (ANAT) maxilar *m,* mandíbula *f*

Kieferbruch *m* <-(e)s, -brüche> (MED) fracturación *f* de mandíbula; **Kieferchirurg(in)** *m(f)* <-en, -en; -, -nen> (MED) cirujano, -a *m, f* maxilar; **Kieferchirurgie** *f* <-, *ohne pl*> (MED) cirugía *f* maxilar; **Kieferchirurgin** *f* <-, -nen> *s.* **Kieferchirurg**; **Kieferfehlstellung** *f* <-, -en> (MED) posición *f* maxilar defectuosa

Kieferhöhle *f* <-, -n> (ANAT) seno *m* maxilar; **Kieferhöhlenentzündung** *f* <-, -en> (MED) infección *f* maxilar, inflamación *f* maxilar

Kiefernholz *nt* <-es, -hölzer> madera *f* de pino; **Kiefernnadel** *f* <-, -n> (BOT) pinocha *f;* **Kiefernöl** *nt* <-(e)s, -e> aceite *m* de pino; **Kiefernwald** *m* <-(e)s, -wälder> bosque *m* de pinos, pinedo *m MAm;* **Kiefernzapfen** *m* <-s, -> (BOT) piña *f* de pino

Kieferorthopäde, -in *m, f* <-n, -n; -, -nen> (MED) ortopedista *mf* maxilar

kieken ['ki:kən] *vi* (*nordd: fam: gucken*) mirar, ver; **kiek mal!** ¡mira!

Kieker ['ki:kɐ] *m:* **auf dem ~ haben** tener en el punto de mira; (*Person*) tener fichado

Kiel [ki:l] *m* <-(e)s, -e> **1.** (*Schiffsteil*) quilla *f;* **ein Schiff auf ~ legen** poner un barco en grada **2.** (*an Vogelfeder*) cañón *m*

K

kielholen ['---] *vt* (NAUT) carenar
Kiellinie *f* <-, -n> línea *f* de fila; **kieloben** [kiːl'ʔoːbən] *adv* (NAUT) con la quilla al aire, quilla al sol; **nach dem Kentern trieb das Schiff ~** después de zozobrar el barco quedó quilla al sol [*o* con la quilla al aire]; **Kielraum** *m* <-(e)s, -räume> cala *f;* **Kielwasser** *nt* <-s, *ohne pl*> estela *f,* aguaje *m;* **in jds ~ segeln** [*o* **schwimmen**] seguir la corriente a alguien
Kieme ['kiːmə] *f* <-, -n> branquia *f,* agalla *f*
Kien [kiːn] *m* <-(e)s, *ohne pl*>, **Kienspan** *m* <-(e)s, -späne> tea *f*
Kiepe ['kiːpə] *f* <-, -n> (*nordd*) cuévano *m*
Kies[1] [kiːs] *m* <-es, -e> (*Steine*) guijarros *mpl,* grava *f*
Kies[2] *m* <-es, *ohne pl*> (*fam: Geld*) pasta *f,* guita *f*
Kiesel ['kiːzəl] *m* <-s, -> guijarro *m;* **Kieselalge** *f* <-, -n> (BOT) diatomea *f;* **Kieselerde** *f* <-, *ohne pl*> sílice *f;* **Kieselgel** *nt* <-s, -e> (CHEM) gel *m* de sílice; **Kieselsäure** *f* <-, -n> (CHEM) ácido *m* silícico; **Kieselstein** *m* <-(e)s, -e> guijarro *m;* **Kieselstrand** *m* <-(e)s, -strände> playa *f* de guijarros
Kiesgrube *f* <-, -n> gravera *f,* guijarral *m;* **Kiesweg** *m* <-(e)s, -e> camino *m* pedregoso
Kiew ['kiːɛf] *nt* <-s> Kiev *m*
kiffen ['kɪfən] *vi* (*fam*) fumar porros
Kiffer(in) ['kɪfɐ] *m(f)* <-s, -; -, -nen> (*fam*) grifota *mf,* fumador(a) *m(f)* de porros
kikeriki [kikəri'kiː] *interj* ¡quiquiriquí!
killekille ['kɪlə'kɪlə] *interj* (*Kind hum*): **~, wie kitzelig du bist!** ¿a ver tú?, ¡vaya cosquillas que tienes!
killen ['kɪlən] *vt* (*fam*) asesinar
Killer(in) ['kɪlɐ] *m(f)* <-s, -; -, -nen> (*fam*) asesino, -a *m, f;* **Killerinstinkt** *m* <-(e)s, -e> (*fam*) instinto *m* asesino; **in so einer Konkurrenzsituation kommt bei ihr der ~ durch** en una situación tan competitiva se despierta su instinto asesino
Kilo ['kiːlo] *nt* <-s, -(s)> (*fam*) kilo *m,* quilo *m;* **Kilobyte** ['kiːlobaɪt] *nt* <-(s), -(s)> (INFOR) kilobyte *m;* **Kilogramm** *nt* <-s, -> kilogramo *m,* quilogramo *m;* **Kilohertz** [-hɛrts] *nt* <-, -> (PHYS) kilohercio *m;* **Kilojoule** *nt* <-(s), -> (PHYS) kilojulio *m;* **Kilokalorie** *f* <-, -n> (PHYS) kilocaloría *f*
Kilometer [--'--, '----] *m* <-s, -> kilómetro *m;* **das Auto fährt 160 ~ pro Stunde** el coche va a 160 kilómetros por hora; **Kilometerfresser(in)** [--'----] *m(f)* <-s, -; -, -nen> (*fam*) tragamillas *mf inv;* **Kilometergeld** *nt* <-es, *ohne pl*> kilometraje *m,* quilometraje *m;* **kilometerlang** [--'--'-] *adj* de varios kilómetros, kilométrico; **Kilometerpauschale** *f* <-, -n> (FIN) kilometraje *m;* **Kilometerstand** *m* <-(e)s, -stände> (AUTO) kilometraje *m;* **Kilometerstein** *m* <-(e)s, -e> mojón *m* kilométrico, poste *m* kilométrico; **kilometerweit** [--'--'-] **I.** *adj* de muchos kilómetros **II.** *adv* muchos kilómetros; **Kilometerzähler** *m* <-s, -> cuentakilómetros *m inv*
Kilovolt *nt* <- *o* -(e)s, -> (PHYS) kilovoltio *m*
Kilowatt *nt* <-s, -> (PHYS, TECH) kilovatio *m;* **Kilowattstunde** *f* <-, -n> (PHYS, ELEK) kilovatio *m* hora
Kimme ['kɪmə] *f* <-, -n> alza *f,* punto *m* de mira; **über ~ und Korn zielen** apuntar con total exactitud; **jdn auf der ~ haben** (*fam*) echar el ojo a alguien
Kind [kɪnt] *nt* <-(e)s, -er> **1.** (*Junge, Mädchen*) niño, -a *m, f,* crío, -a *m, f;* (*kleineres*) chiquillo, -a *m, f,* pipiolo, -a *m, f Mex;* **von ~ auf** desde niño; **sich freuen wie ein ~** alegrarse como un niño; **das weiß doch jedes ~** eso lo sabe hasta un niño; **das ~ mit dem Bade ausschütten** condenar por igual a justos y a pecadores; **das ist nichts für kleine ~er** eso no es para niños pequeños; **sich bei jdm lieb ~ machen** (*fam*) congraciarse con alguien; **das ~ im Manne** el niño que se esconde en cada hombre; **das ~ beim rechten Namen nennen** (*fam*) llamar al pan, pan y al vino, vino; **wir werden das ~ schon schaukeln** (*fam*) ya lo conseguiremos [*o* nos apañaremos]; **aus ~ern werden Leute** los niños crecen más rápido de lo que se piensa; **ein gebranntes ~ sein** (*fig*) estar escaldado; **gebranntes ~ scheut das Feuer** (*prov*) gato escaldado del agua fría huye **2.** (*Nachwuchs*) hijo, -a *m, f;* **ein ~ erwarten** esperar un hijo; **ein ~ bekommen** (*erwarten*) esperar un hijo, ir a tener un hijo; (*zur Welt bringen*) dar a luz [*o* tener] un hijo; **~er haben** tener hijos; **ein ~ seiner Zeit** hijo de su tiempo; **sie ist kein ~ von Traurigkeit** (*fam*) es una persona alegre; **mit ~ und Kegel** con toda la familia; **jdn an ~es Statt annehmen** adoptar a alguien; **~er in die Welt setzen** traer hijos al mundo; **wie sag ich's meinem ~e?** ¿cómo se lo digo?
Kindbett *nt* <-(e)s, -en> (MED: *alt*) sobreparto *m,* puerperio *m*
Kinderarbeit ['kɪndɐ-] *f* <-, *ohne pl*> trabajo *m* infantil; **Kinderarzt, -ärztin** *m, f* <-es, -ärzte; -, -nen> pediatra *mf;* **Kinderaugen** *ntpl* ojos *mpl* de niño; (**große**) **~ bekommen** quedarse con los ojos muy abiertos, quedarse patidifuso; **Kinderbekleidung** *f* <-, -en> ropa *f* de niños; **Kinderbett** *nt* <-(e)s, -en> cama *f* de [*o* para] niño; **Kinderbild** *nt* <-(e)s, -er> foto *f* de niñez; **in diesem Fotoalbum sind ~er von mir** en este álbum hay fotos de cuando era niño; **Kinderbuch** *nt* <-(e)s, -bücher> libro *m* infantil; **Kinderbüro** *nt* <-s, -s> consultorio *m* para niños; **Kinderchor** *m* <-(e)s, -chöre> coro *m* infantil; **Kinderdorf** *nt* <-(e)s, -dörfer> aldea *f* infantil; **Kinderdosis** *f* <-, -dosen> dosis *f inv* para niños; **Kinderehe** *f* <-, -n> matrimonio *m* entre niños; **noch heute werden in Indien ~n geschlossen** en la India se siguen contrayendo

matrimonios entre niños

Kinderei *f* <-, -en> niñería *f,* chiquillada *f*

Kindererzieher(in) *m(f)* <-s, -; -, -nen> educador(a) *m(f)* infantil; **Kindererziehung** *f* <-, *ohne pl*> educación *f* de los niños; **kinderfeindlich** *adj* hostil hacia los niños, poco amigo de los niños; **Kinderfeindlichkeit** *f* <-, *ohne pl*> hostilidad *f* hacia los niños; **Kinderfest** *nt* <-(e)s, -e> fiesta *f* infantil; **Kinderfreibetrag** *m* <-(e)s, -träge> desgravación *f* por cargas familiares [*o* por hijos]; **Kinderfreund(in)** *m(f)* <-(e)s, -e; -, -nen>: **er ist ein ~** a él le gustan (mucho) los niños; **ich hätte selbst gerne Kinder, denn ich bin ein großer ~** a mí me gustaría tener niños porque me encantan; **kinderfreundlich** *adj* amable con los niños; **Kinderfunk** *m* <-s, *ohne pl*> (RADIO) programa *m* para niños en la radio; **Kindergarten** *m* <-s, -gärten> guardería *f,* jardín *m* de infancia, kindergarten *m Am;* **Kindergärtner(in)** *m(f)* <-s, -; -, -nen> maestro, -a *m, f* de un jardín de infancia, educador(a) *m(f)* de párvulos *Am;* **Kindergeburtstag** *m* <-(e)s, -e> cumpleaños *m inv* de un niño; **Kindergeld** *nt* <-(e)s, *ohne pl*> subsidio *m* familiar por hijos, asignación *f* mensual por cada hijo; **Kindergeschrei** *nt* <-s, *ohne pl*> griterío *m* de niños; **Kindergesicht** *nt* <-(e)s, -er> cara *f* de niño; **ein neugieriges ~ lugte um die Ecke** un rostro curioso de niño asomaba por la esquina; **trotz ihrer 19 Jahre hat sie noch ein ~** a pesar de sus 19 años sigue teniendo cara de cría; **Kinderheilkunde** *f* <-, *ohne pl*> pediatría *f;* **Kinderheim** *nt* <-(e)s, -e> **1.** (*Erholungsheim*) colonia *f* de vacaciones **2.** (*für ständige Unterbringung*) hogar *m* infantil, casa *f* cuna; **Kinderhort** *m* <-(e)s, -e> guardería *f* para niños en edad escolar; **Kinderjahre** *ntpl* (años *mpl* de la) infancia *f;* **Kinderklinik** *f* <-, -en>, **Kinderkrankenhaus** *nt* <-es, -häuser> clínica *f* pediátrica; **Kinderkrankheit** *f* <-, -en> **1.** (MED) enfermedad *f* infantil **2.** (*fig: Anfangsschwierigkeit*) dificultad *f* inicial; **Kinderkriegen** *nt* <-s, *ohne pl*> (*fam*) tener *m* niños; **nach ihrem ersten Kind hatte sie keine Angst mehr vor dem ~** después del primero ya no le daba miedo tener [*o* parir] más niños; **zum ~ sein** ser para volverse loco [*o* desesperarse]; **Kinderkrippe** *f* <-, -n> guardería *f* infantil; **Kinderladen** *m* <-s, -läden> **1.** (*Geschäft*) tienda *f* de artículos infantiles **2.** (*Kindergarten*) *parvulario con un sistema educativo no represivo*

Kinderlähmung *f* <-, -en> polio(mielitis) *f* (*inv*); **Kinderlähmungsimpfstoff** *m* <-(e)s, -e> (MED) vacuna *f* contra la poliomielitis

kinderleicht ['--'-] *adj* (*fam*) facilísimo; **das ist doch ~** eso está chupado; **kinderlieb** *adj* niñero, que quiere mucho a los niños; **Kinderliebe** *f* <-, *ohne pl*> amor *m* por [*o* hacia] los niños; **Kinderlied** *nt* <-(e)s, -er> canción *f* infantil; **kinderlos** *adj* sin hijos

Kinderlosigkeit *f* <-, *ohne pl*> falta *f* de hijos; **ihre ~ war anatomisch/hormonell bedingt** el que no tuviera hijos era debido a un problema anatómico/hormonal

Kindermädchen *nt* <-s, -> niñera *f,* nurse *f Am,* cuidadora *f Mex,* china *f SAm;* **Kindermärchen** *nt* <-s, -> (*fam: Hirngespinst*) cuento *m* chino, patraña *f;* **das stimmt nicht, das ist ein ~!** ¡eso no es cierto, es un cuento chino!; **Kindermode** *f* <-, -n> moda *f* infantil; **Kindermord** *m* <-(e)s, -e> infanticidio *m;* **Kindermörder(in)** *m(f)* <-s, -; -, -nen> infanticida *mf;* **Kindermund** *m* <-(e)s, -münder> boca *f* de (un) niño; **~ tut Wahrheit kund** (*prov*) de la boca de los niños sale la verdad; **Kindernarr, -närrin** *m, f* <-en, -en; -, -nen> loco, -a *m, f* por los niños; **Kinderpornografie**[RR] *f* <-, *ohne pl*>, **Kinderpornographie** *f* <-, *ohne pl*> pornografía *f* infantil; **Kinderprogramm** *nt* <-s, -e> programa *m* infantil; **Kinderpsychologie** *f* <-, *ohne pl*> psicología *f* infantil; **kinderreich** *adj* con muchos hijos; **~e Familie** familia numerosa; **Kinderreichtum** *m* <-s, *ohne pl*> gran número *m* de hijos; **Kinderreim** *m* <-(e)s, -e> cancioncilla *f* rimada infantil; **„lirum, larum, Löffelstiel, ...“ ist ein bekannter ~** “lirum, larum, Löffelstiel,...” es una conocida cancioncilla rimada alemana; **Kinderschänder(in)** *m(f)* <-s, -; -, -nen> (*abw*) corruptor(a) *m(f)* de menores; **Kinderschar** *f* <-, -en> grupo *m* de niños; **Kinderschreck** *m* <-(e)s, *ohne pl*> coco *m,* hombre *m* del saco; **Kinderschuh** *m* <-(e)s, -e> zapato *m* de niño; **etw steckt noch in den ~en** algo está aún en mantillas; **Kindersegen** *m* <-s, *ohne pl*> (*a. iron*) hijos *mpl,* descendientes *mpl;* **der ~ blieb bei ihnen aus** no tuvieron hijos; **Kindersicherung** *f* <-, -en> seguro *m* a prueba de niños; **Kindersitz** *m* <-es, -e> sillín *m* infantil [*o* de niño]; **Kinderspiel** *nt* <-(e)s, -e> juego *m* infantil [*o* de niños]; **das ist doch ein ~ für sie** para ella es un juego de niños; **Kinderspielplatz** *m* <-es, -plätze> parque *m* infantil; **Kindersprache** *f* <-, -n> lenguaje *m* infantil; **Kindersterblichkeit** *f* <-, *ohne pl*> mortalidad *f* infantil; **Kinderstimme** *f* <-, -n> voz *f* infantil; **Kinderstube** *f* <-, *ohne pl*> educación *f;* **er hatte eine gute ~** está bien educado, tiene buenos modales; **Kindertagesstätte** *f* <-, -n> guardería *f* infantil; **Kinderteller** *m* <-s, -> plato *m* de niños; **Kindervers** *m* <-es, -e> *s.* Kinderreim; **Kinderwagen** *m* <-s, -> cochecito *m* para niños; **Kinderzahl** *f* <-, *ohne pl*> número *m* de hijos; **Kinderzäpfchen** *nt* <-s, -> supositorio *m* infantil; **Kinderzimmer** *nt* <-s, -> cuarto *m* de los niños; **Kinderzuschlag** *m* <-(e)s, -schläge> (FIN) *s.* **Kindergeld**

K

Kindesalter *nt* <-s, *ohne pl*> infancia *f*, niñez *f*; **im ~** en la infancia; **seit frühestem ~** desde la primera infancia; **Kindesbeine** *ntpl*: **von ~n an** desde niño; **Kindesentführung** *f* <-, -en> secuestro *m* de niños [*o* de menores]; **Kindeskind** *nt* <-(e)s, -er> nieto, -a *m, f*; **Kindesmissbrauch**[RR] *m* <-(e)s, *ohne pl*> (JUR) corrupción *f* de menores, abuso *m* de menores; **Kindesmisshandlung**[RR] *f* <-, -en> malos tratos *mpl* a niños; **Kindesmord** *m* <-(e)s, -e> (JUR) infanticidio *m*; **Kindesmörderin** *f* <-, -nen> (JUR) infanticida *f*; **Kindesraub** *m* <-(e)s, -e> (JUR) secuestro *m* de menores; **Kindestötung** *f* <-, -en> (JUR) infanticidio *m*

kindgemäß *adj* apropiado para los niños

kindhaft *adj* infantil; **ein ~es Benehmen haben** tener un comportamiento infantil; **~ sein** ser infantil

Kindheit *f* <-, *ohne pl*> infancia *f*, niñez *f*; **seit frühester ~** desde la más tierna infancia; **von ~ an** desde niño; **Kindheitserinnerung** *f* <-, -en> recuerdo *m* de la infancia; **Kindheitserlebnis** *nt* <-ses, -se> acontecimiento *m* de la infancia; **Kindheitstraum** *m* <-(e)s, -träume> sueño *m* de infancia; **sich** *dat* **einen ~ erfüllen** realizar un sueño de infancia

kindisch *adj* pueril, infantil, achiquillado *Mex;* (*Greis*) chocho; **sich ~ benehmen** comportarse como un niño

kindlich *adj* **1.** (*kindgemäß*) de niño; (*Gesicht*) aniñado **2.** (*naiv*) infantil; (*unbefangen*) ingenuo

Kindskopf *m* <-(e)s, -köpfe> niño, -a *m, f*

Kindtaufe *f* <-, -n> (REL) bautizo *m* de un recién nacido

Kinemathek [kinema'te:k] *f* <-, -en> cinemateca *f*

Kinetik [ki'ne:tɪk] *f* <-, *ohne pl*> (PHYS) cinética *f*

kinetisch [ki'ne:tɪʃ] *adj* (PHYS) cinético

King [kɪŋ] *m* <-(s), -s>: **der ~ sein** (*fam*) ser el rey

Kinkerlitzchen ['kɪŋkɐlɪtsçən] *pl* (*fam*) pequeñeces *fpl*, fruslerías *fpl*

Kinn [kɪn] *nt* <-(e)s, -e> barbilla *f*; **Kinnbart** *m* <-(e)s, -bärte> perilla *f*; **Kinnhaken** *m* <-s, -> (*Boxen*) gancho *m* (a la mandíbula); **Kinnlade** *f* <-, -n> (ANAT) mandíbula *f*

Kinnriemen *m* <-s, -> barboquejo *m*, barbiquejo *m*, correa *f* (que se sujeta alrededor de la barbilla)

Kino ['ki:no] *nt* <-s, -s> cine *m*; **Kinobesuch** *m* <-(e)s, -e>: **ich freue mich auf unseren ~ heute abend** tengo ganas de que vayamos esta noche al cine; **nach dem Restaurant war noch ein ~ geplant** después de ir al restaurante estaba planeado ir a ver una película; **Kinobesucher(in)** *m(f)* <-s, -; -, -nen> espectador(a) *m(f)*; **unglaublich, dass so viele ~ in die Spätvorstellung gehen!** ¡es increíble que haya tantos espectadores en la última sesión!; **Kinofilm** *m* <-(e)s, -e> película *f* de cine

Kinogänger(in) [-gɛŋɐ] *m(f)* <-s, -; -, -nen> cineasta *mf*

Kinokarte *f* <-, -n> entrada *f* de cine; **Kinokasse** *f* <-, -n> taquilla *f* del cine; **zwei Stunden haben wir an der ~ Schlange gestanden** hemos estado dos horas en la cola para comprar las entradas (del cine); **Kinoprogramm** *nt* <-s, -e> **1.** (*zu einem Film*) programa *m* de la película **2.** (*eines Kinos*) (programa *m* de las) películas *fpl* en cartel; **Kinovorstellung** *f* <-, -en> sesión *f*; **die ~ beginnt um 20.00 Uhr** la sesión [*o* la película] empieza a las 8; **Kinowerbung** *f* <-, -en> publicidad *f* cinematográfica, anuncios *mpl* publicitarios que se pasan en el cine

Kiosk ['ki:ɔsk] *m* <-(e)s, -e> quiosco *m*, casilla *f Mex*

Kipfer(l) ['kɪpfɐ(l)] *nt* <-s, -(n)> (*Österr*) pasta *f* parecida a un croissant

Kippe ['kɪpə] *f* <-, -n> **1.** (*fam: Zigarettenstummel*) colilla *f*; (*Zigarette*) pitillo *m* **2.** (*Abraumhalde*) escombrera *f* **3.** (*Müll~*) vertedero *m* **4.** (SPORT) báscula *f* **5.** (*fam*): **es steht noch auf der ~** aún no está decidido

kippen ['kɪpən] **I.** *vi sein* **1.** (*umfallen*) caerse; (*Fahrzeug*) volcar **2.** (*Kurse, Statistik*) disminuir, caer **3.** (*Gewässer, Ökosystem*) perder el equilibrio natural **II.** *vt* **1.** (*um~*) volcar **2.** (*schräg stellen*) inclinar **3.** (*scheitern lassen*) frustrar **4.** (*ausschütten*) verter; **einen ~** (*fam*) echar un trago, echarse una al coleto

Kipper *m* <-s, -> (AUTO) volquete *m*

Kippfenster *nt* <-s, -> ventana *f* basculante [*o* de fuelle]; **Kipplore** *f* <-, -n> (BERGB) vagoneta *f* basculante; **Kippschalter** *m* <-s, -> interruptor *m* con mando basculante; **Kippwagen** *m* <-s, -> (BERGB) *s.* **Kipplore**

Kirche[1] ['kɪrçə] *f* <-, -n> **1.** (*Gebäude*) iglesia *f*; **lass doch die ~ im Dorf** no saques las cosas de quicio **2.** (*Institution*) Iglesia *f*; **aus der ~ austreten** darse de baja (oficialmente) de la iglesia

Kirche[2] *f* <-, *ohne pl*> (*Gottesdienst*) misa *f*; **zur** [*o* **in die**] **~ gehen** ir a misa

Kirchenälteste(r) *mf* <-n, -n; -n, -n> (REL) presbítero *m*; **Kirchenasyl** *nt* <-s, -e> (POL, REL) asilo *m* eclesiástico [*o* de la iglesia]; **Kirchenausschuss**[RR] *m* <-es, -schüsse> comité *m* eclesiástico; **Kirchenaustritt** *m* <-(e)s, -e> *baja oficial de la Iglesia;* **seinen ~ erklären** *darse oficialmente de baja en la Iglesia;* **Kirchenbank** *f* <-, -bänke> banco *m* de iglesia; **Kirchenbann** *m* <-(e)s, *ohne pl*> (REL) excomunión *f*; **Kirchenbesuch** *m* <-(e)s, -e> asistencia *f* a misa; **Kirchenbuch** *nt* <-(e)s, -bücher> registro *m* parroquial; **Kirchenchor** *m* <-(e)s, -chöre> coro *m* de iglesia; **Kirchendiener** *m* <-s, -> sacristán *m*; **kirchenfeindlich** *adj* (REL) anticlerical; **Kirchenfenster** *nt* <-s, -> vitral *m;* **Kirchenfest** *nt* <-(e)s, -e> (REL) fiesta *f* eclesiástica; **Kirchenfürst** *m* <-en, -en> (REL: *geh*) prelado *m;* **Kirchengemeinde** *f* <-, -n> parroquia *f;* **Kirchengeschichte** *f* <-, *ohne pl*> historia *f* eclesiástica; **Kirchenglocke** *f* <-, -n> campana *f* de iglesia; **Kirchenjahr** *nt* <-(e)s, -e> año *m* eclesiástico; **Kirchenlicht** *nt* <-(e)s, -er>: **kein** [*o* **nicht gerade ein**] (**großes**) ~ **sein** (*fam*) no tener muchas luces; **Kirchenlied** *nt* <-(e)s, -er> cántico *m,* himno *m* sagrado; **Kirchenmaus** *f*: **arm wie eine** ~ **sein** (*fam*) ser más pobre que las ratas, no tener dónde caerse muerto; **Kirchenmusik** *f* <-, -en> música *f* sacra; **Kirchenrecht** *nt* <-(e)s, *ohne pl*> (JUR) derecho *m* canónico [*o* eclesiástico]; **Kirchenschiff** *nt* <-(e)s, -e> (ARCHIT) nave *f;* **Kirchenspaltung** *f* <-, -en> (REL) cisma *m;* **Kirchenstaat** *m* <-(e)s, *ohne pl*> (HIST) Estados *mpl* Pontificios; **Kirchensteuer** *f* <-, -n> impuesto *m* eclesiástico [*o* religioso]; **Kirchenvater** *m* <-s, -väter> (REL) padre *m* de la Iglesia

Kirchgang *m* <-(e)s, -gänge> asistencia *f* a misa

Kirchgänger(in) *m(f)* <-s, -; -, -nen> fiel *mf* practicante

Kirchhof *m* <-(e)s, -höfe> (*alt*) cementerio *m,* camposanto *m*

kirchlich *adj* eclesiástico; (*kirchenrechtlich*) canónico; **sich** ~ **trauen lassen** casarse por la iglesia

Kirchplatz *m* <-es, -plätze> plaza *f* delante de la iglesia

Kirchspiel *nt* <-(e)s, -e> (REL: *alt*) parroquia *f*

Kirchturm *m* <-(e)s, -türme> torre *f* de iglesia; (*Glockenturm*) campanario *m;* **Kirchturmpolitik** *f* <-, -en> (*abw*) política *f* de campanario; **Kirchturmspitze** *f* <-, -n> pico *m* de torre de iglesia

Kirchweih ['-vaɪ] *f* <-, -en> feria *f,* fiesta *f* popular, *para conmemorar la inauguración de la iglesia del pueblo*

Kirgisien [kɪr'gi:ziən] *nt* <-s> Kirguizistán *m*

Kirmes ['kɪrməs, 'kɪrmɛs] *f* <-, -sen> (*reg*) feria *f;* **auf die** ~ **gehen** ir a la feria

kirre ['kɪrə] *adj* (*fam*): **jdn** ~ **machen** (*gefügig*) meter en cintura a alguien; (*verrückt*) volver loco a alguien; ~ **sein** estar hecho un lío; ~ **werden** hacerse un lío

Kirsch [kɪrʃ] *m* <-(e)s, -> (*reg*) kirsch *m*

Kirschbaum *m* <-(e)s, -bäume> cerezo *m*

Kirschblüte[1] *f* <-, -n> (*Blume*) flor *f* del cerezo

Kirschblüte[2] *f* <-, *ohne pl*> (*Blütezeit*) floración *f* de los cerezos

Kirsche ['kɪrʃə] *f* <-, -n> **1.** (*Frucht*) cereza *f;* **mit jdm ist nicht gut ~n essen** (*fam*) alguien tiene malas pulgas **2.** (*Baum*) cerezo *m*

Kirschentkerner *m* <-s, -> deshuesadora *f* de cerezas

Kirschkern *m* <-(e)s, -e> hueso *m* de la cereza; **Kirschmarmelade** *f* <-, -n> mermelada *f* de cereza(s); **kirschrot** *adj* rojo cereza; **Kirschtorte** *f* <-, -n> tarta *f* de cerezas; **Kirschwasser** *nt* <-s, -wässer> kirsch *m*

Kissen ['kɪsən] *nt* <-s, -> (*Kopf~*) almohada *f;* (*Sofa~*) cojín *m;* **Kissenbezug** *m* <-(e)s, -züge> funda *f* de la almohada; **Kissenschlacht** *f* <-, -en> guerra *f* de almohadas, batalla *f* de almohadas

Kiste ['kɪstə] *f* <-, -n> **1.** (*Behälter, Getränke~*) caja *f;* (*größer*) cajón *m* **2.** (*fam: Bett*) catre *m* **3.** (*fam: Fernseher*) caja *f* tonta **4.** (*fam: Fahrzeug*) carro *m* **5.** (*fam: Angelegenheit*) asunto *m;* **das ist eine völlig verfahrene** ~ este es un asunto muy embrollado

kistenweise *adv* **1.** (*mehrere Kisten*) a [*o* por] cajas; **er bestellte** ~ **Champagner** encargó el champán por cajas **2.** (*in Kisten*) en cajas; **der Großhandel liefert Südfrüchte** ~ el comercio al por mayor suministra las frutas del sur en cajas

Kitsch [kɪtʃ] *m* <-(e)s, *ohne pl*> cursilería *f*

kitschig *adj* cursi; (*geschmacklos*) de mal gusto, hortera, bagre *Bol, Kol: fam;* (*rührselig*) sentimental

Kitt [kɪt] *m* <-(e)s, -e> masilla *f*

Kittchen ['kɪtçən] *nt* <-s, -> (*fam*) chirona *f,* bote *m Mex;* **ins** ~ **kommen** ir a chirona; **im** ~ **sitzen** estar en chirona [*o* a la sombra]

Kittel ['kɪtəl] *m* <-s, -> **1.** (*Arbeits~*) bata *f* **2.** (*südd: Jacke*) rebeca *f* **3.** (*Schweiz: Jackett*) chaqueta *f;* **Kittelschürze** *f* <-, -n> bata *f* sin mangas

kitten ['kɪtən] *vt* **1.** (*kleben*) pegar (con masilla) **2.** (*reparieren*) rehacer, arreglar

Kitz [kɪts] *nt* <-es, -e> **1.** (*Zicklein*) cabrito, -a *m, f* **2.** (*Reh~*) corcino, -a *m, f*

Kitzel ['kɪtsəl] *m* <-s, -> **1.** (*Juckreiz*) picazón *f,* comezón *f* **2.** (*Lust*) prurito *m* (*nach* de), deseo *m* irresistible (*nach* de/por)

kitz(e)lig *adj* **1.** (*Mensch*): ~ **sein** tener cosquillas **2.** (*Angelegenheit*) delicado

kitzeln ['kɪtsəln] **I.** *vi* hacer cosquillas, cosquillear; **das kitzelt** esto hace cosquillas **II.** *vt* **1.** (*Person*) hacer cosquillas, cosquillear **2.** (*reizen*) apetecer; **es kitzelt mich, das zu tun** me apetece hacerlo

Kitzler ['kɪtslɐ] *m* <-s, -> clítoris *m inv*

kitzlig *adj s.* **kitz(e)lig**

Kiwi ['ki:vi] *f* <-, -s> kiwi *m*

kJ *Abk. von* **Kilojoule** kj

KKW [ka:ka:'ve:] *nt* <-s, -s> *Abk. von* **Kernkraftwerk** central *f* nuclear

Klabautermann *m* <-(e)s, -männer> (*nordd:* NAUT) duende *m* (*que según la superstición marinera presagia naufragios*)

klack [klak] *interj* ¡clac!, ¡chof!

klacken ['klakən] *vi* (*fam*) golpetear

klacks [klaks] *interj* ¡chof!

Klacks [klaks] *m* <-es, -e> (*fam*) **1.** (*Senf, Marmelade*) cucharada *f* **2.** (*Kleinigkeit*) minucia *f;* **das ist doch ein** ~ **für sie** esto es

K

moco de pavo para ella **3.** (*Geräusch*) clas *m*

Kladde ['kladə] *f* <-, -n> libreta *f* en sucio; **er kritzelte seine Notizen in eine ~** escribía sus anotaciones en un borrador [*o* en una libreta en sucio]

klaffen ['klafən] *vi* abrirse

kläffen ['klɛfən] *vi* (*abw*) ladrar, aullar

Kläffer *m* <-s, -> (*abw*) perro *m* ladrador

Klafter ['klaftɐ] *m o nt* <-s, ->, *f* <-, -n> **1.** (*Raummaß*) *medida de capacidad para leña equivalente a 1,8 metros cúbicos* **2.** (HIST: *Längenmaß*) braza *f*

klagbar *adj* (JUR) procesable

Klage ['kla:gə] *f* <-, -n> **1.** (*Beschwerde*) queja *f*; **~ vorbringen** presentar quejas; **(k)einen Grund zur ~ haben** (no) tener razones para quejarse **2.** (*geh: Weh~*) lamento *m*, lamentación *f* **3.** (JUR) queja *f*, demanda *f*; **dingliche/obligatorische ~** acción real/obligatoria; **~ erheben** presentar una demanda; **einer ~ stattgeben** estimar una demanda; **eine ~ zurückziehen** retirar una demanda; **eine ~ auf etw** una demanda de algo; **eine ~ gegen jdn/über etw einreichen** [*o* **vorbringen**] [*o* **führen**] presentar demanda contra alguien/por algo; **eine ~ (gegen jdn) anstrengen** ejercer una acción (contra alguien); **eine ~ abweisen** rechazar la demanda, fallar sin lugar; **Klageabweisung** *f* <-, -en> (JUR) absolución *f* de la demanda; **Klageandrohung** *f* <-, -en> conminación *f*; **Klageantrag** *m* <-(e)s, -träge> (JUR) demanda *f*, petición *f*; **Klagebegründung** *f* <-, -en> (JUR) fundamentación *f* de la demanda; **Klagefrist** *f* <-, -en> (JUR) plazo *m* de interposición de la demanda; **Klagegeschrei** *nt* <-s, *ohne pl*> lamentos *mpl*; **ein lautes/jämmerliches ~ anstimmen** proferir fuertes lamentos/gritos lastimeros; **Klagegrund** *m* <-(e)s, -gründe> (JUR) fundamento *m* de la demanda; **Klagelaut** *m* <-(e)s, -e> gemido *m*; **Klagelied** *nt* <-(e)s, -er> treno *m*, elegía *f*; **Klagemauer** *f* <-, -n> Muro *m* de las Lamentaciones

klagen ['kla:gən] **I.** *vi* **1.** (*jammern*) lamentarse (*über* de); (*sich beschweren*) quejarse (*über* de); **über Bauchschmerzen ~** quejarse de dolores de estómago; **ohne zu ~** sin quejarse; **ich kann nicht ~** no me puedo quejar **2.** (JUR) demandar; **er klagt auf Schadensersatz** demanda daños y perjuicios **II.** *vt* **1.** (*äußern*): **jdm sein Leid ~** contarle a alguien sus penas **2.** (*Österr: ver~*) entablar un pleito (*auf* por), querellarse (*auf* por)

klagend *adj* **1.** (*jammernd*) quejumbroso **2.** (JUR) demandante

Klagenfurt ['kla:gənfʊrt] *nt* <-s> Klagenfurt *m*

Kläger(in) ['klɛ:gɐ] *m(f)* <-s, -; -, -nen> (JUR) demandante *mf*, querellante *mf*; **als ~in auftreten** comparecer como demandante; **wo kein ~ ist, ist auch kein Richter** (*prov*) donde no hay demandante, no hay juez

Klagerücknahme *f* <-, -n> (JUR) retirada *f* de la demanda; **Klageschrift** *f* <-, -en> (JUR) (escrito *m* de) demanda *f*; **Klageweg** *m* <-(e)s, -e> (JUR) vía *f* judicial; **auf dem ~** por vía judicial; **Klageweib** *nt* <-(e)s, -er> plañidera *f*; **Klagezustellung** *f* <-, -en> notificación *f* de la demanda

kläglich ['klɛ:klɪç] *adj* **1.** (*mitleiderregend*) lamentable, lastimoso; **sich in einem ~en Zustand befinden** encontrarse en un estado lamentable **2.** (*jämmerlich, minderwertig*) miserable; **ein ~es Ergebnis** un resultado miserable; **er hat ~ versagt** ha fallado totalmente

Kläglichkeit *f* <-, -en> (*abw*) miseria *f*; **ich schämte mich über die ~ meiner Ausrede** me sonrojó haber dado una excusa tan miserable

klaglos *adv* sin quejas, sin protestas

Klamauk [kla'maʊk] *m* <-s, *ohne pl*> (*fam*) **1.** (*Lärm*) jaleo *m*, barrullo *m* **2.** (*abw: Komik*) astracanada *f*

klamm [klam] *adj* **1.** (*feuchtkalt*) húmedo (y frío); (*Finger*) helado, entumecido (por el frío) **2.** (*sl: knapp bei Kasse*) con apuros (de dinero)

Klamm [klam] *f* <-, -en> (GEO) barranco *m*, quebrada *f*

Klammer ['klamɐ] *f* <-, -n> **1.** (*Wäsche~*) pinza *f*; (*Büro~*) clip *m*; (*Heft~*) grapa *f*; (*Zahn~*) aparato *m* (de ortodoncia); (*Wund~*) laña *f*, grapa *f* **2.** (*im Text*) paréntesis *m inv*; **eckige ~** corchete *m*; **geschweifte ~** llave *f*; **„~ auf/zu"** "abrir/cerrar paréntesis"; **ein Wort in ~(n) setzen** poner una palabra entre paréntesis; **die ~n auflösen** (MATH) quitar los paréntesis; **Klammeraffe** *m* <-n, -n> (INFOR: *fam*) arroba *f*

klammern ['klamɐn] **I.** *vt* **1.** (*befestigen*) fijar [*o* sujetar] (con pinzas, etc) **2.** (*Wunde*) unir [*o* prender] con pinzas **II.** *vr*: **sich ~** agarrarse (*an* a); (*an Hoffnung, Partner*) aferrarse (*an* a)

klammheimlich ['-'--] *adv* (*fam*) a la chita callando

Klamotten [kla'mɔtən] *fpl* (*fam*) **1.** (*Kleidung*) trapos *mpl* **2.** (*Zeug*) cachivaches *mpl*, chismes *mpl*

Klamottenkiste *f* <-, -n> (*fam*) baúl *m* para la ropa; **aus der ~** (*fig*) de tiempos de Maricastaña, más viejo que la nana

Klampfe ['klampfə] *f* <-, -n> (*alt*) guitarra *f*

Klan [kla:n] *m* <-s, -e> clan *m*

klang [klaŋ] *3. imp von* **klingen**

Klang [klaŋ, *pl:* 'klɛŋə] *m* <-(e)s, Klänge> (*Ton*) sonido *m*; (*der Stimme*) tono *m*; (*eines Instruments*) son *m*; **jdn am ~ der Stimme erkennen** conocer a alguien por el tono de su voz; **einen guten ~ haben** (MUS) tener buen sonido; **man hörte den ~ einer Gitarre** se escuchaba el sonido de una guitarra; **Klangeffekt** *m* <-(e)s, -e> efecto *m* sonoro

Klangfarbe *f* <-, -n> (MUS) timbre *m*; **Klangfarberegler** *m* <-s, -> control *m* de tonalidad

Klangfolge *f* <-, -n> sucesión *f* de sonidos; (MUS) escala *f;* **Klangfülle** *f* <-, *ohne pl*> intensidad *f*

klanglich *adj* del sonido; **~e Unterschiede** diferencias en el sonido

klanglos *adj* (*Stimme*) apagado; **sang- und ~ verschwinden** (*fam*) despedirse a la francesa; **Klangregler** *m* <-s, -> control *m* de tonalidad; **klangvoll** *adj* **1.** (*Stimme, Ton*) sonoro **2.** (*berühmt*) prestigioso

Klappbett *nt* <-(e)s, -en> cama *f* plegable

Klappe ['klapə] *f* <-, -n> **1.** (*Deckel*) tapa *f;* (*an Musikinstrumenten*) pistón *m;* (*am Ofen, Herd*) puerta *f;* **~ zu, Affe tot** asunto terminado **2.** (FILM) claqueta *f* **3.** (*fam: Mund*) pico *m;* **halt die ~!** ¡cierra el pico!; **eine große ~ haben** ser un bocazas

klappen ['klapən] **I.** *vi* (*fam: funktionieren*) ir bien, funcionar; **hat es geklappt?** ¿ha salido bien?; **es klappt alles wie am Schnürchen** todo sale que ni bordado **II.** *vt* (*auf~*) abrir; (*zu~*) cerrar; (*hoch~*) levantar; (*herunter~*) bajar

Klappentext *m* <-(e)s, -e> (TYPO) texto *m* de portada

klapperdürr ['klapɐ'dʏr] *adj* (*fam*) esquelético; **Klappergestell** *nt* <-(e)s, -e> (*fam hum*) fideo *m;* **nach ihrer Diät war sie bloß noch ein ~** después de la dieta se había quedado en los huesos

klapp(e)rig ['klap(ə)rɪç] *adj* **1.** (*Auto, Möbel*) desvencijado **2.** (*fam: Person*) muy débil, canijo

Klapperkasten ['klapɐ-] *m* <-s, -kästen> (*fam*) tartana *f;* **Klapperkiste** *f* <-, -n> (*fam: Auto*) cacharro *m*

klappern ['klapɐn] *vi* (*Kisten*) traquetear; (*Fensterladen*) golpetear; **im Wind ~** golpetear con el viento; **er klapperte vor Kälte mit den Zähnen** le castañeaban los dientes de frío

Klapperschlange *f* <-, -n> serpiente *f* de cascabel, crótalo *m;* **Klapperstorch** *m* <-(e)s, -störche> (*fam*) cigüeña *f;* **an den ~ glauben** creer en (el cuento de) la cigüeña

Klapp(fahr)rad *nt* <-(e)s, -räder> bicicleta *f* plegable; **Klappmesser** *nt* <-s, -> navaja *f*

Klapprad *nt* <-(e)s, -räder> bicicleta *f* plegable

klapprig *adj s.* **klapp(e)rig**

Klappsitz *m* <-es, -e> asiento *m* plegable; **Klappstuhl** *m* <-(e)s, -stühle> silla *f* plegable; **Klapptisch** *m* <-(e)s, -e> mesa *f* plegable; **Klappverdeck** *nt* <-(e)s, -e> capota *f*

Klaps [klaps] *m* <-es, -e> (*fam*) **1.** (*Schlag*) cachete *m*, palmadita *f* **2.** (*Verrücktheit*) locura *f;* **einen ~ haben** estar chiflado; **Klapsmühle** *f* <-, -n> (*fam*) manicomio *m;* **in der ~ landen** acabar en el manicomio

klar [klaːɐ] *adj* **1.** (*allgemein*) claro; **etw ~ und deutlich sagen** decir algo claramente; **~ sehen** (*fam*) ver claro; **mir ist nicht ~, wie ...** no entiendo muy bien cómo...; **na ~!** ¡claro que sí!; **das ist doch ~!** ¡eso está claro!; **alles ~?** ¿queda todo claro?; **alles ~!** ¡vale!, ¡de acuerdo!; **jdm wird etw ~** alguien cae en algo; **ihm wurde langsam ~, wie alles zusammenhing** poquito a poco empezó a entender cómo todo estaba relacionado; **sich** *dat* **über etw ~ werden** darse cuenta de algo; **du musst dir darüber ~ werden, ob/dass ...** tienes que saber si/que...; **jetzt wird** [*o* **ist**] **mir alles ~!** ¡ahora (lo) entiendo todo!; **sich** *dat* **über etw im K~en sein** tener algo claro **2.** (*Himmel*) despejado; (*durchsichtig*) transparente; **~e Sicht haben** tener buena visibilidad **3.** (*Umrisse*) nítido, neto **4.** (*eindeutig*) evidente, obvio; **ein ~er Sieg** un triunfo por un amplio margen; **ein ~er Fall von ...** un caso obvio de... **5.** (*vernünftig*) claro, lúcido; **keinen ~en Gedanken fassen können** no poder pensar con claridad; **einen ~en Kopf behalten** no perder la cabeza **6.** (*fertig*) listo

Kläranlage ['klɛːɐ-] *f* <-, -n> depuradora *f* (de aguas residuales), planta *f* de depuración (de aguas residuales); **Klärbecken** *nt* <-s, -> tanque *m* de clarificación [*o* de purificación]

Klare(r) ['klaːrɐ] *m* <-n, -n> (*fam: Schnaps*) aguardiente *m*

klären ['klɛːrən] **I.** *vt* **1.** (*Abwässer*) depurar, purificar **2.** (*Frage*) clarificar, aclarar **II.** *vr:* **sich ~** (*Angelegenheit*) aclararse, clarificarse

Klärgas *nt* <-es, -e> biogás *m*

klar|gehen *irr vi sein* (*fam*) ir bien; **ist mit der Prüfung alles klargegangen?** ¿ha ido todo bien en el examen?

Klärgrube *f* <-, -n> fosa *f* séptica

Klarheit *f* <-, *ohne pl*> **1.** (*allgemein*) claridad *f;* **sich** *dat* **~ über etw verschaffen** sacar algo en claro; **für ~ sorgen** poner algo en claro; **jdm etw in aller ~ sagen** decirle algo a alguien sin pelos en la lengua **2.** (*Durchsichtigkeit*) transparencia *f* **3.** (*Deutlichkeit*) nitidez *f*

Klarinette [klari'nɛtə] *f* <-, -n> clarinete *m*

Klarinettist(in) [klarinɛ'tɪst] *m(f)* <-en, -en; -, -nen> (MUS) clarinete *mf*

klar|kommen *irr vi sein* (*fam: mit Person*) entenderse (*mit* con); (*mit Dingen*) entender (*mit*), comprender (*mit*); **ich komme damit einfach nicht klar** (*ich verstehe das nicht*) no lo entiendo; (*ich komme damit nicht zurecht*) tengo problemas con esto

Klarlack *m* <-(e)s, -e> laca *f* transparente, barniz *m* claro; **etw mit ~ überziehen** barnizar algo

klar|machen *vt* **1.** (NAUT) preparar **2.** (*fam: erklären*) explicar; **sich** *dat* **etw ~** aclararse en algo

Klärschlamm *m* <-(e)s, -schlämme> lodo *m* activado [*o* de clarificación]

klar|sehen *irr vi s.* **klar 1.**

Klarsichtfolie *f* <-, -n> celofán® *m;* **Klar-**

sichthülle *f* <-, -n> funda *f* transparente

klarsichtig *adj* clarividente; **als ~er Mensch hatte er die Situation richtig eingeschätzt** con su clarividencia había sabido evaluar la situación correctamente

Klarsichtpackung *f* <-, -en> envase *m* de film transparente

klar|spülen *vi, vt* enjuagar, aclarar con agua

klar|stellen *vt* aclarar, poner en claro

Klarstellung *f* <-, -en> clarificación *f*; **zur ~ der Situation wäre ein Gespräch sinnvoll** sería conveniente mantener una conversación para clarificar la situación

Klartext *m* <-(e)s, -e> texto *m* sin codificar; **mit jdm ~ reden** (*fam*) hablar con alguien sin rodeos; **was heißt das im ~?** (*fam*) ¿qué significa eso en cristiano?

Klärung *f* <-, -en> **1.** (*von Problem*) aclaración *f* **2.** (*von Abwasser*) purificación *f*, depuración *f*

Klärwasser *nt* <-s, – *o* -wässer> aguas *fpl* depuradas

klar|werden *irr* **I.** *vi sein s.* **klar 1. II.** *vr:* **sich ~ sein** *s.* **klar 1.**

klasse ['klasə] *adj inv* (*fam*) estupendo, cojonudo *vulg*

Klasse ['klasə] *f* <-, -n> **1.** (*Gruppe, a.* BIOL, SOZIOL) clase *f*; **erster/zweiter ~ fahren** ir en primera/segunda clase; **etw in ~n einteilen** clasificar algo **2.** (*Schul~*) clase *f*, curso *m*; **ich bin in der vierten ~** estoy en cuarto (curso); **ein Junge aus ihrer ~** un niño de su clase **3.** (*Gütestufe*) categoría *f* **4.** (*Lotterie*) clase *f*

Klassement [klasə'mã:] *nt* <-s, -s> (SPORT) clasificación *f*

Klassenarbeit *f* <-, -en> examen *m* (*in* de); **eine ~ schreiben** hacer un examen; **eine ~ korrigieren/zurückgeben** corregir/devolver un examen; **eine ~ nachschreiben** hacer la recuperación de un examen, hacer la repesca de un examen *fam;* **Klassenbeste(r)** *mf* <-n, -n; -n, -n> (SCH) mejor *mf* de la clase; **sie ist in Deutsch (die) ~** en alemán es la mejor de la clase; **Klassenbewusstsein**[RR] *nt* <-s, *ohne pl*> conciencia *f* de clase; **Klassenbuch** *nt* <-(e)s, -bücher> (SCH) libro *m* de clase; **Klassenkamerad(in)** *m(f)* <-en, -en; -, -nen> (SCH) compañero, -a *m, f* de clase; **Klassenkampf** *m* <-(e)s, -kämpfe> (POL) lucha *f* de clases; **Klassenlehrer(in)** *m(f)* <-s, -; -, -nen> tutor(a) *m(f)* de curso; **klassenlos** *adj* sin clases; **Klassenlos** *nt* <-es, -e> número *m* de lotería; **Klassenlotterie** *f* <-, -n> ≈lotería *f* nacional; **Klassenraum** *m* <-(e)s, -räume> (aula *f* de) clase *f*; **Klassensprecher(in)** *m(f)* <-s, -; -, -nen> (SCH) delegado, -a *m, f* de la clase; **Klassenstärke** *f* <-, -n> número *m* de alumnos de un curso; **Klassentreffen** *nt* <-s, -> encuentro *m* de los antiguos alumnos de un curso

klassenweise *adv* **1.** (*nach Schulklassen*) por clases; **die Schüler stellten sich ~ auf** los alumnos formaron filas por clases **2.** (*Raum für Raum*) clase por clase; **die Schule wurde ~ gereinigt** limpiaron la escuela clase por clase

Klassenziel *nt* <-(e)s, -e> (SCH) objetivo *m* (curricular) del curso; **das ~ erreichen** (*formal*) obtener un aprobado, aprobar; **Klassenzimmer** *nt* <-s, -> (aula *f* de) clase *f*

Klassifikation [klasifika'tsjo:n] *f* <-, -en> clasificación *f*

klassifizierbar *adj* clasificable; **nicht ~ sein** ser inclasificable

klassifizieren* [klasifi'tsi:rən] *vt* clasificar (*nach* según, *als* como)

Klassifizierung *f* <-, -en> clasificación *f*

Klassik ['klasɪk] *f* <-, *ohne pl*> **1.** (*klassisches Altertum*) época *f* clásica **2.** (KUNST) (neo)clasicismo *m* **3.** (MUS) música *f* clásica; **ich höre gerne ~** me gusta mucho la música clásica

Klassiker(in) ['klasikɐ] *m(f)* <-s, -; -, -nen> (autor(a) *m(f)*) clásico, -a *m, f*

klassisch *adj* clásico; **~e Musik** música clásica; **~es Altertum** Antigüedad clásica; **ein ~er Fall von Verfolgungswahn** un caso clásico de manía persecutoria

Klassizismus [klasi'tsɪsmʊs] *m* <-, *ohne pl*> (ARCHIT) clasicismo *m*

klassizistisch *adj* (ARCHIT) clasicista

klastisch ['klastɪʃ] *adj* (GEO) clástico

klatsch [klatʃ] *interj* (*Ohrfeige*) ¡paf!, ¡zas!, ¡chas!; (*Aufprall*) ¡plas!, ¡pum!, ¡pumba!

Klatsch[1] [klatʃ] *m* <-(e)s, -e> (*Geräusch*) batacazo *m*

Klatsch[2] *m* <-(e)s, *ohne pl*> (*fam: Geschwätz*) chismorreo *m*, cotilleo *m*, bochinche *m Kol, PRico;* **~ und Tratsch** cotilleo y chismorreo

Klatschbase *f* <-, -n> (*fam abw*) chismosa *f*, alilaya *f Mex*

Klatsche *f* <-, -n> (*Fliegen~*) matamoscas *m inv*

klatschen ['klatʃən] **I.** *vi* **1.** *sein* (*aufschlagen*) caerse (produciendo un chasquido); (*Regen*) golpear (*gegen* contra) **2.** (*applaudieren*) aplaudir; **in die Hände ~** tocar palmas; **er klatscht sich** *dat* **auf die Schenkel** se golpea en los muslos **3.** (*fam abw: tratschen*) cotillear **II.** *vt:* **den Takt ~** seguir el ritmo con las palmas

Klatscherei *f* <-, -en> (*fam abw*) **1.** (*Getratsche*) chismorreo *m* **2.** (*Applaudieren*) aplausos *mpl*

klatschhaft *adj* (*abw*) chismoso, cotilla; **~ sein** ser un chismoso [*o* un cotilla]

Klatschhaftigkeit *f* <-, *ohne pl*> (*abw*) carácter *m* chismoso [*o* cotilla]; **mit deiner ~ machst du uns noch alle unmöglich!** ¡con esas ganas tuyas de chismorrear acabarás desacreditándonos también a todos nosotros!

Klatschmaul *nt* <-(e)s, -mäuler> (*fam abw*) cotilla *mf*, chismoso, -a *m, f*; **er ist ein altes ~** es un chismoso de toda la vida;

Klatschmohn *m* <-(e)s, *ohne pl*> (BOT) amapola *f;* **klatschnass**[RR] ['-'-] *adj* (*fam*) hecho una sopa, calado hasta los huesos; ~ **geschwitzt** empapado de sudor; **Klatschspalte** *f* <-, -n> (*fam abw*) columna *f* de cotilleo, página *f* social *Am;* **Klatschsucht** *f* <-, *ohne pl*> (*abw*) obsesión *f* por el chismorreo [*o* el cotilleo]; **klatschsüchtig** *adj* (*abw*) chismoso, cotilla; ~ **sein** ser un chismoso [*o* un cotilla]; **immer ziehen diese ~en Weiber über andere Menschen her!** ¡estas cotillas siempre van contando chismes de otra gente!; **Klatschtante** *f* <-, -n> (*fam abw*), **Klatschweib** *nt* <-(e)s, -er> (*fam abw*) cotorra *f,* cotilla *f*

klauben ['klaʊbən] *vt* (*südd, Österr, Schweiz*) **1.** (*pflücken*) coger (*von* de) **2.** (*sammeln*) recoger (*in* en) **3.** (*auslesen*) sacar, separar (*aus* de)

Klaue ['klaʊə] *f* <-, -n> **1.** (*von Raubtieren, -vögeln*) garra *f;* (*von Huftieren*) pezuña *f* **2.** (*fam: Hand*) garra *f,* zarpa *f;* **sich in jds ~n befinden** estar en manos de alguien, encontrarse en las garras de alguien; **jdn in seinen ~n haben** tener a alguien entre sus garras **3.** (*fam abw: Handschrift*) garabatos *mpl,* mala letra *f;* **eine schreckliche ~ haben** tener una letra horrible

klauen ['klaʊən] *vi, vt* (*fam*) mangar, raspar *Am,* nagualear *Mex,* afanar *RíoPl*

Klause ['klaʊzə] *f* <-, -n> **1.** (*Einsiedelei*) ermita *f* **2.** (*hum: kleines Zimmer*) cubículo *m*

Klausel ['klaʊzəl] *f* <-, -n> cláusula *f;* **eine zusätzliche ~ aufnehmen** añadir una cláusula

Klausner(in) ['klaʊsnɐ] *m(f)* <-s, -; -, -nen> (*alt*) eremita *mf*

Klaustrophobie [klaʊstrofo'biː] *f* <-, -n> (PSYCH) claustrofobia *f*

Klausur [klaʊ'zuːɐ] *f* <-, -en> **1.** (UNIV) examen *m;* **eine ~ schreiben** hacer un examen **2.** (*im Kloster*) clausura *f*

Klausurtagung *f* <-, -en> seminario *m* de reflexión

Klaviatur [klavia'tuːɐ] *f* <-, -en> (MUS) teclado *m*

Klavier [kla'viːɐ] *nt* <-s, -e> piano *m* (vertical); **Klavierbauer(in)** *m(f)* <-s, -; -, -nen> fabricante *mf* de pianos; **Klavierbegleitung** *f* <-, -en> acompañamiento *m* de piano; **Klavierhocker** *m* <-s, -> taburete *m* de piano; **Klavierkonzert** *nt* <-(e)s, -e> (MUS) **1.** (*Stück*) concierto *m* para piano **2.** (*Veranstaltung*) concierto *m* de piano; **Klavierlehrer(in)** *m(f)* <-s, -; -, -nen> profesor(a) *m(f)* de piano; **Klaviersonate** *f* <-, -n> sonata *f* para piano; **Klavierspiel** *nt* <-(e)s, *ohne pl*> música *f* de piano; **Klavierspieler(in)** *m(f)* <-s, -; -, -nen> pianista *mf;* **Klavierstimmer(in)** *m(f)* <-s, -; -, -nen> afinador(a) *m(f)* de pianos; **Klavierunterricht** *m* <-(e)s, *ohne pl*> clases *fpl* de piano

Klebeband *nt* <-(e)s, -bänder> cinta *f* adhesiva; **Klebebindung** *f* <-, -en> (TECH) encuadernación *f* pegada; **Klebefilm** *m* <-s, -e> cinta *f* adhesiva transparente; **Klebefläche** *f* <-, -n> superficie *f* para pegar

kleben ['kleːbən] **I.** *vi* **1.** (*haften*) estar pegado; **das Hemd klebte ihm am Körper** la camisa se le pegaba al cuerpo; **an seinen Händen klebt Blut** tiene las manos manchadas de sangre; ~ **bleiben** quedarse pegado [*o* enganchado] (*an* en); (*fam: in der Schule*) repetir curso; **immer bleibt die ganze Hausarbeit an mir ~** (*fam*) siempre soy yo la que tiene que apechugar con las labores de la casa; **die Verantwortung bleibt letztlich am Vorgesetzten ~** (*fam*) la responsabilidad recae en último lugar en el jefe, **ich bin in der fünften Klasse ~ geblieben** (*fam*) no he conseguido pasar de quinto [*o* del quinto curso] **2.** (*klebrig sein*) pringar, estar pringoso **3.** (*klebefähig sein*) pegar **II.** *vt* pegar (*an* a); **jdm eine ~** (*fam*) largar una bofetada a alguien

kleben|bleiben *irr vi sein s.* **kleben I.1.**

Kleb(e)pflaster *nt* <-s, -> esparadrapo *m*

Kleber *m* <-s, -> **1.** (*fam: Klebstoff*) pegamento *m,* goma *f* de pegar **2.** (*Schweiz: Aufkleber*) pegatina *f*

Kleb(e)roller *m* <-s, -> rollo *m* de cinta adhesiva; **Klebestift** *m* <-(e)s, -e> barra *f* de pegamento; **Kleb(e)streifen** *m* <-s, -> cinta *f* adhesiva

Klebfläche *f* <-, -n> superficie *f* para pegar; **Klebpflaster** *nt* <-s, -> esparadrapo *m*

klebrig ['kleːbrɪç] *adj* pegajoso, pringoso; **ich habe ~e Finger** tengo los dedos pegajosos

Klebroller *m* <-s, -> rollo *m* de cinta adhesiva

Klebstoff *m* <-(e)s, -e> pegamento *m,* goma *f* de pegar; (*Leim*) cola *f;* **Klebstofftube** *f* <-, -n> tubo *m* de pegamento

Klebstreifen *m* <-s, -> cinta *f* adhesiva

Kleckerbetrag *m* <-(e)s, -träge> (*fam*) cantidad *f* insignificante

Kleckerei *f* <-, -en> (*fam abw*) manchas *fpl,* cochinadas *fpl;* **immer diese ~ mit dem Marmeladenlöffel!** ¡siempre las mismas cochinadas con la cucharilla de la mermelada!

kleckern ['klɛkɐn] *vi* (*fam*) manchar; **pass auf, dass du nicht kleckerst!** ¡ten cuidado de no manchar!; **Wein über die Tischdecke ~** manchar el mantel con vino; **nicht ~, sondern klotzen** no andarse con pequeñeces, sino hacerlo a lo grande

kleckerweise *adv* (*fam abw*) poco [*o* poquito] a poco

Klecks [klɛks] *m* <-es, -e> **1.** (*Fleck*) mancha *f;* (*Tinten~*) borrón *m* **2.** (*fam: Portion*) cucharadita *f;* **ein ~ Marmelade** una cucharadita de mermelada

klecksen ['klɛksən] **I.** *vi* **1.** *haben* (*Person*) manchar (*mit* con); **du sollst nicht mit der Fingerfarbe ~!** ¡no te vayas a manchar con la témpera! **2.** *haben* (*Stift*) emborronar, gotear; **mein Füller kleckst** mi pluma emborrona **3.** *sein* (*tropfen*) caerse una mancha [*o* una gota]; **dir ist Ketschup auf die Hose gekleckst** se te ha caído ketchup en los pantalones **II.** *vt haben* (*fam*) dejar caer (*auf* en)

Klee [kleː] *m* <-s, *ohne pl*> (BOT) trébol *m;* **jdn/etw über den grünen ~ loben** levantar a alguien/algo hasta los cuernos de la luna; **Kleeblatt** *nt* <-(e)s, -blätter> (BOT) hoja *f* de trébol; **vierblättriges ~** trébol de cuatro hojas

Kleiber *m* <-s, -> (ZOOL) trepatroncos *m inv*

Kleid [klaɪt] *nt* <-(e)s, -er> **1.** (*Damen~*) vestido *m* **2.** *pl* (*Kleidung*) ropa *f;* **sich** *dat/***jdm die ~er vom Leib reißen** arrancarse/arrancarle a alguien la ropa del cuerpo; **~er machen Leute** (*prov*) el traje hace al hombre

kleiden ['klaɪdən] **I.** *vt* **1.** (*anziehen*) vestir; **etw in (schöne) Worte ~** expresar algo (con palabras bonitas) **2.** (*stehen*): **die Bluse kleidet dich gut/schlecht** la blusa te queda bien/mal **II.** *vr:* **sich ~** vestirse; **er kleidet sich nach der neuesten Mode** se viste a la última moda

Kleiderablage *f* <-, -n> percha *f,* perchero *m;* **Kleiderbügel** *m* <-s, -> percha *f;* **Kleiderbürste** *f* <-, -n> cepillo *m* para la ropa; **Kleiderhaken** *m* <-s, -> colgadero *m;* **Kleiderkammer** *f* <-, -n> (MIL) intendencia *f;* **Kleiderkasten** *m* <-s, -kästen> (*Österr, Schweiz*) *s.* **Kleiderschrank**; **Kleidersack** *m* <-(e)s, -säcke> bolsa *f* portatrajes; **Kleiderschrank** *m* <-(e)s, -schränke> armario *m* ropero; **Kleiderständer** *m* <-s, -> perchero *m*

kleidsam *adj* elegante

Kleidung *f* <-, -en> ropa *f;* **warme ~ tragen** llevar ropa de abrigo; **Kleidungsstück** *nt* <-(e)s, -e> prenda *f* (de vestir)

Kleie ['klaɪə] *f* <-, -n> (AGR, GASTR) salvado *m,* afrecho *m*

klein [klaɪn] *adj* **1.** (*allgemein*) pequeño; (*Körpergröße*) bajo; **die Hose ist ihm zu ~** el pantalón le queda demasiado pequeño; **von ~ auf** desde niño; **ich habe es (nicht) ~** (*fam*) (no) lo tengo suelto; **ein ~ bisschen** un poquito; **(ganz) ~ anfangen** empezar sin nada; **~ beigeben** ceder; **etw ~er machen lassen** (*Kleid*) mandar [*o* hacer] ajustar algo; **~(er) stellen** bajar; **~er werden** disminuir; **beim ~sten Geräusch** al mínimo ruido; **das ~ere Übel** el mal menor; **der ~e Mann** el hombre de la calle; **im K~en wie im Großen** tanto en lo pequeño como en lo grande; **die K~en hängt man, die Großen lässt man laufen** (*prov*) los pobres son condenados, los ricos perdonados **2.** (*kurz*) breve; **einen ~en Augenblick bitte** un momentito, por favor **3.** (*jünger*) menor; **mein ~er Bruder** mi hermano menor **4.** (*unbedeutend*) insignificante; (*bescheiden*) modesto; (*beschränkt*) limitado; **etw ~ schreiben** (*fig*) restar importancia a algo; **Teamwork wird in dieser Branche ~ geschrieben** en este ramo no se le da importancia al trabajo en equipo

Kleinaktie *f* <-, -n> (FIN) pequeña acción *f;* **Kleinaktionär(in)** *m(f)* <-s, -e; -, -nen> (WIRTSCH) pequeño,-a accionista *mf;* **Kleinanzeige** *f* <-, -n> anuncio *m* breve; **Kleinarbeit** *f* <-, *ohne pl*> trabajo *m* minucioso [*o* detallado]; **etw in mühsamer ~ erledigen** realizar algo con minuciosidad; **Kleinasien** [-'--] *nt* <-s> Asia *f* Menor; **Kleinbahn** *f* <-, -en> (EISENB) ferrocarril *m* de vía estrecha; **Kleinbauer**, **-bäuerin** *m, f* <-n, -n; -, -nen> (AGR) minifundista *mf,* pequeño, -a campesino, -a *m, f*

klein|bekommen* *irr vt s.* **kleinkriegen**

Kleinbetrieb *m* <-(e)s, -e> minifundio *m,* pequeña explotación *f*

Kleinbildkamera *f* <-, -s> (FOTO) cámara *f* fotográfica de pequeña imagen

Kleinbuchstabe *m* <-n(s), -n> (letra *f*) minúscula *f;* **in ~n** en minúsculas; **Kleinbürger(in)** *m(f)* <-s, -; -, -nen> pequeño, -a burgués, -esa *m, f;* **kleinbürgerlich** *adj* pequeñoburgués; **Kleinbürgertum** *nt* <-s, *ohne pl*> pequeña burguesía *f;* **Kleinbus** *m* <-ses, -se> microbús *m*

Kleine(r) *mf* <-n, -n; -n, -n> (*fam*) nene, -a *m, f,* peque *mf*

Kleinfamilie *f* <-, -n> pequeña familia *f,* familia *f* reducida; **Kleinformat** *nt* <-(e)s, -e> tamaño *m* pequeño, formato *m* reducido; **ein Bild in ~** una foto de pequeño formato; **Kleingarten** *m* <-s, -gärten> pequeña parcela *f* ajardinada, huerto *m* pequeño; **er pachtete einen ~ in der Laubenkolonie** alquiló una pequeña parcela [*o* un pequeño huerto] en la colonia de jardines; **Kleingärtner(in)** *m(f)* <-s, -; -, -nen> jardinero, -a *m, f* aficionado, -a; **Kleingebäck** *nt* <-(e)s, -e> pastas *fpl;* **kleingedruckt** *adj s.* **drucken**; **Kleingedruckte(s)** *nt* <-n, *ohne pl*> letra *f* pequeña; **Kleingeist** *m* <-(e)s, -er> persona *f* con estrechez de miras; **kleingeistig** *adj* (*abw*) estrecho de miras, de mente cerrada; **~ sein** ser estrecho de miras, tener una mente cerrada; **Kleingeld** *nt* <-(e)s, *ohne pl*> calderilla *f,* dinero *m* suelto, sencillo *m Am,* morralla *f Mex;* **das nötige ~ haben** tener suficiente dinero; **kleingewachsen** *adj* (*Baum*) pequeño; (*Mensch*) bajo, pequeño; **Kleingewerbe** *nt* <-s, -> pequeña empresa *f,* pequeña industria *f;* **ein ~ betreiben** tener un pequeño negocio

kleingläubig *adj* (*abw*) inseguro, dubitativo

Kleingruppe *f* <-, -n> grupo *m* pequeño

klein|hacken *vt s.* **hacken 1.**

Kleinhandel *m* <-s, *ohne pl*> (WIRTSCH) comercio *m* al detalle

Kleinheit *f* <-, *ohne pl*> pequeñez *f;* **die ~ der Viren ist unvorstellbar** es inimaginable lo pequeños que son los virus

Kleinhirn *nt* <-(e)s, -e> (ANAT) cerebelo *m;*

Kleinholz *nt* <-es, *ohne pl*> leña *f* menuda; **aus etw** *dat* **~ machen** hacer pedazos algo; **aus jdm ~ machen** partirle la cara a alguien

Kleinigkeit ['klaɪnɪçkaɪt] *f* <-, -en> **1.** (*Gegenstand*) pequeñez *f,* cosita *f;* **jdm eine ~ schenken** regalarle a alguien una pequeñez; **eine ~ essen** (*fam*) comer una cosita; **das kostet aber eine ~** (*fam iron*) esto vale un dineral **2.** (*Bagatelle*) bagatela *f,* pequeñez *f;* **sich über jede ~ aufregen** enfadarse por cualquier pequeñez; **die Prüfung war keine ~** (*fam*) el examen no fue ninguna tontería; **er gibt sich nicht mit ~en ab** no se para en pequeñeces; **Kleinigkeitskrämer(in)** *m(f)* <-s, -; -, -nen> (*abw*) quisquilloso, -a *m, f*

Kleinkaliber *nt* <-s, -> **1.** (*Durchmesser*) pequeño calibre *m* **2.** (*fam: Gewehr*) arma *f* de pequeño calibre

kleinkalibrig *adj* de pequeño calibre; **ein ~er Revolver** un revólver de pequeño calibre

kleinkariert *adj* (*fam abw: Ansichten*) cuadriculado, de miras estrechas; **Kleinkind** *nt* <-(e)s, -er> niño, -a *m, f* pequeño, -a [*o* de corta edad]

Kleinkleckersdorf *nt* <-(e)s, *ohne pl*> (*fam hum*) pueblo *m* de mala muerte; **sie kommt irgendwo von weit her aus ~** viene de muy lejos, de donde Jesús perdió las zapatillas

Kleinklima *nt* <-s, -s *o* -klimate> (METEO) microclima *m;* **Kleinkram** *m* <-(e)s, *ohne pl*> (*fam*) **1.** (*Dinge*) cosillas *fpl* **2.** (*Angelegenheit*) nimiedad *f,* nadería *f;* **Kleinkredit** *m* <-(e)s, -e> (FIN) crédito *m* pequeño; **Kleinkrieg** *m* <-(e)s, -e> **1.** (MIL) guerra *f* de guerrillas **2.** (*Streit*) guerra *f* privada; **einen ~ mit jdm führen** mantener una guerra privada contra alguien

klein|kriegen *vt* (*fam*) **1.** (*zerkleinern*) lograr partir [*o* cortar] **2.** (*kaputtmachen*) romper, hacer pedazos; **etw ist nicht kleinzukriegen** no se puede acabar con algo **3.** (*Geld*) (mal)gastar **4.** (*gefügig machen*) doblar la voluntad (de); (*müde machen*) agotar

Kleinkriminelle(r) *mf* <-n, -n; -n, -n> pequeño,-a delincuente *mf*

Kleinkunst *f* <-, *ohne pl*> (THEAT) representación *f* de cabaré [*o* de café-teatro], espectáculo *m* de cabaré [*o* de café-teatro]; **Kleinkunstbühne** *f* <-, -n> (THEAT) cabaré *m,* cabaret *m*

kleinlaut *adj* apocado

kleinlich *adj* (*pedantisch*) minucioso, pedante; (*engstirnig*) de miras estrechas; (*geizig*) mezquino, tacaño

Kleinlichkeit *f* <-, -en> mezquindad *f*

klein|machen **I.** *vt s.* **machen I.1. II.** *vr:* **sich ~** *s.* **machen II.1.**

Kleinmöbel *nt* <-s, -> mueble *m* pequeño

Kleinmut *m* <-(e)s, *ohne pl*> (*geh*) pusilanimidad *f,* apocamiento *m*

kleinmütig *adj* (*geh*) apocado; **~ werden** apocarse

Kleinod ['klaɪno:t, *pl:* 'klaɪno:də, klaɪ'no:diən] *nt* <-(e)s, -e *o* -ien> (*geh*) joya *f,* alhaja *f*

klein|schneiden *irr vt s.* **schneiden I.1.**; **klein|schreiben**RR *irr vt* escribir con minúscula; **Kleinschreibung** *f* <-, -en> uso *m* de minúsculas al principio de palabra; **Kleinsparer(in)** *m(f)* <-s, -; -, -nen> pequeño, -a ahorrador(a) *m(f);* **Kleinstaat** *m* <-(e)s, -en> pequeño estado *m;* **Kleinstadt** *f* <-, -städte> ciudad *f* pequeña; **Kleinstädter(in)** *m(f)* <-s, -; -, -nen> habitante *mf* de una pequeña ciudad; **kleinstädtisch** *adj* **1.** (*einer Kleinstadt entsprechend*) de una pequeña ciudad; **für den ~en Verkehr brauchen wir kein Parkleitsystem** para la circulación en una ciudad pequeña no necesitamos ningún sistema de control de aparcamientos libres **2.** (*abw: beengt*) provinciano; **sie wollte hinaus aus der ~en Enge** quería huir de aquel provincianismo

kleinstmöglich *adj* el/la/lo más pequeño posible

Kleintier *nt* <-(e)s, -e> animal *m* de pequeño tamaño (*de compañía: perros, gatos, pájaros*); **Kleinvieh** *nt* <-s, *ohne pl*> ganado *m* menor (*conejos, aves de corral*); **~ macht auch Mist** (*prov fam*) más vale poco que nada; **Kleinwagen** *m* <-s, -> (coche *m*) utilitario *m;* **Kleinwohnung** *f* <-, -en> piso *m* pequeño, apartamento *m* pequeño

kleinwüchsig [-vy:ksɪç] *adj* de baja estatura

Kleister ['klaɪstɐ] *m* <-s, -> engrudo *m,* almidón *m Mex*

kleistern **I.** *vt* (*fam*) encolar, pegar con cola (*an/auf/in* a/en); **jdm eine ~** (*sl*) arrearle a alguien una bofetada **II.** *vi* (*fam*) encolar, dar cola

Klemmappe *f* <-, -n> *s.* **Klemmmappe**

Klemme ['klɛmə] *f* <-, -n> **1.** (*zum Festklemmen*) pinza *f;* (*für Haar*) horquilla *f;* (MED) laña *f* **2.** (*fam: Notlage*) apuro *m,* aprieto *m;* **in der ~ sitzen** encontrarse en un apuro; **jdm aus der ~ helfen** sacar a alguien de un aprieto

klemmen **I.** *vi* (*Tür, Schloss*) estar atrancado, estar atascado **II.** *vt* **1.** (*befestigen*) sujetar; **sich** *dat* **etw unter den Arm ~** ponerse algo debajo del brazo **2.** (*dazwischen~*) meter; **sich** *dat* **den Finger ~** pillarse el dedo **III.** *vr* (*fam*): **sich hinter etw ~** aferrarse a algo

KlemmmappeRR *f* <-, -n> carpeta *f* con pinza, carpeta *f* Clip-Fix

Klempner(in) ['klɛmpnɐ] *m(f)* <-s, -; -, -nen> fontanero, -a *m, f,* latero, -a *m, f Am*

Klempnerei *f* <-, -en> fontanería *f*

Klempnerin *f* <-, -nen> *s.* **Klempner**

Klempnerladen *m* <-s, -läden> (*fam hum*) condecoraciones *fpl;* **der hochdekorierte General trug einen ganzen ~ auf der Brust, Dutzende von Orden, die bei jedem Schritt laut schepperten** el condeco-

K

radísimo general llevaba todo el pecho cubierto de quincalla: docenas de medallas que tintineaban a cada paso

klempnern ['klɛmpnɐn] *vi* hacer trabajos de fontanería

Klempnerwerkstatt *f* <-, -stätten> (taller *m* de) fontanería *f*

Klepper ['klɛpɐ] *m* <-s, -> (*abw*) jamelgo *m*

Kleptomane, **-in** [klɛpto'ma:nə] *m*, *f* <-n, -n; -, -nen> (PSYCH) cleptómano, -a *m*, *f*

Kleptomanie [klɛptoma'ni:] *f* <-, *ohne pl*> (PSYCH) cleptomanía *f*

Kleptomanin *f* <-, -nen> *s.* **Kleptomane**

klerikal [kleri'ka:l] *adj* clerical

Kleriker ['kle:rikɐ] *m* <-s, -> clérigo *m*

Klerus ['kle:rʊs] *m* <-, *ohne pl*> clero *m*

Klettband *nt* <-(e)s, -bänder> *s.* **Klettverschluss**

Klette ['klɛtə] *f* <-, -n> **1.** (BOT) lampazo *m* **2.** (*fam: Person*) lapa *f*; **sich wie eine ~ an jdn hängen** pegarse a alguien como una lapa

Klettereisen *nt* <-s, -> (*Steigeisen*) crampón *m*

Kletterer, **-in** *m*, *f* <-s, -; -, -nen> escalador(a) *m(f)*

Klettergerüst *nt* <-(e)s, -e> (*Spielgerät*) escalera *f*

Kletterin *f* <-, -nen> *s.* **Kletterer**

klettern ['klɛtɐn] *vi sein* **1.** (*steigen*) subir (*auf* a), trepar (*auf* a); **auf Bäume ~** trepar a los árboles; **die Preise ~ in die Höhe** los precios se disparan; **das Thermometer/Tachometer klettert auf ...** el termómetro/tacómetro sube a... **2.** (*bergsteigen*) hacer alpinismo, hacer andinismo *Am* **3.** (*fam: steigen*) salir (*aus* de), entrar (*in* en)

Kletterpartie *f* <-, -n> escalada *f*; **Kletterpflanze** *f* <-, -n> planta *f* trepadora; **Kletterstange** *f* <-, -n> (SPORT) barra *f* vertical

Klettverschluss[RR] *m* <-es, -schlüsse> cierre *m* adhesivo, velcro® *m*

klicken ['klɪkən] *vi* **1.** (INFOR) activar (*auf*) **2.** (*„klick" machen*) hacer "clic"

Klicker ['klɪkɐ] *m* <-s, -> (*nordd: Murmel*) canica *f*, bolita *f Arg*

klickern ['klɪkɐn] *vi* (*nordd*) jugar a las canicas [*o* a las bolas]

Klient(in) [kli'ɛnt] *m(f)* <-en, -en; -, -nen> cliente, -a *m*, *f*

Klientel [kliɛn'te:l] *f* <-, -en> clientela *f*

Klientin *f* <-, -nen> *s.* **Klient**

Kliff [klɪf] *nt* <-(e)s, -e> (*nordd*) acantilado *m*

Klima ['kli:ma] *nt* <-s, -s *o* -te> **1.** (METEO) clima *m*; **gemäßigtes ~** clima templado **2.** (*Atmosphäre*) ambiente *m*, clima *m*; **Klimaanlage** *f* <-, -n> (instalación *f* de) aire *m* acondicionado; **ein Auto mit ~** un coche con aire acondicionado; **sein Büro hat ~** (*fam*) tiene aire acondicionado en su oficina; **Klimagürtel** *m* <-s, -> cinturón *m* climático

Klimakterien *pl von* **Klimakterium**

klimakterisch [klimak'te:rɪʃ] *adj* (MED) climatérico

Klimakterium [klimak'te:riʊm] *nt* <-s, Klimakterien> (MED) climaterio *m*

Klimakunde *f* <-, *ohne pl*> climatología *f*

Klimaschutz *m* <-es, *ohne pl*> (ÖKOL) prevención *f* del cambio climático; **Klimaschutzpolitik** *f* <-, *ohne pl*> (ÖKOL) política *f* de prevención del cambio climático

Klimasturz *m* <-es, -stürze> (ÖKOL) caída *f* climática

Klimate *pl von* **Klima**

klimatisch [kli'ma:tɪʃ] *adj* climático

klimatisieren* [klimati'zi:rən] *vt* climatizar; **ein klimatisiertes Büro** una oficina climatizada

Klimatisierung [klimati'zi:rʊŋ] *f* <-, -en> climatización *f*

Klimatologe, **-in** [klimato'lo:gə] *m*, *f* <-n, -n; -, -nen> (METEO) climatólogo, -a *m*, *f*

Klimatologie [klimatolo'gi:] *f* <-, *ohne pl*> climatología *f*

Klimatologin *f* <-, -nen> *s.* **Klimatologe**

Klimaveränderung *f* <-, -en> cambio *m* climático; **Klimawechsel** *m* <-s, -> cambio *m* de aires, temperación *f Am*

Klimax ['kli:maks] *f* <-, -e> **1.** (*Höhepunkt*) clímax *m inv* **2.** (MED) climaterio *m*

Klimazone *f* <-, -n> zona *f* climática

Klimbim [klɪm'bɪm] *m* <-s, *ohne pl*> (*fam*) **1.** (*Krempel*) trastos *mpl*, cachivaches *mpl*; **schrecklich, wie viel ~ auf dem Dachboden steht!** ¡es espantosa la cantidad de trastos que hay en el desván! **2.** (*Umstände*) molestias *fpl*, cumplidos *mpl*; **viel ~ um alles machen** armar un tremendo jaleo por cualquier cosa

klimmen ['klɪmən] <klimmt, klomm *o* klimmte, geklommen *o* geklimmt> *vi sein* (*geh*) trepar

Klimmzug *m* <-(e)s, -züge> tracción *f*; **Klimmzüge machen** (SPORT) hacer flexiones de brazos; (*fig*) hacer esfuerzos

Klimperkasten *m* <-s, -kästen> (*fam abw*) piano *m*

klimpern ['klɪmpɐn] *vi* **1.** (*Geld etc.*) tintinear; **er klimperte mit Geld** hizo sonar el dinero **2.** (*fam: auf Klavier*) aporrear; (*auf Gitarre*) rasgar

Klinefelt Syndrom *nt* <- -s, – -e> (MED) síndrome *m* de Klinefelt

kling [klɪŋ] *interj* ¡cling!, ¡tin!

Klinge ['klɪŋə] *f* <-, -n> cuchilla *f*, hoja *f*; **jdn über die ~ springen lassen** (*fam*) pasar a cuchillo a alguien

Klingel ['klɪŋəl] *f* <-, -n> timbre *m*

Klingelbeutel *m* <-s, -> (REL) limosnera *f*

Klingelknopf *m* <-(e)s, -knöpfe> botón *m* del timbre, llamador *m*

klingeln *vi* **1.** (*Person*) llamar, tocar el timbre; **hast du nicht gehört, dass ich bei dir geklingelt habe?** ¿no has oído que he tocado el timbre de [*o* en] tu casa?; **man muss nach**

dem Empfangschef ~ hay que llamar al recepcionista con la campanilla **2.** (*Klingel, Telefon*) sonar; **es hat geklingelt** han llamado; **er ließ das Telefon lange ~, bevor er abnahm** dejó sonar el teléfono durante un buen rato antes de cogerlo; **hat es bei dir jetzt endlich geklingelt?** (*fam*) ¿te suena por fin?

Klingelzeichen *nt* <-s, -> sonido *m* del timbre; **auf jds ~ hin (die Tür öffnen)** (abrir la puerta) cuando alguien toca el timbre

klingen ['klɪŋən] <klingt, klang, geklungen> *vi* sonar; (*Gläser*) tintinear; **das Lied klingt schön** la canción suena bien; **das klingt ja, als ob ...** esto suena como si... *+subj*

Klinik ['kli:nɪk] *f* <-, -en> clínica *f*, hospital *m*

Klinikum ['kli:nikʊm] *nt* <-s, Kliniken> centro *m* clínico, policlínico *m*

klinisch *adj* (MED) clínico; **~e Behandlung** tratamiento clínico; **~ tot** clínicamente muerto

Klinke ['klɪŋkə] *f* <-, -n> picaporte *m*; **~n putzen** (*fam abw*) ir (vendiendo) de puerta en puerta; **sie gaben sich** *dat* **die ~ in die Hand** (*fam*) era un continuo ir y venir de gente; **Klinkenputzer(in)** *m(f)* <-s, -; -, -nen> (*fam abw*) vendedor(a) *m(f)* a domicilio

Klinker ['klɪŋkɐ] *m* <-s, ->, **Klinkerstein** *m* <-(e)s, -e> ladrillo *m* recocido

klipp [klɪp] *adv* (*fam*): **~ und klar** sin rodeos, sin andarse por las ramas

Klippe ['klɪpə] *f* <-, -n> **1.** (*Fels*) arrecife *m*, bajío *m* **2.** (*fig: Hindernis*) obstáculo *m*; **alle ~n überwinden/umschiffen** salvar/evitar todos los obstáculos

klirren ['klɪrən] *vi* (*Gläser*) tintinear; (*Fensterscheibe*) vibrar; (*Waffen*) sonar; **~de Kälte** frío tremendo

Klirrfaktor *m* <-s, -en> (ELEK) coeficiente *m* de distorsión no lineal

Klischee [kli'ʃe:] *nt* <-s, -s> (*a.* TYPO) clisé *m*, cliché *m*; (*Stereotyp*) tópico *m*; **in ~s denken** pensar de una manera estereotipada

klischeehaft *adj* tópico

Klischeevorstellung *f* <-, -en> cliché *m*, clisé *m*, tópico *m*

klischieren* [kli'ʃi:rən] *vt* **1.** (*geh abw: nachahmen*) copiar **2.** (TYPO) preparar un clisé [*o* cliché] (de)

Klistier [klɪs'ti:ɐ] *nt* <-s, -e> (MED) clistel *m*, clister *m*; **Klistierspritze** *f* <-, -n> (MED) cánula *f* para enemas

Klitoris ['kli:torɪs] *f* <-, – *o* Klitorides> (ANAT) clítoris *m inv*

Klitsche ['klɪtʃə] *f* <-, -n> (*fam*) **1.** (*Theater*) teatrillo *m* de mala muerte **2.** (*Betrieb*) empresa *f* que no rinde

klitschnass^RR^ ['klɪtʃ'nas] *adj* (*fam*) calado hasta los huesos

klitzeklein ['klɪtsə'klaɪn] *adj* (*fam*) diminuto, minúsculo

Klo [klo:] *nt* <-s, -s> (*fam*) retrete *m*, wáter *m*; **ich muss aufs ~** tengo que ir al wáter; **das ~ ist verstopft/besetzt** el wáter está atascado/ocupado

Kloake [klo'a:kə] *f* <-, -n> (*a.* ZOOL) cloaca *f*

Kloben ['klo:bən] *m* <-s, -> **1.** (*Holzklotz*) leño *m* **2.** (*fig: Mensch*) inculto, -a *m, f*

klobig ['klo:bɪç] *adj* (*Sache*) macizo; (*Mensch*) fortachón

Klobrille *f* <-, -n> (*fam*) asiento *m* del wáter; **Klobürste** *f* <-, -n> (*fam*) escobilla *f* del retrete; **Klodeckel** *m* <-s, -> (*fam*) tapa *f* del wáter, tapadera *f* de wáter; **Klofrau** *f* <-, -en> (*fam*) encargada *f* de los lavabos; **Klomann** *m* <-(e)s, -männer> (*fam*) encargado *m* de los lavabos

klomm *3. imp von* **klimmen**

Klon [klo:n] *m* <-s, -e> (BIOL) clon *m*; (INFOR) copia *f*

klonen [klo:nən] *vt* (BIOL) clonar

klönen ['klø:nən] *vi* (*nordd*) charlar

Klonierung [klo'ni:rʊŋ] *f* <-, -en> (BIOL) clonación *f*

Klopapier *nt* <-s, -e> (*fam*) papel *m* del wáter

klopfen ['klɔpfən] **I.** *vi* **1.** (*schlagen*) golpear, dar golpes; (*Herz*) latir, palpitar; **jdm auf die Schulter ~** dar a alguien una palmadita en el hombro; **mit ~dem Herzen** con el corazón palpitante **2.** (*an~*) llamar; **es klopft** han llamado **II.** *vt* (*Teppich*) sacudir; (*Steine*) picar; (*Fleisch*) macerar, ablandar; **den Takt ~** marcar el compás; **Sprüche ~** fanfarronear

Klopfer *m* <-s, -> **1.** (*Teppich~*) sacudidor *m* **2.** (*Tür~*) llamador *m*

klopffest *adj* (AUTO) antidetonante

Klopffestigkeit *f* <-, *ohne pl*> (CHEM) poder *m* antidetonante

Klopfzeichen *nt* <-s, -> toque *m* en la puerta; **sie öffnete die Tür nur, wenn das geheime ~ ertönte** abrió sólo cuando llamaron a la puerta con la combinación de toques secreta

Kloppe ['klɔpə] *f*: **~ kriegen** (*nordd*) recibir una paliza

Klöppel ['klœpəl] *m* <-s, -> **1.** (*Glockenschwengel*) badajo *m* **2.** (*Xylophonschlägel*) palillo *m* **3.** (*Spitzen~*) bolillo *m*

klöppeln *vi* (*Handarbeit*) hacer encaje de bolillos

Klöppelspitze *f* <-, -n> encaje *m* de bolillos

kloppen ['klɔpən] *vr*: **sich ~** (*nordd*) pegarse, pelearse

Klopperei *f* <-, -en> (*nordd: fam*) pelea *f*

Klöppler(in) *m(f)* <-s, -; -, -nen> encajero, -a *m, f*

Klops [klɔps] *m* <-es, -e> (*nordd, ostd*) **1.** (GASTR) albóndiga *f*; **Königsberger ~e** *albóndigas cocidas con salsa de alcaparras* **2.** (*fam: Fehler*) metedura *f* de pata; **da hast du dir aber einen ~ geleistet** has metido la pata

Klosett [klo'zɛt] *nt* <-s, -s *o* -e> servicio(s) *m(pl)*, wáter *m*; **Klosettbürste** *f* <-, -n>

escobilla *f* del retrete; **Klosettpapier** *nt* <-s, -e> papel *m* higiénico

Kloß [klo:s, *pl:* 'klø:sə] *m* <-es, Klöße> (GASTR: *Fleisch~*) albóndiga *f;* (*Kartoffel~, Grieß~*) *especie de albóndiga cocida hecha de una masa de patatas, miga de pan, sémola etc;* **einen ~ im Hals haben** (*fam*) tener un nudo en la garganta; **Kloßbrühe** *f* <-, -n> (GASTR) caldo *m* de albóndigas; **klar wie ~ sein** (*fam*) estar más claro que el agua

Kloster ['klo:stɐ, *pl:* 'klø:stɐ] *nt* <-s, Klöster> (REL) convento *m,* monasterio *m;* **ins ~ gehen** entrar en un convento, hacerse religioso/religiosa; **Klosterbruder** *m* <-s, -brüder> (*alt*) fraile *m,* monje *m;* **Klosterfrau** *f* <-, -en> (*alt*) monja *f;* **Klostergemeinde** *f* <-, -n> (REL) congregación *f,* cofradía *f;* **Klostergut** *nt* <-(e)s, -güter> patrimonio *m* del monasterio; **Klosterkirche** *f* <-, -n> (REL: *Nonnenkloster*) iglesia *f* del convento; (*Mönchskloster*) iglesia *f* del monasterio

klösterlich ['klø:stɐlɪç] *adj* **1.** (*einem Kloster entsprechend*) monacal, monástico, conventual; **die Exerzitien fanden in der ~en Abgeschiedenheit statt** los ejercicios espirituales se realizaron en el recogimiento del monasterio [*o* del convento] **2.** (*dem Kloster gehörend*) del convento, del monasterio; **die ~e Bibliothek** la biblioteca del convento [*o* del monasterio]

Klosterschule *f* <-, -n> (REL, SCH: *bei Nonnen*) escuela *f* del convento; (*bei Mönchen*) escuela *f* monacal

Klöten ['klø:tən] *pl* (*nordd: fam*) huevos *mpl*

Klotz [klɔts, *pl:* 'klœtsə] *m* <-es, Klötze> **1.** (*allgemein*) bloque *m;* (*Spielzeug~*) cubo *m* de madera; **er ist (mir) ein ~ am Bein** (*fam*) me molesta; **auf einen groben ~ gehört ein grober Keil** (*prov*) a tal tronco, tal hacha **2.** (*fam abw: Person*) palurdo, -a *m, f*

Klötzchen ['klœtsçən] *nt* <-s, -> cubito *m* (de madera)

klotzen *vi* (*reg*) **1.** (*arbeiten*) trabajar duro, currar **2.** (*protzen*) darse bombo; **~, nicht kleckern** no andarse con pequeñeces, sino hacerlo a lo grande

klotzig *adj* (*klobig*) tosco; (*aufwändig*) aparatoso, ostentoso

Klub [klʊp] *m* <-s, -s> club *m;* **Klubhaus** *nt* <-es, -häuser> local *m* del club [*o* social]; **Klubjacke** *f* <-, -n> chaqueta *f* del club, "blazer" *m;* **Klubsessel** *m* <-s, -> sillón *m*

Kluft¹ [klʊft, *pl:* klʏftə] *f* <-, Klüfte> abismo *m;* **eine ~ überbrücken** salvar un abismo

Kluft² *f* <-, -en> (*fam*) ropa *f;* (*einheitlich*) uniforme *m*

klug [klu:k] *adj* <klüger, am klügsten> inteligente; (*schlau*) listo, bagre *Guat, Hond, El Sal;* (*vernünftig*) sensato, cuerdo; (*scharfsinnig*) sagaz; **ein ~er Kopf** un cerebrito; **~ reden** (*fam: besserwisserisch*) hacerse el entendido, hablar como un pedante [*o* con pedantería]; **ihr könnt alle immer nur ~ reden, aber helfen tut ihr nicht** (*fam*) vosotros mucho de pico, pero de echar una mano, nada; **aus etw** *dat* **nicht ~ werden** no acabar de entender algo; **aus Schaden wird man ~** de los errores se aprende; **hinterher ist man immer klüger** después de haber acabado algo se sabe cómo se hubiera podido hacer mejor; **der Klügere gibt nach** (*prov*) ceder es (cosa) de sabios

klüger ['kly:gɐ] *adj kompar von* **klug**

klugerweise ['klu:gɐ'vaɪzə] *adv* por prudencia, prudentemente

Klugheit *f* <-, *ohne pl*> inteligencia *f;* (*Scharfsinn*) perspicacia *f;* (*Vernunft*) sensatez *f*

klug|reden *vi* (*fam*) *s.* **klug**; **Klugredner(in)** *m(f)* <-s, -; -, -nen> (*fam*) pedante *mf;* **klug|scheißen** *irr vi* (*fam abw*) dárselas de listo, hablar como un pedante [*o* con pedantería]; **Klugscheißer(in)** *m(f)* <-s, -; -, -nen> (*fam abw*) sabelotodo *mf inv,* sabihondo, -a *m, f*

klügste(r, s) ['kly:kstə, -tɐ, -təs] *adj superl von* **klug**

Klump [klʊmp] *m:* **ein Fahrzeug zu [*o* in] ~ fahren** (*fam*) pegarse un trompazo con un vehículo y destrozarlo; **etw in ~ werfen/schlagen** hacer algo añicos adrede

Klumpatsch ['klʊmpatʃ] *m* <-(es), *ohne pl*> (*fam*) cachivaches *mpl*

Klümpchen ['klʏmpçən] *nt* <-s, -> (*nordd: Bonbon*) caramelo *m*

klumpen ['klʊmpən] *vi* formarse grumos

Klumpen ['klʊmpən] *m* <-s, -> pedazo *m,* trozo *m;* (*in Soße*) grumo *m;* (*Erd~*) terrón *m;* (*Gold~*) pepita *f;* **das Mehl bildet ~** la harina forma grumos

Klumpfuß *m* <-es, -füße> (MED) pie *m* zopo

klumpfüßig *adj* con un pie contrahecho [*o* zambo] [*o* zopo]; **mein Opa ist ein ~er Mann** mi abuelo tiene un pie contrahecho

klumpig *adj* grumoso, lleno de grumos

Klüngel ['klʏŋəl] *m* <-s, -> (*abw*) camarilla *f*

Klüngelei¹ *f* <-, -en> (*abw: Vetternwirtschaft*) nepotismo *m*

Klüngelei² *f* <-, *ohne pl*> (*reg: abw: Trödelei*) roncería *f*

Klunker ['klʊŋkɐ] *m* <-s, -> (*fam: Edelstein*) brillante *m,* pedrusco *m*

Kluntje ['klʊntjə] *nt* <-s, -s> (*nordd*) azúcar *m* cande

Klüver ['kly:vɐ] *m* <-s, -> (NAUT) foque *m*

km *Abk. von* **Kilometer** km

km/h *Abk. von* **Kilometer pro Stunde** km/h

knabbern ['knabɐn] *vi, vt* (*Tier*) roer; (*Mensch*) picar; **daran wirst du noch lange zu ~ haben** eso es duro de roer; **etw zum K~** algo para picar

Knabe ['kna:bə] *m* <-n, -n> (*geh*) chico *m,* muchacho *m;* **na, alter ~!** (*fam*) ¡hola, tío!

knabenhaft *adj* amuchachado

Knabenkraut *nt* <-(e)s, *ohne pl*> (BOT) satirión *m*

Knabenstimme *f* <-, -n> (MUS) voz *f* de niño [*o* infantil] (*antes de cambiar o mudar la voz*)

knack [knak] *interj* ¡crac!; **es macht ~** hace ¡crac!

Knäckebrot ['knɛkə-] *nt* <-(e)s, -e> *pan en láminas muy crujiente de origen escandinavo*

knacken ['knakən] **I.** *vi* **1.** (*Holz*) crujir **2.** (*knistern*) crepitar, chasquear; **es knackt im Radio** la radio crepita; **an etw** *dat* **zu ~ haben** (*fam*) sufrir las duras consecuencias de algo **3.** (*fam: schlafen*) dormir **II.** *vt* **1.** (*Nüsse*) partir **2.** (*fam: Aufgabe*) resolver; (*Kode*) descifrar **3.** (*fam: aufbrechen*) forzar

Knacker *m* <-s, -> (*fam*) **1.** (*abw*): **alter ~** viejo decrépito **2.** *s.* **Knackwurst**

Knacki ['knaki] *m* <-s, -s> (*sl: Gefängnisinsasse*) presidiario *m;* (*ehemaliger Insasse*) ex presidiario *m*

knackig *adj* (*Salat*) fresco; (*knusprig*) crujiente; (*a. fig*) apetitoso; **ein ~er Typ** un tío bueno

Knacklaut *m* <-(e)s, -e> (LING) eyectiva *f*

Knackpunkt *m* <-(e)s, -e> (*fam*) punto *m* clave

knacks [knaks] *interj s.* **knack**

Knacks [knaks] *m* <-es, -e> **1.** (*Geräusch*) crujido *m* **2.** (*fam: Riss*) grieta *f*, hendidura *f* **3.** (*fam: seelisch*) daño *m* psíquico; (*körperlich*) daño *m* físico; **einen ~ bekommen** trastornarse; **ihre Ehe hatte schon einen ~ bevor ...** su matrimonio ya iba mal antes de que...

Knackwurst *f* <-, -würste> (GASTR) salchicha *f* "knacker" (*salchicha ahumada para calentar*)

Knall [knal] *m* <-(e)s, -e> estallido *m;* (*Peitschen~*) chasquido *m;* (*von Korken*) taponazo *m;* (*von Tür*) portazo *m;* (*von Schuss*) estampido *m;* **die Tür fiel mit einem ~ ins Schloss** la puerta dio un portazo; **es kam zum großen ~** se armó un escándalo; **er hat einen ~** (*fam*) está chiflado; **~ auf Fall** repentinamente, de improviso; **Knallbonbon** *m o nt* <-s, -s> petardo *m;* **Knalleffekt** *m* <-(e)s, -e> (*fam*) golpe *m* (de efecto); (*Überraschung*) sorpresa *f;* (*Pointe*) chiste *m*, gracia *f*

knallen I. *vi* **1.** (*allgemein*) estallar; (*Tür*) cerrarse de golpe; (*Peitsche*) producir un chasquido; (*Schuss*) oírse; (*Korken*) saltar; **mit der Peitsche ~** chasquear el látigo; **es hat mal wieder geknallt** (*fam: Unfall*) hubo otro accidente; (*Streit*) se pelearon de nuevo; **sonst knallt's** (*fam*) si no, ya verás **2.** *sein* (*stoßen*) chocar (*auf/gegen* contra); **mit dem Kopf gegen die Wand ~** darse un golpe en la cabeza contra la pared **3.** (*fam: schießen*) disparar **4.** (*fam: Sonne*) pegar fuerte **5.** *sein* (*Reifen, Ballon*) reventar **II.** *vt* **1.** (*Tür*) dar un portazo (a) **2.** (*werfen*) tirar (violentamente); **den Hörer auf die Gabel ~** colgar con un fuerte golpe; **sie knallte das Buch auf den Tisch** tiró el libro contra la mesa; **jdm die Faust ins Gesicht ~** dar un puñetazo a alguien; **jdm eine ~** (*fam*) soltar [*o* sacudir] una bofetada a alguien

knalleng *adj* (*fam*) a estallar, superajustado; **die Jeans sitzt (am Po) ~** los vaqueros quedan superajustados (al trasero)

Knaller *m* <-s, -> (*fam*) **1.** (*Knallkörper*) petardo *m*, cohete *m* **2.** (*Sensation*) sensación *f*

Knallerbse *f* <-, -n> garbanzo *m* de pega

Knallerei *f* <-, -en> (*fam*) ruido *m* (constante) de petardos; **diese ~ zu Silvester geht mir auf die Nerven** los petardos el día de fin de año me ponen de los nervios

Knallfrosch *m* <-(e)s, -frösche> (*fam*) petardo *m;* **Knallgas** *nt* <-es, -e> (CHEM) gas *m* fulminante; **knallhart** ['-'-] *adj* (*fam: Arbeit*) duro; (*Film, Typ*) brutal; **jdm ~ seine Meinung sagen** decir a alguien cuatro verdades; **knallheiß** *adj* (*fam*) sofocante; **es ist ~** hace una chicharrina terrible

knallig *adj* (*fam: Farbe*) chillón, llamativo

Knallkopf *m* <-(e)s, -köpfe>, **Knallkopp** *m* <-(e)s, -köppe> (*fam*) imbécil *m*, capullo *m;* **pass auf wo du hintrittst, du ~!** ¡mira por dónde pisas, imbécil!; **Knallkörper** *m* <-s, -> petardo *m;* **knallrot** ['-'-] *adj* (*fam*) rojo vivo; **~ werden** ponerse como un tomate

knapp [knap] **I.** *adj* **1.** (*spärlich*) escaso; (*beschränkt*) limitado; **~ bei Kasse sein** andar justo de dinero; **die Zeit ist ~** hay poco tiempo, tenemos el tiempo justo; **das Wasser wurde ~** se produjo una escasez de agua, se estaba acabando el agua; **einen ~en Sieg erzielen** ganar por los pelos; **mit ~er Mehrheit** por escasa mayoría; **... und nicht zu ~** (*fam*) ... y de eso, bastante; **jdn ~ halten** (*fam*) dar lo justo a alguien **2.** (*Kleidung*) justo, ceñido **3.** (*kaum*) escaso; (*vor Zahlen*) poco menos de; **eine ~e Stunde** una hora escasa; **mit ~er Not entkommen** salvarse por los pelos **4.** (*Stil*) conciso; **in ~en Worten** en pocas palabras **II.** *adv* **1.** (*kaum*) apenas **2.** (*gerade so*) (muy) justo; **das Auto fuhr ~ an mir vorbei** el coche pasó muy cerca de mí; **~ sitzen** (*Kleidung*) quedar muy justo; **~ gewinnen** ganar con escaso margen; **~ sein** escasear

Knappe ['knapə] *m* <-n, -n> **1.** (HIST: *Edelknabe*) doncel *m* **2.** (*Bergmann*) minero *m*

knapp\|halten *irr vt* (*fam*) *s.* **knapp I.1.**

Knappheit *f* <-, *ohne pl*> **1.** (*Mangel*) escasez *f* (*an* de) **2.** (*Kürze*) concisión *f*

Knappschaft *f* <-, -en> gremio *m* de los mineros, agrupación *f* de los mineros

knapsen ['knapsən] *vi* (*fam*) **1.** (*knauserig sein*) economizar (*mit* con); **bei drei Kindern muss ich mit dem Haushaltsgeld ~** con tres hijos tengo que controlar cada peseta **2.** (*schwer fertig werden mit*): **an etw** *dat* **~** costar superar algo; **an meiner Scheidung hatte ich lange zu ~** me costó mucho tiempo superar la separación

K

Knarre ['knarə] *f* <-, -n> **1.** (*fam: Gewehr*) trabuco *m*, chumbo *m Arg* **2.** (*Spielzeug*) matraca *f*

knarren ['knarən] *vi* crujir

Knast[1] [knast] *m* <-(e)s, -e *o* Knäste> (*fam: Gefängnis*) chirona *f*, trena *f*, cupo *m Mex*; **im ~ sitzen** estar en chirona [*o* a la sombra]

Knast[2] *m* <-(e)s, *ohne pl*> (*fam: Freiheitsstrafe*) chirona *f*; **er hat drei Jahre ~ bekommen** le han condenado a tres años en chirona

Knatsch [kna:tʃ] *m* <-(e)s, *ohne pl*> (*reg*) pique *m*, bronca *f*; **die beiden haben ~** andan de pique

knatschig *adj* (*fam*) **1.** (*weinerlich*) gimoteador, lloriqueador; **~ sein** ser un llorica **2.** (*ärgerlich*) malhumorado

knattern ['knatɐn] *vi* (*Motorrad, Auto*) petardear; (*Presslufthammer*) martillear; (*Maschinengewehr*) tabletear

Knäuel ['knɔɪəl] *m o nt* <-s, -> ovillo *m*, bodoque *m Mex*

Knauf [knaʊf, *pl:* 'knɔɪfə] *m* <-(e)s, Knäufe> (*am Stock, Schwert*) puño *m*; (*an der Tür*) pomo *m*

Knauser(in) ['knaʊzɐ] *m(f)* <-s, -; -, -nen> (*fam abw*) roñoso, -a *m, f*, tacaño, -a *m, f*

knaus(e)rig ['knaʊz(ə)rɪç] *adj* (*fam abw*) rácano, pichicato *MAm*

Knauserin *f* <-, -nen> *s.* **Knauser**

knausern ['knaʊzɐn] *vi* (*fam abw*) cicatear

Knaus-Ogino-Methode *f* <-, *ohne pl*> (MED) método *m* (Knaus-)Ogino

knausrig *adj s.* **knaus(e)rig**

knautschen ['knaʊtʃən] **I.** *vt* (*fam*) arrugar, chafar **II.** *vi* (*fam*) arrugarse

knautschig ['knaʊtʃɪç] *adj* (*fam*) arrugado; **~ sein** estar hecho una pasa

Knautschlack *m* <-(e)s, -e> cuero *m* arrugado; **Knautschzone** *f* <-, -n> (AUTO) zona *f* de absorción de impactos

Knebel ['kne:bəl] *m* <-s, -> mordaza *f*

knebeln *vt* amordazar

Knebelung *f* <-, -en> amordazamiento *m*

Knebelvertrag *m* <-(e)s, -träge> (*abw*) contrato *m* leonino

Knecht [knɛçt] *m* <-(e)s, -e> **1.** (HIST: *landwirtschaftlicher Helfer*) mozo *m* de labranza, peón *m Am* **2.** (*abw: Befehlsempfänger*) siervo *m*; **~ Ruprecht** acompañante *m* de San Nicolás [*o* de Santa Claus]

knechten **I.** *vi* (*fam: arbeiten*) currar **II.** *vt* (*geh abw*) esclavizar; (*unterdrücken*) subyugar

knechtisch *adj* (*geh abw*) servil

Knechtschaft *f* <-, -en> (*abw: Versklavung*) servidumbre *f*, esclavización *f*

Knechtung *f* <-, -en> (*geh abw*) subyugación *f*, esclavización *f*

kneifen ['knaɪfən] <kneift, kniff, gekniffen> **I.** *vt* (*in die Haut*) pellizcar (*in* en) **II.** *vi* **1.** (*Kleidung*) apretar **2.** (*fam abw: sich drücken*) rajarse, escurrir el bulto; **~ gibt's nicht!** ¡no vale escurrir el bulto!

Kneifer *m* <-s, -> quevedos *mpl*

Kneifzange *f* <-, -n> tenazas *fpl*, alicates *mpl*

Kneipe ['knaɪpə] *f* <-, -n> (*fam*) bar *m*, tasca *f*, bochinche *m Mex*

kneipen ['knaɪpən] *vi* (*fam*) ir de bares, ir de copas

Kneipenbummel *m* <-s, -> ronda *f* por los bares; **einen ~ machen** ir de copas; **Kneipenwirt(in)** *m(f)* <-(e)s, -e; -, -nen> propietario, -a *m, f* de un bar, tabernero, -a *m, f*

Kneipier [knaɪ'pje:] *m* <-s, -s> (*fam: Wirt*) tabernero *m*

kneippen ['knaɪpən] *vi* hacer un tratamiento hidroterapéutico (con el método Krupp)

Kneippkur ['knaɪp-] *f* <-, -en> (MED) tratamiento *m* hidroterápico (*según el método de S. Kneipp, 1821 – 1897*)

knetbar *adj* moldeable, maleable; (*Plastiksprengstoff*) moldeable; (*Teig*) amasable; **~ sein/werden** ser/hacerse moldeable [*o* maleable]

Knete ['kne:tə] *f* <-, *ohne pl*> (*fam*) **1.** (*Knetmasse*) plastilina® *f*, pasta *f* de modelar **2.** (*Geld*) pasta *f*

kneten ['kne:tən] *vt* **1.** (*Teig, Ton*) amasar **2.** (*Figuren formen*) modelar

Knetgummi *m o nt* <-s, -(s)>, **Knetmasse** *f* <-, -n> plastilina® *f*, pasta *f* de modelar

Knick [knɪk] *m* <-(e)s, -e> **1.** (*Falte*) pliegue *m*, doblez *m* **2.** (*Biegung*) recodo *m*; **die Straße macht dort einen ~** la calle dobla allí; **einen ~ in der Optik haben** (*fam*) no ver bien

knicken *vt* **1.** (*falten*) doblar, plegar; **nicht ~!** ¡no doblar! **2.** (*brechen*) romper; (*Pflanze*) tronchar

Knicker *m* <-s, -> (*fam*) roñoso *m*, tacaño *m*

Knickerbocker ['knɪkɐbɔkɐ] *pl* pantalón *m* bombacho

knick(e)rig ['knɪk(ə)rɪç] *adj* (*fam abw*) tacaño, mezquino

Knick(e)rigkeit *f* <-, *ohne pl*> (*fam abw*) roñería *f*, tacañería *f*; **bei deiner ~ wundere ich mich, dass du noch Geld für Zigaretten ausgibst** con lo tacaño que eres me sorprende que aún gastes dinero en tabaco

knickrig *adj* (*fam abw*) *s.* **knick(e)rig**

Knickrigkeit *f* <-, *ohne pl*> (*fam abw*) *s.* **Knick(e)rigkeit**

Knicks [knɪks] *m* <-es, -e> reverencia *f* (*flexión de las piernas*); **einen ~ machen (vor jdm)** hacer una reverencia (ante alguien)

knicksen ['knɪksən] *vi* hacer una reverencia (*vor* ante)

Knie [kni:, *pl:* 'kni:ə] *nt* <-s, -> **1.** (*Körperteil*) rodilla *f*; **auf ~n** de rodillas; **weiche ~ bekommen** (*fam*) amilanarse, amedrentarse; **auf die ~ fallen** ponerse de rodillas; **sich** *dat* **das ~ aufschlagen** lastimarse la rodilla; **jdn übers ~ legen** (*fam*) pegar un palizón a alguien; **etw übers ~ brechen** (*fam*) forzar algo; **jdn in die ~ zwingen** (*fig*) subyugar a alguien **2.** (*Biegung*) recodo *m* **3.** (*am Rohr*) codo *m,* codillo *m;* **Kniebeuge** *f* <-, -n> **1.** (SPORT) flexión *f* de rodillas **2.** (REL) genuflexión *f;* **Kniebundhose** *f* <-, -n> pantalón *m* abrochado en la rodilla; **Kniefall** *m* <-(e)s, -fälle> genuflexión *f;* (*fig*) humillación *f*

kniefällig *adv* (*alt*) de rodillas; **der Verurteilte flehte ~ um Gnade** el condenado suplicaba clemencia de rodillas

kniefrei *adj* con la rodilla descubierta; **mein neuer Rock ist ~** mi nueva falda no llega a las rodillas; **Kniegelenk** *nt* <-(e)s, -e> (ANAT) articulación *f* de la rodilla; **kniehoch** *adj o adv* hasta las rodillas; **~ sein** llegar hasta las rodillas; **das Gras ist ~ gewachsen** la hierba ha crecido hasta la altura de las rodillas; **an dieser Stelle steht das Wasser ~** en este lugar el agua llega hasta las rodillas; **Kniehose** *f* <-, -n> pantalón *m* de media pierna; **Kniekehle** *f* <-, -n> (ANAT) corva *f;* **knielang** *adj* por la rodilla; **~ sein** llegar por la rodilla; **man trägt Röcke jetzt eher ~** ahora se llevan las faldas más bien por la rodilla

knien ['kniːən, kniːn] **I.** *vi haben o sein* estar de rodillas **II.** *vr:* **sich ~** arrodillarse, ponerse de rodillas; **sich in die Arbeit ~** (*fam*) meterse de lleno en el trabajo

Knies [kniːs] *m* <-, *ohne pl*> (*fam*) *s.* **Knatsch**

Kniescheibe *f* <-, -n> rótula *f;* **Knieschützer** *m* <-s, -> (SPORT) rodillera *f;* **Knieschwellung** *f* <-, -en> (MED) inflamación *f* de la rodilla; **Kniestrumpf** *m* <-(e)s, -strümpfe> media *f* calcetín; **Kniestuhl** *m* <-(e)s, -stühle> silla *f* sin respaldo y con reposarrodillas; **knietief** **I.** *adj* que llega hasta las rodillas; **~ sein** llegar hasta las rodillas; **sie blieben im ~en Morast stecken** se quedaron atascados en un barrizal que les llegaba a las rodillas **II.** *adv* hasta las rodillas; **wir standen ~ im Schnee** la nieve nos llegaba hasta las rodillas; **Kniewärmer** *m* <-s, -> rodillera *f* (de lana)

kniff [knɪf] *3. imp von* **kneifen**

Kniff [knɪf] *m* <-(e)s, -e> **1.** (*Kneifen*) pellizco *m* **2.** (*Falte*) pliegue *m,* doblez *m* **3.** (*Trick*) truco *m;* **den ~ raushaben** saberse el truco; **es ist ein ~ dabei** tiene truco

kniff(e)lig *adj* (*schwierig*) complicado, difícil; (*heikel*) delicado

Knigge ['knɪgə] *m* <-(s), -> manual *m* de comportamiento

Knilch [knɪlç] *m* <-s, -e> (*fam abw*) patán *m*

knipsen ['knɪpsən] **I.** *vi* (*fam: schnalzen*) chasquear **II.** *vt* (*fam*) **1.** (*fotografieren*) fotografiar, sacar una foto (de) **2.** (*Fahrkarte*) picar

Knirps [knɪrps] *m* <-es, -e> (*fam*) **1.** (*Junge*) chiquillo *m,* renacuajo *m* **2.** (*abw: Mann*) arrancapinos *m inv,* enano *m*

knirschen ['knɪrʃən] *vi* crujir; **mit den Zähnen ~** rechinar los dientes

knistern ['knɪstɐn] *vi* (*Feuer*) crepitar; (*Seide, Papier*) crujir; (*vor Spannung*) chisporrotear; **im Gerichtssaal knisterte es vor Spannung** en la sala el ambiente era muy tenso

Knittelvers ['knɪtəl-] *m* <-es, -e> (LIT) copla *f* de ciego

knitterarm *adj* que se arruga poco; **knitterfrei** *adj* inarrugable

knittern ['knɪtɐn] **I.** *vt* (*Stoff, Papier*) arrugar, chafar **II.** *vi* arrugarse

Knobelbecher *m* <-s, -> **1.** (*Würfelbecher*) cubilete *m* **2.** (MIL: *sl: Stiefel*) bota *f* militar

knobeln ['knoːbəln] *vi* **1.** (*würfeln*) jugar a los dados (*um* por) **2.** (*fam: nachdenken*) romperse la cabeza (*an* con)

Knoblauch ['knoːblaʊx] *m* <-(e)s, *ohne pl*> ajo *m;* **Knoblauchpresse** *f* <-, -n> exprimidera *f* de ajo; **Knoblauchzehe** *f* <-, -n> diente *m* de ajo

Knöchel ['knœçəl] *m* <-s, -> **1.** (*am Fuß*) tobillo *m;* **sich** *dat* **den ~ verstauchen** dislocarse el tobillo **2.** (*am Finger*) nudillo *m;* **Knöchelbruch** *m* <-(e)s, -brüche> (MED) fractura *f* de tobillo [*o* maleolar]; **knöchellang** *adj* hasta los tobillos; **dieses Kleid ist ~** este vestido llega hasta los tobillos; **knöcheltief** **I.** *adj* que llega hasta los tobillos; **~ sein** llegar hasta los tobillos **II.** *adv* hasta los tobillos

Knochen ['knɔxən] *m* <-s, -> hueso *m;* **sich** *dat* **die ~ brechen** (*fam*) romperse los huesos; **der Schreck fuhr ihm in die ~** se llevó un susto enorme; **er ist bis auf die ~ blamiert (worden)/nass geworden** hizo el ridículo más absoluto/se caló hasta los huesos; **mir tun alle ~ weh** (*fam*) tengo los huesos molidos; **mir steckt eine Erkältung in den ~** tengo un resfriado muy fuerte (que no se me quita de encima); **Knochenarbeit** *f* <-, *ohne pl*> (*fam*) trabajo *m* de negros, pela *f Mex;* **Knochenbau** *m* <-(e)s, *ohne pl*> estructura *f* ósea; **Knochenbildung** *f* <-, -en> (MED) osteogénesis *f inv;* **Knochenbruch** *m* <-(e)s, -brüche> fractura *f* de hueso; **Knochenentkalkung** *f* <-, -en> (MED) descalcificación *f* ósea, osteoporosis *f inv;* **Knochenentzündung** *f* <-, -en> (MED) osteítis *f inv;* **Knochenerweichung** *f* <-, -en> (MED) osteomalacia *f;* **Knochenfisch** *m* <-(e)s, -e> (ZOOL) teleósteo *m;* **Knochengerüst** *nt* <-(e)s, -e> (ANAT) armazón *m* óseo, esqueleto *m;* **knochenhart** ['--'-] *adj* (*fam: Brot, Arbeit*) muy duro; **mein Chef ist ~** mi jefe es un hueso; **Knochenhaut** *f* <-, -häute> (ANAT) periostio *m;* **Knochenleim** *m* <-(e)s, -e> (TECH) cola *f* de huesos; **Knochenmann** *m* <-(e)s, *ohne pl*> (*geh*): **der ~** la Muerte (*en forma de esqueleto humano*)

Knochenmark *nt* <-(e)s, *ohne pl*> (ANAT) tuétano *m,* médula *f* ósea; **Knochenmarktransplantation** *f* <-, -en> (MED) trasplante *m* de médula ósea

Knochenmehl *nt* <-(e)s, -e> harina *f* de huesos; **Knochenschinken** *m* <-s, -> (GASTR) jamón *m* (entero); **Knochenschwund** *m* <-(e)s, *ohne pl*> (MED) atrofia *f* ósea; **knochentrocken** ['--'--] *adj* (*fam: Brot, Humor*) muy seco

knöchern ['knœçɐn] *adj* **1.** (*aus Knochen*) de hueso **2.** (*knochig*) huesudo, osudo

knochig ['knɔxɪç] *adj* huesudo, huesoso; (*Gesicht*) descarnado;

knockout [nɔk'ʔaʊt] *adj*, **knock-out**[RR] *adj* (*a.* SPORT) knock-out; ~ **gehen** quedar k.o. [*o* fuera de combate]

Knockout [nɔk'ʔaʊt] *m* <-(s), -s>, **Knock-out**[RR] *m* <-(s), -s> (*a.* SPORT) knock-out *m*

Knödel ['knø:dəl] *m* <-s, -> (*Österr, südd*) *especie de albóndiga cocida hecha de una masa de patatas o miga de pan*

Knöllchen ['knœlçən] *nt* <-s, -> (*fam: Strafzettel*) multa *f*

Knolle ['knɔlə] *f* <-, -n> **1.** (BOT) tubérculo *m*, raíz *f* tuberosa **2.** (*fam: rundliche Verdickung*) bulto *m*

Knollen *m* <-s, -> (*reg: Verdickung*) bulto *m*; **Knollenblätterpilz** [--'---] *m* <-es, -e> amanita *f*; **Knollengemüse** *nt* <-s, -> verdura *f* tuberosa; **Knollennase** *f* <-, -n> (*fam*) nariz *f* de boxeador [*o* de patata]

knollig ['knɔlɪç] *adj* (*Nase*) protuberante, prominente; **dieser Baumstamm hat ~e Auswüchse** este tronco es muy tuberoso

Knopf [knɔpf, *pl:* 'knœpfə] *m* <-(e)s, Knöpfe> **1.** (*a.* ELEK, MUS) botón *m*; **einen ~ annähen/verlieren** coser/perder un botón; **auf den ~ drücken** pulsar el botón, apretar el [*o* dar al] botón *fam* **2.** (*Schweiz, südd*) nudo *m*

Knopfdruck *m* <-(e)s, *ohne pl*> opresión *f* de un botón, pulsación *f*; (**wie**) **auf ~** como si le hubieran oprimido el botón, como si lo/la hubieran enchufado

knöpfen ['knœpfən] *vt* abotonar

Knopfloch *nt* <-(e)s, -löcher> ojal *m*; **eine Nelke im ~ tragen** llevar un clavel en el ojal; **Knopfzelle** *f* <-, -n> pila *f* de botón

Knorpel ['knɔrpəl] *m* <-s, -> cartílago *m*

knorp(e)lig ['knɔrp(ə)lɪç] *adj* cartilaginoso

Knorpelzelle *f* <-, -n> (MED) célula *f* cartilaginosa

knorplig *adj s.* **knorp(e)lig**

Knorren ['knɔrən] *m* <-s, -> (*reg*) rama *f* nudosa

knorrig ['knɔrɪç] *adj* (*Baum*) nudoso

Knospe ['knɔspə] *f* <-, -n> (*Blüten~*) capullo *m*; (*von Blatt, Zweig*) yema *f*, botón *m*; ~ **treiben** [*o* **ansetzen**] brotar

knospen *vi* brotar, echar yemas

knoten *vt* hacer un nudo (en); (*befestigen*) fijar con un nudo; (*Krawatte*) anudar

Knoten ['kno:tən] *m* <-s, -> **1.** (*bei Fäden, a.* NAUT, BOT) nudo *m*; **sich** *dat* **einen ~ ins Taschentuch machen** atarse un hilo al dedo; **der Gordische ~** (HIST) el nudo gordiano **2.** (*Frisur*) moño *m* **3.** (MED) nudosidad *f* **4.** (INFOR) nodo *m*; **Knotenpunkt** *m* <-(e)s, -e> nudo *m* de comunicaciones

Knöterich ['knø:tərɪç] *m* <-s, -e> (BOT) bistorta *f*

knotig *adj* nudoso

Know-how [nɔʊ'haʊ] *nt* <-(s), *ohne pl*> conocimientos *mpl* (de la tecnología), capacidad *f* tecnológica; **technisches ~** conocimientos técnicos

Knubbel ['knʊbəl] *m* <-s, -> (*reg: rundliche Verdickung*) bulto *m*

knuddeln ['knʊdəln] *vt* (*reg*) achuchar (y besuquear), hacer mimos

Knuff [knʊf] *m* <-(e)s, Knüffe> (*fam*) empujón *m*; (*mit dem Ellbogen*) codazo *m*

knuffen ['knʊfən] *vt* (*fam*) dar un empujoncito; **jdn in die Seite ~** echar a alguien a un lado (dándole un empujoncito); (*mit dem Ellbogen*) echar a alguien a un lado (dándole un codazo)

knülle ['knʏlə] *adj* (*fam*) borracho como una cuba

knüllen ['knʏlən] **I.** *vi* (*knittern*) arrugarse **II.** *vt* (*Papier*) estrujar, arrugar

Knüller ['knʏlɐ] *m* <-s, -> (*fam*) sensación *f*

knüpfen ['knʏpfən] *vt* **1.** (*knoten*) anudar **2.** (*Netz*) hacer **3.** (*Freundschaft*) trabar, entablar; **große Erwartungen an etw ~** poner grandes esperanzas en algo; **Bedingungen an etw ~** poner algo por condición

Knüppel ['knʏpəl] *m* <-s, -> **1.** (*Stock*) palo *m*, garrote *m*, mamón *m Guat, Hond*, tocho *m Arg*; (*von Polizei*) porra *f*; **jdm einen ~ zwischen die Beine werfen** (*fam*) poner cortapisas a alguien **2.** (AERO) palanca *f* de mando; **Knüppeldamm** *m* <-(e)s, -dämme> puente *m* (hecho) de troncos; **knüppeldick** ['--'-] *adv* (*fam fig*) muy fuerte, muy duro, muy grave; **es kam ~** sucedió lo peor; **er trug ~ auf** exageró a más no poder; **knüppelhart** *adj* (*fam*) durísimo

knüppeln ['knʏpəln] *vt* aporrear, golpear con la porra

Knüppelschaltung *f* <-, -en> (AUTO) cambio *m* de marchas con palanca; **knüppelvoll** ['--'-] *adj* (*fam*) a tope

knurren ['knʊrən] *vi* **1.** (*Hund, Mensch*) gruñir (*über* a causa de) **2.** (*Magen*) sonar; **mir knurrt der Magen** mi estómago protesta del hambre que tengo

Knurrhahn *m* <-(e)s, -hähne> (ZOOL) trigla *f*, trilla *f*, gallina *f* de mar

knurrig *adj* gruñón, refunfuñón

Knusperhäuschen ['knʊspɐhɔɪsçən] *nt* <-s, -> *casita hecha de pastelería*

knusp(e)rig ['knʊsp(ə)rɪç] *adj* crujiente

knuspern ['knʊspɐn] *vi:* **an etw** *dat* ~ mordisquear algo; **etwas zum K~** algo para picar

knusprig *adj s.* **knusp(e)rig**

Knust [knu:st, *pl:* 'kny:stə] *m* <-(e)s, -e *o* Knüste> (*nordd*) borde *m* del pan, coscurro *m*

Knute ['knu:tə] *f* <-, -n> látigo *m;* **unter jds ~ stehen** (*fam*) estar bajo el dominio de alguien

knutschen ['knu:tʃən] *vi* (*fam*) besuquearse

Knutscherei *f* <-, -en> (*fam*) besuqueo *m,* toqueteo *m*

Knutschfleck *m* <-(e)s, -en> (*fam*) chupetón *m*

Knüttelvers *m* <-es, -e> (LIT) *s.* **Knittelvers**

k.o. [ka:'ʔo:] *adj* (*a.* SPORT) *Abk. von* **knockout** k.o.; **~ gehen** quedar k.o. [*o* fuera de combate]; **jdn ~ schlagen** noquear a alguien; **~ sein** (*fam*) estar k.o. [*o* fuera de combate]

K.o. [ka:'ʔo:] *m* <-, -> (*a.* SPORT) *Abk. von* **Knock-out** k.o. *m;* **technischer ~** knock-out técnico; **durch ~** por k.o.

Koagulation [koagula'tsjo:n] *f* <-, -en> (CHEM) coagulación *f;* **Koagulationsmittel** *nt* <-s, -> (MED) coagulante *m*

Koala [ko'a:la] *m* <-s, -s>, **Koalabär** *m* <-en, -en> (ZOOL) koala *m*

koalieren* [koa'li:rən] *vi* (POL) coligarse, formar una coalición

Koalition [koali'tsjo:n] *f* <-, -en> (POL) coalición *f;* **eine ~ bilden** [*o* **eingehen**] formar una coalición; **kleine/große ~** pequeña/gran coalición; **Koalitionsfreiheit** *f* <-, *ohne pl*> libertad *f* de coalición; **Koalitionspartei** *f* <-, -en> (POL) partido *m* de la coalición; **Koalitionspartner** *m* <-s, -> socio *m* de coalición; **Koalitionsregierung** *f* <-, -en> (POL) gobierno *m* de coalición; **Koalitionsvereinbarung** *f* <-, -en> (POL) pacto *m* de coalición, acuerdo *m* de coalición; **Koalitionsvertrag** *m* <-(e)s, -träge> (POL) tratado *m* de coalición, convenio *m* de coalición

koaxial [koʔa'ksia:l] *adj* (TECH) coaxial; **~e Drehbewegungen** giros coaxiales; **Koaxialkabel** *nt* <-s, -> (ELEK) cable *m* coaxial

Kobalt ['ko:balt] *nt* <-s, *ohne pl*> (CHEM) cobalto *m;* **kobaltblau** *adj* azul cobalto

Koben ['ko:bən] *m* <-s, -> (AGR) pocilga *f*

Koblenz ['ko:blɛnts] *nt* <-> Coblenza *f*

Kobold ['ko:bɔlt] *m* <-(e)s, -e> duende *m,* gnomo *m*

Kobra ['ko:bra] *f* <-, -s> cobra *f*

Koch [kɔx, *pl:* 'kœçə] *m,* **Köchin** *f* <-(e)s, Köche; -, -nen> cocinero, -a *m, f;* **viele Köche verderben den Brei** (*prov*) muchas manos en la olla echan el guiso a perder

kochbeständig *adj* resistente a la ebullición; **Kochbuch** *nt* <-(e)s, -bücher> libro *m* de cocina; **Kochecke** *f* <-, -n> cocina *f* americana

Köchelverzeichnis ['kœçəl-] *nt* <-ses, *ohne pl*> (MUS) Köchel *m* (*registro de todas las obras de Mozart según el musicólogo Ludwig von Köchel, 1800 – 1877*)

kochen ['kɔxən] **I.** *vi* **1.** (*Wasser, Speisen*) hervir, estar hirviendo; (*Kühler*) echar humo; **etw zum K~ bringen** llevar a ebullición algo, hacer hervir algo **2.** (*Speisen zubereiten*) guisar, cocinar; **er kocht gut** cocina bien **3.** (*fam: wütend sein*) estar furioso; **er kocht vor Wut** está furioso **II.** *vt* **1.** (*garen*) cocer; **hart gekocht** (*Ei*) duro; **weich gekocht** (*Fleisch, Gemüse*) cocido (hasta que esté tierno); (*Ei*) pasado por agua **2.** (*zubereiten*) hacer, preparar; **jdm etw ~** cocinar [*o* guisar] algo para alguien; **sich** *dat* **etw ~** cocinarse [*o* guisarse] algo **3.** (*heiß waschen*) lavar a 90 grados

kochendheiß ['--'-] *adj s.* **heiß 1.**

Kocher *m* <-s, -> hornillo *m*

Köcher ['kœçɐ] *m* <-s, -> **1.** (*für Pfeile*) carcaj *m,* aljaba *f* **2.** (FOTO) estuche *m* (*para guardar los gemelos o el objetivo*)

Kochfeld *nt* <-(e)s, -er> placa *f* de cocina; **kochfest** *adj* (*Wäsche*) lavable a 90 grados; **Kochgelegenheit** *f* <-, -en> posibilidad *f* para cocinar; **Kochgeschirr** *nt* <-(e)s, -e> batería *f* de cocina; **Kochherd** *m* <-(e)s, -e> (*alt*) cocina *f*

Köchin ['kœçɪn] *f* <-, -nen> *s.* **Koch**

Kochkäse *m* <-s, -> queso *m* (que es elaborado en caliente); **Kochkunst** *f* <-, *ohne pl*> gastronomía *f,* arte *m* culinario, cocina *f;* **Kochkurs** *m* <-es, -e> curso *m* de cocina; **Kochlöffel** *m* <-s, -> cuchara *f* de palo; **Kochmulde** *f* <-, -n> encimera *f,* placa *f;* **Kochnische** *f* <-, -n> cocinita *f,* rincón *m* cocina; **Kochplatte** *f* <-, -n> fogón *m;* **Kochpunkt** *m* <-es, *ohne pl*> punto *m* de ebullición; **Kochrezept** *nt* <-(e)s, -e> receta *f* de cocina

Kochsalz *nt* <-es, *ohne pl*> sal *f* común [*o* de cocina]; **Kochsalzersatz** *m* <-es, *ohne pl*> sustitutivo *m* de sal común [*o* de sal de cocina]; **Kochsalzlösung** *f* <-, -en> (MED) solución *f* de agua salada

Kochtopf *m* <-(e)s, -töpfe> olla *f,* cazuela *f;* **Kochwäsche** *f* <-, *ohne pl*> colada *f* a 90 grados

kodd(e)rig ['kɔd(ə)rɪç] *adj* (*nordd: fam*) **1.** (*unverschämt*) impertinente **2.** (*unwohl*) indispuesto; **jdm ist ~** alguien siente náuseas

Kode ['ko:də, ko:t] *m* <-s, -s> (*a.* INFOR) código *m;* **ASCII ~** código ASCII; **genetischer ~** código genético

Kodein [kode'i:n] *nt* <-s, *ohne pl*> (MED) codeína *f*

Köder ['kø:dɐ] *m* <-s, -> cebo *m*

ködern *vt* **1.** (*Tiere*) echar el cebo (a) **2.** (*Personen*) engatusar, atraer; **er will dich mit diesen Angeboten nur ~** sólo pretende engatusarte con estas ofertas

Kodex[1] ['ko:dɛks] *m* <-(es), -e *o* Kodizes> (HIST) códice *m*

Kodex[2] ['ko:dɛks] *m* <-(es), -e> (*Regelung*) código *m*

kodieren* [ko'di:rən] *vt* (INFOR) codificar

Kodierung *f* <-, -en> codificación *f*

Kodifikation [kodifika'tsjo:n] *f* <-, -en> (JUR) codificación *f*

kodifizieren* [kodifi'tsi:rən] *vt* (JUR) codifi-

K

car; **kodifiziertes Recht** derecho codificado

Kodifizierung [kodifi'tsi:rʊŋ] *f* <-, -en> (JUR): ~ **von Gesetzen** codificación *f*

Kodizes *pl von* **Kodex**[1]

Kodizill [kodi'tsɪl] *nt* <-s, -e> (JUR) codicilio *m*

Koedukation [koeduka'tsjo:n] *f* <-, *ohne pl*> (SCH) coeducación *f*

Koeffizient [koʔɛfi'tsjɛnt] *m* <-en, -en> (MATH) coeficiente *m*

Koexistenz [koʔɛksɪs'tɛnts] *f* <-, *ohne pl*> (*a.* POL) coexistencia *f;* **friedliche** ~ (WIRTSCH, POL) coexistencia pacífica

koexistieren* *vi* (*geh*) coexistir

Koffein [kɔfe'i:n] *nt* <-s, *ohne pl*> cafeína *f;* **koffeinfrei** *adj* sin cafeína, descafeinado; **koffeinhaltig** *adj* con cafeína, que contiene cafeína; ~**e Limonade** refresco de limón con cafeína

Koffer ['kɔfɐ] *m* <-s, -> maleta *f,* valija *f Am,* chácara *f And;* **die** ~ **packen/auspacken** hacer/deshacer la maleta; **aus dem** ~ **leben** vivir haciendo y deshaciendo maletas; **Kofferanhänger** *m* <-s, -> etiqueta *f;* **Kofferkuli** *m* <-s, -s> carrito *m* portaequipajes; **Kofferradio** *nt* <-s, -s> radio *f* portátil; **Kofferraum** *m* <-(e)s, -räume> maletero *m,* baúl *m Am,* cofre *m Mex;* **Kofferschreibmaschine** *f* <-, -n> máquina *f* de escribir transportable

Kognak ['kɔnjak] *m* <-s, -s> coñac *m;* **Kognakschwenker** *m* <-s, -> copa *f* de coñac

kognitiv [kɔgni'ti:f] *adj* (PSYCH) cognitivo

kohärent [kohɛ'rɛnt] *adj* coherente

Kohärenz [kohɛ'rɛnts] *f* <-, *ohne pl*> coherencia *f*

Kohäsion [kohɛ'zjo:n] *f* <-, *ohne pl*> cohesión *f*

Kohl [ko:l] *m* <-(e)s, *ohne pl*> **1.** (*Gemüse*) col *f;* **das macht den** ~ **auch nicht fett** (*fam*) ya no importa **2.** (*fam abw: Unsinn*) disparates *mpl,* bobadas *fpl;* **das ist doch alles** ~**!** ¡eso son bobadas!; **red nicht solchen** ~**!** ¡no digas tantos disparates!

Kohldampf *m* <-(e)s, *ohne pl*> (*fam*): ~ **haben** tener un hambre de mil demonios; ~ **schieben** pasar hambre

Kohle[1] ['ko:lə] *f* <-, -n> (*Brennstoff, Zeichen~*) carbón *m;* ~ **führend** (BERGB) carbonífero; ~ **abbauen** extraer carbón; (**wie**) **auf glühenden** ~**n sitzen** estar sobre ascuas; **in** [*o* **mit**] ~ **zeichnen** dibujar al carbón; **mit** ~ **heizen** tener calefacción de carbón

Kohle[2] *f* <-, *ohne pl*> (*fam: Geld*) pasta *f,* perras *fpl,* pelas *fpl;* **keine** ~ **mehr haben** estar sin un duro

kohleführend *adj s.* **Kohle**[1]

kohlehaltig *adj* carbonoso

Kohleherd *m* <-(e)s, -e> cocina *f* de carbón; **Kohlehydrat** *nt* <-(e)s, -e> (CHEM) hidrato *m* de carbono; **Kohlekraftwerk** *nt* <-(e)s, -e> central *f* térmica carbonera

kohlen ['ko:lən] *vi* (*fam: schwindeln*) mentir; **das stimmt nicht, du kohlst!** ¡eso no es cierto, mientes!

Kohlenabbau *m* <-(e)s, *ohne pl*> extracción *f* de carbón; **Kohlenbecken** *nt* <-s, -> **1.** (GEO) cuenca *f* carbonífera **2.** (*zum Heizen*) brasero *m;* **Kohlenbergbau** *m* <-(e)s, *ohne pl*> explotación *f* de minas de carbón; **im** ~ **sollen 3000 Stellen gestrichen werden** en la industria del carbón deben suprimirse 3000 puestos de trabajo; **Kohlenbergwerk** *nt* <-(e)s, -e> mina *f* de carbón

Kohlendioxid [--'---] *nt* <-(e)s, *ohne pl*> (CHEM) anhídrido *m* carbónico; **Kohlendioxidausstoß** *m* <-es, -stöße> expulsión *f* de dióxido de carbono; **kohlendioxidfrei** *adj* libre de dióxido de carbono, sin dióxido de carbono

Kohlenflöz [-flø:ts] *m* <-es, -e> (BERGB) estrato *m* carbonífero; **Kohlengrube** *f* <-, -n> mina *f* de carbón; **Kohlenhalde** *f* <-, -n> escorial *m* de carbón; **Kohlenhändler(in)** *m(f)* <-s, -; -, -nen> carbonero, -a *m, f;* **Kohlenhandlung** *f* <-, -en> (*alt*) carbonería *f;* **Kohlenherd** *m* <-(e)s, -e> cocina *f* de carbón; **Kohle(n)hydrat** *nt* <-(e)s, -e> (CHEM) hidrato *m* de carbono; **Kohlenkasten** *m* <-s, -kästen> coquera *f;* **Kohlenkeller** *m* <-s, -> carbonera *f;* **Kohlenmonoxid** [--'---] *nt* <-(e)s, *ohne pl*> (CHEM) monóxido *m* de carbono; **Kohle(n)ofen** *m* <-s, -öfen> estufa *f* de carbón; **Kohlenpott** *m* <-(e)s, *ohne pl*> (*fam*) Cuenca *f* del Ruhr; **Kohle(n)revier** *nt* <-s, -e> cuenca *f* carbonífera; **kohlensauer** *adj* (CHEM) carbónico; **kohlensaures Natron** bicarbonato sódico; **Kohlensäure** *f* <-, *ohne pl*> **1.** (CHEM) ácido *m* carbónico **2.** (*in Getränken*) gas *m;* **Mineralwasser mit** ~ agua mineral con gas

kohlensäurehaltig *adj* carbonatado, con gas; **dieses Mineralwasser ist nicht** ~ esta agua mineral no tiene gas

Kohlenschaufel *f* <-, -n> pala *f* de carbón

Kohlenstaub *m* <-(e)s, -stäube> carbonilla *f;* **Kohlenstaubbinder** *m* <-s, -> (CHEM) aglutinante *m* de polvo de carbón

Kohlenstoff *m* <-(e)s, *ohne pl*> (CHEM) carbono *m;* **Kohlenstoffverbindung** *f* <-, -en> (CHEM) compuesto *m* de carbono

Kohlenvorkommen *nt* <-s, -> *s.* Kohlevorkommen; **Kohlenwagen** *m* <-s, -> **1.** (*Kohlenwaggon*) vagón *m* carbonero **2.** (*Tender*) ténder *m;* **Kohlenwasserstoff** [--'---] *m* <-(e)s, -e> (CHEM) hidrocarburo *m;* **chlorierte** ~**e** hidrocarburos clorados; (**polyzyklische**) **aromatische** ~**e** hidrocarburos (policíclicos) aromáticos

Kohleofen *m* <-s, -öfen> estufa *f* de carbón; **Kohlepapier** *nt* <-s, -e> papel *m* carbón; **Kohlepfennig** *m* <-s, *ohne pl*> *tributo especial que los usuarios deben pagar para subvencionar la explotación hullera*

Köhler(in) ['køːlɐ] *m(f)* <-s, -; -, -nen> carbonero, -a *m, f*
Kohlerevier *nt* <-s, -e> cuenca *f* carbonífera
Köhlerin *f* <-, -nen> *s.* **Köhler**
Kohlestift *m* <-es, -e> carboncillo *m,* carbonilla *f Am;* **Kohletablette** *f* <-, -n> pastilla *f* de carbono; **Kohlevorkommen** *nt* <-s, -> yacimiento *m* de carbón; **große ~** grandes yacimientos de carbón; **Kohlezeichnung** *f* <-, -en> dibujo *m* al carbón
Kohlkopf *m* <-(e)s, -köpfe> repollo *m;* **Kohlmeise** *f* <-, -n> (ZOOL) herrerillo *m;* **kohl(pech)rabenschwarz** ['-('-)'--'-] *adj* negro como el azabache [*o* como ala de cuervo]
Kohlrabi [koːl'raːbi] *m* <-(s), -(s)> colinabo *m*
Kohlroulade *f* <-, -n> (GASTR) *hoja de col rellena;* **Kohlrübe** *f* <-, -n> nabo *m;* **kohlschwarz** *adj s.* **kohl(pech)rabenschwarz;** **Kohlsprossen** *fpl* (*Österr*) col *f* de Bruselas
Kohlweißling ['-'--] *m* <-s, -e> mariposa *f* blanca de la col
Kohorte [ko'hɔrtə] *f* <-, -n> (HIST) cohorte *f*
koitieren* [koi'tiːrən] *vi* realizar el coito, copular
Koitus ['koːitʊs] *m* <-, -(se)> coito *m*
Koje ['koːjə] *f* <-, -n> **1.** (NAUT) litera *f* **2.** (*fam: Bett*) cama *f;* **sich in die ~ hauen** irse al catre
Kojote [ko'joːtə] *m* <-n, -n> coyote *m*
Kokain [koka'iːn] *nt* <-s, *ohne pl*> cocaína *f;* **kokainsüchtig** *adj* cocainómano; **~ sein** ser un cocainómano; **Kokainsüchtige(r)** *mf* <-n, -n; -n, -n> cocainómano, -a *m, f*
Kokarde [ko'kardə] *f* <-, -n> escarapela *f*
kokeln ['koːkəln] *vi* (*fam*) jugar con el fuego; **die Kinder kokelten mit Streichhölzern und trockenem Holz** los niños jugaban con cerillas y madera seca
Kokerei [koːkə'raɪ] *f* <-, -en> (TECH) coquería *f*
kokett [ko'kɛt] *adj* coqueto
Koketterie [kokɛtə'riː] *f* <-, *ohne pl*> coquetería *f*
kokettieren* [kokɛ'tiːrən] *vi* coquetear; (*flirten*) flirtear
Kokke ['kɔkə] *f* <-, -n> (BIOL, MED) (micro)coco *m*
Kokolores [koko'loːrɛs] *m* <-, *ohne pl*> (*fam*) tonterías *fpl,* bobadas *fpl;* **mach keinen ~!** ¡no hagas tonterías!
Kokon [ko'kõː] *m* <-s, -s> capullo *m*
Kokosfaser ['koːkɔs-] *f* <-, -n> fibra *f* de coco; **Kokosfett** *nt* <-(e)s, -e> grasa *f* de coco; **Kokosflocken** *fpl* coco *m* rallado; **Kokosmakrone** *f* <-, -n> galleta *f* de coco, pasta *f* de coco; **Kokosmatte** *f* <-, -n> estera *f* de coco; **Kokosmilch** *f* <-, *ohne pl*> leche *f* de coco; **Kokosnuss**[RR] *f* <-, -nüsse> coco *m;* **Kokosöl** *nt* <-s, -e> (GASTR) aceite *m* de coco; **Kokospalme** *f* <-, -n> cocotero *m;* **Kokosraspel** *pl* coco *m* rallado
Kokotte [ko'kɔtə] *f* <-, -n> (*alt*) concubina *f,* manceba *f*
Koks [koːks] *m* <-es, *ohne pl*> **1.** (*Brennstoff*) coque *m* **2.** (*fam: Unsinn*) tonterías *fpl,* bobadas *fpl* **3.** (*sl: Kokain*) coca *f*
koksen *vi* **1.** (*sl: Kokain schnupfen*) esnifar cocaína **2.** (*fam: schlafen*) sobar
Kokser(in) *m(f)* <-s, -; -, -nen> (*sl*) cocainómano, -a *m, f*
Kola[1] ['koːla] *f* <-, -> (*fam*) (coca-)cola *f*
Kola[2] *pl von* **Kolon**
Kolben ['kɔlbən] *m* <-s, -> **1.** (TECH) pistón *m,* émbolo *m* **2.** (CHEM) matraz *m* **3.** (*beim Gewehr*) culata *f* **4.** (BOT) espádice *m* **5.** (*fam: Nase*) narizón *m,* narizota *f;* **Kolbenfresser** *m* <-s, -> (AUTO: *fam*) agarrotamiento *m* del pistón (*por falta de engrase*); **Kolbenhub** *m* <-(e)s, -hübe> (TECH) movimiento *m* del émbolo [*o* del pistón], pistonada *f;* **Kolbenmotor** *m* <-s, -en> (AUTO) motor *m* de pistón [*o* de émbolo]; **Kolbenring** *m* <-(e)s, -e> (TECH) aro *m* de pistón, segmento *m* de compresión; **Kolbenstange** *f* <-, -n> (AUTO) biela *f*
Kolchose [kɔl'çoːzə] *f* <-, -n> koljós *m,* koljoz *m,* explotación *f* agrícola colectiva
Kolibakterien [koli-] *fpl* colibacilos *mpl*
Kolibri ['koːlibri] *m* <-s, -s> (ZOOL) colibrí *m,* picaflor *m,* chupaflor *m MAm,* gorrión *m MAm*
Kolik ['koːlɪk, ko'liːk] *f* <-, -en> cólico *m*
Kolkrabe ['kɔlk-] *m* <-n, -n> (ZOOL) cuervo *m*
kollabieren* [kɔla'biːrən] *vi sein* (*zusammenbrechen*) colapsar; (FIN: *Kurs*) caer
Kollaborateur(in) [kɔlabora'tøːɐ] *m(f)* <-s, -e; -, -nen> (POL) colaboracionista *mf*
Kollaboration [kɔlabora'tsjoːn] *f* <-, *ohne pl*> (POL) colaboración *f,* colaboracionismo *m*
kollaborieren* [kɔlabo'riːrən] *vi* (POL) colaborar (con el enemigo)
Kollagen [kɔla'geːn] *nt* <-s, -e> (BIOL, MED) colágeno *m*
Kollaps ['kɔlaps, -'-] *m* <-es, -e> (MED) colapso *m*
Kollation [kɔla'tsjoːn] *f* <-, -en> **1.** (*a.* TYPO) repaso *m* **2.** (*reg: Imbiss*) colación *f,* piscolabis *m inv*
kollationieren* [kɔlatsjo'niːrən] *vt* (*a.* TYPO) colacionar, comparar
Kolleg [kɔ'leːk] *nt* <-s, -s> (*Studien~*) academia *f*
Kollege, -in [kɔ'leːgə] *m, f* <-n, -n; -, -nen> colega *mf,* compañero, -a *m, f* de trabajo; (*Amts~, a.* POL) homólogo, -a *m, f;* **Kollegenrabatt** *m* <-(e)s, -e> descuento *m* comercial (*especialmente entre diferentes editoriales*); **die Verlage gewähren sich untereinander ~e** las editoriales se hacen descuentos entre sí

kollegial [kɔle'gja:l] *adj* solidario; **sich ~ verhalten** actuar de una manera solidaria

Kollegialität [kɔlegjali'tɛ:t] *f* <-, *ohne pl*> solidaridad *f* profesional

Kollegien *pl von* **Kollegium**

Kollegin *f* <-, -nen> *s.* **Kollege**

Kollegium [kɔ'le:giʊm] *nt* <-s, Kollegien> colegas *mpl;* (*bei Lehrern*) cuerpo *m* docente

Kollegmappe *f* <-, -n> cartera *f*

Kollekte [kɔ'lɛktə] *f* <-, -n> colecta *f,* cuestación *f*

Kollektion [kɔlek'tsjo:n] *f* <-, -en> colección *f*

kollektiv [kɔlɛk'ti:f] *adj* colectivo

Kollektiv [kɔlɛk'ti:f] *nt* <-s, -e *o* -s> colectivo *m;* **Kollektivarbeit** *f* <-, -en> trabajo *m* en equipo; **Kollektivbewusstsein**[RR] *nt* <-s, *ohne pl*> conciencia *f* colectiva; **Kollektivbillet** *nt* <-s, -s> (*Schweiz: Sammelfahrschein*) billete *m* colectivo; **Kollektiveigentum** *nt* <-s, *ohne pl*> propiedad *f* colectiva; **Kollektivgeist** *m* <-(e)s, *ohne pl*> sentido *m* cívico

kollektivieren* [kɔlɛkti'vi:rən] *vt* colectivizar

Kollektivismus [kɔlɛkti'vɪsmʊs] *m* <-, *ohne pl*> colectivismo *m*

Kollektivschuld *f* <-, *ohne pl*> culpa *f* colectiva; **Kollektivverantwortung** *f* <-, *ohne pl*> responsabilidad *f* colectiva; **Kollektivwirtschaft** *f* <-, -en> koljós *m,* koljoz *m,* explotación *f* agrícola colectiva

Kollektor [kɔ'lɛkto:ɐ] *m* <-s, -en> (PHYS, ELEK) colector *m*

Koller[1] ['kɔlɐ] *m* <-s, -> (*fam: Wutausbruch*) estallido *m* de cólera; **ich kriegte/hatte einen ~** me dio/tenía un ataque de cólera

Koller[2] *nt* <-s, -> canesú *m,* esclavina *f*

kollern ['kɔlɐn] **I.** *vi* **1.** *haben* (ZOOL) glugutear; **das K~ des Truthahnes ist sehr laut** los pavos hacen mucho ruido cuando glugutean **2.** *sein* (*reg*) *s.* **kullern II.** *vunpers haben* hacer ruido; **es kollert in deinem Bauch, hast du Hunger?** te suenan las tripas, ¿es que tienes hambre?

kollidieren* [kɔli'di:rən] *vi* **1.** *sein* (*zusammenstoßen*) colisionar (*mit* contra), chocar (*mit* con) **2.** (*in Konflikt geraten*) chocar (*mit* con), estar en pugna (*mit* con); (*zeitlich*) coincidir (*mit* con); **die Termine ~** las fechas coinciden; **unsere Meinungen ~ miteinander** nuestras opiniones chocan una con otra

Kollier [kɔ'lje:] *nt* <-s, -s> collar *m*

Kollision [kɔli'zjo:n] *f* <-, -en> colisión *f,* choque *m;* **Kollisionskurs** *m* <-es, *ohne pl*> actitud *f* pendenciera; **mit jdm auf ~ gehen** pelearse con alguien; **Kollisionsrecht** *nt* <-(e)s, *ohne pl*> (JUR) derecho *m* de colisión

Kollodium [kɔ'lo:diʊm] *nt* <-s, *ohne pl*> (CHEM) colodión *m*

Kolloid [kɔlo'i:t] *nt* <-(e)s, -e> (CHEM) coloide *m*

kolloidal [kɔloi'da:l] *adj* (CHEM) coloidal

Kolloquium [kɔ'lo:kviʊm] *nt* <-s, Kolloquien> coloquio *m*

Kollusion *f* <-, -en> (JUR) colusión *f*

Köln [kœln] *nt* <-s> Colonia *f*

Kölnischwasser *nt* <-s, ->, **kölnisch Wasser**[RR] *nt* <- -s, – -> agua *f* de Colonia, colonia *f*

Kolon ['ko:lɔn] *nt* <-s, -s *o* Kola> (MED, ANAT) colon *m*

Koloniakübel *m* <-s, -> (*Österr*) contenedor *m* grande de basura

kolonial [kolo'nja:l] *adj* colonial; **Kolonialbesitz** *m* <-es, -e> colonia *f;* **1898 verlor Spanien mit Kuba seinen letzten ~** en 1898 España perdió con Cuba su última colonia; **Kolonialherrschaft** *f* <-, *ohne pl*> colonialismo *m,* dominio *m* colonial

Kolonialismus [kolonja'lɪsmʊs] *m* <-, *ohne pl*> colonialismo *m*

Kolonialmacht *f* <-, -mächte> potencia *f* colonial; **Kolonialstil** *m* <-(e)s, *ohne pl*> (*a.* ARCHIT) estilo *m* colonial; **Kolonialzeit** *f* <-, *ohne pl*> **1.** (HIST: *Epoche*) era *f* colonial **2.** (*Aufenthalt*) estancia *f* colonial; **der alte Major erzählt immer wieder aus seiner ~** el viejo mayor siempre cuenta batallitas de sus tiempos coloniales

Kolonie [kolo'ni:] *f* <-, -n> colonia *f;* **eine ~ bilden** formar una colonia

Kolonisation [koloniza'tsjo:n] *f* <-, -en> colonización *f*

kolonisieren* [koloni'zi:rən] *vt* colonizar

Kolonist(in) [kolo'nɪst] *m(f)* <-en, -en; -, -nen> colono, -a *m, f*

Kolonkarzinom *nt* <-s, -e> (MED) carcinoma *m* del colon

Kolonnade [kolɔ'na:də] *f* <-, -n> columnata *f*

Kolonne [ko'lɔnə] *f* <-, -n> **1.** (*einer Tabelle, a.* TYPO, MIL) columna *f;* **die fünfte ~** la quinta columna **2.** (*Fahrzeug~*) caravana *f;* (MIL) convoy *m* **3.** (*Arbeitergruppe*) brigada *f;* **Kolonnenspringer(in)** *m(f)* <-s, -; -, -nen> (AUTO: *fam*) conductor(a) *m(f)* que adelanta por el arcén [*o* que se salta una caravana]; **Kolonnenverkehr** *m* <-(e)s, *ohne pl*> (AUTO) circulación *f* en caravana

Kolophonium [kolo'fo:niʊm] *nt* <-s, *ohne pl*> colofonia *f*

Koloratur [kolora'tu:ɐ] *f* <-, -en> (MUS) coloratura *f*

kolorieren* [kolo'ri:rən] *vt* colorar, colorear

Kolorit [kolo'ri:t] *nt* <-(e)s, -e *o* -s> (KUNST, MUS: *a. fig*) colorido *m*

Koloss[RR] [ko'lɔs] *m* <-es, -e>, **Koloß** *m* <-sses, -sse> coloso *m*

kolossal [kolɔ'sa:l] *adj* colosal; **einen ~en Fehler machen** cometer una falta colosal; **Kolossalfilm** *m* <-(e)s, -e> superproducción *f* histórica; **Kolossalgemälde** *nt* <-s, -> pintura *f* de grandes dimensiones

Kolportage [kɔlpɔr'taːʒə] *f* <-, -n> (*abw*) reportaje *m* sensacionalista (de baja calidad)

kolportieren* [kɔlpɔr'tiːrən] *vt* vender por las calles

Kölsch [kœlʃ] *nt* <-(s), *ohne pl*> **1.** (*Kölner Bier*) cerveza *f* de Colonia **2.** (*Kölner Mundart*) habla *f* de Colonia

Kolumbianer(in) [kolʊm'bjaːnɐ] *m(f)* <-s, -; -, -nen> colombiano, -a *m, f*

kolumbianisch [kolʊm'bjaːnɪʃ] *adj* colombiano

Kolumbien [ko'lʊmbiən] *nt* <-s> Colombia *f*

Kolumbus [ko'lʊmbʊs] *m* <-> (HIST) Colón *m;* **das Ei des ~** el huevo de Colón

Kolumne [ko'lʊmnə] *f* <-, -n> (*Spalte*) columna *f*

Kolumnist(in) [kolʊm'nɪst] *m(f)* <-en, -en; -, -nen> (PUBL) columnista *mf*

Koma ['koːma] *nt* <-s, -s *o* -ta> (MED) coma *m;* **im ~ liegen** estar en (estado de) coma

Kombattant(in) [kɔmba'tant] *m(f)* <-en, -en; -, -nen> combatiente *mf*

Kombi ['kɔmbi] *m* <-s, -s> (*fam*) coche *m* furgoneta, combi *f;* **Kombiadapter** *m* <-s, -> (INFOR, TEL) adaptador *m* híbrido (*combinación entre un módem para RSDI y un fax-módem*); **Kombifax** *nt* <-, -(e)> (TEL) fax *m* con teléfono y contestador automático integrados

Kombinat [kɔmbi'naːt] *nt* <-(e)s, -e> combinado *m*

Kombination [kɔmbina'tsjoːn] *f* <-, -en> **1.** (*Verbindung*) combinación *f* **2.** (*Vermutung*) suposición *f* **3.** (*Kostüm*) conjunto *m;* (*Arbeitsanzug*) mono *m* **4.** (SPORT): **nordische ~** combinada *f* nórdica; **Kombinationsgabe** *f* <-, *ohne pl*> talento *m* para combinar; **Kombinationsimpfstoff** *m* <-(e)s, -e> (MED) vacuna *f* combinada; **Kombinationspräparat** *nt* <-(e)s, -e> (MED) preparado *m* combinado; **Kombinationsschloss**[RR] *nt* <-es, -schlösser> cerradura *f* de combinación

kombinatorisch [kɔmbina'toːrɪʃ] *adj* deductivo; **~e Begabung** talento deductivo

kombinieren* [kɔmbi'niːrən] **I.** *vi* (*folgern*) deducir, sacar conclusiones **II.** *vt* combinar

Kombitelefon *nt* <-s, -e> teléfono *m* con contestador automático integrado

Kombiwagen *m* <-s, -> coche *m* furgoneta, combi *f;* **Kombizange** *f* <-, -n> alicates *mpl* universales

Kombüse [kɔm'byːzə] *f* <-, -n> (NAUT) cocina *f* de un barco

Komet [ko'meːt] *m* <-en, -en> cometa *m;* **Kometenbahn** *f* <-, -en> (ASTR) órbita *f* de cometa

kometenhaft *adj* (*Aufstieg*) vertical

Kometenschweif *m* <-(e)s, -e> (ASTR) cola *f* de cometa, cabellera *f* de cometa

Komfort [kɔm'foːɐ] *m* <-s, *ohne pl*> comodidad *f,* confort *m*

komfortabel [kɔmfɔr'taːbəl] *adj* cómodo, confortable

Komfortanschluss[RR] *m* <-es, -schlüsse> (TEL) conexión *f* con servicios suplementarios (*en RSDI*); **Komforttelefon** *nt* <-s, -e> télefono *m* de funciones; **Komfortwohnung** *f* <-, -en> piso *m* de lujo

Komik ['koːmɪk] *f* <-, *ohne pl*> lo cómico, comicidad *f;* **einen Sinn für ~ haben** tener sentido para lo cómico

Komiker(in) ['koːmikɐ] *m(f)* <-s, -; -, -nen> cómico, -a *m, f*

komisch *adj* **1.** (*ulkig*) cómico, gracioso **2.** (*seltsam*) curioso, raro, extraño; **das kam mir ~ vor** me pareció raro; **ich fühle mich irgendwie ~** (*unwohl*) no me siento bien; (*eigenartig*) me siento raro

komischerweise ['koːmɪʃɐ'vaɪzə] *adv* curiosamente

Komitee [komi'teː, kɔmi'teː] *nt* <-s, -s> comité *m*

Komma ['kɔma] *nt* <-s, -s *o* -ta> coma *f;* **das ~ verschieben** correr la coma; **~s setzen** poner comas

Kommandant(in) [kɔman'dant] *m(f)* <-en, -en; -, -nen> (MIL) comandante *mf*

Kommandantur [kɔmandan'tuːɐ] *f* <-, -en> comandancia *f*

Kommandeur(in) [kɔman'døːɐ] *m(f)* <-s, -e; -, -nen> (MIL) comandante *mf*

kommandieren* [kɔman'diːrən] **I.** *vt* **1.** (*Einheit, Flotte*) comandar, tener el mando (sobre) **2.** (*ab~*) destacar; **jdn an die Front ~** destacar a alguien al frente **3.** (*befehlen*) ordenar **II.** *vi* ordenar, dar órdenes; **er kommandiert gern** le gusta dar órdenes

Kommanditaktionär(in) *m(f)* <-s, -e; -, -nen> (WIRTSCH) accionista *mf* comanditario, -a

Kommanditär(in) [kɔmandi'tɛːɐ] *m(f)* <-s, -e> (*Schweiz:* WIRTSCH) *s.* **Kommanditist(in)**

Kommanditeinlage *f* <-, -n> (WIRTSCH) aportación *f* del comanditario; **Kommanditgesellschaft** [kɔman'diːt-] *f* <-, -en> (WIRTSCH) sociedad *f* comanditaria [*o* en comandita]

Kommanditist(in) [kɔmandi'tɪst] *m(f)* <-en, -en; -, -nen> (WIRTSCH) (socio, -a *m, f*) comanditario, -a *m, f*

Kommando[1] [kɔ'mando] *nt* <-s, -s> **1.** (*Befehl*) orden *f;* **auf ~** al dar la orden; **~ zurück!** ¡se anula la orden!; **ich kann nicht auf ~ lachen!** ¡por encargo no consigo que me salga la risa! **2.** (*Gruppe*) comando *m*

Kommando[2] *nt* <-s, *ohne pl*> (*Befehlsgewalt*) mando *m;* **das ~ haben** tener el mando (*über* sobre); **Kommandobrücke** *f* <-, -n> (NAUT) puente *m* de mando; **Kommandokapsel** *f* <-, -n> módulo *m* de mando

Kommata *pl von* **Komma**

kommen ['kɔmən] <kommt, kam, gekommen> *vi sein* **1.** (*einen Ort erreichen*) venir (*von* de); (*als Sprechender*) ir; (*an~*) llegar; (*zurückkehren*) volver (*von* de); **da kommt er ja!** ¡ahí viene!; **ich komme schon** ya voy; **gut, dass du kommst** me alegro de que vengas; **ein Taxi ~ lassen** llamar a un taxi; **er kam von einer Reise** volvió de un viaje; **angelaufen ~** venir corriendo; **zu spät ~** llegar tarde; **du sollst zum Direktor ~** que vengas a ver al director; **wie komme ich nach ...?** ¿por dónde se va a...?; **sie kam zu der Überzeugung, dass ...** llegó a la conclusión de que...; **wir müssen langsam zu einem Ende ~** tenemos que acabar ya; **nicht von der Stelle ~** no avanzar nada; **ich halte die Zeit für ge~** pienso que ha llegado el momento; **ein einziges K~ und Gehen** un ir y venir continuo; **er fühlte den Tod ~** sentía venir la muerte; **wann kommt die nächste Tankstelle?** ¿cuándo viene la próxima gasolinera?; **jetzt komme ich (an die Reihe)** ahora me toca a mí; **das kommt später** (eso) viene más tarde; **der kommt mir nicht ins Haus!** ¡ése no pone un pie en mi casa!; **mit dem Benzin ~ wir nicht nach Hause** la gasolina no nos alcanza para llegar a casa; **sie kommt bald in die Schule** no falta mucho para que vaya a la escuela; **er kommt ins Krankenhaus** le llevan al hospital; **der Fall kommt vor Gericht** el caso se llevará a los tribunales; **sein Vorschlag kam mir sehr gelegen** su propuesta me vino muy a propósito; **du kommst genau zum richtigen Zeitpunkt** llegas en el momento justo; **du kommst mir gerade recht!** ¡eres justo lo que me faltaba!; **das kommt mir wie gerufen** me viene de perlas; **komme, was da wolle** pase lo que pase; **jdm ~ die Tränen** a alguien se le saltan las lágrimas; **so weit kommt es noch** (*fam*) hasta ahí podíamos llegar; **so darfst du mir aber nicht ~** (*fam*) no me hables en ese tono; **mit der Ausrede kannst du mir nicht ~** no me vengas con excusas; **zum Stehen ~** pararse; **man kommt hier zu nichts** aquí no se tiene tiempo para nada; **es kam zu einem Streit** se armó la gorda [*o* la de San Quintín]; **dazu kommt noch, dass ...** hay que añadir que...; **zur Sache ~** ir al grano; **wieder zu sich ~** volver en sí; **zu Wort ~** (conseguir) hablar; **zu Schaden ~** sufrir un daño; **wie käme ich dazu, das zu machen?** ¿por qué iba a hacerlo?; **wie komme ich zu der Ehre?** (*iron*) ¿a qué debo el honor?; **ums Leben ~** perder la vida; **das kommt zusammen auf 20 Mark** (*fam*) todo junto hace 20 marcos; **auf jeden von uns ~ 30 Mark** a cada uno nos tocan 30 marcos; **ich komme auf 1.200 Mark im Monat** (*fam*) saco unos 1200 marcos al mes; **hast du richtig gezählt? ich komme nur auf 15** ¿has contado bien? a mí me da sólo 15; **kommt man hier leicht an frisches Gemüse?** ¿es fácil conseguir aquí verduras frescas?; **ich kam nicht auf seinen Namen** no caía en su nombre; **wie kommst du darauf?** ¿cómo se te ocurre?; **wohin kämen wir, wenn das jeder machen würde** adonde iríamos a parar si todos hiciesen lo mismo; **da könnte ja jeder ~** sí hombre, por tu cara bonita; **sie lässt nichts auf ihn ~** no deja que le toquen un pelo, no consiente que lo critiquen; **auf die Welt ~** nacer; **auf etw/jdn zu sprechen ~** hablar de algo/de alguien; **sie ist hinter das Geheimnis ge~** descubrió el secreto; **durch den Zoll/eine Prüfung ~** pasar la aduana/un examen; **im ~den Jahr** el año que viene; **Jeans sind wieder im K~** los vaqueros se ponen otra vez de moda; **aus der Mode ~** pasar de moda; **aus dem Takt ~** perder el compás; **aus dem Konzept ~** perder el hilo; **komm, wir gehen!** (*fam*) ¡venga, vámonos!; **nun komm schon!** (*fam*) ¡venga ya!; **komm, komm, jetzt lüg mir nichts vor!** (*fam*) ¡anda ya, no me cuentes cuentos!; **komm, sei lieb!** (*fam*) ¡venga, sé bueno!; **komm mir bloß nicht damit** no me vengas con esas; **... und jetzt kommt der mir mit einem Anwalt ...** y ahora me llega con un abogado; **kommt Zeit, kommt Rat** (*prov*) el tiempo aclara las cosas; **wer zuerst kommt, mahlt zuerst** (*prov*) el que primero llega, ése la calza **2.** (*herbei~*) acercarse (*zu* a), acudir (*zu* a); **etw** *dat*/**jdm nahe** [*o* **näher**] **~** acercarse a algo, aproximarse a algo; **das kommt meinen Vorstellungen sehr nahe** esto casi coincide con mis planes; **sich** *dat* **nahe ~** intimar; **sie kamen sich näher** se conocieron mejor [*o* más de cerca] **3.** (*geschehen*) suceder, pasar; **ich habe es ~ sehen** ya me lo veía venir; **wie es gerade kommt** a lo que salga, como caiga; **dazu kam es gar nicht mehr** ya no hubo tiempo para eso; **es kam eins zum anderen** fue una reacción en cadena; **das musste ja so ~** tenía que pasar; **es kam, wie es ~ musste** pasó lo que tenía que pasar; **die Hochzeit kam für alle überraschend** la boda fue una sorpresa para todos; **das Schlimmste/Beste kommt erst noch** y ahora viene lo peor/lo mejor; **wie kommt es, dass du ...?** ¿cómo es que tú...?; **es kommt immer anders, als man denkt** (*prov*) las cosas nunca pasan como uno se piensa; **wenn es kommt, kommt's dick** las desgracias nunca vienen solas **4.** (*stammen*) ser (*aus* de), venir (*aus* de); **ich komme aus Dortmund** soy de Dortmund; **der Käse kommt aus Holland** el queso es de Holanda **5.** (*durchqueren*) pasar (*über/durch* por), atravesar (*über/durch*); **wir ~ diesmal nicht über Münster** esta vez no pasamos por Münster **6.** (*entfallen*) corresponder (*auf* a); **auf zwei Deutsche kommt ein Auto** cada dos alemanes tienen un coche **7.** (*berühren*) tocar; (*streifen*) rozar; **sie kam mit dem Ärmel an die frisch gestrichene Wand** se dio en la pared recién pintada con la manga **8.** (*herrühren*) deberse (*von* a), venir (*von* de); **das**

kommt davon, dass ... eso se debe a...; **der Vorschlag kam von mir** la propuesta era mía; **das kommt davon!** ¡esa es la consecuencia!; **das kommt vom Rauchen** eso pasa por fumar **9.** (*hingehören*) ponerse; **das Geschirr kommt in den Schrank** los platos se ponen en el armario **10.** (*Bedenken, Zweifel*) surgir; (*Idee*) ocurrir **11.** (*anfangen*): **in Gang** ~ ponerse en movimiento, empezar a funcionar **12.** (*fam: Orgasmus haben*) correrse

kommend *adj* venidero, futuro; **die ~en Jahre** los años venideros; **~e Woche** la semana que viene; **er ist der ~e Mann in seiner Partei** es la gran promesa de su partido

kommensal [kɔmɛnˈzaːl] *adj* (BIOL) comensal

Kommensalismus [kɔmɛnzaˈlɪsmʊs] *m* <-, *ohne pl*> (BIOL) comensalismo *m*

Kommentar [kɔmɛnˈtaːɐ] *m* <-(e)s, -e> comentario *m*; **kein ~!** ¡sin comentarios!; **einen ~ zu etw** *dat* **abgeben** hacer un comentario respecto a algo

kommentarlos *adj* sin comentario

Kommentator(in) [kɔmɛnˈtaːtoːɐ] *m(f)* <-s, -en; -, -nen> comentarista *mf*, comentador(a) *m(f)*; **juristischer** ~ comentarista jurídico

kommentieren* [kɔmɛnˈtiːrən] *vt* **1.** (*Stellung nehmen*) comentar **2.** (*Text*) glosar; **kommentierte Ausgabe** edición anotada

Kommers [kɔˈmɛrs, *pl:* kɔˈmɛrzə] *m* <-es, -e> (UNIV) *encuentro de miembros de una corporación estudiantil alemana;* **noch heute sind bei den meisten ~en keine Frauen erwünscht** aún hoy en día sigue sin estar permitida la participación de las mujeres en las reuniones en la mayoría de las corporaciones estudiantiles

Kommerzfernsehen *nt* <-s, *ohne pl*> televisión *f* comercial

kommerzialisieren* [kɔmɛrtsjaliˈziːrən] *vt* comercializar

Kommerzialrat, -rätin *m, f* <-(e)s, -räte; -, -nen> (*Österr*) *s.* **Kommerzienrat**

kommerziell [kɔmɛrˈtsjɛl] *adj* comercial

Kommerzienrat, -rätin *m, f* <-(e)s, -räte; -, -nen> (HIST) *título de honor que se concedió en Alemania hasta 1919 a eminentes economistas*

Kommilitone, -in [kɔmiliˈtoːnə] *m, f* <-n, -n; -, -nen> compañero, -a *m, f* de estudios

Kommiss[RR] [kɔˈmɪs] *m* <-es, *ohne pl*>, **Kommiß** *m* <-sses, *ohne pl*> servicio *m* militar, mili *f fam;* **er muss zum** ~ tiene que hacer la mili

Kommissar(in) [kɔmɪˈsaːɐ] *m(f)* <-s, -e; -, -nen> **1.** (ADMIN) comisario, -a *m, f*, comisionado, -a *m, f Am* **2.** (*Polizeibeamter*) comisario, -a *m, f* de policía

Kommissär(in) [kɔmɪˈsɛːɐ] *m(f)* <-s, -e; -, -nen> (*Österr, Schweiz: Polizeibeamter*) comisario, -a *m, f* de policía

Kommissariat [kɔmɪsariˈaːt] *nt* <-s, -e> **1.** (*Amtszimmer*) despacho *m* **2.** (*Österr: Polizeidienststelle*) comisaría *f* (de policía)

Kommissarin *f* <-, -nen> *s.* **Kommissar**

Kommissärin *f* <-, -nen> *s.* **Kommissär**

kommissarisch [kɔmɪˈsaːrɪʃ] *adj* provisional, interino; **etw ~ verwalten** administrar algo provisionalmente

Kommissbrot[RR] *nt* <-(e)s, -e> pan *m* inglés [*o* integral]

Kommission [kɔmɪˈsjoːn] *f* <-, -en> (*a.* COM) comisión *f;* **etw in ~ geben/nehmen** (COM) dar/tomar algo en comisión

Kommissionär(in) [kɔmɪsjoˈnɛːɐ] *m(f)* <-s, -e; -, -nen> (WIRTSCH) comisionario, -a *m, f*

kommissionieren* [kɔmɪsjoˈniːrən] *vt* (*Österr*) inspeccionar, examinar

Kommissionsbasis *f* (COM): **auf** ~ a comisión; **Kommissionsfirma** *f* <-, -firmen> (WIRTSCH) casa *f* comisionista; **Kommissionsgeschäft** *nt* <-(e)s, -e> (COM) negocio *m* a comisión; **Kommissionsgut** *nt* <-es, -güter> (WIRTSCH) mercancías *fpl* en comisión

Kommissionsmitglied *nt* <-(e)s, -er> miembro *m* de la comisión; **Kommissionssitzung** *f* <-, -en> reunión *f* de la comisión; **Kommissionsware** *f* <-, -n> (WIRTSCH) *s.* **Kommissionsgut**

Kommode [kɔˈmoːdə] *f* <-, -n> cómoda *f*

kommunal [kɔmuˈnaːl] *adj* municipal; **Kommunalabgaben** *fpl* (FIN, POL) impuestos *mpl* municipales; **Kommunalfinanzen** *pl* finanzas *fpl* municipales; **Kommunalobligation** *f* <-, -en> (WIRTSCH) obligación *f* municipal; **Kommunalpolitik** *f* <-, -en> política *f* municipal; **Kommunalwahl** *f* <-, -en> elecciones *fpl* municipales

Kommunarde, -in [kɔmuˈnardə] *m, f* <-n, -n; -, -nen> (HIST) partidario, -a *m, f* de la Comuna de París

Kommune [kɔˈmuːnə] *f* <-, -n> (ADMIN) municipio *m*, comuna *f Am;* **die Pariser** ~ la Comuna de París

Kommunikation [kɔmunikaˈtsjoːn] *f* <-, *ohne pl*> comunicación *f;* **Kommunikationsindustrie** *f* <-, -n> industria *f* de las comunicaciones; **Kommunikationsmittel** *nt* <-s, -> medio *m* de comunicación; **Kommunikationsnetz** *nt* <-es, -e> red *f* de comunicación; **Kommunikationssatellit** *m* <-en, -en> satélite *m* de comunicaciones; **Kommunikationssystem** *nt* <-s, -e> sistema *m* de comunicación; **Kommunikationstechnik** *f* <-, -en> técnica *f* de las comunicaciones; **Kommunikationsweg** *m* <-(e)s, -e> método *m* de comunicación; **neue ~e erschließen** desarrollar nuevas formas de comunicación; **Kommunikationswissenschaft** *f* <-, -en> Ciencias *fpl* de la Comunicación

Kommunikee[RR] *nt* <-s, -s> *s.* **Kommuniqué**

Kommunion [kɔmuˈnjoːn] *f* <-, -en> (REL)

K

1. (*Abendmahl*) comunión *f* 2. (*Erst~*) primera comunión *f*; **zur ~ gehen** hacer la (primera) comunión; **Kommunionbank** *f* <-, -bänke> (REL) banco *m* de comunión; **Kommunionkind** *nt* <-(e)s, -er> (REL) niño, -a *m, f* que va a celebrar la primera comunión; **die ~er wurden auf ihre Erstkommunion vorbereitet** preparaban a los niños para hacer su primera comunión

Kommuniqué [kɔmyni'keː] *nt* <-s, -s> comunicado *m*

Kommunismus [kɔmu'nɪsmʊs] *m* <-, *ohne pl*> comunismo *m*

Kommunist(in) [kɔmu'nɪst] *m(f)* <-en, -en; -, -nen> comunista *mf*

kommunistisch *adj* comunista; **das K~e Manifest** el Manifiesto Comunista; **K~e Partei** Partido Comunista

kommunizieren* [kɔmuni'tsiːrən] *vi* 1. (*reden*) comunicarse 2. (REL) comulgar, recibir la comunión

Komödiant(in) [komø'djant] *m(f)* <-en, -en; -, -nen> comediante *mf*

Komödie [ko'møːdjə] *f* <-, -n> comedia *f*; **jetzt spiel mir bitte keine ~** no me vengas con comedias

Kompagnon ['kɔmpanjɔŋ, kɔmpan'jõː] *m* <-s, -s> (WIRTSCH) socio, -a *m, f*

kompakt [kɔm'pakt] *adj* 1. (*Material*) compacto 2. (*fam: Person, Statur*) macizo; **Kompaktlager** *nt* <-s, -> almacén *m* para combustible irradiado compactado

Kompanie [kɔmpa'niː] *f* <-, -n> compañía *f*; **Kompaniechef(in)** *m(f)* <-s, -s; -, -nen> (MIL) jefe, -a *m, f* de compañía, capitán, -ana *m, f*, comandante *mf*; **Kompanieführer(in)** *m(f)* <-s, -; -, -nen> (MIL) jefe, -a *m, f* de compañía

Komparativ ['kɔmparatiːf] *m* <-s, -e> (LING) comparativo *m*

Komparse, -in [kɔm'parzə] *m, f* <-n, -n; -, -nen> comparsa *mf*

Kompass[RR] ['kɔmpas] *m* <-es, -e>, **Kompaß** *m* <-sses, -sse> brújula *f*; (NAUT) compás *m*; **Kompassnadel**[RR] *f* <-, -n> aguja *f* de la brújula [*o* del compás]

kompatibel [kɔmpa'tiːbəl] *adj* (*a.* INFOR) compatible

Kompatibilität [kɔmpatibili'tɛːt] *f* <-, -en> compatibilidad *f*

Kompendium [kɔm'pɛndiʊm, *pl:* kɔm'pɛndiən] *nt* <-s, Kompendien> compendio *m*

Kompensation [kɔmpɛnza'tsjoːn] *f* <-, -en> compensación *f*; **Kompensationsabkommen** *nt* <-s, -> (WIRTSCH) acuerdo *m* de compensación

kompensieren* [kɔmpɛn'ziːrən] *vt* compensar

kompetent [kɔmpe'tɛnt] *adj* competente; **die ~e Stelle** la autoridad competente; **welches Gericht ist für solche Fälle ~?** ¿cúal es el juzgado competente en estos asuntos?; **~er Sprecher** (LING) interlocutor competente

Kompetenz [kɔmpe'tɛnts] *f* <-, -en> competencia *f*; **seine ~en überschreiten** sobrepasar sus competencias; **das liegt nicht in meiner ~** esto no es de mi competencia; **jds ~ bestreiten/anzweifeln** discutir/dudar sobre la competencia de alguien; **Kompetenzstreitigkeiten** *fpl* conflicto *m* competencial, cuestiones *fpl* de competencia; **Kompetenzüberschreitung** *f* <-, -en> extralimitación *f*

kompetitiv *adj* competitivo

kompilieren* [kɔmpi'liːrən] *vt* (*a.* INFOR) compilar, recopilar

Komplementär(in) [kɔmplemɛn'tɛːɐ] *m(f)* <-s, -e; -, -nen> (WIRTSCH) socio, -a *m, f* colectivo, -a

Komplementärfarbe *f* <-, -n> color *m* complementario

komplett [kɔm'plɛt] I. *adj* completo II. *adv* por completo; **der ist ~ verrückt!** (*fam*) ¡está loco de remate!

komplettieren* [kɔmplɛ'tiːrən] *vt* completar

komplex [kɔm'plɛks] *adj* complejo

Komplex [kɔm'plɛks] *m* <-es, -e> (*a.* PSYCH) complejo *m*; **~e haben** tener complejos

Komplexität [kɔmplɛksi'tɛːt] *f* <-, *ohne pl*> complejidad *f*

Komplikation [kɔmplika'tsjoːn] *f* <-, -en> complicación *f*; **das kann zu ~en führen** esto puede causar complicaciones

Kompliment [kɔmpli'mɛnt] *nt* <-(e)s, -e> cumplido *m*, piropo *m*; **jdm ~e machen** decirle piropos a alguien; **mein ~!** ¡felicidades!

Komplize, -in [kɔm'pliːtsə] *m, f* <-n, -n; -, -nen> (*abw*) cómplice *mf*

komplizieren* [kɔmpli'tsiːrən] I. *vt* complicar, dificultar; **wir wollen die Sache nicht unnötig ~** no compliquemos el asunto innecesariamente II. *vr:* **sich ~** complicarse, enredarse

kompliziert [kɔmpli'tsiːɐt] *adj* (*schwierig*) complicado; (*komplex*) complejo

Kompliziertheit *f* <-, *ohne pl*> complejidad *f*

Komplizin [kɔm'pliːtsɪn] *f* <-, -nen> *s.* **Komplize**

Komplott [kɔm'plɔt] *nt* <-(e)s, -e> complot *m*; **ein ~ schmieden** tramar un complot

Komponente [kɔmpo'nɛntə] *f* <-, -n> componente *m*, elemento *m*

komponieren* [kɔmpo'niːrən] *vi, vt* (*a.* MUS) componer

Komponist(in) [kɔmpo'nɪst] *m(f)* <-en, -en; -, -nen> (MUS) compositor(a) *m(f)*

Komposita *pl von* **Kompositum**

Komposition [kɔmpozi'tsjoːn] *f* <-, -en> (*a.* MUS) composición *f*

Kompositum [kɔm'poːzitʊm, *pl:* kɔm'poːzita] *nt* <-s, Komposita> (LING) palabra *f* compuesta

Kompost [kɔm'pɔst] *m* <-(e)s, -e> estiércol

m, compost *m;* **Komposthaufen** *m* <-s, -> montón *m* de compost [*o* de abono (en el jardín)]

Kompostieranlage [kɔmpɔs'tiːɐ-] *f* <-, -n> planta *f* de elaboración de compost

kompostierbar *adj* aprovechable para el compost

kompostieren* [kɔmpɔs'tiːrən] *vt* (AGR) **1.** (*zu Kompost verarbeiten*) convertir en compost **2.** (*düngen*) abonar con compost

Kompostierung *f* <-, -en> **1.** (*Verarbeitung*) compostaje *m,* elaboración *f* de compost **2.** (*Düngung*) abonado *m*

Kompostwerk *nt* <-(e)s, -e> planta *f* de descomposición orgánica

Kompott [kɔm'pɔt] *nt* <-(e)s, -e> compota *f*

Kompresse [kɔm'prɛsə] *f* <-, -n> (MED) compresa *f;* **heiße/kalte ~n** compresas calientes/frías; **~n auflegen** aplicar compresas

Kompression [kɔmprɛ'sjoːn] *f* <-, -en> (TECH, PHYS) compresión *f;* **Kompressionsstrümpfe** *mpl* (MED) medias *fpl* de compresión; **Kompressionsverband** *m* <-(e)s, -bände> (MED) vendaje *m* compresivo

Kompressor [kɔm'prɛsoːɐ] *m* <-s, -en> (TECH, PHYS) compresor *m*

komprimieren* [kɔmpri'miːrən] *vt* comprimir

Komprimierung *f* <-, -en> compresión *f;* **Komprimierungsprogramm** *nt* <-s, -e> (INFOR) compresor *m*

Kompromiss[RR] [kɔmpro'mɪs] *m* <-es, -e>, **Kompromiß** *m* <-sses, -sse> acuerdo *m,* compromiso *m;* (*mittlere Lösung*) solución *f* intermedia; **einen ~ eingehen** aceptar un acuerdo; **mit jdm einen ~ schließen** llegar a un acuerdo con alguien; **das ist ein fauler ~** eso es un compromiso barato; **kompromissbereit**[RR] *adj* dispuesto a ceder; **in dem Punkt sind wir ~** en este punto estamos dispuestos a transigir; **Kompromissbereitschaft**[RR] *f* <-, *ohne pl*> disposición *f* a transigir; **kompromisslos**[RR] *adj* intransigente; **Kompromisslösung**[RR] *f* <-, -en> solución *f* de compromiso; **Kompromissvorschlag**[RR] *m* <-(e)s, -schläge> propuesta *f* de acuerdo

kompromittieren* [kɔmpromɪ'tiːrən] *vt* comprometer

Kondensat [kɔndɛn'zaːt] *nt* <-(e)s, -e> (PHYS) líquido *m* de condensación

Kondensation [kɔndɛnza'tsjoːn] *f* <-, -en> (PHYS) condensación *f;* **Kondensationsprodukt** *nt* <-(e)s, -e> (CHEM) producto *m* de condensación

Kondensator [kɔndɛn'zaːtoːɐ] *m* <-s, -en> (ELEK, TECH) condensador *m*

kondensieren* [kɔndɛn'ziːrən] **I.** *vt* (*a.* PHYS) condensar **II.** *vi sein:* **der Dampf kondensiert an den Wänden** el vapor se condensa en las paredes

Kondensmilch [kɔn'dɛns-] *f* <-, *ohne pl*> leche *f* condensada; **Kondensstreifen** *m* <-s, -> estela *f* (de gases condensados); **Kondenswasser** *nt* <-s, *ohne pl*> agua *f* de condensación

Kondition[1] [kɔndi'tsjoːn] *f* <-, -en> (WIRTSCH) condición *f*

Kondition[2] *f* <-, *ohne pl*> (*körperliche Verfassung*) forma *f* física, condición *f* (física); **eine gute ~ haben** estar en buena forma; **keine ~ haben** no estar en forma

Konditionalsatz [kɔnditsjo'naːl-] *m* <-es, -sätze> (LING) oración *f* condicional

Konditionsschwäche *f* <-, -n> (SPORT) baja forma *f;* **in der zweiten Halbzeit zeigte die Mannschaft ~** en el segundo tiempo el equipo se mostró bajo de forma

Konditionstraining *nt* <-s, -s> (SPORT) entrenamiento *m* físico

Konditor(in) [kɔn'diːtoːɐ] *m(f)* <-s, -en; -, -nen> pastelero, -a *m, f,* repostero, -a *m, f*

Konditorei [kɔndito'raɪ] *f* <-, -en> pastelería *f,* repostería *f*

Konditorin *f* <-, -nen> *s.* **Konditor**

Konditorwaren *fpl* dulces *mpl,* pasteles *mpl*

Kondolenz [kɔndo'lɛnts] *f* <-, -en> pésame *m,* condolencia *f;* **Kondolenzbesuch** *m* <-(e)s, -e> visita *f* de pésame; **Kondolenzkarte** *f* <-, -n> tarjeta *f* de pésame [*o* de condolencia]; **Kondolenzschreiben** *nt* <-s, -> carta *f* de pésame

kondolieren* [kɔndo'liːrən] *vi* dar el pésame (*zu* por)

Kondom [kɔn'doːm] *nt o m* <-s, -e> condón *m*

Kondor ['kɔndoːɐ] *m* <-s, -e> cóndor *m*

Kondukteur(in) [kɔndʊk'tøːɐ] *m(f)* <-s, -e; -, -nen> (*Schweiz*) revisor(a) *m(f)*

Konen *pl von* **Konus**

Konfekt [kɔn'fɛkt] *nt* <-(e)s, -e> dulces *mpl,* bombones *mpl*

Konfektion [kɔnfɛk'tsjoːn] *f* <-, -en> **1.** (*Herstellung*) confección *f,* fabricación *f* **2.** (*Kleidung*) ropa *f* de confección

konfektionieren* *vt* producir en serie

Konfektionsgröße *f* <-, -n> talla *f* de confección; **Konfektionskleidung** *f* <-, -en> ropa *f* de confección

Konferenz [kɔnfe'rɛnts] *f* <-, -en> conferencia *f;* **er ist gerade in einer ~** en este momento se encuentra en una reunión; **~ über Sicherheit und Zusammenarbeit in Europa** Conferencia para la Seguridad y la Cooperación en Europa; **Konferenzraum** *m* <-(e)s, -räume>, **Konferenzsaal** *m* <-(e)s, -säle> sala *f* de conferencias; **Konferenzschaltung** *f* <-, -en> (RADIO, TV) conexión *f* de conferencias simultáneas; **Konferenzteilnehmer(in)** *m(f)* <-s, -; -, -nen> participante *mf* en la conferencia; **Konferenzzimmer** *nt* <-s, -> sala *f* de conferencias

konferieren* [kɔnfe'riːrən] *vi* **1.** (*beraten*) conferenciar (*über* sobre), deliberar (*über* so-

K

bre) **2.** (*bei Veranstaltung*) presentar, ser presentador(a) (*bei* en)

Konfession [kɔnfɛ'sjo:n] *f* <-, -en> confesión *f*, religión *f*

konfessionell [kɔnfɛsjo'nɛl] *adj* confesional

konfessionslos *adj* aconfesional; **Konfessionsschule** *f* <-, -n> colegio *m* confesional

Konfetti [kɔn'fɛti] *nt* <-(s), *ohne pl*> confeti *m*

Konfiguration [kɔnfigura'tsjo:n] *f* <-, -en> (INFOR) configuración *f*; **Konfigurationsdatei** *f* <-, -en> (INFOR) archivo *m* de configuración

konfigurieren* *vt* (INFOR) configurar; **neu ~** reconfigurar

Konfirmand(in) [kɔnfɪr'mant] *m(f)* <-en, -en; -, -nen> confirmando, -a *m, f*; **Konfirmandenunterricht** *m* <-(e)s, *ohne pl*> curso *m* preparatorio para confirmandos

Konfirmandin *f* <-, -nen> *s.* **Konfirmand**

Konfirmation [kɔnfɪrma'tsjo:n] *f* <-, -en> confirmación *f*

konfirmieren* [kɔnfɪr'mi:rən] *vt* confirmar

Konfiserie [kõfizə'ri:, kɔnfizə'ri:] *f* <-, -n> (*Schweiz*) **1.** (*Konditorei*) confitería *f* **2.** (*Konfekt*) dulces *mpl*, bombones *mpl*

Konfiskation [kɔnfɪska'tsjo:n] *f* <-, -en> (JUR) confiscación *f*

konfiszieren* [kɔnfɪs'tsi:rən] *vt* confiscar, incautar

Konfitüre [kɔnfi'ty:rə] *f* <-, -n> confitura *f*, mermelada *f*

Konflikt [kɔn'flɪkt] *m* <-(e)s, -e> conflicto *m*; **bewaffneter ~** conflicto armado; **mit dem Gesetz in ~ geraten** infringir las leyes; **das bringt mich in ~e** esto me causa conflictos; **Konfliktherd** *m* <-(e)s, -e> (POL) foco *m* de tensiones; **Konfliktlösung** *f* <-, -en> (POL) solución *f* de conflictos; **Konfliktstoff** *m* <-(e)s, -e> motivo *m* de conflicto [*o* de discordia]

Konfluenz [kɔnflu'ɛnts] *f* <-, -en> (GEO) confluencia *f*

Konföderation [kɔnfødera'tsjo:n] *f* <-, -en> confederación *f*

konform [kɔn'fɔrm] *adj* conforme; **mit jdm ~ gehen** estar de acuerdo con alguien

Konformismus [kɔnfɔr'mɪsmʊs] *m* <-, *ohne pl*> (*geh*) conformismo *m*

Konformist(in) *m(f)* <-en, -en; -, -nen> (*geh*) conformista *mf*

konformistisch *adj* (*geh*) conformista

Konfrontation [kɔnfrɔnta'tsjo:n] *f* <-, -en> confrontación *f*; **Konfrontationskurs** *m* <-es, *ohne pl*> confrontación *f*, estrategia *f* ofensiva; **auf ~ gehen** (*fam*) ir por las malas

konfrontieren* [kɔnfrɔn'ti:rən] **I.** *vt* confrontar (*mit* con), enfrentar (*mit* con); **sich konfrontiert sehen mit etw** *dat*/**jdm** verse obligado a enfrentarse con algo/alguien **II.** *vr*: **sich ~** enfrentarse (*mit* con/a)

konfus [kɔn'fu:s] **I.** *adj* confuso; **jdn ~ machen** desconcertar a alguien; **was für ein ~es Zeug redest du (da)?** ¿pero qué cosas sin sentido andas diciendo? **II.** *adv* confuso, sin orden; **das klingt ziemlich ~** suena muy confuso

Konfusion [kɔnfu'zjo:n] *f* <-, -en> confusión *f*

kongenital [kɔngeni'ta:l] *adj* (MED) congénito

Konglomerat [kɔnglome'ra:t] *nt* <-(e)s, -e> (*a.* GEO) conglomerado *m* (*aus* de)

Kongregation [kɔngrega'tsjo:n] *f* <-, -en> congregación *f*

Kongress[RR] [kɔŋ'grɛs, kɔn'grɛs] *m* <-es, -e>, **Kongreß** *m* <-sses, -sse> congreso *m*; **Kongressabgeordnete(r)**[RR] *mf* <-n, -n; -n, -n> diputado, -a *m, f* del congreso; **Kongresshalle**[RR] *f* <-, -n> palacio *m* de congresos; **Kongressteilnehmer(in)**[RR] *m(f)* <-s, -; -, -nen> participante *mf* en un congreso, congresista *mf*; **Kongresszentrum**[RR] *nt* <-s, -zentren> centro *m* de congresos

kongruent [kɔŋgru'ɛnt, kɔngru'ɛnt] *adj* **1.** (MATH) congruente **2.** (LING) concordante

Kongruenz [kɔŋgru'ɛnts, kɔngru'ɛnts] *f* <-, -en> **1.** (MATH) congruencia *f* **2.** (LING) concordancia *f*

K.-o.-Niederlage *f* <-, -n> (SPORT) derrota *f* por k.o.

Konifere [koni'fe:rə] *f* <-, -n> (BOT) (planta *f*) conífera *f*

König(in) ['kø:nɪç] *m(f)* <-s, -e; -, -nen> **1.** (*Monarch*) rey *m*, reina *f*; **die Heiligen Drei ~e** los Reyes Magos; **der Löwe, der „~ der Tiere"** el león, el "rey de la selva" **2.** (*beim Schach*) rey *m* **3.** (BOT): **~in der Nacht** cirio *m*

Königinmutter *f* <-, -mütter> reina *f* madre

königlich ['kø:nɪklɪç] **I.** *adj* **1.** (*auf König bezogen*) real **2.** (*hoheitsvoll*) majestuoso **II.** *adv* (*fam: außerordentlich*) mucho; **sich ~ amüsieren** pasarlo bomba

Königreich *nt* <-(e)s, -e> reino *m*; **das Vereinigte ~** el Reino Unido

Königskrone *f* <-, -n> corona *f* real; **Königspaar** *nt* <-(e)s, -e>: **das ~** el rey y la reina, los reyes; **Königssohn** ['kø:nɪks-, 'kø:nɪçs-] *m* <-(e)s, -söhne> hijo *m* del rey; **Königstiger** *m* <-s, -> tigre *m* real [*o* de Bengala]; **Königstochter** *f* <-, -töchter> hija *f* del rey; **königstreu** *adj* monárquico; **Königsweg** *m* <-(e)s, -e> solución *f* óptima

Königtum *nt* <-s, -tümer> monarquía *f*

konisch ['ko:nɪʃ] *adj* cónico

Konjugation [kɔnjuga'tsjo:n] *f* <-, -en> (LING) conjugación *f*

konjugieren* [kɔnju'gi:rən] *vt* (LING) conjugar

Konjunktion [kɔnjʊŋk'tsjo:n] *f* <-, -en>

(LING, ASTR) conjunción *f*

Konjunktionalsatz *m* <-es, -sätze> (GRAM) oración *f* conjuntiva

Konjunktiv ['kɔnjʊŋkti:f] *m* <-s, -e> (LING) *forma de posibilidad*

Konjunktur [kɔnjʊŋk'tu:ɐ] *f* <-, -en> (WIRTSCH) coyuntura *f;* **steigende/fallende ~** coyuntura alcista/bajista; **gedämpfte/schwache ~** coyuntura moderada/débil; **scheinbare/verhaltene ~** coyuntura aparente/contenida; **die ~ dämpfen** moderar la coyuntura; **diese Artikel haben zur Zeit ~** de momento estos artículos se están vendiendo muy bien; **Konjunkturablauf** *m* <-(e)s, -läufe> (WIRTSCH) ciclo *m* coyuntural [*o* económico]; **Konjunkturabschwächung** *f* <-, -en> (WIRTSCH) desaceleración *f* coyuntural; **Konjunkturabschwung** *m* <-(e)s, -schwünge> (WIRTSCH) recesión *f* coyuntural; **Konjunkturanregung** *f* <-, *ohne pl*> (WIRTSCH) estímulo *m* a la coyuntura; **Konjunkturaufschwung** *m* <-(e)s, -schwünge> (WIRTSCH) auge *m* coyuntural; **Konjunkturausgleich** *m* <-(e)s, -e> (WIRTSCH) compensación *f* coyuntural; **Konjunkturaussichten** *fpl* (WIRTSCH) perspectivas *fpl* coyunturales; **Konjunkturbarometer** *nt* <-s, -> (WIRTSCH) barómetro *m* de la coyuntura [*o* coyuntural]; **Konjunkturbedingungen** *fpl* (WIRTSCH) condiciones *fpl* coyunturales; **Konjunkturbelebung** *f* <-, -en> (WIRTSCH) reanimación *f* coyuntural; **Konjunkturbericht** *m* <-(e)s, -e> informe *m* coyuntural; **konjunkturdämpfend** *adj* (WIRTSCH) moderador de la coyuntura; **Konjunktureinbruch** *m* <-(e)s, -brüche> (WIRTSCH) retroceso *m* económico

konjunkturell [kɔnjʊŋktu'rɛl] *adj* (WIRTSCH) coyuntural

Konjunkturerholung *f* <-, -en> (WIRTSCH) recuperación *f* coyuntural; **Konjunkturindex** *m* <-(es), -indizes> (WIRTSCH) índice *m* coyuntural; **Konjunkturindikator** *m* <-s, -en> (WIRTSCH) indicador *m* de la coyuntura; **staatliche ~en** indicadores coyunturales del Estado; **Konjunkturlage** *f* <-, *ohne pl*> (WIRTSCH) situación *f* coyuntural [*o* económica]; **Konjunkturmotor** *m* <-s, -en> (WIRTSCH) fuerza *f* motriz de la coyuntura, elemento *m* dinamizador de la coyuntura; **Konjunkturpolitik** *f* <-, -en> (WIRTSCH) política *f* coyuntural; **konjunkturpolitisch** *adj* (WIRTSCH) de la política coyuntural; **Konjunkturprognose** *f* <-, -en> (WIRTSCH) pronóstico *m* coyuntural; **Konjunkturrückgang** *m* <-(e)s, -gänge> (WIRTSCH) recesión *f* coyuntural, receso *m* (económico); **Konjunkturschwankung** *f* <-, -en> (WIRTSCH) inestabilidad *f* de la coyuntura, fluctuación *f* de la coyuntura; **Konjunkturspritze** *f* <-, -n> (*fam*) ayuda *f* económica; **Konjunkturstillstand** *m* <-(e)s, *ohne pl*> (WIRTSCH) estancamiento *m* coyuntural; **Konjunkturtief** *nt* <-(e)s, -s> (WIRTSCH) estancamiento *m* económico, paralización *f* económica; **Konjunkturüberhitzung** *f* <-, -en> (WIRTSCH) recalentamiento *m* económico; **Konjunkturzyklus** *m* <-, -zyklen> (WIRTSCH) ciclo *m* coyuntural [*o* económico]

konkav [kɔn'ka:f] *adj* cóncavo; **Konkavlinse** *f* <-, -n> lente *f* cóncava; **Konkavspiegel** *m* <-s, -> espejo *m* cóncavo

Konklave [kɔn'kla:və, kɔŋ'kla:və] *nt* <-s, -n> (REL) cónclave *m,* conclave *m*

konkludent [kɔnklu'dɛnt] *adj* concluyente

Konkordanz [kɔnkɔr'dants] *f* <-, -en> (GEO) concordancia *f*

Konkordat [kɔnkɔr'da:t] *nt* <-(e)s, -e> **1.** (REL) concordato *m* **2.** (*Schweiz*) *tratado entre diversos cantones suizos*

konkret [kɔŋ'kre:t, kɔn'kre:t] **I.** *adj* concreto **II.** *adv* en concreto; **das kann ich dir noch nicht ~ sagen** todavía no te lo puedo decir en concreto

konkretisieren* [kɔŋkreti'zi:rən, kɔn-] *vt* concretar; **kannst du das etwas ~?** ¿puedes concretarlo algo?

Konkubinat [kɔnkubi'na:t, kɔŋkubi'na:t] *nt* <-(e)s, -e> (JUR) concubinato *m;* (**mit jdm**) **im ~ leben** vivir en concubinato (con alguien)

Konkubine [kɔŋku'bi:nə, kɔn-] *f* <-, -n> concubina *f*

Konkurrent(in) [kɔŋkʊ'rɛnt] *m(f)* <-en, -en; -, -nen> competidor(a) *m(f)*

Konkurrenz[1] [kɔŋkʊ'rɛnts, kɔn-] *f* <-, *ohne pl*> (*Konkurrieren, Konkurrent*) competencia *f;* **scharfe ~** fuerte competencia; **die ~ schlagen/unterbieten** eliminar la competencia/ofrecer a precio más bajo que la competencia; **jdm ~ machen** hacer la competencia a alguien; **dann gehe ich eben zur ~** pues entonces me voy a la competencia; **die ~ schläft nicht** la competencia no se duerme en los laureles; **wir stehen mit dieser Firma in ~** esta empresa es nuestra rival; **der ist für dich keine ernste ~** ese no te llega a los talones

Konkurrenz[2] *f* <-, -en> (*Wettkampf*) concurso *m;* **außer ~** fuera de concurso

Konkurrenzangebot *nt* <-(e)s, -e> oferta *f* de la competencia; **Konkurrenzausschaltung** *f* <-, -en> eliminación *f* de la competencia; **Konkurrenzdruck** *m* <-(e)s, -drücke> (WIRTSCH) presión *f* competitiva; **Konkurrenzerzeugnis** *nt* <-ses, -se> producto *m* de la competencia; **konkurrenzfähig** *adj* competitivo

konkurrenzieren* [kɔnkʊrɛn'tsi:rən, kɔŋkʊrɛn'tsi:rən] *vi* (*Österr, Schweiz*) hacer la competencia (a); **sich ~** hacerse la competencia; **Konkurrenzkampf** *m* <-(e)s, -kämpfe> competición *f,* rivalidad *f;* **konkurrenzlos** **I.** *adj* sin competencia **II.** *adv* fuera de (toda) competencia; **~ billig** a precios sin competencia; **Konkurrenzmodell** *nt*

K

<-s, -e> modelo *m* de la competencia; **Konkurrenzprodukt** *nt* <-(e)s, -e> (WIRTSCH) producto *m* competidor; **Konkurrenzunternehmen** *nt* <-s, -> empresa *f* de la competencia; **Konkurrenzverbot** *nt* <-(e)s, -e> (WIRTSCH) prohibición *f* de competencia

konkurrieren* [kɔŋkʊ'riːrən, kɔn-] *vi* competir (*um* por); **miteinander** ~ hacerse la competencia; **mit dieser Firma können wir nicht** ~ no podemos competir con esta empresa

Konkurs [kɔŋ'kʊrs, kɔn-] *m* <-es, -e> quiebra *f*, falencia *f* *Am;* **betrügerischer** ~ quiebra fraudulenta; ~ **eröffnen** (JUR) concursar; **das Unternehmen ist in** ~ **gegangen/steht vor dem** ~ la empresa ha quebrado/está a punto de quebrar; ~ **anmelden** declararse en quiebra; **Konkursantrag** *m* <-(e)s, -träge> solicitud *f* de quiebra; **Konkursaufhebung** *f* <-, -en> levantamiento *m* de la quiebra; **Konkursbilanz** *f* <-, -en> balance *m* de la quiebra

Konkurseröffnung *f* <-, -en> (JUR) apertura *f* del procedimiento de quiebra, proceso *m* de ejecución concursal; **Konkurseröffnungsbeschluss**[RR] *m* <-es, -schlüsse> (JUR) declaración *f* judicial de quiebra

Konkursforderung *f* <-, -en> crédito *m* de la quiebra; **Konkursgericht** *nt* <-(e)s, -e> tribunal *m* de quiebra, órganos *mpl* concursales; **Konkursgläubiger(in)** *m(f)* <-s, -; -, -nen> acreedor(a) *m(f)* concursal; **Konkursmasse** *f* <-, -n> masa *f* activa, activo *m* de la quiebra; **konkursrechtlich** *adj* de derecho concursal; **~es Verfahren** procedimiento concursal; **Konkursschuldner(in)** *m(f)* <-s, -; -, -nen> quebrado, -a *m, f;* **Konkursverfahren** *nt* <-s, -> juicio *m* de quiebra; **ein** ~ **eröffnen** abrir el procedimiento de quiebra; **Konkursverwalter(in)** *m(f)* <-s, -; -, -nen> síndico, -a *m, f* de la quiebra; **Konkursverwaltung** *f* <-, -en> sindicatura *f*

können[1] ['kœnən] <kann, konnte, können> (*Modalverb*) **1.** (*vermögen, dürfen*) poder *+inf;* (*in der Lage sein*) estar en condiciones (de *+inf*); **kann ich etwas für Sie tun?** ¿puedo ayudarle en algo?; ~ **Sie mir sagen, wie spät es ist?** ¿podría decirme la hora?; **wer kann das gewesen sein?** ¿quién puede haber sido?; **du kannst jetzt kommen** ahora puedes venir; **kann ich jetzt gehen?** ¿puedo irme ahora?; **ich kann es nicht ändern** no puedo remediarlo; **ich könnte mir vorstellen, dass ...** podría imaginarme que...; **das hätte ich dir gleich sagen** ~ ¡ya lo sabía yo!; **er kann einem Leid tun** (*fam*) es para darle pena a uno; **da kann man nichts mehr machen** ¡qué se le va a hacer!; **kannst du nicht aufpassen!** ¿es que no puedes tener un poco más de cuidado?; **man kann annehmen, dass ...** se puede suponer que...; **du kannst mich mal!** (*vulg*) ¡jódete!, ¡que te den por el culo! **2.** (*möglich sein*) poder, ser posible; **du könntest Recht haben** puede que tengas razón; **das kann noch dauern** esto puede tardar todavía; **kann sein** es posible; **das kann nicht sein** no puede ser; **das kann passieren** puede pasarle a cualquiera; **es kann sein, dass ...** puede que... *+subj,* es posible que... *+subj*

können[2] ['kœnən] <kann, konnte, gekonnt> **I.** *vt* (*beherrschen*) saber; **was** ~ **Sie?** ¿qué sabe Ud. hacer?; **der Neue kann ja gar nichts!** (*fam*) ¡el nuevo no tiene idea de nada!; **was du alles kannst!** ¡es increíble lo que sabes!; **sie kann gut Spanisch** habla bien español; **er hat es (nicht) gekonnt** (no) pudo hacerlo **II.** *vi* poder (hacer); **ich kann nichts dafür** (*fam*) no es culpa mía; **ich kann nicht mehr vor Lachen** (*fam*) me muero de risa; **kannst du noch?** (*fam*) ¿puedes todavía?; **ich kann nicht mehr** (*fam*) ya no puedo más; **morgen kann ich nicht** mañana no puedo; **nicht anders** ~ **als ...** no tener otro remedio que...; **uns** *dat* **kann keiner!** (*fam*) ¡no hay quien pueda con nosotros!; **wie konntest du nur!** ¡cómo has podido!; **er schrie, was er konnte** gritaba a más no poder; **so schnell sie konnte** lo más rápido que pudo

Können *nt* <-s, *ohne pl*> **1.** (*Wissen*) saber *m* **2.** (*Fähigkeit*) capacidad *f*, facultad *f*

Könner(in) *m(f)* <-s, -; -, -nen> experto, -a *m, f*, as *m;* **auf seinem Gebiet ist er ein** ~ es un gran entendido en su campo

Konnossement [kɔnɔsə'mɛnt] *nt* <-(e)s, -e> (WIRTSCH) conocimiento *m* de embarque; **reines/unreines** ~ conocimiento de embarque limpio/sucio

konnte ['kɔntə] *3. imp von* **können**

Konrektor(in) ['kɔnrɛktoːɐ, *pl:* kɔnrɛk'toːrən] *m(f)* <-s, -en; -, -nen> (SCH) vicedirector(a) *m(f);* (UNIV) vicerrector(a) *m(f)*

Konsekutivdolmetschen [kɔnzeku'tiːf-] *nt* <-s, *ohne pl*> interpretación *f* consecutiva; **Konsekutivsatz** ['-----, ---'--] *m* <-es, -sätze> (LING) oración *f* consecutiva, proposición *f* consecutiva

Konsens [kɔn'zɛns] *m* <-es, -e> consenso *m;* **wir sollten versuchen, in dieser Frage einen** ~ **zu erzielen** deberíamos intentar ponernos de acuerdo al respecto; **Konsensgespräch** *nt* <-(e)s, -e> (POL) conversación *f* de consenso

konsequent [kɔnze'kvɛnt] **I.** *adj* consecuente; **darin** [*o* **dabei**] **solltest du** ~ **sein** deberías ser consecuente al respecto **II.** *adv* con consecuencia, de forma consecuente; ~ **durchgreifen** proceder enérgicamente; **etw** ~ **verfolgen** perseguir algo con perseverancia

Konsequenz[1] [kɔnze'kvɛnts] *f* <-, -en> **1.** (*Folgerichtigkeit*) lógica *f*, coherencia *f;* **das bedeutet in letzter ~, dass ...** lo cual significa en último término que... **2.** (*Folge*) consecuencia *f;* **die ~en tragen** asumir las consecuencias; **dann musst du die ~ ziehen und akzeptieren, dass ...** entonces debes sacar como consecuencia que tienes que aceptar que...; **etw bleibt ohne ~en** algo no tiene consecuencias; **das wird ernste ~en für dich haben** esto va a tener graves consecuencias para ti

Konsequenz² *f* <-, *ohne pl*> (*Unbeirrbarkeit*) perseverancia *f*

Konservatismus [kɔnzɛrva'tɪsmʊs] *m* <-, *ohne pl*> (POL) conservadurismo *m*

konservativ ['kɔnzɛrvatiːf, ---'-] *adj* conservador, mocho *Guat, Mex*

Konservative(r) *mf* <-n, -n; -n, -n> (POL) conservador(a) *m(f)*

Konservator(in) [kɔnzɛr'vaːtoːɐ, *pl:* kɔnzɛrva'toːrən] *m(f)* <-s, -en; -, -nen> conservador(a) *m(f)*

Konservatorium *nt* <-s, Konservatorien> (MUS) conservatorio *m* (de música)

Konserve [kɔn'zɛrvə] *f* <-, -n> conserva *f*; **Konservenbüchse** *f* <-, -n>, **Konservendose** *f* <-, -n> lata *f* de conservas; **Konservenfabrik** *f* <-, -en> fábrica *f* de conservas

konservieren* [kɔnzɛr'viːrən] *vt* conservar; **Kräuter in Essig ~** conservar hierbas en vinagre

Konservierung *f* <-, -en> conservación *f*; **Konservierungsmittel** *nt* <-s, -> conservante *m*

Konsignant [kɔnzi'gnant] *m* <-en, -en> (WIRTSCH) consignador *m*

Konsignatar [kɔnzigna'taːɐ] *m* <-s, -e>, **Konsignatär** [kɔnzigna'tɛːɐ] *m* <-s, -e> (WIRTSCH) consignatario *m*

Konsignation [kɔnzigna'tsjoːn] *f* <-, -en> (WIRTSCH) consignación *f*; **Konsignationsgeschäft** *nt* <-(e)s, -e> (WIRTSCH) negocio *m* de consignación; **Konsignationsgut** *nt* <-(e)s, -güter> (WIRTSCH) mercancías *fpl* de consignación

Konsistenz [kɔnzɪs'tɛnts] *f* <-, *ohne pl*> consistencia *f*

Konsole [kɔn'zoːlə] *f* <-, -n> **1.** (ARCHIT) repisa *f*, ménsula *f* **2.** (*Möbel*) consola *f* **3.** (INFOR) consola *f*

Konsolidation [kɔnzolida'tsjoːn] *f* <-, -en> (*a.* GEO, JUR) consolidación *f*

konsolidieren* [kɔnzoli'diːrən] *vt* consolidar; **konsolidierter Umsatz** ventas consolidadas; **die Wirtschaft scheint sich allmählich zu ~** la economía parece afianzarse lentamente

Konsolidierung *f* <-, -en> (WIRTSCH, MED) consolidación *f*; **Konsolidierungskurs** *m* <-es, -e> (WIRTSCH) tipo *m* consolidado; **Konsolidierungsmittel** *nt* <-s, -> consolidativo *m*

Konsonant [kɔnzo'nant] *m* <-en, -en> (LING) consonante *f*

konsonantisch *adj* (LING) consonántico

Konsorten [kɔn'zɔrtən] *mpl* (*abw*) consortes *mpl*; **das haben wieder Meyer und ~ ausgefressen** ya se lo han zampado Meyer y compañía otra vez

Konsortialpartner *m* <-s, -> (WIRTSCH) socio *m* de un consorcio

Konsortium [kɔn'zɔrtsiʊm] *nt* <-s, Konsortien> (WIRTSCH) consorcio *m*

Konspiration [kɔnspira'tsjoːn] *f* <-, -en> conspiración *f*

konspirativ [kɔnspira'tiːf] *adj* de conspiración

konspirieren* [kɔnspi'riːrən] *vi* conspirar; **sie konspirierte oft mit ihm gegen die anderen** ella conspiraba a menudo con él en contra de los demás

konstant [kɔn'stant] **I.** *adj* constante; **der Druck sollte währenddessen ~ bleiben** la presión ha de permanecer constante mientras tanto **II.** *adv* **1.** (*dauernd*) constantemente **2.** (*beharrlich*) insistentemente, tenazmente; **sie weigerte sich ~, ihn zu grüßen** se negaba tenazmente a saludarle

Konstante [kɔn'stantə] *f* <-, -n> (MATH, PHYS) constante *f*

Konstanz ['kɔnstants] *nt* <-> Constanza *f*

konstatieren* [kɔnsta'tiːrən] *vt* constatar, comprobar

Konstellation [kɔnstɛla'tsjoːn] *f* <-, -en> constelación *f*

konsternieren* [kɔnstɛr'niːrən] *vt* consternar; **er war völlig konsterniert deswegen** se quedó completamente consternado

konstituieren* [kɔnstitu'iːrən] *vt* constituir; **die ~de Sitzung einer Partei** la asamblea constituyente de un partido

Konstitution [kɔnstitu'tsjoːn] *f* <-, -en> constitución *f*

konstitutionell [kɔnstitutsjo'nɛl] *adj* (POL, MED) constitucional; **~e Monarchie** monarquía constitucional

konstruieren* [kɔnstru'iːrən] *vt* **1.** (*a.* MATH, LING) construir **2.** (*abw*) enreversar, afiligranar; **mit so einem konstruierten Fall kann ich nichts anfangen** no sé qué hacer con un caso tan rebuscado

Konstrukteur(in) [kɔnstrʊk'tøːɐ] *m(f)* <-s, -e; -, -nen> constructor(a) *m(f)*

Konstruktion [kɔnstrʊk'tsjoːn] *f* <-, -en> construcción *f*; **Konstruktionsbüro** *nt* <-s, -s> oficina *f* de construcción, oficina *f* técnica; **Konstruktionsfehler** *m* <-s, -> defecto *m* de construcción; **konstruktionstechnisch** *adj* relativo a la construcción

konstruktiv [kɔnstrʊk'tiːf] *adj* constructivo; **~er Vorschlag** propuesta constructiva

Konstruktivität [kɔnstrʊktivi'tɛːt] *f* <-, *ohne pl*> constructividad *f*

Konsul(in) ['kɔnzʊl] *m(f)* <-s, -n; -, -nen> cónsul *mf*

konsularisch [kɔnzu'laːrɪʃ] *adj* consular

Konsulat [kɔnzu'laːt] *nt* <-(e)s, -e> consulado *m*

Konsulin *f* <-, -nen> *s.* **Konsul**

Konsultation [kɔnzʊlta'tsioːn] *f* <-, -en> **1.** (*das Konsultieren*) consulta *f;* **ich empfehle Ihnen die ~ eines Rechtsanwalts** le recomiendo que se deje asesorar por un abogado **2.** (*Beratung durch jdn*) asesoramiento *m* técnico [*o* especializado]

konsultativ [kɔnzʊlta'tiːf] *adj* (*geh*): **~e Tätigkeit** actividad consultiva

konsultieren* [kɔnzʊl'tiːrən] *vt* consultar; **ich werde ein Lexikon ~** consultaré una enciclopedia; **darf ich Sie in dieser Angelegenheit ~?** ¿le puedo pedir su opinión acerca de este asunto?

Konsum [kɔn'zuːm] *m* <-s, *ohne pl*> consumo *m;* **Konsumartikel** *m* <-s, -> (WIRTSCH) artículo *m* de consumo

Konsumation [kɔnzuma'tsioːn] *f* <-, -en> (*Österr, Schweiz*) consumo *m*

Konsumbereitschaft *f* <-, -en> propensión *f* al consumo

Konsument(in) [kɔnzu'mɛnt] *m(f)* <-en, -en; -, -nen> consumidor(a) *m(f);* **Konsumentenbefragung** *f* <-, -en> encuesta *f* a los consumidores

Konsumentin *f* <-, -nen> *s.* **Konsument**

Konsumgenossenschaft *f* <-, -en> (WIRTSCH) cooperativa *f* de consumo; **Konsumgesellschaft** *f* <-, -en> sociedad *f* de consumo; **Konsumgewohnheiten** *fpl* hábitos *mpl* de consumo; **Konsumgüter** *ntpl* bienes *mpl* de consumo; **kurzlebige/langlebige ~** bienes de consumo de corta/larga duración [*o* vida]

konsumieren* [kɔnzu'miːrən] *vt* consumir

konsumistisch [kɔnzu'mɪstɪʃ] *adj* (*abw*) consumista

konsumorientiert *adj* consumista; **Konsumorientiertheit** *f* <-, *ohne pl*> consumismo *m;* **Konsumtempel** *m* <-s, -> (*fam iron*) meca *f* del consumo; **Konsumterror** *m* <-s, *ohne pl*> (*abw*) *forma de presión publicitaria que incita a aumentar el consumismo*

Konsumtion [kɔnzʊm'tsjoːn] *f* <-, -en> **1.** (WIRTSCH) consumo *m* **2.** (JUR) consunción *f;* **Konsumtionsrate** *f* <-, -n> (WIRTSCH) cuota *f* de consumo

konsumtiv [kɔnzʊm'tiːf] *adj* (WIRTSCH) consuntivo

Konsumverhalten *nt* <-s, *ohne pl*> actitud *f* consumista; **Konsumverzicht** *m* <-(e)s, -e> renuncia *f* a la práctica del consumismo; **Konsumzwang** *m* <-(e)s, *ohne pl*> (SOZIOL: *abw*) consumismo *m*

Kontakt [kɔn'takt] *m* <-(e)s, -e> (*a.* ELEK) contacto *m;* **körperlicher ~** contacto físico; **sexuelle ~e** relaciones sexuales; **mit jdm in ~ kommen/stehen** entrar/estar en contacto con alguien; **wir sollten in ~ bleiben** deberíamos mantenernos en contacto; **stehst du noch in ~ mit ihr?** ¿sigues teniendo contacto con ella?; **wir haben schon lange keinen ~ mehr** hace tiempo que no tenemos contacto; **wir versuchten, mit den Einheimischen ~ aufzunehmen** intentamos entrar en contacto con la gente del lugar; **er fand schnell ~ zu ihr** entró pronto en contacto con ella; **sie unterhalten geschäftliche ~e zu unserer Firma** tienen negocios con nuestra empresa; **Kontaktadresse** *f* <-, -n> dirección *f* a contactar; **Kontaktanzeige** *f* <-, -n> anuncio *m* de contacto; **kontaktarm** *adj* **1.** (*schwer Kontakt findend*) con dificultades para relacionarse; **er ist ausgesprochen ~** tiene enormes dificultades para relacionarse **2.** (*kaum Kontakt habend*) con pocas amistades; **sie ist sehr ~** tiene muy pocas amistades; **Kontaktarmut** *f* <-, *ohne pl*> falta *f* de relaciones sociales; **er leidet an ~** no se relaciona con nadie; **Kontaktaufnahme** *f* <-, -n> toma *f* de contacto; **Kontaktbildschirm** *m* <-(e)s, -e> (INFOR) pantalla *f* de contacto; **Kontaktdermatitis** *f* <-, -dermatitiden> (MED) dermatitis *f inv* de contacto; **Kontaktekzem** *nt* <-s, -e> (MED) eczema *m* de contacto; **kontaktfreudig** *adj* sociable, jovial; **Kontaktgift** *nt* <-(e)s, -e> veneno *m* por contacto; **Kontaktkleber** *m* <-s, -> cola *f* de contacto; **Kontaktlinse** *f* <-, -n> lente *f* de contacto, lentilla *f;* **Kontaktmann** *m* <(e)s, -männer *o* -leute> persona *f* de contacto; **Herr Koch ist unser ~ in Fernost** el señor Koch es nuestro contacto en el Extremo Oriente; **Kontaktperson** *f* <-, -en> (MED) contacto *m*

Kontamination [kɔntamina'tsjoːn] *f* <-, -en> contaminación *f*

kontaminieren* [kɔntami'niːrən] *vt* (*a.* LING) contaminar

Kontantgeschäft [kɔn'tant-] *nt* <-(e)s, -e> (FIN) negocio *m* al contado

Konten *pl von* Konto; **Kontenabrechnung** *f* <-, -en> (FIN) ajuste *m* de cuentas; **Kontenabschluss**[RR] *m* <-es, -schlüsse> (FIN) cierre *m* de cuentas; **Kontenbewegung** *f* <-, -en> (FIN) movimiento *m* en cuenta

Konter ['kɔntɐ] *m* <-s, -> (SPORT) contraataque *m*

Konteradmiral *m* <-s, -e> (MIL) contr(a)almirante *m*

Konterfei ['kɔntɐfaɪ] *nt* <-s, -s *o* -e> retrato *m*

konterkarieren* [kɔntɐka'riːrən] *vt* (*geh*) hacer fracasar, desbaratar; **diese gefährlichen Pläne müssen wir ~** tenemos que hacer fracasar estos peligrosos planes

kontern ['kɔntɐn] **I.** *vt* (SPORT) contraatacar; **den Angriff ~** devolver el ataque **II.** *vi* (*zurückweisen*) replicar

Konterrevolution *f* <-, -en> contrarrevolución *f;* **Konterrevolutionär(in)** *m(f)* <-s, -e; -, -nen> (POL) contrarrevolucionario, -a *m, f*

Kontext ['kɔntɛkst] *m* <-(e)s, -e> contexto *m;* **das muss man im ~ sehen** hay que tener en cuenta el contexto; **das Zitat wurde aus dem ~ gerissen** sacaron la cita de su contexto

Kontinent ['kɔntinɛnt, --'-] *m* <-(e)s, -e> continente *m*

kontinental [kɔntinɛn'ta:l] *adj* continental; **Kontinentaldrift** *f* <-, -en> (GEO) corriente *f* continental; **Kontinentaleuropa** *nt* <-s> Europa *f* continental; **Kontinentalklima** *nt* <-s, *ohne pl*> (GEO) clima *m* continental; **Kontinentalsockel** *m* <-s, -> (GEO) plataforma *f* continental; **Kontinentalsperre** *f* <-, *ohne pl*> (HIST) bloqueo *m* continental; **Kontinentalverschiebung** *f* <-, -en> (GEO) desplazamiento *m* de los continentes

Kontingent [kɔntɪŋ'gɛnt] *nt* <-(e)s, -e> contingente *m*; **sein ~ ausschöpfen** agotar su contingente

kontingentieren* [kɔntɪŋgɛn'ti:rən] *vt* (COM) contingentar

Kontingentierung *f* <-, -en> (WIRTSCH) contingentación *f*; **Kontingentierungssatz** *m* <-es, -sätze> (WIRTSCH) tasa *f* de contingentación; **Kontingentierungssystem** *nt* <-s, -e> (WIRTSCH) sistema *m* de contingentación

kontinuierlich [kɔntinu'i:ɐlɪç] *adj* continuado, continuo

Kontinuität [kɔntinui'tɛ:t] *f* <-, *ohne pl*> continuidad *f*

Konto ['kɔnto] *nt* <-s, Konten> cuenta *f*; **ungedecktes ~** cuenta en descubierto; **ein ~ ausgleichen/belasten/sperren** saldar una cuenta/cargar en cuenta/bloquear una cuenta; **ein ~ eröffnen/auflösen** abrir/cerrar una cuenta; **das ~ überziehen** sobrepasar la cuenta; **das geht auf mein ~** (*fam*) esto va de mi cuenta; **diesen Erfolg kannst du gern auf dein ~ verbuchen** este éxito te lo puedes apuntar tú; **sie haben mehrere Überfälle auf dem ~** ya tienen varios asaltos en su haber; **Kontoauszug** *m* <-(e)s, -züge> extracto *m* de cuenta; **Kontobewegung** *f* <-, -en> movimientos *mpl* de cuenta

Kontoführung *f* <-, -en> administración *f* de la cuenta; **Kontoführungsgebühren** *fpl* comisión *f* de mantenimiento

Kontoinhaber(in) *m(f)* <-s, -; -, -nen> titular *mf* de una cuenta

Kontokorrent [kɔntokɔ'rɛnt] *nt* <-s, -e> (WIRTSCH) cuenta *f* corriente; **Kontokorrentgeschäft** *nt* <-(e)s, -e> (WIRTSCH) operación *f* de cuenta corriente; **Kontokorrentkonto** *nt* <-s, -konten> (WIRTSCH) cuenta *f* corriente; **Kontokorrentkredit** *m* <-(e)s, -e> (FIN) crédito *m* en cuenta corriente

Kontonummer *f* <-, -n> número *m* de (la) cuenta

Kontor [kɔn'to:ɐ] *nt* <-s, -e> agencia *f*, sucursal *f*; **ein Schlag ins ~** una bofetada, un palo

Kontorist(in) [kɔnto'rɪst] *m(f)* <-en, -en; -, -nen> oficinista *mf*, empleado, -a *m, f* de oficina

Kontostand *m* <-(e)s, -stände> estado *m* de (la) cuenta

kontra ['kɔntra] **I.** *präp +akk* (JUR: *a. fig*) contra, versus **II.** *adv* (*dagegen*) en contra

Kontrabass[RR] ['kɔntra-] *m* <-es, -bässe> contrabajo *m*

Kontrahent(in) [kɔntra'hɛnt] *m(f)* <-en, -en; -, -nen> **1.** (*Gegner*) adversario, -a *m, f* **2.** (*Vertragspartner*) parte *f* contratante

kontrahieren* [kɔntra'hi:rən] *vi* contraer

Kontraindikation [kɔntraʔɪndika'tsjo:n, '------] *f* <-, -en> (MED) contraindicación *f*; **kontraindiziert** [kɔntraʔɪndi'tsi:ɐt, '-----] *adj* (MED) contraindicado

Kontrakt [kɔn'trakt] *m* <-(e)s, -e> contrato *m*, contrata *f*; **laut ~** según contrato

Kontraktion [kɔntrak'tsjo:n] *f* <-, -en> (GEO, MED, PHYS, LING) contracción *f*

kontraproduktiv ['-----] *adj* contraproducente; **Kontrapunkt** ['---] *m* <-(e)s, -e> (*a.* MUS) contrapunto *m*; **er bildete eine Art ~ zu den anderen** representaba un contrapunto frente a los otros

konträr [kɔn'trɛ:ɐ] *adj* contrario, opuesto

Kontrast [kɔn'trast] *m* <-(e)s, -e> contraste *m*; **in** [*o* **im**] **~ zu etw** *dat* **stehen** estar en contraste con algo; **Kontrastbrei** *m* <-(e)s, -e> (MED) contraste *m*; **Kontrastfarbe** *f* <-, -n> color *m* de contraste [*o* que contrasta]

kontrastieren* [kɔntras'ti:rən] *vi* contrastar

Kontrastmittel *nt* <-s, -> (MED) producto *m* de contraste; **Kontrastprogramm** *nt* <-s, -e> programa *m* alternativo; **Kontrastregler** *m* <-s, -> (TV) regulador *m* de contraste; **kontrastreich** *adj* rico en contrastes

Kontrazeption [kɔntratsɛp'tsjo:n] *f* <-, *ohne pl*> (MED) contracepción *f*

kontrazeptiv [kɔntratsɛp'ti:f] *adj* (MED) contraceptivo

Kontrazeptivum [kɔntratsɛp'ti:vʊm, *pl:* kɔntratsɛp'ti:va] *nt* <-s, Kontrazeptiva> anticonceptivo *m*

Kontribution [kɔntribu'tsjo:n] *f* <-, -en> (WIRTSCH) contribución *f*

Kontrollabschnitt *m* <-(e)s, -e> matriz *f* de talonario, recorte *m* de control; **Kontrolllampe** *f* <-, -n> *s.* Kontrolllampe; **Kontrollbehörde** *f* <-, -n> autoridad *f* de control

Kontrolle [kɔn'trɔlə] *f* <-, -n> **1.** (*Beherrschung, Pass~, Polizei~*) control *m*; **über jdn/etw die ~ verlieren** perder el control sobre alguien/algo; **er hat die ~ über sich verloren** ha perdido el control de sí mismo; **jdn/etw unter ~ haben** controlar a alguien/algo; **die Feuerwehr hat den Brand unter ~ gebracht** los bomberos han conseguido controlar el incendio; **alles unter ~!** ¡todo bajo control [*o* controlado]!; **sein Auto geriet**

außer ~ perdió el control del coche **2.** (*Prüfung*) control *m,* inspección *f;* (*Überwachung*) vigilancia *f;* **unter ständiger** ~ bajo continuo control; **~n durchführen** controlar; **außer** ~ **geraten** descontrolarse

Kontrolleur(in) [kɔntrɔ'løːɐ] *m(f)* <-s, -e; -, -nen> controlador(a) *m(f)*

Kontrollfunktion *f* <-, -en> función *f* de control; **etw hat** ~ algo tiene la función de controlar; **eine** ~ **ausüben** ejercer el control; **Kontrollgang** *m* <-(e)s, -gänge> ronda *f* de control [*o* de vigilancia]; **Kontrollgesellschaft** *f* <-, -en> (WIRTSCH) sociedad *f* de control [*o* holding *m* de control]; **Kontrollgruppe** *f* <-, -n> grupo *m* de control

kontrollierbar [kɔntrɔ'liːɐbaːɐ] *adj* controlable, comprobable

kontrollieren* [kɔntrɔ'liːrən] *vt* **1.** (*allgemein*) controlar; (*überprüfen*) inspeccionar; (*Gepäck*) registrar; **den Pass/die Fahrkarte** ~ controlar el pasaporte/el billete; **sie kontrollierte die Ausrüstung auf Vollständigkeit** comprobó la integridad del equipo **2.** (*überwachen*) vigilar **3.** (*beherrschen*) dominar

Kontrolliste *f* <-, -n> *s.* **Kontrollliste**

Kontrolllampe[RR] *f* <-, -n> piloto *m;* **Kontrollliste**[RR] *f* <-, -n> lista *f* de control; **Kontrollmaßnahme** *f* <-, -n> medida *f* de control; **Kontrollmechanismus** *m* <-, -mechanismen> mecanismo *m* de control; **Kontrollorgan** *nt* <-s, -e> órgano *m* de control; **Kontrollpunkt** *m* <-(e)s, -e> punto *m* de control; **Kontrollsiegel** *nt* <-s, -> sello *m* de control; **Kontrollstelle** *f* <-, -n> punto *m* de control; **Kontrolltaste** *f* <-, -n> (INFOR) tecla *f* de control; **Kontrollturm** *m* <-(e)s, -türme> (AERO) torre *f* de control; **Kontrolluhr** *f* <-, -en> reloj *m* de control; **Kontrollzentrum** *nt* <-s, -zentren> centro *m* de control

kontrovers [kɔntro'vɛrs] **I.** *adj* **1.** (*entgegengesetzt*) opuesto, contrario **2.** (*bestreitbar*) cuestionable **3.** (*umstritten*) controvertido, polémico **II.** *adv* de forma polémica; **die Angelegenheit wurde sehr** ~ **diskutiert** el asunto levantó una fuerte polémica

Kontroverse [kɔntro'vɛrzə] *f* <-, -n> controversia *f,* disputa *f;* **sie trugen eine heftige** ~ **um die katholische Rangfolge aus** sostuvieron una fuerte controversia acerca de la jerarquía católica

Kontur [kɔn'tuːɐ] *f* <-, -en> contorno *m,* perfil *m;* **etw verliert an/gewinnt** ~ algo pierde perfil/se perfila; **Konturpflügen** *nt* <-s, *ohne pl*> aradura *f* de contorno

Konus ['koːnʊs] *m* <-, -se *o* Konen> (MATH) cono *m*

Konvektion [kɔnvɛk'tsjoːn] *f* <-, -en> (METEO) convección *f*

Konvent [kɔn'vɛnt] *m* <-(e)s, -e> **1.** (UNIV) encuentro *m,* reunión *f* **2.** (REL) convento *m,* monasterio *m*

Konvention [kɔnvɛn'tsjoːn] *f* <-, -en> **1.** (*Abkommen*) convención *f,* convenio *m;* **die Genfer** ~ la convención de Ginebra **2.** (*Norm*) convención *f,* convencionalismo *m;* **sich über die ~en hinwegsetzen** pasar de (los) convencionalismos

Konventionalstrafe [kɔnvɛntsjo'naːl-] *f* <-, -n> (JUR) multa *f* convencional

konventionell [kɔnvɛntsjo'nɛl] *adj* convencional

konvergent [kɔnvɛr'gɛnt] *adj* (*a.* MATH) convergente

Konvergenz [kɔnvɛr'gɛnts] *f* <-, -en> (*a.* MATH) convergencia *f;* **Konvergenztheorie** *f* <-, -n> (*soziologisch, politökonomisch*) teoría *f* de la convergencia

Konversation [kɔnvɛrza'tsjoːn] *f* <-, -en> conversación *f;* ~ **machen** conversar; **Konversationslexikon** *nt* <-s, -lexika> enciclopedia *f*

Konversion [kɔnvɛr'zjoːn] *f* <-, -en> (REL, INFOR, WIRTSCH) conversión *f*

Konverter [kɔn'vɛrtɐ] *m* <-s, -> (TECH, FOTO, RADIO) convertidor *m*

konvertibel [kɔnvɛr'tiːbəl], **konvertierbar** [kɔnvɛr'tiːɐbaːɐ] *adj* (WIRTSCH) convertible

Konvertierbarkeit *f* <-, *ohne pl*> (WIRTSCH) convertibilidad *f*

konvertieren* [kɔnvɛr'tiːrən] **I.** *vi haben o sein* (REL) convertirse (*zu* a) **II.** *vt* (WIRTSCH, INFOR) convertir

konvex [kɔn'vɛks] *adj* convexo; **Konvexlinse** *f* <-, -n> lente *f* convexa; **Konvexspiegel** *m* <-s, -> espejo *m* convexo

Konvoi [kɔn'vɔɪ, '--] *m* <-s, -s> convoy *m;* **wir fuhren sicherheitshalber im** ~ para mayor seguridad viajamos en convoy

Konvolut [kɔnvo'luːt] *nt* <-(e)s, -e> (*geh*) legajo *m*

Konvulsion [kɔnvʊl'zjoːn] *f* <-, -en> (MED) convulsión *f*

konzedieren* [kɔntse'diːrən] *vt* **1.** (*einräumen*) admitir **2.** (*gewähren*) conceder, otorgar

Konzentrat [kɔntsɛn'traːt] *nt* <-(e)s, -e> concentrado *m*

Konzentration [kɔntsɛntra'tsjoːn] *f* <-, -en> (*a.* CHEM) concentración *f;* **bei** ~ **all unserer Kräfte auf das Problem** concentrando todas nuestras energías en el problema; **Konzentrationsfähigkeit** *f* <-, *ohne pl*> capacidad *f* de concentración; **Konzentrationslager** *nt* <-s, -> campo *m* de concentración; **Konzentrationsmangel** *m* <-s, *ohne pl*> (MED, PSYCH) falta *f* de concentración; **Konzentrationsschwäche** *f* <-, -n> (MED, PSYCH) deficiencias *fpl* en la (facultad de) concentración; **Konzentrationsstörung** *f* <-, -en> dificultad *f* de concentración

konzentrieren* [kɔntsɛn'triːrən] **I.** *vt* (*bündeln*) concentrar (*auf* en), centrar (*auf* en)

II. *vr:* **sich** ~ concentrarse (*auf* en)

konzentriert [kɔntsɛnˈtriːɐt] *adj* concentrado

konzentrisch [kɔnˈtsɛntrɪʃ] *adj* (MATH) concéntrico

Konzept [kɔnˈtsɛpt] *nt* <-(e)s, -e> **1.** (*Rohfassung*) borrador *m;* **aus dem ~ kommen** perder el hilo; **jdn aus dem ~ bringen** desconcertar a alguien **2.** (*Programm*) plan *m;* **das passt mir nicht ins ~** eso no cuadra con mis planes [*o* cuentas]; **das hat ihm total das ~ verdorben** (*fam*) le ha aguado los planes por completo

Konzepthalter *m* <-s, -> soporte *m* para borradores

Konzeption [kɔntsɛpˈtsjoːn] *f* <-, -en> concepción *f*

konzeptionslos *adj* sin concepción

Konzeptpapier *nt* <-s, -e> borrador *m*

Konzern [kɔnˈtsɛrn] *m* <-s, -e> (WIRTSCH) consorcio *m,* grupo *m;* **Konzerngesellschaft** *f* <-, -en> grupo *m* empresarial; **Konzernmutter** *f* <-, -mütter> matriz *f* de un grupo empresarial; **Konzerntochter** *f* <-, -töchter> filial *f* del consorcio; **Konzernumsatz** *m* <-es, -sätze> ventas *fpl* del consorcio

Konzert [kɔnˈtsɛrt] *nt* <-(e)s, -e> concierto *m;* **ins ~ gehen** asistir a un concierto; **Konzertabend** *m* <-s, -e> velada *f* musical, concierto *m;* **Konzertagentur** *f* <-, -en> agencia *f* de conciertos; **Konzertbesucher(in)** *m(f)* <-s, -; -, -nen> persona *f* que asiste a un concierto; **nach der Pause strömten die ~ wieder in den Konzertsaal** tras el descanso, los espectadores volvieron a entrar en la sala de conciertos; **Konzertflügel** *m* <-s, -> piano *m* de concierto

konzertieren* [kɔntsɛrˈtiːrən] *vi* (*geh*) dar un concierto

konzertiert [kɔntsɛrˈtiːɐt] *adj* concertado; **~e Aktion** acción concertada

Konzertina [kɔntsɛrˈtiːna] *f* <-, -s> (MUS) concertina *f*

Konzertmeister(in) *m(f)* <-s, -; -, -nen> (MUS) primer violín *m;* **Konzertsaal** *m* <-(e)s, -säle> sala *f* de conciertos, auditorio *m*

Konzession [kɔntsɛˈsjoːn] *f* <-, -en> **1.** (*Zugeständnis*) concesión *f;* **er ist (nicht) zu ~en bereit** (no) está dispuesto a hacer concesiones; **~en machen** hacer concesiones; **die Lautstärke war eine ~ an das Publikum** el volumen fue elegido teniendo en cuenta el público **2.** (*Genehmigung*) licencia *f;* **jdm die ~ entziehen** retirar la licencia a alguien

Konzessionär(in) *m(f)* <-s, -e; -, -nen> (ADMIN) concesionario, -a *m, f,* permisionario, -a *m, f Am*

konzessionieren* [kɔntsɛsjoˈniːrən] *vt* concesionar, conceder

konzessionsbereit *adj* dispuesto a hacer concesiones; **Konzessionserteilung** *f* <-, -en> otorgamiento *m* de una concesión; **Konzessionsinhaber(in)** *m(f)* <-s, -; -, -nen> concesionario, -a *m, f*

Konzessivsatz [kɔntsɛˈsiːf-] *m* <-es, -sätze> (LING) proposición *f* concesiva, oración *f* concesiva

Konzil [kɔnˈtsiːl] *nt* <-s, -e *o* -ien> concilio *m*

konziliant [kɔntsiˈljant] *adj* **1.** (*aussöhnend*) conciliador **2.** (*nachgiebig*) transigente; **sie war ausnahmsweise sehr ~ gestimmt** estaba excepcionalmente transigente; **er gab sich äußerst ~** se mostró extraordinariamente transigente

Konzilianz [kɔntsiˈljants] *f* <-, *ohne pl*> transigencia *f*

Konzilien *pl von* **Konzil**

konzipieren* [kɔntsiˈpiːrən] *vt* planear, concebir

Koog [koːk, *pl:* ˈkøːgə] *m* <-(e)s, Köge> (*nordd*) pólder *m*

Kooperation [koʔoperaˈtsjoːn] *f* <-, -en> cooperación *f;* **Kooperationspartner** *m* <-s, -> socio *m* cooperador

kooperativ [koʔoperaˈtiːf] *adj* cooperativo

kooperieren* [koʔopeˈriːrən] *vi* cooperar

kooptieren* [koʔɔpˈtiːrən] *vt* cooptar

Koordinate [koʔɔrdiˈnaːtə] *f* <-, -n> (MATH) coordenada *f;* **Koordinatenachse** *f* <-, -n> (MATH) eje *m* de coordenadas; **Koordinatensystem** *nt* <-s, -e> (MATH) sistema *m* de coordenadas

Koordination [koʔɔrdinaˈtsjoːn] *f* <-, -en> coordinación *f*

Koordinator(in) [koʔɔrdiˈnaːtoːɐ] *m(f)* <-s, -en; -, -nen> coordinador(a) *m(f)*

koordinieren* [koʔɔrdiˈniːrən] *vt* coordinar

Kopenhagen [koːpənˈhaːgən] *nt* <-s> Copenhague *m*

Kopf [kɔpf, *pl:* ˈkœpfə] *m* <-(e)s, Köpfe> **1.** (*Körperteil, Nagel~, Nadel~*) cabeza *f;* **zehn DM pro ~** diez marcos por cabeza; **~ an ~** codo con [*o* a] codo; **aus dem ~** de memoria; **~ hoch!** ¡ánimo!; **auf dem ~** cabeza abajo; **etw auf den ~ stellen** poner algo patas arriba; **sie stellten das ganze Haus auf den ~** revolvieron la casa de arriba a abajo; **~ und Kragen riskieren** jugarse la vida; **sich** *dat* **etw aus dem ~ schlagen/in den ~ setzen** quitarse algo de/meterse algo en la cabeza; **das will mir nicht in den ~** no me entra en la cabeza; **das kann ich im ~ rechnen** puedo hacer la cuenta de cabeza; **mit rotem ~ dastehen** estar con la cara enrojecida; **von ~ bis Fuß** de pies a cabeza; **sie ist ein kluger ~** tiene una buena cabeza; **sie hat ihren eigenen ~** ella sabe lo que quiere; **einen dicken ~ haben** tener la cabeza dura, ser un cabezota; **er ist nicht auf den ~ gefallen** no tiene un pelo de tonto; **man soll den ~ nicht in den Sand stecken** no hay que esconder la cabeza como el avestruz; **er will immer gleich mit dem ~ durch die Wand** siempre

K

quiere lo imposible; **es kann nicht immer nur nach deinem ~ gehen** no puede ser siempre lo que tú quieras; **wir redeten uns** *dat* **die Köpfe heiß** nos dijimos todo lo dicho y por decir; **da musst du einen kühlen ~ bewahren** tienes que mantener la calma; **der ist doch nicht ganz richtig im ~** (*fam*) no está bien de la cabeza; **das geht mir durch den ~** esto me ronda por la cabeza; **ich habe jetzt anderes im ~** de momento tengo otras cosas en la cabeza; **wo hast du nur deinen ~ gelassen?** ¿dónde tienes la cabeza?; **mir brummt/raucht der ~** (*fam*) tengo la cabeza como un bombo/me echa humo la cabeza; **sie stecken die Köpfe zusammen** (*fam*) se han puesto de acuerdo; **der Erfolg ist ihm zu ~(e) gestiegen** se le ha subido el éxito a la cabeza; **die Tatsachen auf den ~ stellen** (*fam*) tergiversar los hechos; **ich war wie vor den ~ gestoßen** me quedé parado [*o* helado]; **~ stehen** (*fam*) estar fuera de quicio; **jdm den ~ verdrehen** (*fam*) hacer perder la cabeza a alguien, robarle el sentido a alguien; **das Ganze wächst ihm über den ~** es superior a sus fuerzas; **sich** *dat* **den ~ zerbrechen** (*fam*) romperse la cabeza; **sich** *dat* **an den ~ fassen** (*fam*) llevarse las manos a la cabeza; **jdn einen ~ kürzer machen** (*sl*) decapitar a alguien; **das kann dich den ~ kosten** (*a. fig*) te puede costar la cabeza [*o* la vida]; **da werden Köpfe rollen** (*fig*) van a rodar cabezas; **er hat sein ganzes Geld auf den ~ gehauen** (*fam*) ha tirado todo su dinero por la ventana **2.** (*Brief~*) encabezamiento *m;* (*bei Münze*) cara *f;* **~ oder Zahl?** ¿cara o cruz?

Kopf-an-Kopf-Rennen [--'---] *nt* <-s, -> carrera *f* codo con [*o* a] codo

Kopfarbeit *f* <-, *ohne pl*> trabajo *m* intelectual; **Kopfbahnhof** *m* <-(e)s, -höfe> (EISENB) estación *f* término [*o* terminal]; **Kopfball** *m* <-(e)s, -bälle> (SPORT) cabezazo *m;* **ein Tor durch ~ erzielen** meter un gol de cabeza; **Kopfbedeckung** *f* <-, -en> sombrero *m;* **Kopfbewegung** *f* <-, -en> movimiento *m* de la cabeza

Köpfchen ['kœpfçən] *nt* <-s, -> (*fam*) pesquis *m inv,* caletre *m;* **~ haben** ser listo

köpfen ['kœpfən] *vt* **1.** (*enthaupten*) decapitar **2.** (SPORT) cabecear, rematar de cabeza

Kopfende *nt* <-s, -n> cabecera *f*

Kopffüßer *m* <-s, -> (ZOOL) cefalópodo *m*

Kopfgeld *nt* <-(e)s, -er> recompensa *f;* **Kopfgeldjäger** *m* <-s, -> cazador *m* de recompensas

Kopfhaar *nt* <-(e)s, *ohne pl*> cabello *m,* pelo *m,* cabellera *f;* **Kopfhaut** *f* <-, -häute> cuero *m* cabelludo

Kopfhörer *m* <-s, -> auricular(es) *m(pl),* cascos *mpl fam;* **die ~ aufsetzen** ponerse los auriculares; **Kopfhörerbuchse** *f* <-, -n> conector *m* para auriculares

Kopfjäger(in) *m(f)* <-s, -; -, -nen> (*Headhunter*) cazatalentos *mf inv,* cazacerebros *mf inv*

Kopfkissen *nt* <-s, -> almohada *f;* **Kopfkissenbezug** *m* <-(e)s, -züge> funda *f* de la almohada

Kopflänge *f* <-, -n> cabeza *f;* **jdn um eine ~ überragen** sacarle a alguien una cabeza

kopflastig ['-lastɪç] *adj* (*vorn zu stark beladen*) excesivamente pesado [*o* cargado] en la parte delantera; **eine ~e Verwaltung** una administración con demasiado personal directivo; **ein ~er Film** una película demasiado intelectual

Kopflaus *f* <-, -läuse> piojo *m*

kopflos *adj* **1.** (*Lebewesen*) sin cabeza **2.** (*verwirrt*) aturdido

Kopflosigkeit *f* <-, *ohne pl*> aturdimiento *m,* atolondramiento *m*

Kopfmassage *f* <-, -n> masaje *m* del cuero cabelludo; **Kopfnicken** *nt* <-s, *ohne pl*> señal *f* afirmativa (con la cabeza); **Kopfnuss**[RR] *f* <-, -nüsse> **1.** (*Schlag*) coscorrón *m* **2.** (*Aufgabe*) rompecabezas *m inv;* **Kopfrechnen** *nt* <-s, *ohne pl*> cálculo *m* mental; **Kopfsalat** *m* <-(e)s, -e> lechuga *f;* **kopfscheu** *adj:* **jdn ~ machen** desconcertar a alguien

Kopfschmerz *m* <-es, -en> dolor *m* de cabeza; **dieses Problem bereitet** [*o* **macht**] **mir ~en** este problema me está dando dolores de cabeza; **mach dir darüber** [*o* **deswegen**] **mal keine ~en** (*fam*) no te calientes la cabeza por eso; **Kopfschmerztablette** *f* <-, -n> pastilla *f* contra el dolor de cabeza

Kopfschuppen *fpl* caspa *f;* **Kopfschuss**[RR] *m* <-es, -schüsse> tiro *m* en la cabeza; **das Opfer wurde durch einen ~ getötet** la víctima fue asesinada de un tiro en la cabeza; **Kopfschütteln** *nt* <-s, *ohne pl*> cabeceo *m;* **kopfschüttelnd I.** *adj* que mueve la cabeza (en señal de desaprobación); **allenthalben sah man ~e Zuschauer im Theater** por todas partes se veían espectadores en el teatro que movían la cabeza en señal de desaprobación **II.** *adv* moviendo la cabeza (en señal de desaprobación); **Kopfschutz** *m* <-es, *ohne pl*> casco *m* protector; **Kopfsprung** *m* <-(e)s, -sprünge> zambullida *f* de cabeza; **einen ~ machen** tirarse de cabeza; **Kopfstand** *m* <-(e)s, -stände> apoyo *m* sobre la cabeza, pino *m;* **einen ~ machen** hacer el pino; **kopf|stehen** *irr vi s.* **Kopf 1.**

Kopfsteinpflaster *nt* <-s, -> adoquinado *m,* empedrado *m*

Kopfsteuer *f* <-, -n> (WIRTSCH, FIN) capitación *f;* **Kopfstimme** *f* <-, -n> falsete *m;* **Kopfstütze** *f* <-, -n> reposacabezas *m inv,* apoyacabezas *m inv;* **Kopftuch** *nt* <-(e)s, -tücher> pañuelo *m* de cabeza

kopfüber [-'--] *adv* de cabeza; **sie sprang ~ ins Wasser** se tiró de cabeza al agua

Kopfverband *m* <-(e)s, -bände> vendaje *m* en la cabeza; **Kopfverletzung** *f* <-, -en> herida *f* en la cabeza; **Kopfweh** *nt*

<-(e)s, -e> dolor *m* de cabeza; **Kopfwunde** *f* <-, -n> herida *f* en la cabeza; **Kopfzeile** *f* <-, -n> (INFOR) encabezamiento *m;* **mit ~** encabezado; **Kopfzerbrechen** *nt* <-s, *ohne pl*> quebradero *m* de cabeza; **jdm ~ machen** causar a alguien quebraderos de cabeza; **sich** *dat* **~ über etw** (**wenig**) **machen** (no) romperse la cabeza por [*o* sobre] algo

Kopie [ko'pi:] *f* <-, -n> **1.** (*a.* INFOR) copia *f;* (*Foto~*) fotocopia *f;* **beglaubigte ~** copia compulsada **2.** (*Nachahmung*) imitación *f*

kopieren* [ko'pi:rən] *vt* **1.** (*a.* INFOR) copiar; (*Fotokopien machen*) fotocopiar, hacer una copia (de) **2.** (*nachahmen*) copiar, imitar

Kopierer *m* <-s, -> (*fam*) fotocopiadora *f*

Kopiergerät [ko'pi:ɐ-] *nt* <-(e)s, -e> fotocopiadora *f;* **Kopierpapier** *nt* <-s, -> **1.** (*für Kopien*) papel *m* para fotocopias **2.** (FOTO: *Fotopapier*) papel *m* fotográfico; **Kopierschutz** *m* <-es, *ohne pl*>, **Kopiersperre** *f* <-, -n> (INFOR) protección *f* contra copias; **Kopierstift** *m* <-(e)s, -e> lápiz *m* tinta

Kopilot(**in**) ['ko:pilo:t] *m(f)* <-en, -en; -, -nen> (AERO) copiloto *mf*

Koppel ['kɔpəl] *f* <-, -n> (*Weideland*) dehesa *f*, pasto *m*

koppeln ['kɔpəln] *vt* **1.** (*Tiere: hintereinander*) reatar; (*nebeneinander*) poner en yunta, uncir **2.** (*Fahrzeuge*) enganchar; (*Raumschiffe*) acoplar; (*Geräte*) acoplar (*an* a), conectar (*an* con); **ein Zugeständnis an eine Bedingung ~** hacer una concesión dependiente de una condición previa

Koppelschloss[RR] *nt* <-es, -schlösser> (MIL) broche *m* del cinturón

Kopp(**e**)**lung** *f* <-, -en> acoplamiento *m;* **Kopp**(**e**)**lungsmanöver** *nt* <-s, -> maniobra *f* de acoplamiento; **ein ~ durchführen** realizar una maniobra de acoplamiento

Köpper *m* <-s, -> (*reg*) salto *m* de cabeza, zambullida *f;* **einen ~ machen** tirarse de cabeza (al agua)

Kopra ['ko:pra] *f* <-, *ohne pl*> copra *f*

Koproduktion ['ko:-] *f* <-, -en> coproducción *f;* **Koproduzent**(**in**) *m(f)* <-en, -en; -, -nen> coproductor(a) *m(f);* **Koprozessor** *m* <-s, -en> (INFOR) coprocesador *m*

Kopte, **-in** ['kɔptə] *m, f* <-n, -n; -, -nen> (REL) copto, -a *m, f*

koptisch ['kɔptɪʃ] *adj* (REL) copto

Kopula ['ko:pula] *f* <-, -s *o* -e> (LING, BIOL) cópula *f*

Kopulation [kopula'tsjo:n] *f* <-, -en> (BIOL) cópula *f*

kopulieren* [kopu'li:rən] *vi* (BIOL) copular

kor (*alt*) *3. imp von* **küren**

Koralle [ko'ralə] *f* <-, -n> coral *m;* **Korallenbank** *f* <-, -bänke> banco *m* de corales; **Koralleninsel** *f* <-, -n> isla *f* de corales; **Korallenkette** *f* <-, -n> collar *m* de corales; **Korallenriff** *nt* <-(e)s, -e> arrecife *m* coralino [*o* de coral]

Koran [ko'ra:n] *m* <-s, *ohne pl*> Corán *m;* **Koranschule** *f* <-, -n> (REL) escuela *f* del Corán

Korb [kɔrp, *pl:* 'kœrbə] *m* <-(e)s, Körbe> **1.** (*Behälter*) cesta *f;* (*größer*) cesto *m;* (*mit Henkeln*) canasta *f* **2.** (*~geflecht*) mimbre *m;* **ein Sessel aus ~** un sillón de mimbre **3.** (SPORT) cesto *m*, canasta *f;* **einen ~ erzielen** meter una canasta, encestar **4.** (*Abfuhr*) negativa *f*, desaire *m;* **einen ~ bekommen** llevarse una calabaza; **sich** *dat* **bei jdm einen ~ holen** llevarse una calabaza de parte de alguien; **jdm einen ~ geben** dar calabazas a alguien

Korbball *m* <-(e)s, *ohne pl*> (SPORT) baloncesto *m*

Korbblüt(**l**)**er** ['-bly:t(l)ɐ] *m* <-s, -> (BOT) (planta *f*) compuesta *f*

Körbchen ['kœrpçən] *nt* <-s, -> **1.** (*Hunde~*) cesta *f* del perro; **ab** [*o* **husch, husch**] **ins ~!** (*fam*) ¡venga, venga, a dormir! **2.** (*des Büstenhalters*) copa *f*

Korbflasche *f* <-, -n> damajuana *f*, bombona *f;* **Korbflechter**(**in**) *m(f)* <-s, -; -, -nen> cestero, -a *m, f;* **Korbflechterei** *f* <-, -en> cestería *f*

Korbflechterin *f* <-, -nen> *s.* **Korbflechter**; **Korbgeflecht** *nt* <-(e)s, -e> mimbre *m;* **Korbmacher**(**in**) *m(f)* <-s, -; -, -nen> cestero, -a *m, f*

Korbmacherei *f* <-, -en> cestería *f*

Korbmacherin *f* <-, -nen> *s.* **Korbmacher**; **Korbmöbel** *ntpl* muebles *mpl* de mimbre; **Korbsessel** *m* <-s, -> sillón *m* de mimbre; **Korbstuhl** *m* <-(e)s, -stühle> silla *f* de mimbre; **Korbwaren** *fpl* artículos *mpl* de cestería [*o* de mimbre]; **Korbweide** *f* <-, -n> (BOT) mimbrera *f*

Kord [kɔrt] *m* <-(e)s, -e *o* -s> pana *f*

Kordel ['kɔrdəl] *f* <-, -n> cuerda *f*, cordel *m*

Kordhose *f* <-, -n> pantalón *m* de pana

Kordon [kɔr'dõ:] *m* <-s, -s *o Österr:* -e> (MIL) cordón *m;* **ein ~ von Polizisten riegelte die Straße ab** un cordón policial impedía el acceso a la calle

Korea [ko're:a] *nt* <-s> Corea *f*

Koreaner(**in**) [kore'a:nɐ] *m(f)* <-s, -; -, -nen> coreano, -a *m, f*

koreanisch *adj* coreano

Koreferent(**in**) ['ko:-] *m(f)* <-en, -en; -, -nen> segundo, -a ponente *mf*

Koriander [kori'andɐ] *m* <-s, -> (BOT) cilantro *m*

Korinthe [ko'rɪntə] *f* <-, -n> pasa *f* de Corinto; **Korinthenkacker**(**in**) [-kakɐ] *m(f)* <-s, -; -, -nen> (*vulg abw*) petimetre *mf*, engolado, -a *m, f*

Kork [kɔrk] *m* <-(e)s, -e> (*Material*) corcho *m;* **Korkeiche** *f* <-, -n> alcornoque *m*

Korken ['kɔrkən] *m* <-s, -> (*Verschluss*) corcho *m;* **die ~ knallen lassen** (*fam*) celebrar algo (a lo grande)

Korkenzieher *m* <-s, -> sacacorchos *m inv;*

K

Korkenzieherlocke *f* <-, -n> tirabuzón *m*

Korkfußboden *m* <-s, -böden> parquet *m* de corcho

korkig I. *adj* con sabor a corcho II. *adv* que sabe a corcho

Kormoran [kɔrmo'ra:n] *m* <-s, -e> (ZOOL) cormorán *m*, cuervo *m* marino

Korn[1] [kɔrn, *pl:* 'kœrnɐ] *nt* <-(e)s, Körner> (*Teilchen, Samen~*) grano *m*

Korn[2] *m* <-(e)s, -> (*fam: Branntwein*) aguardiente *m* de trigo

Korn[3] *nt* <-(e)s, -e> 1. (*Getreide*) cereales *mpl* 2. (*am Gewehr*) (punto *m* de) mira *f*; **etw aufs ~ nehmen** apuntar sobre algo; (*fig*) criticar algo duramente; **jdn aufs ~ nehmen** tomarla con alguien

Korn[4] *nt* <-(e)s, *ohne pl*> (FOTO: *Feinstruktur*) grano *m*

Kornähre *f* <-, -n> (BOT, AGR) espiga *f*

Kornblume *f* <-, -n> (BOT) aciano *m*; **kornblumenblau** *adj* azul brillante

Kornbranntwein *m* <-(e)s, -e> aguardiente *m* de cereales

Körnchen ['kœrnçən] *nt* <-s, -> granito *m*; **ein ~ Wahrheit** un átomo de verdad

körnen ['kœrnən] *vt* 1. (*körnig machen*) granear; **gekörntes Papier** papel de lija *m* 2. (*zerkleinern*) granular 3. (*markieren*) marcar con un granete [*o* con un punzón] 4. (JAGD) atraer (la caza) esparciendo granos

Körnerfutter *nt* <-s, *ohne pl*> granos *mpl*

Kornett [kɔr'nɛt] *nt* <-(e)s, -e *o* -s> (MUS) corneta *f*

Kornfeld *nt* <-(e)s, -er> campo *m* de cereales

Korngrößenverteilung *f* <-, -en> distribución *f* del tamaño de partículas

körnig ['kœrnɪç] *adj* granulado, granuloso

Kornkammer *f* <-, -n> granero *m*; **Sizilien war die ~ Italiens** Sicilia era el granero de Italia; **Kornsilo** *m o nt* <-s, -s>, **Kornspeicher** *m* <-s, -> silo *m* (de grano)

Körnung ['kœrnʊŋ] *f* <-, -en> (GEO) textura *f* del suelo

Korona [ko'ro:na] *f* <-, Koronen> 1. (*Strahlenkranz*) corona *f* solar 2. (*Schar*) pandilla *f* 3. (TECH) corona *f* eléctrica, efecto *m* (de) corona

koronar [koro'na:ɐ] *adj* (MED) coronario; **~e Herzkrankheit** afección cardíaco-coronaria; **Koronargefäß** *nt* <-es, -e> (MED) vaso *m* coronario; **Koronarinsuffizienz** *f* <-, -en> (MED) insuficiencia *f* coronaria; **Koronarsklerose** *f* <-, -n> (MED) esclerosis *f inv* coronaria

Koronen *pl von* **Korona**

Körper ['kœrpɐ] *m* <-s, -> cuerpo *m*; **ein fester/flüssiger/gasförmiger ~** un cuerpo sólido/líquido/gaseoso; **~ und Geist/Seele** cuerpo y espíritu/alma; **er zitterte vor Angst am ganzen ~** le temblaba todo el cuerpo de miedo; **die Arme fest an den ~ pressen** apretar los brazos al cuerpo; **das Volumen eines ~s berechnen** calcular el volumen de un cuerpo; **Körperbau** *m* <-(e)s, *ohne pl*> constitución *f* física; **Körperbeherrschung** *f* <-, *ohne pl*> control *m* del cuerpo, dominio *m* del cuerpo; **Übungen am Trapez erfordern große ~** los ejercicios en el trapecio exigen un gran control [*o* dominio] del propio cuerpo; **körperbehindert** *adj* minusválido; **Körperbehinderte(r)** *mf* <-n, -n; -n, -n> minusválido, -a *m, f*, disminuido, -a *m, f* físico, -a; **körpereigen** *adj* (BIOL) que produce el propio cuerpo; **Körperertüchtigung** *f* <-, -en> fortalecimiento *m* corporal; **der Sportunterricht soll der ~ dienen** la clase de educación física está encaminada a fortalecer el cuerpo; **Körperfülle** *f* <-, *ohne pl*> corpulencia *f*; **Körpergeruch** *m* <-(e)s, -rüche> olor *m* del cuerpo; (*Schweißgeruch*) olor *m* a sudor; **unangenehmen ~ haben** tener mal olor [*o* olor desagradable]; **Körpergewicht** *nt* <-(e)s, *ohne pl*> peso *m* corporal; **Körpergröße** *f* <-, -n> talla *f*, estatura *f*; **Körperhaltung** *f* <-, -en> postura *f*; (*fig*) porte *m*, actitud *f*; **Körperkontakt** *m* <-(e)s, -e> contacto *m* físico; **Körperkraft** *f* <-, -kräfte> fuerza *f* física; **Körperlänge** *f* <-, -n> talla *f*, estatura *f*

körperlich *adj* corporal, físico; **harte ~e Arbeit** duro trabajo físico; **~ tätig sein** realizar un trabajo físico

körperlos *adj* incorpóreo; **Engel sind ~e Wesen** los ángeles son seres incorpóreos; **Körperlotion** *f* <-, -en> loción *f* para el cuerpo; **Körperpflege** *f* <-, *ohne pl*> aseo *m* personal, higiene *f* corporal; **Körperpuder** *m o nt* <-s, -> polvos *mpl* de talco

Körperschaft *f* <-, -en> (JUR) corporación *f*, cuerpo *m*; **juristische ~** corporación jurídica; **~ des öffentlichen Rechts** corporación administrativa; **gesetzgebende ~** cuerpo legislativo; **Körperschaftssteuer** *f* <-, -n> impuesto *m* sobre ingresos de sociedades y empresas

Körpersprache *f* <-, *ohne pl*> lenguaje *m* gestual; **Körperteil** *m* <-(e)s, -e> parte *f* del cuerpo; **Körpertemperatur** *f* <-, -en> temperatura *f* corporal; **leicht erhöhte ~ haben** tener un poco de temperatura, tener unas décimas de fiebre; **Körperverletzung** *f* <-, -en> lesión *f* física, daño *m* físico; **fahrlässige ~** lesiones físicas por imprudencia; **schwere ~** lesión grave; **Körperwärme** *f* <-, *ohne pl*> calor *m* corporal, calor *m* físico

Korpora *pl von* **Korpus**[3]

Korporation [kɔrpora'tsio:n] *f* <-, -en> (*geh*) 1. (UNIV) corporación *f* estudiantil 2. *s.* **Körperschaft**

Korporatismus [kɔrpora'tɪsmʊs] *m* <-, *ohne pl*> corporativismo *m*

korporiert [kɔrpo'ri:ɐt] *adj* (UNIV: *geh*) que pertenece a una corporación estudiantil

Korps [ko:ɐ] *nt* <-, -> (MIL) cuerpo *m*; **das di-**

plomatische ~ el cuerpo diplomático; **Korpsgeist** *m* <-(e)s, *ohne pl*> (*geh*) compañerismo *m*; **Korpsstudent** *m* <-en, -en> (UNIV) *estudiante universitario miembro de una corporación estudiantil*

korpulent [kɔrpu'lɛnt] *adj* corpulento, obeso

Korpulenz [kɔrpu'lɛnts] *f* <-, *ohne pl*> corpulencia *f*

Korpus[1] *m* <-, -se> **1.** (*fam iron: Körper*) cuerpo *m* **2.** (KUNST) crucifijo *m* **3.** (*Schweiz: Ladentisch*) mostrador *m*; (*Bürotisch*) escritorio *m*

Korpus[2] *m* <-, *ohne pl*> (*von Möbelstücken*) cuerpo *m*

Korpus[3] *nt* <-, Korpora> (LING) corpus *m inv*

Korpus[4] *nt* <-, *ohne pl*> (MUS) caja *f* de resonancia

Korrasion [kɔra'zjo:n] *f* <-, -en> (GEO) corración *f*

Korreferent(in) ['ko:-] *m(f)* <-en, -en; -, -nen> segundo, -a ponente *mf*

korrekt [kɔ'rɛkt] *adj* correcto; **er ist darin sehr** ~ es muy correcto (para estas cosas)

korrekterweise [kɔ'rɛktɐ'vaɪzə] *adv* como corresponde, de forma correspondiente

Korrektheit *f* <-, *ohne pl*> corrección *f*; (*Genauigkeit*) exactitud *f*; (*im Benehmen*) conducta *f* correcta

Korrektor(in) [kɔ'rɛkto:ɐ] *m(f)* <-s, -en; -, -nen> (TYPO) corrector(a) *m(f)* (tipográfico, -a)

Korrektur [kɔrɛk'tu:ɐ] *f* <-, -en> corrección *f*; ~ **lesen** corregir; **Korrekturband** *nt* <-(e)s, -bänder> cinta *f* correctora; **Korrekturfahne** *f* <-, -n> galerada *f*, prueba *f*; **Korrekturflüssigkeit** *f* <-, -en> líquido *m* corrector; **Korrekturhilfe** *f* <-, -n> (INFOR, TYPO) ayuda *f* para corrección ortográfica; **Korrekturtaste** *f* <-, -n> tecla *f* de corrección; **Korrekturzeichen** *nt* <-s, -> signo *m* de corrección

Korrelation [kɔrela'tsjo:n] *f* <-, -en> (*a.* MATH, MED) correlación *f*

korrelieren* [kɔre'li:rən] *vi* (*geh*) estar en correlación (*mit* con)

Korrespondent(in) [kɔrɛspɔn'dɛnt] *m(f)* <-en, -en; -, -nen> corresponsal *mf*

Korrespondenz [kɔrɛspɔn'dɛnts] *f* <-, -en> correspondencia *f*; **mit jdm in ~ stehen/treten** mantener/entablar correspondencia con alguien; **Korrespondenzbank** *f* <-, -en> banco *m* corresponsal

korrespondieren* [kɔrɛspɔn'di:rən] *vi* **1.** (*brieflich*) mantener correspondencia (*mit* con), cartearse (*mit* con) *fam* **2.** (*entsprechen*) corresponder (*mit* a)

Korridor ['kɔrido:ɐ] *m* <-s, -e> corredor *m*, pasillo *m*

korrigierbar *adj* corregible, subsanable; **dieser Fehler ist** ~ este error se puede corregir [*o* subsanar]

korrigieren* [kɔri'gi:rən] *vt* corregir; (*verbessern*) enmendar, rectificar

korrodieren* [kɔro'di:rən] *vi sein* corroer

Korrosion [kɔro'zjo:n] *f* <-, -en> corrosión *f*; **korrosionsbeständig** *adj* resistente a la corrosión; **Korrosionsschutz** *m* <-es, *ohne pl*> anticorrosivo *m*

korrumpieren* [kɔrʊm'pi:rən] *vt* corromper

korrupt [kɔ'rʊpt] *adj* corrupto

Korruption [kɔrʊp'tsjo:n] *f* <-, -en> corrupción *f*

Korse, -in ['kɔrzə] *m, f* <-n, -n; -, -nen> corso, -a *m, f*

Korsett [kɔr'zɛt] *nt* <-s, -s *o* -e> corsé *m*; (MED) corsé *m* ortopédico

Korsika ['kɔrzika] *nt* <-s> Córcega *f*

Korsin ['kɔrzɪn] *f* <-, -nen> *s.* **Korse**

korsisch *adj* corso

Korso ['kɔrso] *m* <-s, -s> desfile *m* de carruajes

Kortison [kɔrti'zo:n] *nt* <-s, *ohne pl*> (MED) cortisona *f*; **Kortisonbehandlung** *f* <-, -en> (MED) tratamiento *m* con cortisona

Korvette [kɔr'vɛtə] *f* <-, -n> (MIL) corbeta *f*; **Korvettenkapitän** *m* <-s, -e> (MIL) capitán *m* de corbeta

Koryphäe [kory'fɛ:ə] *f* <-, -n> corifeo *m*, experto, -a *m, f*

Kosak(in) [ko'zak] *m(f)* <-en, -en; -, -nen> cosaco, -a *m, f*; **Kosakenmütze** *f* <-, -n> gorro *m* cosaco [*o* ruso]

Kosakin *f* <-, -nen> *s.* **Kosake**

koscher ['ko:ʃɐ] *adj* **1.** (REL) permitido por la religión judía; **~e Metzgerei** *carnicería que vende carne preparada para los judíos* **2.** (*fam: einwandfrei*) limpio; **ich glaube, der Kerl ist nicht ganz** ~ me parece que este tipo no es (del todo) de fiar

K.-o.-Schlag *m* <-(e)s, -Schläge> (SPORT) golpe *m* que deja k.o. [*o* fuera de combate] al contrincante

Koseform *f* <-, -en> diminutivo *m* (*forma familiar y afectuosa*); **„Hänschen" ist die ~ von „Hans"** "Hänschen" es el diminutivo de "Hans"

kosen ['ko:zən] *vt* (*geh*) acariciar

Kosename *m* <-ns, -n> apodo *m* cariñoso; **Kosewort** *nt* <-(e)s, -wörter> palabra *f* cariñosa

K.-o.-Sieg *m* <-(e)s, -e> (SPORT) victoria *f* por k.o. [*o* fuera de combate]

Kosinus ['ko:zinʊs] *m* <-, -(se)> (MATH) coseno *m*

Kosmetik [kɔs'me:tɪk] *f* <-, *ohne pl*> cosmética *f*

Kosmetika *pl von* **Kosmetikum**

Kosmetiker(in) [kɔs'me:tikɐ] *m(f)* <-s, -; -, -nen> esteticista *mf*

Kosmetikkoffer *m* <-s, -> caja *f* de los cosméticos, estuche *m* de los cosméticos; **Kosmetiktuch** *nt* <-(e)s, -tücher> pañuelo *m* multiuso, kleenex® *m*

Kosmetikum [kɔs'me:tikʊm, *pl:* kɔs'me:tika] *nt* <-s, Kosmetika> (producto *m*) cosmético *m*

kosmetisch *adj* cosmético; **~e Chirurgie** cirugía plástica [*o* estética]

kosmisch ['kɔsmɪʃ] *adj* cósmico

Kosmologie [kɔsmolo'gi:] *f* <-, -n> cosmología *f*

Kosmonaut(in) [kɔsmo'naʊt] *m(f)* <-en, -en; -, -nen> cosmonauta *mf*

Kosmopolit(in) [kɔsmopo'li:t] *m(f)* <-en, -en; -, -nen> (*geh*) cosmopolita *mf*

kosmopolitisch *adj* (*geh*) cosmopolita

Kosmos ['kɔsmɔs] *m* <-, *ohne pl*> cosmos *m inv*, universo *m*

Kosovo ['kɔsovo] *m* <-(s)> Kósovo *m*

Kost [kɔst] *f* <-, *ohne pl*> **1.** (*Nahrung*) alimentos *mpl*; **~ und Logis** comida y alojamiento; **kalorienreduzierte ~** (MED) alimentos bajos en calorías; **vegetarische ~** comida vegetariana; **das ist schwere ~** (*fig*) es difícil de comprender **2.** (*Ernährung*) alimentación *f*, nutrición *f*

kostbar *adj* valioso

Kostbarkeit[1] *f* <-, *ohne pl*> (*Wert*) valor *m*

Kostbarkeit[2] *f* <-, -en> (*Gegenstand*) tesoro *m*, objeto *m* de gran valor

kosten ['kɔstən] *vt* **1.** (*probieren*) probar **2.** (*Preis haben*) costar, valer; **wie viel/was kostet das?** ¿cuánto/qué vale?, ¿a cuánto está?; **das kostet (dich) 100 Mark** (te) cuesta 100 marcos; **koste es, was es wolle** cueste lo que cueste; **das kostet ihn den Kopf** (*fam*) eso le va a costar la cabeza; **das lasse ich mir etwas ~** (*fam*) para esto no reparo en gastos **3.** (*erfordern*) requerir, costar; **das kostet Zeit** eso requiere tiempo; **das kostet mich einige Überwindung** el hacerlo me cuesta cierto esfuerzo

Kosten ['kɔstən] *pl* gastos *mpl*, coste(s) *m(pl)*, costo(s) *m(pl)*; **~, Versicherung und Fracht** (COM) coste, seguro y flete; **aufgelaufene/entstandene ~** gastos acumulados/generados; **auf eigene ~** corriendo uno con los gastos; **die ~ umlegen/tragen** repartir los gastos/correr con los gastos; **keine ~ scheuen** no reparar en gastos; **~ verursachen** causar gastos; **die ~ für etw aufbringen** [*o* **tragen**] pagar los gastos de algo; **die ~ decken** cubrir los gastos; **auf ~ des Waldes/seiner Gesundheit** a costa del bosque/de su salud; **das geht auf meine ~** esto corre de mi cuenta; **auf seine ~ kommen** estar contento; **Kostenabgrenzung** *f* <-, -en> definición *f* de los costes; **Kostenart** *f* <-, -en> (WIRTSCH) tipo *m* de costes; **Kostenaufgliederung** *f* <-, -en>, **Kostenaufschlüsselung** *f* <-, -en> desglose *m* de los costes; **Kostenaufwand** *m* <-(e)s, *ohne pl*> gasto(s) *m(pl)*; **mit einem ~ von ...** con unos gastos de...; **Kostenberechnung** *f* <-, -en> cálculo *m* de costes; **Kostenbeteiligung** *f* <-, -en> participación *f* en costos; **kostenbewusst**[RR] *adv* fijándose en los costes [*o* precios]; **kostendeckend I.** *adj* que cubre los gastos **II.** *adv* con [*o* de] saldo neutro; **~ wirtschaften** administrar para cubrir gastos; **Kostendegression** *f* <-, -en> (WIRTSCH) regresión *f* de los costes; **Kosteneinsparung** *f* <-, -en> (WIRTSCH) reducción *f* de los costes; **Kostenentscheidung** *f* <-, -en> (JUR) condena *f* de costas; **Kostenentwicklung** *f* <-, -en> (WIRTSCH) evolución *f* de los costes; **Kostenerstattung** *f* <-, -en> reembolso *m*, restitución *f* de gastos; **Kostenexplosion** *f* <-, -en> (WIRTSCH) explosión *f* de los costos; **Kostenfaktor** *m* <-s, -en> (WIRTSCH) factor *m* financiero; **Kostenfestsetzung** *f* <-, -en> (JUR) tasación *f* de costas; **Kostenfrage** *f* <-, -n> cuestión *f* de coste [*o* financiera]; **kostenfrei** *adj* (JUR) exento [*o* libre] de gastos; **kostengünstig** *adj* (WIRTSCH) económico, rentable; **die ~ste Lösung** la solución más rentable; **Kosteninflation** *f* <-, -en> (WIRTSCH) inflación *f* de los costes; **kostenintensiv** *adj* (WIRTSCH) de costos extremadamente altos; **kostenlos I.** *adj* gratuito, gratis **II.** *adv* gratis; **kostenneutral** *adj* (WIRTSCH) que no ocasiona gastos

Kosten-Nutzen-Analyse ['--'------] *f* <-, -n> (WIRTSCH) análisis *m inv* de la relación coste-beneficio [*o* de la relación coste-utilidad]; **Kosten-Nutzen-Verhältnis** *nt* <-ses, -se> (WIRTSCH) relación *f* coste-beneficio

Kostenpauschale *f* <-, -n> (WIRTSCH, POL) costos *mpl* globales; **kostenpflichtig I.** *adj* (JUR) condenado en costas **II.** *adv* (JUR) pagando, acarreando con los gastos; **jdn ~ abschleppen** remolcar a alguien y cargarle con los gastos de remolque; **Kostenpreisbildung** *f* <-, -en> (WIRTSCH) formación *f* del precio de coste

Kosten-Preis-Schere *f* <-, -n> (WIRTSCH) disparidad *f* entre precio y coste

Kostenprognose *f* <-, -en> pronóstico *m* de los costes; **Kostenpunkt** *m* <-(e)s, -e> (*fam*) coste *m*, precio *m*; **Kostenrahmen** *m* <-s, -> margen *m o f* de costes; **Kostenrechnung** *f* <-, -en> (WIRTSCH) cálculo *m* de gastos, cuenta *f* de gastos; **Kostenreduzierung** *f* <-, -en> reducción *f* de los costes; **Kostensenkung** *f* <-, -en> abaratamiento *f* de costes, reducción *f* de los costes; **Maßnahmen zur ~** medidas para abaratar costes; **kostensparend I.** *adj* que ahorra costes; **die Herstellung ist ~** la fabricación es a bajo coste **II.** *adv* ahorrando costes; **das neue Produkt wurde ~ hergestellt** el nuevo producto se fabricó a bajo coste; **Kostensteigerung** *f* <-, -en> (WIRTSCH) aumento *m* de los costes; **kostentreibend I.** *adj* que aumenta los costes **II.** *adv* con un aumento de los costes; **diese Entscheidung wirkt sich ~ aus** esta decisión se traducirá en un aumento de los costes; **Kostenübernahme** *f* <-, *ohne pl*> pago *m* de los gastos; **Kostenübersicht** *f* <-, -en> cuadro *m* de los gastos; **Kostenverrechnung** *f* <-, -en> compensación *f* de los gastos; **Kostenverteilung** *f* <-, -en> distribución *f* de costes; **Kostenvoranschlag** [--'---, '-----] *m* <-(e)s, -schläge> (WIRTSCH) presupuesto *m* de (los) gastos; **einen ~ machen** hacer un presupuesto (de los gastos); **Kostenvorschuss**RR *m* <-es, -schüsse> anticipo *m* de los gastos; **Kostenwirksamkeit** *f* <-, *ohne pl*> (WIRTSCH) efectividad *f* de los costes; **Kostenzuschlag** *m* <-es, -schläge> aumento *m* de costes

Kostgeld *nt* <-(e)s, -er> pensión *f*

köstlich ['kœstlɪç] *adj* **1.** (*Speise*) exquisito, delicioso **2.** (*amüsant*) divertido, gracioso; **ich habe mich ~ amüsiert** me lo he pasado bomba

Köstlichkeit[1] *f* <-, -en> (*Delikatesse*) manjar *m;* **sein Keller birgt Burgunder, Chambertins und andere ~en** en su bodega hay borgoñas, chambertins y otros caldos excelentes

Köstlichkeit[2] *f* <-, *ohne pl*> (*geh: das Köstlichsein*) exquisitez *f*

Kostprobe *f* <-, -n> **1.** (*von Speise*) bocadito *m,* pedacito *m* (para probar); (*von Getränk*) sorbo *m* **2.** (*Beispiel*) muestra *f;* **eine ~ seiner Kunst geben** dar una muestra de su arte

kostspielig *adj* caro, costoso

Kostüm [kɔs'ty:m] *nt* <-s, -e> **1.** (*Damen~*) traje *m* chaqueta, conjunto *m* **2.** (THEAT) vestido *m,* traje *m* **3.** (*Verkleidung*) disfraz *m;* **Kostümball** *m* <-(e)s, -bälle> baile *m* de disfraces; **Kostümbildner(in)** *m(f)* <-s, -; -, -nen> (FILM, THEAT) encargado, -a *m, f* de vestuario

kostümieren* [kɔsty'mi:rən] *vr:* **sich ~** disfrazarse (*als* de)

Kostümprobe *f* <-, -n> (THEAT) ensayo *m* con vestuario; **Kostümverleih** *m* <-(e)s, -e> alquiler *m* de disfraces

Kostverächter(in) ['-vɛɐʔɛçtɐ] *m(f)* <-s, -; -, -nen> (*fam*): **kein ~ sein** gustarle a alguien las buenas comidas, ser un gourmet

Kot [ko:t] *m* <-(e)s, -e *o* -s> (*geh*) excrementos *mpl,* materias *fpl* fecales

Kotangens ['ko:taŋgɛns] *m* <-, -> (MATH) cotangente *f*

Kotau [ko'taʊ] *m* <-s, -s> reverencia *f* china; **vor jdm einen ~ machen** (*fig*) arrastrarse ante alguien

Kotelett ['kɔtlɛt, kɔt'lɛt] *nt* <-s, -s> chuleta *f*

Koteletten [kɔt'lɛtən] *pl* patillas *fpl*

Köter ['kø:tɐ] *m* <-s, -> (*abw*) chucho *m*

Kotflügel *m* <-s, -> (AUTO) guardabarros *m inv*

Kotzbrocken *m* <-s, -> (*fam abw*) tipo *m* asqueroso [*o* repugnante]; **er ist widerlich, ein richtiger ~!** ¡es un tipo asqueroso, da náuseas de verdad!

Kotze ['kɔtsə] *f* <-, *ohne pl*> (*vulg*) pota *f,* pava *f*

kotzen *vi* (*vulg*) cambiar la peseta, echar la pota; **das ist zum K~** es un coñazo

kotzübel ['-'--] *adj* (*vulg*): **mir ist/wird ~** tengo/me están dando ganas de echar la pota

KP [ka:'pe:] *f* <-, -s> *Abk. von* **Kommunistische Partei** PC *m*

KPD *f* <-, *ohne pl*> (HIST) *Abk. von* **Kommunistische Partei Deutschlands** Partido *m* Comunista Alemán

KPdSU [ka:pe:de:ʔɛs'ʔu:] *f Abk. von* **Kommunistische Partei der Sowjetunion** Partido *m* Comunista de la Unión Soviética

Kr (CHEM) *Abk. von* **Krypton** Kr

Krabbe ['krabə] *f* <-, -n> (ZOOL) cangrejo *m* de mar

krabbeln ['krabəln] *vi sein* **1.** (*Kind*) gatear, andar a gatas **2.** (*Käfer*) correr

Krach[1] [krax, *pl:* 'krɛçə] *m* <-(e)s, Kräche> **1.** (*Knall*) estallido *m* **2.** (*fam: Auseinandersetzung*) bronca *f;* **mit jdm ~ haben** [*o* **kriegen**] tener una bronca con alguien; **~ schlagen** armar escándalo **3.** (*fam: Börsen~*) crac *m*

Krach[2] *m* <-(e)s, *ohne pl*> (*Lärm*) ruido *m,* alboroto *m,* jaleo *m,* batifondo *m CSur;* **die Kinder/Maschinen machen ~** los niños/las máquinas hacen ruido

krachen *vi* **1.** (*Lärm machen*) estallar; (*Holz*) crujir; (*Schuss*) sonar, estallar; (*Donner*) retumbar; (*Tür*) cerrarse de golpe; **die Holzkiste fiel ~d zu Boden** la caja de madera cayó con gran estrépito al suelo; **auf dieser Autobahn kracht es dauernd** (*fam*) en esta autopista siempre hay accidentes; **hör sofort auf damit, sonst kracht's** (*fam*) deja de hacer eso o te vas a enterar **2.** *sein* (*fam: kaputtgehen*) romperse **3.** *sein* (*fam: aufprallen*) chocar (*gegen/auf* contra), dar (*gegen/auf* con)

Kracher *m* <-s, -> (*fam*) petardo *m*

Krachmacher(in) *m(f)* <-s, -; -, -nen> (*fam abw*) persona *f* que arma ruido; **kann nicht mal jemand diese ~ auf ihren Mopeds zum Schweigen bringen?** ¿es que no hay nadie que pueda hacer que esos tipos dejen de armar ruido con sus motos?

krächzen ['krɛçtsən] *vi* **1.** (*Vogel*) graznar **2.** (*Mensch*) hablar con voz ronca

Kracken ['krakən] *nt* <-s, *ohne pl*> (CHEM) craqueo *m*

Kräcker ['krɛkɐ] *m* <-s, -> galleta *f* salada

kraft [kraft] *präp +gen* en virtud de; **~ meines Amtes** en virtud de mi cargo; **~ Gesetzes** en virtud de la ley, por vía legal

Kraft [kraft, *pl:* 'krɛftə] *f* <-, Kräfte> **1.** (*a.* PHYS) fuerza *f;* **elektromotorische ~** fuerza electromotriz; **ihm fehlt die ~ (etw zu tun)** le falta la fuerza (para hacer algo); **seine/neue Kräfte sammeln** reunir sus/nuevas fuerzas; **das verlieh ihr ungeahnte Kräfte** eso le dio fuerzas inesperadas; **unter Aufbietung aller Kräfte** reuniendo todas las fuerzas; **sie zogen mit aller ~** tiraron con todas sus fuerzas; **mit letzter ~** con las últimas fuerzas; **(nicht) bei Kräften sein** (no) tener fuerzas;

K

nach (besten) Kräften helfen ayudar con (todos) los medios disponibles; **wieder zu Kräften kommen** recobrar fuerza(s); **aus eigener ~** por propio esfuerzo; **sie tat, was in ihren Kräften stand** hizo cuanto estaba en su mano; **mit vereinten Kräften** en un esfuerzo común; **mit frischer ~ ans Werk gehen** ponerse a trabajar con nuevas fuerzas; **das geht über meine Kräfte** eso es demasiado para mí; **die treibende ~** la fuerza motriz **2.** (*Wirksamkeit*) eficacia *f* **3.** (*Arbeits~*) mano *f* de obra **4.** (JUR): **in ~ sein/treten** estar en/entrar en vigor; **außer ~ setzen** anular, revocar; (*zeitweilig*) suspender; **außer ~ sein** estar sin vigencia

Kraftakt *m* <-(e)s, -e> esfuerzo *m* físico; **Kraftanstrengung** *f* <-, -en>, **Kraftaufwand** *m* <-(e)s, *ohne pl*> esfuerzo *m;* **Kraftausdruck** *m* <-(e)s, -drücke> palabrota *f,* taco *m;* **Kraftbrühe** *f* <-, -n> (GASTR) caldo *m* de carne sustancioso, consomé *m*

Kräfteverfall *m* <-(e)s, *ohne pl*> pérdida *f* de fuerzas, disminución *f* de fuerzas; (MED) marasmo *m;* **Kräfteverhältnis** *nt* <-ses, -se> relación *f* de fuerzas; **Kräfteverschleiß** *m* <-es, -e> desgaste *m* de fuerzas, pérdida *f* de energías

Kraftfahrer(in) *m(f)* <-s, -; -, -nen> conductor(a) *m(f),* automovilista *mf*

Kraftfahrzeug *nt* <-(e)s, -e> automóvil *m;* **Kraftfahrzeugbrief** *m* <-(e)s, -e> carta *f* de vehículo; **Kraftfahrzeugkennzeichen** *nt* <-s, -> matrícula *f* de vehículo; **Kraftfahrzeugmechaniker(in)** *m(f)* <-s, -; -, -nen> mecánico, -a *m, f* de automóviles; **Kraftfahrzeugpapiere** *ntpl* documentación *f* del vehículo; **Kraftfahrzeugschein** *m* <-(e)s, -e> permiso *m* de circulación, papeles *mpl* del coche *fam;* **Kraftfahrzeugsteuer** *f* <-, -n> impuesto *m* sobre automóviles; **Kraftfahrzeugversicherung** *f* <-, -en> seguro *m* de automóviles

Kraftfeld *nt* <-(e)s, -er> (PHYS) campo *m* de fuerza; **Kraftfutter** *nt* <-s, *ohne pl*> (AGR) forraje *m* (concentrado)

kräftig ['krɛftɪç] **I.** *adj* **1.** (*stark*) fuerte, garrudo *Mex;* (*stabil*) robusto; **eine ~e Tracht Prügel** una soberana paliza **2.** (*Farbe*) fuerte, vivo; (*Geruch, Geschmack*) fuerte **3.** (*Essen*) sustancioso **II.** *adv* (*sehr*) mucho; **es schneite ~** nevó mucho; **~ schütteln** agitar bien; **jdm ~ die Meinung sagen** decirle a uno las cosas como son, cantarle las cuarenta a alguien

kräftigen ['krɛftɪgən] *vt* fortalecer, robustecer, vitalizar *Am*

Kräftigung *f* <-, -en> fortalecimiento *m;* **zur ~ der Muskulatur** para fortalecer la musculatura; **Kräftigungsmittel** *nt* <-s, -> fortificante *m,* tónico *m,* reconstituyente *m*

Kraftlinie *f* <-, -n> (PHYS) línea *f* de fuerza

kraftlos *adj* sin fuerza, débil; **Kraftloserklärung** *f* <-, -en> (JUR) invalidación *f*

Kraftlosigkeit *f* <-, *ohne pl*> debilidad *f*

Kraftmeierei [-maɪə'raɪ] *f* <-, -en> (*fam abw*) chulería *f;* **Kraftprobe** *f* <-, -n> prueba *f* de fuerza; **Kraftprotz** *m* <-es, -e> (*fam*) cachas *m inv;* **Kraftrad** *nt* <-(e)s, -räder> (*formal*) motocicleta *f;* **Kraftreserve** *f* <-, -n> reserva *f* de fuerza

Kraftstoff *m* <-(e)s, -e> combustible *m,* carburante *m;* **Kraftstoffgemisch** *nt* <-(e)s, -e> mezcla *f* de carburantes

Kraftstrom *m* <-(e)s, *ohne pl*> (ELEK) corriente *f* fuerte

kraftstrotzend *adj* lleno de vigor, rebosante de salud; **Kraftübertragung** *f* <-, -en> transmisión *f* de fuerza

kraftvoll **I.** *adj* vigoroso, fuerte, alentado *Arg* **II.** *adv* con fuerza

Kraftwagen *m* <-s, -> automóvil *m*

Kraft-Wärme-Kopplung ['-'----] *f* <-, *ohne pl*> copulación *f* fuerza-calor

Kraftwerk *nt* <-(e)s, -e> central *f* energética

Kragen ['kra:gən] *m* <-s, -> cuello *m;* (**sich** *dat*) **den ~ hochschlagen** subir(se) el cuello; **jdn beim** [*o* **am**] **~ packen** (*fam*) coger a alguien por el cuello; **mir platzt gleich der ~** (*fam*) estoy a punto de reventar; **es geht ihm an den ~** (*fam*) le van a echar una bronca; **Kragenknopf** *m* <-(e)s, -knöpfe> botón *m* del cuello; **Kragenspiegel** *m* <-s, -> (MIL) galón *m* de cuello; **Kragenweite** *f* <-, -n> medida *f* del cuello; **das ist nicht meine ~** (*fam*) eso no me va; **diese Frau ist genau meine ~** (*fam*) esta mujer es justo mi tipo

Krähe ['krɛ:ə] *f* <-, -n> corneja *f,* chova *f;* **eine ~ hackt der anderen kein Auge aus** (*prov*) un lobo no muerde a otro

krähen *vi* **1.** (*Hahn*) cantar **2.** (*Kind*) berrear

Krähenfüße *mpl* (*fam*) **1.** (*Augenfalten*) patas *fpl* de gallo **2.** (*unleserliche Schrift*) garabatos *mpl*

Krakauer ['kra:kaʊɐ] *f* <-> (GASTR) salchicha *f* de Cracovia

Krake ['kra:kə] *m* <-n, -n> (ZOOL) pulpo *m*

krakeelen* [kra'ke:lən] *vi* (*fam abw*) **1.** (*lärmen*) alborotar, vociferar **2.** (*streiten*) armar bronca

Krakeeler(in) *m(f)* <-s, -; -, -nen> (*fam abw*) alborotador(a) *m(f);* **letzte Nacht bin ich von zwei ~n wach geworden** anoche me despertaron dos alborotadores [*o* dos tipos que armaban barullo]

Krakel ['kra:kəl] *m* <-s, -> (*fam abw*) garabato *m;* **deine ~ kann keiner lesen** tus garabatos no los puede leer nadie

Krakelei [kra:kə'laɪ] *f* <-, -en> (*fam abw*) garabatos *mpl*

krakelig ['kra:kəlɪç] *adj* garabatoso, lleno de garabatos

Kral [kra:l] *m* <-s, -e *o* -s> *aldea africana de disposición circular*

Kralle ['kralə] *f* <-, -n> garra *f;* **jdm die ~n**

zeigen mostrar las uñas a alguien; **jdn in seine ~n kriegen** (*fam*) echarle la garra a alguien; **ich will den Zaster bar auf die ~** (*sl*) quiero la pasta [*o* guita] contante y sonante

krallen I. *vt* **1.** (*Finger*) clavar (*in* en) **2.** (*fam: sich aneignen*) agarrar, pillar; **er krallte sich** *dat* **den Auftrag** agarró el pedido; **den krall' ich mir!** (*sl: den nehme ich mir vor*) ese se va a enterar de quién soy yo; (*an den wende ich mich*) a este lo cojo yo por banda **II.** *vr:* **sich ~ 1.** (*Katze*) echar la garra (*an* a) **2.** (*Mensch*) agarrarse (*an* a/de), aferrarse (*an* a); **er krallte sich ans Geländer** se agarró a la barandilla

Kram [kra:m] *m* <-(e)s, *ohne pl*> (*fam*) **1.** (*Gerümpel*) chismes *mpl*, trastos *mpl*, trastes *mpl Am*, chécheres *mpl Kol, CRi*; **lass deinen ~ nicht überall liegen** no dejes tus trastos por todos los sitios **2.** (*Angelegenheit*) chisme *m*; **mach doch deinen ~ alleine!** ¡allá tú, arréglatelas como puedas!; **kümmere dich um deinen eigenen ~** ocúpate de tus asuntos; **jdm passt etw nicht in den ~** algo no le viene bien a alguien; **den ganzen ~ hinschmeißen** tirar todo por la borda, mandar todo a freír espárragos

kramen I. *vi* (*fam: stöbern*) trastear (*in* por entre), revolver (*in* por entre); **in alten Papieren ~** revolver por entre papeles viejos **II.** *vt* (*fam: hervorholen*) sacar (*aus* de)

Krämer(in) ['krɛ:mɐ] *m(f)* <-s, -; -, -nen> **1.** (*reg: Ladenbesitzer*) tendero, -a *m, f* **2.** (*abw: Kleingeist*) tacaño, -a *m, f*, mercachifle *mf*; **Krämerseele** *f* <-, -n> (*abw*) mercachifle *m*; **eine ~ sein** ser una rata

Kramladen *m* <-s, -läden> (*fam abw*) tienda *f* de baratijas

Krampe ['krampə] *f* <-, -n>, **Krampen** ['krampən] *m* <-s, -> grapa *f*

Krampf [krampf, *pl:* 'krɛmpfə] *m* <-(e)s, Krämpfe> **1.** (MED) calambre *m*, espasmo *m*; **einen ~ haben** tener (un) calambre, encalambrarse *Am*; **einen ~ bekommen** dar (un) calambre, acalambrarse *Am* **2.** (*fam abw: Unsinn*) tonterías *fpl*; **das ist doch alles ein ~** todo esto son tonterías **3.** (*Schweiz: Straftat*) crimen *m*, delito *m*

Krampfader *f* <-, -n> variz *f*, varice *f*; **Krampfanfall** *m* <-(e)s, -fälle> (MED) ataque *m* espasmódico [*o* epiléptico]

krampfen I. *vt* empuñar convulsivamente (*um*) **II.** *vi* (*Schweiz*) esforzarse en vano **III.** *vr:* **sich ~ 1.** (*sich im Krampf zusammenziehen*) sufrir convulsiones **2.** (*umschließen*) empuñar (*um*), estrechar convulsivamente (*um*) **3.** (*reg: sich etwas krallen*) agarrar, empuñar

krampfhaft *adj* **1.** (MED) convulsivo, espasmódico **2.** (*verbissen*) obstinado; (*Anstrengung*) desesperado; **~ an etw** *dat* **festhalten** agarrarse a algo obstinadamente

krampflindernd *adj* (MED) antiespasmódico; **krampflösend** *adj* (MED) antiespasmódico

Kran [kra:n, *pl:* 'krɛ:nə] *m* <-(e)s, -e *o* Kräne> grúa *f*; **Kranführer(in)** *m(f)* <-s, -; -, -nen> conductor(a) *m(f)* de grúa, maquinista *mf* de grúa

krängen ['krɛŋən] *vi* (NAUT) escorar

Kranich ['kra:nɪç] *m* <-s, -e> grulla *f*

krank [kraŋk] *adj* <kränker, am kränksten> enfermo (*an* de); **schwer ~ sein** estar gravemente enfermo; **~ werden** caer [*o* ponerse] enfermo; **~ vor Heimweh sein** estar enfermo de añoranza [*o* de morriña]; **das macht mich ~** esto me pone enfermo; **du bist wohl ~?** (*fam iron*) ¿te has vuelto loco?

Kranke(r) *mf* <-n, -n; -n, -n> enfermo, -a *m, f*

kränkeln ['krɛŋkəln] *vi* **1.** (*Person*) estar achacoso [*o* enfermizo], estar pachucho *fam* **2.** (*Wirtschaft, Firma*) ir cuesta abajo

kranken ['kraŋkən] *vi* adolecer (*an* de); **das krankt daran, dass ...** esto adolece de que...

kränken ['krɛŋkən] *vt* ofender; **er ist sehr gekränkt** está muy molesto

Krankenakte *f* <-, -n> acta *f* de enfermedad, informe *m* médico; **Krankenanstalt** *f* <-, -en> (*formal*) clínica *f*, centro *m* hospitalario; **Krankenbericht** *m* <-(e)s, -e> boletín *m* médico, parte *m* facultativo; **Krankenbesuch** *m* <-(e)s, -e> visita *f* a un enfermo; **Krankenbett** *nt* <-(e)s, -en> cama *f* del enfermo; **am ~** al lado de la cama del enfermo; **Krankenblatt** *nt* <-(e)s, -blätter> hoja *f* médica; **Krankengeld** *nt* <-(e)s, -er> subsidio *m* de enfermedad; **Krankengeschichte** *f* <-, -n> historial *m* clínico; **Krankengymnast(in)** *m(f)* <-en, -en; -, -nen> fisioterapeuta *mf*; **Krankengymnastik** *f* <-, *ohne pl*> fisioterapia *f*; **Krankengymnastin** *f* <-, -nen> *s.* **Krankengymnast**

Krankenhaus *nt* <-es, -häuser> hospital *m*, nosocomio *m Am*; **ins ~ kommen** ir al hospital; **er kam gestern ins ~** ayer lo ingresaron en el hospital; **jdn ins ~ einweisen** hospitalizar a alguien; (**mit einer Krankheit**) **im ~ liegen** estar en el hospital (con una enfermedad); **Krankenhausaufenthalt** *m* <-(e)s, -e> estancia *f* en un hospital; **nach einem längeren ~ wurde er als geheilt entlassen** tras una larga permanencia en el hospital le dieron el alta (al estar ya sano); **Krankenhauskosten** *pl* costes *mpl* de hospital; **krankenhausreif** *adj:* **jdn ~ schlagen** dejar a alguien medio muerto de una paliza

Krankenkasse *f* <-, -n> caja *f* del seguro, seguro *m* médico; **in welcher ~ bist du?** ¿en qué seguro (médico) estás?; **Krankenkost** *f* <-, *ohne pl*> (MED) dieta *f*, comida *f* de enfermos; **Krankenlager** *nt* <-s, -> lecho *m* de(l) enfermo; **ans ~ gefesselt sein** estar atado a la cama; **Krankenpflege** *f* <-, *ohne pl*> asistencia *f* médica; **Krankenpfle-**

K

ger(**in**) *m(f)* <-s, -; -, -nen> enfermero, -a *m, f,* cuidador(a) *m(f) Arg,* barchilón, -ona *m, f Peru;* **Krankensalbung** *f* <-, -en> (REL) unción *f* de enfermos, extremaunción *f;* **bei jdm die ~ vornehmen** dar la extremaunción a alguien; **Krankenschein** *m* <-(e)s, -e> volante *m* de asistencia médica; **sich auf ~ behandeln lassen** recibir tratamiento médico pagado por el seguro médico; **Krankenschwester** *f* <-, -n> enfermera *f,* nurse *f Am;* **Krankenstand** *m* <-(e)s, -stände> número *m* de bajas (por enfermedad); **Krankentransport** *m* <-(e)s, -e> transporte *m* de enfermos; **Krankenurlaub** *m* <-(e)s, -e> baja *f* laboral por enfermedad; **Krankenversichertenkarte** *f* <-, -n> tarjeta *f* de asegurado; **Krankenversicherung** *f* <-, -en> seguro *m* de enfermedad; **gesetzliche/private ~** seguro de enfermedad obligatorio/privado; **Krankenwagen** *m* <-s, -> ambulancia *f;* **Krankenzimmer** *nt* <-s, -> habitación *f* del enfermo

kränker ['krɛŋkɐ] *adj kompar von* **krank**

krank|feiern *vi* (*fam*) *faltar al trabajo fingiendo estar enfermo*

krankhaft I. *adj* enfermizo, patológico **II.** *adv* desmesuradamente, fuera de lo normal; **~ ehrgeizig/eifersüchtig** desmesuradamente ambicioso/celoso

Krankheit *f* <-, -en> enfermedad *f,* maleza *f Nic;* **lebensbedrohende ~** enfermedad amenazadora para la vida; **meldepflichtige ~** enfermedad de registro obligatorio; **wegen ~ geschlossen** cerrado por enfermedad; **eine ~ bekommen** contraer una enfermedad, coger una enfermedad *fam;* **nach langer/schwerer ~** después de una larga/grave enfermedad; **es ist eine ~ mit dir!** (*fam*) ¡qué paliza eres!; **krankheitsbedingt** *adj:* **~e Abwesenheit** ausencia por enfermedad; **Krankheitsbild** *nt* <-(e)s, -er> cuadro *m* clínico; **krankheitserregend** *adj* (MED) patógeno; **Krankheitserreger** *m* <-s, -> germen *m* patógeno; **Krankheitserscheinung** *f* <-, -en> síntoma *m* (de una enfermedad); **Krankheitsherd** *m* <-(e)s, -e> foco *m* infeccioso; **Krankheitskeim** *m* <-(e)s, -e> agente *m* patógeno; **Krankheitsursache** *f* <-, -n> causa *f* de la enfermedad; **Krankheitsverlauf** *m* <-(e)s, -läufe> curso *m* de la enfermedad

krank|lachen *vr:* **sich ~** (*fam*) morirse de risa

kränklich ['krɛŋklɪç] *adj* enfermizo, achacoso, aciguatado *Mex, Par, Ven*

krank|machen *vi* (*fam*) *s.* **krankfeiern**; **krank|melden**[RR] *vr:* **sich ~** darse de baja por enfermedad; **Krankmeldung** *f* <-, -en> baja *f* por enfermedad; **krank|schreiben**[RR] *irr vt* dar de baja por enfermedad; **Krankschreibung** *f* <-, -en> parte *m* de baja

kränkste(**r**, **s**) ['krɛŋkstə, -tɐ, -təs] *adj superl von* **krank**

Kränkung ['krɛŋkʊŋ] *f* <-, -en> ofensa *f;* (*Demütigung*) humillación *f*

Kranwagen *m* <-s, -> coche *m* grúa

Kranz [krants, *pl:* 'krɛntsə] *m* <-es, Kränze> corona *f;* **einen ~ binden** [*o* **flechten**] tejer [*o* hacer] una corona

Kränzchen ['krɛntsçən] *nt* <-s, -> tertulia *f* de señoras

kränzen ['krɛntsən] *vt* (*geh: bekränzen*) enguirnaldar; **am Vorabend der Hochzeit wurde das Haus der Braut gekränzt** la noche anterior a la boda decoraron la casa de la novia con guirnaldas

Kranzgefäß *nt* <-es, -e> (ANAT) vaso *m* coronario

Kranzniederlegung *f* <-, -en> depósito *m* (solemne) de una corona

Krapfen ['krapfən] *m* <-s, -> (GASTR) **1.** (*salzig*) boladillo *m* **2.** (*süß*) buñuelo *m* (relleno de mermelada)

krass[RR] [kras] *adj,* **kraß** *adj* **1.** (*extrem*) extremo; **das krasse Gegenteil von etw** *dat* **sein** ser el extremo opuesto de algo **2.** (*auffallend*) llamativo; (*Unterschied*) grande; **sich ~ ausdrücken** llamar al pan, pan y al vino, vino

Krater ['kra:tɐ] *m* <-s, -> cráter *m;* **Kraterlandschaft** *f* <-, -en> paisaje *m* volcánico; **durch das Artilleriebombardement wurde das Vorfeld der Festung in eine ~ verwandelt** el bombardeo de la artillería dejó la explanada de la fortificación llena de cráteres; **Kratersee** *m* <-s, -n> lago *m* volcánico, lago *m* en un volcán extinto

Kratten ['kratən] *m* <-s, -> (*Schweiz*) cesto *m* de mimbre

Kratzbürste *f* <-, -n> (*fam*) erizo *m*

kratzbürstig *adj* (*fam*) rebelde; **warum bist du immer so ~?** ¿por qué tienes que llevar siempre la contraria?

Krätze ['krɛtsə] *f* <-, *ohne pl*> (MED) sarna *f*

kratzen ['kratsən] **I.** *vt* **1.** (*Person*) rascar; (*Katze*) arañar **2.** (*leicht verletzen*) rasguñar **3.** (*einritzen*) grabar (*in* en) **4.** (*ab~*) raspar (*von* de) **5.** (*fam: stören*) importar, molestar; **das kratzt mich nicht** no me importa nada **II.** *vi* **1.** (*brennen*) irritar, picar (*in* en); **der Rauch kratzt im Hals** el humo irrita la garganta **2.** (*Pullover*) picar **3.** (*Feder*) raspar **4.** (*beeinträchtigen*) perjudicar (*an* en) **III.** *vr:* **sich ~ 1.** (*bei Juckreiz*) rascarse **2.** (*sich verletzen*) rasguñarse, hacerse un rasguño

Kratzer *m* <-s, -> **1.** (*an Dingen*) arañazo *m,* raspadura *f;* (*bei Menschen*) rasguño *m,* arañazo *m;* **sie hat bei dem Unfall nur ein paar ~ abbekommen** en el accidente sólo se hizo unos arañazos **2.** (*Schaber*) rascador *m,* raspador *m*

krätzig ['krɛtsɪç] *adj* sarnoso

Kratzwunde *f* <-, -n> arañazo *m*

Kraul [kraʊl] *nt* <-s, *ohne pl*> (SPORT) crol *m;* **100 m ~ schwimmen** nadar 100 m (a) crol

kraulen ['kraʊlən] **I.** *vi, vt haben o sein*

(SPORT) nadar (a) crol **II.** *vt* (*streicheln*) acariciar

kraus [kraʊs] *adj* **1.** (*Haar*) rizado, crespo; (*Stoff*) arrugado; **die Nase/Stirn ~ ziehen** arrugar la nariz/fruncir el ceño **2.** (*abw: verwirrt*) confuso; **~es Zeug reden** hablar embrolladamente

Krause ['kraʊzə] *f* <-, -n> **1.** (*Saum*) volante *m;* (*Kragen*) gola *f,* gorguera *f* **2.** (*Frisur*) permanente *f*

kräuseln ['krɔɪzəln] **I.** *vt* (*Haar*) rizar, encrespar; (*Stoff, Stirn, Lippen*) fruncir **II.** *vr:* **sich ~** (*Wasser*) encresparse; (*Haare*) rizarse

kraushaarig *adj* de pelo crespo

Krauskopf *m* <-(e)s, -köpfe> **1.** (*mit krausem Haar*) persona *f* de pelo rizado **2.** (*abw: Wirrkopf*) persona *f* confusa **3.** (TECH) avellanador *m*

Kraut[1] [kraʊt, *pl:* 'krɔɪtɐ] *nt* <-(e)s, Kräuter> **1.** (*Pflanze*) hierba *f;* **dagegen ist kein ~ gewachsen** (*fam*) con eso no hay nada que hacer, eso no tiene remedio **2.** (*fam: Tabak*) tabaco *m*

Kraut[2] *nt* <-(e)s, *ohne pl*> **1.** (*von Rüben*) hojas *fpl;* **etw schießt ins ~** algo sale de debajo de las piedras **2.** (*Kohl*) col *f;* (*Weiß~*) repollo *m;* **wie ~ und Rüben** (*fam*) de manera caótica

Kräuterbuch *nt* <-(e)s, -bücher> libro *m* sobre hierbas medicinales; **Kräuterbutter** *f* <-, *ohne pl*> (GASTR) mantequilla *f* de hierbas; **Kräuterextrakt** *m o nt* <-(e)s, -e> extracto *m* de hierbas; **Kräuterheilkunde** *f* <-, *ohne pl*> terapéutica *f* de hierbas; **Kräuterkäse** *m* <-s, -> (GASTR) queso *m* fresco con hierbas; **Kräuterlikör** *m* <-s, -e> licor *m* de hierbas aromáticas, licor *m* estomacal; **Kräutermischung** *f* <-, -en> mezcla *f* de hierbas; **Kräutertee** *m* <-s, -s> tisana *f,* infusión *f* de hierbas (medicinales)

Krautkopf *m* <-(e)s, -köpfe> (*südd, Österr*) repollo *m;* **Krautsalat** *m* <-(e)s, -e> ensalada *f* de repollo

Krawall[1] [kra'val] *m* <-s, -e> (*Tumult*) tumulto *m,* disturbio *m*

Krawall[2] *m* <-s, *ohne pl*> (*fam: Lärm*) alboroto *m,* escándalo *m;* **~ machen** alborotar, armar un escándalo

Krawallmacher(in) *m(f)* <-s, -; -, -nen> (*fam*) **1.** (*Aufwiegler*) amotinado, -a *m, f* **2.** (*Krachmacher*) alborotador(a) *m(f)*

Krawatte [kra'vatə] *f* <-, -n> corbata *f;* **die ~ binden** anudar la corbata; **Krawattenknoten** *m* <-s, -> nudo *m* de la corbata; **einen ~ binden** anudarse [*o* hacerse el nudo de] la corbata; **Krawattennadel** *f* <-, -n> alfiler *m* de corbata; **Krawattenträger(in)** *m(f)* <-s, -e; -, -nen> persona *f* que lleva corbata; **mein Mann ist kein ~** mi marido no suele llevar corbata

kraxeln ['kraksəln] *vi sein* (*fam*) trepar

Kreation [krea'tsjo:n] *f* <-, -en> creación *f*

kreativ [krea'ti:f] *adj* creativo

Kreativität [kreativi'tɛ:t] *f* <-, *ohne pl*> creatividad *f*

Kreatur [krea'tu:ɐ] *f* <-, -en> criatura *f*

Krebs [kre:ps] *m* <-es, -e> **1.** (ZOOL) cangrejo *m* **2.** (MED) cáncer *m;* **~ erregend** cancerígeno **3.** (ASTR) Cáncer *m;* **krebsartig** *adj* canceroso; **Krebsbehandlung** *f* <-, -en> (MED) tratamiento *m* del cáncer; **Krebsdiagnose** *f* <-, -n> (MED) diagnóstico *m* del cáncer

krebsen ['kre:psən] *vi* (*fam*) arrastrarse; **der Arme hat schwer zu ~** el pobre sufre lo suyo; **ich habe lange genug vor mich hin gekrebst** yo ya he pasado bastante en la vida

krebserregend *adj* cancerígeno; **~ wirken** tener efecto cancerígeno; **Krebserreger** *m* <-s, -> (MED) agente *m* patógeno del cáncer; **körpereigene ~** agentes patógenos del cáncer propios del cuerpo; **Krebsforschung** *f* <-, *ohne pl*> cancerología *f;* **Krebsfrüherkennung** *f* <-, -en> (MED) diagnóstico *m* precoz del cáncer, detección *f* precoz del cáncer

Krebsgang *m:* **den ~ gehen** (*geh*) ir para atrás (como los cangrejos), experimentar una regresión

Krebsgeschwulst *f* <-, -schwülste> (MED) carcinoma *m;* **Krebsgeschwür** *nt* <-(e)s, -e> (MED) carcinoma *m,* tumor *m* maligno; **Krebsklinik** *f* <-, -en> clínica *f* oncológica; **krebskrank** *adj* que tiene cáncer; **mein Vater ist ~** mi padre tiene [*o* padece] cáncer; **Krebskranke(r)** *mf* <-n, -n; -n, -n> canceroso, -a *m, f,* enfermo, -a *m, f* de cáncer; **Krebsnachbehandlung** *f* <-, -en> (MED) tratamiento *m* postoperatorio del cáncer; **Krebsoperation** *f* <-, -en> (MED) operación *f* de cáncer

Krebsrisikofaktor *m* <-s, -en> (MED) factor *m* de riesgo canceroso

krebsrot ['-'-] *adj* rojo [*o* colorado] como un cangrejo; **Krebssuppe** *f* <-, -n> sopa *f* de cangrejos de río; **Krebstier** *nt* <-(e)s, -e> crustáceo *m*

Krebsverdacht *m* <-(e)s, *ohne pl*> sospecha *f* de cáncer; **Krebsvorbeugung** *f* <-, -en> (MED) prevención *f* del cáncer, profilaxis *f* contra el cáncer

Krebsvorsorge *f* <-, -n> prevención *f* del cáncer; **Krebsvorsorgeuntersuchung** *f* <-, -en> chequeo *m* oncológico

Krebszelle *f* <-, -n> (MED) célula *f* cancerosa

Kredenz [kre'dɛnts] *f* <-, -en> (*alt*) aparador *m*

kredenzen* [kre'dɛntsən] *vt* ofrecer

Kredit [kre'di:t] *m* <-(e)s, -e> **1.** (*Darlehen*) crédito *m,* préstamo *m;* **fälliger/laufender ~** crédito vencido/abierto; **ein ~ über 5000 DM** un crédito de 5000 marcos; **ich möchte einen ~ für das Haus aufnehmen** quisiera pedir un préstamo para la casa **2.** (*Zahlungsaufschub*) crédito *m;* **auf ~** a crédito; **er hat bei uns/bei der Bank ~** tiene crédito con nosotros/en el banco; **Kreditabkommen** *nt* <-s, -> acuerdo *m* de crédito; **Kreditantrag** *m* <-(e)s, -träge>: **einen ~ stellen** solicitar un crédito; **Kreditaufnahme** *f* <-, -n> toma *f* de un crédito; **Kreditauskunft** *f* <-, -künfte> informe *m* de crédito; **Kreditbank** *f* <-, -en> banco *m* de crédito; **Kreditbewilligung** *f* <-, -en> concesión *f* de crédito; **Kreditbrief** *m* <-(e)s, -e> (FIN) carta *f* de crédito; **Kreditbürgschaft** *f* <-, -en> aval *m* crediticio; **Krediterleichterung** *f* <-, -en> facilidades *fpl* de crédito; **kreditfähig** *adj* solvente; **Kreditfähigkeit** *f* <-, *ohne pl*> solvencia *f;* **Kreditgarantie** *f* <-, -n> (WIRTSCH) garantía *f* de crédito; **Kreditgeber(in)** *m(f)* <-s, -; -, -nen> (FIN) prestamista *mf;* **Kreditgewährung** *f* <-, -en> (FIN) ortogamiento *m* de crédito; **Kreditgrenze** *f* <-, -n> límite *m* de crédito; **Kredithai** *m* <-(e)s, -e> (*fam abw*) usurero *m*

kreditieren* [kredi'ti:rən] *vt* (WIRTSCH) acreditar [*o* abonar] en cuenta

Kreditierung [kredi'ti:rʊŋ] *f* <-, -en> **1.** (*Kreditgewährung*) concesión *f* de crédito **2.** (*Gutschrift*) abono *m* en cuenta

Kreditinstitut *nt* <-(e)s, -e> (FIN) instituto *m* de crédito

Kreditkarte *f* <-, -n> tarjeta *f* de crédito; **Kreditkarteninhaber(in)** *m(f)* <-s, -; -, -nen> titular *mf* de tarjeta de crédito

Kreditknappheit *f* <-, *ohne pl*> escasez *f* de créditos; **Kreditlaufzeit** *f* <-, -en> (FIN) duración *f* del crédito; **Kreditlimit** *nt* <-s, -s *o* -e> límite *m* de crédito; **Kreditlinie** *f* <-, -n> (WIRTSCH) línea *f* de crédito; **Kreditmittel** *ntpl* medios *mpl* crediticios; **Kreditmodalitäten** *fpl* modalidades *fpl* del crédito; **Kreditnehmer(in)** *m(f)* <-s, -; -, -nen> (FIN) prestatario, -a *m, f*

Kreditor(in) ['kre:dito:ɐ] *m(f)* <-s, -en; -, -nen> (COM) acreedor(a) *m(f)*

Kreditpapier *nt* <-s, -e> documento *m* de crédito; **Kreditrahmen** *m* <-s, -> (FIN) crédito *m;* **Sie haben Ihren ~ weit überzogen** han superado en mucho el crédito del que disponían; **Kreditrestriktion** *f* <-, -en> restricción *f* de créditos; **Kreditvergabe** *f* <-, -n> (FIN) concesión *f* de un crédito; **kreditwirtschaftlich** *adj* de la economía crediticia; **Kreditwucher** *m* <-s, *ohne pl*> usura *f* crediticia; **kreditwürdig** *adj* solvente

Kredo ['kre:do] *nt* <-s, -s> **1.** (REL) Credo *m;* **die Gemeinde sprach gemeinsam das ~** la comunidad dijo conjuntamente el Credo **2.** (*geh: Überzeugung*) credo *m;* **sein politisches ~ erscheint mir sehr fragwürdig** su credo político me parece muy cuestionable

Kreide[1] ['kraɪdə] *f* <-, *ohne pl*> (*Kalkstein*) creta *f*

Kreide[2] *f* <-, -n> (*zum Schreiben*) tiza *f;* **bei jdm (tief) in der ~ stehen** (*fam*) deber (mucho) dinero a alguien

kreidebleich ['--'-] *adj* blanco como la pared [*o* como una sábana]; **Kreidefelsen** *m* <-s, -> roca *f* cretácea [*o* cretácica]; **Kreideformation** *f* <-, -en> (GEO) formación *f* cretácea [*o* cretácica]; **kreideweiß** *adj s.* **kreidebleich**; **Kreidezeichnung** *f* <-, -en> dibujo *m* de tiza; **Kreidezeit** *f* <-, *ohne pl*> (GEO) (período *m*) cretácico *m*

kreieren* [kre'i:rən] *vt* crear

Kreis [kraɪs] *m* <-es, -e> **1.** (*a.* MATH) círculo *m;* (*~umfang*) circunferencia *f;* (*Rand*) cerco *m;* **einen ~ schlagen** [*o* **ziehen**] trazar una circunferencia; **sich im ~ drehen** dar vueltas; **im ~ stehen** [*o* **sitzen**] hacer corro; **der ~ schließt sich** se cierra el círculo; **mir dreht sich alles im ~e** todo me da vueltas; **der Skandal zieht ~e** el escándalo se propaga **2.** (*Bereich*) sector *m;* **weite ~e der Bevölkerung** amplios sectores de la población; **eine Frau aus den besten ~en** una mujer de la alta sociedad; **wie aus informierten ~en verlautete** como señalaron fuentes informadas; **störe meine ~e nicht** no te metas en mis cosas **3.** (*Personen~*) círculo *m;* **der ~ seiner Leser** el círculo de sus lectores; **im ~e von Freunden/seiner Familie** entre amigos/en el seno de la familia; **eine Feier im kleinen/engen ~e** una fiesta en familia/en la más estricta intimidad **4.** (ADMIN) circunscripción *f,* distrito *m;* **im ~ Fulda** en el distrito de Fulda

Kreisabschnitt *m* <-(e)s, -e> (MATH) segmento *m* esférico; **Kreisausschnitt** *m* <-(e)s, -e> (MATH) sector *m* circular; **Kreisbahn** *f* <-, -en> (ASTR, MATH) órbita *f;* **Kreisbewegung** *f* <-, -en> movimiento *m* giratorio; **Kreisbogen** *m* <-s, -bögen> (MATH) arco *m* circular

kreischen ['kraɪʃən] *vi* **1.** (*schreien*) chillar **2.** (*quietschen*) chirriar

Kreisdiagramm *nt* <-s, -e> diagrama *m* circular, gráfico *m* circular

Kreisel ['kraɪzəl] *m* <-s, -> **1.** (*Spielzeug*) peonza *f,* peón *m,* trombo *m Am* **2.** (TECH) giroscopio *m,* giróscopo *m* **3.** (*Kreisverkehr*) glorieta *f,* rotonda *f;* **Kreiselkompass[RR]** *m* <-es, -e> (NAUT) girocompás *m,* brújula *f* giroscópica; **Kreiselpumpe** *f* <-, -n> (TECH) bomba *f* centrífuga

kreisen ['kraɪzən] *vi haben o sein* **1.** (*sich drehen*) girar (*um* alrededor de), dar vueltas (*um* alrededor de); **das Gespräch kreiste um …** la conversación se concentraba en…; **etw ~ lassen** hacer circular algo **2.** (*Vögel, a.* AERO) dar vueltas (*über* sobre); **ein Flugzeug kreist über der Stadt** un avión da vueltas sobre la ciudad **3.** (*Blut, Geld*) circular; **das Blut kreist im Körper** la sangre circula por el cuerpo

Kreisfläche *f* <-, -n> círculo *m*

kreisförmig [-fœrmɪç] *adj* circular

kreisfrei *adj* (ADMIN) no adscrito a circunscripción

Kreisinhalt *m* <-(e)s, -e> (MATH) (superficie *f* del) círculo *m*

Kreiskolbenmotor *m* <-s, -en> (AUTO) motor *m* de pistón rotatorio

Kreiskrankenhaus *nt* <-es, -häuser> hospital *m* central, clínica *f* central

Kreislauf *m* <-(e)s, -läufe> **1.** (*Zyklus*) ciclo *m* **2.** (*Blut~*) circulación *f*; **Kreislaufkollaps** *m* <-es, -e> (MED) colapso *m* (circulatorio); **einen ~ bekommen** [*o* **erleiden**] sufrir un colapso; **Kreislaufmittel** *nt* <-s, -> medicamento *m* para la circulación; **Kreislaufstillstand** *m* <-(e)s, *ohne pl*> (MED) parálisis *f inv* circulatoria [*o* de la circulación]; **Kreislaufstörung** *f* <-, -en> (MED) trastorno *m* de la circulación

kreisrund ['-'-] *adj* redondo; **Kreissäge** *f* <-, -n> sierra *f* circular

Kreisschreiben *nt* <-s, -> (*Schweiz*) circular *f* administrativa

kreißen ['kraɪsən] *vi* estar de parto, dar a luz

Kreissparkasse *f* <-, -n> caja *f* de ahorros municipal [*o* comarcal]

Kreißsaal ['kraɪs-] *m* <-(e)s, -säle> sala *f* de partos, paritorio *m*

Kreisstadt *f* <-, -städte> capital *f* de distrito [*o* de comarca]; **Kreistag** *m* <-(e)s, -e> parlamento *m* comarcal [*o* de un distrito]

Kreisumfang *m* <-(e)s, -fänge> perímetro *m* de la circunferencia; **Kreisverkehr** *m* <-(e)s, *ohne pl*> rotonda *f*, glorieta *f*

Kreiswehrersatzamt *nt* <-(e)s, -ämter> caja *f* de reclutamiento

Krematorium [krema'to:riʊm] *nt* <-s, Krematorien> crematorio *m*, incinerador *m*

kremig ['kre:mɪç] *adj* cremoso

Kreml ['kre:m(ə)l] *m* <-s>: **der ~** el Kremlin

Krempe ['krɛmpə] *f* <-, -n> ala *f* del sombrero

Krempel ['krɛmpəl] *m* <-s, *ohne pl*> (*fam abw*) cachivaches *mpl*, trastos *mpl*; **ich werfe den ganzen ~ hin** no pienso seguir con esto; **dann kannst du deinen ~ allein machen** ahí te quedas

krempeln *vt* (TECH: *Spinnerei*) cardar

Kren [kre:n] *m* <-s, *ohne pl*> (*Österr*) rábano *m* picante

krengen ['krɛŋən] *vi* (NAUT) escorar

Kreosot [kreo'zo:t] *nt* <-(e)s, *ohne pl*> (MED) creosota *f*

krepieren* [kre'pi:rən] *vi sein* **1.** (*fam: Tier*) reventar (*an* de), estirar la pata; (*Mensch*) palmarla, diñarla; **der Hamster ist mir gestern krepiert** mi hamster la diñó ayer; **hoffentlich krepiert er!** ¡ojalá reviente! **2.** (*Geschoss*) estallar, hacer explosión

Krepp[1RR] [krɛp] *f* <-, -s> (GASTR) crepe *f*, filloa *f*, panqueque *m Am*

Krepp[2] *m* <-s, -s *o* -e> crespón *m*, (tela *f* de) crepé *m*

Kreppapier[RR] *nt* <-s, -e> crespón *m*, papel *m* crepé; **Kreppsohle** *f* <-, -n> suela *f* de crepé

Kresse ['krɛsə] *f* <-, -n> (BOT) berro *m*

Kreta ['kre:ta] *nt* <-s> Creta *f*

Kreter(in) ['kre:tɐ] *m(f)* <-s, -; -, -nen> cretense *mf*

Krethi und Plethi ['kre:ti ʊnt 'ple:ti] *pl* (*geh abw*) fulano y mengano; **bei dem schönen Wetter waren ~ unterwegs** con ese tiempo espléndido todo Dios salió de casa a dar un paseo

Kretin [kre'tɛ̃:] *m* <-s, -s> **1.** (*abw: Dummkopf*) cretino, -a *m, f*, idiota *mf* **2.** (MED) cretino, -a *m, f*

Kretinismus [kreti'nɪsmʊs] *m* <-, *ohne pl*> (MED) cretinismo *m*

kretisch ['kre:tɪʃ] *adj* cretense

kreucht [krɔɪçt]: **alles, was da ~ und fleucht** (*hum*) toda clase de bichos

kreuz [krɔɪts] *adv*: **~ und quer** a diestro y siniestro

Kreuz[1] [krɔɪts] *nt* <-es, -e> **1.** (*a.* REL) cruz *f*; **das Rote ~** la Cruz Roja; **das ~ des Südens** la Cruz del Sur; **zu ~e kriechen** darse por vencido; **jdn ans ~ schlagen** (*fig*) crucificar a alguien; **ich mache drei ~e, wenn er geht** (*fam*) le pongo una vela al santo si se va; **mit jdm über ~ sein** estar reñido con alguien; **etw über(s) ~ legen** entrecruzar algo **2.** (*spanisches Kartenspiel*) naipe *m* de bastos; (*französisches Kartenspiel*) naipe *m* de trébol **3.** (*Autobahn~*) cruce *m* de autopistas **4.** (*Rückenbereich*) región *f* lumbar; (*fam*) espalda *f*; **ich hab's im ~** (*fam*) me duele la espalda; **aufs ~ fallen** caerse de espaldas; **jdn aufs ~ legen** (*fam*) tirar a alguien de espaldas; (*hereinlegen*) timar a alguien **5.** (MUS) sostenido *m*

Kreuz[2] *nt* <-es, *ohne pl*> (*Leid*) cruz *f*, pena *f*; **sein ~ auf sich nehmen** cargar con su cruz; **es ist ein ~ mit jdm/etw** *dat* (*fam*) alguien/algo es una cruz [*o* un castigo]

Kreuzband *nt* <-(e)s, -bänder> (ANAT) ligamento *m* cruzado

Kreuzbefruchtung *f* <-, -en> (BOT) germinación *f* cruzada

Kreuzbein *nt* <-(e)s, -e> (ANAT) (hueso *m*) sacro *m*

Kreuzblütler [-bly:tlɐ] *m* <-s, -> (BOT) (planta *f*) crucífera *f*

Kreuzbube *m* <-n, -n> sota *f* de trébol

Kreuzcompiler *m* <-s, -> (INFOR) compilador *m* cruzado

kreuzen **I.** *vi haben o sein* (NAUT) **1.** (*ziellos fahren*) cruzar **2.** (*gegen den Wind fahren*) dar bordadas **II.** *vt* **1.** (*Wege*) cruzar; **die Arme ~** cruzarse de brazos **2.** (*überqueren*) cruzar, atravesar; **eine Straße ~** cruzar una calle **3.** (BIOL) cruzar **III.** *vr*: **sich ~ 1.** (*sich überschneiden*) cruzarse; **ihre Wege haben sich nie wieder gekreuzt** sus caminos no se han cruzado nunca más **2.** (*entgegengesetzt sein*) contraponerse; **ihre Meinungen/Interessen ~ sich** sus opiniones/intereses se contraponen

Kreuzer *m* <-s, -> (MIL, NAUT) crucero *m*

Kreuzestod *m* <-(e)s, -e> (*geh*) muerte *f* en la cruz; **den ~ erleiden** morir en la cruz [*o* crucificado]

Kreuzfahrer(in) *m(f)* <-s, -; -, -nen> (HIST) cruzado, -a *m, f*

Kreuzfahrt *f* <-, -en> crucero *m;* **Kreuzfahrtschiff** *nt* <-(e)s, -e> (NAUT) crucero *m*

Kreuzfeuer *nt* <-s, ->: **ins ~ der Kritik geraten** exponerse a violentas críticas

kreuzfidel ['--'-] *adj* (*fam*) contento como unas pascuas

kreuzförmig [-fœrmɪç] *adj* de forma de cruz, cruciforme

Kreuzgang *m* <-(e)s, -gänge> (ARCHIT) claustro *m;* **Kreuzgewölbe** *nt* <-s, -> (ARCHIT) bóveda *f* de crucero [*o* de crucería]

kreuzigen ['krɔɪtsɪgən] *vt* crucificar

Kreuzigung *f* <-, -en> crucifixión *f*

Kreuzknoten *m* <-s, -> (NAUT) nudo *m* de cruz; **Kreuzotter** *f* <-, -n> víbora *f* común; **Kreuzritter** *m* <-s, -> (HIST) cruzado; (*des Deutschen Ordens*) caballero *m* de la Orden Teutónica

Kreuzschlitzschraube *f* <-, -n> (TECH) tornillo *m* de estrella; **Kreuzschlitzschraubendreher** *m* <-s, ->, **Kreuzschlitzschraubenzieher** *m* <-s, -> (TECH) destornillador *m* de estrella

Kreuzschlüssel *m* <-s, -> (TECH) llave *f* cruciforme; **Kreuzschmerzen** *mpl* dolor *m* en la región lumbar, dolor *m* de riñones; **Kreuzspinne** *f* <-, -n> araña *f* de jardín; **Kreuzstich** *m* <-(e)s, -e> punto *m* de cruz

Kreuzung *f* <-, -en> (*a.* BIOL) cruce *m;* **kreuzungsfrei** *adj* a diferente nivel, sin cruces

Kreuzverhör *nt* <-(e)s, -e> interrogatorio *m* cruzado, contrainterrogatorio *m*, preguntadera *f Kol;* **jdn ins ~ nehmen** contrainterrogar a alguien; **Kreuzweg** *m* <-(e)s, -e> **1.** (*Kreuzung*) encrucijada *f;* **am ~ stehen** hallarse ante una alternativa **2.** (REL) vía crucis *m*, calvario *m*

kreuzweise *adv* en forma de cruz; **du kannst mich mal ~!** (*vulg*) ¡deja de joder!, ¡que te folle un pez (espada)!

Kreuzworträtsel *nt* <-s, -> crucigrama *m*

Kreuzzeichen *nt* <-s, -> (REL) señal *f* de la cruz; **ein ~ machen** santiguarse; **Kreuzzug** *m* <-(e)s, -züge> (*a. fig* HIST) cruzada *f*

Krevette [kre'vɛtə] *f* <-, -n> quisquilla *f*, camarón *m*, gamba *f* pequeña; **als Vorspeise gab es ein Cocktail aus ~n** de entrante había un cóctel de gambas

kribb(e)lig ['krɪb(ə)lɪç] *adj* (*fam*) nervioso; **ich bin ganz ~** estoy hecho un flan; **ich habe so ein ~es Gefühl im Bauch** tengo los nervios en el estómago; **hör doch auf, du machst mich ganz ~** estáte quieto, me estás poniendo nervioso

kribbeln ['krɪbəln] *vi* **1.** (*jucken*) picar; **es kribbelt mir in der Nase** me pica la nariz **2.** *sein* (*wimmeln*) hormiguear

kribblig *adj s.* **kribb(e)lig**

Kricket ['krɪkət] *nt* <-s, *ohne pl*> (SPORT) juego *m* de criquet, criquet *m*

kriechen ['kri:çən] <kriecht, kroch, gekrochen> *vi sein* **1.** (*Mensch*) arrastrarse; (*Tier*) reptar; (*Schlange*) deslizarse **2.** (*Fahrzeug*) avanzar lentamente; **die Zeit kriecht** el tiempo no pasa **3.** (*abw: unterwürfig sein*) humillarse (*vor* ante), arrastrarse a los pies (*vor* de)

Kriecher(in) *m(f)* <-s, -; -, -nen> (*abw*) pelota *mf*

kriecherisch *adj* (*abw*) rastrero, pelota

Kriechspur *f* <-, -en> (AUTO) carril *m* para vehículos lentos, vía *f* lenta; **Kriechtempo** *nt* <-s, *ohne pl*> (*abw*) paso *m* de tortuga; **im ~** a paso de tortuga; **Kriechtier** *nt* <-(e)s, -e> reptil *m*

Krieg [kri:k] *m* <-(e)s, -e> guerra *f;* **der Kalte ~** la guerra fría; **jdm/etw** *dat* **den ~ erklären** declarar la guerra a alguien/algo; **im ~ fallen** caer en la guerra; **~ führen mit jdm** [*o* **gegen jdn**] estar en guerra con alguien; **die ~ führenden Staaten** los estados beligerantes; **in den ~ ziehen** ir a la guerra; **in ständigem ~ mit jdm leben** estar en continua guerra con alguien

kriegen ['kri:gən] **I.** *vt* (*fam*) **1.** (*bekommen*) obtener; (*erreichen*) lograr, conseguir; (*Krankheit*) pescar, pillar; **ein Kind ~** estar embarazada; **sie hat ein Kind gekriegt** ha tenido un niño; **wie viel ~ Sie?** ¿cuánto le debo?; **~ Sie schon?** ¿ya le atienden?; **sie kriegt 15 DM die Stunde** le pagan 15 marcos la hora; **einen Schreck ~** asustarse; **Besuch ~** tener visita; **keine Arbeit ~** no encontrar trabajo; **ich habe die Maschine nicht repariert gekriegt** no he conseguido arreglar la máquina; **jdn weich ~** debilitar la resistencia de alguien; **wie hast du sie nur dazu gekriegt?** ¿cómo la has convencido?; **pass auf, dass du keinen Schnupfen kriegst** ten cuidado de no resfriarte; **du kriegst sie, wenn ich dich erwische** como te pille, vas a ver lo que es bueno; **du kriegst es gleich mit mir zu tun!** ¡te vas a enterar de quién soy yo!; **ich krieg' heute nichts mehr geregelt** hoy ya no me sale nada **2.** (*ergreifen*) coger, pillar, agarrar *Am;* **wenn ich dich kriege!** ¡si te pillo! **II.** *vr:* **sich ~** (*fam*) **1.** (*heiraten*) casarse **2.** (*sich streiten*): **sich in die Haare ~** pelearse

Krieger(in) ['kri:gɐ] *m(f)* <-s, -; -, -nen> guerrero, -a *m, f;* **Kriegerdenkmal** *nt* <-s, -mäler *o* -e> monumento *m* a los caídos [*o* muertos] en la guerra

Kriegerin *f* <-, -nen> *s.* **Krieger**

kriegerisch *adj* **1.** (*kämpferisch*) guerrero, belicoso **2.** (*militärisch*) bélico; **~e Auseinandersetzungen** acciones bélicas

Kriegerwitwe *f* <-, -n> viuda *f* de guerra

kriegführend *adj s.* **Krieg**

Kriegführung *f* <-, -en> (MIL) estrategia *f*

de guerra, táctica *f* de guerra

Kriegsakademie *f* <-, -n> (MIL) academia *f* militar; **Kriegsanleihe** *f* <-, -n> (HIST) empréstito *m* de guerra; **Kriegsausbruch** *m* <-(e)s, *ohne pl*> estallido *m* de la guerra; **vor/bei** ~ antes de/al estallar la guerra; **Kriegsbeginn** *m* <-(e)s, *ohne pl*> comienzo *m* de la guerra; **Kriegsbeil** *nt* <-(e)s, -e> hacha *f* de guerra; **das** ~ **begraben** enterrar el hacha de guerra; **Kriegsbemalung** *f* <-, -en> pintura *f* de guerra; **in voller** ~ (*fig, iron: bei Soldaten*) lleno de condecoraciones; (*bei Frauen*) pintada como una mona; **Kriegsbereitschaft** *f* <-, *ohne pl*> disposición *f* para la guerra; **in** ~ **sein** estar en pie de guerra; **Kriegsberichterstatter(in)** *m(f)* <-s, -; -, -nen> corresponsal *mf* de guerra; **kriegsbeschädigt** *adj* mutilado de guerra; **Kriegsbeschädigte(r)** *mf* <-n, -n; -n, -n> mutilado, -a *m, f* de guerra

Kriegsdienst *m* <-(e)s, *ohne pl*> (MIL) **1.** (*Wehrdienst*) servicio *m* militar; **den** ~ **verweigern** objetar **2.** (*Kriegseinsatz*) servicio *m* en el frente; **jdn zum** ~ **einziehen** enviar a alguien al frente; **Kriegsdienstverweigerer** *m* <-s, -> objetor *m* de conciencia; **Kriegsdienstverweigerung** *f* <-, -en> objeción *f* de conciencia

Kriegsende *nt* <-s, *ohne pl*> fin *m* de (la) guerra; **Kriegserklärung** *f* <-, -en> declaración *f* de guerra; **Kriegsfall** *m* <-(e)s, -fälle> caso *m* de guerra; **für den/im** ~ para el/en caso de guerra; **sich auf den** ~ **vorbereiten** prepararse para el caso de que haya guerra; **Kriegsfilm** *m* <-(e)s, -e> película *f* bélica [*o* de guerra]; **Kriegsflüchtling** *m* <-s, -e> (POL) refugiado *m* de guerra; **Kriegsführung** *f* <-, -en> estrategia *f*, táctica *f* militar; **psychologische** ~ guerra psicológica; **Kriegsfuß** *m* (*fam*): **mit jdm/etw** *dat* **auf** ~ **stehen** estar en pie de guerra con alguien/algo; **Kriegsgefahr** *f* <-, -en> peligro *m* de guerra; **Kriegsgefangene(r)** *mf* <-n, -n; -n, -n> prisionero, -a *m, f* de guerra; **Kriegsgefangenschaft** *f* <-, -en> cautiverio *m*; **Kriegsgegner(in)** *m(f)* <-s, -; -, -nen> **1.** (*Feind*) adversario, -a *m, f* **2.** (*Pazifist*) pacifista *mf*; **Kriegsgerät** *nt* <-(e)s, -e> material *m* militar [*o* de guerra]; **Kriegsgericht** *nt* <-(e)s, -e> (MIL) consejo *m* de guerra

Kriegsgewinnler(in) *m(f)* <-s, -; -, -nen> (*abw*) usurero, -a *m, f* de la guerra

Kriegsgott, -göttin *m, f* <-(e)s, -götter; -, -nen> (MYTH) dios(a) *m(f)* de la guerra; **Ares, der griechische** ~ Ares, el dios griego de la guerra

Kriegsgräberfürsorge *f* <-, *ohne pl*> *servicio de conservación de cementerios alemanes o extranjeros donde yacen soldados alemanes caídos en la guerra*

Kriegshafen *m* <-s, -häfen> (MIL) puerto *m* de guerra [*o* militar]; **Kriegshandlung** *f* <-, -en> acción *f* militar, acto *m* de guerra; **Kriegshetze** *f* <-, *ohne pl*> (POL) incitación *f* a la guerra; **Kriegshetzer(in)** *m(f)* <-s, -; -, -nen> (POL) belicista *mf*; **Kriegsindustrie** *f* <-, -n> (MIL, POL) industria *f* de guerra; **Kriegskamerad(in)** *m(f)* <-en, -en; -, -nen> (MIL) compañero, -a *m, f* de armas; **Kriegslist** *f* <-, -en> (MIL) ardid *m* de guerra; **kriegslüstern** *adj* (*abw*) belicoso; ~ **sein** ser belicoso; **Kriegsmarine** *f* <-, -n> (MIL) marina *f* de guerra; **Kriegsopfer** *nt* <-s, -> víctima *f* de la guerra; **Kriegspfad** *m*: **auf dem** ~ **sein** estar en pie de guerra; **Kriegsrat** *m*: ~ **halten** (*hum*) *reunirse para deliberar sobre algo;* **Kriegsrecht** *nt* <-(e)s, *ohne pl*> derecho *m* de guerra; **das** ~ **über ein Land verhängen** declarar el derecho de guerra en un país; **Kriegsschauplatz** *m* <-es, -plätze> escenario *m* bélico; **Kriegsschiff** *nt* <-(e)s, -e> buque *m* de guerra, navío *m* de guerra; **Kriegsspiel** *nt* <-(e)s, -e> **1.** (*Kinderspiel*) juego *m* de guerra **2.** (MIL: *Planspiel*) juego *m* de planificación; **Kriegsspielzeug** *nt* <-(e)s, -e> juguete *m* bélico; **Kriegsstärke** *f* <-, *ohne pl*> (MIL) efectivos *mpl* de guerra; **eine** ~ **von 4,5 Millionen Mann** unos efectivos de guerra [*o* un ejército] de 4,5 millones de soldados; **Kriegstanz** *m* <-es, -tänze> danza *f* de guerra; **Kriegsteilnehmer(in)** *m(f)* <-s, -; -, -nen> combatiente *mf*; (*ehemaliger*) ex combatiente *mf*, veterano, -a *m, f* de guerra; **Kriegsverbrechen** *nt* <-s, -> crimen *m* de guerra; **Kriegsverbrecher(in)** *m(f)* <-s, -; -, -nen> criminal *mf* de guerra; **Kriegsverletzung** *f* <-, -en> herida *f* de guerra; **kriegsversehrt** [-fɛɐzeːɐt] *adj* mutilado de guerra; **Kriegsversehrte(r)** *mf* <-n, -n; -n, -n> mutilado, -a *m, f* de guerra; **Kriegsveteran(in)** *m(f)* <-en, -en; -, -nen> (MIL) veterano, -a *m, f* de guerra; **Kriegswirtschaft** *f* <-, -en> (POL, WIRTSCH) economía *f* de guerra; **Kriegszeit** *f* <-, -en> tiempo *m* de guerra; **in ~en** en tiempo de guerra; **Kriegszustand** *m* <-(e)s, *ohne pl*> estado *m* de guerra; **sich im** ~ **befinden** estar en guerra

Krill [krɪl] *nt* <-(e)s, *ohne pl*> plancton *m*

Krim [krɪm] *f* <-> Crimea *f*

Krimi ['krɪmi] *m* <-s, -s> (*fam*) género *m* negro; *s. a.* **Kriminalfilm, Kriminalroman**

Kriminalbeamte(r) *mf* <-n, -n; -n, -n>, **-beamtin** *f* <-, -nen> agente *mf* de la policía judicial; **Kriminalfall** *m* <-(e)s, -fälle> causa *f* criminal, crimen *m*; **ein ungelöster** ~ un crimen no resuelto; **Kriminalfilm** *m* <-(e)s, -e> película *f* policíaca; (*Gattung*) cine *m* negro

kriminalisieren* [kriminali'ziːrən] *vt* criminalizar

Kriminalist(in) [krimina'lɪst] *m(f)* <-en, -en; -, -nen> **1.** (*Mitglied der Kriminalpolizei*) miembro *mf* de la Brigada de Investigación Criminal **2.** (*Experte für Verbrechen*) criminalista *mf*

Kriminalistik [krimina'lɪstɪk] *f* <-, *ohne pl*> criminalística *f*

Kriminalistin *f* <-, -nen> *s.* **Kriminalist**

kriminalistisch *adj* criminalista

Kriminalität [kriminali'tɛ:t] *f* <-, *ohne pl*> criminalidad *f*, delincuencia *f*

Kriminalkommissar(in) *m(f)* <-s, -e; -, -nen> policía *mf* judicial; **Kriminalpolizei** *f* <-, -en> Brigada *f* de Investigación Criminal, Investigaciones *fpl Chil;* **Kriminalroman** *m* <-(e)s, -e> novela *f* policíaca, novela *f* negra; **Kriminalstatistik** *f* <-, -en> estadística *f* criminal

kriminell [krimi'nɛl] *adj* (*a. fig*) criminal; ~ **werden** convertirse en un criminal; **das finde ich ~!** ¡qué criminal!

Kriminelle(r) *mf* <-n, -n; -n, -n> criminal *mf*, delincuente *mf*

Kriminologe, -in *m, f* <-n, -n; -, -nen> criminólogo, -a *m, f*

Kriminologie [kriminolo'gi:] *f* <-, *ohne pl*> criminología *f*

Kriminologin *f* <-, -nen> *s.* **Kriminologe**

Krimskrams ['krɪmskrams] *m* <-, *ohne pl*> (*fam*) chismes *mpl*, cachivaches *mpl*

Kringel ['krɪŋəl] *m* <-s, -> (*Gebäck*) rosca *f*, rosquilla *f*

kringeln *vr:* **sich** ~ enroscarse; **sich vor Lachen** ~ (*fam*) desternillarse de risa

Krinoline [krino'li:nə] *f* <-, -n> (HIST) crinolina *f*

Kripo ['kri:po] *f* <-, -s> *s.* **Kriminalpolizei**

Krippe ['krɪpə] *f* <-, -n> **1.** (*Futter~*) pesebre *m* **2.** (*Weihnachts~*) belén *m*, nacimiento *m* **3.** (*Kinderhort*) guardería *f*

Krippenspiel *nt* <-s, -e> auto *m* de Navidad

Krippentod *m* <-(e)s, -e> (MED) muerte *f* en la cuna

Krise ['kri:zə] *f* <-, -n> crisis *f inv;* **in einer ~ stecken** estar en crisis; **ich krieg' die ~!** (*sl*) ¡me va a dar un ataque!

kriseln ['kri:zəln] *vi* haber crisis; **es kriselt** hay crisis

krisenanfällig *adj* sensible a la crisis; **krisenfest** *adj* a prueba de crisis; **Krisengebiet** *nt* <-(e)s, -e> región *f* en crisis

krisenhaft *adj* crítico, de crisis

Krisenherd *m* <-(e)s, -e> zona *f* conflictiva; **Krisenmanagement** *nt* <-s, -s> gestión *f* de la crisis, contención *f* de la crisis; **Krisenmanager(in)** *m(f)* <-s, -; -, -nen> administrador(a) *m(f)* de la crisis; **Krisenmaßnahme** *f* <-, -n>: **~n ergreifen** tomar medidas *fpl* de emergencia; **Krisenplan** *m* <-(e)s, -pläne> plan *m* de emergencia; **Krisenstab** *m* <-(e)s, -stäbe> estado *m* mayor de emergencia; **Krisenzeit** *f* <-, -en> época *f* de crisis

Kristall¹ [krɪs'tal] *m* <-s, -e> cristal *m;* **klar/rein wie ein** ~ transparente/claro como un cristal

Kristall² *nt* <-s, *ohne pl*> **1.** (*Glas*) cristal *m* **2.** (*Gegenstände*) cristalería *f*

kristallartig *adj* (CHEM) cristalino

Kristallbildung *f* <-, -en> (CHEM) formación *f* de cristales

kristallen [krɪs'talən] *adj* de cristal; **eine ~e Vase** un jarrón de cristal

Kristallgitter *nt* <-s, -> (CHEM) red *f* cristalina

Kristallglas¹ *nt* <-es, *ohne pl*> (*Kristall*) cristal *m*

Kristallglas² *nt* <-es, -gläser> (*Gefäß*) vaso *m* de cristal

kristallin [krɪsta'li:n] *adj*, **kristallinisch** *adj* (*alt*) cristalino; **ein ~es Gestein** una piedra cristalina

Kristallisation [krɪstaliza'tsio:n] *f* <-, -en> (CHEM) cristalización *f;* **Kristallisationsgefäß** *nt* <-es, -e> (CHEM) cristalizador *m*

kristallisieren* [krɪstali'zi:rən] **I.** *vi* (CHEM) cristalizar; **kubisch** ~ cristalizar en el sistema cúbico **II.** *vr:* **sich** ~ cristalizarse (*zu* en)

kristallklar [-'-'-] *adj* cristalino

Kristallnacht *f* <-, *ohne pl*> (HIST) *pogromo contra los judíos alemanes en la noche del 10.11.1938*

Kristallografie[RR] *f* <-, *ohne pl*>, **Kristallographie** [krɪstalogra'fi:] *f* <-, *ohne pl*> (CHEM, PHYS) cristalografía *f*

Kristallzucker *m* <-s, -> (GASTR) azúcar *m* granulado

Kriterium [kri'te:riʊm] *nt* <-s, Kriterien> criterio *m;* **bei etw** *dat* **strenge Kriterien anlegen** aplicar criterios estrictos a algo

Kritik [kri'ti:k, kri'tɪk] *f* <-, -en> crítica *f;* (*Rezension*) reseña *f;* **konstruktive** ~ crítica constructiva; **sachliche** ~ crítica objetiva; **an jdm/etw** *dat* **~ üben** criticar a alguien/algo; **unter aller** ~ (*fam*) pésimo; **eine gute ~ haben/bekommen** tener/recibir buenas críticas; **sie stellt sich der** ~ comparece ante la crítica; **er hat es ohne jede ~ hingenommen** lo ha aceptado sin rechistar

Kritiker(in) ['kri:tikɐ] *m(f)* <-s, -; -, -nen> crítico, -a *m, f;* **er war ein unbestechlicher** ~ era un crítico muy severo

Kritikfähigkeit *f* <-, *ohne pl*> espíritu *m* crítico; **Kinder sollten zu ~ erzogen werden** a los niños se les debería educar de forma que desarrollen su espíritu crítico

kritiklos **I.** *adj* sin espíritu crítico **II.** *adv* sin crítica (alguna); **etw ~ hinnehmen** aceptar algo sin oponer crítica

kritisch ['kri:tɪʃ, 'krɪtɪʃ] *adj* crítico; **es wird** ~ la situación se vuelve crítica

kritisieren* [kriti'zi:rən] *vt* **1.** (*begutachten*) criticar, escribir una crítica (sobre/de); (*Buch*) reseñar **2.** (*beanstanden*) criticar, censurar; **er hat an allem etwas zu** ~ lo critica todo

kritteln ['krɪtəln] *vi* (*abw*) criticar (*an*)

Kritzelei [krɪtsə'laɪ] *f* <-, -en> garabato *m*

kritzeln ['krɪtsəln] *vi, vt* garabatear

Kroate, **-in** [kro'a:tə] *m, f* <-n, -n; -, -nen> croata *mf*

Kroatien [kro'a:tsiən] *nt* <-s> Croacia *f*

Kroatin *f* <-, -nen> *s.* **Kroate**

kroatisch *adj* croata

kroch [krɔx] *3. imp von* **kriechen**

Krokant [kro'kant] *m* <-s, *ohne pl*> crocante *m*

Krokette [kro'kɛtə] *f* <-, -n> (GASTR) croqueta *f* (*de puré de patata*), bigote *m Am*

Kroko ['kro:ko] *nt* <-(s), -s> *Kurzw. für* **Krokodilleder** piel *f* de cocodrilo; **ist die Handtasche aus echtem ~?** ¿el bolso es de piel de cocodrilo auténtica?

Krokodil [kroko'di:l] *nt* <-s, -e> cocodrilo *m;* **Krokodilleder** *nt* <-s, -> piel *f* de cocodrilo

Krokodilsträne *f* <-, -n> (*fam*) lágrima *f* de cocodrilo

Krokoleder ['kro:ko-] *nt* <-s, -> piel *f* de cocodrilo

Krokus [kro:kʊs] *m* <-, -(se)> (rosa *f* del) azafrán *m,* croco *m*

Krone ['kro:nə] *f* <-, -n> **1.** (*Königs~, Zahn~, Währung*) corona *f;* **die englische ~** (*Herrscherhaus*) la casa real [*o* Corona] británica; **dabei fällt dir kein Zacken aus der ~** (*fam*) eso no perjudica tu honra, por eso no se te van a caer los anillos; **einen in der ~ haben** (*fam*) estar bebido **2.** (*Baum~*) copa *f;* (*einer Welle*) cresta *f* **3.** (*Höhepunkt*) colmo *m;* **das setzt dem Ganzen die ~ auf!** ¡esto es el colmo!

krönen ['krø:nən] *vt* **1.** (*König*) coronar; **jdn zum König ~** coronar rey a alguien **2.** (*beenden*) coronar, rematar; **ein ~der Abschluss** un glorioso final; **von Erfolg gekrönt sein** ser coronado por el éxito

Kronenkorken *m* <-s, -> chapa *f*

Kronkorken ['kro:n-] *m* <-s, -> chapa *f;* **Kronleuchter** *m* <-s, -> araña *f* de cristal; **plötzlich ging ihm ein ~ auf** (*fam*) de pronto se le iluminaron las ideas [*o* iluminó el cerebro]; **Kronprinz**, **-prinzessin** *m, f* <-en, -en; -, -nen> príncipe *m* heredero, princesa *f* real; **Kronrat** *m* <-(e)s, -räte> consejo *m* de ministros presidido por un monarca

Kronsbeere *f* <-, -n> (*nordd*) arándano *m* rosado

Krönung ['krønʊŋ] *f* <-, -en> coronación *f;* **das ist ja die ~!** ¡esto es el colmo!

Kronzeuge, **-in** *m, f* <-n, -n; -, -nen> (JUR) testigo *mf* principal; **als ~ auftreten** deponer (ante los tribunales) como testigo principal; **Kronzeugenregelung** *f* <-, *ohne pl*> (JUR) arreglo *m* de testigos principales

Kronzeugin *f* <-, -nen> *s.* **Kronzeuge**

Kropf [krɔpf, *pl:* 'krœpfə] *m* <-(e)s, Kröpfe> **1.** (MED) bocio *m,* coto *m SAm* **2.** (*bei Vögeln*) buche *m;* **unnötig sein wie ein ~** (*fam*) ser más innecesario que nada

Kroppzeug ['krɔp-] *nt* <-(e)s, *ohne pl*> (*nordd*) **1.** (*Kinder*) chiquillería *f* **2.** (*Pack, Gesindel*) chusma *f,* gentuza *f*

kross[RR] [krɔs] *adj,* **kroß** *adj* bastante hecho; **~ gebraten** bien asado

Krösus ['krø:zʊs] *m* <-, -se> creso *m;* **ich bin doch kein ~** (*fam*) que yo no soy el banco [*o* Rockefeller]

Kröte ['krø:tə] *f* <-, -n> **1.** (*Tier*) sapo *m;* **er musste manche ~ schlucken** ha tenido que tragar bastante **2.** (*fam: Kind*) chiquillo, -a *m, f* **3.** *pl* (*fam: Geld*) perras *fpl*

Krs. (ADMIN) *Abk. von* **Kreis** circunscripción *f,* distrito *m*

Krücke ['krʏkə] *f* <-, -n> **1.** (*zum Gehen*) muleta *f;* **an ~n gehen** andar con muletas **2.** (*Griff*) puño *m* **3.** (*fam abw: Versager*) inútil *mf,* incapaz *mf*

Krückstock *m* <-(e)s, -stöcke> muletilla *f*

Krug [kru:k, *pl:* 'kry:gə] *m* <-(e)s, Krüge> **1.** (*Gefäß*) jarra *f,* jarro *m;* **der ~ geht so lange zum Brunnen, bis er bricht** (*prov*) tanto va el cántaro a la fuente, que al fin se rompe **2.** (*nordd: Wirtshaus*) taberna *f,* bar *m*

Krume ['kru:mə] *f* <-, -n> **1.** (*Brot~*) miga *f,* migaja *f* **2.** (AGR: *Acker~*) tierra *f* vegetal, superficie *f* arable

Krümel ['kry:məl] *m* <-s, -> **1.** (*von Brot, Kuchen*) miga *f,* migaja *f* **2.** (*fam: Kind*) chiquitín, -ina *m, f*

krüm(e)lig *adj* **1.** (*Brot*) desmigajado **2.** (*voller Krümel*) lleno de migas

krümeln *vi* **1.** (*Brot*) desmigajarse **2.** (*Person*) llenar (un sitio) de migas

krümlig *adj s.* **krüm(e)lig**

krumm [krʊm] *adj* <krummer, *reg:* krümmer, am krummsten, *reg:* am krümmsten> **1.** (*verbogen*) torcido; (*gebogen*) curvado, curvo; (*Rücken*) encorvado; **eine ~e Nase haben** tener la nariz torcida; **das ist ~ gewachsen** esto creció torcido; **sitz nicht so ~ da!** ¡ponte derecho!; **sich ~ und schief lachen** (*fam*) partirse de risa; **sich ~ legen** (*fam*) matarse a trabajar; **keinen Finger ~ machen** (*fam*) no mover ni un dedo; **einen ~en Rücken machen** (*fig*) agachar la cabeza **2.** (*fam: unehrlich*) deshonesto; **ein ~es Ding drehen** hacerle a alguien una faena; **mach keine ~en Touren!** (*fam*) ¡no te metas en jaleos!; **so ein ~er Hund!** ¡menudo sinvergüenza!

krummbeinig *adj* con las piernas torcidas, patizambo

krümmen ['krʏmən] **I.** *vt* (*krumm machen*) doblar, encorvar; **er krümmt ihnen kein Haar** no les toca un pelo (de la ropa); **er krümmte keinen Finger** no movió un dedo **II.** *vr:* **sich ~ 1.** (*sich winden*) retorcerse; **er krümmte sich vor Lachen** se partió [*o* tronchó] de risa; **was ein Häkchen werden will, krümmt sich beizeiten** (*prov*) el cardo ha de picar, luego nace con espinas **2.** (*Straße, Fluss*) serpentear

krümmer ['krʏmɐ] *adj kompar von* **krumm**

krumm|lachen *vr:* **sich ~** troncharse [*o* partirse] de risa; **krumm|legen** *vr:* **sich** ~ (*fam*) *s.* **krumm 1.**

krummnasig *adj:* ~ **sein** tener la nariz encorvada [*o* aguileña] [*o* ganchuda]

krumm|nehmen *irr vt s.* **nehmen 7.**

Krummsäbel *m* <-s, -> cimitarra *f;* **Krummstab** *m* <-(e)s, -stäbe> (REL) báculo *m* pastoral

krümmste(r, s) ['krʏmstə, -tɐ, -təs] *adj superl von* **krumm**

Krümmung ['krʏmʊŋ] *f* <-, -en> curva *f,* curvatura *f;* (*des Körpers*) encorvadura *f*

Kruppe ['krʊpə] *f* <-, -n> grupa *f;* **den Sattel auf die ~ des Pferdes legen** poner el sillín en la grupa del caballo

Krüppel ['krʏpəl] *m* <-s, -> lisiado, -a *m, f;* (*durch Krieg, Unfall*) mutilado, -a *m, f;* **jdn zum ~ schlagen** lisiar a alguien; **krüppelhaft** *adj* tullido, lisiado; ~ **entwickelt** contrahecho, deforme

krüpp(e)lig *adj* (*Körper*) tullido, contrahecho; (*Pflanze*) achaparrado

Kruste ['krʊstə] *f* <-, -n> costra *f;* (*vom Brot*) corteza *f;* **Krustenbildung** *f* <-, -en> **1.** (GEO) incrustación *f* **2.** (MED) escarificación *f*

Krustentier *nt* <-(e)s, -e> (ZOOL) crustáceo *m*

krustig ['krʊstɪç] *adj* **1.** (*mit Verkrustungen*) que tiene costras, costroso, cochambroso; **was hast du mit dem Topf gemacht, der Boden ist so ~!** ¡qué has hecho con esta cazuela!, ¡tiene el fondo lleno de costras! **2.** (MED) costroso

Kruzifix ['kru:tsifɪks, krutsi'fɪks] *nt* <-es, -e> crucifijo *m,* cristo *m*

Kruzitürken [krutsi'tʏrkən] *interj* (*fam*) ¡maldita sea!, ¡demonios!

Krypta ['krʏpta] *f* <-, Krypten> cripta *f*

Kryptografie[RR] [krʏptogra'fi:] *f* <-, -n>, **Kryptographie** *f* <-, -n> (INFOR) criptografía *f*

Kryptologie [krʏptolo'gi:] *f* <-, -n> (INFOR, TEL) criptología *f*

Krypton ['krʏptɔn] *nt* <-s, *ohne pl*> (CHEM) criptón *m*

KSZE [ka:ʔɛstsɛt'ʔe:] *f* <-, *ohne pl*> *Abk. von* **Konferenz über Sicherheit und Zusammenarbeit in Europa** CSCE *f*

Kto *Abk. von* **Konto** cuenta *f*

Kuba ['ku:ba] *nt* <-s> Cuba *f*

Kubaner(in) [ku'ba:nɐ] *m(f)* <-s, -; -, -nen> cubano, -a *m, f*

kubanisch *adj* cubano

Kübel ['ky:bəl] *m* <-s, -> cubeta *f;* (*Eimer*) cubo *m;* (*Bottich*) tina *f;* **es regnet wie aus ~n** (*fam*) llueve a cántaros

Kuben *pl von* **Kubus**

Kubikmeter [ku'bi:k-] *m o nt* <-s, -> metro *m* cúbico; **Kubikwurzel** *f* <-, -n> (MATH) raíz *f* cúbica; **Kubikzahl** *f* <-, -en> (MATH) cubo *m,* número *m* cúbico; **Kubikzentimeter** *m o nt* <-s, -> centímetro *m* cúbico

kubisch ['ku:bɪʃ] *adj* cúbico

Kubismus [ku'bɪsmʊs] *m* <-, *ohne pl*> (KUNST) cubismo *m*

Kubist(in) *m(f)* <-en, -en; -, -nen> (KUNST) cubista *mf*

kubistisch *adj* (KUNST) cubista

Kubus ['ku:bʊs] *m* <-, Kuben> (MATH) cubo *m*

Küche ['kʏçə] *f* <-, -n> cocina *f;* **die spanische ~** la cocina española

Kuchen ['ku:xən] *m* <-s, -> pastel *m,* cake *m Am;* **jdn zu Kaffee und ~ einladen** invitar a alguien a tomar café y pastel

Küchenabfall *m* <-(e)s, -fälle> desperdicios *mpl* de cocina

Kuchenblech *nt* <-(e)s, -e> bandeja *f* de horno

Küchenbulle *m* <-n, -n> (MIL: *sl*) ranchero *m;* **Küchenchef(in)** *m(f)* <-s, -s; -, -nen> jefe, -a *m, f* de cocina, cocinero, -a *m, f* jefe

Kuchenform *f* <-, -en> molde *m* para pasteles; **Kuchengabel** *f* <-, -n> tenedor *m* de postre

Küchengerät *nt* <-(e)s, -e> utensilio *m* de cocina; **Küchenherd** *m* <-(e)s, -e> cocina *f,* brasero *m Am;* **elektrischer ~** cocina eléctrica; **Küchenmaschine** *f* <-, -n> robot *m* de cocina; **Küchenmesser** *nt* <-s, -> cuchillo *m* de cocina; **Küchenpapier** *nt* <-s, -e> papel *m* de cocina; **Küchenpersonal** *nt* <-s, *ohne pl*> personal *m* de cocina; **Küchenrolle** *f* <-, -n> rollo *m* de papel de cocina; **Küchenschabe** *f* <-, -n> cucaracha *f;* **Küchenschrank** *m* <-(e)s, -schränke> armario *m* de cocina

Kuchenteig *m* <-(e)s, -e> masa *f* para pasteles

Küchentuch *nt* <-(e)s, -tücher> lienzo *m,* secador *m ElSal, Nic;* **Küchenwaage** *f* <-, -n> balanza *f* de cocina

kucken ['kʊkən] *vi* (*nordd: fam*) mirar, ver; (*hervorschauen*) asomar; **kuck mal!** ¡mira!; **das Hemd kuckt ihm aus der Hose** le asoma la camisa por el pantalón; **aus dem Fenster ~** asomarse a la ventana

Kücken ['kʏkən] *nt* <-s, -> (*Österr*) polluelo *m,* pollito *m*

kuckuck ['kʊkʊk] *interj* ¡cucú!

Kuckuck ['kʊkʊk] *m* <-s, -e> **1.** (*Vogel*) cuco *m;* **weiß der ~!** ¡y yo qué demonios sé!; **zum ~ (noch mal)!** ¡maldita sea! **2.** (*fam: Siegel*) sello *m* de embargo; **Kuckucksei** *nt* <-(e)s, -er> **1.** (*Ei eines Kuckucks*) huevo *m* del cuco [*o* del cuclillo] **2.** (*fam: Überraschung*) sorpresa *f* desagradable; **da hat man dir ja wohl ein ~ untergeschoben!** ¡vaya jugada te han hecho!, ¡parece que te han cargado con el muerto [*o* que te han echado el muerto]!; **sind das alles deine Kinder oder ist ein ~ darunter?** ¿todos estos niños son hijos tuyos o hay alguno de otra mujer?; **Kuckucksuhr** *f* <-, -en> reloj *m* de cuco

Kuddelmuddel ['kʊdəl'mʊdəl] *m o nt* <-s, *ohne pl*> (*fam*) lío *m,* embrollo *m*

Kufe ['ku:fə] *f* <-, -n> (*Schlitten~*) patín *m;* (*Schlittschuh~*) cuchilla *f*

Küfer(in) ['ky:fɐ] *m(f)* <-s, -; -, -nen> (*südd*) tonelero, -a *m, f*

Kugel ['ku:gəl] *f* <-, -n> **1.** (*runder Körper*) bola *f,* bomba *f Am;* (MATH) esfera *f;* (SPORT) peso *m;* **eine ruhige ~ schieben** (*fam*) no dar el callo **2.** (*fam: Gewehr~*) bala *f,* chumbo *m Arg;* **sich** *dat* **die Kugel geben** pegarse un tiro; **sich** *dat* **eine ~ durch den Kopf jagen** pegarse un tiro en la cabeza; **Kugelblitz** *m* <-es, -e> relámpago *m* esférico; **Kugelbürette** *f* <-, -n> (CHEM) bureta *f* de bola

Kügelchen ['ky:gəlçən] *nt* <-s, -> **1.** (*Spielzeug*) bolita *f* **2.** (MED) glóbulo *m*

Kugelfang *m* <-(e)s, -fänge> (MIL) parabalas *m inv*

kugelförmig [-fœrmɪç] *adj* redondo, esférico

Kugelgelenk *nt* <-(e)s, -e> **1.** (ANAT) diartrosis *f inv* **2.** (TECH) articulación *f* esférica

Kugelhagel *m* <-s, *ohne pl*> lluvia *f* de balas; **der Flüchtling entkam im ~** el fugitivo huyó en medio de una lluvia de balas

kugelig ['ku:gəlɪç] *adj s.* **kugelförmig**

Kugelkopf *m* <-(e)s, -köpfe> cabeza *f* impresora [*o* esférica]; **Kugelkopfmaschine** *f* <-, -n>, **Kugelkopfschreibmaschine** *f* <-, -n> máquina *f* de escribir de cabeza esférica

Kugellager *nt* <-s, -> rodamiento *m* de bolas

kugeln ['ku:gəln] *vi sein* rodar; **der Ball kugelte unter den Schrank** la pelota rodó debajo del armario; **das/der ist ja zum K~!** ¡es para morirse de risa!

kugelrund ['--'-] *adj* redondo (como una bola), esférico

Kugelschreiber *m* <-s, -> bolígrafo *m,* birome *f Arg;* **Kugelschreibermine** *f* <-, -n> mina *f* para bolígrafo

kugelsicher *adj* a prueba de balas, antibalas; **~e Weste** chaleco antibalas; **Kugelstoßen** *nt* <-s, *ohne pl*> (SPORT) lanzamiento *m* de peso; **Kugelstoßer(in)** *m(f)* <-s, -; -, -nen> (SPORT) lanzador(a) *m(f)* de peso

Kuh [ku:, *pl:* ky:ə] *f* <-, Kühe> **1.** (*weibliches Rind*) vaca *f;* **die ~ ist (noch lange) nicht vom Eis** todavía no ha pasado lo peor; **das ist eine heilige ~** eso es sagrado **2.** (*weibliches Tier*) hembra *f;* **der Elch und seine ~** el alce y su hembra **3.** (*fam: Person*) idiota *f,* estúpida *f;* **du blöde ~!** ¡idiota!; **Kuhdorf** *nt* <-(e)s, -dörfer> (*fam abw*) pueblo *m* de mala muerte, pueblucho *m* de mala muerte; **Kuhfladen** *m* <-s, -> boñigo *m,* bosta *f Bol, CSur;* **Kuhglocke** *f* <-, -n> cencerro *m;* **Kuhhandel** *m* <-s, *ohne pl*> (*fam abw*) chalaneo *m,* chanchullo *m;* **Kuhhaut** *f* <-, -häute> piel *f* de vaca; **das geht auf keine ~** (*fam*) esto ya pasa de la raya; **Kuhherde** *f* <-, -n> manada *f* de vacas, vacada *f;* **Kuhhirte, -in** *m, f* <-n, -n; -, -nen> vaquero, -a *m, f*

kühl [ky:l] *adj* **1.** (*Wetter etc.*) fresco; **am Abend wurde es ~** refrescó a la noche; **bitte ~ lagern** por favor, guárdese en lugar fresco; **einen ~en Kopf bewahren** no perder la cabeza; **mir ist ~** tengo frío **2.** (*abweisend*) frío

Kühlanlage *f* <-, -n> instalación *f* frigorífica [*o* de refrigeración]; **Kühlbecken** *nt* <-s, -> pila *f* de enfriamiento; **Kühlbox** *f* <-, -en> nevera *f* portátil

Kuhle ['ku:lə] *f* <-, -n> (*fam*) hoyo *m*

Kühle ['ky:lə] *f* <-, *ohne pl*> **1.** (*Frische*) frescura *f,* frescor *m* **2.** (*Zurückhaltung*) frialdad *f*

kühlen ['ky:lən] **I.** *vi* refrescar **II.** *vt* **1.** (*Temperatur senken*) refrigerar **2.** (*Getränke*) (poner a) enfriar, poner a refrescar; **sein Mütchen an jdm ~** desahogar su rabia en alguien

kühlend *adj* refrescante

Kühler *m* <-s, -> **1.** (AUTO) radiador *m;* **mir ist ein Reh vor den ~ gelaufen** casi se me ha metido un corzo debajo de las ruedas **2.** (*für Sekt*) enfriadera *f;* **Kühlerfigur** *f* <-, -en> (AUTO) mascota *f* del radiador, figura *f* del radiador; **Kühlergrill** *m* <-s, -s> (AUTO) parrilla *f* delantera; **Kühlerhaube** *f* <-, -n> (AUTO) capó *m*

Kühlflüssigkeit *f* <-, -en> (TECH) líquido *m* refrigerante; **Kühlhaus** *nt* <-es, -häuser> almacén *m* frigorífico; **Kühlkreislauf** *m* <-(e)s, -läufe> (TECH) circuito *m* de refrigeración; **Kühlmittel** *nt* <-s, -> (TECH) refrigerante *m;* **Kühlraum** *m* <-(e)s, -räume> cámara *f* frigorífica; **Kühlrippe** *f* <-, -n> aleta *f* de refrigeración; **Kühlschiff** *nt* <-(e)s, -e> buque *m* frigorífico; **Kühlschrank** *m* <-(e)s, -schränke> frigorífico *m,* nevera *f,* frigo *m fam;* **Kühltasche** *f* <-, -n> nevera *f* portátil; **Kühlteich** *m* <-(e)s, -e> piscina *f* de enfriamiento [*o* de desactivación]; **Kühltruhe** *f* <-, -n> congelador *m;* **Kühlturm** *m* <-(e)s, -türme> (TECH) torre *f* de refrigeración

Kühlung[1] *f* <-, -en> (*Vorrichtung, Vorgang*) refrigeración *f;* **auch bei ~ nur begrenzt haltbar** de conservación limitada aún en lugar fresco

Kühlung[2] *f* <-, *ohne pl*> (*frische Luft*) fresco *m;* **sich** *dat* **~ verschaffen** refrescarse

Kühlwagen *m* <-s, -> camión *m* frigorífico; **Kühlwasser** *nt* <-s, *ohne pl*> aguas *fpl* de refrigeración

Kuhmilch *f* <-, *ohne pl*> leche *f* de vaca; **Kuhmist** *m* <-(e)s, *ohne pl*> boñiga *f*

kühn [ky:n] *adj* atrevido, audaz; **das übertrifft meine ~sten Erwartungen** esto sobrepasa mis más aventuradas expectativas; **das ist eine ~e Behauptung** esa es una tesis muy atrevida

Kühnheit *f* <-, *ohne pl*> (*Mut*) audacia *f,* osadía *f;* (*Dreistigkeit*) temeridad *f*

Kuhstall *m* <-(e)s, -ställe> establo *m* para las vacas, vaqueriza *f*

kujonieren* [kujo'ni:rən] *vt* hacer la vida imposible; **Schluss mit deinen Schikanen,**

K

ich lass mich nicht länger ~! ¡ya basta de incordiar, no te permito que me sigas haciendo la vida imposible!

k.u.k. (HIST) *Abk. von* **kaiserlich und königlich** imperial y real

Küken ['ky:kən] *nt* <-s, -> pollito *m*, polluelo *m*

Ku-Klux-Klan [kuklʊks'kla:n] *m* <-s, *ohne pl*> (POL) kukuxklán *m*

Kukuruz ['ku:kurʊts, 'kʊkurʊts] *m* <-(es), *ohne pl*> (*Österr*) maíz *m*

kulant [ku'lant] *adj* (*Person*) complaciente, afable; (*Preis*) aceptable

Kulanz [ku'lants] *f* <-, *ohne pl*> complacencia *f*, buena voluntad *f*; (*Liebenswürdigkeit*) amabilidad *f*; **eine Reparatur auf ~ machen** hacer una reparación gratis como servicio de la casa; **etw aus ~ austauschen** cambiar algo por amabilidad de la casa

Kuli ['ku:li] *m* <-s, -s> **1.** (*Person*) culí *m* **2.** (*fam: Kugelschreiber*) boli *m*

kulinarisch [kuli'na:rɪʃ] *adj* culinario

Kulisse [ku'lɪsə] *f* <-, -n> bastidores *mpl*; **einen Blick hinter die ~n werfen** mirar entre bastidores; **das ist doch nur ~** (*fam abw*) es pura fachada

Kulleraugen *ntpl* (*fam*) ojos *mpl* grandes; **~ machen** mirar con fascinación

kullern ['kʊlɐn] *vi sein* (*fam*) rodar; **die Murmel kullert direkt ins Loch!** ¡la canica va directa al agujero!

Kulmination [kʊlmina'tsjo:n] *f* <-, -en> **1.** (ASTR) culminación *f* **2.** (*Karriere*) punto *m* culminante, cima *f*

kulminieren* [kʊlmi'ni:rən] *vi* culminar

Kult [kʊlt] *m* <-(e)s, -e> culto *m*; **einen ~ mit jdm/etw** *dat* **treiben** rendir culto a alguien/algo; **Kultbild** *nt* <-(e)s, -er> (REL) imagen *f* de culto; **Kultfigur** *f* <-, -en> ídolo *m*; **Kultfilm** *m* <-(e)s, -e> película *f* de culto; **Kulthandlung** *f* <-, -en> culto *m* (religioso), acto *m* de fervor

kultisch *adj* del culto

kultivieren* [kʊlti'vi:rən] *vt* **1.** (*urbar machen*) cultivar **2.** (*anbauen*) cultivar, plantar

kultiviert [kʊlti'vi:ɐt] *adj* **1.** (*Mensch*) educado; (*gebildet*) culto **2.** (*gepflegt*) refinado

Kultivierung *f* <-, -en> cultivo *m*

Kultstätte *f* <-, -n> lugar *m* de culto

Kultur [kʊl'tu:ɐ] *f* <-, -en> **1.** (*geistig, künstlerisch*) cultura *f*; (*menschliche ~*) civilización *f* **2.** (*von Person*) cultura *f*, educación *f*; **er hat keine ~** no tiene educación **3.** (AGR, BIOL) cultivo *m*; **Kulturabkommen** *nt* <-s, -> convenio *m* cultural, acuerdo *m* cultural; **Kulturattaché** *m* <-s, -s> agregado *m* cultural; **Kulturaustausch** *m* <-(e)s, *ohne pl*> intercambio *m* cultural; **Kulturbanause, -in** *m, f* <-n, -n; -, -nen> persona *f* sin interés cultural; **Kulturbeutel** *m* <-s, -> neceser *m*, bolsa *f* de aseo; **Kulturdenkmal** *nt* <-(e)s, -e *o* -mäler> testimonio *m* cultural

kulturell [kʊltu'rɛl] *adj* cultural

Kulturfläche *f* <-, -n> (AGR) área *f* de cultivo

Kulturgeschichte *f* <-, *ohne pl*> historia *f* de la civilización; **kulturgeschichtlich** **I.** *adj* histórico-cultural **II.** *adv* desde un punto de vista histórico-cultural; **von ~ herausragender Bedeutung** de suma importancia para la historia de la civilización [*o* desde un punto de vista histórico-cultural]; **Kulturgut** *nt* <-(e)s, -güter> patrimonio *m* cultural; **kulturhistorisch** *adj s.* **kulturgeschichtlich**; **Kulturhoheit** *f* <-, *ohne pl*> competencia *f* en materia cultural; **das Schulrecht fällt unter die ~ der Bundesländer** la legislación escolar está entre las competencias culturales de los estados federados; **Kulturkampf** *m* <-(e)s, *ohne pl*> (HIST): **der ~** la "lucha por la cultura", el "kulturkampf" (*lucha entre la Iglesia y el Estado en Alemania entre 1872–1887*); **Kulturkreis** *m* <-es, -e> etnia *f*, grupo *m* étnico; **Kulturkritik** *f* <-, *ohne pl*> crítica *f* cultural; **Kulturlandschaft** *f* <-, -en> paisaje *m* modificado por el hombre; **Kulturleben** *nt* <-s, *ohne pl*> vida *f* cultural; **durch die neue Oper wird das ~ der Stadt bereichert** con la nueva ópera se enriquecerá la vida cultural de la ciudad; **kulturlos** *adj* sin cultura, ignorante;

Kulturnation *f* <-, -en> nación *f* cultural

Kulturpflanze *f* <-, -n> planta *f* de cultivo

Kulturpolitik *f* <-, *ohne pl*> política *f* cultural; **kulturpolitisch** **I.** *adj* de política cultural; **er ist im ~en Ausschuss des Landtags tätig** trabaja en el comité de cultura del parlamento del "land" **II.** *adv* en materia de política cultural; **die Pläne der Opposition sind ~ bedeutsam** los planes de la oposición son importantes en materia de política cultural; **Kulturprogramm** *nt* <-s, -e> (RADIO, TV) programa *m* cultural; **Kulturrasse** *f* <-, -n> raza *f* de cultivo; **Kulturreferent(in)** *m(f)* <-en, -en; -, -nen> encargado, -a *m, f* de asuntos culturales; **Kulturrevolution** *f* <-, -en> revolución *f* cultural

Kulturschaffende(r) *mf* <-n, -n; -n, -n> (*a.* DDR) hombre *m* de cultura, artista *mf*, intelectual *mf*

Kulturschale *f* <-, -n> (BIOL) cápsula *f* Petri

Kulturschande *f* <-, *ohne pl*> (*abw*) crimen *m* cultural, atentado *m* contra la cultura [*o* la civilización]; **Kulturschock** *m* <-(e)s, -s *o* -e> choque *m* cultural; **Kultursenator(in)** *m(f)* <-s, -en; -, -nen> consejero,-a *m, f* de cultura; **Kulturstufe** *f* <-, -n> grado *m* de civilización; **Kulturvarietät** *f* <-, -en> variedad *f* de cultivo; **Kulturvolk** *nt* <-(e)s, -völker> pueblo *m* civilizado; **Kulturzentrum** *nt* <-s, -zentren> centro *m* cultural

Kultusgemeinde *f* <-, -n> (REL) comunidad *f* religiosa

Kultusminister(in) ['kʊltʊs-] *m(f)* <-s, -; -, -nen> ministro, -a *m, f* de Educación y Ciencia; **Kultusministerium** *nt* <-s, -ministerien> Ministerio *m* de Educación y Ciencia

Kumarin [kuma'riːn] *nt* <-s, *ohne pl*> cumarina *f*

Kümmel ['kʏməl] *m* <-s, -> **1.** (*Pflanze, Gewürz*) comino *m* **2.** (*Schnaps*) cúmel *m*

Kummer ['kʊmɐ] *m* <-s, *ohne pl*> pena *f*, pesar *m*; (*Sorge*) preocupación *f*; **hast du ~?** ¿te preocupa algo?; **jdm ~ machen** [*o* **bereiten**] producir [*o* causar] pena a alguien; **ich bin (an) ~ gewöhnt** estoy acostumbrado a tener penas; **vor/aus ~** de/por pena; **der ~ um jdn** la preocupación por alguien

Kummerkastenonkel, -tante *m, f* <-s, -; -, -n> (*fam*) *sección en los periódicos para consultas de carácter privado, sentimental, etc.*

kümmerlich ['kʏmɐlɪç] *adj* **1.** (*elend*) miserable, mísero; (*ärmlich*) pobre **2.** (*schwächlich*) débil

Kümmerling *m* <-s, -e> (*abw*) debilucho *m*

kümmern ['kʏmɐn] **I.** *vr:* **sich ~ 1.** (*sich beschäftigen*) preocuparse (*um* de), ocuparse (*um* de); **ich muss mich um alles ~!** ¡tengo que preocuparme de todo!; **sich darum ~, dass ...** preocuparse de que... *+subj;* **er kümmert sich nicht darum, was die Leute denken** no le importa lo que piense la gente **2.** (*sorgen*) cuidar (*um* de), mirar (*um* por); **ich kümmere mich um die Kinder** yo cuido a los niños; **kümmer dich ein bisschen um sie!** ¡ocúpate un poco de ella! **II.** *vt* importar, interesar; **das kümmert mich nicht** eso no me interesa; **was kümmert Sie das?** ¿a Ud. qué le importa?; **das braucht uns nicht zu ~** eso no es asunto nuestro, a nosotros eso ni nos va ni nos viene

Kümmernis *nt* <-ses, -se> (*geh*) pesar *m*, pesadumbre *f*

Kummerspeck *m* <-(e)s, *ohne pl*> (*fam*) kilos *mpl* (ganados durante una depresión); **mit dieser Diät werde ich den ~ los** con esta dieta me voy a quitar los michelines de encima; **kummervoll** *adj* afligido

Kumpan(in) [kʊm'paːn] *m(f)* <-s, -e; -, -nen> (*fam*) **1.** (*Kamerad*) camarada *mf*, compañero, -a *m, f* **2.** (*abw: Mittäter*) compinche *mf*

Kumpel ['kʊmpəl] *m* <-s, -> **1.** (*Bergarbeiter*) minero, -a *m, f* **2.** (*fam: Kamerad*) camarada *mf*, compañero, -a *m, f*, pipe *m MAm*

Kumulation [kumula'tsjoːn] *f* <-, -en> acumulación *f*

kumulieren* [kumu'liːrən] *vt, vr* acumular(se) (*auf*); **kumulierter Verlust** (WIRTSCH) pérdida acumulada

Kumulierung *f* <-, -en> acumulación *f*; **mit der Zeit kam es zu einer ~ giftiger Rückstände** con el tiempo se han ido acumulando residuos tóxicos

Kumulonimbus [kumulo'nɪmbʊs] *m* <-, -se> (METEO) cumulonimbo *m*

Kumuluswolke ['kuːmulʊs-] *f* <-, -n> (METEO) cúmulo *m*

kündbar ['kʏntbaːɐ] *adj* (*Vertrag*) rescindible, cancelable

Kunde[1] ['kʊndə] *f* <-, -n> (*geh: Nachricht*) noticia *f*, novedad *f*; **von etw** *dat* **~ erhalten** recibir noticia de algo

Kunde, -in[2] *m, f* <-n, -n; -, -nen> cliente, -a *m, f*; **langjähriger/treuer/zufriedener ~** cliente antiguo/fiel/satisfecho; **hier ist der ~ König** aquí el cliente manda; **das ist Dienst am ~n** hacemos todo para servir a nuestros clientes

künden ['kʏndən] **I.** *vi* (*geh*) contar (*von* de), narrar (*von* de) **II.** *vt* **1.** (*geh*) narrar, relatar **2.** (*Schweiz*) rescindir, revocar

Kundenberatung *f* <-, -en> servicio *m* de información de los clientes

Kundendienst[1] *m* <-(e)s, *ohne pl*> (*Service*) atención *f* al cliente

Kundendienst[2] *m* <-(e)s, -e> (*Reparaturdienst*) servicio *m* técnico, asistencia *f* técnica

Kundenfang *m* <-(e)s, *ohne pl*> (*abw*) captación *f* de clientes; **auf ~ gehen** ir a captar clientes; **Kundenkarte** *f* <-, -n> (WIRTSCH) tarjeta *f* de cliente; **Kundenkartei** *f* <-, -en> cartera *f* de clientes; **Kundenkonto** *nt* <-s, -konten> cuenta *f* de clientes; **Kundenkredit** *m* <-(e)s, -e> (WIRTSCH) crédito *m* al cliente; **Kundenkreis** *m* <-es, -e> (WIRTSCH) clientela *f*; **Kundennummer** *f* <-, -n> número *m* del cliente; **Kundenstamm** *m* <-(e)s, -stämme> (WIRTSCH) clientela *f* fija; **Kundenstock** *m* <-(e)s, -stöcke> (*Österr*) clientela *f*

kund|geben *irr vt* (*geh*) hacer saber, dar a conocer; (*öffentlich machen*) publicar, hacer público

Kundgebung *f* <-, -en> manifestación *f*

kundig *adj* (*erfahren*) experimentado; (*sachverständig*) experto, perito; **einer Sache ~ sein** (*geh*) ser experto en una materia; **auf dem Gebiet muss ich mich noch ~ machen** tengo que ponerme al día en la materia

kündigen ['kʏndɪgən] **I.** *vt* **1.** (*Vertrag*) rescindir, anular; (*Wohnung*) anunciar el desalojamiento (de); **jdm die Freundschaft ~** romper con alguien **2.** (*Arbeitsstelle*) presentar su dimisión **II.** *vi* **1.** (*einem Arbeitnehmer*) despedir; (*als Arbeitnehmer*) rescindir el contrato de trabajo, presentar su dimisión; **ich habe zum ersten November gekündigt** presenté la dimisión para el uno de noviembre **2.** (*einem Mieter*) desahuciar; **ihm ist zum ersten April gekündigt worden** le desahucian el uno de abril

Kündigung *f* <-, -en> **1.** (*eines Vertrages*) rescisión *f*; (*eines Abonnements*) anulación *f* del abono; (*Wohnung durch Mieter*) aviso *m* de desalojamiento; (*durch Vermieter*) aviso *m* de desahucio; **Vertrag mit halbjähriger ~** contrato con medio año de aviso **2.** (*einer Stelle*) autodespido *m*, aviso *m* de cese en el empleo; (*vom Arbeitgeber*) despido *m*; **fristlose**

K

~ despido sin preaviso; **fristgemäße** ~ despido con preaviso; **seine** ~ **einreichen** presentar su dimisión; **Kündigungsfrist** *f* <-, -en> plazo *m* de despido; **gesetzliche** ~ plazo legal de preaviso; **Kündigungsgrund** *m* <-(e)s, -gründe> **1.** (*Arbeitsrecht*) causa *f* de despido, motivo *m* de despido **2.** (*bei Mietsachen*) causa *f* de desahucio; **Kündigungsklausel** *f* <-, -n> (JUR) cláusula *f* de despido; **Kündigungsrecht** *nt* <-(e)s, *ohne pl*> (JUR) derecho *m* de rescisión; **Kündigungsschreiben** *nt* <-s, -> carta *f* de despido, aviso *m* de rescisión de contrato; **Kündigungsschutz** *m* <-es, *ohne pl*> **1.** (*des Arbeitnehmers*) protección *f* contra el despido **2.** (*des Mieters*) protección *f* contra desahucio

Kundin *f* <-, -nen> *s.* **Kunde**

Kundschaft *f* <-, *ohne pl*> clientes *mpl*, clientela *f*; ~**!** ¡oiga!, ¿hay alguien?

kundschaften *vi* explorar el terreno; **er kundschaftete in seiner Nachbarschaft herum, ob jemand seinen Hund gesehen habe** fue preguntando al vecindario si alguien había visto a su perro

Kundschafter(in) *m(f)* <-s, -; -, -nen> (*Gesandter*) enviado, -a *m, f*; (*Spion*) espía *mf*, bombero *m RíoPl*

kund|tun *irr vt* (*fam*) manifestar, declarar

künftig ['kʏnftɪç] **I.** *adj* futuro, venidero; **meine** ~**e Frau** mi futura esposa **II.** *adv* de ahora en adelante

Kungelei [kʊŋə'laɪ] *f* <-, -en> (*fam abw*) trato *m* (a espaldas de otros)

kungeln ['kʊŋəln] *vi* (*fam abw*) apalabrar algo (a espaldas de otros); **mit jdm um etw** ~ repartirse algo con alguien

Kunst [kʊnst, *pl:* 'kʏnstə] *f* <-, Künste> arte *m o f*; **die schönen Künste** las Bellas Artes; **die bildende** ~ las Artes Plásticas; **die ärztliche** ~ el arte de la medicina; **eine brotlose** ~ una profesión sin futuro; **das ist keine** ~**!** (*fam*) ¡eso lo hace cualquiera!; **mit seiner** ~ **am Ende sein** ya no saber qué hacer; **die** ~ **besteht darin ...** el arte está en...; **was macht die** ~**?** (*fam*) ¿qué tal?; **nach allen Regeln der** ~ según las reglas del oficio; (*fig*) como Dios manda; **Kunstakademie** *f* <-, -n> Academia *f* de Bellas Artes; **Kunstausstellung** *f* <-, -en> exposición *f* de arte; **Kunstbanause**, -**in** *m, f* <-n, -n; -, -nen> (*abw*) ignorante *mf* en materia artística

Kunstdarm *m* <-(e)s, -därme> intestino *m* artificial

Kunstdenkmal *nt* <-(e)s, -e *o* -mäler> monumento *m* artístico; **Kunstdruck** *m* <-(e)s, -e> impresión *f* artística

Kunstdünger *m* <-s, -> abono *m* químico

Kunsteisbahn *f* <-, -en> pista *f* de hielo artificial

Kunsterzieher(in) *m(f)* <-s, -; -, -nen> profesor(a) *m(f)* de arte; **Kunsterziehung** *f* <-, *ohne pl*> formación *f* artística; (SCH) Bellas Artes *fpl*

Kunstfaser *f* <-, -n> fibra *f* sintética

Kunstfehler *m* <-s, -> error *m* quirúrgico; **ärztlicher** ~ error médico

kunstfertig *adj* hábil, mañoso, virtuoso

Kunstfertigkeit *f* <-, *ohne pl*> habilidad *f*, destreza *f*; **Kunstflug** *m* <-(e)s, -flüge> vuelo *m* artístico; **Kunstfreund(in)** *m(f)* <-(e)s, -e; -, -nen> amante *mf* del arte; **Kunstgattung** *f* <-, -en> género *m* artístico; **Kunstgegenstand** *m* <-(e)s, -stände> objeto *m* de arte; **kunstgerecht** *adj* **1.** (*fachmännisch*) pericial, técnico **2.** (*richtig*) correcto; **Kunstgeschichte** *f* <-, *ohne pl*> historia *f* del Arte; **Kunstgewerbe** *nt* <-s, *ohne pl*> artesanía *f*, Artes y Oficios; **kunstgewerblich** *adj* artesanal; **Kunstgriff** *m* <-(e)s, -e> artimaña *f*, artificio *m*; **Kunsthandel** *m* <-s, *ohne pl*> comercio *m* con objetos de arte; **Kunsthändler(in)** *m(f)* <-s, -; -, -nen> comerciante *mf* de objetos de arte; **Kunsthandlung** *f* <-, -en> galería *f* de arte; **Kunsthandwerk** *nt* <-(e)s, *ohne pl*> artesanía *f*

Kunstharz *nt* <-es, -e> (TECH) resina *f* artificial [*o* sintética]; **Kunstherz** *nt* <-ens, -en> (MED) corazón *m* artificial

Kunsthistoriker(in) *m(f)* <-s, -; -, -nen> historiador(a) *m(f)* del arte; **kunsthistorisch** **I.** *adj* relativo a la historia del arte; **die Grabungsfunde sind von** ~**em Interesse** los objetos hallados en la excavación tienen interés para la historia del arte **II.** *adv* relacionado con [*o* desde el punto de vista de] la historia del arte; **eine Veröffentlichung, die** ~ **bedeutend ist** una publicación que tiene importancia para la historia del arte; **Kunstkenner(in)** *m(f)* <-s, -; -, -nen> experto, -a *m, f* en (materia de) arte; **Kunstkritiker(in)** *m(f)* <-s, -; -, -nen> crítico, -a *m, f* de arte(s)

Kunstleder *nt* <-s, -> cuero *m* artificial

Kunstlehrer(in) *m(f)* <-s, -; -, -nen> (SCH) profesor(a) *m(f)* de historia del arte

Künstler(in) ['kʏnstlɐ] *m(f)* <-s, -; -, -nen> artista *mf*

künstlerisch ['kʏnstlərɪʃ] *adj* artístico; ~ **begabt sein** tener talento artístico

Künstlerkolonie *f* <-, -n> colonia *f* de artistas; **Künstlername** *m* <-ns, -n> nombre *m* artístico; **Künstlerpech** *nt* <-(e)s, *ohne pl*> (*fam*) mala pata *f*

künstlich *adj* artificial; (*Zähne*) postizo; **sich** ~ **aufregen** poner el grito en el cielo; **jdn** ~ **ernähren** alimentar a alguien con sonda [*o* artificialmente]

Kunstlicht *nt* <-(e)s, *ohne pl*> luz *f* artificial

Kunstliebhaber(in) *m(f)* <-s, -; -, -nen> amante *mf* del arte; **Kunstlied** *nt* <-(e)s, -er> (MUS) canción *f* (*no popular*)

kunstlos *adj* simple, sencillo

Kunstmaler(in) *m(f)* <-s, -; -, -nen> pintor(a) *m(f)* (artista)

Kunstpause *f* <-, -n> pausa *f* intencionada
Kunstreiter(in) *m(f)* <-s, -; -, -nen> artista *mf* ecuestre
Kunstrichtung *f* <-, -en> estilo *m;* **Kunstsammlung** *f* <-, -en> colección *f* (de objetos) de arte; **Kunstschatz** *m* <-es, -schätze> tesoro *m* artístico; **dieses Museum birgt große Kunstschätze** este museo alberga grandes tesoros artísticos
Kunstschnee *m* <-s, *ohne pl*> nieve *f* artificial; **Kunstseide** *f* <-, -n> seda *f* artificial
kunstsinnig I. *adj* (*geh*) **1.** (*bewandert*) versado [*o* entendido] en arte **2.** (*interessiert*) amante del arte II. *adv* refinadamente, con buen gusto
Kunstsprache *f* <-, -n> (LING) lengua *f* artificial, idioma *m* artificial
Kunstspringen *nt* <-s, *ohne pl*> (SPORT) saltos *mpl* de trampolín
Kunststoff *m* <-(e)s, -e> materia *f* plástica, plástico *m;* **aus** ~ de plástico; **kunststoffbeschichtet** *adj* plastificado; **die Außenverkleidung ist** ~ el revestimiento exterior está plastificado; **Kunststofferzeugnis** *nt* <-ses, -se> producto *m* de plástico [*o* sintético]
kunst|stopfen *vi, vt* zurcir; **kannst du ~?** ¿sabes zurcir?
Kunststück *nt* <-(e)s, -e> truco *m;* (*akrobatisch*) acrobacia *f,* maroma *f Am;* **das ist kein ~!** (*fam*) ¡eso lo hace cualquiera!; **Kunsttischler(in)** *m(f)* <-s, -; -, -nen> ebanista *mf;* **Kunstturnen** *nt* <-s, *ohne pl*> gimnasia *f* artística
Kunstunterricht *m* <-(e)s, -e> (SCH) clase *f* de educación artística; **Kunstverstand** *m* <-(e)s, *ohne pl*> entendimiento *m* en lo relativo al arte; **kunstverständig** *adj* entendido en arte; **Kunstverständnis** *nt* <-ses, *ohne pl*> entendimiento *m* en materia de arte, conocimiento *m* en materia de arte; **er ist jemand mit großem** ~ es un gran entendido en arte, sabe mucho de arte; **kunstvoll** *adj* muy artístico; **Kunstwerk** *nt* <-(e)s, -e> obra *f* de arte; **Kunstwert** *m* <-(e)s, -e> valor *m* artístico; **der ~ dieses Bildes ist bedeutend** el valor artístico de este cuadro es considerable; **Kunstwissenschaft** *f* <-, -en> Bellas Artes *mpl o fpl*
Kunstwort *nt* <-(e)s, -wörter> (LING) palabra *f* artificial
kunterbunt ['kʊntɐ'bʊnt] I. *adj* **1.** (*farbig*) (muy) colorido, abigarrado **2.** (*durcheinander*) revuelto, en desorden II. *adv* abigarradamente, sin orden ni concierto; **hier geht es ~ zu** menudo jaleo hay aquí; **~ zusammengewürfelt** todo revuelto
Kunz [kʊnts] (*fam*): **Hinz und ~** fulano y mengano
Kupfer ['kʊpfɐ] *nt* <-s, *ohne pl*> (CHEM) cobre *m;* **etw in ~ stechen** grabar algo en cobre; **Kupferbad** *nt* <-(e)s, -bäder> (CHEM) baño *m* de cobre; **Kupferbergwerk** *nt* <-(e)s, -e> mina *f* de cobre; **Kupferdraht** *m* <-(e)s, -drähte> hilo *m* de cobre; **Kupferdruck** *m* <-(e)s, -e> (TYPO) calcotipia *f;* **Kupfererz** *nt* <-es, -e> mineral *m* de cobre
kupferhaltig *adj* cobrizo, cúprico
Kupferkabel *nt* <-s, -> cable *m* de cobre; **Kupferkies** *m* <-es, -e> (GEO) calcopirita *f,* pirita *f* de cobre; **Kupfermünze** *f* <-, -n> moneda *f* de cobre
kupfern ['kʊpfɐn] *adj* de cobre
Kupferoxyd *nt* <-(e)s, -e> (CHEM) óxido *m* de cobre; **Kupferschmied(in)** *m(f)* <-(e)s, -e; -, -nen> forjador(a) *m(f)* de cobre; **Kupferschmiede** *f* <-, -n> forja *f* de cobre; **Kupferschmiedin** *f* <-, -nen> *s.* **Kupferschmied**; **Kupferstecher(in)** *m(f)* <-s, -; -, -nen> (KUNST) grabador(a) *m(f)* en cobre; **Kupferstich** *m* <-(e)s, -e> grabado *m* en cobre; **Kupfervitriol** *nt* <-s, *ohne pl*> (CHEM) vitriolo *m* azul, caparrosa *f* azul
Kupon [ku'põ:] *m* <-s, -s> (*abtrennbarer Zettel, Zinsabschnitt*) cupón *m;* (*Talon*) talón *m*
Kuppe ['kʊpə] *f* <-, -n> **1.** (*Berg~*) cima *f,* cumbre *f* **2.** (*Finger~*) yema *f* del dedo
Kuppel ['kʊpəl] *f* <-, -n> cúpula *f;* **Kuppeldach** *nt* <-(e)s, -dächer> (ARCHIT) cúpula *f*
Kuppelei [kʊpə'laɪ] *f* <-, -en> alcahuetería *f;* (JUR) proxenetismo *m;* **~ betreiben** practicar el proxenetismo, alcahuetear
kuppeln ['kʊpəln] I. *vi* **1.** (AUTO) embragar, pisar el embrague **2.** (*als Kuppler*) alcahuetear, hacer de alcahuete II. *vt* **1.** (*Fahrzeuge*) enganchar, acoplar (*an* a) **2.** (*Geräte*) conectar
Kuppler(in) *m(f)* <-s, -; -, -nen> alcahuete, -a *m, f;* (JUR) proxeneta *mf*
Kupplung *f* <-, -en> **1.** (*das Verbinden*) acoplamiento *m* **2.** (*Vorrichtung*) enganche *m* **3.** (AUTO) embrague *m;* **die ~ (durch)treten** pisar el embrague (a fondo); **die ~ kommen lassen** desembragar; **die ~ schleifen lassen** hacer patinar el embrague
Kupula ['ku:pula] *f* <-, Kupulae> **1.** (BOT) fritilaria *f,* cúpula *f* **2.** (ANAT) cúpula *f*
Kur [ku:ɐ] *f* <-, -en> **1.** (*Heilverfahren*) cura *f,* curativa *f;* (*Behandlung*) tratamiento *m* **2.** (*Aufenthalt*) tratamiento *m* balneoterapéutico; **zur ~ fahren** ir a tomar las aguas; **jdn zur ~ schicken** prescribir un tratamiento balneoterapéutico a alguien
Kür [ky:ɐ] *f* <-, -en> (SPORT) ejercicio *m* libre
Kurator(in) [ku'ra:to:ɐ] *m(f)* <-s, -en; -, -nen> (UNIV) secretario, -a *m, f* general
Kuratorium [kura'to:riʊm] *nt* <-s, Kuratorien> consejo *m* de administración [*o* de patronato]
Kuraufenthalt *m* <-(e)s, -e> estancia *f* en una estación termal [*o* en un balneario]
Kurbel ['kʊrbəl] *f* <-, -n> manivela *f;* **Kurbelantrieb** *m* <-(e)s, -e> (TECH) impulsión *f* de [*o* por] manivela; **Kurbelgehäuse** *nt* <-s, -> (AUTO) cárter *m* del cigüeñal

kurbeln I. *vi* girar la manivela, darle a la manivela II. *vt* (*nach oben*) subir (girando la manivela); (*nach unten*) bajar (girando la manivela)

Kurbelstange *f* <-, -n> (TECH) vástago *m* de una manivela; **Kurbelwelle** *f* <-, -n> (TECH) cigüeñal *m*

Kürbis ['kʏrbɪs] *m* <-ses, -se> calabaza *f*, zapallo *m MAm*, ayote *m MAm;* **Kürbiskern** *m* <-(e)s, -e> pipa *f* de calabaza, pepita *f* de calabaza

Kurde, **-in** ['kʊrdə] *m*, *f* <-n, -n; -, -nen> kurdo, -a *m*, *f*

kurdisch *adj* kurdo

Kurdistan ['kʊrdɪsta:n] *nt* <-s> Kurdistán *m*

kuren ['ku:rən] *vi* (*fam*) someterse a un tratamiento balneoterapéutico

küren ['ky:rən] <kürt, kürte *o* kor, gekürt *o* gekoren> *vt* (*geh*) elegir (*zu* como)

Kurfürst ['ku:ɐ-] *m* <-en, -en> (HIST) príncipe *m* elector; **Kurfürstentum** *nt* <-s, -tümer> (HIST) electorado *m*

Kurgast *m* <-(e)s, -gäste> huésped(a) *m(f)* de un balneario; **Kurhaus** *nt* <-es, -häuser> casino *m* (en un balneario)

Kurie ['ku:riə] *f* <-, -n> curia *f;* **Kurienkardinal** *m* <-s, -näle> (REL) cardenal *m* de la curia

Kurier [ku'ri:ɐ] *m* <-s, -e> correo *m;* **Kurierdienst** *m* <-(e)s, -e> servicio *m* de correo

kurieren* [ku'ri:rən] *vt* curar, sanar (*von*); **von dem bin ich endgültig kuriert!** (*fam*) ¡a ése ya me lo he quitado [*o* sacado] de la cabeza!

kurios [kuri'o:s] *adj* curioso, raro

Kuriosa *pl von* **Kuriosum**

Kuriosität[1] [kuriozi'tɛ:t] *f* <-, *ohne pl*> (*Eigenart*) rareza *f*, singularidad *f*

Kuriosität[2] *f* <-, -en> (*Gegenstand*) curiosidad *f*, cosa *f* extraña

Kuriosum [kuri'o:zʊm] *nt* <-s, Kuriosa> curiosidad *f*, cosa *f* extraña

Kurort *m* <-(e)s, -e> balneario *m;* **Kurpark** *m* <-(e)s, -s, *Schweiz:* -pärke> parque *m* de un balneario

Kurpfalz ['ku:ɐpfalts] *f* <-> Electorado *m* del Palatinado

Kurpfuscher(in) ['ku:ɐpfʊʃɐ] *m(f)* <-s, -; -, -nen> 1. (*fam abw*) charlatán, -ana *m*, *f*, curandero, -a *m*, *f*, curioso, -a *m*, *f Am*, compositor(a) *m(f) CSur* 2. (*Arzt*) matasanos *mf inv;* **Kurpfuscherei** *f* <-, *ohne pl*> (*fam abw*) curanderismo *m*, curandería *f;* **Kurpfuscherin** *f* <-, -nen> *s.* **Kurpfuscher**

Kurs [kʊrs] *m* <-es, -e> 1. (*Richtung*) rumbo *m;* ~ **auf Hamburg nehmen** poner rumbo a Hamburgo; **auf ~ bleiben** mantener el rumbo; **vom ~ abkommen** perder el rumbo; **einen harten (politischen) ~ fahren** [*o* **einschlagen**] adoptar una línea (política) dura 2. (SCH, UNIV) curso *m;* (*Intensiv~*, *Wochenend~*) cursillo *m;* **einen ~ besuchen** asistir a un curso 3. (WIRTSCH) cotización *f;* (*von Devisen*) cambio *m;* **multipler ~** cambio múltiple; **zum gegenwärtigen ~** al cambio actual; **die ~e fallen/steigen** las cotizaciones bajan/suben; **der amtliche ~ des Dollars** la cotización oficial del dólar; **bei jdm hoch im ~ stehen** gozar de prestigio [*o* respeto] ante alguien; **etw außer ~ setzen** retirar algo de la circulación; **zu einem guten/schlechten ~ tauschen** cambiar con una buena/mala cotización

Kursänderung *f* <-, -en> (NAUT, AERO) cambio *m* de rumbo

Kursbericht *m* <-(e)s, -e> (FIN) informe *m* bursátil; **der ~ spricht von einer positiven Entwicklung der Aktien** el informe habla de una evolución positiva de las acciones

Kursbuch *nt* <-(e)s, -bücher> guía *f* oficial de ferrocarriles

Kurschatten *m* <-s, -> (*fam iron*) *persona del sexo contrario que durante la estancia en un balneario acompaña constantemente a otro paciente*

Kürschner(in) ['kʏrʃnɐ] *m(f)* <-s, -; -, -nen> peletero, -a *m*, *f*

Kurse *pl von* **Kurs**, **Kursus**

Kurseinbruch *m* <-(e)s, -brüche> (WIRTSCH) fuerte retroceso *m* de los cambios [*o* de las cotizaciones]; **Kurseinbuße** *f* <-, -n> (FIN) pérdida *f* en la cotización; **Kurserholung** *f* <-, *ohne pl*> (WIRTSCH) recuperación *f* de los cambios; **Kursfixierung** *f* <-, -en> (FIN) fijación *f* de los cambios; **Kursgewinn** *m* <-(e)s, -e> (FIN) plusvalía *f*

kursieren* [kʊr'zi:rən] *vi haben o sein* 1. (*Geld*) circular, estar en circulación 2. (*Gerücht*) correr

kursiv [kʊr'zi:f] *adj* (TYPO) en itálica, en cursiva

Kursive [kʊr'zi:və] *f* <-, -n> (TYPO), **Kursivschrift** *f* <-, -en> (TYPO) (letra *f*) cursiva *f*

Kursmanipulation *f* <-, -en> (FIN) manipulación *f* de los cambios; **Kursnotierung** *f* <-, -en> (WIRTSCH) cotización *f* de cambios

kursorisch [kʊr'zo:rɪʃ] I. *adj* (*geh*) superficial; **auch bei einer ~en Lektüre entgeht ihm nichts** ni haciendo una lectura rápida se le escapa nada II. *adv* (*geh*) por encima; **einen Artikel ~ lesen** hacer una lectura rápida de un artículo

Kursparität *f* <-, -en> (FIN) paridad *f* cambiaria; **Kursrückgang** *m* <-(e)s, -gänge> (FIN) baja *f* en las cotizaciones; **Kursrutsch** *m* <-es, -e> (FIN) caída *f* de los cambios; **Kursschwankung** *f* <-, -en> (WIRTSCH) fluctuación *f* de las cotizaciones; (*von Devisen*) oscilación *f* de los cambios; **Kurssicherung** *f* <-, -en> (FIN, WIRTSCH) consolidación *f* de los cambios; **Kurssturz** *m* <-es, -stürze> (FIN) baja *f* repentina del cambio

Kursteilnehmer(in) *m(f)* <-s, -; -, -nen> participante *mf* en un curso; (*an Wochenendkurs*) cursillista *mf*

Kursus ['kʊrzʊs, *pl:* 'kʊrzə] *m* <-, Kurse>

curso *m,* cursillo *m*

Kursverfall *m* <-(e)s, *ohne pl*> (FIN) caída *f* de los cambios; **Kursverlust** *m* <-(e)s, -e> (WIRTSCH) pérdida *f* en bolsa

Kurswagen *m* <-s, -> (EISENB) vagón *m* directo; **Kurswechsel** *m* <-s, -> (POL) cambio *m* de rumbo

Kurswert *m* <-(e)s, -e> (WIRTSCH) cotización *f* en bolsa; **Kurszettel** *m* <-s, -> (FIN) lista *f* de cotizaciones

Kurtaxe *f* <-, -n> tasa *f* de balneario

Kurtisane [kʊrti'zaːnə] *f* <-, -n> cortesana *f;* (*Geliebte*) favorita *f*

Kurve ['kʊrvə] *f* <-, -n> (*a.* MATH) curva *f;* **die Straße macht eine ~** la carretera hace una curva; **die ~ schneiden** cortar la curva; **sich in die ~ legen** inclinarse [*o* ladearse] al tomar la curva; **aus der ~ fliegen** (*fam*) salir volando de la curva; **die ~ kratzen** (*fam*) desaparecer rápido; **nicht die ~ kriegen** (*fam*) fracasar; **die ~ heraushaben** (*fam*) sabérselas todas

kurven *vi sein* (*fam*) viajar (*durch* por), andar (*durch* por)

Kurvendiagramm *nt* <-s, -e> (INFOR, MATH) gráfico *m* de curvas; **Kurvenlineal** *nt* <-s, -e> (MATH) plantilla *f* de curvas; **kurvenreich** *adj* con muchas curvas

Kurverwaltung *f* <-, -en> administración *f* del balneario

kurvig *adj* **1.** (*bogenförmig*) curvado, arqueado **2.** (*kurvenreich*) de muchas curvas

kurz [kʊrts] *adj* <kürzer, am kürzesten> **1.** (*zeitlich*) corto, breve; **ein ~er Blick** una ojeada; **ich will es ~ machen** seré breve; **mit ein paar ~en Worten** en unas pocas palabras; **über ~ oder lang** tarde o temprano; **in kürzester Zeit** en unos momentos; **sich ~ fassen** ser conciso; **~ und bündig** conciso; **~ und gut** resumiendo; **~ und schmerzlos** (*fam*) sin rodeos, de plano; **seit ~em** desde hace poco (tiempo); **vor ~em** hace poco, el otro día *fam;* **~ entschlossen** resuelto; **ich habe ihn nur ~ gesehen** le he visto sólo un momento; **~ nach drei** a las tres y pico; **~ darauf** poco después; **ich bleibe nur für ~e Zeit** sólo me quedo por poco tiempo; **ich komme ~ vorbei** me paso un momento; **~ hintereinander** al poco rato **2.** (*räumlich*) corto; **~e Hosen** pantalones cortos; **~ vor Köln** poco antes de Colonia; **den Kürzeren ziehen** (*fam*) salir perdiendo; **~ geschnitten** corto; **mit ~ geschnittenen Haaren siehst du viel besser aus** con el cabello corto estás mucho más guapo; **jdn ~ halten** atar corto a alguien; **zu ~ kommen** quedarse con las ganas de hacer algo; **etw ~ und klein hauen** (*fam*) no dejar títere con cabeza **3.** (*Wend*): **jdn ~ halten** (*fig*) tener a alguien (bien) derecho; **~ treten** (*sich einschränken*) ahorrar, reducir gastos; (*sich schonen*) reservar las (propias) fuerzas

Kurzarbeit *f* <-, *ohne pl*> (trabajo *m* a) jornada *f* reducida; **kurz|arbeiten** *vi* trabajar a jornada reducida

Kurzarbeiter(in) *m(f)* <-s, -; -, -nen> trabajador(a) *m(f)* a jornada reducida; **Kurzarbeitergeld** *nt* <-(e)s, -er> subsidio *m* de jornada reducida

Kurzarbeiterin *f* <-, -nen> *s.* **Kurzarbeiter**

kurzärm(e)lig ['-ʔɛrm(ə)lɪç] *adj* de manga corta

kurzatmig ['-ʔaːtmɪç] *adj* corto de respiración

kurzbeinig *adj* de piernas cortas

Kurzbrief *m* <-(e)s, -e> carta *f* corta [*o* breve]

Kurze(r) *m* <-n, -n> (*fam*) **1.** (*Kurzschluss*) cortocircuito *m;* **es gab einen ~n** hubo un cortocircuito **2.** (*Schnaps*) copita *f* de aguardiente

Kürze ['kʏrtsə] *f* <-, *ohne pl*> **1.** (*räumlich*) corta distancia *f,* corta extensión *f;* **die ~ des Transportweges** la corta distancia del camino de transporte **2.** (*zeitlich*) brevedad *f;* **in ~** en breve (plazo), dentro de poco **3.** (*im Ausdruck*) concisión *f;* **in aller ~** en pocas palabras; **in der ~ liegt die Würze** (*prov*) lo bueno, si breve, dos veces bueno

Kürzel ['kʏrtsəl] *nt* <-s, -> abreviatura *f,* signo *m* taquigráfico

kürzen ['kʏrtsən] *vt* **1.** (*allgemein*) acortar, hacer más corto (*um* en, *auf* a); (*Rede, Text*) acortar, abreviar; (FILM) cortar; **einen Text um/auf 40 Prozent ~** acortar un texto en un/a un [*o* al] 40 por ciento **2.** (*verringern*) reducir, recortar; **sein Gehalt wurde um 100 Mark gekürzt** le redujeron el sueldo en unos 100 marcos **3.** (MATH) simplificar

kürzer ['kʏrtsɐ] *adj kompar von* **kurz**

kurzerhand ['kʊrtsɐ'hant] *adv* sin perder el tiempo, sin vacilar

kürzeste(r, s) ['kʏrtsəstə, -tɐ, -təs] *adj superl von* **kurz**

Kurzfassung *f* <-, -en> versión *f* reducida, resumen *m;* **Kurzfilm** *m* <-(e)s, -e> cortometraje *m,* corto *m;* **Kurzform** *f* <-, -en> (LING) forma *f* abreviada

kurzfristig I. *adj* **1.** (*kurze Zeit dauernd*) por poco tiempo; (*Vertrag*) a corto plazo **2.** (*ohne Vorbereitung*) repentino **3.** (*in kurzer Zeit*) a corto plazo; **~ lieferbar** entrega a corto plazo **II.** *adv* **1.** (*in kurzer Zeit*) rápidamente, en (cuestión de) poco tiempo **2.** (*ohne Vorbereitung*) en el último momento; **wir mussten unseren Plan ~ ändern** tuvimos que cambiar nuestro plan en el último momento

Kurzgeschichte *f* <-, -n> (LIT) cuento *m,* narración *f* breve

kurzgeschnitten *adj s.* **kurz 2.**

kurzhaarig *adj* de pelo corto

kurz|halten *irr vt s.* **kurz 3.**

kurzlebig *adj* **1.** (*Tier, Pflanze*) de corta vida **2.** (*Mode etc.*) efímero, pasajero

kürzlich ['kʏrtslɪç] *adv* hace poco, el otro día,

recién *Am*

Kurzmeldung *f* <-, -en> noticia *f* breve; **Kurznachrichten** *fpl* noticias *fpl* breves; **Kurzparker(in)** *m(f)* <-s, -; -, -nen> *persona que estaciona su vehículo durante poco tiempo;* **nur für ~** zona de estacionamiento limitado

Kurzparksystem *nt* <-s, -e> sistema *m* de aparcamiento controlado por parquímetros; **Kurzparkzone** *f* <-, -n> zona *f* azul

Kurzreise *f* <-, -n> viaje *m* corto

kurz|schließen *irr* **I.** *vt* poner en cortocircuito **II.** *vr:* **sich ~** (*fam*) ponerse en contacto [*o* de acuerdo]

Kurzschluss[RR] *m* <-es, -schlüsse>, **Kurzschluß** *m* <-sses, -schlüsse> **1.** (ELEK) cortocircuito *m;* **es gab einen ~** hubo un cortocircuito **2.** (*falsche Schlussfolgerung*) conclusión *f* errónea; **Kurzschlusshandlung**[RR] *f* <-, -en>, **Kurzschlussreaktion**[RR] *f* <-, -en> acto *m* irreflexivo

Kurzschrift *f* <-, *ohne pl*> taquigrafía *f*

kurzsichtig *adj* miope

Kurzsichtigkeit *f* <-, *ohne pl*> **1.** (MED) miopía *f* **2.** (*im Denken*) estrechez *f* de miras

Kurzstreckenflug *m* <-es, -flüge> vuelo *m* a corta distancia; **Kurzstreckenlauf** *m* <-(e)s, -läufe> (SPORT) carrera *f* de medio fondo; **Kurzstreckenläufer(in)** *m(f)* <-s, -; -, -nen> (SPORT) velocista *mf;* **Kurzstreckenrakete** *f* <-, -n> misil *m* de corto alcance

kurz|treten *irr vi s.* **kurz 3.**

kurzum [kʊrts'ʔʊm, '-'-] *adv* en una palabra, resumiendo; **~, es hat uns sehr gut gefallen** en una palabra, nos ha gustado mucho

Kürzung ['kʏrtsʊŋ] *f* <-, -en> **1.** (*finanziell*) reducción *f* **2.** (*von Text*) abreviación *f;* **~en vornehmen** (*im Text*) abreviar; (*im Etat*) reducir

Kurzurlaub *m* <-(e)s, -e> vacaciones *fpl* cortas; **am Wochenende habe ich einen ~ gemacht** este fin de semana he hecho unas cortas vacaciones

Kurzwaren *fpl* (COM) artículos *mpl* de mercería; **Kurzwarengeschäft** *nt* <-(e)s, -e> mercería *f,* bonetería *f Chil, Mex, RíoPl*

Kurzweil ['kʊrtsvaɪl] *f* <-, *ohne pl*> pasatiempo *m,* entretenimiento *m*

kurzweilig *adj* entretenido, divertido

Kurzwelle *f* <-, -n> (PHYS, RADIO) onda *f* corta; **auf ~** en onda corta; **Kurzwellensender** *m* <-s, -> (RADIO) emisora *f* de onda corta

Kurzwort *nt* <-(e)s, -wörter> (LING) acrónimo *m*

Kurzzeitgedächtnis *nt* <-ses, *ohne pl*> memoria *f* corta

kurzzeitig *adj* por poco tiempo

Kurzzeitpflege *f* <-, *ohne pl*> cuidados *mpl* sanitarios temporales; **Kurzzeitspeicher** *m* <-s, -> (INFOR) registro *m;* **Kurzzeitwecker** *m* <-s, -> avisador *m* de cocina

kusch [kʊʃ] *interj* **1.** (*Hund*) ¡túmbate! **2.** (*Österr: fam*) ¡cállate!

kuschelig ['kʊʃəlɪç] *adj* acogedor

kuscheln ['kʊʃəln] **I.** *vr:* **sich ~** (*fam*) acurrucarse (*in* en); **er kuschelt sich in den Sessel** se acurruca en el sillón; **sich an jdn ~** acurrucarse contra alguien **II.** *vi* estar acurrucado y acariciándose (*mit* con), hacerse mimos

Kuscheltier *nt* <-(e)s, -e> animal *m* de peluche

kuschen ['kʊʃən] *vi* **1.** (*sich fügen*) obedecer sin chistar, someterse **2.** (*Hund*) echarse; **siehst du, bei mir kuscht er** ves, cuando yo se lo mando se tumba

Kusine [ku'ziːnə] *f* <-, -n> prima *f*

Kuss[RR] [kʊs, *pl:* 'kʏsə] *m* <-es, Küsse>, **Kuß** *m* <-sses, Küsse> beso *m,* pico *m Kol: fam;* **jdm einen ~ geben** dar un beso a alguien; **kussecht**[RR] *adj* (*Lippenstift*) indeleble, que no mancha

küssen ['kʏsən] **I.** *vt* besar (*auf* en); **sie küsste ihn auf den Mund** le besó en la boca; **einer Dame die Hand ~** besarle la mano a una señora **II.** *vr:* **sich ~** besarse

Kusshand[RR] *f* <-, -hände> besamanos *m inv,* beso *m* al aire; **jdm eine ~/Kusshände zuwerfen** echarle [*o* tirarle] un beso/besos a alguien; **sie werden dich mit ~ einstellen** (*fam*) te contratarán de mil amores

Küste ['kʏstə] *f* <-, -n> costa *f;* **eine felsige/zerklüftete ~** una costa rocosa/brava; **an der ~ entlangfahren** (*Schiff*) navegar a lo largo de la costa; (*an Land*) ir a lo largo de la costa; **Küstenbewohner(in)** *m(f)* <-s, -; -, -nen> costeño, -a *m, f;* **Küstenfischerei** *f* <-, *ohne pl*> pesca *f* de bajura; **Küstengebiet** *nt* <-(e)s, -e> litoral *m;* **Küstengewässer** *nt* <-s, -> aguas *fpl* costeras; **küstennah** *adj* costero; **Küstenschifffahrt**[RR] *f* <-, *ohne pl*> cabotaje *m,* navegación *f* costera; **Küstenschutz** *m* <-es, *ohne pl*> protección *f* de la costa; **Küstenstreifen** *m* <-s, -> franja *f* costera, litoral *m;* **Küstenüberwachung** *f* <-, -en> vigilancia *f* costera; **Küstenvogel** *m* <-s, -vögel> ave *f* costera; **Küstenwacht** *f* <-, -en> (*a.* MIL) vigilancia *f* de costas, guardacostas *mpl inv*

Küster(in) ['kʏstɐ] *m(f)* <-s, -; -, -nen> sacristán, -ana *m, f*

Kustode, -in [kʊs'toːdə] *m, f* <-n, -n; -, -nen>, **Kustos** *m* <-, Kustoden> conservador(a) *m(f)* de un museo

Kutschbock *m* <-(e)s, -böcke> pescante *m*

Kutsche ['kʊtʃə] *f* <-, -n> **1.** (*Pferdewagen*) coche *m* de caballos, carruaje *m* **2.** (*fam: Auto*) cacharro *m,* cafetera *f*

Kutscher(in) *m(f)* <-s, -; -, -nen> cochero, -a *m, f*

kutschieren* [kʊ'tʃiːrən] **I.** *vi sein* (*fam*) ir en coche; **durch die Gegend ~** dar vueltas con el coche **II.** *vt* (*fam*) llevar en coche; **jdn**

nach Hause/durch die Gegend ~ llevar a alguien a casa/a dar vueltas con el coche

Kutte ['kʊtə] *f* <-, -n> (*eines Pfarrers*) sotana *f*; (*eines Mönches*) hábito *m*

Kutteln ['kʊtəln] *pl* (*Österr, Schweiz, südd*) callos *mpl*

Kutter ['kʊtɐ] *m* <-s, -> **1.** (*Segelschiff*) cúter *m* **2.** (*Fisch~*) barca *f* de pesca **3.** (*Rettungsboot*) esquife *m*

Kuvert [ku've:ɐ] *nt* <-s, -s> **1.** (*reg: Briefumschlag*) sobre *m* **2.** (*geh: Gedeck*) cubierto *m*

Kuvertüre [kuvɛr'ty:rə] *f* <-, -n> baño *m* de chocolate

Kuwait ['ku:vaɪt, ku'vaɪt] *nt* <-s> Kuwait *m*

Kuwaiter(in) [ku'vaɪtɐ] *m(f)* <-s, -; -, -nen> kuwaití *mf*

kuwaitisch [ku'vaɪtɪʃ, 'ku:vaɪtɪʃ] *adj* kuwaití

kV (ELEK) *Abk. von* **Kilovolt** kv

KV *Abk. von* **Köchelverzeichnis** índice *m* Köchel (*de las obras de Mozart*)

kW (PHYS, TECH) *Abk. von* **Kilowatt** kW

KW [ka:'ve:] **1.** (PHYS, RADIO) *Abk. von* **Kurzwelle** o.c. **2.** *Abk. von* **Kalenderwoche** semana *f* normal (*de lunes a domingo*)

kWh (PHYS, ELEK) *Abk. von* **Kilowattstunde** kWh

Kybernetik [kybɛr'ne:tɪk] *f* <-, *ohne pl*> cibernética *f*

kybernetisch *adj* cibernético

kyrillisch [ky'rɪlɪʃ] *adj* cirílico

KZ [ka:'tsɛt] *nt* <-(s), -(s)> *Abk. von* **Konzentrationslager** campo *m* de concentración; **KZ-Gedenkstätte** *f* <-, -n> lugar *m* conmemorativo de los campos de concentración nazis; **KZ-Häftling** *m* <-s, -e> preso, -a *m, f* de un campo de concentración

L

L, l [ɛl] *nt* <-, -> L, l *f;* ~ **wie Ludwig** L de Lisboa

l *Abk. von* **Liter** l

La (CHEM) *Abk. von* **Lanthan** La

Lab [la:p] *nt* <-(e)s, -e> (BIOL) cuajo *m*

labb(e)rig ['lab(ə)rɪç] *adj* (*fam*) **1.** (*fad*) soso **2.** (*schlaff*) fofo **3.** (*schwindelig*) mareado

Label ['lɛɪbəl] *nt* <-s, -> **1.** (COM: (*Preis*)*etikett*) etiqueta *f* **2.** (*Schallplattenfirma*) casa *f* discográfica **3.** (INFOR: *Markierung*) identificación *f*, referencia *f*

Labello® [la'bɛlo] *m* <-s, -s> pomada *f* para los labios, cacao *m* para los labios

laben ['la:bən] *vr:* **sich** ~ (*geh*) saborear (*an*)

labern ['la:bɐn] *vi* (*fam abw*) soltar el rollo, meter un rollo (*über* sobre); **Blödsinn** ~ decir tonterías; **jdm die Ohren voll** ~ soltarle el rollo a alguien

labial [labi'a:l] *adj* (MED, LING) labial

Labial [la'bia:l] *m* <-s, -e>, **Labiallaut** *m* <-(e)s, -e> (LING) (sonido *m*) labial *f*

labil [la'bi:l] *adj* lábil, inestable; (*Gesundheit*) frágil, delicado

Labilität [labili'tɛ:t] *f* <-, *ohne pl*> labilidad *f*, inestabilidad *f*

Labor [la'bo:ɐ] *nt* <-s, -s *o* -e> laboratorio *m*

Laborant(in) [labo'rant] *m(f)* <-en, -en; -, -nen> ayudante *mf* de laboratorio

Laboratorium [labora'to:riʊm] *nt* <-s, Laboratorien> laboratorio *m*

Laborbefund *m* <-(e)s, -e> (MED) resultado *m* de laboratorio; **Laborchemikalie** *f* <-, -n> producto *m* químico utilizado en laboratorios

laborieren* [labo'ri:rən] *vi* (*fam*) **1.** (*sich abmühen*) esforzarse; **an einem Projekt** ~ esforzarse por el desarrollo de un proyecto **2.** (*an Krankheit*) padecer, sufrir; **an einer Lungenentzündung** ~ sufrir una pulmonía

Labortechnik *f* <-, -en> técnica *f* de laboratorio; **Laborversuch** *m* <-(e)s, -e> experimento *m* en laboratorio

Labsal ['la:pza:l] *nt* <-(e)s, -e> (*geh*), *f* <-, -e> (*südd, Österr: geh*) refresco *m*, refrescamiento *m*

Labyrinth [laby'rɪnt] *nt* <-(e)s, -e> laberinto *m*

Lache[1] ['la:xə] *f* <-, -n> (*Pfütze*) charco *m*

Lache[2] ['laxə] *f* <-, -n> (*fam abw*) risa *f;* **hat der eine dreckige ~!** ¡qué risa tan desagradable (que) tiene!

lächeln ['lɛçəln] *vi* **1.** (*lachen*) sonreír **2.** (*sich lustig machen*) burlarse (*über* de); **kalt ~d** (*fam abw*) a sangre fría, sin pestañear

Lächeln *nt* <-s, *ohne pl*> sonrisa *f;* **für so einen Unsinn habe ich nur ein müdes ~ übrig** semejantes disparates me interesan un comino

lachen ['laxən] *vi* reír(se) (*über* de); **jdn zum L~ bringen** hacer reír a alguien; **dass ich nicht lache!** ¡no me haga(s) reír!; **aus vollem Halse** ~ reírse a carcajadas; **du hast gut ~!** ¡bien puedes tú reírte!; **lach du nur!** ¡anda, tú ríete!; **ihm lachte das Glück** la fortuna le sonrió; **sie lachte über das ganze Gesicht** sonrió de oreja a oreja; **da gibt es nichts zu** ~ esto no tiene ninguna gracia; **das ist ja zum L~!** ¡esto es de risa!; **das wäre doch gelacht, wenn wir das nicht könnten!** ¡sería ridículo si no pudiéramos hacerlo!; **bei dem hast du nichts zu ~!** (*fam*) ¡este te las hace pasar canutas!; **mir ist durchaus nicht zum L~ (zumute)** no estoy en absoluto para bromas; **du wirst ~, (aber) ...** (*fam*) te parecerá ridículo, (pero)...; **wer zuletzt lacht, lacht am besten** (*prov*) quien ríe el último, ríe mejor

Lachen *nt* <-s, *ohne pl*> risa *f;* **dir wird das ~ noch vergehen** ya se te pasará la risa; **sich biegen vor** ~ troncharse [*o* partirse] de risa

Lacher[1] *m* <-s, -> (*Gelächter*) risa *f*

Lacher(in)[2] *m(f)* <-s, -; -, -nen> persona *f* que se ríe; **die ~ unter dem Publikum waren zahlreich** eran muchos los miembros del público que se reían; **die ~ auf seiner Seite haben** ganarse al público, tener el público de su parte

Lacherfolg *m* <-(e)s, -e>: **mit seiner neuen Show erzielte er tolle ~e beim Publikum** con su nuevo espectáculo conseguía provocar la hilaridad del público; **in seinem neuen Kostüm waren ihm die ~e sicher** con su nuevo disfraz, las carcajadas estaban aseguradas

Lacherin *f* <-, -nen> *s.* **Lacher[2]**

lächerlich ['lɛçɐlɪç] **I.** *adj* ridículo; **jdn/etw ~ machen** ridiculizar a alguien/algo, poner a alguien/algo en ridículo, poner a alguien/algo en berlina *Am;* **sich ~ machen** hacer el [*o* quedar en] ridículo; **~e drei Zuschauer waren da** (*fam*) asistieron (sólo) tres gatos; **das ist doch ~!** ¡qué ridiculez! **II.** *adv* de forma ridícula, con ridiculez

Lächerlichkeit[1] *f* <-, -en> (*abw: Geringfügigkeit*) ridiculez *f*

Lächerlichkeit[2] *f* <-, *ohne pl*> (*das Lächerlichsein*) lo ridículo; **etw/jdn der ~ preisgeben** poner algo/a alguien en ridículo, ridiculizar algo/a alguien

Lachgas *nt* <-es, -e> gas *m* hilarante

lachhaft *adj* (*abw*) ridículo

Lachkrampf *m* <-(e)s, -krämpfe> ataque *m* de risa; **wir bekamen einen** ~ nos entró [*o* dio] un ataque de risa; **Lachmöve** *f* <-, -n> (ZOOL) gaviota *f* reidora

Lachs [laks] *m* <-es, -e> salmón *m;* **lachsfarben** *adj,* **lachsfarbig** *adj* de color salmón, asalmonado; **Lachsforelle** *f* <-, -n> trucha *f* asalmonada; **Lachsschinken** *m* <-s, -> *jamón de chuleta de cerdo salada y ligeramente ahumada*

Lack [lak] *m* <-(e)s, -e> laca *f;* (*Holz~*) barniz *m;* (*Auto~*) pintura *f;* **der ~ ist ab** (*fam*) ya ha perdido el atractivo

Lackaffe *m* <-n, -n> (*fam abw*) petimetre *m*

Lackel ['lakəl] *m* <-s, -> (*südd, Österr: abw*) torpe *mf,* mameluco, -a *m, f*

lacken ['lakən] *vt s.* **lackieren**

Lackfarbe *f* <-, -n> barniz *m* (brillante); **Lackharz** *nt* <-es, -e> laca *f*

lackieren* [la'ki:rən] *vt* **1.** (*Holz*) barnizar; (*Auto*) pintar (con pistola) **2.** (*Fingernägel*) pintar

Lackierer(in) *m(f)* <-s, -; -, -nen> barnizador(a) *m(f)*

Lackiererei *f* <-, -en> (*Werkstatt*) taller *m* de pintura

Lackiererin *f* <-, -nen> *s.* **Lackierer**

Lackierung *f* <-, -en> **1.** (*das Lackieren*) barnizado *m* **2.** (*Lack*) barnizado *m;* (*Auto~*) pintura *f*

Lackleder *nt* <-s, -> charol *m*

Lackmus ['lakmʊs] *m o nt* <-, *ohne pl*> (CHEM) tornasol *m;* **Lackmuspapier** *nt* <-s, *ohne pl*> (CHEM) papel *m* de tornasol

Lackschaden *m* <-s, -schäden> desperfecto *m* en la pintura; **Lackschuh** *m* <-s, -e> zapato *m* de charol

Lade ['la:də] *f* <-, -n> (*reg: Schub~*) cajón *m*

Ladebaum *m* <-(e)s, -bäume> (NAUT) mástil *m* de carga; **ladebereit** *adj* listo para cargar; **Ladefläche** *f* <-, -n> superficie *f* de carga; **Ladegerät** *nt* <-(e)s, -e> (PHYS) cargador *m;* **Ladegewicht** *nt* <-(e)s, *ohne pl*> (peso *m* de la) carga *f;* **das zulässige ~ beträgt ... Tonnen** la carga permitida asciende a... toneladas; **Ladegut** *nt* <-(e)s, -güter> carga *f;* **Ladehemmung** *f* <-, -en> encasquillamiento *m,* atascamiento *m;* **ich hatte gerade (eine) ~** (*fam fig*) acabo de atrancarme; **Ladekapazität** *f* <-, -en> capacidad *f* de carga; **Ladeklappe** *f* <-, -n> (AERO) escotilla *f* de carga; **Ladekran** *m* <-(e)s, -e *o* -kräne> (NAUT) grúa *f* de carga; **Ladeliste** *f* <-, -n> lista *f* de carga; **Ladeluke** *f* <-, -n> (NAUT) escotilla *f* de carga; **Lademaß** *nt* <-es, -e> gálibo *m* de carga; **Lademenge** *f* <-, -n> volumen *m* de carga

laden ['la:dən] <lädt, lud, geladen> *vt* **1.** (*Fracht, Batterie, Pistole*) cargar; **voll ~** cargar (hasta los topes); **die Koffer in das/aus dem Auto ~** meter/sacar las maletas en el/del coche; **alle Schuld auf sich ~** cargar con todas las culpas; **sich** *dat* **etw auf den Hals ~** cargar con algo; **pass auf, die Waffe ist ge~** ten cuidado, el arma está cargada; **sieh dich vor, er ist heute total ge~** (*fam fig*) ándate con cuidado, hoy está a punto de explotar; **er hat wieder schwer ge~** (*fam iron*) ha vuelto a coger una mona [*o* un pedo] **2.** (JUR: *vor~*) citar; **ge~e Gäste** invitados *mpl* **3.** (INFOR) cargar

Laden¹ ['la:dən] *m* <-s, Läden> **1.** (*Geschäft*) tienda *f,* negocio *m;* **der ~ läuft** los negocios van bien; **einen ~ aufmachen** poner una tienda; **am Sonntag sind** [*o* **bleiben**] **die Läden geschlossen** el domingo las tiendas están cerradas; **Schwung in den ~ bringen** (*fam*) animar el cotarro; **sie allein schmeißt den ganzen ~** (*fam*) ella solita lo lleva [*o* lo saca] todo adelante; **den (ganzen) ~ hinschmeißen** (*fam*) tirar la toalla **2.** (*Fenster~*) postigo *m,* contraventana *f* **3.** (*Roll~*) persiana *f;* **die Läden runterlassen/hochziehen** bajar/subir las persianas

Laden² *nt* <-s, *ohne pl*> (INFOR) carga *f*

Ladenbesitzer(in) *m(f)* <-s, -; -, -nen> dueño, -a *m, f* de una tienda; **Ladendieb(in)** *m(f)* <-(e)s, -e; -, -nen> ladrón, -ona *m, f* de tiendas, mechero, -a *m, f fam;* **Ladendiebstahl** *m* <-(e)s, -stähle> robo *m* en tiendas

Ladeneinrichtung¹ *f* <-, *ohne pl*> (*Einrichten*) instalación *f* (de una tienda)

Ladeneinrichtung² *f* <-, -en> (*Mobiliar*) mobiliario *m* (de una tienda)

Ladenhüter *m* <-s, -> (*fig*) artículo *m* que no se vende, muerto *m;* **na, wie war heute das Geschäft? <–> recht gut, bis auf unsere üblichen ~** ¿y qué tal ha ido el negocio hoy? <–> bastante bien, salvo los muertos de siempre; **Ladenkasse** *f* <-, -n> caja *f* registradora; **Ladenkette** *f* <-, -n> cadena *f* de tiendas; **Ladenöffnungszeiten** *fpl* horario *m* comercial; **Ladenpreis** *m* <-es, -e> precio *m* de venta al público; **Ladenschild** *nt* <-(e)s, -er> rótulo *m* (de una tienda)

Ladenschluss[RR] *m* <-es, *ohne pl*> (hora *f* de) cierre *m* de los comercios; **nach/vor ~** después de/antes de cerrar los negocios; **Ladenschlussgesetz[RR]** *nt* <-es, -e> *ley que regula los horarios comerciales;* **Ladenschlusszeit[RR]** *f* <-, -en> hora *f* de cierre de los comercios

Ladenstraße *f* <-, -n> calle *f* comercial; **verkehrsfreie ~** calle comercial peatonal; **Ladentisch** *m* <-(e)s, -e> mostrador *m;* **etw unter dem ~ verkaufen** (*fam*) vender algo bajo [*o* por debajo de] mano; **Ladentochter** *f* <-, -töchter> (*Schweiz: Verkäuferin*) vendedora *f,* dependienta *f*

Laderampe *f* <-, -n> rampa *f* de carga; **Laderaum** *m* <-(e)s, -räume> espacio *m* de carga; **Ladeschein** *m* <-(e)s, -e> certificado *m* de carga; **Ladestelle** *f* <-, -n> cargadero *m;* (*en un puerto*) muelle *m* de carga; **Ladevorrichtung** *f* <-, -en> cargador *m,*

L

dispositivo *m* de carga; **Ladezeit** *f* <-, -en> tiempo *m* de carga; **gebührenfreie** ~ (NAUT) estadía libre (de tasas)

lädieren* [lɛ'diːrən] *vt* **1.** (*Sachen*) dañar **2.** (*Personen*) lesionar; **du siehst ganz schön lädiert aus** pareces hecho polvo

lädt [lɛːt] *3. präs von* **laden**

Ladung *f* <-, -en> **1.** (*Fracht, Munition*) carga *f;* **abgehende/schwimmende/sperrige** ~ carga saliente/flotante/voluminosa; **ohne** ~ sin cargamento; **unterwegs befindliche** ~ carga en camino; **volle** ~ carga completa **2.** (PHYS) carga *f* (eléctrica); **positive/negative** ~ carga eléctrica positiva/negativa **3.** (JUR: *Vor~*) citación *f;* **eine** ~ **zustellen** notificar una citación, citar; **einer** ~ **Folge leisten** concurrir a una citación **4.** (*fam: Menge*) montón *m;* **eine** ~ **Mist/Schnee** un pila de estiércol/de nieve; **Ladungsausgleich** *m* <-(e)s, -e> (CHEM) compensación *f* de carga; **Ladungskosten** *pl* costos *mpl* de carga; **Ladungsträger** *m* <-s, -> (CHEM) portador *m* de cargas

Lafette [la'fɛtə] *f* <-, -n> (MIL) cureña *f*

Laffe ['lafə] *m* <-n, -n> (*alt abw*) petimetre *m*

lag [laːk] *3. imp von* **liegen**

Lage ['laːgə] *f* <-, -n> **1.** (*Stelle*) sitio *m;* (GEO) zona *f;* **in günstiger** ~ en buena zona; **in höheren ~n ist mit Frost zu rechnen** en las zonas más altas hay que contar con heladas **2.** (*Position*) posición *f;* **in der glücklichen** ~ **sein etw zu tun** tener la suerte de poder hacer algo; **siehst du dich in der** ~ **uns zu helfen?** ¿te parece que estás en condiciones de ayudarnos?; **jdn in die** ~ **versetzen etw zu tun** poner a alguien en condiciones de hacer algo **3.** (*Situation*) situación *f;* **die** ~ **wird ernst/kritisch** la situación cobra un cariz preocupante/crítico; **in eine missliche** ~ **geraten** verse en un apuro; **dazu bin ich nicht in der** ~ no estoy en condiciones de hacerlo; **Herr der** ~ **sein** dominar la situación; **die** ~ **der Dinge erfordert es, dass ...** la situación exige que... *+subj;* **versetz dich doch einmal in meine** ~ intenta ponerte en mi lugar; **die** ~ **spitzt sich zu** la situación llega a un punto crítico; **nach** ~ **der Dinge** dadas las circunstancias; **der Ernst der** ~ la gravedad de la situación; **die** ~ **peilen** (*fam*) explorar la situación **4.** (*Schicht*) capa *f* **5.** (MUS: *Stimm~*) registro *m* **6.** (*fam: Runde*) ronda *f*

Lagebericht *m* <-(e)s, -e> informe *m* sobre la situación; **Lagebesprechung** *f* <-, -en> análisis *m inv* de la situación, discusión *f* sobre la situación; **Lageplan** *m* <-(e)s, -pläne> plano *m* general

Lager ['laːgɐ] *nt* <-s, -> **1.** (*Zelt~, Ferien~*) campamento *m;* (*Gefangenen~, Flüchtlings~*) campo *m;* **ein** ~ **aufschlagen** acampar; **das** ~ **abbrechen** levantar el campamento **2.** (*Vorrats~*) almacén *m,* depósito *m,* barraca *f Am,* despensa *f Arg;* (*Vorrat*) existencias *fpl;* **ab** ~ ex [*o* franco] almacén; **am** ~ en almacén; **etw auf** ~ **halten** tener algo en almacén; **etw aus dem** ~ **holen** ir a buscar algo del almacén; **etw auf** ~ **haben** tener algo en depósito; **sie hat immer ein paar Witze auf** ~ (*fam*) siempre tiene un par de chistes a punto; **die** ~ **wieder auffüllen** completar las existencias del almacén **3.** (*Partei, Seite*) campo *m,* grupo *m;* **ins gegnerische** ~ **überlaufen** pasarse al campo contrario; **die Partei spaltete sich in mehrere** ~ el partido se escindió en varios grupos **4.** (TECH) cojinete *m* **5.** (GEO) yacimiento *m;* **Lagerbestand** *m* <-(e)s, -stände> existencias *fpl* en almacén; **Lagerbestellung** *f* <-, -en> pedido *m* de almacén; **Lagerbetrieb** *m* <-(e)s, *ohne pl*> empresa *f* de almacenamiento; **lagerfähig** *adj* almacenable

Lagerfeuer *nt* <-s, -> hoguera *f,* fuego *m* de campamento, fogón *m Arg, CRi, Urug*

Lagergebühr *f* <-, -en> tasa *f* de almacenaje; **Lagergut** *nt* <-(e)s, -güter> mercancía *f* en almacén; **Lagerhalle** *f* <-, -n> almacén *m*

Lagerhaltung *f* <-, *ohne pl*> almacenamiento *m,* almacenaje *m;* **Lagerhaltungskosten** *pl* costes *mpl* de almacenaje

Lagerhaus *nt* <-es, -häuser> almacén *m,* depósito *m*

Lagerist(in) [laːgə'rɪst] *m(f)* <-en, -en; -, -nen> almacenista *mf,* almacenero, -a *m, f*

Lagerkapazität *f* <-, -en> capacidad *f* del almacén; **Lagermiete** *f* <-, -n> alquiler *m* de almacén

lagern ['laːgɐn] **I.** *vi* **1.** (*kampieren*) acampar **2.** (*Vorrat, Waren*) estar almacenado, conservarse; (*Wein*) reposar **II.** *vt* **1.** (*aufbewahren*) conservar, almacenar; **kühl** ~ consérvese en lugar fresco **2.** (*legen*) poner; **das Bein hoch** ~ poner la pierna en alto; **Verletzte müssen seitlich gelagert werden** los heridos han de ser tendidos sobre el costado; **dieser Fall ist anders gelagert** es un caso distinto; **dieser Fall ist ähnlich gelagert wie der vorige** este caso es parecido [*o* semejante] al anterior

Lagerplatz *m* <-es, -plätze> ubicación *f;* **Lagerraum** *m* <-(e)s, -räume> depósito *m;* **Lagerschaden** *m* <-s, -schäden> deterioro *m* debido al almacenamiento; **Lagerschein** *m* <-(e)s, -e> (WIRTSCH) resguardo *m* de almacén, certificado *m* de almacén; **Lagerstatt** *f* <-, *ohne pl*> (*geh*) lecho *m;* **Lagerstätte** *f* <-, -n> (GEO) yacimiento *m;* **Lagersteuerung** *f* <-, *ohne pl*> control *m* del almacén; **Lagerumschlag** *m* <-(e)s, *ohne pl*> (WIRTSCH) rotación *f* de stocks

Lagerung *f* <-, -en> **1.** (*von Waren, Gegenständen*) almacenaje *m,* almacenamiento *m;* **unsachgemäße** ~ almacenamiento inadecuado **2.** (TECH) cojinete *m*

Lagerverwalter(in) *m(f)* <-s, -; -, -nen> jefe, -a *m, f* de almacén; **Lagerzeit** *f* <-, -en> tiempo *m* de almacenamiento, período *m* de almacenaje [*o* de almacenamiento]

Lagune [la'gu:nə] *f* <-, -n> laguna *f*
lahm [la:m] *adj* **1.** (MED) paralítico; (*hinkend*) cojo; **auf einem Bein ~ sein** cojear de una pierna **2.** (*wie gelähmt*) entumecido, agarrotado; **~ legen** paralizar, parar **3.** (*fam abw: langsam, langweilig*) lento, pesado; **eine ~e Ente sein** ser una tortuga
Lahmarsch *m* <-(e)s, -ärsche> (*vulg*) soso, -a *m, f*, tortuga *f*
lahmarschig *adj* (*vulg*) sumamente lento, más lento que una tortuga
Lahme(r) *mf* <-n, -n; -n, -n> (*alt*) tullido, -a *m, f*
lahmen *vi* cojear (*auf* de)
lähmen ['lɛ:mən] *vt* paralizar; **er war wie gelähmt vor Angst** estaba aterrado
lahm|legen *vt s.* **lahm 2.**
Lahmlegung *f* <-, -en> paralización *f*
Lähmung ['lɛ:mʊŋ] *f* <-, -en> **1.** (MED) parálisis *f inv* **2.** (*der Industrie*) paralización *f*
Laib [laɪp] *m* <-(e)s, -e>: **ein ~ Brot** un pan
Laich [laɪç] *m* <-(e)s, -e> desove *m*, freza *f*
laichen *vi* desovar, frezar
Laichplatz *m* <-es, -plätze> lugar *m* de desove; **Laichwanderung** *f* <-, -en> (ZOOL) emigración *f* de desove
Laie, -in ['laɪə] *m, f* <-n, -n; -, -nen> **1.** (*Nichtfachmann*) lego, -a *m, f*, profano, -a *m, f*; **da staunt der ~(, und der Fachmann wundert sich)** ¡anda, qué te parece! **2.** (REL) laico, -a *m, f*, lego, -a *m, f*; **Laiendarsteller(in)** *m(f)* <-s, -; -, -nen> (THEAT) actor(a) *m(f)* aficionado, -a
laienhaft *adj* profano, laico
Laienprediger(in) *m(f)* <-s, -; -, -nen> (REL) predicador(a) *m(f)* laico, -a; **Laienrichter(in)** *m(f)* <-s, -; -, -nen> juez *mf* lego, -a; **Laienspiel** *nt* <-(e)s, -e> (THEAT) representación *f* de aficionados
Laiin *f* <-, -nen> *s.* **Laie**
Laisser-faire [lɛse'fɛ:r] *nt* <-, *ohne pl*> (*geh*) "laisser-faire" *m*, dejar hacer *m*
Lakai [la'kaɪ] *m* <-en, -en> (*abw*) lacayo *m*
Lake ['la:kə] *f* <-, -n> salmuera *f*
Laken ['la:kən] *nt* <-s, -> sábana *f*
Lakkolith [lako'li:t, lako'lɪt] *m* <-s *o* -en, -e(n)> (GEO) lacolito *m*
lakonisch [la'ko:nɪʃ] *adj* lacónico
Lakritze [la'krɪtsə] *f* <-, -n> regaliz *m*
Laktose [lak'to:zə] *f* <-, *ohne pl*> (BIOL, CHEM) lactosa *f*
Lallaut *m* <-(e)s, -e> *s.* **Lalllaut**
lallen ['lalən] *vi, vt* balbucear, balbucir
Lalllaut[RR] ['lallaʊt] *m* <-(e)s, -e> balbuceo *m*
Lama[1] ['la:ma] *nt* <-s, -s> (ZOOL) llama *f*
Lama[2] ['la:ma] *m* <-(s), -s> (REL) lama *m*
Lamaismus [lama'ɪsmʊs] *m* <-, *ohne pl*> (REL) lamaísmo *m*
Lamäng [la'mɛŋ] *f*: **aus der ~** (*fam hum*) sin prepararlo, improvisadamente; **ich kann das jetzt nicht aus der ~ sagen, aber ...** (*fam hum*) no puedo decirlo así de repente, pero...
Lambada [lam'ba:da] *f* <-, -s>, *m* <-(s), -s> lambada *f*
Lambdasonde ['lambdazɔndə] *f* <-, -n> (TECH) sonda *f* lambda
Lamé [la'me:] *m* <-(s), -s> lamé *m*
Lamelle [la'mɛlə] *f* <-, -n> **1.** (TECH) lámina *f* **2.** (BOT) laminilla *f*
lamentieren* [lamɛn'ti:rən] *vi* (*fam abw*) quejarse (*über* de), lamentarse (*über* de)
Lamento [la'mɛnto] *nt* <-s, -s> (*fam abw*) lamento *m*, lamentación *f*; **ein ~ anstimmen** emitir un amargo lamento
Lametta [la'mɛta] *nt* <-s, *ohne pl*> *tiras de color plata que se usan como adorno navideño*
Laminat [lami'na:t] *nt* <-(e)s, -e> laminado *m*
laminieren* [lami'ni:rən] *vt* (TECH) laminar
Laminierharz [lami'ni:ɐ-] *nt* <-es, -e> resina *f* laminada
Lamm [lam, *pl:* 'lɛmɐ] *nt* <-(e)s, Lämmer> cordero *m*; **das ~ Gottes** el Cordero de Dios; **Lammbraten** *m* <-s, -> asado *m* de cordero
lammen ['lamən] *vi* parir (un cordero)
Lammfell *nt* <-(e)s, -e> piel *f* de cordero; **Lammfleisch** *nt* <-(e)s, *ohne pl*> (carne *f* de) cordero *m*; **lammfromm** ['-'-] *adj* manso como un cordero; **Lammkotelett** *nt* <-s, -s> (GASTR) chuleta *f* de cordero; **Lammwolle** *f* <-, -n> lana *f* de cordero
Lampe ['lampə] *f* <-, -n> lámpara *f*; **Lampenfieber** *nt* <-s, *ohne pl*> (*fam*) mieditis *f inv*; **Lampenschirm** *m* <-(e)s, -e> pantalla *f*
Lampion ['lampjɔŋ, -'-] *m* <-s, -s> farolillo *m*
LAN [la:n] *nt* <-s, -s> (INFOR) *Abk. von* **Local Area Network** (**lokales Netz**) área *f* local
lancieren* [lã'si:rən] *vt* **1.** (*Produkt*) lanzar **2.** (*Künstler*) promocionar **3.** (*Nachricht*) difundir
Land[1] [lant, *pl:* 'lɛndɐ] *nt* <-(e)s, Länder> **1.** (*Staat*) país *m*; **~ und Leute kennen lernen** conocer gente y costumbres; **außer ~es gehen/sein** salir/estar fuera del país; **das ~ der unbegrenzten Möglichkeiten** ≈los Estados Unidos; **das ~ der aufgehenden Sonne** el imperio del sol naciente; **das Gelobte ~** la tierra prometida; **das Heilige ~** Tierra Santa; **aus aller Herren Länder** de todas las partes del mundo; **hier zu ~e** en este país, aquí; **andere Länder, andere Sitten** cada tierra, su uso **2.** (*Bundes~*) estado *m* federado, land *m*; **das ~ Hessen** el estado federado de Hesse
Land[2] *nt* <-(e)s, -e> (*geh*) campaña *f*; **Wein aus deutschen ~en** vino alemán; **durch die ~e ziehen** vagar por el mundo; **drei Jahre gingen ins ~** pasaron tres años
Land[3] *nt* <-(e)s, *ohne pl*> **1.** (*Fest~*) tierra *f*; **~ in Sicht!** ¡tierra a la vista!; **an ~ gehen** desembarcar; **~ gewinnen** (*dem Meer abringen*) ganar terreno al mar; (*fig fam*) desapare-

cer del mapa; (**wieder**) ~ **sehen** ver el cielo abierto; **etw an** ~ **ziehen** (*fam*) encontrar [*o* conseguir] algo; ~ **unter** (*nordd*) *exclamación en caso de inundación* **2.** (*dörfliche Gegend*) campo *m,* verde *m MAm, Ant, Mex;* **auf dem** ~ **wohnen** vivir en el campo; **aufs** ~ **ziehen** mudarse al campo **3.** (*Ackerboden*) terreno *m,* tierra *f;* **das** ~ **bestellen** [*o* **bebauen**] cultivar [*o* labrar] la tierra

Landadel *m* <-s, *ohne pl*> nobleza *f* provincial

Landammann ['---] *m* <-(e)s, -männer> (*Schweiz*) *jefe de gobierno de ciertos cantones suizos*

Landarbeit *f* <-, -en> faenas *fpl* del campo; **Landarbeiter(in)** *m(f)* <-s, -; -, -nen> campesino, -a *m, f;* **Landarzt, -ärztin** *m, f* <-es, -ärzte; -, -nen> (MED) médico, -a *m, f* rural [*o* de pueblo]

landauf [-'-] *adv:* ~, **landab** (*geh*) por todo el país, a lo largo y ancho del país

Landbesitz *m* <-es, *ohne pl*> tierras *fpl,* fincas *fpl* rústicas; **Landbesitzer(in)** *m(f)* <-s, -; -, -nen> terrateniente *mf;* **Landbevölkerung** *f* <-, *ohne pl*> población *f* rural; **Landbrücke** *f* <-, -n> (GEO) istmo *m*

Landeanflug *m* <-(e)s, -flüge> vuelo *m* de aproximación; **Landebahn** *f* <-, -en> pista *f* de aterrizaje; **Landeerlaubnis** *f* <-, *ohne pl*> permiso *m* de aterrizaje; **Landefähre** *f* <-, -n> (AERO) módulo *m* de aterrizaje; **Landegebühr** *f* <-, -en> (AERO) derechos *mpl* de aterrizaje; (NAUT) derechos *mpl* de arribada

landeinwärts [-'--] *adv* tierra adentro

Landeklappe *f* <-, -n> alerón *m* de aterrizaje

landen ['landən] *vi sein* **1.** (*Flugzeug*) aterrizar; (*auf dem Mond*) alunizar; (*auf dem Wasser*) amerizar; **weich** ~ realizar un aterrizaje suave; **mit deinen Komplimenten kannst du bei mir nicht** ~ (*fam*) tus piropos no me impresionan para nada **2.** (*Schiff*) tomar tierra **3.** (*fam: ankommen*) acabar (*in* en); **der Wagen landete im Straßengraben** el coche acabó en la cuneta; **schließlich landeten sie im Kino** al final acabaron en el cine; **auf dem 5. Platz** ~ (SPORT) clasificarse en quinto lugar

Landenge *f* <-, -n> istmo *m*

Landepiste *f* <-, -n> (AERO) pista *f* de aterrizaje; **Landeplatz** *m* <-es, -plätze> **1.** (AERO) pista *f* de aterrizaje **2.** (NAUT) embarcadero *m*

Ländereien [lɛndə'raɪən] *fpl* tierras *fpl*

Länderfinanzausgleich *m* <-(e)s, *ohne pl*> (FIN) compensación *f* presupuestaria interterritorial (*entre los länder alemanes*)

Landerhebung *f* <-, -en> (GEO) elevación *f* del terreno

Länderkampf *m* <-(e)s, -kämpfe> (SPORT) competición *f* internacional; **Länderkunde** *f* <-, *ohne pl*> (GEO) geografía *f* (política); **Länderspiel** *nt* <-(e)s, -e> (SPORT) partido *m* internacional

Landesarbeitsgericht *nt* <-(e)s, -e> (JUR) Audiencia *f* Territorial de Trabajo; **Landesbank** *f* <-, -en> (FIN, WIRTSCH) banco *m* del land

Landescheinwerfer *m* <-s, -> (AERO) faro *m* de aterrizaje; **Landeschleife** *f* <-, -n> curva *f* de aterrizaje

Landesebene *f* <-, -n> (ADMIN): **auf** ~ en un land; **landeseigen** *adj* **1.** (*dem Bundesland gehörend*) oficial, ≈autonómico **2.** (*für das Land typisch*) nacional, autóctono, propio del país; **Landesfarben** *fpl* (POL) colores *fpl* nacionales; **Landesgesetz** *nt* <-es, -e> ley *f* nacional; (*eines Bundeslandes*) ley *f* de un land; **Landesgrenze** *f* <-, -n> frontera *f;* **Landeshauptmann** *m* <-(e)s, -leute> (*Österr*) ≈presidente *m* de un estado federado; **Landeshauptstadt** *f* <-, -städte> capital *f*

Landesignal *nt* <-s, -e> señal *f* de aterrizaje

Landesinnere(s) *nt* <-n, *ohne pl*> interior *m* del país; **Landeskirche** *f* <-, -n> (REL) iglesia *f* nacional; (*in Deutschland*) *iglesia protestante de un determinado land;* **Landeskunde** *f* <-, *ohne pl*> cultura *f* y civilización; **landeskundig** *adj* conocedor del país

landeskundlich *adj* (GEO) de cultura general (de un país), de geografía e historia

Landesliste *f* <-, -n> (POL) *lista de candidatos de un partido en un land para las elecciones al Parlamento alemán;* **Landesmedienanstalt** *f* <-, -en> *institución de control de los medios de comunicación de los diferentes estados federales;* **Landesmeister(in)** *m(f)* <-s, -; -, -nen> (SPORT) campeón, -ona *m, f* nacional

Landesrat, -rätin *m, f* <-(e)s, -räte; -, -nen> (*Österr*) ≈ministro, -a *m, f* de un estado federado; **Landesrecht** *nt* <-(e)s, *ohne pl*> (JUR) *legislación vigente en un land, en cuyo territorio ésta se antepone a la legislación nacional;* **Landesregierung** *f* <-, -en> gobierno *m* de un land; **Landessozialgericht** ['landəszotsi'a:l-] *nt* <-(e)s, -e> (JUR) Audiencia *f* Territorial de lo Social; **Landessprache** *f* <-, -n> idioma *m* nacional

Landesteg *m* <-(e)s, -e> (des)embarcadero *m*

Landesteil *m* <-(e)s, -e> región *f;* **Landestracht** *f* <-, -en> traje *m* regional; **Landestrauer** *f* <-, *ohne pl*> (*alt*) luto *m* nacional; **landesüblich** *adj* habitual [*o* usual] en un país; **Landesverrat** *m* <-(e)s, *ohne pl*> (JUR) alta traición *f;* **Landesversicherungsanstalt** ['---'-----] *f* <-, -en> (JUR, ADMIN) instituto *m* estatal competente en materia de pensión de seguros; **Landesverteidigung** *f* <-, *ohne pl*> defensa *f* nacional; **Landeswährung** *f* <-, -en> moneda *f* nacional; **Landeszentralbank** *f* <-, -en> (FIN) sucursal *f* del Bundesbank en el Land

Landeverbot *nt* <-(e)s, -e> prohibición *f*

de aterrizar

Landfahrer(in) *m(f)* <-s, -; -, -nen> (persona *f*) errante *mf;* **Landflucht** *f* <-, *ohne pl*> éxodo *m* del campo a la ciudad; **Landfrau** *f* <-, -en> (*alt*) campesina *f*

Landfriedensbruch *m* <-(e)s, *ohne pl*> (JUR) perturbación *f* del orden público

Landfunk *m* <-s, *ohne pl*> (RADIO) programa *m* de radio sobre agricultura; **Landgang** *m* <-(e)s, -gänge> (NAUT) permiso *m* de tierra; **Landgemeinde** *f* <-, -n> **1.** (POL) municipio *m* rural **2.** (REL) parroquia *f* rural; **Landgericht** *nt* <-(e)s, -e> ≈Audiencia *f* Provincial; **landgestützt** *adj* (MIL) con base terrestre; **Landgewinnung** *f* <-, *ohne pl*> acción *f* de ganar terreno al mar; **Landgut** *nt* <-(e)s, -güter> finca *f,* hacienda *f Am,* fundo *m Am;* **Landhaus** *nt* <-es, -häuser> casa *f* de campo, estancia *f Am;* **Landjäger** *m* <-s, -> (GASTR) *salchicha prensada de carne cruda ahumada y muy especiada;* **Landjugend** *f* <-, *ohne pl*> juventud *f* rural; **Landkarte** *f* <-, -n> mapa *m;* **Landkommune** *f* <-, -n> comuna *f* rural; **Landkreis** *m* <-es, -e> distrito *m* administrativo; **Landkrieg** *m* <-(e)s, -e> (MIL) guerra *f* continental

landläufig *adj* común, corriente; **im ~en Sinne** en (sentido) general; **nach ~er Meinung** según la opinión general

Landleben *nt* <-s, *ohne pl*> vida *f* rural

Ländler ['lɛntlɐ] *m* <-s, -> (*Österr*) *baile tirolés en compás de tres por cuatro*

Landleute *pl* campesinos *mpl*

ländlich ['lɛntlɪç] *adj* rural, del campo, jíbaro *Am*

Landluft *f* <-, *ohne pl*> aire *m* del campo; **Landmann** *m* <-(e)s, -leute> (*alt*) campesino *m;* **Landmaschine** *f* <-, -n> máquina *f* agrícola; **Landmasse** *f* <-, -n> masa *f* de tierra; **Landnutzung** *f* <-, -en> utilización *f* de la tierra; **Landplage** *f* <-, -n> plaga *f,* azote *m;* **Landpraxis** *f* <-, -praxen> (MED) consulta *f* de un médico rural; **Landrasse** *f* <-, -n> raza *f* terrestre

Landrat[1] *m* <-(e)s, -räte> (*Schweiz*) *parlamento de ciertos cantones*

Landrat, -rätin[2] *m, f* <-(e)s, -räte; -, -nen> jefe, -a *m, f* de distrito

Landratsamt *nt* <-(e)s, -ämter> (ADMIN) prefectura *f* de distrito

Landratte *f* <-, -n> (*fam*) marinero, -a *m, f* de agua dulce; **Landregen** *m* <-s, -> lluvia *f* permanente; **Landrücken** *m* <-s, -> (GEO) cresta *f* de montaña

Landschaft *f* <-, -en> paisaje *m;* **die politische ~** (*fig*) el panorama político

landschaftlich *adj* paisajístico; **von großer ~er Schönheit** de gran belleza paisajística; **~ reizvoll** de atractivo paisaje

Landschaftsgärtner(in) *m(f)* <-s, -; -, -nen> paisajista *mf;* **Landschaftsgestaltung** *f* <-, -en> planificación *f* de parques y jardines, diseño *m* de parques y jardines; **Landschaftsmalerei** *f* <-, *ohne pl*> (*Gattung*) paisajismo *m;* **Landschaftsökologie** *f* <-, *ohne pl*> ecología *f* del paisaje; **Landschaftspflege** *f* <-, *ohne pl*> conservación *f* del paisaje

Landschaftsschutz *m* <-es, *ohne pl*> protección *f* de la naturaleza; **Landschaftsschutzgebiet** *nt* <-(e)s, -e> parque *m* nacional; **Landschaftsschutzkommission** *f* <-, -en> comisión *f* de protección de la naturaleza

Landschulheim *nt* <-(e)s, -e> residencia *f* escolar en el campo, granja *f* escolar

Landsitz *m* <-es, -e> finca *f,* casa *f* de campo

Landsknecht *m* <-(e)s, -e> (HIST) lansquenete *m;* **Landsmann, -männin** *m, f* <-(e)s, -leute; -, -nen> compatriota *mf,* paisano, -a *m, f*

Landspitze *f* <-, -n> cabo *m;* **Landstraße** *f* <-, -n> carretera *f* nacional

Landstreicher(in) *m(f)* <-s, -; -, -nen> vagabundo, -a *m, f,* bagamán *m Kol, DomR*

Landstreicherei *f* <-, *ohne pl*> vagabundeo *m*

Landstreicherin *f* <-, -nen> *s.* **Landstreicher**

Landstreitkräfte *fpl* (MIL) ejército *m* de tierra; **Landstrich** *m* <-(e)s, -e> región *f,* comarca *f*

Landtag *m* <-(e)s, -e> (POL) parlamento *m* de un land; **Landtagsabgeordnete(r)** *mf* <-n, -n; -n, -n> diputado, -a *m, f* del parlamento de un land; **Landtagswahlen** *fpl* elecciones *fpl* al parlamento del land

Landtier *nt* <-(e)s, -e> animal *m* terrestre; **Landtransport** *m* <-(e)s, -e> transporte *m* por tierra

landumgeben *adj* rodeado de tierra

Landung ['landʊŋ] *f* <-, -en> **1.** (*von Flugzeug*) aterrizaje *m;* (*Mond~*) alunizaje *m;* **eine harte/weiche ~** un aterrizaje brusco/suave **2.** (*von Schiff*) desembarque *m* **3.** (*von Truppen, Kriegsmaterial*) desembarco *m;* **Landungsboot** *nt* <-(e)s, -e> (MIL) bote *m* de desembarco; **Landungsbrücke** *f* <-, -n> desembarcadero *m;* **Landungssteg** *m* <-(e)s, -e> embarcadero *m;* **Landungstruppen** *fpl* (MIL) tropas *fpl* de desembarco

Landurlaub *m* <-(e)s, -e> permiso *m* para ir a tierra; **Landvermessung** *f* <-, -en> (AGR, GEO) agrimensura *f*

landwärts *adv* tierra adentro

Landweg *m:* **auf dem ~** por tierra; **Landwehr** *f* <-, -en> (HIST) **1.** (*Reservisten*) "landwehr" *f* (*reservistas de último llamamiento en Alemania*) **2.** (*Grenzbefestigung*) fortificación *f* de la frontera; **Landwein** *m* <-(e)s, -e> vino *m* del país; **Landwind** *m* <-(e)s, -e> viento *m* de tierra [*o* terral]; **Landwirt(in)** *m(f)* <-s, -; -, -nen> agricultor(a) *m(f)*

L

Landwirtschaft[1] *f* <-, -en> (*Betrieb*) granja *f* agrícola
Landwirtschaft[2] *f* <-, *ohne pl*> (*Ackerbau*) agricultura *f;* **extensive/intensive** ~ agricultura extensiva/intensiva; ~ **betreiben** prácticar la agricultura
landwirtschaftlich *adj* agrícola, agrario
Landwirtschaftsausstellung *f* <-, -en> feria *f* agrícola, muestra *f* agrícola; **Landwirtschaftsminister(in)** *m(f)* <-s, -; -, -nen> ministro, -a *m, f* de Agricultura; **Landwirtschaftsministerium** *nt* <-s, -ministerien> Ministerio *m* de Agricultura; **Landwirtschaftsschule** *f* <-, -n> escuela *f* de agricultura
Landzunge *f* <-, -n> (GEO) lengua *f* de tierra
lang [laŋ] <länger, am längsten> **I.** *adj* **1.** (*allgemein*) largo; **die Tage werden länger** los días van siendo más largos; **das Bett ist 2 Meter** ~ la cama tiene 2 metros de largo; **seit ~em** desde hace mucho (tiempo); **von ~er Hand vorbereitet** preparado desde hace mucho (tiempo); ~ **und breit** detalladamente; **gleich** ~ igual de largo, de la misma longitud; **ohne ~es Nachdenken** sin pensarlo mucho; **ein ~es Gesicht machen** poner (una) cara larga; **einen ~en Hals machen** (*fam*) estirar el cuello **2.** (*fam: groß gewachsen*) alto; **ein ~er Kerl/Lulatsch** un tío alto/un grandullón **II.** *adv* **1.** (*Dauer*) durante; **mein ganzes Leben** ~ **habe ich gearbeitet** he trabajado durante toda mi vida; **einen Augenblick** ~ durante un momento; **das dauert länger, als ich dachte** eso dura más de lo que creía; ~ **anhaltender Beifall** una larga ovación; **mein** ~ **ersehnter Wunsch** el sueño de mi vida; **etw** ~ **erwartet haben** haber esperado algo durante mucho tiempo; ~ **gezogen** prolongado, continuo **2.** (*reg: entlang*) por; **hier geht's** ~ vamos por aquí
langärm(e)lig ['-ʔɛrm(ə)lɪç] *adj* de manga larga
langarmig *adj* de brazos largos
langärmlig *adj s.* **langärm(e)lig**
langatmig ['-ʔaːtmɪç] *adj* prolijo, excesivamente detallado
Langatmigkeit *f* <-, *ohne pl*> prolijidad *f*
langbeinig *adj* de piernas largas
lange ['laŋə] <länger, am längsten> *adv* mucho tiempo; ~ **bevor er kam** mucho (tiempo) antes de que llegara; **ich habe nicht** ~ **gebraucht** no me ha llevado mucho tiempo; **wie** ~ **bist du schon hier?** ¿cuánto tiempo hace ya que estás aquí?; **das ist schon** ~ **her** ya hace mucho tiempo; **das heißt noch** ~ **nicht, dass ich aufgebe** eso no quiere decir ni mucho menos que vaya a rendirme; ~ **brauchen (um ... zu** +*inf*) tardar mucho (en... +*inf*); **so** ~ **bis ...** hasta que... +*subj;* **das ist noch** ~ **hin** falta mucho (tiempo) todavía; **das ist noch** ~ **nicht genug** esto no basta de ninguna manera; **je länger, je lieber** cuánto más tiempo, mejor; **da kannst du** ~ **warten!** ¡puedes esperar sentado!; **er macht es nicht mehr** ~ (*fam*) la va a palmar; **was** ~ **währt, wird endlich gut** (*prov*) el que la sigue, la consigue
Länge ['lɛŋə] *f* <-, -n> **1.** (*räumlich*) longitud *f,* largo *m;* **etw der** ~ **nach falten/durchschneiden** doblar/cortar algo en sentido longitudinal [*o* a lo largo]; **ein Seil von zehn Meter** ~ una cuerda de diez metros de largo; **ein Stau von 10 km** ~ un atasco de 10 km; **er fiel der** ~ **nach hin** cayó cuan largo era **2.** (*zeitlich*) duración *f;* **etw zieht sich in die** ~ algo tarda mucho tiempo; **die Verhandlungen in die** ~ **ziehen** dilatar las negociaciones; **wir haben den Film in voller** ~ **gesehen** hemos visto la película entera **3.** (SPORT) largo *m;* **mit einer** ~ **Vorsprung gewinnen** ganar con un largo de ventaja **4.** *pl* (*langweilige Stelle*) pasaje *m* prolijo; **der Roman hat ~n** hay varios pasajes prolijos en la novela **5.** (GEO) longitud *f;* **zwanzig Grad östlicher** ~ veinte grados de longitud este
langen ['laŋən] **I.** *vi* (*fam*) **1.** (*ausreichen*) bastar, alcanzar; **langt das?** ¿basta con eso?; **das Geld langt nicht** el dinero no alcanza; **mit dem Geld lange ich nur zwei Wochen** con el dinero sólo tengo para dos semanas; **jetzt langt's (mir) aber!** ¡basta ya! **2.** (*sich erstrecken*) llegar; **das Kleid langt ihr bis zu den Knöcheln** el vestido le llega hasta los tobillos **3.** (*anfassen*) tocar (*an*); (*hinein~*) meter la mano (*in* en) **II.** *vt* (*fam*) coger, agarrar *Am;* **jdm eine** ~ pegar una bofetada a alguien
Längeneinheit *f* <-, -en> unidad *f* de longitud; **Längengrad** *m* <-(e)s, -e> (GEO) grado *m* de longitud; **Längenmaß** *nt* <-es, -e> medida *f* de longitud
länger ['lɛŋɐ] **I.** *adj kompar von* **lang II.** *adv kompar von* **lange**
längerfristig *adj* a largo plazo
langersehnt *adj s.* **lang II.1.**
Langeweile ['laŋəvaɪlə] *f* <-, *ohne pl*> aburrimiento *m;* ~ **haben** aburrirse; **aus** [*o* **vor**] ~ de puro aburrimiento
langfädig *adj* (*Schweiz*) *s.* **langatmig**
Langfinger *m* <-s, -> (*fam*) caco *m,* malabarista *m Chil,* maletero *m Chil*
Langformat *nt* <-(e)s, -e> formato *m* oblongo
langfristig *adj* a largo plazo; **wie** ~ **soll die Regelung sein?** ¿cuánto ha de durar la vigencia de esta regla?
langgehegt ['--'-] *adj s.* **hegen 2.**
lang|gehen *irr vi* (*fam*) andar (*an* a lo largo de); **wir gehen am Bach lang** andamos a lo largo del arroyo; **er weiß nicht mehr, wo's langgeht** (*fig*) ya no sabe por dónde van a salir los tiros; **einer muss bestimmen, wo's** ~ **soll** alguien tiene que tomar las riendas
langgestreckt *adj s.* **strecken I.1.**; **langgezogen** *adj s.* **lang II.1.**
langhaarig *adj* de pelo largo
Langhaarige(r) *mf* <-n, -n; -n, -n> melenu-

do, -a *m, f*

langjährig *adj* de muchos años

Langkornreis *m* <-es, *ohne pl*> arroz *m* de grano largo

Langlauf *m* <-(e)s, *ohne pl*> (SPORT) esquí *m* de fondo

Langläufer[1] *m* <-s, -> (FIN: *Anleihe mit langer Laufzeit*) empréstito *m* a largo plazo

Langläufer(in)[2] *m(f)* <-s, -; -, -nen> esquiador(a) *m(f)* de fondo

Langlaufloipe *f* <-, -n> (SPORT) pista *f* de esquí de fondo; **Langlaufski** *m* <-s, -(er)> esquí *m* de fondo

langlebig *adj* **1.** (*Person*) longevo; (*Tier a.*) de larga vida **2.** (*Material*) duradero; **ein ~es Gerücht** un rumor que lleva mucho tiempo en el aire

Langlebigkeit *f* <-, *ohne pl*> longevidad *f*

lang|legen *vr:* **sich ~** (*fam*) acostarse, echarse

länglich [ˈlɛŋlɪç] *adj* alargado, oblongo

lang|liegen *irr vi* (*fam*) estar tumbado en la cama

langmähnig *adj* (*fam*) melenudo

Langmut *f* <-, *ohne pl*> (*geh*) longanimidad *f*; (*Geduld*) paciencia *f*

langmütig *adj* (*geh*) longánimo

längs [lɛŋs] **I.** *präp +gen* a lo largo de **II.** *adv* a lo largo; **etw ~ durchschneiden** cortar algo a lo largo; **~ gestreift** a [*o* con] rayas verticales; **Längsachse** *f* <-, -n> eje *m* longitudinal

langsam [ˈlaŋzaːm] **I.** *adj* **1.** (*Geschwindigkeit*) lento **2.** (*allmählich*) paulatino **II.** *adv* **1.** (*Geschwindigkeit*) despacio; **sprechen/fahren Sie bitte ~** hable/conduzca despacio, por favor; **immer schön ~!** ¡despacito!; **~, aber sicher** (*fam*) despacio, pero seguro **2.** (*allmählich*) paulatinamente, poco a poco; **es wird ~ Zeit** ya va siendo hora; **~ reicht es mir** me estoy hartando; **ich muss jetzt ~ gehen** ya tengo que irme, me voy yendo

Langsamkeit *f* <-, *ohne pl*> lentitud *f*

Langschläfer(in) *m(f)* <-s, -; -, -nen> dormilón, -ona *m, f*

längsgestreift *adj s.* **längs II.**

Langspielplatte *f* <-, -n> elepé *m*

Längsrichtung *f* <-, -en>: **in ~** en (dirección) vertical; **Längsschnitt** *m* <-(e)s, -e> corte *m* longitudinal; **Längsseite** *f* <-, -n> (*Breitseite*) largo *m;* (NAUT) costado *m*

längsseits **I.** *präp +gen* al costado de **II.** *adv:* **~ an etw** *dat* de costado a algo; **der Lastkahn ankerte ~ am Kai** la barcaza fondeó abarloada al muelle

Längsstreifen *m* <-s, -> raya *f* vertical

längst [lɛŋst] *adv* **1.** (*zeitlich*) hace tiempo; **das ist ~ vorbei** esto pasó hace tiempo **2.** (*bei weitem*) ni mucho menos; **und das ist noch ~ nicht alles** y esto no es todo, ni mucho menos; **sie ist ~ nicht so dumm, wie du meinst** no es ni por asomo tan tonta como tú crees

längste(r, s) [ˈlɛŋstə, -tɐ, -təs] *adj superl von* **lang**

längsten [ˈlɛŋstən] *adv:* **am ~** *superl von* **lange**

längstens [ˈlɛŋstəns] *adv* (*fam*) **1.** (*höchstens*) como mucho, como máximo; **~ eine Stunde** como mucho una hora **2.** (*spätestens*) a más tardar; **in ~ zwei Wochen** a más tardar en dos semanas

langstielig *adj* (*Blume*) de tallo largo; (*Glas*) de pie largo

Langstreckenflug *m* <-(e)s, -flüge> vuelo *m* de larga distancia; **Langstreckenflugzeug** *nt* <-(e)s, -e> avión *m* para trayectos largos; **Langstreckenlauf** *m* <-(e)s, -läufe> (SPORT) carrera *f* de fondo; **Langstreckenläufer(in)** *m(f)* <-s, -; -, -nen> (SPORT) fondista *mf,* corredor(a) *m(f)* de fondo; **Langstreckenrakete** *f* <-, -n> misil *m* de largo alcance; **Langstreckenwaffe** *f* <-, -n> (MIL) arma *f* de gran alcance

Languste [laŋˈgʊstə] *f* <-, -n> (ZOOL) langosta *f*

langweilen [ˈlaŋvaɪlən] **I.** *vt* aburrir **II.** *vr:* **sich ~** aburrirse, enfadarse *Am,* embolarse *Arg;* **ich langweile mich hier zu Tode** aquí me muero de aburrimiento

Langweiler(in) *m(f)* <-s, -; -, -nen> (*fam abw*) **1.** (*jd, der langweilt*) soso, -a *m, f* **2.** (*langsamer Mensch*) tortuga *f*

langweilig *adj* **1.** (*uninteressant*) aburrido, pesado **2.** (*fam: langsam, zeitraubend*) lento, pesado, cansador *Arg*

Langwelle *f* <-, -n> (RADIO, PHYS) onda *f* larga

langwierig [ˈlaŋviːrɪç] *adj* largo; (*mühselig*) arduo

Langzeitarbeitslose(r) *mf* <-n, -n; -n, -n> parado, -a *m, f* (durante largo tiempo); **Langzeitarbeitslosigkeit** *f* <-, *ohne pl*> paro *m* de larga duración, cesantía *f* prolongada *Am;* **Langzeitgedächtnis** *nt* <-ses, *ohne pl*> (PSYCH) memoria *f* larga; **Langzeitpflege** *f* <-, *ohne pl*> cuidados *mpl* sanitarios prolongados, asistencia *f* a pacientes crónicos; **Langzeitprogramm** *nt* <-(e)s, -e> programa *m* a largo plazo; **Langzeitrisiko** *nt* <-s, -risiken> (MED) riesgo *m* prolongado; **Langzeitspeicher** *m* <-s, -> (INFOR) memoria *f* a largo plazo; **Langzeitstudie** *f* <-, -n> estudio *m* a largo plazo; (*Forschungen*) investigaciones *fpl* de larga duración; (WIRTSCH) análisis *m inv* a largo plazo; **Langzeitvergleich** *m* <-(e)s, -e> (WIRTSCH) comparación *f* a largo plazo; **Langzeitwirkung** *f* <-, -en> efecto *m* prolongado; **Medikamente mit ~** medicamentos de efecto prolongado

LAN-Manager *m* <-s, -> (INFOR) LAN Manager *m* (*sistema operativo de red de área local de Microsoft*)

Lanolin [lanoˈliːn] *nt* <-s, *ohne pl*> lanolina *f*

Lanthan [lanˈtaːn] *nt* <-s, *ohne pl*> (CHEM)

lantano *m*
Lanze ['lantsə] *f* <-, -n> lanza *f*, picana *f SAm;* **für jdn eine ~ brechen** romper una lanza por alguien
Lanzette [lan'tsɛtə] *f* <-, -n> (MED) lanceta *f*
Laos ['laːɔs] *nt* <-> Laos *m*
Laote, -in [la'oːtə] *m, f* <-n, -n; -, -nen> laosiano, -a *m, f*
laotisch *adj* laosiano
lapidar [lapi'daːɐ] *adj* lapidario
Lapilli [la'pɪli] *pl* (GEO) lapilli *mpl*
Lapislazuli [lapɪs'laːtsuli] *m* <-, -> lapislázuli *m*
Laplink ['lɛplɪŋk] *m* <-s, -s> (INFOR) Laplink *m*
Lappalie [la'paːliə] *f* <-, -n> bagatela *f*, pequeñez *f*, guinda *f Chil*
Lappe, -in ['lapə] *m, f* <-n, -n; -, -nen> lapón, -ona *m, f*
Lappen ['lapən] *m* <-s, -> **1.** (*Stoff~, Putz~*) trapo *m*, limpión *m Am;* **etw geht jdm durch die ~** (*fam*) algo se le escapa a alguien de las manos **2.** (*fam: Geldschein*) billete *m*
läppern ['lɛpɐn] *vr:* **sich ~** (*fam*) amontonarse; **es läppert sich allmählich** poco a poco se va amontonando
lappig ['lapɪç] *adj* (*fam*) **1.** (*schlaff*) flojo **2.** (*geringfügig*) irrisorio, insignificante
Lappin ['lapɪn] *f* <-, -nen> *s.* **Lappe**
lappisch ['lapɪʃ] *adj* lapón
läppisch ['lɛpɪʃ] *adj* (*abw*) **1.** (*kindisch*) infantil; **ich finde, du benimmst dich ziemlich ~** me parece que te comportas como un petulante **2.** (*gering*) insignificante, ridículo
Lappland ['laplant] *nt* <-s> Laponia *f*
Lapsus ['lapsʊs, *pl:* 'lapsuːs] *m* <-, -> lapsus *m inv;* **mir ist ein ~ passiert** tuve un lapsus; **~ Linguae** tropiezo [*o* desliz] (al hablar)
Laptop ['lɛptɔp] *m* <-s, -s> ordenador *m* portátil
Lärche ['lɛrçə] *f* <-, -n> (BOT) alerce *m*
large [larʒ] *adj* (*Schweiz: großzügig*) generoso
Largo ['largo, *pl:* 'largi] *nt* <-(s), -s *o* Larghi> (MUS) largo *m*
Larifari [lari'faːri] *nt* <-s, *ohne pl*> (*fam*) bobadas *fpl*, tonterías *fpl*
Lärm [lɛrm] *m* <-(e)s, *ohne pl*> ruido *m*, chivateo *m Am*, batifondo *m CSur;* **die Kinder machen ~** los niños hacen ruido; **~ schlagen** (*fam*) armar un cisco; **viel ~ um nichts** mucho ruido y pocas nueces; **Lärmbekämpfung** *f* <-, *ohne pl*> lucha *f* contra el ruido; **Lärmbelästigung** *f* <-, -en> molestia *f* por ruido; **Lärmbelastung** *f* <-, -en> contaminación *f* sonora; **lärmempfindlich** *adj* sensible a los ruidos
lärmen ['lɛrmən] *vi* hacer ruido, meter ruido *fam*
lärmend I. *adj* ruidoso, estrepitoso **II.** *adv* con (mucho) estrépito
Lärmkulisse *f* <-, -n> ruidos *mpl* de fondo; **Lärmminderung** *f* <-, -en> disminución *f* del nivel de ruido
larmoyant [larmo̯a'jant] *adj* (*geh: weinerlich*) llorón; (*selbstmitleidig*) lleno de compasión con sí mismo
Lärmpegel *m* <-s, -> nivel *m* de ruidos; **Lärmquelle** *f* <-, -n> fuente *f* de ruido
Lärmschutz *m* <-es, *ohne pl*> protección *f* contra el ruido; (*an Straßen*) pantalla *f* antirruido; **Lärmschutzmaßnahme** *f* <-, -n> medida *f* de protección contra el ruido; **Lärmschutzwall** *m* <-(e)s, -wälle> muro *m* antirruidos; **Lärmschutzwand** *f* <-, -wände> pantalla *f* antirruido
Larve ['larfə] *f* <-, -n> **1.** (ZOOL) larva *f* **2.** (*reg: Maske*) antifaz *m*, careta *f;* **Larvenstadium** *nt* <-s, -stadien> fase *f* larvaria
las [laːs] *3. imp von* **lesen**
Lasagne [la'zanjə] *pl* (GASTR) lasaña *f*
lasch [laʃ] *adj* laxo, flojo, poco activo; **die Suppe schmeckt ~** la sopa está sosa
Lasche ['laʃə] *f* <-, -n> **1.** (TECH) cubrejunta *m* **2.** (*am Schuh*) lengüeta *f;* (*an Schachtel, Heftchen*) solapa *f;* (*an Taschen*) presilla *f;* (*an Dosen*) anillo *m*
Laschheit *f* <-, -en> (*Erziehung*) laxitud *f*, falta *f* de disciplina; (*Aufsicht*) negligencia *f;* (*Maßnahme*) debilidad *f*
Laser ['leːzɐ, 'lɛɪzɐ] *m* <-s, -> (PHYS) láser *m;* **Laserbehandlung** *f* <-, -en> (MED) tratamiento *m* con rayos láser; **Laserdrucker** *m* <-s, -> impresora *f* láser; **Laserstrahl** *m* <-(e)s, -en> rayo *m* láser; **Lasertechnik** *f* <-, *ohne pl*> técnica *f* láser; **Laserwaffe** *f* <-, -n> (MIL) arma *f* (de rayos) láser
lasieren *vt* (*Holz*) barnizar; (*Ton*) esmaltar
lassen[1] ['lasən] <lässt, ließ, gelassen> *vt* **1.** (*unverändert ~, unter~*) dejar; **lass mal, ich mache das schon** ¡deja, ya lo hago yo!; **lass das!** ¡déjalo!; **lass doch das Gejammer!** ¡deja de lamentarte!; **~ wir das!** ¡dejémoslo!; **lass mich (in Ruhe)!** ¡déjame (en paz)!; **er kann es einfach nicht ~** siempre está con lo mismo; **tu, was du nicht ~ kannst!** ¡haz lo que mejor te parezca!; **wir ~ alles beim Alten** lo dejamos todo como está; **ich habe alles so ge~, wie es war** lo he dejado todo como estaba; **~ wir es dabei** dejémoslo así **2.** (*zurück~*) dejar; **sein Leben ~** perder la vida; **er hat viel Geld in der Kneipe ge~** (*fam*) ha dejado mucho dinero en el bar; **wo habe ich nur meine Brille ge~?** ¿dónde he dejado mis gafas? **3.** (*zugestehen*): **lass mir bitte etwas Zeit!** ¡dame un poco de tiempo, por favor!; **man muss ihm seinen Willen ~** hay que respetar su voluntad; **das muss man ihr ~** hay que reconocérselo **4.** (*irgendwohin ~*): **er lässt Wasser in die Wanne** prepara el baño; **jdm die Luft aus den Reifen ~** desinflarle las ruedas a alguien; **lass mich mal vorbei** déjame pasar; **ich muss noch den Hund nach draußen ~** todavía tengo que sacar el perro; **wer hat hier einen (Wind) ge~?** (*fam*) ¿quién se ha tirado un pedo? **5.** (*Wend*): **kalt ~** dejar frío; **das lässt**

mich völlig kalt no me causa la menor impresión; **offen** ~ (*Tür, Fenster*) dejar abierto; (*beim Schreiben*) dejar en blanco; (*Entscheidung*) dejar pendiente [*o* en el aire]; **wir sollten nichts unversucht** ~ tenemos que agotar todas las posibilidades

lassen[2] ['lasən] <lässt, ließ, lassen> *vt* (*mit einem Infinitiv*) **1.** (*erlauben*) dejar; (*zulassen*) tolerar, permitir +*inf;* **lässt du mich (gehen)**? ¡suéltame!; **lass ihn nur machen!** ¡déjalo a él!, ¡déjale hacer a él!; **lass mich nur machen!** ¡ya lo hago yo!; **lass hören!** ¡empieza ya!; **lass dir darüber keine grauen Haare wachsen** no te calientes la cabeza con eso; **ich lasse mich nicht belügen** no consiento que me mientan; **so kannst du dich sehen** ~ así estás guapo; **lass dir das gesagt sein!** ¡date por advertido!; ~ **Sie sich gesagt sein, dass ...** dése por enterado de que...; ~ **Sie sich nicht stören** no se moleste; ~ **Sie das nur meine Sorge sein** no se preocupe, yo me ocuparé de ello; ~ **Sie mich bitte ausreden** déjeme acabar de hablar; **wer hat hier einen fahren** ~? (*fam*) ¿quién se ha tirado un pedo?; **das lasse ich mir nicht bieten** [*o* **gefallen**] eso no lo tolero; **ich habe mir nichts anmerken** ~ me hice el/la indiferente; **jdn laufen** ~ (*fam*) soltar a alguien; **jdn verhungern** ~ no dar de comer a alguien; **etw geschehen** ~ dejar pasar algo; **lass ihn nur kommen!** ¡déjale que venga!; **er hat sich** *dat* **einen Bart stehen** ~ se dejó crecer la barba **2.** (*veranlassen*) hacer +*inf;* **sich scheiden** ~ divorciarse; **sich** *dat* **die Haare schneiden** ~ (ir a) cortarse el pelo; **ich lasse bitten** hágale pasar; **ich habe Sie rufen** ~ **um ...** le hice venir para que... +*subj;* **er hat mir ausrichten** ~, **dass ...** me ha dejado un recado diciendo que...; **er lässt dich grüßen** te manda saludos; **ich habe mir sagen** ~, **dass ...** me dijeron que... **3.** (*unverändert* ~): **etw sein** [*o* **bleiben**] ~ dejar algo; **lass das bleiben!** ¡déjalo (estar)!; **etw hängen** ~ olvidar(se de) algo; **jdn hängen** ~ dejar a alguien plantado [*o* en la estacada]; **sich hängen** ~ dejarse ir; **etw liegen** ~ (*nicht wegnehmen*) dejar algo; (*vergessen*) olvidar algo; (*unerledigt lassen*) interrumpir algo; **lass das liegen!** ¡déjalo!; **alles stehen und liegen** ~ dejarlo todo; **jdn links liegen** ~ pasar de largo a alguien; **stecken** ~ no sacar; (*Schlüssel*) dejar puesto; **lass dein Geld stecken!** ¡déjalo (yo pago)!; **stehen** ~ (*nicht wegnehmen, vergessen*) dejar; (*nicht zerstören*) conservar; (*Essen*) dejar en el plato, no tocar; (*sich abwenden*) dejar plantado; (*bei einem Termin*) dar plantón; **er hat seinen Schirm stehen** ~ se dejó el paraguas; **lass die Vase bitte stehen!** ¡no toques el jarrón, por favor!; **sie ließ ihn einfach stehen** le dejó plantado sin más **4.** (*Imperativ*): **lass uns gehen!** ¡vámonos!; **lasset uns beten** oremos; **lass es dir schmecken** que aproveche; **lass es dir gut gehen** que te vaya bien **5.** (*lassen + sich: möglich sein*) poderse; **das wird sich einrichten** ~ esto se arreglará; **das Wort lässt sich nur schwer übersetzen** la palabra es difícil de traducir; **das lässt sich nicht vermeiden** esto no se puede evitar; **ich will sehen, was sich tun lässt** voy a ver qué es lo que podemos hacer; **der Wein lässt sich trinken** el vino se puede beber; **das lässt sich hören** no está mal

lässig ['lɛsɪç] *adj* **1.** (*ungezwungen*) desenfadado, desenvuelto **2.** (*fam: leicht*) fácil; **das hat er** ~ **hingekriegt** eso lo ha logrado sin esfuerzo

Lässigkeit *f* <-, *ohne pl*> desenvoltura *f,* desenfado *m*

Lasso ['laso] *nt* <-s, -s> lazo *m*

lässt[RR] [lɛst], **läßt** *3. präs von* **lassen**

Last [last] *f* <-, -en> **1.** (*a. fig*) carga *f;* (*Gewicht*) peso *m;* **bewegliche/ruhende** ~ (WIRTSCH) carga viva/muerta; **eine** ~ **für jdn sein, jdm zur** ~ **fallen** ser una carga para alguien; **sie hat ihre** ~ **mit ihm** le ha tocado una cruz con él; **jdm etw zur** ~ **legen** acusar a alguien de algo; **das geht zu deinen** ~**en** eso queda de tu cuenta **2.** *pl* (*Abgaben*) cargas *fpl;* **zu** ~**en buchen** cargar en cuenta; **Lastauto** *nt* <-s, -s> camión *m*

lasten ['lastən] *vi* pesar (*auf* sobre); **auf ihm lastet die ganze Verantwortung** toda la responsabilidad pesa sobre él

Lastenaufzug *m* <-(e)s, -züge> montacargas *m inv,* elevador *m Arg;* **Lastenausgleich** *m* <-(e)s, -e> compensación *f* de cargas

lastend *adj* (*geh*) agobiante, abrumador

lastenfrei *adj* (FIN) sin cargas, libre de cargas; **Lastentaxi** *nt* <-s, -s> taxi *m* de carga

Laster[1] *m* <-s, -> (*fam*) camión *m*

Laster[2] *nt* <-s, -> vicio *m*

Lästerei *f* <-, -en> (*abw*) comentarios *mpl* malévolos; **lass doch bitte die** ~, **du kannst auch einmal eine Fehlentscheidung treffen!** no seas tan criticón, ¡tú también puedes equivocarte al tomar una decisión!; **ich kann die** ~**en meiner Geschwister über meinen neuen Freund nicht mehr ertragen** no soporto más ese chismorreo de mis hermanos sobre mi nuevo novio

Lästerer, -in ['lɛstərɐ] *m, f* <-s, -; -, -nen> cotilla *mf*

lasterhaft *adj* vicioso; **ein** ~**es Leben führen** llevar una vida disipada

Lasterhaftigkeit *f* <-, *ohne pl*> depravación *f*

Lasterhöhle *f* <-, -n> (*fam abw*) antro *m* de corrupción

Lästerin *f* <-, -nen> *s.* **Lästerer**

lästerlich *adj* difamador, calumniador

Lästermaul *nt* <-(e)s, -mäuler> (*fam*) cotilla *mf,* víbora *f*

lästern ['lɛstɐn] *vi* (*abw*): **über jdn** ~ poner verde a alguien

L

Lästerung *f* <-, -en> maledicencia *f;* (REL) blasfemia *f*

Lastesel *m* <-s, -> (*a. fam*) burro *m* de carga

lästig ['lɛstɪç] *adj* pesado, molesto, odioso *Am,* espeso *Arg, Peru, Ven,* molón *Guat, Ecua, Mex;* **jdm ~ sein** [*o* **werden**] molestar a alguien, hostigar a alguien *Kol*

Lästigkeit *f* <-, *ohne pl*> **1.** (*beeinträchtigende Art*) molestia *f* **2.** (*Aufdringlichkeit*) pesadez *f,* importunidad *f*

Lastkahn *m* <-(e)s, -kähne> gabarra *f,* chalana *f;* **Last(kraft)wagen** *m* <-s, -> camión *m*

Lastschrift *f* <-, -en> (FIN) cargo *m,* adeudo *m;* **Lastschriftanzeige** *f* <-, -n> (FIN) nota *f* de cargo; **Lastschriftverfahren** *nt* <-s, -> (FIN) procedimiento *m* de nota de cargo

Lasttier *nt* <-(e)s, -e> bestia *f* de carga; **Lastträger(in)** *m(f)* <-s, -; -, -nen> porteador(a) *m(f)*

Lastwagen *m* <-s, -> camión *m;* **Lastwagenfahrer(in)** *m(f)* <-s, -; -, -nen> camionero, -a *m, f*

Lastzug *m* <-(e)s, -züge> camión *m* con remolque

Lasur [la'zuːɐ] *f* <-, -en> barniz *m*

lasziv [las'tsiːf] *adj* (*geh*) **1.** (*sinnlich*) lascivo **2.** (*anstößig*) indecente

Laszivität [lastsivi'tɛːt] *f* <-, *ohne pl*> (*geh*) **1.** (*Sinnlichkeit*) lascivia *f;* **die Pose war von herausfordernder ~** la pose era provocativamente lasciva **2.** (*Anstößigkeit*) indecencia *f*

Latein [la'taɪn] *nt* <-s, *ohne pl*> latín *m;* **mit seinem ~ am Ende sein** no saber cómo continuar

Lateinamerika [---'---] *nt* <-s> Latinoamérica *f,* América *f* Latina; **Lateinamerikaner(in)** [-----'--] *m(f)* <-s, -; -, -nen> latinoamericano, -a *m, f;* **lateinamerikanisch** [-----'--] *adj* latinoamericano

lateinisch [la'taɪnɪʃ] *adj* latino

Lateinisch *nt* <-(s), *ohne pl*>, **Lateinische** *nt* <-n, *ohne pl*> latín *m;* **lesen Sie ~?** ¿lee en latín?; **einen Text aus dem ~en ins Deutsche übersetzen** traducir un texto del latín al alemán

latent [la'tɛnt] *adj* latente; **~ vorhanden sein** estar latente

Latenz *f* <-, *ohne pl*> (BIOL, MED) latencia *f;* **Latenzzeit** *f* <-, -en> **1.** (*Inkubationszeit*) periodo *m* de incubación **2.** (*Latenz*) (periodo *m* de) latencia *f*

lateral [late'raːl] *adj* lateral

Laterne [la'tɛrnə] *f* <-, -n> linterna *f;* (*Straßen~*) farola *f,* farol *m;* **Laternenpfahl** *m* <-(e)s, -pfähle> poste *m* de farol

Latex ['laːtɛks, *pl:* 'laːtitseːs] *m* <-, Latizes> látex *m inv*

Latinum [la'tiːnʊm] *nt* <-s, *ohne pl*> *diploma de latín;* **das kleine/große ~** *diploma adquirido tras tres/seis años de estudio del latín*

Latizes *pl von* **Latex**

Latrine [la'triːnə] *f* <-, -n> letrina *f;* **Latrinenparole** *f* <-, -n> (*fam abw*) chisme *m*

Latsche ['laːtʃə] *f* <-, -n> **1.** (BOT) pino *m* carrasco **2.** (*fam: Schuh*) zapato *m* (viejo); (*Hausschuh*) zapatilla *f*

latschen ['laːtʃən] *vi sein* (*fam*) **1.** (*gehen*) andar; (*zu Fuß gehen*) ir a pie; **wir sind die ganze Strecke gelatscht** hemos hecho todo el camino a pie **2.** (*schlurfen*) arrastrar los pies **3.** (*rücksichtslos trampeln*) pisotear; **wer ist denn über das Beet gelatscht?** ¿quién ha pisoteado el bancal?

Latschen ['laːtʃən] *m* <-s, -> (*fam*) zapato *m* viejo, ojota *f Am;* **aus den ~ kippen** (*ohnmächtig werden*) desmayarse; (*sehr überrascht sein*) quedarse asombradísimo

Latschenkiefer *f* <-, -n> pino *m* carrasco

Latte ['latə] *f* <-, -n> **1.** (*Brett*) tabla *f,* barrote *m;* **Fritz ist eine lange ~** (*fam*) Fritz es un fideo [*o* un palillo] **2.** (SPORT: *am Tor*) larguero *m;* (*Hochsprung*) listón *m* **3.** (*fam: Menge*): **eine ganze ~ von ...** (*fam*) una larga lista de...; **das muss eine ganze ~ gekostet haben** (*fam*) debe haber costado un riñón **4.** (*fam: erigierter Penis*) estaca *f*

Lattenrost *m* <-(e)s, -e> somier *m;* **Lattenzaun** *m* <-(e)s, -zäune> empalizada *f,* estacada *f*

Lattich ['latɪç] *m* <-s, -e> (BOT) lechuga *f*

Latz [lats, *pl:* 'lɛtsə] *m* <-es, Lätze> **1.** (*Lätzchen*) babero *m* **2.** (*an Kleidung*) peto *m;* **jdm eine vor den ~ knallen** (*fam*) darle un golpe a alguien

Lätzchen ['lɛtsçən] *nt* <-s, -> babero *m*

Latzhose *f* <-, -n> pantalón *m* de peto

lau [laʊ] *adj* tibio

Laub [laʊp] *nt* <-(e)s, *ohne pl*> fronda *f,* follaje *m,* hojas *fpl;* **~ tragend** de hoja caduca; **Laubbaum** *m* <-(e)s, -bäume> árbol *m* de hoja caduca; **Laubblatt** *nt* <-(e)s, -blätter> hoja *f* de árbol (de hoja caduca)

Laube ['laʊbə] *f* <-, -n> cenador *m,* pérgola *f;* **(und) fertig ist die ~!** (*fam*) ¡y a otra cosa mariposa!; **Laubenkolonie** *f* <-, -n> grupo *m* de parcelas con casita y huerto

Laubfrosch *m* <-(e)s, -frösche> (ZOOL) rana *f* de zarzal, ranita *f* de San Antonio; **Laubholz** *nt* <-es, -hölzer> **1.** (*Holz*) madera *f* de árboles de fronda **2.** *pl* (*Bäume*) árboles *mpl* de fronda

Laubhüttenfest *nt* <-(e)s, -e> (REL) fiesta *f* de los tabernáculos [*o* de las cabañuelas]

Laubsäge *f* <-, -n> segueta *f,* sierra *f* de calar; **laubtragend** *adj s.* **Laub**; **Laubwald** *m* <-(e)s, -wälder> bosque *m* caducifolio

Lauch [laʊx] *m* <-(e)s, -e> puerro *m;* **Lauchzwiebel** *f* <-, -n> cebolla *f* de puerro

Laudatio [laʊ'daːtsjo, *pl:* laʊda'tsjoːneːs] *f* <-, -nes *o* -nen> laudatoria *f;* **die ~ halten** pronunciar la laudatoria

Lauer ['laʊɐ] *f* <-, *ohne pl*>: **auf der ~ liegen** (*fam*) estar al acecho; **sich auf die ~ le-**

gen *(fam)* ponerse en [*o* al] acecho

lauern ['laʊɐn] *vi (fam)* **1.** *(warten)* acechar *(auf* a), pispar *(auf* a) *Arg* **2.** *(ungeduldig warten)* esperar [*o* aguardar] con impaciencia *(auf* a); **er lauert nur darauf ihr eins auswischen zu können** sólo está esperando a poder gastarle una jugarreta

Lauf[1] [laʊf, *pl:* 'lɔɪfə] *m* <-(e)s, Läufe> **1.** (SPORT) carrera *f* **2.** *(Gewehr~)* cañón *m*

Lauf[2] *m* <-(e)s, *ohne pl*> **1.** *(a.* ASTR: *das ~en)* carrera *f* **2.** *(Ver~)* (trans)curso *m,* rumbo *m;* **die Sache nimmt ihren ~** el asunto toma su rumbo; **im ~e eines Gesprächs** en el transcurso de una conversación; **das ist der ~ der Dinge** es el rumbo de las cosas; **seiner Fantasie/seinen Gefühlen freien ~ lassen** dar rienda suelta a su fantasía/a sus sentimientos; **im ~(e) eines Jahres** en el (trans)curso de un año **3.** *(von Maschinen)* marcha *f* **4.** *(Fluss~)* curso *m*

Laufarbeit *f* <-, *ohne pl*> (SPORT): **ein für seine ~ bekannter Fußballer** un futbolista conocido por sus galopadas; **Laufbahn** *f* <-, -en> **1.** *(beruflich)* carrera *f* (profesional); **eine glänzende ~ vor sich** *dat* **haben** tener una carrera brillante por delante **2.** (SPORT) pista *f;* **Laufbursche** *m* <-n, -n> *(abw)* chico *m* de los recados; *(in Büro)* botones *m inv,* ordenanza *m*

laufen ['laʊfən] <läuft, lief, gelaufen> **I.** *vi sein* **1.** *(rennen, fließen)* correr; **der Wasserhahn läuft** el grifo está abierto; **voll ~** llenarse (hasta arriba [*o* los topes]); **sich voll ~ lassen** *(sl)* cogerse un ciego **2.** *(fam: gehen)* andar, caminar; **man läuft etwa eine Stunde dorthin** andando se tarda más o menos una hora; **er lief mir direkt in die Arme** tropecé con él; **jdm über den Weg ~** cruzarse con alguien; **sie läuft ständig in die Disco** se pasa el día metida en la discoteca **3.** *(in Betrieb sein)* funcionar; *(Motor)* estar en marcha; **das Radio lief** tenían puesta la radio **4.** *(undicht sein)* gotear; *(fam: Käse, Butter)* derretirse; **ihm läuft die Nase** le gotea la nariz, moquea **5.** (FILM) estar en cartelera; *(Vorführung)* haber empezado; **der Film läuft schon sieben Wochen** ya hace siete semanas que la película está en cartelera; **um wie viel Uhr läuft der Film?** ¿a qué hora es [*o* ponen] la película? **6.** *(Prozess, Bewerbung)* estar en trámite; *(Vertrag, Abkommen)* estar vigente; *(fam: Geschäft)* ir bien; **der Wagen läuft auf seinen Namen** el coche está a su nombre; **das läuft unter „Sonderausgaben"** esto se declara como "gastos especiales"; **die Sache läuft gut/schlecht** la cosa va bien/mal; **schief ~** *(fam)* salir mal, no dar una; **heute läuft aber auch alles schief!** ¡hoy sale todo al revés!; **die Sache ist ge~** *(fam)* se acabó **7.** *(ver~)* ir, correr; *(Fluss, Weg)* ir; **etw läuft auf Rollen** algo tiene ruedas; **etw läuft auf Schienen** algo corre sobre vías; **ein Murmeln lief durch die Menge** un rumor corrió por la multitud; **es läuft mir eiskalt über den Rücken** me dan escalofríos **II.** *vt* **1.** *sein (Strecke)* recorrer; **Ski/Rollschuh/Schlittschuh ~** esquiar/patinar/patinar sobre hielo; **er ist Weltrekord ge~** hizo el récord mundial; **einen Umweg ~** dar un rodeo **2.** *haben:* **ich habe mir Blasen ge~** tengo ampollas de tanto andar **III.** *vunpers:* **in den Schuhen läuft es sich gut** se anda bien con estos zapatos

laufend I. *adj* corriente; **~e Ausgaben** gastos corrientes; **~er Kredit** crédito no vencido; **im ~en Jahr** en el año corriente [*o* en curso]; **am ~en Band** sin interrupción; **der ~e Meter zu 3 Mark** a tres marcos el metro **II.** *adv (ständig)* continuamente; **~ Ärger machen** molestar continuamente; **auf dem L~en sein** [*o* **bleiben**] estar al día; **jdn auf dem L~en halten** poner a alguien al corriente

laufen|lassen* *irr vt s.* **lassen 2.**

Läufer[1] ['lɔɪfɐ] *m* <-s, -> **1.** *(Teppich)* alfombra *f* **2.** *(Schachfigur)* alfil *m* **3.** (TECH) rotor *m*

Läufer(in)[2] *m(f)* <-s, -; -, -nen> (SPORT) corredor(a) *m(f)*

Lauferei *f* <-, -en> *(fam abw)* vaivén *m,* ir y venir *m*

Läuferin *f* <-, -nen> *s.* **Läufer**[2]

Lauffeuer *nt* <-s, -> fuego *m* devorador; **etw verbreitet sich wie ein ~** algo corre como un reguero de pólvora; **Lauffläche** *f* <-, -n> **1.** (TECH) banda *f* de rodadura, superficie *f* de rodadura **2.** *(des Skis)* superficie *f* de deslizamiento; **Laufgitter** *nt* <-s, -> *s.* **Laufstall**

läufig ['lɔɪfɪç] *adj* en celo, alunado *CRi*

Laufjunge *m* <-n, -n> *s.* Laufbursche; **Laufkatze** *f* <-, -n> (TECH) carro *m;* **Laufkran** *m* <-(e)s, -e> *(alt)* grúa *f* móvil [*o* de corredera]; **Laufkundschaft** *f* <-, *ohne pl*> clientela *f* de paso; **Laufmasche** *f* <-, -n> carrera *f;* **Laufpass**[RR] *m:* **jdm den ~ geben** *(fam)* mandar a alguien a freír espárragos; **den ~ bekommen** ser despedido; **Laufplanke** *f* <-, -n> pasarela *f;* **Laufrichtung** *f* <-, -en> dirección *f,* rumbo *m;* **die ~ ändern** cambiar de rumbo; **Laufschiene** *f* <-, -n> (TECH) carril *m,* raíl *m;* **Laufschritt** *m:* **im ~** a paso ligero; **Laufstall** *m* <-(e)s, -ställe> parque *m,* corralito *m;* **Laufsteg** *m* <-s, -e> pasarela *f*

läuft [lɔɪft] *3. präs von* **laufen**

Laufwerk *nt* <-(e)s, -e> (INFOR) unidad *f;* **Laufwerkbuchstabe** *m* <-n(s), -n> (INFOR) letra *f* de la unidad (de disco)

Laufzeit *f* <-, -en> **1.** (FIN) plazo *m;* **der Kredit hat eine ~ von zwei Jahren** el crédito tiene un plazo de dos años **2.** *(von Verträgen)* duración *f* **3.** (INFOR) tiempo *m* de ejecución; **Laufzettel** *m* <-s, -> **1.** *(Rundschreiben)* circular *f* **2.** *(an Werkstück)* rótulo *m*

Lauge ['laʊgə] *f* <-, -n> *(a.* CHEM*)* lejía *f*

Lauheit *f* <-, *ohne pl*> tibieza *f*

Laune ['laʊnə] *f* <-, -n> **1.** *(Einfall)* capricho *m,* birria *f Kol;* **aus einer ~ heraus** por puro capricho [*o* antojo] **2.** (*Stimmung*) humor *m;* **schlechte/gute ~ haben** estar de mal/de buen humor; **je nach Lust und ~** según las ganas; **jdn bei ~ halten** seguirle el humor a alguien; **seine ~n an jdm auslassen** descargar su mal humor en alguien

launenhaft *adj* caprichoso; (*Wetter*) variable, inestable

Launenhaftigkeit *f* <-, *ohne pl*>: **die ~ des Glücks** los avatares de la suerte

launig *adj* gracioso, divertido

launisch *adj* (*abw*) caprichoso

Laus [laʊs, *pl:* 'lɔɪzə] *f* <-, Läuse> piojo *m;* **ihm ist eine ~ über die Leber gelaufen** (*fam*) le ha picado una mosca; **da hat sie ihm eine ~ in den Pelz gesetzt** (*fam*) le ha echado [*o* puesto] la mosca en la oreja

Lausanne [lo'zan] *nt* <-s> Lausana *f*

Lausbub *m* <-en, -en> (*fam*) pillo *m,* granuja *m*

Lauschangriff *m* <-(e)s, -e> vigilancia *f* secreta

lauschen ['laʊʃən] *vi* **1.** (*zuhören*) escuchar atentamente **2.** (*heimlich zuhören*) estar a la escucha; **er lauschte an der Tür** estuvo a la escucha en la puerta

Lauscher[1] *m* <-s, -> oreja *f;* **seine ~ aufstellen** [*o* **aufsperren**] (*fam*) poner atención a lo que se dice

Lauscher(in)[2] *m(f)* <-s, -; -, -nen> escuchón, -ona *m, f;* **der ~ an der Wand hört seine eigene Schand'** (*prov*) quien escucha, su mal oye

lauschig *adj* acogedor; **ein ~es Plätzchen** un lugar acogedor

Lausebengel ['laʊzə-] *m* <-s, -> (*fam*), **Lausejunge** *m* <-n, -n> (*fam*) pillo *m,* pillín *m*

Läusemittel *nt* <-s, -> (MED) producto *m* antipedicular

lausen ['laʊzən] *vt* despiojar, espulgar; **mich laust der Affe!** (*fam*) ¡no puede ser!

lausig *adj* (*fam*) **1.** (*abw: unangenehm*) asqueroso, miserable; **~ spielen** jugar miserablemente **2.** (*abw: wenig*) ridículo; **für ~e 500 Mark tu ich das nicht** por la ridiculez de 500 marcos no estoy dispuesto a hacerlo **3.** (*groß*) tremendo; **eine ~e Kälte** un frío tremendo

Lausitz *f* Lusacia *f*

laut [laʊt] **I.** *adj* **1.** (*allgemein*) alto; (*~stark*) fuerte; **das Radio ~er stellen** poner la radio más alta [*o* a más volumen]; **es gab ein ~es Hallo** hubo un gran jaleo; **~ lesen/denken** leer/pensar en voz alta; **ich habe nur ~ gedacht** estaba hablando conmigo mismo **2.** (*lärmerfüllt*) ruidoso; **er wird dann immer gleich ~** siempre tiende a levantar la voz; **es wurden Beschwerden ~** hubo quejas **II.** *präp +gen/dat* según, conforme (a), de acuerdo (con); **~ Hinweisen** [*o* **der Hinweise**] según las indicaciones

Laut [laʊt] *m* <-(e)s, -e> sonido *m;* **keinen ~ von sich** *dat* **geben** no decir ni pío; **Bello, gib ~!** ¡Bello, ladra!

Laute [laʊtə] *f* <-, -n> (MUS) laúd *m*

lauten [laʊtən] *vi* (*besagen*) decir; **gleich ~d** (*im Klang*) homófono; (*im Wortlaut*) idéntico, igual; **gleich ~de Wörter** homónimos *mpl;* **dieser Paragraph lautet wörtlich: ...** este artículo dice literalmente:...; **der Pass lautet auf den Namen ...** el pasaporte está expedido a nombre de...; **wie lautet ihr Name?** ¿cómo se llama?; **Ihr Auftrag lautet ...** su tarea consiste en...; **die Anklage lautet auf Erpressung** se le acusa de chantaje

läuten ['lɔɪtən] **I.** *vi* **1.** (*an der Tür*) tocar (el timbre) **2.** (*Telefon, Glocke*) sonar; **es hat geläutet** llaman (a la puerta); **er hat davon ~ gehört** [*o* **hören**] sobre eso ha oído campanas y no sabe dónde **II.** *vt* (*Glocken*) tocar; **die Glocken ~ 11 Uhr** las campanas dan [*o* tocan] las 11

Lautenist(in) [laʊtə'nɪst] *m(f)* <-en, -en; -, -nen> (MUS), **Lautenspieler(in)** *m(f)* <-s, -; -, -nen> (MUS) tocador(a) *m(f)* de laúd

lauter ['laʊtɐ] *adj* **1.** (*geh: Mensch*) sincero, íntegro **2.** *inv* (*nur*) sólo; (*viel(e)*) mucho(s); **vor ~ Kummer** de pura pena; **das ist ~ Blödsinn** no son más que tonterías

Lauterkeit *f* <-, *ohne pl*> (*geh: Worte*) sinceridad *f;* (*Mensch*) sinceridad *f,* integridad *f*

läutern ['lɔɪtɐn] *vt* **1.** (*reinigen, klären*) purificar **2.** (*bessern*) mejorar; **die Krankheit hat ihn geläutert** la enfermedad lo ha regenerado

Läuterung *f* <-, -en> depuración *f*

Läut(e)werk *nt* <-(e)s, -e> timbre *m* (eléctrico)

lauthals ['--] *adv* a grito pelado; **etw ~ verkünden** anunciar algo a los cuatro vientos

Lautlehre *f* <-, *ohne pl*> (LING) fonética *f*

lautlich *adj* fonético

lautlos I. *adj* silencioso **II.** *adv* sin ruido, en silencio

Lautlosigkeit *f* <-, *ohne pl*> silencio *m*

Lautmalerei *f* <-, -en> (LING) onomatopeya *f;* **lautmalerisch** *adj* onomatopéyico; **Lautschrift** *f* <-, -en> (LING) transcripción *f* fonética

Lautsprecher *m* <-s, -> altavoz *m,* altoparlante *m Am;* **über ~** por altavoz; **Lautsprecherbox** *f* <-, -en> bafle *m;* **Lautsprecherdurchsage** *f* <-, -n> anuncio *m* por los altavoces; **Lautsprecherwagen** *m* <-s, -> vehículo *m* con altavoz

lautstark ['--] *adj* fuerte; (*heftig*) enérgico; **~ protestieren** protestar enérgicamente

Lautstärke *f* <-, -n> volumen *m;* **bei voller ~** a todo volumen; **das Radio auf volle ~ stellen** poner la radio al máximo (de volumen); **Lautstärkeregler** *m* <-s, -> regulador *m* de volumen, control *m* de volumen

Lautverschiebung *f* <-, -en> (LING) mutación *f* consonántica; **die erste** [*o* **germanische**] **~** la primera mutación consonántica del germánico; **die zweite** [*o* **hochdeutsche**] **~**

la segunda mutación consonántica del alto alemán

Läutwerk *nt* <-(e)s, -e> timbre *m* (eléctrico)

lauwarm ['-'-] *adj* tibio

Lava ['la:va] *f* <-, Laven> (GEO) lava *f*

Lavabo [la'va:bo] *nt* <-(s), -s> (*Schweiz: Waschbecken*) lavabo *m,* lavamanos *m inv*

Laven *pl von* **Lava**

Lavendel [la'vɛndəl] *m* <-s, -> lavanda *f;* **Lavendelöl** *nt* <-(e)s, -e> aceite *m* de lavanda

lavieren* [la'vi:rən] *vt* **1.** (*a. fig* NAUT) bordear **2.** (KUNST) lavar

Lawine [la'vi:nə] *f* <-, -n> alud *m,* avalancha *f;* **eine ~ ins Rollen bringen** desencadenar una avalancha; **eine ~ von Prozessen lostreten** iniciar una avalancha de pleitos

lawinenartig **I.** *adj* que aumenta imparablemente **II.** *adv* de manera imparable

Lawinengefahr *f* <-, -en> peligro *m* de aludes; **Lawinenverbauung** *f* <-, -en> valla *f* protectora contra aludes

Lawrencium [lo'rɛntsjʊm] *nt* <-s, *ohne pl*> (CHEM) lawrencio *m*

lax [laks] *adj* (*abw*) descuidado, relajado

Laxans ['laksans, *pl:* la'ksantsja, la'ksantsjən] *nt* <-, Laxantia *o* Laxanzien> laxante *m,* purgante *m*

Laxheit *f* <-, *ohne pl*> laxitud *f;* (*der Kontrollen*) relajamiento *m*

Layer ['lɛɪɐ] *m* <-s, -> (INFOR: *Ebene, Schicht*) nivel *m,* estrato *m,* capa *f*

Layout [lɛɪ'ʔaʊt] *nt* <-s, -s>, **Lay-out**[RR] *nt* <-s, -s> (TYPO) composición *f*

Layouter(in) [lɛɪ'ʔaʊtɐ] *m(f)* <-s, -; -, -nen> maquetista *mf*

Lazarett [latsa'rɛt] *nt* <-(e)s, -e> hospital *m* militar

LCD [ɛltse:'de:] *Abk. von* **liquid crystal display** pantalla *f* de cristal líquido; **LCD-Anzeige** *f* <-, -n> (INFOR, TECH) visualización *f* por cristal líquido

leasen ['li:zən] *vt* alquilar con opción de compra; **ein geleastes Auto** un coche adquirido por leasing

Leasing ['li:zɪŋ] *nt* <-s, -s> (WIRTSCH) leasing *m;* **Leasinggeschäft** *nt* <-(e)s, -e> (WIRTSCH) operación *f* de leasing; **Leasingnehmer(in)** *m(f)* <-s, -; -, -nen> (WIRTSCH) arrendatario, -a *m, f;* **Leasingrate** *f* <-, -n> (WIRTSCH) cuota *f* de leasing

Lebedame *f* <-, -n> (*abw*) mujer *f* de la vida; **Lebehoch** *nt* <-s, -s> hurra *m,* viva *m;* **ein dreifaches ~ auf ...!** ¡tres hurras por...!; **Lebemann** *m* <-(e)s, -männer> (*abw*) vividor *m,* calavera *m*

leben ['le:bən] *vi, vt* vivir; **bei jdm ~** vivir en casa de alguien; **sie lebt in Chile** vive en Chile; **er lebt noch** todavía está vivo, todavía vive; **er lebt nicht mehr** ya no vive; **er hat nicht mehr lange zu ~** no le queda mucho tiempo de vida; **genug zum L~ haben** tener suficiente para vivir; **das ist zum L~ zu wenig und zum Sterben zu viel** tener un sueldo miserable; **man lebt nur einmal!** ¡sólo se vive una vez!; **leb wohl!** ¡que te vaya bien!; **es lebe ...!** ¡viva...!; **allein ~** vivir solo; **hier lebt es sich gut** aquí se vive bien; **er lebt über seine Verhältnisse** gasta más de lo que gana; **sie lebt für ihren Beruf** vive para su profesión; **er lebt von seiner Rente** vive de su pensión; **damit kann ich ~** me las puedo apañar con eso; **damit muss ich ~** tengo que aceptarlo; **~ und ~ lassen** vivir y dejar vivir

Leben *nt* <-s, -> vida *f;* (*Existenz*) existencia *f;* (*Bewegtheit*) movimiento *m;* **etw ins ~ rufen** dar vida a algo; **am ~ sein** estar con vida; **das tue ich für mein ~ gern** me encanta hacerlo, **nie im ~, im ~ nicht** en mi vida; **zwischen ~ und Tod schweben** estar entre la vida y la muerte; **es geht um ~ und Tod** es un asunto de vida o muerte; **der Mann/die Frau meines ~s** el hombre/la mujer de mi vida; **einem Kind das ~ schenken** traer un niño al mundo, dar la vida a un hijo; **ums ~ kommen** morir, perder la vida; **mit dem ~ davonkommen** escapar con vida; **etw mit dem ~ bezahlen** pagar algo con la propia vida; **sich** *dat* **das ~ schwer machen** complicarse la vida; **sein ~ verlieren/aufs Spiel setzen** perder/jugarse la vida; **sich mit Betteln durchs ~ schlagen** vivir de la limosna; **am ~ hängen** amar la vida; **jdn ums ~ bringen** quitar la vida a alguien, matar a alguien; **um sein ~ laufen** [*o* **rennen**] correr para salvar el pellejo; **sich** *dat* **das ~ nehmen** quitarse la vida, suicidarse; **jdm das ~ retten** salvar la vida a alguien; **sie haben (ihm) nur das nackte ~ retten können** sólo han podido salvarle la vida; **Geld oder ~!** ¡la bolsa o la vida!; **das öffentliche ~** la vida pública; **das süße ~** la buena vida; **das ist (wie) aus dem ~ gegriffen, das ist wie im richtigen ~** esto parece tomado de la vida real; **wie das ~ so spielt, verlor er alles** el destino quiso que lo perdiera todo; **~ in etw bringen** animar algo, dar vida a algo; **daran wird sie zeit ihres ~s denken** se acordará toda su vida

lebend *adj* vivo; **~e Sprachen** lenguas vivas; **er weilt nicht mehr unter den L~en** no está entre nosotros, ha fallecido; **lebendgebärend** *adj s.* **gebären**; **Lebendgewicht** *nt* <-(e)s, -e> peso *m* en vivo

lebendig [le'bɛndɪç] *adj* **1.** (*lebend*) vivo; **die L~en und die Toten** los vivos y los muertos; **er ist mehr tot als ~** está más muerto que vivo; **er nimmt es von den L~en** es un usurero; **~ begraben werden** ser enterrado vivo; **Szenen aus seiner Jugendzeit wurden wieder ~** los recuerdos de su juventud cobraron vida de nuevo **2.** (*lebhaft*) vivo, lleno de vida

Lebendigkeit *f* <-, *ohne pl*> vivacidad *f,* viveza *f*

Lebendimpfstoff *m* <-(e)s, -e> (MED) vacuna *f* viva

Lebensabend *m* <-s, -e> (*geh*) vejez *f*, tercera edad *f*; **Lebensabschnitt** *m* <-(e)s, -e> período *m* de la vida; **Lebensalter** *nt* <-s, -> edad *f*; **Lebensarbeitszeit** *f* <-, -en> periodo *m* productivo; **Lebensart** *f* <-, -en> **1.** (*Lebensweise*) modo *m* de vivir, vivienda *f Am* **2.** (*Umgangsformen*) modales *mpl* (refinados); **er hat keine ~** no tiene modales [*o* educación]; **Lebensaufgabe** *f* <-, -n> tarea *f* de toda una vida; **sich** *dat* **etw zur ~ machen** dedicar su vida a algo; **Lebensbaum** *m* <-(e)s, -bäume> **1.** (*Thuja*) tuya *f* **2.** (REL) árbol *m* de la ciencia del bien y del mal [*o* de la vida]; **Lebensbedingungen** *fpl* condiciones *fpl* de vida; **lebensbedrohend** *adj* muy peligroso, que amenaza la vida; **Lebensdauer** *f* <-, *ohne pl*> **1.** (*von Mensch*) vida *f* **2.** (*von Material, Maschine*) durabilidad *f*; **Lebenselixier** *nt* <-s, -e> elixir *m* de la vida; **der Fußball war sein ~** (*fig*) el fútbol era su vida; **Lebensende** *nt* <-s, *ohne pl*> término *m* de la vida; **bis an mein ~** hasta el fin de mis días; **Lebenserfahrung** *f* <-, *ohne pl*> experiencia *f* de la vida; **lebenserhaltend** *adj* vital; **Lebenserinnerungen** *fpl* memorias *fpl*; **Lebenserwartung** *f* <-, *ohne pl*> expectativa *f* de vida, vida *f* media; **lebensfähig** *adj* viable; **Lebensfähigkeit** *f* <-, *ohne pl*> viabilidad *f*; **Lebensform** *f* <-, -en> forma *f* de vida; **Lebensfreude** *f* <-, -n> alegría *f* de vivir; **lebensfroh** *adj* alegre (y optimista), contento de la vida; **Lebensgefahr** *f* <-, *ohne pl*> peligro *m* de muerte; **in ~ schweben** estar entre la vida y la muerte; **es besteht ~** existe [*o* hay] peligro de muerte; **er ist jetzt außer ~** está fuera de peligro; **lebensgefährlich** **I.** *adj* muy peligroso; (*Verletzung*) mortal **II.** *adv* con peligro de muerte; **~ verletzt sein** estar seriamente herido, padecer heridas gravísimas; **Lebensgefährte**, **-in** *m*, *f* <-n, -n; -, -nen> compañero, -a *m*, *f* de vida; **Lebensgefühl** *nt* <-(e)s, -e> estado *m* de ánimo; **Lebensgeister** *mpl*: **jds ~ (er)wecken** levantar los ánimos de alguien; **seine ~ erwachten** se le despertaron los ánimos de vivir; **Lebensgemeinschaft** *f* <-, -en> **1.** (*Ehe*) vida *f* conyugal **2.** (*nichtehelich*) convivencia *f*, vida *f* en común; **Lebensgenuss**[RR] *m* <-es, -nüsse> disfrute *m* de la vida, epicureísmo *m*; **Lebensgeschichte** *f* <-, -n> historia *f* de una vida, biografía *f*; **das also war, wenn auch in knapper Form, meine (gesamte) ~** esta ha sido, pues, aunque de forma abreviada, (toda) mi vida; **Lebensgewohnheiten** *fpl* hábitos *mpl*, costumbres *fpl*; **lebensgroß** *adj* de [*o* en] tamaño real [*o* natural]; **Lebensgröße** *f*: **in ~** a tamaño natural; **in voller ~** (*fam hum: persönlich*) en persona

Lebenshaltung *f* <-, *ohne pl*>: **wegen der steigenden Inflation wird die ~ immer teurer** a causa de la creciente inflación, el coste de la vida es cada vez más alto; **von 1700 Mark im Monat wird sie ihre aufwendige ~ kaum bestreiten können** con 1700 marcos al mes, probablemente no podrá mantener su alto nivel de vida; **Lebenshaltungsindex** *m* <-es, -indizes> (WIRTSCH) índice *m* del coste de la vida

Lebenshaltungskosten *pl* coste *m* de la vida

lebenshungrig *adj* sediento de vida; **Lebensinhalt** *m* <-(e)s, -e> sentido *m* de la vida; **er hat die Arbeit zu seinem ~ gemacht** ha hecho del trabajo su vida; **Lebensjahr** *nt* <-(e)s, -e> año *m* (de vida); **im zwanzigsten ~** a los [*o* con] veinte años de edad; **mit vollendetem 18. ~** con dieciocho años cumplidos; **Lebenskampf** *m* <-(e)s, -kämpfe> lucha *f* por la vida [*o* por la existencia]; **Lebenskraft** *f* <-, -kräfte> fuerza *f* vital, energía *f* vital; **Lebenskünstler(in)** *m(f)* <-s, -; -, -nen> persona *f* que sabe disfrutar de la vida; **Lebenslage** *f* <-, -n> situación *f* de la vida; **in jeder ~** en todas las situaciones de la vida; **lebenslang** *adj* durante toda la vida, de por vida

lebenslänglich *adj* (*Strafe*) perpetuo; **„~" bekommen** ser condenado a cadena perpetua; **ein L~er** un preso de cadena perpetua

Lebenslauf *m* <-(e)s, -läufe> currículum *m* vitae, currículo *m*; **ein handgeschriebener ~** un currículum escrito a mano; **~ des beruflichen Werdegangs** el currículum profesional; **Lebenslinie** *f* <-, -n> línea *f* de la vida; **Lebenslüge** *f* <-, -n> autoengaño *m*; **du machst dir etwas vor, das ist alles nur eine große ~** te estás engañando a ti mismo, todo es sólo una gran mentira que te has metido en la cabeza; **Lebenslust** *f* <-, *ohne pl*> alegría *f* de vivir, ganas *fpl* de vivir; **lebenslustig** *adj* vivo, vivaracho; **Lebensmitte** *f* <-, *ohne pl*> mitad *f* de la vida

Lebensmittel *ntpl* comestibles *mpl*, alimentos *mpl*, abarrotes *mpl Mex, Cuba*; **diätetische ~** alimentos dietéticos; **Lebensmittelallergie** *f* <-, -n> alergia *f* alimentaria; **Lebensmittelchemie** *f* <-, *ohne pl*> química *f* alimenticia; **Lebensmittelchemiker(in)** *m(f)* <-s, -; -, -nen> químico, -a *m*, *f* alimentario, -a; **Lebensmittelgeschäft** *nt* <-(e)s, -e> tienda *f* de comestibles, pulpería *f Am*, abarrote *m Cuba, Mex*, abarrotería *f Guat*, almacén *m CSur*, abasto *m Ven*; **Lebensmittelhändler(in)** *m(f)* <-s, -; -, -nen> tendero, -a *m*, *f*; **Lebensmittelkarte** *f* <-, -n> cartilla *f* de racionamiento; **Lebensmittelverarbeitung** *f* <-, -en> elaboración *f* de alimentos; **Lebensmittelvergiftung** *f* <-, -en> (MED) intoxicación *f* alimenticia; **Lebensmittelversorgung** *f* <-, *ohne pl*> abastecimiento *m* con alimentos; **Lebensmittelvorrat** *m* <-(e)s, -räte> reserva *f* de comestibles; **Lebensmittelwis-**

senschaftler(in) *m(f)* <-s, -; -, -nen> científico, -a *m, f* alimentario, -a; **Lebensmittelzusatzstoff** *m* <-(e)s, -e> aditivo *m* de los alimentos; **synthetische ~e** aditivos sintéticos de los alimentos

lebensmüde *adj* cansado [*o* harto] de la vida; **du bist wohl ~!** (*fam*) ¿pero es que quieres matarte?; **Lebensmut** *m* <-(e)s, *ohne pl*> ánimo *m* para seguir viviendo; **lebensnah** *adj* realista, cercano a la vida real; **ein ~er Film** una película muy realista; **~er Unterricht** una clase práctica; **etw ~ beschreiben** describir algo de modo muy realista; **Lebensnerv** *m* <-s, -en> nervio *m* vital; **lebensnotwendig** *adj* vital; **Lebenspartner(in)** *m(f)* <-s, -; -, -nen> compañero, -a *m, f;* **Lebensqualität** *f* <-, *ohne pl*> calidad *f* de vida; **Lebensraum** *m* <-(e)s, -räume> espacio *m* vital; (BIOL) biotopo *m;* **Lebensretter(in)** *m(f)* <-s, -; -, -nen> salvador(a) *m(f)* (de una vida); **Lebensstandard** *m* <-s, -s> nivel *m* de vida; **Lebensstellung** *f* <-, -en> empleo *m* vitalicio; **Lebensstil** *m* <-(e)s, -e> estilo *m* de vida; **lebenstüchtig** *adj* dinámico, enérgico; **lebensüberdrüssig** *adj* cansado de la vida; **Lebensunterhalt** *m* <-(e)s, *ohne pl*> subsistencia *f,* sustento *m;* **seinen ~ verdienen** ganarse la vida; **für jds ~ sorgen** asegurar el sustento de alguien; **Lebensversicherung** *f* <-, -en> seguro *m* de vida; **~ auf den Erlebensfall/Todesfall** seguro de vida para caso de supervivencia/para caso de muerte; **gemischte ~** seguro de vida mixto; **Lebenswandel** *m* <-s, *ohne pl*> (modo *m* de) vida *f;* **einen zweifelhaften ~ führen** llevar una vida sospechosa; **Lebensweg** *m* <-(e)s, -e> vida *f;* **jdm alles Gute für den weiteren ~ wünschen** desear a alguien lo mejor para el futuro; **Lebensweise** *f* <-, -n> modo *m* de vivir; **Lebensweisheit** *f* <-, -en> máxima *f;* **Lebenswerk** *nt* <-(e)s, -e> obra *f* de la vida; **sein ~ vollenden** terminar la obra de su vida; **lebenswert** *adj* que vale [*o* merece] la pena vivir, digno de ser vivido; **für jdn ist das Leben nicht mehr ~** alguien cree que ya no vale la pena seguir viviendo; **lebenswichtig** *adj* vital; (*Güter*) de primera necesidad; **Lebenswille** *m* <-ns, *ohne pl*> deseo *m* de vivir, voluntad *f* de vivir; **ein starker ~** un intenso deseo de vivir; **sein letzter Funken ~ war erloschen** se apagó la última chispa de vida que le quedaba; **Lebenszeichen** *nt* <-s, -> señal *f* de vida; **(k)ein ~ (von sich** *dat***) geben** (no) dar señales de vida; **Lebenszeit** *f* <-, *ohne pl*> (duración *f* de la) vida *f;* **er ist Beamter auf ~** es funcionario vitalicio; **Lebensziel** *nt* <-(e)s, -e> objetivo *m* vital, objetivo *m* de [*o* en] la vida; **Lebenszweck** *m* <-(e)s, -e> sentido *m* de la vida; **Lebenszyklus** *m* <-, -zyklen> (WIRTSCH) ciclo *m* de duración

Leber ['le:bɐ] *f* <-, -n> hígado *m;* **frisch von der ~ weg reden** (*fam*) hablar con toda franqueza; **sich** *dat* **etw von der ~ reden** (*fam*) desahogarse de algo; **Leberblümchen** *nt* <-s, -> hepática *f;* **Leberentzündung** *f* <-, -en> (MED) inflamación *f* del hígado; **Leberfleck** *m* <-(e)s, -e(n)> lunar *m;* **Leberkäse** *m* <-s, *ohne pl*> (GASTR) paté *m* de carne horneada; **Leberknödel** *m* <-s, -> (GASTR) albóndiga *f* de hígado; **leberkrank** *adj* (MED) enfermo del hígado; **Leberkranke(r)** *mf* <-n, -n; -n, -n> (MED) enfermo, -a *m, f* del hígado, hepático, -a *m, f;* **Leberkrankheit** *f* <-, -en> (MED) enfermedad *f* del hígado; **Leberkrebs** *m* <-es, *ohne pl*> (MED) cáncer *m* de hígado; **Leberleiden** *nt* <-s, -> (MED) enfermedad *f* del hígado, hepatopatía *f;* **Leberpastete** *f* <-, -n> (paté *m* de) foie-gras *m;* **Lebertran** ['--tra:n] *m* <-s, *ohne pl*> aceite *m* de hígado de bacalao; **Lebertransplantation** *f* <-, -en> (MED) trasplante *m* de hígado; **Leberversagen** *nt* <-s, *ohne pl*> (MED) fallo *m* del hígado; **Leberwert** *m* <-(e)s, -e> (MED) índice *m* hepático; **Leberwurst** *f* <-, -würste> paté *m* de hígado; **die beleidigte ~ spielen** (*fam*) dárselas de ofendido; **Leberzirrhose** *f* <-, -n> (MED) cirrosis *f inv* hepática

Lebewesen *nt* <-s, -> ser *m* vivo

Lebewohl [--'-] *nt* <-(e)s, -s *o* -e> (*geh*) adiós *m;* **jdm ~ sagen** despedirse de alguien

lebhaft *adj* **1.** (*Mensch, Augen*) vivo, vivaz; (*Unterhaltung*) vivo, animado; (*Interesse, Temperament, Farbe*) vivo **2.** (*Verkehr, Handel*) intenso; **es geht ~ zu** hay una gran actividad **3.** (*klar, deutlich*) claro; **ich kann mich noch ~ daran erinnern, dass ...** aún puedo acordarme vivamente de que...

Lebhaftigkeit *f* <-, *ohne pl*> viveza *f,* vivacidad *f*

Lebkuchen *m* <-s, -> pan *m* de especias

leblos *adj* sin vida, inanimado

Lebtag *m* (*fam*): **mein ~** toda mi vida; **mein ~ nicht** en mi vida; **das werde ich mein ~ nicht vergessen** no lo olvidaré en mi vida; **Lebzeiten** *pl:* **zu jds ~** en vida de alguien

Lech [lɛç] *m* <-s> Lech *m*

lechzen ['lɛçtsən] *vi* (*geh*) suspirar (*nach* por), ansiar (*nach*)

Lecithin [letsi'ti:n] *nt* <-s, -e> (CHEM, BIOL) lecitina *f*

leck [lɛk] *adj* agujereado; (*Schiff*) que hace agua

Leck [lɛk] *nt* <-(e)s, -e> vía *f* de agua

lecken ['lɛkən] **I.** *vi* **1.** (*Gefäß*) perder agua **2.** (*Schiff*) hacer agua **II.** *vt* lamer; **der Hund leckte ihre Hand** el perro lamió su mano; **ein Eis ~** comerse un helado; **du kannst mich mal am Arsch ~, leck mich (am Arsch)!** (*vulg*) ¡jódete!, ¡que te den por (el) culo!; **sich** *dat* **die Finger nach etw** *dat* **~** (*fam*) chuparse los dedos por algo

lecker ['lɛkɐ] *adj* rico, sabroso; **Leckerbissen** *m* <-s, -> golosina *f,* bocado *m* exquisito

L

Leckerei [lɛkəˈraɪ] *f* <-, -en> (GASTR) exquisitez *f;* (*süß*) golosina *f*

Leckermaul *nt* <-(e)s, -mäuler> (*fam*) goloso, -a *m, f*

leck|schlagen *irr vi sein* (NAUT) hacer agua

led. *Abk. von* **ledig** soltero

LED-Anzeige [ɛlʔeːˈdeː-] *f* <-, -n> (INFOR, TECH) visualización *f* por diodo luminoso

Leder [ˈleːdɐ] *nt* <-s, -> **1.** (*Tierhaut*) cuero *m,* piel *f;* **jdm ans ~ gehen** (*fam*) atacar a alguien; **das Steak ist zäh wie ~** el filete está duro como la suela de un zapato; **gegen jdn vom ~ ziehen** (*fam*) ensañarse con alguien, arremeter contra alguien **2.** (*fam: Fußball*) cuero *m*

Lederband[1] *nt* <-(e)s, -bänder> cinta *f* de piel [*o* de cuero]

Lederband[2] *m* <-(e)s, -bände> (MEDIA) volumen *m* encuadernado en piel

Ledereinband *m* <-(e)s, -bände> cubierta *f* de cuero; **Lederfett** *nt* <-(e)s, -e> grasa *f* para cuero, grasa *f* de caballo; **Lederhandschuh** *m* <-(e)s, -e> guante *m* de piel; **Lederhose** *f* <-, -n> pantalón *m* de cuero; **Lederindustrie** *f* <-, -n> industria *f* peletera; **Lederjacke** *f* <-, -n> chaqueta *f* de cuero

ledern[1] [ˈleːdɐn] *adj* de cuero, de piel

ledern[2] [ˈleːdɐn] *vt* limpiar con gamuza

Ledernacken *m* <-s, -> (*fam*) marino *m* americano; **Lederriemen** *m* <-s, -> correa *f* de cuero, tiento *m Am;* **Ledersohle** *f* <-, -n> suela *f* de cuero

Lederwaren *fpl* artículos *mpl* de cuero; **Lederwarenhandlung** *f* <-, -en> tienda *f* de artículos de peletería, peletería *f;* **Lederwarenindustrie** *f* <-, -n> industria *f* peletera

ledig [ˈleːdɪç] *adj* **1.** (*unverheiratet*) soltero **2.** (*geh: frei*) exento (+*gen* de), libre (+*gen* de); **aller Sorgen ~ sein** estar libre de preocupaciones

Ledige(r) [ˈleːdigə, -gɐ] *mf* <-n, -n; -n, -n> soltero, -a *m, f*

lediglich [ˈleːdɪklɪç] *adv* sólo, únicamente, nomás *Arg, Mex, Ven*

Lee [leː] *f* <-, *ohne pl*> (NAUT) sotavento *m*

leer [leːɐ] *adj* **1.** (*ohne Inhalt*) vacío; (*unbeschrieben*) en blanco; (*Zimmer*) no amueblado; **mit ~em Magen** en ayunas; **mit ~en Händen dastehen** encontrarse con las manos vacías; **~ ausgehen** quedarse con las ganas; **den Teller ~ essen** vaciar el plato; **~ laufen** (*sich leeren*) vaciarse; **die Wohnung steht ~** el piso está deshabitado; **ins L~e treten/fassen** dar un paso en el vacío/intentar coger (en el aire) y no pescar **2.** (*nichts sagend*) vano, vacío

Leere [ˈleːrə] *f* <-, *ohne pl*> vacío *m;* (*Substanzlosigkeit*) vacuidad *f;* **es herrschte gähnende ~** no había ni un alma; **ins ~ starren** mirar al vacío; **der Ratschlag ging ins ~** el consejo cayó en el vacío

leeren [ˈleːrən] **I.** *vt* (*Behälter*) vaciar; (*Glas*) apurar; (*Briefkasten*) recoger las cartas; **die Essensreste in den Mülleimer ~** echar [*o* tirar] los restos de comida a la basura **II.** *vr:* **sich ~** vaciarse

Leerformel *f* <-, -n> fórmula *f* vana; **Leerfracht** *f* <-, -en> (WIRTSCH) flete *m* falso; **leergefegt** *adj s.* **fegen I.1.**; **Leergewicht** *nt* <-(e)s, -e> tara *f;* **Leergut** *nt* <-(e)s, *ohne pl*> envase *m* retornable, casco *m fam;* **Leerkosten** *pl* (WIRTSCH) coste *m* de capacidad desaprovechada; **Leerlauf** *m* <-(e)s, *ohne pl*> (*a. fig* AUTO) punto *m* muerto; **im ~** en punto muerto; **leer|laufen** *irr vi sein s.* **leer 1.**; **Leerpackung** *f* <-, -en> (WIRTSCH) envase *m* vacío; **Leerpräparat** *nt* <-(e)s, -e> preparado *m* laxante; **leerstehend** *adj s.* **stehend 3.**; **Leertaste** *f* <-, -n> espaciador *m*

Leerung *f* <-, -en> vaciado *m;* (*von Briefkästen*) recogida *f;* **nächste ~ 18 Uhr** la próxima recogida se efectuará a las seis de la tarde; **Leerungszeit** *f* <-, -en> horario *m* de recogida (de los buzones)

Leerverkauf *m* <-(e)s, -käufe> (FIN, WIRTSCH) venta *f* al descubierto; **Leerzeichen** *nt* <-s, -> (TYPO, INFOR) espacio *m,* carácter *m* blanco; **Leerzeile** *f* <-, -n> (INFOR, TYPO) línea *f* en blanco

Lefze [ˈlɛftsə] *f* <-, -n> belfo *m*

legal [leˈgaːl] *adj* legal

legalisieren* [legaliˈziːrən] *vt* legalizar

Legalität [legaliˈtɛːt] *f* <-, *ohne pl*> legalidad *f;* **außerhalb der ~ liegen** estar al margen de la legalidad; **Legalitätsprinzip** *nt* <-s, *ohne pl*> (JUR) principio *m* de legalidad

Legasthenie [legasteˈniː] *f* <-, *ohne pl*> (PSYCH, MED) dislexia *f*

Legastheniker(in) [legasˈteːnikɐ] *m(f)* <-s, -; -, -nen> (PSYCH, MED) disléxico, -a *m, f*

legasthenisch *adj* (PSYCH, MED) disléxico

Legat [leˈgaːt] *nt* <-(e)s, -e> (JUR) legado *m*

Legebatterie *f* <-, -n> jaulas *fpl* de (gallinas) ponedoras

legen [ˈleːgən] **I.** *vt* **1.** (*allgemein*) poner; (*hin~*) colocar (horizontalmente); **er legte das Buch auf den Tisch** puso el libro encima de la mesa; **er legte ihm den Arm um die Schultern** le echó el brazo por encima del hombro; **er legte die Stirn in Falten** frunció el ceño; **etw aus der Hand ~** soltar algo; **Oliven in Öl ~** poner [*o* conservar] aceitunas en aceite **2.** (*Fliesen*) poner; (*Leitungen*) instalar; (*Schienen, Minen*) colocar **3.** (*Feuer*) prender; (*Karten*) echar; (*Eier*) poner; **waschen und ~** (*Haare*) lavar y marcar **4.** (*Wend*): **jdm etw nahe ~** (*vorschlagen*) sugerir algo a alguien, proponer algo a alguien; (*empfehlen*) recomendar algo a alguien; **etw legt etw nahe** algo sugiere [*o* hace suponer] algo; **das legt die Vermutung nahe, dass ...** esto sugiere la idea de que... **II.** *vr:* **sich ~ 1.** (*sich hin~*) tenderse, tumbarse; **sich schlafen ~** acostarse; **sich in die Sonne ~** tenderse al sol; **sich ins Bett** ~ acostarse; **sich auf den Bauch/auf den Rücken** ~ ponerse boca abajo/boca arriba **2.** (*Lärm, Kälte*) disminuir; (*Zorn, Begeisterung*) amainar, aplacarse; (*Sturm*) calmarse **3.** (*befallen*) depositarse, acumularse; **der Rauch legt sich auf die Dächer/auf die Lungen** el humo se deposita en los tejados/en los pulmones

legendär [legɛn'dɛːɐ] *adj* legendario

Legende [le'gɛndə] *f* <-, -n> **1.** (*Zeichenerklärung, Sage*) leyenda *f* **2.** (*Lüge*) leyenda *f*, cuento *m* chino

leger [le'ʒeːɐ] *adj* desenvuelto, desenfadado

Leges *pl von* **Lex**

Leggings ['lɛgɪŋs] *pl* leggings *mpl*, pantalón *m* legging

legieren* [le'giːrən] *vt* **1.** (*Metalle*) alear **2.** (GASTR) espesar

Legierung *f* <-, -en> aleación *f*; **Legierungsmittel** *nt* <-s, -> (CHEM) agente *m* de aleación

Legion [le'gjoːn] *f* <-, -en> legión *f*; **~en von Touristen/von Insekten** legiones de turistas/de insectos

Legionär [legjo'nɛːɐ] *m* <-s, -e> legionario *m*; **Legionärskrankheit** *f* <-, -en> (MED) enfermedad *f* del legionario

Legislative [legɪsla'tiːvə] *f* <-, -n> (POL) **1.** (*gesetzgebende Gewalt*) poder *m* legislativo **2.** (*Versammlung*) asamblea *f* legislativa

Legislaturperiode [legɪsla'tuːɐ-] *f* <-, -n> período *m* legislativo, legislatura *f*

legitim [legi'tiːm] *adj* legítimo

Legitimation [legitima'tsjoːn] *f* <-, -en> **1.** (*Berechtigung*) legitimación *f* **2.** (*Erlaubnis*) autorización *f*; **Legitimationsübertragung** *f* <-, -en> transferencia *f* del derecho a voto de una acción ordinaria

legitimieren* [legiti'miːrən] **I.** *vt* **1.** (*legitim erklären*) legitimar **2.** (*erlauben*) autorizar; **was legitimiert Sie dazu?** ¿qué le da derecho a eso? **II.** *vr*: **sich** ~ identificarse

Legitimität [legitimi'tɛːt] *f* <-, *ohne pl*> legitimidad *f*

Lego® ['leːgo] *nt* <-s, -s> juego *m* de construcción, ≈Tente®

Leguan ['leːguaːn] *m* <-s, -e> iguana *f*, basilisco *m Am*

Lehen ['leːən] *nt* <-s, -> (HIST) feudo *m*; **Lehensherr(in)** *m(f)* <-(e)n, -en; -, -nen> (HIST) señor(a) *m(f)* feudal; **Lehensmann** *m* <-(e)s, -männer> (HIST) vasallo *m*

Lehm [leːm] *m* <-(e)s, -e> barro *m*, lodo *m*; **Lehmboden** *m* <-s, -böden> suelo *m* arcilloso; **Lehmgrube** *f* <-, -n> barrera *f*, pozo *m* de barro; **Lehmhütte** *f* <-, -n> cabaña *f* de barro

lehmig *adj* barroso, lodoso

Lehmziegel *m* <-s, -> adobe *m*

Lehne ['leːnə] *f* <-, -n> apoyo *m*; (*Arm~*) brazo *m*; (*Rücken~*) respaldo *m*

lehnen ['leːnən] **I.** *vi* estar apoyado (*an* en), estar arrimado (*an* a) **II.** *vt* apoyar (*an/gegen* en), arrimar (*an/gegen* a) **III.** *vr*: **sich** ~ apoyarse (*an/gegen* en), arrimarse (*an/gegen* a); **er lehnt sich aus dem Fenster** se asoma por la ventana; **da hat er sich zu weit aus dem Fenster gelehnt** (*fig*) se ha pasado de la raya

Lehnsessel *m* <-s, -> butaca *f*, sillón *m*

Lehnsmann *m* <-(e)s, -männer *o* -leute> (HIST) vasallo *m*

Lehnstuhl *m* <-(e)s, -stühle> butaca *f*

Lehnübersetzung *f* <-, -en> (LING) calco *m* lingüístico; **Lehnwort** *nt* <-(e)s, -wörter> (LING) préstamo *m*

Lehramt ['leːɐ-] *nt* <-(e)s, -ämter> docencia *f*, carrera *f* docente; **auf** ~ **studieren** estudiar para ser profesor de enseñanza media; **Lehramtsanwärter(in)** *m(f)* <-s, -; -, -nen> (*formal*) candidato, -a *m, f* a profesor(a), ≈opositor(a) *m(f)*; **Lehramtskandidat(in)** *m(f)* <-en, -en; -, -nen> (*formal*) opositor(a) *m(f)* a una plaza de instituto; **Lehramtsstudium** *nt* <-s, *ohne pl*> *estudios universitarios orientados a la docencia en la enseñanza media*

Lehranstalt *f* <-, -en> (*formal*) instituto *m* de enseñanza; **Lehrauftrag** *m* <-(e)s, -träge> encargo *m* de curso; **er hat einen** ~ **für Geschichte** tiene un puesto de profesor de historia; **Lehrbeauftragte(r)** *mf* <-n, -n; -n, -n> encargado, -a *m, f* de (un) curso; **Lehrbefähigung** *f* <-, *ohne pl*> capacitación *f* pedagógica (para enseñar en las escuelas); **Lehrbehelf** *m* <-(e)s, -e> (*Österr*) medio *m* de enseñanza; **Lehrberuf** *m* <-(e)s, -e> profesión *f* docente; **Lehrbrief** *m* <-(e)s, -e> lección *f* por correspondencia; **Lehrbuch** *nt* <-(e)s, -bücher> libro *m* de texto

Lehre ['leːrə] *f* <-, -n> **1.** (*Ausbildung*) aprendizaje *m*; **kaufmännische** ~ formación profesional en la rama de comercio; **eine** ~ **aufnehmen** entrar de aprendiz; **die** ~ **beenden** terminar el (período de) aprendizaje; **in die** ~ **gehen, in der** ~ **sein** estar de aprendiz; **bei jdm eine** ~ **als Metzger machen** estar de aprendiz en una carnicería **2.** (*Theorie*) teoría *f*; (*Wissenschaft*) ciencia *f*; (REL, PHILOS) doctrina *f*; **die marxistische** ~ la teoría marxista; **die** ~ **vom Schall** la acústica **3.** (*Erfahrung*) lección *f*; **eine** ~ **aus etw** *dat* **ziehen** sacar una conclusión de algo; **lass dir das eine** ~ **sein** que te sirva esto de lección **4.** (TECH) calibrador *m*

lehren ['leːrən] *vt* **1.** (*beibringen*) enseñar, instruir; **er lehrt die Kinder das Malen** enseña a los niños a pintar; **die Geschichte lehrt uns, dass ...** la historia nos enseña que... **2.** (SCH, UNIV) enseñar, dar clase; **er lehrt Medizin in Freiburg** enseña medicina en Friburgo; **dich werde ich** ~ **(, mich nachzuäffen)!** ¡ya te enseñaré yo (a imitarme)!

Lehrer(in) *m(f)* <-s, -; -, -nen> profesor(a) *m(f)*; **~in am Gymnasium** profesora de instituto de enseñanza media; **Lehrerkollegium** *nt* <-s, -kollegien> profesorado *m,* cuerpo *m* docente

Lehrerschaft *f* <-, -en> profesorado *m*

Lehrerzimmer *nt* <-s, -> sala *f* de profesores

Lehrfach *nt* <-(e)s, -fächer> asignatura *f;* **Lehrfilm** *m* <-(e)s, -e> (SCH) película *f* educativa

Lehrgang *m* <-(e)s, -gänge> curso *m,* cursillo *m;* **er ist auf einem ~** está haciendo un cursillo; **Lehrgangsteilnehmer(in)** *m(f)* <-s, -; -, -nen> cursillista *mf*

Lehrgeld *nt:* **~ zahlen** pagar caro el aprendizaje; **der kann sich** *dat* **sein ~ zurückgeben lassen!** ¡no ha aprendido ni la o con un canuto!

lehrhaft *adj* educativo, didáctico

Lehrherr *m* <-(e)n , -en> (*alt*) maestro *m* de aprendices; **Lehrjahr** *nt* <-(e)s, -e> año *m* de aprendizaje; **er ist im zweiten ~** está en el segundo año de aprendizaje; **Lehrjunge** *m* <-n, -n> (*alt*) aprendiz *m;* **Lehrkörper** *m* <-s, -> cuerpo *m* docente; **Lehrkraft** *f* <-, -kräfte> profesor(a) *m(f);* **Lehrkrankenhaus** *nt* <-es, -häuser> (MED) *hospital de prácticas de aprendizaje de estudiantes y profesores de medicina*

Lehrling *m* <-s, -e> aprendiz(a) *m(f),* cadete *mf CSur,* peón *m Mex*

Lehrmädchen *nt* <-s, -> (*alt*) aprendiza *f;* **Lehrmaterial** *nt* <-s, -ien> material *m* docente; **Lehrmeinung** *f* <-, -en> doctrina *f,* dogma *m;* **hier gehen die ~en auseinander** aquí disienten las opiniones de los expertos; **Lehrmeister(in)** *m(f)* <-s, -; -, -nen> maestro, -a *m, f*

Lehrmittel *ntpl* (SCH) material *m* didáctico; **Lehrmittelfreiheit** *f* <-, *ohne pl*> (SCH) gratuidad *f* del material escolar

Lehrplan *m* <-(e)s, -pläne> plan *m* de estudios; **Lehrprobe** *f* <-, -n> (SCH) (clase *f* de) práctica *f;* (**in etw** *dat*) **eine ~ halten** dar una práctica (de algo); **lehrreich** *adj* instructivo; **Lehrsatz** *m* <-es, -sätze> teorema *m;* **Lehrstelle** *f* <-, -n> puesto *m* de aprendiz; **eine ~ suchen** buscar un puesto de aprendiz; **Lehrstoff** *m* <-(e)s, -e> materia *f* de enseñanza; **Lehrstück** *nt* <-(e)s, -e> (LIT) poesía *f* didáctica; **Lehrstuhl** *m* <-(e)s, -stühle> cátedra *f* (*für* de); **Lehrtochter** *f* <-, -töchter> (*Schweiz*) alumna *f;* **Lehrvertrag** *m* <-(e)s, -träge> contrato *m* de aprendizaje; **Lehrwerk** *nt* <-(e)s, -e> manual *m;* **Lehrwerkstatt** *f* <-, -stätten> escuela *f* taller; **Lehrzeit** *f* <-, -en> tiempo *m* de aprendizaje

Leib [laɪp] *m* <-(e)s, -er> (*geh*) **1.** (*Körper*) cuerpo *m;* **bei lebendigem ~e** en vivo, a lo vivo; **bleib mir vom ~!** ¡no te me acerques!; **etw am eigenen ~e erfahren** vivir algo en su propia piel; **jdm auf den ~ rücken** (*fam*) acosar a alguien; **mit ~ und Seele** en cuerpo y alma, con apasionamiento; **sich** *dat* **jdn vom ~e halten** (*fam*) mantener a alguien a distancia; **sich** *dat* **jdn vom ~e schaffen** (*fam*) quitarse de encima a alguien; **die Rolle ist ihr wie auf den ~ geschrieben** el papel le viene a la medida; **einer Aufgabe zu ~e rücken** poner manos a la obra; **den Pickeln zu ~e rücken** declarar la guerra a las espinillas **2.** (*Bauch*) vientre *m;* **Leibarzt, -ärztin** *m, f* <-es, -ärzte; -, -nen> médico, -a *m, f* de cámara; **Leibbinde** *f* <-, -n> faja *f*

Leibchen ['laɪpçən] *nt* <-s, -> (*Österr*) camiseta *f* (interior)

leibeigen ['laɪpʔaɪgən] *adj* (HIST) siervo

Leibeigene(r) *mf* <-n, -n; -n, -n> (HIST) siervo, -a *m, f*

Leibeigenschaft *f* <-, *ohne pl*> (HIST) servidumbre *f*

leiben ['laɪbən] *vi:* **wie er/sie leibt und lebt** tal como lo/la conocemos

Leibeserziehung *f* <-, *ohne pl*> (*formal*) educación *f* física; **Leibesfrucht** *f* <-, -früchte> (MED) feto *m;* **Leibeskräfte** *fpl:* **aus/nach ~n** a más no poder; **Leibesübungen** *fpl* (*formal*) (clase *f* de) deporte *m,* (clase *f* de) gimnasia *f;* **Leibesvisitation** *f* <-, -en> cacheo *m,* registro *m*

Leibgarde *f* <-, -n> guardia *f* de corps; **Leibgardist** *m* <-en, -en> guardia *m* de corps; **Leibgericht** *nt* <-(e)s, -e> plato *m* favorito

leibhaftig [-'--] *adj* personificado, en persona; **der L~e** el diablo, el demonio

Leibkoch, -köchin *m, f* <-(e)s, -köche; -, -nen> cocinero, -a *m, f* personal

leiblich *adj* **1.** (*körperlich*) corporal, físico; **das ~e Wohl** el bienestar físico; **die ~en Genüsse** los placeres carnales **2.** (*blutsverwandt*) carnal

Leibrente *f* <-, -n> renta *f* vitalicia; **eine ~ beziehen** percibir una renta vitalicia; **Leibspeise** *f* <-, -n> plato *m* favorito; **Leibwache** *f* <-, -n> guardia *f* personal; **Leibwächter(in)** *m(f)* <-s, -; -, -nen> guardaespaldas *mf inv,* gorila *m fam,* capanga *m CSur;* **Leibwäsche** *f* <-, *ohne pl*> (*alt*) ropa *f* interior

Leiche ['laɪçə] *f* <-, -n> cadáver *m;* **er sieht aus wie eine lebende/wandelnde ~** (*fam*) tiene aspecto de cadáver viviente/ambulante; **er geht über ~n** (*abw*) no tiene escrúpulos; **nur über meine ~!** ¡por encima de mi cadáver!; **der hat noch eine ~ im Keller** (*fam*) este todavía tiene un gato encerrado; **Leichenbegräbnis** *nt* <-ses, -se> entierro *m;* **Leichenbeschauer(in)** *m(f)* <-s, -; -, -nen> forense *mf*

Leichenbittermiene *f* <-, -n> (*fam*) cara *f* larga; **mit ~** con cara larga

leichenblass[RR] ['--'-] *adj* pálido como un muerto, blanco como un cadáver; **Leichenblässe** *f* <-, *ohne pl*> lividez *f* (cadavérica); **Leichenfledderei** [-flɛdəraɪ] *f* <-, -en>

(JUR) profanación *f* de cadáveres, hurto *m* de cadáveres; **Leichenfledderer, -in** *m, f* <-s, -; -, -nen> (JUR) ladrón, -ona *m, f* de cadáveres; **Leichenhalle** *f* <-, -n> depósito *m* de cadáveres, morgue *f;* **Leichenhaus** *nt* <-es, -häuser> morgue *f;* **Leichenschändung** *f* <-, -en> profanación *f* de cadáveres

Leichenschauhaus *nt* <-es, -häuser> morgue *f,* afanaduría *f Mex*

Leichenschmaus *m* <-es, -schmäuse> convite *m* del funeral, comida *f* del funeral; **Leichenstarre** *f* <-, *ohne pl*> rigidez *f* cadavérica; **Leichentuch** *nt* <-(e)s, -tücher> mortaja *f;* **Leichenverbrennung** *f* <-, -en> incineración *f* de cadáveres; **Leichenwagen** *m* <-s, -> coche *m* fúnebre; **Leichenzug** *m* <-(e)s, -züge> (*geh*) cortejo *m* fúnebre, comitiva *f* fúnebre

Leichnam ['laɪçnaːm] *m* <-s, -e> (*geh*) cadáver *m*

leicht [laɪçt] **I.** *adj* **1.** (*an Gewicht*) ligero, liviano; **das ist ~ zu tragen** no pesa mucho; **~ gekleidet sein** ir vestido con ropa ligera; **~e Kost** comida ligera; **etw ~en Herzens tun** hacer algo a la ligera **2.** (*unkompliziert*) fácil, sencillo; **etw mit ~er Hand erledigen** efectuar algo con facilidad; **das ist ein ~es Spiel für mich** esto está chupado; **keinen ~en Stand haben** (*fam*) no estar en una posición fácil; **~e Unterhaltung** entretenimiento *m;* **es ist mir ein L~es** esto me resulta fácil; **nichts ~er als das!** ¡nada más fácil! **3.** (*schwach*) leve, ligero; **ein ~er Regen** una lluvia fina **II.** *adv* **1.** (*schnell*) con facilidad; (*einfach*) fácil, sencillo; **er ist ~ beleidigt** se ofende con facilidad; **~ zerbrechlich** muy frágil; **~ entzündlich** altamente inflamable; **~ zu bedienen** de fácil manejo; **sich** *dat* **etw zu ~ machen** tomarse algo a la ligera; **das passiert mir so ~ nicht wieder** eso no me volverá a ocurrir con tanta facilidad; **so ~ kriegt ihr mich nicht** no me vais a pillar tan fácilmente; **sie hat es immer ~ gehabt im Leben** siempre lo ha tenido muy fácil en la vida; **du hast ~ reden** tú (bien) puedes hablar; **das ging ~er, als ich dachte** era más fácil de lo que pensaba; **das ist ~er gesagt als getan** es más fácil decirlo que hacerlo, eso se dice pronto, de boquilla es muy fácil **2.** (*gering*) poco; **~ gesalzen** poco salado; **~ erkältet** levemente acatarrado

Leichtathlet(in) *m(f)* <-en, -en; -, -nen> atleta *mf;* **Leichtathletik** *f* <-, *ohne pl*> atletismo *m;* **Leichtathletin** *f* <-, -nen> *s.* Leichtathlet; **leichtathletisch** **I.** *adj* atlético **II.** *adv* en [*o* del] atletismo; **Leichtbauweise** *f* <-, -n> construcción *f* con materiales ligeros [*o* de poco peso]; **in ~** usando materiales ligeros; **leichtentzündlich** ['--'--] *adj s.* **entzündlich 2.**

Leichter *m* <-s, -> (NAUT) **1.** (*Schiff*) lancha *f,* gabarra *f* **2.** (*Container*) contenedor *m* flotante

leicht|fallen *irr vi sein s.* fallen **9.**; **leichtfertig** *adj* (*abw*) frívolo; (*unvorsichtig*) imprudente; (*gedankenlos*) temerario; (*unüberlegt*) irreflexivo; **etw ~ aufs Spiel setzen** poner algo en juego sin pensar; **Leichtfertigkeit** *f* <-, *ohne pl*> frivolidad *f,* ligereza *f;* (*Gedankenlosigkeit*) irreflexión *f;* (*Unvorsichtigkeit*) imprudencia *f;* **Leichtgewicht** *nt* <-(e)s, -e> (SPORT) peso *m* ligero

Leichtgewichtler(in) *m(f)* <-s, -; -, -nen> (SPORT) (boxeador(a) *m(f)* de) peso *mf* ligero

leichtgläubig *adj* crédulo; **Leichtgläubigkeit** *f* <-, *ohne pl*> credulidad *f*

Leichtheit *f* <-, *ohne pl*> *s.* **Leichtigkeit**

leichtherzig *adj* (*fröhlich*) gozoso; (*unbekümmert*) despreocupado

leichthin ['-'] *adv* sin pensar, a la ligera

Leichtigkeit *f* <-, *ohne pl*> **1.** (*Gewicht*) poco peso *m* **2.** (*Mühelosigkeit*) facilidad *f;* **mit ~** con facilidad

leichtlebig *adj* despreocupado, frívolo

Leichtlohngruppe *f* <-, -n> último nivel *m* de la escala salarial (*para trabajos considerados "fáciles"*)

leicht|machen *vt s.* **machen I.4., II.1.**

Leichtmatrose, -in *m, f* <-n, -n; -, -nen> (NAUT) marinero, -a *m, f* de segunda; **Leichtmetall** *nt* <-s, -e> metal *m* ligero; **leicht|nehmen** *irr vt s.* **nehmen 7.**; **Leichtöl** *nt* <-(e)s, -e> aceite *m* ligero; **Leichtrauchen** *nt* <-s, *ohne pl*> acción *f* de fumar cigarrillos "light"; **Leichtsinn** *m* <-(e)s, *ohne pl*> (*Unvorsichtigkeit*) imprudencia *f;* (*Unbesonnenheit*) irreflexión *f;* **sträflicher ~** imprudencia temeraria; **leichtsinnig** **I.** *adj* (*unverantwortlich*) irresponsable; (*sorglos*) despreocupado; (*unklug*) insensato **II.** *adv* sin cuidado; **~ mit etw** *dat* **umgehen** tratar algo sin cuidado; **Leichtsinnigkeit** *f* <-, *ohne pl*> *s.* Leichtsinn; **leichtverdaulich** ['--'--] *adj s.* **verdaulich**; **leichtverderblich** ['--'--] *adj s.* **verderblich 1.**; **leichtverletzt** ['--'-] *adj s.* **verletzen I.1.**; **Leichtverletzte(r)** *mf* <-n, -n; -n, -n> herido, -a *m, f* de poca consideración [*o* leve]; **leichtverständlich** ['--'--] *adj s.* verständlich; **leichtverwundet** ['--'--] *adj s.* **verwundet**; **Leichtverwundete(r)** *mf* <-n, -n; -n, -n> herido, -a *m, f* leve

Leichtwasserreaktor *m* <-s, -en> (PHYS) reactor *m* enfriado por agua ordinaria

leid [laɪt] *adv:* **ich bin es ~** (*fam*) estoy harto; **ich bin ihn ~** estoy harto de él

Leid [laɪt] *nt* <-(e)s, *ohne pl*> **1.** (*Kummer*) pena *f,* sufrimiento *m;* **Freud und ~ miteinander teilen** compartir lo bueno y lo malo; **jdm sein ~ klagen** confiar a alguien sus penas; **jdm etwas zu ~e tun** causar daño a alguien **2.** (*Unglück*) mal *m,* desgracia *f;* **jdm ein ~ zufügen** causar daño a alguien **3.** (*Wend*): **das tut mir ~** lo siento; **es tut mir ~, dass ...** siento que... *+subj;* **tut mir ~!** ¡lo siento!; **es tut mir um ihn ~** lo siento por él;

L

er tut mir ~ me da pena; **das wird dir noch** ~ **tun** esto lo vas a sentir; **ach du Armer, du kannst einem wirklich** ~ **tun** (*iron*) pobrecito, se me parte el alma

Leideform *f* <-, -en> (GRAM) (forma *f*) pasiva *f*

leiden ['laɪdən] <leidet, litt, gelitten> **I.** *vi* sufrir (*an* de, *unter* con) **II.** *vt* (*erdulden*) sufrir, aguantar; **Hunger** ~ pasar hambre; **Not** ~ vivir en la miseria; **jdn (gut)** ~ **können** querer a alguien; **ich kann sie (nicht)** ~ (no) me cae bien; **das kann ich nicht** ~**!** ¡eso no me gusta!; **er kann es nicht** ~**, wenn ...** no le gusta que… +*subj*

Leiden ['laɪdən] *nt* <-s, -> **1.** (*allgemein*) sufrimiento *m,* padecimiento *m;* (*Schmerz*) dolor *m;* **er starb nach langem** [*o* **schwerem**] ~ murió después de mucho sufrimiento; **die** ~ **Christi** la Pasión (de Cristo); **du siehst ja aus wie das** ~ **Christi** (*fam*) pareces un muerto **2.** (*Krankheit*) enfermedad *f,* maleza *f Nic*

leidend *adj* **1.** (*geplagt*) atormentado, con sufrimiento; **der Kranke warf mir einen** ~**en Blick zu** el enfermo me miró con cara de sufrimiento **2.** (*chronisch krank*): ~ **sein** padecer una enfermedad crónica; **die alte Dame war sehr** ~ la vieja señora tenía una salud muy delicada [*o* graves problemas de salud]

Leidenschaft *f* <-, -en> **1.** (*emotional*) pasión *f* (*für* por); **etw mit** ~ **tun** hacer algo con pasión; **glühen vor** ~ arder de pasión **2.** (*für Tätigkeit*) afición *f;* **Gärtner aus** ~ jardinero por afición

leidenschaftlich **I.** *adj* apasionado; (*begeistert*) entusiasmado **II.** *adv* con pasión; **jdn** ~ **lieben** amar apasionadamente a alguien; ~ **gern Fahrrad fahren** ser un ciclista apasionado

Leidenschaftlichkeit *f* <-, *ohne pl*> apasionamiento *m*

leidenschaftslos *adj* **1.** (*emotional*) desapasionado **2.** (*sachlich*) objetivo

Leidenschaftslosigkeit *f* <-, *ohne pl*> falta *f* de pasión

Leidensdruck *m* <-(e)s, *ohne pl*> (PSYCH) sufrimiento *m;* **Leidensfähigkeit** *f* <-, *ohne pl*> capacidad *f* de sufrimiento; **Leidensgefährte**, **-in** *m, f* <-n, -n; -, -nen> compañero, -a *m, f* de infortunio; **Leidensgenosse**, **-in** *m, f* <-n, -n; -, -nen> compañero, -a *m, f* de fatigas; **Leidensgeschichte** *f* <-, -n> drama *m* personal (de la vida), trágica historia *f* personal; **die** ~ **Christi** (REL) la Pasión de Jesucristo; **Leidensmiene** *f* <-, -n> cara *f* de pena; **eine** ~ **aufsetzen** poner cara de pena; **Leidensweg** *m* <-(e)s, -e> (*geh*) calvario *m;* **einen (langen/kurzen)** ~ **gehen** pasar un (largo/corto) calvario

leider ['laɪdɐ] *adv* por desgracia, lamentablemente; ~ **nein** [*o* **nicht**] por desgracia no; **ich kann** ~ **nicht kommen** desgraciadamente no puedo ir; ~ **Gottes!** ¡por desgracia!

leidig *adj* (*ärgerlich*) enojoso, molesto; (*unangenehm*) desagradable; **das** ~**e Geld** el maldito dinero

leidlich **I.** *adj* regular, aceptable **II.** *adv* regular, medianamente; **es geht mir so** ~ estoy regular, voy tirando

Leidtragende(r) *mf* <-n, -n; -n, -n> víctima *f,* perjudicado, -a *m, f*

leidvoll *adj* (*geh*) doloroso

Leidwesen *nt:* **zu meinem** ~ muy a pesar mío

Leier ['laɪɐ] *f* <-, -n> **1.** (MUS) lira *f* **2.** (*abw: Klage*) cantinela *f;* **es ist immer die gleiche** [*o* **alte**] ~ (*fam*) es siempre la misma canción [*o* cantinela]

Leierkasten *m* <-s, -kästen> (*fam*) organillo *m;* **Leierkastenfrau** *f* <-, -en> (*fam*) organillera *f;* **Leierkastenmann** *m* <-(e)s, -männer> (*fam*) organillero *m*

leiern ['laɪɐn] *vt* (*fam: Gedichte*) recitar de carretilla [*o* carrerilla]

Leiharbeit *f* <-, *ohne pl*> prestamismo *m* laboral; **Leiharbeiter(in)** *m(f)* <-s, -; -, -nen> trabajador(a) *m(f)* alquilado, -a (*dentro del sistema de prestamismo laboral*); **Leihbibliothek** *f* <-, -en>, **Leihbücherei** *f* <-, -en> biblioteca *f* de préstamo

leihen ['laɪən] <leiht, lieh, geliehen> *vt* **1.** (*aus~*) prestar, aviar *Cuba, Chil, Peru;* **kannst du mir 20 Mark** ~**?** ¿me puedes prestar 20 marcos?; **jdm sein Ohr** ~ prestar oído a alguien **2.** (*ent~*) tomar prestado (*von* de); **ich habe mir von ihm einen Pulli geliehen** tomé prestado un jersey suyo

Leihfrist *f* <-, -en> plazo *m* de préstamo; **Leihgabe** *f* <-, -n> préstamo *m;* **Leihgebühr** *f* <-, -en> alquiler *m,* flete *m Am;* **Leihhaus** *nt* <-es, -häuser> monte *m* de piedad, agencia *f Chil;* **Leihkapital** *nt* <-s, -e *o* -ien> capital *m* prestado; **Leihmutter** *f* <-, -mütter> madre *f* de alquiler [*o* portadora]; **Leihschein** *m* <-(e)s, -e> papeleta *f;* **Leihschwangerschaft** *f* <-, -en> (MED) embarazo *m* de madre de alquiler; **Leihstimme** *f* <-, -n> (POL) voto *m* útil; **Leihwagen** *m* <-s, -> coche *m* de alquiler

leihweise *adv* como préstamo

Leim [laɪm] *m* <-(e)s, -e> cola *f,* almidón *m Mex;* **aus dem** ~ **gehen** (*fam*) romperse; **auf den** ~ **gehen** (*fam*) caer en la trampa

leimen *vt* **1.** (*kleben*) encolar, pegar **2.** (*fam: hereinlegen*) engañar

Leimfarbe *f* <-, -n> (TECH) pintura *f* al temple

Lein [laɪn] *m* <-(e)s, -e> (BOT) lino *m*

Leine ['laɪnə] *f* <-, -n> cuerda *f;* (*Wäsche~*) cuerda *f* de tender; (*Hunde~*) correa *f;* **Hunde bitte an der** ~ **führen!** ¡lleven los perros atados, por favor!; **jdn an die** ~ **legen** (*fam*) atar (corto) a alguien; **zieh** ~**!** (*fam*) ¡lárgate!

leinen ['laɪnən] *adj* de lino

Leinen *nt* <-s, -> **1.** (*Faser*) hilaza *f;* (*Gewebe*) lino *m;* **aus** ~ de lino **2.** (*Bucheinband*) tela *f;* **in** ~ **gebunden** encuadernado en tela;

Leinenband *m* <-(e)s, -bände> (MEDIA) encuadernación *f* en tela

Leineweber(in) *m(f)* <-s, -; -, -nen> tejedor(a) *m(f)* de lienzo

Leinkraut *nt* <-(e)s, -kräuter> (BOT) linaria *f;* **Leinöl** *nt* <-(e)s, -e> aceite *m* de linaza; **Leinsaat** *f* <-, *ohne pl*>, **Leinsamen** *m* <-s, -> linaza *f;* **Leintuch** *nt* <-(e)s, -tücher> (*reg*) sábana *f*

Leinwand¹ *f* <-, -wände> **1.** (*zum Malen*) lienzo *m,* tela *f* **2.** (FILM) pantalla *f*

Leinwand² *f* <-, *ohne pl*> (*Gewebe*) tela *f* de lino

Leipzig ['laɪptsɪç] *nt* <-s> Leipzig *m*

leise ['laɪzə] **I.** *adj* **1.** (*still*) silencioso; (*Radio, Stimme*) bajo; (*Geräusch, Schritt*) ligero; **er wacht bei der ~sten Berührung auf** se despierta con el menor roce **2.** (*in Andeutungen*) vago; **ich habe nicht die ~ste Ahnung davon** no tengo ni la más remota idea de eso; **ich habe den ~n Verdacht, dass etwas nicht stimmt** tengo la ligera sospecha de que algo no funciona **II.** *adv* **1.** (*still*) sin (hacer) ruido; (*mit ~r Stimme*) en voz baja; ~ **singen** cantar en voz baja; **sprich etwas ~r!** ¡habla un poco más bajo!; **das Radio ~r stellen** bajar la radio **2.** (*sanft*) suavemente

Leisetreter(in) *m(f)* <-s, -; -, -nen> (*fam*) mosca *f* muerta

Leiste ['laɪstə] *f* <-, -n> **1.** (*Rand~*) filete *m;* (*Fuß~*) zócalo *m,* rodapié *m;* (*Zier~*) listel *m* **2.** (ANAT) ingle *f*

leisten ['laɪstən] *vt* **1.** (*tun, schaffen*) hacer; (*hervorbringen*) producir; **er hat gute Arbeit geleistet** hizo un buen trabajo **2.** (*Maschine, Motor*) rendir **3.** (*Hilfe, Eid*) prestar; (*Zahlung*) efectuar; **eine Unterschrift** ~ firmar algo; **Widerstand** ~ oponer resistencia; **jdm gute Dienste** ~ prestar(le) un buen servicio a alguien; **jdm Gesellschaft** ~ hacer compañía a alguien **4.** (*fam: sich gönnen*) comprar(se); **sich** *dat* **etw** ~ **können** poder permitirse algo; **das kann ich mir nicht** ~ no me lo puedo permitir **5.** (*Frechheit*) permitir(se); (*Fehler*) cometer; **da hast du dir ja 'was geleistet!** ahí has metido bien la pata

Leisten ['laɪstən] *m* <-s, -> horma *f;* **alles über einen ~ schlagen** (*reg: fam*) medirlo todo con la misma vara; **Schuster, bleib bei deinen ~** zapatero a tus zapatos

Leistenbruch *m* <-(e)s, -brüche> (MED) hernia *f* inguinal; **Leistengegend** *f* <-, -en> (ANAT) región *f* inguinal

Leistung¹ *f* <-, *ohne pl*> (*Ausführung*) ejecución *f;* (*Bezahlung*) pago *m*

Leistung² *f* <-, -en> **1.** (SPORT: *das Geleistete*) rendimiento *m;* (*Arbeit*) trabajo *m;* (*Ergebnis*) resultado *m;* **eine große ~ vollbringen** conseguir un resultado excelente; **seine schulischen ~en haben nachgelassen** su rendimiento escolar ha disminuido; **die Bezahlung erfolgt nach ~** se paga a destajo **2.** (*von Maschine, Fabrik*) prestación *f,* capacidad *f* de producción; (*von Motor*) potencia *f* **3.** (*Wirksamkeit*) eficacia *f* **4.** (*Betrag*) contribución *f*

Leistungsabfall *m* <-(e)s, *ohne pl*> descenso *m* de rendimiento; **Leistungsabweichung** *f* <-, -en> variación *f* en el rendimiento; **Leistungsanstieg** *m* <-(e)s, *ohne pl*> aumento *m* de rendimiento; **Leistungsbeurteilung** *f* <-, -en> evaluación *f* del rendimiento; **leistungsbezogen** *adj* según el rendimiento; **Leistungsbilanz** *f* <-, -en> (WIRTSCH) balanza *f* de pagos por cuenta corriente; **Leistungsdruck** *m* <-(e)s, *ohne pl*> estrés *m,* stress *m;* **hohem ~ ausgesetzt sein** tener mucho stress; **Leistungserfüllung** *f* <-, -en> (JUR) cumplimiento *m* de una prestación; **Leistungsfach** *nt* <-(e)s, -fächer> *s.* **Leistungskurs;** **leistungsfähig** *adj* productivo; (*tüchtig*) eficiente; (*Motor*) potente; **Leistungsfähigkeit** *f* <-, *ohne pl*> capacidad *f* de rendimiento, eficiencia *f;* (*von Motor*) potencia *f;* (*von Fabrik*) productividad *f;* **Leistungsgesellschaft** *f* <-, -en> sociedad *f* competitiva; **Leistungsklage** *f* <-, -n> (JUR) acción *f* de condena; **Leistungskontrolle** *f* <-, -n> evaluación *f* de conocimientos; **laufende ~n** controles continuos del rendimiento; **Leistungskraft** *f* <-, *ohne pl*> (capacidad *f* de) rendimiento *m;* **Leistungskriterium** *nt* <-s, -kriterien> criterio *m* de rendimiento; **Leistungskurs** *m* <-es, -e> (SCH) asignatura *f* principal, ≈optativa *f;* **Leistungsminderung** *f* <-, -en> (WIRTSCH) disminución *f* de rendimiento; **Leistungsnachweis** *m* <-es, -e> (SCH, UNIV) certificado *m;* **leistungsorientiert** *adj* **1.** (*leistungsgerecht*) según el rendimiento; **~e Bezahlung** honorarios según rendimiento **2.** (*Leistung fördernd*) orientado al rendimiento; **unser Schulwesen ist sehr ~** nuestro sistema educativo se orienta mucho al rendimiento; **Leistungsort** *m* <-(e)s, -e> (JUR) lugar *m* de cumplimiento; **Leistungsprinzip** *nt* <-s, *ohne pl*> (WIRTSCH) principio *m* de rendimiento; **Leistungsprüfung** *f* <-, -en> **1.** (SCH) control *m* (del rendimiento) **2.** (SPORT) control *m* del rendimiento [*o* del estado de forma] **3.** (AGR) ensayo *m* de rendimiento; **Leistungsration** *f* <-, -en> ración *f* de rendimiento; **leistungsschwach** *adj* de bajo rendimiento; **Leistungssport** *m* <-(e)s, -e> deporte *m* de competición; **leistungsstark** *adj* potente, de alto rendimiento; **Leistungsvergleich** *m* <-(e)s, -e> comparación *f* de rendimientos; **Leistungsvermögen** *nt* <-s, *ohne pl*> (WIRTSCH) capacidad *f* de rendimiento; **Leistungszulage** *f* <-, -n> (WIRTSCH) prima *f* por rendimiento

Leitantrag *m* <-(e)s, -träge> (POL) solicitud *f* directriz; **Leitartikel** *m* <-s, -> (PUBL) editorial *m;* **Leitartikler(in)** [-artɪklɐ] *m(f)* <-s, -; -, -nen> editorialista *mf;* **Leitbe-**

trieb *m* <-(e)s, -e> (WIRTSCH: *in der ehemaligen DDR*) empresa *f* dirigente; **Leitbild** *nt* <-(e)s, -er> ideal *m,* modelo *m*

leiten ['laɪtən] *vt* **1.** (*verantwortlich ~*) dirigir; (*Vorsitz haben*) presidir; (*Diskussion*) moderar **2.** (*führen*) conducir, llevar; (*um~*) desviar; **etw an die zuständige Stelle** ~ mandar algo a la instancia correspondiente; **etw in die Wege** ~ iniciar los trámites de algo; **sich von etw** *dat/***jdm** ~ **lassen** dejarse llevar por algo/alguien; **Gas/Öl/Strom/Wärme** ~ conducir gas/petróleo/electricidad/calor

leitend *adj* **1.** (*führend*) director, dirigente; **~e Position** cargo dirigente; **~er Arzt** médico-jefe *m;* **~er Angestellter** miembro de la directiva; **der ~e Gedanke** la idea central **2.** (PHYS) conductor; **nicht** ~ no conductor

Leiter[1] *f* <-, -n> escalera *f;* (*Steh~*) escalera *f* de tijera; (*Tritt~*) escalerilla *f;* (*Strick~*) escala *f* de cuerda; **auf eine** ~ **steigen** subir a una escalera; **er ist die** ~ **hinaufgefallen** (*fig*) ha subido como la espuma

Leiter[2] *m* <-s, -> (PHYS, TECH) conductor *m;* **Metall ist ein guter** ~ el metal es un buen conductor

Leiter(in)[3] ['laɪtɐ] *m(f)* <-s, -; -, -nen> jefe, -a *m, f,* director(a) *m(f);* (*Kurs~*) profesor(a) *m(f);* **kaufmännische/technische ~in** directora comercial/técnica; **~in der PR-Abteilung** directora del departamento de relaciones públicas; **der** ~ **der Diskussion** el moderador del debate

Leiterplatte *f* <-, -n> (PHYS, TECH) placa *f* conductora

Leitersprosse *f* <-, -n> peldaño *m,* escalón *m;* **Leiterwagen** *m* <-s, -> carro *m* de adrales

Leitfaden *m* <-s, -fäden> manual *m;* **leitfähig** *adj* (PHYS) conductivo; ~ **sein** ser conductivo; **Leitfähigkeit** *f* <-, *ohne pl*> (PHYS: *für Wärme*) conductibilidad *f;* (*für Strom*) conductividad *f;* **Leitfiliale** *f* <-, -n> sucursal *f* principal; **Leitgedanke** *m* <-ns, -n> idea *f* central; **Leithammel** *m* <-s, -> **1.** (*von Herde*) (carnero *m*) manso *m* **2.** (*abw: Anführer*) cabecilla *mf;* **Leitlinie** *f* <-, -n> **1.** (*Grundsatz*) pauta *f,* línea *f* directriz **2.** (MATH) directriz *f;* **Leitmotiv** *nt* <-s, -e> motivo *m* principal, leitmotiv *m;* **Leitplanke** *f* <-, -n> valla *f* protectora; **Leitsatz** *m* <-es, -sätze> principio *m,* axioma *m;* **Leitseite** *f* <-, -n> (INFOR, TEL) página *f* de presentación; **Leitspruch** *m* <-(e)s, -sprüche> lema *m;* **Leitstelle** *f* <-, -n> central *f;* **Leitstern** *m* <-(e)s, -e> (*fig*) norte *m;* **Leittier** *nt* <-(e)s, -e> (ZOOL) guía *mf,* líder *mf*

Leitung[1] *f* <-, -en> **1.** (*Rohr~*) conducción *f,* tuberías *fpl;* (*Wasser~*) cañerías *fpl* **2.** (ELEK, TEL) línea *f;* (*Kabel*) cable *m;* **die** ~ **ist frei/besetzt** la línea está libre/ocupada; **die** ~ **ist gestört** hay interferencias; **es ist jemand in der** ~ (*fam*) hay alguien en la línea; **eine lange** ~ **haben** (*fam*) tener malas entendederas **3.** (*Führungsgruppe*) junta *f* directiva

Leitung[2] *f* <-, *ohne pl*> (*Führung*) dirección *f;* (*Geschäfts~*) gerencia *f;* (*Vorsitz*) presidencia *f;* **unter der** ~ **von ...** bajo la dirección de...; **unter neuer** ~ bajo nuevo mando; **wer hat hier die ~?** ¿quién es el responsable?

Leitungsapparat *m* <-(e)s, -e> aparato *m* directivo; **Leitungsaufgabe** *f* <-, -n> función *f* directiva; **Leitungsebene** *f* <-, -n> nivel *m* directivo; **Leitungskabel** *nt* <-s, -> (ELEK) cable *m* conductor; **Leitungsmast** *m* <-(e)s, -e(n)> (ELEK) poste *m* de conducción eléctrica [*o* de electricidad]; **Leitungsnetz** *nt* <-es, -e> **1.** (ELEK) red *f* de distribución **2.** (*von Rohrleitungen*) red *f* de cañerías; **Leitungsrohr** *nt* <-(e)s, -e> conducto *m,* tubo *m;* **Leitungsstab** *m* <-(e)s, -stäbe> equipo *m* directivo; **Leitungswasser** *nt* <-s, *ohne pl*> agua *f* del grifo; **Leitungswiderstand** *m* <-(e)s, -stände> (PHYS, ELEK) resistencia *f;* **spezifischer** ~ resistencia específica

Leitwährung *f* <-, -en> (WIRTSCH) dinero *m* patrón; **Leitwerk** *nt* <-(e)s, -e> **1.** (AERO) empenaje *m,* planos *mpl* de estabilización **2.** (INFOR) mecanismo *m* de control

Leitzins *m* <-es, -en> (WIRTSCH) interés *m* básico; **Leitzinsanhebung** *f* <-, -en> (FIN) aumento *m* del interés básico

Lektion [lɛk'tsjo:n] *f* <-, -en> lección *f;* **jdm eine** ~ **erteilen** dar una lección a alguien

Lektor(in) ['lɛkto:ɐ] *m(f)* <-s, -en; -, -nen> (*Verlag, a.* SCH, UNIV) lector(a) *m(f)*

Lektorat [lɛkto'ra:t] *nt* <-(e)s, -e> (SCH, UNIV) lectorado *m*

Lektorin *f* <-, -nen> *s.* **Lektor**

Lektüre [lɛk'ty:rə] *f* <-, *ohne pl*> lectura *f*

Lemma ['lɛma] *nt* <-s, -ta> (LING) lema *m*

Lemming ['lɛmɪŋ] *m* <-s, -e> lemming *m;* **wie die ~e** como las ovejas

Lende ['lɛndə] *f* <-, -n> **1.** (ANAT) región *f* lumbar **2.** (*beim Schlachtvieh*) lomo *m;* **Lendenbraten** *m* <-s, -> (GASTR) lomo *m* asado; **Lendengegend** *f* <-, -en> (ANAT) región *f* lumbar; **Lendenschurz** [-ʃʊrts] *m* <-es, -e> taparrabos *m inv;* **Lendenstück** *nt* <-(e)s, -e> (GASTR) solomillo *m;* **Lendenwirbel** *m* <-s, -> (ANAT) vértebra *f* lumbar; **Lendenwirbelsäule** *f* <-, -n> (MED) columna *f* lumbar

Leninismus [leni'nɪsmʊs] *m* <-, *ohne pl*> (POL) leninismo *m*

lenkbar *adj* **1.** (*Gegenstände*) dirigible, conducible **2.** (*Menschen*) dócil, obediente

lenken ['lɛŋkən] *vt* **1.** (*Fahrzeug*) conducir, manejar *Am;* (*Schiff*) gobernar; (*Flugzeug*) pilotar **2.** (*führen*) dirigir, conducir; (*Staat*) gobernar **3.** (*steuern*) dirigir; (*in bestimmte Richtung*) encauzar; **seine Schritte heimwärts** ~ ponerse en camino [*o* encaminarse a] hacia casa; **ein Gespräch auf ein anderes Thema** ~ llevar una conversación por otros derroteros; **die Aufmerksamkeit auf sich** ~ dirigir la atención sobre sí mismo; **den Verdacht auf jdn** ~ dirigir las sospechas hacia alguien; **jds Blicke auf sich** ~ atraer las miradas de alguien (sobre sí)

Lenker[1] *m* <-s, -> (AUTO) volante *m;* (*am Fahrrad*) manillar *m,* manubrio *m Arg*

Lenker(in)[2] *m(f)* <-s, -; -, -nen> conductor(a) *m(f)*

Lenkflugkörper *m* <-s, -> mísil *m* teledirigido; **Lenkgeschoss**[RR] *nt* <-es, -e> proyectil *m* teledirigido

Lenkrad *nt* <-(e)s, -räder> volante *m,* guía *f PRico;* **Lenkradschaltung** *f* <-, -en> (AUTO) cambio *m* en el volante; **Lenkradschloss**[RR] *nt* <-es, -schlösser> (AUTO) cierre *m* antirrobo; **Lenkradsperre** *f* <-, -n> (AUTO) bloqueo *m* del volante

lenksam *adj* dócil, obediente

Lenkstange *f* <-, -n> manillar *m*

Lenkung[1] *f* <-, -en> (AUTO) dirección *f*

Lenkung[2] *f* <-, *ohne pl*> (*das Lenken*) conducción *f,* manejo *m;* (*eines Staates*) gobierno *m*

Lenz [lɛnts] *m* <-es, -e> (*geh*) primavera *f;* **sie zählt siebzehn ~e** una muchacha de diecisiete abriles; **sich** *dat* **einen schönen ~ machen** (*fam abw*) no dar palo (al agua)

lenzen ['lɛntsən] *vt* (NAUT) achicar

Lenzpumpe *f* <-, -n> (NAUT) bomba *f* de achique

Leopard [leo'part] *m* <-en, -en> (ZOOL) leopardo *m*

Lepra ['le:pra] *f* <-, *ohne pl*> lepra *f;* **Leprakranke(r)** *mf* <-n, -n; -n, -n> leproso, -a *m, f;* **Leprastation** *f* <-, -en> (MED) unidad *f* de leprosos

lepros *adj,* **leprös** *adj* leproso

Lerche ['lɛrçə] *f* <-, -n> (ZOOL) alondra *f*

lernbar *adj* que se puede aprender; **dieses Lied ist leicht** ~ esta canción es fácil de aprender

lernbegierig *adj* aplicado, dedicado al estudio; **lernbehindert** *adj* impedido para aprender; **Lerneifer** *m* <-s, *ohne pl*> aplicación *f;* **lerneifrig** *adj* dedicado al estudio, aplicado

lernen ['lɛrnən] **I.** *vi* **1.** (*Erfahrung sammeln*) aprender (*aus* de); **aus seinen Fehlern** ~ aprender de sus errores **2.** (*Wissen aneignen*) estudiar; **sie lernt gerne** le gusta estudiar; **ich muss noch für die Prüfung** ~ aún tengo que estudiar para el examen **II.** *vt* **1.** (*Sprache*) estudiar, aprender; (*Fertigkeit*) aprender (*von* de); **Schreibmaschine/Spanisch** ~ aprender mecanografía/español; **etw auswendig** ~ aprender algo de memoria; **Autofahren** ~ aprender a conducir, aprender a manejar *Am;* **schwimmen/tanzen** ~ aprender a nadar/a bailar; **mancher lernt's nie!** ¡hay quien no lo aprende nunca!; **gelernt ist gelernt** lo aprendido queda para siempre; **das will gelernt sein!** ¡espera que lo aprendas!; **von dem kannst du noch etwas** ~ éste te puede servir de ejemplo; **der wird's nie** ~! ¡no aprenderá en la vida! **2.** (*Beruf, Handwerk*) aprender (para); (*einzelner Beruf*) estudiar (para); **er lernt Schreiner** hace el aprendizaje para carpintero, está aprendiendo para carpintero; **was haben Sie gelernt?** ¿qué oficio tiene Ud.?

Lerner(in) *m(f)* <-s, -; -, -nen> (LING) persona *f* que aprende un idioma

lernfähig *adj* capaz de aprender; **Lernfahrausweis** *m* <-es, -e> (*Schweiz*) *permiso concedido durante el período de aprendizaje para conducir acompañado de otro conductor experimentado*

Lernmittel *nt* <-s, -> material *m* didáctico; **Lernmittelfreiheit** *f* <-, *ohne pl*> (SCH) gratuidad *f* de los libros escolares

Lernprogramm *nt* <-s, -e> (INFOR) programa *m* tutor; **Lernprozess**[RR] *m* <-es, -e> proceso *m* de aprendizaje; **Lernschwester** *f* <-, -n> (MED) enfermera *f* en prácticas; **Lernsoftware** *f* <-, -s> (INFOR) *s.* **Lernprogramm; Lernziel** *nt* <-(e)s, -e> objetivo *m* del aprendizaje

Lesart ['le:sʔa:ɐt] *f* <-, -en> **1.** (*Fassung*) versión *f;* (*andere* ~) variante *f* **2.** (*Deutung*) versión *f*

lesbar *adj* legible, leíble

Lesbarkeit *f* <-, *ohne pl*> legibilidad *f*

Lesbe ['lɛsbə] *f* <-, -n>, **Lesbierin** ['lɛsbiəri:n] *f* <-, -nen> lesbiana *f,* tortillera *f fam*

lesbisch *adj* lésbico, lesbio

Lese ['le:zə] *f* <-, -n> cosecha *f;* (*Wein~*) vendimia *f*

Lesebrille *f* <-, -n> gafas *fpl* para leer; **Lesebuch** *nt* <-(e)s, -bücher> libro *m* de lectura; **Leseecke** *f* <-, -n> rincón *m* para la lectura; **Lesegerät** *nt* <-(e)s, -e> (INFOR) dispositivo *m* de lectura; **Lesekopf** *m* <-(e)s, -köpfe> (INFOR) cabeza *f* de lectura; **Leselampe** *f* <-, -n> lámpara *f* para lectura

lesen ['le:zən] <liest, las, gelesen> **I.** *vi* **1.** (*allgemein*) leer; ~ **lernen** aprender a leer; **fließend** ~ leer de corrido; **er liest aus seinen Werken** lee fragmentos de sus obras; **ich lese an einem Roman von Allende** estoy leyendo una novela de Allende; **jdm aus der Hand** ~ leer(le) a alguien la mano **2.** (UNIV) dar clase (*über* de) **II.** *vt* **1.** (*allgemein*) leer; (*Messe*) celebrar; **Zeitung** ~ leer el periódico; **die Schrift ist kaum zu** ~ la letra apenas se puede leer; **in der Zeitung ist zu ~, dass ...** en el periódico pone que...; **jds Gedanken** ~ leer el pensamiento de alguien; **aus seinen Zeilen las sie einen Vorwurf** descubrió [*o* adivinó] un reproche entre sus líneas; **in ihrem Gesicht war Verärgerung zu** ~ su rostro reflejaba enfado, se le veía el enfado en la cara **2.** (*ernten*) cosechar, (re)coger; **Trauben** ~ vendimiar; **Raupen von befallenen Bäumen** ~ limpiar de orugas los árboles atacados

lesenswert *adj* que vale la pena leer, digno

de leer

Leseprobe *f* <-, -n> **1.** (LIT) muestra *f* de lectura **2.** (THEAT) lectura *f* de pieza de teatro

Leser(in) *m(f)* <-s, -; -, -nen> lector(a) *m(f)*

Leseratte *f* <-, -n> (*fam*) ratón *m* de biblioteca

Leserbrief *m* <-(e)s, -e> carta *f* al director

Leserin *f* <-, -nen> *s.* **Leser**

Leserkreis *m* <-es, -e> círculo *m* de lectores

leserlich *adj* legible; **gut ~** legible, que se lee bien; **gut ~e Schrift** letra clara

Leserlichkeit *f* <-, *ohne pl*> legibilidad *f*

Leserschaft *f* <-, -en> lectores *mpl*

Lesesaal *m* <-(e)s, -säle> sala *f* de lectura

Lese-Schreib-Kopf *m* <-(e)s, -Köpfe> (TECH) cabezal *m* lector-grabador

Leseschwäche *f* <-, -n> deficiencia *f* en la lectura; **Lesespeicher** *m* <-s, -> (INFOR) memoria *f* ROM; **Lesestift** *m* <-(e)s, -e> (INFOR) varilla *f* OCR; **Lesestoff** *m* <-(e)s, -e> lectura *f*, libros *mpl;* **Lesestück** *nt* <-(e)s, -e> texto *m;* **Lesezeichen** *nt* <-s, -> señal *f* de lectura; **Lesezirkel** *m* <-s, -> círculo *m* de lectores; **Lesezugriff** *m* <-(e)s, -e> (INFOR) acceso *m* de sólo lectura

Lesung *f* <-, -en> (*a.* POL) lectura *f*

letal [le'taːl] *adj* (MED) letal, mortal

Lethargie [letar'giː] *f* <-, *ohne pl*> letargo *m*

lethargisch [le'targɪʃ] *adj* letárgico

Lette, -in ['lɛtə] *m, f* <-n, -n; -, -nen> letón, -ona *m, f*

Letter ['lɛtɐ] *f* <-, -n> **1.** (*Druckbuchstabe*) letra *f* de molde [*o* de imprenta] **2.** (TYPO) tipo *m* (de imprenta)

Lettin *f* <-, -nen> *s.* **Lette**

lettisch *adj* letón

Lettland *nt* <-s> Letonia *f*

Letzt [lɛtst] *f*: **zu guter ~** al final [*o* por último]

letzte(r, s) *adj* **1.** (*in Reihenfolge*) último; (*abschließend*) final; **L~r werden** quedar el último; **als L~r ankommen/weggehen/fertig werden** llegar/salir/terminar el último; **als L~ ankommen** llegar la última; **auf dem ~n Platz liegen** estar en último lugar; **du bist der L~, dem ich es sagen würde** eres el último a quien se lo diría; **dies ist mein ~s Geld** este es mi último dinero; **der L~ des Monats** el último día del mes; **mein ~r Wille** mi última voluntad; **die ~n Dinge** los cuatro novísimos, las postrimerías del hombre; **den L~n beißen die Hunde** (*prov*) a los últimos les toca la peor parte; **die L~n werden die Ersten sein** (*prov*) los últimos serán los primeros **2.** (*äußerste, neueste, zeitlich*) último; **in ~r Zeit** últimamente; **der ~ Schrei** el último grito; **bis aufs L~** totalmente; **etw bis ins L~ kennen** conocer algo como la palma de la mano; **bis zum L~n gehen** dar lo máximo **3.** (*schlecht*) peor; **der ~ Dreck** absoluta porquería; **er ist der ~ Mensch** él es de lo peor; **das ist doch das L~!** (*fam*) ¡es lo último [*o* el colmo]!

letztemal *adv s.* **Mal[1] 1.**

letztendlich ['-'--] *adv* a fin de cuentas, finalmente

letztens ['lɛtstəns] *adv* **1.** (*kürzlich*) hace poco (tiempo), recientemente **2.** (*zum Schluss*) por último; **drittens und ~** tercero y último

letztere(r, s) *adj* último; **ich habe L~s** [*o* **das L~**] **akustisch nicht verstanden** no he oído bien lo último

letztgenannt *adj* último (mencionado [*o* dicho]); **können Sie den ~en Namen wiederholen?** ¿puede repetir el último nombre (que ha mencionado)?

letztjährig *adj* del año pasado

letztlich *adv* por último, finalmente

letztmalig I. *adj* último **II.** *adv* por última vez

letztmöglich *adj* último posible; **der 31. März ist der ~e Termin für unseren Umzug** el 31 de marzo es el último día en que podemos hacer el traslado

letztwillig *adj* de última voluntad, testamentario; **eine ~e Verfügung** una disposición de última voluntad

Leuchtbake *f* <-, -n> baliza *f* luminosa; **Leuchtboje** *f* <-, -n> (NAUT) boya *f* luminosa; **Leuchtbombe** *f* <-, -n> (MIL) bomba *f* luminosa; **Leuchtdiode** *f* <-, -n> diodo *m* luminoso

Leuchte ['lɔɪçtə] *f* <-, -n> **1.** (*Lampe*) lámpara *f* **2.** (*fam: kluger Mensch*) lumbrera *f*, as *m;* **er ist eine ~ in Physik** es un genio en física; **er ist keine (große) ~** (*fam*) no es precisamente una lumbrera

leuchten ['lɔɪçtən] *vi* **1.** (*Licht geben*) dar luz; (*Lampe*) estar encendido **2.** (*be~*) iluminar, dar luz; **leuchte hierher!** ¡ilumina aquí!; **leuchte einmal (mit der Lampe) in die Ecke** alumbra el rincón (con la lámpara) **3.** (*glänzen*) resplandecer; (*strahlen*) brillar; (*Farbe*) ser brillante; **ihre Augen leuchteten vor Freude** le brillaban los ojos de alegría

leuchtend *adj* luminoso; (*glänzend*) brillante, radiante; **~e Augen** ojos brillantes; **ein ~es Beispiel** un ejemplo magnífico; **etw in den ~sten Farben darstellen** pintar algo de color de rosa

Leuchter *m* <-s, -> (*Kerzen~*) candelabro *m;* (*Kron~*) araña *f*

Leuchtfarbe *f* <-, -n> color *m* fosforescente; **Leuchtfeuer** *nt* <-s, -> fanal *m;* **Leuchtgas** *nt* <-es, *ohne pl*> (*alt*) gas *m* ciudad; **Leuchtkäfer** *m* <-s, -> (ZOOL) luciérnaga *f*, cocuyo *m Am;* **Leuchtkraft** *f* <-, *ohne pl*> luminosidad *f;* **Leuchtkugel** *f* <-, -n> bala *f* luminosa; **Leuchtpistole** *f* <-, -n> pistola *f* de señalización; **Leuchtrakete** *f* <-, -n> cohete *m* de señalización; **Leuchtreklame** *f* <-, -n> anuncio *m* luminoso; **Leuchtschrift** *f* <-, -en> letra *f* luminosa; **Leuchtsignal** *nt* <-s, -e> señal *f* luminosa

Leuchtspurmunition *f* <-, -en> (MIL) munición *f* trazadora

Leuchtstift *m* <-(e)s, -e> marcador *m*, rotulador *m* fluorescente

Leuchtstofflampe *f* <-, -n> (ELEK) lámpara *f* fluorescente; **Leuchtstoffröhre** *f* <-, -n> (ELEK) tubo *m* fluorescente

Leuchtturm *m* <-(e)s, -türme> faro *m;* **Leuchtturmwärter(in)** *m(f)* <-s, -; -, -nen> farero, -a *m, f,* guardafaro *m*

Leuchtziffernblatt *nt* <-es, -blätter> esfera *f* luminosa

Leucin [lɔɪ'tsiːn] *nt* <-s, *ohne pl*> (CHEM) leucina *f*

leugnen ['lɔɪgnən] *vi, vt* negar, desmentir; **es ist nicht zu ~, dass ...** no se puede negar que...

Leugnung *f* <-, -en> negación *f*

Leukämie [lɔɪkɛ'miː] *f* <-, -n> (MED) leucemia *f;* **Leukämiekranke(r)** *mf* <-n, -n; -n, -n> enfermo, -a *m, f* de leucemia

leukämisch [lɔɪ'kɛːmɪʃ] *adj* (MED) leucémico; **~ sein** ser leucémico, tener leucemia

Leukoplast® [lɔɪko'plast] *nt* <-(e)s, -e> esparadrapo *m*

Leukozyt [lɔɪko'tsyːt] *m* <-en, -en> (MED) leucocito *m;* **Leukozytenzahl** *f* <-, -en> (MED) número *m* de leucocitos

Leumund *m* <-e(s), *ohne pl*> reputación *f;* **Leumundszeugnis** ['lɔɪmʊnts-] *nt* <-ses, -se> certificado *m* de conducta

Leute ['lɔɪtə] *pl* gente *f;* **arme/reiche ~** gente pobre/rica; **es waren kaum ~ da** no había casi nadie; **es waren ungefähr 30 ~ da** había unas 30 personas; **etw unter die ~ bringen** (*fam*) divulgar algo; **etw kommt unter die ~** algo circula; **du solltest mal wieder unter die ~ gehen** deberías tratar con gente; **ich kenne meine ~** conozco a mi gente; **die kleinen ~** la gente de la calle; **das sind nicht die richtigen ~ dafür** no es la gente adecuada para esto; **was sollen die ~ denken?** (*fam*) ¿qué va a pensar la gente?

Leuteschinder(in) *m(f)* <-s, -; -, -nen> (*abw*) negrero, -a *m, f fam*

Leutnant ['lɔɪtnant] *m* <-s, -s> (MIL) subteniente *m;* **~ zur See** alférez de fragata

leutselig ['lɔɪtzeːlɪç] *adj* campechano

Leutseligkeit *f* <-, *ohne pl*> amabilidad *f,* simpatía *f*

Level ['lɛvəl] *m* <-s, -s> (*geh*) rango *m,* nivel *m*

Leviten [le'viːtən] *pl* (*fam*): **jdm die ~ lesen** leer a alguien la cartilla, cantar a alguien las cuarenta

Lex [lɛks, *pl:* 'leːgeːs] *f* <-, Leges> (POL): **die ~ ...** la ley...

Lexem [lɛ'kseːm] *nt* <-s, -e> (LING) lexema *m*

Lexika *pl von* **Lexikon**

lexikalisch [lɛksi'kaːlɪʃ] *adj* **1.** (*das Lexikon betreffend*) enciclopédico, relativo [*o* perteneciente] al diccionario **2.** (LING) lexicológico

Lexiken *pl von* **Lexikon**

Lexikograf(in)RR *m(f)* <-en, -en; -, -nen> *s.* **Lexikograph**

LexikografieRR *f* <-, *ohne pl*> *s.* **Lexikographie**

LexikografinRR *f* <-, -nen> *s.* **Lexikograph**

lexikografischRR *adj o adv s.* **lexikographisch**

Lexikograph(in) [lɛksiko'graːf] *m(f)* <-en, -en; -, -nen> lexicógrafo, -a *m, f*

Lexikographie [lɛksikogra'fiː] *f* <-, *ohne pl*> lexicografía *f*

Lexikographin *f* <-, -nen> *s.* **Lexikograph**

lexikographisch **I.** *adj* lexicográfico **II.** *adv* en [*o* de] la lexicografía; **sie ist schon lange ~ tätig** ya hace tiempo que trabaja en lexicografía

Lexikologe, -in *m, f* <-n, -n; -, -nen> (LING) lexicólogo, -a *m, f*

Lexikologie [lɛksikolo'giː] *f* <-, *ohne pl*> (LING) lexicología *f*

Lexikologin *f* <-, -nen> *s.* **Lexikologe**

Lexikon ['lɛksikɔn] *nt* <-s, Lexika *o* Lexiken> enciclopedia *f;* **frag ihn, er ist ein wandelndes ~** pregúntale a él, es una enciclopedia viviente

lfd. *Abk. von* **laufend** en curso

Li (CHEM) *Abk. von* **Lithium** Li

Liaison [ljɛ'zõː] *f* <-, -s> **1.** (*geh: Liebesverhältnis*) relaciones *fpl* amorosas ilícitas, lío *m* (amoroso) **2.** (LING) enlace *m*

Liane [li'aːnə] *f* <-, -n> liana *f*

Libanese, -in [liba'neːzə] *m, f* <-n, -n; -, -nen> libanés, -esa *m, f*

libanesisch *adj* libanés

Libanon ['liːbanɔn] *m* <-s> (el) Líbano *m*

Libelle [li'bɛlə] *f* <-, -n> **1.** (ZOOL) libélula *f,* aguacil *m CSur* **2.** (*an Wasserwaage*) nivel *m* de burbuja

liberal [libe'raːl] *adj* liberal; **er ist ~ eingestellt** es (de orientación) liberal

Liberale(r) *mf* <-n, -n; -n, -n> liberal *mf*

liberalisieren* [liberali'ziːrən] *vt* liberalizar

Liberalisierung *f* <-, -en> liberalización *f*

Liberalismus [libera'lɪsmʊs] *m* <-, *ohne pl*> liberalismo *m*

Liberia [li'beːria] *nt* <-s> Liberia *f*

Liberianer(in) [liberi'aːnɐ] *m(f)* <-s, -; -, -nen> liberiano, -a *m, f*

liberianisch *adj* liberiano

Libero ['liːbero] *m* <-s, -s> (*Fußball*) líbero *m*

Libido [li'biːdo, '---] *f* <-, *ohne pl*> (PSYCH) libido *f;* **Libidostörung** *f* <-, -en> (MED) perturbación *f* de la libido

Libretti *pl von* **Libretto**

Librettist(in) [librɛ'tɪst] *m(f)* <-en, -en; -, -nen> (MUS) libretista *mf*

Libretto [li'brɛto, *pl:* li'brɛti] *nt* <-s, Libretti *o* -s> (MUS) libreto *m*

Libyen ['liːbyən] *nt* <-s> Libia *f*

Libyer(in) *m(f)* <-s, -; -, -nen> libio, -a *m, f*

libysch ['liːbʏʃ] *adj* libio

lic. (*Schweiz*) *Abk. von* **Lizenziat(in)** ≈doctor

en teología

licht [lɪçt] *adj* 1.(*geh: hell*) claro, luminoso; **am ~en Tag** en pleno día; **einen ~en Moment haben** tener un momento de lucidez 2.(*Haar*) ralo 3.(TECH) interior; **~e Höhe/Weite** altura/diámetro interior

Licht[1] [lɪçt] *nt* <-(e)s, -er> luz *f;* **das ~ anmachen/ausmachen** encender/apagar la luz; **jdm im ~ stehen** quitar a alguien la luz; **bei ~ betrachtet** mirándolo bien; **wo ~ ist, ist auch Schatten** (*prov*) no hay medalla sin reverso; **das ~ der Welt erblicken** (*geh*) venir al mundo, ver la luz; **das ~ der Öffentlichkeit scheuen** evitar la publicidad; **er ist kein großes ~** (*fam*) no es una lumbrera; **sein ~ unter den Scheffel stellen** quitarse méritos; **~ in eine Sache bringen** aclarar un asunto; **etw ans ~ bringen** sacar algo a la luz; **für etw grünes ~ geben** (*fig*) dar luz verde a algo, dar el okey a algo *Am;* **etw ins rechte ~ rücken** poner algo de relieve; **so erscheint die Sache in einem (ganz) anderen ~** viéndolo de esta manera la cosa cambia mucho; **das wirft ein schiefes ~ auf sein Verhalten** eso supone una tacha en su comportamiento; **jdn hinters ~ führen** engañar a alguien; **das ewige ~** (REL) la luminaria

Licht[2] *nt* <-(e)s, -e *o* -er> (*Kerze*) luz *f,* candela *f*

Lichtanlage *f* <-, -n> (ELEK) instalación *f* del alumbrado; **lichtarm** *adj* de luz pobre; **lichtbeständig** *adj s.* **lichtecht**

Lichtbild *nt* <-(e)s, -er> (*formal*) foto(grafía) *f;* **Lichtbildervortrag** *m* <-(e)s, -träge> conferencia *f* con diapositivas

Lichtblick *m* <-(e)s, -e> rayo *m* de esperanza

Lichtbogen *m* <-s, -bögen> (TECH) arco *m* voltaico; **Lichtbogenschweißung** *f* <-, -en> (TECH) soldadura *f* por arco voltaico

Lichtbrechung *f* <-, -en> (PHYS) refracción *f* de la luz; **Lichtbündel** *nt* <-s, -> (PHYS) haz *m* de rayos de luz

Lichtdruck[1] *m* <-(e)s, *ohne pl*> (PHYS) presión *f* lumínica

Lichtdruck[2] *m* <-(e)s, -e> (TYPO) fototipia *f*

lichtdurchlässig *adj* transparente; **lichtecht** *adj* resistente [*o* insensible] a la luz; **Lichteffekt** *m* <-(e)s, -e> (PHYS) efecto *m* de la luz; **Lichteinfall** *m* <-(e)s, *ohne pl*> (PHYS) incidencia *f* de la luz; **Lichteinwirkung** *f* <-, -en> (PHYS, TECH) influjo *m* de la luz, efecto *m* de la luz; **lichtempfindlich** *adj* 1.(*Haut*) sensible a la luz 2.(FOTO) fotosensible

lichten ['lɪçtən] I. *vt* 1.(*Wald*) aclarar 2.(NAUT): **die Anker ~** levar anclas II. *vr:* **sich ~** (*Nebel, Wolken*) disiparse; (*Bestände*) disminuir; (*Haare*) ralear; (*Angelegenheit*) aclarar; **die Reihen ~ sich** las filas se ven diezmadas

Lichterbaum *m* <-(e)s, -bäume> árbol *m* de Navidad (adornado con velas); **Lichterglanz** *m* <-es, *ohne pl*> resplandor *m* (de las luces); **der Festsaal erstrahlte in hellem ~** la sala de fiestas resplandecía llena de luces; **Lichterkette** *f* <-, -n> (POL) *cadena humana con velas en signo de protesta;* **lichterloh** ['lɪçte'lo:] *adv:* **~ brennen** arder en llamas; **Lichtermeer** *nt* <-(e)s, -e> mar *m* de luces

Lichtfilter *m o nt* <-s, -> (FOTO) filtro *m* de luz; **Lichtfleck** *m* <-(e)s, -e> punto *m* de luz, mancha *f* luminosa; **Lichtgeschwindigkeit** *f* <-, *ohne pl*> velocidad *f* de la luz; **Lichtgriffel** *m* <-s, -> (INFOR) lápiz *m* óptico; **Lichthof** *m* <-(e)s, -höfe> 1.(ARCHIT) patio *m* de luces 2.(ASTR) halo *m;* **Lichthupe** *f* <-, -n> avisador *m* luminoso; **Lichtjahr** *nt* <-(e)s, -e> (ASTR) año *m* luz; **Lichtkegel** *m* <-s, -> (PHYS) cono *m* de luz; **im ~ stehen/erscheinen** estar/aparecer en medio del haz de luz (de un foco); **Lichtmangel** *m* <-s, *ohne pl*> falta *f* de luz solar; **aus ~** por falta de luz; **Lichtmaschine** *f* <-, -n> (AUTO) dínamo *f;* **Lichtmast** *m* <-(e)s, -en> poste *m* de la luz

Lichtmess[RR] ['lɪçtmɛs] *ohne art inv,* **Lichtmeß** *ohne art inv* (REL) (fiesta *f* de la) candelaria *f*

Lichtmesser *m* <-s, -> (PHYS) fotómetro *m;* **Lichtorgel** *f* <-, -n> batería *f* (de luces); **Lichtpause** *f* <-, -n> (TECH) heliograbado *m,* heliografía *f;* **Lichtquelle** *f* <-, -n> fuente *f* de luz, foco *m* luminoso; **Lichtreklame** *f* <-, -n> publicidad *f* luminosa; **Lichtsatz** *m* <-es, *ohne pl*> (TYPO) fotocomposición *f;* **Lichtschacht** *m* <-(e)s, -schächte> pozo *m* de luz; **Lichtschalter** *m* <-s, -> interruptor *m* de la luz, llave *f* de la luz; **Lichtschein** *m* <-(e)s, *ohne pl*> reflejo *m* de luz; **lichtscheu** *adj* que huye a la luz; **~es Gesindel** gentuza *f,* chusma *f;* **Lichtschranke** *f* <-, -n> barrera *f* de luz

Lichtschutzfaktor *m* <-s, -en> factor *m* de protección solar

Lichtsignal *nt* <-s, -e> señal *f* óptica

Lichtspielhaus *nt* <-es, -häuser> (*alt*), **Lichtspieltheater** *nt* <-s, -> (*alt*) cinematógrafo *m*

lichtstark *adj* (FOTO) de gran intensidad luminosa, muy luminoso; **Lichtstärke** *f* <-, -n> (PHYS) intensidad *f* de la luz; **Lichtstift** *m* <-(e)s, -e> (INFOR, TECH) lápiz *m* luminoso; **Lichtstrahl** *m* <-(e)s, -en> rayo *m* de luz; **lichtundurchlässig** *adj* (PHYS) opaco

Lichtung *f* <-, -en> (*im Wald*) calvero *m,* abra *f CSur, Mex,* abierto *m Kol*

Lichtverhältnisse *ntpl* condiciones *fpl* luminosas; **Lichtwelle** *f* <-, -n> (PHYS) onda *f* luminosa

Lid [li:t] *nt* <-(e)s, -er> párpado *m;* **Lidschatten** *m* <-s, -> sombra *f* de ojos; **Lidstift** *m* <-(e)s, -e> lápiz *m* de ojos; **Lidstrich** *m* <-(e)s, -e> raya *f* con el lápiz de ojos; **Lidverletzung** *f* <-, -en> (MED) lesión *f* del párpado

lieb [li:p] *adj* **1.** (*geliebt*) querido; **das ist mir ~ und teuer** esto me es muy querido; **~e Mitbürger/Freunde** queridos conciudadanos/amigos; **~e Maria/Frau X** querida María/señora X; **meine L~e, du L~** querida mía; **mein L~es** cariño mío; **das ~e Geld!** el maldito dinero; **jdn ~ gewinnen** tomarle cariño a alguien; **~ gewordene Menschen verlassen** abandonar a personas a las que se les había tomado (mucho) cariño; **~ gewordene Gewohnheiten aufgeben** dejar las costumbres favoritas; **jdn ~ haben** querer a alguien, tenerle cariño a alguien **2.** (*liebenswürdig*) amable; (*nett*) simpático; **viele ~e Grüße sendet dir ...** muchos saludos cariñosos te manda...; **es ist ~ von dir, dass du mir hilfst** es muy amable de tu parte el ayudarme **3.** (*brav*) bueno; **sei so ~ und mach das Fenster auf** ¡sé bueno y abre la ventana!; **sich bei jdm ~ Kind machen** (*fam*) hacer la pelota a alguien **4.** (*angenehm*) agradable; **es wäre mir ~, wenn ...** me gustaría que... +*subj;* **am ~sten würde ich jetzt schwimmen gehen** lo que más me gustaría hacer ahora sería ir a nadar; **den ~en langen Tag** (*fam*) todo el santo día; **ach du ~er Himmel!** (*fam*) ¡por el amor de Dios!; **ach du ~e Güte** [*o* **Zeit**]**!** ¡Dios mío!, ¡por Dios!

liebäugeln ['li:pʔɔɪɡəln] *vi:* **mit jdm ~** poner ojitos a alguien; (*fig*) echar el ojo a alguien; **mit etw** *dat* **~** acariciar la idea [*o* el proyecto] de +*inf*

Liebchen ['li:pçən] *nt* <-s, -> (*alt: Kosename*) cielo *m,* cariño *m*

Liebe ['li:bə] *f* <-, *ohne pl*> (*allgemein*) amor *m;* (*Zuneigung*) cariño *m;* **aus ~ zu ...** por amor a...; **Heirat aus ~** casamiento por amor; **in ~** con cariño; **~ auf den ersten Blick** amor a primera vista; **bei aller ~, aber ...** sintiéndolo mucho, pero...; **~ macht blind** el amor es ciego; **käufliche ~** amor que se compra; **mit jdm ~ machen** (*fam*) hacer el amor con alguien; **er/sie ist eine alte ~ von mir** él/ella es un antiguo amor; **alte ~ rostet nicht** no hay tal como amigo viejo para tratar y leña vieja para quemar; **sie ist die ~ meines Lebens** es el gran amor de mi vida; **liebebedürftig** *adj* necesitado de cariño; **~ sein** necesitar cariño

Liebelei [li:bə'laɪ] *f* <-, -en> flirteo *m*

lieben ['li:bən] *vt* **1.** (*Liebe empfinden*) querer, amar *geh;* **viel geliebt** muy querido; **ihr geliebter Mann ist dahingeschieden** su querido esposo ha fallecido; **jdn ~ lernen** llegar a querer a alguien; **etw ~ lernen** llegar a apreciar algo; **sich ~ lernen** llegar a quererse; **was sich liebt, das neckt sich** (*prov*) porque te quiero te aporreo **2.** (*Geschlechtsverkehr haben*) hacer el amor (con) **3.** (*mögen*) gustar; **sie liebt es nicht, wenn ...** no le gusta que... +*subj;* **ich würde jetzt ~d gern nach Hause gehen** daría algo por irme a mi casa

Liebende(**r**) *mf* <-n, -n; -n, -n> amante *mf*

lieben|lernen *vt, vr:* **sich ~** *s.* **lieben 1.**

liebenswert *adj* simpático, encantador; **liebenswürdig** *adj* amable; (**das ist**) **sehr ~** (**von Ihnen**) (es) muy amable (de su parte); **wären Sie so ~ und ...?** ¿sería tan amable de +*inf*?

liebenswürdigerweise ['-----'--] *adv* amablemente, atentamente

Liebenswürdigkeit *f* <-, -en> amabilidad *f;* **würden Sie die ~ haben mir zu helfen?** ¿tendría Ud. la amabilidad de ayudarme?; **sie ist die ~ in Person** es la amabilidad en persona; **sich** *dat* **~en an den Kopf werfen** (*iron*) contestar a una impertinencia con otra

lieber ['li:bɐ] *adv kompar von* **gern: mir wäre es ~, du würdest bleiben** preferiría que te quedaras; **ich schweige ~** prefiero callarme; **nichts ~ als das!** ¡con muchísimo gusto!

Liebesabenteuer *nt* <-s, -> aventura *f* amorosa, bolado *m Mex;* **Liebesaffäre** *f* <-, -n> amorío *m;* **Liebesakt** *m* <-(e)s, -e> (*geh*) acto *m* carnal; **den ~ vollziehen** consumar el acto carnal; **Liebesbande** *ntpl:* (**zarte**) **~ knüpfen** (*geh*) establecer una (tierna) relación amorosa; **Liebesbeziehung** *f* <-, -en> relación *f* amorosa; **Liebesbrief** *m* <-(e)s, -e> carta *f* de amor; **Liebesdienst** *m* <-(e)s, -e> favor *m;* **jdm einen ~ erweisen** hacer un favor [*o* prestar un servicio] a alguien; **Liebeserklärung** *f* <-, -en> declaración *f* de amor; **jdm eine ~ machen** declarar(le) a alguien su amor; **Liebesfilm** *m* <-(e)s, -e> película *f* de amor; **Liebesgabe** *f* <-, -n> (*geh, alt*) donativo *m* caritativo; **nach der Predigt rief der Priester zu ~n auf** tras el sermón el sacerdote invitó a dar una caridad; **Liebesgedicht** *nt* <-(e)s, -e> poema *m* de amor; **Liebesgeschichte** *f* <-, -n> historia *f* de amor; **Liebesgott, -göttin** *m, f* <-(e)s, -götter; -, -nen> (MYTH) dios(a) *m(f)* del amor; **Liebesheirat** *f* <-, -en> matrimonio *m* por amor; **Liebesknochen** *m* <-s, -> (*reg:* GASTR) palo *m* de crema; **Liebeskummer** *m* <-s, *ohne pl*> penas *fpl* de amor, mal *m* de amores; **~ haben** sentir penas de amor; **Liebesleben** *nt* <-s, *ohne pl*> vida *f* amorosa [*o* sexual]; **Liebeslied** *nt* <-(e)s, -er> canción *f* de amor; **Liebesmüh**(**e**) *f:* **das ist vergebliche** [*o* **verlorene**] **~** no merece la pena; **Liebesnest** *nt* <-(e)s, -er> nidito *m* de amor; **Liebespaar** *nt* <-(e)s, -e> (pareja *f* de) enamorados *mpl,* novios *mpl;* **Liebesroman** *m* <-s, -e> novela *f* de amor, novela *f* rosa *abw;* **Liebesspiel** *nt* <-(e)s, -e> juego *m* amoroso; **Liebesszene** *f* <-, -n> (FILM, LIT, THEAT) escena *f* amorosa; **liebestoll** *adj* loco de amor; **~ sein/werden** estar/volverse loco de amor; **Liebesverhältnis** *nt* <-ses, -se> relación *f* amorosa

liebevoll I. *adj* (*zärtlich*) cariñoso, amoroso *Am* II. *adv* (*sorgfältig*) con amor, con cariño

lieb|gewinnen* *irr vt s.* **lieb 1.**; **liebgeworden** *adj s.* **lieb 1.**; **lieb|haben** *irr vt s.* **lieb 1.**

Liebhaber(in) *m(f)* <-s, -; -, -nen> 1. (*Geliebter*) amante *mf* 2. (*Sammler*) amante *mf*, aficionado, -a *m, f*

Liebhaberei *f* <-, -en> hobby *m*, afición *f*; **aus (reiner) ~** por (el mero) gusto, por entretenerse

Liebhaberin *f* <-, -nen> *s.* **Liebhaber**

Liebhaberpreis *m* <-es, -e> precio *m* entre aficionados; **Liebhaberstück** *nt* <-(e)s, -e> objeto *m* de colección; **Liebhaberwert** *m* <-(e)s, *ohne pl*> valor *m* entre aficionados

liebkosen* [li:p'ko:zən] *vt* (*geh*) acariciar, hacer caricias, papachar *Mex*

Liebkosung *f* <-, -en> caricia *f*, ayuyunes *mpl Chil*

lieblich ['li:plɪç] *adj* (*Duft*) suave; (*Landschaft*) ameno; (*Wein*) dulce

Lieblichkeit *f* <-, *ohne pl*> (*eines Duftes, Geschmacks*) dulzura *f*, suavidaz *f*; (*eines Gesichts*) hermosura *f*; **ihr Wesen ist von solcher ~, dass ich fasziniert bin** su carácter es de un encantador que me tiene fascinado

Liebling ['li:plɪŋ] *m* <-s, -e> 1. (*Kosewort*) amor *m*, cariño, -a *m, f*, negro, -a *m, f Arg*, ñato, -a *m, f Bol* 2. (*bevorzugter Mensch*) favorito, -a *m, f*

Lieblingsbeschäftigung *f* <-, -en> ocupación *f* favorita; **Lieblingsplatz** *m* <-es, -plätze> lugar *m* favorito

lieblos *adj* (*ohne Liebe, Sorgfalt*) poco cariñoso; (*gefühllos*) insensible

Lieblosigkeit *f* <-, -en> falta *f* de cariño [*o* de amor]; (*Gefühllosigkeit*) insensibilidad *f*; (*Härte*) dureza *f*

Liebreiz *m* <-es, *ohne pl*> (*geh*) encanto *m* (natural), gracia *f* (natural)

Liebschaft *f* <-, -en> amorío *m*

liebste(r, s) *adj* (muy) querido, queridísimo; **mein ~r Freund** mi querido amigo

Liebste(r) *mf* <-n, -n; -n, -n> amor *m*, querido, -a *m, f*; **mein ~r!** ¡querido mío!, ¡amado mío!

liebsten *superl von* **gern**: **am ~ würde ich hier bleiben** lo que más me gustaría sería quedarme aquí

Liebstöckel ['li:pʃtœkəl] *m o nt* <-s, -> (BOT) levística *f*

Liechtenstein ['lɪçtənʃtaɪn] *nt* <-s> Liechtenstein *m*

Liechtensteiner(in) *m(f)* <-s, -; -, -nen> ciudadano, -a *m, f* de Liechtenstein

liechtensteinisch *adj* de Liechtenstein

Lied [li:t] *nt* <-(e)s, -er> canción *f*; **das ist das Ende vom ~** (*fam*) ¡se acabó!; **es ist immer das alte ~ mit ihm** (*fam*) ya está otra vez con la misma canción; **davon kann ich ein ~ singen** lo sé de sobra; **Liederabend** *m* <-s, -e> velada *f* de canciones, recital *m* de canciones; **Liederbuch** *nt* <-(e)s, -bücher> cancionero *m*

liederlich ['li:dɐlɪç] *adj* 1. (*unordentlich*) desordenado; (*nachlässig*) negligente, descuidado, chancho *Am* 2. (*abw: unmoralisch*) licencioso, libertino

Liederlichkeit *f* <-, *ohne pl*> desorden *m*, descuido *m*

Liedermacher(in) *m(f)* <-s, -; -, -nen> cantautor(a) *m(f)*

lief [li:f] *3. imp von* **laufen**

Lieferabkommen *nt* <-s, -> acuerdo *m* de suministro; **Lieferangebot** *nt* <-(e)s, -e> oferta *f* de entrega; **ein ~ machen** presentar una oferta de entrega

Lieferant(in) [lifə'rant] *m(f)* <-en, -en; -, -nen> proveedor(a) *m(f)*, suministrador(a) *m(f)*; **Lieferanteneingang** *m* <-(e)s, -gänge> entrada *f* para proveedores; **Lieferantenkredit** *m* <-(e)s, -e> (WIRTSCH) crédito *m* al proveedor; **Lieferantenschuld** *f* <-, -en> deuda *f* a proveedores

Lieferantin *f* <-, -nen> *s.* **Lieferant**

Lieferanweisung *f* <-, -en> instrucciones *fpl* de suministro; **Lieferauftrag** *m* <-(e)s, -träge> orden *f* de entrega

lieferbar *adj* disponible, suministrable; **das Buch ist kurzfristig ~** el libro es suministrable a corto plazo; **dieser Titel ist nicht mehr ~** este título ya no está a la venta

Lieferbedingungen *fpl* condiciones *fpl* de entrega; **Liefer- und Zahlungsbedingungen** condiciones de pago y de entrega; **Lieferdatum** *nt* <-s, -daten> fecha *f* de entrega; **Lieferfirma** *f* <-, -firmen> casa *f* proveedora [*o* suministradora]

Lieferfrist *f* <-, -en> plazo *m* de entrega; **die ~ einhalten** mantener el plazo de entrega; **Lieferfristüberschreitung** *f* <-, -en> retraso *m* en el plazo de entrega

Liefergewicht *nt* <-(e)s, *ohne pl*> peso *m* a la entrega; **Lieferland** *nt* <-(e)s, -länder> país *m* suministrador; **Liefermenge** *f* <-, -n> cantidad *f* entregada [*o* a entregar]

liefern ['li:fɐn] *vt* 1. (*zustellen*) entregar; (*be~*) suministrar; **die bestellte Ware frei Haus ~** entregar el pedido a domicilio sin recargo; **wann können Sie mir den Fernseher ~?** ¿cuándo me pueden entregar el televisor?; **wir ~ nicht ins Ausland/nach Großbritannien** no suministramos al extranjero/a Gran Bretaña; **bitte die Ware an obige Adresse ~** por favor envíen la mercancía a la dirección arriba mencionada 2. (*erzeugen*) producir; **für etw Beweise ~** aportar pruebas de algo; **Stoff für weitere Gerüchte ~** dar pie a nuevos rumores; **wenn er es erfährt, bin ich geliefert** (*fam*) si se entera estoy perdido; **sich** *dat* **ein spannendes Spiel ~** llevar a cabo un partido interesante

Liefernorm *f* <-, -en> norma *f* de entrega; **Lieferort** *m* <-(e)s, -e> lugar *m* de entrega; **Lieferprogramm** *nt* <-s, -e> programa *m* de suministro; **Lieferschein** *m* <-(e)s, -e> (COM) albarán *m* de entrega; **Lieferstopp** *m* <-s, -s> suspensión *f* de suministros; **Liefertermin** *m* <-s, -e> fecha *f* de entrega; **festgesetzter** ~ plazo de entrega prefijado

Lieferung *f* <-, -en> **1.** (*das Liefern*) entrega *f*, suministro *m;* **prompte/noch ausstehende** ~ entrega inmediata/pendiente; **etw auf** ~ **kaufen** comprar algo a reembolso; ~ **frei Haus** entrega a domicilio; ~ **gegen bar/gegen Nachnahme** entrega contra pago al contado/contra reembolso; **nach erfolgter** ~ al efectuarse la entrega; **zahlbar bei** ~ pagadero a la entrega; **Zahlung zehn Tage nach** ~ a pagar diez días después de la entrega **2.** (*Ware*) envío *m*, remesa *f;* **eine** ~ **abnehmen** hacerse cargo del suministro; **Lieferungsverpflichtung** *f* <-, -en> obligación *f* de entrega; **Lieferungswagen** *m* <-s, -> (*Schweiz*) camioneta *f* (de reparto)

Liefervertrag *m* <-(e)s, -träge> contrato *m* de suministro; **Lieferwagen** *m* <-s, -> camioneta *f*, furgoneta *f;* **Lieferzeit** *f* <-, -en> plazo *m* de entrega

Liege ['li:gə] *f* <-, -n> **1.** (*Garten~*) tumbona *f* **2.** (*im Liegewagen*) litera *f;* **Liegegeld** *nt* <-es, -er> (NAUT) gastos *mpl* de estadía

liegen ['li:gən] <liegt, lag, gelegen> *vi haben o Österr, Schweiz, südd: sein* **1.** (*Person*) estar acostado, estar tumbado; **hart/weich** ~ estar acostado sobre una superficie dura/blanda; **im Bett** ~ estar (tumbado) en la cama; **auf dem Rücken/auf dem Bauch** ~ estar boca arriba/boca abajo; **er liegt ihr zu Füßen** está a sus pies; **vom langen L~ tat ihr der Rücken weh** le dolía la espalda de estar tumbada tanto rato; **die Römer aßen im L~** los romanos comían tumbados **2.** (*sich befinden*) estar, encontrarse; (*Zimmer*) dar (a); **tief ~d** (*Gelände*) bajo, hundido; (*Augen*) hundido; **das Buch liegt auf dem Tisch** el libro está en la mesa; **der Tisch liegt voller Bücher** la mesa está cubierta de libros; **wo liegt Durango?** ¿dónde se encuentra Durango?; **an der Elbe** ~ estar a orillas del Elba; **an der Hauptstraße** ~ encontrarse en la calle principal; **im Krankenhaus** ~ estar hospitalizado; **das Zimmer liegt nach Süden** la habitación da al sur; **das liegt auf dem Weg** está de camino; **der Ort liegt sehr idyllisch** el lugar está situado en un paraje idílico; **es lag kein Schnee** no había nieve; **auf den Bergen liegt Schnee** en las montañas hay nieve; **der Wagen liegt gut auf der Straße** el coche se agarra bien a la carretera; **der Stoff liegt in Bahnen zu 1,25 Meter** el rollo de tela tiene un ancho de 1,25 metros; **der Unterschied liegt darin, dass ...** la diferencia está en que...; **das Essen liegt mir schwer im Magen** la comida se me ha asentado en el estómago; **die Preise** ~ **zwischen 50 und 70 Mark** los precios andan entre 50 y 70 marcos; **die Betonung liegt auf der letzten Silbe** la entonación recae en la última sílaba; **die Prüfung liegt noch vor mir** aún tengo el examen por delante; **das lag nicht in meiner Absicht** no era mi intención; **auf ihm** [*o* **seinen Schultern**] **liegt eine große Verantwortung** carga con una gran responsabilidad; **in Führung** ~ ir en cabeza **3.** (*zusagen*) gustar, interesar; **Englisch liegt mir nicht** el inglés no me va; **es liegt mir viel/nichts daran** me importa mucho/no me importa nada **4.** (*abhängen*) depender (*an/bei* de); **das liegt ganz bei dir** como tú quieras; **die Entscheidung liegt bei euch** la decisión es vuestra; **an wem liegt das?** ¿quién es el/la responsable?; **es liegt in eurem Ermessen, ob ...** queda de vuestra elección si... **5.** (*begründet sein*) ser debido (*an* a); **woran liegt es?** ¿a qué se debe?; **an mir soll's nicht** ~ por mí que no quede; **so wie die Dinge** ~ **...** en estas circunstancias...; **nahe** ~ ser obvio, ser de suponer; **es liegt nahe, dass sie uns besuchen kommt** es de suponer que viene a visitarnos; **der Gedanke/die Vermutung liegt nahe, dass ...** esto hace pensar en...; esto hace suponer que...; **nahe ~d sein** estar claro, ser lógico; **das ist doch nahe ~d!** ¡está clarísimo!; **aus nahe ~den Gründen** por razones obvias; **näher** ~ ser mejor, ser más indicado; **was liegt näher als ...?** ¿qué mejor que...?; **nichts liegt mir ferner, als dich zu beleidigen** nada más lejos de mi intención que ofenderte

liegen|bleiben *irr vi sein s.* **bleiben 2.**

liegend I. *adj* tumbado, echado; (*Skulptur*) yacente; **die ~e Maja von Goya ist weltberühmt** la maja (tumbada) de Goya es famosa en todo el mundo **II.** *adv* **1.** (*flach*) en posición horizontal; **Wein** ~ **aufbewahren** guardar el vino en posición horizontal **2.** (*im Liegen*) (estando) tumbado; ~ **einen Brief schreiben/ein Buch lesen** escribir una carta/leer un libro tumbado

Liegende(s) *nt* <-n> (GEO) muro *m*

liegen|lassen *irr vt s.* **lassen 1.**

Liegenschaften *fpl* (JUR) bienes *mpl* inmuebles

Liegenschaftsamt *nt* <-(e)s, -ämter> (ADMIN) oficina *f* de administración de inmuebles

Liegeplatz *m* <-es, -plätze> atracadero *m;* **Liegesitz** *m* <-es, -e> asiento *m* reclinable; **Liegestuhl** *m* <-(e)s, -stühle> tumbona *f;* **Liegestütz** ['--ʃtʏts] *m* <-es, -e> apoyo *m* sobre las manos, flexión *f*

Liegewagen *m* <-s, -> (EISENB) coche *m* litera; **Liegewagenplatz** *m* <-es, -plätze> litera *f*

Liegewiese *f* <-, -n> terreno *m* con césped (donde tumbarse), pradera *f* (donde tumbarse); **Liegezeit** *f* <-, -en> (NAUT) estadía *f*

lieh [li:] *3. imp von* **leihen**

Lieschen ['li:sçən] *nt* <-s, ->: ~ **Müller**

(*fam*) ≈fulanita o menganita; **Fleißiges ~** (BOT) impatiens *f inv*

ließ [liːs] *3. imp von* **lassen**

liest [liːst] *3. präs von* **lesen**

Lifo-Verfahren ['liːfo-] *nt* <-s, -> (WIRTSCH) método *m* LIFO (*método de valoración de existencias*)

Lift [lɪft] *m* <-(e)s, -e *o* -s> **1.** (*Fahrstuhl*) ascensor *m* **2.** (*Ski~*) telesquí *m;* (*Sessel~*) telesilla *m;* **Liftboy** ['lɪftbɔɪ] *m* <-s, -s> ascensorista *m*

liften ['lɪftən] **I.** *vi sein* subir en telesquí **II.** *vt* **1.** (MED) hacer el estirado (de), hacer un lifting (de); **sich** *dat* **das Gesicht ~ lassen** (*fam*) hacerse un lifting (de la cara) **2.** (TECH) subir, levantar

Liga ['liːga] *f* <-, Ligen> **1.** (POL) liga *f* **2.** (SPORT) división *f*

Ligatur [liga'tuːɐ] *f* <-, -en> (MUS, MED, TYPO) ligadura *f*

light [laɪt] *adj* (GASTR) ligero, bajo en calorías; **Lightprodukt** *nt* <-(e)s, -e> (GASTR) producto *m* bajo en calorías

Ligurien [li'guːriən] *nt* <-s> Liguria *f*

ligurisch [li'guːrɪʃ] *adj* ligur(ino); **das L~e Meer** el mar de Liguria

Liguster [li'gʊstɐ] *m* <-s, -> (BOT) aligustre *m,* alheña *f,* cinamomo *m Phili*

liieren* [li'iːrən] *vr:* **sich ~** (*geh*) comprometerse; **ich bin liiert** estoy comprometido

Likör [li'køːɐ] *m* <-s, -e> licor *m*

lila ['liːla] *adj* (*hell*) lila; (*dunkel*) morado

Lilie ['liːliə] *f* <-, -n> (BOT) lirio *m;* (*weiße*) azucena *f*

Liliputaner(in) [lilipu'taːnɐ] *m(f)* <-s, -; -, -nen> liliputiense *mf*

Limes ['liːmɛs] *m* <-, -> (*a.* MATH) límite *m*

Limit ['lɪmɪt] *nt* <-s, -s *o* -e> límite *m;* **jdm ein ~ setzen** poner un límite a alguien; **das ~ über-/unterschreiten** exceder/no alcanzar el límite

limitieren* [limi'tiːrən] *vt* limitar; **limitierte Auflage** edición limitada

limnisch ['lɪmnɪʃ] *adj* límnico

Limo ['lɪmo] *f* <-, -(s)> (*fam*), **Limonade** [limo'naːdə] *f* <-, -n> limonada *f*

Limone *f* <-, -n> (BOT) limón *m;* (*süß*) lima *f*

Limousine [limu'ziːnə] *f* <-, -n> limusina *f*

lind [lɪnt] *adj* (*geh*) suave

Linde ['lɪndə] *f* <-, -n> tilo *m;* **aus ~** de (madera de) tilo; **Lindenbaum** *m* <-(e)s, -bäume> tilo *m*

Lindenblütentee *m* <-s, -s> tila *f*

lindern ['lɪndɐn] *vt* aliviar, mitigar

Linderung *f* <-, *ohne pl*> alivio *m;* **das Präparat verschafft dir ~** el preparado te alivia

lindgrün **I.** *adj* verde lima **II.** *adv* de color verde lima

Lindwurm *m* <-(e)s, -würmer> (MYTH) dragón *m*

Lineal [line'aːl] *nt* <-s, -e> regla *f*

linear [line'aːɐ] *adj* lineal

Linguist(in) [lɪŋgu'ɪst] *m(f)* <-en, -en; -, -nen> lingüista *mf*

Linguistik [lɪŋgu'ɪstɪk] *f* <-, *ohne pl*> lingüística *f*

Linguistin *f* <-, -nen> *s.* **Linguist**

linguistisch *adj* lingüístico

Linie ['liːniə] *f* <-, -n> línea *f;* **~n ziehen** trazar líneas; **ein Blatt mit ~n** una hoja lineada; **eine gestrichelte ~ zeichnen** trazar una línea punteada; **die ~n in seiner Hand** las líneas de su mano; **eine politische ~ verfolgen** seguir una línea política; **das lässt keine klare ~ erkennen** no deja ver una línea clara; **in vorderster ~ stehen/kämpfen** estar/luchar en primera línea; **auf die schlanke ~ achten** guardar la línea; **in erster ~** en primer lugar; **auf der ganzen ~** en toda la línea; **von wo fährt ~ 5 ab?** ¿de dónde sale la línea 5?; **Linienbus** *m* <-ses, -se> autobús *m* de línea; **Linienflug** *m* <-(e)s, -flüge> vuelo *m* regular; **Linienführung** *f* <-, -en> **1.** (KUNST) trazo *m,* línea *f;* **eine weiche/strenge ~** un trazo [*o* una línea] suave/fuerte **2.** (*Verkehrswesen*) trazado *m* de la línea; **Linienmaschine** *f* <-, -n> avión *m* de línea; **Linienrichter(in)** *m(f)* <-s, -; -, -nen> (SPORT) juez(a) *m(f)* de línea; **Linienschiff** *nt* <-(e)s, -e> barco *m* de línea; **Linienschifffahrt**[RR] *f* <-, *ohne pl*> servicio *m* regular marítimo; **linientreu** *adj* (POL: *einer Partei*) fiel a la línea del partido; **Linienverkehr** *m* <-(e)s, -e> (AERO, AUTO) línea *f* regular

lin(i)ieren* [li'niːrən, lini'iːrən] *vt* trazar líneas (en)

lin(i)iert [li'niːɐt, lini'iːɐt] *adj* con líneas

Lin(i)ierung *f* <-, -en> rayado *m* (en papel pautado)

link [lɪŋk] *adj* (*fam*) fraudulento, engañoso; **er ist ganz schön ~** es de lo más engañoso; **ein ~er Trick** una jugada sucia

Link *m* <-s, -s> (INFOR, TEL) unión *f,* vínculo *m,* enlace *m*

linke(r, s) *adj* **1.** (*räumlich*) izquierdo; **die ~ Seite/Hand** el lado izquierdo/la mano izquierda; **~r Hand** a mano izquierda; **zwei ~ Hände haben** (*fam*) ser un manazas; **ich bin heute mit dem ~n Fuß zuerst aufgestanden** hoy me he levantado con el pie izquierdo **2.** (POL) de izquierda(s)

Linke *f* <-n, -n> **1.** (*Boxen*) izquierda *f* **2.** (POL) izquierda *f;* **die extreme ~** la extrema izquierda; **die gemäßigte ~** la izquierda moderada **3.** (*Hand*) (mano *f*) izquierda *f;* **sie sitzt zu seiner ~n** está sentada a su izquierda

linken *vt* (*fam*) engañar

linkisch *adj* (*abw*) torpe, desmañado

links [lɪŋks] **I.** *adv* a la izquierda; **~ davon** a la izquierda; **zweite Tür ~** la segunda puerta a la izquierda; **nach ~** hacia [*o* a] la izquierda; **von ~ kommen** venir por la izquierda; **oben/unten ~** arriba/abajo a la izquierda; **von ~ nach rechts** de izquierda a derecha; **sich ~ halten/einordnen** mantenerse a su izquierda/situarse en el carril izquierdo; **halb** ~ (SPORT) centro izquierda; ~ **um!** (MIL) ¡izquierda!; **auf** ~ (*Stoff*) del revés; ~ **stricken** hacer punto del revés; ~ **stehen** ser de izquierdas; ~ **wählen** votar a la izquierda; ~ **schreiben** escribir con la (mano) izquierda; **etw mit** ~ **machen** (*fam*) hacer algo con los ojos cerrados; **jdn** ~ **liegen lassen** hacer caso omiso de alguien; **nicht mehr wissen, wo rechts und** ~ **ist** (*fam*) no saber uno ya dónde tiene la cabeza **II.** *präp +gen* a la izquierda de

Linksabbieger(in) *m(f)* <-s, -; -, -nen> persona *f* que dobla a la izquierda; **Linksabbiegerspur** *f* <-, -en> (AUTO) carril *m* para doblar a la izquierda

Linksaußen [-'--] *m* <-, -> (SPORT) extremo *m* izquierda

linksbündig ['-bʏndɪç] *adj* (INFOR, TYPO) justificado a la izquierda

Linksdrall *m* <-(e)s, *ohne pl*> **1.** (*Geschoss*) torsión *f* a la izquierda; (*Billardkugel*) efecto *m* a la izquierda **2.** (POL: *fam*): **einen** ~ **haben** ser izquierdoso, inclinarse a la izquierda; **Linksdrehung** *f* <-, -en> giro *m* a la izquierda, rotación *f* a la izquierda; **eine** ~ **machen** girar a la izquierda; **linksextrem** *adj* (POL) de la extrema izquierda; **Linksextremismus** *m* <-, *ohne pl*> (POL) extremismo *m* de izquierda(s); **Linksextremist(in)** *m(f)* <-en, -en; -, -nen> (POL) extremista *mf* de izquierda; **linksextremistisch** *adj* (POL) de la extrema izquierda; **linksgerichtet** *adj* (POL) izquierdista; **Linksgewinde** *nt* <-s, -> (TECH) rosca *f* a la izquierda

Linkshänder(in) ['-hɛndɐ] *m(f)* <-s, -; -, -nen> zurdo, -a *m, f*

linkshändig *adj* zurdo

linksherum ['lɪŋkshɛrʊm] *adv* a la izquierda; **sich** ~ **drehen** girar a la izquierda; **die Schrauben** ~ **hereindrehen** enroscar los tornillos en sentido contrario (a las manecillas del reloj); **Linksintellektuelle(r)** *mf* <-n, -n; -n, -n> intelectual *mf* de izquierdas; **Linkskurve** *f* <-, -n> curva *f* a la izquierda

linkslastig *adj* **1.** (*links belastet*) con excesivo peso en el lado izquierdo **2.** (POL) demasiado izquierdista

linksorientiert *adj* (POL) de izquierdas, izquierdista; **linksradikal** *adj* (POL) extremista de izquierdas; **Linksradikale(r)** *mf* <-n, -n; -n, -n> (POL) persona *f* de extrema izquierda, extremista *mf* de izquierdas; **linksrheinisch I.** *adj* de [*o* a] la (orilla [*o* margen]) izquierda del Rin **II.** *adv* en la (orilla [*o* margen]) izquierda del Rin; **Straßburg liegt** ~ Estrasburgo está situada en la margen izquierda del Rin; **Linksruck** *m* <-(e)s, -e> (POL) giro *m* hacia la izquierda; **linksrum** *adv* (*fam*) *s.* **linksherum**

linksseitig *adj* del lado izquierdo, a la izquierda

Linkssteuerung *f* <-, -en> (AUTO) dirección *f* a la izquierda

linksum [lɪŋksʔʊm] *adv:* ~ **kehrt!** (MIL) ¡media vuelta a la izquierda!

Linksverkehr *m* <-(e)s, *ohne pl*> circulación *f* por la izquierda

Linnen ['lɪnən] *nt* <-s, -> (*alt*) lino *m*

Linoleum [li'no:leʊm] *nt* <-s, *ohne pl*> linóleo *m;* (*Bodenbelag*) sintasol® *m*

Linolsäure *f* <-, -n> (CHEM) ácido *m* linólico

Linolschnitt[1] [li'no:l-] *m* <-(e)s, *ohne pl*> (*Technik*) (técnica *f* del) linóleo *m*

Linolschnitt[2] *m* <-(e)s, -e> (*Abzug*) grabado *m* en linóleo

Linse ['lɪnzə] *f* <-, -n> **1.** (BOT, GASTR) lenteja *f* **2.** (*Optik*) lente *m o f*

linsen *vi* (*fam*) echar una mirada furtiva, mirar a hurtadillas; **durch das Schlüsselloch** ~ mirar por el ojo de la cerradura

linsenförmig *adj* lenticular

Linsensuppe *f* <-, -n> (GASTR) sopa *f* de lentejas

Linz ['lɪnts] *nt* <-> Linz *m*

liparisch [li'pa:rɪʃ] *adj:* **die L~en Inseln** las islas Lípari

Lipgloss[RR] ['lɪpglɔs] *m* <-, -> brillo *m* de labios

Lipid [li'pi:t] *nt* <-(e)s, -e> (CHEM) lípido *m*

Lippe ['lɪpə] *f* <-, -n> labio *m;* **jdm einen Kuss auf die ~n drücken** dar a alguien un beso en la boca; **eine dicke** ~ **riskieren** (*fam*) soltar una fresca; **er bringt kein Wort über die ~n** es de pocas palabras; **das Wort erstarb ihm auf den ~n** se quedó sin palabras; **an jds ~n hängen** estar absorto escuchando a alguien; **jdm jeden Wunsch von den ~n ablesen** leerle a alguien los deseos en la cara; **Lippenbekenntnis** *nt* <-ses, -se> (*abw*) declaración *f* falsa; **ein** ~ **ablegen** decir algo de dientes afuera [*o* con la boca pequeña]

Lippenblütler [-bly:tlɐ] *m* <-s, -> (planta *f*) labiada *f*

Lippenglanz *m* <-es, *ohne pl*> brillo *m* de labios

Lippenkonturenstift *m* <-(e)s, -e> delineador *m* de labios

Lippenlaut *m* <-(e)s, -e> (LING) (sonido *m*) labial *f*

Lippenpflegestift *m* <-(e)s, -e> barra *f* protectora de labios

Lippenpomade *f* <-, -n> pomada *f* para los labios; **Lippenstift** *m* <-(e)s, -e> lápiz *m* de labios, barra *f* de labios

liquid [li'kvi:t] *adj* **1.** (WIRTSCH: *verfügbar*) líquido **2.** (WIRTSCH: *zahlungsfähig*) solvente **3.** (CHEM, LING) líquido

Liquida ['li:kvida, *pl:* 'li:kvidɛ, li'kvi:dən] *f* <-, Liquidä *o* Liquiden> (LING) líquida *f*

Liquidation [likvida'tsjo:n] *f* <-, -en> (*a.* WIRTSCH) liquidación *f;* **gerichtliche/gütliche/stille** ~ liquidación judicial/amistosa/silenciosa; **in** ~ **gehen** entrar en liquidación; **die Mafia beschloss die** ~ **des unbestech-**

L

lichen Richters la mafia decidió liquidar al juez insobornable; **Liquidationsguthaben** *nt* <-s, -> (WIRTSCH) producto *m* de la liquidación; **Liquidationsquote** *f* <-, -n> (WIRTSCH) cuota *f* de liquidación; **Liquidationsverfahren** *nt* <-s, -> (WIRTSCH) procedimiento *m* de liquidación; **Liquidationsverkauf** *m* <-(e)s, -käufe> (WIRTSCH) venta *f* de liquidación

Liquidator(in) *m(f)* <-s, -en; -, -nen> (WIRTSCH) liquidador(a) *m(f)*

liquide [li'kvi:də] *adj s.* **liquid**

Liquiden *pl von* **Liquida**

liquidieren* [likvi'di:rən] *vt* (*a.* WIRTSCH) liquidar

Liquidierung *f* <-, -en> (*a.* WIRTSCH) *s.* **Liquidation**

Liquidität [likvidi'tɛ:t] *f* <-, *ohne pl*> (WIRTSCH) liquidez *f;* **Liquiditätsengpass**[RR] *m* <-es, -pässe> (WIRTSCH) problema *m* de liquidez, falta *f* de liquidez; **Liquiditätsreserve** *f* <-, -n> (WIRTSCH) reserva *f* de activos líquidos

Lira ['li:ra] *f* <-, Lire> lira *f*

lismen ['lɪsmən] *vi, vt* (*Schweiz: stricken*) hacer punto

lispeln ['lɪspəln] *vi* cecear

Lissabon ['lɪsabɔn, --'-] *nt* <-s> Lisboa *f*

List[1] [lɪst] *f* <-, -en> (*Trick*) artimaña *f,* artificio *m;* **zu einer ~ greifen** recurrir a artificios

List[2] *f* <-, *ohne pl*> (*Wesensart*) astucia *f;* **mit ~ und Tücke** (*fam*) con todas las mañas posibles

Liste ['lɪstə] *f* <-, -n> lista *f;* **sich in eine ~ eintragen** inscribirse en una lista; **auf einer ~ stehen** figurar en una lista; **jdn auf die schwarze ~ setzen** (*fam*) poner a alguien en la lista negra; **die rote ~** la Lista Roja; **Listenplatz** *m* <-es, -plätze> posición *f* en la lista; **Listenpreis** *m* <-es, -e> precio *m* de lista; **Listenwahl** *f* <-, -en> (POL) voto *m* por listas

listig *adj* astuto, taimado

listigerweise ['---'--] *adv* con astucia, con (arti)mañas

Listigkeit *f* <-, *ohne pl*> astucia *f*

Listing ['lɪstɪŋ] *nt* <-s, -s> (INFOR) listado *m*

Litanei [lita'naɪ] *f* <-, -en> **1.** (REL) letanía *f* **2.** (*abw: Aufzählung*) retahíla *f,* letanía *f;* **eine ganze ~ von Klagen vorbringen** soltar una retahíla de quejas; **immer dieselbe ~** el estribillo de siempre

Litauen ['lɪtaʊən] *nt* <-s> Lituania *f*

Litauer(in) *m(f)* <-s, -; -, -nen> lituano, -a *m, f*

litauisch *adj* lituano

Liter ['li:tɐ, 'lɪtɐ] *m o nt* <-s, -> litro *m;* **zwei ~ Milch** dos litros de leche

Literal [lite'ra:l] *nt* <-s, -e> (INFOR) literal *m*

literarisch [lɪtə'ra:rɪʃ] *adj* literario

Literat(in) [lɪtə'ra:t] *m(f)* <-en, -en; -, -nen> literato, -a *m, f*

Literatur [lɪtəra'tu:ɐ] *f* <-, -en> literatura *f;* **die ~ zu diesem Thema** la literatura para este tema; **Literaturangaben** *fpl* notas *fpl* bibliográficas, bibliografía *f;* **Literaturdenkmal** *nt* <-s, -mäler *o* -e> monumento *m* literario; **Literaturgattung** *f* <-, -en> género *m* literario; **Literaturgeschichte** *f* <-, *ohne pl*> historia *f* de la literatura; **literaturgeschichtlich I.** *adj* de la (historia de la) literatura; **~e Untersuchungen zu etw** *dat/* **über etw** estudios literarios sobre algo **II.** *adv* desde un punto de vista literario, a nivel literario; **Literaturkritik** *f* <-, *ohne pl*> crítica *f* literaria; **Literaturkritiker(in)** *m(f)* <-s, -; -, -nen> crítico, -a *m, f* literario, -a; **Literaturpreis** *m* <-es, -e> premio *m* de literatura; **Literaturverzeichnis** *nt* <-ses, -se> bibliografía *f;* **Literaturwissenschaft** *f* <-, -en> ciencia *f* literaria [*o* de la literatura]; **Literaturwissenschaftler(in)** *m(f)* <-s, -; -, -nen> filólogo, -a *m, f* especializado, -a en literatura; **literaturwissenschaftlich** *adj* relativo a la ciencia de la literatura

Literflasche *f* <-, -n> botella *f* de un litro; **Litermaß** *nt* <-es, -e> medida *f* de un litro

literweise *adv* por [*o* a] litros

Litfaßsäule ['lɪtfaszɔɪlə] *f* <-, -n> columna *f* de anuncios

Lithium ['li:tiʊm] *nt* <-s, *ohne pl*> (CHEM) litio *m*

Lithograf(in)[RR] *m(f)* <-en, -en; -, -nen> *s.* **Lithograph**

Lithografie[RR] *f* <-, -n> *s.* **Lithographie**

Lithografin[RR] *f* <-, -nen> *s.* **Lithograph**

lithografisch[RR] *adj s.* **lithographisch**

Lithograph(in) [lito'gra:f] *m(f)* <-en, -en; -, -nen> litógrafo, -a *m, f*

Lithographie [litogra'fi:] *f* <-, -n> litografía *f*

Lithographin *f* <-, -nen> *s.* **Lithograph**

lithographisch *adj* litográfico; **etw in der ~en Technik** [*o* **im ~en Verfahren**] **herstellen** imprimir algo con la técnica litográfica [*o* en litografía]

Lithosphäre [lito'sfɛ:rə] *f* <-, *ohne pl*> (GEO) litosfera *f*

litoral [lito'ra:l] *adj* (GEO) litoral

Litoral *nt* <-s, -e> (GEO) litoral *m*

litt [lɪt] *3. imp von* **leiden**

Liturgie [litʊr'gi:] *f* <-, -n> (REL) liturgia *f*

liturgisch [li'tʊrgɪʃ] *adj* (REL) litúrgico

Litze ['lɪtsə] *f* <-,-n> **1.** (*an Uniformen*) galón *m* **2.** (ELEK) flexible *m*

live [laɪf] *adj inv* (RADIO, TV) **1.** (*Übertragung, Sendung*) en directo **2.** (*direkt anwesend*) en vivo; **Liveaufzeichnung**[RR] *f* <-, -en>, **Live-Aufzeichnung** *f* <-, -en> (RADIO, TV) grabación *f* en directo; **Livesendung**[RR] *f* <-, -en>, **Live-Sendung** *f* <-, -en> (RADIO, TV) (re)transmisión *f* en directo

Livree [li'vre:] *f* <-, -n> librea *f*

livriert [li'vri:ɐt] *adj* de librea

Lizentiat[1] [litsɛn'tsja:t] *nt* <-(e)s, -e> *s.* **Lizenziat**[1]

Lizentiat(in)[2] [litsɛn'tsja:t] *m(f)* <-en, -en; -, -nen> *s.* **Lizenziat**[2]

Lizenz [li'tsɛnts] *f* <-, -en> (*a.* SPORT) licencia *f;* **jdm eine ~ erteilen** conceder a alguien una licencia; **etw in ~ herstellen** producir algo con licencia; **Lizenzausgabe** *f* <-, -n> edición *f* bajo licencia; **Lizenzerteilung** *f* <-, -en> concesión *f* de licencias; **Lizenzgeber(in)** *m(f)* <-s, -; -, -nen> administrador(a) *m(f)* de licencias; **Lizenzgebühr** *f* <-, -en> derecho *m* de licencia

Lizenziat[1 RR] [litsɛn'tsja:t] *nt* <-(e)s, -e> (*theologischer Universitätsgrad*) ≈doctorado en teología

Lizenziat(in)[2 RR] [litsɛn'tsja:t] *m(f)* <-en, -en; -, -nen> ≈doctor en teología

Lizenzierung *f* <-, -en> (*formal*) concesión *f* de licencias

Lizenzinhaber(in) *m(f)* <-s, -; -, -nen> concesionario, -a *m, f,* licenciatario, -a *m, f;* **Lizenznehmer(in)** *m(f)* <-s, -; -, -nen> concesionario, -a *m, f;* **Lizenzspieler(in)** *m(f)* <-s, -; -, -nen> (SPORT) jugador(a) *m(f)* con licencia; **Lizenzvergabe** *f* <-, -n> concesión *f* de licencias; **Lizenzvertrag** *m* <-(e)s, -träge> contrato *m* de licencia; **Lizenzware** *f* <-, -n> mercancía *f* de concesión

Lkw, LKW ['ɛlka:ve:] *m* <-(s), -(s)> *Abk. von* **Lastkraftwagen** camión *m;* **Lkw-Fahrer(in)** *m(f)* <-s, -; -, -nen> camionero, -a *m, f*

Lob [lo:p] *nt* <-(e)s, -e> elogio *m;* **jdm ein ~ aussprechen** elogiar a alguien; **ein ~ verdienen** merecer un elogio; **mit seinem ~ geizen** escatimar en elogios; **er ist des ~es voll über dich** está lleno de elogios para contigo

Lobby ['lɔbi] *f* <-, -s> lobby *m*

Lobbyismus *m* <-, *ohne pl*> (POL) cabildeo *m*

Lobbyist(in) [lɔbi'ɪst] *m(f)* <-en, -en; -, -nen> cabildero, -a *m, f*

loben ['lo:bən] *vt* alabar (*für* por), elogiar; **das lob' ich mir!** ¡así me gusta!; **da lob' ich mir doch ein gutes Glas Wein** prefiero un buen vaso de vino; **~de Worte** palabras elogiosas [*o* de elogio]; **etw ~d erwähnen** aludir elogiosamente a algo; **lobenswert** *adj* loable, digno de encomio, encomiable

Lobeshymne *f* <-, -n> gran elogio *m,* panegírico *m;* **eine ~ auf jdn/etw singen** hacer un panegírico de alguien/algo, poner a alguien/algo por las nubes

Lobgesang *m* <-(e)s, -sänge> (REL) canto *m* de alabanza

Lobhudelei [lo:phu:də'laɪ] *f* <-, -en> (*abw*) pelotilleo *m,* peloteo *m*

lobhudeln ['lo:phu:dəln] *vi* (*abw*) adular

löblich ['lø:plɪç] *adj s.* **lobenswert**

Loblied *nt* <-(e)s, -er>: **ein ~ auf jdn/etw singen** [*o* **anstimmen**] hacer elogios de alguien/algo; **lobpreisen** <lobpreist, lobpreiste *o* lobpries, gelobpreist *o* lobgepriesen> *vt* (*geh a.* REL) glorificar, alabar; **wir wollen Gott, unseren Schöpfer, ~** glorifiquemos al Señor, nuestro Creador; **lobgepriesen sei Christus, unser Herr und Gott!** ¡alabado sea Cristo, nuestro Señor!; **Lobrede** *f* <-, -n> elogio *m;* **eine ~ auf etw halten** hacer elogios de algo; **Lobredner(in)** *m(f)* <-s, -; -, -nen> elogiador(a) *m(f)*

Loch [lɔx, *pl:* 'lœçɐ] *nt* <-(e)s, Löcher> **1.** (*allgemein*) agujero *m,* orificio *m,* buraco *m CSur;* (*Öffnung*) abertura *f;* (*Vertiefung, beim Golf*) hoyo *m;* (*Hohlraum*) hueco *m;* **ein schwarzes ~** (ASTR) un agujero negro; **jdm ein ~ in den Bauch fragen** (*fam*) atosigar a alguien a preguntas; **Löcher in die Luft starren** (*fam*) estar en Babia; **das reißt ein großes ~ in meinen Geldbeutel** (*fam*) esto me cuesta un ojo de la cara; **wie ein ~ saufen** (*fam*) beber como un cosaco; **auf** [*o* **aus**] **dem letzten ~ pfeifen** estar en la miseria [*o* las últimas] **2.** (*fam abw: Wohnung*) cuchitril *m* **3.** (*fam: Gefängnis*) chirona *f;* **jdn ins ~ stecken** meter a alguien en chirona

Locheisen *nt* <-s, -> sacabocados *m inv*

lochen *vt* **1.** (*Papier*) perforar **2.** (*entwerten*) picar

Locher *m* <-s, -> (*a.* INFOR) perforadora *f*

löch(e)rig ['lœç(ə)rɪç] *adj* agujereado, perforado

löchern ['lœçɐn] *vt* (*fam*) atosigar (*mit* a)

Lochkarte *f* <-, -n> (INFOR) tarjeta *f* perforada

löchrig *adj s.* **löch(e)rig**

Lochstanze *f* <-, -n> punzón *m;* **Lochstickerei** *f* <-, -en> bordado *m* inglés; **Lochstreifen** *m* <-s, -> (INFOR) cinta *f* de papel perforada

Lochung *f* <-, -en> (TECH) perforación *f*

Lochzange *f* <-, -n> (TECH) sacabocados *m inv*

Lockartikel *m* <-s, -> (COM) artículo *m* de reclamo

Locke ['lɔkə] *f* <-, -n> rizo *m;* **~n haben** tener rizos

locken ['lɔkən] **I.** *vt* **1.** (*Tier*) llamar **2.** (*reizen, anziehen*) atraer, seducir; **das Angebot lockt mich sehr** la oferta me seduce muchísimo; **jdn in einen Hinterhalt** [*o* **eine Falle**] **~** tender a alguien una trampa **II.** *vr:* **sich ~** (*Haare*) rizarse

lockend *adj* seductor, tentador

Lockenkopf *m* <-(e)s, -köpfe> cabellera *f* rizada; **sie ist ein ~** es toda rizos; **Lockenpracht** *f* <-, *ohne pl*> (magnífica) cabellera *f* rizada [*o* de rizos]; **Lockenstab** *m* <-(e)s, -stäbe> moldeador *m* eléctrico, rizador *m* eléctrico; **Lockenwickler** *m* <-s, -> rulo *m,* bigudí *m*

locker ['lɔkɐ] *adj* **1.** (*Schraube, Knoten, Verband*) flojo; (*wackelnd*) suelto; **~ werden** (*Knoten*) aflojarse; (*Teil*) desprenderse; **~ sitzen** estar flojo, tener juego; **der Zahn ist ~** el diente se mueve; **bei dir ist wohl eine Schraube ~?** (*fam*) ¿te falta un tornillo o qué?; **bei dem sitzt das Messer** ~ (*fam*) este saca muy rápido el cuchillo **2.** (*Teig, Backwaren*) esponjoso; (*Reis*) suelto; (*Boden*) mullido, esponjoso **3.** (*Haltung*) relajado; **etw ~ handhaben** no ser muy severo con algo **4.** (*Lebenswandel*) libertino; **das mach ich doch** ~ (*fam*) eso lo hago con facilidad; **ein ~es Mundwerk haben** (*fam*) tener mala lengua

locker-flockig **I.** *adj* (*fam*) desenfadado, tranqui; **er hat immer ein paar ~e Sprüche auf Lager** siempre tiene preparadas algunas salidas **II.** *adv* (*fam*) desenfadadamente; **sie spricht immer ~ daher** siempre habla de una manera muy enrollada; **diese Arbeit erledigst du doch ~ in vier Wochen** este trabajo lo acabas tranquilamente en cuatro semanas

Lockerheit *f* <-, *ohne pl*> (*legere Art*) desenvoltura *f*, desparpajo *m*

locker|lassen *irr vi* (*fam*): **nicht** ~ no ceder, no cejar; **locker|machen** *vt* (*fam*): **Geld** ~ aflojar el bolsillo; **sie hat 20 Mark für mich lockergemacht** me ha prestado 20 marcos; **ich konnte bei ihr 20 Mark** ~ conseguí sacarle 20 marcos

lockern ['lɔkɐn] **I.** *vt* **1.** (*Schraube, Seil*) aflojar **2.** (*Muskeln, Gesetze*) relajar **3.** (*Boden*) mullir **4.** (*Embargo, Beschränkung*) retirar **II.** *vr:* **sich** ~ **1.** (*Nagel, Schraube, Seil*) aflojarse **2.** (*Verkrampfung, Spannung*) relajarse

Lockerung *f* <-, -en> (*Entspannung*) relajación *f;* **eine Übung zur ~ der Nackenmuskulatur** un ejercicio para relajar la musculatura del cuello; **Lockerungsübung** *f* <-, -en> (SPORT) ejercicio *m* de precalentamiento; **~en machen** hacer ejercicios de precalentamiento

lockig *adj* rizado

Lockmittel *nt* <-s, -> **1.** (*für Tiere*) anzuelo *m*, cebo *m* **2.** (*Anreiz*) cebo *m;* **Lockruf** *m* <-(e)s, -e> reclamo *m;* **Lockspitzel** *m* <-s, -> (*abw*) agente *m* provocador

Lockung *f* <-, -en> **1.** (*Reiz*) atracción *f* **2.** (*Versuchung*) tentación *f*

Lockvogel *m* <-s, -vögel> **1.** (*Vogel*) señuelo *m*, reclamo *m* **2.** (*abw: Person*) señuelo *m;* **Lockvogelwerbung** *f* <-, -en> (WIRTSCH) publicidad *f* de reclamo

Locomarkt ['lo:ko-] *m* <-(e)s, -märkte> (WIRTSCH) mercado *m* en plaza; **Locopreis** *m* <-es, -e> (WIRTSCH) precio *m* en plaza

Loddel ['lɔdəl] *m* <-s, -> (*sl*) chulo *m* (de putas)

Loden ['lo:dən] *m* <-s, -> loden *m;* **Lodenmantel** *m* <-s, -mäntel> loden *m*

lodern ['lo:dɐn] *vi* (*a. fig*) arder

Löffel ['lœfəl] *m* <-s, -> **1.** (*Ess~*) cuchara *f;* (~ *voll*) cucharada *f;* **jdn über den ~ balbieren** tomarle el pelo a alguien, quedarse con alguien **2.** (*Hasenohren*) oreja *f;* **die ~ spitzen** (*fam*) aguzar el oído; **schreib dir das hinter die ~!** (*fam*) ¡recuerda mis palabras!; **du kriegst gleich ein paar hinter die ~!** (*fam*) ¡te voy a dar un par de tortas [*o* de cachetes]!; **den ~ abgeben** (*fam*) diñarla; **Löffelbagger** *m* <-s, -> pala *f* excavadora

löffeln ['lœfəln] *vt* **1.** (*essen*) comer con cuchara **2.** (*verteilen*) repartir; **er löffelte die Suppe auf die Teller** repartió la sopa

Löffelstiel *m* <-(e)s, -e> mango *m* de cuchara

löffelweise *adv* a cucharadas

log[1] (MATH) *Abk. von* **Logarithmus** logaritmo *m*

log[2] [lo:k] *3. imp von* **lügen**

Log[1] [lɔk] *nt* <-s, -e> (NAUT) corredera *f*

Log[2] *nt* <-s, -s> (INFOR) diario *m* de operaciones

Logarithmen *pl von* **Logarithmus**; **Logarithmentafel** [loga'rɪtmən-] *f* <-, -n> (MATH) tabla *f* de logaritmos

Logarithmus [loga'rɪtmʊs] *m* <-, Logarithmen> (MATH) logaritmo *m*

Logbuch *nt* <-(e)s, -bücher> (NAUT) cuaderno *m* de bitácora

Loge ['lo:ʒə] *f* <-, -n> **1.** (THEAT) palco *m* **2.** (*Pförtner~*) portería *f* **3.** (*Freimaurer~*) logia *f;* **Logenplatz** *m* <-es, -plätze> (FILM, THEAT) asiento *m* en el palco

logieren* [lo'ʒi:rən] **I.** *vi* alojarse; **bei jdm/in einem Hotel** ~ hospedarse en casa de alguien/en un hotel **II.** *vt* (*Schweiz*) alojar, hospedar

Logik ['lɔgɪk] *f* <-, *ohne pl*> lógica *f;* **das verstößt gegen jede** ~ esto va contra toda lógica

Login [lɔk'ʔɪn] *nt* <-s, -s> (INFOR) login *m*, entrada *f* de identificación

Logis [lo'ʒi:] *nt* <-, -> alojamiento *m;* **bei jdm Kost und ~ haben** estar alojado en casa de alguien; **bei jdm in ~ wohnen** vivir en una habitación de alquiler

logisch ['lo:gɪʃ] *adj* lógico

logischerweise *adv* como es lógico, lógicamente

Logistik [lo'gɪstɪk] *f* <-, *ohne pl*> logística *f*

logistisch *adj* logístico

logo ['lɔ:go] *adj inv* (*fam*) lógico

Logo ['lo:go] *m o nt* <-s, -s> emblema *m*

Logoff [lɔk'ʔɔf] *nt* <-s, -s> (INFOR) logoff *m*, salida *f* del sistema, cierre *m* de sesión (*en mailbox*)

Logopäde, **-in** [logo'pɛ:də] *m, f* <-n, -n; -, -nen> logopeda *mf*

Logopädie [logopɛ'di:] *f* <-, *ohne pl*> logopedia *f*

Logopädin *f* <-, -nen> *s.* **Logopäde**

Logout [lɔk'ʔaʊt] *m* <-s, -s> (INFOR) logout *m*, cierre *m* de sesión

Lohe ['lo:ə] *f* <-, -n> **1.** (*Gerber~*) casca *f* **2.** (*geh: Flamme*) fogarada *f*, llamarada *f*

Lohgerber(in) *m(f)* <-s, -; -, nen> curtidor(a) *m(f)* (que curte con tanino)

Lohn [lo:n, *pl:* 'lø:nə] *m* <-(e)s, Löhne> **1.** (*Arbeitsentgelt*) salario *m;* (*Tages~*) jornal *m;* **Löhne und Gehälter** sueldos y salarios;

Löhne abbauen/angleichen reducir/reajustar los salarios **2.** (*Belohnung*) recompensa *f*; **als ~ für ...** en recompensa por...; **sein verdienter ~** su merecido; **das ist nun der ~ für meine Mühe!** ¡ésta es la recompensa a mis esfuerzos!; **Lohnabbau** *m* <-(e)s, *ohne pl*> reducción *f* de salarios; **lohnabhängig** *adj* asalariado; **~e Beschäftigung** trabajo asalariado; **Lohnabkommen** *nt* <-s, -> acuerdo *m* salarial; **Lohnabrechnung** *f* <-, -en> hoja *f* de pagos; **Lohnabtretung** *f* <-, -en> cesión *f* del salario; **Lohnabzug** *m* <-(e)s, -züge> descuento *m* salarial; **Lohnangleichung** *f* <-, -en> reajuste *m* salarial; **Lohnanpassung** *f* <-, -en> reajuste *m* salarial; **Lohnausfall** *m* <-(e)s, -fälle> pérdida *f* salarial; **Lohnausgleich** *m* <-(e)s, *ohne pl*> ajuste *m* salarial; **verkürzte Arbeitszeit bei vollem ~** jornada de trabajo reducida con el mismo sueldo; **Lohnbescheinigung** *f* <-, -en> nómina *f*; **Lohnbuchhalter(in)** *m(f)* <-s, -; -, -nen> contable *mf* responsable de las nóminas

Lohnbuchhaltung[1] *f* <-, -en> (*Abteilung*) oficina *f* de pagos

Lohnbuchhaltung[2] *f* <-, *ohne pl*> (*Berechnung*) contabilidad *f* de sueldos y salarios, cálculo *m* de los salarios

Lohnbüro *nt* <-s, -s> oficina *f* de pagos; **Lohnempfänger(in)** *m(f)* <-s, -; -, -nen> asalariado, -a *m, f*

lohnen ['lo:nən] **I.** *vt* **1.** (*wert sein*) valer [*o* merecer] la pena; **das Museum lohnt einen Besuch** merece la pena visitar el museo **2.** (*be~*): **jdm etw ~** recompensar a alguien por algo **II.** *vr:* **sich ~** valer [*o* merecer] la pena; **die Mühe lohnt sich** el esfuerzo vale la pena; **der Auftrag hat sich für uns finanziell gelohnt** el encargo nos ha salido rentable

löhnen ['lø:nən] *vi* (*fam*) pagar

lohnend *adj* que vale la pena; (*einträglich*) rentable

lohnenswert *adj* útil, provechoso, fructífero

Lohnerhöhung *f* <-, -en> aumento *m* salarial [*o* de salario]; **Lohnforderung** *f* <-, -en> reivindicación *f* salarial; **Lohnfortzahlung** *f* <-, *ohne pl*> pago *m* continuado del salario; **~ im Krankheitsfall** pago continuado del salario en caso de enfermedad; **Lohngefälle** *nt* <-s, -> diferencia *f* salarial; **Lohngefüge** *nt* <-s, -> estructura *f* de los salarios; **Lohngemeinkosten** *pl* (WIRTSCH) gastos *mpl* generales salariales; **Lohngruppe** *f* <-, -n> grupo *m* salarial; **Lohnkampf** *m* <-(e)s, -kämpfe> lucha *f* salarial; **Lohnkosten** *pl* coste *m* salarial; **Lohnkürzung** *f* <-, -en> reducción *f* del salario; **Lohnliste** *f* <-, -n> nómina *f* de salarios; **bei dieser Firma steht die Regierung auf der ~** (*iron*) esta empresa le ha untado la mano al gobierno; **Lohnnebenkosten** *pl* costes *mpl* no salariales; **Lohnniveau** *nt* <-s, -s> nivel *m* salarial [*o* de salarios]; **Lohnordnung** *f* <-, -en> orden *m* salarial; **Lohnpfändung** *f* <-, -en> embargo *m* del salario; **Lohnpolitik** *f* <-, -en> política *f* salarial

Lohn-Preis-Spirale ['-'----] *f* <-, -n> (WIRTSCH) espiral *f* salarios-precios

Lohnquote *f* <-, -n> (WIRTSCH) cuota *f* salarial; **Lohnrückstand** *m* <-(e)s, -stände> pago *m* atrasado (del salario); **Lohnrunde** *f* <-, -n> fase *f* de las negociaciones salariales; **Lohnsatz** *m* <-es, -sätze> (WIRTSCH) tarifa *f* salarial; **Lohnscheck** *m* <-s, -s> cheque *m* salarial

Lohnsteuer *f* <-, -n> impuesto *m* sobre el salario; **Lohnsteuerjahresausgleich** ['---'----] *m* <-(e)s, -e> ajuste *m* anual de impuestos sobre el salario; **Lohnsteuerkarte** *f* <-, -n> tarjeta *f* de impuesto sobre el salario; **lohnsteuerpflichtig** *adj* sujeto al impuesto sobre el salario

Lohnstopp *m* <-s, -s> congelación *f* salarial; **Lohnstückkosten** *pl* (WIRTSCH) coste *m* por unidad de trabajo; **Lohntarif** *m* <-s, -e> tarifa *f* salarial

Löhnung *f* <-, -en> **1.** (*Auszahlung des Lohnes*) pago *m* de las nóminas **2.** (*Lohn*) nómina *f*, salario *m*; **jeden 15. des Monats bekomme ich meine ~** el 15 de cada mes me pagan [*o* ingresan] la nómina

Lohnvereinbarung *f* <-, -en> convenio *m* salarial; **Lohnverhandlung** *f* <-, -en> negociación *f* salarial; **Lohnverzicht** *m* <-(e)s, -e> renuncia *f* al salario; **Lohnzulage** *f* <-, -n> complemento *m* salarial; **Lohnzuschlag** *m* <-(e)s, -schläge> plus *m*, prima *f*

Loipe ['lɔɪpə] *f* <-, -n> pista *f* de esquí de fondo

Lok [lɔk] *f* <-, -s> locomotora *f*

lokal [lo'ka:l] *adj* local; **von ~er Bedeutung** de importancia local

Lokal [lo'ka:l] *nt* <-(e)s, -e> local *m*; (*Kneipe*) pub *m*; (*Restaurant*) restaurante *m*

Lokalanästhesie *f* <-, -n> (MED) anestesia *f* local; **in ~** con anestesia local; **Lokalanästhetikum** *nt* <-s, -anästhetika> (MED) anestésico *m* local; **Lokalaugenschein** *m* <-(e)s, -e> (*Österr*) inspección *f* ocular (del lugar de los hechos); **Lokalblatt** *nt* <-(e)s, -blätter> periódico *m* local, noticiero *m* local *Am*

Lokalisation *f* <-, -en> localización *f*

lokalisieren* [lokali'zi:rən] *vt* localizar, ubicar *Am*

Lokalität [lokali'tɛ:t] *f* <-, -en> localidad *f*; **sich mit den ~en auskennen** conocer la zona

Lokalkolorit [lo'ka:lkolori:t] *nt* <-(e)s, -e *o* -s> colorido *m* local; **Lokalmatador(in)** *m(f)* <-s, -e; -, -nen> héroe *m* local, heroína *f* local; **Lokalnachrichten** *fpl* noticias *fpl* locales; **Lokalpatriotismus** *m* <-, *ohne pl*> patriotismo *m* de campanario; **Lokalsei-**

te *f* <-, -n> crónica *f* local; **Lokalsender** *m* <-s, -> emisora *f* local; **Lokalteil** *m* <-(e)s, -e> crónica *f* local; **Lokaltermin** *m* <-s, -e> inspección *f* del lugar del hecho

Lokalverbot *nt* <-(e)s, -e> prohibición *f* de entrada a un local público; ~ **bekommen/haben/erteilen** recibir/tener/administrar prohibición de entrada a un local público

Lokalzeitung *f* <-, -en> periódico *m* local

Lokführer(in) *m(f)* <-s, -; -, -nen> maquinista *mf*

Lokomotive [lokomoˈtiːvə] *f* <-, -n> locomotora *f;* **Lokomotivführer(in)** *m(f)* <-s, -; -, -nen> maquinista *mf;* **Lokomotivschuppen** *m* <-s, -> depósito *m* de locomotoras

Lokus [ˈloːkʊs] *m* <- *o* -ses, – *o* -se> (*fam*) excusado *m*

Lolita [loˈliːta] *f* <-, -s> lolita *f* (*mujer adolescente*)

Lolli [ˈlɔli] *m* <-s, -s> chupa-chups® *m inv*

Lombardei [lɔmbarˈdaɪ] *f* <-> Lombardía *f*

lombardfähig [ˈlɔmbart-] *adj* (FIN) pignorable

Lombardierung *f* <-, -en> (FIN) pignoración *f;* **Lombardierungswert** *m* <-(e)s, -e> (FIN) valor *m* de pignoración

Lombardkredit *m* <-(e)s, -e> (FIN) crédito *m* pignoraticio [*o* lombardo]; **Lombardsatz** *m* <-es, -sätze> (WIRTSCH) tipo *m* de interés de pignoración; **Lombardwechsel** *m* <-s, -> (FIN) letra *f* pignoraticia; **Lombardwert** *m* <-(e)s, -e> (FIN) valor *m* pignoraticio

London [ˈlɔndɔn] *nt* <-s> Londres *m*

Londoner[1] *adj inv* londinense

Londoner(in)[2] *m(f)* <-s, -; -, -nen> londinense *mf*

Longdrink [ˈlɔŋdrɪŋk] *m* <-s, -s> copa *f* (*a la que se añade p. ej. soda, agua, hielo*)

Look [lʊk] *m* <-s, -s> estilo *m*, look *m*

Looping [ˈluːpɪŋ] *m o nt* <-s, -s> (AERO) looping *m*

Looser *m* <-s, -> (*fam*) perdedor *m*, antihéroe *m*

Lorbeer [ˈloːɐbeːɐ] *m* <-s, -en> laurel *m;* **sich auf seinen ~en ausruhen** (*fam*) dormirse en los laureles; **mit etw** *dat* **(keine) ~en ernten können** (no) poder obtener éxito con algo, (no) poder apuntarse puntos con algo; **Lorbeerbaum** *m* <-(e)s, -bäume> laurel *m;* **Lorbeerblatt** *nt* <-(e)s, -blätter> hoja *f* de laurel; **Lorbeerkranz** *m* <-es, -kränze> corona *f* de laureles

Lord [lɔrt] *m* <-s, -s> lord *m*

Lore [ˈloːrə] *f* <-, -n> vagoneta *f*

Lorgnette [lɔrnˈjɛtə] *f* <-, -n> impertinentes *mpl*

los [loːs] **I.** *adj* **1.** (*nicht befestigt*) suelto; **der Hund ist ~** el perro anda suelto; **der Knopf ist ~** se ha caído el botón **2.** (*locker*) flojo; **jdn/etw ~ sein** haberse librado de alguien/algo; **ich bin meine Erkältung ~** me libré del resfriado; **ich bin mein ganzes Geld ~** me he quedado sin blanca **3.** (*geschehen*): **~ sein** pasar; **es ist nichts ~** no pasa nada; **was ist ~ mit ihm?** ¿qué le pasa?; **mit dem ist heute nichts ~** hoy no hay nada que hacer con él; **mit ihm ist nichts mehr ~** ya no está para trotes; **in Granada ist abends viel ~** en Granada hay mucha marcha por la noche; **was ist (hier) ~?** ¿qué pasa (aquí)?; **wenn ihr heute nicht rechtzeitig kommt, dann ist 'was ~!** (*fam*) si no llegáis a tiempo hoy se va a armar la gorda; **da war was ~, als ich die Wahrheit gestehen musste** menuda se armó cuando tuve que decir la verdad **II.** *adv* **1.** (*schnell*) ya; **~!** ¡vamos!, ¡venga!; **nun aber ~!** ¡vamos ya!; **Achtung, fertig, ~!** ¡preparados, listos, ya!; **~, mach schon!** ¡apúrate!; **~, nun erzähl schon!** ¡a ver, cuenta ya! **2.** (*fam: weg*): **sie sind schon ~** ya se fueron

Los [loːs] *nt* <-es, -e> **1.** (*für Entscheidung*) sorteo *m;* **etw durch das ~ entscheiden** echar algo a suerte(s); **das ~ hat mich getroffen** [*o* **ist auf mich gefallen**] me ha tocado **2.** (*Lotterie~*) billete *m* de lotería, boleto *m;* **das große ~ ziehen** [*o* **gewinnen**] tocar(le) a alguien el gordo; **er hat mit ihr das große ~ gezogen** con ella le ha tocado el gordo **3.** (*geh: Schicksal*) destino *m*, suerte *f;* **ein hartes/schweres ~** un destino difícil/oneroso

lösbar *adj* **1.** (*Aufgabe*) resoluble, que se puede resolver **2.** (*löslich*) soluble

los|bellen *vi* empezar a ladrar

los|binden *irr vt* soltar, desatar; **los|brechen** *irr* **I.** *vt* romper **II.** *vi sein* (*Gelächter, Sturm*) estallar; (*Gewitter*) desencadenarse; **los|bröckeln** *vi sein* (*fam*) desprenderse (*von* de)

Löscharbeit *f* <-, -en> trabajo *m* de extinción

löschbar *adj* **1.** (*Brand*) extinguible; **nicht ~** inextinguible **2.** (*zu tilgen*) anulable, que se puede borrar; (*Schuld*) cancelable

Löschblatt *nt* <-(e)s, -blätter> (papel *m*) secante *m*

löschen [ˈlœʃən] **I.** *vi* (*Brand*) apagar [*o* extinguir] un incendio **II.** *vt* **1.** (*Licht, Feuer, Durst*) apagar **2.** (*Tonband, a.* INFOR) borrar **3.** (*Konto, Schuld, Eintragung*) cancelar **4.** (NAUT) desembarcar

Löschfahrzeug *nt* <-(e)s, -e> coche *m* de bomberos; **Löschflugzeug** *nt* <-(e)s, -e> hidroavión *m* (para la extinción de incendios); **Löschgerät** *nt* <-(e)s, -e> extintor *m* (de incendios)

Löschkalk *m* <-(e)s, -e> cal *f* apagada [*o* muerta]

Löschkopf *m* <-(e)s, -köpfe> (ELEK) cabeza *f* de borrado; **Löschmannschaft** *f* <-, -en> equipo *m* de bomberos (en acción); **Löschpapier** *nt* <-s, -e> (papel *m*) secante *m;* **Löschtaste** *f* <-, -n> (INFOR) tecla *f* para borrar; **Löschtrupp** *m* <-s, -s> *s.* **Löschmannschaft**

Löschung *f* <-, -en> **1.** (*Tilgung*) anulación *f*, amortización *f* **2.** (NAUT: *Entladung*) descarga *f*

Löschwasser *nt* <-s, – *o* -wässer> **1.** (*bei Bränden*) agua *f* de extinción **2.** (*aus chemischen Anlagen*) agua *f* para templado

Löschzug *m* <-(e)s, -züge> equipo *m* de bomberos

lose ['lo:zə] *adj* **1.** (*Seil, Knoten*) flojo; **der Nagel ist ~** el clavo está suelto; **der Knopf hängt ~** el botón está medio caído **2.** (*unverpackt*) a granel; (*stückweise*) por unidad; **~ Blätter** hojas sueltas; **ein ~s Mundwerk haben** tener la lengua larga

Loseblattausgabe *f* <-, -n> edición *f* en hojas sueltas; **Loseblattsammlung** *f* <-, -en> colección *f* de hojas sueltas

Lösegeld *nt* <-(e)s, -er> rescate *m*; **Lösegeldforderung** *f* <-, -en> exigencia *f* de rescate

los|eisen *vt* (*fam*) liberar (de las garras) (*von* de); **bei jdm etwas Geld ~** sacarle algo de dinero a alguien

Lösemittel *nt* <-s, -> disolvente *m*

losen ['lo:zən] *vi* echar a suerte(s); **um die Eintrittskarten ~** rifar las entradas

lösen ['lø:zən] **I.** *vt* **1.** (*abtrennen*) despegar (*von/aus* de), separar (*von* de); **der Aufkleber lässt sich nicht vom Kuvert ~** la pegatina no se desprende del sobre **2.** (*losmachen*) soltar; (*lockern*) aflojar; (*Schraube*) destornillar; (*Knoten*) deshacer; **die Handbremse ~** soltar el freno de mano; **die Haare ~** soltar el pelo, dejar el pelo suelto; **Massagen können Verspannungen ~** los masajes pueden eliminar tensiones **3.** (*Aufgabe*) resolver; (*Geheimnis*) descubrir; (*Verwicklung*) aclarar **4.** (*Ehe, Verbindung*) anular; (*Vertrag*) rescindir **5.** (*Eintritts-, Fahrkarte*) sacar **6.** (*zergehen lassen*) disolver (*in* en); **ein Medikament in Wasser ~** disolver un medicamento en agua **II.** *vr:* **sich ~ 1.** (*abgehen*) desprenderse (*von* de) **2.** (*Schraube*) aflojarse; (*Husten, Krampf*) calmarse **3.** (*sich klären*) resolverse; **das Problem löste sich von selbst** el problema se resolvió solo [*o* por sí mismo] **4.** (*sich frei machen*) liberarse (*aus/von* de); (*sich trennen*) separarse (*von* de); **sie löste sich aus seiner Umarmung** se desprendió de su abrazo **5.** (*Schuss*) dispararse; **ein Schuss hatte sich gelöst** se había disparado el arma **6.** (*zergehen*) disolverse (*in* en)

los|fahren ['lo:s-] *irr vi sein* salir; (*Fahrzeug*) ponerse en marcha; **auf jdn ~** arremeter contra alguien; **los|gehen** *irr vi sein* **1.** (*weggehen*) irse, marcharse; **lass uns endlich ~!** ¡vámonos ya! **2.** (*fam: anfangen*) empezar, comenzar; **gleich geht's los** enseguida empieza; **jetzt geht das schon wieder los!** ¡oh no, empieza de nuevo! **3.** (*Schuss, Gewehr*) dispararse **4.** (*angreifen*) abalanzarse (*auf* sobre); **er ging mit dem Messer auf ihn los** se abalanzó cuchillo en mano sobre él

los|haben *irr vt* (*fam*): **etwas/einiges/viel ~** entender algo/bastante/mucho; **in Physik/auf der Gitarre hat er ganz schön was los** tiene (pero que) mucha idea de física/de guitarra

los|heulen *vi* **1.** (*fam: weinen*) echarse a llorar **2.** (*Tiere, Sturm, Wind*) empezar a gemir **3.** (*Sirene, Maschine*) empezar a sonar

los|kaufen *vt* rescatar

los|kommen *irr vi sein* (*fam*) **1.** (*wegkommen*) poder irse **2.** (*sich befreien*) librarse (*von* de); (*von Drogen*) desengancharse (*von* de); **sie kam von dem Gedanken nicht los, dass ...** no se le quitaba de la cabeza la idea de que...

los|kriegen *vt* (*fam*) **1.** (*lockern*) conseguir soltar; **einen Aufkleber ~** conseguir despegar un adhesivo; **ein festgefahrenes Fahrzeug ~** conseguir soltar un coche atascado; **einen Verschluss ~** conseguir abrir un cierre **2.** (*sich entledigen*) librarse, deshacerse (de); **jdn ~** librarse de alguien; **ich krieg die Erkältung einfach nicht los** no consigo librarme de este resfriado **3.** (*verkaufen*) conseguir vender; **ich krieg das Haus einfach nicht los** no consigo deshacerme de la casa

los|lachen *vi* echarse a reír, estallar en carcajadas

los|lassen *irr vt* **1.** (*nicht mehr festhalten*) soltar; **lass mich los!** ¡suéltame!; **die Frage lässt mich nicht mehr los** la pregunta no se me quita de la cabeza **2.** (*Hund*) soltar (*auf* contra); **und so was** [*o* **so jemanden**] **lässt man auf die Menschheit los** (*fam abw*) y alguien de este calibre anda suelto por el mundo **3.** (*fam: sagen*) soltar; (*Beschwerde*) lanzar

los|laufen *irr vi sein* echar a correr, destapar *Mex*

los|legen *vi* (*fam*) ponerse a hacer algo con ímpetu; **sie legte mächtig mit der Arbeit los** empezó a trabajar como una furia; **ihr könnt sofort ~!** ¡podéis empezar enseguida!; **na, leg los!** ¡venga, empieza!

löslich ['lø:slɪç] *adj* soluble (*in* en); **leicht/schwer ~** fácilmente/difícilmente soluble

los|lösen *vt, vr:* **sich ~** desatar(se) (*von* de), desprender(se) (*von* de); **los|machen I.** *vt* (*fam*) soltar **II.** *vr:* **sich ~** (*fam: von Kette*) soltarse (*von* de); (*von Verpflichtungen*) sustraerse (*von* a)

los|müssen *irr vi* (*fam*) tener que irse, tener que marcharse

Losnummer *f* <-, -n> número *m* de lotería

los|platzen *vi sein* (*fam*) **1.** (*loslachen*) echarse a reír, estallar en carcajadas **2.** (*spontan äußern*) contar de repente (*mit*), espetar (*mit*); **kaum traf sie ihre Freunde, platzte sie mit den Neuigkeiten los** apenas encontró a sus amigos, les soltó sin más ni más todas las novedades

los|rasen *vi sein* (*fam*) **1.** (*loslaufen*) salir pitando [*o* como un rayo] **2.** (*losfahren*) salir a toda velocidad [*o* a toda pastilla]; **los|reißen**

irr **I.** *vt* arrancar **II.** *vr:* **sich** ~ soltarse; **er konnte sich nicht von dem Anblick** ~ no podía apartar la vista

los|rennen *irr vi sein* echar a correr (*auf* hacia)

Löss[RR] [lœs] *m* <-es, -e> (GEO), **Löß** [lø:s] *m* <-es, -e> (GEO) loess *m*

los|sagen *vr:* **sich** ~ renegar (*von* de)

los|schicken *vt* enviar, mandar

los|schießen *irr vi* (*fam*) **1.** (*mit Gewehr*) ponerse a disparar **2.** (*sprechen*) dispararse, desembuchar; **na, schieß los!** ¡venga, suéltalo! **3.** *sein* (*rennen*) echar a correr

los|schlagen *irr* **I.** *vt* **1.** (*abschlagen*) separar (a golpe de martillo) (*von* de) **2.** (*fam: billig verkaufen*) vender (a precio tirado) **II.** *vi* **1.** (*angreifen*) iniciar el ataque **2.** (*einschlagen*) liarse a golpes (*auf* con)

los|schrauben *vt* (*fam*) des(a)tornillar (*von* de)

los|steuern *vi sein:* **auf jdn/etw** ~ dirigirse hacia alguien/algo

los|stürzen *vi sein* (*fam*) **1.** (*losrennen*) echarse a correr, salir como un rayo **2.** (*attackieren*): **auf jdn/etw** ~ arrojarse sobre alguien/algo, lanzarse sobre alguien/algo

los|treten *irr vt:* **eine Lawine** ~ (*fam fig*) desatar [*o* desencadenar] un alud

Lostrommel *f* <-, -n> bombo *m* de sorteo

Losung ['lo:zʊŋ] *f* <-, -en> **1.** (*Motto*) lema *m*, eslogan *m;* **eine** ~ **ausgeben** dar el lema **2.** (MIL) santo y seña *m*, consigna *f* **3.** (*vom Wild*) excrementos *mpl*

Lösung ['lø:zʊŋ] *f* <-, -en> **1.** (*Ergebnis*) solución *f* (*von* de) **2.** (*Los~*) desprendimiento *m* (*von* de) **3.** (*Aufhebung*) anulación *f* (*von* de) **4.** (CHEM, PHYS: *Flüssigkeit*) solución *f;* (*Auf~*) disolución *f* (*in* en); **Fowler'sche** ~ disolución de Fowler

Lösungsmittel *nt* <-s, -> disolvente *m*

Losungswort *nt* <-(e)s, -wörter> lema *m*, eslogan *m*

Losverfahren *nt* <-s, -> sorteo *m;* **per** [*o* **durch**] ~ por sorteo; **Losverkäufer(in)** *m(f)* <-s, -; -, -nen> lotero, -a *m, f*

los|werden *irr vt sein* **1.** (*Person*) deshacerse (de); (*Arbeit, Erkältung*) quitarse de encima; **jdn** ~ librarse de alguien; **seinen Kummer** ~ desahogar su pena; **ich werde den Gedanken nicht los, dass ...** no me puedo quitar de la cabeza que... +*subj* **2.** (*fam: verlieren*) perder; **beim Kartenspiel ist er 200 Mark losgeworden** perdió 200 marcos jugando a las cartas **3.** (*fam: verkaufen*) poder vender

los|wollen *irr vi* (*fam*) querer irse [*o* marcharse]

los|ziehen *irr vi sein* (*fam*) echar a andar

Lot [lo:t] *nt* <-(e)s, -e> **1.** (ARCHIT) plomada *f;* **die Mauer ist aus dem** [*o* **nicht im**] ~ el muro no está derecho; **etw wieder ins (rechte)** ~ **bringen** arreglar algo; **nicht im** ~ **sein** (*Person*) no estar bien; (*Sache*) no estar en orden **2.** (NAUT) sonda *f* **3.** (MATH) perpendicular *f;* **auf eine Gerade das** ~ **fällen** abatir una perpendicular sobre una línea recta

loten ['lo:tən] *vt* **1.** (ARCHIT) echar una plomada **2.** (NAUT) sondear

löten ['lø:tən] *vt* (TECH) soldar; **ein Blech an etw** ~ soldar una chapa con algo

Lothringen ['lo:trɪŋən] *nt* <-s> Lorena *f*

Lothringer(in) *m(f)* <-s, -; -, -nen> lorenés, -esa *m, f*

lothringisch *adj* lorenés

Lotion [lo'tsjo:n] *f* <-, -en> loción *f*

Lötkolben *m* <-s, -> soldador *m;* **Lötlampe** *f* <-, -n> soplete *m;* **Lötmetall** *nt* <-s, -e> soldadura *f*

Lotos ['lo:tɔs] *m* <-, -> (BOT) loto *m;* **Lotosblume** *f* <-, -n> flor *f* de loto; **Lotossitz** *m* <-es, *ohne pl*> postura *f* del loto

lotrecht *adj* vertical; **eine ~e Linie** una línea perpendicular

Lotrechte *f* <-n, -n> (recta *f*) vertical *f*

Lötrohr *nt* <-(e)s, -e> soplete *m*

Lotse, -in ['lo:tsə] *m, f* <-n, -n; -, -nen> **1.** (NAUT) práctico *mf* **2.** (AERO) controlador(a) *m(f)* aéreo, -a **3.** (*Schüler~*) patrullero, -a *m, f* escolar (*guardia en los cruces de las calles*)

lotsen *vt* **1.** (*allgemein*) llevar, conducir **2.** (NAUT) pilotar **3.** (AERO) dirigir

Lotsenboot *nt* <-(e)s, -e> barco *m* piloto; **Lotsendienst** *m* <-(e)s, -e> servicio *m* para la regulación del tráfico peatonal

Lotsin ['lo:tsɪn] *f* <-, -nen> *s.* **Lotse**

Lötstelle *f* <-, -n> soldadura *f*

Lotterbett *nt* <-(e)s, -en> (*alt hum*) catre *m* (que utilizan los enamorados)

Lotterie [lɔtə'ri:] *f* <-, -n> lotería *f*, quiniela *f* *CSur;* ~ **spielen** jugar a la lotería; **Lotterielos** *nt* <-es, -e> billete *m* de lotería; **Lotteriespiel** *nt* <-(e)s, -e> lotería *f*

lotterig ['lɔtərɪç] *adj* (*fam abw: äußerlich*) desordenado, desaliñado; (*moralisch*) disipado, licencioso

Lotterleben ['lɔtɐ-] *nt* <-s, *ohne pl*> (*abw*) vida *f* licenciosa

Lotto ['lɔto] *nt* <-s, -s> lotería *f* primitiva; **im** ~ **spielen** jugar a la (lotería) primitiva; **ich habe im** ~ **gewonnen!** ¡me ha tocado la primitiva!; **Lottoannahmestelle** *f* <-, -n> taquilla *f* (donde se reciben las papeletas) de lotería; **Lottogewinn** *m* <-(e)s, -e> ganancia *f* en la (lotería) primitiva; **Lottoschein** *m* <-(e)s, -e> billete *m* de la (lotería) primitiva; **Lottozahlen** *fpl* números *mpl* de la (lotería) primitiva; **die Ziehung der** ~ el sorteo de la (lotería) primitiva

Lotus ['lo:tʊs] *m* <-, -> (BOT) loto *m*

Lötzinn *nt* <-(e)s, *ohne pl*> estaño *m* para soldar

Löwe *m* <-n, -n> **1.** (ZOOL) león *m;* **sich in die Höhle des ~n begeben** (*fam*) meterse en la boca del lobo **2.** (ASTR) Leo *m;* **Löwenanteil** *m* <-(e)s, -e> parte *f* del león; **Löwenbändiger(in)** *m(f)* <-s, -; -, -nen> domador(a) *m(f)* de leones; **Löwenkäfig** *m*

<-s, -e> jaula *f* para leones; **Löwenmähne** *f* <-, -n> (*a. fam*) melena *f*, guedeja *f*, vedeja *f*; **Löwenmaul** *nt* <-(e)s, *ohne pl*> (BOT), **Löwenmäulchen** *nt* <-s, -> (BOT) boca *f* de dragón; **Löwenzahn** *m* <-(e)s, *ohne pl*> (BOT) diente *m* de león

Low Impact [lɔʊ 'ɪmpɛkt] *m* <-s, -s> low impact *m*

loyal [lɔɪ'a:l] *adj* leal; **sich ~ verhalten** comportarse lealmente

Loyalität [lɔɪali'tɛ:t] *f* <-, *ohne pl*> lealtad *f* (*gegenüber* (frente) a/para con)

LP [ɛl'pi:] *f* <-, -(s)> *Abk. von* **Langspielplatte** elepé *m*

Lr (CHEM) *Abk. von* **Lawrencium** Lr

LSD [ɛlʔɛs'de:] *nt* <-(s), *ohne pl*> *Abk. von* **Lysergsäurediäthylamid** LSD *m*

lt. *Abk. von* **laut** según

Lu (CHEM) *Abk. von* **Lutetium** Lu

Lübeck ['ly:bɛk] *nt* <-s> Lubeck *m*

Luchs [lʊks] *m* <-es, -e> (ZOOL) lince *m*; **aufpassen wie ein ~** (*fam*) estar hecho un lince, tener los ojos bien abiertos; **Luchsaugen** *ntpl* (*fam*) ojos *mpl* de lince

Lücke ['lʏkə] *f* <-, -n> (*Loch*) agujero *m*; (*Zwischenraum, Leere*) vacío *m*; (*Hohlraum*) hueco *m*; (*Gedächtnis~*) laguna *f*; **in seiner Sammlung sind ~n** en su colección hay lagunas; **eine ~ füllen** tapar un hueco; (*fig*) ocupar un vacío; **sein Tod reißt eine ~ in unsere Reihen** su muerte deja un hueco entre nosotros; **dieser Band schließt eine ~** este tomo viene a llenar un hueco; **da weist das Gesetz ~n auf** la ley presenta una laguna al respecto

Lückenbüßer(in) *m(f)* <-s, -; -, -nen> suplente *m*; **er will nicht immer nur den ~ spielen** no quiere hacer toda su vida de segundón [*o* segundo plato]

lückenhaft *adj* **1.** (*mit Lücken*) lleno de huecos **2.** (*unvollständig*) incompleto

lückenlos *adj* completo, íntegro

Lückentest *m* <-(e)s, -s *o* -e> (SCH) test *m* de completar espacios en blanco

lud [lu:t] *3. imp von* **laden**

Lude ['lu:də] *m* <-n, -n> (*sl*) chulo *m* de putas

Luder ['lu:dɐ] *nt* <-s, -> (*fam*) mal bicho *m*

Lues ['lu:ɛs] *f* <-, *ohne pl*> (MED) sífilis *f inv*, lúes *f inv*

Luft[1] [lʊft] *f* <-, *ohne pl*> **1.** (*Gasgemisch, Atem~*) aire *m*; **an die (frische) ~ gehen** tomar el aire (fresco); **frische ~ hereinlassen** dejar entrar el aire fresco; **die ~ hier ist ja zum Schneiden!** (*fam*) ¡aquí el aire se corta con cuchillo!; **die ~ aus etw** *dat* **herauslassen** desinflar algo; **die ~ ist rein** (*fam*) no hay moros en la costa; **es herrscht dicke ~** (*fam*) el ambiente está cargado; **aus etw** *dat* **ist die ~ raus** (*fam*) algo ya no tiene importancia; **er ist ~ für mich** (*fam*) ése para mí no existe; **sich in ~ auflösen** (*fam*) desvanecerse en el aire [*o* como por encanto]; **jdn wie ~ behandeln** (*fam*) tratar a alguien como si no existiera; **jdn an die (frische) ~ setzen** (*fam*) mandar a alguien a tomar viento [*o* a freír espárragos] **2.** (*Atem*) respiración *f*, aliento *m*; **nach ~ schnappen** jadear; **die ~ anhalten** contener la respiración; **halt die ~ an!** (*fam*) ¡cierra la boca!; **(tief) ~ holen** respirar (hondo); **keine ~ bekommen** asfixiarse, sofocarse; **mir blieb vor Schreck die ~ weg** (*fam*) del susto me quedé sin aliento; **von ~ und Liebe leben** (*fam*) vivir de milagro **3.** (*fam: Spielraum*) espacio *m* libre; **seinem Zorn** [*o* **Ärger**] [*o* **Herzen**] **~ machen** desahogarse

Luft[2] [lʊft, *pl:* 'lʏftə] *f* <-, Lüfte> **1.** (*Raum über dem Erdboden*) aire *m*; **jetzt ist das Flugzeug in der ~** ahora el avión está en el aire; **etw in die ~ sprengen** hacer saltar algo por los aires, volar algo; **vor Freude in die ~ springen** dar saltos de alegría; **es liegt etwas in der ~** hay algo en el aire; **das ist völlig aus der ~ gegriffen** es pura invención, está totalmente sacado de la manga; **in der ~ hängen** (*fam*) estar en el aire; **schnell in die ~ gehen** (*fam*) enfadarse enseguida; **der Kritiker hat mein Buch in der ~ zerrissen** (*fam*) el crítico ha descuartizado [*o* hecho trizas] mi libro; **ich könnte ihn in der ~ zerreißen** (*fam*) le podría hacer pedazos **2.** (*schwacher Wind*) aire(cito) *m*; **es weht eine kalte ~** corre una brisa fría

Luftabwehr *f* <-, *ohne pl*> (MIL) defensa *f* aérea; **Luftangriff** *m* <-(e)s, -e> (MIL) ataque *m* aéreo; **Luftaufklärung** *f* <-, -en> (MIL) reconocimiento *m* aéreo; **Luftaufnahme** *f* <-, -n> (FILM) toma *f* aérea; (FOTO) vista *f* aérea; **Luftballon** *m* <-s, -s *o* -e> globo *m*; **Luftbefeuchter** *m* <-s, -> humidificador *m* del aire; **Luftbelastung** *f* <-, *ohne pl*> contaminación *f* atmosférica; **Luftbild** *nt* <-(e)s, -er> vista *f* aérea; **Luftblase** *f* <-, -n> burbuja *f* de aire; **ihre Illusion zerplatzte wie eine ~** sus ilusiones se desvanecieron en el aire; **Luftbrücke** *f* <-, -n> puente *m* aéreo; **luftdicht** *adj* hermético; **~ verpackt** envasado al vacío; **ein ~ verschlossener Behälter** un recipiente herméticamente cerrado

Luftdruck *m* <-(e)s, *ohne pl*> (PHYS) presión *f* atmosférica; **Luftdruckmesser** *m* <-s, -> manómetro *m*

luftdurchlässig *adj* transpirable, permeable al aire

lüften ['lʏftən] *vt* **1.** (*Kleider, Zimmer*) airear, ventilar **2.** (*Deckel*) quitar; **den Hut zum Gruß ~** saludar con el sombrero **3.** (*Geheimnis*) revelar

Lüfter *m* <-s, -> ventilador *m*

Luftfahrt *f* <-, *ohne pl*> aeronáutica *f*, aviación *f*; **Luftfahrtgesellschaft** *f* <-, -en> compañía *f* aérea; **Luftfahrtindustrie** *f* <-, -n> industria *f* aeronáutica; **Luft- und Raumfahrtindustrie** industria aeronáutica y astronáutica

Luftfahrzeug *nt* <-(e)s, -e> aeroplano *m;* **Luftfeuchtigkeit** *f* <-, *ohne pl*> (METEO) humedad *f* del aire; **Luftfilter** *m o nt* <-s, -> (TECH) filtro *m* de aire; **Luftfracht** *f* <-, -en> flete *m* aéreo; **Luftfrachtbrief** *m* <-(e)s, -e> carta *f* de porte aéreo; **Luftfrachtverkehr** *m* <-(e)s, *ohne pl*> tráfico *m* de transporte aéreo; **luftgekühlt** *adj* (TECH) ventilado; **luftgetrocknet** *adj* curado, secado al aire; **~er Schinken** jamón curado; **Luftgewehr** *nt* <-(e)s, -e> escopeta *f* de aire comprimido; **Lufthauch** *m* <-(e)s, -e> (*geh*) vientecillo *m,* airecillo *m;* **kein ~ weht** no corre ni una pizca de aire; **Lufthoheit** *f* <-, *ohne pl*> soberanía *f* aérea; **Lufthülle** *f* <-, -n> atmósfera *f*

luftig *adj* **1.** (*Kleidung*) ligero; **~ bekleidet** vestido ligeramente **2.** (*Zimmer*) bien ventilado

Luftikus ['lʊftikʊs] *m* <-(ses), -se> (*fam abw*) tarambana *m*

Luftkampf *m* <-(e)s, -kämpfe> combate *m* aéreo

Luftkissen *nt* <-s, -> **1.** (*Sitzkissen*) almohada *f* de aire [*o* neumática] **2.** (TECH) (sección *f* de) aire *m* comprimido

Luftkissenboot *nt* <-(e)s, -e> aerodeslizador *m;* **Luftkissenfahrzeug** *nt* <-(e)s, -e> aerodeslizador *m*

Luftklappe *f* <-, -n> (TECH) válvula *f* de aire; **Luftkorridor** *m* <-s, -e> (AERO) corredor *m* aéreo, pasillo *m* aéreo; **Luftkrieg** *m* <-(e)s, -e> guerra *f* aérea; **Luftkühlung** *f* <-, *ohne pl*> (TECH) refrigeración *f* por aire; **Luftkurort** *m* <-(e)s, -e> balneario *m* climatológico; **Luftlandetruppe** *f* <-, -n> (MIL) tropas *fpl* aerotransportadas; **Luftlandung** *f* <-, -en> (MIL) aterrizaje *m* de tropas aerotransportadas; **luftleer** *adj* vacío, sin aire; **wir leben doch nicht im ~en Raum** no somos los únicos en la tierra; **Luftlinie** *f* <-, *ohne pl*> línea *f* recta; **Luftloch** *nt* <-(e)s, -löcher> **1.** (TECH) respiradero *m* **2.** (*fam: beim Fliegen*) bache *m* de aire; **Luftmasche** *f* <-, -n> punto *m* por encima; **Luftmasse** *f* <-, -n> masa *f* de aire; **Luftmatratze** *f* <-, -n> colchoneta *f;* **Luftmine** *f* <-, -n> (MIL) mina *f* aérea; **Luftpirat(in)** *m(f)* <-en, -en; -, -nen> pirata *mf* aéreo, -a, secuestrador(a) *m(f)* de un avión; **Luftpiraterie** *f* <-, *ohne pl*> piratería *f* aérea; **Luftpiratin** *f* <-, -nen> *s.* **Luftpirat**

Luftpost *f* <-, *ohne pl*> correo *m* aéreo; **mit** [*o* **per**] **~** por avión; **Luftpostbrief** *m* <-(e)s, -e> carta *f* por avión; **Luftpostleichtbrief** *m* <-(e)s, -e> aerograma *m;* **Luftpostpapier** *nt* <-s, -e> papel *m* para aerogramas

Luftpumpe *f* <-, -n> bomba *f* de aire, inflador *m;* **Luftqualität** *f* <-, -en> calidad *f* del aire; **Luftraum** *m* <-(e)s, -räume> espacio *m* aéreo; **Luftrecht** *nt* <-(e)s, *ohne pl*> (JUR) derecho *m* aéreo

Luftreinhaltung *f* <-, *ohne pl*> conservación *f* de la pureza del aire; **Luftreinhaltungskriterium** *nt* <-s, -kriterien> criterio *m* para la conservación de la pureza del aire

Luftreiniger *m* <-s, -> purificador *m* de aire

Luftröhre *f* <-, -n> (ANAT) tráquea *f;* **Luftröhrenschnitt** *m* <-(e)s, -e> (MED) traqueotomía *f*

Luftsack *m* <-(e)s, -säcke> (ZOOL) bolsa *f* de aire; **Luftschacht** *m* <-(e)s, -schächte> pozo *m* de ventilación; **Luftschadstoff** *m* <-(e)s, -e> contaminante *m* de la atmósfera; **Luftschicht** *f* <-, -en> (METEO) capa *f* de aire; **Luftschiff** *nt* <-(e)s, -e> (globo *m*) dirigible *m,* aerostato *m;* **Luftschifffahrt**[RR] *f* <-, *ohne pl*> aerostación *f;* **Luftschlacht** *f* <-, -en> (MIL) combate *m* aéreo, batalla *f* aérea; **Luftschlange** *f* <-, -n> serpentina *f* de papel; **Luftschleuse** *f* <-, -n> (TECH) esclusa *f* de aire; **Luftschlitz** *m* <-es, -e> (AUTO) ranura *f* del aire, rendija *f* de ventilación; **Luftschloss**[RR] *nt* <-es, -schlösser>: **Luftschlösser bauen** hacer castillos en el aire; **Luftschraube** *f* <-, -n> (TECH) hélice *f*

Luftschutz *m* <-es, *ohne pl*> defensa *f* antiaérea; **Luftschutzbunker** *m* <-s, -> refugio *m* antiaéreo

Luftsieg *m* <-(e)s, -e> (MIL) victoria *f* aérea; **Luftsperrgebiet** *nt* <-(e)s, -e> zona *f* aérea prohibida; **Luftspiegelung** *f* <-, -en> espejismo *m;* **Luftsprung** *m* <-(e)s, -sprünge> salto *m* en el aire; **vor Freude einen ~ machen** dar un salto de alegría; **Luftstreitkräfte** *fpl* (MIL) fuerzas *fpl* aéreas; **Luftstrom** *m* <-(e)s, -ströme> corriente *f* de aire; **Luftströmung** *f* <-, -en> corriente *f* de aire; **Luftstützpunkt** *m* <-(e)s, -e> (MIL) base *f* aérea; **Lufttaxi** *nt* <-s, -s> taxi *m* aéreo; **Lufttemperatur** *f* <-, -en> (METEO) temperatura *f* del aire; **Lufttransport** *m* <-(e)s, -e> transporte *m* aéreo; **Luftüberwachung** *f* <-, -en> (MIL) vigilancia *f* aérea

luftundurchlässig *adj* impermeable al aire

Lüftung ['lʏftʊŋ] *f* <-, -en> ventilación *f;* **Lüftungsklappe** *f* <-, -n> (TECH) válvula *f* de ventilación; **Lüftungsschacht** *m* <-(e)s, -schächte> pozo *m* de ventilación

Luftveränderung *f* <-, -en> cambio *m* de aires; **eine ~ nötig haben** necesitar un cambio de aires

Luftverkehr *m* <-(e)s, *ohne pl*> tráfico *m* aéreo; **Luftverkehrskontrolle** *f* <-, -n> control *m* aéreo

Luftverschmutzung *f* <-, *ohne pl*> contaminación *f* del aire; **Luftverteidigung** *f* <-, *ohne pl*> (MIL) defensa *f* antiaérea; **luftverunreinigend** *adj* contaminante del aire; **Luftwaffe** *f* <-, -n> (MIL) fuerza *f* aérea

Luftweg[1] *m* <-(e)s, -e> (*Atemwege*) vías

fpl respiratorias

Luftweg² *m* <-(e)s, *ohne pl*> (*im Gegensatz zum Landweg*) vía *f* aérea; **auf dem ~** por vía aérea

Luftwiderstand *m* <-(e)s, *ohne pl*> (PHYS) resistencia *f* del aire; **Luftzufuhr** *f* <-, *ohne pl*> provisión *f* de aire; **Luftzug** *m* <-(e)s, -züge> corriente *f* de aire

Lug [lu:k]: **~ und Trug** (*geh*) patrañas *fpl*

Lüge ['ly:gə] *f* <-, -n> mentira *f*, guayaba *f Am*, pegada *f CSur*, nagual *f Mex*, bolada *f Cuba, Guat, Mex*, bolazo *m RíoPl*, agache *m Kol*, morcilla *f Cuba*, chile *m Guat;* **das ist alles ~** son todo mentiras; **jdm ~n auftischen** (*fam*) mentir a alguien; **jdn ~n strafen** coger a alguien que ha mentido; **~n haben kurze Beine** (*prov*) se agarra antes a un mentiroso que a un cojo

lugen ['lu:gən] *vi* (*reg*) **1.** (*spähen*) otear; **durch einen Spalt/um die Ecke ~** asomar por una raja/por la esquina **2.** (*hervorsehen*) entreverse; **durch ein Loch/aus der Tasche ~** asomar por un agujero/del bolsillo

lügen ['ly:gən] <lügt, log, gelogen> *vi* mentir, macanear *CSur*, nagualear *Mex;* **ich müsste ~, wenn ...** tendría que mentir si...; **er lügt wie gedruckt** (*fam*) miente más que habla [*o* más que la gaceta]

Lügenbold *m* <-(e)s, -e> (*fam*) trolero *m*

Lügendetektor *m* <-s, -en> detector *m* de mentiras; **Lügengeschichte** *f* <-, -n> mentira *f*, pepa *f And*

lügenhaft *adj* mentiroso; **eine ~e Geschichte** una historia basada en mentiras

Lügenmärchen *nt* <-s, -> mentira *f*, pepa *f And*

Lügner(in) ['ly:gnɐ] *m(f)* <-s, -; -, -nen> mentiroso, -a *m, f*

lügnerisch ['ly:gnərɪʃ] *adj* (*abw*) mentiroso, embustero

Lukasevangelium *nt* <-s, *ohne pl*> (REL) Evangelio *m* según [*o* de] San Lucas

Luke ['lu:kə] *f* <-, -n> **1.** (*Dach~*) tragaluz *m* **2.** (*Schiffs~*) escotilla *f*

lukrativ [lukra'ti:f] *adj* lucrativo

lukullisch [lu'kʊlɪʃ] *adj* opíparo

Lulatsch ['lu:la(:)tʃ] *m* <-(e)s, -e> (*fam*) grandullón, -ona *m, f*

Lumbago [lʊm'ba:go] *f* <-, *ohne pl*> (MED) lumbago *m*

Lumme ['lʊmə] *f* <-, -n> (ZOOL) uria *f*

Lümmel ['lʏməl] *m* <-s, -> (*abw*) sinvergüenza *m*

Lümmelei *f* <-, -en> (*abw*) grosería *f*, ordinariez *f*

lümmelhaft *adj* (*abw*) grosero, ordinario; **hör jetzt endlich mit deinem ~en Benehmen auf!** ¡deja ya de una vez de comportarte tan groseramente!

lümmeln *vr:* **sich ~** (*fam abw*) repanchigarse

Lump [lʊmp] *m* <-en, -en> (*abw*) canalla *mf*, sinvergüenza *mf*

lumpen *vi* (*fam*): **sich nicht ~ lassen** no ser cutre

Lumpen ['lʊmpən] *m* <-s, -> **1.** (*Stofffetzen*) harapo *m*, andrajo *m* **2.** (*reg: Putzlappen*) bayeta *f;* **Lumpengesindel** *nt* <-s, *ohne pl*> (*abw*) chusma *f;* **Lumpenhändler(in)** *m(f)* <-s, -; -, -nen> trapero, -a *m, f;* **Lumpenpack** *nt* <-(e)s, *ohne pl*> (*abw*) chusma *f;* **Lumpensammler(in)** *m(f)* <-s, -; -, -nen> trapero, -a *m, f*

lumpig *adj* **1.** (*abw: niederträchtig*) vil, miserable **2.** (*fam abw: geringfügig*) miserable; **~e zehn Mark** diez marcos de mierda *vulg*

lunar [lu'na:ɐ] *adj* (ASTR) lunar

Lunch [lantʃ] *m* <-(e)s *o* -, -(e)s *o* -e> almuerzo *m*, lunch *m Am*

lunchen ['lantʃən] *vi, vt* almorzar, lonchear *MAm, Mex*

Lüneburg ['ly:nəbʊrk] *nt* <-s> Lüneburgo *m*

Lunge ['lʊŋə] *f* <-, -n> pulmón *m;* **sich** *dat* **die ~ aus dem Hals schreien** (*fam*) gritar a todo pulmón; **die grüne ~ einer Stadt** el pulmón verde de una ciudad; **eine Zigarette auf ~ rauchen** fumar un cigarrillo tragándose el humo; **Lungenabszess**[RR] *m* <-es, -e> (MED) absceso *m* pulmonar; **Lungenarterie** *f* <-, -n> (MED) arteria *f* pulmonar; **Lungenbläschen** *nt* <-s, -> (MED) alvéolo *m* pulmonar, vesícula *f* pulmonar; **Lungenbraten** *m* <-s, -> (*Österr*) filete *m* de buey, solomillo *m;* **Lungenembolie** *f* <-, -n> (MED) embolia *f* pulmonar; **Lungenentzündung** *f* <-, -en> neumonía *f*, pulmonía *f*

Lungenfell *nt* <-(e)s, -e> (ANAT) pleura *f;* **Lungenfellentzündung** *f* <-, -en> pleuritis *f inv*

Lungenflügel *m* <-s, -> lóbulo *m* pulmonar; **Lungenheilstätte** *f* <-, -n> (MED) sanatorio *m* antituberculoso; **lungenkrank** *adj* enfermo del pulmón; **Lungenkranke(r)** *mf* <-n, -n; -n, -n> enfermo, -a *m, f* de los pulmones; **Lungenkrankheit** *f* <-, -en> enfermedad *f* pulmonar; **Lungenkrebs** *m* <-es, *ohne pl*> cáncer *m* de pulmón; **Lungenödem** *nt* <-s, -e> (MED) edema *m* pulmonar; **Lungenpest** *f* <-, *ohne pl*> (MED) peste *f* neumónica; **Lungentuberkulose** *f* <-, -n> (MED) tuberculosis *f inv* pulmonar; **Lungenzug** *m* <-(e)s, -züge> inhalación *f* del humo; **einen ~ machen** inhalar el humo

lungern ['lʊŋɐn] *vi* (*fam*) haraganear, holgazanear

Lunte ['lʊntə] *f* <-, -n>: **~ riechen** (*fam*) olerse algo; **die ~ ans Pulverfass legen** descubrir el pastel

Lupe ['lu:pə] *f* <-, -n> lente *m o f* de aumento, lupa *f;* **jdn/etw unter die ~ nehmen** (*fam*) examinar a alguien/algo de cerca; **lupenrein** *adj* impecable, perfecto; **das Geschäft war nicht ganz ~** el negocio no era del todo legal

lupfen ['lʊpfən] *vt* (*Schweiz, Österr, südd*), **lüpfen** ['lʏpfən] *vt* (*reg*) levantar ligeramente

L

Lupine [lu'pi:nə] *f* <-, -n> altramuz *m,* lupino *m*

Lurch [lʊrç] *m* <-(e)s, -e> batracio *m*

Lusche ['lʊʃə] *f* <-, -n> (*fam*) **1.** (*im Spiel*) paja *f* **2.** (*Person*) inútil *mf,* desastre *m;* **diese Familie ist voller ~n** esta familia está llena de nulidades

Lust¹ [lʊst, *pl:* 'lʏstə] *f* <-, Lüste> (*geh: sexuelles Verlangen*) deseo *m;* (*Wollust*) voluptuosidad *f;* ~ **auf jdn/etw** ganas de alguien/de algo

Lust² *f* <-, *ohne pl*> **1.** (*Verlangen*) gana(s) *f(pl);* **zu etw** *dat* [*o* **auf etw**] ~ **haben** tener ganas de algo; **die ~ an etw** *dat* **verlieren** perder las ganas de hacer algo; **die ~ daran ist ihr vergangen** se le han quitado las ganas; **das hat mir die** [*o* **jede**] ~ **am Essen genommen** me ha quitado las ganas de comer; **hast du ~?** ¿te apetece?; **ich habe keine ~** no me apetece; **mach, wie du ~ hast** hazlo como te apetezca **2.** (*Vergnügen*) placer *m;* (*Genuss*) gozada *f;* **nach ~ und Laune** a placer; **es ist eine** (**wahre**) **~ ihm zuzusehen** es un (verdadero) placer mirarle; **mit ~ und Liebe** con mil amores

Lustbarkeit *f* <-, -en> (*geh, alt*) diversión *f*

Luster ['lʊstɐ] *m* <-s, -> (*Österr*), **Lüster** ['lʏstɐ] *m* <-s, -> **1.** (*Überzug auf Glas, Keramik*) vidriado *m* **2.** (*Stoff*) lustrina *f*

Lüsterklemme *f* <-, -n> regleta *f*

lüstern ['lʏstɐn] *adj* (*geh*) lascivo, lujurioso; ~ **nach etw** *dat* [*o* **auf etw**] **sein** codiciar algo

Lüsternheit *f* <-, *ohne pl*> (*geh*) lascivia *f*

Lustgefühl *nt* <-(e)s, -e> sensación *f* de placer; **Lustgewinn** *m* <-(e)s, -e> sensación *f* de placer; **Lustgreis** *m* <-es, -e> (*fam abw*) viejo *m* verde

lustig ['lʊstɪç] *adj* **1.** (*vergnügt*) alegre; **sie plapperte trotzdem ~ weiter** aun así siguió hablando con todas sus ganas **2.** (*belustigend*) divertido, cómico; **sich über jdn/etw ~ machen** burlarse de alguien/algo; **das kannst du tun, solange du ~ bist** (*fam*) puedes hacerlo cuanto tiempo quieras; **du bist vielleicht ~!** (*iron*) ¡mira qué gracioso!; **das wird ja immer ~er!** (*iron*) ¡cada vez se pone mejor la cosa!

Lustigkeit *f* <-, *ohne pl*> buen humor *m,* alegría *f*

Lustknabe *m* <-n, -n> (*alt*): **Tiberius umgab sich auf Capri mit ~n, die ihn befriedigen mussten** Tiberio se rodeaba en Capri de efebos que tenían que satisfacerle

Lüstling ['lʏstlɪŋ] *m* <-s, -e> (*abw*) sátiro *m*

lustlos *adj* (*Person*) desanimado, sin ganas; **Lustmangel** *m* <-s, *ohne pl*> falta *f* de ganas; **Lustmolch** *m* <-(e)s, -e> (*fam*) libertino *m;* **Lustmord** *m* <-(e)s, -e> asesinato *m* por impulso sexual; **Lustmörder**(**in**) *m(f)* <-s, -; -, -nen> asesino, -a *m, f* sexual; **Lustobjekt** *nt* <-(e)s, -e> objeto *m* de placer; **jdn zum ~ degradieren** reducir a alguien a un objeto de placer; **Lustprinzip** *nt* <-s, *ohne pl*> (PSYCH) principio *m* de placer; **nach dem ~** (sólo) cuando hay ganas; **Lustschloss**^RR *nt* <-es, -schlösser> palacio *m* de recreo; **Lustspiel** *nt* <-(e)s, -e> comedia *f;* **lustvoll** *adj* (*geh*) lleno de ganas

lustwandeln *vi sein o haben* (*geh, alt*) pasear

Lutetium [lu'te:tsjʊm] *nt* <-s, *ohne pl*> (CHEM) lutecio *m*

Lutheraner(**in**) [lʊtə'ra:nɐ] *m(f)* <-s, -; -, -nen> luterano, -a *m, f*

Lutherbibel *f* <-, -n> (REL) biblia *f* luterana

lutherisch ['lʊtərɪʃ] *adj* (REL) luterano

lutschen ['lʊtʃən] *vi, vt* chupar; **er lutscht noch am Daumen** aún se chupa el dedo

Lutscher *m* <-s, -> **1.** (*Süßigkeit*) piruleta *f,* chupete *m Am;* (*kugelförmig*) chupa-chups® *m inv* **2.** (*fam: Schnuller*) chupete *m*

Lutschtablette *f* <-, -n> tableta *f* para disolución oral, pastilla *f* para disolución oral

lütt [lʏt] *adj* (*nordd*) pequeño

Lüttich ['lʏtɪç] *nt* <-s> Lieja *f*

Luv [lu:f] *f* <-, *ohne pl*> (NAUT) barlovento *m*

Luxation [lʊksa'tsio:n] *f* <-, -en> (MED) luxación *f*

Luxemburg ['lʊksəmbʊrk] *nt* <-s> Luxemburgo *m*

Luxemburger(**in**) ['lʊksəmbʊrgɐ] *m(f)* <-s, -; -, -nen> luxemburgués, -esa *m, f*

luxemburgisch *adj* luxemburgués

luxuriös [lʊksuri'ø:s] *adj* lujoso, de lujo

Luxus ['lʊksʊs] *m* <-, *ohne pl*> lujo *m;* **im ~ leben** vivir en el lujo; **ich leiste mir den ~ zu …** me permito el lujo de…; **das ist doch reiner ~** esto es puro lujo; **Luxusartikel** *m* <-s, -> artículo *m* de lujo; **Luxusausführung** *f* <-, -en> modelo *m* de lujo; **Luxusausgabe** *f* <-, -n> (MEDIA) edición *f* de lujo; **Luxusdampfer** *m* <-s, -> vapor *m* de lujo; **Luxusfrau** *f* <-, -en> mujer *f* con clase; **Luxushotel** *nt* <-s, -s> hotel *m* de lujo; **Luxuslimousine** *f* <-, -n> limusina *f* de lujo; **Luxussteuer** *f* <-, -n> impuesto *m* de lujo; **Luxuswagen** *m* <-s, -> coche *m* de lujo

Luzern [lu'tsɛrn] *nt* <-s> Lucerna *f*

Luzerne [lu'tsɛrnə] *f* <-, -n> (BOT) alfalfa *f*

Luzifer ['lu:tsifɐ] *m* <-s> Lucifer *m*

LW [ɛl've:] (PHYS, RADIO) *Abk. von* **Langwelle** o.l.

Lymphdrainage ['lʏmf-] *f* <-, -n> (MED) drenaje *m* linfático

Lymphe ['lʏmfə] *f* <-, -n> (MED) linfa *f*

Lymphknoten *m* <-s, -> (ANAT) ganglio *m* linfático

Lymphom [lʏm'fo:m] *nt* <-s, -e> (MED) linfoma *m*

Lymphozyt *m* <-en, -en> (MED) linfocito *m*

Lymphsystem *nt* <-s, -e> (MED) sistema *m* linfático

lynchen ['lʏnçən] *vt* linchar

Lynchjustiz *f* <-, *ohne pl*> linchamiento *m;* **Lynchmord** *m* <-(e)s, -e> asesinato *m* por linchamiento

Lyoner ['ljo:nɐ] *f* <-, -> (GASTR) *embutido de carne aderezada*

Lyrik ['ly:rɪk] *f* <-, *ohne pl*> (poesía *f*) lírica *f*

Lyriker(in) ['ly:rikɐ] *m(f)* <-s, -; -, -nen> (poeta, -isa *m, f*) lírico, -a *m, f*

lyrisch *adj* lírico

M

M, m [ɛm] *nt* <-, -> M, m *f;* ~ **wie Martha** M de María

m *Abk. von* **Meter** m

mA *Abk. von* **Milliampere** mA

MA. *Abk. von* **Mittelalter** Edad *f* Media

Mäander [mɛ'andɐ] *m* <-s, -> **1.** (GEO) meandro *m* **2.** (KUNST) greca *f*

Mach [max] *nt* <-(s), -> (PHYS) mach *m,* número *m* de Mach

Machart *f* <-, -en> hechura *f*

machbar *adj* factible, hacedero; **das ist nicht** ~ eso no es factible

Mache ['maxə] *f* <-, *ohne pl*> **1.** (*fam abw*) teatro *m,* comedia *f;* **das ist doch reine** ~ es pura comedia **2.** (*fam: Wend*): **etw in der** ~ **haben** estar haciendo algo; **jdn in der** ~ **haben** darle la vara [*o* lata] a alguien; **jdn in die** ~ **nehmen** (*sich vornehmen*) darle el latazo a alguien; (*verprügeln*) poner a alguien caliente (a tortas)

machen ['maxən] **I.** *vt* **1.** (*tun*) hacer; **eine Bemerkung** ~ hacer un comentario; **einen Spaziergang** ~ dar un paseo; **wer macht bei euch den Haushalt?** ¿quién se ocupa en vuestra casa de las tareas del hogar?; **er macht mir den Garten** me arregla el jardín; **etw klein** ~ (*fam: zerkleinern: Holz, Kräuter*) partir algo; (*Kräuter*) picar algo; **kannst du mir den Schein klein** ~**?** ¿me puedes cambiar el billete (en monedas)?; **ich will es kurz** ~ seré breve; **wird gemacht!** ¡se hará!; **gut gemacht!** ¡bien hecho!; **er machte ein erstauntes Gesicht** puso cara [*o* gesto] de asombro; **die Katze macht „miau“** (*fam*) el gato hace "miau"; **sie hat ihren Doktor gemacht** hizo su tesis doctoral; **seit wann machst du Aerobic?** ¿desde cuándo haces aeróbic?; **ein Spiel** ~ jugar; **ich weiß nicht, was ich** ~ **soll** no sé qué debo hacer; **das lässt sich** ~ esto se puede arreglar; **ich kann** ~**, was ich will, es klappt einfach nicht** haga lo que haga, nunca resulta; **was soll** [*o* **will**] **man** ~**?** ¿qué le vamos a hacer?; **da ist nichts zu** ~ no hay remedio; **er macht, was er will** hace lo que quiere; **mach, dass er wieder gesund wird!** ¡haz que se cure!; **wie machst du das nur?** ¿pero cómo lo haces?; **was** ~ **Sie beruflich?** ¿cúal es su profesión?; **was macht dein Bruder?** ¿cómo le va a tu hermano?; **er macht den Aufpasser für sie** cuida de ella; **sie machte ihm schöne Augen** ligó con él; **lass mich nur** ~**!** ¡ya lo hago yo!; **mach's gut!** (*fam: Abschiedsgruß*) ¡qué te vaya bien!; **mit mir könnt ihr's ja** ~ (*fam*) conmigo lo podéis hacer; **warum lässt du das mit dir** ~**?** ¿por qué lo consientes?; **wie man's macht, ist es verkehrt** haga lo que haga, siempre está mal; **ein gemachter Mann** un hombre hecho; **etwas aus sich** *dat* ~ arreglarse; **er wird es nicht mehr lange** ~ (*fam: sterben*) la va a palmar pronto; **nun mach schon!** (*fam: beeilen*) ¡date prisa!; **mach, dass du wegkommst!** (*fam*) ¡lárgate de una vez!; **ich mach ja schon!** (*fam: komme*) ¡ya voy!; **er macht auf lässig** (*fam*) va de despreocupado; **er macht jetzt in Computern** (*fam*) ahora se gana la vida con ordenadores; **ins Bett/in die Hose** ~ (*fam*) hacerse en la cama/en el pantalón; **etw voll** ~ (*fam: füllen*) llenar algo (hasta arriba), colmar algo; (*vervollständigen*) completar algo; (*fam: beschmutzen*) ensuciar algo, manchar algo; **sich** *dat* **vor Angst die Hosen voll** ~ cagarse de miedo; **unter 200 Mark macht er's nicht** (*fam*) no baja de 200 marcos; **wetten, dass sie's mit ihm auch schon gemacht hat?** (*fam*) ¿te apuestas que ya se ha acostado también con él? **2.** (*herstellen*) fabricar, producir; (*Speisen*) hacer, preparar; (*Licht*) encender; **ein Foto/Abzüge** ~ sacar una foto/copias; **sie hat eine Vase aus Ton gemacht** ha hecho un florero de arcilla; **sie ließ sich beim Friseur/von einer Freundin die Haare** ~ el peluquero/una amiga le arregló el pelo; **soll ich uns etwas zu essen** ~**?** ¿nos preparo algo de comer?; **dafür ist er wie gemacht** está hecho para ello **3.** (*verursachen*) causar, producir; (*Lärm*) hacer; **die politische Entwicklung machte ihm Angst** la evolución política le causó inquietud; **Eindruck** ~ causar impresión; **das macht mir Sorge** esto me preocupa; **einen Fleck auf etw** ~ manchar algo; **macht nichts!** (*fam*) ¡no importa!; **es macht mir nichts, wenn du wütend bist** me da igual que estés hecho una furia; **was macht das schon?** ¿qué más da? **4.** (*in einen Zustand versetzen*) poner, hacer; **das macht mich nervös/verrückt** eso me pone nervioso/me vuelve loco; **das Kleid macht (sie) alt** el vestido (la) hace mayor; **er macht mir das Leben schwer** me amarga la vida; **jdm etw leicht** ~ facilitar algo a alguien; **jdm das Leben schwer** ~ complicarle la vida a alguien; **da hast du es dir aber schwer gemacht** mira que te lo has puesto [*o* hecho] difícil; **jdn schlecht** ~ dejar mal a alguien; **jdn bei jdm schlecht** ~ hablar mal de alguien a alguien; **Joggen macht fit** correr mantiene la forma física **5.** (*ernennen*) nombrar; **sie machten ihn zum Abteilungslei-**

ter lo nombraron jefe de sección **6.** (*umwandeln*) convertir (*zu* en), transformar (*zu* en); **du machst aus allem ein Problem** lo conviertes todo en un problema **7.** (*fam: kosten*) costar, ser; **was** [*o* **wie viel**] **macht das?** ¿cuánto cuesta? **8.** (*fam: ergeben*) dar; **das macht zusammen 14** todo junto da 14 **II.** *vr:* **sich ~ 1.** (*sich in einen Zustand versetzen*): **sich hübsch ~** ponerse guapo; **sich klein ~** (*ducken*) agacharse; **sich lächerlich ~** hacer el ridículo; **sich beliebt ~** ganarse las simpatías (*bei* de); **sich wichtig ~** darse humos; **mach dich nicht so wichtig!** ¡no te des tanta importancia [*o* tantos vuelos]!; **er kann sich zumindest verständlich ~** por lo menos puede comunicarse; **~ Sie sich's bequem!** ¡póngase cómodo!; **sie macht es sich nicht leicht** no se lo pone fácil; **du machst es dir ganz schön leicht!** (*vereinfachen*) ¡simplificas demasiado!; (*sich nicht genug Mühe geben*) ¡te lo tomas muy a la ligera! **2.** (*fam: gedeihen*) hacer progresos, progresar; **der Junge macht sich** el niño hace progresos **3.** (*passen*) quedar; **das Bild macht sich gut an dieser Wand** el cuadro queda bien en esta pared; **der Mantel macht sich gut zu ihrem Kleid** el abrigo armoniza con su vestido **4.** (*beginnen*) ponerse (*an* a); **sich an die Arbeit ~** ponerse a trabajar; **sich auf den Weg ~** ponerse en camino **5.** (*sich bereiten*) hacerse, prepararse; **sie macht sich ein Steak** se hace un filete; **~ Sie sich nur keine Umstände wegen mir!** ¡no se tome la molestia por mí!; **sich** *dat* **falsche Hoffnungen ~** crearse falsas esperanzas **6.** (*Wend*): **sich** *dat* **nichts aus etw ~** (*fam: nicht zu Herzen nehmen*) importar(le) algo nada a alguien; (*nicht interessieren*) no interesar(le) algo a alguien; (*nicht gefallen*) no gustar(le) algo a alguien; **sie macht sich nichts aus Eis** (*fam*) no le gustan los helados

Machenschaften *fpl* (*abw*) maquinaciones *fpl,* manejos *mpl*

Macher *m* <-s, -> (*fam*) hombre *m* de acción

Machete [ma'tʃe:tə] *f* <-, -n> machete *m,* colín *m ZAm, Ant,* chincha *f CRi,* daga *f PRico*

Macho ['matʃo] *m* <-s, -s> (*fam*) machista *m*

Macht[1] [maxt, *pl:* 'mɛçtə] *f* <-, Mächte> (*Staat*) potencia *f;* **geheime Mächte** poderes secretos; **die Mächte der Finsternis** (*geh*) el poder de las tinieblas

Macht[2] *f* <-, *ohne pl*> poder *m;* (*Kraft*) fuerza *f;* **mit aller ~** con todas las fuerzas; **wir tun alles, was in unserer ~ steht** hacemos todo lo que está a nuestro alcance; **es liegt in deiner ~, die Zustände zu ändern** está en tu poder [*o* a tu alcance], el cambiar la situación; **sie übte eine unwiderstehliche ~ auf ihn aus** ejercía un poder irresistible sobre él; **~ über jdn haben** tener poder sobre alguien; **an die ~ kommen/gelangen** subir/llegar al poder; **die ~ ergreifen/an sich reißen** asumir/usurpar el poder; **an der ~ bleiben/sein** permanecer/estar en el poder; **seine ~ behaupten** imponer su autoridad

Machtbefugnis *f* <-, -se> poder *m,* autoridad *f;* **einen solchen Befehl kann ich nicht geben, das überschreitet meine ~** yo no puedo dar una orden semejante, no estoy autorizado para ello; **Machtbereich** *m* <-(e)s, -e> esfera *f* de influencia; **Machtblock** *m* <-(e)s, -blöcke> (POL: *zwischen zwei Staaten*) bloque *m* de potencias; (*zwischen zwei Parteien*) bloque *m* de poder; **Machtergreifung** *f* <-, -en> toma *f* de poder; **Hitlers ~** la subida al poder de Hitler; **Machterhalt** *m* <-(e)s, *ohne pl*> mantenimiento *m* del poder; **Machtfrage** *f* <-, -n> (POL) cuestión *f* de poder; **Machtfülle** *f* <-, *ohne pl*> plenitud *f* de poderes; **Machthaber(in)** *m(f)* <-s, -; -, -nen> dirigente *mf,* gobernante *mf*

Machthunger *m* <-s, *ohne pl*> hambre *f* de poder, ansia *f* de poder; **jds ~ zum Opfer fallen** ser víctima del ansia de poder de alguien; **machthungrig** *adj* sediento [*o* ávido] de poder

mächtig ['mɛçtɪç] **I.** *adj* **1.** (*machtvoll*) poderoso, cogotudo *ZAm, Ant;* **seiner Sinne ~ sein** ser dueño de sí mismo; **einer Sprache ~ sein** (*geh*) dominar un idioma **2.** (*sehr groß*) enorme, inmenso; **er hatte einen ~en Durst** (*fam*) tenía una sed terrible **II.** *adv* (*sehr*) enormemente; **sich ~ anstrengen** esforzarse enormemente; **~ viel** un montón; **~ viel Geld** un montón de dinero; **~ groß** muy grande

Mächtigkeit *f* <-, *ohne pl*> (*a.* BERGB: *Dicke*) espesor *m,* abertura *f*

Machtkampf *m* <-(e)s, -kämpfe> lucha *f* por el poder

machtlos *adj* impotente, sin poder; **~ gegen etw sein** no poder hacer nada contra algo

Machtlosigkeit *f* <-, *ohne pl*> impotencia *f*

Machtmissbrauch[RR] *m* <-(e)s, *ohne pl*> abuso *m* del poder; **Machtmittel** *nt* <-s, -> (POL) medida *f* de presión; **Machtpolitik** *f* <-, *ohne pl*> política *f* imperialista; **Machtprobe** *f* <-, -n> prueba *f* de fuerza; **Machtstellung** *f* <-, *ohne pl*> (*eines Staates*) poderío *m;* (*einer Person*) autoridad *f;* **Machtstreben** *nt* <-s, *ohne pl*> (*a.* POL) ansia *f* de poder; (*staatsübergreifend*) imperialismo *m;* **Machtübernahme** *f* <-, -n> (POL) subida *f* al poder; **Machtverhältnisse** *fpl* reparto *m* de poderes; **machtvoll** *adj* poderoso; **eine ~e Demonstration** una manifestación grandiosa; **Machtvollkommenheit** *f* <-, *ohne pl*> plenitud *f* de poderes; **in eigener ~ entscheiden** tomar una decisión en plenitud de poderes; **aus eigener ~** sin autorización previa; **Machtwechsel** *m* <-s, -> (POL) cambio *m* de gobierno; **Machtwort** *nt* <-(e)s, -e> sentencia *f* terminante; **ein ~ sprechen** hacer valer su autoridad

Machwerk *nt* <-(e)s, -e> (*abw*) chapucería

f, chapuza *f,* churro *m fam*
Mach-Zahl *f* <-, -en> (PHYS) número *m* de Mach
Macke ['makə] *f* <-, -n> **1.** (*Fehler*) defecto *m;* (*Beule*) abolladura *f;* **das Auto hat ~n** el coche tiene defectos **2.** (*fam: Tick*) manía *f;* **du hast doch eine ~!** ¡estás chiflado!
Macker ['makɐ] *m* <-s, -> (*sl*) **1.** (*Typ*) tío *m* **2.** (*Freund*) ligue *m*
MAD *m* <-(s), *ohne pl*> *Abk. von* **Militärischer Abschirmdienst** servicio *m* de contraespionaje alemán
Madagaskar [mada'gaskaːɐ] *nt* <-s> Madagascar *m*
Madagasse, -in [mada'gasə] *m, f* <-n, -n; -, -nen> malgache *mf*
madagassisch *adj* malgache
Madame [ma'dam, *pl:* me'dam] *f* <-, Mesdames> (*geh*) señora *f*
Mädchen ['mɛːtçən] *nt* <-s, -> **1.** (*Kind*) niña *f,* tripona *f Mex;* (*Jugendliche*) chica *f,* muchacha *f,* chamaca *f Mex,* piba *f Arg;* **leichtes ~** chica fácil [*o* ligera de cascos] **2.** (*Hausangestellte*) criada *f,* chica *f,* mucama *f Am;* **~ für alles** (*fam*) chica para todo
mädchenhaft **I.** *adj* (*Aussehen, Art, Kleidung*) de niña; (*Person*) como una niña **II.** *adv* como una niña
Mädchenhandel *m* <-s, *ohne pl*> trata *f* de blancas; **Mädchenhändler(in)** *m(f)* <-s, -; -, -nen> tratante *mf* de blancas
Mädchenname *m* <-ns, -n> **1.** (*Vorname*) nombre *m* de chica **2.** (*vor der Heirat*) apellido *m* de soltera
Made ['maːdə] *f* <-, -n> cresa *f;* **wie die ~ im Speck leben** (*fam*) vivir en abundancia
Madeira[1] [ma'deːra] *nt* <-s> (*Insel*) Madera *f*
Madeira[2] *m* <-s, -s>, **Madeirawein** *m* <-(e)s, -e> (vino *m* de) Madera *m*
Mad(e)l ['maːd(ə)l] *nt* <-s, -n> (*südd, Österr*), **Mädel** ['mɛːdəl] *nt* <-s, -(s)> (*fam*) niña *f,* chica *f*
Madenwurm *m* <-(e)s, -würmer> gusano *m* vermicular
Madera *nt o m* <-s, -s> *s.* **Madeira**[2]
madig *adj* lleno de cresas, abichacado *CSur;* **jdm etw ~ machen** (*fam*) quitar(le) a alguien las ganas de algo; **jdn ~ machen** (*fam*) poner verde a alguien
Madl *nt* <-s, -n> *s.* **Mad(e)l**
Madonna[1] [ma'dɔna] *f* <-, *ohne pl*> (REL: *Gottesmutter*) Virgen *f* (Santísima)
Madonna[2] *f* <-, Madonnen> (REL: *Darstellung*) madona *f*
Madrid [ma'drɪt] *nt* <-s> Madrid *m*
Madrider(in) [ma'drɪtɐ] *m(f)* <-s, -; -, -nen> madrileño, -a *m, f*
Madrigal [madri'gaːl] *nt* <-s, -e> (MUS, LIT) madrigal *m*
Maestro [ma'ɛstro, *pl:* ma'ɛstri] *m* <-s, -s *o* Maestri> **1.** (*berühmter Musiker*) maestro *m* **2.** (*fam: Chef*) jefe *m*
Mafia ['mafja] *f* <-, -s> mafia *f*
mafios *adj* (*abw*) mafioso
mag [maːk] *3. präs von* **mögen**
Magazin [maga'tsiːn] *nt* <-s, -e> **1.** (*Lager*) almacén *m,* depósito *m* **2.** (*an Waffen*) cargador *m* **3.** (*Zeitschrift*) revista *f* **4.** (*Radio-, Fernsehsendung*) programa *m* **5.** (*für Dias*) cartucho *m*
Magaziner(in) [maga'tsiːnɐ] *m(f)* <-s, -; -, -nen> (*Schweiz*), **Magazineur(in)** [magatsi'nøːɐ] *m(f)* <-s, -e; -, -nen> (*Österr*) jefe, -a *m, f* de almacén
Magd [maːkt, *pl:* 'mɛːkdə] *f* <-, Mägde> criada *f,* muchacha *f*
Magdeburg ['makdəbʊrk] *nt* <-s> Magdeburgo *m*
Magen ['maːgən, *pl:* 'mɛːgən] *m* <-s, Mägen> estómago *m;* (*fam*) tripas *fpl;* **nervöser ~** estómago nervioso; **auf nüchternen ~** en ayunas; **mir knurrt der ~** me crujen las tripas; **sich** *dat* **den ~ verderben** ponerse malo del estómago; **mit leerem ~** con el estómago vacío; **etw liegt jdm schwer im ~** (*fam*) algo se le quedó atravesado a alguien; **mir dreht sich der ~ um** (*fam*) tengo ganas de devolver; **Magenbeschwerden** *fpl* problemas *mpl* de estómago, indisposición *f* del estómago; **Magenbitter** *m* <-s, -> estomacal *m;* **Magenblutung** *f* <-, -en> (MED) hemorragia *f* gástrica
Magen-Darm-Grippe ['--'---] *f* <-, -n> gastroenteritis *f inv;* **Magen-Darm-Katarr**[RR] *m* <-s, -e>, **Magen-Darm-Katarrh** *m* <-s, -e> (MED) gastroenteritis *f inv;* **Magen-Darm-Trakt** ['--'--] *m* <-(e)s, -e> (ANAT) aparato *m* gastrointestinal
Magendrücken *nt* <-s, *ohne pl*> pesadez *f* de estómago, dolor *m* de estómago; **Magendurchbruch** *m* <-(e)s, -brüche> (MED) perforación *f* estomacal; **Magengegend** *f* <-, -en> zona *f* del estómago; **ein Drücken in der ~ haben** tener pesadez de estómago; **Magengeschwür** *nt* <-s, -e> úlcera *f* gástrica; **Magengrube** *f* <-, -n> epigastrio *m;* **Magenknurren** *nt* <-s, *ohne pl*> borborigmo *m;* **Magenkrampf** *m* <-(e)s, -krämpfe> (MED) gastroespasmo *m,* retortijón *m fam;* **magenkrank** *adj* enfermo del estómago, que padece del estómago; **Magenkranke(r)** *mf* <-n, -n; -n, -n> enfermo, -a *m, f* del estómago; **Magenkrebs** *m* <-es, -e> cáncer *m* de estómago; **Magenleiden** *nt* <-s, -> afección *f* del estómago, enfermedad *f* del estómago; **Magenmittel** *nt* <-s, -> remedio *m* para el dolor de estómago; **Magenoperation** *f* <-, -en> operación *f* del estómago; **Magensaft** *m* <-(e)s, -säfte> jugo *m* gástrico; **Magensäure** *f* <-, -n> (MED) ácido *m* gástrico
Magenschleimhaut *f* <-, -häute> (membrana *f*) mucosa *f* del estómago; **Magenschleimhautentzündung** *f* <-, -en> gastritis *f inv*

Magenschmerzen *mpl* dolores *mpl* de estómago; **Magenspiegelung** *f* <-, -en> (MED) gastroscopia *f;* **Magenspülung** *f* <-, -en> (MED) lavado *m* de estómago; **Magenverstimmung** *f* <-, -en> indigestión *f*

mager ['ma:gɐ] *adj* **1.** (*Fleisch, Boden*) magro **2.** (*Mensch, Tier*) flaco, flamenco *Hond, PRico* **3.** (*dürftig*) pobre; **~e Jahre** años de vacas flacas; **sein Zeugnis ist sehr ~ ausgefallen** sus notas han dejado mucho que desear **4.** (*Buchstabe, Schrift*) fina, normal

Magerkeit *f* <-, *ohne pl*> **1.** (*von Fleisch*) magrez *f* **2.** (*von Mensch, Tier*) flaqueza *f* **3.** (*von Boden*) aridez *f*

Magermilch *f* <-, *ohne pl*> leche *f* desnatada; **Magermotor** *m* <-s, -en> (AUTO) motor *m* para mezcla pobre; **Magerquark** *m* <-s, *ohne pl*> requesón *m* descremado; **Magersucht** *f* <-, *ohne pl*> (MED) anorexia *f* nerviosa; **magersüchtig** *adj* (MED) anoréxico

Magie [ma'gi:] *f* <-, *ohne pl*> magia *f;* **schwarze ~** magia negra

Magier(in) ['ma:giɐ] *m(f)* <-s, -; -, -nen> mago, -a *m, f*

magisch ['ma:gɪʃ] *adj* mágico; **~e Kräfte** fuerzas mágicas; **~ von etw angezogen werden** ser atraído mágicamente por algo

Magister [ma'gɪstɐ] *m* <-s, -> **1.** (*Universitätsgrad*) *grado académico correspondiente a algunas carreras universitarias en Alemania;* **~ Artium** magister artium **2.** (*Österr: Apotheker*) farmacéutico, -a *m, f;* **Magisterarbeit** *f* <-, -en> tesina *f* de licenciatura

Magistrat¹ [magɪs'tra:t] *m* <-(e)s, -e> **1.** (*Obrigkeit*) autoridad *f* pública **2.** (*Stadtverwaltung*) administración *f* municipal

Magistrat² *m* <-en, -en> (*Schweiz*) *miembro del gobierno o de las autoridades*

Magistratur [magɪstra'tu:ɐ] *f* <-, -en> (*alt*) autoridad *f*

Magma ['magma] *nt* <-s, Magmen> (GEO) magma *m;* **Magmagestein** *nt* <-(e)s, -e> (GEO) roca *f* magmática

magna cum laude ['magna kʊm 'laʊdə] *adv* (UNIV) *segunda mejor nota en el examen oral de doctorado en Alemania;* **sie bestand die Prüfung ~** aprobó el examen con un "magna cum laude"

Magnat [ma'gna:t] *m* <-en, -en> magnate *m*

Magnesia [ma'gne:zia] *f* <-, *ohne pl*> (CHEM) magnesia *f*

Magnesium [ma'gne:ziʊm] *nt* <-s, *ohne pl*> (CHEM) magnesio *m;* **Magnesiummangel** *m* <-s, *ohne pl*> (MED) falta *f* de magnesio

Magnet [ma'gne:t] *m* <-en *o* -(e)s, -e *o* -en> imán *m;* **Magnetbahn** *f* <-, -en> tren *m* magnético; **Magnetband** *nt* <-(e)s, -bänder> (*a.* INFOR) cinta *f* magnética; **Magneteisenstein** *m* <-(e)s, -e> (GEO) magnetita *f;* **Magnetfeld** *nt* <-(e)s, -er> (PHYS) campo *m* magnético

magnetisch *adj* magnético, imantado; **eine ~e Anziehungskraft auf jdn ausüben** ejercer un poder irresistible sobre alguien

magnetisieren* [magneti'zi:rən] *vt* (*Gegenstände*) imantar; (*Menschen*) magnetizar

Magnetismus [magne'tɪsmʊs] *m* <-, *ohne pl*> magnetismo *m*

Magnetkarte *f* <-, -n> tarjeta *f* magnética; **Magnetnadel** *f* <-, -n> brújula *f;* **Magnetplatte** *f* <-, -n> (*a.* INFOR) disco *m* magnético; **Magnetpol** *m* <-s, -e> (PHYS) polo *m* magnético; **Magnetschalter** *m* <-s, -> conmutador *m* magnético; **Magnetschwebebahn** *f* <-, -en> tren *m* de suspensión magnética; **Magnetspeicher** *m* <-s, -> (INFOR) memoria *f* magnética; **Magnetspule** *f* <-, -n> carrete *m* del electroimán; **Magnetstreifen** *m* <-s, -> banda *f* magnética; **Magnettafel** *f* <-, -n> tablero *m* magnético

Magnolie [ma'gno:ljə] *f* <-, -n> magnolia *f*

mäh [mɛ:] *interj* ¡be!

Mahagoni [maha'go:ni] *nt* <-s, *ohne pl*> caoba *f*

Maharadscha [maha'ra:dʒa] *m* <-s, -s> maharajá *m*

Mahd¹ [ma:t] *f* <-, -en> (*reg: das Mähen/Gemähte*) siega *f*

Mahd² [ma:t, *pl:* 'mɛ:dɐ] *nt* <-(e)s, Mähder> (*Österr, Schweiz: Wiese*) prado *m*

Mähdrescher ['mɛ:-] *m* <-s, -> cosechadora *f,* segadora-trilladora *f*

mähen ['mɛ:ən] *vt* (*Getreide*) segar; (*Rasen*) cortar; (*mit der Sense*) guadañar

Mahl [ma:l] *nt* <-(e)s, Mähler *o* -e> (*geh*) comida *f*

mahlen ['ma:lən] <mahlt, mahlte, gemahlen> *vt* moler; **etw zu Mehl ~** hacer harina de algo

Mähler *pl von* **Mahl**

Mahlgut *nt* <-(e)s, *ohne pl*> material *m* para moler

mählich **I.** *adj* (*geh*) paulatino **II.** *adv* (*geh*) poco a poco

Mahlstein *m* <-(e)s, -e> muela *f* de molino; **Mahlzahn** *m* <-(e)s, -zähne> molar *m*

Mahlzeit *f* <-, -en> comida *f;* **~!** ¡que aproveche!; (**na dann**), **prost ~!** (*fam*) ¡apaga y vámonos!

Mähmaschine *f* <-, -n> (AGR: *für Getreide*) segadora *f;* (*für Gras*) (máquina *f*) cortacésped *m*

Mahnbescheid *m* <-(e)s, -e> (JUR) orden *f* de pago; **Mahnbrief** *m* <-(e)s, -e> carta *f* de aviso, reclamación *f*

Mähne ['mɛ:nə] *f* <-, -n> **1.** (*bei Tieren*) melena *f* **2.** (*fam: bei Menschen*) pelambrera *f*

mahnen ['ma:nən] *vt* **1.** (*erinnern*) recordar; (*warnend*) amonestar, advertir; (*Schuldner*) exigir el pago de una deuda (de); **ich habe ihn wegen des Geldes gemahnt** le cursé una notificación a causa del dinero; **sie**

mahnte ihn an sein Versprechen le recordó su promesa; **~d die Stimme erheben** levantar la voz en tono de amonestación [*o* en señal de aviso] **2.** (*auffordern*) requerir (*zu* para que *+subj*); **der Lehrer mahnte uns zur Ruhe** el profesor nos advirtió para que nos calláramos; **er mahnte uns aufzubrechen** nos apremió para que nos pusiéramos en marcha

Mahngebühr *f* <-, -en> gasto *m* de requerimiento; **Mahnmal** *nt* <-(e)s, -e *o* -mäler> monumento *m* conmemorativo; **Mahnschreiben** *nt* <-s, -> *s.* **Mahnbrief**

Mahnung *f* <-, -en> **1.** (*Er~*) amonestación *f* **2.** (*Aufforderung*) requerimiento *m* (*zu* de) **3.** (*Mahnschreiben*) recordatorio *m*

Mahnverfahren *nt* <-s, -> (JUR) procedimiento *m* monitorio; **Mahnwache** *f* <-, -n> piquete *m*

Mähre ['mɛːrə] *f* <-, -n> (*alt abw*) jaco *m*

Mai [maɪ] *m* <-(e)s, -e> mayo *m;* **der Erste ~** el uno de mayo; **Tanz in den ~** *baile al aire libre que tiene lugar a comienzos de mayo; s. a.* **März**; **Maibaum** *m* <-(e)s, -bäume> mayo *m;* **Maiblume** *f* <-, -n> (BOT) *nombre genérico que reciben un grupo de plantas que florecen a principios de primavera, como la asperilla* (*o galio*), *el muguete y el diente de león;* **Maibowle** ['maɪboːlə] *f* <-, -n> ponche *m* aromatizado con asperilla

Maid [maɪt, *pl:* 'maɪdən] *f* <-, -en> (*alt a. hum*) joven *f,* muchacha *f*

Maifeier *f* <-, -n> fiesta *f* del primero de mayo; **Maifeiertag** *m* <-(e)s, -e> día *m* de la Fiesta del Trabajo, primero *m* de mayo; **Maiglöckchen** ['maɪglœkçən] *nt* <-s, -> muguete *m,* lirio *m* de los valles; **Maikäfer** *m* <-s, -> escarabajo *m* de San Juan; **Maikönigin** *f* <-, -nen> reina *f* de mayo (*muchacha elegida como reina de las fiestas del pueblo que se celebran en mayo*); **Maikundgebung** *f* <-, -en> manifestación *f* del 1 de mayo

Mailand ['maɪlant] *nt* <-s> Milán *m*

Mailbox ['mɛɪlbɔks] *f* <-, -en> (INFOR) mailbox *m,* buzón *m* (electrónico)

Mailing ['mɛɪlɪŋ] *nt* <-(s), -(s)> (COM, WIRTSCH) mailing *m*

Main [maɪn] *m* <-s> Meno *m*

Mainboard ['meɪnboːɐ] *nt* <-s, -s> (INFOR) placa *f* madre [*o* base]; **Mainframe** ['meɪnfreɪm] *m* <-, -s> (INFOR) mainframe *m,* macroordenador *m,* procesador *m* central

Mainz [maɪnts] *nt* <-> Maguncia *f;* **aus ~** maguntino

Mais [maɪs] *m* <-es, -e> maíz *m,* milpa *f Am,* capi *m SAm*

Maische ['maɪʃə] *f* <-, -n> mosto *m*

maisgelb *adj* amarillo subido [*o* intenso]; **Maiskeimöl** *nt* <-(e)s, -e> aceite *m* de maíz; **Maiskolben** *m* <-s, -> mazorca *f,* panocha *f,* choclo *m Am,* elote *m ZAm, Mex;* **Maiskorn** *nt* <-(e)s, -körner> grano *m* de maíz; **Maismehl** *nt* <-(e)s, -e> harina *f* de maíz

Majestät [majɛs'tɛːt] *f* <-, -en> majestad *f;* **Seine/Ihre ~** Su Majestad; **Eure ~** Vuestra Majestad

majestätisch *adj* majestuoso

Majonäse [majɔ'nɛːzə] *f* <-, -n> mayonesa *f*

Major [ma'joːɐ] *m* <-s, -e> (MIL) comandante *m*

Majoran ['maːjoran] *m* <-s, -e> mejorana *f*

majorisieren* [majori'ziːrən] *vt* (*geh*) vencer por mayoría de votos

Majorität [majori'tɛːt] *f* <-, -en> mayoría *f*

Majorz [ma'jɔrts] *m* <-es, *ohne pl*> (*Schweiz*) escrutinio *m* mayoritario

makaber [ma'kaːbɐ] *adj* macabro

Makel ['maːkəl] *m* <-s, -> (*geh*) defecto *m;* **ihm haftet ein ~ an** tiene un defecto; **ohne ~** sin falta alguna, inmaculado

Mäkelei [mɛːkə'laɪ] *f* <-, *ohne pl*> (*abw: dauerndes Mäkeln*) critiqueo *m;* (*nörgelnde Art*) afán *m* de criticar

makellos *adj* íntegro, sin tacha

Makellosigkeit *f* <-, *ohne pl*> falta *f* de defectos

makeln ['maːkəln] **I.** *vi* (WIRTSCH: *sl*) trabajar de agente de la propiedad inmobiliaria, hacer de corredor de fincas **II.** *vt* (WIRTSCH: *sl*): **Immobilien/Grundstücke ~** gestionar la compra y la venta de inmuebles/fincas

mäkeln ['mɛːkəln] *vi* (*abw*) criticar (*an*), poner tachas (*an* a)

Make-up [mɛɪk'ʔap] *nt* <-s, -s> maquillaje *m;* **Make-up-Entferner** *m* <-s, -> desmaquillante *m*

Makkaroni [maka'roːni] *pl* macarrones *mpl*

Makler(in) ['maːklɐ] *m(f)* <-s, -; -, -nen> agente *mf* inmobiliario, -a

Mäkler(in) ['mɛːklɐ] *m(f)* <-s, -; -, -nen> (*abw*) **1.** (*nörglerisch*) criticón, -ona *m, f* **2.** (*wählerisch*) quisquilloso, -a *m, f*

Maklergebühr *f* <-, -en> corretaje *m;* **Maklervertrag** *m* <-(e)s, -träge> contrato *m* de corretaje

Makrele [ma'kreːlə] *f* <-, -n> caballa *f*

Makro ['maːkro] *nt* <-s, -s> (INFOR) macroinstrucción *f*

makrobiotisch [makrobi'oːtɪʃ] *adj* macrobiótico; **sich ~ ernähren** alimentarse principalmente de cereales y frutas; **Makroklima** ['maːkrokliːma] *nt* <-s, -s *o* -te *o* -ta> (METEO) macroclima *m;* **Makrokosmos** *m* <-, *ohne pl*>, **Makrokosmus** ['maːkrokɔsmʊs, --'--] *m* <-, *ohne pl*> macrocosmo(s) *m*

Makronährstoff *m* <-(e)s, -e> sustancia *f* macronutritiva

Makrone [ma'kroːnə] *f* <-, -n> (*aus Mandeln*) almendrado *m;* (*aus Kokos*) galleta *f* de coco

Makroökonomie ['------, -----'-] *f* <-, -n> (WIRTSCH) macroeconomía *f;* **makroökonomisch** ['------, ----'--] *adj* (WIRTSCH) macroeconómico; **makrotextuell** [makrotɛkstu'ɛl]

adj (LING) macrotextual
Makulatur [makula'tuːɐ] *f* <-, -en> **1.** (TYPO) maculatura *f;* ~ **reden** (*fam*) decir desvaríos **2.** (*Altpapier*) papel *m* de desecho
makulieren* [maku'liːrən] *vt* (TYPO) macular
mal [maːl] *adv* **1.** (MATH) por; **zwei** ~ **zwei ist vier** dos por dos son cuatro **2.** (*fam: ein Mal*) una vez; **noch** ~ otra vez; **erst** ~ por ahora; **wieder** ~ nuevamente **3.** (*fam: früher*) antes; **warst du schon** ~ **hier?** ¿ya has estado aquí antes? **4.** (*fam: irgendwann*) alguna vez, un día; **besuchen Sie mich doch** ~! ¡venga a verme un día! **5.** (*fam: verstärkend*): **sag** ~, **stimmt das?** dime en serio, ¿es eso verdad?; **er hat sie nicht** ~ **besucht** ni siquiera la fue a visitar; **das ist nun** ~ **so!** ¡qué se le va a hacer!; **komm** ~ **her!** ¡ven aquí!
Mal[1] [maːl] *nt* <-(e)s, -e> **1.** (*Zeitpunkt*) vez *f;* **voriges/nächstes** ~ la última/próxima vez; **das erste/zweite** ~ la primera/segunda vez; **Millionen** ~ un millón de veces; **ich sage das zum letzten** ~ lo digo por última vez; **das war das erste und das letzte** ~ de esta vez no pasa; **ein anderes** ~ otra vez; **sie kam das eine oder andere** ~ **dorthin** estuvo allí una que otra vez; **mit einem** ~ (*plötzlich*) de una vez; **von** ~ **zu** ~ cada vez; **ich bin zum ersten** ~ **hier** es la primera vez que vengo; **ein für alle** ~ de una vez para siempre; **das wievielte** ~ **machst du mit?** ¿cuántas veces has participado? **2.** (SPORT: *Markierung*) línea *f* de demarcación
Mal[2] [maːl, *pl:* 'mɛːlɐ] *nt* <-(e)s, -e *o* Mäler> (*Wund~*) estigma *m;* (*Mutter~*) lunar *m*
malad(e) [ma'laːt (ma'laːdə)] *adj* enfermo; ~ **sein** encontrarse mal
Malaria [ma'laːria] *f* <-, *ohne pl*> paludismo *m,* malaria *f;* **Malariamittel** *nt* <-s, -> medicamento *m* antipalúdico [*o* contra la malaria]; **Malariamücke** *f* <-, -n> anofeles *m inv*
Malaysia [ma'laɪzia] *nt* <-s> Malasia *f*
Malaysier(in) [ma'laɪziɐ] *m(f)* <-s, -; -, -nen> malayo, -a *m, f*
malaysisch *adj* malayo
Malbuch *nt* <-(e)s, -bücher> libro *m* para colorear
Maleinsäure *f* <-, *ohne pl*> (CHEM) ácido *m* maleico
malen ['maːlən] *vt* **1.** (*allgemein*) pintar; (*zeichnen*) dibujar; (*porträtieren*) retratar; **sie lässt sich** ~ posa para un pintor; **ich male dir ein Bild** te hago un dibujo; **wie gemalt** que ni pintado; **er malt die Zukunft in den leuchtendsten Farben** pinta el futuro de color de rosa **2.** (*reg: anstreichen*) pintar; **eine Tür weiß** ~ pintar una puerta de blanco
Maler(in) *m(f)* <-s, -; -, -nen> (*a.* KUNST) pintor(a) *m(f)*
Malerei[1] *f* <-, *ohne pl*> (*Kunstgattung*) pintura *f*
Malerei[2] *f* <-, -en> (*Gemälde*) cuadro *m*
Malerfarbe *f* <-, -n> pintura *f*
Malerin *f* <-, -nen> *s.* **Maler**
malerisch *adj* pintoresco
Malermeister(in) *m(f)* <-s, -; -, -nen> maestro, -a *m, f* pintor
Malheur [ma'løːɐ] *nt* <-s, -e *o* -s> (*fam*) percance *m;* **mir ist ein kleines** ~ **passiert** tuve un pequeño percance; **das ist doch kein** ~! ¡no es nada (grave)!
maligne [ma'lɪgnə] *adj* (MED) maligno
maliziös [mali'tsiøːs] **I.** *adj* (*geh*) malicioso **II.** *adv* (*geh*) maliciosamente
Malkasten *m* <-s, -kästen> caja *f* de pinturas
Mallorca [ma'lɔrka, ma'jɔrka] *nt* <-s> Mallorca *f*
mal\|nehmen *irr vt* multiplicar (*mit* por)
Maloche [ma'lɔxə, ma'loːxə] *f* <-, *ohne pl*> (*fam*) curro *m*
malochen* [ma'loːxən] *vi* (*fam*) currar, currelar, cinchar *Arg, Urug*
Malonsäure *f* <-, *ohne pl*> (CHEM) ácido *m* malónico
Malstift *m* <-(e)s, -e> lápiz *m* de color(es)
Malta ['malta] *nt* <-s> Malta *f;* **Maltafieber** *nt* <-s, *ohne pl*> fiebre *f* de Malta
Maltechnik *f* <-, -en> técnica *f* de pintura
Malteser(in) [mal'teːzɐ] *m(f)* <-s, -; -, -nen> maltés, -esa *m, f*
Malteserkreuz *nt* <-es, -e> cruz *f* de Malta; **Malteserorden** *m* <-s, *ohne pl*> (REL) orden *f* de Malta
maltesisch *adj* maltés
malträtieren* [maltrɛ'tiːrən] *vt* maltratar
Malus ['maːlʊs] *m* <-(ses), -(se)> **1.** (AUTO: *Zuschlag*) suplemento *m* de prima a pagar (por superar cierto número de siniestros) **2.** (UNIV: *Minuspunkt*) punto *m* de menos
Malve ['malvə] *f* <-, -n> malva *f*
malvenfarben *adj* (de color) malva
Malz [malts] *nt* <-es, *ohne pl*> malta *f;* **Malzbier** *nt* <-(e)s, -e> cerveza *f* de malta; **Malzbonbon** *nt* <-s, -s> caramelo *m* de malta; **Malzkaffee** *m* <-s, -s> café *m* de cebada [*o* de malta]
Mama ['mama] *f* <-, -s> (*fam*) mamá *f*
Mami ['mami] *f* <-, -s> mami *f,* mamita *f*
Mammakarzinom ['mama-] *nt* <-s, -e> (MED) carcinoma *m* mamario
Mammografie[RR] *f* <-, -n>, **Mammographie** [mamogra'fiː] *f* <-, -n> (MED) mamografía *f*
Mammon ['mamɔn] *m* <-s, *ohne pl*> (*abw*) dinero *m;* **des schnöden ~s wegen** por el vil metal
Mammut ['mamʊt] *nt* <-s, -e *o* -s> mamut *m;* **Mammutbaum** *m* <-(e)s, -bäume> secuoya *f;* **Mammutveranstaltung** *f* <-, -en> acto *m* con una multitud de participantes
mampfen ['mampfən] *vt, vi* (*fam*) jalar
man[1] [man] *pron indef* (*allgemein*) se; (*ich, wir*) uno *m,* una *f;* **das tut** ~ **nicht** eso no se hace; ~ **kann nie wissen** nunca se sabe; ~

hat mir gesagt, dass ... me han dicho que...; ~ **sagt, dass ...** dicen que..., se dice que...; ~ **kann wirklich nicht sagen, dass ...** realmente no se puede decir que... *+subj;* ~ **ist ja nicht mehr der/die Jüngste** uno/una ya no es un mozuelo/una mozuela

man² *adv* (*nordd: fam*): **denn ~ los!** ¡vamos!

Management¹ ['mɛnɪtʃmənt] *nt* <-s, *ohne pl*> (*das Leiten*) management *m*, gestión *f* empresarial

Management² *nt* <-s, -s> (*Führungskräfte*) junta *f* directiva, dirección *f*; **das mittlere ~** la clase directiva intermediaria

managen ['mɛnɪtʃən] *vt* **1.** (*Künstler, Sportler*) ser el manager (de) **2.** (*fam: bewältigen*) apañar, arreglar; **das hat er gut gemanagt** lo ha apañado a las mil maravillas

Manager(in) ['mɛnɪtʃɐ, 'mɛnətʃɐ] *m(f)* <-s, -; -, -nen> manager *mf*, gerente *mf*

manch *pron indef:* ~ **einer** alguno que otro; ~ **ein Mensch** alguna que otra persona; *s. a.* **manche(r, s)**

manche(r, s) ['mançə, -çɐ, -çəs] **I.** *pron indef* más de un(o), alguno que otro; **so ~s Mal** alguna que otra vez; **es gab ~s Missverständnis** hubo más de un malentendido; **in ~m hat er Recht** en algunos puntos tiene razón **II.** *adj* algunos; ~ **Leute glauben, dass ...** los hay que piensan que..., hay quien piensa que...; ~ **von uns** algunos de nosotros

mancherlei ['mançɐ'laɪ] *adj inv* diversos

manchmal ['mançma:l] *adv* **1.** (*gelegentlich*) a veces, de vez en cuando **2.** (*Schweiz: oft*) a menudo

Mandant(in) [man'dant] *m(f)* <-en, -en; -, -nen> (JUR) mandante *mf*, cliente *mf*

Mandarin [manda'ri:n] *m* <-s, -e> mandarín *m*

Mandarine [manda'ri:nə] *f* <-, -n> mandarina *f*

Mandat [man'da:t] *nt* <-(e)s, -e> **1.** (JUR) mandato *m*; **imperatives ~** mandato imperativo; **ein ~ übernehmen** tomar posesión de un mandato **2.** (*Abgeordnetensitz*) escaño *m*; **sein ~ niederlegen** renunciar al escaño

Mandel ['mandəl] *f* <-, -n> **1.** (BOT) almendra *f*; **gebrannte ~n** almendras garapiñadas **2.** (MED) amígdala *f*; **sich** *dat* **die ~n herausnehmen lassen** sacarse las amígdalas

Mandelaugen *ntpl* ojos *mpl* almendrados

mandeläugig *adj* de [*o* con] ojos almendrados

Mandelbaum *m* <-(e)s, -bäume> almendro *m*

Mandelentzündung *f* <-, -en> amigdalitis *f inv*

mandelförmig [-fœrmɪç] *adj* almendrado

Mandelkern *m* <-(e)s, -e> almendra *f*; **Mandelkleie** *f* <-, -n> crema *f* limpiadora de almendras

Mandeloperation *f* <-, -en> operación *f* de las amígdalas

Mandoline [mando'li:nə] *f* <-, -n> mandolina *f*

Mandrill [man'drɪl] *m* <-s, -e> mandril *m*

Mandschurei [mantʃu'raɪ, mandʒu'raɪ] *f* Manchuria *f*

Manege [ma'ne:ʒə] *f* <-, -n> pista *f* del circo

Mangan [maŋ'ga:n] *nt* <-s, *ohne pl*> (CHEM) manganeso *m*

Mangel¹ ['maŋəl, *pl:* 'mɛŋəl] *m* <-s, Mängel> (*Fehler*) deficiencia *f*, defecto *m*; **über kleine Mängel hinwegsehen** pasar por alto pequeños defectos; **einen ~ beseitigen** reparar un defecto; **für einen ~ haften** responder de un defecto; **anhaftender ~** vicio inherente [*o* intrínseco]; **offene Mängel** defectos visibles; **schwerwiegender ~** tara importante; **verborgener ~** vicio oculto

Mangel² ['maŋəl] *m* <-s, *ohne pl*> (*Fehlen*) falta *f* (*an* de), carencia *f* (*an* de); (*Knappheit*) escasez *f* (*an* de); ~ **an Arbeitskräften** falta de mano de obra; **die ~ leidende Bevölkerung** la población que padece escasez; **aus ~ an Beweisen freisprechen** absolver por falta de pruebas; ~ **haben an etw** carecer de algo; **wir leiden keinen ~** no nos falta de nada

Mangel³ *f* <-, -n> (*Wäsche~*) calandria *f*; **jdn durch die ~ drehen** [*o* **in die ~ nehmen**] (*fam*) apretarle a alguien las cuerdas

Mangelberuf *m* <-(e)s, -e> profesión *f* con falta [*o* escasez] de personal

Mängelbeseitigung *f* <-, *ohne pl*> reparación *f* de defectos

Mangelerscheinung *f* <-, -en> (MED) síntoma *m* de deficiencia

mangelfrei *adj* perfecto, completo, impecable

mangelhaft *adj* (*fehlerhaft*) deficiente; (SCH: *unzureichend*) insuficiente

Mängelhaftung *f* <-, -en> saneamiento *m*

Mangelkrankheit *f* <-, -en> (MED) enfermedad *f* carencial

mangeln¹ ['maŋəln] *vunpers* (*fehlen*) faltar, carecer; **es mangelt ihm an Selbstvertrauen** le falta la confianza en sí mismo; **ihr mangelt es an nichts** no le falta nada; **es mangelt uns an ...** nos hace falta...; **sie ließ es uns an nichts ~** no dejó que nos faltara de nada

mangeln² *vt* (*Wäsche*) calandrar

mangelnd *adj* **1.** (*knapp*) escaso **2.** (*unzureichend*) incompleto; **wegen ~er Vorbereitung** debido a la falta de preparación, por falta de preparación

Mängelrüge *f* <-, -n> reclamación *f* por mercancía defectuosa

mangels ['maŋəls] *präp +gen/dat* (*formal*) por falta de; ~ **Beweisen** por falta de pruebas

Mangelware *f* <-, *ohne pl*> artículo *m* escaso; ~ **sein** escasear; **Mangelwirtschaft** *f* <-, -en> economía *f* de escasez

Mango ['maŋgo] *f* <-, -s *o* -nen> mango *m*; **Mangobaum** *m* <-(e)s, -bäume> mango *m*

Mangold ['maŋgɔlt] *m* <-(e)s, -e> acelga *f*

Mangonen *pl von* **Mango**

Mangrove [maŋ'gro:və] *f* <-, -n> manglar *m;* **Mangrovenbaum** *m* <-(e)s, -bäume> mangle *m;* **Mangrovenwald** *m* <-(e)s, -wälder> manglar *m*

Manie [ma'ni:] *f* <-, -n> manía *f*

Manier [ma'ni:ɐ] *f* <-, -en> **1.** (*Art*) manera *f;* **in überzeugender ~** de manera convincente **2.** *pl* (*Benehmen*) modales *mpl;* **gute/schlechte ~en haben** tener buenos/malos modales; **jdm ~en beibringen** enseñar modales a alguien; **was sind denn das für ~en?** ¿qué modales son esos?

manieriert [mani'ri:ɐt] *adj* (*geh*) artificial, amanerado

Manierismus [mani'rɪsmʊs] *m* <-, *ohne pl*> (KUNST, LIT) manierismo *m*

manierlich [ma'ni:ɐlɪç] *adj* con buenos modales; **sich ~ benehmen** comportarse bien; **~ aussehen** tener aspecto de persona respetable [*o* de provecho]

Manifest [mani'fɛst] *nt* <-(e)s, -e> manifiesto *m*

Manifestant(in) [manifɛs'tant] *m(f)* <-en, -en; -, -nen> (*Schweiz, Österr*) manifestante *mf*

Manifestation [manifɛsta'tsjo:n] *f* <-, -en> (*a.* MED) manifestación *f*

manifestieren* [manifɛs'ti:rən] **I.** *vr:* **sich ~** manifestarse (*in* en), revelarse (*in* en) **II.** *vi* (*Schweiz*) manifestarse

Maniküre [mani'ky:rə] *f* <-, -n> manicura *f*

maniküren* *vt* hacer la manicura; **jds Fingernägel** [*o* **Hände**] **~** hacer la manicura a alguien

Manipulation [manipula'tsjo:n] *f* <-, -en> manipulación *f*

manipulierbar [manipu'li:ɐ-] *adj* manipulable; **beliebig/leicht/kaum ~** totalmente/fácilmente/apenas manejable

Manipulierbarkeit *f* <-, *ohne pl*> cualidad *f* de ser manipulador

manipulieren* [manipu'li:rən] *vi, vt* manipular (*an*); **er hat die Zahlen manipuliert** manipuló las cifras

Manipulierung *f* <-, -en> manipulación *f*

manisch ['ma:nɪʃ] *adj* (*a.* PSYCH) maníaco, maniaco; **manisch-depressiv** ['----'-] *adj* (*a.* PSYCH) maníaco-depresivo

Manko ['maŋko] *nt* <-s, -s> **1.** (*Nachteil*) desventaja *f,* inconveniente *m* **2.** (WIRTSCH) déficit *m inv*

Mann [man, *pl:* 'mɛnɐ] *m* <-(e)s, Männer> **1.** (*Erwachsener*) hombre *m;* **ein junger ~** un joven; **ein gestandener ~** un hombre hecho y derecho; **selbst ist der ~** hay que ayudarse a sí mismo; **ein ~ von Geist** un personaje [*o* un hombre] de ingenio; **ein ~ von Welt** un hombre de mundo; **ein ~, ein Wort** palabra de honor; **bis zum letzten ~ kämpfen** luchar hasta el último hombre; **~ über Bord!** (NAUT) ¡hombre al agua!; **alle ~ an Deck!** (NAUT) ¡todo el mundo en pie!; **~ für ~** uno tras otro; **der ~ auf der Straße** el hombre de la calle; **der ~ im Mond** *personaje de cuentos inventado a raíz de las manchas lunares;* **wie ein ~** (*einmütig*) todos a una; **ein gemachter ~ sein** (*fam*) ser hombre de provecho; **er ist unser ~** es nuestro hombre; **etw an den ~ bringen** (*fam*) vender algo; **seinen ~ stehen** cumplir con sus obligaciones; **wenn Not am ~ ist** en caso de necesidad; **von ~ zu ~** de hombre a hombre; **den wilden ~ spielen** (*fam*) hacer el salvaje; **mein lieber ~!** (*fam*) ¡madre mía!; **~, oh ~!** (*fam*) ¡hombre!; **mach schnell, ~!** (*fam*) ¡date prisa, hombre!; **das Schiff ging mit ~ und Maus unter** (*fam*) no se salvó ni el gato; **der kleine ~** (*einfacher Mensch*) el hombre de pocos recursos; (*Penis*) el pito; **der kluge ~ baut vor** (*prov*) más vale prevenir que curar **2.** (*Ehe~*) marido *m,* esposo *m;* **mein geschiedener ~** mi ex-marido; **ihr verstorbener/erster ~** su difunto/primer marido; **der ~ ihres Lebens** el hombre de su vida [*o* de sus sueños]

Männchen ['mɛnçən] *nt* <-s, -> **1.** (*kleiner Mann*) hombrecito *m* **2.** (ZOOL) macho *m;* **~ machen** ponerse sobre las patas traseras

Mannen ['manən] *mpl* vasallos *mpl;* **seine ~ um sich scharen** (*iron*) rodearse de admiradores [*o* seguidores]

Mannequin [manə'kɛ̃:, 'manəkɛ̃] *nt* <-s, -s> maniquí *f,* modelo *f*

Männerarbeit *f* <-, -en> trabajo *m* de hombres; **Männerbekanntschaft** *f* <-, -en>: **eine ~ machen** conocer a un hombre; **Männerberuf** *m* <-(e)s, -e> profesión *f* de hombres; **Männerchor** *m* <-s, -chöre> coro *m* de hombres; **Männerfang** *m:* **auf ~ gehen** (*fam*) ir a la caza de un hombre; **Männergeschichten** *fpl* amoríos *mpl* (con hombres); **Männergesellschaft** *f* <-, -en> (SOZIOL) sociedad *f* dominada por los hombres; **Männerhand** *f* <-, -hände> mano *f* masculina; **Männerhass**[RR] *m* <-es, *ohne pl*> odio *m* a los hombres; **Männerkrankheiten** *fpl* enfermedades *fpl* masculinas; **männerlastig** *adj* con más hombres que mujeres; **Männerleiden** *nt* <-s, -> (MED) enfermedad *f* típica de los hombres; **männermordend** *adj* (*fam hum*) devoradora de hombres; **Männersache** *f* <-, -n> cosa *f* de hombres; **Männerstimme** *f* <-, -n> voz *f* masculina; (MUS) voz *f* de hombre

Männertreu *f* <-, -> (BOT) lobelia *f*

Männerüberschuss[RR] *m* <-es, -schüsse> excedente *m* de hombres

Mannesalter *nt* <-s, *ohne pl*> edad *f* adulta del varón; **im besten ~ sein** estar en su mejor momento

mannhaft *adj* (*mutig*) valiente; (*entschlossen*) resuelto

Mannhaftigkeit *f* <-, *ohne pl*> (*Mut*) valentía *f;* (*Entschlossenheit*) carácter *m* resolutivo

mannigfach ['manɪçfax] *adj,* **mannigfaltig** *adj* (*geh*) **1.** (*abwechslungsreich*) vario, diverso **2.** (*vielfach*) múltiple

Mannigfaltigkeit *f* <-, *ohne pl*> (*geh*) variedad *f*

Mannjahr *nt* <-(e)s, -e> (WIRTSCH) trabajo *m* de una persona en un año

Männlein ['mɛnlaɪn] *nt* <-s, -> hombrecito *m;* ~ **oder Weiblein** (*fam*) Juan o Juanita

männlich ['mɛnlɪç] *adj* (*a.* LING, BOT) masculino; (ZOOL) macho

Männlichkeit *f* <-, *ohne pl*> virilidad *f,* masculinidad *f*

Mannsbild *nt* <-(e)s, -er> (*fam*) hombre *m*

Mannschaft *f* <-, -en> **1.** (SPORT) equipo *m* **2.** (NAUT, AERO) tripulación *f* **3.** (MIL) tropa *f;* **jdn vor versammelter** ~ **abkanzeln** echar un sermón a alguien delante de todo el mundo **4.** (*fam: Arbeitsteam*) equipo *m,* elenco *m Chil, Peru;* **Mannschaftsführer(in)** *m(f)* <-s, -; -, -nen> (SPORT) capitán, -ana *m, f* del equipo; **Mannschaftsgeist** *m* <-(e)s, *ohne pl*> (*a.* SPORT) espíritu *m* de equipo; **Mannschaftskapitän** *m* <-s, -e> (SPORT) capitán *m* del equipo; **Mannschaftsraum** *m* <-(e)s, -räume> (MIL) alojamiento *m* de las tropas; (NAUT) cabina *f* de la tripulación; **Mannschaftswagen** *m* <-s, -> (MIL) vehículo *m* de la tripulación; **Mannschaftswertung** *f* <-, -en> (SPORT) valoración *f* de equipo

mannshoch ['-'-] *adj* tan alto como un hombre

mannstoll *adj* (*fam*) ninfómana

Manntag *m* <-(e)s, -e> (WIRTSCH) trabajo *m* de una persona en un día, jornal *m;* **Mannweib** *nt* <-(e)s, -er> (*pey*) marimacho *m*

Manometer[1] [mano'me:tɐ] *nt* <-s, -> (PHYS) manómetro *m*

Manometer[2] ['--'--] *interj* (*fam*) ¡vaya!

Manöver [ma'nø:vɐ] *nt* <-s, -> **1.** (*Richtungsänderung, taktisches Vorgehen*) maniobra *f* **2.** (MIL: *Übung*) maniobras *fpl;* **ins** ~ **gehen** [*o* **ziehen**] salir de maniobras; **Manöverkritik** *f* <-, -en> **1.** (MIL) análisis *m* de las maniobras (tras su conclusión) **2.** (*Besprechung*) reunión *f* para hacer un análisis; **Manöverschaden** *m* <-s, -schäden> (MIL) daño *m* causado por las maniobras

manövrieren* [manø'vri:rən] **I.** *vi* maniobrar, hacer maniobras **II.** *vt* (*lenken*) dirigir

manövrierfähig *adj* maniobrable; **Manövrierfähigkeit** *f* <-, *ohne pl*> maniobrabilidad *f;* **manövrierunfähig** *adj* incapaz de maniobrar

Mansarde [man'zardə] *f* <-, -n> desván *m,* buhardilla *f;* **Mansardenwohnung** *f* <-, -en> guardilla *f,* mansarda *f Am*

Manschette [man'ʃɛtə] *f* <-, -n> **1.** (*an Kleidung*) puño *m* **2.** (TECH) anillo *m* de junta, arandela *f* de cierre **3.** (MED) manguito *m* **4.** (*fam: Angst*): **vor ihm/vor dem Examen haben wir ~n** él/el examen nos da canguelo;

Manschettenknopf *m* <-(e)s, -knöpfe> gemelo *m,* mancuerna *f Am, Phili,* mancorna *f Kol, Chil*

Mantel ['mantəl, *pl:* 'mɛntəl] *m* <-s, Mäntel> **1.** (*Kleidungsstück*) abrigo *m,* tapado *m Am;* **jdm in den/aus dem** ~ **helfen** ayudar a alguien a ponerse/quitarse el abrigo; **den** ~ **nach dem Wind hängen** (*abw fig*) bailar al son que tocan; **den** ~ **des Schweigens über etw breiten** (*geh*) correr un tupido velo sobre algo **2.** (TECH) revestimiento *m;* (*vom Reifen*) cubierta *f* **3.** (MATH) superficie *f* convexa

Mäntelchen ['mɛntəlçən] *nt* <-s, -> abriguito *m;* **etw** *dat* **ein** ~ **umhängen** (*fig*) tapar algo

Manteltarifvertrag *m* <-(e)s, -träge> (WIRTSCH) convenio *m* colectivo

Manteltasche *f* <-, -n> bolsillo *m* del abrigo

Manual [manu'a:l] *nt* <-s, -e> teclado *m*

manuell [manu'ɛl] **I.** *adj* manual **II.** *adv* con la mano

Manufaktur [manufak'tu:ɐ] *f* <-, -en> manufactura *f*

Manuskript [manu'skrɪpt] *nt* <-(e)s, -e> manuscrito *m*

Maoismus *m* <-, *ohne pl*> maoísmo *m*

Mappe ['mapə] *f* <-, -n> **1.** (*Tasche*) portafolios *m inv* **2.** (*Ordner*) carpeta *f*

Mär [mɛ:ɐ] *f* <-, -en> (*a. iron*) cuento *m*

Marabu ['ma:rabu] *m* <-s, -s> marabú *m*

Maracuja [mara'ku:ja] *f* <-, -s> maracuyá *m,* fruta *f* de la pasión

Marathon ['maratɔn] *m* <-s, -s>, **Marathonlauf** *m* <-(e)s, -läufe> (SPORT) (carrera *f* de) maratón *m;* **Marathonläufer(in)** *m(f)* <-s, -; -, -nen> (SPORT) corredor(a) *m(f)* de maratón

Märchen ['mɛ:ɐçən] *nt* <-s, -> cuento *m* (de hadas), chile *m Guat;* ~ **aus Tausendundeiner Nacht** (los cuentos de) las mil y una noches; **das ist wie im** ~ es como un cuento de hadas; **erzähl keine** ~ (*Lügen*) no me vengas con cuentos (chinos); **Märchenbuch** *nt* <-(e)s, -bücher> libro *m* de cuentos; **Märchenerzähler(in)** *m(f)* <-s, -; -, -nen> narrador(a) *m(f)* de cuentos, cuentacuentos *mf inv;* **Märchenfigur** *f* <-, -en> figura *f* de un cuento, protagonista *mf* de un cuento

märchenhaft *adj* fabuloso

Märchenland *nt* <-(e)s, *ohne pl*> país *m* de las maravillas; **Märchenprinz** *m* <-en, -en> príncipe *m* azul

Marder ['mardɐ] *m* <-s, -> marta *f*

Margarine [marga'ri:nə] *f* <-, -n> margarina *f*

Marge *f* <-, -n> (*a.* WIRTSCH) margen *m*

Margerite [margə'ri:tə] *f* <-, -n> margarita *f*

marginal [margi'na:l] *adj* marginal

Marginalie [margi'na:liə] *f* <-, -n> nota *f* marginal

Marienkäfer [ma'ri:ən-] *m* <-s, -> mariquita *f*

Marihuana [marihu'a:na] *nt* <-s, *ohne pl*> marihuana *f,* cáñamo *m* índico, maría *f fam*

Marille [ma'rɪlə] *f* <-, -n> (*Österr*) albaricoque *m*

Marinade [mari'na:də] *f* <-, -n> escabeche *m*

Marine [ma'ri:nə] *f* <-, -n> (MIL) marina *f;* **marineblau** *adj* azul marino; **Marineinfanterie** *f* <-, -n> (MIL) infantería *f* de marina; **Marineoffizier** *m* <-s, -e> (MIL) oficial *m* de marina; **Marinestützpunkt** *m* <-(e)s, -e> base *f* naval

marinieren* [mari'ni:rən] *vt* escabechar, poner en escabeche

Marionette [marjo'nɛtə] *f* <-, -n> títere *m,* fantoche *m;* **Marionettenbühne** *f* <-, -n> teatro *m* de guiñol; **Marionettenregierung** *f* <-, -en> (POL) gobierno *m* títere; **Marionettenspieler(in)** *m(f)* <-s, -; -, -nen> marionetista *mf;* **Marionettentheater** *nt* <-s, -> teatro *m* de títeres

maritim [mari'ti:m] *adj* **1.** (*das Meer betreffend*) marítimo **2.** (*die Schifffahrt betreffend*) naval

Mark[1] [mark] *nt* <-(e)s, *ohne pl*> (*Knochen~*) médula *f,* tuétano *m;* **das geht mir durch ~ und Bein** esto me llega hasta la médula; **bis ins ~** hasta la médula; **jdn bis aufs ~ quälen** torturar a alguien hasta sus adentros; **jdm das ~ aus den Knochen saugen** chuparle la sangre a alguien

Mark[2] [mark] *f* <-, *ohne pl*> (*Währung*) marco *m;* **Deutsche ~** marco alemán; **er muss mit jeder ~ rechnen** tiene que mirar por la peseta; **keine** [*o* **nicht eine**] **müde ~** (*fam*) ni una perra [*o* gorda]

Mark[3] [mark] *f* <-, -en> (*Grenzgebiet*) marca *f,* frontera *f;* **die ~ Brandenburg** la marca de Brandemburgo

markant [mar'kant] *adj* (*ausgeprägt*) marcado; (*auffallend*) notable

markdurchdringend *adj* espeluznante, horripilante

Marke ['markə] *f* <-, -n> **1.** (*Herstellerzeichen*) marca *f;* **eingetragene ~** marca registrada; **gut eingeführte ~** marca bien introducida; **~ Eigenbau** (*fam*) marca la pava; **du bist vielleicht eine ~!** (*fam*) ¡mira que eres!, ¡eres de un raro! **2.** (*Wert~*) timbre *m;* (*Brief~*) sello *m;* **zehn ~n zu sechzig Pfennig** diez sellos de sesenta pfennigs **3.** (*Garderoben~, Spiel~*) ficha *f* **4.** (*Erkennungs~*) chapa *f* de identificación **5.** (*Rekord~*) marca *f;* **Markenartikel** *m* <-s, -> artículo *m* de marca; **Markenartikler** *m* <-s, -> (WIRTSCH) distribuidor *m* de artículos de marca; **Markenbutter** *f* <-, *ohne pl*> mantequilla *f* de primera calidad; **Markenfirma** *f* <-, -firmen> firma *f* de marca; **Markenimage** *nt* <-(s), -s> imagen *f* de marca; **Markenname** *m* <-ns, -n> (nombre *m* de una) marca *f;* **Markenpiraterie** *f* <-, -n> piratería *f* de marcas; **Markenschutz** *m* <-es, *ohne pl*> protección *f* de marcas; **Markenware** *f* <-, -n> artículo *m* de marca; **Markenzeichen** *nt* <-s, -> emblema *m;* **schnelle Konter sind das ~ dieses Boxers** un contraataque rápido es el sello de este boxeador

Marker ['markɐ] *m* <-s, - *o* -s> (*Markierstift*) marcador *m*

markerschütternd *adj* estremecedor

Marketender(in) [markə'tɛndɐ] *m(f)* <-s, -; -, -nen> (HIST) vivandero, -a *m, f*

Marketing ['markətɪŋ] *nt* <-s, *ohne pl*> (WIRTSCH) marketing *m;* **Marketing-Mix** *m* <-es, *ohne pl*> (WIRTSCH) marketing-mix *m*

Markgraf, -gräfin *m, f* <-en, -en; -, -nen> margrave *m,* margravina *f*

markieren* [mar'ki:rən] *vt* **1.** (*kennzeichnen*) señalizar (*mit/durch* con), marcar (*mit/durch* con) **2.** (*fam: vortäuschen*) simular, fingir; **er markiert den starken Mann** se hace el fuerte; **er ist nicht krank, er markiert nur** no es que esté enfermo, sólo se lo hace

Markierstift *m* <-(e)s, -e> (rotulador *m*) marcador *m*

Markierung *f* <-, -en> **1.** (*Vorgang*) señalización *f* **2.** (*Zeichen*) marca *f,* señalización *f*

markig *adj* enérgico, vigoroso

märkisch ['mɛrkɪʃ] *adj* de la Marca de Brandeburgo

Markise [mar'ki:zə] *f* <-, -n> toldo *m,* marquesina *f*

Markknochen *m* <-s, -> hueso *m* con tuétano

Markstein *m* <-(e)s, -e> hito *m;* **dieses Ereignis ist ein ~ der Geschichte** ese suceso marca un hito en la historia

Markstück *nt* <-(e)s, -e> moneda *f* de un marco

Markt [markt, *pl:* 'mɛrktə] *m* <-(e)s, Märkte> (*a.* WIRTSCH) mercado *m;* **abgeschwächter/aufnahmefähiger ~** mercado desanimado/animado; **geschlossener/offener ~** mercado cerrado/abierto; **schrumpfender/übersättigter ~** mercado decreciente/saturado; **auf den** [*o* **zum**] **~ gehen** ir al mercado; **neue Produkte auf den ~ werfen** lanzar nuevos productos al mercado; **den ~ beherrschen/drücken** dominar/desanimar el mercado; **vom Käufer/Verkäufer beherrschter ~** mercado dominado por el comprador/por el vendedor; **der Gemeinsame ~** (EU) el Mercado Común; **der schwarze ~** el mercado negro; **neue Märkte erschließen** abrir nuevos mercados; **auf dem** [*o* **am**] **~** (*zum Verkauf*) a la venta; **marktabhängig** *adj* (WIRTSCH): **~er Prozentsatz** porcentaje que varía según el mercado; **Marktanalyse** *f* <-, -n> (WIRTSCH) análisis *m inv* del mercado; **Marktanteil** *m* <-(e)s, -e> (WIRTSCH) participación *f* en el mercado, cuota *f* de mercado; **~e halten** tener participaciones en el mercado; **marktbeherrschend** *adj* (WIRTSCH) dominante en el mercado; **eine ~e Stellung**

einnehmen tener una posición dominante en el mercado; **Marktbericht** *m* <-(e)s, -e> (WIRTSCH) informe *m* de mercado; **Marktbude** *f* <-, -n> puesto *m* de mercado, carpa *f Am,* ramada *f Chil;* **Marktchance** *f* <-, -n> (WIRTSCH) oportunidad *f* de mercado; **Markteinführung** *f* <-, -en> (WIRTSCH) introducción *f* en el mercado; **Markterfolg** *m* <-(e)s, -e> (WIRTSCH) éxito *m* de mercado; **Markterkundung** *f* <-, -en> (WIRTSCH) sondeo *m* de mercado; **Markterschließung** *f* <-, -en> (WIRTSCH) apertura *f* de mercados; **marktfähig** *adj* (WIRTSCH) competitivo; **nicht** ~ no comerciable; ~ **machen** comercializar; **Marktflecken** *m* <-s, -> villa *f;* **Marktforschung** *f* <-, -en> (WIRTSCH) estudio *m* de mercado; **Marktfrau** *f* <-, -en> vendedora *f* de mercado; **Marktführer** *m* <-s, -> (WIRTSCH) empresa *f* líder en el mercado; **marktgerecht** *adj* conforme al mercado; **Markthalle** *f* <-, -n> mercado *m,* plaza *f,* lonja *f;* **marktkonform** *adj* (WIRTSCH) conforme al mercado; **marktkonträr** *adj* (WIRTSCH) contrario al mercado; **Marktlage** *f* <-, -n> (WIRTSCH) situación *f* en el mercado; **Marktlücke** *f* <-, -n> (WIRTSCH) hueco *m* en el mercado; **eine** ~ **entdecken** dar con un hueco en el mercado; **in eine** ~ **stoßen** cubrir un hueco en el mercado; **Marktnische** *f* <-, -n> nicho *m* de mercado; **Marktplatz** *m* <-es, -plätze> plaza *f* (del mercado), plaza *f* mayor; **am** [*o* **auf dem**] ~ en la plaza; **Marktpotential** *nt* <-s, -e> (WIRTSCH) potencial *m* en el mercado; **Marktpreis** *m* <-es, -e> (WIRTSCH) precio *m* de mercado; **marktreif** *adj* (WIRTSCH) listo para el mercado; **Marktsättigung** *f* <-, *ohne pl*> (WIRTSCH) saturación *f* del mercado; **Marktschreier(in)** *m(f)* <-s, -; -, -nen> (*abw*) charlatán, -ana *m, f*

marktschreierisch *adj* (*abw*) a voz en grito, a grito pelado

Marktschwankung *f* <-, -en> (WIRTSCH) fluctuación *f* del mercado; **Marktsegment** *nt* <-(e)s, -e> (WIRTSCH) segmento *m* del mercado; **marktspezifisch** *adj* (WIRTSCH) específico del mercado; **Marktstand** *m* <-(e)s, -stände> puesto *m* de mercado; **Marktstellung** *f* <-, *ohne pl*> (WIRTSCH) posición *f* en el mercado; **Marktstrategie** *f* <-, -n> (WIRTSCH) estrategia *f* de mercado; **Marktstudie** *f* <-, -n> (WIRTSCH) estudio *m* de mercado; **Markttag** *m* <-(e)s, -e> día *m* de mercado; **Markttest** *m* <-(e)s, -s *o* -e> (WIRTSCH) sondeo *m* del mercado; **Markttrend** *m* <-s, -s> (WIRTSCH) tendencia *f* del mercado; **Marktweib** *nt* <-(e)s, -er> (*abw*) *s.* Marktfrau; **Marktwert** *m* <-(e)s, *ohne pl*> (WIRTSCH) valor *m* mercantil; **Marktwirtschaft** *f* <-, *ohne pl*> (WIRTSCH) economía *f* de mercado; **freie** ~ economía de mercado libre; **soziale** ~ economía social de(l) mercado; **marktwirtschaftlich** *adj* (WIRTSCH) de la economía del mercado; **Marktzugangsbeschränkung** *f* <-, -en> (WIRTSCH) restricción *f* del acceso al mercado; **Marktzutrittsschranke** *f* <-, -n> (WIRTSCH) barrera *f* de acceso al mercado

Markusevangelium *nt* <-s, *ohne pl*> (REL) Evangelio *m* según San Marcos

Marmelade [marmə'la:də] *f* <-, -n> mermelada *f;* **Marmeladenbrot** *nt* <-(e)s, -e> pan *m* con mermelada

Marmor ['marmo:ɐ] *m* <-s, -e> mármol *m*

marmorieren* [marmo'ri:rən] *vt* **1.** (GASTR) vetear **2.** (KUNST) vetear, marmolear

marmoriert [marmo'ri:ɐt] *adj* **1.** (GASTR) veteado; **~es Fleisch** carne veteada con grasa **2.** (KUNST) veteado, marmolado

Marmorierung *f* <-, -en> (*Struktur*) jaspeado *m*

Marmorkuchen *m* <-s, -> pastel *m* de molde con chocolate

marmorn ['marmo:ɐn] *adj* marmóreo

Marmorplatte *f* <-, -n> placa *f* de mármol; **Marmorsäule** *f* <-, -n> columna *f* de mármol

marode [ma'ro:də] *adj* (*moralisch*) pervertido

Marodeur [maro'dø:ɐ] *m* <-s, -e> (MIL) merodeador *m*

marodieren* [maro'di:rən] *vi* merodear

Marokkaner(in) [marɔ'ka:nɐ] *m(f)* <-s, -; -, -nen> marroquí *mf*

marokkanisch *adj* marroquí

Marokko [ma'rɔko] *nt* <-s> Marruecos *m*

Marone [ma'ro:nə] *f* <-, -n> **1.** (*Esskastanie*) castaña *f* **2.** (*Pilz*) boleto *m;* **Maronenpilz** *m* <-es, -e> boleto *m* (rojo-moreno); **Maronenröhrling** *m* <-s, -e> (*Pilz*) boleto *m* castaño

Marotte [ma'rɔtə] *f* <-, -n> manía *f,* moño *m Kol*

Mars [mars] *m* <-> Marte *m*

marsch [marʃ] *interj* **1.** (MIL): **vorwärts ~!** ¡andando!, ¡marchen! **2.** (*fam*) ¡venga!; ~ **ins Bett!** ¡venga, a la cama!

Marsch[1] [marʃ, *pl:* 'mɛrʃə] *m* <-(e)s, Märsche> (*a.* MUS) marcha *f;* **sich in ~ setzen** ponerse en marcha; **jdm den ~ blasen** (*fam fig*) poner a alguien de vuelta y media

Marsch[2] [marʃ] *f* <-, -en> marisma *f,* tierra *f* pantanosa (*en la costa del mar del Norte*)

Marschall ['marʃal, *pl:* 'marʃɛlə] *m* <-s, Marschälle> (MIL) mariscal *m;* **Marschallstab** *m* <-(e)s, -stäbe> (HIST) bastón *m* de mariscal

Marschbefehl *m* <-(e)s, -e> (MIL) orden *f* de marcha; **marschbereit** *adj* listo para salir; **Marschflugkörper** *m* <-s, -> (MIL) misil *m* de crucero; **Marschgepäck** *nt* <-(e)s, *ohne pl*> (MIL) equipo *m* de marcha

marschieren* [mar'ʃi:rən] *vi sein* **1.** (MIL) marchar **2.** (*gehen*) marchar, caminar

Marschkolonne *f* <-, -n> (MIL) columna *f* (de marcha)

Marschland *nt* <-(e)s, -länder> marisma *f*
Marschlied *nt* <-(e)s, -er> canción *f* de marcha; **Marschmusik** *f* <-, -en> música *f* militar; **Marschordnung** *f* <-, -en> (MIL) formación *f* de marcha; **Marschpause** *f* <-, -n> (MIL) alto *m* en la marcha; **Marschrichtung** *f* <-, -en> (MIL) dirección *f* de la marcha; **Marschroute** *f* <-, -n> (MIL) itinerario *m* de la marcha; **Marschverpflegung** *f* <-, -en> (MIL) ración *f* de marcha, rancho *m* de marcha
Marshallplan ['marʃalpla:n] *m* <-(e)s, *ohne pl*> (HIST) plan *m* Marshall
Marsmensch *m* <-en, -en> marciano, -a *m, f*
Marter ['martɐ] *f* <-, -n> (*geh*) martirio *m*, tormenta *f*
martern ['martɐn] *vt* (*geh*) atormentar, torturar
Marterpfahl *m* <-(e)s, -pfähle> poste *m* de tortura; **Marterwerkzeug** *nt* <-(e)s, -e> instrumento *m* de tortura
martialisch [mar'tsja:lɪʃ] *adj* marcial
Martinshorn *nt* <-(e)s, -hörner> sirena *f*
Märtyrer(in) ['mɛrtyrɐ] *m(f)* <-s, -; -, -nen> mártir *mf*; **jdn zum ~ machen** hacer mártir a alguien; **den ~ spielen** hacerse el mártir; **Märtyrertod** *m* <-(e)s, -e> martirio *m*; **den ~ sterben** morir martirizado
Märtyrertum *nt* <-s, *ohne pl*> martirio *m*
Martyrium [mar'ty:riʊm] *nt* <-s, -rien> martirio *m*
Marxismus [mar'ksɪsmʊs] *m* <-, *ohne pl*> (POL) marxismo *m*; **Marxismus-Leninismus** *m* <-, *ohne pl*> (POL) marxismo-leninismo *m*
Marxist(in) [mar'ksɪst] *m(f)* <-en, -en; -, -nen> marxista *mf*
marxistisch *adj* marxista
März [mɛrts] *m* <-(es), -e> marzo *m*; **im** (**Monat**) **~** en (el mes de) marzo; **vergangenen ~** el marzo pasado; **heute ist der erste ~** (hoy) estamos a primero de marzo; **Berlin, den 10. ~ 1988** Berlín, a diez de marzo de 1988; **am 20. ~** el 20 de marzo; **Anfang/Ende/Mitte ~** a principios/finales/mediados de marzo; **Ostern fällt dieses Jahr in den ~** la Semana Santa cae este año en marzo; **in diesem ~ hat es viel geregnet** este año ha llovido mucho en marzo; **Märzbecher** *m* <-s, -> (BOT) campanilla *f* de primavera; **Märzbier** *nt* <-(e)s, -e> cerveza *f* negra fuerte
Märzen *nt* <-(s), -> *s.* **Märzbier**
Märzenbecher *m* <-s, -> (BOT) *s.* Märzbecher; **Märzenbier** *nt* <-(e)s, -e> *s.* **Märzbier**
Marzipan [martsi'pa:n, '---] *nt* <-s, -e> mazapán *m*
Masche ['maʃə] *f* <-, -n> **1.** (*bei Handarbeit*) punto *m*; **eine ~ aufnehmen** aumentar un punto; **eine ~ fallen lassen** menguar un punto; **durch die ~n des Gesetzes schlüpfen** burlar la justicia **2.** (*fam: Trick*) truco *m*; **immer die gleiche ~** siempre el mismo truco; **er hat die ~ raus** (*fam*) tiene cogido el truco [*o* tranquillo] (*bei* a) **3.** (*Österr, Schweiz, südd: Schleife*) lazo *m*
Maschendraht *m* <-(e)s, -drähte> tela *f* metálica; **Maschendrahtzaun** *m* <-(e)s, -zäune> valla *f* de tela metálica
Maschine [ma'ʃi:nə] *f* <-, -n> **1.** (*Schreib~, Näh~, Wasch~*) máquina *f*; **arbeitssparende ~** máquina que ayuda a economizar trabajo; **eine ~ bedienen** manejar una máquina; **sie diktiert ihm den Brief direkt in die ~** escribe la carta a máquina directamente mientras ella se la va dictando; **~ schreiben** escribir a máquina; **etw auf** [*o* **mit**] **der ~ schreiben** escribir algo a máquina **2.** (*Flugzeug*) avión *m*, aparato *m* **3.** (*fam: Motorrad*) moto *f*
maschinegeschrieben *adj* escrito a máquina
maschinell [maʃi'nɛl] **I.** *adj* mecánico **II.** *adv* a máquina; **~ hergestellt** hecho a máquina
Maschinenauslastung *f* <-, *ohne pl*> utilización *f* plena de una máquina; **Maschinenbau** *m* <-(e)s, *ohne pl*> **1.** (*das Bauen*) construcción *f* de máquinas **2.** (*Lehrfach*) ingeniería *f* mecánica; **Maschinenbauer(in)** *m(f)* <-s, -; -, -nen> ingeniero, -a *m, f* mecánico, -a
Maschinenbauingenieur(in) *m(f)* <-s, -e; -, -nen> ingeniero, -a *m, f* mecánico, -a
Maschinenfabrik *f* <-, -en> fábrica *f* de maquinaria; **maschinengeschrieben** *adj* escrito a máquina
Maschinengewehr *nt* <-(e)s, -e> ametralladora *f*; **Maschinengewehrfeuer** *nt* <-s, *ohne pl*> fuego *m* de ametralladora
Maschinenkode *m* <-s, -s> (INFOR) código *m* de ordenador; **maschinenlesbar** *adj* (INFOR) legible por el ordenador [*o* aparato]; **Maschinenmeister(in)** *m(f)* <-s, -; -, -nen> jefe, -a *m, f* de máquinas; **Maschinenöl** *nt* <-(e)s, -e> aceite *m* lubrificante [*o* para máquinas]; **Maschinenpark** *m* <-s, -s> parque *m* de maquinaria; **Maschinenpistole** *f* <-, -n> metralleta *f*; **Maschinenraum** *m* <-(e)s, -räume> sala *f* de máquinas; **Maschinensatz** *m* <-es, *ohne pl*> (TYPO) composición *f* mecánica; **Maschinenschaden** *m* <-s, -schäden> avería *f* de la máquina; **Maschinenschlosser(in)** *m(f)* <-s, -; -, -nen> mecánico, -a *m, f*, montador(a) *m(f)*; **Maschinenschrift** *f* <-, -en> letra *f* de máquina; **maschinenschriftlich** *adj* escrito a máquina; **Maschinensprache** *f* <-, -n> (INFOR) lenguaje *m* de máquina
Maschinerie [maʃinə'ri:] *f* <-, -n> **1.** (TECH) maquinaria *f*, mecanismo *m* **2.** (THEAT) tramoya *f* **3.** (*geh abw*) maquinaria *f*
maschine|schreiben *irr vi s.* **Maschine 1.**
Maschinist(in) [maʃi'nɪst] *m(f)* <-en, -en; -, -nen> maquinista *mf*

Maser ['ma:zɐ] *f* <-, -n> (*in Holz*) veta *f*
masern ['ma:zɐn] *vt* vetear; **gemasertes Holz** madera veteada
Masern ['ma:zɐn] *pl* (MED) sarampión *m;* **die ~ haben** tener el sarampión
Maserung ['ma:zərʊŋ] *f* <-, -en> (*in Holz, Stein*) vetas *fpl*
Maske ['maskə] *f* <-, -n> **1.** (*für das Gesicht*) máscara *f,* careta *f;* **die ~ fallen lassen** dejar caer la máscara; **jdm die ~ herunterreißen** [*o* **vom Gesicht reißen**] desenmascarar a alguien **2.** (INFOR) pantalla *f;* **Maskenball** *m* <-(e)s, -bälle> baile *m* de máscaras; **Maskenbildner(in)** *m(f)* <-s, -; -, -nen> maquillador(a) *m(f)*
maskenhaft *adj* inmóvil, fijo
Maskenverleih *m* <-(e)s, -e> alquiler *m* de disfraces
Maskerade [maskə'ra:də] *f* <-, -n> mascarada *f*
maskieren* [mas'ki:rən] **I.** *vt* (*mit Maske*) enmascarar; (*reg: kostümieren*) disfrazar (*als* de); **maskierte Bankräuber** atracadores enmascarados; **seine Unsicherheit mit Heiterkeit ~** disimular su inseguridad con una apariencia de serenidad **II.** *vr:* **sich ~** (*mit Maske*) enmascararse; (*reg: sich kostümieren*) disfrazarse (*als* de)
Maskierte(r) *mf* <-n, -n; -n, -n> enmascarado, -a *m, f,* disfrazado, -a *m, f*
Maskierung[1] *f* <-, *ohne pl*> (*das Maskieren*): **wie lange hast du für die ~ als Dracula gebraucht?** ¿cuánto tiempo has necesitado para disfrazarte de Drácula?
Maskierung[2] *f* <-, -en> (*Verkleidung*) disfraz *m*
Maskottchen [mas'kɔtçən] *nt* <-s, -> mascota *f*
maskulin [masku'li:n] *adj* (*a.* LING) masculino
Maskulinum [masku'li:nʊm, '----, *pl:* masku'li:na, '----] *nt* <-s, Maskulina> (LING) (género *m*) masculino *m*
Masochismus *m* <-, *ohne pl*> masoquismo *m*
Masochist(in) [mazo'çɪst] *m(f)* <-en, -en; -, -nen> masoquista *mf*
masochistisch *adj* masoquista
maß [ma:s] *3. imp von* **messen**
Maß[1] [ma:s] *nt* <-es, -e> medida *f;* (*Aus~*) dimensión *f;* **~e und Gewichte** pesas y medidas; **bei jdm ~ nehmen** tomar las medidas a alguien; **nach ~ gemacht** hecho a medida; **sich** *dat* **etw nach ~ anfertigen lassen** hacerse algo a medida; **das ~ aller Dinge** la medida de todas las cosas; **das ~ ist voll** ya basta; **ein gerüttelt ~ an** [*o* **von**] **etw** una medida colmada de algo; **in dem ~e wie** en la medida que; **in besonderem ~(e)** especialmente; **in** [*o* **mit**] **~en** sin exceder la medida; **in geringem ~e** poco; **in gewissem ~(e)** en cierta medida; **in hohem** [*o* **großem**] **~e** a gran escala, en alto grado; **über alle ~en** sobremanera; **das übersteigt jedes ~** excede (todos) los límites; **sie kennt weder ~ noch Ziel** no tiene sentido de la medida [*o* moderación]; **bei** [*o* **in**] **etw ~ halten** ser comedido con algo, ser moderado con algo; **ein gewisses ~ an Vertrauen sollte man aufbringen** hay que mostrar cierto grado de confianza; **mit zweierlei ~ messen** medir por distintos raseros
Maß[2] [ma:s] *f* <-, -(e)> (*Österr, südd*) litro *m* (de cerveza); **zwei ~ Bier** dos litros de cerveza
Massage [ma'sa:ʒə] *f* <-, -n> masaje *m;* **Massageöl** *nt* <-(e)s, -e> aceite *m* de masaje; **Massagesalon** *m* <-s, -s> (*euphemistisch*) salón *m* de masajes; **Massagestab** [-ʃta:p] *m* <-(e)s, -stäbe> **1.** (*Massagegerät*) aparato *m* en forma de bastón para dar masajes **2.** (*euph: Dildo*) consolador *m*
Massaker [ma'sa:kɐ] *nt* <-s, -> masacre *f,* matanza *f*
massakrieren* [masa'kri:rən] *vt* masacrar, asesinar
Maßangabe *f* <-, -n> indicación *f* de la medida; **Maßanzug** *m* <-s, -züge> traje *m* a medida; **Maßarbeit** *f* <-, -en> trabajo *m* a medida; **das war ~!** (*fam*) ¡un trabajo perfecto!; **Maßband** *nt* <-(e)s, -bänder *o* -e> cinta *f* métrica
Masse ['masə] *f* <-, -n> **1.** (*a.* PHYS) masa *f;* **kritische ~** (PHYS) masa crítica; **die breite ~ der Bevölkerung** la gran masa de la población **2.** (*Menge*) cantidad *f;* (*große*) montón *m;* (*Menschen~*) muchedumbre *f;* **in ~n** a montones, en tropel; **mangels ~** (WIRTSCH: *Geld*) por falta de capital; (*fam*) por cortedad; **das ist ja nicht die ~!** (*fam*) no es nada del otro mundo
Maßeinheit *f* <-, -en> unidad *f* de medida; **Maßeinteilung** *f* <-, -en> graduación *f*
Massekabel *nt* <-s, -> (ELEK) cable *m* de toma de tierra
Masse-Leistung-Verhältnis *nt* <-ses, -se> (WIRTSCH) relación *f* masa-rendimiento
Massenabsatz *m* <-es, -sätze> venta *f* masiva; **Massenandrang** *m* <-(e)s, *ohne pl*> afluencia *f* masiva; **Massenarbeitslosigkeit** *f* <-, *ohne pl*> paro *m* masivo [*o* en masa]; **Massenartikel** *m* <-s, -> artículo *m* de gran consumo; **Massenausbruch** *m* <-(e)s, -brüche> fuga *f* colectiva (*aus* de); **Massenbedarf** *m* <-(e)s, *ohne pl*> demanda *f* masiva (*an* de); **Massenbeförderungsmittel** *nt* <-s, -> medio *m* de transporte colectivo; **Massenbewegung** *f* <-, -en> movimiento *m* de masas; **Massenelend** *nt* <-(e)s, *ohne pl*> pauperismo *m;* **Massenentlassung** *f* <-, -en> despido *m* en masa; **Massenerzeugung** *f* <-, -en>, **Massenfabrikation** *f* <-, -en>, **Massenfertigung** *f* <-, -en> producción *f* a gran escala [*o* en serie]; **Massenflucht** *f* <-, *ohne pl*> huida *f* en masa; **Massengrab** *nt* <-(e)s, -gräber> fosa *f* común; **Massen-**

güter *ntpl* productos *mpl* a granel

massenhaft *adj* (*fam*) en masa, en grandes cantidades; **es kamen ~ Briefe** llegaron cartas en masa

Massenhysterie *f* <-, *ohne pl*> histeria *f* colectiva; **Massenkarambolage** *f* <-, -n> colisión *f* múltiple [*o* colectiva]; **Massenkonsum** *m* <-s, *ohne pl*> consumo *m* a gran escala; **Massenkundgebung** *f* <-, -en> manifestación *f* multitudinaria; **Massenmedium** *nt* <-s, -medien> medio *m* de comunicación [*o* de masas]; **Massenmensch** *m* <-en, -en> hombre *m* masa; **Massenmord** *m* <-(e)s, -e> asesinato *m* en masa [*o* masivo]; **Massenmörder(in)** *m(f)* <-s, -; -, -nen> asesino, -a *m, f* múltiple; **Massenproduktion** *f* <-, -en> producción *f* en gran escala [*o* en serie]; **Massenpsychologie** *f* <-, *ohne pl*> psicología *f* de las masas; **Massenspektrographie** *f* <-, -n> (CHEM) espectografía *f* de masas; **Massensterben** *nt* <-s, *ohne pl*> mortandad *f*; **Massentierhaltung** *f* <-, *ohne pl*> cría *f* de animales en gran escala; **Massentourismus** *m* <-, *ohne pl*> turismo *m* de masas [*o* masivo]; **Massentransport** *m* <-(e)s, -e> transporte *m* de masas; **Massenveranstaltung** *f* <-, -en> acto *m* multitudinario; **Massenverbrauch** *m* <-(e)s, *ohne pl*> consumo *m* a gran escala; **Massenverkauf** *m* <-(e)s, -käufe> venta *f* en masa [*o* masiva]; **Massenvernichtungsmittel** *nt* <-s, -> medio *m* de exterminación en masa

massenweise *adv* a montones, en masa

Massenzahl *f* <-, -en> (CHEM) número *m* de masa

Masseur(in) [ma'søːɐ] *m(f)* <-s, -e; -, -nen> masajista *mf*

Masseuse [ma'søːzə] *f* <-, -n> **1.** (*Prostituierte*) prostituta *f* (en un salón de masajes) **2.** (*Masseurin*) masajista *f*

Maßgabe *f* <-, -n>: **mit der ~, dass ...** con la condición de que... +*subj*; **nach ~ ...** (*geh*) a medida de..., conforme a...

maßgebend, **maßgeblich** **I.** *adj* (*bestimmend*) determinante; (*ausschlaggebend*) decisivo; **deine Meinung ist für mich nicht ~** tu opinión no es decisiva para mí **II.** *adv* de manera decisiva

maßgerecht *adj* en la medida correcta

maßgeschneidert *adj* (*Kleidung*) cortado [*o* hecho] a medida; (*fig*) hecho a medida; **ein ~er Anzug** un traje a medida; **der Job ist wie für dich ~** el trabajo está hecho a tu medida

maß|halten *irr vi s.* **Maß¹**

massieren* [ma'siːrən] *vt* **1.** (*Körper*) dar un masaje (a) **2.** (*Truppen*) concentrar; **ein massiertes Polizeiaufgebot** un fuerte cordón policial

massig ['masɪç] **I.** *adj* (*wuchtig*) voluminoso, macizo **II.** *adv* (*fam: viel*) a montones, a porrillo

mäßig ['mɛːsɪç] *adj* **1.** (*gemäßigt*) moderado; (*Lebensweise*) sobrio; **~, aber regelmäßig** poco pero seguido **2.** (*mittel~*) mediocre

mäßigen ['mɛːsɪgən] **I.** *vt* moderar **II.** *vr*: **sich ~** **1.** (*sich beherrschen*) moderarse; **mäßige dich in deiner Wortwahl!** ¡ten cuidado con lo que dices!, ¡procura escoger tus palabras! **2.** (*Orkan*) calmarse

Massigkeit *f* <-, *ohne pl*> pesadez *f*, voluminosidad *f*

Mäßigkeit *f* <-, *ohne pl*> **1.** (*Maßhalten*) moderación *f*; **~ üben** moderarse **2.** (*Mittel~*) mediocridad *f*

Mäßigung *f* <-, *ohne pl*> moderación *f*

Massiv [ma'siːf] *nt* <-s, -e> macizo *m*

massiv [ma'siːf] *adj* **1.** (*Gegenstand*) macizo; (*stabil*) sólido, compacto **2.** (*Kritik, Drohung*) masivo; **er wurde schließlich ~** por último se puso violento

Maßkleidung *f* <-, -en> ropa *f* a medida; **Maßkonfektion** *f* <-, -en> confección *f* a medida

Maßkrug *m* <-(e)s, -krüge> jarra *f* de un litro

maßlos **I.** *adj* desmesurado; **sie ist ~ in ihrer Gier** su codicia no tiene límites **II.** *adv* enormemente, tremendamente; **sich ~ ärgern** enfadarse enormemente

Maßlosigkeit *f* <-, *ohne pl*> **1.** (*Übermaß*) inmensidad *f*, exorbitancia *f* **2.** (*ohne Maß*) desmesura *f* (*in* de)

Maßnahme *f* <-, -n> medida *f*; **vorbeugende ~** medida preventiva; **~n beschließen** acordar medidas; **~n ergreifen** [*o* **treffen**] tomar medidas; **~n zum Schutz der Umwelt** medidas para la protección del medio ambiente; **~n gegen Missbrauch** medidas (preventivas) contra el abuso; **Maßnahmenpaket** *nt* <-(e)s, -e> paquete *m* de medidas

Maßregel *f* <-, -n> regla *f*, norma *f*

maßregeln ['---] *vt* (*rügen*) reprender, llamar al orden; (*strafen*) castigar

Maßschneider(in) *m(f)* <-s, -; -, -nen> sastre, -a *m, f*; **maß|schneidern** *vt* hacer a medida

Maßstab *m* <-(e)s, -stäbe> **1.** (*Norm*) norma *f*; **neue Maßstäbe setzen** sentar nuevas bases; **das ist für mich kein ~** esto no lo tomo como patrón; **jdm als ~ dienen** servir de modelo a alguien; **einen bestimmten ~ an etw anlegen** aplicar ciertas normas a algo **2.** (*bei Karten*) escala *f*; **eine Karte im ~ 1 : 20.000** un mapa de escala 1 : 20.000; **maßstab(s)gerecht** *adj o adv*, **maßstab(s)getreu** *adj o adv* a escala

maßvoll *adj* moderado, comedido; **~ in seinen Ansprüchen/Wünschen sein** ser comedido con sus demandas/deseos

Mast¹ [mast] *m* <-(e)s, -e(n)> **1.** (NAUT) palo *m*, mástil *m* **2.** (*Telefon~, Leitungs~*) poste *m*; (*Fahnen~*) asta *f*

Mast² [mast] *f* <-, -en> (*von Tieren*) cebadu-

M

ra *f*

Mastbaum *m* <-(e)s, -bäume> (NAUT) palo *m,* mástil *m*

Mastdarm *m* <-(e)s, -därme> recto *m*

mästen ['mɛstən] *vt* cebar

Mästerei [mɛstə'raɪ] *f* <-, -en> (*Betrieb*) granja *f* de engorde; (*für Schweine*) engordadero *m*

Master of Business Administration *m* <-s – - -, – – – -> (WIRTSCH) máster *m* en Administración Empresarial

Mastfähigkeit *f* <-, *ohne pl*> capacidad *f* de engorde; **Mastfutter** *nt* <-s, *ohne pl*> (AGR) cebo *m,* pienso *m* de engorde; **Mastgans** *f* <-, -gänse> ganso *m* cebado [*o* de engorde]; **Mastkorb** *m* <-(e)s, -körbe> (*Schiff*) cofa *f;* **Mastschwein** *nt* <-(e)s, -e> cerdo *m* cebado [*o* de engorde]; **Masttier** *nt* <-(e)s, -e> animal *m* de cebo

Masturbation *f* <-, -en> masturbación *f,* pascuala *f Mex*

masturbieren* [mastʊr'bi:rən] *vi* masturbarse

Mastvieh *nt* <-(e)s, *ohne pl*> ganado *m* de engorde

Matador(in) [mata'do:ɐ] *m(f)* <-s, -e; -, -nen> **1.** (*im Stierkampf*) matador(a) *m(f)* **2.** (*Hauptperson*) número *mf* uno, figura *f*

Match [mɛtʃ] *nt* <-(e)s, -s *o* -e> (SPORT) partido *m,* match *m;* **Matchball** *m* <-(e)s, -bälle> (SPORT) matchball *m*

Matchbeutel *m* <-s, ->, **Matchsack** *m* <-(e)s, -säcke> *bolsa de lona o cuero*

Mate *m* <-, *ohne pl*> mate *m,* verde *m CSur,* yerba *f RíoPl;* ~ **trinken** matear, verdear *CSur,* yerbear *RíoPl*

Material [materi'a:l] *nt* <-s, -ien> material *m;* **angefordertes/bereitgestelltes** ~ material solicitado/puesto a disposición; ~ **beschaffen** facilitar material; **Materialermüdung** *f* <-, *ohne pl*> (TECH) fatiga *f* del material; **Materialfehler** *m* <-s, -> defecto *m* del material

Materialisation [materializa'tsio:n] *f* <-, -en> materialización *f*

materialisieren* [materiali'zi:rən] **I.** *vt* materializar **II.** *vr:* **sich** ~ materializarse

Materialismus [materia'lɪsmʊs] *m* <-, *ohne pl*> materialismo *m*

Materialist(in) [materia'lɪst] *m(f)* <-en, -en; -, -nen> materialista *mf*

materialistisch *adj* materialista

Materialkosten *pl* gastos *mpl* de material; **Materialsammlung** *f* <-, -en> recopilación *f* de material; **Materialschlacht** *f* <-, -en> (MIL) batalla *f* con gran despliegue de material bélico; **Materialverbrauch** *m* <-(e)s, *ohne pl*> consumo *m* de material

Materie¹ [ma'te:riə] *f* <-, -n> (*Thema*) materia *f,* tema *m;* **die** ~ **beherrschen** dominar el tema

Materie² *f* <-, *ohne pl*> (*a.* PHYS, CHEM, PHILOS) materia *f*

materiell [materi'ɛl] *adj* **1.** (*stofflich*) material **2.** (*finanziell*) financiero, económico; **in ~er Hinsicht** en lo que se refiere a lo financiero

Mathe ['matə] *f* <-, *ohne pl*> (*fam*), **Mathematik** [matema'ti:k] *f* <-, *ohne pl*> matemáticas *fpl*

Mathematiker(in) [mate'ma:tikɐ] *m(f)* <-s, -; -, -nen> matemático, -a *m, f*

mathematisch [mate'ma:tɪʃ] *adj* matemático

Matinee [mati'ne:] *f* <-, -n> matinée *f;* (*Kino*) sesión *f* matinal

Matjes ['matjəs] *m* <-, -> arenque *m* fresco; **Matjesfilet** *nt* <-s, -s> filete *m* de arenque fresco; **Matjeshering** *m* <-s, -e> arenque *m* fresco

Matratze [ma'tratsə] *f* <-, -n> colchón *m*

Mätresse [mɛ'trɛsə] *f* <-, -n> querida *f,* manceba *f*

matriarchalisch [matriar'ça:lɪʃ] *adj* matriarcal

Matriarchat [matriar'ça:t] *nt* <-(e)s, -e> matriarcado *m*

Matrikel [ma'tri:kəl] *f* <-, -n> **1.** (*Verzeichnis*) matrícula *f,* registro *m* **2.** (*Österr: Standesamt*) ≈registro *m* civil; **Matrikelnummer** *f* <-, -n> número *m* de matrícula

Matrix ['ma:trɪks, *pl:* ma'tri:tsən] *f* <-, Matrizen *o* Matrizes> (MATH, BIOL, LING) matriz *f;* **Matrixdrucker** *m* <-s, -> (INFOR) impresora *f* de matrices [*o* de puntos]

Matrize [ma'tri:tsə] *f* <-, -n> **1.** (TYPO) matriz *f* **2.** (*für Vervielfältigung*) cliché *m* **3.** (TECH) troquel *m*

Matrizen *pl von* **Matrix, Matrize**

Matrizes *pl von* **Matrix**

Matrone [ma'tro:nə] *f* <-, -n> matrona *f*

matronenhaft *adj* (*abw*) como una matrona

Matrose [ma'tro:zə] *m* <-n, -n> marinero *m*

Matsch [matʃ] *m* <-(e)s, *ohne pl*> (*fam*) **1.** (*Schlamm*) lodo *m,* barro *m* **2.** (*zerdrücktes Obst*) puré *m*

matschig *adj* (*fam*) **1.** (*Obst*) pasado, tocado; (*Schnee*) medio derretido **2.** (*schlammig*) cenagoso, fangoso

Matschwetter *nt* <-s, *ohne pl*> (*fam*) *tiempo de lluvias y nevadas en el que las calles están sucias y encharcadas por la nieve pisada o derretida*

matt [mat] *adj* **1.** (*erschöpft*) cansado, flojo; (*schwach*) débil; **sich** ~ **fühlen** sentirse débil **2.** (*Stimme*) débil; (*Lichtschein, Glasscheibe*) opaco **3.** (*glanzlos*) mate; (*Farbe, Blick*) apagado **4.** (*Schach*): **jdn** ~ **setzen** dar jaque mate a alguien; **wir sind völlig** ~ **gesetzt** (*fig*) estamos totalmente fuera de combate

Matt [mat] *nt* <-s, -s> jaque *m* mate

Matte ['matə] *f* <-, -n> **1.** (*Stroh~*) estera *f,* esterilla *f;* (**bei jdm**) **auf der** ~ **stehen** (*fam: einsatzbereit sein*) estar a plena disposición (de alguien) **2.** (SPORT) colchoneta *f,* tapiz *m;* **jdn auf die** ~ **legen** (*fam*) tumbar a alguien

3. (*Österr, Schweiz: Bergwiese*) pradera *f*

Matterhorn ['matɐhɔrn] *nt* <-(e)s, *ohne pl*> Monte *m* Cervino, Matterhorn *m*

Mattglanz *m* <-es, *ohne pl*> **1.** (*Papier*) brillo *m* mate **2.** (*Textilien*) brillo *m* semiopaco; **Mattglas** *nt* <-es, *ohne pl*> vidrio *m* opaco

Matthäi *gen von* Matthäus: **bei jdm ist ~ am Letzten** (*fam*) estar en las últimas

Matthäus [ma'tɛːʊs] (San) Mateo; **Matthäusevangelium** *nt* <-s, *ohne pl*> (REL) Evangelio *m* según San Mateo

Mattheit *f* <-, *ohne pl*> (*geh*) **1.** (*Glanzlosigkeit*) matidez *f* **2.** *s.* **Mattigkeit**

mattieren* [ma'tiːrən] *vt* hacer mate; (*Glas*) esmerilar

Mattigkeit *f* <-, *ohne pl*> cansancio *m*, debilidad *f*

Mattlack *m* <-(e)s, -e> barniz *m* mate; **Mattscheibe** *f* <-, -n> (*fam*) pantalla *f*; **vor der ~ sitzen** estar sentado delante de la pantalla; **~ haben** estar atontado

Matura [ma'tuːra] *f* <-, *ohne pl*> (*Österr, Schweiz*) ≈bachillerato

Maturand(in) [matu'rant] *m(f)* <-en, -en; -, -nen> (*Schweiz*), **Maturant(in)** [matu'rant] *m(f)* <-en, -en> (*Österr*) ≈estudiante *mf* de bachillerato

maturieren* [matu'riːrən] *vi* (*Österr*) ≈hacer el bachillerato

Maturität [maturi'tɛːt] *f* <-, *ohne pl*> (*Schweiz*) ≈bachillerato *m*

Mätzchen ['mɛtsçən] *pl* (*fam: Getue*) tonterías *fpl*; (*Tricks*) trucos *mpl*; **mach doch keine ~!** ¡no hagas tonterías!

Matze ['matsə] *f* <-, -n>, **Matzen** *m* <-s, -> pan *m* ázimo [*o* ácimo]

mau [maʊ] *adj* (*fam*) **1.** (*unwohl*) flojo, flaco; **mir ist (ganz) ~** tengo flojera **2.** (*Geschäft*) flojo

Mauer ['maʊɐ] *f* <-, -n> **1.** (*aus Steinen*) muro *m*; (*aus Lehm*) tapia *f*; (*zur Verteidigung*) muralla *f*; **die Chinesische ~** la Gran Muralla; **eine ~ des Schweigens** un muro de silencio; **gegen eine ~ reden** hablar con una pared **2.** (SPORT) barrera *f*; **Mauerblümchen** [-blyːmçən] *nt* <-s, -> (*fam*) patito *m* feo

mauern ['maʊɐn] **I.** *vt* construir **II.** *vi* **1.** (*bauen*) construir **2.** (SPORT) jugar a la defensiva **3.** (*zurückhaltend/verschlossen sein*) cerrarse por banda, adoptar una postura defensiva

Maueröffnung *f* <-, *ohne pl*> caída *f* del Muro de Berlín; **Mauerschütze** *m* <-n, -n> (DDR) soldado *m* que vigilaba el muro de Berlín; **Mauersegler** *m* <-s, -> vencejo *m*; **Mauerstein** *m* <-(e)s, -e> piedra *f*; (*Backstein*) ladrillo *m*; **Mauervorsprung** *m* <-(e)s, -sprünge> saliente *m* de muro; **Mauerwerk** *nt* <-(e)s, -e> mampostería *f*

Maul [maʊl, *pl:* 'mɔɪlɐ] *nt* <-(e)s, Mäuler> **1.** (*bei Tieren*) boca *f*; (*Hund*) hocico *m*; (*Wiederkäuer*) morro *m* **2.** (*fam abw: Mund*) morro *m*; **jdm übers ~ fahren** cortarle a alguien la palabra; **das ~ zu weit aufreißen, ein großes ~ haben** ser un bocazas; **jdm das ~ stopfen** taparle [*o* cerrarle] el pico a alguien; **sich** *dat* **das ~ verbrennen** meter la pata al hablar; **darüber werden sich die Leute das ~ zerreißen** esto va a dar mucho que hablar; **dem Volk aufs ~ schauen** escuchar cómo habla la gente de la calle; **halt's ~ !** ¡cierra el pico!; **~ halten!** ¡a callarse!; **Maulaffe** *m* <-n, -n> (*fam abw*) mirón *m*; **~n feilhalten** mirar boquiabierto

Maulbeerbaum *m* <-(e)s, -bäume> moral *m*

Maulbeere *f* <-, -n> mora *f*

maulen ['maʊlən] *vi* (*fam abw*) estar de morros, estar de mal humor

Mäuler *pl von* **Maul**

Maulesel *m* <-s, -> mulo *m*; **maulfaul** *adj* (*fam*) callado; **~ sein** no abrir el pico; **Maulheld** *m* <-en, -en> (*fam abw*) fanfarrón *m*; **Maulkorb** *m* <-(e)s, -körbe> bozal *m*; **jdm einen ~ anlegen** [*o* **verpassen**] (*fam*) amordazar a alguien; **Maulsperre** *f* <-, -n> (MED) trismo *m*; **die ~ kriegen** (*fam fig*) llevarse una gran sorpresa, quedarse sin habla; **Maultaschen** *fpl* (GASTR) **1.** (*Teigtaschen*) *pasta rellenada de carne picada y/o legumbres* **2.** (*Gericht*) *plato suabio con esta pasta (rellenada)*; **Maultier** *nt* <-(e)s, -e> mulo *m*; **Maul- und Klauenseuche** *f* <-, *ohne pl*> (MED) fiebre *f* aftosa, glosopeda *f*

Maulwurf *m* <-(e)s, -würfe> topo *m*; **blind wie ein ~ sein** no ver tres en un burro; **Maulwurfshaufen** *m* <-s, ->, **Maulwurfshügel** *m* <-s, -> topera *f*

maunzen ['maʊntsən] *vi* (*reg: winseln*) gemir

Maure, -in ['maʊrə] *m, f* <-n, -n; -, -nen> (*a.* HIST) moro, -a *m, f*

Maurer(in) ['maʊrɐ] *m(f)* <-s, -; -, -nen> albañil *mf*; **Maurerarbeit** *f* <-, -en> obra *f* de albañilería; **Maurerhandwerk** *nt* <-(e)s, *ohne pl*> albañilería *f*

Maurerin *f* <-, -nen> *s.* **Maurer**

Maurerkelle *f* <-, -n> paleta *f* (de albañil), palustre *m*; **Maurerkolonne** *f* <-, -n> brigada *f* de albañiles; **Maurermeister(in)** *m(f)* <-s, -; -, -nen> maestro, -a *m, f* albañil [*o* de obra]; **Maurerpolier(in)** *m(f)* <-s, -e; -, -nen> capataz *mf* de obras

Mauretanien [maʊre'taːniən] *nt* <-s> Mauritania *f*

Mauretanier(in) *m(f)* <-s, -; -, -nen> mauritano, -a *m, f*

mauretanisch *adj* mauritano

Maurin *f* <-, -nen> *s.* **Maure**

maurisch ['maʊrɪʃ] *adj* moro, árabe

Maus [maʊs, *pl:* 'mɔɪzə] *f* <-, Mäuse> **1.** (ZOOL, INFOR) ratón *m*; **weiße Mäuse sehen** (*fam fig*) ver elefantes volando; **eine graue ~ sein** (*fam abw*) ser una mosquita muerta; **da beißt die ~ keinen Faden ab**

(*fam*) no hay nada que hacer(le) **2.** *pl* (*fam: Geld*) perras *fpl,* pelas *fpl*
Mauschelei [maʊʃə'laɪ] *f* <-, -en> (*abw*) trueque *m,* chanchullo *m*
mauscheln ['maʊʃəln] *vi* (*fam abw*) trucar, hacer chanchullos
Mäuschen ['mɔɪsçən] *nt* <-s, -> (*fam*): **da möchte ich mal ~ sein** [*o* **spielen**] me pica la curiosidad; **mäuschenstill** *adj* (*fam*) *s.* **mucksmäuschenstill**
Mäusebussard *m* <-s, -e> ratonero *m* común
Mausefalle *f* <-, -n> ratonera *f,* trampa *f* para ratones; **Mauseloch** *nt* <-(e)s, -löcher> ratonera *f*
mausen ['maʊzən] **I.** *vi* (*reg: Mäuse fangen*) cazar ratones; **die Katze lässt das M~ nicht** (*prov*) el hijo de la gata, ratones mata **II.** *vt* (*fam hum: stibitzen*) mangar, birlar
Mauser ['maʊzɐ] *f* <-, *ohne pl*> (BIOL) muda *f;* **in der ~ sein** estar de muda
Mäuserich ['mɔɪzərɪç] *m* <-s, -e> (*fam*) ratón *m* (macho)
mausern ['maʊzɐn] *vr:* **sich ~ 1.** (*Vogel*) mudar el plumaje **2.** (*fam: sich entwickeln*) transformarse (*zu* en), convertirse (*zu* en)
mausetot *adj* (*fam*) muerto y requetemuerto
mausgrau *adj* gris marengo
mausig ['maʊzɪç] *adj:* **sich ~ machen** (*fam*) ponerse chulo
Mausklick ['maʊsklɪk] *m* <-s, -s> (INFOR) click *m* del ratón
Mausoleum [maʊzo'le:ʊm] *nt* <-s, Mausoleen> mausoleo *m*
Maussteuerung[1] *f* <-, *ohne pl*> (INFOR: *das Steuern*) control *m* con el ratón
Maussteuerung[2] *f* <-, -en> (INFOR: *Maus*) ratón *m*
Maut [maʊt] *f* <-, -en> peaje *m;* **Mautgebühr** *f* <-, -en> (*Österr*) derechos *mpl* de peaje; **Mautstelle** *f* <-, -n> (*Österr*) puesto *m* de peaje; **Mautstraße** *f* <-, -n> (*Österr*) carretera *f* de peaje
maxi ['maksi] *adj inv* maxi-; **~ tragen** (*Rock*) llevar una maxifalda; (*Kleid*) llevar un maxivestido
Maxima *pl von* **Maximum**
maximal [maksi'ma:l] **I.** *adj* máximo **II.** *adv* como máximo, a lo sumo; **Maximalwert** *m* <-(e)s, -e> valor *m* máximo
Maxime [ma'ksi:mə] *f* <-, -n> máxima *f*
maximieren* [maksi'mi:rən] *vt* (*a.* MATH) elevar al máximo
Maximierung *f* <-, -en> acción *f* de maximizar
Maximum ['maksimʊm] *nt* <-s, Maxima> máximo *m* (*an* de); **ein ~ an Sicherheit** un máximo de seguridad
Maxirock ['maksi-] *m* <-(e)s, -röcke> maxifalda *f;* **Maxisingle** *f* <-, -s> (MUS) disco *m* maxi
Mayonnaise [majɔ'nɛ:zə] *f* <-, -n> mayonesa *f*
Mazedonien [matse'do:niən] *nt* <-s> Macedonia *f*
Mäzen(in) [mɛ'tse:n] *m(f)* <-s, -e; -, -nen>, **Mäzenatin** *f* <-, -nen> mecenas *mf inv*
mb (METEO) *Abk. von* **Millibar** milibar *m*
MB [ɛm'be:] (INFOR) *Abk. von* **Megabyte** MB
MBA (WIRTSCH, JUR) *Abk. von* **Master of Business Administration** máster *m* en Administración Empresarial
mbH (WIRTSCH) *Abk. von* **mit beschränkter Haftung** de responsabilidad limitada
MBit/s (INFOR) *Abk. von* **Megabit per second** MBit/seg, Mbps, mbps
Mbyte *nt* <-s, -s>, **MByte** *nt* <-s, -s> (INFOR) *Abk. von* **Megabyte** mbyte *m*
Md (CHEM) *Abk. von* **Mendelevium** Md
MdB [ɛmde:'be:] (POL) *Abk. von* **Mitglied des Bundestages** Diputado, -a *m, f* al Parlamento Federal
MdL [ɛmde:'ʔɛl] (POL) *Abk. von* **Mitglied des Landtages** Diputado, -a *m, f* al Parlamento del Land
m. E. *Abk. von* **meines Erachtens** en mi opinión, a mi modo de ver
Mechanik [me'ça:nɪk] *f* <-, *ohne pl*> mecánica *f*
Mechaniker(in) [me'ça:nikɐ] *m(f)* <-s, -; -, -nen> mecánico, -a *m, f*
mechanisch [me'ça:nɪʃ] *adj* mecánico; **mit einer ~en Geste** con gesto mecánico
mechanisieren* [meçani'zi:rən] *vt* mecanizar
Mechanisierung *f* <-, -en> mecanización *f;* **Mechanisierungsprozess[RR]** *m* <-es, -e> proceso *m* de mecanización
Mechanismus [meça'nɪsmʊs] *m* <-, Mechanismen> mecanismo *m*
meck [mɛk] *interj* ¡be!
Meckerei [mɛkə'raɪ] *f* <-, *ohne pl*> (*fam abw*) critiqueo *m,* quejas *fpl*
Meckerer ['mɛkərɐ] *m* <-s, -> (*fam abw*) gruñón, -ona *m, f,* quejicóna, -ona *m, f*
Meckerfritze *m* <-n, -n> (*fam abw*) gruñón *m,* criticón *m*
Meckerliese *f* <-, -n> (*fam abw*) gruñona *f,* quejicona *f,* criticona *f*
meckern ['mɛkɐn] *vi* **1.** (*Ziege*) balar **2.** (*fam abw: nörgeln*) criticar; **über etw ~** sacar(le) punta a algo
Mecklenburg ['mɛklənbʊrk] *nt* <-s> Mecklemburgo *m*
mecklenburgisch ['mɛklənbʊrgɪʃ] *adj* de Mecklemburgo
Mecklenburg-Vorpommern ['---'fo:ɐpɔmɐn] *nt* <-s> Mecklemburgo-Pomerania *m* occidental
Medaille [me'daljə] *f* <-, -n> medalla *f;* **die Kehrseite der ~** la otra cara de la moneda; **Medaillengewinner(in)** *m(f)* <-s, -; -, -nen> ganador(a) *m(f)* de (una) medalla
Medaillon [medal'jõ:] *nt* <-s, -s> **1.** (*Schmuckstück*) medallón *m,* guardapelo *m,* relicario *m Am* **2.** (GASTR) medallón *m*

Mediaplan *m* <-(e)s, -pläne> planificación *f* de medios publicitarios; **Mediaplanung** *f* <-, -en> estrategia *f* de medios publicitarios

Medien ['meːdiən] *pl von* **Medium**: **die ~** los medios de comunicación; **akustische/optische ~** medios (de comunicación) auditivos/visuales; **Medienberichterstattung** *f* <-, -en> información *f* a través de los medios de comunicación; **Mediendienst** *m* <-(e)s, -e> servicio *m* de los medios de comunicación; **Medienereignis** *nt* <-ses, -se> gran acontecimiento *m* en [*o* para] los medios de comunicación; **Medienforschung** *f* <-, *ohne pl*> investigación *f* de los medios de comunicación; **Medienkonzentration** *f* <-, *ohne pl*> concentración *f* de medios; **Medienkonzern** *m* <-(e)s, -e> grupo *m* (de empresas) de los medios de comunicación; **Medienlandschaft** *f* <-, *ohne pl*> medios *mpl* de comunicación; **Medienpolitik** *f* <-, *ohne pl*> política *f* en función de los medios de comunicación; **Medienrummel** *m* <-s, *ohne pl*> (*fam*) jaleo *m* provocado por los medios de comunicación; **Medienverbund** *m* <-(e)s, -e> **1.** (SCH) multimedia *mpl* **2.** (WIRTSCH) asociación *f* de los medios de comunicación; **medienwirksam** *adj* (*Person*) con gran poder de comunicación

Medikament [medika'mɛnt] *nt* <-(e)s, -e> medicamento *m*, remedio *m*, pichicata *f Arg;* **Medikamentenabhängigkeit** *f* <-, *ohne pl*> *s.* Medikamentensucht; **Medikamentenentsorgung** *f* <-, -en> eliminación *f* de medicamentos; **Medikamentenmissbrauch**[RR] *m* <-(e)s, *ohne pl*> (MED) abuso *m* de medicamentos; **Medikamentensucht** *f* <-, *ohne pl*> dependencia *f* de los medicamentos

medikamentös [medikamɛn'tøːs] *adj* (MED) con medicamentos

Medikus ['meːdikʊs, *pl:* 'meːdizi] *m* <-, -se *o* Medizi> (*hum*) galeno *m*

Meditation [medita'tsjoːn] *f* <-, -en> meditación *f*

mediterran [meditɛ'raːn] *adj* mediterráneo

meditieren* [medi'tiːrən] *vi* meditar (*über* sobre)

Medium ['meːdiʊm] *nt* <-s, Medien> (*a.* PHYS, CHEM) medio *m;* (*Parapsychologie*) médium *m o f*

Medizi *pl von* **Medikus**

Medizin[1] [medi'tsiːn] *f* <-, *ohne pl*> (*Wissenschaft*) medicina *f;* **alternative ~** medicina alternativa; **innere ~** medicina interna

Medizin[2] *f* <-, -en> (*Medikament*) medicamento *m*, remedio *m*

Medizinalassistent(in) [meditsi'naːl-] *m(f)* <-en, -en; -, -nen> asistente *mf* médico, -a

Medizinball *m* <-(e)s, -bälle> balón *m* medicinal

Mediziner(in) [medi'tsiːnɐ] *m(f)* <-s, -; -, -nen> médico, -a *m, f;* (*Student*) estudiante *mf* de medicina

medizinisch *adj* (*ärztlich*) médico; (*arzneilich*) medicinal; **jdn/etw ~ behandeln** impartir tratamiento medicinal a alguien/a algo; **~ ausbilden** impartir instrucción médica

medizinisch-technisch *adj:* **medizinisch-technischer Assistent** asistente *m* técnico-sanitario

Medizinmann *m* <-(e)s, -männer> curandero *m*, brujo *m Am*, nagual *m ZAm, Mex;*

Medizinstudent(in) *m(f)* <-en, -en; -, -nen> estudiante *mf* de medicina; **Medizintechnik** *f* <-, *ohne pl*> (MED) técnica *f* médica [*o* medicinal]

Meer [meːɐ] *nt* <-(e)s, -e> mar *m;* **das Rote/Schwarze ~** el Mar Rojo/Negro; **am ~** en el mar; **ans ~ fahren** ir al mar; **aufs offene ~** a alta mar; **im ~ baden** bañarse en el mar; **ein ~ von Licht und Farbe** (*geh*) un derroche de luces y colores; **Meerbusen** *m* <-s, -> ensenada *f*, bahía *f;* **Meerenge** *f* <-, -n> estrecho *m*

Meeresalge *f* <-, -n> alga *f* marina; **Meeresarm** *m* <-(e)s, -e> brazo *m* de mar; **Meeresbiologie** *f* <-, *ohne pl*> biología *f* marina; **Meeresboden** *m* <-s, -böden> fondo *m* del mar; **Meeresfauna** *f* <-, -faunen> fauna *f* marina; **Meeresflora** *f* <-, -floren> flora *f* marina; **Meeresforschung** *f* <-, *ohne pl*> oceanografía *f;* **Meeresfrüchte** *fpl* (GASTR) mariscos *mpl;* **Meeresgrund** *m* <-(e)s, *ohne pl*> fondo *m* marino [*o* de mar]; **Meereshöhe** *f* <-, -n> nivel *m* del mar; **Meeresklima** *nt* <-s, *ohne pl*> clima *m* marítimo; **Meereskunde** *f* <-, *ohne pl*> oceanografía *f*

meereskundlich *adj* oceanográfico

Meeresküste *f* <-, -n> (GEO) costa *f* marítima; **Meeresleuchten** *nt* <-s, *ohne pl*> fosforescencia *f* del mar; **Meerespflanze** *f* <-, -n> planta *f* marina; **Meeresspiegel** *m* <-s, *ohne pl*> nivel *m* del mar; **über/unter dem ~** sobre/bajo el nivel del mar; **Meeresströmung** *f* <-, -en> corriente *f* marítima; **Meerestiefe** *f* <-, -n> profundidad *f* marina; **Meerestier** *nt* <-(e)s, -e> animal *m* marino; **Meeresungeheuer** *nt* <-s, -> monstruo *m* marino; **Meeresverschmutzung** *f* <-, -en> polución *f* de los mares, contaminación *f* marítima

Meergott *m* <-(e)s, -götter> (MYTH) dios *m* de los mares; **Meerjungfrau** *f* <-, -en> sirena *f;* **Meerkatze** *f* <-, -n> macaco *m*, cercopiteco *m;* **Meerrettich** *m* <-s, -e> rábano *m;* **Meersalz** *nt* <-es, *ohne pl*> sal *f* marina

Meerschaum *m* <-(e)s, *ohne pl*> espuma *f* de mar; **Meerschaumpfeife** *f* <-, -n> pipa *f* de sepiolita [*o* de espuma de mar]

Meerschweinchen *nt* <-s, -> conejillo *m* de Indias, cobaya *f*, cuy(e) *m And*

Meerwasser *nt* <-s, *ohne pl*> agua *f* marina [*o* de mar]

M

Meerwasserentsalzung *f* <-, -en> desalinización *f* (del agua de mar), desalación *f* (del agua de mar); **Meerwasserentsalzungsanlage** *f* <-, -n> planta *f* desalinizadora
Meeting ['mi:tɪŋ] *nt* <-s, -s> (POL) mitin *m*
Megabit [mega'bɪt, 'me:gabɪt] *nt* <-(s), -(s)> (INFOR) megabyte *m*
Megabyte ['me:gabaɪt] *nt* <-(s), -(s)> (INFOR) megabyte *m*
MegafonRR *nt* <-s, -e> *s.* **Megaphon**
Megahertz ['me:gahɛrts] *nt* <-, -> (PHYS) megahertzio *m*
Megalith [mega'li:t] *m* <-s *o* -en, -e(n)> megalito *m*
megaloman [megalo'ma:n] *adj* (PSYCH) megalómano
Megalomanie [megaloma'ni:, *pl:* megaloma'ni:ən] *f* <-, -n> (PSYCH) megalomanía *f*
Megalopolis *f* <-, Megalopolen> megalópolo *m*
Megaphon [mega'fo:n] *nt* <-s, -e> megáfono *m*
Megatonne ['me:ga-] *f* <-, -n> megatonelada *f;* **Megawatt** *nt* <-s, -> (PHYS) megavatio *m*
Mehl [me:l] *nt* <-(e)s, -e> harina *f*
mehlig *adj* harinoso, farináceo
Mehlsack *m* <-(e)s, -säcke> saco *m* de harina; **wie ein ~ schlafen** (*fam*) dormir como un tronco; **Mehlschwitze** *f* <-, -n> (GASTR) *harina que se fríe para preparar salsas y sopas;* **Mehlspeise** *f* <-, -n> **1.** (*mit Mehl bereitetes Gericht*) *plato preparado con harina, leche, huevos, mantequilla, etc.* **2.** (*Österr: fam: Süßspeise*) dulce *m;* **Mehltau** *m* <-(e)s, *ohne pl*> mildíu *m;* **Mehlwurm** *m* <-(e)s, -würmer> gusano *m* de la harina
mehr [me:ɐ] **I.** *adv o pron indef kompar von* **viel** más (*als* que); (*vor Zahlen*) más (*als* de); (*vor Verben*) más (*als* de lo que); **sie hat ~ gegessen als er** ha comido más que él; **~ als nötig** más de lo necesario; **~ als sie erhofft hatte** más de lo que había esperado; **wir brauchen ~ Geld** necesitamos más dinero; **immer ~** cada vez más; **etwas ~** un poco más; **~ als genug** más que suficiente; **noch ~** todavía más; **~ und ~** más y más; **nicht ~ und nicht weniger als ...** ni más ni menos que...; **~ oder weniger** más o menos; **um so ~** tanto más; **viel ~** mucho más; **sie ist ~ Künstlerin als Wissenschaftlerin** es más bien artista que científica **II.** *adv* (+ *Negation, ein Ende ausdrückend*): **nicht ~** ya no; **es gibt kein Brot ~** ya no queda pan; **es schneit nicht ~** ha dejado de nevar; **ich habe kein Geld ~** ya no tengo más dinero, ya no me queda (más) dinero; **reden wir nicht ~ darüber** no hablemos más de ello; **nichts ~** nada más; **kein Wort ~!** ¡ni una palabra más!; **es war niemand ~ da** ya no había nadie más, ya no quedaba nadie (más); **es ist nicht ~ lange** ya no queda [*o* falta] mucho tiempo
Mehr [me:ɐ] *nt* <-(s), *ohne pl*> **1.** (*Überschuss*) excedente *m* (*an* de); **ein ~ an Zeit/Kosten aufwenden** invertir más tiempo/costes **2.** (*Schweiz: Stimmenmehrheit*) mayoría *f* (de votos) **3.** (*Schweiz: Mehrheitsbeschluss*) acuerdo *m* adoptado por la mayoría; **Mehrarbeit** *f* <-, *ohne pl*> **1.** (*zusätzliche Arbeit*) trabajo *m* adicional **2.** (*Überstunden*) horas *fpl* extra; **Mehraufwand** *m* <-(e)s, *ohne pl*> (*an Geld*) gastos *mpl* adicionales; **Mehrausgabe** *f* <-, -n> gastos *mpl* suplementarios
mehrbändig [-bɛndɪç] *adj* en varios tomos
Mehrbedarf *m* <-(e)s, *ohne pl*> (*an Gütern*) aumento *m* de consumo; **ein ~ an Zeit/Geld** más tiempo/dinero de lo previsto; **Mehrbelastung** *f* <-, -en> **1.** (*a. fig: Last*) sobrecarga *f* **2.** *s.* **Mehraufwand**
Mehrbenutzersystem *nt* <-s, -e> (INFOR) sistema *m* mulitusuario
Mehrbereichsöl *nt* <-(e)s, -e> (AUTO) aceite *m* multigrado
Mehrbetrag *m* <-(e)s, -träge> excedente *m*
mehrdeutig ['me:ɐdɔɪtɪç] *adj* (*interpretierbar*) ambiguo; (*missverständlich*) equívoco
Mehrdeutigkeit *f* <-, *ohne pl*> ambigüedad *f*
mehrdimensional *adj* multidimensional; **Mehreinnahme** *f* <-, -n> superávit *m inv*
mehren ['me:rən] *vt, vr:* **sich ~** (*geh*) aumentar; **es ~ sich die Stimmen derer, die ...** aumentan las voces de aquellos que...
mehrere ['me:rərə] *pron indef* varios; (*verschiedene*) diferentes; **ein Wort mit ~n Bedeutungen** una palabra con varias acepciones; **zu ~n** entre varios; **sie waren zu ~n da** eran varios; **~ tausend Demonstranten** varios [*o* unos cuantos] miles de manifestantes
mehreres *pron indef* varias cosas
mehrerlei ['me:rɐ'laɪ] *pron indef* varios, diversos
Mehrerlös *m* <-es, -e>, **Mehrertrag** *m* <-(e)s, -träge> ingresos *mpl* suplementarios, beneficios *mpl* adicionales
mehrfach ['me:ɐfax] **I.** *adj* múltiple **II.** *adv* reiteradamente, repetidas veces; **~ vorbestraft** con antecedentes penales varios; **Mehrfachbeschäftigung** *f* <-, *ohne pl*> pluriempleo *m;* **Mehrfachelektrode** *f* <-, -n> electrodo *m* de multiempleo; **Mehrfachfahrschein** *m* <-(e)s, -e> billete *m* múltiple, boleto *m* múltiple *Am;* **Mehrfachimpfstoff** *m* <-(e)s, -e> (MED) vacuna *f* múltiple; **Mehrfachsteckdose** *f* <-, -n> (caja *f* de) enchufe *m* múltiple; **Mehrfachstecker** *m* <-s, -> ficha *f* múltiple
Mehrfamilienhaus *nt* <-es, -häuser> casa *f* plurifamiliar [*o* de vecindad]
mehrfarbig *adj* multicolor, policromo, de varios colores
Mehrfrequenzwahlverfahren *nt* <-s, -> (TEL) marcación *f* mulitfrecuencia [*o* de tonos]
Mehrgewinn *m* <-(e)s, -e> beneficio *m* ex-

traordinario [*o* adicional]; **Mehrgewinnsteuer** *f* <-, -n> impuesto *m* sobre el beneficio adicional

mehrgleisig *adj* (EISENB) de varias vías; ~ **fahren** (*fig*) tener varias posibilidades [*o* salidas]

Mehrheit *f* <-, -en> mayoría *f;* **die ~ ist der Meinung, dass ...** la mayoría opina que...; **absolute/relative ~** (POL) mayoría absoluta/relativa; **die ~ verlieren/gewinnen/haben** perder/ganar/tener la mayoría; **mit einer Stimme ~** con mayoría por un voto; **in der ~** mayoritariamente; **wir sind in der ~** somos mayoría; **die schweigende ~** la mayoría silenciosa

mehrheitlich *adj* por mayoría; **der Antrag wurde ~ angenommen** la solicitud fue aceptada con la mayoría de votos

Mehrheitsaktionär(in) *m(f)* <-s, -e; -, -nen> accionista *mf* mayoritario, -a; **Mehrheitsbeschluss**[RR] *m* <-es, -schlüsse> decisión *f* mayoritaria, acuerdo *m* mayoritario; **durch ~** por mayoría de votos; **einfacher ~** acuerdo por simple mayoría; **Mehrheitsbeteiligung** *f* <-, -en> (WIRTSCH) participación *f* mayoritaria (*an* en); **mehrheitsfähig** *adj* con posibilidades de conseguir la mayoría; **Mehrheitswahl** *f* <-, -en>, **Mehrheitswahlrecht** *nt* <-(e)s, *ohne pl*> sistema *m* mayoritario, sistema *m* electoral por mayoría

mehrjährig *adj* (BOT) pluriennal

Mehrkampf *m* <-(e)s, -kämpfe> (SPORT) pruebas *fpl* combinadas; **Mehrkosten** *pl* gastos *mpl* adicionales

Mehrling ['meːɐlɪŋ] *m* <-s, -e> hermano, -a *m, f* nacido, -a en parto múltiple; **Mehrlingsgeburt** *f* <-, -en> parto *m* múltiple; **Mehrlingsschwangerschaft** *f* <-, -en> embarazo *m* múltiple

mehrmalig ['meːɐmaːlɪç] *adj* repetido, reiterado

mehrmals ['meːɐmaːls] *adv* repetidas [*o* varias] veces

mehrmotorig *adj* (AERO) multimotor

Mehrparteiensystem *nt* <-s, -e> (POL) **1.** (*Staat*) sistema *m* pluralista (de partidos) **2.** (*Prinzip*) pluripartidismo *m*

mehrphasig *adj* de varias fases; **ein ~es Projekt** un proyecto que consta de varias fases

mehrplatzfähig *adj* (INFOR) para usuarios múltiples; **Mehrplatzrechner** *m* <-s, -> (INFOR) sistema *m* para usuarios múltiples; **Mehrplatzsystem** *nt* <-s, -e> (INFOR) sistema *m* multiusuario

mehrpolig *adj* (ELEK) multipolar

Mehrpreis *m* <-es, -e> sobreprecio *m*

mehrsilbig *adj* polisílabo

mehrsprachig *adj* políglota, multilingüe; **~ aufwachsen** educarse en varios idiomas, crecer multilingüe

Mehrsprachigkeit *f* <-, *ohne pl*> plurilingüismo *m,* poliglotismo *m,* poliglotía *f*

mehrstellig *adj* de varias cifras; **ein ~er Betrag** una cantidad de varias cifras

mehrstimmig **I.** *adj* (MUS) de varias voces **II.** *adv* (MUS) a varias voces

mehrstöckig [-ʃtœkɪç] *adj* de varios pisos

Mehrstufenrakete *f* <-, -n> cohete *m* de varias etapas [*o* fases]

mehrstufig *adj* (*Leiter*) de varios escalones; (*Rakete*) escalonado

mehrstündig [-ʃtʏndɪç] *adj* de varias horas

mehrtägig [-tɛːgɪç] *adj* de varios días

mehrteilig *adj* en [*o* de] varias partes

Mehrumsatz *m* <-es, -sätze> exceso *m* de ventas (*an* de)

Mehrung *f* <-, -en> (*geh*) incremento *m,* aumento *m*

Mehrverbrauch *m* <-(e)s, -bräuche> exceso *m* del consumo (*an* de); **Mehrverdienst** *m* <-(e)s, -e> ganancia *f* extraordinaria

Mehrwegflasche *f* <-, -n> botella *f* retornable; **Mehrweggeschirr** *nt* <-(e)s, *ohne pl*> vajilla *f* reutilizable; **Mehrwegverpackung** *f* <-, -en> envase *m* retornable

Mehrwert *m* <-(e)s, *ohne pl*> **1.** (WIRTSCH) mayor valía *f;* **absoluter/relativer ~** plusvalía absoluta/relativa **2.** (*marxistisch*) plusvalía *f;* **Mehrwertdienste** *mpl* (INFOR, TEL) Servicios *mpl* de Valor Añadido

mehrwertig *adj* (CHEM) polivalente

Mehrwertsteuer *f* <-, -n> (WIRTSCH) impuesto *m* sobre el valor añadido; **mehrwertsteuerfrei** *adj* libre del IVA, no sujeto al IVA

mehrwöchig [-vœçɪç] *adj* de varias semanas; **von ~er Dauer** con duración de algunas semanas

Mehrzahl *f* <-, *ohne pl*> **1.** (LING) plural *m;* **das Wort steht in der ~** la palabra está en plural **2.** (*Mehrheit*) mayoría *f;* **in der ~ der Fälle** en la mayoría de los casos; **wir sind in der ~** somos mayoría

mehrzeilig *adj* de varias líneas

Mehrzweckfahrzeug *nt* <-(e)s, -e> vehículo *m* multifuncional

meiden ['maɪdən] <meidet, mied, gemieden> *vt* (*geh*) rehuir

Meile ['maɪlə] *f* <-, -n> legua *f;* (NAUT) milla *f;* **das riecht man drei ~n gegen den Wind** (*abw*) eso se huele a la legua; **die sündige ~** la calle de las prostitutas; **Meilenstein** *m* <-(e)s, -e> piedra *f* miliar, mojón *m;* **~e der Geschichte** (*fig*) hitos en la historia; **meilenweit** **I.** *adj* de varias leguas; (*fig*) enorme **II.** *adv* varias leguas; **~ entfernt** a varias leguas (de distancia); **das Dorf liegt ~ weg** el pueblo está lejísimos de aquí; **~ von der Lösung des Problems entfernt sein** no acercarse ni con mucho a la solución del problema, estar muy lejos de la solución del problema

Meiler ['maɪlɐ] *m* <-s, -> **1.** (*Kohlen~*) carbonera *f* **2.** (*Atom~*) reactor *m*

mein, meine, mein [maɪn, 'maɪnə, maɪn] *pron poss* (*adjektivisch*) mi, mis *pl;* **~ Haus/Freund** mi casa/mi novio; **~e Arbeit/Kin-**

der mi trabajo/mis hijos; **ich spreche oft mit ~em Mann/~er Mutter/~en Kollegen** hablo a menudo con mi marido/mi madre/mis compañeros; **~e Damen und Herren!** ¡señoras y señores!; **ich trinke so ~e fünf Bier am Tag** me bebo mis cinco cervezas al día; **ach du ~e Güte!** ¡ay, Dios mío!; **er verwechselt gern M~ und Dein** [*o* **kann M~ und Dein nicht unterscheiden**] (*fig*) para él lo suyo es suyo y en lo demás entramos (a partir)

meine(r, s) *pron poss* (*substantivisch*) (el) mío *m,* (la) mía *f,* (los) míos *mpl,* (las) mías *fpl;* **das Haus in der Mitte ist ~s** la casa del centro es (la) mía; **deine Eltern sind jünger als ~** tus padres son más jóvenes que los míos; *s. a.* **mein, meine, mein**

Meineid *m* <-(e)s, -e> perjurio *m;* **einen ~ schwören** [*o* **leisten**] [*o* **ablegen**] perjurar, jurar en falso

meineidig *adj* perjuro; **~ werden** perjurar

meinen ['maɪnən] *vt* **1.** (*denken*) pensar; (*glauben*) creer; (*Meinung vertreten*) opinar; **man sollte ~, dass ...** se podría pensar que...; **was meinst du dazu?** ¿qué opinas al respecto?; **meinst du, ich wüsste das nicht?** ¿acaso crees que yo no lo sabía?; **~ Sie nicht?** ¿no le parece?; **wenn Sie ~** si Ud. cree; (**ganz**) **wie Sie ~!** ¡lo que Ud. quiera!, ¡como Ud. quiera!; **das will ich ~** (*fam*) ya lo creo **2.** (*sich beziehen auf*) referirse (a); **wen ~ Sie?** ¿a quién se refiere Ud.?; **du warst nicht gemeint** no se refería a ti; **ja, dich habe ich damit gemeint** sí, tú **3.** (*sagen*) decir; **was meinten Sie?** ¿qué decía Ud.?; **meinst du das im Ernst?** ¿lo dices en serio? **4.** (*sagen wollen*) querer decir; **was meinst du damit?** ¿qué quieres decir con eso? **5.** (*beabsichtigen*): **wohl gemeint** bienintencionado; **so war es nicht gemeint** no fue con esa intención; **ein gut gemeinter Rat** un consejo con buena intención; **er meint es doch nur gut mit dir** si sólo tiene buenas intenciones contigo; **die Sonne meint es gut mit uns** el sol se está portando bien con nosotros

meiner *pron pers gen von* **ich** de mí; **~ vergessen** (*geh*) olvidado de mí

meinerseits *adv* por mi parte; **ganz ~!** ¡el gusto es mío!; **ich ~ ...** por lo que a mí respecta

meinesgleichen ['--'--] *pron indef inv* de mi condición, mis semejantes; **Leute ~** gente como yo; **ich wollte unter ~ sein** quería estar con mis semejantes

meinethalben ['maɪnət'halbən] *adv* (*alt*), **meinetwegen** ['--'--] *adv* por mí; (*negativ*) por mi culpa; **bemühe dich nicht ~** no te esfuerces por mí; **~ könnt ihr das tun** por mí lo podéis hacer

meinetwillen ['maɪnət'vɪlən] *adv:* **um ~** por mí, en consideración a mí

meinige *pron poss geh für* **meine(r, s)**: **der/die/das ~** [*o* **M~**] el mío/la mía/lo mío; **die ~n** [*o* **M~n**] los míos/las mías

meins *pron poss s.* **meine(r, s)**

Meinung ['maɪnʊŋ] *f* <-, -en> opinión *f,* parecer *m;* **meiner ~ nach** en mi opinión, a mi parecer; **ich bin der ~, dass ...** soy de la opinión de que...; **seine ~ ändern** cambiar de opinión; **einer ~ sein** ser de la misma opinión; **mit jdm einer ~ sein** estar conforme con alguien; **ich bin anderer ~** no estoy de acuerdo; **die öffentliche ~** la opinión pública; **ganz meine ~!** ¡totalmente de acuerdo!; **ich habe dazu keine ~** no quiero opinar al respecto; **darüber kann man geteilter ~ sein** las opiniones pueden diferir en ese punto; **jdm** (**gehörig**) **die ~ sagen** (*fam*) cantar las cuarenta a alguien; **Meinungsäußerung** *f* <-, -en> (expresión *f* de una) opinión *f;* **das Recht der freien ~** el derecho a la libertad de expresión; **Meinungsaustausch** *m* <-(e)s, *ohne pl*> intercambio *m* de opiniones; **sie stehen miteinander in einem ~** intercambian opiniones; **Meinungsbildung** *f* <-, *ohne pl*> formación *f* de (una) opinión; **zur ~ beitragen** corresponder a la formación de la opinión; **Meinungsforscher(in)** *m(f)* <-s, -; -, -nen> encuestador(a) *m(f)*

Meinungsforschung *f* <-, *ohne pl*> sondeo *m* de opinión, demoscopia *f;* **Meinungsforschungsinstitut** *nt* <-(e)s, -e> instituto *m* demoscópico

Meinungsfreiheit *f* <-, *ohne pl*> libertad *f* de expresión; **Meinungsführer(in)** *m(f)* <-s, -; -, -nen> líder *mf* de opinión; **Meinungsumfrage** *f* <-, -n> encuesta *f;* **Meinungsumschwung** *m* <-(e)s, -schwünge> cambio *m* de opinión; **Meinungsverschiedenheit** *f* <-, -en> **1.** (*in der Beurteilung*) disparidad *f* de opiniones, discrepancia *f* de pareceres **2.** (*Streit*) pelea *f,* querella *f*

Meise ['maɪzə] *f* <-, -n> paro *m;* **du hast doch 'ne ~!** (*fam*) ¡estás chiflado!

Meißel ['maɪsəl] *m* <-s, -> cincel *m*

meißeln *vi, vt* cincelar, esculpir; **eine Inschrift in einen Stein ~** grabar una inscripción en una roca

meist [maɪst] *adv s.* **meistens**

Meistbegünstigungsklausel *f* <-, -n> (WIRTSCH) cláusula *f* de la nación más favorecida

meistbietend *adv:* **etw ~ versteigern** subastar algo al mejor postor

Meistbietende(r) *mf* <-n, -n; -n, -n> (WIRTSCH) mejor postor(a) *m(f)*

meiste(r, s) ['maɪstə, -tɐ, -təs] *pron indef superl von* **viel** **1.** (*größte Anzahl*): **die ~n** los más, la mayor parte, la mayoría; **die ~n Leute glauben, dass ...** la mayoría de la gente cree que...; **in den ~n Fällen** en la mayoría de los casos; **die ~n von uns sind dort gewesen** la mayoría de nosotros ha estado allí **2.** (*größte Menge*): **das ~** lo más; **das ~ war interessant** la mayor parte fue interesante; **sie verbringt die ~ Zeit mit Nichtstun** se pasa la mayor parte del tiempo cazando moscas; **sie hat das ~ Geld** ella es la que más dinero tiene; **er verdient das ~** él es el que más gana; **das ~ haben wir geschafft** hemos conseguido la mayor parte; **er hat nicht gerade das ~ an Grips** no es precisamente el que mejores entendederas tiene

meisten *superl von* **viel**: **am ~** (+ *Verb*) lo (que) más; **Hans arbeitet am ~** Hans es el que más trabaja; **am ~n Angst hatte er** es él quien más miedo tenía; **die am ~n verkaufte Schallplatte** el disco más vendido

meistens ['maɪstəns] *adv,* **meistenteils** *adv* la mayoría de las veces, por lo general; **sie kommt ~ zu spät** por lo general llega tarde

Meister(in) ['maɪstɐ] *m(f)* <-s, -; -, -nen> **1.** (*im Handwerk*) maestro, -a *m, f,* artesano, -a *m, f;* **seinen ~ machen** (*fam*) presentarse al examen de maestría **2.** (*Könner*) maestro, -a *m, f;* **er ist ein ~ seines Faches** es un experto en su campo; **es ist noch kein ~ vom Himmel gefallen** (*prov*) la práctica hace al maestro; **früh übt sich, was ein ~ werden will** (*prov*) nadie nace sabiendo **3.** (SPORT) campeón, -ona *m, f* **4.** (*Wend*): **~ Lampe** *"maestro lámpara" es el nombre de fábula con el que se conoce al conejo;* **Meisterbrief** *m* <-(e)s, -e> diploma *m* de maestría

meisterhaft **I.** *adj* magistral, perfecto **II.** *adv* con maestría

Meisterhand *f* <-, -hände> mano *f* maestra; **von ~** (hecho) por una mano maestra

Meisterin *f* <-, -nen> *s.* **Meister**

Meisterleistung *f* <-, -en> obra *f* maestra; **das war nicht gerade eine ~** (*iron*) no ha sido nada del otro mundo

meisterlich *adj o adv s.* **meisterhaft**

meistern ['maɪstɐn] *vt* **1.** (*Werkzeug, Instrument*) dominar **2.** (*Schwierigkeit*) superar, vencer; (*Situation*) controlar

Meisterprüfung *f* <-, -en> examen *m* de maestría

Meisterschaft¹ *f* <-, *ohne pl*> (*Können*) maestría *f;* (*Vollkommenheit*) perfección *f;* **es zu wahrer ~ in etw bringen** conseguir verdadera maestría en algo

Meisterschaft² *f* <-, -en> (SPORT) campeonato *m*

Meisterstück *nt* <-(e)s, -e> **1.** (*Werkstück*) pieza *f* de(l) examen de oficial **2.** (*Meisterleistung*) obra *f* maestra; **Meistertitel** *m* <-s, -> **1.** (*eines Handwerkers*) (título *m* de) maestría *f* **2.** (SPORT) título *m* de campeón

Meisterung *f* <-, *ohne pl*> (*Problem, Aufgabe*) resolución *f;* (*Situation*) control *m*

Meisterwerk *nt* <-(e)s, -e> (*a.* KUNST) obra *f* maestra

Mekka ['mɛka] *nt* <-s> Meca *f*

Melancholie [melaŋko'li:] *f* <-, *ohne pl*> melancolía *f,* flato *m Am;* **in ~ versinken** volverse melancólico

Melancholiker(in) [melaŋ'ko:likɐ] *m(f)* <-s, -; -, -nen> melancólico, -a *m, f*

melancholisch [melaŋ'ko:lɪʃ] *adj* melancólico

Melange [me'lãʒə] *f* <-, -n> (*Österr*) *bebida consistente en café y leche a partes iguales*

Melanin *nt* <-s, -e> (BIOL) melanina *f*

Melanismus *m* <-, Melanismen> (BIOL) melanismo *m*

Melanom [mela'no:m] *nt* <-s, -e> (MED) melanoma *m*

Melanzani *pl* (*Österr*) berenjenas *fpl*

Melasse [me'lasə] *f* <-, -n> melaza *f*

Meldeamt *nt* <-(e)s, -ämter>, **Meldebehörde** *f* <-, -n> oficina *f* de empadronamiento; **Meldefrist** *f* <-, -en> (*für Anmeldung*) plazo *m* de inscripción; (*für Verbrechen*) plazo *m* de denuncia

melden ['mɛldən] **I.** *vt* **1.** (*berichten*) informar (de), comunicar, reportar *Am;* (*förmlich*) notificar; **jdm etw ~** comunicar algo a alguien, informar a alguien de algo; **wie soeben gemeldet wurde** como nos acaban de comunicar; **du hast hier(bei) überhaupt nichts zu ~** (*fam*) tú no tienes ni voz ni voto en este asunto; **ich habe bei meiner Tochter nichts mehr zu ~** (*fam*) ya no me meto para nada en la vida de mi hija **2.** (*anzeigen*) dar parte (de), denunuciar; **sie hat den Vorfall der Polizei gemeldet** ha dado parte del incidente a la policía; **er ist als vermisst gemeldet** fue dado por desaparecido; **ich werde es beim Direktor ~!** ¡voy a dar parte al director! **3.** (*ankündigen*) anunciar; **wen darf ich ~?** ¿a quién debo anunciar?; **der Wetterbericht hat Regen gemeldet** el parte meteorológico ha previsto lluvia **II.** *vr:* **sich ~** **1.** (*an~*) registrarse **2.** (*sich zur Verfügung stellen*) presentarse; **auf die Anzeige hat sich kaum jemand gemeldet** casi nadie respondió al anuncio **3.** (*das Wort erbitten*) pedir la palabra, levantar la mano; **er meldete sich zu Wort** pidió la palabra **4.** (*von sich hören lassen*) dar señal de vida; **melde dich mal wieder (bei mir)** llámame alguna vez; **er hat sich nie wieder (bei uns) gemeldet** nunca más supimos nada de él; **melde dich, wenn du etwas brauchst** si necesitas algo, dilo **5.** (*am Telefon*) coger el teléfono, responder al teléfono; **es meldet sich niemand** no lo coge nadie; **wer meldet sich denn unter dieser Nummer?** ¿quién se pone a éste teléfono?

Meldepflicht *f* <-, *ohne pl*> (*für Dinge*) declaración *f* obligatoria; (*für Personen*) registro *m* obligatorio; **meldepflichtig** *adj* sujeto a declaración obligatoria; (*Krankheit*) de declaración obligatoria; **Meldeschein** *m* <-(e)s, -e> formulario *m* de registro; **Meldestelle** *f* <-, -n> central *f* de información; (*Einwohner~*) registro *m;* **Meldezettel** *m* <-s, -> **1.** (*im Hotel*) formulario *m* de entrada **2.** (*Österr*) *s.* **Meldeschein**

Meldung *f* <-, -en> **1.** (*Mitteilung*) información *f,* comunicación *f;* (*Ankündigung*) aviso *m;* (*für die Presse*) comunicado *m;* (*bei der Polizei*) denuncia *f;* **amtliche ~** notificación oficial **2.** (*Radio~, Fernseh~*) noticia *f* **3.** (*dienstlich*) informe *m,* parte *m;* **eine ~ machen** hacer un informe

meliert [me'li:ɐt] *adj* (*Wolle*) mezclado; (*Haar*) entrecano

Melisse [me'lɪsə] *f* <-, -n> melisa *f,* toronjil *m;* **Melissengeist®** *m* <-(e)s, *ohne pl*> agua *f* del carmen

melken ['mɛlkən] <melkt, molk *o* melkte, gemolken *o* gemelkt> *vi, vt* ordeñar; **sie haben ihn tüchtig gemolken** (*fam*) bien que lo han ordeñado [*o* sableado]

Melker(in) *m(f)* <-s, -; -, -nen> ordeñador(a) *m(f)*

Melkmaschine *f* <-, -n> (AGR) ordeñadora *f*

Melodie [melo'di:] *f* <-, -n> melodía *f*

Melodik [me'lo:dɪk] *f* <-, *ohne pl*> (MUS) melodía *f*

melodiös [melo'diø:s] *adj* melodioso

melodisch [me'lo:dɪʃ] *adj* melódico

Melodrama [melo'dra:ma] *nt* <-s, -en> melodrama *m;* **melodramatisch** [melodra'ma:tɪʃ] *adj* (*geh a. iron*) melodramático

Melone [me'lo:nə] *f* <-, -n> **1.** (*Honig~*) melón *m;* (*Wasser~*) sandía *f* **2.** (*fam: Hut*) (sombrero *m*) hongo *m,* tongo *m Chil, Peru*

Membran [mɛm'bra:n] *f* <-, -e(n)> **1.** (TECH) diafragma *m* **2.** (BIOL) membrana *f*

Memo ['me:mo] *nt* <-s, -s> **1.** (*Memorandum*) memorándum *m* **2.** (*a.* INFOR: *Merkzettel*) nota *f*

Memoiren [memo'a:rən] *pl* memorias *fpl*

Memorandum [memo'randʊm] *nt* <-s, Memoranden *o* Memoranda> memorándum *m*

Menage [me'na:ʒə] *f* <-, -n> (*Österr: Truppenverpflegung*) rancho *m*

Menagerie [menaʒə'ri:] *f* <-, -n> (*alt*) exposición *f* de animales; (*fig, hum*) colección *f* de figuritas de animales

Mendelevium [mɛnde'le:viʊm] *nt* <-s, *ohne pl*> (CHEM) mendelevio *m*

Mendel'sche Regel *f* <-n -, -n -n> (BIOL) ley *f* de Mendel

Menetekel [mene'te:kəl] *nt* <-s, -> (mal) presagio *m,* (mal) augurio *m*

Menge ['mɛŋə] *f* <-, -n> **1.** (*Anzahl*) cantidad *f* ((*an*) de); (*große*) montón *m* ((*an*) de), gran número *m* ((*an*) de); **eine ~ Zeit** un montón de tiempo; **hier kann man eine ~ lernen** aquí se aprende un montón; **eine ganze ~** un montón; **Bücher in ~n** montones de libros; **in rauhen ~n** (*fam*) a montones; **wir haben noch jede ~ Zeit** todavía tenemos un montón de tiempo; **es gab eine ~ zu sehen** había mucho que ver; **ich kenne hier jede ~ Leute** conozco un gentío enorme aquí **2.** (*Menschen~*) multitud *f;* **in der ~ untertauchen** desaparecer en la multitud **3.** (MATH) conjunto *m*

mengen ['mɛŋən] **I.** *vt* mezclar; **Eier in** [*o* **unter**] **den Teig ~** batir los huevos junto con la masa; **Mehl und Wasser zu einem Teig ~** mezclar el agua y la harina hasta conseguir una masa **II.** *vr:* **sich ~** (*fam*) mezclarse (*unter* entre)

Mengenbeschränkung *f* <-, -en> restricción *f* cuantitativa, limitación *f* de cupo; **Mengenlehre** *f* <-, *ohne pl*> (MATH) teoría *f* de conjuntos; **Mengenleistung** *f* <-, -en> (WIRTSCH) rendimiento *m* cuantitativo; **mengenmäßig** *adj* cuantitativo; **Mengenrabatt** *m* <-(e)s, -e> (WIRTSCH) rebaja *f* por cantidad; **Mengenvorgabe** *f* <-, -n> norma *f* cuantitativa

Mengspatel *m* <-s, -> espátula *f* mezcladora

Menhir ['mɛnhi:ɐ] *m* <-s, -e> menhir *m*

Meniskus [me'nɪskʊs] *m* <-, Menisken> (ANAT, MED) menisco *m*

Mennige ['mɛnɪgə] *f* <-, *ohne pl*> minio *m*

Menopause [meno'paʊzə] *f* <-, -n> (MED) menopausia *f*

Mensa ['mɛnza] *f* <-, Mensen *o* -s> comedor *m* universitario

Mensch [mɛnʃ] *m* <-en, -en> hombre *m,* ser *m* humano; (*Person*) persona *f;* **kein ~** nadie; **jeder ~** cada uno; **unter ~en kommen** ser sociable; **ein ganz anderer ~ werden** convertirse en otra persona; **er ist auch nur ein ~** él también sólo es un ser humano; **~!** (*fam*) ¡hombre!; **du stellst dich an wie der erste** [*o* **letzte**] **~!** (*fam*) ¡qué torpe que eres!; **ohne Frühstück bin ich nur ein halber ~** (*fam*) sin desayunar no valgo un duro; **ich sage dir das von ~ zu ~** te lo digo de persona a persona

Mensch ärgere dich nicht *nt* <- - - -, *ohne pl*> parchís *m*

Menschenaffe *m* <-n, -n> antropoide *m,* antropomorfo *m;* **menschenähnlich I.** *adj* parecido al hombre, de aspecto humano; **nichts M~es** nada de humano **II.** *adv* de aspecto humano; **die Außerirdischen sahen nicht sehr ~ aus** los extraterrestres no se parecían mucho a los humanos; **Menschenalter** *nt* <-s, -> generación *f;* **Menschenansammlung** *f* <-, -en> concentración *f* de personas, aglomeración *f* de gente; **menschenarm** *adj* poco poblado, de baja densidad de población; **Menschenauflauf** *m* <-(e)s, -läufe> *s.* Menschenansammlung; **Menschenfeind(in)** *m(f)* <-(e)s, -e; -, -nen> misántropo, -a *m, f;* **menschenfeindlich** *adj* **1.** (*misanthropisch*) misantrópico **2.** (*Landschaft*) inhóspito; **Menschenfleisch** *nt* <-es, *ohne pl*> carne *f* humana; **Menschenfresser(in)** *m(f)* <-s, -; -, -nen> (*fam*) caníbal *mf,* antropófago, -a *m, f;* **Menschenfreund(in)** *m(f)* <-(e)s, -e; -, -nen> filántropo, -a *m, f;* **menschenfreundlich** *adj* filantrópico; **Menschenfreundlichkeit** *f* <-, *ohne pl*> filantropía *f;* **aus reiner ~** por amor al prójimo;

Menschenführung *f* <-, *ohne pl*> *influencia ejercida sobre otros a través de educadores, grupos sociales, etc.;* **Menschengedenken** ['---'--] *nt:* **seit** ~ desde tiempos inmemoriales; **Menschengestalt** *f* <-, -en> forma *f* humana; **in** ~ (*fig*) en persona; **Menschenhand** *f* <-, -hände> mano *f* humana; **von** ~ por la mano del hombre; **Menschenhandel** *m* <-s, *ohne pl*> trata *f* de seres humanos; (*mit Frauen*) trata *f* de blancas; **Menschenhass**RR *m* <-es, *ohne pl*> misantropía *f*, aversión *f* a la humanidad; **Menschenkenner(in)** *m(f)* <-s, -; -, -nen> buen psicólogo *m*, buena psicóloga *f*; **ich bin ein schlechter** ~ no tengo instinto para la gente; **Menschenkenntnis** *f* <-, *ohne pl*> conocimiento *m* de la naturaleza humana; **Menschenkette** *f* <-, -n> cadena *f* humana; **Menschenleben** *nt* <-s, -> **1.** (*Leben*) vida *f* humana **2.** (*Opfer*) víctima *f*; **das Unglück forderte drei** ~ hubo tres víctimas mortales en el accidente; **menschenleer** ['--'-] *adj* (*Gebiet*) despoblado; (*Straße*) vacío, desierto; (*Raum*) vacío; **Menschenliebe** *f* <-, *ohne pl*> filantropía *f*; **aus reiner** ~ por amor al prójimo; **Menschenmasse** *f* <-, -n> masa *f* de gente, muchedumbre *f*; **Menschenmenge** *f* <-, -n> muchedumbre *f*, gentío *m*, bola *f* de gente *Mex;* **menschenmöglich** ['--'--] *adj* humanamente posible; **alles M~e tun** hacer todo lo humanamente posible; **Menschenopfer** *nt* <-s, -> (*a.* REL) víctima *f* (humana); **Menschenraub** *m* <-(e)s, -e> (JUR) secuestro *m* de personas

Menschenrechte *ntpl* derechos *mpl* humanos; **Menschenrechtsbeauftragte(r)** *mf* <-n, -n; -n, -n> encargado, -a *m, f* de derechos humanos; **Menschenrechtserklärung** *f* <-, -en> declaración *f* de los derechos humanos; **Menschenrechtskommission** *f* <-, -en> comisión *f* de derechos humanos; **Menschenrechtslage** *f* <-, -n> situación *f* de los derechos humanos; **Menschenrechtssituation** *f* <-, -en> situación *f* de los derechos humanos; **Menschenrechtsverletzung** *f* <-, -en> violación *f* de los derechos humanos

menschenscheu *adj* (*schüchtern*) tímido; (*ungesellig*) huraño, arisco, jíbaro *Ant, Mex*

Menschenscheu *f* <-, *ohne pl*> insociabilidad *f*, timidez *f*; **Menschenschlag** *m* <-(e)s, -schläge> tipo *m* de gente, raza *f* (de hombres); **Menschenseele** ['--'--] *f* <-, -n> alma *f* humana; **keine** ~ ni un alma

Menschenskind ['--'-] *interj* (*fam*) ¡hombre!

menschenunmöglich *adj* humanamente imposible; **das M~e** lo (humanamente) imposible; **menschenunwürdig** ['--'---] *adj* **1.** (*eines Menschens nicht würdig*) indigno de un ser humano **2.** (*die Menschenwürde verletzend*) inhumano; **menschenverachtend** *adj* inhumano; **Menschenverächter(in)** *m(f)* <-s, -; -, -nen> hombre *m* que desprecia a la humanidad, mujer *f* que desprecia a la humanidad, misántropo, -a *m, f*; **Menschenverachtung** *f* <-, *ohne pl*> desprecio *m* a la humanidad, misantropía *f*; **Menschenverstand** *m* <-(e)s, *ohne pl*>: **der gesunde** ~ el sentido común; **mit seinem kleinen** ~ **konnte er das nicht verstehen** sus cortas luces no le alcanzaban para comprenderlo; **Menschenwürde** *f* <-, *ohne pl*> dignidad *f* humana; **menschenwürdig** *adj* **1.** (*eines Menschens würdig*) digno (del hombre) **2.** (*der Menschenwürde entsprechend*) humano

Menschheit *f* <-, *ohne pl*> humanidad *f*; **Menschheitsgeschichte** *f* <-, *ohne pl*> historia *f* de la humanidad [*o* de la raza humana]

menschlich *adj* humano; **die ~e Gesellschaft** la sociedad humana; **seine ~e Seite** su lado humano; **~es Versagen** fallo humano

Menschlichkeit *f* <-, *ohne pl*> humanidad *f*, humanitarismo *m;* **aus reiner** ~ por puro humanitarismo; **Verbrechen gegen die** ~ crimen contra la humanidad

Menschwerdung *f* <-, *ohne pl*> (REL): **die** ~ **Gottes** la encarnación de Dios

Mensen *pl von* **Mensa**

Menstruation [mɛnstrua'tsjo:n] *f* <-, -en> (MED) menstruación *f*; **ausbleibende** ~ retraso de la menstruación; **Menstruationsstörungen** *fpl* trastornos *mpl* de la menstruación

menstruieren* [mɛnstru'i:rən] *vi* (MED) tener la menstruación, menstruar

mental [mɛn'ta:l] *adj* mental

Mentalität [mɛntali'tɛ:t] *f* <-, -en> mentalidad *f*

Menthol [mɛn'to:l] *nt* <-s, *ohne pl*> (CHEM) mentol *m;* **Mentholzigarette** *f* <-, -n> cigarrillo *m* mentolado

Mentor(in) ['mɛnto:ɐ] *m(f)* <-s, -en; -, -nen> mentor(a) *m(f)*

Menu [me'ny:] *nt* <-s, -s> (*Schweiz:* INFOR, GASTR), **Menü** [me'ny:] *nt* <-s, -s> (INFOR, GASTR) menú *m*

Menuett [me'nuɛt] *nt* <-s, -e *o* -s> (*a.* MUS) minué *m*, minueto *m*

Menüführung *f* <-, *ohne pl*> (INFOR) operación *f* guiada por (el) menú; **menügeführt** [me'ny:gəfy:ɐt] *adj*, **menügesteuert** [me'ny:gəʃtɔɪɐt] *adj* (INFOR) guiado por (el) menú; **Menüleiste** *f* <-, -n> (INFOR) línea *f* del menú; **Menüoption** *f* <-, -en> (INFOR) opción *f* del menú; **Menüzeile** *f* <-, -n> (INFOR) línea *f* del menú

Meran [me'ra:n] *nt* <-s> Merano *m*

Merchandising *nt* <-s, *ohne pl*> (WIRTSCH) comercialización *f*

Mergel ['mɛrgəl] *m* <-s, -> (GEO) marga *f*

Meridian [meri'dja:n] *m* <-s, -e> (GEO, ASTR) meridiano *m*

Merinowolle *f* <-, *ohne pl*> lana *f* merina

M

Merkantilimus [mɛrkanti'lɪsmʊs] *m* <-, *ohne pl*> (HIST) mercantilismo *m*
merkbar I. *adj* 1. (*spürbar*) perceptible 2. (*im Gedächtnis zu behalten*): **leicht/schwer ~ sein** ser fácil/difícil de retener (en la memoria) II. *adv* de manera apreciable; **in den letzten Tagen ist es ~ kälter geworden** en los últimos días se nota que ha bajado la temperatura
Merkblatt *nt* <-(e)s, -blätter> hoja *f* informativa
merken ['mɛrkən] *vt* 1. (*wahrnehmen*) darse cuenta (de), enterarse (de), realizar *Am;* **er merkte nicht, dass ...** no se dio cuenta de que...; **davon habe ich nichts gemerkt** no me he dado cuenta de eso; **woran hast du das gemerkt?** ¿cómo te has dado cuenta?; **bis das einer merkt, sind wir über alle Berge** (*fam*) hasta que alguien se dé cuenta, nos hemos perdido del mapa; **lass ihn das nicht ~!** ¡procura que no se dé cuenta!; **du merkst aber auch alles!** (*fam iron*) por fin, te has dado cuenta 2. (*be~, an~*) notar 3. (*spüren*) sentir; **man merkt, dass ...** se siente que... 4. (*behalten*) retener, recordar; **merke: ...** recuerde:...; **der Name ist leicht zu ~** el nombre es fácil de recordar; **sich** *dat* **etw ~** recordar algo; **ich werd's mir ~** no lo olvidaré; **merk dir das!** ¡fíjate en mis palabras!; **ich kann mir seinen Namen nicht ~** no puedo recordar su nombre; **das werde ich mir ~!** (*fam*) ¡lo tendré bien presente!, ¡ya te enterarás!
merklich *adj* (*beträchtlich*) apreciable, considerable; (*fühlbar*) perceptible; (*deutlich*) evidente
Merkmal *nt* <-s, -e> rasgo *m,* característica *f;* **besondere ~e** características especiales, rasgos distintivos; **Merksatz** *m* <-es, -sätze> (*Merkhilfe*) sentencia *f*
Merkur [mɛr'ku:ɐ] *m* <-s, *ohne pl*> (*Planet*) Mercurio *m*
merkurisieren* *vt* (CHEM) amalgamar
Merkvers *m* <-es, -e> rima *f* mnemotécnica
merkwürdig *adj* curioso, raro; **es riecht ~** huele mal; **es ist auf einmal ~ still** de pronto reina un silencio extraño
merkwürdigerweise ['----'--] *adv* curiosamente; **~ ...** es extraño que... +*subj*
Merkwürdigkeit¹ *f* <-, *ohne pl*> (*Seltsamkeit*) extrañeza *f,* rareza *f;* **ich kann mir die ~ ihres Verhaltens nicht erklären** no puedo explicarme su extraño [*o* raro] comportamiento
Merkwürdigkeit² *f* <-, -en> (*Kuriosität*) curiosidad *f*
meschugge [me'ʃʊgə] *adj* (*fam*) chiflado
Mesdames *pl von* **Madame**
Meskalin [mɛska'li:n] *nt* <-s, *ohne pl*> mescalina *f*
Mesner(in) ['mɛsnɐ] *m(f)* <-s, -; -, -nen> (*reg*) sacristán, -ana *m, f*
Mesosphäre *f* <-, *ohne pl*> (METEO) mesosfera *f*
Messapparat^RR *m* <-(e)s, -e>, **Meßapparat** *m* <-(e)s, -e> aparato *m* de medición
messbar^RR ['mɛsba:ɐ] *adj,* **meßbar** *adj* mensurable, conmensurable
Messbecher^RR *m* <-s, ->, **Meßbecher** *m* <-s, -> vaso *m* medidor; **Messbereich**^RR *m* <-(e)s, -e>, **Meßbereich** *m* <-(e)s, -e> margen *m* de medida
Messbuch^RR *nt* <-(e)s, -bücher>, **Meßbuch** *nt* <-(e)s, -bücher> (REL) misal *m*
Messdaten^RR *pl,* **Meßdaten** *pl* datos *mpl* de medición
Messdiener(in)^RR *m(f)* <-s, -; -, -nen>, **Meßdiener(in)** *m(f)* <-s, -; -, -nen> (REL) monaguillo, -a *m, f*
Messe ['mɛsə] *f* <-, -n> 1. (REL) misa *f;* **in die ~ gehen** ir a misa; **eine ~ lesen** [*o* **halten**] oficiar una misa; **schwarze ~** misa negra 2. (*Ausstellung*) feria *f;* **auf der ~ sein** estar en la feria 3. (NAUT: *Schiffskantine*) cámara *f* de oficiales; **Messebesucher(in)** *m(f)* <-s, -; -, -nen> visitante *mf* de la feria; **Messegelände** *nt* <-s, -> recinto *m* ferial; **Messehalle** *f* <-, -n> nave *f* de la feria [*o* ferial], pabellón *m* ferial [*o* de la feria]
messen ['mɛsən] <misst, maß, gemessen> I. *vt* medir (*an* en relación con); **die Zeit ~** medir el tiempo; **der Baum misst sieben Meter** el árbol mide siete metros; **an dieser Leistung wird man die anderen ~** los demás resultados se medirán en relación con éste II. *vr:* **sich ~** (*geh*) medirse; **sich in Wettkämpfen miteinander/mit jdm ~** enfrentarse/enfrentarse con alguien en competiciones; **mit dem kannst du dich nicht ~** no puedes competir con él
Messeneuheit *f* <-, -en> novedad *f* ferial [*o* de la feria]
Messenger-RNS *f* <-, -> (BIOL) ácido *m* ribonucleico mensajero
Messer ['mɛsɐ] *nt* <-s, -> cuchillo *m;* (TECH) cuchilla *f;* **jdm das ~ an die Kehle setzen** (*fam fig*) poner(le) a alguien la pistola en el pecho; **das ~ wetzen** (*fam fig*) prepararse para el ataque; **jdn ans ~ liefern** (*fam*) denunciar a alguien; **es steht auf ~s Schneide** está pendiente de un hilo; **unters ~ kommen** (*fam: Operation*) ser operado; **ins offene ~ laufen** (*fam fig*) meterse en la boca del lobo; **bis aufs ~ kämpfen** luchar a ultranza; **Messerheld(in)** *m(f)* <-en, -en; -, -nen> (*abw*) navajero, -a *m, f;* **Messerklinge** *f* <-, -n> hoja *f* de cuchillo; **Messerrücken** *m* <-s, -> lomo *m* del cuchillo; **messerscharf** *adj* afilado, filudo *Am;* **~er Verstand** entendimiento agudo; **daraus schloss ich ~, dass ...** y de ahí saqué la tajante conclusión, de que...; **Messerschmied(in)** *m(f)* <-(e)s, -e; -, -nen> cuchillero, -a *m, f;* **Messerspitze** *f* <-, -n> punta *f* del cuchillo; **eine ~ Pfeffer** una pizca de pimienta; **Messerstecher(in)** *m(f)* <-s, -; -, -nen> (*abw*) navaje-

ro, -a *m, f;* **Messerstecherei** [-ʃtɛçəˈraɪ] *f* <-, -en> (*abw*) riña *f* de navajeros [*o* a cuchilladas]; **Messerstecherin** *f* <-, -nen> *s.* Messerstecher; **Messerstich** *m* <-(e)s, -e> cuchillada *f,* navajazo *m;* **Messerwerfer(in)** *m(f)* <-s, -; -, -nen> lanzador(a) *m(f)* de cuchillos

Messestadt *f* <-, -städte> ciudad *f* ferial; **Messestand** *m* <-(e)s, -stände> stand *m* (de feria)

Messfehler[RR] *m* <-s, ->, **Meßfehler** *m* <-s, -> error *m* de medición; **Messgerät**[RR] *nt* <-(e)s, -e>, **Meßgerät** *nt* <-(e)s, -e> aparato *m* de medición, instrumento *m* de medición

Messgewand[RR] *nt* <-(e)s, -wänder>, **Meßgewand** *nt* <-(e)s, -wänder> (REL) casulla *f*

Messias [mɛˈsiːas] *m* <-, *ohne pl*> (REL) Mesías *m*

Messing [ˈmɛsɪŋ] *nt* <-s, *ohne pl*> latón *m*

Messinstrument[RR] *nt* <-(e)s, -e>, **Meßinstrument** *nt* <-(e)s, -e> instrumento *m* de medición; **Messkolben**[RR] *m* <-s, ->, **Meßkolben** *m* <-s, -> (CHEM) matraz *m* aforado; **Messlatte**[RR] *f* <-, -n>, **Meßlatte** *f* <-, -n> (TECH) mira *f*

Messner(in)[RR] *m(f)* <-s, -; -, -nen> *s.* **Mesner**

Messopfer[RR] *nt* <-s, ->, **Meßopfer** *nt* <-s, -> (REL) Cristo *m* sacramentado, Jesús *m* sacramentado; **das ~ weihen** consagrar el pan y el vino

Messpipette[RR] *f* <-, -n>, **Meßpipette** *f* <-, -n> (CHEM) pipeta *f* de medida; **Messstab**[RR] *m* <-(e)s, -stäbe>, **Meßstab** *m* <-(e)s, -stäbe> varilla *f* de medición; (*zur Landvermessung*) jalón *m* de agrimensor

Messtechnik[1] [RR] *f* <-, *ohne pl*> (*Messkunde*) metrología *f*

Messtechnik[2] [RR] *f* <-, -en> (*Methode*) técnica *f* de medición

Meßtechnik *f s.* **Messtechnik**

Messtisch[RR] *m* <-(e)s, -e>, **Meßtisch** *m* <-(e)s, -e> plancheta *f;* **Messtischblatt**[RR] *nt* <-(e)s, -blätter> plano *m* de plancheta

Messung *f* <-, -en> medición *f*

Messwein[RR] *m* <-(e)s, -e>, **Meßwein** *m* <-(e)s, -e> (REL) vino *m* de misa

Messwert[RR] *m* <-(e)s, -e>, **Meßwert** *m* <-(e)s, -e> valor *m* registrado [*o* de medición]; **Messzylinder**[RR] *m* <-s, ->, **Meßzylinder** *m* <-s, -> probeta *f* graduada

Mestize, -in [mɛsˈtiːtsə] *m, f* <-n, -n; -, -nen> mestizo, -a *m, f,* cholo, -a *m, f Am*

MESZ [ɛmʔeːʔɛsˈtsɛt] *Abk. von* **mitteleuropäische Sommerzeit** horario *m* de verano para Europa Central

Met [meːt] *m* <-(e)s, *ohne pl*> *bebida alcohólica elaborada con agua de miel fermentada y condimentos*

metabolisch *adj* (BIOL, MED) metabólico

metabolisieren* *vt* (BIOL) metabolizar

Metabolismus *m* <-, *ohne pl*> (BIOL, MED) metabolismo *m*

Metabolit *m* <-en, -en> (BIOL, MED) metabolito *m*

Metalimnion *nt* <-s, Metalimnien> (GEO) metalimnión *m*

Metall [meˈtal] *nt* <-s, -e> metal *m;* **~ verarbeitend** metalúrgico; **Metallabfall** *m* <-(e)s, -fälle> desperdicio *m* metálico; **Metallarbeiter(in)** *m(f)* <-s, -; -, -nen> (obrero, -a *m, f*) metalúrgico, -a *m, f*

Metallegierung *f* <-, -en> *s.* **Metalllegierung**

metallen [meˈtalən] *adj* de metal, metálico

Metaller(in) [məˈtalɐ] *m(f)* <-s, -; -, -nen> (*fam*) obrero, -a *m, f* de la metalurgia (*miembro del sindicato alemán de la metalurgia*)

metallic [meˈtalɪk] *adj inv* metálico

Metallindustrie *f* <-, -n> industria *f* metalúrgica

metallisch *adj* metálico, de metal; **~ klingen/schimmern** tener un sonido/brillo metálico

Metalllegierung[RR] *f* <-, -en> aleación *f* de metal; **Metalloberflächenbehandlung** *f* <-, -en> tratamiento *m* de la superficie metálica; **Metalloxid** *nt* <-(e)s, -e> óxido *m* metálico; **Metallsäge** *f* <-, -n> sierra *f* para metales; **Metallüberzug** *m* <-(e)s, -züge> revestimiento *m* metálico

Metallurgie [metalʊrˈgiː] *f* <-, *ohne pl*> metalurgia *f*

metallurgisch [metaˈlʊrgɪʃ] **I.** *adj* metalúrgico **II.** *adv* a nivel metalúrgico

metallverarbeitend *adj s.* **Metall**; **Metallverarbeitung** *f* <-, *ohne pl*> elaboración *f* de metales; **Metallwaren** *fpl* artículos *mpl* de metal

Metamorphose [metamɔrˈfoːzə] *f* <-, -n> (*a.* BOT, ZOOL) metamorfosis *f inv*

Metapher [meˈtafɐ] *f* <-, -n> (LING) metáfora *f*

Metaphorik [metaˈfoːrɪk] *f* <-, *ohne pl*> (LIT) metáforas *fpl,* tropos *mpl*

metaphorisch [metaˈfoːrɪʃ] *adj* (LING) metafórico

Metaphysik [metafyˈziːk] *f* <-, *ohne pl*> metafísica *f;* **metaphysisch** [metaˈfyːzɪʃ] *adj* metafísico; **Metasprache** *f* <-, *ohne pl*> (LING) metalenguaje *m*

Metastase [metaˈstaːzə] *f* <-, -n> (MED) metástasis *f inv*

Meteor [meteˈoːɐ] *m* <-s, -e> (ASTR) meteoro *m*

Meteorit [meteoˈriːt] *m* <-en, -en> (ASTR) meteorito *m*

Meteorologe, -in [meteoroˈloːgə] *m, f* <-n, -n; -, -nen> meteorólogo, -a *m, f*

Meteorologie [meteoroloˈgiː] *f* <-, *ohne pl*> meteorología *f*

Meteorologin *f* <-, -nen> *s.* **Meteorologe**

meteorologisch [meteoroˈloːgɪʃ] *adj* metereológico

Meter ['meːtɐ] *m o nt* <-s, -> metro *m;* **drei ~ hoch/lang** tres metros de alto/de largo; **in einer Höhe/Entfernung von zehn ~n** a una altura/distancia de diez metros; **auf den letzten ~n** en los últimos metros; **der laufende ~** (COM) el metro; **am laufenden ~** (*fam*) sin parar; **meterdick** *adj* (*einen Meter*) (de un grosor) de un metro; (*mehr als einen Meter*) (de un grosor) de más de un metro; (*mehrere Meter*) (de un grosor) de varios metros; **meterhoch** *adj* (*einen Meter*) (de una altura) de un metro; (*mehr als einen Meter*) (de una altura) de más de un metro; (*mehrere Meter*) (de una altura) de varios metros; **das Unkraut steht ~** la hierba le llega a uno a la cabeza; **meterlang** *adj* (*einen Meter*) de un metro (de largo); (*mehr als einen Meter*) de más de un metro (de largo); (*mehrere Meter*) de varios metros (de longitud); **Metermaß** *nt* <-es, -e> (*Stab*) metro *m* plegable; (*Band*) cinta *f* métrica; **Meterware** *f* <-, -n> género *m* al metro; **meterweise** *adv* por metros; **meterweit** *adj* (*einen Meter*) de un metro (de longitud); (*mehr als einen Meter*) de más de un metro (de longitud); (*mehrere Meter*) de varios metros (de longitud)

Methadon [meta'doːn] *nt* <-s, *ohne pl*> metadona *f*

Methan [me'taːn] *nt* <-s, *ohne pl*> metano *m;* **Methanbildung** *f* <-, -en> formación *f* de metano; **Methangas** *nt* <-es, -e> gas *m* metano

Methanol [meta'noːl] *nt* <-s, *ohne pl*> metanol *m*

Methionin *nt* <-s, *ohne pl*> (CHEM) metionina *f*

Methode [me'toːdə] *f* <-, -n> método *m;* **etw mit ~ machen** hacer algo con método; **was sind denn das für ~n ?** (*fam*) ¿y qué métodos son éstos?; **ich glaube fast, das hat ~** casi me parece que está planeado

Methodik [me'toːdɪk] *f* <-, -en> metodología *f*

methodisch *adj* metódico

Methodist(in) [meto'dɪst] *m(f)* <-en, -en; -, -nen> (REL) metodista *mf*

methodistisch *adj* (REL) metodista

Methodologie [metodolo'giː] *f* <-, -n> metodología *f*

Methusalem [me'tuːzalɛm] *m* <-(s), -s> matusalén *m;* **so alt wie ~ sein** ser más viejo que Matusalén

Methyl [me'tyːl] *nt* <-s, *ohne pl*> (CHEM) metilo *m;* **Methylalkohol** *m* <-s, *ohne pl*> alcohol *m* metílico; **Methylchlorid** *nt* <-(e)s, -e> (CHEM) cloruro *m* de metilo

Methylenblau *nt* <-s, -> azul *m* de metileno

methylieren* *vt* (CHEM) metilar

Metier [me'tjeː] *nt* <-s, -s> profesión *f;* **sein ~ beherrschen** dominar su profesión

Metra *pl von* **Metrum**

Metren *pl von* **Metrum**

Metrik ['meːtrɪk] *f* <-, *ohne pl*> (LIT) métrica *f*

metrisch ['meːtrɪʃ] *adj* (LIT) métrico

Metro ['meːtro] *f* <-, -s> metro *m*

Metronom [metro'noːm] *nt* <-s, -e> metrónomo *m*

Metropole [metro'poːlə] *f* <-, -n> metrópoli *f*

Metrum ['meːtrʊm] *nt* <-s, Metren *o* Metra> **1.** (LIT) metro *m* **2.** (MUS) compás *m*

Mett [mɛt] *nt* <-(e)s, *ohne pl*> (*reg*) *plato de carne picada de cerdo cruda y condimentada con especias*

Mette ['mɛtə] *f* <-, -n> (REL) **1.** (*Frühmesse*) misa *f* de(l) alba **2.** (*Abendmesse*) misa *f* vespertina

Mettwurst *f* <-, -würste> *embutido de carne de cerdo cruda picada y condimentada con especias*

Metzelei [mɛtsə'laɪ] *f* <-, -en> (*abw*) carnicería *f*

Metzger(in) ['mɛtsgɐ] *m(f)* <-s, -; -, -nen> carnicero, -a *m, f*

Metzgerei [mɛtsgə'raɪ] *f* <-, -en> carnicería *f,* chanchería *f Am,* obraje *m Mex*

Metzgerin *f* <-, -nen> *s.* **Metzger**

Meuchelmord ['mɔɪçəl-] *m* <-(e)s, -e> (*abw*) asesinato *m* con alevosía; **Meuchelmörder(in)** *m(f)* <-s, -; -, -nen> (*abw*) asesino, -a *m, f* alevoso, -a

meucheln *vt* (*geh, lit*) asesinar con alevosía

meuchlerisch ['mɔɪçlərɪʃ] *adj* (*abw*) alevoso, traidor

Meute ['mɔɪtə] *f* <-, -n> **1.** (*Jagdhunde*) jauría *f* **2.** (*fam: Menschen*) turba *f*

Meuterei [mɔɪtə'raɪ] *f* <-, -en> motín *m,* amotinamiento *m*

Meuterer, -in *m, f* <-s, -; -, -nen> amotinador(a) *m(f),* insurrecto, -a *m, f*

meutern ['mɔɪtɐn] *vi* **1.** (*rebellieren*) amotinarse **2.** (*fam: meckern*) rebelarse, poner pegas

Mexikaner(in) [mɛksi'kaːnɐ] *m(f)* <-s, -; -, -nen> mejicano, -a *m, f,* mexicano, -a *m, f*

mexikanisch *adj* mejicano, mexicano

Mexiko ['mɛksiko] *nt* <-s> Méjico *m,* México *m*

MEZ [ɛmʔeː'tsɛt] *Abk. von* **mitteleuropäische Zeit** hora *f* de la Europa Central

Mezzosopran ['mɛtsozopraːn] *m* <-s, -e> (MUS) mezzosoprano *m*

mg *Abk. von* **Milligramm** mg

Mg (CHEM) *Abk. von* **Magnesium** Mg

MG [ɛm'geː] *nt* <-(s), -(s)> *Abk. von* **Maschinengewehr** ametralladora *f*

mhd *Abk. von* **mittelhochdeutsch** medio alto alemán

MHz *Abk. von* **Megahertz** mh.

Mia. *Abk. von* **Milliarde(n)** mil millones *mpl,* millardo *m*

miau [mi'aʊ] *interj* ¡miau!

miauen* [mi'aʊən] *vi* maullar

mich [mɪç] **I.** *pron pers akk von* **ich** me; (*betont*) a mí (me); (*mit Präposition*) mí; **rufst du ~ nachher an?** ¿me llamas luego?; **~ interessiert es nicht** a mí no me interesa; **die beiden lästern immer nur über ~** esos dos siempre están hablando mal de mí; **meinst du ~?** ¿estás hablando conmigo? **II.** *pron refl akk von* **ich** me; **ich habe ~ um eine Stelle beworben** me he presentado a una plaza; **ich halte ~ da raus** yo no me meto

mick(e)rig ['mɪk(ə)rɪç] *adj* (*fam abw: Sache*) pobre; (*Person*) enclenque, endeble, apolismado *Kol, Mex, PRico*

Mickymaus ['mɪkimaʊs] *f* <-, *ohne pl*> Micky Mouse *m*, ratón *m* Micky; **Mickymausheft** *nt* <-(e)s, -e> cómic *m* de Micky Mouse

midi ['mɪdi] *adj* midi, de largo por debajo de la rodilla

Midlifecrisis[RR] *f* <-, ->, **Midlife-Crisis**[RR] ['mɪdlaɪf'kraɪsɪs] *f* <-, -> (*geh*) crisis *f inv* de los cuarenta

mied [mi:t] *3. imp von* **meiden**

Mieder ['mi:dɐ] *nt* <-s, -> **1.** (*Unterkleidung*) corpiño *m* **2.** (*einer Tracht*) faja *f*; **Miederhose** *f* <-, -n>, **Miederslip** *m* <-s, -s> faja-braga *f*; **Miederwaren** *fpl* corsetería *f*

Mief [mi:f] *m* <-s, *ohne pl*> (*fam abw*) mal olor *m*, peste *f*

miefen *vi* (*fam abw*) apestar, atufar

Miene ['mi:nə] *f* <-, -n> cara *f*; **ohne eine ~ zu verziehen** sin pestañear; **eine freundliche/finstere ~ machen** poner buena/mala cara; **gute ~ zum bösen Spiel machen** poner a mal tiempo buena cara; **er machte ~, seinen Platz zu verlassen** dió a entender que abandonaba su lugar; **Mienenspiel** *nt* <-s, *ohne pl*> mímica *f*, gestos *mpl*

mies [mi:s] *adj* (*fam abw*) miserable, malo; **etw/jdn ~ machen** hablar mal de algo/de alguien; **sich ~ verhalten** comportarse miserablemente

Miese ['mi:zə] *pl* (*fam*): **mit dem Konto in den ~n sein** tener la cuenta en números rojos; **in die ~n kommen** endeudarse; **wir haben nur ~ gemacht** no hemos sacado ni para los gastos

Miesepeter ['mi:zəpe:tɐ] *m* <-s, -> (*fam*) cascarrabias *mf inv*

miesepet(e)rig ['mi:zəpe:t(ə)rɪç] *adj* (*fam*) malhumorado; **~ sein** estar de mal café; **ein ~es Gesicht** cara de mal genio

mies|machen *vt s.* **mies**

Miesmacher(in) *m(f)* <-s, -; -, -nen> (*fam abw*) aguafiestas *mf inv*

Miesmacherei *f* <-, *ohne pl*> (*fam abw*) despotrique *m*

Miesmacherin *f* <-, -nen> *s.* **Miesmacher**

Miesmuschel *f* <-, -n> mejillón *m*

Mietauto *nt* <-s, -s> coche *m* de alquiler; **Mietbasis** *f* <-, *ohne pl*>: **auf ~** en alquiler; **Mietbeihilfe** *f* <-, -n> subsidio *m* de alquiler

Miete ['mi:tə] *f* <-, -n> **1.** (*Wohnungs~*) alquiler *m*; **zur ~ wohnen** vivir en un piso de alquiler; **das ist dann schon die halbe ~** (*fam fig*) ya está prácticamente (metido) en el saco **2.** (AGR: *Lagergrube*) hacina *f*, parva *f*

Mieteinkünfte *pl* ingresos *mpl* por alquileres; **Mieteinnahme** *f* <-, -n> ingreso *m* por alquiler

mieten ['mi:tən] *vt* alquilar, rentar *Am*

Mieter(in) *m(f)* <-s, -; -, -nen> (*einer Wohnung*) inquilino, -a *m, f*; **einem ~ kündigen** desahuciar a un inquilino

Mieterhöhung *f* <-, -en> aumento *m* del alquiler [*o* del arriendo]

Mieterin *f* <-, -nen> *s.* **Mieter**

Mieterschutz *m* <-es, *ohne pl*> protección *f* al inquilino; **Mieterschutzgesetz** *nt* <-es, -e> ley *f* de protección al inquilino

Mieterverein *m* <-s, -e> asociación *f* de inquilinos

mietfrei *adj* libre de alquiler; **~ wohnen** vivir sin pagar alquiler; **Mietgebühr** *f* <-, -en> tarifa *f* de alquiler, alquiler *m*; **Mietkauf** *m* <-(e)s, -käufe> arrendamiento *m* con opción de compra; (*Leasing*) leasing *m*; **Mietpartei** *f* <-, -en> inquilino, -a *m, f*

Mietpreis *m* <-es, -e> (precio *m* del) alquiler *m*; **Mietpreisbindung** *f* <-, -en> control *m* de alquileres; **Mietpreisstopp** *m* <-s, -s> congelación *f* de alquileres

Mietrecht *nt* <-(e)s, *ohne pl*> (JUR) derecho *m* arrendaticio; **Mietrückstand** *m* <-(e)s, -stände> alquiler *m* atrasado

Mietshaus *nt* <-es, -häuser> casa *f* de alquiler; **Mietskaserne** *f* <-, -n> bloque *m* de pisos, casa *f* de departamentos *Am*

Mietspiegel *m* <-s, -> media *f* del alquiler; **Mietverhältnis** *nt* <-ses, -se> contrato *m* de alquiler; **ein ~ abschließen/aufheben** firmar/cancelar un contrato de alquiler; **Mietvertrag** *m* <-(e)s, -träge> contrato *m* de alquiler; **einen ~ abschließen/aufkündigen** firmar/rescindir un contrato de alquiler; **jährlich kündbarer ~** contrato de alquiler de un año (de plazo); **Mietwagen** *m* <-s, -> coche *m* de alquiler; **Mietwert** *m* <-(e)s, -e> valor *m* del alquiler; **Mietwohnung** *f* <-, -en> piso *m* de alquiler; **Mietwucher** *m* <-s, *ohne pl*> (*abw*) alquiler *m* abusivo [*o* usurario]; **Mietzins** *m* <-es, -e> (*südd, Österr, Schweiz*) renta *f*, alquiler *m*; **Mietzuschuss**[RR] *m* <-es, -schüsse> subvención *f* para el alquiler

miez [mi:ts] *interj* ¡michino!, ¡michina!

Mieze ['mi:tsə] *f* <-, -n> (*fam*), **Miezekatze** *f* <-, -n> (*fam*) gatito *m*

Migräne [mi'grɛ:nə] *f* <-, *ohne pl*> jaqueca *f*, migraña *f*; **Migränemittel** *nt* <-s, -> remedio *m* contra la jaqueca

Migration [migra'tsjo:n] *f* <-, -en> (GEO,

BIOL, SOZIOL) migración *f*

migrieren* *vi sein* emigrar

Mikado [mi'ka:do] *nt* <-s, -s> (*Spiel*) (juego *m* del) micado *m*

Mikro ['mikro] *nt* <-s, -s> micro *m*

Mikrobe [mi'kro:bə] *f* <-, -n> (BIOL) microbio *m*

mikrobiell *adj* (BIOL, MED) microbiano

Mikrobiologe, **-in** [mikro-] *m, f* <-n, -n; -, -nen> microbiólogo, -a *m, f;* **Mikrobiologie** *f* <-, *ohne pl*> microbiología *f;* **mikrobiologisch** *adj* microbiológico; **Mikrochip** ['mi:kro-] *m* <-s, -s> (ELEK) microchip *m;* **Mikrochirugie** *f* <-, *ohne pl*> (MED) microcirugía *f;* **Mikrocomputer** ['-----] *m* <-s, -> (INFOR) microcomputadora *f,* microordenador *m;* **Mikroelektronik** *f* <-, *ohne pl*> microelectrónica *f;* **Mikrofaser** ['----] *f* <-, -n> microfibra *f;* **Mikrofiche** ['mi:krofi:ʃ, mikro'fi:ʃ] *nt o m* <-s, -s> microficha *f;* **Mikrofilm** ['mi:kro-] *m* <-s, -e> microfilm(e) *m;* **auf ~ aufnehmen** microfilmar

Mikrofon [mikro'fo:n] *nt* <-s, -e> micrófono *m*

Mikroklima ['----] *nt* <-s, -s *o* -te *o* -ta> microclima *m;* **Mikrokosmos** ['mi:krokɔsmɔs, mikro'kɔsmɔs] *m* <-, *ohne pl*>, **Mikrokosmus** *m* <-, *ohne pl*> (BIOL, PHILOS, PHYS) microcosmo(s) *m* (*inv*); **Mikrometer** *nt* <-s, -> micrómetro *m*

Mikron ['mi:krɔn] *nt* <-s, -> (*alt*) micrón *m*

Mikronährstoff *m* <-(e)s, -e> sustancia *f* micronutritiva; **Mikroökonomie** ['------, -----'-] *f* <-, *ohne pl*> (WIRTSCH) microeconomía *f;* **mikroökonomisch** ['------, ----'--] *adj* (WIRTSCH) microeconómico; **Mikroorganismus** ['------, ----'--] *m* <-, -organismen> (BIOL) microorganismo *m*

Mikrophon [mikro'fo:n] *nt* <-s, -e> *s.* **Mikrofon**

Mikroprozessor ['-----] *m* <-s, -en> (TECH) microprocesador *m*

Mikrorille ['----] *f* <-, -n> microsurco *m;* **Mikrorillenschallplatte** *f* <-, -n> disco *m* (de) microsurco

Mikroskop [mikro'sko:p] *nt* <-s, -e> microscopio *m;* ~ **mit 60facher Vergrößerung** microscopio de 60 aumentos

Mikroskopie [mikrosko'pi:] *f* <-, *ohne pl*> microscopía *f*

mikroskopieren* **I.** *vt* observar por el microscopio, examinar bajo el microscopio **II.** *vi* trabajar con el microscopio, estudiar con el microscopio

mikroskopisch [mikro'sko:pɪʃ] *adj* microscópico; ~ **klein** de tamaño microscópico

Mikrowaage *f* <-, -n> microbalanza *f*

Mikrowelle ['----] *f* <-, -n> **1.** (*~nherd*) (horno *m*) microondas *m inv* **2.** (ELEK) microonda *f;* **Mikrowellenherd** *m* <-(e)s, -e> (horno *m*) microondas *m inv*

Milan ['mi:lan, mi'la:n] *m* <-s, -e> milano *m*

Milbe ['mɪlbə] *f* <-, -n> ácaro *m;* **Milbenbekämpfungsmittel** *nt* <-s, -> agente *m* para combatir los ácaros

Milch [mɪlç] *f* <-, *ohne pl*> (*a.* BOT) leche *f;* ~ **geben** dar leche; **dicke** ~ leche cuajada; **das Land, wo ~ und Honig fließt** el país de color de rosa; **Milchbar** *f* <-, -s> *bar donde se sirven fundamentalmente batidos,* fresquería *f Am;* **Milchbart** *m* <-(e)s, -bärte> (*unerfahrener Mann*) bisoño *m;* **Milchdrüse** *f* <-, -n> (ANAT) glándula *f* mamaria; **Milcherzeugnis** *nt* <-ses, -se> producto *m* lácteo; **Milchflasche** *f* <-, -n> **1.** (*Babyflasche*) biberón *m* **2.** (*für den Verkauf*) botella *f* de leche; **Milchfrau** *f* <-, -en> (*fam*) lechera *f;* **Milchgebiss**[RR] *nt* <-es, -e> dientes *mpl* de leche; **Milchgeschäft** *nt* <-(e)s, -e> lechería *f;* **Milchglas** *nt* <-es, *ohne pl*> (*Material*) vidrio *m* opalino

milchig ['mɪlçɪç] *adj* lechoso, lácteo

Milchkaffee *m* <-s, *ohne pl*> café *m* con leche; **Milchkanne** *f* <-, -n> (*zum Transport*) bidón *m* de leche; (*kleine ~*) lechera *f;* **Milchkraut** *nt* <-(e)s, -kräuter> (BOT) lechetrezna *f;* **Milchkuh** *f* <-, -kühe> vaca *f* lechera

Milchmädchenrechnung *f* <-, -en> cuenta *f* de la lechera

Milchmann *m* <-(e)s, -männer> (*fam*) lechero *m*

Milchmixgetränk *nt* <-(e)s, -e> batido *m*

Milchner ['mɪlçnɐ] *m* <-s, -> (ZOOL) pez *m* macho (en el tiempo de la freza)

Milchprodukt *nt* <-(e)s, -e> producto *m* lácteo; **Milchpulver** *nt* <-s, -> leche *f* en polvo; **Milchquote** *f* <-, -n> (AGR) cuota *f* de leche; **Milchreis** *m* <-es, *ohne pl*> arroz *m* con leche, arequipa *f Kol, Mex;* **Milchsäure** *f* <-, *ohne pl*> (CHEM) ácido *m* láctico; **Milchschokolade** *f* <-, -n> chocolate *m* con leche; **Milchshake** [-ʃe:k] *m* <-s, -s> (GASTR) batido *m;* **Milchspeise** *f* <-, -n> plato *m* a base de leche

Milchstraße *f* <-, *ohne pl*> (ASTR) vía *f* láctea; **Milchstraßensystem** *nt* <-s, *ohne pl*> (ASTR) sistema *m* galáctico

Milchsuppe *f* <-, -n> sopa *f* de leche; **Milchtüte** *f* <-, -n> bolsa *f* de leche; **Milchwirtschaft** *f* <-, *ohne pl*> industria *f* lechera; **Milchzahn** *m* <-(e)s, -zähne> diente *m* de leche; **Milchzucker** *m* <-s, *ohne pl*> lactosa *f*

mild(e) [mɪlt, 'mɪldə] *adj* **1.** (*sanft, Luft*) suave; (*Klima*) templado **2.** (*nachsichtig*) indulgente, clemente; (*gütig*) benigno; (*Strafe*) leve; **eine ~e Gabe** una limosna; **jdn ~(e) stimmen** calmar a alguien; **... und das ist noch ~(e) ausgedrückt** ... y eso es sin llamarlo por su nombre **3.** (*Tabak, Speisen*) suave; ~ **im Geschmack** de [*o* con] un sabor suave

Milde ['mɪldə] *f* <-, *ohne pl*> **1.** (*Nachsicht*) indulgencia *f,* clemencia *f;* (*Güte*) benevolencia *f;* ~ **walten lassen** tener clemencia

2. (*Sanftheit*) suavidad *f;* (*des Klimas*) templanza *f* **3.** (*im Geschmack, Geruch*) suavidad *f*

mildern ['mɪldɐn] **I.** *vt* (*Zorn*) calmar; (*Schmerz, Wirkung*) atenuar; (*Aufprall*) suavizar; **~de Umstände** circunstancias atenuantes; **er hat sein Urteil gemildert** ha conmutado su sentencia; **Joghurt mildert etwas den Geschmack** el yogurt suaviza un poco el sabor **II.** *vr:* **sich ~** disminuir

Milderung *f* <-, *ohne pl*> **1.** (*von Schmerz*) mitigación *f* **2.** (*Mäßigung*) moderación *f;* **Milderungsgrund** *m* <-(e)s, -gründe> circunstancia *f* atenuante

mildtätig *adj* (*geh*) caritativo; **Mildtätigkeit** *f* <-, *ohne pl*> (*geh*) caridad *f*

Milieu [mi'ljø:] *nt* <-s, -s> (medio *m*) ambiente *m;* **milieugeschädigt** *adj* psíquicamente afectado por el entorno (social)

militant [mili'tant] *adj* militante

Militanz [mili'tants] *f* <-, *ohne pl*> militancia *f*

Militär¹ [mili'tɛ:ɐ] *m* <-s, -s> (*Offizier*) militar *m*

Militär² *nt* <-s, *ohne pl*> (*Heer*) ejército *m,* fuerzas *fpl* armadas; **er ist beim ~** (*als Berufssoldat*) es militar; (*als Wehrdienstleistender*) hace el servicio militar; **Militärakademie** *f* <-, -n> academia *f* militar; **Militärarzt** *m* <-(e)s, -ärzte> médico *m* militar; **Militärattaché** *m* <-s, -s> agregado *m* militar; **Militärbündnis** *nt* <-ses, -se> alianza *f* militar; **Militärdienst** *m* <-(e)s, *ohne pl*> servicio *m* militar, mili *f fam;* **Militärdiktatur** *f* <-, -en> dictadura *f* militar; **Militärgericht** *nt* <-(e)s, -e> tribunal *m* militar, consejo *m* de guerra; **jdn vor ein ~ stellen** hacerle a alguien un consejo de guerra

militärisch [mili'tɛ:rɪʃ] *adj* militar; **mit ~en Ehren** con honras militares; **hier geht es streng ~ zu** (*fig*) aquí están todos más rectos que un palo

militarisieren* [militari'zi:rən] *vt* militarizar

Militarisierung [militari'zi:rʊŋ] *f* <-, *ohne pl*> militarización *f*

Militarismus [milita'rɪsmʊs] *m* <-, *ohne pl*> (*abw*) militarismo *m*

Militarist(in) [milita'rɪst] *m(f)* <-en, -en; -, -nen> (*abw*) militarista *mf*

militaristisch *adj* militarista

Militärjunta *f* <-, -junten> junta *f* militar; **Militärkapelle** *f* <-, -n> banda *f* militar; **Militärpolizei** *f* <-, -en> policía *f* militar; **Militärputsch** *m* <-(e)s, -e> golpe *m* militar; **Militärregierung** *f* <-, -en> gobierno *m* militar; **Militärstützpunkt** *m* <-(e)s, -e> base *f* militar; **Militärzeit** *f* <-, *ohne pl*> tiempo *m* del servicio militar, mili *f fam*

Miliz [mi'li:ts] *f* <-, -en> milicia *f*

Milizionär(in) [militsjo'nɛ:ɐ] *m(f)* <-s, -e; -, -nen> (*Soldat*) miliciano, -a *m, f*

Mill. *Abk. von* **Million(en)** millón *m*

Mille ['mɪlə] *nt* <-, -> (*fam*) mil marcos *mpl*

Millennium [mɪ'lɛniʊm, *pl:* mɪ'lɛniən] *nt* <-s, Millennien> (*geh*) milenio *m*

Milliardär(in) [mɪljar'dɛ:ɐ] *m(f)* <-s, -e; -, -nen> multimillonario, -a *m, f*

Milliarde [mɪ'ljardə] *f* <-, -n> mil millones *mpl;* **Milliardenbetrag** *m* <-(e)s, -träge> (suma *f* de) miles *mpl* de millones

milliardste(r, s) [mɪ'ljartstə, -tɐ, -təs] *adj* milmillonésimo

milliardstel [mɪ'ljartstəl] *adj inv* milmillonésimo

Millibar ['mɪliba:ɐ] *nt* <-s, -s> (METEO) milibar *m,* milibara *f Am;* **Milligramm** ['mɪligram] *nt* <-s, -e> miligramo *m;* **Milliliter** *m o nt* <-s, -> mililitro *m*

Millimeter [mɪli'me:tɐ, '----] *m o nt* <-s, -> milímetro *m;* **Millimeterpapier** [--'----] *nt* <-(e)s, -e> papel *m* milimetrado

Million [mɪ'ljo:n] *f* <-, -en> millón *m;* **~en von Menschen** millones de personas; **zwei ~en Mark** dos millones de marcos; **~en und Abermillionen** millones y millones

Millionär(in) [mɪljo'nɛ:ɐ] *m(f)* <-s, -e; -, -nen> millonario, -a *m, f;* **vom Tellerwäscher zum ~** de fregadero a millonario

Millionenabschluss^RR^ *m* <-es, -schlüsse> (WIRTSCH) transacción *f* de (varios) millones; **Millionenauflage** *f* <-, -n> (MEDIA) edición *f* de (más de) un millón de ejemplares; **Millionenauftrag** *m* <-(e)s, -träge> (WIRTSCH) encargo *m* por valor de (más de) un millón (de marcos); **Millionenerbe, -in** *m, f* <-n, -n; -, -nen> heredero, -a *m, f* millonario, -a; **millionenfach** **I.** *adj* un millón de veces; **~es Leid** un sufrimiento compartido por millones **II.** *adv* un millón de veces; *s. a.* **achtfach;** **Millionengeschäft** *nt* <-(e)s, -e> negocio *m* de (varios) millones; **Millionengewinn** *m* <-(e)s, -e> premio *m* millonario; **millionenmal** [-'--'-] *adv* un millón de veces; *s. a.* **achtmal;** **Millionenschaden** *m* <-s, -schäden> daños *mpl* por valor de más de un millón (de marcos); **millionenschwer** *adj* (*fam*) forrado [*o* repleto] de millones; **Millionenstadt** *f* <-, -städte> ciudad *f* de más de un millón de habitantes

millionste(r, s) [mɪ'ljo:nstə, -tɐ, -təs] *adj* millonésimo

Millionstel [mɪ'ljo:nstəl] *nt* <-s, -> millonésimo *m*

millionstel *adj inv* millonésimo

Millirem ['mɪli-] *nt* <-s, -s> milirrem *m*

Milz [mɪlts] *f* <-, -en> bazo *m*

Milzbrand *m* <-(e)s, *ohne pl*> (MED) carbunco *m*

mimen ['mi:mən] *vt* (*fam abw*) fingir; **mim hier nicht den Ahnungslosen** no te hagas el inocente

Mimik ['mi:mɪk] *f* <-, *ohne pl*> mímica *f*

Mimikry ['mɪmikri] *f* <-, *ohne pl*> mimetismo *m*

mimisch ['mi:mɪʃ] *adj* mímico

M

Mimose [mi'mo:zə] *f* <-, -n> **1.** (BOT) mimosa *f*, sensitiva *f*, dormilona *f ZAm*, dormidera *f Cuba, PRico* **2.** (*Mensch*) hipersensible *mf*

mimosenhaft *adj* de mírame y no me toques, sensiblero

min., **Min.** *Abk. von* **Minute(n)** m

Minamatakrankheit *f* <-, *ohne pl*> enfermedad *f* minamata

Minarett [mina'rɛt] *nt* <-(e)s, -e> minarete *m*, alminar *m*

minder ['mɪndɐ] *adv kompar von* **wenig** (*geh*) menos (*als* que); **das interessiert mich nicht ~** no me interesa menos; **minderbegabt** *adj* menos dotado; **minderbemittelt** *adj* económicamente débil; (*arm*) necesitado; **geistig ~** (*fam abw*) cerrado de mollera; **Minderbemittelte(r)** *mf* <-n, -n; -n, -n> necesitado, -a *m, f*, persona *f* con rentas bajas; **ein geistig ~r** (*fam abw*) un retrasado (mental); **Minderbewertung** *f* <-, -en> desvalorización *f*

mindere(r, s) ['mɪndərə, -rɐ, -rəs] *adj* menor; (*minderwertig*) inferior; **von ~r Güte** [*o* **Qualität**] de calidad inferior; **von ~em Interesse** de menos interés

Mindereinnahmen *fpl* puja *f* inferior a la esperada

Minderheit *f* <-, -en> minoría *f*; **in der ~ sein** estar en minoría; **nationale ~en** minorías nacionales; **Minderheitenfrage** *f* <-, *ohne pl*> (POL) problema *m* de las minorías; **Minderheitenschutz** *m* <-es, *ohne pl*> (POL) protección *f* a las minorías; **Minderheitensprache** *f* <-, -n> idioma *m* de minorías, lengua *f* de minorías

Minderheitsaktionär(in) *m(f)* <-s, -e; -, -nen> (WIRTSCH) accionista *mf* minoritario, -a; **Minderheitsbeteiligung** *f* <-, -en> (WIRTSCH) participación *f* minoritaria (*an* en); **Minderheitsregierung** *f* <-, -en> gobierno *m* minoritario

minderjährig *adj* menor de edad

Minderjährige(r) *mf* <-n, -n; -n, -n> menor *mf* de edad

Minderjährigkeit *f* <-, *ohne pl*> minoría *f* de edad

mindern ['mɪndɐn] *vt* (*geh*) disminuir (*um* en, *auf* a); (*Verdienste*) desvalorar

Minderung *f* <-, -en> **1.** (*Wert~*) disminución *f* (*um* en, *auf* a), reducción *f* (*um* en, *auf* a); (*Preis*) rebaja *f* (*um* en, *auf* a) **2.** (JUR) reducción *f* **3.** (*des Lohns*) reducción *f*, rebaja *f*

Minderwert *m* <-(e)s, -e> minusvalía *f*

minderwertig *adj* (de calidad) inferior, de escaso valor

Minderwertigkeit *f* <-, *ohne pl*> inferioridad *f*; **Minderwertigkeitsgefühl** *nt* <-s, -e> (PSYCH) complejo *m* de inferioridad; **Minderwertigkeitskomplex** *m* <-es, -e> (PSYCH) complejo *m* de inferioridad

Minderzahl *f* <-, *ohne pl*> minoría *f*; **in der ~ sein** estar en minoría

Mindestabnahmemenge *f* <-, -n> cuota *f* mínima de venta; **Mindestabsatz** *m* <-es, -sätze> venta *f* mínima; **Mindestabstand** *m* <-(e)s, -stände> distancia *f* mínima; **Mindestalter** *nt* <-s, -> edad *f* mínima; **Mindestanforderung** *f* <-, -en> exigencia *f* mínima, requisito *m* mínimo; **Mindestangebot** *nt* <-(e)s, -e> oferta *f* mínima; **Mindestarbeitszeit** *f* <-, -en> horario *m* mínimo de trabajo; **Mindestbetrag** *m* <-(e)s, -träge> cantidad *f* mínima; **Mindestdeckung** *f* <-, -en> (FIN, WIRTSCH) cobertura *f* mínima; **Mindestdividende** *f* <-, -n> (FIN, WIRTSCH) dividendo *m* mínimo

mindeste(r, s) ['mɪndəstə, -tɐ, -təs] **I.** *adj* menor, mínimo; **nicht die ~ Ahnung haben** no tener la menor idea; **ich verstehe nicht das ~** [*o* **M~**] **davon** no entiendo ni lo más mínimo de eso; **das wäre wohl das ~** [*o* **M~**] **gewesen** eso hubiera sido lo mínimo **II.** *adv:* **das bezweifle ich nicht im ~n** [*o* **M~n**] de eso no tengo la menor duda; **zum ~n** [*o* **M~n**] **hätte er sich entschuldigen können** como mínimo podría haberse disculpado

Mindesteinkommen *nt* <-s, -> ingreso *m* mínimo

mindesten *s.* **mindeste(r, s) II.**

mindestens ['mɪndəstəns] *adv* por lo menos, como mínimo

Mindestgebot *nt* <-(e)s, -e> (FIN, WIRTSCH) oferta *f* mínima, puja *f* mínima

Mindestgehalt[1] *m* <-(e)s, -e> (*Inhalt*) contenido *m* mínimo

Mindestgehalt[2] *nt* <-(e)s, -hälter> (*Lohn*) salario *m* mínimo

Mindestgeschwindigkeit *f* <-, -en> velocidad *f* mínima; **Mindestgewicht** *nt* <-(e)s, -e> peso *m* mínimo; **Mindesthaltbarkeitsdatum** *nt* <-s, -daten> fecha *f* mínima de caducidad; **Mindestlohn** *m* <-(e)s, -löhne> salario *m* mínimo; **garantierter/gesetzlicher ~** salario mínimo garantizado/legal; **Mindestmaß** *nt* <-es, -e> mínimo *m* (*an* de); **sich auf das ~ beschränken** limitarse al mínimo; **ein ~ an Toleranz** un mínimo de tolerancia; **Mindestpreis** *m* <-es, -e> precio *m* mínimo; **garantierter ~** precio mínimo garantizado; **Mindeststrafe** *f* <-, -n> pena *f* mínima; **Mindestumtausch** *m* <-(e)s, -e> cambio *m* mínimo

Mine ['mi:nə] *f* <-, -n> (*a.* BERGB, MIL) mina *f*; **~n legen** colocar minas; **auf eine ~ laufen** pisar una mina; **Minenfeld** *nt* <-(e)s, -er> zona *f* minada; **Minenleger** *m* <-s, -> (MIL) minador *m*; **Minenräumboot** *nt* <-(e)s, -e> (MIL) dragaminas *m inv*; **Minensuchboot** *nt* <-(e)s, -e> (MIL) buscaminas *m inv*; **Minensuchgerät** *nt* <-(e)s, -e> (MIL) buscaminas *m inv*; **Minenwerfer** *m* <-s, -> (MIL) lanzaminas *m inv*

Mineral [mine'ra:l] *nt* <-s, -e *o* -ien> mineral *m*; **Mineralbad** *nt* <-(e)s, -bäder> baño *m* de aguas minerales

mineralisch *adj* mineral

Mineralisierung *f* <-, -en> mineralización *f*

Mineraloge, **-in** [mineraˈloːgə] *m, f* <-n, -n; -, -nen> mineralogista *mf*

Mineralogie [mineraloˈgiː] *f* <-, *ohne pl*> mineralogía *f*

Mineralogin *f* <-, -nen> *s.* **Mineraloge**

mineralogisch [mineraˈloːgɪʃ] *adj* mineralógico

Mineralöl *nt* <-(e)s, -e> **1.** (*destilliertes Erdöl*) aceite *m* mineral **2.** (*Erdöl*) petróleo *m;* **Mineralölerzeugnis** *nt* <-ses, -se> producción *f* de aceite mineral; **Mineralölgesellschaft** *f* <-, -en> (WIRTSCH) sociedad *f* petrolera; **Mineralölsteuer** *f* <-, -n> impuesto *m* sobre el aceite mineral

Mineralquelle *f* <-, -n> fuente *f* de aguas minerales, manantial *m* de aguas minerales; **Mineralsalz** *nt* <-es, -e> sal *f* mineral; **Mineralstoffe** *mpl* elementos *mpl* minerales; **Mineralwasser** *nt* <-s, -wässer> agua *f* mineral

mini [ˈmɪni] *adj inv* mini-; ~ **tragen** llevar (una) mini, llevar una minifalda

Mini [ˈmɪni, ˈmini] *m* <-s, -s> (*fam*) minifalda *f*

Miniatur [miniaˈtuːɐ] *f* <-, -en> miniatura *f;* **Miniaturausgabe** *f* <-, -n> edición *f* en miniatura; **Miniaturformat** *nt:* ~ **haben** tener tamaño de miniatura; **im** ~ en miniatura

Minibar [ˈmɪni-] *f* <-, -s> minibar *m;* **Mini-CD** *f* <-, -(s)> compact *m* disc mini; **Minigolf** *nt* <-s, *ohne pl*> minigolf *m;* **Minikassette** *f* <-, -n> minicassette *m o f;* **Minikleid** *nt* <-(e)s, -er> vestido *m* mini

Minima *pl von* **Minimum**

minimal [miniˈmaːl] *adj* (*wenig*) mínimo; (*unbedeutend*) insignificante; **Minimalbelastung** *f* <-, -en> carga *f* mínima; **Minimalforderung** *f* <-, -en> demanda *f* mínima; **Minimalsatz** *m* <-es, -sätze> tipo *m* mínimo; **Minimalwert** *m* <-(e)s, -e> valor *m* mínimo

minimieren* [miniˈmiːrən] *vt* (*geh*) minimalizar

Minimierung *f* <-, -en> (*geh*) acción *f* de minimizar

Minimum [ˈmiːnimʊm, *pl:* ˈmiːnima] *nt* <-s, Minima> mínimo *m* (*an* de)

Minipille *f* <-, -n> (*fam*) píldora *f* anticonceptiva de menor contenido hormonal; **Minirock** *m* <-(e)s, -röcke> minifalda *f;* **Minispion** *m* <-s, -e> micrófono *m* oculto

Minister(in) [miˈnɪstɐ] *m(f)* <-s, -; -, -nen> ministro, -a *m, f;* **Ministeramt** *nt* <-(e)s, -ämter> cargo *m* ministerial, cartera *f*

Ministerialbeamte(r) *mf* <-n, -n; -n, -n>, **-beamtin** *f* <-, -nen> funcionario, -a *m, f* de Estado; **Ministerialdirektor(in)** *m(f)* <-s, -en; -, -nen> director(a) *m(f)* general (de un ministerio); **Ministerialrat**, **-rätin** [minɪsteriˈaːlraːt] *m, f* <-(e)s, -räte; -, -nen> secretario, -a *m, f* de Estado

ministeriell [minɪsteriˈɛl] *adj* ministerial

Ministerin *f* <-, -nen> *s.* **Minister**

Ministerium [minɪsˈteːriʊm] *nt* <-s, Ministerien> ministerio *m,* secretaría *f Am;* ~ **für Erziehung und Wissenschaft** Ministerio de Educación y Ciencia

Ministerkonferenz *f* <-, -en> conferencia *f* de ministros; **Ministerpräsident(in)** *m(f)* <-en, -en; -, -nen> **1.** (*eines Staates*) presidente, -a *m, f* del Gobierno **2.** (*eines Bundeslandes*) presidente, -a *m, f* del land [*o* del Estado federal]; **Ministerrat** *m* <-(e)s, -räte> consejo *m* de ministros

Ministrant(in) [minɪsˈtrant] *m(f)* <-en, -en; -, -nen> (REL) monaguillo, -a *m, f*

ministrieren* [minɪsˈtriːrən] *vi* (REL) ayudar en misa, hacer de monaguillo

Minna [ˈmɪna] *f* (*fam*): **jdn zur** ~ **machen** poner a alguien como un trapo; **die grüne** ~ transporte de la policía

Minne [ˈmɪnə] *f* <-, *ohne pl*> (HIST) amor *m* platónico; **Minnelied** *nt* <-(e)s, -er> (LIT) "minnelied" *m,* canción *f* de tema amoroso; **Minnesang** [ˈmɪnəzaŋ] *m* <-(e)s, *ohne pl*> (LIT) "minnesang" *m,* poesía *f* trovadoresca alemana; **Minnesänger** *m* <-s, -> trovador *m*

Minorität [minoriˈtɛːt] *f* <-, -en> minoría *f;* **Minoritätsbeteiligung** *f* <-, -en> (WIRTSCH) participación *f* minoritaria (*an* en)

Minuend [miˈnuɛnt, *pl:* miˈnuɛndən] *m* <-en, -en> (MATH) minuendo *m*

minus [ˈmiːnʊs] **I.** *konj* (MATH: *weniger*) menos; **neun** ~ **zwei ist sieben** nueve menos dos son siete **II.** *adv* **1.** (MATH: *kleiner als null*) menos; **sieben** ~ **neun ist** ~ **zwei** siete menos nueve son menos dos **2.** (*Temperatur*) bajo cero; **15 Grad** ~ 15 grados bajo cero **3.** (ELEK) negativo

Minus [ˈmiːnʊs] *nt* <-, *ohne pl*> **1.** (*Fehlbetrag*) déficit *m inv;* **ein** ~ **von fünfzig Mark** un déficit de 50 marcos; **ins** ~ **kommen** tener un déficit; **wir haben** ~ **gemacht** hemos sacado pérdidas **2.** (*Nachteil*) desventaja *f;* **Minuspol** *m* <-s, -e> (ELEK, PHYS) polo *m* negativo; **Minuspunkt** *m* <-(e)s, -e> punto *m* negativo; **Minustemperatur** *f* <-, -en> temperatura *f* bajo cero, temperatura *f* por debajo de cero; **Minuszeichen** *nt* <-s, -> signo *m* de substracción, (signo *m* de) menos *m*

Minute [miˈnuːtə] *f* <-, -n> minuto *m;* **es ist zehn Uhr und fünf ~n** son las diez y cinco; **auf die** ~ (**pünktlich**) en punto; **die ~n vergehen/verstreichen** los minutos pasan/transcurren; **in letzter** ~ en último minuto; **fünf ~n vor/nach drei** las tres menos/y cinco; **hast du 'ne** ~ **Zeit?** ¿tienes un minuto?; **minutenlang I.** *adj* de varios minutos; **~er Applaus** un aplauso por espacio de varios minutos **II.** *adv* durante algunos minutos; **Minutenzeiger** *m* <-s, -> minutero *m*

minutiös [minuˈtsjøːs] *adj* (*geh*), **minuziös** [minuˈtsjøːs] *adj* (*geh*) minucioso

M

Minze ['mɪntsə] *f* <-, -n> menta *f*

mir [miːɐ] **I.** *pron pers dat von* **ich** me; (*betont*) a mí (me); (*mit Präposition*) mí; **sie haben ~ ein Buch geschenkt** me han regalado un libro; **~ gefällt das sehr gut** a mí me gusta mucho; **hinter/vor/unter/über ~** detrás de/delante de/debajo de/encima de mí; **neben ~** a mi lado; **mit ~** conmigo; **ein Freund von ~** un amigo mío; **von ~ aus** por mí; **das gehört ~** es mío; **kommst du zu ~ (nach Hause)?** ¿vienes a mi casa?; **bei ~ gibt's immer Besuch** en mi casa siempre hay visita; **~ nichts, dir nichts** sin más ni más; **du bist ~ einer!** ¡mira que eres!; **dass du ~ keinen Blödsinn machst!** ¡no me hagas tonterías!; **wie du ~, so ich dir** (*prov*) donde las dan, las toman **II.** *pron refl dat von* **ich** me; **ich will ~ noch die Haare waschen** todavía quiero lavarme el pelo

Mirabelle [mira'bɛlə] *f* <-, -n> ciruela *f* amarilla

Misanthrop(in) [mizan'troːp] *m(f)* <-en, -en; -, -nen> misántropo, -a *m, f*

Mischarbeitsplatz *m* <-es, -plätze> (INFOR) puesto *m* de trabajo con base múltiple; **Mischbatterie** *f* <-, -n> grifo *m* mezclador; **Mischbrot** *nt* <-(e)s, -e> *pan de centeno y trigo;* **Mischehe** *f* <-, -n> matrimonio *m* mixto

mischen ['mɪʃən] **I.** *vt* **1.** (*vermengen*) mezclar; (*Karten*) barajar; **jdm Gift unter [*o* in] das Essen ~** ponerle veneno a alguien en la comida; **Wein mit Wasser ~** adulterar el agua con vino **2.** (*Cocktail, Gift*) preparar **3.** (FILM, RADIO, TV) mezclar **II.** *vr:* **sich ~ 1.** (*sich ein~*) entrometerse (*in* en), meterse (*in* en); **misch dich nicht in meine Angelegenheiten!** ¡no te metas en mis asuntos! **2.** (*sich vermengen*) mezclarse **3.** (*unter Menschen*) mezclarse (*unter* entre), meterse (*unter* entre) **III.** *vi* (*Karten*) barajar; **wer mischt?** ¿quién baraja?

Mischfutter *nt* <-s, *ohne pl*> pienso *m* mixto; **Mischgemüse** *nt* <-s, -> (GASTR) verduras *fpl* variadas; **Mischgewebe** *nt* <-s, -> tejido *m* de mezcla; **Mischhaut** *f* <-, *ohne pl*> piel *f* mixta; **Mischkonto** *nt* <-s, -konten> (FIN, WIRTSCH) cuenta *f* mixta; **Mischkonzern** *m* <-s, -e> (WIRTSCH) consorcio *m* (de carácter) mixto, grupo *m* mixto; **Mischlandwirtschaft** *f* <-, *ohne pl*> agricultura *f* mixta

Mischling *m* <-s, -e> **1.** (*Mensch*) mestizo, -a *m, f* **2.** (*Tier*) mezcla *f;* **Mischlingskind** *nt* <-(e)s, -er> niño, -a *m, f* mestizo, -a

Mischmasch ['mɪʃmaʃ] *m* <-(e)s, -e> (*fam a. abw*) mezcolanza *f*

Mischmaschine *f* <-, -n> mezcladora *f;* **Mischprobe** *f* <-, -n> (ÖKOL) prueba *f* mixta; **Mischpult** *nt* <-(e)s, -e> (RADIO, FILM, TV) mesa *f* de mezclas; **Mischtrommel** *f* <-, -n> tambor *m* mezclador

Mischung *f* <-, -en> mezcla *f;* **Mischungsverhältnis** *nt* <-ses, -se> proporción *f* de la mezcla

Mischwald *m* <-(e)s, -wälder> bosque *m* mixto; **Mischwirtschaft** *f* <-, *ohne pl*> (WIRTSCH) economía *f* mixta

miserabel [mize'raːbəl] *adj* miserable; **~ verarbeitet** muy mal elaborado; **~ schmecken** saber horrible

Misere [mi'zeːrə] *f* <-, -n> miseria *f,* situación *f* crítica

misogyn [mizo'gyːn] *adj* (*geh*) misógino

Misogynie [mizogy'niː] *f* <-, *ohne pl*> (*geh a.* PSYCH, MED) misoginia *f*

Mispel ['mɪspəl] *f* <-, -n> (BOT) níspola *f*

Miss [mɪs, *pl:* 'mɪsɪz] *f* <-, Misses>, **Miß** *f* <-, Misses> miss *f;* **~ World** miss Mundo

missachten*[RR] [mɪs'ʔaxtən] *vt,* **mißachten*** *vt* **1.** (*verachten*) despreciar, menospreciar **2.** (*ignorieren*) ignorar, pasar por alto (de); (*Anweisung, Gesetz*) desacatar; **Missachtung**[RR] [-'--, '---] *f* <-, *ohne pl*>, **Mißachtung** *f* <-, *ohne pl*> **1.** (*Nichtbefolgung*) desacato *m* **2.** (*Geringschätzung*) menosprecio *m,* desprecio *m;* **~ des Gerichts** obstrucción a la justicia; **missbehagen***[RR] *vi,* **mißbehagen*** *vi* (*geh*) desagradar, disgustar; **was missbehagt dir so daran?** ¿qué te molesta tanto al respecto?; **Missbehagen**[RR] ['----] *nt* <-s, *ohne pl*>, **Mißbehagen** *nt* <-s, *ohne pl*> desagrado *m,* disgusto *m;* **das bereitet ihm ~** eso le causa disgusto; **zu seinem ~ ...** para su disgusto...; **Missbildung**[RR] ['---] *f* <-, -en>, **Mißbildung** *f* <-, -en> deformidad *f,* deformación *f;* **missbilligen***[RR] [mɪs'bɪlɪgən] *vt,* **mißbilligen*** *vt* desaprobar; (*stärker*) condenar; **missbilligend**[RR], **mißbilligend** **I.** *adj* de desaprobación, crítico **II.** *adv* de forma desaprobatoria [*o* crítica]

Missbilligung[RR] [-'---, '----] *f* <-, *ohne pl*>, **Mißbilligung** *f* <-, *ohne pl*> desaprobación *f;* (*stärker*) condenación *f;* **Missbilligungsantrag**[RR] *m* <-(e)s, -träge> (POL) moción *f* de censura; **Missbilligungsvotum**[RR] *nt* <-s, -voten *o* -vota> (POL) voto *m* de censura

Missbrauch[RR] ['--] *m* <-(e)s, -bräuche>, **Mißbrauch** *m* <-(e)s, -bräuche> abuso *m;* **sexueller ~** abuso sexual; **mit etw ~ treiben** abusar de algo, cometer abusos con algo; **vor ~ wird gewarnt** se ruega no abusar; **missbrauchen***[RR] [-'--] *vt,* **mißbrauchen*** *vt* (*Person, Vertrauen*) abusar (de)

missbräuchlich[RR] ['mɪsbrɔɪçlɪç] *adj,* **mißbräuchlich** *adj* abusivo

Missbrauchsaufsicht[RR] *f* <-, *ohne pl*> (WIRTSCH) vigilancia *f* sobre el abuso

missdeuten*[RR] [mɪs'dɔɪtən] *vt,* **mißdeuten*** *vt* interpretar mal; (*absichtlich*) tergiversar; **Missdeutung**[RR] [-'--, '---] *f* <-, -en>, **Mißdeutung** *f* <-, -en> mala interpretación *f;* (*absichtliche ~*) tergiversación *f*

missen ['mɪsən] *vt* (*geh*) prescindir (de); **das**

möchte ich nicht ~ no quiero pasar sin eso; **wir mussten jeglichen Luxus** ~ tuvimos que prescindir de todo lujo

MisserfolgRR ['---] *m* <-(e)s, -e>, **Mißerfolg** *m* <-(e)s, -e> fracaso *m;* **Missernte**RR ['---] *f* <-, -n>, **Mißernte** *f* <-, -n> mala cosecha *f*

Misses *pl von* **Miss**

Missetat ['mɪsəta:t] *f* <-, -en> fechoría *f;* (REL) pecado *m*

Missetäter(in) *m(f)* <-s, -; -, -nen> **1.** (*hum: jd, der etw angestellt hat*) autor(a) *m(f)* de un destrozo [*o* de una fechoría]; **erst ließ er das Glas fallen, dann machte sich der** ~ **verstohlen aus dem Staub** primero hizo caer el vaso, luego el autor del desaguisado puso los pies en polvorosa **2.** (*alt geh: Übeltäter*) malhechor(a) *m(f)*

missfallen*RR [mɪs'falən] *irr vi,* **mißfallen*** *irr vi* (*geh*) desagradar, disgustar; **was missfällt dir an ihr?** ¿qué te molesta de ella?; **es missfällt mir, dass/wie er mich ständig anstarrt** me fastidia que/cómo me mira constantemente

MissfallenRR *nt* <-s, *ohne pl*>, **Mißfallen** *nt* <-s, *ohne pl*> desagrado *m,* disgusto *m;* **jds** ~ **erregen** provocar el disgusto de alguien; **Missfallensäußerung**RR *f* <-, -en> expresión *f* de disgusto; **Missfallenskundgebung**RR *f* <-, -en> manifestación *f* de disconformidad [*o* de desagrado]

missgebildetRR *adj,* **mißgebildet** *adj* malformado; **Missgeburt**RR ['---] *f* <-, -en>, **Mißgeburt** *f* <-, -en> (MED) criatura *f* deforme; **missgelaunt**RR *adj,* **mißgelaunt** *adj* (*geh*) de mal humor, malhumorado; **Missgeschick**RR ['---] *nt* <-(e)s, -e>, **Mißgeschick** *nt* <-(e)s, -e> percance *m,* contratiempo *m;* **mir ist ein** ~ **passiert** tuve un percance; **ich werde vom** ~ **verfolgt** me persigue la desgracia; **missgestaltet**RR *adj,* **mißgestaltet** *adj* deforme; **missgestimmt**RR *adj,* **mißgestimmt** *adj* de mal humor, malhumorado; **missglücken***RR [mɪs'glʏkən] *vi sein,* **mißglücken*** *vi sein* salir mal, fracasar; **das ist ihm gründlich missglückt** le ha salido el tiro por la culata; **missgönnen***RR [mɪs'gœnən] *vt,* **mißgönnen*** *vt* envidiar; **er missgönnt mir mein bisschen Glück** me envidia la poca suerte que tengo; **Missgriff**RR ['--] *m* <-(e)s, -e>, **Mißgriff** *m* <-(e)s, -e> desacierto *m,* error *m;* **einen** ~ **tun** cometer un error; **Missgunst**RR ['--] *f* <-, *ohne pl*>, **Mißgunst** *f* <-, *ohne pl*> envidia *f;* **missgünstig**RR *adj,* **mißgünstig** *adj* (*neidisch*) envidioso; (*eifersüchtig*) celoso; **misshandeln***RR [mɪs'handəln] *vt,* **mißhandeln*** *vt* maltratar; **Misshandlung**RR [-'--] *f* <-, -en>, **Mißhandlung** *f* <-, -en> mal(os) trato(s) *m(pl);* **missinterpretieren***RR *vt,* **mißinterpretieren*** *vt* malinterpretar

Mission[1] [mɪ'sjo:n] *f* <-, -en> (*Auftrag*) misión *f;* **seine** ~ **ist erfüllt** cumplió su misión; **seine** ~ **ist gescheitert** su misión fracasó; **in geheimer** ~ con una misión secreta

Mission[2] *f* <-, *ohne pl*> (REL) misión *f;* **Innere** ~ trabajo de misión dentro de la cristiandad

Missionar(in) [mɪsjo'na:ɐ] *m(f)* <-s, -e; -, -nen>, **Missionär(in)** [mɪsio'nɛ:ɐ] *m(f)* <-s, -e; -, -nen> (*Österr*) misionero, -a *m, f*

missionarisch [mɪsjo'na:rɪʃ] *adj* misionario, misionero

missionieren* [mɪsjo'ni:rən] *vt* evangelizar

Missionsschule *f* <-, -n> escuela *f* misionaria

MissklangRR ['--] *m* <-(e)s, -klänge>, **Mißklang** *m* <-(e)s, -klänge> disonancia *f,* **Misskredit**RR ['---] *m,* **Mißkredit** *m:* **in** ~ **geraten** [*o* **kommen**] caer en descrédito; **jdn/etw in** ~ **bringen** desacreditar a alguien/algo

misslangRR [mɪs'laŋ], **mißlang** *3. imp von* **misslingen**

misslaunigRR *adj,* **mißlaunig** *adj s.* **missgelaunt**

misslichRR ['mɪslɪç] *adj,* **mißlich** *adj* (*unangenehm*) desagradable, embarazoso; (*ärgerlich*) molesto, fastidioso

missliebigRR *adj,* **mißliebig** *adj* mal visto, impopular

MisslingenRR [-'--] *nt* <-s, *ohne pl*>, **Mißlingen** *nt* <-s, *ohne pl*> fracaso *m,* malogro *m*

misslingenRR [mɪs'lɪŋən] <misslingt, misslang, misslungen> *vi sein,* **mißlingen** <mißlingt, mißlang, mißlungen> *vi sein* fracasar, escollar *Arg, Chil;* **es ist ihm misslungen** fracasó; **der Versuch misslang ihr** fracasó en el intento; **der Kuchen ist mir misslungen** el pastel me salió mal; **seine misslungene Ehe** su matrimonio fracasado

misslungenRR [mɪs'lʊŋən], **mißlungen** *pp von* **misslingen**

MissmanagementRR ['----] *nt* <-s, *ohne pl*>, **Mißmanagement** *nt* <-s, *ohne pl*> mala gestión *f;* **Missmut**RR ['--] *m* <-(e)s, *ohne pl*>, **Mißmut** *m* <-(e)s, *ohne pl*> mal humor *m;* (*Unzufriedenheit*) descontento *m;* **missmutig**RR *adj,* **mißmutig** *adj* de mal humor, malhumorado; **missraten***RR [mɪs'ra:tən] *irr vi sein,* **mißraten*** *irr vi sein* salir mal, malograrse; **ein ~es Kind** un niño maleducado; **Missstand**RR ['--] *m* <-(e)s, -stände>, **Mißstand** *m* <-(e)s, -stände> (*Fehler*) defecto *m;* (*Lage*) situación *f* penosa; **einen** ~ **abstellen** remediar una situación; **soziale Missstände** injusticias sociales; **Missstimmung**RR ['---] *f* <-, *ohne pl*>, **Mißstimmung** *f* <-, *ohne pl*> (*Laune*) mal humor *m;* (*Unzufriedenheit*) descontento *m*

misstRR [mɪst], **mißt** *3. präs von* **messen**

MisstonRR ['--] *m* <-(e)s, -töne>, **Mißton** *m* <-(e)s, -töne> disonancia *f,* tono *m* disonante

misstrauen*[RR] [mɪs'traʊən] *vi,* **mißtrauen*** *vi* desconfiar (de); **warum misstraust du mir?** ¿por qué desconfías de mí?

Misstrauen[RR] *nt* <-s, *ohne pl*>, **Mißtrauen** *nt* <-s, *ohne pl*> desconfianza *f;* **gegen jdn/etw ~ hegen** desconfiar de alguien/de algo; **jdm das ~ aussprechen** (POL) emitir un voto de censura contra alguien; **Misstrauensantrag**[RR] *m* <-(e)s, -träge> (POL) moción *f* de censura; **Misstrauensvotum**[RR] *nt* <-s, -voten> (POL) voto *m* de censura

misstrauisch[RR] ['mɪstraʊɪʃ] *adj,* **mißtrauisch** *adj* desconfiado; **er ist ~ gegen alle** [*o* **gegenüber allen**] no se fía de nadie

Missvergnügen[RR] *nt* <-s, *ohne pl*>, **Mißvergnügen** *nt* <-s, *ohne pl*> (*geh*) desagrado *m,* desgusto *m;* **Missverhältnis**[RR] ['----] *nt* <-ses, -se>, **Mißverhältnis** *nt* <-ses, -se> desproporción *f,* desequilibrio *m;* **er steht** [*o* **befindet sich**] **in einem ~ zur Realität** no está en proporción con la realidad; **missverständlich**[RR] ['----] *adj,* **mißverständlich** *adj* equívoco, ambiguo; **sich ~ ausdrücken** expresarse ambiguamente; **Missverständnis**[RR] ['----] *nt* <-ses, -se>, **Mißverständnis** *nt* <-ses, -se> malentendido *m;* **missverstehen***[RR] ['----] *irr vt,* **mißverstehen*** *irr vt* entender mal, malinterpretar; **Sie dürfen mich nicht ~** no me malinterprete

Misswahl *f* <-, -en>, **Mißwahl** ['mɪsva:l] *f* <-, -en> certamen *m* de belleza

Misswirtschaft[RR] ['---] *f* <-, *ohne pl*>, **Mißwirtschaft** *f* <-, *ohne pl*> mala gestión *f,* desgobierno *m;* **die Folgen jahrelanger ~** las consecuencias de una mala gestión durante años

Mist [mɪst] *m* <-(e)s, *ohne pl*> **1.** (*Tierkot*) excrementos *mpl;* (*Dünger*) estiércol *m;* **das ist nicht auf seinem ~ gewachsen** (*fam*) eso no es de su propia cosecha **2.** (*fam abw: Schund*) porquería *f,* chorrada *f* **3.** (*fam abw: Unsinn*) tonterías *fpl,* disparates *mpl;* **~ bauen** meter la pata; **er redet ~** dice tonterías; **mach keinen ~!** ¡no hagas tonterías! **4.** (*fam abw: Ärgernis*): **so ein ~!** ¡qué mierda!; **Mistbeet** *nt* <-(e)s, -e> cama *f* caliente, almajara *f*

Mistel ['mɪstəl] *f* <-, -n> (BOT) muérdago *m*

Mistfink *m* <-en, -en> (*fam abw*) **1.** (*unsauberer Mensch*) cerdo *m,* guarro *m,* puerco *m* **2.** (*gemeiner Mensch*) guarro *m,* cabrón *m,* canalla *m;* **was hast du ihr angetan, du ~?** ¿qué le has hecho, cabrón?; **Mistgabel** *f* <-, -n> bieldo *m;* **Misthaufen** *m* <-s, -> estercolero *m;* **Mistkäfer** *m* <-s, -> (ZOOL) geotrupo *m;* **Mistkerl** *m* <-s, -e> (*fam abw*) guarro *m,* cabrón *m,* canalla *m;* **Miststück** *nt* <-(e)s, -e> (*fam abw*) canalla *mf;* **du altes ~!** ¡canalla!; **Mistvieh** *nt* <-s, *ohne pl*> (*fam abw*) **1.** (*gemeiner Mann*) cabrón *m;* (*gemeine Frau*) bruja *f,* cabrona *f* **2.** (*böses Tier*) animal *m* de mierda; **Mistwetter** *nt* <-s, -> (*fam*) tiempo *m* de perros

mit [mɪt] **I.** *präp +dat* **1.** (*in Begleitung von*) con; **~ mir/dir/ihm** conmigo/contigo/con él; **Kaffee ~ Milch** café con leche; **ein Zimmer ~ Frühstück** una habitación con desayuno incluido; **~ mir/uns wären wir fünf** conmigo/con nosotros seríamos cinco **2.** (*~ Hilfe von*) a, con; (*Verkehrsmittel*) en; **~ der Bahn fahren** ir en tren; **~ Gewalt** a [*o* por] la fuerza; **~ der Post** por correo; **~ der Maschine schreiben** escribir a máquina; **ich komme ~ dem nächsten Flugzeug** llego en el próximo avión; **~ einem Bindfaden verschnüren** atar con una cuerda; **~ etwas Glück** con un poco de suerte; **~ der Strömung** con la corriente **3.** (*Alter, Zeitpunkt*) a, con; **~ dreißig (Jahren)** a los treinta (años), con treinta años; **~ dem heutigen Tag** a partir de hoy; **~ einem Mal** de repente; **~ der Zeit** con el tiempo **4.** (*Eigenschaft*) con, de; **ein Mädchen ~ blonden Haaren** una chica de pelo rubio; **du immer ~ deinen Ideen/deiner Besserwisserei!** (*fam*) ¡tú siempre con tus ideas/tan sabi(h)ondo [*o* sabelotodo]! **5.** (*Art und Weise*) con, a; **~ Interesse** con interés; **das ist ~ Liebe gekocht** está guisado con cariño; **~ Bedauern musste ich feststellen ...** desgraciadamente tuve que constatar...; **~ lauter Stimme** en [*o* con] voz muy alta; **sie gewannen ~ vier zu eins** ganaron (con un resultado de) cuatro a uno; **~ 80 Stundenkilometern** a 80 kilómetros por hora; **was ist los ~ dir?** ¿qué te pasa?; **wie geht's ~ deiner Arbeit?** ¿cómo te va en tu trabajo? **II.** *adv* (*ebenfalls*): **etw ~ berücksichtigen** considerar algo, tener algo en cuenta; **bei (einer Gruppe) ~ dabei sein** [*o* **dazugehören**] formar parte de (un grupo); **im Preis ~ einbegriffen** incluido en el precio; **er ist ~ von der Partie** también forma parte del grupo; **er ist ~ einer der besten** (*fam*) es uno de los mejores; **ich habe kein Geld ~** (*fig*) no llevo dinero

Mitangeklagte(r) ['mɪt-] *mf* <-n, -n; -n, -n> (JUR) coacusado, -a *m, f*

Mitarbeit *f* <-, *ohne pl*> colaboración *f* (*an/bei* en), cooperación *f* (*an/bei* a/en); **unter ~ von ...** en colaboración con...; **mit|arbeiten** *vi* colaborar (*an/bei* en), cooperar (*an/bei* a/en)

Mitarbeiter(in) *m(f)* <-s, -; -, -nen> **1.** (*Betriebsangehöriger, Arbeiter*) trabajador(a) *m(f);* (*Angestellter*) empleado, -a *m, f;* **ehrenamtlicher ~** voluntario *m;* **kaufmännischer ~** comercial *m* **2.** (*einer Zeitung*) colaborador(a) *m(f);* **freie ~in** colaboradora *f;* **Mitarbeiterführung** *f* <-, *ohne pl*> gestión *f* de recursos humanos

Mitarbeiterin *f* <-, -nen> *s.* **Mitarbeiter**

Mitarbeiterstab *m* <-(e)s, -stäbe> equipo *m* de colaboradores

Mitautor(in) *m(f)* <-s, -en; -, -nen> coautor(a) *m(f);* **Mitbegründer(in)** *m(f)* <-s, -;

-, -nen> **1.** (*einer Firma*) cofundador(a) *m(f)* **2.** (*einer Methode, Theorie*) coautor(a) *m(f)*; **Mitbeklagte(r)** *mf* <-n, -n; -n, -n> (JUR) codemandado, -a *m, f*

mit|bekommen* *irr vt* **1.** (*Verpflegung*) recibir **2.** (*hören, erfahren*) enterarse (de); **es war so laut, dass sie nichts mitbekam** había tanto ruido que no se enteró de nada; **seit ich so abseits wohne, bekomme ich nichts mehr mit** desde que vivo tan retirado no estoy al tanto de nada **3.** (*fam: vererbt bekommen*) heredar

mit|benutzen* *vt*, **mit|benützen*** *vt* (*reg*) emplear en común [*o* conjuntamente]; **Mitbenutzung** *f* <-, -en> uso *m* compartido [*o* colectivo]

mit|bestimmen* *vi* participar (*bei* en); (**in einem Unternehmen**) ~ participar en la cogestión; **dabei haben auch persönliche Gesichtspunkte mitbestimmt** en este punto también han influido aspectos personales

Mitbestimmung *f* <-, *ohne pl*> cogestión *f*; **betriebliche** ~ cogestión en la empresa; ~ **am Arbeitsplatz** participación de los trabajadores; **das Recht zur ~ bei Entscheidungen** el derecho de cogestión en decisiones; **Mitbestimmungsgesetz** *nt* <-es, -e> ley *f* de cogestión; **Mitbestimmungsrecht** *nt* <-(e)s, -e> derecho *m* de cogestión

Mitbewerber(in) *m(f)* <-s, -; -, -nen> competidor(a) *m(f)*; **Mitbewohner(in)** *m(f)* <-s, -; -, -nen> (*in einer Wohnung*) compañero, -a *m, f* de piso; (*in einem Haus*) vecino, -a *m, f*

mit|bringen *irr vt* **1.** (*an einen Ort*) traer; **darf ich noch jemanden ~?** ¿puedo traer a alguien más?; **ich habe euch etwas mitgebracht** os he traído una cosa; **ihr habt schönes Wetter mitgebracht** habéis traído buen tiempo **2.** (*Befähigung, Voraussetzung*) reunir; **für diesen Job muss man viel Idealismus** ~ para trabajar en esto hay que venir cargado de idealismo; **Mitbringsel** ['mɪtbrɪŋzəl] *nt* <-s, -> (*fam*) regalito *m*; (*von einer Reise*) recuerdo *m*

Mitbürger(in) *m(f)* <-s, -; -, -nen> (*formal*) conciudadano, -a *m, f*; **unsere älteren** ~ nuestros conciudadanos de la tercera edad

mit|denken *irr vi* seguir la argumentación, estar atento; **mit|dürfen** *irr vi* (*fam*): (**mit jdm**) ~ tener permiso para acompañar a alguien

Miteigentum *nt* <-s, *ohne pl*> (JUR) condominio *m* (*an* de); **Miteigentümer(in)** *m(f)* <-s, -; -, -nen> (JUR) copropietario, -a *m, f*, condómino, -a *m, f*

miteinander [mɪtʔaɪ'nandɐ] *adv* **1.** (*einer mit dem anderen*) el uno con el otro; **sie sind ~ verheiratet** están casados; ~ **reden** hablar; ~ **verfeindet sein** estar enemistados; **gut ~ auskommen** llevarse bien **2.** (*zusammen*) juntos; **alle** ~ todos juntos

Miteinander [mɪtʔaɪ'nandɐ] *nt* <-s, *ohne pl*>: **sie führen ein friedliches** ~ llevan una vida común muy tranquila

mit|empfinden* *irr* **I.** *vi*: **mit jdm** ~ comprender los sentimientos de alguien; **ich weiß, was Sie durchgemacht haben, ich empfinde mit Ihnen mit** sé por lo que ha pasado, comprendo lo que siente **II.** *vt* comprender (los sentimientos de alguien)

Miterbe, -in *m, f* <-n, -n; -, -nen> coheredero, -a *m, f*

mit|erleben* *vt* presenciar; **mit|essen** *irr vi, vt* comer; **möchtest du bei mir etwas ~?** ¿no quieres comer un poco de lo mío?; **er isst oft bei uns mit** come a menudo (aquí) con nosotros

Mitesser *m* <-s, -> (MED) espinilla *f*

mit|fahren *irr vi sein* ir (*bei/mit* con); **kann ich (mit dir) in die Stadt ~?** ¿puedo ir contigo a la ciudad?; **möchtest du (bei mir) ~?** (*im Auto*) ¿quieres que te lleve?; **möchtest du (mit mir) ~?** (*auf eine Reise*) ¿quieres venir conmigo?; **du kannst (bei mir)** ~ puedes ir conmigo; **Mitfahrer(in)** *m(f)* <-s, -; -, -nen> compañero, -a *m, f* de viaje

Mitfahrgelegenheit *f* <-, -en> contacto *m* para un viaje; **eine ~ suchen** buscar a alguien para un contacto de viaje; (**jdm**) **eine ~ bieten** proponer (a alguien) un contacto de viaje; **Mitfahrzentrale** *f* <-, -n> agencia *f* de contacto para viajes

mit|fühlen **I.** *vt* participar (en), tomar parte (en) **II.** *vi*: **mit jdm** ~ compartir los sentimientos de alguien; **ich kann ~, wie dir zumute** [*o* **zu Mute**] **ist** puedo comprender como te sientes

mitfühlend *adj* compasivo, de compasión

mit|führen *vt* **1.** (*Waren, Papiere*) llevar (consigo) **2.** (*Fluss*) acarrear

mit|geben *irr vt* dar; **ich habe ihr ein Geschenk für dich mitgegeben** le he dado un regalo para ti; **er gab ihr seinen Sohn als Begleitung mit** mandó a su hijo que la acompañara; **sie gab mir einige Ratschläge mit** me dio algunos consejos

Mitgefangene(r) *mf* <-n, -n; -n, -n> compañero, -a *m, f* de prisión

Mitgefühl *nt* <-s, *ohne pl*> (*Verständnis*) simpatía *f* (*für* por); (*Mitleid*) compasión *f* (*für* por)

mit|gehen *irr vi sein* **1.** (*begleiten*) acompañar; **ich gehe bis zum Bahnhof (mit euch) mit** os acompaño hasta la estación; **etw ~ lassen** (*fam*) mangar algo **2.** (*sich begeistern*) participar; **das Publikum ging begeistert mit** el público participó con entusiasmo

mitgenommen **I.** *pp von* **mitnehmen** **II.** *adj* **1.** (*Dinge*) gastado **2.** (*Person*) rendido; **sie sieht ~ aus** parece algo desmejorada

Mitgift ['mɪtgɪft] *f* <-, -en> dote *f o m*

Mitglied *nt* <-(e)s, -er> miembro *m*; (*einer Partei*) afiliado, -a *m, f* (a), militante *mf*; (*eines Vereins*) socio, -a *m, f*; **vollberechtigtes**

M

~ miembro de pleno derecho; **~er werben** ganar nuevos miembros; **~ des Bundestages** miembro del Bundestag; **die ~er der EU** los miembros comunitarios; **ordentliches ~** miembro ordinario; **Mitgliederbefragung** *f* <-, -en> consulta *f* a los miembros; **Mitgliederhaftung** *f* <-, -en> responsabilidad *f* de los socios; **Mitgliederversammlung** *f* <-, -en> asamblea *f* general, junta *f* general

Mitgliedsausweis *m* <-es, -e> carnet *m* de socio; **Mitgliedsbeitrag** *m* <-(e)s, -träge> cuota *f* de socio

Mitgliedschaft *f* <-, -en> pertenencia *f*; **die ~ in einer Partei/in einem Verein** la pertenencia a un partido/a un club; **die ~ in einem Verein beantragen** solicitar la admisión en un club

Mitgliedsfirma *f* <-, -firmen> empresa *f* asociada; **Mitgliedsland** *nt* <-(e)s, -länder> país *m* miembro; **Mitgliedsstaat** *m* <-(e)s, -en> (POL) Estado *m* miembro

mit|haben *irr vt* (*fam*) tener consigo, llevar (consigo [*o* encima]); **ich habe kein Geld mit** no llevo dinero

Mithaftung *f* <-, -en> responsabilidad *f* común

mit|halten *irr vi* seguir (*bei*); **ich konnte nicht bei ihnen ~** no pude seguirles el ritmo; **ich konnte bei der Auktion nicht mehr ~** no pude participar en la subasta hasta el final; **mit|helfen** *irr vi* ayudar (*bei* en), echar una mano; **im Haushalt ~** ayudar en las tareas del hogar

Mitherausgeber(in) *m(f)* <-s, -; -, -nen> (MEDIA) coeditor(a) *m(f)*

mithilfe[RR] *präp +gen* con ayuda de

Mithilfe *f* <-, *ohne pl*> asistencia *f* (*bei* en), cooperación *f* (*bei* a/en); **das Krankenhaus entstand unter ~ folgender Personen: ...** el hospital fue construido gracias al apoyo de las siguientes personas:...

mithin [mɪtˈhɪn] *adv* por lo tanto, por consiguiente

mit|hören *vt* escuchar

Mitinhaber(in) *m(f)* <-s, -; -, -nen> (JUR, WIRTSCH) (socio, -a *m, f*) copropietario, -a *m, f*; **Mitinhaberschaft** *f* <-, *ohne pl*> (JUR) cotitularidad *f*

mit|kämpfen *vi* (MIL) luchar (junto con alguien)

Mitkläger(in) *m(f)* <-s, -; -, -nen> (JUR) codemandante *mf*

mit|klingen *irr vi* resonar; **in seinen Worten klang Enttäuschung mit** en sus palabras se entreveía [*o* se escuchaba] decepción; **mit|kommen** *irr vi sein* **1.** (*mitgehen*) venir(se) (*mit* con); (*begleiten*) acompañar (*mit* a); **ich kann leider nicht (mit dir) ~** desgraciadamente no puedo acompañarte; **kommst du mit ins Theater?** ¿te vienes al teatro? **2.** (*fam: Schritt halten*) (poder) seguir (*bei*); **in Latein kommt sie gut mit** sigue muy bien las clases de latín; **da komme ich nicht mehr mit!** (*fam*) ¡eso ya no lo entiendo! **3.** (*mitgeschickt werden*) venir, ser mandado [*o* enviado]; **für dich ist ein Brief mit der Post mitgekommen** ha llegado una carta para ti con el correo; **mit|können** *irr vi* (*fam*) **1.** (*mitgehen können*) poder ir; **ich kann heute leider nicht mit** desgraciadamente hoy no puedo ir **2.** (*mithalten können*) poder seguir (*bei*); **da kann ich nicht mehr mit** (*fam*) yo ya no puedo [*o* estoy en condiciones]

mit|kriegen *vt* (*fam*) *s.* **mitbekommen**

mit|laufen *irr vi sein* **1.** (*laufen*) correr (junto a alguien); **beim Marathonlauf sind über 500 Leute mitgelaufen** más de 500 personas han participado en la maratón **2.** (*in Betrieb sein*) funcionar (al mismo tiempo); **überlegen Sie sich** *dat* **gut, was Sie antworten, das Band läuft mit** piénsese bien la respuesta, la grabadora está en marcha

Mitläufer(in) *m(f)* <-s, -; -, -nen> (*abw*) simpatizante *mf*; **Mitlaut** *m* <-(e)s, -e> consonante *f*

Mitleid *nt* <-(e)s, *ohne pl*> compasión *f* (*mit* de/por); **~ erregen** causar compasión; **~ erregend** que da lástima, que inspira compasión; **~ mit jdm haben** sentir compasión de alguien; **etw aus ~ tun** hacer algo por compasión; **er verdient kein ~** no merece compasión

Mitleidenschaft *f*: **etw/jdn in ~ ziehen** afectar a algo/alguien

mitleiderregend *adj* que da lástima, que inspira compasión

mitleidig *adj* compasivo, piadoso; **~ lächeln** (*iron*) sonreír con desprecio

mitleid(s)los *adj* despiadado, sin compasión; **~ sein** no tener compasión

Mitleid(s)losigkeit *f* <-, *ohne pl*> falta *f* de piedad, impiedad *f*

mitleid(s)voll *adj s.* **mitleidig**

mit|lesen *irr* **I.** *vi* leer (junto con [*o* al mismo tiempo que] alguien) **II.** *vt* **1.** (*ebenfalls lesen*) leer (también [*o* igualmente]) **2.** (*mit jdm lesen*) leer (junto con [*o* al mismo tiempo que] alguien)

mit|machen **I.** *vi* participar (*bei* en), tomar parte (*bei* en); **machst du mit?** ¿te apuntas?; **wenn das Wetter mitmacht** si el tiempo nos es favorable; **meine Beine machen nicht mehr mit** (*fam*) mis piernas no aguantan [*o* resisten] más **II.** *vt* **1.** (*teilnehmen*) participar (en); (*Mode*) seguir **2.** (*fam: ertragen*) sufrir, soportar; **sie hat viel mitgemacht** ha sufrido mucho

Mitmensch *m* <-en, -en> prójimo, -a *m, f*; **mitmenschlich** *adj* humano

mit|mischen *vi* (*fam*) meter baza (*bei* en); **er will überall ~** quiere meter baza en todas partes; **er hat früher aktiv in der Politik mitgemischt** antes estaba muy metido en la política; **mit|müssen** *irr vi*: **mit jdm ~** tener que ir con alguien

Mitnahme *f:* unter ~ von ... (*formal*) llevándose..., al llevarse...; **Mitnahmemarkt** *m* <-(e)s, -märkte> (*für Möbel*) mueblería *m* sin servicio a domicilio; **Mitnahmepreis** *m* <-es, -e> (WIRTSCH) precio *m* reducido (*si el cliente se hace cargo él mismo del transporte de la mercancía*)

mit|nehmen *irr vt* **1.** (*allgemein*) llevar (consigo); (*herbringen*) traer (consigo); **einmal Pommes frites zum M~** una de patatas fritas para llevar; **ich habe ihn im Auto mitgenommen** me lo traje conmigo en el coche **2.** (*stehlen*) llevarse, robar **3.** (*fam: wahrnehmen*) aprovechar **4.** (*psychisch*) afectar; (*erschöpfen*) agotar; (*schwächen*) debilitar

mitnichten [mɪtˈnɪçtən] *adv* (*geh*) de ninguna manera

Mitra [ˈmiːtra, *pl:* ˈmiːtrən] *f* <-, Mitren> (REL) mitra *f*

mit|rechnen **I.** *vt* incluir en la cuenta; **vergiss nicht die Gäste mitzurechnen, die nicht auf der Liste stehen** no te olvides de contar también a los invitados que no figuran en la lista **II.** *vi* calcular (*junto con otro para verificar el resultado*); **mit|reden** *vi* **1.** (*im Gespräch*) tomar parte (en la conversación) **2.** (*mitbestimmen*) opinar, tener voz; **du kannst hier/bei diesem Projekt gar nicht** ~ tú no opinas aquí/nada en este proyecto; **da habe ich auch noch ein Wörtchen mitzureden** en este asunto yo también tengo voz; **mit|reisen** *vi* viajar (*bei/mit* con); **mit jdm** ~ viajar en compañía de alguien; **Mitreisende(r)** *mf* <-n, -n; -n, -n> compañero, -a *m, f* de viaje

mit|reißen *irr vt* **1.** (*Fluss, Lawine*) arrastrar **2.** (*begeistern*) apasionar, arrebatar; **die Musik war sehr ~d** la música era arrebatadora

Mitren *pl von* **Mitra**

mitsamt [mɪtˈzamt] *präp + dat* junto con

mit|schicken *vt* (*Sache*) incluir en el envío, adjuntar; (*Person*) mandar; **mit|schleifen** *vt* arrastrar; **sie schleifte ihn auf die Party mit** (*fam*) se lo llevó a la fiesta; **mit|schleppen** *vt* (*fam*) **1.** (*etwas*) arrastrar; **ich habe den Koffer den ganzen Weg mit mir mitgeschleppt** he arrastrado la maleta todo el camino **2.** (*jemanden*) llevar consigo

mit|schneiden *irr vt* (RADIO, TV) grabar (en cinta magnética); **etw auf Kassette** ~ grabar una cinta con algo

Mitschnitt *m* <-(e)s, -e> (RADIO, TV) grabación *f*

mit|schreiben *irr* **I.** *vi* tomar apuntes **II.** *vt* **1.** (*notieren*) apuntar **2.** (*Prüfung, Klausur*) tomar parte (en), hacer

Mitschuld *f* <-, *ohne pl*> responsabilidad *f* (*an* en); (*an Verbrechen*) complicidad *f* (*an* en); **mitschuldig** *adj* implicado (*an* en); **an etw ~ sein** estar implicado en algo; **er hat sich ~ gemacht** se convirtió en cómplice; **Mitschuldige(r)** *mf* <-n, -n; -n, -n> consorte *mf*

Mitschüler(in) *m(f)* <-s, -; -, -nen> compañero, -a *m, f* de clase

mitschwingen *irr vi* resonar; **in seinen Worten schwingt Stolz mit** en sus palabras se nota el orgullo

mit|singen *irr vi, vt* cantar; **in einem Chor** ~ cantar en un coro; **wer will bei diesem Lied ~?** ¿quien quiere cantar esta canción?; **ich singe nur den Refrain mit** yo sólo acompaño en el estribillo; **mit|spielen** **I.** *vi* **1.** (*bei einem Spiel*) participar (*bei* en), jugar (*bei* en); (*in einer Mannschaft*) jugar (*in* en), formar parte (*in* de); (THEAT) actuar (*bei* en, *in* en); (MUS) tocar (*in* en); **spielst du mit?** ¿juegas?; **hoffentlich spielt das Wetter mit** (*fam*) espero que el tiempo esté de nuestra parte; **dabei spiele ich nicht mit!** (*fam fig*) ¡a mí eso no me parece bien! **2.** (*Gründe*) influir (*bei* en), entrar en juego (*bei* en); **bei der Auswahl spielen persönliche Motive mit** los motivos personales juegan un papel a la hora de la selección **3.** (*Wend*): **jdm übel** ~ jugar(le) una mala pasada a alguien **II.** *vt* jugar; **spielst du eine Partie Schach (mit uns) mit?** ¿juegas una partida de ajedrez con nosotros?

Mitspieler(in) *m(f)* <-s, -; -, -nen> **1.** (SPORT: *a. beim Spiel*) compañero, -a *m, f* de juego **2.** (THEAT) compañero, -a *m, f* de reparto

Mitsprache *f* <-, *ohne pl*> participación *f*; ~ **bei einer Entscheidung** participación en una decisión; **Mitspracherecht** *nt* <-(e)s, *ohne pl*> derecho *m* de intervención (*bei* en); **jdm ein ~ einräumen** conceder a alguien el derecho de intervención

mit|sprechen *irr* **I.** *vi* **1.** (*im Gespräch*) opinar, intervenir en la conversación; **da kann ich nicht** ~ no puedo opinar al respecto **2.** (*mitbestimmten*): **bei der Entscheidung möchte ich auch ~ dürfen** a mí también me gustaría tomar parte en la decisión **II.** *vt* decir conjuntamente

Mitstreiter(in) *m(f)* <-s, -; -, -nen> combatiente *mf*; **wir waren** ~ fuimos compañeros de armas

Mittachtziger(in) *m(f)* <-s, -; -, -nen> ochentón, -ona *m, f*; **wie alt schätzt du sie? <-> ich denke, sie dürfte eine ~in sein** ¿cuántos años le echas? <-> creo que debe tener ochenta y tantos

mittag *adv s.* **Mittag**[1]

Mittag[1] [ˈmɪtaːk] *m* <-s, -e> (*Tageszeit*) mediodía *m*; **gestern/heute/morgen** ~ ayer/hoy/mañana al mediodía; **jeden** ~ siempre al mediodía; **gegen** ~ hacia el mediodía; **über ~ geschlossen** cerrado al mediodía; **zu ~ essen** almorzar; **was gibt es heute zu ~?** ¿qué hay hoy para almorzar?

Mittag[2] *m* <-s, *ohne pl*> (*fam: ~spause*) hora *f* de almorzar; **wir haben gleich** ~ enseguida llega la pausa (del almuerzo); ~ **machen** ir a almorzar

Mittag[3] *nt* <-s, *ohne pl*> (*fam: ~essen*) almuerzo *m;* ~ **essen** almorzar

Mittagessen *nt* <-s, -> almuerzo *m;* **beim ~ sitzen** estar almorzando

mittäglich ['mɪtɛːklɪç] *adj* de mediodía

mittags ['mɪtaːks] *adv* al mediodía; **mittwochs ~** los miércoles al mediodía; **~ um eins** a la una de la tarde

Mittagshitze *f* <-, *ohne pl*> calor *m* del mediodía; **Mittagsmahl** *nt* <-(e)s, -e *o* -mähler> (*geh*), **Mittagsmahlzeit** *f* <-, -en> almuerzo *m,* comida *f;* **Mittagspause** *f* <-, -n> hora *f* de almorzar; **~ haben** [*o* **machen**] almorzar; **Mittagsruhe** *f* <-, *ohne pl*> siesta *f;* **~ halten** echarse una siesta; **Mittagsschlaf** *m* <-(e)s, *ohne pl*> siesta *f;* **er macht** [*o* **hält**] **gerade seinen ~** está durmiendo la siesta; **Mittagssonne** *f* <-, *ohne pl*> sol *m* de mediodía; **Mittagsstunde** *f* <-, -n> mediodía *m;* **in der/um die** [*o* **zur**] **~** a/hacia mediodía; **Mittagstisch** *m* <-(e)s, *ohne pl*> almuerzo *m;* **sie sitzen gerade am ~** están almorzando

Mittagszeit[1] *f* <-, -en> (*Mittagspause*) hora *f* de comer

Mittagszeit[2] *f* <-, *ohne pl*> (*Tageszeit*) mediodía *m;* **zur ~** al mediodía; **in der** [*o* **um**] **die ~** a mediodía

Mittäter(in) *m(f)* <-s, -; -, -nen> cómplice *mf;* **Mittäterschaft** *f* <-, *ohne pl*> complicidad *f*

Mittdreißiger(in) *m(f)* <-s, -; -, -nen> treintañero, -a *m, f; s. a.* Mittachtziger

Mitte ['mɪtə] *f* <-, -n> **1.** (*räumlich*) medio *m;* (*einer Strecke*) mitad *f;* (*Mittelpunkt*) centro *m;* **jdn in die ~ nehmen** meter a alguien en el medio; **ein Mann aus unserer ~** un hombre de nuestras filas; **etw in der ~ durchtrennen** cortar algo por la mitad; **die goldene ~** el justo medio; **ab durch die ~!** (*fam: verschwinde*) ¡lárgate! **2.** (*zeitlich*): **~ des Jahres/Monats** a mediados del año/del mes; **~ Januar** a mediados de enero; **sie ist ~ dreißig** anda por los treinta pasados **3.** (POL) centro *m;* **links von der ~** centro izquierda

mit|teilen I. *vt* comunicar, informar (de); **ich muss Ihnen leider ~, dass ...** desgraciadamente tengo que comunicarle que... **II.** *vr:* **sich ~ 1.** (*kommunizieren*) comunicarse (con); **er teilte sich ihnen durch Gebärden mit** se comunicaba con ellos por medio de gestos **2.** (*geh: sich anvertrauen*) confiarse (a)

mitteilsam *adj* comunicativo

Mitteilung *f* <-, -en> (*das Mitteilen*) comunicación *f,* aviso *m;* (*Nachricht*) aviso *m,* informe *m;* (*amtlich*) comunicado *m;* **jdm eine ~ von** [*o* **über**] **etw machen** comunicar algo a alguien; **vertrauliche ~** confidencia *f;* **nach ~ der Behörde ...** trás una notificación de las autoridades...; **Mitteilungsbedürfnis** *nt* <-ses, *ohne pl*> deseo *m* de comunicarse, necesidad *f* de hablar (con alguien); **in ihrem ~ sprudelte sie die Worte nur so heraus** tenía tantas ganas de hablar [*o* de contarlo] que las palabras le salían a borbotones; **Mitteilungsblatt** *nt* <-(e)s, -blätter> (*eines Verbandes*) boletín *m* informativo

Mittel ['mɪtəl] *nt* <-s, -> **1.** (*Hilfs~*) medio *m;* (*Maßnahme*) medida *f;* **~ und Wege finden** hallar medios; **ein ~ gegen die Arbeitslosigkeit** una medida contra el paro; **als letztes ~** como última medida; **zu anderen ~n greifen** usar otros medios; **ihr ist jedes ~ recht** no tiene escrúpulos; **~ zum Zweck** medio para lograr un fin determinado; **der Zweck heiligt die ~** el fin justifica los medios; **etw mit allen ~n verhindern** evitar algo por todos los medios **2.** (*Medikament*) remedio *m,* medicamento *m;* **ein ~ gegen Kopfschmerzen einnehmen** tomar un remedio contra el dolor de cabeza **3.** *pl* (*Gelder*) fondos *mpl,* recursos *mpl;* **aus öffentlichen ~n** con fondos públicos; **~ aufbringen** reunir fondos; **beschränkte/flüssige ~** recursos limitados/líquidos; **ohne ~ dastehen** estar sin recursos **4.** (*Durchschnitt*) media *f;* **das arithmetische ~** (MATH) la media aritmética

Mittelachse *f* <-, -n> (ARCHIT, MATH) eje *m* central

Mittelalter *nt* <-s, *ohne pl*> Edad *f* Media; **frühes/spätes ~** Alta/Baja Edad Media

mittelalterlich *adj* medieval, de la Edad Media

Mittelamerika ['---'---] *nt* <-s> América *f* Central, Centroamérica *f;* **Mittelamerikaner(in)** ['-----'--] *m(f)* <-s, -; -, -nen> centroamericano, -a *m, f;* **mittelamerikanisch** ['-----'--] *adj* centroamericano

mittelbar ['mɪtəlbaːɐ] *adj* indirecto, mediato; **~ betroffen sein** estar afectado indirectamente

Mittelbau[1] *m* <-(e)s, *ohne pl*> (UNIV) *personal docente no directivo*

Mittelbau[2] *m* <-(e)s, -ten> (ARCHIT) parte *f* central del edificio

Mittelbewirtschaftung *f* <-, -en> (WIRTSCH) gestión *f* de recursos

mitteldeutsch *adj* de Alemania Central, centroalemán; **Mitteldeutschland** *nt* <-s> Alemania *f* Central

Mittelding *nt* <-(e)s, *ohne pl*> (*fam*) cosa *f* intermedia (*zwischen* entre)

Mitteleuropa ['---'--] *nt* <-s> Europa *f* Central, Centroeuropa *f;* **Mitteleuropäer(in)** ['----'--] *m(f)* <-s, -; -, -nen> centroeuropeo, -a *m, f;* **mitteleuropäisch** ['----'--] *adj* centroeuropeo; **Mittelfeld** *nt* <-(e)s, -er> (SPORT: *Spielfeld*) centro *m* del campo, medio campo *m;* (*Radsport*) pelotón *m;* **Mittelfinger** *m* <-s, -> dedo *m* (del) corazón

mittelfristig *adj* (WIRTSCH, FIN) a medio plazo

Mittelgebirge *nt* <-s, -> montaña *f* de media altura

Mittelgewicht[1] *nt* <-(e)s, -e> (SPORT: *Sportler*) peso *m* medio

Mittelgewicht[2] *nt* <-(e)s, *ohne pl*> (SPORT: *Gewichtsklasse*) peso *m* medio

Mittelgewichtler(in) *m(f)* <-s, -; -, -nen> (SPORT) peso *mf* medio

mittelgroß *adj* (*Ding*) (de tamaño) mediano; (*Person*) de estatura mediana

mittelhochdeutsch *adj* (LING, LIT) medio alto alemán

Mittelhochdeutsch *nt* <-(s), *ohne pl*>, **Mittelhochdeutsche** *nt* <-n, *ohne pl*> (LING, LIT) alto alemán *m* medio

Mittelklasse *f* <-, -n> **1.** (*Soziologie*) clase *f* media, media *f* **2.** (*bei Waren*) categoría *f* media; (*Auto*) utilitario *m*; **Mittelklassewagen** *m* <-s, -> coche *m* utilitario; **Mittelkurs** *m* <-es, -e> (FIN) cotización *f* media

Mittelläufer(in) *m(f)* <-s, -; -, -nen> (SPORT) medio centro *m*; **Mittellinie** *f* <-, -n> **1.** (SPORT) línea *f* central [*o* de centro] **2.** (*Straße*) línea *f*; **durchgezogene/unterbrochene** ~ línea continua/discontinua

mittellos *adj* sin recursos, falto de medios

Mittellosigkeit *f* <-, *ohne pl*> falta *f* de recursos

Mittelmaß *nt* <-es, *ohne pl*> medida *f* regular [*o* común]; **seine Leistung war gutes** ~ (SCH) su nota estaba algo por encima de la media; **ins** ~ **zurückfallen** dar un paso atrás; **mittelmäßig** *adj* mediano; (*abw*) mediocre; **Mittelmäßigkeit** *f* <-, *ohne pl*> medianía *f*; (*abw*) mediocridad *f*

Mittelmeer *nt* <-(e)s> (Mar *m*) Mediterráneo *m*; **Mittelmeerraum** *m* <-(e)s, *ohne pl*> región *f* mediterránea

Mittelohrentzündung *f* <-, -en> (MED) otitis *f inv* media

mittelprächtig *adj* (*fam*) regular

Mittelpunkt *m* <-(e)s, -e> centro *m*; (*a.* MATH) punto *m* central; **er will überall** ~ **sein** siempre quiere ser el centro de atención; **kultureller** ~ centro cultural; **im** ~ **(des Interesses) stehen** ser el centro (de interés); **Mittelpunktschule** *f* <-, -n> reagrupación *f* escolar (*escuela situada en el centro de una zona rural*)

mittels ['mɪtəls] *präp +gen* (*geh*) por medio de, mediante

Mittelscheitel *m* <-s, -> raya *f* al medio (en el peinado); **Mittelschicht** *f* <-, -en> (SOZIOL) clase *f* media; **Mittelschiff** *nt* <-(e)s, -e> (ARCHIT) nave *f* central; **Mittelschule** *f* <-, -n> **1.** (*Realschule*) *escuela alemana de enseñanza media de grado superior* **2.** (*Schweiz: höhere Schule*) ≈instituto *m* de enseñanza media **3.** (*Österr*): **neue** ~ *escuela común para los alumnos de 10 a 14 años creada en 1979*

Mittelsmann *m* <-(e)s, -männer *o* -leute> (POL) mediador *m*; **Mittelsperson** *f* <-, -en> intermediario, -a *m, f*

Mittelstadt *f* <-, -städte> ciudad *f* de población media (*entre 25000 y 100000 habitantes*); **Mittelstand** *m* <-(e)s, *ohne pl*> clase *f* media; **gehobener** ~ clase media alta;

mittelständisch *adj* de la clase media; ~**es Unternehmen** mediana empresa; ~**er Handel** comerciantes pequeños; **Mittelstellung** *f* <-, -en> (*Schalter*) posición *f* central; (*Zwischenstellung*) posición *f* intermedia

Mittelstrecke *f* <-, *ohne pl*> (SPORT: *Disziplin*) medio *m* fondo; **Mittelstreckenflugzeug** *nt* <-(e)s, -e> avión *m* de distancias medias; **Mittelstreckenlauf** *m* <-(e)s, -läufe> (SPORT) carrera *f* de medio fondo; **Mittelstreckenrakete** *f* <-, -n> misil *m* de alcance medio

Mittelstreifen *m* <-s, -> franja *f* central [*o* del centro]; **Mittelstück** *nt* <-(e)s, -e> parte *f* del medio [*o* del centro]; **Mittelstufe** *f* <-, -n> (SCH) grados *mpl* intermedios (del colegio); **Mittelstürmer(in)** *m(f)* <-s, -; -, -nen> (SPORT) delantero, -a *m, f* centro, centrodelantero, -a *m, f*; **Mittelweg** *m* <-(e)s, -e> término *m* medio; **einen** ~ **suchen/einschlagen** buscar/usar un término medio; **der goldene** ~ el justo medio; **Mittelwelle** *f* <-, -n> (RADIO, PHYS) onda *f* media; **Mittelwert** *m* <-(e)s, -e> (*a.* MATH) promedio *m*

Mittelzufluss[RR] *m* <-es, *ohne pl*> (WIRTSCH) flujo *m* de fondos; **Mittelzuweisung** *f* <-, -en> (WIRTSCH) asignación *f* de recursos

mitten ['mɪtən] *adv*: ~ **in/auf/bei/an** en medio de; ~ **aus** de en medio de; ~ **durch** por en medio de; ~ **ins/durchs Herz** en mitad del corazón; ~ **in der Stadt** en medio de la ciudad; ~ **im Winter** en pleno invierno; ~ **beim Frühstück** en medio del desayuno; ~ **unter uns** entre nosotros; **etw** ~ **durchbrechen** romper algo por la mitad; **mittendrin** ['--'-] *adv* en el medio; ~ **im Schlamassel** en lo más duro del combate, en el momento cumbre; **er hielt eine Rede und ist** ~ **stecken geblieben** dio un discurso y perdió el hilo justo en la mitad; **mittendrunter** *adv* (*fam*) en medio (de ahí abajo); **mittendurch** ['--'-] *adv* por el medio; (*in der Hälfte*) por la mitad; **er riss den Brief** ~ rompió la carta por la mitad

Mitternacht ['mɪtɐnaxt] *f* <-, *ohne pl*> medianoche *f*; **mitternächtlich** *adj* de medianoche; **Mitternachtssonne** *f* <-, *ohne pl*> (ASTR) sol *m* de medianoche

Mittfünfziger(in) *m(f)* <-s, -; -, -nen> cincuentón, -ona *m, f*; *s. a.* **Mittachtziger**

Mittler(in) ['mɪtlɐ] *m(f)* <-s, -; -, -nen> mediador(a) *m(f)*

mittlere(r, s) ['mɪtlərə, -rɐ, -rəs] *adj* **1.** (*räumlich*) (del) medio, central; **die** ~ **Tür** la puerta del medio **2.** (*durchschnittlich*) mediano; **der** ~ **Wert** la media; **ein Mann** ~**n Alters** un hombre de mediana edad; **von** ~**r Qualität** de calidad regular

Mittlerin *f* <-, -nen> *s.* **Mittler**

Mittlerrolle *f* <-, -n> papel *m* de mediador [*o* intermediario]

mittlerweile ['--'--] *adv* entretanto; **ich habe mich** ~ **daran gewöhnt** entretanto me he acostumbrado a ello

Mittneunziger(in) *m(f)* <-s, -; -, -nen> noventón, -ona *m, f; s. a.* **Mittachtziger**
Mittsechziger(in) *m(f)* <-s, -; -, -nen> sesentón, -ona *m, f; s. a.* **Mittachtziger**
Mittsiebziger(in) *m(f)* <-s, -; -, -nen> setentón, -a *m, f; s. a.* **Mittachtziger**
Mittsommer ['mɪtzɔmɐ] *m* <-s, -> pleno verano *m,* solsticio *m* de verano; **Mittsommernacht** *f* <-, -nächte> noche *f* del solsticio de verano [*o* vernal]
Mittvierziger(in) *m(f)* <-s, -; -, -nen> cuarentón, -ona *m, f; s. a.* **Mittachtziger**
Mittwoch ['mɪtvɔx] *m* <-(e)s, -e> miércoles *m; s. a.* **Montag**; **Mittwochabend** *m* <-s, -e> noche *f* del miércoles, miércoles *m* por la noche; *s. a.* **Montagabend**; **mittwochabends**[RR] *adv* los miércoles por la noche; *s. a.* **montagabends**; **Mittwochnachmittag** *m* <-(e)s, -e> tarde *f* del miércoles, miércoles *m* por la tarde; *s. a.* **Montagnachmittag**
mittwochs ['mɪtvɔxs] *adv* los miércoles
Mittzwanziger(in) *m(f)* <-s, -; -, -nen> veinteañero, -a *m, f; s. a.* **Mittachtziger**
mitunter [mɪt'ʔʊntɐ] *adv* de vez en cuando, en ocasiones
mitverantwortlich *adj* corresponsable; **Mitverantwortung** *f* <-, *ohne pl*> responsabilidad *f* conjunta, corresponsabilidad *f;* **mit|verdienen*** *vi* sacarse (también) un sueldo; **seine Frau muss ~, damit sie sich** *dat* **ein Haus bauen können** su mujer tiene que trabajar también para que puedan construirse una casa; **Mitverfasser(in)** *m(f)* <-s, -; -, -nen> coautor(a) *m(f);* **Mitverschulden** *nt* <-s, *ohne pl*> coculpabilidad *f;* **ihn trifft ein ~ an dem Unfall** él también conlleva culpabilidad en el accidente
mit|versichern* *vt* coasegurar; **ich bin bei meinem Vater mitversichert** estoy dentro del seguro de mi padre; **Mitversicherte(r)** *mf* <-n, -n; -n, -n> coasegurado, -a *m, f*
Mitwelt *f* <-, *ohne pl*> contemporáneos *mpl,* coetáneos *mpl*
mit|wirken *vi* **1.** (*teilnehmen*) participar (*in* en), intervenir (*in* en); (THEAT) actuar (*in* en); **es wirkten mit: ...** intervinieron:... **2.** (*mitarbeiten*) participar (*an/bei* en), cooperar (*an/bei* a/en); **ohne sein M~ wäre es unmöglich gewesen** sin su participación hubiera sido imposible **3.** (*beeinflussen*) jugar un papel
Mitwirkende(r) *mf* <-n, -n; -n, -n> colaborador(a) *m(f);* (FILM, THEAT) actor *m,* actriz *f*
Mitwirkung *f* <-, *ohne pl*> **1.** (*Mitarbeit*) cooperación *f* (*an/bei* en/a), colaboración *f* (*an/bei* en); (*Teilnahme*) participación *f* (*an/bei* en); **unter ~ von ...** con la colaboración de... **2.** (*Teilnahme*) participación *f* (*in* en), intervención *f* (*in* en); (THEAT) actuación *f* (*in* en)
Mitwissen *nt* <-s, *ohne pl*>: **ohne mein ~** sin saberlo yo; **Mitwisser(in)** *m(f)* <-s, -; -, -nen> consabidor(a) *m(f);* (*Vertrauter*) confidente *mf;* (*Mitschuldiger*) cómplice *mf;* **jdn zum ~ machen** hacer a alguien su confidente
Mitwohnzentrale *f* <-, -n> *oficina que canaliza ofertas y demandas de piso compartido y alquileres*
mit|wollen *irr vi* (*fam*): (**mit jdm**) ~ querer ir con alguien; **sie will (mit dir/mit Ihnen) mit** quiere ir contigo/con Ud.; **mit|zählen** **I.** *vi* contar **II.** *vt* incluir (en la cuenta), contar; **bei der Bemessung zählen auch die Ausfallzeiten mit** en el recuento se incluyen también las pérdidas de tiempo
mit|ziehen *irr vi* **1.** *sein* (*in einem Umzug*) participar (*in* en); **im Festzug zogen mehrere Tausend Menschen mit** varios miles de personas acudieron a presenciar la cabalgata **2.** *haben* (*fam: mitmachen*) participar (*bei* en); **das Angebot ist nicht eindeutig, da ziehe ich nicht mit** la oferta no es clara, yo ahí no me apunto [*o* yo no la acepto]
Mix [mɪks] *m* <-, -e> mezcla *f;* **das Team ist ein gelungener ~ aus Spinnern und Pedanten** el equipo es un cóctel logrado de pirados y pedantes
Mixbecher ['mɪks-] *m* <-s, -> coctelera *f*
mixen ['mɪksən] *vt* (*a.* FILM, RADIO, TV) mezclar
Mixer[1] *m* <-s, -> (*Gerät*) batidor *m,* batidora *f*
Mixer(in)[2] *m(f)* <-s, -; -, -nen> **1.** (FILM, RADIO, TV) mezclador(a) *m(f)* de sonido **2.** (*Bar~*) camarero, -a *m, f* que sirve cócteles
Mixgetränk *nt* <-(e)s, -e> combinado *m*
Mixtur [mɪks'tuːɐ] *f* <-, -en> mixtura *f*
ml *Abk. von* **Milliliter** ml
mm *Abk. von* **Millimeter** mm
Mn (CHEM) *Abk. von* **Mangan** Mn
Mnemotechnik *f* <-, -en> (*a.* INFOR) nemotécnica *f*
Mo (CHEM) *Abk. von* **Molybdän** Mo
Mob [mɔp] *m* <-s, *ohne pl*> (*abw*) chusma *f,* gentuza *f*
Mobbing *nt* <-(s), *ohne pl*> mobbing *m*
Möbel ['møːbəl] *nt* <-s, -> mueble *m;* **~ rücken** correr los muebles
Möbelgeschäft[1] *nt* <-(e)s, -e> (*Laden*) tienda *f* de muebles
Möbelgeschäft[2] *nt* <-(e)s, *ohne pl*> (*fam: Branche, Verkauf*) ramo *m* del mueble
Möbelpacker *m* <-s, -> hombre *m* de la mudanza; **Möbelpolitur** *f* <-, -en> limpiamuebles *m inv;* **Möbelschreiner(in)** *m(f)* <-s, -; -, -nen> ebanista *mf;* **Möbelspedition** *f* <-, -en> agencia *f* de mudanzas; **Möbelstoff** *m* <-(e)s, -e> tela *f* para tapizar muebles; **Möbelstück** *nt* <-(e)s, -e> mueble *m;* **Möbeltischler(in)** *m(f)* <-s, -; -, -nen> ebanista *mf;* **Möbelwagen** *m* <-s, -> coche *m* de la mudanza
mobil [mo'biːl] *adj* **1.** (*beweglich*) móvil, movible; **gegen etw ~ machen** movilizar contra algo; **die Regierung ließ die Sicherheitskräfte ~ machen** el gobierno puso las fuerzas de seguridad en pie de guerra **2.** (WIRTSCH, JUR)

mueble **3.** (*fam: flink*) activo

Mobilbox *f* <-, -en> (TEL) buzón *m* de voz

Mobile ['mo:bile] *nt* <-s, -s> móvil *m*

Mobilfunk *m* <-s, *ohne pl*> telefonía *f* móvil

Mobiliar [mobi'lja:ɐ] *nt* <-s, *ohne pl*> muebles *mpl*, mobiliario *m*

Mobilien *pl* (JUR, WIRTSCH) bienes *mpl* muebles

mobilisieren* [mobili'zi:rən] *vt* movilizar

Mobilität [mobili'tɛ:t] *f* <-, *ohne pl*> movilidad *f*

Mobilmachung *f* <-, -en> (MIL) movilización *f*

Mobiltelefon *nt* <-s, -e> teléfono *m* móvil, móvil *m*

möblieren* [mø'bli:rən] *vt* amueblar; **möbliertes Zimmer** habitación amueblada; **möbliert wohnen** vivir en una habitación amueblada [*o* en un piso amueblado]

mochte ['mɔxtə] *3. imp von* **mögen**

möchte *Konjunktiv II von* **mögen**

Mocken ['mɔkən] *m* <-s, -> (*Schweiz*) pedazo *m*, cacho *m*

modal [mo'da:l] *adj* (LING) modal

Modalität [modali'tɛ:t] *f* <-, -en> modalidad *f*

Modalsatz *m* <-es, -sätze> (GRAM) frase *f* adverbial de modo; **Modalverb** *nt* <-s, -en> (GRAM) verbo *m* modal

Mode ['mo:də] *f* <-, -n> moda *f*; **in ~/aus der ~ kommen** ponerse de/pasar de moda; **groß in ~ sein** estar muy de moda; **das war damals so ~** estaba de moda por aquel entonces; **sich nach der ~ richten, mit der ~ gehen** ir a la moda; **nach der neuesten ~ gekleidet sein** vestirse a la última moda; **Modeartikel** *m* <-s, -> artículo *m* de moda; **Modearzt**, **-ärztin** *m, f* <-(e)s, -ärzte; -, -nen> (*a. abw*) médico, -a *m, f* de moda; **Modeausdruck** *m* <-(e)s, -drücke> expresión *f* de moda; **modebewusst**[RR] *adj* que sigue (estrictamente) la moda; **der ~e Herr trägt in diesem Sommer ...** el hombre que va a la moda lleva este verano...; **Modedesigner(in)** *m(f)* <-s, -; -, -nen> diseñador(a) *m(f)* de modas; **Modefarbe** *f* <-, -n> color *m* de moda; **Modegeschäft** *nt* <-(e)s, -e> (*Laden*) salón *m* de modas, casa *f* de modas; **Modeheft** *nt* <-(e)s, -e> revista *f* de modas; **Modejournal** *nt* <-s, -e> revista *f* de modas; **Modekrankheit** *f* <-, -en> enfermedad *f* de moda

Model ['mɔdəl] *nt* <-s, -s> (*Fotomodell*) modelo *mf*

Modell [mo'dɛl] *nt* <-s, -e> **1.** (*Vorbild, Muster, Entwurf*) modelo *m*, machote *m Am* **2.** (*Maler-/Foto~, Mannequin*) modelo *mf*; **für jdn** [*o* **jdm**] **~ stehen** hacer de modelo para alguien **3.** (ARCHIT) maqueta *f*

Modellflugzeug *nt* <-(e)s, -e> aeromodelo *m*

modellieren* [modɛ'li:rən] *vt* (*Ton*) modelar; **sie hat ihn in Wachs modelliert** lo ha modelado en cera

Modelliermasse *f* <-, -n> masa *f* para modelar

Modellkleid *nt* <-(e)s, -er> modelo *m*

Modellversuch *m* <-(e)s, -e> ensayo *m* piloto, experimento *m* piloto

Modem ['mo:dɛm] *nt o m* <-s, -s> (INFOR) modem *m*; **externes ~** modem externo; **internes ~** modem interno

Modemacher(in) *m(f)* <-s, -; -, -nen> modista *mf*

Modemanschluss[RR] *m* <-es, -schlüsse> (INFOR, TEL) puerto *m* para módem; **Modemverbindung** *f* <-, -en> (INFOR, TEL) conexión *f* de modem

Modenschau *f* <-, -en> desfile *m* de modas

Modepuppe *f* <-, -n> (*fam abw*) maniquí *m*

Moder ['mo:dɐ] *m* <-s, *ohne pl*> **1.** (*Schimmel*) moho *m* **2.** (*Morast*) fango *m*

moderat [mode'ra:t] *adj* moderado

Moderation [modera'tsjo:n] *f* <-, -en> (RADIO, TV) moderación *f*, presentación *f*

Moderator(in) [modə'ra:to:ɐ] *m(f)* <-s, -en; -, -nen> (RADIO, TV) presentador(a) *m(f)*, moderador(a) *m(f)*

Modergeruch *m* <-(e)s, -rüche> olor *m* a podrido; (*im Zimmer*) olor *m* a humedad [*o* a cerrado]

moderieren* [mode'ri:rən] *vt* (RADIO, TV) moderar, presentar

moderig ['mo:dərɪç] *adj* mohoso

modern[1] ['mo:dɐn] *vi haben o sein* pudrirse, descomponerse

modern[2] [mo'dɛrn] *adj* moderno; **~ sein** estar de moda; **nicht mehr ~ sein** haber pasado de moda; **~ denken** tener unas ideas muy modernas

Moderne [mo'dɛrnə] *f* <-, *ohne pl*> época *f* moderna

modernisieren* [modɛrni'zi:rən] *vt* (*Gebäude*) renovar, reformar; (*Betrieb, Methoden*) modernizar, poner al día

Modernisierung *f* <-, -en> modernización *f*

Modesalon *m* <-s, -s> salón *m* de modas; **Modeschmuck** *m* <-(e)s, *ohne pl*> bisutería *f*; **Modeschöpfer(in)** *m(f)* <-s, -; -, -nen> creador(a) *m(f)* de modas; **Modetrend** *m* <-s, -s> moda *f*; **Modewort** *nt* <-(e)s, -wörter> expresión *f* de moda, palabra *f* de moda; **Modezeichner(in)** *m(f)* <-s, -; -, -nen> diseñador(a) *m(f)* de modelos; **Modezeitschrift** *f* <-, -en> revista *f* de moda

Modi ['mɔdi, 'mo:di] *pl von* **Modus**

Modifikation [modifika'tsio:n] *f* <-, -en> (*geh*) modificación *f*

modifizieren* [modifi'tsi:rən] *vt* (*geh*) modificar

modisch ['mo:dɪʃ] **I.** *adj* moderno **II.** *adv* a la moda

Modist(in) [mo'dɪst] *m(f)* <-en, -en; -,

M

-nen> sombrerero, -a *m, f*

Modul [mo'du:l] *nt* <-s, -e> (INFOR, ELEK) módulo *m*

modular [modu'la:ɐ] *adj* modular

Modulation [modula'tsjo:n] *f* <-, -en> (TEL, MUS) modulación *f*

modulieren* [modu'li:rən] *vt* (MUS, TECH) modular

Modultechnik *f* <-, -en> sistema *m* modular

Modus ['mɔdʊs, 'mo:dʊs] *m* <-, Modi> (*a.* LING, INFOR) modo *m;* ~ **Vivendi** modus *m* vivendi; ~ **Operandi** modus *m* operandi, modo de actuar; **erweiterter** ~ modo amplificado

Mofa ['mo:fa] *nt* <-s, -s> moto(cicleta) *f;* **Mofafahrer(in)** *m(f)* <-s, -; -, -nen> motorista *mf*

Mogelei [mo:gə'laɪ] *f* <-, -en> (*fam*) trampa *f,* fullería *f*

mogeln ['mo:gəln] *vi* (*fam*) hacer trampas, engañar

Mogelpackung *f* <-, -en> (WIRTSCH) engaño *m,* fraude *m*

mögen[1] ['mø:gən] <mag, mochte, gemocht> **I.** *vt* **1.** (*Gefallen finden*): ~ **Sie Jazz/Fisch?** ¿le gusta el jazz/el pescado?; **ich mag ihn nicht** (*sympathisch finden*) me cae mal; **lieber** ~ preferir **2.** (*wollen*) querer, desear; ~/**möchten Sie ein Bier** ¿quiere una cerveza?; **was möchten Sie?** ¿qué desea? **II.** *vi* (*irgendwohin* ~): **ich möchte gern nach Hause** quisiera irme a casa

mögen[2] <mag, mochte, ~> *vt* (*Modalverb*) **1.** (*wollen*) querer; **ich möchte lieber hier bleiben** preferiría quedarme (aquí); **ich möchte den Direktor sprechen** deseo hablar con el director **2.** (*sollen*): **Sie möchten zu Hause anrufen** que llame a su casa, por favor; **was mag das wohl heißen?** ¿qué querrá decir eso?; **sagen Sie ihm, er möge warten** dígale que espere; **man möchte meinen, dass ...** se diría que... **3.** (*können*) poder; **es mag wohl sein, dass ...** puede ser que... *+subj;* **er mag das zwar behaupten, aber ...** eso es lo que él dice, pero... **4.** (*möglich sein*) ser posible; **mag sein** es posible; **es** ~ **etwa fünf Stunden vergangen sein** habrán pasado como cinco horas; **wie dem auch sein mag** sea como fuere; **wie er auch heißen mag** se llame como se llame; **so schön sie auch sein mag** por guapa que sea **5.** (*reg, Schweiz: können*) poder; **er mag sich erinnern** se acuerda; **ich mag's kaum erwarten** no puedo esperar más

Mogler(in) ['mo:glɐ] *m(f)* <-s, -; -, -nen> (*fam*) tramposo, -a *m, f,* fullero, -a *m, f*

möglich ['mø:klɪç] *adj* posible; (*durchführbar*) factible, realizable; **so bald wie** ~ cuanto antes; **etw** ~ **machen** hacer posible algo; (**das ist doch**) **nicht** ~**!** ¡no es posible!; **schon** ~ (*fam*) puede ser; **sollte es** (**euch**) ~ **sein, das Radio mal abzuschalten?** ¿podríais apagar la radio de una vez por todas?; **du hältst es nicht für** ~**!** ¡no te lo puedes creer!; **er tat sein M~stes** hizo todo lo posible; **in allen ~en Fällen** en todos los casos posibles; **sie hat alles M~e erzählt** contó un montón de cosas; **es ist** (**gut**) ~**, dass ...** es (muy) posible que... *+subj;* **so kurz wie** ~ lo más corto posible; **ist es dir** ~**, sofort vorbeizukommen?** ¿podrías pasarte por aquí enseguida?; **falls** [*o* **wenn**] **es dir** (**irgend**) ~ **ist** si te es posible

möglicherweise ['---'--] *adv* posiblemente, probablemente

Möglichkeit *f* <-, -en> posibilidad *f* (*zu* de); (*Gelegenheit*) oportunidad *f* (*zu* de); **nach** ~ a ser posible; **es besteht die** ~**, dass ...** existe la posibilidad de que... *+subj;* **alle ~en in Betracht ziehen** tener en cuenta todas las posibilidades; **finanzielle ~en** recursos económicos

möglichst ['mø:klɪçst] *adv* a ser posible, si es posible; ~ **schnell** rápido a ser posible; ~ **noch heute** aún hoy si es posible; ~ **wenig/gut** lo menos/mejor posible

Mohair [mo'hɛ:ɐ] *m* <-s, -e> mohair *m*

Mohammedaner(in) [mohame'da:nɐ] *m(f)* <-s, -; -, -nen> mahometano, -a *m, f*

mohammedanisch [mohame'da:nɪʃ] *adj* mahometano

Mohn [mo:n] *m* <-(e)s, -e> **1.** (*Pflanzenfamilie*) papaverácea *f* **2.** (*Klatsch~*) amapola *f* **3.** (*Schlaf~*) adormidera *f;* **Mohnkuchen** *m* <-s, -> pastel *m* de adormidera

Mohr(in) [mo:ɐ] *m(f)* <-en, -en; -, -nen> moro, -a *m, f,* negro, -a *m, f;* **der** ~ **hat seine Schuldigkeit getan** (*fig*) ¡ya se puede jubilar!; **einen ~en kann man nicht weiß waschen** (*fig*) el que lava de un asno la testa, pierde el jabón y la apuesta

Möhre ['mø:rə] *f* <-, -n> zanahoria *f*

Mohrin *f* <-, -nen> *s.* **Mohr**

Mohrrübe *f* <-, -n> (*nordd*) *s.* **Möhre**

Moiré [mo̯a're:] *m o nt* <-s, -s> moaré *m,* muaré *m,* moer *m*

mokant [mo'kant] *adj* (*geh*) burlón

Mokassin [moka'si:n] *m* <-s, -s> mocasín *m*

Mokick ['mo:kɪk] *nt* <-s, -s> moto(cicleta) *f;* (TECH) ciclomotor *m* (de encendido automático)

mokieren* [mo'ki:rən] *vr:* **sich** ~ burlarse (*über* de), mofarse (*über* de)

Mokka ['mɔka] *m* <-s, -s> moca *m;* **Mokkabohne** *f* <-, -n> grano *m* de moca; **Mokkalöffel** *m* <-s, -> cucharilla *f* de café; **Mokkatasse** *f* <-, -n> taza *f* de moca

Mol *nt* <-s, -e> (CHEM) mol *m*

Molch [mɔlç] *m* <-(e)s, -e> (ZOOL) tritón *m*

Moldawien [mɔl'da:viən] *nt* <-s> Moldavia *f*

Mole ['mo:lə] *f* <-, -n> (*Hafen~*) muelle *m,* malecón *m,* tajamar *m ZAm, Chil*

Molekül [mole'ky:l] *nt* <-s, -e> (CHEM) molécula *f*

molekular [moleku'lɑːɐ] *adj* (CHEM) molecular; **Molekularbiologie** *f* <-, *ohne pl*> biología *f* molecular; **Molekulardesign** *nt* <-s, -s> (CHEM) diseño *m* molecular; **Molekulargewicht** *nt* <-(e)s, *ohne pl*> (CHEM, PHYS) peso *m* molecular

Molekularmasse *f* <-, -n> (CHEM) masa *f* molecular

molk *3. imp von* **melken**

Molke ['mɔlkə] *f* <-, *ohne pl*> suero *m* de la leche

Molkerei *f* <-, -en> lechería *f;* **Molkereibutter** *f* <-, *ohne pl*> *mantequilla de calidad media hecha a base de mezclas;* **Molkereiprodukt** *nt* <-(e)s, -e> producto *m* lácteo

Moll [mɔl] *nt* <-, *ohne pl*> (MUS) tono *m* menor

mollig ['mɔlɪç] *adj* **1.** (*behaglich*) agradable; (*warm*) calentito **2.** (*Person*) regordete, gordito

Moloch ['moːlɔx] *m* <-s, -e> (*geh*) Moloch *m*

Molotowcocktail ['mɔlotɔf-, 'moːlotɔf-] *m* <-s, -s> cóctel *m* molotov

Molybdän [molʏp'dɛːn] *nt* <-s, *ohne pl*> (CHEM) molibdeno *m*

Moment[1] [mo'mɛnt] *m* <-(e)s, -e> (*Zeitpunkt*) momento *m;* **er kann jeden ~ kommen** puede llegar en cualquier momento; **~ mal!** ¡un momento, por favor!; **im ~** de momento; **im ersten ~** en el primer momento; **in diesem ~** en este instante; **im günstigsten/falschen ~** en el momento oportuno/inoportuno; **einen ~, bitte!** ¡un momento, por favor!

Moment[2] [mo'mɛnt] *nt* <-(e)s, -e> **1.** (*Umstand*) factor *m*, momento *m* **2.** (PHYS) momento *m*

momentan [momɛn'taːn] **I.** *adj* momentáneo, actual **II.** *adv* por el momento, de momento

Momentaufnahme *f* <-, -n> (FOTO: *a. fig*) instantánea *f*

Monaco *nt* <-s>, **Monako** [mo'nako, 'moːnako] *nt* <-s> Mónaco *m*

Monarch(in) [mo'narç] *m(f)* <-en, -en; -, -nen> monarca *mf*

Monarchie [monar'çiː] *f* <-, -n> monarquía *f*

Monarchin *f* <-, -nen> *s.* **Monarch**

Monarchist(in) [monar'çɪst] *m(f)* <-en, -en; -, -nen> monárquico, -a *m, f*

monarchistisch [monar'çɪstɪʃ] *adj* monárquico

Monat ['moːnat] *m* <-(e)s, -e> mes *m;* **Anfang/Ende des ~s** a principios/finales de mes; **am Dritten dieses ~s** el día tres de este mes; **im sechsten ~ (schwanger) sein** estar (embarazada)de seis meses; **1.000 Mark pro ~ verdienen** ganar 1.000 marcos al mes; **auf ~e hinaus** durante meses; **im ~ Juni** el mes de junio; **von ~ zu ~** (*immer wieder*) una y otra vez

monatelang *adj* durante meses; **nach ~em Warten** después de esperar varios meses; **das kann ~ dauern** puede durar meses enteros

monatlich I. *adj* mensual **II.** *adv* todos los meses, cada mes

Monatsanfang *m* <-(e)s, -fänge> principio *m* de(l) mes; **am ~** a principios [*o* a primeros] de mes; **Monatsbinde** *f* <-, -n> compresa *f;* **Monatsblutung** *f* <-, -en> regla *f,* período *m;* **Monatseinkommen** *nt* <-s, -> ingreso *m* mensual; **Monatsende** *nt* <-s, -n> fin *m* de mes; **am ~** a finales [*o* a fines] de mes; **Monatserste(r)** *m* <-n, -n> primero *m* de mes; **am/jeden ~ bekomme ich mein Gehalt** el día uno de mes/cada primero de mes me pagan el sueldo; **Monatsfrist** *f:* **innerhalb** [*o* **binnen**] **~** en el plazo de un mes; **vor ~** antes de finalizar el mes; **nach ~** transcurrido el plazo de un mes; **Monatsgehalt** *nt* <-(e)s, -hälter> sueldo *m* mensual; **Monatshälfte** *f* <-, -n> quincena *f;* **Monatskarte** *f* <-, -n> abono *m* mensual; **Monatslohn** *m* <-(e)s, -löhne> salario *m* mensual; **Monatsmitte** *f* <-, -n> mediados *mpl* de mes

Monatsname *m* <-ns, -n> nombre *m* de mes; **Monatsrate** *f* <-, -n> mensualidad *f;* **Monatsschrift** *f* <-, -en> revista *f* mensual; **monat(s)weise** *adv* mensualmente, por meses, cada mes

Mönch [mœnç] *m* <-(e)s, -e> (REL) fraile *m,* monje *m;* **wie ein ~ leben** vivir como un monje; **Mönchskloster** *nt* <-s, -klöster> (REL) convento *m* de monjes; **Mönchsorden** *m* <-s, -> (REL) orden *f* monástica

Mond [moːnt] *m* <-(e)s, -e> luna *f;* **auf dem ~ landen** alunizar; **abnehmender/zunehmender ~** luna menguante/creciente; **auf** [*o* **hinter**] **dem ~ leben** (*fam*) vivir en otra galaxia; **seine Uhr geht nach dem ~** (*fam*) su reloj no va bien; **ich könnte ihn auf den ~ schießen** (*fam*) lo mandaría a la luna de una patada

mondän [mɔn'dɛːn] *adj* elegante, extravagante

Mondaufgang *m* <-(e)s, -gänge> salida *f* de la luna; **Mondbahn** *f* <-, -en> (ASTR) órbita *f* lunar; **Mondfähre** *f* <-, -n> módulo *m* lunar; **Mondfinsternis** *f* <-, -se> (ASTR) eclipse *m* de luna; **partielle/totale ~** eclipse de luna parcial/total; **Mondgesicht** *nt* <-(e)s, -er> (*fam*) cara *f* redonda [*o* de bolla]; **Mondgestein** *nt* <-(e)s, -e> rocas *fpl* lunares; **Mondgöttin** *f* <-, -nen> (MYTH) diosa *f* de la Luna; **mondhell** *adj* iluminado por la luna; **in einer ~en Nacht** en una noche de luna clara; **Mondjahr** *nt* <-(e)s, -e> año *m* lunar; **Mondkrater** *m* <-s, -> cráter *m* lunar; **Mondlandefähre** *f* <-, -n> módulo *m* lunar; **Mondlandschaft** *f* <-, -en> paisaje *m* lunar; **Mondlandung** *f* <-, -en> alunizaje *m;* **Mondlicht** *nt* <-(e)s, *ohne* *pl*> luz *f* de la luna; **mondlos** *adj* sin luna; **Mondmobil** *nt* <-s, -e> vehículo *m* lunar; **Mondoberfläche** *f* <-, -n> superficie *f* lunar; **Mondphase** *f* <-, -n> fase *f* lunar; **Mondpreis** *m* <-es, -e> (*sl*) precio *m* astronómico *fam;* **Mondrakete** *f* <-, -n> cohete *m* lunar

Mondschein *m* <-(e)s, *ohne pl*> luz *f* de la luna; **der kann mir im ~ begegnen** (*sl*) ¡que se vaya a la porra [*o* a freir puñetas]!; **Mondscheintarif** *m* <-(e)s, -e> (TEL) tarifa *f* nocturna (reducida)

Mondsichel *f* <-, -n> (ASTR) media luna *f;* **Mondsonde** *f* <-, -n> sonda *f* lunar; **Mondstein** *m* <-(e)s, -e> (*Schmuckstein*) adularia *f,* piedra *f* de la luna; **mondsüchtig** *adj* sonámbulo; **Mondumlaufbahn** *f* <-, -en> órbita *f* lunar; **Monduntergang** *m* <-(e)s, -gänge> puesta *f* de la luna; **Mondwechsel** *m* <-s, -> cambio *m* de luna

Monegasse, **-in** [mone'gasə] *m, f* <-n, -n; -, -nen> monegasco, -a *m, f*

monegassisch [mone'gasɪʃ] *adj* monegasco

monetär [mone'tɛːɐ] *adj* (WIRTSCH) monetario

Monetarismus *m* <-, *ohne pl*> (WIRTSCH) monetarismo *m*

Moneten [mo'neːtən] *pl* (*fam*) perras *fpl,* pelas *fpl,* plata *f Am*

Mongole, **-in** [mɔŋ'goːlə] *m, f* <-n, -n; -, -nen> mongol *mf*

Mongolei [mɔŋgo'laɪ] *f* Mongolia *f;* **die Innere/Äußere ~** Mongolia interior/exterior

mongolid [mɔŋgo'liːt] *adj* mongol, mongólico

Mongolin *f* <-, -nen> *s.* **Mongole**

mongolisch *adj* mongólico, mogólico

Mongolismus [mɔŋgo'lɪsmʊs] *m* <-, *ohne pl*> (MED) mongolismo *m*

mongoloid [mɔŋgolo'iːt] *adj* (*a.* MED) mongoloide

monieren* [mo'niːrən] *vt* reclamar

Monitor ['moːnitoːɐ, 'mɔnitoːɐ] *m* <-s, -e(n)> **1.** (TV, INFOR) pantalla *f* **2.** (TECH, TV) monitor *m*

mono ['moːno] *adj* mono

monochrom [mono'kroːm] *adj* monocromático, monocromo; **Monochrombildschirm** *m* <-(e)s, -e> (INFOR) pantalla *f* monocromática

monogam [mono'gaːm] *adj* monógamo

Monogamie [monoga'miː] *f* <-, *ohne pl*> monogamia *f*

Monografie[RR] *f* <-, -n> *s.* **Monographie**

Monogramm [mono'gram] *nt* <-s, -e> monograma *m*

Monographie [monogra'fiː] *f* <-, -n> monografía *f*

monokausal *adj* (*geh*) de una sola causa

Monokel [mo'nɔkəl] *nt* <-s, -> monóculo *m*

monoklonal *adj* (BIOL) monoclonal, monoclónico

Monokultur ['moːno-] *f* <-, -en> (AGR) monocultivo *m*

Monolith [mono'liːt] *m* <-s *o* -en, -e(n)> monolito *m*

Monolog [mono'loːk] *m* <-(e)s, -e> monólogo *m;* **einen ~ halten** monologar; **ein innerer ~** un diálogo interior

Monopol [mono'poːl] *nt* <-s, -e> (*a.* WIRTSCH) monopolio *m;* **staatliches/unumschränktes ~** monopolio del Estado/absoluto; **das ~ auf** [*o* **für**] **eine Ware haben** tener el monopolio de una mercancía; **Monopolbetrieb** *m* <-(e)s, -e> empresa *f* monopolista

monopolisieren* [monopoli'ziːrən] *vt* (WIRTSCH) monopolizar

Monopolist *m* <-en, -en> (WIRTSCH) monopolista *m*

monopolistisch [monopo'lɪstɪʃ] *adj* (WIRTSCH) monopolístico

Monopolkapital *nt* <-s, *ohne pl*> (*abw*) capital *m* monopolístico; **Monopolkommission** *f* <-, -en> comisión *f* de vigilancia de monopolios (*del servicio federal de defensa de la competencia*); **Monopolmacht** *f* <-, -mächte> (WIRTSCH) potencia *f* monopolista; **Monopolstellung** *f* <-, -en> (WIRTSCH) posición *f* de monopolio

Monopoly® [mo'noːpoli] *nt* <-s, *ohne pl*> monopoly *m*

monotheistisch [monote'ɪstɪʃ] *adj* monoteísta

monoton [mono'toːn] *adj* (*a.* MATH) monótono

Monotonie [monoto'niː] *f* <-, -n> monotonía *f*

Monoxid ['moːnɔksɪt] *nt* <-(e)s, -e> (CHEM) monóxido *m*

Monster ['mɔnstɐ] *nt* <-s, -> monstruo *m,* cuco *m Arg;* **Monsterfilm** *m* <-(e)s, -e> **1.** (*aufwändiger Film*) superproducción *f* **2.** (*Film mit Monstern*) película *f* de monstruos [*o* de terror]

Monstranz [mɔn'strants] *f* <-, -en> (REL) custodia *f*

Monstren *pl von* **Monstrum**

monströs [mɔn'strøːs] *adj* monstruoso

Monstrosität [mɔnstrozi'tɛːt] *f* <-, -en> **1.** (*geh: Ungeheuerlichkeit*) monstruosidad *f* **2.** (MED: *missgebildeter Fötus*) engendro *m*

Monstrum ['mɔnstrʊm] *nt* <-s, Monstren> monstruo *m*

Monsun [mɔn'zuːn] *m* <-s, -e> (METEO) monzón *m;* **Monsunregen** *m* <-s, -> lluvia *f* monzónica

Montag ['moːntaːk] *m* <-s, -e> lunes *m;* **am ~** el lunes; **in der Nacht von ~ auf Dienstag** en la noche del lunes a martes; **den ganzen ~ (über)** el lunes entero; **jeden (zweiten) ~ (im Monat)** cada (dos) lunes (del mes); **letzten ~** el lunes pasado; **nächsten/kommenden ~** el lunes que viene/próximo; **heute ist ~, der zehnte November** hoy es lunes (el) diez de noviembre; **einen blauen ~ machen** (*fam*) pasar de ir al trabajo el lunes; **Montag-**

abend *m* <-s, -e> noche *f* del lunes, lunes *m* por la noche; **jeden ~** los lunes por la noche; **für ~ habe ich eine Verabredung** el lunes por la noche tengo una cita; **alle ~e sind ausgebucht** para los lunes por la noche no quedan entradas; **montagabends[RR]** *adv* los lunes por la noche; **~ gehe ich nie aus** los lunes por la noche no suelo salir

Montage [mɔn'taːʒə] *f* <-, -n> (*a.* FILM, KUNST) montaje *m;* **auf ~ sein** estar desplazado (montando o arreglando una máquina); **Montageband** *nt* <-(e)s, -bänder> cadena *f* de montaje; **Montagehalle** *f* <-, -n> nave *f* de montaje; **Montagewerk** *nt* <-(e)s, -e> planta *f* de montaje

Montagnachmittag *m* <-(e)s, -e> tarde *f* del lunes, lunes *m* por la tarde; **jeden ~** los lunes por la tarde; **die ~e verbringe ich bei meiner Mutter** paso las tardes de los lunes en casa de mi madre

montags ['moːntaːks] *adv* los lunes; **~s abends/mittags/morgens/nachmittags** los lunes por la noche/al mediodía/por la mañana/por la tarde

Montanindustrie [mɔn'taːn-] *f* <-, -n> industria *f* minera y siderúrgica; **Montanunion** *f* Comunidad *f* Europea del Carbón y del Acero

Monteur(in) [mɔn'tøːɐ] *m(f)* <-s, -e; -, -nen> montador(a) *m(f);* **Monteuranzug** *m* <-(e)s, -züge> mono *m* (de trabajo)

Monteurin *f* <-, -nen> *s.* **Monteur**

montieren* [mon'tiːrən] *vt* (*a.* FILM) montar (*an* a/en); **einen Griff an die Tür ~** ponerle un pomo a la puerta

Montur [mɔn'tuːɐ] *f* <-, -en> **1.** (*fam: Kleidung*) atuendo *m* **2.** (*Uniform*) uniforme *m*

Monument [monu'mɛnt] *nt* <-(e)s, -e> monumento *m*

monumental [monumɛn'taːl] *adj* monumental; **Monumentalfilm** *m* <-(e)s, -e> superproducción *f*

Moor [moːɐ] *nt* <-(e)s, -e> pantano *m;* **Moorbad** *nt* <-(e)s, -bäder> baño *m* de fango [*o* de barro]; **Moorerde** *f* <-, -n> tierra *f* de un pantano; **Moorhuhn** *nt* <-(e)s, -hühner> (ZOOL) fallaris *m inv*

moorig ['moːrɪç] *adj* pantanoso

Moorleiche *f* <-, -n> cadáver *m* conservado en un pantano; **Moorpackung** *f* <-, -en> (MED) emplaste *m* de fango, fomento *m* de fango

Moos[1] [moːs] *nt* <-es, -e> (*Pflanze*) musgo *m*

Moos[2] [moːs] *nt* <-es, *ohne pl*> (*fam: Geld*) pasta *f*, pelas *fpl*, plata *f Am*

moosbedeckt *adj* cubierto de musgo

moosig *adj* musgoso

Moosröschen *nt* <-s, ->, **Moosrose** *f* <-, -n> (BOT) rosa *f* de musgo

Mop *m* <-s, -s> *s.* **Mopp**

Moped ['moːpɛt] *nt* <-s, -s> moto(cicleta) *f*, ciclomotor *m;* **Mopedfahrer(in)** *m(f)* <-s, -; -, -nen> conductor(a) *m(f)* de ciclomotor, motociclista *mf*

Mopp[RR] [mɔp] *m* <-s, -s> fregona *f*

Mops [mɔps, *pl:* 'mœpsə] *m* <-es, Möpse> **1.** (ZOOL) doguillo *m* **2.** (*fig fam: kleine Person*) chaparro, -a *m, f*

mopsen ['mɔpsən] *vt* (*fam*) mangar

Moral [mo'raːl] *f* <-, *ohne pl*> **1.** (*Sittlichkeit*) moral *f;* **eine doppelte ~ haben** tener una doble moral; **jdm ~ predigen** dar lecciones de moral a alguien; **die ~ sinkt/steigt** los ánimos bajan/suben **2.** (*einer Fabel*) moraleja *f;* **und die ~ von der Geschichte ist ...** y la moraleja es...; **Moralapostel** *m* <-s, -> moralista *mf*

moralinsauer *adj* (*abw*) mojigato

moralisch *adj* moral; **den M~en haben** (*fam*) tener la moral por los suelos

moralisieren* [morali'ziːrən] *vi* moralizar

Moralist(in) [mora'lɪst] *m(f)* <-en, -en; -, -nen> moralista *mf*

moralistisch *adj* moralizador; **er hat richtig kleinbürgerliche, ~e Ansichten** tiene unas opiniones pequeñoburguesas y moralizadoras

Moralprediger(in) *m(f)* <-s, -; -, -nen> (*abw*) moralista *mf;* **Moralpredigt** *f* <-, -en> sermón *m;* **jdm eine ~ halten** echarle a alguien un sermón; **Moraltheologie** *f* <-, *ohne pl*> (REL) teología *f* moral; **Moralvorstellung** *f* <-, -en> concepto *m* moral

Moräne [mo'rɛːnə] *f* <-, -n> (GEO) morrena *f*

Morast[1] [mo'rast, *pl:* mo'rɛstə] *m* <-(e)s, -e *o* Moräste> (*Sumpfland*) pantano *m*, andurrial *m Arg, Ecua, Peru,* moca *m Ecua*

Morast[2] *m* <-(e)s, *ohne pl*> (*Schlamm*) lodo *m*, barro *m*

morastig *adj* fangoso; **nach den langen Regenfällen ist der Feldweg ganz ~** tras las largas lluvias, el camino está hecho un fangal [*o* un barrizal]

Moratorium [mora'toːriʊm] *nt* <-s, Moratorien> moratoria *f*

morbid [mɔr'biːt] *adj* **1.** (*geh: kränklich, zart, a.* MED) mórbido **2.** (*sittlich verfallen*) decadente

Morbidität *f* <-, *ohne pl*> **1.** (MED) morbilidad *f* **2.** (*sittlicher Verfall*) decadencia *f*

Morchel ['mɔrçəl] *f* <-, -n> colmenilla *f*

Mord [mɔrt] *m* <-(e)s, -e> asesinato *m* (*an* de), homicidio *m* (*an* de); **einen ~ begehen** cometer un asesinato; **wegen ~es** por asesinato; **ein politischer ~** un asesinato político; **versuchter ~** intento de homicidio; **das gibt ~ und Totschlag** (*fam fig*) se armará una bronca de padre y muy señor mío; **das ist ja ~!** (*fam: verrückt*) ¡es una locura!; **Mordanklage** *f* <-, -n> querella *f* por asesinato; **unter ~ stehen** estar acusado de asesinato; **~ erheben** formular una querella por asesinato; **Mordanschlag** *m* <-(e)s, -schläge> atentado *m* (*auf* contra); **einem ~ zum Opfer fallen** ser víctima de un atentado; **einen ~ auf jdn verüben** atentar contra la vida de

M

alguien; **Morddrohung** *f* <-, -en> amenaza *f* de muerte

morden ['mɔrdən] **I.** *vi* cometer un asesinato **II.** *vt* asesinar

Mörder(in) ['mœrdɐ] *m(f)* <-s, -; -, -nen> asesino, -a *m, f*, victimario, -a *m, f Am;* **gedungener ~** asesino a sueldo, sicario *m;* **Mörderbande** *f* <-, -n> banda *f* de asesinos

Mörderin *f* <-, -nen> *s.* **Mörder**

mörderisch *adj* (*fam: abscheulich, groß*) terrible; (*Hitze*) asfixiante, sofocante; (*Geschwindigkeit*) loco

Mordfall *m* <-(e)s, -fälle> asesinato *m;* **Mordinstrument** *nt* <-(e)s, -e> **1.** *s.* **Mordwaffe 2.** (*fam: unhandliches Gerät*) armatoste *m;* **Mordkommando** *nt* <-s, -s> comando *m* asesino; **Mordkommission** *f* <-, -en> brigada *f* de homicidios; **Mordprozess**[RR] *m* <-es, -e> juicio *m* por homicidio, proceso *m* por homicidio; **(gegen jdn) einen ~ führen** procesar (a alguien) por homicidio

Mordsglück ['-'-] *nt* <-(e)s, *ohne pl*> (*fam*) suerte *f* loca [*o* bárbara]; **Mordshunger** *m* <-s, *ohne pl*> (*fam*) hambre *f* canina; **Mordskerl** ['-'-] *m* <-s, -e> (*fam*) gran tipo *m;* **Mordskrach** ['-'-] *m* <-(e)s, *ohne pl*> **1.** (*Lärm*) ruido *m* de mil demonios **2.** (*fam: Streit*) bronca *f,* broncazo *m;* **es gab einen ~** se armó una buena; **Mordslärm** ['-'-] *m* <-(e)s, *ohne pl*> (*fam*) ruido *m* infernal; **mordsmäßig** *adj* (*fam*) terrible, tremendo; **Mordsschrecken** *m* <-s, -> (*fam*) susto *m* de muerte; **du hast mir einen ~ eingejagt!** ¡vaya susto de muerte que me has dado!; **Mordsspaß** ['-'-] *m* <-es, *ohne pl*> (*fam*) cachondeo *m;* **einen ~ haben** pasarlo bomba; **Mordswut** ['-'-] *f* <-, *ohne pl*> (*fam*) rabia *f* loca, furia *f* enorme; **eine ~ im Bauch haben** tener una furia enorme

Mordtat *f* <-, -en> homicidio *m,* asesinato *m;* **Mordverdacht** *m* <-(e)s, *ohne pl*> sospecha *f* de asesinato; **unter ~ stehen** ser sospechoso de asesinato; **Mordversuch** *m* <-(e)s, -e> tentativa *f* de asesinato; **Mordwaffe** *f* <-, -n> arma *f* homicida

morgen ['mɔrgən] *adv* **1.** (*am folgenden Tag*) mañana; **~ früh** mañana por la mañana; **~ Mittag/Abend** mañana al mediodía/por la tarde; **~ in acht Tagen** mañana en ocho días; **ab ~** a partir de mañana; **bis ~** hasta mañana; **lieber heute als ~** mejor hoy que mañana; **~ ist auch noch ein Tag** mañana es otro día **2.** (*zukünftig*) futuro; **an ~ denken** pensar en el futuro

Morgen *m* <-s, -> **1.** (*Tageszeit*) mañana *f;* **eines ~s** una (buena) mañana; **der ~ bricht an** [*o* **dämmert**] amanece; **am/gegen ~** en/por la mañana; **heute ~** hoy por la mañana; **am nächsten ~** la mañana siguiente; **am frühen ~** temprano por la mañana; **guten ~!** ¡buenos días!; **bis in den frühen ~ hinein** hasta el amanecer; **bis in den hellen ~ schlafen** dormir hasta altas horas de la mañana; **zu ~ essen** (*Schweiz*) desayunar **2.** (*Feldmaß*) yugada *f,* jubada *f;* **Morgenausgabe** *f* <-, -n> edición *f* matutina; **Morgendämmerung** *f* <-, -en> alba *f,* crepúsculo *m* de la mañana, amanecida *f,* amanezca *f Mex, Ant,* amanezquera *f Mex, Ant*

morgendlich ['mɔrgəntlɪç] *adj* matutino, matinal

Morgenessen *nt* <-s, -> (*Schweiz*) desayuno *m;* **Morgengabe** *f* <-, -n> (HIST) regalo *m* de tornaboda; **Morgengrauen** ['--graʊən] *nt* <-s, *ohne pl*> amanecer *m;* **Morgengymnastik** *f* <-, *ohne pl*> gimnasia *f* matinal; **Morgenland** *nt* <-(e)s, *ohne pl*> (LIT) Oriente *m,* Levante *m;* **die drei Weisen aus dem ~** los tres sabios de Oriente; **Morgenluft** *f* <-, *ohne pl*> aire *m* matutino; **er wittert ~** ve el cielo abierto; **Morgenmantel** *m* <-s, -mäntel> bata *f;* **Morgenmuffel** *m* <-s, -> (*fam*): **ein ~ sein** estar de mal humor por las mañanas; **Morgenrock** *m* <-(e)s, -röcke> bata *f;* **Morgenrot** *nt* <-(e)s, *ohne pl*> aurora *f*

morgens ['mɔrgəns] *adv* por la mañana; **von ~ bis abends** desde la mañana hasta la noche; **um sieben Uhr ~** a las siete de la mañana; **freitags ~** los viernes por la mañana

Morgensonne *f* <-, *ohne pl*> sol *m* matinal [*o* de la mañana]; **~ haben** dar el sol por la mañana; **Morgenstern** *m* <-(e)s, *ohne pl*> (ASTR) lucero *m* de la mañana [*o* del alba], boyero *m Kol;* **Morgenstunde** *f* <-, -n> hora *f* matutina; **wir haben bis in die frühen ~n gefeiert** la fiesta duró hasta altas horas de la madrugada; **Morgenstund(e) hat Gold im Mund(e)** (*prov*) a quien madruga, Dios le ayuda; **Morgenzug** *m* <-(e)s, -züge> tren *m* de la mañana

morgige(r, s) *adj* de mañana; **am ~n Tag** mañana

Moriske [mo'rɪskə] *mf* <-n, -n; -, -n> morisco, -a *m, f*

Moritat ['mo:rita:t] *f* <-, -en> copla *f* callejera

Mormone, -in [mɔr'mo:nə] *m, f* <-n, -n; -, -nen> (REL) mormón, -ona *m, f*

Morphem [mɔr'fe:m] *nt* <-s, -e> (LING) morfema *m*

Morphin [mɔr'fi:n] *nt* <-s, *ohne pl*> (CHEM, MED) morfina *f*

Morphinismus [mɔrfi'nɪsmʊs] *m* <-, *ohne pl*> (MED) morfinomanía *f*

Morphinist(in) [mɔrfi'nɪst] *m(f)* <-en, -en; -, -nen> morfinómano, -a *m, f*

Morphium ['mɔrfiʊm] *nt* <-s, *ohne pl*> morfina *f;* **morphiumsüchtig** *adj* morfinómano; **Morphiumsüchtige(r)** *mf* <-n, -n; -n, -n> morfinómano, -a *m, f*

Morphologie [mɔrfolo'gi:] *f* <-, *ohne pl*> (LING, BIOL) morfología *f*

morphologisch [mɔrfo'lo:gɪʃ] *adj* (LING, BIOL) morfológico

morsch [mɔrʃ] *adj* (*Gestein*) fácilmente desmenuzable; (*Holz*) podrido, carcomido

Morschheit *f* <-, *ohne pl*> podredumbre *f*

Morsealphabet ['mɔrzə-] *nt* <-(e)s, -e> (alfabeto *m*) morse *m;* **Morseapparat** *m* <-(e)s, -e> aparato *m* morse

morsen ['mɔrzən] *vt* transmitir (utilizando el alfabeto morse)

Mörser ['mœrzɐ] *m* <-s, -> **1.** (*Gefäß*) mortero *m,* almirez *m,* molcajete *m Ecua, Mex* **2.** (MIL) lanzagranadas *m inv*

Morsezeichen *nt* <-s, -> signo *m* del alfabeto morse, señal *f* morse

Mortadella [mɔrta'dɛla] *f* <-, -s> mortadela *f*

Mortalität [mɔrtali'tɛ:t] *f* <-, *ohne pl*> (MED) mortalidad *f*

Mörtel ['mœrtəl] *m* <-s, -> argamasa *f,* mortero *m;* **Mörtelkelle** *f* <-, -n> llana *f*

Mosaik [moza'i:k] *nt* <-s, -e(n)> mosaico *m;* **Mosaikfußboden** *m* <-s, -böden> suelo *m* de mosaico; **Mosaikstein** *m* <-(e)s, -e> tesela *f;* **der Detektiv trug die Beweise wie ~e zusammen** el detective fue reuniendo las pruebas como si de un rompecabezas se tratara

mosaisch [mo'za:ɪʃ] *adj* mosaico

Mosambik [mozam'bi:k] *nt* <-s> Mozambique *m*

Mosambikaner(in) [mozambi'ka:nɐ] *m(f)* <-s, -; -, -nen> mozambiqueño, -a *m, f*

mosambikanisch *adj* mozambiqueño

Moschee [mɔ'ʃe:, *pl:* mɔ'ʃe:ən] *f* <-, -n> mezquita *f*

Moschus ['mɔʃʊs] *m* <-, *ohne pl*> almizcle *m;* **Moschusochse** *m* <-n, -n> (ZOOL) almizclero *m;* **du stinkst wie ein ~** hueles a tigre

Möse ['mø:zə] *f* <-, -n> (*vulg*) coño *m*

Mosel[1] ['mo:zəl] *m* <-s, -> vino *m* del Mosela

Mosel[2] ['mo:zəl] *f:* **die ~** el (río *m*) Mosela *m*

Moselwein *m* <-(e)s, -e> vino *m* del Mosela

mosern ['mo:zɐn] *vi* (*fam*) criticquizar

Moses ['mo:zəs] *m* <Mosis> Moisés *m;* **bin ich ~?** (*fam*) ¿cómo quieres que yo lo sepa?

Moskau ['mɔskaʊ] *nt* <-s> Moscú *m*

Moskauer(in) *m(f)* <-s, -; -, -nen> moscovita *mf*

Moskito [mɔs'ki:to] *m* <-s, -s> mosquito *m,* zancudo *m Am;* **Moskitonetz** *nt* <-es, -e> mosquitero *m*

Moslem ['mɔslɛm] *m,* **Moslime** *f* <-s, -s; -, -n> musulmán, -ana *m, f*

moslemisch [mɔs'le:mɪʃ] *adj* musulmán

Moslime [mɔs'li:mə] *f* <-, -n> *s.* **Moslem**

Most [mɔst] *m* <-(e)s, -e> **1.** (*Trauben~*) mosto *m* de uva **2.** (*reg: Apfel~*) sidra *f,* mosto *m* de manzana

Mostrich ['mɔstrɪç] *m* <-s, *ohne pl*> (*reg*) mostaza *f*

Motel [mo'tɛl, 'mo:təl] *nt* <-s, -s> motel *m*

Motette [mo'tɛtə] *f* <-, -n> (MUS) motete *m*

Motion [mo'tsjo:n] *f* <-, -en> (*Schweiz*) moción *f*

Motiv [mo'ti:f] *nt* <-s, -e> **1.** (*Beweggrund*) móvil *m,* motivo *m* **2.** (LIT, MUS) motivo *m*

Motivation [motiva'tsjo:n] *f* <-, -en> (*Pädagogik, a.* PSYCH) motivación *f*

motivieren* [moti'vi:rən] *vt* **1.** (*begründen*) motivar (*mit* en/con), justificar (*mit* con) **2.** (*anregen*) animar (*zu* para que +*subj*); **sie konnte ihn nicht zur Arbeit ~** no pudo animarle para que trabajara

Motivierung *f* <-, -en> (*geh*) motivación *f*

Motocross[RR] *nt* <-, -e>, **Moto-Cross** *nt* <-, -e> motocross *m*

Motor ['mo:to:ɐ, mo'to:ɐ, *pl:* mo'to:rən] *m* <-s, -en> motor *m;* **den ~ anlassen** arrancar; **Motorantrieb** *m* <-(e)s, -e> accionamiento *m* por motor; **mit ~** accionado por un motor; **Motorblock** ['mo:to:ɐ-] *m* <-(e)s, -blöcke> (AUTO) bloque *m* de motor; **Motorboot** *nt* <-(e)s, -e> lancha *f* a motor

Motorenbau *m* <-(e)s, *ohne pl*> (TECH) construcción *f* de motores; **Motorengeräusch** *nt* <-(e)s, -e> zumbido *m* de motores, ruido *m* de motores; **Motorenlärm** *m* <-(e)s, *ohne pl*> ruido *m* de motores

Motorfahrzeug *nt* <-(e)s, -e> **1.** (*Fahrzeug*) vehículo *m* de motor, automóvil *m* **2.** (*Schweiz: formal: Kraftfahrzeug*) automóvil *m;* **Motorfahrzeugsteuer** *f* <-, -n> (*Schweiz*) impuesto *m* sobre vehículos

Motorhaube *f* <-, -n> (AUTO) capó *m*

Motorik [mo'to:rɪk] *f* <-, *ohne pl*> (MED) motricidad *f*

motorisch [mo'to:rɪʃ] *adj* motor

motorisieren* [motori'zi:rən] *vt* motorizar

Motorisierung *f* <-, -en> motorización *f;* **das Modell gibt es in drei verschiedenen ~en, mit 53, 75 und 112 PS** el modelo existe con tres motores diferentes: con 53, 75 y 112 caballos

Motorjacht *f* <-, -en> yate *m* de [*o* con] motor; **Motorleistung** *f* <-, -en> (TECH) potencia *f* del motor; **Motoröl** *nt* <-s, -e> aceite *m* de motor; **Motorpumpe** *f* <-, -n> bomba *f* a motor, moto-bomba *f*

Motorrad ['mo:to:ɐ-, mo'to:ɐ-] *nt* <-(e)s, -räder> moto(cicleta) *f;* **Motorradfahrer(in)** *m(f)* <-s, -; -, -nen> motociclista *mf;* **Motorradrennen** *nt* <-s, -> carrera *f* de motocicletas [*o* de motos]; **Motorradsport** *m* <-(e)s, *ohne pl*> motociclismo *m*

Motorraum *m* <-(e)s, -räume> (AUTO) compartimiento *m* del motor; **Motorroller** *m* <-s, -> escúter *m,* motoneta *f Am;* **Motorsäge** *f* <-, -n> motosierra *f;* **Motorschaden** *m* <-s, -schäden> avería *f* del motor; **Motorschlitten** *m* <-s, -> trineo *m* de motor; **Motorsegler** *m* <-s, -> (AERO) planeador *m* con motor auxiliar; **Motorsport** *m* <-(e)s, *ohne pl*> motorismo *m,* deporte *m* del motor; **Motorwäsche** *f* <-,

-n> limpieza *f* del motor
Motte ['mɔtə] *f* <-, -n> polilla *f;* **du kriegst die ~n!** (*fam*) ¡cáete de espaldas!, ¡toma esa!; **mottenfest** *adj* a prueba de polillas; **etw ~ machen** ponerle a algo un producto antipolilla; **Mottenfraß** *m* <-es, *ohne pl*> daño *m* causado por la polilla; **Mottengift** *nt* <-(e)s, -e> veneno *m* antipolilla; **Mottenkiste** *f* <-, -n> (*fam*): **etw aus der ~ hervorholen** sacar a relucir algo anticuado; **Mottenkugel** *f* <-, -n> bola *f* de naftalina [*o* antipolillas]; **Mottenloch** *nt* <-(e)s, -löcher> apolilladura *f;* **Mottenpulver** *nt* <-s, -> antipolilla *f,* polvo *m* contra la polilla; **mottenzerfressen** *adj* apolillado
Motto ['mɔto] *nt* <-s, -s> lema *m*
motzen ['mɔtsən] *vi* (*fam*) refunfuñar, rezongar
Mountainbike ['maʊntənbaɪk] *nt* <-s, -s> bicicleta *f* de montaña; **Mountainbiking** *nt* <-s, *ohne pl*> bicicross *m*
Mousepad ['maʊspɛt] *nt* <-s, -s> sendero *m* del ratón
moussieren* [mu'siːrən] *vi* espumar, hacer espuma
Möwe ['møːvə] *f* <-, -n> gaviota *f*
mozarabisch [motsa'raːbɪʃ] *adj* mozárabe
MP [ɛm'peː] *f* <-, -s> *Abk. von* **Maschinenpistole** metralleta *f*
Mrd. *Abk. von* **Milliarde** mil millones *mpl*
Ms. *Abk. von* **Manuskript** manuscrito *m*
MS [ɛm'ʔɛs] (MED) *Abk. von* **Multiple Sklerose** esclerosis *f inv* múltiple
Mskr. *Abk. von* **Manuskript** manuscrito *m*
MS-krank *adj* que sufre esclerosis múltiple
Mt *Abk. von* **Megatonne** megatón *m*
MTA [ɛmteː'ʔaː] *mf* <-s, -s; -, -s> *Abk. von* **medizinisch-technische(r) Assistent(in)** ATS *mf*
mtl. *Abk. von* **monatlich** mensual
MÜ *nt* <-(s), *ohne pl*> (INFOR) *Abk. von* **maschinelles Übersetzen** TA *f*
Mücke ['mʏkə] *f* <-, -n> mosquito *m;* **aus einer ~ einen Elefanten machen** (*fam*) hacer de una pulga un camello
Muckefuck ['mʊkəfʊk] *m* <-s, *ohne pl*> (*fam*) café *m* aguado
Mucken ['mʊkən] *fpl* (*fam: Tücken*) mañas *fpl;* **der Computer hat seine ~** el ordenador tiene sus pegas
mucken ['mʊkən] *vi* (*fam*) rechistar; **ohne zu ~** sin rechistar
Mückenbekämpfung *f* <-, -en> lucha *f* contra los mosquitos
Mückenschutzsalbe *f* <-, -n> pomada *f* contra mosquitos
Mückenstich *m* <-(e)s, -e> picadura *f* de mosquito
Mucks [mʊks] *m* <-es, -e> (*fam*): **keinen ~ sagen** [*o* **machen**] no decir ni pío; **ohne einen ~** muy quieto; **es war kein ~ zu hören** no se escuchaba nada
mucksen ['mʊksən] *vi, vr:* **sich ~** (*fam*) rechistar
mucksmäuschenstill ['mʊks'mɔɪsçən'ʃtɪl] *adj* (*fam*): **~ sein** no decir ni pío, no abrir la boca; **es war ~** no se oía ni una mosca; **verhaltet euch ~!** ¡que no se os oiga decir ni mus!; **plötzlich waren die Kinder ~** de repente los niños se quedaron calladitos
müde ['myːdə] *adj* cansado, fané *Arg;* **sich ~ laufen** correr hasta cansarse; **~ werden** cansarse; **keine ~ Mark** (*fam*) ni un puto marco; **es ~ sein etw zu tun** estar harto de hacer algo; **ich bin der ständigen Streitereien ~** estoy harto de las peleas continuas; **er wurde nicht ~ ihre Vorzüge zu rühmen** no se cansaba de alabar sus méritos; **da kann ich nur ~ lächeln** me importa un comino
Müdigkeit *f* <-, *ohne pl*> cansancio *m;* **vor ~ umfallen** caerse de cansancio; **nur keine ~ vorschützen!** (*fam*) ¡adelante!
Mudschahed [mʊdʒa'hɛt, mʊdʒahɛ'diːn] *m* <-, Mudschaheddin> muyahidín *m*
Müesli ['myːɛsli] *nt* <-s, -s> (*Schweiz*) musli *m*
Muff[1] [mʊf] *m* <-(e)s, *ohne pl*> (*nordd: Geruch*) olor *m* a moho
Muff[2] *m* <-(e)s, -e> (*Pelz~*) manguito *m*
Muffe[1] ['mʊfə] *f* <-, -n> (TECH) manguito *m*
Muffe[2] *f* <-, *ohne pl*> (*fam: Angst*) canguelo *m;* **mir geht die ~** tengo canguelo
Muffel ['mʊfəl] *m* <-s, -> (*fam: Person*) aguafiestas *mfpl inv*
muff(e)lig *adj* (*fam*) *s.* **muffig**
Muffensausen ['mʊfənzaʊzən] *nt* <-s, *ohne pl*> (*fam*): **~ haben** tener canguelo; **~ kriegen** asustarse
muffig *adj* **1.** (*Geruch*) que huele a enmohecido; **~ riechen** oler a moho **2.** (*fam: Person*) gruñón, refunfuñón
mufflig *adj s.* **muff(e)lig**
muh [muː] *interj* (*Kind*) ¡mu!
Mühe ['myːə] *f* <-, -n> (*Anstrengung*) esfuerzo *m,* pena *f,* costo *m Am;* (*Umstände*) molestia *f;* (*Arbeit*) trabajo *m;* **ohne ~** sin esfuerzo; **nur mit ~** a duras penas; **es ist die ~ wert** vale la pena; **die ~ hat sich gelohnt** ha valido la pena; **sich** *dat* **(große) ~ geben** esforzarse (mucho) (*bei* en, *zu* para/por); **gib dir keine ~!** ¡no te molestes!; **das ist doch verlorene ~** no vale la pena; **jdm ~ machen** ocasionar molestias a alguien; **sich** *dat* **die ~ machen etw zu tun** tomarse la molestia de hacer algo; **ich habe mir die ~ gemacht alles durchzurechnen** me he tomado la molestia de repasar las cuentas; **wenn es Ihnen keine ~ macht!** ¡si no es molestia para Ud.!; **mit ~ und Not haben wir es noch geschafft** lo hemos conseguido a duras penas [*o* por los pelos]
mühelos I. *adj* fácil **II.** *adv* sin esfuerzo, con facilidad
Mühelosigkeit *f* <-, *ohne pl*> facilidad *f*
muhen ['muːən] *vi* mugir

mühen ['my:ən] *vr:* **sich ~** (*geh*) esforzarse; **so sehr er sich auch mühte, ...** por mucho que se esforzó...

mühevoll *adj* arduo, penoso; (*schwierig*) difícil

Mühle¹ ['my:lə] *f* <-, -n> **1.** (*Gebäude*) molino *m;* **in die ~ der Verwaltung geraten** caer en las ruedas de la administración; **Gottes ~n mahlen langsam** (*prov*) Dios tarda pero no olvida **2.** (*Haushaltsgerät*) molinillo *m* **3.** (*fam: Fahrzeug*) cacharro *m,* cafetera *f*

Mühle² *f* <-, *ohne pl*> (*Brettspiel*) tres *m* en raya

Mühlrad *nt* <-(e)s, -räder> rueda *f* de molino; **Mühlstein** *m* <-(e)s, -e> muela *f* de molino; **Mühlwerk** *nt* <-(e)s, -e> (ruedas *fpl* de) molino *m*

Mühsal ['my:za:l] *f* <-, -e> (*geh*) pena *f,* fatigas *fpl*

mühsam, **mühselig** **I.** *adj* penoso, laborioso **II.** *adv* con dificultad, a duras penas, agatas *inv RíoPl;* **~ verdientes Geld** dinero ganado a duras penas

Mukoviszidose *f* <-, *ohne pl*> (MED) muscoviscidosis *f inv*

Mulatte, **-in** [mu'latə] *m, f* <-n, -n; -, -nen> mulato, -a *m, f,* pardo, -a *m, f Am*

Mulde ['mʊldə] *f* <-, -n> **1.** (*im Gelände*) hondonada *f;* (*Loch*) hoyo *m* **2.** (*nordd: Trog*) tinaja *f*

Muli ['mu:li] *nt* <-s, -s> (ZOOL) mulo, -a *m, f*

Mull [mʊl] *m* <-(e)s, -e> **1.** (*Gewebe*) gasa *f,* muselina *f* **2.** (*nordd: Humusboden*) terreno *m* de humus

Müll [mʏl] *m* <-(e)s, *ohne pl*> basura *f;* (*Abfälle*) desperdicios *mpl;* **städtischer ~** basura municipal; **etw in den ~ werfen** tirar algo a la basura; **radioaktiver ~** residuos radi(o)activos; **~ abladen verboten!** ¡prohibido verter basuras!

Müllabfuhr *f* <-, -en> recogida *f* de basuras; **die städtische ~** el servicio municipal de recogida de basuras; **Müllabfuhrgebühr** *f* <-, -en> tasa *f* de basura

Müllabladeplatz *m* <-es, -plätze> vertedero *m* de basuras

Mullah ['mʊla] *m* <-s, -s> almala *m*

Müllaufbereitung *f* <-, -en> procesamiento *m* de basuras; **Müllaufbereitungsanlage** *f* <-, -n> planta *f* de reciclaje [*o* procesadora de basuras]

Müllberg *m* <-(e)s, -e> montón *m* de basuras; **Müllbeseitiger** *m* <-s, -> eliminador *m* de basura; **Müllbeseitigung** *f* <-, *ohne pl*> eliminación *f* de basuras; **Müllbeutel** *m* <-s, -> bolsa *f* de la basura

Mullbinde *f* <-, -n> venda *f* de gasa

Müllcontainer *m* <-s, -> contenedor *m* de basuras; **Mülldeponie** *f* <-, -n> vertedero *m* de basuras, basurero *m;* **wilde ~** vertedero incontrolado; **Mülleimer** *m* <-s, -> cubo *m* de (la) basura, tacho *m CSur*

Müller(in) ['mʏlɐ] *m(f)* <-s, -; -, -nen> molinero, -a *m, f*

Müllexport *m* <-(e)s, *ohne pl*> exportación *f* de basura; **Müllfahrer(in)** *m(f)* <-s, -; -, -nen> basurero, -a *m, f;* **Müllgrube** *f* <-, -n> vertedero *m* de basura; **Müllhalde** *f* <-, -n> montaña *f* de basura; **Müllhaufen** *m* <-s, -> montón *m* de basuras; **Müllkippe** *f* <-, -n> vertedero *m* de basuras; **Müllkompostierung** *f* <-, -en> transformación *f* de los desperdicios orgánicos en compost; **Müllkutscher(in)** *m(f)* <-s, -; -, -nen> (*reg*) basurero, -a *m, f;* **Müllmann** *m* <-(e)s, -männer> (*fam*) basurero *m;* **Müllofen** *m* <-s, -öfen> horno *m* de incineración de basuras; **Müllrecycling** *nt* <-s, *ohne pl*> reciclaje *m* de basura; **Müllschlucker** *m* <-s, -> tolva *f* de basuras, vertedero *m* para la basura; **Müllsortieranlage** *f* <-, -n> instalación *f* de clasificación de basuras; **Müllsteuer** *f* <-, -n> impuesto *m* sobre la basura; **Mülltonne** *f* <-, -n> cubo *m* de (la) basura; **Mülltourismus** *m* <-, *ohne pl*> *venta de basuras al extranjero;* **Mülltrennungssystem** *nt* <-s, -e> recogida *f* selectiva de basuras

Müllverbrennung *f* <-, *ohne pl*> incineración *f* de desechos [*o* de residuos]; **Müllverbrennungsanlage** *f* <-, -n> planta *f* incineradora de basuras

Müllverwertung *f* <-, -en> aprovechamiento *m* de basuras; **Müllverwertungsanlage** *f* <-, -n> instalación *f* para el aprovechamiento de basuras

Müllvolumen *nt* <-s, – *o* -volumina> volumen *m* de las basuras; **Müllwagen** *m* <-s, -> camión *m* de la basura

Mullwindel *f* <-, -n> pañal *m* de gasa

mulmig ['mʊlmɪç] *adj* (*fam*) desagradable, crítico; **ein ~es Gefühl haben** tener un mal presentimiento; **ihm war ~ zumute** tenía miedo; **ich glaube, jetzt wird's ~!** ¡la cosa se pone fea!

Multi ['mʊlti] *m* <-s, -s> (*fam*) (gran empresa *f*) multinacional *f*

Multicast *nt* <-s, -s> (INFOR, TEL) multidifusión *f*

multifunktional *adj* multifuncional

multikulturell [mʊlti-] *adj* multicultural

multilateral *adj* multilateral

Multilink *m* <-s, -s> (TEL) multienlace *m*

Multimediaanwendung *f* <-, -en> aplicación *f* multimedia; **Multimediabereich** *m* <-(e)s, -e> sector *m* multimedia; **Multimedia-CD-ROM** *f* <-, -(s)> CD-ROM *m* multimedia; **Multimedia-Computerprogramm** [mʊlti'me:dia-] *nt* <-s, -e> programa *m* multimedia de computadora; **multimediafähig** *adj* multimediático, apto para multimedia

multimedial [mʊltime'dja:l] *adj* multimedia

Multimedia-Netzwerk *nt* <-(e)s, -e> red *f* multimedia; **Multimedia-PC** *m* <-(s), -(s)> ordenador *m* multimedia; **Multime-**

diasystem *nt* <-s, -e> sistema *m* multimedia

Multimillionär(in) *m(f)* <-s, -e; -, -nen> multimillonario, -a *m, f*

multinational [mʊltinatsjo'na:l] *adj* (WIRTSCH, POL) multinacional, transnacional *Am*

Multiple Sklerose [mʊl'ti:plə skle'ro:zə] *f* <-n -, *ohne pl*> (MED) esclerosis *f inv* múltiple

Multiplexer *m* <-s, -> (INFOR, TEL) multiplexor *m*

Multiplexing *nt* <-, *ohne pl*> (INFOR, TEL) multiplexado *m*, multiplexión *f*

Multiplikation [mʊltiplika'tsjo:n] *f* <-, -en> (MATH) multiplicación *f* (*mit* por); **Multiplikationszeichen** *nt* <-s, -> (MATH) signo *m* de multiplicación

Multiplikator [mʊltipli'ka:to:ɐ] *m* <-s, -en> (MATH) multiplicador *m*

multiplizieren* [mʊltipli'tsi:rən] *vt* (*a.* MATH) multiplicar (*mit* por), amuchar *Arg, Bol, Chil;* **6 multipliziert mit 3 ergibt 18** 6 multiplicado por 3 son 18

Multiprotokoll-Router *m* <-s, -> (INFOR, TEL) router *m* multiprotocolo

Multitalent ['mʊltitalɛnt] *nt* <-(e)s, -e> persona *f* polifacética

Multitasking *nt* <-s, *ohne pl*> (INFOR) multitarea *f*

Multiuser *m* <-s, -> (INFOR) multiusuario *m*

Multivitaminpräparat [----'----] *nt* <-(e)s, -e> (MED) preparado *m* multivitamínico

Multizerkleinerer *m* <-s, -> (GASTR) multipicadora *f* (eléctrica)

Mumie ['mu:miə] *f* <-, -n> momia *f*

mumifizieren* [mumifi'tsi:rən] *vt* momificar

Mumifizierung *f* <-, -en> momificación *f*

Mumm [mʊm] *m* <-s, *ohne pl*> (*fam*) **1.** (*Tatkraft*) coraje *m;* (*Mut*) valor *m;* **dazu fehlt ihm der ~** le falta valor (para eso) **2.** (*Kraft*) fuerza(s) *f(pl);* **der hat ~ in den Knochen** tiene agallas

Mummelgreis(in) *m(f)* <-es, -e; -, -nen> (*fam abw*) vejestorio, -a *m, f*

mummeln ['mʊməln] **I.** *vt* (*reg*) **1.** (*murmeln*) mascullar; **vor sich hin ~** hablar entre dientes **2.** (*fam: einhüllen*) envolver (*in* en), abrigar (*in* con) **II.** *vr:* **sich ~** arroparse; **sich in eine Decke ~** acurrucarse en una manta

mümmeln ['mʏməln] *vi, vt* (*reg: fam: Hase*) roer (*an*); (*Mensch*) mordisquear (*an*)

Mumpitz ['mʊmpɪts] *m* <-es, *ohne pl*> (*fam abw*) tonterías *fpl*

Mumps [mʊmps] *m o f* <-, *ohne pl*> (MED) paperas *fpl*

München ['mʏnçən] *nt* <-s> Munich *m*

Münch(e)ner(in) ['mʏnç(ə)nɐ] *m(f)* <-s, -; -, -nen> muniqués, -esa *m, f*

Münchhausen ['mʏnçhaʊzən] *m* <-, -> fanfarrón *m fam*

Münchner(in) *m(f)* <-s, -; -, -nen> muniqués, -esa *m, f*

Mund [mʊnt, *pl:* 'mʏndɐ] *m* <-(e)s, Münder> boca *f;* **sein Name war in aller ~e** su nombre iba de boca en boca; **wie aus einem ~e** a la vez; **dieses Wort nehme ich nicht in den ~** no suelo usar esta palabra; **jdm über den ~ fahren** cortarle a alguien la palabra; **nicht auf den ~ gefallen sein** (*fam fig*) saber replicar, tener labia; **kein Blatt vor den ~ nehmen** no tener pelos en la lengua; **jdm den ~ wässerig machen** (*fam*) hacerle la boca agua a alguien; **halt den ~!** (*fam*) ¡calla la boca!; **ihr könnt mir nicht den ~ verbieten** no podéis taparme la boca; **ich werde ihm nicht nach dem ~ reden** no voy a decir lo que él quiere oír; **mit vollem ~ reden** hablar con la boca llena; **einen ~ voll nehmen** tomar un bocado; **den ~ zu voll nehmen** (*fam fig*) fanfarronear; **von ~ zu ~ beatmen** hacer la respiración boca a boca

Mundart *f* <-, -en> dialecto *m;* **Mundartdichter(in)** *m(f)* <-s, -; -, -nen> poeta *mf* que escribe en dialecto

mundartlich **I.** *adj* dialectal **II.** *adv* a nivel dialectal [*o* regional]; **einige Wörter werden nur ~ benutzt** algunas palabras se utilizan sólo en dialecto

Munddusche *f* <-, -n> ducha *f* bucal, aparato *m* de higiene bucal

Mündel ['mʏndəl] *nt o m* <-s, -> (JUR) pupilo, -a *m, f;* **mündelsicher** **I.** *adj* (FIN) con máxima garantía **II.** *adv* (FIN) en valores de máxima garantía

munden ['mʊndən] *vi* (*geh*) saber bien; **lasst es euch ~** que (os) aproveche

münden ['mʏndən] *vi haben o sein* **1.** (*Fluss, Straße*) desembocar (*in/auf* en) **2.** (*Gespräch*) parar (*in* en), acabar (*in* en)

Münder *pl von* **Mund**

mundfaul *adj* (*fam*) poco comunicativo; **sei doch nicht so ~!** ¡habla de una vez!; **mundgerecht** **I.** *adj* pequeño (para que pueda comerse bien) **II.** *adv* en trozos pequeños (para que puedan comerse bien); **Mundgeruch** *m* <-(e)s, *ohne pl*> aliento *m* fétido, halitosis *f;* **Mundharmonika** *f* <-, -s *o* -harmoniken> armónica *f;* **Mundhöhle** *f* <-, -n> cavidad *f* bucal; **Mundhygiene** *f* <-, *ohne pl*> higiene *f* bucal

mündig ['mʏndɪç] *adj* (JUR) mayor de edad; **jdn für ~ erklären** (JUR) declarar a alguien mayor de edad

Mündigkeit *f* <-, *ohne pl*> (JUR) mayoría *f* de edad

mündlich ['mʏntlɪç] *adj* oral; **alles weitere ~** el resto oralmente; **~e Prüfung** examen oral

Mundpflege *f* <-, *ohne pl*> higiene *f* bucal; **Mundpropaganda** *f* <-, *ohne pl*> publicidad *f* transmitida de boca en boca; **Mundraub** *m* <-(e)s, *ohne pl*> (JUR) hurto *m* famélico; **Mundschenk** *m* <-en, -en> (HIST) copero *m;* **Mundschleimhaut** *f* <-, -häute> (MED) mucosa *f* bucal

M-und-S-Reifen [ɛmʔʊnt'ʔɛs-] *m* <-s, -> (AUTO) neumático *m* de invierno

Mundstück *nt* <-(e)s, -e> (*a.* MUS) boquilla *f*

mundtot *adj:* **jdn ~ machen** taparle la boca a alguien

Mündung ['mʏndʊŋ] *f* <-, -en> **1.** (*eines Flusses*) desembocadura *f* **2.** (*eines Gewehres*) boca *f;* **Mündungsarm** *m* <-(e)s, -e> (GEO) brazo *m* de una desembocadura; **Mündungsfeuer** *nt* <-s, -> fogonado *m*

Mundvoll *m* <-, -> *s.* **Mund**

Mundwasser *nt* <-s, -wässer> agua *f* dentífrica; **Mundwerk** *nt* <-(e)s, *ohne pl*> (*fam*): **ein flinkes ~ haben** tener mucha labia; **Mundwinkel** *m* <-s, -> comisura *f* de la boca

Mund-zu-Mund-Beatmung [mʊnt-tsu'mʊnt-] *f* <-, -en> respiración *f* boca a boca

Munition [muni'tsjo:n] *f* <-, -en> munición *f;* **Munitionsfabrik** *f* <-, -en> fábrica *f* de municiones; **Munitionslager** *nt* <-s, -> depósito *m* de municiones; **Munitionsnachschub** *m* <-(e)s, -schübe> amunicionamiento *m*

munkeln ['mʊŋkəln] *vi, vt* (*fam*) rumorear; **man munkelt, dass ...** se rumorea [*o* corre el rumor de] que...

Mun-Sekte ['mu:n-] *f* <-, *ohne pl*> secta *f* Moon

Münster ['mʏnstɐ] *nt* <-s, -> catedral *f*

munter ['mʊntɐ] *adj* **1.** (*lebhaft*) vivaz, vivaracho; (*fröhlich*) alegre; **~ und vergnügt** contento y de buen humor **2.** (*wach*) despierto

Munterkeit *f* <-, *ohne pl*> (*Fröhlichkeit*) alegría *f;* (*Lebhaftigkeit*) viveza *f*

Muntermacher *m* <-s, -> (*fam*) estimulante *m*

Münzamt *nt* <-(e)s, -ämter> casa *f* de la moneda; **Münzanstalt** *f* <-, -en> casa *f* de la moneda; **staatliche spanische ~** Casa de Moneda y Timbre; **Münzautomat** *m* <-en, -en> distribuidor *m* automático

Münze ['mʏntsə] *f* <-, -n> moneda *f;* **etw für bare ~ nehmen** tomar algo al pie de la letra; **es jdm mit gleicher ~ heimzahlen** pagarle a alguien con la misma moneda; **etw in klingende ~ umsetzen** hacer un negocio con algo; **Münzeinwurf** *m* <-(e)s, -würfe> ranura *f*

münzen ['mʏntsən] *vt* acuñar; **das ist auf ihn gemünzt** esto va por él

Münzfernsprecher *m* <-s, -> teléfono *m* público (con monedas); **Münzgeld** *nt* <-(e)s, *ohne pl*> monedas *fpl;* **Münzhoheit** *f* <-, *ohne pl*> derecho *m* de acuñación; **Münzprägung** *f* <-, -en> acuñación *f* de monedas; **Münzrecht** *nt* <-(e)s, *ohne pl*> derecho *m* de acuñación; **Münzsammler(in)** *m(f)* <-s, -; -, -nen> coleccionista *mf* de monedas, numismático, -a *m, f;* **Münzsammlung** *f* <-, -en> colección *f* de monedas; **Münzschlitz** *m* <-es, -e> ranura *f* (para introducir las monedas); **Münzstätte** *f* <-, -n> casa *f* de la moneda; **Münztank** *m* <-s, -s> surtidor *m* de gasolina de monedas; **Münztankstelle** *f* <-, -n> gasolinera *f* que funciona con monedas; **Münzwechsler** *m* <-s, -> máquina *f* automática de cambio

Muräne [mu'rɛ:nə] *f* <-, -n> (ZOOL) murena *f,* morena *f*

mürbe ['mʏrbə] *adj* **1.** (*weich*) blando; (*Fleisch*) tierno **2.** (*abgenutzt*) desgastado; (*zerbrechlich*) desmenuzable, frágil **3.** (*Person*): **jdn ~ machen** ablandar a alguien; **~ werden** terminar cediendo; **Mürbeteig** *m* <-(e)s, -e> pastaflora *f*

Murks [mʊrks] *m* <-es, *ohne pl*> (*fam abw*) chapucería *f,* chapuza *f;* **~ machen** poner remiendos, chapucear

murksen ['mʊrksən] *vi* (*fam abw*) trabajar chapuceramente

Murmel ['mʊrməl] *f* <-, -n> canica *f,* trinca *f* *CSur*

murmeln ['mʊrməln] *vi, vt* murmurar, susurrar; **was murmelst du da?** ¿qué estás murmurando?

Murmeltier *nt* <-(e)s, -e> marmota *f;* **schlafen wie ein ~** dormir como un tronco [*o* como un lirón]

murren ['mʊrən] *vi* refunfuñar, gruñir, corcovear *And, CSur;* **ohne zu ~** sin refunfuñar

mürrisch ['mʏrɪʃ] **I.** *adj* malhumorado, gruñón **II.** *adv* de mala gana

Mus [mu:s] *nt* <-es, -e> puré *m;* **jdn zu ~ machen** [*o* **schlagen**] (*fam*) hacer papilla a alguien

Muschel ['mʊʃəl] *f* <-, -n> **1.** (ZOOL) lamelibranquio *m;* (*essbar*) marisco *m* **2.** (*~schale*) concha *f*

muschelförmig *adj* en forma de concha

Muschelkalk *m* <-(e)s, *ohne pl*> (GEO) caliza *f* de conchas

Muschi ['mʊʃi] *f* <-, -s> (*fam*) **1.** (*Katze*) gatita *f* **2.** (*Scheide*) chocho *m,* chichi *m,* concha *f Am*

Muse ['mu:zə] *f* <-, -n> musa *f;* **die leichte ~** las variedades; **er wurde von der ~ geküsst** le aparecieron las musas

Museum [mu'ze:ʊm] *nt* <-s, Museen> museo *m;* **Museumsführer(in)** *m(f)* <-s, -; -, -nen> guía *mf* de un museo; **museumsreif** *adj* (*fam*) anticuado, pasado de moda; **Museumswärter(in)** *m(f)* <-s, -; -, -nen> vigilante *mf* de un museo

Musical[1] ['mju:zikəl] *nt* <-s, *ohne pl*> (*Gattung*) musical *m*

Musical[2] *nt* <-s, -s> (*Stück*) (espectáculo *m*) musical *m*

Musik[1] [mu'zi:k] *f* <-, *ohne pl*> (*Kunst, Fach*) música *f;* **~ studieren** estudiar música [*o* en el conservatorio]

Musik[2] *f* <-, -en> (*Werk, Melodie*) música *f;* **~ machen** tocar un instrumento; **das ist ~ in meinen Ohren** me suena a música celestial

M

Musikakademie *f* <-, -n> conservatorio *m* de música

Musikalien [muziˈkaːliən] *pl* partituras *fpl;* **Musikalienhandlung** *f* <-, -en> tienda *f* de artículos de música

musikalisch [muziˈkaːlɪʃ] *adj* musical; ~ **veranlagt sein** tener talento musical

Musikalität [muzikaliˈtɛːt] *f* <-, *ohne pl*> musicalidad *f*

Musikant(in) [muziˈkant] *m(f)* <-en, -en; -, -nen> músico, -a *m, f;* **Musikantenknochen** *m* <-s, -> articulación *f* del codo

Musikantin *f* <-, -nen> *s.* **Musikant**

Musikbegleitung *f* <-, -en> acompañamiento *m* musical; **mit** ~ acompañado de música; **Musikberieselung** [-bəriːzəlʊŋ] *f* <-, *ohne pl*> hilo *m* musical; **Musikbox** *f* <-, -en> máquina *f* de discos, jukebox *m o f;* **Musikdirektor(in)** *m(f)* <-s, -en; -, -nen> director(a) *m(f)* de orquesta

Musiker(in) [ˈmuːzikɐ] *m(f)* <-s, -; -, -nen> músico, -a *m, f*

Musikfreund(in) *m(f)* <-(e)s, -e; -, -nen> melómano, -a *m, f,* aficionado, -a *m, f* a la música; **Musikgeschichte** *f* <-, *ohne pl*> historia *f* de la música; **Musikhochschule** *f* <-, -n> conservatorio *m* superior de música; **Musikinstrument** *nt* <-(e)s, -e> instrumento *m* de música; **Musikkapelle** *f* <-, -n> banda *f* de música, conjunto *m* musical; **Musikkassette** *f* <-, -n> casete *m o f;* **Musiklehrer(in)** *m(f)* <-s, -; -, -nen> profesor(a) *m(f)* de música; **Musikschule** *f* <-, -n> conservatorio *m;* **Musikstück** *nt* <-(e)s, -e> obra *f* musical, pieza *f* de música; **Musikunterricht** *m* <-(e)s, *ohne pl*> clases *fpl* de música; (*~stunde*) clase *f* de música

Musikus [ˈmuːzikʊs] *m* <-, Musizi *o* -se> (*fam*) músico, -a *m, f*

Musikwissenschaft *f* <-, -en> musicología *f*

musisch [ˈmuːzɪʃ] *adj* **1.** (*Fächer, Schule*) artístico **2.** (*Person*) con sensibilidad artística; ~ **begabt sein** tener talento (artístico)

Musizi *pl von* **Musikus**

musizieren* [muziˈtsiːrən] *vi* tocar (piezas musicales)

Muskat [mʊsˈkaːt] *m* <-(e)s, -e> nuez *f* moscada

Muskateller [mʊskaˈtɛlɐ] *m* <-s, -> (*Traube, Wein*) moscatel *m*

Muskatnuss[RR] *f* <-, -nüsse> nuez *f* moscada

Muskel [ˈmʊskəl] *m* <-s, -n> músculo *m;* **seine ~n spielen lassen** enseñar los músculos; **~n haben** ser musculoso; **Muskelentzündung** *f* <-, -en> (MED) inflamación *f* muscular

Muskelfaser *f* <-, -n> (ANAT) fibra *f* muscular; **Muskelfaserriss**[RR] *m* <-es, -e> (MED) desgarre *m* de fibras musculares

Muskelkater *m* <-s, -> agujetas *fpl;* **Muskelkraft** *f* <-, *ohne pl*> fuerza *f* muscular; **Muskelkrampf** *m* <-(e)s, -krämpfe> calambre *m;* **Muskelmann** *m* <-(e)s, -männer> (*fam*) cachas *m;* **Muskelpaket** *nt* <-(e)s, -e> musculatura *f;* **Muskelprotz** *m* <-es, -e(n)> (*fam abw*) (hombre *m*) forzudo *m;* **Muskelriss**[RR] *m* <-es, -e> (MED) desgarre *m* muscular; **Muskelschwäche** *f* <-, -n> (MED) debilidad *f* muscular; **Muskelschwund** *m* <-(e)s, *ohne pl*> (MED) atrofia *f* muscular; **Muskelzerrung** *f* <-, -en> (MED) distensión *f* de un músculo

Musketier [ˈmʊskətiːɐ] *m* <-s, -e> (HIST) mosquetero *m*

Muskulatur [mʊskulaˈtuːɐ] *f* <-, -en> musculatura *f*

muskulös [mʊskuˈløːs] *adj* musculoso

Müsli [ˈmyːsli] *nt* <-s, -s> musli *m*

Muslim(e) [ˈmʊslɪm, *pl:* mʊsˈliːmə] *m(f)* <-(s), -e *o* -s; -, -n> mahometano, -a *m, f,* musulmán, -ana *m, f*

muss[RR] [mʊs], **muß** *3. präs von* **müssen**

Muss[RR] [mʊs] *nt* <-, *ohne pl*>, **Muß** *nt* <-, *ohne pl*> obligación *f;* **man sollte es tun, aber es ist kein** ~ uno debería hacerlo pero no se tiene la obligación; **Mussbestimmung**[RR] *f* <-, -en> disposición *f* imperativa

Muße [ˈmuːsə] *f* <-, *ohne pl*> (*geh*) ocio *m;* (*Ruhe*) calma *f,* tranquilidad *f;* **dazu fehlt mir die** ~ para ello me falta la tranquilidad; **die** ~ **zu** [*o* **für**] **etw finden** encontrar la tranquilidad para algo

Mussehe[RR] [ˈmʊsʔeːə] *f* <-, -n> (*fam*) casamiento *m* por penalti

müssen[1] [ˈmʏsən] <muss, musste, müssen> *vt* (*Modalverb*) **1.** (*Zwang*) tener que +*inf;* (*unpersönlich*) hay que +*inf;* **ich musste lachen** tuve que reírme; **sie musste es tun** tuvo que hacerlo; **er musste getragen werden** tuvo que ser llevado a cuestas; **ich muss immer um sechs Uhr aufstehen** me tengo que levantar siempre a las seis; **die Ausstellung muss man gesehen haben** hay que haber visto la exposición; **das muss sein** tiene que ser, no hay más remedio; **es kam, wie es kommen musste** sucedió como tenía que suceder **2.** (*Notwendigkeit*) tener que +*inf,* ser necesario +*inf;* **ich muss (schon) sagen …** tengo que decir que…; **das hättest du mir sagen** ~ deberías habérmelo dicho; **muss das sein?** ¿es necesario?; **warum muss es ausgerechnet heute regnen?** ¿por qué tiene que llover precisamente hoy?; **das muss nicht stimmen** no tiene por qué ser así; **wenn es (unbedingt) sein muss** si tiene que ser; **du musst mich mal besuchen** tienes que hacerme una visita; **du musst das nicht so eng sehen** no lo tomes así [*o* tan a pecho] **3.** (*Vermutung*) deber +*inf,* tener que +*inf;* **er muss bald kommen** tiene que estar al llegar; **hier muss der Unfall passiert sein** aquí tiene que haber sucedido el accidente; **er müsste schon da sein** ya tendría que estar aquí; **das müsstest du eigentlich wissen** en realidad deberías saberlo; **es müsste jetzt acht Uhr sein** deben de ser las ocho **4.** (*Wunsch*): **Geld müsste man haben!** ¡si tuviéramos dinero!; **man müsste noch mal zwanzig sein!** ¡quien tuviera veinte años (otra vez)!

müssen[2] <muss, musste, gemusst> *vi* tener que +*inf;* **ich muss nicht** no tengo que hacerlo; **ich muss, ob ich will oder nicht** tengo que hacerlo quiera o no; **ich muss zur Post** tengo que ir a Correos; **ich muss mal (aufs Klo)** (*fam*) tengo que ir al baño; **ich habe gemusst** (*hatte keine Wahl*) no me ha quedado otro remedio

Mußestunde ['muːsə-] *f* <-, -n> rato *m* libre [*o* de ocio]

Mussheirat[RR] *f* <-, -en> (*fam*) *s.* **Mussehe**

müßig ['myːsɪç] *adj* (*geh*) **1.** (*untätig*) ocioso, desocupado **2.** (*überflüssig*) superfluo, inútil; **es ist ~, darüber nachzudenken** no vale la pena pensar en ello; **Müßiggang** *m* <-(e)s, *ohne pl*> (*geh*) ociosidad *f,* ocio *m;* **~ ist aller Laster Anfang** (*prov*) la ociosidad es la madre de todos los vicios

musste[RR] ['mʊstə], **mußte** *3. imp von* **müssen**

Muster ['mʊstɐ] *nt* <-s, -> **1.** (*Vorlage*) modelo *m;* (*Handarbeits~, Schnitt~*) patrón *m;* **dem ~ entsprechend** conforme a la muestra; **eingetragenes ~** muestra registrada; **~ ohne Wert** muestra sin valor; **Waren nach ~ bestellen** pedir las mercancías según muestra **2.** (*Vorbild*) ejemplo *m,* modelo *m;* **als ~ dienen** servir de modelo; **er ist das ~ eines Ehemannes** es un marido modelo; **sie ist ein ~ an Güte** su bondad es ejemplar **3.** (*Zeichnung*) diseño *m,* dibujo *m* **4.** (*Probestück*) muestra *f;* **Musterband** *m* <-(e)s, -bände> volumen *m* de muestra; **Musterbeispiel** *nt* <-(e)s, -e> modelo *m* ejemplar; **Musterbestellung** *f* <-, -en> pedido *m* de muestra; **Musterbetrieb** *m* <-(e)s, -e> empresa *f* modélica [*o* modelo]; **Musterbilanz** *f* <-, -en> balance *m* tipo; **Musterbrief** *m* <-(e)s, -e> carta *f* modelo; **Musterbuch** *nt* <-(e)s, -bücher> muestrario *m;* **Musterexemplar** *nt* <-s, -e> **1.** (*eines Buches*) ejemplar *m* de muestra **2.** (*Vorbild*) modelo *m;* **ein ~ von Ehefrau sein** ser una esposa modelo; **Musterfertigung** *f* <-, *ohne pl*> fabricación *f* de muestra; **mustergültig** *adj,* **musterhaft** *adj* ejemplar, modelo; **Musterhaus** *nt* <-es, -häuser> casa *f* de muestra; **Musterknabe** *m* <-n, -n> (*abw*) niño *m* modelo; **Musterkoffer** *m* <-s, -> (maletín *m* del) muestrario *m;* **Musterkollektion** *f* <-, -en> muestrario *m;* **Mustermesse** *f* <-, -n> feria *f* de muestras

mustern ['mʊstɐn] *vt* **1.** (*betrachten*) examinar; **sie musterte ihn von oben bis unten** lo miraba de arriba abajo **2.** (MIL: *Wehrpflichtige*) reconocer; (*Truppen*) pasar revista (a)

Musterpackung *f* <-, -en> muestra *f;* **Musterprozess**[RR] *m* <-es, -e> (JUR) proceso *m* modelo; **Musterschüler(in)** *m(f)* <-s, -; -, -nen> alumno, -a *m, f* ejemplar [*o* modelo]; **Mustersendung** *f* <-, -en> envío *m* de muestras

Musterung ['mʊstərʊŋ] *f* <-, -en> **1.** (*Betrachtung*) examen *m;* (*Prüfung*) inspección *f;* **nach eingehender ~** tras minuciosa inspección **2.** (MIL) reconocimiento *m* **3.** (*Muster*) dibujo *m,* diseño *m;* **Musterungsbescheid** *m* <-(e)s, -e> (MIL) llamada *f* a revista

Mustervertrag *m* <-(e)s, -träge> contrato *m* tipo; **Musterwohnung** *f* <-, -en> piso *m* piloto

Mut [muːt] *m* <-(e)s, *ohne pl*> valor *m;* **nur ~!** ¡ánimo!; **jdm den ~ nehmen** meter miedo a alguien; **den ~ verlieren** desanimarse, achucuyarse *ZAm,* achucutarse *Kol, Ecua,* apitiguarse *Chil;* **jdm ~ machen** animar a alguien; **~ fassen** [*o* **schöpfen**] cobrar valor; **guten ~es sein** (*geh*) estar optimista; **mit frischem ~** con nuevos ánimos; **mit dem ~ der Verzweiflung** a la desesperada; **mir ist dabei gar nicht wohl zu ~e** no me gusta ni un pelo; **mir ist nicht zum Lachen zu ~e** no estoy para bromas

Mutagen *nt* <-s, -e> (BIOL) mutágeno *m*

Mutant *m* <-en, -en> (BIOL), **Mutante** *f* <-, -n> (BIOL) mutante *m*

Mutation [muta'tsjoːn] *f* <-, -en> **1.** (BIOL) mutación *f* **2.** (MED: *Stimmwechsel*) cambio *m* de la voz **3.** (*Schweiz: Personalveränderung*) cambio *m* de personal

Mütchen ['myːtçən] *nt* <-s, *ohne pl*> (*fam*): **(an jdm) sein ~ kühlen** pagarla (con alguien)

mutieren* [mu'tiːrən] *vi* **1.** (BIOL) mutar, experimentar [*o* sufrir] una mutación; **zu etw ~** (*fig*) convertirse en algo **2.** (MED: *Stimme*) cambiar la voz

mutig ['muːtɪç] *adj* valiente, valeroso, guapo *Am*

mutlos *adj* desalentado, desanimado

Mutlosigkeit *f* <-, *ohne pl*> desaliento *m*

mutmaßen ['muːtmaːsən] *vt* suponer, presumir

mutmaßlich *adj* presunto, supuesto

Mutmaßung *f* <-, -en> presunción *f,* suposición *f*

Mutprobe *f* <-, -n> prueba *f* de valor; **eine ~ ablegen/bestehen** dar/pasar una prueba de valor

Mutschli ['mʊtʃli] *nt* <-s, -> (*Schweiz*) panecillo *m*

Mutter[1] ['mʊtɐ, *pl:* 'mʏtɐ] *f* <-, Mütter> (*Frau*) madre *f;* **~ von vier Kindern** madre de cuatro hijos; **wie bei ~n** (*fam*) como en casa; **werdende ~** futura madre; **keine ~ mehr haben** ser huérfano de madre

Mutter[2] *f* <-, -n> (TECH) tuerca *f*

Mütterberatungsstelle ['---'----] *f* <-, -n> centro *m* de información maternal

Mutterbindung *f* <-, -en> (PSYCH) fijación *f* a la madre
Mutterboden *m* <-s, *ohne pl*> tierra *f* vegetal
Mütterchen ['mʏtɐçən] *nt* <-s, -> (*alte Frau*) viejecita *f*
Mutterfirma *f* <-, -firmen> casa *f* matriz, empresa *f* matriz; **Mutterfreuden** *fpl:* ~ **entgegensehen** esperar un hijo, estar en estado de buena esperanza
Müttergenesungsheim *nt* <-(e)s, -e> clínica *f* de reposo para madres de familia; **Müttergenesungswerk** *nt* <-(e)s, *ohne pl*> *organización alemana que facilita la asistencia en clínicas de reposo para las madres de familia*
Muttergesellschaft *f* <-, -en> (WIRTSCH) sociedad *f* matriz
Muttergottes ['--'--] *f* <-, *ohne pl*> (REL) Nuestra Señora *f*
Mutterinstinkt *m* <-(e)s, -e> instinto *m* maternal
Mutter-Kind-Pass[RR] ['--'--] *m* <-es, -Pässe> carnet *m* de maternidad
Mutterkomplex *m* <-es, -e> complejo *m* maternal; **Mutterkorn** *nt* <-(e)s, -e> tizón *m;* **Mutterkuchen** *m* <-s, -> (MED) placenta *f;* **Mutterland** *nt* <-(e)s, -länder> patria *f;* (*der Kolonien*) metrópoli *m;* **Mutterleib** *m* <-(e)s, *ohne pl*> seno *m* materno
mütterlich ['mʏtɐlɪç] **I.** *adj* materno, maternal **II.** *adv* como una madre
mütterlicherseits *adv* por parte de la madre
Mütterlichkeit *f* <-, *ohne pl*> sentimiento *m* maternal; **sie kümmerte sich voller ~ um ihn** le cuidaba con todo el amor de madre
Mutterliebe *f* <-, *ohne pl*> cariño *m* maternal [*o* materno]; **mutterlos** *adj* sin madre, huérfano de madre; **Muttermal** *nt* <-(e)s, -e> lunar *m;* **Muttermilch** *f* <-, *ohne pl*> leche *f* materna; **etw mit der ~ einsaugen** aprender algo desde la cuna; **Muttermord** *m* <-(e)s, -e> matricidio *m;* **Muttermörder(in)** *m(f)* <-s, -; -, -nen> matricida *mf;* **Muttermund** *m* <-(e)s, *ohne pl*> (MED) orificio *m* uterino
Mutternschlüssel *m* <-s, -> llave *f* para tuercas
Mutterrolle *f* <-, -n> papel *m* de madre
Mutterschaft *f* <-, *ohne pl*> maternidad *f;* **Mutterschaftsgeld** *nt* <-es, *ohne pl*> paga *f* por maternidad; **Mutterschaftshilfe** *f* <-, -n> ayuda *f* por maternidad; **Mutterschaftsurlaub** *m* <-(e)s, -e> permiso *m* por maternidad; **Mutterschaftsvertretung** *f* <-, -en> suplencia *f* de maternidad
Mutterschiff *nt* <-(e)s, -e> (NAUT) buque *m* nodriza; (AERO) nave *f* de abastecimiento
Mutterschutz *m* <-es, *ohne pl*> protección *f* a la (futura) madre; **Mutterschutzgesetz** *nt* <-es, -e> ley *f* de protección a la maternidad
mutterseelenallein ['-----'-] *adj* solo como la una
Muttersöhnchen ['--zøːnçən] *nt* <-s, -> (*fam abw*) hijo *m* de mamá; **Muttersprache** *f* <-, -n> lengua *f* materna
Muttersprachler(in) ['--ʃpraːxlɐ] *m(f)* <-s, -; -, -nen> hablante *mf* nativo
muttersprachlich *adj* de la lengua materna; **~e Kompetenz** competencia lingüística en lengua materna
Mutterstelle *f:* **bei jdm ~ vertreten** ser una madre para alguien; **Muttertag** *m* <-(e)s, -e> día *m* de la madre; **Muttertier** *nt* <-(e)s, -e> (ZOOL) animal *m* madre; **Mutterwitz** *m* <-es, *ohne pl*> (*Schlagfertigkeit*) salero *m*
Mutti ['mʊti] *f* <-, -s> (*fam*) mamá *f,* mamaíta *f*
Mutualismus *m* <-, *ohne pl*> (BIOL) mutualismo *m*
Mutwille *m* <-ns, *ohne pl*> malicia *f;* **etw aus ~n tun** hacer algo a propósito; **aus purem** [*o* **lauter**] **~n** por fastidiar, a mala leche
mutwillig ['muːtvɪlɪç] **I.** *adj* (*böswillig*) malicioso; (*absichtlich*) intencionado, deliberado **II.** *adv* (*absichtlich*) con intención, a propósito
Mütze ['mʏtsə] *f* <-, -n> gorro *m,* gorra *f;* **der kriegt was auf die ~!** (*fam*) ¡éste se va a llevar una buena (reprimenda)!
m.W. *Abk. von* **meines Wissens** que yo sepa
MW (PHYS) *Abk. von* **Megawatt** MW
MwSt, **MWSt** *Abk. von* **Mehrwertsteuer** IVA *m*
Mykose [my'koːzə] *f* <-, -n> (MED) micosis *f inv*
Myom [my'oːm] *nt* <-s, -e> (MED) mioma *m*
Myriade [my'rjaːdə] *f* <-, -n> miríada *f*
Myrr(h)e ['mʏrə] *f* <-, -n> mirra *f*
Myrte ['mʏrtə] *f* <-, -n> mirto *m*
Mysterien *pl von* **Mysterium**
mysteriös [mʏsteri'øːs] *adj* misterioso
Mysterium [mʏs'teːriʊm] *nt* <-s, Mysterien> misterio *m*
Mystifizierung [mʏstifi'tsiːrʊŋ] *f* <-, -en> mistificación *f*
Mystik ['mʏstɪk] *f* <-, *ohne pl*> mística *f*
Mystiker(in) ['mʏstikɐ] *m(f)* <-s, -; -, -nen> místico, -a *m, f*
mystisch ['mʏstɪʃ] *adj* místico
Mythen *pl von* **Mythos**
mythisch ['yːtɪʃ] *adj* mítico
Mythologie [mytolo'giː] *f* <-, -n> mitología *f*
mythologisch [myto'loːgɪʃ] *adj* mitológico
Mythos ['myːtɔs] *m* <-, Mythen> mito *m*
Myzel(ium) [my'tseːl(iʊm)] *nt* <-s, Myzelien> (BIOL) micelio *m*

N

N, n [ɛn] *nt* <-, -> N, n *f;* ~ **wie Nordpol** N de Navarra

N **1.** *Abk. von* **Norden** N **2.** (CHEM) *Abk. von* **Stickstoff** N

na [na(:)] *interj* (*fam*) **1.** (*fragend*) ¿y?; ~, **wie geht's?** oye, ¿cómo te va?; ~ **und?** ¿y qué?; ~, **was sagst du jetzt?** ¿y ahora qué te parece? **2.** (*auffordernd*) ¡venga!, ¡vamos!; ~ **und ob!** ¡y vaya que sí!; ~ **so was!** ¡hay que ver! **3.** (*beschwichtigend*) ¡bueno!; ~ **also** [*o* **bitte**]! ¡pues ya ves!; ~, **was hab ich gesagt?** bueno, ¿qué había dicho yo?; ~ **ja** bueno; ~ **gut** bueno, bien **4.** (*empört*) ¡pero (bueno)!; ~, **hör mal!** ¡pero oye, caramba!

Na (CHEM) *Abk. von* **Natrium** Na

Nabe [ˈnaːbə] *f* <-, -n> cubo *m,* buje *m*

Nabel [ˈnaːbəl] *m* <-s, -> ombligo *m;* **der ~ der Welt** (*geh*) el ombligo del mundo; **Nabelbinde** *f* <-, -n> venda *f* umbilical; **Nabelbruch** *m* <-(e)s, -brüche> (MED) hernia *f* umbilical; **Nabelkompresse** *f* <-, -n> compresa *f* umbilical; **Nabelschau** *f* <-, -en> narcisismo *m;* (*Zeigen des Körpers*) exhibicionismo *m;* **Nabelschnur** *f* <-, -schnüre> cordón *m* umbilical

nach [naːx] **I.** *präp +dat* **1.** (*Richtung*) hacia, a; (*Länder-, Ortsnamen*) a; (*Zug, Flugzeug*) con destino a, para; ~ **Berlin/~ Spanien** a Berlín/a España; ~ **Norden/~ Süden** al norte/al sur; ~ **oben/~ rechts** hacia arriba/hacia la derecha; **von links ~ rechts** de izquierda a derecha; ~ **Hause** a casa **2.** (*zeitlich, Reihenfolge*) después de; ~ **Christus** después de Cristo, de nuestra era; ~ **der Arbeit** después del trabajo; ~ **langem Hin und Her** después de darle muchas vueltas; **sie kam ~ zehn Minuten** vino a los diez minutos; ~ **fünf Jahren kam sie aus Amerika zurück** volvió de América pasados cinco años; ~ **allem, was geschehen ist** después de todo lo que ha pasado; **die dritte Straße ~ dem Rathaus** la tercera calle después del ayuntamiento; **einer ~ dem anderen** primero uno, después otro; ~ **Ihnen, bitte!** ¡después de Ud., por favor! **3.** (*Uhrzeit*) y; **es ist fünf** (**Minuten**) ~ **sechs** son las seis y cinco **4.** (*zufolge, gemäß*) según, conforme a; **je** ~ según; **je ~ Größe** según el tamaño; ~ **allem, was ich weiß** con todo lo que yo sé; **sie standen der Größe ~ nebeneinander** estaban uno al lado del otro por orden de altura; **dem Alter** ~ conforme a la edad; **allem Anschein** ~ según [*o* por] lo que parece; **das ist nicht ~ meinem Geschmack** no es de mi gusto; **meiner Meinung** ~ en mi opinión; ~ **Art des Hauses** de la casa; ~ **italienischer Art** a la italiana; **die Uhr ~ dem Radio stellen** poner el reloj en hora con la radio **II.** *adv:* (**alle**) **mir ~!** ¡(todos) detrás de mí!, ¡seguidme!; ~ **und** ~ poco a poco; ~ **wie vor** (al) igual que antes; **ich finde Berlin ~ wie vor sehr interessant** sigo encontrando Berlín muy interesante

Nachachtung *f* <-, *ohne pl*> (*Schweiz:* ADMIN): **einer Vorschrift ~ verschaffen** hacer cumplir un precepto

nach|äffen [ˈnaːxʔɛfən] *vt* (*abw*) remedar, imitar sin gracia

nach|ahmen [ˈnaːxʔaːmən] *vt* imitar, copiar; **nachahmenswert** *adj* digno de ser imitado; (*vorbildlich*) ejemplar

Nachahmung *f* <-, -en> imitación *f;* **Nachahmungstrieb** *m* <-(e)s, -e> instinto *m* de imitación; (PSYCH) escopatía *f*

nach|arbeiten *vt* **1.** (*aufholen*) recuperar **2.** (*nachbearbeiten*) repasar, mejorar, perfeccionar **3.** (*nachbilden*) copiar

Nacharbeitskosten *pl* coste *m* de recuperación

Nachbar(in) [ˈnaxbaːɐ] *m(f)* <-n *o* -s, -n; -, -nen> vecino, -a *m, f;* **auf jdn scharf wie ~s Lumpi sein** (*fam*) estar majareta por alguien; **die lieben ~n** (*iron*) los vecinitos del alma; **Nachbarhaus** *nt* <-es, -häuser> casa *f* vecina [*o* de al lado]

Nachbarin *f* <-, -nen> *s.* **Nachbar**

Nachbarland *nt* <-(e)s, -länder> país *m* vecino

nachbarlich *adj* **1.** (*benachbart*) vecino **2.** (*nachbarschaftlich*) vecinal

Nachbarschaft *f* <-, *ohne pl*> vecindad *f,* vecindario *m;* (*alle Nachbarn*) vecinos *mpl;* **eine gute ~ halten** tener buenas relaciones con los vecinos; **Nachbarschaftshilfe** *f* <-, -n> ayuda *f* entre vecinos; **in ~ ein Haus errichten** levantar una casa con la ayuda de los vecinos; **Nachbarschaftsinitiative** *f* <-, -n> iniciativa *f* del vecindario [*o* de vecinos]; ~ **zur Kriminalitätsbekämpfung** iniciativa de vecinos contra la criminalidad

Nachbarsfrau *f* <-, -en> vecina *f;* **Nachbarskind** *nt* <-(e)s, -er> hijo, -a *m, f* de los vecinos, niño, -a *m, f* de los vecinos; **Nachbarsleute** *pl* vecinos *mpl*

Nachbarstaat *m* <-(e)s, -en> estado *m* vecino

nach|bearbeiten* *vt* elaborar sobre muestra

Nachbeben *nt* <-s, -> terremoto *m* secundario

nach|behandeln* *vt* **1.** (*im Anschluss behandeln*) tratar posteriormente [*o* luego]; **das**

antike Büffet muss mit Wachs nachbehandelt werden al aparador antiguo hay que darle luego un acabado con cera **2.** (MED: *Patient*) hacer un tratamiento de seguimiento [*o* posterior]; (*Wunde, Narbe*) tratar con posterioridad; **nach seiner Operation wurde der Patient jahrelang nachbehandelt** tras su operación el paciente estuvo durante muchos años en tratamiento

Nachbehandlung *f* <-, -en> tratamiento *m* posterior; (*nach einer Operation*) postoperatorio *m*

nach|bereiten* *vt* repasar

nach|bessern *vt* retocar

nach|bestellen* *vt* renovar un pedido, hacer un pedido suplementario; **Nachbestellung** *f* <-, -en> nueva orden *f*, nuevo encargo *m*

nach|beten *vt* (*fam abw*) repetir como un loro

nach|bezahlen* *vt* (*nachträglich*) pagar más tarde; (*einen Zuschlag*) pagar como suplemento

nach|bilden *vt* copiar, imitar; **Nachbildung** *f* <-, -en> copia *f*, imitación *f*

nach|blicken *vi*: **jdm/etw** *dat* ~ seguir a alguien/algo con la mirada [*o* con la vista]

Nachblutung *f* <-, -en> (MED) hemorragia *f* posterior

nach|bohren *vi* (*fam*) insistir; **bei jdm** ~ preguntar insistentemente a alguien

Nachbörse *f* <-, -n> (FIN) operaciones *fpl* después del cierre de la bolsa

Nachbürgschaft *f* <-, -en> (JUR) subfianza *f*

nach|datieren* *vt* antedatar

nachdem [na:x'de:m] *konj* **1.** (*zeitlich*) después de +*inf*, después de que +*subj*; ~ **sie mit ihm gesprochen hatte ...** después de haber hablado con él...; ~ **sie weg waren, gingen wir schlafen** después de que se marcharan [*o* después de irse ellos] nos fuimos a dormir **2.** (*Abhängigkeit*): **je** ~ según; **je** ~, **ob/wie ...** depende de si/de cómo...

nach|denken *irr vi* reflexionar (*über* sobre), pensar (*über* en); **darüber darf man gar nicht** ~ no se debería pensar en esto; **scharf** [*o* **angestrengt**] ~ pensar con todas las fuerzas; **laut** ~ pensar en voz alta

nachdenklich *adj* pensativo, meditabundo; (*in Gedanken versunken*) ensimismado; **als sie die Nachricht hörte, wurde sie** ~ al escuchar la noticia se quedó pensativa; **in ~er Stimmung sein** estar meditabundo; **das macht mich** ~ me da que pensar

Nachdenklichkeit *f* <-, *ohne pl*> **1.** (*nachdenkliche Stimmung*) estado *m* pensativo [*o* de reflexión] **2.** (*Versunkenheit*) ensimismamiento *m*

nach|dichten *vt* (LIT) hacer una versión [*o* una adaptación] libre de; **Nachdichtung** *f* <-, -en> (LIT) versión *f* libre, adaptación *f* libre

nach|drängen *vi sein* empujar (desde atrás); **sobald einige Besucher die Ausstellung verließen, drängten gleich die nächsten nach** tan pronto abandonaron algunos visitantes la exposición, entraron los siguientes a empujones [*o* a empellones]

Nachdruck¹ *m* <-(e)s, *ohne pl*> (*Eindringlichkeit*) énfasis *m inv*, insistencia *f*, hincapié *m fam*; **etw mit** ~ **sagen** decir algo con énfasis; **ich weise mit allem** ~ **darauf hin, dass ...** hago hincapié en que...

Nachdruck² *m* <-(e)s, -e> (TYPO) reproducción *f*; (*Neuauflage*) reimpresión *f*; **unerlaubter** ~ reimpresión pirata; ~ **verboten** reproducción prohibida

nach|drucken *vt* reimprimir

nachdrücklich ['na:xdrʏklɪç] **I.** *adj* insistente; (*energisch*) enérgico **II.** *adv* con insistencia; **jdn** ~ **bitten** rogar a alguien insistentemente

Nachdrücklichkeit *f* <-, *ohne pl*> insistencia *f*; **ich warne mit aller** ~ **vor diesem Film** insisto de todas todas en que esta película no vale la pena; **ich muss Sie mit aller** ~ **bitten, in Zukunft von solchen Machenschaften Abstand zu nehmen!** debo instarle a que en el futuro se aleje de semejantes intrigas

nach|dunkeln *vi haben o sein* oscurecerse (con el paso del tiempo)

Nachdurst *m* <-s, *ohne pl*> *sed provocada por el consumo excesivo de alcohol*

nach|eifern *vi*: **jdm** ~ emular a alguien

Nacheile *f* <-, *ohne pl*> (JUR) persecución *f*

nach|eilen *vi sein*: **jdm/etw** ~ correr detrás de alguien/de algo

nacheinander [na:xʔaɪ'nandɐ] *adv* **1.** (*räumlicher Abstand*) sucesivamente, uno detrás de otro **2.** (*zeitlich*) seguido; **fünf Tage** ~ cinco días seguidos; **sie kamen kurz** ~ llegaron muy seguidos; **zweimal** ~ dos veces seguidas

nach|empfinden* *irr vt*: **jds Gefühle** ~ comprender [*o* compartir] los sentimientos de alguien; **das kann ich dir gut** ~ sé muy bien cómo te sientes, te comprendo totalmente

Nachen ['naxən] *m* <-s, -> (*geh*) barca *f*, bote *m*

Nacherhebung *f* <-, -en> recaudación *f* posterior

nach|erzählen* *vt* repetir; (*erzählen*) contar; **Nacherzählung** *f* <-, -en> narración *f*, relato *m*

Nachf. *Abk. von* **Nachfolger(in)** sucesor(a) *m(f)*

Nachfahr(e), **-in** *m, f* <-en, -en; -, -nen> (*geh*) descendiente *mf*; **die ~en** (*Blutsverwandtschaft*) la descendencia; (*nächste Generationen*) la posteridad

nach|fahren *irr vi sein*: **jdm** ~ seguir a alguien (en un vehículo)

Nachfahrin *f* <-, -nen> *s.* **Nachfahr(e)**

NachfassaktionRR *f* <-, -en>, **Nachfaßaktion** *f* <-, -en> (WIRTSCH) insistencia *f*, acción *f* reiterativa

nach|fassen I. *vi* 1. (*fam: nachbohren*) insistir (*in* en), preguntar con insistencia (*in* por) 2. (*noch einmal zugreifen*) agarrarse (de nuevo) 3. (*Nachschlag holen*) repetir II. *vt* repetir

Nachfeier *f* <-, -n> continuación *f* de la fiesta; (*später*) celebración *f* (*que se realiza con posterioridad al evento celebrado*)

nach|feiern *vt* celebrar a posteriori

Nachfolge *f* <-, *ohne pl*> sucesión *f*; **jds ~ (in einem Amt) antreten** suceder a alguien (en un cargo); **Nachfolgemodell** *nt* <-s, -e> modelo *m* sucesor

nach|folgen *vi sein* 1. (*Nachfolger werden*) suceder; **er wird seinem Vater in der Unternehmensleitung ~** sucederá a su padre en la dirección de la empresa 2. (*folgen*) seguir; **die Trauergaste folgten dem Sarg nach** el cortejo fúnebre seguía al [*o* iba detrás del] féretro

nachfolgend *adj* siguiente

Nachfolgeorganisation *f* <-, -en> organización *f* sucesora; **welche Partei ist die ~ der früheren SED?** ¿qué partido es el sucesor del antiguo SED?

Nachfolger(in) *m(f)* <-s, -; -, -nen> sucesor(a) *m(f)*

nach|fordern *vt* (*zeitlich*) reclamar posteriormente; (*zusätzlich*) pedir adicionalmente; **Nachforderung** *f* <-, -en> (*zeitlich*) reclamación *f* posterior; (*zusätzlich*) petición *f* adicional; **~en erheben** presentar una petición [*o* reclamación]

nach|forschen *vi* indagar, investigar; **etw** *dat* **~** (*geh*) indagar algo; **Nachforschung** *f* <-, -en> investigación *f*; (*amtliche ~*) pesquisa *f*; **in etw ~en anstellen** hacer pesquisas [*o* pedir informes] acerca de algo

Nachfrage *f* <-, -n> demanda *f* (*nach* de); **Angebot und ~** oferta y demanda; **die ~ befriedigen** satisfacer la demanda; **die ~ sinkt/steigt** la demanda disminuye/aumenta; **danke der ~!** ¡gracias por el interés!; **Nachfragebelebung** *f* <-, *ohne pl*> (WIRTSCH) animación *f* de la demanda; **Nachfragemonopol** *nt* <-s, -e> (WIRTSCH) monopsonio *m*

nach|fragen I. *vi* 1. (*sich erkundigen*) preguntar (*wegen* por) 2. (*nachsuchen*) solicitar 3. (*Schweiz*) preguntar; **ich frage ihm nach** voy a preguntar por él; **nach der Gesundheit ~** informarse acerca de la salud de alguien; **etw** *dat* **nichts ~** no dar importancia a algo, no tener interés por algo II. *vt* (WIRTSCH) demandar

Nachfragerückgang *m* <-(e)s, *ohne pl*> (WIRTSCH) disminución *f* de demandas; **Nachfrageüberhang** *m* <-(e)s, -hänge> exceso *m* de demanda

Nachfrist *f* <-, -en> (JUR) prórroga *f*, prolongación *f* del plazo; **jdm eine ~ setzen** prorrogar un plazo a alguien, poner un segundo plazo a alguien

nach|fühlen *vt s.* **nachempfinden**

nachfüllbar *adj* rellenable; (*Patrone, Feuerzeug*) recargable

nach|füllen *vt* rellenar, volver a llenar; (*Patrone, Feuerzeug*) recargar

Nachfüllpackung *f* <-, -en> empaque *m* rellenable

nach|geben *irr vi* 1. (*zustimmen*) ceder, transigir, agacharse *Am;* **er gab ihren Bitten nach** cedió a sus súplicas; **der Klügere gibt nach** (*prov*) el más prudente da su brazo a torcer 2. (*Fundament*) ceder; (*Stoff*) dar de sí 3. (WIRTSCH, FIN) bajar

Nachgebühr *f* <-, -en> sobretasa *f*

Nachgeburt *f* <-, *ohne pl*> secundinas *fpl*

nach|gehen *irr vi sein* 1. (*folgen*) seguir; **etw/jdm ~** ir tras de algo/alguien 2. (*ergründen*) investigar, tratar de aclarar; **einem Hinweis/einer Spur ~** seguir una pista/una huella 3. (*Uhr, Messgerät*) ir atrasado, atrasar 4. (*einem Studium, Beruf*) dedicarse (a)

nachgelassen I. *pp von* **nachlassen** II. *adj* póstumo; **~e Manuskripte/Briefe** manuscritos póstumos/cartas póstumas

nachgeordnet *adj* (*formal*) subordinado

nachgerade *adv* 1. (*allmählich*) poco a poco 2. (*geradezu*) realmente, verdaderamente

Nachgeschmack *m* <-(e)s, *ohne pl*> dejo *m*, regusto *m;* (*schlechter ~*) resabio *m;* **das hinterlässt einen üblen ~** esto deja mal sabor de boca

nachgewiesenermaßen ['-----'--] *adv* como queda comprobado; **sie war ~ schuldig** quedó probada su culpabilidad

nachgiebig ['na:xgi:bɪç] *adj* 1. (*Mensch, Haltung*) indulgente, transigente; **gegenüber jdm (zu) ~ sein** ser (demasiado) condescendiente con alguien 2. (*Material*) flexible, elástico; (*Boden*) blando

Nachgiebigkeit *f* <-, *ohne pl*> 1. (*Entgegenkommen*) complacencia *f*; (*Veranlagung*) docilidad *f* 2. (*Beschaffenheit*) elasticidad *f*

nach|gießen *irr* I. *vt* 1. (*einschenken*) servir más; **sich** *dat* **Wein ~** servirse [*o* echarse] más vino 2. (*auffüllen*) rellenar; **jds Glas ~** rellenar el vaso de alguien II. *vi* servir más bebida; **darf ich dir ~?** ¿te sirvo un poco más?

Nachgirant(in) *m(f)* <-en, -en; -, -nen> (FIN) endosante *mf* posterior

nach|grübeln *vi* cavilar (*über* sobre)

nach|gucken *vi* (*reg*) *s.* **nachsehen**

nach|haken *vi* (*fam*) porfiar; **bei jdm (mit einer Frage) ~** preguntar a alguien con insistencia

Nachhall *m* <-(e)s, *ohne pl*> eco *m*, reverberación *f*; **nach|hallen** *vi* resonar, reverberar

nachhaltig ['na:xhaltɪç] *adj* persistente, duradero; **~e Wirkung haben** ser muy eficaz

Nachhaltigkeit *f* <-, *ohne pl*> duración *f*, persistencia *f*, efecto *m* (persistente); **das Erlebnis war von geringer ~** fue una vivencia poco persistente

nach|hängen *irr vi* estar absorto (en); (*wehmütig*) acariciar; **seinen Gedanken ~** ensimismarse; **seinen Erinnerungen** ~ abismarse en sus recuerdos

nachhause[RR] *adv* (*Österr, Schweiz*) a casa

Nachhauseweg [-'---] *m* <-(e)s, -e> camino *m* a casa; **auf dem** ~ de camino a casa

nach|helfen *irr vi* echar una mano; **dem Glück** ~ ayudar a la suerte; **bei jdm mit Drohungen/mit Geld ein wenig** ~ darle un empujoncito a alguien a base de amenazas/de dinero

nachher [na:x'he:ɐ, '--] *adv* **1.** (*danach*) después; (*später*) luego; **bis** ~! ¡hasta luego! **2.** (*reg: möglicherweise*) luego; ~ **stimmt das gar nicht** luego resulta que no es cierto

Nachhilfe *f* <-, -n> clase *f* particular; **bei jdm** ~ **bekommen** dar clases particulares con alguien; **jdm** ~ **geben** dar clases particulares a alguien; **Nachhilfelehrer(in)** *m(f)* <-s, -; -, -nen> profesor(a) *m(f)* de clases particulares; **mein Sohn braucht eine ~in für Physik** mi hijo necesita una profesora que le dé clases particulares en física; **Nachhilfestunde** *f* <-, -n> clase *f* particular; **bei jdm ~n bekommen** dar clases particulares con alguien; **jdm ~n geben** dar clases particulares a alguien; **Nachhilfeunterricht** *m* <-(e)s, -e> clases *fpl* particulares; ~ **nehmen** ir a clases particulares; **jdm** ~ **geben** dar clases particulares a alguien

Nachhinein[RR] ['---]: **im** ~ posteriormente

nach|hinken *vi sein* estar retrasado (*hinter* respecto de), quedarse atrás (*hinter*); **in Latein hinkt sie etwas hinter dem Rest der Klasse nach** en latín va un poco por detrás del [*o* está un poco retrasada respecto del] resto de la clase

Nachholbedarf *m* <-(e)s, *ohne pl*> necesidad(es) *f(pl)* de recuperar (*an*); **mein** ~ **an Sonne ist gedeckt** mi falta [*o* necesidad atrasada] de sol está cubierta

nach|holen *vt* **1.** (*Person*) hacer venir; (*Dinge*) buscar más tarde **2.** (*Arbeit, Versäumnis*) recuperar

Nachhut *f* <-, -en> (MIL) retaguardia *f*

nach|jagen *vi sein:* **jdm** ~ perseguir a alguien, dar caza a alguien; **etw** *dat* ~ andar a la caza de algo

nach|kaufen *vt* comprar más tarde; **von diesem Service kann man Teile** ~ este juego de mesa dispone de piezas de recambio

Nachkaufgarantie *f* <-, -n> garantía *f* de disponibilidad de recambios (*auf/für* para)

Nachklang *m* <-(e)s, -klänge> eco *m*, resonancia *f*, repercusión *f*

nach|klingen *irr vi sein* **1.** (*Laute*) resonar; **die Explosion klang noch lange in der Schlucht nach** la explosión siguió resonando mucho tiempo en el desfiladero **2.** (*Eindruck*) tener resonancia

Nachkomme ['na:xkɔmə] *m* <-n, -n> descendiente *mf*

nach|kommen *irr vi sein* **1.** (*später kommen*) venir más tarde; **ich komme gleich nach** ahora voy; **jdm** ~ seguir a alguien; **als er sechs war, kam noch eine Schwester nach** con seis años le llegó una hermana; **da kann noch was** ~ todavía puede haber complicaciones **2.** (*Schritt halten*) poder seguir; **er kommt mit der Arbeit nicht nach** no consigue sacar el trabajo adelante **3.** (*geh*): **etw** *dat* ~ (*einer Vorschrift*) acatar; (*einer Verpflichtung/Anordnung*) cumplir (con); (*einem Wunsch, einer Bitte*) acceder (a) **4.** (*Schweiz: verstehen*) entender, seguir

Nachkommenschaft *f* <-, *ohne pl*> descendencia *f*

Nachkömmling ['na:xkœmlɪŋ] *m* <-s, -e> **1.** (*Nachzügler*) rezagado, -a *m, f;* **er ist der** ~ **unter den Geschwistern** es con mucho el más joven de todos los hermanos **2.** (*Nachkomme*) descendiente *mf*

nach|kontrollieren* *vt* controlar, revisar; **die Reifen wurden auf Sicherheit nachkontrolliert** se comprobó que las ruedas fueran seguras; **das Programm wurde auf Viren nachkontrolliert** se comprobó si el programa tenía virus

Nachkriegsdeutschland *nt* <-s> Alemania *f* de la posguerra; **Nachkriegszeit** *f* <-, -en> (época *f* de la) posguerra *f*

Nachkur *f* <-, -en> (MED) tratamiento *m* posterior

nach|laden *irr vt* recargar, volver a cargar; **es blieb keine Zeit zum N~** no quedaba tiempo para recargar (el arma)

Nachlass[RR] ['na:xlas] *m* <-es, -lässe *o* -e>, **Nachlaß** *m* <-sses, -lässe *o* -lasse> **1.** (*Erbschaft*) legado *m;* (*eines Künstlers, Schriftstellers*) obras *fpl* póstumas **2.** (*Rabatt*) rebaja *f;* **einen** ~ **gewähren** conceder una rebaja

nach|lassen *irr* **I.** *vi* (*allgemein*) disminuir; (*Schmerz*) calmarse; (*Interesse, Qualität, Eifer*) decaer, declinar; (*Fieber*) bajar; (*Regen*) cesar; **das Restaurant hat sehr nachgelassen** el restaurante ha decaído mucho; **wir sollten nicht** ~ **in unserem Streben!** no debemos desistir en [*o* de] nuestro afán **II.** *vt* **1.** (*lockern*) aflojar **2.** (*vom Preis*) rebajar; **die Hälfte des Preises** ~ reducir a la mitad de precio

nachlässig ['na:xlɛsɪç] **I.** *adj* negligente, descuidado **II.** *adv* con negligencia, con descuido; ~ **arbeiten** ser negligente en el trabajo; ~ **gekleidet sein** estar mal vestido

Nachlässigkeit[1] *f* <-, *ohne pl*> (*das Nachlässigsein*) negligencia *f*, descuido *m*

Nachlässigkeit[2] *f* <-, -en> (*Handlung*) negligencia *f*, descuido *m*

Nachlassverwalter(in)[RR] *m(f)* <-s, -; -, -nen> (JUR) administrador(a) *m(f)* de la herencia; **Nachlassverwaltung**[RR] *f* <-, -en> administración *f* de la herencia

nach|laufen *irr vi sein:* **jdm/etw** ~ ir detrás de alguien/de algo

nach|legen *vt* **1.** (*zusätzlich auflegen*) echar

más, añadir; **er hat zu dem Skandal einen weiteren Artikel nachgelegt** ha escrito otro artículo acerca del escándalo **2.** (*Speisen*) servir (más), poner (más en el plato)

Nachleistungen *fpl* (WIRTSCH) prestaciones *fpl* posteriores

Nachlese *f* <-, -n> **1.** (*der Ernte*) rebusca *f*, rebusco *m* **2.** (*geh: Nachtrag*) selección *f*

nach|lesen *irr vt* (*Text*) releer; **etw in einem Buch ~** consultar un libro para verificar algo (ya leído u oído)

nach|liefern *vt* enviar [*o* entregar] más tarde; **Nachlieferung** *f* <-, -en> (WIRTSCH) **1.** (*Lieferung*) entrega *f* posterior [*o* suplementaria] **2.** (*Artikel*) artículos *mpl* pendientes (de entrega)

Nachlösegebühr *f* <-, -en> (EISENB) tarifa *f* adicional

nach|lösen I. *vt* comprar al revisor **II.** *vi* comprar el billete al revisor

nach|machen *vt* (*fam*) **1.** (*nachahmen*) copiar, imitar; **das macht mir so schnell keiner nach** esto no lo hace cualquiera **2.** (*fälschen*) falsificar **3.** (*nachträglich erledigen*) hacer a posteriori [*o* en fecha posterior]

nach|messen *irr vi, vt* (volver a) medir

Nachmieter(in) *m(f)* <-s, -; -, -nen> siguiente inquilino, -a *m, f*

nachmittag *adv s.* **Nachmittag**

Nachmittag *m* <-(e)s, -e> tarde *f*; **am ~** por la tarde; **gestern ~** ayer por la tarde; **im Laufe des ~s** en el curso de la tarde

nachmittäglich *adj* a primera hora de la tarde; **sein ~es Schläfchen ist ein Ritual** su siesta a la hora de la sobremesa es todo un ritual

nachmittags *adv* por la tarde; (*jeden Nachmittag*) por la(s) tarde(s); **um vier Uhr ~** a las cuatro de la tarde

Nachmittagsvorstellung *f* <-, -en> función *f* de tarde, sesión *f* de tarde, vermú *m And, CSur*

Nachnahme ['na:xma] *f* <-, -n> reembolso *m*; **gegen ~ liefern** entregar contra reembolso; **etw per ~ verschicken** mandar algo contra reembolso; **Nachnahmegebühr** *f* <-, -en> tasa *f* de reembolso; **Nachnahmesendung** *f* <-, -en> envío *m* contra reembolso

Nachname *m* <-ns, -n> apellido *m*

nach|plappern *vt* (*fam*) repetir como un loro

Nachporto *nt* <-s, -s *o* -porti> sobretasa *f*

nachprüfbar *adj* que se puede comprobar, comprobable; **das Alibi des Verdächtigen war ~** la coartada del acusado se podía probar

Nachprüfbarkeit *f* <-, *ohne pl*> comprobación *f*, verificación *f*

nach|prüfen *vt* comprobar, verificar

Nachprüfung *f* <-, -en> **1.** (*Kontrolle*) verificación *f*, comprobación *f* **2.** (*in der Schule*) recuperación *f*

nach|rechnen *vi, vt* repasar la cuenta (de)

Nachrede *f* <-, -n> (JUR): **üble ~** calumnia *f*

nach|reden *vt* **1.** (*wiederholen*) repetir, reproducir **2.** (*klatschen*) hablar; **jdm Übles ~** hablar mal de alguien; **die Leute reden ihr nach, dass ...** la gente dice de ella que...

nach|reichen *vt* entregar en fecha posterior

nach|reisen *vi sein:* **jdm ~** salir de viaje después de alguien (para reunirse con esta persona); **drei Tage später reiste er ihr nach** tres días después se reunió con ella

Nachricht ['na:xrɪçt] *f* <-, -en> **1.** (*allgemein*) noticia *f*; **eine ~ hinterlassen** dejar un recado; **jdm ~ geben** avisar a alguien; **~ von jdm haben** tener noticias de alguien; **jdm eine ~ überbringen** transmitir a alguien una noticia **2.** *pl* (TV, RADIO) noticias *fpl*; **Nachrichtenagentur** *f* <-, -en> agencia *f* de noticias; **Nachrichtendienst** *m* <-(e)s, -e> **1.** (*Geheimdienst*) servicio *m* de inteligencia **2.** (*Nachrichtenagentur*) agencia *f* de noticias; **Nachrichtenforum** *nt* <-s, -foren> (INFOR, TEL) foro *m* de discusión (*entre usuarios de Internet*); **Nachrichtenkanal** *m* <-s, -näle> canal *m* de noticias; **Nachrichtenmagazin** *nt* <-s, -e> (PUBL) revista *f* de actualidad [*o* informativa]; **Nachrichtensatellit** *m* <-en, -en> satélite *m* de comunicaciones; **Nachrichtensendung** *f* <-, -en> espacio *m* informativo, noticias *fpl*, noticiario *m Am*; **Nachrichtensperre** *f* <-, -n> bloqueo *m* informativo; **über irgendein Thema eine ~ verhängen** imponer un embargo informativo sobre algún tema; **Nachrichtensprecher(in)** *m(f)* <-s, -; -, -nen> locutor(a) *m(f)*; **Nachrichtentechnik** *f* <-, *ohne pl*> técnica *f* de comunicaciones, telecomunicaciones *fpl*; **Nachrichtenwesen** *nt* <-s, *ohne pl*> sistema *m* informativo, comunicaciones *fpl*

nach|rücken *vi sein* **1.** (*folgen*) seguir (*für* a) **2.** (*aufrücken*) avanzar **3.** (*einen Posten einnehmen*) ascender (*auf* a)

Nachrücker(in) *m(f)* <-s, -; -, -nen> sucesor(a) *m(f)*

Nachruf *m* <-(e)s, -e> necrológica *f* (*auf* de)

nach|rufen *irr vt* gritar; **ruf ihm nach!** ¡dale una voz!

Nachruhm *m* <-(e)s, *ohne pl*> fama *f* póstuma

nach|rüsten I. *vi* (MIL) rearmarse **II.** *vt* (TECH, INFOR: *zusätzlich ausstatten*) equipar posteriormente; **Nachrüstung** *f* <-, -en> **1.** (MIL) rearme *m* **2.** (TECH, INFOR) modificación *f* retroactiva

nach|sagen *vt* **1.** (*wiederholen*) repetir **2.** (*behaupten*): **jdm etw ~** decir algo (acerca) de alguien; (*Fähigkeiten*) atribuir algo a alguien; **ihm wurde nachgesagt, dass ...** se dijo acerca de él que...

Nachsaison *f* <-, -s, *südd, Österr:* -en> temporada *f* baja

nach|salzen I. *vi* añadir sal, volver a salar; **du salzt immer viel zu viel nach** siempre te echas demasiada sal **II.** *vt* añadir sal a; **ich muss die Suppe noch etwas** ~ tengo que añadir un poco más de sal a la sopa

Nachsatz *m* <-es, -sätze> **1.** (*Ergänzung*) comentario *m;* (*Postskriptum*) pos(t)data *f;* **in einem** ~ **sagte er, dass ...** añadió que... **2.** (LING) segundo miembro *m* de una proposición, apódosis *f inv*

nach|schauen *vt s.* **nachsehen**

nach|schenken *vi, vt* (*geh*) *s.* **nachgießen**

nach|schicken *vt* reexpedir, remitir (a la nueva dirección)

nach|schieben *irr vt* (*sl*) añadir, enganchar

Nachschlag *m* <-(e)s, -schläge> **1.** (MUS) mordento *m* **2.** (*zusätzliche Essensportion*) segunda ración *f*

nach|schlagen *irr* **I.** *vt* buscar **II.** *vi* **1.** (*nachlesen*) consultar (*in*); **in einem Lexikon** ~ consultar una enciclopedia **2.** *sein* (*geh*): **jdm** ~ parecerse a alguien

Nachschlagewerk *nt* <-(e)s, -e> obra *f* de consulta

nach|schleichen *irr vi sein* seguir, seguir los pasos (de); **jdm heimlich** ~ seguir a alguien furtivamente

nach|schleudern *vt* **1.** (*fam: hinterherwerfen*) tirar detrás de alguien **2.** (*Wäsche*) volver a centrifugar

Nachschlüssel *m* <-s, -> copia *f* de una llave

nach|schmeißen *irr vt* (*fam*) arrojar, tirar; **das ist (so gut wie) nachgeschmissen** está (prácticamente) tirado

nach|schnüffeln *vi* (*fam*) *s.* **nachspionieren**

Nachschöpfung *f* <-, -en> recreación *f;* **Nachschrift** *f* <-, -en> **1.** (*Abschrift*) trasunto *m* **2.** (*Nachsatz*) nota *f* final; **Nachschub** *m* <-(e)s, -schübe> (MIL: *Versorgung*) suministro *m* (*an* de); (*Verpflegung*) avituallamiento *m;* (*Verstärkung*) reforzamiento *m*

nach|schwatzen *vt* (*reg*), **nach|schwätzen** *vt* (*abw*) *repetir lo que otra persona ya ha dicho;* **du solltest nachdenken, bevor du alles nachschwätzt!** ¡deberías pensarlo dos veces antes de repetir todo lo que han dicho otros!, ¡en vez de ser tan loro deberías pensar lo que dices!

nach|sehen *irr* **I.** *vi* **1.** (*hinterherblicken*): **jdm/etw** ~ seguir a alguien/algo con la mirada **2.** (*zur Information*) ir a ver; **sieh mal nach, ob ...** vete a ver si... **3.** (*nachschlagen*) consultar **II.** *vt* **1.** (*kontrollieren*) revisar **2.** (*nachschlagen*) buscar **3.** (*verzeihen*): **jdm etw** ~ perdonar [*o* disculpar] algo a alguien

Nachsehen *nt:* **das** ~ **haben** quedarse a la luna de Valencia [*o* a dos velas] (*bei/in* con)

Nachsendeantrag *m* <-(e)s, -träge> solicitud *f* de reexpedición (del correo)

nach|senden *irr vt* reexpedir, remitir (a la nueva dirección); **bitte** ~! ¡reexpídase a manos del destinatario!

nach|setzen *vi* (*verfolgen*): **jdm** ~ perseguir a alguien; **der Polizist setzte dem Dieb sofort nach** el policía salió inmediatamente en persecución del ladrón

Nachsicht *f* <-, *ohne pl*> indulgencia *f;* ~ **walten lassen** ser indulgente

nachsichtig *adj* indulgente (*mit* (para) con)

Nachsilbe *f* <-, -n> (LING) sufijo *m*

nach|sinnen *irr vi* reflexionar (*über* sobre), recapacitar (*über* sobre)

nach|sitzen *irr vi* quedar castigado después de clase

Nachsommer *m* <-s, -> veranillo *m* de San Martín

Nachsorge *f* <-, *ohne pl*> (MED) rehabilitación *f;* (*nach einer Operation*) atención *f* postoperatoria; **Nachsorgeklinik** *f* <-, -en> clínica *f* de rehabilitación; (*nach einer Operation*) clínica *f* de cuidados postoperatorios

Nachspann [-ʃpan] *m* <-(e)s, -e> (FILM, TV) portada *f* (final), títulos *mpl*

Nachspeise *f* <-, -n> postre *m;* **Nachspiel** *nt* <-(e)s, -e> **1.** (THEAT) epílogo *m;* (MUS) postludio *m* **2.** (*Folgen*) consecuencias *fpl;* **das gibt ein** ~! ¡eso traerá cola!

nach|spielen **I.** *vt* (*Melodie*) repetir **II.** *vi* (SPORT) jugar la prórroga

nach|spionieren* *vi* espiar, pastear *Peru*

nach|sprechen *irr vt:* **jdm etw** ~ repetir lo dicho por alguien

nach|spülen **I.** *vt* (*nochmals abspülen*) enjuagar de nuevo, volver a enjuagar **II.** *vi* **1.** (*hinterherspülen*) dejar correr (el) agua **2.** (*fam: hinterhertrinken*) beber (para quitarse un sabor); **ich brauche etwas zum N~** necesito algo para aclararme la garganta

nach|spüren *vi* (*geh*) rastrear; **jdm** ~ seguir el rastro de alguien; **der Detektiv spürte einem neuen Verbrechen nach** el detective investigaba un nuevo crimen

nächst [nɛːçst] *präp +dat* (*geh*) **1.** (*örtlich*) cerca de, junto a **2.** (*samt*) junto con; (*außer*) además de

nächstbeste(r, s) *adj:* **der/die/das** ~ (*allgemein*) el primero/la primera/lo primero que se presente [*o* llegue]; (*bei Qualität*) el segundo/la segunda/lo segundo mejor; **bei der ~n Gelegenheit** en la primera oportunidad que se presente

nächste(r, s) *adj superl von* **nah(e)** **1.** (*räumlich, Reihenfolge*) siguiente, próximo; **der/die/das N~** el más cercano/la más cercana/lo más cercano, el más próximo/la más próxima/lo más próximo; **an der ~n Ecke abbiegen** doblar en la siguiente esquina; **aus ~r Nähe** muy de cerca; **der** ~ **Weg** el camino más corto; **die ~n Angehörigen** los más allegados, los familiares más cercanos **2.** (*zeitlich*) próximo; **das** ~ **Mal** la próxima vez; **in den ~n Tagen** en los próximos días; ~ **Woche** la semana que viene; **ich rufe dich bei der ~n**

Gelegenheit an te llamo en cuanto pueda [*o* lo antes posible]

Nächste(r) *mf* <-n, -n; -n, -n> **1.** (*geh: Mitmensch*) próximo, -a *m, f;* (REL) prójimo, -a *m, f;* **jeder ist sich selbst der ~** la caridad bien entendida empieza por uno mismo **2.** (*der/die Folgende*) siguiente *mf;* **der/die ~ bitte!** ¡el/la siguiente, por favor!

nach|stehen *irr vi:* **jdm an etw (nicht) ~** (no) quedarse atrás de alguien en cuanto a algo, (no) ir a la zaga a alguien en algo; **er steht ihr an Intelligenz nicht nach** no le va a la zaga en inteligencia; **jdm in nichts ~** ser igual a alguien

nachstehend *adj* posterior, a continuación; **~ aufgeführt** citado con posterioridad; **im N~en** a continuación

nach|steigen *irr vi sein* (*fam*) rondar, cortejar

nach|stellen I. *vt* **1.** (TECH) reajustar **2.** (*Uhr*) retrasar **3.** (LING) posponer **II.** *vi* (*geh*): **jdm ~** (*verfolgen*) acosar a alguien, perseguir a alguien; (*umwerben*) rondar a alguien, cortejar a alguien

Nachstellung *f* <-, -en> **1.** (GRAM) posposición *f;* **durch die ~ dieses Adjektivs wird deutlich, dass ...** con la posposición de este adjetivo se ve claramente que... **2.** (*Verfolgung*) persecución *f;* **sich jds ~en entziehen** librarse de la persecución de alguien

nächsten ['nɛːçstən] *superl von* **nah(e)**: **am ~** lo más cercano, lo (que) más cerca; **am ~ sein** [*o* **liegen**] (*örtlich*) ser el más cercano, ser el que más cerca está

Nächstenliebe *f* <-, *ohne pl*> **1.** (*Barmherzigkeit*) caridad *f* **2.** (*Liebe zum Nächsten*) amor *m* al prójimo

nächstens ['nɛːçstəns] *adv* (*bald*) pronto, dentro de poco

nächstgelegen *adj* más cercano; **die Verletzten wurden ins ~e Krankenhaus gebracht** los heridos fueron conducidos al hospital más cercano; **nächsthöher** *adj* inmediatamente superior; **der ~e Tarif liegt dann bereits bei über 20%** la tarifa inmediatamente superior se sitúa ya por encima del 20%; **nächstliegend** *adj* (*örtlich*) más cercano; (*fig*) más obvio; **nächstmöglich** *adj* próximo (posible [*o* disponible]); **zum ~en Termin** lo antes posible

nach|suchen *vi* **1.** (*suchen*) rebuscar, buscar por todas partes **2.** (*geh: beantragen*): **bei jdm um etw ~** solicitar algo de [*o* ante] alguien; **um politisches Asyl ~** solicitar asilo político

nacht ['naxt] *adv s.* **Nacht**

Nacht ['naxt, *pl:* 'nɛçtə] *f* <-, Nächte> noche *f;* **Heilige ~** Nochebuena; **bei ~** de noche; **eines ~s** (*geh*) una noche; **in der ~** por la noche; **in der ~ auf Mittwoch** la noche del martes al miércoles; **diese ~** esta noche; **gestern ~** ayer por la noche; **kommende ~** la próxima noche; **über ~ bleiben** pasar la noche (*bei* en casa de, *in* en); **als die ~ hereinbrach** cuando anocheció; **gute ~!** ¡buenas noches!; **jdm gute ~ sagen** dar(le) las buenas noches a alguien; **eine schlaflose ~ verbringen** pasar la noche en vela; **sich** *dat* **die ~ um die Ohren schlagen** (*fam*) pasarse la noche en vela; **die ~ zum Tage machen** pasarse la noche de juerga; **zu ~ essen** (*südd, Österr*) cenar; **über ~** de la noche a la mañana; **sein Haar ist über ~ grau geworden** le han salido canas de la noche a la mañana; **bei ~ und Nebel** (*fig*) clandestinamente; **na, dann gut(e) ~!** (*fam iron*) ¡bueno, despídete!, ¡apaga y vámonos!; **Nachtarbeit** *f* <-, *ohne pl*> trabajo *m* de noche; **nachtblind** *adj* hemerálope; **Nachtblindheit** *f* <-, *ohne pl*> ceguera *f* nocturna, hemeralopía *f;* **Nachtcreme** *f* <-, -s> crema *f* de noche; **Nachtdienst** *m* <-(e)s, -e> servicio *m* nocturno, turno *m* de noche

Nachteil *m* <-(e)s, -e> inconveniente *m,* desventaja *f;* (*Schaden*) perjuicio *m,* daño *m;* **~e durch etw haben** tener inconvenientes por algo; **jdm ~e bringen** perjudicar a alguien; **er hat sich zu seinem ~ verändert** ha cambiado para peor; **im ~ sein** estar en desventaja; **von ~ sein** ser desfavorable; **es soll nicht zu deinem ~ sein!** ¡es por tu bien!

nachteilig *adj* (*ungünstig*) desfavorable, desventajoso; (*schädlich*) perjudicial

nächtelang *adv* durante noches enteras

nachten *vunpers* (*Schweiz, reg: geh*): **es nachtet** está oscureciendo

Nachtessen *nt* <-s, -> (*südd, Österr, Schweiz*) cena *f;* **Nachteule** *f* <-, -n> (*fam iron*) trasnochador(a) *m(f);* **Nachtfahrverbot** *nt* <-(e)s, -e> prohibición *f* de conducir por la noche; **Nachtfalter** *m* <-s, -> **1.** (BIOL) mariposa *f* nocturna **2.** (*Person*) trasnochador(a) *m(f),* noctámbulo, -a *m, f*

Nachtflug *m* <-(e)s, -flüge> vuelo *m* nocturno; **von Frankfurt nach Bogotá nehme ich einen ~** de Frankfurt a Bogotá cojo un vuelo nocturno; **Nachtflugverbot** *nt* <-(e)s, -e> prohibición *f* de vuelos nocturnos

Nachtfrost *m* <-(e)s, -fröste> helada *f* nocturna; **Nachthemd** *nt* <-(e)s, -en> camisón *f,* caracól *m Mex,* dormilona *f Ven;* **Nachthimmel** *m* <-s, *ohne pl*> cielo *m* de noche; **ein sternenklarer ~** una noche estrellada

Nachtigall ['naxtɪgal] *f* <-, -en> ruiseñor *m;* **die ~en schlagen** los ruiseñores cantan; **~, ich hör' dir trapsen!** (*reg: prov*) ¡que te veo venir!

nächtigen ['nɛçtɪgən] *vi* pasar la noche (*in* en), pernoctar (*in* en); **bei jdm ~** dormir en casa de alguien

Nachtisch *m* <-(e)s, *ohne pl*> postre *m*

Nachtklub *m* <-s, -s> club *m* nocturno; **Nachtlager** *nt* <-s, -> alojamiento *m* para la noche; **sein ~ aufschlagen** hacerse una cama, acomodarse; **Nachtleben** *nt* <-s, *ohne pl*> vida *f* nocturna

nächtlich ['nɛçtlɪç] *adj* nocturno

Nachtlokal *nt* <-s, -e> club *m* nocturno; **Nachtmahl** *nt* <-(e)s, -e *o* -mähler> (*südd, Österr*) cena *f*; **Nachtmensch** *m* <-en, -en> amante *mf* de la noche; (*Nachtschwärmer*) noctámbulo, -a *m, f*; **Nachtportier** *m* <-s, -s> portero *m* de noche; **Nachtprogramm** *nt* <-(e)s, -e> programación *f* nocturna; **das ~ der privaten Sender wird neu gestaltet** se va a modificar la programación nocturna de los canales privados; **Nachtquartier** *nt* <-s, -e> alojamiento *m* para dormir; **er bezog bei seinem Freund ~, weil er seinen Haustürschlüssel verloren hatte** se quedó a dormir en casa de su amigo porque había perdido la llave de su casa

Nachtrag ['na:xtra:k, *pl:* 'na:xtrɛ:gə] *m* <-(e)s, -träge> adición *f* (*zu* a); (*im Brief*) posdata *f*; (*Anhang*) apéndice *m*

nach|tragen *irr vt* **1.** (*hinzufügen*) añadir; **bliebe noch nachzutragen, dass ...** sólo queda añadir que... **2.** (*verübeln*): **jdm etw ~** guardar rencor a alguien por algo

nachtragend *adj* rencoroso

nachträglich ['na:xtrɛ:klɪç] **I.** *adj* posterior, ulterior **II.** *adv* más tarde, posteriormente; **etw ~ hinzufügen** añadir algo posteriormente

Nachtragsband *m* <-(e)s, -bände> tomo *m* suplementario; **alle fünf Jahre erscheint ein ~ zu diesem Lexikon** cada cinco años se edita un tomo suplementario de esta enciclopedia; **Nachtragsbuchung** *f* <-, -en> (FIN) asiento *m* suplementario; **Nachtragshaushalt** *m* <-(e)s, -e> (FIN) presupuesto *m* suplementario

nach|trauern *vi:* **jdm/etw ~** lamentar la pérdida de alguien/de algo

Nachtruhe *f* <-, *ohne pl*> reposo *m* nocturno

nachts [naxts] *adv* por la noche; (*jede Nacht*) por la(s) noche(s); **spät ~** muy entrada la noche; **um 2 Uhr ~** a las dos de la madrugada

Nachtschalter *m* <-s, -> ventanilla *f* nocturna; **Nachtschaltung** *f* <-, -en> (TEL) servicio *m* nocturno

Nachtschattengewächs *nt* <-es, -wächse> (BOT) solanácea *f*

Nachtschicht *f* <-, -en> turno *m* de noche

nachtschlafend *adj* (*fam*): **zu ~er Zeit** a las tantas de la noche

Nachtschwärmer[1] *m* <-s, -> (ZOOL) mariposa *f* nocturna

Nachtschwärmer(in)[2] *m(f)* <-s, -; -, -nen> noctámbulo, -a *m, f*, trasnochador(a) *m(f)*, farrista *mf CSur*

Nachtschwester *f* <-, -n> enfermera *f* de noche [*o* de guardia]

Nachtsichtgerät *nt* <-(e)s, -e> (MIL) instrumento *m* de visión nocturna

Nachtspeicherofen *m* <-s, -öfen> radiador *m* eléctrico de acumulación nocturna

Nachtstrom *m* <-(e)s, *ohne pl*> corriente *f* de tarifa nocturna

nachtsüber *adv* de noche, por [*o* durante] la noche

Nachttarif *m* <-(e)s, -e> tarifa *f* nocturna; **Nachttier** *nt* <-(e)s, -e> animal *m* nocturno

Nachttisch *m* <-(e)s, -e> mesita *f* de noche, buró *m Am*, nochero, -a *m, f Kol;* **Nachttischlampe** *f* <-, -n> lámpara *f* de mesilla (de noche); **sie schaltete ihre ~ aus um zu schlafen** apagó la lámpara de su mesilla para dormir

Nachttopf *m* <-(e)s, -töpfe> orinal *m*, escupidera *f Am*, pava *f CSur, Mex;* **Nachttresor** *m* <-s, -e> cámara *f* acorazada para depósitos nocturnos

Nacht-und-Nebel-Aktion ['--'----] *f* <-, -en> operación *f* sorpresa; (*der Polizei*) redada *f* nocturna

Nachtvogel *m* <-s, -vögel> ave *f* nocturna; **Nachtvorstellung** *f* <-, -en> función *f* de noche, sesión *f* de noche; **Nachtwache** *f* <-, -n> guardia *f* nocturna; **~ haben** [*o* **halten**] estar de guardia nocturna; **Nachtwächter(in)** *m(f)* <-s, -; -, -nen> guardia *mf* nocturno, -a, nochero *m CSur;* **Nachtzeit** *f* <-, -en> noche *f*; **zu später ~** a altas horas de la noche; **Nachtzuschlag** *m* <-(e)s, -schläge> tarifa *f* (suplementaria) nocturna

Nachuntersuchung *f* <-, -en> (examen *m* de) control *m* posterior

nach|versichern* *vt* (WIRTSCH) incluir en un seguro, aumentar la póliza del seguro

nachvollziehbar *adj* comprensible, lógico; **es ist für mich (nicht) ~, warum ...** (no) comprendo por qué...

nach|vollziehen* *irr vt* comprender, entender

nach|wachsen *irr vi sein* volver a crecer, reproducirse; **~de Rohstoffe** materias primas renovables

Nachwahl *f* <-, -en> elección *f* complementaria; **Nachwehen** *fpl* **1.** (MED) entuertos *mpl* uterinos, dolores *mpl* de sobreparto **2.** (*geh fig: Folgen*) consecuencias *fpl;* **die ~ des Krieges** los efectos de la guerra

nach|weinen *vi, vt:* **jdm ~** llorar a alguien; **jdm/etw keine Träne ~** no derramar ni una lágrima por alguien/por algo

Nachweis ['na:xvaɪs] *m* <-es, -e> (*Beweis*) prueba *f*, comprobación *f*; (*Bescheinigung*) certificado *m;* **den ~ erbringen, dass ...** probar que...; **zum ~ von ...** como prueba de...

nachweisbar *adj* demostrable, comprobable; **etw ist ~** algo se puede comprobar; **im Körper ~e Giftstoffe** substancias tóxicas detectables en el cuerpo

nach|weisen *irr vt* **1.** (*beweisen*) comprobar, probar; **das lässt sich leicht ~** es fácil comprobarlo; **jdm etw ~** demostrar que alguien hizo algo; **sie konnten ihm einen Fehler ~** podían demostrar que había cometido una falta; **die Polizei konnte ihm nichts ~** la policía no pudo probar nada en su contra **2.** (*Kenntnisse*) presentar un certificado (de)

nachweislich ['na:xvaɪslɪç] **I.** *adj* demostrable, comprobable **II.** *adv* como puede comprobarse

Nachweispflicht *f* <-, -en> deber *m* de comprobación

nachweispflichtig *adj* sujeto a comprobación

Nachwelt *f* <-, *ohne pl*> posteridad *f*

nach|werfen *irr vt* **1.** (*hinterherwerfen*): **jdm etw ~** tirar [*o* lanzar] algo detrás de alguien **2.** (*fam: leicht machen*): **jdm etw ~** regalar algo a alguien; **das Examen hat man ihm nachgeworfen** le regalaron el aprobado

nach|wiegen *irr vt* volver a pesar

nach|winken *vi:* **jdm ~** decir adiós a alguien con la mano

nach|wirken *vi* continuar causando efecto, tener un efecto prolongado; (*Einfluss haben*) repercutir (*auf* en); **der Schock wirkt bei ihm noch nach** aún sigue bajo el efecto de la conmoción; **Nachwirkung** *f* <-, -en> efecto *m* secundario; (*fig*) consecuencia *f;* (*Einfluss*) repercusión *f* (*auf* en); **unter den ~en leiden** (*fig*) sufrir las consecuencias

Nachwort *nt* <-(e)s, -e> epílogo *m*

Nachwuchs *m* <-es, *ohne pl*> **1.** (*fam: Nachkomme*) descendencia *f;* **sie haben ~ bekommen** han tenido un hijo/una hija **2.** (*am Arbeitsmarkt*) aprendices *mpl;* **der wissenschaftliche ~** la nueva generación de científicos; **Nachwuchskräfte** *fpl* personal *m* de nuevo cuño

nach|zahlen *vt* (*später zahlen*) pagar más adelante [*o* en fecha posterior]; (*zusätzlich zahlen*) pagar extra; **Sie müssen beim Schaffner ~** tiene Ud. que pagarle al conductor (*una vez dentro del vehículo*)

nach|zählen *vt* (volver a) contar, recontar

Nachzahlung *f* <-, -en> **1.** (*nachträglich*) pago *m* posterior **2.** (*zusätzlich*) pago *m* adicional

nach|zeichnen *vt* **1.** (*abzeichnen*) copiar **2.** (*schildern*) describir, exponer

nach|ziehen *irr* **I.** *vt* **1.** (*Linie, Umriss*) retocar; (*Augenbrauen, Lippen*) pintarse **2.** (*Schraube*) apretar **3.** (*Bein*) arrastrar **II.** *vi sein:* **jdm ~** seguir a alguien

Nachzug *m* <-(e)s, -züge>: **der ~ von Familienangehörigen** el reencuentro de los miembros de la familia

Nachzügler(in) ['na:xtsy:glɐ] *m(f)* <-s, -; -, -nen> rezagado, -a *m, f*

Nackedei ['nakədaɪ] *m* <-s, -s> (*fam*) **1.** (*nacktes Kind*) niño, -a *m, f* desnudo, -a **2.** (*nackte Person*) (cuerpo *m*) desnudo *m;* **eine Szene mit ~s** una escena con desnudos

Nacken ['nakən] *m* <-s, -> nuca *f;* **einen steifen ~ haben** tener tortícolis; **mir sitzt die Angst im ~** tengo miedo; **das Finanzamt sitzt ihnen ständig im ~** tiene a Hacienda encima; **die Konkurrenz sitzt uns im ~** la competencia está pisándonos los talones; **ihr sitzt der Schalk im ~** es una pícara [*o* diablilla]

nackend ['nakənt] *adj* (*fam*) desnudo

Nackenhaar *nt* <-(e)s, -e> pelos *mpl* de la nuca; **Nackenrolle** *f* <-, -n> cojín *m* (para la nuca); **Nackenschlag** *m* <-(e)s, -schläge> (*a. fig*) golpe *m* en la nuca; **Nackenschmerz** *m* <-es, -en> dolor *m* en la nuca; **Nackenstütze** *f* <-, -n> reposacabezas *m inv*

nackert ['nakɐt] *adj* (*Österr: fam*) desnudo

nackig ['nakɪç] *adj* (*fam*) desnudo

nackt [nakt] *adj* (*a. fig*) desnudo, en cueros, en pelotas *fam,* rabón *CSur,* pilucho *Chil;* **halb ~** medio desnudo; **sich ~ ausziehen** desnudarse; **~ baden** bañarse desnudo; **die ~e Wahrheit** la verdad desnuda; **Nacktbaden** *nt* <-s, *ohne pl*> nudismo *m;* (**das**) **~ ist an diesem Strand verboten** en esta playa está prohibido bañarse desnudo; **Nacktbadestrand** *m* <-(e)s, -strände> playa *f* nudista

Nackte(r) *mf* <-n, -n; -n, -n> persona *f* desnuda

Nacktheit *f* <-, *ohne pl*> desnudez *f*

Nacktmodell *nt* <-s, -e> modelo *mf* de desnudos; **Nackttänzerin** *f* <-, -nen> bailarina *f* de striptease

Nadel ['na:dəl] *f* <-, -n> (*Näh~, Strick~, an Messinstrumenten, a.* BOT) aguja *f;* (*Steck~*) alfiler *m;* (*Haar~*) horquilla *f;* **eine ~ im Heuhaufen suchen** buscar una aguja en el pajar; **wie auf ~n sitzen** estar en ascuas; **mit der heißen ~ genäht sein** (*fam*) estar cosido (sólo) con un par de puntadas; **an der ~ hängen** (*sl*) estar enganchado (a la heroína); **man könnte eine ~ fallen hören** reina un silencio absoluto; **Nadelbaum** *m* <-(e)s, -bäume> conífera *f;* **Nadelbrief** *m* <-(e)s, -e> sobre *m* de alfileres; **Nadeldrucker** *m* <-s, -> impresora *f* de matriz de hilos [*o* de agujas]; **Nadelgehölz** *nt* <-es, -e> coníferas *fpl;* **Nadelholz** *nt* <-es, -hölzer> **1.** (*Holz*) madera *f* de conífera [*o* de pino] **2.** *pl* (*Bäume*) coníferas *fpl;* **Nadelkissen** *nt* <-s, -> acerico *m,* alfiletero *m;* **Nadellager** *nt* <-s, -> (TECH) rodamiento *m* de agujas

nadeln *vi* caérsele las agujas (*a las coníferas*)

Nadelöhr ['na:dəlʔœ:ɐ] *nt* <-(e)s, -e> ojo *m* de la aguja; (AUTO: *Engpass*) calle *f* muy estrecha; **Nadelstich** *m* <-(e)s, -e> **1.** (*Einstich*) pinchazo *m,* alfilerazo *m* **2.** (*Loch, Nähstich*) puntada *f* **3.** (*fig*) alfilerazo *m;* **jdm ~e versetzen** (*fig*) dar puñaladas por la espalda a alguien

Nadelstreifen *mpl* mil rayas *fpl;* **Nadelstreifenanzug** *m* <-(e)s, -züge> traje *m* de mil rayas

Nadelwald *m* <-(e)s, -wälder> bosque *m*

de coníferas, pinar *m*

Nadir [na'diːɐ, 'naːdɪr] *m* <-s, *ohne pl*> (ASTR) nadir *m*

Nagel ['naːgəl, *pl:* 'nɛːgəl] *m* <-s, Nägel> **1.** (*Metallstift*) clavo *m;* **einen ~ einschlagen** clavar un clavo; **den ~ auf den Kopf treffen** (*fam a. fig*) dar en el clavo; **etw an den ~ hängen** (*fam fig*) dejar algo; **den Beruf an den ~ hängen** (*fam*) colgar los hábitos; **Nägel mit Köpfen machen** (*fam fig*) tomar una decisión; **ein ~ zu jds Sarg sein** (*fam*) darle muchos dolores de cabeza [*o* disgustos] a alguien **2.** (*Finger~*) uña *f;* **blauer ~** uña azul; **brüchige Nägel** uñas quebradizas; **eingewachsener ~** uña encarnada; **sich** *dat* **die Nägel schneiden** cortarse las uñas; **an den Nägeln kauen** comerse las uñas; **sich** *dat* **etw unter den ~ reißen** (*fam*) mangar algo; **das brennt uns unter** [*o* **auf**] **den Nägeln** (*fam*) esto corre mucha prisa

Nagelbett *nt* <-(e)s, -e(n)> (ANAT) lecho *m* de la uña

Nagelbrett *nt* <-(e)s, -er> tabla *f* de clavos; **unbeweglich saß der Fakir auf dem ~** el faquir permanecía sentado sin moverse sobre la tabla de clavos

Nagelbürste *f* <-, -n> cepillo *m* de uñas; **Nagelfeile** *f* <-, -n> lima *f* para las uñas

Nagelhaut *f* <-, -häute> (ANAT) cutícula *f;* **Nagelhautentferner** *m* <-s, -> cortacutícula *m*

Nagellack *m* <-(e)s, -e> esmalte *m* de uñas; **Nagellackentferner** *m* <-s, -> quitaesmalte *m*

nageln *vt* clavar (*an/auf* en)

nagelneu ['--'-] *adj* (*fam*) flamante

Nagelpflege *f* <-, *ohne pl*> manicura *f;* **Nagelprobe** *f* <-, -n> prueba *f* definitiva, comprobación *f;* **die ~ machen** hacer la comprobación; **das wird für ihn zur ~** va a ser su prueba de fuego; **Nagelreiniger** *m* <-s, -> limpiaúñas *m inv;* **Nagelschere** *f* <-, -n> tijeras *fpl* de manicura

nagen ['naːgən] **I.** *vi* **1.** (*Tier, Mensch*) roer; **an einem Knochen ~** roer un hueso **2.** (*Rost, Wasser*) corroer (*an*) **3.** (*quälen*) roer, corroer; **der Neid nagte an ihm** le corroía la envidia; **das schlechte Gewissen nagte an ihr** le remordía la mala conciencia **II.** *vt* roer

nagend *adj* (*Sorgen*) roedor; **ein ~er Schmerz** un dolor punzante

Nager *m* <-s, ->, **Nagetier** *nt* <-(e)s, -e> roedor *m*

nah [naː] <näher, am nächsten> **I.** *adj* **1.** (*räumlich*) cercano; **das Gewitter war schon ~** la tormenta estaba ya cerca; **der N~e Osten** el Oriente Próximo; **von ~em** de cerca **2.** (*zeitlich*) próximo, inmediato; **die ~e Zukunft** el futuro próximo; **der ~e Aufbruch** la salida inmediata; **dem Ende ~ sein** estar próximo al fin; **sie war ~ daran, loszuheulen** estaba a punto de echarse a llorar, por poco se pone a llorar; **dem Wahnsinn ~e sein** estar al borde de la locura **3.** (*direkt, eng*) cercano; **~e Verwandte** familiares cercanos; **jdm in Gedanken ~ sein** pensar en alguien **II.** *adv* **1.** (*räumlich, zeitlich*) cerca; **~ an** [*o* **bei**] cerca de; **ganz ~** muy cerca; **~ beieinander** muy juntos; **von ~ und fern** de lejos y de cerca, de todos los sitios; **jdm zu ~e treten** ofender a alguien, pasarse con alguien *fam* **2.** (*direkt, eng*): **mit jdm ~e verwandt sein** ser pariente cercano de alguien **III.** *präp* +*dat* (*geh*) cerca de

Nahaufnahme *f* <-, -n> **1.** (FOTO) vista *f* de cerca **2.** (FILM) primer plano *m*

nahe ['naːə] *adj o adv o präp s.* **nah**

Nähe ['nɛːə] *f* <-, *ohne pl*> **1.** (*räumlich*) cercanía *f*, proximidad *f*, adyacencia *f RíoPl;* **etw aus der ~ betrachten** mirar algo de cerca; **in der ~ der Stadt** cerca de la ciudad; **hier in der ~** aquí cerca; **ein Supermarkt ist ganz in der ~** hay un supermercado a dos pasos; **in meiner ~** a mi lado; **aus nächster ~** muy de cerca; **gern in jds ~ sein** estar a gusto al lado de alguien **2.** (*zeitlich*) proximidad *f*

nahebei ['naːə'baɪ] *adv* muy cerca

nahe|bringen *irr vt s.* **bringen 1.**; **nahe|gehen** *irr vi sein s.* **gehen I.1.**; **nahe|kommen** *irr vi sein s.* **kommen 2.**; **nahe|legen** *vt s.* **legen I.4.**; **nahe|liegen** *irr vi s.* **liegen 5.**

naheliegend *adj s.* **liegen 5.**

nahen ['naːən] *vi sein* (*geh*) acercarse, aproximarse

nähen ['nɛːən] *vi, vt* **1.** (*Kleidung*) coser; **etw auf/an etw ~** coser algo con/a algo; **mit der Hand ~** coser a mano **2.** (*Wunde*) suturar; (*fam: Patient*) coser

näher ['nɛːɐ] *adj kompar von* **nah(e)** **1.** (*räumlich, zeitlich*) más próximo, más cercano; **in der ~en Umgebung** en las proximidades inmediatas; **dieser Weg ist ~** este camino es más corto; **~ wohnen** vivir más cerca; **er kam ~** se acercó; **~ rücken** acercarse; **tritt doch ~!** ¡acércate!; **das kommt der Wahrheit schon ~** eso ya se acerca más a la verdad **2.** (*fig: genauer*) más detallado, en detalle; **~e Angaben** detalles, datos detallados; **~e Erkundigungen einholen** pedir información más precisa; **etw ~ betrachten** mirar algo con detalle; **kannst du das ~ beschreiben?** ¿puedes describirlo con más detalles [*o* más detalladamente]?; **können sie mir N~es darüber erzählen?** ¿puede darme más detalles sobre ello? **3.** (*enger*) más cercano; (*Freundschaft*) más íntimo; **die ~e Verwandtschaft** los parientes cercanos; **jdn ~ kennen lernen** conocer a alguien (más) de cerca **4.** (*wend*): **jdm etw ~ bringen** explicarle algo a alguien, darle a alguien una idea de algo; **der Lehrer versuchte, den Schülern Goethe ~ zu bringen** el profesor trató de explicar a Goethe de modo que sus alumnos lo entendieran mejor; **jdm/etw** *dat* **~**

stehen estar [*o* sentirse] próximo a alguien/algo; **er stand der Partei ~ als sie** él estaba más vinculado al partido que ella; **sich** *dat* **~ stehen** tener una relación más estrecha, conocerse mejor; **wir stehen uns heute ~ als vor zwei Jahren** hoy tenemos una relación más estrecha que hace dos años; **etw** *dat* **~ treten** estudiar algo; **diesem Vorschlag trete ich gerne ~** consideraré esta propuesta

Näher(in) *m(f)* <-s, -; -, -nen> costurero, -a *m, f*

näher|bringen *irr vt s.* **näher 4.**

Naherholungsgebiet *nt* <-(e)s, -e> zona *f* recreativa

Näherin ['nɛ:ərɪn] *f* <-, -nen> *s.* **Näher**

näher|kommen *irr vi sein s.* **kommen 2.**; **näher|liegen** *irr vi s.* **liegen 5.**

nähern ['nɛ:ɐn] *vr:* **sich ~** acercarse (a), aproximarse (a)

näher|stehen *irr vi s.* **näher 4.**

näher|treten *irr vi sein s.* **näher 4.**

Näherungswert *m* <-(e)s, -e> (MATH) valor *m* aproximado

nahe|stehen *irr vi s.* **stehen I.2.**

nahezu ['na:ə'tsu:] *adv* casi

Nähfaden *m* <-s, -fäden> hilo *m;* **Nähgarn** *nt* <-(e)s, -e> hilo *m* para coser

Nahkampf *m* <-(e)s, -kämpfe> (MIL, SPORT) lucha *f* cuerpo a cuerpo

Nähkästchen ['nɛ:kɛstçən] *nt* <-s, ->: **aus dem ~ plaudern** (*fam*) contar un secreto; **Nähkasten** *m* <-s, -kästen> neceser *m,* costurero *m;* **Nähkorb** *m* <-(e)s, -körbe> cesto *m* de costura

nahm [na:m] *3. imp von* **nehmen**

Nähmaschine *f* <-, -n> máquina *f* de coser; **Nähnadel** *f* <-, -n> aguja *f* de coser

Nahost ['-'-] Cercano Oriente *m,* Oriente *m* Próximo; **nahöstlich** *adj* de Oriente Próximo

Nährboden ['nɛ:ɐ-] *m* <-s, -böden> sustrato *m,* medio *m* de cultivo; **~ für Spannungen** foco de tensiones

nähren ['nɛ:rən] *vt* (*geh*) **1.** (*er~*) alimentar **2.** (*Hoffnung, Eifersucht*) nutrir

nahrhaft ['na:ɐhaft] *adj* nutritivo

Nährlösung *f* <-, -en> (*a.* MED) solución *f* nutritiva; **Nährmittel** *nt* <-s, -> producto *m* alimenticio a base de cereales (*excepto la harina*); **Nährsalz** *nt* <-es, -e> sal *f* nutritiva

Nährstoff *m* <-(e)s, -e> su(b)stancia *f* nutritiva; **nährstoffarm** *adj* **1.** (*Gewässer*) oligotrófico **2.** (*Nahrung*) poco nutritivo; **nährstoffreich** *adj* **1.** (*Gewässer*) eutrófico **2.** (*Nahrung*) muy nutritivo

Nahrung ['na:rʊŋ] *f* <-, *ohne pl*> alimento *m;* **flüssige/feste ~** alimento líquido/sólido; **geistige ~** alimento para el espíritu; **jds Misstrauen ~ geben** alimentar la desconfianza de alguien; **mein Verdacht erhält dadurch neue ~** con eso mi sospecha toma peso; **Nahrungsangebot** *nt* <-(e)s, -e> oferta *f* de alimentos; **Nahrungsaufnahme** *f* <-, *ohne pl*> ingestión *f* de alimentos; **Nahrungsbedarf** *m* <-(e)s, *ohne pl*> necesidad *f* de alimentos; **Nahrungsbiotop** *m o nt* <-s, -e> (ÖKOL) biótopo *m* de alimentación; **Nahrungskette** *f* <-, -n> (BIOL) cadena *f* alimenticia [*o* alimentaria]; **Nahrungsmangel** *m* <-s, *ohne pl*> falta *f* de víveres

Nahrungsmittel *nt* <-s, -> alimento *m,* producto *m* alimenticio; **abgepackte ~** alimentos envasados; **Nahrungsmittelallergie** *f* <-, -n> alergia *f* a productos alimenticios; **Nahrungsmittelchemie** *f* <-, *ohne pl*> química *f* alimentaria; **Nahrungsmittelindustrie** *f* <-, -n> industria *f* alimentaria; **Nahrungs- und Genussmittelindustrie** industria de productos alimenticios, tabaco y bebidas; **Nahrungsmitteltechnik** *f* <-, *ohne pl*> tecnología *f* alimentaria; **Nahrungsmittelvergiftung** *f* <-, -en> (MED) intoxicación *f* alimentaria

Nahrungspyramide *f* <-, -n> (BIOL) pirámide *f* alimenticia; **Nahrungssuche** *f* <-, *ohne pl*> búsqueda *f* de alimentos; **auf ~ gehen** buscar alimentos

Nahrungsverweigerung *f* <-, -en> rehusamiento *m* de alimentos

Nährwert *m* <-(e)s, -e> valor *m* nutritivo; **das hat doch keinen ~** (*fam fig*) eso no sirve para nada

Nähseide *f* <-, -n> seda *f* para coser

Naht [na:t, *pl:* 'nɛ:tə] *f* <-, Nähte> **1.** (*an Kleidung*) costura *f;* **aus allen Nähten platzen** (*fam fig*) ponerse como un tonel **2.** (MED) sutura *f* **3.** (TECH) soldadura *f*

Nähtisch *m* <-(e)s, -e> costurero *m*

nahtlos *adj* **1.** (*Kleidung, Strümpfe*) sin costura **2.** (TECH) sin soldadura **3.** (*Wend*): **~ ineinander übergehen** seguirse inmediatamente; **~ braun sein** estar moreno por todo el cuerpo; **Nahtstelle** *f* <-, -n> **1.** (TECH) soldadura *f* **2.** (*von Bereichen*) punto *m* de encuentro

Nahverkehr *m* <-s, *ohne pl*> tráfico *m* de cercanías; **der öffentliche ~** (*Verkehrsmittel*) los medios de transporte públicos de cercanías; **Nahverkehrsabgabe** *f* <-, -n> cuota fija para poder hacer uso de los medios de transporte locales; **Nahverkehrsmittel** *nt* <-s, -> medio *m* de transporte de cercanías; **Nahverkehrszug** *m* <-(e)s, -züge> tren *m* de cercanías

Nähzeug *nt* <-(e)s, *ohne pl*> utensilios *mpl* de costura

Nahziel *nt* <-(e)s, -e> objetivo *m* inmediato

naiv [na'i:f] *adj* inocente, ingenuo; (KUNST) naif

Naivität [naivi'tɛ:t] *f* <-, *ohne pl*> ingenuidad *f,* inocencia *f*

Naivling [na'i:flɪŋ] *m* <-s, -e> inocente *mf;* (*fam abw*) alma *f* cándida

Name ['na:mə] *m* <-ns, -n> nombre *m;* (*Bezeichnung*) denominación *f;* (*Ruf*) fama *f;* **mein ~ ist ...** mi nombre es..., me llamo...;

N

wie war doch gleich Ihr ~? ¿cómo dice que se llamaba?; **auf den ~n von ...** a nombre de...; **in jds ~n sprechen** hablar en nombre de alguien; **ich kenne ihn nur dem ~n nach** no lo conozco más que de nombre; **im ~n des Volkes** en nombre del pueblo; **dafür gebe ich meinen (guten) ~n nicht her!** ¡para eso no presto mi (buen) nombre!; **mein ~ ist Hase(, ich weiß von nichts)** (*fam*) a mí que me registren; **sich** *dat* **mit etw einen ~n machen** hacerse famoso [*o* darse a conocer] con algo; **man muss die Dinge beim ~n nennen** ¡hay que llamar a las cosas por su nombre!, ¡al pan pan y al vino vino!; **Namenänderung** *f* <-, -en> *s.* Namensänderung; **Namengebung** *f* <-, -en> *s.* Namensgebung; **Namenliste** *f* <-, -n> *s.* Namensliste; **namenlos** *adj* **1.** (*Person*) sin nombre **2.** (*geh: sehr groß*) infinito, incalculable; **Namenrecht** *nt* <-(e)s, *ohne pl*> (JUR) *s.* **Namensrecht**

namens ['na:məns] **I.** *adv* de nombre, llamado; **ein Herr ~ Müller** un señor llamado Müller **II.** *präp +gen* (*formal*) en nombre de

Namensaktie *f* <-, -n> (FIN) acción *f* nominativa; **Namensänderung** *f* <-, -en> cambio *m* del nombre (de pila); **Namensgebung** *f* <-, -en> nombre *m;* **die Eltern diskutierten die ~ für das Kind** los padres discutían qué nombre le pondrían al niño; **Namensgedächtnis** *nt* <-ses, -se> memoria *f* para los nombres; **mein ~ ist sehr schlecht** para los nombres tengo una memoria fatal; **Namensliste** *f* <-, -n> nómina *f;* **jeder Teilnehmer muss sich in diese ~ eintragen** cada participante tiene que apuntarse en la lista; **Namensnennung** *f* <-, -en> citación *f* de nombre, mención *f* de nombre [*o* nominal]; **Namensrecht** *nt* <-(e)s, *ohne pl*> (JUR) derecho *m* al nombre; **Namensschild** *nt* <-(e)s, -er> placa *f* (con nombre); **Namenstag** *m* <-(e)s, -e> (día *m* del) santo *m;* **Namensverzeichnis** *nt* <-ses, -se> nomenclátor *m;* **Namensvetter** *m* <-s, -n> tocayo *m;* **Namenszeichen** *nt* <-s, -> rúbrica *f;* **Namenszug** *m* <-(e)s, -züge> **1.** (*Unterschrift*) firma *f* **2.** (*Initialen*) cifra *f,* monograma *m*

namentlich ['na:məntlɪç] **I.** *adj* nominal **II.** *adv* **1.** (*mit Namen*) por el nombre; **~ genannt werden** ser mencionado **2.** (*besonders*) sobre todo, principalmente

Namenzeichen *nt* <-s, -> *s.* **Namenszeichen**

namhaft ['na:mhaft] *adj* **1.** (*bekannt*) conocido, famoso; **ein ~es Unternehmen** una empresa de gran renombre; **jdn ~ machen** lanzar a la fama a alguien **2.** (*beträchtlich*) importante, considerable

Namibia [na'mi:bia] *nt* <-s> Namibia *f*

nämlich ['nɛ:mlɪç] *adv* **1.** (*denn*) porque, es que; **in den Ferien fährt sie ~ immer nach Italien** es que en las vacaciones siempre se va a Italia; **es ist ~ leider so, dass ...** desgraciadamente es que... **2.** (*und zwar*) a saber, o sea; **ich war zweimal hier, ~ gestern und heute** he estado aquí en dos ocasiones, o sea, ayer y hoy

nannte ['nantə] *3. imp von* **nennen**

Nanogramm *nt* <-(e)s, -e, *nach Zahlen:* -> nanogramo *m;* **Nanometer** *nt o m* <-s, -> nanómetro *m*

nanu [na'nu:] *interj* ¡hombre!

Napalm® *nt* <-s, *ohne pl*> napalm *m;* **Napalmbombe** *f* <-, -n> bomba *f* de napalm

Napf [napf, *pl:* 'nɛpfə] *m* <-(e)s, Näpfe> escudilla *f;* **Napfkuchen** *m* <-s, -> pastel *m* de molde

napoleonisch [napole'o:nɪʃ] *adj* (HIST) napoleónico

Nappa ['napa] *nt* <-(s), -s>, **Nappaleder** *nt* <-s, -> napa *f*

Narbe ['narbə] *f* <-, -n> **1.** (MED) cicatriz *f;* **~n hinterlassen** dejar cicatrices **2.** (BOT) estigma *m*

narbig *adj* **1.** (*allgemein*) con cicatrices **2.** (*Leder*) granulado

Narbung *f* <-, -en> graneado *m;* **die ~ dieser Lederjacke gefällt mir** me gusta el graneado de esta chaqueta de piel

Narkose [nar'ko:zə] *f* <-, -n> anestesia *f;* **in (der) ~ liegen** estar anestesiado; **Narkosemittel** *nt* <-s, -> anestésico *m*

Narkotikum [nar'ko:tikʊm, *pl:* nar'ko:tika] *nt* <-s, Narkotika> **1.** (*Narkosemittel*) anestésico *m* **2.** (*Schmerzmittel*) narcótico *m*

narkotisch [nar'ko:tɪʃ] *adj* (MED) narcótico

narkotisieren* [narkoti'zi:rən] *vt* anestesiar, narcotizar

Narr [nar] *m*, **Närrin** *f* <-en, -en; -, -nen> **1.** (*Dummkopf*) necio, -a *m, f,* tonto, -a *m, f* **2.** (THEAT) gracioso, -a *m, f* **3.** (*Hof~*) bufón *m;* **jdn zum ~en halten** tomar(le) el pelo a alguien; **er hat einen ~en an ihr gefressen** (*fam*) se ha quedado con ella; **sich zum ~en machen** hacer el ridículo [*o* el tonto], quedar en ridículo

narren ['narən] *vt* (*geh*) **1.** (*zum Narren halten*) tomar el pelo **2.** (*täuschen*) engañar

Narrenfreiheit *f* <-, *ohne pl*>: **~ haben** [*o* **genießen**] poder hacer todas las locuras; **Narrenhaus** *nt* <-es, -häuser> (*alt*) manicomio *m;* **hier geht es (ja) zu wie im ~** (*fig*) esto parece un manicomio; **Narrenkappe** *f* <-, -n> gorro *m* de bufón; **narrensicher** *adj* (*fam hum*) nada complicado, de manejo superfácil

Narretei [narə'taɪ] *f* <-, -en> (*geh*) locura *f;* **¡jedes Jahr dieselbe ~ zur Faschingszeit!** ¡todos los años la misma locura por carnaval!

Narrheit[1] *f* <-, -en> (*Streich*) broma *f*

Narrheit[2] *f* <-, *ohne pl*> (*Dummheit*) tontería *f*

Närrin ['nɛrɪn] *f* <-, -nen> *s.* **Narr**

närrisch ['nɛrɪʃ] *adj* loco, chiflado; **das ~e Treiben** el Carnaval; **auf jdn/etw ganz ~**

sein (*fam*) estar loco por alguien/algo

Narziss[RR] [nar'tsɪs] *m* <-es, -e>, **Narziß** *m* <-sses, -sse> narciso *m*

Narzisse [nar'tsɪsə] *f* <-, -n> narciso *m*

Narzissmus[RR] [nar'tsɪsmʊs] *m* <-, *ohne pl*>, **Narzißmus** *m* <-, *ohne pl*> narcisismo *m*

narzisstisch[RR] [nar'tsɪstɪʃ] *adj*, **narzißtisch** *adj* narcisista

NASA ['na:za] *f* <-, *ohne pl*> *Abk. von* **National Aeronautics and Space Administration** NASA *f*

nasal [na'za:l] *adj* (MED, LING) nasal

Nasal *m* <-s, -e> (LING) sonido *m* nasal

nasalieren* *vt, vi* (LING) nasalizar

Nasallaut *m* <-(e)s, -e> (LING) sonido *m* nasal

naschen ['naʃən] **I.** *vi* (*Süßigkeiten essen*) tomar chucherías, comer dulces; (*kleine Mengen essen*) picar; **sie nascht gern** es muy golosa, le gusta lo dulce; **hast du schon wieder vom Kuchen genascht?** ¿ya has vuelto a picar del pastel? **II.** *vt* comer; **hast du etwas zum N~?** ¿tienes algo para picar?

Nascherei[1] *f* <-, -en> (*Süßigkeit*) golosina *f*, chuchería *f*

Nascherei[2] *f* <-, *ohne pl*> (*das Naschen*): **lass die ~ zwischen den Mahlzeiten!** ¡no comas golosinas [*o* dulces] entre las comidas!, ¡no golosinees [*o* golosees] entre las comidas!

naschhaft *adj* goloso

Naschhaftigkeit *f* <-, *ohne pl*> debilidad *f* por las golosinas [*o* las chucherías]

Naschkatze *f* <-, -n> (*fam*) goloso, -a *m, f*

Nase[1] ['na:zə] *f* <-, -n> (*Körperteil*) nariz *f*, narices *fpl fam*, jeta *f Arg*, ñata *f Am;* **pro ~** (*fam*) por cabeza; **immer der ~ nach** (*fam*) todo recto; **mir läuft die ~** me gotea la nariz; **sich** *dat* **die ~ putzen** sonarse; **die ~ rümpfen** arrugar la nariz; **etw vor der ~ haben** (*fam*) tener algo delante de las narices; **jdm die Tür vor der ~ zuschlagen** darle a alguien con la puerta en las narices; **jdm etw vor der ~ wegschnappen** (*fam*) quitarle algo a alguien delante de sus narices; **seine ~ gefällt mir nicht** (*fam*) no me gusta su nariz; **auf die ~ fallen** (*fam*) darse de narices; (*fig*) fracasar; **die ~ in ein Buch stecken** (*fam*) meter las narices en un libro; **sich** *dat* **die ~ am Schaufenster platt drücken** (*fam*) quedarse embobado mirando escaparates; **jdm etw auf die ~ binden** (*fam*) revelar(le) a alguien un secreto; **jdm etw aus der ~ ziehen** (*fam*) sonsacar algo a alguien; **jdm auf der ~ herumtanzen** (*fam*) traer a alguien al retortero; **ich seh es dir an der ~ an** (*fam*) te lo noto en la cara; **jdm etw unter die ~ reiben** (*fam fig*) refregar [*o* restregar] por las narices algo a alguien; **es muss nicht immer nach deiner ~ gehen** (*fam*) no puedes llevar siempre la batuta; **sie sollten sich an die eigene ~ fassen** (*fam fig*) ¿quién le ha dado vela en este entierro?; **sich** *dat* **eine goldene ~ verdienen** hacerse de oro, ponerse las botas; **die ~ (von jdm/etw) voll haben** (*fam*) estar hasta las narices (de alguien/algo); **die ~ vorn haben** estar a la cabeza; **jdn an der ~ herumführen** (*fam*) tomar(le) el pelo a alguien; **er steckt seine ~ in alles** (*fam*) mete las narices en todo

Nase[2] *f* <-, *ohne pl*> (*Geruchs-, Spürsinn*) olfato *m;* **eine gute ~ für etw haben** tener un buen olfato para algo

naselang *adv* (*fam*): **alle ~** una y otra vez, sin cesar

näseln ['nɛ:zəln] *vi* ganguear, hablar por la nariz

näselnd *adj* que habla con voz gangosa

Nasenbein *nt* <-(e)s, -e> hueso *m* nasal; **Nasenbeinbruch** *m* <-(e)s, -brüche> (MED) hundimiento *m* de la nariz, fractura *f* nasal

Nasenbluten *nt* <-s, *ohne pl*> hemorragia *f* nasal; **~ haben** sangrar por la nariz; **Nasenflügel** *m* <-s, -> aleta *f* nasal; **Nasenhöhle** *f* <-, -n> fosa *f* nasal; **Nasenlänge** *f* <-, -n>: **um eine ~ gewinnen** ganar por una cabeza; **jdm (immer) eine ~ voraus sein** llevarle (siempre) un poco de ventaja a alguien; **Nasenloch** *nt* <-(e)s, -löcher> ventana *f* de la nariz, agujero *m* de la nariz; **Nasenrücken** *m* <-s, -> dorso *m* de la nariz; **Nasensalbe** *f* <-, -n> pomada *f* para la nariz; **Nasenscheidewand** *f* <-, -wände> tabique *m* nasal; **Nasenschleimhaut** *f* <-, -häute> mucosa *f* nasal; **Nasenspitze** *f* <-, -n> punta *f* de la nariz; **man sieht es ihm an der ~ an** (*fam*) se le nota en la cara; **Nasenspray** *m o nt* <-s, -s> espray *m* nasal; **Nasentropfen** *mpl* gotas *fpl* nasales; **Nasenwurzel** *f* <-, -n> (ANAT) raíz *f* nasal

Naserümpfen *nt* <-s, *ohne pl*> gesto *m* de arrugar la nariz, morros *mpl fam;* **mit ~** arrugando la nariz, de morros

naserümpfend *adj* de morros

naseweis ['na:zəvaɪs] *adj* fisgón, entrometido

Naseweis *m* <-es, -e> (*fam*) preguntón, -ona *m, f*, metomentodo *mf;* **was interessiert dich das, du ~?** ¿y a ti qué te interesa eso, preguntón [*o* metomentodo]?

nasführen *vt* tomar el pelo, timar

Nashorn *nt* <-(e)s, -hörner> rinoceronte *m*

nass[RR] [nas] *adj*, **naß** *adj* mojado; (*durchnässt*) calado, empapado; (*Wetter, Farbe*) húmedo; **durch und durch ~ sein** estar calado hasta los huesos; **~ machen** mojar; **~ werden** mojarse; **jdn ~ machen** (*fam: besiegen*) derrotar a alguien; **nun mach dich nicht ~!** (*sl*) ¡no seas tan cagado!

Nass[RR] *nt* <-es, *ohne pl*>, **Naß** *nt* <-sses, *ohne pl*> (*geh*) líquido *m;* **sie labten sich an dem kühlen ~** se refrescaron con una bebida (bien) fría

Nassabscheider[RR] *m* <-s, -> (TECH) colector *m* de humedad

Nassauer(in) ['nasaʊɐ] *m(f)* <-s, -; -, -nen> (*fam*) gorrón, -ona *m, f*

nassauern *vi* (*fam a. abw*) gorrear (*bei* a), gorronear (*bei* a)

Nässe ['nɛsə] *f* <-, *ohne pl*> humedad *f;* **vor ~ triefen** estar empapado de agua

nässen ['nɛsən] *vi* segregar

nassforschRR *adj* demasiado arrojado, muy echado para adelante; **nasskalt**RR *adj* húmedo y frío; **es ist ~** hace un frío húmedo; **Nassrasur**RR *f* <-, -en> afeitado *m* a cuchillo; **Nasszelle**RR *f* <-, -n> (ARCHIT) cuarto *m* húmedo

Nastuch ['na:s-] *nt* <-es, -tücher> (*südd, Schweiz*) pañuelo *m*

Natalität *f* <-, *ohne pl*> natalidad *f*

Nation [na'tsjo:n] *f* <-, -en> nación *f;* **die Vereinten ~en** las Naciones Unidas

national [natsjo'na:l] *adj* nacional; **auf ~er Ebene** a nivel nacional; **Nationalbewusstsein**RR *nt* <-s, *ohne pl*> patriotismo *m,* conciencia *f* nacional; **Nationaleinkommen** *nt* <-s, -> (WIRTSCH) renta *f* nacional; **Nationalelf** *f* <-, -en> (SPORT) equipo *m* nacional (de fútbol); **Nationalfeiertag** *m* <-(e)s, -e> fiesta *f* nacional; **Nationalgalerie** *f* <-, -n> galería *f* nacional; **Nationalgericht** *nt* <-(e)s, -e> (GASTR) plato *m* nacional; **Nationalgetränk** *nt* <-(e)s, -e> bebida *f* nacional; **Tee ist das ~ der Briten** el té es la bebida nacional de los británicos; **Nationalheld(in)** *m(f)* <-en, -en; -, -nen> héroe *m* nacional, heroína *f* nacional; **Nationalhymne** *f* <-, -n> himno *m* nacional

nationalisieren* [natsionali'zi:rən] *vt* nacionalizar

Nationalisierung *f* <-, -en> nacionalización *f*

Nationalismus [natsjona'lɪsmʊs] *m* <-, *ohne pl*> nacionalismo *m*

Nationalist(in) [natsjona'lɪst] *m(f)* <-en, -en; -, -nen> nacionalista *mf*

nationalistisch [natsjona'lɪstɪʃ] *adj* nacionalista

Nationalität [natsjonali'tɛ:t] *f* <-, -en> nacionalidad *f;* **Nationalitätenkonflikt** *m* <-(e)s, -e> conflicto *m* nacionalista; **Nationalitätenstaat** *m* <-(e)s, -en> Estado *m* plurinacional

Nationalitätskennzeichen *nt* <-s, -> distintivo *m* de una nación en la matrícula (de un vehículo)

Nationalmannschaft *f* <-, -en> (SPORT) selección *f* nacional; **Nationalpark** *m* <-(e)s, -s *o* -e> parque *m* nacional

Nationalrat¹ *m* <-es, *ohne pl*> (*Schweiz, Österr: Abgeordnetenhaus*) ≈Parlamento *m*

Nationalrat, -rätin² *m, f* <-es, -räte; -, -nen> (*Schweiz, Österr: Abgeordneter*) ≈parlamentario, -a *m, f*

Nationalsozialismus *m* <-, *ohne pl*> nacionalsocialismo *m;* **Nationalsozialist(in)** *m(f)* <-en, -en; -, -nen> (HIST) nacionalsocialista *mf;* **nationalsozialistisch** *adj* nacionalsocialista; **Nationalspieler(in)** *m(f)* <-s, -; -, -nen> (SPORT) jugador(a) *m(f)* de la selección nacional; **Nationalstaat** *m* <-(e)s, -en> nación *f;* **Nationalstolz** *m* <-es, *ohne pl*> orgullo *m* nacional; **diese Äußerung verletzte seinen ~** ese comentario hirió su orgullo nacional; **Nationalversammlung** *f* <-, -en> asamblea *f* nacional

Nato, NATO ['na:to] *f* <-, *ohne pl*> *Abk. von* **North Atlantic Treaty Organization** OTAN *f;* **Nato-Doppelbeschluss**RR *m* <-es, -schlüsse> (POL) doble resolución *f* de la OTAN

Natrium ['na:triʊm] *nt* <-s, *ohne pl*> (CHEM) sodio *m;* **Natriumacetat** *nt* <-s, -e> (CHEM) acetato *m* sódico; **natriumarm** *adj* pobre en sodio; **~e Ernährung** alimentación pobre en sodio; **Natriumchlorat** *nt* <-s, -e> (CHEM) clorato *m* sódico; **Natriumchlorid** *nt* <-s, -e> (CHEM) cloruro *m* sódico; **Natriumhydroxid** *nt* <-(e)s, -e> hidróxido *m* sódico

Natron ['na:trɔn] *nt* <-s, *ohne pl*> sosa *f,* bicarbonato *m;* **Natronlauge** *f* <-, -n> (CHEM) sosa *f* cáustica

Natter ['natɐ] *f* <-, -n> culebra *f;* **eine ~ am Busen nähren** criar cuervos

natur *adj inv* **1.** (GASTR: *unpaniert*) a la plancha; **bitte ein Schnitzel ~ mit Kartoffeln!** ¡por favor un filete a la plancha con patatas! **2.** (*naturbelassen*) natural; **dieses Möbelstück ist ~** este mueble es de madera natural; **möchten Sie Buche gebeizt oder Buche ~?** ¿desea Ud. haya barnizada o haya natural?

Natur [na'tu:ɐ] *f* <-, *ohne pl*> naturaleza *f;* (*Beschaffenheit*) índole *f,* carácter *m;* **die menschliche ~** la naturaleza humana; **in freier ~** en plena naturaleza; **das geht gegen meine ~** eso va contra mi naturaleza [*o* carácter]; **das ist ihr zur zweiten ~ geworden** es como si hubiera nacido para eso; **von ~ aus** por naturaleza; **sie ist eine kämpferische ~** es una luchadora; **eine Frage allgemeiner ~** una pregunta de índole general; **das liegt in der ~ der Sache** es propio de la situación

Naturalien [nɑtu'rɑ:liən] *fpl* productos *mpl* naturales; **in ~ bezahlen** pagar en especie

naturalisieren* [naturali'zi:rən] *vt* nacionalizar, naturalizar

Naturalismus [natura'lɪsmʊs] *m* <-, *ohne pl*> naturalismo *m*

Naturalist(in) [natura'lɪst] *m(f)* <-en, -en; -, -nen> (KUNST, LIT) naturalista *mf*

naturalistisch [natura'lɪstɪʃ] *adj* naturalista

Naturallohn *m* <-(e)s, *ohne pl*> remuneración *f* en especie

Naturapostel *m* <-s, -> (*hum, a. abw*) apóstol *m* naturista [*o* del naturismo]; **Naturboden** *m* <-s, -böden> tierra *f* natural; **Naturborste** *f* <-, -n> cerda *f* natural; **Naturbursche** *m* <-en, -en> joven *m* sencillo [*o* llano]; **Naturdenkmal** *nt* <-s, -mäler>

monumento *m* natural; **Naturdünger** *m* <-s, -> (AGR) fertilizante *m* natural

Naturell [natu'rɛl] *nt* <-s, -e> (*geh*) natural *m*

Naturereignis *nt* <-ses, -se> fenómeno *m* de la naturaleza; **Naturerscheinung** *f* <-, -en> fenómeno *m* de la naturaleza; **Naturfarbe** *f* <-, -n> color *m* natural; **naturfarben** *adj* de color natural; **Naturfaser** *f* <-, -n> fibra *f* natural; **Naturforscher(in)** *m(f)* <-s, -; -, -nen> naturalista *mf;* **Naturforschung** *f* <-, -en> estudio *m* de la naturaleza; **Naturfreund(in)** *m(f)* <-(e)s, -e; -, -nen> amante *mf* de la naturaleza; **naturgegeben** *adj* natural, dado [*o* impuesto] por la naturaleza; **naturgemäß** *adj* de acuerdo con la naturaleza; **Naturgeschichte** *f* <-, *ohne pl*> (*alt*) *s.* Naturkunde; **Naturgesetz** *nt* <-es, -e> ley *f* natural; **naturgetreu** I. *adj* natural II. *adv* fiel [*o* conforme] al original; **etw ~ wiedergeben** reproducir algo con fidelidad al original; **Naturhaushalt** *m* <-(e)s, -e> ecosistema *m*

Naturheilkunde *f* <-, *ohne pl*> medicina *f* naturista, naturismo *m;* **Naturheilmethode** *f* <-, -n> medicina *f* naturista; **Naturheilmittel** *nt* <-s, -> remedio *m* naturista; **Naturheilverfahren** *nt* <-s, -> (MED) método *m* de curación naturista, remedio *m* naturista

Naturkatastrophe *f* <-, -n> catástrofe *f* natural; **Naturkosmetik** *f* <-, *ohne pl*> cosmética *f* natural

Naturkost *f* <-, *ohne pl*> alimentación *f* natural, dieta *f* natural; **Naturkostladen** *m* <-s, -läden> tienda *f* de productos naturales

Naturkreislauf *m* <-(e)s, -läufe> (ÖKOL) ciclo *m* natural

Naturkunde *f* <-, *ohne pl*> ciencias *fpl* naturales; **Naturkundemuseum** *nt* <-s, -museen> museo *m* de ciencias naturales

naturkundlich *adj* (SCH: *alt*) de las ciencias naturales

Naturlandschaft *f* <-, -en> paisaje *m* virgen [*o* natural]; **nur selten findet man in Europa noch ~en** muy raras veces se puede encontrar en Europa un paisaje virgen; **Naturlehrpfad** *m* <-(e)s, -e> ruta *f* naturista

natürlich [na'tyːɐlɪç] I. *adj* 1. (*allgemein*) natural; **in ~er Größe** de tamaño natural 2. (*selbstverständlich*) natural, lógico II. *adv* naturalmente, por supuesto; **~!** ¡claro que sí!, ¡cómo no! *Am;* **~ nicht!** ¡claro que no!; **bist du mit der Arbeit fertig?** – **~** ¿has acabado de trabajar? – naturalmente; **das stimmt ~, aber ...** claro que es cierto, pero...

Natürlichkeit *f* <-, *ohne pl*> naturalidad *f*

naturnah *adj* natural; **Naturpark** *m* <-s, -s *o* -e> parque *m* nacional; **Naturprodukt** *nt* <-(e)s, -e> producto *m* natural; **Naturrecht** *nt* <-(e)s, *ohne pl*> derecho *m* natural; **naturrein** *adj* puro, natural; **Naturschätze** *mpl* (ÖKOL) riquezas *fpl* naturales; (GEO) riquezas *fpl* (naturales) del subsuelo; **Naturschauspiel** *nt* <-(e)s, -e> espectáculo *m* natural; **Naturschönheit** *f* <-, -en> belleza *f* natural

Naturschutz *m* <-es, *ohne pl*> protección *f* de la naturaleza; **Naturschutzbeauftragte(r)** *mf* <-n, -n; -n, -n> encargado, -a *m, f* de la protección de la naturaleza; **Naturschutzbehörde** *f* <-, -n> organismo *m* para la protección de la naturaleza; **Naturschutzbewegung** *f* <-, -en> movimiento *m* para la protección de la naturaleza

Naturschützer(in) *m(f)* <-s, -; -, -nen> protector(a) *m(f)* de la naturaleza

Naturschutzgebiet *nt* <-(e)s, -e> parque *m* nacional; **Naturschutzpark** *m* <-s, -s *o* -e> parque *m* nacional

Naturstein *m* <-(e)s, -e> piedra *f* natural; **Naturtalent** *nt* <-(e)s, -e> talento *m* (natural), genio *m;* **naturverbunden** *adj* unido a la naturaleza, amante de la naturaleza; **Naturverbundenheit** *f* <-, *ohne pl*> amor *m* por la naturaleza; **naturverträglich** *adj* compatible con la naturaleza; **Naturvolk** *nt* <-(e)s, -völker> pueblo *m* primitivo; **Naturwissenschaft** *f* <-, -en> ciencia *f* natural; **Naturwissenschaftler(in)** *m(f)* <-s, -; -, -nen> científico, -a *m, f;* **naturwissenschaftlich** *adj* científico; **Naturwunder** *nt* <-s, -> milagro *m* de la naturaleza; **Naturzustand** *m* <-(e)s, *ohne pl*> estado *m* natural; **es gibt kaum noch Wälder im ~** apenas quedan bosques en estado natural

Nautik ['naʊtɪk] *f* <-, *ohne pl*> náutica *f*

nautisch ['naʊtɪʃ] *adj* náutico

Navelorange ['nɛɪvəl-] *f* <-, -n> naranja *f* navel

Navigation [naviga'tsjoːn] *f* <-, *ohne pl*> (NAUT, AERO) navegación *f;* **Navigationsfehler** *m* <-s, -> (AERO, NAUT) error *m* de navegación; **Navigationshilfe** *f* <-, -n> (NAUT, AERO) auxilio *m* para la navegación; **Navigationsoffizier(in)** *m(f)* <-s, -e; -, -nen> (AERO, NAUT) oficial *mf* de navegación; **Navigationssatellit** *m* <-en, -en> (NAUT, AERO) satélite *m* de navegación; **Navigationssystem** *nt* <-s, -e> (NAUT, AERO) sistema *m* de navegación

Navigator(in) [navi'gaːtoːɐ, *pl:* naviga'toːrən] *m(f)* <-s, -en; -, -nen> (AERO, NAUT) tripulante *mf* de navegación

navigieren* [navi'giːrən] *vi, vt* navegar; **nach dem Kompass ~** navegar guiándose por la brújula

Nazi ['naːtsi] *m* <-s, -s> (*abw*) nazi *mf*

Nazismus [na'tsɪsmʊs] *m* <-, *ohne pl*> (HIST: *abw*) nazismo *m*

nazistisch [na'tsɪstɪʃ] *adj* (*abw*) nazi

Nazizeit *f* <-, *ohne pl*> (HIST: *fam*) época *f* nazi

Nb (CHEM) *Abk. von* **Niob** Nb

NB *Abk. von* **notabene** N.B.

n.Br. (GEO) *Abk. von* **nördlicher Breite** latitud *f* norte

NC [ɛn'tse:] *m* <-(s), -(s)> *Abk. von* **Numerus clausus** número *m* clauso

n.Chr. *Abk. von* **nach Christus** d.C.

Nd (CHEM) *Abk. von* **Neodym** Nd

NDR *m* <-, *ohne pl*> *Abk. von* **Norddeutscher Rundfunk** Radio *f* de Alemania del Norte

ne [nə] (*fam*) no, verdad; **du machst das doch gerne, ~?** ¿te gusta hacerlo, no?

Ne (CHEM) *Abk. von* **Neon** Ne

'ne [nə] *art unbest* (*fam*) *Abk. von* **eine** *s.* **ein, eine, ein**

Neandertaler [ne'andɐta:lɐ] *m* <-s, -> (hombre *m* de) Neandertal *m*

Neapel [ne'a:pəl] *nt* <-s> Nápoles *m*

Nebel ['ne:bəl] *m* <-s, -> niebla *f*; **Nebelbank** *f* <-, -bänke> (METEO) banco *m* de niebla; **Nebelbildung** *f* <-, -en> (METEO) formación *f* de niebla, niebla *f*; **auf der A93, Richtung München, kommt es zeitweise zu ~en** por la A93 en dirección a Munich se forman a veces bancos de niebla

nebelhaft *adj* **1.** (*neblig*) nublado **2.** (*undeutlich*) vago, confuso

Nebelhorn *nt* <-(e)s, -hörner> sirena *f* de niebla

nebelig *adj* nebuloso, brumoso; **es ist ~** hace niebla

Nebelkammer *f* <-, -n> (PHYS) cámara *f* de niebla; **Nebelkrähe** *f* <-, -n> corneja *f* cenicienta; **Nebelscheinwerfer** *m* <-s, -> (AUTO) luz *f* antiniebla delantera; **Nebelschlussleuchte**[RR] *f* <-, -n> (AUTO) luz *f* antiniebla trasera; **Nebelschwaden** [-ʃva:dən] *fpl* velos *mpl* de niebla; **Nebelwand** *f* <-, -wände> (METEO) banco *m* de niebla

neben ['ne:bən] **I.** *präp +dat* **1.** (*räumlich*) junto a, al lado de; **er ging ~ ihr** iba al lado de ella [*o* a su lado] **2.** (*verglichen mit*) en comparación con, al lado de **3.** (*außer*) además de; **~ anderen Dingen** entre otras cosas; **~ der Arbeit** además del trabajo **II.** *präp +akk* (*Richtung*) al lado de; **er setzte sich ~ sie** se sentó al lado de ella [*o* a su lado]

nebenamtlich *adj o adv* de segundo empleo [*o* trabajo]

nebenan [--'-] *adv* al lado; **das Haus ~** la casa de al lado

Nebenanschluss[RR] *m* <-es, -schlüsse> extensión *f*; **Nebenanspruch** *m* <-(e)s, -sprüche> (JUR) pretensión *f* accesoria; **Nebenarm** *m* <-(e)s, -e> brazo *m* (*de un río, canal, etc.*); **Nebenausgabe** *f* <-, -n> gasto *m* adicional; **Nebenausgang** *m* <-(e)s, -gänge> salida *f* lateral; **Nebenbedeutung** *f* <-, -en> significado *m* secundario

nebenbei [--'-] *adv* **1.** (*gleichzeitig*) al mismo tiempo; (*außerdem*) además, aparte; **sie studiert und arbeitet ~** aparte de estudiar, trabaja **2.** (*beiläufig*) de pasada; **~ bemerkt** dicho (sea) de paso

Nebenbemerkung *f* <-, -en> comentario *m* al margen; **deine ~en kannst du dir sparen!** ¡ahórrate tus comentarios!; **Nebenberuf** *m* <-(e)s, -e> profesión *f* secundaria; **nebenberuflich** **I.** *adj* secundario; **ihre ~e Tätigkeit** su profesión secundaria **II.** *adv* como profesión secundaria; **Nebenbeschäftigung** *f* <-, -en> actividad *f* secundaria; **Nebenbeschuldigung** *f* <-, -en> (JUR) acusación *f* accesoria; **Nebenbestimmung** *f* <-, -en> disposición *f* complementaria; **Nebenbuhler(in)** ['ne:bənbu:lɐ] *m(f)* <-s, -; -, -nen> rival *mf*; **Nebeneffekt** *m* <-(e)s, -e> efecto *m* secundario [*o* ulterior]

nebeneinander [---'--] *adv* uno al lado del otro; **~ bestehen** coexistir; **nebeneinanderher** [-----'-] *adv* uno al lado del otro

nebeneinander\|legen *vt s.* **nebeneinander**; **nebeneinander\|setzen** *vr:* **sich ~** *s.* **nebeneinander**; **nebeneinander\|stellen** *vt s.* **nebeneinander**

Nebeneingang *m* <-(e)s, -gänge> entrada *f* lateral; **Nebeneinkünfte** *pl* ingresos *mpl* complementarios [*o* suplementarios], sobresueldo *m*; **Nebeneinnahme** *f* <-, -n> ingreso *m* extraordinario; **Nebenerscheinung** *f* <-, -en> efecto *m* secundario; **Nebenerwerb** *m* <-(e)s, -e> profesión *f* secundaria; **Nebenfach** *nt* <-(e)s, -fächer> (UNIV) segunda especialidad *f* (*que en el sistema universitario alemán complementa la especialidad principal*); **Nebenfluss**[RR] *m* <-es, -flüsse> afluente *m*; **Nebengebäude** *nt* <-s, -> **1.** (*Nachbarhaus*) edificio *m* adyacente **2.** (*Anbau*) dependencia *f*, anexo *m*; **Nebengeleise** *nt* <-s, -> (EISENB) *s.* **Nebengleis**; **Nebengeräusch** *nt* <-(e)s, -e> ruido *m* ambiental; (TEL, RADIO) ruido *m* parásito; **Nebengestein** *nt* <-(e)s, -e> (GEO) hastial *m*, costero *m*; **Nebengewerbe** *nt* <-s, -> actividad *f* accesoria; (*von Unternehmen*) empresa *f* auxiliar; **Nebengleis** *nt* <-es, -e> (EISENB) vía *f* secundaria; **Nebenhandlung** *f* <-, -en> acción *f* secundaria

nebenher [--'-] *adv s.* **nebenbei**

nebenhin [ne:bən'hɪn] *adv* de paso, de pasada; **~ bemerkt ...** dicho de paso...; **diese gehässige Bemerkung ließ er nur so ~ fallen** dejó caer este comentario lleno de odio así, de pasada [*o* como quien no quiere la cosa]

Nebenhoden *m* <-s, -> (ANAT) epidídimo *m*; **Nebenhodenentzündung** *f* <-, -en> (MED) epididimitis *f inv*

Nebenhöhle *f* <-, -n> (ANAT) seno *m* nasal lateral; **Nebenhöhlenentzündung** *f* <-, -en> inflamación *f* de los senos nasales laterales; (MED) sinusitis *f inv*

Nebenjob *m* <-s, -s> (*fam*) trabajillo *m*; **einen ~ haben** tener un trabajillo aparte; **Nebenklage** *f* <-, -n> (JUR) demanda *f* accesoria; **Nebenkläger(in)** *m(f)* <-s, -; -, -nen>

(JUR) querellante *mf;* **Nebenkosten** *pl* gastos *mpl* adicionales; **Nebenlinie** *f* <-, -n> (*Genealogie*) línea *f* colateral; **Nebenmann** *m* <-(e)s, -männer *o* -leute> vecino *m;* **Nebenniere** *f* <-, -n> (ANAT) cápsula *f* suprarrenal; **Nebenprodukt** *nt* <-(e)s, -e> subproducto *m;* **Nebenraum** *m* <-(e)s, -räume> **1.** (*Raum nebenan*) habitación *f* de al lado **2.** (*untergeordneter Raum*) habitación *f* accesoria; **die Wohnung hat zwei Nebenräume: Abstellraum und Speisekammer** el piso tiene dos habitaciones accesorias: un trastero y una despensa; **Nebenreaktion** *f* <-, -en> (CHEM) reacción *f* secundaria; **Nebenrolle** *f* <-, -n> papel *m* secundario; **das spielt für mich nur eine ~** esto juega un papel secundario para mí; **Nebensache** *f* <-, -n> cosa *f* de poca monta; **das ist ~** eso no tiene importancia, eso es accesorio

nebensächlich *adj* secundario, de segundo orden; **das halte ich für ~** pienso que esto es secundario

Nebensächlichkeit *f* <-, -en> minucia *f,* insignificancia *f;* **das zu vereinbarende Gehalt ist wirklich keine ~** el sueldo a acordar no es precisamente una fruslería

Nebensaison *f* <-, -s, *südd, Österr a.:* -en> temporada *f* baja; **Nebensatz** *m* <-es, -sätze> **1.** (LING) oración *f* subordinada **2.** (*Bemerkung*) comentario *m* (dicho de paso); **nebenstehend** *adj* al margen

Nebenstelle *f* <-, -n> **1.** (TEL) (aparato *m* de) extensión *f* **2.** (COM: *Vertretung*) agencia *f;* (*Filiale*) sucursal *f,* filial *f;* **Nebenstellenanlage** *f* <-, -n> (TEL) central *f* privada

Nebenstraße *f* <-, -n> **1.** (*im Ort*) calle *f* lateral **2.** (*außerhalb*) carretera *f* secundaria; **Nebenstrecke** *f* <-, -n> (EISENB) línea *f* secundaria; **Nebentisch** *m* <-(e)s, -e> mesa *f* de al lado [*o* contigua]; **Nebenverdienst** *m* <-(e)s, -e> ingresos *mpl* extra(ordinarios); **Nebenvertrag** *m* <-(e)s, -träge> contrato *m* accesorio; **Nebenwinkel** *m* <-s, -> (MATH) ángulo *m* adyacente; **Nebenwirkung** *f* <-, -en> efecto *m* secundario; **Nebenzimmer** *nt* <-s, -> habitación *f* contigua; **Nebenzweck** *m* <-(e)s, -e> objetivo *m* secundario; **Nebenzweig** *m* <-(e)s, -e> ramo *m* secundario

neblig *adj s.* **nebelig**

nebst [ne:pst] *präp +dat* (junto) con

nebstdem [ne:pst'de:m] *adv* (*Schweiz*) además

nebulös [nebu'lø:s] *adj* nebuloso, poco claro

Necessaire [nesɛ'sɛ:ɐ] *nt* <-s, -s> bolsa *f* de aseo, neceser *m*

Neckar ['nɛkar] *m* <-s> Neckar *m*

necken ['nɛkən] **I.** *vt* burlarse (de); **jdn mit etw ~** tomar el pelo a alguien a causa de algo **II.** *vr:* **sich ~** bromear; **was sich liebt, das neckt sich** (*prov*) porque te quiero te aporreo

neckisch *adj* **1.** (*lustig*) chistoso **2.** (*kokett*) coqueto; **~e Spielchen machen** coquetear

nee [ne:] (*fam*) no

Neffe ['nɛfə] *m* <-n, -n> sobrino *m*

Negation [nega'tsjo:n] *f* <-, -en> negación *f*

negativ ['ne:gati:f] *adj* (*a.* PHYS, MATH, FOTO) negativo; **eine ~e Antwort** una respuesta negativa; **sich ~ zu etw äußern** manifestarse negativamente sobre algo, expresar una opinión negativa sobre algo; **die Untersuchung verlief ~** la investigación resultó negativa

Negativ *nt* <-s, -e> (FOTO) negativo *m;* **Negativfilm** *m* <-(e)s, -e> (FOTO) carrete *m* (de fotos) sin revelar

Neger(in) ['ne:gɐ] *m(f)* <-s, -; -, -nen> (*abw*) negro, -a *m, f*

Negerkuss[RR] *m* <-es, -küsse> merengue *m* cubierto de chocolate

Negersklave, -in *m, f* <-n, -n; -, -nen> (HIST) esclavo, -a *m, f* negro, -a; **früher mussten ~n für reiche Plantagenbesitzer arbeiten** en tiempos pasados los esclavos negros tenían que trabajar para los ricos propietarios de plantaciones

negieren* [ne'gi:rən] *vt* desmentir, negar

Negligé *nt* <-s, -s>, **Negligee**[RR] [negli'ʒe:] *nt* <-s, -s> deshabillé *m*

negrid [ne'gri:t] *adj* negro, negroide

negroid [negro'i:t] *adj* negroide

nehmen ['ne:mən] <nimmt, nahm, genommen> *vt* **1.** (*ergreifen*) coger, tomar, agarrar *Am;* **wer hat mein Feuerzeug genommen?** ¿quién me ha cogido el mechero?; **er nimmt sich immer die besten Stücke** se coge siempre los mejores pedazos; **ich weiß nicht, was ich ~ soll** no sé qué elegir; **etw unter den Arm ~** tomar algo debajo del brazo; **jdn zur Frau/zum Mann ~** casarse con alguien, tomar a alguien por esposa/por esposo [*o* por mujer/por marido] **2.** (*an~*) aceptar, tomar; **man muss ihn ~, wie er ist** hay que aceptarle como es; **ich nehme alles, wie es kommt** tomo las cosas como se presentan; **~ Sie noch ein Stück Torte?** ¿quiere otro trozo de tarta? **3.** (*verlangen*) pedir, cobrar; **er nimmt 30 Mark die Stunde** cobra 30 marcos la hora; **was ~ Sie für eine Tasse Kaffee?** ¿cuánto cuesta un café? **4.** (*weg~*) quitar; (*heraus~*) sacar; **nimm den Finger aus dem Mund** sácate el dedo de la boca; **du nimmst mir das Wort aus dem Mund** me quitas las palabras de la boca; **jdm etw ~** (*Glauben, Hoffnung, Angst*) quitar algo a alguien; **damit war ihr jeder Zweifel genommen** con ello desaparecieron todas sus dudas; **sich** *dat* **etw nicht ~ lassen** (*bestehen*) insistir en algo; **Ihre Mauer nimmt mir das Licht** su muro me quita la luz; **diese Salbe wird Ihnen den Schmerz ~** esta pomada le aliviará el dolor; **woher ~ und nicht stehlen?** (*fam*) ¿de dónde quieres que lo saque?, ¿qué hago, lo pinto? **5.** (*in Anspruch nehmen*) tomar, usar; (*Bus, Zug*) coger, tomar *Am;* **du solltest dir einen Anwalt ~** deberías contratar a un abogado **6.** (*ein~*) tomar;

N

etw zu sich ~ (*essen*) comer algo; (*trinken*) beber algo; **das Mittagessen** ~ (*geh*) almorzar, comer; **sie nimmt die Pille** toma la píldora; **ich nehme nie Zucker in den Kaffee** nunca tomo el café con azúcar **7.** (*Wend*): **etw an sich** ~ (*Dinge*) tomar algo; (*aufbewahren*) guardar algo; (*Aufgabe*) responsabilizarse de algo; **etw auf sich** ~, **etw in die Hand** ~ (*fig*) hacerse cargo de algo; **jdn zu sich** ~ albergar a alguien en casa; **etw krumm** ~ (*fam*) tomar algo a mal; **etw wörtlich** ~ tomar algo al pie de la letra; **jdn beim Wort** ~ tomar(le) la palabra a alguien; **jdn (nicht) für voll** ~ (no) tomar a alguien en serio; **etw in Betrieb** ~ poner algo en marcha; **ein Bad** ~ tomar un baño; **sie nahmen ihn in die Mitte** lo colocaron en el centro; ~ **wir den Fall, dass ...** pongamos por caso que... (*+subj*); **die Sache nimmt ihren Lauf** el asunto progresa; **er ist hart im N~** aguanta lo que le echen; **sie nahm alle Hürden mit Leichtigkeit** rebasó todas las barreras con facilidad; **etw leicht** ~ (*hinnehmen*) tomar algo bien; (*nicht ernst nehmen*) tomar algo a la ligera; **du nimmst deine Arbeit zu leicht** no te tomas el trabajo en serio; **etw schwer** ~ tomar algo en serio, tomar algo a pecho *fam;* **nimm's nicht so schwer!** ¡no te lo tomes tan a pecho!; **nimm's nicht tragisch!** ¡no te lo tomes a la tremenda!; **genau genommen** para ser exactos; **wie man's nimmt** según como se tome; **im Grunde genommen** en el fondo; **jdm etw übel** ~ tomarle a mal algo a alguien; **nehmen Sie es mir nicht übel, aber ...** no me lo tome a mal, pero...; **sie hat ihm übel genommen, dass ...** le tomó a mal que... (*+subj*)

Neid [naɪt] *m* <-(e)s, *ohne pl*> envidia *f;* (*bei Kindern*) pelusa *f;* **vor** ~ **platzen** reventar [*o* morirse] de envidia; **gelb vor** ~ **werden** ponerse verde [*o* amarillo] de envidia, morirse de envidia; **vor** ~ **erblassen** palidecer de envidia; **er ist blind vor** ~ la envidia le ciega; **das muss der** ~ **ihr lassen** aun(que) a regañadientes, hay que reconocérselo; **das erregte seinen** ~ le dio envidia, despertó su envidia; **das ist der** ~ **der Besitzlosen** (*fam*) es pura envidia

neiden ['naɪdən] *vt:* **jdm etw** ~ envidiar algo a alguien

Neider(in) *m(f)* <-s, -; -, -nen> envidioso, -a *m, f*

neiderfüllt **I.** *adj* (*geh*) envidioso, lleno de envidia **II.** *adv* lleno de envidia; **er blickte** ~ **auf die neue Uhr seines Bekannten** miró lleno de envidia el nuevo reloj de su conocido

Neiderin *f* <-, -nen> *s.* **Neider**

Neidhammel *m* <-s, -> (*fam abw*) envidioso *m*

neidisch *adj* envidioso; **auf jdn/etw** ~ **sein** tener [*o* sentir] envidia de alguien/algo; **er wurde** ~, **als er sah, dass ...** le dio envidia al ver que...

neidlos *adj* sin envidia; **etw** ~ **anerkennen** aceptar algo sin envidia alguna

Neige ['naɪgə] *f* <-, *ohne pl*> (*geh*) **1.** (*Rest*) resto *m;* **das Glas bis zur** ~ **leeren** apurar el vaso hasta la última gota; **bis zur bitteren** ~ hasta apurar el cáliz de la amargura **2.** (*Ende*) fin *m;* **das Jahr/das Geld geht zur** ~ el año/el dinero llega a su fin

neigen ['naɪgən] **I.** *vt* inclinar; (*zur Seite*) ladear **II.** *vr:* **sich** ~ **1.** (*allgemein*) inclinarse (*nach* hacia); (*Schiff*) escorar **2.** (*geh: enden*) declinar **III.** *vi:* **zu etw** ~ propender a algo, tender a algo; **er neigt dazu, anderen Recht zu geben** es propenso a darle la razón a otros; **sie neigt zu der Ansicht, dass ...** tiende a pensar que...

Neigezug *m* <-(e)s, -züge> (EISENB) tren *m* de inclinación (automática)

Neigung[1] *f* <-, -en> **1.** (*Schräglage*) inclinación *f* **2.** (*Vorliebe*) afición *f* (*für* por), inclinación *f* (*für* por); **etw aus** ~ **tun** hacer algo por afición **3.** (*Zu~*) cariño *m* (*zu* por)

Neigung[2] *f* <-, *ohne pl*> (*Veranlagung, Bereitschaft*) disposición (*zu* para); **sie verspürte nicht die geringste** ~ **ihm zu glauben** no se le pasó por la cabeza la idea de creerle

Neigungswinkel *m* <-s, -> ángulo *m* de inclinación

nein [naɪn] no; **kommst du morgen? – ~, ich habe keine Lust** ¿vienes mañana? – no, no tengo ganas; ~ **danke** no, gracias; **ich sage nicht** ~ [*o* **N~**] no digo que no; **aber ~!** ¡pero no!; ~, ~ **und nochmals ~!** ¡no y no!, ¡de ninguna manera!; **er kann nur schwer** ~ [*o* **N~**] **sagen** le cuesta decir que no; ~, **ist das eine Überraschung!** ¡oh no, vaya una sorpresa!; ~, **so was!** ¡no me digas!

Nein *nt* <-(s), -(s)> no *m*, negativa *f;* **mit** ~ **antworten** contestar que no [*o* con un no]; **mit Ja oder** ~ **stimmen** votar a favor o en contra; **sie blieb bei ihrem** ~ se mantuvo en su negativa; **Neinsager(in)** *m(f)* <-s, -; -, -nen> negador(a) *m(f)* total; **er ist ein ewiger** ~ siempre dice no a todo; **Neinstimme** *f* <-, -n> voto *m* en contra

Nekrolog [nekro'lo:k] *m* <-(e)s, -e> (*geh*) nota *f* necrológica; **einen** ~ **auf jdn halten** pronunciar unas palabras de despedida para alguien

Nekrophilie [nekrofi'li:] *f* <-, *ohne pl*> (PSYCH) necrofilia *f*

Nektar ['nɛkta:ɐ] *m* <-s, -e> néctar *m*

Nektarine [nɛkta'ri:nə] *f* <-, -n> nectarina *f*

Nekton *nt* <-s, *ohne pl*> (BIOL) necton *m*

Nelke ['nɛlkə] *f* <-, -n> **1.** (*Blume*) clavel *m* **2.** (*Gewürz*) clavo *m*

'nen [nən] *art unbest* (*fam*) *Abk. von* **einen** *s.* **ein, eine, ein**

Nennbelastung *f* <-, -en> carga *f* nominal; **Nennbetrag** *m* <-(e)s, -träge> (FIN) valor *m* nominal

nennen ['nɛnən] <nennt, nannte, genannt> **I.** *vt* **1.** (*be~*) llamar; **wie sollen wir**

ihn ~? ¿cómo le vamos a llamar?; **das nenne ich Mut** a esto llamo yo valor; **das nennst du schön?** ¿y a esto lo llamas bonito? **2.** (*angeben*) decir; (*empfehlen*) recomendar; **können Sie mir einen guten Arzt ~?** ¿me puede recomendar un buen médico?; **kannst du mir Beispiele dafür ~?** ¿me puedes decir algunos ejemplos para eso? **3.** (*erwähnen*) mencionar; **unten genannt** abajo mencionado; **die genannten Personen** las personas mencionadas **4.** (*bezeichnen*) llamar, denominar; **so gennant** así llamado; (*angeblich*) supuesto; **deine so genannten Freunde** tus supuestos amigos; **diese Einheiten nennt man Morpheme** estas unidades se denominan morfemas; **sie nannten ihn einen Lügner** lo tacharon de mentiroso; **wie nennt man das?** ¿cómo se llama eso? **II.** *vr:* **sich ~** llamarse; **und so was nennt sich Christ/Freund?** (*fam*) ¿y se las da de cristiano/de amigo?, ¿eso es un cristiano/un amigo?

nennenswert *adj* digno de mención; (*beträchtlich*) considerable; **nichts N~es** nada de importancia

Nenner *m* <-s, -> (MATH) denominador *m;* **einen gemeinsamen ~ finden** (*fig*) encontrar un denominador común; **etw auf einen (gemeinsamen) ~ bringen** (*fig*) encontrar un denominador común para algo

Nennleistung *f* <-, -en> (TECH) potencia *f* nominal

Nennung *f* <-, -en> **1.** (*Nennen*) nombramiento *m* **2.** (*Erwähnung*) mención *f*

Nennwert *m* <-(e)s, -e> (FIN) valor *m* nominal; **Nennwertaktie** *f* <-, -n> (FIN) acción *f* con valor nominal

Neodym [neo'dy:m] *nt* <-s, *ohne pl*> (CHEM) neodimio *m*

Neofaschismus [neo-] *m* <-, *ohne pl*> neofascismo *m*

Neologismus [neolo'gɪsmʊs] *m* <-, Neologismen> (LING) neologismo *m*

Neon ['ne:ɔn] *nt* <-s, *ohne pl*> (CHEM) neón *m*

Neonazi ['ne:ona:tsi] *m* <-s, -s> neonazi *mf*

Neonazismus [neona'tsɪsmʊs] *m* <-, *ohne pl*> neonazismo *m*

Neonazist(in) *m(f)* <-en, -en; -, -nen> neonazi *mf*

Neonlicht ['ne:ɔn-] *nt* <-(e)s, *ohne pl*> luz *f* de neón; **Neonreklame** *f* <-, -n> publicidad *f* luminosa (de neón); **Neonröhre** *f* <-, -n> tubo *m* de neón

Neoprenanzug *m* <-(e)s, -züge> traje *m* de neopreno

Nepal ['ne:pal] *nt* <-s> Nepal *m*

Nepalese, -in [nepa'le:zə] *m, f* <-n, -n; -, -nen> nepalés, -esa *m, f*

nepalesisch *adj* nepalés

Nephelin [nefe'li:n] *nt* <-s, -e> nefelina *f*

Nepotismus [nepo'tɪsmʊs] *m* <-s, *ohne pl*> (*geh*) nepotismo *m*

Nepp [nɛp] *m* <-s, *ohne pl*> (*fam abw*) timo *m*

neppen ['nɛpən] *vt* (*fam abw*) timar, clavar

Nepplokal *nt* <-(e)s, -e> (*fam abw*) local *m* carísimo [*o* con precios prohibitivos]

Neptun [nɛp'tu:n] *m* <-s> (ASTR) Neptuno *m;* (**dem**) **~ opfern** (*iron*) vomitar (por la cubierta de un barco)

Neptunium *nt* <-s, *ohne pl*> (CHEM) neptuno *m*

Nerv [nɛrf] *m* <-s, -en> nervio *m;* **schwache/starke ~en haben** tener los nervios irritables/bien templados; **die ~en behalten** conservar la calma; **die ~en verlieren** perder los nervios; **~en wie Drahtseile** (*fam*) nervios de acero; **du fällst** [*o* **gehst**] **mir auf die ~en** (*fam*) me estás dando la lata; **du hast (vielleicht) ~en!** (*fam*) ¡qué valor tienes!; **du raubst mir noch den letzten ~!** (*fam*) ¡me sacas de quicio!; **den ~ treffen** (*fig*) tocar la fibra sensible; **keiner hat den ~ ihm die Meinung zu sagen** nadie tiene el valor de cantarle las verdades

nerven ['nɛrfən] *vt* sacar de quicio; **du nervst!** ¡me sacas de quicio!; **ich bin total genervt!** ¡estoy hasta la coronilla!

Nervenanspannung *f* <-, -en> tensión *f* nerviosa; **der Stress und die ~ waren zuviel für mich** el estrés y la tensión nerviosa fueron demasiado para mí; **Nervenarzt, -ärztin** *m, f* <-es, -ärzte; -, -nen> neurólogo, -a *m, f;* **nervenaufreibend** *adj* enervante; **Nervenbahn** *f* <-, -en> (ANAT) vía *f* nerviosa; **Nervenbelastung** *f* <-, -en> tensión *f* (nerviosa), sobrecarga *f* nerviosa; **er ist zu vielen ~en ausgesetzt** está sometido a muchas tensiones; **nervenberuhigend** *adj* tranquilizante; **ein ~es Medikament** un tranquilizante; **dieser Badezusatz wirkt ~** estas sales de baño tienen un efecto tranquilizante; **Nervenbündel** *nt* <-s, -> **1.** (ANAT) fascículo *m* nervioso **2.** (*fam: nervöser Mensch*) manojo *m* de nervios; **ein ~ sein** estar hecho un manojo de nervios; **Nervenentzündung** *f* <-, -en> (MED) neuritis *f inv;* **Nervengas** *nt* <-es, -e> gas *m* neurotóxico; **Nervengift** *nt* <-(e)s, -e> neurotoxina *f;* **Nervenheilanstalt** *f* <-, -en> sanatorio *m* neurológico; **Nervenheilkunde** *f* <-, *ohne pl*> (MED) neurología; **Nervenkitzel** *m* <-s, -> (*fam*) cosquilleo *m;* **Nervenklinik** *f* <-, -en> clínica *f* neurológica; (*fam: psychiatrische Klinik*) clínica *f* psiquiátrica; **Nervenkostüm** *nt* <-(e)s, -e> (*fam*) sistema *m* nervioso; **Nervenkraft** *f* <-, -kräfte> fuerza *f* psíquica [*o* mental]; **meine ~ ist am Ende** tengo los nervios destrozados; **nervenkrank** *adj* (MED) neurópata, neurótico; **~ sein** ser un neurótico, ser un neurópata; **Nervenkrankheit** *f* <-, -en> neuropatía *f,* enfermedad *f* nerviosa; **Nervenkrieg** *m* <-(e)s, -e> guerra *f* de nervios; **Nervenleiden** *nt* <-s, -> (MED) enfermedad *f* nerviosa [*o* del sistema nervioso], neuropatía *f;* **Ner-**

vennahrung *f* <-, *ohne pl*> reconstituyente *m* para los nervios; **Schokolade ist eine gute** ~ el chocolate va bien para los nervios; **Nervenprobe** *f* <-, -n> prueba *f* de resistencia nerviosa [*o* para los nervios]; **Nervensache** *f*: (**eine**) **reine** ~ **sein** (*fam*) ser una cuestión de nervios; **Nervensäge** *f* <-, -n> (*fam*) pelmazo, -a *m, f*, mangangá *m CSur;* **Nervenschock** *m* <-(e)s, -s> trauma *m* nervioso; **nervenschwach** *adj* neurasténico; **nervenstark** *adj* robusto, rigoroso; **Nervensystem** *nt* <-s, -e> (ANAT) sistema *m* nervioso; **vegetatives** ~ sistema nervioso vegetativo; **Nervenzelle** *f* <-, -n> (ANAT) célula *f* nerviosa; **Nervenzentrum** *nt* <-s, -zentren> (ANAT) centro *m* nervioso; **Nervenzusammenbruch** *m* <-(e)s, -brüche> crisis *f inv* nerviosa; **einen** ~ **haben** tener [*o* sufrir] un ataque de nervios

nervig ['nɛrfɪç] *adj* **1.** (*Hände*) nervudo **2.** (*fam: lästig*) enervante

nervlich ['nɛrflɪç] *adj* nervioso; ~ **am Ende sein** estar hecho polvo

nervös [nɛr'vøːs] *adj* nervioso; **jdn** ~ **machen** poner nervioso a alguien; ~ **werden** ponerse nervioso

Nervosität [nɛrvozi'tɛːt] *f* <-, *ohne pl*> nerviosismo *m*

nervtötend *adj* enervante, matador *fam*

Nerz [nɛrts] *m* <-es, -e> (ZOOL) visón *m;* **Nerzmantel** *m* <-s, -mäntel> abrigo *m* de visón

Nessel[1] ['nɛsəl] *f* <-, -n> (*Pflanze*) ortiga *f;* **sich in die ~n setzen** (*fam fig*) meterse en un berenjenal

Nessel[2] *m* <-s, -> (*Gewebe*) cretona *f*

Nesselfieber *nt* <-s, -> (MED) urticaria *f*

Nessessär[RR] *nt* <-s, -s> *s.* **Necessaire**

Nest [nɛst] *nt* <-(e)s, -er> **1.** (*von Tieren*) nido *m;* **sich ins gemachte** ~ **setzen** (*fam fig*) hacer buena boda; **das eigene** ~ **beschmutzen** (*Familie*) poner verde [*o* criticar] a su familia; (*Land*) criticar su país **2.** (*fam abw: Dorf*) poblacho *m* **3.** (*fam: Schlupfwinkel*) nidal *m;* **Nestbau** *m* <-(e)s, *ohne pl*> nidificación *f*

nesteln *vi* toquetear (con los dedos) (*an*)

Nesthäkchen [-hɛːkçən] *nt* <-s, -> (*fam*) menor *mf*, benjamín, -ina *m, f;* **Nesthocker** *m* <-s, -> (ZOOL) polluelo *m* en el nido; (*fig*) *persona que permanece en casa de sus padres sin independizarse*

Nestling *m* <-s, -e> (ZOOL) ave *f* anidada

Nestor(in) ['nɛstoːɐ, *pl:* nɛs'toːrən] *m(f)* <-s, -en; -, -nen> (*geh*) decano, -a *m, f*

Nestwärme *f* <-, *ohne pl*> calor *m* de hogar [*o* hogareño]

nett [nɛt] *adj* **1.** (*freundlich*) amable, simpático; **sei so** ~ **und räum auf** sé tan amable y recoge las cosas; **sie waren sehr** ~ **zu mir** se portaron muy bien conmigo; **das war nicht** ~ **von ihm** no fue muy amable por su parte; **sag ihr doch mal etwas N~es!** ¡dile algo agradable! **2.** (*angenehm*) agradable; (*hübsch*) bonito; **sich** ~ **unterhalten** mantener una conversación agradable; **vielen Dank für den ~en Abend!** ¡muchas gracias por la agradable velada! **3.** (*fam: groß, unangenehm*) bonito; **ein ~es Sümmchen** una bonita suma; **du machst mir ja ~e Sachen!** (*iron*) ¡qué cosas me haces!

netterweise ['--'--] *adv* amablemente, por simpatía

Nettigkeit[1] *f* <-, *ohne pl*> (*nette Art*) amabilidad *f*, gentileza *f*

Nettigkeit[2] *f* <-, -en> (*Kompliment*) cumplido *m*, galantería *f*

netto ['nɛto] *adv* neto; **Nettobetrag** *m* <-(e)s, -träge> importe *m* neto; **Nettobilanz** *f* <-, -en> balance *m* neto; **Nettoeinkaufspreis** *m* <-es, -e> precio *m* neto de compra; **Nettoeinkommen** *nt* <-s, -> ingresos *mpl* netos; **Nettoerlös** *m* <-es, -e> beneficio *m* neto; **Nettogehalt** *nt* <-(e)s, -hälter> sueldo *m* neto; **Nettogewicht** *nt* <-(e)s, -e> peso *m* neto; **Nettogewinn** *m* <-(e)s, -e> beneficio *m* neto, ganancia *f* neta; **Nettokreditaufnahme** *f* <-, -n> (FIN) fondos *mpl* netos en préstamo; **Nettolohn** *m* <-(e)s, -löhne> salario *m* neto; **Nettopreis** *m* <-es, -e> precio *m* neto; **Nettosozialprodukt** *nt* <-(e)s, -e> (WIRTSCH) producto *m* social neto; **Nettoumsatz** *m* <-es, -sätze> importe *m* neto de la cifra de negocios; **Nettoverdienst** *m* <-(e)s, -e> ingresos *mpl* netos; **Nettovermögen** *nt* <-s, -> neto *m* patrimonial, patrimonio *m* neto

Netz [nɛts] *nt* <-es, -e> **1.** (*Fischer~, Straßen~, Strom~, a.* SPORT) red *f;* (*Haar~*) redecilla *f;* (*Gepäck~*) rejilla *f;* **das soziale** ~ la red social; **der Fußball ging ins** ~ el balón entró en la portería; **ein Atomkraftwerk geht ans** ~ una central nuclear está conectada a la red (eléctrica); **jdm ins** ~ **gehen** caer en las redes de alguien; **sie hat überall ihre ~e ausgeworfen** (*fig*) ha tendido [*o* echado] sus redes por todas partes **2.** (*Spinnen~*) telaraña *f;* **Netzabschluss**[RR] *m* <-es, -schlüsse> **1.** (TEL: *bei ISDN*) terminador *m* de red **2.** (INFOR: *Abschlusswiderstand bei Ethernet*) resistencia *f* terminal; **Netzanschluss**[RR] *m* <-es, -schlüsse> (ELEK) conexión *f* a la red; **netzartig** *adj* reticular; **Netzauge** *nt* <-s, -n> (ZOOL) ojo *m* compuesto; **Netzball** *m* <-(e)s, -bälle> (SPORT) "net" *m*

netzen ['nɛtsən] *vt* (*geh*) humedecer

Netz(fahr)karte *f* <-, -n> billete *m* para toda la red; **eine** ~ **lösen** sacar un billete para toda la red; **Netzgerät** *nt* <-(e)s, -e> (ELEK) aparato *m* alimentador

Netzhaut *f* <-, -häute> (ANAT) retina *f;* **Netzhautablösung** *f* <-, -en> (MED) desprendimiento *m* de retina

Netzhemd *nt* <-(e)s, -en> camiseta *f* de malla; **Netzkarte** *f* <-, -n> *s.*

Netz(fahr)karte
Netzplantechnik *f* <-, *ohne pl*> (WIRTSCH) teoría *f* de grafos
Netzspannung *f* <-, -en> (ELEK) tensión *f* de la red; **Netzstecker** *m* <-s, -> (ELEK) enchufe *m;* **Netzstrümpfe** *mpl* medias *fpl* de malla; **Netzteil** *nt* <-(e)s, -e> (ELEK) bloque *m* de alimentación; **Netztopologie** *f* <-, -n> (INFOR, PHYS) topología *f* de red
Netzwerk *nt* <-(e)s, -e> red *f;* **lokales** ~ red local; **Netzwerkbetriebssystem** *nt* <-s, -e> (INFOR) sistema *m* operativo de red; **Netzwerkfähigkeit** *f* <-, *ohne pl*> capacidad *f* de trabajar en red; **Netzwerkkarte** *f* <-, -n> (INFOR) tarjeta *f* de interfaz de redes; **Netzwerkmanagement** *nt* <-s, -s> (INFOR) administración *f* de red, gestión *f* de red; **Netzwerkprotokoll** *nt* <-s, -e> (INFOR) protocolo *m* de red; **Netzwerkterminator** *m* <-s, -en> (INFOR, TEL) terminador *m* de red
neu [nɔɪ] **I.** *adj* nuevo; **ein ~er Anfang** un nuevo comienzo; **das N~e Testament** el Nuevo Testamento; **die N~e Welt** el Nuevo Mundo; **in ~erer Zeit** en tiempos modernos; **~eren Datums** de fecha reciente; **seit ~estem** desde hace poco; **die ~este Mode** la última moda; **die ~esten Nachrichten** las últimas noticias; **was gibt's N~es?** ¿qué hay de nuevo?; **von ~em** de nuevo; **auf ein N~es** de nuevo, otra vez; **was ist das N~e daran?** ¿qué tiene de nuevo?; **das N~(e)ste** lo más novedoso, lo último; **ich bin hier ~** soy nuevo aquí; **das ist mir ~** esto me resulta nuevo, ahora me entero **II.** *adv* (*kürzlich*) recién; (*noch einmal*) de nuevo; **~ vermählt** recién casado; **der Roman ist ~ erschienen** la novela acaba de publicarse; **etw ~ auflegen** reeditar algo; **~ anfangen** comenzar de nuevo; **~ gestalten** remodelar; **sich ~ verschulden** adquirir nuevas deudas; **Neuankömmling** ['-ʔankœmlɪŋ] *m* <-s, -e> recién llegado, -a *m, f;* **Neuanlage** *f* <-, -n> (FIN: *Geld*) reinversión *f;* **Neuanschaffung** *f* <-, -en> nueva adquisición *f;* **die ~ von Spielsachen** la adquisición de nuevos juguetes; **neuapostolisch** *adj* (REL) neoapostólico; **die N~e Kirche** la Iglesia neoapostólica; **neuartig** *adj* nuevo, novedoso *Am;* (*modern*) moderno
Neuartigkeit *f* <-, *ohne pl*> novedad *f,* innovación *f;* (*neue Struktur*) lo novedoso; **dank der ~ ihrer Konstruktion ist diese Batterie langlebiger** gracias a lo novedoso de su construcción, esta batería funciona más
Neuauflage *f* <-, -n> nueva edición *f,* reedición *f;* **Neuausgabe** *f* <-, -n> (MEDIA) nueva edición *f*
Neubau[1] *m* <-(e)s, *ohne pl*> (*das Bauen*) (re)construcción *f*
Neubau[2] *m* <-(e)s, -ten> (*Gebäude*) edificio *m* nuevo
Neubaugebiet *nt* <-(e)s, -e> barrio *m* nuevo; **Neubauwohnung** *f* <-, -en> piso *m* (en un edificio) nuevo
Neubearbeitung *f* <-, -en> (*eines Buches*) edición *f* revisada; (*eines Theaterstücks*) refundición *f;* **Neubeginn** *m* <-(e)s, *ohne pl*> nuevo comienzo *m;* **Neubelebung** *f* <-, -en> reanimación *f;* **~ des Marktes** reanimación del mercado; **Neubewertung** *f* <-, -en> nueva valoración *f,* revaloración *f;* **Neubildung** *f* <-, -en> **1.** (*Entstehung*) formación *f* nueva, reconstitución *f* **2.** (LING) neologismo *m* **3.** (*Umbildung*) remodelación *f;* **Neubürger(in)** *m(f)* <-s, -; -, -nen> ciudadano, -a *m, f* nuevo, -a
Neu-Delhi [nɔɪ'deːli] *nt* <-s> Nueva Delhi *f*
Neudruck *m* <-(e)s, -e> reimpresión *f*
Neue(r) *mf* <-n, -n; -n, -n> recién llegado, -a *m, f,* nuevo, -a *m, f*
Neuenburg ['nɔɪənbʊrk] *nt* <-s> Neuchatel *m,* Neuenburg *m*
Neuentdeckung *f* <-, -en> **1.** (*erneute Entdeckung*) redescubrimiento *m* (*descubrimiento de algo que ya había sido descubierto anteriormente por otros*) **2.** (*entdecktes Talent*) nuevo descubrimiento *m;* **Neuentwicklung** *f* <-, -en> **1.** (*Vorgang*) desarrollo *m;* **technische ~en** avances tecnológicos **2.** (*Resultat*) último modelo *m*
neuerdings ['nɔɪɐ'dɪŋs] *adv* desde hace poco, últimamente
Neuerer, -in *m, f* <-s, -; -, -nen> innovador(a) *m(f)*
neuerlich ['nɔɪɐlɪç] *adj* reiterado
Neueröffnung *f* <-, -en> apertura *f* (de algo nuevo); (*Wiedereröffnung*) reapertura *f;* **Neuerscheinung** *f* <-, -en> novedad *f*
Neuerung *f* <-, -en> novedad *f,* innovación *f;* **technische ~en einführen** introducir innovaciones tecnológicas
Neuerwerbung *f* <-, -en> nueva adquisición *f*
neuestens ['nɔɪəstəns] *adv s.* **neuerdings**
Neufundland [nɔɪ'fʊntlant] *nt* <-s> (Isla *f* de) Terranova *f*
neugeboren ['--'--] *adj* recién nacido; **sich wie ~ fühlen** sentirse como un recién nacido
Neugeborene(s) *nt* <-n, -n> recién nacido, -a *m, f*
neu|gestalten* *vt s.* **neu II.**; **Neugestaltung** *f* <-, -en> (*eines Gebäudes*) remodelación *f;* (*einer Organisation*) reorganización *f*
Neugier(de) ['nɔɪgiːɐ(də)] *f* <-, *ohne pl*> curiosidad *f* (*auf* por); **aus ~** por curiosidad; **voller ~** muerto de curiosidad; **seine ~ befriedigen** [*o* **stillen**] matar la curiosidad; **er brannte vor ~** se moría de curiosidad
neugierig *adj* curioso (*auf* por), alcamonero *Ven;* **auf etw/jdn ~ sein** tener curiosidad por saber algo/por conocer a alguien; **sei nicht so ~** no seas tan curioso; **jdn ~ machen** despertar la curiosidad de alguien; **da bin ich aber ~!** ¡habrá que verlo!
Neugierige(r) *mf* <-n, -n; -n, -n> curioso, -a *m, f;* **das hier ist nichts für ~!** ¡no queremos curiosos aquí!

N

Neugliederung *f* <-, -en> nueva estructuración *f,* reorganización *f*
Neugriechisch *nt* <-(s), *ohne pl*>, **Neugriechische** *nt* <-n, *ohne pl*> griego *m* moderno
Neugründung *f* <-, -en> **1.** (*Gründung*) nueva fundación *f;* (*Schaffung*) nueva constitución *f* **2.** (*Institution*) institución *f* constituída de nuevo
Neuguinea [nɔɪgi'ne:a] *nt* <-s> Nueva Guinea *f*
Neuheit[1] *f* <-, *ohne pl*> (*das Neusein*) novedad *f;* **die ~ dieser Maßnahmen** la novedad de estas medidas
Neuheit[2] *f* <-, -en> (*neue Sache*) novedad *f*
Neuhochdeutsch *nt* <-(s), *ohne pl*> (LING, LIT) alto alemán *m* moderno [*o* hodierno]
Neuigkeit *f* <-, -en> novedad *f;* **hast du die letzten ~en gehört?** ¿has oído las últimas novedades?
Neuinszenierung *f* <-, -en> (THEAT) reposición *f*
Neujahr *nt* <-(e)s, -e> Año *m* Nuevo; **Prost ~!** ¡Feliz Año Nuevo!; **Neujahrsabend** *m* <-s, -e> Nochevieja *f;* **Neujahrsfest** *nt* <-(e)s, -e> fiesta *f* de Año Nuevo; **herzliche Grüße zum ~!** ¡feliz Año Nuevo!; **Neujahrstag** *m* <-(e)s, -e> (día *m* de) Año *m* Nuevo
Neukaledonien [nɔɪkale'do:niən] *nt* <-s> Nueva Caledonia *f*
Neuland *nt* <-(e)s, *ohne pl*> tierra *f* virgen; **~ betreten** (*fig*) abrir nuevos horizontes; **das ist für mich ~** (*fig*) ¡ahora me entero!; **Neulandgewinnung** *f* <-, -en> *acción de ganar tierra al mar*
neulich *adv* el otro día, hace poco; **unser Gespräch von ~** nuestra conversación de hace poco; **ist das der Typ von ~?** (*fam*) ¿es ése el tipo del otro día?
Neuling *m* <-s, -e> novicio, -a *m, f,* principiante *mf*
neumodisch I. *adj* modernísimo **II.** *adv* a la última moda; **Neumond** *m* <-(e)s, *ohne pl*> luna *f* nueva; **bei ~** con luna nueva
neun [nɔɪn] *adj inv* nueve; **alle ~(e) werfen** tirar un pleno; *s. a.* **acht**
Neun *f* <-, -en> nueve *m;* **ach du grüne ~e!** (*fam*) ¡válgame Dios!, ¡madre mía!
Neunauge *nt* <-s, -n> (ZOOL) lamprea *f*
neunerlei ['nɔɪnɐ'laɪ] *adj inv* de nueve clases [*o* formas] diferentes, nueve clases (diferentes) de; *s. a.* **achterlei**
neunfach I. *adj* nueve veces; **das N~e (davon)** nueve veces tanto **II.** *adv* nueve veces; *s. a.* **achtfach**
neunhundert ['-'--] *adj inv* novecientos; *s. a.* **achthundert; neunhundertste(r, s)** *adj* noningentésimo; *s. a.* **achthundertste(r, s)**
neunmal *adv* nueve veces; *s. a.* **achtmal; neunmalklug** ['---] *adj* sabi(h)ondo, sabelotodo, pendejo *CSur;* **Neunmalkluge(r)** *mf* <-n, -n; -n, -n> sabelotodo *mf inv*
neunt [nɔɪnt]: **zu ~** (*in Neunergruppen*) de nueve en nueve; (*zusammen, als Gruppe von neuen*) entre (los) nueve; *s. a.* **acht**[2]
neuntausend ['-'--] *adj inv* nueve mil; *s. a.* **achttausend**
neunte(r, s) *adj* noveno; *s. a.* **achte(r, s)**
neuntel *adj inv* noveno; *s. a.* **achtel**
Neuntel *nt* <-s, -> noveno, -a *m, f,* novena parte *f; s. a.* **Achtel**
neuntens ['nɔɪntəns] *adv* en noveno lugar; (*bei einer Aufzählung*) noveno; *s. a.* **achtens**
neunzehn ['--] *adj inv* diecinueve; *s. a.* **acht**
neunzehnte(r, s) *adj* decimonoveno, decimonono; *s. a.* **achte(r, s)**
neunzig *adj inv* noventa; *s. a.* **achtzig**
neunzigste(r, s) *adj* nonagésimo; *s. a.* **achtzigste(r, s)**
Neuordnung *f* <-, *ohne pl*> reorganización *f;* **Neuorientierung** *f* <-, *ohne pl*> reorientación *f*
Neuphilologe, -in *m, f* <-n, -n; -, -nen> filólogo, -a *m, f* de lenguas modernas; **Neuphilologie** *f* <-, -n> filología *f* moderna; **Neuphilologin** *f* <-, -nen> *s.* **Neuphilologe**
Neuprägung *f* <-, -en> **1.** (*Münze*) *moneda antigua que vuelve a acuñarse y ponerse en circulación* **2.** (LING) neologismo *m*
Neuralgie [nɔɪral'gi:] *f* <-, -n> (MED) neuralgia *f*
neuralgisch [nɔɪ'ralgɪʃ] *adj* (MED) neurálgico; **ein ~er Punkt** un punto neurálgico
Neurasthenie [nɔɪraste'ni:, *pl:* nɔɪraste'ni:ən] *f* <-, -n> (MED) neurastenia *f*
Neurastheniker(in) [nɔɪras'te:nikɐ] *m(f)* <-s, -; -, -nen> (MED) neurasténico, -a *m, f*
neurasthenisch [nɔɪras'te:nɪʃ] *adj* (MED) neurasténico
Neuregelung *f* <-, -en> reorganización *f*
neureich *adj* (*abw*) nuevo rico; **Neureiche(r)** *mf* <-n, -n; -n, -n> (*abw*) nuevo, -a rico, -a *m, f*
Neuritis [nɔɪ'ri:tɪs, *pl:* nɔɪri'ti:dən] *f* <-, Neuritiden> (MED) neuritis *f inv*
Neurochirurg(in) ['nɔɪroçirʊrk] *m(f)* <-en, -en; -, -nen> neurocirujano, -a *m, f;* **Neurochirurgie** [nɔɪroçirʊr'gi:, 'nɔɪroçirʊrgi:] *f* <-, *ohne pl*> neurocirugía *f;* **Neurochirurgin** *f* <-, -nen> *s.* **Neurochirurg**
Neurocomputer *m* <-s, -> (INFOR) ordenador *m* neuronal
Neurodermitis [nɔɪrodɛr'mi:tɪs, *pl:* -dɛrmi'ti:dən] *f* <-, Neurodermitiden> (MED) neurodermitis *f inv*
Neuroleptikum [nɔɪro'lɛptikʊm, *pl:* nɔɪro'lɛptika] *nt* <-s, Neuroleptika> (MED) neuroléptico *m*
Neurologe, -in [nɔɪro'lo:gə] *m, f* <-n, -n; -, -nen> neurólogo, -a *m, f*
Neurologie [nɔɪrolo'gi:] *f* <-, *ohne pl*> neurología *f*
Neurologin *f* <-, -nen> *s.* **Neurologe**
neurologisch [nɔɪro'lo:gɪʃ] *adj* neurológico

Neuron *nt* <-s, -e *o* -en> (ANAT) neurona *f*
Neurose [nɔɪ'ro:zə] *f* <-, -n> (MED, PSYCH) neurosis *f inv*
Neurotiker(in) [nɔɪ'ro:tikɐ] *m(f)* <-s, -; -, -nen> (MED, PSYCH) neurótico, -a *m, f*
neurotisch [nɔɪ'ro:tɪʃ] *adj* (MED, PSYCH) neurótico
Neurotoxin *nt* <-s, -e> (MED) neurotoxina *f*
Neurotransmitter *m* <-s, -> (CHEM, MED) neurotransmisor *m*
Neuschnee *m* <-s, *ohne pl*> nieve *f* virgen
Neuseeland [-'--] *nt* <-s> Nueva Zelanda *f*
Neuseeländer(in) [-'-lɛndɐ] *m(f)* <-s, -; -, -nen> neozelandés, -esa *m, f*
neuseeländisch *adj* neozelandés
Neusilber *nt* <-s, *ohne pl*> alpaca *f*
Neusprachler(in) *m(f)* <-s, -; -, -nen> filólogo, -a *m, f* de lenguas modernas
neusprachlich *adj* de lenguas modernas; **ein ~es** [*o* **~ orientiertes**] **Gymnasium** ≈un instituto orientado a las lenguas modernas
Neustart *m* <-s, -s> (*a.* INFOR) reanudación *f*
neustens ['nɔɪstəns] *adv s.* **neuerdings**
Neutöner(in) *m(f)* <-s, -; -, -nen> (MUS) defensor(a) *m(f)* de la "new music"
Neutra *pl von* **Neutrum**
neutral [nɔɪ'tra:l] *adj* **1.** (*unparteiisch*) neutral; **~ bleiben** mantenerse neutral **2.** (*Farbe, a.* CHEM, PHYS, LING) neutro; **die Lösung reagiert chemisch ~** la disolución muestra una reacción química neutra
Neutralisation [nɔɪtraliza'tsio:n] *f* <-, -en> (*a.* CHEM) neutralización *f*
neutralisieren* [nɔɪtrali'zi:rən] *vt* (*a.* CHEM) neutralizar
Neutralisierung *f* <-, -en> (*a.* CHEM) neutralización *f*
Neutralismus [nɔɪtra'lɪsmʊs] *m* <-, *ohne pl*> (POL) neutralismo *m*
Neutralität [nɔɪtrali'tɛ:t] *f* <-, *ohne pl*> neutralidad *f*
Neutren *pl von* **Neutrum**
Neutrino [nɔɪ'tri:no] *nt* <-s, -s> (PHYS) neutrino *m*
Neutron [nɔɪ'tro:n] *nt* <-s, -en> (PHYS) neutrón *m*; **Neutronenbombe** *f* <-, -n> bomba *f* de neutrones; **Neutronenstrahlung** *f* <-, -en> radiación *f* de neutrones; **Neutronenwaffe** *f* <-, -n> bomba *f* de neutrones
Neutrum ['nɔɪtrʊm] *nt* <-s, Neutra *o* Neutren> (LING) género *m* neutro
neuvermählt *adj s.* **neu II.**
Neuvermählte(r) *mf* <-n, -n; -n, -n> (*geh*) recién casado, -a *m, f*
Neuverschuldung *f* <-, -en> (FIN) nuevo endeudamiento *m*; **Neuverteilung** *f* <-, -en> redistribución *f*; **Neuwagen** *m* <-s, -> coche *m* nuevo; **Neuwahl** *f* <-, -en> reelección *f*; **Neuwert** *m* <-(e)s, -e> valor *m* original; **neuwertig** *adj* como nuevo; **Neuzeit** *f* <-, *ohne pl*> Edad *f* Moderna
neuzeitlich **I.** *adj* **1.** (*der Neuzeit zugehörig*) de la Edad Moderna **2.** (*modern*) moderno **II.** *adv* con un estilo moderno
Neuzugang *m* <-(e)s, -gänge> ingreso *m*; **am Montag gab es im Krankenhaus drei Neuzugänge** el lunes hubo en el hospital tres nuevos ingresos; **im vergangenen Schuljahr gab es 43 Abgänge und 55 Neuzugänge** (**von Schülern**) el curso escolar pasado dejaron la escuela 43 alumnos, e ingresaron 55;
Neuzulassung *f* <-, -en> (*formal*) primera matriculación *f* (de un vehículo)
Newage[RR] ['nju:'eɪdʒ] *nt* <-, *ohne pl*>, **New Age** *nt* <- -, *ohne pl*> "new age" *f*
Newcomer(in) ['nju:kʌmɐ] *m(f)* <-s, -; -, -nen> novato, -a *m, f*, nuevo, -a *m, f*; **sie ist auf diesem Gebiet eine ~in** en este campo es una novata; **die A-Klasse von Mercedes ist ein ~** (*fig*) la clase A de Mercedes es un producto nuevo
Newsgroup *f* <-, -s> (INFOR, TEL) foro *m* de discusión (*entre usuarios de Internet*)
New York ['nju:'jɔ:k] *nt* <- -s> Nueva York *f*
nhd. *Abk. von* **neuhochdeutsch** alto alemán moderno
Ni (CHEM) *Abk. von* **Nickel** Ni
Nicaragua [nika'ra:gua] *nt* <-s> Nicaragua *f*
Nicaraguaner(in) [nikaragu'a:nɐ] *m(f)* <-s, -; -, -nen> nicaragüense *mf*, nica *mf fam*
nicaraguanisch *adj* nicaragüense, nica *fam*
nicht [nɪçt] **I.** *adv* no; **~ viel später** poco después; **~ mehr als** nada más que; **sie hat ~ nicht mehr als zwei Gläser getrunken** nada más ha bebido dos copas; **~ mehr** ya no; **auch ~** tampoco; **~ einmal** ni siquiera; **bestimmt ~** de verdad que no, seguro que no; **~ mehr und ~ weniger als ...** ni más ni menos que...; **~ nur ..., sondern auch ...** no sólo... sino también...; **gar ~** de ninguna manera; **~ doch!** ¡que no!; **ich glaube ~, dass ...** no creo que... +*subj*; **ob du willst oder ~** quieras o no; **bitte ~!** ¡por favor no!; **tu's ~** no lo hagas; **hab ich's ~ gesagt?** ¿no lo he dicho?; **was Sie ~ sagen!** ¡no me diga!; **was es ~ alles gibt!** ¡habráse visto!, ¡lo que hay que ver!; **~ einer hat's geschafft** no lo logró ni uno **II.** (*Partikel*) verdad; **schönes Wetter, ~?** buen tiempo, ¿verdad?; **~ wahr?** ¿no es verdad?; **Nichtachtung** *f* <-, *ohne pl*> **1.** (*eines Gesetzes*) desacato *m*; **jdn mit ~ strafen** tratar a alguien con indiferencia, no hacer caso a alguien **2.** (*Mangel an Respekt*) falta *f* de respeto; **nichtamtlich** *adj* no oficial; **Nichtanerkennung** *f* <-, *ohne pl*> no reconocimiento *m*; **~ der Menschenrechte** no reconocimiento de los derechos humanos; **~ einer Schuld** no reconocimiento de una deuda; **Nichtangriffspakt** *m* <-(e)s, -e> pacto *m* de no agresión; **Nichtansässige(r)** *mf* <-n, -n; -n, -n> (*formal*) no residente *mf*; **Nichtauslastung** *f* <-, *ohne pl*> infrautilización *f*; **Nichtbeachtung** *f* <-, *ohne pl*> no observancia *f*; **~ der Straßenverkehrsordnung** violación del código de la circulación; **Nichtbefolgung** *f* <-, *ohne pl*>: ~

N

der Vorschriften inobservancia de los reglamentos

Nichte ['nɪçtə] *f* <-, -n> sobrina *f*

nichtehelich *adj* (JUR) no legítimo, ilegítimo; **Nichteinhaltung** *f* <-, *ohne pl*> (*formal*) incumplimiento *m;* **jede ~ dieser Vorschrift wird geahndet** se sancionará cualquier incumplimiento de esta ordenanza; **Nichteinmischung** *f* <-, *ohne pl*> (JUR) no intervención *f;* **Nichterfüllung** *f* <-, *ohne pl*> incumplimiento *m;* **bei ~ des Vertrags** en caso de incumplimiento del contrato; **Nichterscheinen** *nt* <-s, *ohne pl*> ausencia *f* (*zu/bei* a); (JUR) incomparecencia *f;* **Nichteuropäer(in)** *m(f)* <-s, -; -, -nen> no europeo, -a *m, f;* **Nichtgefallen** *nt* <-s, *ohne pl*> insatisfacción *f;* **bei ~** si no está satisfecho

nichtig ['nɪçtɪç] *adj* **1.** (JUR) nulo; **etw für ~ erklären** anular algo, declarar algo nulo; **null und ~** nulo y sin valor **2.** (*geh: unbedeutend*) insignificante, fútil

Nichtigkeit¹ *f* <-, *ohne pl*> **1.** (JUR) nulidad *f* **2.** (*Bedeutungslosigkeit*) insignificancia *f*, futilidad *f*

Nichtigkeit² *f* <-, -en> (*Kleinigkeit*) pequeñez *f*, bagatela *f;* **über ~en streiten** discutir por pequeñeces

Nichtigkeitserklärung *f* <-, -en> (JUR) anulación *f*, declaración *f* de nulidad; **Nichtigkeitsklage** *f* <-, -n> (JUR) demanda *f* de nulidad, recurso *m* de nulidad

nichtkonsolidiert *adj* (WIRTSCH): **~e Beteiligungen** participaciones no consolidadas; **nichtleitend** *adj s.* **leitend 2.**; **Nichtleiter** *m* <-s, -> (PHYS) aislador *m;* **Nichtmetall** *nt* <-s, -e> no metal *m*, elemento *m* no metálico; **Nichtmitglied** *nt* <-(e)s, -er> no miembro *m;* **nichtöffentlich** *adj* (a puerta) cerrada

Nichtraucher(in) *m(f)* <-s, -; -, -nen> no fumador(a) *m(f);* **Nichtraucherabteil** *nt* <-(e)s, -e> (EISENB) vagón *m* de no fumadores

Nichtraucherin *f* <-, -nen> *s.* **Nichtraucher**

Nichtraucherzone *f* <-, -n> zona *f* para no fumadores

nichtrostend *adj s.* **rosten**

nichts [nɪçts] *pron indef* nada; **was hast du gesehen? – ~!** ¿qué has visto? – ¡nada!; **er hat ~ gesagt** no ha dicho nada; **~ dergleichen** nada semejante; **alles oder ~** todo o nada; **sonst** [*o* **weiter**] **~?** ¿nada más?; **überhaupt ~** nada de nada; **~ Neues** nada nuevo; **~ als Ärger** sólo disgustos; **~ von Bedeutung** nada importante; **ich kann ~ dafür** no es mi culpa; **~ zu danken!** ¡de nada!, ¡no hay de qué!; **das macht** (**gar**) **~ aus** no importa (nada); **Entschuldigung! – macht ~!** ¡perdón! – ¡no pasa nada [*o* no importa]!; **er hat von ~ eine Ahnung** no tiene idea de nada; **~ da!** (*fam*) ¡anda ya!; **das ist ~ für mich** esto no es de mi gusto; **ich habe mich für ~ und wieder ~ bemüht** (*fam*) lo he hecho todo en balde; **das Kleid sieht nach ~ aus** el vestido no luce nada; **das tut ~ zur Sache!** ¡esto no viene [*o* hace] al caso!; **~ zu machen** [*o* **zu wollen**]**!** ¡no se puede hacer nada!; **das war wohl ~** (*fam*) ¡otra vez será!; **~ wie weg!** (*fam*) ¡nada como poner pies en polvorosa!; **mir ~, dir ~** sin más ni más; **daraus wird ~** de esto no va a resultar nada; **von ~ kommt ~!** ¡de donde no hay no se puede sacar!

Nichts¹ *nt* <-, *ohne pl*> (*a.* PHILOS) nada *f;* **etw aus dem ~ schaffen** sacar algo de la nada; **vor dem ~ stehen** estar completamente arruinado

Nichts² *nt* <-, -e> (*abw: Mensch*) don nadie *m*, nulidad *f*

nichtsahnend *adj s.* **ahnen 2.**

Nichtschuldvermutung *f* <-, -en> (JUR) presunción *f* de inocencia

Nichtschwimmer(in) *m(f)* <-s, -; -, -nen> no nadador(a) *m(f);* **Nichtschwimmerbecken** *nt* <-s, -> piscina *f* de no nadadores

Nichtschwimmerin *f* <-, -nen> *s.* **Nichtschwimmer**

nichtsdestotrotz *adv* (*fam*), **nichtsdestoweniger** [---'---] *adv* no obstante, sin embargo

Nichtsesshafte(r)[RR] *mf* <-n, -n; -n, -n>, **Nichtseßhafte(r)** *mf* <-n, -n; -n, -n> (*formal*) transeúnte *mf*

Nichtskönner(in) *m(f)* <-s, -; -, -nen> (*abw*) cero *m* a la izquierda

Nichtsnutz ['nɪçtsnʊts] *m* <-es, -e> (*abw*) nulidad *f*, inútil *mf*

nichtsnutzig *adj* (*abw*) inútil; **er hat nur Unfug im Sinn, dieser ~e Junge!** ¡no piensa más que en bobadas, el inútil ese!

nichtssagend *adj s.* **sagen**

nichtstreitig *adj* (JUR) no contencioso

Nichtstuer(in) *m(f)* <-s, -; -, -nen> holgazán, -ana *m, f*, poltrón, -ona *m, f*

Nichtstun *nt* <-s, *ohne pl*> **1.** (*Faulenzen*) holgazanería *f*, bausa *f Peru* **2.** (*Muße*) ocio *m*

nichtswürdig *adj* (*geh abw*) infame, vil, indigno

Nichtvollzug *m* <-(e)s, *ohne pl*>: **~ der Ehe** no consumación *f* del matrimonio; **Nichtwähler(in)** *m(f)* <-s, -; -, -nen> no elector(a) *m(f);* **Nichtwissen** *nt* <-s, *ohne pl*> ignorancia *f*, desconocimiento *m;* **Nichtzahlung** *f* <-, *ohne pl*> impago *m;* (*bei Verweigerung*) denegación *f* del pago; **bei ~** en caso de impago; **Nichtzustandekommen** *nt* <-s, *ohne pl*> (*formal*) no realización *f;* **Nichtzutreffende(s)** *nt* <-n, *ohne pl*>: **~s bitte streichen** táchese lo que no corresponda [*o* proceda]

Nickel¹ ['nɪkəl] *nt* <-s, *ohne pl*> (CHEM) níquel *m*

Nickel² *m* <-s, -> (*fam: Münze*) perra *f* chica

Nickelbrille *f* <-, -n> gafas *fpl* (con montura) de metal

nicken ['nɪkən] *vi* **1.** (*zustimmend*) asentir con la cabeza; (*zum Gruß*) saludar con la cabeza **2.** (*fam: schlummern*) dar cabezadas

Nickerchen ['nɪkɐçən] *nt* <-s, -> (*fam*) siestecita *f;* **ein ~ machen** echarse una siestecita [*o* cabezadita]

Nickipullover *m* <-s, -> niqui *m,* polo *m*

nie [niː] *adv* nunca, jamás; **noch ~** nunca; **~ im Leben!** ¡nunca en la vida!; **~ mehr** nunca más; **~ und nimmer** ni hablar, nada de eso; **besser spät als ~** mejor tarde que nunca; **jetzt oder ~!** ¡ahora o nunca!

nieder ['niːdɐ] **I.** *adj* **1.** (*reg: gering*) bajo **2.** (*Rang*) inferior; (*Adel, Klasse*) baja **3.** (*niedrig*) vulgar, basto **II.** *adv* abajo; **~ mit dem König!** ¡abajo el rey!; **auf und ~** arriba y abajo

nieder|beugen I. *vt* (*geh*) doblar (hacia abajo) **II.** *vr:* **sich ~** encorvarse, inclinarse (*zu* sobre)

nieder|brennen *irr* **I.** *vi sein* (*Haus*) quemarse; (*Kerze*) consumirse **II.** *vt* prender fuego (a), quemar

nieder|bringen *irr vt* (BERGB) abrir, excavar; **ein Schacht wurde niedergebracht um an die Mine zu gelangen** abrieron un pozo para llegar a la mina

nieder|brüllen *vt* (*fam*): **jdn ~** hacer callar a alguien abucheándolo; **jeder, der es wagte, zur Besonnenheit aufzurufen, wurde rücksichtslos niedergebrüllt** el que se atrevía a apelar a la prudencia era inmediatamente abucheado

nieder|bügeln *vt* (*fam: mundtot machen*) criticar con dureza y hacer callar, arrollar; **der hat seinen Widersacher voll niedergebügelt!** ¡arrolló totalmente a su adversario!

niederdeutsch *adj* (LING) bajo alemán

Niederdeutsch(e) *nt* <-en, *ohne pl*> (LING) bajo alemán *m*

nieder|drücken *vt* **1.** (*herunterdrücken*) bajar, apretar (hacia abajo) **2.** (*geh: bedrücken*) afligir, amargar

niedere(r, s) *adj* **1.** (*primitiv*) primitivo; **sich von ~n Instinkten leiten lassen** dejarse llevar por instintos primitivos **2.** (*unbedeutend*) bajo; **von ~r Herkunft sein** ser de baja cuna **3.** (*südd: niedrig*) bajo; **über eine ~ Hecke springen** saltar por encima de un seto de poca altura **4.** (BIOL) inferior; **~ Einzeller untersuchen** estudiar organismos unicelulares inferiores

nieder|fallen *irr vi sein* (*geh*) caer al suelo

Niederfrequenz *f* <-, -en> (PHYS) baja frecuencia *f*

Niedergang[1] *m* <-(e)s, *ohne pl*> (*geh: Untergang*) decadencia *f*

Niedergang[2] *m* <-(e)s, -gänge> (NAUT) escalera *f* de cámara [*o* de toldillo]

niedergedrückt *adj* deprimido, triste

nieder|gehen *irr vi sein* **1.** (*Flugzeug*) aterrizar **2.** (*Gewitter, Regen*) caer **3.** (*Vorhang*) bajar

niedergelassen I. *pp von* **niederlassen II.** *adj* (*Schweiz*) residente

niedergeschlagen I. *pp von* **niederschlagen II.** *adj* (*bedrückt*) deprimido, triste; **Niedergeschlagenheit** *f* <-, *ohne pl*> abatimiento *m,* depresión *f*

nieder|halten *irr vt* **1.** (*unten halten*) mantener abajo **2.** (*unterdrücken*) oprimir **3.** (*nicht hochkommen lassen*) reprimir

nieder|holen *vt* arriar

nieder|knien *vi sein* arrodillarse, ponerse de rodillas

nieder|kommen *irr vi sein* (*gebären*) parir, dar a luz (*mit* a)

Niederkunft ['niːdɐkʊnft] *f* <-, -künfte> parto *m*

Niederlage *f* <-, -n> derrota *f;* **eine ~ erleiden** sufrir una derrota; **bei etw eine ~ einstecken** [*o* **hinnehmen**] **müssen** sufrir una derrota con algo; **jdm eine ~ bereiten** [*o* **beibringen**] infligir(le) una derrota a alguien

Niederlande ['niːdɐlandə] *pl* Países *mpl* Bajos

Niederländer(in) ['niːdɐlɛndɐ] *m(f)* <-s, -; -, -nen> neerlandés, -esa *m, f*

niederländisch *adj* neerlandés

nieder|lassen *irr vr:* **sich ~ 1.** (*Wohnsitz nehmen*) domiciliarse, establecerse; (*als Arzt*) abrir consulta; (*als Rechtsanwalt*) abrir bufete; **sie hat sich als Ärztin niedergelassen** abrió su consulta **2.** (*geh: sich setzen*) sentarse

Niederlassung[1] *f* <-, *ohne pl*> (*das Sichniederlassen*) establecimiento *m;* (*als Arzt*) consulta *f;* (*als Rechtsanwalt*) bufete *m;* (MIL) base *f*

Niederlassung[2] *f* <-, -en> (WIRTSCH) sede *f;* (*Zweigstelle*) sucursal *f*

Niederlassungsbewilligung *f* <-, -en> (*Schweiz*) permiso *m* de residencia; **Niederlassungsfreiheit** *f* <-, *ohne pl*> libertad *f* de establecimiento

nieder|legen *irr* **I.** *vt* **1.** (*geh: hinlegen*) posar, depositar (en el suelo); **einen Kranz ~** depositar una corona; **die Waffen ~** deponer las armas **2.** (*Amt, Vorsitz*) dimitir, renunciar (a); **die Arbeit ~** declararse en huelga **3.** (*schriftlich fixieren*) registrar, documentar **II.** *vr:* **sich ~** (*geh*) acostarse (*auf* en), tenderse (*auf* en)

Niederlegung *f* <-, -en> **1.** (*eines Amtes*) resignación *f;* (*eines Mandats*) dimisión *f;* (*der Arbeit*) abandono *m;* (*der Krone*) abdicación *f* **2.** (*eines Kranzes*) colocación *f* **3.** (*schriftliche Fixierung*) (puesta *f* por) escrito *m,* documento *m*

nieder|machen *vt* (*fam*) hacer papilla; **jdn mit Vorwürfen ~** abrumar a alguien con reproches

nieder|metzeln *vt* masacrar

Niederösterreich *nt* <-s> Baja Austria *f*

nieder|reißen *irr vt* **1.** (*Gebäude*) derribar, demoler **2.** (*Person*) derribar

Niederrhein *m* <-(e)s> Bajo Rin *m*

Niedersachsen *nt* <-s> Baja Sajonia *f*

nieder|schießen *irr* **I.** *vt* abatir, matar a tiros **II.** *vi sein* lanzarse (*auf* sobre), precipitarse (*auf* sobre)

Niederschlag *m* <-(e)s, -schläge> **1.** (METEO) precipitaciones *fpl;* **saurer** ~ lluvia ácida **2.** (CHEM) precipitado *m* **3.** (*Wend*): **seinen** ~ **in etw finden** reflejarse en algo, dejar sentir su efecto en algo

nieder|schlagen *irr* **I.** *vt* **1.** (*zu Boden schlagen*) tumbar, derribar **2.** (*Aufstand*) sofocar, aplastar **3.** (JUR: *Prozess*) cancelar, anular **4.** (*Augen*) bajar **II.** *vr:* **sich** ~ **1.** (*Dampf*) condensarse (*auf/an* sobre); (CHEM) precipitarse **2.** (*zum Ausdruck kommen*) plasmarse (*in* en), repercutir (*in* en)

niederschlagsarm *adj* con [*o* de] bajas precipitaciones; **Niederschlagsmenge** *f* <-, -n> (METEO) cantidad *f* de precipitaciones; (*an Regen*) pluviosidad *f;* **niederschlagsreich** *adj* con [*o* de] abundantes precipitaciones

Niederschlagung *f* <-, -en> **1.** (JUR: *Einstellung*) suspensión *f,* sobreseimiento *m* **2.** (*Unterdrückung*) represión *f*

Niederschmelzen *nt* <-s, *ohne pl*> fusión *f* a fondo

nieder|schmettern *vt* **1.** (*durch einen Schlag*) derribar **2.** (*Ereignis*) deprimir, consternar

niederschmetternd *adj* (*deprimierend*) deprimente

nieder|schreiben *irr vt* poner por escrito, apuntar

nieder|schreien *irr vt s.* **niederbrüllen**

Niederschrift *f* <-, -en> escrito *m*

nieder|setzen **I.** *vt* colocar, poner; **die Taschen** ~ poner las bolsas en el suelo **II.** *vr:* **sich** ~ sentarse

nieder|sinken *irr vi sein* desplomarse; **völlig erschöpft sank sie nieder** totalmente agotada se desplomó en el suelo

Niederspannung *f* <-, -en> (ELEK) baja tensión *f*

nieder|stechen *irr vt* apuñalar

nieder|stimmen *vt* rechazar por votación

nieder|stoßen *irr* **I.** *vi sein* (*Raubvogel*) lanzarse (*auf* sobre) **II.** *vt* (*geh*) derribar

nieder|strecken **I.** *vt* derribar **II.** *vr:* **sich** ~ tenderse; **er streckte sich auf dem Teppich nieder** se tendió sobre la alfombra

nieder|stürzen *vi sein* (*geh*) caer al suelo; (*Mensch*) desplomarse, desmayarse, caer al suelo

Niedertarif *m* <-(e)s, -e> (WIRTSCH) tarifa *f* moderada [*o* módica]

Niedertracht *f* <-, *ohne pl*> (*geh*) infamia *f,* bajeza *f*

niederträchtig *adj* infame, vil, bascoso *Kol, Ecua*

Niederträchtigkeit[1] *f* <-, -en> (*Tat*) infamia *f,* canallada *f*

Niederträchtigkeit[2] *f* <-, *ohne pl*> (*Charakter*) infamia *f,* bajeza *f*

nieder|trampeln *vt* (*fam*) pisotear; **am nächsten Morgen waren alle Blumen niedergetrampelt** a la mañana siguiente todas las flores estaban pisoteadas

nieder|treten *irr vt* hollar, pisar; (*Schuhe*) gastar

Niederung *f* <-, -en> tierra *f* baja

Niederwald *m* <-(e)s, -wälder> monte *m* bajo

nieder|walzen *vt* aplastar, apisonar

nieder|werfen *irr* **I.** *vt* (*geh*) **1.** (*Gegner*) vencer, derrotar **2.** (*Aufstand*) someter, aplastar **3.** (*erschüttern*) consternar, deprimir **II.** *vr:* **sich** ~ postrarse (*vor* ante)

Niederwerfung *f* <-, -en> derrocamiento *m;* **die** ~ **der herrschenden Klasse führte zur Demokratisierung** el derrocamiento de la clase dominante llevó a la democracia

Niederwild *nt* <-(e)s, *ohne pl*> caza *f* menor

niedlich ['ni:tlɪç] *adj* mono, rico, lindo *Am*

Niednagel ['ni:t-] *m* <-s, -nägel> uñero *m*

niedrig ['ni:drɪç] *adj* **1.** (*gering, tief*) bajo; ~ **fliegen** volar bajo; **etw/jdn** ~ **einschätzen** subestimar algo/a alguien **2.** (*Herkunft*) humilde **3.** (*Gesinnung*) vil, infame

Niedrigkeit[1] *f* <-, *ohne pl*> (*a. fig: das Niedrigseint*) bajeza *f*

Niedrigkeit[2] *f* <-, -en> (*Handlung*) bajeza *f*

Niedriglohnland *nt* <-(e)s, -länder> (POL, WIRTSCH) país *m* de salarios bajos, país *m* de mano de obra barata; **Niedrigstrahlung** *f* <-, -en> (PHYS) baja radiación *f;* **Niedrigwasser** *nt* <-s, *ohne pl*> **1.** (*bei Ebbe*) bajamar *f,* marea *f* baja **2.** (*von Flüssen, Seen*) caudal *m* bajo (de agua); **nach drei Monaten ohne Regen führen die Flüsse** ~ tras tres meses sin lluvia se produce el estiaje de los ríos

niemals ['ni:ma:ls] *adv* nunca, jamás

niemand ['ni:mant] *pron indef* nadie; **ich habe es ~em erzählt** no se lo he contado a nadie; **es war** ~ **zu Hause** no había nadie en casa; **er hat mit ~em von uns reden wollen** no ha querido hablar con ninguno de nosotros; **sonst** ~, ~ **anders** nadie más, ninguna otra persona; **es war** ~ **anders als sein früherer Lehrer** no era otro que su antiguo profesor

Niemandsland *nt* <-(e)s, *ohne pl*> tierra *f* de nadie

Niere ['ni:rə] *f* <-, -n> (*a.* GASTR) riñón *m;* **künstliche** ~ riñón artificial; **saure ~n** *plato a base de riñones en vinagre;* **das geht mir an die ~n** (*fam fig*) eso me aflige mucho; **etw auf Herz und ~n prüfen** (*fam fig*) examinar algo detenidamente

Nierenbecken *nt* <-s, -> (ANAT) pelvis *f inv* renal; **Nierenbeckenentzündung** *f* <-, -en> (MED) pielitis *f inv*

nierenförmig [-fœrmɪç] *adj* reniforme; **Nierengurt** *m* <-(e)s, -e> cinturón *m* renal; **Nierenkolik** *f* <-, -en> (MED) cólico *m* nefrítico [*o* renal]; **nierenkrank** *adj* enfermo del riñón, nefrítico; ~ **sein** estar enfermo del riñón; **Nierenkranke(r)** *mf* <-n, -n; -n,

-n> enfermo, -a *m, f* del riñón, nefrítico, -a *m, f;* **Nierenleiden** *nt* <-s, -> afección *f* renal; (MED) nefropatía *f;* **Nierenschale** *f* <-, -n> (MED) cubeta *f* arriñonada; **Nierenschützer** *m* <-s, -> faja *f;* **Nierenspender(in)** *m(f)* <-s, -; -, -nen> (MED) donante *mf* de riñon; **Nierenstein** *m* <-(e)s, -e> (MED) cálculo *m* renal; **Nierentasche** *f* <-, -n> riñonera *f;* **sie band ihre ~ um den Bauch** se ató la riñonera al vientre; **Nierentee** *m* <-s, -s> (MED) infusión *f* para los riñones; **Nierentisch** *m* <-(e)s, -e> mesa *f* baja; **Nierentransplantation** *f* <-, -en> (MED) trasplante *m* de riñón; **Nierenversagen** *nt* <-s, *ohne pl*> (MED) malfunción *f* de los riñones; **Nierenwärmer** *m* <-s, -> faja *f* calientarriñones

nieseln ['ni:zəln] *vunpers* lloviznar, pringar *Am*

Nieselregen *m* <-s, -> llovizna *f*

niesen ['ni:zən] *vi* estornudar

Niespulver *nt* <-s, -> polvos *mpl* de picapica

Nießbrauch ['ni:sbraʊx] *m* <-(e)s, *ohne pl*> (JUR) usufructo *m;* ~ **an einem Grundstück** usufructo de un inmueble; **lebenslänglicher** ~ usufructo vitalicio

Nießbraucher(in) *m(f)* <-s, -; -, -nen> (JUR), **Nießnutzer(in)** *m(f)* <-s, -; -, -nen> (JUR) usufructuario, -a *m, f*

Nieswurz *f* <-, *ohne pl*> (BOT) eléboro *m*

Niet [ni:t] *m o nt* <-(e)s, -e> remache *m*

Niete ['ni:tə] *f* <-, -n> **1.** (*in einer Lotterie*) billete *m* de lotería no premiado **2.** (*fam: Mensch*) inútil *mf* **3.** (TECH) remache *m*

nieten *vt* remachar

niet- und nagelfest *adj* (*fam*): **alles, was nicht ~ ist** todo lo que no está clavado y bien clavado

Nigeria [ni'ge:ria] *nt* <-s> Nigeria *f*

Nigerianer(in) [nigeri'a:nɐ] *m(f)* <-s, -; -, -nen> nigeriano, -a *m, f*

nigerianisch *adj* nigeriano

Nihilismus [nihi'lɪsmʊs] *m* <-, *ohne pl*> (*geh a.* PHILOS) nihilismo *m*

Nihilist(in) [nihi'lɪst] *m(f)* <-en, -en; -, -nen> (*geh a.* PHILOS) nihilista *mf*

nihilistisch [nihi'lɪstɪʃ] *adj* (*geh a.* PHILOS) nihilista

Nikolaus ['nɪkolaʊs] *m* <-, -e, *fam:* -läuse> **1.** (*Gestalt*) San Nicolás *m* **2.** (*~tag*) día *m* de San Nicolás (*seis de diciembre*)

Nikotin [niko'ti:n] *nt* <-s, *ohne pl*> nicotina *f;* **nikotinarm** *adj* bajo en nicotina; **nikotinfrei** *adj* sin nicotina; **Nikotingehalt** *m* <-(e)s, -e> contenido *m* en nicotina; **nikotinhaltig** *adj* que contiene nicotina; **dieser Tabak ist stark ~** este tabaco tiene un alto nivel de nicotina; **Nikotinvergiftung** *f* <-, -en> nicoti(ni)smo *m*

Nil [ni:l] *m* <-s> Nilo *m;* **Nilpferd** *nt* <-(e)s, -e> hipopótamo *m*

Nimbostratus *m* <-, -strati> (METEO) nimboestrato *m*

Nimbus[1] ['nɪmbʊs] *m* <-, *ohne pl*> (*Ruhm*) aureola *f*

Nimbus[2] *m* <-, -se> (*Heiligenschein*) aureola *f,* nimbo *m*

nimmer ['nɪmɐ] *adv* (*südd, Österr*) ya no, no más; **er will es ~ tun** no quiere volver a hacerlo

nimmermehr ['nɪmɐme:ɐ] *adv* **1.** (*alt: niemals*) nunca, jamás **2.** (*südd, Österr: nie wieder*) nunca más

nimmermüde ['nɪmɐ'my:də] *adj* (*geh*) incansable, infatigable

Nimmersatt *m* <-(e)s, -e> (*fam*) comilón, -ona *m, f*

Nimmerwiedersehen ['--'----] *nt* <-s, *ohne pl*> (*fam*): **auf ~!** ¡hasta nunca jamás!

nimmt [nɪmt] *3. präs von* **nehmen**

Niobium ['nio:biʊm] *nt* <-s, *ohne pl*> (CHEM) niobio *m*

Nippel ['nɪpəl] *m* <-s, -> (TECH) racor *m* (fileteado), entrerrosca *f*

nippen ['nɪpən] *vi* beber a sorbos (*an*)

Nippes ['nɪpəs] *pl,* **Nippsachen** ['nɪpzaxən] *fpl* chucherías *fpl,* baratijas *fpl*

nirgends ['nɪrgənts] *adv,* **nirgend(s)wo** ['nɪrgəntvo:, 'nɪrgənts'vo:] *adv* en ninguna parte, en ningún lugar; **ich habe ihn ~ gesehen** no le vi en ninguna parte; **überall und ~** en todas partes y en ninguna

nirgendwohin ['nɪrgəntvo'hɪn] *adv* a ninguna parte; **du bleibst zu Hause und gehst ~!** ¡te quedas en casa y no vas a ninguna parte!

Nirwana [nɪr'va:na] *nt* <-(s), *ohne pl*> (REL) nirvana *m*

Nische ['ni:ʃə] *f* <-, -n> nicho *m;* **eine ökologische ~** (BIOL) un enclave ecológico

Nisse *f* <-, -n> liendre *f*

nisten ['nɪsten] *vi* anidar, nidificar

Nistkasten *m* <-s, -kästen> nidal *m;* **Nistplatz** *m* <-es, -plätze> nidal *m;* **Nistvogel** *m* <-s, -vögel> ave *f* de nido

Nitrat [ni'tra:t] *nt* <-(e)s, -e> nitrato *m*

Nitration *nt* <-s, -en> (CHEM) ion *m* nitrato

Nitrifikation *f* <-, -en> (AGR, CHEM) nitrificación *f*

Nitrit [ni'tri:t] *nt* <-s, -e> nitrito *m*

Nitroglyzerin [nitroglytse'ri:n] *nt* <-s, *ohne pl*> nitroglicerina *f;* **Nitrolack** ['ni:tro-] *m* <-(e)s, -e> nitrobarniz *m;* **Nitrolackierung** *f* <-, -en> nitrobarniz *m,* nitrolaca *f*

Nitrosamin [nitroza'mi:n] *nt* <-s, -e> (CHEM) nitrosamina *f*

Nitrotablette *f* <-, -n> (MED) pastilla *f* de nitro; **Nitroverdünnung** *f* <-, -en> diluyente *m* para barnices nitrocelulósicos

Niveau [ni'vo:] *nt* <-s, -s> **1.** (*Höhe, Stufe*) nivel *m;* **auf gleichem ~ liegen** estar al mismo nivel **2.** (*geistiger Rang*) nivel *m,* categoría *f;* **das ist unter meinem ~** estoy por encima de esto, esto queda por debajo de mi nivel; **kein** [*o* **wenig**] **~ haben** ser de poca categoría; **er ist ein Mensch mit ~** es una persona con clase; **Niveauangleichung** *f* <-, -en> (WIRTSCH) nivelación *f;* **niveaulos** *adj* sin nivel, sin categoría; (*mittelmäßig*) mediocre; **niveauvoll** *adj* de (alto) nivel, con nivel

nivellieren* [nivɛ'liːrən] *vt* nivelar

Nivellierung *f* <-, -en> nivelación *f*

nix [nɪks] *pron indef* (*fam*) *s.* **nichts**

Nixe [nɪksə] *f* <-, -n> ondina *f*

Nizza ['nɪtsa] *nt* <-s> Niza *f*

NN [ɛn'ʔɛn] *Abk. von* **Normalnull** nivel *m* normal cero, nivel *m* de altitud cero

N.N. *Abk. von* **nomen nescio** nombre desconocido

No (CHEM) *Abk. von* **Nobelium** No

NO (GEO) *Abk. von* **Nordost(en)** noreste *m,* nordeste *m*

nobel ['noːbəl] *adj* **1.** (*geh: edelmütig*) noble **2.** (*elegant*) elegante; (*luxuriös*) lujoso **3.** (*fam: großzügig*) generoso; **Nobelherberge** *f* <-, -n> (*fam iron*) hotel *m* de alto copete

Nobelium [no'beːliʊm] *nt* <-s, *ohne pl*> (CHEM) nobelio *m*

Nobelpreis [no'bɛlpraɪs] *m* <-es, -e> premio *m* Nobel; **Nobelpreisträger(in)** *m(f)* <-s, -; -, -nen> premio *mf* Nobel; **die ~in für Literatur 1996 ist eine Polin** la premio Nobel de literatura 1996 es polaca

Nobody ['noʊbədɪ] *m* <-s, -s> don nadie *m;* **damals war Karl Lagerfeld noch ein ~** en aquella época Karl Lagerfeld era un don nadie

noch [nɔx] **I.** *adv* **1.** (*zeitlich*) aún, todavía; **sie schläft ~** aún duerme; **~ immer, immer ~** todavía; **~ nicht** todavía no; **kaum ~** apenas; **nur ~** sólo; **~ nie** nunca; **er hat Geld ~ und ~** tiene dinero para dar y regalar; **~ heute** hoy mismo; **~ einmal so viel** el doble, otro tanto; **weißt du ~?** ¿te acuerdas todavía?; **ich sage dir ~ Bescheid** ya te avisaré; **das kannst du immer ~ machen** ya tendrás tiempo de hacerlo; **das muss ~ vor Dienstag fertig sein** esto tiene que estar listo antes del martes; **Paul ist groß, aber Otto ist ~ größer** Paul es alto pero Otto lo es más todavía; **er will ~ mehr (haben)** quiere (tener) aún más; **seien sie auch ~ so klein** por muy pequeños que sean; **das wäre ja ~ schöner!** (*iron*) ¡no faltaría más! **2.** (*zusätzlich*) otro, más; **wer war ~ da?** ¿quién más estuvo?; **~ ein paar Tage** un par de días más; **~ ein Fehler und wir verlieren** otra falta (más) y perdemos; **~ ein Bier, bitte!** ¡otra cerveza, por favor!; **~ einmal** otra vez; **auch das ~!** ¡lo que faltaba! **II.** *konj:* **weder … ~ …** ni… ni…

Nochgeschäft *nt* <-(e)s, -e> (FIN): **~ auf Geben** opción *f* a venta doble; **~ auf Nehmen** opción *f* a compra doble

nochmalig ['nɔxmaːlɪç] *adj* otro; (*wiederholt*) repetido

nochmals ['nɔxmaːls] *adv* otra vez, de nuevo

Nockenwelle ['nɔkən-] *f* <-, -n> (TECH) árbol *m* de levas

NOK [ɛnʔoː'kaː] *nt* <-(s), -(s)> *Abk. von* **Nationales Olympisches Komitee** C.O.N. *m*

nölen ['nøːlən] *vi* (*nordd: fam*) tardar; **nöl nicht so lange!** ¡aligera, que es para hoy!

nolens volens ['noːlɛns 'voːlɛns] *adv* (*geh*) de buen grado o a la fuerza; **ich habe ~ zugestimmt** de buen grado o a la fuerza he dado mi aprobación

Nomade, -in [no'maːdə] *m, f* <-n, -n; -, -nen> nómada *mf;* **Nomadenleben** *nt* <-s, *ohne pl*> vida *f* nómada; **ich will mein ~ beenden und sesshaft werden** (*fig*) quiero dejar de mudarme constantemente y establecerme por fin en algún lugar

Nomadentum *nt* <-s, *ohne pl*> nomadismo *m*

Nomadin *f* <-, -nen> *s.* **Nomade**

Nomen ['noːmən, *pl:* 'noːmina] *nt* <-s, Nomina *o* -> (LING) nombre *m*

Nomenklatur [nomɛnkla'tuːɐ] *f* <-, -en> nomenclatura *f*

Nomenklatura [nomɛnkla'tuːra] *f* <-, *ohne pl*> (*in der UdSSR*) **1.** (*Oberschicht*) clase *f* social alta **2.** (*Verzeichnis der Führungspositionen*) registro *m* de los puestos directivos

Nomina ['noːmina] *pl von* **Nomen**

nominal [nomi'naːl] *adj* (LING, WIRTSCH) nominal; **Nominalkapital** *nt* <-s, -e *o* -ien> (WIRTSCH) capital *m* escriturado; **Nominalkurs** *m* <-es, -e> (FIN) cotización *f* nominal; **Nominalwert** *m* <-(e)s, -e> (FIN, WIRTSCH) valor *m* nominal; **Nominalzins** *m* <-es, -en> (FIN) interés *m* nominal

Nominativ ['noːminatiːf, nomina'tiːf] *m* <-s, -e> (LING) nominativo *m*

nominell [nomi'nɛl] *adj* nominal

nominieren* [nomi'niːrən] *vt* nombrar, designar; **er wurde als Kandidat für die Wahl nominiert** fue designado como candidato para las elecciones

Nominierung *f* <-, -en> nombramiento *m,* nominación *f*

Nonchalance [nõʃa'lãːs] *f* <-, *ohne pl*> (*geh*) desenvoltura *f*

nonchalant [nõʃa'lãː] **I.** *adj* (*geh*) natural, desenfadado; **ihr ~es Lächeln ließ ihn seinen Ärger vergessen** su risa natural le hizo olvidar su enfado **II.** *adv* (*geh*) con naturalidad, con soltura; **sie ging über diese unangenehme Frage ~ hinweg** soslayó esa pregunta embarazosa con naturalidad [*o* con desenvoltura]

Nonkonformismus ['-----, ---'--] *m* <-, *ohne pl*> inconformismo *m;* **Nonkonformist(in)** ['----, ---'-] *m(f)* <-en, -en; -, -nen> inconformista *mf;* **nonkonformistisch** ['-----, ---'--] *adj* inconformista

Nonne ['nɔnə] *f* <-, -n> monja *f;* **Nonnenkloster** *nt* <-s, -klöster> convento *m* de monjas

Nonplusultra [nɔnplʊs'ʔʊltra] *nt* <-s, *ohne pl*> (*geh*): **das ~** el no va más, el non plus ultra

Nonsens ['nɔnzɛns] *m* <-(es), *ohne pl*> disparate *m*, sinsentido *m*, chorrada *f sl*
nonstop ['nɔn'stɔp] *adv* sin parar; (*fliegen*) directo, sin escalas; **Nonstopflug** *m* <-(e)s, -flüge>, **Non-Stop-Flug**[RR] *m* <-(e)s, -flüge> vuelo *m* directo [*o* sin escalas]; **Nonstopkino** *nt* <-s, -s>, **Non-Stop-Kino**[RR] *nt* <-s, -s> cine *m* de sesión continua
Noppe ['nɔpə] *f* <-, -n> grano *m*, botón *m*
Nord [nɔrt] *m* <-(e)s, *ohne pl*> (*a.* NAUT, METEO) norte *m*; **der Wind kommt aus ~** el viento viene del norte; **Nordafrika** ['nɔrt'ʔa(:)frika] *nt* <-s> África *f* del Norte, África *f* septentrional; **Nordamerika** ['--'---] *nt* <-s> América *f* del Norte, Norteamérica *f*
Nordatlantikpakt ['--'---] *m* <-(e)s, *ohne pl*> (POL, MIL) Tratado *m* del Atlántico Norte
nordatlantisch *adj* del Atlántico norte
Nordatlantisches Verteidigungsbündnis *nt* <-ses, *ohne pl*> Organización *f* del Tratado del Atlántico Norte
norddeutsch ['--] *adj* de Alemania del Norte; **Norddeutsche(r)** *mf* <-n, -n; -n, -n> alemán, -ana *m, f* del Norte; **Norddeutschland** ['-'--] *nt* <-s> Alemania *f* del Norte, norte *m* de Alemania
Norden ['nɔrdən] *m* <-s, *ohne pl*> norte *m*; **im ~** en el norte; **im ~ von ...** (*nördlich von*) al norte de...; (*im nördlichen Teil von*) en el norte de...; **nach ~** hacia el norte; **gen ~** en dirección norte; **in den ~** hacia el norte; **von** [*o* **aus dem**] **~** del norte; **im hohen ~** muy al norte
Nordeuropa ['--'--] *nt* <-s> Europa *f* del Norte, norte *m* de Europa; **Nordfrankreich** *nt* <-s> norte *m* de Francia, Francia *f* septentrional; **Nordhalbkugel** ['----] *f* <-, *ohne pl*> hemisferio *m* norte [*o* boreal]; **Nordhang** *m* <-(e)s, -hänge> cara *f* norte; **bis Ende April war der ~ vereist** hasta finales de abril, la cara norte estuvo helada; **Nordirland** ['-'--] *nt* <-s> Irlanda *f* del Norte
nordisch ['nɔrdɪʃ] *adj* nórdico
Norditalien *nt* <-s> norte *m* de Italia, Italia *f* del Norte; **Norditaliener(in)** *m(f)* <-s, -; -, -nen> italiano, -a *m, f* del Norte; **norditalienisch** *adj* del norte de Italia, de la Italia septentrional; **Nordkap** ['nɔrtkap] *nt* <-s, *ohne pl*> cabo *m* Norte; **Nordkorea** ['nɔrtko're:a] *nt* <-s> Corea *f* del Norte; **Nordkoreaner(in)** *m(f)* <-s, -; -, -nen> coreano, -a *m, f* del Norte; **nordkoreanisch** *adj* de Corea del Norte; **Nordküste** *f* <-, -n> costa *f* (del) norte [*o* septentrional]; **Nordlage** *f* <-, -n> orientación *f* al norte; **mir gefällt die ~ dieses Hauses nicht** no me gusta que esta casa esté orientada al norte
nördlich ['nœrtlɪç] **I.** *adj* del norte, septentrional; **in ~er Richtung** en dirección norte; **~ von Köln** al norte de Colonia; **52 Grad ~er Breite** 52 grados latitud norte; **die ~e Halbkugel** el hemisferio norte **II.** *präp +gen* al norte de; **~ von Heidelberg** al norte de Heidelberg
Nordlicht *nt* <-(e)s, -er> **1.** (*Polarlicht*) aurora *f* boreal **2.** (*Mensch*) *persona* (*famosa*) *procedente del norte de Alemania;* **Nordosten** ['-'--] *m* <-s, *ohne pl*> nor(d)este *m*; **aus/nach ~** del/hacia el nor(d)este; **nordöstlich** ['-'--] **I.** *adj* del nor(d)este **II.** *präp +gen* al nor(d)este de; **~ von München** al nor(d)este de Munich
Nord-Ostsee-Kanal [(')nɔrt'ʔɔstze:kana:l] *m* <-s, *ohne pl*> canal *m* de Kiel
Nordpol *m* <-s, *ohne pl*> **1.** (*der Erde*) polo *m* norte [*o* ártico] **2.** (*eines Magneten*) polo *m* norte
Nordpolargebiet ['nɔrtpola:ɐgəbi:t] *nt* <-(e)s, *ohne pl*> región *f* ártica; **Nordpolarmeer** *nt* <-(e)s, *ohne pl*> Océano *m* Glacial Ártico
Nordrhein-Westfalen [---'--] *nt* <-s> Renania *f* del Norte-Westfalia
Nordsee *f* <-> Mar *m* del Norte
Nordseite *f* <-, -n> lado *m* norte, cara *f* norte
Nord-Süd-Dialog *m* <-(e)s, -e> diálogo *m* Norte-Sur; **der ~ führte zu einer Lösung des Konflikts** gracias al diálogo Norte-Sur se alcanzó una solución al conflicto; **Nord-Süd-Gefälle** ['-'----] *nt* <-s, *ohne pl*> (POL) tensiones *fpl* Norte-Sur; **Nord-Süd-Konflikt** *m* <-(e)s, -e> (WIRTSCH, POL) conflicto *m* Norte-Sur
Nordwand *f* <-, -wände> **1.** (ARCHIT) pared *f* norte **2.** (GEO) cara *f* norte; **nordwärts** ['-vɛrts] *adv* hacia el norte, en dirección norte; **Nordwesten** [-'--] *m* <-s, *ohne pl*> noroeste *m*; **von/nach ~** del/hacia el noroeste; **nordwestlich** [-'--] *adj* del noroeste; **~ von ...** al noroeste de...; **Nordwind** *m* <-(e)s, -e> viento *m* (del) norte
Nörgelei[1] [nœrgə'laɪ] *f* <-, *ohne pl*> (*abw: das Nörgeln*) critiqueo *m*; (*nörgelnde Art*) afán *m* de criticar; **hat er immer noch nicht mit der ~ aufgehört?** (*fam*) ¿todavía sigue con el dale que te pega?
Nörgelei[2] *f* <-, -en> (*abw: Bemerkung*) queja; **~en** quejas *fpl* reiterativas
nörgeln ['nœrgəln] *vi* (*abw*) refunfuñar, criticar, corcovear *And, CSur;* **er muss an allem** [*o* **über alles**] **~** todo lo tiene que criticar
Nörgler(in) *m(f)* <-s, -; -, -nen> (*abw*) gruñón, -ona *m, f*, criticón, -ona *m, f*
Norm [nɔrm] *f* <-, -en> norma *f*; **das ist hier die ~** es lo normal aquí, es la regla general
normal [nɔr'ma:l] **I.** *adj* normal; (*gewöhnlich*) corriente; **unter ~en Umständen** en circunstancias normales; **du bist wohl nicht ~!** ¡tú no eres normal!; **er sieht ganz ~ aus** tiene un aspecto normal y corriente **II.** *adv* (*fam: normalerweise*) normalmente; **~ essen wir um eins** normalmente almorzamos [*o* comemos] a la una; **Normalbenzin** *nt* <-s, *ohne pl*> gasolina *f* normal

normalerweise [-'--'--] *adv* normalmente
Normalfall *m* <-(e)s, -fälle> caso *m* normal; **im ~** normalmente; **Normalgewicht** *nt* <-(e)s, *ohne pl*> peso *m* normal; **Normalgröße** *f* <-, -n> tamaño *m* normal
normalisieren* [nɔrmali'zi:rən] **I.** *vt* normalizar **II.** *vr:* **sich ~** normalizarse
Normalisierung *f* <-, -en> normalización *f;* **eine ~ der Ost-West-Beziehungen** una normalización de las relaciones Este-Oeste; **die Blutfettwerte zeigen eine ~** los niveles de grasa en la sangre se han normalizado [*o* estabilizado]
Normalität [nɔrmali'tɛ:t] *f* <-, *ohne pl*> normalidad *f*
Normalkostenrechnung *f* <-, -en> (WIRTSCH) cálculo *m* de costes estándar
Normalmaß *nt* <-es, -e> medida *f* standard [*o* normal]; **Normalnull** *nt* <-s, *ohne pl*> nivel *m* normal cero, nivel *m* de altitud cero
Normalsichtigkeit *f* <-, *ohne pl*> (MED) vista *f* normal
Normalverbraucher(in) *m(f)* <-s, -; -, -nen> consumidor(a) *m(f)* medio, -a; **Otto ~** (*fam*) el consumidor medio; **Normalzeit** *f* <-, -en> hora *f* oficial [*o* normal]; **Normalzustand** *m* <-(e)s, -stände> estado *m* normal
Normandie [nɔrman'di:] *f* Normandía *f*
Normanne, -in [nɔr'manə] *m, f* <-n, -n; -, -nen> (HIST) normando, -a *m, f*
normannisch [nɔr'manɪʃ] *adj* (HIST) normando
normativ [nɔrma'ti:f] *adj* normativo; **Normativbesteuerung** *f* <-, -en> imposición *f* normativa; **Normativkosten** *pl* coste *m* normativo; **Normativsteuer** *f* <-, -n> impuesto *m* normativo
Normblatt *nt* <-(e)s, -blätter> (TECH) normativa *f*
normen ['nɔrmən] *vt,* **normieren*** [nɔr'mi:rən] *vt* normalizar, estandarizar
Normierung *f* <-, -en>, **Normung** *f* <-, -en> normalización *f,* estandarización *f*
normwidrig *adj* que no se ajusta a la norma; **die Tiefgarage ist ~, da sie nicht verkehrssicher ist** el garaje subterráneo no cumple la normativa porque no ofrece seguridad vial
Norwegen ['nɔrve:gən] *nt* <-s> Noruega *f*
Norweger(in) *m(f)* <-s, -; -, -nen> noruego, -a *m, f;* **Norwegerpullover** *m* <-s, -> suéter *m* noruego
norwegisch *adj* noruego
Nostalgie [nɔstal'gi:] *f* <-, *ohne pl*> nostalgia *f;* **Nostalgiewelle** *f* <-, -n> ola *f* nostálgica; **im Zuge einer ~ wurden Schlaghosen wieder beliebt** una ola nostálgica ha vuelto a poner de moda los pantalones acampanados
nostalgisch [nɔs'talgɪʃ] *adj* nostálgico
Nostrogeschäft *nt* <-(e)s, -e> (FIN) negocio *m* por cuenta propia
not [no:t] *adj s.* **Not¹**

Not¹ [no:t] *f* <-, *ohne pl*> (*Mangel*) escasez *f,* falta *f* (*an* de); (*Elend*) miseria *f;* (*Armut*) pobreza *f;* **~ leiden** (*geh*) estar en la miseria; **~ leidend** necesitado, indigente; **es tut ~, etw zu tun** (*geh*) es preciso hacer algo; **Hilfe tut ~** (*geh*) se precisa ayuda; **das geht zur ~** puede pasar; **jdm seine ~ klagen** contar(le) sus penas a alguien; **wenn ~ am Mann ist** cuando (la cosa) aprieta; **aus der ~ eine Tugend machen** hacer de tripas corazón; **in der ~ frisst der Teufel Fliegen** (*fam prov*) a falta de pan, buenas son tortas; **~ kennt kein Gebot** (*prov*) la necesidad carece de ley; **~ macht erfinderisch** (*prov*) no hay mejor maestra que necesidad y pobreza
Not² *f* <-, Nöte> **1.** (*~lage*) apuro *m,* situación *f* apurada; **in ~ geraten** verse en apuros; **in ~ sein** estar en apuros; **der Retter in der ~** la tabla de salvación **2.** (*Sorge, Mühe*) pena *f;* **die Sorgen und Nöte des Alltags** las preocupaciones de cada día; **er hat seine liebe ~ damit** le cuesta (trabajo); **mit knapper ~** por los pelos
notabene nota bene
Notabschaltung *f* <-, -en> desconexión *f* de emergencia; **Notanker** *m* <-s, -> (NAUT) ancla *f* de socorro [*o* emergencia]; **jdm als ~ dienen** (*fig*) servirle a alguien como último recurso; **jdm einen ~ zuwerfen** (*fig*) echar [*o* tender] un cable a alguien
Notar(in) [no'ta:ɐ] *m(f)* <-s, -e; -, -nen> notario, -a *m, f,* fedatario, -a *m, f Hond*
Notariat [notari'a:t] *nt* <-(e)s, -e> notaría *f,* escribanía *f Am*
notariell [notari'ɛl] *adj* (JUR) notarial, del notario; **~ beglaubigt** compulsado notarialmente
Notarin *f* <-, -nen> *s.* **Notar**
Notarzt, -ärztin *m, f* <-(e)s, -ärzte; -, -nen> médico, -a *m, f* de urgencia; **Notarztwagen** *m* <-s, -> coche *m* del médico de guardia [*o* de urgencia]
Notaufnahme *f* <-, -n> admisión *f* de urgencia; **Notaufnahmelager** *nt* <-s, -> campo *m* de refugiados provisional; **die Flüchtlinge wurden in ~n untergebracht** se ha alojado a los refugiados en un campamento provisional; **Notausgang** *m* <-(e)s, -gänge> salida *f* de emergencia; **Notbehelf** *m* <-(e)s, -e> recurso *m* de urgencia; **Notbeleuchtung** *f* <-, -en> alumbrado *m* de urgencia; **Notbremse** *f* <-, -n> **1.** (*für Notfälle*) freno *m* de emergencia; **die ~ ziehen** accionar el freno de emergencia; (*fig*) tomar medidas **2.** (*fam: im Sport*) *maniobra incorrecta efectuada para evitar un tanto del adversario;* **Notbremsung** *f* <-, -en> frenazo *m;* **trotz ~ kam es zum Unfall** a pesar del frenazo no se pudo evitar el accidente; **Notdienst** *m* <-(e)s, -e> servicio *m* de emergencia
Notdurft ['no:tdʊrft] *f* <-, *ohne pl*> (*geh*) necesidades *fpl;* **seine ~ verrichten** hacer sus necesidades

notdürftig [-dʏrftɪç] *adj* **1.** (*kaum ausreichend*) mínimo, escaso **2.** (*behelfsmäßig*) provisional

Note[1] [ˈnoːtə] *f* <-, -n> **1.** (MUS) nota *f;* **eine ganze ~** una semibreve, una redonda; **eine halbe ~** una mínima, una blanca; **~n lesen können** saber leer notas; **nach ~n spielen** tocar con notas **2.** (*Schul~*) nota *f;* **schlechte ~n haben** tener malas notas **3.** (*Bank~*) billete *m*

Note[2] *f* <-, *ohne pl*> (*Eigenart*) nota *f,* toque *m;* **etw** *dat* **seine persönliche ~ geben** aportar a algo su toque personal

Notebook [ˈnoʊtbʊk] *nt* <-s, -s> (INFOR) notebook *m,* ordenador *m* portátil

Notenaustausch *m* <-(e)s, *ohne pl*> (POL) intercambio *m* de notas

Notenbank *f* <-, -en> banco *m* emisor

Notenblatt *nt* <-(e)s, -blätter> (MUS) hoja *f* de música; **Notenheft** *nt* <-(e)s, -e> (MUS, SCH) cuaderno *m* de música; **Notenlinie** *f* <-, -n> (MUS) línea *f* del pentagrama; **Notenpapier** *nt* <-s, *ohne pl*> (MUS) papel *m* de música, pentagrama *m;* **Notenschlüssel** *m* <-s, -> (MUS) clave *f;* **Notenschrift** *f* <-, -en> (MUS) notación *f* musical; **Notenständer** *m* <-s, -> (MUS) atril *m;* **Notensystem** *nt* <-s, -e> **1.** (SCH) sistema *m* de calificaciones **2.** (MUS) notación *f* musical

Notepad-Computer [ˈnɔʊtpɛt-] *m* <-s, -> (INFOR) ordenador *m* con memoria auxiliar

Notfall *m* <-(e)s, -fälle> (caso *m* de) emergencia *f;* **im ~** en caso de emergencia; **Notfallmeldung** *f* <-, -en> aviso *m* de emergencia

notfalls *adv* en caso necesario, si no hay más remedio

Notfallstation *f* <-, -en> (*Schweiz*) puesto *m* de socorro, enfermería *f*

Notfonds *m* <-, -> fondo *m* de reserva

notgedrungen [ˈnoːtgəˈdrʊŋən] *adv* por obligación, por la fuerza

Notgemeinschaft *f* <-, -en> (*von Menschen in Not*) *grupo de damnificados que se organizan en esa situación de emergencia;* **die betroffenen Menschen schlossen sich zu einer ~ zusammen** los damnificados decidieron organizarse en un grupo; **Notgroschen** *m* <-s, -> dinero *m* de reserva, dinero *m* ahorrado; **einen ~ zurückgelegt haben** tener la hucha llena, tener una buena hucha

notieren* [noˈtiːrən] **I.** *vi* (FIN) cotizar; **der Dollar notiert unverändert** el dólar cotiza igual **II.** *vt* **1.** (FIN) cotizar; **nicht notierte Tochtergesellschaft** sociedad filial no cotizada **2.** (*aufschreiben*) anotar, apuntar

Notierung *f* <-, -en> (FIN) cotización *f;* **amtliche ~** cotización oficial

nötig [ˈnøːtɪç] *adj* necesario, preciso; **unbedingt ~** imprescindible; **es ist (nicht) ~, dass …** (no) hace falta que… *+subj,* (no) es necesario que… *+subj;* **das war wirklich nicht ~** de verdad que no era necesario; **wenn ~** si es preciso; **etw bitter ~ haben** necesitar algo urgentemente; **ich habe es nicht ~, mir das sagen zu lassen** no tengo por qué permitir que me digan esas cosas; **du hast es gerade ~!** ¡mira quién fue a hablar!; **nur das N~ste mitnehmen** llevar sólo lo imprescindible; **was ich am ~sten brauche, ist Schlaf** lo que más falta me hace es dormir; **ich muss mal ganz ~** (*fam*) tengo que ir al baño urgentemente

nötigen [ˈnøːtɪgən] *vt* (*drängen*) apremiar; (*zwingen*) obligar; (JUR) coaccionar

nötigenfalls [ˈ---ˈ-] *adv* en caso necesario, de ser necesario

Nötigung *f* <-, *ohne pl*> (JUR) coacción *f;* **~ zur Unzucht** coacción a la prostitución

Notiz [noˈtiːts] *f* <-, -en> **1.** (*Vermerk*) nota *f;* **sich** *dat* **~en machen** tomar apuntes; **von etw ~ nehmen** fijarse en algo; **von jdm ~ nehmen** hacer caso a alguien **2.** (*Zeitungs~*) noticia *f;* **Notizblock** *m* <-s, -blöcke> bloc *m* de notas

Notizbuch *nt* <-(e)s, -bücher> libreta *f,* agenda *f;* **Notizbuchrechner** *m* <-s, -> calculadora *f* de bolsillo

Notizzettel *m* <-s, -> hoja *f* de papel

Notlage *f* <-, -n> apuro *m;* (*Krise*) crisis *f inv;* **ich bin in eine ~ geraten** mi situación se ha vuelto muy apurada; **sich in einer ~ befinden** verse en un apuro; **jds ~ ausnützen** aprovecharse de la situación de alguien; **notlanden** *vi sein* realizar un aterrizaje forzoso; **Notlandung** *f* <-, -en> aterrizaje *m* forzoso; **notleidend** *adj s.* Not[1]; **Notlösung** *f* <-, -en> solución *f* de emergencia; **Notlüge** *f* <-, -n> mentira *f* inocente

notorisch [noˈtoːrɪʃ] *adj* (*abw*) notorio

Notruf *m* <-(e)s, -e> **1.** (*Hilferuf*) llamada *f* de socorro **2.** (*~nummer*) (número *m* de) teléfono *m* de emergencia; **Notrufnummer** *f* <-, -n> teléfono *m* de urgencias; **Notrufsäule** *f* <-, -n> poste *m* de socorro

Notrutsche *f* <-, -n> (AERO) rampa-balsa *f;* **notschlachten** *vt* sacrificar, matar (*un animal enfermo o herido*); **Notsignal** *nt* <-s, -e> señal *f* de socorro; **Notsitz** *m* <-es, -e> asiento *m* de reserva

Notstand *m* <-(e)s, -stände> (JUR) estado *m* de emergencia; **äußerer/innerer ~** estado de emergencia (en el) exterior/interior; **den ~ ausrufen** declarar el estado de emergencia; **Notstandsgebiet** *nt* <-(e)s, -e> zona *f* catastrófica [*o* siniestrada]; **Notstandsgesetz** *nt* <-es, -e> ley *f* de emergencia

Notstromaggregat *nt* <-(e)s, -e> grupo *m* electrógeno de emergencia; **Notstromversorgung** *f* <-, *ohne pl*> suministro *m* eléctrico de emergencia

Nottaufe *f* <-, -n> agua *f* de socorro, bautismo *m* de urgencia; **Notunterkunft** *f* <-, -künfte> alojamiento *m* provisional; **Notventil** *nt* <-s, -e> válvula *f* de emergencia;

N

Notverband *m* <-(e)s, -bände> vendaje *m* provisional; **Notverkauf** *m* <-(e)s, -käufe> venta *f* forzosa [*o* forzada]; **Notwasserung** *f* <-, -en> (AERO) amaraje *m* forzoso; **Notwehr** *f* <-, *ohne pl*> (JUR) legítima defensa *f*; **in** [*o* **aus**] ~ en legítima defensa

notwendig ['no:tvɛndɪç] *adj* **1.** (*nötig*) necesario; **unbedingt** ~ indispensable; **nur das N~ste** sólo lo (verdaderamente) imprescindible **2.** (*zwangsläufig*) inevitable

notwendigerweise ['----'--] *adv* forzosamente, por fuerza

Notwendigkeit[1] ['----, -'---] *f* <-, *ohne pl*> (*das Notwendigsein*) necesidad *f*

Notwendigkeit[2] *f* <-, -en> (*notwendige Sache*) necesidad *f*

Notzucht *f* <-, *ohne pl*> (JUR) violación *f*

notzüchtigen *vt* (JUR: *alt*) violar

Nougat ['nu:gat] *m o nt* <-s, -s> *s.* **Nugat**

Nova ['no:va] *f* <-, Novä> (ASTR) nova *f*

Novation *f* <-, -en> (JUR) novación *f*

Novelle [no'vɛlə] *f* <-, -n> **1.** (LIT) novela *f* corta; (*Erzählung*) cuento *m* **2.** (POL, JUR) enmienda *f* de ley, ley *f* complementaria

novellieren* [novɛ'li:rən] *vt* (POL, JUR) modificar

Novellierung *f* <-, -en> (JUR, POL) enmienda *f*

November [no'vɛmbɐ] *m* <-(s), -> noviembre *m*; *s. a.* **März**

Novität [novi'tɛ:t] *f* <-, -en> novedad *f*

Novize, **-in** [no'vi:tsə] *m, f* <-n, -n; -, -nen> (REL) novicio, -a *m, f*

Noviziat [novi'tsia:t] *nt* <-(e)s, -e> (REL) noviciado *m*

Novizin *f* <-, -nen> *s.* **Novize**

Np (CHEM) *Abk. von* **Neptunium** Np

NPD *f* <-, *ohne pl*> (POL) *Abk. von* **Nationaldemokratische Partei Deutschlands** Partido *m* Nacionaldemócrata Alemán

Nr. *Abk. von* **Nummer** nº

NS [ɛn'ʔɛs] **1.** *Abk. von* **Nachschrift** P.D. **2.** *Abk. von* **Nationalsozialismus** nacionalsocialismo *m*

N.T. *Abk. von* **Neues Testament** N.T.

Nu [nu:] *m* (*fam*): **im** ~ en un abrir y cerrar de ojos

Nuance [ny'ã:sə] *f* <-, -n> matiz *m*; **eine** ~ **lauter** un punto más alto

nuancieren* [nyã'si:rən] *vt* matizar

nüchtern ['nʏçtɐn] *adj* **1.** (*ohne Essen*) en ayunas; **auf ~en Magen** en ayunas **2.** (*nicht betrunken*) sobrio **3.** (*sachlich*) objetivo, realista **4.** (*schmucklos*) sin adornos; **~e Schönheit** belleza sencilla

Nüchternheit *f* <-, *ohne pl*> **1.** (*mit leerem Magen, nicht betrunken*) sobriedad *f* **2.** (*Sachlichkeit*) objetividad *f* **3.** (*Schlichtheit*) sencillez *f*

Nuckel ['nʊkəl] *m* <-s, -> (*reg: fam*) chupete *m*; **Nuckelflasche** *f* <-, -n> (*fam*) biberón *m*

nuckeln ['nʊkəln] *vi* (*fam*) chupar (*an*)

Nudel ['nu:dəl] *f* <-, -n> pasta *f*; **eine ulkige** ~ **sein** (*fam*) ser un caso; **Nudelbrett** *nt* <-(e)s, -er> tabla *f* de madera (para amasar pasta); **Nudelholz** *nt* <-es, -hölzer> rodillo *m*

nudeln ['nu:dəln] *vt* **1.** (*mästen*) cebar; **nach diesem Festmahl bin ich wie genudelt** (*fam*) después de este banquete estoy que no puedo más [*o* a punto de explotar] **2.** (*reg: knuddeln*) achuchar, hacer mimos

Nudelsuppe *f* <-, -n> sopa *f* de pasta; **Nudelteig** *m* <-(e)s, -e> (GASTR) masa *f* de fideos

Nudismus *m* <-s, *ohne pl*> nudismo *m*

Nudist(in) [nu'dɪst] *m(f)* <-en, -en; -, -nen> nudista *mf*

Nugat ['nu:gat] *m o nt* <-s, -s> praliné *m*

nuklear [nukle'a:ɐ] *adj* nuclear; **Nuklearindustrie** *f* <-, -n> industria *f* nuclear; **Nuklearkriminalität** *f* <-, *ohne pl*> criminalidad *f* nuclear, delincuencia *f* nuclear; **Nuklearmacht** *f* <-, -mächte> potencia *f* nuclear; **Nuklearmedizin** *f* <-, *ohne pl*> medicina *f* nuclear; **Nuklearpark** *m* <-s, -s *o* -e> parque *m* de energía nuclear; **Nuklearphysik** *f* <-, *ohne pl*> (PHYS) física *f* nuclear; **Nukleartest** *m* <-(e)s, -s *o* -e> test *m* nuclear; **Nuklearwaffe** *f* <-, -n> arma *f* nuclear

Nuklei *pl von* **Nukleus**

Nukleinsäure [nukle'i:n-] *f* <-, -n> (CHEM) ácido *m* nucleico

Nukleoside *ntpl* (CHEM) nucleósidos *mpl*

Nukleus *m* <-, Nuklei> (ANAT, BIOL, LING) núcleo *m*

null [nʊl] *adj inv* **1.** (*Zahl*) cero; ~ **zu** ~ cero a cero; ~ **und nichtig** nulo y no avenido; **die Stunde** ~ la hora cero; **es sind fünf Grad unter** ~ hace cinco grados bajo cero; **in** ~ **Komma nichts** (*fam*) en un dos por tres; *s. a.* **acht 2.** (*sl: kein*): ~ **Problemo** sin problemas; ~ **Bock auf etw haben** no tener ganas de algo, pasar de algo; **ich habe heute** ~ **Bock auf Kino** paso de ir al cine hoy

Null *f* <-, -en> **1.** (*Zahl*) cero *m* **2.** (*fam abw: Versager*) nulidad *f*, cero *m* a la izquierda

nullachtfünfzehn [--'--] *adj inv* (*fam*) común y corriente

Nulldiät *f* <-, -en> dieta *f* absoluta

Nullinflation *f* <-, -en> (WIRTSCH) inflación *f* cero; **Nulllösung**[RR] *f* <-, *ohne pl*> (POL) opción *f* cero; **Nullpunkt** *m* <-(e)s, *ohne pl*> punto *m* cero; **die Stimmung sank auf den** ~ el ambiente decayó completamente; **den** ~ **erreicht haben** llegar a su punto más bajo; **Nullrunde** *f* <-, -n> *ronda de negociaciones salariales cuyo resultado es la renuncia a las exigencias originales;* **Nullsaldo** *m* <-s, -salden *o* -s *o* -saldi> (WIRTSCH) saldo *m* cero; **Nullserie** *f* <-, -n> (WIRTSCH) serie *f* de prueba; **Nullstellung** *f* <-, *ohne pl*> (TECH) posición *f* cero; **in** ~ **bringen** poner a [*o* en el] cero; **Nulltarif** *m*: **zum** ~ gratis; **Null-**

wachstum *nt* <-s, *ohne pl*> (WIRTSCH) crecimiento *m* cero; **Nullzeichen** *nt* <-s, -> (INFOR) carácter *m* nulo

Numerale [nume'ra:lə, *pl:* nume'ra:liən] *nt* <-s, Numeralien *o* Numeralia> (LING) nombre *m* numeral

Numeri ['nu:meri] *pl von* **Numerus**

numerieren* [nume'ri:rən] *vt s.* **nummerieren**

Numerierung *f* <-, -en> *s.* **Nummerierung**

numerisch [nu'me:rɪʃ] *adj* (*a.* INFOR) numérico; **~e Tastatur** (INFOR) teclado numérico; **~er Tastenblock** (INFOR) bloque de teclado numérico

Numerus ['nu:merʊs] *m* <-, Numeri> (LING) número *m;* **~ clausus** número clauso

Nummer ['nʊmɐ] *f* <-, -n> **1.** (*Zahl*) número *m;* **laufende ~** número de orden; **ich wohne in der Bahnhofstraße ~ neun** vivo en la Bahnhofstraße número nueve; **Gesprächsthema ~ eins** tema principal; **auf ~ Sicher gehen** (*fam*) ir sobre seguro; **mit jdm eine ~ machen** [*o* **schieben**] (*vulg*) echar un polvo con alguien **2.** (*Auto~*) matrícula *f;* (*Telefon~*) (número *m* de) teléfono *m;* **hast du seine ~?** ¿tienes su teléfono?; **die falsche ~ gewählt haben** haberse equivocado (al marcar) **3.** (*Größe*) número *m,* talla *f;* **die Hose ist wohl eine ~ zu groß** parece que el pantalón es una talla demasiado grande

nummerieren*RR [nume'ri:rən] *vt* numerar

NummerierungRR *f* <-, -en> numeración *f;* **bei der ~ der Seiten ist mir ein Fehler unterlaufen** he cometido un error al numerar las hojas; **die ~en sind fortlaufend** está numerado correlativamente

Nummernkonto *nt* <-s, -konten *o* -s *o* -konti> (FIN) cuenta *f* cifrada; **Nummernscheibe** *f* <-, -n> (*alt*) disco *m* selector; **heute haben Telefone keine ~n mehr, sondern Tastaturen** en la actualidad los teléfonos ya no tienen disco sino teclas de marcado; **Nummernschild** *nt* <-(e)s, -er> (AUTO) matrícula *f*

nun [nu:n] **I.** *adv* **1.** (*jetzt*) ahora; **~ reicht es aber!** ¡ahora sí que basta!; **von ~ an** desde ahora; **was ~?** ¿y ahora qué?; **das hast du ~ davon** este es el resultado **2.** (*inzwischen*) entretanto **II.** *part* (*einleitend*) pues, bueno; (*weiterführend*) pues bien; **~ denn** bueno, entonces; **~ sag schon ...** bueno, habla de una vez...; **~ gut** pues bien; **~ ja, wenn du meinst** bueno, si te parece; **das ist ~ mal so** esto es así, no hay vuelta de hoja

nunmehr *adv* (*geh*) **1.** (*jetzt*) ahora **2.** (*von jetzt an*) a partir de ahora

'nunter ['nʊntɐ] *adv* (*südd: hinunter*) (hacia) abajo

Nuntius ['nʊntsiʊs] *m* <-, Nuntien> nuncio *m*

nur [nu:ɐ] **I.** *adv* sólo, solamente, nomás *Arg, Mex, Ven;* **~ noch** tan sólo; **~ schade, dass** ... es sencillamente una pena que... +*subj;* **alles, ~ das nicht!** ¡todo, menos eso!; **ich habe das ~ so gesagt** (*fam*) lo dije por decir; **warum fragst du? – ~ so** ¿por qué preguntas? – por preguntar, nada más **II.** (*Partikel*): **was haben sie sich dabei ~ gedacht?** ¿qué habrán pensado al hacer esto?; **wer kann das ~ gewesen sein?** ¿quién (demonios) habrá sido?; **so schnell er ~ konnte** tan rápido como pudo; **wo ist sie ~?** ¿dónde demonios está?; **~ zu!** ¡ánimo!; **sieh ~!** ¡mira!; **lass ihn ~ machen!** ¡déjale a él!; **was hat sie ~?** ¿pero qué le pasa?; **wenn sie ~ (endlich) anriefe!** ¡si llamara (de una vez)!; **sooft Sie ~ wünschen** siempre que lo desee; **~ her damit!** (*fam*) ¡trae para acá!

Nürnberg ['nʏrnbɛrk] *nt* <-s> Nuremberg *m*

nuscheln ['nʊʃəln] *vi* (*fam*) mascullar, hablar entre dientes

NussRR [nʊs, *pl:* 'nʏsə] *f* <-, Nüsse>, **Nuß** *f* <-, Nüsse> **1.** (*fruta*) nuez *f;* **Nüsse knacken** cascar nueces; **jdm eine harte ~ zu knacken geben** (*fam fig*) dar(le) a alguien un hueso duro de roer **2.** (*fam: Kopf*) coco *m;* **eine taube ~** un tontorrón, un pazguato; **jdm eins auf die ~ geben** (*fam*) dar(le) a alguien un coscorrón en la cabeza; **dumme ~!** (*fam*) ¡idiota! **3.** (*Österr*) *tacita para la moca;* **NussbaumRR** *m* <-(e)s, -bäume> nogal *m;* **nussbraunRR** *adj* (de) color nogal; **~es Haar** cabello (de) color nogal; **NussgipfelRR** *m* <-s, -> (*Schweiz*) *bollo con un relleno de avellanas;* **NussknackerRR** *m* <-s, -> cascanueces *m inv*

NüsslisalatRR ['nʏsli-] *m* <-(e)s, -e>, **Nüßlisalat** *m* <-(e)s, -e> (*Schweiz*) colleja *f*

NussölRR *nt* <-(e)s, -e> aceite *m* de nueces; **NussschaleRR** *f* <-, -n> **1.** (*Schale einer Nuss*) cáscara *f* (de nuez) **2.** (*iron: Boot*) barquillo *m;* **NusstorteRR** *f* <-, -n> tarta *f* de nueces

Nüster ['nʏstɐ] *f* <-, -n> ollar *m*

Nut(e) [nu:t, 'nu:tə] *f* <-, -en> (TECH) ranura *f,* muesca *f*

nuten ['nu:tən] *vt* (TECH) encajar, machihembrar

Nutria ['nu:tria] *f* <-, -s> nutria *f*

Nutte ['nʊtə] *f* <-, -n> (*fam abw*) puta *f*

Nutz *m:* **~ bringend** (*nützlich*) útil; (*Gewinn bringend*) provechoso, beneficioso; **etw ~ bringend anwenden** utilizar algo provechosamente; **sich** *dat* **etw zu ~e machen** aprovechar algo

Nutzanwendung *f* <-, -en> aplicación *f* práctica

nutzbar *adj* utilizable, usable; **den Boden ~ machen** cultivar la tierra

Nutzbarmachung *f* <-, *ohne pl*> aprovechamiento *f*

nutzbringend *adj* (*nützlich*) útil; (*Gewinn bringend*) provechoso, beneficioso; **etw ~ anwenden** utilizar algo provechosamente

nütze ['nʏtsə]: **zu etw ~ sein** servir para algo;

N

du bist zu nichts ~! ¡no sirves para nada!

Nutzeffekt *m* <-(e)s, -e> efecto *m* útil

Nutzen ['nʊtsən] *m* <-s, *ohne pl*> (*Nützlichkeit*) utilidad *f*, provecho *m;* (*Gewinn*) ganancia *f*, beneficio *m;* **wirtschaftlicher ~** beneficio económico; **zum ~ der Öffentlichkeit** en beneficio del público; **jdm von ~ sein** ser(le) útil a alguien; **jdm ~ bringen** traer ganancias a alguien; **~ aus etw ziehen** sacar provecho de algo

nutzen ['nʊtsən], **nützen I.** *vi* servir; **wozu soll das ~?** ¿para qué va a servir esto?; **es nutzt wenig, wenn ...** no sirve para nada si...; **jdm zu etw ~** ser provechoso para alguien; (*Gewinn bringen*) beneficiar a alguien; **wem soll das ~?** ¿a quién va a beneficiar esto?; **das nutzt ihm jetzt auch nichts mehr** esto ya no le sirve para nada **II.** *vt* **1.** (*Rohstoffe*) aprovechar **2.** (*Gelegenheit*) utilizar, aprovechar; **sie hat den Augenblick genutzt um zu gehen** ha utilizado ese instante para marcharse

Nutzerrecht *nt* <-(e)s, -e> derecho *m* de usuario

Nutzfahrzeug *nt* <-(e)s, -e> vehículo *m* de servicio

Nutzfläche *f* <-, -n> superficie *f* útil; **Nutzflächenstilllegung**[RR] *f* <-, -en> barbecho *m* de superficie utilizable

Nutzgarten *m* <-s, -gärten> huerto *m;* **Nutzholz** *nt* <-es, -hölzer> madera *f* útil; **Nutzkosten** *pl* (WIRTSCH) coste *m* de capacidad aprovechada; **Nutzlast** *f* <-, -en> carga *f* útil; **Nutzleistung** *f* <-, *ohne pl*> (TECH) rendimiento *m* efectivo

nützlich ['nʏtslɪç] *adj* provechoso, útil; **sich ~ machen** ser útil

Nützlichkeit *f* <-, *ohne pl*> utilidad *f;*

Nützlichkeitsdenken *nt* <-s, *ohne pl*> pensamiento *m* utilitario

nutzlos *adj* inútil; (*vergeblich*) infructuoso, vano

Nutzlosigkeit *f* <-, *ohne pl*> inutilidad *f;* (*Vergeblichkeit*) infructuosidad *f*

Nutznießer(**in**) ['nʊtsniːsɐ] *m(f)* <-s, -; -, -nen> usufructuario, -a *m, f*, beneficiario, -a *m, f*

Nutznießung *f* <-, *ohne pl*> (JUR) usufructo *m*

Nutzpflanze *f* <-, -n> planta *f* útil

Nutztier *nt* <-(e)s, -e> animal *m* útil; **Nutztierhaltung** *f* <-, *ohne pl*> tenencia *m* de animales útiles

Nutzung *f* <-, *ohne pl*> utilización *f*, aprovechamiento *m;* **Nutzungsart** *f* <-, -en> tipo *m* de aprovechamiento; **Nutzungsberechtigte**(**r**) *mf* <-n, -n; -n, -n> beneficiario, -a *m, f*, usufructuario, -a *m, f;* **Nutzungsdauer** *f* <-, *ohne pl*> vida *f* útil; **Nutzungsgrad** *m* <-(e)s, -e> grado *m* de aprovechamiento; **Nutzungsrecht** *nt* <-(e)s, -e> (JUR) derecho *m* de usufructo

Nutzwert *m* <-(e)s, -e> (WIRTSCH) valor *m* útil

NW *Abk. von* **Nordwesten** NO

Nylon® ['naɪlɔn] *nt* <-s, *ohne pl*> nilón *m*, nailon *m*

Nymphe ['nʏmfə] *f* <-, -n> (*a.* ZOOL) ninfa *f*

nymphoman [nʏmfo'maːn] *adj* (MED, PSYCH) ninfomaníaco

Nymphomanie [nʏmfoma'niː] *f* <-, *ohne pl*> (MED, PSYCH) ninfomanía *f*

Nymphomanin [nʏmfo'maːnɪn] *f* <-, -nen> (MED, PSYCH) ninfómana *f*

nymphomanisch *adj* (MED, PSYCH) *s.* **nymphoman**

O

O, o [oː] *nt* <-, -> O, o *f;* ~ **wie Otto** O de Oviedo
o [oː] *interj* ¡oh!
O *Abk. von* **Osten** E
Ö, ö [øː] *nt* <-, – *o fam:* -s> o *f* con diéresis
o.a. *Abk. von* **oben angeführt** arriba indicado
o. ä. *Abk. von* **oder ähnlich** o parecido
Oase [oˈaːzə] *f* <-, -n> oasis *m inv*
ob [ɔp] *konj* **1.** (*im indirekten Fragesatz*) si; **sie fragt,** ~ **Monika zu Hause ist** pregunta si Monika está en casa; **du musst es machen,** ~ **du willst oder nicht** tienes que hacerlo, quieras o no (quieras); **ich möchte wissen,** ~ **ich Recht habe oder nicht** quiero saber si tengo razón o no; ~ **er wohl kommen wird?** ¿vendrá o no (vendrá)? **2.** (*vergleichend*): **als** ~ como si *+subj;* **als** ~ **nichts geschehen wäre** como si no hubiera pasado nada **3.** (*egal* ~) lo mismo da que *+subj;* ~ **arm,** ~ **reich** lo mismo pobres que ricos **4.** (*verstärkend*): **und** ~**!** ¡claro que sí!
o.B. (MED) *Abk. von* **ohne Befund** negativo
OB *mf* <-(s), -(s); -, -(s)> *Abk. von* **Oberbürgermeister(in)** primer(a) alcalde(sa) *m(f)*
Obacht [ˈoːbaxt] *f* <-, *ohne pl*> (*südd*) cuidado *m,* atención *f;* **auf jdn/auf etw** ~ **geben** tener cuidado de alguien/de algo
Obdach [ˈɔpdax] *nt* <-(e)s, *ohne pl*> albergue *m,* refugio *m;* **jdm** ~ **gewähren** [*o* **geben**] prestar refugio [*o* dar albergue] a alguien; **obdachlos** *adj* sin hogar, sin techo; ~ **sein** no tener hogar
Obdachlose(r) *mf* <-n, -n; -n, -n> desamparado, -a *m, f,* persona *f* sin hogar; **Obdachlosenasyl** *nt* <-s, -e>, **Obdachlosenheim** *nt* <-(e)s, -e> asilo *m* nocturno
Obdachlosigkeit *f* <-, *ohne pl*> desamparo *m* (por falta de albergue)
Obduktion [ɔpdʊkˈtsjoːn] *f* <-, -en> (MED) autopsia *f*
obduzieren* [ɔpduˈtsiːrən] *vt* hacer la autopsia (a)
O-Beine [ˈoːbaɪnə] *ntpl* (*fam*) piernas *fpl* arqueadas
Obelisk [obeˈlɪsk] *m* <-en, -en> obelisco *m*
oben [ˈoːbən] *adv* **1.** (*in der Höhe, im Text, a. fig*) arriba; **dort** ~ allí arriba; **nach** ~ hacia arriba; ~ **auf dem Regal** encima de la estantería; **von** ~ **bis unten** de arriba a abajo; **er behandelt die Leute von** ~ **herab** mira a la gente por encima del hombro; **ganz** ~ arriba del todo; **mit der Vorderseite nach** ~ con la parte delantera hacia arriba; ~ **links/rechts** arriba a la izquierda/derecha; **siehe** ~ véase arriba; ~ **erwähnt** [*o* **genannt**] arriba mencionado, antes indicado; (*bei Personen*) susodicho; **aus** ~ **erwähnten Gründen** por los motivos antes mencionados; **wie** ~ **erwähnt** como se ha mencionado anteriormente; **das wird** ~ **entschieden** esto se decide arriba; **das kommt von** ~ esto viene de arriba; **das steht mir bis hier** ~ (*fam*) estoy harto [*o* hasta la coronilla] de eso; ~ **ohne** (*fam*) con el pecho al aire, en topless **2.** (*an der Oberfläche*) en la superficie; **obenan** [ˈ--ˈ-] *adv* de primero, en el primer puesto; **obenauf** [ˈ--ˈ-] *adv* (*gesund*) sano; (*gut gelaunt*) de buen humor; **obendrauf** [ˈ--ˈ-] *adv* (*fam*) encima; **stell den Karton einfach** ~ pon la caja simplemente encima; **du kriegst gleich eins** ~ te vas a ganar un cachete; **obendrein** [ˈ--ˈ-] *adv* además
obenerwähnt *adj,* **obengenannt** *adj s.* **oben 1.**
obenherum *adv* (*fam*) por arriba, de arriba; **das Kleid ist** ~ **etwas zu weit** el vestido queda demasiado ancho de arriba
obenhin [ˈ--ˈ-] *adv* (*oberflächlich*) superficialmente; (*beiläufig*) de pasada, de paso
oben-ohne *adv* en topless
Oben-ohne-Bedienung[1] *f* <-, -en> (*Kellnerin*) camarera *f* topless
Oben-ohne-Bedienung[2] *f* <-, *ohne pl*> (*das Bedienen*) servicio *m* de camareras topless
obenrum [ˈoːbənˈrʊm] *adv* (*fam*) *s.* **obenherum**
Ober [ˈoːbɐ] *m* <-s, -> camarero *m;* **Herr** ~**!** ¡camarero!
Oberarm [ˈoːbɐ-] *m* <-(e)s, -e> brazo *m;* **Oberarzt, -ärztin** *m, f* <-(e)s, -ärzte; -, -nen> médico, -a *m, f* jefe; **Oberaufsicht** *f* <-, -en> (JUR) supervigilancia *f*
Oberbefehl *m* <-(e)s, *ohne pl*> mando *m* supremo; **Oberbefehlshaber(in)** *m(f)* <-s, -; -, -nen> (MIL) comandante *mf* en jefe
Oberbegriff *m* <-(e)s, -e> término *m* genérico, concepto *m* general; **Oberbekleidung** *f* <-, -en> ropa *f* exterior; **Oberbett** *nt* <-(e)s, -en> edredón *m;* **Oberbürgermeister(in)** *m(f)* <-s, -; -, -nen> primer(a) alcalde(sa) *m(f);* **Oberdeck** *nt* <-(e)s, -s> (NAUT) cubierta *f* superior
oberdeutsch [ˈoːbɐdɔɪtʃ] *adj* (LING) alemánico, alamán; **ein** ~**er Dialekt** un dialecto alemánico
obere(r, s) [ˈoːbərə, -rɐ, -rəs] *adj* **1.** (*allgemein*) alto, de arriba **2.** (*in einer Hierarchie*) alto, superior; **die O~n** los jefes, los mandos
oberfaul [ˈoːbɐfaʊl] *adj* (*fam*) zángano rema-

tado, vago de remate

Oberfeldwebel *m* <-s, -> sargento *m* primero

Oberfläche *f* <-, -n> superficie *f;* **Oberflächenabfluss**[RR] *m* <-es, *ohne pl*> desagüe *m* superficial; **Oberflächenspannung** *f* <-, -en> tensión *f* superficial; **Oberflächenwasser** *nt* <-s, -> aguas *fpl* de superficie

oberflächlich *adj* superficial; **bei ~er Betrachtung** a primera vista; **jdn/etw nur ~ kennen** conocer a alguien/algo sólo superficialmente

Oberflächlichkeit *f* <-, *ohne pl*> superficialidad *f*

obergärig [-gɛːrɪç] *adj* de fermentación alta

Obergeschoss[RR] *nt* <-es, -e> piso *m* (alto), planta *f* superior; **im zweiten ~** en el segundo piso; **Obergrenze** *f* <-, -n> límite *m* superior

oberhalb *präp +gen* por encima de; **~ des Knies** por encima de la rodilla; **~ des Dorfes beginnt der Wald** por encima del pueblo empieza el bosque

Oberhand *f* <-, *ohne pl*>: **die ~ gewinnen** imponerse; **Oberhaupt** *nt* <-(e)s, -häupter> (*geh*) jefe, -a *m, f;* **Oberhaus** *nt* <-es, -häuser> (POL) Cámara *f* Alta; **Oberhaut** *f* <-, *ohne pl*> (MED, BIOL) epidermis *f;* **Oberhemd** *nt* <-(e)s, -en> camisa *f;* **Oberherrschaft** *f* <-, *ohne pl*> (POL) predominio *m;* **Oberhirte** *m* <-n, -n> (REL) pastor *m,* prelado *m;* **als ~ ist der Bischof für seine Schäfchen verantwortlich** como pastor el obispo es responsable de sus ovejas; **Oberhoheit** ['oːbɐhoːhaɪt] *f* <-, *ohne pl*> soberanía *f;* **Oberholz** *nt* <-es, *ohne pl*> madera *f* de arriba

Oberin ['oːbərɪn] *f* <-, -nen> **1.** (*im Krankenhaus*) enfermera *f* jefe **2.** (*im Kloster*) priora *f*

oberirdisch *adj* de superficie; **Oberkellner(in)** *m(f)* <-s, -; -, -nen> jefe, -a *m, f* de comedor, maître *m;* **Oberkiefer** *m* <-s, -> maxilar *m* superior; **Oberklasse** *f* <-, -n> **1.** (SCH) último curso *m* de la enseñanza secundaria **2.** (SOZIOL) clase *f* alta; **Oberkommando** *nt* <-s, -s> (MIL) alto *m* mando, mando *m* supremo; **Oberkörper** *m* <-s, -> tronco *m,* busto *m*

Oberland *nt* <-es, *ohne pl*> (*Schweiz*) *región alta en los cantones suizos de Berna, Zurich y San Gallen*

Oberlandesgericht ['--'----] *nt* <-(e)s, -e> (JUR) audiencia *f* territorial del land

Oberlauf *m* <-(e)s, -läufe> curso *m* superior; **Oberleder** *nt* <-s, -> pala *f,* empella *f*

Oberleitung[1] *f* <-, *ohne pl*> (*Führung*) dirección *f* (general)

Oberleitung[2] *f* <-, -en> (*für Bus, Straßenbahn*) línea *f* eléctrica aérea; **Oberleitungsomnibus** *m* <-ses, -se> trolebús *m*

Oberleutnant *m* <-s, -s> teniente *m;*

Oberlicht *nt* <-(e)s, -er> claraboya *f,* tragaluz *m,* banderola *f CSur;* **Oberliga** *f* <-, -ligen> (SPORT) (liga *f* de) segunda división *f;* **Oberlippe** *f* <-, -n> labio *m* superior; **Obermaterial** *nt* <-s, -ien> material *m* superior

Oberösterreich *nt* <-s> Alta Austria *f*

Oberpostdirektion *f* <-, -en> dirección *f* regional de correos

Oberprima *f* <-, -primen> (*alt*) ≈C.O.U. *m* (*último curso de la enseñanza media, a final del cual se realizaban las pruebas de acceso a la Universidad*); **Oberprimaner(in)** *m(f)* <-s, -; -, -nen> (*alt*) *estudiante del último curso del "Gymnasium" alemán*

Oberrhein ['oːbɐraɪn] *m* <-s> Alto Rin *m;* **oberrheinisch** ['oːbɐraɪnɪʃ] *adj* del Alto Rin; **die O~e Tiefebene** la llanura del Alto Rin

Obers ['oːbɐs] *nt* <-, *ohne pl*> (*Österr*) nata *f*

Oberschenkel *m* <-s, -> muslo *m*

Oberschenkelhalsbruch *m* <-(e)s, -brüche> (MED) fractura *f* del cuello del fémur

Oberschenkelknochen *m* <-s, -> (ANAT) fémur *m*

Oberschicht *f* <-, -en> **1.** (*der Gesellschaft*) clase *f* alta **2.** (*oberste Schicht*) capa *f* superior; **Oberschule** *f* <-, -n> (*fam*) instituto *m* de enseñanza secundaria [*o* media]; **Oberschulrat, -rätin** *m, f* <-(e)s, -räte; -, -nen> inspector(a) *m(f)* de enseñanza; **Oberschwester** *f* <-, -n> enfermera *f* jefe; **Oberseite** *f* <-, -n> lado *m* superior

Oberst ['oːbɐst] *m* <-en *o* -s, -en> coronel *m*

Oberstaatsanwalt, -anwältin ['--'---] *m, f* <-(e)s, -wälte; -, -nen> fiscal *mf* superior(a)

oberste(r, s) *adj superl von* **obere(r, s)** **1.** (*höher gelegen*) superior, más alto; (*Stockwerk*) último; (*zuoberst*) de arriba del todo **2.** (*in einer Hierarchie*) supremo; **der O~ Gerichtshof** el Tribunal Supremo **3.** (*wichtigste*) más importante; **das ~ Gebot** lo fundamental

Oberstleutnant *m* <-s, -s> teniente *m* coronel

Oberstübchen [-ʃtyːpçən] *nt* <-s, -> (*fam*): **nicht ganz richtig im ~ sein** no estar bien del coco; **Oberstudiendirektor(in)** *m(f)* <-s, -en; -, -nen> (SCH) director(a) *m(f)* de instituto de enseñanza media [*o* de un centro de (enseñanaza) secundaria]; **Oberstudienrat, -rätin** *m, f* <-(e)s, -räte; -, -nen> (SCH) catedrático, -a *m, f* de instituto; **Oberstufe** *f* <-, -n> *los últimos tres años de enseñanza media;* **Oberteil** *nt* <-(e)s, -e> **1.** (*Möbel*) parte *f* superior; (*Haus*) piso *m* superior **2.** (*Kleidungsstück*) prenda *f* para arriba; (*eines Kleidungsstückes*) parte *f* de arriba; **Obertrottel** *m* <-s, -> (*fam abw*) idiota *mf;* **Oberverwaltungsgericht** ['---'----] *nt* <-es, -e> tribunal *m* administrativo superior;

Oberwasser *nt* <-s, *ohne pl*> (*fam*): ~ **haben** llevar ventaja; **Oberweite** *f* <-, -n> contorno *m* de pecho; **zu viel/zu wenig ~ haben** tener demasiado/demasiado poco pecho; **dieses Kleid ist eher etwas für große ~n** este vestido es más bien para muchas anchuras de pecho

Obfrau ['ɔpfraʊ] *f* <-, -en> *s.* **Obmännin**

obgleich [-'-] *konj s.* **obwohl**

Obhut ['ɔphu:t] *f* <-, *ohne pl*> (*geh*) custodia *f*; (*Schutz*) protección *f*; **etw in jds ~ geben** encomendar a alguien la custodia de algo, confiar algo al cuidado de alguien; **jdn in seine ~ nehmen** tomar a alguien bajo su protección; **sich in jds ~ befinden, unter jds ~ stehen** estar bajo la tutela de alguien

obige(r, s) ['o:bɪgə, -gɐ, -gəs] *adj* arriba mencionado, antes citado; (*bei Personen*) susodicho

Objekt [ɔp'jɛkt] *nt* <-(e)s, -e> **1.** (*Gegenstand*) objeto *m* **2.** (LING) complemento *m* **3.** (*Österr:* ADMIN: *Gebäude*) edificio *m*

objektiv [ɔpjɛk'ti:f] *adj* objetivo; (*unparteiisch*) imparcial

Objektiv [ɔpjɛk'ti:f] *nt* <-s, -e> objetivo *m*

objektivieren* [ɔpjɛkti'vi:rən] *vt* objetivar

Objektivität [ɔpjɛktivi'tɛ:t] *f* <-, *ohne pl*> objetividad *f*; **sich um ~ bemühen** tratar de ser objetivo

Objektname *m* <-ns, -n> (*a.* INFOR) nombre *m* de objeto; **objektorientiert** *adj* (*a.* INFOR) orientado al objeto; **Objektsatz** *m* <-es, -sätze> (LING) oración *f* completiva; **Objektschutz** *m* <-es, *ohne pl*> protección *f* de edificios y zonas; **nach dem letzten Terroranschlag wurde der ~ verstärkt** tras el último atentado terrorista ha aumentado la vigilancia de edificios; **Objektträger** *m* <-s, -> portaobjeto(s) *m* (*inv*)

Oblate [o'bla:tə] *f* <-, -n> **1.** (*für Gebäck*) oblea *f* **2.** (*Hostie*) hostia *f*

obliegen* [-'--] *irr vi* (*geh*): **jdm obliegt etw** algo le incumbe a alguien; **ihr oblag die Auswahl der Kandidaten** a ella le incumbió la elección de los candidatos

Obliegenheit *f* <-, -en> (*geh*) obligación *f*, incumbencia *f*

obligat [obli'ga:t] *adj* **1.** (*geh: erforderlich*) obligatorio; (*unvermeidlich*) inevitable **2.** (MUS) obligado

Obligation [obliga'tsjo:n] *f* <-, -en> (WIRTSCH) obligación *f*; **einlösbare/festverzinsliche ~en** obligaciones convertibles/a renta fija; **Obligationsinhaber(in)** *m(f)* <-s, -; -, -nen> (WIRTSCH) obligacionista *mf*

obligatorisch [obliga'to:rɪʃ] *adj* obligatorio

Obligo *nt* <-s, -s> (WIRTSCH) obligación *f*

Obmann, -männin *m, f* <-(e)s, -männer *o* -leute; -, -nen> (SPORT: *eines Vereins*) presidente, -a *m, f*

Oboe [o'bo:ə] *f* <-, -n> oboe *m*

Oboist(in) [obo'ɪst] *m(f)* <-en, -en; -, -nen> (MUS) oboísta *mf*

Obolus ['o:bolʊs] *m* <-, -se> (*geh*) óbolo *m*, contribución *f*; **seinen ~ entrichten** aportar su grano de arena

Obrigkeit ['o:brɪçkaɪt] *f* <-, -en> autoridad *f*

obrigkeitlich *adj* de la autoridad

Obrigkeitsstaat *m* <-(e)s, -en> estado *m* autoritario

obschon [-'-] *konj* (*geh*) *s.* **obwohl**

Observatorium [ɔpzɛrva'to:riʊm] *nt* <-s, -ien> observatorio *m*

observieren* [ɔpzɛr'vi:rən] *vt* observar

obsessiv [ɔpzɛ'si:f] *adj* (PSYCH) obsesivo

Obsidian [ɔpzi'dja:n] *m* <-s, -e> obsidiana *f*

obsiegen [-'--, '---] *vi* vencer, triunfar

obskur [ɔps'ku:ɐ] *adj* o(b)scuro; (*anrüchig*) de mala fama; (*zweifelhaft*) ambiguo

obsolet [ɔpzo'le:t] *adj* (*geh*) obsoleto; **unsere Großeltern kannten diesen Ausdruck; heute ist er ~** nuestros abuelos conocían esta expresión: actualmente está fuera de uso [*o* ha caído en desuso]

Obst [o:pst] *nt* <-(e)s, *ohne pl*> fruta *f*; ~ **ernten** recolectar [*o* cosechar] fruta; ~ **einkochen** confitar fruta; **reifes/unreifes ~** fruta madura/verde; **Obstanbau** *m* <-(e)s, *ohne pl*>, **Obstbau** *m* <-(e)s, *ohne pl*> fruticultura *f*; **Obstbaum** *m* <-(e)s, -bäume> (árbol *m*) frutal *m*; **Obsternte** *f* <-, -n> recolección *f* de fruta; **Obstgarten** *m* <-s, -gärten> huerto *m* frutal; **Obstgeschäft** *nt* <-(e)s, -e> frutería *f*; **Obsthändler(in)** *m(f)* <-s, -; -, -nen> frutero, -a *m, f*; **Obsthandlung** *f* <-, -en> frutería *f*; **Obstkuchen** *m* <-s, -> pastel *m* de fruta

Obstler ['o:pstlɐ] *m* <-s, -> aguardiente *m* de frutas

Obstmesser *nt* <-s, -> cuchillo *m* para fruta; **Obstplantage** *f* <-, -n> plantación *f* frutícola; **sie hilft auf einer ~ bei der Apfelernte** ayuda en una finca de árboles frutales en la recogida de la manzana

Obstruktion *f* <-, -en> (*geh*) obstrucción *f*; ~ **betreiben** utilizar métodos obstruccionistas

Obstsaft *m* <-(e)s, -säfte> zumo *m* de fruta(s); **Obstsalat** *m* <-(e)s, -e> macedonia *f*, ensalada *f* de frutas; **Obsttag** *m* <-(e)s, -e> día *m* de dieta a base de frutas; **aus gesundheitlichen Gründen legt er einen ~ ein** por razones de salud hace un día de dieta de frutas; **Obsttorte** *f* <-, -n> tarta *f* de frutas; **Obstwasser** *nt* <-s, -wässer> aguardiente *m* de fruta(s)

obszön [ɔps'tsø:n] *adj* obsceno

Obszönität¹ [ɔpstsøni'tɛ:t] *f* <-, *ohne pl*> (*das Obszönsein*) obscenidad *f*

Obszönität² *f* <-, -en> (*Darstellung, Äußerung*) obscenidad *f*

Obus ['o:bʊs] *m* <-ses, -se> trolebús *m*

obwalten* ['ɔpvaltən, ɔp'valtən] *vi*, **ob|walten** *vi* (*alt*) imperar, reinar; **sie wünschten sich, dass wieder Ruhe und Frieden ~ würden** deseaban que reinara de

O

nuevo la paz y la calma

obwohl [-'-] *konj,* **obzwar** [ɔp'tsvaːɐ] *konj* (*geh*) aunque, a pesar de que; ~ **es regnet, gehe ich aus** aunque está lloviendo, voy a salir

Occasion [ɔka'zjoːn] *f* <-, -en> (*Schweiz*) ocasión *f*

Ochs [ɔks] *m* <-en, -en> (*südd, Österr, Schweiz*), **Ochse** ['ɔksə] *m* <-n, -n> **1.** (*Tier*) buey *m;* **er stand da wie der ~ vorm Scheunentor** (*fam*) estaba ahí plantado como un pasmarote **2.** (*fam: Dummkopf*) tonto, -a *m, f,* estúpido, -a *m, f*

ochsen *vi* (*fam*) empollar

Ochsenmaul *nt* <-(e)s, *ohne pl*> (GASTR) morro *m* de buey; **Ochsenmaulsalat** *m* <-(e)s, -e> ensalada *f* de morro de buey

Ochsenschwanzsuppe *f* <-, -n> sopa *f* de rabo de buey

Ochsentour *f* <-, -en> (*fam*) trabajo *m* pesado [*o* de negros]

Ocker ['ɔkɐ] *m o nt* <-s, -> ocre *m;* **ockerbraun** *adj,* **ockergelb** *adj* (de color) ocre

OCR (INFOR, TEL) *Abk. von* **Optical Character Recognition** OCR *m;* **OCR-Leser** *m* <-s, -> (INFOR) lector *m* OCR

Ode ['oːdə] *f* <-, -n> oda *f*

öde ['øːdə] *adj* **1.** (*verlassen*) desierto; (*unbewohnt*) despoblado **2.** (*unbebaut*) yermo **3.** (*langweilig*) aburrido

Öde¹ ['øːdə] *f* <-, -n> **1.** (*Einsamkeit*) soledad *f* **2.** (*Land*) desierto *m*

Öde² *f* <-, *ohne pl*> (*Leere, Langeweile*) monotonía *f*

Odem ['oːdəm] *m* <-s, *ohne pl*> (*geh*) aliento *m;* **Gott erschuf Adam und hauchte ihm seinen ~ ein** Dios creó a Adán y le inspiró su aliento

Ödem [ø'deːm] *nt* <-s, -e> (MED) edema *m*

oder ['oːdɐ] *konj* o; (*vor o, ho*) u; (*zwischen Zahlen*) ó; (*andernfalls*) si no; **er ~ sie** él o ella; **sieben ~ acht** siete u ocho; **10 ~ 12** 10 ó 12; **~ aber ...** o por el contrario...; **~ auch ...** o (bien)...; **~ etwa nicht?** ¿o no?; **~ so ähnlich** o algo parecido; **du warst es doch, ~?** fuiste tú, ¿o no?; **entweder ... ~ ...** o... o...

Oder *f* <-> Oder *m*

Oder-Neiße-Linie *f* línea *f* del Oder y Neisse

ODER-Verknüpfung *f* <-, -en> (INFOR) operación *f* O

Ödipuskomplex ['øːdipʊs-] *m* <-es, *ohne pl*> (PSYCH) complejo *m* de Edipo

Ödland ['øːt-] *nt* <-(e)s, *ohne pl*> (AGR) yermo *m,* terreno *m* baldío

Odyssee [odʏ'seː] *f* <-, -n> (*geh*) odisea *f*

OECD *f Abk. von* **Organization for Economic Cooperation Development** OCDE *f*

œuvre ['øːvrə] *nt* <-, -s> obra *f* completa

OEZ *Abk. von* **osteuropäische Zeit** hora *f* de la Europa oriental

Ofen ['oːfən, *pl:* 'øːfən] *m* <-s, Öfen> **1.** (*Back~*) horno *m;* **etw in den ~ schieben** meter algo al [*o* en el] horno **2.** (*Heiz~*) estufa *f;* **der ~ zieht gut/schlecht** la estufa tira bien/mal; **am warmen ~ sitzen** estar sentado junto a la estufa caliente; **der ~ ist aus** (*fig fam*) se acabó; **damit kannst du keinen Hund hinter dem ~ hervorlocken** (*fam fig*) esto no le interesa ni a un muerto; **ein heißer ~** (*fam: Auto*) un bólido; (*Motorrad*) moto *f;* **Ofenbank** *f* <-, -bänke> banco *m* junto a la estufa; **an kalten Wintertagen ruhe ich mich gerne auf der ~ aus** en los días fríos de invierno me gusta descansar en el banco que hay junto a la estufa; **ofenfrisch** *adj* recién hecho, recién sacado del horno; **auch sonntags servieren wir ~e Brötchen!** ¡los domingos también tenemos pan del día!; **Ofenheizung** *f* <-, *ohne pl*> calefacción *f* con estufa; **Ofenrohr** *nt* <-(e)s, -e> cañón *m* (de la estufa); **Ofenschirm** *m* <-es, -e> pantalla *f* de estufa; **Ofensetzer(in)** *m(f)* <-s, -; -, -nen> estufista *mf,* estufero, -a *m, f;* **Ofentür** *f* <-, -en> puerta *f* de la estufa

Off [ɔf] *nt* <-s, *ohne pl*> (TV, FILM, THEAT) voz *f* en off; **aus dem ~** en off

offen ['ɔfən] *adj* **1.** (*allgemein*) abierto; (*Haare*) suelto; (*ohne Deckel*) destapado; (*unverpackt*) a granel; **halb ~** medio abierto; **~e Handelsgesellschaft** sociedad colectiva; **~er Wein** vino a granel; **auf ~er Straße** en plena calle; **mit ~em Mund dastehen** estar plantado con la boca abierta; **~e Türen einrennen** (*fam*) llover sobre mojado; **ein ~es Haus haben** (*fig*) ser hospitalario; **jdn mit ~en Armen empfangen** recibir a alguien con los brazos abiertos; **mit ~en Augen durch die Welt gehen** andar por el mundo con los ojos bien abiertos; **~ gegenüber allem Neuen sein** estar abierto a todo lo nuevo; **ein ~es Geheimnis** un secreto a voces; **das ist noch völlig ~** eso todavía no se sabe; **die Post hat jetzt ~** Correos está ahora abierto **2.** (*Stelle*) vacante **3.** (*unerledigt*) pendiente; **~e Rechnung** cuenta pendiente **4.** (*aufrichtig*) franco, abierto, pechugón *Am;* **~ seine Meinung sagen** decir su opinión abiertamente; **etw ~ zugeben** admitir algo abiertamente; **~ gesagt** [*o* **gestanden**] **...** (dicho) francamente..., para ser francos...; **~ mit jdm reden** hablar francamente con alguien

offenbar ['ɔfən(')baːɐ] **I.** *adj* manifiesto, evidente **II.** *adv* aparentemente, por lo visto

offenbaren* [ɔfən'baːrən] **I.** *vt* (*geh*) revelar, desvelar **II.** *vr:* **sich ~** (*geh*) **1.** (*sich erweisen*) mostrarse, manifestarse **2.** (*sich anvertrauen*) confiarse

Offenbarung [--'--] *f* <-, -en> (*geh a.* REL) revelación *f;* **Offenbarungseid** *m* <-(e)s, -e> (JUR) juramento *m* declarativo; **einen ~ leisten** prestar juramento declarativo

offen|bleiben *irr vi sein s.* **bleiben 2.**; **offen|halten** *irr vt s.* **halten II.1.**

Offenheit *f* <-, *ohne pl*> **1.** (*Aufgeschlos-*

senheit) espíritu *m* abierto; **seine ~ gegenüber allem Neuen** su espíritu abierto para todo lo nuevo **2.** (*Ehrlichkeit*) franqueza *f*, sinceridad *f;* **mit entwaffnender ~ vorgehen** proceder con sorprendente franqueza; **in** [*o* **mit**] **aller ~** sinceramente, con toda franqueza

offenherzig *adj* abierto, franco

Offenherzigkeit *f* <-, *ohne pl*> franqueza *f*

offenkundig ['--(')--] *adj* manifiesto, notorio; (*offensichtlich*) evidente, patente

offen|lassen *irr vt s.* **lassen 1.**

offen|legen *vt* (*formal*) exponer con toda claridad, dar a conocer públicamente

Offenlegung *f* <-, -en>: **~ von Urkunden** publicación *f* de actas

Offenmarktpolitik *f* <-, *ohne pl*> (FIN, WIRTSCH) política *f* de mercado abierto [*o* libre]; **die Zentrale Notenbank regelt die Geldmenge durch ihre ~** el banco central regula la cantidad de dinero en circulación mediante su política de mercado abierto

offensichtlich ['--(')--] **I.** *adj* evidente, patente; **~e Lügen** mentiras evidentes **II.** *adv* por lo visto, evidentemente

offensiv [ɔfɛn'zi:f] *adj* ofensivo

Offensive [ɔfɛn'zi:və] *f* <-, -n> ofensiva *f;* **in die ~ gehen** tomar la ofensiva

Offensivwaffe *f* <-, -n> (MIL) arma *f* ofensiva

offen|stehen *irr vi s.* **stehen I.2.**

öffentlich ['œfəntlɪç] **I.** *adj* público; **~e Anleihe** empréstito público; **~er Dienst** administración pública; **~es Recht** derecho público; **eine Persönlichkeit des ~en Lebens** una personalidad de la vida pública; **~e Meinung** opinión pública; **nicht ~** (a puerta) cerrada **II.** *adv* en público; **~ bekannt geben** publicar

Öffentlichkeit *f* <-, *ohne pl*> **1.** (*Gesamtheit der Menschen*) público *m;* **die ~ scheuen** temer al público; **in** [*o* **vor**] **aller ~** en público; **unter Ausschluss der ~** a puerta cerrada; **mit etw an die ~ treten, etw an die ~ bringen** hacer algo público; **etw der ~ zugänglich machen** abrir algo al público; **das darf nicht an die ~ kommen** eso no debe hacerse público **2.** (*das Öffentlichsein*) carácter *m* público; **Öffentlichkeitsarbeit** *f* <-, *ohne pl*> relaciones *fpl* públicas; **Öffentlichkeitskampagne** *f* <-, -n> campaña *f* pública; **öffentlichkeitswirksam** *adj* de gran efectividad publicitaria, que sirve para reclamar la atención del público; **der ~e Auftritt des Sängers trug zu dem hohen Spendenaufkommen bei** la actuación del cantante, que aumentó la publicidad del evento, contribuyó a que la recaudación de donativos fuera cuantiosa

öffentlich-rechtlich *adj* (de derecho) público

Offerent(in) *m(f)* <-en, -en; -, -nen> (COM) ofertante *mf*

offerieren* [ɔfe'ri:rən] *vt* (COM) ofrecer

Offerte [ɔ'fɛrtə] *f* <-, -n> (COM) oferta *f;* **freibleibende** [*o* **unverbindliche**]**/verbindliche ~** oferta sin compromiso/en firme

Office ['ɔfɪs] *nt* <-, -s> (*Schweiz*) bufé *m*

offiziell [ɔfi'tsjɛl] *adj* oficial; **etw ~ bekannt geben** dar a conocer algo oficialmente

Offizier(in) [ɔfi'tsi:ɐ] *m(f)* <-s, -e; -, -nen> oficial(a) *m(f);* **Offiziersanwärter(in)** *m(f)* <-s, -; -, -nen> aspirante *mf* a oficial; **Offizierskasino** *nt* <-s, -s> (MIL) casino *m* para oficiales; **Offizierslaufbahn** *f* <-, -en> carrera *f* de oficial; **die ~ einschlagen** seguir la carrera de oficial

offiziös [ɔfi'tsiø:s] *adj* (*geh*) oficioso; **diese ~e Nachricht stammt aus regierungsnahen Kreisen** esa noticia oficiosa proviene de círculos cercanos al gobierno

offline[RR] ['ɔflaɪn] *adj* (INFOR) fuera de línea, autónomo; **Offlinebetrieb**[RR] *m* <-(e)s, *ohne pl*> (INFOR) servicio *m* fuera de línea [*o* off-line]

öffnen ['œfnən] **I.** *vi, vt* abrir; **das Museum öffnet um 10 Uhr** el museo abre a las 10 horas; **hier ~** ábrase aquí **II.** *vr:* **sich ~** abrirse

Öffner *m* <-s, -> abridor *m*

Öffnung *f* <-, -en> apertura *f;* (*Loch*) agujero *m;* **Öffnungspolitik** *f* <-, *ohne pl*> política *f* de apertura; **Öffnungswinkel** *m* <-s, -> (FOTO) ángulo *m* de abertura; **Öffnungszeit** *f* <-, -en> horas *fpl* de apertura, horario *m* (de apertura)

Offsetdruck ['ɔfsɛt-] *m* <-(e)s, *ohne pl*> (*Verfahren*) (impresión *f*) offset *m*

oft [ɔft] <öfter, am öftesten> *adv* a menudo, frecuentemente; **wie ~?** ¿cuántas veces?; **sehr ~** muy a menudo; **nicht ~** pocas veces; **ziemlich ~** bastante a menudo; **~ genug** bastante (a menudo)

öfter *adv kompar von* **oft** de vez en cuando, con frecuencia; **~ mal was Neues** hay que cambiar de vez en cuando; **des Öfteren** con (mucha) frecuencia

öfters *adv* frecuentemente, con (mucha) frecuencia

öftesten ['œftəstən] *superl von* **oft**: **am ~** lo (que) más a menudo, lo (que) con más frecuencia

oftmals ['ɔftma:ls] *adv* a menudo, frecuentemente

oh [o:] *interj* ¡oh!, ¡ah!; **~, wie schön!** ¡oh, qué bonito!; **~, la, la!** ¡oh la la!; **~ ja!** ¡ah, sí!; **~ nein!** ¡oh, no!

Oheim ['o:haɪm] *m* <-s, -e> (*alt*) *s.* **Onkel**

OHG [o:ha:'ge:] *Abk. von* **Offene Handelsgesellschaft** S.C.

Ohm[1] [o:m] *m* <-(e)s, -e> (*alt*) *s.* **Onkel**

Ohm[2] *nt* <-(s), -> (PHYS) ohmio *m*, ohm *m*

Ohm[3] *nt* <-(e)s, -e, *nach Zahlen:* -> (*alt*) *medida de capacidad equivalente a 1,5 hectolitros* (*de vino*)

ohne ['o:nə] **I.** *präp + akk* sin; (*ausgenommen*) sin contar, excepto; **eine Wohnung ~ Bad** un

O

piso sin baño; **ich bin ~ Auto gekommen** he venido sin coche; **das geschah ~ mein Wissen** esto pasó sin que yo lo supiera; **~ Zweifel** sin duda; **~ mich!** ¡no cuentes conmigo!; **~ weiteres** sin más; **es geht auch ~** no hace falta; **das ist nicht ~** (*fam*) no es cosa fácil, tiene su enjundia; **die Wohnung kostet 900 Mark ~ Nebenkosten** el piso cuesta 900 marcos sin gastos adicionales **II.** *konj* **1.** **~ dass ...** sin que... +*subj;* **er tat dies, ~ dass ich ihn darum gebeten hätte** lo hizo sin que se lo hubiera pedido **2.** **~ zu** sin; **~ lange zu zögern** sin vacilar mucho

ohnedies [--'-] *adv* de todas maneras, de todos modos

ohnegleichen [--'--] *adv* sin par, único

ohnehin [--'-] *adv* de todas maneras, de todos modos; **wir kommen ~ zu spät** de todos modos llegamos tarde

Ohnmacht ['o:n-] *f* <-, -en> **1.** (*Bewusstlosigkeit*) desvanecimiento *m,* desmayo *m;* **in ~ fallen** desmayarse **2.** (*Machtlosigkeit*) impotencia *f*

ohnmächtig *adj* **1.** (*bewusstlos*) desmayado, desvanecido; **~ werden** desmayarse, pataquearse *Kol* **2.** (*machtlos*) impotente; **er sah ~ zu, wie ...** miraba impotente como...

Ohnmächtige(r) *mf* <-n, -n; -n, -n> **1.** (*ohnmächtig*) desmayado, -a *m, f,* desvanecido, -a *m, f* **2.** (*machtlos*) impotente *mf*

Ohnmachtsanfall *m* <-(e)s, -fälle> (MED) desmayo *m,* desvanecimiento *m;* **einen ~ bekommen** perder el sentido

oho [o'ho:] *interj* ¡cómo!, ¡eeh!; **~, so haben wir aber nicht gewettet, mein Freund!** ¡oiga, amigo, esto no es lo que apostamos!; **du hast dir einen neuen Mercedes gekauft? ~!** ¿que te has comprado un nuevo Mercedes? ¡vaya, vaya!

Ohr [o:ɐ] *nt* <-(e)s, -en> (*äußeres*) oreja *f;* (*inneres*) oído *m;* **es ist mir zu ~en gekommen, dass ...** he oído [*o* sabido] que...; **mir dröhnen/sausen die ~en** me suenan/zumban los oídos; **ich bin ganz ~** soy todo oídos; **mit halbem ~ zuhören** escuchar a medias; **sich** *dat* **die ~en zuhalten** taparse los oídos; **etw noch im ~ haben** tener algo todavía en la cabeza; **jdm die ~en lang ziehen** (*fam*) dar un tirón de orejas a alguien; **lange ~en machen** (*fam*) aguzar el oído, afinar la oreja; **rote ~en bekommen** ponerse colorado; **auf dem ~ bin ich taub** (*fig*) no me doy por aludido, eso no va conmigo; **die Melodie geht ins ~** la melodía se pega; **jdn übers ~ hauen** engañar a alguien; **schreib dir das hinter die ~en!** (*fam*) ¡quédate con el cante!, ¡tenlo bien presente!; **etw geht zum einen ~ rein, zum anderen wieder heraus** (*fam*) algo entra por un oído y sale por el otro; **jdm einen Floh ins ~ setzen** (*fam*) meterle a alguien una idea en la cabeza; **jdm das Fell über die ~en ziehen** (*fam*) desollar vivo a alguien; **viel um die ~en haben** (*fam*) estar muy ocupado; **bis über beide ~en verliebt sein** (*fam*) estar enamorado hasta la médula; **die Situation/die Arbeit wächst mir über die ~en** la situación/el trabajo me desborda [*o* supera]; **sich aufs ~ legen** (*fam*) acostarse, planchar la oreja; **es faustdick hinter den ~en haben** (*fam*) tener muchas conchas

Öhr [ø:ɐ] *nt* <-(e)s, -e> ojo *m* de la aguja

Ohrenarzt, -ärztin *m, f* <-(e)s, -ärzte; -, -nen> otólogo, -a *m, f;* **ohrenbetäubend** *adj* (*fam*) ensordecedor, atronador; **Ohrenentzündung** *f* <-, -en> (MED) otitis *f inv;* **Ohrenklappe** *f* <-, -n> orejeras *fpl;* **eine Strickmütze mit ~n** un gorro de punto con orejeras; **Ohrensausen** *nt* <-s, *ohne pl*> zumbido *m* en los oídos

Ohrenschmalz *nt* <-es, *ohne pl*> cerumen *m;* **Ohrenschmalzpfropfen** *m* <-s, -> (MED) tapón *m* de cerumen en el oído

Ohrenschmaus *m* <-es, -schmäuse> placer *m* para los oídos; **die musikalische Darbietung war ein richtiger ~** la actuación musical fue una auténtica delicia; **Ohrenschmerzen** *mpl* (MED) dolor *m* de oídos; **Ohrenschützer** *mpl* orejeras *fpl;* **Ohrensessel** *m* <-s, -> sillón *m* de orejas; **Ohrentropfen** *mpl* gotas *fpl* para los oídos; **Ohrenzeuge, -in** *m, f* <-n, -n; -, -nen> testigo *mf* auricular

Ohrfeige *f* <-, -n> bofetada *f,* torta *f,* bife *m Am,* gaznata *f Am,* biaba *f Arg, Urug;* **jdm eine ~ geben** dar una bofetada a alguien

ohrfeigen *vt* abofetear, pegar una bofetada (a), virar *ZAm, Ant;* **ich könnte mich ~, dass ...** (*fam*) me daría de tortas por...

Ohrfeigengesicht *nt* <-(e)s, -er> (*fam abw*) cara *f* de besugo; **er hat so ein richtiges ~!** ¡tiene una cara que le darías de hostias!

Ohrgehänge *nt* <-s, -> pendiente *m* (colgante); **Ohrläppchen** ['o:ɐlɛpçən] *nt* <-s, -> lóbulo *m* de la oreja; **Ohrmuschel** *f* <-, -n> pabellón *m* de la oreja; **Ohrring** *m* <-(e)s, -e> pendiente *m,* aro *m Am;* **Ohrstecker** *m* <-s, -> pendiente *m* (de botón); **Ohrwurm** *m* <-(e)s, -würmer> **1.** (*Insekt*) tijereta *f* **2.** (*fam: Lied*) melodía *f* pegadiza

oje [o'je:] *interj,* **ojemine** [o'je:mine] *interj* ¡vaya(, qué pena)!

o.k., okay [o'ke:, o'kɛɪ] **I.** *interj* (*fam: Partikel*) ¡vale!, ¡de acuerdo!, ¡okey! *Am* **II.** *adj* (*fam*): **~ sein** (*gut*) estar bien; (*in Ordnung*) estar en orden; **bist du wieder ~?** ¿estás bien?

okkult [ɔ'kʊlt] *adj* (*geh*) oculto

Okkultismus [ɔkʊl'tɪsmʊs] *m* <-, *ohne pl*> ocultismo *m*

Okkupant [ɔku'pant] *m* <-en, -en> ocupante *m;* **die ~en** las fuerzas ocupantes [*o* de ocupación]

Okkupation [ɔkupa'tsjo:n] *f* <-, -en> ocupación *f* (militar)

okkupieren* [ɔku'pi:rən] *vt* ocupar, invadir

Ökobank ['ø:ko-] *f* <-, -en> (FIN) banco *m* ecológico; **Ökobauer, -bäu(e)rin** *m, f* <-n *o* -s, -n; -, -nen> agricultor(a) *m(f)* ecológico, -a; **Öko-Gütesiegel** *nt* <-s, -> sello *m* ecológico de calidad; **Ökoladen** *m* <-s, -läden> tienda *f* ecológica

Ökologe, -in [øko'lo:gə] *m, f* <-n, -n; -, -nen> ecologista *mf*

Ökologie [økolo'gi:] *f* <-, *ohne pl*> ecología *f*; **Ökologiebewegung** *f* <-, *ohne pl*> movimiento *m* ecologista

Ökologin *f* <-, -nen> *s.* **Ökologe**

ökologisch *adj* ecologista, ecológico; **~es Gleichgewicht** equilibrio ecológico; **~er Raubbau** agotamiento de los recursos ecológicos

Ökonom(in) [øko'no:m] *m(f)* <-en, -en; -, -nen> economista *mf*

Ökonometrie [økonome'tri:] *f* <-, *ohne pl*> (WIRTSCH) econometría *f*

Ökonomie [økono'mi:] *f* <-, -n> economía *f*

Ökonomin *f* <-, -nen> *s.* **Ökonom**

ökonomisch [øko'no:mɪʃ] *adj* económico

Ökopartei *f* <-, -en> partido *m* ecológico

Ökopax ['ø:kopaks] *m* <-en, -e> (*sl*) pacifista *mf* verde

Öko-Siegel *nt* <-s, -> *s.* Öko-Gütesiegel; **Ökosteuer** *f* <-, -n>, **Öko-Steuer** *f* <-, -n> ecotasa *f*, impuesto *m* ecológico; **Ökosystem** *nt* <-s, -e> ecosistema *m*; **ökotoxisch** *adj* ecotóxico; **Ökotyp** *m* <-s, -en> (BIOL) ecotipo *m*

Oktaeder [ɔkta'ʔe:dɐ] *nt* <-s, -> (MATH) octaedro *m*

Oktanzahl [ɔk'ta:n-] *f* <-, -en> octanaje *m*, número *m* de octanos

Oktavband [ɔk'ta:f-] *m* <-(e)s, -bände> tomo *m* en octavo

Oktave [ɔk'ta:və] *f* <-, -n> (MUS) octava *f*

Oktett [ɔk'tɛt] *nt* <-(e)s, -e> (MUS) octeto *m*

Oktober [ɔk'to:bɐ] *m* <-(s), -> octubre *m*; *s. a.* März; **Oktoberfest** *nt* <-(e)s, -e> *fiesta muniquesa de la cerveza;* **Oktoberrevolution** *f* <-, *ohne pl*> (HIST) Revolución *f* de Octubre

oktroyieren* [ɔktro̯a'ji:rən] *vt:* **jdm etw ~** imponer algo a alguien

Okular [oku'la:ɐ] *nt* <-s, -e> ocular *m*

okulieren* [oku'li:rən] *vt* injertar

Ökumene [øku'me:nə] *f* <-, *ohne pl*> (REL) **1.** (*Christentum*) cristiandad *f* **2.** (*gemeinsames Handeln*) ecumenismo *m*

ökumenisch [øku'me:nɪʃ] *adj* (REL) ecuménico; **Katholiken und Protestanten versammelten sich zum ~en Gottesdienst** católicos y protestantes se reunieron en la celebración de una misa ecuménica

Okzident ['ɔktsidɛnt, --'-] *m* <-s> Occidente *m*

Öl [ø:l] *nt* <-(e)s, -e> **1.** (*Speise~, Sonnen~, Schmier~*) aceite *m*; **pflanzliche ~e** aceites vegetales; **ätherisches ~** esencia *f* **2.** (*Erd~*) petróleo *m*, canfín *m ZAm;* **nach ~ bohren** buscar petróleo; **~ fördern** extraer petróleo; **~ ins Feuer gießen** (*fig*) echar leña al fuego; **~ auf die Wogen gießen** (*fig*) amansar los ánimos **3.** (KUNST): **in ~** (**malen**) (pintar) al óleo; **Ölabscheider** *m* <-s, -> (TECH) separador *m* de aceite; **Ölbad** *nt* <-(e)s, -bäder> (CHEM) baño *m* de aceite; **Ölbaum** *m* <-(e)s, -bäume> (*geh*) olivo *m*; **Ölberg** ['ø:lbɛrk] *m* <-(e)s> monte *m* de los olivos; **Ölbild** *nt* <-(e)s, -er> (cuadro *m* al) óleo *m*

Oldie ['ɔʊldi] *m* <-s, -s> (*fam*) **1.** (*Song, Film*) viejo éxito *m* **2.** (*Person*) persona *f* no tan joven

Oldtimer ['ɔʊltaɪmɐ] *m* <-s, -> (AUTO) coche *m* antiguo

Oleander [ole'andɐ] *m* <-s, -> adelfa *f*

ölen ['ø:lən] *vt* engrasar, lubrificar; **es geht wie geölt** va como la seda; **wie ein geölter Blitz** como un rayo

Ölexporteur(in) *m(f)* <-s, -e; -, -nen> exportador(a) *m(f)* de petróleo; **Ölexportland** *nt* <-(e)s, -länder> (WIRTSCH) país *m* exportador de petróleo; **Ölfarbe** *f* <-, -n> color *m* preparado con aceite; (KUNST) pintura *f* al óleo; **Ölfeld** *nt* <-(e)s, -er> campo *m* petrolífero; **Ölfilm** *m* <-(e)s, -e> película *f* de petróleo; **Ölfleck** *m* <-(e)s, -en> mancha *f* de aceite; **Ölförderland** *nt* <-(e)s, -länder> país *m* extractor de petróleo; **Ölförderturm** *m* <-(e)s, -türme> torre *f* de extracción de petróleo; **Ölförderung** *f* <-, *ohne pl*> extracción *f* de petróleo; **Ölgemälde** *nt* <-s, -> pintura *f* al óleo; **Ölgemisch** *nt* <-es, -e>: **dieses Fahrzeug wird mit einem ~ betankt** este vehículo funciona con mezcla; **Ölgesellschaft** *f* <-, -en> compañía *f* petrolífera; **Ölgewinnung** *f* <-, *ohne pl*> (*Speise~*) producción *f* de aceite; (*Erd~*) extracción *f* de petróleo; **Ölgötze** *m:* **wie ein ~** (*fam abw*) como un pasmarote; **Ölhafen** *m* <-s, -häfen> puerto *m* petrolero; **ölhaltig** *adj* (*Pflanze*) oleaginoso; **Ölheizung** *f* <-, -en> calefacción *f* al fueloil

ölig *adj* **1.** (*voll Öl, wie Öl*) aceitoso, oleoso **2.** (*abw: Stimme, Lächeln*) empalagoso, untuoso

Oligarchie [oligar'çi:] *f* <-, -n> oligarquía *f*

Oligopol *nt* <-s, -e> (WIRTSCH) oligopolio *m*

oligopolistisch *adj* (WIRTSCH) oligopólico

oligotroph *adj* (AGR, BIOL) oligotrófico

Ölindustrie *f* <-, -n> industria *f* del petróleo

oliv [o'li:f] *adj inv* (verde) oliva

Olive [o'li:və] *f* <-, -n> aceituna *f*, oliva *f*; **Olivenbaum** *m* <-(e)s, -bäume> olivo *m*; **Olivenhain** *m* <-(e)s, -e> olivar *m*; **Olivenöl** *nt* <-(e)s, -e> aceite *m* de oliva; **kaltgepresstes ~** aceite de oliva virgen extra

olivgrün [o'li:fgry:n] *adj* verde oliva, oliváceo; (*Haut*) aceitunado

Öljacke *f* <-, -n> chaqueta *f* embreada (de pescador); **Ölkanister** *m* <-s, -> bidón *m* de aceite; **Ölkanne** *f* <-, -n> aceitera *f*; **Ölkonzern** *m* <-s, -e> compañía *f* petrolífera;

Ölkrise *f* <-, -n> crisis *f inv* petrolera [*o* del petróleo]; **Ölkuchen** *m* <-s, -> (*Pressrückstände*) residuos *mpl* de trituración de oleaginosas

oll [ɔl] *adj* (*reg: fam: alt*) viejo; (*abgenutzt*) gastado; **das sind ~e Kamellen** eso no es nada nuevo

Öllache *f* <-, -n> charco *m* de aceite; **Öllager** *nt* <-s, -> depósito *m* de aceite

Olle(r) ['ɔlə ('ɔlɐ)] *mf* <-n, -n; -n, -n> (*nordd: fam: Ehepartner*): **mein/dein ~r** mi/tu hombre, mi/tu pareja; **meine/deine ~** mi/tu mujer, mi/tu pareja

Ölleitung *f* <-, -en> oleoducto *m;* **Ölmagnat** *m* <-en, -en> magnate *m* del petróleo

Ölmalerei[1] *f* <-, *ohne pl*> (KUNST: *Technik*) pintura *f* al óleo

Ölmalerei[2] *f* <-, -en> (KUNST: *Gemälde*) (pintura *f* al) óleo *m*

Ölmessstab[RR] *m* <-(e)s, -stäbe> (AUTO) varilla *f* del nivel de aceite; **Ölmühle** *f* <-, -n> almazara *f;* **Ölmulti** *m* <-s, -s> (*fam*) multinacional *f* petrolera; **Ölofen** *m* <-s, -öfen> estufa *f* de gasoil [*o* gasóleo]; **Ölpapier** *nt* <-s, -e> papel *m* parafinado; **Ölpest** *f* <-, *ohne pl*> marea *f* negra; **Ölplattform** *f* <-, -en> plataforma *f* petrolífera; **Ölpresse** *f* <-, -n> lagar *m,* jaraíz *m;* **Ölpumpe** *f* <-, -n> bomba *f* de aceite; **Ölquelle** *f* <-, -n> pozo *m* de petróleo; **Ölraffinerie** *f* <-, -n> refinería *f* de petróleo; **ölreich** *adj* rico en recursos petrolíferos; **Saudi-Arabien ist sehr ~** Arabia Saudí tiene grandes recursos petrolíferos; **Ölrückstände** *mpl* residuos *mpl* de petróleo; **Ölsardine** *f* <-, -n> sardina *f* en aceite; **sitzen wie die ~n** estar como sardinas en lata; **Ölscheich** *m* <-(e)s, -e> (*fam*) jeque *m* del petróleo; **Ölschicht** *f* <-, -en> capa *f* de aceite; **Ölschiefer** *m* <-s, -> pizarra *f* bituminosa; **Ölsperre** *f* <-, -n> prohibición *f* de exportación de petróleo; **in den Siebzigerjahren verhängten die Erdöl fördernden Länder eine ~** en los años setenta los países productores de petróleo prohibieron la exportación de crudo

Ölstand *m* <-(e)s, -stände> nivel *m* del aceite; **Ölstandsanzeiger** *m* <-s, -> indicador *m* del nivel de aceite; **Ölstandsmesser** *m* <-s, -> medidor *m* del nivel de aceite

Öltanker *m* <-s, -> petrolero *m;* **Ölteppich** *m* <-s, -e> marea *f* negra, mancha *f* de petroleo en el mar

Ölung *f* <-, -en> **1.** (TECH) engrase *m,* lubricación *f* **2.** (REL) unción *f;* **die Letzte ~** la extremaunción, la administración *Cuba, PRico*

Ölverbrauch *m* <-(e)s, *ohne pl*> (AUTO) gasto *m* de aceite; **Ölverknappung** *f* <-, *ohne pl*> disminución *f* de las reservas petroleras; **Ölverschmutzung** *f* <-, -en> contaminación *f* por petróleo; **Ölvorkommen** *nt* <-s, -> yacimiento *m* petrolífero; **Ölwanne** *f* <-, -n> (AUTO) cárter *m;* **Ölwechsel** *m* <-s, -> (AUTO) cambio *m* de aceite; **Ölwehr** *f* <-, -en> *bomberos especializados en incendios provocados por gasolinas y derivados*

Olympiade [olʏm'pja:də] *f* <-, -n> olimpiada *f*

Olympiamannschaft [o'lʏmpja-] *f* <-, -en> equipo *m* olímpico; **Olympiasieger(in)** *m(f)* <-s, -; -, -nen> campeón, -ona *m, f* olímpico, -a; **Olympiastadion** *nt* <-s, -stadien> estadio *m* olímpico

olympisch [o'lʏmpɪʃ] *adj* olímpico; **die O~en Spiele** los Juegos Olímpicos; **~es Dorf** villa olímpica

Ölzeug *nt* <-(e)s, *ohne pl*> ropa *f* impermeable; **Ölzweig** *m* <-(e)s, -e> ramo *m* de olivo

Oma ['o:ma] *f* <-, -s> (*fam*) abuela *f,* abuelita *f,* nanoya *f Guat*

Ombudsmann, -frau ['ɔmbʊts-] *m, f* <-es, -leute *o* -männer; -, -en> ≈Defensor *m* del Pueblo

OMC *nt* <-, *ohne pl*> (TEL) *Abk. von* **Operation and Mantainance Center** OMC *m*

Omelett [ɔm(ə)'lɛt] *nt* <-(e)s, -e *o* -s> tortilla *f*

Omen ['o:mən] *nt* <-s, – *o* Omina> agüero *m,* presagio *m;* **das ist ein gutes/schlechtes ~** es un buen/mal presagio

ominös [omi'nø:s] *adj* (*geh*) **1.** (*unheilvoll*) de mal agüero **2.** (*zweifelhaft*) dudoso

Omnibus ['ɔmnibʊs] *m* <-ses, -se> (*in der Stadt*) autobús *m,* ómnibus *m,* góndola *f Kol, Chil;* (*Überland~*) autocar *m;* **Omnibushaltestelle** *f* <-, -n> parada *f* de autobús; **Omnibuslinie** *f* <-, -n> línea *f* de autobuses

Omnivore *m* <-n, -n> omnívoro, -a *m, f*

Onanie [ona'ni:] *f* <-, *ohne pl*> masturbación *f,* onanismo *m*

onanieren* [ona'ni:rən] *vi* masturbarse

One-Man-Show ['wʌnmænʃoʊ] *f* <-, -s> actuación *f* de un solo artista; **der Schauspieler hielt bei seiner ~ das Publikum in Atem** el actor tuvo a todo el público en vilo durante el show

Onkel ['ɔŋkəl] *m* <-s, -> tío *m*

Onkologe, -in [ɔŋko'lo:gə] *m, f* <-n, -n; -, -nen> (MED) oncólogo, -a *m, f*

Onkologie [ɔŋkolo'gi:] *f* <-, *ohne pl*> (MED) oncología *f*

Onkologin *f* <-, -nen> *s.* **Onkologe**

onkologisch [ɔŋko'lo:gɪʃ] *adj* (MED) oncológico; **die ~e Abteilung ist im dritten Stock** oncología está en el tercer piso

online[RR] ['ɔnlaɪn] *adj* (INFOR) en línea; **Onlinebetrieb**[RR] *m* <-(e)s, *ohne pl*> (INFOR) servicio *m* en línea; **Onlinechat** *m* <-, -s> (INFOR, TEL: *sl*) charla *f* en on-line; **Onlinedatenbankdienst** *m* <-(e)s, -e> (INFOR) servicio *m* de banco de datos on-line; **Onlinedienst** *m* <-(e)s, -e> (INFOR) servicio *m* online

Onyx ['o:nʏks] *m* <-(es), -e> ónice *m,* ónix *m inv*

OP [o:'pe:] *m* <-(s), -(s)> (MED) *Abk. von*

Operationssaal quirófano *m*

Opa ['o:pa] *m* <-s, -s> (*fam*) abuelo *m*, abuelito *m*

opak [o'pa:k] *adj* opaco

Opal [o'pa:l] *m* <-s, -e> ópalo *m*

OPEC ['o:pɛk] *f* <-> *Abk. von* **Organization of the Petroleum Exporting Countries** OPEP *f*; **OPEC-Länder** *ntpl* países *mpl* OPEP

Oper ['o:pɐ] *f* <-, -n> ópera *f*; **in die ~ gehen** ir a la ópera; **zur** [*o* **an die**] **~ gehen** dedicarse a la ópera

Opera *pl von* **Opus**

Operateur(in) [opəra'tø:ɐ] *m(f)* <-s, -e; -, -nen> (MED, FILM) operador(a) *m(f)*

Operation [opəra'tsjo:n] *f* <-, -en> (MED, INFOR, MATH, MIL) operación *f*; **Operationssaal** *m* <-(e)s, -säle> quirófano *m*; **Operationsschwester** *f* <-, -n> enfermera *f* de quirófano; **Operationstisch** *m* <-(e)s, -e> mesa *f* de operaciones

operativ [opəra'ti:f] *adj* **1.** (MED) quirúrgico; **~er Eingriff** intervención quirúrgica; **etw ~ entfernen** extirpar algo (quirúrgicamente) **2.** (MIL) estratégico

Operator[1] [opə'ra:to:ɐ] *m* <-s, -en> (MATH) operador *m*

Operator(in)[2] *m(f)* <-s, -en; -, -nen> (*Beruf*) operador(a) *m(f)*

Operette [opə'rɛtə] *f* <-, -n> opereta *f*

operieren* [opə'ri:rən] **I.** *vi* **1.** (MED) operar, intervenir quirúrgicamente **2.** (MIL) operar **3.** (*handeln*) proceder, operar **II.** *vt* (MED) operar (*an* de); **sich ~ lassen** operarse (*an* de)

Opernball ['o:pɐn-] *m* <-(e)s, -bälle> baile *m* de la ópera; **Opernführer** *m* <-s, -> guía *f* de la ópera; **Opernglas** *nt* <-es, -gläser> gemelos *mpl* (de teatro); **Opernhaus** *nt* <-es, -häuser> ópera *f*; **Opernsänger(in)** *m(f)* <-s, -; -, -nen> cantante *mf* de ópera

Opfer ['ɔpfɐ] *nt* <-s, -> **1.** (*~gabe*) ofrenda *f* **2.** (*Verzicht*) sacrificio *m* (*für* por); **wir müssen alle ~ bringen** todos tenemos que hacer un sacrificio **3.** (*Person*) víctima *f*; **täglich werden viele Kinder ~ des Straßenverkehrs** cada día muchos niños son víctimas de accidentes de tráfico; **die Überschwemmung forderte viele ~** la inundación causó muchas víctimas; **jdm/etw zum ~ fallen** ser víctima de alguien/de algo; **dem Erdbeben fielen zahlreiche Menschen zum ~** el terremoto se cobró numerosas víctimas; **opferbereit** *adj* sacrificado, abnegado; **Opferbereitschaft** *f* <-, *ohne pl*> espíritu *m* de sacrificio, abnegación *f*; **opferfreudig** *adj* abnegado; **Opfergabe** *f* <-, -n> ofrenda *f*

Opferlamm[1] *nt* <-(e)s, -lämmer> (*wehrloses Opfer*) víctima *f*

Opferlamm[2] *nt* <-(e)s, *ohne pl*> (REL: *Christus*) Cordero *m* de Dios

Opfermut *m* <-(e)s, *ohne pl*> (*geh*) abnegación *f*

opfern ['ɔpfɐn] **I.** *vt* sacrificar; **im Krieg wurden Tausende sinnlos geopfert** la guerra costó absurdamente la vida de miles de víctimas; **ich habe ihr** [*o* **für sie**] **viel Zeit geopfert** le he dedicado mucho tiempo **II.** *vr:* **sich ~** sacrificarse (*für* por); **er hat sich für seinen Freund geopfert** se ha sacrificado por su amigo

Opferstätte *f* <-, -n> (REL) sacrificadero *m*; **Opferstock** *m* <-(e)s, -stöcke> cepillo *m* (de la iglesia); **Opfertier** *nt* <-(e)s, -e> (REL) (víctima *f* del) sacrificio *m*; **Opfertod** *m* <-(e)s, -e> (*geh*) inmolación *f*

Opferung *f* <-, -en> sacrificio *m*

Opferwille *m* <-ns, *ohne pl*> espíritu *m* de sacrificio [*o* de abnegación]; **opferwillig** *adj* dispuesto al sacrificio, abnegado; **Opferwillige(r)** *mf* <-n, -n; -n, -n> persona *f* abnegada [*o* sacrificada]

Opiat [opi'a:t] *nt* <-(e)s, -e> remedio *m* opiáceo

Opium ['o:piʊm] *nt* <-s, *ohne pl*> opio *m*; **Opiumhöhle** *f* <-, -n> (*abw*) fumadero *m* de opio; **Opiumraucher(in)** *m(f)* <-s, -; -, -nen> fumador(a) *m(f)* de opio; **Opiumtinktur** *f* <-, -en> tintura *f* de opio, extracto *m* de opio

Opossum [o'pɔsʊm] *nt* <-s, -s> (ZOOL) oposum *m*, zarigüeya *f*

Opponent(in) [ɔpo'nɛnt] *m(f)* <-en, -en; -, -nen> oponente *mf*, adversario, -a *m, f*

opponieren* [ɔpo'ni:rən] *vi* oponerse (*gegen* a)

opportun [ɔpɔr'tu:n] *adj* oportuno

Opportunismus [ɔpɔrtu'nɪsmʊs] *m* <-, *ohne pl*> oportunismo *m*

Opportunist(in) [ɔpɔrtu'nɪst] *m(f)* <-en, -en; -, -nen> oportunista *mf*

opportunistisch *adj* oportunista

Opportunität *f* <-, -en> (*geh*) oportunidad *f*; **Opportunitätkosten** *pl* (WIRTSCH) coste *m* de oportunidad

Opposition [ɔpozi'tsjo:n] *f* <-, -en> (*a.* POL) oposición *f*; **aus ~** por llevar la contraria; **in der ~ sein** estar en la oposición; **in ~ zu jdm stehen** ser oponente de alguien; **gegen jdn/gegen etw ~ machen** oponerse a alguien/a algo, organizar un frente contra alguien/contra algo

oppositionell [ɔpozitsjo'nɛl] *adj* de (la) oposición; **etw** *dat* **~ gegenüberstehen** estar en contra de algo

Oppositionelle(r) *mf* <-n, -n; -n, -n> (POL) opositor(a) *m(f)*, miembro *m* de la oposición; **der Diktator ließ alle ~n in Arbeitslager bringen** el dictador envió a todos los opositionistas a un campo de trabajo

Oppositionsführer(in) *m(f)* <-s, -; -, -nen> líder *mf* de la oposición; **Oppositionspartei** *f* <-, -en> partido *m* de la oposición

OP-Schwester *f* <-, -n> enfermera *f* de quirófano

O

optieren* *vi* **1.** (*für eine Staatsangehörigkeit*) optar (*für* por) **2.** (JUR) optar (*auf* a)

Optik ['ɔptɪk] *f* <-, *ohne pl*> (*a.* PHYS) óptica *f;* **alles ist nur eine Frage der ~** (*Ansichtssache*) todo es una cuestión de óptica [*o* de punto de vista]

Optiker(in) ['ɔptikɐ] *m(f)* <-s, -; -, -nen> óptico, -a *m, f*

Optima *pl von* **Optimum**

optimal [ɔpti'maːl] *adj* óptimo; **das ist nicht ~** no es óptimo; **das ist ~ gelöst** es la solución ideal

optimieren* [ɔpti'miːrən] *vt* optimar, optimizar

Optimierung *f* <-, -en> optimización *f*

Optimismus [ɔpti'mɪsmʊs] *m* <-, *ohne pl*> optimismo *m;* **sich** *dat* **den ~ bewahren** mantener el optimismo; **voller ~ an etw herangehen** empezar algo lleno de optimismo

Optimist(in) [ɔpti'mɪst] *m(f)* <-en, -en; -, -nen> optimista *mf*

optimistisch *adj* optimista; **das stimmt mich ~** eso me da ánimos [*o* esperanzas]

Optimum ['ɔptimʊm, *pl:* 'ɔptima] *nt* <-s, Optima> (*geh*) grado *m* óptimo [*o* ideal] (*an* de); **ein ~ an Qualität erzielen** alcanzar el mayor grado de calidad

Option [ɔp'tsjoːn] *f* <-, -en> (*a.* JUR) opción *f* (*für* por, *auf* a); **Optionsfeld** *nt* <-(e)s, -er> (INFOR, TEL) campo *m* de opción; **Optionsgeschäft** *nt* <-(e)s, -e> (WIRTSCH) negocio *m* opcional [*o* de opción]; **Optionsschaltfeld** *nt* <-(e)s, -er> (INFOR, TEL) botón *m* de opciones; **Optionsvertrag** *m* <-(e)s, -träge> contrato *m* opcional [*o* de opción]

optisch ['ɔptɪʃ] *adj* óptico; **~e Täuschung** ilusión óptica; **~er Eindruck** impresión óptica

Optoelektronik *f* <-, *ohne pl*> optoelectrónica *f*

opulent [opu'lɛnt] **I.** *adj* (*geh*) opulento; **ein ~es Mahl** una opulenta comida, una comida muy abundante **II.** *adv* (*geh*) con opulencia; **in diesem Restaurant isst man sehr ~** en este restaurante se come con mucha opulencia

Opus ['oːpʊs, *pl:* 'oːpəra] *nt* <-, Opera> **1.** (LIT) obra *f* **2.** (MUS) opus *m*

Orakel [o'raːkəl] *nt* <-s, -> oráculo *m;* **das ~ von Delphi** el oráculo de Delfos; **das ~ befragen** consultar el oráculo

orakeln* *vi* (*fam*) vaticinar, pronosticar

oral [o'raːl] *adj* oral; **~er Sex** sexo oral; **Oralverkehr** *m* <-s, *ohne pl*> sexo *m* oral

orange [o'rãːʒ, o'rãːʃ, o'raŋʃ] *adj* (de color) naranja

Orange¹ [o'rãːʒə, o'raŋʒə] *f* <-, -n> (*Frucht*) naranja *f*

Orange² *nt* <-, – *o* -s> (*Farbe*) naranja *m*

Orangeade [orã'ʒaːdə, oraŋ'ʒaːdə] *f* <-, -n> naranjada *f*

Orangeat [o'rã'ʒaːt] *nt* <-(e)s, -e> espejuelo *m* de naranja

orangefarben *adj,* **orangefarbig** *adj* (de color) naranja

Orangenbaum *m* <-(e)s, -bäume> naranjo *m;* **Orangenblüte** *f* <-, -n> azahar *m;* **Orangenhaut** *f* <-, *ohne pl*> (*Zellulitis*) piel *f* de naranja, celulitis *f inv;* **Orangenmarmelade** *f* <-, -n> mermelada *f* de naranja; **Orangensaft** *m* <-(e)s, -säfte> zumo *m* de naranja, jugo *m* de naranja *Am;* **Orangenschale** *f* <-, -n> cáscara *f* de naranja

Orangerie [---'-] *f* <-, -n> invernáculo *m* de naranjos

Orang-Utan ['oːraŋ'ʔuːtan] *m* <-s, -s> orangután *m*

Oratorium [ora'toːriʊm] *nt* <-s, Oratorien> (*a.* MUS) oratorio *m*

Orbit ['ɔrbɪt] *m* <-s, -s> órbita *f*

Orchester [ɔr'kɛstɐ] *nt* <-s, -> orquesta *f;* **Orchesterbegleitung** *f* <-, -en> acompañamiento *m* orquestal; **Orchestergraben** *m* <-s, -gräben> foso *m* (de la orquesta)

orchestrieren* [ɔrkɛs'triːrən, ɔrçɛs'triːrən] *vt* (MUS) **1.** (*instrumentieren*) instrumentar **2.** (*umarbeiten*) orquestar

Orchidee [ɔrçi'deːə] *f* <-, -n> orquídea *f*

Orden ['ɔrdən] *m* <-s, -> **1.** (REL) orden *f* (religiosa); **in einen ~ eintreten** ingresar en una orden **2.** (*Auszeichnung*) condecoración *f;* **jdm einen ~ verleihen** conceder a alguien una condecoración; **Ordensbruder** *m* <-s, -brüder> (REL) hermano *m,* fraile *m;* **Ordensgeistliche(r)** *m* <-n, -n> (REL) clérigo *m* regular; **Ordensregel** *f* <-, -n> regla *f* de una orden; **Ordensschwester** *f* <-, -n> (REL) hermana *f;* **Ordenstracht** *f* <-, -en> hábito *m* de una orden

Ordensträger(in) *m(f)* <-s, -; -, -nen> condecorado, -a *m, f*

ordentlich ['ɔrdəntlɪç] **I.** *adj* **1.** (*Mensch, Zimmer*) ordenado **2.** (*Gericht*) ordinario; (*Mitglied*) numerario; **~e Professorin** catedrática *f* **3.** (*anständig*) respetable; **etwas O~es lernen** estudiar algo de provecho **4.** (*fam: tüchtig*) bueno; **eine ~e Tracht Prügel** una buena paliza **5.** (*fam: ganz gut*) bastante bueno, aceptable **II.** *adv* **1.** (*allgemein*) ordenadamente; (*Benehmen*) como es debido; **sich ~ benehmen** comportarse como es debido **2.** (*fam: ziemlich*) bastante; (*viel*) mucho; **sie verdient ganz ~** gana bastante; **er hat ~ Hunger** tiene mucha hambre

Order ['ɔrdɐ] *f* <-, -s> **1.** (*Befehl*) orden *f;* **sich an seine ~ halten** cumplir su orden **2.** (*Auftrag*) orden *f,* pedido *m;* **laufende ~** orden en curso; **telegrafisch erteilte ~** orden telegráfica; **an eigene/fremde ~** a su propia orden/a la orden de un tercero; **an ~ lautend** pagadero a la orden; **auf ~ und Rechnung von ...** a la orden y cuenta de...; **eine ~ erteilen** expedir una orden; **Orderkonnos-**

sement *nt* <-(e)s, -e> (WIRTSCH) conocimiento *m* a la orden

ordern ['ɔrdɐn] *vt* pedir, encargar

Ordinalzahl [ɔrdi'na:l] *f* <-, -en> número *m* ordinal

ordinär [ɔrdi'nɛ:ɐ] *adj* **1.** (*unfein*) ordinario, vulgar **2.** (*gewöhnlich*) común, corriente

Ordinariat [ɔrdina'ria:t] *nt* <-(e)s, -e> **1.** (UNIV) cátedra *f* (universitaria) **2.** (REL): **Bischöfliches ~** sede *f* episcopal

Ordinarius [ɔrdi'na:riʊs] *m* <-, Ordinarien> **1.** (UNIV) catedrático *m* **2.** (REL) ordinario *m*

Ordinate [ɔrdi'na:tə] *f* <-, -n> (MATH) ordenada *f;* **Ordinatenachse** *f* <-, -n> (MATH) eje *m* de ordenadas

ordnen ['ɔrdnən] *vt* ordenar, poner en orden; **etw der Größe nach ~** ordenar algo por tamaños; **alphabetisch ~** ordenar alfabéticamente; **etw neu ~** dar un orden nuevo a algo; **wohl geordnet** (*geh*) bien ordenado; **aus wohl geordneten Verhältnissen stammen** ser de una familia bien situada; **als Junggeselle führt er ein wenig geordnetes Leben** soltero como es lleva una vida poco ortodoxa

Ordner¹ *m* <-s, -> (*Akten~*) archivador *m*

Ordner(in)² *m(f)* <-s, -; -, -nen> (*Person*) persona *f* del servicio de orden

Ordnung *f* <-, *ohne pl*> **1.** (*Zustand, An~, a.* BIOL, MATH) orden *m;* **öffentliche ~** orden público; **~ halten** mantener el orden; **jdn zur ~ rufen** llamar a alguien al orden; **Ruhe und ~ stören** alterar el orden público; **für ~ sorgen, ~ schaffen** poner orden; **~ in etw bringen** ordenar algo, poner orden en algo; **etw in ~ bringen** (*fam*) arreglar algo, poner algo en orden; **der ~ halber** para el buen orden; **ich finde es (ganz) in ~, dass ...** (*fam*) me parece (muy) bien que... *+subj;* **(das geht) in ~** (*fam*) está bien; **der ist in ~** (*fam: menschlich o.k.*) es un buen tipo; **mit dem Wagen ist etwas nicht in ~** (*fam*) el coche no funciona bien; **~ ist das halbe Leben** (*prov*) orden y dedicación dan gran satisfacción **2.** (*Vorschrift*) reglamento *m;* **sich an eine ~ halten** cumplir un reglamento; **Ordnungsamt** *nt* <-(e)s, -ämter> oficina *f* del orden público; **Ordnungsgeld** *nt* <-(e)s, -er> multa *f;* **wegen Falschparkens musste er ein ~ zahlen** por aparcar mal tuvo que pagar una multa; **ordnungsgemäß** **I.** *adj* reglamentario, debido **II.** *adv* como es debido; **ordnungshalber** *adv* para el buen orden, para mayor formalidad; **Ordnungshüter(in)** *m(f)* <-s, -; -, -nen> (*fam*) guardián, -ana *m, f* del orden; **Ordnungsliebe** *f* <-, *ohne pl*> amor *m* al orden; **ordnungsliebend** *adj* ordenado, amante del orden; **er ist ein ~er Mensch** es una persona muy ordenada; **Ordnungsmappe** *f* <-, -n> clasificador *m;* **Ordnungsruf** *m* <-(e)s, -e> llamada *f* al orden; **jdm einen ~ erteilen** llamar a alguien al orden; **Ordnungssinn** *m* <-(e)s, *ohne pl*> sentido *m* del orden; **Ordnungsstrafe** *f* <-, -n> (JUR) pena *f* reglamentaria; (*Geldstrafe*) multa *f;* **ordnungswidrig** *adj* (JUR) ilegal; **sich ~ verhalten** infringir los reglamentos; **Ordnungswidrigkeit** *f* <-, -en> (JUR) infracción *f* de reglamentos; **Ordnungszahl** *f* <-, -en> número *m* ordinal; (CHEM) número *m* de orden

Oregano [o're:gano] *m* <-s, *ohne pl*> orégano *m*

Organ [ɔr'ga:n] *nt* <-s, -e> **1.** (ANAT) órgano *m;* **die inneren ~e** los órganos interiores; **lebenswichtige ~e** órganos esenciales **2.** (*Institution, Zeitung*) órgano *m;* **ausführendes ~** órgano ejecutivo **3.** (*fam: Stimme*) voz *f;* **ein lautes ~ haben** tener una voz fuerte; **Organbank** *f* <-, -en> (MED) banco *m* de órganos; **Organhandel** *m* <-s, *ohne pl*> comercio *m* con órganos (humanos)

Organigramm [ɔrgani'gram] *nt* <-s, -e> organigrama *m*

Organisation¹ [ɔrganiza'tsjo:n] *f* <-, *ohne pl*> (*das Organisieren, Struktur*) organización *f*

Organisation² *f* <-, -en> (*Zusammenschluss*) organización *f;* **internationale ~** organización internacional; **~ für wirtschaftliche Zusammenarbeit und Entwicklung** Organización para la Cooperación y el Desarrollo Económico

Organisationskomitee *nt* <-s, -s> comité *m* de organización; **Organisationsplan** *m* <-(e)s, -pläne> (WIRTSCH) organigrama *m;* **Organisationstalent** *nt* <-(e)s, -e> talento *m* organizador

Organisations- und Rechenzentrum *nt* <-s, -zentren> centro *m* de organización y de cálculo

Organisationswissenschaft *f* <-, -en> ciencia *f* de la organización

Organisator(in) [ɔrgani'za:to:ɐ] *m(f)* <-s, -en; -, -nen> organizador(a) *m(f)*

organisatorisch [ɔrganiza'to:rɪʃ] *adj* organizador; **wer erledigt das O~e?** ¿quién se encarga de la organización?; **das hat ~ nicht geklappt** no resultó por motivos de organización

organisch [ɔr'ga:nɪʃ] *adj* (*a.* CHEM, MED, BIOL) orgánico; **er ist ~ gesund** sus órganos funcionan a la perfección

organisieren* [ɔrgani'zi:rən] **I.** *vt* **1.** (*planen*) organizar; **organisiertes Verbrechen** crimen organizado; **die Arbeiter gewerkschaftlich ~** sindicar a los trabajadores **2.** (*fam: beschaffen*) proporcionar; (*stehlen*) robar, mangar **II.** *vr:* **sich ~** organizarse; **sich gewerkschaftlich ~** sindicarse

Organismus [ɔrga'nɪsmʊs] *m* <-, Organismen> organismo *m*

Organist(in) [ɔrga'nɪst] *m(f)* <-en, -en; -, -nen> organista *mf*

Organklage *f* <-, -n> (JUR) demanda *f* orgánica; **Organspende** *f* <-, -n> (MED) donación *f* de órganos; **Organspender(in)** *m(f)* <-s, -; -, -nen> (MED) donante *mf* de órganos; **Organstörung** *f* <-, -en> perturbación *f* orgánica; **Organtransplantation** *f* <-, -en> (MED), **Organverpflanzung** *f* <-, -en> (MED) trasplante *m* de órganos

Orgasmus [ɔr'gasmʊs] *m* <-, Orgasmen> orgasmo *m*

orgastisch [ɔr'gastɪʃ] *adj* orgásmico

Orgel ['ɔrgəl] *f* <-, -n> órgano *m;* **Orgelkonzert** *nt* <-(e)s, -e> **1.** (*Musikstück*) concierto *m* para órgano **2.** (*Darbietung*) concierto *m* de órgano; **Orgelmusik** *f* <-, -en> **1.** (*Komposition*) música *f* para órgano **2.** (*Orgelspiel*) pieza *f* de órgano

orgeln ['ɔrgəln] *vi* **1.** (*Drehorgel spielen*) tocar el órgano; **der alte Mann orgelte ohne Unterlass** el viejo hombre tocaba el órgano sin parar **2.** (*fam: rauschen*) bramar; **der Wind orgelte durch den Wald** el viento bramaba a través del bosque **3.** (JAGD: *Hirsch*) bramar

Orgelpfeife *f* <-, -n> tubo *m* de órgano; **Orgelspieler(in)** *m(f)* <-s, -; -, -nen> organista *mf*

orgiastisch *adj* orgiástico, orgíaco; **die Bewegungen der Bauchtänzerin wurden immer ~er** los movimientos de vientre de la bailarina eran cada vez más excitantes

Orgie ['ɔrgiə] *f* <-, -n> orgía *f*

Orient ['o:riɛnt, ori'ɛnt] *m* <-s> Oriente *m;* **der Vordere ~** el Cercano Oriente, el Oriente Próximo

Orientale, -in [oriɛn'ta:lə] *m, f* <-n, -n; -, -nen> natural *mf* de Oriente Próximo [*o* Medio]

orientalisch [oriɛn'ta:lɪʃ] *adj* natural de Oriente Próximo [*o* Medio]

Orientalistik [oriɛnta'lɪstɪk] *f* <-, *ohne pl*> (LING) filología *f* oriental

orientieren* [oriɛn'ti:rən] *vr:* **sich ~** orientarse (*an/nach* por, *über* sobre); **sich nicht ~ können** no saber orientarse; **ich orientierte mich an ihr** la tomé como ejemplo; **wir sind über Sie und Ihre Aktivitäten orientiert** estamos al corriente sobre Ud. y sus actividades; **er ist links orientiert** es de izquierdas

Orientierung *f* <-, *ohne pl*> orientación *f* (*an/nach* por, *über* sobre); **die ~ verlieren** perder la orientación; **dies dient ihrer ~** esto le sirve de orientación; **dies soll zu Ihrer ~ dienen** esto debe servirle de orientación; **Orientierungshilfe** *f* <-, -n> **1.** (*geografisch*) orientación *f;* **der alte Baum bietet eine gute ~** el viejo árbol es un buen punto de orientación **2.** (*Leitfaden*) guía *f* **3.** (*Beistand*) apoyo *m,* ayuda *f;* **jdm eine ~ sein/geben** servirle a alguien de/darle a alguien ayuda [*o* apoyo]; **Orientierungspreis** *m* <-es, -e> (WIRTSCH) precio *m* orientativo; **Orientierungspunkt** *m* <-(e)s, -e> indicador *m;* **sie folgten dem mit ~en markierten Wanderweg** siguieron el sendero marcado con indicadores; **Orientierungssinn** *m* <-(e)s, *ohne pl*> sentido *m* de la orientación

Origano [o'ri:gano] *m* <-s, *ohne pl*> *s.* **Oregano**

original [origi'na:l] *adj* original; (*echt*) auténtico; **~ Schweizer Käse** auténtico queso suizo; **~ übertragen** (RADIO, TV) transmitir en directo; **~ verpackt** en el envase [*o* envoltorio] original (sin desempaquetar)

Original [origi'na:l] *nt* <-s, -e> **1.** (*erstes Exemplar*) original *m;* **etw im ~ lesen** leer el original de algo **2.** (*fam: Mensch*) persona *f* original; **Originalaufnahme** *f* <-, -n> (RADIO) grabación *f* original; (TV) película *f* original; **Originalausgabe** *f* <-, -n> (MEDIA) primera edición *f;* (*eines alten Werkes*) edición *f* princeps; **als die ~ vergriffen war, wurden Nachdrucke aufgelegt** cuando se agotó la primera edición se hicieron reimpresiones; **Originaldiskette** *f* <-, -n> (INFOR) disquete *m* original; **Originalfassung** *f* <-, -en> versión *f* original; **originalgetreu** *adj* idéntico al original

Originalität [originali'tɛ:t] *f* <-, *ohne pl*> **1.** (*Echtheit*) originalidad *f* **2.** (*Einmaligkeit*) singularidad *f*

Originalpackung *f* <-, -en> envase *m* original; **Originalton** *m* <-(e)s, *ohne pl*> **1.** (FILM) banda *f* sonora original **2.** (*wörtliches Zitat*) palabras *fpl* literales; **das habe nicht ich gesagt, das war ~ Lars** yo no dije eso, (sino que) lo dijo Lars literalmente; **Originalübertragung** *f* <-, -en> (RADIO, TV) programa *m* en directo; **Originalverpackung** *f* <-, -en> envoltura *f* original; **in ~** en su embalaje original

originär [origi'nɛ:ɐ] *adj* original, fundamentalmente nuevo [*o* distinto]

originell [origi'nɛl] *adj* original; (*eigenartig*) singular; (*außergewöhnlich*) insólito

Orkan [ɔr'ka:n] *m* <-s, -e> huracán *m;* **orkanartig** *adj* huracanado; **Orkanstärke** *f* <-, -n> (METEO) fuerza *f* de(l) huracán; **der Wetterbericht meldet für morgen Wind mit ~** el parte metereológico anuncia vientos huracanados para mañana

Ornament [ɔrna'mɛnt] *nt* <-(e)s, -e> ornamento *m,* adorno *m*

ornamental [ɔrnamɛn'ta:l] *adj* ornamental

Ornat [ɔr'na:t] *m* <-(e)s, -e> traje *m* de ceremonia; (*kirchlich*) ornamentos *mpl* (sacerdotales)

Ornithologe, -in [ɔrnito'lo:gə] *m, f* <-n, -n; -, -nen> ornitólogo, -a *m, f*

Ornithologie *f* <-, *ohne pl*> ornitología *f*

Ornithologin *f* <-, -nen> *s.* **Ornithologe**

Orogenese [oroge'ne:zə] *f* <-, -n> (GEO) orogénesis *f inv*

Oropax® ['o:ropaks] *nt* <-, -> tapón *m* (de cera) para el oído

Ort [ɔrt] *m* <-(e)s, -e> **1.** (*Platz*) lugar *m,* sitio *m;* **~ der Handlung** lugar de la acción; **ein ~ der Stille/des Friedens** un lugar tranquilo/

pacífico; **hier ist nicht der ~, darüber zu sprechen** éste no es el lugar para hablar de ello; **am rechten ~** en el sitio adecuado; **an ~ und Stelle** a su debido tiempo; **am angegebenen ~** en el lugar indicado [*o* convenido]; **vor ~** in situ; **vor ~ sein** estar en el lugar de los hechos **2.** (*Ortschaft*) lugar *m,* población *f;* (*Dorf*) pueblo *m,* aldea *f;* (*Stadt*) ciudad *f;* **das beste Hotel am ~** el mejor hotel del lugar; **mitten im ~** en el centro de la población; **von ~ zu ~** de pueblo en pueblo

Örtchen ['œrtçən] *nt* <-s, -> (*fam*): **stilles ~** excusado *m,* retrete *m;* **aufs stille ~ gehen** ir a hablar con el Señor Roca

orten ['ɔrtən] *vt* (NAUT, AERO) determinar la posición (de), localizar

orthodox [ɔrto'dɔks] *adj* (*a. fig*) ortodoxo

OrthografieRR *f* <-, -n> *s.* **Orthographie**

orthografischRR *adj s.* **orthographisch**

Orthographie [ɔrtogra'fiː] *f* <-, -n> ortografía *f*

orthographisch [ɔrto'graːfɪʃ] *adj* ortográfico

Orthopäde, **-in** [ɔrto'pɛːdə] *m, f* <-n, -n; -, -nen> ortopeda *mf;* (*Arzt*) ≈traumatólogo, -a *m, f*

Orthopädie [---'-] *f* <-, *ohne pl*> ortopedia *f*

Orthopädin *f* <-, -nen> *s.* **Orthopäde**

orthopädisch *adj* ortopédico

örtlich ['œrtlɪç] *adj* local; **die ~e Verwaltung** la administración local; **~ begrenzte Regenfälle** chubascos aislados, precipitaciones aisladas; **~ betäubt** con anestesia local, anestesiado localmente

Örtlichkeit *f* <-, -en> localidad *f,* lugar *m;* **sich mit den ~en vertraut machen** familiarizarse con el lugar

Ortsangabe *f* <-, -n> indicación *f* de lugar; **ortsansässig** *adj* (*Firma*) local, establecido en el lugar; (*Person*) residente (en el lugar); (*im Dorf*) vecino (del pueblo); **Ortsansässige(r)** *mf* <-n, -n; -n, -n> vecino, -a *m, f,* residente *mf;* **als ~r kannte er jede Abkürzung in der Innenstadt** como vecino del pueblo conocía todos los atajos del centro de la ciudad; **Ortsausgang** *m* <-(e)s, -gänge> salida *f* de la población; **Ortsbesichtigung** *f* <-, -en> visita *f* de un lugar; **Ortsbestimmung** *f* <-, -en> **1.** (GEO) determinación *f* de la posición geográfica **2.** (LING) complemento *m* de lugar

Ortschaft *f* <-, -en> población *f*

Ortseingang *m* <-(e)s, -gänge> entrada *f* a la población; **ortsfremd** *adj* forastero; **Ortsfremde(r)** *mf* <-n, -n; -n, -n> no residente *mf,* forastero, -a *m, f;* **~ haben oft Probleme, sich in Buenos Aires zurechtzufinden** los forasteros tienen con frecuencia problemas para no perderse en Buenos Aires; **Ortsgespräch** *nt* <-(e)s, -e> (TEL) llamada *f* urbana; **Ortsgruppe** *f* <-, -n> agrupación *f* local; **der Parteitag wird von der ~ Hannover ausgerichtet** el congreso del partido lo organiza la delegación de Hannover; **Ortskenntnis** *f* <-, -se> conocimiento *m* del lugar; **gute ~se haben** conocer bien el lugar; **Ortskrankenkasse** *f* <-, -n> oficina *f* local del seguro de enfermedad; **ortskundig** *adj* que conoce la localidad

Ortskundige(r) *mf* <-n, -n; -n, -n> conocedor(a) *m(f)* del lugar; **Ortsname** *m* <-ns, -n> nombre *m* de lugar, topónimo *m*

Ortsnetz *nt* <-es, -e> (*a.* TEL) red *f* local [*o* urbana]; **Ortsnetzkennzahl** *f* <-, -en> (TEL) prefijo *m*

Ortsschild *nt* <-(e)s, -er> señal *f* indicadora de población; **Ortssinn** *m* <-(e)s, *ohne pl*> sentido *m* de la orientación; **Ortstarif** *m* <-(e)s, -e> tarifa *f* urbana; **Ortsteil** *m* <-(e)s, -e> barrio *m,* distrito *m*

Ortstein *m* <-(e)s, -e> (GEO) arena *f* ferruginosa, capa *f* dura cimentada

ortsüblich *adj* según la costumbre del lugar, corriente (en el lugar); **Ortsverband** *m* <-(e)s, -bände> sección *f* local; **Ortsverkehr** *m* <-s, *ohne pl*> (*Straßenverkehr*) tráfico *m* urbano; (TEL) llamadas *fpl* urbanas; (*der Post*) correo *m* urbano; **Ortswechsel** *m* <-s, -> cambio *m* de domicilio; **Ortszeit** *f* <-, -en> hora *f* local; **wir landen um neun Uhr ~** aterrizamos a las 9 horas hora local; **Ortszuschlag** *m* <-(e)s, -schläge> subsidio *m* de residencia

Ortung *f* <-, -en> (AERO, NAUT) localización *f*

Öse ['øːzə] *f* <-, -n> (*am Schuh*) ojete *m;* (*für Haken*) corchete *m*

OSI [oːʔɛs'ʔiː] *Abk. von* **Open Systems Interconnection** interconexión *f* de sistemas abiertos

Oslo ['ɔslo] *nt* <-s> Oslo *m*

Osmane, **-in** [ɔs'maːnə] *m, f* <-n, -n; -, -nen> (HIST) otomano, -a *m, f*

osmanisch [ɔs'maːnɪʃ] *adj* (HIST) otomano; **das O~e Reich** el Imperio otomano

Osmium ['ɔsmiʊm] *nt* <-s, *ohne pl*> (CHEM) osmio *m*

Osmose [ɔs'moːzə] *f* <-, -n> (BOT, CHEM) ósmosis *f inv,* osmosis *f inv*

Ossi ['ɔsi] *mf* <-s, -s; -, -s> (*fam*) *habitante de los estados federales del este de Alemania*

Ost [ɔst] *m* <-(e)s, *ohne pl*> (*a.* NAUT, METEO) este *m;* **der Wind kommt aus ~** el viento viene del este; **Ostafrika** ['-'---] *nt* <-s> África *f* Oriental; **Ostasien** ['-'--] *nt* <-s> Asia *f* Oriental; **Ostberlin** *nt* <-s> (HIST) Berlín *m* Este, Berlín *m* Oriental

Ostblock *m* <-(e)s, *ohne pl*> (HIST) bloque *m* oriental; **Ostblockland** *nt* <-(e)s, -länder>, **Ostblockstaat** *m* <-(e)s, -en> (HIST) país *m* del bloque, país *m* del (bloque del) Este

ostdeutsch *adj* de la parte oriental de Alemania, del este de Alemania; (HIST) germanoriental; **Ostdeutschland** *nt* <-s> este *m* de Alemania; (HIST) Alemania *f* del Este, Alemania *f* Oriental

Osten ['ɔstən] *m* <-s, *ohne pl*> este *m*, oriente *m*; **im ~** en el este; **im ~ von …** (*östlich von*) al este de…; (*im östlichen Teil von*) en el este de…; **nach ~** hacia el este; **gen ~** en dirección este; **in den ~** hacia el este; **von** [*o* **aus dem**] **~** del este; **der Nahe ~** el Cercano Oriente, el Oriente Próximo; **der Ferne ~** el Extremo Oriente; **der Mittlere ~** el Oriente Medio

ostentativ [ɔstɛnta'ti:f] *adj* ostentoso

Osteoporose [ɔsteopo'ro:zə] *f* <-, -n> (MED) osteoporosis *f inv*

Osterei ['o:stɐʔaɪ] *nt* <-s, -er> huevo *m* de Pascua; **Osterfest** *nt* <-(e)s, -e> Pascua *f*; **Osterfeuer** *nt* <-s, -> *hoguera que se enciende para Pascua*; **Osterglocke** *f* <-, -n> narciso *m*; **Osterhase** *m* <-n, -n> *conejo que el domingo de Resurrección trae huevos* (*de chocolate*) *a los niños*; **Osterinsel** *f*: **die ~** la Isla de Pascua; **Osterlamm** *nt* <-(e)s, -lämmer> cordero *m* pascual

österlich ['ø:stɐlɪç] *adj* pascual, de Pascua

Ostermarsch *m* <-es, -märsche> manifestación *f* por la paz (realizada en Semana Santa); **Ostermontag** ['--'--] *m* <-s, -e> Lunes *m* de Pascua; **Ostermorgen** *m* <-s, -> mañana *f* del domingo de Pascua; **am ~ suchten die Kinder im Garten nach Ostereiern** el domingo de Pascua por la mañana los niños buscaban huevos de Pascua en el jardín

Ostern ['o:stɐn] *nt* <-, -> Pascua *f* (de Resurrección); **Frohe ~!** ¡Felices Pascuas!; **zu ~** en [*o* durante] la Pascua

Österreich ['ø:stəraɪç] *nt* <-s> Austria *f*

Österreicher(in) *m(f)* <-s, -; -, -nen> austríaco, -a *m, f*

österreichisch *adj* austríaco

Ostersonnabend ['--'---] *m* <-s, -e> Sábado *m* de Gloria [*o* Santo]; **Ostersonntag** ['--'--] *m* <-s, -e> Domingo *m* de Pascua [*o* de Resurrección]

Osterweiterung *f* <-, -en> (POL) extensión *f* hacia el Este, ampliación *f* hacia el Este

Osterwoche *f* <-, -n> Semana *f* Santa

Osteuropa ['--'--] *nt* <-s> Europa *f* Oriental; **osteuropäisch** *adj* de (la) Europa del Este, de la Europa oriental; **Ostfriese, -in** [(')-'--] *m, f* <-n, -n; -, -nen> habitante *mf* de Frisia Oriental; **ostfriesisch** [(')-'--] *adj* de Frisia Oriental; **die O~en Inseln** las Islas Frisias Orientales; **Ostfriesland** [(')-'--] *nt* <-s> Frisia *f* Oriental; **Ostgote, -in** *m, f* <-n, -n; -, -nen> ostrogodo, -a *m, f*; **Ostindien** *nt* <-s> India *f* oriental; **Ostkirche** *f* <-, -n> Iglesia *f* Oriental; **Ostküste** *f* <-, -n> costa *f* oriental; **Barcelona liegt an der spanischen ~** Barcelona está situada en la costa oriental española

östlich ['œstlɪç] **I.** *adj* del este, oriental; **~ von Basel** al este de Basilea; **in ~er Richtung** en dirección este; **52 Grad ~er Länge** 52 grados longitud este **II.** *präp +gen* al este de

Ostpolitik *f* <-, *ohne pl*> "ostpolitik" *f* (*política de apertura a los países socialistas iniciada por Willy Brandt, canciller de la RFA*); **das erklärte Ziel der deutschen ~** el objetivo declarado de la política alemana de apertura al Este [*o* de la "ostpolitik" alemana]; **Ostpreußen** *nt* <-s> Prusia *f* Oriental; **ostpreußisch** *adj* de la Prusia oriental

Östrogen [œstro'ge:n] *nt* <-s, -e> (MED) estrógeno *m*

Ostrom ['ɔstro:m] *nt* <-s> (HIST) Imperio *m* bizantino, Imperio *m* (romano) de Oriente, Bajo Imperio *m*; **oströmisch** *adj* (HIST) del Imperio Bizantino; **das O~e Reich** el Imperio Bizantino

Ostsee *f* <-> Mar *m* Báltico

Ostseite *f* <-, -n> cara *f* oriental [*o* este]; **Oststaaten** *mpl* Estados *mpl* del Este; **Ostverträge** *mpl* (POL) Tratados *mpl* con el Este; **Ostwand** *f* <-, -wände> pared *f* oriental [*o* este]; **ostwärts** ['-vɛrts] *adv* hacia el este, en dirección este

Ost-West-Beziehungen ['-'-----] *fpl* relaciones *fpl* Este-Oeste; **Ost-West-Konflikt** *m* <-(e)s, -e> (WIRTSCH, POL) conflicto *m* Este-Oeste

Ostwind *m* <-(e)s, -e> viento *m* (del) este

OSZE [o:ʔɛstsɛt'ʔe:] *f Abk. von* **Organisation für Sicherheit und Zusammenarbeit in Europa** Organización *f* para la Seguridad y la Cooperación en Europa

Oszillator [ɔstsɪ'la:to:ɐ] *m* <-s, -en> (PHYS, TECH) oscilador *m*

Oszillograf[RR] *m* <-en, -en>, **Oszillograph** [ɔstsɪlo'gra:f] *m* <-en, -en> oscilógrafo *m*

O-Ton ['o:to:n] *m* <-(e)s, -töne>: **es war ~ Adenauer** era la voz original de Adenauer; **es war ~ Casals** era la música original de Casals

Otter[1] ['ɔtɐ] *m* <-s, -> (*Fisch~*) nutria *f*

Otter[2] *f* <-, -n> (*Schlange*) víbora *f*

Otto ['ɔto] *m* <-s, -s> (*fam*) **1.** (*großes Exemplar*): **dieses Brathähnchen ist ja ein wahnsinniger ~** este pollo asado es una pasada de grande; **die hat vielleicht einen ~!** ¡vaya tetas que tiene esa! **2.** (*Wend*): **den flotten ~ haben** tener cagalera *vulg*

Ottomotor ['ɔto-] *m* <-s, -en> motor *m* de explosión [*o* de gasolina]

ÖTV [ø:te:'faʊ] *f Abk. von* **Gewerkschaft Öffentliche Dienste, Transport und Verkehr** *sindicato alemán de las ramas de servicios públicos y transportes*

Ötztal ['œtsta:l] *nt* <-(e)s> Ötztal *m*

out [aʊt] *adj* (*fam*): **~ sein** estar out, no estar de moda; **letztes Jahr waren Plateauschuhe noch in, jetzt sind sie ~** el año pasado estaban de moda los zapatos de plataforma, ahora ya están pasados de moda

Out [aʊt] *nt* <-(s), -(s)> (*reg:* SPORT) fuera *m* de banda; **im ~ sein** estar fuera de banda

Outfit *nt* <-(s), -s> imagen *f*, look *m*; **sein ~ verändern** cambiar de imagen

Outing ['aʊtɪŋ] *nt* <-s, *ohne pl*> manifesta-

ción *f* pública, reconocimiento *m* público
Output ['aʊtpʊt] *m o nt* <-s, -s> (INFOR) educto *m,* output *m*
Outsourcing ['aʊtsɔːsɪŋ] *nt* <-(s), *ohne pl*> (WIRTSCH) *independización de un departamento de una empresa, dándole el carácter de empresa separada o independiente*
Ouvertüre [uvɛr'tyːrə] *f* <-, -n> obertura *f*
oval [o'vaːl] *adj* ovalado, oval
Oval [o'vaːl] *nt* <-s, -e> óvalo *m*
Ovation [ova'tsjoːn] *f* <-, -en> ovación *f;* **jdm ~en darbringen** ovacionar a alguien
Overall ['ɔʊvərəl] *m* <-s, -s> mono *m,* sobretodo *m,* overol *m Am*
Overheadfolio[RR] ['ɔʊvɐhɛtfoːlio] *nt* <-s, -s *o* -Folien> lámina *f* para retroproyector; **Overheadprojektor** *m* <-s, -en> retroproyector *m*
Overkill ['oʊvəkɪl] *m* <-(s), *ohne pl*> (MIL) alto poder *m* de destrucción (armamentista)
ovipar *adj* (BIOL) ovíparo
Ovizid *nt* <-(e)s, -e> (AGR) ovicida *m*
ÖVP [øːfaʊ'peː] *f Abk. von* **Österreichische Volkspartei** *Partido Popular Austríaco*
Ovula *pl von* **Ovulum**
Ovulation [ovula'tsjoːn] *f* <-, -en> (MED, ZOOL) ovulación *f;* **Ovulationshemmer** *m* <-s, -> (MED) inhibidor *m* de la ovulación
Ovulum ['oːvulʊm, *pl:* 'oːvula] *nt* <-s, Ovula> (MED) óvulo *m*
Oxalessigsäure *f* <-, *ohne pl*> (CHEM) ácido *m* oxalacético
Oxid [ɔ'ksiːt] *nt* <-(e)s, -e> (CHEM) óxido *m*
Oxidation [ɔksida'tsjoːn] *f* <-, -en> (CHEM) oxidación *f;* **Oxidationsmittel** *nt* <-s, -> (CHEM) agente *m* oxidante; **Oxidationsstufe** *f* <-, -n> (CHEM) grado *m* de oxidación
oxidieren* [ɔksi'diːrən] **I.** *vi haben o sein* (CHEM) oxidar **II.** *vt* (CHEM) oxidar
Oxidierung *f* <-, -en> (CHEM) oxidación *f*
Oxoalkohol *m* <-s, -e> (CHEM) oxoalcohol *m*
Oxybenzoesäure *f* <-, *ohne pl*> (CHEM) ácido *m* oxibenzóico
Oxyd [ɔ'ksyːt] *nt* <-(e)s, -e> (CHEM) óxido *m*
Oxydation [ɔksyda'tsjoːn] *f* <-, -en> (CHEM) oxidación *f*
oxydieren* [ɔksy'diːrən] *vi, vt* (CHEM) *s.* **oxidieren**
Oxydierung *f* <-, -en> (CHEM) *s.* **Oxidierung**
Oxytocin [ɔksyto'tsiːn] *nt* <-s, *ohne pl*> (MED) oxitocina *f*
Ozean ['oːtseaːn] *m* <-s, -e> océano *m;* **der Indische/Atlantische ~** el Océano Índico/Atlántico; **der Pazifische** [*o* **Stille**] **~** el Océano Pacífico; **Ozeandampfer** *m* <-s, -> buque *m* transatlántico
Ozeanien [otse'aːniən] *nt* <-s> Oceanía *f*
ozeanisch [otse'aːnɪʃ] *adj* **1.** (*den Ozean betreffend*) oceánico **2.** (*Ozeanien betreffend*) de Oceanía
Ozeanografie[RR] *f* <-, *ohne pl*>, **Ozeanographie** [otseanogra'fiː] *f* <-, *ohne pl*> oceanografía *f*
Ozeanveraschung *f* <-, -en> incineración *f* oceánica
Ozelot ['oːtselɔt] *m* <-s, -e> ocelote *m*
Ozon [o'tsoːn] *m o nt* <-s, *ohne pl*> ozono *m;* **bodennahes ~** ozono en el aire; **Ozonalarm** *m* <-(e)s, -e> alarma *f* por ozono; **Ozonbekämpfung** *f* <-, *ohne pl*> combate *m* del ozono; **Ozonfilter** *m* <-s, -> (INFOR) filtro *m* de ozono; **Ozongehalt** *m* <-(e)s, -e> nivel *m* de ozono; **Ozonloch** *nt* <-(e)s, *ohne pl*> agujero *m* (de la capa) de ozono; **Ozonmessgerät**[RR] *nt* <-(e)s, -e> medidor *m* de ozono; **Ozonschicht** *f* <-, *ohne pl*> (METEO) capa *f* de ozono; **Ozonschild** *nt* <-(e)s, -er> capa *f* protectora del ozono; **Ozonverlust** *m* <-(e)s, -e> (ÖKOL) pérdida *f* de ozono; **episodische/gravierende ~e** pérdidas episódicas/agravantes de ozono

P

P, p [peː] *nt* <-, -> P, p *f;* ~ **wie Paula** P de París

paar [paːɐ] *pron indef inv:* **ein** ~ (*einige*) algunos; (*wenige*) unos pocos; **ein ~ ...** un par de...; **ein ~ Mal** un par de veces; **nur ein ~ Mark** sólo un par de marcos; **alle ~ Minuten** a cada rato; **vor ein ~ Tagen** hace unos días; **meine ~ Freunde** mis pocos amigos; **du kriegst gleich ein ~!** (*fam*) ¡te voy a calentar [*o* sacudir]!

Paar [paːɐ] *nt* <-(e)s, -e> **1.** (*Lebewesen*) pareja *f;* **ein (un)glückliches ~** una pareja (in)feliz; **wir werden ein ~** nos casamos **2.** (*Dinge*) par *m;* **ein ~ Socken** un par de calcetines

paaren ['paːrən] **I.** *vt* **1.** (*Zuchttiere*) aparear, acoplar **2.** (*paarweise zusammenstellen*) parear **II.** *vr:* **sich ~** (*Tiere*) aparearse

Paarhufer *m* <-s, -> (ZOOL) artiodáctilo *m,* ungulado *m* de dedos pares

paarig *adj* (BIOL, ANAT) par; **~e Organe** órganos pares

Paarlauf *m* <-(e)s, -läufe> patinaje *m* por parejas; **paar|laufen** *irr vi sein o haben* (SPORT) patinar por parejas; **sollen wir beide ~?** ¿quieres que patinemos en pareja?

paarmal *adv s.* **paar**

Paarreim *m* <-(e)s, -e> (LIT) rima *f* pareada, pareado *m*

Paarung *f* <-, -en> (*Tiere*) apareamiento *m;* **Paarungszeit** *f* <-, -en> (ZOOL) época *f* de apareamiento

paarweise *adv* por parejas, de dos en dos

Pacht [paxt] *f* <-, -en> **1.** (*~zins*) arrendamiento *m* **2.** (*das Pachten*) arriendo *m,* arrendamiento *m;* **etw in ~ geben/nehmen** arrendar algo **3.** (*~vertrag*) contrato *m* de arrendamiento

pachten *vt* arrendar, tomar en arrendamiento; **er tut, als ob er die Moral gepachtet hätte** (*fam*) se comporta como si tuviera la panacea de la moral

Pächter(in) ['pɛçtɐ] *m(f)* <-s, -; -, -nen> arrendatario, -a *m, f*

Pachtertrag *m* <-(e)s, -träge> renta *f* (por arrendamiento)

Pachtung *f* <-, -en> arrendamiento *m,* arriendo *m*

Pachtverhältnis *nt* <-ses, -se> contrato *m* de arrendamiento; **von einem ~ zurücktreten** rescindir un contrato de arrendamiento; **Pachtvertrag** *m* <-(e)s, -träge> contrato *m* de arrendamiento; **Pachtzins** *m* <-es, -en> renta *f,* arrendamiento *m*

Pack[1] [pak] *nt* <-(e)s, *ohne pl*> (*fam abw*) gentuza *f,* chusma *f;* **~ schlägt sich, ~ verträgt sich** (*prov abw*) hoy abrazos y mañana porrazos

Pack[2] *m* <-(e)s, -e *o* Päcke> montón *m*

Packager ['pɛkɪdʒɐ] *m* <-s, -> (*in einem Reisebüro*) organizador(a) *m(f)* de viajes en automóvil

Päckchen ['pɛkçən] *nt* <-s, -> paquete *m;* (*für Zigaretten*) cajetilla *f;* (*Postsendung*) pequeño paquete *m*

Packeis *nt* <-es, *ohne pl*> banquisa *f,* icefield *m*

packeln ['pakəln] *vi* (*Österr: fam*) urdir planes, tramar

packen ['pakən] **I.** *vt* **1.** (*ergreifen*) coger (*an/bei* por), agarrar (*an/bei* por); **er packte ihn beim Kragen** le agarró por el cuello; **jdn bei der Hand ~** agarrar a alguien de la mano **2.** (*ein~*) poner (*in* en), meter (*in* en); (*in Tonnen*) entonelar (*in* en); (*in Gefäße*) envasar (*in* en); (*in Papier*) envolver (*in* en); **den Koffer ~** hacer la maleta; **seine Sachen ~** preparar sus cosas; **etw voll ~** atiborrar algo, abarrotar algo **3.** (*mitreißen*) entusiasmar; (*fesseln*) cautivar; (*überkommen*) sobrecoger; **mich packt die Leidenschaft/die Reiselust/das Entsetzen** la pasión/el deseo de viajar/el espanto se apodera de mí; **dich hat es ja ganz schön gepackt!** (*fam*) ¡te ha dado [*o* entrado] fuerte! **4.** (*fam: schaffen*) conseguir, lograr; **hast du die Prüfung gepackt?** ¿has aprobado el examen?; **er packt es nie** no lo conseguirá jamás **5.** (*fam: begreifen*) entender, captar; **er packt's nicht!** (*begreifen*) ¡no le entra!; (*schaffen*) ¡nada, que no puede! **II.** *vi* (*Koffer*) hacer las maletas; **ich muss noch ~** todavía tengo que hacer las maletas **III.** *vr:* **sich ~** (*fam: sich fortscheren*) perderse; **packt euch!** ¡desapareced (de mi vista)!

Packen ['pakən] *m* <-s, -> montón *m;* **ein ~ Arbeit ist liegen geblieben** un montón de trabajo quedó sin acabar

packend *adj* cautivador, emocionante; **ein ~es Buch** un libro cautivador

Packer[1] *m* <-s, -> (INFOR) packer *m* (*programa para la compresión de datos*)

Packer(in)[2] *m(f)* <-s, -; -, -nen> empaquetador(a) *m(f)*

Packerei *f* <-, *ohne pl*> (*fam*) hacer *m* las maletas [*o* el equipaje], empacar *Am;* **diese ~ vor dem Urlaub raubt mir den letzten Nerv!** ¡(lo de) hacer el equipaje para las vacaciones acaba con mis nervios!

Packerin *f* <-, -nen> *s.* **Packer**

Packesel *m* <-s, -> (*fam*) burro *m* de carga;

Packpapier *nt* <-s, -e> papel *m* de embalar [*o* de estraza]; **Packsattel** *m* <-s, -sättel> albarda *f*

Packung *f* <-, -en> **1.** (*Paket*) paquete *m*, caja *f*; (*für Zigaretten*) cajetilla *f*; **eine ~ Pralinen** una caja de bombones **2.** (*Kosmetik*) mascarilla *f*

Packwagen *m* <-s, -, *Österr, südd:* -wägen> furgón *m*

Pad¹ [pɛt] *nt* <-s, -s> (*Watte~*) disco *m* de algodón

Pad² (INFOR, TEL) *Abk. von* **Packet Assembly/Disassembly** PAD *m*, DEP *m*

Pädagoge, -in [pɛda'go:gə] *m, f* <-n, -n; -, -nen> pedagogo, -a *m, f*

Pädagogik [--'--] *f* <-, *ohne pl*> pedagogía *f*

Pädagogin *f* <-, -nen> *s.* **Pädagoge**

pädagogisch *adj* pedagógico; **P~e Hochschule** Escuela Superior de Magisterio; **~ falsch/wertvoll** erróneo/valioso desde el punto de vista pedagógico

Paddel ['padəl] *nt* <-s, -> canalete *m*; **Paddelboot** *nt* <-(e)s, -e> canoa *f*

paddeln ['padəln] *vi haben o sein* ir en canoa

Paddler(in) *m(f)* <-s, -; -, -nen> piragüista *mf*

Päderast [pɛde'rast] *m* <-en, -en> pederasta *m*

Pädiater(in) [pɛ'dja:tɐ] *m(f)* <-s, -; -, -nen> (MED) pediatra *mf*

Pädiatrie [pɛdia'tri:] *f* <-, *ohne pl*> (MED) pediatría *f*

Padua ['pɑ:dua] *nt* <-s> Padua *f*

Paella [pa'ɛlja] *f* <-, -s> paella *f*

paffen ['pafən] *vi, vt* (*fam*) fumar (sin tragar el humo)

Page ['pa:ʒə] *m* <-n, -n> paje *m*; (*Hotel~*) botones *m inv*; **Pagenkopf** *m* <-(e)s, -köpfe> melena *f* francesa [*o* de paje]

paginieren* [pagi'ni:rən] *vt* paginar

Paginierung *f* <-, -en> paginación *f*

Pagode [pa'go:də] *f* <-, -n> pagoda *f*

pah [pɑ:] *interj* ¡bah!; **~, deine Meinung interessiert mich nicht!** ¡bah, a mí qué más me da tu opinión!

Paillette [paɪ'jɛtə] *f* <-, -n> lentejuela *f*

Paket [pa'ke:t] *nt* <-(e)s, -e> paquete *m*; **ein ~ von Maßnahmen** un paquete [*o* una serie] de medidas; **Paketannahme** *f* <-, *ohne pl*> recepción *f* de paquetes; **Paketausgabe** *f* <-, *ohne pl*> entrega *f* de paquetes; **Paketbombe** *f* <-, -n> paquete *m* bomba; **Paketgebühr** *f* <-, -en> porte *m* de paquetes postales; **Paketkarte** *f* <-, -n> tarjeta *f* de envío; **Paketpolice** *f* <-, -n> seguro *m* de paquetes postales, póliza *f* de paquetes postales; **Paketpost** *f* <-, *ohne pl*> servicio *m* postal de paquetes; **Paketschalter** *m* <-s, -> despacho *m* de paquetes; **Paketumschlagstelle** *f* <-, -n> tránsito *m* de paquetes postales; **Paketvermittlung** *f* <-, -en> (INFOR, TEL) transmisión *f* de paquetes de datos; **Paketzustellung** *f* <-, -en> entrega *f* de paquetes (a domicilio)

Pakistan ['pa:kɪsta:n] *nt* <-s> Paquistán *m*

Pakistaner(in) *m(f)* <-s, -; -, -nen>, **Pakistani** [pakɪs'ta:ni] *mf* <-(s), -(s); -, -(s)> paquistaní *mf*

pakistanisch [pakɪs'ta:nɪʃ] *adj* paquistaní

Pakt [pakt] *m* <-(e)s, -e> pacto *m*; **Warschauer ~** Pacto de Varsovia

paktieren* [pak'ti:rən] *vi* pactar

Palais [pa'lɛ:] *nt* <-, -> palacio *m*

Paläoboden [palɛo-] *m* <-s, -böden> (GEO) suelo *m* arcaico, paleosuelo *m*

Paläozoikum [palɛo'tso:ikʊm] *nt* <-s, *ohne pl*> paleozoico *m*

Palast [pa'last, *pl:* pa'lɛstə] *m* <-(e)s, -läste> palacio *m*

Palästina [palɛs'ti:na] *nt* <-s> Palestina *f*

Palästinenser(in) [palɛsti'nɛnzɐ] *m(f)* <-s, -; -, -nen> palestino, -a *m, f*; **Palästinenserorganisation** *f* <-, -en> Organización *f* para la Liberación de Palestina

palästinensisch *adj* palestino

Palatschinke [pala'tʃɪŋkə] *f* <-, -n> (*Österr*) *crepe rellena de nata montada y cubierta de chocolate y frutas*

Palaver [pa'la:vɐ] *nt* <-s, -> (*fam abw*) parloteo *m*

palavern* [pa'la:vɐn] *vi* (*fam abw*) parlotear, cotorrear

Palette [pa'lɛtə] *f* <-, -n> **1.** (*Maler~*) paleta *f* **2.** (*Transport~*) tarima *f* **3.** (*Vielfalt*) gama *f*; **breite ~** amplia gama, amplio surtido, variedad *f*

paletti [pa'lɛti] (*fam*): **alles ~** ya está

palettieren* [palɛ'ti:rən] *vt* apilar

Palisade [pali'za:də] *f* <-, -n> **1.** (*Pfahl*) estaca *f* **2.** (*Wand, Zaun*) estacada *f*, empalizada *f*

Palisander [pali'zandɐ] *m* <-s, -> palo *m* santo, palisandro *m*

Palladium *nt* <-s, *ohne pl*> (CHEM) paladio *m*

Palme ['palmə] *f* <-, -n> palmera *f*, palma *f*; **jdn auf die ~ bringen** (*fam*) poner a alguien a cien por hora; **auf die ~ gehen** (*fam*) subirse por las paredes; **Palmenhain** *m* <-(e)s, -e> palmar *m*; **Palmenwedel** *m* <-s, -> *s.* Palmwedel; **Palmenzweig** *m* <-(e)s, -e> *s.* **Palmzweig**

Palmfett *nt* <-(e)s, -e> grasa *f* de palma; **Palmöl** *nt* <-s, -e> aceite *m* de palma; **Palmsonntag** ['---, -'--] *m* <-(e)s, -e> Domingo *m* de Ramos

Palmtop ['pa:mtɔp] *m* <-(s), -(s)> (INFOR) palmtop *m*

Palmwedel ['palm-] *m* <-s, -> hoja *f* de palmera, palma *f*; **Palmzweig** *m* <-(e)s, -e> **1.** (*Zweig einer Palme*) rama *f* de palm(er)a, palma *f*, hoja *f* de palm(er)a **2.** (*reg: Buchsbaumzweig*) ramo *m* (de boj); **am Palmsonntag lassen die Kinder ihre ~e segnen** el Domingo de Ramos los niños llevan a bendecir sus palmas [*o* sus ramos]

Pamp *m* <-s, *ohne pl*> (*reg: fam*) *s.* **Pampe**

Pampa *f* <-, -s> pampa *f*

Pampe ['pampə] *f* <-, *ohne pl*> papilla *f,* puré *m*

Pampelmuse ['pampəlmu:zə] *f* <-, -n> pomelo *m,* toronja *f*

Pampers® ['pɛmpɐs] *pl* ≈Dodotis® *mpl*

Pamphlet [pam'fle:t] *nt* <-(e)s, -e> panfleto *m*

pampig ['pampɪç] *adj* **1.** (*nordd, ostd: breiig*) pastoso **2.** (*fam abw: frech*) descarado, fresco; **nun werd nicht gleich ~!** ¡no tires las patas por alto tan rápidamente!

Pan [pɑ:n] *m* <-s> (MYTH) Pan *m*

Panade [pa'nɑ:də] *f* <-, -n> (GASTR: *aus Mehl und Ei*) rebozado *m;* (*aus Semmelbröseln und Ei*) empanado *m;* **... dann muss das Schnitzel in der ~ gewendet werden** ... entonces se empana el filete

Panama ['panama] *nt* <-s> Panamá *m*

Panamaer(in) ['panamaɐ, pana'ma:ɐ] *m(f)* <-s, -; -, -nen> panameño, -a *m, f*

Panamahut *m* <-(e)s, -hüte> panamá *m*

panamaisch [pana'ma:ɪʃ] *adj* panameño

panaschieren* *vi* (POL) votar por panachaje

Panda ['panda] *m* <-s, -s> panda *m*

Pandemie *f* <-, -n> (MED) pandemia *f*

Paneel [pa'ne:l] *nt* <-s, -e> entarimado *m,* panel *m*

Panflöte ['pa:n-] *f* <-, -n> (MUS) flauta *f* de Pan, zampoña *f Am*

panieren* [pa'ni:rən] *vt* (GASTR: *mit Semmelbröseln*) empanar; (*mit Mehl*) rebozar; **paniertes Schnitzel** escalope empanado, milanesa *f Am*

Paniermehl *nt* <-(e)s, *ohne pl*> pan *m* rallado

Panik ['pa:nɪk] *f* <-, -en> pánico *m;* **in ~ geraten** sentir pánico; **eine ~ brach aus** cundió el pánico; **von ~ ergriffen** llevado por el pánico; **nur keine ~!** ¡no te asustes!; **panikartig I.** *adj* pánico **II.** *adv* preso del pánico; **Panikkauf** *m* <-(e)s, -käufe> (WIRTSCH) compra *f* precipitada [*o* por temor a devaluación]; **Panikmache** *f* <-, *ohne pl*> (*abw*) alarmismo *m;* **Panikstimmung** *f* <-, -en> pánico *m* generalizado; **nach dem Kursrutsch in Asien brach an der Deutschen Börse ~ aus** tras la caída de los cambios en Asia cundió el pánico en la Bolsa alemana; **Panikverkauf** *m* <-(e)s, -käufe> (WIRTSCH) venta *f* precipitada [*o* por temor a la devaluación]

panisch *adj* de pánico; **eine ~e Reaktion** una reacción de pánico; **~e Angst vor etw haben** tener(le) pánico [*o* un miedo cerval] a algo; **~ reagieren** reaccionar con pánico

Pankreas ['pankreas, *pl:* pankre'a:tən] *nt* <-, Pankreaten> (MED) páncreas *m inv*

Panne ['panə] *f* <-, -n> **1.** (*Schaden*) avería *f,* pana *f Am;* **eine ~ mit dem Auto/Fahrrad haben** tener una avería con el coche/la bicicleta **2.** (*Missgeschick*) contratiempo *m;* (*Ausrutscher*) plancha *f;* **mir ist eine ~ passiert** me tiré una plancha; **Pannendienst** *m* <-(e)s, -e> servicio *m* de auxilio en carretera; **Pannenkoffer** *m* <-s, -> (AUTO) kit *m* de emergencia

Panorama [pano'ra:ma] *nt* <-s, Panoramen> panorama *m;* **Panoramabus** *m* <-ses, -se> (AUTO) autocar *m* panorámico, autobús *m* panorámico; **Panoramaspiegel** *m* <-s, -> (AUTO) espejo *m* panorámico

Panoramen *pl von* **Panorama**

panschen ['panʃən] **I.** *vi* (*fam: mit Wasser*) chapotear **II.** *vt* (*Wein*) aguar, adulterar, bautizar *fam,* terciar *Am*

Panscher(in) ['panʃɐ] *m(f)* <-s, -; -, -nen> (*fam*) adulterador(a) *m(f)*

Pansen ['panzən] *m* <-s, -> (ZOOL) panza *f*

PanterRR *m* <-s, -> *s.* **Panther**

Pantheismus [pante'ɪsmʊs] *m* <-, *ohne pl*> (PHILOS, REL) panteísmo *m*

pantheistisch [pante'ɪstɪʃ] *adj* (PHILOS, REL) panteísta, panteístico

Panther ['pantɐ] *m* <-s, -> pantera *f*

Pantine [pan'ti:nə] *f* <-, -n> (*nordd*) zueco *m*

Pantoffel [pan'tɔfəl] *m* <-s, -n> zapatilla *f,* pantufla *f;* **unter dem ~ stehen** (*fam*) ser un calzonazos; **Pantoffelheld** *m* <-en, -en> (*fam abw*) calzonazos *m inv,* Juan Lanas *m;* **Pantoffelkino** *nt* <-s, -s> (*fam hum*) cine *m* en casa, caja *f* tonta *fam hum, abw;* **Pantoffeltierchen** [-ti:ɐçən] *nt* <-s, -> (BIOL) paramecio *m*

Pantomime[1] [panto'mi:mə] *f* <-, -n> pantomima *f*

Pantomime, -in[2] *m, f* <-n, -n; -, -nen> (panto)mimo, -a *m, f*

pantomimisch *adj* pantomímico

pantschen *vi, vt s.* **panschen**

Panzer ['pantsɐ] *m* <-s, -> **1.** (*Fahrzeug*) tanque *m,* carro *m* de combate **2.** (*Schutzplatte*) (plancha *f* de) blindaje *m* **3.** (*von Tieren*) caparazón *m*

Panzerabwehr *f* <-, *ohne pl*> (MIL) defensa *f* antitanque; **Panzerabwehrkanone** *f* <-, -n> (MIL) cañón *m* antitanque

Panzerfaust *f* <-, -fäuste> (MIL) lanzagranadas *m inv;* **Panzerglas** *nt* <-es, *ohne pl*> cristal *m* antibalas [*o* a prueba de balas]; **Panzergranate** *f* <-, -n> (MIL) granada *f* anticarro; **Panzerkreuzer** *m* <-s, -> (MIL) buque *m* acorazado

panzern ['pantsɐn] *vt* acorazar, blindar

Panzerschrank *m* <-(e)s, -schränke> caja *f* fuerte; **Panzerspähwagen** [--'---] *m* <-s, -> (MIL) carro *m* blindado de reconocimiento; **Panzersperre** *f* <-, -n> (MIL) barrera *f* antitanque

Panzerung *f* <-, -en> (TECH) blindaje *m*

Panzerwagen *m* <-s, -> (MIL) tanque *m,* carro *m* de combate

Papa ['papa] *m* <-s, -s> (*fam*) papá *m*

Papagei [papa'gaɪ] *m* <-en *o* -s, -e(n)> papagayo *m,* loro *m;* **Papageienkrankheit** *f*

<-, *ohne pl*> (MED) psitacosis *f inv*

Papaya [pa'pa:ja] *f* <-, -s> **1.** (*Frucht*) papaya *f*, lechosa *f Am* **2.** (*Baum*) papayo *m*, lechoso *m Am*

Paperback ['pɛɪpɐbɛk] *nt* <-s, -s> edición *f* en rústica

Papeterie [papɛtə'ri:] *f* <-, -n> (*Schweiz*) **1.** (*Geschäft*) papelería *f* **2.** (*Waren*) artículo *m* de papelería

Papi ['papi] *m* <-s, -s> (*fam*) papi *m*

Papier [pa'pi:ɐ] *nt* <-s, -e> **1.** (*Material*) papel *m*; **ein Blatt ~** una hoja de papel; **~ verarbeitend** papelero; **die ~ verarbeitende Industrie** la industria papelera; **das existiert nur auf dem ~** esto sólo existe en teoría; **etw zu ~ bringen** poner algo por escrito; **~ ist geduldig** (*prov*) del dicho al hecho hay mucho trecho **2.** (*Schriftstück*) documento *m* **3.** *pl* (*Ausweis*) papeles *mpl*, documentación *f*; **seine ~e sind (nicht) in Ordnung** (no) tiene los papeles en regla; **Sie können sich Ihre ~e holen** (*fig fam*) queda Ud. despedido **4.** (FIN) efecto *m*, título *m*; **börsenfähige ~e** valores cotizables (en bolsa), títulos cotizables; **diskontfähige ~e** efectos descontables; **festverzinsliche ~e** obligaciones [*o* títulos] [*o* valores] de tipo fijo; **Papiereinzug** *m* <-(e)s, -züge> dispositivo *m* de alimentación de papel

papieren [pa'pi:rən] *adj* **1.** (*aus Papier*) de papel **2.** (*Stil*) seco

Papierfabrik *f* <-, -en> fábrica *f* de papel, papelera *f*; **Papierformat** *nt* <-(e)s, -e> formato *m* de papel; **Papiergeld** *nt* <-(e)s, *ohne pl*> papel *m* moneda; **Papiergeschäft** *nt* <-es, -e> papelería *f*

Papierhandtuch *nt* <-(e)s, -tücher> toalla *f* de papel, servilleta *f* de papel; **Papierhandtuchspender** *m* <-s, -> distribuidor *m* de toallas de papel

Papierholz *nt* <-es, *ohne pl*> madera *f* papelera; **Papierkorb** *m* <-(e)s, -körbe> papelera *f*; **Papierkram** *m* <-(e)s, *ohne pl*> (*fam abw*) papeleo *m*; **Papierkrieg** *m* <-(e)s, -e> (*fam abw*) papeleo *m*; **mit jdm einen ~ führen** estar de pleitos con alguien; **Papierschere** *f* <-, -n> tijera(s) *f(pl)* para cortar papel; **Papierschnitzel** *m o nt* <-s, -> pedazo *m* de papel; **Papierstau** *m* <-(e)s, -s *o* -e> atrancamiento *m* de papel; **Papiertaschentuch** *nt* <-(e)s, -tücher> pañuelo *m* de papel; **Papiertiger** *m* <-s, ->: **er/sie ist doch nur ein ~** no es tan bravo el león como lo pintan; **Papiertüte** *f* <-, -n> bolsa *f* de papel; **papierverarbeitend** *adj s.* Papier **1.**; **Papiervorschub** *m* <-(e)s, -schübe> avance *m* de papel; **Papierwaren** *fpl* (artículos *mpl* de) papelería *f*; **Papierzuführung** *f* <-, -en> (INFOR) alimentación *f* de papel

Papillote [papi'jo:tə] *f* <-, -n> papillote *m*, papelillo *m PRico*

papp [pap] *interj* (*fam*): **ich kann nicht mehr ~ sagen** estoy a punto de reventar

Pappband *m* <-(e)s, -bände> edición *f* en rústica; **Pappbecher** *m* <-s, -> vaso *m* de cartón; **Pappdeckel** *m* <-s, -> tapa *f* de cartón

Pappe ['papə] *f* <-, -n> cartón *m*; (*feiner*) cartulina *f*; **etw/jd ist nicht von ~** (*fam*) algo/alguien no es moco de pavo

Pappeinband *m* <-(e)s, -bände> encuadernación *f* en rústica

Pappel ['papəl] *f* <-, -n> chopo *m*, álamo *m* temblón

päppeln ['pɛpəln] *vt* (*fam*) alimentar, criar con biberón; (*verwöhnen*) mimar

pappen ['papən] *vt* (*fam*) pegarse (*an/auf* a); **der Schnee ist so nass, dass er pappt** la nieve está tan blanda que se queda pegada (a las suelas)

Pappendeckel *m* <-s, -> *s.* **Pappdeckel**

Pappenheimer ['papənhaɪmɐ] *mpl* (*fam*): **seine ~ kennen** conocer a su gente, saber por dónde anda la cosa

Pappenstiel *m* <-(e)s, -e> (*fam*): **kein ~ sein** no ser ninguna bagatela, no ser moco de pavo; **keinen ~ wert sein** no valer un comino; **für einen ~** tirado (de precio)

papperlapapp ['papɐla'pap] *interj* ¡no digas tonterías!, ¡y un rábano!

pappig ['papɪç] *adj* (*fam*) **1.** (*klebrig*) pegajoso **2.** (*breiig*) pastoso

Pappkamerad *m* <-en, -en> (MIL: *sl*) blanco *m* (con forma humana); **Pappkarton** *m* <-s, -s> **1.** (*Material*) cartón *m* **2.** (*Schachtel*) caja *f* de cartón

Pappmaché *nt* <-s, -s>, **Pappmaschee**[RR] ['papmaʃe:] *nt* <-s, -s> cartón *m* piedra

Pappnase *f* <-, -n> nariz *f* de cartón; **Pappschachtel** *f* <-, -n> caja *f* de cartón; (*kleiner*) cajetilla *f* de cartón

Pappschnee *m* <-s, *ohne pl*> nieve *f* húmeda

Pappteller *m* <-s, -> plato *m* de cartón

Paprika[1] ['paprika] *m* <-s, -(s)> (*Pflanze, Schote*) pimiento *m*

Paprika[2] *f* <-, -(s)> (*Schote*) pimiento *m*; **gefüllte ~** pimientos rellenos

Paprika[3] *m* <-s, *ohne pl*> (*Gewürz*) pimentón *m*

Paprikaschote *f* <-, -n> pimiento *m*

Paps [paps] *m* <-, *ohne pl*> (*fam*) papaíto *m*, papuchi *m*

Papst [pa:pst, *pl:* 'pɛ:pstə] *m* <-(e)s, Päpste> papa *m*; **päpstlicher sein als der ~** ser más papista que el papa; **hier boxt der ~!** (*fam*) ¡esto es estupendo!

päpstlich ['pɛ:pstlɪç] *adj* papal

Papstmobil *nt* <-s, *ohne pl*> papamóvil *m*

Papsttum *nt* <-(e)s, *ohne pl*> papado *m*

Papyrus [pa'py:rʊs, *pl:* pa'py:ri] *m* <-, Papyri> papiro *m*; **Papyrusrolle** *f* <-, -n> (rollo *m* de) papiro *m*

Parabel [pa'ra:bəl] *f* <-, -n> (MATH, LIT) parábola *f*

Parabolantenne [para'bo:l-] *f* <-, -n> (TECH) antena *f* parabólica

parabolisch I. *adj* **1.** (MAT) parabólico **2.** (*gleichnishaft*) en forma de parábola **II.** *adv* (*als Gleichnis*) en forma de parábola, como parábola

Parabolspiegel *m* <-s, -> (TECH) espejo *m* parabólico

Parade [pa'ra:də] *f* <-, -n> **1.** (MIL) parada *f* (militar), desfile *m;* **die ~ abnehmen** presidir el desfile **2.** (*Fußball*) parada *f;* **jdm in die ~ fahren** interrumpir a alguien en seco; **Paradebeispiel** *nt* <-(e)s, -e> ejemplo *m* clásico

Paradeiser *m* <-s, -> (*Österr*) tomate *m*

Parademarsch *m* <-(e)s, -märsche> (MIL) desfile *m* (militar), parada *f* (militar); **Paradepferd** *nt* <-(e)s, -e> caballo *m* enjaezado para el desfile; (*fam fig*) medalla *f;* **Paradeschritt** *m* <-(e)s, *ohne pl*> (MIL) paso *m* de parada; **Paradestück** *nt* <-(e)s, -e> atracción *f* principal, obra *f* maestra; **Paradeuniform** *f* <-, -en> (MIL) uniforme *m* de gala

paradieren* [para'di:rən] *vi* **1.** (MIL) desfilar (*vor* ante) **2.** (*geh: prunken*): **mit etw ~** hacer alarde de algo, jactarse de algo

Paradies [para'di:s] *nt* <-es, -e> paraíso *m;* **die Vertreibung aus dem ~** la expulsión del Paraíso; **das ~ auf Erden** el paraíso terrenal; **ein ~ für Angler/Feinschmecker sein** ser el paraíso de los pescadores de caña/de los gourmets

paradiesisch [para'di:zɪʃ] *adj* paradisíaco

Paradiesvogel *m* <-s, -vögel> ave *f* del paraíso

Paradigma [para'dɪgma] *nt* <-s, Paradigmen *o* Paradigmata> (*geh a.* LING) paradigma *m*

paradox [para'dɔks] *adj* paradójico

Paradox *nt* <-es, -e> (*geh*) paradoja *f*

Paradoxa *pl von* **Paradoxon**

paradoxerweise [para'dɔksɐ'vaɪzə] *adv* paradójicamente, de manera paradójica

Paradoxon [pa'ra:dɔksɔn, *pl:* pa'ra:dɔksa] *nt* <-s, Paradoxa> (PHILOS, LING) paradoja *f*

Paraffin [para'fi:n] *nt* <-s, -e> parafina *f*

Paraffiniergefäß *nt* <-es, -e> (CHEM) vasija *f* de parafinado

Paraffinöl *nt* <-(e)s, -e> aceite *m* parafínico, parafina *f* líquida; **Paraffinsalbe** *f* <-, -n> pomada *f* de parafina

Paraglider ['pa:raglaɪdɐ] *m* <-s, -> parapente *m*

Paragliding ['pa:raglaɪdɪŋ] *nt* <-s, *ohne pl*> parapente *m*

Paragraf^RR *m* <-en, -en> *s.* Paragraph; **Paragrafendschungel**^RR *m o nt* <-s, -> *s.* Paragraphendschungel; **Paragrafenreiter(in)**^RR *m(f)* <-s, -; -, -nen> *s.* Paragraphenreiter; **Paragrafenzeichen**^RR *nt* <-s, -> *s.* **Paragraphenzeichen**

Paragraph [para'gra:f] *m* <-en, -en> **1.** (JUR) artículo *m* **2.** (*~enzeichen*) párrafo *m;* **Paragraphendschungel** *m o nt* <-s, -> (*abw*) laberinto *m* judicial; **Paragraphenreiter(in)** *m(f)* <-s, -; -, -nen> (*fam abw*) leguleyo, -a *m, f;* **Paragraphenzeichen** *nt* <-s, -> (signo *m* de) párrafo *m*

Paraguay [para'gu̯aɪ, 'paragu̯aɪ] *nt* <-s> Paraguay *m*

Paraguayer(in) [para'gu̯a:jɐ, 'paragu̯aɪɐ] *m(f)* <-s, -; -, -nen> paraguayo, -a *m, f*

paraguayisch [para'gu̯a:jɪʃ, 'paragu̯aɪɪʃ] *adj* paraguayo

parallel [para'le:l] *adj* paralelo (*zu* a); **Parallelcomputer** *m* <-s, -> (INFOR) computador *m* paralelo

Parallele [para'le:lə] *f* <-, -n> **1.** (MATH) paralela *f;* **eine ~ zu etw ziehen** trazar una paralela a algo **2.** (*Vergleich*) paralelo *m,* parangón *m;* **~n zwischen etw aufzeigen** establecer un paralelo entre algo

Parallelfall *m* <-(e)s, -fälle> caso *m* paralelo

Parallelismus *m* <-, Parallelismen> (*a.* LING) paralelismo *m;* **es gibt einige Parallelismen zwischen den beiden Verbrechern** existe un cierto paralelismo entre los dos criminales; **das Gedicht weist in Zeile fünf und sieben einen ~ auf** el poema presenta un paralelismo en los versos quinto y séptimo

Parallelität [paraleli'tɛ:t] *f* <-, -en> (*a.* MATH) paralelismo *m*

Parallelklasse *f* <-, -n> (SCH) clase *f* paralela

Parallelogramm [paralelo'gram] *nt* <-s, -e> (MATH) paralelogramo *m*

Parallelrechner *m* <-s, -> (INFOR) calculador *m* paralelo; **Parallelschaltung** *f* <-, -en> (ELEK) conexión *f* en paralelo; **Parallelschwung** *m* <-(e)s, -schwünge> giro *m* paralelo; **Parallelstraße** *f* <-, -n> calle *f* paralela; **Parallelübertragung** *f* <-, -en> (INFOR, TEL) transmisión *f* en paralelo; **Parallelverarbeitung** *f* <-, -en> (INFOR) procesamiento *m* en paralelo, tratamiento *m* en paralelo; **Parallelzugriff** *m* <-(e)s, -e> (INFOR) acceso *m* paralelo

Paralyse [para'ly:zə] *f* <-, -n> (MED) parálisis *f inv*

paralysieren* [paraly'zi:rən] *vt* paralizar

Parameter [pa'ra:metɐ] *m* <-s, -> (MATH, MUS, INFOR) parámetro *m*

paramilitärisch ['pa:ramilitɛ:rɪʃ] *adj* paramilitar; **~e Einheit** unidad paramilitar

Paranoia [para'nɔɪa] *f* <-, *ohne pl*> (MED) paranoia *f*

paranoid *adj* (MED, PSYCHO) paranoico; **sich völlig ~ verhalten** tener un comportamiento completamente paranoico

paranoisch *adj* (MED) paranoico; **in dieser Abteilung sind ~e Patienten untergebracht** en esta sección se encuentran los pacientes que sufren paranoia

ParanussRR ['pa:ranʊs] *f* <-, -nüsse> nuez *f* del Brasil, castaña *f* del Marañón
Paraphe [pa'ra:fə] *f* <-, -n> (*geh*) rúbrica *f*
paraphieren* [para'fi:rən] *vt* (*geh*) rubricar
Paraphierung *f* <-, -en> firma *f*; **die ~ eines Abkommens** la firma de un acuerdo; **bei der ~ des Vertrages trafen sich beide Vertreter** para rubricar el contrato se reunieron ambos representantes
Paraphrase [para'fra:zə] *f* <-, -n> (LING) paráfrasis *f inv*
paraphrasieren* [parafra'zi:rən] *vt* parafrasear
Parapsychologie ['pa:ra-] *f* <-, *ohne pl*> para(p)sicología *f*
Parasit [para'zi:t] *m* <-en, -en> parásito *m*
parasitär [parazi'tɛ:ɐ] *adj* parasitario
Parasitenbefall *m* <-(e)s, -fälle> afección *f* parasitaria, invasión *f* parasitaria
Parasitizid *nt* <-s, -e> parasiticida *m*
Parasitologie *f* <-, *ohne pl*> parasitología *f*
parat [pa'ra:t] *adj* a punto; **er hat immer eine Ausrede ~** siempre tiene una excusa a punto
Paratyphus ['pa:raty:fʊs] *m* <-, *ohne pl*> (MED) fiebre *f* paratifoidea
Pärchen ['pɛ:ɐçən] *nt* <-s, -> parejita *f*
Parcours [par'ku:r] *m* <-, -> (SPORT) recorrido *m*, pista *f*
Pardon [par'dõ:] *m o nt* <-s, *ohne pl*> perdón *m*; **jdn um ~ bitten** pedir perdón a alguien; **da gibt's kein ~** no hay perdón; **sie kennt kein ~** es inflexible
Parenthese [parɛn'te:zə] *f* <-, -n> (LING) paréntesis *m inv*
par excellence [parɛksɛ'lã:s] *adv* (*geh*) por excelencia, por antonomasia
Parfüm [par'fœ:, par'fy:m] *nt* <-s, -e *o* -s> perfume *m*
Parfümerie [parfymə'ri:] *f* <-, -n> perfumería *f*
parfümieren* [parfy'mi:rən] **I.** *vt* perfumar **II.** *vr:* **sich ~** perfumarse
Parfümzerstäuber *m* <-s, -> atomizador *m* para perfume, pulverizador *m* para perfume
pari **1.** (FIN): **über/unter ~** por encima/por debajo de la par; **zu ~** a la par; **die Aktien stehen weit unter ~** las acciones están muy por debajo de la par **2.** (*Wend*): **~ stehen** estar a la par
Paria ['pa:ria] *m* <-s, -s> paria *m*
parieren* [pa'ri:rən] **I.** *vi* obedecer **II.** *vt* (SPORT) parar
Parikurs *m* <-es, -e> (WIRTSCH) cotización *f* a la par
Paris [pa'ri:s] *nt* <-> París *m*
Pariser1 [pa'ri:zɐ] *m* <-s, -> (*fam*) condón *m*
Pariser2 *adj inv* parisino, parisiense
Pariser(in)3 *m(f)* <-s, -; -, -nen> parisino, -a *m, f*, parisiense *mf*
Pariserbrot *nt* <-(e)s, -e> (*Schweiz*) barra *f* de pan, bollo *m* de pan
Pariserin *f* <-, -nen> *s.* **Pariser**3
Parität [pari'tɛ:t] *f* <-, -en> (*a.* WIRTSCH) paridad *f*
paritätisch *adj* paritario; **~e Mitbestimmung** cogestión paritaria
Park [park] *m* <-s, -s, *Schweiz:* Pärke> parque *m*
Parka ['parka] *m* <-s, -s>, *f* <-, -s> parka *f*
Park-and-ride-System ['pa:kʔɛnt'raɪtzʏs'te:m] *nt* <-s, -e> *sistema para evitar las aglomeraciones de circulación que consiste en aparcar el coche fuera de la ciudad e ir al centro en medios de transporte público*
Parkausweis ['park-] *m* <-es, -e> tarjeta *f*; **~ für Anlieger** tarjeta de residente
Parkbank *f* <-, -bänke> banco *m* del parque
Parkdeck *nt* <-(e)s, -s> planta *f* de un aparcamiento; **Parkebene** *f* <-, -n> nivel *m* de aparcamiento [*o* de parking]; **das Parkhaus ist bis zur fünften ~ besetzt** el aparcamiento está ocupado hasta el quinto nivel
parken ['parkən] *vt, vi* aparcar, estacionar, parquear *Am;* **ein ~des Auto** un coche estacionado; **„P~ verboten!"** "¡prohibido aparcar!"
Parkett [par'kɛt] *nt* <-(e)s, -e *o* -s> **1.** (*Fußboden*) parqué *m*, parquet *m;* **einen Raum mit ~ auslegen** cubrir el suelo de una habitación con parquet; **sich auf jedem ~ bewegen können** estar a tono en todas las situaciones sociales; **auf internationalem ~** en el foro internacional; **eine heiße Sohle aufs ~ legen** (*fam*) bailar muy bien **2.** (*im Theater, Kino*) platea *f*, patio *m* (de butacas); **Parkettfußboden** *m* <-s, -böden> entarimado *m*, suelo *m* de parquet; **Parkettsitz** *m* <-es, -e> butaca *f* de platea [*o* de patio], tertulia *f Arg, Cuba*
Parkfläche *f* <-, -n> espacio *m* para aparcar, aparcamiento *m;* **Parkgebühr** *f* <-, -en> tarifa *f* de aparcamiento; **Parkhaus** *nt* <-es, -häuser> aparcamiento *m*, parking *m*
parkieren* [par'ki:rən] *vt, vi* (*Schweiz*) aparcar
Parkingmeter ['parkɪŋme:tɐ] *m* <-s, -> (*Schweiz*) parquímetro *m*
ParkinsonkrankheitRR ['pa:kɪnsən-] *f* <-, *ohne pl*> enfermedad *f* de Parkinson
Parkkralle *f* <-, -n> cepo *m*
Parklandschaft *f* <-, -en> paisaje *m* modelado
Parkleuchte *f* <-, -n>, **Parklicht** *nt* <-(e)s, -er> luz *f* de estacionamiento; **Parklücke** *f* <-, -n> hueco *m* para aparcar; **in eine ~ fahren** meterse en un hueco; **Parkmöglichkeit** *f* <-, -en> (posibilidad *f* de) aparcamiento *m;* **neben dem Einkaufszentrum gibt es ausreichende ~en** junto al centro comercial hay aparcamientos suficientes
Parkometer *nt* <-s, -> *s.* **Parkuhr**
Parkplatz *m* <-es, -plätze> aparcamiento *m*, estacionamiento *m*, parqueadero *m Am;*

P

Parkplatznot *f* <-, *ohne pl*> escasez *f* de aparcamientos
Parkscheibe *f* <-, -n> disco *m* de estacionamiento
Parkschein *m* <-(e)s, -e> ticket *m* de estacionamiento; **Parkscheinautomat** *m* <-en, -en> expendedor *m* de tickets de estacionamiento
Parkstreifen *m* <-s, -> arcén *m* para estacionar; **Parkstudium** *nt* <-s, -studien> (*fam*) *carrera universitaria que se realiza en espera del acceso a la realmente deseada, a falta del numerus clausus exigido por esta facultad;* **Parksünder(in)** *m(f)* <-s, -; -, -nen> (*fam*) persona *f* que aparca en zona prohibida; **Parkuhr** *f* <-, -en> parquímetro *m*
Parkverbot *nt* <-(e)s, -e> prohibición *f* de estacionamiento; **hier ist ~** aquí no se puede aparcar; **Parkverbot(s)schild** *nt* <-(e)s, -er> señal *f* de "estacionamiento prohibido", "Prohibido aparcar" *m fam*
Parkwächter(in) *m(f)* <-s, -; -, -nen> **1.** (*im Park*) guarda *mf* en un parque **2.** (*im Parkhaus, auf einem Parkplatz*) guardacoches *mf inv*
Parkzeit *f* <-, -en> tiempo *m* de estacionamiento; **unsere ~ ist abgelaufen** se nos ha pasado la hora de aparcamiento
Parlament [parla'mɛnt] *nt* <-(e)s, -e> parlamento *m*, legislatura *f Arg, Mex, Peru;* **Europäisches ~** Parlamento Europeo; **das ~ auflösen** disolver el parlamento; **jdn ins ~ wählen** elegir a alguien para el parlamento; **ins ~ einziehen** entrar en el parlamento
Parlamentär(in) [parlamɛn'tɛːɐ] *m(f)* <-s, -e; -, -nen> parlamentario, -a *m, f*
Parlamentarier(in) [parlamɛn'taːriɐ] *m(f)* <-s, -; -, -nen> parlamentario, -a *m, f,* legislador(a) *m(f) Am*
Parlamentärin *f* <-, -nen> *s.* **Parlamentär**
parlamentarisch *adj* parlamentario
Parlamentarismus [parlamɛnta'rɪsmʊs] *m* <-, *ohne pl*> parlamentarismo *m*
Parlamentsausschuss^RR *m* <-es, -schüsse> comisión *f* parlamentaria; **ständiger ~** comisión parlamentaria permanente; **Parlamentsbeschluss**^RR *m* <-es, -schlüsse> decisión *f* parlamentaria; **Parlamentsdebatte** *f* <-, -n> debate *m* parlamentario; **Parlamentsferien** *pl* período *m* de vacaciones parlamentarias; **Parlamentsgebäude** *nt* <-s, -> (edificio *m* del) parlamento *m;* **Parlamentsmitglied** *nt* <-(e)s, -er> miembro *m* del parlamento; **Parlamentspräsident(in)** *m(f)* <-en, -en; -, -nen> presidente, -a *m, f* del parlamento; **Parlamentsreform** *f* <-, -en> reforma *f* parlamentaria; **Parlamentssitzung** *f* <-, -en> sesión *f* parlamentaria; **Parlamentswahlen** *fpl* elecciones *fpl* generales (al parlamento)
Parmesan [parme'zaːn] *m* <-(s), *ohne pl*>, **Parmesankäse** *m* <-s, *ohne pl*> (queso *m*) parmesano *m*
Parnass^RR [par'nas] *m* <-(es), *ohne pl*>, **Parnaß** *m* <-(sses), *ohne pl*> Parnaso *m*
Parodie [paro'diː] *f* <-, -n> parodia *f* (*auf* de)
parodieren* [paro'diːrən] *vt* parodiar, hacer una parodia (de)
Parodist(in) *m(f)* <-en, -en; -, -nen> parodista *mf*
parodistisch [paro'dɪstɪʃ] *adj* paródico
Parodontose [parodɔn'toːzə] *f* <-, -n> (MED) paradontosis *f inv,* piorrea *f*
Parole [pa'roːlə] *f* <-, -n> lema *m*, eslogan *m*
Paroli [pa'roːli]: **jdm/etw ~ bieten** presentar [*o* plantar] cara a alguien/algo
Parser *m* <-s, -> (INFOR, TEL) analizador *m* sintáctico
Parsing ['parzɪŋ] *nt* <-s, *ohne pl*> (INFOR) análisis *m inv*
Part [part] *m* <-s, -s *o* -e> **1.** (MUS) parte *f* **2.** (THEAT) papel *m*
Partei [par'taɪ] *f* <-, -en> **1.** (POL) partido *m;* **in einer ~ sein** militar en un partido; **aus der ~ austreten** salirse del partido **2.** (JUR) parte *f;* **die beteiligten ~en** las partes implicadas; **die streitenden ~en** las partes en litigio; **die vertragschließenden ~en** las partes contratantes; **für jdn ~ ergreifen** tomar partido por alguien; **über den ~en stehen** ser imparcial **3.** (*Miet~*) inquilino *m;* **Parteiapparat** *m* <-(e)s, -e> aparato *m* del partido; **Parteibeschluss**^RR *m* <-es, -schlüsse> determinación *f* de un partido (político); **Parteibuch** *nt* <-(e)s, -bücher> carnet *m* de partido; **das richtige ~ haben** (*fam*) pertenecer al partido de los buenos; **das falsche ~ haben** (*fam*) pertenecer al partido equivocado; **Parteichef(in)** *m(f)* <-s, -s; -, -nen> jefe, -a *m, f* del partido, líder *mf;* **morgen wird ein neuer ~ gewählt** mañana se elige nuevo jefe de partido; **Parteidisziplin** *f* <-, *ohne pl*> disciplina *f* en el partido; **Parteiebene** *f* <-, -n> nivel *m* de partido; **auf ~** a nivel de partido
Parteienfinanzierung *f* <-, -en> financiación *f* de los partidos
Parteifreund(in) *m(f)* <-(e)s, -e; -, -nen> compañero, -a *m, f* de partido; **Parteiführer(in)** *m(f)* <-s, -; -, -nen> líder *mf* del partido; **Parteiführung** *f* <-, *ohne pl*> dirección *f* del partido; **Parteifunktionär(in)** *m(f)* <-s, -e; -, -nen> funcionario, -a *m, f* del partido; **Parteigänger(in)** [-gɛŋɐ] *m(f)* <-s, -; -, -nen> **1.** (*einer politischen Partei*) simpatizante *mf* de un partido **2.** (*einer Meinung, Person*) partidario, -a *m, f,* seguidor(a) *m(f);* **Parteigenosse, -in** *m, f* <-n, -n; -, -nen> compañero, -a *m, f* del partido; (*Parteiangehöriger*) afiliado, -a *m, f* a un partido; **Parteigründung** *f* <-, -en> fundación *f* de un partido, constitución *f* de un partido; **parteiintern** [par'taɪɪntɛrn] *adj* interno del

partido

parteiisch *adj* parcial; **er ist ~** es parcial

Parteikongress[RR] *m* <-es, -e> congreso *m* del partido

parteilich *adj* del partido; (*parteiisch*) parcial

Parteilichkeit *f* <-, *ohne pl*> parcialidad *f*

Parteilinie *f* <-, -n> (POL) línea *f* del partido; **der ~ treu bleiben** ser fiel a la línea del partido; **parteilos** *adj* independiente

Parteilose(r) *mf* <-n, -n; -n, -n> independiente *mf*

Parteimitglied *nt* <-(e)s, -er> miembro *m* del partido, militante *mf*

Parteinahme *f* <-, -n> toma *f* de partido

Parteiorgan *nt* <-s, -e> órgano *m* del partido; **Parteipolitik** *f* <-, *ohne pl*> política *f* de partido; **parteipolitisch** I. *adj* del partidismo político, partidista; **aus ~en Gründen wurde der Vorschlag abgelehnt** la propuesta fue rechazada por motivos de partidismo político II. *adv* desde el punto de vista del partidismo político; **Parteiprogramm** *nt* <-s, -e> programa *m* de partido; **Parteisekretär(in)** *m(f)* <-s, -e; -, -nen> secretario, -a *m, f* de partido

Parteispende *f* <-, -n> donación *f* a un partido; **Parteispendenaffäre** *f* <-, -n> escándalo *m* de corrupción

Parteisprecher(in) *m(f)* <-s, -; -, -nen> portavoz *mf* de un partido (político); **Parteitag** *m* <-(e)s, -e> congreso *m* del partido, convención *f Am;* **Parteivorsitzende(r)** *mf* <-n, -n; -n, -n> presidente, -a *m, f* del partido; **Parteivorstand** *m* <-(e)s, -stände> comité *m* ejecutivo del partido; **Parteizugehörigkeit** *f* <-, -en> afiliación *f* a un partido

parterre [parˈtɛr] *adv* en la planta baja; **wir wohnen ~** vivimos en la planta baja

Parterre [parˈtɛr] *nt* <-s, -s> planta *f* baja; **Parterrewohnung** *f* <-, -en> piso *m* de planta baja

Parthenogenese *f* <-, *ohne pl*> (BIOL) partenogénesis *f inv*

Partie [parˈtiː] *f* <-, -n> **1.** (*Abschnitt, Teil*) parte *f* **2.** (*Spieldurchgang*) partida *f;* (*im Sport*) partido *m;* **eine ~ Schach spielen** jugar una partida de ajedrez; **eine ~ Tennis spielen** jugar un partido de tenis **3.** (*Rolle*) papel *m,* parte *f* **4.** (WIRTSCH) partida *f,* lote *m* **5.** (*Wend*): **bei etw mit von der ~ sein** (*fam*) tomar parte en algo; **eine gute ~ sein** ser un buen partido; **eine gute ~ machen** casarse ventajosamente

partiell [parˈtsjɛl] *adj* parcial; **~e Sonnenfinsternis** eclipse parcial de sol

Partikel[1] [parˈtiːkəl] *f* <-, -n> (LING) partícula *f*

Partikel[2] *nt* <-s, ->, *f* <-, -n> (PHYS) partícula *f*

Partikularismus [partikulaˈrɪsmʊs] *m* <-, *ohne pl*> particularismo *m*

Partisan(in) [partiˈzaːn] *m(f)* <-s *o* -en, -en; -, -nen> guerrillero, -a *m, f,* partisano, -a *m, f;* **Partisanenkrieg** *m* <-(e)s, -e> guerra *f* de guerillas

Partisanin *f* <-, -nen> *s.* **Partisan**

partitionieren* *vt* (INFOR) subdividir

Partitionierung *f* <-, -en> (INFOR) partición *f*

partitiv [partiˈtiːf] *adj* (GRAM) partitivo; **~er Genitiv** genitivo partitivo; **im Französischen gibt es einen ~en Artikel** en francés existe un artículo partitivo

Partitur [partiˈtuːɐ] *f* <-, -en> (MUS) partitura *f*

Partizip [partiˈtsiːp] *nt* <-s, Partizipien> (GRAM) participio *m;* **~ Perfekt** participio pasado

Partizipation *f* <-, -en> participación *f*

Partizipia *pl von* **Partizipium**

Partizipialkonstruktion *f* <-, -en> (GRAM) construcción *f* participial [*o* con participio]; **Partizipialsatz** *m* <-es, -sätze> (GRAM) oración *f* participial [*o* de participio]

partizipieren* [partitsiˈpiːrən] *vi* participar (*an* en)

Partizipium *nt* <-s, Partizipia> (GRAM: *alt*) *s.* **Partizip**

Partner(in) [ˈpartnɐ] *m(f)* <-s, -; -, -nen> **1.** (*Lebens~, Tanz~*) compañero, -a *m, f,* pareja *f;* (*Ehe~*) cónyuge *mf;* (*Gesprächs~*) interlocutor(a) *m(f);* (*im Sport, Spiel*) compañero, -a *m, f* de juego; (*im Film*) compañero, -a *m, f* de reparto **2.** (*Teilhaber*) socio, -a *m, f;* **Partnerlook** [-lʊk] *m* <-s, -s> look *m* semejante de parejas; **im ~ gehen** salir dos personas vestidas de la misma manera

Partnerschaft *f* <-, -en> **1.** (*Zusammenarbeit*) cooperación *f,* colaboración *f;* (*Städte~*) hermanamiento *m* **2.** (*Zusammenleben*) convivencia *f;* (*Ehe*) matrimonio *m*

partnerschaftlich *adj* de camaradería; **~ zusammenarbeiten** colaborar con compañerismo

Partnerstadt *f* <-, -städte> ciudad *f* hermanada; **Partnertausch** *m* <-(e)s, -e> cambio *m* de pareja; **Partnerwahl** *f* <-, -en> elección *f* de pareja

partout [parˈtuː] *adv* (*fam: überhaupt*) absolutamente; (*unbedingt*) a toda costa; (*verneint*) de ninguna manera, en absoluto

Party [ˈpaːɐti] *f* <-, -s> fiesta *f,* guateque *m;* **eine ~ geben** hacer una fiesta; **auf eine ~ gehen** ir a una fiesta; **wir haben uns auf einer ~ kennen gelernt** nos conocimos en una fiesta; **Partykeller** *m* <-s, -> *sótano donde se hacen fiestas;* **Partyservice** *m* <-, *ohne pl*> servicio *m* a domicilio; **wir bieten kostenlosen ~** ofrecemos servicio a domicilio gratuito

Parzelle [parˈtsɛlə] *f* <-, -n> parcela *f,* lote *m*

parzellieren* [partsɛˈliːrən] *vt* parcelar, lotizar *Am,* lotear *Am*

Parzellierung *f* <-, -en> parcelación *f,* división *f* en parcelas

P

Pasch [paʃ] *m* <-(e)s, -e *o* Päsche> parejas *fpl*
Pascha ['paʃa] *m* <-s, -s> (*abw*) pachá *m;* **er benimmt sich wie ein** ~ se comporta como un pachá
Paspel ['paspəl] *f* <-, -n> (*schmale Borte*) ribete *m;* (*breiter, a.* MIL) galón *m*
Pass[RR] [pas, *pl:* 'pɛsə] *m* <-es, Pässe>, **Paß** *m* <-sses, Pässe> **1.** (*Ausweis*) pasaporte *m,* pase *m Am;* **der** ~ **ist abgelaufen** el pasaporte está caducado **2.** (*Gebirgs~*) puerto *m* (de montaña); **der** ~ **ist gesperrt** el puerto está cerrado **3.** (SPORT) pase *m*
passabel [pa'sa:bəl] *adj* pasable, aceptable
Passage [pa'sa:ʒə] *f* <-, -n> **1.** (*Durchfahrt*) pasaje *m,* paso *m* **2.** (*Ladenstraße*) pasaje *m,* galerías *fpl* **3.** (*Überfahrt*) travesía *f* **4.** (*Textabschnitt*) pasaje *m,* fragmento *m*
Passagier(in) [pasa'ʒi:ɐ] *m(f)* <-s, -e; -, -nen> pasajero, -a *m, f;* **ein blinder** ~ un polizón; **Passagieraufkommen** *nt* <-s, -> volumen *m* de pasajeros; **Passagierdampfer** *m* <-s, -> buque *m* de pasajeros; **Passagierflugzeug** *nt* <-(e)s, -e> avión *m* de pasajeros
Passagierin *f* <-, -nen> *s.* **Passagier**
Passagierjet *m* <-(s), -s> avión *m* de pasajeros, jet *m* de pasajeros; **Passagierliste** *f* <-, -n> lista *f* de pasajeros; **Passagierschiff** *nt* <-(e)s, -e> buque *m* de pasajeros, barco *m* de pasajeros
Passah ['pasa] *nt* <-s, *ohne pl*>, **Passahfest** *nt* <-(e)s, -e> (REL) Pascua *f* judía
Passamt[RR] *nt* <-(e)s, -ämter> oficina *f* de pasaportes
Passant(in) [pa'sant] *m(f)* <-en, -en; -, -nen> transeúnte *mf*
Passat [pa'sa:t] *m* <-(e)s, -e>, **Passatwind** *m* <-(e)s, -e> alisio *m*
Passbild[RR] *nt* <-(e)s, -er> foto *f* de carnet
passé *adj,* **passee**[RR] [pa'se:] *adj* (*fam*) pasado de moda; **das ist** ~ eso está pasado de moda; **sie ist als Politikerin** ~ ya no pinta nada en la política
passen ['pasən] **I.** *vi* **1.** (*in Größe, Form*) sentar [*o* estar] bien; (*in der Menge*) caber (*in* en); (*hinein~*) entrar (*in* en); (*geeignet sein*) ajustarse (*auf* a); **der Schlüssel passt nicht (ins Schloss)** la llave no entra (en la cerradura); **in das Auto** ~ **fünf Personen** caben cinco personas en el coche; **das passt (mir) wie angegossen** (me) queda perfecto; **das passt nicht hierher** eso no viene al caso **2.** (*harmonieren*) pegar (*zu* con), encajar (*zu* con, *in* en); **sie** ~ **zueinander** hacen buena pareja; **die Schuhe** ~ **nicht zum Kleid** los zapatos no pegan con el vestido; **das passt zu ihm!** (*fam*) ¡es propio de él!; **es passt zu ihm, so etwas zu behaupten** le pega una afirmación de ese tipo; **er passt gut in dieses Team** encaja bien en este equipo; **die Beschreibung passt auf jdn/etw** la descripción encaja con alguien/algo **3.** (*genehm sein*) venir bien, convenir; **am Montag passt es mir nicht** el lunes no me viene bien; **das passt mir gar nicht** no me viene nada bien; **das könnte dir so** ~**!** ¡qué más quisieras!; **passt dir etwas an mir nicht?** ¿te disgusta algo de mí? **4.** (*Kartenspiel*) pasar; **(ich) passe!** ¡paso! **5.** (*fam: bei Fragen*) no poder contestar; **bei dieser Frage muss ich** ~ no puedo contestar a esa pregunta **II.** *vt* (TECH) encajar
passend *adj* **1.** (*in Größe, Form*) que queda bien; **welches ist der ~e Schlüssel?** ¿cuál es la llave correcta?; **die Hose mache ich Ihnen** ~ le arreglo el pantalón a su medida; **dazu** ~ (*in der Farbe*) a juego **2.** (*treffend, genau*) apropiado, justo; **er findet immer die ~en Worte** siempre encuentra las palabras apropiadas; **haben Sie es nicht** ~**?** (*fam*) ¿no lo tiene justo? **3.** (*angemessen*) adecuado; **er kam zur ~en Zeit** vino oportunamente
Passepartout [paspar'tu:] *nt, Schweiz: m* <-s, -s> marco *m* de cartón, passepartout *m*
Passform[RR] *f*<-, *ohne pl*>, **Paßform** *f* <-, *ohne pl*> adaptación *f;* **eine gute** ~ **haben** adaptarse al cuerpo, sentar bien; **der elastische Stoff sorgt für eine gute** ~ el material elástico termina adaptándose perfectamente
Passfoto[RR] *nt* <-s, -s> foto *f* de carnet
passierbar *adj* transitable
passieren* [pa'si:rən] **I.** *vi sein:* **was ist denn passiert?** ¿qué ha pasado?; **es wird ihm doch nichts passiert sein?** ¿le habrá pasado algo?; **das kann auch nur ihm** ~**!** ¡eso sólo le puede pasar a él!; **das kann jedem** ~ eso le puede pasar a cualquiera; **dass mir das nicht noch mal passiert!** ¡que no vuelva a pasar!; **... sonst passiert was!** (*fam*) ¡... o no respondo! **II.** *vt* **1.** (*Grenze, Zensur*) pasar; (*Fluss, Pass*) cruzar, atravesar; **die Grenze** ~ pasar (por) la frontera; **jdn** ~ **lassen** dejar pasar a alguien **2.** (GASTR) pasar, tamizar; **passierte Tomaten** tomates triturados y tamizados
Passierschein *m* <-(e)s, -e> pase *m,* salvoconducto *m*
Passinhaber(in)[RR] *m(f)* <-s, -; -, -nen> titular *mf* de un pasaporte
Passion [pa'sjo:n] *f* <-, -en> **1.** (*Leidenschaft*) pasión *f;* **er ist Angler aus** ~ la pesca es su pasión; **eine** ~ **für etw haben** apasionarse por algo **2.** (REL) Pasión *f*
passioniert [pasjo'ni:ɐt] *adj* apasionado; **ein ~er Briefmarkensammler** un apasionado coleccionista de sellos
Passionsblume [pa'sjo:ns-] *f* <-, -n> pasionaria *f,* granadilla *f ZAm, Ant,* granadillo *m Kol;* **Passionsfrucht** *f* <-, -früchte> granadilla *f;* **Passionsspiel** *nt* <-(e)s, -e> Misterio *m* de la Pasión; **Passionszeit** *f* <-, *ohne pl*> (REL) **1.** (*Fastenzeit*) cuaresma *f* **2.** (*Karwoche*) Semana *f* Santa
passiv ['pasi:f, -'-] *adj* pasivo; ~ **mitrauchen** fumar pasivamente
Passiv ['pasi:f, -'-] *nt* <-s, -e> (LING) voz *f* pa-

siva

Passiva [pa'siːva] *pl* (WIRTSCH) pasivo *m*

Passivgeschäft *nt* <-(e)s, -e> (FIN) operación *f* pasiva

Passivität [pasivi'tɛːt] *f* <-, *ohne pl*> (*a.* CHEM) pasividad *f*

Passivposten *m* <-s, -> (COM) pasivo *m;* **Passivrauchen** ['pasiːf-] *nt* <-s, *ohne pl*> inhalación *f* de humo

Passkontrolle[RR] *f* <-, -n> control *m* de pasaportes; **Passstelle**[RR] *f* <-, -n> oficina *f* de pasaportes

Passstraße[RR] *f* <-, -n> paso *m* de montaña, puerto *m* de montaña

Passstück[RR] *nt* <-(e)s, -e> (TECH) pieza *f* de ajuste

Passus ['pasʊs] *m* <-, -> pasaje *m;* (*Abschnitt*) párrafo *m*

Passwort[RR] ['pasvɔrt] *nt* <-(e)s, -wörter> santo *m* y seña

Pasta *f* <-, Pasten>, **Paste** ['pastə] *f* <-, -n> **1.** (*Lebensmittel*) pasta *f* **2.** (MED) ungüento *m*

Pastell[1] [pas'tɛl] *nt* <-(e)s, *ohne pl*> (*Technik*) pintura *f* al pastel; **in ~ malen** pintar al pastel

Pastell[2] *nt* <-(e)s, -e> **1.** (*Farbton*) color *m* pastel **2.** (*Bild*) pintura *f* al pastel

Pastellfarbe *f* <-, -n> **1.** (*zum Malen*) pintura *f* al pastel **2.** (*Farbton*) color *m* pastel

pastellfarben *adj* de color pastel

Pastellmalerei[1] *f* <-, *ohne pl*> (KUNST: *Technik*) pintura *f* al pastel

Pastellmalerei[2] *f* <-, -en> (KUNST: *Bild*) pintura *f* al pastel

Pastellstift *m* <-(e)s, -e> lápiz *m* de color (para pintar al pastel), pastel *m;* **Pastellton** *m* <-(e)s, -töne> color *m* pastel, tono *m* pastel

Pasten *pl von* **Pasta**, **Paste**

pastenförmig [-fœrmɪç] *adj* pastoso, en pasta

Pastete [pas'teːtə] *f* <-, -n> vol-au-vent *m*, volován *m*

pasteurisieren* [pastøri'ziːrən] *vt* pasteurizar, pasterizar

Pastille [pa'stɪlə] *f* <-, -n> pastilla *f*

Pastor(in) ['pastoːɐ, pas'toːɐ] *m(f)* <-s, -en; -, -nen> (*reg*) pastor(a) *m(f)*

Patchwork ['pætʃwəːk] *nt* <-s, -s> (*a.* TECH) patchwork *m*

Pate, **-in** ['paːtə] *m, f* <-n, -n; -, -nen> padrino *m*, madrina *f;* **bei einem Kind ~ stehen** apadrinar a un niño; **Patenkind** *nt* <-(e)s, -er> ahijado, -a *m, f;* **Patenonkel** *m* <-s, -> padrino *m*

Patenschaft *f* <-, -en> padrinazgo *m;* **die ~ für ein Kind übernehmen** apadrinar a un niño

Patensohn *m* <-(e)s, -söhne> ahijado *m;* **Patenstadt** *f* <-, -städte> *s.* **Partnerstadt**

patent [pa'tɛnt] *adj* (*fam*) **1.** (*Person*) ingenioso **2.** (*Lösung, Idee*) formidable

Patent [pa'tɛnt] *nt* <-(e)s, -e> **1.** (*amtlicher Schutz*) patente *f;* **durch ~ geschützt** protegido por patente; **ein ~ abtreten** ceder [*o* transferir] una patente; **ein ~ anmelden/verletzen** inscribir/violar una patente; **etw zum ~ anmelden** solicitar la patente de algo; **auf etw ein ~ haben** tener la patente sobre algo **2.** (*fam: Mechanismus*) mecanismo *m;* **so ein blödes ~!** ¡vaya cacharro! **3.** (*Ernennungsurkunde*) patente *f*, letras *fpl* patentes **4.** (*Schweiz: staatliche Erlaubnis*) licencia *f;* **Patentamt** *nt* <-(e)s, -ämter> registro *m* de patentes, oficina *f* de patentes; **Patentanmeldung** *f* <-, -en> solicitud *f* de una patente, inscripción *f* de una patente

Patentante *f* <-, -n> madrina *f*

Patentanwalt, **-anwältin** *m, f* <-(e)s, -wälte; -, -nen> agente *mf* de patentes

patentierbar *adj* con derecho a (una) patente

patentieren* [patɛn'tiːrən] *vt* patentar; **etw ~ lassen** patentar algo, obtener una patente por algo

Patentinhaber(in) *m(f)* <-s, -; -, -nen> titular *mf* de una patente; **Patentlösung** *f* <-, -en> solución *f* definitiva [*o* mágica]; **eine ~ dafür gibt es nicht** para ello no existe una solución definitiva; **Patentnummer** *f* <-, -n> número *m* (de registro) de patente

Patentochter *f* <-, -töchter> ahijada *f*

Patentrecht *nt* <-(e)s, -e> derecho *m* de patente; **patentrechtlich** *adj:* **~ geschützt** protegido por patente; **Patentregister** *nt* <-s, -> registro *m* de patentes; **Patentrezept** *nt* <-(e)s, -e> solución *f* ideal; **Patentschutz** *m* <-es, *ohne pl*> protección *f* de patentes; **Patentstelle** *f* <-, -n> oficina *f* de patentes, registro *m* de la propiedad industrial; **Patenturkunde** *f* <-, -n> certificado *m* de patente; **Patentverletzung** *f* <-, -en> (JUR) violación *f* de patente; **Patentverschluss**[RR] *m* <-es, -schlüsse> cierre *m* patentado

Pater ['paːtɐ] *m* <-s, – *o* Patres> (REL) padre *m*

Paternoster[1] *nt* <-s, -> (REL) padrenuestro *m*

Paternoster[2] *m* <-s, -> (*Aufzug*) (elevador *m* de) rosario *m*

pathetisch [pa'teːtɪʃ] *adj* patético

pathogen [pato'geːn] *adj* (MED) patógeno

Pathogenese *f* <-, -n> (MED) patogénesis *f inv*

Pathologe, **-in** [pato'loːgə] *m, f* <-n, -n; -, -nen> (MED) patólogo, -a *m, f*

Pathologie[1] [patolo'giː] *f* <-, *ohne pl*> (MED) patología *f*

Pathologie[2] *f* <-, -n> (*Abteilung*) sección *f* de patología

Pathologiebericht *m* <-(e)s, -e> informe *m* patológico

Pathologin *f* <-, -nen> *s.* **Pathologe**

pathologisch [pato'loːgɪʃ] *adj* (MED) pató-

P

gico

Pathos ['pa:tɔs] *nt* <-, *ohne pl*> (*geh*) patetismo *m*

Patience [pa'sjã:s] *f* <-, -n> solitario *m;* **~n legen** hacer solitarios

Patient(in) [pa'tsjɛnt] *m(f)* <-en, -en; -, -nen> paciente *mf;* **~ bei** [*o* **von**] **jdm sein** ser paciente de alguien; **Patientenkartei** *f* <-, -en> fichero *m* de pacientes

Patientin *f* <-, -nen> *s.* **Patient**

Patin ['pa:tɪn] *f* <-, -nen> *s.* **Pate**

Patina ['pa:tina] *f* <-, *ohne pl*> pátina *f;* **~ ansetzen** cobrar lustre [*o* carácter] con los años; (*abw*) perder el brillo con los años

patinieren* [pati'ni:rən] *vt* dar pátina (a)

Patisserie [patɪsə'ri:] *f* <-, -n> (*Schweiz*) **1.** (*Konditorei*) confitería *f* **2.** (*Feingebäck*) dulces *mpl,* bombones *mpl*

Patres *pl von* **Pater**

Patriarch [patri'arç] *m* <-en, -en> patriarca *m*

patriarchalisch [patriar'ça:lɪʃ] *adj* patriarcal

Patriarchat [patriar'ça:t] *nt* <-(e)s, -e> patriarcado *m*

Patriot(in) [patri'o:t] *m(f)* <-en, -en; -, -nen> patriota *mf*

patriotisch *adj* patriótico

Patriotismus [patrio'tɪsmʊs] *m* <-, *ohne pl*> patriotismo *m*

Patrizier(in) [pa'tri:tsiɐ] *m(f)* <-s, -; -, -nen> patricio, -a *m, f*

Patron(in) [pa'tro:n] *m(f)* <-s, -e; -, -nen> patrón, -ona *m, f*

Patronage [patro'na:ʒə] *f* <-, -n> (*geh*) patrocinio *m*

Patronat [patro'na:t] *nt* <-(e)s, -e> **1.** (*Schirmherrschaft*) patrocinio *m;* **unter dem ~ von ...** patrocinado por... **2.** (REL) patronato *m*

Patrone [pa'tro:nə] *f* <-, -n> **1.** (*Geschosshülse*) cartucho *m* **2.** (*Filmbehälter*) cartucho *m* de la película **3.** (*Tinten~*) cartucho *m* de tinta; **Patronenfüller** *m* <-s, -> pluma *f* estilográfica; **Patronengurt** *m* <-(e)s, -e> canana *f;* **Patronenhülse** *f* <-, -n> casquillo *m* de bala, cachimba *f Am;* **Patronentasche** *f* <-, -n> cartuchera *f*

Patronin *f* <-, -nen> *s.* **Patron**

Patrouille [pa'trʊljə] *f* <-, -n> patrulla *f;* **auf ~ gehen** salir de patrulla [*o* a patrullar]; **auf ~ sein** andar de patrulla; **Patrouillenboot** *nt* <-(e)s, -e> barco *m* patrullero, lancha *f* patrullera; **Patrouillengang** *m* <-(e)s, -gänge> (MIL) patrulla *f;* **auf ~ sein** estar de patrulla; **einen ~ machen** estar de patrulla, patrullar

patrouillieren* [patrʊl'ji:rən] *vi haben o sein* patrullar

patsch [patʃ] *interj* (*klatsch*) ¡plas!; (*Schlag*) ¡zas!, ¡catap(l)um!

Patsche ['patʃə] *f* <-, *ohne pl*> (*fam*) **1.** (*Matsch*) lodo *m* **2.** (*fig: Bedrängnis*) apuro *m,* aprieto *m;* **in der ~ sitzen** [*o* **stecken**] encontrarse en apuros; **jdm aus der ~ helfen** sacar a alguien de un apuro

patschen ['patʃən] *vi sein* (*fam*) **1.** (*im Wasser*) chapotear (*in* en) **2.** (*schlagen*) dar palmadas (*auf* en)

Patschhändchen ['-hɛntçən] *nt* <-s, -> (*fam*) manita *f;* (*abw*) manaza *f;* **patschnass**[RR] ['-'-] *adj* (*fam*) calado hasta los huesos; **~e Haare** pelo empapado

patt [pat] *adj* en tablas

Patt [pat] *nt* <-s, -s> empate *m,* tablas *fpl;* **Pattsituation** *f* <-, -en> empate *m,* tablas *fpl*

patzen ['patsən] *vi* (*fam*) meter la pata, cometer un pequeño fallo

Patzer ['patsɐ] *m* <-s, -> **1.** (*fam: Fehler*) metedura *f* de pata, pequeño fallo *m* **2.** (*Österr: Klecks*) pegote *m*

patzig ['patsɪç] *adj* (*fam abw: Person*) descarado, respondón; (*Antwort*) insolente

Pauke ['paʊkə] *f* <-, -n> timbal *m;* **mit ~n und Trompeten durchfallen** (*fam*) suspender con honores; **auf die ~ hauen** (*fam*) celebrar por todo lo alto

pauken **I.** *vi* **1.** (MUS) tocar el timbal **2.** (*fam: lernen*) empollar **II.** *vt* (*fam*) empollar

Paukenschlag *m* <-(e)s, -schläge> golpe *m* de timbal; **das kam wie ein ~** cayó como una bomba; **Paukenwirbel** *m* <-s, -> (MUS) redoble *m* (de timbal)

Pauker(in) *m(f)* <-s, -; -, -nen> **1.** (*fam: Lehrer*) profe *mf* **2.** (MUS) timbalero, -a *m, f*

Paukerei *f* <-, *ohne pl*> (*fam: lästiges Lernen*) empollar *m*

Paukerin *f* <-, -nen> *s.* **Pauker**

Paukist(in) *m(f)* <-en, -en; -, -nen> (MUS) timbalero, -a *m, f*

Pausbacke ['paʊs-] *f* <-, -n> (*fam*) moflete *m,* cachete *m*

pausbäckig ['paʊsbɛkɪç] *adj* mofletudo

pauschal [paʊ'ʃa:l] **I.** *adj* **1.** (*insgesamt*) global **2.** (*allgemein*) general **II.** *adv* **1.** (*zusammen*) en bloque; **etw ~ versichern** asegurar algo en bloque; **Gebühren ~ festsetzen** fijar tarifas globales; **~ 100 DM berechnen** cobrar 100 marcos, todo incluido **2.** (*allgemein*) en general; **das kann man so ~ nicht sagen** esto no se puede generalizar así; **Pauschalbetrag** *m* <-(e)s, -träge> importe *m* global

Pauschale [paʊ'ʃa:lə] *f* <-, -n> importe *m* global

pauschalieren* [paʊʃa'li:rən] *vt* fijar un importe global (de), globalizar

pauschalisieren* [paʊʃali'zi:rən] *vt* generalizar

Pauschalpreis *m* <-es, -e> (WIRTSCH) precio *m* global; **Pauschalreise** *f* <-, -n> viaje *m* organizado; **Pauschalsatz** *m* <-es, -sätze> importe *m* global; **Pauschalurlaub** *m* <-(e)s, -e> forfait *m,* viaje *m* organizado; **Pauschalurteil** *nt* <-(e)s, -e> (*abw*) juicio *m* general

Pause ['paʊzə] *f* <-, -n> **1.** (*Unterbrechung*) pausa *f*, descanso *m;* (*in der Schule*) recreo *m;* (*im Theater, Kino*) intermedio *m;* **eine große ~** un largo descanso; **eine ~ machen** [*o* **einlegen**] hacer una pausa **2.** (MUS) intervalo *m,* espera *f;* **eine halbe ~** media pausa **3.** (*durchgepauste Kopie*) copia *f,* calco *m*

pausen ['paʊzən] *vt* calcar

Pausenbrot *nt* <-(e)s, -e> bocadillo *m* (para el recreo); **jeden Morgen nahm er zwei ~e mit in die Schule** todas las mañanas se llevaba dos bocadillos al colegio; **pausenfüllend** *adj* (para) entre horas; **eine ~e Beschäftigung** una ocupación para los ratos libres; **Pausenfüller** *m* <-s, -> intermedio *m;* **Pausenhalle** *f* <-, -n> (SCH) patio *m* cubierto de recreo; **Pausenhof** *m* <-(e)s, -höfe> (SCH) patio *m* de recreo; **pausenlos** **I.** *adj* incesante, ininterrumpido **II.** *adv* sin pausa, ininterrumpidamente; **Pausenpfiff** *m* <-(e)s, -e> (SPORT) pitada *f* de intervalo; **Pausenstand** *m* <-(e)s, *ohne pl*> (SPORT) tanteo *m* después del primer tiempo; **Pausentaste** *f* <-, -n> botón *m* de pausa; **Pausenzeichen** *nt* <-s, -> **1.** (MUS) silencio *m,* pausa *f* **2.** (RADIO, TV) sintonía *f*

pausieren* [paʊ'zi:rən] *vi* **1.** (*unterbrechen*) hacer una pausa **2.** (*ausruhen*) descansar

Pauspapier *nt* <-s, *ohne pl*> papel *m* de calcar

Pavian ['pa:via:n] *m* <-s, -e> babuino *m*

Pavillon ['pavɪljõ] *m* <-s, -s> pabellón *m*

Pay-per-Channel *nt* <-, *ohne pl*> (TV) pago *m* por canal

Pay-per-View *nt* <-, *ohne pl*> (TV) pago *m* por visión

Pay-TV ['pɛɪti:vi:] *nt* <-, *ohne pl*> televisión *f* privada de pago

Pazifik [pa'tsi:fɪk] *m* <-s> (Océano *m*) Pacífico *m*

pazifisch [pa'tsi:fɪʃ] *adj:* **der P~e Ozean** el Océano Pacífico

Pazifismus [patsi'fɪsmʊs] *m* <-, *ohne pl*> pacifismo *m*

Pazifist(in) [patsi'fɪst] *m(f)* <-en, -en; -, -nen> pacifista *mf*

pazifistisch *adj* pacifista

Pb (CHEM) *Abk. von* **Plumbum** Pb

PC [pe:'tse:] *m* <-(s), -(s)> *Abk. von* **Personalcomputer** ordenador *m* personal, computadora *f* personal *Am*

PCB [pe:tse:'be:] *nt* <-, *ohne pl*> *Abk. von* **polychlorierte Biphenyle** bifenil *m* policlorado

PCN (TEL) *Abk. von* **Personal Communication Network** PCN (*estándar europeo de radiocomunicación digital*)

PC-Station *f* <-, -en> (INFOR) estación *f* de trabajo con ordenador personal

PDA [pe:de:'ʔa:] *m* <-, -s> *Abk. von* **Personal Digital Assistent** asistente *m* personal digital

PDS [pe:de:'ʔɛs] *f* <-, *ohne pl*> *Abk. von* **Partei des Demokratischen Sozialismus** Partido *m* Socialista

Peanuts ['pi:nats] *pl* naderías *fpl*

Pech¹ [pɛç] *nt* <-(e)s, -e> (*Teer*) pez *f;* **die beiden halten zusammen wie ~ und Schwefel** (*fam*) son como uña y carne

Pech² *nt* <-(e)s, *ohne pl*> (*Missgeschick*) desgracia *f,* mala suerte *f;* **~ gehabt!** (*fam*) ¡mala suerte!; **sie ist vom ~ verfolgt** la persigue la desgracia; **damit hast du (leider) ~ bei mir!** (*fam*) ¡conmigo te has equivocado!

Pechblende *f* <-, -n> (MINER) pec(h)blenda *f*

Pechnelke *f* <-, -n> (BOT) licnis *m inv*

pechrabenschwarz *adj* (*fam*), **pechschwarz** ['-'-] *adj* (*fam*) negro como la pez [*o* el azabache]

Pechsträhne *f* <-, -n> racha *f* de mala suerte, serie *f* de desgracias; **eine ~ haben** tener una racha de mala suerte; **Pechvogel** *m* <-s, -vögel> (*fam*) desgraciado, -a *m, f;* **ein ~ sein** tener mala suerte

Pedal [pe'da:l] *nt* <-s, -e> pedal *m;* **(fest) in die ~e treten** pedalear (fuerte); **den Fuß vom ~ nehmen** bajar la velocidad

pedalen* *vi* (*Schweiz*) montar en bicicleta

Pedant(in) [pe'dant] *m(f)* <-en, -en; -, -nen> (*abw*) pedante *mf;* (*zimperlich*) tiquismiquis *mf inv*

Pedanterie [pedantə'ri:] *f* <-, *ohne pl*> pedantería *f;* **das grenzt schon an ~** esto roza ya la pedantería

Pedantin *f* <-, -nen> *s.* **Pedant**

pedantisch *adj* (*abw*) pedante, físico *Cuba, Mex*

Peddigrohr ['pɛdɪç-] *nt* <-(e)s, *ohne pl*> caña *f* de rota

Pedell *m* <-s, -e> (SCH, UNIV: *alt*) bedel *m,* conserje *m*

Pediküre [pedi'ky:rə] *f* <-, *ohne pl*> pedicura *f*

Pediment [pedi'mɛnt] *nt* <-s, -e> (GEO) glacis *m inv* rocoso desértico, pedimento *m*

Pedologie *f* <-, *ohne pl*> pedología *f*

Peeling ['pi:lɪŋ] *nt* <-s, -s> peeling *m,* exfoliación *f*

Peepshow[RR] ['pi:pʃɔʊ] *f* <-, -s> peep-show *m*

Pegel ['pe:gəl] *m* <-s, -> **1.** (*Messgerät: Fluss*) fluviómetro *m;* (*Meer*) mareógrafo *m;* **der ~ zeigt zwei Meter über normal** el fluviómetro indica dos metros más de lo normal **2.** (*Höhe*) nivel *m* del agua; **maximal zulässiger ~** nivel máximo permitido; **Pegelstand** *m* <-(e)s, *ohne pl*> nivel *m* del agua

Pegmatit [pɛgma'ti:t] *m* <-s, -e> (GEO) pegmatita *f*

Peilanlage *f* <-, -n> instalación *f* radiogoniométrica

peilen ['paɪlən] *vt* **1.** (*Richtung bestimmen*) determinar; (NAUT) marcar, señalar **2.** (NAUT: *Wassertiefe bestimmen*) sondear **3.** (*fam: schauen*) mirar; **die Lage ~** sondear el terreno; **über den Daumen gepeilt** a ojo de buen cubero

Peilfunk *m* <-s, *ohne pl*> radiogoniometría *f;* **Peilgerät** *nt* <-(e)s, -e> radiogoniómetro *m;* **Peilstab** *m* <-(e)s, -stäbe> (AUTO) **1.** (*Ölstab*) indicador *m* de nivel **2.** (*Einparkhilfe*) indicador *m* de distancia; **Peilstation** *f* <-, -en> estación *f* radiogoniométrica

Peilung¹ *f* <-, -en> (*Messung*) sondeo *m,* medición *f;* **die ~ zeigt uns eine Tiefe von drei Metern an** la sonda indica una profundidad de tres metros

Peilung² *f* <-, *ohne pl*> **1.** (*das Peilen*) marcación *f,* arrumbamiento *m;* **durch ~ bestimmen wir den Standort unseres Schiffes** la marcación nos permite determinar la posición de nuestro barco **2.** (*fam: Durchblick*): **ich habe keine ~** no sé por dónde me ando

Pein [paɪn] *f* <-, *ohne pl*> (*geh: Qual*) tormento *m,* suplicio *m;* (*Kummer*) pena *f;* **das verursacht mir ~** eso me causa tormento

peinigen ['paɪnɪgən] *vt* (*geh*) atormentar, torturar

Peiniger(in) *m(f)* <-s, -; -, -nen> (*geh*) torturador(a) *m(f)*

Peinigung *f* <-, -en> (*geh*) tortura *f*

peinlich *adj* **1.** (*unangenehm*) desagradable; (*Situation*) embarazoso; (*Frage*) delicado; **es ist mir furchtbar ~, Ihnen das mitteilen zu müssen** me resulta terriblemente desagradable tener que comunicarle esto; **von etw ~ berührt sein** avergonzarse por algo **2.** (*genau*) meticuloso, minucioso; **~e Ordnung** orden meticuloso; **mit ~ster Akribie/Genauigkeit** con una escrupulosidad/precisión exagerada; **die Anweisungen ~ befolgen** seguir las instrucciones al pie de la letra

Peinlichkeit¹ *f* <-, *ohne pl*> (*peinliche Art*) lo penoso; (*das Heikle*) lo delicado; **die ~ dieser Bemerkung war ihr nicht bewusst** no era consciente de lo poco delicado que había sido su comentario

Peinlichkeit² *f* <-, -en> (*etw Peinliches*) situación *f* lamentable [*o* penosa]; **sein betrunkener Auftritt war eine ~ ohnegleichen** fue de lo más lamentable que se presentara embriagado

Peitsche ['paɪtʃə] *f* <-, -n> látigo *m,* chicote *m Am,* chucho *m Cuba, Ven,* ango *m Kol*

peitschen **I.** *vi* (*Regen*) golpear (*an/gegen* en) **II.** *vt* azotar

Peitschenhieb *m* <-(e)s, -e> latigazo *m;* **Peitschenknall** *m* <-(e)s, -e> chasquido *m* de látigo; **mit einem ~ trieb der Kutscher seine Pferde an** con un chasquido de látigo el cochero avivó a sus caballos; **Peitschenschlag** *m* <-(e)s, -schläge> latigazo *m*

pejorativ [pejora'ti:f] *adj* peyorativo

Pekinese [peki'ne:zə] *m* <-n, -n> pequinés *m*

Peking ['pe:kɪŋ] *nt* <-s> Pekín *m*

Pektin [pɛk'ti:n] *nt* <-s, -e> (BIOL) pectina *f*

pekuniär *adj* pecuniario

pelagisch [pe'la:gɪʃ] *adj* (GEO) pelágico

Pelerine [pelə'ri:nə] *f* <-, -n> capa *f* con capucha

Pelikan ['pe:lika:n] *m* <-s, -e> pelícano *m,* pelicano *m*

Pelle ['pɛlə] *f* <-, -n> (*nordd*) piel *f;* **jdm auf die ~ rücken** (*fam*) pegarse a alguien; **jdm nicht von der ~ gehen** (*fam*) estar siempre pegado a las faldas de alguien, no dejar a alguien ni a sol ni a sombra

pellen **I.** *vt* (*nordd*) pelar, mondar **II.** *vr:* **sich ~** (*nordd*) pelarse

Pellkartoffel *f* <-, -n> patata *f* cocida con piel

Pelz [pɛlts] *m* <-es, -e> piel *f;* **jdm (mit etw) auf den ~ rücken** (*fam*) asediar a alguien (con algo); **jdm/einem Tier eins auf den ~ brennen** (*fam*) pegarle un tiro a alguien/a un animal; **pelzbesetzt** *adj* guarnecido de piel; **pelzgefüttert** *adj* forrado de piel; **Pelzgeschäft** *nt* <-es, -e> peletería *f;* **Pelzhandel** *m* <-s, *ohne pl*> **1.** (*Handel mit Pelzen*) comercio *m* de pieles; **früher verdienten die Trapper ihr Geld mit dem ~** antiguamente los tramperos se ganaban la vida con el comercio de pieles **2.** (*Großhandel für Pelze*) peletería *f;* **Pelzhändler(in)** *m(f)* <-s, -; -, -nen> peletero, -a *m, f*

pelzig *adj* peludo; (*reg: im Geschmack*) áspero

Pelzimitation *f* <-, -en> piel *f* sintética; **sie kaufte sich** *dat* **einen Mantel aus ~** se compró un abrigo de imitación de piel; **Pelzkragen** *m* <-s, -> cuello *m* de piel; **Pelzmantel** *m* <-s, -mäntel> abrigo *m* de piel; **Pelzmütze** *f* <-, -n> gorro *m* de piel; **Pelztier** *nt* <-(e)s, -e> animal *m* de piel fina

Penalty ['pɛnəlti] *m* <-(s), -s> (SPORT) penalti *m*

PEN-Club ['pɛnklʊp] *m* <-s, *ohne pl*> Club *m* PEN

Pendant [pã'dã:] *nt* <-s, -s> (*Gegenstück*) pareja *f* (*zu* de), correspondencia *f,* compañero *m* (*zu* de); **das ~ zu etw** *dat* **bilden** hacer juego con algo

Pendel ['pɛndəl] *nt* <-s, -> péndulo *m;* **das ~ schlägt aus** el péndulo oscila; **Pendelbewegung** *f* <-, -en> movimiento *m* pendular; **Pendeldienst** *m* <-(e)s, -e> servicio *m* de (medios de transportes) de cercanías (*para aquellas personas que se tienen que desplazar a sus puestos de trabajo*); **zwischen Stadt und Flughafen ist ein ~ eingerichtet worden** se ha establecido un servicio de cercanías entre la ciudad y el aeropuerto

pendeln ['pɛndəln] *vi* **1.** (*schwingen*) oscilar **2.** *sein* (*hin- und herfahren*) viajar (diariamente), ir y volver; **sie pendelt täglich nach Köln/zwischen Köln und Bonn** viaja diariamente a Colonia/de Colonia a Bonn; **wohnt er in München? – nein, er pendelt** ¿vive en Munich? – no, va y vuelve cada día

Pendeltür *f* <-, -en> puerta *f* de vaivén,

puerta *f* de pivote; **Pendeluhr** *f* <-, -en> reloj *m* de péndulo; **Pendelverkehr** *m* <-s, *ohne pl*> tráfico *m* continuo de un punto a otro; **Pendelzug** *m* <-(e)s, -züge> tren *m* de cercanías (*para aquellas personas que se tienen que desplazar a sus puestos de trabajo*)

pendent [pɛn'dɛnt] *adj* (*Schweiz: unerledigt*) pendiente

Pendenz [pɛn'dɛnts] *f* <-, -en> (*Schweiz: unerledigte Sache*) asunto *m* pendiente

Pendler(in) ['pɛndlɐ] *m(f)* <-s, -; -, -nen> viajero, -a *m, f* diario, -a, conmuter *mf;* **Pendlerzug** *m* <-(e)s, -züge> *tren para desplazarse a diario del lugar de residencia al lugar de trabajo y viceversa*

Pendolino *m* <-s, -s> (EISENB) Pendolino *m* (*tren de alta velocidad*)

Penes ['pe:ne:s] *pl von* **Penis**

penetrant [pene'trant] *adj* **1.** (*Geschmack, Geruch*) penetrante; ~ **schmecken** tener un sabor muy fuerte **2.** (*abw: aufdringlich*) molesto; (*Person*) pesado

Penetration [penetra'tsjo:n] *f* <-, -en> (*a.* TECH) penetración *f*

peng [pɛŋ] *interj* ¡pum!

penibel [pe'ni:bəl] *adj* meticuloso (*in* con)

Penicillin [penitsɪ'li:n] *nt* <-s, -e> *s.* **Penizillin**

Penis ['pe:nɪs] *m* <-, -se *o* Penes> (*geh a.* MED) pene *m;* **Penisprothese** *f* <-, -n> (MED) prótesis *f inv* del pene

Penizillin [penitsɪ'li:n] *nt* <-s, -e> (MED) penicilina *f*

Pennäler(in) [pɛ'nɛ:lɐ] *m(f)* <-s, -; -, -nen> alumno, -a *m, f* de Instituto, estudiante *mf* secundario, -a *Am*

Pennbruder ['pɛn-] *m* <-s, -brüder> (*fam abw*) **1.** (*Landstreicher*) vagabundo *m* **2.** (*Person, die viel schläft*) dormilón *m*

Penne ['pɛnə] *f* <-, -n> (*fam*) cole *m*

pennen ['pɛnən] *vi* (*fam*) **1.** (*schlafen*) dormir, sobar, atorrar *Arg;* **mit jdm** ~ acostarse con alguien **2.** (*nicht aufpassen*) estar distraído; **ich habe gerade ein bisschen gepennt** me distraje un momento

Penner(in) ['pɛnɐ] *m(f)* <-s, -; -, -nen> (*fam abw*) **1.** (*Stadtstreicher*) vagabundo, -a *m, f,* atorrante *mf CSur* **2.** (*Schlafmütze*) dormilón, -ona *m, f*

Pensa, Pensen ['pɛnzən] *pl von* **Pensum**

Pension¹ [pã'zjo:n, pɛn'zjo:n] *f* <-, -en> **1.** (*Rente*) jubilación *f,* pensión *f* **2.** (*Herberge*) pensión *f*

Pension² *f* <-, *ohne pl*> **1.** (*Ruhestand*) jubilación *f;* **in** ~ **gehen** jubilarse; **in** ~ **sein** estar jubilado; **jdn in** ~ **schicken** jubilar a alguien **2.** (*Unterkunft und Verpflegung*) pensión *f;* **halbe** ~ media pensión; **volle** ~ pensión completa

Pensionär(in) [pãzjo'nɛ:ɐ, pɛnzjo'nɛ:ɐ] *m(f)* <-s, -e; -, -nen> **1.** (*Ruheständler*) jubilado, -a *m, f* **2.** (*Schweiz: Pensionsgast*) huésped(a) *m(f)* de una pensión

Pensionat [pãzjo'na:t, pɛnzjo'na:t] *nt* <-(e)s, -e> colegio *m* de internos, internado *m*

pensionieren* [pãzjo'ni:rən, pɛnzjo'ni:rən] *vt* jubilar; **sich** ~ **lassen** jubilarse

Pensionierung *f* <-, -en> jubilación *f*

Pensionsalter [pã'zjo:ns-, pɛn'zjo:ns-] *nt* <-s, -> edad *f* de jubilación; **Pensionsanspruch** *m* <-(e)s, -sprüche> derecho *m* a pensión [*o* a jubilación]; **pensionsberechtigt** *adj* con derecho a jubilación; **Pensionsfonds** *m* <-, -> (FIN) fondo *m* de pensiones [*o* de previsión]

Pensionsgast *m* <-(e)s, -gäste> huésped *mf* de una pensión

Pensionskasse *f* <-, -n> caja *f* de pensiones

Pensionspreis *m* <-es, -e> precio *m* de la pensión [*o* del hospedaje]; **bei Halbpension beträgt der** ~ **68 DM pro Tag** el precio por media pensión asciende a 68 marcos diarios

pensionsreif *adj* (*fam*) listo para jubilarse; ~ **sein** estar para jubilarse; **mit meinen 70 Jahren bin ich schon lange** ~ a mis 70 años ya hace tiempo que debería haberme jubilado

Pensum ['pɛnzʊm] *nt* <-s, Pensen *o* Pensa> (cantidad *f* de) trabajo *m,* tarea *f;* **tägliches** ~ trabajo diario; **sein** ~ **erfüllen** cumplir con su tarea

Pentade *f* <-, -n> (METEO) pentada *f*

Pentagon¹ ['pɛntagɔn] *nt* <-s, -e> (MATH) pentágono *m*

Pentagon² *nt* <-s, *ohne pl*> (*US-Verteidigungsministerium*) Pentágono *m*

Penthaus *nt* <-es, -häuser>, **Penthouse** ['pɛnthaʊs] *nt* <-, -s> ático *m*

Pep [pɛp] *m* <-(s), *ohne pl*> chispa *f;* ~ **haben** (*fam*) tener gancho; **mit** ~ (*fam*) con brío

Peperoni [pepe'ro:ni] *f* <-, -> **1.** (*scharfe Paprika*) guindilla *f* verde, pimiento *m* picante **2.** (*Schweiz: Gemüsepaprika*) pimiento *m*

peppig ['pɛpɪç] *adj* gracioso; (*Musik*) marchoso; (*Person*) salado, vivo

Pepsin [pɛ'psi:n] *nt* <-s, -e> (MED, BIOL, CHEM) pepsina *f*

per [pɛr] *präp +akk* por; ~ **Kilo** por kilo; **er fährt** ~ **Anhalter** viaja a dedo [*o* en autostop]; ~ **pedes** a pie; **sie ist** ~ **du mit ihm** se tutean; **das versteht sich** ~ **se** (*geh*) es obvio

Perestroika [perɛs'tro:ika] *f* <-, *ohne pl*> (POL) perestroika *f*

perfekt [pɛr'fɛkt] *adj* **1.** (*vollkommen*) perfecto; **er ist ein ~er Gentleman** es un perfecto caballero; **sie spricht** ~ **Spanisch** habla perfectamente español **2.** (*fam: abgeschlossen*) arreglado; **die Sache ist** ~ el asunto está arreglado; **der Vertrag ist** ~ el contrato está firmado

Perfekt ['pɛrfɛkt] *nt* <-s, -e> (LING) (pretérito *m*) perfecto *m*

Perfektion [pɛrfɛk'tsjo:n] *f* <-, *ohne pl*>

perfección *f;* **etw bis zur ~ bringen** llevar algo a la perfección

perfektionieren* [pɛrfɛktsjo'niːrən] *vt* perfeccionar

Perfektionismus [pɛrfɛktsjo'nɪsmʊs] *m* <-, *ohne pl*> perfeccionismo *m*

Perfektionist(in) [pɛrfɛktsjo'nɪst] *m(f)* <-en, -en; -, -nen> perfeccionista *mf*

perfid(e) [pɛr'fiːt, pɛr'fiːdə] *adj* pérfido

Perfidie [pɛrfi'diː] *f* <-, -n> perfidia *f*

Perforation [pɛrfora'tsjoːn] *f* <-, -en> (*a.* MED) perforación *f*

perforieren* [pɛrfo'riːrən] *vt* perforar

Performance-Index *m* <-(es), -Indizes> (FIN) índice *m* de rendimiento (en el puesto de trabajo)

Performanz [pɛrfɔr'mants] *f* <-, -en> (LING) ejecución *f,* actuación *f*

Pergament [pɛrga'mɛnt] *nt* <-(e)s, -e> pergamino *m;* **Pergamentpapier** *nt* <-s, -e> papel *m* de pergamino; **Pergamentrolle** *f* <-, -n> rollo *m* de pergamino

Pergola ['pɛrgola] *f* <-, Pergolen> pérgola *f*

periglazial [perigla'tsjaːl] *adj* (GEO) periglaciar

Periode [peri'oːdə] *f* <-, -n> **1.** (*Zeitabschnitt*) período *m,* época *f* **2.** (PHYS, MATH, GEO) período *m* **3.** (*Menstruation*) período *m,* regla *f;* **sie hat ihre ~** tiene la regla, está mala *fam*

Periodensystem *nt* <-s, *ohne pl*> (CHEM) sistema *m* periódico de elementos

Periodikum [peri'oːdikʊm, *pl:* peri'oːdika] *nt* <-s, Periodika> publicación *f* periódica

periodisch [peri'oːdɪʃ] *adj* periódico; **~ wiederkehren** repetirse periódicamente

peripher [peri'feːɐ] *adj* periférico

Peripherie [perife'riː] *f* <-, -n> **1.** (*Randbezirke*) periferia *f* **2.** (MATH) periferia *f* **3.** (INFOR) periférico *m;* **Peripheriegerät** *nt* <-(e)s, -e> (INFOR) unidad *f* periférica

Periskop [peri'skoːp] *nt* <-s, -e> periscopio *m*

Peristaltik [peri'staltɪk] *f* <-, *ohne pl*> (MED) perístole *f,* peristaltismo *m*

Perle ['pɛrlə] *f* <-, -n> **1.** (*der Perlmuschel*) perla *f;* (*aus Glas, Holz*) cuenta *f;* **künstliche ~** perla artificial; **~n vor die Säue werfen** (*fam*) echar margaritas a los puercos **2.** (*Luftblase*) burbuja *f;* (*Schweiß~*) gota *f* (de sudor) **3.** (*fam: Hausgehilfin*) alhaja *f*

perlen ['pɛrlən] *vi* **1.** *haben o sein* (*Perlen bilden*) formar gotas; (*Schweiß*) gotear **2.** (*Sekt*) burbujear, hacer burbujas

Perlenfischer(in) *m(f)* <-s, -; -, -nen> *s.* Perlentaucher; **Perlenkette** *f* <-, -n> collar *m* de perlas; **Perlentaucher(in)** *m(f)* <-s, -; -, -nen> pescador(a) *m(f)* de perlas; **~ tauchen bis zu 25 Meter tief nach Perlenaustern** los pescadores de perlas se sumergen a profundidades de hasta 25 metros en busca de ostras

Perlhuhn *nt* <-(e)s, -hühner> pintada *f,* gallina *f* de Guinea

Perlmuschel *f* <-, -n> madreperla *f,* ostra *f* perlífera

Perlmutt ['pɛrlmʊt] *nt* <-s, *ohne pl*>, **Perlmutter** *f* <-, *ohne pl*>, *nt* <-s, *ohne pl*> nácar *m*

perlmuttern *adj* **1.** (*aus Perlmutt*) de nácar; **die Kette ist ~** el collar es de nácar **2.** (*perlmutterfarben*) (a)nacarado; **mein neues Kleid hat eine ~e Farbe** mi nuevo vestido tiene un tono nacarado

Perlon® ['pɛrlɔn] *nt* <-s, *ohne pl*> perlón® *m*

Perlzwiebel *f* <-, -n> (GASTR) cebollita *f* en vinagre

permanent [pɛrma'nɛnt] *adj* permanente

Permanenz [pɛrma'nɛnts] *f* <-, *ohne pl*> permanencia *f;* **in ~** permanentemente

permeabel *adj* permeable

Permeabilitätszahl *f* <-, -en> (CHEM) número *m* de permeabilidad

Peroxyd ['pɛrʔɔksyːt] *nt* <-(e)s, -e> (CHEM) peróxido *m*

Perpetuum mobile [pɛr'peːtuʊm 'moːbile] *nt* <- -, - -(s)> (objeto *m*) móvil *m* perpetuo

perplex [pɛr'plɛks] *adj* (*fam*) perplejo, asombrado

Perron [pɛ'rõː] *m* <-s, -s> (*Schweiz: Bahnsteig*) andén *m*

per saldo (COM) por saldo

Persenning[1] [pɛr'zɛnɪŋ] *f* <-, -e(n)> (NAUT: *Schutzbezug*) cubierta *f,* lona *f* encerada [*o* impermeable]

Persenning[2] *f* <-, *ohne pl*> (*Segeltuch*) lona *f*

Perser[1] ['pɛrzɐ] *m* <-s, -> (*fam*) alfombra *f* persa

Perser(in)[2] *m(f)* <-s, -; -, -nen> persa *mf*

Perserteppich *m* <-s, -e> alfombra *f* persa

Persianer [pɛrzi'aːnɐ] *m* <-s, -> astracán *m*

Persien ['pɛrziən] *nt* <-s> Persia *f*

Persiflage [pɛrzi'flaːʒə] *f* <-, -n> parodia *f* (*auf* de)

persiflieren* [pɛrzi'fliːrən] *vt* parodiar

Persilschein [pɛr'ziːl-] *m* <-(e)s, -e> (*fam*) ≈certificado *m* de penales (*justificante de que alguien está libre de cargos legales en su contra*)

persisch ['pɛrzɪʃ] *adj* persa; **der P~e Golf** el Golfo Pérsico

persistent *adj* (*a.* BIOL, MED) persistente

Person [pɛr'zoːn] *f* <-, -en> **1.** (*Individuum*) persona *f;* **juristische ~** (JUR) entidad legal; **natürliche ~** (JUR) persona física; **unerwünschte ~** persona no grata; **der Eintritt kostet vier Mark pro ~** la entrada cuesta cuatro marcos por persona; **ich für meine ~ ...** en cuanto a mi persona...; **ich habe nichts gegen dich als ~** no tengo nada en contra de tu persona; **Angaben zur ~ machen** dar los datos personales; **er ist die Geduld in ~** es la paciencia en persona; **er ist**

Außen- und Finanzminister in einer ~ es ministro de Asuntos Exteriores y de Hacienda en una sola persona; **zur ~ vernehmen** pedir los datos personales **2.** (*Gestalt*) personaje *m;* **die ~en und ihre Darsteller** los personajes y sus intérpretes

Personal [pɛrzo'na:l] *nt* <-s, *ohne pl*> personal *m;* **geschultes ~** personal cualificado; **Personalabbau** *m* <-(e)s, *ohne pl*> reducción *f* de personal; **Personalabteilung** *f* <-, -en> sección *f* de personal, departamento *m* de personal; **Personalakte** *f* <-, -n> hoja *f* de servicios; **Personalaufwand** *m* <-(e)s, *ohne pl*> gastos *mpl* de personal

Personalausweis *m* <-es, -e> ≈documento *m* nacional de identidad, ≈carnet *m* de identidad

Personalbestand *m* <-(e)s, -stände> plantilla *f* (de empleados), efectivos *mpl* (de personal); **Personalbüro** *nt* <-s, -s> oficina *f* de personal; **Personalchef(in)** *m(f)* <-s, -s; -, -nen> jefe, -a *m, f* de personal

Personalcomputer *m* <-s, -> ordenador *m* personal, computadora *f* personal *Am*

Personalien [pɛrzo'na:liən] *pl* datos *mpl* personales; **seine ~ angeben** dar sus datos personales

personalisieren* [pɛrzonali'zi:rən] *vt* personalizar

Personalkartei *f* <-, -en> fichero *m* del personal (en plantilla); **Personalkosten** *pl* (WIRTSCH) gastos *mpl* de personal; **Personalmangel** *m* <-s, *ohne pl*> escasez *f* de personal; **Personalplanung** *f* <-, -en> (WIRTSCH) planificación *f* de personal; **Personalpolitik** *f* <-, *ohne pl*> política *f* de personal

Personalpronomen *nt* <-s, – *o* -pronomina> (LING) pronombre *m* personal

Personalrat *m* <-(e)s, -räte> (ADMIN) consejo *m* de personal, comité *m* de personal; **Personalstruktur** *f* <-, -en> estructura *f* de la plantilla (de empleados); **Personalunion** *f* <-, *ohne pl*> unión *f* personal; **in ~** mediante unión personal; **Personalwesen** *nt* <-s, *ohne pl*> (WIRTSCH) personal *m,* administración *f* de personal

Persona non grata *f* <- – -, *ohne pl*> persona *f* no grata

personell [pɛrzo'nɛl] *adj* **1.** (*das Personal betreffend*) respecto al personal; **~e Veränderungen** cambios en el personal **2.** (*die Person betreffend*) personal

Personenaufzug *m* <-(e)s, -züge> ascensor *m;* **Personenbeförderung** *f* <-, *ohne pl*> transporte *m* de viajeros; **gewerbliche ~** servicio discrecional; **Personenbeschreibung** *f* <-, -en> descripción *f* de la persona; **personenbezogen** *adj* dependiente de cada persona; **Personengedächtnis** *nt* <-ses, -se> memoria *f* de personas; **Personengesellschaft** *f* <-, -en> (WIRTSCH) sociedad *f* personal; **Personenkraftwagen** *m* <-s, -> (*formal*) automóvil *m;* **Personenkreis** *m* <-es, -e> círculo *m* de personas; **Personenkult** *m* <-(e)s, -e> (*abw*) culto *m* a la persona; **um jdn [*o* mit jdm] ~ treiben** ejercer culto a la persona de alguien

Personenschaden *m* <-s, -schäden> (JUR) daños *mpl* personales; **Unfall mit ~** accidente con daños personales; **Personenschadenhaftung** *f* <-, -en> (JUR) seguro *m* de responsabilidad por daños a terceros

Personenschutz *m* <-es, *ohne pl*> custodia *f* personal, protección *f* personal

Personenstandsregister *nt* <-s, -> registro *m* del estado civil

Personenverkehr *m* <-s, *ohne pl*> transporte *m* de viajeros; **öffentlicher/privater ~** transporte público/privado de viajeros; **Personenwaage** *f* <-, -n> báscula *f* de baño; **Personenwagen** *m* <-s, -> automóvil *m;* **Personenzug** *m* <-(e)s, -züge> tren *m* de pasajeros

Personifikation [pɛrzonifika'tsjo:n] *f* <-, -en> (*geh: Vermenschlichung*) personificación *f;* (*Verkörperung*) encarnación *f*

personifizieren* [pɛrzonifi'tsi:rən] *vt* (*geh*) personificar

Personifizierung *f* <-, -en> (*geh*) *s.* **Personifikation**

persönlich [pɛr'zø:nlɪç] *adj* **1.** (*allgemein*) personal; **ein ~es Gespräch** una conversación personal; **eine sehr ~e Atmosphäre** un ambiente muy íntimo; **etw ~ nehmen** tomarse algo a pecho **2.** (*selbst*) en persona; **die Ministerin ~** la ministra en persona; **ich ~** yo por mi parte; **jdn ~ kennen** conocer a alguien personalmente; **durch ihr ~es Eingreifen** mediante su intervención personal; **~ erscheinen** personarse, acudir personalmente

Persönlichkeit *f* <-, -en> personalidad *f;* **~en des öffentlichen Lebens** personalidades de la vida pública; **Persönlichkeitsentfaltung** *f* <-, *ohne pl*> desarrollo *m* de la personalidad; **Persönlichkeitsmerkmal** *nt* <-s, -e> característica *f* de la personalidad; **Persönlichkeitsrecht** *nt* <-(e)s, -e> derecho *m* personal [*o* de la personalidad]; **Persönlichkeitsschutz** *m* <-es, *ohne pl*> protección *f* a la personalidad, consideración *f* a la personalidad; **Persönlichkeitsstörung** *f* <-, -en> (MED) trastorno *m* de la personalidad; **Persönlichkeitswahl** *f* <-, -en> (POL) elección *f* personalista

Perspektive [pɛrspɛk'ti:və] *f* <-, -n> perspectiva *f;* (*Blickwinkel*) punto *m* de vista; **aus meiner ~** desde mi punto de vista; **das eröffnet uns ganz neue ~n** esto nos abre nuevas perspectivas

perspektivisch *adj* en perspectiva; **~e Verkürzung** escorzo *m;* **etw ~ verkürzen** escorzar algo

perspektivlos [pɛrspɛk'ti:f-] *adj* sin perspectivas, sin futuro

Perspektivlosigkeit *f* <-, *ohne pl*> falta *f* de perspectivas

Perspektivplanung *f* <-, -en> (WIRTSCH): **betriebliche** ~ planificación *f* empresarial a medio plazo

Pertussis [pɛr'tʊsɪs, *pl:* pɛr'tʊseːs] *f* <-, Pertusses> (MED) tos *f* ferina; **Pertussis-Impfstoff** *m* <-(e)s, -e> (MED) vacuna *f* contra la tos ferina

Peru [pe'ruː] *nt* <-s> Perú *m*

Peruaner(in) [peru'aːnɐ] *m(f)* <-s, -; -, -nen> peruano, -a *m, f*

peruanisch *adj* peruano

Perücke [pe'rʏkə] *f* <-, -n> peluca *f*

Per-Verbindung *f* <-, -en> (CHEM) compuesto *m* per

pervers [pɛr'vɛrs] *adj* perverso; ~ **veranlagt sein** tener rasgos perversos

Perversion [pɛrvɛr'zjoːn] *f* <-, -en> perversión *f*

Perversität [pɛrvɛrzi'tɛːt] *f* <-, -en> perversidad *f*

pervertieren* [pɛrvɛr'tiːrən] *vi, vt* pervertir (*zu* a)

pesen ['peːzən] *vi* (*fam*) ir a toda mecha

Pesete [pe'zeːtə] *f* <-, -n> peseta *f*

Pessar [pɛ'saːɐ] *nt* <-s, -e> (MED) pesario *m,* óvalo *m Am;* (*zur Verhütung*) diafragma *m*

Pessimismus [pɛsi'mɪsmʊs] *m* <-, *ohne pl*> pesimismo *m*

Pessimist(in) [pɛsi'mɪst] *m(f)* <-en, -en; -, -nen> pesimista *mf*

pessimistisch *adj* pesimista; **etw** ~ **beurteilen** ser pesimista en cuanto a algo

Pest [pɛst] *f* <-, *ohne pl*> peste *f;* **an der** ~ **erkranken** enfermar de peste; **jdn wie die** ~ **hassen** odiar a alguien a muerte; **jdn wie die** ~ **meiden** evitar a alguien como la peste; **jdm die** ~ **an den Hals wünschen** (*fam*) desearle a alguien lo peor; **es stinkt wie die** ~ (*fam*) huele que apesta

pestartig *adj* pestilente, hediondo; **aus dem geöffneten Grab drang ein ~er Gestank** la tumba abierta exhalaba un olor pestilente

Pestbeule *f* <-, -n> (MED) buba *f* (de peste), bubón *m* (de peste); **Pestgestank** *m* <-(e)s, *ohne pl*> hedor *m,* hediondez *f,* peste *f fam*

Pestizid [pɛsti'tsiːt] *nt* <-s, -e> pesticida *m;* **Pestizidrückstände** *mpl* residuos *mpl* de pesticida

Petent(in) *m(f)* <-en, -en; -, -nen> (*formal a.* JUR) solicitante *mf,* peticionario, -a *m, f*

Peter ['peːtɐ] *m:* **jdm den schwarzen** ~ **zuschieben** colgarle el muerto a alguien

Peterling *m* <-s, *ohne pl*> (*reg*), **Petersilie** [petɐ'ziːljə] *f* <-, *ohne pl*> perejil *m;* ~ **hacken** picar perejil; **ein Bund** ~ un manojo de perejil; **jdm ist die** ~ **verhagelt** (*fam*) alguien está de mal humor

PET-Flasche ['peːeːteː-] *f* <-, -n> botella *f* de plástico [*o* de polietileno]

Petition [peti'tsjoːn] *f* <-, -en> (*formal*) petición *f,* solicitud *f;* **Petitionspapier** *nt* <-s, -e> (escrito *m* de) petición *f,* solicitud *f;* **Petitionsrecht** *nt* <-(e)s, -e> derecho *m* de petición, garantía *f* de petición

Petrifikation *f* <-, -en> petrificación *f*

Petrischale ['peːtri-] *f* <-, -n> (CHEM) cápsula *f* de Petri

Petrochemie [petroçe'miː] *f* <-, *ohne pl*> petroquímica *f*

Petroleum [pe'troːleʊm] *nt* <-s, *ohne pl*> petróleo *m;* **Petroleumlampe** *f* <-, -n> lámpara *f* de petróleo

Petrologie *f* <-, *ohne pl*> petrología *f*

Petrus ['peːtrʊs] *m* <-> San Pedro *m*

Petting ['pɛtɪŋ] *nt* <-(s), -s> magreo *m,* toqueteo *m Am*

petto ['pɛto] (*fam*): **etw in** ~ **haben** traer algo en la manga, tener algo en reserva

Petunie [pe'tuːniə] *f* <-, -n> petunia *f*

Petze ['pɛtsə] *f* <-, -n> (*fam abw*) chivato, -a *m, f,* soplón, -ona *m, f*

petzen ['pɛtsən] *vt* (*fam abw*) chivar(se) (*bei* a), dar el chivatazo (*bei* a)

Petzer(in) *m(f)* <-s, -; -, -nen> (*fam abw*) *s.* **Petze**

Pf *Abk. von* **Pfennig** pfennig *m*

Pfad [pfaːt] *m* <-(e)s, -e> **1.** (*Weg*) sendero *m,* senda *f,* trilla *f Mex;* **auf dem** ~ **der Tugend wandeln** (*geh*) encontrarse en la senda de la virtud; **ein dorniger** ~ un camino de espinas **2.** (INFOR) camino *m*

pfaden ['pfaːdən] *vt* (*Schweiz: befahrbar, begehbar machen*) hacer transitable; (*vom Schnee befreien*) retirar la nieve (de)

Pfadfinder(in) *m(f)* <-s, -; -, -nen> explorador(a) *m(f),* scout *mf*

Pfadname *m* <-ns, -n> (INFOR) nombre *m* del camino [*o* de la vía de acceso]

Pfaffe ['pfafə] *m* <-n, -n> (*abw*) pastor *m*

Pfahl [pfaːl, *pl:* 'pfɛːlə] *m* <-(e)s, Pfähle> palo *m,* poste *m;* **der** ~ **in meinem Fleisch** (*geh*) lo que me quita el sueño; **Pfahlbau** *m* <-(e)s, -ten> palafito *m*

pfählen ['pfɛːlən] *vt* **1.** (*durch Pfähle stützen*) poner rodrigones (a), arrodrig(on)ar; **einen neu gepflanzten Baum** ~ arrodrigonar un árbol recién plantado **2.** (HIST: *aufspießen*) empalar

Pfahlwurzel *f* <-, -n> (BOT) raíz *f* pivotante

Pfalz [pfalts] *f* Palatinado *m*

Pfälzer(in) ['pfɛltsɐ] *m(f)* <-s, -; -, -nen> palatino, -a *m, f*

pfälzisch ['pfɛltsɪʃ] *adj* palatino, del Palatinado

Pfand [pfant, *pl:* 'pfɛndɐ] *m* <-(e)s, Pfänder> prenda *f;* (*~geld*) garantía *f;* (*für Flaschen*) dinero *m* por el envase [*o* el casco]; **etw als** ~ **geben** dar algo en prenda; **ein** ~ **einlösen** empeñar una prenda; **ein** ~ **hinterlassen** dejar algo como prenda; **für etw** ~ **zahlen** pagar una garantía por algo; **etw als** ~ **behalten** retener algo como garantía

pfändbar ['pfɛntbaːɐ] *adj* embargable

Pfandbrief *m* <-(e)s, -e> (FIN) cédula *f* hipotecaria; **einen ~ zeichnen** suscribirse a una cédula hipotecaria; **einen ~ aus dem Verkehr ziehen** retirar una cédula hipotecaria del mercado; **Pfandbriefanstalt** *f* <-, -en> banco *m* hipotecario; **Pfandbriefbesitzer(in)** *m(f)* <-s, -; -, -nen> titular *mf* de una cédula hipotecaria; **Pfandbriefmarkt** *m* <-(e)s, -märkte> (FIN) mercado *m* de tipos de valor hipotecario

pfänden ['pfɛndən] *vt* embargar; **jdn ~ lassen** embargar [*o* confiscar] los bienes a alguien; **sie haben ihr das Auto gepfändet** le han confiscado el coche

Pfänderspiel *nt* <-(e)s, -e> juego *m* de las prendas

Pfandflasche *f* <-, -n> botella *f* retornable; **Pfandgeber(in)** *m(f)* <-s, -; -, -nen> deudor(a) *m(f)* pignoraticio, -a; **Pfandgeld** *nt* <-(e)s, -er> fianza *f*, garantía *f*; **Pfandgeschäft** *nt* <-(e)s, -e> (WIRTSCH) negocio *m* hipotecario [*o* de préstamos]; **Pfandhaus** *nt* <-es, -häuser> *s.* **Pfandleihe**; **Pfandindossament** *nt* <-(e)s, -e> (FIN) endoso *m* hipotecario; **Pfandleihe** *f* <-, -n> monte *m* de piedad; **Pfandleiher(in)** *m(f)* <-s, -; -, -nen> deudor(a) *m(f)* pignoraticio, -a; **Pfandnehmer(in)** *m(f)* <-s, -; -, -nen> acreedor(a) *m(f)* pignoraticio, -a, tenedor(a) *m(f)* de prenda; **Pfandrecht** *nt* <-(e)s, -e> (JUR) derecho *m* prendario; **Pfandsache** *f* <-, -n> prenda *f*; **Pfandschein** *m* <-(e)s, -e> papeleta *f* de empeño; **Pfandsiegel** *nt* <-s, -> (JUR) sello *m* de embargo

Pfändung *f* <-, -en> embargo *m*; **~ von Forderungen** embargo de deudas; **Pfändungsantrag** *m* <-(e)s, -träge> (JUR) requerimiento *m* de embargo, solicitud *f* de embargo; **Pfändungsauftrag** *m* <-(e)s, -träge> (JUR) orden *f* de embargo; **Pfändungsbeschluss**[RR] *m* <-es, -schlüsse> (JUR) decisión *f* de embargo

Pfanne ['pfanə] *f* <-, -n> **1.** (*Brat~*) sartén *f*, paila *f Am*; **ein paar Eier in die ~ schlagen** freír un par de huevos; **jdn in die ~ hauen** (*fam: ausschimpfen*) echar una bronca a alguien; (*fertig machen*) dejar a alguien como un trapo; **etw auf der ~ haben** (*fam*) tener algo a punto **2.** (*Dach~*) teja *f* flamenca

Pfannkuchen *m* <-s, -> tortita *f*, crepe *f*, panqueque *m Am*, panqué *m Cuba, Mex*

Pfarramt ['pfarʔamt] *nt* <-(e)s, -ämter> **1.** (*Amt*) curato *m* **2.** (*Dienststelle*) parroquia *f*, rectoría *f*; **Pfarrbezirk** *m* <-(e)s, -e> parroquia *f*

Pfarre ['pfarə] *f* <-, -n> (*reg*), **Pfarrei** [pfa'raɪ] *f* <-, -en> parroquia *f*

Pfarrer[1] ['pfarɐ] *m* <-s, -> (*katholisch*) cura *m*, párroco *m*

Pfarrer(in)[2] *m(f)* <-s, -; -, -nen> (*evangelisch*) pastor(a) *m(f)*

Pfarrgemeinde *f* <-, -n> parroquia *f*; **Pfarrhaus** *nt* <-es, -häuser> casa *f* parroquial; **Pfarrkirche** *f* <-, -n> iglesia *f* parroquial

Pfau [pfaʊ] *m* <-(e)s, -en> pavo *m* real, pavón *m*; **dieser Kerl ist ein eitler ~** (*geh*) este tipo se lo tiene muy creído; **Pfauenauge** *nt* <-s, -n> (ZOOL) pavón *m*; **Pfauenfeder** *f* <-, -n> pluma *f* de pavo real

Pfd. *Abk. von* **Pfund** lib., lb.

Pfeffer ['pfɛfɐ] *m* <-s, -> pimienta *f*; **schwarzer/weißer/grüner ~** pimienta negra/blanca/verde; **er kann hingehen, wo der ~ wächst** que se vaya al diablo

pfefferig *adj*: **das Gericht ist zu ~** este plato tiene demasiada pimienta [*o* sabe demasiado a pimienta]; **ein scharfes, ~es Chili schmeckt mir besonders gut** me gusta especialmente un chile picante, bien sazonado con pimienta

Pfefferkorn *nt* <-(e)s, -körner> grano *m* de pimienta; **Pfefferkuchen** *m* <-s, -> pan *m* de especias

Pfefferminzbonbon *nt* <-s, -s> caramelo *m* de menta

Pfefferminze [pfɛfɐ'mɪntsə] *f* <-, *ohne pl*> menta *f*, pepermín *m Am*; **Pfefferminzgeschmack** *m* <-(e)s, -schmäcke> sabor *m* de menta; **Pfefferminztee** *m* <-s, -s> té *m* de menta

Pfeffermühle *f* <-, -n> molinillo *m* de pimienta

pfeffern ['pfɛfɐn] *vt* **1.** (GASTR) echar pimienta (a), sazonar con pimienta; **gepfefferte Preise** precios exorbitantes **2.** (*fam: werfen*) tirar [*o* lanzar] con violencia; **ich habe ihm eine gepfeffert** le he pegado una bofetada

Pfeffersteak *nt* <-s, -s> (GASTR) bistec *m* a la pimienta; **Pfefferstrauch** *m* <-(e)s, -sträucher> (BOT) pimentero *m*; **Pfefferstreuer** *m* <-s, -> pimentero *m*

pfeffrig *adj s.* **pfefferig**

Pfeife ['pfaɪfə] *f* <-, -n> **1.** (MUS) pífano *m*; (*Signal~*) pito *m*; (*Orgel~*) tubo *m* (de órgano); **nach jds ~ tanzen** bailar al son de alguien **2.** (*Tabak~*) pipa *f*, cachimba *f Am*; **die ~ ist ausgegangen** se ha apagado la pipa; **den kannst du in der ~ rauchen!** (*fam*) ¡con ése puedes hacer lo que quieras! **3.** (*fam abw: Person*) inútil *mf*; **du bist mir 'ne ~!** ¡eres un caso!

pfeifen ['pfaɪfən] <pfeift, pfiff, gepfiffen> *vi, vt* silbar; **draußen pfiff der Wind** fuera silbaba el viento; **das ~ ja schon die Spatzen von den Dächern** (*fam*) eso es ya un secreto a voces; **ich pfeife auf ...** ... me importa un bledo; **dir pfeif' ich was!** ¡vete a tomar viento!

Pfeifenbesteck *nt* <-(e)s, -e> atacador *m* (de pipas); **Pfeifenkopf** *m* <-(e)s, -köpfe> cabeza *f* de la pipa; **Pfeifenraucher(in)** *m(f)* <-s, -; -, -nen> fumador(a) *m(f)* de pipa; **bist du ~?** ¿fumas en pipa?; **Pfeifenreiniger** *m* <-s, -> limpiador *m* de pipa; **Pfeifenständer** *m* <-s, -> reposapipas *m inv;* **Pfeifenstopfer** *m* <-s, -> pisón *m* (para pipas); **Pfeifentabak** *m* <-s, -e> tabaco *m* de pipa

Pfeifer(in) *m(f)* <-s, -; -, -nen> **1.** (*jd, der pfeift*) silbador(a) *m(f)* **2.** (MUS: *Pfeifenspieler*) pífano *mf*

Pfeifkessel *m* <-s, -> hervidor *m* de silbato; **Pfeifkonzert** *nt* <-(e)s, -e> pitadas *fpl,* abucheo *m;* **Pfeifton** *m* <-(e)s, -töne> silbido *m*

Pfeil [pfaɪl] *m* <-(e)s, -e> flecha *f,* jara *f Guat, Mex;* ~ **ab/auf** (INFOR) flecha abajo/arriba; ~ **und Bogen** arco y flechas; **wie ein** ~ como una flecha, como un cohete

Pfeiler ['pfaɪlɐ] *m* <-s, -> (*a. fig*) pilar *m;* (*Brücken~*) pila *f*

pfeilgerade *adj* totalmente derecho [*o* recto]; **er schoss den Ball ~ in die Luft** lanzó el balón al aire derecho como una flecha; **Pfeilgift** *nt* <-(e)s, -e> curare *m;* **pfeilschnell** ['-'-] *adj* (rápido) como una flecha; **Pfeilspitze** *f* <-, -n> punta *f* de la flecha; **Pfeiltaste** *f* <-, -n> (INFOR) tecla *f* de flecha; **Pfeilzeiger** *m* <-s, -> (INFOR) punta *f* de la flecha

Pfennig ['pfɛnɪç] *m* <-s, -e> pfennig *m,* ≈céntimo *m;* **ich habe keinen ~ dabei** estoy sin un duro; **er muss mit jedem ~ rechnen** tiene que contar hasta el último céntimo; **sie dreht jeden ~ (dreimal) rum** (*fam*) gasta el dinero con cuentagotas; **auf den ~ sehen** mirar cada peseta; **das ist keinen ~ wert** esto no vale un duro; **ich habe nicht für fünf ~ Lust dazu** no me apetece un pelo; **er hat nicht für fünf ~ Verstand** no tiene ni dos dedos de frente; **wer den ~ nicht ehrt, ist des Talers** [*o* **der Mark**] **nicht wert** (*prov*) quien no aprecia lo poco no merece lo mucho

Pfennigabsatz *m* <-es, -sätze> (*fam*) tacón *m* de aguja

Pfennigbetrag *m* <-(e)s, -träge> céntimos *mpl;* **die Rechnung stimmt bis auf den ~** la cuenta cuadra hasta el último céntimo; **an jedem Brötchen verdient der Bäcker nur Pfennigbeträge** el panadero gana sólo unos céntimos por cada panecillo

Pfennigfuchser(in) [-fʊksɐ] *m(f)* <-s, -; -, -nen> (*fam*) tacaño, -a *m, f*

pfenniggroß *adj* del tamaño de una perra chica; **Pfennigstück** *nt* <-(e)s, -e> moneda *f* de un pfennig, ≈céntimo *m*

Pferch [pfɛrç] *m* <-(e)s, -e> aprisco *m,* majada *f*

pferchen *vt* apretujar

Pferd ['pfeːɐt] *nt* <-(e)s, -e> **1.** (*Tier*) caballo *m,* pingo *m CSur;* **auf ein ~ steigen** montar sobre un caballo; **vom ~ steigen** desmontar; **ein ~ reiten** montar un caballo; **zu ~e** a caballo; **das Trojanische ~** el caballo de Troya; **ich denk', mich tritt ein ~** (*fam*) esto es una sorpresa; **man hat schon ~e kotzen sehen** (*fam*) no hay nada imposible; **wie ein ~ arbeiten** trabajar como una bestia; **keine zehn ~e brächten ihn dahin/dazu** (*fam*) de ningún modo iría/lo haría; **das ~ am Schwanz aufzäumen** empezar la casa por el tejado, tomar el rábano por las hojas; **mit ihr kann man ~e stehlen** (*fam*) se puede contar con ella para todo; **auf das falsche/richtige ~ setzen** (*fig*) equivocarse/acertar; **jetzt mach nicht die ~e scheu!** ¡no me alborotes el gallinero!; **ihm gingen wieder die ~e durch** (*fam*) otra vez perdió los estribos; **das hält ja kein ~ aus!** (*fam*) ¡no hay quien lo aguante!; **erzähl mir keinen vom ~!** (*fam*) ¡no me cuentes cuentos chinos! **2.** (*Schachfigur*) caballo *m* **3.** (*Turngerät*) potro *m;* **Pferdeapfel** *m* <-s, -äpfel> bosta *f* (de caballo); **Pferdedieb(in)** *m(f)* <-(e)s, -e; -, -nen> cuatrero, -a *m, f,* ladrón, -ona *m, f* de caballos; **Pferdefleisch** *nt* <-(e)s, *ohne pl*> carne *f* de caballo; **Pferdefuhrwerk** *nt* <-(e)s, -e> carruaje *m* de caballos; **Pferdefuß** *m* <-es, -füße> **1.** (ZOOL) pie *m* de caballo **2.** (*Nachteil*) inconveniente *m,* pero *m;* **Pferdegebiss**[RR] *nt* <-es, -e> **1.** (*eines Pferdes*) dentadura *f* del caballo **2.** (*fam fig: eines Menschen*) dentadura *f* de caballo; **Pferderennbahn** *f* <-, -en> hipódromo *m,* cancha *f Am;* **Pferderennen** *nt* <-s, -> carrera *f* de caballos, polla *f Arg,* burros *mpl Arg;* **Pferderennsport** *m* <-(e)s, *ohne pl*> carreras *fpl* de caballos; **Pferdeschwanz** *m* <-es, -schwänze> cola *f* de caballo; **Pferdestall** *m* <-(e)s, -ställe> cuadra *f,* caballeriza *f;* **Pferdestärke** *f* <-, -n> (TECH) caballo *m* de vapor; **Pferdewagen** *m* <-s, -> carruaje *m* de caballos; **Pferdezucht** *f* <-, -en> cría *f* de caballos

pfiff [pfɪf] *3. imp von* **pfeifen**

Pfiff [pfɪf] *m* <-(e)s, -e> silbido *m,* pitido *m;* **etw hat ~** (*fam*) algo tiene un toque especial

Pfifferling ['pfɪfɐlɪŋ] *m* <-s, -e> cantarela *f;* **ihre Beteuerungen sind keinen ~ wert** (*fam*) sus afirmaciones no valen un pimiento

pfiffig ['pfɪfɪç] *adj* pícaro, pillo; (*witzig*) con gracia

Pfiffigkeit *f* <-, *ohne pl*> astucia *f,* gracia *f*

Pfiffikus ['pfɪfikʊs] *m* <-(ses), -se> (*fam*) perillán, -ana *m, f*

Pfingsten ['pfɪŋstən] *nt* <-, -> Pentecostés *m;* **zu** [*o* **an**] ~ en Pentecostés; **Frohe ~!** ¡Buen Pentecostés!

Pfingstferien ['pfɪŋst-] *pl* vacaciones *fpl* de Pentecostés; **Pfingstfest** *nt* <-(e)s, -e> (fiesta *f* de) Pentecostés *m;* **Pfingstmontag** ['-'--] *m* <-(e)s, -e> Lunes *m* de Pentecostés; **Pfingstrose** *f* <-, -n> peonia *f,* peonía *f;* **Pfingstsonntag** ['-'--] *m* <-(e)s, -e> Domingo *m* de Pentecostés; **Pfingsttag** *m* <-(e)s, -e> (día *m* de) Pentecostés *m;* **über die ~e verreisen wir** nos vamos de viaje por Pentecostés; **Pfingstwoche** *f* <-, -n> semana *f* (antes) de Pentecostés

Pfirsich ['pfɪrzɪç] *m* <-(e)s, -e> melocotón *m,* durazno *m Am;* **Pfirsichbaum** *m* <-(e)s, -bäume> melocotonero *m,* duraznеro *m Am*

Pflanze ['pflantsə] *f* <-, -n> planta *f;* **einjährige/ertragreiche ~** planta de un año/rentable; **~n fressend** herbívoro

pflanzen *vt* plantar; **sich in den Sessel ~** (*fam*) plantarse en el sillón

Pflanzenbestand *m* <-(e)s, -stände> vegetación *f;* **Pflanzendecke** *f* <-, -n> capa *f* vegetal; **Pflanzenextrakt** *m o nt* <-(e)s, -e> extracto *m* de plantas [*o* vegetal]; **Pflanzenfaser** *f* <-, -n> fibra *f* vegetal; **Pflanzenfett** *nt* <-(e)s, -e> grasa *f* vegetal; **pflanzenfressend** *adj s.* Pflanze; **Pflanzenfresser** *m* <-s, -> herbívoro *m;* **Pflanzengift** *nt* <-(e)s, -e> veneno *m* vegetal; **Pflanzenkartierung** *f* <-, -en> trazado *m* de mapas botánicos; **Pflanzenkunde** *f* <-, *ohne pl*> botánica *f;* **Pflanzenöl** *nt* <-(e)s, -e> aceite *m* vegetal; **Pflanzenprobe** *f* <-, -n> prueba *f* de plantas; **Pflanzenreich** *nt* <-(e)s, *ohne pl*> reino *m* vegetal; **Pflanzenschädling** *m* <-s, -e> parásito *m* vegetal

Pflanzenschutz *m* <-es, *ohne pl*> protección *f* de las plantas; **biologischer ~** (medidas de) protección biológica de las plantas; **Pflanzenschutzmittel** *nt* <-s, -> pesticida *m*

Pflanzensoziologie *f* <-, *ohne pl*> sociología *f* de las plantas; **Pflanzenwelt** *f* <-, *ohne pl*> flora *f;* **Pflanzenwuchsstoff** *m* <-(e)s, -e> sustancia *f* de crecimiento de las plantas

Pflanzer(in) *m(f)* <-s, -; -, -nen> plantador(a) *m(f)*

pflanzlich *adj* vegetal; **sich rein ~ ernähren** alimentarse exclusivamente a base de vegetales

Pflanzung *f* <-, -en> plantío *m;* (*Plantage*) plantación *f*

Pflaster ['pflastɐ] *nt* <-s, -> **1.** (*aus Asphalt*) pavimento *m;* (*Kopfstein~*) adoquinado *m;* **ein gefährliches** [*o* **heißes**] **~** (*fam*) un lugar peligroso; **ein teures ~** (*fam*) un lugar caro **2.** (*Verband*) esparadrapo *m;* (*Heft~*) tirita *f*

Pflasterer, -in *m, f* <-s, -; -, -nen> empedrador(a) *m(f)*

Pflastermaler(in) *m(f)* <-s, -; -, -nen> pintor(a) *m(f)* callejero, -a

pflastern ['pflastɐn] *vt* pavimentar; (*mit Kopfsteinpflaster*) adoquinar; (*mit Steinplatten*) enlosar

Pflasterstein *m* <-(e)s, -e> adoquín *m*

Pflasterung[1] *f* <-, *ohne pl*> (*das Pflastern*) pavimentación *f,* adoquinado *m;* **die Arbeiter haben mit der ~ begonnen** los obreros han comenzado a pavimentar [*o* a adoquinar] (las vías públicas)

Pflasterung[2] *f* <-, -en> (*gepflasterte Fläche*) pavimento *m,* adoquinado *m*

Pflaume ['pflaʊmə] *f* <-, -n> **1.** (*Frucht*) ciruela *f* **2.** (*Baum*) ciruelo *m* **3.** (*fam abw: Mensch*) pedazo *m* de alcornoque, tonto, -a *m, f;* **Pflaumenbaum** *m* <-(e)s, -bäume> ciruelo *m;* **Pflaumenkuchen** *m* <-s, -> pastel *m* de ciruelas, tarta *f* de ciruelas; **Pflaumenmus** *nt* <-es, -e> mermelada *f* de ciruela

Pflege ['pfle:gə] *f* <-, *ohne pl*> **1.** (*Kranken~*) asistencia *f,* cuidado *m;* (*Körper~*) aseo *m;* (*von Kindern, Tieren*) cuidado *m;* **ganzheitliche ~** asistencia sanitaria integral; **jdn/ein Tier bei jdm in ~ geben** entregar alguien/un animal al cuidado de alguien; **jdn/ein Tier in ~ nehmen** hacerse cargo (del cuidado) de alguien/de un animal **2.** (*Instandhaltung*) mantenimiento *m,* conservación *f;* **~ und Wartung** mantenimiento *m,* asistencia *f* **3.** (*von Beziehungen*) cultivo *m;* (*der Kunst, Wissenschaft*) fomento *m;* **Pflegeantrag** *m* <-(e)s, -träge> solicitud *f* de asistencia; **pflegebedürftig** *adj* que necesita cuidados; **Pflegedienst** *m* <-(e)s, -e> servicio *m* asistencial; **Pflegeeltern** *pl* padres *mpl* tutelares; **Pflegefall** *m* <-(e)s, -fälle> enfermo, -a *m, f* bajo continua vigilancia médica; **Pflegeheim** *nt* <-(e)s, -e> asilo *m,* residencia *f* asistida; **Pflegekind** *nt* <-(e)s, -er> niño, -a *m, f* en tutela; **Pflegekosten** *pl* gastos *mpl* de asistencia médica; **pflegeleicht** *adj* **1.** (*leicht zu pflegen*) de fácil cuidado [*o* mantenimiento]; **ein ~er Mitarbeiter** (*fig*) un empleado fácil de tratar **2.** (*Wäsche*) delicado; **Pflegemutter** *f* <-, -mütter> madre *f* tutelar

pflegen ['pfle:gən] **I.** *vt* **1.** (*Kranke*) cuidar, atender **2.** (*Garten, Blumen, Körper*) cuidar; (*Gebäude, Maschinen*) conservar, mantener **3.** (*Beziehungen*) mantener; (*Freundschaft, Kunst*) cultivar **II.** *vi* soler +*inf;* **er pflegte zu sagen ...** solía decir...

Pflegenotstand *m* <-(e)s, *ohne pl*> escasez *f* de personal sanitario; **Pflegeperson** *f* <-, -en> asistente *mf* sanitario, -a, enfermero, -a *m, f;* **Pflegepersonal** *nt* <-s, *ohne pl*> personal *m* sanitario

Pfleger(in) *m(f)* <-s, -; -, -nen> **1.** (*Kranken~*) enfermero, -a *m, f* **2.** (*Tier~*) cuidador(a) *m(f)* de animales **3.** (JUR) tutor(a) *m(f)*

pflegerisch **I.** *adj* (MED) asistencial; (*im Krankenhaus*) sanitario **II.** *adv* en el ámbito asistencial, en el terreno sanitario

Pflegesatz *m* <-es, -sätze> costo *m* diario por la asistencia del paciente; **Pflegeserie** *f* <-, -n> gama *f* de productos cosméticos; **Pflegesohn** *m* <-(e)s, -söhne> niño *m* en tutela; **Pflegespülung** *f* <-, -en> acondicionador *m;* **Pflegetochter** *f* <-, -töchter> niña *f* en tutela; **Pflegevater** *m* <-s, -väter> padre *m* tutelar; **Pflegeversicherung** *f* <-, -en> *seguro de enfermedad para casos de invalidez*

pfleglich ['pfle:klɪç] **I.** *adj* cuidadoso **II.** *adv* con cuidado; **etw ~ behandeln** tratar algo con cuidado

Pflegschaft *f* <-, -en> (JUR) curatela *f,* tutela

f

Pflicht [pflɪçt] *f* <-, -en> **1.** (*Notwendigkeit*) deber *m;* (*Verpflichtung*) obligación *f;* **ich halte es für meine ~ ihm zu helfen** considero que es mi obligación ayudarle; **Rechte und ~en** derechos y deberes; **seine ~en kennen/erfüllen** conocer sus/cumplir con sus deberes; **die ~ ruft** el deber llama; **jdn in die ~ nehmen** (*geh*) recordarle a alguien sus obligaciones; **ich tue nur meine ~** sólo cumplo con mi deber; **es ist deine ~ und Schuldigkeit dich für sie einzusetzen** es tu deber dar la cara por ella **2.** (SPORT) ejercicio *m* obligatorio; **Pflichtaktie** *f* <-, -n> (FIN) acción *f* de garantía; **pflichtbewusst**[RR] *adj* formal, cumplidor; **Pflichtbewusstsein**[RR] *nt* <-s, *ohne pl*> sentido *m* del deber, espíritu *m* cumplidor; **Pflichterfüllung** *f* <-, *ohne pl*> cumplimiento *m* del deber; **in treuer ~** en estricto cumplimiento de su deber; **Pflichtexemplar** *nt* <-(e)s, -e> ejemplar *m* gratuito obligatorio (*de cada libro publicado que ha de enviar la editorial a algunas bibliotecas*); **Pflichtfach** *nt* <-(e)s, -fächer> (UNIV, SCH) asignatura *f* obligatoria; (*im Grundstudium*) asignatura *f* común; **Pflichtgefühl** *nt* <-(e)s, *ohne pl*> sentido *m* del deber; **pflichtgemäß I.** *adj* debido **II.** *adv* conforme a su deber [*o* a lo establecido]; **Pflichtteil** *m o nt* <-(e)s, -e> (JUR) legítima *f;* **Pflichtübung** *f* <-, -en> (SPORT) ejercicio *m* obligatorio; **pflichtvergessen** *adj* informal, incumplidor; **~ handeln** faltar a su deber; **Pflichtverletzung** *f* <-, -en> incumplimiento *m* del deber, prevaricación *f;* **pflichtversichert** *adj* afiliado al seguro obligatorio de enfermedad; **Pflichtversicherte(r)** *mf* <-n, -n; -n, -n> afiliado, -a *m, f* al seguro obligatorio de enfermedad; **Pflichtversicherung** *f* <-, -en> seguro *m* obligatorio; **Pflichtverteidiger(in)** *m(f)* <-s, -; -, -nen> (JUR) defensor(a) *m(f)* de oficio

Pflock [pflɔk, *pl:* 'pflœkə] *m* <-(e)s, Pflöcke> estaca *f*

pflücken ['pflʏkən] *vt* coger, pizcar *Mex*

Pflücker(in) *m(f)* <-s, -; -, -nen> recolector(a) *m(f)*

Pflug [pflu:k, *pl:* 'pfly:gə] *m* <-(e)s, Pflüge> arado *m*

pflügen ['pfly:gən] *vi, vt* arar; **die Boote pflügten durchs Wasser** los botes dejaban sus huellas en el agua

Pflüger(in) *m(f)* <-s, -; -, -nen> (AGR: *alt*) arador(a) *m(f)*

Pflugschar *f* <-, -en> (AGR) reja *f* del arado

Pflümli ['pfly:mli] *nt* <-, -s> (*Schweiz*) aguardiente *m* de ciruela

Pfortader *f* <-, -n> (MED) (vena *f*) porta *f*

Pforte ['pfɔrtə] *f* <-, -n> puerta *f;* **das Theater schließt seine ~n** el teatro cierra sus puertas; **die Burgundische ~** la Puerta de Borgoña

Pförtner[1] ['pfœrtnɐ] *m* <-s, -> (MED) píloro *m*

Pförtner(in)[2] *m(f)* <-s, -; -, -nen> portero, -a *m, f;* **etw beim ~ abgeben** dejar algo en (la) portería

Pförtnerloge *f* <-, -n> portería *f*

Pfosten ['pfɔstən] *m* <-s, -> poste *m;* (*Tür~*) jamba *f;* **zwischen den ~ stehen** (*fam*) ser portero

Pfötchen ['pfø:tçən] *nt:* **sei brav, Hund, gib ~!** ¡sé bueno, perrito, dame la patita!

Pfote ['pfo:tə] *f* <-, -n> **1.** (*von Tieren*) pata *f;* **die Katze leckt sich die ~n** el gato se lame las patas **2.** (*fam: Hand*) pezuña *f,* pata *f;* **sich** *dat* **bei etw die ~n verbrennen** meter la pata; **nimm deine dreckigen ~n da weg!** ¡quita esas manazas!

Pfriem [pfri:m] *m* <-(e)s, -e> (*Ahle*) punzón *m;* (*Schusterahle*) lezna *f*

Pfropf [pfrɔpf, *pl:* -fə, pfrœpfə] *m* <-(e)s, -e *o* Pfröpfe> (MED) tapón *m;* (*Blut~*) trombo *m*

pfropfen ['pfrɔpfən] *vt* **1.** (*veredeln*) injertar **2.** (*fam: hineinstopfen*) meter a la fuerza; **mit etw voll gepfropft sein** estar repleto de algo; **der Raum war gepfropft voll** el cuarto estaba repleto

Pfropfen ['pfrɔpfən] *m* <-s, -> tapón *m*

Pfropfreis *nt* <-es, -er> injerto *m*

Pfründe ['pfrʏndə] *f* <-, -n> (REL) prebenda *f*

Pfuhl [pfu:l] *m* <-(e)s, -e> charca *f;* (*sumpfig*) pantano *m;* (*lehmig*) cenagal *m*

pfui [pfʊɪ] *interj* ¡puaj!; **~ Teufel!** ¡qué asco!

Pfund [pfʊnt] *nt* <-(e)s, -e> **1.** (*Gewichtseinheit*) libra *f,* medio kilo *m;* **zwei ~ Kartoffeln** un kilo de patatas; **einige ~e abnehmen** adelgazar unos kilos **2.** (*Währungseinheit*) libra *f;* **~ Sterling** libra esterlina **3.** (*Wend*): **mit seinem ~e wuchern** (*geh*) sacar partido a los propios talentos

pfundig ['pfʊndɪç] *adj* (*fam*) fenomenal, fantástico

Pfundskerl *m* <-s, -e> (*fam*) tío, -a *m, f* estupendo, -a; **die Elfi ist ein ~, du musst sie kennen lernen!** ¡tienes que conocer a Elfi, es una tía majísima!

pfundweise *adv* por libras; (*in großer Menge*) a montones, a toneladas *fam;* **etw ~ essen** comer montones de algo

Pfusch [pfʊʃ] *m* <-(e)s, *ohne pl*> (*fam abw*), **Pfuscharbeit** *f* <-, *ohne pl*> (*fam abw*) chapucería *f,* chapuza *f,* bodoque *m Mex*

pfuschen ['pfʊʃən] *vi* **1.** (*fam abw: schludern*) chapucear, hacer una chapuza; **jdm ins Handwerk ~** meterse en el terreno de alguien **2.** (*reg: schummeln*) timar, hacer trampas

Pfuscher(in) *m(f)* <-s, -; -, -nen> (*fam abw*) chapucero, -a *m, f*

Pfuscherei *f* <-, -en> (*fam abw*) chapucería *f*

Pfuscherin *f* <-, -nen> *s.* **Pfuscher**

Pfütze ['pfʏtsə] *f* <-, -n> charco *m*

PH *f* <-, -s> *Abk. von* **Pädagogische Hochschule** ≈Escuela *f* de Magisterio
Phagozyt *m* <-en, -en> (MED) fagocito *m*
Phalanx ['fa:laŋks, *pl:* fa'laŋən] *f* <-, Phalangen> **1.** (HIST: *Schlachtreihe*) falange *f* **2.** (*geh: geschlossene Front*) frente *m,* falange *f;* **mit den neuen Mitgliedern bilden sie eine starke ~** con los nuevos miembros forman un frente fuerte
Phallen, **Phalli** *pl von* **Phallus**
phallisch *adj* (*geh*) fálico
Phallus ['falʊs] *m* <-, -se *o* Phalli *o* Phallen> (*geh*) falo *m;* **Phalluskult** *m* <-(e)s, -e> culto *m* fálico
Phänomen [fɛno'me:n] *nt* <-s, -e> fenómeno *m*
phänomenal [fɛnome'na:l] **I.** *adj* fenomenal **II.** *adv* (*fam*) fenómeno, fenomenal; **sie hat sich ~ verhalten** se comportó fenomenal
Phantasie [fanta'zi:] *f* <-, -n> *s.* **Fantasie**; **phantasiebegabt** *adj s.* **fantasiebegabt**; **Phantasiegebilde** *nt* <-s, -> *s.* **Fantasiegebilde**; **phantasielos** *adj s.* **fantasielos**; **Phantasielosigkeit** *f* <-, *ohne pl*> *s.* **Fantasielosigkeit**; **Phantasiepreis** *m* <-es, -e> *s.* **Fantasiepreis**
phantasieren* [fanta'zi:rən] *vi s.* **fantasieren**
phantasievoll *adj s.* **fantasievoll**
Phantast(in) [fan'tast] *m(f)* <-en, -en; -, -nen> *s.* **Fanstast**
Phantasterei *f* <-, -en> *s.* **Fantasterei**
Phantastin *f* <-, -nen> *s.* **Phantast**
phantastisch *adj s.* **fantastisch**
Phantom [fan'to:m] *nt* <-s, -e> fantasma *m,* visión *f;* **Phantombild** *nt* <-(e)s, -er> retrato *m* robot; **ein ~ anfertigen** hacer un retrato robot; **Phantomschmerz** *m* <-es, -en> (MED) dolor *m* imaginario
Pharao ['fa:rao, *pl:* fara'o:nən] *m* <-s, -nen> faraón *m*
Pharisäer [fari'zɛ:ɐ] *m* <-s, -> **1.** (REL) fariseo *m* **2.** (*Getränk*) café *m* con ron y crema
Pharmaforschung ['farma-] *f* <-, *ohne pl*> investigación *f* farmacológica; **Pharmaindustrie** *f* <-, *ohne pl*> industria *f* farmacéutica
Pharmakologe, **-in** [farmako'lo:gə] *m, f* <-n, -n; -, -nen> farmacólogo, -a *m, f*
Pharmakologie [farmakolo'gi:] *f* <-, *ohne pl*> farmacología *f*
Pharmakologin *f* <-, -nen> *s.* **Pharmakologe**
pharmakologisch *adj* farmacológico
Pharmareferent(in) *m(f)* <-en, -en; -, -nen> agente *mf* de productos farmacéuticos
Pharmazeut(in) [farma'tsɔɪt] *m(f)* <-en, -en; -, -nen> farmacéutico, -a *m, f*
Pharmazeutik [farma'tsɔɪtɪk] *f* <-, *ohne pl*> ciencia *f* farmacéutica
Pharmazeutin *f* <-, -nen> *s.* **Pharmazeut**
pharmazeutisch *adj* farmacéutico
Pharmazie [farma'tsi:] *f* <-, *ohne pl*> farmacia *f*
Phase ['fa:zə] *f* <-, -n> **1.** (*Zeitstufe*) fase *f,* etapa *f,* ráfaga *f And, CSur;* **die Verhandlungen sind in die entscheidende ~ getreten** las negociaciones llegaron a la fase decisiva **2.** (CHEM, PHYS, ELEK, ASTR) fase *f;* **Phasenmodulation** *f* <-, -en> (TEL) modulación *f* de fase; **~ durch vier Phasenwinkel** modulación de fase en cuadratura
Phenol [fe'no:l] *nt* <-s, *ohne pl*> (CHEM) fenol *m*
Philanthrop(in) [filan'tro:p] *m(f)* <-en, -en; -, -nen> filántropo, -a *m, f*
philanthropisch *adj* filántropo
Philatelie [filate'li:] *f* <-, *ohne pl*> filatelia *f*
Philatelist(in) [filate'lɪst] *m(f)* <-en, -en; -, -nen> filatelista *mf*
Philharmonie [fɪlharmo'ni:] *f* <-, -n> **1.** (*Orchester*) orquesta *f* filarmónica **2.** (*Gebäude*) auditorio *m;* (*Konzertsaal*) sala *f* de conciertos
Philharmoniker(in) [fɪlhar'mo:nikɐ] *m(f)* <-s, -; -, -nen> filarmónico, -a *m, f*
philharmonisch [fɪlhar'mo:nɪʃ] *adj* filarmónico; **~e Gesellschaft** sociedad filarmónica [*o* de amigos de la música]; **~es Orchester** orquesta filarmónica [*o* sinfónica]
Philippinen [filɪ'pi:nən] *pl* Filipinas *fpl*
Philippiner(in) [filɪ'pi:nɐ] *m(f)* <-s, -; -, -nen> filipino, -a *m, f*
philippinisch [filɪ'pi:nɪʃ] *adj* filipino
Philister [fi'lɪstɐ] *m* <-s, -> (*abw*) burgués *m*
philisterhaft *adj* (*abw*) aburguesado, estrecho de miras
Philodendron [filo'dɛndrɔn] *m o nt* <-s, Philodendren> filodendro *m*
Philologe, **-in** [filo'lo:gə] *m, f* <-n, -n; -, -nen> filólogo, -a *m, f*
Philologie [filolo'gi:] *f* <-, -n> filología *f*
Philologin *f* <-, -nen> *s.* **Philologe**
philologisch *adj* filológico
Philosoph(in) [filo'zo:f] *m(f)* <-en, -en; -, -nen> filósofo, -a *m, f*
Philosophie [filozo'fi:] *f* <-, -n> filosofía *f*
philosophieren* [filozo'fi:rən] *vi* filosofar (*über* sobre)
Philosophin *f* <-, -nen> *s.* **Philosoph**
philosophisch [filo'zo:fɪʃ] *adj* filosófico
Phiole ['fjo:lə] *f* <-, -n> redoma *f*
Phlegma ['flɛgma] *nt* <-s, *ohne pl*> flema *f,* pachorra *f fam,* cachaza *f fam*
Phlegmatiker(in) [flɛ'gma:tikɐ] *m(f)* <-s, -; -, -nen> persona *f* flemática
phlegmatisch *adj* flemático
Phlox [flɔks] *m* <-es, -e> (BOT) flox *m,* polemonio *m*
pH-Messer *m* <-s, -> medidor *m* del pH, peachímetro *m*
Phobie [fo'bi:] *f* <-, -n> (MED) fobia *f* (*vor* a)
Phon [fo:n] *nt* <-s, -s> fon *m*
Phonem [fo'ne:m] *nt* <-s, -e> (LING) fonema *m*

Phonetik [fo'ne:tɪk] *f* <-, *ohne pl*> (LING) fonética *f*

phonetisch *adj* (LING) fonético; **~e Umschrift** transcripción fonética

Phönix ['fø:nɪks] *m* <-(es), -e> fénix *m;* **wie ein ~ aus der Asche** (*geh*) como el fénix de sus cenizas

Phönizier(in) [fø'ni:tsiɐ] *m(f)* <-s, -; -, -nen> fenicio, -a *m, f*

Phonologie [fonolo'gi:] *f* <-, *ohne pl*> (LING) fonología *f*

phonologisch *adj* (LING) fonológico

Phonotypist(in) [fonoty'pɪstɪn] *m(f)* <-en, -en; -, -nen> fonotipista *mf*

Phosphat [fɔs'fa:t] *nt* <-(e)s, -e> fosfato *m;* **Phosphatdünger** *m* <-s, -> abono *m* fosfatado; **phosphatfrei** *adj* que no contiene fosfato; **phosphathaltig** *adj* fosfatado

Phosphor ['fɔsfo:ɐ] *m* <-s, -e> (CHEM) fósforo *m*

Phosphoreszenz *f* <-, *ohne pl*> fosforescencia *f*

phosphoreszieren* [fɔsforɛs'tsi:rən] *vi* fosforecer

phosphoreszierend *adj* fosforescente

Photo¹ ['fo:to] *nt* <-s, -s> (*Bild*) foto *f;* **von jdm/etw ein ~ machen** sacar una foto de alguien/de algo

Photo² *m* <-s, -s> (*fam: ~apparat*) máquina *f* (fotográfica)

Photoalbum *nt* <-s, -alben> álbum *m* de fotos; **Photoapparat** *m* <-(e)s, -e> cámara *f* fotográfica, máquina *f* fotográfica; **Photoatelier** *nt* <-s, -s> estudio *m* fotográfico; **Photo-CD** *f* <-, -(s)> disco *m* compacto para fotos; **Photochemie** *f* <-, *ohne pl*> fotoquímica *f;* **Photochemikalie** [----'---] *f* <-, -n> producto *m* fotoquímico; **Photoelement** *nt* <-(e)s, -e> (ELEK) fotoelemento *m*

photogen [foto'ge:n] *adj* fotogénico

Photograf(in) [foto'gra:f] *m(f)* <-en, -en; -, -nen> fotógrafo, -a *m, f*

Photographie [fotogra'fi:] *f* <-, -n> fotografía *f*

Photon [fo'to:n] *nt* <-s, -en> (PHYS) fotón *m*

Photooxidation *f* <-, -en> (CHEM) fotooxidación *f;* **Photosynthese** [foto-] *f* <-, *ohne pl*> fotosíntesis *f;* **Photovoltaik** [foto-vɔl'ta:ɪk] *f* <-, *ohne pl*> fotovoltaica *f;* **Photozelle** *f* <-, -n> (ELEK) fotocelda *f*

Phrase ['fra:zə] *f* <-, -n> **1.** (LING) giro *m,* modismo *m* **2.** (*abw: inhaltsleere Formel*) cliché *m,* frase *f;* **~n dreschen** (*fam*) hablar con clichés **3.** (MUS) frase *f;* **Phrasendrescher(in)** *m(f)* <-s, -; -, -nen> (*fam*) charlatán, -ana *m, f,* palabrero, -a *m, f*

Phraseologie [frazeolo'gi:] *f* <-, -n> (LING) fraseología *f*

phraseologisch *adj* (LING) fraseológico

pH-Wert [pe:'ha:ve:ɐt] *m* <-(e)s, -e> (CHEM) (valor *m*) PH *m*

Physik [fy'zi:k] *f* <-, *ohne pl*> física *f*

Physika *pl von* **Physikum**

physikalisch [fyzi'ka:lɪʃ] *adj* físico

Physiker(in) ['fy:zikɐ] *m(f)* <-s, -; -, -nen> físico, -a *m, f*

Physikum ['fy:zikʊm] *nt* <-s, Physika> examen *m* preclínico de medicina

PhysiogeografieRR *f* <-, *ohne pl*>, **Physiogeographie** [fyzio-] *f* <-, *ohne pl*> fisiogeografía *f*

Physiognomie [fyziogno'mi:] *f* <-, -n> (*geh*) fisonomía *f*

Physiologie [fyziolo'gi:] *f* <-, *ohne pl*> fisiología *f*

physiologisch [fyzio'lo:gɪʃ] *adj* fisiológico

Physiotherapeut(in) [fyzio-] *m(f)* <-en, -en; -, -nen> fisioterapeuta *mf;* **Physiotherapie** [fyzio-] *f* <-, *ohne pl*> fisioterapia *f*

physisch ['fy:zɪʃ] *adj* físico

PhytogeografieRR *f* <-, *ohne pl*>, **Phytogeographie** *f* <-, *ohne pl*> fitogeografía *f*

phytophag *adj* (BIOL) fitófago

Phytoplankton *nt* <-s, *ohne pl*> fitoplancton *m*

Pi [pi:] *nt* <-(s), *ohne pl*> (MATH) pi *f;* **~ mal Daumen** (*fam*) a ojo

Pianino [pia'ni:no] *nt* <-s, -s> (MUS) piano *m* vertical

Pianist(in) [pja'nɪst] *m(f)* <-en, -en; -, -nen> pianista *mf*

Piano ['pja:no] *nt* <-s, -s> piano *m* vertical

picheln ['pɪçəln] *vi* (*fam*) copear, empinar el codo

Picke *f* <-, -n> (*Spitzhacke*) pico *m;* (*Eispickel*) piolet *m*

Pickel ['pɪkəl] *m* <-s, -> **1.** (*Spitzhacke*) pico *m;* (*Eis~*) piolet *m* **2.** (*auf der Haut*) grano *m,* espinilla *f*

Pickelhaube *f* <-, -n> (HIST) casco *m* de coracero alemán [*o* de punta]

pickelig ['pɪk(e)lɪç] *adj* lleno de granos [*o* de espinillas]

picken ['pɪkən] *vt, vi* **1.** (*Vogel*) picar, picotear (*nach*) **2.** (*heraussuchen*) escoger (*aus* entre)

Picknick ['pɪknɪk] *nt* <-s, -s *o* -e> picnic *m*

picknicken *vi* hacer pic-nic, ir de pic-nic

picobello ['pi:ko'bɛlo] *adj inv* (*fam*) impecable

piekfein ['pi:k'faɪn] *adj* (*fam*) elegante; **sie waren ~ angezogen** iban de punta en blanco; **pieksauber** ['-'--] *adj* (*fam*) impecable, sin una mota, como una patena

Piemont [pie'mɔnt] *nt* <-s> Piamonte *m*

piep [pi:p] *interj* ¡pío!; **er konnte nicht mehr ~ sagen** (*fam*) ya no pudo decir ni pío [*o* mu]

Piep [pi:p] *m* <-s, -e> (*fam*) pío *m;* **sie sagte keinen ~** (*fam*) no dijo ni pío; **der sagt keinen ~ mehr** (*fam*) este está tieso; **du hast wohl einen ~** (*fam*) se te ha debido ir la cabeza; **piepegal** ['--'-] *adj* (*fam*): **das ist doch ~!** ¡qué más da!; **das ist mir ~** me importa un comino [*o* un rábano]

piepen ['pi:pən] *vi* (*Vogel*) piar; (*Maus*) chillar; (*Funkgerät*) hacer ruidos; **bei der**

piept's wohl! (*fam*) ¡está tocada (del ala)!; **das ist ja zum P~!** (*fam*) ¡es para morirse de risa!

Piepen *pl* (*fam*) pelas *fpl,* pasta *f*

Pieps *m* <-es, -e> (*fam*) pío *m*

piepsen ['pi:psən] *vi* **1.** *s.* **piepen 2.** (*sprechen*) hablar a voz aguda

Piepser *m* <-s, -> **1.** (*Piep*) pío *m* **2.** (*fam: Empfänger*) busca *m*

piepsig *adj* (*Stimme*) agudo

Pier [pi:ɐ] *m* <-s, -e *o* -s> muelle *m*

Piercing ['pi:ɐsɪŋ] *nt* <-s, -s> piercing *m*

piesacken ['pi:zakən] *vt* (*fam*) molestar, jorobar

pieseln ['pi:zəln] *vi* (*fam*) **1.** (*nieseln*) lloviznar **2.** (*urinieren*) orinar

Pietät [pie'tɛ:t] *f* <-, *ohne pl*> (*geh*) piedad *f;* (*Respekt*) respeto *m,* reverencia *f;* **pietätlos** *adj* (*geh*) irreverente, irrespetuoso; **Pietätlosigkeit** *f* <-, *ohne pl*> (*geh*) falta *f* de respeto, irreverencia *f;* **pietätvoll** *adj* (*geh*) respetuoso, reverente

Pietismus [pie'tɪsmʊs] *m* <-, *ohne pl*> pietismo *m;* **der ~ des 17. und 18. Jahrhunderts** el Pietismo de los siglos XVII y XVIII

Pietist(in) *m(f)* <-en, -en; -, -nen> pietista *mf*

pietistisch [pie'tɪstɪʃ] *adj* pietista

Pigment [pɪ'gmɛnt] *nt* <-(e)s, -e> pigmento *m;* **Pigmentfleck** *m* <-(e)s, -e *o* -en> (MED) mancha *f* pigmentaria

Pik¹ [pi:k] *nt* <-s, *ohne pl*> (*französische Karten*) pica *f;* (*spanische Karten*) espadas *fpl*

Pik² [pi:k] *m* <-s, -e *o* -s> tirria *f;* **auf jdn einen ~ haben** (*fam*) tenerle manía a alguien

pikant [pi'kant] *adj* picante

Pikdame *f* <-, -n> dama *f* de picas

Pike ['pi:kə] *f* <-, -n> (*fam*): **etw von der ~ auf lernen** aprender algo desde abajo

piken ['pi:kən] **I.** *vi* (*fam*) picar **II.** *vt* (*fam*) pinchar

pikiert [pi'ki:ɐt] *adj* picado, mosqueado; **ein ~es Gesicht machen** poner cara de pocos amigos

Pikkolo ['pɪkolo] *m* <-s, -s> **1.** (*Kellnerlehrling*) aprendiz *m* de camarero **2.** (*fam: Sektflasche*) benjamín *m,* botella *f* pequeña de cava

Pikkoloflasche *f* <-, -n> benjamín *m,* botella *f* pequeña de cava

Pikkoloflöte *f* <-, -n> flautín *m*

Pikogramm *nt* <-(e)s, -e, *nach Zahlen:* -> picogramo *m*

piksen ['pi:ksən] *vi, vt s.* **piken**

Piksieben *f* <-, -> **1.** (*Spielkarte*) siete *m* de picas **2.** (*Wend*): **wie ~ dastehen** (*fam*) quedarse (plantado) como un pasmarote

Piktogramm [pɪkto'gram] *nt* <-s, -e> pictograma *m*

Pilger(in) ['pɪlgɐ] *m(f)* <-s, -; -, -nen> peregrino, -a *m, f,* romero, -a *m, f;* **Pilgerfahrt** *f* <-, -en> peregrinación *f,* romería *f*

Pilgerin *f* <-, -nen> *s.* **Pilger**

pilgern ['pɪlgɐn] *vi sein* peregrinar (*nach* a), ir en peregrinación (*nach* a)

Pille ['pɪlə] *f* <-, -n> **1.** (*Tablette*) pastilla *f;* **eine ~ nehmen** [*o* **schlucken**] tomar una pastilla; **eine bittere ~** (*fam*) un trago amargo **2.** (*fam: Antibaby~*) píldora *f* (anticonceptiva); **die ~ danach** la píldora del día después; **Pillenknick** *m* <-(e)s, -e> descenso *m* de la natalidad (a causa de la píldora anticonceptiva); **Pillenschachtel** *f* <-, -n> caja *f* de pastillas

Pilot(in) [pi'lo:t] *m(f)* <-en, -en; -, -nen> piloto *mf*

Pilotabschluss^RR^ *m* <-es, -schlüsse> (WIRTSCH) conclusión *f* piloto; **Pilotanlage** *f* <-, -n> (TECH) instalación *f* piloto

Pilotenkoffer *m* <-s, -> maleta *f* de piloto

Pilotfilm *m* <-(e)s, -e> (TV) episodio *m* piloto

Pilotin *f* <-, -nen> *s.* **Pilot**

Pilotprojekt *nt* <-(e)s, -e> proyecto *m* piloto; **Pilotstudie** *f* <-, -n> estudio *m* piloto

Pils [pɪls] *nt* <-, ->, **Pils(e)ner** *nt* <-s, -> cerveza *f* tipo Pilsen

Pilz [pɪlts] *m* <-es, -e> (BOT, MED) hongo *m;* (*mit Hut*) seta *f,* nanacate *m Mex;* **vom ~ befallen** atacado por el hongo; **~e suchen** ir a buscar setas; **etw schießt wie ~e aus dem Boden** algo brota como los hongos; **Pilzerkrankung** *f* <-, -en> micosis *f inv;* **Pilzfaden** *m* <-s, -fäden> (BIOL) hifa *f;* **Pilzkrankheit** *f* <-, -en> micosis *f inv*

Pilzkunde¹ *f* <-, -n> (*Buch über Pilze*) guía *f* de hongos, libro *m* sobre setas

Pilzkunde² *f* <-, *ohne pl*> (*Lehre von den Pilzen*) micología *f,* micetología *f*

pilztötend *adj* letal para los hongos; **Pilzvergiftung** *f* <-, -en> intoxicación *f* por setas venenosas

Piment [pi'mɛnt] *m o nt* <-(e)s, -e> pimienta *f*

Pimmel ['pɪməl] *m* <-s, -> (*fam*) pito *m,* pilila *f,* pichula *f Chil*

Pimpf [pɪmpf] *m* <-(e)s, -e> (*fam: Knirps*) crío *m;* (*abw*) renacuajo *m,* mico *m;* **sie haben einen kleinen ~ von fünf Jahren** tienen un crío de cinco años; **was, so ein kleiner ~ will sich hier wer weiß wie aufspielen?** ¿que un renacuajo como tú quiere darse pisto?

Pin *m* <-s, -s> (INFOR) patilla *f*

pingelig ['pɪŋəlɪç] *adj* (*fam*) minucioso, tiquismiquis

Pingpong ['pɪŋpɔŋ] *nt* <-s, *ohne pl*> pingpong *m,* tenis *m* de mesa

Pinguin ['pɪŋgui:n] *m* <-s, -e> pingüino *m,* pájaro *m* bobo

Pinie ['pi:niə] *f* <-, -n> pino *m* piñonero; **Pinienkern** *m* <-(e)s, -e> piñón *m*

pink [pɪŋk] *adj* (rosa) fucsia

Pinke ['pɪŋkə] *f* <-, *ohne pl*> (*Geld*) pelas *fpl,* parné *m,* guita *f sl,* plata *f Am;* **keine ~ haben** estar sin blanca [*o* sin un duro]

Pinkel ['pɪŋkəl] *m* <-s, -(s)> (*fam abw*) don

P

m nadie; **ein feiner ~** un petimetre, un señoritingo

pinkeln ['pɪŋkəln] *vi* (*fam*) mear

Pinkepinke *f* <-, *ohne pl*> (*fam*) *s.* **Pinke**

pinkfarben *adj* (rosa) fucsia

Pin-Nadel ['pɪn-] *f* <-, -n> chincheta *f*

Pinne ['pɪnə] *f* <-, -n> (NAUT) caña *f* (del timón)

Pinnwand ['pɪn-] *f* <-, -wände> tablón *m* de notas

Pinscher ['pɪnʃɐ] *m* <-s, -> (perro *m*) grifón *m*

Pinsel ['pɪnzəl] *m* <-s, -> **1.** (*des Malers: fein*) pincel *m;* (*dick*) brocha *f* **2.** (*fam: Dummkopf*) bobo, -a *m, f,* tonto, -a *m, f*

pinseln *vi, vt* **1.** (*fam: malen*) pintar **2.** (*fam: schreiben*) escribir **3.** (MED: *Rachen, Zahnfleisch*) tocar

Pinte ['pɪntə] *f* <-, -n> (*fam*) tasca *f*

Pin-up-Girl [pɪn'ʔapgœːl] *nt* <-s, -s> chica *f* de calendario

Pinzette [pɪn'tsɛtə] *f* <-, -n> pinza(s) *f(pl)*

Pionier(in) [pio'niːɐ] *m(f)* <-s, -e; -, -nen> **1.** (MIL) gastador(a) *m(f)* **2.** (*Wegbereiter*) precursor(a) *m(f),* pionero, -a *m, f;* **Pionierarbeit** *f* <-, *ohne pl*> labor *m* de pionero; **~ leisten** abrir nuevos caminos; **Pioniergeist** *m* <-(e)s, *ohne pl*> espíritu *m* pionero

Pionierin *f* <-, -nen> *s.* **Pionier**

Pipapo ['piː'paː'poː] *nt* <-s, *ohne pl*> (*fam*): **mit allem ~** con todos sus requisitos

Pipe ['paɪp] *f* <-, -s> (INFOR) viaducto *m*

Pipeline ['paɪplaɪn] *f* <-, -s> (*für Gas*) gasoducto *m;* (*für Öl*) oleoducto *m*

Pipette [pi'pɛtə] *f* <-, -n> pipeta *f*

Pipettierapparat *m* <-(e)s, -e> (CHEM) aparato *m* para pipetar

Pipi ['pɪpi, pi'piː] *nt* <-s, *ohne pl*> (*fam*) pipí *m,* pis *m inv,* pichi *m CSur;* **~ machen** hacer pis

Pipifax ['pɪpifaks] *m* <-, *ohne pl*> (*fam abw: Unsinn*) disparates *mpl;* (*Nichtigkeiten*) bagatela *f*

Piranha [pi'ranja] *m* <-(s), -s> piraña *f,* caribe *m Ven*

Pirat(in) [pi'raːt] *m(f)* <-en, -en; -, -nen> pirata *mf;* **Piratensender** *m* <-s, -> emisora *f* pirata

Piraterie [piratə'riː] *f* <-, *ohne pl*> piratería *f*

Piratin *f* <-, -nen> *s.* **Pirat**

Pirol [pi'roːl] *m* <-s, -e> (ZOOL) oropéndola *f*

Pirouette [piru'ɛtə] *f* <-, -n> pirueta *f*

Pirsch [pɪrʃ] *f* <-, *ohne pl*> caza *f* (al acecho); **auf (die) ~ gehen** ir a cazar

pirschen *vi haben o sein* **1.** (*bei der Jagd*) cazar al acecho; **auf Wild ~** cazar venado **2.** (*schleichen*) andar a hurtadillas

Pisse ['pɪsə] *f* <-, *ohne pl*> (*vulg*) meada *f*

pissen ['pɪsən] *vi* **1.** (*vulg: urinieren*) mear, echar una meada **2.** (*fam: regnen*) llover

Pissoir [pɪ'soaːɐ, *pl:* -ɐs, -rə] *nt* <-s, -s *o* -e> urinario *m,* meadero *m fam*

Pistazie [pɪs'taːtsiə] *f* <-, -n> pistacho *m;* **Pistazienbaum** *m* <-(e)s, -bäume> pistachero *m*

Piste ['pɪstə] *f* <-, -n> (SPORT, AERO) pista *f;* **Pistenraupe** *f* <-, -n> oruga *f* para pistas de esquí; **Pistensau** *f* <-, -säue> (*sl abw*) esquiador(a) *m(f)* desconsiderado, -a; **hast du diese ~ gesehen? der glaubt, er wäre allein hier** ¿has visto a ese cerdo? se cree que está solo en la pista

Pistill [pɪs'tɪl] *nt* <-s, -e> **1.** (BOT) pistilo *m* **2.** (*Stößel*) mano *f* de almirez

Pistole [pɪs'toːlə] *f* <-, -n> pistola *f,* cachimba *f Chil;* **jdm die ~ auf die Brust setzen** (*fam*) poner a alguien la pistola al pecho [*o* el puñal en el pecho]; **wie aus der ~ geschossen** (*fam*) como una bala; **Pistolentasche** *f* <-, -n> pistolera *f*

pittoresk [pɪto'rɛsk] *adj* (*geh*) pintoresco

Pixel ['pɪksəl] *nt* <-s, -> (INFOR) punto *m,* pixel *m;* **Pixel-Grafik** *f* <-, -en> (INFOR) gráfico *m* de pixel

Pizza ['pɪtsa] *f* <-, -s *o* Pizzen> pizza *f*

Pkt. *Abk. von* **Punkt** pto.

Pkw, PKW ['peːkaveː] *m* <-(s), -(s)> *Abk. von* **Personenkraftwagen** automóvil *m*

Placebo [pla'tseːbo] *nt* <-s, -s> (MED) placebo *m*

placken ['plakən] *vr:* **sich ~** (*fam*) trabajar como un negro

Plackerei *f* <-, -en> (*fam*) trabajo *m* pesado [*o* duro]

plädieren* [plɛ'diːrən] *vi* **1.** (JUR) abogar (*auf/für* por), hacer un alegato (*auf/für* por); **er plädiert auf Freispruch** pide la absolución **2.** (*sich einsetzen*) abogar (*für* por), interceder (*für* por); **ich plädiere dafür, dass ...** estoy a favor de que... +*subj*

Plädoyer [plɛdo̯a'jeː] *nt* <-s, -s> (*a.* JUR) alegato *m* (*für* en favor de)

Plafond [pla'fõː] *m* <-s, -s> (*Schweiz*) tope *m,* límite *m* (superior)

plafondieren* [plafõ'diːrən] *vt* (*Schweiz*) poner un tope [*o* un límite] (a)

Plage ['plaːgə] *f* <-, -n> plaga *f;* **das macht ihm das Leben zur ~** esto le atormenta la vida; **zu einer ~ werden** convertirse en una plaga; **Plagegeist** *m* <-(e)s, -er> (*fam*) pesado, -a *m, f,* pelmazo, -a *m, f*

plagen ['plaːgən] **I.** *vt* **1.** (*belästigen*) molestar, fastidiar **2.** (*Schmerzen, Zweifel*) atormentar, julepear *Am* **II.** *vr:* **sich ~** matarse trabajando

Plagiat [pla'gjaːt] *nt* <-(e)s, -e> plagio *m;* **~ begehen** cometer plagio

Plagiator(in) [pla'gjaːtoːɐ] *m(f)* <-s, -en; -, -nen> plagiario, -a *m, f*

plagiieren* [plagi'iːrən] **I.** *vi* (*geh*) cometer plagio **II.** *vt* (*geh*) plagiar

Plakat [pla'kaːt] *nt* <-(e)s, -e> cartel *m,* póster *m,* afiche *m CSur;* (*Werbe~*) anuncio *m;* **Plakatfarbe** *f* <-, -n> pintura *f* para carteles

plakatieren* [plaka'tiːrən] **I.** *vi* fijar carteles,

pegar afiches *Am* **II.** *vt* anunciar en carteles
plakativ [plaka'ti:f] *adj* llamativo
Plakatmaler(in) *m(f)* <-s, -; -, -nen> cartelista *mf,* pintor(a) *m(f)* de carteles; **Plakatsäule** *f* <-, -n> columna *f* anunciadora; **Plakatwand** *f* <-, -wände> valla *f* publicitaria; **Plakatwerbung** *f* <-, *ohne pl*> publicidad *f* en vallas
Plakette [pla'kɛtə] *f* <-, -n> placa *f*
plan [pla:n] *adj* llano, plano
Plan [pla:n, *pl:* 'plɛ:nə] *m* <-(e)s, Pläne> **1.** (*Vorhaben*) plan *m,* proyecto *m;* (*Absicht*) intención *f;* **es verläuft alles nach ~** todo se desarrolla según lo previsto; **Pläne machen/schmieden** hacer/forjar planes; **einen ~ fassen** concebir un plan; **jds Pläne durchkreuzen** frustrar los planes de alguien; **sie steckt voller Pläne** está llena de planes **2.** (*Entwurf, Karte*) plano *m;* **jdn/etw auf den ~ rufen** hacer aparecer a alguien/algo; **auf dem ~ stehen** estar planeado; **auf den ~ treten** aparecer en escena; **Planabstimmung** *f* <-, -en> acuerdo *m* de un proyecto [*o* de un plan]; **betriebliche ~** acuerdo de un proyecto empresarial; **Planauflage** *f* <-, -n> (WIRTSCH) objetivo *m* fijado por un plan; **Planbestand** *m* <-(e)s, -stände> (WIRTSCH) duración *f* de un plan, permanencia *f* de un plan
Plane ['pla:nə] *f* <-, -n> lona *f,* cubierta *f;* **etw mit einer ~ abdecken** cubrir algo con una lona
planen ['pla:nən] *vt* **1.** (*entwerfen*) proyectar **2.** (*vorhaben*) tener la intención (*zu* de); (*Ausflug, Essen*) planear; (*Wirtschaft, Entwicklung*) planificar; **es lief alles wie geplant** todo transcurrió como estaba previsto; **habt ihr für morgen schon etwas geplant?** ¿ya tenéis planes para mañana?
Planer(in) *m(f)* <-s, -; -, -nen> planificador(a) *m(f);* (*beim Hausbau*) proyectista *mf*
planerisch ['pla:nərɪʃ] *adj* respectivo al plan, del plan
Planet [pla'ne:t] *m* <-en, -en> (ASTR) planeta *m*
planetarisch *adj* (ASTR) planetario
Planetarium [plane'ta:riʊm] *nt* <-s, Planetarien> planetario *m,* planetarium *m*
Planetenbahn *f* <-, -en> órbita *f* planetaria; **Planetensystem** *nt* <-s, -e> (ASTR) sistema *m* planetario
Planetoid [planeto'i:t, *pl:* -dən] *m* <-en, -en> (ASTR) planetoide *m,* asteroide *m*
planieren* [pla'ni:rən] *vt* allanar, nivelar, aplanar
Planierraupe *f* <-, -n> aplanadora *f,* bulldózer *m*
Plan-IstabrechnungRR *f* <-, -en> (WIRTSCH) cálculo *m* de los costes previstos y de los costes reales; **Plan-Istvergleich**RR *m* <-(e)s, -e> (WIRTSCH) cálculo *m* comparativo de los costes previstos y de los costes reales
Planke ['plaŋkə] *f* <-, -n> tablón *m*
Plänkelei [plɛŋkə'laɪ] *f* <-, -en> escaramuza *f*
plänkeln ['plɛŋkəln] *vi* escaramuzar, pelearse
Plankosten *pl* (WIRTSCH) costes *mpl* de producción
Plankton ['plaŋktɔn] *nt* <-s, *ohne pl*> (BIOL) plancton *m;* **~ fressend** devorador de plancton; **planktonfressend** *adj s.* **Plankton**
planlos *adj* sin método, sin sistema; **Planlosigkeit** *f* <-, *ohne pl*> falta *f* de método [*o* de sistema]; **planmäßig I.** *adj* **1.** (*wie vorgesehen*) previsto; **die ~e Ankunft verzögert sich um ca. zehn Minuten** la llegada prevista se retrasa unos diez minutos **2.** (*nach Plan*) sistemático **II.** *adv* **1.** (*wie vorgesehen*) como estaba previsto **2.** (*nach Plan*) sistemáticamente
Planmäßigkeit *f* <-, *ohne pl*> (*systematische Art*) regularidad *f,* sistema *m;* **etw mit ~ betreiben** hacer algo con método [*o* con sistema]
Planpreis *m* <-es, -e> (WIRTSCH) costes *mpl* de producción; **Planquadrat** *nt* <-(e)s, -e> cuadrícula *f,* cuadrado *m*
Planschbecken *nt* <-s, -> (pequeña) piscina *f* para niños
planschen ['planʃən] *vi* chapotear (*in* en), chapalear (*in* en)
Plansoll *nt* <-s, *ohne pl*> cifra *f* de producción prevista; **Planstelle** *f* <-, -n> puesto *m* de plantilla, plaza *f* de número
Plantage [plan'ta:ʒə] *f* <-, -n> plantación *f;* **Plantagenwirtschaft** *f* <-, *ohne pl*> economía *f* de plantación
Planung *f* <-, -en> planificación *f;* **in der ~ befindlich** en la fase de proyección; **Planungsausschuss**RR *m* <-es, -schüsse> comisión *f* de planificación, comité *m* de planificación; **Planungsbehörde** *f* <-, -n> oficina *f* de planificación
planvoll *adj* sistemático, metódico
Planvorsprung *m* <-(e)s, -sprünge> (WIRTSCH) avance *m* en el plan; **einen ~ erarbeiten** elaborar un avance en el plan
Planwagen *m* <-s, -> coche *m* con toldo
Planwirtschaft *f* <-, *ohne pl*> economía *f* planificada [*o* dirigida]; **Planziel** *nt* <-(e)s, -e> *s.* **Plansoll**
Plappermaul *nt* <-(e)s, -mäuler> (*fam abw*) cotorra *f*
plappern ['plapɐn] **I.** *vi* (*fam*) cotorrear **II.** *vt* (*fam*) decir
plärren ['plɛrən] *vi* (*abw*) **1.** (*weinen*) lloriquear **2.** (*schreien*) chillar, berrear **3.** (*Radio, Lautsprecher*) estar a tope (de volumen)
Plasma ['plasma] *nt* <-s, Plasmen> (BIOL, MED, PHYS) plasma *m;* **Plasmabildschirm** *m* <-(e)s, -e> (TECH, INFOR) panel *m* de visualización de plasma
Plasmen *pl von* **Plasma**
Plastik[1] ['plastɪk] *nt* <-s, *ohne pl*> (*Kunststoff*) plástico *m*
Plastik[2] ['plastɪk] *f* <-, -en> **1.** (KUNST) escul-

P

tura *f* **2.** (MED) plastia *f*

Plastikbecher *m* <-s, -> vaso *m* de plástico; **Plastikbeutel** *m* <-s, -> bolsa *f* de plástico; **Plastikbombe** *f* <-, -n> bomba *f* de plástico; **Plastikfolie** *f* <-, -n> membrana *f* de plástico; **Plastikgeld** *nt* <-es, *ohne pl*> (*fam*) dinero *m* de plástico, tarjeta *f* de crédito; **Plastiksprengstoff** *m* <-(e)s, -e> explosivo *m* plástico; **Plastiktüte** *f* <-, -n> bolsa *f* de plástico

Plastilin [plasti'li:n] *nt* <-s, *ohne pl*> plastilina *f*

plastisch ['plastɪʃ] *adj* **1.** (*formbar*) moldeable, plástico; **~e Chirurgie** cirugía plástica **2.** (*anschaulich*) plástico; **sich** *dat* **etw ~ vorstellen** ver algo como si lo tuviera uno delante de los ojos

Plastizität [plastitsi'tɛ:t] *f* <-, *ohne pl*> plasticidad *f*

Platane [pla'ta:nə] *f* <-, -n> plátano *m*

Plateau [pla'to:] *nt* <-s, -s> meseta *f*, altiplanicie *f*, altiplano *m Am;* **Plateausohle** *f* <-, -n>: **Schuhe mit ~** zapatos de plataforma

Platin ['pla:ti:n] *nt* <-s, *ohne pl*> (CHEM) platino *m;* **platinblond** *adj* rubio platino; **eine ~e Frau** una (mujer) rubia platino

Platine [pla'ti:nə] *f* <-, -n> (ELEK) placa *f* de circuitos impresos

Platitude[RR] [plati'ty:də] *f* <-, -n> (*geh*) trivialidad *f*, insulsez *f*

Platitüde *f* <-, -n> *s.* **Platitude**, **Plattitüde**

platonisch [pla'to:nɪʃ] *adj* platónico

platsch [platʃ] *interj* ¡zas!

platschen ['platʃən] *vi* (*fam*) chapotear

plätschern ['plɛtʃɐn] *vi* (*fam*) murmurar

platt [plat] *adj* **1.** (*flach*) llano, plano; (*~gedrückt*) aplastado; **etw ~ drücken** aplastar algo; **einen ~en Reifen haben** tener un pinchazo; **auf dem ~en Land** en pleno campo; **~ sein** (*fam*) estar sorprendido; **da bin ich aber ~** (*fam*) me dejas de piedra **2.** (*abw: geistlos*) trivial; **~e Witze machen** contar chistes vulgares

Platt [plat] *nt* <-(s), *ohne pl*> **1.** (*Plattdeutsch*) bajo alemán *m* **2.** (*reg: Dialekt*) dialecto *m;* **Hamburger ~ sprechen** hablar el dialecto de Hamburgo

plattdeutsch *adj* bajo alemán; **auf dieser Bühne werden ~e Volksstücke aufgeführt** en este teatro se representan obras en bajo alemán; **Plattdeutsch** *nt* <-(s), *ohne pl*>, **Plattdeutsche** *nt* <-n, *ohne pl*> bajo alemán *m*

Platte ['platə] *f* <-, -n> **1.** (*Stein~*) losa *f;* (*Holz~*) tabla *f;* (*Metall~*) plancha *f* **2.** (*Schall~*) disco *m;* **optische ~** (INFOR, TEL) disco óptico; **eine ~ auflegen** poner un disco; **die ~ kenn' ich schon!** (*fam*) ¡me conozco el rollo de memoria! **3.** (*Herd~*) fogón *m;* **den Topf von der ~ nehmen** retirar la olla del fuego **4.** (*Teller*) bandeja *f;* **kalte ~** (GASTR) fiambres *mpl* **5.** (*fam: Glatze*) calva *f* **6.** (*Wend*): **die ~ putzen** (*fam*) esfumarse

Plätteisen ['plɛtʔaɪzən] *nt* <-s, -> (*nordd*) plancha *f*

Platten: **einen ~ haben** tener un pinchazo

plätten ['plɛtən] *vt* (*reg*) planchar; **geplättet sein** (*fam*) quedarse con la boca abierta

Plattencover ['platənkavɐ] *nt* <-s, -(s)> cubierta *f* de disco; **Plattenfirma** *f* <-, -firmen> casa *f* productora de discos; **Plattenlabel** *nt* <-s, -s> **1.** (*Etikett*) etiqueta *f* del disco, rótulo *m* del disco **2.** (*Plattenfirma*) casa *f* (productora) de discos; **Plattenlaufwerk** *nt* <-(e)s, -e> (INFOR) unidad *f* de disco

Plattenleger(in) *m(f)* <-s, -; -, -nen> solador(a) *m(f)*, embaldosador(a) *m(f)*

Plattensammlung *f* <-, -en> discoteca *f* (personal), colección *f* de discos, fonoteca *f*

Plattensee *m* <-s> Lago *m* Balatón

Plattenspeicher *m* <-s, -> (INFOR) memoria *f* de disco; **Plattenspieler** *m* <-s, -> tocadiscos *m inv;* **den ~ anstellen** poner (en marcha) el tocadiscos

Plattentektonik *f* <-, *ohne pl*> (GEO) tectónica *f* de placas

Plattenteller *m* <-s, -> plato *m* giratorio, giradiscos *m inv;* **Plattenwechsler** *m* <-s, -> cambiadiscos *m inv*, cambiador *m* de discos

Plattenweg *m* <-(e)s, -e> camino *m* de losas [*o* enlosado]

Plätterin ['plɛtərɪn] *f* <-, -nen> (*nordd: Büglerin*) planchadora *f*

Plattfisch *m* <-(e)s, -e> pez *m* teleósteo

Plattform *f* <-, -en> plataforma *f*

Plattfuß *m* <-es, -füße> **1.** (MED) pie *m* plano **2.** (*fam: am Reifen*) pinchazo *m*, reventón *m*

Plattheit[1] *f* <-, *ohne pl*> (*das Plattsein*) forma *f* plana

Plattheit[2] *f* <-, -en> (*Plattitüde*) trivialidad *f*, banalidad *f*

plattieren* [pla'ti:rən] *vt* (TECH) chapear

Plattitüde[RR] [plati'ty:də] *f* <-, -n> (*geh*) trivialidad *f*, insulsez *f*

Platz[1] [plats, *pl:* 'plɛtsə] *m* <-es, Plätze> **1.** (*Ort, Stelle*) sitio *m*, lugar *m;* **das beste Lokal am ~** el mejor local en este lugar; **das ist fehl am ~** eso está fuera de lugar; **auf die Plätze, fertig, los!** ¡preparados, listos, ya! **2.** (*öffentlicher ~*) plaza *f;* **der Rote ~** la Plaza Roja **3.** (*Sport~*) campo *m;* (*Tennis~*) pista *f;* **auf eigenem ~** en propio campo; **auf gegnerischem ~** en campo contrario; **der ~ war nicht bespielbar** el campo no reunía las condiciones necesarias de juego; **einen Spieler vom ~ stellen** sacar a un jugador del campo **4.** (*Sitz~*) sitio *m*, asiento *m;* **~ nehmen** (*geh*) tomar asiento; **bitte, nehmen Sie ~!** ¡tome asiento, por favor!; **ist noch ein ~ frei?** ¿queda algún sitio libre?; **dieser ~ ist besetzt** este asiento está ocupado; **sich von seinem ~ erheben** levantarse de su sitio; **für jdn einen ~ freihalten** reservar un sitio a alguien; **~!** (*zum*

Hund) ¡siéntate! **5.** (*Teilnahme~*) plaza *f;* **es sind noch Plätze frei** todavía quedan plazas libres; **ein Saal mit 500 Plätzen** una sala de 500 plazas **6.** (*Rang*) lugar *m,* puesto *m;* **auf ~ wetten** hacer una apuesta simple; **sie belegte den dritten ~** ocupó el tercer lugar; **seinen ~ behaupten** reafirmar su posición

Platz² *m* <-es, *ohne pl*> (*Raum*) sitio *m;* **~ sparend** que no ocupa mucho espacio; **etw ~ sparend hinstellen** ocupar un mínimo de espacio con algo; **~ da!** ¡hagan sitio!; **~ für jdn/etw schaffen** hacer sitio para alguien/algo; **jdm ~ machen** hacer(le) sitio a alguien; **jdm den ganzen ~ wegnehmen** quitar(le) a alguien todo el sitio

Platzangst *f* <-, -ängste> **1.** (*fam: Beklemmungszustand*) claustrofobia *f* **2.** (PSYCH) agorafobia *f*

Platzanweiser(in) *m(f)* <-s, -; -, -nen> acomodador(a) *m(f);* **Platzausnutzung** *f* <-, *ohne pl*> aprovechamiento *m* del espacio

Plätzchen ['plɛtsçən] *nt* <-s, -> (*Gebäck*) galleta *f,* pasta *f*

Platzdeckchen *nt* <-s, -> mantel *m* individual

platzen ['platsən] *vi sein* **1.** (*Bombe, Mine*) explotar, estallar; (*Rohr, Luftballon*) reventar; (*Naht, Hose*) romperse; **ich platze, wenn ich so weiter esse** voy a reventar si sigo comiendo tanto; **ich könnte vor Wut/Ärger ~** podría reventar de rabia/de furia **2.** (*fam: scheitern*) fracasar, frustrarse; (*Termin, Vorstellung*) anularse, cancelarse; **etw ~ lassen** hacer fracasar algo; **einen Wechsel ~ lassen** no retirar una letra **3.** (*fam: hineinstürmen*) irrumpir (*in* en); **ins Zimmer ~** irrumpir en la habitación

Platzhalter¹ *m* <-s, -> (INFOR) fijador *m* de posiciones

Platzhalter(in)² *m(f)* <-s, -; -, -nen> (*Person*) *persona que reserva un sitio libre para otra en un lugar público*

Platzhalterzeichen *nt* <-s, -> (INFOR) comodín *m*

platzieren*RR [pla'tsi:rən] **I.** *vt* **1.** (*Platz anweisen*) colocar, ubicar *Am* **2.** (*zielen*) colocar, dirigir; **ein platzierter Schlag** un golpe bien colocado **II.** *vr:* **sich ~** (SPORT) clasificarse

PlatzierungRR *f* <-, -en> **1.** (*örtlich*) colocación *f,* ubicación *f Am* **2.** (SPORT) clasificación *f*

Platzkarte *f* <-, -n> reserva *f* (de asiento)

Platzkonzert *nt* <-(e)s, -e> concierto *m* en la plaza, concierto *m* público; **auf dem Rathausplatz findet ein ~ mit der örtlichen Blaskapelle statt** en la plaza del ayuntamiento tiene lugar un concierto de la banda de viento local

Platzkostenrechnung *f* <-, -en> (WIRTSCH) cálculo *m* de costes de emplazamiento

Plätzli ['plɛtsli] *nt* <-s, -> (*Schweiz*) **1.** (*Gebäck*) galleta *f,* pasta *f* **2.** (*Schnitzel*) filete *m*

Platzmangel *m* <-s, *ohne pl*> falta *f* de sitio

Platzpatrone *f* <-, -n> cartucho *m* de salvas; **Platzregen** *m* <-s, -> aguacero *m,* chaparrón *m,* invierno *m ZAm, Ant*

Platzreservierung *f* <-, -en> reserva *f* (de asiento); **platzsparend** *adj s.* **Platz²**; **Platzverweis** *m* <-es, -e> (SPORT) expulsión *f* del campo; **es gab zwei ~e** dos jugadores fueron expulsados del campo; **Platzwart(in)** *m(f)* <-(e)s, -e; -, -nen> (SPORT) encargado, -a *m, f* del campo; **Platzwette** *f* <-, -n> (SPORT) apuesta *f* por clasificación

Platzwunde *f* <-, -n> herida *f* abierta

Plauderei [plaʊdə'raɪ] *f* <-, -en> charla *f,* parloteo *m*

Plauderer, -in *m, f* <-s, -; -, -nen> **1.** (*Redner*) conversador(a) *m(f);* **bei ihm wird einem die Zeit nicht lang, er ist ein angenehmer ~** el tiempo no se hace largo con él, es un buen conversador **2.** (*fam: Geheimnisverräter*) chismoso, -a *m, f,* bocazas *mf inv;* **ihm darf man keine Geheimnisse anvertrauen, er ist ein ~** no se le puede confiar un secreto, es un bocazas

plaudern ['plaʊdɐn] *vi* conversar (*über* sobre), charlar (*über* sobre/de), tertuliar (*über* sobre) *Am;* **aus dem Nähkästchen ~** contar asuntos internos

Plauderstündchen *nt* <-s, -> (rato *m* de) palique *m,* cháchara *f;* **zum Kaffee komme ich auf ein ~ bei dir vorbei** me paso a tomar café contigo y nos estamos un rato de palique;

Plauderton *m* <-(e)s, *ohne pl*> tono *m* de charla; **im ~** en tono distendido

Plausch [plaʊʃ] *m* <-(e)s, -e> **1.** (*südd, Österr: Plauderei*) charla *f,* plática *f;* **einen ~ halten** estar de cháchara **2.** (*Schweiz: fam*) diversión *f,* placer *m;* **sie hat den ~** tiene el placer; **aus** [*o* **zum**] **~** por gusto

plauschen *vi s.* **plaudern**

plausibel [plaʊ'zi:bəl] *adj* plausible; (*verständlich*) inteligible; **jdm etw ~ machen** hacer(le) algo inteligible a alguien

Plausibilität [plaʊzibili'tɛ:t] *f* <-, *ohne pl*> plausibilidad *f;* **Plausibilitätskontrolle** *f* <-, -n> (INFOR) prueba *f* de racionalidad

Playback [plɛɪ'bɛk] *nt* <-, -s>, **Play-back**RR *nt* <-, -s> play-back *m;* **Playboy** ['plɛɪbɔɪ] *m* <-s, -s> play-boy *m;* **Playgirl** ['plɛɪgø:ɐl] *nt* <-s, -s> **1.** (*Nacktmodell*) modelo *f* porno **2.** (*aus Playboy-Kreisen*) chica *f* de vida alegre

Plazenta [pla'tsɛnta] *f* <-, -s *o* Plazenten> (MED) placenta *f*

Plazet ['pla:tsɛt] *nt* <-s, -s> aprobación *f,* beneplácito *m,* plácet *m;* **sein ~ zu etw geben** dar su aprobación para algo

plazieren* *vt, vr:* **sich ~** *s.* **platzieren**

Plazierung *f* <-, -en> *s.* **Platzierung**

Plebejer(in) [ple'be:jɐ] *m(f)* <-s, -; -, -nen> (HIST: *a. abw geh*) plebeyo, -a *m, f*

Plebiszit [plebɪs'tsi:t] *nt* <-(e)s, -e> (POL) plebiscito *m*

Plebs [plɛps, ple:ps] *m* <-es, *ohne pl*> (*abw geh: Pöbel*) plebe *f*

P

pleite ['plaɪtə] *adj* (*fam*): ~ **sein** estar en quiebra [*o* en bancarrota]
Pleite ['plaɪtə] *f* <-, -n> (*fam*) **1.** (*Bankrott*) quiebra *f;* ~ **gehen** quebrar; ~ **machen** quebrar **2.** (*Misserfolg*) fracaso *m;* **mit jdm/etw** *dat* **eine** ~ **erleben** llevarse un chasco con alguien/algo; **Pleitegeier** *m* <-s, -> (*fam*): **der** ~ **schwebt über etw** algo está amenazado de quiebra
Plektron ['plɛktrɔn] *nt* <-s, Plektren *o* Plektra> (MUS) plectro *m*
plempern ['plɛmpɐn] *vi* (*fam: Flüssigkeit verschütten*): **mit Soße/Wein** ~ derramar salsa/vino
plemplem [plɛm'plɛm] *adj inv* (*fam*) chalado, tocado (de la pelota), mal de la chota
Plenarsaal [ple'naːɐ-] *m* <-(e)s, -säle> sala *f* plenaria [*o* de plenos]; **Plenarsitzung** *f* <-, -en> (POL) reunión *f* plenaria; **Plenarversammlung** *f* <-, -en> asamblea *f* plenaria, sesión *f* plenaria
Plenum ['pleːnʊm] *nt* <-s, Plenen> pleno *m*
Pleonasmus [pleo'nasmʊs, *pl:* pleo'nasmən] *m* <-, Pleonasmen> (LING) pleonasmo *m*
Pleuelstange ['plɔɪəl-] *f* <-, -n> (TECH) biela *f*
Plexiglas® ['plɛksi-] *nt* <-es, *ohne pl*> plexiglás® *m*
Plissee [plɪ'seː] *nt* <-s, -s> plisado *m*
plissieren* [plɪ'siːrən] *vt* plisar; **ein plissierter Rock** una falda plisada
PLO [peːʔɛl'ʔoː] *f* <-, *ohne pl*> *Abk. von* **Palestine Liberation Organization** OLP *f;* **PLO-Chef** *m* <-s, -s> líder *m* de la OLP
Plockwurst *f* <-, -würste> (GASTR) ≈salchichón *m* (*embutido de carne de cerdo, vacuno y tocino*)
Plombe ['plɔmbə] *f* <-, -n> **1.** (*Verschluss*) precinto *m* **2.** (*Zahnfüllung*) empaste *m*
plombieren* [plɔm'biːrən] *vt* **1.** (*versiegeln*) precintar **2.** (*Zahn*) empastar
Plot *m o nt* <-s, -s> **1.** (FILM, LIT, THEAT) trama *f* **2.** (INFOR) gráfica *f*
Plotter ['plɔtɐ] *m* <-s, -> (INFOR) graficador *m;* **Plotterpapier** *nt* <-s, *ohne pl*> papel *m* para graficador
plötzlich ['plœtslɪç] **I.** *adj* súbito, repentino, sorpresivo *Am,* violento *Am* **II.** *adv* de repente; **das kommt alles so** ~ es todo tan repentino; **jetzt aber etwas** [*o* **ein bisschen**] ~! ¡ahora deprisa!
Pluderhose ['pluːdɐ-] *f* <-, -n> bombacho(s) *m(pl)*
plump [plʊmp] *adj* **1.** (*unförmig*) tosco **2.** (*ungelenk*) torpe; (*schwerfällig*) pesado, mazacotudo *Am* **3.** (*abw: dreist*) grosero; (*Annäherung*) torpe; (*Lüge, Schmeichelei*) barato; ~ **lügen** echar [*o* contar] mentiras baratas
Plumpheit[1] *f* <-, *ohne pl*> (*das Plumpsein*) tosquedad *f*
Plumpheit[2] *f* <-, -en> (*plumpe Handlung*) torpeza *f*
plumps [plʊmps] *interj* ¡paf!, ¡pataplaf!
Plumps [plʊmps] *m* <-es, -e> (*fam*) batacazo *m*
plumpsen ['plʊmpsən] *vi sein* (*fam*) caer (pesadamente); **er ließ sich aufs Sofa** ~ se dejó caer en el sofá como un plomo
Plumpsklo(sett) *nt* <-s, -s> (*fam*) *retrete desprovisto de inodoro y agua corriente*
Plunder ['plʊndɐ] *m* <-s, *ohne pl*> (*fam abw*) cachivaches *mpl,* trastos *mpl*
Plünd(e)rer ['plʏnd(ə)rɐ] *m* <-s, ->, **Plünderin** *f* <-, -nen> saqueador(a) *m(f)*
Plundergebäck *nt* <-(e)s, *ohne pl*> (GASTR) *bollo relleno, elaborado con una masa similar a la de levadura*
Plünderin *f* <-, -nen> *s.* **Plünd(e)rer**
plündern ['plʏndɐn] *vt* saquear
Plünderung *f* <-, -en> saqueo *m,* pillaje *m*
Plündrer(in) ['plʏndrərɪn] *m(f)* <-s, -; -, -nen> *s.* **Plünd(e)rer**
Plural ['pluːraːl] *m* <-s, -e> (LING) plural *m*
Pluralismus [plura'lɪsmʊs] *m* <-, *ohne pl*> pluralismo *m*
pluralistisch *adj* pluralista
plus [plʊs] **I.** *konj* (MATH) más; **drei** ~ **drei** tres más tres **II.** *präp +gen* más; ~ **der Zinsen** más los intereses **III.** *adv* **1.** (MATH) más; **minus fünf** ~ **sieben ist** ~ **zwei** menos cinco más siete igual a más dos **2.** (METEO) sobre cero; **10 Grad** ~ 10 grados sobre cero **3.** (ELEK): **der Strom fließt von** ~ **nach minus** la corriente pasa del polo positivo al negativo
Plus [plʊs] *nt* <-, *ohne pl*> **1.** (*Überschuss*) excedente *m,* superávit *m;* **ein** ~ **in der Kasse haben** tener un superávit en la caja; **ein** ~ **erwirtschaften** registrar ganancias; **die Firma befindet sich im** ~ la empresa tiene saldo **2.** (*Vorzug*) ventaja *f;* **ein weiteres** ~ **dieses Modells ist der geringe Benzinverbrauch** otra ventaja de este modelo es el bajo consumo de gasolina
Plüsch [plʏʃ] *m* <-(e)s, -e> peluche *m;* **Plüschtier** *nt* <-(e)s, -e> animal *m* de peluche, muñeco *m* de peluche
Pluspol *m* <-s, -e> (ELEK, PHYS) polo *m* positivo; **Pluspunkt** *m* <-(e)s, -e> lado *m* positivo, ventaja *f*
Plusquamperfekt ['plʊskvampɛrfɛkt] *nt* <-s, -e> (LING) pluscuamperfecto *m*
plustern ['pluːstɐn] *vt* inflar, hinchar
Pluszeichen *nt* <-s, -> signo *m* de adición, (signo *m* de) más *m*
Pluto ['pluːto] *m* <-, *ohne pl*> (ASTR) plutón *m*
Plutonium [plu'toːniʊm] *nt* <-s, *ohne pl*> (CHEM) plutonio *m*
PLZ *Abk. von* **Postleitzahl** código *m* postal
Pneu [pnøː] *m* <-s, -s> (*Schweiz, reg*) neumático *m*
pneumatisch [pnɔɪ'maːtɪʃ] *adj* (TECH) neumático

Po¹ [po:] *m* <-s, -s> (*fam*) culito *m,* culete *m,* trasero *m,* pompis *m inv*

Po² (CHEM) *Abk. von* **Polonium** Po

Pöbel ['pø:bəl] *m* <-s, *ohne pl*> (*abw*) plebe *f,* lumpen *m Am,* pacotilla *f Am*

Pöbelei [pø:bə'laɪ] *f* <-, -en> (*fam*) plebeyada *f*

pöbelhaft *adj* grosero, vulgar

pöbeln ['pø:bəln] *vi* (*fam*) chinchar, meter caña

pochen ['pɔxən] *vi* **1.** (*klopfen*) golpear (*an/gegen* en), dar golpes (*an/gegen* en) **2.** (*geh: Herz*) latir **3.** (*geh: bestehen*): **auf etw ~** reclamar algo, insistir en algo; **auf sein Recht ~** reclamar sus derechos

pochieren* [pɔ'ʃi:rən] *vt* (GASTR) escalfar

Pocke ['pɔkə] *f* <-, -n> (MED) (pústula *f* de la) viruela *f*

Pocken ['pɔkən] *fpl* (*Infektionskrankheit*) viruela *f;* **Pockenimpfung** *f* <-, -en> vacunación *f* antivariólica; **Pockennarbe** *f* <-, -n> cicatriz *f* de (la) viruela; **pockennarbig** *adj* picoso, picado de viruelas; **Pockenschutzimpfung** *f* <-, -en> *s.* **Pockenimpfung**

Pocketkamera *f* <-, -s> (FOTO) (cámara *f*) pocket *f*

Podest [po'dɛst] *m o nt* <-(e)s, -e> **1.** (*Podium*) estrado *m,* podio *m* **2.** (*reg: Treppenabsatz*) descansillo *m,* rellano *m*

Podex ['po:dɛks] *m* <-(es), -e> (*fam*) pompis *m inv,* trasero *m*

Podium ['po:diʊm] *nt* <-s, Podien> estrado *m;* **auf dem ~ saßen ...** en el estrado estaban sentados...; **Podiumsdiskussion** *f* <-, -en>, **Podiumsgespräch** *nt* <-(e)s, -e> mesa *f* redonda

Podsol *m* <-s, *ohne pl*> podzol *m*

Poesie [poe'zi:] *f* <-, *ohne pl*> poesía *f;* **Poesiealbum** *nt* <-s, -alben> álbum *m* de poesías, recordatorio *m*

Poet(in) [po'e:t] *m(f)* <-en, -en; -, -nen> poeta, -isa *m, f*

Poetik [po'e:tɪk] *f* <-, -en> poética *f*

Poetin *f* <-, -nen> *s.* **Poet**

poetisch [po'e:tɪʃ] *adj* poético

pofen *vi* (*fam*) **1.** (*schlafen*) sobar *sl;* **wo ist denn Christoph? – der poft schon** ¿dónde está Christoph? – se ha quedado frito **2.** (*unaufmerksam sein*) estar en Babia; **dass ich den Fehler nicht gesehen habe! da muss ich gepoft haben** ¡cómo no habré visto el error, en qué estaría pensando!; **die Ampel ist doch grün, Mensch, du pofst wohl** pero hombre, que el semáforo está verde, ¿es que estás en Babia?

Pogrom [po'gro:m] *m o nt* <-s, -e> pogromo *m*

Pointe ['pɔ̃ɛ̃:tə] *f* <-, -n> punto *m* culminante; (*beim Witz*) gracia *f*

Pointer ['pɔɪntɐ] *m* <-s, -> (INFOR) puntero *m,* apuntador *m*

pointieren* [pɔ̃ɛ̃ti'ji:rən] *vt* (*geh: hervorheben*) realzar, destacar, resaltar; **er pointierte bewusst die Tatsache, dass ...** hizo conscientemente hincapié en que...

pointiert [pɔ̃ɛ̃'ti:ɐt] **I.** *adj* (*geh*) agudo **II.** *adv* (*geh*) con agudeza

Poissongleichung [pwa'sɔ̃glaɪçʊŋ] *f* <-, *ohne pl*> (PHYS) ecuación *f* de Poisson

Pokal [po'ka:l] *m* <-s, -e> (*a.* SPORT) copa *f;* **aus einem ~ trinken** beber de una copa; **Pokalsieger(in)** *m(f)* <-s, -; -, -nen> (SPORT) ganador(a) *m(f)* de la copa; **Pokalspiel** *nt* <-(e)s, -e> (SPORT) partido *m* de copa

Pökelfleisch ['pø:kəl-] *nt* <-(e)s, *ohne pl*> carne *f* salada

pökeln ['pø:kəln] *vt* salar

Poker ['po:kɐ] *m o nt* <-s, *ohne pl*> póquer *m,* póker *m;* **Pokerface** [-fɛɪs] *nt* <-, -s>, **Pokergesicht** *nt* <-(e)s, -er> cara *f* de póker, rostro *m* calculador

pokern ['po:kɐn] *vi* **1.** (*Poker spielen*) jugar al póquer **2.** (*ein Risiko eingehen*) jugar(se) (*um*); **wir müssen hoch ~** tenemos que arriesgarnos

Pol [po:l] *m* <-s, -e> (*a.* PHYS, ELEK, ASTR, GEO) polo *m;* **negativer/positiver ~** polo negativo/positivo; **sie ist der ruhende ~ in der Gruppe** ella es el remanso de tranquilidad dentro del grupo

polar [po'la:ɐ] *adj* polar; **Polareis** *nt* <-es, *ohne pl*> hielo *m* polar; **Polarexpedition** *f* <-, -en> expedición *f* al Polo; **Polarforscher(in)** *m(f)* <-s, -; -, -nen> explorador(a) *m(f)* de las regiones polares; **Polarfront** *f* <-, -en> (METEO) frente *m* polar; **Polargebiet** *nt* <-(e)s, -e> región *f* polar, zona *f* polar

Polarimeter *nt* <-s, -> (PHYS) polarímetro *m*

Polarisation [polariza'tsjo:n] *f* <-, -en> (*a.* CHEM, PHYS, POL) polarización *f*

polarisieren* [polari'zi:rən] **I.** *vt* (*a.* CHEM, PHYS, POL) polarizar **II.** *vr:* **sich ~** polarizarse

Polarisierung *f* <-, -en> (*a.* CHEM, PHYS, POL) polarización *f;* **die ~ des Lichtes** la polarización de la luz; **die Diskussion führte zu einer ~ der Positionen** la discusión provocó una polarización de las opiniones

Polarität [polari'tɛ:t] *f* <-, -en> (*a.* CHEM, PHYS) polaridad *f*

Polarkreis *m* <-es, -e> círculo *m* polar; **nördlicher/südlicher ~** círculo polar ártico/antártico; **Polarlicht** *nt* <-(e)s, -er> luz *f* polar; **Polarstern** *m* <-(e)s, *ohne pl*> estrella *f* polar; **Polarzone** *f* <-, -n> zona *f* glacial [*o* polar]

Polder ['pɔldɐ] *m* <-s, -> pólder *m*

Pole, -in ['po:lə] *m, f* <-n, -n; -, -nen> polaco, -a *m, f*

Polemik [po'le:mɪk] *f* <-, -en> polémica *f*

polemisch *adj* polémico; **sich ~ äußern** hacer declaraciones controvertidas

polemisieren* [polemi'zi:rən] *vi* polemizar (*gegen* contra)

P

Polen ['poːlən] *nt* <-s> Polonia *f;* **noch ist ~ nicht verloren** todavía no se ha dicho la última palabra

Polente [po'lɛntə] *f* <-, *ohne pl*> (*fam*) poli *f,* cana *f RíoPl*

Police [po'liːs(ə)] *f* <-, -n> póliza *f* (del seguro)

Polier [po'liːɐ] *m* <-s, -e> capataz *m* (en la construcción)

polieren* [po'liːrən] *vt* pulir; (*Schuhe, Möbel*) lustrar, sacar brillo (a), abrillantar; (*Metall*) bruñir; (*Stil, Ausdruck*) pulir; **jdm die Fresse ~** (*fam*) romperle los morros a alguien, partirle la boca a alguien

Poliermittel *nt* <-s, -> (limpiador *m*) abrillantador *m;* **Poliertuch** *nt* <-(e)s, -tücher> paño *m* para sacar brillo; **Polierwachs** *nt* <-es, *ohne pl*> cera *f* de pulir

Poliklinik ['poːlikliːnɪk] *f* <-, -en> policlínico *m,* poloclínica *f*

Polin ['poːlɪn] *f* <-, -nen> *s.* **Pole**

Polio ['poːlio] *f* <-, *ohne pl*> (MED) polio *f*

Politbüro [po'liːt-] *nt* <-s, -s> politburó *m*

Politesse [poli'tɛsə] *f* <-, -n> mujer *f* policía

Political Correctness [pɔʊ'lɪtɪkəl kə'rɛktnɪs] *f* <- -, *ohne pl*> rectitud *f* política

Politik [poli'tiːk, poli'tɪk] *f* <-, *ohne pl*> política *f;* **grüne ~** política de Los Verdes; **in die ~ gehen** entrar en la política; **eine bestimmte ~ vertreten/verfolgen/betreiben** representar/seguir/practicar una política determinada

Politika *pl von* **Politikum**

Politiker(in) [po'liːtikɐ] *m(f)* <-s, -; -, -nen> político, -a *m, f*

Politikum [po'liːtikʊm, *pl:* po'liːtika] *nt* <-s, Politika> cuestión *f* política, asunto *m* político

Politikverdrossenheit *f* <-, *ohne pl*> desgana *f* política, desencanto *m* político; **Politikwissenschaft** *f* <-, *ohne pl*> ciencias *fpl* políticas

politisch [po'liːtɪʃ, po'lɪtɪʃ] *adj* político; **~er Beobachter** analista político; **~e Schulung** educación política; **ein ~ Verfolgter/~er Häftling** un perseguido/preso político; **~e Entscheidungen treffen** tomar decisiones políticas; **sich ~ engagieren** comprometerse políticamente; **jdn ~ unterstützen** apoyar la política de alguien

Politische(r) *mf* <-n, -n; -n, -n> (*fam: politischer Häftling*) preso, -a *m, f* político, -a

politisieren* [politi'ziːrən] **I.** *vi* politiquear **II.** *vt* politizar

Politisierung *f* <-, *ohne pl*> politización *f*

Politologe, -in [polito'loːgə] *m, f* <-n, -n; -, -nen> politólogo, -a *m, f,* cientista *mf* político, -a *Am*

Politologie [politolo'giː] *f* <-, *ohne pl*> ciencias *fpl* políticas

Politologin *f* <-, -nen> *s.* **Politologe**

Politur [poli'tuːɐ] *f* <-, -en> **1.** (*~schicht*) capa *f* de pulimento **2.** (*Mittel*) abrillantador *m,* pulimento *m*

Polizei [poli'tsaɪ] *f* <-, -en> policía *f;* **berittene ~** policía montada; **er ist bei der ~** es policía; **die ~ rufen** llamar a la policía; **der ist dümmer als die ~ erlaubt!** (*fam*) ¡es más tonto que donde los hacen!; **Polizeiaufgebot** *nt* <-(e)s, -e> despliegue *m* policial [*o* de fuerzas policiales]; **Polizeiaufsicht** *f* <-, *ohne pl*> vigilancia *f* policial; **Polizeibeamte(r)** *mf* <-n, -n; -n, -n>, **-beamtin** *f* <-, -nen> funcionario, -a *m, f* de policía, agente *mf* de policía; **Polizeibehörde** *f* <-, -n> jefatura *f* de policía; **Polizeibezirk** *m* <-(e)s, -e> circunscripción *f* policial; **Polizeibuße** *f* <-, -n> (*Schweiz*) multa *f;* **Polizeichef(in)** *m(f)* <-s, -s; -, -nen> jefe, -a *m, f* de policía; **Polizeidienststelle** *f* <-, -n> comisaría *f* de policía; **Polizeidirektion** *f* <-, -en> jefatura *f* de policía; **Polizeieinheit** *f* <-, -en> unidad *f* de policía; **Polizeifunk** *m* <-s, *ohne pl*> emisora *f* de la policía; **Polizeigewalt** *f* <-, *ohne pl*> fuerza *f* policial; **Polizeigriff** *m* <-(e)s, -e>: **im ~ abführen** llevar preso con las manos esposadas a la espalda; **Polizeihund** *m* <-(e)s, -e> perro *m* policía; **Polizeikette** *f* <-, -n> *s.* Polizeikordon; **Polizeikommissar(in)** *m(f)* <-s, -e; -, -nen> inspector(a) *m(f),* comisario, -a *m, f* de policía; **Polizeikordon** *m* <-s, -s, *Österr:* -e> cordón *m* policial

polizeilich **I.** *adj* policial; **ein ~es Führungszeugnis** un certificado policial **II.** *adv* por la policía; **er wird ~ überwacht** es vigilado por la policía; **das ist ~ verboten** está prohibido por la policía

Polizeiposten *m* <-s, -> (*Schweiz*) comisaría *f* de policía; **Polizeipräsenz** *f* <-, *ohne pl*> presencia *f* policial; **Polizeipräsident(in)** *m(f)* <-en, -en; -, -nen> jefe, -a *m, f* superior de la Policía; **Polizeipräsidium** *nt* <-s, -präsidien> Jefatura *f* Superior de Policía; **Polizeirat** *m* <-(e)s, -räte> comisario *m;* **Polizeirevier** *nt* <-s, -e> comisaría *f* (de policía), delegación *f Mex;* **Polizeischutz** *m* <-es, *ohne pl*> protección *f* policial; **unter ~ stehen** encontrarse bajo protección policial; **Polizeispitzel** *m* <-s, -> espía *mf* para la policía; **Polizeisprecher(in)** *m(f)* <-s, -; -, -nen> portavoz *mf* de la policía; **Polizeistaat** *m* <-(e)s, -en> estado *m* de régimen policial; **Polizeistreife** *f* <-, -n> patrulla *f* de policía; **Polizeistunde** *f* <-, -n> hora *f* de cierre; **Polizeiwache** *f* <-, -n> comisaría *f* (de policía)

Polizist(in) [poli'tsɪst] *m(f)* <-en, -en; -, -nen> policía *mf,* guardia *mf fam,* vigilante *mf CSur;* **~in im Streifendienst** policía en patrulla de servicio

Polka ['pɔlka] *f* <-, -s> (MUS) polca *f*

Polkappe *f* <-, -n> capa *f* de hielo polar

Pollen ['pɔlən] *m* <-s, -> (BOT) polen *m;* **Pollenallergie** *f* <-, -n> alergia *f* al polen

Pollenflug *m* <-(e)s, *ohne pl*> concentración *f* de polen en el aire; **starker/schwacher** ~ alta/baja concentración de polen en el aire; **Pollenflugkalender** *m* <-s, -> calendario *m* de polen en el aire; **Pollenflugvorhersage** *f* <-, -n> pronóstico *m* de la concentración de polen en el aire

Poller ['pɔlɐ] *m* <-s, -> (NAUT) bolardo *m*, noray *m*

Pollination *f* <-, -en> (BOT) polinación *f*

Pollinosis *f* <-, *ohne pl*> (MED) polinosis *f inv*

Pollution [pɔlu'tsjo:n] *f* <-, -en> (*geh*) polución *f*

polnisch ['pɔlnɪʃ] *adj* polaco

Polnisch *nt* <-(s), *ohne pl*>, **Polnische** *nt* <-n, *ohne pl*> polaco *m*; **sprechen Sie ~?** ¿habla (usted) polaco?

Polo ['po:lo] *nt* <-s, *ohne pl*> (SPORT) polo *m*; **Polohemd** *nt* <-(e)s, -en> polo *m*

Polonaise *f* <-, -n>, **Polonäse** [polo'nɛ:zə] *f* <-, -n> polonesa *f* (*baile o juego en el que, con las manos en la cintura o encima de los hombros de la persona de delante, se forma una fila que recorre la casa*)

Polonium [po'lo:niʊm] *nt* <-s, *ohne pl*> (CHEM) polonio *m*

Polpaar *nt* <-(e)s, -e> (CHEM) par *m* polar

Polster ['pɔlstɐ] *nt* <-s, -> **1.** (*Kissen*) colchón *m*; **sich in die ~ zurückfallen lassen** tirarse sobre el colchón **2.** (*in Kleidung*) hombrera *f* **3.** (*Rücklage*) reserva *f*; **ein finanzielles ~** ahorros *mpl*

Polsterer, **-in** *m, f* <-s, -; -, -nen> tapicero, -a *m, f*

Polstergarnitur *f* <-, -en> tresillo *m*

Polsterin *f* <-, -nen> *s.* **Polsterer**

Polstermöbel *nt* <-s, -> mueble *m* tapizado

polstern ['pɔlstɐn] *vt* **1.** (*beziehen*) tapizar **2.** (*ausstopfen*) acolchar

Polstersessel *m* <-s, -> sillón *m* (tapizado)

Polsterung *f* <-, -en> **1.** (*das Polstern*) acolchado *m* **2.** (*Polster*) colchón *m*

Polterabend *m* <-s, -e> ≈despedida *f* de solteros (*fiesta anterior a la boda en la que se rompe vajilla contra el suelo para ahuyentar las malas influencias*); **Poltergeist** *m* <-(e)s, -er> ≈trasgo *m* (*ser fantástico que se manifiesta a través de golpes y rotura de objetos*)

poltern ['pɔltɐn] *vi* **1.** (*lärmen*) alborotar, hacer ruido; **jemand poltert an der Haustür** hay alguien dando golpes en la puerta **2.** *sein* (*sich bewegen*) moverse con ruido; (*fallen*) caerse con estrépito **3.** (*schimpfen*) gritar, vociferar **4.** (*fam: Polterabend feiern*) celebrar la despedida de solteros

Polyamid [polya'mi:t] *nt* <-(e)s, -e> (CHEM, TECH) poliamida *f*

Polyäthylen [polyɛty'le:n] *nt* <-s, -e> (CHEM, TECH) polietileno *m*

Polyester [poly'ɛstɐ] *m* <-s, -> (CHEM, TECH) poliéster *m*

Polyfonie[RR] *f* <-, *ohne pl*> *s.* **Polyphonie**

polygam [poly'ga:m] *adj* (*a.* BOT) polígamo

Polygamie [polyga'mi:] *f* <-, *ohne pl*> (*a.* BOT) poligamia *f*

polyglott [poly'glɔt] *adj* políglota

Polykondensatkunststoff *m* <-(e)s, -e> plástico *m* de policondensado

Polymer [poly'me:ɐ] *nt* <-s, -e> (CHEM) polímero *m*

Polymerisationsstufe *f* <-, -n> (CHEM) grado *m* de polimerización

Polymerisierung [polymeri'zi:rʊŋ] *f* <-, -en> polimerización *f*

Polymorphie *f* <-, *ohne pl*> polimorfía *f*

Polyp [po'ly:p] *m* <-en, -en> **1.** (BIOL, MED) pólipo *m* **2.** (*fam: Polizist*) polizonte *mf*

polyphag *adj* (BIOL) polífago

Polyphonie [polyfo'ni:] *f* <-, *ohne pl*> (MUS) polifonía *f*

Polypol *nt* <-s, -e> (WIRTSCH) polipolio *m*

polysaprob *adj* polisaprobio

Polysemie [polyze'mi:] *f* <-, *ohne pl*> (LING) polisemia *f*

Polytechnikum [poly'tɛçnikʊm, *pl:* poly'tɛçnika] *nt* <-s, -technika> Escuela *f* Superior de Ingeniería [*o* Politécnica]

Polytheismus [polyte'ɪsmʊs] *m* <-, *ohne pl*> (REL) politeísmo *m*

Polyurethan [polyure'ta:n] *nt* <-s, -e> (CHEM) poliuretano *m*

Polyvinylchlorid [polyvi'ny:lklori:t] *nt* <-(e)s, -e> (CHEM) polivinilcloruro *m*, cloruro *m* de polivinilo

Pomade [po'ma:də] *f* <-, -n> pomada *f* para el pelo, gomina *f*

Pomeranze [pomə'rantsə] *f* <-, -n> **1.** (*Baum*) naranjo *m* amargo **2.** (*Frucht*) naranja *f* agria

Pommern ['pɔmɐn] *nt* <-s> Pomerania *f*

Pommes ['pɔməs] *pl* (*fam*), **Pommes frites** [pɔm'frɪt] *pl* patatas *fpl* fritas

Pomp [pɔmp] *m* <-(e)s, *ohne pl*> pompa *f*

Pompeji *nt* <-s> Pompeya *f*

Pompom [pɔ̃:'pɔ̃:, pɔm'pɔ̃] *m* <-s, -s> pompón *m*

pompös [pɔm'pø:s] *adj* pomposo, ostentoso

Poncho ['pɔntʃo] *m* <-s, -s> poncho *m*, sarape *m Mex*

Pontifikat [pɔntifi'ka:t] *m o nt* <-(e)s, -e> (REL) pontificado *m*

Pontius ['pɔntsiʊs]: **von ~ zu Pilatus laufen** (*fam*) andar de la ceca a la Meca; **jdn von ~ zu Pilatus schicken** mandar a alguien de un sitio a otro

Ponton [pɔn'tõ:] *m* <-s, -s> (NAUT, MIL) pontón *m*; **Pontonbrücke** *f* <-, -n> puente *m* flotante [*o* de pontones]

Pony[1] ['pɔni] *nt* <-s, -s> (*Pferd*) poney *m*

Pony[2] ['pɔni] *m* <-s, -s> (*Frisur*) flequillo *m*; **du hast wohl eine Meise unterm ~!** (*fam*) ¡debes tener un tornillo suelto!

Pool [pu:l] *m* <-s, -s> **1.** (*Schwimmbad*) piscina *f* **2.** (WIRTSCH) pool *m*, grupo *m*; **Poolbillard** *nt* <-s, *ohne pl*> billar *m*

Pop [pɔp] *m* <-(s), *ohne pl*> (música *f*) pop

m

Popanz ['po:pants] *m* <-es, -e> (*abw*) **1.** (*zur Einschüchterung*) espantajo *m* **2.** (*Person*) títere *m*

Pop-ArtRR ['pɔpʔa:ɐt] *f* <-, *ohne pl*> pop-art *m*

Popcorn ['pɔpkɔrn] *nt* <-s, *ohne pl*> palomitas *fpl* (de maíz), pororó *m CSur*

Pope ['po:pə] *m* <-n, -n> pope *m*

Popel ['po:pəl] *m* <-s, -> (*fam*) moco *m* (seco)

popelig *adj* (*fam*) **1.** (*armselig*) mísero, pobre **2.** (*gewöhnlich*) normal y corriente; **so viel Aufhebens wegen diesem ~en Kerl** tanto alboroto por un tipo tan corriente y moliente

Popelin [popə'li:n] *m* <-s, -e> popelín *m*, popelina *f*

popeln ['po:pəln] *vi* (*fam*) hurgarse; **in der Nase ~** hurgarse en la nariz

Popfestival *nt* <-s, -s> festival *m* (de) pop; **Popgruppe** *f* <-, -n> grupo *m* (de) pop, banda *f* (de) pop

Popmusik ['pɔpmuzi:k] *f* <-, *ohne pl*> música *f* pop

Popo [po'po:, '--] *m* <-s, -s> (*fam*) trasero *m*

Popper(in) ['pɔpɐ] *m(f)* <-s, -; -, -nen> pijo, -a *m, f*

poppig ['pɔpɪç] *adj* (*fam*) pop

Popsänger(in) *m(f)* <-s, -; -, -nen> cantante *mf* (de) pop; **Popstar** *m* <-s, -s> estrella *f* del pop; **Popszene** *f* <-, *ohne pl*> mundillo *m* del pop

populär [popu'lɛ:ɐ] *adj* popular

popularisieren* [populari'zi:rən] *vt* popularizar

Popularität [populari'tɛ:t] *f* <-, *ohne pl*> popularidad *f*

populärwissenschaftlich *adj* de divulgación, pseudocientífico

Population [popula'tsjo:n] *f* <-, -en> (BIOL) población *f*

Populismus [pɔpu'lɪsmʊs] *m* <-, *ohne pl*> **1.** (POL) populismo *m* **2.** (LIT) popularismo *m*

Populist(in) [popu'lɪst] *m(f)* <-en, -en; -, -nen> (POL) populista *mf*

populistisch *adj* (POL) populista; **mit ~en Parolen** con consignas populistas

Pore ['po:rə] *f* <-, -n> poro *m*; **aus allen ~n schwitzen** sudar a chorros; **aus allen ~n stinken** apestar a sudor

Porno ['pɔrno] *m* <-s, -s> (*fam: ~film*) película *f* porno; (*~roman*) novela *f* porno; **Pornofilm** *m* <-(e)s, -e> película *f* porno(gráfica)

PornografieRR [pɔrnogra'fi:] *f* <-, *ohne pl*> pornografía *f*

pornografischRR [pɔrno'gra:fɪʃ] *adj* pornográfico

Pornographie *f* <-, *ohne pl*> *s.* **Pornografie**

pornographisch *adj s.* **pornografisch**

porös [po'rø:s] *adj* poroso

Porosität [porozi'tɛ:t] *f* <-, *ohne pl*> porosidad *f*

Porphyr ['pɔrfy:ɐ, -'-] *m* <-s, -e> (GEO) pórfido *m*

porphyrisch [pɔr'fy:rɪʃ] *adj* (GEO) porfídico

Porree ['pɔre] *m* <-s, -s> puerro *m*

Port *m* <-s, -s> (INFOR, TEL) puerto *m*

Portabilität *f* <-, *ohne pl*> (INFOR) portabilidad *f*

Portable ['pɔrtəbəl] *m o nt* <-s, -s> (*Fernseher*) televisor *m* portátil; (*Radio*) radio *f* portátil

Portal [pɔr'ta:l] *nt* <-s, -e> portal *m*

Portefeuille [pɔrt(ə)'fø:j] *nt* <-s, -s> (POL) cartera *f*; (WIRTSCH) cartera *f* de valores; **Ministerin ohne ~** ministra sin cartera; **Portefeuille-Effekten** *pl* (FIN) valores *mpl* y títulos en cartera

Portemonnaie [pɔrtmɔ'ne:] *nt* <-s, -s> *s.* **Portmonee**

Porti ['pɔrti] *pl von* **Porto**

Portier [pɔr'tje:] *m* <-s, -s> portero *m*

portieren* [pɔr'ti:rən] *vt* **1.** (*Schweiz*) proponer como candidato **2.** (INFOR) transferir

Portion [pɔr'tsjo:n] *f* <-, -en> ración *f*; **eine halbe ~** (*fam*) poquita cosa; **eine ~ Sahne** una porción de nata; **eine gute ~ Neugier** una buena dosis de curiosidad

PortmoneeRR [pɔrtmɔ'ne:] *nt* <-s, -s> monedero *m*, portamonedas *m inv Chil, Ven*

Porto ['pɔrto] *nt* <-s, -s *o* Porti> franqueo *m*; (*Versandkosten*) gastos *mpl* de envío; **portofrei** *adj* exento de franqueo; **Portokasse** *f* <-, -n> caja *f* menor; **portopflichtig** *adj* sujeto a franqueo

Porträt [pɔr'trɛ:] *nt* <-s, -s> retrato *m*; **Porträtaufnahme** *f* <-, -n> (FOTO) retrato *m* (de medio cuerpo)

porträtieren* [pɔrtrɛ'ti:rən] *vt* retratar, hacer un retrato (de)

Porträtist(in) *m(f)* <-en, -en; -, -nen> (KUNST, FOTO) retratista *mf*

Porträtmaler(in) *m(f)* <-s, -; -, -nen> (KUNST) retratista *mf*

Portugal ['pɔrtugal] *nt* <-s> Portugal *m*

Portugiese, -in [pɔrtu'gi:zə] *m, f* <-n, -n; -, -nen> portugués, -esa *m, f*

portugiesisch *adj* portugués

Portugiesisch *nt* <-(s), *ohne pl*>, **Portugiesische** *nt* <-n, *ohne pl*> portugués *m*; **einen Text ins ~e übersetzen** traducir un texto al portugués; **wie gut sind Sie im ~en?** ¿qué nivel de portugués tiene usted?

Portwein ['pɔrtvaɪn] *m* <-(e)s, -e> (vino *m* de) Oporto *m*

Porzellan [pɔrtsɛ'la:n] *nt* <-s, -e> porcelana *f*; **er hat mit seinem losen Mundwerk schon viel ~ zerschlagen** (*fam*) ya hizo mucho daño con su chismorreo; **Porzellangeschirr** *nt* <-s, *ohne pl*> vajilla *f* de porcelana; **Porzellanladen** *m* <-s, -läden> tienda *f* de porcelana; **er benimmt sich wie ein Elefant im ~** (*fam*) se comporta como un elefante en una cacharrería; **Porzellanmanu-**

faktur *f* <-, -en> manufactura *f* de porcelana; **Porzellanschale** *f* <-, -n> fuente *f* de porcelana; **Porzellantiegel** *m* <-s, -> crisol *m* de porcelana

Posaune [po'zaʊnə] *f* <-, -n> trombón *m;* ~ **spielen** [*o* **blasen**] tocar el trombón

posaunen* **I.** *vi* **1.** (*Posaune blasen*) tocar el trombón; **was, du bist Musiker? – ja, ich posaune im Orchester der Philharmonie** ¡anda!, ¿eres músico? – sí, toco el trombón en la Orquesta Filarmónica **2.** (*fam: reden*): **von etw** *dat* ~ pregonar algo **II.** *vt* (*fam: aus~*) pregonar; **etw überallhin** ~ proclamar algo a los cuatro vientos

Posaunenbläser(in) *m(f)* <-s, -; -, -nen> trombón *mf;* **an jedem Adventssonntag spielen ~ vom Kirchturm** todos los domingos de Adviento los trombones tocan desde la torre de la iglesia

Posaunist(in) [pozaʊ'nɪst] *m(f)* <-en, -en; -, -nen> trombón *mf*

Pose ['po:zə] *f* <-, -n> pose *f,* postura *f;* **sich in ~ werfen** ponerse en pose; **das ist bei ihm nur** ~ sólo es una pose suya

posieren* [po'zi:rən] *vi* posar

Position [pozi'tsjo:n] *f* <-, -en> **1.** (*Standpunkt, Lage*) posición *f;* **eine bestimmte ~ vertreten/beziehen** defender/tomar una determinada posición; **auf einer ~ beharren** mantener una posición **2.** (*im Beruf*) puesto *m,* cargo *m* **3.** (WIRTSCH) partida *f;* **Positionslicht** *nt* <-(e)s, -er> (AERO, NAUT) luz *f* de posición [*o* de situación]

positiv ['po:ziti:f] *adj* (*a.* PHYS, MATH, FOTO) positivo; ~ **zu etw stehen** tener una actitud positiva con respecto a algo; **sich auf etw ~ auswirken** tener efectos positivos sobre algo; **du hast dich ~ verändert** has dado un cambio para mejor; **ein ~er Befund** (MED) un resultado positivo

Positiv¹ ['po:ziti:f] *m* <-s, -e> (LING) positivo *m*

Positiv² *nt* <-s, -e> (FOTO) positivo *m*

Positur [pozi'tu:ɐ] *f* <-, -en> postura *f;* **sich in ~ setzen** [*o* **werfen**] (*fam*) adoptar una postura afectada

Posse ['pɔsə] *f* <-, -n> farsa *f*

possenhaft *adj* cómico

Possessiva *pl von* **Possessivum**

Possessivpronomen ['pɔsɛsi:f-, pɔsɛ'si:f-] *nt* <-s, – *o* -pronomina> (LING), **Possessivum** [pɔsɛ'si:vʊm, *pl:* pɔsɛ'si:va] *nt* <-s, Possessiva> (LING) pronombre *m* posesivo

possessorisch *adj* (JUR) posesorio

possierlich [pɔ'si:ɐlɪç] *adj* mono, gracioso

Post [pɔst] *f* <-, *ohne pl*> **1.** (*Institution*) Correos *mpl;* (*Postamt*) (oficina *f* de) Correos *mpl;* **die ~ ist von 8 bis 18 Uhr geöffnet** Correos está abierto de 8 a 18 horas; **einen Brief auf die ~ bringen** echar una carta en Correos; **Geld auf der ~ einzahlen** hacer un pago en Correos; **Pakete bei der ~ abholen** recoger paquetes en Correos; **ich muss noch zur ~** aún tengo que ir a Correos; **sie arbeitet** [*o* **ist**] **bei der ~** trabaja en Correos; **etw mit der ~ verschicken** mandar algo por correo; **eine Zeitung durch die ~ beziehen** abonar un periódico por correo **2.** (*Sendung*) correo *m;* **elektronische** ~ correo electrónico; **die ~ öffnen/durchsehen** abrir/mirar el correo; **die ~ erledigen/beantworten** despachar/contestar el correo; **war die ~ schon da?** (*fam*) ¿ya ha llegado el correo?; **die ~ austragen** repartir el correo; **mit getrennter** ~ en correo aparte, por correo separado; **mit gleicher** ~ con el mismo envío; **hier geht die ~ ab** (*fam*) esto es de locura

postalisch [pɔs'ta:lɪʃ] *adj* postal

Postamt *nt* <-(e)s, -ämter> (oficina *f* de) Correos *mpl;* **Postanweisung** *f* <-, -en> **1.** (*Geldsendung*) giro *m* postal **2.** (*Formular*) formulario *m* para un giro postal; **Postausgang** *m* <-(e)s, -gänge> correspondencia *f* de salida; **Postauto** *nt* <-s, -s> coche *m* de correos; **Postbank** *f* <-, -en> ≈Caja *f* Postal; **Postbarscheck** *m* <-s, -s> cheque *m* postal en efectivo; **Postbeamte(r)** *mf* <-n, -n; -n, -n>, **-beamtin** *f* <-, -nen> funcionario, -a *m, f* postal [*o* de Correos]; **Postbezug** *m* <-(e)s, -züge> (*formal*) adquisición *f* por la oficina de Correos; **Postbote, -in** *m, f* <-n, -n; -, -nen> cartero, -a *m, f*

Postdienst¹ *m* <-(e)s, *ohne pl*> servicio *m* postal, servicio *m* de Correos

Postdienst² *m* <-(e)s, -e> servicio *m* postal

Posteingang *m* <-(e)s, -gänge> correspondencia *f* de entrada

posten ['pɔstən] **I.** *vt* (*Schweiz: einkaufen*) comprar **II.** *vi* (*Schweiz: Botengänge machen*) hacer recados

Posten ['pɔstən] *m* <-s, -> **1.** (*Stellung*) puesto *m,* empleo *m;* (*Amt*) cargo *m;* **einen ruhigen ~ haben** (*fam*) tener un empleo tranquilo **2.** (MIL) puesto *m;* **nicht auf dem ~ sein** (*fam*) no estar bien de salud; **auf verlorenem ~ stehen** [*o* **kämpfen**] luchar por una causa perdida **3.** (*Person*) guardia *mf;* (MIL) centinela *f* **4.** (*Warenmenge*) lote *m;* **einen ~ belasten/gutschreiben** gravar/abonar una partida; **einen ~ nachtragen/stornieren** añadir/anular una partida; **einen ~ umbuchen** cambiar la reserva de una partida por otra **5.** (*Einzel~*) partida *f;* **die Liste ~ für ~ durchgehen** revisar la lista partida por partida; **postenweise** *adv* por partidas, en partidas

Poster ['po:stɐ] *nt* <-s, -(s)> póster *m*

Postfach *nt* <-(e)s, -fächer> apartado *m* de Correos, apartado *m* postal, casilla *f* (de correo) *Am,* box *m ZAm;* **postfertig** *adj* listo para enviar por correo; **Postgeheimnis** *nt* <-ses, *ohne pl*> (JUR) secreto *m* postal; **das ~ wahren** guardar el secreto postal

Postgiroamt *nt* <-(e)s, -ämter> oficina *f* de cuentas corrientes postales; **Postgirokonto** *nt* <-s, -konten> cuenta *f* corriente

P

postal

postglazial *adj* (GEO) pos(t)glaciar, pos(t)glacial

posthum [pɔst'huːm] *adj* póstumo; **etw ~ veröffentlichen** publicar algo póstumamente

postieren* [pɔs'tiːrən] *vt* colocar; (MIL) apostar

Postkarte *f* <-, -n> (tarjeta *f*) postal *f*; **~n aus dem Urlaub verschicken** mandar tarjetas postales de las vacaciones; **Postkasten** *m* <-s, -kästen> (*reg*) buzón *m*; **Postkutsche** *f* <-, -n> diligencia *f*; **postlagernd** *adj* a [*o* en] lista de Correos; **Postleitzahl** *f* <-, -en> código *m* postal

Postler(in) *m(f)* <-s, -; -, -nen> (*fam*), **Pöstler(in)** ['pœstlɐ] *m(f)* <-s, -; -, -nen> (*Schweiz*) empleado, -a *m, f* de Correos

postmodern [pɔstmo'dɛrn] *adj* posmoderno; **Postmoderne** [pɔstmo'dɛrnə] *f* <-, *ohne pl*> posmodernidad *f*

Postnachnahmesendung *f* <-, -en> envío *m* contra reembolso

postnumerando *adv* (WIRTSCH): **~ zahlen** abonar después de la entrega; **~ zahlbar** a abonar después de la entrega

Postpaket *nt* <-(e)s, -e> paquete *m* postal; **Postsack** *m* <-(e)s, -säcke> saca *f* del correo [*o* de la correspondencia]; **Postschalter** *m* <-s, -> ventanilla *f* de Correos, mostrador *m* de Correos

Postscheck *m* <-s, -s> cheque *m* postal; **Postscheckamt** *nt* <-(e)s, -ämter> (*alt*) *s.* Postgiroamt; **Postscheckkonto** *nt* <-s, -konten> (*alt*) *s.* **Postgirokonto**

Postscriptfile ['pɔʊsskrɪptfaɪl] *nt* <-s, -s> (INFOR) archivo *m* post scriptum

Postsendung *f* <-, -en> envío *m* postal

Postskript [pɔst'skrɪpt] *nt* <-(e)s, -e>, **Postskriptum** *nt* <-s, -skripta> pos(t)data *f*

Postsortieranlage *f* <-, -n> instalación *f* clasificadora de correo; **Postsparbuch** *nt* <-(e)s, -bücher> cartilla *f* de una caja postal de ahorros; **Postsparkasse** *f* <-, -n> Caja *f* Postal de Ahorros; **Poststelle** *f* <-, -n> oficina *f* de Correos; **Poststempel** *m* <-s, -> matasellos *m inv*; **es gilt das Datum des ~s** valida la fecha del matasellos; **Postüberweisung** *f* <-, -en> giro *m* postal

Postulat [pɔstu'laːt] *nt* <-(e)s, -e> postulado *m*

postulieren* [pɔstu'liːrən] *vt* postular

postum [pɔs'tuːm] *adj s.* **posthum**

Postverkehr *m* <-(e)s, *ohne pl*> servicio *m* postal; **Postvermerk** *m* <-(e)s, -e> observación *f* del servicio postal; **Postvertriebsstück** *nt* <-(e)s, -e> (*formal*) mercancía *f* comercializada por el correo; **Postweg** *m* <-(e)s, *ohne pl*> transporte *m* por correo; **etw auf dem ~ verschicken** enviar algo por correo; **postwendend** *adv* a vuelta de correo; **er antwortete ~** contestó a vuelta de correo; **Postwertzeichen** *nt* <-s, -> sello *m* (de Correos), estampilla *f Am*; **Postwesen** *nt* <-s, *ohne pl*> (administración *f* de) Correos *m inv*; (*Postdienst*) servicio *m* de Correos; **Postwurfsendung** *f* <-, -en> envío *m* colectivo; **postzugelassen** *adj* apto para la correspondencia postal; **Postzustellung** *f* <-, -en> reparto *m* de correo, reparto *m* de correspondencia

potent [po'tɛnt] *adj* potente

Potentat(in) [potɛn'taːt] *m(f)* <-en, -en; -, -nen> (*geh*) potentado, -a *m, f*

Potential [potɛn'tsjaːl] *nt* <-s, -e> *s.* Potenzial; **Potentialkurve** *f* <-, -n> *s.* Potenzialkurve; **Potentialsprung** *m* <-(e)s, -sprünge> *s.* **Potenzialsprung**

potentiell [potɛn'tsjɛl] *adj s.* **potenziell**

Potenz[1] [po'tɛnts] *f* <-, *ohne pl*> (*Zeugungsfähigkeit*) facultad *f* procreadora

Potenz[2] *f* <-, -en> **1.** (*Stärke*) potencia *f* **2.** (MATH) potencia *f*; **zweite/dritte ~** al cuadrado/al cubo; **eine Zahl in die zweite ~ erheben** elevar un número a la segunda potencia; **Schwachsinn in höchster ~** (*fam*) estupidez elevada a la máxima potencia

Potenzial[RR] [potɛn'tsjaːl] *nt* <-s, -e> (*a.* PHYS) potencial *m*; **Potenzialkurve**[RR] *f* <-, -n> (CHEM) curva *f* de potencial; **Potenzialsprung**[RR] *m* <-(e)s, -sprünge> (CHEM) salto *m* del potencial

potenziell[RR] [potɛn'tsjɛl] *adj* potencial; **~e Energie** energía potencial; **~er Käufer** comprador en potencia; **der ist ~ gefährlich** puede ser peligroso

potenzieren* [potɛn'tsiːrən] *vt* **1.** (*steigern*) multiplicar, incrementar **2.** (MATH) elevar a una potencia

Potenzstörung *f* <-, -en> (MED) fallo *m* de la potencia

Potpourri ['pɔtpʊri] *nt* <-s, -s> popurrí *m*

Potsdam ['pɔtsdam] *nt* <-s> Potsdam *m*

Pott [pɔt, *pl:* 'pœtə] *m* <-(e)s, Pötte> (*nordd: fam*) **1.** (*Topf*) olla *f* **2.** (*Schiff*) vapor *m*

Pottasche ['pɔtʔaʃə] *f* <-, *ohne pl*> carbonato *m* potásico

potthässlich[RR] ['pɔt'hɛslɪç] *adj* (*fam*) más feo que Picio [*o* el diablo]

Pottwal ['pɔtvaːl] *m* <-(e)s, -e> cachalote *m*

Poulet [pu'leː] *nt* <-s, -s> (*Schweiz*) pollo *m*, gallina *f*

Power ['paʊɐ] *f* <-, *ohne pl*> (*fam*) potencia *f*, fuerza *f*

powern ['paʊɐn] **I.** *vi* (*fam: Stärke entfalten*) dar gas **II.** *vt* (*fam: fördern*) apoyar

Powerprozessor *m* <-s, -en> (INFOR) procesador *m*

Powidl *m* <-s, -> mermelada *f* de ciruela

pp. 1. *Abk. von* **perge, perge** etc. **2.** *Abk. von* **per procura** p.p.

ppa. *Abk. von* **per procura** p.p.

PPP (INFOR, TEL) *Abk. von* **Point-to-Point-Protocol** PPP

PR *f* <-, *ohne pl*> *Abk. von* **Publicrelations**

RR.PP.
Präambel [prɛ'ambəl] *f* <-, -n> preámbulo *m* (*zu* a)
PR-Abteilung [peː'ʔɛr-] *f* <-, -en> departamento *m* de relaciones públicas
Pracht [praxt] *f* <-, *ohne pl*> (*Glanz*) esplendor *m;* (*Prunk*) pompa *f,* lujo *m;* **der Hofstaat in seiner vollen ~** la corte con toda su pompa; **das ist eine wahre ~** (*fam*) es excelente; **Prachtausgabe** *f* <-, -n> edición *f* de lujo; **Prachtexemplar** *nt* <-s, -e> (*fam: Tier, Gegenstand*) magnífico ejemplar *m,* pieza *f* única; (*Mensch*) buen mozo *m,* buena moza *f*
prächtig ['prɛçtɪç] *adj* **1.** (*prunkvoll*) ostentoso, lujoso **2.** (*großartig*) maravilloso, magnífico; **wir verstehen uns ~** nos entendemos de maravilla
Prachtkerl *m* <-(e)s, -e> (*fam*) tío *m* estupendo; **Prachtstück** *nt* <-(e)s, -e> (*fam*) ejemplar *m* magnífico; **prachtvoll** *adj* ostentoso, lujoso; **Prachtweib** *nt* <-(e)s, -er> (*fam: wunderbare Frau*) joya *f* (de mujer); (*Schönheit*) belleza *f* (de mujer)
prädestinieren* [prɛdɛsti'niːrən] *vt* (*geh*) predestinar (*zu* a); **sie ist für die Aufgabe prädestiniert** el trabajo le queda a la medida
Prädikat [prɛdi'kaːt] *nt* <-(e)s, -e> **1.** (*Bewertung*) calificación *f;* **die Arbeit wurde mit dem ~ „sehr gut" beurteilt** el trabajo fue calificado con la nota de "sobresaliente" **2.** (LING, PHILOS) predicado *m*
prädikativ [prɛdika'tiːf] *adj* (LING) predicativo
Prädikatsnomen *nt* <-s, -nomina *o* -> (GRAM) complemento *m*
Präfekt [prɛ'fɛkt] *m* <-en, -en> **1.** (HIST: *Zivil-/Militärbeamter*) prefecto *m* **2.** (ADMIN: *Verwaltungsbeamter*) gobernador *m* (civil); (*in Frankreich und Italien*) prefecto *m*
Präfektur [prɛfɛk'tuːr] *f* <-, -en> Gobierno *m* Civil; (*in Frankreich und Italien*) prefectura *f*
Präferenz [prɛfe'rɛnts] *f* <-, -en> preferencia *f* (*für* por); **Präferenzspanne** *f* <-, -n> (WIRTSCH) margen *m* preferencial
Präfix ['prɛːfɪks, prɛ'fɪks] *nt* <-es, -e> (LING) prefijo *m*
Prag [praːk] *nt* <-s> Praga *f*
prägen ['prɛːgən] *vt* **1.** (*Münzen, Begriff*) acuñar **2.** (*Metall, Leder*) repujar; (*Papier*) gofrar, grabar en relieve; **etw prägt sich jdm ins Gedächtnis** algo se le graba a alguien en la memoria **3.** (*beeinflussen*) caracterizar; **sein Schicksal hat ihn geprägt** su destino lo ha marcado
Pragmatik [pra'gmaːtɪk] *f* <-, *ohne pl*> (LING) pragmática *f*
Pragmatiker(in) [pra'gmaːtikɐ] *m(f)* <-s, -; -, -nen> pragmático, -a *m, f*
pragmatisch *adj* (*a.* LING) pragmático
Pragmatismus [pragma'tɪsmʊs] *m* <-, *ohne pl*> (PHILOS) pragmatismo *m*
prägnant [prɛ'gnant] *adj* (*knapp*) conciso; (*genau*) preciso; **sich ~ ausdrücken** expresarse con exactitud
Prägnanz [prɛ'gnants] *f* <-, *ohne pl*> (*Knappheit*) concisión *f;* (*Genauigkeit*) precisión *f*
Prägung *f* <-, -en> **1.** (*von Münzen*) acuñación *f;* (*von Leder, Metall*) repujado *m* **2.** (*eingeprägtes Bild*) relieve *m;* (*Stempel*) sello *m* en seco **3.** (*Art*) carácter *m;* **der Parlamentarismus westlicher ~** el parlamentarismo de carácter occidental
prähistorisch ['prɛːhɪstoːrɪʃ, prɛhɪs'toːrɪʃ] *adj* prehistórico
prahlen ['praːlən] *vi* jactarse (*mit* de), vanagloriarse (*mit* de)
Prahler(in) *m(f)* <-s, -; -, -nen> farolero, -a *m, f,* fanfarrón, -ona *m, f,* chévere *mf Am*
Prahlerei *f* <-, -en> (*abw*) **1.** (*das Prahlen*) presunción *f,* jactancia *f* **2.** (*Äußerung*) farol *m,* fanfarronada *f,* bluff *m Am,* echada *f Mex*
Prahlerin *f* <-, -nen> *s.* **Prahler**
prahlerisch *adj* fanfarrón
Prahlhans ['praːlhans, *pl:* -hɛnzə] *m* <-es, -hänse> (*fam*) fanfarrón *m,* farolero *m,* perdonavidas *m inv*
präkolumbinisch ['prɛːkolʊmbiːnɪʃ, prɛkolʊm'biːnɪʃ] *adj* (KUNST, HIST) precolombino
Praktik ['praktɪk] *f* <-, -en> práctica *f,* método *m;* **undurchsichtige ~en** métodos poco claros
Praktika *pl von* **Praktikum**
praktikabel [prakti'kaːbəl] *adj* factible, practicable
Praktikant(in) [prakti'kant] *m(f)* <-en, -en; -, -nen> persona *f* en período de prácticas
Praktiker(in) ['praktikɐ] *m(f)* <-s, -; -, -nen> persona *f* práctica
Praktikum ['praktikʊm, *pl:* 'praktika] *nt* <-s, Praktika> (período *m* de) prácticas *fpl;* **ein ~ absolvieren** hacer unas prácticas
praktisch ['praktɪʃ] *adj* práctico; **~er Arzt** médico de medicina general; **~es Jahr** año de prácticas; **sie ist ein sehr ~er Mensch** es una persona muy práctica; **er ist ~ veranlagt** tiene un carácter muy práctico
praktizieren* [prakti'tsiːrən] **I.** *vi* trabajar (*als* como); **~der Arzt** médico en ejercicio **II.** *vt* **1.** (*durchführen*) poner en práctica, llevar a la práctica **2.** (*fam: irgendwohin bringen*) introducir, llevar
Prälat [prɛ'laːt] *m* <-en, -en> (REL) prelado *m*
Praline [pra'liːnə] *f* <-, -n>, **Pralinee** [prali'neː] *nt* <-s, -s> (*Österr, Schweiz*) bombón *m*
prall [pral] *adj* (*voll*) atestado, repleto, atiborrado *fam;* (*Ballon*) henchido; (*Körperteil*) fuerte, gordito; **eine ~ gefüllte Brieftasche** una billetera repleta; **das ~e Leben** el bullicio; **in der ~en Sonne** a pleno sol; **etw ~ aufblasen** inflar algo al máximo
prallen ['pralən] *vi* **1.** *sein* (*anstoßen*) chocar (*gegen/an/auf* contra), pegar (*gegen/an/auf* contra) **2.** (*Sonne*) pegar, atizar

P

Prallhang *m* <-(e)s, -hänge> (GEO) pendiente *f* socavada

prallvoll ['-'-] *adj* (*fam*) rebosante, atiborrado

Präludium [prɛ'luːdiʊm] *nt* <-s, Präludien> (MUS) preludio *m*

Prämie ['prɛːmjə] *f* <-, -n> **1.** (*Vergütung*) premio *m;* (*Belohnung*) recompensa *f* **2.** (*bei Banken*) prima *f* **3.** (*Versicherungsbeitrag*) cuota *f;* **Prämienanleihe** *f* <-, -n> (FIN) empréstito *m* con prima; **prämienbegünstigt** *adj* (FIN): **~es Sparen** ahorro (favorecido) por primas; **Prämiengeschäft** *nt* <-(e)s, -e> (FIN) operación *f* con prima; **doppeltes ~** operación a doble prima; **einfaches ~** operación a prima ordinaria; **Prämienlohn** *m* <-(e)s, -löhne> (WIRTSCH) incentivos *mpl* (salariales); **Prämienpfandbrief** *m* <-(e)s, -e> (FIN) cédula *f* hipotecaria con primas, obligación *f* hipotecaria con primas; **Prämiensparen** *nt* <-s, *ohne pl*> ahorro *m* con prima; **Prämienstaffelung** *f* <-, -en> clasificación *f* de primas; **Prämienzeitlohn** *m* <-(e)s, -löhne> (WIRTSCH) incentivos *mpl* (salariales) por unidad de tiempo trabajada

präm(i)ieren* [prɛ'miːrən, prɛmi'iːrən] *vt* premiar

Präm(i)ierung *f* <-, -en> (*das Prämieren*) adjudicación *f* de premios [*o* de galardones]; (*Preisverteilung*) entrega *f* de premios, reparto *m* de premios

Prämisse [prɛ'mɪsə] *f* <-, -n> premisa *f;* **nur unter der ~, dass ...** sólo con la condición de que... *+subj*

pränatal [prɛna'taːl] *adj* (MED) prenatal

prangen ['praŋən] *vi* llamar la atención, saltar a la vista; **auf dem Portal prangte eine goldene Inschrift** en la puerta resaltaba un letrero dorado

Pranger ['praŋɐ] *m* <-s, -> picota *f;* **jdn an den ~ stellen** poner a alguien en la picota; **am ~ stehen** estar en la picota

Pranke ['praŋkə] *f* <-, -n> **1.** (*eines Raubtiers*) garra *f,* zarpa *f* **2.** (*fam: Hand*) garra *f;* **Prankenhieb** *m* <-(e)s, -e> zarpazo *m;* **mit einem ~** de un zarpazo

Präparat [prɛpa'raːt] *nt* <-(e)s, -e> **1.** (*Substanz, Arznei*) preparado *m* **2.** (BIOL, MED) preparación *f*

präparieren* [prɛpa'riːrən] *vt* **1.** (MED, BIOL) disecar **2.** (*vorbereiten*) preparar

Präpariersalz *nt* <-es, -e> (CHEM) sal *f* preparatoria, estannato *m* sódico

Präposition [prɛpozi'tsjoːn] *f* <-, -en> (LING) preposición *f*

Prärie [prɛ'riː] *f* <-, -n> pradera *f,* llano *m;* **Präriewolf** *m* <-(e)s, -wölfe> coyote *m*

Präsens ['prɛːzɛns] *nt* <-, Präsentia *o* Präsenzien> (LING) presente *m*

präsent [prɛ'zɛnt] *adj* (*geh*) presente; **ich bin jederzeit für dich ~** siempre estoy a tu disposición; **hast du den Wortlaut ~?** ¿te acuerdas del texto?; **das ist mir nicht ~** no lo conozco

Präsent [prɛ'zɛnt] *nt* <-(e)s, -e> (*geh*) regalo *m,* presente *m;* **jdm ein ~ mitbringen** traer(le) a alguien un regalo

Präsentation [prɛzɛnta'tsjoːn] *f* <-, -en> presentación *f;* **Präsentationsprogramm** *nt* <-s, -e> (INFOR) programa *m* de presentaciones

Präsentia *pl von* **Präsens**

präsentieren* [prɛzɛn'tiːrən] *vt* presentar

Präsentierteller *m:* (**wie**) **auf dem ~** (*fam*) a la vista de todos; **macht doch die Gardinen vor, sonst sitzt man ja wie auf dem ~!** ¡echad las cortinas, si no va a parecer que estamos de exposición!

Präsentkorb *m* <-(e)s, -körbe> cesta *f* surtida; (*zu Weihnachten*) cesta *f* de Navidad

Präsenz [prɛ'zɛnts] *f* <-, *ohne pl*> presencia *f;* **Präsenzbibliothek** *f* <-, -en> biblioteca *f* de (libre) consulta

Präsenzien *pl von* **Präsens**

Praseodym [prazeo'dyːm] *nt* <-s, *ohne pl*> (CHEM) praseodimio *m*

Präser ['prɛːzɐ] *m* <-s, -> (*fam*), **Präservativ** [prɛzɛrva'tiːf] *nt* <-s, -e> preservativo *m,* condón *m,* goma *f fam*

präservieren* *vt* preservar

Präsident(in) [prɛzi'dɛnt] *m(f)* <-en, -en; -, -nen> presidente, -a *m, f;* **Präsidentenwahl** *f* <-, -en> elecciones *fpl* presidenciales

Präsidentin *f* <-, -nen> *s.* **Präsident**

Präsidentschaft *f* <-, -en> presidencia *f;* **Präsidentschaftskandidat(in)** *m(f)* <-en, -en; -, -nen> candidato, -a *m, f* a la presidencia

Präsidien *pl von* **Präsidium**

präsidieren* [prɛzi'diːrən] *vi* presidir; **einem Ministerium ~** estar al frente de un ministerio

Präsidium [prɛ'ziːdiʊm] *nt* <-s, Präsidien> presidencia *f*

prasseln ['prasəln] *vi* **1.** *sein* (*Regen*) golpear (*auf/gegen/an*), pegar (*auf/gegen/an* contra); (*Fragen, Vorwürfe*) llover; **Regen prasselt an die Scheiben** la lluvia golpea los cristales **2.** (*Feuer*) crepitar

prassen ['prasən] *vi* pegarse la vida padre, vivir como un pachá

Prasser(in) *m(f)* <-s, -; -, -nen> derrochador(a) *m(f),* manirroto, -a *m, f*

prätentiös [prɛtɛn'tsjøːs] *adj* pretencioso, presuntuoso

Präteritum [prɛ'teːritʊm, prɛ'tɛritʊm, *pl:* -rita] *nt* <-s, Präterita> (LING) pretérito *m*

Pratze ['pratsə] *f* <-, -n> *s.* **Pranke**

Prävention [prɛvɛn'tsjoːn] *f* <-, -en> prevención *f*

präventiv [prɛvɛn'tiːf] *adj* preventivo; **~ behandeln** administrar tratamiento preventivo; **Präventivhaft** *f* <-, *ohne pl*> (JUR) prisión *f* preventiva; **Präventivmaßnahme** *f* <-, -n> medida *f* preventiva; **Präventivmittel** *nt* <-s, -> remedio *m* preventivo

Praxis¹ ['praksɪs] *f* <-, Praxen> (*Arzt*) consultorio *m;* (*Rechtsanwalt*) bufete *m*

Praxis² *f* <-, *ohne pl*> (*Anwendung, Erfahrung*) práctica *f;* **langjährige ~** años de práctica; **in der ~ sieht das anders aus** en la práctica es diferente; **eine Idee in die ~ umsetzen** poner una idea en práctica, llevar una idea a la práctica; **praxisfern** *adj* alejado de la práctica, teórico; **praxisnah** *adj* práctico, ligado a la práctica

Präzedenz [prɛtse'dɛnts] *f* <-, -en> precedencia *f;* **ohne ~** sin precedentes; **Präzedenzfall** *m* <-(e)s, -fälle> precedente *m;* **einen ~ schaffen** sentar precedente

präzis(e) [prɛ'tsiːs, prɛ'tsiːzə] *adj* preciso, exacto; **~e Vorstellungen haben** tener ideas precisas

präzisieren* [prɛtsi'ziːrən] *vt* precisar

Präzision [prɛtsi'zjoːn] *f* <-, *ohne pl*> precisión *f,* exactitud *f;* **diese Arbeit verlangt äußerste ~** este trabajo requiere la mayor precisión; **Präzisionsarbeit** *f* <-, -en> trabajo *m* de precisión; **Präzisionsinstrument** *nt* <-(e)s, -e> instrumento *m* de precisión; **Präzisionspipette** *f* <-, -n> (CHEM) pipeta *f* de precisión

predigen ['preːdɪgən] **I.** *vi* (*Predigt halten*) predicar, pronunciar un sermón **II.** *vt* **1.** (*verkünden*) predicar **2.** (*fam: mahnen*): **jdm etw ~** echar un sermón a alguien; **sie predigt ihm täglich, dass ...** todos los días le echa el sermón de que...

Prediger(in) *m(f)* <-s, -; -, -nen> predicador(a) *m(f)*

Predigt ['preːdɪçt] *f* <-, -en> sermón *m;* **eine ~ halten** pronunciar un sermón; (*fam*) echar un sermón

Preis [praɪs] *m* <-es, -e> **1.** (*Kauf~*) precio *m;* **erschwingliche ~e** precios asequibles; **unverbindlicher ~** precio recomendado; **im ~ fallen** bajar de precio; **im ~ steigen** subir [*o* aumentar] de precio; **~ freibleibend** precio sin compromiso; **~ ab Hersteller** precio puesto por el fabricante; **~ ab Lager/Werk** precio de almacén/de fábrica; **~ ab Versandbahnhof** precio puesto en lugar de embarque; **~ frei an Bord/frei Bestimmungshafen** precio franco a bordo/franco puerto de destino; **~ frei Lager des Käufers/des Lieferers** precio franco almacén del comprador/del proveedor; **scharf kalkulierter ~** precio calculado con márgenes mínimos; **bei sinkenden ~en** con los precios bajando, al bajar los precios; **etw zum halben ~ verkaufen** vender algo a mitad de precio; **um keinen ~** de ninguna manera; **um jeden ~** cueste lo que cueste; **für seine Undiszipliniertheit hat er einen hohen ~ zahlen müssen** ha tenido que pagar un precio muy alto por su falta de disciplina **2.** (*Auszeichnung*) premio *m;* (*Belohnung*) recompensa *f;* **jdm einen ~ verleihen** otorgar(le) a alguien un premio; **auf seinen Kopf wurde ein ~ ausgesetzt** se puso un precio muy alto a su cabeza; **Preisabkommen** *nt* <-s, -> (WIRTSCH) convenio *m* sobre los precios, acuerdo *m* sobre los precios; **Preis-Absatz-Kurve** *f* <-, -n> (WIRTSCH) curva *f* de precio y previsiones de venta; **Preisabsprache** *f* <-, -n> (WIRTSCH) convenio *m* de precios; **Preisagentur** *f* <-, -en> agencia *f* de precios; **Preisangabe** *f* <-, -n> indicación *f* del precio; **Preisangleichung** *f* <-, -en> (WIRTSCH) revisión *f* de precios; **Preisanstieg** *m* <-(e)s, *ohne pl*> subida *f* de precios; **Preisaufschlag** *m* <-(e)s, -schläge> (WIRTSCH) sobreprecio *m;* **Preisauftrieb** *m* <-(e)s, *ohne pl*> (WIRTSCH) tendencia *f* alcista; **Preisausgleich** *m* <-(e)s, -e> (WIRTSCH) compensación *f* de precios

Preisausschreiben *nt* <-s, -> concurso *m,* certamen *m*

Preisauszeichnung *f* <-, -en> indicación *f* del precio; **Preisauszeichnungsetikett** *nt* <-(e)s, -e(n) *o* -s>, **Preisauszeichnungsetikette** *f* <-, -n> (*Schweiz, Österr*) etiqueta *f* del precio

preisbewusst[RR] *adj que mira la diferencia de los precios antes de comprar;* **Preisbildung** *f* <-, -en> (WIRTSCH) formación *f* de precios; **Preisbindung** *f* <-, -en> (WIRTSCH) limitación *f* de precios, fijación *f* de precios; **Preisdrücker** *m* <-s, -> (WIRTSCH: *Person*) bajista *mf;* (*Faktor*) factor *m* que ejerce presión sobre los precios; **Preisdumping** *nt* <-s, *ohne pl*> (WIRTSCH) dumping *m,* competencia *f* desleal de precios; **Preiseinbruch** *m* <-(e)s, -brüche> (WIRTSCH) derrumbamiento *m* de los precios

Preiselbeere ['praɪzəlbeːrə] *f* <-, -n> arándano *m* rojo

Preisempfehlung *f* <-, -en> precio *m* recomendado; **unverbindliche ~** precio recomendado (no obligatorio); **preisempfindlich** *adj* (WIRTSCH) sensible a los cambios de precio

preisen ['praɪzən] <preist, pries, gepriesen> *vt* (*geh*) alabar, elogiar; **sich glücklich ~ (können)** (poder) considerarse dichoso

preisentscheidend *adj* (WIRTSCH) que determina el precio; **Preisentwicklung** *f* <-, -en> evolución *f* de los precios; **Preiserhöhung** *f* <-, -en> aumento *m* de precios, subida *f* de precios; **Preisermäßigung** *f* <-, -en> reducción *f* de precios, descuento *m;* **Preisermittlung** *f* <-, -en> (WIRTSCH) determinación *f* del precio; **Preiseskalation** *f* <-, -en> (WIRTSCH) escalada *f* de precios; **Preisfestsetzung** *f* <-, -en> fijación *f* de precios

Preisfrage *f* <-, -n> **1.** (*bei Preisausschreiben*) pregunta *f* de concurso **2.** (*eine Frage des Preises*) cuestión *f* de precio **3.** (*fam: schwierige Frage*) cuestión *f* difícil; **das ist die ~** esa es la (gran) cuestión

Preisfreigabe *f* <-, *ohne pl*> liberalización *f* de los precios

P

Preisgabe *f* <-, *ohne pl*> **1.** (*Verzicht, Aufgabe*) abandono *m,* renuncia *f* **2.** (*eines Geheimnisses*) revelación *f*

preis|geben *irr vt* (*geh*) **1.** (*ausliefern*) exponer; **sich jdm ~** dejarse a merced de alguien; **jdn der Lächerlichkeit ~** poner a alguien en ridículo **2.** (*aufgeben*) abandonar, entregar **3.** (*verraten*) revelar

preisgebunden *adj* (WIRTSCH) de precio controlado; **Preisgefälle** *nt* <-s, -> (WIRTSCH) disparidad *f* de precios; **Preisgefüge** *nt* <-s, -> (WIRTSCH) estructura *f* de los precios

preisgekrönt *adj* premiado; **Preisgericht** *nt* <-(e)s, -e> jurado *m*

Preisgestaltung *f* <-, -en> (WIRTSCH) formación *f* de (los) precios; **Preisgleitklausel** *f* <-, -n> (WIRTSCH) cláusula *f* de precios de escala móvil; **Preisgrenze** *f* <-, -n> (WIRTSCH) límite *m* de precios; **feste/obere/untere ~** límite fijo/superior/inferior de precios; **die ~ überschreiten** rebasar el límite de precios; **preisgünstig** **I.** *adj* de buen precio; (*billig*) barato **II.** *adv* a buen precio; **etw ~ anbieten** ofrecer algo a buen precio; **Preisindex** *m* <-(es), -indizes> (WIRTSCH) índice *m* de precios; **Preiskalkulation** *f* <-, -en> (WIRTSCH) cálculo *m* de (los) precios; **Preiskampf** *m* <-(e)s, -kämpfe> (WIRTSCH) guerra *f* de precios; **Preisklasse** *f* <-, -n> clase *f* de precios; **Preiskontrolle** *f* <-, -n> control *m* de precios; **Preiskonzeption** *f* <-, -en> (WIRTSCH) adaptación *f* de precios; **länderbezogene/warenbezogene ~** adaptación de precios a nivel internacional/en relación con la mercancía; **Preiskorrektur** *f* <-, -en> (WIRTSCH) rectificación *f* de precios; **eine ~ nach oben/unten vornehmen** rectificar los precios encareciéndolos/abaratándolos; **Preislage** *f* <-, -n> precio *m;* **in allen ~n** de todos los precios; **die oberen ~n** los precios más altos

Preis-Leistungs-Verhältnis *nt* <-ses, -se> relación *f* precio-prestaciones; (*Qualität*) relación *f* calidad-precio

preislich *adj* respecto al precio; **~e Unterschiede** diferencias de precio; **~ unterschiedliche Artikel** artículos de precio diferente

Preisliste *f* <-, -n> lista *f* de precios; **Preisnachlass**[RR] *m* <-es, -e *o* -lässe> rebaja *f,* descuento *m;* **~ gewähren** acceder a una reducción [*o* rebaja] de precio; **Preisniveau** *nt* <-s, -s> (WIRTSCH) nivel *m* de precios; **Preisnotierung** *f* <-, -en> (FIN) cotización *f* (de precios); **Preisobergrenze** *f* <-, -n> límite *m* superior de precio; **Preispoker** *m o nt* <-s, *ohne pl*> (*fam*) póquer *m* de precios; **Preispolitik** *f* <-, *ohne pl*> política *f* de precios; **Preis-Profit-Rate** *f* <-, -n> (WIRTSCH) relación *f* precio-beneficio

Preisrätsel *nt* <-s, -> pasatiempo *m* de concurso; **Preisrichter(in)** *m(f)* <-s, -; -, -nen> (miembro *m* del) jurado *m*

Preisrückgang *m* <-(e)s, -gänge> disminución *f* de precios; **Preisschild** *nt* <-(e)s, -er> etiqueta *f* del precio; **Preisschlacht** *f* <-, -en> batalla *f* de precios; **Preisschlager** *m* <-s, -> (*fam*) artículo *m* a precio de sensación; **Preisschwankungen** *fpl* oscilación *f* de precios, fluctuación *f* de precios; **Preissenkung** *f* <-, -en> reducción *f* de precios, disminución *f* de precios; **Preissicherung** *f* <-, -en> (WIRTSCH) garantía *f* de (los) precios; **Preisspanne** *f* <-, -n> (WIRTSCH) margen *m o f* de precios; **Preisstabilität** *f* <-, *ohne pl*> estabilidad *f* de los precios; **Preissteigerung** *f* <-, -en> aumento *m* de precios, subida *f* de precios; **Preisstopp** *m* <-s, -s> congelación *f* de precios; **Preissturz** *m* <-es, -stürze> caída *f* de los precios, hundimiento *m* de los precios; **das Ereignis führte zu einem ~ auf dem Automarkt** el acontecimiento hundió los precios del mercado automovilístico

Preisträger(in) *m(f)* <-s, -; -, -nen> premiado, -a *m, f,* galardonado, -a *m, f*

Preistreiber(in) *m(f)* <-s, -; -, -nen> (*abw*) alcista *mf,* carero, -a *m, f fam*

Preistreiberei ['---'-] *f* <-, -en> (*abw*) alza *f* abusiva de los precios

Preistreiberin *f* <-, -nen> *s.* **Preistreiber**

Preisüberwachung *f* <-, -en> (WIRTSCH) control *m* de (los) precios; **Preisungleichgewicht** *nt* <-(e)s, -e> (WIRTSCH) disparidad *f* de precios; **Preisunterschied** *m* <-(e)s, -e> diferencia *f* de precios; **Preisunterschreitung** *f* <-, -en> (WIRTSCH) dumping *m,* oferta *f* por debajo del precio; **Preisverfall** *m* <-(e)s, *ohne pl*> caída *f* de precios; **Preisvergleich** *m* <-(e)s, -e> comparación *f* de precios; **einen ~ machen** comparar precios

Preisverleihung *f* <-, -en> entrega *f* de premios, premiación *f And*

Preisverordnung *f* <-, -en> (WIRTSCH) arancel *m;* **Preisvorbehaltsklausel** *f* <-, -n> cláusula *f* de reserva de modificaciones en materia de precios

preiswert **I.** *adj* de buen precio; (*billig*) barato **II.** *adv* a buen precio

Preiswettbewerb *m* <-(e)s, -e> (WIRTSCH) competencia *f* de precios

prekär [pre'kɛːɐ] *adj* precario

Prellbock ['prɛlbɔk] *m* <-(e)s, -böcke> (EISENB) tope *m* fijo

prellen ['prɛlən] **I.** *vt* **1.** (*betrügen*) estafar, timar; **er prellte ihn um seinen Lohn** le estafó su salario; **die Zeche ~** irse sin pagar **2.** (*stoßen*): **sich** *dat* **etw ~** contusionarse algo **3.** (SPORT) hacer botar **II.** *vr:* **sich ~** contusionarse (*an* en)

Prellerei *f* <-, -en> estafa *f,* timo *m,* engaño *m*

Prellung *f* <-, -en> contusión *f*

Premier [prə'mjeː] *m* <-s, -s> *s.* **Premierminister**

Premiere [prə'mjeːrə] *f* <-, -n> estreno *m*
Premierminister(in) *m(f)* <-s, -; -, -nen> primer ministro *m,* primera ministra *f*
preschen ['prɛʃən] *vi sein* ir de prisa, correr
Presse[1] ['prɛsə] *f* <-, -n> **1.** (TECH) prensa *f* **2.** (*Saft~*) exprimidor *m*
Presse[2] *f* <-, *ohne pl*> (*Medien*) prensa *f;* **die ausländische ~** la prensa extranjera; **sie ist von der ~** es periodista; **eine gute ~ haben** tener buenas críticas; **Presseagentur** *f* <-, -en> agencia *f* de prensa; **Presseamt** *nt* <-(e)s, -ämter> oficina *f* de prensa; **Presseausweis** *m* <-es, -e> carnet *m* de periodista [*o* de prensa]; **Pressechef(in)** *m(f)* <-s, -s; -, -nen> jefe, -a *m, f* de prensa; **Pressedienst** *m* <-(e)s, -e> servicio *m* de prensa; **Pressediplomat(in)** *m(f)* <-en, -en; -, -nen> diplomático, -a *m, f* de prensa; **Presseerklärung** *f* <-, -en> declaración *f* de prensa; **eine ~ abgeben** hacer una declaración de prensa; **Pressefotograf(in)** *m(f)* <-en, -en; -, -nen> fotógrafo, -a *m, f* de prensa; **Pressefreiheit** *f* <-, *ohne pl*> libertad *f* de prensa; **Pressekonferenz** *f* <-, -en> conferencia *f* de prensa, rueda *f* de prensa; **eine ~ abhalten** celebrar una conferencia de prensa; **Pressemeldung** *f* <-, -en>, **Pressemitteilung** *f* <-, -en> noticia *f* de prensa
pressen ['prɛsən] **I.** *vt* **1.** (*in einer Presse*) prensar; (*Blumen*) secar; **eine Spanplatte ~** prensar una lámina de conglomerado; **Wein ~** prensar la uva **2.** (*aus~*) exprimir; **eine Zitrone ~** exprimir un limón; **frisch gepresster Orangensaft** zumo de naranja natural **3.** (*drücken*) apretar (*gegen/an* contra); **sie presst die Nase gegen die Scheibe** aprieta la nariz contra el cristal; **etw durch ein Sieb ~** pasar algo por un colador; **mit gepresster Stimme sprechen** hablar con voz ahogada; **er wurde zu der Falschaussage gepresst** le obligaron a hacer declaraciones falsas **II.** *vi* (*Gebärende*) empujar
Pressenotiz *f* <-, -en> nota *f* de prensa; **Presserecht** *nt* <-s, *ohne pl*> derecho *m* de prensa; **Pressereferent(in)** *m(f)* <-en, -en; -, -nen> jefe, -a *m, f* de prensa; **Presseschau** *f* <-, -en> revista *f* de prensa; **Pressesprecher(in)** *m(f)* <-s, -; -, -nen> portavoz *mf* de prensa; **Pressestelle** *f* <-, -n> oficina *f* de prensa; **Pressestimmen** *fpl* comentarios *mpl* de prensa; **Pressevertreter(in)** *m(f)* <-s, -; -, -nen> representante *mf* de la prensa; **Pressewesen** *nt* <-s, *ohne pl*> prensa *f;* **Pressezensur** *f* <-, *ohne pl*> censura *f* de prensa; **Pressezentrum** *nt* <-s, -zentren> centro *m* de prensa
Pressglas[RR] *nt* <-es, *ohne pl*>, **Preßglas** *nt* <-es, *ohne pl*> vidrio *m* prensado
pressieren* [prɛ'siːrən] *vi* (*südd, Österr, Schweiz*) urgir, correr prisa; **mir pressiert es** tengo prisa
Pression [prɛ'sjoːn] *f* <-, -en> (*geh*) presión *f*
Presskohle[RR] *f* <-, -n>, **Preßkohle** *f* <-, -n> (lignito *m* en) briqueta *f*
Pressluft[RR] *f* <-, *ohne pl*>, **Preßluft** *f* <-, *ohne pl*> aire *m* comprimido; **Pressluftbohrer**[RR] *m* <-s, -> taladro *m* neumático; **Presslufthammer**[RR] *m* <-s, -hämmer> martillo *m* neumático
Pressuregroup[RR] ['prɛʃəgruːp] *f* <-, -s> (POL) lobby *m,* grupo *m* de presión
Presswehen[RR] *fpl,* **Preßwehen** *fpl* (MED) contracciones *fpl* del parto
Prestige [prɛs'tiːʒ] *nt* <-s, *ohne pl*> prestigio *m;* **Prestigedenken** *nt* <-s, *ohne pl*> valoración *f* (exagerada) de la posición social; **Prestigegewinn** *m* <-(e)s, *ohne pl*> aumento *m* de prestigio; **Prestigeobjekt** *nt* <-(e)s, -e> objeto *m* de prestigio; **Prestigeverlust** *m* <-(e)s, *ohne pl*> pérdida *f* de prestigio
Pretiosen *pl* (*geh: Kostbarkeiten*) alhajas *fpl,* joyas *fpl*
Preuße, -in ['prɔɪsə] *m, f* <-n, -n; -, -nen> prusiano, -a *m, f*
Preußen ['prɔɪsən] *nt* <-s> Prusia *f*
Preußin *f* <-, -nen> *s.* **Preuße**
preußisch *adj* prusiano; **~e Pünktlichkeit** puntualidad prusiana
Preziosen *pl* (*geh*) *s.* **Pretiosen**
PR-Fachfrau [peː'ʔɛr-] *f* <-, -en> experta *f* en relaciones públicas; **PR-Fachmann** *m* <-es, -leute *o* -männer> experto *m* en relaciones públicas
prickeln ['prɪkəln] *vi* **1.** (*kribbeln*) sentir (un) hormigueo; **der Arm prickelt mir** siento hormigueo en el brazo **2.** (*kitzeln*) hacer cosquillas (*auf* en), picar (*auf* en); **ein angenehmes P~ auf der Haut** un agradable cosquilleo en la piel **3.** (*Getränk*) burbujear
prickelnd *adj* (*erregend*) excitante
Priel [priːl] *m* <-(e)s, -e> canal *m*
Priem [priːm] *m* <-(e)s, -e> tabaco *m* para mascar, mascada *f Am*
priemen ['priːmən] *vi* mascar tabaco
pries [priːs] *3. imp von* **preisen**
Priester(in) ['priːstɐ] *m(f)* <-s, -; -, -nen> sacerdote, -isa *m, f;* **Priesteramt** *nt* <-(e)s, -ämter> sacerdocio *m;* **Priestergewand** *nt* <-(e)s, -wänder> sotana *f*
Priesterin *f* <-, -nen> *s.* **Priester**
priesterlich *adj* sacerdotal, clerical; **~ gewandet** vestido con la sotana
Priesterseminar *nt* <-s, -e> seminario *m*
Priestertum *nt* <-s, *ohne pl*> sacerdocio *m*
Priesterweihe *f* <-, -n> ordenación *f* sacerdotal; **die ~ empfangen** recibir las órdenes (sacerdotales)
prima ['priːma] **I.** *adj inv* (*fam*) estupendo, genial, fain *Am;* **~ Ware** (WIRTSCH) género de primera calidad; **sie ist ein ~ Kerl** es estupenda, es genial **II.** *adv* (*fam*) muy bien; **du hast uns ~ geholfen** nos has sido de gran ayuda
Primaballerina [primabale'riːna] *f* <-,

-ballerinen> (*Ballet*) primera bailarina *f;* **Primadonna** [prima'dɔna] *f* <-, -donnen> (*Oper*) primera cantante *f,* prima donna *f*

Primapapiere *ntpl* (FIN) efectos *mpl* de primera (clase)

primär [pri'mɛːɐ] **I.** *adj* **1.** (*ursprünglich*) primario **2.** (*grundlegend, wesentlich*) elemental **3.** (ELEK) primario; **~e Spannung** tensión primaria **II.** *adv* en primer lugar; **Primärenergie** *f* <-, -n> energía *f* primaria; **Primärfarbe** *f* <-, -n> color *m* elemental; **Primärkonsument** *m* <-en, -en> (BIOL) consumidor *m* primario

Primärkreislauf *m* <-(e)s, -läufe> circuito *m* primario

Primarlehrer(in) *m(f)* <-s, -; -, -nen> (*Schweiz*) maestro, -a *m, f* de primaria

Primärliteratur *f* <-, *ohne pl*> textos *mpl* originales, literatura *f* básica; **Primärmarkt** *m* <-(e)s, -märkte> (FIN) mercado *m* primario de valores, mercado *m* de emisiones; **Primärprodukt** *nt* <-(e)s, -e> producto *m* primario; **Primärproduzent** *m* <-en, -en> (BIOL) productor *m* primario; **Primärprogramm** *nt* <-s, -e> (INFOR) programa *m* fuente

Primarschule [pri'maːɐ-] *f* <-, -n> (*Schweiz*) *escuela primaria en Suiza*

Primärverkabelung *f* <-, -en> (INFOR, TEL) cableado *m* (backbone) de campus

Primas ['priːmas] *m* <-, -se> (REL) primado *m*

Primat[1] [pri'maːt] *m* <-en, -en> (ZOOL) primate *m*

Primat[2] *m o nt* <-(e)s, -e> (*a.* REL) primacía *f* (*vor/über* sobre)

Primel ['priːməl] *f* <-, -n> prímula *f;* **eingehen wie eine ~** (*fam*) irse a pique

Primerate[RR] ['praɪmreɪt] *f* <-, *ohne pl*> (FIN, WIRTSCH) tasa *f* de interés (bancario) preferencial

Primi *pl von* **Primus**

primitiv [primi'tiːf] *adj* primitivo

Primitivität [primitivi'tɛːt] *f* <-, *ohne pl*> primitivismo *m*

Primitivling [primi'tiːflɪŋ] *m* <-s, -e> (*abw*) cateto, -a *m, f*

Primus ['priːmʊs] *m* <-, Primusse *o* Primi> primero, -a *m, f* de la clase

Primzahl ['priːm-] *f* <-, -en> (MATH) número *m* primo

Printmedien ['prɪnt-] *ntpl* medios *mpl* escritos; **Printout** [prɪnt'ʔaʊt] *nt* <-s, -s> (INFOR) impresión *f,* salida *f* de impresora; **Printserver** *m* <-s, -> (INFOR) servicio *m* de impresión, servidor *m* de impresora; **Printwerbung** *f* <-, *ohne pl*> publicidad *f* en prensa

Prinz [prɪnts] *m* <-en, -en>, **Prinzessin** *f* <-, -nen> príncipe *m,* princesa *f*

Prinzip [prɪn'tsiːp, *pl:* prɪn'tsiːpiən] *nt* <-s, -ien *o* -e> principio *m;* **im ~ funktioniert es, aber ...** en principio funciona pero...; **er ist ein Mann von** [*o* **mit**] **~ien** es un hombre de principios; **gegen seine ~ien verstoßen** infringir sus principios; **aus ~** por principio; **es geht ums ~** es una cuestión de principios; **sich** *dat* **etw zum ~ machen** ponerse algo como meta

prinzipiell [prɪntsi'pjɛl] **I.** *adj* de principio; (*grundlegend*) fundamental **II.** *adv* por principio; **das tue ich ~ nicht** no lo hago por principio

Prinzipien *pl von* Prinzip; **Prinzipienfrage** *f* <-, -n> cuestión *f* de principios; **das ist für mich eine ~** para mí se trata de una cuestión de principios; **Prinzipienreiter(in)** *m(f)* <-s, -; -, -nen> (*abw*) doctrinario, -a *m, f;* **prinzipientreu** *adj* fiel a sus principios

Prinzregent(in) *m(f)* <-en, -en; -, -nen> (HIST) príncipe *m* regente, princesa *f* regente

Prior(in) ['priːoːɐ, *pl:* pri'oːrən] *m(f)* <-s, -en; -, -nen> (REL) prior(a) *m(f)*

Priorität [priori'tɛːt] *f* <-, -en> prioridad *f;* **vor etw ~ haben** [*o* **genießen**] tener prioridad respecto a algo; **~en setzen** establecer prioridades; **Prioritätenliste** *f* <-, -n> lista *f* de prioridades; **ganz oben auf der ~ stehen** encontrarse entre las prioridades

Prise ['priːzə] *f* <-, -n> **1.** (*Gewürz, Tabak*) pizca *f;* **eine ~ Salz** una pizca de sal **2.** (NAUT) presa *f*

Prisma ['prɪsma] *nt* <-s, Prismen> (MATH, PHYS) prisma *m*

Pritsche ['prɪtʃə] *f* <-, -n> **1.** (*Liege*) catre *m* **2.** (*beim Lastwagen*) plataforma *f;* **Pritschenwagen** *m* <-s, -> (AUTO) camión *m* con plataforma

privat [pri'vaːt] **I.** *adj* (*nicht öffentlich*) privado; (*nicht offiziell*) privado, particular; **etw an ~ verkaufen** vender algo a un particular **II.** *adv* en privado; **ich möchte ihn ~ sprechen** le quisiera hablar en privado; **jdn ~ unterbringen** alojar a alguien en una casa particular; **sie ist ~ hier** ha venido por motivos personales; **ich bin ~ krankenversichert** estoy afiliado a un seguro de enfermedad privado; **Privatadresse** *f* <-, -n> dirección *f* privada [*o* particular]; **Privatangelegenheit** *f* <-, -en> asunto *m* personal; **Privatanschrift** *f* <-, -en> *s.* Privatadresse; **Privataudienz** *f* <-, -en> audiencia *f* privada; **Privatbesitz** *m* <-es, *ohne pl*> propiedad *f* privada [*o* particular]; **in ~ befindlich** de propiedad privada [*o* particular]; **Privatbetrieb** *m* <-(e)s, -e> empresa *f* particular; **Privatdetektiv(in)** *m(f)* <-s, -e; -, -nen> detective *mf* privado, -a; **Privatdozent(in)** *m(f)* <-en, -en; -, -nen> (UNIV) ≈profesor(a) *m(f)* no numerario, -a

Privateigentum *nt* <-s, *ohne pl*> propiedad *f* privada [*o* particular]; **etw in ~ überführen** transferir algo a la propiedad privada; **Privateigentumsrecht** *nt* <-(e)s, *ohne pl*> derecho *m* a propiedad privada

Privatentnahme *f* <-, -n> (WIRTSCH) detracción *f* privada; **Privatfernsehen** *nt* <-s, *ohne pl*> (*fam*) emisora *f* de televisión privada; **Privatgespräch** *nt* <-(e)s, -e> conversación *f* privada; (TEL) llamada *f* privada; **Privatgrundstück** *nt* <-(e)s, -e> terreno *m* particular [*o* privado]; **Privathand** *f*: **aus** [*o* **von**] ~ de propiedad *f* privada [*o* particular]; **in** ~ de propiedad *f* privada; **Privathaus** *nt* <-es, -häuser> casa *f* particular; **Privatinitiative** *f* <-, -n> iniciativa *f* privada

privatisieren* [privati'zi:rən] *vt* (WIRTSCH) privatizar

Privatisierung *f* <-, -en> (WIRTSCH) privatización *f*

Privatklage *f* <-, -n> (JUR) acusación *f* particular; **Privatklinik** *f* <-, -en> clínica *f* privada; **Privatkunde, -in** *m, f* <-en, -en; -, -nen> cliente *mf* particular; **Privatleben** *nt* <-s, *ohne pl*> vida *f* privada; **sich ins ~ zurückziehen** retirarse de la vida pública; **Privatlehrer(in)** *m(f)* <-s, -; -, -nen> profesor(a) *m(f)* particular; **Privatmann** *m* <-(e)s, -leute> **1.** *s.* **Privatperson** **2.** (*Mann ohne festen Beruf*) rentista *m;* **Privatnummer** *f* <-, -n> (número *m* de) teléfono *m* particular; **Privatpatient(in)** *m(f)* <-en, -en; -, -nen> paciente *mf* particular; **Privatperson** *f* <-, -en> particular *mf;* **Privatrecht** *nt* <-s, *ohne pl*> (JUR) derecho *m* privado; **privatrechtlich** *adj* (JUR) de derecho privado; **Privatsache** *f* <-, -n> asunto *m* personal; **Privatschule** *f* <-, -n> colegio *m* privado, escuela *f* privada; **Privatsekretär(in)** *m(f)* <-s, -e; -, -nen> secretario, -a *m, f* particular; **Privatsender** *m* <-s, -> (RADIO, TV) emisora *f* privada, cadena *f* privada; **Privatsphäre** *f* <-, -n> esfera *f* privada; **Privatstunde** *f* <-, -n> clase *f* particular; **Privatunternehmen** *nt* <-s, -> empresa *f* privada; **Privatunterricht** *m* <-(e)s, -e> clase *f* particular; **Privatvergnügen** *nt* <-s, -> (*fam*) asunto *m* personal; **ich mache das nicht zu meinem ~** no lo hago por diversión; **Privatvermögen** *nt* <-s, -> bienes *mpl* particulares; **Privatwagen** *m* <-s, -> vehículo *m* particular; **ist das ein Firmenwagen oder ein ~?** ¿el coche es de la empresa o particular?; **Privatweg** *m* <-(e)s, -e> camino *m* particular [*o* privado]; **Privatwirtschaft** *f* <-, *ohne pl*> economía *f* privada; **Privatwohnung** *f* <-, -en> domicilio *m* particular, vivienda *f* particular

Privileg [privi'le:k, *pl:* privi'le:giən] *nt* <-(e)s, -ien> privilegio *m*

privilegieren* [privile'gi:rən] *vt* privilegiar, conceder (un) privilegio

pro [pro:] **I.** *präp +akk* por; **~ Kopf** por cabeza, per cápita; **fünf Mark ~ Person** cinco marcos por persona; **einmal ~ Monat/Tag** una vez al mes/al día; **~ Stück** por pieza; **80 km ~ Stunde** 80 km por hora **II.** *adv:* **bist du ~ oder kontra (eingestellt)?** ¿estás a favor o en contra?

Pro [pro:] *nt* <-, *ohne pl*> pro *m;* **~ und Kontra** pro y contra

Proband(in) [pro'bant] *m(f)* <-en, -en; -, -nen> **1.** (MED, PSYCH: *Testperson*) objeto *m* de experimentación [*o* de ensayo] **2.** (*auf Bewährung entlassener Sträfling*) preso, -a *m, f* en libertad vigilada

probat [pro'ba:t] *adj* (*geh*) **1.** (*bewährt*) probado **2.** (*tauglich*) eficaz, útil; **ein ~es Mittel** un método eficaz

Probe ['pro:bə] *f* <-, -n> **1.** (*Versuch*) prueba *f;* **zur ~** como muestra, a título de prueba; **die ~ bestehen** pasar la prueba; **jds Geduld auf die ~ stellen** poner a prueba la paciencia de alguien; **die ~ aufs Exempel machen** comprobar en la práctica; **~ fahren** probar (un vehículo); **hast du das Motorrad schon ~ gefahren?** ¿ya has probado la moto?; **~ laufen** (TECH) ser probado, ser puesto en marcha como prueba; **etw ~ laufen lassen** poner algo en marcha de prueba, hacer algo funcionar de prueba; **er wurde auf ~ eingestellt** le dieron el empleo a prueba **2.** (THEAT) ensayo *m* **3.** (*Prüfungsstück*) muestra *f;* **eine ~ entnehmen** [*o* **ziehen**] tomar una muestra; **der ~ entsprechend** conforme a la muestra; **laut beiliegender ~** con acuerdo a la muestra adjunta; **kostenlose ~** muestra gratuita; **Probeabzug** *m* <-(e)s, -züge> **1.** (TYPO) (primera) prueba *f* **2.** (FOTO) copia *f* de prueba; **Probealarm** *m* <-(e)s, -e> verificación *f* del sistema de alarma; **Probeanfertigung** *f* <-, -en> (WIRTSCH) elaboración *f* de una muestra; **Probeaufnahme** *f* <-, -n> **1.** (FILM, MUS, TV) (toma *f* de) prueba *f* **2.** (*probeweises Dazugehören*) admisión *f* a prueba; **Probeauftrag** *m* <-(e)s, -träge> (WIRTSCH) pedido *m* de prueba; **Probebetrieb** *m* <-(e)s, *ohne pl*> (TECH) marcha *f* de prueba; **Probebilanz** *f* <-, -en> (WIRTSCH) balance *m* de comprobación; **Probebohrung** *f* <-, -en> (TECH) perforación *f* de prueba; **Probeentnahme** *f* <-, -n> toma *f* de muestras; **Probeexemplar** *nt* <-s, -e> (ejemplar *m* de) muestra *f;* **probe|fahren** *irr vi sein, vt haben s.* Probe **1.**; **Probefahrt** *f* <-, -en> recorrido *m* de prueba; **Probejahr** *nt* <-(e)s, -e> año *m* de prueba; **Probekauf** *m* <-(e)s, -käufe> (WIRTSCH) compra *f* a prueba; **Probelauf** *m* <-(e)s, -läufe> (TECH) prueba *f* de funcionamiento; **probe|laufen** *irr vi sein s.* Probe **1.**; **Probelehrer(in)** *m(f)* <-s, -; -, -nen> (*Österr*) *profesor(a) de enseñanza superior que realiza un año de prácticas;* **Probemuster** *nt* <-s, -> (WIRTSCH) muestra *f*

proben ['pro:bən] *vi, vt* ensayar

Probenummer *f* <-, -n> (PUBL) ejemplar *m* gratuito; **Probepackung** *f* <-, -en> (envase *m* de) muestra *f;* **Probeseite** *f* <-, -n> página *f* de muestra; **Probesendung** *f* <-, -en> envío *m* de muestra [*o* de prueba]; **Probestück** *nt* <-(e)s, -e> muestra *f,* espécimen *m;* **probeweise** *adv* a modo de prueba; **Probezeit** *f* <-, -en> **1.** (*Testzeit*) período *m* de prueba; **eine dreimonatige ~ haben** tener un período de prueba de tres meses **2.** (*Schweiz:* JUR: *Bewährungsfrist*) plazo *m* de prueba

probieren* [proˈbiːrən] *vt* **1.** (*versuchen*) probar; **lass (es) mich mal ~!** ¡déjame probar a mí!; **er probierte es zuerst mit Höflichkeit, dann mit Drohungen** primero lo intentó por las buenas, luego con amenazas; **P~ geht über Studieren** (*prov*) ≈nadie nace sabiendo **2.** (*Speise, Getränk*) probar, degustar

Problem [proˈbleːm] *nt* <-s, -e> problema *m;* **ein ~ in Angriff nehmen** acometer un problema; **vor einem ~ stehen** encontrarse ante un problema; **etw wird für jdn zum ~** algo se convierte en (un) problema para alguien; **kein ~!** (*fam*) ¡no hay problema!; **gibt es ~e damit?** ¿hay algún problema?; **das ist (nicht) mein ~** esto (no) es problema mío; **~e mit dem Einschlafen haben** tener problemas para dormirse; **Problemabfälle** *mpl* residuos *mpl* problemáticos

Problematik [probleˈmaːtɪk] *f* <-, *ohne pl*> problemática *f*

problematisch *adj* problemático

Problembereich *m* <-(e)s, -e> (*Gebiet*) zona *f* problemática; (*Sachgebiet*) terreno *m* problemático; **Problemfall** *m* <-(e)s, -fälle> caso *m* problemático; **problemlos** *adj* sin problemas

Procedere [proˈtseːdərə] *nt* <-, -> (*geh*) (modo *m* de) proceder *m*

ProductplacementRR [ˈprɒdʌktpleɪsmənt] *nt* <-s, -s> (WIRTSCH) emplazamiento *m* de producto

Produkt [proˈdʊkt] *nt* <-(e)s, -e> (*a.* MATH) producto *m;* **fertiges/hochwertiges ~** producto terminado/de primera (calidad); **pflanzliche/landwirtschaftliche/industrielle ~e** productos vegetales/agrícolas/industriales; **regionales ~** producto regional; **Produktdifferenzierung** *f* <-, -en> (WIRTSCH) diversificación *f* de productos

Produktenbörse *f* <-, -n> (WIRTSCH) bolsa *f* de comercio [*o* de contratación], lonja *f;* **Produktenhandel** *m* <-s, *ohne pl*> comercio *m* de productos agrícolas

Produktfamilie *f* <-, -n> (WIRTSCH) gama *f* de productos; **Produktgestaltung** *f* <-, -en> diseño *m* del producto; **Produkthaftung** *f* <-, *ohne pl*> responsabilidad *f* sobre el producto

Produktion [prodʊkˈtsjoːn] *f* <-, -en> producción *f;* **die ~ drosseln** [*o* **zurückschrauben**] reducir [*o* bajar] la producción; **Produktionsabfall** *m* <-(e)s, *ohne pl*> disminución *f* de la producción, descenso *m* de la producción, retroceso *m* de la producción; **Produktionsablauf** *m* <-(e)s, -läufe> proceso *m* de producción; **Produktionsabschnitt** *m* <-(e)s, -e> fase *f* de la producción; **Produktionsapparat** *m* <-(e)s, -e> equipo *m* productivo; **Produktionsaufkommen** *nt* <-s, -> volumen *m* de producción; **Produktionsausfall** *m* <-(e)s, -fälle> pérdida *f* de producción; **Produktionsausstoß** *m* <-es, -stöße> (volumen *m* de) producción *f;* **produktionsbedingt** *adj* condicionado por la producción; **produktionsbezogen** *adj* relativo a la producción; **Produktionsdrosselung** *f* <-, -en> reducción *f* de la producción, restricción *f* productiva; **Produktionseinstellung** *f* <-, -en> cese *m* de la producción, suspensión *f* de la producción; **Produktionsfaktor** *m* <-s, -en> elemento *m* productivo; **produktionsfördernd** *adj* que aumenta la producción; **Produktionsgüter** *ntpl* (WIRTSCH) bienes *mpl* de producción; **Produktionskapazität** *f* <-, -en> capacidad *f* productiva [*o* económica]; **Produktionskartell** *nt* <-s, -e> (WIRTSCH) cártel *m* de producción; **Produktionskosten** *pl* gastos *mpl* de producción, costes *mpl* de producción; **Produktionskraft** *f* <-, -kräfte> potencial *m* de producción, potencia *f* productiva; **Produktionsleistung** *f* <-, -en> productividad *f* de la producción, rendimiento *m* de la producción; **Produktionsmanager(in)** *m(f)* <-s, -; -, -nen> gerente *mf* de producción; **Produktionsmittel** *ntpl* medios *mpl* de producción; **Produktionsökologie** *f* <-, *ohne pl*> ecología *f* de la producción; **Produktionsprozess**RR *m* <-es, -e> proceso *m* de producción; **Produktionsrückgang** *m* <-(e)s, -gänge> disminución *f* de la producción; **Produktionsstandard** *m* <-s, -s> normas *fpl* de producción; **Produktionsstandort** *m* <-(e)s, -e> emplazamiento *m* de la producción, lugar *m* de (la) producción, ubicación *f* de la producción; **Produktionssteigerung** *f* <-, -en> aumento *m* de (la) producción; **Produktionsstockung** *f* <-, -en> paralización *f* de la producción, paro *m* de la producción; **Produktionstechnik** *f* <-, -en> técnica *f* de producción [*o* productiva]; **produktionstechnisch** *adj* propio de la técnica productiva; **Produktionsüberschuss**RR *m* <-es, -schüsse> exceso *m* de producción; **Produktionsverfahren** *nt* <-s, -> proceso *m* de producción, procedimiento *m* de producción; **Produktionsvolumen** *nt* <-s, -> volumen *m* de producción [*o* producido]; **Produktionsvorlauf** *m* <-(e)s, -läufe>: **einen ~ schaffen** ir en cabeza de la producción; **Produktionsziel** *nt* <-(e)s, -e> objetivo *m* de la producción; **Produktionsziffer** *f* <-, -n> (WIRTSCH) cifra *f* de producción, volumen *m* de producción; **Produktionszweig** *m* <-(e)s, -e> rama *f* de producción, sector *m* de producción

produktiv [prodʊkˈtiːf] *adj* **1.** (*ergiebig*) productivo; **~ arbeiten** trabajar de forma productiva **2.** (*schöpferisch*) creativo; **~e Kritik** crítica constructiva

Produktivität [prodʊktivi'tɛ:t] *f* <-, *ohne pl*> **1.** (*Ergiebigkeit*) productividad *f* **2.** (*Schaffenskraft*) creatividad *f*; **Produktivitätssteigerung** *f* <-, -en> aumentación *f* de la productividad; **zum Ziel der ~** con el fin de aumentar la productividad; **Produktivitätszuwachs** *m* <-es, -wächse> (WIRTSCH) incremento *m* de la productividad

Produktivkraft *f* <-, -kräfte> potencial *m* de producción, recursos *mpl* productivos

Produktlebenszyklus *m* <-, -zyklen> (WIRTSCH) ciclo *m* de duración de un producto; **Produktlinie** *f* <-, -n> (WIRTSCH) línea *f* de productos; **Produktpalette** *f* <-, -n> gama *f* de productos; **Produktpiraterie** *f* <-, *ohne pl*> (WIRTSCH) piratería *f* de productos

Produzent(in) [produ'tsɛnt] *m(f)* <-en, -en; -, -nen> productor(a) *m(f)*

produzieren* [produ'tsi:rən] **I.** *vt* producir; **einen Film ~** producir una película; **unsere Industrie produziert zu viel Abfall** nuestra industria produce demasiados residuos; **was für einen Unsinn habt ihr da produziert?** (*fam*) ¿pero qué disparate se os ha ocurrido? **II.** *vr*: **sich ~** (*fam*) darse tono

Prof. *Abk. von* **Professor** Prof.

profan [pro'fa:n] *adj* profano

Professionalität [profɛsjonali'tɛ:t] *f* <-, *ohne pl*> profesionalidad *f*

professionell [profɛsjo'nɛl] *adj* profesional; **sie arbeiten sehr ~** trabajan con gran profesionalidad

Professor(in) [pro'fɛso:ɐ, *pl*: profɛ'so:rən] *m(f)* <-s, -en; -, -nen> **1.** (*akademischer Titel, Universitäts~*) ≈profesor(a) *m(f)* numerario, -a; (*Ordinarius*) catedrático, -a *m, f*; **außerordentlicher ~** profesor numerario; **ordentlicher ~** ≈catedrático; **~ X** el profesor X **2.** (*Österr: Gymnasiallehrer*) profesor(a) *m(f)* de enseñanza media

professoral [profɛso'rɑ:l] *adj* (*abw: überheblich belehrend*) pedante, campanudo; **jetzt schlägt er wieder seinen ~en Ton an!** ¡otra vez ese tono de suficiencia tan suyo!

Professorin *f* <-, -nen> *s.* **Professor**

Professur [profɛ'su:ɐ] *f* <-, -en> cátedra *f* (*für* de)

Profi ['pro:fi] *m* <-s, -s> profesional *mf*

Profil [pro'fi:l] *nt* <-s, -e> **1.** (*des Kopfes*) perfil *m*; **im ~** de perfil **2.** (TECH, ARCHIT) perfil *m*; (*Reifen~*) ranuras *fpl* **3.** (*Persönlichkeit*) personalidad *f*; (*Image*) imagen *f* (pública); **an ~ gewinnen/verlieren** mejorar/dañar su imagen pública

profilieren* [profi'li:rən] **I.** *vt* ranurar **II.** *vr*: **sich ~** distinguirse

profiliert [profi'li:ɐt] *adj* famoso, acreditado

Profilierung *f* <-, *ohne pl*> especialización *f* de un perfil personal destacado; **er arbeitete an seiner ~ im Marketing-Bereich** se esforzaba en distinguirse por sus cualidades en el ámbito del marketing

Profillosigkeit *f* <-, *ohne pl*> falta *f* de perfil

Profilneurose *f* <-, -n> (PSYCH) ansiedad *f* constante de destacar, afán *m* de notoriedad

Profilsohle *f* <-, -n> suela *f* dentada

Profit [pro'fi:t] *m* <-(e)s, -e> **1.** (*Nutzen*) provecho *m*; **~ aus etw schlagen/ziehen** obtener/sacar provecho de algo; **bei** [*o* **mit**] **etw ~ machen** sacar ganancias de algo **2.** (WIRTSCH) beneficio *m*, ganancia *f*; **~ abwerfen/erwirtschaften** arrojar/obtener beneficios; **mit ~ arbeiten** trabajar con beneficios

profitabel [profi'ta:bəl] *adj* lucrativo, fructífero; **ein profitables Geschäft** un negocio muy lucrativo

Profitgier *f* <-, *ohne pl*> (*abw*) afán *m* de lucro

profitieren* [profi'ti:rən] *vi* salir ganando (*von/bei* en), sacar provecho (*von/bei* de)

Profitjäger(in) *m(f)* <-s, -; -, -nen> (*abw*) aprovechado, -a *m, f*; **Profitverschleierung** *f* <-, -en> ocultación *f* de beneficios

pro forma [pro: 'fɔrma] *adv* (*der Form halber*) proforma; **eine Rechnung ~ ausstellen** expedir una factura proforma; **jdn ~ heiraten** contraer matrimonio ficticio; **Pro-forma-Rechnung** *f* <-, -en> (WIRTSCH) factura *f* proforma

Prognose [pro'gno:zə] *f* <-, -n> pronóstico *m*; **welche ~ hat er dir gestellt?** ¿qué te ha pronosticado?; **eine ~ wagen** atreverse a emitir un pronóstico

prognostizieren* [prognɔsti'tsi:rən] *vt* pronosticar

Programm [pro'gram] *nt* <-s, -e> **1.** (*Planung, Ablauf*) programa *m*; **auf dem ~ stehen** figurar en el programa; **es verläuft alles nach ~** todo transcurre según lo previsto; **unser ~ für den heutigen Abend** nuestro programa para esta noche; **ich habe diese Woche ein volles ~** estoy ocupado toda la semana **2.** (INFOR) programa *m*; **ein ~ schreiben/entwickeln** escribir/crear un programa **3.** (RADIO, TV) cadena *f*, canal *m*; **der Film kommt im zweiten ~** la película se emite por [*o* en] la segunda cadena; **Programmabbruch** *m* <-(e)s, -brüche> (INFOR) interrupción *f* del programa; **Programmänderung** *f* <-, -en> cambio *m* de programa(ción)

programmatisch [progra'ma:tɪʃ] *adj* programático

Programmaufruf *m* <-(e)s, *ohne pl*> (INFOR) llamada *f* del programa; **Programmdiskette** *f* <-, -n> (INFOR) disquete *m* del programa; **Programmdokumentation** *f* <-, -en> (INFOR) documentación *f* del programa; **Programmfehler** *m* <-s, -> (INFOR) error *m* del programa [*o* de programación]; **Programmfolge** *f* <-, -n> desarrollo *m* del programa; **programmgemäß** *adj* de acuerdo con el programa; **alles verlief ~** todo transcurrió conforme al plan; **Programmgestaltung** *f* <-, -en> programación *f;* **programmgesteuert** *adj* controlado [*o* asistido] por un programa (de ordenador); **Programmheft** *nt* <-(e)s, -e> programa *m;* **Programmhinweis** *m* <-es, -e> información *f* sobre el programa

programmierbar *adj* (*a.* INFOR) programable

programmieren* [progra'mi:rən] **I.** *vi* (*a.* INFOR) programar **II.** *vt* planear; (*a.* INFOR) programar

Programmierer(in) *m(f)* <-s, -; -, -nen> programador(a) *m(f)*

Programmiersprache *f* <-, -n> (INFOR) lenguaje *m* de programación

Programmierung *f* <-, -en> (INFOR) programación *f*

Programmkino *nt* <-s, -s> cineclub *m;* **Programmlauf** *m* <-(e)s, -läufe> (INFOR) ejecución *f* del programa; **Programmname** *m* <-ns, -n> (INFOR) nombre *m* del programa; **Programmpunkt** *m* <-(e)s, -e> punto *m* en el programa; **Programmsteuerung** *f* <-, *ohne pl*> (INFOR) control *m* de programa; **Programmsystem** *nt* <-s, -e> (INFOR) conjunto *m* de programas, paquete *m* de programas; **Programmvorschau** *f* <-, -en> avance *m* del programa; **Programmwahl** *f* <-, *ohne pl*> (TV) selección *f* de canal; **Programmzeitschrift** *f* <-, -en> revista *f* con la programación de radio y televisión

Progression [progrɛ'sjo:n] *f* <-, -en> progresión *f*

progressiv [progrɛ'si:f] *adj* **1.** (*fortschrittlich*) progresista, progre *fam* **2.** (*allmählich steigend*) progresivo

Prohibition [prohibi'tsjo:n] *f* <-, -en> prohibición *f*

Projekt [pro'jɛkt] *nt* <-(e)s, -e> proyecto *m;* **ein ~ ausarbeiten/durchführen** elaborar/llevar a cabo un proyecto; **ein ~ ausschreiben** sacar un proyecto a concurso; **Projektgruppe** *f* <-, -n> grupo *m* de trabajo (de un proyecto)

projektieren* [projɛk'ti:rən] *vt* proyectar

Projektil [projɛk'ti:l] *nt* <-s, -e> proyectil *m*

Projektion [projɛk'tsjo:n] *f* <-, -en> (*a.* MATH, FILM) proyección *f;* **Projektionsapparat** *m* <-(e)s, -e> proyector *m;* **Projektionsfläche** *f* <-, -n> **1.** (MATH) plano *m* de proyección **2.** (FILM) pantalla *f;* **Projektionsgerät** *nt* <-(e)s, -e> proyector *m*

Projektleiter(in) *m(f)* <-s, -; -, -nen> director(a) *m(f)* de(l) proyecto

Projektor [pro'jɛkto:ɐ] *m* <-s, -en> proyector *m*

projizieren* [proji'tsi:rən] *vt* (*geh a.* FILM, MATH) proyectar

Proklamation [proklama'tsjo:n] *f* <-, -en> proclamación *f;* **die ~ der Menschenrechte** la proclamación de los derechos humanos

proklamieren* [prokla'mi:rən] *vt* proclamar

Proklamierung *f* <-, -en> proclamación *f*

Pro-Kopf-Ausgaben *fpl* (WIRTSCH) consumo *m* per cápita [*o* individual]; **Pro-Kopf-Einkommen** [pro:'kɔpf-] *nt* <-s, *ohne pl*> renta *f* per cápita; **Pro-Kopf-Verbrauch** *m* <-(e)s, *ohne pl*> (WIRTSCH) consumo *m* per cápita [*o* por habitante]

Prokura [pro'ku:ra] *f* <-, Prokuren> poder *m* general, procuración *f;* **per ~** por poder; **~ haben** tener el poder general; **jdm ~ erteilen** otorgar a alguien poder general

Prokurist(in) [proku'rɪst] *m(f)* <-en, -en; -, -nen> apoderado, -a *m, f* (general), procurador(a) *m(f)*

Prolet(in) [pro'le:t] *m(f)* <-en, -en; -, -nen> (*abw*) persona *f* vulgar, roto, -a *m, f Chil*

Proletariat [proletari'a:t] *nt* <-(e)s, -e> proletariado *m*

Proletarier(in) [prole'ta:riɐ] *m(f)* <-s, -; -, -nen> proletario, -a *m, f,* roto, -a *m, f Chil*

proletarisch [prole'ta:rɪʃ] *adj* proletario

Proletin *f* <-, -nen> *s.* **Prolet**

Prolo *m* <-s, -s> (*abw sl: Prolet*) proleta *mf*

Prolog [pro'lo:k] *m* <-(e)s, -e> prólogo *m*

prolongieren* [prolɔŋ'gi:rən] *vt* (WIRTSCH) prolongar

Promenade [promə'na:də] *f* <-, -n> paseo *m;* **Promenadendeck** *nt* <-(e)s, -s> (NAUT) cubierta *f* de paseo, puente *m;* **Promenadenmischung** *f* <-, -en> (*fam*) *ejemplar canino resultante de una mezcla de razas*

promenieren* [promə'ni:rən] *vi sein* (*geh*) pasearse

Promethium [pro'mɛtiʊm] *nt* <-s, *ohne pl*> (CHEM) prometio *m*

Promi ['prɔmi] *m* <-s, -s> (*fam*) famoso, -a *m, f*

Promille [pro'mɪlə] *nt* <-(s), -> **1.** (*Tausendstel*) tanto *m* por mil, por mil *m;* **ihr stehen 8 ~ zu** le corresponde el 8 por mil **2.** *pl* (*fam: Alkoholgehalt im Blut*) grado *m* de alcoholemia; **er hatte 1,2 ~** tenía un grado de alcoholemia de 1,2; **Promillegrenze** *f* <-, -n> grado *m* máximo de alcoholemia; **Promillemesser** *m* <-s, -> alcoholímetro *m*

prominent [promi'nɛnt] *adj* prominente; (*berühmt*) famoso

Prominente(r) *mf* <-n, -n; -n, -n> personalidad *f,* famoso, -a *m, f;* **~ aus Kultur, Politik und Wirtschaft** personalidades de la cultura, la política y la economía; **die meisten der geladenen Gäste waren ~** la mayoría de los invitados eran famosos

Prominenz [promi'nɛnts] *f* <-, *ohne pl*> personalidades *fpl,* galaxia *f ZAm;* **~ von Film und Bühne** personalidades del cine y del teatro; **zur ~ gehören** ser una personalidad

promisk *adj* promiscuo

Promiskuität [promɪskui'tɛ:t] *f* <-, *ohne pl*> promiscuidad *f*

promiskuitiv *adj* promiscuo

promoten* [prə'mɔʊtən] *vt* promover, fomentar
Promotion [promo'tsjo:n] *f* <-, -en> **1.** (*Verleihung des Doktorgrades*) doctorado *m* **2.** (*Schweiz:* SCH: *Versetzung*) traslado *m* **3.** (*Schweiz:* SPORT: *Aufstieg*) ascenso *m*
promovieren* [promo'vi:rən] **I.** *vi* **1.** (*Dissertation schreiben*) escribir una tesis doctoral (*in* en, *über* sobre), hacer el doctorado (*in* en); **bei jdm ~** hacer el doctorado con alguien **2.** (*Doktorwürde erlangen*) doctorarse (*in* en) **II.** *vt* (*Schweiz:* SCH: *versetzen*) trasladar
prompt [prɔmpt] **I.** *adj* inmediato, rápido; **eine ~e Antwort erhalten** recibir una contestación inmediata **II.** *adv* en el acto, al tiro *Am;* **er reagierte ~** reaccionó en el acto; **er ist ~ darauf/auf sie hereingefallen** (*fam*) picó enseguida con eso/con ella; **Promptgeschäft** *nt* <-(e)s, -e> (WIRTSCH) operación *f* al contado
Promptheit *f* <-, *ohne pl*> prontitud *f,* celeridad *f;* **die Aufträge wurden mit ~ und Zuverlässigkeit ausgeführt** se ejecutaron los encargos con prontitud y fiabilidad; **von der ~ der Bedienung im Restaurant war sie angenehm überrascht** la celeridad del servicio en el restaurante la sorprendió agradablemente
Promptware *f* <-, -n> (WIRTSCH) mercancía *f* al contado
Pronomen [pro'no:mən] *nt* <-s, – *o* Pronomina> (LING) pronombre *m*
pronominal [pronomi'na:l] *adj* (LING) pronominal
Propaganda [propa'ganda] *f* <-, *ohne pl*> **1.** (POL) propaganda *f* **2.** (WIRTSCH) publicidad *f,* propaganda *f;* **~ für etw machen** hacer propaganda para algo; **Propagandafeldzug** *m* <-(e)s, -züge> campaña *f* propagandística
Propagandist(in) [propagan'dɪst] *m(f)* <-en, -en; -, -nen> **1.** (POL) propagandista *mf* **2.** (WIRTSCH) publicista *mf,* agente *mf* de publicidad
propagandistisch *adj* propagandístico; **etw ~ ausschlachten** explotar algo con fines propagandísticos
propagieren* [propa'gi:rən] *vt* propagar
Propan [pro'pa:n] *nt* <-s, *ohne pl*> propano *m;* **Propangas** *nt* <-es, *ohne pl*> gas *m* propano
Propeller [pro'pɛlɐ] *m* <-s, -> (AERO, NAUT) propulsor *m,* hélice *f;* **Propellerflugzeug** *nt* <-(e)s, -e> avión *m* de hélice
proper ['prɔpɐ] *adj* (*fam*) aseado, limpio; **Propergeschäft** *nt* <-(e)s, -e> (WIRTSCH) negocio *m* por cuenta propia
Prophet(in) [pro'fe:t] *m(f)* <-en, -en; -, -nen> profeta, -isa *m, f;* **ich bin (doch) kein ~!** (*fam*) ¡no soy profeta!; **der ~ gilt nichts in seinem Vaterland(e)** (*prov*) nadie es profeta en su tierra
prophetisch *adj* profético
prophezeien* [profe'tsaɪən] *vt* predecir, pronosticar; (REL) profetizar
Prophezeiung *f* <-, -en> pronóstico *m;* (REL) profecía *f*
Prophylaktikum [profy'laktikʊm] *nt* <-s, Prophylaktika> (MED) medicamento *m* preventivo
prophylaktisch [profy'laktɪʃ] *adj* preventivo; (MED) profiláctico
Prophylaxe [profy'laksə] *f* <-, -n> (MED) profilaxis *f inv*
Propionsäure *f* <-, *ohne pl*> (CHEM) ácido *m* propiónico
Proportion [propɔr'tsjo:n] *f* <-, -en> (*a.* MATH) proporción *f;* **die ~en stimmen nicht** hay un error en las proporciones
proportional [propɔrtsjo'na:l] *adj* proporcional (*zu* a); **die Steuern steigen ~ zum Einkommen** los impuestos suben proporcionalmente a los ingresos; **Proportionalschrift** *f* <-, -en> (INFOR) letra *f* proporcional
proportioniert [propɔrtsjo'ni:ɐt] *adj* proporcionado
Proporz [pro'pɔrts] *m* <-es, -e> (POL) representación *f* proporcional
proppenvoll ['prɔpənfɔl] *adj* (*fam*) lleno a reventar, hasta los topes, a tope *sl;* **der Zug war ~** el tren iba a tope
Propst [pro:pst, *pl:* 'prø:pstə] *m* <-(e)s, Pröpste>, **Pröpstin** *f* <-, -nen> (REL) preboste *mf*
Prosa ['pro:za] *f* <-, *ohne pl*> prosa *f*
prosaisch [pro'za:ɪʃ] *adj* (*geh*) prosaico
Proseminar ['pro:zemina:ɐ] *nt* <-s, -e> (UNIV) *seminario para estudiantes universitarios del primer ciclo*
ProShare Video System *nt* <- - -s, - - -e> (INFOR, TEL) sistema *m* de conferencias por vídeo de ordenador a ordenador
prosit ['pro:zɪt] *interj* (*fam*) ¡salud!, ¡chinchín!
Prosit ['pro:zɪt] *nt:* **ein ~ auf jdn ausbringen** brindar por alguien, beber a la salud de alguien; **ein ~ auf unsere Gastgeber!** ¡un brindis a la salud de nuestros anfitriones!
Prospekt [pro'spɛkt] *m* <-(e)s, -e> folleto *m,* prospecto *m;* **Prospekthülle** *f* <-, -n> funda *f* para folletos
Prosperität [prosperi'tɛ:t] *f* <-, *ohne pl*> prosperidad *f*
prost [pro:st] *interj* (*fam*) ¡salud!, ¡chinchín!; **na dann ~!** (*iron*) ¡menuda paliza!, ¡todo mi gozo en un pozo!
Prostata ['prɔstata] *f* <-, Prostatae> (ANAT) próstata *f;* **Prostatakrebs** *m* <-es, -e> (MED) cáncer *m* de próstata; **Prostatavergrößerung** *f* <-, -en> (MED) dilatación *f* de la próstata
prosten *vi* **1.** (*Prost rufen*) brindar; **gießt euch was ein, damit wir endlich ~ können!** ¡llenad vuestras copas para que podamos brindar de una vez! **2.** (*ein Prosit ausbringen*)

pronunciar un brindis; **auf jdn/etw** ~ pronunciar un brindis a la salud de alguien/por algo

prostituieren* [prostitu'i:rən] *vr:* **sich** ~ prostituirse

Prostituierte(r) [prostitu'i:ɐtə, -tɐ] *mf* <-n, -n; -n, -n> prostituto, -a *m, f,* pípila *f Mex*

Prostitution [prostitu'tsjo:n] *f* <-, *ohne pl*> prostitución *f;* **der** ~ **nachgehen** dedicarse a [*o* ejercer] la prostitución

Protactinium [protak'tɪniʊm] *nt* <-s, *ohne pl*> (CHEM) protactinio *m*

Protagonist(in) [protago'nɪst] *m(f)* <-en, -en; -, -nen> protagonista *mf*

Protegé [prote'ʒe:] *m* <-s, -s> protegido, -a *m, f*

protegieren* [prote'ʒi:rən] *vt* proteger, apadrinar

Protein [prote'i:n] *nt* <-s, -e> proteína *f;* **Proteinextrakt** *m o nt* <-(e)s, -e> extracto *m* de proteína

Protektion [protɛk'tsjo:n] *f* <-, -en> protección *f*

Protektionismus [protɛktsjo'nɪsmʊs] *m* <-, *ohne pl*> (WIRTSCH) proteccionismo *m*

Protektorat [protɛkto'ra:t] *nt* <-(e)s, -e> **1.** (*Schirmherrschaft*) patrocinio *m;* **unter jds** ~ bajo el amparo [*o* con el apoyo] de alguien **2.** (POL) protectorado *m*

Protest [pro'tɛst] *m* <-(e)s, -e> protesta *f,* planteo *m Arg;* **rechtzeitiger/verspäteter** ~ (FIN) protesto oportuno/fuera de plazo; ~ **gegen jdn/etw erheben** elevar una protesta contra alguien/algo; **etw aus** ~ **tun** hacer algo en señal de protesta; **unter** ~ bajo protesta; **Protestaktion** *f* <-, -en> acción *f* de protesta

Protestant(in) [protɛs'tant] *m(f)* <-en, -en; -, -nen> protestante *mf*

protestantisch *adj* protestante

Protestantismus *m* <-, *ohne pl*> protestantismo *m*

Protestbewegung *f* <-, -en> movimiento *m* de protesta

protestieren* [protɛs'ti:rən] *vi* protestar; (WIRTSCH) levantar un protesto

Protestkundgebung *f* <-, -en> manifestación *f* de protesta; **Protestmarsch** *m* <-(e)s, -märsche> marcha *f* de protesta; **Protestnote** *f* <-, -n> (POL, JUR) nota *f* de protesta; **Protestschreiben** *nt* <-s, -> carta *f* de protesta; **Protestsong** *m* <-s, -s> canción-protesta *f;* **Proteststreik** *m* <-(e)s, -s> huelga *f* de protesta; **Protesturkunde** *f* <-, -n> (FIN) acta *f* de protesto; **Protestwähler(in)** *m(f)* <-s, -; -, -nen> (POL) *elector(a) descontento, -a que vota por un partido distinto a su partido habitual;* **Protestwelle** *f* <-, -n> oleada *f* de protestas

Prothese [pro'te:zə] *f* <-, -n> (MED, LING) prótesis *f inv*

Protokoll[1] [proto'kɔl] *nt* <-s, -e> **1.** (*Niederschrift*) protocolo *m,* acta *f;* **gerichtliches** ~ acta judicial; **ein polizeiliches** ~ un atestado policial; ~ **führen** redactar el acta; **das** ~ **aufnehmen** levantar acta; **etw zu** ~ **geben** hacer constar algo en acta; **etw zu** ~ **nehmen** protocolar algo **2.** (*reg: Strafmandat*) multa *f*

Protokoll[2] *nt* <-s, *ohne pl*> (*Zeremoniell*) protocolo *m;* **gegen das** ~ **verstoßen** infringir el protocolo

Protokollant(in) *m(f)* <-en, -en; -, -nen> *s.* **Protokollführer**

protokollarisch [protokɔ'la:rɪʃ] *adj* protocolario; **mit allen ~en Ehrungen** con todos los honores que exige el protocolo; **etw** ~ **festhalten** levantar acta de algo

Protokolldatei *f* <-, -en> (INFOR) archivo *m* de protocolo; **Protokollführer(in)** *m(f)* <-s, -; -, -nen> secretario, -a *m, f* de actas; (*bei Gericht*) actuario, -a *m, f*

protokollieren* [protokɔ'li:rən] **I.** *vt* **1.** (*bei einer Sitzung, der Polizei*) hacer constar en acta **2.** (*in der Schule, Universität*) tomar nota (de) **II.** *vi* redactar el acta

Proton [pro'to:n] *nt* <-s, -en> (PHYS) protón *m*

Protoplasma [proto'plasma] *nt* <-s, *ohne pl*> (BIOL) protoplasma *m*

Prototyp ['pro:toty:p] *m* <-s, -en> (*a.* TECH) prototipo *m*

Protz [prɔts] *m* <-es *o* -en, -e(n)> (*fam*) fanfarrón, -ona *m, f,* presumido, -a *m, f*

protzen *vi* (*fam*) presumir (*mit* de); (*mit Mut*) chulear (*mit* de)

Protzerei *f* <-, *ohne pl*> (*fam: lästiges Protzen*) chulería *f;* **diese** ~ **mit der Jacht geht mir langsam auf die Nerven!** ¡ya me está mosqueando tanta chulería [*o* tanto dárselas] con el yatecito!

protzig I. *adj* (*fam*) **1.** (*angeberisch*) fanfarrón **2.** (*luxuriös*) ostentoso **II.** *adv* (*fam*) con aires de fanfarrón

Provenienz *f* <-, -en> (*geh*) procedencia *f,* origen *m*

Proviant [provi'ant] *m* <-s, -e> víveres *mpl;* **sich mit** ~ **versorgen** aprovisionarse de víveres

Provinz [pro'vɪnts] *f* <-, -en> provincia *f;* **das ist hinterste** [*o* **tiefste**] [*o* **finsterste**] ~ eso es pura provincia

provinziell [provɪn'tsjɛl] *adj* provinciano

Provinzler(in) [pro'vɪntslɐ] *m(f)* <-s, -; -, -nen> (*fam abw*) provinciano, -a *m, f*

Provinzstadt *f* <-, -städte> ciudad *f* de provincias; **Provinzzeitung** *f* <-, -en> periódico *m* de provincias; (*abw*) periodicucho *m*

Provision [provi'zjo:n] *f* <-, -en> (WIRTSCH) comisión *f;* ~ **gewähren** ofrecer comisión; **auf** [*o* **gegen**] ~ **arbeiten** trabajar a comisión; **Provisionsbasis** *f* <-, *ohne pl*> (WIRTSCH): **auf** ~ **arbeiten** trabajar a comisión; **Provisionseinnahmen** *fpl* ingresos *mpl* en concepto de comisión

Provisorien *pl von* **Provisorium**
provisorisch [provi'zo:rɪʃ] *adj* provisional, para salir del paso *fam;* **etw ~ reparieren** reparar algo de manera provisional
Provisorium [provi'zo:riʊm] *nt* <-s, Provisorien> solución *f* provisional
provokant [provo'kant] *adj* provocador, provocativo
Provokateur(in) [provoka'tø:ɐ] *m(f)* <-s, -e; -, -nen> provocador(a) *m(f)*
Provokation [provoka'tsjo:n] *f* <-, -en> provocación *f;* **etw als ~ empfinden** interpretar algo como una provocación
provokativ [provoka'ti:f] *adj* provocador, provocativo; **sich ~ verhalten** comportarse de manera provocativa
provozieren* [provo'tsi:rən] *vt* provocar, torear *Arg, Chil;* **jdn zu einer Reaktion ~** provocar una reacción (específica) en alguien
provozierend *adj s.* **provokant**
Proxy-Server *m* <-s, -> (INFOR, TEL) servidor *m* Proxy
Prozedere *nt* <-, -> (*geh*) (modo *m* de) proceder *m*
Prozedur [protse'du:ɐ] *f* <-, -en> procedimiento *m;* (INFOR) rutina *f*
prozedural *adj* (INFOR) referente al procedimiento
Prozent [pro'tsɛnt] *nt* <-(e)s, -e> **1.** (*Hundertstel*) tanto *m* por ciento; (*bei Alkoholgehalt*) grado *m;* **etw in ~ ausdrücken** expresar algo en tantos por ciento [*o* porcentualmente]; **50 ~ der Bevölkerung** el 50 por ciento de la población; **dieser Schnaps hat 40 ~ (Alkohol)** este aguardiente tiene 40 grados (de alcohol) **2.** *pl* (*fam: Rabatt*) rebaja *f;* **~e bekommen** recibir una rebaja; **Prozentpunkt** *m* <-(e)s, -e> punto *m* porcentual; **Prozentrechnung** *f* <-, *ohne pl*> cálculo *m* porcentual; **Prozentsatz** *m* <-es, -sätze> porcentaje *m*
prozentual [protsɛntu'a:l] *adj* porcentual; **der ~e Anteil** el tanto por ciento, el porcentaje
Prozess[RR] [pro'tsɛs] *m* <-es, -e>, **Prozeß** *m* <-sses, -sse> **1.** (JUR: *Zivil~*) pleito *m;* (*Straf~*) proceso *m;* **laufender ~** proceso en curso, juicio en curso; **einen ~ anstrengen** promover un pleito, promover una acción judicial; **gegen jdn einen ~ führen** litigar contra alguien; **einen ~ gewinnen/verlieren** ganar/perder un pleito; **jdm den ~ machen** procesar a alguien; **mit jdm/etw kurzen ~ machen** (*fam*) cortar por lo sano con alguien/algo **2.** (*Vorgang*) proceso *m;* **Prozessakten**[RR] *fpl* (JUR) autos *mpl,* actas *fpl* procesales; **Prozessbeteiligte(r)**[RR] *mf* <-n, -n; -n, -n> (JUR) sujeto *m* del proceso; **Prozessbevollmächtigte(r)**[RR] *mf* <-n, -n; -n, -n> (JUR) procurador(a) *m(f)* judicial; **prozessfähig**[RR] *adj* (JUR) con capacidad procesal; **Prozessfähigkeit**[RR] *f* <-, *ohne pl*> (JUR) capacidad *f;* **Prozessgegenstand**[RR] *m* <-(e)s, -stände> (JUR) objeto *m* del proceso [*o* del litigio]; **Prozessgegner(in)**[RR] *m(f)* <-s, -; -, -nen> parte *f* contraria; **Prozesshansel**[RR] *m* <-s, -(n)> (*fam abw*) buscapleitos *mf inv*
prozessieren* [protsɛ'si:rən] *vi* pleitear, litigar; **ständiges P~** continuos litigios
Prozession [protsɛ'sjo:n] *f* <-, -en> procesión *f*
Prozesskosten[RR] *pl* costas *fpl* procesales; **Prozesskostenhilfe**[RR] *f* <-, *ohne pl*> (JUR) asistencia *f* judicial [*o* legal] gratuita
Prozessor [pro'tsɛso:ɐ] *m* <-s, -en> (INFOR) procesador *m*
Prozessordnung[RR] *f* <-, -en> (JUR) código *m* procesal; **Prozesspartei**[RR] *f* <-, -en> (JUR) parte *f* litigante; **Prozessrecht**[RR] *nt* <-s, *ohne pl*> (JUR) derecho *m* procesal; **prozessunfähig**[RR] *adj* (JUR) sin capacidad procesal; **Prozessunfähigkeit**[RR] *f* <-, *ohne pl*> (JUR) incapacidad *f* procesal; **Prozessvollmacht**[RR] *f* <-, -en> (JUR) poder *m* judicial
prüde ['pry:də] *adj* pudibundo
Prüderie [pry:də'ri:] *f* <-, *ohne pl*> pudibundez *f*
Prüfbit *nt* <-(s), -(s)> bit *m* de control [*o* de verificación]
Prüfbyte *nt* <-(s), -(s)> (INFOR) byte *m* de control [*o* de verificación]
prüfen ['pry:fən] *vt* **1.** (*untersuchen, abfragen*) examinar; (*über~, nach~*) comprobar, verificar, chequear *Am;* **sie prüfte die Ware auf ihren einwandfreien Zustand** comprobó si la mercancía se encontraba en perfecto estado; **die Ausweise ~** comprobar la documentación; **jdn in Biologie ~** examinar a alguien de biología; **staatlich geprüft** con diploma oficial; **mit ~den Blicken** con una mirada escrutadora; **sie prüft, ob die Temperatur stimmt** está comprobando si es la temperatura adecuada **2.** (*geh: heimsuchen*) castigar; **ein schwer geprüfter Vater** un padre duramente castigado por el destino
Prüfer(in) *m(f)* <-s, -; -, -nen> (*Beruf*) inspector(a) *m(f);* (*Schule, Universität*) examinador(a) *m(f)*
Prüfgerät *nt* <-(e)s, -e> (TECH) (aparato *m*) comprobador *m;* **Prüflampe** *f* <-, -n> (TECH) lámpara *f* de prueba
Prüfling *m* <-s, -e> examinando, -a *m, f,* persona *f* a examinar
Prüfliste *f* <-, -n> lista *f* de verificación [*o* de control]; **Prüfstand** *m* <-(e)s, -stände> (TECH) instalación *f* de pruebas; **auf dem ~ stehen** (*fig*) tener que demostrar su eficacia; **Prüfstein** *m* <-(e)s, -e> piedra *f* de toque, comprobante *m;* **ein ~ für etw sein** ser una garantía de algo; **Prüfsumme** *f* <-, -n> (INFOR, TEL) suma *f* de verificación
Prüfung *f* <-, -en> **1.** (*Untersuchung, Schul~*) examen *m;* (*Über~*) inspección *f,* control *m;* **eine ~ bestehen/ablegen** aprobar/

hacer un examen; **in** [*o* **bei**] **einer ~ durchfallen** suspender un examen; **sich einer ~ unterziehen** examinarse; **etw einer ~ unterziehen** someter algo a prueba; **nach ~ Ihrer Beschwerde** después de haber comprobado su queja; **die mündliche/schriftliche ~ in Biologie** el examen oral/escrito de biología **2.** (*geh: Heimsuchung*) revés *m* (de la fortuna); **Prüfungsangst** *f* <-, -ängste> miedo *m* a los exámenes; **Prüfungsarbeit** *f* <-, -en> examen *m* (escrito), trabajo *m* escrito; **Prüfungsaufgabe** *f* <-, -n> tema *m* de examen, pregunta *f* de examen; **Prüfungsausschuss**[RR] *m* <-es, -schüsse> tribunal *m* (examinador); **Prüfungsergebnis** *nt* <-ses, -se> resultado *m* del examen; **Prüfungsgebühr** *f* <-, -en> derechos *mpl* de examen; **Prüfungsgegenstand** *m* <-(e)s, -stände> materia *f* (objeto) de examen; **Prüfungskommission** *f* <-, -en> comisión *f* examinadora, tribunal *m;* **Prüfungsordnung** *f* <-, -en> (SCH, UNIV) reglamento *m* de exámenes; **Prüfungstermin** *m* <-s, -e> **1.** (*Examen*) fecha *f* de examen **2.** (WIRTSCH) fecha *f* de inspección; **Prüfungsvermerk** *m* <-(e)s, -e> certificado *m* de revisión; **Prüfungszeugnis** *nt* <-ses, -se> diploma *m*

Prüfverfahren *nt* <-s, -> procedimiento *m* de prueba; (TECH) método *m* de ensayo; **Prüfzeichen** *nt* <-s, -> marca *f* de contraste [*o* de control]; **Prüfzwecke** *mpl:* **zu ~n** a efectos de examen

Prügel ['pry:gəl] *m* <-s, -> **1.** (*Knüppel*) palo *m* **2.** *pl* (*Schläge*) tunda *f,* batida *f Peru, PRico;* **~ bekommen** [*o* **beziehen**] recibir una paliza

Prügelei *f* <-, -en> pelea *f*

Prügelknabe *m* <-n, -n> (*fam*) cabeza *f* de turco

prügeln ['pry:gəln] **I.** *vt* golpear, apalear, potrear *Guat, Peru;* **damals mussten sie ihn in die Schule ~** entonces había que pegarle para que fuera a la escuela **II.** *vr:* **sich ~** pelearse, pegarse, faitear; **sich um etw ~** pelearse por algo

Prügelstrafe *f* <-, *ohne pl*> castigo *m* corporal

Prunk [prʊŋk] *m* <-(e)s, *ohne pl*> suntuosidad *f,* pompa *f*

prunken *vi* resplandecer, brillar; **mit etw ~** hacer alarde de algo, ostentar algo

Prunkstück *nt* <-(e)s, -e> obra *f* maestra; **Prunksucht** *f* <-, *ohne pl*> fastuosidad *f,* boato *m;* **prunksüchtig** *adj* pomposo, opulento; **prunkvoll** *adj* ostentoso, suntuoso; **~ verziert** adornado fastuosamente

prusten ['pru:stən] *vi* resoplar; **vor Lachen ~** partirse de risa

PS [pe:'ʔɛs] **1.** *Abk. von* **Pferdestärke** CV **2.** *Abk. von* **Postskript(um)** P.D.

Psalm [psalm] *m* <-s, -en> salmo *m*

Psalter ['psaltɐ] *m* <-s, -> (REL) libro *m* de salmos, (p)salterio *m*

Pseudokrupp ['psɔɪdokrʊp] *m* <-s, *ohne pl*> (MED) *enfermedad parecida a la difteria con inflamación de la laringe*

pseudonym *adj* (*geh*) (bajo) (p)seudónimo; **ein ~es Werk** una obra (p)seudónima [*o* escrita bajo (p)seudónimo]

Pseudonym [psɔɪdo'ny:m] *nt* <-s, -e> (p)seudónimo *m*

pst [pst] *interj* ¡pss!, ¡pst!

Psyche ['psy:çə] *f* <-, -n> (p)sique *f*

psychedelisch [psyçe'de:lɪʃ] *adj* (p)sicodélico

Psychiater(in) [psy'ç(j)a:tɐ] *m(f)* <-s, -; -, -nen> (p)siquiatra *mf*

Psychiatrie[1] [psyç(j)a'tri:] *f* <-, *ohne pl*> (*Gebiet der Medizin*) (p)siquiatría *f*

Psychiatrie[2] *f* <-, -n> (*sl: psychiatrische Abteilung*) departamento *m* de (p)siquiatría

psychiatrisch [psy'ç(j)a:trɪʃ] *adj* (MED) (p)siquiátrico; **in ~er Behandlung sein** estar en tratamiento (p)siquiátrico

psychisch ['psy:çɪʃ] *adj* (p)síquico; **~ krank** enfermo mental; **~ labil** inestable (p)síquicamente; **~e Störungen** trastornos mentales; **~ völlig am Ende sein** estar destrozado (p)síquicamente

Psychoanalyse [----'--] *f* <-, *ohne pl*> (PSYCH) (p)sicoanálisis *m inv;* **Psychoanalytiker(in)** [----'---] *m(f)* <-s, -; -, -nen> (p)sicoanalista *mf;* **psychoanalytisch** [----'--] *adj* (p)sicoanalítico

Psychodroge ['psy:ço-] *f* <-, -n> (p)sicofármaco *m,* (p)sicótropo *m*

psychogen [psyço'ge:n] *adj* (MED, PSYCH) (p)sicogénico

Psychogramm *nt* <-s, -e> (PSYCH) estudio *m* (p)sicológico

Psychologe, -in [psyço'lo:gə] *m, f* <-n, -n; -, -nen> (p)sicólogo, -a *m, f*

Psychologie [psyçolo'gi:] *f* <-, *ohne pl*> (p)sicología *f*

Psychologin *f* <-, -nen> *s.* **Psychologe**

psychologisch *adj* (p)sicológico; **~e Kriegsführung** guerra (p)sicológica; **~ geschult** con formación (p)sicológica

Psychopath(in) [psyço'pa:t] *m(f)* <-en, -en; -, -nen> (PSYCH) (p)sicópata *mf*

Psychopathie *f* <-, -n> (PSYCH) (p)sicopatía *f*

Psychopathin *f* <-, -nen> *s.* **Psychopath**

psychopathisch *adj* **1.** (*die Psychopathie betreffend*) (p)sicopático; **~e Verhaltensstörungen** alteraciones (p)sicopáticas del comportamiento **2.** (*an Psychopathie leidend*) (p)sicopático, que padece una (p)sicopatía; **ein ~er Patient** un paciente (p)sicopático; **jd ist ~** alguien padece una (p)sicopatía [*o* es un (p)sicópata]; **das Kind verhält sich stark ~** el niño tiene un comportamiento fuertemente (p)sicopático

Psychopharmakon [psyço'farmakɔn, *pl:* -'farmaka] *nt* <-s, -pharmaka> (MED, PSYCH) (p)sicofármaco *m*

Psychose [psy'ço:zə] *f* <-, -n> (MED, PSYCH) (p)sicosis *f inv*

psychosomatisch [psyçozo'ma:tɪʃ] *adj* (MED) (p)sicosomático

Psychoterror ['psy:çotɛro:ɐ] *m* <-s, *ohne pl*> terror *m* (p)sicológico

Psychotherapeut(in) [psyçotera'pɔɪt, 'psy:ço-] *m(f)* <-en, -en; -, -nen> (MED, PSYCH) (p)sicoterapeuta *mf;* **psychotherapeutisch** *adj* (MED, PSYCH) (p)sicoterapéutico; **Psychotherapie** [----'-, '-----] *f* <-, -n> (MED, PSYCH) (p)sicoterapia *f*

Pt (CHEM) *Abk. von* **Platin** Pt

PTA *mf* <-s, -s; -, -s> (PHARM) *Abk. von* **pharmazeutisch-technische(r) Assistent(in)** asistente *mf* técnico, -a de farmacia

PTT [pe:te:'te:] (*Schweiz*) *Abk. von* **Post-, Telefon- und Telegrafenbetrieb** *Correos, Telégrafos y Compañía de Teléfonos*

Pu (CHEM) *Abk. von* **Plutonium** Pu

pubertär [pubɛr'tɛ:ɐ] *adj* **1.** (*in der Pubertät*) púber, adolescente **2.** (*die Pubertät betreffend*) de la pubertad

Pubertät [pubɛr'tɛ:t] *f* <-, *ohne pl*> pubertad *f,* edad *f* de la punzada *ZAm, Cuba;* **Pubertätsakne** *f* <-, -n> (MED) acné *m* juvenil; **Pubertätszeit** *f* <-, -en> *s.* **Pubertät**

pubertieren* [pubɛr'ti:rən] *vi* (*geh*) estar en la pubertad

Publicity [pa'blɪsiti] *f* <-, *ohne pl*> publicidad *f;* **negative ~** mala publicidad; **publicityscheu** *adj* reservado, poco inclinado a la publicidad; **Greta Garbo war bekanntlich sehr ~** es sabido que Greta Garbo evitaba toda publicidad

PublicrelationsRR *pl,* **Public Relations** ['pablɪkri'lɛɪʃəns] *pl* relaciones *fpl* públicas; **Publicrelations-Abteilung**RR *f* <-, -en> departamento *m* de relaciones públicas

publik [pu'bli:k] *adj:* **~ werden** salir a la luz; **etw ~ machen** dar a conocer algo, hacer público algo; **~ sein** ser conocido

Publikation [publika'tsjo:n] *f* <-, -en> publicación *f*

Publikum ['pu:blikʊm] *nt* <-s, *ohne pl*> público *m;* **Publikumsandrang** *m* <-(e)s, *ohne pl*> afluencia *f* del público; **Publikumserfolg** *m* <-(e)s, -e> éxito *m* de público; **Publikumsgeschmack** *m* <-(e)s, *ohne pl*> gusto *m* del público; **das trifft den ~!** ¡esto es justamente lo que gusta al público!; **Publikumsliebling** *m* <-s, -e> favorito, -a *m, f* del público; **Publikumsmagnet** *m* <-en, -e(n)> gran atracción *f;* **Publikumsverkehr** *m* <-s, *ohne pl*> despacho *m* al público; **für den ~ geöffnet** abierto al público; **publikumswirksam** *adj* que causa gran efecto en el público

publizieren* [publi'tsi:rən] *vt* publicar

Publizist(in) [publi'tsɪst] *m(f)* <-en, -en; -, -nen> periodista *mf*

Publizistik [publi'tsɪstɪk] *f* <-, *ohne pl*> periodismo *m*

Publizistin *f* <-, -nen> *s.* **Publizist**

publizistisch *adj* periodístico

Puck [pʊk] *m* <-s, -s> (SPORT) disco *m*

Pudding ['pʊdɪŋ] *m* <-s, -e *o* -s> budín *m,* pudding *m;* **Puddingpulver** *nt* <-s, -> polvos *mpl* para hacer budín

Pudel ['pu:dəl] *m* <-s, -> perro *m* de lanas, caniche *m;* **wie ein begossener ~ dastehen** (*fam*) estar como tonto en vísperas; **das ist des ~s Kern** he ahí la madre del cordero; **Pudelmütze** *f* <-, -n> gorra *f* de lana; **pudelnackt** *adj* (*fam*) en cueros (vivos), en pelota(s); **pudelnass**RR ['--'-] *adj* (*fam*) calado hasta los huesos; **pudelwohl** ['--'-] *adv* (*fam*): **sich ~ fühlen** estar como el pez en el agua

Puder ['pu:dɐ] *m o nt* <-s, -> polvos *mpl* (de tocador); (*Talkum*) (polvos *mpl* de) talco *m;* **Puderdose** *f* <-, -n> polvera *f*

pudern ['pu:dɐn] *vt* empolvar; **sich** *dat* **das Gesicht ~** empolvarse la cara

Puderquaste *f* <-, -n> borla *f* (de polvos); **Puderzucker** *m* <-s, *ohne pl*> azúcar *m* en polvo

Puertoricaner(in) [pu̯ɛrtori'ka:nɐ] *m(f)* <-s, -; -, -nen> puertorriqueño, -a *m, f,* portorriqueño, -a *m, f*

puertoricanisch *adj* puertorriqueño, portorriqueño

Puerto Rico ['pu̯ɛrto 'ri:ko] *nt* <- -s> Puerto Rico *m*

Puff1 [pʊf, *pl:* 'pʏfə] *m* <-(e)s, Püffe *o* -e> (*fam: Stoß*) empujón *m;* **er kann schon mal einen ~ vertragen** tiene la piel bien dura

Puff2 *m* <-(e)s, -e *o* -s> **1.** (*Wäschekorb*) cesto *m* para la ropa sucia **2.** (*Sitzkissen*) puf *m*

Puff3 *m o nt* <-s, -s> (*fam: Bordell*) casa *f* de putas, quilombo *m Chil*

Puffärmel *m* <-s, -> manga *f* de globo [*o* de farol]

puffen **I.** *vt* (*fam*) dar un empujón, dar un golpecito; (*mit dem Ellenbogen*) dar un codazo **II.** *vi* (*fam: Lokomotive*) echar humo

Puffer *m* <-s, -> **1.** (*am Zug*) tope *m* **2.** (INFOR) *s.* **Pufferspeicher** **3.** (*Reibekuchen*) *fritura de patatas crudas ralladas;* **Pufferbestände** *mpl* (WIRTSCH) reservas *fpl* de emergencia; **Pufferlösung** *f* <-, -en> (CHEM) solución *f* tampón; **Puffersalz** *nt* <-es, -e> (CHEM) sal *f* tampón; **Pufferspeicher** *m* <-s, -> (INFOR) memoria *f* intermedia, almacenamiento *m* temporal; **Pufferstaat** *m* <-(e)s, -en> estado *m* tapón; **Pufferzone** *f* <-, -n> zona *f* tapón

Puffmais *m* <-es, -e> (GASTR) arroz *m* inflado

Puffmutter *f* <-, -mütter> (*fam abw*) alcahueta *f,* patrona *f* de burdel; **wie eine ~ aussehen** parecer un putón verbenero

puh [pu:] *interj* **1.** (*bah!*) ¡puaj!; **~, wie das stinkt!** ¡puaj, qué peste! **2.** (*ahhh!*) ¡puf!; **~, bin ich k.o.!** ¡puf, estoy hecho polvo!

P

pulen ['pu:lən] **I.** *vi* (*nordd: fam*) escarbar (*an/in* en) **II.** *vt* (*nordd: fam: Krabben*) pelar; (*Erbsen*) desvainar

Pulk [pʊlk] *m* <-(e)s, -s> pelotón *m*

Pull-Down-Menü *nt* <-s, -s> (INFOR) menú *m* desplegable

Pulle ['pʊlə] *f* <-, -n> (*fam*) botella *f;* **volle ~ (fahren)** (*fam*) (ir) a toda pastilla

Pulli ['pʊli] *m* <-s, -s> (*fam*), **Pullover** [pʊ'lo:vɐ] *m* <-s, -> jersey *m,* suéter *m,* pul(l)óver *m Am*

Pullunder [pʊ'lʊndɐ] *m* <-s, -> chaleco *m* de punto, pul(l)óver *m* (sin mangas) *Am*

Puls [pʊls] *m* <-es, -e> pulso *m;* **den ~ fühlen** tomar el pulso; **das Ohr am ~ der Zeit haben** estar al tanto de lo que pasa; **Pulsader** *f* <-, -n> arteria *f;* **sich** *dat* **die ~n aufschneiden** cortarse las venas

pulsieren* [pʊl'zi:rən] *vi* latir; **das Blut pulsiert durch die** [*o* **in den**] **Adern** la sangre circula por las venas; **das Leben pulsiert in den Straßen** las calles están muy animadas

Pulsschlag *m* <-(e)s, -schläge> pulsación *f;* **Pulswahl** *f* <-, *ohne pl*> (TEL) marcación *f* por (codificación de) impulsos; **Pulswärmer** *m* <-s, -> mitón *m*

Pult [pʊlt] *nt* <-(e)s, -e> **1.** (*Schreib~*) pupitre *m* **2.** (*Noten~*) atril *m*

Pulver ['pʊlvɐ] *nt* <-s, -> polvo *m;* (*Schieß~*) pólvora *f;* **er hat das ~ nicht erfunden** (*fam*) no ha inventado la pólvora, no es ningún lince; **sein ~ verschossen haben** (*fam*) llegar al final de sus fuerzas; **Pulverfass**[RR] *nt* <-es, -fässer> barril *m* de pólvora, polvorín *m;* **das Land gleicht einem ~** el país parece un barril de pólvora; **wir sitzen auf einem ~** nos encontramos ante un polvorín

pulv(e)rig *adj* pulverulento

pulverisieren* [pʊlveri'zi:rən] *vt* pulverizar

Pulverkaffee *m* <-s, -s> café *m* en polvo; **Pulverschnee** *m* <-s, *ohne pl*> nieve *f* polvo; **pulvertrocken** *adj* reseco; **~e Erde** tierra reseca

pulvrig *adj s.* **pulv(e)rig**

Puma ['pu:ma] *m* <-s, -s> puma *m,* león *m Am*

Pummel ['pʊməl] *m* <-s, ->, **Pummelchen** ['pʊməlçən] *nt* <-s, -> (*fam*) niño, -a *m, f* gordinflón, -ona [*o* regordete]

pummelig ['pʊməlɪç] *adj* (*fam*) rechoncho, gordito, petacón *Am;* **~ werden** achaparrarse, aparragarse *Am*

Pump [pʊmp] *m* <-s, *ohne pl*> (*fam*) préstamo *m;* **etw auf ~ kaufen** comprar algo al fiado

Pumpe ['pʊmpə] *f* <-, -n> **1.** (*Vorrichtung zum Pumpen*) bomba *f* **2.** (*fam: Herz*) corazón *m*

pumpen *vt* **1.** (*heraus~*) sacar con una bomba, bombear; **Luft in die Reifen ~** inflar los neumáticos; **etw mit Wasser/Luft voll ~** llenar algo de agua/aire; **sich mit Wissen voll ~** (*fam*) estudiar como un loco; **sich voll ~** (*fam: mit Rauschgift, Alkohol*) colocarse, cogerse un colocón; **Geldmittel ins Nachbarland ~** conceder ayudas económicas al país vecino **2.** (*fam: leihen*): **etw von jdm ~** pedir algo a alguien, tomar prestado algo de alguien; **jdm etw ~** dejar algo a alguien; **sich** *dat* **etw ~** tomar algo prestado

Pumpenschwengel *m* <-s, -> brazo *m* de la bomba (de agua), guimbalete *m*

Pumpernickel ['pʊmpɐnɪkəl] *m* <-s, -> *pan negro de centeno sin corteza de sabor algo dulce y condimentado*

Pumphose ['pʊmp-] *f* <-, -n> pantalones *mpl* bombachos

Pumps [pœmps] *m* <-, -> chancla *f* de tacón

Pumpstation *f* <-, -en> estación *f* de bombeo

Punk[1] [paŋk] *m* <-(s), *ohne pl*> (*Musik, Stil*) punk *m*

Punk[2] *m* <-(s), -s>, **Punker(in)** ['paŋkɐ] *m(f)* <-s, -; -, -nen> punk *mf,* punky *mf*

Punkrock *m* <-s, *ohne pl*> (MUS) punkrock *m*

Punkt [pʊŋkt] *m* <-(e)s, -e> **1.** (*allgemein*) punto *m;* **um ~ sechs Uhr** a las seis en punto; **~ eins** (*Aufzählung*) primero; **bis zu einem gewissen ~** hasta cierto punto; **der springende ~** el punto decisivo; **strittiger ~** punto conflictivo, punto litigioso; **toter ~** punto muerto; **wunder ~** punto flaco; **etw ~ für ~ widerlegen** rebatir algo punto por punto; **in allen ~en** en todos los puntos; **ein dunkler ~ in seiner Vergangenheit** una mancha en su pasado; **wir sind an einem ~ angelangt, wo nichts mehr geht** hemos llegado a un extremo en que no hay nada que hacer; **er hat es auf den ~ gebracht** ha dado en el clavo; **nun mach mal einen ~!** (*fam*) ¡basta ya!; **ohne ~ und Komma reden** (*fam*) hablar sin parar **2.** (MATH) punto *m* **3.** (*Ort*) punto *m,* lugar *m;* **von diesem ~ kann man alles gut sehen** desde este lugar se puede ver todo muy bien **4.** (SPORT) punto *m,* tanto *m;* **nach ~en führen/siegen** estar en cabeza/ganar por puntos **5.** (MUS) puntillo *m*

Punktgewinn *m* <-(e)s, -e> (SPORT) victoria *f* por puntos; **punktgleich** *adj* (SPORT) empatado

punktieren* [pʊŋk'ti:rən] *vt* **1.** (MED) puncionar **2.** (*Linie, Fläche*) puntear; **eine punktierte Linie** una línea de puntos

Punktion [pʊŋk'tsjo:n] *f* <-, -en> (MED) punción *f*

pünktlich ['pʏŋktlɪç] *adj* puntual; **~ fertig sein** acabar [*o* terminar] a tiempo; **~ um drei Uhr** a las tres en punto

Pünktlichkeit *f* <-, *ohne pl*> puntualidad *f*

Punktmassage *f* <-, -n> (MED) masaje *m* por puntos; **Punktmatrix** *f* <-, -matrizen *o* -matrizes> (INFOR) matriz *f* de puntos; **Punktrichter(in)** *m(f)* <-s, -; -, -nen> (SPORT) juez(a) *m(f);* **Punktsieg** *m* <-(e)s, -e> (SPORT) victoria *f* por puntos; **Punktsie-**

ger(in) *m(f)* <-s, -; -, -nen> (SPORT) ganador(a) *m(f)* por puntos; **Punktspiel** *nt* <-(e)s, -e> (SPORT) partido *m* de campeonato (por puntos)

Punktstrahler *m* <-s, -> proyector *m* puntual

punktuell [pʊŋktu'ɛl] **I.** *adj* parcial; **~e Übereinstimmungen erzielen** llegar a acuerdos parciales **II.** *adv* en (algunas) partes; **~ vorgehen** proceder por partes

Punktwertung *f* <-, -en> (SPORT, SCH) valoración *f* por puntos; **Punktzahl** *f* <-, -en> puntuación *f*

Punsch [pʊnʃ] *m* <-(e)s, -e *o* Pünsche> ponche *m*

Pup [pu:p] *m* <-(e)s, -e *o* -s> (*fam*) pedo *m*

pupen *vi* (*fam*) *s.* **pupsen**

Pupille [pu'pɪlə] *f* <-, -n> pupila *f*

Puppe ['pʊpə] *f* <-, -n> **1.** (*Spielzeug*) muñeca *f* **2.** (*Marionette*) títere *m*, marioneta *f*; **die ~n tanzen lassen** (*fam: feiern*) correrse una juerga; (*durchgreifen*) poner los enchufes en funcionamiento; **bis in die ~n feiern/schlafen** (*fam*) festejar/dormir hasta las tantas **3.** (*Schaufenster~*) maniquí *m* **4.** (ZOOL) crisálida *f*; **Puppendoktor(in)** *m(f)* <-s, -en; -, -nen> (*fam*) restaurador(a) *m(f)* de muñecos; **Puppenhaus** *nt* <-es, -häuser> casa *f* de muñecas; **Puppenklinik** *f* <-, -en> (*fam*) hospital *m* de muñecos; **Puppenspiel** *nt* <-(e)s, -e> *s.* Puppentheater; **Puppenspieler(in)** *m(f)* <-s, -; -, -nen> titiritero, -a *m, f*; **Puppentheater** *nt* <-s, -> teatro *m* de guiñol; (*mit Marionetten*) teatro *m* de títeres; **Puppenwagen** *m* <-s, -> cochecito *m* de muñecas

Pups [pu:ps] *m* <-es, -e> (*fam*) pedo *m*

pupsen *vi* (*fam*) soltar pedos, pearse

pur [pu:ɐ] *adj* **1.** (*rein*) puro; **Whisky ~** whisky puro; **den Whisky ~ trinken** beber el whisky solo **2.** (*fam: bloß*) puro, mero; **der ~e Neid** la pura envidia; **~er Wahnsinn** pura locura; **~er Zufall** mera coincidencia

Püree [py're:] *nt* <-s, -s> (GASTR) puré *m*

pürieren* [py'ri:rən] *vt* (GASTR) hacer puré (de), pasar por el pasapuré

Pürierstab *m* <-(e)s, -stäbe> batidora *f*, minipimer® *m*

purifizieren* *vt* purificar

Purismus [pu'rɪsmʊs] *m* <-, *ohne pl*> (LING, KUNST) purismo *m*

Purist(in) [pu'rɪst] *m(f)* <-en, -en; -, -nen> (*geh*) purista *mf*

Puritaner(in) [puri'ta:nɐ] *m(f)* <-s, -; -, -nen> puritano, -a *m, f*

puritanisch *adj* puritano

Purpur ['pu:ɐpu:ɐ] *m* <-s, *ohne pl*> púrpura *f*

purpurfarben ['pʊrpʊr-] *adj*, **purpurfarbig** *adj*, **purpurn** ['pu:ɐpu:ɐn] *adj* púrpura

purpurrot ['pʊrpʊr-] *adj* **1.** (*Farbe*) (de) (color) púrpura, púrpureo *geh* **2.** (*Gesicht: feuerrot*) rojo como la grana; (*bläulich*) violáceo; **~ sein/werden** estar/ponerse (rojo) como la grana; **vor Wut lief er ~ im Gesicht an** se puso rojo de ira; **sie säuft den ganzen Tag, dafür spricht ihr ~es Gesicht** se pasa el día bebiendo, como se ve por su rostro violáceo

Purzelbaum ['pʊrtsəl-] *m* <-(e)s, -bäume> (*fam*) voltereta *f*; **einen ~ machen** [*o* **schlagen**] dar una voltereta

purzeln ['pʊrtsəln] *vi sein* (*fam*) caer(se) (rodando) (*über* sobre, *von* de); **die Äpfel purzelten vom Tisch auf den Boden** las manzanas rodaron de la mesa al suelo

puschen *vt s.* **pushen**

PuscherRR *m* <-s, -> *s.* **Pusher**

pushen ['pʊʃən] *vt* (*sl*) **1.** (*zum Erfolg bringen*) empujar; **ein neues Produkt auf den Markt ~** hacer un hueco en el mercado a un producto nuevo; **jdn an die Spitze ~** catapultar a alguien a la cima **2.** (*mit Drogen handeln*) vender

Pusher ['pʊʃɐ] *m* <-s, -> (*sl*) camello *m*, traficante *mf*

Puste ['pu:stə] *f* <-, *ohne pl*> (*fam*) aliento *m*; **außer ~ sein** estar sin aliento; **aus der ~ kommen** quedarse sin aliento, jadear; **Pusteblume** *f* <-, -n> diente *m* de león; **Pustekuchen** *interj* (*fam*): **(ja) ~!** ¡y un cuerno!

Pustel ['pʊstəl] *f* <-, -n> pústula *f*, grano *m*

pusten ['pu:stən] *vi* (*fam*) soplar

put [pʊt] *interj*: **~, ~, ~!** ¡pío, pío, pío!, ¡pita, pita, pita!

Pute ['pu:tə] *f* <-, -n> (*a. fig*) pava *f*; **Putenfleisch** *nt* <-(e)s, *ohne pl*> (carne *f* de) pavo *m*; **Putenschnitzel** *nt* <-s, -> filete *m* de pavo

Puter ['pu:tɐ] *m* <-s, -> pavo *m*; **puterrot** ['--'-] *adj* rojo como un tomate; **~ anlaufen** ponerse como un tomate

Putsch [pʊtʃ] *m* <-(e)s, -e> golpe *m* de estado

putschen *vi* dar un golpe de estado

Putschist(in) [pʊ'tʃɪst] *m(f)* <-en, -en; -, -nen> golpista *mf*

Putschversuch *m* <-(e)s, -e> (POL) intentona *f* golpista, intento *m* de golpe de Estado

Putte ['pʊtə] *f* <-, -n> angelote *m*

Putz [pʊts] *m* <-es, *ohne pl*> revoque *m*, enlucido *m*; **unter ~** enyesado; **auf den ~ hauen** (*fam: feiern*) montar una juerga a lo grande; (*prahlen*) tirarse pegotes

putzen ['pʊtsən] *vt* limpiar; (*scheuern*) fregar; **sich** *dat* **die Nase ~** limpiarse la nariz; **sich** *dat* **die Zähne ~** lavarse los dientes; **Salat ~** limpiar la lechuga

Putzerei *f* <-, *ohne pl*> (*fam abw*) limpieza *f* constante

Putzete *f* <-, -n> (*Schweiz: im Haus*) limpieza *f* general; (*in der Natur*) saneamiento *m* (en la naturaleza)

Putzfimmel *m* <-s, *ohne pl*> (*abw*) manía *f* de limpiar; **Putzfrau** *f* <-, -en> mujer *f* de la limpieza; (*in einem Privathaushalt*) asistenta *f*

putzig ['pʊtsɪç] *adj* (*fam*) **1.** (*niedlich*) gracioso, mono **2.** (*seltsam*) raro

Putzkolonne *f* <-, -n> equipo *m* de encargados de la limpieza; **Putzlappen** *m* <-s, -> trapo *m;* (*Scheuerlappen*) bayeta *f*

Putzmacherin *f* <-, -nen> sombrerera *f*

Putzmann *m* <-(e)s, -männer> empleado *m* de la limpieza, limpiador *m;* **Putzmittel** *nt* <-s, -> producto *m* de limpieza, detergente *m*

putzmunter ['-'--] *adj* (*fam*) muy despabilado, vivaz

Putzsucht *f* <-, *ohne pl*> coquetería *f;* **Putzteufel** *m* <-s, -> (*fam*) obsesionado, -a *m, f* con la limpieza; **Putztuch** *nt* <-(e)s, -tücher> trapo *m* (para limpiar); **Putzwolle** *f* <-, -n> estopa *f;* **Putzwut** *f* <-, *ohne pl*> manía *f* de la limpieza, obsesión *f* por la limpieza; **gestern habe ich eine richtige ~ bekommen und alle Fenster geputzt** ayer me dio por limpiar en serio y al final acabé limpiando todas las ventanas; **putzwütig** *adj* maniático de la limpieza, obsesionado con la limpieza; **Putzzeug** *nt* <-(e)s, *ohne pl*> utensilios *mpl* de limpieza

puzzeln ['pazəln] *vi* hacer un puzzle

Puzzle ['pazəl] *nt* <-s, -s>, **Puzzlespiel** *nt* <-(e)s, -e> puzzle *m,* rompecabezas *m inv*

PVC [pe:faʊ'tse:] *nt* <-(s), -s> *Abk. von* **Polyvinylchlorid** PVC *m*

Pygmäe, -in [py'gmɛ:ə] *m, f* <-n, -n; -, -nen> pigmeo, -a *m, f*

pygmäenhaft *adj* pigmeo

Pygmäin *f* <-, -nen> *s.* **Pygmäe**

Pyjama [py'(d)ʒa:ma] *m* <-s, -s> pijama *m,* piyama *m Am;* **Pyjamahose** *f* <-, -n> pantalón *m* del pijama

Pykniker(in) ['pʏknikɐ] *m(f)* <-s, -; -, -nen> (MED) persona *f* pícnica

pyknisch ['pʏknɪʃ] *adj* (MED) pícnico

Pylon [py'lo:n] *m* <-en, -en> (ARCHIT) pilón *m*

Pyramide [pyra'mi:də] *f* <-, -n> pirámide *f;* **pyramidenförmig** *adj* piramidal

Pyrenäen [pyre'nɛ:ən] *pl* Pirineos *mpl;* **Pyrenäenhalbinsel** *f* <-, -> Península *f* Ibérica

Pyridoxin *nt* <-s, *ohne pl*> piridoxina *f*

Pyrit [py'ri:t, py'rɪt] *m* <-s, -e> pirita *f* de hierro

Pyrolyse [pyro'ly:zə] *f* <-, -n> (CHEM) pirólisis *f inv*

Pyromane, -in [pyro'ma:nə] *m, f* <-n, -n; -, -nen> (MED, PSYCH) pirómano, -a *m, f*

Pyromanie *f* <-, *ohne pl*> (MED, PSYCH) piromanía *f*

Pyromanin *f* <-, -nen> *s.* **Pyromane**

Pyrotechnik [--'--, '----] *f* <-, *ohne pl*> pirotecnia *f*

Pyrotechniker(in) [--'---, '-----] *m(f)* <-s, -; -, -nen> pirotécnico, -a *m, f*

Pyrrhussieg ['pʏrʊs-] *m* <-(e)s, -e> (*geh*) victoria *f* pírrica

Python ['py:tɔn] *m* <-s, -s *o* -en>, **Pythonschlange** *f* <-, -n> pitón *m*

Q

Q, q [ku:] *nt* <-, -> Q, q *f;* ~ **wie Quelle** Q de Quebec

q (*Österr*) *Abk. von* **Meterzentner** dos quintales *mpl*

quabbelig *adj* (*reg*) fofo, flácido

quabbeln *vi* (*reg*) moverse [*o* tambalearse] como un flan [*o* como una masa gelatinosa]

Quacksalber(in) ['kvakzalbɐ] *m(f)* <-s, -; -, -nen> (*abw*) curandero, -a *m, f,* medicastro, -a *m, f*

Quacksalberei *f* <-, -en> (*abw*) curanderismo *m,* curandería *f*

Quacksalberin *f* <-, -nen> *s.* **Quacksalber**

Quaddel *f* <-, -n> habón *m,* roncha *f*

Quader ['kva:dɐ] *m* <-s, -> **1.** (*Stein*) sillar *m* **2.** (MATH) paralelepípedo *m* rectangular; **Quaderstein** *m* <-(e)s, -e> sillar *m*

Quadrant [kva'drant] *m* <-en, -en> (ASTR, MATH) cuadrante *m*

Quadrat [kva'dra:t] *nt* <-(e)s, -e> (*a.* MATH) cuadrado *m;* **magisches** ~ cuadrado mágico; **fünf zum** [*o* **im**] ~ cinco elevado al cuadrado; **ein** ~ **zeichnen** dibujar un cuadrado; **Dummheit im** ~ (*fam*) estupidez elevada al cuadrado

quadratisch *adj* **1.** (*Form*) cuadrado **2.** (MATH) de segundo grado; **~e Gleichung** ecuación de segundo grado

Quadratkilometer *m* <-s, -> kilómetro *m* cuadrado; **Quadratlatschen** *mpl* (*fam*) **1.** (*Schuhe*) zapatones *mpl* **2.** (*Füße*) pies *mpl* enormes, piezazos *mpl;* **Quadratmeter** *m o nt* <-s, -> metro *m* cuadrado; **Quadratschädel** *m* <-s, -> (*fam*) cabeza *f* cuadrada

Quadratur [kvadra'tu:ɐ] *f* <-, *ohne pl*> (MATH, ASTR) cuadratura *f;* **die** ~ **des Kreises** la cuadratura del círculo

Quadratwurzel *f* <-, -n> (MATH) raíz *f* cuadrada; **Quadratzahl** *f* <-, -en> (MATH) número *m* cuadrado; **Quadratzentimeter** *m o nt* <-s, -> centímetro *m* cuadrado

quadrieren* [kva'dri:rən] *vt* (MATH) elevar al cuadrado

Quadriga *f* <-, Quadrigen> cuadriga *f*

Quadrille *f* <-, -n> rigodón *m*

quadrofon^RR *adj* cuadrafónico

Quadrofonie^RR *f* <-, *ohne pl*> cuadrafonía *f*

quadrofonisch^RR *adj* cuadrafónico

quadrophon *adj s.* **quadrofon**

Quadrophonie [kvadrofo'ni:] *f* <-, *ohne pl*> *s.* **Quadrofonie**

quadrophonisch *adj s.* **quadrofonisch**

Quai [kɛ:, ke:] *m o nt* <-s, -s> **1.** (*Kai*) muelle *m* **2.** (*Schweiz: Uferstraße*) ribera *f*

quak *interj* **1.** (*des Frosches*) ¡croac! **2.** (*der Ente*) ¡cua!

quaken ['kva:kən] *vi* **1.** (*Frosch*) croar; (*Ente*) graznar **2.** (*fam abw: reden*) soltar el rollo; **quak nicht immer dazwischen, wenn ich was sage!** ¡cierra el pico cuando estoy hablando yo!

quäken ['kvɛ:kən] *vi* dar graznidos; (*aus Unzufriedenheit*) lloriquear

Quäker(in) *m(f)* <-s, -; -, -nen> cuáquero, -a *m, f*

Qual [kva:l] *f* <-, -en> (*a. fig: Quälerei*) tortura *f,* martirio *m;* (*Leiden*) suplicio *m;* (*Mühe*) pena *f;* **das lange Stehen war eine** ~ el tener que estar de pie durante tanto tiempo fue un martirio; **unter großen ~en** con grandes penas; **die** ~ **der Wahl haben** no saber cómo decidirse

quälen ['kvɛ:lən] **I.** *vt* **1.** (*foltern*) torturar; (*misshandeln*) maltratar; (*seelisch*) atormentar; **~der Durst** sed espantosa; **einen ~den Husten haben** tener una tos molesta; **~de Langeweile** aburrimiento mortal; **jdn bis aufs Blut** ~ atormentar a alguien hasta el límite; **sie lebten mit der ~den Ungewissheit, ob die Geiseln noch leben** vivían angustiados por la incertidumbre de no saber si los rehenes estaban aún con vida **2.** (*lästig fallen*) importunar, molestar **II.** *vr:* **sich** ~ (*mit Arbeit*) ajetrearse; **sie quält sich jeden Morgen aus dem Bett** cada mañana le cuesta levantarse; **er quälte sich durch den Roman** le costó muchos esfuerzos acabar la novela

Quälerei *f* <-, -en> tortura *f,* tormento *m*

quälerisch *adj* atormentador; **~e Gedanken peinigten sie** la atormentaban pensamientos angustiosos

Quälgeist *m* <-(e)s, -er> (*fam*) pelmazo, -a *m, f,* pelma *mf*

Qualifikation [kvalifika'tsjo:n] *f* <-, -en> **1.** (*Zeugnis*) calificación *f* (*für* para); **dafür fehlt ihm die nötige** ~ no está cualificado para esto **2.** (*Befähigung*) capacidad *f,* aptitud *f;* **fachliche** ~ c(u)alificación profesional **3.** (SPORT) clasificación *f;* **Qualifikationsnachweis** *m* <-es, -e> certificado *m* de aptitudes [*o* de cualificación]; **Qualifikationsspiel** *nt* <-(e)s, -e> (SPORT) encuentro *m* de clasificación, partido *m* de clasificación

qualifizieren* [kvalifi'tsi:rən] **I.** *vt* **1.** (*befähigen*) capacitar (*für* para); **hoch qualifiziert** altamente cualificado **2.** (*klassifizieren*) clasificar (*als* como) **II.** *vr:* **sich** ~ **1.** (*durch Studium*) calificarse (*für* para); **sich im Beruf** ~ calificarse en la profesión **2.** (SPORT) clasificarse (*für* para); **sich für den Wettkampf** ~ clasificarse para el campeonato

Qualifizierung *f* <-, -en> cualificación *f;* **berufliche** ~ cualificación profesional [*o* laboral]

Qualität [kvali'tɛːt] *f* <-, -en> (*Eigenschaft*) cualidad *f;* (*Beschaffenheit, Waren~*) calidad *f,* cualidad *f;* **ausgesuchte/schlechte** ~ calidad selecta/inferior; **beste** ~ primera calidad; **sein Name bürgt für** ~ su nombre garantiza la calidad

qualitativ [kvalita'tiːf, '----] **I.** *adj* cualitativo **II.** *adv* en cuanto a la calidad; ~ **besser** de mejor calidad

Qualitätsabweichung *f* <-, -en> diferencia *f* de calidad; **Qualitätsanforderung** *f* <-, -en> calidad *f* requerida; **Qualitätsanspruch** *m* <-(e)s, -sprüche> pretensiones *fpl* en materia de calidad; **Qualitätsarbeit** *f* <-, *ohne pl*> trabajo *m* de (alta) calidad; **Qualitätsbeanstandung** *f* <-, -en> reclamación *f* en materia de calidad; **qualitätsbewusst**[RR] *adj* consciente de la calidad; **Qualitätserzeugnis** *nt* <-ses, -se> producto *m* de (alta) calidad; **Qualitätskontrolle** *f* <-, -n> control *m* de calidad; **Qualitätsmangel** *m* <-s, -mängel> falta *f* de calidad; **Qualitätsmarke** *f* <-, -n> marca *f* de calidad; **Qualitätsmerkmal** *nt* <-(e)s, -e> señal *f* de calidad, distintivo *m* de calidad; **Qualitätsprobe** *f* <-, -n> prueba *f* de calidad, muestra *f* de calidad; **Qualitätssicherung** *f* <-, -en> garantía *f* de calidad; **Qualitätssiegel** *nt* <-s, -> sello *m* de calidad; **Qualitätssteigerung** *f* <-, -en> mejora *f* de la calidad; **Qualitätsverbesserung** *f* <-, -en> perfeccionamiento *m* cualitativo; **Qualitätsware** *f* <-, -n> artículo *m* de (alta) calidad

Qualle ['kvalə] *f* <-, -n> medusa *f*

Qualm [kvalm] *m* <-(e)s, *ohne pl*> humo *m* espeso, humareda *f*

qualmen *vi* **1.** (*Schornstein*) humear, echar humo **2.** (*fam: Mensch*) fumar como una chimenea

Qualmerei *f* <-, *ohne pl*> (*fam*) humareda *f*

qualmig *adj* lleno de humo

qualvoll ['kvaːlfɔl] *adj* **1.** (*mit Qualen*) lastimoso, penoso; (*schmerzlich*) doloroso; ~ **sterben** tener una muerte muy dolorosa **2.** (*bedrückend*) atormentador, angustioso

Quant [kvant] *nt* <-s, -en> (PHYS) cuanto *m*

Quäntchen[RR] ['kvɛntçən] *nt* <-s, -> pedacito *m,* poquito *m;* **das letzte** ~ **Hoffnung** la última pizca de esperanza

Quanten ['kvantən] *ntpl* **1.** *pl von* **Quant, Quantum 2.** (*sl: Füße*) pezuñas *fpl*

Quantenelektronik *f* <-, *ohne pl*> (PHYS) electrónica *f* cuántica; **Quantenmechanik** *f* <-, *ohne pl*> (PHYS) mecánica *f* cuántica; **Quantenphysik** *f* <-, *ohne pl*> física *f* cuántica; **Quantensprung** *m* <-(e)s, -sprünge> (PHYS) salto *m* cuántico; **Quantentheorie** *f* <-, *ohne pl*> (PHYS) teoría *f* cuántica; **Quantenzahl** *f* <-, -en> (CHEM) número *m* cuántico

quantifizierbar *adj* cuantificable

Quantität [kvanti'tɛːt] *f* <-, *ohne pl*> cantidad *f*

quantitativ [kvantita'tiːf, '----] **I.** *adj* cuantitativo **II.** *adv* en cuanto a la cantidad

Quantum ['kvantʊm] *nt* <-s, Quanten> (*Menge*) cantidad *f;* (*Anteil*) parte *f,* ración *f*

Quappe *f* <-, -n> (ZOOL) **1.** (*Aal~*) lota *f* **2.** (*Kaul~*) renacuajo *m*

Quarantäne [karan'tɛːnə] *f* <-, -n> cuarentena *f;* **unter** ~ **stehen/stellen** estar bajo/poner en cuarentena; **Quarantänestation** *f* <-, -en> lazareto *m* de cuarentena, establecimiento *m* de cuarentena

Quark[1] [kvark] *m* <-s, *ohne pl*> **1.** (*Lebensmittel*) ≈requesón *m,* quesillo *m Am* **2.** (*fam abw: Unsinn*) tontería(s) *f(pl);* **das interessiert mich einen** ~ me importa un comino

Quark[2] [kwɔːk] *nt* <-s, -s> (PHYS) quark *m*

Quarkspeise *f* <-, -n> (GASTR) *postre de requesón* (*y frutas*)

Quart[1] [kvart] *f* <-, -en> (MUS) cuarta *f*

Quart[2] *nt* <-s, *ohne pl*> (TYPO) libro *m* en cuarto

Quarta *f* <-, Quarten> (SCH) **1.** (*alt: dritte Gymnasialklasse*) *tercer curso de la educación secundaria alemana* **2.** (*Österr: vierte Gymnasialklasse*) *cuarto curso de la educación secundaria austríaca*

Quartal [kvar'taːl] *nt* <-s, -e> trimestre *m;* **erstes/letztes** ~ primer/último trimestre

Quartalsabschluss[RR] *m* <-es, -schlüsse> (WIRTSCH) cierre *m* del trimestre [*o* trimestral]; **zum** ~ al cierre trimestral; **Quartalssäufer(in)** *m(f)* <-s, -; -, -nen> (*fam*) borrachín, -ina *m, f* periódico, -a; **Quartalsverrechnung** *f* <-, -en> liquidación *f* trimestral; **quartalsweise** *adv* por trimestres, trimestralmente

Quartaner(in) *m(f)* <-s, -; -, -nen> (SCH: *alt*) *alumno del tercer curso de secundaria en Alemania*

Quartär [kvar'tɛːɐ] *nt* <-s, *ohne pl*> (GEO) (período *m*) cuaternario *m*

Quarte ['kvartə] *f* <-, -n> (MUS) cuarta *f*

Quarten *pl von* **Quarta, Quarte**

Quartett [kvar'tɛt] *nt* <-(e)s, -e> **1.** (*Kartenspiel*) ≈juego *m* de las familias **2.** (MUS) cuarteto *m*

Quartier [kvar'tiːɐ] *nt* <-s, -e> **1.** (*Unterkunft*) alojamiento *m;* ~ **suchen** buscar alojamiento **2.** (*Schweiz: Stadtviertel*) barrio *m*

Quarz [kvaːɐts] *m* <-es, -e> cuarzo *m;* **Quarzglas** *nt* <-es, *ohne pl*> (TECH) vidrio *m* de cuarzo

Quarzit [kvar'tsiːt] *m* <-s, -e> (GEO) cuarcita *f,* roca *f* cuarzosa

Quarzsand *m* <-(e)s, -e> (GEO) arena *f* de cuarzo [*o* cuarzosa]; **Quarzuhr** *f* <-, -en> reloj *m* de cuarzo

Quasar *m* <-s, -e> (ASTR) quásar *m,* cúasar *m*
quasi ['kva:zi] *adv* por así decirlo, en cierto sentido
Quasselei *f* <-, -en> (*fam*) parloteo *m* (molesto); **seid ruhig, ich habe genug von eurer ~!** ¡callaos ya, estoy harto de oíros parlotear [*o* de que le deis a la lengua sin parar]!
quasseln ['kvasəln] **I.** *vi* (*fam*) darle al pico, parlotear; **mit jdm ~** charlar con alguien **II.** *vt* (*fam*) decir; **Blödsinn ~** decir tonterías
Quasselstrippe *f* <-, -n> (*fam abw*) cotorra *f*
Quaste ['kvastə] *f* <-, -n> borla *f*
Quästur *f* <-, -en> (UNIV) caja *f* de la Universidad
quatsch *interj:* **stimmt das, was er sagt? – ~, alles Unsinn!** ¿es cierto lo que dice? – ¡ah, chorradas, no son más que tonterías!
Quatsch [kvatʃ] *m* <-(e)s, *ohne pl*> (*fam abw*) tonterías *fpl,* bobadas *fpl,* bolazo *m RíoPl;* **red keinen ~!** ¡no digas tonterías!; **so ein ~!** ¡vaya [*o* menuda] tontería!; **was soll der ~?** ¿pero qué significa esto?; **~ mit Soße!** ¡pamplinas!
quatschen I. *vi* (*fam*) **1.** (*abw: quasseln*) darle al pico, parlotear; **mit jdm ~** charlar con alguien **2.** (*abw: tratschen*) cotillear **3.** (*sich unterhalten*) charlar **4.** (*verraten*) decir, contar; **wer hat gequatscht?** ¿quién se ha ido de la lengua? **II.** *vt* (*fam*) decir; **verrücktes Zeug ~** decir cosas locas
Quatschkopf *m* <-(e)s, -köpfe> (*fam abw*) imbécil *mf,* tonto, -a *m, f*
Quebec [kvi'bɛk] *nt* <-s> Quebec *m*
Quecke ['kvɛkə] *f* <-, -n> grama *f*
Quecksilber ['kvɛk-] *nt* <-s, *ohne pl*> mercurio *m,* azogue *m;* **Quecksilbersäule** *f* <-, -n> columna *f* de mercurio; **Quecksilberthermometer** *nt* <-s, -> termómetro *m* de mercurio; **Quecksilberverbindung** *f* <-, -en> (CHEM) compuesto *m* de mercurio; **Quecksilbervergiftung** *f* <-, -en> hidrargirismo *m,* mercurialismo *m*
Quell [kvɛl] *m* <-(e)s, *ohne pl*> (*geh*) origen *m*
Quelle ['kvɛlə] *f* <-, -n> **1.** (*eines Gewässers*) fuente *f,* naciente *f Arg, Par;* (*Öl~*) pozo *m;* **heiße ~n** fuentes termales **2.** (*Ursache*) fuente *f,* origen *m;* **die ~ allen Übels** el origen de todos los males **3.** (*Text, Person*) fuente *f;* **aus zuverlässiger** [*o* **sicherer**] **~** de fuente segura, de buena tinta *fam;* **an der ~ sitzen** (*fam*) tener buenos contactos (*para conseguir algo*)
quellen ['kvɛlən] <quillt, quoll, gequollen> *vi sein* **1.** (*Holz*) hincharse; **~ lassen** (*Hülsenfrüchte*) poner a remojo, remojar **2.** (*heraus~*) brotar (*aus* de); **Blut quoll aus der Wunde** la sangre brotaba de la herida; **aus dem Kamin quillt Rauch** de la chimenea sale humo
Quellenangabe *f* <-, -n> indicación *f* de las fuentes; **Quellenforschung** *f* <-, *ohne pl*> investigación *f* de las fuentes; **Quellenprogramm** *nt* <-s, -e> (INFOR) programa *m* fuente; **Quellenschutzgebiet** *nt* <-(e)s, -e> (ÖKOL) zona *f* de protección de fuentes; **Quellensteuer** *f* <-, -n> impuesto *m* en origen [*o* deducido en la fuente]; **Quellenstudium** *nt* <-s, -studien> estudio *m* de las fuentes; **Quellentext** *m* <-es, -e> fuente *f*
Quellfluss[RR] *m* <-es, -flüsse> (GEO) río *m* de manantial; **Quellgebiet** *nt* <-(e)s, -e> (GEO) fuentes *fpl;* **Quellsprache** *f* <-, -n> (LING) lengua *f* fuente, lengua *f* de partida; **Quellwasser** *nt* <-s, *ohne pl*> agua *f* de manantial; **Quellwolke** *f* <-, -n> (METEO) nube *f* fluida
Quengelei [kvɛŋə'laɪ] *f* <-, -en> (*fam*) quejas *fpl,* quejidos *mpl;* (*weinerlich*) lloriqueo *m*
queng(e)lig ['kvɛŋ(ə)lɪç] *adj* (*fam*) refunfuñón, llorón
quengeln ['kvɛŋəln] *vi* (*fam*) dar la lata; (*stärker*) dar el coñazo; (*weinerlich*) lloriquear
Quengler(in) *m(f)* <-s, -; -, -nen> (*fam*) quejica *mf,* criticón, -ona *m, f*
quenglig *adj s.* **queng(e)lig**
Quentchen *nt* <-s, -> *s.* **Quäntchen**
quer [kve:ɐ] *adv* **1.** (*rechtwinklig*) en sentido transversal, atravesado; **~ gestreift** de rayas horizontales; **die Straße verläuft ~ zur Hauptstraße** es una calle transversal a la calle principal; **die Linien verlaufen ~ zueinander** las líneas son perpendiculares; **das Auto stand ~ auf der Straße** el coche estaba atravesado en la calle; **ein Baum lag ~ über dem Weg** un árbol estaba atravesado en el camino **2.** (*schräg*): **~ über** [*o* **durch**] **...** a través de...; **~ über die Straße gehen** cruzar la calle; **~ durch alle Bevölkerungsschichten** a través de todas las capas de la población **3.** (*dagegen*): **sich ~ legen** (*fam: sich widersetzen*) oponerse; (*Schwierigkeiten machen*) poner cortapisas; **~ schießen** (*sl*) fastidiar [*o* estropear] los planes; **sich ~ stellen** oponerse **4.** (*Wend, fam*): **jdm ~ gehen** salirle mal a alguien; **das wird ihr ~ gehen!** ¡esto le saldrá mal!; **heute geht mir alles ~!** ¡hoy todo me sale al revés!; **Querachse** *f* <-, -n> eje *m* transversal; **Querbalken** *m* <-s, -> (*a.* SPORT) travesaño *m*
querbeet [kve:ɐ'be:t] *adj* (*fam*) sin rumbo fijo
Querdenker(in) *m(f)* <-s, -; -, -nen> inconformista *mf*
querdurch *adv* atravesando, de parte a parte; **sollen wir außen herum gehen oder ~?** ¿vamos rodeando o atravesando?; **der Riss verläuft ~** la grieta va de parte a parte
Quere ['kve:rə] *f* <-, *ohne pl*> (*fam*): **jdm in die ~ kommen** (*stören*) contrariar los proyectos de alguien; (*treffen*) cruzarse con alguien
Querele [kve're:lə] *f* <-, -n> querella *f*
queren *vt* atravesar

querfeldein [kveːɐfɛlt'ʔaɪn] *adv* campo a través, a campo traviesa; **Querfeldeinlauf** *m* <-(e)s, -läufe> (SPORT) cross(-country) *m;* **Querfeldeinrennen** *nt* <-s, -> ciclo-cross *m*

Querflöte *f* <-, -n> flauta *f* traversa; **Querformat** *nt* <-(e)s, -e> formato *m* oblongo [*o* apaisado]; **im** ~ oblongo, apaisado; **quer|gehen** *irr vi sein* (*fam*) *s.* **quer 4.**; **quergestreift** *adj s.* **quer 1.**; **Querkopf** *m* <-(e)s, -köpfe> (*fam abw*) cabezudo, -a *m, f,* testarudo, -a *m, f;* **querköpfig** ['-kœpfɪç] *adj* (*fam abw*) cabezudo, testarudo; **Querlage** *f* <-, -n> (MED) posición *f* transversa(l); **das Baby befindet sich in der** ~ el bebé viene de lado; **Querlatte** *f* <-, -n> **1.** (*Latte*) travesaño *m* **2.** (SPORT: *eines Tores*) larguero *m,* travesaño *m;* **quer|legen** *vr:* **sich** ~ *s.* **quer 3.**; **Querleiste** *f* <-, -n> listón *m* transversal; **Querruder** *nt* <-s, -> (AERO) alerón *m;* **quer|schießen** *irr vi s.* **quer 3.**; **Querschiff** *nt* <-(e)s, -e> (ARCHIT) nave *f* transversal

Querschläger[1] *m* <-s, -> (*Geschoss*) impacto *m* de través, tiro *m* de rebote

Querschläger(in)[2] *m(f)* <-s, -; -, -nen> (*fam: Person*) alborotador(a) *m(f)*

Querschnitt *m* <-(e)s, -e> **1.** (*Schnitt*) sección *f* transversal, corte *m* transversal **2.** (*Überblick*) muestra *f* representativa, perfil *m;* **ein** ~ **durch die moderne Literatur** una muestra representativa de la literatura moderna; **querschnitt(s)gelähmt** *adj* (MED) paralítico de cintura para abajo, parapléjico (por corte medular); **Querschnitt(s)gelähmte(r)** *mf* <-n, -n; -n, -n> (MED) parapléjico, -a *m, f;* **Querschnitt(s)lähmung** *f* <-, *ohne pl*> (MED) paraplejia *f,* paraplejía *f*

quer|stellen *vr:* **sich** ~ *s.* **quer 3.**; **Querstraße** *f* <-, -n> calle *f* transversal; **die nächste** ~ **links** la próxima calle transversal a la izquierda; **Querstreifen** *m* <-s, -> raya *f* transversal [*o* horizontal]; **Querstrich** *m* <-(e)s, -e> raya *f* transversal, línea *f* transversal; **Quersumme** *f* <-, -n> (MATH) suma *f* de las cifras de un número; **die** ~ **bilden** sumar las cifras de un número; **Quertreiber(in)** *m(f)* <-s, -; -, -nen> (*fam abw*) intrigante *mf*

Querulant(in) [kveru'lant] *m(f)* <-en, -en; -, -nen> (*abw*) pleitista *mf,* buscapleitos *mf inv*

Querverbindung *f* <-, -en> conexión *f* transversal; **Querverweis** *m* <-(e)s, -e> referencia *f* cruzada; **Querweg** *m* <-(e)s, -e> atajo *m*

quetschen ['kvɛtʃən] **I.** *vt* **1.** (*drücken*) apretar (*gegen/an* contra), trincar (*gegen/an* contra) *Am;* **den Saft aus einer Pampelmuse** ~ exprimir (el zumo de) un pomelo **2.** (*in einen Koffer*) meter a la fuerza, apretujar **3.** (*verletzen*): **sich** *dat* **etw** ~ pillarse algo; **ich habe mir den Finger (in der Tür) gequetscht** me he pillado el dedo (con la puerta) **II.** *vr:* **sich** ~ (*sich zwängen*) apretujarse

Quetschfalte *f* <-, -n> tabla *f*

Quetschung *f* <-, -en> contusión *f,* magulladura *f*

Quetschwunde *f* <-, -n> contusión *f,* magulladura *f*

Queue [køː] *m o nt* <-s, -s> (*Billard*) taco *m*

quick *adj* (*nordd*) rápido (de reflejos)

Quickie ['kwɪki] *m* <-, -s> (*sl*) polvo *m* rápido, polvete *m*

quicklebendig ['kvɪkle'bɛndɪç] *adj* vivo, avispado

quieken ['kviːkən] *vi* chillar; **die Kinder** ~ **vor lauter Vergnügen** los niños dan gritos de pura diversión

quietschen ['kviːtʃən] *vi* **1.** (*Tür, Reifen*) chirriar; **mit** ~**den Reifen** con las ruedas rechinando **2.** (*fam: Mensch*) chillar; **sie quietschte vor Vergnügen** chillaba de gusto

quietschfidel ['kviːtʃfi'deːl] *adj* (*fam*) alegre como castañuelas; **quietschvergnügt** ['--'-] *adj* (*fam*) (contento) como un niño con zapatos nuevos, como si le hubiese tocado la lotería

quillt [kvɪlt] *3. präs von* **quellen**

Quinta *f* <-, Quinten> (SCH) **1.** (*alt: zweite Gymnasialklasse*) *segundo curso de la escuela secundaria alemana* **2.** (*Österr: fünfte Gymnasialklasse*) *quinto curso de la escuela secundaria austríaca*

Quintaner(in) *m(f)* <-s, -; -, -nen> (SCH: *alt*) *alumno de segundo curso de secundaria en Alemania*

Quinte ['kvɪntə] *f* <-, -n> (MUS) **1.** (*Ton*) dominante *f* **2.** (*Intervall*) quinta *f*

Quinten *pl von* **Quinta**, **Quinte**

Quintessenz ['kvɪntɛsɛnts] *f* <-, -en> quintaesencia *f*

Quintett [kvɪn'tɛt] *nt* <-(e)s, -e> (MUS) quinteto *m*

Quirl [kvɪrl] *m* <-(e)s, -e> **1.** (*Küchengerät*) molinillo *m* **2.** (*fam: Mensch*) torbellino *m*

quirlen *vt* (GASTR) batir

quirlig *adj* vivaracho, despabilado

quitt [kvɪt] *adj inv* (*fam*): **mit jdm** ~ **sein** (*abgerechnet haben*) estar en paz con alguien; (*nichts mehr zu tun haben wollen*) no querer saber nada más de alguien

Quitte ['kvɪtə] *f* <-, -n> membrillo *m;* **quittegelb I.** *adj* amarillo (que denota enfermedad); **die** ~**e Gesichtsfarbe spricht für eine Leberkrankheit** el color amarillento de su cara es señal de (que tiene) una enfermedad renal **II.** *adv* de un amarillo (que salta a la vista); **das Weiße in seinen Augen hatte sich** ~ **verfärbt** el blanco de sus ojos se había puesto amarillo

quittieren* [kvɪ'tiːrən] *vt* **1.** (*Empfang*) acusar recibo (de); **jdm einen Betrag über 50 Mark** ~ extender a alguien un recibo por una cantidad de 50 marcos **2.** (*reagieren*) contestar; **eine Bemerkung mit einem Lächeln** ~

contestar a una observación con una sonrisa **3.** (*aufgeben*): **den Dienst** ~ presentar su dimisión

Quittung *f* <-, -en> **1.** (*Empfangsbescheinigung*) recibo *m;* **laut** ~ conforme [*o* de acuerdo] al recibo; **jdm eine** ~ **(über 200 Mark) ausstellen** extender a alguien un recibo (por 200 marcos); **gegen** ~ contra recibo **2.** (*Folgen*) consecuencias *fpl;* **er hat seine** ~ **bekommen** ha pagado por su conducta; **Quittungsblock** *m* <-(e)s, -blöcke> talonario *m* de recibos; **Quittungsformular** *nt* <-s, -e> recibo *m*

Quiz [kvɪs] *nt* <-, -> concurso *m* de preguntas y respuestas, juego *m* de preguntas y respuestas; **Quizmaster(in)** ['kvɪsmaːstɐ] *m(f)* <-s, -; -, -nen> presentador(a) *m(f)* de concursos

quoll [kvɔl] *3. imp von* **quellen**

Quorum ['kvoːrʊm] *nt* <-s, *ohne pl*> quórum *m*

Quote ['kvoːtə] *f* <-, -n> cuota *f;* **Quotenfrau** *f* <-, -en> mujer *f* de cuota; **Quotenregelung** *f* <-, -en> normativa *f* de cuotas; **Quotensystem** *nt* <-s, -e> sistema *m* de cuotas

Quotient [kvo'tsjɛnt] *m* <-en, -en> (MATH) cociente *m*

quotieren* [kvo'tiːrən] *vt* (WIRTSCH) cotizar

Quotierung *f* <-, -en> (WIRTSCH) cotización *f*

Q

R

R, r [ɛr] *nt* <-, -> R, r *f;* ~ **wie Richard** R de Ramón

Ra (CHEM) *Abk. von* **Radium** Ra

Rabatt [ra'bat] *m* <-(e)s, -e> rebaja *f,* descuento *m;* ~ **bei Großbestellung** descuento en pedidos al por mayor; **auf etw ~ geben** hacer una rebaja en algo; **sie bekam einen ~ von drei Prozent** le hicieron una rebaja del tres por ciento

Rabatte [ra'batə] *f* <-, -n> arriate *m*

rabattieren* [raba'tiːrən] *vt* (WIRTSCH) conceder un descuento (en)

Rabattmarke *f* <-, -n> sello *m* de descuento (*que se obtiene al comprar una mercancía y que da derecho a un descuento tras haber acumulado varios*)

Rabatz [ra'bats] *m* <-es, *ohne pl*> (*fam*) jaleo *m,* bulla *f;* ~ **machen** armar jaleo

Rabauke [ra'baʊkə] *m* <-n, -n> (*fam*) gamberro, -a *m, f,* alborotador(a) *m(f)*

Rabbi ['rabi, *pl:* 'rabiːs] *m* <-(s), -s *o* Rabbinen> rabí *m*

Rabbiner [ra'biːnɐ] *m* <-s, -> rabino *m*

Rabe ['raːbə] *m* <-n, -n> cuervo *m;* **er stiehlt** [*o* **klaut**] **wie ein ~** (*fam*) si te descuidas te quita hasta la camisa; **Rabeneltern** *pl* (*fam abw*) padres *mpl* desnaturalizados, malos padres *mpl;* **Rabenmutter** *f* <-, -mütter> (*fam abw*) madre *f* desnaturalizada, mala madre *f;* **rabenschwarz** ['--'-] *adj* negro como el azabache; **Rabenvater** *m* <-s, -väter> (*fam abw*) padre *m* desnaturalizado, mal padre *m*

rabiat [rabi'aːt] *adj* **1.** (*gewalttätig*) violento, brutal; ~ **vorgehen** actuar sin consideración alguna **2.** (*Methode*) riguroso, severo

Rache ['raxə] *f* <-, *ohne pl*> venganza *f* (*für* por); (**an jdm**) ~ **nehmen** [*o* **üben**] vengarse (de alguien); ~ **ist süß** dulce es la venganza; **jdm ~ schwören** jurar vengarse de alguien; **aus ~ für etw** en venganza por algo; **die ~ des kleinen Mannes** (*fam*) la venganza del hombre de la calle; **Racheakt** *m* <-(e)s, -e> (*geh*) acto *m* de venganza; **Rachedurst** *m* <-(e)s, *ohne pl*> (*geh*) sed *f* de venganza; **Racheengel** *m* <-s, -> (*geh*) ángel *m* vengador; **Rachegedanke** *m* <-ns, -n> idea *f* de venganza; **Rachegefühl** *nt* <-(e)s, -e> sentimiento *m* de venganza

Rachen ['raxən] *m* <-s, -> (*des Menschen*) faringe *f;* (*bei Tieren*) fauces *fpl;* **jdm den ~ stopfen** (*fam*) taparle a alguien la boca; **jdm etw in den ~ werfen** (*fig*) entretener a alguien con algo; **er kann den ~ nicht voll kriegen** (*fam*) nunca se cansa; **sie hat das in den falschen ~ gekriegt** (*fam*) se lo ha tomado a mal

rächen ['rɛçən] **I.** *vt* vengar (*an* en) **II.** *vr:* **sich ~** vengarse (*an* de, *für* por); **ich werde mich an ihm ~** (**für das, was er mir angetan hat**) me vengaré de él (por lo que me hizo); **das rächt sich eines Tages** no hay plazo que no se cumpla ni deuda que no se pague

Rachenblütler *m* <-s, -> (BOT) escrofulariácea *f*

Rachenhöhle *f* <-, -n> faringe *f,* cavidad *f* faríngea; **Rachenkatarr**[RR] *m* <-s, -e>, **Rachenkatarrh** *m* <-s, -e> (MED) faringitis *f inv,* anginas *fpl;* **Rachenschleimhaut** *f* <-, -häute> (MED) mucosa *f* de la faringe; **Rachenspray** *m o nt* <-s, -s> spray *m* para la garganta [*o* para la faringe]

Racheplan *m* <-(e)s, -pläne> plan *m* de venganza; **Rachepläne schmieden** tramar planes de venganza

Rächer(in) *m(f)* <-s, -; -, -nen> (*geh*) vengador(a) *m(f);* **der ~ der Enterbten** (*fam*) el vengador de los desheredados

Racheschwur *m* <-(e)s, -schwüre> juramento *m* de venganza

Rachgier *f* <-, *ohne pl*> (*geh*) deseo *m* de venganza; (*stärker*) sed *f* de venganza; **rachgierig** *adj* (*geh*) vengativo

Rachitis [ra'xiːtɪs, *pl:* raxi'tiːdən] *f* <-, Rachitiden> (MED) raquitis *f inv*

rachitisch [ra'xiːtɪʃ] *adj* (MED) raquítico

Rachsucht *f* <-, *ohne pl*> (*geh*) sed *f* de venganza; **rachsüchtig** *adj* (*geh*) vengativo, sediento de venganza

Racker ['rakɐ] *m* <-s, -> (*fam*) pillo, -a *m, f,* pícaro, -a *m, f*

Rackerei *f* <-, *ohne pl*> (*fam*) curro *m*

rackern ['rakɐn] *vi* (*fam*) currar, dar el callo

Raclette ['raklɛt, ra'klɛt] *f* <-, -s>, *nt* <-s, -s> (GASTR) "raclette" *f*

rad (PHYS) *Abk. von* **radiation absorbed dosis** rd

Rad [raːt, *pl:* 'rɛːdɐ] *nt* <-(e)s, Räder> **1.** (*a.* TECH: *an Fahrzeug*) rueda *f;* **ein ~ wechseln** cambiar una rueda; **das fünfte ~ am Wagen sein** (*fam*) estar de más; **unter die Räder kommen** (*fam*) ir de capa caída; **der hat ein ~ ab** (*sl*) le falta un tornillo; **ein ~ schlagen** (*Mensch*) hacer una rueda; (*Pfau*) hacer la rueda **2.** (*fam: Fahr~*) bici *f;* ~ **fahren** ir [*o* montar] en bici; **sich aufs ~ schwingen** montarse en la bici

Radachse *f* <-, -n> eje *m* de rueda

Radar [ra'daːɐ] *m o nt* <-s, -e> (TECH) radar *m;* **Radarbild** *nt* <-(e)s, -er> (*fam*) foto *f*

del radar (*para detectar vehículos que circulan a más velocidad de la permitida*); **Radarfalle** *f* <-, -n> (*fam*) control *m* de velocidad por radar; **Radargerät** *nt* <-(e)s, -e> equipo *m* de radar; **Radarkontrolle** *f* <-, -n> control *m* (de velocidad) por radar; **Radarnavigation** *f* <-, *ohne pl*> (AERO, NAUT) navegación *f* (por) radar; **Radarpistole** *f* <-, -n> dispositivo *m* de radar (*para controlar la velocidad de los vehículos*); **Radarschirm** *m* <-(e)s, -e> pantalla *f* de radar; **Radarstation** *f* <-, -en> (MIL, AERO) estación *f* (de) radar; **Radarwagen** *m* <-s, -> coche *m* radar (*para controlar la velocidad de los vehículos*)

Radau [ra'daʊ] *m* <-s, *ohne pl*> (*fam*) jaleo *m*, bulla *f*, mitote *m Mex*; **~ machen** armar jaleo; **Radaubruder** *m* <-s, -brüder> (*fam*) alborotador *m*

Radaufhängung *f* <-, *ohne pl*> (AUTO) suspensión *f* de la(s) rueda(s)

Rädchen ['rɛːtçən] *nt*: **nur ein ~ im Getriebe sein** ser sólo una pieza del engranaje

Raddampfer *m* <-s, -> (NAUT) vapor *m* de ruedas

radebrechen ['raːdəbrɛçən] *vi, vt* chapurrear (*in* en); **Englisch/in Englisch ~** chapurrear el/en inglés

radeln ['raːdəln] *vi sein* (*fam*) ir en bici (*nach/zu* a)

rädeln ['rɛːdəln] *vt* **1.** (*Teig*) cortar **2.** (*Schnittmuster*) marcar

Rädelsführer(in) ['rɛːdəls-] *m(f)* <-s, -; -, -nen> (*abw*) cabecilla *mf*

rädern ['rɛːdɐn] *vt* enrodar

Räderwerk *nt* <-(e)s, -e> engranaje *m*; **das ~ der Justiz** el engranaje [*o* la máquina] de la justicia

rad\|fahren *irr vi sein s.* **Rad 2.**; **Radfahrer(in)** *m(f)* <-s, -; -, -nen> ciclista *mf*

Radfahrweg *m* <-(e)s, -e> *s.* **Radweg**

Radfelge *f* <-, -n> (AUTO) llanta *f*; **Radgabel** *f* <-, -n> horquilla *f*

Radi ['raːdi] *m* <-s, -> (*südd, Österr*) rábano *m*

radial [radi'aːl] *adj* radial; **Radialreifen** *m* <-s, -> (AUTO) neumático *m* radial

Radiator [radi'aːtoːɐ] *m* <-s, -en> radiador *m*

Radicchio [ra'dɪkio] *m* <-(s), Radicchi> chicoria *f*; **Radicchiosalat** *m* <-(e)s, -e> ensalada *f* de chicoria

Radien *pl von* **Radius**

radieren* [ra'diːrən] *vi, vt* **1.** (*aus~*) borrar **2.** (KUNST) grabar (al agua fuerte)

Radierer[1] *m* <-s, -> (*fam*) goma *f* (de borrar)

Radierer(in)[2] *m(f)* <-s, -; -, -nen> aguafuertista *mf*

Radiergummi *m* <-s, -s> goma *f* de borrar

Radierung[1] *f* <-, *ohne pl*> (KUNST: *Verfahren*) grabado *m* al agua fuerte

Radierung[2] *f* <-, -en> (KUNST: *Kunstwerk*) aguafuerte *m*

Radieschen [ra'diːsçən] *nt* <-s, -> rabanito *m*, rábano *m* rojo; **sich** *dat* **die ~ von unten betrachten** [*o* **ansehen**] (*fam*) estar criando malvas

radikal [radi'kaːl] *adj* **1.** (*vollständig, rücksichtslos*) radical; **etw ~ ändern** dar un cambio radical [*o* un giro de 180 grados] a algo **2.** (POL) extremista, radical

Radikale(r) *mf* <-n, -n; -n, -n> radical *mf*, extremista *mf*; **Radikalenerlass**[RR] *m* <-es, *ohne pl*> (POL) *decreto en la R.F.A. según el cual no les está permitido desempeñar funciones públicas a los extremistas o radicales*

radikalisieren* [radikali'ziːrən] *vt* radicalizar

Radikalisierung *f* <-, -en> radicalización *f*

Radikalismus [radika'lɪsmʊs] *m* <-, *ohne pl*> radicalismo *m*

Radikalkur [--'--] *f* <-, -en> cura *f* radical

Radio ['raːdio] *nt* <-s, -s> radio *f*; **das ~ einschalten** poner la radio; **das ~ läuft** la radio está puesta; **eine Sendung vom ~ aufnehmen** grabar un programa de la radio; **den ganzen Tag ~ hören** escuchar la radio todo el día; **die Nachricht kam eben im ~** acaban de dar la noticia por la radio

radioaktiv [----'-] *adj* radi(o)activo; **~e Strahlung** radiación radi(o)activa; **etw ~ bestrahlen** tratar algo con rayos radi(o)activos; **Radioaktivität** [radioʔaktivi'tɛːt] *f* <-, *ohne pl*> radi(o)actividad *f*

Radioapparat ['raːdio-] *m* <-(e)s, -e> (aparato *m* de) radio *f*

Radioastronomie [------'-] *f* <-, *ohne pl*> (ASTR) radioastronomía *f*; **Radiobiologie** *f* <-, *ohne pl*> radiobiología *f*

Radio-Carbon-Methode ['raːdiokar'boːn-] *f* <-, *ohne pl*> (GEO) método *m* del carbono 14

Radiofrequenz ['raːdio-] *f* <-, -en> (ASTR, PHYS) radiofrecuencia *f*

Radiogerät *nt* <-(e)s, -e> (aparato *m* de) radio *f*

Radiogramm *nt* <-s, -e> radiografía *f*

Radiographie *f* <-, *ohne pl*> radiografía *f*

Radioisotop *nt* <-s, -e> (CHEM) radioisótopo *m*

Radiokompass[RR] ['raːdio-] *m* <-es, -e> (AERO, NAUT) radiocompás *m*

Radiologe, -in [radio'loːgə] *m, f* <-n, -n; -, -nen> radiólogo, -a *m, f*

Radiologie *f* <-, *ohne pl*> (MED) radiología *f*

Radiologin *f* <-, -nen> *s.* **Radiologe**

Radiometrie [radiome'triː] *f* <-, *ohne pl*> (PHYS, TECH) radiometría *f*

Radionuklid *nt* <-(e)s, -e> (CHEM) radionúclido *m*, radionucleido *m*

Radioquelle ['raːdio-] *f* <-, -n> (ASTR) astro *m* radioeléctrico

Radiorekorder ['raːdiorekɔrdɐ] *m* <-s, -> radiocasete *m*; **Radiosender** *m* <-s, -> emisora *f* de radio

R

Radiosonde *f* <-, -n> (TECH, METEO) radiosonda *f*
Radiotechnik *f* <-, *ohne pl*> radiotecnia *f*
Radioteleskop *nt* <-s, -e> (ASTR) radiotelescopio *m;* **Radiotext** *m* <-es, -e> (INFOR, RADIO) radiotexto *m;* **Radiotherapie** [radiotera'pi:] *f* <-, -n> (MED) radioterapia *f*
Radiowecker *m* <-s, -> (*fam*) radiodespertador *m;* **Radiowelle** *f* <-, -n> (PHYS) onda *f* radioeléctrica
Radium ['ra:diʊm] *nt* <-s, *ohne pl*> (CHEM) radio *m*
Radius ['ra:diʊs] *m* <-, Radien> **1.** (MATH) radio *m;* **den ~ einer Kugel berechnen** calcular el radio de un cuerpo esférico **2.** (*Reichweite*) radio *m* de acción; (*geistig*) horizonte *m;* **sein ~ ist beschränkt** tiene un horizonte limitado; **innerhalb eines** [*o* **in einem**] **~ von 20 Kilometern** dentro de [*o* en] un radio de 20 kilómetros
Radkappe *f* <-, -n> (AUTO) tapacubos *m inv;* **Radkasten** *m* <-s, -kästen> (AUTO) hueco *m* para la rueda (de repuesto); **Radkranz** *m* <-es, -kränze> (TECH) llanta *f* de la rueda; **Radlager** *nt* <-s, -> cojinete *m* de la rueda
Radler¹ ['ra:dlɐ] *m* <-s, -> (*reg*) *bebida a base de cerveza y limonada*
Radler(in)² *m(f)* <-s, -; -, -nen> ciclista *mf*
Radlerhose *f* <-, -n> pantalón *m* de ciclista
Radlerin *f* <-, -nen> *s.* **Radler²**
Radlermaß *f* <-, -(e)> (*südd*) *un litro de cerveza con limonada*
Radnabe *f* <-, -n> cubo *m* (de la rueda), buje *m*
Radon ['ra:dɔn, ra'do:n] *nt* <-s, *ohne pl*> (CHEM) radón *m*
Radrennbahn *f* <-, -en> velódromo *m;* **Radrennen** *nt* <-s, -> carrera *f* ciclista; **Radrennfahrer(in)** *m(f)* <-s, -; -, -nen> ciclista *mf* de carreras; **Radrennsport** *m* <-(e)s, *ohne pl*> ciclismo *m*
Radscha ['ra:dʒa, 'radʒa] *m* <-s, -s> rajá *m*
Radschaufel *f* <-, -n> (TECH) paleta *f* de rueda hidráulica
rad|schlagen *irr vi s.* **Rad 1.**
Radsport *m* <-(e)s, -e> ciclismo *m;* **Radsportler(in)** *m(f)* <-s, -; -, -nen> ciclista *mf*
Radstand *m* <-(e)s, *ohne pl*> distancia *f* entre ejes
Radtour *f* <-, -en> excursión *f* en bicicleta; **Radwanderung** *f* <-, -en> excursión *f* en bicicleta (*de varios días*)
Radwechsel *m* <-s, -> cambio *m* de neumático(s)
Radweg *m* <-(e)s, -e> carril *m* para bicicletas, pista *f* para bicicletas, carril-bici *m fam*
RAF [ɛrʔa:'ʔɛf] *f Abk. von* **Rote-Armee-Fraktion** Fracción *f* del Ejército Rojo (*grupo terrorista alemán de ultraizquierda*)
raffen ['rafən] *vt* **1.** (*abw: gierig ergreifen*) acaparar; **etw an sich ~** apoderarse de algo **2.** (*in Falten legen*) plisar **3.** (*Darstellung, Abhandlung*) reducir, abreviar; **etw gerafft wiedergeben** resumir algo **4.** (*fam: verstehen*) coger, pillar; **hast du's nun endlich gerafft?** ¿te has enterado de una vez?; **er rafft es nie** él siempre está en ayunas
Raffgier *f* <-, *ohne pl*> avaricia *f,* codicia *f;* **raffgierig** *adj* avaricioso, codicioso
Raffinade [rafi'na:də] *f* <-, -n> azúcar *m* refinado
Raffination [rafina'tsjo:n] *f* <-, -en> (CHEM) refinación *f,* refinado *m*
Raffinement¹ [rafinə'mã:] *nt* <-s, -s> (*geh: Feinheit*) finura *f,* fineza *f*
Raffinement² *nt* <-s, *ohne pl*> (*geh: Schlauheit*) astucia *f*
Raffinerie [rafinə'ri:] *f* <-, -n> refinería *f*
Raffinesse¹ [rafi'nɛsə] *f* <-, -n> (*Feinheit*) refinamiento *m,* sofisticación *f;* **mit allen technischen ~n ausgestattet** provisto de toda clase de refinamientos técnicos
Raffinesse² *f* <-, *ohne pl*> (*Schlauheit*) astucia *f*
raffinieren* [rafi'ni:rən] *vt* refinar
raffiniert [rafi'ni:ɐt] *adj* **1.** (*schlau*) listo, astuto **2.** (*ausgeklügelt*) sofisticado **3.** (*verfeinert*) refinado, fino
Raffiniertheit *f* <-, *ohne pl*> (*Schlauheit*) astucia *f*
Raffke ['rafkə] *m* <-s, -s> (*fam*) avaro, -a *m, f,* usurero, -a *m, f*
Raffsucht *f* <-, *ohne pl*> avaricia *f,* codicia *f;* **raffsüchtig** *adj* avaricioso, codicioso
Rafting ['ra:ftɪŋ] *nt* <-s, *ohne pl*> descenso *m* en balsa, rafting *m*
Rage ['ra:ʒə] *f* <-, *ohne pl*> (*fam*) rabia *f,* furia *f;* **in ~ sein** estar furioso; **in ~ kommen** ponerse furioso; **jdn in ~ bringen** poner furioso a alguien
ragen ['ra:gən] *vi* sobresalir (*aus* de); (*sich erheben*) elevarse (*aus* por encima de), alzarse (*aus* por encima de); **die Berge ragten in der Ferne empor** los montes se elevaban [*o* erguían] a lo lejos; **Felsen ~ aus dem Meer** por encima del mar asoman rocas; **Steine ~ aus dem Sand** sobresalen piedras de la arena; **aus der Tasche ragt ein Schirm** la punta del paraguas sale del bolso; **ein Hochhaus ragt in den Himmel** un rascacielos se eleva hasta el cielo; **die Berge ~ in den Himmel** los montes llegan casi hasta el cielo
Ragout [ra'gu:] *nt* <-s, -s> ragú *m*
Ragtime ['rægtaɪm] *m* <-(s), *ohne pl*> "ragtime" *m*
Rah(e) [ra:, 'ra:ə] *f* <-, Rahen> (NAUT) verga *f*
Rahm [ra:m] *m* <-(e)s, *ohne pl*> (*Schweiz, Österr, südd*) nata *f;* **süßer/saurer ~** nata dulce/agria; **(für sich) den ~ abschöpfen** (*fam*) llevarse [*o* tomar] la mejor parte (para sí)
rahmen ['ra:mən] *vt* enmarcar
Rahmen¹ ['ra:mən] *m* <-s, -> **1.** (*Bilder~, Tür~, Hintergrund*) marco *m* **2.** (*Fahrrad~, Motorrad~*) cuadro *m;* (AUTO) armazón *m o f*
Rahmen² *m* <-s, *ohne pl*> marco *m,* margen

m; (*Bereich*) ámbito *m;* (*Gegebenheit*) ambiente *m;* **der äußere ~ der Veranstaltung** el ambiente del acto; **im kleineren ~** a escala reducida; **wir werden Ihnen im ~ des Möglichen helfen** le ayudaremos dentro de lo posible; **im ~ der geltenden Gesetze** en el marco de la legalidad vigente; **im feierlichen ~** en [*o* con] un acto de gala; **aus dem ~ fallen** salirse de lo común; **den ~ sprengen** rebasar los límites; **jdm/etw** *dat* **einen zeitlichen ~ setzen** conceder un plazo (de tiempo) a alguien/a algo; **im ~ bleiben, sich im ~ halten** (*fam*) no pasarse de rosca; **Rahmenabkommen** *nt* <-s, -> acuerdo *m* básico, convenio *m* básico; **Rahmenbedingung** *f* <-, -en> condición *f* (previa); **die ~en für etw schaffen** sentar las bases necesarias para algo; **Rahmengesetz** *nt* <-es, -e> ley *f* básica; **Rahmenhandlung** *f* <-, -en> (LIT) trama *f* que sirve de marco; **Rahmenrichtlinien** *fpl* directivas-marco *fpl,* normas *fpl* básicas

Rahmkäse *m* <-s, -> queso *m* blando muy graso; **Rahmsoße** *f* <-, -n> salsa *f* con crema

Rain [raɪn] *m* <-(e)s, -e> **1.** (*Streifen Land*) linde *m o f,* lindero *m* **2.** (*südd, Schweiz: Abhang*) cuesta *f*

räkeln ['rɛːkəln] *vr:* **sich ~** *s.* **rekeln**

Rakete [ra'keːtə] *f* <-, -n> **1.** (MIL) misil *m* **2.** (*Raumfahrt, Feuerwerks~*) cohete *m;* **Raketenabschussbasis**[RR] *f* <-, -basen> (MIL) base *f* lanzacohetes; **Raketenabschussrampe**[RR] *f* <-, -n> (MIL) rampa *f* lanzacohetes; **Raketenabwehrsystem** *nt* <-s, -e> (MIL) sistema *m* antimisil; **Raketenantrieb** *m* <-(e)s, -e> (TECH) propulsión *f* por cohete; **raketenbestückt** *adj* equipado con [*o* de] cohetes; **Raketenflugzeug** *nt* <-(e)s, -e> (MIL) avión *m* cohete; **Raketenstufe** *f* <-, -n> etapa *f* de un cohete; **Raketenstützpunkt** *m* <-(e)s, -e> (MIL) base *f* de cohetes; **Raketentechnik** *f* <-, *ohne pl*> técnica *f* de cohetes; **Raketentriebwerk** *nt* <-(e)s, -e> (TECH) propulsor *m* de cohetes; **Raketenversuchsgelände** *nt* <-s, -> campo *m* de pruebas de cohetes; **Raketenwaffe** *f* <-, -n> (MIL) arma *f* cohete; **Raketenwerfer** *m* <-s, -> (MIL) lanzacohetes *m inv;* **Raketenzeitalter** *nt* <-s, *ohne pl*> (*sl*) era *f* espacial

Rallye ['rɛli] *f* <-, -s> rally *m;* **Rallyefahrer(in)** *m(f)* <-s, -; -, -nen> conductor(a) *m(f)* de rallys

RAM [ram] *nt* <-(s), -(s)> (INFOR) *Abk. von* **random access memory** RAM *m*

Rambazamba ['ramba'tsamba] *nt* <-s, *ohne pl*> (*fam*) **1.** (*gute Stimmung*) juerga *f;* **~ machen** ir de juerga **2.** (*Randale*) follón *m;* **~ machen** armar un follón; **da war ~!** ¡se armó la de San Quintín!

Rambo ['rambo] *m* <-s, -s> (*fam*) Rambo *m*

rammdösig ['ramdøːzɪç] *adj* (*sl*) entontecido, atónito

Ramme ['ramə] *f* <-, -n> (ARCHIT) martinete *m*

rammeln ['raməln] **I.** *vi* **1.** (*Tiere*) aparearse; (*vulg: Menschen*) follar **2.** (*fam: stoßend drängen*) empujar; **gerammelt voll** lleno hasta los topes **II.** *vr:* **sich ~** (*fam*) **1.** (*sich balgen*) pelearse **2.** (*sich stoßen*) golpearse

rammen ['ramən] *vt* **1.** (*in den Boden*) clavar (*in* en) **2.** (*stoßen*) chocar (*gegen* contra), dar (con); (*Schiff*) abordar; **ein Tanker rammte die Yacht** un petrolero abordó el yate; **jdm die Faust in den Leib ~** dar un puñetazo a alguien **3.** (*beschädigen*) dañar

Rammler ['ramlɐ] *m* <-s, -> conejo *m* macho

Rampe ['rampə] *f* <-, -n> **1.** (*Auffahrt*) rampa *f* **2.** (*zum Be- und Entladen*) muelle *m* de carga; **Rampenlicht** *nt* <-(e)s, *ohne pl*> (THEAT) focos *mpl,* candilejas *fpl;* **im ~ stehen** estar en primera plana

ramponieren* [rampo'niːrən] *vt* (*fam*) estropear, romper

Ramsch [ramʃ] *m* <-(e)s, -e> (*fam abw*) baratillo *m,* cachivaches *mpl;* **Ramschladen** *m* <-s, -läden> (*fam abw*) baratillo *m;* **Ramschverkauf** *m* <-(e)s, -käufe> (WIRTSCH) venta *f* a bajo precio; **Ramschware** *f* <-, -n> (*fam abw*) (artículos *mpl* de) baratillo *m,* (artículos *mpl* de) pacotilla *f,* baratijas *fpl*

RAM-Speicher *m* <-s, -> (INFOR) RAM *m,* memoria *f* RAM

ran [ran] *adv* (*fam*) por aquí

Ranch *f* <-, -(e)s> rancho *m*

Rand [rant, *pl:* 'rɛndɐ] *m* <-(e)s, Ränder> **1.** (*an Gefäß, Straße, Abgrund, a. fig*) borde *m;* (*Tisch~*) canto *m;* (*Stadt~*) periferia *f;* **bis zum ~ voll** lleno hasta el borde; **am ~(e) des Waldes wohnen** vivir al borde del bosque; **am südlichen ~ der Stadt** en la periferia sur de la ciudad; **das Wasser lief über den ~ des Eimers** el agua se desbordó del cubo; **am ~(e) des Ruins** al borde de la ruina; **am ~ der Gesellschaft stehen** estar al margen de la sociedad; **dunkle Ränder um die Augen haben** tener ojeras; **etw am ~e bemerken** decir algo de paso **2.** (*Schmuck~*) orla *f* **3.** (TYPO) margen *m;* **etw an den ~ schreiben** anotar algo en el margen **4.** (*Wend*): **außer ~ und Band sein** (*fam*) estar fuera de quicio; **mit jdm/mit etw** *dat* **nicht zu ~e kommen** (*fam*) no poder con alguien/con algo; **halt den ~!** (*fam*) ¡cierra el pico!

Randale [ran'daːlə] *f* <-, *ohne pl*> jaleo *m;* **~ machen** armar jaleo

randalieren* [randa'liːrən] *vi* alborotar, hacer escándalo

Randalierer(in) *m(f)* <-s, -; -, -nen> vándalo, -a *m, f,* alborotador(a) *m(f)*

Randbemerkung *f* <-, -en> **1.** (*schriftlich*) nota *f* marginal **2.** (*mündlich*) comentario *m* dicho de paso

Randbiotop *m o nt* <-s, -e> (BIOL) biotopo *m* periférico

Rande ['randə] *f* <-, -n> (*Schweiz*) remolacha *f*

Randerscheinung *f* <-, -en> fenómeno *m* secundario; **Randfigur** *f* <-, -en> personaje *m* secundario; **Randgebiet** *nt* <-(e)s, -e> **1.** (*einer Stadt*) periferia *f;* (*eines Territoriums*) zona *f* periférica **2.** (*einer Disziplin*) campo *m* interdisciplinar; **Randgruppe** *f* <-, -n> grupo *m* marginal; **randlos** *adj* (*Brille*) sin montura; **Randmoräne** *f* <-, -n> (GEO) morena *f* periférica; **Randproblem** *nt* <-s, -e> problema *m* marginal [*o* secundario]; **Randstein** *m* <-(e)s, -e> bordillo *m,* encintado *m;* **Randsteller** *m* <-s, -> marginador *m;* **Randstreifen** *m* <-s, -> arcén *m;* **Randzone** *f* <-, -n> zona *f* periférica

rang [raŋ] *3. imp von* **ringen**

Rang¹ [raŋ, *pl:* 'rɛŋə] *m* <-(e)s, Ränge> **1.** (*Grad*) rango *m;* (MIL) grado *m;* (*Stellung*) posición *f;* **einen hohen ~ bekleiden** ocupar un alto rango; **jdm den ~ ablaufen** (*fam*) superar a alguien **2.** (THEAT) palco *m;* **im ersten ~** en el palco principal; **vor leeren/überfüllten Rängen spielen** actuar ante un auditorio vacío/abarrotado **3.** (SPORT) lugar *m*

Rang² *m* <-(e)s, *ohne pl*> (*Stellenwert*) importancia *f;* (*Güte*) calidad *f;* **ohne ~ und Namen sein** ser insignificante; **alles, was ~ und Namen hat** la alta sociedad; **zu ~ und Würden kommen** adquirir prestigio; **ersten ~es** de primera (calidad)

Rangabzeichen *nt* <-s, -> (MIL) insignia *f* de rango; **Rangälteste(r)** *mf* <-n, -n; -n, -n> persona *f* con mayor antigüedad en un cargo

Range ['raŋə] *f* <-, -n> (*reg*) diablillo, -a *m, f,* zarandillo *m*

ran|gehen ['ran-] *irr vi sein* (*fam*) poner manos a la obra; **der geht aber ran!** ¡así se hace!

Rangelei [raŋə'laɪ] *f* <-, -en> (*fam*) pelea *f,* forcejeo *m*

rangeln ['raŋəln] *vi* (*fam*) pelearse (*um* por)

Rangfolge *f* <-, -n> jerarquía *f;* **der ~ nach** jerárquicamente; **ranghöchste(r, s)** *adj* de grado más elevado; **Ranghöchste(r)** *mf* <-n, -n; -n, -n> el de grado más elevado, la de grado más elevado

Rangierbahnhof [rã'ʒiːɐ-, raŋ'ʒiːɐ-] *m* <-(e)s, -höfe> estación *f* de maniobras

rangieren* [rã'ʒiːrən, raŋ'ʒiːrən] **I.** *vi* (*Rang einnehmen*) figurar (*an* en); **sie rangiert an letzter Stelle** ocupa el último puesto; **Kontaktanzeigen ~ dort unter der Rubrik „Diverses"** los anuncios del corazón se encuentran bajo la columna "Varios" **II.** *vt* (*Waggons*) cambiar de vía

Rangiergleis [rã'ʒiːɐ-, raŋ'ʒiːɐ-] *nt* <-es, -e> vía *f* de maniobras; **Rangierlokomotive** *f* <-, -n> locomotora *f* de maniobras

Rangliste *f* <-, -n> (SPORT) clasificación *f*

rangmäßig *adv* según [*o* de acuerdo con] el rango

Rangordnung *f* <-, -en> jerarquía *f;* **Rangstufe** *f* <-, -n> grado *m,* categoría *f;* **Rangunterschied** *m* <-(e)s, -e> diferencia *f* de rango [*o* de categoría (profesional)]

ran|halten *irr vr:* **sich ~** (*fam*) **1.** (*sich beeilen*) darse prisa **2.** (*rasch zugreifen*) reaccionar rápidamente

rank [raŋk] *adj* (*geh*): **~ und schlank sein** ser delgado y esbelto

Rank [raŋk] *m* <-(e)s, Ränke> (*Schweiz*) **1.** (*Wegbiegung*) curva *f* **2.** (*Kniff*) vuelta *f;* **den ~ finden etw zu tun** cogerle [*o* tomarle] el gusto a algo; **den ~ finden zu jdm/zu etw** *dat* tomarle [*o* cogerle] el tranquillo a alguien/a algo

Ranke ['raŋkə] *f* <-, -n> (BOT) zarcillo *m*

Ränke ['rɛŋkə] *mpl* (*geh*): **~ schmieden** intrigar

ranken ['raŋkən] *vr:* **sich ~ 1.** (*Pflanze*) trepar **2.** (*Erzählung*): **um die Ruine ~ sich viele Legenden** la ruina es centro de muchas leyendas; **Rankengewächs** *nt* <-es, -e> (planta *f*) trepadora *f*

Ränkeschmied(in) *m(f)* <-(e)s, -e; -, -nen> (*geh*) intrigante *mf;* **Ränkespiel** *nt* <-(e)s, -e> intrigas *fpl*

Ranking ['ræŋkɪŋ] *nt* <-s, -s> clasificación *f* (por puntos), "ranking" *m;* **unsere Universität hat beim letzten ~ gut abgeschnitten** nuestra universidad ha obtenido una buena posición en la última clasificación

ran|klotzen *vi* (*fam*) deslomarse; **ran|kommen** *irr vi sein* (*fam*) **1.** (*sich nähern*) acercarse (*an* a), aproximarse (*an* a) **2.** (*heranreichen*) alcanzar (*an*) **3.** (*Zugang haben*) tener acceso (*an* a); (*kaufen*) poder comprar (*an*), poder adquirir (*an*); **kommst du günstig an einen Computer ran?** ¿tienes posibilidades para adquirir un ordenador a buen precio?; **ran|kriegen** *vt* (*fam*): **jdn ~** apretar las clavijas a alguien; (*bei Arbeit*) endosar trabajo a alguien; **ran|lassen** *irr vt* (*fam*) **1.** (*näher kommen lassen*) dejar acercarse; **das Reh ließ mich ganz nahe (an sich) ran** el corzo dejó que me le acercara mucho **2.** (*versuchen lassen*) dejar intentar; **lass mich doch mal ran!** ¡déjame a mí!, ¡deja que yo lo intente!; **die sollten endlich den Nachwuchs ~!** ¡deberían dejar hacerlo a las nuevas generaciones! **3.** (*vulg: Intimitäten gestatten*) dejar arrimarse; **die lässt doch jeden ran!** ¡pero si ésa deja que se le arrime cualquiera!; **ran|machen** *vr:* **sich ~** (*fam*) **1.** (*beginnen*) emprender (*an*), ponerse (*an* a +*inf*); **sich an die Arbeit ~** ponerse a trabajar **2.** (*an Person*) mosconear (*an* a), rondar (*an* a)

rann [ran] *3. imp von* **rinnen**

rannte ['rantə] *3. imp von* **rennen**

ran|schmeißen *irr vr* (*fam*): **sich an jdn ~** (*sich anbiedern*) arremeter contra alguien; (*anmachen*) tirar los tejos a alguien

Ranunkel [ra'nʊŋkəl] *f* <-, -n> (BOT) ranúnculo *m*

Ranzen ['rantsən] *m* <-s, -> **1.** (*Schultasche*) cartera *f* del colegio (*para llevar a la espalda*) **2.** (*fam: Bauch*) barriga *f;* **sich** *dat* **den ~ voll schlagen** llenarse la panza

ranzig ['rantsɪç] *adj* rancio; **etw riecht (leicht) ~** algo huele (ligeramente) a rancio

Rap [ræp] *m* <-(s), -s> (MUS) "rap" *m*

rapid(e) [ra'piːt, ra'piːdə] *adj* pronto, rápido

Rapmusik [-mjuːzɪk] *f* <-, -en> música *f* "rap"

Rappe ['rapə] *m* <-n, -n> caballo *m* negro

Rappel ['rapəl] *m* <-s, -> (*fam abw*) vena *f,* punto *m,* neura *f;* **da kriegte sie einen ~** le dio la neura; **dabei kann man ja einen ~ kriegen** esto es para volverse loco; **wenn der seinen ~ kriegt, verschwindet er für die ganze Nacht** cuando le da por ahí desaparece toda la noche

rappelig *adj* (*fam*) **1.** (*verrückt*) loco; **~ werden** volverse loco **2.** (*nervös*) inquieto, nervioso **3.** (*abgenutzt*) viejo; (*dürr, kraftlos*) achacoso

rappeln ['rapəln] *vi* (*fam*) golpetear; **gerappelt voll sein** estar a tope

rappen ['ræpən] *vi* **1.** (*musizieren*) hacer música "rap" **2.** (*tanzen*) bailar "rap"

Rappen ['rapən] *m* <-s, -> céntimo *m* suizo

Rapper(in) ['ræpɐ] *m(f)* <-s, -; -, -nen> rapero, -a *m, f*

Rapport [ra'pɔrt] *m* <-(e)s, -e> informe *m*

Raps [raps] *m* <-es, -e> colza *f;* **Rapsöl** *nt* <-(e)s, -e> aceite *m* de colza

Rapunzel [ra'pʊntsəl] *f* <-, -n> (BOT) rapónchigo *m,* ruiponce *m*

rar [raːɐ] *adj* raro, escaso; **~ sein** escasear; **sich ~ machen** (*fam*) no dejarse ver el pelo

Rarität [rari'tɛːt] *f* <-, -en> rareza *f;* **Raritätenkabinett** *nt* <-s, -e> galería *f* de curiosidades [*o* de objetos raros]

rasant [ra'zant] **I.** *adj* **1.** (*fam: Fahrt, Entwicklung*) rapidísimo, impetuoso; (*Tempo*) tremendo **2.** (*fam: schnittig*) aerodinámico **3.** (*Ballistik*) rasante **II.** *adv* (*fam: schnell*) como un rayo

Rasanz [ra'zants] *f* <-, *ohne pl*> (*fam: Schnelligkeit*) velocidad *f* (de locos)

rasch [raʃ] **I.** *adj* rápido **II.** *adv* con rapidez, de prisa

rascheln ['raʃəln] *vi* (*Seide, Laub, Stroh*) crujir; (*Maus, Papier*) hacer ruido; **mit etw** *dat* **~** hacer ruido con algo

rasen ['raːzən] *vi* **1.** *sein* (*fam: Person, Fahrzeug*) ir a toda mecha [*o* pastilla]; **mein Puls rast** tengo el pulso a cien; **die Zeit rast** el tiempo pasa volando **2.** (*toben*) enfurecerse (*vor* de); **du machst mich noch ~d mit deiner Fragerei** me vuelves loco con tanta pregunta

Rasen ['raːzən] *m* <-s, -> césped *m;* **biologischer ~** césped biológico; **Betreten des ~s verboten!** ¡prohibido pisar el césped!; **den ~ mähen** cortar el césped

rasend **I.** *adj* **1.** (*Geschwindigkeit*) vertiginoso **2.** (*Beifall*) frenético; (*Schmerzen*) atroz **II.** *adv* (*fam: sehr*) muy, totalmente; **ich würde es ~ gern probieren** me gustaría muchísimo intentarlo

Rasende(r) *mf* <-n, -n; -n, -n> loco, -a *m, f*

Rasenfläche *f* <-, -n> césped *m;* **Rasenmäher** *m* <-s, -> cortacésped *m o f,* podadora *f Mex;* **Rasenplatz** *m* <-es, -plätze> (*Fußball*) campo *m* de hierba; (*Tennis*) pista *f* de hierba; **Rasensprenger** *m* <-s, -> aspersor *m* para césped

Raser(in) *m(f)* <-s, -; -, -nen> (*fam abw*) loco, -a *m, f* de la carretera [*o* del volante]

Raserei[1] *f* <-, *ohne pl*> (*das Wüten*) rabia *f,* furia *f;* **jdn zur ~ bringen** poner furioso a alguien

Raserei[2] *f* <-, -en> (*fam: schnelles Fahren*) velocidad *f* vertiginosa

Raserin *f* <-, -nen> *s.* **Raser**

Rasierapparat *m* <-(e)s, -e> maquinilla *f* de afeitar; (*elektrisch*) máquina *f* de afeitar, afeitadora *f* eléctrica; **Rasiercreme** *f* <-, -s> crema *f* de afeitar

rasieren* [ra'ziːrən] **I.** *vt* afeitar; **glatt rasiert** bien afeitado; **er ist schlecht rasiert** está mal afeitado; **ich möchte mich ~ lassen** quiero que me afeiten; **sie rasiert sich** *dat* **die Beine** se afeita las piernas **II.** *vr:* **sich ~** afeitarse; **er rasiert sich nass/trocken** se afeita a navaja/con la maquinilla

Rasierer *m* <-s, -> (*fam*) maquinilla *f* de afeitar; (*elektrisch*) afeitadora *f*

Rasierklinge *f* <-, -n> hoja *f* de afeitar, cuchilla *f* de afeitar; **Rasiermesser** *nt* <-s, -> navaja *f* de afeitar; **Rasierpinsel** *m* <-s, -> brocha *f* de afeitar; **Rasierschaum** *m* <-(e)s, -schäume> espuma *f* de afeitar; **Rasierseife** *f* <-, -n> jabón *m* de afeitar; **Rasierwasser** *nt* <-s, – *o* -wässer> loción *f* para después del afeitado, after shave *m;* **Rasierzeug** *nt* <-(e)s, *ohne pl*> utensilios *mpl* para afeitar(se)

Räson [rɛ'zõː] *f* <-, *ohne pl*>: **jdn zur ~ bringen** hacer entrar a alguien en razón; **zur ~ kommen** avenirse a razones

Raspel ['raspəl] *f* <-, -n> **1.** (*Feile*) lima *f* gruesa **2.** (*Küchengerät*) rallador *m*

raspeln ['raspəln] *vt* **1.** (*Holz*) raspar **2.** (*Nüsse, Schokolade*) rallar

raß *adj,* **räß** *adj* (*südd, Schweiz, Österr*) **1.** (*würzig*) picante **2.** (*schneidend*) afilado, cortante **3.** (*resolut*) decidido, enérgico

Rasse ['rasə] *f* <-, -n> (BIOL) casta *f,* raza *f;* **Rassehund** *m* <-(e)s, -e> perro *m* de casta [*o* de raza]

Rassel ['rasəl] *f* <-, -n> **1.** (MUS) matraca *f* **2.** (*Kinderspielzeug*) sonajero *m*

Rasselbande *f* <-, -n> (*fam*) pandilla *f* de niños traviesos [*o* de pillos]

rasseln ['rasəln] *vi* **1.** (*Wecker*) sonar con ruido metálico; (*Kette*) hacer un ruido metálico; **mit etw** *dat* **~** hacer (un) ruido (metálico) con algo **2.** *sein* (*fam*): **durch ein Examen ~** catear un examen

Rassendiskriminierung *f* <-, -en> discriminación *f* racial; **Rassenhass**[RR] *m* <-es, *ohne pl*> odio *m* racial; **Rassenkonflikt** *m* <-(e)s, -e> conflicto *m* racial; **Rassenkrawall** *m* <-s, -e> disturbio *m* racial; **Rassenmischung** *f* <-, -en> **1.** (*von Menschenrassen*) mezcla *f* de razas **2.** (*von Tierrassen*) cruce *m* de razas; **Rassentrennung** *f* <-, *ohne pl*> segregación *f* racial, apartheid *m;* **Rassenunruhen** *fpl* disturbios *mpl* raciales; **Rassenvorurteil** *nt* <-s, -e> prejuicio *m* racial; **Rassenwahn** *m* <-s, *ohne pl*> (*abw*) racismo *m,* complejo *m* de superioridad racial

rasserein ['rasəraɪn] *adj* de pura raza

rassig *adj* racial; (*feurig*) fogoso; **eine ~e Frau** una mujer de rompe y rasga

rassisch *adj* racial

Rassismus [ra'sɪsmʊs] *m* <-, *ohne pl*> racismo *m*

Rassist(in) [ra'sɪst] *m(f)* <-en, -en; -, -nen> racista *mf*

rassistisch *adj* racista

Rast [rast] *f* <-, -en> descanso *m,* pausa *f;* (MIL) alto *m;* **~ machen** descansar; **ohne ~ und Ruh** (*geh*) incesantemente

Raste ['rastə] *f* <-, -n> seguro *m*

rasten ['rastən] *vi* descansar

Raster[1] ['rastɐ] *m* <-s, -> (TYPO) **1.** (*zur Zerlegung einer Bildfläche*) reticulador *m,* cuadrícula *f* **2.** (*Liniennetz*) retícula *f,* retículo *m*

Raster[2] *nt* <-s, -> **1.** (TV) trama *f* **2.** (*System*) sistema *m,* estructura *f* de pensamiento; **etw in ein ~ einordnen** clasificar algo

Rasterelektronenmikroskop *nt* <-s, -e> (TECH) microscopio *m* de retícula; **Rasterfahndung** *f* <-, -en> *control computerizado de ciertos datos de un amplio grupo de personas con fines criminológicos;* **Rastermikroskop** *nt* <-s, -e> (TECH) microscopio *m* de retícula

Rasthaus *nt* <-es, -häuser> área *f* de servicio con restaurante; **Rasthof** *m* <-(e)s, -höfe> área *f* de servicio; **rastlos** *adj* **1.** (*ununterbrochen*) incesante, continuo; (*unermüdlich*) infatigable, incansable **2.** (*unstet*) inconstante; (*unruhig*) inquieto

Rastlosigkeit *f* <-, *ohne pl*> **1.** (*Unermüdlichkeit*) esfuerzo *m* infatigable; **mit bewunderungswürdiger ~ hat sie das Projekt betreut** con una capacidad de trabajo encomiable ha dirigido el proyecto de una manera ejemplar **2.** (*Unrast*) desasosiego *m*

Rastplatz *m* <-es, -plätze> área *f* de reposo [*o* de descanso]; **die Rastplätze der Zugvögel** los lugares de descanso de las aves migratorias; **Raststätte** *f* <-, -n> restaurante *m* de autopista

Rasur [ra'zuːɐ] *f* <-, -en> afeitado *m*

Rat[1] [raːt, *pl:* 'rɛːtə] *m* <-(e)s, Räte> (*Gremium*) consejo *m;* (*kommunal*) concejo *m;* **der ~ der Gemeinde** el consejo municipal; **im ~ sitzen** estar en el concejo; **Großer ~** (*Schweiz*) parlamento cantonal suizo

Rat[2] *m* <-(e)s, *ohne pl*> (*Empfehlung*) recomendación *f,* consejo *m;* **jdm einen ~ erteilen** [*o* **geben**] darle a alguien un consejo; **jdm den ~ geben etw zu tun** aconsejar a alguien hacer algo; **jdn um ~ fragen, sich** *dat* **bei jdm ~ holen** consultar a alguien, pedir consejo a alguien; **da ist guter ~ teuer** es una situación delicadísima; **ein Buch/seinen Arzt zu ~e ziehen** consultar un libro/a su médico; **sich** *dat* **keinen ~ mehr wissen** no saber ya qué hacer; **entgegen** [*o* **gegen**] **seines Vaters ~** a pesar de los consejos de su padre; **kommt Zeit, kommt ~** (*prov*) con el tiempo maduran las uvas

Rat[3] *m,* **Rätin** *f* <-(e)s, Räte; -, -nen> consejero, -a *m, f*

rät [rɛːt] *3. präs von* **raten**

Rate ['raːtə] *f* <-, -n> **1.** (*bei Kauf*) plazo *m;* **etw auf ~n kaufen** comprar algo a plazos; **in ~n zahlen** pagar a plazos **2.** (*Verhältniszahl, Preis*) tasa *f*

raten ['raːtən] <rät, riet, geraten> *vi, vt* **1.** (*empfehlen*) recomendar, aconsejar; **jdm zu etw** *dat* [*o* **etw**] **~** aconsejar algo a alguien; **das möchte ich dir auch ge~ haben** te recomiendo que lo hagas; **ich riet ihm zur Vorsicht** le aconsejé precaución; **was** [*o* **wozu**] **~ Sie mir?** ¿qué me aconseja? **2.** (*erraten*) adivinar; **falsch ~** no adivinar; **richtig ~** acertar; **dreimal darfst du ~!** (*fam*) ¡adivina, adivinanza!; **rat mal, wen ich heute getroffen habe!** ¡adivina a quién me he encontrado hoy!; **das rätst du nie!** (*fam*) ¡esto no lo adivinas ni loco!

Ratenanleihe *f* <-, -n> (FIN) empréstito *m* a plazos; **Ratenkauf** *m* <-(e)s, -käufe> compra *f* a plazos; **ratenweise** *adv* en cuotas, a plazos; **~ Zahlung** pago a plazos; **ein Auto ~ abbezahlen** pagar un coche a plazos

Ratenzahlung *f* <-, -en> pago *m* a plazos; **Ratenzahlungsgeschäft** *nt* <-(e)s, -e> (WIRTSCH) operación *f* de pago a plazos

Räterepublik *f* <-, -en> república *f* senatorial

Ratespiel *nt* <-(e)s, -e> (TV) concurso *m* de preguntas y respuestas; **ein ~ um etw veranstalten** provocar mucha expectación a cuenta de algo

Rätesystem *nt* <-s, *ohne pl*> (POL) régimen *m* soviético, sistema *m* soviético

Ratgeber[1] *m* <-s, -> (*Buch*) guía *f*

Ratgeber(in)[2] *m(f)* <-s, -; -, -nen> consejero, -a *m, f*

Rathaus *nt* <-es, -häuser> ayuntamiento *m,* municipalidad *f Am,* diputación *f Mex*

Ratifikation *f* <-, -en> (JUR) ratificación *f*

ratifizieren* [ratifi'tsiːrən] *vt* (JUR) ratificar

Ratifizierung *f* <-, -en> (JUR) ratificación *f*

Rätin *f* <-, -nen> *s.* **Rat**[3]

Ratio ['raːtsjo] *f* <-, *ohne pl*> razón *f*

Ration [ra'tsjo:n] *f* <-, -en> ración *f;* **eiserne ~** ración de reserva; **die ~ erhöhen/kürzen** aumentar/disminuir la ración

rational [ratsjo'na:l] *adj* (*a.* MATH) racional

rationalisieren* [ratsjonali'zi:rən] *vi, vt* racionalizar

Rationalisierung *f* <-, -en> racionalización *f;* **Rationalisierungsmaßnahme** *f* <-, -n> medida *f* de racionalización

Rationalismus [ratsjona'lɪsmʊs] *m* <-, *ohne pl*> (*a.* PHILOS) racionalismo *m;* **kritischer ~** racionalismo crítico

Rationalist(in) *m(f)* <-en, -en; -, -nen> (*a.* PHILOS) racionalista *mf*

rationell [ratsjo'nɛl] *adj* racional; (*sparsam*) económico

rationieren* [ratsjo'ni:rən] *vt* racionar

Rationierung *f* <-, -en> racionamiento *m*

ratlos *adj* desorientado; (*verwirrt*) confuso, desconcertado; **ein ~es Gesicht machen** poner cara de desconcierto; **etw** *dat* **~ gegenüberstehen** no saber cómo solucionar algo; **~ sein** no saber qué hacer

Ratlosigkeit *f* <-, *ohne pl*> desorientación *f;* (*Verwirrung*) desconcierto *m,* confusión *f*

Rätoromane, **-in** [rɛtoro'ma:nə] *m, f* <-n, -n; -, -nen> retorromano, -a *m, f*

rätoromanisch [rɛtoro'ma:nɪʃ] *adj* retorrománico, retorromano

ratsam ['ra:tza:m] *adj* aconsejable; (*passend*) conveniente; **es ist nicht ~ es zu tun** no es aconsejable hacerlo; **was hältst du für ~?** ¿(a ti) qué te parece más oportuno?

ratsch [ratʃ] *interj* ¡ras!

Ratsche ['ra:tʃə] *f* <-, -n>, **Rätsche** ['rɛ:tʃə] *f* <-, -n> (*südd, Österr*) matraca *f*

ratschen ['ra:tʃən] *vi* (*fam*) emitir un sonido seco

Ratschlag *m* <-(e)s, -schläge> consejo *m;* **(jdm) Ratschläge erteilen** [*o* **geben**] dar consejos (a alguien)

Ratschluss[RR] *m* <-es, -schlüsse> (*geh*) decisión *f;* **Gottes ~** la voluntad de Dios

Rätsel ['rɛ:tsəl] *nt* <-s, -> **1.** (*Denkaufgabe*) adivinanza *f,* acertijo *m;* (*Bilder~*) jeroglífico *m;* (*Kreuzwort~*) crucigrama *m;* (*Silben~*) charada *f;* **~ raten** jugar a las adivinanzas; **ein ~ aufgeben** proponer una adivinanza **2.** (*Geheimnis*) enigma *m;* **das ist des ~s Lösung** ahí está el quid de la cuestión; **die Experten standen vor einem ~** los expertos se encontraron ante un enigma; **in ~n sprechen** hablar con acertijos; **sie ist mir ein ~** es un misterio para mí; **es ist mir ein ~, warum sie nicht früher kam** no acierto a entender por qué no vino antes; **Rätselecke** *f* <-, -n> (hoja *f* de los) pasatiempos *mpl*

rätselhaft *adj* enigmático, misterioso; **das ist mir ~** no me lo explico; **es ist mir ~, wie er dort hinkam** no consigo explicarme cómo vino a parar allí

Rätselheft *nt* <-(e)s, -e> revista *f* de pasatiempos

rätseln *vi* especular (*über* sobre)

Rätselraten *nt* <-s, *ohne pl*> **1.** (*das Lösen von Rätseln*) (re)solución *f* de pasatiempos; **um sich** *dat* **die Zeit zu vertreiben, beschäftigte sie sich mit ~** hacía pasatiempos para matar el tiempo **2.** (*das Mutmaßen*) hacer *m* suposiciones [*o* conjeturas]; **ich habe keine Lust zum ~!** ¡no tengo ninguna gana de hacer suposiciones [*o* conjeturas]!

Ratsherr(in) *m(f)* <-(e)n, -en; -, -nen> concejal(a) *m(f);* **Ratskeller** *m* <-s, -> *restaurante en el sótano de un ayuntamiento;* **Ratsmitglied** *nt* <-(e)s, -er> concejal(a) *m(f);* **Ratssitzung** *f* <-, -en> sesión *f* del concejo; **Ratsversammlung** *f* <-, -en> reunión *f* del ayuntamiento

Rattan ['ratan] *nt* <-s, -e> rota *f,* junco *m* de Indias

Ratte ['ratə] *f* <-, -n> rata *f;* **die ~n verlassen das sinkende Schiff** (*prov*) las ratas abandonan el barco; **Rattenfalle** *f* <-, -n> ratonera *f;* **Rattenfänger** *m* <-s, -> (HIST: *jd, der Ratten fängt*) cazador *m* de ratas; **der ~ von Hameln** el Flautista de Hamelín; **Rattengift** *nt* <-(e)s, -e> raticida *m,* matarratas *m inv;* **Rattenschwanz** *m* <-es, -schwänze> **1.** (*Schwanz einer Ratte*) rabo *m* de rata **2.** (*Serie*) tira *f,* sinfín *m*

rattern ['ratɐn] *vi* **1.** (*Zug*) traquetear; (*Maschinengewehr*) tabletear **2.** *sein* (*fortbewegen*) traquetear (*über/durch* por)

ratzekahl ['ratsə'ka:l] *adv* (*fam*) completamente vacío [*o* pelado]; **alles ~ aufessen** no dejar ni una miga

ratzen ['ratsən] *vi* (*fam*) dormir a pierna suelta

ratzeputz ['ratsə'pʊts] *adv* (*südd: fam*) *s.* **ratzekahl**

rau[RR] [raʊ] *adj* **1.** (*Papier, Holz, Haut*) áspero, carrasposo *Kol, Ecua, Ven* **2.** (*Stimme*) ronco; (*Hals*) inflamado **3.** (*Klima, Winter*) duro, áspero; (*Luft, Wind*) frío; (*Gegend*) salvaje **4.** (*Mensch*) rudo, áspero **5.** (*Wend*): **in ~en Mengen** (*fam*) en masas

Raub [raʊp] *m* <-(e)s, -e> **1.** (*das Rauben*) robo *m;* (*Überfall*) asalto *m,* atraco *m;* (*Entführung*) secuestro *m* **2.** (*Beute*) presa *f;* **ein ~ der Flammen werden** (*geh*) ser pasto de las llamas; **Raubbau** *m* <-(e)s, *ohne pl*> (AGR) cultivo *m* exhaustivo; (BERGB) explotación *f* abusiva; **ökologischen ~ treiben** agotar los recursos naturales; **~ mit seiner Gesundheit treiben** agotar sus fuerzas; **Raubdruck** *m* <-(e)s, -e> edición *f* pirata

Raubein[RR] *nt* <-(e)s, -e> (*fam*) patán, -ana *m, f*

raubeinig[RR] *adj* (*fam*) tosco [*o* basto] pero majo

rauben ['raʊbən] *vi, vt* robar; (*entführen*) secuestrar; **du raubst mir noch den letzten Nerv!** ¡me vas a agotar la paciencia!; **das raubt mir den Schlaf** (*geh*) esto me quita el sueño

R

Räuber(in) ['rɔɪbɐ] *m(f)* <-s, -; -, -nen> **1.** (*Person*) ladrón, -ona *m, f;* **unter die ~ fallen** [*o* **geraten**] (*fam*) caer en malas compañías **2.** (ZOOL) raptor *m;* **Räuberbande** *f* <-, -n> pandilla *f* de ladrones, cuadrilla *f* de ladrones; **Räuberhauptmann** *m* <-(e)s, -männer> jefe *m* de una banda de ladrones; **Räuberhöhle** *f* <-, -n> cueva *f* de ladrones

Räuberin *f* <-, -nen> *s.* **Räuber**

räuberisch *adj* **1.** (*Persona*) de ladrones [*o* bandidos]; **~e Erpressung** extorsión *f* **2.** (ZOOL) rapaz

Raubfisch *m* <-(e)s, -e> (ZOOL) pez *m* depredador; **Raubgier** *f* <-, *ohne pl*> rapacidad *f,* codicia *f;* **raubgierig** *adj* rapaz, codicioso; **Raubkatze** *f* <-, -n> felino *m,* félido *m;* **Raubkopie** *f* <-, -n> copia *f* pirata; **Raubmord** *m* <-(e)s, -e> robo *m* con homicidio; **Raubmörder(in)** *m(f)* <-s, -; -, -nen> ladrón, -ona *m, f* asesino, -a; **Raubpressung** *f* <-, -en> reproducción *f* fraudulenta [*o* pirata] (de un disco); **Raubritter** *m* <-s, -> caballero *m* bandido; **Raubtier** *nt* <-(e)s, -e> (animal *m*) carnívoro *m;* **Raubüberfall** *m* <-(e)s, -fälle> atraco *m,* asalto *m;* **bewaffneter ~** robo [*o* atraco] a mano armada; **einen ~ auf jdn begehen** [*o* **verüben**] asaltar a alguien; **Raubvogel** *m* <-s, -vögel> ave *f* de rapiña; **Raubzug** *m* <-(e)s, -züge> robo *m,* atraco *m;* **während seines nächtlichen ~es drang der Fuchs auch in den Hühnerstall ein** durante su incursión nocturna, el zorro también se metió en el gallinero

Rauch [raʊx] *m* <-(e)s, *ohne pl*> humo *m;* **sich in ~ auflösen** desvanecerse; **Rauchabzug** *m* <-(e)s, -züge> conducto *m* de humo; **Rauchbelästigung** *f* <-, -en> contaminación *f* de humo; **Rauchbombe** *f* <-, -n> bomba *f* de humo

rauchen I. *vi* **1.** (*Person*) fumar, pitar *SAm;* **„R~ verboten"** "prohibido fumar"; **sich** *dat* **das R~ an-/abgewöhnen** empezar a/dejar de fumar; **~ Sie?** ¿fuma (Ud.)? **2.** (*Feuer, Ofen*) humear, echar humo; **mir raucht der Kopf vom vielen Lernen** me echa humo la cabeza de tanto estudiar; **sie schufteten, dass es nur so rauchte** trabajaron como leones **II.** *vt* fumar

Rauchentwicklung *f* <-, -en> formación *f* de humo

Raucher(in) *m(f)* <-s, -; -, -nen> fumador(a) *m(f);* **ein starker ~** un fumador empedernido

Räucheraal ['rɔɪçɐ-] *m* <-(e)s, -e> anguila *f* ahumada

Raucherabteil *nt* <-(e)s, -e> (EISENB) compartimento *m* de fumadores; **Raucherbein** *nt* <-(e)s, -e> vasoconstricción *f* en las piernas (a causa del tabaco)

Räucherfisch *m* <-(e)s, -e> pescado *m* ahumado

Raucherhusten *m* <-s, *ohne pl*> tos *f* de fumador

Raucherin *f* <-, -nen> *s.* **Raucher**

Räucherkammer *f* <-, -n> ahumadero *m;* **Räucherkerze** *f* <-, -n> vela *f* perfumada; **Räucherlachs** *m* <-es, -e> salmón *m* ahumado; **Räuchermännchen** *nt* <-s, -> ≈pebetero *m* (*muñeco de madera que, con una vela aromática en su interior, expulsa humo por la boca*); **Räuchermittel** *nt* <-s, -> fumigante *m*

räuchern ['rɔɪçɐn] *vt* ahumar, curar al humo

Räucherspeck *m* <-(e)s, -e> tocino *m* ahumado; **Räucherstäbchen** *nt* <-s, -> pebete *m,* palito *m* de sándalo

Raucherzone *f* <-, -n> zona *f* para fumadores

Rauchfahne *f* <-, -n> estela *f* de humo

Rauchfang *m* <-(e)s, -fänge> campana *f* de la chimenea; **Rauchfangkehrer(in)** *m(f)* <-s, -; -, -nen> (*Österr*) deshollinador(a) *m(f)*

Rauchfleisch *nt* <-(e)s, *ohne pl*> carne *f* ahumada; **rauchfrei** *adj* sin humo; **Rauchgas** *nt* <-es, -e> gas *m* de combustión

Rauchgasentschwefelung *f* <-, *ohne pl*> desulfuración *f* del gas de combustión; **Rauchgasentschwefelungsanlage** *f* <-, -n> instalación *f* de desulfuración de gas de combustión

Rauchgeruch *m* <-(e)s, -rüche> olor *m* a humo; **rauchgeschwärzt** *adj* ennegrecido por el humo; **Rauchglas** *nt* <-es, *ohne pl*> cristal *m* ahumado, vidrio *m* opaco; **Rauchglocke** *f* <-, -n> nube *f* de humo

rauchig *adj* **1.** (*raucherfüllt*) lleno de humo **2.** (*Stimme*) ronco **3.** (*Geschmack*) ahumado

rauchlos *adj* sin humo

Rauchmelder *m* <-s, -> detector *m* de humos; **Rauchsäule** *f* <-, -n> columna *f* de humo; **Rauchschwaden** *m* <-s, -> nube *f* de humo; **Rauchschwalbe** *f* <-, -n> golondrina *f;* **Rauchsignal** *nt* <-s, -e> señal *f* de humo; **Rauchverbot** *nt* <-(e)s, -e> prohibición *f* de fumar; **hier herrscht ~** aquí no se puede fumar; **Rauchvergiftung** *f* <-, -en> intoxicación *f* por (el) humo; **Rauchverzehrer** *m* <-s, -> aparato *m* fumívoro; **Rauchwaren** *fpl* **1.** (*Tabakwaren*) tabacos *mpl,* artículos *mpl* de fumador **2.** (*Pelzwaren*) peletería *f;* **Rauchwolke** *f* <-, -n> nube *f* de humo; **Rauchzeichen** *nt* <-s, -> señal *f* de humo; **Rauchzimmer** *nt* <-s, -> fumadero *m,* salón *m* de fumar

Räude ['rɔɪdə] *f* <-, -n> roña *f,* sarna *f*

räudig *adj* sarnoso

rauf [raʊf] *adv* (*fam*) hacia arriba; **hier/da ~!** ¡por aquí/allí arriba!; **den Fluss ~** río arriba; *s. a.* **hinauf, herauf**

Raufasertapete[RR] *f* <-, -n> papel *m* de fibra gruesa

Raufbold *m* <-(e)s, -e> (*abw*) matón, -ona *m, f,* camorrista *mf*

Raufe ['raʊfə] *f* <-, -n> pesebre *m*

raufen ['raʊfən] *vi, vr:* **sich** ~ pelearse (*mit* con, *um* por); **die Kinder rauften miteinander** los niños se pelearon; **ich raufe mir die Haare** me tiro de los pelos

Rauferei *f* <-, -en> (*fam*) pelea *f*, riña *f*, contienda *f*

raufIustig *adj* pendenciero, camorrista *fam;* ~ **sein** ser un pendenciero

rauh *adj s.* **rau**

Rauhbein *nt* <-(e)s, -e> *s.* **Raubein**

rauhbeinig *adj s.* **raubeinig**

Rauheit *f* <-, *ohne pl*> **1.** (*von Material*) aspereza *f* **2.** (*von Stimme*) ronquedad *f*, ronquera *f* **3.** (*des Klimas, Wetters*) destemplanza *f* **4.** (*im Benehmen*) rudeza *f*, aspereza *f*

Rauhfasertapete *f* <-, -n> *s.* **Raufasertapete**

Rauhputz *m* <-es, *ohne pl*> *s.* **Rauputz**

Rauhreif *m* <-(e)s, *ohne pl*> *s.* **Raureif**

Raum[1] [raʊm, *pl:* 'rɔɪmə] *m* <-(e)s, Räume> **1.** (*a.* PHILOS, MATH) espacio *m;* **auf engstem ~ leben** vivir en un espacio mínimo **2.** (*Zimmer*) habitación *f*, cuarto *m*, pieza *f Am*, ambiente *m CSur, Peru;* (*Räumlichkeit*) local *m;* **eine Frage/ein Problem steht im ~** una cuestión/un problema está pendiente; **eine These in den ~ stellen** exponer una tesis **3.** (*Gebiet*) área *f*, zona *f;* **im ~ Frankfurt** en la zona de Francfort

Raum[2] *m* <-(e)s, *ohne pl*> **1.** (*a.* ASTR, PHYS) espacio *m;* **luftleerer ~** (PHYS) vacío *m;* **rechtsfreier ~** (JUR) vacío legal **2.** (*Platz*) lugar *m*, sitio *m;* **zu viel ~ einnehmen** ocupar demasiado sitio

Raumakustik *f* <-, *ohne pl*> (TECH) acústica *f* arquitectónica; **Raumanzug** *m* <-(e)s, -züge> traje *m* espacial; **Raumaufteilung** *f* <-, -en> distribución *f* de las habitaciones; **Raumausstatter(in)** *m(f)* <-s, -; -, -nen> decorador(a) *m(f)* de interiores, interiorista *mf;* **Raumbild** *nt* <-(e)s, -er> imagen *f* estereoscópica

Räumboot *nt* <-(e)s, -e> dragaminas *m inv*

räumen ['rɔɪmən] *vt* **1.** (*weg~*) retirar (*von* de); (*Schnee*) quitar; (*ein~*) poner (*in* en); (*aus~*) sacar (*aus* de); **räum bitte deine Sachen vom Tisch** por favor, retira tus cosas de la mesa; **etw in den Schrank ~** guardar algo en el armario; **etw aus dem Schrank ~** sacar algo del armario **2.** (*Gebäude, Gebiet*) desalojar, desocupar; (*Polizei*) despejar, efectuar el desalojo (de); **das Lager ~** liquidar las existencias; **wir müssen die Wohnung bis zum Ersten ~** tenemos que salir del [*o* dejar el] piso antes del día uno; **die Demonstranten räumten das Rathaus** los manifestantes desalojaron el ayuntamiento; **die Polizei räumte die Wohnung** la policía efectuó el desalojo del piso

Raumersparnis *f* <-, *ohne pl*> economía *f* de espacio, ahorro *m* de espacio

Raumfähre *f* <-, -n> nave *f* espacial; **Raumfahrer(in)** *m(f)* <-s, -; -, -nen> astronauta *mf*

Raumfahrt *f* <-, *ohne pl*> astronáutica *f*, navegación *f* espacial; **bemannte ~** astronáutica tripulada; **Raumfahrtbehörde** *f* <-, -n> agencia *f* espacial; **Raumfahrtmedizin** *f* <-, *ohne pl*> medicina *f* espacial; **Raumfahrtzentrum** *nt* <-s, -zentren> centro *m* de navegación espacial

Raumfahrzeug *nt* <-(e)s, -e> nave *f* espacial, vehículo *m* espacial

Räumfahrzeug *nt* <-(e)s, -e> quitanieves *m inv*

Raumflug *m* <-(e)s, -flüge> vuelo *m* espacial; **Raumforschung** *f* <-, *ohne pl*> investigación *f* espacial; **Raumgestaltung** *f* <-, -en> decoración *f* de interiores; **Raumgleiter** *m* <-s, -> planeador *m* espacial; **Rauminhalt** *m* <-(e)s, -e> (MATH) volumen *m;* **Raumkapsel** *f* <-, -n> cápsula *f* espacial; **Raumklima** *nt* <-s, -s> clima *m* ambiental

Räumkommando *nt* <-s, -s> brigada *f* de desescombro

Raumkrümmung *f* <-, -en> (ASTR, PHYS) curvatura *f* espacial; **Raumlabor** *nt* <-s, -e> laboratorio *m* espacial; **Raumlehre** *f* <-, *ohne pl*> geometría *f*

räumlich ['rɔɪmlɪç] *adj* **1.** (*den Raum betreffend*) espacial; **~e Entfernung** distancia en el espacio; ~ **eingeengt** apresado **2.** (*dreidimensional*) tridimensional; ~ **sehen** ver en tres dimensiones

Räumlichkeiten *fpl* (*Gebäude*) edificio *m;* (*innen*) salas *fpl;* **die neuen ~ des Ministeriums** los nuevos despachos del ministerio

Raummangel *m* <-s, *ohne pl*> falta *f* de espacio; **Raummaß** *nt* <-es, -e> medida *f* de capacidad; **Raummeter** *m o nt* <-s, -> metro *m* cúbico; (*Holzmaß*) estéreo *m;* **Raumordnung** *f* <-, -en> (*formal*) planificación *f* territorial; **Raumpfleger(in)** *m(f)* <-s, -; -, -nen> encargado, -a *m, f* de la limpieza, limpiador(a) *m(f)*, señor(a) *m(f)* de la limpieza *fam*

Räumpflug *m* <-(e)s, -pflüge> quitanieves *f inv*

Raumplanung *f* <-, -en> (*formal*) *s.* **Raumordnung; Raumschiff** *nt* <-(e)s, -e> astronave *f*, nave *f* espacial; **Raumsonde** *f* <-, -n> sonda *f* espacial; **raumsparend** *adj* que requiere poco espacio; **wir haben hier wenig Platz, deshalb müssen wir eine ~e Lösung finden** aquí tenemos poco sitio, por eso tenemos que buscar una solución para no ocupar demasiado espacio; **Raumstation** *f* <-, -en> estación *f* espacial; **Raumteiler** *m* <-s, -> mueble *m* divisorio; **Raumtransporter** *m* <-s, -> *s.* **Raumgleiter**

Räumung ['rɔɪmʊŋ] *f* <-, -en> **1.** (*einer Wohnung*) desalojo *m;* (*durch Polizei*) despejo *m* **2.** (*eines Lagers*) liquidación *f* de existencias; **Räumungsarbeiten** *fpl* labores *fpl* de desescombro; **Räumungsbefehl** *m*

<-(e)s, -e> orden *f* de desalojo; **Räumungsklage** *f* <-, -n> (JUR) demanda *f* de desahucio; **Räumungspreis** *m* <-es, -e> (WIRTSCH) precio *m* de liquidación; **Räumungsverkauf** *m* <-(e)s, -käufe> (WIRTSCH) liquidación *f*

Raumverschwendung *f* <-, -en> despilfarro *m* de espacio

raunen ['raʊnən] *vi, vt* (*geh*) murmurar; **ein R~ ging durch das Publikum** un murmullo se extendió por entre el público

Raupe ['raʊpə] *f* <-, -n> **1.** (*Schmetterlingslarve*) oruga *f* **2.** (*Planier~*) aplanadora *f*, bulldozer *m* **3.** (*~nkette*) oruga *f*; **Raupenfahrzeug** *nt* <-(e)s, -e> vehículo *m* oruga; **Raupenkette** *f* <-, -n> cadena *f* de oruga; **Raupenschlepper** *m* <-s, -> tractor *m* oruga, caterpillar *m*

Rauputz^RR^ *m* <-es, *ohne pl*> revoque *m* áspero

Raureif^RR^ *m* <-(e)s, *ohne pl*> escarcha *f*

raus [raʊs] *adv* (*fam*) (hacia) fuera, afuera; **~ da!** ¡fuera de ahí!; **~ mit ihm!** ¡afuera con él!; **zur Tür ~** por la puerta; **~ mit der Sprache!** ¡suelta la lengua!; *s. a.* **heraus, hinaus**; **raus|bekommen*** *irr vt* (*fam*) **1.** (*Wechselgeld*) recibir de vuelta; **wie viel hast du ~?** ¿cuánto te ha(n) dado de vuelta? **2.** (*Rätsel, Aufgabe*) resolver; (*Geheimnis*) descubrir **3.** (MATH) sacar **4.** (*Fleck*) poder eliminar, poder quitar; (*Nagel*) poder sacar **5.** (*erfahren*) llegar a saber; **raus|bringen** *irr vt* (*fam: nach draußen bringen*) sacar, llevar afuera; *s. a.* **herausbringen**

Rausch [raʊʃ, *pl:* 'rɔɪʃə] *m* <-(e)s, Räusche> **1.** (*Trunkenheit*) ebriedad *f*, embriaguez *f*, juma *f Am*, verraquera *f MAm, Ant, Cuba*, trinca *f MAm, And, Mex;* **etw im ~ tun** hacer algo en estado de embriaguez; **sich** *dat* **einen ~ antrinken** coger(se) una trompa [*o* un pedal]; **seinen ~ ausschlafen** (*fam*) dormir la mona **2.** (*Ekstase*) éxtasis *m inv*

rauscharm *adj* (TEL, RADIO) de poco ruido, de pocas interferencias

rauschen ['raʊʃən] *vi* **1.** (*Baum, Wind, Bach*) murmurar, susurrar; (*Meer*) bramar; (*Telefon*) haber interferencias; (*Seide*) crujir; **der Wind rauschte in den Zweigen** el viento murmuraba entre las ramas; **~der Beifall** aplauso tempestuoso; **ein ~des Fest** una fiesta a lo grande; **es rauscht im Blätterwald** (*fig fam*) la prensa da bombo a algo [*o* arma revuelo por algo] **2.** *sein* (*sich irgendwohin begeben*) dirigirse (*in/zu* a); **sie rauschte aus dem/durch das Zimmer** abandonó/cruzó la habitación

rauschfrei *adj* (*a.* TEL, RADIO) silencioso, sin interferencias

Rauschgift *nt* <-(e)s, -e> droga *f*, estupefaciente *m;* **Rauschgiftdezernat** *nt* <-(e)s, -e> departamento *m* de estupefacientes; **Rauschgifthandel** *m* <-s, *ohne pl*> narcotráfico *m;* **Rauschgifthändler(in)** *m(f)* <-s, -; -, -nen> narcotraficante *mf;* **Rauschgiftring** *m* <-(e)s, -e> red *f* de traficantes de drogas; **Rauschgiftsucht** *f* <-, *ohne pl*> toxicomanía *f*, drogadicción *f;* **rauschgiftsüchtig** *adj* toxicómano, drogadicto; **Rauschgiftsüchtige(r)** *mf* <-n, -n; -n, -n> drogadicto, -a *m, f*, toxicómano, -a *m, f*

Rauschgold *nt* <-(e)s, *ohne pl*> oropel *m;* **Rauschgoldengel** *m* <-s, -> ángel *m* de oropel (*que se coloca en lo alto del árbol de Navidad*)

Rauschmittel *nt* <-s, -> estupefaciente *m*

raus|drängen **I.** *vi sein* (*fam*) amontonarse para salir (*aus* de) **II.** *vt* (*fam*) expulsar (*aus* de); **raus|ekeln** *vt* (*fam*): **jdn ~** hacer la vida imposible a alguien (hasta que se va); **raus|fliegen** *irr vi sein* (*fam*) **1.** (*Vogel*) salir volando (*aus* de) **2.** (*Person*) ser echado (*aus* de); **raus|geben** *irr vt* (*fam*) **1.** (*herausreichen*) entregar, dar **2.** (*aushändigen*) entregar, dejar **3.** (*Wechselgeld*) dar de vuelta; **sie haben mir falsch rausgegeben** me han dado mal la vuelta; **ich kann nicht ~** no tengo cambio **4.** (*Buch*) editar; **raus|gehen** *irr vi sein* (*fam*) salir; *s. a.* **herausgehen, hinausgehen**; **raus|kommen** *irr vi sein* (*fam*) salir; *s. a.* **herauskommen**; **raus|kriegen** *vt* (*fam*) *s.* **rausbekommen**; **raus|nehmen** *irr vt* (*fam*) sacar; *s. a.* **herausnehmen**

räuspern ['rɔɪspɐn] *vr:* **sich ~** carraspear, aclararse la garganta

raus|rücken **I.** *vi sein* (*fam: zugeben*) soltar, desembuchar; **rück mit der Wahrheit raus!** ¡desembucha ya! **II.** *vt* (*fam: hergeben*) soltar, espichar *Chil;* **rück mal etwas Geld raus!** ¡suelta un par de duros!

raus|schmeißen *irr vt* (*fam*) **1.** (*nach draußen werfen, wegschmeißen*) tirar (*aus* de/por, *zu* por), zumbar (*aus* de/por, *zu* por) *Am;* **das ist rausgeschmissenes Geld** esto es dinero perdido **2.** (*entlassen*) echar (*aus* de), fletar (*aus* de) *Arg, Chil;* **sie hat ihn rausgeschmissen** lo puso de patitas en la calle

Rausschmeißer(in) *m(f)* <-s, -; -, -nen> (*fam*) gorila *mf*, matón, -ona *m, f*

Rausschmiss^RR^ *m* <-es, -e>, **Rausschmiß** *m* <-sses, -sse> (*fam*) despido *m;* **die zweite Abmahnung bedeutete für den Mitarbeiter den ~** a la segunda sanción pusieron al trabajador de patitas en la calle

Raute ['raʊtə] *f* <-, -n> **1.** (BOT) ruda *f* **2.** (MATH) rombo *m*

rautenförmig *adj* rómbico, rombal

Rave [rɛɪv] *m o nt* <-(s), -s> (MUS) rave *m;* **~ Musik** música rave; **~ Bewegung** movimiento rave

Ravioli [ra'vio:li] *pl* raviolis *mpl*

Rayon [rɛ'jõ:] *m* <-s, -s, *Österr:* -e> (*Österr, Schweiz*) distrito *m*

Razzia ['ratsja, *pl:* 'ratsjən] *f* <-, Razzien> batida *f*, redada *f*, razia *f*, arreada *f Arg*

Rb (CHEM) *Abk. von* **Rubidium** Rb

RB *Abk. von* **Radio Bremen** radio Bremen

rd. *Abk. von* **rund** aproximadamente, alrededor de

Re (CHEM) *Abk. von* **Rhenium** Re

Reagens [re'a:gɛns, *pl:* rea'gɛntsiən] *nt* <-, Reagenzien>, **Reagenz** [rea'gɛnts, *pl:* rea'gɛntsiən] *nt* <-es, Reagenzien> (CHEM) reactivo *m;* **Reagenzglas** [rea'gɛnts-] *nt* <-es, -gläser> (CHEM) tubo *m* de ensayo

Reagenzien *pl von* **Reagens, Reagenz**

Reagenzpapier *nt* <-s, -e> (CHEM) papel *m* reactivo

reagieren* [rea'gi:rən] *vi* **1.** (*Person*) reaccionar (*auf* a/ante); **ich reagiere allergisch auf Antibiotika** los antibióticos me producen reacciones alérgicas **2.** (CHEM) producir una reacción, hacer reaccionar

Reaktion¹ [reak'tsjo:n] *f* <-, -en> (*das Reagieren, a.* CHEM) reacción *f* (*auf* a/ante/frente a)

Reaktion² *f* <-, *ohne pl*> (POL) reacción *f*

reaktionär [reaktsjo'nɛ:ɐ] *adj* (*abw*) reaccionario

Reaktionär(in) *m(f)* <-s, -e; -, -nen> (*abw*) reaccionario, -a *m, f*

Reaktionsfähigkeit *f* <-, *ohne pl*> capacidad *f* de reacción; **Reaktionsgeschwindigkeit** *f* <-, -en> velocidad *f* de reacción; **Reaktionskette** *f* <-, -n> (CHEM) cadena *f* de reacción; **Reaktionsprodukt** *nt* <-(e)s, -e> (CHEM) producto *m* de reacción; **reaktionsschnell** *adj* de reacciones rápidas; **Reaktionsvermögen** *nt* <-s, *ohne pl*> capacidad *f* de reacción; **Reaktionszeit** *f* <-, -en> tiempo *m* de reacción

reaktivieren* [reakti'vi:rən] *vt* **1.** (*Verfahren, Technik*) reactivar **2.** (*Person*) reincorporar al servicio activo

Reaktivierung *f* <-, -en> reactivación *f*

Reaktivität *f* <-, *ohne pl*> (PHYS, PSYCH) reactividad *f*

Reaktor [re'akto:ɐ] *m* <-s, -en> (PHYS) reactor *m;* **Reaktorblock** *m* <-(e)s, -blöcke> bloque *m* de un reactor nuclear; **Reaktorkern** *m* <-(e)s, -e> núcleo *m* de un reactor nuclear; **Reaktorsicherheit** *f* <-, *ohne pl*> seguridad *f* de reactores nucleares; **Reaktorunglück** *nt* <-(e)s, -e> accidente *m* en un reactor nuclear

real [re'a:l] *adj* (*a.* WIRTSCH) real; **die Einkommen sind ~ gesunken** los ingresos han sufrido una baja efectiva

Reala *f* <-, -s> *s.* **Realo**

Realeinkommen *nt* <-s, -> (WIRTSCH) ingreso *m* real; **Realersatz** *m* <-es, *ohne pl*> (*Schweiz*) indemnización *f* efectuada con bienes materiales en lugar de dinero

Realisation [realiza'tsio:n] *f* <-, -en> realización *f*

realisierbar *adj* realizable

Realisierbarkeit *f* <-, *ohne pl*> factibilidad *f;* **der Vorschlag wurde auf seine ~ überprüft** examinaron si la propuesta era factible

realisieren* [reali'zi:rən] *vt* realizar, llevar a cabo

Realisierung *f* <-, -en> realización *f*

Realismus [rea'lɪsmʊs] *m* <-, *ohne pl*> (PHILOS, LIT, KUNST) realismo *m*

Realist(in) [rea'lɪst] *m(f)* <-en, -en; -, -nen> realista *mf*

realistisch *adj* realista; **R~e Schule** (POL) Escuela Realista; **~ betrachtet** visto con realismo

Realität [reali'tɛ:t] *f* <-, -en> **1.** (*Wirklichkeit*) realidad *f;* **virtuelle ~** realidad virtual; **in (der) ~** en (la) realidad; **die ~ sieht so aus, dass …** la realidad es que…; **etw für (die) ~ halten** considerar algo como real **2.** *pl* (*Österr: Immobilien*) inmuebles *mpl*

Realitätenhändler(in) *m(f)* <-s, -; -, -nen> (*Österr*) agente *mf* inmobiliario, -a

realitätsfern *adj* alejado de la realidad, poco realista; **realitätsnah** *adj* realista; **Realitätssinn** *m* <-(e)s, *ohne pl*> sentido *m* de la realidad

Reality-TV [ri'ɛlɪtiti:vi:] *nt* <-(s), *ohne pl*> (TV) reality show *m,* reality televisión *f*

Realkanzlei *f* <-, -en> (*Österr*) agencia *f* inmobiliaria; **Realkosten** *pl* coste *m* real

Reallohn *m* <-(e)s, -löhne> salario *m* real; **Reallohnabbau** *m* <-(e)s, *ohne pl*> reducción *f* del salario real

Realo [re'a:lo] *m,* **Reala** *f* <-s, -s; -, -s> (*sl*) *miembro del Partido Verde alemán, de orientación realista, frente al bloque fundamentalista*

Realpolitik *f* <-, *ohne pl*> política *f* realista; **Realpolitiker(in)** *m(f)* <-s, -; -, -nen> político, -a *m, f* que defiende una política realista

Realschule *f* <-, -n> ≈instituto *m* de enseñanza media (*escuela secundaria – de los 10 a los 16 años – de grado inferior al Gymnasium*); **Realschüler(in)** *m(f)* <-s, -; -, -nen> alumno, -a *m, f* de la "Realschule" alemana

Realvermögen *nt* <-s, -> activo *m* inmobiliario, propiedad *f* real; **Realwert** *m* <-(e)s, -e> valor *m* real [*o* de venta]; **Realzins** *m* <-es, -en> interés *m* real, rendimiento *m*

Reanimation [reʔanima'tsjo:n] *f* <-, -en> (MED) reanimación *f*

reanimieren* *vt* (MED) reanimar

Rebe ['re:bə] *f* <-, -n> vid *f*

Rebell(in) [re'bɛl] *m(f)* <-en, -en; -, -nen> rebelde *mf*

rebellieren* [rebɛ'li:rən] *vi* rebelarse (*gegen* contra)

Rebellin *f* <-, -nen> *s.* **Rebell**

Rebellion [rebɛ'ljo:n] *f* <-, -en> rebelión *f*

rebellisch [re'bɛlɪʃ] *adj* rebelde; **jdn/etw ~ machen** (*fam*) poner a alguien/algo en revolución

Rebensaft *m* <-(e)s, *ohne pl*> (*geh*) vino *m*

Rebhuhn ['re:p-] *nt* <-(e)s, -hühner> perdiz *f*

R

Reblaus ['re:plaʊs] *f* <-, -läuse> filoxera *f;* **Rebsorte** ['re:p-] *f* <-, -n> tipo *m* de uva; **Rebstock** *m* <-(e)s, -stöcke> cepa *f*

Rebus ['re:bʊs] *m o nt* <-, -se> jeroglífico *m*

Rechaud [re'ʃo:] *m o nt* <-s, -s> (GASTR) calientaplatos *m inv,* hornillo *m*

rechen ['rɛçən] *vt* (*Schweiz, Österr, reg*) rastrillar

Rechen ['rɛçən] *m* <-s, -> (*Schweiz, Österr, reg*) rastrillo *m*

Rechenart ['rɛçən-] *f* <-, -en> método *m* de cálculo, operación *f* aritmética; **die vier ~en** las cuatro reglas, las cuatro operaciones aritméticas; **Rechenaufgabe** *f* <-, -n> problema *m* de aritmética; **Rechenbuch** *nt* <-(e)s, -bücher> libro *m* de matemáticas; **Rechenexempel** *nt* <-s, -> problema *m* de aritmética; **das ist doch ein ganz einfaches ~** esto es un juego de niños; **Rechenfehler** *m* <-s, -> error *m* aritmético [*o* de cálculo]; **Rechenfunktion** *f* <-, -en> (INFOR) función *f* de cálculo; **Rechenkünstler(in)** *m(f)* <-s, -; -, -nen> genio *m* de las matemáticas [*o* de los números]; **Rechenmaschine** *f* <-, -n> calculadora *f*

Rechenschaft *f* <-, *ohne pl*> cuentas *fpl;* **jdm für etw ~ ablegen** rendir cuentas a alguien de algo; **jdm über etw ~ schuldig sein** deber a alguien una explicación acerca de algo; **jdm ~ schulden** estar obligado a rendir cuentas a alguien; **jdn für etw zur ~ ziehen** hacer a alguien responsable de algo; **von jdm ~ für etw verlangen** pedir cuentas a alguien de algo; **Rechenschaftsbericht** *m* <-(e)s, -e> informe *m;* (WIRTSCH) estado *m* de cuentas

Rechenschieber *m* <-s, -> regla *f* de cálculo; **Rechenzentrum** *nt* <-s, -zentren> (INFOR) centro *m* de cálculo

Recherche [re'ʃɛrʃə, rə'ʃɛrʃə] *f* <-, -n> pesquisa *f,* indagación *f;* **über jdn/etw ~n anstellen** hacer investigaciones sobre alguien/algo

recherchieren* [reʃɛr'ʃi:rən, rəʃɛr'ʃi:rən] *vi, vt* investigar

rechnen ['rɛçnən] **I.** *vi* **1.** (MATH) calcular; **im Kopf ~** calcular mentalmente; **rund gerechnet** redondeando **2.** (*in Betracht ziehen, sich verlassen*) contar (*mit/auf* con); **damit ~, dass ...** contar con que... *+subj;* **wir ~ mit dem Schlimmsten** contamos con lo peor; **mit ihm wird man ~ müssen** habrá que contar con él; **damit hatte ich nicht gerechnet** no había contado con eso; **ich rechne auf ihre Hilfe** cuento con su ayuda; **ich rechne auf dich** [*o* **mit dir**] cuento contigo **3.** (*haushalten*) economizar; **wir müssen mit jedem Pfennig ~** hay que ahorrar hasta la última peseta **II.** *vt* **1.** (*Aufgabe*) hacer, calcular **2.** (*einbeziehen*) contar (*zu/unter* entre), incluir (*zu/unter* entre); **20 Personen, die Kinder nicht gerechnet** 20 personas sin contar los niños; **man rechnet ihn zu den Experten auf diesem Gebiet** se le incluye entre los expertos en este campo **3.** (*veranschlagen*) calcular (*für* para); **für den Rückweg hatten wir zwei Stunden gerechnet** para la vuelta habíamos calculado dos horas **III.** *vr:* **sich ~** ser [*o* salir] rentable

Rechner[1] *m* <-s, -> calculadora *f;* (INFOR: *Computer*) ordenador *m,* computadora *f Am*

Rechner(in)[2] *m(f)* <-s, -; -, -nen> contador(a) *m(f),* contable *mf;* **ein kühler ~ sein** ser muy calculador

rechnergesteuert *adj* (INFOR) dirigido por ordenador; **rechnergestützt** *adj* (INFOR) asistido por ordenador

Rechnerin *f* <-, -nen> *s.* **Rechner**[2]

rechnerisch *adj* aritmético, calculatorio; **~ richtig** en regla; **rein ~** ateniéndose a las cifras

Rechnersimulation *f* <-, -en> (INFOR) simulación *f* mediante computadora

Rechnung *f* <-, -en> **1.** (*das Rechnen*) cálculo *m* **2.** (*Ab~*) cuenta *f,* adición *f RíoPl;* (*Waren~*) factura *f;* **laut ~** según factura; **fällige ~** factura pendiente; **eine ~ ausstellen** extender una factura; **die ~ begleichen** pagar [*o* abonar] una factura; **eine ~ über 1000 Mark** una cuenta de 1000 marcos; **auf feste ~ kaufen** comprar en firme; **jdm etw in ~ stellen** cargar algo en la cuenta de alguien; **etw mit auf die ~ setzen** incluir algo en la cuenta; **die ~, bitte!** ¡la cuenta, por favor!; **auf eigene ~** por cuenta propia; **das geht auf meine ~** esto va de mi cuenta; **etw** *dat* **~ tragen** considerar algo; **mit jdm eine alte ~ begleichen** saldar una vieja cuenta con alguien; **meine ~ ist aufgegangen** (*fig*) me ha salido todo como yo quería; **er hatte die ~ ohne den Wirt gemacht** había puesto el carro delante del buey; **dafür werde ich ihm noch die ~ präsentieren** (*fig*) me las pagará; **Rechnungsbetrag** *m* <-(e)s, -träge> importe *m* de la factura; **fälliger ~** importe de la factura pendiente; **Rechnungsbuch** *nt* <-(e)s, -bücher> **1.** (COM) libro *m* de cuentas **2.** (*Schweiz: Rechenbuch*) libro *m* de matemáticas; **Rechnungsdatum** *nt* <-s, -daten> fecha *f* de la factura; **Rechnungsführer(in)** *m(f)* <-s, -; -, -nen> contable *mf;* **Rechnungsführung** *f* <-, *ohne pl*> contabilidad *f;* **Rechnungshof** *m* <-(e)s, -höfe> (ADMIN) tribunal *m* de cuentas; **Rechnungsjahr** *nt* <-(e)s, -e> ejercicio *m* contable, año *m* en ejercicio; **Rechnungsprüfer(in)** *m(f)* <-s, -; -, -nen> (WIRTSCH) interventor(a) *m(f)* de fondos, revisor(a) *m(f)* de cuentas; **Rechnungsprüfung** *f* <-, -en> **1.** (WIRTSCH) revisión *f* de cuentas; **betriebliche ~** contabilidad de gestión **2.** (POL) fiscalización *f;* **Rechnungswesen** *nt* <-s, *ohne pl*> (WIRTSCH) contabilidad *f*

recht [rɛçt] **I.** *adj* **1.** (*zutreffend*) exacto, justo; (*geeignet*) adecuado; (*passend*) oportuno; **der ~e Augenblick** el momento oportuno;

die ~en Worte las palabras adecuadas; **das ist der ~e Ort dafür** es el lugar adecuado para eso **2.** (*wirklich*) verdadero; **sie ist eine ~e Feministin** es una verdadera feminista; **ich habe keine ~e Lust** [*o* **keinen ~en Antrieb**] no tengo verdaderas ganas, no me apetece mucho **3.** (*richtig*) correcto; **nach dem R~en sehen** controlar si todo está en orden; **hier geht es nicht mit ~en Dingen zu** aquí hay gato encerrado; **es ist nur ~ und billig** no es sino lo justo; **alles, was ~ ist, aber ...** todo lo que quiera(s), pero... **II.** *adv* **1.** (*sehr*) muy; **~ tief** muy profundo; **~ herzlichen Dank** muchísimas gracias **2.** (*ziemlich*) bastante; **~ oft** bastante a menudo; **~ ordentlich** como es debido; **~ viel** bastante **3.** (*richtig, genehm*) bien; **ganz ~!** ¡eso es!; **jetzt erst ~** sobre todo ahora; **jetzt erst ~ nicht!** ¡ahora menos que nunca!; **wenn ich es ~ überlege ...** si lo pienso bien...; **~ daran tun sich zu entschuldigen** hacer bien en pedir excusas; **ist es dir ~ wenn ...?** ¿te parece bien si...?; **ist es dir ~, wenn ich jetzt komme?** ¿te viene bien si me paso ahora?; **mir ist es ~** no tengo nada en contra; **das soll mir ~ sein** me parece bien, por mí, de acuerdo; **das geschieht ihm ~** le está bien (empleado); **ich seh' wohl nicht ~?** ¡no me lo puedo creer!; **verstehen Sie mich ~!** ¡entiéndame bien!; **wenn ich Sie ~ verstehe** si le entiendo bien; **ich weiß nicht ~** no sé bien; **du kommst mir gerade ~** (*iron*) eres lo que me faltaba; **man kann ihm nichts ~ machen** no se conforma con nada

Recht[1] [rɛçt] *nt* <-(e)s, -e> (*Anspruch, Berechtigung*) derecho *m* (*auf* a); (*Gerechtigkeit*) justicia *f;* **staatsbürgerliche ~e** derechos cívicos; **mit welchem ~ behaupten Sie das?** ¿con qué derecho afirma eso?; **er will immer ~ behalten** siempre quiere tener la razón; **sie hat ~ bekommen** le dieron la razón; **sein ~ fordern** pedir justicia, reclamar sus derechos; **jdm ~ geben** dar(le) a alguien la razón; **zu seinem ~ kommen** hacer valer sus derechos; **das ~ des Stärkeren** la ley del más fuerte; **zu ~** con razón; **~ haben, im ~ sein** tener razón; **es ist unser gutes ~ uns zu beschweren** tenemos perfecto derecho a quejarnos; **gleiches ~ für alle!** ¡igualdad de derechos!; **du hast das ~ auf einen Anwalt** tienes derecho a un abogado; **dazu haben Sie kein ~!** ¡no tiene ningún derecho!; **alle ~e vorbehalten** reservados todos los derechos

Recht[2] *nt* <-s, *ohne pl*> (*Rechtsordnung*) derecho *m;* (*Gesetze*) legislación *f,* leyes *fpl;* **bürgerliches ~** derecho civil; **internationales ~** derecho internacional; **vertraglich begründetes ~** derecho contractual; **von ~s wegen** conforme a la ley, jurídicamente; **gegen das ~ verstoßen** infringir las leyes; **nach geltendem ~** según la legislación vigente; **~ sprechen** hacer justicia

rechte(r, s) *adj* **1.** (*Seite*) derecho; **~r Hand** a mano derecha; **auf der ~n Seite** a la derecha; **jds ~ Hand sein** ser la mano derecha de alguien **2.** (POL) de derecha(s), derechista; **~ Parteien** partidos de derecha **3.** (MATH) recto; **ein ~r Winkel** un ángulo recto

Rechte ['rɛçtə] *f* <-n, -n> (*a.* POL) derecha *f;* **er sitzt zur ~n Gottes** está sentado a la derecha del Padre; **zu ihrer ~n** a su derecha; **die ~ zog ins Parlament ein** la derecha entró en el parlamento

Rechte(r) *mf* <-n, -n; -n, -n> derechista *mf,* persona *f* de derechas

Rechteck *nt* <-(e)s, -e> rectángulo *m;* **rechteckig** *adj* rectangular

rechtens ['rɛçtəns] *adv:* **~ sein** ser legítimo; **für ~ halten** considerar legítimo; **~ muss er eine Geldstrafe zahlen** conforme a las leyes tiene que pagar la multa

Rechtens *s.* **rechtens**

rechtfertigen ['----] **I.** *vt* justificar; **das ist durch nichts zu ~** no hay nada que pueda justificar esto **II.** *vr:* **sich ~** justificarse; **er musste sich dafür vor seinem Chef ~** tuvo que justificarse por ello ante su jefe

Rechtfertigung *f* <-, -en> justificación *f* (*für* para); **was sagt er zu seiner ~?** ¿y él qué alega?

rechtgläubig *adj* ortodoxo; **Rechtgläubigkeit** *f* <-, *ohne pl*> ortodoxia *f*

Rechthaber(in) *m(f)* <-s, -; -, -nen> (*abw*) persona *f* cerril, persona *f* que cree tener siempre (la) razón; **warum akzeptierst du keine andere Meinung, du ~?** ¿por qué no aceptas ninguna otra opinión? ¡serás cerril!

Rechthaberei *f* <-, *ohne pl*> (*abw*) cerrilidad *f;* **dieses sture Festhalten an seinem Standpunkt ist doch weiter nichts als ~!** ¡esa obstinación suya de aferrarse a su criterio no es nada más que cerrilismo!

Rechthaberin *f* <-, -nen> *s.* **Rechthaber**

rechthaberisch *adj* (*abw*) ergotista, que siempre quiere tener la razón; **~ sein** querer tener siempre la razón

rechtlich *adj* legal; (*gesetzlich*) jurídico; **zu etw ~ verpflichtet sein** estar obligado jurídicamente a algo; **das ist ~ nicht zulässig** es legalmente inadmisible; **~ unmöglich** legalmente imposible

rechtlos *adj* sin derechos, privado de derechos

Rechtlose(r) *mf* <-n, -n; -n, -n> persona *f* sin derechos

Rechtlosigkeit *f* <-, *ohne pl*> condición *f* de estar privado de sus derechos; **die ~ der Sklaven bewirkte ...** el hecho de que los esclavos estuvieran privados de sus derechos tuvo como consecuencia que... *+subj*

rechtmäßig *adj* legítimo, legal; **der ~e Besitzer** el propietario legítimo; **etw für ~ erklären** declarar algo legal

Rechtmäßigkeit *f* <-, *ohne pl*> legalidad *f,* legitimidad *f*

R

rechts [rɛçts] **I.** *adv* (a) la derecha; ~ **davon** a la derecha (de esto); ~ **von mir** a mi derecha; **erste Tür** ~ la primera puerta a la derecha; **nach** ~ hacia [*o* a] la derecha; **von** ~ **kommen** venir por la derecha; **oben/unten** ~ arriba/abajo a la derecha; **von** ~ **nach links** de derecha a izquierda; ~ **vor links** la derecha tiene preferencia; **sich** ~ **halten** mantenerse a su derecha; **sich** ~ **einordnen** situarse en el carril derecho; **halb** ~ (SPORT) centro derecha; ~ **um!** (MIL) ¡derecha!; **auf** ~ (*Stoff*) del derecho; ~ **stricken** hacer punto del derecho; ~ **stehen** ser de derechas; ~ **wählen** votar a la derecha; **mit** ~ **schreiben** escribir con la (mano) derecha; **ich weiß nicht mehr, wo** ~ **und links ist** (*fam*) no sé ya dónde tengo la cabeza **II.** *präp +gen* a la derecha; ~ **der Kirche** a la derecha de la iglesia

Rechtsabbieger(in) *m(f)* <-s, -; -, -nen> automovilista *mf* que dobla a la derecha; **Rechtsabbiegerspur** *f* <-, -en> carril *m* para doblar a la derecha

Rechtsabteilung *f* <-, -en> sección *f* jurídica; **Rechtsallianz** *f* <-, -en> alianza *f* jurídica; **Rechtsanspruch** *m* <-(e)s, -sprüche> pretensión *f* legal; **Rechtsanwalt, -wältin** *m, f* <-(e)s, -wälte; -, -nen> abogado, -a *m, f*; **sich** *dat* **einen** ~ **nehmen** contratar a un abogado; **Rechtsauskunft** *f* <-, -künfte> información *f* jurídica

Rechtsausleger(in) *m(f)* <-s, -; -, -nen> **1.** (SPORT: *Boxer*) zurdo, -a *m, f* **2.** (POL: *sl*) político, -a *m, f* muy de derechas

Rechtsaußen [rɛçts'ʔaʊsən] *m* <-, -> (SPORT) extremo *m* derecha

Rechtsbehelf *m* <-(e)s, -e> (JUR) recurso *m* jurídico; **einen** ~ **einlegen** presentar un recurso (jurídico); **Rechtsbehelfbelehrung** *f* <-, -en> información *f* sobre los recursos procedentes

Rechtsbeistand *m* <-(e)s, -stände> asesor(a) *m(f)* jurídico, -a; **Rechtsberater(in)** *m(f)* <-s, -; -, -nen> (JUR) asesor(a) *m(f)* jurídico, -a; **Rechtsberatung** *f* <-, -en> (JUR) asesoramiento *m* jurídico; **Rechtsbeugung** *f* <-, -en> (JUR) prevaricación *f*

Rechtsbrecher(in) *m(f)* <-s, -; -, -nen> infractor(a) *m(f)* de la ley

Rechtsbruch *m* <-(e)s, -brüche> violación *f* de la ley, infracción *f* de la ley; **einen** ~ **begehen** infringir la ley

rechtsbündig *adj* (TYPO, INFOR) fijo a la derecha

rechtschaffen ['rɛçtʃafən] *adj* **1.** (*anständig*) honrado, recto; **ein ~er Herr** un caballero como ha de ser, un caballero donde los haya **2.** (*groß*) abundante, grande; ~ **Hunger haben** (*fam*) tener mucha hambre

Rechtschaffenheit *f* <-, *ohne pl*> honradez *f*

rechtschreiben *vi* escribir sin faltas ortográficas

Rechtschreibfehler *m* <-s, -> falta *f* de ortografía; **Rechtschreibhilfe** *f* <-, -n> corrector *m* ortográfico; **Rechtschreibprüfung** *f* <-, -en> (INFOR) verificación *f* ortográfica; **Rechtschreibreform** *f* <-, -en> reforma *f* de (la) ortografía; **Rechtschreibschwäche** *f* <-, -n> deficiencia *f* en la escritura

Rechtschreibung *f* <-, -en> ortografía *f*

Rechtsdrall *m* <-(e)s, *ohne pl*> **1.** (*Neigung*) inclinación *f* a girar a la derecha; **diese Billardkugel nehmen wir aus dem Spiel, denn sie hat einen** ~ quitemos esta bola de billar porque se desplaza a la derecha **2.** (POL: *fam*): **einen** ~ **haben** ser derechista, inclinarse a la derecha; **Rechtsdrehung** *f* <-, -en> vuelta *f* a la derecha

Rechtseinwendung *f* <-, -en> (JUR) excepción *f* de derecho; **Rechtsempfinden** *nt* <-s, *ohne pl*> sentido *m* de la justicia; **nach gesundem** ~ con (un poco de) sentido común; **rechtserheblich** *adj*: **~e Änderung** modificación con relevancia jurídica

rechtsextrem *adj s.* **rechtsextremistisch**; **Rechtsextremismus** ['rɛçtsʔɛkstremɪsmʊs] *m* <-, *ohne pl*> (POL) extrema derecha *f*, ultraderecha *f*, extremismo *m* ultraderechista; **Rechtsextremist(in)** *m(f)* <-en, -en; -, -nen> (POL) ultraderechista *mf*; **rechtsextremistisch** *adj* (POL) de extrema derecha, de ultraderecha

rechtsfähig *adj* (JUR) con capacidad [*o* disposición] jurídica; **Rechtsfähigkeit** *f* <-, *ohne pl*> (JUR) capacidad *f* jurídica; **Rechtsfall** *m* <-(e)s, -fälle> (JUR) caso *m* (jurídico); **erstmaliger** ~ caso (jurídico) novedoso; **Rechtsfrage** *f* <-, -n> cuestión *f* jurídica; **Rechtsgebiet** *nt* <-(e)s, -e> materia *f* jurídica, disciplina *f* jurídica

rechtsgerichtet *adj* (POL) derechista, de derecha(s)

Rechtsgeschäft *nt* <-(e)s, -e> (JUR) negocio *m* jurídico, acto *m* jurídico

Rechtsgewinde *nt* <-s, -> (TECH) rosca *f* a la derecha

Rechtsgrundlage *f* <-, -n> base *f* jurídica; **rechtsgültig** *adj* (JUR) jurídicamente válido; **etw für** ~ **erklären** legalizar algo; **Rechtsgültigkeit** *f* <-, *ohne pl*> (JUR) validez *f* jurídica; **Rechtsgutachten** *nt* <-s, -> dictamen *m* judicial

Rechtshänder(in) ['-hɛndɐ] *m(f)* <-s, -; -, -nen> diestro, -a *m, f*

rechtshändig **I.** *adj* diestro **II.** *adv* con la mano derecha

Rechtshandlung *f* <-, -en> (JUR) acto *m* jurídico; **rechtshängig** *adj* (JUR) en manos de los tribunales, pendiente de resolución, sub júdice

rechtsherum ['rɛçtshɛrʊm] *adv* (dando vueltas) a la derecha, girando a la derecha; **Glühbirnen werden** ~ **in die Fassung gedreht** las bombillas se giran en el portalámparas en el sentido de las agujas del reloj

Rechtshilfe *f* <-, *ohne pl*> (JUR) asistencia *f* judicial [*o* jurídica]; **Rechtshilfeabkommen** *nt* <-s, -> (JUR, POL) convenio *m* sobre asistencia judicial

Rechtsinstrument *nt* <-(e)s, -e> instrumento *m* jurídico; **Rechtskonsulent(in)** *m(f)* <-en, -en; -, -nen> (*Schweiz*) **1.** (*Rechtsberater*) asesor(a) *m(f)* jurídico, -a **2.** (*Rechtsanwalt*) abogado, -a *m, f;* **Rechtskraft** *f* <-, *ohne pl*> (JUR) validez *f* legal; (*Unanfechtbarkeit*) irrevocabilidad *f;* ~ **erlangen** entrar en vigor; **rechtskräftig** *adj* (JUR) (jurídicamente) válido; ~ **werden** entrar en vigor; **Rechtskunde** *f* <-, *ohne pl*> (*alt*) jurisprudencia *f;* **rechtskundig** *adj* que sabe de derecho; ~ **sein** saber de derecho [*o* de leyes]; **eine ~e Person** una persona que tiene conocimientos de derecho

Rechtskurve *f* <-, -n> curva *f* a la derecha

Rechtslage *f* <-, *ohne pl*> (JUR) situación *f* legal [*o* jurídica]

rechtslastig *adj* **1.** (*rechts belastet*) con demasiado peso en el lado derecho **2.** (POL: *nach rechts tendierend*) de tendencias derechistas

Rechtslücke *f* <-, -n> vacío *m* legal

Rechtsmittel *nt* <-s, -> (JUR) medio *m* legal, recurso *m* legal; ~ **einlegen** presentar [*o* interponer] recurso; **Rechtsmittelbelehrung** *f* <-, -en> (JUR) información *f* sobre recursos, instrucción *f* sobre recursos

Rechtsnachfolge *f* <-, *ohne pl*> (JUR) sucesión *f* en el derecho; **die ~ von jdm antreten** suceder a alguien; **Rechtsnachfolger(in)** *m(f)* <-s, -; -, -nen> (JUR) sucesor(a) *m(f)* jurídico, -a; **Rechtsnorm** *f* <-, -en> norma *f* jurídica; **Rechtsordnung** *f* <-, -en> orden(amiento) *m* jurídico; **Rechtspflege** *f* <-, *ohne pl*> (administración *f* de) justicia *f;* **Rechtspfleger(in)** *m(f)* <-s, -; -, -nen> funcionario, -a *m, f* de la administración judicial

Rechtsprechung *f* <-, -en> jurisprudencia *f*

rechtsradikal *adj* (POL) de extrema derecha, ultraderechista; **Rechtsradikale(r)** *mf* <-n, -n; -n, -n> (POL) persona *f* de la extrema derecha [*o* de la ultraderecha], ultraderechista *mf;* **rechtsrheinisch** *adj* de [*o* relativo a] la orilla derecha del Rin; **Rechtsruck** *m* <-(e)s, -e> (*fam: bei Wahlen*) giro *m* hacia la derecha

rechtsrum ['rɛçtsrʊm] *adv* (*fam*) *s.* **rechtsherum**

Rechtsrutsch *m* <-es, -e> (*fam*) *s.* **Rechtsruck**

Rechtsschutz *m* <-es, *ohne pl*> (JUR) protección *f* jurídica, garantía *f* jurídica; **Rechtsschutzversicherung** *f* <-, -en> seguro *m* de protección jurídica

rechtsseitig *adj* del lado derecho; ~ **gelähmt** paralizado del lado derecho; **etw ~ belasten** sobrecargar algo del lado derecho

Rechtssicherheit *f* <-, *ohne pl*> (JUR) seguridad *f* jurídica; **Rechtsstaat** *m* <-(e)s, -en> Estado *m* de derecho; **rechtsstaatlich** *adj* jurídico-estatal; **Rechtsstaatlichkeit** *f* <-, *ohne pl*> legalidad *f,* constitucionalidad *f;* **Rechtsstreit** *m* <-(e)s, -e> (JUR) pleito *m,* litigio *m;* **anhängiger ~** causa pendiente; **einen ~ beilegen** dirimir un pleito; **Rechtstitel** *m* <-s, -> (JUR) título *m* legal [*o* jurídico]

rechtsum [rɛçts'ʔʊm] *adv:* ~ **kehrt!** (MIL) ¡vuelta a la derecha!; ~ **machen** (*fam*) girar a la derecha

Rechtsungültigkeit *f* <-, *ohne pl*> (JUR) invalidez *f* jurídica, ilegalidad *f;* **rechtsunwirksam** *adj* (JUR) sin efectos jurídicos; **rechtsverbindlich** *adj* (JUR) obligatorio; **Rechtsverdreher(in)** *m(f)* <-s, -; -, -nen> (*abw*) picapleitos *mf inv*

Rechtsverkehr *m* <-(e)s, *ohne pl*> **1.** (AUTO) circulación *f* por la derecha **2.** (JUR) relaciones *fpl* jurídicas

Rechtsverletzung *f* <-, -en> (JUR) violación *f* del derecho; **Rechtsverordnung** *f* <-, -en> (JUR) decreto-ley *m,* disposición *f* legal; **eine ~ erlassen** dictar un decreto; **Rechtsverschaffungspflicht** *f* <-, -en> obligación *f* de proporcionar derecho; **Rechtsvertreter(in)** *m(f)* <-s, -; -, -nen> (JUR) representante *mf* legal; **Rechtsweg** *m* <-(e)s, -e> (JUR) vía *f* judicial; **auf dem ~** por la vía judicial; **der ~ ist ausgeschlossen** la vía judicial queda excluida; **den ~ beschreiten** tomar medidas judiciales; **rechtswidrig** *adj* ilegal, ilegítimo; **Rechtswissenschaft** *f* <-, *ohne pl*> jurisprudencia *f*

rechtwink(e)lig *adj* rectangular

rechtzeitig **I.** *adj* puntual **II.** *adv* **1.** (*pünktlich*) a tiempo; **gerade ~ ankommen** llegar justo a tiempo **2.** (*früh genug*) con (la debida) antelación; **sich ~ einschreiben** inscribirse con antelación

Reck [rɛk] *nt* <-(e)s, -e *o* -s> barra *f* fija

Recke ['rɛkə] *m* <-n, -n> (*geh*) guerrero *m*

recken ['rɛkən] **I.** *vt* alargar; **den Kopf ~** alargar el cuello **II.** *vr:* **sich ~** estirarse

Recorder *m* <-s, -> *s.* **Rekorder**

recyceln* [ri'saɪkəln] *vt* reciclar

recyclebar *adj* reciclable

Recycling [ri'saɪklɪŋ] *nt* <-s, *ohne pl*> reciclaje *m,* reciclado *m;* **Recyclingcomputerpapier** *nt* <-s, *ohne pl*> papel *m* reciclado para ordenador; **Recyclingkopierpapier** *nt* <-s, *ohne pl*> papel *m* reciclado para fotocopias; **Recyclingpapier** *nt* <-s, *ohne pl*> papel *m* reciclado

Redakteur(in) [redak'tøːɐ] *m(f)* <-s, -e; -, -nen> redactor(a) *m(f)*

Redaktion [redak'tsjoːn] *f* <-, -en> redacción *f*

redaktionell [redaktsjo'nɛl] *adj* **1.** (*bezogen auf Redigieren*) de redacción **2.** (*bezogen auf Redaktion*) de la redacción

Redaktionsschluss[RR] *m* <-es, *ohne pl*>

(PUBL) cierre *m* de redacción [*o* de edición]; **das Wahlergebnis stand bei ~ noch nicht fest** al cierre de edición aún no se conocían los resultados de las elecciones

Redaktor(in) [re'dakto:ɐ] *m(f)* <-s, -en; -, -nen> (*Schweiz*) redactor(a) *m(f)*

Rede ['re:də] *f* <-, -n> **1.** (*Ansprache*) discurso *m;* (*Gespräch*) conversación *f;* **eine ~ halten** pronunciar un discurso; **große ~n schwingen** (*fam*) fanfarronear; **das ist nicht der ~ wert** no merece la pena comentarlo; **meine ~!** (*fam*) ¡ese es mi punto!; **es ist die ~ von ...** se habla de...; **davon kann nicht die ~ sein** no se trata de eso; **wovon ist die ~?** ¿de qué va (el asunto)?; **jdn zur ~ stellen** pedir cuentas a alguien; **etw zur ~ bringen** (*südd*) sacar algo a colación; **jdm ~ und Antwort stehen** dar cuentas a alguien; **sich in freier ~ üben** practicar el discurso; **der langen ~ kurzer Sinn** resumiendo **2.** (LING) estilo *m;* **direkte/indirekte ~** estilo directo/indirecto; **Redefluss**[RR] *m* <-es, -flüsse> verborrea *f,* verbosidad *f;* **jdn in seinem ~ unterbrechen** interrumpir la verborrea de alguien; **Redefreiheit** *f* <-, *ohne pl*> libertad *f* de expresión; **~ fordern/gewähren** exigir/otorgar la libertad de expresión; **redegewandt** *adj* elocuente; **Redegewandtheit** *f* <-, *ohne pl*> elocuencia *f;* **Redekunst** *f* <-, *ohne pl*> retórica *f*

reden ['re:dən] **I.** *vi* **1.** (*sprechen*) hablar (*mit* con, *über* sobre, *von* de); **er redet oft mit sich** *dat* **selbst** muchas veces habla consigo mismo; **mit Händen und Füßen ~** hablar con pies y manos; **(viel) von sich** *dat* **~ machen** dar mucho que hablar; **jdn zum R~ bringen** conseguir que alguien hable; **das ist ja mein ~!** (*fam*) ¡eso ya lo he dicho yo (cien veces)!; **du hast gut ~!** tan fácil no es, es muy fácil decirlo; **ich muss mit dir ~** tengo que hablar contigo; **darüber lasse ich nicht mit mir ~** no pienso cambiar de opinión en esto; **sie ~ nicht mehr miteinander** ya no se hablan; **darüber lässt sich ~** se puede hablar de ello; **~ wir nicht mehr darüber** no hablemos más de ello; **wie redest du denn mit mir?** ¿pero en qué tono me hablas?; **lass mich zu Ende ~!** ¡déjame terminar!; **so lasse ich nicht mit mir ~** no consiento que me hablen así; **nicht zu ~ von ...** por no hablar de...; **die Leute ~ viel** la gente habla mucho; **schlecht von jdm ~** hablar mal de alguien; **das gibt zu ~** (*Schweiz*) es objeto de comentarios **2.** (*Rede halten*) pronunciar un discurso (*über* sobre) **II.** *vt* hablar; **Unsinn ~** decir tonterías; **wir redeten nur das Nötigste** hablamos sólo (de) lo más necesario; **ich muss ein ernstes Wort mit ihm ~** tengo que hablar en serio con él; **red kein dummes Zeug!** ¡no digas tonterías! **III.** *vr:* **sich heiser ~** quedarse ronco de (tanto) hablar; **sich in Rage/Begeisterung ~** hablar lleno de furia/entusiasmo

Redensart *f* <-, -en> locución *f,* modismo *m;* **eine feste [*o* stehende] ~** una frase hecha

Redenschreiber(in) *m(f)* <-s, -; -, -nen> persona *f* que escribe discursos

Rederecht *nt* <-(e)s, *ohne pl*> derecho *m* a tomar la palabra; **Redeschwall** *m* <-(e)s, -e> (*abw*) torrente *m* de palabras, (gran) verbosidad *f;* **Redeverbot** *nt* <-(e)s, -e> prohibición *f* de hablar; **jdm ~ erteilen** prohibir a alguien hablar; **Redeweise** *f* <-, -n> manera *f* de hablar, modo *m* de expresarse; **Redewendung** *f* <-, -en> (LING) giro *m,* frase *f* hecha; **Redezeit** *f* <-, -en> tiempo *m* asignado a cada orador, tiempo *m* reglamentario de intervención; **die ~ beträgt 15 Minuten** cada orador dispone de 15 minutos; **die ~ überschreiten** superar el tiempo reglamentario

redigieren* [redi'gi:rən] *vt* corregir; (*Zeitschrift*) redactar

redlich ['re:tlɪç] *adj* **1.** (*aufrichtig*) honrado; **~ handeln/denken** obrar/pensar honradamente; **das hat er sich** *dat* **~ verdient** se lo ha merecido **2.** (*groß*) grande; **er hat sich** *dat* **~e Mühe gegeben** ha hecho un gran esfuerzo

Redlichkeit *f* <-, *ohne pl*> honradez *f*

Redner(in) ['re:dnɐ] *m(f)* <-s, -; -, -nen> orador(a) *m(f);* **Rednerbühne** *f* <-, -n> tribuna *f* (de oradores)

Rednerin *f* <-, -nen> *s.* **Redner**

rednerisch **I.** *adj* oratorio; **eine große ~e Leistung** un discurso con una gran oratoria **II.** *adv:* **~ begabt sein** tener capacidad para la oratoria

Rednerpult *nt* <-(e)s, -e> púlpito *m,* tribuna *f*

Redoxpotential *nt* <-s, -e> (CHEM) potencial *m* redox; **Redoxverfahren** *nt* <-s, -> (CHEM) proceso *m* redox

redselig *adj* hablador, locuaz; **Redseligkeit** *f* <-, *ohne pl*> verbosidad *f,* locuacidad *f*

Reduktion [redʊk'tsjo:n] *f* <-, -en> (*a.* CHEM, PHYS, MATH) reducción *f;* **Reduktionsmittel** *nt* <-s, -> (CHEM) agente *m* reductor, sustancia *f* de reducción; **Reduktionswiderstand** *m* <-(e)s, -stände> (CHEM) resistencia *f* a la reducción

redundant [redʊn'dant] *adj* (LING) redundante

Redundanz [redʊn'dants] *f* <-, -en> (LING) redundancia *f*

Reduplikation [reduplika'tsjo:n] *f* <-, -en> (LING) reduplicación *f*

Reduzent *m* <-en, -en> (BIOL) reductor *m*

reduzierbar *adj* reducible, reductible

reduzieren* [redu'tsi:rən] **I.** *vt* (*a.* CHEM, PHYS, MATH) reducir (*auf* a); **wir haben den Arbeitsaufwand auf ein Mindestmaß reduziert** hemos reducido el esfuerzo al mínimo **II.** *vr:* **sich ~** reducirse (*auf* a)

Reduzierung *f* <-, -en> reducción *f,* recorte *m,* rebaja *f*

Reede ['re:də] *f* <-, -n> rada *f;* **der Tanker liegt auf der** ~ el petrolero fondea en la rada

Reeder(in) *m(f)* <-s, -; -, -nen> armador(a) *m(f),* naviero, -a *m, f*

Reederei *f* <-, -en> compañía *f* naviera

Reederin *f* <-, -nen> *s.* **Reeder**

reell [re'ɛl] *adj* **1.** (*ehrlich*) honesto **2.** (*fam: Portion, Ware*) bueno; (*Preis*) razonable **3.** (*wirklich, a.* MATH) real

Reet ['re:t] *nt* <-s, *ohne pl*> (*nordd*) **1.** (*Schilf*) caña *f* **2.** (*Gebiet*) cañaveral *m;* **Reetdach** *nt* <-(e)s, -dächer> (*nordd*) *tejado de cañas típico del norte de Alemania;* **reetgedeckt** *adj* cubierto con cañas

Refektorium [refɛk'to:riʊm, *pl:* refɛk'to:riən] *nt* <-s, Refektorien> (REL) refectorio *m*

Referat [refe'ra:t] *nt* <-(e)s, -e> **1.** (*Vortrag*) exposición *f,* ponencia *f;* **ein** ~ **ausarbeiten** [*o* **schreiben**] elaborar una ponencia; **ein** ~ **halten** exponer una ponencia, hacer una exposición oral **2.** (*Abteilung*) sección *f,* negociado *m;* **ein** ~ **leiten** dirigir una sección; **jdm ein** ~ **übertragen** conferir a alguien una sección

Referenda *pl von* **Referendum**

Referendar(in) [referɛn'da:ɐ] *m(f)* <-s, -e; -, -nen> **1.** (JUR) licenciado, -a *m, f* en derecho **2.** (SCH) profesor(a) *m(f)* en prácticas

Referendariat [referɛndari'a:t] *nt* <-(e)s, -e> **1.** (JUR) período *m* de prácticas para licenciados de derecho **2.** (SCH) período *m* de prácticas de profesorado

Referendarin *f* <-, -nen> *s.* **Referendar**

Referendarzeit *f* <-, -en> (JUR, SCH) *s.* **Referendariat**

Referendum [refe'rɛndʊm] *nt* <-s, Referenden *o* Referenda> referéndum *m;* **ein** ~ **abhalten** celebrar un referéndum

Referent(in) [refe'rɛnt] *m(f)* <-en, -en; -, -nen> **1.** (*Vortragender*) conferenciante *mf,* ponente *mf* **2.** (*Referatsleiter*) jefe, -a *m, f* de negociado

Referenz [refe'rɛnts] *f* <-, -en> **1.** (*Empfehlung*) referencias *fpl;* **eine** ~ **vorweisen** presentar una recomendación **2.** (*Person, Stelle*) referencia *f;* **Referenzhandbuch** *nt* <-es, -bücher> manual *m* de referencia

referieren* [refe'ri:rən] **I.** *vi* **1.** (*Referat halten*) exponer (una ponencia) (*über* sobre) **2.** (*berichten*) presentar (*über*), hablar (*über* sobre/de) **II.** *vt* (*berichten*) presentar

reflektieren* [reflɛk'ti:rən] **I.** *vi* **1.** (*nachdenken*) reflexionar (*über* sobre) **2.** (*zurückstrahlen*) reflejar; ~**des Autokennzeichen** matrícula reflectante **3.** (*interessiert sein*) tener interés (*auf* en) **II.** *vt* (*Licht*) reflejar

Reflektor [re'flɛkto:ɐ] *m* <-s, -en> reflector *m*

Reflex [re'flɛks] *m* <-es, -e> reflejo *m;* ~ **der Lichter** reflejos de la luz; **angeborener** ~ reflejo innato; **Reflexbewegung** *f* <-, -en> movimiento *m* reflejo; **Reflexhandlung** *f* <-, -en> acto *m* reflejo

Reflexion [reflɛ'ksjo:n] *f* <-, -en> (*a.* PHYS) reflexión *f* (*über* sobre); ~**en über etw anstellen** reflexionar sobre algo

reflexiv [reflɛ'ksi:f] *adj* (*a.* LING) reflexivo; **Reflexivpronomen** *nt* <-s, -pronomina *o* -> (LING) pronombre *m* reflexivo; **Reflexivverb** *nt* <-s, -en> (LING) verbo *m* reflexivo

Reflexzone *f* <-, -n> zona *f* refleja; **Reflexzonenmassage** *f* <-, -n> masaje *m* de las zonas reflejas

Reform [re'fɔrm] *f* <-, -en> reforma *f*

Reformation [refɔrma'tsjo:n] *f* <-, *ohne pl*> Reforma *f;* **Reformationsfest** *nt* <-(e)s, -e> (REL) día *m* de la Reforma (*fiesta de la iglesia evangélica el 31 de octubre*)

Reformator(in) [refɔr'ma:to:ɐ, *pl:* refɔrma'to:rən] *m(f)* <-s, -en; -, -nen> **1.** (REL) reformador(a) *m(f)* **2.** (*geh*) *s.* **Reformer**

reformatorisch [refɔrma'to:rɪʃ] *adj* reformatorio

reformbedürftig *adj* que necesita reformas

Reformer(in) [re'fɔrmɐ] *m(f)* <-s, -; -, -nen> reformista *mf,* reformador(a) *m(f)*

reformerisch *adj* reformativo

reformfreudig *adj* prorreformista, abierto a las reformas

Reformhaus *nt* <-es, -häuser> tienda *f* de productos dietéticos y biológicos

reformieren* [refɔr'mi:rən] *vt* reformar

Reformierte(r) *mf* <-n, -n; -n, -n> (REL) miembro *m* de la iglesia Reformada

Reformismus [refɔr'mɪsmʊs] *m* <-, *ohne pl*> (POL) reformismo *m*

reformistisch *adj* (POL) reformista

Reformkost *f* <-, *ohne pl*> productos *mpl* dietéticos y biológicos, alimentos *mpl* naturales

Refrain [rə'frɛ̃:] *m* <-s, -s> estribillo *m*

Refraktion [refrak'tsjo:n] *f* <-, -en> (PHYS) refracción *f*

Refraktor [re'frakto:ɐ] *m* <-s, -en> (ASTR) refractor *m*

Refugialgebiet *nt* <-(e)s, -e> (BIOL) zona *f* de refugio

Refugium [re'fu:giʊm] *nt* <-s, Refugien> (*geh*) refugio *m*

Regal [re'ga:l] *nt* <-s, -e> **1.** (*Ablage, Gestell*) estante *m,* estantería *f;* (*Bücher~*) librería *f* **2.** (MUS) órgano *m* portátil

Regatta [re'gata] *f* <-, Regatten> (SPORT) regata *f*

Reg. Bez. *Abk. von* **Regierungsbezirk** distrito *m* administrativo

rege ['re:gə] *adj* **1.** (*Verkehr, Briefwechsel, Betrieb*) intenso; (*Nachfrage, Interesse*) grande; (*Handel*) floreciente; ~ **Beteiligung** participación activa; **es herrschte ein** ~**s Treiben auf den Straßen** había mucho movimiento en las calles **2.** (*Unterhaltung*) animado; (*Fantasie*) vivo; **körperlich und geistig** ~ **sein** mantenerse física y mentalmente activo; **die Feinde der Demokratie sind immer noch**

~ los enemigos de la democracia aún siguen vivos [*o* activos]

Regel ['re:gəl] *f* <-, -n> **1.** (*Vorschrift, a.* LING) regla *f;* (*Norm*) norma *f;* **~n aufstellen** establecer normas; **keine ~ ohne Ausnahme** siempre hay una excepción a la regla; **in der ~** por regla general; **nach allen ~n der Kunst** como es debido, como Dios manda; **jdn nach allen ~n der Kunst verprügeln** dar a alguien una buena paliza; **sich** *dat* **etw zur ~ machen** tomar algo por costumbre **2.** (*Menstruation*) regla *f,* período *m;* **sie bekommt bald ihre ~** le va a venir la regla [*o* el periodo] pronto

Regelarbeitszeit *f* <-, -en> horario *m* de trabajo regular

regelbar *adj* regulable

Regelblutung *f* <-, -en> regla *f,* período *m*

Regelfall *m* <-(e)s, *ohne pl*> caso *m* normal

Regelkreis *m* <-es, -e> (TECH, BIOL) círculo *m* de regulación

regellos *adj* sin regla, sin norma; (*ungeordnet*) desordenado

regelmäßig **I.** *adj* regular; **sie ist eine ~e Besucherin** viene regularmente; **~e Verben** verbos regulares **II.** *adv* con regularidad, regularmente; **er kommt ~ zu spät** llega siempre tarde

Regelmäßigkeit *f* <-, -en> regularidad *f;* **in** [*o* **mit**] **schöner ~** (*fam*) con toda puntualidad

regeln ['re:gəln] **I.** *vt* regular; (*durch Verordnung*) reglamentar; (*in Ordnung bringen*) arreglar; **die Temperatur ~** regular la temperatura; **etw vertraglich ~** fijar algo mediante un contrato; **das ist gesetzlich geregelt** está reglamentado; **das lässt sich ~** esto se puede arreglar; **du brauchst nichts zu bezahlen, ich regele das schon** no tienes que pagar nada, yo me ocupo **II.** *vr:* **sich ~** **1.** (*vor sich gehen*) efectuarse **2.** (*in Ordnung kommen*) arreglarse, solucionarse; **das wird sich schon von selbst ~** esto ya se solucionará por sí solo

regelrecht **I.** *adj* **1.** (*vorschriftsmäßig*) conforme a las reglas, correcto **2.** (*fam: richtiggehend*) verdadero **II.** *adv* (*fam*) de verdad; **er war ~ unverschämt** fue descarado de verdad

Regelsatz *m* <-es, -sätze> cuantía *f* de las distintas ayudas sociales; **Regelstudienzeit** *f* <-, -en> (UNIV) *tiempo previsto que fija la universidad para una carrera;* **Regelsystem** *nt* <-s, -e> sistema *m* de reglamentación

Regelung *f* <-, -en> **1.** (*das Festlegen*) reglamentación *f;* (*Erledigung*) tramitación *f* **2.** (*der Temperatur*) regulación *f* **3.** (*Abmachung*) acuerdo *m,* arreglo *m;* (*Vorschrift*) reglamentación *f;* **es wurden folgende ~en getroffen** se tomaron los siguientes acuerdos; **Regelungstechnik** *f* <-, -en> técnica *f* de regulación

Regelwerk *nt* <-(e)s, -e> código *m;* **regelwidrig** *adj* contrario a las reglas; **sich ~ verhalten** actuar contra las normas; **Regelwidrigkeit** *f* <-, -en> irregularidad *f*

regen ['re:gən] **I.** *vt* (*geh*) mover; **keinen Finger ~** no mover un dedo **II.** *vr:* **sich ~** **1.** (*sich bewegen*) moverse; **kein Lüftchen regte sich** no corría ni una brisa; **sich ~ bringt Segen** (*prov*) al que madruga Dios le ayuda **2.** (*geh: entstehen*) surgir; **es regten sich Zweifel** surgieron dudas

Regen ['re:gən] *m* <-s, -> lluvia *f;* (*feiner*) llovizna *f;* **saurer ~** lluvia ácida; **im strömenden ~ musste ich nach Hause laufen** lloviendo a cántaros como estaba tuve que ir a pie a casa; **es sieht nach ~ aus** parece que va a llover; **ich bin gestern in den ~ gekommen** ayer me pilló la lluvia; **es gibt bald ~** pronto habrá lluvia; **vom ~ in die Traufe kommen** (*fam*) salir de Málaga y meterse en Malagón, salir de Guatemala y entrar en Guatepeor; **jdn im ~ stehen lassen** (*fam*) dejar a alguien plantado; **ein warmer ~** (*fig fam*) un regalo del cielo; **regenarm** *adj* de pocas [*o* escasas] lluvias; **Regenbö(e)** *f* <-, -böen> turbión *m,* ráfaga *f* de lluvia

Regenbogen *m* <-s, -> arco *m* iris; **Regenbogenfarben** *fpl* colores *mpl* del (arco) iris, iridiscencia *f;* **in allen ~ schillern** despedir reflejos iridiscentes; **Regenbogenhaut** *f* <-, -häute> (ANAT) iris *m;* **Regenbogenpresse** *f* <-, *ohne pl*> prensa *f* amarilla, prensa *f* sensacionalista

Regeneration [regenera'tsjo:n] *f* <-, -en> (BIOL, MED, TECH) regeneración *f*

regenerativ [regenera'ti:f] *adj* **1.** (BIOL, MED) regenerativo **2.** (TECH) renovable, recuperable

regenerieren* [regene'ri:rən] **I.** *vt* (TECH) regenerar **II.** *vr:* **sich ~** (BIOL, MED) regenerarse

Regenerzeugung *f* <-, -en>: **künstliche ~** provocación *f* artificial de la lluvia; **Regenfälle** *mpl* lluvias *fpl;* **starke/anhaltende ~** lluvias fuertes/persistentes; **Regenfront** *f* <-, -en> (METEO) frente *m* de lluvias; **Regengebiet** *nt* <-(e)s, -e> zona *f* de lluvias (frecuentes); **Regenguss**[RR] *m* <-es, -güsse> chaparrón *m,* aguacero *m,* invierno *m MAm, Ant;* **Regenmantel** *m* <-s, -mäntel> gabardina *f;* (*Cape*) impermeable *m,* perramus *m inv CSur,* caucho *m Kol, Ven;* **regenreich** *adj* lluvioso; **Regenrinne** *f* <-, -n> canalón *m*

Regensburg ['re:gənsbʊrk] *nt* <-s> Ratisbona *f*

Regenschatten *m* <-s, -> (GEO) sombra *f* de la lluvia; **Regenschauer** *m* <-s, -> chubasco *m;* **Regenschirm** *m* <-(e)s, -e> paraguas *m inv*

Regent(in) [re'gɛnt] *m(f)* <-en, -en; -, -nen> regente *mf*

Regentag *m* <-(e)s, -e> día *m* lluvioso [*o* de lluvia]

Regentin *f* <-, -nen> *s.* **Regent**

Regentonne *f* <-, -n> bidón *m* para el agua de lluvia

Regentropfen *m* <-s, -> gota *f* de lluvia

Regentschaft *f* <-, -en> regencia *f*

Regenwald *m* <-(e)s, -wälder> selva *f* tropical; **Regenwasser** *nt* <-s, *ohne pl*> agua *f* de lluvia; **Regenwetter** *nt* <-s, *ohne pl*> tiempo *m* lluvioso; **bei ~** cuando llueve; **Regenwolke** *f* <-, -n> nube *f* (cargada) de lluvia; **Regenwurm** *m* <-(e)s, -würmer> (ZOOL) lombriz *f* de tierra; **Regenzeit** *f* <-, -en> época *f* de las lluvias, temporada *f* de lluvias, invierno *m MAm, And, Ant*

Reggae ['rɛgeɪ] *m* <-s, *ohne pl*> (MUS) reggae *m*

Regie [re'ʒiː] *f* <-, *ohne pl*> **1.** (FILM, THEAT) dirección *f*; **bei etw** *dat* **die ~ führen** dirigir algo; **unter der ~ von ...** bajo la dirección de... **2.** (*Leitung*) administración *f*; (*Führung*) dirección *f*; **etw in eigener ~ tun** (*fam*) hacer algo por cuenta propia; **Regieanweisung** *f* <-, -en> indicación *f* del director, orden *f* del director; **Regieassistent(in)** *m(f)* <-en, -en; -, -nen> ayudante *mf* de dirección

Regierbarkeit *f* <-, *ohne pl*> gobernabilidad *f*

regieren* [re'giːrən] **I.** *vi* gobernar (*über*); (*herrschen*) reinar (*über* sobre); **das Elend regiert in dieser Stadt** la miseria reina en esta ciudad **II.** *vt* **1.** (*Land, Staat*) gobernar **2.** (LING) regir; **„von" regiert den Dativ** "von" rige dativo

Regierung *f* <-, -en> gobierno *m*; **eine (neue) ~ bilden** formar un (nuevo) gobierno; **die ~ stürzen** hacer caer el gobierno; **die ~ umbilden** reajustar el gobierno; **die ~ musste zurücktreten** el gobierno tuvo que dimitir; **der ~ angehören** ser miembro del gobierno; **die Partei ist seit zwei Jahren an der ~** el partido está en el poder desde hace dos años; **die ~ antreten, an die ~ kommen** acceder al poder; **der Putsch hat eine (Militär)junta an die ~ gebracht** el golpe ha llevado al poder a una junta (militar); **Regierungsabkommen** *nt* <-s, -> acuerdo *m* intergubernamental; **Regierungsanleihe** *f* <-, -n> empréstito *m* emitido por el gobierno de un estado; **Regierungsantritt** *m* <-(e)s, *ohne pl*> acceso *m* al poder; **bei ~** cuando el gobierno accedió al poder; **Regierungsbank** *f* <-, -bänke> banco *m* azul; **Regierungsbezirk** *m* <-(e)s, -e> distrito *m* administrativo; **Regierungsbildung** *f* <-, -en> formación *f* del gobierno; **er wurde mit der ~ betraut** le encargaron la formación del gobierno; **Regierungschef(in)** *m(f)* <-s, -s; -, -nen> jefe, -a *m, f* de gobierno; **Regierungsdirektor(in)** *m(f)* <-s, -en; -, -nen> director(a) *m(f)* general; **Regierungserklärung** *f* <-, -en> declaración *f* gubernamental [*o* del gobierno]; **regierungsfähig** *adj* capaz de gobernar; **regierungsfeindlich** *adj* antigubernamental; **Regierungsform** *f* <-, -en> forma *f* de gobierno, régimen *m*; **regierungsfreundlich** *adj* progubernamental; **Regierungsgeschäfte** *ntpl* acciones *fpl* gubernamentales; **Regierungskrise** *f* <-, -n> crisis *f inv* gubernamental; **Regierungspartei** *f* <-, -en> partido *m* gubernamental; **Regierungspräsident(in)** *m(f)* <-en, -en; -, -nen> (ADMIN) *director de un distrito administrativo*

Regierungsrat[1] *m* <-(e)s, *ohne pl*> (*Schweiz*) *Gobierno Cantonal de Suiza*

Regierungsrat, -rätin[2] *m, f* <-(e)s, -räte; -, -nen> **1.** (*Titel*) *funcionario, -a de alto cargo en la administración de autoridades superiores federales y del land* **2.** (*Schweiz: Mitglied der Kantonsregierung*) miembro *m* del gobierno cantonal

Regierungssitz *m* <-es, -e> (ADMIN, POL) sede *f* del Gobierno; **Regierungssprecher(in)** *m(f)* <-s, -; -, -nen> portavoz *mf* del gobierno; **Regierungssystem** *nt* <-s, -e> régimen *m* (político), sistema *m* de gobierno; **Regierungsumbildung** *f* <-, -en> reajuste *m* de gobierno; **eine ~ vornehmen** efectuar un reajuste de gobierno; **Regierungswechsel** *m* <-s, -> cambio *m* de gobierno; **Regierungszeit** *f* <-, -en> (*einer Regierung, eines Präsidenten*) mandato *m*; (*eines Königs*) reinado *m*

Regime [re'ʒiːm] *nt* <-s, -(s)> régimen *m*; **Regimegegner(in)** *m(f)* <-s, -; -, -nen> oposicionista *mf* al régimen; **Regimekritiker(in)** *m(f)* <-s, -; -, -nen> disidente *mf*

Regiment[1] [regi'mɛnt] *nt* <-(e)s, -e> (*Leitung*) mando *m*; **das ~ führen** tener el mando; **ein grausames ~ führen** ser muy severo

Regiment[2] *nt* <-(e)s, -er> (MIL) regimiento *m*

Region [re'gjoːn] *f* <-, -en> región *f*; **die ländlichen ~en** las zonas rurales; **in höheren ~en schweben** (*geh fig*) estar en las nubes

regional [regjo'naːl] *adj* regional; **~ verschieden** distinto en cada región; **Regionalliga** *f* <-, -ligen> liga *f* regional; **Regionalplan** *m* <-(e)s, -pläne> (ADMIN, WIRTSCH) plan *m* regional

Regisseur(in) [reʒɪ'søːɐ] *m(f)* <-s, -e; -, -nen> (THEAT, FILM) director(a) *m(f)*

Register [re'gɪstɐ] *nt* <-s, -> (*a.* MUS, INFOR) registro *m*; **etw in ein ~ eintragen** registrar algo; **alle ~ ziehen** (*fig*) tocar todos los registros

Registertonne *f* <-, -n> (NAUT: *alt*) tonelada *f* de arqueo

Registratur [regɪstra'tuːɐ] *f* <-, -en> **1.** (*das Registrieren*) registro *m* **2.** (*Büro*) (oficina *f* de) registro *m*

registrieren* [regɪs'triːrən] *vt* registrar; **sie registrierte mit Befriedigung, dass er heimkam** se apercibió con agrado de que él entraba en casa; **die Zeitschrift registriert es** la revista hace una corta mención de ello

Registrierkasse *f* <-, -n> caja *f* registradora

Registrierung *f* <-, -en> registro *m*

Reglement [reglə'mãː] *nt* <-s, -s> reglamento *m*

reglementieren* [reglemɛn'tiːrən] *vt* reglamentar

Reglementierung *f* <-, -en> reglamentación *f*

Regler ['reːglɐ] *m* <-s, -> (TECH) regulador *m;* (*Temperatur~*) termostato *m*

reglos ['reːkloːs] *adj* inmóvil

Reglosigkeit *f* <-, *ohne pl*> inmovilidad *f*

regnen ['reːgnən] *vunpers* llover; **es regnet in Strömen** llueve a cántaros; **es regnete durchs Dach** se calaba agua por el tejado; **es regnete Protestbriefe bei den Politikern** a los políticos les llovieron cartas de protesta

regnerisch *adj* lluvioso

Regress^RR [re'grɛs] *m* <-es, -e>, **Regreß** *m* <-sses, -sse> (JUR) recurso *m,* indemnización *f;* **ohne ~** sin recurso; **jdn für etw in ~ nehmen** hacer a alguien responsable de algo

Regression [regrɛ'sjoːn] *f* <-, -en> (*a.* MATH, PSYCH, GEO, BIOL) regresión *f*

regressiv [regrɛ'siːf] *adj* (*a.* PSYCH, PHILOS, JUR) regresivo

regresspflichtig^RR *adj* (JUR) responsable (civilmente), obligado a (pagar) indemnización; **jdn ~ machen** recurrir contra alguien

regulär [regu'lɛːɐ] *adj* regular; **ein ~er Flug** un vuelo regular

regulativ *adj* regulador

Regulator [regu'laːtoːɐ] *m* <-s, -en> (TECH) regulador *m*

regulierbar *adj* regulable, ajustable

regulieren* [regu'liːrən] *vt* **1.** (*Lautstärke, Temperatur*) regular; (*einstellen*) ajustar **2.** (*Fluss*) encauzar **3.** (*regeln*) regular; (*durch Verordnung*) reglamentar; **einen Schaden ~** regular la indemnización

Regulierung *f* <-, -en> **1.** (*der Temperatur, Lautstärke*) regulación *f;* (TECH) ajuste *m* **2.** (*eines Flusses*) encauzamiento *m* **3.** (*Regelung*) regulación *f;* (*eines Schadens*) liquidación *f;* (*durch Verordnung*) reglamentación *f*

Regung ['reːgʊŋ] *f* <-, -en> (*geh*) **1.** (*Bewegung*) movimiento *m;* **ohne jede ~** inmóvil; **bei der leisesten ~** al menor movimiento **2.** (*Gefühls~*) emoción *f;* **ihn erfasste eine menschliche ~** se sintió profundamente conmovido; **eine ~ des Mitleids** un sentimiento de compasión; **regungslos** *adj* inmóvil; **~ daliegen** estar tumbado como muerto

Reh [reː] *nt* <-(e)s, -e> corzo *m*

Reha ['reːha] *f* <-, *ohne pl*> *Abk. von* **Rehabilitation** rehabilitación *f*

Rehabilitation [rehabilita'tsjoːn] *f* <-, -en> rehabilitación *f;* **Rehabilitationszentrum** *nt* <-s, -zentren> centro *m* de rehabilitación

rehabilitieren* [rehabili'tiːrən] *vt* **1.** (*jds Ansehen, a.* MED) rehabilitar **2.** (*wieder eingliedern*) reintegrar

Rehabilitierung *f* <-, -en> **1.** (*in Bezug auf Ansehen, a.* MED) rehabilitación *f* **2.** (*Wiedereingliederung*) reintegración *f*

Rehbock *m* <-(e)s, -böcke> corzo *m* macho; **Rehbraten** *m* <-s, -> asado *m* de corzo; **Rehkeule** *f* <-, -n> (GASTR) zanca *f* de corzo; **Rehkitz** *nt* <-es, -e> corcino *m;* **Rehkuh** *f* <-, -kühe> corza *f;* **Rehleder** *nt* <-s, -> (*für Handschuhe*) (piel *f* de) cabritilla *f;* (*für Jacken*) correal *m;* **Rehrücken** *m* <-s, -> **1.** (*des Rehs*) lomo *m* de corzo **2.** (*Kuchen*) *pastel de chocolate guarnecido con almendras;* **Rehwild** *nt* <-(e)s, *ohne pl*> corzo *m*

Reibach ['raɪbax] *m* <-s, *ohne pl*> (*fam*) alta ganancia *f;* **einen guten ~ machen** hacer su agosto, forrarse

Reibe ['raɪbə] *f* <-, -n> rallador *m*

Reibeisen *nt* <-s, -> rallador *m*

Reibekuchen *m* <-s, -> (*reg*) *fritura de patatas crudas ralladas y huevos batidos;* **Reibelaut** *m* <-(e)s, -e> (LING) sonido *m* fricativo, fricativa *f*

reiben ['raɪbən] <reibt, rieb, gerieben> **I.** *vt* **1.** (*aneinander~*) frotar; **etw blank ~** sacar brillo a algo; **sich** *dat* **die Augen ~** frotarse los ojos; (*fig*) pellizcarse; **sich** *dat* **die Hände ~** frotarse las manos; **die Creme in die Haut ~** aplicar la crema; **er rieb sich** *dat* **den Schlaf aus den Augen** se quitó las telarañas de los ojos **2.** (*zerkleinern*) rallar **II.** *vr:* **sich ~** pelearse (*an* por, *mit* con), reñir (*an* por)

Reibereien *fpl* peleas *fpl*

Reibfläche *f* <-, -n> raspador *m*

Reibung *f* <-, -en> **1.** (*das Reiben*) frotamiento *m* **2.** (PHYS) fricción *f;* **Reibungselektrizität** *f* <-, *ohne pl*> (PHYS) triboelectricidad *f;* **Reibungsfläche** *f* <-, -n> (PHYS) superficie *f* de fricción; **Reibungskoeffizient** *m* <-en, -en> (PHYS) coeficiente *m* de fricción; **Reibungskraft** *f* <-, -kräfte> (PHYS) fuerza *f* de fricción; **reibungslos** *adj* sin dificultades; **etw verläuft ~** algo va de maravilla; **Reibungsverlust** *m* <-(e)s, -e> (PHYS) pérdida *f* por fricción; **Reibungswiderstand** *m* <-(e)s, -stände> (PHYS) resistencia *f* de fricción

reich [raɪç] *adj* **1.** (*wohlhabend*) rico (*an* en); **~ heiraten** hacer una boda ventajosa; **~ machen** enriquecer; **~ werden** enriquecerse; **~ an Fischen/Bodenschätzen** rico en pesca/recursos naturales; **aus ~em Haus** de una familia rica **2.** (*prächtig*) suntuoso, lujoso; **~ geschmückt** lujosamente adornado **3.** (*groß*) grande; (*ergiebig*) abundante; **eine ~e Ernte** una cosecha abundante; **ein ~es Mahl** una comida opípara; **in ~em Maße** en abundancia; **jdn ~ beschenken** colmar a alguien con regalos; **ein ~er Erfahrungsschatz** valiosas experiencias **4.** (*vielfältig*) amplio; **~e Auswahl** amplio surtido

Reich [raɪç] *nt* <-(e)s, -e> imperio *m;* (*Kö-*

nig~, a. fig) reino *m;* **das Deutsche/Römische ~** el Imperio Alemán/Romano; **das Dritte ~** el Tercer Reich; **das ~ Gottes** el reino de Dios; **das ~ der Mitte** China *f;* **das ~ der Schatten** el reino de las sombras [*o* los muertos]; **das ~ der aufgehenden Sonne** el Imperio del Sol Naciente; **das ~ der Tiere** el reino animal; **im ~ der Träume** en el reino de los sueños

Reiche(r) *mf* <-n, -n; -n, -n> (hombre *m*) rico *m,* (mujer *f*) rica *f*

reichen ['raɪçən] **I.** *vi* **1.** (*aus~*) bastar, ser suficiente; **das Essen reicht für vier** la comida es suficiente para cuatro personas; **es reicht hinten und vorne nicht** falta por todas partes; **mir reicht's!** (*fam*) ¡estoy harto!; **jetzt reicht's aber!** (*fam*) ¡ahora sí que basta!, ¡ya vale! **2.** (*sich erstrecken*) llegar (*bis* a); (*nach oben*) elevarse (*bis* hasta); **weit ~d** (*für große Entfernung*) de gran alcance; (*umfassend*) extenso, amplio; **sie reicht mir bis zur Schulter** me llega al hombro; **so weit das Auge reicht** lo que alcanza la vista **II.** *vt* **1.** (*anbieten*) servir **2.** (*geben*): **jdm etw ~** pasar algo a alguien, dar algo a alguien; **sie reichten sich** *dat* **zur Begrüßung die Hand** se tendieron la mano para saludarse

reichhaltig *adj* amplio, abundante

Reichhaltigkeit *f* <-, *ohne pl*> **1.** (*des Angebots*) variedad *f* **2.** (*des Essens*) abundancia *f,* copiosidad *f*

reichlich I. *adj* abundante; (*umfangreich*) amplio; **ein ~es Trinkgeld geben** dar mucha propina **II.** *adv* **1.** (*ausreichend*) en abundancia, por andanadas *Arg;* **alles ist ~ vorhanden** hay de todo en abundancia **2.** (*fam: ziemlich*) bastante; **erst nach ~ einer Stunde** después de una hora larga [*o* pasada]; **der Film war ~ langweilig** la película era bastante aburrida

Reichsadler *m* <-s, *ohne pl*> (HIST) águila *f* imperial; **Reichskanzler** *m* <-s, -> (HIST) Canciller *m* imperial [*o* del Reich]; **Reichsstadt** *f* <-, -städte> (HIST) ciudad *f* del Sacro Imperio Romano Germánico; **Freie ~** ciudad libre (*del Sacro Imperio Romano Germánico*)

Reichstag *m* <-(e)s, *ohne pl*> **1.** (*Parlament*) parlamento *m* **2.** (*Gebäude*) *palacio que alberga el Parlamento de la RFA;* **Reichstagsbrand** *m* <-(e)s, *ohne pl*> (HIST) incendio *m* del Reichstag

Reichswehr *f* <-, *ohne pl*> (HIST, MIL) Reichswehr *f* (*fuerzas armadas del Reich de 1921 – 1935*)

Reichtum¹ *m* <-s, -tümer> (*Besitz*) riqueza *f* (*an* en); **zu ~ gelangen** conseguir riquezas; **damit kann man keine Reichtümer erwerben** eso no da ni para pipas

Reichtum² *m* <-s, *ohne pl*> (*Reichhaltigkeit*) abundancia *f* (*an* de), gran variedad *f* (*an* de); **der ~ an Arten** la gran variedad de especies

Reichweite *f* <-, -n> alcance *m;* **außer ~ sein** estar fuera de alcance; **etw liegt in ~** algo está al alcance de la mano; **sich auf ~ nähern** ponerse al alcance

reif [raɪf] *adj* maduro; **im ~en Alter von 18 Jahren** (*iron*) a la edad madura de 18 años; **~ werden** madurar; **die Zeit ist ~ (für etw)** ha llegado el momento (de algo) (*für* de); **~ für die Insel sein** (*fam*) necesitar unas vacaciones; **ich bin bald ~ fürs Irrenhaus** (*fam*) estoy a punto de volverme loco de atar; **eine ~e Leistung** (*fam*) un trabajo bien hecho; **jetzt reicht's, der ist ~ (für eine Ohrfeige)!** (*fam*) ¡se acabó, lo que necesita son un par de azotes!

Reif¹ [raɪf] *m* <-(e)s, -e> (*geh: Arm~*) brazalete *m;* (*Ring*) anillo *m*

Reif² [raɪf] *m* <-(e)s, *ohne pl*> (*Rau~*) escarcha *f*

Reife ['raɪfə] *f* <-, *ohne pl*> **1.** (*das Reifen*) maduración *f* **2.** (*das Reifsein*) madurez *f;* **mittlere ~** (SCH) ≈título *m* de bachiller (*grado de enseñanza media obtenido en la Realschule*)

reifen ['raɪfən] *vi sein* madurar; **die Erfahrungen ließen ihn ~** las experiencias le hicieron madurar; **der Gedanke reifte zum Plan** la idea fue madurada hasta cuajar en un plan

Reifen ['raɪfən] *m* <-s, -> **1.** (*Auto~, Fahrrad~*) neumático *m* **2.** (*Spielzeug, Fass~*) aro *m;* **Reifendruck** *m* <-(e)s, -drücke> presión *f* del neumático; **Reifenpanne** *f* <-, -n> pinchazo *m;* **Reifenschaden** *m* <-s, -schäden> defecto *m* en los neumáticos; **Reifenwechsel** *m* <-s, -> cambio *m* de neumático(s)

Reifeprozess[RR] *m* <-es, -e> proceso *m* de maduración; **Reifeprüfung** *f* <-, -en> (SCH) ≈examen *m* de bachillerato; **Reifezeit** *f* <-, -en> tiempo *m* de maduración; **Reifezeugnis** *nt* <-ses, -se> (SCH) ≈título *m* de bachillerato

reiflich I. *adj* largo, detenido **II.** *adv* detenidamente, bien; **das habe ich mir ~ überlegt** he considerado esto detenidamente

Reifrock *m* <-(e)s, -röcke> miriñaque *f,* meriñaque *m*

Reifung *f* <-, *ohne pl*> maduración *f;* **Reifungsbecken** *nt* <-s, -> tanque *m* de maduración

Reigen ['raɪgən] *m* <-s, -> danza *f* en corro [*o* rueda]; **den ~ eröffnen/beschließen** (*geh*) abrir/cerrar el baile

Reihe¹ ['raɪə] *f* <-, -n> **1.** (*allgemein*) fila *f;* (*Baum~*) hilera *f;* **sie sitzen in der dritten ~** están en la tercera fila; **sich in einer ~ aufstellen** ponerse en fila; **die Bücher der ~ nach aufstellen** colocar los libros por orden; **sich in die ~ stellen** ponerse en la fila; **aus der ~ tanzen** (*fam*) hacer rancho aparte; **in drei ~n antreten** formar tres filas; **in Reih und Glied stehen** estar en formación **2.** (*An-*

R

zahl) serie *f;* (*Buch~*) colección *f;* **er kaufte eine ganze ~ Bücher** compró una serie de libros; **eine ~ von Jahren** un par de años **3.** (MATH) progresión *f;* **geometrische ~** progresión geométrica **4.** *pl* (*Gemeinschaft*) filas *fpl;* **aus den ~n der Konservativen** de las filas de los conservadores; **die ~n lichten sich** somos cada vez menos

Reihe² *f* <-, *ohne pl*> (*Reihenfolge*) turno *m;* **du bist an der ~** (*fam*) te llega el turno, te toca (a ti); **danach komme ich an die ~** después me toca a mí [*o* es mi turno]; **der ~ nach eintreten** entrar por turno; **immer der ~ nach!** ¡por orden!; **außer der ~ kommen** llegar fuera de turno; **etw auf die ~ kriegen** (*fam*) apañárselas para hacer algo

reihen ['raɪən] **I.** *vt* (*geh*): **etw an etw ~** poner algo en fila con algo; **Perlen auf eine Schnur ~** ensartar perlas en un hilo **II.** *vr:* **sich ~** (*geh: zeitlich*) sucederse; **ein Unglück reiht sich an das andere** las desgracias se suceden

Reihenfolge *f* <-, -n> orden *m;* **der ~ nach** por orden; **alphabetische ~** orden alfabético; **in alphabetischer ~** siguiendo el orden alfabético; **aufsteigende ~** (*a.* INFOR) orden ascendente; **Reihenfolgezugriff** *m* <-(e)s, -e> (INFOR) acceso *m* secuencial

Reihenhaus *nt* <-es, -häuser> chalé *m* adosado; **Reihenhaussiedlung** *f* <-, -en> urbanización *f* de chalés adosados

Reihenschaltung *f* <-, -en> (ELEK) conexión *f* en serie; **Reihenuntersuchung** *f* <-, -en> reconocimiento *m* médico en serie

reihenweise *adv* **1.** (*fam: viele*) en serie; **die Mädchen kippen ~ um** las chicas se desmayan en masa **2.** (*in Reihen*) en filas

Reiher ['raɪɐ] *m* <-s, -> garza *f;* **kotzen wie ein ~** (*sl*) echar hasta la bilis

reihern ['raɪɐn] *vi* (*fam*) **1.** (*erbrechen*) vomitar **2.** (*reg: Durchfall haben*) estar con diarrea

reihum [raɪ'ʔʊm] *adv* por turno; **~ gehen** pasar de mano en mano; **ein Buch ~ gehen lassen** hacer pasar un libro de mano en mano

Reim [raɪm] *m* <-(e)s, -e> rima *f;* **ich suche einen ~ auf „Blut"** busco algo que rime con "sangre"; **ich kann mir keinen ~ darauf machen** no me lo explico

reimen I. *vt* rimar (*auf* con) **II.** *vr:* **sich ~** rimar (*auf* con)

Reimport *m* <-(e)s, *ohne pl*> reimportación *f*

rein [raɪn] **I.** *adj* **1.** (*unvermischt, pur*) puro; (*Freude*) verdadero; **~e Theorie** pura teoría; **~ aus Zufall** por pura casualidad; **die ~e Flugzeit beträgt drei Stunden** el vuelo en sí dura tres horas; **jdm ~en Wein einschenken** (*fig*) decir(le) a alguien la pura verdad **2.** (*sauber*) limpio; **~en Tisch machen** (*fig*) hacer las cuentas claras; **die Luft ist ~** (*fig*) no hay moros en la costa; **etw ins R~e schreiben** pasar algo a limpio; **mit sich** *dat* **selbst ins R~e kommen** sincerarse consigo mismo; **etw ins R~e bringen** aclarar [*o* arreglar] algo; **etw ~ halten** mantener algo limpio; **ein ~es Gewissen haben** tener la conciencia tranquila **3.** (*ohne Ausnahme*) neto; **eine ~e Industriestadt** una ciudad netamente industrial **4.** (*fam: völlig*) verdadero; **sie ist das ~ste Genie** es un verdadero genio; **das ~ste Affentheater** el mayor escándalo **II.** *adv* **1.** (*ausschließlich*) netamente, puramente; **aus ~ privaten Gründen** por razones estrictamente privadas **2.** (*fam: völlig*) absolutamente; **das ist ~ unmöglich** es absolutamente imposible; **~ gar nichts** nada de nada **3.** (*fam: herein, hinein*) adentro, hacia dentro; **~!** ¡adelante!

Reineclaude [rɛːnə'kloːdə] *f* <-, -n> ciruela *f* claudia

Reinemachefrau *f* <-, -en> mujer *f* de la limpieza

reine|machen ['raɪnə-] *vi* (*reg*) limpiar

Reinerlös *m* <-es, -e>, **Reinertrag** *m* <-(e)s, -träge> beneficio *m* neto

reineweg ['raɪnəvɛk] *adv* (*fam*) **1.** (*geradezu*) verdaderamente, realmente **2.** (*völlig*) completamente, totalmente, absolutamente; **glauben Sie ihr kein Wort, das ist ~ Phantasie!** ¡no le crea una palabra, todo lo que dice es pura fantasía!

Reinfall *m* <-(e)s, -fälle> (*fam*) chasco *m;* **damit haben wir einen ~ erlebt** con ello hemos sufrido un chasco; **der neue Torwart ist ein ziemlicher ~** vaya chasco el nuevo portero

rein|fallen *irr vi sein* (*fam*) **1.** (*in Loch*) caer (*in* en); (*Licht*) entrar (*in* en/a) **2.** (*sich täuschen lassen*) dejarse engañar (*auf* por), caer en la trampa **3.** (*erfolglos sein*) llevarse un chasco (*mit* con)

Reinfektion [reʔɪnfɛk'tsjoːn] *f* <-, -en> (MED) reinfección *f*

Reingewinn *m* <-(e)s, -e> beneficio *m* neto

Reinhaltung *f* <-, *ohne pl*> limpieza *f*

rein|hauen <haut rein, haute rein, reingehauen> **I.** *vi* (*fam*) **1.** (*viel essen*) hincharse de comer; **er hat beim Mittagessen ordentlich [*o* mächtig] reingehauen** a mediodía se hinchó bien de comer **2.** (*hart arbeiten*) matarse a trabajar **II.** *vt* (*fam: schlagen*): **jdm eine ~** pegarle a alguien un puñetazo en la cara

Reinheit *f* <-, *ohne pl*> **1.** (*Unverfälschtheit*) pureza *f* **2.** (*Sauberkeit*) limpieza *f;* **Reinheitsgebot** *nt* <-(e)s, *ohne pl*> *ley alemana que regula desde 1516 la elaboración de la cerveza;* **Reinheitsgrad** *m* <-(e)s, -e> (CHEM) grado *m* de pureza

reinigen ['raɪnɪgən] *vt* limpiar; (*Abwässer*) depurar; (*Kleidung*) lavar en seco

Reiniger *m* <-s, -> detergente *m,* producto *m* de limpieza

Reinigung *f* <-, -en> **1.** (*Unternehmen*) tintorería *f;* **den Rock in die ~ bringen** llevar la falda a la tintorería **2.** (*das Reinigen*) limpieza *f;* (*von Abwässern*) depuración *f;* (*von Kleidung*) lavado *m* en seco; **Reinigungscreme** *f* <-, -s> crema *f* limpiadora; **Reinigungsfällung** *f* <-, -en> depuración *f* por coprecipitación; **Reinigungskassette** *f* <-, -n> cinta *f* limpiadora; **Reinigungskosten** *pl* gastos *mpl* de limpieza; **Reinigungsmilch** *f* <-, *ohne pl*> leche *f* desmaquilladora [*o* limpiadora]; **Reinigungsmittel** *nt* <-s, -> detergente *m,* producto *m* de limpieza

Reinkarnation [reʔɪnkarnaˈtsjoːn] *f* <-, -en> reencarnación *f*

Reinkultur *f:* **Kitsch/Diktatur in ~** cursilería/dictadura pura

rein|legen *vt* (*fam*) meter; *s. a.* **hereinlegen, hineinlegen**

reinlich *adj* limpio

Reinlichkeit *f* <-, *ohne pl*> **1.** (*Sauberkeitsliebe*) limpieza *f,* higiene *f* **2.** (*Sauberkeit*) limpieza *f*

Reinluftgebiet *nt* <-(e)s, -e> zona *f* con (muy) bajo nivel de polución

Reinmachefrau *f* <-, -en> mujer *f* de la limpieza

reinrassig *adj* de pura sangre [*o* raza]; **sich ~ vermehren** multiplicarse en pura raza

rein|reiten *irr vt* (*fam*) meter (*in* en); **jdn in die Scheiße ~** (*vulg*) meterle a alguien en un buen lío

rein|schneien I. *vi sein* (*fam: Besuch*) venir [*o* entrar] de rondón, colarse; (*Brief*) llegar de sorpresa [*o* desprevenidamente] **II.** *vunpers haben* (*fam*): **es schneit rein** la nieve entra por la ventana [*o* puerta]

Reinschrift *f* <-, -en> copia *f* en limpio

Reinvermögen *nt* <-s, -> activo *m* líquido, patrimonio *m* neto

reinvestieren* [reʔɪnvɛsˈtiːrən] *vt* (WIRTSCH) reinvertir

Reinvestition [reʔɪnvɛstitsjoːn] *f* <-, -en> (WIRTSCH) reinversión *f*

rein|waschen *irr* **I.** *vt s.* **waschen I.1. II.** *vr:* **sich ~** *s.* **waschen II.**

Reinwasser *nt* <-s, – *o* -wässer> (ÖKOL) agua *f* pura [*o* limpia]

reinweg [ˈraɪnvɛk] *adv* (*fam*) *s.* **reineweg**

rein|ziehen *irr vt* (*fam*) **1.** (*Dinge*) tirar [*o* arrastrar] hacia dentro **2.** (*verschlingen*) meter, tragar; **sich** *dat* **ein Schnitzel/ein Bier/einen Film ~** tragarse un escalope/una cerveza/una película **3.** (*in Verbrechen*) implicar (*in* en), enredar (*in* en)

Reis [raɪs] *m* <-es, -e> arroz *m;* **ungeschälter ~** arroz integral; **wilder ~** arroz silvestre; **Reisbau** *m* <-(e)s, *ohne pl*> cultivo *m* de arroz; **Reisbrei** *m* <-(e)s, -e> papilla *f* de arroz

Reise [ˈraɪzə] *f* <-, -n> viaje *m* (*nach/in* a); **eine ~ machen** hacer un viaje; **auf ~n sein** estar de viaje; **wohin geht die ~?** ¿adónde viaja(s)?; **Gute ~!** ¡buen viaje!; **die letzte ~ antreten** (*geh*) emprender el último viaje; **wenn einer eine ~ tut, so kann er was erzählen** quien ha visto mundo, tiene que contar; **Reiseandenken** *nt* <-s, -> recuerdo *m* (de viaje); **Reiseapotheke** *f* <-, -n> botiquín *m* de viaje; **Reisebegleiter(in)** *m(f)* <-s, -; -, -nen> acompañante *mf* (durante un viaje); **Reisebekanntschaft** *f* <-, -en> persona *f* que se conoce durante un viaje; **Reisebeschreibung** *f* <-, -en> descripción *f* de un viaje; **Reisebüro** *nt* <-s, -s> agencia *f* de viajes; **Reisebus** *m* <-ses, -se> autocar *m;* **reisefertig** *adj* listo para partir, listo para el viaje; **sich ~ machen** prepararse para partir; **Reisefieber** *nt* <-s, *ohne pl*> (*fam*) nerviosismo *m* ante un viaje; **Reiseflughöhe** *f* <-, -n> altitud *f* de vuelo; **Reisefreiheit** *f* <-, *ohne pl*> libertad *f* de circulación

Reiseführer[1] *m* <-s, -> guía *f* turística

Reiseführer(in)[2] *m(f)* <-s, -; -, -nen> guía *mf* turístico, -a

Reisegefährte, -in *m, f* <-n, -n; -, -nen> compañero, -a *m, f* de viaje; **Reisegepäck** *nt* <-(e)s, *ohne pl*> equipaje *m;* **Reisegeschwindigkeit** *f* <-, -en> velocidad *f* de crucero, velocidad *f* media (durante un viaje o trayecto) *fam*

Reisegesellschaft[1] *f* <-, -en> (*Reisegruppe*) grupo *m* turístico

Reisegesellschaft[2] *f* <-, *ohne pl*> (*Begleitung*) compañía *f*

Reisegruppe *f* <-, -n> grupo *m* turístico; **Reisehöhe** *f* <-, -n> *s.* **Reiseflughöhe**

Reisekosten *pl* gastos *mpl* de viaje; **Reisekostenabrechnung** *f* <-, -en> cuenta *f* de los gastos de viaje; **Reisekostenvorschuss**[RR] *m* <-es, -schüsse> pago *m* anticipado por gastos de viaje

Reisekrankheit *f* <-, *ohne pl*> mareo *m;* **Reiseland** *nt* <-(e)s, -länder> país *m* turístico; **Reiseleiter(in)** *m(f)* <-s, -; -, -nen> guía *mf* turístico, -a; **reiselustig** *adj* aficionado a viajar; **sie sind sehr ~** les encanta viajar; **Reisemitbringsel** *nt* <-s, -> regalo *m* (que se trae de las vacaciones), souvenir *m* (para dar como regalo)

reisen [ˈraɪzən] *vi sein* viajar (*nach/in* a), ir (*zu* a), pasar (*durch* por); **geschäftlich ~** hacer un viaje de negocios

Reisende(r) *mf* <-n, -n; -n, -n> viajero, -a *m, f*

Reisenecessaire *nt* <-s, -s> neceser *m* de viaje; **Reisepass**[RR] *m* <-es, -pässe> pasaporte *m,* pase *m Am;* **Reisepläne** *mpl* planes *mpl* de viaje, proyectos *mpl* de viaje; **Reiseprospekt** *m* <-(e)s, -e> prospecto *m* de viaje; **Reiseproviant** *m* <-s, -e> provisiones *fpl* para el viaje; **Reiseroute** *f* <-, -n> ruta *f* de viaje

Reiserücktrittsversicherung *f* <-, -en> (FIN) seguro *m* de rescisión del viaje

Reiseruf *m* <-(e)s, -e> mensaje *m* personal

urgente (*emitido por radio para que el interesado se ponga inmediatamente en contacto con su familia*); **Reisescheck** *m* <-s, -s> cheque *m* de viaje; **Reiseschreibmaschine** *f* <-, -n> máquina *f* de escribir portátil; **Reisespesen** *pl* gastos *mpl* de viaje [*o* de desplazamiento]; **Reisetasche** *f* <-, -n> bolsa *f* de viaje; **Reiseveranstalter** *m* <-s, -> agente *m* de viajes

Reiseverkehr *m* <-(e)s, *ohne pl*> tráfico *m* de viajeros, turismo *m;* **Reiseverkehrskauffrau** *f* <-, -en> agente *f* de viajes; **Reiseverkehrskaufmann** *m* <-(e)s, -leute> agente *m* de viajes

Reiseversicherung *f* <-, -en> seguro *m* de viaje; **Reisevorbereitungen** *fpl* preparativos *mpl* del viaje; **Reisewecker** *m* <-s, -> despertador *m* de viaje; **Reisewelle** *f* <-, -n> ola *f* de viajeros

Reisewetter *nt* <-s, *ohne pl*> tiempo *m* (durante el viaje); **Reisewetterbericht** *m* <-(e)s, -e> parte *m* metereológico para viajeros

Reisezeit *f* <-, -en> temporada *f* de vacaciones; **Reiseziel** *nt* <-(e)s, -e> punto *m* de destino

Reisfeld *nt* <-(e)s, -er> arrozal *m*

Reisig ['raɪzɪç] *nt* <-s, *ohne pl*> ramas *fpl* secas; **Reisigbesen** *m* <-s, -> escoba *f* de ramas; **Reisigbündel** *nt* <-s, -> haz *m* de leña

Reispapier *nt* <-s, -e> papel *m* japonés [*o* del Japón]

Reißaus [raɪs'ʔaʊs] *m* (*fam*): ~ **nehmen** poner pies en polvorosa, pirárselas; **sie nahm vor der Lehrerin** ~ le corría a la maestra como quien ha visto al diablo

Reißbrett *nt* <-(e)s, -er> tablero *m* de dibujo; **eine Stadt vom** ~ una ciudad futurista

reißen ['raɪsən] <reißt, riss, gerissen> **I.** *vi* **1.** *sein* (*zer~*) romperse; (*in Fetzen*) desgarrarse; **wenn alle Stricke** ~ (*fam*) como último recurso **2.** (*zerren*) tirar (*an* de) **II.** *vt* **1.** (*zer~*) romper; (*in Fetzen*) desgarrar; **er riss den Brief in Stücke** rompió la carta en pedazos **2.** (*weg~, aus~*) arrancar (*aus* de); (*herausholen*) sacar (*aus* de); **er wurde aus dem Schlaf gerissen** le sacaron del sueño; **etw aus dem Zusammenhang** ~ sacar algo del contexto; **aus dem Zusammenhang gerissen** fuera de contexto **3.** (*ziehen*) tirar; (*mit sich* ~) arrastrar; **sie riss ihn zu Boden** le tiró al suelo; **ein Bild von der Wand** ~ descolgar un cuadro de la pared; **jdm etw aus der Hand** ~ arrancar algo a alguien de la mano; **ihr wurde die Tasche aus der Hand gerissen** le dieron el tirón; **jdn ins Verderben** ~ arrastrar a alguien a la ruina [*o* perdición]; **ich bin hin und her gerissen** no sé qué hacer; **etw an sich** ~ hacerse con algo; **die Macht an sich** ~ hacerse con el poder; **das Gespräch an sich** ~ monologar **4.** (SPORT) derribar; **die Latte** ~ tirar el listón; **der Weltrekord im R~** el récord mundial en lanzamiento de peso **5.** (*töten*) matar, abatir; **die Wölfe haben ein Schaf gerissen** los lobos han matado una oveja **III.** *vr:* **sich** ~ **1.** (*fam*): **sich um etw/um jdn** ~ pegarse por algo/por estar con alguien; **sie rissen sich um die Wohnung** se pegaron por el piso **2.** (*sich befreien*) desprenderse, deshacerse; **sie riss sich aus seiner Umarmung** se deshizo [*o* desprendió] de su abrazo

reißend *adj* fuerte; **~en Absatz finden** tener muy buena acogida [*o* salida]

Reißer *m* <-s, -> (*fam: Buch, Film*) exitazo *m;* **diese Badeanzüge sind ein** ~ estos bañadores se venden como rosquillas

reißerisch *adj* (*abw*) sensacionalista

Reißfeder *f* <-, -n> tiralíneas *m inv;* **reißfest** *adj* resistente; **Reißleine** *f* <-, -n> (AERO: *am Fallschirm*) cuerda *f* de desgarro; **Reißnagel** *m* <-s, -nägel> chincheta *f;* **Reißschiene** *f* <-, -n> regla *f* de dibujo

Reißverschluss[RR] *m* <-es, -schlüsse> cremallera *f*, cierre *m* relámpago *Arg;* **Reißverschlussprinzip**[RR] *nt* <-s, -e>, **Reißverschlusssystem**[RR] *nt* <-s, -e> sistema *m* de cremallera

Reißwolf *m* <-(e)s, -wölfe> desfibradora *f*, picadora *f;* **Reißzahn** *m* <-(e)s, -zähne> colmillo *m;* **Reißzwecke** *f* <-, -n> chincheta *f*

Reitanzug *m* <-(e)s, -züge> traje *m* de montar; **Reitbahn** *f* <-, -en> picadero *m*

reiten ['raɪtən] <reitet, ritt, geritten> **I.** *vi sein* montar a caballo, cabalgar; (*als Sport*) practicar equitación; **auf einem Ast** ~ balancearse sobre una rama; **auf einem Besen/Esel** ~ cabalgar sobre una escoba/en un burro; **auf einer Stute** ~ montar una yegua; **im Schritt/Trab/Galopp** ~ ir al paso/al trote/al galope; **geritten kommen** llegar a caballo **II.** *vt* montar; **sie reitet eine Stute** monta una yegua

Reiter(in) *m(f)* <-s, -; -, -nen> jinete *m*, amazona *f*

Reiterei *f* <-, *ohne pl*> (*fam*) equitación *f*

Reiterin *f* <-, -nen> *s.* **Reiter**

Reiterstandbild *nt* <-(e)s, -er> estatua *f* ecuestre

Reitgerte *f* <-, -n> fusta *f;* **Reithose** *f* <-, -n> pantalón *m* de montar, zamarros *mpl Am;* **Reitlehrer(in)** *m(f)* <-s, -; -, -nen> profesor(a) *m(f)* de equitación; **Reitpeitsche** *f* <-, -n> fusta *f;* **Reitpferd** *nt* <-(e)s, -e> caballo *m* de silla; **Reitschule** *f* <-, -n> escuela *f* de equitación; **Reitsitz** *m* <-es, -e> postura *f* de montar (a caballo); **im** ~ a horcajadas; **Reitsport** *m* <-(e)s, *ohne pl*> equitación *f;* ~ **betreiben** hacer equitación; **Reitstall** *m* <-(e)s, -ställe> (*Pferdestall*) cuadra *f*, caballeriza *f;* **Reitstiefel** *m* <-s, -> bota *f* de montar; **Reitstunde** *f* <-, -n> clase *f* de equitación; **Reittier** *nt* <-(e)s, -e> montura *f;* **Reitturnier** *nt* <-(e)s, -e> (SPORT) torneo *m* de equitación; **Reitunterricht** *m* <-(e)s, -e> clases *fpl* de equitación; **Reitweg** *m* <-(e)s, -e> camino *m* de herradura

Reiz [raɪts] *m* <-es, -e> **1.** (*physiologisch*) estímulo *m* **2.** (*Verlockung*) atractivo *m;* **der ~ des Neuen** el atractivo de lo nuevo; **einen ~ auf jdn ausüben** fascinar a alguien; **seinen ~ verlieren** perder su atractivo; **das erhöht für ihn nur den ~ der Gefahr** eso sólo hace el peligro más atractivo ante sus ojos **3.** (*Schönheit*) encanto *m*

reizbar *adj* excitable, irritable; **er ist leicht ~** se irrita fácilmente

Reizbarkeit *f* <-, *ohne pl*> irritabilidad *f*

reizen ['raɪtsən] **I.** *vt* **1.** (*provozieren*) provocar; **jdn bis zur Weißglut** [*o* **bis aufs Blut**] **~** sacar a alguien de quicio **2.** (MED) irritar **3.** (*anziehen*) apetecer; (*verlocken*) seducir; **das kann mich nicht ~** esto no me seduce; **England reizt mich nicht** Inglaterra no me atrae **II.** *vi* (*beim Kartenspiel*) pujar, cantar

reizend *adj* precioso, encantador; **das ist ja ~!** ¡qué encanto!

Reizgas *nt* <-es, -e> gas *m* irritante; **Reizhusten** *m* <-s, -> tos *f* irritativa

Reizker ['raɪtskɐ] *m* <-s, -> (BOT) níscalo *m*, mízcalo *m*

Reizklima *nt* <-s, -s *o* -te> *clima que estimula el organismo debido a oscilaciones de temperatura y presión atmosférica, fuertes vientos y abundante radiación solar*

reizlos *adj* **1.** (*Essen*) soso, insípido **2.** (*langweilig*) sin gracia

Reizschwelle *f* <-, -n> (PSYCH) umbral *m* de estimulación; **Reizstoff** *m* <-(e)s, -e> su(b)stancia *f* irritante; **Reizthema** *nt* <-s, -themen> tema *m* delicado; **~ Rentensteuer** tema delicado [*o* provocativo]: renta de jubilación gravada con impuestos; **Reizüberflutung** *f* <-, -en> (PSYCH) estimulación *f* exagerada

Reizung *f* <-, -en> (MED) irritación *f*

reizvoll *adj* **1.** (*schön*) encantador **2.** (*verlockend*) tentador, atractivo; **Reizwäsche** *f* <-, *ohne pl*> ropa *f* (interior) sexy; **Reizwort** *nt* <-(e)s, -wörter>: **Atomenergie ist zum ~ geworden** la energía atómica se ha convertido en una causa de polémicas; **seit ihrer Trennung ist sein Name für sie ein ~** desde su separación su nombre es un tabú para ella

rekapitulieren* [rekapitu'li:rən] *vt* recapitular

rekeln ['re:kəln] *vr:* **sich ~** (*fam*) desperezarse, estirarse, apandorgarse *Peru*

Reklamation [reklama'tsjo:n] *f* <-, -en> reclamación *f;* **Reklamationsfrist** *f* <-, -en> plazo *m* de reclamación

Reklame [re'kla:mə] *f* <-, -n> publicidad *f;* **für jdn/etw ~ machen** hacer publicidad por alguien/para algo; **das ist keine gute ~ für dich** no es buena propaganda para ti; **Reklamerummel** *m* <-s, *ohne pl*> (*fam*) montaje *m* propagandístico [*o* publicitario]; **Reklameschild** *nt* <-(e)s, -er>, **Reklametafel** *f* <-, -n> cartelera *f* publicitaria, valla *f* publicitaria; **Reklametrick** *m* <-s, -s> truco *m* publicitario

reklamieren* [rekla'mi:rən] *vi, vt* reclamar (*gegen* contra); **bei jdm wegen eines Mangels ~** presentar una reclamación ante alguien por alguna irregularidad; **er reklamiert diese Idee für sich** asegura que esta idea es suya

rekommandieren* [rekɔman'di:rən] **I.** *vi, vt* (*Österr*) certificar **II.** *vr:* **sich ~** (*Österr*) despedirse atentamente; **ich rekommandiere mich** su fiel servidor, para servirle

Rekompenz [rekɔm'pɛnts] *f* <-, -en> (*Österr:* ADMIN) indemnización *f* (por daños y perjuicios)

rekonstruieren* [rekɔnstru'i:rən] *vt* reconstruir (*aus* con)

Rekonstruktion [rekɔnstrʊk'tsjo:n] *f* <-, -en> reconstrucción *f*

Rekonvaleszent(in) [rekɔnvalɛs'tsɛnt] *m(f)* <-en, -en; -, -nen> (MED) convaleciente *mf*

Rekonvaleszenz [rekɔnvalɛs'tsɛnts] *f* <-, *ohne pl*> (MED) convalecencia *f*

Rekord [re'kɔrt] *m* <-(e)s, -e> récord *m;* **einen ~ einstellen/aufstellen/überbieten** [*o* **brechen**] igualar/establecer/batir un récord; **der traurige ~ von ...** la friolera de...; **den traurigen ~ von zwei Millionen einstellen** alcanzar la espantosa cifra de dos millones; **Rekordbesuch** *m* <-(e)s, -e> (número *m*) récord *m* de visitantes

Rekorder [re'kɔrdɐ] *m* <-s, -> magnetofón *m*, grabadora *f Am*

Rekordhalter(in) *m(f)* <-s, -; -, -nen>, **Rekordinhaber(in)** *m(f)* <-s, -; -, -nen> plusmarquista *mf*, recordman *m*, recordwoman *f;* **Rekordmarke** *f* <-, -n> (*a.* SPORT) plusmarca *f*, récord *m;* **Rekordpreis** *m* <-es, -e> precio *m* récord; **Rekordverlust** *m* <-(e)s, -e> pérdidas *fpl* récord; **Rekordversuch** *m* <-(e)s, -e> intento *m* de (batir un) récord; **Rekordzeit** *f* <-, -en> tiempo *m* récord; **in ~** en tiempo récord

Rekrut(in) [re'kru:t] *m(f)* <-en, -en; -, -nen> (MIL) recluta *mf*, quinto, -a *m, f*

rekrutieren* [rekru'ti:rən] **I.** *vt* reclutar **II.** *vr:* **sich ~** componerse (*aus* de), proceder (*aus* de)

Rekrutierung *f* <-, -en> reclutamiento *m*

Rekrutin *f* <-, -nen> *s.* **Rekrut**

Rekta *pl von* **Rektum**

Rektakonnossement *nt* <-(e)s, -e> (WIRTSCH) conocimiento *m* intransferible [*o* nominativo]

rektal [rɛk'ta:l] **I.** *adj* (MED) rectal **II.** *adv* (MED) por el recto

Rektapapier *nt* <-s, -e> (FIN) título *m* nominativo, papel *m* intransferible; **Rektawechsel** *m* <-s, -> (FIN) letra *f* nominativa [*o* intransferible]

R

Rektion [rɛk'tsjo:n] *f* <-, -en> (LING) régimen *m*
Rektor(in) ['rɛkto:ɐ] *m(f)* <-s, -en; -, -nen> **1.** (SCH) director(a) *m(f)* **2.** (UNIV) rector(a) *m(f)*
Rektorat [rɛkto'ra:t] *nt* <-(e)s, -e> **1.** (SCH) dirección *f* **2.** (UNIV) rectorado *m*
Rektorin *f* <-, -nen> *s.* **Rektor**
Rektum ['rɛktʊm, *pl:* 'rɛkta] *nt* <-s, Rekta> (ANAT) recto *m*
Rekultivierung [re-] *f* <-, -en> (ÖKOL) nueva puesta *f* en cultivo
rekurrieren* [rekʊ'ri:rən] *vi* (*Schweiz*) recurrir (*auf* a), apelar (*auf* a)
Relais [rə'lɛ:] *nt* <-, -> (ELEK) relé *m,* relevador *m;* **Relaisstation** *f* <-, -en> (RADIO, TV) estación *f* relé
Relation [relɑ'tsjo:n] *f* <-, -en> relación *f;* **Preis und Leistung stehen in keiner ~ zueinander** no hay ninguna relación entre precio y prestaciones
relativ [rela'ti:f, 're:lati:f, 'rɛlati:f] *adj* relativo; **~e Mehrheit** mayoría relativa; **~ oft** bastante a menudo; **ein ~ kalter Sommer** un verano relativamente frío; **alles ist ~** todo es relativo, todo depende de cómo se mire
relativieren* [relati'vi:rən] *vt* relativizar
Relativismus [relati'vɪsmʊs] *m* <-, *ohne pl*> (PHILOS) relativismo *m*
Relativität [relativi'tɛ:t] *f* <-, -en> (*a.* PHYS) relatividad *f;* **Relativitätstheorie** *f* <-, *ohne pl*> (PHYS) teoría *f* de la relatividad
Relativpronomen *nt* <-s, – *o* -pronomina> (LING) pronombre *m* relativo; **Relativsatz** *m* <-es, -sätze> (LING) oración *f* relativa
relaxen* [ri'lɛksən] *vi* (*entspannen*) relajar; (*ausruhen*) descansar
relegieren* [rele'gi:rən] *vt* (*geh*) expulsar (*del instituto o de la universidad*)
relevant [rele'vant] *adj* relevante; **wirtschaftlich ~e Faktoren** factores económicamente relevantes
Relevanz [rele'vants] *f* <-, *ohne pl*> relevancia *f*
Relief [re'ljɛf] *nt* <-s, -s *o* -e> (KUNST, GEO) relieve *m;* **Reliefkarte** *f* <-, -n> (GEO) mapa *m* en relieve
Religion [reli'gjo:n] *f* <-, -en> religión *f;* **Religionsbekenntnis** *nt* <-ses, -se> confesión *f* (religiosa); **Religionsfreiheit** *f* <-, *ohne pl*> libertad *f* de culto; **Religionsgemeinschaft** *f* <-, -en> comunidad *f* religiosa; **Religionsgeschichte** *f* <-, *ohne pl*> historia *f* de las religiones; **Religionskrieg** *m* <-(e)s, -e> guerra *f* santa; **religionslos** *adj* sin religión; **Religionsstifter(in)** *m(f)* <-s, -; -, -nen> fundador(a) *m(f)* de una religión; **Religionsunterricht** *m* <-(e)s, -e> enseñanza *f* religiosa, clase *f* de religión; **Religionszugehörigkeit** *f* <-, -en> (*formal*) confesión *f,* religión *f*
religiös [reli'gjø:s] *adj* **1.** (*zur Religion gehörend*) religioso **2.** (*fromm*) devoto, religioso; **~ erzogen** educado en la religiosidad
Religiosität [religjozi'tɛ:t] *f* <-, *ohne pl*> religiosidad *f*
Relikt [re'lɪkt] *nt* <-(e)s, -e> vestigio *m;* **ein ~ aus meiner Kindheit** una reliquia de mi infancia; **knöcherne ~e** restos óseos
Reling ['re:lɪŋ] *f* <-, -s *o* -e> (NAUT) borda *f,* barandilla *f*
Reliquie [re'li:kviə] *f* <-, -n> (REL) reliquia *f;* **Reliquienschrein** *m* <-(e)s, -e> (REL) relicario *m*
Rem *nt* <-s, -s> *Abk. von* **Roentgen equivalent man** rem *m*
Remake [ri'meɪk] *nt* <-s, -s> (FILM) remake *m,* versión *f* moderna; **das ~ eines Schwarzweißklassikers** la nueva versión de un clásico en blanco y negro
Remanenz [rema'nɛnts] *f* <-, *ohne pl*> (PHYS) remanencia *f*
Rembours [rãbu:ɐ] *m* <-, -> (FIN) reembolso *m;* **Rembourskredit** *m* <-(e)s, -e> (FIN) crédito *m* de aceptación contra documentos, crédito *m* de reembolso
Reminiszenz [reminɪs'tsɛnts] *f* <-, -en> (*geh*) reminiscencia *f*
remis [rə'mi:] **I.** *adj inv* tablas; **diese Partie ist ~** esta partida es tablas **II.** *adv* (en) tablas; **~ spielen/ausgehen** hacer tablas/quedar en tablas
Remis [rə'mi:] *nt* <-, – *o* -en> (SPORT) tablas *fpl,* empate *m;* (*Schach*) tablas *fpl;* **auf ~ spielen** quedar en tablas
Remittende [remɪ'tɛndə] *f* <-, -n> (MEDIA) libro *m* devuelto (*por estar defectuoso*)
Remittent(in) *m(f)* <-en, -en; -, -nen> (FIN) tenedor(a) *m(f)* de una letra, tomador(a) *m(f)* de una letra
Remmidemmi ['rɛmi'dɛmi] *nt* <-s, *ohne pl*> (*fam*) alboroto *m,* holgorio *m,* parranda *f;* **~ machen** armar la gorda
Remoulade [remu'la:də] *f* <-, -n>, **Remouladensoße** *f* <-, -n> salsa *f* tártara
rempeln ['rɛmpəln] *vt* (*fam*) empujar
REM-Phase ['rɛm-] *f* <-, -n> fase *f* REM
Ren[1] [rɛn, re:n] *nt* <-s, -s *o* -e> (ZOOL) reno *m*
Ren[2] *m* <-s, -es> (MED) riñón *m*
Renaissance [rənɛ'sã:s] *f* <-, *ohne pl*> (HIST, KUNST) Renacimiento *m*
Rendezvous [rãde'vu:] *nt* <-, -> cita *f;* **ein ~ haben** tener una cita; **sich** *dat* **ein ~ geben** encontrarse, concertar una cita
Rendite [rɛn'di:tə] *f* <-, -n> (WIRTSCH) rédito *m*
Renditenhaus *nt* <-es, -häuser> (*Schweiz*) bloque *m* de viviendas de alquiler
Renegat(in) [rene'ga:t] *m(f)* <-en, -en; -, -nen> (POL, REL) renegado, -a *m, f*
Reneklode [re:nə'klo:də] *f* <-, -n> ciruela *f* claudia
Renes *pl von* **Ren[2]**
renitent [reni'tɛnt] *adj* (*geh*) renitente, díscolo

lo

Renitenz [reni'tɛnts] *f* <-, *ohne pl*> (*geh*) terquedad *f*

Rennbahn *f* <-, -en> pista *f* de carreras; (*Pferde~*) hipódromo *m*

rennen ['rɛnən] <rennt, rannte, gerannt> **I.** *vi sein* correr; **um die Wette ~** echar una carrera; **gegen etw ~** estrellarse contra [*o* en] algo; **er rannte mit dem Kopf gegen die Tür** se estrelló de cabeza contra la puerta; **gerannt kommen** venir [*o* llegar] corriendo; **wegen jeder Kleinigkeit rannte er zu seinen Eltern** (*fam*) siempre se estaba quejando ante sus padres **II.** *vt:* **jdn zu Boden ~** atropellar a alguien; **jdm ein Messer in den Bauch ~** (*fam*) dar una puñalada en el vientre a alguien

Rennen *nt* <-s, -> carrera *f;* **ein totes ~** (*sl*) una carrera con varios vencedores; **das ~ machen** (*fam*) salir vencedor; **das ~ ist gelaufen** (*fam*) ya no hay nada que hacer; **einen Kandidaten ins ~ schicken** presentar un candidato; **gut im ~ liegen** ir a buen ritmo; **mit etw** *dat* **gut im ~ liegen** tener perspectivas de éxito con algo

Renner *m* <-s, -> (*fam*) superventas *m inv,* éxito *m* de venta

Rennfahrer(in) *m(f)* <-s, -; -, -nen> corredor(a) *m(f);* (*mit Auto*) piloto *mf* de carreras, automovilista *mf* de carreras; (*mit Motorrad*) motociclista *mf* de carreras, corredor(a) *m(f)* de motos; **Rennpferd** *nt* <-(e)s, -e> caballo *m* de carreras; **Rennplatz** *m* <-es, -plätze> *s.* **Rennbahn**; **Rennrad** *nt* <-(e)s, -räder> bicicleta *f* de carreras; **Rennreiter(in)** *m(f)* <-s, -; -, -nen> jockey *m,* yóquey *m,* yoqui *m;* **Rennsport** *m* <-(e)s, *ohne pl*> carreras *fpl;* **Rennstall** *m* <-(e)s, -ställe> **1.** (*Rennpferde*) cuadra *f* de carreras **2.** (*Rennfahrer*) escudería *f;* **Rennstrecke** *f* <-, -n> (pista *f*) recorrido *m;* **Rennwagen** *m* <-s, -> coche *m* de carreras

Renommee [renɔ'meː] *nt* <-s, -s> (*geh*) fama *f,* reputación *f*

renommieren* [renɔ'miːrən] *vi* (*geh*) pavonearse, presumir

renommiert [renɔ'miːɐt] *adj* (*geh*) afamado, prestigioso

renovieren* [reno'viːrən] *vt* renovar, refaccionar *Am*

Renovierung *f* <-, -en> renovación *f*

rentabel [rɛn'taːbəl] *adj* rentable; **~ arbeiten** trabajar con gran rentabilidad

Rentabilität [rɛntabili'tɛːt] *f* <-, *ohne pl*> (WIRTSCH) rentabilidad *f;* **Rentabilitätsberechnung** *f* <-, -en> (WIRTSCH) cálculo *m* de rentabilidad

Rente ['rɛntə] *f* <-, -n> **1.** (*Ruhegeld*) pensión *f;* **~ auf Lebenszeit** renta [*o* pensión] vitalicia; **in ~ gehen** (*fam*) jubilarse; **in ~ sein** (*fam*) estar jubilado **2.** (WIRTSCH) renta *f,* rédito *m;* **Rentenalter** *nt* <-s, *ohne pl*> edad *f* de jubilación; **das ~ erreichen** alcanzar la edad de jubilación; **Rentenanpassung** *f* <-, -en> ajuste *m* de las pensiones; **Rentenanspruch** *m* <-(e)s, -sprüche> derecho *m* a pensión; **Rentenbeitrag** *m* <-(e)s, -träge> aportación *f* para la jubilación

Rentenbemessungsgrundlage *f* <-, -n> base *f* de cálculo de las pensiones

rentenberechtigt *adj* con derecho a pensión; **Rentenbescheid** *m* <-(e)s, -e> notificación *f* sobre el inicio de pago y la cantidad de la pensión; **Rentenempfänger(in)** *m(f)* <-s, -; -, -nen> pensionista *mf;* **Rentenfinanzierung** *f* <-, *ohne pl*> financiación *f* de las pensiones

Rentenfonds *m* <-, -> fondo *m* de inversión [*o* de bonos]; **Rentenhandel** *m* <-s, *ohne pl*> (WIRTSCH) mercado *m* de renta fija

Rentenhöhe *f* <-, -n> cuantía *f* de las pensiones; **Rentenkasse** *f* <-, -n> (FIN) caja *f* de pensiones

Rentenmarkt *m* <-(e)s, -märkte> (FIN) mercado *m* de valores de renta fija; **Rentenpapier** *nt* <-s, -e> (FIN) valor *m* de renta fija; **Rentenreform** *f* <-, -en> reforma *f* de las pensiones

Rentensystem *nt* <-s, -e> régimen *m* de pensiones [*o* de jubilación]; **gestaffeltes ~** plan de pensiones gradual [*o* escalonado]; **Rentenüberleitungsgesetz** *nt* <-es, -e> *ley de transición del sistema de pensiones para los nuevos estados federales*

Rentenversicherung *f* <-, -en> seguro *m* de pensiones; **gesetzliche ~** régimen legal de la seguridad social para jubilación e invalidez; **Rentenversicherungsbeitrag** *m* <-(e)s, -träge> aportación *f* para el seguro de pensiones; **Rentenversicherungssystem** *nt* <-s, -e> régimen *m* de seguros de pensiones

Rentenwerte *mpl* (FIN) títulos *mpl* de renta fija

Rentier ['rɛntiːɐ] *nt* <-(e)s, -e> (ZOOL) reno *m*

rentieren* [rɛn'tiːrən] *vr:* **sich ~** valer la pena; (*finanziell*) ser rentable; **die Reise hat sich rentiert** el viaje valió la pena

Rentner(in) ['rɛntnɐ] *m(f)* <-s, -; -, -nen> jubilado, -a *m, f,* pensionista *mf*

reorganisieren* *vt* (*geh*) reorganizar

Rep [rɛp] *m* <-s, -s> *Abk. von* **Republikaner** miembro *m* del partido ultraderechista alemán

reparabel [repa'raːbəl] *adj* reparable; **kaum ~ sein** ser prácticamente irreparable

Reparationen [repara'tsjoːnən] *fpl* (POL) pagos *mpl* de reparación

Reparationszahlungen *fpl* (POL) pagos *mpl* por reparación

Reparatur [repara'tuːɐ] *f* <-, -en> arreglo *m,* reparación *f;* **etw in ~ geben** mandar algo a arreglar; **an etw** *dat* **eine ~ vornehmen** hacer [*o* realizar] una reparación en algo; **das Auto ist in ~** el coche está en el taller; **repa-**

raturanfällig *adj* que es propenso a estropearse, delicado; **reparaturbedürftig** *adj* que necesita ser reparado; **Reparaturkosten** *pl* gastos *mpl* de reparación; **Reparaturmaterial** *nt* <-s, -ien> material *m* de recambio; **Reparaturwerkstatt** *f* <-, -stätten> taller *m* de reparaciones

reparieren* [repa'ri:rən] *vt* arreglar, reparar

repatriieren* [repatri'i:rən] *vt* repatriar

Repatriierung *f* <-, -en> repatriación *f*

Repeater [rɪ'pi:tɐ] *m* <-s, -> (INFOR, TEL) repetidor *m*

Repellent *nt* <-s, -s> (CHEM) repelente *m*

Repertoire [repɛr'to̯a:ɐ] *nt* <-s, -s> repertorio *m*

repetieren* [repe'ti:rən] *vt* (*geh*) repetir

Repetitor(in) [repe'ti:to:ɐ, *pl:* repeti'to:rən] *m(f)* <-s, -en; -, -nen> (UNIV) *profesor(a) que prepara a los estudiantes de derecho para el examen oral final*

Replik [re'pli:k] *f* <-, -en> (*geh*) réplica *f*

Replikation *f* <-, -en> (BIOL) replicación *f*

Report [re'pɔrt] *m* <-(e)s, -e> informe *m*

Reportage [repɔr'ta:ʒə] *f* <-, -n> reportaje *m* (*über* sobre)

Reporter(in) [re'pɔrtɐ] *m(f)* <-s, -; -, -nen> reportero, -a *m, f*

Repräsentant(in) [reprɛzɛn'tant] *m(f)* <-en, -en; -, -nen> representante *mf;* **Repräsentantenhaus** *nt* <-es, *ohne pl*> Cámara *f* de Representantes

Repräsentantin *f* <-, -nen> *s.* **Repräsentant**

Repräsentation [reprɛzɛnta'tsjo:n] *f* <-, -en> representación *f*

repräsentativ [reprɛzɛnta'ti:f] *adj* representativo (*für* de); **ein Haus ~ einrichten** amueblar una casa (como) para lucirse

repräsentieren* [reprɛzɛn'ti:rən] *vi, vt* representar

Repressalie [reprɛ'sa:liə] *f* <-, -n> represalia *f*

repressiv [reprɛ'si:f] *adj* represivo

Reprint [re'prɪnt] *m* <-s, -s> (MEDIA) reimpresión *f*

reprivatisieren* [reprivati'zi:rən] *vt* reprivatizar

Reprivatisierung *f* <-, -en> reprivatización *f*

Reproduktion *f* <-, -en> reproducción *f;* **Reproduktionsmedizin** *f* <-, *ohne pl*> (MED) medicina *f* de la reproducción

reproduzieren* *vt* reproducir

Reprografie[RR] *f* <-, -n>, **Reprographie** [reprogra'fi:] *f* <-, -n> (TYPO) reprografía *f*

Reptil [rɛp'ti:l, *pl:* rɛp'ti:liən] *nt* <-s, -ien> reptil *m*

Reptilienfonds *m* <-, -> (POL) fondos *mpl* reservados

Republik [repu'bli:k] *f* <-, -en> república *f*

Republikaner(in) [republi'ka:nɐ] *m(f)* <-s, -; -, -nen> (POL) republicano, -a *m, f;* (*in Deutschland*) miembro *m* del partido ultraderechista alemán

republikanisch [republi'ka:nɪʃ] *adj* republicano

Reputation [reputa'tsjo:n] *f* <-, -en> (*geh*) reputación *f*

Requiem ['re:kviɛm] *nt* <-s, -s> **1.** (REL) misa *f* de difuntos **2.** (MUS) réquiem *m*

requirieren* [rekvi'ri:rən] *vt* incautarse (de); (MIL) requisar

Requisit [rekvi'zi:t] *nt* <-(e)s, -en> **1.** *pl* (THEAT) atrez(z)o *m* **2.** (*Zubehör*) requisito *m*

Requisiteur(in) [rekvizi'tø:ɐ] *m(f)* <-s, -e; -, -nen> (THEAT) atrezzista *mf*

resch [rɛʃ] *adj* (*Österr*) **1.** (*knusprig*) crujiente **2.** (*resolut*) resuelto, decidido, enérgico

Reservat [rezɛr'va:t] *nt* <-(e)s, -e> reserva *f*

Reserve [re'zɛrvə] *f* <-, -n> (*a.* MIL, SPORT) reserva *f;* **Hauptmann der ~** (MIL) capitán de la reserva; **eine eiserne ~** una reserva para una emergencia; **liquide/offene ~n** reservas disponibles/visibles; **eine stille ~** (COM) fondos en reserva; (*fam*) los ahorros del calcetín; **auf die ~n zurückgreifen** recurrir a las reservas; **jdn/etw in ~ haben** tener a alguien/algo en reserva; **jdn aus der ~ locken** intentar sacar a alguien de su cascarón; **Reservebestand** *m* <-(e)s, -stände> (WIRTSCH) reserva *f,* fondos *mpl;* **Reservebildung** *f* <-, -en> (WIRTSCH) constitución *f* de reservas; **Reservefonds** *m* <-, -> (WIRTSCH) fondo *m* de reserva; **Reservekanister** *m* <-s, -> bidón *m* de reserva; **Reserveoffizier** *m* <-s, -e> oficial *m* de reserva; **Reserverad** *nt* <-(e)s, -räder>, **Reservereifen** *m* <-s, -> rueda *f* de recambio [*o* de repuesto]; **Reservespieler(in)** *m(f)* <-s, -; -, -nen> (SPORT) reserva *mf;* **Reserveübung** *f* <-, -en> (MIL) ejercicio *m* (de prácticas) para los reservistas

reservieren* [rezɛr'vi:rən] *vt* reservar

Reserviertheit *f* <-, *ohne pl*> reserva *f;* **ihre anfängliche ~ machte einer gelockerten Stimmung Platz** tras sus reservas iniciales se soltó

Reservierung *f* <-, -en> reservación *f*

Reservist(in) [rezɛr'vɪst] *m(f)* <-en, -en; -, -nen> **1.** (MIL) reservista *mf* **2.** (SPORT) reserva *mf*

Reservoir [rezɛr'vo̯a:ɐ] *nt* <-s, -e> depósito *m*

Reset [ri'sɛt] *nt* <-, -s> (INFOR) reset *m,* reinicialización *f;* **Reset-Taste** *f* <-, -n> (INFOR) tecla *f* de reposición al estado inicial [*o* de puesta a cero]

resident *adj* (INFOR) residente

Residenz [rezi'dɛnts] *f* <-, -en> residencia *f;* **Residenzstadt** *f* <-, -städte> ciudad *f* residencial

residieren* [rezi'di:rən] *vi* residir

Residualsprühen *nt* <-s, *ohne pl*> chispeo *m* residual

Resignation [rezɪgna'tsjo:n] *f* <-, -en> resignación *f*

resignieren* [rezɪ'gni:rən] *vi* resignarse; **re-**

signiert **den Kopf schütteln** sacudir la cabeza con resignación
resistent [rezɪs'tɛnt] *adj* (BIOL, MED) resistente (*gegen* a)
Resistenz *f* <-, -en> (BIOL, MED) resistencia *f;* ~ **gegen Umwelteinflüsse** resistencia contra los influjos medioambientales
resolut [rezo'lu:t] *adj* resuelto, decidido
Resolution [rezolu'tsjo:n] *f* <-, -en> resolución *f;* **gemeinsame** ~ resolución tomada de común acuerdo
Resolvente [rezɔl'vɛntə] *f* <-, -n> (MATH) resolución *f*
Resonanz [rezo'nants] *f* <-, -en> **1.** (PHYS, MUS) resonancia *f* **2.** (*Reaktion*) resonancia *f,* repercusión *f;* **keine/wenig/große** ~ **finden** no tener ninguna/tener poca/tener gran resonancia; **die** ~ **auf seinen Vorschlag war ermutigend** la gran aceptación de [*o* la positiva reacción ante] su propuesta era esperanzadora; **Resonanzboden** *m* <-s, -böden> (MUS) tabla *f* armónica [*o* de armonía], secreto *m;* **Resonanzkörper** *m* <-s, -> (MUS) caja *f* de resonancia
Resopal® [rezo'pa:l] *nt* <-s, *ohne pl*> formica® *f*
Resorbens [re'zɔrbɛns, *pl:* rezɔr'bɛntsia] *nt* <-, Resorbentia *o* Resorbenzien> (BIOL, MED) resorbente *m*
resorbieren* [rezɔr'bi:rən] *vt* (BIOL, MED) resorber
Resorcin *nt* <-s, -e> (CHEM, MED) resorcina *f*
Resorption [rezɔrp'tsio:n] *f* <-, -en> (MED, BIOL) re(ab)sorción *f;* **Resorptionsstörungen** *fpl* (BIOL, MED) perturbaciones *fpl* de resorción
resozialisieren* [rezotsiali'zi:rən] *vt* reinsertar (en la sociedad)
Resozialisierung *f* <-, -en> reinserción *f* social; ~ **von Straftätern** reinserción (social) de delincuentes
resp. *Abk. von* **respektive** respectivamente, respective
Respekt [re'spɛkt, rɛs'pɛkt] *m* <-(e)s, *ohne pl*> respeto *m* (*vor* a); **sich** *dat* ~ **verschaffen** hacerse respetar; **vor jdm/etw** *dat* ~ **haben** tener respeto a alguien/a algo; **den** ~ **vor jdm verlieren** perder el respeto a alguien; **bei allem** ~ con todo respeto; **allen** ~**!** ¡chapó! *fam*
respektabel [respɛk'ta:bəl, rɛspɛk'ta:bəl] *adj* respetable
respektieren* [respɛk'ti:rən, rɛspɛk'ti:rən] *vt* respetar
respektive [respɛk'ti:və, rɛspɛk'ti:və] *konj* (*geh*) respectivamente, respective
respektlos *adj* irrespetuoso (*gegenüber* (para) con); **sich** ~ **benehmen** mostrar un comportamiento irrespetuoso
Respektlosigkeit¹ *f* <-, *ohne pl*> (*respektlose Art*) falta *f* de respeto
Respektlosigkeit² *f* <-, -en> (*respektlose Handlung*) desacato *m*
Respektsperson *f* <-, -en> persona *f* a la que se debe respeto; **er näherte sich dieser** ~ **ehrerbietig und devot** se acercó a esta venerable persona con respeto y humildad
respektvoll *adj* respetuoso (*gegenüber* (para) con)
respiratorisch *adj* (MED) respiratorio
Ressentiment [rɛsãti'mã:] *nt* <-s, -s> resentimiento *m;* ~**s hegen** (**gegen jdn**) albergar resentimiento (contra alguien)
Ressort [rɛ'so:ɐ] *nt* <-s, -s> **1.** (*Zuständigkeitsbereich*) incumbencia *f,* competencia *f;* **das fällt nicht in mein** ~ eso no pertenece al ámbito de mis competencias **2.** (*Abteilung*) sección *f,* departamento *m*
Ressourcen [rɛ'sʊrsən] *fpl* recursos *mpl;* **natürliche/nicht erneuerbare** ~ recursos naturales/no renovables; **Ressourcenbedarf** *m* <-(e)s, *ohne pl*> (WIRTSCH) necesidad *f* de recursos
Rest¹ [rɛst] *m* <-(e)s, -e> resto *m,* concho *m CSur;* (*Stoff~*) retal *m;* **ein kleiner** ~ un poquito; **es ist noch ein** ~ **Käse da** queda un poco de queso; **der letzte** ~ lo último que queda
Rest² *m* <-(e)s, *ohne pl*> resto *m;* **er wird für den** ~ **seines Lebens darunter zu leiden haben** tendrá que sufrirlo durante el resto de su vida; **den** ~ **erzähle ich dir später** el resto te lo cuento más tarde; **das hat ihm/dem Auto den** ~ **gegeben** (*fam*) esto le arruinó/con esto el coche se estropeó definitivamente
Restanz [rɛs'tants] *f* <-, -en> (*Schweiz*) asunto *m* pendiente
Restauflage *f* <-, -n> resto *m* de una edición
Restaurant [rɛsto'rã:] *nt* <-s, -s> restaurante *m*
Restauration [restaʊra'tsjo:n, rɛstaʊra'tsjo:n] *f* <-, -en> **1.** (POL) restauración *f* **2.** (*Österr: Restaurant*) restaurante *m*
Restaurator(in) [restaʊ'ra:to:ɐ, rɛstaʊ'ra:to:ɐ, *pl:* -ra'to:rən] *m(f)* <-s, -en; -, -nen> restaurador(a) *m(f)*
restaurieren* [restaʊ'ri:rən, rɛstaʊ'ri:rən] *vt* restaurar, refaccionar *Am*
Restaurierung *f* <-, -en> restauración *f*
Restbestand *m* <-(e)s, -stände> remanente *m;* **Restbetrag** *m* <-(e)s, -träge> suma *f* restante, (importe *m*) remanente *m*; **geschuldeter/unbezahlter** ~ importe restante/por pagar; **Restbuchwert** *m* <-(e)s, -e> (WIRTSCH) valor *m* contable a favor; **Restforderung** *f* <-, -en> débito *m* restante, remanente *m* de un crédito; **Restguthaben** *nt* <-s, -> resto *m* a favor, saldo *m* (activo) a favor; **Restkapital** *nt* <-s, -e *o* -ien> capital *m* remanente; **Restlaufzeit** *f* <-, -en> (FIN) (plazo *m* de) vencimiento *m;* **die Schuldverschreibung hat eine** ~ **von fünf Jahren** la obligación vence a los cinco años, el plazo de vencimiento de la obligación es de

cinco años

restlich *adj* **1.** (*noch ausstehend*) restante; **die ~en Jahre** los años restantes **2.** (*nach Verbrauch*) sobrante; **das ~e Geld** el dinero sobrante

restlos **I.** *adj* total, completo **II.** *adv* por completo, en su totalidad; **er ist ~ fertig** (*fam*) está acabado; **ich habe es ~ satt!** (*fam*) ¡estoy harto [*o* hasta la coronilla]!

Restposten *m* <-s, -> remanente *m*

Restriktion [restrɪkˈtsjoːn, rɛstrɪkˈtsjoːn] *f* <-, -en> (*geh*) restricción *f*; **jdm in einer Angelegenheit ~en auferlegen** poner limitaciones a alguien en un asunto

restriktiv [restrɪkˈtiːf, rɛstrɪkˈtiːf] *adj* (*geh*) restrictivo

Restrisiko *nt* <-s, -risiken> riesgo *m* (que permanece)

Restrukturierung *f* <-, -en> reestructuración *f*

Restsaldo *m* <-s, -salden *o* -s *o* -saldi> (WIRTSCH) saldo *m* a favor [*o* restante]; **Restschuld** *f* <-, -en> deuda *f* restante

Reststoff *m* <-(e)s, -e> (ÖKOL) residuos *mpl*, sustancia *f* residual; **Reststoffwirtschaft** *f* <-, *ohne pl*> industria *f* de sustancias residuales

Restware *f* <-, -n> (WIRTSCH) mercancía *f* restante; **Restzahlung** *f* <-, -en> pago *m* restante, resto *m* de un pago; **es steht noch eine ~ von 5300 DM aus** queda por efectuar todavía un pago de 5300 marcos

Resultante [rezʊlˈtantə] *f* <-, -n> (PHYS) resultante *f*

Resultat [rezʊlˈtaːt] *nt* <-(e)s, -e> resultado *m*; **wir kamen zu dem ~, dass ...** llegamos al resultado de que...

resultieren* [rezʊlˈtiːrən] *vi* resultar (*aus* de); **die daraus ~den Fehler** los errores resultantes

Resümee [rezyˈmeː] *nt* <-s, -s> (*geh*) resumen *m*; **aus etw** *dat* **das ~ ziehen** sacar la conclusión de algo

resümieren* [rezyˈmiːrən] *vi, vt* (*geh*) resumir; **ich resümiere also noch einmal ...** resumo de nuevo, pues, ...

Retardkapsel [rəˈtaːɐ-] *f* <-, -n> (MED) cápsula *f* retardadora; **Retardpräparat** *nt* <-(e)s, -e> (MED) preparado *m* retardador

Retinol *nt* <-s, *ohne pl*> retinol *m*

Retorte [reˈtɔrtə] *f* <-, -n> retorta *f*; **aus der ~** (*fam*) artificial; **Retortenbaby** *nt* <-s, -s> (*fam*) bebé-probeta *m*

retour [reˈtuːɐ] *adv* (*reg, Schweiz, Österr*) devuelto; **jdm etw ~ geben** devolver algo a alguien; **etw ~ gehen lassen** mandar algo de vuelta; **Retourbillett** *nt* <-s, -s *o* -e> (*Schweiz*) billete *m* de vuelta

Retoure *f* <-, -n> (COM) devolución *f*

Retourgeld *nt* <-(e)s, -er> (*Schweiz*) (dinero *m* de) vuelta *f*; **Retourkutsche** *f* <-, -n> (*fam*): **mit einer ~ reagieren** devolver la pelota; **das ist eine billige ~** vaya una forma chapucera de devolver la pelota

retournieren* [retʊrˈniːrən] *vt* (*Schweiz*) devolver

Retourspiel *nt* <-(e)s, -e> (*Österr, Schweiz*) partido *m* de vuelta; **Retourwechsel** *m* <-s, -> (FIN) letra *f* devuelta

retrospektiv *adj* retrospectivo

Retrospektive [retrospɛkˈtiːvə] *f* <-, -n> retrospección *f*

Retrovirus [ˈreːtro-] *nt o m* <-, -viren> (MED) retrovirus *m inv*

retten [ˈrɛtən] **I.** *vt* **1.** (*aus Notlage*) salvar (*vor* de); (*befreien*) liberar (*aus* de); (*bergen*) rescatar (*aus* de); **jdm das Leben ~** salvar(le) a alguien la vida; **ein ~der Ausweg aus der Drogensucht** una salida de la drogodependencia; **bist du noch zu ~?** (*fam*) ¿te falta un tornillo? **2.** (*Denkmal*) salvar (*vor* de), proteger (*vor* de/contra); **ein Haus vor dem Abriss ~** salvar una casa de la demolición **II.** *vr*: **sich ~** salvarse (*vor* de); **sich vor einem Hund auf einen Baum ~** ponerse a salvo de un perro en lo alto de una rama; **sie konnte sich vor Arbeit nicht mehr ~** estaba con el agua al cuello de tanto trabajo; **rette sich, wer kann!** ¡sálvese quien pueda!

Retter(in) *m(f)* <-s, -; -, -nen> salvador(a) *m(f)*

Rettich [ˈrɛtɪç] *m* <-s, -e> rábano *m* largo

Rettung *f* <-, -en> **1.** (*aus Gefahr*) salvación *f*; (*Bergung*) rescate *m*; (*Befreiung*) liberación *f*; **das war meine ~** (*fam*) esa fue mi salvación; **das war ~ in letzter Minute** (*fam*) fue la salvación en el último momento; **du bist meine letzte ~!** (*fam*) ¡eres mi última esperanza!; **für ihn kam jede ~ zu spät** fue demasiado tarde para él **2.** (*von Denkmälern*) protección *f*; **Rettungsaktion** *f* <-, -en> operación *f* de rescate; **Rettungsanker** *m* <-s, -> (*fig*) áncora *f*; **Rettungsboot** *nt* <-(e)s, -e> **1.** (*des Rettungsdienstes*) barco *m* de salvamento **2.** (*Beiboot*) bote *m* salvavidas; **Rettungsdienst** *m* <-(e)s, -e> servicio *m* de socorro

Rettungsflugwacht *f* <-, -en> servicio *m* aéreo de salvamento

Rettungshubschrauber *m* <-s, -> helicóptero *m* de salvamento; **Rettungsinsel** *f* <-, -n> (NAUT) balsa *f* salvavidas; **rettungslos** *adj* sin remedio, irremediable; **~ verloren** irremediablemente perdido; **Rettungsmannschaft** *f* <-, -en> equipo *m* de rescate; **Rettungsmedaille** *f* <-, -n> medalla *f* de salvamento [*o* del Mérito Civil]; **jdm eine ~ verleihen** concederle a alguien una medalla del Mérito Civil; **Rettungsring** *m* <-(e)s, -e> salvavidas *m inv*; (*fam: Fettwulst*) michelín *m*; **Rettungssanitäter(in)** *m(f)* <-s, -; -, -nen> socorrista *mf*, enfermero,-a *m, f* de salvamento; **Rettungsschuss**[RR] *m* <-es, schüsse>: **finaler ~** disparo *m* mortal de la policía (*que propicia la liberación, p.ej., de un rehén*); **Rettungsschwimmen** *nt*

<-s, *ohne pl*> natación *f* de socorrismo; **Rettungsschwimmer(in)** *m(f)* <-s, -; -, -nen> socorrista *mf;* **Rettungsstation** *f* <-, -en> casa *f* de socorro, puesto *m* de socorro; **Rettungswache** *f* <-, -n> puesto *m* de socorro; **Rettungswagen** *m* <-s, -> ambulancia *f;* **Rettungsweste** *f* <-, -n> chaleco *m* salvavidas

Return-Taste [ri'tøːɐn-] *f* <-, -n> (INFOR) tecla *f* de retorno

Retusche [re'tʊʃə] *f* <-, -n> retocado *m,* retoque *m*

retuschieren* [retʊ'ʃiːrən] *vt* retocar

Reue ['rɔɪə] *f* <-, *ohne pl*> arrepentimiento *m* (*über* de); **tätige** ~ (JUR) arrepentimiento efectivo [*o* eficaz]; **reuelos** *adj* sin (mostrar) arrepentimiento; **sie gab sich völlig** ~ no mostraba arrepentimiento alguno

reuen ['rɔɪən] *vt* (*geh*) lamentar; **es reut ihn, das getan zu haben** siente haberlo hecho

reuevoll *adj* arrepentido, pesaroso

reuig *adj* pesaroso, arrepentido

reumütig ['rɔɪmyːtɪç] **I.** *adj* arrepentido **II.** *adv* lleno de arrepentimiento; ~ **sein** arrepentirse

Reuse ['rɔɪzə] *f* <-, -n> (*Fisch~*) nasa *f*

revalidieren* *vt* (WIRTSCH) revalidar

revalorisieren* *vt* (WIRTSCH) revalorizar

Revanche [re'vãːʃ(ə)] *f* <-, -n> **1.** (*Rache*) revancha *f,* desquite *m;* **jdm** ~ **geben** dar(le) revancha a alguien **2.** (*Gegendienst*) correspondencia *f;* **Revanchespiel** *nt* <-(e)s, -e> (SPORT) partido *m* de desquite

revanchieren* [revã'ʃiːrən] *vr:* **sich** ~ **1.** (*sich rächen*) vengarse (*für/bei* de), desquitarse (*für* de, *bei* en) **2.** (*sich erkenntlich zeigen*) corresponder (*für* a); **ich möchte mich für Ihre Aufmerksamkeit** ~ quisiera corresponder a sus atenciones

Revanchismus [revã'ʃɪsmʊs] *m* <-, *ohne pl*> revanchismo *m*

Revers [re'veːɐ, re'vɛːɐ] *nt o Österr: m* <-, -> (*Kragen*) solapa *f*

reversibel [revɛr'ziːbəl] *adj* (*geh*) reversible

revidieren* [revi'diːrən] *vt* **1.** (*abändern, rückgängig machen*) revisar **2.** (*Schweiz: überholen*) inspeccionar

Revier [re'viːɐ] *nt* <-s, -e> **1.** (*Aufgabenbereich*) incumbencia *f,* competencia *f* **2.** (*Polizei~*) comisaría *f* **3.** (ZOOL) territorio *m* **4.** (*Jagd~*) coto *m* de caza **5.** (BERGB) región *f* minera

Revirement [revirə'mãː, revɪr'mãː] *nt* <-s, -s> (POL) reajuste *m* ministerial; **ein** ~ **vornehmen** efectuar un reajuste ministerial

Revision [revi'zjoːn] *f* <-, -en> **1.** (*Kontrolle*) revisión *f;* (*von Gepäck*) registro *m* **2.** (TYPO) contraprueba *f* **3.** (*Änderung*) modificación *f* **4.** (JUR) recurso *m* de casación; **in die** ~ **gehen** interponer recurso de casación

Revisionismus [revizjo'nɪsmʊs] *m* <-, *ohne pl*> (POL) revisionismo *m*

revisionistisch [revizjo'nɪstɪʃ] *adj* (POL) revisionista

Revisionsgericht *nt* <-(e)s, -e> (JUR) tribunal *m* de casación; **Revisionskläger(in)** *m(f)* <-s, -; -, -nen> (JUR) demandante *mf* por auto de casación

Revisor(in) [re'viːzoːɐ] *m(f)* <-s, -en; -, -nen> (COM) revisor(a) *m(f),* censor(a) *m(f)* de cuentas

Revokation *f* <-, -en> **1.** (*geh: Widerruf*) revocación *f* **2.** (COM) anulación *f* **3.** (JUR) casación *f*

Revolte [re'vɔltə] *f* <-, -n> revuelta *f,* sublevación *f*

revoltieren* [revɔl'tiːrən] *vi* alzarse (*gegen* contra), sublevarse (*gegen* contra)

Revolution [revolu'tsjoːn] *f* <-, -en> revolución *f*

revolutionär [revolutsjo'nɛːɐ] *adj* revolucionario

Revolutionär(in) *m(f)* <-s, -e; -, -nen> revolucionario, -a *m, f*

revolutionieren* [revolutsjo'niːrən] *vt* revolucionar

Revoluzzer(in) [revo'lʊtsɐ] *m(f)* <-s, -; -, -nen> (*abw*) agitador(a) *m(f),* rebelde *mf*

Revolver [re'vɔlvɐ] *m* <-s, -> revólver *m;* **Revolverblatt** *nt* <-(e)s, -blätter> (*fam abw*) periódico *m* sensacionalista; **Revolverheld** *m* <-en, -en> (*abw*) matón *m;* **Revolverlauf** *m* <-(e)s, -läufe> cañón *m* del revólver

Revue [rə'vyː] *f* <-, -n> (THEAT, PUBL) revista *f;* **etw** ~ **passieren lassen** pasar revista a algo; **Revuetänzer(in)** *m(f)* <-s, -; -, -nen> bailarín, -ina *m, f* de revista

Reykjavík ['rɛɪkjavɪk, 'rɛɪkjaviːk] *nt* <-s> Reykiavik *m*

Rezensent(in) [retsɛn'zɛnt] *m(f)* <-en, -en; -, -nen> crítico, -a *m, f*

rezensieren* [retsɛn'ziːrən] *vt* hacer una reseña (de), reseñar

Rezension [retsɛn'zjoːn] *f* <-, -en> reseña *f;* **Rezensionsexemplar** *nt* <-s, -e> ejemplar *m* para reseña

rezent [re'tsɛnt] *adj* (GEO) reciente

Rezept [re'tsɛpt] *nt* <-(e)s, -e> (MED, GASTR) receta *f;* **etw auf** ~ **bekommen** recibir algo con receta; **nach bewährtem** ~ según la receta de siempre; **Rezeptblock** *m* <-(e)s, -blöcke *o* -s> recetario *m,* talonario *m* de recetas; **Rezeptbuch** *nt* <-(e)s, -bücher> libro *m* de recetas; **rezeptfrei** *adj* que se obtiene sin receta (médica), de venta libre

Rezeption [retsɛp'tsjoːn] *f* <-, -en> **1.** (LIT, KUNST) acogida *f,* recepción *f* **2.** (*Hotel~*) recepción *f;* **sich an der** ~ **melden** presentarse en (la) recepción

Rezeptor [re'tsɛptoːɐ] *m* <-s, -en> (BIOL) receptor *m*

Rezeptpflicht *f* <-, *ohne pl*> obligación *f* de presentar receta médica; **der** ~ **unterliegen** estar sujeto a prescripción médica

rezeptpflichtig *adj* de prescripción (médica)

obligatoria; (*Packungsaufschrift*) con receta médica

Rezeptur [retsɛp'tu:ɐ] *f* <-, -en> (MED) preparación *f*

Rezession [retsɛ'sjo:n] *f* <-, -en> (WIRTSCH) recesión *f*; **rezessionsbedingt** *adj* condicionado por una recesión [*o* depresión coyuntural]; **Rezessionserscheinung** *f* <-, -en> manifestación *f* de una recesión

rezessiv [retsɛ'si:f] *adj* (BIOL, MED) recesivo

Rezipient[1] [retsi'pjɛnt] *m* <-en, -en> (PHYS) recipiente *m* (al vacío)

Rezipient(in)[2] *m(f)* <-en, -en; -, -nen> recipiente *mf*

reziprok [retsi'pro:k] *adj* recíproco

Reziprozität *f* <-, *ohne pl*> reciprocidad *f*

Rezitation [retsita'tsio:n] *f* <-, -en> recitación *f*

Rezitativ [retsita'ti:f] *nt* <-s, -e> (MUS) recitado *m*

Rezitator(in) [retsi'ta:to:ɐ, *pl:* retsita'to:rən] *m(f)* <-s, -en; -, -nen> recitador(a) *m(f)*

rezitieren* [retsi'ti:rən] *vt* recitar, declamar

R-Gespräch ['ɛrgəʃprɛ:ç] *nt* <-(e)s, -e> (TEL) llamada *f* a cobro revertido; **ein ~ führen** llamar a cobro revertido

rh (MED) *Abk. von* **Rhesusfaktor negativ** rh

Rh 1. (MED) *Abk. von* **Rhesusfaktor positiv** Rh **2.** (CHEM) *Abk. von* **Rhodium** Rh

Rhabarber [ra'barbɐ] *m* <-s, *ohne pl*> ruibarbo *m*

Rhapsodie [rapso'di:] *f* <-, -n> (MUS) rapsodia *f*

Rhein [raɪn] *m* <-s> Rin *m*; **Rheinfall** *m* <-(e)s, *ohne pl*>: **der ~ (bei Schaffhausen)** la cascada del Rin (de Schaffhausen)

rheinisch *adj* del Rin, renano

Rheinland *nt* <-(e)s> Renania *f*

Rheinländer(in) *m(f)* <-s, -; -, -nen> renano, -a *m, f*

rheinländisch *adj* renano, de Renania; **der ~e Dialekt** el dialecto renano

Rheinland-Pfalz ['--'-] *nt* <-> Renania *f* Palatinado

Rheinwein *m* <-(e)s, -e> vino *m* (de la zona) del Rin

Rhenium ['re:niʊm] *nt* <-s, *ohne pl*> (CHEM) renio *m*

Rhesusaffe ['re:zʊs-] *m* <-n, -n> macaco *m*; **Rhesusfaktor** *m* <-s, *ohne pl*> (MED) factor *m* Rhesus [*o* Rh]; **~ positiv/negativ** Rh positivo/negativo; **Rhesusunverträglichkeit** *f* <-, -en> (MED) intolerancia *f* Rhesus

Rhetorik [re'to:rɪk] *f* <-, *ohne pl*> retórica *f*

rhetorisch *adj* retórico; **eine ~e Frage** una interrogación retórica

Rheuma ['rɔɪma] *nt* <-s, *ohne pl*> (*fam*) reuma *m o f*, reúma *m o f*; **an ~ leiden** padecer reuma; **Rheumabehandlung** *f* <-, -en> (MED) tratamiento *m* del reuma; **Rheumamittel** *nt* <-s, -> (MED) antirreumático *m*; **Rheumapflaster** *nt* <-s, -> (MED) emplasto *m* antirreumático, parche *m* antirreumático; **Rheumasalbe** *f* <-, -n> (MED) pomada *f* antirreumática

Rheumatiker(in) [rɔɪ'ma:tikɐ] *m(f)* <-s, -; -, -nen> (MED) reumático, -a *m, f*

rheumatisch *adj* (MED) reumático; **~es Fieber** fiebre reumática

Rheumatismus [rɔɪma'tɪsmʊs] *m* <-, Rheumatismen> (MED) reumatismo *m*, viento *m MAm, Ant*

Rheumatologe, -in [rɔɪmato'lo:gə] *m, f* <-n, -n; -, -nen> (MED) reumatólogo, -a *m, f*

Rhinozeros [ri'no:tserɔs] *nt* <-(ses), -se> **1.** (ZOOL) rinoceronte *m* **2.** (*fam: Trottel*) tonto, -a *m, f*

Rhizosphäre *f* <-, -n> (BIOL) rizoesfera *f*

Rhodium ['ro:diʊm] *nt* <-s, *ohne pl*> (CHEM) rodio *m*

Rhododendron [rodo'dɛndrɔn] *m o nt* <-s, Rhododendren> rododendro *m*

Rhombus ['rɔmbʊs] *m* <-, Rhomben> (MATH) rombo *m*

Rhythmen *pl von* **Rhythmus**

rhythmisch ['rʏtmɪʃ] *adj* rítmico

Rhythmus ['rʏtmʊs] *m* <-, Rhythmen> (*a.* MUS, LING) ritmo *m*

RIAS *m* <-, *ohne pl*> (HIST) *Abk. von* **Rundfunk im amerikanischen Sektor** emisora *f* de radio en el sector americano de Berlín; **~ Berlin** RIAS Berlín (*emisora de radio en el sector americano de Berlín*)

Ribis(e)l ['ri:bi:z(ə)l] *f* <-, -n> (*Österr:* BOT: *rote*) grosella *f*; (*schwarze*) casis *f inv*

Riboflavin *nt* <-s, -e> riboflavina *f*

Ribonukleinsäure [ribonukle'i:n-] *f* <-, -n> (BIOL, CHEM) ácido *m* ribonucleico

Ribosom *nt* <-s, -en> (CHEM) ribosoma *m*

Richardson-Kennlinie *f* <-, *ohne pl*> (CHEM) característica *f* de Richardson

Richtantenne *f* <-, -n> antena *f* dirigida

richten ['rɪçtən] **I.** *vt* **1.** (*lenken, wenden*) dirigir (*an/auf* a, *gegen* contra); (*Waffe*) apuntar (*auf* a); (*Aufmerksamkeit, Hass*) concentrar (*auf* en); (*Blick*) fijar (*auf* en); **an wen war der Brief gerichtet?** ¿a quién estaba dirigida la carta?; **das Wort an jdn ~** dirigir la palabra a alguien; **sie richtete das Gewehr auf die Lampe** apuntaba con el fusil a la lámpara **2.** (*reg: reparieren*) arreglar **3.** (*reg: vorbereiten*) preparar **II.** *vr:* **sich ~ 1.** (*sich anpassen*): **sich nach etw** *dat* **~** seguir algo, hacer caso a algo; **richte dich danach!** ¡atente a ello! **2.** (*abhängen*) depender (*nach* de); **sich nach jdm ~** orientarse por alguien, guiarse por alguien; **das richtet sich danach, ob ...** esto depende de si... **3.** (*sich wenden*) dirigirse (*gegen* contra); **sich gegen jdn/etw ~** dirigirse contra alguien/algo; **gegen wen richtet sich dein Verdacht?** ¿contra quién se dirigen tus sospechas?; **ihr ganzer Hass richtete sich auf ihn** todo su odio se concentraba en él **III.** *vi* (JUR) dictar sentencia (*über* acerca de); **über jdn/etw richten** emitir juicios acerca de alguien/de algo

Richter(in) *m(f)* <-s, -; -, -nen> juez(a) *m(f)*; **jdn vor den ~ bringen** llevar a alguien ante el juez; **~ am Amtsgericht** juez de primera instancia [*o* instrucción]; **sich zum ~ über jdn/etw aufwerfen** erigirse en juez de alguien/de algo; **Richteramt** *nt* <-(e)s, -ämter> magistratura *f*; **das ~ innehaben/ausüben** tener el cargo de juez/ejercer de juez [*o* la magistratura]; **Herr Vögli, mein Nachfolger im ~** el señor Vögli, mi sucesor en la magistratura [*o* en la judicatura]

Richterin *f* <-, -nen> *s.* **Richter**

richterlich *adj* judicial

Richterschaft *f* <-, *ohne pl*> judicatura *f*

Richterskala[RR] *f* <-, *ohne pl*> escala *f* de Richter

Richterspruch *m* <-(e)s, -sprüche> (JUR) fallo *m*, sentencia *f* de un juez

Richtfest *nt* <-(e)s, -e> fiesta *f* de cubrir aguas

Richtfunk *m* <-s, *ohne pl*> radioenlace *m* dirigido; **Richtfunksender** *m* <-s, -> (RADIO) emisora *f* de radioenlace dirigido

Richtgeschwindigkeit *f* <-, -en> velocidad *f* (máxima) aconsejada

richtig ['rɪçtɪç] **I.** *adj* **1.** (*zutreffend*) justo, exacto; (*korrekt*) correcto; **es ist sicher ~, dass ...** seguramente es correcto que... +*subj*; **ich halte es für ~, dass ...** lo veo bien que... +*subj*; **ich halte es für das R~ste, wenn ...** lo mejor sería que... +*subj*; **bin ich hier ~ bei Meyer?** ¿es ésta la casa de Meyer? **2.** (*echt, regelrecht*) verdadero; (*wirklich*) auténtico; **es war ein ~es Durcheinander** fue un verdadero caos **3.** (*geeignet*) justo, oportuno; **zur ~en Zeit** en el momento oportuno [*o* justo] **4.** (*fam: in Ordnung*) correcto; **du bist schon ganz ~** tú eres buena gente; **der ist nicht ganz ~ (im Kopf)** no está muy bien (de la cabeza) **II.** *adv* **1.** (*korrekt*) bien; **das hat er ~ gemacht** lo ha hecho bien; **geht die Uhr ~?** ¿va bien el reloj?; **eine ~ gehende Uhr** un reloj que va bien; **du kommst gerade ~** llegas en buen momento; **ich höre doch wohl nicht ~?** ¿cómo? **2.** (*in der Tat*) efectivamente **3.** (*~gehend*) verdaderamente; (*gehörig*) como es debido; **sich ~ ausschlafen** dormir como Dios manda; **er war ~ nett** fue verdaderamente amable

Richtige(r) *mf* <-n, -n; -n, -n>: **sechs ~ im Lotto** seis aciertos en la lotería; **du bist mir der ~!** (*fam*) ¡menuda joya estás hecho!; **bei dem war sie an den ~n geraten** (*fam*) encontró la horma de su zapato, fue a dar con el más apropiado

richtiggehend *adj* (*wirklich*) verdadero; **jdn ~ betrügen** (*fam*) estafar a alguien en toda regla

Richtigkeit *f* <-, *ohne pl*> exactitud *f*; **das wird schon seine ~ haben** tendrá su razón de ser

richtig|stellen *vt s.* **stellen I.5.**

Richtigstellung *f* <-, -en> rectificación *f*; **ich möchte einige Sätze zur ~ dieser Behauptung sagen** me gustaría decir algunas frases para rectificar esta afirmación

Richtkranz *m* <-es, -kränze> *corona a base de ramas de abeto que se coloca en lo alto de un edificio en Alemania cuando se cubren aguas*

Richtlinie *f* <-, -n> norma *f*, pauta *f*; (*Anweisungen*) instrucciones *fpl*

Richtmikrofon *nt* <-s, -e>, **Richtmikrophon** *nt* <-s, -e> micrófono *m* direccional

Richtplatz *m* <-es, -plätze> lugar *m* de la ejecución; **zum ~ führen** llevar al patíbulo

Richtpreis *m* <-(e)s, -e> (WIRTSCH) precio *m* orientativo; **unverbindlicher ~** precio de venta al público recomendado; **Richtpreisspanne** *f* <-, -n> (WIRTSCH) margen *m* en el precio de venta al público

Richtpunkt *m* <-(e)s, -e> punto *m* de blanco auxiliar; **Richtschnur** *f* <-, -en> **1.** (ARCHIT) tendel *m* **2.** (*Grundsatz*) pauta *f*, regla *f* de conducta; **das dient ihm als ~ für sein Handeln** le sirve como modelo de conducta

Richtstrahler *m* <-s, -> antena *f* direccional

Richtung *f* <-, -en> **1.** (*Verlauf*) dirección *f*, rumbo *m*; **in ~ auf** en dirección a; **in südlicher ~** en dirección sur; **in die entgegengesetzte ~ fahren** ir en sentido contrario; **der Zug ~ Vigo** el tren con destino a Vigo; **die Leute kommen aus allen ~en** la gente viene de todas partes; **sie gab dem Gespräch eine andere ~** cambió el rumbo de la conversación; **in dieser ~ habe ich nichts unternommen** no tomé medidas al respecto; **die ~ stimmt** (*fam*) todo en orden **2.** (*Strömung*) tendencia *f*; (*literarisch*) corriente *f*; **einer bestimmten ~ angehören** pertenecer a una determinada tendencia; **Richtungsänderung** *f* <-, -en> cambio *m* de dirección; **Richtungskampf** *m* <-(e)s, -kämpfe>, **Richtungsstreit** *m* <-(e)s, -e> (POL) lucha *f* interna (*en un partido*)

richtungweisend *adj* orientador, que sirve de modelo

Richtwert *m* <-(e)s, -e> valor *m* indicativo

Ricke ['rɪkə] *f* <-, -n> corza *f*

rieb [ri:p] *3. imp von* **reiben**

riechen ['ri:çən] <riecht, roch, gerochen> *vi, vt* oler (*nach* a); **übel ~d** hediondo, maloliente; **an einem Gewürz ~** oler una especia; **es riecht angebrannt** huele a quemado; **es riecht nach Kampfer** huele a alcanfor; **aus dem Mund ~** tener mal aliento; **jdn nicht ~ können** (*fam*) no tragar a alguien; **das konnte ich doch nicht ~!** (*fam*) ¡cómo iba a saber yo!; **ich glaube, sie hat was gerochen** (*fig fam*) creo que se lo ha olido

Riecher *m* <-s, -> (*fam*) nariz *f*, olfato *m*; **einen guten [*o* den richtigen] ~ für etw haben** tener muy buen olfato para algo

Riechkolben *m* <-s, -> (*fam hum*) napia(s) *f*

(*inv*); **hast du einen großen ~!** ¡vaya narizota que tienes!; **Riechnerv** *m* <-s, -en> nervio *m* olfativo; **Riechorgan** *nt* <-s, -e> órgano *m* del olfato [*o* olfativo]; **Riechsalz** *nt* <-es, -e> sales *fpl*

Ried [ri:t] *nt* <-(e)s, -e> **1.** (BOT) caña *f*, junco *m* **2.** (*südd, Schweiz: Moor*) ciénaga *f*, laguna *f*, cañada *f CSur, USA;* **Rieddach** *nt* <-(e)s, -dächer> *tejado de cañas típico del norte de Alemania*

rief [ri:f] *3. imp von* **rufen**

Riege ['ri:gə] *f* <-, -n> (SPORT) equipo *m*

Riegel ['ri:gəl] *m* <-s, -> **1.** (*Tür~*) cerrojo *m*, pestillo *m;* (*im Türschloss*) pestillo *m;* **etw** *dat* **einen ~ vorschieben** poner freno a algo **2.** (*Schokoladen~*) barrita *f*

Riemen ['ri:mən] *m* <-s, -> **1.** (*Band*) correa *f*, tiento *m Am;* **sich am ~ reißen** (*fam*) hacer un esfuerzo; **den ~ enger schnallen** (*fam*) apretarse el cinturón **2.** (*Ruder*) remo *m;* **sich in die ~ legen** remar con fuerza; (*fig*) poner manos al trabajo

Ries [ri:s] *nt* <-es, -e, *nach Zahlen:* -> (TYPO: *alt*) resma *f* alemana (*equivalente a dos resmas españolas*)

Riese¹ ['ri:zə] *m* <-n, -n> **1.** (*fam: Tausendmarkschein*) billete *m* de mil marcos **2.** (*Wend*): **nach Adam ~** (*fam*) si los números no mienten

Riese, -in² *m, f* <-n, -n; -, -nen> (*Gestalt*) gigante, -a *m, f*

Rieselfeld ['ri:zəl-] *nt* <-(e)s, -er> **1.** (AGR: *zur Bewässerung*) campo *m* de regadío **2.** (*zur Abwasserreinigung*) campo *m* de depuración

rieseln ['ri:zəln] *vi sein* (*Schnee, Sand*) caer; (*Wasser*) correr, deslizarse

Riesengestalt *f* <-, -en> **1.** (*Größe*) figura *f* gigantesca; **mit seiner ~ von über zwei Metern passt er kaum durch den Türrahmen** con esa altura de gigante que tiene, de más de dos metros, apenas pasa por la puerta **2.** (*Hüne*) gigante, -a *m, f;* **riesengroß** ['--'-] *adj* (*fam*) gigante, gigantesco

riesenhaft *adj* gigantesco, enorme

Riesenhunger *m* <-s, *ohne pl*> (*fam*) hambre *f* terrible; **ich habe einen ~** me muero de hambre; **Riesenrad** *nt* <-(e)s, -räder> noria *f;* **Riesenschlange** *f* <-, -n> boa *f;* **Riesenschritt** *m* <-(e)s, -e> (*fam*) paso *m* gigantesco; **mit ~en** a paso de gigante; **Riesenslalom** *m* <-s, -s> (SPORT) eslalon *m* gigante; **Riesenwuchs** *m* <-es, *ohne pl*> (MED) gigantismo *m*

riesig I. *adj* gigante, gigantesco; **das war eine ~e Enttäuschung** fue una enorme decepción **II.** *adv* (*fam: sehr*) enormemente; **sich ~ freuen** alegrarse enormemente

Riesin *f* <-, -nen> *s.* **Riese**

Riesling ['ri:slɪŋ] *m* <-s, -e> (vino *m* de) Riesling *m*

riet [ri:t] *3. imp von* **raten**

Riff [rɪf] *nt* <-(e)s, -e> arrecife *m*

Rift [rɪft] *m* <-(s), -s> (GEO) fosa *f* tectónica [*o* de hundimiento]

rigid(e) *adj* **1.** (*geh: streng*) rígido, riguroso; **an dieser Schule werden Verstöße ~e bestraft** en esta escuela las faltas se castigan rígidamente; **bezüglich der Arbeitszeiten ist man hier sehr ~e** respecto al horario laboral se es muy riguroso aquí **2.** (*geh: starr*) rígido, anquilosado; **eine ~e Hierarchie/Struktur** una jerarquía rígida/una estructura anquilosada **3.** (MED) rígido

rigoros [rigo'ro:s] *adj* riguroso; **~ durchgreifen** tomar medidas severas, proceder rigurosamente

Rigorosum [rigo'ro:zʊm, *pl:* rigo'ro:za] *nt* <-s, Rigorosa *o Österr:* Rigorosen> (UNIV) examen *m* oral del doctorado

Rikambio *m* <-s, Rikambien> (FIN) recambio *m;* **Rikambiowechsel** *m* <-s, -> (FIN) letra *f* de recambio [*o* de resaca]

Rikscha ['rɪkʃa] *f* <-, -s> jinrikisha *f*

Rille ['rɪlə] *f* <-, -n> ranura *f;* (*Schallplatten~*) surco *m*

Rind¹ [rɪnt] *nt* <-(e)s, -er> **1.** (*Tier*) vacuno *m*, res *f Am;* (*bei Tierhaltung*) ganado *m* vacuno **2.** (ZOOL) bóvidos *mpl*

Rind² *nt* <-(e)s, *ohne pl*> (*fam: ~fleisch*) carne *f* de vaca

Rinde ['rɪndə] *f* <-, -n> corteza *f*

Rinderbraten *m* <-s, -> asado *m* de vacuno; **Rinderfilet** *nt* <-s, -s> filete *m* de vaca; **Rinderherde** *f* <-, -n> ganado *m* vacuno; **Rinderwachstumshormon** *nt* <-s, -e> hormona *f* del crecimiento del ganado vacuno; **Rinderwahnsinn** *m* <-s, *ohne pl*> encefalopatía *f* espongiforme bovina; **Rinderzucht** *f* <-, -en> cría *f* de ganado vacuno

Rindfleisch *nt* <-(e)s, *ohne pl*> carne *f* de vacuno [*o* de vaca]; **Rindfleischsuppe** *f* <-, -n> sopa *f* de carne de vaca

Rindsleder *nt* <-s, -> cuero *m* de vaca; **rindsledern** *adj* de cuero de vaca

Rindvieh¹ *nt* <-(e)s, *ohne pl*> (AGR) ganado *m* vacuno

Rindvieh² *nt* <-(e)s, -viecher> (*fam abw: Mensch*) pedazo *m* de bruto, animal *m*

Ring [rɪŋ] *m* <-(e)s, -e> **1.** (*allgemein*) anillo *m*, aro *m;* (*Finger~*) anillo *m;* **die ~e tauschen** casarse; **~e unter den Augen haben** tener ojeras **2.** *pl* (*Turngerät*) anillas *fpl* **3.** (*Box~*) ring *m;* **~ frei zur dritten Runde!** ¡abandonar el ring para el tercer asalto! **4.** (*Menschengruppe*) agrupación *f;* (*Verbrecher~*) red *f*

Ringbuch *nt* <-(e)s, -bücher> cuaderno *m* de anillas, carpeta *f* de anillas; **Ringbucheinlagen** *fpl* recambios *mpl* para carpetas de anillas

Ringel ['rɪŋəl] *m* <-s, -> bucle *m*, rizo *m;* **Ringelblume** *f* <-, -n> caléndula *f;* **Ringellocke** *f* <-, -n> bucle *m*, rizo *m*, tirabuzón *m;* **sie hatte eine Haarpracht aus ~n** su cabello era muy rizado

ringeln ['rɪŋəln] I. *vt* ensortijar (*um* alrededor de) II. *vr:* **sich ~** ensortijarse

Ringelnatter *f* <-, -n> serpiente *f* de collar; **Ringelreihen** *m* <-s, -> rueda *f,* corro *m;* **Ringelschwanz** *m* <-es, -schwänze> (ZOOL) cola *f* enroscada, rabo *m* enroscado; **Ringelspiel** *nt* <-(e)s, -e> (*Österr*) tiovivo *m,* carrusel *m;* **Ringeltaube** *f* <-, -n> **1.** (ZOOL) paloma *f* torcaz **2.** (*alt a. reg: günstige Gelegenheit*) ocasión *f* única

ringen ['rɪŋən] <ringt, rang, gerungen> I. *vi* (*a.* SPORT) luchar (*mit* con, *um/nach* por); **um seine Fassung ~** hacer (grandes) esfuerzos por mantener la calma; **nach Luft ~** jadear; **mit dem Tod ~** agonizar; **er rang nach Worten** luchó por encontrar palabras; **ich habe lange mit mir ~ müssen** tuve que luchar mucho conmigo mismo II. *vt* (*geh*): **die Hände ~** retorcerse las manos; **jdm etw aus der Hand/den Händen ~** quitar algo a alguien de la mano/las manos

Ringen ['rɪŋən] *nt* <-s, *ohne pl*> **1.** (SPORT) lucha *f* **2.** (*Hin und Her*) lucha *f,* pelea *f;* **nach jahrelangem ~ konnte er den Prozess für sich entscheiden** tras una lucha de muchos años consiguió ganar el proceso

Ringer(in) *m(f)* <-s, -; -, -nen> luchador(a) *m(f)*

Ringfahndung *f* <-, -en> redada *f,* razia *f;* **Ringfinger** *m* <-s, -> (dedo *m*) anular *m*

ringförmig [-fœrmɪç] *adj* anular, circular

ringhörig *adj* (*Schweiz*) que deja pasar el ruido; **diese Wohnung ist sehr ~** en este piso se oye todo

Ringkampf *m* <-(e)s, -kämpfe> lucha *f;* **Ringkämpfer(in)** *m(f)* <-s, -; -, -nen> (SPORT) luchador(a) *m(f)*

Ringleitung *f* <-, -en> tubería *f* circular

Ringlotte [rɪŋ'glɔtə] *f* <-, -n> (*Österr*) ciruela *f* claudia

Ringordner *m* <-s, -> archivador *m* de anillas, carpeta *f* de anillas

Ringrichter(in) *m(f)* <-s, -; -, -nen> (SPORT) árbitro, -a *m, f* del ring de boxeo

rings [rɪŋs] *adv* alrededor (*an/um* de); **er ging ~ ums Haus** dio la vuelta a la casa; **ringsherum** ['rɪŋshɛ'rʊm] *adv* alrededor (*um* de); (*überall*) por todas partes

Ringstraße *f* <-, -n> avenida *f* de circunvalación, (camino *m* de) ronda *f*

ringsum ['rɪŋs'ʔʊm] *adv,* **ringsumher** ['rɪŋsʔʊm'heːɐ] *adv s.* **ringsherum**

Rinne ['rɪnə] *f* <-, -n> **1.** (*im Boden*) cauce *m;* (*Bewässerungs~*) acequia *f* **2.** (*Dach~*) canalón *m*

rinnen ['rɪnən] <rinnt, rann, geronnen> *vi sein* manar, correr

Rinnsal ['rɪnzaːl] *nt* <-(e)s, -e> (*geh*) **1.** (*Gewässer*) riachuelo *m* **2.** (*Blut~*) reguero *m*

Rinnstein *m* <-(e)s, -e> **1.** (*Gosse*) cuneta *f,* arroyo *m* **2.** (*Bordstein*) bordillo *m*

R.I.P. *Abk. von* **requiescat in pace** R.I.P.

Rippchen ['rɪpçən] *nt* <-s, -> (GASTR) costilla *f*

Rippe ['rɪpə] *f* <-, -n> **1.** (MED) costilla *f;* **er hat nichts auf den ~n** (*fam*) está en los huesos; **der muss wieder was auf die ~n kriegen** (*fam*) tiene que engordar un poco; **das kann ich mir nicht aus den ~n schneiden** (*fam*) no puedo hacer lo imposible **2.** (*von Heizkörper*) aleta *f* **3.** (BOT) nervio *m;* **Rippenbruch** *m* <-(e)s, -brüche> fractura *f* de costilla

Rippenfell *nt* <-(e)s, -e> pleura *f;* **Rippenfellentzündung** *f* <-, -en> pleuritis *f inv,* pleuresía *f*

Rippengewölbe *nt* <-s, -> (ARCHIT) bóveda *f* de nervadura; **Rippenstoß** *m* <-es, -stöße> codazo *m;* **jdm einen ~ geben** [*o* **versetzen**] darle un codazo a alguien

Rippli ['rɪpli] *nt* <-s, -> (*Schweiz:* GASTR) costilla *f*

Rips [rɪps] *m* <-es, -e> reps *m inv*

Risiko ['riːziko] *nt* <-s, -s *o* Risiken> riesgo *m;* **berufliches ~** riesgo profesional; **auf eigenes ~** por propio riesgo; **ein ~ übernehmen** asumir un riesgo [*o* una responsabilidad]; **das ~ verteilen** ampliar el riesgo; **kein/ein ~ eingehen** no correr riesgo/correr un riesgo; **du läufst dabei das ~, dass du erwischt wirst** corres el riesgo de que te cojan con las manos en la masa; **Risikoaufschlag** *m* <-(e)s, -schläge> (WIRTSCH) aumento *m* de riesgos; **Risikoausgleich** *m* <-(e)s, -e> (WIRTSCH) compensación *f* de riesgos; **risikobereit** *adj* dispuesto a correr un riesgo; **Risikobereitschaft** *f* <-, *ohne pl*> (pre)disposición *f* a correr riesgos; **Risikofaktor** *m* <-s, -en> (factor *m* de) riesgo *m;* **risikofreudig** *adj* que ama el riesgo; **Risikogeburt** *f* <-, -en> (MED) parto *m* de riesgo; **Risikogruppe** *f* <-, -n> (MED) grupo *m* con elevado riesgo de infección; **Risikokapital** *nt* <-s, -e *o* -ien> (WIRTSCH) capital *m* de riesgo; **risikolos** *adj* sin riesgo; **Risikopatient(in)** *m(f)* <-en, -en; -, -nen> paciente *mf* en riesgo; **risikoreich** *adj* muy arriesgado; **Risikoschwangerschaft** *f* <-, -en> (MED) embarazo *m* de riesgo; **Risikostreuung** *f* <-, -en> (WIRTSCH) repartición *f* de riesgos, diversificación *f* de riesgos; **Risikoübernahme** *f* <-, *ohne pl*> asunción *f* de riesgos; **Risikoversicherung** *f* <-, -en> seguro *m* de riesgos; **Risikovorsorge** *f* <-, -n> prevención *f* de riesgos

riskant [rɪs'kant] *adj* arriesgado; **das ist mir zu ~** me resulta demasiado arriesgado

riskieren* [rɪs'kiːrən] *vt* arriesgar; **du riskierst zu viel bei diesem Geschäft** pones demasiado en peligro con este negocio

riss[RR] [rɪs], **riß** *3. imp von* **reißen**

Riss[RR] [rɪs] *m* <-es, -e>, **Riß** *m* <-sses, -sse> desgarro *m;* (*in Stoff, Papier*) rasgón *m,* rasgadura *f;* (*in Wand, Erde, Haut*) grieta *f;* (*in Porzellan*) resquebrajadura *f;* (*Spalt*) hendidura *f;* (TECH) plano *m*

rissig ['rɪsɪç] *adj* (*Wand, Haut*) agrietado; (*Stoff*) rasgado; (*Porzellan*) resquebrajado

Rist [rɪst] *m* <-es, -e> **1.** (SPORT: *Spann*) empeine *m;* (*Handrücken*) dorso *m* de la mano **2.** (*bei Rindern, Pferden*) cruz *f*

ristornieren* *vt* (WIRTSCH) reembolsar, descontar

Ristorno *m o nt* <-s, -s> (WIRTSCH) reembolso *m*

Riten ['ri:tən] *pl von* **Ritus**

ritt [rɪt] *3. imp von* **reiten**

Ritt [rɪt] *m* <-(e)s, -e> paseo *m* a caballo, cabalgada *f;* **in scharfem ~** al galope; **in einem** [*o* **auf einen**] **~** (*fam*) de un golpe, de una vez

Ritter ['rɪtɐ] *m* <-s, -> caballero *m;* **jdn zum ~ schlagen** nombrar a alguien caballero; **arme ~** (GASTR) torrijas de leche; **Ritterburg** *f* <-, -en> castillo *m* feudal; **Rittergut** *nt* <-(e)s, -güter> (HIST) señorío *m;* **Ritterkreuz** *nt* <-es, -e> (gran) cruz *f*

ritterlich *adj* caballeresco

Ritterlichkeit *f* <-, *ohne pl*> caballerosidad *f*

Ritterorden *m* <-s, -> (HIST) orden *f* de caballería; **Ritterroman** *m* <-s, -e> novela *f* de caballerías, libro *m* de caballerías; **Ritterrüstung** *f* <-, -en> (HIST) armadura *f;* **Ritterschlag** *m* <-(e)s, -schläge> (HIST) espaldarazo *m;* **den ~ empfangen** ser armado caballero

Rittersmann *m* <-(e)s, -leute> (*alt*) caballero *m*

Rittersporn *m* <-(e)s, -e> (BOT) espuela *f* de caballero; **Ritterstand** *m* <-(e)s, *ohne pl*> (HIST) orden *f* de la caballería

rittlings ['rɪtlɪŋs] *adv* a horcajadas

Ritual [ritu'a:l] *nt* <-s, -e *o* -ien> ritual *m;* **Ritualmord** *m* <-(e)s, -e> asesinato *m* ritual

rituell [ritu'ɛl] *adj* ritual

Ritus ['ri:tʊs] *m* <-, Riten> rito *m*

Ritz [rɪts] *m* <-es, -e> **1.** (*in Haut*) rasguño *m,* arañazo *m;* (*auf Möbeln*) raspadura *f* **2.** (*Spalte*) grieta *f*

Ritze ['rɪtsə] *f* <-, -n> ranura *f,* hendidura *f*

Ritzel ['rɪtsəl] *nt* <-s, -> (TECH) piñón *m*

ritzen ['rɪtsən] **I.** *vt* **1.** (*Glas, Kupfer*) tallar **2.** (*eingravieren*) grabar (*in* en); **das ist geritzt** (*fam*) todo está arreglado **II.** *vr:* **sich ~** arañarse, rasguñarse

Rivale, -in [ri'va:lə] *m, f* <-n, -n; -, -nen> rival *mf,* competidor(a) *m(f)*

rivalisieren* [rivali'zi:rən] *vi* rivalizar (*mit* con, *um* por)

Rivalität [rivali'tɛ:t] *f* <-, -en> rivalidad *f*

Riviera [ri'vje:ra] *f* Riviera *f*

Rizinus[1] ['ri:tsinʊs] *m* <-, -(se)> (*Pflanze*) ricino *m*

Rizinus[2] *m* <-, *ohne pl*>, **Rizinusöl** *nt* <-(e)s, -e> aceite *m* de ricino

Rn (CHEM) *Abk. von* **Radon** Rn

RNS [ɛrʔɛn'ʔɛs] *f* <-, *ohne pl*> (BIOL, CHEM) *Abk. von* **Ribonukleinsäure** ARN *m*

Roaming *nt* <-, *ohne pl*> (TEL) roaming *m,* itinerancia *f* (*cobertura internacional*)

Roastbeef ['ro:stbi:f] *nt* <-s, -s> (GASTR) rosbif *m*

Robbe ['rɔbə] *f* <-, -n> foca *f*

robben ['rɔbən] *vi sein* arrastrarse; (MIL) avanzar cuerpo a tierra

Robe ['ro:bə] *f* <-, -n> **1.** (*geh: Kleid*) vestido *m* de gala; **in großer ~** en traje de gala **2.** (*Talar*) toga *f*

Robinie [ro'bi:niə] *f* <-, -n> robinia *f,* acacia *f* falsa

Robotbild ['rɔbɔt-] *nt* <-(e)s, -er> (*Schweiz*) retrato *m* robot

Roboter ['rɔbɔtɐ] *m* <-s, -> robot *m;* **Robotertechnik** *f* <-, *ohne pl*> (TECH) robótica *f*

robust [ro'bʊst] *adj* robusto

Robustheit *f* <-, *ohne pl*> robustez(a) *f*

roch [rɔx] *3. imp von* **riechen**

röcheln ['rœçəln] *vi* respirar roncamente [*o* con dificultad], resollar; (*Sterbender*) estar en los estertores de la agonía

Rochen ['rɔxən] *m* <-s, -> (*Fisch*) raya *f*

Rock[1] [rɔk, *pl:* 'rœkə] *m* <-(e)s, Röcke> **1.** (*Kleidungsstück*) falda *f,* pollera *f Am* **2.** (*Schweiz: Kleid*) vestido *m* **3.** (*reg: Jackett*) chaqueta *f*

Rock[2] [rɔk] *m* <-(s), *ohne pl*> (MUS) rock *m;* **Rockband** *f* <-, -s> grupo *m* de rock, banda *f* de rock

rocken ['rɔkən] *vi* **1.** (*Musik machen*) hacer (música) rock **2.** (*tanzen*) bailar (música) rock, rockanrolear

Rocker(in) ['rɔkɐ] *m(f)* <-s, -; -, -nen> rockero, -a *m, f;* **Rockerbande** *f* <-, -n> banda *f* de roqueros; **Rockerbraut** *f* <-, -bräute> (*sl*) chica *f* de un roquero

Rockerin *f* <-, -nen> *s.* **Rocker**

Rockfestival *nt* <-s, -s> festival *m* de rock; **Rockgruppe** *f* <-, -n> grupo *m* rockero [*o* de rock]

rockig *adj* (*fam*) rockero

Rockzipfel *m* <-s, ->: **jdn** (**gerade noch**) **am** [*o* **beim**] **~ erwischen** cruzarse por los pelos con alguien; **an jds ~ hängen** (*fam*) estar colgado de las faldas de alguien

Rodel ['ro:dəl] *m* <-s, -> (*reg*) trineo *m* para niños; **Rodelbahn** *f* <-, -en> pista *f* para trineos, tobogán *m*

rodeln ['ro:dəln] *vi haben o sein* (*reg*) ir en trineo

Rodelschlitten *m* <-s, -> trineo *m*

roden ['ro:dən] *vt* **1.** (*Gebiet*) desmontar, tumbar *Am* **2.** (*Baum*) talar

Rodler(in) ['ro:dlɐ] *m(f)* <-s, -; -, -nen> persona *f* que monta en trineo; (SPORT) corredor(a) *m(f)* de luge

Rodung *f* <-, -en> desmonte *m*

Rogen ['ro:gən] *m* <-s, -> huevas *fpl* de pescado

Roggen ['rɔgən] *m* <-s, -> centeno *m;* **Roggenbrot** *nt* <-(e)s, -e> pan *m* de centeno; **Roggenmehl** *nt* <-(e)s, -e> harina *f* de centeno

roh [ro:] *adj* 1. (*ungekocht*) crudo; **jdn wie ein ~es Ei behandeln** tener a alguien en palmitas 2. (*unbearbeitet*) bruto, sin labrar 3. (*grob*) bruto; **~e Gewalt** fuerza bruta; **Rohanalyse** *f* <-, -n> (WIRTSCH) análisis *m inv* provisional [*o* aproximativo]; **Rohausbeute** *f* <-, -n> (WIRTSCH) producción *f* bruta, rendimiento *m* bruto; **Rohbau** *m* <-(e)s, -ten> armadura *f* (de un edificio), cuerpo *m* de un edificio; **etw im ~ fertig stellen** terminar el cuerpo de algo; **Roheinnahmen** *fpl* (WIRTSCH) ingresos *mpl* brutos; **Roheisen** *nt* <-s, *ohne pl*> (TECH) hierro *m* bruto

Roheit *f s.* **Rohheit**

Rohentwurf *m* <-(e)s, -würfe> borrador *m*, esbozo *m*, bosquejo *m*, croquis *m inv;* **Rohertrag** *m* <-(e)s, -träge> (WIRTSCH) producto *m* bruto, beneficio *m* líquido; **Roherz** *nt* <-es, -e> mineral *m* bruto; **Rohgewicht** *nt* <-(e)s, -e> (WIRTSCH) medida *f*, balanza *f;* **Rohgewinn** *m* <-(e)s, -e> (WIRTSCH) ganancia *f* bruta, beneficio *m* bruto

Rohgummi *m o nt* <-s, *ohne pl*> caucho *m* virgen

Rohheit[1RR] ['ro:haɪt] *f* <-, -en> (*Handlung*) brutalidad *f;* (*Äußerung*) grosería *f*

Rohheit[2RR] *f* <-, *ohne pl*> (*Wesensart*) rudeza *f*

Rohhumus *m* <-, *ohne pl*> humus *m* en bruto

Rohkost *f* <-, *ohne pl*> verdura *f* cruda

Rohling *m* <-s, -e> 1. (*Mensch*) bruto, -a *m, f*, grosero, -a *m, f* 2. (TECH) pieza *f* bruta

Rohmaterial *nt* <-s, -ien> materia *f* prima; **Rohmetall** *nt* <-s, -e> metal *m* en bruto; **Rohöl** *nt* <-(e)s, -e> (petróleo *m*) crudo *m*

Rohr[1] [ro:ɐ] *nt* <-(e)s, -e> 1. (*Wasser~*) tubo *m;* **volles ~** (*fam*) a todo gas 2. (*reg: Backröhre*) horno *m*

Rohr[2] *nt* <-(e)s, *ohne pl*> (BOT) caña *f;* **wie ein ~ im Wind schwanken** (*fig*) cambiar como una veleta

Rohrammer *f* <-, -n> (ZOOL) escribano *m* palustre [*o* de agua]

Rohrbruch *m* <-(e)s, -brüche> rotura *f* de la cañería

Röhrchen ['rø:ɐçən] *nt* <-s, -> tubito *m*, cañita *f;* **ins ~ blasen** [*o* **pusten**] (*fam*) soplar, hacer la prueba de alcoholemia

Rohrdommel *f* <-, -n> (ZOOL) alcaraván *m*

Röhre ['rø:rə] *f* <-, -n> 1. (TV, ELEK) tubo *m;* **kommunizierende ~n** (PHYS) vasos comunicantes 2. (*Back~*) horno *m* 3. (*fam: Fernseher*) tele *f;* **in die ~ gucken** (*fernsehen*) ver la tele; (*das Nachsehen haben*) quedarse con las ganas

röhren ['rø:rən] *vi* (*Hirsch, Motor*) bramar

röhrenförmig [-fœrmɪç] *adj* tubular

Röhrenhose *f* <-, -n> pantalón *m* pitillo; **Röhrenpilz** *m* <-es, -e> (BOT) boleto *m*

Rohrgeflecht *nt* <-(e)s, -e> rejilla *f*

Röhricht ['rø:rɪçt] *nt* <-s, -e> caña *f*, junco *m;* (*Zone*) cañaveral *m*, junquera *f*

Rohrkrepierer *m* <-s, -> 1. (*Geschoss*) proyectil *m* que detona en el cañón del arma 2. (*fam: Reinfall*) chasco *m;* **Rohrleitung** *f* <-, -en> tubería *f*, cañería *f*

Röhrling ['rø:ɐlɪŋ] *m* <-s, -e> (BOT) boleto *m*

Rohrmatte *f* <-, -n> estera *f* (de junco); **Rohrmöbel** *ntpl* muebles *mpl* de junco

Rohrnetz *nt* <-es, -e> red *f* de tubos, (sistema *m* de) tuberías *f;* **Rohrpost** *f* <-, *ohne pl*> correo *m* tubular

Rohrspatz *m* <-en *o* -es, -en> (ZOOL) escribano *m* palustre; **schimpfen wie ein ~** (*fam*) rezongar a voz en cuello; **Rohrstock** *m* <-(e)s, -stöcke> caña *f* de bambú; **Rohrstuhl** *m* <-(e)s, -stühle> silla *f* de mimbre

Rohrzange *f* <-, -n> alicates *mpl* para montar tubos

Rohrzucker *m* <-s, *ohne pl*> azúcar *m* de caña

Rohschätzung *f* <-, -en> (WIRTSCH) cálculo *m* aproximativo; **Rohschlamm** *m* <-(e)s, -e *o* -schlämme> pasta *f* cruda

Rohseide *f* <-, -n> seda *f* sin tratar

Rohstoff *m* <-(e)s, -e> materia *f* prima; **natürliche ~e** materias primas naturales; **Rohstoffmangel** *m* <-s, *ohne pl*> escasez *f* de materias primas; **Rohstoffpreis** *m* <-es, -e> precio *m* de materias primas; **Rohstoffreserven** *fpl* reservas *fpl* de materias primas; **Rohstoffrückgewinnung** *f* <-, -en> recuperación *f* de materias primas; **Rohstoffverknappung** *f* <-, -en> disminución *f* de materias primas

Rohwolle *f* <-, *ohne pl*> lana *f* virgen; **Rohzucker** *m* <-s, -> (CHEM: *nicht raffiniert*) azúcar *m* quebrado; (*braun*) azúcar *m* moreno; **Rohzustand** *m* <-(e)s, *ohne pl*>: **im ~** en bruto

Rokoko ['rɔkoko] *nt* <-(s), *ohne pl*> (KUNST) Rococó *m*

Rolladen *m* <-s, -läden> *s.* **Rollladen**

Rollback ['roʊlbæk] *nt* <-(s), -s> (*geh: Rückgang*) disminución *f*, descenso *m;* **ein ~ im Tourismus** un descenso en el turismo

Rollbahn *f* <-, -en> (AERO) pista *f* de rodaje; **Rollbraten** *m* <-s, -> arrollado *m;* **Rollbrett** *nt* <-(e)s, -er> 1. (*Montage~*) plataforma *f* con ruedas 2. (*Skateboard*) monopatín *m*, skateboard *m*

Rolle ['rɔlə] *f* <-, -n> 1. (*Gerolltes*) rollo *m;* (*um etw darauf zu wickeln*) bobina *f;* (*Geld~*) cartucho *m;* (*Garn~*) carrete *m* 2. (*an Möbeln*) rueda *f;* (*am Flaschenzug*) polea *f* 3. (SPORT) voltereta *f* 4. (THEAT, FILM: *a. fig*) papel *m*, rol *m;* **sie spielte die ~ der Königin** representó el papel de la reina; **die ~ der Medien in der Demokratie** el papel de los medios de comunicación en la democracia; **es spielt keine ~, ob ...** no importa si...; **bei ihm spielt Geld keine ~** el dinero no le importa; **er spielt bei der Sache eine wichtige ~** tiene un papel muy importante en este

R

asunto; **versetz dich mal in meine ~!** ¡ponte en mi lugar!; **aus der ~ fallen** salirse de tono

rollen ['rɔlən] **I.** *vi* **1.** *sein* (*Ball, Auto*) rodar; (*Tränen*) correr; **es werden Köpfe ~** van a rodar cabezas; **den Stein ins R~ bringen** (*fam*) levantar la liebre; **etw kommt ins R~** (*fam*) algo empieza a funcionar **2.** (*Donner, Echo*) resonar, retumbar **II.** *vt* **1.** (*bewegen*) hacer rodar **2.** (*auf~*) enrollar **3.** (*Teig*) extender **III.** *vr:* **sich ~** enrollarse

Rollenbesetzung *f* <-, -en> (FILM, THEAT) reparto *m;* **die ~ mit Laien** el reparto de actores no profesionales; **Rollenbild** *nt* <-(e)s, -er> papel *m;* **das traditionelle ~ der Frau verändern** cambiar el papel tradicional de la mujer; **Rollenklischee** *nt* <-s, -s> (SOZIOL) cliché *m* en relación al papel [*o* al rol] desempeñado; **Rollenkonflikt** *m* <-(e)s, -e> (SOZIOL) conflicto *m* de rol(es); **sie steht in einem ~: soll sie ihrem Kind mehr Zeit widmen oder wieder arbeiten gehen?** se le plantea un conflicto como madre, por un lado, como mujer independiente, por otro: ¿debe dedicarle más tiempo a su hijo o debe volver a trabajar?; **Rollenspiel** *nt* <-(e)s, -e> juego *m* de roles; **Rollentausch** *m* <-(e)s, -e> (*a.* SOZIOL) cambio *m* de roles [*o* de papeles]; **der ~ zwischen Mann und Frau** el cambio de roles entre el hombre y la mujer; **Rollenverhalten** *nt* <-s, *ohne pl*> (SOZIOL) conducta *f* de rol; **Rollenverteilung** *f* <-, -en> **1.** (SOZIOL) reparto *m* de roles [*o* de papeles]; **die ~ innerhalb der Familie** el reparto de roles dentro de la familia **2.** (FILM, THEAT) reparto *m* de papeles (*an* a); **Rollenzwang** *m* <-(e)s, -zwänge> (SOZIOL) obligación *f* de asumir un papel [*o* un rol]

Roller *m* <-s, -> **1.** (*für Kinder*) patinete *m* **2.** (*Motor~*) vespa® *f*, scooter *m* **3.** (*Österr*) persiana *f* enrollable

Rollfeld *nt* <-(e)s, -er> (AERO) pista *f* de rodaje; **Rollfilm** *m* <-(e)s, -e> carrete *m;* **Rollgeld** *nt* <-es, *ohne pl*> camionaje *m;* **Rollkommando** *nt* <-s, -s> comando *m* ejecutor, grupo *m* de acciones violentas

Rollkragen *m* <-s, -> cuello *m* cisne, cuello *m* alto; **Rollkragenpullover** *m* <-s, -> jersey *m* de cuello cisne [*o* alto]

Rollkur *f* <-, -en> (MED) *tratamiento contra trastornos estomacales en el que el paciente, tras ingerir un medicamento, debe echarse 5 minutos sobre un costado, 5 sobre el otro, 5 boca arriba, 5 boca abajo, etc.*

Rollladen[RR] *m* <-s, -läden> persiana *f* enrollable

Rollmops *m* <-es, -möpse> *arenque enrollado con pepinillo y cebolla*

Rollo ['rɔlo] *nt* <-s, -s> persiana *f*

Rollschinken *m* <-s, -> jamón *m* ahumado enrollado

Rollschrank *m* <-(e)s, -schränke> armario *m* persiana

Rollschuh *m* <-(e)s, -e> patín *m* sobre ruedas; **~ laufen** patinar (sobre ruedas); **Rollschuhläufer(in)** *m(f)* <-s, -; -, -nen> patinador(a) *m(f)* sobre ruedas

Rollsplitt ['rɔlʃplɪt] *m* <-(e)s, *ohne pl*> gravilla *f*

Rollstuhl *m* <-(e)s, -stühle> silla *f* de ruedas; **an den ~ gefesselt sein** depender de una silla de ruedas; **Rollstuhlfahrer(in)** *m(f)* <-s, -; -, -nen> persona *f* que anda en silla de ruedas; **rollstuhlgerecht** *adj* apropiado para sillas de ruedas

Rolltreppe *f* <-, -n> escalera *f* mecánica; **mit der ~ fahren** utilizar la escalera mecánica

Rom [ro:m] *nt* <-s> Roma *f;* **viele Wege führen nach ~** todos los caminos llevan a Roma; **Zustände wie im alten ~** tiempos de depravación, condiciones como en Sodoma y Gomorra

ROM [rɔm] *nt* <-(s), -(s)> *Abk. von* **Read Only Memory** (INFOR) ROM *m*

Roma ['ro:ma] *mpl* romaníes *mpl*

Roman [ro'ma:n] *m* <-s, -e> novela *f;* **~ in Fortsetzungen** novela por entregas; **erzähl keine ~e** (*fam: Lügen*) no me vengas con cuentos (chinos) [*o* historias]; (*ewig lange Geschichte*) no te enrolles tanto, abrevia

Romancier [romã'sje:] *m* <-s, -s> novelero *m*

Romane, **-in** [ro'ma:nə] *m, f* <-n, -n; -, -nen> latino, -a *m, f*

romanhaft *adj* novelesco

Romanik [ro'ma:nɪk] *f* <-, *ohne pl*> (KUNST) estilo *m* románico

Romanin *f* <-, -nen> *s.* **Romane**

romanisch *adj* **1.** (LING, KUNST) románico **2.** (*Schweiz: räto~*) retorrománo

Romanist(in) [roma'nɪst] *m(f)* <-en, -en; -, -nen> romanista *mf*

Romanistik [roma'nɪstɪk] *f* <-, *ohne pl*> filología *f* románica

Romanistin *f* <-, -nen> *s.* **Romanist**

Romanschriftsteller(in) *m(f)* <-s, -; -, -nen> novelista *mf*

Romantik [ro'mantɪk] *f* <-, *ohne pl*> romanticismo *m;* (LIT, KUNST) Romanticismo *m;* **er hat keinen Sinn für ~** no muestra ningún interés por lo romántico

Romantiker(in) [ro'mantikɐ] *m(f)* <-s, -; -, -nen> (*a.* KUNST) romántico, -a *m, f*

romantisch *adj* romántico

Romanze [ro'mantsə] *f* <-, -n> **1.** (*Gedicht*) romance *m* **2.** (*Liebschaft*) amorío *m*, romance *m*

Römer[1] ['rø:mɐ] *m* <-s, -> copa *f* (de cristal) para vino

Römer(in)[2] *m(f)* <-s, -; -, -nen> romano, -a *m, f*

Römertopf® *m* <-(e)s, -töpfe> (GASTR) cazuela *f* de barro ovalada

römisch *adj* romano; **die R~en Verträge** el Tratado de Roma; **römisch-katholisch** *adj* católico-romano

Rommé ['rɔme] *nt* <-s, -s>, **Rommee**[RR] *nt* <-s, -s> "rumy" *m* (*juego de naipes parecido al remigio*)

ROM-Speicher *m* <-s, -> (INFOR) ROM *m*, memoria *f* ROM

Rondo ['rɔndo] *nt* <-s, -s> (MUS) rondó *m*

röntgen ['rœntgən] *vt* hacer una radiografía (de); **Röntgenarzt**, **-ärztin** *m, f* <-es, -ärzte; -, -nen> radiólogo, -a *m, f;* **Röntgenaufnahme** *f* <-, -n> radiografía *f;* **Röntgenbild** *nt* <-(e)s, -er> radiografía *f;* **Röntgengerät** *nt* <-(e)s, -e> aparato *m* de rayos X

röntgenisieren* [rœntgeni'ziːrən] *vt* (*Österr*) *s.* **röntgen**

Röntgenographie *f* <-, *ohne pl*> (MED, TECH) roentgenografía *f*

Röntgenologe, **-in** [rœntgeno'loːgə] *m, f* <-n, -n; -, -nen> (MED) radiólogo, -a *m, f*

Röntgenologie [rœntgenolo'giː] *f* <-, *ohne pl*> (MED) radiología *f*

Röntgenologin *f* <-, -nen> *s.* **Röntgenologe**

Röntgenschirm *m* <-(e)s, -e> pantalla *f* radioscópica; **Röntgenstrahlen** *mpl* (PHYS) rayos *mpl* X; **Röntgentherapie** *f* <-, -n> (MED) radioterapia *f;* **Röntgenuntersuchung** *f* <-, -en> (MED) reconocimiento *m* radioscópico

Rooming-in ['ruːmɪŋ'ɪn, 'rʊmɪŋ'ɪn] *nt* <-(s), -s> *ingreso conjunto de la madre con su bebé en un hospital para evitar la separación de ambos*

rosa ['roːza] *adj inv* rosa, rosado

Rosa *nt* <-s, -> (color *m*) rosa *m;* **rosafarben** *adj,* **rosafarbig** *adj* rosado; **ein ~es Seidenkleid** un vestido de seda (de color) rosa; **rosarot** ['--'-] *adj* (de color de) rosa; **die Welt durch eine ~e Brille sehen** ver el mundo de color de rosa

Röschen ['røːsçən] *nt* <-s, -> (*des Rosenkohls*) cogollo *m*

Rose ['roːzə] *f* <-, -n> (BOT) rosa *f;* (**nicht**) **auf ~n gebettet sein** (*geh*) (no) estar sobre un lecho de rosas; **keine ~ ohne Dornen** (*prov*) no hay rosa sin espinas

rosé [ro'zeː] *adj inv* (de color) rosa

Rosé [ro'zeː] *m* <-s, -s> (vino *m*) rosado *m*

Rosengarten *m* <-s, -gärten> jardín *m* de rosas, rosaleda *f;* **Rosenkohl** *m* <-(e)s, *ohne pl*> col *f* de Bruselas; **Rosenkranz** *m* <-es, -kränze> (REL) rosario *m;* **den ~ beten** rezar el rosario

Rosenmontag [(')--'--] *m* <-(e)s, -e> lunes *m* de Carnaval; **Rosenmontagszug** *m* <-(e)s, -züge> cabalgata *f* del lunes de Carnaval; **der Kölner/Mainzer ~** la cabalgata (del lunes de Carnaval) de Colonia/Maguncia

Rosenöl *nt* <-(e)s, -e> aceite *m* de rosas; **Rosenquarz** *m* <-es, -e> cuarzo *m* rosado; **rosenrot** *adj* rosado; **Rosenstock** *m* <-(e)s, -stöcke> rosal *m;* **Rosenstrauch** *m* <-(e)s, -sträucher> rosal *m;* **Rosenzucht** *f* <-, -en> cultivo *m* de rosas

Rosette [ro'zɛtə] *f* <-, -n> (ARCHIT) rosetón *m*

Roséwein *m* <-(e)s, -e> (vino *m*) rosado *m*

rosig **I.** *adj* **1.** (*rosa*) rosado; (*Haut*) sonrosado **2.** (*erfreulich*) de color de rosa, risueño; **etw in den ~sten Farben darstellen** pintar algo de color de rosa **II.** *adv* bien; **ihr geht es im Moment finanziell nicht gerade ~** actualmente no le va muy bien económicamente

Rosine [ro'ziːnə] *f* <-, -n> (uva *f*) pasa *f;* **~n im Kopf haben** (*fig fam*) picar muy alto, tener muchas pretensiones; **sich** *dat* **die ~n herauspicken** [*o* **aus dem Kuchen picken**] (*fig fam*) quedarse con la mejor parte

Rosmarin ['roːsmariːn] *m* <-s, *ohne pl*> romero *m*

Ross[1 RR] [rɔs] *nt* <-es, -e> (*geh: edles Pferd*) corcel *m;* **hoch zu ~** a caballo; **auf dem hohen ~ sitzen** tener muchos humos; **~ und Reiter nennen** llamar a las cosas por su nombre

Ross[2 RR] [rɔs] *nt* <-es, Rösser> (*südd, Österr, Schweiz: Pferd*) caballo *m*

Roß[1] *nt* <-sses, -sse> *s.* **Ross**[1]

Roß[2] *nt* <-sses, Rösser> *s.* **Ross**[2]

Rossapfel[RR] *m* <-s, -äpfel> (*südd, Österr*), **Rossbollen**[RR] *m* <-s, -> (*Schweiz*) bosta *f*, boñiga *f*

Rösselsprung *m* <-(e)s, -sprünge> **1.** (*reg: beim Schach*) movimiento *m* del caballo **2.** (*Silbenrätsel*) salto *m* de caballo

Rosshaar[RR] *nt* <-(e)s, *ohne pl*> crin *m;* **Rosskastanie**[RR] *f* <-, -n> **1.** (*Baum*) castaño *m* de Indias **2.** (*Frucht*) castaña *f* de Indias; **Rosskur**[RR] *f* <-, -en> (*fam*) cura *f* de caballo

Rösslispiel[RR] ['rœsli-] *nt* <-(e)s, -e>, **Rößlispiel** *nt* <-(e)s, -e> (*Schweiz*) tiovivo *m*, carrusel *m*

Rost[1] [rɔst] *m* <-(e)s, *ohne pl*> (CHEM) herrumbre *m*, orín *m;* **~ ansetzen** oxidarse

Rost[2] [rɔst] *m* <-(e)s, -e> **1.** (*für Grill*) parrilla *f;* (*Gitter~*) rejilla *f;* (*Latten~*) somier *m;* **vom ~** (GASTR) a la parrilla **2.** (BOT) roya *f;* **Rostbraten** *m* <-s, -> (*Österr, südd*) asado *m* a la parrilla; **Rostbratwurst** *f* <-, -würste> salchicha *f* asada a la parrilla

rostbraun ['-'-] *adj* marrón rojizo

Röstbrot *nt* <-(e)s, -e> (GASTR) pan *m* tostado

rosten ['rɔstən] *vi sein* oxidarse, corroerse; **nicht ~d** anticorrosivo, inoxidable

rösten ['rœstən] *vt* (*Kaffee, Brot*) tostar; (*auf Rost*) asar (a la parrilla)

Rösterei *f* <-, -en> tostadero *m*

rostfarben *adj,* **rostfarbig** *adj* marrón rojizo; **Rostfleck** *m* <-(e)s, -e> mancha *f* de herrumbre [*o* de orín]; **Rostfraß** *m* <-es, *ohne pl*> (corrosión *f* por) oxidación *f;* **rostfrei** *adj* inoxidable

röstfrisch *adj* recién salido del horno; **~e Brötchen** panecillos recién hechos [*o* recién

R

salidos del horno]; ~**er Kaffee** café recién molido

Rösti ['rœsti] *f* <-, *ohne pl*> (GASTR) *patatas cocidas, ralladas y salteadas* (*con tocino*) *típicas suizas*

rostig *adj* oxidado, herrumbroso

Röstkartoffeln *fpl* (*reg*) patatas *fpl* salteadas

Rostlaube *f* <-, -n> (*fam hum*) tartana *f*; **rostrot** *adj s.* **rostbraun**

Rostschutz *m* <-es, *ohne pl*> protección *f* contra la oxidación [*o* la herrumbre]; **Rostschutzfarbe** *f* <-, -n> pintura *f* anticorrosiva; **Rostschutzmittel** *nt* <-s, -> antioxidante *m*, anticorrosivo *m*

Rostumwandler *m* <-s, -> convertidor *m* de corrosión

rot [ro:t] *adj* <röter *o* roter, am rötesten *o* am rotesten> rojo; (POL) socialista; **eine ~e Ampel** un semáforo en rojo; **R~e Bete** [*o* **Rübe**] remolacha *f*; **der ~e Faden** (*fig*) el hilo conductor; **~e Johannisbeeren** grosellas rojas; **die ~e Karte** (SPORT) la tarjeta roja; **das R~e Kreuz** la Cruz Roja; **~ werden** enrojecer; **einen ~en Kopf bekommen** ponerse rojo hasta las orejas; **in den ~en Zahlen stecken** estar en números rojos; **sich** *dat* **etw ~ im Kalender anstreichen** marcar algo en rojo en el calendario

Rot *nt* <-s, -> rojo *m*; **bei ~** (con el semáforo) en rojo; **die Ampel stand auf ~** el semáforo estaba en rojo

Rotalge *f* <-, -n> (BOT) alga *f* roja

Rotation [rota'tsjo:n] *f* <-, -en> rotación *f*; **Rotationsachse** *f* <-, -n> (PHYS, TECH) eje *m* de rotación; **Rotationsdruck** *m* <-(e)s, *ohne pl*> (TYPO: *Verfahren*) impresión *f* rotativa; **Rotationsgeschwindigkeit** *f* <-, -en> (PHYS, TECH) velocidad *f* de rotación; **Rotationsmaschine** *f* <-, -n> (TYPO) rotativa *f*; **Rotationsprinzip** *nt* <-s, *ohne pl*>, **Rotationssystem** *nt* <-s, *ohne pl*> (POL) sistema *m* de rotación

Rotauge *nt* <-s, -n> (ZOOL) escarcho *m*, rubio *m*, trigla *f*

rotbackig *adj*, **rotbäckig** *adj* con las mejillas sonrosadas, rubicundo; **~ sein** tener las mejillas sonrosadas, ser rubicundo

Rotbarsch *m* <-(e)s, -e> raño *m*; **rotbärtig** *adj* barbirrojo; **~ sein** ser barbirrojo; **rotblond** ['-'-] *adj* rubio rojizo; **rotbraun** ['-'-] *adj* castaño, caoba; **Rotbuche** *f* <-, -n> haya *f* roja [*o* común]; **Rotdorn** *m* <-(e)s, -e> (BOT) acerolo *m* de flores rojas

Rote *f* <-n, -n> (*reg: fam: rote Wurst*) salchicha *f* (de color rojo) (*para freír*)

Röte ['rø:tə] *f* <-, *ohne pl*> color *m* rojo; (*von Himmel, Haut*) arrebol *m*; (*Schames~*) rubor *m*; **die ~ stieg ihr ins Gesicht** se puso colorada

Rote-Armee-Fraktion [---'---] *f* <-, *ohne pl*> Fracción *f* del Ejército Rojo (*grupo terrorista alemán de ultraizquierda*)

Roteisenstein ['----] *m* <-(e)s, -e> (GEO) hematites *f inv* roja

Rötel ['rø:təl] *m* <-s, *ohne pl*> almagre *m*

Röteln ['rø:təln] *pl* rubeola *f*; **Rötelnimpfstoff** *m* <-(e)s, -e> (MED) vacuna *f* contra la rubeola

Rötelzeichnung *f* <-, -en> (KUNST) pintura *f* (realizada) con almagre

röten ['rø:tən] **I.** *vt* (*geh*) enrojecer **II.** *vr*: **sich ~** ponerse rojo; (*Himmel*) teñirse de rojo; (*vor Scham*) sonrojarse, ruborizarse

röter *adj kompar von* **rot**

röteste(r, s) *adj superl von* **rot**

Rotfilter *m* <-s, -> (FOTO) filtro *m* rojo

Rotfuchs *m* <-es, -füchse> **1.** (*Fuchs*) zorro *m* rojo **2.** (*Pferd*) alazán *m*

rotglühend *adj s.* **glühend**

rothaarig *adj* pelirrojo

Rothaut *f* <-, -häute> (*fam*) piel *f* roja; **Rothirsch** *m* <-(e)s, -e> (ZOOL) ciervo *m* común

rotieren* [ro'ti:rən] *vi* **1.** (*sich drehen*) girar (*um* alrededor de), rodar (*um* alrededor de) **2.** (*fam: hektisch sein*) estar a cien; **wir sind schon stundenlang am R~** llevamos horas dando vueltas como locos

Rotkäppchen ['ro:tkɛpçən] *nt* <-s> Caperucita *f* Roja; **Rotkehlchen** ['ro:tke:lçən] *nt* <-s, -> petirrojo *m*; **Rotkohl** *m* <-(e)s, *ohne pl*>, **Rotkraut** *nt* <-(e)s, *ohne pl*> (*südd, Österr*) (col *f*) lombarda *f*

rötlich ['rø:tlɪç] *adj* rojizo, paco *Am*

Rotlicht *nt* <-(e)s, *ohne pl*> **1.** (*rotes Licht*) luz *f* roja **2.** (*~lampe*) lámpara *f* de rayos infrarrojos; **Rotlichtviertel** *nt* <-s, -> (*fam*) barrio *m* chino

Rotor ['ro:to:ɐ] *m* <-s, -en> (TECH) rotor *m*

Rotsalz *nt* <-es, -e> (CHEM) sal *f* roja

rot|sehen *irr vi* (*fam*) perder el control; **er sieht bei jeder Kleinigkeit rot** se pone hecho una furia por cualquier cosa

Rotstich *m* <-(e)s, *ohne pl*> tono *m* rojizo

rotstichig *adj* con un tono rojizo, que tira a rojo; **die Bluse ist beim Waschen ~ geworden** al lavarla, la blusa se ha teñido de rojo

Rotstift *m* <-(e)s, -e> lápiz *m* rojo; **dem ~ zum Opfer fallen** ser suprimido por una medida de ahorro; **den ~ ansetzen** economizar; **Rottanne** *f* <-, -n> (BOT) abeto *m* rojo [*o* falso] [*o* del norte]

Rotte ['rɔtə] *f* <-, -n> (*abw*) cuadrilla *f*; (*von Jugendlichen*) pandilla *f*

Rotunde [ro'tʊndə] *f* <-, -n> (ARCHIT) rotunda *f*

Rötung *f* <-, -en> enrojecimiento *m*

rotwangig *adj* (*geh*) *s.* **rotbackig**

Rotwein *m* <-(e)s, -e> vino *m* tinto

Rotwelsch ['ro:tvɛlʃ] *nt* <-(s), *ohne pl*> jerga *f* de los macacos; **das ~e** la germanía

Rotwild *nt* <-(e)s, *ohne pl*> venado *m*

Rotz [rɔts] *m* <-es, *ohne pl*> (*vulg*) moco *m*; **~ und Wasser heulen** (*fam*) llorar a moco tendido

rotzen ['rɔtsən] *vi* (*vulg*) **1.** (*sich schnäuzen*) sonarse los mocos **2.** (*ausspucken*) escupir

Rotzfahne *f* <-, -n> (*vulg*) moquero *m;* **rotzfrech** ['-'-] *adj* (*fam*) descarado, sinvergüenza

rotzig *adj* **1.** (*vulg: voller Rotz*) mocoso **2.** (*fam: frech, unverschämt*) fresco, descarado

Rotzjunge *m* <-n, -n> (*fam abw*), **Rotzlümmel** *m* <-s, -> (*fam abw*) mocoso *m;* **Rotznase** *f* <-, -n> (*fam*) **1.** (*abw: Bengel*) mocoso, -a *m, f* **2.** (*schleimige Nase*) nariz *f* llena de mocos

Rotzunge *f* <-, -n> (ZOOL) falsa limanda *f*

Rouge [ru:ʒ] *nt* <-s, -s> colorete *m*

Roulade [ru'la:də] *f* <-, -n> (GASTR) *filete de carne relleno con pepinillo, cebolla, mostaza etc.*

Rouleau [ru'lo:] *nt* <-s, -s> persiana *f* enrollable

Roulette [ru'lɛt] *nt* <-s, -s> ruleta *f;* **russisches ~ spielen** jugar a la ruleta rusa

Route ['ru:tə] *f* <-, -n> ruta *f,* recorrido *m*

Router ['raʊtɐ] *m* <-s, -> (INFOR, TEL) router *m,* encaminador *m*

Routine [ru'ti:nə] *f* <-, *ohne pl*> **1.** (*Erfahrung*) experiencia *f,* práctica *f* **2.** (*Gewohnheit*) rutina *f;* **das ist bei mir zur ~ geworden** esto se ha convertido en rutina para mí; **Routinearbeit** *f* <-, -en> trabajo *m* rutinario

routinemäßig *adj* rutinario, de rutina; **etw ~ überprüfen** hacer un control rutinario de algo

Routineuntersuchung *f* <-, -en> revisión *f* periódica [*o* de rutina]

Routing ['raʊtɪŋ] *nt* <-, *ohne pl*> (INFOR, TEL) asignación *f* de ruta, encaminamiento *m* (de mensajes)

Routinier [ruti'nje:] *m* <-s, -s> experto, -a *m, f,* entendido, -a *m, f*

routiniert [ruti'ni:ɐt] *adj* experimentado, experto

Rowdy ['raʊdi] *m* <-s, -s> (*abw*) gamberro *m,* alborotador *m*

Rowdytum *nt* <-s, *ohne pl*> (*abw*) bandidaje *m*

Royalist(in) [rɔɪa'lɪst] *m(f)* <-en, -en; -, -nen> monárquico, -a *m, f,* legitimista *mf*

RT *Abk. von* **Registertonne** tonelada *f* de arqueo [*o* de registro]

Ru (CHEM) *Abk. von* **Ruthenium** Ru

Rubbellos *nt* <-es, -e> número *m* de lotería (de rascar)

rubbeln ['rʊbəln] *vi, vt* frotar, restregar

Rübe ['ry:bə] *f* <-, -n> **1.** (BOT) nabo *m,* betabel *f Mex* (*diversos tipos de raíces comestibles*); **Gelbe ~n** (*reg*) zanahorias *fpl;* **Rote ~** remolacha *f* **2.** (*fam: Kopf*) coco *m,* chola *f;* **eins auf die ~ kriegen** recibir una bronca; **seine ~ hinhalten** dar la cara

Rubel ['ru:bəl] *m* <-s, -> rublo *m;* **der ~ rollt** (*fam*) el dinero suena

Rübenkraut *nt* <-(e)s, *ohne pl*> (*reg*) melaza *f*

Rubensfigur *f* <-, -en> (*hum*) persona *f* rechoncha

Rübenzucker *m* <-s, *ohne pl*> azúcar *m* de remolacha

rüber ['ry:bɐ] *adv* (*fam*) **1.** (*herüber*) hacia aquí, hacia acá **2.** (*hinüber*) hacia allá; **da ~!** ¡(por) allí enfrente!

rüber|bringen *irr vt* (*fam: vermitteln*) hacer llegar, transmitir; **wir haben den Wählern unsere Meinung rübergebracht** hemos hecho llegar nuestra opinión a los electores

rüber|kommen *irr vi sein* (*fam: deutlich werden*) llegar a entenderse; **na, ist die Message deutlich genug rübergekommen?** y bien, ¿se ha entendido el mensaje de forma suficientemente clara?; **ist es langsam rübergekommen, dass ich nichts von dir wissen will?** ¿te va entrando poco a poco en la mollera que no quiero saber nada de ti?

Rubidium [ru'bi:diʊm] *nt* <-s, *ohne pl*> (CHEM) rubidio *m*

Rubin [ru'bi:n] *m* <-s, -e> rubí *m;* **rubinrot** *adj* rojo rubí; **der Wein hatte eine ~e Farbe** el vino era de color rubí

Rubrik [ru'bri:k] *f* <-, -en> **1.** (*Kategorie*) categoría *f* **2.** (*in Tabelle, Zeitung*) columna *f*

ruchbar ['ru:xba:ɐ] *adj* (*geh*): **~ werden** hacerse público

ruchlos ['ru:xlo:s] *adj* (*geh*) bajo, vil

Ruchlosigkeit[1] *f* <-, *ohne pl*> (*geh: Verhalten, Art*) vileza *f,* ruindad *f,* infamia *f;* **die ~ eines Verbrechens** la atrocidad de un crimen

Ruchlosigkeit[2] *f* <-, -en> (*geh: Tat*) canallada *f;* **das war eine ~ sondergleichen** fue una canallada sin igual

ruck [rʊk] *adv:* **~, zuck** (*fam*) en un santiamén, en un abrir y cerrar de ojos, en menos que canta un gallo

Ruck [rʊk] *m* <-(e)s, -e> tirón *m;* **mit einem ~** de un tirón; **sich** *dat* **einen ~ geben** (*fam*) hacer un esfuerzo; **bei den Wahlen gab es einen ~ nach rechts** en las elecciones se produjo un giro a la derecha

Rückansicht *f* <-, -en> vista *f* trasera [*o* posterior]; **das Foto zeigt die ~ des Rathauses** la foto muestra la parte trasera [*o* posterior] del ayuntamiento

Rückantwort ['rʏk-] *f* <-, -en> respuesta *f;* **bezahlte ~** respuesta pagada

ruckartig I. *adj* brusco **II.** *adv* de golpe

Rückäußerung *f* <-, -en> respuesta *f;* **Rückbeförderung** *f* <-, *ohne pl*> repatriación *f;* **Rückbesinnung** *f* <-, *ohne pl*> regreso *m* (*auf* a), retorno *m* (*auf* a); **rückbezüglich** *adj* (GRAM) reflexivo; **Rückbildung** *f* <-, -en> involución *f,* retroceso *m;* **Rückblende** *f* <-, -n> (FILM) retrospectiva *f,* flash-back *m;* **Rückblick** *m* <-(e)s, -e> mirada *f* retrospectiva (*auf* a), retrospección *f;* **im ~ auf** como recuerdo de [*o* repaso a];

rückblickend *adj* retrospectivo; ~ **lässt sich sagen, dass ...** retrospectivamente se puede decir que...; **Rückbuchung** *f* <-, -en> (FIN) extorno *m;* **rückdatieren*** *vt* antedatar; **um fünf Tage** ~ antedatar cinco días

rucken ['rʊkən] *vi* (*Fahrzeug*) dar un tirón, dar una sacudida

rücken ['rʏkən] **I.** *vi sein* (*Platz machen*) hacer sitio, correrse; (*näher~*) acercarse (*an* a); **rück mal (ein Stückchen)!** ¡córrete un poquito!; **jdm auf die Pelle** ~ (*nahe heran~*) pegarse a alguien; (*bedrängen*) dar la lata [*o* la paliza] [*o* la castaña] a alguien; (*angreifen*) echarse [*o* tirarse] encima de alguien; **in den Mittelpunkt des Interesses** ~ convertirse en el centro de interés; **der Termin rückt näher** la fecha se acerca **II.** *vt* mover (*nach* hacia), correr (*nach* hacia); (*weg~*) apartar (*von* de); (*näher~*) acercar (*an* a)

Rücken[1] ['rʏkən] *m* <-s, -> **1.** (ANAT) espalda *f;* ~ **an** ~ espalda con espalda, dándose la espalda; **jdm den** ~ **zukehren/zuwenden** volver/dar a alguien la espalda; **etw auf dem** ~ **tragen** llevar algo a cuestas; **auf dem** ~ **liegen** estar tumbado de espaldas; **mir lief es eiskalt über den** ~ sentí un escalofrío recorriéndome la espalda; **jdm den** ~ **stärken** respaldar a alguien; **jdm/sich** *dat* **den** ~ **freihalten** cubrir a alguien/cubrirse las espaldas; **jdm in den** ~ **fallen** dejar a alguien en la estacada; **hinter jds** ~ a espaldas de alguien; **mit dem** ~ **zur** [*o* **an der**] **Wand stehen** estar entre la espada y la pared **2.** (*Buch~*) lomo *m;* (*Hand~*) dorso *m* de la mano; (*Fuß~*) empeine *m*

Rücken[2] *m* <-s, *ohne pl*> (*Tier~*) lomo *m*

Rücken[3] (SPORT): **100 m** ~ 100 metros espalda

Rückendeckung *f* <-, -en> **1.** (MIL) protección *f* de la retaguardia **2.** (*gegen Kritik*) respaldo *m;* **jdm** ~ **geben** cubrir a alguien las espaldas; **Rückenflosse** *f* <-, -n> aleta *f* dorsal; **Rückenlage** *f* <-, -n> posición *f* tendida sobre la espalda; (SPORT) tendido *m* (cúbito) supino; (MED) decúbito *m* supino; **in (der)** ~ sobre la espalda, boca arriba; **man sollte Babys besser in (der)** ~ **schlafen legen** se debería poner a los bebés a dormir boca arriba; **Rückenlehne** *f* <-, -n> respaldo *m*

Rückenmark *nt* <-(e)s, *ohne pl*> médula *f* espinal; **Rückenmarkentzündung** *f* <-, -en> (MED) medulitis *f inv;* **Rückenmarkverletzung** *f* <-, -en> (MED) lesión *f* de la médula espinal; **Rückenmuskulatur** *f* <-, -en> (ANAT) musculatura *f* de la espalda; **die** ~ **kräftigen** fortalecer los músculos de la espalda

Rückenschmerzen *mpl* dolores *mpl* de espalda; **Rückenschwimmen** *nt* <-s, *ohne pl*> natación *f* de espalda; **Rückenwind** *m* <-(e)s, *ohne pl*> viento *m* a favor; (NAUT) viento *m* de popa

Rückerinnerung *f* <-, -en> recuerdo *m*

rückerstatten* *vt* (FIN) restituir, devolver; **Rückerstattung** *f* <-, -en> reintegro *m;* (FIN) restitución *f,* devolución *f*

Rückfahrkarte *f* <-, -n> billete *m* de ida y vuelta; **Rückfahrscheinwerfer** *m* <-s, -> (AUTO) luz *f* de marcha atrás

Rückfahrt *f* <-, -en> vuelta *f,* regreso *m;* **auf der** ~ a la vuelta

Rückfall *m* <-(e)s, -fälle> **1.** (MED) recaída *f;* **einen** ~ **erleiden** tener una recaída **2.** (JUR) reincidencia *f* **3.** (*geh: Wiederkehr*) regreso *m;* **ein** ~ **in die Barbarei** un retorno a la barbarie

rückfällig *adj* **1.** (*a.* MED): ~ **werden** recaer **2.** (JUR) reincidente; **er ist wieder** ~ **geworden** ha vuelto a reincidir

Rückfällige(r) *mf* <-n, -n; -n -n> reincidente *mf*

Rückfalltäter(in) *m(f)* <-s, -; -, -nen> (JUR) reincidente *mf*

Rückfenster *nt* <-s, -> ventanilla *f* posterior

rückfettend *adj* pringoso, grasiento

Rückflug *m* <-(e)s, -flüge> vuelo *m* de regreso; **auf dem** ~ durante el vuelo de vuelta; **Rückflugticket** *nt* <-s, -s> billete *m* (de avión) de vuelta, pasaje *m* de vuelta *Am*

Rückfluss[RR] *m* <-es, -flüsse> (COM) reflujo *m;* **Rückforderung** *f* <-, -en> reclamación *f* (de devolución [*o* de reintegro]); **Rückfracht** *f* <-, -en> (WIRTSCH) flete *m* de regreso, carga *f* de retorno; **Rückfrage** *f* <-, -n> pregunta *f,* duda *f;* **nach** ~ **bei ...** después de consultar...; **für ~n wenden Sie sich bitte an ...** en caso de duda diríjase a...; **rück|fragen** *vi* preguntar (para aclarar posibles dudas), pedir información aclaratoria [*o* adicional]

Rückführtaste *f* <-, -n> (INFOR) tecla *f* de retorno

Rückführung *f* <-, -en> (FIN) reducción *f*

Rückgabe *f* <-, -n> devolución *f* (*an* a); **Rückgaberecht** *nt* <-(e)s, -e> derecho *m* a devolución; **Rückgabewert** *m* <-(e)s, -e> (INFOR) valor *m* de retorno

Rückgang *m* <-(e)s, -gänge> disminución *f,* descenso *m;* **im** ~ **begriffen sein** estar en descenso

rückgängig [-gɛŋɪç] *adj:* ~ **machen** (*Vertrag*) anular; (*Verabredung*) cancelar

Rückgebäude *nt* <-s, -> edificio *m* trasero

Rückgewinnung *f* <-, -en> recuperación *f;* ~ **von Altstoffen** recuperación de material viejo

Rückgrat ['rʏkgra:t] *nt* <-(e)s, -e> **1.** (MED) columna *f* vertebral, espina *f* dorsal; **ohne** ~ (*fig*) cobarde, sin agallas; **jdm das** ~ **brechen** (*fam*) doblegar a alguien **2.** (*Stütze*) puntal *m;* **der Handel ist das** ~ **der Wirtschaft** el comercio es el puntal de la economía

Rückgriff *m* <-(e)s, -e> (JUR) recurso (*auf* a)

Rückhalt *m* <-(e)s, -e> respaldo *m,* apoyo *m;* **jdm** ~ **geben** respaldar a alguien; **jdn**

ohne ~ unterstützen apoyar a alguien sin reservas [*o* incondicionalmente]
rückhaltlos I. *adj* incondicional II. *adv* sin reservas
Rückhand *f* <-, *ohne pl*> (SPORT) revés *m*
Rückindossament *nt* <-(e)s, -e> (FIN) endoso *m* devuelto
Rückkauf *m* <-(e)s, -käufe> (COM) reembolso *m;* **Rückkaufsrecht** *nt* <-(e)s, -e> derecho *m* de retroventa; **Rückkaufswert** *m* <-(e)s, -e> valor *m* de retroventa
Rückkehr *f* <-, *ohne pl*> regreso *m,* vuelta *f;* **bei meiner ~** al regresar
Rückkopp(e)lung *f* <-, -en> acoplamiento *m* retroactivo; (INFOR) realimentación *f;* **negative/positive ~** retroacoplamiento negativo/positivo
Rücklage *f* <-, -n> 1. (*Erspartes*) ahorros *mpl* 2. (WIRTSCH) reserva *f;* **freie/offene/stille ~n** reservas disponibles/visibles/tácitas; **gesetzliche ~** reserva legal; **in der Satzung festgelegte ~n** reservas estatutarias; **für etw ~n bilden** crear fondos de reserva para algo
Rücklauf *m* <-(e)s, -läufe> 1. (*Wasser*) reflujo *m* 2. (TECH) retroceso *m,* retorno *m,* vuelta *f* 3. (INFOR) rebobinado *m,* rebobinaje *m;* **Rücklaufbehälter** *m* <-s, -> depósito *m* de reflujo
rückläufig *adj* decreciente, descendente; **~e Tendenz** tendencia regresiva; **~es Wörterbuch** diccionario inverso
Rücklaufquote *f* <-, -n> (WIRTSCH) cuota *f* bajista, cuota *f* descendente [*o* decreciente]; **Rücklauftaste** *f* <-, -n> tecla *f* de rebobinado [*o* de retroceso]
Rücklicht *nt* <-(e)s, -er> luz *f* trasera, cocuyo *m Kol*
rücklings ['rʏklɪŋs] *adv* 1. (*mit dem Rücken*) con la espalda; **~ an etw** *dat* **sitzen/lehnen** estar sentado/apoyado de espaldas a algo 2. (*nach hinten*) hacia atrás 3. (*von hinten, auf dem Rücken*) de espaldas
Rückmarsch *m* <-(e)s, -märsche> (MIL) retirada *f*
Rückmeldefrist *f* <-, -en> (UNIV) plazo *m* para renovar la matrícula; **Rückmeldegebühr** *f* <-, -en> (UNIV) derechos *mpl* de matrícula
rück|melden *vr:* **sich ~** (UNIV) matricularse para el próximo semestre; **Rückmeldung** *f* <-, -en> 1. (UNIV) matriculación *f* para el próximo curso; **die ~ ist ab dem 24. März möglich** es posible matricularse a partir del 24 de marzo 2. (*Reaktion*) reacción *f,* comentario *m;* **was hielten Sie von meinen Ausführungen? ich bitte um ~en** ¿qué le parecieron mis explicaciones? me gustaría oír su opinión al respecto
Rücknahme [-na:mə] *f* <-, -n> (*von Versprechen, Klage*) retirada *f;* **keine ~!** (*von Waren*) ¡no se admiten devoluciones!; **Rücknahmegarantie** *f* <-, -n> (COM) garantía *f* de retirada
Rückporto *nt* <-s, -s *o* -porti> franqueo *m* para la respuesta
Rückprall *m* <-(e)s, -e> rebote *m*
Rückreise *f* <-, -n> (viaje *m* de) regreso *m,* vuelta *f;* **auf der ~** a la vuelta; **Rückreiseverkehr** *m* <-(e)s, *ohne pl*> tráfico *m* de retorno (de las vacaciones); **Rückreisewelle** *f* <-, -n> *aumento del tráfico tras finalizar un periodo vacacional;* **für Samstag erwarten wir die erste ~ in Hessen** el sábado esperamos en Hesse la primera oleada de coches que vuelven de las vacaciones
Rückruf *m* <-(e)s, -e> 1. (TEL) llamada *f* de contestación 2. (JUR, WIRTSCH) revocación *f* del derecho de usufructo; **Rückrufaktion** *f* <-, -en> (COM) campaña *f* de retirada; **Rückrufautomatik** *f* <-, -en> rellamada *f* automática
Rucksack ['rʊk-] *m* <-(e)s, -säcke> mochila *f;* **Rucksacktourist(in)** *m(f)* <-en, -en; -, -nen> mochilero, -a *m, f*
Rücksand *m* <-(e)s, *ohne pl*> (*Schweiz*) devolución *f*
Rückschau *f* <-, -en> retrospección *f;* **rückschauend** *adj s.* **rückblickend**
Rückscheck *m* <-s, -s> (FIN) cheque *m* devuelto [*o* rechazado]
Rückschein *m* <-(e)s, -e> recibo *m,* comprobante *m;* **Einschreiben mit ~** certificado con acuse de recibo
Rückschlag *m* <-(e)s, -schläge> contratiempo *m,* revés *m;* **Rückschläge erleiden** sufrir contratiempos
Rückschläger(in) *m(f)* <-s, -; -, -nen> (SPORT) el que está al resto, la que está al resto; **Vorteil ~** ventaja al resto
Rückschlagventil *nt* <-s, -e> (TECH) válvula *f* de retención
Rückschluss^RR *m* <-es, -schlüsse> deducción *f,* conclusión *f;* **Rückschlüsse aus etw** *dat* **ziehen** sacar conclusiones de algo
Rückschritt *m* <-(e)s, -e> paso *m* atrás
rückschrittlich *adj* retrógrado
Rückschritttaste^RR *f* <-, -n> (INFOR) tecla *f* de retroceso
Rückseite *f* <-, -n> (*eines Gebäudes*) parte *f* posterior [*o* trasera]; (*eines Blattes*) dorso *m,* reverso *m;* (*einer Münze*) reverso *m;* (*eines Stoffes*) revés *m;* **auf der ~ von ...** en la parte posterior de...; **siehe ~** véase al dorso
rückseitig I. *adj* al [*o* del] dorso, del reverso II. *adv* en el dorso [*o* reverso], en la parte posterior
Rücksendung *f* <-, -en> devolución *f,* restitución *f*
Rücksicht[1] *f* <-, -en> (*Nachsicht*) consideración *f;* **mit** [*o* **aus**] **~ auf ...** teniendo en cuenta...; **auf jdn ~ nehmen** tener consideración con alguien; **auf etw ~ nehmen** respetar algo; **keine ~ kennen** no tener respeto por nada ni por nadie; **ohne ~ auf Verluste** (*fam*) sin detenerse ante nada
Rücksicht[2] *f* <-, *ohne pl*> (*Sicht nach hin-*

R

ten) visión *f* por la ventanilla trasera

Rücksichtnahme *f* <-, *ohne pl*> respeto *m*

rücksichtslos I. *adj* desconsiderado; (*unbarmherzig*) despiadado II. *adv* sin consideración, a lo bestia *fam*

Rücksichtslosigkeit *f* <-, -en> desconsideración *f*, falta *f* de respeto

rücksichtsvoll *adj* atento, considerado; **jdn ~ behandeln** tratar a alguien con mucha consideración

Rücksitz *m* <-es, -e> asiento *m* trasero; **Rückspiegel** *m* <-s, -> (espejo *m*) retrovisor *m*; **abblendbarer ~** espejo retrovisor abatible

Rückspiel *nt* <-(e)s, -e> (SPORT) partido *m* de vuelta

Rücksprache *f* <-, *ohne pl*> consulta *f*; **mit jdm ~ halten** consultar algo con alguien; **laut ~ mit Herrn Müller** según lo convenido con el señor Müller; **nach ~ mit ...** tras consultar a...

Rückspulautomatik *f* <-, *ohne pl*> rebobinado *m* automático

Rückstand *m* <-(e)s, -stände> 1. (*Rest*) residuo *m*, resto *m* 2. *pl* (*bei Zahlung*) atrasos *mpl* 3. (*Verzug*) retraso *m*, demora *f*; **mit der Lieferung im ~ sein** retrasarse en la entrega; **mit 0 zu 2 im ~ liegen** (SPORT) ir perdiendo 0 a 2

rückständig *adj* 1. (*rückschrittlich*) anticuado, retrógrado 2. (*unterentwickelt*) subdesarrollado 3. (WIRTSCH: *überfällig*) vencido, atrasado

Rückständigkeit *f* <-, *ohne pl*> 1. (*von Person*) mentalidad *f* atrasada 2. (*Unterentwicklung*) subdesarrollo *m*

Rückstau *m* <-(e)s, -s> (*im Verkehr*) atasco *m*; **Rückstellung** *f* <-, -en> 1. (WIRTSCH: *Bilanzposten*) reserva *f*, previsión *f* 2. (*Zurückstellen*) atraso *m*, aplazamiento *m*; **Rückstoß** *m* <-es, -stöße> (PHYS) repulsión *f*; **Rückstrahler** *m* <-s, -> reflector *m*; **Rückstufung** *f* <-, -en> degradación *f*; **Rücktaste** *f* <-, -n> tecla *f* de retroceso

Rücktritt *m* <-(e)s, -e> 1. (*von Amt*) dimisión *f*, renuncia *f*; **seinen ~ erklären** presentar su dimisión 2. (*am Fahrrad*) freno *m* de pedal; **Rücktrittbremse** *f* <-, -n> freno *m* de pedal; **Rücktrittsgesuch** *nt* <-(e)s, -e> (*a.* POL) dimisión *f*; **sein ~ einreichen** presentar su dimisión; **einem ~ stattgeben** aceptar una dimisión; **Rücktrittsrecht** *nt* <-(e)s, *ohne pl*> (JUR) (derecho *m* de) retracto *m*

rückübersetzen* *vt* traducir al idioma de partida [*o* original]; **Rückübersetzung** *f* <-, -en> traducción *f* al idioma de partida [*o* original]

Rückübertragung *f* <-, -en> retransmisión *f*; **Rückübertragungsanspruch** *m* <-(e)s, -sprüche> (JUR, POL) derecho *m* de devolución

Rückumschlag *m* <-(e)s, -schläge> sobre *m* (para una carta de respuesta); **rückvergüten*** *vt* (WIRTSCH) reembolsar; **Rückvergütung** *f* <-, -en> (WIRTSCH) reembolso *m*; **rückversichern*** *vr*: **sich ~** reasegurarse; **Rückversicherung** *f* <-, -en> (*a.* WIRTSCH) reaseguro *m*

Rückwand *f* <-, -wände> parte *f* posterior

rückwärtig [-vɛrtɪç] *adj* trasero, de atrás

rückwärts [-vɛrts] *adv* 1. (*mit dem Rücken voran*) hacia atrás, de espaldas; **~ einparken** aparcar marcha atrás; **~ fahren** conducir hacia atrás, dar marcha atras; **~ gehen** ir de espaldas; (*fig: sich verschlechtern*) ir para atrás; **mit den Einnahmen geht es ~** cada vez tenemos menos ingresos 2. (*südd, Österr: hinten*) por [*o* desde] atrás; **im Zug ~ aussteigen** bajar del tren por (la parte de) atrás; **Rückwärtsgang** *m* <-(e)s, -gänge> (TECH) marcha *f* atrás, reverso *m* *Kol*; **im ~ fahren** ir [*o* conducir] marcha atrás; **rückwärts\|gehen** *irr vunpers sein s.* **rückwärts 1.**

Rückwechsel *m* <-s, -> (FIN) letra *f* de resaca [*o* de recambio]

Rückweg *m* <-(e)s, -e> (camino *m* de) vuelta *f*; **auf dem ~** a la vuelta; **sich auf den ~ machen** ponerse en camino de vuelta

ruckweise *adv* a trompicones, a golpes

rückwirkend I. *adj* retroactivo II. *adv* con efecto retroactivo; **das Gesetz tritt ~ vom 1. Januar in Kraft** la ley entra en vigor con efectos retroactivos a partir del 1 de enero; **Rückwirkung** *f* <-, -en> 1. (*von Gesetz*) retroactividad *f*; **mit ~ vom ...** con efectos retroactivos a partir del... 2. (*Nachwirkung*) consecuencia *f*, repercusión *f*

rückzahlbar *adj* reembolsable, reintegrable; **Rückzahlung** *f* <-, -en> reintegro *m*, reembolso *m*; **~ vor Fälligkeit** reembolso antes del vencimiento

Rückzieher *m* <-s, -> (*fam*) paso *m* atrás, rajada *f* *Mex*; **einen ~ machen** dar marcha atrás

Rückzug *m* <-(e)s, -züge> (MIL) retirada *f*; **auf dem ~** en retirada; **den ~ antreten** emprender la retirada; **Rückzugsgebiet** *nt* <-(e)s, -e> (ÖKOL) zona *f* de refugio

rüde ['ry:də] *adj* rudo, grosero; **jdn ~ behandeln** tratar a alguien groseramente

Rüde ['ry:də] *m* <-n, -n> macho *m* (de perro)

Rudel ['ru:dəl] *nt* <-s, -> manada *f*; **in ~n leben** vivir en manadas

Ruder ['ru:dɐ] *nt* <-s, -> 1. (*von ~boot*) remo *m*; **sich in die ~ legen** remar con fuerza; (*fig*) poner manos al trabajo 2. (*Steuer~*) timón *m*; **ans ~ kommen** (*fam*) llegar al poder; **am ~ sein** (*fam*) estar en el poder; **das ~ herumwerfen** (*fig*) cambiar el rumbo; **aus dem ~ laufen** (*fig*) salirse del control [*o* de madre]; **Ruderboot** *nt* <-(e)s, -e> bote *m* de remos

Ruderer, **-in** *m, f* <-s, -; -, -nen> remero, -a *m, f*

Ruderhaus *nt* <-es, -häuser> caseta *f* del timón
Ruderin *f* <-, -nen> *s.* **Ruderer**
rudern ['ru:dɐn] *vi* **1.** (*Ruder bewegen*) remar, bogar; **die Enten ~ mit den Füßen** los patos reman con las patas; **mit den Armen ~** (*fam*) bracear **2.** *sein* (*im Ruderboot fahren*) ir a remo
Ruderregatta *f* <-, -regatten> regata *f* de remo; **Rudersport** *m* <-(e)s, *ohne pl*> remo *m*
Rudiment [rudi'mɛnt] *nt* <-(e)s, -e> **1.** (*Rest*) resto *m* **2.** (BIOL) rudimento *m*
rudimentär [rudimɛn'tɛ:ɐ] *adj* rudimentario
Rudrer(in) *m(f)* <-s, -; -, -nen> remero, -a *m, f*
Rüebli ['ry:ɛbli] *nt* <-s, -> (*Schweiz*) zanahoria *f*
Ruf[1] [ru:f] *m* <-(e)s, -e> (*Aus~, Schrei*) grito *m*
Ruf[2] *m* <-(e)s, *ohne pl*> **1.** (*Auf~*) llamada *f,* llamamiento *m;* **sie erhielt einen ~** (UNIV) le ofrecieron una cátedra **2.** (*Ansehen*) reputación *f;* (*Ruhm*) fama *f;* **ein Anwalt von ~** (*geh*) un abogado de prestigio; **einen guten ~ haben** tener una buena reputación; **in dem ~ stehen zu ...** tener fama de...; **sich** *dat* **einen ~ erwerben** adquirir prestigio; **jdn in schlechten ~ bringen** desacreditar a alguien; **etw/jd ist besser als sein ~** algo/alguien vale más de lo que parece
Rüfe ['ry:fə] *f* <-, -n> (*Schweiz*) avalancha *f* de piedras
rufen ['ru:fən] <ruft, rief, gerufen> **I.** *vi* llamar; **laut ~** gritar; **nach jdm ~** llamar a alguien; **manche ~ wieder nach härteren Strafen** muchos exigen castigos más severos; **um Hilfe ~** dar voces de socorro; **die Pflicht ruft** la obligación va antes que la devoción **II.** *vt* llamar; **jdn ~** llamar a alguien; **etw ~** gritar algo; **jdn ~ lassen** hacer venir a alguien, mandar llamar a alguien; **jdn zu sich** *dat* **~** hacer venir [*o* presentarse] a alguien; **ein Taxi/den Arzt ~** llamar un taxi/al médico; **das kommt mir wie ge~** (*fam*) esto me viene de maravilla
Rufer *m:* **der ~ in der Wüste** la voz que clama en el desierto
Rüffel ['rʏfəl] *m* <-s, -> (*fam*) bronca *f;* **einen ~ bekommen** llevarse una bronca
rüffeln ['rʏfəln] *vt* (*fam*) leer la cartilla; **wegen deines schlechten Benehmens muss ich dich leider ~** debido a tu mal comportamiento no me queda otra salida que echarte una buena [*o* leerte la cartilla]
Rufmord *m* <-(e)s, -e> difamación *f;* **Rufname** *m* <-ns, -n> nombre *m* de pila
Rufnummer *f* <-, -n> número *m* de teléfono; **Rufnummernübermittlung** *f* <-, -en> (TEL) identificación *f* del usuario llamante
Rufschädigung *f* <-, -en> descrédito *m;* **Rufweite** *f* <-, *ohne pl*> alcance *m* de la voz; **in ~** en las cercanías; **mach dir keine Mühe, er ist außer ~** no te molestes, está demasiado lejos para oírte; **Rufzeichen** *nt* <-s, -> **1.** (TEL) señal *f* (de llamada) **2.** (*reg: Ausrufezeichen*) signo *m* de exclamación
Rugby ['rakbi] *nt* <-(s), *ohne pl*> rugby *m*
Rüge ['ry:gə] *f* <-, -n> reprimenda *f;* **jdm eine ~ erteilen** reprender a alguien
rügen ['ry:gən] *vt:* **jdn ~** reprender a alguien; **etw ~** criticar algo
Ruhe ['ru:ə] *f* <-, *ohne pl*> **1.** (*Unbewegtheit*) calma *f;* (*Stille, Gelassenheit*) tranquilidad *f;* **die ~ vor dem Sturm** la calma que precede a la tormenta **2.** (*Schweigen*) silencio *m;* **~ bitte!** ¡silencio, por favor! **3.** (*Entspannung*) descanso *m;* (*Bett~*) reposo *m;* **sich** *dat* **keine ~ gönnen, bis ...** no descansar hasta que... +*subj;* **der Patient braucht viel ~** el paciente necesita mucho reposo; **sich zur ~ begeben** (*geh*) retirarse (a descansar), recogerse; **angenehme ~!** ¡buenas noches!, ¡que descanse(s)!; **sich zur ~ setzen** jubilarse; **jdn zur letzten ~ betten** [*o* **tragen**] (*geh*) dar sepultura a alguien **4.** (*Frieden*) paz *f;* (*innere ~*) serenidad *f;* **es herrschen ~ und Ordnung** reinan la paz y el orden; **ich möchte meine ~ haben** quiero estar en paz; **vor jdm ~ haben** no ser molestado por alguien; **in ~ und Frieden leben** vivir tranquilo y en paz; **jdn nicht zur ~ kommen lassen** no dejar a alguien en paz; **keine ~ geben** no dar tregua; **lass mich in ~!** ¡déjame en paz!; **das lässt ihm keine ~** eso le inquieta; **in aller ~** con toda calma; **sich durch nichts aus der ~ bringen lassen** no alterarse por nada; **~ bewahren** conservar la calma; **immer mit der ~!** ¡calma, calma!; **die hat die ~ weg!** (*fam*) ¡qué calma [*o* flema] gasta!; **Ruhebedürfnis** *nt* <-ses, *ohne pl*> necesidad *f* de calma [*o* de reposo]; **ruhebedürftig** *adj* que necesita descansar, necesitado de reposo; **~ sein** necesitar calma [*o* descanso]; **diese abseits gelegene Pension ist ideal für ~e Urlauber** esta pensión apartada es ideal para disfrutar de unas vacaciones de reposo
Ruhegehalt *nt* <-(e)s, -hälter> jubilación *f;* **Ruhegeld** *nt* <-(e)s, -er> pensión *f,* retiro *m*
ruheliebend *adj* que busca la tranquilidad; **~ sein** buscar la tranquilidad
ruhelos *adj* inquieto, desasosegado
Ruhelosigkeit *f* <-, *ohne pl*> inquietud *f,* desasosiego *m*
ruhen ['ru:ən] *vi* **1.** (*aus~*) descansar (*auf* en), reposar (*auf* en); **ich werde nicht eher ~, bis ...** no descansaré antes de que... +*subj;* **auf dem Sofa ~** descansar en el sofá; **der Teig muss ~** la masa tiene que reposar; **„ruhe in Frieden!"** "descanse en paz" **2.** (*Produktion, Arbeit*) estar suspendido; (*Verkehr*) estar paralizado; (*Angelegenheit*) quedar postergado; **etw ~ lassen** posponer algo, aplazar algo; **seit gestern ~ die Waffen** ayer

R

cesaron las actividades bélicas **3.** (*Blick, Augen*) estar fijado (*auf* en); (*Verantwortung, Last*) recaer (*auf* sobre); **den Blick auf etw** *dat* ~ **lassen** posar la mirada sobre algo **4.** (*sich stützen*) apoyarse (*auf* en); **ruhen|lassen*** *irr vt s.* **ruhen 2.**

Ruhepause *f* <-, -n> descanso *m,* pausa *f;* **eine ~ einlegen** hacer un descanso; **Ruhepotential** *nt* <-s, -e> (BIOL) potencial *m* de reposo; **Ruhesitz** *m* <-es, -e> **1.** (*Alterssitz*) retiro *m;* **sie möchten ihren ~ in Florida haben** les gustaría retirarse a Florida **2.** (*Sitzgelegenheit*) asiento *m;* **Ruhestand** *m* <-(e)s, *ohne pl*> jubilación *f;* (MIL) retiro *m;* **im ~** retirado; **im ~ sein** estar jubilado; **jdn in den ~ versetzen** jubilar a alguien; **in den ~ treten** jubilarse

Ruheständler(in) [-ʃtɛntlɐ] *m(f)* <-s, -; -, -nen> jubilado, -a *m, f*

Ruhestatt *f* <-, -stätten> (*geh*), **Ruhestätte** *f* <-, -n> (*geh: Grab*) sepultura *f;* **die letzte ~** la última morada; **Ruhestellung** *f* <-, -en> **1.** (*eines Körpers*) posición *f* de reposo **2.** (MIL) acantonamiento *m;* **ruhestörend** *adj* molesto; **~ sein** ser molesto; **können Sie diese ~e Musik nicht abstellen?** ¿no puede quitar esa música que tanto (me) molesta?; **Ruhestörung** *f* <-, -en> perturbación *f* del orden público, disturbio *m;* **Ruhetag** *m* <-(e)s, -e> día *m* de descanso; (*von Gaststätten*) descanso *m* semanal; **Ruhezone** *f* <-, -n> (ÖKOL) zona *f* de reposo; **Ruhezustand** *m* <-(e)s, -stände> estado *m* de reposo

ruhig ['ruːɪç] *adj* **1.** (*bewegungslos, leise*) quieto; **sitz doch ~!** ¡estate quieto!; **ihr sollt ~ sein!** ¡que os estéis quietos!; **eine ~e Hand haben** tener un pulso seguro **2.** (*geräuschlos*) tranquilo; (*schweigsam*) callado; **gegen 19 Uhr wird es ~er** hacia las siete esto se queda más tranquilo **3.** (*gelassen*) tranquilo; **nur ~ Blut!** ¡tranquilo!; **ein ~es Gewissen haben** tener la conciencia tranquila; **~er werden** calmarse; **du musst ~ bleiben** debes permanecer tranquilo; **~ verlaufen** transcurrir sin incidentes; **du kannst ganz ~ sein** puedes estar tranquilo; **etw ~ mitansehen** observar algo tranquilamente; **ihr könnt ~ gehen, ich passe schon auf** (*fam*) podéis iros tranquilos, ya vigilo yo; **ich kann es euch ja ~ sagen** (*fam*) os lo puedo decir tranquilamente; **schauen Sie sich ~ noch mal anderweitig um** (*fam*) dése tranquilamente una vuelta por otro lado; **ruhig|stellen** *vt s.* **stellen I.2.**

Ruhm [ruːm] *m* <-(e)s, *ohne pl*> gloria *f;* **durch etw ~ erlangen** alcanzar la gloria por algo, hacerse famoso por algo; **da hat er sich nicht (gerade) mit ~ bekleckert** (*fam*) no se ha cubierto precisamente de gloria

rühmen ['ryːmən] **I.** *vt* alabar, elogiar **II.** *vr:* **sich etw** *gen* ~ gloriarse de algo; (*prahlend*) vanagloriarse de algo; **er rühmt sich seines musikalischen Talentes** se gloria de su talento para la música

Ruhmesblatt *nt:* **etw ist für jdn kein ~** algo no es un mérito [*o* una flor] para alguien

rühmlich *adj* glorioso

ruhmlos *adj* sin gloria; (*beschämend*) vergonzoso; **ruhmreich** *adj* glorioso, insigne; **Ruhmsucht** *f* <-, *ohne pl*> ambición *f* por la gloria; **ruhmvoll** *adj s.* **ruhmreich**

Ruhr [ruːɐ] *f* <-, -en> (MED) disentería *f*

Rührei ['ryːɐʔaɪ] *nt* <-(e)s, -er> huevos *mpl* revueltos

rühren ['ryːrən] **I.** *vt* **1.** (*um~*) remover; (*mischen*) mezclar; **unter ständigem R~ das Mehl hinzufügen** añádase la harina sin dejar de remover; **die Eier in den Teig ~** mezclar los huevos con la masa **2.** (*bewegen*) mover; **er rührte keinen Finger um mir zu helfen** no movió ni un dedo para ayudarme **3.** (*emotional*) conmover; **sie war gerührt** estaba conmovida **II.** *vi* **1.** (*um~*) remover; **im Tee ~** remover el té **2.** (*geh: her~*) tener su origen (*von* en), deberse (*von* a); **das rührt daher, dass ...** esto se debe a que... **III.** *vr:* **sich ~** moverse; **sich nicht vom Fleck ~** no moverse del sitio; **ich klingelte, aber es rührte sich nichts** toqué el timbre, pero no pasó nada; **die Verletzten rührten sich nicht** los heridos no dieron señales de vida; **endlich rührte sich sein Gewissen** por fin le dio cargo de conciencia; **rührt euch!** (MIL) ¡descansen!

rührend *adj* conmovedor, emocionante; **das ist wirklich ~ von Ihnen** es todo un detalle por su parte

Ruhrgebiet *nt* <-(e)s> Cuenca *f* del Ruhr

rührig ['ryːrɪç] *adj* activo; (*flink*) ágil

Rührlöffel *m* <-s, -> cucharón *m*

Rührmichnichtan ['ryːɐmɪçnɪçtʔan] *nt* <-, -> (BOT) sensitiva *f*

Ruhrpott *m* <-(e)s, *ohne pl*> (*fam*) *s.* **Ruhrgebiet**

rührselig *adj* sentimental

Rührseligkeit *f* <-, *ohne pl*> sentimentalismo *m;* **der Film triefte vor ~ und Schmalz** la película estaba cargada de sentimentalismo y sensiblería [*o* era un auténtico dramón]

Rührstück *nt* <-(e)s, -e> obra *f* sentimentaloide, dramón *m fam*

Rührteig *m* <-(e)s, -e> masa *f* de bizcocho

Rührung *f* <-, *ohne pl*> emoción *f*

Ruin [ru'iːn] *m* <-s, *ohne pl*> ruina *f;* **vor dem ~ stehen** estar al borde de la ruina; **du wirst noch mein ~!** (*fam*) ¡eres mi perdición!, ¡vas a acabar conmigo!

Ruine [ru'iːnə] *f* <-, -n> ruina *f*

ruinieren* [rui'niːrən] *vt* **1.** (*vernichten*) arruinar; **seine Gesundheit ~** arruinar su salud **2.** (*beschädigen*) estropear

ruinös [rui'nøːs] *adj* ruinoso

rülpsen ['rʏlpsən] *vi* (*fam*) eructar, regoldar

Rülpser *m* <-s, -> (*fam*) eructo *m*

rum [rʊm] *adv* (*fam*) *s.* **herum**

Rum [rʊm] *m* <-s, -s, *Österr, Schweiz:* -e>

ron *m*

Rumäne, **-in** [ru'mɛːnə] *m, f* <-n, -n; -, -nen> rumano, -a *m, f*

Rumänien [ru'mɛːniən] *nt* <-s> Rumania *f,* Rumanía *f*

Rumänin *f* <-, -nen> *s.* **Rumäne**

rumänisch *adj* rumano

Rumänisch *nt* <-(s), *ohne pl*>, **Rumänische** *nt* <-n, *ohne pl*> rumano *m;* **sprechen Sie ~?** ¿habla rumano?; **der Text wurde ins ~e/aus dem ~en übersetzt** tradujeron el texto al rumano/del rumano

Rumba ['rʊmba] *f* <-, -s> rumba *f*

rum|kriegen ['rʊm-] *vt* (*fam*) **1.** (*Zeit*) pasar **2.** (*überreden*) convencer; (*verführen*) seducir; **jdn ~** convencer [*o* persuadir] a alguien; (*verführen*) ligarse a alguien

Rummel ['rʊməl] *m* <-s, *ohne pl*> (*fam*) **1.** (*Betriebsamkeit*) ajetreo *m;* **großen ~ um etw/jdn machen** armar un escándalo por algo/alguien **2.** (*Jahrmarkt*) feria *f;* **Rummelplatz** *m* <-es, -plätze> (*fam*) feria *f*

rumoren* [ru'moːrən] *vi* (*fam*) hacer ruido; **es rumort in ihrem Bauch** le suenan las tripas; **viele Ideen ~ in ihren Köpfen** muchas ideas cruzan [*o* pasan por] sus mentes

Rumpelkammer ['rʊmpəl-] *f* <-, -n> (*fam*) (cuarto *m*) trastero *m*

rumpeln ['rʊmpəln] *vi* (*fam*) **1.** *sein* (*Fahrzeug*) avanzar con gran estrépito, traquetear **2.** (*poltern*) hacer ruido, meter barullo

Rumpf [rʊmpf, *pl:* 'rʏmpfə] *m* <-(e)s, Rümpfe> **1.** (*des Menschen*) tronco *m;* (*einer Statue*) torso *m* **2.** (NAUT) casco *m* **3.** (AERO) fuselaje *m;* **Rumpfbelegschaft** *f* <-, -en> (WIRTSCH) plantilla *f* (de una empresa) reducida; **Rumpfbeuge** *f* <-, -n> (SPORT) flexión *f* de tronco

rümpfen ['rʏmpfən] *vi:* **die Nase über etw ~** mirar algo con desprecio

Rumpsteak ['rʊmpsteːk] *nt* <-s, -s> filete *m* de culata, chorizo *m CSur*

Rumtopf *m* <-(e)s, -töpfe> conserva *f* de fruta en ron

rum|treiben *irr vr:* **sich ~** (*fam abw*) vagabundear (*auf/in* por); (*auf der Straße*) callejear (*auf/in* por); **wo hast du dich wieder rumgetrieben?** ¿por dónde te has metido?

Rumtreiber(in) *m(f)* <-s, -; -, -nen> (*fam*) merodeador(a) *m(f);* (*Landstreicher*) vagabundo, -a *m, f*

Run [ran] *m* <-s, -s> gran demanda *f* (*auf* de)

rund [rʊnt] **I.** *adj* **1.** (*Form*) redondo; **eine Konferenz am ~en Tisch** una mesa redonda; **das ist eine ~e Sache** esto nos salió redondo; **ein ~es Dutzend Leute** (*fam*) aproximadamente una docena de personas **2.** (*Mensch*) regordete; **dick und ~ werden** volverse gordinflón **II.** *adv* (*fam: ungefähr*) aproximadamente; **~ hundert Mark** aproximadamente cien marcos; **~ um** alrededor de; **~ um die Uhr** las 24 horas del día

Rundbau *m* <-(e)s, -ten> edificio *m* circular; **Rundblick** *m* <-(e)s, -e> panorama *m,* vista *f* panorámica; **Rundbogen** *m* <-s, -bögen> (ARCHIT) arco *m* de medio punto; **Rundbrief** *m* <-(e)s, -e> circular *f*

Runde ['rʊndə] *f* <-, -n> **1.** (*Gesellschaft*) tertulia *f,* reunión *f;* **in die ~ blicken** mirar alrededor **2.** (*Rundgang*) vuelta *f;* (*von Polizei*) ronda *f;* **seine ~ machen** hacer la ronda; **ein Flugzeug zieht seine ~n über der Stadt** un avión sobrevuela en círculo la ciudad; **das Gerücht machte im Dorf die ~** el rumor dio la vuelta al pueblo; **die Weinflasche machte die ~** la botella de vino pasó por todas las manos **3.** (SPORT) vuelta *f;* (*Boxen*) asalto *m;* **über die ~n kommen** (*fam*) salir adelante, ir tirando **4.** (*Getränke~*) ronda *f;* **eine ~ schmeißen** pagar una ronda

runden ['rʊndən] *vt* (MATH) redondear

runderneuern* ['----] *vt* (AUTO) recauchar, recauchutar

Rundfahrt *f* <-, -en> vuelta *f;* **Rundflug** *m* <-(e)s, -flüge> vuelta *f* en avión; **Rundfrage** *f* <-, -n> encuesta *f*

Rundfunk *m* <-s, *ohne pl*> radiodifusión *f,* radio *f;* **im ~** en la radio; **~ hören** escuchar la radio; **Rundfunkanstalt** *f* <-, -en> centro *m* de radiodifusión, radiodifusora *f Arg;* **Rundfunkempfang** *m* <-(e)s, *ohne pl*> recepción *f* de radio; **Rundfunkempfänger** *m* <-s, -> radiorreceptor *m;* **Rundfunkgebühr** *f* <-, -en> derechos *mpl* de radiodifusión; **Rundfunkgerät** *nt* <-(e)s, -e> aparato *m* de radio; **Rundfunkhörer(in)** *m(f)* <-s, -; -, -nen> radioyente *mf;* **sie ist eine passionierte ~in** le encanta oír la radio; **Rundfunkprogramm** *nt* <-s, -e> programa *m* de radio; **Rundfunksender** *m* <-s, -> emisora *f* de radio, radiodifusora *f Arg;* **Rundfunksendung** *f* <-, -en> programa *m* de radio; **Rundfunksprecher(in)** *m(f)* <-s, -; -, -nen> (RADIO) locutor(a) *m(f);* **Rundfunkstation** *f* <-, -en> estación *f* de radio, emisora *f* de radio; **Rundfunkübertragung** *f* <-, -en> (RADIO) retransmisión *f* por radio; **die ~ des Fußballspieles kommt live aus dem Stadion** el partido se retransmite en vivo por radio desde el estadio

Rundgang *m* <-(e)s, -gänge> vuelta *f;* (*Strecke*) circuito *m;* **einen ~ machen** dar una vuelta

rund|gehen *irr vi sein* **1.** (*herumgereicht werden*) pasar de mano en mano; (*erzählt werden*) ir de boca en boca **2.** (*fam: turbulent werden*) haber jaleo; **in unserer Kneipe ging es gestern rund** ayer hubo un ambiente increíble en nuestro pub; **jetzt geht's rund** ahora empieza lo bueno

rundheraus ['--'-] *adv* francamente, sin rodeos; **~ gesagt** dicho francamente; **rundherum** ['--'-] *adv* **1.** (*räumlich*) alrededor (*um* de) **2.** (*völlig*) completamente; **ich bin ~ glücklich** soy feliz hasta la médula

rundlich *adj* **1.** (*annähernd rund*) redondeado **2.** (*dicklich*) rechoncho, regordete

Rundreise *f* <-, -n> gira *f;* **Rundruf** *m* <-(e)s, -e> (TEL) (serie *f* de) llamadas *fpl* (en cadena); **Rundschreiben** *nt* <-s, -> circular *f*

Rundstricknadel *f* <-, -n> aguja *f* de calceta para hacer punto en redondo

rundum ['-'-] *adv s.* **rundherum; Rundumschlag** ['-'--] *m* <-(e)s, -schläge> crítica *f* general

Rundung *f* <-, -en> curvatura *f*

Rundwanderweg *m* <-(e)s, -e> camino *m* circular

rundweg ['rʊnt'vɛk] *adv* rotundamente, terminantemente; **sie hat es ~ abgelehnt** lo ha rechazado rotundamente

Rune ['ru:nə] *f* <-, -n> runa *f;* **Runenschrift** *f* <-, *ohne pl*> escritura *f* rúnica, caracteres *mpl* rúnicos

Runkel ['rʊŋkəl] *f* <-, -n>, **Runkelrübe** *f* <-, -n> (AGR) remolacha *f* forrajera

runter ['rʊntɐ] *adv* (*fam*) (hacia) abajo

runter|hauen <haut runter, haute *o* hieb runter, runtergehauen> *vt* (*fam*): **jdm eine/ein paar ~** darle una bofetada/unas bofetadas a alguien; **einen Text ~** (*abw*) escribir un texto (a máquina) deprisa y corriendo [*o* de cualquier manera]

runter|holen *vt* **1.** (*fam: herunternehmen*) bajar (*von* de); **morgen werde ich die alten Möbel vom Dachboden ~** mañana bajaré los muebles viejos del desván **2.** (*Wend*): **jdm/sich** *dat* **einen ~** (*vulg*) hacerle a alguien/hacerse una paja

runter|kommen *irr vi sein* (*fam*) **1.** (*nach unten kommen*) bajar **2.** (*verwahrlosen*) venir a menos, decaer; (*Person*) envilecerse, hundirse; (*Gesundheit*) deteriorarse

runter|lassen *irr vt* (*fam*) **1.** (*abseilen*) bajar con una cuerda; **langsam ließ er die Kiste aus dem Hubschrauber runter** fue descolgando despacio la caja desde el helicóptero **2.** (*Jalousie*) bajar

Runzel ['rʊntsəl] *f* <-, -n> arruga *f*

runz(e)lig *adj* arrugado

runzeln ['rʊntsəln] **I.** *vt* arrugar; **die Stirn ~** fruncir las cejas **II.** *vr:* **sich ~** arrugarse

runzlig *adj* arrugado

Rüpel ['ry:pəl] *m* <-s, -> (*abw*) descarado, -a *m, f,* maleducado, -a *m, f*

Rüpelei *f* <-, -en> (*abw*) grosería *f*

rüpelhaft *adj* (*abw*) grosero, descarado

rupfen ['rʊpfən] *vt* **1.** (*Geflügel*) desplumar; **er ist dort erbärmlich gerupft worden** (*fam*) allí le robaron hasta la camisa **2.** (*Gras, Unkraut*) arrancar

ruppig ['rʊpɪç] *adj* **1.** (*abw: unfreundlich, grob*) grosero, mal educado **2.** (*ungepflegt*) desaseado

Rüsche ['ry:ʃə] *f* <-, -n> frunce *m,* volante *m*

Ruß [ru:s] *m* <-es, -e> hollín *m,* tizne *m;* **Rußbildung** *f* <-, -en> formación *f* de hollín

Russe, -in ['rʊsə] *m, f* <-n, -n; -, -nen> ruso, -a *m, f*

Rüssel ['rʏsəl] *m* <-s, -> (*von Insekt, Elefant*) trompa *f;* (*von Schwein*) hocico *m;* **halt den ~!** (*fam*) ¡cierra el pico!

rußen ['ru:sən] **I.** *vi* (*Kerze, Feuer*) producir hollín **II.** *vt* (*südd, Schweiz: ent~*) deshollinar

Rußfilter *m* <-s, -> (TECH) filtro *m* del hollín; **Rußflocke** *f* <-, -n> partícula *f* de hollín

rußig *adj* lleno de hollín

Russin *f* <-, -nen> *s.* **Russe**

russisch *adj* ruso

Russisch *nt* <-(s), *ohne pl*>, **Russische** *nt* <-n, *ohne pl*> ruso *m;* **sprechen Sie ~?** ¿habla ruso?; **der Text wurde ins ~e/aus dem ~en übersetzt** tradujeron el texto al ruso/del ruso

Russland[RR] ['rʊslant] *nt* <-s>, **Rußland** *nt* <-s> Rusia *f;* **Russlanddeutsche(r)**[RR] *mf* <-n, -n; -n, -n> ruso, -a *m, f* de ascendencia alemana

rüsten ['rʏstən] **I.** *vi* **1.** (MIL) armar, hacer preparativos de guerra **2.** (*Schweiz: sich vorbereiten*) prepararse (*zu/für* a/para), hacer preparativos (*zu/für* a/para); **er war für die Prüfung gut gerüstet** estaba bien preparado para el examen **II.** *vr:* **sich ~** (*geh*) prepararse (*zu/für* a/para) **III.** *vt* (*Schweiz*) preparar

Rüster ['ry:stɐ] *f* <-, -n> (BOT) olmo *m*

rüstig ['rʏstɪç] *adj* vigoroso, ágil

Rüstigkeit *f* <-, *ohne pl*> vitalidad *f,* vigor *m,* agilidad *f*

rustikal [rʊsti'ka:l] *adj* rústico

Rüstung *f* <-, -en> **1.** (*Ritter~*) armadura *f* **2.** (MIL) armamento *m*

Rüstungsanleihe *f* <-, -n> empréstito *m* de armamento; **Rüstungsbegrenzung** *f* <-, -en> limitación *f* de armamento; **Rüstungsbeschränkung** *f* <-, -en> limitación *f* de armamento(s); **Rüstungsbetrieb** *m* <-(e)s, -e> fábrica *f* de armamento; **Rüstungsetat** *m* <-s, -s> presupuesto *m* para armamento; **Rüstungsexport** *m* <-(e)s, -e> exportación *f* de armamentos; **Rüstungsgegner(in)** *m(f)* <-s, -; -, -nen> (POL) oposicionista *mf* al armamento; **Rüstungsindustrie** *f* <-, -n> industria *f* de armamento

Rüstungskontrolle *f* <-, -n> control *m* de armamento; **Rüstungskontrollverhandlungen** *fpl* negociaciones *fpl* sobre el control de armamento(s)

Rüstungsmüll *m* <-(e)s, *ohne pl*> desechos *mpl* de la industria de armamento; **Rüstungsunternehmen** *nt* <-s, -> empresa *f* productora de armamentos

Rüstzeit *f* <-, -en> tiempo *m* de preparación; **Rüstzeug** *nt* <-(e)s, -e> herramientas *fpl,* requisitos *mpl*

Rute ['ru:tə] *f* <-, -n> **1.** (*Stock*) vara *f* **2.** (*Rutenbündel*) férula *f* **3.** (*Angel~*) caña *f* de pescar **4.** (*Schwanz*) cola *f,* rabo *m* **5.** (*vulg: Pe-*

nis) rabo *m,* polla *f*

Rutengänger(in) *m(f)* <-s, -; -, -nen> zahorí *mf*

Ruthenium [ru'te:niʊm] *nt* <-s, *ohne pl*> (CHEM) rutenio *m*

Rütlischwur ['ry:tli-] *m* <-(e)s> (HIST): **der** ~ *juramento de fidelidad legendario hecho durante la fundación de la Confederación Helvética*

Rutsch [rʊtʃ] *m* <-(e)s, -e> (*fam: bei Wahlen*) giro *m* (*nach* a); **in einem** ~ (*fam*) de un golpe; **guten ~ ins neue Jahr!** (*fam*) ¡Feliz Año Nuevo!; **Rutschbahn** *f* <-, -en> **1.** (*Spielgerät*) tobogán *m* **2.** (*fam: auf Schnee, Eis*) pista *f* deslizante

Rutsche ['rʊtʃə] *f* <-, -n> tobogán *m*

rutschen ['rʊtʃən] *vi sein* **1.** (*gleiten*) resbalar, deslizarse; (*Auto*) patinar **2.** (*fam: rücken*) hacer sitio, correrse; **rutsch doch mal ein Stückchen!** ¡córrete un poquito!; **sie rutschte auf ihrem Stuhl hin und her** no paraba de moverse en su silla **3.** (*herunter~*) caerse; (*Erdmassen*) desprenderse; **ins R~ kommen** [*o* **geraten**] pegar un resbalón; (*Auto*) patinar

rutschfest *adj* antideslizante; **Rutschgefahr** *f* <-, *ohne pl*> peligro *m* de patinar

rutschig *adj* resbaladizo, resbaloso

Rutschpartie *f* <-, -n> (*fam*): **bei diesem Schnee ist jeder Gang die reinste ~!** ¡con la nieve que hay es imposible andar sin resbalar [*o* sin patinar]!; **rutschsicher** *adj* antideslizante

rütteln ['rʏtəln] **I.** *vi* (*an Türklinke, Gitter*) dar sacudidas (*an* a); **daran ist nicht** [*o* **gibt es nichts**] **zu** ~ es así, y punto **II.** *vt* sacudir; **jdn aus dem Schlaf** ~ despertar a alguien sacudiéndole

Rüttelsieb *nt* <-(e)s, -e> (TECH) tamiz *m* vibrante; (*grob*) criba *f* vibrante

R

S

S, s [ɛs] *nt* <-, -> S, s *f;* ~ **wie Siegfried** [*o* **Samuel**] S de Soria

s. *Abk. von* **siehe** v.

's [s] *pron pers* (*fam*) *Abk. von* **es** lo; **gib's mir!** ¡dámelo!; **wie geht's?** ¿qué tal?; *s. a.* **es**

S 1. *Abk. von* **Süden** S 2. (CHEM) *Abk. von* **Schwefel** S

S. *Abk. von* **Seite** pág.

s. a. *Abk. von* **sine anno** sin fecha (de edición determinada)

Sa. 1. *Abk. von* **Summa** suma *f* 2. *Abk. von* **Sachsen** Sajonia *f*

SA [ɛs'ʔaː] *f* (HIST) *Abk. von* **Sturmabteilung** SA *f*

Saal [zaːl, *pl:* 'zɛːlə] *m* <-(e)s, Säle> sala *f,* salón *m;* **Saalschlacht** *f* <-, -en> (*fam*) pelea *f* (en una sala de reuniones); **Saaltochter** *f* <-, -töchter> (*Schweiz*) camarera *f* de comedor

Saar [zaːɐ] *f* Sarre *m*

Saarbrücken [zaːɐ'brʏkən] *nt* <-s> Saarbrücken *m*

Saargebiet ['zaːɐgəbiːt] *nt* <-(e)s>: **das** ~ la región del Sarre; **Saarland** *nt* <-(e)s> (territorio *m* del) Sarre *m*

Saat [zaːt] *f* <-, *ohne pl*> 1. (*das Aussäen*) siembra *f* 2. (~*gut*) semillas *fpl,* simientes *fpl;* **Saatgut** *nt* <-(e)s, *ohne pl*> semillas *fpl,* simientes *fpl;* **Saatkartoffel** *f* <-, -n> patata *f* de siembra

Saatkorn[1] *nt* <-(e)s, -körner> (BOT) semilla *f,* grano *m*

Saatkorn[2] *nt* <-(e)s, *ohne pl*> (AGR: *zum Aussäen*) simiente *f*

Saatkrähe *f* <-, -n> (ZOOL) graja *f,* grajo *m*

Sabbat ['zabat] *m* <-s, -e> sab(b)ath *m,* sábado *m* judío

sabbeln ['zabəln] *vi* (*reg*) *s.* **sabbern**

Sabber *m* <-s, *ohne pl*> (*fam*) baba(s) *f(pl);* **Sabberlätzchen** *nt* <-s, -> (*reg: a. abw*) babero *m*

sabbern ['zabɐn] *vi* (*fam*) 1. (*Speichel*) babear, babosear 2. (*schwatzen*) charlotear, darle al pico

Säbel ['zɛːbəl] *m* <-s, -> sable *m;* **mit dem** ~ **rasseln** (*fig*) estar en pie de guerra; **Säbelfechten** *nt* <-s, *ohne pl*> (SPORT) (esgrima *f* de) sable *m*

säbeln *vt* (*fam*) cortar en lonchas (demasiado) gruesas

Säbelrasseln *nt* <-s, *ohne pl*> amenaza *f* de guerra

Sabotage [zabo'taːʒə] *f* <-, -n> sabotaje *m;* **Sabotageakt** *m* <-(e)s, -e> acto *m* de sabotaje

Saboteur(in) [zabo'tøːɐ] *m(f)* <-s, -e; -, -nen> saboteador(a) *m(f)*

sabotieren* [zabo'tiːrən] *vt* sabotear

Sac(c)harid *nt* <-s, -e> (CHEM) sacárido *m*

Sa(c)charin [zaxa'riːn] *nt* <-s, *ohne pl*> sacarina *f*

Sac(c)harose *f* <-, *ohne pl*> (CHEM) sacarosa *f*

Sachanlage *f* <-, -n> (WIRTSCH) material *m* inmovilizado

Sacharid *nt* <-s, -e> (CHEM) sacárido *m*

Sacharin *nt* <-s, *ohne pl*> sacarina *f*

Sacharose *f* <-, *ohne pl*> (CHEM) sacarosa *f*

Sachausgaben *fpl* gastos *mpl* materiales; **Sachbearbeiter(in)** *m(f)* <-s, -; -, -nen> oficial(a) *m(f)* encargado, -a; **Sachbereich** *m* <-(e)s, -e> ámbito *m,* área *f,* especialidad *f;* **Sachbeschädigung** *f* <-, -en> (JUR) daños *mpl* materiales; **mutwillige** [*o* **vorsätzliche**] ~ daños materiales intencionados; **sachbezogen** *adj* pertinente, referente a un asunto (en particular); **Sachbezüge** *mpl* retribuciones *fpl* en especie; **Sachbuch** *nt* <-(e)s, -bücher> libro *m* de divulgación; **sachdienlich** *adj* conducente; (*nützlich*) útil; ~**e Hinweise** informaciones al respecto

Sache ['zaxə] *f* <-, -n> 1. (*Ding*) cosa *f;* (*Gegenstand*) objeto *m;* **scharfe** ~**n** objetos cortantes; **warme** ~**n** ropa de abrigo; **bewegliche/unbewegliche** ~**n** (JUR, WIRTSCH) bienes muebles/inmuebles; **seine sieben** ~**n packen** empaquetar sus cuatro cosas 2. (*Angelegenheit, Handlung, Situation, Ereignis*) asunto *m,* cosa *f;* **geschäftliche** ~ asunto de negocio; **das ist eine** ~ **des Glaubens/des Geschmacks** es una cuestión de fe/de gustos; **das war eine tolle** ~ fue algo fantástico; **die** ~ **ist die, dass ...** la cosa es que...; **er macht seine** ~ **gut/schlecht** hace su trabajo bien/mal; **das ist eine** ~ **für sich** es cosa [*o* capítulo] aparte; **das ist deine** ~**!** ¡es tu problema!; **dieses Buch ist nicht jedermanns** ~ este libro no es para todos los gustos; **in eigener** ~ por [*o* en] propio interés; **er ist sich** (**bei ihr**) **seiner** ~ **gewiss** [*o* **sicher**] está muy seguro (respecto a ella); **bei der** ~ **mache ich nicht mit** no contéis conmigo para este asunto; **mit jdm gemeinsame** ~ **machen** hacer causa común con alguien; **keine halben** ~**n machen** no hacer las cosas a medias; **was machst du nur für** ~**n?** ¿pero qué cosas haces?; ~**n gibt's!** (*fam*) ¡qué cosas!; **bei der** ~ **sein** concentrarse, estar a lo que se está; (**kommen Sie**) **zur** ~**!** ¡vaya Ud. al grano!; **das tut nichts zur** ~**!** ¡eso es harina de otro costal!; **das tut jetzt nichts zur ~!** ¡eso (ahora) no viene a cuento [*o* al caso]!; **mach keine ~n!** (*fam*) ¡no hagas tonterías!; **sagen, was ~ ist** (*fam*) llamar a las cosas por su nombre **3.** (JUR: *Fall*) caso *m;* **in ~n** [*o* **in der ~**] **... gegen ...** en la causa... contra...; **jdn zu einer ~ vernehmen** interrogar a alguien en una causa **4.** (*Stundenkilometer*): **das Auto fährt 180 ~n** (*fam*) el coche corre a 180

Sacheinlage *f* <-, -n> (WIRTSCH) aportación *f* no dineraria (*in* a)

Sachenrecht *nt* <-s, *ohne pl*> (JUR) derecho *m* de cosas

Sachentscheidung *f* <-, -en> decisión *f* sobre el fondo [*o* valor] real

Sachertorte *f* <-, -n> (GASTR) "sachertorte" *f* (*pastel de chocolate*)

Sachfrage *f* <-, -n> pregunta *f* especializada, cuestión *f* concreta; **in ~n wenden Sie sich bitte an ...** en caso de preguntas específicas diríjanse por favor a...; **sachfremd** *adj* inapropiado, inadecuado; **Sachgebiet** *nt* <-(e)s, -e> materia *f,* campo *m;* **sachgemäß** *adj,* **sachgerecht** *adj* adecuado, apropiado; **bei ~er Verwendung** usado adecuadamente; **Sachkatalog** *m* <-(e)s, -e> catálogo *m* de materias; **Sachkenner(in)** *m(f)* <-s, -; -, -nen> experto, -a *m, f;* **Sachkenntnis** *f* <-, *ohne pl*> competencia *f,* conocimientos *mpl* en la materia; **Sachkosten** *pl* costes *mpl* materiales; **Sachkunde** *f* <-, *ohne pl*> **1.** (*geh*) *s.* **Sachkenntnis 2.** (SCH) *s.* **Sachkundeunterricht**

Sachkundeunterricht *m* <-(e)s, -e> (SCH) clases *fpl* de (ciencias) naturales y sociales (*en la escuela primaria*)

sachkundig *adj* competente, experto, baquiano *Arg, Kol;* **sich ~ machen** hacerse experto en la materia

Sachkundige(r) *mf* <-n, -n; -n, -n> experto, -a *m, f*

Sachlage *f* <-, *ohne pl*> estado *m* de cosas [*o* de la cuestión]; **Sachleistung** *f* <-, -en> prestación *f* en especie

sachlich *adj* **1.** (*sachbezogen*) pertinente; **die Behauptung ist ~ falsch** relativo a la materia esa afirmación es falsa **2.** (*objektiv*) objetivo; (*nüchtern*) realista; **bleiben Sie ~!** ¡sea Ud. objetivo!

sächlich ['zɛçlɪç] *adj* (LING) neutro

Sachlichkeit *f* <-, *ohne pl*> objetividad *f,* realismo *m;* **die Neue ~** (KUNST, LIT) *corriente postexpresionista alemana de los años veinte*

Sachmangel *m* <-s, -mängel> (JUR) vicio *m* de la cosa; **Sachregister** *nt* <-s, -> índice *m* de materias; **Sachschaden** *m* <-s, -schäden> daño *m* material

Sachse ['zaksə] *m,* **Sächsin** *f* <-n, -n; -, -nen> sajón, -ona *m, f*

sächseln ['zɛksəln] *vi* (*fam*) hablar con acento sajón

Sachsen ['zaksən] *nt* <-s> Sajonia *f;* **Sachsen-Anhalt** ['zaksən'ʔanhalt] *nt* <-s> Sajonia-Anhalt *f*

Sächsin ['zɛksɪn] *f* <-, -nen> *s.* **Sachse**

sächsisch ['zɛksɪʃ] *adj* sajón

Sachspende *f* <-, -n> donativo *m* en especie(s)

sacht(e) *adj* suave; (*unmerklich*) imperceptible

sachte [zaxt, 'zaxtə] **I.** *adj s.* **sacht(e) II.** *adv* (*fam*) **1.** (*behutsam*) suavemente; (*vorsichtig*) con cuidado **2.** (*unmerklich*) imperceptiblemente **3.** (*langsam*) despacio; **nun mal ~!** (*Schritt für Schritt*) ¡vamos por partes! **4.** (*allmählich*) poco a poco

Sachverhalt ['zaxvɛɐhalt] *m* <-(e)s, -e> circunstancias *fpl,* estado *m* de cosas; **sachverständig** *adj* experto

Sachverständige(r) *mf* <-n, -n; -n, -n> perito, -a *m, f,* experto, -a *m, f;* **juristischer ~r** experto en materia jurídica; **Sachverständigenausschuss**[RR] *m* <-es, -schüsse> comisión *f* de expertos [*o* de peritos]; **Sachverständigengutachten** *nt* <-s, -> dictamen *m* pericial

Sachwert *m* <-(e)s, *ohne pl*> (*Wert*) valor *m* real; **bilanzierbarer ~** valor real líquido

Sachwerte *ntpl* (*Wertobjekte*) bienes *mpl* reales

Sachwörterbuch *nt* <-(e)s, -bücher> diccionario *m* temático [*o* especializado]; **~ der Botanik** diccionario de botánica; **Sachzwang** *m* <-(e)s, -zwänge> necesidad *f* (momentánea), circunstancias *fpl;* **wirtschaftliche Sachzwänge erfordern ...** la situación económica requiere...

Sack [zak, *pl:* 'zɛkə] *m* <-(e)s, Säcke> **1.** (*Behälter*) saco *m;* **Gelber ~** *saco de basura amarillo en el sistema dual de separación de basuras;* **drei ~ Kartoffeln** tres sacos de patatas; **die Katze im ~ kaufen** (*fam*) comprar a ciegas; **jdn in den ~ stecken** (*fam: betrügen*) dar el timo a alguien; (*übertreffen*) superar a alguien; **mit ~ und Pack** con todo lo que tiene; **etw (schon) im ~ haben** (*fam*) tener algo (ya) en el saco; **in ~ und Asche gehen** (*geh*) hacer penitencia **2.** (*vulg: Hoden~*) cojones *mpl;* **der/das geht mir auf den ~** estoy hasta los cojones **3.** (*vulg abw: Mensch*) granuja *m;* **so ein fauler ~!** ¡qué zangano!; **Sackbahnhof** *m* <-(e)s, -höfe> estación *f* sin salida

Säckel ['zɛkəl] *m* <-s, -> (*südd, Österr*) **1.** (*Hosentasche*) bolsillo *m* del pantalón **2.** (*alt: Geldbeutel*): **tief in den ~ greifen müssen** tener que pagar mucho dinero [*o* que rascarse mucho el bolsillo]; **in seinen eigenen ~ arbeiten** trabajar pensando en el propio beneficio

sacken ['zakən] *vi sein* desplomarse; **zur Seite ~** caerse hacia el lado; **nach hinten ~** caerse hacia atrás

säckeweise ['zɛkəvaɪzə] *adv* **1.** (*in Säcken abgefüllt*) en [*o* por] sacos **2.** (*Säcke von*) sacos de; (*eine Menge*) un montón de

S

Sackgasse *f* <-, -n> callejón *m* sin salida; **in einer ~ stecken** estar en un callejón sin salida; **die Verhandlungen waren in eine ~ geraten** las negociaciones no avanzaban; **Sackgeld** *nt* <-es, *ohne pl*> (*Schweiz*) dinero *m* para gastos propios [*o* pequeños]; **Sackhüpfen** *nt* <-s, *ohne pl*> carrera *f* de sacos; **Sackkarre** *f* <-, -n> carretilla *f;* **Sackleinen** *nt* <-s, -> (h)arpillera *f;* **Sackmesser** *nt* <-s, -> (*Schweiz*) navaja *f;* **Sacktuch** *nt* <-(e)s, -tücher> (*südd, Österr, Schweiz*) pañuelo *m* (de bolsillo)

Sadismus [za'dɪsmʊs] *m* <-, *ohne pl*> sadismo *m*

Sadist(in) [za'dɪst] *m(f)* <-en, -en; -, -nen> sádico, -a *m, f*

sadistisch *adj* sádico

Sadomasochismus[1] *m* <-, *ohne pl*> (*Veranlagung*) sadomasoquismo *m*

Sadomasochismus[2] *m* <-s, -masochismen> (*Handlung*) prácticas *fpl* sadomasoquistas

säen ['zɛːən] *vt* sembrar; **Hass/Zwietracht ~** sembrar el odio/la discordia; **Spezialisten auf diesem Gebiet sind dünn gesät** hay escasos especialistas en este campo

Safari [za'faːri] *f* <-, -s> safari *m;* **auf ~ gehen** ir de safari; **Safaripark** *m* <-s, -s *o* -e *o Schweiz:* -pärke> safari *m*

Safe [sɛɪf] *m o nt* <-s, -s> caja *f* fuerte [*o* de caudales]

Saffian ['zafia(ː)n] *m* <-s, *ohne pl*>, **Saffianleder** *nt* <-s, -> tafilete *m,* marroquí *m*

Safran ['zafra(ː)n] *m* <-s, -e> azafrán *m*

Saft [zaft, *pl:* 'zɛftə] *m* <-(e)s, Säfte> **1.** (*Frucht~*) zumo *m,* jugo *m Am;* (*Braten~, Pflanzen~*) jugo *m;* **ohne ~ und Kraft** (*abw: kraftlos*) sin energía [*o* fuerzas]; (*gehaltlos*) soso; **jdn im eigenen ~ schmoren lassen** (*fam*) dejar a alguien que se cueza en su propio jugo **2.** (*fam: Strom*) corriente *f*

saftig *adj* **1.** (*Obst*) jugoso **2.** (*fam: Preis, Ohrfeige*) de aúpa

Saftladen *m* <-s, -läden> (*fam abw*) tugurio *m;* **saftlos** *adj* sin jugo; **saft- und kraftlos** (*abw*) soso; **Saftpresse** *f* <-, -n> exprimidor *m;* **Saftsack** *m* <-(e)s, -säcke> (*vulg abw*) cabrito *m*

Saga ['za(ː)ga] *f* <-, -s> (LIT) saga *f*

Sage ['zaːgə] *f* <-, -n> leyenda *f;* (*Götter~, Helden~*) mito *m*

Säge ['zɛːgə] *f* <-, -n> **1.** (*Werkzeug*) sierra *f* **2.** (*Österr: Sägewerk*) aserradero *m;* **Sägeblatt** *nt* <-(e)s, -blätter> hoja *f* de (la) sierra; **Sägebock** *m* <-(e)s, -böcke> tijera *f,* burro *m;* **Sägefisch** *m* <-(e)s, -e> (ZOOL) pez *m* sierra; **Sägemehl** *nt* <-(e)s, *ohne pl*> serrín *m;* **Sägemesser** *nt* <-s, -> cuchillo *m* de sierra; **Sägemühle** *f* <-, -n> serrería *f,* aserradero *m*

sagen ['zaːgən] *vt* decir (*zu* acerca de/sobre, *von* de); (*ausdrücken*) expresar; (*mitteilen*) comunicar; (*meinen*) opinar (*zu* de/sobre); (*ergänzen*) añadir (*zu* a); **wie sagt man auf Spanisch?** ¿cómo se dice en español?; **Gute Nacht ~** dar las buenas noches; **Auf Wiedersehen ~** decir adiós; **Ja/Nein ~** decir que sí/no; **du/Sie zu jdm ~** tratar a alguien de tú/de Ud.; **würden Sie mir bitte ~, wie spät es ist?** ¿podría decirme qué hora es, por favor?; **dagegen ist nichts zu ~** no se puede decir nada en contra; **kein Wort ~** no decir ni (una) palabra; **etw im Ernst/Scherz ~** decir algo en serio/en broma; **was ich noch ~ wollte, ...** lo que iba a decir...; **~ wir mal ...** digamos...; **wann treffen wir uns? – ~ wir um drei** ¿cuándo vamos a encontrarnos? – digamos a las tres; **sagt dir der Name etwas?** ¿te dice algo el nombre?, ¿te suena el nombre?; **nichts ~d** (*Rede, Argument*) insustancial; (*Worte, Sätze*) vacío; (*Gespräch*) vacuo; (*Thema*) trivial; **mit nichts ~dem Gesichtsausdruck** con cara inexpresiva; **das hätte ich dir gleich ~ können** podría habértelo dicho desde el principio; **hättest du mir nicht ~ können, dass ...?** podrías haberme dicho que...; **dazu möchte ich lieber nichts ~** prefiero no opinar sobre esto; **dazu möchte ich noch etwas ~** quisiera añadir algo; **was wollen Sie damit ~?** ¿qué quiere decir con esto?; **ich kann dir gar nicht ~, wie schön es war** no sé cómo decirte lo bonito que era; **was haben Sie zu Ihrer Rechtfertigung zu ~?** ¿y qué puede alegar en su defensa?; **wie man so schön sagt** como suele decirse; **das ist wirklich schwer zu ~** es realmente difícil de decir; **genauer** [*o* **besser**] **gesagt** mejor dicho; **auf gut Deutsch gesagt** dicho claramente; **offen gesagt** a decir verdad; **das musste einfach mal gesagt werden** había que decirlo de una vez; **er ist ein guter Torwart, das muss man schon ~** es un buen portero, hay que admitirlo; **das oben Gesagte** lo susodicho; **sie haben sich nichts mehr zu ~** ya no tienen nada que decirse; **das hat nichts zu ~** eso no quiere decir nada; **ich habe mir ~ lassen, dass ...** me dijeron que...; **sag mal, ...** di(me)...; **um nicht zu ~ ...** por no decir...; **von dir lasse ich mir überhaupt nichts ~** no te creas que te voy a hacer caso; **er hat in der Firma nichts zu ~** no pinta nada en la empresa; **das S~ haben** (*fam*) mandar; **das kannst du aber laut ~** (*fam*) eso sí que es verdad; **gesagt, getan** dicho y hecho; **das ist leichter gesagt, als getan** del dicho al hecho hay mucho trecho *prov;* **das ist schnell gesagt** se dice muy pronto; **das ist nicht gesagt** eso está por ver todavía; **ich denke, damit ist alles gesagt** creo que con eso está dicho todo; **unter uns gesagt** entre nosotros; **da sage ich nicht Nein** no lo rechazo; **du sagst es!** ¡tú lo has dicho!; **ich muss schon ~, ...** tengo que decir que...; **was ich noch ~ wollte, ...** otra cosa,...; **wem sagst du das!** (*fam*) ¡ya lo sé!; **sage und schreibe** (*fam*) tal como lo digo; **sag, was du willst** (*fam*) di lo que quieras; **was Sie nicht ~!** (*fam*) ¡no me diga!; **das eine sage ich dir, ...** (*fam*) te advierto una cosa...; **ich will dir/Ihnen was sagen ...** una cosa te/le digo...; **lass dir das gesagt sein!** (*fam*) ¡hazme caso!; **du kannst von Glück ~, dass ...** has tenido suerte en lo de... *+inf;* **das kann jeder ~!** ¡eso puede decirlo cualquiera!; **sag das nicht!** ¡no te creas!; **sag bloß!** (*fam*) ¡no me digas!; **das kann man nicht so ohne weiteres ~** tan fácil no es; **viel ~d** significativo, revelador; **jdn viel ~d ansehen** mirar a alguien significativamente; **na, wer sagt's denn!** (*fam*) ¡lo ves!; **hab' ich's nicht gesagt?** (*fam*) ¿no lo había dicho yo?; **was soll man dazu ~?** (*fam*) ¿qué quieres que te diga?

sägen ['zɛ:gən] **I.** *vt* serrar, aserrar **II.** *vi* (*fam: schnarchen*) roncar

sagenhaft *adj* **1.** (*legendär*) legendario **2.** (*erstaunlich*) asombroso, fabuloso; **das war ~ billig** (*fam*) era baratísimo, estaba tirado (de precio)

Sägespäne ['zɛ:gəʃpɛ:nə] *mpl* virutas *fpl;* **Sägewerk** *nt* <-(e)s, -e> aserradero *m*

Sago ['za:go] *m, Österr: nt* <-s, *ohne pl*> sagú *m;* **Sagopalme** *f* <-, -n> (BOT) sagú *m*

sah [za:] *3. imp von* **sehen**

Sahara [za'ha:ra] *f* Sáhara *m*

Sahel *m* <-(s)>, **Sahelzone** *f* zona *f* de Sahel

Sahne ['za:nə] *f* <-, *ohne pl*> nata *f;* **süße ~** nata líquida; **~ steif schlagen** montar la nata; **(aller)erste ~ sein** (*fam*) ser la flor y nata; **Sahnetorte** *f* <-, -n> tarta *f* de nata

sahnig *adj* cremoso, mantecoso

Saison [zɛ'zõ:, zɛ'zɔŋ] *f* <-, -s, *Österr:* -en> temporada *f;* **außerhalb der ~** fuera de temporada

saisonal [zɛzo'na:l] *adj* de temporada

Saisonarbeit *f* <-, -en> trabajo *m* estacional; **Saisonarbeiter(in)** *m(f)* <-s, -; -, -nen> temporero, -a *m, f;* **Saisonartikel** *m* <-s, -> artículo *m* de temporada; **Saisonausverkauf** *m* <-(e)s, -käufe> liquidación *f* por fin de temporada; **saisonbedingt** *adj* estacional, de temporada; **~e Arbeitslosigkeit** paro estacional; **Saisonbeschäftigte(r)** *mf* <-n, -n; -n, -n> (WIRTSCH) trabajador(a) *m(f)* estacional; **Saisonbeschäftigung** *f* <-, -en> (WIRTSCH) empleo *m* estacional; **saisongemäß** *adj* correspondiente [*o* conforme] a la temporada; **Saisonschwankung** *f* <-, -en> (WIRTSCH) fluctuación *f* de temporada; **Saisonware** *f* <-, -n> (WIRTSCH) género *m* de temporada

Saite ['zaɪtə] *f* <-, -n> cuerda *f;* **andere ~n aufziehen** (*fig*) apretar las tuercas; **Saiteninstrument** *nt* <-(e)s, -e> instrumento *m* de cuerda

Saitenwurst *f* <-, -würste> (*reg*) salchicha *f* (de) Frankfurt

Sakko ['zako] *m o nt* <-s, -s> americana *f,* saco *m Am,* percha *f ZAm*

sakral [za'kra:l] *adj* **1.** (*heilig*) sacro, sagrado **2.** (ANAT) sacro

Sakrament [zakra'mɛnt] *nt* <-(e)s, -e> sacramento *m*

Sakrileg [zakri'le:k] *nt* <-s, -e> sacrilegio *m;* **(mit etw) ein ~ begehen** cometer un sacrilegio (con algo)

Sakristei [zakrɪs'taɪ] *f* <-, -en> sacristía *f*

sakrosankt [zakro'zaŋkt] *adj* **1.** (*geh: unantastbar*) sagrado; **sein Arbeitszimmer ist ~, keiner darf es betreten** su estudio es sagrado, nadie puede entrar en él **2.** (HIST: *geheiligt*) sacrosanto

Säkularisation [zɛkulariza'tsio:n] *f* <-, -en> secularización *f*

säkularisieren* [zɛkulari'zi:rən] *vt* secularizar

Salamander [zala'mandɐ] *m* <-s, -> salamandra *f*

Salami [za'la:mi] *f* <-, -(s)> salami *m;* (*luftgetrocknet*) ≈salchichón *m;* **Salamitaktik** *f* <-, -en> (*fam*) táctica *f* de los pequeños pasos (para conseguir un objetivo mayor)

Salär [za'lɛ:ɐ] *nt* <-s, -e> (*Schweiz*) salario *m,* sueldo *m*

salarieren* [zala'ri:rən] *vt* (*Schweiz*) pagar (un sueldo) (a)

Salat [za'la:t] *m* <-(e)s, -e> **1.** (*Blatt~, Kopf~*) lechuga *f;* **ein Kopf ~** una lechuga **2.** (*Speise*) ensalada *f;* **gemischter ~** ensalada mixta; **den ~ anmachen** aliñar la ensalada **3.** (*fam: Durcheinander*) lío *m;* **da haben wir den ~!** ¡ahora estamos frescos!; **Salatbesteck** *nt* <-(e)s, -e> cubierto *m* para servir ensalada; **Salatgurke** *f* <-, -n> pepino *m* (para ensalada); **Salatplatte** *f* <-, -n> **1.** (*Teller*) fuente *f* para ensalada; **der Koch richtete die Tomaten auf der ~ an** el cocinero dispuso los tomates en la fuente **2.** (GASTR: *Gericht*) (plato *m* de) ensalada *f;* **Salatschleuder** *f* <-, -n> centrifugadora *f* de ensalada; **Salatschüssel** *f* <-, -n> ensaladera *f;* **Salatsoße** *f* <-, -n> aliño *m,* salsa *f* para la ensalada

Salbe ['zalbə] *f* <-, -n> pomada *f,* ungüento *m*

Salbei ['zalbaɪ, -'-] *m* <-s, *ohne pl*> salvia *f*

salben ['zalbən] *vt* (REL) ungir

salbenartig *adj* cremoso; **Salbenform** *f* <-, -en>: **in ~** en forma de ungüento; **Salbentopf** *m* <-(e)s, -töpfe> tarro *m* de ungüento, recipiente *m* de ungüento

Salbung *f* <-, -en> (*a.* REL) unción *f;* **salbungsvoll** *adj* (*abw*) con unción, patético

Salchow ['zalço] *m* <-s, -s> (SPORT) "salchow" *m*

saldieren* *vt* saldar, liquidar

Saldo ['zaldo] *m* <-s, Salden *o* -s *o* Saldi> (FIN) saldo *m;* (*offener Rechnungsbetrag*) deuda *f* líquida; **~ zu Ihren Gunsten/Lasten** saldo a su favor/a su cargo; **Saldovortrag** *m* <-(e)s, -träge> (FIN) saldo *m* a cuenta nueva, nuevo balance *m;* **Saldowechsel** *m*

<-s, -> (FIN) letra *f* de balance, letra *f* por saldo a cuenta

Säle ['zɛːlə] *pl von* **Saal**

Saline [za'liːnə] *f* <-, -n> salinas *fpl*

Salizylpräparat *nt* <-(e)s, -e> (MED) salicilato *m;* **Salizylsäure** [zali'tsyːl-] *f* <-, *ohne pl*> (CHEM) ácido *m* salicílico

Salm [zalm] *m* <-(e)s, -e> salmón *m*

Salmiak [zal'mjak, '--] *m o nt* <-s, *ohne pl*> sal *f* amoníaco [*o* amoníaca]; **Salmiakgeist** *m* <-(e)s, *ohne pl*> amoníaco *m* (acuoso), solución *f* amoniacal

Salmonelle [zalmo'nɛlə] *f* <-, -n> salmonela *f;* **Salmonellenvergiftung** *f* <-, -en> salmonelosis *f inv*

Salmoniden *pl* (ZOOL) salmónidos *mpl*

salomonisch [zalo'moːnɪʃ] *adj* salomónico, sabio

Salon [za'lõː, za'lɔŋ] *m* <-s, -s> salón *m;* **salonfähig** *adj* presentable (en sociedad); **etw ~ machen** dar el vistobueno a algo; **Salonlöwe** *m* <-n, -n> (*abw*) petimetre *m,* dandi *m;* **Salonwagen** *m* <-s, -> (EISENB) pullmann *m*

salopp [za'lɔp] *adj* (*Sprache*) coloquial; (*Verhalten, Kleidung*) informal; (*nachlässig*) descuidado

Salpeter [zal'peːtɐ] *m* <-s, *ohne pl*> salitre *m;* **Salpetersäure** *f* <-, *ohne pl*> ácido *m* nítrico

Salto ['zalto] *m* <-s, -s *o* Salti> (SPORT) salto *m;* **einen ~ rückwärts machen** dar una voltereta hacia atrás

salü *interj* (*Schweiz: fam*) **1.** (*hallo*) ¡hola! **2.** (*tschüs*) ¡adiós!, ¡hasta luego!

Salut [za'luːt] *m* <-(e)s, -e> (MIL) salva *f* de ordenanza; ~ **schießen** tirar una salva

salutieren* [zalu'tiːrən] *vi* (MIL) realizar un saludo militar

Salutschuss[RR] *m* <-es, -schüsse> (MIL) salva *f* (de bienvenida); **Salutschüsse abfeuern** [*o* **abgeben**] disparar una salva (por alguien)

Salvadorianer(in) [zalvadori'aːnɐ] *m(f)* <-s, -; -, -nen> salvadoreño, -a *m, f*

salvadorianisch [zalvadori'aːnɪʃ] *adj* salvadoreño

Salve ['zalvə] *f* <-, -n> (MIL) salva *f;* **auf jdn eine ~ feuern** [*o* **abgeben**] dar una salva por alguien

Salz [zalts] *nt* <-es, -e> (*a.* CHEM) sal *f;* **das ~ in der Suppe** (*fig*) la sal y la pimienta; **weder ~ noch Schmalz sein** (*fig*) no ser ni tinto ni colorado; **jdm nicht das ~ in der Suppe gönnen** tener a alguien a pan y agua [*o* a raya]; **salzarm** *adj* pobre en sal; **Salzbergwerk** *nt* <-(e)s, -e> mina *f* de sal

Salzburg ['zaltsbʊrk] *nt* <-s> Salzburgo *m*

salzen ['zaltsən] <salzt, salzte, gesalzen *o* gesalzt> *vt* salar

Salzfässchen[RR] ['-fɛsçən] *nt* <-s, ->, **Salzfäßchen** *nt* <-s, -> salero *m* (pequeño); **Salzgehalt** *m* <-(e)s, -e> contenido *m* en sal, salinidad *f;* **Salzgurke** *f* <-, -n> (GASTR) pepinillo *m* en salmuera; **salzhaltig** *adj* salino, salobre; **Salzhering** *m* <-s, -e> (GASTR) arenque *m* en salmuera [*o* salado]

salzig *adj* salado; (*Geschmack*) salobre

Salzkartoffeln *fpl* patatas *fpl* cocidas sin piel; **Salzkorn** *nt* <-(e)s, -körner> grano *m* de sal; **Salzlake** *f* <-, -n> (GASTR) salmuera *f;* **salzlos** *adj* sin sal; **Salzlösung** *f* <-, -en> (MED) solución *f* salina; **Salzsäule** *f* <-, -n> estatua *f* de sal; **zur ~ erstarren** quedarse de piedra [*o* atónito]

Salzsäure *f* <-, *ohne pl*> ácido *m* clorhídrico; **Salzsäuregas** *nt* <-es, -e> gas *m* del ácido clorhídrico

Salzsee *m* <-s, -n> lago *m* salado [*o* de agua salada]; **Salzstange** *f* <-, -n> palito *m* salado; **Salzstreuer** *m* <-s, -> salero *m;* **Salztektonik** *f* <-, *ohne pl*> (GEO) tectónica *f* salina; **Salzwasser** *nt* <-s, *ohne pl*> agua *f* salada; (*Meerwasser*) agua *f* de mar; **Salzwüste** *f* <-, -n> desierto *m* de sal [*o* salino]

SA-Mann *m* <-(e)s, -Männer *o* -Leute> (HIST: *Nationalsozialismus*) miembro *m* de la SA

Samariter(in) [zama'riːtɐ] *m(f)* <-s, -; -, -nen> samaritano, -a *m, f*

Samarium [za'maːriʊm] *nt* <-s, *ohne pl*> (CHEM) samario *m*

Samba ['zamba] *f* <-, -s>, *m* <-s, -s> samba *f*

Samen[1] ['zaːmən] *m* <-s, -> (*Samenkorn*) semilla *f*

Samen[2] *m* <-s, *ohne pl*> **1.** (*Saat*) simiente *f* **2.** (*Sperma*) semen *m,* esperma *m o f*

Samenbank *f* <-, -en> (MED) banco *m* de esperma; **Samenbaum** *m* <-(e)s, -bäume> árbol *m* padre; **Samenblase** *f* <-, -n> (ANAT) vesícula *f* seminal; **Samenerguss**[RR] *m* <-es, -güsse> eyaculación *f;* **Samenfaden** *m* <-s, -fäden> (MED) espermatozoide *m;* **Samenflüssigkeit** *f* <-, -en> (BIOL) esperma *m o f;* **Samenhandlung** *f* <-, -en> tienda *f* de venta de granos y semillas; **Samenkapsel** *f* <-, -n> (BOT) pericarpio *m;* **Samenkorn** *nt* <-(e)s, -körner> semilla *f,* grano *m;* **Samenleiter** *m* <-s, -> (ANAT) espermaducto *m,* conducto *m* espermático; **Samenspender** *m* <-s, -> donante *m* de semen [*o* de esperma]; **Samenstrang** *m* <-(e)s, -stränge> cordón *m* espermático; **Samenverbreitung** *f* <-, *ohne pl*> propagación *f* de las semillas; **Samenzelle** *f* <-, -n> (BIOL) (piel *f* de) célula *f* espermática, esperma *m o f*

Sämereien [zɛːmə'raɪən] *fpl* semillas *fpl*

sämig ['zɛːmɪç] *adj* espeso

Sämischleder *nt* <-s, -> (piel *f* de) gamuza *f*

Sämling *m* <-s, -e> arbolito *m* nacido de semilla

Sammelaktie *f* <-, -n> (FIN) acción *f* colectiva; **Sammelalbum** *nt* <-s, -alben> álbum *m* (de coleccionista); **Sammelanschluss**[RR] *m* <-es, -schlüsse> (TEL) línea *f* colectiva; **Sammelband** *m* <-(e)s, -bände> antología *f*; **Sammelbecken** *nt* <-s, -> receptáculo *m*; **Sammelbegriff** *m* <-(e)s, -e> concepto *m* genérico; **Sammelbehälter** *m* <-s, -> depósito *m*; **Sammelbestellung** *f* <-, -en> pedido *m* colectivo; **Sammelbezeichnung** *f* <-, -en> concepto *m* genérico; **Sammelbüchse** *f* <-, -n> hucha *f*, alcancía *f*; **Sammelbuchung** *f* <-, -en> (FIN, WIRTSCH) asiento *m* colectivo, contabilización *f* colectiva; **Sammelfahrkarte** *f* <-, -n>, **Sammelfahrschein** *m* <-(e)s, -e> (EISENB) abono *m* transporte; (*nur Bus*) bonobús *m*; **Sammelkonnossement** *nt* <-(e)s, -e> (COM) conocimiento *m* colectivo; **Sammelladung** *f* <-, -en> (COM) carga *f* colectiva; (NAUT, EISENB) embarque *m* mixto; **Sammellager** *nt* <-s, -> centro *m* de acogida, campo *m* de acogida [*o* provisional de refugiados]; **die Katastrophenopfer wurden in ~n versorgt** las víctimas de la catástrofe fueron alojadas en campos (de acogida); **Sammelmappe** *f* <-, -n> archivador *m*

sammeln ['zaməln] **I.** *vt* **1.** (*zusammentragen*) recoger; (*Beeren*) recolectar; (*Geld*) recaudar; (*Unterschriften*) reunir; **Erfahrungen** ~ reunir experiencias **2.** (*aus Liebhaberei*) coleccionar **3.** (*ver~*) reunir **II.** *vr:* **sich** ~ **1.** (*Menschen*) reunirse, agruparse; (*Dinge*) acumularse **2.** (*sich konzentrieren*) concentrarse **III.** *vi* (*Geld*): **für etw** ~ recaudar dinero para algo

Sammelnummer *f* <-, -n> (TEL) número *m* (de teléfono) de la centralita; **Sammelplatz** *m* <-es, -plätze>, **Sammelpunkt** *m* <-(e)s, -e> punto *m* de encuentro, lugar *m* de encuentro; **um 7 Uhr treffen wir uns an unserem** ~ a las 7 nos encontramos en el lugar de siempre

Sammelsurium [-'zuːriʊm] *nt* <-s, -surien> (*abw*) revoltijo *m*, mezcolanza *f*

Sammeltaxi *nt* <-s, -s> taxi *m* colectivo; **Sammelwut** *f* <-, *ohne pl*> locura *f* coleccionista, manía *f* coleccionista

Sammet ['zamət] *m* <-s, -e> (*Schweiz*) *s.* **Samt**

Sammler(in) ['zamlɐ] *m(f)* <-s, -; -, -nen> coleccionista *mf*; **Sammlerstück** *nt* <-(e)s, -e> objeto *m* de colección; **Sammlerwert** *m* <-(e)s, *ohne pl*> valor *m* de coleccionista

Sammlung[1] *f* <-, -en> **1.** (*von Geld*) recaudación *f* **2.** (*Kunst~*) colección *f*; (*Gedicht~*) antología *f*

Sammlung[2] *f* <-, *ohne pl*> (*innere* ~) recogimiento *m*

Samowar [zamo'vaːɐ] *m* <-s, -e> samovar *m*

Samstag ['zamstaːk] *m* <-(e)s, -e> sábado *m*; **langer** [*o* **verkaufsoffener**] ~ sábado largo (*cuando las tiendas cierran más tarde*); *s. a.* Montag; **Samstagabend** *m* <-s, -e> noche *f* del sábado; *s. a.* **Montagabend**; **samstagabends**[RR] *adv* los sábados por la noche; *s. a.* **montagabends**

samstägig *adj* del sábado, sabatino

Samstagnachmittag *m* <-(e)s, -e> tarde *f* del sábado, sábado *m* por la tarde; *s. a.* **Montagnachmittag**

samstags ['zamstaːks] *adv* los sábados; *s. a.* **montags**

samt [zamt] **I.** *präp +dat* (junto) con **II.** *adv:* ~ **und sonders** todos sin excepción

Samt [zamt] *m* <-(e)s, -e> terciopelo *m*

samtartig *adj* aterciopelado; **~er Stoff** tejido aterciopelado; **eine weiche, ~e Haut** una piel suave, aterciopelada

samten ['zamtən] *adj* **1.** (*aus Samt*) de terciopelo **2.** (*samtig*) aterciopelado

Samthandschuh *m* <-(e)s, -e>: **jdn mit ~en anfassen** (*fig*) tratar a alguien con guante de seda

samtig *adj* aterciopelado

sämtlich ['zɛmtlɪç] *pron indef* todo; **~e Unterlagen waren verschwunden** todos los documentos habían desaparecido

samtweich ['-'-] *adj* aterciopelado

Sanatorium [zana'toːriʊm] *nt* <-s, Sanatorien> sanatorio *m*

Sand [zant] *m* <-(e)s, *ohne pl*> arena *f*; **wie ~ am Meer** (*fam*) a mares; **den Kopf in den ~ stecken** (*fig*) esconder la cabeza como el avestruz, meter la cabeza debajo del ala; **jdm ~ in die Augen streuen** (*fig*) deslumbrar a alguien con falsas apariencias; **jdm ~ ins Getriebe streuen** (*fam fig*) poner la zancadilla a alguien; **die Sache ist im ~ verlaufen** la cosa se fue a pique; **etw in den ~ setzen** (*fam fig*) malograr algo; **auf ~ gebaut** (*fig*) con pies de barro

Sandale [zan'daːlə] *f* <-, -n> sandalia *f*, ojota *f Am*, quimba *f Am*

Sandalette [zanda'lɛtə] *f* <-, -n> sandalia *f* (de tacón)

Sandbank *f* <-, -bänke> banco *m* de arena; **Sandboden** *m* <-s, -böden> terreno *m* arenoso

Sanddorn *m* <-(e)s, -e> espino *m* falso

Sandelholz ['zandəl-] *nt* <-es, *ohne pl*> madera *f* de sándalo

sandeln ['zandəln] *vi* (*südd*), **sändeln** ['zɛndəln] *vi* (*Schweiz*) jugar con arena

sandfarben *adj* (de color) beige

Sandgebäck *nt* <-(e)s, -e> (GASTR) pastas *fpl* secas; **Sandgrube** *f* <-, -n> cantera *f* de arena, gravera *f* de arena; **Sandhaufen** *m* <-s, -> montón *m* de arena

sandig *adj* arenoso

Sandkasten *m* <-s, -kästen *o* -> cajón *m* de arena; **Sandkastenfreund(in)** *m(f)* <-(e)s, -e; -, -nen> amigo, -a *m, f* de la infancia [*o* de toda la vida]; **Sandkastenspiel** *nt* <-(e)s, -e> (MIL) *puesta en escena en una maqueta de arena de las distintas posibilida-*

des en la práctica de una acción militar

Sandkorn *nt* <-(e)s, -körner> grano *m* de arena; **Sandkuchen** *m* <-s, -> ≈bizcocho *m;* **Sandmann** *m* <-(e)s, *ohne pl*>, **Sandmännchen** [-mɛnçən] *nt* <-s, *ohne pl*> *figura de cuento que arroja arena a los ojos de los niños para que éstos se duerman;* **Sandpapier** *nt* <-s, -e> papel *m* de lija; **Sandplatz** *m* <-es, -plätze> (SPORT) pista *f* de tierra batida; **ein Tennisturnier auf dem ~** un torneo de tenis en tierra batida; **Sandsack** *m* <-(e)s, -säcke> saco *m* de arena; **Sandstein** *m* <-(e)s, *ohne pl*> arenisca *f;* **sandstrahlen** ['---] *vt* tratar con chorro de arena

Sandstrahlgebläse *nt* <-s, -> soplete *m* de chorro de arena

Sandstrand *m* <-(e)s, -strände> playa *f* de arena; **Sandsturm** *m* <-(e)s, -stürme> tormenta *f* de arena

sandte ['zantə] *3. imp von* **senden**

Sanduhr *f* <-, -en> reloj *m* de arena

Sandwich ['sɛntvɪtʃ] *m o nt* <-(e)s, -(e)s *o* -e> sandwich *m,* chacarero *m CSur*

Sandwüste *f* <-, -n> desierto *m* arenoso

sanft [zanft] *adj* **1.** (*friedfertig*) suave, dulce; (*Tier*) manso; **~ entschlafen** (*geh*) fallecer; **ruhe ~!** ¡que duermas bien!, ¡que descanses! **2.** (*zart, sacht*) suave; (*freundlich*) amable; (*leicht*) ligero; **mit ~er Gewalt** con una violencia solapada; **auf die ~e Tour** de manera suave; **~ wie ein Lamm** dócil como un corderito

Sänfte ['zɛnftə] *f* <-, -n> litera *f*

Sanftheit *f* <-, *ohne pl*> dulzura *f,* suavidad *f*

Sanftmut *f* <-, *ohne pl*> calma *f* y bondad *f,* dulzura *f;* **hätte er nicht diese ~, wäre ihm längst der Kragen geplatzt** si no fuera por lo calmado y bondadoso que es, haría tiempo que habría reventado

sanftmütig [-myːtɪç] *adj* apacible, pacífico

sang [zaŋ] *3. imp von* **singen**

Sang *m:* **mit ~ und Klang** (*fam*) al son de la música; **sie war so schlecht vorbereitet, dass sie mit ~ und Klang durchgefallen ist** (*fam*) estaba tan mal preparada que suspendió (el examen) de forma estrepitosa

Sänger(in) ['zɛŋɐ] *m(f)* <-s, -; -, -nen> cantante *mf*

Sangria [saŋ'griːa] *f* <-, -s> sangría *f*

Sanguiniker(in) [zaŋgu'iːnikɐ] *m(f)* <-s, -; -, -nen> (*geh*) persona *f* de temperamento sanguíneo

sang- und klanglos *adv* (*fam*) sin ceremonias

sanieren* [za'niːrən] *vt* **1.** (ARCHIT) rehabilitar **2.** (ÖKOL, WIRTSCH) sanear

Sanierung *f* <-, -en> **1.** (ARCHIT) rehabilitación *f* **2.** (ÖKOL, WIRTSCH) saneamiento *m;* **~ einer Firma** reorganización de una empresa; **~ eines Kontos** saneamiento de una cuenta; **Sanierungsgebiet** *nt* <-(e)s, -e> (ARCHIT) zona *f* en rehabilitación; **Sanierungsmaßnahme** *f* <-, -n> medida *f* de saneamiento; **Sanierungsplan** *m* <-(e)s, -pläne> **1.** (ÖKOL, WIRTSCH) plan *m* de saneamiento **2.** (ARCHIT) plan *m* de rehabilitación

sanitär [zani'tɛːɐ] *adj* sanitario; **~e Anlagen** instalaciones sanitarias

sanitarisch [zani'taːrɪʃ] *adj* (*Schweiz*) sanitario, de sanidad

Sanität [zani'tɛːt] *f* <-, *ohne pl*> **1.** (*Österr: Gesundheitsdienst*) régimen *m* sanitario, sanidad *f* **2.** (*Schweiz: Ambulanz*) ambulancia *f* **3.** (*Österr, Schweiz: Sanitätstruppe*) tropa *f* sanitaria

Sanitäter(in) [zani'tɛːtɐ] *m(f)* <-s, -; -, -nen> sanitario, -a *m, f,* camillero, -a *m, f,* barchilón, -ona *m, f Peru*

Sanitätsdienst *m* <-(e)s, -e> (MIL) servicio *m* sanitario, enfermería *f;* **Sanitätsoffizier(in)** *m(f)* <-s, -e; -, -nen> (MIL) oficial *mf* sanitario; **Sanitätswagen** *m* <-s, -> ambulancia *f;* **Sanitätswesen** *nt* <-s, *ohne pl*> sanidad *f* (militar)

sank [zaŋk] *3. imp von* **sinken**

Sankt [zaŋkt] *adj inv* San

Sankt Gallen [zaŋkt 'galən] *nt* <- -s> Sankt Gallen *m*

Sankt Gotthard [zaŋkt 'gɔthart] *m* <- -s> Sankt Gotthard *m*

Sanktion [zaŋk'tsjoːn] *f* <-, -en> **1.** (*Zustimmung*) sanción *f* **2.** *pl* (*Strafmaßnahmen*) sanciones *fpl;* **wirtschaftliche ~en** sanciones económicas; **~en gegen jdn verhängen** imponer sanciones a alguien

sanktionieren* [zaŋktsjo'niːrən] *vt* **1.** (*gutheißen*) sancionar, aprobar **2.** (*mit Sanktionen belegen*) imponer sanciones (a), sancionar

Sankt Moritz [zaŋkt mo'rɪts, zaŋkt 'moːrɪts] *nt* <- -> Sankt Moritz *m*

Sankt-Nimmerleins-Tag [zaŋkt'nɪmɐlaɪnstaːk] *m* <-(e)s, *ohne pl*> día *m* de Nuncajamás; **bis zum ~** hasta nunca; **etw auf den ~ verschieben** aplazar algo hasta que las ranas críen pelo

sann [zan] *3. imp von* **sinnen**

Saphir [za'fiːɐ] *m* <-s, -e> zafiro *m*

Sappeur [za'pøːɐ] *m* <-s, -e> (MIL: *alt*) zapador *m*

saprob *adj* (BIOL) saprobio

saprophag *adj* (BIOL) saprófago

saprophytisch *adj* (BIOL) saprofítico

Sarde, -in ['zardə] *m, f* <-n, -n; -, -nen> sardo, -a *m, f*

Sardelle [zar'dɛlə] *f* <-, -n> boquerón *m,* anchoa *f reg;* **Sardellenpaste** *f* <-, -n> pasta *f* de anchoas

Sardin ['zardɪn] *f* <-, -nen> *s.* **Sarde**

Sardine [zar'diːnə] *f* <-, -n> sardina *f;* **Sardinenbüchse** *f* <-, -n>, **Sardinendose** *f* <-, -n> lata *f* de sardinas

Sardinien [zar'diːniən] *nt* <-s> Cerdeña *f*

sardisch ['zardɪʃ] *adj* sardo

Sarg [zark, *pl:* 'zɛrgə] *m* <-(e)s, Särge>

ataúd *m,* féretro *m,* cajón *m CSur;* **Sargdeckel** *m* <-s, -> tapa *f* del ataúd; **Sargtischler(in)** *m(f)* <-s, -; -, -nen> carpintero, -a *m, f* especializado, -a en ataúdes; **Sargträger(in)** *m(f)* <-s, -; -, -nen> portador(a) *m(f)* del féretro

Sari ['za:ri] *m* <-(s), -s> sarí *m*

Sarkasmus[1] [zar'kasmʊs] *m* <-, *ohne pl*> (*Spott, Art*) sarcasmo *m*

Sarkasmus[2] *m* <-, Sarkasmen> (*Bemerkung*) sarcasmo *m*

sarkastisch [zar'kastɪʃ] *adj* sarcástico

Sarkom [zar'ko:m] *nt* <-s, -e> (MED) sarcoma *m*

Sarkophag [zarko'fa:k] *m* <-s, -e> sarcófago *m*

Sarong ['za:rɔŋ] *m* <-(s), -s> sarong *m*

saß [za:s] *3. imp von* **sitzen**

Satan[1] ['za:tan] *m* <-s, *ohne pl*> (*Teufel*) Satanás *m*

Satan[2] *m* <-s, -e> (*fam abw: Mensch*) demonio *m*

satanisch [za'ta:nɪʃ] *adj* satánico

Satansbraten *m* <-s, -> (*fam*) diablillo *m;* **ein ~ sein** ser de la piel de Satanás; **Satanspilz** *m* <-es, -e> boleto *m* de Satanás [*o* azulado]

Satellit [zatɛ'li:t] *m* <-en, -en> (*a.* ASTR) satélite *m;* **Satellitenfernsehen** *nt* <-s, *ohne pl*> televisión *f* vía satélite; **Satellitenfoto** *nt* <-s, -s> foto *f* vía satélite; **Satellitenkommunikation** *f* <-, *ohne pl*> comunicación *f* por satélite; **Satellitenschüssel** *f* <-, -n> (*fam*) antena *f* parabólica; **Satellitenstaat** *m* <-(e)s, -en> (*abw*) estado *m* satélite; **Satellitenstadt** *f* <-, -städte> ciudad *f* satélite

Satin [za'tɛ̃:] *m* <-s, -s> raso *m,* (tela *f* de) satén *m*

Satire[1] [za'ti:rə] *f* <-, -n> (*Werk*) sátira *f*

Satire[2] *f* <-, *ohne pl*> (*Gattung*) sátira *f*

Satiriker(in) [za'ti:rikɐ] *m(f)* <-s, -; -, -nen> escritor(a) *m(f)* satírico, -a

satirisch *adj* satírico

satt [zat] *adj* **1.** (*nicht hungrig*) satisfecho, lleno *fam;* **sich (an etw) ~ essen** hartarse (de algo), empiparse (de algo) *Am;* **~ werden** quedar satisfecho; **nicht ~ werden** quedarse con hambre; **das macht ~** llena mucho; **sich an etw ~ hören/sehen** hartarse de oír/ver algo; **sich an etw nicht ~ sehen können** no cansarse de ver algo; **jdn/etw ~ haben** (*fam*) estar harto de alguien/algo **2.** (*Farbe*) fuerte, intenso **3.** (*fam: eindrucksvoll*) impresionante; **eine ~e Leistung** un rendimiento impresionante; **~e Gewinne einfahren** conseguir grandes ganancias

Sattel ['zatəl, *pl:* 'zɛtəl] *m* <-s, Sättel> (*Reit~*) silla *f* de montar; (*Fahrrad~*) sillín *m;* **jdm in den ~ helfen** (*fig*) echarle un cable a alguien; **fest im ~ sitzen** (*fig*) tener su posición bien asegurada; **jdn aus dem ~ heben** (*fig*) retirar a alguien de un cargo de importancia; **in allen Sätteln gerecht sein** tener buena mano para todo tipo de tarea

Satteldach *nt* <-(e)s, -dächer> tejado *m* de dos vertientes

sattelfest *adj:* **in etw ~ sein** ser versado en algo

satteln *vt* ensillar

Sattelnase *f* <-, -n> nariz *f* chata

Sattelschlepper *m* <-s, -> camión *m* trailer [*o* articulado]

Satteltasche *f* <-, -n> **1.** (*am Reitsattel*) alforjas *fpl* **2.** (*am Fahrrad: für Werkzeug*) cartera *f* de herramientas; (*für Gepäck*) bolsa *f* (para bicicletas)

Sattelzug *m* <-(e)s, -züge> camión *m* articulado

Sattheit *f* <-, *ohne pl*> **1.** (*Sättigung*) saciedad *f,* hartazgo *m;* **schon nach den ersten Bissen erfüllte sie ein Gefühl der ~** tras los primeros mordiscos la embargó una sensación de total saciedad **2.** (*Saturiertheit*) saturación *f;* **die ~ der Wohlstandsbürger** la saturación de los miembros de la sociedad del bienestar **3.** (*Intensität*) intensidad *f,* brillo *m*

sättigen ['zɛtɪgən] **I.** *vi* saciar **II.** *vt* **1.** (*geh: satt machen*) satisfacer **2.** (*Markt, a.* CHEM) saturar

sättigend *adj* (*satt machend*) que sacia, sustancioso

Sättigung *f* <-, *ohne pl*> **1.** (*des Hungers*) saciedad *f* **2.** (CHEM) saturación *f*

Sattler(in) ['zatlɐ] *m(f)* <-s, -; -, -nen> guarnicionero, -a *m, f*

Sattlerei [zatlə'raɪ] *f* <-, -en> guarnicionería *f*

Sattlerin *f* <-, -nen> *s.* **Sattler**

sattsam ['zatza:m] *adv* (*erörtern*) ampliamente, prolijamente; (*bekannt*) ampliamente; **wir haben dieses Thema ~ diskutiert** hemos discutido este tema hasta la saciedad; **Sie wissen auch davon? – aber ja, das ist doch überall ~ bekannt** ¿usted también lo sabe? – claro que sí, (eso) lo sabe todo el mundo

saturiert [zatu'ri:ɐt] *adj* (*geh: zufrieden*) satisfecho, contento

Saturn [za'tʊrn] *m* <-s> Saturno *m*

Saturnismus *m* <-, Saturnismen> (MED) saturnismo *m*

Satyr ['za:tʏr] *m* <-s *o* -n, -n> (MYTH) sátiro *m*

Satz[1] [zats, *pl:* 'zɛtsə] *m* <-es, Sätze> **1.** (LING) frase *f,* oración *f;* **mitten im ~** a medio hablar **2.** (*Lehr~*) teorema *m;* **der ~ des Pythagoras** el teorema de Pitágoras **3.** (MUS) parte *f;* **eine Sinfonie in vier Sätzen** una sinfonía de cuatro movimientos **4.** (*Quote*) tasa *f;* (*Tarif*) tarifa *f* **5.** (*zusammengehörige Dinge*) juego *m* **6.** (*Boden~, Kaffee~*) poso *m* **7.** (*Tennis*) set *m* **8.** (*Sprung*) salto *m;* **einen großen ~ machen** dar un gran salto

Satz[2] *m* <-(e)s, *ohne pl*> (TYPO) composición *f;* **im ~ sein** estar en composición

Satzbau *m* <-(e)s, *ohne pl*> (LING) construc-

S

ción *f* de una oración; (*Lehre*) sintaxis *f*

Satzherstellung *f* <-, *ohne pl*> (TYPO) composición *f*

Satzlehre *f* <-, *ohne pl*> (LING) sintaxis *f*

Satzspiegel *m* <-s, -> (TYPO) justificación *f*

Satzteil *m* <-(e)s, -e> parte *f* de la oración

Satzung *f* <-, -en> (JUR) estatutos *mpl;* **Satzungsänderung** *f* <-, -en> modificación *f* del estatuto; **satzungsgemäß** *adj* de acuerdo con el estatuto

Satzzeichen *nt* <-s, -> (LING) signo *m* de puntuación

Sau [zaʊ, *pl:* 'zɔɪə] *f* <-, Säue> **1.** (*Tier*) puerca *f,* cerda *f;* **die ~ rauslassen** (*fam*) pasárselo bomba; **jdn zur ~ machen** (*fam*) poner a alguien como un trapo; **wie eine gesengte ~** (*fam abw*) como un animal; **unter aller ~** (*fam abw*) fatal; **es war keine ~ da** (*fam*) no había ni un gato; **Perlen vor die Säue werfen** (*fig*) echar margaritas a puercos **2.** (*fam abw: Mensch*) cochino, -a *m, f,* marrano, -a *m, f;* **du alte ~!** ¡guarro!

sauber ['zaʊbɐ] **I.** *adj* **1.** (*rein*) limpio; (*stubenrein*) aseado; **etw ~ halten** mantener algo limpio; **etw ~ machen** limpiar algo; **etw ~ putzen** limpiar algo **2.** (*sorgfältig*) esmerado; (*genau*) exacto; **eine ~e Analyse** un análisis exacto; **eine ~e Aussprache haben** hablar sin acento **3.** (*anständig*) decente, íntegro; **eine ~e Lösung** una solución limpia; **bleib ~!** (*fam*) ¡que te vaya bien! **4.** (*fam: nicht anständig*) buen; **du bist mir ein ~es Früchtchen!** ¡buena pieza estás hecho! **5.** (*fam: vernünftig*) bien de la cabeza; **du bist wohl nicht ganz ~!** ¡tú no estás bien de la cabeza! **II.** *adv* (*sorgfältig*) con esmero; **sie ist ~ gekleidet** se viste con esmero; **etw ~ voneinander trennen** separar algo limpiamente;

sauber|halten *irr vt s.* **sauber I.1.**

Sauberkeit *f* <-, *ohne pl*> **1.** (*Reinlichkeit*) limpieza *f* **2.** (*Anständigkeit*) integridad *f;* **Sauberkeitsfimmel** *m* <-s, *ohne pl*> (*fam abw*) manía *f* de limpiar

säuberlich ['zɔɪbɐlɪç] **I.** *adj* limpio; (*sorgfältig*) esmerado **II.** *adv* con esmero

sauber|machen *vi, vt s.* **sauber I.1.**; **Saubermann** *m* <-(e)s, -männer> (*fam*) persona *f* sin tacha [*o* modelo]; (*moralisch*) moralista *m*

säubern ['zɔɪbɐn] *vt* **1.** (*reinigen*) limpiar; (*Wunde*) absterger **2.** (*Partei*) purgar

Säuberung *f* <-, -en> **1.** (*das Reinigen*) limpieza *f* **2.** (*einer Partei*) purga *f;* **Säuberungsaktion** *f* <-, -en> (POL) acción *f* depuradora

saublöd(e) ['-'-(-)] *adj* (*fam*) *s.* **saudumm**

Saubohne *f* <-, -n> haba *f*

Sauce ['zo:sə] *f* <-, -n> salsa *f*

Sauciere [zo'sje:rə] *f* <-, -n> salsera *f*

Saudi-Arabien ['zaʊdi-] *nt* <-s> Arabia *f* Saudita [*o* Saudí]

saudumm ['-'-] *adj* (*fam*) imbécil, tonto de capirote

sauen ['zaʊən] *vi* (*fam*) ciscar, pringar; **wer hat den Tisch so verschmiert? – die Kinder haben mit Farbe gesaut** ¿quién ha puesto la mesa así? – los niños la han enguarrado con pintura; **musst du beim Essen immer so ~?** ¿tienes que pringarlo siempre todo cuando comes?

sauer ['zaʊɐ] *adj* **1.** (*Obst, Bonbons, a.* CHEM) ácido; **saure Gurken** pepinillos en vinagre; **saurer Regen** lluvia ácida; **etw ~ einlegen** poner algo en conserva **2.** (*dickflüssige Milch*) cuajado; (*verdorbene Milch*) agrio; **~ werden** (*Milch*) agriarse; **saure Sahne** nata agria **3.** (*fam: verärgert*) de mala uva, de mala leche, tibio *Am;* **ich bin ~ auf ihn** me puso de mala leche, me cabreó; **ich werde gleich ~!** ¡no me fastidies!; **~ verdientes Geld** dinero ganado con el sudor de la frente; **gib ihm Saures!** ¡dale fuerte!; **Sauerampfer** *m* <-s, -> (BOT) acedera *f;* **Sauerbraten** *m* <-s, -> *asado de buey adobado en vinagre y especias*

Sauerei [zaʊə'raɪ] *f* <-, -en> (*fam abw*) porquería *f,* marranada *f*

Sauerkirsche *f* <-, -n> **1.** (*Frucht*) guinda *f* **2.** (*Baum*) guindo *m;* **Sauerklee** *m* <-s, *ohne pl*> (BOT) acedera *f;* **Sauerkraut** *nt* <-(e)s, *ohne pl*> col *f* agria [*o* fermentada], choucroute *f*

säuerlich ['zɔɪɐlɪç] *adj* **1.** (*Speisen, Getränke*) un poco ácido **2.** (*Milch*) un poco agrio **3.** (*Miene*) avinagrado

Sauermilch *f* <-, *ohne pl*> (leche *f*) cuajada *f*

säuern ['zɔɪɐn] **I.** *vt* **1.** (*konservieren*) poner en conserva **2.** (*sauer machen*) acedar, avinagrar **II.** *vi* (*sauer werden*) agriarse

Sauerrahm *m* <-(e)s, *ohne pl*> (GASTR) nata *f* agria

Sauerstoff *m* <-(e)s, *ohne pl*> oxígeno *m;* **mit ~ anreichern** enriquecer con oxígeno; **Sauerstoffapparat** *m* <-(e)s, -e> aparato *m* de oxígeno; **sauerstoffarm** *adj* pobre en oxígeno, poco oxigenado; **~ sein** tener poco oxígeno, estar poco oxigenado; **~e Gewässer** aguas pobres en oxígeno; **je höher man kommt, desto sauerstoffärmer wird die Luft** cuanto más se sube, menos oxígeno (con)tiene el aire; **Sauerstoffentzug** *m* <-(e)s, *ohne pl*> (CHEM) desoxigenación *f;* **Sauerstoffflasche** *f* <-, -n> botella *f* de oxígeno; **Sauerstoffgerät** *nt* <-(e)s, -e> aparato *m* de oxígeno; **Sauerstoffgleichgewicht** *nt* <-(e)s, -e> (CHEM) equilibrio *m* de oxígeno; **sauerstoffhaltig** *adj* que contiene oxígeno, oxigenado; **Sauerstoffmangel** *m* <-s, *ohne pl*> falta *f* de oxígeno; **Sauerstoffmaske** *f* <-, -n> máscara *f* de oxígeno; **sauerstoffreich** *adj* rico en oxígeno, muy oxigenado; **Sauerstoffzelt** *nt* <-(e)s, -e> (MED) burbuja *f* de oxígeno

Sauerteig *m* <-(e)s, -e> levadura *f*

Saufbold [-bɔlt] *m* <-(e)s, -e> (*fam abw*) borracho, -a *m, f,* borrachín, -ina *m, f*

saufen ['zaʊfən] <säuft, soff, gesoffen> I. *vi* 1. (*Tier*) beber; (*fam: Mensch*) beber 2. (*fam: Alkohol trinken*) empinar el codo 3. (*alkoholsüchtig sein*) beber, ser alcohólico II. *vt* 1. (*Tier*) beber 2. (*fam: Mensch*) tomar (con exceso); **sich** *dat* **einen ~** tomarse unas copas; **einen ~ gehen** irse de copas; **~ wie ein Loch** (*vulg*) beber como un cosaco

Säufer(in) ['zɔɪfɐ] *m(f)* <-s, -; -, -nen> (*fam abw*) bebedor(a) *m(f)*; (*stärker*) borracho, -a *m, f*, mamón, -ona *m, f Am*

Sauferei[1] *f* <-, *ohne pl*> (*fam abw: Trunksucht*) alcoholismo *m*

Sauferei[2] *f* <-, -en> (*fam abw: Gelage*) francachela *f*

Säuferin *f* <-, -nen> *s.* **Säufer**

Säuferleber *f* <-, -n> (*fam*) hígado *m* cirrótico; **wegen seines exzessiven Alkoholkonsums bekam er eine ~** como consecuencia del consumo excesivo de alcohol se convirtió en un cirrótico; **Säufernase** *f* <-, -n> (*fam*) nariz *f* (roja) de borrachín

Saufgelage *nt* <-s, -> (*fam abw*) colocón *m*, borrachera *f*, curda *f*; **mir brummt der Schädel von dem ~ gestern abend** me estalla la cabeza de la trompa de ayer por la noche; **Saufkumpan(in)** *m(f)* <-s, -e; -, -nen> (*fam*) compañero, -a *m, f* de copas; **seid ihr enger befreundet? – nein, er ist nur mein ~** ¿sois buenos amigos? – no, con él sólo voy de copas

säuft [zɔɪft] *3. präs von* **saufen**

saugen[1] ['zaʊgən] <saugt, sog *o* saugte, gesogen *o* gesaugt> I. *vi* (*an einer Pfeife*) chupar (*an*); (*an der Brust*) mamar (*an*) II. *vt* 1. (*ein~*) chupar (*aus* de) 2. (*auf~*) absorber III. *vr*: **sich ~** 1. (*eingesaugt werden*) empapar; **der Wein saugt sich in den Stoff** el vino empapa la tela 2. (*in sich aufnehmen*) absorber; **sich mit etw voll ~** empaparse de algo; **der Schwamm saugt sich voll Wasser** la esponja absorbe (todo) el agua

saugen[2] *vi, vt* (*staub~*) pasar la aspiradora (por)

säugen ['zɔɪgən] *vt* amamantar, dar de mamar (a)

Sauger *m* <-s, -> 1. (*auf einer Flasche*) tetilla *f*, tetera *f Am* 2. (*fam: Staub~*) aspiradora *f*

Säuger *m* <-s, ->, **Säugetier** *nt* <-(e)s, -e> mamífero *m*

saugfähig *adj* absorbente; **Saugfähigkeit** *f* <-, *ohne pl*> poder *m* de absorción; **Saugflasche** *f* <-, -n> 1. (CHEM) frasco *m* de succión 2. (*für Babies*) biberón *m*

Saugglockengeburt *f* <-, -en> parto *m* auxiliado con ventosa

Saugheber *m* <-s, -> sifón *m* (de aspiración)

Säugling ['zɔɪklɪŋ] *m* <-s, -e> niño *m* de pecho, lactante *mf*, baby *mf Am*, tierno, -a *m, f Guat, Nic*; **Säuglingsalter** *nt* <-s, *ohne pl*> época *f* de lactancia, período *m* de lactancia; **noch im ~ sein** ser todavía un lactante, estar todavía en el período de lactancia; **Säuglingsheim** *nt* <-(e)s, -e> orfanato *m* para recién nacidos; **Säuglingsnahrung** *f* <-, -en> alimento *m* para lactantes; **Säuglingspflege** *f* <-, *ohne pl*> cuidados *mpl* del recién nacido; **ein Kurs in ~** un curso sobre cómo cuidar a un bebé; **Säuglingsschwester** *f* <-, -n> puericultora *f*; **Säuglingsstation** *f* <-, -en> unidad *f* de lactantes; **Säuglingssterblichkeit** *f* <-, *ohne pl*> mortalidad *f* infantil

Saugnapf *m* <-(e)s, -näpfe> (ZOOL) ventosa *f*; **Saugrüssel** *m* <-s, -> (ZOOL) trompa *f* chupadora

Saugzuglüfter *m* <-s, -> ventilador *m* de tiro por aspiración

Sauhaufen *m* <-s, -> (*fam abw*) cuadrilla *f* de caóticos [*o* desordenados]

säuisch ['zɔɪɪʃ] *adj* (*fam*) guarro; (*Witz*) verde; (*Bemerkung*) chocarrero

saukalt ['-'-] *adj* (*fam*) muy frío; **es ist ~** hace un frío que pela; **Saukälte** *f* <-, *ohne pl*> (*fam*) frío *m* glacial; **bei dieser ~ mag man gar nicht mehr vor die Tür gehen!** ¡con este frío que pela no hay quien salga a la calle!; **Saukerl** *m* <-(e)s, -e> (*vulg*) cabrito *m*

Säule ['zɔɪlə] *f* <-, -n> pilar *m*, columna *f*; **Säulendiagramm** *nt* <-s, -e> diagrama *m* de barras; **säulenförmig** [-fœrmɪç] *adj* en forma de columna; **Säulengang** *m* <-(e)s, -gänge> arcada *f*; **Säulenhalle** *f* <-, -n> salón *m* columnario

Saulus ['zaʊlʊs] *m* <-> (el Apóstol) Pablo *m*; **vom ~ zum Paulus werden** cambiar totalmente

Saum [zaʊm, *pl:* 'zɔɪmə] *m* <-(e)s, Säume> 1. (*umgenähter Rand*) dobladillo *m*, basta *f Am* 2. (*geh: Rand, Rain*) linde *m o f*

saumäßig I. *adj* (*fam*) 1. (*viel*) enorme 2. (*sehr schlecht*) muy malo, de mil demonios II. *adv* (*fam: sehr*) terriblemente; **es regnet ~** llueve a cántaros

säumen ['zɔɪmən] *vt* coser [*o* hacer] un dobladillo (en)

säumig *adj* retrasado, atrasado; (*Schuldner*) moroso

Säumnis ['zɔɪmnɪs] *f* <-, -se>, *nt* <-ses, -se> (*geh*) demora *f*; (JUR) morosidad *f*; **Säumnisgebühr** *f* <-, -en> tasa *f* por demora; **Säumniszuschlag** *m* <-(e)s, -schläge> recargo *m* por demora

Saumpfad *m* <-(e)s, -e> sendero *m*, senda *f*

Saumtier *nt* <-(e)s, -e> animal *m* de carga [*o* de tiro]

Sauna ['zaʊna] *f* <-, Saunen> sauna *f*

saunieren* [zaʊ'niːrən] *vi* ir a la sauna

Säure[1] ['zɔɪrə] *f* <-, *ohne pl*> (*saurer Geschmack*) acidez *f*

Säure[2] *f* <-, -n> (CHEM) ácido *m*

säurebeständig *adj* resistente a los ácidos; **Säurefixierbad** *nt* <-(e)s, -bäder> (CHEM) baño *m* ácido de fijación; **Säuregrad** *m* <-(e)s, -e> grado *m* de acidez

Sauregurkenzeit [--'---] *f* <-, -en> (*fam*

S

iron): **der Sommer ist ~** en el verano todo está muerto [*o* no hay ninguna actividad]

säurehaltig *adj* ácido, acidífero; **Säureneutralisationsvermögen** *nt* <-s, *ohne pl*> capacidad *f* de neutralización de ácidos; **Säureschutzmittel** *nt* <-s, -> agente *m* protector contra ácidos

Saurier ['zaʊriɐ] *m* <-s, -> saurio *m*

Saus [zaʊs] *m:* **in ~ und Braus leben** vivir a pata ancha

Sause ['zaʊzə] *f* <-, -n> (*fam: Feier*) juerga *f;* (*Zechtour*) ronda *f* de copas; **eine ~ machen** correrse una juerga

säuseln ['zɔɪzəln] *vi, vt* susurrar, murmurar

sausen ['zaʊzən] *vi sein* (*Geschoss*) silbar; (*Mensch*) ir pitando, ir corriendo; (*Fahrzeug*) ir a toda mecha; **etw ~ lassen** (*fam*) abandonar algo; **eine Verabredung/einen Termin ~ lassen** (*fam*) faltar [*o* no presentarse] a una cita; **seine Freundin ~ lassen** (*fam*) dejar plantada a su novia

sausen|lassen *irr vt* (*fam*) *s.* **sausen**

Sauser *m* <-s, -> (*Schweiz*) *vino joven suizo en distintas fases de fermentación*

Saustall *m* <-(e)s, -ställe> **1.** (*Stall*) pocilga *f,* porqueriza *f* **2.** (*fam abw: Zimmer*) pocilga *f*

saustark ['-(')-] *adj* (*fam: sehr stark*) muy fuerte; (*großartig*) genial

Sauwetter *nt* <-s, *ohne pl*> (*fam*) tiempo *m* de perros

sauwohl ['-'-] *adv* (*fam*): **sich ~ fühlen** sentirse de puta madre

Savanne [za'vanə] *f* <-, -n> sabana *f*

Saxofon[RR] *nt* <-s, -e> *s.* **Saxophon**

Saxofonist(in)[RR] *m(f)* <-en, -en; -, -nen> *s.* **Saxophonist**

Saxophon [zakso'fo:n, '---] *nt* <-s, -e> saxo(fón) *m,* saxófono *m*

Saxophonist(in) [zaksofo'nɪst] *m(f)* <-en, -en; -, -nen> saxo *mf,* saxofonista *mf*

Sb (CHEM) *Abk. von* **Antimon** Sb

SB [ɛs'be:] *Abk. von* **Selbstbedienung** autoservicio *m*

S-Bahn ['ɛsba:n] *f* <-, -en> tren *m* rápido (urbano), ≈suburbano *m;* **S-Bahnhof** ['ɛsba:nho:f] *m* <-(e)s, -höfe> estación *f* de trenes rápidos (urbanos)

SBB [ɛsbe:'be:] *f Abk. von* **Schweizerische Bundesbahn** compañía *f* de ferrocarriles suiza

SB-Bank *f* <-, -en> banco *m* de autoservicio

s.Br. *Abk. von* **südlicher Breite** latitud sur

SB-Tankstelle *f* <-, -n> gasolinera *f* autoservicio

sc. 1. *Abk. von* **sculpsit** grabado por, realizado por **2.** *Abk. von* **scilicet** es decir, o sea

Sc (CHEM) *Abk. von* **Scandium** Sc

scannen *vt* (INFOR) explorar

Scanner ['skɛnɐ] *m* <-s, -> (INFOR, MED) escáner *m,* scanner *m;* **Scannerkasse** *f* <-, -n> caja *f* registradora con escáner

Schabe ['ʃa:bə] *f* <-, -n> cucaracha *f*

Schabefleisch *nt* <-(e)s, *ohne pl*> carne *f* picada de vaca

schaben ['ʃa:bən] *vt* raspar

Schaber *m* <-s, -> rascador *m,* rasqueta *f*

Schabernack ['ʃa:bɐnak] *m* <-(e)s, -e> travesura *f,* trastada *f,* diablura *f;* **~ treiben** hacer travesuras; **jdm einen ~ spielen** hacerle [*o* gastarle] una jugarreta [*o* trastada] a alguien

schäbig ['ʃɛ:bɪç] *adj* (*abw*) **1.** (*unansehnlich*) deslucido; (*abgenutzt*) gastado **2.** (*armselig, gemein*) miserable; **ich kam mir dabei ~ vor** me sentí ser un miserable al hacerlo

Schablone [ʃa'blo:nə] *f* <-, -n> patrón *m,* plantilla *f;* **in ~n denken** (*abw*) pensar con clichés

schablonenhaft I. *adj* (*abw*) estereotipado; **~e Ausdrucksweise** expresión basada en tópicos; **im althergebrachten, ~en Denken gefangen sein** ser prisionero de una manera de pensar tradicional y estereotipado **II.** *adv* (*abw*) a base de estereotipos [*o* de clichés]; **sich ~ ausdrücken** expresarse utilizando tópicos [*o* lugares comunes]

Schach[1] [ʃax] *nt* <-s, *ohne pl*> (*Spiel*) ajedrez *m;* **~ spielen** jugar al ajedrez

Schach[2] *nt* <-s, -s> (*Spielstellung*) jaque *m;* **~ (und) matt!** ¡jaque mate!; **~ (dem König)!** ¡jaque (al rey)!; **im ~ stehen** estar en jaque; **jdn in ~ halten** (*fam*) tener a alguien en jaque

Schachbrett *nt* <-(e)s, -er> tablero *m* de ajedrez; **schachbrettartig** *adj* ajedrezado; **Schachbrettmuster** *nt* <-s, -> dibujo *m* a cuadros, ajedrezado *m*

Schachcomputer *m* <-s, -> computadora *f* de ajedrez

Schacher ['ʃaxɐ] *m* <-s, *ohne pl*> (*abw*) usura *f* (*um* por), chalaneo *m* (*um* por)

Schacherer, -in *m, f* <-s, -; -, -nen> (*abw*) persona *f* que regatea, regatón, -ona *m, f*

schachern ['ʃaxɐn] *vi* (*abw*) usurar, chalanear; **um den Preis/die Ware ~** regatear el precio/por la mercancía

Schachfigur *f* <-, -en> pieza *f* de ajedrez; **schachmatt** ['-'-] *adj* **1.** (*beim Schachspiel*) jaque mate; **jdn ~ setzen** dar jaque mate a alguien **2.** (*fam: erschöpft*) molido, hecho polvo; **Schachpartie** *f* <-, -n> partida *f* de ajedrez

Schachspiel[1] *nt* <-(e)s, -e> (*Brett und Figuren*) (juego *m* de) ajedrez *m*

Schachspiel[2] *nt* <-(e)s, *ohne pl*> (*das Schachspielen*) ajedrez *m;* **stör mich jetzt bitte nicht beim ~!** ¡no me molestes, ahora que estoy jugando al ajedrez!

Schachspieler(in) *m(f)* <-s, -; -, -nen> jugador(a) *m(f)* de ajedrez

Schacht [ʃaxt, *pl:* 'ʃɛçtə] *m* <-(e)s, Schächte> pozo *m*

Schachtel ['ʃaxtəl] *f* <-, -n> caja *f;* (*größer*) cajón *m;* (*Zigaretten~*) paquete *m;* **eine ~ Pralinen** una caja de bombones; **eine alte ~** (*fam abw: Frau*) una vieja; **Schachtelhalm** *m* <-(e)s, -e> cola *f* de caballo

Schachtelung *f* <-, -en> (INFOR) anidamiento *m*

schächten ['ʃɛçtən] *vt degollar conforme al rito religioso judío*

Schachzug *m* <-(e)s, -züge> jugada *f*

schade ['ʃa:də] *adj inv:* **es ist ~, dass ...** es una lástima [*o* pena] que... *+subj;* **das ist aber ~!** ¡qué lástima!; **es ist ~ um jdn/etw** alguien/algo (me) da pena; **das ist zu ~ zum Wegwerfen** da pena tirarlo; **sich** *dat* **für etw (nicht) zu ~ sein** (no) creerse demasiado para algo

Schädel ['ʃɛ:dəl] *m* <-s, -> cráneo *m;* **jdm den ~ einschlagen** partir(le) el cráneo a alguien; **mir brummt der ~** (*fam*) tengo la cabeza como un bombo; **sich** *dat* **(an etw) den einrennen** (*fam*) estrellarse (contra algo) (por la propia testarudez)

Schädelbasisbruch *m* <-(e)s, -brüche> (MED) fractura *f* en la base del cráneo

Schädelbruch *m* <-(e)s, -brüche> (MED) fractura *f* de cráneo; **Schädeldecke** *f* <-, -n> (MED) bóveda *f* craneal

schaden ['ʃa:dən] *vi:* **jdm/etw ~** dañar a alguien/algo, perjudicar a alguien/algo; **du schadest dir nur selbst damit** sólo te perjudicas a ti mismo; **Rauchen schadet Ihrer Gesundheit** fumar perjudica su salud; **das schadet nichts** (*fam*) no importa, no es grave; **das kann nichts ~** (*fam*) no está mal; **das schadet dir gar nichts!** (*fam*) ¡te está bien empleado!, ¡lo mereces!; **eine Ohrfeige hat noch keinem geschadet** (*fam*) un buen azote no hace daño a nadie

Schaden ['ʃa:dən] *m* <-s, Schäden> **1.** (*Beschädigung*) daño *m* (*an* de), perjuicio *m* (*an* de); **~ anrichten/erleiden** ocasionar/sufrir daños; **~ nehmen** perjudicarse; **absichtlich herbeigeführter ~** daño [*o* perjuicio] deliberado; **eingetretener ~** daño [*o* perjuicio] acaecido; **für einen ~ haften** responder de los daños [*o* perjuicios]; **es entstand ein ~ von 300 Mark** se produjo un daño de 300 marcos; **jdm ~ zufügen** hacer daño a alguien; **zu ~ kommen** sufrir perjuicios; **durch ~ wird man klug** (*prov*) se aprende a base de errores; **wer den ~ hat, braucht für den Spott nicht zu sorgen** (*prov*) además de cornudo, apaleado **2.** (*Nachteil*) desventaja *f;* (*Verlust*) pérdida *f* **3.** (*gesundheitlich*) defecto *m*

Schadenersatz *m* <-es, *ohne pl*> (JUR) indemnización *f* por daños y perjuicios; **~ leisten** pagar una indemnización; **jdm gegenüber ~ für etw leisten** indemnizar a alguien por algo; **Schadenersatzanspruch** *m* <-(e)s, -sprüche> (JUR) derecho *m* de pago de indemnización; **Schadenersatzklage** *f* <-, -n> (JUR) demanda *f* por indemnización de daños y perjuicios; **schadenersatzpflichtig** *adj* (JUR) responsable de daños y perjuicios

schadenfrei **I.** *adj* libre de daños [*o* de accidentes]; **~es Fahren wird von den Versicherungen belohnt** las compañías de seguros premian la conducción sin accidentes **II.** *adv* sin sufrir daños, sin tener accidentes; **dreißig Jahre ~ zu fahren ist eine Seltenheit** haber conducido durante treinta años sin accidentes es algo fuera de lo común

Schadenfreiheitsrabatt *m* <-(e)s, -e> (AUTO) bonificación *f* por no siniestralidad

Schadenfreude *f* <-, *ohne pl*> alegría *f* del mal ajeno; **schadenfroh** *adj* malicioso; **Schadenhöhe** *f* <-, -n> cuantía *f* de los daños y perjuicios; **Schadenrechnung** *f* <-, -en> cálculo *m* de los daños y perjuicios

Schadensabwicklung *f* <-, -en> liquidación *f* del siniestro; **Schadensbegrenzung** *f* <-, *ohne pl*> restricción *f* de los daños; **Schadensbemessung** *f* <-, -en> cálculo *m* de los daños y perjuicios

Schadensersatz *m* <-es, *ohne pl*> (JUR) *s.* Schadenersatz; **schadensersatzpflichtig** *adj* (JUR) *s.* **schadenersatzpflichtig**

Schadensfall *m* <-(e)s, -fälle> siniestro *m;* **Schadensmeldung** *f* <-, -en> aviso *m* de siniestro; **Schadensverhütung** *f* <-, -en> prevención *f* de daños

schadhaft *adj* defectuoso

schädigen ['ʃɛ:dɪgən] *vt* dañar, perjudicar

schädigend *adj* dañino; **~e Wirkung** efecto perjudicial

Schädigung *f* <-, -en> **1.** (*das Schädigen*) detrimento *m,* deterioro *m* **2.** (*das Geschädigtsein*) perjuicio *m,* daño *m*

schädlich ['ʃɛ:tlɪç] *adj* perjudicial (*für* para), nocivo (*für* para)

Schädlichkeit *f* <-, *ohne pl*> nocividad *f*

Schädling ['ʃɛ:tlɪŋ] *m* <-s, -e> parásito *m*

Schädlingsbekämpfung *f* <-, *ohne pl*> lucha *f* antiparasitaria; **biologische ~** lucha biológica contra los parásitos; **Schädlingsbekämpfungsmittel** *nt* <-s, -> pesticida *m*

schadlos *adj:* **sich für etw an jdm ~ halten** resarciarse de algo con alguien; **Schadlosbürgschaft** *f* <-, -en> (JUR) garantía *f* de indemnización [*o* de resarcimiento]

Schadstoff *m* <-(e)s, -e> sustancia *f* nociva [*o* perjudicial]; **schadstoffarm** *adj* poco contaminante; **Schadstoffausstoß** *m* <-es, *ohne pl*> emisión *f* contaminante; **Schadstoffbelastung** *f* <-, -en> contaminación *f;* **Schadstoffemission** *f* <-, -en> emisión *f* contaminante; **Schadstofffilter**[RR] *m* <-s, -> filtro *m* de sustancias nocivas; **schadstoffhaltig** *adj* con sustancias nocivas; **~e Lebensmittel** productos alimenticios con sustancias nocivas; **Schadstoffkonzentration** *f* <-, -en> concentración *f* de sustancias contaminantes

Schaf [ʃa:f] *nt* <-(e)s, -e> **1.** (*Tier*) oveja *f;* **schwarzes ~** (*fig*) oveja negra **2.** (*fam: Dummkopf*) borrico, -a *m, f,* borrego, -a *m, f;*

Schafbock *m* <-(e)s, -böcke> carnero *m*

Schäfchen [ˈʃɛːfçən] *nt* <-s, -> **1.** (*junges Schaf*) corderillo *m,* corderito *m;* ~ **zählen** contar ovejitas; **sein ~ ins Trockene bringen** (*fam*) hacer su agosto; **sein ~ im Trockenen haben** (*fam*) haber hecho su agosto **2.** (*Gemeindemitglied*) miembro *m* de una congregación religiosa; **Schäfchenwolken** *fpl* cirrocúmulos *mpl*

Schäfer(in) [ˈʃɛːfɐ] *m(f)* <-s, -; -, -nen> pastor(a) *m(f);* **Schäferdichtung** *f* <-, -en> (LIT) poesía *f* pastoril; **Schäferhund** *m* <-(e)s, -e> perro *m* pastor, ovejero *m Am;* (*Deutscher* ~) pastor *m* alemán

Schäferin *f* <-, -nen> *s.* **Schäfer**

Schäferstündchen [-ʃtʏntçən] *nt* <-s, -> momentos *mpl* amorosos

Schaffarm *f* <-, -en> granja *f* de ganado lanar; **Schaffell** [ˈʃaːffɛl] *nt* <-(e)s, -e> piel *f* de oveja [*o* de carnero]

schaffen[1] [ˈʃafən] <schafft, schuf, geschaffen> *vt* **1.** (*er*~) crear; (*gründen*) fundar, establecer; **er stand da, wie Gott ihn ge~ hat** estaba allí tal y como vino al mundo; **dafür ist sie wie ge~** está hecha para esto **2.** (*Voraussetzungen*) crear; (*Platz, Ordnung*) hacer; (*Unruhe*) causar

schaffen[2] **I.** *vt* **1.** (*bewältigen*) hacer; (*fertig bringen*) acabar; (*erreichen*) conseguir, lograr; **eine Prüfung ~** aprobar un examen; **so, das hätten wir geschafft** bueno, ya está; **das ist nicht zu ~** es imposible lograrlo; **das schaffst du doch spielend** esto es un juego [*o* está tirado] para ti **2.** (*fam: erschöpfen*) agotar, hacer polvo; **die Kinder haben mich geschafft** los niños me han hecho polvo; **ich bin total geschafft!** ¡estoy hecho trizas [*o* pedazos]!; **jdm zu ~ machen** (*erschöpfen*) hacer polvo a alguien, dar batería a alguien *Mex;* (*bekümmern*) dar quebraderos de cabeza a alguien; **die Hitze macht ihr zu ~** el calor la agota **3.** (*bringen*) llevar; **schaff mir diesen Kerl vom Hals** quítame ese tipo de encima; **damit wäre die Sache aus der Welt geschafft** con ello damos el asunto por concluido **II.** *vi* (*südd, reg: arbeiten*) trabajar, currar *fam;* **frohes S~!** ¡que trabajes mucho!, ¡que te cunda!; **sich an etw zu ~ machen** ocuparse de algo; **damit habe ich nichts zu ~** no tengo nada que ver con eso

Schaffensdrang *m* <-s, *ohne pl*> afán *m* de trabajar; **Schaffensfreude** *f* <-, *ohne pl*> entusiasmo *m* por el trabajo; (*eines Künstlers*) placer *m* creador; **Schaffenskraft** *f* <-, *ohne pl*> fuerza *f* creadora

Schaffer(in) *m(f)* <-s, -; -, -nen> (*südd, Schweiz*) gran trabajador(a) *m(f)*

Schaffhausen [ʃafˈhaʊzən] *nt* <-s> Schaffhausen *m*

schaffig *adj* (*südd, Schweiz*) trabajador, laborioso

Schaffleisch *nt* <-(e)s, *ohne pl*> carne *f* de oveja

Schaffner(in) [ˈʃafnɐ] *m(f)* <-s, -; -, -nen> (*Fahrscheinverkäufer*) cobrador(a) *m(f);* (*Kontrolleur*) revisor(a) *m(f)*

Schaffung *f* <-, *ohne pl*> creación *f;* **die ~ neuer Arbeitsplätze** la creación de nuevos puestos de trabajo

Schafgarbe *f* <-, -n> milenrama *f,* aquilea *f;* **Schafherde** *f* <-, -n> rebaño *m* de ovejas

Schäflein [ˈʃɛːflaɪn] *nt* <-s, -> *s.* **Schäfchen**

Schafott [ʃaˈfɔt] *nt* <-(e)s, -e> cadalso *m,* patíbulo *m*

Schafskäse *m* <-s, -> queso *m* de oveja; **Schafskopf** *m* <-(e)s, -köpfe> (*fam*) tonto, -a *m, f,* bobo, -a *m, f;* **Schafsmilch** *f* <-, *ohne pl*> leche *f* de oveja; **Schafspelz** *m* <-es, -e> piel *f* de oveja [*o* de carnero]; **ein Wolf im ~** un lobo con piel de cordero

Schafstall *m* <-(e)s, -ställe> corral *m* de ovejas

Schaft [ʃaft, *pl:* ˈʃɛftə] *m* <-(e)s, Schäfte> **1.** (*Stiefel~*) caña *f* de la bota **2.** (*Gewehr~*) caja *f* del fusil **3.** (BOT) tallo *m* **4.** (*für Messer, Schwert*) vaina *f,* mango *m* **5.** (*Schweiz: Schrank*) armario *m,* estantería *f;* **Schaftstiefel** *m* <-s, -> bota *f* alta

Schafwolle *f* <-, *ohne pl*> lana *f* de oveja

Schafzucht *f* <-, *ohne pl*> cría *f* de ganado lanar

Schah [ʃaː] *m* <-s, -s> sha *m* (de Persia)

Schakal [ʃaˈkaːl] *m* <-s, -e> chacal *m*

Schäker(in) [ˈʃɛːkɐ] *m(f)* <-s, -; -, -nen> bromista *mf*

schäkern [ˈʃɛːkɐn] *vi* (*fam*) **1.** (*scherzen*) bromear **2.** (*flirten*) ligar

schal [ʃaːl] *adj* desabrido, insípido

Schal [ʃaːl] *m* <-s, -s *o* -e> bufanda *f*

Schale [ˈʃaːlə] *f* <-, -n> **1.** (*Obst~, Kartoffel~*) piel *f;* (*Nuss~, Eier~*) cáscara *f;* (*Muschel~*) concha *f;* (*von Hülsenfrüchten*) vaina *f;* **eine raue ~ haben** (*fig*) hacerse el duro **2.** (*Gefäß*) fuente *f* **3.** (*Waag~*) platillo *m* **4.** (*fam: Kleidung*): **sich in ~ werfen** ponerse de punta en blanco

schälen [ˈʃɛːlən] **I.** *vt* (*Obst, Kartoffel*) pelar; (*Ei, Nuss*) quitar la cáscara (a); (*Baum*) descortezar **II.** *vr:* **sich ~** (*Haut*) pelarse; **ich schäle mich an den Beinen** se me pelan [*o* despellejan] las piernas; **sie schält sich aus dem Mantel** (*fam*) se quita el abrigo con gran parsimonia

Schalensitz *m* <-es, -e> asiento *m* de coche deportivo; **Schalentier** *nt* <-(e)s, -e> crustáceo *m*

Schalk [ʃalk] *m* <-(e)s, -e *o* Schälke> gracioso, -a *m, f,* granuja *mf;* **jdm sitzt der ~ im Nacken** alguien es un diablillo [*o* un tunante]

schalkhaft **I.** *adj* travieso, pícaro; **ein ~es Lächeln** una risa burlona [*o* pícara] **II.** *adv* pícaramente, burlonamente; **seine Augen blitzen ~ auf** pone una mirada pícara [*o* burlona]

Schall[1] [ʃal, *pl:* ˈʃɛlə] *m* <-(e)s, Schälle> (*geh: Geräusch, Laut*) sonido *m;* **~ und Rauch sein** ser una nimiedad [*o* insignificancia]

Schall² *m* <-(e)s, *ohne pl*> (PHYS) sonido *m;* (*Widerhall*) resonancia *f,* eco *m;* ~ **und Rauch sein** ser una nimiedad [*o* insignificancia]

schalldämmend *adj* insonorizado, insonoro; ~**e Isolierung** insonorización *f,* aislamiento acústico; **eine größere** ~**e Wirkung können Sie durch eine Spezialtür erzielen** puede conseguir una insonorización mayor poniendo una puerta especial; **Schalldämmung** *f* <-, *ohne pl*> insonorización *f;* **Schalldämpfer** *m* <-s, -> **1.** (TECH) silenciador *m* **2.** (MUS) sordina *f;* **schalldicht** *adj* insonoro, insonorizado

schallen ['ʃalən] *vi* resonar, retumbar; ~**des Gelächter** risas atronadoras; **eine** ~**de Ohrfeige** una sonora bofetada

schallend **I.** *adj* (*Beifall, Ohrfeige*) sonoro; ~**es Gelächter** risas atronadoras **II.** *adv* **1.** (*lauthals*) fuertemente, a grito pelado; ~ **auflachen** reírse a carcajadas **2.** (*mit lautem Knall*) sonoramente; **jdn** ~ **ohrfeigen** darle una sonora bofetada a alguien

Schallgeschwindigkeit *f* <-, *ohne pl*> velocidad *f* del sonido; **Schallgrenze** *f* <-, *ohne pl*> *s.* Schallmauer; **Schallisolierung** *f* <-, *ohne pl*> aislamiento *m* acústico, insonorización *f;* **Schallmauer** *f* <-, *ohne pl*> barrera *f* del sonido [*o* (tran)sónica]; **die** ~ **durchbrechen** traspasar [*o* romper] la barrera del sonido; **Schallpegel** *m* <-s, -> nivel *m* de ruido(s)

Schallplatte *f* <-, -n> disco *m;* **Schallplattensammlung** *f* <-, -en> discoteca *f,* colección *f* de discos

schallschluckend *adj* insonorizante; **Schallschutz** *m* <-es, *ohne pl*> protección *f* contra el ruido; **Schallwelle** *f* <-, -n> (PHYS) onda *f* sonora

Schalmei [ʃal'maɪ] *f* <-, -en> (MUS) chirimía *f*

Schalotte [ʃa'lɔtə] *f* <-, -n> (ajo *m*) chalote *m,* escalonia *f*

schalt [ʃalt] *3. imp von* **schelten**

Schaltanlage *f* <-, -n> (ELEK) instalación *f* de mando; **Schaltbild** *nt* <-(e)s, -er> (ELEK) diagrama *m* de circuito, esquema *m* de conexiones; **Schaltbrett** *nt* <-(e)s, -er> (ELEK) *s.* **Schalttafel**

schalten ['ʃaltən] **I.** *vi* **1.** (AUTO) cambiar de marcha; **in den dritten Gang** ~ cambiar a tercera **2.** (*um~*) ponerse; (RADIO, TV) conectar (*zu* con); **die Ampel schaltet auf Rot** el semáforo se pone en rojo; **wir** ~ **anschließend zum Spanischen Fernsehen** después conectaremos con Televisión Española **3.** (*handeln*): **er schaltet und waltet, wie es ihm gefällt** hace y deshace (como le viene en gana) **4.** (*fam: begreifen*) caer (en la cuenta); (*reagieren*) reaccionar; **da habe ich nicht richtig geschaltet** no reaccioné bien **II.** *vt* **1.** (TECH: *verbinden*) conectar; (*ein~*) encender; (*aus~*) apagar; **den Backofen auf „aus"** ~ apagar el horno; **den Backofen auf 250 Grad** ~ poner el horno a 250 grados; **das Getriebe lässt sich leicht** ~ las marchas entran fácilmente **2.** (*einschieben*) intercalar **3.** (*inserieren*): **eine Anzeige/einen Werbespot** ~ poner un anuncio/un spot publicitario

Schalter *m* <-s, -> **1.** (TECH) interruptor *m* **2.** (*Post~*) ventanilla *f;* (*Fahrkarten~*) taquilla *f,* boletería *f Am;* **Schalterbeamte(r)** *mf* <-n, -n; -n, -n>, **-beamtin** *f* <-, -nen> funcionario, -a *m, f* de ventanilla; **Schalterhalle** *f* <-, -n>, **Schalterraum** *m* <-(e)s, -räume> sala *f* de ventanillas; **Schalterstunden** *fpl* horario *m* de ventanilla

Schaltgetriebe *nt* <-s, -> (TECH) caja *f* de cambios; **Schalthebel** *m* <-s, -> palanca *f* de mando; **am** ~ **der Macht sitzen** tener el poder en sus manos; **Schaltjahr** *nt* <-(e)s, -e> año *m* bisiesto; **Schaltkasten** *m* <-s, -kästen> caja *f* de distribución; **Schaltknüppel** *m* <-s, -> palanca *f* de cambio; **Schaltkreis** *m* <-es, -e> (ELEK) circuito *m;* **integrierter** ~ circuito integrado [*o* sólido], microestructura integrada; **Schaltplan** *m* <-(e)s, -pläne> (ELEK) *s.* Schaltbild; **Schaltpult** *nt* <-(e)s, -e> (ELEK) pupitre *m* de mando [*o* de control]; **Schaltstelle** *f* <-, -n> lugar *m* de mando; **Schalttafel** *f* <-, -n> (ELEK) tablero *m* de mando(s), panel *m* de control; **Schalttag** *m* <-(e)s, -e> día *m* del año bisiesto

Schaltung *f* <-, -en> **1.** (ELEK, INFOR) circuito *m;* **bistabile/monostabile** ~ circuito biestable/monoestable; **integrierte** ~ circuito integrado **2.** (TEL) conexión *f* **3.** (AUTO) caja *f* de cambios

Schalung ['ʃa:lʊŋ] *f* <-, -en> (TECH) encofrado *m;* **Schalungsbrett** *nt* <-(e)s, -er> tabla *f* del encofrado

Schaluppe [ʃa'lʊpə] *f* <-, -n> (NAUT) chalupa *f,* balandra *f*

Scham [ʃa:m] *f* <-, *ohne pl*> **1.** (*Sichschämen*) vergüenza *f,* pena *f Am;* **nur keine falsche** ~**!** ¡que no te dé vergüenza!; **vor** ~ **vergehen** morirse de vergüenza **2.** (*~gefühl*) pudor *m,* vergüenza *f;* **er hat kein bisschen** ~ **im Leibe** no tiene ni [*o* una] pizca de vergüenza **3.** (ANAT) *s.* **Schamgegend**

Schamane [ʃa'ma:nə] *m* <-n, -n> chamán *m*

Schambein *nt* <-(e)s, -e> (ANAT) (hueso *m* del) pubis *m inv;* **Schamberg** *m* <-(e)s, -e> (ANAT) monte *m* de Venus

schämen ['ʃɛ:mən] *vr:* **sich** ~ avergonzarse (*wegen/für* de, *vor* ante), tener vergüenza (*wegen/für* de), apenarse (*wegen/für* por) *Am,* mortificarse (*wegen/für* por) *Mex;* **er schämt sich für sein Verhalten** su comportamiento le da vergüenza; ~ **Sie sich nicht?** ¿no le da vergüenza?; **du solltest dich** ~**!** ¡deberías avergonzarte!; **du brauchst dich vor mir nicht zu** ~ no tienes por qué avergonzarte ante mí

Schamgefühl *nt* <-(e)s, *ohne pl*> pudor *m,* vergüenza *f*

Schamgegend *f* <-, *ohne pl*> zona *f* púbica [*o* pubiana], pubis *m inv;* **Schamhaar** *nt* <-(e)s, *ohne pl*> vello *m* púbico; **schamhaft** *adj* pudoroso; (*scheu*) avergonzado

Schamhaftigkeit *f* <-, *ohne pl*> pudor *m,* vergüenza *f*

Schamlippe *f* <-, -n> (ANAT) labio *m* de la vulva; **schamlos** *adj* **1.** (*unanständig*) impúdico, indecente **2.** (*dreist*) descarado, desvergonzado

Schamlosigkeit[1] *f* <-, -en> (*Bemerkung*) insolencia *f,* fresca *f,* frescura *f*

Schamlosigkeit[2] *f* <-, *ohne pl*> (*fehlendes Schamgefühl*) falta *f* de pudor, desvergüenza *f*

Schamottestein[1] [ʃa'mɔtə-] *m* <-(e)s, -e> (*Stück Stein*) chamota *f*

Schamottestein[2] *m* <-(e)s, *ohne pl*> (*Material*) tierra *f* refractaria

Schampus ['ʃampʊs] *m* <-, *ohne pl*> (*fam*) champán *m*

schamrot ['-'-] *adj* colorado [*o* rojo] (de vergüenza), ruborizado; **Schamröte** *f* <-, *ohne pl*> colores *mpl* (de la vergüenza), rubor *m;* **mir stieg die ~ ins Gesicht** me puse colorado de la vergüenza; **Schamteile** *ntpl* partes *fpl* pudendas

Schande ['ʃandə] *f* <-, *ohne pl*> **1.** (*Beschämung*) vergüenza *f;* (*Schmach*) infamia *f;* **sie hat ~ über uns gebracht** ha manchado nuestro nombre, es una afrenta a nuestro honor; **zu meiner ~ muss ich gestehen, dass ...** para mi vergüenza tengo que reconocer que...; **das ist eine ~!** ¡es una vergüenza!; **mach mir keine ~!** ¡no me dejes mal!; **~ über mich!** ¡qué vergüenza me da!; **das ist doch keine ~** no es ninguna deshonra **2.** (*Wend*): **ein Auto zu ~n fahren** dejar un coche para el desguace; **Hoffnungen/Pläne zu ~n machen** arruinar [*o* echar a perder] esperanzas/planes

schänden ['ʃɛndən] *vt* **1.** (*entehren*) deshonrar, embarrar *Am;* (*sexuell*) abusar (de) **2.** (*entweihen*) profanar

Schandfleck *m* <-(e)s, -e> mancha *f,* deshonra *f;* **diese Gebäude sind ein ~ in der Landschaft** estos edificios afean el paisaje

schändlich ['ʃɛntlɪç] *adj* vergonzoso, infame; **er hat mich ~ hintergangen/belogen** me ha timado/mentido descaradamente [*o* vilmente]

Schändlichkeit[1] *f* <-, -en> (*Tat*) infamia *f,* canallada *f*

Schändlichkeit[2] *f* <-, *ohne pl*> (*schändliche Art*) perversidad *f,* maldad *f*

Schandmal *nt* <-(e)s, -e *o* -mäler> (*geh*) *s.* Schandfleck; **Schandmaul** *nt* <-(e)s, -mäuler> (*fam abw*) **1.** (*Mundwerk*) pico *m;* **na warte, ich werde dir dein ~ schon stopfen!** ¡espera, ya te cerraré el pico! **2.** (*Person*) deslenguado, -a *m, f,* víbora *f;* **was dieses ~ von Nachbarin alles verbreitet, ist ungeheuerlich** es increíble (todo) lo que la víbora de mi vecina se atreve a contar [*o* a cotillear]; **Schandtat** *f* <-, -en> vileza *f,* infamia *f;* **zu jeder ~ bereit sein** (*fam iron*) estar dispuesto a cualquier broma

Schändung *f* <-, -en> (*Grab, Kirche*) profanación *f;* (*Ehre*) difamación *f*

Schänke[RR] ['ʃɛŋkə] *f* <-, -n> tasca *f,* bodeguilla *f,* cantina *f CSur, Mex*

Schanker ['ʃaŋkɐ] *m* <-s, -> (MED) chancro *m* venéreo

Schankerlaubnis *f* <-, *ohne pl*>, **Schankkonzession** *f* <-, -en> concesión *f* para la venta de bebidas alcohólicas; **Schanktisch** *m* <-(e)s, -e> barra *f;* **Schankwirt(in)** *m(f)* <-(e)s, -e; -, -nen> camarero, -a *m, f,* barman *m;* **Schankwirtschaft** *f* <-, -en> taberna *f*

Schanze ['ʃantsə] *f* <-, -n> (SPORT) trampolín *m*

Schar [ʃa:ɐ] *f* <-, -en> **1.** (*Menge*) multitud *f;* (*Gruppe*) grupo *m,* tropilla *f CSur;* (*Vogel~*) bandada *f;* **in (hellen) ~en** en masas **2.** (AGR: *Pflug~*) reja *f* del arado

Scharade [ʃa'ra:də] *f* <-, -n> charada *f*

Scharbockskraut *nt* <-(e)s, *ohne pl*> ficaria *f*

Schäre ['ʃɛ:rə] *f* <-, -n> (GEO) islote *m*

scharen ['ʃa:rən] **I.** *vr* (*geh*): **sich um jdn/etw ~** arremolinarse en torno a alguien/a algo **II.** *vt* (*geh*): **... um sich ~** formar un grupo de...; **Interessenten um sich ~** reunir personas interesadas

scharenweise *adv* a manadas, en masa

scharf [ʃarf] *adj* <schärfer, am schärfsten> **1.** (*Messer, Kralle, Zähne*) afilado, agudo, filoso *Am;* (*schneidend*) cortante; (*Kante*) vivo **2.** (*Speise*) picante; (*Getränk*) fuerte; (*Geruch*) acre; (CHEM) corrosivo **3.** (*Wind*) cortante **4.** (*Ton*) estridente **5.** (FOTO) nítido; (*Umrisse*) neto, (bien) marcado; **~ eingestellt** enfocado con precisión **6.** (*Gehör*) fino; (*Verstand*) agudo; **~e Augen haben** tener una vista aguda; **jdn ~ ansehen** mirar fijamente a alguien; **~ nachdenken** hacer memoria **7.** (*Kurve*) cerrado; **~ bremsen** dar un frenazo; **~ abbiegen** hacer [*o* dar] un giro brusco **8.** (*Kritik*) mordaz; (*Antwort*) tajante; (*Protest*) enérgico; **eine ~e Zunge haben** tener una lengua mordaz; **jdn ~ kritisieren** criticar duramente a alguien; **~en Protest einlegen** protestar enérgicamente **9.** (*Disziplin*) riguroso, estricto; (*Bewachung*) estrecho; **jdn ~ bewachen** vigilar a alguien estrechamente **10.** (*Auseinandersetzung*) reñido **11.** (*Hund*) mordedor **12.** (*fam: toll*) chulo; **ein ~er Typ** un tío demasiado; **das Schärfste waren die Klamotten** lo mejor (de todo) era la ropa **13.** (*fam: geil*) cachondo (*auf* por) **14.** (MIL: *Munition, Bombe*) explosivo, con carga explosiva; **das Gewehr ist ~ geladen** el fusil está vivo [*o* cargado con bala]; **hier wird ~**

geschossen (*gezielt*) aquí se dispara a un objetivo determinado **15.** (*forciert*) forzado; **eine schärfere Gangart einlegen** tomar [*o* poner] una marcha forzada **16.** (*knapp*): ~ **kalkulieren** hacer un cálculo muy ajustado **17.** (*fam: versessen*): ~ **darauf sein, etw zu tun** morirse por hacer algo

Scharfblick *m* <-(e)s, *ohne pl*> perspicacia *f*

Schärfe ['ʃɛrfə] *f* <-, *ohne pl*> **1.** (*Messer, Kante*) agudeza *f* **2.** (*Speise*) (sabor *m*) picante *m;* (*Geruch*) acritud *f;* (CHEM) causticidad *f* **3.** (*Ton, Stimme*) agudeza *f,* aspereza *f* **4.** (*Foto, Umriss*) nitidez *f* **5.** (*Sinnesorgan*) agudeza *f;* (*Verstandes~*) perspicacia *f* **6.** (*Worte*) rudeza *f,* aspereza *f;* (*von Kritik*) mordacidad *f;* **etw in aller ~ kritisieren** criticar algo severamente [*o* inexorablemente] **7.** (*Härte, Strenge*) rigor *m,* dureza *f*

schärfen *vt* **1.** (*Messer*) afilar **2.** (*Verstand, Gehör*) aguzar

Schärfeneinstellung *f* <-, -en> (FOTO) enfoque *m* de precisión

schärfer *adj kompar von* **scharf**

scharfkantig *adj* afilado, cortante; **scharf|machen** *vt* (*fam*) **1.** (*aufwiegeln*) instigar **2.** (*sexuell*) excitar **3.** (*Hund*) azuzar; **Scharfmacher(in)** *m(f)* <-s, -; -, -nen> (*fam*) incitador(a) *m(f),* atizador(a) *m(f);* **Scharfrichter(in)** *m(f)* <-s, -; -, -nen> verdugo *mf;* **Scharfschütze, -in** *m, f* <-n, -n; -, -nen> (MIL) tirador(a) *m(f)* de alta precisión; **scharfsichtig** *adj* de vista aguda; **Scharfsinn** *m* <-(e)s, *ohne pl*> perspicacia *f,* sagacidad *f;* **scharfsinnig** *adj* perspicaz, sagaz

schärfste(r, s) *adj superl von* **scharf**

Scharlach ['ʃarlax] *m* <-s, *ohne pl*> (MED) escarlatina *f;* **scharlachrot** *adj* (rojo) escarlata, púrpura

Scharlatan ['ʃarlatan] *m* <-s, -e> (*abw*) charlatán, -ana *m, f*

Scharmützel [ʃar'mʏtsəl] *nt* <-s, -> escaramuza *f,* refriega *f*

Scharnier [ʃar'niːɐ] *nt* <-s, -e> bisagra *f,* charnela *f*

Schärpe ['ʃɛrpə] *f* <-, -n> banda *f,* faja *f*

scharren ['ʃarən] **I.** *vi* (*in der Erde*) escarbar; **der Hund scharrt (mit den Pfoten) an der Tür** el perro está arañando la puerta (con las patas) **II.** *vt* **1.** (*Loch*) cavar **2.** (*zusammen~*) amontonar

Scharte ['ʃartə] *f* <-, -n> **1.** (*Kerbe*) mella *f;* **eine ~ auswetzen** (*fig*) subsanar un error **2.** (*Schieß~*) tronera *f,* aspillera *f*

schartig *adj* mellado, dentellado, rabón *Ant, SAm*

scharwenzeln* [ʃar'vɛntsəln] *vi haben o sein* (*fam abw*): **um jdn ~** hacer(le) la pelota a alguien

Schaschlik ['ʃaʃlɪk] *m o nt* <-s, -s> pincho *m* de carne

schassen ['ʃasən] *vt* (*fam*) **1.** (*davonjagen*) despedir **2.** (*reg: ergreifen*) agarrar, echar mano (de/a)

Schatten ['ʃatən] *m* <-s, -> sombra *f;* **im ~ sitzen/liegen** estar sentado/tumbado a la sombra; **35 Grad im ~** 35 grados a la sombra; **~ werfen** hacer sombra; **~ geben** [*o* **spenden**] dar sombra; **~ unter den Augen** ojeras *fpl;* **nur noch ein ~ seiner selbst sein** no ser ni la sombra de lo que se era; **in jds ~ stehen** estar a la sombra de alguien; **jdn/etw in den ~ stellen** dar cien (mil) vueltas a alguien/a algo; **über seinen ~ springen** superarse (a sí mismo); **große Ereignisse werfen ihren ~ voraus** se ven venir grandes acontecimientos; **Schattendasein** *nt* <-s, *ohne pl*>: **ein ~ fristen** [*o* **führen**] llevar una existencia miserable

schattenhaft **I.** *adj* (*vage*) vago, indefinido; **~e Umrisse wahrnehmen** apreciar una silueta indefinida [*o* borrosa] **II.** *adv* vagamente, de modo poco claro

Schattenkabinett *nt* <-s, -e> (POL) gabinete *m* en la sombra; **Schattenmorelle** [-morɛlə] *f* <-, -n> guinda *f;* **Schattenriss**[RR] *m* <-es, -e> (KUNST) retrato *m* de perfil, silueta *f;* **Schattenseite** *f* <-, -n> **1.** (*Seite im Schatten*) lado *m* de la sombra **2.** (*Nachteil*) inconveniente *m,* desventaja *f;* **Schattenspiel** *nt* <-(e)s, -e> sombras *fpl* chinescas; **Schattenwirtschaft** *f* <-, *ohne pl*> economía *f* sumergida [*o* subterránea]

schattieren* [ʃa'tiːrən] *vt* sombrear

Schattierung *f* <-, -en> **1.** (KUNST) sombreado *m,* sombras *fpl* **2.** (*Variante*) matiz *m*

schattig *adj* sombrío; **ein ~es Plätzchen** un lugar sombrío

Schattseite *f* <-, -n> (*Schweiz*) *s.* **Schattenseite**

Schatulle [ʃa'tʊlə] *f* <-, -n> cofre *m,* cofrecillo *m*

Schatz [ʃats, *pl:* 'ʃɛtsə] *m* <-es, Schätze> (*a. fig*) tesoro *m;* **mein ~!** ¡amor mío!; **du bist ein ~!** ¡eres un tesoro!; **Schatzamt** *nt* <-(e)s, -ämter> (ADMIN) Tesoro *m;* **Schatzanweisung** *f* <-, -en> (FIN) bono *m* del Tesoro [*o* del Estado]

schätzbar *adj* que se puede valorar, que se puede calcular; **~ sein** ser valorable [*o* calculable]; **etw ist von nicht ~em Wert** algo es de un valor incalculable; **der endgültige Preis ist schwer ~** el precio definitivo es difícil de calcular [*o* de valorar]; **wie weit mögen die Alpengipfel wohl noch von hier entfernt sein? – hm, das ist schwer ~** ¿a cuánto estarán las cumbres de los Alpes de aquí? – hm, es difícil de decir [*o* de precisar]

Schätzchen ['ʃɛtsçən] *nt* <-s, -> cariño *m,* cielo *m*

schätzen ['ʃɛtsən] *vt* **1.** (*Wert*) valorar (*auf* en), evaluar (*auf* en); (*Größe, Alter*) calcular; **hoch ~** estimar [*o* apreciar] en mucho; **sein Vermögen wurde auf zwei Millionen ge-**

S

schätzt su fortuna fue evaluada en dos millones; **ich habe ihn auf 30 geschätzt** le eché unos 30 años; **wie alt ~ Sie ihn?** ¿cuántos años calcula que tiene?; **ich kann nicht gut ~** no soy bueno calculando **2.** (*fam: annehmen*) calcular, suponer; **ich schätze, dass ...** calculo que... **3.** (*würdigen*) apreciar; **etw/jdn ~ lernen** llegar a apreciar algo/a alguien; **ich weiß das zu ~** sé apreciarlo; **sie schätzt ihn sehr als Künstler/Mensch** aprecia mucho sus cualidades como pintor/persona; **wir können uns glücklich ~** podemos dar gracias (a Dios); **schätzen|lernen** *vt s.* **schätzen 3.**

schätzenswert *adj* estimable; **das wäre eine ~e Entwicklung** sería una evolución estimable; **ein ~er Mensch** una persona digna de aprecio

Schätzer(in) *m(f)* <-s, -; -, -nen> tasador(a) *m(f)*

Schatzgräber(in) *m(f)* <-s, -; -, -nen> buscador(a) *m(f)* de tesoros; **Schatzkammer** *f* <-, -n> cámara *f* del tesoro, tesorería *f*; **Schatzkästchen** *nt* <-s, -> (*alt a. hum*) joyero *m*; **Schatzmeister(in)** *m(f)* <-s, -; -, -nen> tesorero, -a *m, f*

Schätzung *f* <-, -en> cálculo *m*; (*des Wertes*) valoración *f*, evaluación *f*; **grobe ~** estimación [*o* valoración] aproximativa; **nach meiner ~** según mis cálculos; **schätzungsweise** *adv* aproximadamente, más o menos

Schatzwechsel *m* <-s, -> (FIN) letra *f* del tesoro; **Schätzwert** *m* <-(e)s, -e> valor *m* estimado [*o* estimativo]

Schau [ʃaʊ] *f* <-, -en> exposición *f*; **Skulpturen zur ~ stellen** exponer esculturas; **eine große ~ abziehen** (*fam: angeben*) dárselas de importante, fanfarronear; **jdm die ~ stehlen** robar el protagonismo a alguien, llevarse todos los aplausos; **sie trug ihre Gefühle zur ~** (*iron*) hizo alarde [*o* gala] [*o* ostentación] de sus sentimientos; **Schaubild** *nt* <-(e)s, -er> diagrama *m*, gráfico *m*; **Schaubude** *f* <-, -n> caseta *f*, barracón *m* de feria

Schauder [ˈʃaʊdɐ] *m* <-s, -> (*geh*) escalofrío *m*; **ihm lief ein ~ über den Rücken** le dio un escalofrío; **schauderhaft** *adj* horrible, horroroso

schaudern [ˈʃaʊdɐn] **I.** *vi* estremecerse (*bei/vor* ante); **ich schauderte bei dem Gedanken** me estremecí ante la idea **II.** *vunpers* sobrecoger; **es schauderte mich beim Anblick** me sobrecogió la escena

schauen [ˈʃaʊən] *vi* **1.** (*sehen, blicken*) mirar; **sie schaut auf die Uhr** mira el reloj; **sie schaut ihm fest in die Augen** le mira fijamente a los ojos; **schau, ob jemand an der Tür ist** vete a mirar si hay alguien en la puerta; **schau mal!** ¡mira!; **traurig ~** poner cara triste; **schau, schau!** (*fam*) ¡anda!, ¡mira tú! **2.** (*Österr, Schweiz, südd: sich kümmern*) atender (*nach* a), mirar (*nach* por); **er schaut nach den Kindern** cuida de los niños **3.** (*achten*): **(sehr) darauf ~, dass ...** tener (muy) en cuenta, que... *+subj*; (*Wert legen*) dar (gran) importancia a que... +

Schauer [ˈʃaʊɐ] *m* <-s, -> **1.** (METEO) aguacero *m*, chubasco *m* **2.** (*geh: Schauder*) escalofrío *m*; **Schauergeschichte** *f* <-, -n> cuento *m* horripilante

schauerlich *adj* **1.** (*gruselig*) horripilante, escalofriante **2.** (*fam: grässlich*) horrible, espantoso

Schauermann *m* <-(e)s, -leute> (NAUT) estibador *m*, cargador *m* de puerto

Schauermärchen *nt* <-s, -> cuento *m* horripilante

schauern [ˈʃaʊɐn] **I.** *vi* (*erschauern*) estremecerse (*vor* de); **du schauerst? ist dir etwa kalt?** ¿estás tiritando? ¿tienes frío quizá? **II.** *vunpers* estremecerse (*bei*); **es schauert mich bei dem Gedanken, dass wir fast abgestürzt wären** me echo a temblar [*o* me estremezco] cada vez que pienso que estuvimos a punto de estrellarnos

Schauerroman *m* <-s, -e> (LIT) novela *f* de terror

Schaufel [ˈʃaʊfəl] *f* <-, -n> **1.** (*Schippe*) pala *f* **2.** (*Schweiz: Pik*) pica *f*

schaufeln **I.** *vi* dar paletadas, trabajar con la pala; **sie schaufelten wie die Verrückten** palearon como burros **II.** *vt* **1.** (*Sand, Schnee*) quitar con la pala **2.** (*Loch*) cavar (con la pala)

Schaufenster *nt* <-s, -> escaparate *m*, vidriera *f Am*, vitrina *f Am*; **Schaufensterauslage** *f* <-, -n> productos *mpl* en exhibición en un escaparate; **Schaufensterbummel** *m* <-s, -> paseo *m* para mirar los escaparates; **einen ~ machen** ir a mirar escaparates; **Schaufensterdekorateur(in)** *m(f)* <-s, -e; -, -nen> escaparatista *mf*; **Schaufensterpuppe** *f* <-, -n> maniquí *m*

Schaukampf *m* <-(e)s, -kämpfe> (SPORT) combate *m* de boxeo de exhibición; **Schaukasten** *m* <-s, -kästen> vitrina *f*

Schaukel [ˈʃaʊkəl] *f* <-, -n> columpio *m*, bamba *f reg*, hamaca *f Arg*, burro *m Kol, PRico*

schaukeln **I.** *vi* **1.** (*schwingen*) balancearse, mecerse; (*im Wind*) tambolearse; **sie schaukelte auf/mit dem Stuhl** se balanceaba en/con la silla **2.** (*auf einer Schaukel*) columpiarse, mecerse (en el columpio) **II.** *vt* (*wiegen*) mecer; **wir werden das Kind schon ~** (*fam fig*) ya arreglaremos el asunto

Schaukelpferd *nt* <-(e)s, -e> caballo *m* de madera [*o* de balancín]; **Schaukelpolitik** *f* <-, *ohne pl*> (*abw*) política *f* oportunista [*o* de conveniencias]; **Schaukelstuhl** *m* <-(e)s, -stühle> mecedora *f*, columpio *m Am*, hamaca *f Arg, Urug*

schaulustig *adj* curioso; **Schaulustige(r)** *mf* <-n, -n; -n, -n> curioso, -a *m, f*, mirón, -ona *m, f*

Schaum [ʃaʊm, *pl:* ˈʃɔɪmə] *m* <-(e)s, Schäume> espuma *f*; **~ vor dem Mund haben** echar espumarajos; **zu ~ schlagen** batir (a punto de nieve); **Schaumbad** *nt* <-(e)s, -bäder> baño *m* de espuma [*o* espumoso]; **Schaumblase** *f* <-, -n> burbuja *f* de espuma

schäumen [ˈʃɔɪmən] *vi* **1.** (*Flüssigkeit*) producir espuma **2.** (*geh: toben*) echar espuma de rabia; **sie schäumte vor Wut** echaba espuma de (pura) rabia

Schaumfestiger *m* <-s, -> espuma *f* fijadora; **Schaumgummi** *m* <-s, -(s)> gomaespuma *f*, caucho *m* sintético

schaumig *adj* espumoso; **etw ~ schlagen** batir algo hasta que esté espumoso

Schaumkrone *f* <-, -n> **1.** (*Welle*) cresta *f* (de la ola) **2.** (*Flüssigkeiten*) espuma *f*; **Schaumschläger(in)** *m(f)* <-s, -; -, -nen> (*abw*) fanfarrón, -ona *m, f*, cuentista *mf*

Schaumschlägerei[1] [---ˈ-] *f* <-, *ohne pl*> (*das Angeben*) fanfarronería *f*

Schaumschlägerei[2] *f* <-, -en> (*Handlung, Äußerung*) fanfarronada *f*

Schaumschlägerin *f* <-, -nen> *s.* Schaumschläger; **Schaumspeise** *f* <-, -n> (GASTR) crema *f* batida, mousse *f*; **Schaumstoff** *m* <-(e)s, -e> gomaespuma *f*; **Schaumwein** *m* <-(e)s, -e> vino *m* espumoso

Schauplatz *m* <-es, -plätze> escenario *m*, lugar *m*; **Schauprozess**[RR] *m* <-es, -e> (*abw*) proceso *m* espectacular

schaurig [ˈʃaʊrɪç] *adj* **1.** (*gruselig*) horripilante, escalofriante **2.** (*fam: schlecht*) horrible, espantoso

schaurig-schön *adj* escalofriante pero bonito; **die Großmutter erzählte eine ~e Geschichte** la abuela contó una bonita historia de miedo; **bei so ~en Filmen muss ich immer heulen** estos dramones con final feliz siempre me hacen llorar

Schauspiel *nt* <-(e)s, -e> **1.** (THEAT) función *f*, pieza *f* de teatro **2.** (*geh: Vorgang*) espectáculo *m*

Schauspieler(in) *m(f)* <-s, -; -, -nen> actor *m*, actriz *f*

Schauspielerei *f* <-, *ohne pl*> **1.** (*fam: Beruf*) trabajo *m* de actor/de actriz; **warum willst du ans Theater? die ~ ist doch eine brotlose Kunst!** ¿por qué quieres hacer teatro? ¡siendo actor no vas a ganar dinero! **2.** (*Verstellung*) teatro *m*, fingimiento *m*

Schauspielerin *f* <-, -nen> *s.* **Schauspieler**

schauspielerisch *adj* de actor, de actriz

schauspielern [ˈ---] *vi* **1.** (*fam: als Schauspieler arbeiten*) trabajar como actor **2.** (*abw: vortäuschen*) simular, fingir

Schauspielhaus *nt* <-es, -häuser> teatro *m*; **Schauspielkunst** *f* <-, *ohne pl*> arte *m* dramático; **Schauspielschule** *f* <-, -n> escuela *f* de arte dramático; **Schauspielschüler(in)** *m(f)* <-s, -; -, -nen> estudiante *mf* de arte dramático; **Schauspielunterricht** *m* <-(e)s, *ohne pl*> clases *fpl* de interpretación; (*~sstunde*) clase *f* de interpretación; (**bei jdm**) **~ nehmen** asistir a [*o* tomar] clases de interpretación (con alguien)

Schausteller(in) *m(f)* <-s, -; -, -nen> feriante *mf*

Schautafel *f* <-, -n> cuadro *m* explicativo

Scheck [ʃɛk] *m* <-s, -s> cheque *m*; **gedeckter/gesperrter/girierter ~** cheque cubierto/bloqueado/endosable; **ungedeckter ~** cheque sin fondos; **auf den Überbringer lautender ~** cheque al portador; **einen ~ einlösen** cobrar un cheque; **einen ~ über 100 Mark ausstellen** extender un cheque por valor de 100 marcos; **Scheckabrechnung** *f* <-, -en> liquidación *f* de cheques; **Scheckaussteller(in)** *m(f)* <-s, -; -, -nen> librador(a) *m(f)* de un cheque; **Scheckbetrug** *m* <-(e)s, *ohne pl*> fraude *m* con cheques; **Scheckbuch** *nt* <-(e)s, -bücher> (FIN) talonario *m* de cheques; **Scheckbürgschaft** *f* <-, -en> (FIN) aval *m* de un cheque

Schecke [ˈʃɛkə] *mf* <-n, -n; -, -n> (*Pferd*) caballo *m* pío; (*Stute*) yegua *f* pía

Scheckempfänger(in) *m(f)* <-s, -; -, -nen> beneficiario, -a *m, f* de un cheque; **Scheckheft** *nt* <-(e)s, -e> talonario *m* de cheques, chequera *f Am*

scheckig [ˈʃɛkɪç] *adj* **1.** (*Pferd, Rind*) pío; (*Hund*) con manchas **2.** (*fleckig*) manchado; **sich über etw ~ lachen** (*fam*) partirse el pecho con algo, morirse [*o* troncharse] de risa de algo

Scheckinhaber(in) *m(f)* <-s, -; -, -nen> titular *mf* de un cheque, portador(a) *m(f)* de un cheque; **Scheckinkasso** *nt* <-s, -s *o* -inkassi> (FIN) cobro *m* de un cheque; **Scheckkarte** *f* <-, -n> tarjeta *f* bancaria (*para extender cheques y/o utilizar puestos automáticos*)

scheel [ʃeːl] *adj* (*fam*) envidioso, receloso; **jdn ~ ansehen** mirar a alguien de reojo

Scheffel [ˈʃɛfəl] *m* <-s, -> (*alt: Maßeinheit*) fanega(da) *f*; **in ~n** (*fig*) por arrobas

scheffeln [ˈʃɛfəln] *vt* (*fam abw*) acaparar; **Geld ~** forrarse

scheibchenweise [ˈʃaɪpçənvaɪzə] *adv* **1.** (*Scheibe für Scheibe*) en lonchas [*o* lonjas] **2.** (*nach und nach*) poco a poco, por partes

Scheibe [ˈʃaɪbə] *f* <-, -n> **1.** (*allgemein*) disco *m*; (*Töpfer~*) torno *m* **2.** (*Brot~*) rebanada *f*; (*Wurst~*) rodaja *f*; (*Schinken~, Käse~*) loncha *f*; (*Melonen~*) raja *f*; **etw in ~n schneiden** cortar algo en rodajas; **davon/von ihm könntest du dir eine ~ abschneiden** (*fam*) podrías aprender mucho de eso/de él **3.** (*Glas~*) cristal *m*, vidrio *m*; (*Schaufenster~*) luna *f*; **kugelsichere ~** cristal antibalas **4.** (SPORT, MIL: *Schieß~*) blanco *m* **5.** (*fam: Schallplatte*) disco *m*; **Scheibenbremse** *f* <-, -n> (AUTO) freno *m* de disco(s); **Scheibengardine** *f* <-, -n> visillo *m* (*fijado al vi-*

drio); **Scheibenheber** *m* <-s, -> (AUTO) elevalunas *m inv;* **Scheibenkleister** *m* (*fam euph*): ~, **hast du gesehen, was hier passiert ist?** ¡caracoles [*o* córcholis]!, ¿has visto qué ha pasado aquí?; **Scheibenschießen** *nt* <-s, *ohne pl*> tiro *m* al blanco; **Scheibenwaschanlage** *f* <-, -n> (AUTO) lavaparabrisas *m inv,* lava-limpia luneta *m*

scheibenweise *adv* (GASTR) en rodajas, en lonchas; **der Käse wird ~ verkauft** el queso se vende en lonchas

Scheibenwischer *m* <-s, -> limpiaparabrisas *m inv;* **Scheibenwischerblatt** *nt* <-(e)s, -blätter> escobilla *f* del limpiaparabrisas

Scheich [ʃaɪç] *m* <-(e)s, -e *o* -s> jeque *m*

Scheichtum *nt* <-s, -tümer> territorio *m* dominado por un jeque

Scheide ['ʃaɪdə] *f* <-, -n> **1.** (*Vagina*) vagina *f,* cachimba *f Mex* **2.** (*für Degen, Schwert*) vaina *f*

scheiden ['ʃaɪdən] <scheidet, schied, geschieden> **I.** *vt* **1.** (*Ehe*) divorciar; **sich (von jdm) ~ lassen** divorciarse (de alguien), federarse (de alguien) *Kol;* **ein geschiedener Mann** un hombre divorciado **2.** (*trennen*) separar; **von dem Moment an waren wir geschiedene Leute** a partir de ese momento se separaron nuestros caminos **II.** *vr:* **sich ~** (*Auffassungen*) diferir; **hier ~ sich die Geister** aquí difieren las opiniones **III.** *vi sein* **1.** (*aufgeben*): **aus dem Amt ~** jubilarse **2.** (*sich trennen*) separarse; **sie schieden voneinander** se separaron; **wir schieden als Freunde** nos separamos como amigos, (tras la separación) quedamos como amigos; **S~ tut weh** es difícil decir adiós

Scheidenausfluss[RR] *m* <-es, -flüsse> flujo *m* vaginal; **Scheidenkrampf** *m* <-(e)s, -krämpfe> vaginismo *m;* **Scheidenzäpfchen** *nt* <-s, -> supositorio *m* vaginal

Scheidewand *f* <-, -wände> pared *f* divisoria; **Scheidewasser** *nt* <-s, -wässer> (CHEM) aguafuerte *m o f;* **Scheideweg** *m* <-(e)s, -e>: **am ~ stehen** estar en una encrucijada

Scheidung *f* <-, -en> divorcio *m;* **die ~ einreichen** presentar la demanda de divorcio; **Scheidungsgrund** *m* <-(e)s, -gründe> causa *f* de(l) divorcio; **Scheidungsklage** *f* <-, -n> demanda *f* de divorcio; **Scheidungsprozess**[RR] *m* <-es, -e> pleito *m* de divorcio; **Scheidungsurteil** *nt* <-s, -e> fallo *m* sobre un divorcio

Schein[1] [ʃaɪn] *m* <-(e)s, *ohne pl*> **1.** (*von Licht, Lampe*) luz *f;* (*Glanz*) brillo *m* **2.** (*An~*) apariencia *f;* **der ~ trügt** las apariencias engañan; **den ~ wahren** guardar las apariencias; **etw nur zum ~ tun** hacer algo por las apariencias

Schein[2] [ʃaɪn] *m* <-(e)s, -e> **1.** (*Bescheinigung*) certificado *m;* (*Beleg*) resguardo *m;* (UNIV) papeleta *f* **2.** (*Geld~*) billete *m*

scheinbar I. *adj* aparente, supuesto; **der Widerspruch besteht nur ~** la contradicción es sólo aparente **II.** *adv* (*fam*) por lo visto, al parecer; **ist er schon weg? – ~** ¿ya se fue? – parece que sí [*o* eso parece]

Scheinbonität *f* <-, *ohne pl*> (FIN, WIRTSCH) solvencia *f* simulada, honradez *f* simulada, calidad *f* simulada; **Scheinbuchung** *f* <-, -en> (FIN, WIRTSCH) asiento *m* simulado, contabilización *f* simulada

scheinen ['ʃaɪnən] <scheint, schien, geschienen> **I.** *vi* **1.** (*glänzen*) brillar; **morgen scheint die Sonne** mañana hará sol; **uns schien die Sonne ins Gesicht** el sol nos dio en la cara; **die Lampe scheint nur schwach** la lámpara alumbra muy poco; **der Mond scheint hell** hay luna clara **2.** (*den Anschein haben*) parecer; **er scheint keine Lust zu haben** parece que no tiene ganas **II.** *vunpers* parecer; **es scheint, dass/als ob ...** parece que/como si...; **mir scheint, dass ...** me parece que...; **wie es scheint** tal y como parece; **es scheint nur so** sólo lo parece

Scheinfirma *f* <-, -firmen> empresa *f* fantasma; **scheinheilig** *adj* (*fam abw*) hipócrita, falluto *Arg, Urug;* **tu nicht so ~!** ¡no te hagas el santo [*o* el inocente]!; **Scheinrendite** *f* <-, -n> (WIRTSCH) rendimiento *m* simulado; **Scheinschwangerschaft** *f* <-, -en> (MED) embarazo *m* psicológico; **Scheinsitz** *m* <-es, -e> domicilio *m* social ficticio; **Scheintod** *m* <-(e)s, *ohne pl*> (MED) muerte *f* aparente; **scheintot** *adj* **1.** (MED) aparentemente muerto **2.** (*fam: uralt*) más muerto que vivo; **Scheinverkauf** *m* <-(e)s, -käufe> (WIRTSCH) venta *f* simulada

Scheinwerfer *m* <-s, -> (AUTO) faro *m,* foco *m Chil, Pan;* (THEAT) foco *m;* **Scheinwerferlicht** *nt* <-s, *ohne pl*> alumbrado *m* por proyección; **im ~ der Öffentlichkeit stehen** ser foco de atención de la opinión pública

Scheinwert *m* <-(e)s, -e> (WIRTSCH) valor *m* ficticio

Scheiß [ʃaɪs] *m* <-, *ohne pl*> (*fam abw*) chorrada *f;* **mach keinen ~!** ¡no hagas chorradas!, ¡déjate de coñas!; **was soll der ~?** ¿a qué viene esta chorrada?, ¿qué coño es esto? *vulg;* **so ein ~!** ¡vaya rollo [*o* lata]!; **ohne ~!** ¡sin coña!; **Scheißdreck** *m* <-(e)s, *ohne pl*> (*vulg*) mierda *f;* **das geht dich einen ~ an!** ¡te importa una mierda!; **einen ~ werde ich tun!** ¡(y) una mierda!, ¡(y) un huevo!

Scheiße ['ʃaɪsə] *f* <-, *ohne pl*> (*vulg*) mierda *f,* cerote *m ZAm, Mex;* **in der ~ sitzen** estar jodido; **~!** ¡mierda!, ¡joder!; **verdammte ~!** ¡me cago en la mierda!; **das Buch ist ~** este libro es una mierda; **das ist doch alles ~** todo esto es una mierda; **~ bauen** meter la pata; **du redest mal wieder nur ~** otra vez estás diciendo chorradas

scheißegal ['--'-] *adj* (*vulg*): **das ist mir ~** me la suda, me importa un huevo

scheißen <scheißt, schiss, geschissen>

vi (*fam*) cagar; **auf etw ~** cagarse en algo; **ich scheiß' auf deine guten Ratschläge** me cago en tus buenos consejos; (**ich**) **scheiß drauf!** ¡me importa un bledo!

Scheißer(in) *m(f)* <-s, -; -, -nen> (*vulg*) cabrón, -ona *m, f;* **hau ab, du blöder ~!** ¡piérdete, cabrón [*o* mamón]!

scheißfreundlich ['-'--] *adj* (*fam abw*) hipócrita, lameculos *vulg,* fariseo; **er war ~ zu mir** por delante me puso muy buena cara, conmigo se portó como un tartufo; **Scheißhaus** *nt* <-es, -häuser> (*vulg*) cagadero *m;* **Scheißkerl** *m* <-s, -e> (*vulg*) hijo *m* de puta, hijoputa *m;* **Scheißweib** *nt* <-(e)s, -er> (*vulg*) hija *f* de puta, hijaputa *f*

Scheit [ʃaɪt] *nt* <-(e)s, -e(r)> (*südd, Schweiz, Österr*) leño *m*

Scheitel ['ʃaɪtəl] *m* <-s, -> **1.** (*im Haar*) raya *f,* partido *m Am;* **vom ~ bis zur Sohle** de pies a cabeza **2.** (MATH) vértice *m*

scheiteln *vt:* **das Haar ~** hacer la raya

Scheitelpunkt *m* <-(e)s, -e> (MATH) vértice *m*

Scheiterhaufen ['ʃaɪtɐ-] *m* <-s, -> hoguera *f,* pira *f*

scheitern ['ʃaɪtɐn] *vi sein* **1.** (*Person*) fracasar (*an* a causa de) **2.** (*Verhandlung, Plan*) fracasar (*an* a causa de), malograrse (*an* a causa de), escollar (*an* a causa de) *Arg, Chil;* **eine gescheiterte Existenz** una vida de fracaso; **wir sind mit unserer Initiative gescheitert** hemos fracasado en nuestra iniciativa; **die Sache war von vornherein zum S~ verurteilt** el asunto estaba condenado al fracaso desde el principio; **etw zum S~ bringen** llevar algo al fracaso [*o* a la ruina]

Schellack ['ʃɛlak] *m* <-s, -e> goma *f* laca

Schelle ['ʃɛlə] *f* <-, -n> **1.** (TECH) collar *m,* abrazadera *f* **2.** (*Glöckchen*) cascabel *m* **3.** (*reg: Klingel*) timbre *m*

schellen ['ʃɛlən] **I.** *vi* (*reg*) **1.** (*Telefon, Klingel*) sonar **2.** (*Person*) tocar el timbre **II.** *vunpers:* **es hat geschellt** ha sonado el timbre de la puerta

Schellenbaum *m* <-(e)s, -bäume> (MUS) chinesco *m*

Schellfisch ['ʃɛl-] *m* <-(e)s, -e> eglefino *m*

Schelm [ʃɛlm] *m* <-(e)s, -e> **1.** (*Schalk*) pícaro, -a *m, f,* pillo, -a *m, f* **2.** (*Schweiz: Dieb*) ladrón, -ona *m, f;* **Schelmenroman** *m* <-(e)s, -e> novela *f* picaresca

schelmisch *adj* pícaro; **~ grinsen** sonreír con (un deje de) malicia

Schelte ['ʃɛltə] *f* <-, *ohne pl*> (*geh*) reprimenda *f;* **~ bekommen** sufrir una reprimenda

schelten ['ʃɛltən] <schilt, schalt, gescholten> *vt* (*geh*) reprender; **sie schalt ihn einen Narren** le tachó de loco

Schema ['ʃeːma, *pl:* 'ʃeːmata] *nt* <-s, Schemata> **1.** (*Konzept*) esquema *m;* **nach ~ F** (*abw*) siempre igual; **er passt in kein ~** no se ajusta a [*o* no cuadra en] ningún esquema **2.** (*Schaubild*) diagrama *m*

schematisch [ʃe'maːtɪʃ] *adj* esquemático; **etw ~ darstellen** representar algo esquemáticamente

schematisieren* [ʃemati'ziːrən] *vt* **1.** (*darstellen*) esquematizar **2.** (*vereinfachen*) simplificar

Schemel ['ʃeːməl] *m* <-s, -> taburete *m*

Schemen[1] *pl von* **Schema**

Schemen[2] ['ʃeːmən] *m* <-s, -> (*geh: Umriss*) contorno *m;* **eine Person als ~ erkennen** reconocer (sólo) la silueta de una persona

schemenhaft ['ʃeːmənhaft] *adj* (*geh*) vago, borroso

Schenke ['ʃɛŋkə] *f* <-, -n> tasca *f,* bodeguilla *f,* cantina *f CSur, Mex*

Schenkel ['ʃɛŋkəl] *m* <-s, -> **1.** (*Teil des Beines*) muslo *m,* **sich** *dat* **auf die ~ klopfen** [*o* **schlagen**] darse palmaditas en los muslos **2.** (MATH) lado *m;* **Schenkelbruch** *m* <-(e)s, -brüche> (MED) fractura *f* femoral [*o* del fémur]; **Schenkelhals** *m* <-es, -hälse> cuello *m* del fémur

schenken ['ʃɛŋkən] *vt* **1.** (*Geschenk*) regalar, obsequiar *Am;* **etw geschenkt bekommen** recibir algo como regalo; **jdm etw ~** regalar algo a alguien; **was schenkst du ihr zu Weihnachten?** ¿qué le regalas por Navidades?; **das möchte ich nicht mal geschenkt haben!** ¡no lo quiero ni regalado!; **das ist ja geschenkt!** (*fam*) ¡esto es regalado!; **jdm sein Vertrauen ~** (*geh*) confiar en alguien; **einem Kind das Leben ~** (*geh*) dar la vida a un niño **2.** (*erlassen*): **jdm etw ~** dispensar a alguien de algo; **geschenkt!** ¡olvídalo!; **in dem Beruf wird einem nichts geschenkt** en este oficio no le dan a uno nada gratis; **sich** *dat* **etw ~** (*nicht tun*) ahorrarse algo; **die Mühe hätte ich mir ~ können** me hubiera podido ahorrar el esfuerzo; **du hast verbissen gekämpft und dir nichts geschenkt** has luchado encarnizadamente y te lo has ganado todo a pulso **3.** (*widmen*) dedicar; **jdm Aufmerksamkeit/Liebe/Zeit ~** dedicar atención/cariño/tiempo a alguien

Schenkkolben *m* <-s, -> (CHEM) embolo *m* de condonación

Schenkung *f* <-, -en> (JUR) donación *f;* **Schenkungssteuer** *f* <-, -n> (FIN) impuesto *m* sobre donaciones

scheppern ['ʃɛpɐn] *vi* (*fam*) meter ruido

Scherbe ['ʃɛrbə] *f* <-, -n> pedazo *m;* (*Glas~*) pedazo *m* de vidrio; **in ~n gehen** hacerse añicos; **~n bringen Glück** (*prov*) los vidrios rotos traen suerte; **Scherbenhaufen** *m* <-s, ->: **vor einem ~ stehen** estar ante un montón de ruinas

Schere ['ʃeːrə] *f* <-, -n> **1.** (*Werkzeug*) tijera(s) *f(pl);* **die ~ im Kopf haben** *autocensurarse para agradar a la mayoría* **2.** (*von Krebsen*) pinza *f,* tenaza *f* **3.** (SPORT) tijera *f*

scheren[1] ['ʃeːrən] <schert, schor, geschoren> *vt* **1.** (*Mensch*) rapar, pelar;

(*Schaf*) esquilar; **kurz geschorenes Haar** pelo al rape **2.** (*Rasen*) cortar

scheren² ['ʃeːrən] *vr:* **sich nicht um etw ~** importar(le) algo a alguien un rábano [*o* un comino]; **sie scherte sich nicht darum, was er sagte** le importó un comino lo que él dijo; **scher dich nicht um Dinge, die dich nichts angehen** no te metas en lo que no te importa, métete en [*o* ocúpate de] tus propios asuntos; **was schert mich das?** ¿a mí qué (me importa)?; **scher dich endlich ins Bett** vete ya a la cama; **scher dich zum Teufel!** ¡vete al diablo!

Scherengitter *nt* <-s, -> valla *f* extensible, verja *f* extensible; **Scherenschleifer(in)** *m(f)* <-s, -; -, -nen> afilador(a) *m(f)*; **Scherenschnitt** *m* <-(e)s, -e> silueta *f* (en papel)

Schererei [ʃeːrəˈraɪ] *f* <-, -en> (*fam*) molestia *f*, fastidio *m*; **mit jdm ~en bekommen (wegen etw)** tener un disgusto con alguien (por algo)

Scherflein ['ʃɛrflaɪn] *nt* <-s, -> (*geh*): **sein ~ zu etw beisteuern** [*o* **beitragen**] poner su granito de arena en [*o* para] algo

Scherge ['ʃɛrgə] *m* <-n, -n> (*abw*) esbirro *m*

Scherkopf *m* <-(e)s, -köpfe> cabezal *m*; **ein Elektrorasierer mit abnehmbarem ~** una máquina de afeitar eléctrica con cabezal extraíble

Scherung *f* <-, -en> (TECH) cizalladura *f*

Scherwind *m* <-(e)s, -e> viento *m* de cizallamiento

Scherz [ʃɛrts] *m* <-es, -e> broma *f*, guasa *f*, chanza *f Am*, jarana *f Am*, changa *f SAm, Cuba*; **im ~** en broma; **einen ~ machen** gastar una broma; **mit so etwas macht man keine ~e!** ¡con esto no se bromea!; **sich** *dat* **mit jdm einen ~ erlauben** gastarle una broma [*o* una jugarreta] a alguien; **ohne ~!** (*fam*) ¡en serio!; **Scherzartikel** *m* <-s, -> artículo *m* de broma

scherzen ['ʃɛrtsən] *vi* bromear, chancear *Am*; **damit ist nicht zu ~** no es cosa de broma; **du beliebst wohl zu ~?** ¿lo dices en serio?, ¿estás de broma?; **mir ist nicht zum S~ zumute** [*o* **zu Mute**] no estoy para bromas

Scherzfrage *f* <-, -n> adivinanza *f*

scherzhaft *adj* chistoso, gracioso; **das war nur ~ gemeint** era sólo una [*o* de] broma

Scherzi *pl von* **Scherzo**

Scherzkeks *m* <-es, -e> (*fam*) gracioso, -a *m, f*, bromista *mf*

Scherzo ['skɛrtso, *pl:* 'skɛrtsi] *nt* <-s, -s *o* Scherzi> (MUS) scherzo *m*

scheu [ʃɔɪ] *adj* **1.** (*schüchtern*) tímido, penoso *Am*; (*zurückhaltend*) reservado **2.** (*Tier*) espantadizo; **~ werden** (*Pferd*) desbocarse

Scheu [ʃɔɪ] *f* <-, *ohne pl*> timidez *f*; **seine ~ verlieren** perder la timidez; **ohne jede ~** sin vergüenza alguna

scheuchen ['ʃɔɪçən] *vt* espantar; **die Hühner abends ins Hühnerhaus ~** oxear a las gallinas para que entren al corral a dormir

scheuen ['ʃɔɪən] **I.** *vi* (*Pferd*) desbocarse (*vor* ante) **II.** *vt* (*Arbeit, Verantwortung*) huir (de); **keine Ausgaben ~** no reparar en gastos **III.** *vr:* **sich ~** tener miedo (*vor* de); **sie scheute sich ihm die Wahrheit zu sagen** tenía miedo de decirle la verdad

Scheuer ['ʃɔɪɐ] *f* <-, -n> (*reg: Scheune*) granero *m*, hórreo *m*

Scheuerbürste *f* <-, -n> escobilla *f* para fregar; **Scheuerlappen** *m* <-s, -> bayeta *f*; **Scheuerleiste** *f* <-, -n> **1.** (*Fußleiste*) zócalo *m* **2.** (NAUT) cintón *m*

scheuermannsche Krankheit[RR] ['ʃɔɪɐmanʃə 'kraŋkhaɪt] *f* <-n -, *ohne pl*> enfermedad *f* de Scheuermann

Scheuermittel *nt* <-s, -> producto *m* de limpieza

scheuern ['ʃɔɪɐn] **I.** *vt* fregar; **etw sauber/blank ~** frotar algo hasta dejarlo limpio/reluciente; **Dreck vom Fußboden/aus der Pfanne ~** quitar la suciedad del suelo/de la sartén a base de frotar; **jdm eine ~** (*fam*) darle una bofetada a alguien **II.** *vi* (*Schuhe, Kleidung*) rozar

Scheuklappe ['ʃɔɪ-] *f* <-, -n> anteojera *f*; **~n haben** [*o* **tragen**] (*fig*) ser estrecho de miras

Scheune ['ʃɔɪnə] *f* <-, -n> granero *m*, hórreo *m*; **Scheunendrescher** *m* <-s, ->: **(fr)essen wie ein ~** (*fam*) comer como una fiera [*o* una lima]

Scheusal ['ʃɔɪzaːl] *nt* <-s, -e> (*abw*) monstruo *m*

scheußlich ['ʃɔɪslɪç] *adj* horrible; (*abstoßend*) asqueroso; (*Verbrechen*) atroz; **er hatte ~e Schmerzen** (*fam*) tenía unos dolores fortísimos [*o* terribles]; **das riecht/schmeckt ja ~** huele/sabe fatal; **es ist ~ kalt** hace un frío horrible

Scheußlichkeit¹ *f* <-, -en> (*Tat*) atrocidad *f*, monstruosidad *f*

Scheußlichkeit² *f* <-, *ohne pl*> (*scheußliche Art*) atrocidad *f*

Schi [ʃiː] *m* <-s, -(er)> *s.* **Ski**

Schicht [ʃɪçt] *f* <-, -en> **1.** (*Luft~, Farb~*) capa *f*; (GEO) estrato *m*; **mehrere ~en Teig** varias capas de bizcocho **2.** (*Gesellschafts~*) clase *f*, capa *f* **3.** (*Arbeits~*) turno *m*; **der Betrieb arbeitet in drei ~en** la empresa tiene tres turnos de trabajo; **ich muss zur** [*o* **auf die**] **~** tengo que ir(me) al trabajo; **er arbeitet ~** trabaja por turnos; **jetzt ist aber ~!** (*sl*) ¡se acabó (lo que se daba)!; **Schichtarbeit** *f* <-, *ohne pl*> trabajo *m* por turnos; **Schichtarbeiter(in)** *m(f)* <-s, -; -, -nen> trabajador(a) *m(f)* de turno

schichten ['ʃɪçtən] *vt* apilar (*auf* en)

Schichtfläche *f* <-, -n> (GEO) plano *m* de estratificación

Schichtung *f* <-, -en> (GEO) estratificación *f*

Schichtwechsel *m* <-s, -> cambio *m* de turno

schichtweise *adv* **1.** (*in Schichten*) por

capas, capa por capa **2.** (*in Gruppen*) por grupos, en tandas

Schichtwolke *f* <-, -n> estrato *m*

Schichtzulage *f* <-, -n> suplemento *m* por turnos

schick [ʃɪk] *adj* elegante, chic, paquete *Arg;* **sich ~ machen** vestirse elegantemente; **es gilt als ~, in dieses Lokal zu gehen** está de moda ir a este local

Schick [ʃɪk] *m* <-(e)s, *ohne pl*> elegancia *f,* gracia *f;* **~ haben** tener elegancia [*o* clase]; **obwohl er teuer gekleidet ist, fehlt ihm irgendwie der ~** a pesar de que lleva ropa muy cara le falta ese toque de distinción

schicken ['ʃɪkən] **I.** *vt* mandar, enviar; **jdm etw ~** mandar algo a alguien; **etw mit der Post ~** mandar algo por correo; **das Kind in die Schule ~** mandar al niño al colegio; **sie schickt den Jungen Bier holen** manda al niño a por cerveza; **sie haben mich wieder nach Hause geschickt** (*rausgeworfen*) han vuelto a expulsarme [*o* despedirme]; **sie schickte nach einem Arzt** (*geh*) mandó llamar al médico **II.** *vr:* **sich ~ 1.** (*sich gehören*): **das schickt sich nicht** esto no se hace **2.** (*sich abfinden*) conformarse (*in* con), entrar conforme (*in* con), tomar con resignación (*in*)

Schickeria [ʃɪkə'riːa] *f* <-, *ohne pl*> guapería *m*

Schickimicki [ʃɪki'mɪki] *m* <-s, -s> (*fam*) pijo, -a *m, f*

schicklich ['ʃɪklɪç] *adj* (*geh: angemessen*) conveniente, adecuado; (*anständig*) de buena educación

Schicksal¹ ['ʃɪkzaːl] *nt* <-s, -e> (*Ereignis, Lebensplan*) destino *m;* **jdn seinem ~ überlassen** dejar a alguien a merced de su suerte, abandonar a alguien a su suerte; **dein ~ ist besiegelt!** (*geh*) ¡tu suerte está echada!; **sich in sein ~ ergeben** (*geh*) rendirse a [*o* ante] su destino; **das ist ~!** ¡así es la vida!

Schicksal² *nt* <-s, *ohne pl*> (*höhere Macht*) destino *m,* suerte *f;* **das ~ wollte es, dass …** quiso el destino que… *+subj;* **sie versuchte, ein wenig ~ zu spielen** (*fam*) intentó manipular los acontecimientos

schicksalhaft *adj* **1.** (*unabwendbar*) fatal **2.** (*ausschlaggebend*) decisivo

Schicksalsgemeinschaft *f* <-, -en> (grupo *m* de) personas *fpl* que comparten un mismo destino; **unsere Ehe war mehr eine ~ als ein Bund der Liebe** nuestro matrimonio era más consecuencia del destino que una unión basada en el amor; **Schicksalsschlag** *m* <-(e)s, -schläge> golpe *m* del destino, revés *m* de la fortuna

Schiebedach *nt* <-(e)s, -dächer> techo *m* corredizo; **Schiebefenster** *nt* <-s, -> ventana *f* corrediza; **Schiebeleiste** *f* <-, -n> (INFOR) barra *f* de desplazamiento; **vertikale ~** (INFOR) barra para el desplazamiento vertical

schieben ['ʃiːbən] <schiebt, schob, geschoben> **I.** *vt* **1.** (*bewegen*) empujar; **hier musst du das Fahrrad ~** aquí tienes que empujar la bici; **sie schob ihn ins Zimmer** lo metió a empujones en la habitación; **den Riegel vor das Tor ~** correr el cerrojo del portón; **etw zur Seite ~** apartar algo; **etw auf jdn/etw ~** echar algo a alguien/a algo; **sie schob die ganze Schuld auf ihn** le echó toda la culpa (a él); **etw von sich** *dat* **~** (*fig*) rechazar algo; **er schob den Teller von sich** retiró el plato; **er schob alle Verantwortung von sich** rechazó toda responsabilidad; **etw vor sich** *dat* **her ~** (*fig*) aplazar algo continuamente **2.** (*stecken*) meter (*in* en); **ineinander ~** encajar, meter; **etw in den Ofen ~** meter algo en el horno; **ich schob mir ein Bonbon in den Mund** me metí un caramelo en la boca **3.** (*fam: handeln*) traficar (con) **4.** (*sl: ableisten*): **Dienst/Wache ~** estar de servicio/de guardia **II.** *vi* (*fam*) traficar (*mit* con) **III.** *vr:* **sich ~** pasar (*durch* por, *auf/an* a), atravesar (*durch* über); **der Umzug schiebt sich langsam/mühsam durch die Straßen** el desfile avanza lentamente/con dificultades por las calles; **eine Wolke schob sich vor die Sonne** una nube se colocó delante del sol

Schiebepfeil *m* <-(e)s, -e> (INFOR) flecha *f* de desplazamiento

Schieber¹ *m* <-s, -> (TECH) corredera *f;* (*Riegel*) cerrojo *m*

Schieber(in)² *m(f)* <-s, -; -, -nen> (*fam abw: Händler*) traficante *mf*

Schiebetür *f* <-, -en> (puerta *f*) corredera *f*

Schieblehre *f* <-, -n> (TECH) pie *m* de rey, vernier *m*

Schiebung *f* <-, -en> (*fam abw*) **1.** (*Schiebergeschäft*) chanchullo *m,* negocio *m* sucio **2.** (*Bevorzugung*) enchufe *m;* (SPORT) tongo *m;* **das ist ja ~!** ¡esto es un tongo!

schied [ʃiːt] *3. imp von* **scheiden**

Schiedsgericht ['ʃiːts-] *nt* <-(e)s, -e> **1.** (JUR) tribunal *m* arbitral; **eine Sache dem ~ unterbreiten** someter un asunto a arbitraje **2.** (SPORT) jurado *m;* **schiedsgerichtlich** *adj* del arbitraje, arbitral; **es wurde eine ~e Entscheidung getroffen** se tomó una decisión arbitrada; **Schiedsgutachten** *nt* <-s, -> laudo *m* arbitral, dictamen *m* arbitral; **Schiedsrichter(in)** *m(f)* <-s, -; -, -nen> árbitro *mf,* colegiado, -a *m, f Am;* **Schiedsspruch** *m* <-(e)s, -sprüche> (JUR) sentencia *f* arbitral; **einen ~ fällen** conocer en arbitraje; **Schiedsverfahren** *nt* <-s, -> arbitraje *m,* procedimiento *m* arbitral judicial

schief [ʃiːf] *adj* **1.** (*krumm*) torcido; (*nicht senkrecht*) inclinado, ladeado; **die Mütze sitzt ~** el gorro está ladeado; **das Bild hängt ~** el cuadro está torcido; **auf die ~e Bahn geraten** ir por mal camino; **jdn ~ ansehen** (*fam*) mirar a alguien de reojo; **ein ~es Grinsen** una sonrisa maliciosa **2.** (*falsch*) falso, equívoco; **in ein ~es Licht geraten** dar una impresión equívoca

Schiefer ['ʃiːfɐ] *m* <-s, -> esquisto *m,* pizarra *f;* **Schieferdach** *nt* <-(e)s, -dächer> tejado *m* de pizarra; **Schiefertafel** *f* <-, -n> pizarra *f*

schief|gehen *irr vi sein s.* **gehen 3.**; **schiefgewickelt** *adj* (*fam*) *s.* **wickeln 3.**; **schief|lachen** *vr:* **sich** ~ (*fam*) desternillarse de risa; **Schieflage** *f* <-, -n> situación *f* difícil [*o* crítica]; **in eine finanzielle ~ geraten** pasar por dificultades económicas [*o* por una crisis económica]; **schief|laufen** *irr vi sein s.* **laufen 6.**

schielen ['ʃiːlən] *vi* bizquear, tener estrabismo, ser bizco *fam;* **sie schielt auf dem linken Auge** tuerce el ojo izquierdo; **er schielt nach etw/jdm** (*fam: begehrlich*) se le van los ojos detrás de algo/alguien; (*heimlich*) mira algo/a alguien de reojo; **er schielt auf einen Posten in der Verwaltung** le tiene echado el ojo a [*o* anda detrás de] un puesto en la administración

Schieltraining *nt* <-s, -s> (MED) ejercicios *mpl* para la corrección del estrabismo

schien [ʃiːn] *3. imp von* **scheinen**

Schienbein *nt* <-(e)s, -e> tibia *f,* espinilla *f fam;* **jdm vor** [*o* **gegen**] **das ~ treten** dar una patada en la espinilla a alguien

Schiene ['ʃiːnə] *f* <-, -n> **1.** (*Eisenbahn~*) carril *m,* rail *m;* **aus den ~n springen** descarrilarse; **auf der ~ Lehrer-Schüler läuft nichts** (*sl*) usando la relación profesor-alumno no se llega a nada [*o* ninguna parte] **2.** (MED) tablilla *f,* férula *f*

schienen ['ʃiːnən] *vt* entablillar

Schienenausbau *m* <-(e)s, *ohne pl*> ampliación *f* de la red ferroviaria; **Schienenbus** *m* <-ses, -se> automotor *m,* ferrobús *m;* **Schienenfahrzeug** *nt* <-(e)s, -e> vehículo *m* sobre carriles; **Schienennetz** *nt* <-es, -e> red *f* ferroviaria; **Schienenstrang** *m* <-(e)s, -stränge> vía *f* férrea; **Schienenverkehr** *m* <-s, *ohne pl*> transporte *m* por ferrocarril; **Schienenweg** *m* <-(e)s, -e> vía *f* férrea; **auf dem ~** por ferrocarril

schier [ʃiːɐ] **I.** *adj* (*reg*) puro; **aus ~er Bosheit** por pura maldad **II.** *adv* casi; **das ist ~ unmöglich** eso es casi imposible

Schierling ['ʃiːɐlɪŋ] *m* <-s, -e> cicuta *f*

Schießbefehl *m* <-(e)s, -e> orden *f* de disparar; **~ erteilen** dar la orden de disparar

Schießbude *f* <-, -n> barraca *f* de tiro (al blanco); **Schießbudenfigur** *f* <-, -en>: **aussehen wie eine ~** (*fam*) tener pinta de payaso

Schießeisen *nt* <-s, -> (*fam*) pipa *f*

schießen ['ʃiːsən] <schießt, schoss, geschossen> **I.** *vi* **1.** (*Schütze*) disparar (*auf* a/contra); (SPORT) tirar, lanzar; **auf das Tor/an die Latte/ins Netz ~** lanzar [*o* disparar] a la meta/contra el listón/a la red; **man hat auf mich geschossen** me han disparado; **etw ist zum S~** (*fam*) algo es para morirse de la risa **2.** *sein* (*sich schnell bewegen*) moverse como un rayo; **sie schoss herein** entró como un rayo; **eine Idee schoss ihr durch den Kopf** una idea se le pasó por la mente **3.** *sein* (*schnell wachsen*): **in die Höhe ~** crecer rápidamente; **der Junge ist in die Höhe geschossen** el chico pegó un gran estirón; **der Salat schießt** la lechuga echa tallo **4.** *sein* (*herausquellen*) brotar (*aus* de); **das Wasser schießt ins Tal** el agua baja con fuerza; **die Röte schoss ihm ins Gesicht** se puso colorado **II.** *vt* **1.** (*Geschoss*) disparar **2.** (*Person*): **sie schoss ihn in den Arm** le pegó un tiro en el brazo **3.** (*Satellit, Rakete, Ball*) lanzar; **ein Tor ~** meter un gol **4.** (*Wild*) matar (de un tiro) **5.** (*Foto*) hacer, sacar

Schießerei *f* <-, -en> tiroteo *m*

Schießgewehr *nt* <-(e)s, -e> (*hum*) fusil *m;* **Schießhund** *m* <-(e)s, -e> (*fam*): **aufpassen wie ein ~** permanecer ojo avizor; **Schießplatz** *m* <-es, -plätze> campo *m* de tiro; **Schießpulver** *nt* <-s, -> pólvora *f;* **Schießscharte** *f* <-, -n> tronera *f,* barbacana *f,* mampuesto *m Am;* **Schießscheibe** *f* <-, -n> blanco *m;* **Schießsport** *m* <-(e)s, *ohne pl*> tiro *m* deportivo; **Schießstand** *m* <-(e)s, -stände> campo *m* de tiro

Schiff [ʃɪf] *nt* <-(e)s, -e> **1.** (*Wasserfahrzeug*) barco *m,* buque *m;* **mit dem ~ fahren** viajar en barco; **klar ~ machen** (NAUT) limpiar el barco; (*fam: eine Angelegenheit bereinigen*) aclarar un asunto **2.** (ARCHIT) nave *f* **3.** (COM): **ab ~** ex [*o* franco] buque; **per ~** en barco, por vía marítima

Schiffahrt *f* <-, *ohne pl*> *s.* **Schifffahrt**; **Schiffahrtsgesellschaft** *f* <-, -en> *s.* **Schifffahrtsgesellschaft**; **Schiffahrtslinie** *f* <-, -n> *s.* **Schifffahrtslinie**; **Schiffahrtsstraße** *f* <-, -n> (*formal*) *s.* **Schifffahrtsstraße**; **Schiffahrtsweg** *m* <-(e)s, -e> *s.* **Schifffahrtsweg**

schiffbar *adj* navegable

Schiffbau *m* <-(e)s, *ohne pl*> construcción *f* naval [*o* de buques]

Schiffbauer(in) *m(f)* <-s, -; -, -nen> constructor(a) *m(f)* naval [*o* de buques]

Schiffbruch *m* <-(e)s, -brüche> naufragio *m;* **~ erleiden** naufragar; (*fig*) fracasar

schiffbrüchig *adj* náufrago

Schiffbrüchige(r) *mf* <-n, -n; -n, -n> náufrago, -a *m, f*

Schiffchen ['ʃɪfçən] *nt* <-s, -> **1.** (*kleines Schiff*) barquito *m* **2.** (*fam: Kopfbedeckung*) gorro *m* **3.** (*Weber~*) lanzadera *f*

schiffen **I.** *vi* (*fam: urinieren*) mear **II.** *vunpers* (*fam: heftig regnen*) llover a cántaros; (*Platzregen*) caer un chaparrón; **es schifft den ganzen Tag** lleva todo el día lloviendo a cántaros

Schiffer(in) *m(f)* <-s, -; -, -nen> navegante *mf;* **Schifferklavier** *nt* <-s, -e> bandoneón *m;* **Schifferknoten** *m* <-s, -> (NAUT) nudo *m* marinero; **Schiffermütze** *f* <-,

-n> gorra *f* de marino

Schifffahrt[RR] *f* <-, *ohne pl*> navegación *f;* **Schifffahrtsgesellschaft**[RR] *f* <-, -en> compañía *f* naviera; **Schifffahrtslinie**[RR] *f* <-, -n> **1.** (*befahrene Strecke*) línea *f* marítima **2.** (*Unternehmen*) compañía *f* naviera; **Schifffahrtsstraße**[RR] *f* <-, -n> (*formal*), **Schifffahrtsweg**[RR] *m* <-(e)s, -e> **1.** (*Wasserstraße*) vía *f* navegable **2.** (*festgelegte Route*) ruta *f* marítima

Schiffsapotheke *f* <-, -n> **1.** (*Laden*) farmacia *f* de a bordo **2.** (*Arzneischrank*) botiquín *m* de a bordo; **Schiffsarzt, -ärztin** *m, f* <-(e)s, -ärzte; -, -nen> médico, -a *m, f* de a bordo; **Schiffsbauer(in)** *m(f)* <-s, -; -, -nen> *s.* Schiffbauer; **Schiffsbefrachtung** *f* <-, -en> fletamento *m*

Schiffschaukel *f* <-, -n> góndola *f*

Schiffseigner(in) *m(f)* <-s, -; -, -nen> naviero, -a *m, f;* **Schiffsjunge** *m* <-n, -n> grumete *m;* **Schiffskoch** *m* <-(e)s, -köche> cocinero *m* de(l) barco [*o* de a bordo]; **Schiffsladung** *f* <-, -en> cargamento *m* (de un barco); **Schiffsmiete** *f* <-, -n> flete *m;* **Schiffspapiere** *ntpl* documentación *f* del barco; **Schiffspatent** *nt* <-(e)s, -e> patente *f* de un barco; **Schiffsraum** *m* <-(e)s, *ohne pl*> tonelaje *m,* bodega *f;* **leerer/verfügbarer** ~ tonelaje en vacío/disponible; **Schiffsrumpf** *m* <-(e)s, -rümpfe> cuerpo *m* del buque, casco *m;* **Schiffsschraube** *f* <-, -n> hélice *f* de un barco; **Schiffstaufe** *f* <-, -n> bautizo *m* de un barco; **Schiffsverkehr** *m* <-s, *ohne pl*> tráfico *m* marítimo; **Schiffszwieback** *m* <-(e)s, -bäcke *o* -e> pan *m* tostado

Schiit(in) [ʃi'iːt] *m(f)* <-en, -en; -, -nen> chiíta *mf*

schiitisch *adj* chiíta

Schikane [ʃi'kaːnə] *f* <-, -n> traba *f,* cortapisa *f;* **das macht er aus reiner** ~ (*fam*) esto lo hace de mala leche; **mit allen ~n** (*fam*) por todo lo alto

schikanieren* [ʃika'niːrən] *vt* incordiar, fastidiar; (*quälen*) hacer la vida imposible (a), putear *sl;* (*behindern*) poner trabas (a)

schikanös [ʃika'nøːs] *adj* fastidioso

Schikoree[RR] *m* <-s, *ohne pl*>, *f* <-, *ohne pl*> *s.* **Chicorée**

Schild[1] [ʃɪlt] *m* <-(e)s, -e> **1.** (*Schutz~*) escudo *m;* **nichts Gutes im ~e führen** tramar algo; **jdn auf den ~ (er)heben** (*geh*) poner a alguien en un altar **2.** (*Mützenschirm*) visera *f*

Schild[2] [ʃɪlt] *nt* <-(e)s, -er> (*Verkehrs~*) señal *f* (de tráfico); (*Tür~, Hinweis~*) letrero *m;* (*Etikett, Preis~*) etiqueta *f*

Schildbürger(in) *m(f)* <-s, -; -, -nen> (*abw*) filisteo, -a *m, f;* **Schildbürgerstreich** *m* <-(e)s, -e> (*abw*) tontería *f,* bobada *f*

Schilddrüse *f* <-, -n> (glándula *f*) tiroides *m inv;* **Schilddrüsenkrebs** *m* <-es, -e> (MED) cáncer *m* de la glándula tiroides; **Schilddrüsenüberfunktion** [---'----] *f* <-, *ohne pl*> (MED) hipertiroidismo *m;* **Schilddrüsenunterfunktion** [---'----] *f* <-, *ohne pl*> (MED) hipotiroidismo *m*

Schildermaler(in) *m(f)* <-s, -; -, -nen> rotulista *mf*

schildern ['ʃɪldɐn] *vt* (*erzählen*) narrar; (*darlegen*) exponer; (*beschreiben*) describir

Schilderung *f* <-, -en> (*Beschreibung*) descripción *f;* (*Erzählung*) relato *m*

Schilderwald *m* <-(e)s, -wälder> (*fam*) lío *m* de señales; **in diesem ~ findet man sich nicht mehr zurecht** con esta maraña [*o* este lío] de señales no hay quien se aclare

Schildkröte *f* <-, -n> tortuga *f;* **Schildkrötensuppe** *f* <-, -n> sopa *f* de tortuga

Schildlaus *f* <-, -läuse> cochinilla *f*

Schildpatt ['ʃɪltpat] *m* <-s, *ohne pl*> (concha *f*) carey *m*

Schilf [ʃɪlf] *nt* <-(e)s, -e> **1.** (*Pflanze*) caña *f,* carrizo *m* **2.** (*Röhricht*) cañaveral *m;* **Schilfdach** *nt* <-(e)s, -dächer> tejado *m* de caña; **Schilfgras** *nt* <-es, -gräser> junco *m;* **Schilfrohr** *nt* <-(e)s, -e> junco *m*

Schillerlocke *f* <-, -n> (GASTR) **1.** (*Fisch*) tira *f* de pescado ahumado **2.** (*Gebäck*) (pasta *f* de) hojaldre *m* (*con un relleno de nata o crema*)

schillern ['ʃɪlɐn] *vi* irisar; **in allen Farben** ~ con irisaciones en todos los colores

schillernd *adj* **1.** (*Farbe*) irisado, tornasolado **2.** (*Charakter*) ambiguo

Schilling ['ʃɪlɪŋ] *m* <-s, -e> chelín *m*

schilpen ['ʃɪlpən] *vi* (ZOOL) gorjear

schilt [ʃɪlt] *3. präs von* **schelten**

Schimäre [ʃi'mɛːrə] *f* <-, -n> (*geh*) quimera *f,* ilusión *f,* desvarío *m*

Schimmel[1] ['ʃɪməl] *m* <-s, -> (*Tier*) caballo *m* blanco

Schimmel[2] ['ʃɪməl] *m* <-s, *ohne pl*> (*~pilz*) moho *m*

schimm(e)lig *adj* enmohecido, mohoso; ~ **werden** criar moho

schimmeln *vi haben o sein* enmohecer(se), criar moho

Schimmelpilz *m* <-es, -e> moho *m*

Schimmer ['ʃɪmɐ] *m* <-s, -> brillo *m,* resplandor *m;* **der ~ einer Hoffnung/eines Verdachtes** el atisbo de una esperanza/sospecha; **keinen (blassen) ~ von etw haben** (*fam*) no tener ni (la más remota) idea de algo

schimmern ['ʃɪmɐn] *vi* (*Licht*) lucir (tenuemente); (*glänzen*) brillar, relucir

schimmlig *adj s.* **schimm(e)lig**

Schimpanse [ʃɪm'panzə] *m* <-n, -n> chimpancé *m*

Schimpf [ʃɪmpf] *m:* **mit ~ und Schande** con cajas destempladas

schimpfen ['ʃɪmpfən] *vi* **1.** (*tadeln*) reñir (*mit* a), reprender (*mit* a), echar una bronca (*mit* a) *fam* **2.** (*verfluchen*) echar pestes (*auf/über* contra); (*kritisieren*) criticar (*auf/über* a)

Schimpfkanonade *f* <-, -n> (*fam*) sarta *f*

S

de insultos; **jdn mit einer lauten ~ empfangen** recibir a alguien con una sarta [*o* ristra] de insultos; **über jdn bricht eine ~ herein** a alguien le cae encima una lluvia de insultos

schimpflich *adj* vergonzoso, deshonroso, oprobioso

Schimpfname *m* <-ns, -n> mote *m;* **jdn mit einem ~n belegen** poner a alguien un mote; **Schimpfwort** *nt* <-(e)s, -wörter> palabrota *f,* taco *m fam,* bascosidad *f Ecua*

Schindel ['ʃɪndəl] *f* <-, -n> ripia *f;* **Schindeldach** *nt* <-(e)s, -dächer> tejado *m* de ripia(s)

schinden ['ʃɪndən] <schindet, schindete *o* schund, geschunden> **I.** *vt* **1.** (*quälen*) vejar, maltratar **2.** (*Wend*): **Zeit ~** ganar tiempo; **Eindruck bei jdm ~** causar una buena impresión a alguien **II.** *vr:* **sich ~** (*fam*) afanarse (*um zu* por), echar el bofe

Schinder(in) *m(f)* <-s, -; -, -nen> tirano, -a *m, f,* verdugo, -a *m, f*

Schinderei *f* <-, -en> (*abw*) **1.** (*Strapaze*) paliza *f* **2.** (*Plackerei*) ajetreo *m*

Schinderin *f* <-, -nen> *s.* **Schinder**

Schindluder ['ʃɪntlu:dɐ] *nt* (*fam*): **mit jdm ~ treiben** abusar de alguien; **mit etw ~ treiben** derrochar algo

Schinken ['ʃɪŋkən] *m* <-s, -> **1.** (*Fleisch*) jamón *m;* **gekochter ~** jamón cocido [*o* de York]; **roher ~** ≈jamón serrano **2.** (*fam abw: Buch*) mamotreto *m;* (*Gemälde*) mamarracho *m;* (*Film*) peliculón *m;* **Schinkenspeck** *m* <-(e)s, -a> jamón *m* con tocino; **Schinkenwurst** *f* <-, -würste> fiambre *m* de jamón

Schippe ['ʃɪpə] *f* <-, -n> (*nordd, reg*) pala *f;* **jdn auf die ~ nehmen** (*fam fig*) tomar el pelo a alguien; **etw auf die ~ nehmen** (*fam*) pitorrearse de algo

schippen ['ʃɪpən] *vt* (*nordd, reg*) palear; **Erde/Kies in etw ~** echar palas de tierra/de arena en algo

schippern ['ʃɪpɐn] *vi sein* (*fam*) navegar

Schirm [ʃɪrm] *m* <-(e)s, -e> **1.** (*Regen~*) paraguas *m inv;* (*Sonnen~*) sombrilla *f* **2.** (*Fall~*) paracaídas *m inv* **3.** (*Mützen~*) visera *f* **4.** (*Lampen~*) pantalla *f* **5.** (BOT: *von Pilzen*) sombrerete *m*

Schirmbildaufnahme *f* <-, -n> (MED) radiografía *f*

Schirmherr(in) *m(f)* <-(e)n, -en; -, -nen> patrocinador(a) *m(f),* auspiciador(a) *m(f);* **Schirmherrschaft** *f* <-, *ohne pl*> auspicio *m,* patrocinio *m;* **unter jds ~** bajo los auspicios de alguien; **die ~ von etw übernehmen** auspiciar algo

Schirmhülle *f* <-, -n> funda *f* del paraguas; **Schirmmütze** *f* <-, -n> gorra *f* de visera; **Schirmpilz** *m* <-es, -e> (BOT) parasol *m;* **Schirmständer** *m* <-s, -> paragüero *m*

Schirokko [ʃi'rɔko] *m* <-s, -s> (METEO) siroco *m*

schiss[RR] [ʃɪs], **schiß** *3. imp von* **scheißen**

Schiss[RR] [ʃɪs] *m* <-es, *ohne pl*>, **Schiß** *m* <-sses, *ohne pl*> **1.** (*vulg: Kot*) cagada *f* **2.** (*fam: Angst*) cague *m,* cagalera *f;* **~ haben** cagarse de miedo, tener cague; **da kriegte er ~** entonces le entró la cagalera

Schisser(in) ['ʃɪsɐ] *m(f)* <-s, -; -, -nen> (*fam abw*) cagado, -a *m, f*

schizophren [ʃitso'fre:n] *adj* (MED, PSYCH) esquizofrénico

Schizophrenie [ʃitsofre'ni:] *f* <-, *ohne pl*> (MED, PSYCH) esquizofrenia *f*

schlabberig ['ʃlabərɪç] *adj* (*fam*) **1.** (*wässrig*) aguado, acuoso **2.** (*schmiegsam*) suave, flexible

schlabbern ['ʃlabɐn] **I.** *vi* (*fam*) **1.** (*abw: kleckern*) pringarse (al comer) **2.** (*Kleidung*) colgar (por todos los sitios) **II.** *vt* (*fam: auflecken*) sorber (con ruido)

Schlacht [ʃlaxt] *f* <-, -en> (*a. fig*) batalla *f;* **jdm eine ~ liefern** pelearse con alguien

Schlachtbank *f* <-, -bänke> matadero *m;* **sich wie ein Lamm zur ~ führen lassen** (*geh*) ir como un cordero al matadero

schlachten ['ʃlaxtən] *vt* matar, sacrificar, carnear *CSur*

Schlachtenbummler(in) *m(f)* <-s, -; -, -nen> hincha *mf* (*que viaja a todos los lugares donde juega su equipo*)

Schlachter(in) ['ʃlaxtɐ] *m(f)* <-s, -; -, -nen> (*nordd*), **Schlächter(in)** *m(f)* <-s, -; -, -nen> (*nordd*) carnicero, -a *m, f*

Schlachterei [ʃlaxtə'raɪ] *f* <-, -en>, **Schlächterei** [ʃlɛçtə'raɪ] *f* <-, -en> **1.** (*nordd: Metzgerei*) carnicería *f* **2.** (*abw: Niedermetzeln*) matanza *f*

Schlachterin *f* <-, -nen>, **Schlächterin** *f* <-, -nen> *s.* **Schlachter, Schlächter**

Schlachtfeld *nt* <-(e)s, -er> campo *m* de batalla; **das Zimmer sieht aus wie ein ~** está todo patas arriba

Schlachthaus *nt* <-es, -häuser> matadero *m;* **Schlachthof** *m* <-(e)s, -höfe> matadero *m*

Schlachtplan *m* <-(e)s, -pläne> (*fam a.* MIL) plan *m* de acción; **Schlachtross**[RR] *nt* <-es, -e> (HIST) caballo *m* de batalla; **Schlachtruf** *m* <-(e)s, -e> grito *m* de guerra; **Schlachtschiff** *nt* <-(e)s, -e> (MIL) acorazado *m*

Schlachtung *f* <-, -en> matanza *f*

Schlachtvieh *nt* <-(e)s, *ohne pl*> reses *fpl* de matadero

Schlacke ['ʃlakə] *f* <-, -n> **1.** (TECH) escoria *f* **2.** *pl* (*Ballaststoffe*) fibras *fpl*

schlackern ['ʃlakɐn] *vi* (*nordd*) bambolear, tambalearse (*gegen/um* contra/alrededor de); **mit den Ohren ~** (*fam fig*) quedarse mudo de la sorpresa

Schlaf [ʃla:f] *m* <-(e)s, *ohne pl*> sueño *m,* apolillo *m Arg;* **sich** *dat* **den ~ aus den Augen reiben** quitarse las telarañas de los ojos; **einen leichten/festen ~ haben** tener un sueño ligero/profundo; **keinen ~ finden**

(*geh*) no conciliar el sueño; **im ~ sprechen** hablar en sueños; **im tiefsten ~ liegen** dormir como un tronco [*o* a pierna suelta]; **in tiefen ~ fallen** caer en un sueño profundo; **jdn aus dem ~ reißen** despertar a alguien (bruscamente); **den ~ des Gerechten schlafen** (*fam*) dormir el sueño de los justos; **etw im ~ können** saberse algo al dedillo; **Schlafanzug** *m* <-(e)s, -züge> pijama *m*, piyama *m Am*

Schläfchen ['ʃlɛ:fçən] *nt* <-s, -> siestecita *f*; **ein ~ machen** echarse una siestecita

Schlafcouch *f* <-, -s *o* -en> sofá *m* cama

Schläfe ['ʃlɛ:fə] *f* <-, -n> sien *f*; **graue ~n** sienes plateadas

schlafen ['ʃla:fən] <schläft, schlief, geschlafen> *vi* **1.** (*im Schlaf liegen*) dormir, apolillar *Arg: argot*; **hast du gut ge~?** ¿has dormido bien?; **noch halb ~** estar medio dormido; **er schläft tief und fest** duerme a pierna suelta; **ich gehe jetzt ~** ahora me voy a dormir; **schlaf gut!** ¡que duermas bien!; **er hat sich ~ gelegt** se fue a dormir; **darüber muss ich erst noch mal ~** lo tengo que consultar con la almohada; **bei jdm ~** dormir en casa de alguien; **der Ärger ließ ihn nicht ~** no podía dormir del disgusto; **sich ~d stellen** hacerse el dormido; **mit jdm ~** acostarse con alguien **2.** (*fam: nicht aufpassen*) dormirse; **schlaf nicht!** ¡no te duermas!, ¡espabila!; **die Konkurrenz schläft nicht** la competencia no se duerme

Schläfenbein *nt* <-(e)s, -e> (ANAT) (hueso *m*) temporal *m*

Schlafengehen *nt* <-s, *ohne pl*>: **vor dem ~ trinke ich gerne noch ein Glas Wein** antes de irme a la cama [*o* de acostarme] me gusta tomar un vaso de vino

Schlafenszeit *f* <-, -en> hora *f* de dormir [*o* de acostarse]; **es ist ~** es hora de acostarse

Schläfer[1] ['ʃlɛ:fɐ] *m* <-s, -> (*Nagetier*) lirón *m*

Schläfer(in)[2] *m(f)* <-s, -; -, -nen> (*Schlafender*) durmiente *mf*

schlaff [ʃlaf] *adj* **1.** (*Seil, Disziplin*) flojo; (*Haut*) flá(c)cido **2.** (*nicht prall*) blando, fofo **3.** (*kraftlos*) débil; (*träge*) aplatanado, soso

Schlaffheit *f* <-, *ohne pl*> **1.** (*ohne Straffheit*) flojedad *f*; (*der Haut*) flac(c)idez *f* **2.** (*Weichheit*) blandura *f* **3.** (*Kraftlosigkeit*) debilidad *f*, falta *f* de energía; (*Trägheit*) flojera *f fam*

Schlafgelegenheit *f* <-, -en> lugar *m* para dormir

Schlafittchen [ʃla'fɪtçən] *nt*: **jdn am** [*o* **beim**] **~ nehmen** [*o* **kriegen**] (*fam*) agarrar [*o* coger] a alguien por el cuello [*o* del pescuezo]

Schlafkrankheit *f* <-, *ohne pl*> enfermedad *f* del sueño; **Schlaflied** *nt* <-(e)s, -er> canción *f* de cuna, nana *f*, arrorró *m SAm*; **schlaflos** *adj* (*Person*) insomne; (*Nacht*) en vela; **Schlaflosigkeit** *f* <-, *ohne pl*> insomnio *m*; **Schlafmittel** *nt* <-s, -> somnífero *m*, dormitivo *m*; **Schlafmütze** *f* <-, -n> (*fam*) **1.** (*Langschläfer*) dormilón, -ona *m, f* **2.** (*abw: träger Mensch*) pasmarote *mf*, plasta *mf*

schläfrig ['ʃlɛ:frɪç] *adj* (*müde*) soñoliento; (*fast schlafend*) adormitado; (*träge*) lento; **~ machen** adormecer

Schläfrigkeit *f* <-, *ohne pl*> somnolencia *f*, sopor *m*, modorra *f*; **die Augen fielen ihm vor ~ fast zu** los ojos casi se le cerraban de sueño

Schlafrock *m* <-(e)s, -röcke> **1.** (*Morgenrock*) bata *f* (de estar por casa) **2.** (*Wend*): **im ~** (GASTR) en hojaldre; **Schlafsaal** *m* <-(e)s, -säle> dormitorio *m*; **Schlafsack** *m* <-(e)s, -säcke> saco *m* de dormir; **Schlafstadt** *f* <-, -städte> (*fam*) ciudad *f* dormitorio; **Schlafstelle** *f* <-, -n> lugar *m* para dormir; **die Berghütte hat sechs ~n** en la cabaña de la montaña pueden dormir seis personas; **Schlafstörung** *f* <-, -en> (MED) insomnio *m*

schläft [ʃlɛ:ft] *3. präs von* **schlafen**

Schlaftablette *f* <-, -n> somnífero *m*, pastilla *f* para dormir; **schlaftrunken** ['ʃla:ftrʊŋkən] *adj* (*geh*) soñoliento; **~ blinzeln** parpadear con soñolencia

Schlafwagen *m* <-s, -> coche-cama *m*; **Schlafwagenplatz** *m* <-es, -plätze> plaza *f* en coche-cama

schlafwandeln *vi haben o sein* (*die Eigenart haben*) padecer sonambulismo, ser sonámbulo; **sie hat** [*o* **ist**] **gestern Nacht geschlafwandelt** ayer por la noche se levantó sonámbula

Schlafwandler(in) *m(f)* <-s, -; -, -nen> sonámbulo, -a *m, f*

schlafwandlerisch *adj* (como un) sonámbulo; **mit ~er Sicherheit bewegte er sich durch die Großstadt** se movía con una seguridad intuitiva por la gran ciudad

Schlafzimmer *nt* <-s, -> dormitorio *m*, recámera *f ZAm*; **Schlafzimmerblick** *m* <-(e)s, -e> (*fam*) mirada *f* seductora

Schlag [ʃla:k, *pl:* 'ʃlɛ:gə] *m* <-(e)s, Schläge> **1.** (*allgemein, Schicksals~*) golpe *m*; (*mit der Faust*) puñetazo *m*, impacto *m Am*; (*mit der Hand*) manotazo *m*; (*mit einem Stock*) porrazo *m*; (*mit einer Peitsche*) latigazo *m*; **ein ~ ins Gesicht** un golpe en la cara; **ein ~ unter die Gürtellinie** un golpe bajo; **das war ein schwerer ~ für ihn** fue un golpe duro para él; **ein ~ ins Wasser** un golpe fallido; **~ auf ~** ininterrumpidamente; **keinen ~ tun** (*fig fam*) no dar ni golpe; **etw auf einen ~ tun** (*fam*) hacer varias cosas a la vez; **mit einem ~** (*fam*) de golpe; **mit jdm zu ~ kommen** (*Schweiz*) llevarse bien [*o* hacer buenas migas] con alguien; **mit etw zu ~ kommen** (*Schweiz*) vencer [*o* superar] algo **2.** *pl* (*Prügel*) paliza *f*; **Schläge bekommen** recibir una paliza **3.** (*einer Uhr, Glocke*) campanada *f*;

S

(*Herz~*) latido *m;* (*Puls~*) pulsación *f;* ~ **sechs Uhr** a las seis en punto **4.** (*Stromstoß*) calambre *m;* **einen ~ bekommen** darse un calambre **5.** (*fam: ~anfall*) ataque *m* de apoplejía; **ihn hat der ~ getroffen** sufrió un ataque de apoplejía; (*fig*) se quedó de piedra; **ich glaube, mich trifft** [*o* **rührt**] **der ~** creo que me va a dar algo [*o* un patatús] **6.** (*Tauben~*) palomar *m* **7.** (*fam: Portion*) ración *f;* **ein ~ Suppe** un cazo de sopa **8.** (*Menschen~*) tipo *m;* **vom gleichen ~ sein** ser del mismo tipo

Schlagabtausch *m* <-(e)s, *ohne pl*> **1.** (*beim Boxen*) intercambio *m* de golpes **2.** (*Auseinandersetzung*) disputa *f*

Schlagader *f* <-, -n> arteria *f*

Schlaganfall *m* <-(e)s, -fälle> ataque *m* de apoplejía

schlagartig **I.** *adj* brusco, repentino **II.** *adv* de repente, de un golpe; **der Lärm hörte ~ auf** el ruido cesó súbitamente; **sie ist ~ berühmt geworden** se hizo famosa de la noche a la mañana

Schlagball[1] *m* <-(e)s, *ohne pl*> (SPORT: *Spiel*) *juego parecido al béisbol*

Schlagball[2] *m* <-(e)s, -bälle> (SPORT: *Ball*) *pelota utilizada en "schlagball"*

schlagbar *adj* (SPORT) vencible; **diese Mannschaft ist ~** este equipo puede ser vencido [*o* derrotado]

Schlagbaum *m* <-(e)s, -bäume> barrera *f*

Schlagbohrer *m* <-s, ->, **Schlagbohrmaschine** *f* <-, -n> taladradora *f* (eléctrica) con percutor

Schlägel *m* <-s, -> **1.** (*Werkzeug*) martillo *m,* mazo *m,* mallete *m,* golpe *m Mex* **2.** (MUS) palillo *m,* varilla *f*

schlagen ['ʃla:gən] <schlägt, schlug, geschlagen> **I.** *vt* **1.** (*hauen*) golpear, asestar un golpe (a), fajar *Am,* virar *ZAm, Ant;* **er schlug sie zu Boden** la tiró al suelo de un golpe; **ehe ich mich ~ lasse** (*fam*) antes de dejar que me peguen; **er schlug ihr das Buch aus der Hand** le arrancó el libro de la mano; **die Hände vors Gesicht ~** taparse la cara con las manos; **er schlug alles kurz und klein** hizo todo trizas; **etw zu Scherben ~** hacer algo añicos; **jdn zum Krüppel ~** moler [*o* romper los huesos] a alguien de una paliza **2.** (*Gegner, Feind*) ganar (a); (*Schachfigur, Spielstein*) comer; (*Rekord*) batir; **er gab sich ge~** se dio por vencido; **sie schlugen die deutsche Mannschaft mit 3:1** ganaron al equipo alemán por 3 a 1; **sie schlug ihn dreimal beim Schachspiel** le ganó tres veces al ajedrez; **er hat ihn um drei Meter ge~** le ha ganado por tres metros **3.** (*befestigen*) clavar, fijar; **sie schlägt den Nagel in die Wand** clava el clavo en la pared **4.** (*Loch, Kerbe*) hacer; **einen Bogen um jdn/etw ~** evitar a alguien/algo; **einen Kreis ~** trazar un círculo **5.** (*Eiweiß, Sahne*) batir **6.** (*fällen*) cortar, talar, tumbar *Am* **7.** (*Trommel*) tocar; (*Uhrzeit*) dar, tocar; **den Takt ~** llevar el ritmo; **Alarm ~** dar la alarma; **die Uhr hat 12 ge~** el reloj dio las 12; **eine ge~e Stunde** una hora entera **8.** (*Greifvogel*) capturar **9.** (*Wend*): **sich** *dat* **den Bauch voll ~** (*fam*) atiborrarse (de comida); **Gewinn aus etw ~** sacar provecho de algo; **etw in Papier ~** envolver algo con papel; **ein paar Eier in die Pfanne ~** freír unos huevos **II.** *vi* **1.** (*einen Schlag versetzen*) golpear; **sie schlug an die Tür** golpeó la puerta; **nach jdm ~** dar un golpe a alguien; **um sich ~** golpear a diestro y siniestro **2.** *sein* (*aufprallen*) darse (*auf/gegen* con/contra/en), golpear (*auf/gegen* contra/en); **er schlug mit dem Kopf gegen die Tischkante** se dio con la cabeza contra el canto de la mesa **3.** (*Puls, Herz*) latir, palpitar; (*Uhr, Glocke*) tocar **4.** *haben o sein* (*Regen*) golpear (*an/gegen* en/contra); (*Flammen*) salir (*aus* por) **5.** (*Nachtigall, Fink*) cantar **6.** *sein* (*fam: ähneln*) parecerse (*nach* a); **die Jüngste schlägt nach der Mutter** la menor ha salido a la madre **7.** *sein* (*in Mitleidenschaft ziehen*): **jdm** [*o* **bei jdm**] **auf den Magen ~** sentar como una patada en el estómago a alguien **III.** *vr:* **sich ~ 1.** (*sich prügeln*) pegarse, fajarse *Am;* **sich um etw ~** pegarse por algo **2.** (*sich behaupten*): **ihr habt euch tapfer ge~!** ¡os habéis portado [*o* lo habéis hecho] muy bien! **3.** (*Wend*): **sich auf jds Seite ~** tomar partido por alguien

schlagend **I.** *adj* **1.** (*Bemerkung*) acertado, oportuno **2.** (*Beweis*) irrefutable, incuestionable; **die Fotos waren ~e Beweise** las fotos eran una prueba irrefutable [*o* contundente] **II.** *adv* con contundencia

Schlager ['ʃla:gɐ] *m* <-s, -> **1.** (*Lied*) canción *f* de moda [*o* de éxito] **2.** (*Verkaufs~*) artículo *m* de gran éxito, exitazo *m fam*

Schläger ['ʃlɛ:gɐ] *m* <-s, -> **1.** (*Tennis~*) raqueta *f;* (*Golf~, Hockey~*) stick *m* **2.** (*abw: Mensch*) matón *m,* camorrista *m;* **Schlägerbande** *f* <-, -n> (*abw*) banda *f* (de camorristas)

Schlägerei *f* <-, -en> riña *f,* pelea *f,* bulla *f SAm*

Schlagerfestival *nt* <-s, -s> festival *m* de canciones de moda [*o* de música actual]; **Schlagersänger(in)** *m(f)* <-s, -; -, -nen> intérprete *mf* de canciones de moda

schlagfertig *adj* agudo, sagaz

Schlagfertigkeit *f* <-, *ohne pl*> capacidad *f* de réplica

Schlagholz *nt* <-es, -hölzer> (SPORT) bate *m;* **den Ball mit dem ~ treffen** dar a la pelota con el bate

Schlaginstrument *nt* <-(e)s, -e> instrumento *m* de percusión

Schlagkraft *f* <-, *ohne pl*> **1.** (*Wucht*) fuerza *f* **2.** (*Kampfkraft*) fuerza *f* de combate **3.** (*Wirkungskraft*) eficacia *f*

schlagkräftig *adj* **1.** (*Person*) fuerte; (*Armee*) combativo **2.** (*Argument*) contundente

Schlaglicht *nt* <-(e)s, -er> rayo *m* de luz;

ein (bezeichnendes) ~ auf jdn/etw werfen aportar una caracterización (muy típica) de alguien/algo

Schlagloch *nt* <-(e)s, -löcher> bache *m*, pozo *m SAm*

Schlagmann *m* <-(e)s, -männer> (SPORT) cabo *m* (de un barco de remo)

Schlagobers *nt* <-, *ohne pl*> (*Österr*), **Schlagrahm** *m* <-(e)s, *ohne pl*> (*südd, Österr, Schweiz*) *s.* **Schlagsahne**

schlagreif *adj* tallar; **~ sein** ser tallar, estar listo para ser talado; **Pappeln sind oft schon mit 25 Jahren ~** con 25 años los chopos están a veces listos para su tala

Schlagring *m* <-(e)s, -e> llave *f* estrella de golpe

Schlagsahne *f* <-, *ohne pl*> (*flüssig*) nata *f* líquida [*o* para montar]; (*geschlagen*) nata *f* montada, crema *f Am*

Schlagseite *f* <-, *ohne pl*> (NAUT) escora *f*; **~ haben** escorar

Schlagstock *m* <-(e)s, -stöcke> porra *f*, bolillo *m Kol;* **Schlagstockeinsatz** *m* <-es, -sätze> uso *m* de la porra

schlägt [ʃlɛːkt] *3. präs von* **schlagen**

Schlagwerk *nt* <-(e)s, -e> sonería *f*

Schlagwetter *ntpl* (BERGB) grisú *m*

Schlagwort[1] *nt* <-(e)s, -e *o* -wörter> **1.** (*Parole*) (e)slogan *m* **2.** (*Gemeinplatz*) tópico *m*

Schlagwort[2] *nt* <-(e)s, -wörter> (*Stichwort*) palabra *f* clave

Schlagwortkatalog *m* <-(e)s, -e> catálogo *m* de materias

Schlagzeile *f* <-, -n> titular *m*, cabecera *f*, encabezado *m Guat, Mex;* **~n machen** saltar a las primeras páginas

schlagzeilen *vt* (*sl*) poner como titular, anunciar con titulares

Schlagzeug *nt* <-(e)s, -e> (MUS) percusión *f*; (*einer Rockband*) batería *f*

Schlagzeuger(in) *m(f)* <-s, -; -, -nen>, **Schlagzeugspieler(in)** *m(f)* <-s, -; -, -nen> batería *mf*

schlaksig [ˈʃlaksɪç] *adj* (*fam*) larguirucho

Schlamassel [ʃlaˈmasəl] *m o nt* <-s, *ohne pl*> (*fam*) embrollo *m*, lío *m;* **da haben wir den ~!** ¡ya se armó la marimorena!

Schlamm [ʃlam, *pl:* (ˈʃlɛmə)] *m* <-(e)s, Schlämme *o* -e> lodo *m*, barro *m;* **Schlammablagerung** *f* <-, -en> depósito *m* de lodos; **Schlammbad** *nt* <-(e)s, -bäder> baño *m* de barro [*o* de lodo]; **Schlammbelebung** *f* <-, -en> activación *f* de lodos; **Schlammfaulung** *f* <-, -en> putrefacción *f* de fangos

schlammig *adj* lodoso, fangoso

Schlammpackung *f* <-, -en> (MED) envoltura *f* de fango; **Schlammschlacht** *f* <-, -en> (*fam*) **1.** (*Fußballspiel*) partido *m* en campo lodoso **2.** (*Streit*) pelea *f* (con golpes bajos); **Schlammvulkan** *m* <-s, -e> volcán *m* de lodo

Schlampe [ˈʃlampə] *f* <-, -n> (*fam abw*) dejada *f*, cachimba *f Cuba*

schlampen [ˈʃlampən] *vi* (*fam abw: bei Arbeit*) chapucear; (*mit Sachen*) ser desordenado

Schlamper [ˈʃlampɐ] *m* <-s, -> (*reg: abw: nachlässig*) persona *f* dejada; (*unordentlich*) persona *f* desordenada

Schlamperei[1] *f* <-, -en> (*fam abw: schlechte Arbeit*) chapuza *f*, chapucería *f;* **so eine ~!** ¡vaya chapuza!

Schlamperei[2] *f* <-, *ohne pl*> (*fam: Unordnung*) desorden *m*

schlampig *adj* (*fam abw*) **1.** (*unordentlich*) desordenado; (*Aussehen*) descuidado **2.** (*Arbeit*) chapucero

schlang [ʃlaŋ] *3. imp von* **schlingen**

Schlange [ˈʃlaŋə] *f* <-, -n> **1.** (*Tier*) serpiente *f* **2.** (*abw: Person*) víbora *f* **3.** (*Menschen~*) cola *f*; (*Fahrzeug~*) caravana *f* (de coches); **~ stehen** hacer cola, esperar (la) cola

schlängeln [ˈʃlɛŋəln] *vr:* **sich ~ 1.** (*Schlange, Weg*) serpentear **2.** (*Mensch*) abrirse camino (*durch* por entre)

Schlangenbeschwörer(in) *m(f)* <-s, -; -, -nen> encantador(a) *m(f)* de serpientes; **Schlangenbiss**[RR] *m* <-es, -e> mordedura *f* de serpiente, picadura *f* de serpiente; **Schlangengift** *nt* <-(e)s, -e> veneno *m* de serpiente; **Schlangenleder** *nt* <-s, -> piel *f* de serpiente; **Schlangenlinie** *f* <-, -n> línea *f* sinuosa; **(in) ~n fahren** ir haciendo eses; **Schlangenmensch** *m* <-en, -en> contorsionista *mf*

Schlangestehen *nt* <-s, *ohne pl*> (hacer *m*) cola *f*

schlank [ʃlaŋk] *adj* delgado; **~ werden** adelgazar; **der Mantel macht dich ~** el abrigo te hace delgada

Schlankheit *f* <-, *ohne pl*> delgadez *f;* **die neue Diät soll ihm wieder zu seiner einstigen ~ verhelfen** la nueva dieta debe ayudarle a recuperar su antigua esbeltez [*o* su antiguo peso]; **Schlankheitsdiät** *f* <-, -en> dieta *f* de adelgazamiento; **Schlankheitskur** *f* <-, -en> cura *f* para adelgazar

schlankweg [ˈʃlaŋkvɛk] *adv* (*fam*) sin más, categóricamente; **sie hat es ~ abgelehnt** lo ha rechazado sin más

schlapp [ʃlap] *adj* **1.** (*nicht straff*) flojo **2.** (*ohne Kraft*) flojo, débil; (*erschöpft*) agotado; **sich ~ lachen** (*fam*) desternillarse de risa **3.** (*fam abw: träge*) soso **4.** (*fam*): **für ~e 500 Mark** por la miseria de 500 marcos

Schlappe [ˈʃlapə] *f* <-, -n> derrota *f;* **eine ~ erleiden** [*o* **einstecken**] sufrir una derrota

Schlappen [ˈʃlapən] *m* <-s, -> (*fam*) pantufla *f*

Schlappheit *f* <-, *ohne pl*> flojedad *f*, flojera *f*

Schlapphut *m* <-(e)s, -hüte> sombrero *m* de ala ancha, chambergo *m;* **schlapp|machen** *vi* (*fam*) tirar la toalla, darse por vencido; **Schlappohr** *nt* <-(e)s, -en> (ZOOL: *hum*) oreja *f* caída [*o* gacha]; **Schlappschwanz** *m* <-es, -schwänze> (*fam abw*) blandengue *m*, calzonazos *m inv*

Schlaraffenland [ʃla'rafən-] *nt* <-(e)s, *ohne pl*> (país *m* de) Jauja *f*; **ein Leben wie im ~** una vida como en el país de Jauja

schlau [ʃlaʊ] *adj* **1.** (*listig*) astuto, vivo, cuco *fam*, gaucho *SAm*, emponchado *Guat, Mex* **2.** (*fam: klug*) listo; **aus jdm/etw nicht ~ werden** no entender a alguien/algo; **das ist ein ganz S~er!** (*fam iron*) ¡es muy listo [*o* listillo]!

Schlauberger [-bɛrgɐ] *m* <-s, -> (*fam*) zorro, -a *m, f*, cuco, -a *m, f*

Schlauch [ʃlaʊx, *pl:* 'ʃlɔɪçə] *m* <-(e)s, Schläuche> **1.** (*Wasser~*) manguera *f*; (*Gas~*) tubo *m* flexible; **auf dem ~ stehen** (*fam fig*) estar desorientado **2.** (*Reifen~*) cámara *f* de aire; **Schlauchboot** *nt* <-(e)s, -e> bote *m* neumático

schlauchen **I.** *vi* (*fam*) cansar **II.** *vt* (*fam*) **1.** (*Arbeit*) agotar; **geschlaucht sein** estar hecho polvo; **diese Arbeit schlaucht mich** este trabajo me agota **2.** (*Vorgesetzter*) hacer trabajar mucho (a), hacer sudar (a)

Schlauchfilter *m* <-s, -> filtro *m* tubular; **schlauchlos** *adj* sin cámara

Schläue ['ʃlɔɪə] *f* <-, *ohne pl*> astucia *f*, ingenio *m*

Schlaufe ['ʃlaʊfə] *f* <-, -n> **1.** (*zum Tragen*) lazo *m* **2.** (*am Gürtel*) pasador *m*

Schlauheit *f* <-, *ohne pl*> *s.* **Schläue**

Schlaukopf *m* <-(e)s, -köpfe> (*fam*), **Schlaumeier** *m* <-s, -> (*fam*) vivo, -a *m, f*, marrullero, -a *m, f*

Schlawiner [ʃla'viːnɐ] *m* <-s, -> (*fam abw*) pillo, -a *m, f*, bribón, -ona *m, f*

schlecht [ʃlɛçt] **I.** *adj* **1.** (*nicht gut*) mal(o); **einen ~en Geschmack haben** tener mal gusto; **das ist ein ~er Scherz** es una broma de mal gusto; **etw S~es über jdn sagen** hablar mal de alguien; **das ist keine ~e Idee** no es mala idea; **ein ~es Gewissen haben** tener mala conciencia; **mir ist ~** me siento [*o* me encuentro] mal; **es sind ~e Zeiten** son tiempos difíciles **2.** (*verdorben*) malo, pasado; (*verfault*) podrido; (*Luft*) viciado; **~ werden** echarse a perder **3.** (*gemein*) malo, bruto; (*boshaft*) malicioso **II.** *adv* mal; **auf jdn ~ zu sprechen sein** no sentir simpatía por alguien; **er kann ~ Nein sagen** le cuesta mucho decir que no; **heute geht es ~** hoy me viene mal; **er ist ~ zu verstehen** es difícil entenderlo; **das kann ich ~ sagen** no sabría decirlo exactamente; **er hat nicht ~ gestaunt** (*fam*) se ha sorprendido bastante; **mehr ~ als recht** con más pena que gloria; **es sieht ~ aus mit ihm** lo tiene negro; **wird er es schaffen? – es sieht ~ aus** ¿lo conseguirá? – la cosa está un poco negra [*o* no tiene buena pinta]

schlechterdings *adv* (*alt*) completamente, absolutamente; **das ist ~ unmöglich!** ¡es totalmente [*o* sencillamente] imposible!

schlecht|gehen *irr vunpers sein s.* **gehen I.1.**; **schlechtgelaunt** *adj s.* **gelaunt**

Schlechtheit *f* <-, *ohne pl*> maldad *f*

schlechthin ['-'-] *adv* **1.** (*an sich*) por antonomasia; **sie gilt als die Geschäftsfrau ~** es considerada la mujer de negocios por antonomasia **2.** (*geradezu*) simplemente, sin más **3.** (*absolut*) totalmente

Schlechtigkeit[1] *f* <-, -en> (*Tat*) fechoría *f*, granujada *f*

Schlechtigkeit[2] *f* <-, *ohne pl*> (*Beschaffenheit*) maldad *f*, perversidad *f*

schlecht|machen *vt s.* **machen I.4.**

Schlechtwettergeld *nt* <-(e)s, *ohne pl*> *apoyo económico para los trabajadores de la construcción cuando las condiciones meteorológicas imposibilitan el trabajo*

schlecken ['ʃlɛkən] **I.** *vt* (*lecken*) lamer; (*essen*) comer(se); (*trinken*) beber(se) **II.** *vi* **1.** (*lecken*) lamer (*an*) **2.** (*naschen*) comer golosinas

Schleckerei *f* <-, -en> (*Österr, südd*) dulce *m*, golosina *f*

Schleckermaul *nt* <-(e)s, -mäuler> (*fam*) goloso, -a *m, f*

Schlegel[1] ['ʃleːgəl] *m* <-s, -> (*südd, Österr, Schweiz: Geflügelkeule*) pata *f*, muslo *m*

Schlegel[2] *m* <-s, -> (*Werkzeug, a.* MUS) *s.* **Schlägel**

Schlehdorn ['ʃleːdɔrn] *m* <-(e)s, -e> endrino *m*

Schlehe ['ʃleːə] *f* <-, -n> **1.** (*Strauch*) endrino *m* **2.** (*Frucht*) endrina *f*

schleichen ['ʃlaɪçən] <schleicht, schlich, geschlichen> **I.** *vi sein* **1.** (*leise*) avanzar a hurtadillas **2.** (*langsam*) avanzar despacio, ir a paso lento; **die Zeit schleicht** el tiempo pasa lentamente **II.** *vr:* **sich ~** (*hinein~*) entrar a hurtadillas (*in* en/a); (*hinaus~*) salir a hurtadillas (*aus* de), escurrirse (*aus* de); **heimlich schlich er sich in die Küche** entró a hurtadillas en la cocina; **schleich dich!** (*südd, Österr*) ¡sal [*o* piérdete] de mi vista!

schleichend *adj* (*Krankheit, Gift*) lento; (*Inflation*) latente

Schleicher(in) ['ʃlaɪçɐ] *m(f)* <-s, -; -, -nen> (*abw*) lameculos *mf inv vulg*

Schleichhandel *m* <-s, *ohne pl*> comercio *m* clandestino (*mit* de); (*Schmuggel*) contrabando *m* (*mit* de); **Schleichware** *f* <-, -n> mercancía *f* de contrabando; **Schleichweg** [-veːk] *m* <-(e)s, -e> camino *m* secreto; **Schleichwerbung** *f* <-, *ohne pl*> publicidad *f* encubierta

Schleie ['ʃlaɪə] *f* <-, -n> tenca *f*

Schleier ['ʃlaɪɐ] *m* <-s, -> **1.** (*für Gesicht, Kopf, a.* FOTO) velo *m*; **alles wie durch einen ~ sehen** verlo todo a través de un velo; **den ~ von etw lüften** (*geh*) descorrer el velo de algo; **den ~ des Vergessens über etw breiten** (*geh*) correr un tupido velo sobre algo **2.** (*Dunst*) cortina *f*; **Schleiereule** *f* <-, -n>

lechuza *f;* **schleierhaft** *adj:* **für jdn ~ sein/bleiben** ser incomprensible para alguien; **es ist mir ~, wie ...** no me explico cómo...; **das wird mir ~ bleiben** nunca me lo explicaré; **Schleierkraut** *nt* <-(e)s, *ohne pl*> gipsófila *f;* **Schleierwolke** *f* <-, -n> nube *f* de velo

Schleife ['ʃlaɪfə] *f* <-, -n> **1.** (*Schlinge*) lazo *m;* (*beim Schuhebinden*) nudo *m;* (*Haar~*) lazo *m,* cinta *f* **2.** (*Kurve*) curva *f*

schleifen[1] ['ʃlaɪfən] *vt* **1.** (*ziehen*) arrastrar; **sie hat ihre kleine Schwester mit in die Disko geschleift** (*fam*) ha ido a la discoteca acarreando a su hermana pequeña; **du kannst deine Arbeit nicht länger ~ lassen** (*fam*) tienes que ocuparte de tu trabajo de una vez **2.** (*niederreißen*) arrasar, derribar

schleifen[2] <schleift, schliff, geschliffen> *vt* **1.** (*schärfen*) afilar **2.** (*glätten*) lijar; (*Glas*) esmerilar; (*Edelstein*) tallar; **etw glatt ~** lijar algo (hasta dejarlo liso); **geschliffene Reden/Dialoge** discursos/diálogos muy conseguidos [*o* esmerados] **3.** (*fam: hart drillen*) hacer sudar (la gota gorda) (a)

Schleifer(in) *m(f)* <-s, -; -, -nen> **1.** (*jd, der schleift: Schere*) afilador(a) *m(f);* (*Glas*) pulidor(a) *m(f);* (*Edelsteine*) tallista *mf* **2.** (MIL: *sl: Ausbilder*) instructor(a) *m(f)* negrero, -a

Schleiflack *m* <-(e)s, -e> barniz *m* para pulir, laca *f* de pulir; **Schleifmaschine** *f* <-, -n> afiladora *f,* lijadora *f;* **Schleifpapier** *nt* <-s, -e> papel *m* de lija; **Schleifstein** *m* <-(e)s, -e> piedra *f* de afilar [*o* de amolar]

Schleim [ʃlaɪm] *m* <-(e)s, -e> **1.** (*Sekret*) moco *m,* flema *f;* (*einer Pflanze*) mucílago *m* **2.** (*Brei*) papilla *f;* **Schleimdrüse** *f* <-, -n> (MED) glándula *f* mucosa

schleimen *vi* (*fam abw: schmeichel*) hacer la pelota; **bei jdm ~** adular a alguien, hacer la pelota a alguien

Schleimer(in) ['ʃlaɪmɐ] *m(f)* <-s, -; -, -nen> (*abw*) pelota *mf*

Schleimhaut *f* <-, -häute> (MED) (membrana *f*) mucosa *f*

schleimig *adj* **1.** (*Absonderung*) mucoso; (*zähflüssig, klebrig*) viscoso **2.** (*abw: kriecherisch*) zalamero, adulador

Schleimscheißer(in) *m(f)* <-s, -; -, -nen> (*vulg abw*) lameculos *mf inv*

schlemmen ['ʃlɛmən] **I.** *vi* comer opíparamente **II.** *vt:* **etw ~** comer algo en abundancia

Schlemmer(in) *m(f)* <-s, -; -, -nen> gourmet *mf*

Schlemmerei *f* <-, -en> (*Gelage*) comilona *f,* empipada *f Am*

Schlemmerin *f* <-, -nen> *s.* **Schlemmer**

schlendern ['ʃlɛndɐn] *vi sein* deambular (*durch* por)

Schlendrian ['ʃlɛndria:n] *m* <-(e)s, *ohne pl*> (*fam abw*) dejadez *f,* descuido *m*

Schlenker ['ʃlɛŋkɐ] *m* <-s, -> (*fam*) **1.** (*Bogen*) curva *f;* **einen ~ machen** (*Straße*) hacer una curva; (*Fahrzeug*) torcer **2.** (*Umweg*) rodeo *m;* **einen ~ machen** dar un rodeo

schlenkern ['ʃlɛŋkɐn] *vi, vt* balancear, bambolear; **sie schlenkerte die** [*o* **mit den**] **Beinen** balanceaba las piernas; **der Rock schlenkert um ihre Beine** la falda se bamboleaba en torno a sus piernas

Schlepp [ʃlɛp] *m:* **ein Auto/Boot in ~ nehmen** remolcar un coche/una barca; **jdn im ~ haben** (*begleitet werden*) ir acompañado por alguien; (*verfolgt werden*) tener a alguien en los talones

Schleppdampfer *m* <-s, -> (NAUT) remolcador *m*

Schleppe ['ʃlɛpə] *f* <-, -n> cola *f* (del vestido)

schleppen ['ʃlɛpən] **I.** *vt* **1.** (*ziehen*) arrastrar; (*ab~*) remolcar; **sie hat mich durch das ganze Museum geschleppt** (*fam*) me arrastró por todo el museo **2.** (*tragen*) cargar (con) **3.** (*transportieren*) llevar **II.** *vr:* **sich ~ 1.** (*sich fortbewegen*) andar a trancas y barrancas (*über* por, *in/(bis) zu* hasta); (*kriechen*) arrastrarse (*in/(bis) zu* hasta) **2.** (*sich hinziehen*) durar (mucho tiempo), demorarse

schleppend *adj* (*langsam*) lento; (*Unterhaltung*) pesado, difícil; **~e Nachfrage** poca demanda

Schlepper *m* <-s, -> **1.** (*Schleppschiff*) remolcador *m* **2.** (*Traktor*) tractor *m* **3.** (*fam abw: Person*) gancho *m*

Schleppfischerei *f* <-, *ohne pl*> pesca *f* de arrastre; **Schleppkahn** *m* <-(e)s, -kähne> lancha *f* de remolque, bongo *m Am;* **Schlepplift** *m* <-(e)s, -e> telesquí *m;* **Schleppnetz** *nt* <-(e)s, -e> traína *f,* red *f* barredera [*o* de arrastre]; **Schlepptau** *nt* <-(e)s, -e> cuerda *f* de arrastre, cable *m* de remolque; **jdn/etw im ~ haben** llevar a alguien/algo a remolque; **jdn ins ~ nehmen** (*fam fig*) llevar a alguien (consigo) a todas partes

Schlesien ['ʃle:ziən] *nt* <-s> Silesia *f*

Schlesier(in) *m(f)* <-s, -; -, -nen> silesio, -a *m, f*

schlesisch *adj* silesio

Schleswig-Holstein ['ʃle:svɪç'hɔlʃtaɪn] *nt* <-s> Schleswig-Holstein *m*

Schleuder ['ʃlɔɪdɐ] *f* <-, -n> **1.** (*für Geschosse*) catapulta *f,* honda *f* **2.** (*Wäsche~*) centrifugadora *f* **3.** (*Zentrifuge*) centrífuga *f*

Schleuderball[1] *m* <-(e)s, -bälle> (SPORT: *Ball*) *pelota de piel con un lazo atado para lanzarla*

Schleuderball[2] *m* <-(e)s, *ohne pl*> (SPORT: *Spiel*) *juego de equipo con una "schleuderball"*

Schleudergefahr *f* <-, -en> peligro *m* de deslizamiento; **Schleuderhonig** *m* <-s, -e> miel *f* colada [*o* extraída]

schleudern ['ʃlɔɪdɐn] **I.** *vi sein* (*Auto*) patinar, colear *ZAm, Ant;* **ins S~ kommen** [*o* **geraten**] patinar, colear *ZAm, Ant;* (*fig*) verse en apuros **II.** *vt* **1.** (*werfen*) lanzar, arrojar; **er**

wurde zu Boden geschleudert fue arrojado al suelo **2.** (*Wäsche*) centrifugar

Schleuderpreis *m* <-es, -e> (*fam*) precio *m* tirado [*o* regalado]; **etw zum ~ verkaufen** vender algo a un precio ruinoso [*o* irrisorio], vender algo a precio tirado *fam;* **Schleudersitz** *m* <-es, -e> (AERO) asiento *m* proyectable; **Schleuderspur** *f* <-, -en> marca *f* del patinazo, huella *f* del patinazo

schleunig ['ʃlɔɪnɪç] *adv* (*geh*) rápidamente, a toda prisa; **benachrichtigen Sie mich ~, wenn es soweit ist** infórmeme sin demora cuando llegue el momento

schleunige(r, s) ['ʃlɔɪnɪgə ('ʃlɔɪnɪgɐ, 'ʃlɔɪnɪgəs)] *adj* (*geh*) rápido

schleunigst ['ʃlɔɪnɪçst] *adv* ahora mismo, lo antes posible, al tiro *Am*

Schleuse ['ʃlɔɪzə] *f* <-, -n> esclusa *f*

schleusen *vt* **1.** (*Schiff*) hacer pasar por la esclusa **2.** (*geleiten*) conducir; **eine Kolonne durch eine Stadt ~** escoltar una brigada a través de la ciudad **3.** (*illegal*) hacer pasar (*durch* por, *in* a); **jdn über die grüne Grenze ~** ayudar a alguien a pasar la frontera (ilegalmente)

Schleusengeld *nt* <-es, -er> derechos *mpl* de esclusa; **Schleusenkammer** *f* <-, -n> (cámara *f* de la) esclusa *f;* **Schleusenwärter(in)** *m(f)* <-s, -; -, -nen> vigilante *mf* de la esclusa

Schleuserbande *f* <-, -n> banda *f* clandestina de tráfico de mano de obra

schlich [ʃlɪç] *3. imp von* **schleichen**

Schlich *m* <-(e)s, -e> truco *m;* **alle ~e kennen** conocer todos los trucos; **jdm auf die ~e kommen** ver(le) a alguien el juego; **hinter jds ~e kommen** descubrir(le) el truco a alguien

schlicht [ʃlɪçt] *adj* **1.** (*einfach*) simple, sencillo; **~ und einfach** (*fam*) sencillamente, simple y llanamente; **ich habe ~ und ergreifend keine Lust mehr** (*fam*) simplemente no tengo más ganas **2.** (*bescheiden*) modesto

schlichten ['ʃlɪçtən] **I.** *vt* **1.** (*Streit*) mediar (en), intervenir como mediador (en) **2.** (TECH: *Oberfläche*) alisar **II.** *vi* intervenir como mediador (*in* en), mediar (*in* en); **in etw ~d eingreifen** mediar [*o* terciar] en algún asunto

Schlichter(in) *m(f)* <-s, -; -, -nen> mediador(a) *m(f)*, intermediario, -a *m, f*

Schlichtheit *f* <-, *ohne pl*> sencillez *f*, simplicidad *f*

Schlichtung *f* <-, -en> conciliación *f;* **Schlichtungsausschuss**[RR] *m* <-es, -schüsse> comisión *f* de arbitraje [*o* de reconciliación]; **Schlichtungsverfahren** *nt* <-s, -> arbitraje *m*, acto *m* de conciliación; **Schlichtungsverhandlungen** *fpl* negociaciones *fpl* de conciliación; **Schlichtungsvertrag** *m* <-(e)s, -träge> acuerdo *m* de conciliación

Schlick [ʃlɪk] *m* <-(e)s, -e> légamo *m*, cieno *m*

schliddern ['ʃlɪdɐn] *vi sein* (*nordd*) *s.* **schlittern**

schlief [ʃliːf] *3. imp von* **schlafen**

Schliere ['ʃliːrə] *f* <-, -n> estría *f*, cuerda *f*

Schließe ['ʃliːsə] *f* <-, -n> cierre *m*

schließen ['ʃliːsən] <schließt, schloss, geschlossen> **I.** *vt* **1.** (*zumachen*) cerrar; **das Fahrrad mit einer Kette an einen Pfahl ~** atar la bicicleta a un poste con una cadena; **eine Lücke ~** tapar un hueco **2.** (*beenden*) terminar, concluir, dar por terminado; (*Kongress*) clausurar; **eine Sitzung ~** levantar la sesión; **sie schloss den Vortrag mit den Worten ...** terminó la conferencia diciendo...; **fest ~** (FIN) cerrar (en) firme **3.** (*Bündnis, Vertrag*) firmar; (*Ehe*) contraer; **Frieden ~** (*nach Krieg*) firmar la paz; (*nach Streit*) hacer las paces; **Freundschaft ~** trabar amistad **4.** (ELEK: *an~*) conectar (*an* a/con) **II.** *vi* **1.** (*zugehen, Geschäft*) cerrar **2.** (*aufhören*) terminar **3.** (*ab~*) cerrar; **der Schlüssel schließt gut** la llave cierra bien **4.** (*folgern*) deducir (*aus* de), derivar (*aus* de); **aus dieser Beobachtung schloss er auf die Tatsache, dass ...** de este comentario dedujo el hecho de que... **5.** (*umfassen*): **jdn in die Arme ~** abrazar a alguien **III.** *vr:* **sich ~** (*zugehen*) cerrarse; **da schließt sich der Kreis** (*Fügung*) pasó lo que tenía que pasar

Schließfach *nt* <-(e)s, -fächer> **1.** (*bei der Post*) apartado *m* de correos, casilla *f Am;* (*bei einer Bank*) caja *f* fuerte **2.** (*für Gepäck*) consigna *f* automática

schließlich *adv* **1.** (*am Ende*) finalmente, después de todo **2.** (*im Grunde*) al fin y al cabo

Schließmuskel *m* <-s, -n> esfínter *m*

Schließung *f* <-, -en> cierre *m;* (*Beendigung*) conclusión *f;* (*Sitzung, Kongress*) clausura *f*

schliff [ʃlɪf] *3. imp von* **schleifen**

Schliff [ʃlɪf] *m* <-(e)s, *ohne pl*> (*Glas~*) esmerilado *m;* (*Edelstein~*) tallado *m;* **jdm den letzten ~ verleihen** [*o* **verpassen**] pulir a alguien/dar los últimos toques a algo; **etw** *dat* **den letzten ~ verleihen** [*o* **verpassen**] dar los últimos toques a algo

schlimm [ʃlɪm] **I.** *adj* **1.** (*unangenehm, schlecht*) mal(o); (*schrecklich*) terrible; **es gibt S~eres** hay cosas peores; **im ~sten Fall** en el peor de los casos; **umso ~er** todavía peor; **~,~!** ¡huy, huy, huy! **2.** (*schwerwiegend*) grave; **das ist nicht so ~** no es para tanto; **es ist nicht weiter ~** (*fam*) no pasa nada; **es ist ~ genug, dass ...** ya es bastante grave que... (*+subj*) **3.** (*fam: entzündet*) irritado **II.** *adv* mal; **~ enden** acabar mal; **wenn es ganz ~ kommt** en el peor de los casos; **es steht ~ damit** la cosa tiene mal color [*o* mala pinta]; **es steht ~ um ihn** está en muy mala situación

schlimmstenfalls ['ʃlɪmstənfals] *adv* en el peor de los casos, a lo peor

Schlinge ['ʃlɪŋə] *f* <-, -n> (*allgemein, Falle*)

lazo *m;* (*Schlaufe*) nudo *m* corredizo; (*Arm~*) cabestrillo *m;* **den Arm in der ~ tragen** llevar el brazo en cabestrillo; **~n legen** tender trampas [*o* lazos]; **den Kopf aus der ~ ziehen** (*fig*) (saber) salir del apuro

Schlingel ['ʃlɪŋəl] *m* <-s, -> (*fam*) pillo, -a *m, f,* bribón, -ona *m, f*

schlingen ['ʃlɪŋən] <schlingt, schlang, geschlungen> **I.** *vi* (*beim Essen*) tragar, zampar **II.** *vt* (*binden*) atar (*um* alrededor de); **sich** *dat* **einen Schal um den Hals ~** ponerse una bufanda **III.** *vr:* **sich ~** (*Pflanze*) trepar (*um* por)

schlingern ['ʃlɪŋɐn] *vi* dar [*o* pegar] bandazos

Schlingpflanze *f* <-, -n> (planta *f*) trepadora *f*

Schlips [ʃlɪps] *m* <-es, -e> (*fam*) corbata *f;* **in** [*o* **mit**] **~ und Kragen** de etiqueta; **sich auf den ~ getreten fühlen** sentirse ofendido

schlitteln ['ʃlɪtəln] *vi sein* (*Schweiz*) montar en trineo

Schlitten ['ʃlɪtən] *m* <-s, -> **1.** (*Rodel~*) trineo *m,* tobogán *m;* **mit jdm ~ fahren** (*fam fig*) tratar a alguien a patadas, fastidiar a alguien **2.** (*an der Schreibmaschine*) carro *m* **3.** (*fam: Auto*) coche *m,* auto *m Am;* **Schlittenfahrt** *f* <-, -en> paseo *m* en trineo

Schlitterbahn *f* <-, -en> (*reg*) tobogán *m,* deslizadero *m*

schlittern ['ʃlɪtɐn] *vi sein* **1.** (*Wagen, Person, Eisstock*) patinar (*auf* sobre, *über* por), resbalar (*auf* sobre, *über* por), deslizarse (*auf* sobre, *über* por) **2.** (*hineingeraten*) verse implicado (*in* en)

Schlittschuh *m* <-(e)s, -e> patín *m* para hielo; **~ laufen** patinar (sobre hielo); **Schlittschuhbahn** *f* <-, -en> pista *f* de hielo; **Schlittschuhläufer(in)** *m(f)* <-s, -; -, -nen> patinador(a) *m(f)* sobre hielo

Schlitz [ʃlɪts] *m* <-es, -e> **1.** (*an Automaten, Briefkasten*) ranura *f;* (*Spalt*) hendidura *f* **2.** (*an Kleidung*) raja *f;* **Schlitzaugen** *ntpl* ojos *mpl* rasgados; **schlitzäugig** ['ʃlɪtsʔɔɪgɪç] *adj* de ojos rasgados

schlitzen ['ʃlɪtsən] *vt* rajar

Schlitzohr *nt* <-(e)s, -en> (*fam*) zorro, -a *m, f,* vivo, -a *m, f*

schlitzohrig *adj* (*fam*) astuto, zorro

Schlögel *m* <-s, -> (*südd, Österr, Schweiz: Geflügelkeule*) pata *f,* muslo *m*

schlohweiß ['ʃlo:'vaɪs] *adj* cano

schlossRR [ʃlɔs], **schloß** *3. imp von* **schließen**

SchlossRR [ʃlɔs, *pl:* 'ʃlœsɐ] *nt* <-es, Schlösser>, **Schloß** *nt* <-sses, Schlösser> **1.** (*Burg*) castillo *m;* (*Palast*) palacio *m* **2.** (*Tür~*) cerradura *f,* chapa *f Am;* (*an Schmuck, Koffer*) cierre *m;* (*Vorhänge~*) cerrojo *m;* **eine Tür fällt ins ~** una puerta se cierra; **hinter ~ und Riegel** (*fam*) a buen recaudo

Schlosser(in) ['ʃlɔsɐ] *m(f)* <-s, -; -, -nen> cerrajero, -a *m, f*

Schlosserei *f* <-, -en> cerrajería *f*

Schlosserin *f* <-, -nen> *s.* **Schlosser**

Schlossherr(in)RR *m(f)* <-(e)n, -en; -, -nen> señor(a) *m(f)* del castillo; (*im Mittelalter*) castellano, -a *m, f;* **Schlosshund**RR *m* <-(e)s, -e> (*fam*): **heulen wie ein ~** llorar a moco tendido; **Schlosspark**RR *m* <-s, -s *o* -e> jardines *mpl* del palacio

Schlot [ʃlo:t] *m* <-(e)s, -e> (*reg*) chimenea *f;* **rauchen wie ein ~** (*fam*) fumar como un carretero [*o* una chimenea]

schlott(e)rig ['ʃlɔt(ə)rɪç] *adj* **1.** (*zitternd*) tembloroso; **mit ~en Knien** temblando de miedo **2.** (*Kleidung*) holgado

schlottern ['ʃlɔtɐn] *vi* **1.** (*Person*) temblar, tiritar; **vor Kälte ~** temblar de frío **2.** (*Kleidung*) colgar (por todos los sitios)

schlottrig *adj s.* **schlott(e)rig**

Schlucht [ʃlʊxt] *f* <-, -en> garganta *f,* quebrada *f*

schluchzen ['ʃlʊxtsən] *vi* sollozar, chillar *Am*

Schluchzer *m* <-s, -> sollozo *m*

Schluck [ʃlʊk] *m* <-(e)s, -e> trago *m,* sorbo *m,* golpe *m Mex;* **einen ~ nehmen** dar un sorbo; **etw in einem ~ austrinken** beberse algo de un trago; **in kleinen ~en trinken** beber a sorbos; **etw ~ für ~ genießen** sacarle el gustillo a algo

Schluckauf [ʃlʊk'ʔaʊf] *m* <-s, *ohne pl*> hipo *m*

Schluckbeschwerden *fpl* (MED) molestias *fpl* de deglución

schlucken ['ʃlʊkən] **I.** *vi* tragar; **ich musste erst mal ~** (*fig*) primero tuve que reponerme **II.** *vt* **1.** (*Speise*) tragar **2.** (*fam: hinnehmen*) aguantar, tragarse; **jede Entschuldigung ~** tragarse cualquier excusa **3.** (*fam: verbrauchen*) gastar, tragar; **wie viel schluckt deine Karre auf 100 km?** ¿cuánto traga tu coche cada 100 km? **4.** (*fam abw: übernehmen*) absorber, tragar(se) *fam*

Schlucker *m* <-s, -> (*fam*): **armer ~** pobre diablo

Schluckimpfstoff *m* <-(e)s, -e> vacuna *f* por vía oral; **Schluckimpfung** *f* <-, -en> vacuna(ción) *f* por vía oral; **Schluckspecht** *m* <-(e)s, -e> (*fam*): **er ist ein ~** le gusta empinar el codo [*o* ir de copeo]

schluckweise *adj* a tragos

Schluderei [ʃlu:də'raɪ] *f* <-, -en> (*fam abw*) *s.* **Schlamperei**[1]

schlud(e)rig ['ʃlu:d(ə)rɪç] *adj* (*fam abw*) **1.** (*Kleidung*) descuidado **2.** (*Arbeit*) chapucero

schludern ['ʃlu:dɐn] *vi* (*fam abw*) hacer una chapuza

schludrig *adj* (*fam abw*) *s.* **schlud(e)rig**

schlug [ʃlu:k] *3. imp von* **schlagen**

Schlummer ['ʃlʊmɐ] *m* <-s, *ohne pl*> (*geh*) sueño *m* ligero, duermevela *m*

schlummern ['ʃlʊmɐn] *vi* **1.** (*geh: schlafen*) dormir, dormitar **2.** (*Talent*) estar oculto [*o* desaprovechado]

S

Schlund [ʃlʊnt, *pl:* 'ʃlʏndə] *m* <-(e)s, Schlünde> garganta *f*, gaznate *m;* (*eines Tieres*) fauces *fpl*

schlüpfen ['ʃlʏpfən] *vi sein* **1.** (*hinein~, hindurch~*) pasar (*in* a, *durch* por); (*hinaus~*) salir (*aus* de); (*in Kleidung*) ponerse (*in*); **aus den Kleidern** ~ quitarse la ropa **2.** (*Küken*): (**aus dem Ei**) ~ salir (del huevo)

Schlüpfer *m* <-s, -> calzón *m*, braga-pantalón *f*, bombacha *f CSur*

Schlupfloch *nt* <-(e)s, -löcher> (*Versteck*) escondrijo *m;* (*Zuflucht*) refugio *m*

schlüpfrig ['ʃlʏpfrɪç] *adj* **1.** (*rutschig*) resbaladizo **2.** (*abw: anstößig*) obsceno, verde *fam*

Schlüpfrigkeit[1] *f* <-, -en> (*Bemerkung*) grosería *f*, escabrosidad *f*

Schlüpfrigkeit[2] *f* <-, *ohne pl*> (*Anstößigkeit*) lascivia *f*, obscenidad *f*

Schlupfwinkel *m* <-s, -> escondrijo *m*, escondite *m*, guarida *f*, aguantadero *m Arg, Urug,* cucho *m Ecua, Peru*

schlurfen ['ʃlʊrfən] *vi sein* arrastrar los pies; **durch das Zimmer** ~ arrastrar los pies por la habitación

schlürfen ['ʃlʏrfən] *vi, vt* sorber con ruido

Schluss[RR] [ʃlʊs, *pl:* 'ʃlʏsə] *m* <-es, Schlüsse>, **Schluß** *m* <-sses, Schlüsse> **1.** (*Ende*) fin *m*, final *m;* ~ **für heute!** ¡basta por hoy!; ~ **damit!** (*kein Wort mehr*) ¡corta el rollo!; **jetzt ist aber ~!** (*gibt es nichts mehr*) ¡se acabó!; (*reicht es*) ¡ya está bien!; **zum ~ hat sie dann doch noch nachgegeben** al final cedió; **bis zum ~ bleiben** quedarse hasta el final; **mit jdm ~ machen** romper con alguien **2.** (*Folgerung*) conclusión *f;* **zu dem ~ kommen, dass ...** llegar a la conclusión de que...; **Schlüsse aus etw ziehen** sacar conclusiones de algo; **Schlussabrechnung**[RR] *f* <-, -en> cuenta *f* final, liquidación *f* final; **Schlussakte**[RR] *f* <-, -n> acta *f* final; **Schlussantrag**[RR] *m* <-(e)s, -träge> conclusión *f* (definitiva); **Schlussbemerkung**[RR] *f* <-, -en> observación *f* final; **Schlussdividende**[RR] *f* <-, -n> (WIRTSCH) dividendo *m* final [*o* complementario]

Schlüssel ['ʃlʏsəl] *m* <-s, -> **1.** (*Tür~, Schrauben~*) llave *f* **2.** (*Noten-, Lösungs~*) clave *f;* **der ~ zum Erfolg/zum Verständnis** la clave del triunfo/de la comprensión **3.** (*Schema*) esquema *m;* **Schlüsselanhänger** *m* <-s, -> llavero *m;* **Schlüsselbein** *nt* <-(e)s, -e> clavícula *f;* **Schlüsselblume** *f* <-, -n> primavera *f;* **Schlüsselbrett** *nt* <-(e)s, -er> tabla *f* para colgar las llaves; **Schlüsselbund** *m o nt* <-(e)s, -e> manojo *m* de llaves; **Schlüsseldienst** *m* <-(e)s, -e> (*für Duplikate*) servicio *m* de copia de llaves; (*zum Aufschließen*) servicio *m* de cerrajería; **Schlüsselerlebnis** *nt* <-ses, -se> (PSYCH) experiencia *f* clave [*o* crucial]; **Schlüsseletui** *nt* <-s, -s> llavero *m;* **schlüsselfertig** *adj* de llave en mano; **Schlüsselfigur** *f* <-, -en> figura *f* clave; **Schlüsselindustrie** *f* <-, *ohne pl*> (WIRTSCH) industria *f* clave; **Schlüsselkind** *nt* <-(e)s, -er> (*fam*) *niño que vuelve solo a casa del colegio porque los padres están trabajando;* **Schlüsselloch** *nt* <-(e)s, -löcher> ojo *m* de la cerradura; **durchs ~ gucken** mirar por el ojo de la cerradura; **Schlüsselposition** *f* <-, -en> posición *f* clave; **Schlüsselroman** *m* <-s, -e> novela *f* de clave; **Schlüsselstellung** *f* <-, -en> posición *f* clave

schlussfolgern[RR] *vt* concluir (*aus* de), deducir (*aus* de); **Schlussfolgerung**[RR] *f* <-, -en> conclusión *f;* **aus etw** *dat* **~en ziehen** sacar conclusiones de algo

Schlussformel[RR] *f* <-, -n> fórmula *f* de despedida

schlüssig ['ʃlʏsɪç] *adj* concluyente, contundente; **sich** *dat* (**über etw**) ~ **werden** tomar una resolución (respecto a algo)

Schlusskurs[RR] *m* <-es, -e> (FIN) cotización *f* final, cotización *f* de cierre [*o* de última hora]; **Schlusslicht**[RR] *nt* <-(e)s, -er> **1.** (AUTO) luz *f* trasera **2.** (*fam: Person*) colista *mf;* **er war** [*o* **bildete**] **das ~** era el último; **Schlussnotierung**[RR] *f* <-, -en> (FIN) cotización *f* de cierre; **Schlusspfiff**[RR] *m* <-(e)s, -e> (SPORT) pitido *m* final; **Schlusspunkt**[RR] *m* <(e)s, -e> **1.** (*Satzpunkt*) punto *m* **2.** (*Schlussstrich*) punto *m* final; **einen ~ unter/hinter etw setzen** poner punto final a algo; **Schlussrunde**[RR] *f* <-, -n> (SPORT) vuelta *f* final; **Schlussstrich**[RR] *m* <-(e)s, -e> punto *m* final; **einen ~ ziehen** hacer borrón y cuenta nueva; **Schlussverkauf**[RR] *m* <-(e)s, -käufe> rebajas *fpl* de fin de temporada; **Schlusswort**[RR] *nt* <-(e)s, -e> comentario *m* final

Schmach [ʃmaːx] *f* <-, *ohne pl*> (*geh: Schande*) vergüenza *f*, deshonra *f;* (*Kränkung*) ofensa *f;* (*Demütigung*) humillación *f*

schmachten ['ʃmaxtən] *vi* (*geh*): **nach etw** ~ ansiar algo; **nach jdm** ~ añorar a alguien; **vor Durst** ~ morirse de sed

schmachtend *adj* **1.** (*sehnsüchtig*) lleno de añoranza, nostálgico, lánguido **2.** (*sentimental*) sentimental

schmächtig ['ʃmɛçtɪç] *adj* flaco, delgado, delgaducho *fam*

schmachvoll *adj* (*geh*) vergonzoso

schmackhaft ['ʃmakhaft] *adj* sabroso; **jdm etw ~ machen** (*fam*) hacer a alguien la boca agua con algo

schmähen ['ʃmɛːən] *vt* (*geh*) injuriar, ofender

schmählich *adj* (*geh*) vergonzoso

Schmähung *f* <-, -en> **1.** (*das Schmähen*) ofensa *f*, injuria *f* **2.** (*Äußerung*) improperio *m*, insulto *m*

schmal [ʃmaːl] *adj* <schmaler *o* schmäler, am schmalsten *o* am schmälsten> (*schlank*) delgado; (*eng*) estrecho, angosto; **sie ist ~er geworden** ha adelgazado; **ein**

~es Einkommen (*geh*) ingresos escasos; **ein ~es Angebot** (*geh*) una oferta muy pobre [*o* reducida]

schmalbrüstig *adj* estrecho de pecho

schmäler *adj kompar von* **schmal**

schmälern ['ʃmɛːlɐn] *vt* reducir, disminuir; **die Bedeutung von etw ~** quitarle importancia a algo

Schmälerung *f* <-, -en> reducción *f*, disminución *f*

Schmalfilm *m* <-(e)s, -e> película *f* estrecha [*o* de súper 8]; **Schmalfilmkamera** *f* <-, -s> cámara *f* de película estrecha [*o* de súper 8]

Schmalhans *m*: **dort/bei ihm ist ~ Küchenmeister** (*fam*) allí/en su casa escasea la comida [*o* tienen la despensa vacía]

Schmalseite *f* <-, -n> lado *m* estrecho, parte *f* estrecha

Schmalspur *f* <-, *ohne pl*> (EISENB) vía *f* estrecha; **Schmalspurbahn** *f* <-, -en> (EISENB) tren *m* de vía estrecha

schmälste(r, s) *adj superl von* **schmal**

Schmalz[1] [ʃmalts] *nt* <-es, -e> (*Fett*) manteca *f*

Schmalz[2] *m* <-es, *ohne pl*> (*fam abw: Sentimentalität*) sentimentalismo *m*, sensiblería *f*

schmalzig *adj* (*abw*) sentimental, empalagoso

Schmankerl ['ʃmaŋkɐl] *nt* <-s, -n> (*Österr, südd*) exquisitez *f*, plato *m* exquisito

schmarotzen* [ʃma'rɔtsən] *vi* **1.** (BIOL) vivir como parásito (*auf/in* en), parasitar (*auf/in* en) **2.** (*abw: Mensch*) vivir de gorra (*bei* a costa de), garronear (*bei* a costa de) *Arg*

Schmarotzer[1] *m* <-s, -> (BIOL) parásito *m*

Schmarotzer(in)[2] *m(f)* <-s, -; -, -nen> (*abw: Person*) gorrón, -ona *m, f*, parásito *m*, pepenche *m Mex*

Schmarren ['ʃmarən] *m* <-s, -> **1.** (*Österr, südd: Mehlspeise*) *tortilla dulce hecha a base de harina, huevos, leche y pasas* **2.** (*fam abw: Unsinn*) chorrada *f* **3.** (*Wend*): **das geht dich einen ~ an!** (*fam*) ¡eso a ti te importa un cuerno!

schmatzen ['ʃmatsən] **I.** *vi* (*beim Essen*) hacer ruido al comer **II.** *vt*: **jdm einen Kuss auf den Mund ~** pegarle [*o* soltarle] un beso en la boca a alguien

Schmaus [ʃmaʊs, *pl*: 'ʃmɔɪzə] *m* <-es, Schmäuse> (*alt*) comilona *f*; **was für ein köstlicher ~ war das!** ¡vaya comilona más exquisita!

schmausen ['ʃmaʊzən] *vi* comer con placer

schmecken ['ʃmɛkən] **I.** *vi* **1.** (*Geschmack haben*) saber (*nach* a), tener sabor (*nach* a); **das schmeckt nach Fisch** esto sabe a pescado; **das schmeckt nach mehr!** (*fam*) ¡esto sabe a más! **2.** (*gut ~*) gustar; **es schmeckt ihm** le gusta; **schmeckt dir die Suppe?** ¿te gusta la sopa?; **es hat gut geschmeckt** estaba rico; **es sich** *dat* **~ lassen** comer con ganas; **lass es dir ~!** ¡que aproveche!; **die neue Arbeit schmeckt ihm nicht** (*fam*) no le gusta el trabajo nuevo **II.** *vt* probar; **etw zu ~ bekommen** (*fam fig*) sacarle el gusto a algo

Schmeichelei [ʃmaɪçə'laɪ] *f* <-, -en> halago *m*, lisonja *f*, caravana *f Mex*

schmeichelhaft *adj* halagüeño, lisonjero; **das ist wenig ~ für ihn** no le va a gustar demasiado [*o* nada]

schmeicheln ['ʃmaɪçəln] *vi* **1.** (*loben, gefallen*) halagar, lisonjear; (*abw*) adular, barbear *Guat, Mex*; **es schmeichelte ihm, von der Chefin gefragt zu werden** le halagaba que la jefa le preguntara **2.** (*vorteilhaft aussehen lassen*) favorecer

Schmeichler(in) *m(f)* <-s, -; -, -nen> lisonjeador(a) *m(f)*; (*abw*) zalamero, -a *m, f*

schmeichlerisch *adj* lisonjero, zalamero; (*abw*) adulador

schmeißen ['ʃmaɪsən] <schmeißt, schmiss, geschmissen> *vt* (*fam*) **1.** (*werfen*) tirar, lanzar; **er schmiss Steine nach ihm** le tiró piedras; **jdn aus dem Haus ~** echar a alguien de la casa; **mit etw um sich ~** (*fig*) despilfarrar algo **2.** (*abbrechen*) abandonar, dejar **3.** (*bewältigen*) poner a flote, encargarse (de); **wir werden den Laden schon ~** (*fig*) ya nos (las) arreglaremos **4.** (*spendieren*): **eine Runde ~** pagar una ronda

Schmeißfliege *f* <-, -n> moscarda *f*, mosca *f* de la carne

Schmelz [ʃmɛlts] *m* <-(e)s, -e> (*Zahn~*) esmalte *m* (dental)

Schmelze ['ʃmɛltsə] *f* <-, -n> **1.** (*allgemein*) derretimiento *m*; (*Schnee~*) deshielo *m* **2.** (TECH) fundición *f*

schmelzen ['ʃmɛltsən] <schmilzt, schmolz, geschmolzen> **I.** *vi sein* (*Butter, Eis, Schnee*) derretirse; (*Käse, Glas, Metall*) fundirse **II.** *vt* (*Butter, Schnee*) derretir; (*Metall, Glas*) fundir

Schmelzhütte *f* <-, -n> fundición *f*; **Schmelzkäse** *m* <-s, -> queso *m* para fundir, queso *m* fundido; **Schmelzofen** *m* <-s, -öfen> (TECH) horno *m* de fusión; **Schmelzpunkt** *m* <-(e)s, -e> (PHYS) punto *m* de fusión; **Schmelztiegel** *m* <-s, -> crisol *m*; (*fig*) crisol *m* de las razas; **Schmelzverhalten** *nt* <-s, -> (CHEM) fusibilidad *f*; **Schmelzwasser** *nt* <-s, -> agua *f* de deshielo; **Schmelzzone** *f* <-, -n> (CHEM) zona *f* de fusión

Schmerbauch ['ʃmeːɐ-] *m* <-(e)s, -bäuche> (*fam abw*) barrigón *m*

Schmerz [ʃmɛrts] *m* <-es, -en> dolor *m*; (*Kummer*) pena *f*; **~en haben** tener dolores; **vor ~en schreien** gritar de(l) dolor; **jdn mit ~ erfüllen** hacer sufrir a alguien; **hast du sonst noch ~en?** (*fam iron*) ¿alguna otra cosa?; **schmerzbetäubend I.** *adj* analgésico **II.** *adv* analgésicamente; **schmerzempfindlich** *adj* sensible al dolor

schmerzen ['ʃmɛrtsən] **I.** *vi* doler (a) **II.** *vt* doler; (*betrüben*) afligir

S

Schmerzensgeld *nt* <-(e)s, *ohne pl*> (JUR) indemnización *f* por daño personal; **Schmerzenslaut** *m* <-(e)s, -e> gemido *m* de dolor; **Schmerzensschrei** *m* <-(e)s, -e> grito *m* de dolor

Schmerzgrenze *f* <-, -n> (*fig*) límite *m* (máximo); **die ~ überschreiten** pasarse de la raya

schmerzhaft *adj* doloroso

schmerzlich *adj* doloroso, penoso; **ein ~er Verlust** una pérdida dolorosa; **die ~e Gewissheit** la triste certeza; **etw ~ vermissen** echar algo de menos con toda el alma

schmerzlindernd *adj* analgésico, calmante; **schmerzlos** *adj* sin dolores; **kurz und ~** rápidamente; **Schmerzmittel** *nt* <-s, -> analgésico *m;* **schmerzstillend** *adj* analgésico, calmante; **Schmerztablette** *f* <-, -n> analgésico *m;* **Schmerztherapeut(in)** *m(f)* <-en, -en; -, -nen> terapéutico, -a *m, f* analgésico, -a; **Schmerztherapie** *f* <-, -n> analgioterapia *f;* **schmerzverzerrt** *adj:* **ein ~es Gesicht** un rostro desfigurado por el dolor; **schmerzvoll** *adj s.* **schmerzlich**

Schmetterball *m* <-(e)s, -bälle> (*beim Tennis*) mate *m,* smash *m;* (*beim Volleyball*) remate *m*

Schmetterling [ˈʃmɛtɐlɪŋ] *m* <-s, -e> (ZOOL, SPORT) mariposa *f;* **100 m ~** 100 m mariposa

Schmetterlingsblütler [-blyːtlɐ] *m* <-s, -> (BOT) papilionácea *f*

Schmetterlingsstil *m* <-(e)s, *ohne pl*> (SPORT) estilo *m* mariposa

schmettern [ˈʃmɛtɐn] **I.** *vt* **1.** (*werfen*) arrojar, lanzar; (*Tennis*) dar un smash (a) **2.** (*Lied*) cantar con brío **II.** *vi* **1.** (*erklingen*) (re)sonar **2.** (*aufprallen*) chocar; **mit dem Kopf gegen etw ~** darse un golpe en la cabeza contra algo **3.** (*Tennis*) dar un smash

Schmied [ʃmiːt] *m* <-(e)s, -e> herrero *m;* (*Huf~*) herrador *m;* **jeder ist seines Glückes ~** (*prov*) cada uno forja su suerte

Schmiede [ˈʃmiːdə] *f* <-, -n> herrería *f,* fragua *f*

Schmiedearbeit *f* <-, -en> (obra *f* de) forja *f;* **Schmiedeeisen** *nt* <-s, -> hierro *m* forjado; **schmiedeeisern** *adj* de hierro forjado; **Schmiedehammer** *m* <-s, -hämmer> martillo *m* de forja(r)

schmieden [ˈʃmiːdən] *vt* **1.** (*Eisen*) fraguar, forjar; **man muss das Eisen ~, solange es heiß ist** (*prov*) cuando el hierro está encendido, entonces ha de ser batido **2.** (*Pläne*) urdir, fraguar

schmiegen [ˈʃmiːgən] *vr:* **sich ~ 1.** (*Kleidung*) ajustarse (*an* a) **2.** (*kuscheln*): **sich an etw ~** recostarse contra algo; **sich an jdn ~** arrimarse cariñosamente a alguien

schmiegsam *adj* flexible

Schmiere [ˈʃmiːrə] *f* <-, -n> **1.** (*Fett*) untura *f,* grasa *f* **2.** (*Schmutz*) mugre *f* **3.** (*fam abw: Theater*) teatro *m* de provincias, farándula *f* **4.** (*fam*): **~ stehen** hacer de espía

schmieren [ˈʃmiːrən] **I.** *vt* **1.** (*mit Fett*) engrasar, lubri(fi)car; (*mit Öl*) enaceitar; **es läuft wie geschmiert** (*fam*) marcha como la seda **2.** (*Brot, Brötchen*) untar, preparar; (*auftragen*) poner; (*Aufstrich, Butter*) untar, poner; **Butter aufs Brot ~** untar mantequilla en el pan **3.** (*fam abw: bestechen*) untar, comprar, sobornar **4.** (*fam abw: beschmutzen*): **voll ~** embadurnar; (*Wände*) llenar de garabatos; **die Wände mit Politikernamen voll ~** garabatear nombres de políticos en las paredes **5.** (*Wend*): **jdm eine ~** (*fam*) darle un bofetón a alguien **II.** *vi* (*fam*) **1.** (*Stift*) manchar **2.** (*abw: beim Schreiben*) garabatear, hacer garabatos **III.** *vr:* **sich voll ~** ensuciarse completamente, embadurnarse

Schmiererei *f* <-, -en> (*fam abw: Gemaltes*) mamarrachada *f;* (*Geschriebenes*) garabatos *mpl*

Schmierfett [ˈʃmiːɐ-] *nt* <-(e)s, -e> grasa *f* lubri(fi)cante; **Schmierfink** *m* <-en, -en> (*fam abw*) cochino, -a *m, f;* **Schmiergeld** *nt* <-(e)s, -er> (*fam abw*) unto *m,* soborno *m;* **Schmierheft** *nt* <-(e)s, -e> borrador *m,* cuaderno *m* en [*o* de] [*o* para] sucio

schmierig *adj* **1.** (*feuchtklebrig*) resbaladizo **2.** (*schmutzig*) mugriento; (*fettig*) pringoso **3.** (*abw: schmeichlerisch*) adulador, zalamero **4.** (*abw: obszön*) obsceno, verde

Schmiermittel *nt* <-s, -> lubri(fi)cante *m;* **Schmieröl** *nt* <-(e)s, -e> aceite *m* lubri(fi)cante; **Schmierpapier** *nt* <-s, -e> (*fam*) (papel *m* de) borrador *m;* **Schmierseife** *f* <-, -n> jabón *m* verde; **Schmierstoff** *m* <-(e)s, -e> lubricante *m,* materia *f* lubri(fi)cante

Schmierung *f* <-, -en> engrasado *m,* engrase *m*

Schmierzettel *m* <-s, -> borrador *m*

schmilzt [ʃmɪltst] *3. präs von* **schmelzen**

Schminke [ˈʃmɪŋkə] *f* <-, -n> maquillaje *m,* pintura *f fam*

schminken [ˈʃmɪŋkən] **I.** *vt* maquillar, pintar *fam;* **grell geschminkt sein** ir pintado como una mona **II.** *vr:* **sich ~** maquillarse, pintarse *fam*

Schminkkoffer *m* <-s, -> neceser *m* de belleza; **Schminktäschchen** [-tɛʃçən] *nt* <-s, -> neceser *m;* **Schminktisch** *m* <-es, -e> tocador *m*

schmirgeln [ˈʃmɪrgəln] *vt* lijar

Schmirgelpapier *nt* <-s, -e> papel *m* de lija

schmissRR [ʃmɪs], **schmiß** *3. imp von* **schmeißen**

SchmissRR [ʃmɪs] *m* <-es, -e>, **Schmiß** *m* <-sses, -sse> cicatriz *f*

schmissig *adj* (*fam*) alegre, animado

Schmöker [ˈʃmøːkɐ] *m* <-s, -> (*fam*) novelón *m*

schmökern [ˈʃmøːkɐn] *vi* (*fam*) enfrascarse en la lectura; **in einem Buch ~** leer un libro

Schmollecke *f* <-, -n> (*fam*): **sich in die ~ zurückziehen** estar de un humor de perros; **in der ~ sitzen** estar de morros

schmollen ['ʃmɔlən] *vi* estar de morros

Schmollmund *m* <-(e)s, -münder> morro *m,* hocico *m*

schmolz [ʃmɔlts] *3. imp von* **schmelzen**

Schmorbraten ['ʃmoːɐ-] *m* <-s, -> estofado *m*

schmoren ['ʃmɔːrən] **I.** *vi* (*Fleisch*) cocerse (a fuego lento), asarse **II.** *vt* estofar, cocer a fuego lento; **sie schmorte stundenlang in der Sonne** (*fam*) estuvo horas tostándose al sol; **jdn ~ lassen** (*fam*) tener a alguien en ascuas

Schmortopf *m* <-(e)s, -töpfe> cazuela *f* para guisar (a fuego lento)

Schmu [ʃmuː] *m* <-s, *ohne pl*> (*fam*) timo *m,* estafa *f;* **~ machen** hacer trampas

schmuck *adj* (*alt*) bonito

Schmuck [ʃmʊk] *m* <-(e)s, *ohne pl*> **1.** (*Juwelen*) joyas *fpl,* alhajas *fpl;* (*Mode~*) bisutería *f* **2.** (*Verzierung*) adorno *m,* decoración *f*

schmücken ['ʃmʏkən] *vt* adornar, decorar; **er schmückt sich gern mit fremden Federn** le gusta apropiarse de los méritos ajenos

Schmuckgegenstand *m* <-(e)s, -stände> alhaja *f,* joya *f;* **Schmuckkästchen** [-kɛstçən] *nt* <-s, -> joyero *m,* alhajera *f Arg, Chil;* **schmucklos** *adj* sin adorno, austero

Schmucklosigkeit *f* <-, *ohne pl*> sobriedad *f,* austeridad *f;* **die ~ eines Raumes** la sobria decoración de una habitación

Schmucksachen *fpl* joyas *fpl,* alhajas *fpl;* **Schmuckstück** *nt* <-(e)s, -e> alhaja *f,* joya *f;* **Schmuckwaren** *fpl* joyas *fpl,* alhajas *fpl*

schmudd(e)lig ['ʃmʊd(ə)lɪç] *adj* (*fam abw: Person*) desaliñado, desaseado; (*Ding*) sucio, mugriento

Schmuddelkind *nt* <-(e)s, -er> niño, -a *m, f* descuidado, -a

schmuddlig *adj s.* **schmudd(e)lig**

Schmuggel ['ʃmʊgəl] *m* <-s, *ohne pl*> contrabando *m,* facuya *f Mex*

Schmuggelei *f* <-, -en> contrabando *m* (continuado)

Schmuggelgut *nt* <-(e)s, -güter> mercancía *f* de contrabando

schmuggeln **I.** *vi* hacer contrabando **II.** *vt* pasar [*o* meter] de contrabando; **einen blinden Passagier an Bord eines Schiffes ~** introducir a bordo de un barco a un polizón; **jdn außer Landes ~** ayudar a alguien a salir del país ilegalmente

Schmuggelware *f* <-, -n> mercancía *f* de contrabando

Schmuggler(in) *m(f)* <-s, -; -, -nen> contrabandista *mf*

schmunzeln ['ʃmʊntsəln] *vi* sonreírse (satisfecho) (*über* de)

Schmus [ʃmuːs] *m* <-es, *ohne pl*> (*fam: wortreiches Getue*) ampulosidad *f;* (*schöne Worte*) zalamería *f,* coba *f;* (*Gerede*) palabrería *f;* **mach** [*o* **red**] **nicht so einen ~!** (*Getue*) ¡no seas tan enfático!; (*schöne Worte*) ¡no te pongas tan zalamero!; (*Gerede*) ¡déjate de tonterías!

Schmusekurs *m* <-es, *ohne pl*> (*fam*) fase *f* de cariñitos

schmusen ['ʃmuːzən] *vi* (*fam: liebkosen*) acariciar (*mit*); (*küssen*) besuquear (*mit*); (*miteinander*) besuquearse, acariciarse

Schmusepuppe *f* <-, -n> muñeca *f* preferida

Schmutz [ʃmʊts] *m* <-es, *ohne pl*> **1.** (*Zustand*) suciedad *f,* inmundicia *f* **2.** (*herumliegender*) basura *f,* mugre *f;* (*Staub*) polvo *m;* (*Lehm*) barro *m,* fango *m;* **~ und Schund** (LIT) literatura barata; **etw/jdn in** [*o* **durch**] **den ~ ziehen** (*fig*) arrastrar algo/a alguien por el fango; **jdn mit ~ bewerfen** (*fig*) injuriar a alguien

schmutzen ['ʃmʊtsən] *vi* ensuciarse, mancharse; **leicht/schnell ~** ensuciarse con mucha facilidad/rápidamente

Schmutzfink *m* <-en *o* -s, -en> (*fam*) cochino, -a *m, f,* guarro, -a *m, f;* **Schmutzfleck** *m* <-(e)s, -e(n)> mancha *f*

schmutzig *adj* **1.** (*dreckig, unlauter*) sucio; (*beschmiert*) embadurnado, pringado *fam;* **leicht ~ werden** ensuciarse enseguida; **sich** *dat* **nicht die Finger ~ machen** no ensuciarse las manos; **~e Wäsche waschen** (*abw*) sacar los trapos sucios a relucir; **~e Geschäfte** negocios sucios **2.** (*unanständig*) obsceno, sucio, verde *fam;* **eine ~e Fantasie** una fantasía sucia

Schmutzkampagne *f* <-, -n> (POL) campaña *f* de acoso y derribo, campaña *f* desleal; **Schmutzschicht** *f* <-, -en> capa *f* de mugre; **Schmutzstoff** *m* <-(e)s, -e> contaminante *m;* **Schmutztitel** *m* <-s, -> (TYPO) portadilla *f,* anteportada *f;* **Schmutzwäsche** *f* <-, *ohne pl*> ropa *f* sucia; **Schmutzwasser** *nt* <-s, -wässer> agua *f* sucia [*o* de fregar]; (*Abwasser*) agua *f* residual

Schnabel ['ʃnaːbəl, *pl:* 'ʃnɛːbəl] *m* <-s, Schnäbel> **1.** (*eines Vogels*) pico *m* **2.** (*an einer Kanne*) pitorro *m* **3.** (*fam: Mund*) pico *m;* **halt den ~!** ¡cierra el pico!; **sie redet, wie ihr der ~ gewachsen ist** (*fam fig*) habla porque tiene boca

schnäbeln *vi* rozarse el pico; (*fam fig: sich küssen*) darse el pico

Schnabeltasse *f* <-, -n> pistero *m;* **Schnabeltier** *nt* <-(e)s, -e> ornitorrinco *m*

Schnake ['ʃnaːkə] *f* <-, -n> **1.** (*Wiesen~*) moscardón *m* **2.** (*reg: Stechmücke*) mosquito *m,* zancudo *m Am*

Schnalle ['ʃnalə] *f* <-, -n> hebilla *f,* broche *m*

schnallen *vt* **1.** (*fest~*) atar (*auf* a); (*los~*) soltar; **etw enger/weiter ~** ceñir/aflojar algo; **wir müssen den Gürtel** [*o* **Riemen**] **enger**

~ (*fam*) tenemos que apretarnos el cinturón **2.** (*fam: begreifen*) captar, coger; **ich schnall das nicht** no lo cojo

Schnallenschuh *m* <-(e)s, -e> zapato *m* con hebilla

schnalzen ['ʃnaltsən] *vi* chasquear; **mit den Fingern** ~ castañetear los dedos; **mit der Zunge** ~ chasquear la lengua

Schnäppchen ['ʃnɛpçən] *nt* <-s, -> (*reg: fam*) ganga *f*, pichincha *f Arg;* **ein** ~ **machen** hacer un buen negocio [*o* una buena compra]; **Schnäppchenjäger(in)** *m(f)* <-s, -; -, -nen> (*reg: fam*) cazador(a) *m(f)* de oportunidades [*o* de gangas], cazaofertas *mf inv*

schnappen ['ʃnapən] **I.** *vi* **1.** (*Hund*) (intentar) pillar (*nach*); **nach Luft** ~ (*fam*) jadear **2.** *sein* (*Bewegung*): **die Tür schnappt ins Schloss** la puerta se cierra **II.** *vt* (*packen*) coger; (*fam*) pescar; (*Dieb*) pillar; **ich schnappte mir meinen Mantel und ging** pesqué mi abrigo y me fui; **den schnappe ich mir und vertrimme ihn!** lo voy a coger y lo voy a calentar

Schnappmesser *nt* <-s, -> navaja *f* de muelles, charrasca *f;* **Schnappschloss**[RR] *nt* <-es, -schlösser> cerradura *f* de resorte [*o* de picaporte]; **Schnappschuss**[RR] *m* <-es, -schüsse> instantánea *f*

Schnaps [ʃnaps, *pl:* 'ʃnɛpsə] *m* <-es, Schnäpse> aguardiente *m;* **Schnapsbrennerei** *f* <-, -en> destilería *f;* **Schnapsfahne** *f* <-, -n> (*fam*) tufo *m* de aguardiente; **eine** ~ **haben** apestar a aguardiente; **ihr Mann kommt fast jede Nacht mit einer starken** ~ **nach Hause** su marido llega casi cada noche a casa apestando a aguardiente; **Schnapsflasche** *f* <-, -n> botella *f* de aguardiente; **Schnapsglas** *nt* <-es, -gläser> vaso *m* para chupitos (de aguardiente [*o* de licor]); **Schnapsidee** *f* <-, -n> (*fam*) idea *f* descabellada [*o* extravagante]; **Schnapsnase** *f* <-, -n> (*fam*) nariz *f* de borrachín; **Schnapszahl** *f* <-, -en> (*fam*) número *m* con todas las cifras idénticas

schnarchen ['ʃnarçən] *vi* roncar

Schnarcher(in) *m(f)* <-s, -; -, -nen> roncador(a) *m(f)*

schnarren ['ʃnarən] *vi* rechinar, chirriar

schnattern ['ʃnatɐn] *vi* **1.** (*Gans, Ente*) graznar **2.** (*fam: schwatzen*) hablar por los codos

schnauben ['ʃnaʊbən] <schnaubt, schnaubte *o* schnob, geschnaubt *o* geschnoben> *vi* (*Mensch*) resollar, resoplar; (*Tier*) bufar; **vor Wut** ~ bufar de ira; **ins Taschentuch** ~ sonarse la nariz

schnaufen ['ʃnaʊfən] *vi* **1.** (*keuchen*) resollar, jadear **2.** (*reg: atmen*) respirar

Schnauferl ['ʃnaʊfɐl] *nt* <-s, – *o* -n> (*Österr: fam*) coche *m* antiguo (bien conservado)

Schnauz [ʃnaʊts, *pl:* 'ʃnɔɪtsə] *m* <-es, Schnäuze> (*Schweiz*), **Schnauzbart** *m* <-(e)s, -bärte> bigote *m*

Schnauze ['ʃnaʊtsə] *f* <-, -n> **1.** (*vom Tier*) hocico *m*, morro *m* **2.** (*fam abw: Mund*) bocaza *f*, morro *m;* **eine große** ~ **haben** ser un bocazas; **die** ~ **voll haben** estar hasta el gorro; (**halt die**) ~**!** ¡cierra el pico!; **mit etw auf die** ~ **fallen** (*fig*) llevarse un chasco con algo; **frei** (**nach**) ~ a buen juicio [*o* gusto], a la buena voluntad

schnauzen ['ʃnaʊtsən] *vi* (*fam*) berrear, vociferar

schnäuzen[RR] ['ʃnɔɪtsən] *vr:* **sich** ~ sonarse

Schnauzer *m* <-s, -> **1.** (*Hunderasse*) grifón *m* **2.** (*fam: Schnauzbart*) bigote *m*

Schnäuzer ['ʃnɔɪtsɐ] *m* <-s, -> (*reg*) bigote *m*

Schnecke ['ʃnɛkə] *f* <-, -n> **1.** (*Tier*) caracol *m;* (*Meeres~*) caracola *f;* **jdn zur** ~ **machen** (*fam*) cantar(le) las cuarenta a alguien **2.** (*Gebäck*) caracola *f* **3.** (TECH: *~ngewinde*) tornillo *m* sin fin; **schneckenförmig** [-fœrmɪç] *adj* en espiral, acaracolado; **Schneckengehäuse** *nt* <-s, -> concha *f* del caracol, casita *f* del caracol; **Schneckenhaus** *nt* <-es, -häuser> concha *f* del caracol, casita *f* del caracol; **sich in sein** ~ **verkriechen** [*o* **zurückziehen**] meterse en su concha; **Schneckentempo** *nt* (*fam*): **im** ~ a paso de tortuga

Schnee [ʃne:] *m* <-s, *ohne pl*> **1.** (*Niederschlag*) nieve *f;* **es fällt** ~ está nevando; **das ist** ~ **von gestern** (*fam fig*) eso ya pasó a la historia **2.** (*Ei~*) clara *f* (de huevo) batida; **Eiweiß zu** ~ **schlagen** batir las claras a punto de nieve **3.** (*sl: Kokain*) nieve *f;* **Schneeanzug** *m* <-(e)s, -züge> traje *m* de nieve

Schneeball *m* <-(e)s, -bälle> **1.** (*aus Schnee*) bola *f* de nieve **2.** (*Pflanze*) viburno *m*, mundillo *m;* **Schneeballeffekt** *m* <-(e)s, *ohne pl*> efecto *m* multiplicador; **Schneeballschlacht** *f* <-, -en> batalla *f* con bolas de nieve; **Schneeballsystem** *nt* <-s, -e> (*Warenabsatz*) sistema *f* de venta en pirámide

schneebedeckt *adj* cubierto de nieve; **Schneebesen** *m* <-s, -> varillas *fpl;* **schneeblind** *adj* cegado por la nieve; **Schneeblindheit** *f* <-, *ohne pl*> (MED) conjuntivitis *f* actínica; **Schneebob** *m* <-s, -s> (SPORT) "bobsleigh" *m;* **Schneebrille** *f* <-, -n> gafas *fpl* de nieve [*o* de esquiador]; **Schneedecke** *f* <-, -n> capa *f* de nieve; **Schneefall** *m* <-(e)s, -fälle> nevada *f;* **Schneeflocke** *f* <-, -n> copo *m* de nieve; **Schneefräse** *f* <-, -n> fresadora *f* quitanieves [*o* de nieve]; **schneefrei** *adj* **1.** (*ohne Schnee*) sin nieve **2.** (*Wend*): ~ **haben** (SCH) *día libre de escuela que reciben los niños por motivo de las nevadas;* **Schneegans** *f* <-, -gänse> ánsar *m* (nival); **Schneegestöber** *nt* <-s, -> ventisca *f;* **schneeglatt** *adj* resbaladizo por estar helado; **er rutschte auf dem ~en Bürgersteig aus** resbaló en la acera que estaba helada; **Schneeglätte** *f* <-, *ohne pl*> nieve *f* resbaladiza; **Schnee-**

glöckchen [-glœkçən] *nt* <-s, -> campanilla *f* blanca [*o* de invierno]; **Schneegrenze** *f* <-, -n> límite *m* de las nieves, nivel *m* de las nieves perpetuas; **Schneehemd** *nt* <-(e)s, -en> (MIL) anorak *m* blanco de camuflaje; **Schneekanone** *f* <-, -n> cañón *m* de nieve; **Schneeketten** *fpl* (AUTO) cadenas *fpl* antideslizantes; **Schneekönig** *m*: **sich freuen wie ein ~** (*fam*) estar más contento que unas pascuas; **Schneemann** *m* <-(e)s, -männer> muñeco *m* de nieve; **Schneematsch** *m* <-(e)s, *ohne pl*> nieve *f* medio derretida; **Schneemobil** [-mobiːl] *nt* <-(e)s, -e> vehículo *m* de oruga (para la nieve); **Schneepflug** *m* <-(e)s, -pflüge> (máquina *f*) quitanieve(s) *m(pl)*; **Schneeraupe** *f* <-, -n> (vehículo *m*) oruga-quitanieves *f*; **Schneeregen** *m* <-s, *ohne pl*> aguanieve *f*, agua *f* nieve; **schneereich** *adj* abundante en nieves; **Schneeschauer** *m* <-s, -> chubasco *m* en forma de nieve; **Schneeschaufel** *f* <-, -n>, **Schneeschippe** *f* <-, -n> (*reg*) pala *f* para recoger la nieve; **Schneeschmelze** *f* <-, -n> deshielo *m*; **Schneeschuh** *m* <-(e)s, -e> **1.** (*Geflecht*) raqueta *f* **2.** (*alt: Ski*) esquí *m*; **schneesicher** *adj* con nieve asegurada, con nevadas aseguradas; **ein ~es Gebiet** un lugar con suficiente nieve (para esquiar); **Schneeskooter** *m* <-s, -> scooter *f* de nieve, moto *f* de nieve; **Schneesturm** *m* <-(e)s, -stürme> temporal *m* de nieve; **Schneetreiben** *nt* <-s, *ohne pl*> ventisca *f*; **Schneeverhältnisse** *fpl* estado *m* de la nieve, condiciones *fpl* de la nieve; **Schneeverwehung** *f* <-, -en>, **Schneewehe** *f* <-, -n> acumulación *f* de nieve (por el viento), remolinos *mpl* de nieve; **schneeweiß** ['-'-] *adj* blanco como la nieve

Schneewittchen [ʃneː'vɪtçən] *nt* <-s> Blancanieves *f*

Schneezaun *m* <-(e)s, -zäune> empalizada *f* contra la nieve

Schneid [ʃnaɪt] *m* <-(e)s, *ohne pl*> (*fam*) agallas *fpl*, coraje *m*; **jdm den ~ abkaufen** desanimar a alguien; **sich** *dat* **den ~ abkaufen lassen** dejarse meter miedo (en el cuerpo)

Schneidbrenner *m* <-s, -> (TECH) soplete *m* cortante

Schneide [ʃnaɪdə] *f* <-, -n> filo *m*; (*Klinge*) cuchilla *f*

Schneidemaschine *f* <-, -n> máquina *f* cortadora; **Schneidemesser** *nt* <-s, -> cuchillo *m* (para cortar)

schneiden ['ʃnaɪdən] <schneidet, schnitt, geschnitten> **I.** *vt* **1.** (*allgemein*) cortar; **etw klein ~** cortar algo (en trozos pequeños); **etw in Stücke ~** trocear algo; **ich habe mich in den Finger geschnitten** me he cortado (en) el dedo, me he hecho un corte en el dedo; **sich** *dat* **die Haare ~ lassen** cortarse el pelo; **das Hemd ist eng geschnitten** la camisa tiene un corte estrecho; **die Luft ist hier zum S~** aquí el aire está muy cargado **2.** (*eingravieren*) grabar, tallar **3.** (FILM, TV, RADIO) montar **4.** (*kreuzen*) cruzar; **eine Kurve ~** coger una curva derecho; **dort schneidet die Bahnlinie die Straße** las vías del tren atraviesan la calle en ese punto **5.** (*meiden*) ignorar **6.** (*Wend*): **Grimassen ~** hacer muecas **II.** *vr*: **sich ~ 1.** (*verletzen*) cortarse (*an* con) **2.** (*sich kreuzen*) cortarse, cruzarse, atravesarse **3.** (*reg: irren*) equivocarse; **da hat er sich aber geschnitten** en este punto está equivocado **III.** *vi* (*Kälte, Strick*) cortar

schneidend *adj* cortante; (*Schmerz*) agudo; (*Kälte*) penetrante

Schneider[1] *m* <-s, *ohne pl*> (*beim Skat*): (**im**) **~ sein** acabar una partida de skat con menos de treinta puntos; **aus dem ~ sein** (*fig*) haber salido del apuro

Schneider(in)[2] *m(f)* <-s, -; -, -nen> (*Beruf*) sastre, -a *m, f*; (*Damen~*) modisto, -a *m, f*; **ich friere wie ein ~** (*fam*) estoy congelado

Schneiderei[1] *f* <-, *ohne pl*> **1.** (*das Schneidern*) costura *f*, confección *f* **2.** (*Handwerk*) sastrería *f*

Schneiderei[2] *f* <-, -en> (*Werkstatt*) sastrería *f*

Schneiderin *f* <-, -nen> *s.* **Schneider**

schneidern ['ʃnaɪdɐn] *vt* hacer, confeccionar; **sich** *dat* **etw ~** coserse algo, hacerse algo de ropa

Schneiderpuppe *f* <-, -n> maniquí *m*; **Schneidersitz** *m* <-es, *ohne pl*>: **im ~ sitzen** estar sentado con las piernas cruzadas

Schneidezahn *m* <-(e)s, -zähne> (diente *m*) incisivo *m*

schneidig *adj* gallardo, aguerrido

schneien ['ʃnaɪən] **I.** *vunpers* nevar; **es schneit** está nevando; **es schneite große Flocken** caían grandes copos de nieve **II.** *vi*: **jdm ins Haus ~** hacer(le) una visita inesperada a alguien

Schneise ['ʃnaɪzə] *f* <-, -n> (*Feuer~*) cortafuego *m*, pique *m SAm*; (*Flug~*) pasillo *m* aéreo

schnell [ʃnɛl] **I.** *adj* rápido; **auf die S~e** (*fam*) deprisa y corriendo; **eine ~e Mark machen** (*fam*) ganar dinero fácil **II.** *adv* de prisa, rápidamente; **~ wütend werden** enojarse fácilmente; **~er als der Schall** más veloz que el viento; **wie ~ geht es mit dem Flugzeug?** ¿cuánto se tarda con el avión?; **nicht so ~!** ¡más despacio!; **mach ~!** (*fam*) ¡date prisa!; **Schnellader** *m* <-s, -> (AUTO) *s.* **Schnelllader**; **Schnellanalyse** *f* <-, -n> análisis *m inv* rápido

Schnelläufer[1] *m* <-s, -> (ASTR) *s.* **Schnellläufer**[1]

Schnelläufer(in)[2] *m(f)* <-s, -; -, -nen> (SPORT: *alt*) *s.* **Schnellläufer**[2]

Schnellbahn *f* <-, -en> tren *m* rápido; **Schnellbauweise** *f* <-, *ohne pl*> construcción *f* con piezas prefabricadas; **Schnell-**

S

boot *nt* <-(e)s, -e> lancha *f* torpedera; **Schnelldrucker** *m* <-s, -> impresora *f* rápida

Schnelle ['ʃnɛlə] *f* <-, *ohne pl*> velocidad *f;* **auf die ~** (*fam*) a toda prisa; **solche Aufgaben lassen sich auf die ~ nicht machen** (*fam*) estas tareas llevan su tiempo [*o* no se pueden hacer con prisas]; **können Sie mir die Ware auf die ~ liefern?** (*fam*) ¿puede suministrarme la mercancía en breve?

schnellebig *adj s.* **schnelllebig**

Schnelleingreiftruppe *f* <-, -n> (MIL) tropa *f* de intervención rápida

schnellen ['ʃnɛlən] *vi sein* saltar; **der Pfeil schnellt durch die Luft** la flecha atraviesa el aire; **die Preise schnellten in die Höhe** los precios se dispararon

Schnellfeuergewehr *nt* <-(e)s, -e> (MIL) fusil *m* de tiro rápido [*o* automático]; **Schnellfeuerwaffe** *f* <-, -n> arma *f* de tiro rápido

Schnellgaststätte *f* <-, -n> local *m* de comida rápida; **Schnellgericht** *nt* <-(e)s, -e> **1.** (GASTR) comida *f* rápida **2.** (JUR) tribunal *m* sumario [*o* de urgencia]; **Schnellhefter** *m* <-s, -> carpeta *f*

Schnelligkeit *f* <-, *ohne pl*> velocidad *f,* rapidez *f*

Schnellimbiss[RR] *m* <-es, -e> snack-bar *m;* **Schnellkochplatte** *f* <-, -n> placa *f* calentadora rápida; **Schnellkochtopf** *m* <-(e)s, -töpfe> olla *f* a presión; **Schnellkurs** *m* <-es, -e> curso *m* acelerado; **Schnelllader**[RR] *m* <-s, -> (AUTO) cargador *m* rápido

Schnellläufer[1][RR] *m* <-s, -> (ASTR) estrella *f* de gran velocidad

Schnellläufer(in)[2][RR] *m(f)* <-s, -; -, -nen> (SPORT: *alt*) velocista *mf*

schnelllebig[RR] *adj* (*hektisch*) agitado; (*kurzlebig*) efímero

Schnellpaket *nt* <-(e)s, -e> paquete *m* urgente; **Schnellreinigung** *f* <-, -en> servicio *m* rápido de tintorería; **Schnellrestaurant** *nt* <-s, -s> local *m* de comida rápida; **Schnellrücklauf** *m* <-(e)s, *ohne pl*> rebobinado *m* rápido

schnellstens ['ʃnɛlstəns] *adv* lo más rápido posible

Schnellstraße *f* <-, -n> autovía *f;* **Schnellsuchlauf** *m* <-(e)s, *ohne pl*> (función *f* de) búsqueda *f* rápida; **schnelltrocknend** *adj s.* **trocknen I.**; **schnellverderblich** *adj s.* **verderblich 1.**; **Schnellverfahren** *nt* <-s, -> **1.** (TECH) método *m* rápido **2.** (JUR) juicio *m* sumario [*o* rápido]; **etw im ~ erledigen** (*fam fig*) hacer algo corre que te corre; **schnellverkäuflich** *adj s.* **verkäuflich**; **schnellverschleißend** *adj s.* **verschleißen II.**; **Schnellvorlauf** *m* <-(e)s, *ohne pl*> avance *m* rápido; **Schnellzug** *m* <-(e)s, -züge> (tren *m*) expreso *m*

Schnepfe ['ʃnɛpfə] *f* <-, -n> (ZOOL) chocha *f,* becada *f*

schnetzeln ['ʃnɛtsəln] *vt* (*südd, Schweiz*) trocear (con el cuchillo)

schneuzen ['ʃnɔɪtsən] *vr:* **sich ~** *s.* **schnäuzen**

Schnickschnack ['ʃnɪkʃnak] *m* <-(e)s, *ohne pl*> (*fam*) **1.** (*wertloses Zeug*) cachivaches *mpl;* (*Beiwerk*) accesorios *mpl* (innecesarios) **2.** (*Gerede*) necedades *fpl*

schniefen ['ʃniːfən] *vi* (*reg*) sorberse los mocos

Schnippchen ['ʃnɪpçən] *nt* <-s, -> (*fam*): **jdm ein ~ schlagen** hacer(le) a alguien una jugarreta

Schnippel ['ʃnɪpəl] *m o nt* <-s, -> (*fam*) recorte *m*

schnippeln ['ʃnɪpəln] **I.** *vt* (*fam*) **1.** (*Loch*) cortar **2.** (*in kleine Stücke*) picar **II.** *vi* cortar (*an*)

schnippen ['ʃnɪpən] **I.** *vt* lanzar (con un golpe del dedo) **II.** *vi:* **mit den Fingern ~** castañetear los dedos

schnippisch ['ʃnɪpɪʃ] *adj* (*abw*) respondón

Schnipsel ['ʃnɪpsəl] *m o nt* <-s, -> recorte *m*

schnipseln *vt, vi* (*fam*) *s.* **schnippeln**

schnipsen ['ʃnɪpsən] *vt, vi* (*fam*) *s.* **schnippen**

schnitt [ʃnɪt] *3. imp von* **schneiden**

Schnitt [ʃnɪt] *m* <-(e)s, -e> **1.** (*das Schneiden, Einschnitt, Haar~, von Kleidung*) corte *m;* (*~muster*) patrón *m;* **der goldene ~** (MATH) la sección áurea **2.** (FILM) montaje *m* **3.** (*fam: Durch~*) término *m* medio; **im ~** por término medio; **bei etw einen guten ~ machen** (*fig*) salir bien parado de algo

Schnittblumen *fpl* flores *fpl* cortadas; **Schnittbohne** *f* <-, -n> judía *f* verde

Schnitte ['ʃnɪtə] *f* <-, -n> (*reg*) **1.** (*Scheibe*) rebanada *f,* loncha *f;* (*Blechkuchen*) trozo *f* **2.** (*belegtes Brot*) rebanada *f* de pan (con embutido o queso); **der kriegt bei ihr keine ~** (*sl*) ella no tiene el más mínimo interés por él

Schnittfläche *f* <-, -n> superficie *f* de corte

schnittig *adj* de línea elegante

Schnittkäse *m* <-s, -> queso *m* en lonchas; **Schnittlauch** *m* <-(e)s, *ohne pl*> cebollino *m;* **Schnittmenge** *f* <-, -n> (MATH) intersección *f* de los conjuntos

Schnittmuster *nt* <-s, -> patrón *m;* **Schnittmusterbogen** *m* <-s, -bögen> patrón *m*

Schnittpunkt *m* <-(e)s, -e> (*a.* MATH) (punto *m* de) intersección *f;* **Schnittstelle** *f* <-, -n> (INFOR) interfaz *f,* interface *f;* **parallele/serielle ~** interface paralela/serie; **Schnittverletzung** *f* <-, -en> herida *f* de incisión, cortadura *f;* **Schnittwunde** *f* <-, -n> cortadura *f,* corte *m*

Schnitz [ʃnɪts] *m* <-es, -e> (*südd, Schweiz*) pedazo *m;* (*Orangen~*) gajo *m*

Schnitzel[1] ['ʃnɪtsəl] *nt* <-s, -> (*Fleischstück*) escalope *m;* **paniertes ~** escalope rebozado, milanesa *f Am*

Schnitzel² *m o nt* <-s, -> (*Papier~*) pedacito *m* (de papel)

Schnitzeljagd *f* <-, -en> *juego en el bosque, para el cual se dejan instrucciones en papelillos*

schnitzeln ['ʃnɪtsən] *vt* (GASTR) picar

schnitzen ['ʃnɪtsən] *vi, vt* tallar (en madera), esculpir (en madera) (*aus* de, *in* en); **er schnitzt gerade an einer Skulptur** está trabajando en una escultura

Schnitzer¹ *m* <-s, -> (*fam: Fehler*) desliz *m,* error *m*

Schnitzer(in)² *m(f)* <-s, -; -, -nen> escultor(a) *m(f)* en madera

Schnitzerei [ʃnitsə'raɪ] *f* <-, -en> talla *f* (en especial de madera)

Schnitzerin *f* <-, -nen> *s.* **Schnitzer**

Schnitzmesser *nt* <-s, -> cuchillo *m* de tallar, escoplo *m*

schnob (*alt*) *3. imp von* **schnauben**

schnodd(e)rig ['ʃnɔd(ə)rɪç] *adj* (*fam*) irrespetuoso, insolente; **eine ~e Art haben** ser un descarado [*o* impertinente]

schnöde ['ʃnø:də] *adj* (*abw*) **1.** (*verachtenswert*) desdeñable; (*erbärmlich*) mezquino, vil; **jdn ~ ausnutzen** aprovecharse vilmente de alguien **2.** (*geringschätzig*) desdeñoso

Schnorchel ['ʃnɔrçəl] *m* <-s, -> tubo *m* de respiración

schnorcheln *vi* bucear con ayuda de un respirador

Schnörkel ['ʃnœrkəl] *m* <-s, -> (*an Möbeln*) voluta *f;* (*bei der Unterschrift*) rúbrica *f*

schnörkelig ['ʃnœrkəlɪç] *adj* sinuoso, adornado; **eine ~e Handschrift haben** escribir con una letra (muy) florida

schnörkellos *adj* sin adornos

schnorren ['ʃnɔrən] **I.** *vt* (*fam*) gorronear, embestir, pechar *Arg* **II.** *vi* **1.** (*fam: erbetteln*) pedir, mendigar **2.** (*Schweiz: abw: daherreden*) hablar mucho [*o* sin ton ni son]

Schnorrer(in) *m(f)* <-s, -; -, -nen> (*fam*) gorrón, -ona *m, f,* pechador(a) *m(f) Arg*

Schnösel ['ʃnø:zəl] *m* <-s, -> (*fam abw*) descarado, -a *m, f,* impertinente *mf*

schnuck(e)lig ['ʃnʊk(ə)lɪç] *adj* (*fam*) mono, lindo *Am*

Schnüffelei *f* <-, *ohne pl*> (*abw*) **1.** (*fam: Spionieren*) husmeo *m* **2.** (*von Klebstoff*) inhalación *f*

schnüffeln ['ʃnʏfəln] **I.** *vi* **1.** (*schnuppern*) olisquear (*an*), olfatear (*an*); **der Hund schnüffelt an dem Auto** el perro olfatea el coche **2.** (*fam abw: spionieren*) husmear (*in* en), fisgar (*in* en) **3.** (*fam: Klebstoff*) esnifar **II.** *vt* (*fam*) esnifar, inhalar

Schnüffler(in) *m(f)* <-s, -; -, -nen> (*abw*) **1.** (*Spion*) espía *mf,* rana *mf Am* **2.** (*Neugieriger*) fisgón, -ona *m, f,* husmeador(a) *m(f),* averigüetas *mf inv Mex,* bate *m Cuba*

Schnuller ['ʃnʊlɐ] *m* <-s, -> chupete *m*

Schnulze ['ʃnʊltsə] *f* <-, -n> (*Lied*) canción *f* sentimental; (*Film*) película *f* sentimental, melodrama *m;* **Schnulzensänger(in)** *m(f)* <-s, -; -, -nen> (*fam abw*) cantante *mf* de canciones sentimentales

schnulzig *adj* (*fam abw*) sentimental(oide), empachoso

schnupfen ['ʃnʊpfən] **I.** *vt* (*Tabak*) tomar; (*Kokain*) esnifar **II.** *vi* (*Tabak*) tomar rapé

Schnupfen ['ʃnʊpfən] *m* <-s, -> constipado *m,* catarro *m;* **~ haben** estar resfriado; **~ bekommen** coger un constipado; **Schnupfenmittel** *nt* <-s, -> remedio *m* contra el resfriado

Schnupftabak *m* <-s, -e> rapé *m*

Schnupftabak(s)dose *f* <-, -n> caja *f* para el rapé, tabaquera *f* para el rapé

schnuppe ['ʃnʊpə] *adj* (*fam*): **das ist mir ~** me importa un rábano

Schnupperkurs *m* <-es, -e> curso *m* de prueba (*para saber si a uno le gusta una cosa*)

schnuppern ['ʃnʊpɐn] *vi* olfatear (*an*), husmear (*an*)

Schnur [ʃnu:ɐ, *pl:* 'ʃny:rə] *f* <-, Schnüre> cuerda *f;* (*dünn*) cordel *m,* cordón *m,* piola *f SAm;* (*Kabel*) cable *m*

Schnürband *nt* <-es, -bänder> cordón *m*

Schnürchen ['ʃny:ɐçən] *nt* <-s, -> (*fam*): **wie am ~** a las mil maravillas, a pedir de boca; **etw wie am ~ können** saber algo de carrerilla

schnüren ['ʃny:rən] *vt* atar; **sein Bündel ~** hacer su hatillo, empaquetar sus trastos

schnurgerade ['--'--] *adj* (*fam*) (todo) derecho, en línea recta; **schnurlos** *adj* inalámbrico; **~es Telefon** teléfono inalámbrico [*o* sin hilos]

Schnurrbart ['ʃnʊrba:ɐt] *m* <-(e)s, -bärte> bigote *m;* **schnurrbärtig** ['ʃnʊrbɛ:ɐtɪç] *adj* con bigote; (*mit starkem Schnurrbart*) bigotudo

schnurren ['ʃnʊrən] *vi* (*Katze*) ronronear; (*Nähmaschine, Ventilator, Kameras*) zumbar, hacer estrépito

Schnurrhaare *ntpl* vibrisas *fpl,* bigotes *mpl*

schnurrig ['ʃnʊrɪç] *adj* (*alt*) gracioso, divertido

Schnürschuh *m* <-(e)s, -e> zapato *m* de cordones; **Schnürsenkel** ['ʃny:ɐzɛŋkəl] *m* <-s, -> (*reg*) cordón *m* de los zapatos [*o* para zapatos]; **sich** *dat* **die ~ zuschnüren** atarse los cordones de los zapatos; **Schnürstiefel** *m* <-s, -> bota *f* de cordones

schnurstracks ['ʃnu:ɐ'ʃtraks] *adv* (*fam*) directamente, sin rodeos; (*sofort*) en el acto

schnurz [ʃnʊrts] *adj* (*fam*): **das ist mir ~** eso me importa un comino

Schnute ['ʃnu:tə] *f* <-, -n> (*nordd: fam*) boquita *f,* morritos *mpl;* **eine ~ ziehen** (*vor Ärger*) poner morros [*o* una jeta]; (*vor Enttäuschung*) hacer pucheros

schob [ʃo:p] *3. imp von* **schieben**

Schober ['ʃo:bɐ] *m* <-s, -> pajar *m*

Schock [ʃɔk] *m* <-(e)s, -s> shock *m,* choque

S

m, conmoción *f;* **unter ~ stehen** estar bajo (los efectos de un) shock; **einen ~ bekommen** [*o* **erleiden**] sufrir un shock; **einen ~ auslösen** desencadenar una conmoción; **jdm einen ~ versetzen** conmocionar a alguien

schocken ['ʃɔkən] *vt* (*fam*) chocar, causar un shock (a); (*moralisch*) escandalizar

Schocker *m* <-s, -> (FILM: *fam*) película *f* de terror

Schockfarbe *f* <-, -n> (*fam*) color *m* chillón

schockieren* [ʃɔ'ki:rən] *vt* chocar, causar un shock (a); (*moralisch*) escandalizar; **über etw schockiert sein** estar escandalizado por algo

Schocktherapie *f* <-, -n> terapia *f* de choque; **Schockwelle** *f* <-, -n> onda *f* de choque; **Schockwirkung** *f* <-, -en> efecto *m* de choque

schofel ['ʃo:fəl] *adj* (*fam abw*), **schof(e)lig** *adj* (*fam abw*) infame

Schöffe, -in ['ʃœfə] *m, f* <-n, -n; -, -nen> jurado, -a *m, f,* adjunto, -a *m, f;* **Schöffengericht** *nt* <-(e)s, -e> (JUR) tribunal *m* de jurados [*o* de escabinos]

schoflig *adj* (*fam abw*) infame

Schokolade [ʃoko'la:də] *f* <-, -n> chocolate *m;* **eine Tafel ~** una tableta de chocolate; **eine Tasse ~** una taza de chocolate; **Schokoladenriegel** *m* <-s, -> chocolatina *f;* **Schokoladenseite** *f* <-, -n> (*fam*) lado *m* agradable

Schokoriegel *m* <-s, -> chocolatina *f*

Scholastik [ʃo'lastɪk] *f* <-, *ohne pl*> (*a.* PHILOS) escolástica *f,* escolasticismo *m*

Scholastiker(in) [ʃo'lastikɐ] *m(f)* <-s, -; -, -nen> (PHILOS) escolástico, -a *m, f*

Scholle ['ʃɔlə] *f* <-, -n> **1.** (*Fisch*) platija *f* **2.** (*Eis~*) témpano *m* **3.** (*Erd~*) terrón *m*

Scholli ['ʃɔli] *m:* **mein lieber ~, wenn ich dich noch einmal bei einer Lüge erwische!** (*fam*) ¡ay de ti si te pillo mintiendo otra vez!

schon [ʃo:n] *adv* **1.** (*zeitlich*) ya; **musst du ~ gehen?** ¿te tienes que ir ya?; **~ oft** varias veces ya; **~ wieder** otra vez; **und ~ war er weg** y ya se había ido; **~ gestern** ya ayer; **~ bald darauf** poco después; **das war ~ immer so** siempre ha sido así; **ich komme ja ~!** ¡ya voy!; **nun mach ~!** (*fam: beeil dich*) ¡apúrate ya! **2.** (*allein*) (tan) sólo; **~ der Gedanke daran macht mich nervös** sólo el pensar en ello me pone nervioso; **wenn ich das ~ sehe!** ¡tan sólo (con) verlo! **3.** (*tatsächlich*) de hecho; **das ist ~ möglich** de hecho es posible; **das stimmt ~, aber ...** de hecho es cierto pero...; **was heißt das ~?** eso no quiere decir nada; **na, wenn ~!** ¿y qué más da?; **wer fragt ~ danach, ob ...?** ¿quién demonios pregunta si...?; **du wirst ~ sehen** ya verás; **ich bin ~ froh, dass ...** ya me contento con que... **4.** (*doch, ja*) sí; **ich denke ~** supongo que sí; **sie ist nicht zufrieden, aber ich ~** ella no está contenta pero yo sí; **Lust habe ich ~, nur ...** ganas sí que tengo pero...

schön [ʃø:n] **I.** *adj* hermoso, bonito, lindo *Am;* **Akademie der ~en Künste** Academia de Bellas Artes; **das Wetter ist ~** hace buen tiempo; **nichts als ~e Worte** tan sólo palabras bonitas; **~e Ferien!** ¡que lo pases bien en las vacaciones!; **~es Wochenende!** ¡buen fin de semana!; **das war nicht ~ von dir** eso no fue un detalle bonito por tu parte; **eine ~e Bescherung!** (*fam*) ¡buena se ha armado aquí!; **das wäre ja noch ~er!** (*fam*) ¡no faltaba más!; **das S~ste kommt erst noch: ...** (*iron*) y ahora viene lo mejor:...; **er hat mit ~er Regelmäßigkeit geklaut** (*iron*) ha robado periódicamente; **das sind ja ~e Aussichten!** (*fam*) ¡menudas perspectivas!; **na ~!** ¡en fin!, ¡bueno!; **das ist gut und ~, aber ...** (*fam*) todo esto suena muy bien, pero...; **zu ~, um wahr zu sein** (*fam*) demasiado bonito para ser cierto **II.** *adv* bien; (*ziemlich*) bastante; (*fam*) de lo lindo; **sie singt ~** canta bien; **das hat ja ganz ~ weh getan** esto me ha dolido de lo lindo; **hier ist es ~ warm** aquí hace calorcito, se está calentito aquí; **ihr habt es ~ bei euch** se está muy bien en vuestra casa; **sei ~ brav!** (*fam*) ¡pórtate bien!; **danke ~** muchas gracias; **bitte ~** de nada; **wie man so ~ sagt** como se suele decir

Schonbezug *m* <-(e)s, -züge> funda *f* (protectora)

Schöne ['ʃø:nə] *f* <-n, -n> belleza *f;* **„Die ~ und das Biest"** "La Bella y la Bestia"

schonen ['ʃo:nən] **I.** *vt* (*Person*) ser benévolo (con); (*Gegenstand*) tratar con cuidado; (*schützen*) proteger; (*Kräfte*) ahorrar, reservar; **seine Gesundheit ~** cuidarse; **er schont weder sich noch seine Familie** es muy exigente, tanto consigo mismo como con su familia; **wir legen eine Decke auf das Sofa, um die Bezüge zu ~** ponemos una manta en el sofá para proteger las fundas **II.** *vr:* **sich ~** cuidarse; **du solltest dich mehr ~!** ¡deberías cuidarte más!

schönen ['ʃø:nən] *vt* mejorar; (*Wein*) clarificar; (*Textilien*) avivar; **eine geschönte Statistik** una estadística trucada [*o* manipulada]

schonend *adj* (*behutsam, vorsichtig*) cauteloso, prudente; (*rücksichtsvoll*) considerado, respetuoso; (*nachsichtig*) indulgente; **jdn ~ behandeln** tratar a alguien con miramientos; **etw ~ behandeln** tratar algo con cuidado; **du musst es ihr ~ beibringen** debes decírselo con mucha precaución

Schoner *m* <-s, -> **1.** (*Schiff*) cubierta *f* pequeña **2.** (*Schonbezug*) funda *f,* protector *m*

schön|färben *vt:* **etw ~** ver algo de color de rosa; **diesen Angaben traue ich nicht, die sind bestimmt schöngefärbt** no me fío de estos datos, seguro que están manipulados; **Schönfärberei** [---'-] *f* <-, -en> idealización *f;* **~ betreiben** idealizar

Schonfrist *f* <-, -en> plazo *m* de gracia [*o*

de respiro]; **Schongang** *m* <-s, -gänge> **1.** (AUTO) sobremarcha *f* **2.** (*Schonwaschgang*) lavado *m* de ropa delicada

Schöngeist *m* <-(e)s, -er> esteta *mf;* **schöngeistig** *adj* erudito, intelectual

Schönheit¹ *f* <-, *ohne pl*> (*das Schönsein*) belleza *f,* hermosura *f,* bonitura *f Am*

Schönheit² *f* <-, -en> (*Person, etwas Schönes*) belleza *f*

Schönheitschirurg(in) *m(f)* <-en, -en; -, -nen> cirujano, -a *m, f* plástico, -a; **Schönheitschirurgie** *f* <-, *ohne pl*> cirugía *f* plástica; **Schönheitschirurgin** *f* <-, -nen> *s.* Schönheitschirurg; **Schönheitsfehler** *m* <-s, -> imperfección *f,* desperfecto *m;* **Schönheitsideal** *nt* <-(e)s, -e> ideal *m* de belleza, belleza *f* ideal; **(nicht) dem gängigen ~ entsprechen** (no) corresponder al ideal estético habitual; **Schönheitskönigin** *f* <-, -nen> miss *f;* **Schönheitsoperation** *f* <-, -en> operación *f* de cirugía estética; **Schönheitspflege** *f* <-, *ohne pl*> cosmética *f,* cuidados *mpl* de belleza; **Schönheitswettbewerb** *m* <-(e)s, -e> concurso *m* de belleza

Schonkost *f* <-, *ohne pl*> dieta *f,* comida *f* de régimen

Schönling *m* <-s, -e> (*abw*) guaperas *m inv*

schön|machen *vr:* **sich ~** (*fam*) ponerse guapo (*für* para); **für wen machst du dich heute Abend schön?** ¿quién te espera hoy que te pones tan guapo [*o* te arreglas tanto]?

Schönschrift *f* <-, *ohne pl*> caligrafía *f*

schön|tun *irr vi* (*fam*): **jdm ~** (*schmeicheln*) lisonjear a alguien; (*abw*) hacer la pelota a alguien

Schonung¹ *f* <-, *ohne pl*> (*Sorgfalt*) cuidado *m;* (*Nachsicht*) indulgencia *f;* (*Schutz*) protección *f;* **die Kranke braucht ~** la enferma necesita reposo; **um ~ bitten** pedir indulgencia

Schonung² *f* <-, -en> (*im Wald*) coto *m* de bosque recién plantado

schonungsbedürftig *adj* necesitado de cuidados; **schonungslos** **I.** *adj* despiadado, brutal **II.** *adv* sin piedad, sin miramientos

Schonungslosigkeit *f* <-, *ohne pl*> falta *f* de miramientos [*o* de piedad]; **mit absoluter ~ ging er gegen seinen Widersacher an** sin la más mínima indulgencia arremetió contra su adversario

Schönwetterlage *f* <-, -n> (METEO) tiempo *m* anticiclónico

Schonzeit *f* <-, -en> (tiempo *m* de) veda *f*

Schopf [ʃɔpf, *pl:* 'ʃœpfə] *m* <-(e)s, Schöpfe> **1.** (*Haar~*) cabellera *f,* moño *m Chil;* **die Gelegenheit beim ~e packen** no dejar escapar la ocasión **2.** (*eines Vogels*) penacho *m,* copete *m* **3.** (*Schweiz: Schuppen*) cobertizo *m*

schöpfen ['ʃœpfən] *vt* **1.** (*Flüssigkeit*) sacar (*aus* de); **Suppe auf den Teller ~** servir la sopa **2.** (*Mut, Vertrauen*) cobrar; (*Hoffnung*) concebir; **Verdacht ~** sospechar; **er schöpfte Trost aus ihren Worten** se consoló con sus palabras **3.** (*geh: Atem*) respirar; **Luft ~** tomar (el) aire

Schöpfer¹ *m* <-s> Creador *m*

Schöpfer(in)² *m(f)* <-s, -; -, -nen> (*Gott*) creador(a) *m(f)*

schöpferisch *adj* creador, creativo

Schöpfkelle *f* <-, -n> cazo *m;* **Schöpflöffel** *m* <-s, -> cucharón *m,* bombilla *f Mex*

Schöpfung¹ *f* <-, -en> (*geh: Kunstwerk*) creación *f*

Schöpfung² *f* <-, *ohne pl*> (REL) creación *f,* génesis *f inv*

Schöpfungsgeschichte *f* <-, *ohne pl*> (REL) (libro *m* del) Génesis *m*

Schoppen ['ʃɔpən] *m* <-s, -> **1.** (*Viertelliter*) cuarto *m* de litro; (*halber Liter*) medio litro *m* **2.** (*südd, Schweiz: Babyfläschchen*) biberón *m*

Schöps [ʃœps] *m* <-es, -e> (*Österr: Hammel*) carnero *m*

schor [ʃoːɐ] *3. imp von* **scheren**

Schorf [ʃɔrf] *m* <-(e)s, -e> costra *f,* postilla *f*

Schorle *f* <-, -n> (GASTR: *Weinschorle*) *vino blanco con agua mineral;* (*Apfelsaftschorle*) *zumo de manzana con agua mineral*

Schornstein ['ʃɔrnʃtaɪn] *m* <-(e)s, -e> chimenea *f,* tronera *f Mex;* **etw in den ~ schreiben** (*fam fig*) dar algo por perdido; **Schornsteinfeger(in)** *m(f)* <-s, -; -, -nen> deshollinador(a) *m(f)*

schoss^RR^ [ʃɔs], **schoß** *3. imp von* **schießen**

Schoß [ʃoːs, *pl:* 'ʃøːsə] *m* <-es, Schöße> **1.** (*Körpermitte*) regazo *m;* **jdn auf den ~ nehmen** tomar a alguien en el regazo; **die Hände in den ~ legen** cruzarse de brazos; **das ist ihr nicht in den ~ gefallen** no le ha llovido del cielo **2.** (*geh: Mutterleib, a. fig*) seno *m;* **im ~ der Familie** en el seno de la familia; **Schoßhund** ['ʃoːs-] *m* <-(e)s, -e> perro *m* faldero

Schössling^RR^ ['ʃœslɪŋ] *m* <-s, -e>, **Schößling** *m* <-s, -e> retoño *m,* vástago *m*

Schote ['ʃoːtə] *f* <-, -n> vaina *f*

Schott [ʃɔt] *nt* <-(e)s, -en> (NAUT) mamparo *m*

Schotte¹ ['ʃɔtə] *f* <-, *ohne pl*> (*südd, Schweiz: Molke*) suero *m* (de la leche)

Schotte, -in² ['ʃɔtə] *m, f* <-n, -n; -, -nen> (*Einwohner*) escocés, -esa *m, f*

Schottenkaro *nt* <-s, -s>, **Schottenmuster** *nt* <-s, -> estampado *m* de [*o* a] cuadros escoceses; **Schottenrock** *m* <-(e)s, -röcke> falda *f* escocesa

Schotter ['ʃɔtɐ] *m* <-s, -> **1.** (*Straßen~*) grava *f,* gravilla *f,* ripio *m Am;* (*für Gleisbau*) balasto *m* **2.** (*Flussgeröll*) guijas *fpl* **3.** (*fam: Geld*) pasta *f*

schottern ['ʃɔtɐn] *vt* rociar con [*o* salpicar de] grava

Schotterstraße *f* <-, -n> calle *f* sin asfaltar,

carretera *f* sin asfaltar

Schottin *f* <-, -nen> *s.* **Schotte**[2]

schottisch *adj* escocés

Schottland *nt* <-s> Escocia *f*

schraffieren* [ʃra'fiːrən] *vt* sombrear, rayar

Schraffierung *f* <-, -en> **1.** (*das Schraffieren*) sombreado *m* **2.** *s.* **Schraffur**

Schraffur [ʃra'fuːɐ] *f* <-, -en> rayado *m*

schräg [ʃrɛːk] **I.** *adj* **1.** (*nicht gerade*) oblicuo; (*geneigt*) inclinado; (*diagonal*) diagonal **2.** (*fam: unüblich*) estrafalario, estrambótico; **~e Musik** música estrambótica; **~e Vorstellungen haben** tener ideas estrafalarias; **so ein ~er Vogel!** (*fam*) ¡vaya pájaro! **II.** *adv* al sesgo; **jdn ~ ansehen** (*fam*) mirar a alguien de reojo; **~ einbiegen** torcer; **~ gegenüber** casi enfrente

Schräge ['ʃrɛːgə] *f* <-, -n> superficie *f* inclinada

Schrägheck *nt* <-(e)s, -s> (AUTO) parte *f* trasera oblicua; **Schrägschrift** *f* <-, *ohne pl*> (TYPO) letra *f* itálica; **Schrägstreifen** *m* <-s, -> tira *f* diagonal; **Schrägstrich** *m* <-(e)s, -e> barra *f*

schrak [ʃraːk] *3. imp von* **schrecken**

Schramme ['ʃramə] *f* <-, -n> arañazo *m*, rasguño *m*

Schrammelmusik ['ʃraməl-] *f* <-, *ohne pl*> música *f* popular vienesa

Schrammeln ['ʃraməln] *pl* (*Österr:* MUS) cuarteto *m* vienés de música popular (*formado por dos violines, guitarra y acordeón*)

schrammen ['ʃramən] *vt* rozar; **sich** *dat* **die Hand ~** rasguñarse la mano

Schrank [ʃraŋk, *pl:* 'ʃrɛŋkə] *m* <-(e)s, Schränke> armario *m*, escaparate *m Am;* (*Kleider~*) ropero *m;* **Schrankbett** *nt* <-(e)s, -en> cama *f* plegable

Schranke ['ʃraŋkə] *f* <-, -n>, **Schranken** ['ʃraŋkən] *m* <-s, -> (*Österr*) barrera *f;* **etw in ~n halten** mantener algo dentro de los límites; **er kennt keine ~n** no conoce ningún límite; **jdn in seine ~n weisen** [*o* **verweisen**] parar los pies a alguien; **schrankenlos** *adj* **1.** (*grenzenlos*) ilimitado, sin límites **2.** (*maßlos*) desmesurado; **Schrankenwärter(in)** *m(f)* <-s, -; -, -nen> guardabarrera *mf*

Schrankfach *nt* <-(e)s, -fächer> anaquel *m;* **Schrankkoffer** *m* <-s, -> baúl *m* ropero; **Schrankwand** *f* <-, -wände> pared *f* estantería

Schrat [ʃraːt] *m* <-(e)s, -e> (MYTH) duende *m* de los bosques (*que unas veces es burlón y otras bueno*)

Schraubdeckel *m* <-s, -> tapón *m* de rosca [*o* roscado]; **Schraubdeckelglas** *nt* <-es, -gläser> tarro *m*, frasco *m*

Schraube ['ʃraʊbə] *f* <-, -n> **1.** (*Bolzen*) tornillo *m;* **bei ihm ist eine ~ locker** (*fam*) le falta un tornillo; **das ist eine ~ ohne Ende** (*fig*) es la historia de nunca acabar **2.** (*Schiffs~*) hélice *f*

schrauben ['ʃraʊbən] *vt* **1.** (*an~*) atornillar (*an* a/en); (*ab~*) desatornillar; **fester ~** apretar el tornillo **2.** (*festdrehen*) enroscar; (*abdrehen*) desenroscar; **sie schraubte den Deckel von der/auf die Flasche** desenroscó/enroscó la tapa de la botella; **er schraubte den Stuhl etwas höher** fijó la silla a mayor altura; **Erwartungen in die Höhe ~** subir las exigencias

Schraubendreher *m* <-s, -> *s.* **Schraubenzieher**; **Schraubengewinde** *nt* <-s, -> rosca *f* de tornillo; **Schraubenkopf** *m* <-(e)s, -köpfe> cabeza *f* de tornillo; **Schraubenschlüssel** *m* <-s, -> llave *f* de tuercas; **Schraubenzieher** *m* <-s, -> destornillador *m*, desatornillador *m Am*

Schraubfassung *f* <-, -en> portalámpara *m* en rosca; **Schraubglas** *nt* <-es, -gläser> tarro *m*, frasco *m;* **Schraubstock** *m* <-(e)s, -stöcke> tornillo *m* de banco, taquilla *f Am;* **Schraubverschluss**[RR] *m* <-es, -schlüsse> cierre *m* de rosca; **Schraubzwinge** *f* <-, -n> (TECH) gato *m*, cárcel *f*

Schrebergarten ['ʃreːbɐ-] *m* <-s, -gärten> huerto *m* familiar

Schreck [ʃrɛk] *m* <-(e)s, -e> susto *m*, jabón *m Arg, PRico,* naco *m Arg;* **einen ~ bekommen** llevarse un susto; **jdm einen ~ einjagen** asustar a alguien; **ihm sitzt der ~ noch in allen Gliedern** todavía tiene el susto metido en el cuerpo; **vor ~ zittern** temblar del susto; **~, lass nach!** (*fam*) ¡cielos!

schrecken[1] ['ʃrɛkən] *vt* **1.** (*geh: ängstigen*) asustar, amedrentar **2.** (*abschrecken: Eier, Nudeln*) meter en agua fría después de cocer

schrecken[2] <schreckt *o* schrickt, schreckte *o* schrak, geschreckt> *vi sein* (*auf~*) sobresaltarse; **sie schreckte** [*o* **schrak**] **aus dem Schlaf** se despertó sobresaltada

Schrecken ['ʃrɛkən] *m* <-s, -> **1.** (*Schreck*) susto *m*, batata *f CSur;* (*Entsetzen*) espanto *m;* **~ erregend** terrorífico, espantoso, horroroso; **mit dem ~ davonkommen** no sufrir más que el susto consiguiente; **etw** *dat* **den ~ nehmen** hacer perder a alguien el miedo a algo; **mit ~ feststellen, dass ...** advertir horrorizado que... **2.** *pl* (*des Krieges*) horrores *mpl;* **schreckenerregend** *adj s.* **Schrecken 1.**

schreckensbleich *adj* pálido, blanco como la pared; **Schreckensbotschaft** *f* <-, -en> noticia *f* alarmante; **Schreckensherrschaft** *f* <-, *ohne pl*> régimen *m* de terror; **Schreckensnachricht** *f* <-, -en> noticia *f* aterradora; **Schreckensvision** *f* <-, -en> visión *f* aterradora

Schreckgespenst *nt* <-(e)s, -er> espectro *m*

schreckhaft *adj* asustadizo, miedoso

Schreckhaftigkeit *f* <-, *ohne pl*> naturaleza *f* asustadiza, miedo *m*

schrecklich *adj* **1.** (*furchtbar*) horrible, horroroso **2.** (*fam: groß, sehr*) tremendo, enorme; **ich habe mich ~ gefreut/gelangweilt** me alegré/aburrí enormemente

Schreckschraube *f* <-, -n> (*fam abw*) cardo *m*, bruja *f*

Schreckschuss[RR] *m* <-es, -schüsse> tiro *m* al aire; **Schreckschusspistole**[RR] *f* <-, -n> pistola *f* de fogueo

Schrecksekunde *f* <-, -n> segundo *m* de reacción

Schrei [ʃraɪ] *m* <-(e)s, -e> grito *m;* (*schrill*) chillido *m;* (*abw*) berrido *m;* **einen ~ ausstoßen** lanzar un grito; **ein ~ der Empörung/des Entsetzens** un grito de indignación/de pánico; **der letzte ~** (*fam*) el último grito; **sich nach dem letzten ~ kleiden** (*fam*) vestir según el último grito, vestirse a la última

Schreibarbeit *f* <-, -en> trabajo *m* de oficina, papeleo *m fam;* **Schreibblock** *m* <-(e)s, -blöcke> bloc *m* (de notas); **Schreibdichte** *f* <-, -n> (INFOR) densidad *f* de escritura

Schreibe [ˈʃraɪbə] *f* <-, *ohne pl*> (*fam*) modo *m* de escribir, estilo *m*

schreiben [ˈʃraɪbən] <schreibt, schrieb, geschrieben> **I.** *vi, vt* escribir (*auf* en), plumear (*auf* en) *ZAm, Mex;* (*notieren*) anotar, apuntar; **auf der Maschine ~** escribir a máquina; **mit links ~** ser zurdo (para escribir); **jdm/an jdn (einen Brief) ~** escribir (una carta) a alguien; **jdm eine Rechnung ~** hacer la cuenta [*o* factura] a alguien; **rote Zahlen ~** estar en números rojos; **Gewinne ~** obtener ganancias [*o* beneficios]; **sie schreibt an einem Roman** está escribiendo una novela; **das Wort ist falsch geschrieben** la palabra está mal escrita; **der Artikel ist verständlich geschrieben** el artículo está escrito con claridad; **hast du was zum S~?** ¿tienes algo que escriba?; **etw voll ~** llenar algo (escribiendo); **was schreibt die Zeitung?** ¿qué pone en el periódico? **II.** *vr:* **sich ~ 1.** (*Briefe*) escribirse, cartearse; **wir ~ uns seit Jahren** hace años que nos escribimos **2.** (*fam: geschrieben werden*) escribirse; **sein Name schreibt sich mit „dt"** su nombre se escribe con "dt"; **wie schreibst du dich?** ¿cómo se escribe tu nombre?

Schreiben [ˈʃraɪbən] *nt* <-s, -> escrito *m;* (*Brief*) carta *f;* **Ihr ~ vom ...** su carta del...

Schreiber(in) *m(f)* <-s, -; -, -nen> (*Roman*) escritor(a) *m(f);* (*Brief*) autor(a) *m(f)*

Schreiberling *m* <-s, -e> (*abw*) autorzuelo *m*, plumario *m ZAm, Mex*

schreibfaul *adj* vago para escribir; **Schreibfeder** *f* <-, -n> pluma *f;* **Schreibfehler** *m* <-s, -> falta *f* de ortografía; **Schreibgerät** *nt* <-(e)s, -e> utensilio *m* para escribir; **Schreibheft** *nt* <-(e)s, -e> cuaderno *m;* **Schreibkopf** *m* <-(e)s, -köpfe> (INFOR) cabeza *f* de escritura; **Schreibkraft** *f* <-, -kräfte> mecanógrafo, -a *m, f;* **Schreibkrampf** *m* <-(e)s, -krämpfe> calambre *m* en la mano (*producido por escribir mucho*); **Schreibmappe** *f* <-, -n> carpeta *f*, portafolios *m inv*

Schreibmaschine *f* <-, -n> máquina *f* de escribir; **er kann ~ schreiben** sabe escribir a máquina; **etw auf der ~ schreiben** escribir algo a máquina; **Schreibmaschinenpapier** *nt* <-s, -e> papel *m* para máquina de escribir

Schreibpapier *nt* <-s, -e> papel *m* de escribir; **Schreibposition** *f* <-, -en> postura *f* para escribir, posición *f* para escribir; **Schreibpult** *nt* <-(e)s, -e> pupitre *m;* **Schreibschrank** *m* <-(e)s, -schränke> escritorio *m*, secreter *m;* **Schreibschrift** *f* <-, *ohne pl*> letra *f;* **Schreibschutz** *m* <-es, *ohne pl*> protección *f* contra escritura; **schreibschützen** *vt* (INFOR) proteger contra sobreescritura

Schreibschutzkerbe *f* <-, -n> (INFOR) muesca *f* de protección contra escritura; **Schreibschutzloch** *nt* <-(e)s, -löcher> (INFOR) ventana *f* de protección contra escritura

Schreibtisch *m* <-(e)s, -e> escritorio *m*, mesa *f* de despacho, carpeta *f Peru;* **am [*o* hinter dem] ~ sitzen** estar sentado en el escritorio; **Schreibtischlampe** *f* <-, -n>, **Schreibtischleuchte** *f* <-, -n> lámpara *f* de escritorio; (*beweglich*) flexo *m;* **Schreibtischtäter(in)** *m(f)* <-s, -; -, -nen> autor(a) *m(f)* moral

Schreibübung *f* <-, -en> (SCH) ejercicio *m* de escritura [*o* de caligrafía]

Schreibung *f* <-, -en> (modo *m* de) escritura *f*, grafía *f*

Schreibunterlage *f* <-, -n> vade *m*

Schreibwaren *fpl* artículos *mpl* de escritorio [*o* de papelería]; **Schreibwarengeschäft** *nt* <-(e)s, -e> *s.* **Schreibwarenhandlung**; **Schreibwarenhändler(in)** *m(f)* <-s, -; -, -nen> papelero, -a *m, f;* **Schreibwarenhandlung** *f* <-, -en> papelería *f*

Schreibweise *f* <-, -n> **1.** (*Orthographie*) grafía *f* **2.** (*Schreibstil*) estilo *m;* **Schreibzeug** *nt* <-(e)s, *ohne pl*> utensilios *mpl* para escribir

schreien [ˈʃraɪən] <schreit, schrie, geschrie(e)n> **I.** *vi* **1.** (*Mensch*) gritar, dar [*o* lanzar] gritos; (*schrill*) chillar; (*wütend*) vociferar; (*abw*) berrear, dar berridos; **nach etw ~** pedir algo a gritos; **nach jdm ~** llamar a alguien a gritos; **er schrie vor Angst** gritó de miedo; **um Hilfe ~** pedir socorro; **die Menge schrie vor Begeisterung** la multitud lanzaba gritos de entusiasmo; **sie schrie sich heiser** gritó hasta quedarse afónica; **es war zum S~** (*fam*) era para morirse; **~ wie am Spieß** gritar como un poseso; **immer gleich nach der Polizei ~** llamar a la policía enseguida; **das schreit zum Himmel** esto clama al cielo **2.** (*Esel*) rebuznar; (*Vogel*) chillar, gritar; (*Stier*) bramar; (*Kalb*) berrear **II.** *vt* gritar

schreiend *adj* **1.** (*Farbe*) chillón **2.** (*Unrecht*) manifiesto, que clama al cielo

Schreier(in) ['ʃraɪɐ] *m(f)* <-s, -; -, -nen> (*fam*) **1.** (*jd, der laut ist*) gritón, -ona *m, f,* chillón, -ona *m, f* **2.** (*laut fordernder Mensch*) vocinglero, -a *m, f;* (*Unruhestifter*) alborotador(a) *m(f)*

Schreierei *f* <-, -en> (*abw*) griterío *m,* vocerío *m,* vocinglería *f*

Schreierin *f* <-, -nen> *s.* **Schreier**

Schreihals *m* <-es, -hälse> (*fam*) gritón, -ona *m, f;* **Schreikrampf** *m* <-(e)s, -krämpfe> gritos *mpl* histéricos

Schrein [ʃraɪn] *m* <-(e)s, -e> (*geh*) cofre *m;* (*für Reliquien*) relicario *m*

Schreiner(in) ['ʃraɪnɐ] *m(f)* <-s, -; -, -nen> carpintero, -a *m, f*

Schreinerei *f* <-, -en> carpintería *f*

Schreinerin *f* <-, -nen> *s.* **Schreiner**

schreinern ['ʃraɪnɐn] **I.** *vi* hacer trabajos de carpintería **II.** *vt* hacer

schreiten ['ʃraɪtən] <schreitet, schritt, geschritten> *vi sein* (*geh*) **1.** (*gehen*) caminar [*o* ir] (solemnemente); **er schreitet im Zimmer auf und ab** anda de un lado para otro de la habitación **2.** (*beginnen*): **zu etw ~** empezar con algo, pasar a algo; **die Versammlung schritt zur Abstimmung** la asamblea procedió a la votación; **lasst uns zur Tat ~!** ¡pongamos manos a la obra!

schrickt [ʃrɪkt] *3. präs von* **schrecken**

schrie [ʃriː] *3. imp von* **schreien**

schrieb [ʃriːp] *3. imp von* **schreiben**

Schrieb [ʃriːp] *m* <-(e)s, -e> (*fam*) carta *f*

Schrift [ʃrɪft] *f* <-, -en> **1.** (*~system*) escritura *f;* (*~zeichen*) caracteres *mpl;* **in kursiver ~** en (letra) itálica; **die lateinische ~** los caracteres romanos **2.** (*Hand~*) letra *f* **3.** (*Text*) escrito *m;* (*Abhandlung*) tratado *m;* **die Heilige ~** las Sagradas Escrituras **4.** *pl* (*Schweiz: Papiere*) documentos *mpl;* **Schriftart** *f* <-, -en> (TYPO) tipo *m* de imprenta, carácter *m* de imprenta; **Schriftbild** *nt* <-(e)s, -er> escritura *f,* caligrafía *f;* (TYPO) ojo *m;* **Schriftdeutsch** *nt* <-en, *ohne pl*> alemán *m* estándar; (*Papierdeutsch*) lenguaje *m* administrativo; **Schriftform** *f* <-, *ohne pl*> (JUR) forma *f* escrita; **etw bedarf der ~** algo ha de ser puesto por escrito; **Schriftführer(in)** *m(f)* <-s, -; -, -nen> secretario, -a *m, f;* **Schriftgelehrte(r)** *m* <-n, -n> (REL) escriba *m;* (*der Gesetze*) doctor *m* de la ley; **Schriftgrad** *m* <-(e)s, -e> (TYPO) cuerpo *m* de la letra de imprenta; **Schriftgröße** *f* <-, -n> (INFOR) tamaño *m* de la fuente

Schriftleitung[1] *f* <-, -en> (*Redakteure*) redacción *f*

Schriftleitung[2] *f* <-, *ohne pl*> (*Tätigkeit*) redacción *f*

schriftlich *adj* por escrito; **ein ~er Antrag** una solicitud por escrito; **die ~en Unterlagen** los documentos; **~e Prüfung** examen escrito; **das kann ich dir ~ geben** (*fam fig*) eso te lo garantizo

Schriftsachverständige(r) *mf* <-n, -n; -n, -n> grafólogo, -a *m, f;* **Schriftsatz** *m* <-es, -sätze> **1.** (TYPO) composición *f* **2.** (JUR) alegaciones *fpl;* **Schriftschablone** *f* <-, -n> plantilla *f* de letras; **Schriftsetzer(in)** *m(f)* <-s, -; -, -nen> cajista *mf,* tipógrafo, -a *m, f;* **Schriftsprache** *f* <-, -n> lenguaje *m* literario [*o* culto]; (*Hochdeutsch*) alemán *m* estándar

Schriftsteller(in) *m(f)* <-s, -; -, -nen> escritor(a) *m(f)*

Schriftstellerei *f* <-, *ohne pl*> creación *f* literaria, profesión *f* de escritor(a); **von der ~ können nur wenige Autoren leben** pocos escritores pueden vivir de su obra

Schriftstellerin *f* <-, -nen> *s.* **Schriftsteller**

schriftstellerisch *adj* literario, de [*o* para] escribir

schriftstellern *vi* (*fam*) escribir obras literarias, trabajar de escritor; **in meiner Freizeit schriftstellere ich ein bisschen** en mi tiempo libre escribo un poco

Schriftstück *nt* <-(e)s, -e> documento *m;* **Schrifttyp** *m* <-s, -en> (INFOR) estilo *m* de la fuente; **Schriftverkehr** *m* <-(e)s, *ohne pl*> correspondencia *f;* **mit jdm in ~ treten/stehen** entablar/mantener correspondencia con alguien; **Schriftwechsel** *m* <-s, -> correspondencia *f;* **Schriftzeichen** *nt* <-s, -> carácter *m* (gráfico); **Schriftzug** *m* <-(e)s, -züge> **1.** (*Wort*) palabra *f* escrita **2.** (*Charakteristik*) trazo *m*

schrill [ʃrɪl] *adj* estridente, penetrante; **in ~er Aufmachung** vestido de forma extravagante; **er ist ein ~er Typ** es un tipo muy estrafalario; **~ auflachen** reír a carcajadas estridentes

schrillen ['ʃrɪlən] *vi* resonar, retiñir

schritt [ʃrɪt] *3. imp von* **schreiten**

Schritt [ʃrɪt] *m* <-(e)s, -e> **1.** (*beim Gehen*) paso *m;* **mit schnellen ~en** a paso ligero; **einen ~ zur Seite gehen** dar un paso al lado; **auf ~ und Tritt** a cada paso; **nur ein paar ~e von hier** a un par de pasos de aquí; **mit jdm ~ halten** seguir la marcha de alguien; **mit etw ~ halten** (*fig*) estar al tanto de algo; **den zweiten ~ vor dem ersten tun** empezar la casa por el tejado; **~ für ~** paso a paso, poco a poco **2.** (*~tempo*): **(im) ~ fahren** avanzar al paso, conducir a la velocidad de los peatones **3.** (*einer Hose*) entrepierna *f,* bragadura *f* **4.** (*Handlung*) paso *m;* (*Maßnahme*) medida *f;* (*amtlich*) trámite *m;* **gerichtliche ~e einleiten** adoptar medidas judiciales; **den ersten ~ tun** dar el primer paso; **~e in die Wege leiten** iniciar trámites [*o* acciones]; **gegen jdn ~e unternehmen** tomar medidas contra alguien; **Schrittempo** *nt* <-s, *ohne pl*> *s.* Schritttempo; **Schrittgeschwindigkeit** *f* <-, *ohne pl*> velocidad *f* de paso; **Schrittmacher** *m* <-s, -> **1.** (SPORT) liebre *f* **2.** (*Herz~*) marcapasos *m inv;* **Schritttem-**

po[RR] *nt* <-s, *ohne pl*>: (**im**) ~ **fahren** avanzar al paso; **schrittweise** *adv* paso a paso
schroff [ʃrɔf] *adj* **1.** (*Felsen, Abhang*) escarpado, abrupto; **eine ~ abfallende Felswand** una peña [*o* un despeñadero] que desciende abruptamente **2.** (*Mensch*) rudo, áspero; **etw ~ ablehnen** rechazar algo categóricamente; **sie lehnte es ~ ab mitzukommen** se negó rotundamente a venir
Schroffheit[1] *f* <-, -en> (*Äußerung*) grosería *f*, descortesía *f*; **bitte, verzeihe mir meine ~en dir gegenüber** por favor, perdóname las groserías que te he dicho
Schroffheit[2] *f* <-, *ohne pl*> (*Art*) rudeza *f*, brusquedad *f*; **ist dir seine ~ aufgefallen, als er uns begrüßte?** ¿te has dado cuenta de su saludo tan adusto [*o* seco]?
schröpfen [ˈʃrœpfən] *vt* **1.** (MED) sangrar **2.** (*fam: Person*) desplumar
Schröpfkopf *m* <-(e)s, -köpfe> (MED) ventosa *f*
Schrot[1] [ʃroːt] *m o nt* <-(e)s, *ohne pl*> (*Getreide~*) grano *m* partido; **von altem** [*o* **echtem**] **~ und Korn** (*fig*) de buena cepa
Schrot[2] *m o nt* <-(e)s, -e> (*Munition*) perdigones *mpl;* (*größer*) postas *fpl*
Schrotbrot *nt* <-(e)s, -e> ≈pan *m* integral
schroten *vt* moler, machacar
Schrotflinte *f* <-, -n> escopeta *f* de perdigones [*o* de postas]; **Schrotkugel** *f* <-, -n> perdigón *m;* **Schrotladung** *f* <-, -en> perdigonada *f;* **Schrotpatrone** *f* <-, -n> cartucho *m* de perdigones
Schrott [ʃrɔt] *m* <-(e)s, *ohne pl*> **1.** (*Altmetall*) chatarra *f;* **ein Auto zu ~ fahren** destrozar un coche **2.** (*fam: Unbrauchbares*) cachivaches *mpl;* **Schrotthalde** *f* <-, -n> depósito *m* de chatarra; **Schrotthändler(in)** *m(f)* <-s, -; -, -nen> chatarrero, -a *m, f;* **Schrotthaufen** *m* <-s, -> **1.** (*Ansammlung*) montón *m* de chatarra **2.** (*fam: altes Auto*) cacharro *m;* **Schrottplatz** *m* <-es, -plätze> depósito *m* de chatarra; **schrottreif** *adj* para el desguace, para chatarra; **ein Auto ~ fahren** destrozar un coche; **Schrottwert** *m* <-(e)s, *ohne pl*> valor *m* de desecho
schrubben [ˈʃrʊbən] *vt* (*Ding*) fregar; (*Person, Körperteil*) frotar; **sich** *dat* **den Hals ~** restregarse el cuello
Schrubber *m* <-s, -> (*fam*) escobillón *m*, cepillo *m* con palo
Schrulle [ˈʃrʊlə] *f* <-, -n> manía *f*, capricho *m*
schrullig *adj* (*fam*) chiflado, tocado
schrump(e)lig [ˈʃrʊmp(ə)lɪç] *adj* (*fam*) arrugado, lleno de arrugas
schrumpfen [ˈʃrʊmpfən] *vi sein* **1.** (*Gewebe*) encoger **2.** (*Vorräte, Interesse*) disminuir, reducirse; **auf die Hälfte ~** quedarse en la mitad
Schrumpfkopf *m* <-(e)s, -köpfe> chancha *f*, cabeza *f* reducida; **Schrumpfleber** *f* <-, -n> (MED) hígado *m* cirrótico; **Schrumpfniere** *f* <-, -n> (MED) cirrosis *f inv* renal
Schrumpfung *f* <-, -en> **1.** (*das Sichzusammenziehen*) encogimiento *m* **2.** (*Abnahme*) disminución *f*
schrumplig *adj s.* **schrump(e)lig**
Schrunde [ˈʃrʊndə] *f* <-, -n> (MED, GEO) grieta *f*
schrundig [ˈʃrʊndɪç] *adj* agrietado
Schub [ʃuːp, *pl:* ˈʃyːbə] *m* <-(e)s, Schübe> **1.** (*Stoß*) empujón *m*, empellón *m* **2.** (PHYS, TECH) empuje *m* **3.** (*Gruppe*) grupo *m*
Schuber [ˈʃuːbɐ] *m* <-s, -> funda *f* de un libro
Schubfach *nt* <-(e)s, -fächer> cajón *m*, gaveta *f;* **Schubkarre** *f* <-, -n>, **Schubkarren** *m* <-s, -> carretilla *f;* **Schubkasten** *m* <-s, -kästen> *s.* Schubfach; **Schubkraft** *f* <-, -kräfte> (PHYS, TECH) (fuerza *f* de) empuje *m*
Schublade *f* <-, -n> cajón *m;* **die ~ aufziehen** abrir el cajón; **in der ~** en el cajón; **eine Arbeit für die ~** un trabajo inédito
schubladisieren* [ʃuːpladiˈziːrən] *vt* (*Schweiz*) dar carpetazo (a)
Schublehre *f* <-, -n> (TECH) pie *m* de rey
Schubs [ʃʊps] *m* <-es, -e> (*fam*) empujón *m;* **jdm einen ~ geben** dar(le) a alguien un empujón
schubsen [ˈʃʊpsən] *vt* (*fam*) empujar, quiñar *Am;* **jdn zu Boden/ins Wasser ~** tirar [*o* arrojar] a alguien al suelo/al agua de un empujón
schubweise [ˈʃuːpvaɪzə] *adv* a empujones, por partes
schüchtern [ˈʃʏçtɐn] *adj* tímido, penoso *Am*
Schüchternheit *f* <-, *ohne pl*> timidez *f*
schuf [ʃuːf] *3. imp von* **schaffen**
Schuft [ʃʊft] *m* <-(e)s, -e> (*abw*) canalla *mf*, granuja *mf*
schuften [ˈʃʊftən] *vi* (*fam*) bregar, currar
Schufterei *f* <-, -en> (*fam abw: Tätigkeit*) trabajo *m* pesado
schuftig *adj* (*abw*) caradura, descarado
Schuftigkeit[1] *f* <-, -en> (*abw: Handlung*) canallada *f*, vileza *f*
Schuftigkeit[2] *f* <-, *ohne pl*> (*abw: Art*) encanallamiento *m*, envilecimiento *m*
Schuh [ʃuː] *m* <-(e)s, -e> zapato *m;* **ein Paar ~e** un par de zapatos; **ich weiß, wo ihn der ~ drückt** (*fam*) yo sé donde le aprieta el zapato; **jdm etw in die ~e schieben** echar a alguien la culpa de algo, colgar(le) el sambenito a alguien de algo; **umgekehrt wird ein ~ daraus** (*fam*) (justo) al revés [*o* contrario]; **Schuhanzieher** *m* <-s, -> calzador *m;* **Schuhband** *nt* <-(e)s, -bänder> (*reg*), **Schuhbändel** [ˈʃuːbɛndəl] *nt* <-s, -> (*südd, Schweiz*) cordón *m* (del zapato); **Schuhbürste** *f* <-, -n> cepillo *m* para el calzado; **Schuhcreme** *f* <-, -s> crema *f* para el calzado, betún *m*, unto *m Chil;*

S

Schuhgeschäft *nt* <-(e)s, -e> zapatería *f*, tienda *f* de zapatos [*o* de calzados], peletería *f* *ZAm, Ant;* **Schuhgröße** *f* <-, -n> número *m* del calzado; **welche ~ haben Sie?** ¿qué número calza Ud.?; **Schuhlöffel** *m* <-s, -> calzador *m;* **Schuhmacher(in)** *m(f)* <-s, -; -, -nen> zapatero, -a *m, f*

Schuhmacherei[1] *f* <-, -en> (*Werkstatt*) zapatería *f;* **in einer ~ arbeiten** trabajar en una zapatería

Schuhmacherei[2] *f* <-, *ohne pl*> (*Handwerk*) zapatería *f*, arte *m* de hacer zapatos; **die ~ erlernen** aprender zapatería [*o* el oficio de zapatero]

Schuhmacherin *f* <-, -nen> *s.* **Schuhmacher**

Schuhnummer *f* <-, -n> número *m* del calzado; **Schuhplattler** ['ʃu:platlɐ] *m* <-s, -> *baile en el que los hombres se dan palmadas en las suelas de zapatos, rodillas y pantalón alternativamente según el ritmo mientras saltan;* **Schuhputzer(in)** *m(f)* <-s, -; -, -nen> limpiabotas *mf inv,* lustrador(a) *m(f) Am,* lustrabotas *mf inv Am,* bolero *m Mex*

Schuhputzmittel *nt* <-s, -> crema *f* para el calzado; **Schuhputzzeug** *nt* <-(e)s, *ohne pl*> utensilios *mpl* para la limpieza de los zapatos

Schuhriemen *m* <-s, -> (*reg*) cordón *m* (del zapato); **Schuhsohle** *f* <-, -n> suela *f;* **Schuhspanner** *m* <-s, -> horma *f;* **Schuhwerk** *nt* <-(e)s, *ohne pl*> calzado *m*

Schukostecker ['ʃu:ko-] *m* <-s, -> toma *f* de tierra

Schulabgänger(in) *m(f)* <-s, -; -, -nen> escolar *mf* que termina la escuela [*o* que se saca el graduado (escolar)]; **die ~ wurden mit einer kleinen Feier verabschiedet** a los que se sacaban el graduado [*o* que acababan la escuela] se les hizo una pequeña fiesta de despedida; **Schulalter** *nt* <-s, *ohne pl*> edad *f* escolar; **ins ~ kommen** llegar a la edad escolar; **im ~ sein** estar en edad escolar; **Schulamt** *nt* <-(e)s, -ämter> departamento *m* del ministerio de educación; **Schulanfang** *m* <-(e)s, -fänge> vuelta *f* al colegio; **Schulanfänger(in)** *m(f)* <-s, -; -, -nen> niño, -a *m, f* que empieza su etapa escolar [*o* de primer curso]; **Schularbeiten** *fpl* deberes *mpl;* **seine ~ machen** hacer los deberes [*o* las tareas]; **Schularzt, -ärztin** *m, f* <-es, -ärzte; -, -nen> médico *mf* escolar; **Schulaufgaben** *fpl s.* Schularbeiten; **Schulausflug** *m* <-(e)s, -flüge> excursión *f* escolar; **Schulbank** *f* <-, -bänke> banco *m* de escuela; **die ~ drücken** (*fam*) ir a la escuela; **Schulbeginn** *m* <-(e)s, *ohne pl*> vuelta *f* al colegio; **Schulbeispiel** *nt* <-(e)s, -e> ejemplo *m* clásico [*o* típico], arquetipo *m;* **ein ~ für etw sein** ser un clásico [*o* típico] ejemplo de algo; **Schulbesuch** *m* <-(e)s, -e> asistencia *f* a la escuela, escolarización *f;* **einen Schüler vom ~ suspendieren** eximir a un escolar de la asistencia obligatoria a la escuela; **Schulbildung** *f* <-, *ohne pl*> estudios *mpl,* formación *f* escolar; **keine abgeschlossene ~ haben** no haber terminado la escuela

Schulbuch *nt* <-(e)s, -bücher> libro *m* de texto; **Schulbuchverlag** *m* <-(e)s, -e> editorial *f* de libros de texto [*o* de manuales]

Schulbus *m* <-ses, -se> autobús *m* escolar

schuld [ʃʊlt] *adj:* **an etw ~ sein** tener la culpa de algo

Schuld[1] [ʃʊlt] *f* <-, *ohne pl*> (*Verantwortung*) culpa *f* (*an* de); (JUR) culpabilidad *f;* **es war meine ~** yo tengo la culpa, es culpa mía; **die ~ an etw haben** ser culpable de algo, tener la culpa de algo; **sich** *dat* **etw zu ~en kommen lassen** cometer un error; **jdm ~ geben** echar la culpa a alguien; **jdm die ~ zuschieben** echar(le) a alguien la culpa; **sich** *dat* **keiner ~ bewusst sein** no sentirse culpable; **~ auf sich laden** alimentar sentimientos de culpa; **die ~ auf sich nehmen** declararse culpable; **dich trifft keine ~ an der Situation** tú no tienes ninguna culpa de esa situación

Schuld[2] *f* <-, -en> **1.** (*Geldbetrag*) deuda *f*, golilla *f Cuba;* **fällige ~** deuda vencida; **eine ~ tilgen** amortizar una deuda; **frei von ~en** libre de deudas, sin deudas, solvente; **~en machen** contraer deudas, endeudarse; **~en eintreiben** cobrar una deuda; **ich habe 500 Mark ~en** tengo 500 marcos de deudas **2.** (*geh*): **ich stehe in deiner ~** estoy en deuda contigo

Schuldabtretung *f* <-, -en> cesión *f* de una deuda; **Schuldbekenntnis** *nt* <-ses, -se> (*a.* JUR) confesión *f*, declaración *f* de culpabilidad; **ein ~ ablegen** confesarse [*o* declararse] culpable; **schuldbewusst**[RR] *adj* consciente de su culpabilidad; **Schuldbewusstsein**[RR] *nt* <-s, *ohne pl*> conciencia *f* de culpa(bilidad)

schulden ['ʃʊldən] *vt* deber, estar en deuda (con), debitar *Am;* **jdm etw ~** deber algo a alguien; **was schulde ich Ihnen?** ¿cuánto le debo?; **er schuldet mir noch eine Erklärung** todavía me debe una explicación

Schuldenbegleichung *f* <-, -en> pago *m* de una deuda, amortización *f* de una deuda; **Schuldendienst** *m* <-(e)s, -e> servicio *m* de la deuda; **Schuldenerlass**[RR] *m* <-es, -e> condonación *f* de una deuda, remisión *f* de una deuda; **schuldenfrei** *adj* libre de deudas, exento de deudas; **Schuldenkrise** *f* <-, -n> crisis *f inv* (provocada) por endeudamiento; **Schuldenmasse** *f* <-, -n> (FIN, WIRTSCH) pasivo *m* (total), conjunto *m* de deudas; **Schuldensaldo** *m* <-s, -salden *o* -s *o* -saldi> (FIN, WIRTSCH) saldo *m* pasivo; **Schuldentilgung** *f* <-, -en> (FIN, WIRTSCH) amortización *f* de una deuda

Schuldfähigkeit *f* <-, *ohne pl*> (JUR): **verminderte ~** (capacidad *f* de) culpabilidad *f*

disminuida; **Schuldfrage** *f* <-, -n> cuestión *f* de culpabilidad; **die ~ klären** aclarar la cuestión de la culpabilidad; **Schuldgefühl** *nt* <-(e)s, -e> sentimiento *m* de culpa

schuldhaft *adj* culpable

Schuldienst *m* <-(e)s, *ohne pl*> docencia *f* (*en la enseñanza primaria y secundaria*); **im ~ (tätig) sein** ejercer como profesor, ejercer la docencia

schuldig ['ʃʊldɪç] *adj* **1.** (*a.* JUR: *verantwortlich*) culpable (*an* de); **wer ist ~?** ¿quién tiene la culpa?; **jdn für ~ befinden, jdn ~ sprechen** declarar culpable a alguien; **sich ~ bekennen** declararse culpable; **sich einer Tat ~ machen** ser culpable de un crimen; **~ geschieden werden** ser culpable del divorcio **2.** (*Geld*): **jdm etw ~ sein** deber algo a alguien; **wie viel bin ich ~?** ¿cuánto le debo?; **die Antwort ~ bleiben** no contestar; **jdm nichts ~ bleiben** (*fig*) estar [*o* quedar] en paz con alguien

Schuldige(r) *mf* <-n, -n; -n, -n> culpable *mf*

Schuldigkeit *f*: **seine ~ tun** cumplir con su deber

schuldlos *adj*: **~ sein** no tener la culpa (*an* de); **~ geschieden werden** conseguir el divorcio como la parte inocente

Schuldlosigkeit *f* <-, *ohne pl*> inocencia *f*

Schuldnachweis *m* <-es, -e> (JUR) prueba *f* de culpabilidad

Schuldner(in) ['ʃʊldnɐ] *m(f)* <-s, -; -, -nen> deudor(a) *m(f)*; **flüchtiger/gepfändeter/säumiger ~** deudor fugitivo/embargado/moroso; **Schuldnerberater(in)** *m(f)* <-s, -; -, -nen> asesor(a) *m(f)* de deudores

Schuldnerin *f* <-, -nen> *s.* **Schuldner**

Schuldnerland *nt* <-(e)s, -länder> país *m* deudor; **Schuldnerstaat** *m* <-(e)s, -en> Estado *m* deudor

Schuldrecht *nt* <-s, *ohne pl*> (JUR) derecho *m* de obligaciones

Schuldschein *m* <-(e)s, -e> pagaré *m*; **Schuldscheininhaber(in)** *m(f)* <-s, -; -, -nen> tenedor(a) *m(f)* de un pagaré

Schuldspruch *m* <-(e)s, -sprüche> sentencia *f*, fallo *m*; **einen ~ verkünden** pronunciar un veredicto de culpabilidad; **Schuldunfähigkeit** *f* <-, *ohne pl*> (JUR) incapacidad *f* de culpabilidad; **Schuldverschreibung** *f* <-, -en> (JUR, WIRTSCH) obligación *f*; **~ der öffentlichen Hand** bono del Tesoro; **staatliche ~en** Pagarés del Tesoro; **Schuldwechsel** *m* <-s, -> (FIN) efecto *m* a pagar; **Schuldzuweisung** *f* <-, -en> (*a.* JUR) acusación *f*

Schule¹ ['ʃuːlə] *f* <-, -n> **1.** (*Institution, Gebäude*) colegio *m*, escuela *f*; **in die ~ kommen** ser escolarizado; **in die [*o* zur] ~ gehen** ir al colegio; **durch eine harte ~ gegangen sein** pasar muchas penalidades [*o* mucho] (en la vida) **2.** (*Richtung*) escuela *f*; **ein Richter der alten ~** un juez de la vieja escuela; **~ machen** hacer escuela

Schule² *f* <-, *ohne pl*> **1.** (*Unterricht*) clase *f*; **~ haben** tener clase; **die ~ ist um 14 Uhr aus** las clases terminan a las 2 **2.** (*Wend*): **die hohe ~ der Kunst** el gran conocimiento del arte; **die hohe ~ des Kochens** el gran dominio de la cocina

schulen *vt* **1.** (*Mitarbeiter*) formar, capacitar; **geschultes Personal** personal cualificado **2.** (*Auge, Gedächtnis*) entrenar; **mit geschultem Blick** con ojo experto; **ein geschultes Gedächtnis haben** tener una memoria entrenada

Schüler(in) ['ʃyːlɐ] *m(f)* <-s, -; -, -nen> **1.** (*in der Schule*) alumno, -a *m, f* **2.** (*Anhänger*) discípulo, -a *m, f*; **Schüleraustausch** *m* <-(e)s, *ohne pl*> intercambio *m* de alumnos [*o* escolar]; **Schülerausweis** *m* <-es, -e> carné *m* de estudiante

Schülerin *f* <-, -nen> *s.* **Schüler**

Schülerkarte *f* <-, -n> abono *m* para escolares; **Schülerlotse, -in** *m, f* <-n, -n; -, -nen> *escolar que detiene el tráfico para que otros colegiales puedan cruzar la calle*; **Schülermitverwaltung** *f* <-, -en> representación *f* de alumnos

Schülerschaft *f* <-, -en> alumnado *m*

Schülersprache *f* <-, *ohne pl*> lenguaje *m* escolar, jerga *f* escolar; **Schülerzeitung** *f* <-, -en> periódico *m* escolar

Schulfach *nt* <-(e)s, -fächer> asignatura *f* escolar; **Schulferien** *pl* vacaciones *fpl* escolares; **Schulfernsehen** *nt* <-s, *ohne pl*> programa *m* escolar de televisión; **Schulflugzeug** *nt* <-(e)s, -e> avión-escuela *m*, avión *m* para realizar prácticas de vuelo; **schulfrei** *adj* libre; **die Kinder haben ~** los niños no tienen clase; **es ist ~** no hay clase; **Schulfreund(in)** *m(f)* <-(e)s, -e; -, -nen> compañero, -a *m, f* de clase [*o* de(l) colegio]; **Schulfunk** *m* <-s, *ohne pl*> emisión *f* escolar, programa *m* escolar de radio; **Schulgebäude** *nt* <-s, -> edificio *m* escolar; **Schulgebrauch** *m*: **für den ~** para uso escolar; **etw ist für den ~ bestimmt/zugelassen** algo es adecuado para su uso escolar/el uso de algo está permitido en las escuelas; **Schulgeld** *nt* <-(e)s, *ohne pl*> cuota *f* escolar, tasa *f* de matrícula; **Schulheft** *nt* <-(e)s, -e> cuaderno *m* escolar; **Schulhof** *m* <-(e)s, -höfe> patio *m* de la escuela

schulisch *adj* escolar

Schuljahr *nt* <-(e)s, -e> **1.** (*Zeitraum*) curso *m*, año *m* escolar **2.** (*Klasse*) clase *f*, curso *m*; **im achten ~ sein** estar en octavo; **Schuljunge** *m* <-n, -n> (*fam*) escolar *m*, colegial *m*; **jdn wie einen (dummen) ~n behandeln** tratar a alguien como si fuera un niñato; **Schulkamerad(in)** *m(f)* <-en, -en; -, -nen> compañero, -a *m, f* de clase; **Schulkenntnisse** *fpl* conocimientos *mpl* adquiridos en la escuela; **Schulkind** *nt* <-(e)s, -er> escolar *mf*; **Schulkindergarten** *m*

<-s, -gärten> jardín *m* de infancia (*para niños que estando en edad escolar aún no están preparados para empezar la escuela*); **Schulklasse** *f* <-, -n> clase *f*, curso *m;* **Schullandheim** *nt* <-(e)s, -e> residencia *f* escolar en el campo, granja *f* escolar; **Schullehrer(in)** *m(f)* <-s, -; -, -nen> (*fam*) maestro, -a *m, f* (de escuela); **Schulleiter(in)** *m(f)* <-s, -; -, -nen> director(a) *m(f)* de escuela; **Schulmädchen** *nt* <-s, -> (*fam*) colegiala *f;* **Schulmappe** *f* <-, -n> cartera *f*, busaca *f Ven;* **Schulmedizin** *f* <-, *ohne pl*> medicina *f* oficial [*o* convencional]; **Schulmeinung** *f* <-, -en> opinión *f* admitida; **Schulmeister(in)** *m(f)* <-s, -; -, -nen> (*alt*) maestro, -a *m, f*, profesor(a) *m(f)*

schulmeisterlich *adj* (*abw*) pedante, pedantesco

schulmeistern ['---] *vi, vt* (*abw*) corregir de manera pedante

Schulpflicht *f* <-, *ohne pl*> enseñanza *f* obligatoria; **schulpflichtig** *adj* en edad escolar; **Schulranzen** *m* <-s, -> cartera *f* (para llevar a la espalda); **Schulrat**, **-rätin** *m, f* <-(e)s, -räte; -, -nen> inspector(a) *m(f)* de enseñanza; **Schulreform** *f* <-, -en> reforma *f* escolar; **Schulschiff** *nt* <-(e)s, -e> buque *m* escuela; **Schulschluss**^RR *m* <-es, *ohne pl*> salida *f* de clase; **Schulspeisung** *f* <-, *ohne pl*> servicio *m* escolar de comedor; **Schulsprecher(in)** *m(f)* <-s, -; -, -nen> portavoz *mf* del alumnado; **Schulstress**^RR *m* <-es, *ohne pl*> estrés *m* escolar; **Schulstube** *f* <-, -n> (*Schweiz*) clase *f*, aula *f;* **Schulstunde** *f* <-, -n> clase *f;* **Schultag** *m* <-(e)s, -e> día *m* de colegio; **Montag ist wieder ~** el lunes hay colegio otra vez; **Schultasche** *f* <-, -n> cartera *f*

Schulter ['ʃʊltɐ] *f* <-, -n> hombro *m;* (GASTR) paletilla *f;* **~ an ~** hombro con hombro; **jdm auf die ~ klopfen** dar(le) a alguien una palmada en el hombro; **etw auf den ~n tragen** llevar algo a cuestas; **es ruht auf seinen ~n** pesa sobre sus espaldas; **jdm über die ~ gucken** mirar a alguien por encima del hombro; **die ~n hängen lassen** hundir los hombros; **mit den ~n zucken** encogerse de hombros; **etw auf die leichte ~ nehmen** tomar algo a la ligera; **jdm die kalte ~ zeigen** dar la espalda a alguien; **Schulterblatt** *nt* <-(e)s, -blätter> omoplato *m*, omóplato *m;* **schulterfrei** *adj* que deja los hombros descubiertos; **Schultergelenk** *nt* <-(e)s, -e> articulación *f* del húmero; **Schulterhöhe** *f* <-, *ohne pl*> altura *f* del hombro; **in ~** a la altura del hombro; **Schulterklappe** *f* <-, -n> hombrera *f;* (*an einer Uniform*) galón *m;* **schulterlang** *adj* hasta los hombros

schultern *vt* echar al hombro

Schulterpolster *nt* <-s, -> hombrera *f;* **Schulterriemen** *m* <-s, -> bandolera *f;* **Schulterschluss**^RR *m* <-es, *ohne pl*> acto *m* solidario; **Schultersieg** *m* <-(e)s, -e> (SPORT) victoria *f* por puesta de espaldas (del adversario); **Schulterstück** *nt* <-(e)s, -e> *s.* **Schulterklappe**

Schulträger *m* <-s, -> (entidad *f*) titular *m* del centro docente; **Schultüte** *f* <-, -n> *cucurucho de papel con golosinas y objetos de escritorio que reciben los niños el primer día de escuela*

Schulung ['ʃu:lʊŋ] *f* <-, -en> **1.** (*von Personal*) formación *f*, instrucción *f;* (*der Stimme*) entrenamiento *m* **2.** (*Lehrgang*) cursillo *m*

Schulunterricht *m* <-(e)s, -e> clases *fpl* escolares; **Schulversagen** *nt* <-s, *ohne pl*> fracaso *m* escolar; **Schulversager(in)** *m(f)* <-s, -; -, -nen> niño, -a *m, f* que fracasa en la escuela; **Schulwanderung** *f* <-, -en> excursión *f* escolar (a pie); **Schulweg** *m* <-(e)s, -e> camino *m* a la escuela; **sie traf ihn auf dem ~** lo encontró camino a la escuela; **Schulweisheit** *f* <-, -en> sabiduría *f* escolar; **Schulwesen** *nt* <-s, *ohne pl*> enseñanza *f;* **Schulzeit** *f* <-, -en> años *mpl* escolares; **seit meiner ~** desde que salí del colegio; **nach dreizehnjähriger ~** después de 13 años de colegio; **Schulzeugnis** *nt* <-ses, -se> notas *fpl*, (hoja *f* de) calificaciones *fpl*

schummeln ['ʃʊməln] **I.** *vi* (*fam: beim Spiel*) hacer trampas; (*in der Schule*) copiar **II.** *vt* (*fam*) pasar sin ser visto

schumm(e)rig ['ʃʊm(ə)rɪç] *adj* (*fam*) de poca luz, poco iluminado; (*dämmerig*) crepuscular; **~es Licht** luz débil

schund *3. imp von* **schinden**

Schund [ʃʊnt] *m* <-(e)s, *ohne pl*> (*fam abw*) baratija *f*, chuchería *f;* **Schundroman** *m* <-s, -e> (*fam*) novelón *m*

schunkeln ['ʃʊŋkəln] *vi* balancearse rítmicamente cogidos del brazo

Schupfer ['ʃʊpfɐ] *m* <-s, -> (*Österr: fam: Stoß*) empujón *m*

Schuppe ['ʃʊpə] *f* <-, -n> **1.** (*bei Tieren*) escama *f* **2.** *pl* (*beim Menschen*) caspa *f;* **mir fiel es wie ~n von den Augen** se me cayó la venda de los ojos

schuppen **I.** *vt* escamar **II.** *vr:* **sich ~** (d)escamarse, pelarse

Schuppen ['ʃʊpən] *m* <-s, -> (*Bau*) cobertizo *m*, galpón *m Am*

schuppenartig *adj* como escamas, escamoso; **Schuppenflechte** *f* <-, -n> (MED) psoriasis *f inv;* **Schuppentier** *nt* <-(e)s, -e> pangolín *m*

schuppig *adj* (*Fisch, Haut*) escamoso; (*Kopfhaut*) con caspa; **ihr Haar ist ~** tiene caspa; **der Anstrich blättert ~ ab** la mano de pintura se descascarilla

Schur [ʃu:ɐ] *f* <-, -en> esquileo *m*

schüren ['ʃy:rən] *vt* **1.** (*Feuer*) avivar, atizar **2.** (*Hass, Eifersucht*) alimentar, fomentar

schürfen ['ʃʏrfən] **I.** *vt* **1.** (*Haut*) excoriar, levantar *fam;* **sich** *dat* **die Hand ~** excoriarse la mano, levantarse la piel de la mano **2.** (BERGB) extraer **II.** *vr:* **sich** ~ excoriarse (*an* en); (*sich kratzen*) arañarse (*an*) **III.** *vi:* **nach etw** ~ buscar algo; **tief** ~**d** (*wesentlich*) hondo, exhaustivo

Schürfung *f* <-, -en> (*Verletzung*) desolladura *f*

Schürfwunde *f* <-, -n> excoriación *f*

Schürhaken *m* <-s, -> hurgón *m,* atizador *m*

Schurke, -in ['ʃʊrkə] *m, f* <-n, -n; -, -nen> (*abw*) bribón, -ona *m, f,* bellaco, -a *m, f;* **Schurkenstreich** *m* <-(e)s, -e> (*abw*) jugarreta *f,* (mala) jugada *f*

Schurkin *f* <-, -nen> (*abw*) *s.* **Schurke**

schurkisch *adj* vil, infame, ignominioso

Schurwolle *f* <-, *ohne pl*> lana *f* virgen

Schurz [ʃʊrts] *m* <-es, -e> **1.** (*Schürze*) delantal *m,* mandil *m* **2.** (*Lenden~*) taparrabo *m*

Schürze ['ʃʏrtsə] *f* <-, -n> delantal *m;* **jdm an der** ~ **hängen** (*fig*) depender [*o* necesitar el visto bueno] de alguien

schürzen ['ʃʏrtsən] *vt* **1.** (*Rock, Kleid*) levantar, remangar **2.** (*Lippen*) fruncir **3.** (*geh: Knoten*) hacer, atar

Schürzenjäger *m* <-s, -> (*fam abw*) mujeriego *m,* donjuán *m*

Schuss[RR] [ʃʊs, *pl:* 'ʃʏsə] *m* <-es, Schüsse>, **Schuß** *m* <-sses, Schüsse> **1.** (*aus einer Waffe*) tiro *m,* disparo *m,* chumbo *m Arg;* **einen** ~ **abgeben** disparar (un tiro); **es fielen mehrere Schüsse** se escucharon varios disparos; **jd/etw ist keinen** ~ **Pulver wert** (*fam*) alguien/algo no vale un duro; **jdm einen** ~ **vor den Bug geben** (*fam*) darle un toque a alguien; **das war ein** ~ **in den Ofen** (*fam*) fue un fracaso total; **der** ~ **ging nach hinten los** (*fam*) salió el tiro por la culata; **weit vom** ~ **sein** (*fam*) estar en el quinto pino; **in** ~ **sein** (*fam*) estar a punto; **etw in** ~ **bringen** (*fam*) poner algo a punto; **etw in** ~ **halten** (*fam*) mantener algo en buen estado **2.** (*Spritzer*) chorrito *m;* **ein** ~ **Essig** un chorrito de vinagre; **Cola mit** ~ coca-cola con un poco de alcohol **3.** (SPORT: *Fußball*) tiro *m;* (*Ski*) schuss *m* **4.** (*beim Weben*) trama *f* **5.** (*sl: Drogeninjektion*) chute *m,* pico *m;* **sich** *dat* **einen** ~ **setzen** chutarse, darse [*o* ponerse] un chute [*o* pico]; **der goldene** ~ sobredosis *f inv,* dosis mortal

schussbereit[RR] *adj* listo [*o* dispuesto] para disparar

Schussel ['ʃʊsəl] *m* <-s, -> (*fam: zerstreut*) despistado, -a *m, f;* (*ungeschickt*) manazas *mf inv,* torpe *mf*

Schüssel ['ʃʏsəl] *f* <-, -n> **1.** (*Servier~*) fuente *f,* platón *m Am;* (*Salat~*) ensaladera *f;* (*Suppen~*) sopera *f;* (*Wasch~*) palangana *f* **2.** (*fam: WC-Becken*) inodoro *m,* taza *f fam* **3.** (*fam: Satelliten~*) antena *f* parabólica

schusselig ['ʃʊsəlɪç] *adj* (*fam abw*) distraído, despistado

Schusseligkeit[1] *f* <-, -en> (*fam abw: Handlung*) torpeza *f*

Schusseligkeit[2] *f* <-, *ohne pl*> (*fam abw: Art*) distracción *f,* despiste *m*

Schussfahrt[RR] *f* <-, -en> (SPORT) (descenso *m*) schuss *m*

schusslig[RR] *adj,* **schußlig** *adj* (*fam abw*) *s.* **schusselig**

Schusslinie[RR] *f* <-, -n> línea *f* de tiro [*o* de fuego]; (*einer Kugel*) trayectoria *f* de la bala; **in die** ~ **geraten** (*fig*) estar en la línea de fuego, verse expuesto a duras críticas; **jdn aus der** ~ **nehmen** (*fig*) sustraer [*o* apartar] a alguien de las críticas de otros; **Schussrichtung**[RR] *f* <-, -en> dirección *f* de tiro; **Schussverletzung**[RR] *f* <-, -en> herida *f* de bala

Schusswaffe[RR] *f* <-, -n> arma *f* de fuego; **mit vorgehaltener** ~ (apuntando) con un arma de fuego; **Schusswaffengebrauch**[RR] *m* <-(e)s, *ohne pl*> uso *m* de armas de fuego

Schusswechsel[RR] *m* <-s, -> tiroteo *m;* **Schussweite**[RR] *f* <-, *ohne pl*> alcance *m* de tiro; **außer** ~ fuera de alcance; **in** ~ a tiro; **Schusswunde**[RR] *f* <-, -n> herida *f* de bala

Schuster(in) ['ʃu:stɐ] *m(f)* <-s, -; -, -nen> zapatero, -a *m, f* remendón, -ona; **auf** ~**s Rappen** (*fam*) a pie; ~ **bleib bei deinem Leisten!** (*prov*) ¡zapatero a tus zapatos!

schustern ['ʃu:stɐn] *vi, vt* (*fam abw*) chapucear

Schutt [ʃʊt] *m* <-(e)s, *ohne pl*> escombros *mpl;* ~ **abladen verboten!** ¡prohibido verter escombros!; **eine Stadt in** ~ **und Asche legen** reducir una ciudad a cenizas; **Schuttabladeplatz** *m* <-es, -plätze> escombrera *f*

Schüttelfrost *m* <-(e)s, *ohne pl*> escalofríos *mpl,* chucho *m Am;* **Schüttellähmung** *f* <-, *ohne pl*> (MED) parálisis *f* agitante

schütteln ['ʃʏtəln] **I.** *vt* (*Baum, Kissen*) sacudir; (*Gefäß*) agitar; (*Kopf*) mover; **sie schüttelte ihm zur Begrüßung die Hand** lo saludó con un apretón de manos; **sie schüttelte verneinend den Kopf** negó con la cabeza; **Nüsse/Oliven vom Baum** ~ varear las nueces/las aceitunas; **sie wurde von einem Fieberanfall geschüttelt** sufrió un ataque de fiebre; **„vor Gebrauch** ~**"** "agítese antes de usar" **II.** *vr:* **sich** ~ sacudirse; **sich vor Kälte** ~ temblar de frío; **sich vor Ekel** ~ estremecerse de asco; **er schüttelte sich vor Lachen** se desternilló de risa

Schüttelreim *m* <-(e)s, -e> (LIT) rima *f* con metátesis entre vocablos

Schüttelrutsche *f* <-, -n> (BERGB) rampa *f* vibradora [*o* de canales oscilantes]

schütten ['ʃʏtən] **I.** *vt* (*gießen*) verter (*in* en); (*ver~*) derramar; **sich** *dat* **Wein ins Glas** ~ servirse vino **II.** *vunpers* (*fam*) llover a cántaros

schütter ['ʃʏtɐ] *adj* ralo, poco espeso

Schüttgewicht *nt* <-(e)s, *ohne pl*> peso *m*

S

a granel

Schutthalde *f* <-, -n> escombrera *f;* **Schutthaufen** *m* <-s, -> montón *m* de escombros

Schüttstein *m* <-(e)s, -e> (*Schweiz: Ausguss*) pila *f*

Schutz [ʃʊts] *m* <-es, *ohne pl*> protección *f* (*vor/gegen* contra), amparo *m;* (*Verteidigung*) defensa *f* (*vor/gegen* contra); **im ~e der Dunkelheit** al amparo de la oscuridad; **zum ~ der Augen** para proteger los ojos; **der ~ der Menschenrechte** la defensa de los derechos humanos; **sich in jds ~ begeben** acogerse al amparo de alguien; **jdn in ~ nehmen** defender a alguien; **unter jds ~ stehen** estar bajo la protección [*o* el amparo] de alguien; **in einem Haus ~ suchen** refugiarse en una casa; **~ suchend** en busca de protección; (*nach Obdach*) en busca de refugio; **Schutzabkommen** *nt* <-s, -> acuerdo *m* de protección; **Schutzanstrich** *m* <-(e)s, -e> (*Farbe*) pintura *f* protectora; **Schutzanzug** *m* <-(e)s, -züge> traje *m* protector; **schutzbedürftig** *adj* que necesita protección; **Schutzbehauptung** *f* <-, -en> declaración *f* encubridora; **Schutzbehörde** *f* <-, -n> autoridad *f* de protección; **Schutzblech** *nt* <-(e)s, -e> **1.** (*am Fahrrad*) guardabarros *m inv* **2.** (*an Maschinen*) chapa *f* de protección; **Schutzbrief** *m* <-(e)s, -e> **1.** (POL) salvoconducto *m* **2.** (*einer Versicherung*) seguro *m* de protección durante viajes; **Schutzbrille** *f* <-, -n> gafas *fpl* protectoras; **Schutzdach** *nt* <-(e)s, -dächer> techo *m* protector; **Schutzdamm** *m* <-(e)s, -dämme> dique *m* protector

Schütze[1] [ˈʃʏtsə] *m* <-n, -n> (ASTR) Sagitario *m*

Schütze, -in[2] *m, f* <-n, -n; -, -nen> **1.** (*mit einer Waffe; Mitglied im ~nverein*) tirador(a) *m(f)* **2.** (*Tor~*) goleador(a) *m(f)* **3.** (*Soldat*) soldado *m* raso

schützen [ˈʃʏtsən] **I.** *vt* proteger (*vor/gegen* de/contra); (*bewahren*) guardar (*vor* de), proteger (*vor* de); (*verteidigen*) defender (*vor/gegen* contra); **geschützte Pflanzen** plantas protegidas; **urheberrechtlich geschützt** reservados los derechos del autor; **gesetzlich geschützt** protegido por la ley; **wir müssen ihn vor dieser Gefahr ~** tenemos que protegerle del peligro; **ein geschützter Platz** un sitio al abrigo; **vor Nässe ~!** ¡protéjase de la humedad!; **Gott schütze dich!** ¡Dios te ampare! **II.** *vr:* **sich ~** protegerse (*vor/gegen* de/contra); (*gegen Schaden*) asegurarse (*gegen* contra)

schützend *adj* protector

Schützenfest *nt* <-(e)s, -e> fiesta *f* acompañada de una competición de tiro

Schutzengel *m* <-s, -> ángel *m* de la guarda [*o* custodio]

Schützengraben *m* <-s, -gräben> trinchera *f;* **Schützenhaus** *nt* <-es, -häuser> local *m* de una sociedad de tiro; **Schützenhilfe** *f* <-, *ohne pl*> (*fam*) respaldo *m;* **jdm ~ geben** respaldar a alguien; **Schützenkönig(in)** *m(f)* <-s, -e; -, -nen> *ganador(a) de la competición de tiro de la fiesta anual de una sociedad de tiro;* **Schützenpanzer** *m* <-s, -> carro *m* de combate

schützenswert *adj* digno de protección

Schützenverein *m* <-(e)s, -e> sociedad *f* de tiro

Schutzfärbung *f* <-, -en> (ZOOL) coloración *f* protectora; **Schutzfrist** *f* <-, -en> (JUR) plazo *m* de protección; **Schutzgebiet** *nt* <-(e)s, -e> reserva *f* natural; **Schutzgebühr** *f* <-, -en> tasa *f* de apoyo

Schutzgeld *nt* <-(e)s, -er> cuota *f* de protección; **~er erpressen** extorsionar cuotas de protección; **Schutzgelderpressung** *f* <-, -en> extorsión *f* a cambio de protección

Schutzgitter *nt* <-s, -> rejilla *f* de protección; **Schutzhaft** *f* <-, *ohne pl*> (JUR) prisión *f* preventiva; **jdn in ~ nehmen** tomar a alguien en arrestro preventivo; **Schutzhandschuh** *m* <-(e)s, -e> guante *m* protector; **Schutzhaube** *f* <-, -n> cubierta *f* protectora; (*für Schreibmaschinen*) funda *f* protectora; **Schutzheilige(r)** *mf* <-n, -n; -n, -n> (REL) patrón, -ona *m, f;* **jds ~r sein** ser el patrono [*o* el patrón] de alguien; **Schutzhelm** *m* <-(e)s, -e> casco *m* protector; **Schutzhülle** *f* <-, -n> funda *f* protectora; **Schutzhütte** *f* <-, -n> refugio *m;* **schutzimpfen** <schutzimpft, schutzimpfte, schutzgeimpft> *vt* (MED) vacunar (de forma preventiva) (*gegen* contra); **Sie sollten sich gegen Virushepatitis B ~ lassen!** ¡debería vacunarse contra el virus de la hepatitis B!; **Schutzimpfstoff** *m* <-(e)s, -e> vacuna *f* preventiva; **Schutzimpfung** *f* <-, -en> vacuna(ción) *f* preventiva

Schützin *f* <-, -nen> *s.* **Schütze**

Schutzkappe *f* <-, -n> (*von Stiften*) capuchón *m* protector; (TECH) caja *f* protectora; **Schutzkontakt** *m* <-(e)s, -e> (ELEK) contacto *m* de toma de tierra; **Schutzleiste** *f* <-, -n> listón *m* protector

Schützling [ˈʃʏtslɪŋ] *m* <-s, -e> protegido, -a *m, f,* pupilo, -a *m, f*

schutzlos *adj* indefenso, sin amparo; **jdm/etw** *dat* **~ ausgeliefert sein** estar indefenso ante alguien/algo, estar a la merced de alguien/algo

Schutzmacht *f* <-, -mächte> (POL) potencia *f* protectora; **Schutzmann** *m* <-(e)s, -männer *o* -leute> policía *m,* guardia *m;* **eiserner ~** (*hum*) *puesto telefónico para llamar a la policía en caso de emergencia;* **Schutzmarke** *f* <-, -n> marca *f* registrada; **Schutzmaske** *f* <-, -n> máscara *f* protectora, careta *f* protectora; **Schutzmaßnahme** *f* <-, -n> medida *f* de protección; **gegen etw ~n treffen** tomar medidas preventivas contra algo; **Schutzmittel** *nt* <-s,

-> medio *m* protector; **Schutzpatron(in)** *m(f)* <-s, -e; -, -nen> (santo, -a *m, f*) patrono, -a *m, f;* **Schutzpflanzung** *f* <-, -en> plantación *f* protegida; **Schutzpolizei** *f* <-, *ohne pl*> guardia *f* municipal, policía *f* urbana; **Schutzraum** *m* <-(e)s, -räume> refugio *m;* **Schutzrechte** *ntpl* derechos *mpl* de protección; **Schutzschicht** *f* <-, -en> capa *f* protectora; **Schutzstreifen** *m* <-s, -> faja *f* protectora, banda *f* protectora; **schutzsuchend** *adj s.* Schutz; **Schutzumschlag** *m* <-(e)s, -schläge> sobrecubierta *f;* **Schutzverletzung** *f* <-, -en> (INFOR) violación *f* de protección; **Schutzvorrichtung** *f* <-, -en> dispositivo *m* de protección; **Schutzwald** *m* <-(e)s, -wälder> bosque *m* de protección; **Schutzwall** *m* <-(e)s, -wälle> muro *m* protector; **die Bewohner bauten Schutzwälle, um vor der Flut sicher zu sein** los habitantes levantaron diques protectores para protegerse de las inundaciones; **Schutzweg** *m* <-(e)s, -e> (*Österr: Zebrastreifen*) paso *m* peatonal [*o* de peatones]; **Schutzzoll** *m* <-(e)s, -zölle> derechos *mpl* (aduaneros) protectores

Schwa [ʃva:] *nt* <-(s), -(s)> (LING) "schwa" *f,* vocal *f* murmurada (*vocal media central alemana*)

Schwab [ʃva:p] *m* <-en, -en> (*Schweiz: abw*) alemán *m*

schwabb(e)lig [ˈʃvab(ə)lɪç] *adj* (*fam*) fofo

schwabbeln [ˈʃvabəln] *vi* (*fam*) **1.** (*zittern*) temblequear, temblar **2.** (*schwätzen*) darle al pico, chismorrear

schwabblig *adj* (*fam*) fofo

Schwabe [ˈʃva:bə] *m,* **Schwäbin** *f* <-n, -n; -, -nen> suabo, -a *m, f*

schwäbeln [ˈʃvɛ:bəln] *vi* (*fam*) hablar en dialecto suabio

Schwaben [ˈʃva:bən] *nt* <-s> (*Region*) Suabia *f*

Schwabenstreich *m* <-(e)s, -e> (*hum*) tontería *f,* necedad *f*

Schwäbin [ˈʃvɛ:bɪn] *f* <-, -nen> *s.* **Schwabe**

schwäbisch [ˈʃvɛ:bɪʃ] *adj* suabo

schwach [ʃvax] *adj* <schwächer, am schwächsten> débil; (*Getränk, Argument, Börse*) flojo; (*Nachfrage, Leistung, Beteiligung*) escaso; (*Gesundheit*) frágil, delicado; (*Hoffnung*) vago; (*Licht*) tenue; **sich ~ fühlen** sentirse débil; **~er Punkt** punto débil; **sie hatte ein ~es Gedächtnis** era floja de memoria; **ein ~er Redner** un orador mediocre; **er ist ~ in Physik** está flojo en física; **~e Winde** vientos débiles; **die Batterie ist sehr ~** la pila está casi vacía; **sein Auftritt war eine ~e Vorstellung** su actuación dejó mucho que desear; **meine Augen werden immer schwächer** cada vez veo menos [*o* estoy más corto de vista]; **sie hat eine ~e Blase** tiene problemas con la vejiga; **bei Torten wird sie immer ~** las tartas son su debilidad; **mach mich nicht ~!** ¡bueno, déjame!; **die Halle war nur ~ besetzt** el pabellón estaba casi vacío; **schwachaktiv** *adj s.* **aktiv**

Schwäche[1] [ˈʃvɛçə] *f* <-, *ohne pl*> **1.** (*mangelnde Kraft/Stärke*) debilidad *f;* (*Gebrechlichkeit*) fragilidad *f* **2.** (*Vorliebe*) debilidad *f;* **eine ~ für etw haben** tener debilidad por algo

Schwäche[2] *f* <-, -n> (*Fehler*) debilidad *f,* punto *m* débil; **menschliche ~n** debilidades humanas

Schwächeanfall *m* <-(e)s, -fälle> desmayo *m,* desvanecimiento *m*

schwächen [ˈʃvɛçən] *vt* debilitar, aguadar *Guat;* **er war von der Krankheit geschwächt** estaba debilitado por la enfermedad, la enfermedad lo había debilitado

schwächer *adj kompar von* **schwach**

Schwachheit *f* <-, *ohne pl*> (*Kraftlosigkeit*) debilidad *f*

Schwachheiten *fpl:* **sich** *dat* **keine ~ einbilden** (*fam*) no hacerse falsas ilusiones

Schwachkopf *m* <-(e)s, -köpfe> (*abw*) idiota *mf,* imbécil *mf*

schwächlich [ˈʃvɛçlɪç] *adj* débil; (*kränklich*) enfermizo

Schwächlichkeit *f* <-, -en> debilidad *f* (de constitución); (MED) astenia *f*

Schwächling [ˈʃvɛçlɪŋ] *m* <-s, -e> (*abw*) persona *f* débil, carnero *m CSur,* chota *mf PRico*

Schwachpunkt *m* <-(e)s, -e> punto *m* débil

Schwachsinn *m* <-(e)s, *ohne pl*> **1.** (MED) debilidad *f* mental, demencia *f* **2.** (*fam abw: Blödsinn*) imbecilidad *f;* **so ein ~!** ¡qué imbecilidad!

schwachsinnig *adj* **1.** (MED) deficiente mental **2.** (*fam abw: blödsinnig*) idiota, imbécil

Schwachsinnige(r) *mf* <-n, -n; -n, -n> (MED) deficiente *mf* mental

schwächste(r, s) *adj superl von* **schwach**

Schwachstelle *f* <-, -n> punto *m* débil

Schwachstrom *m* <-(e)s, -ströme> (ELEK) corriente *f* de baja intensidad

Schwächung *f* <-, -en> debilitación *f*

Schwaden [ˈʃva:dən] *m* <-s, -> **1.** (*in der Luft*) mofeta *f* **2.** (BERGB) vapores *mpl*

Schwadron [ʃvaˈdro:n] *f* <-, -en> (MIL) escuadrón *m*

schwadronieren* [ʃvadroˈni:rən] *vi* hablar por los codos, soltar peroratas

Schwafelei [ʃva:fəˈlaɪ] *f* <-, -en> (*fam abw*) sandeces *fpl,* bobadas *fpl*

schwafeln [ˈʃva:fəln] *vi* (*fam abw*) hablar a tontas y a locas (*über* sobre)

Schwafler(in) *m(f)* <-s, -; -, -nen> (*fam abw*) charlatán, -ana *m, f* (que no sabe de lo que habla)

Schwager [ˈʃva:gɐ] *m,* **Schwägerin** *f* <-s, Schwäger; -, -nen> cuñado, -a *m, f,* hermano, -a *m, f* político, -a

Schwalbe [ˈʃvalbə] *f* <-, -n> **1.** (*Vogel*) golondrina *f;* **eine ~ macht noch keinen Sommer** (*prov*) una golondrina no hace verano **2.** (*im Fußball*): **eine ~ machen** tirarse al suelo; **Schwalbennest** *nt* <-(e)s, -er> nido *m* de golondrina

Schwall [ʃval] *m* <-(e)s, -e> (*Wasser~, Menschen~*) aluvión *m;* (*Geruchs~*) nube *f;* **ein ~ Fragen** un aluvión de preguntas

schwamm [ʃvam] *3. imp von* **schwimmen**

Schwamm [ʃvam, *pl:* 'ʃvɛmə] *m* <-(e)s, Schwämme> **1.** (*Putz~, Tier*) esponja *f;* **Schwamm drüber!** (*fam*) ¡borrón y cuenta nueva! **2.** (*Österr, südd: Pilz*) hongo *m,* seta *f,* callampa *f Am* **3.** (*Haus~*) moho *m*

schwammig *adj* (*abw*) **1.** (*Gesicht, Körper*) fofo **2.** (*Begriff*) vago, poco claro

Schwan [ʃvaːn, *pl:* 'ʃvɛːnə] *m* <-(e)s, Schwäne> cisne *m;* **mein lieber ~!** (*fam*) ¡madre mía!

schwand [ʃvant] *3. imp von* **schwinden**

schwanen ['ʃvaːnən] *vi* (*fam*): **jdm schwant etw** alguien intuye algo; **mir schwant nichts Gutes** ya me olí yo algo malo

schwang [ʃvaŋ] *3. imp von* **schwingen**

Schwang [ʃvaŋ] *m:* **etw ist im ~e** algo está de moda

schwanger ['ʃvaŋɐ] *adj* embarazada; **~ sein** estar embarazada, tener antojos *SAm;* **~ werden** quedar embarazada; **sie ist im 5. Monat ~** está embarazada de 5 meses; **mit etw ~ gehen** acarrear algo desde hace tiempo

Schwangere ['ʃvaŋərə] *f* <-n, -n> (mujer *f*) embarazada *f,* gruesa *f CRi*

schwängern ['ʃvɛŋɐn] *vt* dejar embarazada; **mit** [*o* **von**] **Rauch geschwängerte Luft** aire cargado de humo

Schwangerschaft *f* <-, -en> embarazo *m;* **unerwünschte ~** embarazo no deseado; **Schwangerschaftsabbruch** *m* <-(e)s, -brüche> interrupción *f* del embarazo, aborto *m;* **Schwangerschaftsfrühtest** *m* <-(e)s, -s *o* -e> test *m* del embarazo, diagnóstico *m* precoz del embarazo; **Schwangerschaftsgymnastik** *f* <-, *ohne pl*> gimnasia *f* preparto; **Schwangerschaftsstreifen** *mpl* (MED) estrías *fpl* de embarazo; **Schwangerschaftstest** *m* <-s, -s *o* -e> prueba *f* de embarazo; **Schwangerschaftsunterbrechung** *f* <-, -en> (MED) interrupción *f* (voluntaria) del embarazo, aborto *m;* **Schwangerschaftsurlaub** *m* <-s, *ohne pl*> vacaciones *fpl* por embarazo; **Schwangerschaftsverhütung** *f* <-, *ohne pl*> contracepción *f,* anticoncepción *f*

Schwank [ʃvaŋk, *pl:* 'ʃvɛŋkə] *m* <-(e)s, Schwänke> **1.** (LIT) farsa *f,* sainete *m* **2.** (*Anekdote*) anécdota *f* divertida; **erzähl mal einen ~ aus deinem Leben!** cuéntame una de tus anécdotas [*o* batallas]

schwanken ['ʃvaŋkən] *vi* **1.** (*wanken*) temblar; (*hin und her*) balancear; **der Boden schwankte unter unseren Füßen** el suelo temblaba bajo nuestros pies; **das Gerüst geriet ins S~** el andamio comenzó a tambalearse **2.** *sein* (*torkeln*) ir haciendo eses; (*heraus~*) salir tambaleando (*aus* de) **3.** (*Preise, Temperatur*) oscilar, fluctuar **4.** (*zögern*) vacilar, dudar; **ich schwankte noch, ob ...** dudaba todavía si...; **sie schwankte zwischen Zorn und Bewunderung** vacilaba entre la rabia y la admiración

schwankend *adj* (*Bewegung, Charakter*) vacilante; (*Preise*) fluctuante, oscilante; (*zögernd*) vacilante, titubeante; **mit ~em Schritt** con paso vacilante

Schwankung *f* <-, -en> oscilación *f,* vacilación *f;* **jahreszeitliche/konjunkturelle ~** fluctuación estacional/coyuntural; **der Sturm versetzte die Brücke in ~en** la tormenta hizo que el puente se tambaleara; **Schwankungsbereich** *m* <-(e)s, -e> banda *f* de fluctuación; **Schwankungsbreite** *f* <-, -n> margen *m* de fluctuación

Schwanz [ʃvants, *pl:* 'ʃvɛntsə] *m* <-es, Schwänze> **1.** (*eines Tieres*) cola *f,* rabo *m;* **den ~ einziehen** (*fam*) irse con el rabo entre las piernas; **lass nicht den ~ hängen, wenn es nicht sofort klappt** (*fam*) no te desanimes, si no sale a la primera; **es war kein ~ da!** (*fam*) no había ni un gato **2.** (*fam: Penis*) picha *f,* pico *m Am*

schwänzeln ['ʃvɛntsəln] *vi* (*Hund*) mover la cola

schwänzen ['ʃvɛntsən] **I.** *vi* (*fam*) hacer novillos, jubilarse *ZAm* **II.** *vt* (*fam*) fumarse, pavear *And;* **Biologie ~** fumarse la clase de biología

Schwanzfeder *f* <-, -n> pluma *f* de la cola; **Schwanzflosse** *f* <-, -n> aleta *f* caudal, cola *f* del pez *fam*

schwappen ['ʃvapən] *vi* **1.** *sein* (*irgendwohin ~*) derramarse; (*heraus~*) salirse (*aus* de); **etwas Bier ist auf die Tischdecke geschwappt** se ha derramado un poco de cerveza sobre el mantel **2.** (*sich hin und her bewegen*): **das Badewasser schwappt in der Wanne** el agua hace olas en la bañera

Schwarm [ʃvarm, *pl:* 'ʃvɛrmə] *m* <-(e)s, Schwärme> **1.** (*Bienen~, Menschen~*) enjambre *m;* (*Vogel~, Sardinen~*) bandada *f,* parvada *f Am* **2.** (*Mensch*) persona *f* adorada; **er ist mein ~** estoy loco perdido por él

schwärmen ['ʃvɛrmən] *vi* **1.** *sein* (*Insekten*) zumbar; (*Menschen*) ir en masa (*zu/in* a) **2.** (*begeistert sein*) entusiasmarse (*für* por), morirse (*für* por) *fam;* **sie schwärmt für Männer mit Bart** se muere por [*o* le encantan] los hombres con barba; **ins S~ kommen** apasionarse; **er schwärmte vom guten spanischen Essen** ponía la comida española por las nubes; **sie geriet ins S~ über die italienische Küche** se deshizo en elogios sobre la cocina italiana

Schwärmer[1] *m* <-s, -> (*Schmetterling*) esfinge *f*

Schwärmer(in)[2] *m(f)* <-s, -; -, -nen> (*Per-*

son) soñador(a) *m(f)*, idealista *mf*

Schwärmerei *f* <-, -en> entusiasmo *m* (*für* por); **sich in ~en über etw ergehen** deshacerse en elogios [*o* alabanzas] para con algo, poner algo por las nubes *fam*

Schwärmerin *f* <-, -nen> *s.* **Schwärmer**

schwärmerisch *adj* (*begeistert*) entusiasta, exaltado; (*träumerisch*) soñador

Schwarte ['ʃvartə] *f* <-, -n> **1.** (*Speck~*) corteza *f* de cerdo [*o* de tocino]; **er muss pauken, bis (ihm) die ~ kracht** (*fam*) tiene que empollar un montón **2.** (*fam: Buch*) mamotreto *m*

Schwartenmagen *m* <-s, -mägen *o* -> (GASTR) embuchado *m* (*de cabeza de cerdo o ternera y tocino*)

schwarz [ʃvarts] *adj* <schwärzer, am schwärzesten> **1.** (*Farbe*) negro; **~er Kaffee** café solo; **~ wie Kohle** [*o* **die Nacht**] [*o* **ein Rabe**] negro como el azabache [*o* la noche] [*o* el ala de cuervo] [*o* la boca de lobo]; **etw ~ färben** teñir algo de negro; **das ~e Brett** el tablón de anuncios; **~es Loch** (ASTR) agujero negro; **mir wurde es ~ vor (den) Augen** perdí el conocimiento; **der Reis ist ~ geworden** (*fam*) el arroz se quemó; **er hatte ~e Fingernägel** (*fam*) tenía las uñas sucias [*o* de luto]; **~ malen** (*fig fam*) ser pesimista; **etw ~ malen** (*fig fam*) ver algo negro [*o* de forma pesimista]; **alles ~ sehen** (*fig fam*) verlo todo negro; **für deine Prüfung sehe ich ~** te veo muy mal para el examen; **das kann ich dir ~ auf weiß geben** (*fam*) te lo puedo dar por escrito; **da kannst du warten, bis du ~ wirst** (*fam*) puedes esperar hasta que las ranas críen pelo; **er hat sich ~ geärgert** (*fam*) se ha puesto negro; **mit etw ins S~e treffen** dar (justo) en el clavo con algo; **du stehst auch auf der ~en Liste** tú también estás fichado **2.** (*fam: konservativ*) conservador **3.** (*fam: illegal*) clandestino **4.** (*unglücklich*) desventurado, desafortunado, desdichado; **es war ein ~er Tag für sie** fue un día desastroso [*o* fatal] para ella **5.** (*makaber*) lúgubre, macabro

Schwarz *nt* <-(es), -> negro *m*; **~ tragen** ir de negro; (*Trauer*) ir de [*o* llevar] luto

Schwarzafrika *nt* <-s> África *f* Negra; **Schwarzafrikaner(in)** *m(f)* <-s, -; -, -nen> negroafricano, -a *m, f*, afronegroide *mf*; **schwarzafrikanisch** *adj* negroafricano; **~e Sprachen** lenguas negroafricanas

Schwarzarbeit *f* <-, *ohne pl*> trabajo *m* ilegal [*o* clandestino]; **etw in ~ errichten** edificar algo clandestinamente; **schwarz|arbeiten** *vi* trabajar clandestinamente; **Schwarzarbeiter(in)** *m(f)* <-s, -; -, -nen> trabajador(a) *m(f)* clandestino, -a [*o* ilegal]

schwarzäugig *adj* de [*o* con] ojos negros; **~ sein** tener los ojos negros; **eine ~e Schönheit** una belleza de ojos negros

schwarzblau *adj* azul oscuro [*o* negruzco], azur; **schwarzbraun** *adj* marrón oscuro; **meine Freundin hat ~e Haare** mi amiga tiene el cabello de color castaño oscuro

Schwarzbrennerei *f* <-, *ohne pl*> destilación *f* clandestina

Schwarzbrot *nt* <-(e)s, -e> pan *m* negro

Schwarze(r) *mf* <-n, -n; -n, -n> negro, -a *m, f*

Schwärze ['ʃvɛrtsə] *f* <-, *ohne pl*> **1.** (*Färbung*) negrura *f* **2.** (*Drucker~*) tinta *f* de imprenta

schwärzen ['ʃvɛrtsən] *vt* ennegrecer, teñir de negro

schwärzer *adj kompar von* **schwarz**

Schwarzerde *f* <-, *ohne pl*> (GEO) tierra *f* negra

schwärzeste(r, s) *adj superl von* **schwarz**

schwarz|fahren *irr vi sein* (*ohne Fahrkarte*) viajar sin billete; (*ohne Führerschein*) conducir sin tener carnet de conducir; **Schwarzfahrer(in)** *m(f)* <-s, -; -, -nen> (*ohne Fahrkarte*) viajero, -a *m, f* sin billete; **Schwarzgeld** *nt* <-es, *ohne pl*> dinero *m* negro, ganancias *fpl* ilegales

schwarzhaarig *adj* moreno

Schwarzhaarige(r) *mf* <-n, -n; -n, -n> persona *f* de [*o* con] el pelo negro; **ihr Freund ist ein ~r mit Schnurrbart** su novio tiene el pelo negro y lleva bigote

Schwarzhandel *m* <-s, *ohne pl*> mercado *m* negro, estraperlo *m*; **mit etw ~ treiben** estraperlear [*o* negociar de estraperlo] con algo; **Schwarzhändler(in)** *m(f)* <-s, -; -, -nen> estraperlista *mf*; **schwarz|hören** *vi en Alemania, escuchar la radio sin haber declarado el aparato y pagado las cuotas correspondientes;* **Schwarzhörer(in)** *m(f)* <-s, -; -, -nen> *persona que elude el pago de las cuotas correspondientes de radio y televisión* (*en Alemania*)

schwärzlich ['ʃvɛrtslɪç] *adj* negruzco

schwarz|malen *vi, vt* (*fam*) *s.* schwarz **1.**; **Schwarzmaler(in)** *m(f)* <-s, -; -, -nen> (*fam*) pesimista *mf*; **Schwarzmalerei** *f* <-, -en> (*fam*) pesimismo *m*; **Schwarzmalerin** *f* <-, -nen> *s.* **Schwarzmaler**

Schwarzmarkt *m* <-(e)s, -märkte> mercado *m* negro, bolsa *f* negra *Am*; **Schwarzmarktpreis** *m* <-es, -e> precio *m* en el mercado negro

Schwarzpulver *nt* <-s, *ohne pl*> pólvora *f* negra

schwarzrotgolden *adj* negro, rojo, dorado (*colores de la bandera alemana*)

schwarz|sehen *irr vi en Alemania, usar un televisor sin haber declarado el aparato y pagado las cuotas correspondientes;* **Schwarzseher(in)** *m(f)* <-s, -; -, -nen> **1.** (*fam: Pessimist*) pesimista *mf* **2.** (TV) telespectador(a) *m(f)* pirata

Schwarzseherei *f* <-, -en> (*fam*) visión *f* catastrofista [*o* negativa]

Schwarzseherin *f* <-, -nen> *s.* **Schwarzseher**

Schwarzsender *m* <-s, -> (RADIO) emisora *f*

pirata [*o* clandestina]

Schwarztee *m* <-s, -s> té *m* negro

Schwärzung *f* <-, -en> ennegrecimiento *m*

Schwarzwald *m* <-(e)s> Selva *f* Negra

Schwarzwälder(in) *m(f)* <-s, -; -, -nen> originario, -a *m, f* de la Selva Negra

schwarzweiß [-'-] *adj,* **schwarz-weiß**[RR] *adj* (en) blanco y negro; ~ **malen** (*fig*) pintarlo todo blanco o negro, no matizar, no diferenciar; **Schwarzweißaufnahme** *f* <-, -n> *s.* Schwarzweißfoto; **Schwarzweißfernseher** [-'----] *m* <-s, -> televisor *m* en blanco y negro; **Schwarzweißfilm** *m* <-(e)s, -e> (FILM, FOTO) película *f* en blanco y negro; **einen ~ drehen** rodar en blanco y negro; **mit ~ fotografieren** fotografiar en blanco y negro; **Schwarzweißfoto** *nt* <-s, -s> (FOTO) foto(grafía) *f* en blanco y negro; **schwarzweiß|malen** *vi, vt s.* schwarzweiß; **Schwarzweißmalerei** *f* <-, *ohne pl*>: ~ **betreiben** explicar algo en términos absolutos (positivos o negativos) [*o* sin hacer matizaciones] [*o* pintándolo todo blanco o negro]

Schwarzwild *nt* <-(e)s, *ohne pl*> jabalíes *mpl*

Schwarzwurzel *f* <-, -n> salsifí *m* negro [*o* de España], escorzonera *f*

Schwatz [ʃvats] *m* <-es, -e> (*fam*) cháchara *f,* parloteo *m;* **einen kleinen ~ mit jdm halten** parlotear con alguien; **sie halten einen ~ auf der Straße** están de cháchara en la calle

schwatzen *vi, vt,* **schwätzen** ['ʃvɛtsən] *vi, vt* (*reg*) charlar (*über* de), estar de cháchara (*über* de); (*klatschen*) cotorrear (*über* sobre); **schwatz keinen Blödsinn!** ¡no digas tonterías [*o* bobadas]!

Schwätzer(in) *m(f)* <-s, -; -, -nen> (*abw: gesprächig, klatschhaft*) charlatán, -ana *m, f,* parlanchín, -ina *m, f;* (*Angeber*) bocazas *mf inv*

schwatzhaft *adj* (*abw*) parlanchín, cotorra

Schwatzhaftigkeit *f* <-, *ohne pl*> (*Gesprächigkeit*) locuacidad *f;* (*Klatschsucht*) indiscreción *f*

Schwebe ['ʃve:bə] *f*: **in der ~** pendiente; **eine Stange in der ~ halten** hacer malabarismos con una barra; **Schwebebahn** *f* <-, -en> (*an einer Schiene*) ferrocarril *m* colgante; (*an Seilen*) teleférico *m;* **Schwebebalken** *m* <-s, -> (SPORT) barra *f* de equilibrios

schweben ['ʃve:bən] *vi* **1.** *sein* (*Vogel, Ballon*) flotar; (*Flugzeug*) planear **2.** (*an einem Seil*) colgar (*an* de), pender (*an* de); **er schwebt in Lebensgefahr** está entre la vida y la muerte; **in Gefahr ~** estar en peligro **3.** (*in Gang sein*) estar en trámite, estar pendiente; **in ein ~des Verfahren eingreifen** intervenir en un asunto pendiente

Schwebezustand *m* <-(e)s, -stände> suspense *m,* incertidumbre *f;* **etw bleibt im ~** algo sigue en el aire [*o* siendo inseguro]; **sich im ~ befinden** estar por decidir, estar por resolverse

Schwebstoff *m* <-(e)s, -e> (CHEM) partículas *fpl* en suspensión, materia *f* en suspensión

Schwede, -in *m, f* <-n, -n; -, -nen> sueco, -a *m, f*

Schweden ['ʃve:dən] *nt* <-s> Suecia *f;* **Schwedenstahl** *m* <-(e)s, -stähle> (METAL) acero *m* sueco [*o* de Suecia]

Schwedin *f* <-, -nen> *s.* **Schwede**

schwedisch *adj* sueco

Schwefel ['ʃve:fəl] *m* <-s, *ohne pl*> (CHEM) azufre *m;* **Schwefeldioxid** [--'---] *nt* <-s, -e> (CHEM) dióxido *m* de azufre; **schwefelhaltig** *adj* sulfuroso

schwef(e)lig *adj* (*a.* CHEM) sulfuroso; **~e Säure** ácido sulfuroso

Schwefelkohlenstoff *m* <-(e)s, *ohne pl*> (CHEM) sulfuro *m* de carbono

schwefeln *vt* sulfurar

Schwefelsäure *f* <-, *ohne pl*> ácido *m* sulfúrico; **Schwefelwasserstoff** [--'---] *m* <-(e)s, -e> (CHEM) sulfuro *m* de hidrógeno, hidrógeno *m* sulfurado

schweflig *adj s.* **schwef(e)lig**

Schweif [ʃvaɪf] *m* <-(e)s, -e> (*geh*) cola *f,* golilla *f Cuba*

schweifen *vi sein* (*geh*) vagar (*durch* por); **seine Gedanken ~ lassen** dar rienda suelta a sus pensamientos; **den Blick ~ lassen** dejar vagar la mirada; **warum in die Ferne ~, wenn das Gute liegt so nah?** (*prov*) el paraíso está a la vuelta de la esquina

Schweigegeld *nt* <-(e)s, *ohne pl*> soborno *m;* **der Erpresser forderte ~** el chantajista exigió dinero por su silencio [*o* puso precio a su silencio]; **Schweigemarsch** *m* <-(e)s, -märsche> marcha *f* silenciosa; **Schweigeminute** *f* <-, -n> minuto *m* de silencio

schweigen ['ʃvaɪgən] <schweigt, schwieg, geschwiegen> *vi* callar(se) (*zu/über* ante, *vor/aus* de/por), guardar silencio (*zu/über* sobre/ante), remacharse (*zu/über* sobre/ante) *Kol;* **sie schwieg zu diesen Vorwürfen** guardó silencio ante estos reproches; **dazu schwieg er** sobre esto guardó silencio; **kannst du ~?** ¿puedes guardar silencio?; **ich schweige wie ein Grab** soy una tumba; **ganz zu ~ von ...** sin mencionar...; **als die Waffen schwiegen** (*geh*) cuando cesaron las hostilidades

Schweigen *nt* <-s, *ohne pl*> silencio *m;* **jdn zum ~ bringen** hacer callar a alguien; **das ~ brechen** romper el silencio; **sich in ~ hüllen** mantenerse [*o* permanecer] en silencio; **es herrscht ~ im Walde** (*fam fig*) nadie abre la boca [*o* respira] [*o* dice ni mu]

schweigend I. *adj* callado, silencioso; **die ~e Mehrheit** la mayoría silenciosa **II.** *adv* silenciosamente, en silencio; **jdm ~ zuhören** escuchar a alguien en silencio

Schweigepflicht *f* <-, *ohne pl*> secreto *m* profesional; **unter ~ stehen, der ~ unterliegen** estar obligado al secreto profesional

schweigsam *adj* callado, remachado *Kol*
Schweigsamkeit *f* <-, *ohne pl*> taciturnidad *f,* silencio *m*
Schwein [ʃvaɪn] *nt* <-(e)s, -e> **1.** (*Tier*) cerdo *m,* puerco *m,* chancho *m Am,* tocino *m Arg* **2.** (*fam: Mensch*) cochino, -a *m, f,* marrano, -a *m, f And;* **ein armes ~** un pobre diablo; **kein ~ kümmert sich darum** nadie se ocupa por eso; **du faules ~!** ¡holgazán!; **du altes ~!** ¡marrano! **3.** (*fam: Glück*): **~ haben** tener suerte, haber nacido de pie; **Schweineborste** *f* <-, -n> cerda *f* (de cerdo); **Schweinebraten** *m* <-s, -> asado *m* de cerdo; **Schweinefett** *nt* <-(e)s, -e> grasa *f* de cerdo; **Schweinefleisch** *nt* <-(e)s, *ohne pl*> carne *f* de cerdo [*o* de puerco]; **Schweinefraß** *m* <-es, *ohne pl*> (*fam abw*) porquería *f;* **Schweinefutter** *nt* <-s, *ohne pl*> pienso *m* para cerdos, cebo *m* para cerdos; **Schweinegeld** ['--'-] *nt* <-(e)s, *ohne pl*> (*fam*): **ein ~ verdienen** ponerse las botas, forrarse; **ein ~ für etw zahlen** pagar una fortuna por algo; **Schweinehund** *m* <-(e)s, -e> (*vulg*) hijo *m* de puta, vergajo *m And;* **seinen inneren ~ überwinden** dominar los bajos instintos; **Schweinekotelett** *nt* <-s, -s> chuleta *f* de cerdo; **Schweinepest** *f* <-, *ohne pl*> peste *f* porcina
Schweinerei *f* <-, -en> (*fam*) **1.** (*Schmutz*) porquería *f,* cochinada *f* **2.** (*Ärgernis*) guarrada *f,* marranada *f,* canana *f Am* **3.** (*Unanständiges*) guarrería *f,* cochinada *f;* **so eine ~!** ¡qué cochinada!
Schweineschmalz *nt* <-es, -e> manteca *f* de cerdo; **Schweinestall** *m* <-(e)s, -ställe> **1.** (*Stall*) pocilga *f,* porqueriza *f* **2.** (*fam abw: Zimmer*) pocilga *f*
Schweinigel *m* <-s, -> (*fam*) **1.** (*Ferkel*) cochinillo *m,* lechón *m* **2.** (*abw: obszöner Mensch*) cerdo, -a *m, f,* guarro, -a *m, f*
schweinisch *adj* (*fam*) **1.** (*schmutzig*) guarro, puerco **2.** (*anstößig*) grosero, guarro, verde, chancho *Am*
Schweinkram *m* <-(e)s, *ohne pl*> (*fam*) guarrada *f,* guarrería *f,* porquería *f*
Schweinsäuglein ['ʃvaɪnsʔɔɪglaɪn] *nt* <-s, -> ojillo *m* de cerdo; **Schweinshaxe** *f* <-, -n> (*südd, Österr*) pierna *f* de cerdo; **Schweinskram** *m* <-(e)s, *ohne pl*> (*fam*) *s.* Schweinkram; **Schweinsleder** *nt* <-s, -> cuero *m* de cerdo, piel *f* de cerdo; **schweinsledern** *adj* (*Sitz*) de piel de cerdo; (*Handschuhe*) de cuero de cerdo; **Schweinsohr** *nt* <-(e)s, -en> **1.** (*vom Schwein*) oreja *f* de cerdo **2.** (*Gebäck*) palmera *f*
Schweiß [ʃvaɪs] *m* <-es, *ohne pl*> sudor *m,* transpiración *f;* **kalter ~ stand ihm auf der Stirn** tenía un sudor frío en la frente; **in ~ gebadet** empapado de sudor; **mir brach der ~ aus** empecé a sudar; **im ~e meines Angesichts** con el sudor de mi frente; **Schweißausbruch** *m* <-(e)s, -brüche> sudoración *f,* transpiración *f;* **schweißbedeckt** *adj* sudado, cubierto de sudor
Schweißbrenner *m* <-s, -> soplete *m* para soldar; **Schweißbrille** *f* <-, -n> (TECH) gafas *fpl* de soldar
Schweißdrüse *f* <-, -n> glándula *f* sudorípara
schweißen ['ʃvaɪsən] *vt* soldar
Schweißen *nt* <-s, *ohne pl*> soldadura *f;* **beim ~ muss eine Schutzbrille getragen werden** para soldar hay que llevar gafas protectoras
Schweißer(in) *m(f)* <-s, -; -, -nen> soldador(a) *m(f)*
Schweißfleck *m* <-(e)s, -e> mancha *f* de sudor; **Schweißfuß** *m* <-es, -füße> pie *m* sudado; **Schweißfüße haben** tener los pies sudados; **schweißgebadet** ['--'--] *adj* bañado en sudor, sudoroso; **Schweißgeruch** *m* <-(e)s, -rüche> olor *m* a sudor; **~ haben** oler a sudor
Schweißnaht *f* <-, -nähte> (costura *f* de) soldadura *f*
schweißnassRR ['-'-] *adj* empapado en sudor, bañado en sudor; **Schweißperle** *f* <-, -n> gota *f* de sudor
Schweißstelle *f* <-, -n> soldadura *f*
schweißtreibend *adj* sudorífico; **~es Mittel** sudorífico; **schweißtriefend** ['-'--] *adj* chorreando sudor, empapado en sudor; **Schweißtropfen** *m* <-s, -> gota *f* de sudor
Schweiz [ʃvaɪts] *f* Suiza *f;* **in die ~ fahren** ir a Suiza; **in der ~ wohnen** vivir en Suiza; **die französische/italienische ~** la Suiza francesa/italiana
Schweizer[1] *adj inv* suizo
Schweizer(in)[2] *m(f)* <-s, -; -, -nen> suizo, -a *m, f*
schweizerdeutsch *adj* del [*o* en] alemán de Suiza
Schweizerdeutsch *nt* <-(s)> suizo-alemán *m*
Schweizergarde *f* <-, *ohne pl*> guardia *f* suiza
Schweizerin *f* <-, -nen> *s.* **Schweizer**
schweizerisch ['ʃvaɪtsərɪʃ] *adj* suizo
Schwelbrand *m* <-(e)s, -brände> fuego *m* sin llama
schwelen ['ʃveːlən] *vi* **1.** (*brennen*) quemarse sin llama **2.** (*geh: Hass*) latir
schwelgen ['ʃvɛlgən] *vi* **1.** (*gut essen*) comer opíparamente, banquetear **2.** (*in Gedanken, Gefühlen*) deleitarse (*in* en/con); **sie schwelgte in Erinnerungen** se deleitó con sus recuerdos; **im Überfluss ~** nadar en la abundancia
schwelgerisch *adj* **1.** (*fasziniert*) exaltado, apasionado; (*ausschweifend*) lujurioso **2.** (*Mahl*) opíparo
Schwelle ['ʃvɛlə] *f* <-, -n> **1.** (*Tür~*) umbral *m;* **keinen Fuß mehr über jds ~ setzen**

S

(*geh*) no poner un pie en la casa de alguien; **der kommt mir nicht mehr über die** ~ ése no vuelve a entrar aquí; **an der** ~ **zum 21. Jahrhundert** en el umbral del siglo XXI **2.** (*Bahn~*) traviesa *f* **3.** (GEO) elevación *f*

schwellen¹ ['ʃvɛlən] <schwillt, schwoll, geschwollen> *vi sein* hincharse; **ihm schwillt der Kamm** alza la cresta

schwellen² *vt* **1.** (*geh: blähen*) hinchar, inflar **2.** (*Schweiz: weich kochen*) cocer

Schwellenangst *f* <-, *ohne pl*> (PSYCH) miedo *m* ante situaciones nuevas; **Schwellenland** *nt* <-(e)s, -länder> país *m* emergente; **Schwellenwert** *m* <-(e)s, -e> (CHEM, PHYS) valor *m* límite; **kritischer** ~ valor umbral crítico

Schwellkörper *m* <-s, -> (ANAT) cuerpo *m* cavernoso, tejido *m* eréctil

Schwellung *f* <-, -en> (MED) tumefacción *f*, hinchazón *f*

Schwemme ['ʃvɛmə] *f* <-, -n> (WIRTSCH) oferta *f* excesiva

schwemmen ['ʃvɛmən] *vt* **1.** (*schwimmen lassen*) arrastrar **2.** (*Österr: spülen*) aclarar **3.** (*einweichen, wässern*) remojar **4.** (*Österr: flößen*) acarrear, aguar

Schwemmland *nt* <-(e)s, *ohne pl*> (terreno *m* de) aluvión *m*

Schwengel ['ʃvɛŋəl] *m* <-s, -> **1.** (*Glocken~*) badajo *m* **2.** (*Pumpen~*) palanca *f*; **Schwengelpumpe** *f* <-, -n> bomba *f* con palanca

Schwenk [ʃvɛŋk] *m* <-(e)s, -s *o* -e> **1.** (FILM, TV) toma *f* panorámica **2.** (*Drehung*) giro *m*; **Schwenkarm** *m* <-(e)s, -e> (TECH) brazo *m* orientable

schwenkbar *adj* giratorio, orientable

schwenken ['ʃvɛŋkən] **I.** *vi sein* girar **II.** *vt* **1.** (*drehen*) virar, girar; **ein Mikrofon zur Seite** ~ girar un micrófono; **Gläser in heißem Wasser** ~ aclarar los vasos en [*o* con] agua caliente **2.** (*Arme*) mover; (*Fahne*) (hacer) ondear; **er schwenkte seinen Hut** saludó con el sombrero; **sie schwenkte ein Telegramm** agitó un telegrama (en el aire) **3.** (GASTR) saltear, sofreír; **Kartoffeln in Butter** ~ rehogar [*o* saltear] las patatas en mantequilla

Schwenker ['ʃvɛŋkɐ] *m* <-s, -> copa *f* de coñac [*o* de brandy]

Schwenkung *f* <-, -en> viraje *m*, cambio *m* de dirección

schwer [ʃveːɐ] **I.** *adj* **1.** (*Gewicht*) pesado; **ein drei Kilo ~es Paket** un paquete de tres kilos de peso; **wie** ~ **ist das?** ¿cuánto pesa?; **ein ~es Motorrad** una moto muy potente; **~er Lehmboden** suelo arcilloso [*o* rico en arcilla] **2.** (*ernst, schlimm*) grave; (*Enttäuschung*) grande; (*Strafe*) severo; (*Gewitter*) fuerte; **ein ~er Irrtum** un error grave; **ein ~er Fehler** un tremendo error **3.** (*Tag, Arbeit*) pesado, duro; **ein ~es Leben haben** tener una vida dura **4.** (*schwierig*) difícil; **das ist** ~ **zu sagen** es difícil decirlo; **eine ~e Geburt** (*a. fig*) un parto difícil; **sie hat es** ~ **mit ihm** pasa lo suyo con él **5.** (*Duft*) pesado; (*Essen*) fuerte, pesado **II.** *adv* (*sehr:* + *Adjektiv*) muy; (+ *Verb*) mucho; **ich bin** ~ **enttäuscht** estoy muy decepcionado; ~ **beladen** [*o* **bepackt**] **sein** ir muy cargado; ~ **erkrankt/verletzt sein** estar gravemente enfermo/herido; ~ **atmen** respirar con dificultad; ~ **bewaffnet** fuertemente armado; ~ **bestrafen** castigar severamente; **sich** ~ **täuschen** equivocarse totalmente; **sie ist** ~ **gestürzt** ha sufrido una grave caída; **das will ich** ~ **hoffen** (*fam*) lo espero; **da musst du** ~ **aufpassen!** (*fam*) ¡tienes que tener mucho cuidado!; **sie hat mich** ~ **geschröpft** (*fam*) me ha sangrado

Schwerarbeit *f* <-, *ohne pl*> trabajo *m* pesado; **Schwerarbeiter(in)** *m(f)* <-s, -; -, -nen> trabajador(a) *m(f)* en trabajos pesados

Schwerbehinderte(r) *mf* <-n, -n; -n, -n> minusválido, -a *m, f* grave; **schwerbeladen** *adj s.* **schwer II.**; **schwerbepackt** *adj s.* **schwer II.**; **Schwerbeschädigte(r)** *mf* <-n, -n; -n, -n> mutilado, -a *m, f*; **schwerbewaffnet** *adj s.* **schwer II.**

Schwere ['ʃveːrə] *f* <-, *ohne pl*> (*geh*) **1.** (*Gewicht*) peso *m* **2.** (*Schwierigkeit*) dificultad *f* **3.** (*Ernsthaftigkeit*) gravedad *f* **4.** (*Ausmaß*) dimensión *f*; (*einer Strafe*) severidad *f*; **Schwerefeld** *nt* <-(e)s, -er> (PHYS) campo *m* gravitatorio; **schwerelos** *adj* ingrávido; **Schwerelosigkeit** *f* <-, *ohne pl*> ingravidez *f*

Schwerenöter [-nøːtɐ] *m* <-s, -> (*fam*) castigador *m*, galanteador *m*

schwererziehbar ['--'--] *adj s.* **erziehbar**; **schwer|fallen** *irr vi sein s.* **fallen 9.**

schwerfällig [-fɛlɪç] *adj* lento; (*Bewegung*) torpe, petacón *Kol*; (*Stil*) pesado; **sich** ~ **bewegen** moverse con torpeza

Schwerfälligkeit *f* <-, *ohne pl*> torpeza *f*, lentitud *f*

Schwergewicht¹ *nt* <-(e)s, -e> (SPORT: *Sportler*) peso *m* pesado

Schwergewicht² *nt* <-(e)s, *ohne pl*> **1.** (*Nachdruck*): **das** ~ **auf etw legen** centrar su atención en algo; **das** ~ **liegt auf …** … es lo que tiene mayor importancia; **das** ~ **verlagern** centrar su atención en otra cosa **2.** (SPORT: *Gewichtsklasse*) peso *m* pesado

schwergewichtig *adj* obeso, de mucho peso; **~e Menschen bewegen sich langsam** las personas obesas [*o* que pesan mucho] se mueven con lentitud

Schwergewichtler *m* <-s, -> (SPORT) peso *m* pesado

Schwergut *nt* <-(e)s, -güter> mercancías *fpl* pesadas

schwerhörig *adj* (algo) sordo, duro de oído

Schwerhörigkeit *f* <-, *ohne pl*> sordera *f*

Schwerindustrie *f* <-, *ohne pl*> industria *f* pesada

Schwerkraft *f* <-, *ohne pl*> (PHYS, ASTR) fuerza *f* de gravedad, gravitación *f*

schwerkrank ['-'-] *adj s.* krank; **Schwerkranke(r)** *mf* <-n, -n; -n, -n> enfermo, -a *m, f* de gravedad
schwerlich *adv* difícilmente, escasamente, adifés *Guat;* **das dürfte ~ geeignet sein** dudo mucho que eso sea lo apropiado
schwerlöslich ['-'--] *adj s.* **löslich;**
schwer\|machen *vt s.* **machen 4.**
Schwermetall *nt* <-s, -e> metal *m* pesado
Schwermut *f* <-, *ohne pl*> melancolía *f,* flato *m Am*
schwermütig *adj* melancólico
schwer\|nehmen *irr vt s.* **nehmen 7.**
Schweröl *nt* <-s, -e> crudo *m* pesado, aceite *m* pesado
Schwerpunkt *m* <-(e)s, -e> **1.** (PHYS) centro *m* de gravedad **2.** (*fig*) centro *m;* **der ~ seiner These liegt in ...** lo esencial de su tesis reside en...; **den ~ auf etw setzen** conceder prioridad [*o* mayor importancia] a algo
schwerpunktmäßig *adv* con especial intensidad, especialmente; **etw ~ abhandeln** tratar algo de manera especial, concentrarse en el tratamiento de algo
Schwerpunktstreik *m* <-(e)s, -s> huelga *f* neurálgica
schwerreich ['-'-] *adj* (*fam*) muy rico, acaudalado, opulento
Schwert [ʃveːɐt] *nt* <-(e)s, -er> **1.** (*Waffe*) espada *f;* **ein zweischneidiges ~** (*fig*) una espada de dos filos **2.** (NAUT) orza *f;* **Schwertfisch** *m* <-(e)s, -e> pez *m* espada; (GASTR) emperador *m;* **Schwertlilie** *f* <-, -n> lirio *m*
Schwertransport *m* <-(e)s, -e> transporte *m* de mercancías pesadas
Schwertschlucker(in) *m(f)* <-s, -; -, -nen> tragasables *mf inv*
schwer\|tun *irr vr:* **sich ~** *s.* **tun III.**
Schwertwal *m* <-(e)s, -e> (ZOOL) orca *f*
Schwerverbrecher(in) *m(f)* <-s, -; -, -nen> criminal *mf* peligroso, -a
schwerverdaulich ['--'--] *adj s.* **verdaulich**
Schwerverkehrsabgabe *f* <-, -n> tasa *f* para el transporte pesado
schwerverletzt *adj s.* **verletzen I.1.**; **Schwerverletzte(r)** *mf* <-n, -n; -n, -n> herido, -a *m, f* grave
schwerverständlich ['--'--] *adj s.* **verständlich**
Schwerverwundete(r) *mf* <-n, -n; -n, -n> herido, -a *m, f* grave
Schwerwasserreaktor *m* <-s, -en> reactor *m* de agua pesada
schwerwiegend *adj* grave, de mucho peso
Schwester ['ʃvɛstɐ] *f* <-, -n> **1.** (*Verwandte*) hermana *f;* **meine ältere/jüngere ~** mi hermana mayor/menor **2.** (*Kranken~*) enfermera *f* **3.** (*Nonne*) hermana *f;* (*in der Anrede*) sor *f*
Schwesterfirma *f* <-, -firmen> (WIRTSCH) casa *f* asociada; **Schwestergesellschaft** *f* <-, -en> (WIRTSCH) compañía *f* asociada; **Schwesterherz** *nt* <-es, *ohne pl*> (*fam*) hermanita *f*
schwesterlich *adj* fraternal, de [*o* como] hermanas
Schwesternhelferin *f* <-, -nen> enfermera *f* auxiliar
Schwesternorden *m* <-s, -> (REL) orden *f* religiosa femenina
Schwesternwohnheim *nt* <-(e)s, -e> residencia *f* para enfermeras
Schwesterschiff *nt* <-(e)s, -e> buque *m* gemelo
schwieg [ʃviːk] *3. imp von* **schweigen**
Schwiegereltern ['ʃviːgɐ-] *pl* suegros *mpl,* padres *mpl* políticos; **Schwiegermutter** *f* <-, -mütter> suegra *f,* madre *f* política; **Schwiegersohn** *m* <-(e)s, -söhne> yerno *m,* hijo *m* político; **Schwiegertochter** *f* <-, -töchter> nuera *f,* hija *f* política; **Schwiegervater** *m* <-s, -väter> suegro *m,* padre *m* político
Schwiele ['ʃviːlə] *f* <-, -n> callo *m,* callosidad *f*
schwielig *adj* calloso
schwierig ['ʃviːrɪç] *adj* difícil; (*kompliziert*) complicado; (*heikel*) delicado; **er ist ein ~er Charakter** tiene un carácter muy difícil
Schwierigkeit *f* <-, -en> dificultad *f;* **in ~en kommen** [*o* **geraten**] verse en dificultades; **jdn in ~en bringen** meter a alguien en líos, causar dificultades a alguien; **mach keine ~en!** ¡no des problemas!; **Schwierigkeitsgrad** *m* <-(e)s, -e> grado *m* de dificultad
schwillt [ʃvɪlt] *3. präs von* **schwellen**
Schwimmbad *nt* <-(e)s, -bäder> piscina *f,* pileta *f RíoPl;* **Schwimmbassin** *nt* <-s, -s>, **Schwimmbecken** *nt* <-s, -> piscina *f,* pileta *f Am;* **Schwimmblase** *f* <-, -n> (ZOOL) vejiga *f* natatoria; **Schwimmbrille** *f* <-, -n> (SPORT) gafas *fpl* de natación; **Schwimmdock** *nt* <-s, -s> dique *m* flotante
schwimmen ['ʃvɪmən] <schwimmt, schwamm, geschwommen> **I.** *vi haben o sein* **1.** (*Person, Fisch*) nadar; **wir gehen ~** vamos a la piscina; **er kann nicht ~** no sabe nadar; **auf dem Rücken ~** nadar de espaldas; **über den See ~** cruzar el lago a nado; **gegen den Strom ~** nadar contra corriente; **es schwimmt mir vor den Augen** se me nubla la vista; **ins S~ geraten** [*o* **kommen**] encasquillarse, atrancarse; **er schwimmt in Geld** nada en dinero; **in ~dem Fett backen** freír en aceite abundante **2.** (*Ding*) flotar (*auf* en) **II.** *vt sein:* **einen Rekord ~** establecer un récord en natación
Schwimmer[1] *m* <-s, -> **1.** (TECH) flotador *m* **2.** (*an einer Angel*) veleta *f*
Schwimmer(in)[2] *m(f)* <-s, -; -, -nen> nadador(a) *m(f)*
Schwimmflosse *f* <-, -n> aleta *f;* **Schwimmflügel** *m* <-s, -> flotador *m*

S

para el brazo; **Schwimmfuß** *m* <-es, -füße> (ZOOL) pata *f* palmípeda; **Schwimmgürtel** *m* <-s, -> cinturón *m* de corcho; **Schwimmhalle** *f* <-, -n> piscina *f* cubierta; **Schwimmhaut** *f* <-, -häute> (ZOOL) membrana *f* interdigital (de las aves palmípedas); **Schwimmlehrer(in)** *m(f)* <-s, -; -, -nen> profesor(a) *m(f)* de natación; **Schwimmsport** *m* <-(e)s, *ohne pl*> natación *f;* **Schwimmstil** *m* <-(e)s, -e> (SPORT) estilo *m* de natación; **Schwimmunterricht** *m* <-(e)s, -e> clase(s) *f(pl)* de natación; **„~ für Kleinkinder“** “cursillo de natación para niños pequeños”; **Schwimmvogel** *m* <-s, -vögel> (ave *f*) palmípeda *f;* **Schwimmweste** *f* <-, -n> chaleco *m* salvavidas

Schwindel ['ʃvɪndəl] *m* <-s, *ohne pl*> **1.** (*~gefühl*) vértigo *m,* mareo *m;* (*vor einem Abgrund*) vértigo *m;* **~ erregend** vertiginoso; **unter ~ leiden** padecer de vértigo **2.** (*fam abw: Betrug*) timo *m;* (*Lüge*) embuste *m,* milonga *f And, CSur;* **der ganze ~ ist aufgeflogen** se ha deshecho el entuerto, el entuerto salió a la luz

Schwindelanfall *m* <-(e)s, -fälle> vértigo *m,* mareo *m;* **einen ~ bekommen** marearse

Schwindelei *f* <-, -en> (*abw*) **1.** (*Betrug*) estafa *f* **2.** (*Lüge*) bola *f,* mentirijilla *f*

schwindelerregend *adj s.* Schwindel **1.**; **schwindelfrei** *adj:* **~ sein** no tener vértigo; **nicht ~ sein** tener vértigo; **Schwindelgefühl** *nt* <-(e)s, -e> (sensación *f* de) vértigo *m;* **Schwindelgeschäft** *nt* <-(e)s, -e> operación *f* fraudulenta

schwind(e)lig *adj* mareado; **mir ist ~** estoy mareado, tengo vértigo; **mir wird ~** me mareo

schwindeln ['ʃvɪndəln] **I.** *vi* (*fam: lügen*) mentir, decir una bola, macanear *CSur;* **das ist alles geschwindelt** esto es todo mentira **II.** *vunpers* (*sich schwindlig fühlen*): **mir schwindelt** me mareo; **es schwindelte mir** sentí un mareo

Schwindelunternehmen *nt* <-s, -> empresa *f* de transacciones fraudulentas

schwinden ['ʃvɪndən] <schwindet, schwand, geschwunden> *vi sein* (*geh*) **1.** (*abnehmen*) disminuir, menguar; **die Vorräte sind im S~ begriffen** los recursos están en vías de consumirse [*o* acabarse] **2.** (*ver~*) desaparecer

Schwindler(in) ['ʃvɪndlɐ] *m(f)* <-s, -; -, -nen> (*abw: Lügner*) bolero, -a *m, f,* embustero, -a *m, f,* mulero, -a *m, f RíoPl;* (*Betrüger*) estafador(a) *m(f)*

schwindlig ['ʃvɪndlɪç] *adj s.* **schwind(e)lig**

Schwindsucht ['ʃvɪnt-] *f* <-, -süchte *o* -suchten> tisis *f inv,* tuberculosis *f inv* pulmonar

schwindsüchtig *adj* tísico

Schwinge ['ʃvɪŋə] *f* <-, -n> **1.** (*geh: Flügel*) ala *f* **2.** (TECH) biela *f* oscilante

schwingen ['ʃvɪŋən] <schwingt, schwang, geschwungen> **I.** *vi* **1.** *haben o sein* (*Schaukel, Person*) bambolearse; (*Pendel*) oscilar **2.** (*vibrieren*) vibrar; **die Saiten ~** las cuerdas vibran; **in seinen Worten schwang Ärger** el tono de su voz indicaba su enfado; **schön geschwungene Augenbrauen** cejas hermosamente arqueadas **II.** *vt* mover; (*Fahne*) (hacer) ondear; (*Axt, Peitsche, Stock*) agitar; **das Tanzbein ~** (*fam*) mover el esqueleto; **sie schwang die Beine über die Sessellehne** bamboleaba las piernas sobre el brazo de la butaca; **große Reden ~** pronunciar discursos **III.** *vr:* **sich auf etw ~** montar(se) en [*o* sobre] algo; **sich über etw ~** saltar algo; **sich in die Lüfte ~** remontar el vuelo; **er schwang sich auf das Fahrrad** montó con agilidad sobre la bicicleta; **die Brücke schwingt sich über das Tal** el puente se eleva sobre el valle

Schwinger *m* <-s, -> (SPORT) swing *m,* golpe *m* de gancho

Schwingtür *f* <-, -en> puerta *f* de vaivén; **eine ~ aufstoßen** abrir una puerta de vaivén

Schwingung *f* <-, -en> (*a.* PHYS) oscilación *f;* (*Vibration*) vibración *f;* **in ~ sein** oscilar; **etw in ~ versetzen** hacer que algo vibre

Schwips [ʃvɪps] *m* <-es, -e> (*fam*) chispa *f;* **sich** *dat* **einen ~ antrinken** coger una mona

schwirren ['ʃvɪrən] *vi sein* (*Mücken*) zumbar; (*Pfeil, Kugel*) silbar; (*Gerüchte*) correr; **Gedanken schwirrten mir durch den Kopf** las ideas me zumbaban en la cabeza

Schwitzbad *nt* <-(e)s, -bäder> baño *m* turco [*o* de vapor]

Schwitze ['ʃvɪtsə] *f* <-, -n> (GASTR) salsa *f* rubia

schwitzen ['ʃvɪtsən] *vi, vt* sudar; **ins S~ kommen** empezar a sudar; **Blut ~** (*fig*) sudar sangre

Schwitzkasten *m* <-s, -kästen> (SPORT) llave *f* (de estrangulamiento); **jdn im ~ haben** tener a alguien inmovilizado (con una llave); **jdn in den ~ nehmen** inmovilizar a alguien con una llave

Schwof [ʃvoːf] *m* <-(e)s, -e> (*fam*) baile *m* popular, bailongo *m*

schwofen ['ʃvoːfən] *vi* (*fam*) (salir a) bailar

schwoll [ʃvɔl] *3. imp von* **schwellen**

schwor [ʃvoːɐ] *3. imp von* **schwören**

schwören ['ʃvøːrən] <schwört, schwor, geschworen> *vi, vt* jurar (*auf/bei* por); **einen Meineid ~** perjurar, jurar en falso; **sie schwor auf die Bibel** juró por la Biblia; **ich schwöre es dir bei meiner Ehre** te lo juro por mi honor; **ich hätte ~ können, dass ...** (*fam*) juraría que...; **sich** *dat* **Treue ~** jurarse fidelidad (mutua); **ich habe mir geschworen, dort nie wieder hinzugehen** me he jurado no volver allí jamás; **auf etw/jdn ~** (*vertrauen*) confiar ciegamente en algo/alguien

schwul [ʃvuːl] *adj* (*fam*) marica, maricón *abw*

schwül [ʃvyːl] *adj* sofocante, bochornoso; **es ist** ~ hace un calor sofocante

Schwule(r) *m* <-n, -n> (*fam*) marica *m,* gay *m,* naco *m ZAm*

Schwüle ['ʃvyːlə] *f* <-, *ohne pl*> bochorno *m,* calor *m* sofocante

Schwulität [ʃvuli'tɛːt] *f* <-, -en> (*fam*) apuro *m;* **in ~en sein** estar en apuros

Schwulst [ʃvʊlst] *m* <-(e)s, *ohne pl*> (*abw*) recargamiento *m,* ampulosidad *f;* **ein Gedicht voller** ~ un poema con un estilo muy recargado [*o* con un lenguaje muy ampuloso]; **dieses Bild zeigt ein Übermaß an** ~ esta foto muestra un exceso de ornamentación

schwulstig ['ʃvʊlstɪç] *adj* (*Österr: abw*), **schwülstig** ['ʃvʏlstɪç] *adj* (*abw*) pomposo, ampuloso

Schwund [ʃvʊnt] *m* <-(e)s, *ohne pl*> **1.** (*Abnahme*) merma *f;* (MED) atrofia *f* **2.** (*Verlust*) pérdida *f*

Schwung[1] [ʃvʊŋ, *pl:* 'ʃvʏŋə] *m* <-(e)s, Schwünge> (*Drehung*) curva *f,* giro *m*

Schwung[2] *m* <-(e)s, *ohne pl*> **1.** (*Antrieb*) impulso *m,* empuje *m;* ~ **holen** coger impulso; **jdn in** ~ **bringen** (*fam*) activar a alguien; **in** ~ **kommen** (*fam: Person*) animarse; **richtig in** ~ **sein** (*fam*) estar [*o* encontrarse] bien; **das Geschäft ist in** ~ el negocio va muy bien **2.** (*Elan*) ímpetu *m,* entusiasmo *m* **3.** (*fam: Menge*) montón *m;* **ein ganzer** ~ **Bücher** un montón de libros

Schwungfeder *f* <-, -n> (ZOOL) remera *f;* **schwunghaft** *adj* floreciente, próspero; **Schwungrad** *nt* <-(e)s, -räder> (TECH) volante *m;* **schwungvoll** *adj* dinámico, activo

Schwur [ʃvuːɐ, *pl:* 'ʃvyːrə] *m* <-(e)s, Schwüre> juramento *m;* **einen** ~ **leisten** hacer juramento

Schwurgericht *nt* <-(e)s, -e> jurado *m,* tribunal *m* de jurados

Schwyz ['ʃviːts] *nt* <-> Schwyz *m*

Sciencefiction[RR] [saɪns'fɪkʃən] *f* <-, *ohne pl*> ciencia ficción *f;* **Sciencefictionfilm[RR]** *m* <-(e)s, -e> película *f* de ciencia ficción; **Sciencefictionroman[RR]** *m* <-(e)s, -e> novela *f* de ciencia ficción

Scientologykirche[RR] [saɪən'tɔlədʒɪ-] *f* <-, *ohne pl*> iglesia *f* de la Cientología

scil. *Abk. von* **scilicet** es decir, o sea

Screening ['skriːnɪŋ] *nt* <-(s), -s> (MED) selección *f*

Scrip *m* <-s, -s> (WIRTSCH) abonaré *m,* vale *m*

Script *nt* <-(s), -s> (INFOR, TEL) Sript *m* (*archivo de instrucciones escritas*)

Scylla ['stsʏla] *f s.* **Szylla**

SDI [ɛsdiː'ʔaɪ] *Abk. von* **Strategic Defense Initiative** iniciativa *f* de defensa estratégica

SDR *m* <-> (RADIO) *Abk. von* **Süddeutscher Rundfunk** radio *f* del sur de Alemania

Se (CHEM) *Abk. von* **Selen** Se

Séance [ze'ãːs(e)] *f* <-, -n> sesión *f* de espiritismo; **eine** ~ **abhalten** hacer espiritismo

sec *Abk. von* **Sekunde** s.

sechs [zɛks] *adj inv* seis; *s. a.* **acht[1]**

Sechs *f* <-, -en> seis *m;* (*Schulnote*) insuficiente *m*

Sechseck *nt* <-(e)s, -e> hexágono *m*

sechseckig *adj* hexagonal

Sechser *m* <-s, -> (*fam*) seis *m;* (*Schulnote*) suspenso *m;* **sie haben einen** ~ **im Lotto** les ha tocado el gordo de la primitiva

sechserlei ['zɛksɐ'laɪ] *adj inv* de seis clases [*o* formas] diferentes, seis clases (diferentes) de; *s. a.* **achterlei**

Sechserpack *m* <-(e)s, -s *o* -e> paquete *m* de seis (unidades); **etw im** ~ **kaufen** comprar algo en un paquete de seis

sechsfach **I.** *adj* séxtuplo, seis veces; **das S~e** el séxtuplo **II.** *adv* seis veces; *s. a.* **achtfach**

Sechsfüßer *m* <-s, -> (LIT) hexámetro *m*

sechshundert ['-'--] *adj inv* seiscientos; *s. a.* **achthundert**

sechshundertste(r, s) ['zɛks'hʊndɐtstə, -tɐ, -təs] *adj* sexcentésimo; *s. a.* **achthundertste(r, s)**

sechshunderttausend *adj* seiscientos mil

sechsjährig *adj* (*sechs Jahre alt*) de seis años; (*sechs Jahre dauernd*) que dura seis años [*o* un sexenio]; *s. a.* **achtjährig**

Sechsjährige(r) *mf* <-n, -n; -n, -n> niño, -a *m, f* de seis años; **unser Sohn kam als ~r in die Schule** nuestro hijo empezó el colegio a los seis años

sechsköpfig *adj* de seis personas; **eine ~e Familie** una familia de seis miembros

sechsmal *adv* seis veces; *s. a.* **achtmal**

sechsmalig *adj* sexto, (que tiene lugar) seis veces; **nach ~em Anruf habe ich es aufgegeben dich zu erreichen** tras seis intentos fallidos dejé de llamarte (por teléfono)

sechsseitig *adj* de seis hojas

sechsstellig *adj* de seis cifras; **hier sind die Telefonnummern** ~ aquí los números de teléfono tienen seis cifras

sechsstöckig *adj* de seis pisos

sechsstündig *adj* de seis horas; **eine ~e Klausur** un examen de seis horas (de duración)

sechsstündlich *adj* cada seis horas

sechst: **zu** ~ (*in Sechsergruppen*) de seis en seis; (*zusammen, als Gruppe von sechs*) entre (los) seis; *s. a.* **acht[2]**

Sechstagerennen [-'----] *nt* <-s, -> (SPORT) carrera *f* (ciclista) de los seis días

sechstägig *adj* de seis días (de duración)

sechstausend ['-'--] *adj inv* seis mil; *s. a.* **achttausend**

Sechstausender *m* <-s, -> (GEO) pico *m* (de una montaña) de (más de) 6.000 m de altura

sechste(r, s) *adj* sexto; **sie hat einen ~n Sinn** tiene un sexto sentido; *s. a.* **achte(r, s)**

sechsteilig *adj* (TV) de seis capítulos

sechstel ['zɛkstəl] *adj inv* sexto; *s. a.* **achtel**

Sechstel ['zɛkstəl] *nt* <-s, -> sexto, -a *m, f,*

sexta parte *f; s. a.* **Achtel**
sechstens ['zɛkstəns] *adv* en sexto lugar; (*bei einer Aufzählung*) sexto; *s. a.* **achtens**
sechstletzte(r, s) *adj* en sexto lugar empezando por detrás [*o* por la cola]; *s. a.* **achtletzte(r, s)**
sechswöchentlich *adj* cada seis semanas
sechswöchig *adj* de seis semanas
sechszeilig *adj* de seis líneas; (*Gedicht*) de seis versos
Sechszimmerwohnung *f* <-, -en> vivienda *f* con seis habitaciones [*o* con cinco habitaciones más salón]
Sechszylinder *m* <-s, -> (AUTO) **1.** (*Wagen*) coche *m* de seis cilindros **2.** (*Motor*) motor *m* de seis cilindros
sechzehn ['zɛçtse:n] *adj inv* dieciséis; *s. a.* **acht**
sechzehnte(r, s) *adj* decimosexto; *s. a.* **achte(r, s)**
Sechzehntel *nt* <-s, -> **1.** (*Teil*) dieciseisavo, -a *m, f,* dieciseisava parte *f; s. a.* **Achtel** **2.** (MUS) *s.* **Sechzehntelnote**
Sechzehntelnote *f* <-, -n> (MUS) semicorchea *f*
sechzig ['zɛçtsɪç] *adj inv* sesenta; *s. a.* **achtzig**
Sechziger ['zɛçtsɪgɐ] *f* <-, -> (*fam*) sello *m* de sesenta pfennigs
Sechzigerjahre ['---'--] *ntpl* (años *mpl*) sesenta *mpl*
Sechzigjährige(r) *mf* <-n, -n; -n, -n> persona *f* de sesenta años; **als ~r reiste er nach New York** con sesenta años viajó a Nueva York
sechzigste(r, s) *adj* sexagésimo; *s. a.* **achzigste(r, s)**
sechzigstel *adj* sesentavo, sexagésimo; *s. a.* **achtel**
Sechzigstel *nt* <-s, -> sesentavo, -a *m, f,* sexagésimo, -a *m, f; s. a.* **Achtel**
Secondhandladen [sɛkənt'hɛ(:)ntla:dən] *m* <-s, -läden> tienda *f* de segunda mano; **Secondhandmarkt** *m* <-(e)s, -märkte> mercado *m* de artículos de segunda mano
SED [ɛsʔe:'de:] *f* (HIST, POL) *Abk. von* **Sozialistische Einheitspartei Deutschlands** Partido *m* Socialista Unificado Alemán (*partido del gobierno en la ex-RDA*)
Sedativum [zeda'ti:vʊm, *pl:* zeda'ti:va] *nt* <-s, Sedativa> (MED) sedativo *m*
sedentär [zedɛn'tɛ:ɐ] *adj* sedentario
Sediment [zedi'mɛnt] *nt* <-(e)s, -e> **1.** (GEO: *Gestein*) rocas *fpl* sedimentarias **2.** (CHEM) sedimento *m*
Sedimentationsbecken *nt* <-s, -> pila *f* de sedimentación
Sedimentgestein *nt* <-(e)s, -e> (GEO) petrificación *f* de sedimento
See[1] [ze:, *pl:* 'ze:ən] *m* <-s, -n> (*Binnengewässer*) lago *m;* **der ~ Genezareth** el lago de Genesaret [*o* (de) Tiberíades]; **der Genfer ~** el lago Leman, el lago de Ginebra
See[2] *f* <-, *ohne pl*> (*Meer*) mar *m o f;* **an die ~ fahren** ir a la costa; **auf hoher ~** en alta mar; **die offene ~** el mar abierto; **in ~ stechen** hacerse a la mar; **zur ~ fahren** ser marino; **auf ~** en el mar
Seeaal *m* <-(e)s, *ohne pl*> (GASTR) congrio *m;* **Seeadler** *m* <-s, -> águila *f* marina; **Seeanemone** *f* <-, -n> (ZOOL) anémona *f* de mar; **Seebad** *nt* <-(e)s, -bäder> balneario *m* a orillas del mar; **Seebär** *m* <-en, -en> **1.** (*Tier*) oso *m* marino **2.** (*fam: Seemann*) (viejo) lobo *m* de mar; **Seebeben** *nt* <-s, -> maremoto *m;* **Seeelefant**[RR] *m* <-en, -en>, **See-Elefant** *m* <-en, -en> (ZOOL) elefante *m* marino; **Seefahrer** *m* <-s, -> navegante *m*
Seefahrt[1] *f* <-, *ohne pl*> (*Schifffahrt*) navegación *f*
Seefahrt[2] *f* <-, -en> (*Schiffsreise*) viaje *m* en barco (por el mar); (*Kreuzfahrt*) crucero *m*
Seefisch *m* <-(e)s, -e> pez *m* marino; (*als Gericht*) pescado *m* de mar
Seefracht *f* <-, -en> (WIRTSCH) flete *m* marítimo, transporte *m* marítimo; **Seefrachtbrief** *m* <-(e)s, -e> póliza *f;* **Seefrachtvertrag** *m* <-(e)s, -träge> contrato *m* de fletamento
Seegang *m* <-(e)s, *ohne pl*> marejada *f;* **starker ~** fuerte marejada; **Seegefecht** *nt* <-(e)s, -e> (MIL) batalla *f* naval; **seegestützt** *adj* estacionado [*o* con base] en un barco de guerra; **Seegras** *nt* <-es, -gräser> zostera *f;* **seegrün** *adj* verdemar; **Seehafen** *m* <-s, -häfen> puerto *m* marítimo; **Seehandel** *m* <-s, *ohne pl*> comercio *m* marítimo; **Seehecht** *m* <-(e)s, -e> merluza *f;* **Seeherrschaft** *f* <-, *ohne pl*> soberanía *f* marítima; **Seehund** *m* <-(e)s, -e> foca *f;* **Seeigel** *m* <-s, -> erizo *m* de mar; **Seekarte** *f* <-, -n> mapa *m* marítimo; **seeklar** *adj* (NAUT) listo para zarpar; **~ sein** estar listo para zarpar; **ein Schiff ~ machen** preparar un barco para zarpar; **Seeklima** *nt* <-s, -s> clima *m* marítimo; **Seekonnossement** *nt* <-(e)s, -e> (WIRTSCH) conocimiento *m* de embarque marítimo; **seekrank** *adj* mareado; **~ werden** marearse; **Seekrankheit** *f* <-, *ohne pl*> mareo *m* de mar, mal *m* del mar; **Seekrieg** *m* <-(e)s, -e> guerra *f* marítima; **Seekuh** *f* <-, -kühe> (ZOOL) vaca *f* marina, manatí *m;* **Seelachs** *m* <-es, -e> abadejo *m,* carbonero *m*
Seele ['ze:lə] *f* <-, -n> alma *f;* **sie sind ein Herz und eine ~** son uña y carne; **es liegt mir auf der ~** es muy importante para mí; **sich** *dat* **etw von der ~ reden** desahogarse de algo contándolo; **jdm aus der ~ sprechen** (*fam*) decir exactamente lo que otro piensa; **mit ganzer ~** con toda el alma; **eine ~ von Mensch** un alma de Dios, un bendito; **sie ist die ~ des Betriebs** es el alma de la empresa; **sich** *dat* **die ~ aus dem Leib schreien** (*fam*) desgañitarse, gritar a voz en cuello; **jetzt hat die liebe** [*o* **arme**] **~ (endlich) Ruh**

(*fam: gibt's nichts mehr*) se acabó; **Seelenfriede(n)** *m* <-(n)s, *ohne pl*> paz *f* interior; **Seelengröße** *f* <-, -n> (*geh*) grandeza *f* de espíritu, magnanimidad *f;* **seelengut** *adj* bondadoso; **jd ist ~** alguien es una buena persona; **Seelenheil** *nt* <-(e)s, *ohne pl*> (REL) salvación *f* (eterna); **Seelenlage** *f* <-, -n> (estado *m* de) ánimo *m,* situación *f* emocional; **sprich erst mit ihm, wenn sich deine ~ etwas beruhigt hat** habla con él cuando te hayas tranquilizado un poco; **Seelenleben** *nt* <-s, *ohne pl*> (*geh*) vida *f* interior; **Seelenmassage** *f* <-, -n> (*fam*) consuelo *m;* **Seelenqual** *f* <-, -en> (*geh*) angustia *f,* agobio *m;* **etw verursacht jdm große ~en** algo le causa a alguien una gran angustia [*o* un gran sufrimiento]; **Seelenruhe** ['----, '--'--] *f* <-, *ohne pl*> tranquilidad *f* interior; **in aller ~** con toda tranquilidad; **seelenruhig** ['--'--] *adv* con mucha calma; **Seelenverkäufer** *m* <-s, -> (NAUT) *barco en mal estado que se utiliza aun a sabiendas de poner con ello en peligro a sus ocupantes;* **seelenverwandt** *adj* espiritualmente afín; (**mit jdm**) **~ sein** ser el alma gemela (de alguien); **Seelenwanderung** *f* <-, -en> (REL) reencarnación *f*

Seeleute *pl* marineros *mpl*

seelisch *adj* mental; **~es Gleichgewicht** equilibrio mental; **~e Grausamkeit** crueldad mental; **~ bedingt** psicogénico, causado por la psique

Seelöwe *m* <-n, -n> león *m* marino

Seelsorge *f* <-, *ohne pl*> cuidado *m* de almas

Seelsorger *m* <-s, -> pastor *m* de almas, padre *m* espiritual

seelsorgerisch I. *adj* de [*o* relacionado con] la ayuda espiritual; **die ~en Pflichten des Gemeindepfarrers** las obligaciones del pastor como padre [*o* director] espiritual **II.** *adv* como padre espiritual; **~ tätig sein** prestar una ayuda [*o* un apoyo] espiritual

Seeluft *f* <-, *ohne pl*> aire *m* de mar; **Seemacht** *f* <-, -mächte> potencia *f* naval; **Seemakler(in)** *m(f)* <-s, -; -, -nen> corredor(a) *m(f)* de buques; **Seemann** *m* <-(e)s, -leute> marinero *m*

seemännisch I. *adj* marino, marinero; **eine ~e Ausbildung machen** formarse en una escuela náutica **II.** *adv* de [*o* como] marin(er)o; **~ sehr erfahren sein** ser un lobo de mar

Seemannsausdruck *m* <-(e)s, -drücke> expresión *f* marinera; (*Fachwort*) término *m* náutico; **Seemannsgarn** *nt* <-s, *ohne pl*> (*fam*) anécdota *f* de marinero; **~ spinnen** contar aventuras (mayormente imaginarias); **Seemannslied** *nt* <-(e)s, -er> canción *f* marinera; **Seemannssprache** *f* <-, -n> lenguaje *m* marinero

Seemeile *f* <-, -n> milla *f* marítima; **Seemine** *f* <-, -n> (MIL) mina *f* submarina

Seenot *f* <-, *ohne pl*> peligro *m* marítimo [*o* de zozobrar]; **in ~ geraten** estar en peligro de zozobrar; **Seenotrettungsdienst** *m* <-(e)s, -e> servicio *m* de salvamento en el mar; **Seenotrettungskreuzer** *m* <-s, -> buque *m* de salvamento; (*kleiner*) lancha *f* de salvamento

Seenotruf *m* <-(e)s, -e> llamada *f* de socorro (de un barco)

Seenplatte ['ze:ən-] *f* <-, -n> (GEO) plataforma *f* de lagos

Seepferdchen *nt* <-s, -> caballito *m* de mar; **Seeräuber(in)** *m(f)* <-s, -; -, -nen> pirata *mf;* **Seeräuberei** *f* <-, *ohne pl*> piratería *f;* **Seeräuberin** *f* <-, -nen> *s.* **Seeräuber**; **Seerecht** *nt* <-(e)s, *ohne pl*> derecho *m* marítimo; **Seereederei** *f* <-, -en> compañía *f* naviera; **Seereise** *f* <-, -n> viaje *m* marítimo; (*Kreuzfahrt*) crucero *m;* **Seerose** *f* <-, -n> nenúfar *m;* **Seesack** *m* <-(e)s, -säcke> petate *m;* **Seeschaden** *m* <-s, -schäden> daño *m* ocasionado por el (agua del) mar; **Seeschifffahrt**[RR] *f* <-, *ohne pl*> navegación *f* marítima; **Seeschlacht** *f* <-, -en> batalla *f* naval; **Seeschlange** *f* <-, -n> serpiente *f* de mar; **Seespediteur(in)** *m(f)* <-s, -e; -, -nen> agente *mf* de transportes marítimos; **Seestern** *m* <-(e)s, -e> estrella *f* marina; **Seestreitkräfte** *fpl* (MIL) fuerzas *fpl* navales; **Seetang** *m* <-(e)s, -e> algas *fpl* marinas; **Seeteufel** *m* <-s, -> rape *m;* **Seetier** *nt* <-(e)s, -e> animal *m* marino

Seetransportgeschäft[1] *nt* <-(e)s, -e> (*Transaktion*) negocio *m* de transporte marítimo

Seetransportgeschäft[2] *nt* <-(e)s, *ohne pl*> (*Branche*) transporte *m* marítimo

Seetransportversicherung *f* <-, -en> seguro *m* (de transporte) marítimo

seetüchtig *adj* en buen estado para la navegación

Seeufer *nt* <-s, -> orilla *f* del lago; **Seeverbindung** *f* <-, -en> línea *f* de navegación; **Seeverkehr** *m* <-(e)s, *ohne pl*> tráfico *m* marítimo, transporte *m* por mar; **seeverpackt** *adj* embalado para el mar; **Seeverpackung** *f* <-, -en> embalaje *m* marítimo; **Seevogel** *m* <-s, -vögel> ave *f* marina; **Seewarte** *f* <-, -n> observatorio *m* marítimo

seewärts ['ze:vɛrts] *adv* mar adentro; **die kleine Insel lag zehn Kilometer ~** el islote estaba a diez kilómetros de la costa

Seewasser *nt* <-s, *ohne pl*> agua *f* de mar; **Seeweg** *m* <-(e)s, -e> vía *f* marítima, ruta *f* marítima; **auf dem ~ reisen** viajar por mar; **Seewind** *m* <-(e)s, -e> viento *m* del mar; **Seezeichen** *nt* <-s, -> (NAUT) señal *f* marítima; **Seezunge** *f* <-, -n> lenguado *m*

Segel ['ze:gəl] *nt* <-s, -> vela *f;* **die ~ setzen** poner velas; **die ~ einholen** recoger las velas; **mit vollen ~n** (*a. fig*) a todo trapo, a toda vela; **die ~ streichen** (*geh fig*) darse por vencido; **Segelboot** *nt* <-(e)s, -e> barco *m* de vela, velero *m;* (*Einmaster*) balandro *m*

S

segel|fliegen *irr vi sein* volar sin motor; **hier können Sie ~ lernen** aquí puede usted aprender vuelo sin motor; **Segelfliegen** *nt* <-s, *ohne pl*> planeo *m,* vuelo *m* sin motor; **Segelflieger(in)** *m(f)* <-s, -; -, -nen> piloto *mf* de planeador

Segelflug[1] *m* <-(e)s, -flüge> (*Flug*) vuelo *m* en planeador

Segelflug[2] *m* <-(e)s, *ohne pl*> (*das Segelfliegen*) planeo *m,* vuelo *m* sin motor

Segelflugplatz *m* <-es, -plätze> aeródromo *m* para planeadores; **Segelflugzeug** *nt* <-(e)s, -e> planeador *m*

Segeljacht *f* <-, -en> yate *m* de vela; **Segelklub** *m* <-s, -s> club *m* náutico

Segelmacher(in) *m(f)* <-s, -; -, -nen> velero, -a *m, f*

segeln ['ze:gəln] *vi sein* navegar a vela; (*als Sport*) practicar el deporte de la vela; (*Vogel, Segelflugzeug*) planear; ~ **gehen** salir a navegar; **er segelte durch die Prüfung** (*fam*) le cargaron en el examen

Segeln *nt* <-s, *ohne pl*> navegación *f* a vela; **zum ~ gehen** ir a navegar (a vela)

Segelohren *ntpl* (*fam*) orejas *fpl* de soplillo

Segelregatta *f* <-, -regatten> regata *f* de veleros, yachting *m;* **Segelschiff** *nt* <-(e)s, -e> *s.* Segelboot; **Segelschulschiff** *nt* <-(e)s, -e> barco *m* (de vela) escuela; **die Gorch Fock ist das bekannteste deutsche ~** el Gorch Fock es el barco (de vela) escuela alemán más conocido; **Segelsport** *m* <-(e)s, *ohne pl*> deporte *m* de la vela; **Segeltörn** *m* <-s, -s>, **Segeltour** *f* <-, -en> excursión *f* en un barco a vela; **Segeltuch** *nt* <-(e)s, -e> lona *f*

Segen ['ze:gən] *m* <-s, *ohne pl*> **1.** (*Einwilligung, a.* REL) bendición *f;* **jdm den ~ geben** bendecir a alguien; **seinen ~ zu etw geben** (*fam*) dar su bendición a algo; **ihren ~ hast du!** (*fam*) ¡tienes su bendición! **2.** (*göttlicher ~*) gracia *f* de Dios [*o* divina] **3.** (*Glück, Wohltat*) suerte *f,* bendición *f;* **es ist ein ~, dass …** es una bendición que… *+subj* **4.** (*fam iron: Menge*) montón *m;* **der ganze ~** todo (el montón); **segensreich** *adj* beneficioso

Segler[1] *m* <-s, -> **1.** (*Schiff*) barco *m* de vela, velero *m* **2.** (*Flugzeug*) planeador *m*

Segler(in)[2] *m(f)* <-s, -; -, -nen> (*Sportler*) balandrista *mf*

Segment [zɛ'gmɛnt] *nt* <-(e)s, -e> (*a.* LING, MATH) segmento *m*

segnen ['ze:gnən] *vt* bendecir; **Gott segne dich!** (*geh*) ¡Dios te bendiga!; **ich segne die Stunde, in der ich dich traf** (*geh*) bendita sea la hora en que te conocí; **das Zeitliche ~** fallecer, abandonar este mundo

Segnung *f* <-, -en> **1.** (REL: *das Segnen*) bendición *f* **2.** *pl* (*Vorzüge*) ventajes *fpl* (*+gen* de), efectos *mpl* beneficiosos (*+gen* de)

Segregation [zegrega'tsjo:n] *f* <-, -en> (BIOL) segregación *f*

sehbehindert *adj* que ve mal; **leicht/stark ~ sein** tener una deficiencia óptica leve/grave; **Sehbehinderte(r)** *mf* <-n, -n; -n, -n> persona *f* con deficencia visual

sehen ['ze:ən] <sieht, sah, gesehen> **I.** *vt* ver; (*betrachten*) mirar; (*hervor~*) asomar; (*bemerken*) notar; **wir ~ uns morgen** nos vemos mañana; **ich freue mich Sie zu ~** me alegro verle; **jdn wieder ~** volver a ver a alguien; **wann ~ wir uns wieder?** ¿cuándo volveremos a vernos?; **ich sehe das anders** yo lo veo de otro modo; **sich bei jdm ~ lassen** (*fam*) visitar a alguien; **er hat sich schon lange nicht mehr zu Hause ~ lassen** (*fam*) hace tiempo que no ha estado en casa; **lass dich ja nicht mehr hier ~** no vengas nunca más por aquí; **kann ich mich in diesem Anzug ~ lassen?** ¿puedo salir a la calle en este traje?; **das wird hier nicht gern ge~** eso no está bien visto aquí; **ich habe dich selten so niedergeschlagen ge~** raras veces te he visto tan deprimido; **so ge~ hast du natürlich Recht** visto de ese modo [*o* desde ese punto de vista] por supuesto que tienes razón; **die Gefahr kommen ~** ver venir el peligro; **sich gezwungen ~ zu …** verse obligado a…; **sich in der Lage ~ zu …** verse en condiciones de…; **ich sehe es nicht gern, wenn …** no me gusta [*o* agrada] que… *+subj;* **du bist ja kaum zu ~** apenas se te ve (el pelo); **ich kann so etwas nicht ~** (*ertragen*) no lo soporto [*o* aguanto]; **etw nicht mehr ~ können** (*fam: satt haben*) estar harto de algo; **hat man so was schon ge~!** (*fam*) ¡habráse visto (semejante cosa)! **II.** *vi* ver; (*blicken*) mirar (*auf*); **gut/schlecht ~** ver bien/mal; **du musst ~, dass du fertig wirst** tienes que ver de acabarlo; **die müssen ~, wo sie bleiben** ellos sabrán (por) dónde andan; **sie sieht sehr auf Äußerlichkeiten** da mucha importancia al aspecto; **nach jdm ~** cuidar a alguien; **nach dem Rechten ~** ver si todo está en orden; **wir kennen uns vom S~** nos conocemos de vista; **sieh mal!** ¡mira!; **mal ~, ob das stimmt** (*fam*) ya veremos si es verdad; **sehe ich recht?** (*stimmt es*) ¿será verdad?; **du wirst schon ~, dass es funktioniert** ya verás que funciona; **siehe oben** véase arriba; **lass mal ~, was du da hast** a ver qué tienes ahí; **siehste!** (*fam*) ¡ves!

sehenswert *adj,* **sehenswürdig** *adj* digno de verse, que vale la pena visitar; **Sehenswürdigkeit** *f* <-, -en> monumento *m,* curiosidad *f* turística

Seher(in) *m(f)* <-s, -; -, -nen> vidente *mf;* **Seherblick** *m* <-(e)s, *ohne pl*> visión *f* (profética)

Seherin *f* <-, -nen> *s.* **Seher**

seherisch *adj* visionario

Sehfehler *m* <-s, -> defecto *m* visual; **Sehkraft** *f* <-, *ohne pl*> facultad *f* visual, vista *f;* **ihre ~ lässt nach** va perdiendo la vista; **Sehleistung** *f* <-, *ohne pl*> capacidad *f* visual

Sehne ['ze:nə] *f* <-, -n> **1.** (MED) tendón *m*

2. (MATH) cuerda *f*

sehnen ['ze:nən] *vr:* **sich nach etw ~** anhelar algo, añorar algo; **er sehnte sich danach, wieder zu Hause zu sein** ansiaba volver a casa; **sich nach jdm ~** echar de menos a alguien, añorar a alguien

Sehnen *nt* <-s, *ohne pl*> (*geh*) añoranza *f*, nostalgia *f*; **die ersten Sonnenstrahlen erweckten in ihr ein ~ nach Frühling** los primeros rayos de sol despertaron en ella una sensación de nostalgia por la primavera

Sehnenriss[RR] *m* <-es, -e> (MED) rotura *f* del tendón

Sehnenscheidenentzündung *f* <-, -en> (MED) tendovaginitis *f inv*

Sehnenzerrung *f* <-, -en> (MED) distensión *f* de un tendón

Sehnerv *m* <-s, -en> nervio *m* óptico

sehnig *adj* **1.** (*Körper*) musculoso, nervudo **2.** (*Fleisch*) tendinoso

sehnlich *adj* ardiente, vehemente; **wir haben sie ~st erwartet** la hemos esperado con ansiedad

Sehnsucht *f* <-, -süchte> ansia *f* (*nach* de), ansiedad *f* (*nach* de); (*nach Vergangenem*) nostalgia *f* (*nach* de); **~ nach jdm/etw haben** tener añoranza de alguien/algo; **sich vor ~ verzehren** morirse [*o* consumirse] de nostalgia

sehnsüchtig *adj*, **sehnsuchtsvoll** *adj* (*geh*) ansioso, anhelante; (*Wunsch*) ardiente; (*ungeduldig*) impaciente; **jdn ~ anschauen** mirar a alguien con añoranza [*o* vehemencia]

sehr [ze:ɐ] <mehr, am meisten> *adv* (*mit Adjektiv*) muy; (*mit Verb*) mucho; **das ist ~ schwierig** esto es muy difícil; **~ freundlich!** ¡muy amable!; **~ viel** muchísimo; **~ viele Studentinnen** muchísimas estudiantes; **ich habe ~ viel gegessen** he comido muchísimo; **~ sogar!** ¡mucho incluso!; **nicht ~** no mucho; **~ erfreut!** ¡encantado!; **so ~ sie sich auch bemühte ...** por mucho que se esforzó...; **~ geehrte Frau X** estimada Señora X; **zu ~** demasiado; **~ oft** muy a menudo; **so ~** tanto

Sehschärfe *f* <-, *ohne pl*> agudeza *f* visual; **Sehstörung** *f* <-, -en> trastorno *m* visual; **Sehtest** *m* <-s, -s *o* -e> test *m* visual; **Sehtraining** *nt* <-s, -s> (MED) entrenamiento *m* de la vista; **Sehvermögen** *nt* <-s, *ohne pl*> facultad *f* visual, vista *f*; **Sehweise** *f* <-, -n> modo *m* de ver

seicht [zaɪçt] *adj* **1.** (*Gewässer*) poco profundo, vadeable **2.** (*abw: banal*) trivial, banal

seid [zaɪt] *2. pl präs von* **sein**

Seide ['zaɪdə] *f* <-, -n> seda *f*

Seidel ['zaɪdəl] *nt* <-s, -> **1.** (*Bierglas*) jarra *f* de cerveza **2.** (*alt: Hohlmaß*) pinta *f*, cuartillo *m*

Seidelbast *m* <-(e)s, -e> torvisco *m*

seiden ['zaɪdən] *adj* **1.** (*aus Seide*) de seda **2.** (*wie Seide*) sedoso, asedado

Seidenglanz *m* <-es, *ohne pl*> brillo *m* satinado; **Seidenmalerei** *f* <-, -en> pintura *f* sobre seda; **Seidenpapier** *nt* <-s, -e> papel *m* de seda

Seidenraupe *f* <-, -n> gusano *m* de seda; **Seidenraupenzucht** *f* <-, -en> cría *f* del gusano de seda, seri(ci)cultura *f*

Seidenschwanz *m* <-es, -schwänze> (ZOOL) ámpelis *m* europeo; **Seidenspinner** *m* <-s, -> (ZOOL) mariposa *f* de la seda; **Seidenstrumpf** *m* <-(e)s, -strümpfe> media *f* de seda; **Seidenwaren** *fpl* artículos *mpl* de seda; **seidenweich** ['--'-] *adj* suave como la seda

seidig *adj* sedoso

Seife ['zaɪfə] *f* <-, -n> jabón *m*; **ein Stück ~** una pastilla de jabón

seifen ['zaɪfən] *vt* (*reg*): **jdm etw ~** (en)jabonar algo a alguien

Seifenblase *f* <-, -n> pompa *f* de jabón; **zerplatzen wie eine ~** desvanecerse; **Seifenfabrik** *f* <-, -en> jabonería *f*; **Seifenlauge** *f* <-, -n> lejía *f* de jabón; **Seifenoper** *f* <-, -n> serial *m*; **Seifenpulver** *nt* <-s, -> jabón *m* en polvo; **Seifenschale** *f* <-, -n> jabonera *f*; **Seifenschaum** *m* <-(e)s, -schäume> espuma *f* de jabón; **Seifenspender** *m* <-s, -> distribuidor *m* de jabón; **Seifenwasser** *nt* <-s, *ohne pl*> agua *f* jabonosa

seifig *adj* jabonoso

seihen ['zaɪən] *vt* colar

Seiher ['zaɪɐ] *m* <-s, -> (*südd, Österr*) colador *m*

Seil [zaɪl] *nt* <-(e)s, -e> cuerda *f*, soga *f*; (*für Seiltanz*) cuerda *f* floja; **auf dem ~ tanzen** hacer equilibrios en la cuerda floja; **in den ~en hängen** (*fam fig*) estar hecho polvo; **Seilakrobat(in)** *m(f)* <-en, -en; -, -nen> funámbulo, -a *m, f*, equilibrista *mf*; **Seilbahn** *f* <-, -en> funicular *m*, teleférico *m*

Seiler(in) ['zaɪlɐ] *m(f)* <-s, -; -, -nen> cordelero, -a *m, f*

seil|hüpfen *vi sein* saltar a la comba

Seilschaft *f* <-, -en> **1.** (*Bergsteiger*) cordada *f* **2.** (*in der Politik*) enchufistas *mfpl*

seil|springen *irr vi sein* saltar a la comba; **Seilspringen** *nt* <-s, *ohne pl*> (juego *m* de la) comba *f*; **die Kinder vertreiben sich** *dat* **die Zeit mit ~** los niños pasan el rato saltando a la comba; **Seiltänze** *mpl:* (**wahre**) **~ vollführen** (*fam fig*) hacer (auténticos) equilibrios, bailar en la cuerda floja; **Seiltänzer(in)** *m(f)* <-s, -; -, -nen> funámbulo, -a *m, f*; **Seilwinde** *f* <-, -n> torno *m* de cable

sein [zaɪn] <ist, war, gewesen> *vi sein* **1.** (*Identität, Eigenschaften, Herkunft, Beruf*) ser; (*Alter*) tener; **mir ist kalt** tengo frío; **bist du's?** ¿eres tú?; **wir sind Freunde** somos amigos; **ist es ein Mädchen oder ein Junge?** ¿es niño o niña?; **sie ist Türkin** es turca; **ich bin aus Dortmund** soy de Dortmund; **ich bin 25** tengo 25 años; **zwei mal/und zwei ist vier** dos por/y dos son cuatro; **sie ist**

Polizistin es policía; **sie ist bei der Polizei** está [*o* trabaja] en la policía; **seien Sie** (**mir**) **nicht böse, aber ...** no se enfade (conmigo) pero...; **seien Sie so freundlich, und ...** sea tan amable y...; **Sie sind so freundlich zu mir!** ¡es Ud. muy amable conmigo!; **das wäre ja noch schöner!** ¡no faltaría más (que eso)!; **wie wäre es mit einem Bier?** ¿qué tal una cerveza?; **es wäre besser gewesen, ...** habría sido mejor...; **nun sei doch nicht so!** ¡no te pongas así!; **das ist nun einmal so** desgraciadamente es así; **ist es nicht so?** ¿no es así?; **kann ~!** ¡puede ser!; **das ist mir egal** eso me da igual; **das ist es ja gerade!** ¡es eso precisamente!; **es ist nichts** no es nada; **das war's** se acabó; **das ist schwer zu sagen** es difícil de precisar, no se puede decir con precisión; **das war ja vorauszusehen** esto era de esperar; **wie ist das zu verstehen?** ¿cómo debe entenderse esto?; **mir ist heute nicht nach Kuchen** (*fam*) hoy no me apetece comer tarta; **mir ist schlecht** no me encuentro bien; **mir ist schwindlig** me mareo; **mir ist, als hätte ich Stimmen gehört** tengo la impresión de haber oído voces; **lass es ~!** ¡déjalo!; **es wäre schön, wenn ...** sería bonito si... +*subj;* **es sei denn, dass ...** a no ser que... +*subj;* **wie dem auch sei** sea como sea **2.** (*Zustand*) estar; **sie ist verheiratet** está casada, es casada *Am;* **du bist wohl verrückt!** ¡estás loco o qué! **3.** (*vorhanden ~*) haber; **was nicht ist, kann** (**ja**) **noch werden** mientras hay vida, hay esperanza; **ist da jemand?** ¿hay alguien allí?; **es waren viele Leute da** había mucha gente; **es war einmal ...** érase una vez **4.** (*sich befinden*) estar; **sie sind in Chile** están en Chile; **weißt du, wo meine Brille ist?** ¿sabes dónde están mis gafas?; **morgen bin ich in Düsseldorf** mañana estaré en Düsseldorf; **wo warst du so lange?** ¿dónde estuviste durante tanto tiempo?; **wir sind gleich da** ya casi estamos **5.** (*mit Zeitangabe*) ser; (*stattfinden*) tener lugar, ser; (*Wetter*) hacer; **es ist 14.30 Uhr** son las dos y media; **heute ist Montag** hoy es lunes; **es ist Juni** es junio, estamos en junio; **der Vortrag ist um 8 Uhr** la conferencia es [*o* tiene lugar] a las 8; **es ist sonnig/heiß/schlechtes Wetter** hace sol/calor/mal tiempo; **es sind jetzt drei Wochen, dass sie wegging** han pasado tres semanas desde que se marchó; **das ist über 10 Jahre her** esto fue hace más de 10 años; **morgen sind es 10 Jahre, dass wir uns kennen** mañana hace 10 años que nos conocemos **6.** (*geschehen*) ocurrir, suceder; **muss das ~?** ¿tiene que ser?, ¿no hay más remedio?; **das muss ~** tiene que ser; **was ist?** ¿qué pasa?; **ist was?** ¿sucede algo?; **sei's drum!** ¡que así sea!; **was ist mit dem Buch?** ¿qué pasa con el libro? **7.** (*Hilfsverb*) haber; **sie sind schwimmen** (**gegangen**) han ido a nadar; **ich bin krank gewesen** he estado enfermo; **er ist bewusstlos geworden** ha perdido el conocimiento; **sie ist verurteilt worden** ha sido juzgada; **wenn er nicht gewesen wäre** si no hubiera sido por él

Sein [zaɪn] *nt* <-s, *ohne pl*> (PHILOS) ser *m;* (*Da~*) existencia *f*

sein, **seine**, **sein** [zaɪn, ˈzaɪnə, zaɪn] *pron poss* (*adjektivisch*) su, sus *pl;* ~ **Sohn/Auto** su hijo/su coche; **~e Freundin/Kinder** su novia/sus hijos; **er erzählt gerne von ~em Haus/~er Frau/~en Plänen** le gusta hablar de su casa/de su mujer/de sus planes; **jeder hat ~e Schwächen** cada cual tiene sus debilidades; **er trinkt so ~e sechs Flaschen Bier am Tag** se bebe sus seis botellas de cerveza al día; **er wiegt so ~e 90 Kilo** pesa sus buenos 90 kilos

seine(**r**, **s**) [zaɪnə, -nɐ, -nəs] *pron poss* (el) suyo *m,* (la) suya *f,* (los) suyos *mpl,* (las) suyas *fpl;* **der schwarze Mantel ist ~r** el abrigo negro es (el) suyo; **meine Arbeit ist ähnlich wie ~e** mi trabajo es similar al suyo; *s. a.* **sein, seine, sein**

Seine [ˈzɛːn(ə)] *f* <-> Sena *m*

seiner *pron pers gen von* **er, es** de él; **gedenke ~!** (*geh*) ¡piensa en él!

seinerseits *adv* por su parte

seinerzeit *adv* entonces, en aquel tiempo

seinesgleichen [ˈ--ˈ--] *pron indef inv* sus semejantes, de su condición; **er behandelte ihn wie ~** lo trataba como si fuera de su condición

seinethalben [ˈzaɪnətˈhalbən] *adv* (*alt*), **seinetwegen** [ˈzaɪnətˈveːgən] *adv* por él; (*negativ*) por su culpa

seinetwillen [ˈzaɪnətˈvɪlən] *adv:* **um ~** por él, por consideración a él

seinige [ˈzaɪnɪgə] *pron poss geh für* **seine**(**r**, **s**): **der/die/das ~** el suyo/la suya; **die ~n S~n**, los suyos/las suyas

sein|lassen *irr vt s.* **lassen 1.**

seins [zaɪns] *pron poss s.* **seine**(**r**, **s**)

Seismik *f* <-, *ohne pl*> s(e)ismicidad *f*

Seismograf[RR] *m* <-en, -en>, **Seismograph** [zaɪsmoˈgraːf] *m* <-en, -en> sismógrafo *m*

Seismologie *f* <-, *ohne pl*> sismología *f*

seismologisch *adj* sismológico

Seismometer [zaɪsmoˈmeːtɐ] *nt* <-s, -> sismómetro *m*

seit [zaɪt] **I.** *präp +dat* (*Zeitpunkt*) desde; (*Zeitraum*) desde hace; ~ **wann ...?** ¿desde cuándo...?; ~ **kurzem/langem** desde hace poco/mucho; ~ **etwa einem Jahr** desde hace un año aproximadamente; ~ **eh und je** desde tiempos inmemoriales **II.** *konj* desde que; ~ **ich ihn kenne, geht er mir auf die Nerven** me revienta desde que lo conozco

seitdem [-ˈ-] **I.** *adv* desde entonces; **ich habe ihn ~ nie wieder gesehen** desde entonces no lo vuelto a ver **II.** *konj* desde que; ~ **sie in Berlin arbeitet, ruft sie manchmal an** desde que trabaja en Berlín llama de vez en cuando

Seite ['zaɪtə] *f* <-, -n> **1.** (*allgemein*) lado *m;* (*Stoff~, Schallplatten~*) cara *f;* ~ **an** ~ codo con codo; **auf beiden ~n der Straße** a ambos lados de la calle; **nach allen ~n offen sein** (*für Vorschläge*) estar abierto a todo tipo de propuestas; **von allen ~n** de todas partes; **sie kamen von allen ~n** venían de todos lados; **zur ~ gehen** apartarse; **etw zur** [*o* **auf die**] ~ **legen** apartar algo; **jdn von der ~ ansehen** mirar a alguien de lado [*o* de reojo]; **er weicht nicht von ihrer ~** (*fam*) no se aparta de su lado; **jdn auf seiner ~ haben** tener a alguien de su parte; **jdm zur ~ stehen** apoyar a alguien; **jdm jdn an die ~ stellen** mandar a alguien en ayuda de alguien; **etw auf die ~ legen** (*fam: sparen*) ahorrar algo; **jdn zur ~ nehmen um ihm etw zu sagen** apartar a alguien para decirle algo; **etw auf die ~ schaffen** (*fam*) apartar [*o* reservar] algo **2.** (*Hinsicht, Aspekt*) parte *f,* lado *m;* (*Charakterzug*) lado *m;* **alles hat zwei ~n** [*o* **eine gute und eine schlechte ~**] todas las cosas tienen su contra [*o* su lado bueno y su lado malo]; **das Recht ist auf ihrer ~** la razón está de su parte; **auf der einen ~ hast du Recht, auf der anderen ...** por una parte tienes razón, por otra...; **von dieser ~ kenne ich ihn gar nicht** no lo conozco así; **sich von seiner besten ~ zeigen** mostrar su mejor cara; **sie lernte ihn von einer anderen ~ kennen** descubrió un aspecto nuevo de su personalidad; **das ist ihre schwache ~** (*fam*) esto es su punto débil; **das ist ihre starke ~** (*fam*) esto es su fuerte **3.** (*Buch~*) página *f;* **auf der ersten ~** en la primera página; **siehe ~ 15** véase página 15; **die gelben ~n** las páginas amarillas **4.** (*Verhandlungspartner*) parte *f;* **beide ~n waren einverstanden** ambas partes estuvieron de acuerdo **5.** (*Interessensgruppe*): **von kirchlicher ~** de parte de la Iglesia; **wie von offizieller ~ verlautete, ...** como indicaron fuentes oficiales...

seiten ['zaɪtən] *s.* **aufseiten**, **vonseiten**

Seitenaltar *m* <-s, -täre> altar *m* lateral; **Seitenangabe** *f* <-, -n> indicación *f* de la página; **Seitenansicht** *f* <-, -en> vista *f* lateral; **Seitenarm** *m* <-(e)s, -e> (GEO) brazo *m* de río; **Seitenaufbau** *m* <-(e)s, -ten> (INFOR, TYPO) diseño *m* de página; **Seitenaufprallschutz** *m* <-es, -e> (AUTO) barra *f* de protección lateral; **Seitenausgang** *m* <-(e)s, -gänge> puerta *f* lateral; **Seitenblick** *m* <-(e)s, -e> mirada *f* de reojo; **jdm einen ~ zuwerfen** mirar a alguien de reojo; **Seiteneingang** *m* <-(e)s, -gänge> entrada *f* lateral; **Seiteneinsteiger(in)** *m(f)* <-s, -; -, -nen> *persona proveniente de otro sector que hace carrera en la política con gran rapidez;* **Seitenflügel** *m* <-s, -> ala *f* lateral; **Seitengang** *m* <-(e)s, -gänge> pasaje *m* lateral; (*im Zug*) pasillo *m* (lateral); **Seitengebäude** *nt* <-s, -> (edificio *m*) anexo *m;* **Seitenhieb** *m* <-(e)s, -e> (*Kritik*) indirecta *f;* **Seitenlage** *f* <-, -n> posición *f* de lado; **stabile ~** posición lateral de seguridad; **seitenlang I.** *adj* de varias páginas **II.** *adv* en páginas enteras; **Seitenlänge** *f* <-, -n> **1.** (*Pyramide, Möbelstück*) longitud *f* de arista **2.** (*Umfang einer Manuskriptseite*) extensión *f* de la página; **Seitenlehne** *f* <-, -n> brazo *m;* **Seitenlinie** *f* <-, -n> **1.** (SPORT) línea *f* de banda **2.** (*Genealogie*) línea *f* lateral; **Seitennummerierung**[RR] *f* <-, -en> (INFOR, TYPO) numeración *f* de página; ~ **oben** numeración de página – arriba; **Seitenruder** *nt* <-s, -> (AERO) timón *m* de mando

seitens ['zaɪtəns] *präp +gen* de parte de, por parte de

Seitenscheitel *m* <-s, -> raya *f* a un [*o* de un] lado; **Seitenschiff** *nt* <-(e)s, -e> (ARCHIT) nave *f* lateral; **Seitenschneider** *m* <-s, -> alicates *mpl* de corte lateral; **Seitensprung** *m* <-(e)s, -sprünge> (*fig*): **einen ~ machen** ser infiel; (*Verheiratete*) cometer adulterio; **Seitenstechen** *nt* <-s, *ohne pl*> punzadas *fpl* en el costado; **Seitenstraße** *f* <-, -n> calle *f* lateral; **Seitenstreifen** *m* <-s, -> arcén *m,* berma *f Am;* ~ **nicht befahrbar** prohibido conducir en el arcén; **Seitentasche** *f* <-, -n> bolsillo *m* lateral; **er zog ein Taschentuch aus seiner rechten ~** sacó un pañuelo de su bolsillo derecho; **Seitenumbruch** *m* <-(e)s, *ohne pl*> (INFOR, TYPO) salto *m* de página; **seitenverkehrt** *adj* invertido lateralmente; **Seitenwagen** *m* <-s, -> (*Schweiz*) sidecar *m;* **Seitenwechsel** *m* <-s, -> (SPORT) cambio *m* de campo; **Seitenwind** *m* <-(e)s, -e> viento *m* lateral [*o* de lado]; **Seitenzahl** *f* <-, -en> **1.** (*Gesamtzahl*) número *m* de páginas **2.** (*auf einer Seite*) número *m* de página

seither [-'-] *adv* desde entonces

seitlich I. *adj* lateral, al lado; **der Eingang ist ~** la entrada está al lado **II.** *adv* **1.** (*Richtung, Winkel*) de lado; (*seitwärts*) hacia un lado; ~ **abfallen** descender lateralmente **2.** (*neben*): ~ **davon** al lado; ~ **von ...** al lado de... **3.** (*auf der Seite*) en el lado; **etw ~ beschädigen** dañar el lado de algo **III.** *präp +gen* al lado de, a un lado de; ~ **des Weges** a un lado del camino

seitwärts ['zaɪtvɛrts] *adv* hacia un lado

sek., Sek. *Abk. von* **Sekunde** s

Sekante [ze'kantə] *f* <-, -n> (MATH) secante *f*

sekkieren [zɛ'ki:rən] *vt* (*Österr: geh*) molestar, importunar; **jdn** (**mit etw** *dat*) ~ importunar a alguien (con algo)

Sekret [ze'kre:t] *nt* <-(e)s, -e> (MED, BIOL) secreción *f*

Sekretär[1] [zekre'tɛ:ɐ] *m* <-s, -e> (*Möbelstück*) escritorio *m,* secreter *m*

Sekretär(in)[2] *m(f)* <-s, -e; -, -nen> (*Angestellter*) secretario, -a *m, f*

Sekretariat [zekretari'a:t] *nt* <-(e)s, -e> secretaría *f,* secretariado *m*

Sekretärin *f* <-, -nen> *s.* **Sekretär**

Sekretion [zekre'tsjo:n] *f* <-, -en> secreción *f*, segregación *f*

Sekretolytikum [zekreto'ly:tikʊm] *nt* <-s, Sekretolytika> (MED) expectorante *m*

Sekt [zɛkt] *m* <-(e)s, -e> cava *m*, champán *m;* ~ **oder Selters** (*fam*) o calvo o tres pelucas, o Don Juan o Juanillo

Sekte ['zɛktə] *f* <-, -n> secta *f*

Sektfrühstück *nt* <-(e)s, -e> desayuno *m* con champaña [*o* con champán]; **Sektglas** *nt* <-es, -gläser> copa *f* de champaña [*o* de champán]

Sektierer(in) [zɛk'ti:rɐ] *m(f)* <-s, -; -, -nen> miembro *mf* de una secta, sectario, -a *m, f*

sektiererisch [zɛk'ti:rərɪʃ] *adj* (*eine Sekte betreffend*) sectario

Sektion [zɛk'tsjo:n] *f* <-, -en> **1.** (*Abteilung*) sección *f*, rama *f* **2.** (MED) disección *f*

Sektionschef(in) *m(f)* <-s, -s; -, -nen> (*Österr*) *cargo superior de un funcionario ministerial*

Sektkelch *m* <-(e)s, -e> copa *f* alta para champán; **Sektkühler** *m* <-s, -> enfriabotellas *m inv;* **Sektlaune** *f* <-, *ohne pl*> (*hum*) *estado eufórico producido por el consumo de champán;* **aus einer ~ heraus etw tun** hacer algo bajo los efectos del champán

Sektor ['zɛkto:ɐ] *m* <-s, -en> (*a.* MATH) sector *m;* **primärer/sekundärer ~** (WIRTSCH) sector primario/secundario; **staatlicher ~** sector público

Sekundant [zekʊn'dant] *m* <-en, -en> padrino *m* (en un duelo)

sekundär [zekʊn'dɛ:ɐ] *adj* secundario; **Sekundärkonsument** *m* <-en, -en> (BIOL) consumidor *m* secundario

Sekundarlehrer(in) [zekʊn'da:ɐ-] *m(f)* <-s, -; -, -nen> (*Schweiz*) *profesor del segundo ciclo en el sistema de enseñanza suizo*

Sekundärliteratur *f* <-, *ohne pl*> literatura *f* secundaria; **Sekundärmarkt** *m* <-(e)s, -märkte> (FIN) mercado *m* secundario de valores; **Sekundärprodukt** *nt* <-(e)s, -e> producto *m* secundario; **Sekundärrohstoff** *m* <-(e)s, -e> materia *f* secundaria

Sekundarschule *f* <-, -n> (*Schweiz*) *escuela del segundo ciclo en el sistema de enseñanza suizo;* **Sekundarstufe** *f* <-, -n> (SCH) nivel *m* de educación secundaria (en Alemania); ~ **I** (*5.-10. Schuljahr*) nivel I de educación secundaria (*equivalente al tercer ciclo de primaria y al segundo de secundaria españoles*); ~ **II** (*11.-13. Schuljahr*) nivel II de educación secundaria (*equivalente al bachillerato o a la F.P. de grado medio españoles*)

Sekundärverkabelung *f* <-, -en> (INFOR) cableado *m* (backbone) de edificio

Sekunde [ze'kʊndə] *f* <-, -n> **1.** (*Zeiteinheit*) segundo *m;* **auf die ~ genau** al segundo; **eine ~ bitte!** (*fam*) ¡un segundo, por favor!; **hast du eine ~ (Zeit)**? ¿tienes un segundo? **2.** (MUS) segunda *f;* **große ~** segunda mayor; **Sekundenbruchteil** *m* <-(e)s, -e> fracción *f* de segundo; **Sekundenkleber** *m* <-s, -> pegamento *m* rápido; **sekundenlang** **I.** *adj* de (unos) segundos; **nach ~em Zögern stimmte er zu** tras dudar unos segundos dio su conformidad **II.** *adv* unos (pocos) segundos, un(os) momento(s); **ihre Unentschlossenheit dauerte nur ~** su indecisión duró sólo un momento; **Sekundenschnelle** [-'--'--] *f:* **in ~** en un abrir y cerrar de ojos; **Sekundenzeiger** *m* <-s, -> segundero *m*

sekundieren* [zekʊn'di:rən] *vi* (*geh*) secundar (*bei* en)

selbe(r, s) ['zɛlbə, -bɐ, -bəs] *adj* mismo; **im ~n Haus** en la misma casa

selber ['zɛlbɐ] *pron dem inv* (*fam*) *s.* **selbst**

Selbermachen *nt:* **zum ~** para hacer uno mismo

selbige(r, s) ['zɛlbɪgə ('zɛlbɪgɐ, 'zɛlbɪgəs)] *pron dem* (*alt*) mismo; **noch am ~n Tag wurde er verurteilt** ese mismo día fue condenado

selbst [zɛlpst] **I.** *pron dem inv* mismo; **ich/sie/wir ~** yo mismo/ella misma/nosotros mismos; **Fritz ~ hat es gesagt** el mismo Fritz lo ha dicho; **Fritz hat es ~ gesagt** Fritz mismo lo ha dicho; **ich kann mich nicht ~ darum kümmern** no puedo ocuparme de eso yo mismo; **das versteht sich von ~** esto se entiende por sí solo; **du Idiot! – ~ einer!** ¡idiota! – ¡lo mismo que tú!; **wie geht's? – gut, und ~?** ¿qué tal? – bien, ¿y tú?; **er ist gar nicht mehr er ~** ya no es él mismo; **sie denkt nur an sich ~** sólo piensa en sí misma; **er kam ganz von ~** vino por sí mismo; **eine Sache um ihrer ~ willen tun** hacer algo por la cosa misma; **er ist die Ruhe ~** es la calma [*o* tranquilidad] en persona **II.** *adv* (*sogar*) incluso, hasta; ~ **seine Freunde haben ihn im Stich gelassen** incluso sus amigos lo dejaron; ~ **wenn** incluso si +*subj*, aun cuando +*subj*

Selbst *nt* <-, *ohne pl*> (*geh*) personalidad *f;* **sein anderes ~** su otro yo

Selbstachtung *f* <-, *ohne pl*> autoestima *f*

selbständig ['zɛlpʃtɛndɪç] *adj o adv s.* **selbstständig**

Selbständige(r) *mf* <-n, -n; -n, -n> *s.* **Selbstständige(r)**

Selbständigkeit *f* <-, *ohne pl*> *s.* **Selbstständigkeit**

Selbstanzeige *f* <-, -n> (JUR) autodenuncia *f;* **Selbstaufopferung** *f* <-, -en> sacrificio *m* personal; (*stärker*) sacrificio *m* de la propia vida [*o* de sí mismo]; **bis zur (völligen) ~** con absoluta entrega; **Selbstauslöser** *m* <-s, -> (FOTO) disparador *m* automático

Selbstbedienung *f* <-, *ohne pl*> autoservicio *m;* **Selbstbedienungsladen** *m* <-s, -läden> (tienda *f* de) autoservicio *m;* **Selbstbedienungsrestaurant** *nt* <-s, -s> restaurante *m* autoservicio [*o* "self-service"]

Selbstbefriedigung *f* <-, -en> masturbación *f*; **Selbstbefruchtung** *f* <-, -en> (BOT) autofructificación *f*; **Selbstbehauptung** *f* <-, *ohne pl*> defensa *f* propia [*o* de los propios intereses]; (PSYCH) autoconfirmación *f*; **Selbstbeherrschung** *f* <-, *ohne pl*> dominio *m* sobre sí mismo, autodominio *m*, autocontrol *m*; **die ~ wahren/verlieren** mantener/perder el control (sobre sí mismo); **Selbstbestätigung** *f* <-, *ohne pl*> (PSYCH) autoconfirmación *f*, autorrefuerzo *m*; **Selbstbestäubung** *f* <-, -en> (BOT) autopolinización *f*

Selbstbestimmung *f* <-, *ohne pl*> (POL) autodeterminación *f*; **Selbstbestimmungsrecht** *nt* <-(e)s, *ohne pl*> (JUR) derecho *m* de autodeterminación

Selbstbeteiligung *f* <-, -en> (*Summe*) (cuota *f* de) retención *f* propia, pleno *m* de retención; **Selbstbetrug** *m* <-(e)s, *ohne pl*> autoengaño *m*; **selbstbewusst**RR *adj* **1.** (*selbstsicher*) seguro de sí mismo **2.** (PHILOS) consciente de sí mismo; **Selbstbewusstsein**RR *nt* <-s, *ohne pl*> **1.** (*Selbstsicherheit*) seguridad *f* en sí mismo **2.** (PHILOS) conciencia *f* de sí mismo; **Selbstbildnis** *nt* <-ses, -se> (KUNST) autorretrato *m*; **Selbstbräuner** [-brɔɪnɐ] *m* <-s, -> autobronceador *m*

Selbstbräunungscreme *f* <-, -s> crema *f* autobronceadora

Selbstdisziplin *f* <-, *ohne pl*> auto-disciplina *f*, autocontrol *m*; **Selbstentzündung** *f* <-, -en> autoinflamación *f*, encendido *m* automático; **Selbsterfahrung** *f* <-, *ohne pl*> (PSYCH) autoanálisis *m inv*, autognosis *f inv*; **Selbsterfahrungsgruppe** *f* <-, -n> (PSYCH) grupo *m* de autognosis

Selbsterhaltung *f* <-, *ohne pl*> supervivencia *f*; **Selbsterhaltungstrieb** *m* <-(e)s, -e> instinto *m* de autoconservación

Selbsterkenntnis *f* <-, *ohne pl*> autoconocimiento *m*, autognosis *f inv*; **~ ist der erste Schritt zur Besserung** (*prov*) conocerse a sí mismo es el primer paso para mejorarse; **selbsternannt** *adj s.* **ernennen**; **Selbstfinanzierung** *f* <-, -en> (WIRTSCH) financiación *f* interna, autofinanciación *f*; **Selbstfindung** *f* <-, *ohne pl*> (*geh*) descubrimiento *m* de uno mismo, encuentro *m* con uno mismo; **Selbstgebrauch** *m* <-(e)s, *ohne pl*> uso *m* personal; **Selbstgedrehte** *f* <-n, -n> (*fam*) cigarrillo *m* liado por uno mismo; **selbstgefällig** **I.** *adj* (*abw*) autocomplaciente, autosuficiente **II.** *adv* (*abw*) con autosuficiencia; **Selbstgefälligkeit** *f* <-, *ohne pl*> (*abw*) autocomplacencia *f*, autosuficiencia *f*; **selbstgenügsam** *adj* satisfecho con [*o* de] uno mismo; **~ sein** estar satisfecho (con [*o* de] uno mismo); **selbstgerecht** *adj* ególatra; (*eingebildet*) engreído, vanidoso; **Selbstgespräch** *nt* <-(e)s, -e> monólogo *m*, soliloquio *m*; **~e führen** monologar; **selbstgestrickt** *adj s.* **stricken**

Selbstheilungskraft *f* <-, -kräfte> (MED) poder *m* de curación (propio) del organismo

selbstherrlich *adj* autoritario, despótico

Selbstherrlichkeit *f* <-, *ohne pl*> autoritarismo *m*, despotismo *m*

Selbsthilfe *f* <-, *ohne pl*> autosuficiencia *f*, autoayuda *f*; **in ~** ayudándose mutuamente, con los propios recursos; **zur ~ greifen** tomarse la justicia por su mano; **Selbsthilfegruppe** *f* <-, -n> grupo *m* de ayuda mutua

Selbstjustiz *f* <-, *ohne pl*> (JUR): **~ üben** tomarse la justicia por su mano

Selbstklebeetikett *nt* <-(e)s, -en> etiqueta *f* autoadhesiva

selbstklebend *adj* autoadhesivo

Selbstkosten *pl* (WIRTSCH) costes *mpl* propios, gastos *mpl* directos; **Selbstkostenberechnung** *f* <-, -en> (WIRTSCH) cálculo *m* del precio de coste; **Selbstkostenbeteiligung** *f* <-, -en> (*Summe*) cuota *f* de autoseguro; **Selbstkostenpreis** *m* <-es, -e> (WIRTSCH) precio *m* de coste; **Selbstkostenwert** *m* <-(e)s, -e> (WIRTSCH) valor *m* real [*o* líquido]

Selbstkritik *f* <-, *ohne pl*> autocrítica *f*; **selbstkritisch** *adj* autocrítico

Selbstlaut *m* <-(e)s, -e> vocal *f*

Selbstlerner(in) *m(f)* <-s, -; -, -nen> autodidacta *mf*; **ein Programm für ~** un programa para autodidactas

selbstlos *adj* desinteresado, altruista

Selbstlosigkeit *f* <-, *ohne pl*> desinterés *m*, altruismo *m*

Selbstmitleid *nt* <-(e)s, *ohne pl*> (*abw*) autocompasión *f*; **Selbstmord** *m* <-(e)s, -e> suicidio *m*; **~ begehen** suicidarse; **mit ~ drohen** amenazar con suicidarse; **Selbstmörder(in)** *m(f)* <-s, -; -, -nen> suicida *mf*; **selbstmörderisch** *adj* suicida

selbstmordgefährdet *adj* propenso al suicidio; **Selbstmordkandidat(in)** *m(f)* <-en, -en; -, -nen> suicida *mf* potencial, persona *f* con tendencias suicidas; **Selbstmordkommando** *nt* <-s, -s> comando *m* suicida; **Selbstmordversuch** *m* <-(e)s, -e> intento *m* de suicidio; **einen ~ machen** intentar suicidarse

selbstprüfend *adj* introspectivo; **selbstredend** *adv* naturalmente, por supuesto; **selbstregulierend** *adj* autoregulador

Selbstreinigung *f* <-, -en> (BIOL) purificación *f* natural; **Selbstreinigungskraft** *f* <-, -kräfte> capacidad *f* de autodepuración

SelbstschussanlageRR *f* <-, -n> dispositivo *m* de disparo automático

Selbstschutz *m* <-es, *ohne pl*> autodefensa *f*, autoprotección *f*; **selbstsicher** *adj* seguro de sí mismo; **~ auftreten** presentarse (en público) demostrando seguridad en uno mismo; **Selbstsicherheit** *f* <-, *ohne pl*> seguridad *f* en uno mismo

S

selbstständig[RR] I. *adj* 1. (*unabhängig*) independiente 2. (*beruflich*) por su propia cuenta, no asalariado; **sich ~ machen** establecerse por su cuenta; **der Auspuff hatte sich ~ gemacht** (*fam*) el tubo de escape se soltó por el camino II. *adv* por sí solo; (WIRTSCH) por su propia cuenta

Selbstständige(r)[RR] *mf* <-n, -n; -n, -n> trabajador(a) *m(f)* autónomo, -a

Selbstständigkeit[RR] *f* <-, *ohne pl*> independencia *f*

Selbststudium *nt* <-s, *ohne pl*> estudios *mpl* autodidácticos; **im ~** mediante estudios autodidácticos; **Selbstsucht** *f* <-, *ohne pl*> egoísmo *m;* **selbstsüchtig** *adj* egoísta; **selbsttätig** *adj* 1. (*automatisch*) automático 2. (*aktiv*) activo; **Selbsttäuschung** *f* <-, *ohne pl*> autoengaño *m;* **Selbsttötung** *f* <-, -en> (*formal*) suicidio *m;* **Selbstüberschätzung** *f* <-, *ohne pl*> presunción *f,* aprecio *m* excesivo de las propias facultades; **in ~** en un acto de presunción; **er leidet an ~** se lo tiene muy creído, tiene delirios de grandeza; **Selbstüberwindung** *f* <-, *ohne pl*> autodominio *m,* fuerza *f* de voluntad; **es kostet mich ~, das zu lernen** me cuesta trabajo obligarme a estudiar eso; **Selbstveranlagung** *f* <-, -en> (FIN) autoliquidación *f;* **Selbstverbrauch** *m* <-(e)s, *ohne pl*> autoconsumo *m,* consumo *m* propio; **Selbstverbrennung** *f* <-, -en> acción *f* de quemarse vivo; **der Mönch protestierte durch ~ gegen ...** el monje protestó contra... quemándose vivo; **selbstverdient** *adj s.* **verdienen 1.**; **Selbstverlag** *m:* **im ~ (erschienen)** editado por el autor; **Selbstverleugnung** *f* <-, *ohne pl*> autonegación *f;* (*Selbstlosigkeit*) abnegación *f;* **Selbstverschulden** *nt* <-s, *ohne pl*> (*formal*) falta *f* propia, culpa *f* propia; **bei ~** en caso de culpa propia; **selbstverschuldet** *adj* por falta [*o* culpa] propia [*o* personal]; **Selbstversorger(in)** *m(f)* <-s, -; -, -nen> auto-abastecedor(a) *m(f)*

selbstverständlich ['--(')--] I. *adj* natural, evidente; **das ist doch ~!** ¡esto se sobreentiende!; **etw für ~ halten** dar algo por hecho II. *adv* por supuesto, desde luego; **das tue ich ~ gern** por supuesto, lo hago con gusto; **kann ich mitkommen? – ~** ¿puedo ir yo también? – desde luego; **~ nicht** por supuesto que no; **er ist wie ~ mitgekommen** se ha venido como si estuviera la mar de claro

Selbstverständlichkeit ['--(')---] *f* <-, -en> (*Unbefangenheit*) naturalidad *f;* (*Offensichtlichkeit*) evidencia *f;* **das war doch eine ~** no faltaba más; **etw für eine ~ halten** considerar algo como lo más natural del mundo; **sie hat ihn mit der größten ~ unterstützt** lo ha apoyado con la mayor naturalidad

Selbstverständnis *nt* <-ses, *ohne pl*> autognosis *f;* **mein ~ als Frau und Mutter** el modo de verme a mí misma como mujer y como madre; **Selbstverstümmelung** *f* <-, -en> automutilación *f,* mutilación *f* voluntaria; **Selbstversuch** *m* <-(e)s, -e> (MED) prueba *f* en uno mismo; **etw im ~ testen** comprobar algo probándolo uno mismo; **Selbstverteidigung** *f* <-, *ohne pl*> autodefensa *f;* **Selbstvertrauen** *nt* <-s, *ohne pl*> confianza *f* en sí mismo, autoconfianza *f;* **Selbstverwaltung** *f* <-, -en> autogestión *f;* **Selbstverwirklichung** *f* <-, *ohne pl*> (PHILOS, PSYCH) autorrealización *f*

Selbstwählfunktion *f* <-, -en> (TEL) función *f* de marcado automático

Selbstwertgefühl *nt* <-(e)s, *ohne pl*> (PSYCH) autoestima *f*

selbstzerstörerisch *adj* autodestructivo; **Selbstzerstörung** *f* <-, -en> autodestrucción *f;* **Selbstzweck** *m* <-(e)s, *ohne pl*> fin *m* absoluto, finalidad *f* en sí

selchen ['zɛlçən] *vt* (*südd, Österr: räuchern*) ahumar

Selchfleisch *nt* <-(e)s, *ohne pl*> (*südd, Österr: Rauchfleisch*) carne *f* ahumada

selektieren* [zelɛk'ti:rən] *vt* seleccionar

Selektion [zelɛk'tsjo:n] *f* <-, -en> (BIOL) selección *f*

selektiv *adj* selectivo; **Selektivherbizid** *nt* <-(e)s, -e> herbicida *m* selectivo

Selektorkanal *m* <-s, -kanäle> (INFOR) canal *m* selector

Selen [ze'le:n] *nt* <-s, *ohne pl*> (CHEM) selenio *m*

Selfmademan ['sɛlfmeɪd'mæn, *pl:* 'sɛlfmeɪd'mɛn] *m* <-s, Selfmademen> hombre *m* que se ha hecho a sí mismo

selig ['ze:lɪç] *adj* 1. (*glücklich*) feliz, en las nubes *fam* 2. (REL) bienaventurado; (**~** *gesprochen*) beato; (*verstorben*) difunto; **Gott hab ihn ~!** ¡Dios lo tenga en su gloria!; **wer's glaubt, wird ~** (*fam iron*) más tonto aquel que se lo crea; **ihr ~er Vater** su padre que en paz descanse; **jdn ~ sprechen** beatificar a alguien

Selige(r) *mf* <-n, -n; -n, -n> 1. (*Verstorbener*) difunto, -a *m, f;* **mein ~r pflegte zu sagen ...** (*a. hum*) mi marido, que en paz descanse, solía decir... 2. (REL: *Seliggesprochener*) beato, -a *m, f*

Seligkeit *f* <-, *ohne pl*> 1. (REL) bienaventuranza *f* (eterna), beatitud *f* 2. (*Glück*) felicidad *f,* dicha *f*

selig|sprechen *irr vt* (REL) *s.* **selig 2.**

Seligsprechung *f* <-, -en> (REL) beatificación *f*

Sellerie ['zɛləri] *m* <-s, -(s)>, *f* <-, -> apio *m*

selten ['zɛltən] I. *adj* 1. (*nicht häufig*) raro 2. (*außergewöhnlich*) extraordinario; (*merkwürdig*) curioso II. *adv* 1. (*nicht häufig*) raras veces, raramente; **~ so gelacht!** ¡rara vez me he reído tanto! 2. (*außergewöhnlich*) extraordinariamente; **er hat sich ~ dämlich angestellt** se comportó de manera extraordinariamente estúpida

Seltenheit[1] *f* <-, *ohne pl*> (*Vorkommen*) rareza *f;* **es ist eine ~, dass ...** ocurre raras veces que... (*+subj*)

Seltenheit[2] *f* <-, -en> (*Stück*) curiosidad *f*

Seltenheitswert *m* <-(e)s, *ohne pl*> valor *m* de pieza rara

Selters ['zɛltɐs] *nt* <-, -> (*fam*), **Selterswasser** *nt* <-s, -wässer> agua *f* mineral, agua *f* de Selz

seltsam ['zɛltza:m] *adj* extraño, singular; **er kam ihr ~ bekannt vor** le pareció particularmente conocido

seltsamerweise ['zɛltza:mɐ'vaɪzə] *adv* curiosamente, extrañamente

Seltsamkeit[1] *f* <-, *ohne pl*> (*seltsame Art*) extrañeza *f,* extravagancia *f*

Seltsamkeit[2] *f* <-, -en> (*seltsame Erscheinung, Vorfall*) rareza *f,* curiosidad *f*

Semantik [ze'mantɪk] *f* <-, *ohne pl*> (LING) semántica *f*

semantisch [ze'mantɪʃ] *adj* (LING) semántico

Semester [ze'mɛstɐ] *nt* <-s, -> semestre *m;* **im siebten ~ sein** estar en el séptimo semestre; **er ist schon ein älteres ~** (*fam fig*) ya tiene unos cuantos años encima; **Semesterferien** *pl* (UNIV) vacaciones *fpl* semestrales (*en primavera y verano*)

semiarid *adj* (GEO) semiárido

Semifinale *nt* <-s, -> (SPORT) semifinal *f*

Semikolon [zemi'ko:lɔn] *nt* <-s, -s *o* Semikola> punto *m* y coma

Seminar [zemi'na:ɐ] *nt* <-s, -e> **1.** (*Lehrveranstaltung, Priester~*) seminario *m;* **an einem ~ über Lexikographie teilnehmen** asistir a un seminario de lexicografía **2.** (*Institut*) departamento *m;* **Seminararbeit** *f* <-, -en> (UNIV) trabajo *m* escrito

Seminarist [zemina'rɪst] *m* <-en, -en> (REL) seminarista *m*

Seminarschein *m* <-(e)s, -e> (UNIV) ≈papeleta *f;* **einen ~ machen** hacer un curso (para obtener una papeleta)

Semiotik [zemi'o:tɪk] *f* <-, *ohne pl*> **1.** (LING) semiótica *f* **2.** (MED) semiología *f*

semipermeabel *adj:* **semipermeable Membran** membrana *f* semipermeable

Semit(in) [ze'mi:t] *m(f)* <-en, -en; -, -nen> semita *mf*

semitisch *adj* semítico, semita

Semmel ['zɛməl] *f* <-, -n> (*Österr, reg*) panecillo *m;* **weggehen wie warme ~n** (*fam*) venderse como rosquillas; **Semmelbrösel** *mpl* (*Österr, südd*) pan *m* rallado; **Semmelknödel** *m* <-s, -> (*südd, Österr*) *albóndiga hecha a base de pan, harina, huevos, condimentos, etc.;* **Schweinebraten mit ~n** asado de cerdo con "semmelknödel"; **Semmelmehl** *nt* <-(e)s, *ohne pl*> pan *m* rallado

sen. *Abk. von* **senior** padre

Senat [ze'na:t] *m* <-(e)s, -e> **1.** (HIST, POL) senado *m* **2.** (UNIV) claustro *m* **3.** (JUR) consejo *m* judicial

Senator(in) [ze'na:to:ɐ] *m(f)* <-s, -en; -, -nen> senador(a) *m(f)*

Senatsausschuss[RR] *m* <-es, -schüsse> comisión *f* senatorial

Sendeanlage *f* <-, -n> (ELEK) (estación *f*) emisora *f;* **Sendeanstalt** *f* <-, -en> (RADIO, TV) cadena *f* de radiotelevisión; **Sendeantenne** *f* <-, -n> (ELEK) antena *f* emisora; **Sendebereich** *m* <-(e)s, -e> (RADIO, TV) zona *f* de emisión; **sendebereit** *adj* (TEL) listo para enviar; **Sendefolge** *f* <-, -n> (RADIO, TV) programa *m;* **Sendegebiet** *nt* <-(e)s, -e> (RADIO, TV) zona *f* de emisión; **Sendegerät** *nt* <-(e)s, -e> (RADIO, TV) (aparato *m*) emisor *m;* **Sendeleiter(in)** *m(f)* <-s, -; -, -nen> (RADIO, TV) director(a) *m(f)* de la emisión

senden ['zɛndən] <sendet, sandte *o* sendete, gesandt *o* gesendet> *vt* **1.** (*geh: schicken*) mandar (*nach/zu* a), enviar (*nach/zu* a); **er sendet dir Grüße** te manda saludos; **die Regierung sandte ihn ins Krisengebiet** el gobierno le envió al territorio en conflicto **2.** (*ausstrahlen*) emitir, transmitir

Sendepause *f* <-, -n> (RADIO, TV) pausa *f;* **solange ich rede, hast du ~!** (*fam*) ¡ten la boca cerrada y los oídos abiertos mientras yo hablo!

Sender *m* <-s, -> (RADIO, TV) (estación *f*) emisora *f*

Senderaum *m* <-(e)s, -räume> (RADIO, TV) estudio *m;* **Sendereihe** *f* <-, -n> (RADIO, TV) serial *m;* **Sendeschluss**[RR] *m* <-es, *ohne pl*> (RADIO, TV) cierre *m* de la emisión; **Sendezeichen** *nt* <-s, -> (RADIO, TV) sintonía *f;* **Sendezeit** *f* <-, -en> (RADIO, TV) tiempo *m* de emisión

Sendung *f* <-, -en> **1.** (*Waren~*) envío *m;* **postlagernde ~** envío a lista de correos **2.** (RADIO, TV: *das Senden*) emisión *f,* transmisión *f;* **auf ~ gehen** comenzar a emitir; **auf ~ sein** estar en el aire **3.** (RADIO, TV: *einzelne ~*) programa *m;* **eine ~ ausstrahlen** emitir un programa

Sendungsbewusstsein[RR] *nt* <-s, *ohne pl*> conciencia *f* misionera

Senegal ['ze:negal] *m* <-s> Senegal *m*

Senegalese, -in [zenega'le:zə] *m, f* <-n, -n; -, -nen> senegalés, -esa *m, f*

senegalesisch *adj* senegalés

Senf [zɛnf] *m* <-(e)s, -e> mostaza *f;* **seinen ~ dazugeben** (*fam fig*) meter baza; **Senfgas** *nt* <-es, -e> gas *m* mostaza; **Senfgurke** *f* <-, -n> pepinillo *m* en vinagre y mostaza; **Senfkorn** *nt* <-(e)s, -körner> grano *m* de mostaza, semilla *f* de mostaza; **Senfsoße** *f* <-, -n> (salsa *f* de) mostaza *f*

sengen ['zɛŋən] *vt* chamuscar; **in der ~den Sonne** bajo el sol abrasador

senil [ze'ni:l] *adj* senil

Senilität [zenili'tɛ:t] *f* <-, *ohne pl*> senilidad *f*

senior ['ze:njo:ɐ] *adj:* **Karl Meyer ~** Karl Meyer (padre)

Senior(in) ['ze:njo:ɐ, *pl:* ze'njo:rən] *m(f)* <-s, -en; -, -nen> **1.** (*Rentner*) persona *f* mayor [*o* de la tercera edad] **2.** (SPORT) sénior *mf;* **Seniorchef(in)** *m(f)* <-s, -s; -, -nen> jefe, -a *m, f*

Seniorenheim *nt* <-(e)s, -e> residencia *f* para la tercera edad; **Seniorenkarte** *f* <-, -n> tarjeta *f* de la tercera edad; **Seniorenmannschaft** *f* <-, -en> (SPORT) equipo *m* de veteranos; **Seniorenpass**[RR] *m* <-es, -pässe> (HIST) ≈tarjeta *f* dorada (*abono de tren con reducción para personas de la tercera edad*)

Seniorin *f* <-, -nen> *s.* **Senior**

Seniorpartner(in) *m(f)* <-s, -; -, -nen> socio, -a *m, f* principal

Senkblei *nt* <-(e)s, -e> (ARCHIT) plomada *f;* **etw mit dem ~ messen** medir algo con la plomada

Senke ['zɛŋkə] *f* <-, -n> depresión *f* en un terreno

Senkel ['zɛŋkəl] *m* <-s, -> cordón *m* (del zapato); **jdn in den ~ stellen** cantarle a alguien las cuarenta, echar una bronca a alguien

senken ['zɛŋkən] **I.** *vt* **1.** (*allgemein*) bajar; (*Kopf*) inclinar; **die Stimme ~** bajar la voz **2.** (*Kosten*) bajar, disminuir; (*Preise*) rebajar **II.** *vr:* **sich ~ 1.** (*herunterkommen*) bajar; (*absinken*) hundirse; **der Grundwasserspiegel hat sich gesenkt** el nivel freático ha descendido **2.** (*geh: Abend, Nacht*) caer

Senkfuß *m* <-es, -füße> (MED) pie *m* plano; **Senkgrube** *f* <-, -n> pozo *m* negro [*o* ciego]

senkrecht *adj* vertical; (MATH) perpendicular (*zu* a); **die Geraden stehen ~ aufeinander** las (líneas) rectas están dispuestas perpendicularmente

Senkrechte *f* <-n, -n, *nach Zahlen:* -(n)> (recta *f*) vertical *f,* (línea *f*) perpendicular *f*

Senkrechtstart *m* <-(e)s, -s> (AERO) despegue *m* vertical

Senkrechtstarter[1] *m* <-s, -> **1.** (AERO) avión *m* de despegue y aterrizaje vertical **2.** (*fam: Buch, Film*) éxito *m* rotundo

Senkrechtstarter(in)[2] *m(f)* <-s, -; -, -nen> (*fam: Person*) joven *mf* prometedor(a)

Senkung[1] *f* <-, *ohne pl*> **1.** (*des Kopfes*) inclinación *f* **2.** (*Verringerung*) reducción *f* (*um* en, *auf* a), disminución *f* (*um* en)

Senkung[2] *f* <-, -en> (GEO) depresión *f* (de un terreno), hundimiento *m* (de un terreno)

Senkwaage *f* <-, -n> (PHYS) areómetro *m*

Senn [zɛn] *m* <-(e)s, -e> (*südd, Österr, Schweiz*) *s.* **Senner**

Senne ['zɛnə] *f* <-, -n> (*südd, Österr: Alm*) pasto *m* de alta montaña

Senner(in) *m(f)* <-s, -; -, -nen> (*Österr, südd*) vaquero, -a *m, f* alpino, -a

Sennerei *f* <-, -en> (*südd, Österr, Schweiz*) pasto *m* alpino (*en el que se elaboran mantequilla y queso con la leche obtenida*)

Sennerin *f* <-, -nen> (*Österr, südd*) *s.* **Senner**

Sennhütte *f* <-, -n> (*Österr, südd*) cabaña *f* alpina

Sensation [zɛnza'tsjo:n] *f* <-, -en> sensación *f*

sensationell [zɛnzatsjo'nɛl] *adj* sensacional

Sensationsblatt *nt* <-(e)s, -blätter> (*abw*) periódico *m* sensacionalista; **Sensationsgier** *f* <-, *ohne pl*> (*abw*), **Sensationslust** *f* <-, *ohne pl*> (*abw*) sensacionalismo *m;* **sensationslüstern** *adj* (*abw*) ávido de sensacionalismos; **Sensationsnachricht** *f* <-, -en> noticia *f* sensacional

Sense ['zɛnzə] *f* <-, -n> guadaña *f;* **jetzt ist ~!** (*fam*) ¡y sanseacabó!

Sensenmann *m* <-(e)s, -männer> **1.** (*alt: jd, der Gras mäht*) guadañero *m* **2.** (*euph: Tod*) (muerte *f* de la) guadaña *f*

sensibel [zɛn'zi:bəl] *adj* sensible

Sensibelchen [zɛn'zi:bəlçən] *nt* <-s, -> (*fam*) sensiblero, -a *m, f*

sensibilisieren* [zɛnzibili'zi:rən] *vt* (*a.* FOTO, MED) sensibilizar

Sensibilisierung *f* <-, -en> (*a.* FOTO, MED) sensibilización *f*

Sensibilität [zɛnzibili'tɛ:t] *f* <-, *ohne pl*> (*a.* FOTO) sensibilidad *f*

Sensor ['zɛnzo:ɐ] *m* <-s, -en> (TECH) sensor *m;* **Sensorauge** *nt* <-s, -n> (TECH) ojo *m* sensor

sensorisch *adj* (MED) sensorial

Sensortaste *f* <-, -n> (TECH) sensor *m*

Sentenz [zɛn'tɛnts] *f* <-, -en> (*geh*) sentencia *f*

sentimental [zɛntimɛn'ta:l] *adj* sentimental

Sentimentalität [zɛntimɛntali'tɛ:t] *f* <-, *ohne pl*> (*Art*) sentimentalismo *m*

separat [zepa'ra:t] **I.** *adj* separado; (*Eingang*) independiente **II.** *adv* aparte

Separatismus [zepara'tɪsmʊs] *m* <-, *ohne pl*> separatismo *m*

Separatist(in) [zepara'tɪst] *m(f)* <-en, -en; -, -nen> separatista *mf*

separatistisch *adj* separatista

Separee[RR] *nt* <-s, -s>, **Séparée** [zepa're:] *nt* <-s, -s> reservado *m*

Sepia[1] ['ze:pia, *pl:* 'ze:piən] *f* <-, Sepien> (ZOOL) sepia *f*

Sepia[2] *f* <-, *ohne pl*> (*Farbstoff*) (color *m*) sepia *f*

Sepiatinte *f* <-, -n> tinta *f* de color sepia; **Sepiazeichnung** *f* <-, -en> dibujo *m* en sepia

Sepien *pl von* **Sepia**[1]

Sepsis ['zɛpsɪs] *f* <-, Sepsen> (MED) sepsis *f inv,* septicemia *f*

September [zɛp'tɛmbɐ] *m* <-(s), -> se(p)tiembre *m; s. a.* **März**

Septett [zɛp'tɛt] *nt* <-(e)s, -e> (MUS) septeto *m*

Septime [zɛp'ti:mə] *f* <-, -n> (MUS) séptima *f*

septisch ['zɛptɪʃ] *adj* (MED) séptico

sequentiell [zekvɛn'tsjɛl] *adj s.* **sequen-**

ziell
Sequenz [ze'kvɛnts] *f* <-, -en> (*a.* FILM, MUS) secuencia *f*
sequenziell[RR] [zekvɛn'tsjɛl] *adj* (INFOR) secuencial; ~**er Zugriff** acceso secuencial; ~**e Datei** fichero secuencial
Sera *pl von* **Serum**
Serbe, -in ['zɛrbə] *m, f* <-n, -n; -, -nen> serbio, -a *m, f*
Serbien ['zɛrbiən] *nt* <-s> Serbia *f*
Serbin *f* <-, -nen> *s.* **Serbe**
serbisch *adj* serbio
serbokroatisch [zɛrbokro'a:tɪʃ] *adj* serbocroata
Seren *pl von* **Serum**
Serenade [zere'na:də] *f* <-, -n> (MUS) serenata *f,* albazo *m Peru,* alborada *f PRico*
Serie ['ze:riə] *f* <-, -n> (*a.* TV) serie *f;* **in ~ herstellen** producir en serie
seriell [zeri'ɛl] *adj* en serie; ~**e Schnittstelle** (INFOR) interfaz serie
Serienartikel *m* <-s, -> artículo *m* fabricado en serie; **Serienausführung** *f* <-, *ohne pl*> (*Produktion*) producción *f* en serie, fabricación *f* en serie; **Serienausstattung** *f* <-, -en> (*a.* AUTO) equipamiento *m* de serie; **Airbags gehören bei diesem Modell zur ~** este modelo lleva el airbag de serie; **Serienfertigung** *f* <-, *ohne pl*> producción *f* en serie; **serienmäßig** I. *adj* **1.** (*Herstellung*) en serie **2.** (AUTO: *Ausstattung*) de serie; ~**e Klimaanlage** aire acondicionado de serie II. *adv* en serie; **Seriennummer** *f* <-, -n> número *m* de serie; **Serienproduktion** *f* <-, -en> producción *f* en serie; **Serienreife** *f* <-, *ohne pl*> (WIRTSCH): **etw bis zur ~ entwickeln** desarrollar algo hasta que esté listo para ser producido en serie; **Serienschaltung** *f* <-, -en> (ELEK) conexión *f* en serie; **serienweise** *adv* en serie
Serife [ze'ri:fə] *f* <-, -n> (TYPO) remate *m,* bigotello *m*
seriös [zeri'ø:s] *adj* serio; **ein ~es Angebot** una oferta seria; **er ist sehr ~ geworden** se ha vuelto muy formal
Seriosität *f* <-, *ohne pl*> (*geh*) seriedad *f*
Sermon [zɛr'mo:n] *m* <-s, -e> (*fam*) sermón *m*
seropositiv *adj* seropositivo
Serpentine [zɛrpɛn'ti:nə] *f* <-, -n> serpentina *f,* curva *f* cerrada
Serum ['ze:rʊm] *nt* <-s, Seren *o* Sera> suero *m*
Server ['sœ:vɐ] *m* <-s, -> (INFOR) server *m,* servidor *m*
Service[1] [zɛr'vi:s] *nt* <-(s), -> (*Geschirr*) juego *m* de café
Service[2] ['sœ:vɪs] *m* <-, *ohne pl*> **1.** (*Bedienung*) servicio *m;* (*Kundendienst*) asistencia *f* técnica **2.** (SPORT) saque *m,* servicio *m*
Servicekennung *f* <-, -en> (TEL) identificación *f* del tipo de servicio (*en RSDI*); **Service-Provider** *m* <-s, -> (TEL) proveedor *m* de servicios
Servierbrett *nt* <-(e)s, -er> bandeja *f*
servieren* [zɛr'vi:rən] I. *vt* servir II. *vi* (*Tennis*) servir, sacar
Serviererin [zɛr'vi:rərɪn] *f* <-, -nen> camarera *f*
Serviertisch *m* <-(e)s, -e> trinchero *m;* **Serviertochter** *f* <-, -töchter> (*Schweiz*) *s.* Serviererin; **Servierwagen** *m* <-s, -> carrito *m* de servir
Serviette [zɛr'vjɛtə, zɛrvi'ɛtə] *f* <-, -n> servilleta *f;* **Serviettenring** *m* <-(e)s, -e> servilletero *m*
servil [zɛr'vi:l] *adj* (*geh*) servil, adulador, zalamero
Servilität *f* <-, *ohne pl*> (*geh*) servilismo *m*
Servobremse ['zɛrvo-] *f* <-, -n> (TECH) servofreno *m;* **Servolenkung** *f* <-, -en> (TECH) dirección *f* asistida; **Servomotor** *m* <-s, -en> (TECH) servomotor *m*
Servus ['sɛrvʊs] *interj* (*Österr, südd*) ¡adiós!
Sesam ['ze:zam] *m* <-s, -s> sésamo *m,* ajonjolí *m;* ~, **öffne dich!** ¡ábrete, sésamo!
Sessel ['zɛsəl] *m* <-s, -> sillón *m;* (*im Kino*) butaca *f;* **Sessellift** *m* <-(e)s, -e *o* -s> telesilla *f*
sesshaft[RR] ['zɛshaft] *adj,* **seßhaft** *adj* sedentario; **in einem Ort ~ werden** fijar su domicilio en un lugar, asentarse en un lugar
Set [sɛt] *m o nt* <-(s), -s> (*zusammengehöriger Dinge*) conjunto *m,* juego *m*
Setup *nt* <-(s), -s> (INFOR) setup *m,* programa *m* de ajuste
setzen ['zɛtsən] I. *vt* **1.** (*allgemein*) poner (*auf* en/sobre); (*stellen*) colocar (*auf* en/sobre); (*Kind*) sentar; **sie setzte das Kind auf einen Stuhl** sentó al niño en una silla; **setz den Topf schon mal aufs Feuer!** ¡pon a calentar la olla!; **er setzte seine Unterschrift darunter** lo firmó; **~ Sie bitte meinen Namen auf die Liste** ponga mi nombre en la lista, por favor; **etw auf die Tagesordnung ~** poner algo en el orden del día; **ein Inserat in die Zeitung ~** poner un anuncio en el periódico; **etw an den Mund ~** llevar(se) algo a la boca; **etw in Anführungszeichen/Klammern ~** poner algo entre comillas/paréntesis; **ein Kind in die Welt ~** (*fam*) traer un hijo al mundo **2.** (*Pflanze*) plantar **3.** (*Ofen*) instalar; (*Denkmal*) erigir, levantar; (*Segel*) izar **4.** (*Norm*) fijar, establecer; (*Frist, Termin*) fijar, señalar, dar *fam;* (*Hoffnung, Vertrauen*) poner; **ich setze mein ganzes Vertrauen in dich** pongo toda mi confianza en ti; **wir müssen seinem Eifer Grenzen ~** tenemos que poner límites a su diligencia; **ich habe mir ein Ziel gesetzt** me he puesto una meta; **etw** *dat* **ein Ende ~** poner fin a algo **5.** (TYPO) componer **6.** (*Geld*) apostar (*auf* por), poner; **ich setze 50 Mark auf Rot** apuesto 50 marcos al rojo **7.** (*fam: injizieren*): **sich** *dat* **eine Spritze ~** ponerse una inyección **8.** (*Wend*): **gesetzt den Fall, er kommt** [*o* **dass er kommt**] supongamos

que venga; **gleich setzt es was!** (*fam*) ¡que te doy! **II.** *vr:* **sich ~ 1.** (*Person*) sentarse, tomar asiento; **setz dich auf deinen Platz!** ¡siéntate en tu sitio!; **bitte, ~ Sie sich!** ¡siéntese, por favor!, ¡tome asiento, por favor!; **er setzt sich an den Tisch/in die Sonne** se sienta en la mesa/al sol; **darf ich mich zu Ihnen ~?** ¿puedo sentarme con Ud.? **2.** (*Flüssigkeit*) depositarse, posarse; (*Staub, Geruch*) pegarse (*in/auf* a) **3.** (*beginnen*): **sich an etw ~** ponerse a hacer algo; **ich setz mich jetzt an die Arbeit** ahora me pongo [*o* siento] a trabajar **III.** *vi* **1.** (*im Spiel*) jugar **2.** (*überqueren*): **über etw ~** cruzar algo

Setzer(in) *m(f)* <-s, -; -, -nen> (TYPO) cajista *mf,* tipógrafo, -a *m, f*

Setzerei *f* <-, -en> (TYPO) taller *m* de composición, tipografía *f*

Setzerin *f* <-, -nen> *s.* **Setzer**

Setzfehler *m* <-s, -> (TYPO) error *m* tipográfico; **Setzkasten** *m* <-s, -kästen> (TYPO) cajón *m* de imprenta

Setzling *m* <-s, -e> **1.** (*Pflanze*) plantón *m* **2.** (*Fisch*) alevín *m*

Setzmaschine *f* <-, -n> **1.** (TYPO) máquina *f* componedora **2.** (BERGB) criba *f* hidráulica

Seuche ['zɔɪçə] *f* <-, -n> epidemia *f;* (*fig*) peste *f;* **Seuchenbekämpfung** *f* <-, *ohne pl*> lucha *f* contra las epidemias; **Seuchenerreger** *m* <-s, -> agente *m* de una epidemia; **Seuchengebiet** *nt* <-(e)s, -e> zona *f* contaminada; **Seuchenherd** *m* <-(e)s, -e> foco *m* de la epidemia

seufzen ['zɔɪftsən] *vi* suspirar

Seufzer *m* <-s, -> suspiro *m*

Sex [sɛks] *m* <-(es), *ohne pl*> (*fam*) sexo *m,* sexualidad *f;* **sie hat ~** es (muy) sexy; **sie hatten ~ (miteinander)** (*fam*) tuvieron [*o* mantuvieron] relaciones sexuales; **Sexappeal**[RR] ['zɛksəpiːl] *m* <-s, *ohne pl*> sex-appeal *m;* **Sexbombe** *f* <-, -n> (*fam*) mujer *f* con sex-appeal; **Sexfilm** *m* <-(e)s, -e> película *f* erótica [*o* pornográfica]

Sexismus [sɛ'ksɪsmʊs, zɛ'ksɪsmʊs] *m* <-, *ohne pl*> sexismo *m,* machismo *m*

Sexist(in) [sɛ'ksɪst, zɛ'ksɪst] *m(f)* <-en, -en; -, -nen> sexista *mf,* machista *mf*

sexistisch *adj* sexista, machista

Sexorgie *f* <-, -n> (*fam*) orgía *f* (sexual); **Sexshop** *m* <-s, -s> sex-shop *m*

Sexta ['zɛksta, *pl:* 'zɛkstən] *f* <-, Sexten> (SCH) **1.** (*alt: erste Klasse des Gymnasiums*) *primer curso de un instituto de enseñanza secundaria en Alemania* **2.** (*Österr: sechste Klasse des Gymnasiums*) *sexto curso de un instituto de enseñanza secundaria en Austria*

Sextaner(in) *m(f)* <-s, -; -, -nen> (SCH) estudiante *mf* del primer curso (de secundaria)

Sextant [zɛks'tant] *m* <-en, -en> (NAUT) sextante *m*

Sexte ['zɛkstə] *f* <-, -n> (MUS) sexta *f*

Sextelefon *nt* <-s, -e> línea *f* erótica

Sexten *pl von* **Sexta, Sexte**

Sextett [zɛks'tɛt] *nt* <-(e)s, -e> (MUS) sexteto *m*

Sextourismus *m* <-, *ohne pl*> turismo *m* sexual

Sexualdelikt *nt* <-(e)s, -e> delito *m* sexual; **Sexualerziehung** [sɛksu'aːl-, zɛksu'aːl-] *f* <-, *ohne pl*> educación *f* sexual; **Sexualforscher(in)** *m(f)* <-s, -; -, -nen> investigador(a) *m(f)* de la conducta sexual; **Sexualforschung** *f* <-, *ohne pl*> sexología *f;* **Sexualhormon** *nt* <-s, -e> hormona *f* sexual

Sexualität [sɛksuali'tɛːt, zɛksuali'tɛːt] *f* <-, *ohne pl*> sexualidad *f*

Sexualkunde *f* <-, *ohne pl*> educación *f* sexual; **Sexualkundeunterricht** *m* <-(e)s, -e> (SCH) clase *f* de educación sexual

Sexualleben *nt* <-s, *ohne pl*> vida *f* sexual; **Sexualmoral** *f* <-, *ohne pl*> moral *f* sexual; **Sexualmord** *m* <-(e)s, -e> asesinato *m* sexual; **Sexualobjekt** *nt* <-(e)s, -e> objeto *m* sexual; **Sexualtäter(in)** *m(f)* <-s, -; -, -nen> delincuente *mf* sexual, autor(a) *m(f)* de un delito sexual; **Sexualtrieb** *m* <-(e)s, *ohne pl*> instinto *m* sexual; **Sexualverbrechen** *nt* <-s, -> delito *m* sexual; **Sexualwissenschaft** *f* <-, *ohne pl*> sexología *f*

sexuell [sɛksu'ɛl, zɛksu'ɛl] *adj* sexual; **jdn ~ missbrauchen** abusar sexualmente de alguien

sexy ['sɛksi, 'zɛksi] *adj inv* (*fam*) sexy

Sezession¹ [zetsɛ'sjoːn] *f* <-, *ohne pl*> (KUNST) modernismo *m* austríaco

Sezession² *f* <-, -en> (POL) secesión *f*

Sezessionskrieg *m* <-(e)s, *ohne pl*> guerra *f* de Secesión

sezieren* [ze'tsiːrən] *vt* diseccionar

Seziersaal *m* <-(e)s, -säle> (UNIV) sala *f* de disección

SFB *m* <-> (RADIO) *Abk. von* **Sender Freies Berlin** emisora *f* del Berlín Libre

s-förmig[RR] ['ɛsfœrmɪç] *adj,* **S-förmig** *adj* en forma de ese

SGML (INFOR) *Abk. von* **Standard Generalized Markup Language** SGML

Shampoo ['ʃampu] *nt* <-s, -s> champú *m*

shampoonieren* [ʃampo'niːrən, ʃɛmpo'niːrən] *vt* (en)jabonar [*o* lavar] con champú

Shareware ['ʃɛɐwɐ] *f* <-, -s> (INFOR) software *m* compartido, programas *mpl* compartidos

Sheriff ['ʃɛrɪf] *m* <-s, -s> sheriff *m*

Sherry ['ʃɛri] *m* <-s, -s> jerez *m*

Shifttaste *f* <-, -n> (INFOR) tecla *f* de mayúsculas (en el ordenador)

Shorts [ʃɔːts, ʃɔrts] *pl* pantalones *mpl* cortos

Show [ʃɔʊ] *f* <-, -s> espectáculo *m,* show *m;* **eine ~ abziehen** (*fam fig*) dárselas de ser alguien; **Showbusiness**[RR] *nt* <-, *ohne pl*>, **Showbusineß** *nt* <-, *ohne pl*> mundo *m*

del espectáculo

Showdown [ʃoʊ'daʊn] *m* <-(s), -s> enfrentamiento *m,* confrontación *f;* **der ~ war sehr spannend** (FILM) el momento en que los dos protagonistas se enfrentan era de gran suspense

Showgeschäft *nt* <-(e)s, *ohne pl*> mundo *m* del espectáculo

Showmaster(in) [-maːstɐ] *m(f)* <-s, -; -, -nen> presentador(a) *m(f)*

Si (CHEM) *Abk. von* **Silicium** Si

Siam ['ziːam] *nt* <-s> (HIST) Siam *m*

siamesisch [zia'meːzɪʃ] *adj* siamés; **~e Zwillinge** hermanos siameses

Siamkatze *f* <-, -n> gato *m* siamés

Sibirer(in) [zi'biːrɐ] *m(f)* <-s, -; -, -nen> siberiano, -a *m, f*

Sibirien [zi'biːriən] *nt* <-s> Siberia *f*

sibirisch *adj* siberiano

sibyllinisch [zibʏ'liːnɪʃ] *adj* (*geh*) sibilino

sich [zɪç] *pron refl akk/dat von* **er, sie, es, Sie** *akk/dat von pl* **sie, Sie** se; (*betont*) a sí (se); (*mit Präposition*) sí; **sie wäscht ~** se lava; **sie wäscht ~** *dat* **die Haare** se lava el pelo; **er denkt nur an ~** sólo piensa en sí mismo; **bitte, setzen Sie ~!** ¡siéntese/siéntense, por favor!; **hier sitzt es ~ gut** aquí se está cómodo; **das Auto fährt ~ prima** el coche se lleva estupendamente; **bei Nebel fährt es ~ schlecht** es difícil conducir con niebla; **sie hat kein Geld bei ~** no lleva dinero consigo [*o* encima]; **er lud ihn zu ~ nach Hause ein** lo invitó a su casa; **jeder für ~** cada cual por su cuenta; **das ist eine Sache für ~** es una cosa aparte

Sichel ['zɪçəl] *f* <-, -n> hoz *f;* **Hammer und ~** la hoz y el martillo

sichelförmig *adj* con forma de hoz, falciforme; **ein ~er Mond** una luna en cuarto creciente

sicher ['zɪçɐ] **I.** *adj* (*ungefährdet, ungefährlich*) seguro; (*gewiss*) seguro, cierto; (*erfahren*) experto; (*zuverlässig*) fidedigno; **~ ist ~** por si acaso [*o* las moscas]; **man ist nirgendwo vor ihm ~** no se está a salvo de él en ninguna parte; **aus ~er Quelle** de fuente fidedigna; **aus ~er Entfernung** a una distancia prudente; **ein ~er Arbeitsplatz** un puesto de trabajo seguro; **sich ~ fühlen** sentirse seguro; **das bedeutet den ~en Tod** esto supone la muerte segura; **ist das ~?** ¿está seguro?; **bist du dir ~?** ¿estás seguro?; **er ist sich seiner Sache sehr ~** está muy seguro de sí mismo; **ich bin mir des Erfolges ~** estoy absolutamente seguro de que resultará; **auf Nummer S~ gehen** (*fam*) ir a lo seguro **II.** *adv* **1.** (*wahrscheinlich*) seguramente; **er kommt ~ bald** seguramente vendrá pronto **2.** (*gewiss*) con seguridad; **ja, ~ (doch)!** (*fam*) ¡pues claro!; **langsam aber ~** (*fam*) despacio pero seguro **3.** (*ungefährdet, ungefährlich*): **sie fährt sehr ~** conduce de una forma muy segura; **etw ~ aufbewahren** mantener algo en sitio seguro

sicher|gehen *irr vi sein* ir sobre seguro, estar seguro; **er will ganz ~, dass ...** quiere estar seguro de que... (*+subj*); **um sicherzugehen, dass ...** para estar seguro de que... (*+subj*)

Sicherheit¹ *f* <-, *ohne pl*> **1.** (*allgemein*) seguridad *f;* **jdn/etw in ~ bringen** salvar a alguien/algo; **öffentliche/innere ~** seguridad ciudadana/interna; **sich in ~ befinden** estar a salvo; **sich/jdn in ~ wiegen** creer uno/hacer creer a alguien (equivocadamente) que ha pasado el peligro **2.** (*im Auftreten*) aplomo *m* **3.** (*Gewissheit*) certeza *f,* seguridad *f;* **~ des Arbeitsplatzes** seguridad en el puesto de trabajo; **ich kann es (nicht) mit ~ sagen** (no) lo puedo confirmar con certeza; **mit an ~ grenzender Wahrscheinlichkeit** con una probabilidad que raya la certeza

Sicherheit² *f* <-, -en> (WIRTSCH) garantía *f;* **~ leisten** prestar [*o* rendir] caución, otorgar garantía

Sicherheitsabstand *m* <-(e)s, -stände> distancia *f* de seguridad; **Sicherheitsausschuss**[RR] *m* <-es, -schüsse> comisión *f* de seguridad; **Sicherheitsbeamte(r)** *mf* <-n, -n; -n, -n>, **-beamtin** *f* <-, -nen> guardia *mf* de seguridad; **Sicherheitsbedenken** *ntpl* reservas *fpl* de seguridad; **Sicherheitsberater(in)** *m(f)* <-s, -; -, -nen> consejero, -a *m, f* de seguridad; **Sicherheitsbindung** *f* <-, -en> (SPORT) fijación *f* de seguridad; **Sicherheitsglas** *nt* <-es, -gläser> vidrio *m* de seguridad; **Sicherheitsgurt** *m* <-(e)s, -e> cinturón *m* de seguridad; **den ~ anlegen** abrocharse el cinturón de seguridad; **sicherheitshalber** [-halbɐ] *adv* para estar seguro, para mayor seguridad; **Sicherheitskette** *f* <-, -n> cadena *f* de seguridad; **Sicherheitsklausel** *f* <-, -n> cláusula *f* de seguridad; **Sicherheitskode** *m* <-s, -s> (INFOR) código *m* de seguridad; **Sicherheitskontrolle** *f* <-, -n> control *m* de seguridad; **Sicherheitskopie** *f* <-, -n> (INFOR) copia *f* de seguridad; **Sicherheitsleistung** *f* <-, *ohne pl*> (constitución *f* de) garantía *f,* depósito *m* de garantía, fianza *f;* **Sicherheitsnadel** *f* <-, -n> imperdible *m,* alfiler *m* de gancho *Arg;* **Sicherheitspolitik** *f* <-, *ohne pl*> política *f* de seguridad; **Sicherheitsprüfung** *f* <-, -en> (INFOR) control *m* de seguridad; **Sicherheitsrat** *m* <-(e)s, *ohne pl*> Consejo *m* de Seguridad; **Sicherheitsschloss**[RR] *nt* <-es, -schlösser> cerradura *f* de seguridad, cierre *m* de seguridad; **Sicherheitsstandard** *m* <-s, -s> estándar *m* de seguridad, norma *f* de seguridad; **Sicherheitsventil** *nt* <-s, -e> válvula *f* de seguridad; **Sicherheitsverschluss**[RR] *m* <-es, -schlüsse> cierre *m* de seguridad; **Sicherheitsverwahrung** *f* <-, *ohne pl*> (JUR) custodia *f* de seguridad; **Sicherheitsvorkehrung** *f* <-,

S

-en> medida *f* de seguridad; ~**en treffen** tomar precauciones; **Sicherheitsvorschrift** *f* <-, -en> norma *f* de seguridad; **Sicherheitszone** *f* <-, -n> zona *f* de seguridad

sicherlich *adv* seguramente

sichern ['zɪçɐn] **I.** *vt* **1.** (*schützen*) proteger (*gegen/vor* contra), salvaguardar (*gegen/vor* contra); (*Rechte*) asegurar, garantizar; **ihre Zukunft ist gesichert** tiene su futuro asegurado; **sich** *dat* **etw** ~ reservarse algo; **Spuren** ~ levantar [*o* embalar] la evidencia física **2.** (*Tür*) cerrar firmemente; (*Gewehr*) asegurar **3.** (*befestigen*) consolidar **4.** (INFOR: *speichern*) almacenar; **vor Zugriff** ~ proteger [*o* preservar] del acceso **II.** *vr:* **sich** ~ (*beim Bergsteigen*) asegurarse

sicher|stellen *vt* **1.** (*beschlagnahmen*) intervenir, confiscar **2.** (*gewährleisten*) asegurar, garantizar; **wir müssen ~, dass ...** tenemos que asegurar que... *+subj*

Sicherstellung *f* <-, -en> aseguramiento *m*

Sicherung¹ *f* <-, *ohne pl*> **1.** (*Schutz*) protección *f* (*gegen* contra), aseguramiento *m;* **die ~ der Zukunft** el aseguramiento del futuro **2.** (INFOR: *Speicherung*) almacenamiento *m,* retención *f* de datos, memorización *f*

Sicherung² *f* <-, -en> **1.** (ELEK) fusible *m,* plomo *m;* (*bei Waffen*) seguro *m;* **die ~ ist durchgebrannt** se fundieron los plomos; **bei ihm ist die ~ durchgebrannt** (*fam fig*) se ha puesto hecho una furia **2.** (*Befestigung*) consolidación *f*

Sicherungskasten *m* <-s, -kästen> caja *f* de fusibles

Sicherungskopie *f* <-, -n> (INFOR) copia *f* de seguridad; **Sicherungstechnik** *f* <-, *ohne pl*> técnica *f* de seguridad; **Sicherungsübereignung** *f* <-, -en> (JUR) cesión *f* de una propiedad a título de garantía; **Sicherungsverwahrung** *f* <-, *ohne pl*> (JUR) internamiento *m* preventivo, custodia *f* de seguridad

Sicht [zɪçt] *f* <-, *ohne pl*> **1.** (*~verhältnisse*) visibilidad *f;* (*Ausblick*) vista *f;* **die ~ betrug nicht einmal 100 Meter** la visibilidad no era ni de 100 metros; **heute haben wir klare ~** hoy tenemos una buena visibilidad; **in ~ kommen** aparecer; **Land in ~!** ¡tierra a la vista!; **jdm die ~ versperren** tapar a alguien la vista; **auf lange ~** a largo plazo **2.** (*~weise*) (punto *m* de) vista *f;* **aus** [*o* **in**] **heutiger ~** desde el punto de vista actual; **aus meiner ~ hast du falsch gehandelt** desde mi punto de vista has obrado mal; **ich teile deine ~ der Dinge nicht** no comparto tu punto de vista **3.** (COM: *Vorlage*) vista *f;* **zahlbar bei ~** (*Wechsel*) pagadero a la vista

sichtbar *adj* **1.** (*zu sehen*) visible; (*wahrnehmbar*) perceptible **2.** (*offensichtlich*) evidente, manifiesto, obvio; ~ **werden** manifestarse; **~e Fortschritte machen** hacer progresos notables [*o* notorios]

sichten ['zɪçtən] *vt* **1.** (*erblicken*) avistar, divisar **2.** (*durchsehen*) revisar; (*ordnen*) ordenar, clasificar

Sichtfenster *nt* <-s, -> ventana *f;* **Sichtflug** *m* <-(e)s, -flüge> (AERO) vuelo *m* visual; **Sichtgerät** *nt* <-(e)s, -e> monitor *m;* **Sichtgrenze** *f* <-, -n> límite *m* de visibilidad; **Sichthülle** *f* <-, -n> funda *f* transparente

sichtlich *adj* evidente, visible; **er hat sich ~ gefreut** se alegró visiblemente

Sichtmappe *f* <-, -n> clasificador *m* transparente; **Sichttratte** *f* <-, -n> (FIN) letra *f* a la vista, giro *m* a la vista

Sichtung¹ *f* <-, *ohne pl*> (*das Erspähen*) distinción *f*

Sichtung² *f* <-, -en> (*das Durchsehen*) examen *m;* (*das Ordnen, Sortieren*) clasificación *f*

Sichtverbindlichkeiten *fpl* (FIN) obligaciones *fpl* a la vista; **Sichtverhältnisse** *ntpl* (condiciones *fpl* de) visibilidad *f;* **Sichtvermerk** *m* <-(e)s, -e> visado *m,* visa *f Am;* **Sichtwechsel** *m* <-s, -> (FIN) letra *f* a la vista; **Sichtweite** *f* <-, -n> visibilidad *f;* **außer/in ~ sein** estar fuera del/al alcance de la vista

Sickerfeld *nt* <-(e)s, -er> campo *m* filtrante; **Sickergrube** *f* <-, -n> sumidero *m*

sickern ['zɪkɐn] *vi sein* (*durch~*) colarse (*durch* por), filtrarse (*durch* por); (*hinein~*) infiltrarse (*in* en), ser absorbido (*in* por); **das Wasser sickerte in die Erde** el agua fue absorbida por la tierra; **von diesem Plan darf auf keinen Fall etwas nach draußen ~** nadie debe enterarse de algo relacionado con este plan

Sickerwasser *nt* <-s, *ohne pl*> agua *f* de infiltración

Sideboard ['saɪtbɔːt] *nt* <-s, -s> aparador *m*

sie [ziː] *pron pers* **1.** *nom 3. sg f* ella; **wo bleibt Julia? – da ist ~ ja!** ¿dónde se ha metido Julia? – ¡allí viene!; **wenn ich ~ wäre** si yo fuera ella; **du bist größer als ~** eres más alta que ella; **ist dein Hund ein Er oder eine S~?** ¿el tuyo es perro o perra?; **wo hast du die Zeitschrift? – ~ liegt auf dem Tisch** ¿dónde tienes la revista? – está en la mesa **2.** *nom 3. Pl m o f* ellos *mpl,* ellas *fpl;* **~ sind Lehrerinnen** (ellas) son maestras; **waren ~ auf der Party?** ¿estaban en la fiesta? **3.** *akk von sg* **sie** la; (*betont*) a ella (la); (*mit Präposition*) ella; **ich treffe ~ heute Abend** la veo esta noche; **das ist eine Karte von Gerd, willst du ~ lesen?** es una tarjeta de Gerd, ¿quieres leerla?; **mit ihm bin ich gut befreundet, aber ~ kenne ich noch nicht** él es buen amigo mío, pero a ella todavía no la conozco; **die Bücher sind für ~** los libros son para ella **4.** *akk von Pl* **sie** (*auf Menschen bezogen*) los *mpl;* (*nur auf Frauen bezogen*) las; (*auf Sachen bezogen*) los *mpl,* las *fpl;* (*betont: Menschen*) a ellos (los) *mpl,* a ellas (las) *fpl;* (*mit Präposition: Menschen*) ellos *mpl,* ellas *fpl;* **ich habe ~ lange nicht gesehen** hace mucho que no les [*o* los] veo; **wo sind deine Freundinnen? – ich habe ~ nicht eingeladen** ¿dónde están tus amigas? – no las he invitado; **hast du schon die letzten Neuigkeiten gehört? – nein, erzähl ~ mir!** ¿has oído ya las últimas novedades? – no, ¡cuéntamelas!; **die Kinder sind draußen, rufst du ~?** los niños están fuera, ¿los llamas?; **wir machen alles nur für ~** lo hacemos todo por ellos

Sie [ziː] *pron pers* (*Höflichkeitsform*) **1.** *nom* (*eine Person*) usted, Ud.; (*mehrere Personen*) ustedes, Uds.; **wenn ich ~ wäre** si yo fuera usted; **~ Geizkragen!** ¡(vaya) tacaño [*o* agarrado]!; **hallo, ~!** ¡eh, usted!; **jdn mit ~ anreden** tratar a alguien de usted **2.** *akk von* **Sie** (*einen Mann*) lo; (*eine Frau*) la; (*mehrere Personen*) los *mpl;* (*mehrere Frauen*) las; (*betont*) a usted [*o* Ud.] (lo) *m,* a usted [*o* Ud.] (la) *f,* a ustedes [*o* Ud.] (los) *mpl,* a ustedes [*o* Ud.] (las) *fpl;* (*mit Präposition: eine Person*) usted, Ud.; (*mehrere Personen*) ustedes, Uds.; **darf ich ~ mal stören?** ¿puedo molestarlo(s) un momento?; **ich meine ~!** ¡me refiero a usted(es)!

Sieb [ziːp] *nt* <-(e)s, -e> (*Sand~, Getreide~*) criba *f;* (*Mehl~*) cedazo *m;* (*feines ~*) tamiz *m;* (*für Flüssigkeiten*) colador *m;* (*für Gemüse, Nudeln*) escurridor *m,* escurreverduras *m inv;* **etw durch ein ~ gießen** colar algo; **er hat ein Gedächtnis wie ein ~** (*fam*) tiene muy mala memoria; **Siebanlage** *f* <-, -n> instalación *f* de cribado; **Siebdruck** *m* <-(e)s, *ohne pl*> (*Verfahren*) serigrafía *f*

sieben[1] ['ziːbən] **I.** *vt* **1.** (*Sand*) cribar; (*Mehl*) tamizar, cerner **2.** (*auswählen*) seleccionar **II.** *vi* seleccionar; **an der Schule wird gnadenlos gesiebt** en la escuela se cargan a la gente sin misericordia alguna

sieben[2] ['ziːbən] *adj inv* siete; **die ~ Weltwunder** las siete maravillas del mundo; **ein Buch mit ~ Siegeln** un misterio; *s. a.* **acht**

Siebenbürgen [-'bʏrgən] *nt* <-s> Transilvania *f*

Siebeneck *nt* <-(e)s, -e> heptágono *m*

siebeneckig *adj* heptagonal

siebenerlei ['ziːbənɐ'laɪ] *adj inv* de siete clases [*o* formas] diferentes, siete clases (diferentes) de; *s. a.* **achterlei**

siebenfach **I.** *adj* séptuplo, siete veces; **das S~e** el séptuplo **II.** *adv* siete veces; *s. a.* **achtfach**

Siebengebirge ['ziːbəngəbɪrgə] *nt* <-s> "Siebengebirge" *m,* Siete Montañas *fpl*

siebengeschossig *adj* de siete pisos [*o* plantas]

Siebengestirn *nt* <-s, *ohne pl*> (ASTR) Pléyade(s) *f(pl)*

siebenhundert ['--'--] *adj inv* setecientos; *s. a.* **achthundert**

siebenhundertste(r, s) *adj* septingentésimo; *s. a.* **achthundertste(r, s)**

siebenjährig *adj* (*sieben Jahre alt*) de siete años (de edad), sieteñal; (*sieben Jahre dauernd*) de siete años (de duración); *s. a.* **achtjährig**

Siebenjährige(r) *mf* <-n, -n; -n, -n> niño, -a *m, f* de siete años; **unsere Tochter kam als ~ in die Schule** nuestra hija empezó en la escuela a los siete años

siebenköpfig *adj* de siete miembros

siebenmal *adv* siete veces; *s. a.* **achtmal**

siebenmalig ['ziːbənmaːlɪç] *adj* que se repite siete veces

Siebenmeilenstiefel *mpl:* **mit ~n** (*fam*) a pasos agigantados; **~ anhaben** (*fam*) ir a paso de carga

Siebenmeter [--'--] *m* <-s, -> (SPORT) penalti *m*

Siebenmeterbrett *nt* <-(e)s, -er> (SPORT) trampolín *m* de siete metros

Siebenmonatskind *nt* <-(e)s, -er> sietemesino, -a *m, f*

Siebensachen ['--'--] *fpl* (*fam*) trastos *mpl,* chismes *mpl;* **seine ~ zusammensuchen** ir recogiendo sus trastos; **Siebenschläfer** [-ʃlɛːfɐ] *m* <-s, -> lirón *m*

siebenseitig *adj* de siete páginas

siebenstellig *adj* de siete cifras

siebenstöckig *adj* de siete pisos [*o* plantas]

siebenstrophig *adj* de siete estrofas

siebenstündig *adj* de siete horas (de duración)

siebenstündlich *adj* cada siete horas

siebentägig [-tɛːgɪç] *adj* de siete días (de duración)

siebentausend ['--'--] *adj inv* siete mil

Siebentausender *m* <-s, -> (GEO) pico *m* (de montaña) de (más de) 7.000 m de altura

siebente(r, s) ['ziːbəntə, -tɐ, -təs] *adj s.* **siebte(r, s)**

Siebenteiler *m* <-s, -> (TV) programa con [*o* de] siete partes [*o* capítulos]

siebenteilig *adj* (TV) que tiene siete partes [*o* capítulos]

Siebentel *nt* <-s, -> *s.* **Siebtel**

siebentens ['ziːbəntəns] *adv s.* **siebtens**

siebenzeilig *adj* de siete líneas

Siebenzimmerwohnung *f* <-, -en> vivienda *f* de siete habitaciones [*o* de seis habitaciones más salón]

siebt: **zu ~** (*in Siebenergruppen*) de siete en siete; (*zusammen, als Gruppe von sieben*) entre (los) siete; *s. a.* **acht**[2]

siebte(r, s) ['ziːptə, -tɐ, -təs] *adj* séptimo; *s. a.* **achte(r, s)**

siebtel ['ziːptəl] *adj inv* séptimo; *s. a.* **achtel**

Siebtel ['ziːptəl] *nt* <-s, -> séptimo, -a *m, f,* séptima parte *f; s. a.* **Achtel**

siebtens ['ziːptəns] *adv* en séptimo lugar; (*bei einer Aufzählung*) séptimo; *s. a.* **achtens**

siebtletzte(r, s) *adj* en séptimo lugar empezando por detrás [*o* por la cola]; *s. a.* **achtletzte(r, s)**

siebzehn ['ziːptseːn] *adj inv* diecisiete; *s. a.*

S

acht
siebzehnte(r, s) *adj* diecisieteavo; *s. a.* **achte(r, s)**
Siebzehntel *nt* <-s, -> diecisieteavo *m*, diecisieteava parte *f*; *s. a.* **Achtel**
siebzig ['zi:ptsɪç] *adj inv* setenta; *s. a.* **achtzig**
siebziger *adj inv* **1.** (*1970 bis 1979*) de (la década de) los setenta **2.** (*von 1970*) del setenta; *s. a.* **achtziger**
Siebziger[1] *m* <-s, -> **1.** (*Wein*) vino *m* de la añada de 1970 **2.** (*Wend*): **in den ~n sein** ser un setentón; *s. a.* **Achtziger**
Siebziger(in)[2] *m(f)* <-s, -; -, -nen> (*fam*) setentón, -ona *m, f*
Siebzigerjahre *mpl*: **die ~** los años setenta
siebzigjährig *adj* de sesenta años; *s. a.* **achtjährig**
Siebzigjährige(r) *mf* <-n, -n; -n, -n> septuagenario, -a *m, f*, setentón, -ona *m, f*
siebzigste(r, s) *adj* septuagésimo; *s. a.* **achzigste(r, s)**
Siebzigstel *nt* <-s, -> setentavo *m*, setentava parte *f*; *s. a.* **Achtel**
siech [zi:ç] *adj* (*geh*) achacoso, enfermizo; (*mickrig*) raquítico, canijo
Siechtum *nt* <-s, *ohne pl*> (*alt geh*) larga enfermedad *f*; **der Tod erlöste sie von ihrem langen ~** la muerte la liberó de su larga enfermedad
siedeln ['zi:dəln] *vi* asentarse
sieden ['zi:dən] <siedet, sott *o* siedete, gesotten *o* gesiedet> *vi* hervir, estar en ebullición; **~d heiß** (*reg*) hirviendo, en ebullición; **plötzlich fiel mir ~d heiß ein, dass ...** (*fam*) de pronto me acordé de que...
siedendheiß ['--'-] *adj s.* **sieden**
Siedepunkt *m* <-(e)s, -e> (PHYS) punto *m* de ebullición
Siedewasserreaktor *m* <-s, -en> reactor *m* de agua en ebullición
Siedler(in) ['zi:dlɐ] *m(f)* <-s, -; -, -nen> colono *m*, poblador(a) *m(f)*
Siedlung ['zi:dlʊŋ] *f* <-, -en> **1.** (*Wohn~*) urbanización *f* **2.** (HIST) población *f*, asentamiento *m*; (*Kolonie*) colonia *f*; **Siedlungsraum** *m* <-(e)s, -räume> espacio *m* de asentamiento
Sieg [zi:k] *m* <-(e)s, -e> victoria *f* (*über* sobre), triunfo *m* (*über* sobre); **um den ~ kämpfen** luchar por la victoria; **den ~ davontragen** [*o* **erringen**] conseguir la victoria; **das hat ihn den ~ gekostet, das hat ihn um den ~ gebracht** le ha costado la victoria; **der Gerechtigkeit/der Vernunft zum ~ verhelfen** contribuir al triunfo de la justicia/razón
Siegel ['zi:gəl] *nt* <-s, -> sello *m*; **unter dem ~ der Verschwiegenheit** bajo la condición de guardar el secreto; **das ist für mich ein Buch mit sieben ~n** no me entra en la cabeza; **Siegellack** *m* <-(e)s, -e> lacre *m*
siegeln ['zi:gəln] *vt* sellar
Siegelring *m* <-(e)s, -e> anillo *m* de sello
siegen ['zi:gən] *vi* ganar (*über* a), vencer (*über* a); **sie siegten mit 1:3 über die gegnerische Mannschaft** ganaron al equipo contrario por 1:3
Sieger(in) *m(f)* <-s, -; -, -nen> vencedor(a) *m(f)*, campeón, -ona *m, f*; **zweiter ~ sein** quedar segundo; **die dreimalige ~in** la tres veces [*o* triple] campeona; **als ~ aus etw hervorgehen** salir vencedor [*o* victorioso] de algo; **Siegerehrung** *f* <-, -en> ceremonia *f* de entrega de (los) premios
Siegerin *f* <-, -nen> *s.* **Sieger**
Siegerpodest *nt* <-(e)s, -e> podio *m* (de vencedores), podium *m* de vencedores; **Siegerpose** *f* <-, -n> pose *f* de vencedor; **Siegerstraße** *f* <-, -n> (SPORT): **auf der ~ sein** ir ganando
Siegertreppchen *nt* <-s, -> podio *m*, podium *m*; **Siegerurkunde** *f* <-, -n> certificado *m* de vencedor
siegesbewusst[RR] *adj* seguro del triunfo; **Siegesfreude** *f* <-, *ohne pl*> alegría *f* por la victoria [*o* por el triunfo]; **siegesgewiss**[RR] *adj* (*geh*) *s.* **siegessicher**; **Siegesgöttin** *f* <-, -nen> (MYTH) diosa *f* de la Victoria; **Siegeskranz** *m* <-es, -kränze> corona *f* de la victoria, laureola *f*, lauréola *f*; **siegessicher** *adj* seguro de triunfar; **~ lächeln** sonreír seguro del triunfo; **Siegeszug** *m* <-(e)s, -züge> cortejo *m* triunfal
siegreich *adj* victorioso; (SPORT) ganador; **aus etw ~ hervorgehen** salir vencedor [*o* victorioso] de algo
sieht [zi:t] *3. präs von* **sehen**
SI-Einheit *f* <-, -en> unidad *f* SI
Siel [zi:l] *m o nt* <-(e)s, -e> (*nordd*) **1.** (*Deichschleuse*) esclusa *f* de dique, arqueta *f* **2.** (*Abwasserkanal*) cloaca *f*
siezen ['zi:tsən] *vt* tratar de usted; **sie ~ sich** se tratan de usted
Sigel ['zi:gəl] *nt* <-s, -> **1.** (*Kürzel*) abreviatura *f* taquigráfica, sigla *f* **2.** (*für Buchtitel*) signatura *f*
Sightseeing ['saɪtsi:ɪŋ] *nt* <-(s), *ohne pl*> visita *f* turística, recorrido *m* turístico
Signal [zɪ'gna:l] *nt* <-s, -e> señal *f*; **~e geben** hacer señales; **ein ~ setzen** poner una señal; **Signalanlage** *f* <-, -n> sistema *m* de señalización
Signalement *nt* <-s, -s> (*Schweiz*) descripción *f* física
Signalflagge *f* <-, -n> (NAUT) bandera *f* de señales
signalisieren* [zɪgnali'zi:rən] *vt* **1.** (*andeuten*) señalar **2.** (*Schweiz: ausschildern*) señalizar
Signalkanal *m* <-s, -kanäle> (TEL) canal D *m* [*o* de señalización] (*en RSDI*); **Signallampe** *f* <-, -n> **1.** (*Licht*) lámpara *f* de señalización **2.** (EISENB) indicador *m* luminoso; **Signalmast** *m* <-(e)s, -e(n)> **1.** (EISENB) poste *m* para señales **2.** (*Ampelmast*) poste *m* de semáforo; **Signalpistole** *f* <-, -n> pistola *f*

de señales; **Signalwirkung** *f* <-, -en>: ~ **haben** marcar la pauta; **von etw geht eine ~ aus** algo sirve de modelo [*o* de norma]

Signatar(in) [zɪgna'taːɐ] *m(f)* <-s, -e; -, -nen> signatario, -a *m, f*, firmante *mf*

Signatur [zɪgna'tuːɐ] *f* <-, -en> **1.** (*eines Buchs, a.* TYPO) signatura *f* **2.** (*auf Landkarten*) signos *mpl* convencionales

Signet [zɪ'gneːt, zɪn'jeː] *nt* <-s, -s> **1.** (*Verlagszeichen*) pie *m* editorial **2.** (*Markenzeichen*) marca *f*

signieren* [zɪ'gniːrən] *vt* firmar

Signierung *f* <-, -en> firma *f*

signifikant [zɪgnifi'kant] *adj* (*geh*) significativo

Sikh [ziːk] *m* <-s, -s> sij *m* [*o* sikh] *m*

Silage *f* <-, *ohne pl*> (AGR) ensilaje *m*

Silbe ['zɪlbə] *f* <-, -n> sílaba *f*; **etw mit keiner ~ erwähnen** no decir ni una palabra de algo; **Silben(kreuzwort)rätsel** *nt* <-s, -> crucigrama *m* silábico

Silbentrennung *f* <-, -en> separación *f* silábica; **Silbentrennungsprogramm** *nt* <-s, -e> (INFOR) programa *m* de división de palabras

Silber ['zɪlbɐ] *nt* <-s, *ohne pl*> **1.** (*Metall, a.* CHEM) plata *f*; **etw mit ~ überziehen** platear algo; **aus ~** de plata **2.** (*Tafel~*) (cubiertos *mpl* de) plata *f*; **Silberbesteck** *nt* <-(e)s, -e> cubertería *f* de plata; **Silberblick** *m* <-(e)s, *ohne pl*> (*fam*) estrabismo *m*; **silberfarben** *adj*, **silberfarbig** *adj* plateado; **Silberfischchen** *nt* <-s, -> lepisma *f*, pececito *m* de plata; **Silberfuchs** *m* <-es, -füchse> zorro *m* gris; **Silbergehalt** *m* <-(e)s, -e> ley *f* de plata; **Silbergeschirr** *nt* <-s, *ohne pl*> vajilla *f* de plata; **silbergrau** *adj* gris plateado [*o* plata]; **Platin ist ein ~es Edelmetall** el platino es un metal precioso de color plateado; **silberhaltig** *adj* argentífero; **silberhell** *adj* argentina; **eine ~e Stimme** una voz argentina [*o* argentada]; **ihr Lachen tönte ~** tenía una risa argentina; **Silberhochzeit** *f* <-, -en> bodas *fpl* de plata; **Silbermedaille** *f* <-, -n> medalla *f* de plata; **Silbermünze** *f* <-, -n> moneda *f* de plata

silbern ['zɪlbɐn] *adj* **1.** (*aus Silber*) de plata; **~e Hochzeit feiern** celebrar las bodas de plata **2.** (*Farbton*) plateado

Silberpapier *nt* <-s, -e> papel *m* de plata; **Silberpappel** *f* <-, -n> álamo *m* blanco; **Silberschmied(in)** *m(f)* <-(e)s, -e; -, -nen> platero, -a *m, f*; **Silberstimme** *f* <-, -n> voz *f* argentada; **Silberstreifen** *m* <-s, -> raya *f* plateada; **es zeichnet sich ein ~ am Horizont ab** se vislumbra un rayo de esperanza; **silberweiß** *adj* gris plata, plateado

silbrig ['zɪlbrɪç] *adj* **1.** (*silbern*) plateado **2.** (*wohltönend*) armonioso, melodioso; (*Stimme*) argentino

Silhouette [zilu'ɛtə] *f* <-, -n> silueta *f*; **sich als ~ abzeichnen** [*o* **abheben**] apreciarse la silueta de (*gegen* frente)

Silierung *f* <-, *ohne pl*> (AGR) ensilado *m*

Silikat [zili'kaːt] *nt* <-(e)s, -e> (CHEM) silicato *m*

Silikon [zili'koːn] *nt* <-s, -e> (CHEM) silicona *f*

Silikose [zili'koːzə] *f* <-, -n> (MED) silicosis *f inv*

Silizium [zi'liːtsiʊm] *nt* <-s, *ohne pl*> (CHEM) silicio *m*

Silo ['ziːlo] *m o nt* <-s, -s> silo *m*, cía *f Arg*; **Silofutter** *nt* <-s, *ohne pl*> (AGR) forraje *m* ensilado

Silvester [zɪl'vɛstɐ] *m o nt* <-s, -> Nochevieja *f*; **~ feiern** (*ein Fest veranstalten*) hacer una fiesta de Nochevieja; **wir wollen ~ in Paris feiern** (*verbringen*) queremos pasar la Nochevieja en París; **Silvesterabend** *m* <-s, -e> (tarde-noche *f* de) Nochevieja *f*; **Silvesterfeier** *f* <-, -n> fiesta *f* de Noche Vieja; **Silvesternacht** *f* <-, -nächte> (noche *f* de) Nochevieja *f*; **Silvesterparty** *f* <-, -s> *s.* **Silvesterfeier**

simpel ['zɪmpəl] *adj* simple

Simpel ['zɪmpəl] *m* <-s, -> (*reg: fam*) tonto, -a *m, f*, simple *mf*

Simplex *nt* <-, *ohne pl*> (INFOR, TEL) simplex *m*, transmisión *f* unidireccional

simplifizieren* [zɪmplifi'tsiːrən] *vt* (*geh*) simplificar

Sims [zɪms] *m o nt* <-es, -e> repisa *f*, moldura *f*

Simsalabim *interj* ¡abracadabra!

Simulant(in) [zimu'lant] *m(f)* <-en, -en; -, -nen> simulador(a) *m(f)*

Simulation *f* <-, -en> simulación *f*

Simulator [zimu'laːtoːɐ] *m* <-s, -en> simulador *m*

simulieren* [zimu'liːrən] *vi, vt* simular

simultan [zimʊl'taːn] *adj* simultáneo; **~ dolmetschen** traducir simultáneamente; **Simultandolmetschen** *nt* <-s, *ohne pl*> interpretación *f* simultánea; **Simultandolmetscher(in)** *m(f)* <-s, -; -, -nen> traductor(a) *m(f)* simultáneo, -a

sin (MATH) *Abk. von* **Sinus** seno *m*

Sinaihalbinsel ['ziːnai-] *f* Península *f* del Sinaí

sind [zɪnt] *1. o 3. Pl präs von* **sein**

sine tempore ['ziːnə 'tɛmpore] *adv* (UNIV) en punto, sin el cuarto de hora académico

Sinfonie [zɪnfo'niː] *f* <-, -n> sinfonía *f*; **Sinfoniekonzert** *nt* <-(e)s, -e> concierto *m* sinfónico; **Sinfonieorchester** *nt* <-s, -> orquesta *f* sinfónica

sinfonisch [zɪn'foːnɪʃ] *adj* (MUS) sinfónico

Singapur ['zɪŋgapuːɐ] *nt* <-s> Singapur *m*

singen ['zɪŋən] <singt, sang, gesungen> *vi, vt* cantar; **falsch ~** desentonar, desafinar; **er sang etwas zur Gitarre** cantó acompañándose con la guitarra; **vor sich hin ~** canturrear; **jdn in den Schlaf ~** arrullar a alguien; **er hat gleich am ersten Tag gesun-**

gen (*fam*) cantó ya el primer día; **das kann ich schon ~!** (*fam: sicher sein*) ¡y tanto!; **das kannst du** (**aber**) **~!** (*fam: wirst du sehen*) ¡espera y verás!

Singerei [zɪŋəˈraɪ] *f* <-, *ohne pl*> (*fam abw*) canturreo *m;* **Schluss jetzt endlich mit der ~, ich will meine Ruhe haben!** ¡dejad ya de canturrear que quiero descansar!

Singhalese, **-in** [zɪŋgaˈleːzə] *m, f* <-n, -n; -, -nen> singalés, -esa *m, f,* cingalés, -esa *m, f*

Single¹ [ˈsɪŋ(g)əl] *f* <-, -(s)> (*Schallplatte*) (disco *m*) sencillo *m*

Single² [ˈsɪŋ(g)əl] *m* <-(s), -s> (*Person*) soltero, -a *m, f* (y sin pareja)

Singsang [ˈzɪŋzaŋ] *m* <-s, *ohne pl*> canto *m* monótono

Singspiel *nt* <-(e)s, -e> (MUS) opereta *f,* zarzuela *f;* **Singstimme** *f* <-, -n> **1.** (*die Stimme*) *voz de alguien que canta* **2.** (MUS) parte *f* de un canto

Singular [ˈzɪŋgulaːɐ] *m* <-s, -e> (LING) singular *m*

Singvogel *m* <-s, -vögel> pájaro *m* cantor [*o* canoro]

sinister [ziˈnɪstɐ] *adj* (*geh*) siniestro

sinken [ˈzɪŋkən] <sinkt, sank, gesunken> *vi sein* **1.** (*nieder~*) descender; (*Schiff*) hundirse; **auf die Knie ~** arrodillarse; **er sank auf einen Stuhl** se dejó caer en una silla; **er sank nach vorn** se cayó hacia delante **2.** (*sich senken, abnehmen*) bajar; (*Vertrauen, Einfluss, Hoffnung*) disminuir; **er sank in meiner Achtung** disminuyó en mi estima; **die Temperaturen/Preise ~** las temperaturas/los precios bajan; **sie ließ alle Hoffnung ~** perdió toda esperanza

Sinkstoffe *mpl* sedimentos *mpl*

Sinn¹ [zɪn] *m* <-(e)s, -e> (*Wahrnehmungs~*) sentido *m;* **die fünf ~e** los cinco sentidos; **sein sechster ~** su sexto sentido; **seine fünf ~e auf etw verwenden** poner sus cinco sentidos en algo; **von ~en sein, seine fünf ~e nicht beisammen haben** no estar en su sano juicio

Sinn² *m* <-(e)s, *ohne pl*> **1.** (*Verständnis*) sentido *m* (*für* de), sensibilidad *f* (*für* para); **~ für Humor haben** tener sentido del humor **2.** (*Zweck*) objetivo *m,* sentido *m;* **das ist nicht der ~ der Sache** no se trata de eso, eso no es lo que se pretende; **der ~ des Lebens** el sentido de la vida; **das hat keinen ~** eso no tiene sentido; **worin liegt hier der tiefere ~?** ¿dónde reside el sentido profundo de esto?; **ohne ~ und Verstand** sin pies ni cabeza **3.** (*Bedeutung*) significado *m,* sentido *m;* **im wörtlichen/übertragenen ~** en el sentido literal/figurado; **der Satz ergibt keinen ~** la frase no tiene sentido; **im wahrsten ~e des Wortes** en el más amplio sentido de la palabra; **im engeren/weiteren ~e des Wortes** en sentido específico/general; **in gewissem ~** en cierto sentido; **in diesem ~e** en este sentido **4.** (*geh: das Denken*): **etw kommt ihm in den ~** algo se le viene a la cabeza; **wir sind eines ~es** somos de la misma opinión; **etw im ~ haben** tener la intención de hacer algo; **in jds ~ handeln** obrar como alguien lo hubiera hecho; **das ist nicht in seinem ~** no es de su gusto; **mir steht der ~ nicht nach Fernsehen** no tengo ganas de ver la televisión; **schlag dir das aus dem ~!** ¡quítatelo de la cabeza!

Sinnbild *nt* <-(e)s, -er> símbolo *m* (*für* de); **sinnbildlich** *adj* simbólico

sinnen [ˈzɪnən] <sinnt, sann, gesonnen> *vi* (*geh*) **1.** (*nachdenken*) pensar (*über* en), recapacitar (*über* sobre) **2.** (*trachten*) aspirar (*auf* a)

Sinnenlust *f* <-, *ohne pl*> sensualidad *f,* voluptuosidad *f*

sinnentleert *adj* (*geh*) sin sentido, carente de sentido; **sinnentstellend** *adj* que desfigura el sentido

Sinnesänderung *f* <-, -en> cambio *m* de opinión; **Sinneseindruck** *m* <-(e)s, -drücke> impresión *f,* sensación *f;* **Sinnesorgan** *nt* <-s, -e> órgano *m* sensorial [*o* sensitivo]; **Sinnesstörung** *f* <-, -en> trastorno *m* sensorial; **Sinnestäuschung** *f* <-, -en> alucinación *f;* **Sinneswahrnehmung** *f* <-, -en> percepción *f* sensorial; **Sinneswandel** *m* <-s, *ohne pl*> cambio *m* de opinión

sinnfällig *adj* evidente, manifiesto

sinngemäß *adj* conforme al sentido; **sinngetreu** *adj* fiel (al sentido)

sinnieren* [zɪˈniːrən] *vi* (*geh*) cavilar (*über* sobre), meditar (*über* sobre)

sinnig *adj* sensato, bien pensado; **sehr ~!** (*iron*) ¡qué oportuno [*o* bonito]!

sinnlich *adj* **1.** (*auf Sinnesorgane bezogen*) sensorial **2.** (*Mensch, Genuss*) sensual

Sinnlichkeit *f* <-, *ohne pl*> sensualidad *f*

sinnlos *adj* (*unsinnig*) sin sentido, insensato; (*zwecklos*) inútil; (*widersinnig*) absurdo; **das ist völlig ~** esto no tiene ningún sentido; **sich ~ betrinken** emborracharse hasta perder el sentido, ahogar sus penas en alcohol; **Sinnlosigkeit** *f* <-, *ohne pl*> falta *f* de sentido, absurdidad *f;* **sinnreich** *adj* ingenioso; **sinnverwandt** *adj* (LING) sinónimo; **sinnvoll** *adj* **1.** (*vernünftig*) sensato **2.** (*nützlich*) útil, práctico **3.** (*Satz*) con sentido; **sinnwidrig** *adj* (*geh*) absurdo

Sinologe, **-in** [zinoˈloːgə] *m, f* <-n, -n; -, -nen> sinólogo, -a *m, f*

Sinologie [zinoloˈgiː] *f* <-, *ohne pl*> sinología *f*

Sinologin *f* <-, -nen> *s.* **Sinologe**

Sintflut [ˈzɪntfluːt] *f* <-, *ohne pl*> diluvio *m;* **nach mir die ~** y luego que caiga quien caiga; **eine ~ von Briefen** una avalancha de cartas; **sintflutartig** *adj* como un diluvio, en avalancha, (todo) de golpe

Sinti [ˈzɪnti] *pl* gitanos, -as *m, f pl*

Sinus [ˈziːnʊs] *m* <-, – *o* -se> (MATH) seno *m*

Siphon [ziˈfõː, ˈziːfõ] *m* <-s, -s> sifón *m*

Sippe ['zɪpə] *f* <-, -n> clan *m;* (*Verwandtschaft*) parentela *f;* **Sippenhaft** *f* <-, *ohne pl*> *pena de arresto para un miembro de un clan que ha cometido un delito*

Sippschaft *f* <-, -en> (*abw*) chusma *f,* gentuza *f*

Sirene [zi're:nə] *f* <-, -n> sirena *f;* **Sirenengeheul** *nt* <-s, *ohne pl*> ulular *m* de las sirenas

sirren ['zɪrən] *vi* zumbar

Sirup ['zi:rʊp] *m* <-s, -e> jarabe *m*

Sisal ['zi:zal] *m* <-s, *ohne pl*> sisal *m,* fibra *f* de pita; **Sisalagave** *f* <-, -n> agave *f* americana, pita *f*

sistieren* [zɪs'ti:rən] *vt* **1.** (*geh: unterbrechen*) interrumpir, sobreseer **2.** (JUR: *festnehmen*) detener, arrestar

Sisyphusarbeit ['zi:zyfʊs-] *f* <-, -en> trabajo *m* de nunca acabar [*o* de Sísifo]; **das ist die reinste ~!** ¡esto es un auténtico trabajo de nunca acabar!

Sitte ['zɪtə] *f* <-, -n> **1.** (*Brauch*) costumbre *f;* **es ist ~, dass ...** es costumbre que... (*+subj*); **das ist hier nicht ~** eso no es costumbre entre nosotros; **andere Länder, andere ~n** (*prov*) donde fueres, haz lo que vieres **2.** *pl* (*Sittlichkeit*) moral *f;* **ein Verstoß gegen die guten ~n** un agravio a las buenas costumbres **3.** *pl* (*Manieren*) modales *mpl;* **Sittenapostel** *m* <-s, -> (*abw*) apóstol *m* de las buenas costumbres; **sich** (**bei jdm**) **als ~ aufspielen** hacer de apóstol de las buenas costumbres (delante de alguien); **Sittendezernat** *nt* <-(e)s, -e> departamento *m* de buenas costumbres; **Sittengeschichte** *f* <-, -n> historia *f* de las costumbres; **Sittenlehre** *f* <-, -n> moral *f,* ética *f;* **sittenlos** *adj* inmoral; **Sittenlosigkeit** *f* <-, *ohne pl*> inmoralidad *f;* **Sittenpolizei** *f* <-, *ohne pl*> (*fam*) brigada *f* contra el vicio y las malas costumbres; **sittenstreng** *adj* (*alt*) austero, de [*o* que sigue] estrictas costumbres morales; **Sittenstrolch** *m* <-(e)s, -e> delincuente *m* sexual; **Sittenverfall** *m* <-s, *ohne pl*> corrupción *f* moral, depravación *f* de las costumbres; **sittenwidrig** *adj* (JUR) inmoral, contrario a la moral [*o* las buenas costumbres]

Sittich ['zɪtɪç] *m* <-s, -e> (ZOOL) papagayo *m,* loro *m*

sittlich *adj* moral, ético

Sittlichkeit *f* <-, *ohne pl*> moral *f;* **Sittlichkeitsdelikt** *nt* <-(e)s, -e> delito *m* contra la honestidad [*o* la moralidad]; **Sittlichkeitsverbrechen** *nt* <-s, -> acto *m* inmoral, delito *m* sexual

sittsam *adj* **1.** (*gesittet*) de buenos modales, bien educado; **sich ~ verhalten** portarse con educación **2.** (*tugendhaft*) virtuoso; (*zurückhaltend*) recatado, pudoroso; **sie ist ein ~es Mädchen** es una muchacha honesta; **~ erröten** ruborizarse

Situation [zitua'tsjo:n] *f* <-, -en> situación *f;* **eine ausweglose ~** un callejón sin salida; **der ~ gewachsen sein** dominar la situación, estar a la altura de las circunstancias; **die heutige ~** la situación actual; **eine psychosoziale ~** una situación (p)sicosocial

situieren* *vt* situar, colocar

situiert *adj:* **gut ~ sein** tener una situación (económica) acomodada [*o* desahogada]; **schlecht ~ sein** tener una situación económica poco boyante

Sitz [zɪts] *m* <-es, -e> **1.** (*~gelegenheit*) asiento *m;* (*im Kino*) butaca *f* **2.** (POL) escaño *m;* **sie mussten fünf ~e an ... abgeben** tuvieron que ceder cinco escaños a...; **~ und Stimme haben** tener voz y voto **3.** (*einer Firma*) sede *f;* **~ des Käufers** domicilio (social) del comprador; **eine Gesellschaft mit ~ in Madrid** una sociedad con sede en Madrid

Sitzbad *nt* <-(e)s, -bäder> baño *m* de asiento; **Sitzbadewanne** *f* <-, -n> bañera *f* de asiento; **Sitzbank** *f* <-, -bänke> banco *m* (para sentarse); **Sitzblockade** *f* <-, -n> sentada *f;* **Sitzecke** *f* <-, -n> tresillo *m*

sitzen ['zɪtsən] <sitzt, saß, gesessen> *vi haben o Österr, Schweiz, südd: sein* **1.** (*Person*) estar sentado (*auf* en, *an* en/al lado de); (*Vogel*) estar posado (*auf* en); **sitz gerade!** ¡siéntate derecho!; **bitte bleiben Sie ~!** ¡no se levante!, ¡quédese sentado!; **~ Sie bequem?** ¿está cómodo?; **am Tisch ~** estar sentado a la mesa; **wer hat am Steuer gesessen?** ¿quién iba al volante?, ¿quién manejó? *Am;* **du sitzt wohl auf den Ohren?** (*fam*) ¡pareces sordo!; **vor dem Fernseher ~** mirar la tele; (**jdm**) **Modell ~** posar (para alguien); **sie saßen beim Essen** estaban comiendo; **im S~ arbeiten** trabajar sentado; **Schmerzen vom ständigen S~ bekommen** acabar teniendo dolores de estar continuamente sentado; **er hat lange an dieser Arbeit gesessen** ha estado ocupado mucho tiempo con este trabajo; **~ bleiben** (*fam: in der Schule*) repetir curso; **auf einer Ware ~ bleiben** (*fam*) no poder vender una mercancía; **jdn ~ lassen** (*fam: Familie*) dejar plantado a alguien; (*bei einer Verabredung*) dar un plantón a alguien; **auf seinem Geld ~** (*fam*) ser tacaño **2.** (*sich befinden*) estar, hallarse; (*Firma*) tener su sede (*in* en); **der Haken sitzt zu weit rechts** el gancho está muy a la derecha; **der Splitter saß unter der Haut** la astilla se hallaba debajo de la piel; **der Schmerz sitzt im Oberschenkel** el dolor está localizado en el muslo; **er sitzt irgendwo in der Verwaltung** trabaja en algún sector de la administración; **im Parlament ~** ser diputado; **in einem Ausschuss ~** ser miembro de una comisión **3.** (*Kleidung*) quedar (bien); **der Anzug sitzt/sitzt schlecht** el traje queda [*o* sienta] bien/mal; **der Hut sitzt schief** el sombrero está ladeado **4.** (*fam: Schuss*) dar en el punto adecuado; (*Bemerkung*) hacer efecto; **das saß** (*Wirkung erzielen*) fue muy oportuno; **die Grammatik sitzt jetzt endlich** por fin

S

tengo la gramática bien asentada **5.** (*fam: im Gefängnis*) estar en chirona, pasar un tiempo a la sombra; **er hat (zwei Jahre) gesessen** ha estado (dos años) en chirona **6.** (*Wend*): **einen ~ haben** (*fam*) tener una trompa; **etw auf sich ~ lassen** tragarse algo

sitzen|bleiben *irr vi sein s.* **sitzen 1.**

sitzend I. *adj* sentado; (*Lebensweise*) sedentario; **eine ~e Tätigkeit ausüben** realizar una actividad sedentaria **II.** *adv* sentado; **jdn ~ begrüßen** saludar a alguien estando [*o* permaneciendo] sentado

sitzen|lassen *irr vt s.* **sitzen 1.**

Sitzfleisch *nt* <-(e)s, *ohne pl*> (*fam*) paciencia *f;* **kein ~ haben** no aguantarse sentado, no tener paciencia; **Sitzgelegenheit** *f* <-, -en> asiento *m;* **Sitzkissen** *nt* <-s, -> cojín *m;* **Sitzordnung** *f* <-, -en> distribución *f* de los asientos; **die ~ festlegen** distribuir los asientos; **Sitzplatz** *m* <-es, -plätze> asiento *m;* **jdm seinen ~ anbieten** ofrecer a alguien su asiento; **Sitzreihe** *f* <-, -n> fila *f* de asientos; **Sitzstreik** *m* <-(e)s, -s *o* -e> huelga *f* (sentada)

Sitzung *f* <-, -en> sesión *f;* (*Versammlung*) reunión *f;* **eine ~ vertagen** aplazar una reunión; **die ~ ist geschlossen** se levanta la sesión; **Sitzungsbericht** *m* <-(e)s, -e> acta *f* de la reunión; **Sitzungssaal** *m* <-(e)s, -säle> sala *f* de sesiones

Sitzverteilung *f* <-, -en> (POL) distribución *f* de los escaños

Sixpack ['sɪkspak] *m* <-s, -s> lote *m* de seis, "pack" *m* de seis

Sizilianer(in) *m(f)* <-s, -; -, -nen> siciliano, -a *m, f*

sizilianisch *adj* siciliano

Sizilien [zi'tsi:liən] *nt* <-s> Sicilia *f*

Skala ['ska:la] *f* <-, -s *o* Skalen> escala *f*

Skaleneinteilung ['ska:lən-] *f* <-, -en> división *f* de la escala; **Skalenertrag** *m* <-(e)s, -träge> (WIRTSCH) rendimiento *m* a escala; **Skalenstrich** *m* <-(e)s, -e> línea *f* de la escala

skalierbar *adj* (INFOR, TYPO) escalable

Skalierbarkeit *f* <-, *ohne pl*> (INFOR, TEL) escalabilidad *f*

Skalp [skalp] *m* <-s, -e> cabellera *f* (arrancada con la piel)

Skalpell [skal'pɛl] *nt* <-s, -e> escalpelo *m*

skalpieren* [skal'pi:rən] *vt* arrancar el cuero cabelludo (a)

Skandal [skan'da:l] *m* <-s, -e> escándalo *m*

skandalös [skanda'lø:s] *adj* escandaloso

skandalträchtig *adj* escandaloso

skandieren* [skan'di:rən] *vt* (*geh*) escandir

Skandinavien [skandi'na:viən] *nt* <-s> Escandinavia *f*

Skandinavier(in) [skandi'na:viɐ] *m(f)* <-s, -; -, -nen> escandinavo, -a *m, f*

skandinavisch *adj* escandinavo

Skarabäus [skara'bɛ:ʊs, *pl:* skara'bɛ:ən] *m* <-, Skarabäen> **1.** (ZOOL) escarabajo *m* **2.** (KUNST) escarabeo *m*

Skat [ska:t] *m* <-(e)s, -e *o* -s> skat *m*

Skateboard ['skɛɪtbɔ:t] *nt* <-s, -s> monopatín *m;* **~ fahren** patinar

Skatspiel *nt* <-(e)s, -e> baraja *f* de cartas para jugar al "skat"; **Skatspieler(in)** *m(f)* <-s, -; -, -nen> jugador(a) *m(f)* de "skat"

Skelett [ske'lɛt] *nt* <-(e)s, -e> esqueleto *m,* cacastle *m ZAm, Mex*

Skepsis ['skɛpsɪs] *f* <-, *ohne pl*> escepticismo *m;* **voller ~** lleno de escepticismo

Skeptiker(in) ['skɛptikɐ] *m(f)* <-s, -; -, -nen> escéptico, -a *m, f*

skeptisch ['skɛptɪʃ] *adj* escéptico; **~ dreinblicken** poner cara de escepticismo

Skeptizismus [skɛpti'tsɪsmʊs] *m* <-, *ohne pl*> escepticismo *m*

Sketch *m* <-(es), -e(s) *o* -s>, **Sketsch**[RR] [skɛtʃ] *m* <-(e)s, -e> sketch *m,* escena *f* cómica

Ski [ʃi:] *m* <-s, -(er)> esquí *m;* **~ laufen** [*o* **fahren**] esquiar; **Skianzug** *m* <-(e)s, -züge> traje *m* de esquiador; **Skiausrüstung** *f* <-, -en> equipo *m* de esquiar

Skier ['ʃi:ɐ] *pl von* **Ski**

Skifahrer(in) *m(f)* <-s, -; -, -nen> esquiador(a) *m(f);* **Skigymnastik** *f* <-, *ohne pl*> gimnasia *f* para esquiadores; **Skihaserl** *nt* <-s, -(n)> (*südd, Österr: hum*) joven *f* esquiadora; **Skihose** *f* <-, -n> pantalón *m* de esquiar; **Skikurs** *m* <-es, -e> cursillo *m* de esquí; **Skilanglauf** *m* <-(e)s, *ohne pl*> (SPORT) esquí *m* de fondo; **~ betreiben** practicar el esquí de fondo; **Skilauf** *m* <-(e)s, *ohne pl*>: **nordischer/alpiner ~** esquí nórdico/alpino; **Skilaufen** *nt* <-s, *ohne pl*> (deporte *m* del) esquí *m;* **Skiläufer(in)** *m(f)* <-s, -; -, -nen> esquiador(a) *m(f);* **Skilehrer(in)** *m(f)* <-s, -; -, -nen> profesor(a) *m(f)* de esquí; **Skilift** *m* <-(e)s, -e *o* -s> telesquí *m*

Skinhead ['skɪnhɛt] *m* <-s, -s> cabeza *m* rapada

Skipass[RR] *m* <-es, -pässe> "forfait" *m;* **Skipiste** *f* <-, -n> pista *f* de esquí; **Skischule** *f* <-, -n> escuela *f* de esquí; **Skisport** *m* <-(e)s, *ohne pl*> esquí *m;* **Skispringen** *nt* <-s, *ohne pl*> saltos *mpl* de esquí; **Skispringer(in)** *m(f)* <-s, -; -, -nen> saltador(a) *m(f)* de esquí; **Skistiefel** *m* <-s, -> bota *f* de esquiar; **Skistock** *m* <-(e)s, -stöcke> bastón *m* de esquí; **Skiträger** *m* <-s, -> portaesquís *m inv;* **Skiurlaub** *m* <-(e)s, -e> vacaciones *fpl* en la nieve [*o* de esquí]; **Skizirkus** *m* <-, -se> (*sl*) sistema *m* de remontes

Skizze ['skɪtsə] *f* <-, -n> **1.** (*Zeichnung*) croquis *m inv,* boceto *m* **2.** (*Entwurf*) esbozo *m;* **Skizzenblock** *m* <-(e)s, -blöcke> bloc *m* de dibujo; **skizzenhaft** *adj* a manera de esbozo

skizzieren* [skɪ'tsi:rən] *vt* bosquejar, esbozar; **ein Projekt/Gebäude ~** esbozar un

proyecto/un edificio
Skizzierung *f* <-, -en> 1. (*Umreißung*) boceto *m*, líneas *fpl* generales 2. (*Darstellung*) croquis *m inv*, esquema *m*
Sklave, **-in** ['skla:və] *m, f* <-n, -n; -, -nen> esclavo, -a *m, f*; **jdn zum ~n machen** esclavizar a alguien; **er ist ~ seiner Sucht** es un esclavo de su adicción; **mach dich nicht zum ~n deiner Arbeit** trabaja para vivir, no vivas para trabajar; **Sklavenarbeit** *f* <-, -en> 1. (*fam: Schufterei*) trabajo *m* de negros 2. (HIST) trabajo *m* de esclavos; **Sklavenhalter(in)** *m(f)* <-s, -; -, -nen> (*a. fig*) negrero, -a *m, f*; **Sklavenhandel** *m* <-s, *ohne pl*> tráfico *m* de esclavos, trata *f* de esclavos; **Sklavenhändler(in)** *m(f)* <-s, -; -, -nen> (HIST) traficante *mf* de esclavos; **Sklaventreiber(in)** *m(f)* <-s, -; -, -nen> negrero, -a *m, f*
Sklaverei *f* <-, *ohne pl*> 1. (HIST) esclavitud *f* 2. (*abw: Arbeit*) trabajo *m* de negros
Sklavin *f* <-, -nen> *s.* **Sklave**
sklavisch *adj* (*abw*) 1. (*unterwürfig*) servil 2. (*Nachahmung*) meticuloso; **eine Anweisung ~ befolgen** seguir una instrucción al pie de la letra
Sklerose [skle'ro:zə] *f* <-, -n> (MED) esclerosis *f inv*; **multiple ~** esclerosis múltiple
Skonto ['skɔnto] *m o nt* <-s, -s *o* Skonti> (WIRTSCH) descuento *m*; **wir gewähren 2 Prozent ~** concedemos un descuento del dos por ciento
Skorbut [skɔr'bu:t] *m* <-(e)s, *ohne pl*> (MED) escorbuto *m*, berbén *m Mex*
Skore [skɔ:] *nt* <-s, -s> (*Schweiz*) marcador *m*
skoren ['sko:rən] *vt, vi* (*Schweiz:* SPORT): **(ein Tor/einen Punk) ~** marcar [*o* apuntarse] un gol/un punto
Skorpion [skɔr'pjo:n] *m* <-s, -e> 1. (ZOOL) escorpión *m* 2. (ASTR) Escorpio *m*
Skript [skrɪpt] *nt* <-(e)s, -en *o* -s> 1. (*Manuskript*) manuscrito *m* 2. (*einer Vorlesung*) apuntes *mpl* 3. (FILM) guión *m*
Skrotum ['skro:tʊm, *pl:* 'skro:ta] *nt* <-s, Skrota> (MED) escroto *m*
Skrupel ['skru:pəl] *m* <-s, -> escrúpulo *m*; **keine ~ haben** no tener escrúpulos; **skrupellos** *adj* sin escrúpulos; **Skrupellosigkeit** *f* <-, *ohne pl*> falta *f* de escrúpulos
Skulptur [skʊlp'tu:ɐ] *f* <-, -en> escultura *f*
Skunk [skʊŋk] *m* <-s, -s *o* -e> (ZOOL) mofeta *f*
skurril [skʊ'ri:l] *adj* (*geh*) grotesco, extravagante
S-Kurve ['ɛskʊrvə] *f* <-, -n> curva *f* doble
Skyline ['skaɪlaɪn] *f* <-, -s> horizonte *m*
s.l. *Abk. von* **sine loco** sin indicación del lugar de publicación
Slalom ['sla:lɔm] *m* <-s, -s> eslálom *m*, slalom *m*
Slang [slɛŋ] *m* <-s, *ohne pl*> 1. (*saloppe Sprache*) lenguaje *m* coloquial, habla *f* de la calle 2. (*Jargon*) jerga *f*, argot *m*
Slapstick ['slɛpstɪk] *m* <-s, -s> gag *m*; (*abw*) payasada *f*, bufonada *f*
Slawe, **-in** ['sla:və] *m, f* <-n, -n; -, -nen> eslavo, -a *m, f*
slawisch *adj* eslavo
Slawist(in) [sla'vɪst] *m(f)* <-en, -en; -, -nen> eslavista *mf*
Slawistik [sla'vɪstɪk] *f* <-, *ohne pl*> eslavística *f*, filología *f* eslava
Slawistin *f* <-, -nen> *s.* **Slawist**
Slip [slɪp] *m* <-s, -s> slip *m*, braga *f*; **Slipeinlage** *f* <-, -n> protegeslip *m*
Slipper ['slɪpɐ] *m* <-s, -> mocasín *m*
Slogan ['slɔʊgən] *m* <-s, -s> eslogan *m*
Slowake, **-in** [slo'va:kə] *m, f* <-n, -n; -, -nen> eslovaco, -a *m, f*
Slowakei [slova'kaɪ] *f* Eslovaquia *f*
Slowakin *f* <-, -nen> *s.* **Slowake**
slowakisch *adj* eslovaco; **S~e Republik** República Eslovaca
Slowene, **-in** [slo've:nə] *m, f* <-n, -n; -, -nen> esloveno, -a *m, f*
Slowenien [slo've:niən] *nt* <-s> Eslovenia *f*
Slowenin *f* <-, -nen> *s.* **Slowene**
slowenisch *adj* esloveno
Slum [slam] *m* <-s, -s> barrio *m* de chabolas, barriada *f* de chabolas
sm (NAUT) *Abk. von* **Seemeile** milla *f* náutica
Sm (CHEM) *Abk. von* **Samarium** Sm
Smalltalk[RR] ['smɔ:ltɔ:k] *m o nt* <-s, -s>, **Small Talk**[RR] *m* <- -s, – -s> charloteo *m*, conversación *f*
Smaragd [sma'rakt] *m* <-(e)s, -e> esmeralda *f*
smaragden [sma'rakdən] *adj* (*geh*) de color esmeralda
smaragdgrün [-'-'-] *adj* verde esmeralda
smart [sma:ɐt, smart] *adj* elegante
Smog [smɔk] *m* <-(s), -s> smog *m*; **Smogalarm** *m* <-(e)s, -e> alarma *f* de smog
Smoking ['smo:kɪŋ] *m* <-s, -s> esmoquin *m*
SMV *f* <-> (SCH) *Abk. von* **Schülermitverwaltung** representación *f* (y cogestión) de los alumnos
Sn (CHEM) *Abk. von* **Stannum (Zinn)** Sn
Snob [snɔp] *m* <-s, -s> (*abw*) (e)snob *mf*
Snobismus [sno'bɪsmʊs] *m* <-, *ohne pl*> (*abw*) esnobismo *m*
snobistisch [sno'bɪstɪʃ] *adj* (*abw*) (e)snob
Snowboard ['snɔʊbɔ:t] *nt* <-s, -s> snowboard *m*
s.o. *Abk. von* **siehe oben** véase arriba
SO *Abk. von* **Südosten** SE
so [zo:] I. *adv* 1. (*auf diese Weise*) así, de esta manera; **~ macht man das** así se hace; **stell dich nicht ~ an!** ¡no te pongas así!; **sie ist nun einmal ~** es así, qué se le va a hacer; **~ ist das Leben** así es la vida; **~ ist es eben** [*o* **nun mal**] así son las cosas; **~ gesehen, hast du Recht** visto de esta manera tienes razón; **gut ~!** ¡bien hecho!; **ach, ~ ist das!** ¡ah, es así!; **~ oder ~** (*unterschiedlich*) de una mane-

S

ra o de otra; (*auf jeden Fall*) de todas maneras; **mir ist ~, als ob ...** tengo la impresión de que...; **nur ~ tun, als ob ...** hacer como que...; **ich nehm's gleich ~ mit** me lo llevo así tal cual; **und ~ weiter** etcétera **2.** (*Zustand, Maß, Eigenschaft: bei Adjektiv + Adverb*) tan; (*bei Verb*) tanto; **das ist nicht ~ schwer** no es tan difícil; **sie tut mir ~ Leid** me da tanta pena; **~ sehr/viel** tanto; **~ früh wie möglich** tan pronto como sea posible; **er ist ~ groß wie Fernando** es tan alto como Fernando; **lass es ~, wie es ist** déjalo (tal) como está; **ich mache das ~ wie du** lo hago igual que tú; **der Fisch war ~ groß** el pez era así de grande; **wie ~ oft** como tantas veces; **er lief ~ schnell, dass er hinfiel** andaba tan rápido que se cayó **3.** (*fam: solch*) semejante, tal; **bei ~ einem Wetter** con semejante tiempo; **~ ein Zufall!** ¡qué coincidencia!; **~ eine blöde Gans!** ¡menuda imbécil [*o* idiota]!; **~ (et)was Blödes!** ¡vaya tontería!; **~ (et)was** una cosa así; **na ~ was!** ¡mira qué cosa!; **... und ~ ...** y tal **4.** (*fam: ungefähr*) más o menos, aproximadamente; **er heißt Traugott oder ~** se llama Traugott o algo parecido; **ich komme ~ gegen acht** vengo a las ocho más o menos; **es war nur ~ eine Idee** sólo era una idea; **er sagt das nur ~** lo dice así, sin más **II.** *konj* **1. ~ dass ...** de modo que..., de manera que...; **er hat sich Mühe gegeben, ~ dass er jetzt glänzend dasteht** se esforzó mucho, de modo que ahora está en una posición inmejorable **2. ~ ..., dass ...** tan(to)... que...; **die Kiste ist ~ schwer, dass man sie nicht bewegen kann** la caja es tan pesada que no se puede mover; **ich musste ~ lange warten, dass es dunkel wurde** tuve que esperar tanto que se hizo de noche **III.** (*Partikel*) bueno; **~, das war's für heute** bueno, eso es todo por hoy; **~, ~** vaya, vaya; **ach ~!** ¡(ah) ya!; **wie geht's denn ~?** ¿cómo te va?

sobald [zo'balt] *konj* tan pronto como *+subj*, en cuanto *+subj*; **komm, ~ du Zeit hast!** ¡ven tan pronto como tengas tiempo!

Socke ['zɔkə] *f* <-, -n> calcetín *m*, media *f Am*; **sich auf die ~n machen** (*fam*) marcharse, empuntárselas *Kol*; **von den ~n sein** (*fam*) quedarse de piedra

Sockel ['zɔkəl] *m* <-s, -> zócalo *m*; **das reißt mich nicht vom ~** (*fam*) esto no me maravilla; **Sockelbetrag** *m* <-es, -träge> (FIN, WIRTSCH) cantidad *f* fija como parte de un aumento de sueldo

Socken ['zɔkən] *m* <-s, -> (*Schweiz, Österr, südd*) calcetín *m*

Soda[1] ['zo:da] *f* <-, *ohne pl*>, *nt* <-s, *ohne pl*> (*Natriumkarbonat*) carbonato *m* de sodio

Soda[2] *nt* <-, *ohne pl*> (*~wasser*) soda *f*

sodann [zo'dan] *adv* después, luego

sodass[RR] [zo'das] *konj*, **sodaß** *konj* de modo que, de manera que; **er hat sich Mühe gegeben, ~ er jetzt glänzend dasteht** se esforzó mucho, de modo que ahora está en una posición inmejorable

Sodawasser *nt* <-s, -wässer> soda *f*

Sodbrennen ['zo:t-] *nt* <-s, *ohne pl*> acidez *f* de estómago, vinagrera *f Am*

Sode ['zo:də] *f* <-, -n> pan *m* de césped

Sodomie [zodo'mi:] *f* <-, *ohne pl*> sodomía *f*

soeben [zo'ʔe:bən] *adv* en este momento, ahora mismo; **~ etw getan haben** acabar de hacer algo

Sofa ['zo:fa] *nt* <-s, -s> sofá *m*; **Sofakissen** *nt* <-s, -> cojín *m* (de sofá)

sofern [zo'fɛrn] *konj* si, siempre y cuando *+subj*; **~ nicht** a no ser que *+subj*, en tanto que no *+subj*

soff [zɔf] *3. imp von* **saufen**

Sofia ['zɔfia, 'zo:fia] *nt* <-s> Sofía *f*

sofort [zo'fɔrt] *adv* **1.** (*unverzüglich*) enseguida, ahora mismo, al tiro *Am*; **komm ~ her!** ¡ven aquí enseguida!; **ich komme ~** voy enseguida **2.** (*unmittelbar*) en el acto; **der Fahrer war ~ tot** el conductor murió en el acto

Sofortabschreibung *f* <-, -en> (WIRTSCH) amortización *f* inmediata; **Sofortbildkamera** *f* <-, -s> cámara *f* de fotos al instante, Polaroid® *f*; **Soforthilfe** *f* <-, -n> ayuda *f* inmediata

sofortige(r, s) *adj* inmediato; **mit ~r Wirkung** con efecto inmediato

Sofortmaßnahme *f* <-, -n> medida *f* inmediata [*o* de urgencia]; **Sofortwirkung** *f* <-, -en> efecto *m* inmediato; **Sofortzahlung** *f* <-, -en> pago *m* inmediato

Softdrink[RR] *m* <-s, -s> (GASTR) bebida *f* no alcohólica, refresco *m* sin alcohol

Softeis[RR] *nt* <-es, *ohne pl*> (GASTR) helado *m* cremoso

Softie ['sɔfti] *m* <-s, -s> (*fam*) hombre *m* de carácter dulce

Softporno ['sɔft-] *m* <-s, -s> blandiporno *m*

Software ['sɔftwɛ:ɐ] *f* <-, -s> software *m*, soporte *m* lógico; **Softwarehaus** *nt* <-es, -häuser> empresa *f* de software; **Softwarepaket** *nt* <-(e)s, -e> paquete *m* de software

sog [zo:k] *3. imp von* **saugen**

sog. *Abk. von* **so genannt** así llamado

Sog [zo:k] *m* <-(e)s, -e> remolino *m*

sogar [zo'ga:ɐ] *adv* incluso; **~ Chinesisch spricht sie** incluso habla chino; **~ wenn** aun cuando, incluso si

sogenannt ['zo:gənant] *adj s.* **nennen I.4.**

sogleich [zo'glaɪç] *adv s.* **sofort**

Sohle ['zo:lə] *f* <-, -n> **1.** (*Fuß~*) planta *f* **2.** (*Schuh~*) suela *f*; (*Einlege~*) plantilla *f*; **auf leisen ~n** a la chita callando; **sich an jds ~n heften** (*fam*) pisarle los talones a alguien; **eine kesse ~ aufs Parkett legen** (*fam*) dejarse los pies en la pista de baile **3.** (*Tal~*) fondo *m*

Sohn [zo:n, *pl:* 'zø:nə] *m* <-(e)s, Söhne> hijo *m*; **der verlorene ~** (REL) el hijo pródigo; **ja, mein ~!** (*fam iron*) ¡sí, guapo!

Sohnemann *m* <-(e)s, *ohne pl*> (*fam*) hijo *m* (pequeño)

Soja ['zo:ja] *f* <-, Sojen> soja *f*

Sojabohne *f* <-, -n> soja *f;* **Sojabohnenkeime** *mpl* brotes *mpl* de soja

Sojamehl *nt* <-(e)s, -e> harina *f* de soja; **Sojaöl** *nt* <-(e)s, -e> aceite *m* de soja; **Sojasoße** *f* <-, -n> salsa *f* de soja; **Sojaspross**[RR] *m* <-es, -en> brote *m* de soja

Sojen *pl von* **Soja**

solang(e) [zo'laŋ(ə)] **I.** *adv* entretanto; **ich lese ~ Zeitung** mientras tanto leo el periódico **II.** *konj* mientras (que) +*subj,* en tanto que +*subj;* ~ **bis ...** hasta que...; **ich kann nichts tun, ~ er nicht kommt** no puedo hacer nada hasta que él (no) llegue [*o* mientras (que) él no llegue]; ~ **du noch hier bist** mientras estés aquí, en lo que estés aquí; ~ **du willst** todo el tiempo que quieras

solar [zo'la:ɐ] *adj* (ASTR, METEO, PHYS) solar; **Solarenergie** *f* <-, *ohne pl*> (PHYS) energía *f* solar

Solarium [zo'lɑ:riʊm] *nt* <-s, Solarien> solario *m,* solárium *m*

Solarkollektor *m* <-s, -en> colector *m* solar; **Solarkraftwerk** *nt* <-(e)s, -e> central *f* solar

Solarplexus *m* <-, -> (ANAT) plexo *m* solar

Solarrechner *m* <-s, -> calculadora *f* solar; **Solartechnik** *f* <-, *ohne pl*> tecnología *f* solar; **Solarzeitalter** *nt* <-s, *ohne pl*> era *f* solar; **Solarzelle** *f* <-, -n> (PHYS, ELEK) célula *f* solar

Solawechsel *m* <-s, -> (FIN) letra *f* girada a la propia orden

Solbad *nt* <-(e)s, -bäder> **1.** (*Kurort*) balneario *m* de aguas salinas **2.** (*Bad*) baño *m* en aguas salinas

solch [zɔlç] *adj inv* (*geh*) tal; ~ **ein Mensch/Problem** una persona/un problema tal [*o* semejante]; *s. a.* **solche(r, s)**

solche(r, s) *adj* **1.** (*so beschaffen*) tal, semejante; **ein ~r Mensch** semejante persona, tal persona **2.** (*Intensität: adjektivisch*) tanto; (*adverbiell*) tan; **ich habe ~n Durst** tengo tanta sed; **das macht ~n Spaß!** ¡es tan divertido! **3.** (*allein stehend*) tal; **die Natur als ~** la naturaleza como tal; **Experten und ~, die es werden wollen** expertos y los que aspiran a serlo; **es gibt ~ und ~** (*fam*) hay de todo

solcherlei ['zɔlçɐ'laɪ] *adj inv* (*geh*) de este tipo, tales

Sold [zɔlt] *m* <-(e)s, -e> soldada *f,* paga *f;* **in jds ~ stehen** (*abw*) trabajar para alguien, estar al servicio de alguien

Soldat(in) [zɔl'da:t] *m(f)* <-en, -en; -, -nen> soldado *mf;* **Soldatenfriedhof** *m* <-(e)s, -höfe> cementerio *m* militar [*o* de guerra]

Soldateska [zɔlda'tɛska] *f* <-, Soldatesken> (*abw*) soldadesca *f*

Soldatin *f* <-, -nen> *s.* **Soldat**

soldatisch [zɔl'da:tɪʃ] *adj* de soldado

Soldbuch *nt* <-(e)s, -bücher> (HIST) *cartilla militar de los soldados alemanes en la "wehrmacht"*

Söldner(in) ['zœldnɐ] *m(f)* <-s, -; -, -nen> mercenario, -a *m, f*

Sole ['zo:lə] *f* <-, -n> agua *f* salina

Solei ['zo:lʔaɪ] *nt* <-(e)s, -er> huevo *m* en salmuera [*o* escabeche]

Solequelle *f* <-, -n> fuente *f* de aguas salinas

Soli *pl von* **Solo**

solid [zo'li:t] *adj s.* **solide**

Solidarbeitrag [zoli'da:ɐ-] *m* <-(e)s, -träge> cuota *f* de solidaridad; **Solidarbürgschaft** *f* <-, -en> fianza *f* solidaria, garantía *f* solidaria; **Solidargemeinschaft** *f* <-, -en> sociedad *f* solidaria

solidarisch [zoli'da:rɪʃ] *adj* solidario; **sich mit jdm ~ zeigen** mostrarse solidario con alguien

solidarisieren* [zolidari'zi:rən] *vr:* **sich ~** soldarizarse

Solidarität [zolidari'tɛ:t] *f* <-, *ohne pl*> solidaridad *f;* **aus ~** en solidaridad; **Solidaritätsbeitrag** *m* <-(e)s, -träge> cuota *f* de solidaridad; **Solidaritätszuschlag** *m* <-(e)s, -schläge> (FIN, POL) tasa *f* complementaria de solidaridad (*impuesto en la R.F.A. para apoyar económicamente a la* (*antigua*) *R.D.A.*)

Solidarzuschlag *m* <-(e)s, -schläge> recargo *m* solidario

solide [zo'li:də] *adj* **1.** (*Bauweise, Kenntnisse*) sólido **2.** (*Leben*) ordenado; (*Person*) serio

Solidität [zolidari'tɛ:t] *f* <-, *ohne pl*> solidez *f*

Solist(in) [zo'lɪst] *m(f)* <-en, -en; -, -nen> solista *mf*

Solitär[1] [zoli'tɛ:ɐ] *m* <-s, -e> **1.** (*Edelstein*) solitario *m* **2.** (*Baum*) árbol *m* aislado (*que se encuentra fuera de un bosque*)

Solitär[2] [zoli'tɛ:ɐ] *m* <-s, *ohne pl*> (*Spiel*) solitario *m*

Soll [zɔl] *nt* <-(s), -(s)> **1.** (FIN) debe *m;* **~ und Haben** debe y haber **2.** (*Plan~*) norma *f* de producción; **sein ~ erfüllen** alcanzar la norma de producción

Sollaufkommen[RR] *nt* <-s, -> (FIN, WIRTSCH) rendimiento *m* esperado; **Sollbuchung**[RR] *f* <-, -en> (FIN, WIRTSCH) asiento *m* de débito; **Solleinnahmen**[RR] *fpl* (FIN, WIRTSCH) ingresos *mpl* previstos

sollen[1] ['zɔlən] <soll, sollte, sollen> *Modalverb* **1.** (*müssen*) deber; **was soll ich tun?** ¿qué debo hacer?; **ich soll Ihnen sagen, dass ...** debo decirle que...; **ich sollte mit dir schimpfen** te debería reñir; **sie hätten es ihm geben ~** deberían habérselo dado; **das hättest du nicht tun ~** no deberías haber hecho eso **2.** (*Befehl*): **du sollst leise sein!** ¡que te calles!; **du sollst nicht töten** (REL) no matarás **3.** (*Notwendigkeit*) deber, haber que;

S

der Mantel soll große Taschen haben el abrigo debería tener bolsillos grandes; **man sollte mehr sparen** habría que ahorrar más **4.** (*Wunsch*) querer que *+subj;* **soll ich auf dich warten?** ¿quieres que te espere?; **sie ~ wissen ...** (quiero que) sepan...; **was soll ich (dir) dazu sagen?** ¿qué quieres que te diga?; **das soll sie haben** esto es para ella; **hoch soll er leben!** ¡que viva muchos años!; **das sollst du mir büßen** me lo pagarás **5.** (*Vermutung*) dicen que, parece que; **er soll ein guter Lehrer sein** dicen que es un buen profesor; **es soll morgen schneien** parece que mañana va a nevar; **das soll ich sein?** ¿éste se supone que soy yo?; **so etwas soll es geben** hay de todo en este mundo **6.** (*Ungewissheit, Frage*): **sollte es möglich sein, dass ...?** ¿será posible que...?; **was soll das heißen?** ¿qué quiere decir eso?; **soll das alles sein?** ¿eso es todo?; **wer soll das sein?** ¿(y) ése quién es?; **was hätte ich denn anders machen ~?** ¿qué tendría que haber hecho si no? **7.** (*Erwartung*): **du solltest dich was schämen!** ¡debería darte vergüenza!; **man sollte glauben, dass ...** uno pensaría que... **8.** (*konditional*): **solltest du ihn sehen, sag ihm ...** si lo ves, dile que... **9.** (*können*): **es hat nicht sein ~** no ha podido ser, no estaba de Dios; **mir soll es gleich sein** me da lo mismo **10.** (*Voraussage*): **er sollte sie nie wieder sehen** no volvería a verla nunca más; **es sollte nicht lange dauern, bis ...** no pasó mucho tiempo hasta que...

sollen² *vi:* **was soll's?** ¿qué más da?; **was soll der Mist?** ¿qué significa esta tontería?

Söller [ˈzœlɐ] *m* <-s, -> (*Schweiz: Fußboden*) suelo *m*

Sollfertigungszeit^RR *f* <-, -en> (WIRTSCH) tiempo *m* de fabricación previsto; **Sollkosten^RR** *pl* (WIRTSCH) costes *mpl* previstos; **Sollseite** *f* <-, -n> (FIN, WIRTSCH) debe *m;* **Sollstärke** *f* <-, -n> (MIL) efectivos *mpl* previstos; **Sollzahlen^RR** *fpl* (WIRTSCH) cifras *fpl* estimadas; **Sollzeit^RR** *f* <-, -en> (WIRTSCH) tiempo *m* previsto; **Sollzinsen** *mpl* (FIN) intereses *mpl* deudores [*o* en contra], cargos *mpl* en concepto de interés

solo [ˈzoːlo] *adj inv* **1.** (MUS) en solitario **2.** (*fam: ohne Begleitung*): **~ sein/kommen** estar/venir solo [*o* sin compañía]

Solo [ˈzoːlo] *nt* <-s, -s *o* Soli> solo *m*

Solothurn [ˈzoːlotʊrn] *nt* <-s> Solothurn *m*

Solquelle *f* <-, -n> *s.* **Solequelle**

solvent [zɔlˈvɛnt] *adj* (FIN, WIRTSCH) solvente

Solvenz [zɔlˈvɛnts] *f* <-, -en> (FIN, WIRTSCH) solvencia *f*

Somalia [zoˈmaːlia] *nt* <-s> Somalia *f*

Somalier(in) [zoˈmaːliɐ] *m(f)* <-s, -; -, -nen> somalí *mf*

somalisch *adj* somalí

somit [ˈzoːmɪt, zoˈmɪt] *adv* por consiguiente, por lo tanto

Sommer [ˈzɔmɐ] *m* <-s, -> verano *m,* estío *m;* **den ~ über** durante el verano; **im ~** en verano; **~ wie Winter** (durante) todo el año; **Sommeranfang** *m* <-(e)s, -fänge> comienzo *m* del verano; **Sommerfahrplan** *m* <-(e)s, -pläne> horario *m* de verano; **Sommerferien** *pl* vacaciones *fpl* de verano; **Sommerfrische** *f* <-, *ohne pl*> veraneo *m;* **zur ~ sein** estar de veraneo; **in die ~ fahren** ir de veraneo; **Sommerhalbjahr** *nt* <-(e)s, -e> semestre *m* de verano; **Sommerkleidung** *f* <-, *ohne pl*> ropa *f* de verano

sommerlich *adj* veraniego, de verano, estival; **sie ist zu ~ gekleidet** va demasiado veraniega

Sommerloch *nt* <-(e)s, *ohne pl*> (*fam*) época *f* veraniega (de pocas actividades); **Sommermantel** *m* <-s, -mäntel> abrigo *m* de verano; **Sommermonat** *m* <-(e)s, -e> mes *m* de verano [*o* veraniego]; **Sommerolympiade** *f* <-, -n> Juegos *mpl* Olímpicos de Verano; **Sommerpause** *f* <-, -n> descanso *m* veraniego; (*des Parlaments*) período *m* de clausura; **Sommerreifen** *m* <-s, -> neumático *m* de verano

sommers *adv* en (el) verano; **~ wie winters** (durante) todo el año

Sommersaison *f* <-, -s *o Österr:* -en> sesión *f* veraniega, temporada *f* alta (de verano); **Sommerschlussverkauf^RR** *m* <-(e)s, -käufe> rebajas *fpl* de verano; **Sommersemester** *nt* <-s, -> semestre *m* de verano

Sommersmog *m* <-(s), -s> smog *m* de verano; **bei ~ gilt Fahrverbot** en caso de smog de verano está prohibida la circulación; **Sommersmogverordnung** *f* <-, -en> *decreto para reducir en verano el índice de smog*

Sommersonnenwende *f* <-, -n> solsticio *m* de verano; **Sommerspiele** *ntpl* (SPORT): **die (Olympischen) ~** los Juegos (Olímpicos) de Verano; **Sommersprosse** *f* <-, -n> peca *f*

sommersprossig *adj* pecoso

Sommerurlaub *m* <-(e)s, -e> vacaciones *fpl* de verano

Sommerzeit¹ *f* <-, *ohne pl*> (*Jahreszeit*) (temporada *f* de) verano *m,* período *m* estival

Sommerzeit² *f* <-, -en> (*Uhrzeit*) horario *m* de verano; **die Uhren auf ~ umstellen** cambiar los relojes al horario de verano

Sonar *nt* <-s, -e> (TECH) sonar *m,* radar *m* ultrasónico

Sonate [zoˈnaːtə] *f* <-, -n> (MUS) sonata *f*

Sonde [ˈzɔndə] *f* <-, -n> (MED, AERO, TECH) sonda *f*

Sonderanfertigung [ˈzɔndɐ-] *f* <-, -en> modelo *m* (de fabricación) especial; **Sonderangebot** *nt* <-(e)s, -e> oferta *f* especial; **die Äpfel sind im ~** las manzanas están en oferta; **Sonderausführung** *f* <-, -en> modelo *m* especial; **Sonderausgabe** *f* <-, -n> edición *f* especial; **Sonderausschüttung** *f* <-, -en> (FIN) reparto *m* extraordinario

sonderbar *adj* raro, extraño

sonderbarerweise ['----'--] *adv* curiosamente

Sonderbeauftragte(r) *mf* <-n, -n; -n, -n> (*a.* POL) delegado, -a *m, f* especial; **Sonderbeilage** *f* <-, -n> suplemento *m* especial; **Sonderberechnung** *f* <-, -en> suplemento *m* de precio; **gegen ~** con suplemento de precio; **Sonderdeponie** *f* <-, -n> (ÖKOL) vertedero *m* de residuos tóxicos; **Sondereinsatz** *m* <-es, -sätze> operación *f* especial; **Sonderentgelt** *nt* <-(e)s, -e> (WIRTSCH) compensación *f* extraordinaria; **Sonderermäßigung** *f* <-, -en> descuento *m* especial; **Sonderfahrt** *f* <-, -en> viaje *m* extraordinario; **Sonderfall** *m* <-(e)s, -fälle> caso *m* particular; (*Ausnahme*) excepción *f*; **Sondergenehmigung** *f* <-, -en> autorización *f* especial

sondergleichen ['--'--] *adv* sin igual; **eine Begabung ~** un talento sin igual

Sonderkommando *nt* <-s, -s> comando *m* especial; **Sonderkonto** *nt* <-s, -konten *o* -s> cuenta *f* especial [*o* separada]; **Sonderleistung** *f* <-, -en> **1.** (*Arbeitsleistung*) rendimiento *m* excepcional **2.** (*finanziell*) prestación *f* especial

sonderlich *adj* **1.** (*sonderbar*) raro, extraño **2.** (*groß*) especial; **ohne ~es Interesse** sin interés especial; **sie war nicht ~ angetan** no parecía que la idea la volviese loca

Sonderling ['zɔndɐlɪŋ] *m* <-s, -e> tipo *m* raro

Sondermarke *f* <-, -n> sello *m* de colección; **Sondermüll** *m* <-(e)s, *ohne pl*> residuos *mpl* tóxicos

sondern[1] ['zɔndɐn] *konj* sino; **nicht er, ~ sie fuhr zur Tagung** al congreso no fue él sino ella; **nicht nur ..., ~ auch ...** no sólo… sino también…

sondern[2] ['zɔndɐn] *vt* (*geh*) separar (*von* de), apartar (*von* de)

Sondernummer *f* <-, -n> número *m* especial [*o* extraordinario]; **Sonderpreis** *m* <-es, -e> precio *m* de oferta [*o* especial]; **Sonderrecht** *nt* <-(e)s, -e> privilegio *m*, derecho *m* exclusivo; **Sonderregelung** *f* <-, -en> reglamentación *f* especial

sonders ['zɔndɐs] *adv*: **samt und ~** todos sin excepción

Sonderschule *f* <-, -n> escuela *f* de educación especial; **Sonderschullehrer(in)** *m(f)* <-s, -; -, -nen> profesor(a) *m(f)* de educación especial

Sonderstellung *f* <-, -en> posición *f* privilegiada; **eine ~ einnehmen** tener una posición privilegiada; **Sonderstempel** *m* <-s, -> matasellos *m inv* especial; **Sondersubvention** *f* <-, -en> (FIN, WIRTSCH) subvención *f* extraordinaria; **Sonderurlaub** *m* <-(e)s, -e> (MIL) permiso *m* especial; **Sondervergütung** *f* <-, -en> gratificación *f*; **Sondervollmacht** *f* <-, -en> (JUR) poder *m* especial; **Sonderwunsch** *m* <-(e)s, -wünsche> deseo *m* extraordinario; **Sonderzeichen** *nt* <-s, -> (INFOR) carácter *m* especial; **Sonderzug** *m* <-(e)s, -züge> tren *m* especial

sondieren* [zɔn'diːrən] *vt* **1.** (*Lage, Markt*) sondear, tantear **2.** (MED, TECH) sondar

Sondierung *f* <-, -en> sondeo *m*

Sonett [zo'nɛt] *nt* <-(e)s, -e> (LIT) soneto *m*

Song [sɔŋ] *m* <-s, -s> **1.** (*fam: Pop~*) canción *f* **2.** (*Lied mit zeitkritischem Inhalt*) canción *f* protesta

Sonnabend ['zɔnʔaːbənt] *m* <-s, -e> (*nordd, reg*) sábado *m*; *s. a.* **Montag**

sonnabends ['zɔnʔaːbənts] *adv* (*nordd, reg*) los sábados; *s. a.* **montags**

Sonne ['zɔnə] *f* <-, -n> sol *m*; **die ~ geht auf/unter** el sol sale/se pone; **in der prallen ~** a pleno sol; **sich in die ~ legen** tumbarse al sol; **die ~ scheint** hace sol; **hier haben die Pflanzen mehr ~** aquí tienen las plantas más luz [*o* sol]

sonnen *vr*: **sich ~** tomar el sol; **er sonnt sich in seinem Ruhm** se recrea en su fama

Sonnenanbeter(in) *m(f)* <-s, -; -, -nen> (*hum*) *persona a la que le encanta estar al sol o tomar el sol*; **Sonnenaufgang** *m* <-(e)s, -gänge> salida *f* del sol; **bei ~ aufstehen** levantarse al salir el sol [*o* al cantar el gallo]; **Sonnenbad** *nt* <-(e)s, -bäder> baño *m* de sol; **ein ~ nehmen** tomar un baño de sol; **sonnen|baden** *vi* tomar el sol; **sonnenbeschienen** [-bəʃiːnən] *adj* soleado; **Sonnenbestrahlung** *f* <-, *ohne pl*> radiación *f* solar

Sonnenblume *f* <-, -n> girasol *m*, maravilla *f Am*, gigantón *m Mex*; **Sonnenblumenöl** *nt* <-(e)s, -e> aceite *m* de girasol

Sonnenbrand *m* <-(e)s, -brände> quemadura *f* del sol; **einen ~ bekommen** quemarse, asolearse *Arg, Mex*; **einen ~ haben** haberse quemado, haberse asoleado *Arg, Mex*; **Sonnenbräune** *f* <-, *ohne pl*> moreno *m*; **Sonnenbrille** *f* <-, -n> gafas *fpl* de sol; **Sonnencreme** *f* <-, -s> crema *f* solar; **eine ~ mit hohem/niedrigem Schutzfaktor** una crema solar con un factor de protección alto/bajo; **Sonnendach** *nt* <-(e)s, -dächer> toldo *m*; **Sonnendeck** *nt* <-(e)s, -s> (NAUT) cubierta *f*; **Sonneneinstrahlung** *f* <-, *ohne pl*> radiación *f* solar; **Sonnenenergie** *f* <-, *ohne pl*> (PHYS) energía *f* solar; **Sonneneruption** *f* <-, -en> erupción *f* solar; **Sonnenfinsternis** *f* <-, -se> (ASTR) eclipse *m* solar [*o* de sol]; **eine totale/partielle ~** un eclipse total/parcial de sol; **Sonnenfleck** *m* <-(e)s, -e(n)> (ASTR) mancha *f* solar; **sonnengebräunt** *adj* moreno; **~ sein** estar moreno

Sonnengeflecht *nt* <-(e)s, -e> (ANAT) plexo *m* solar

Sonnengott *m* <-(e)s, -götter> (MYTH) dios *m* del sol; **Sonnenhitze** *f* <-, *ohne pl*> ca-

S

lor *m* (intenso); **sonnenhungrig** *adj* con ganas de tomar el sol [*o* de estar al sol]; ~ **sein** tener ganas de tomar el sol [*o* de estar al sol]; **sonnenklar** *adj* (*fam*) **1.** (*hell und sonnig*) claro y soleado **2.** (*eindeutig*) claro como el agua; **Sonnenkollektor** *m* <-s, -en> colector *m* solar; **Sonnenkönig** *m* <-s, *ohne pl*> (HIST): **der** ~ el rey Sol; **Sonnenkraftwerk** *nt* <-(e)s, -e> central *f* solar; **Sonnenlicht** *nt* <-(e)s, *ohne pl*> luz *f* del sol [*o* solar]; **Sonnenmilch** *f* <-, *ohne pl*> leche *f* solar; **Sonnenöl** *nt* <-(e)s, -e> aceite *m* bronceador [*o* solar]; **Sonnenpaddel** *nt* <-s, -> paleta *f* colectora de energía solar; **Sonnenschein** *m* <-(e)s, *ohne pl*> luz *f* del sol; **bei strahlendem** ~ bajo [*o* a] los rayos del sol; **Sonnenschirm** *m* <-(e)s, -e> sombrilla *f*, parasol *m*, quitasol *m*

Sonnenschutz *m* <-es, *ohne pl*> **1.** (*Maßnahme*) protección *f* solar **2.** (*Konstruktion*) parasol *m*; **Sonnenschutzmittel** *nt* <-s, -> crema *f* protectora para el sol

Sonnensegel *nt* <-s, -> **1.** (*Schutzdach*) toldo *m* **2.** (*in der Raumfahrt*) vela *f* solar desplegable; **Sonnenseite** *f* <-, -n> lado *m* expuesto al sol; **die** ~ **des Lebens** el lado alegre de la vida; **Sonnenstich** *m* <-(e)s, -e> (MED) insolación *f*; **Sonnenstrahl** *m* <-(e)s, -en> rayo *m* solar [*o* de sol]; **Sonnensystem** *nt* <-s, -e> (ASTR) sistema *m* solar; **Sonnenuhr** *f* <-, -en> reloj *m* de sol; **Sonnenuntergang** *m* <-(e)s, -gänge> puesta *f* del sol; **Sonnenwende** *f* <-, -n> solsticio *m*; **Sonnenwind** *m* <-(e)s, -e> (ASTR) viento *m* solar; **Sonnenzelle** *f* <-, -n> (ELEK, PHYS) célula *f* solar

sonnig *adj* **1.** (*Wetter, Tag*) soleado; **hier ist es zu** ~ aquí hace demasiado sol **2.** (*Gemüt*) alegre; **du hast ein** ~**es Gemüt!** (*iron*) ¡tú tienes un carácter alegre!

Sonnseite *f* <-, -n> (*Österr, Schweiz, südd*) *s.* **Sonnenseite**

Sonntag ['zɔnta:k] *m* <-(e)s, -e> domingo *m*; **geschäftsfreier** ~ domingo exento de actividad comercial; **Weißer** ~ Domingo de Cuasimodo; **Sonn- und Feiertage** domingos y festivos; *s. a.* **Montag**; **Sonntagabend** *m* <-s, -e> noche *f* del domingo, domingo *m* por la noche; *s. a.* **Montagabend**; **sonntagabends**RR *adv* los domingos por la noche; *s. a.* **montagabends**

sonntäglich *adj* dominical; **sich** ~ **anziehen** ponerse el traje de los domingos, endomingarse

Sonntagnachmittag *m* <-(e)s, -e> domingo *m* por la tarde; *s. a.* **Montagnachmittag**

sonntags ['zɔnta:ks] *adv* los domingos; **sonn- und feiertags** domingos y festivos; *s. a.* **montags**

Sonntagsarbeit *f* <-, *ohne pl*> trabajo *m* dominical; **Sonntagsausflug** *m* <-(e)s, -flüge> excursión *f* dominical; **Sonntagsdienst** *m* <-(e)s, -e> servicio *m* dominical; **Sonntagsfahrer(in)** *m(f)* <-s, -; -, -nen> (*abw*) (conductor(a) *m(f)*) dominguero, -a *m, f*; **Sonntagsfrage** *f* <-, -n> encuesta *f* demoscópica sobre la intención de voto (electoral); **Sonntagskind** *nt* <-(e)s, -er> **1.** (*an einem Sonntag geboren*) persona *f* nacida en domingo; **ein** ~ **sein** haber nacido en [*o* un] domingo **2.** (*Glückskind*) afortunado, -a *m, f*; **du hast im Lotto gewonnen? du bist ein wahres** ~**!** ¿te ha tocado la lotería? ¡los hay con suerte!; **Sonntagsrede** *f* <-, -n> (*abw*) sermón *m*, perorata *f*; **eine** ~ **halten** echar un sermón [*o* una perorata]; **Sonntagsruhe** *f* <-, *ohne pl*> descanso *m* dominical; **Sonntagsstaat** *m* <-(e)s, *ohne pl*> (*hum: für Frauen*) vestido *m* de los domingos; (*für Männer*) traje *m* de los domingos

Sonnwendfeier *f* <-, -n> fiesta *f* del solsticio

SonografieRR [zonogra'fi:] *f* <-, -n>, **Sonographie** *f* <-, -n> (MED) ecografía *f*

sonor [zo'no:ɐ] *adj* (*geh*) sonoro

sonst [zɔnst] *adv* **1.** (*außerdem*) más; (*im Übrigen*) por lo demás; **war** ~ **noch jemand da?** ¿había alguien más?; ~ **nichts** nada más; ~ **niemand** nadie más; ~ **was** (*fam*) cualquier cosa; ~ **noch Fragen?** ¿alguna pregunta más?; ~ **geht's dir gut?** (*fam iron*) ¿y por lo demás todo en orden?; **... und wer weiß, was** ~ **noch alles** (*fam*) ... y a saber qué más **2.** (*für gewöhnlich*) normalmente; (*immer*) siempre; **du bist doch** ~ **nicht so** normalmente no eres así; **es war genau wie** ~ fue igual que siempre; **mehr als** ~ más que normalmente **3.** (*ehemals*) antes; (*in anderen Fällen*) en ocasiones anteriores; **war das auch** ~ **der Fall?** ¿sucedió lo mismo en ocasiones anteriores? **4.** (*andernfalls*) si no, en caso contrario; **was/wer/wie denn** ~**?** (*fam*) ¿qué/quién/cómo si no?; **komm sofort her,** ~ **gibt's Prügel** ven enseguida, si no te doy una paliza **5.** (*unbestimmt*): **da kann ja** ~ **was passieren** puede suceder cualquier cosa; ~ **wer** (*fam*) cualquiera; **er bildet sich** *dat* **ein,** ~ **wer zu sein** [*o* **er wäre** ~ **wer**] (*etwas Besonderes*) se cree que es alguien; ~ **wie** (*fam*) de otra manera; ~ **wo** (*fam*) en otra parte [*o* otro lugar]; ~ **wohin** (*fam*) en donde sea, en cualquier otro lugar

sonstige(r, s) *adj* otro; **ihr** ~**es Verhalten war recht gut** por lo demás se comportó bastante bien; **S**~**es** varios

sonstwas ['zɔnstvas] *pron indef s.* **sonst 5.**

sonstwer ['zɔnstve:ɐ] *pron indef s.* **sonst 5.**

sonstwie *adv* (*fam*) *s.* **sonst 5.**

sonstwo *adv* (*fam*) *s.* **sonst 5.**

sonstwohin *adv* (*fam*) *s.* **sonst 5.**

sooft [zo'ʔɔft] *konj* cada vez que, siempre que; ~ **ich dich treffe, musst du mich ärgern** cada vez que quedamos tienes que hacerme enfadar; ~ **er uns besuchte, wurde**

der Tag lang siempre que nos visitaba nos quedábamos hasta tarde; **du darfst meinen Computer benutzen, ~ du ihn brauchst** puedes utilizar mi ordenador siempre que quieras; **~ ich auch darüber nachdenke, ich sehe keine Lösung** por más que lo pienso, no encuentro una solución

Soor [zo:ɐ] *m* <-(e)s, -e> (MED) afta *f*

Sophist(in) [zo'fɪst] *m(f)* <-en, -en; -, -nen> (*geh a.* PHILOS) sofista *mf*

Sopran [zo'pra:n] *m* <-s, -e> (MUS) soprano *m*, tiple *m*

Sopranist(in) [zopra'nɪst] *m(f)* <-en, -en; -,-nen> (MUS) soprano *mf*

Sorbe, **-in** ['zɔrbə] *m, f* <-n, -n; -, -nen> sorbo, -a *m, f,* sorabo, -a *m, f*

Sorbet ['zɔrbɛt, zɔr'be:] *m o nt* <-s, -s>, **Sorbett** *m o nt* <-(e)s, -e> (GASTR) sorbete *m*

Sorbin *f* <-, -nen> *s.* **Sorbe**

Sorbinsäure [zɔr'bi:n-] *f* <-, -n> (CHEM) ácido *m* sórbico

sorbisch ['zɔrbɪʃ] *adj* sorbo, sorabo

Sorge[1] ['zɔrgə] *f* <-, -n> (*Angst, Problem*) preocupación *f* (*um* por); (*innere Unruhe*) inquietud *f* (*um* por); (*Kummer*) pena *f*; **es macht mir ~, dass ...** me preocupa que... (*+subj*); **seine Gesundheit bereitet ihm ~** su (estado de) salud le preocupa; **sich** *dat* **wegen etw ~n machen** preocuparse por algo, estar preocupado por algo; **in ~ um jdn sein, sich** *dat* **um jdn ~n machen** estar preocupado por alguien; **keine ~!** ¡no te preocupes!; **der hat ~n!** (*fam*) ¡vaya problemas que tiene!; **wir haben nichts als ~n mit dir** no nos causas más que problemas; **deine ~n möchte ich haben!** (*fam*) ¡eso no es nada!

Sorge[2] *f* <-, *ohne pl*> (*Für~*) cuidado *m*; **lass das nur meine ~ sein** yo me encargaré de eso; **dafür ~ tragen, dass ...** (*geh*) ocuparse [*o* encargarse] de que... *+subj*

sorgeberechtigt *adj* que tiene la custodia

sorgen ['zɔrgən] **I.** *vi* **1.** (*sich kümmern*) preocuparse (*für* de), ocuparse (*für* de); **für jdn ~** cuidar a alguien; **dafür ~, dass ...** ocuparse de que *+subj* **2.** (*beschaffen*) proporcionar (*für*), aportar (*für*); **für eine gute Ausbildung ~** proporcionar una buena educación **II.** *vr:* **sich ~** preocuparse (*um* por); **er sorgte sich um ihre Gesundheit** se preocupó por su salud

sorgenfrei *adj* sin preocupaciones; **Sorgenkind** *nt* <-(e)s, -er> niño, -a *m, f* problemático, -a; **sorgenlos** *adj s.* **sorgenfrei**; **sorgenvoll** *adj* lleno de preocupaciones

Sorgepflicht *f* <-, *ohne pl*> (JUR) obligación *f* de guarda (y custodia) (*für* de); **Sorgerecht** *nt* <-(e)s, *ohne pl*> (JUR) custodia *f*; **das ~ für die drei Kinder wurde dem Vater zugesprochen** concedieron la custodia de los tres hijos al padre

Sorgfalt ['zɔrkfalt] *f* <-, *ohne pl*> cuidado *m*, esmero *m*

sorgfältig [-fɛltɪç] *adj* cuidadoso, esmerado; **etw ~ vorbereiten** preparar algo con todo detalle

Sorgfaltspflicht *f* <-, -en> obligación *f* de (obrar con) diligencia; **seine ~(en) verletzen** obrar con negligencia

sorglos *adj* **1.** (*unachtsam*) despreocupado, negligente; **mit etw (allzu) ~ umgehen** tratar algo con (demasiada) indolencia [*o* con abandono] **2.** (*sorgenfrei*) sin preocupaciones

Sorglosigkeit *f* <-, *ohne pl*> despreocupación *f*

sorgsam *adj* cuidadoso, diligente

Sorte ['zɔrtə] *f* <-, -n> **1.** (*Art*) tipo *m*, clase *f*; (*Marke*) marca *f*; **eine bestimmte ~ von ...** un determinado tipo de... **2.** *pl* (*Devisen*) moneda *f* extranjera

Sortenabteilung *f* <-, -en> (FIN) departamento *m* de cambio de divisas, departamento *m* de monedas extranjeras

sortieren* [zɔr'ti:rən] *vt* clasificar (*nach* por), ordenar (*nach* por); **Briefe in Fächer ~** distribuir las cartas en los casilleros

Sortierlauf *m* <-(e)s, -läufe> clasificación *f*; **Sortiermaschine** *f* <-, -n> (máquina *f*) clasificadora *f*; **Sortierprogramm** *nt* <-s, -e> (INFOR) programa *m* de ordenación

Sortiment [zɔrti'mɛnt] *nt* <-(e)s, -e> **1.** (*Warenangebot*) surtido *m* **2.** (*~sbuchhandel*) librería *f* general [*o* de depósito]; **Sortimentsanpassung** *f* <-, -en> (WIRTSCH) adaptación *f* del surtido (*an* a); **Sortimentsbreite** *f* <-, -n> (WIRTSCH) amplitud *f* del surtido

SOS [ɛsʔo:'ʔɛs] *nt* <-, *ohne pl*> *Abk. von* **save our souls** S.O.S. *m*; **~ funken** mandar un S.O.S.

sosehr [zo'ze:ɐ] *konj* por mucho que (*+subj*), por más que (*+subj*); **~ es mir (auch) schwer fällt ...** por más [*o* mucho] que lo sienta...

soso [zo'zo:] **I.** *interj:* **das fünfte Kind ist unterwegs – ~!** ¡esperamos el quinto! – ¡no me digas! **II.** *adv* (*fam*) regular; **wie geht es dir? – na ja, ~** ¿qué tal te va? – vaya, tirando

Soße ['zo:sə] *f* <-, -n> salsa *f*; **Soßenlöffel** *m* <-s, -> cuchara *f* para la salsa

sott [zɔt] *3. imp von* **sieden**

Soufflé [zu'fle:] *nt* <-s, -s>, **Soufflee**[RR] *nt* <-s, -s> (GASTR) soufflé *m*

Souffleur, **-euse** [zu'flø:ɐ] *m, f* <-s, -e; -, -n> (THEAT) apuntador(a) *m(f)*; **Souffleurkasten** *m* <-s, -kästen> (THEAT) concha *f* (del apuntador)

Souffleuse *f* <-, -n> *s.* **Souffleur**

soufflieren* [zu'fli:rən] *vi, vt* (THEAT) apuntar

Sound [saʊnd] *m* <-s, -s> (MUS) sonido *m*; **Soundkarte** *f* <-, -n> (INFOR) ficha *f* de sonido

soundso ['zo:ʔʊntso:] **I.** *adj* (*fam*): **das steht auf Seite ~** esto está en la página tal y tal; **Herr S~** el Sr. Tal y Tal, el Sr. Nosequé **II.** *adv* (*fam*) tal y tal, tan y tan; **~ groß** de tal y tal ta-

S

maño; ~ **oft** tantas y tantas veces

soundsovielte(r, s) ['zo:ʔʊntsofi:ltə, -tɐ, -təs] *adj* (*fam*) el no sé cuántos; **das ~ Mal** la no sé qué vez

Soutane [zu'ta:nə] *f* <-, -n> (REL) sotana *f*

Souterrain [zutɛ'rɛ̃:] *nt* <-s, -s> sótano *m*

Souvenir [zuvə'ni:ɐ] *nt* <-s, -s> recuerdo *m*; **Souvenirladen** *m* <-s, -läden> tienda *f* de recuerdos

souverän [zuvə'rɛ:n] **I.** *adj* **1.** (POL) soberano **2.** (*geh: überlegen*) superior **II.** *adv* con superioridad

Souverän [zuvə'rɛ:n] *m* <-s, -e> **1.** (*Schweiz: Stimmbürger*) ciudadano, -a *m, f* con derecho a voto **2.** (HIST: *Herrscher*) soberano, -a *m, f*

Souveränität [zuvərɛni'tɛ:t] *f* <-, *ohne pl*> **1.** (*von Staaten*) soberanía *f* **2.** (*geh: Überlegenheit*) superioridad *f*

soviel [zo'fi:l] **I.** *adv s.* **viel I.2. II.** *konj* **1.** (*soweit*) por lo que, de acuerdo con lo que; ~ **ich weiß ...** por lo que yo sé... **2.** (*sosehr*) por mucho que (+*subj*), por más que (+*subj*); ~ **er sich auch abmüht, er schafft es nicht** por mucho que se esfuerza no lo consigue; ~ **du auch darauf beharrst, werde ich dir nicht Recht geben** por más que insistas no te voy a dar la razón

sovielmal [zo'fi:lma:l] *konj* cada vez que, siempre que; ~ **ich ihn auch fragte, er lehnte jedes Mal ab** siempre que le preguntaba decía que no

soweit [zo'vaɪt] **I.** *adv s.* **weit I.5. II.** *konj* por lo que; ~ **ich sehen kann, ...** por lo que puedo observar...

sowenig [zo've:nɪç] **I.** *adv s.* **wenig II.** *konj* por poco que +*subj*; ~ **sie auch weiß, sie will doch mitreden** quiere dar su opinión aún sin tener ni idea; **du wirst es schaffen,** ~ **du dich auch bemühst** lo conseguirás por poco que te esfuerces

sowie [zo'vi:] *konj* **1.** (*sobald*) tan pronto como +*subj*, en cuanto +*subj*; ~ **ich fertig bin, komme ich** voy en cuanto haya terminado **2.** (*außerdem*) así como, además de; **er hat Gedichte und Theaterstücke ~ einen Roman geschrieben** ha escrito poemas y obras de teatro así como una novela

sowieso [zovi'zo:, 'zo:vizo] *adv* **1.** (*ohnehin*) de todas maneras; **ich muss ~ zur Bank** tengo que ir al banco de todas maneras; **das ~!** (*fam*) ¡de todas todas! **2.** (*Schweiz: selbstverständlich*) por supuesto

Sowjet [zɔ'vjɛt, 'zɔvjɛt] *m* <-s, -s> (HIST) soviet *m*; **der Oberste ~** (POL) el Soviet Supremo; **Sowjetbürger(in)** *m(f)* <-s, -; -, -nen> (ciudadano, -a *m, f*) soviético, -a *m, f*

sowjetisch [zɔ'vjɛtɪʃ] *adj* soviético

Sowjetrepublik *f* <-, -en> República *f* Soviética; **Sowjetrusse, -in** *m, f* <-n, -n; -, -nen> (*fam*) *s.* **Sowjetbürger**

Sowjetunion [zɔ'vjɛt-, 'zɔvjɛt-] *f* <-> (HIST) Unión *f* Soviética; **die Staaten der früheren ~** los estados de la antigua Unión Soviética

sowohl [zo'vo:l] *konj*: ~ **... als auch ...** tanto... como...; ~ **die Klausur als auch die mündliche Prüfung waren sehr gut** tanto el examen escrito como el oral fueron muy buenos

Sozi ['zo:tsi] *m* <-s, -s> (*fam a. abw*) socialdemócrata *mf*, sociata *mf sl*

Sozia ['zo:tsia] *f* <-, -s> acompañante *f*

sozial [zo'tsja:l] *adj* social; **der ~e Wohnungsbau** la vivienda social; ~ **eingestellt sein** interesarse por los temas sociales; **Sozialabbau** *m* <-(e)s, *ohne pl*> reducción *f* de los servicios sociales; **Sozialabgaben** *fpl* cuotas *fpl* sociales; **Sozialamt** *nt* <-(e)s, -ämter> departamento *m* de asistencia social; **Sozialarbeit** *f* <-, *ohne pl*> trabajo *m* social, labor *f* social; **Sozialarbeiter(in)** *m(f)* <-s, -; -, -nen> asistente *mf* social; **Sozialausgaben** *fpl* gastos *mpl* sociales; **Sozialberuf** *m* <-(e)s, -e> profesión *f* en el ámbito del trabajo social; **Sozialdarwinismus** *m* <-, *ohne pl*> (POL) darwinismo *m* social; **Sozialdemokrat(in)** *m(f)* <-en, -en; -, -nen> socialdemócrata *mf*; **Sozialdemokratie** *f* <-, *ohne pl*> socialdemocracia *f*; **Sozialdemokratin** *f* <-, -nen> *s.* **Sozialdemokrat**; **sozialdemokratisch** *adj* socialdemócrata; **Sozialeinrichtung** *f* <-, -en> institución *f* social; **Sozialfall** *m* <-(e)s, -fälle> receptor(a) *m(f)* de asistencia social; **Sozialforschung** *f* <-, *ohne pl*> investigación *f* social; **empirische ~** investigación social empírica; **Sozialgericht** *nt* <-(e)s, -e> tribunal *m* de seguridad social; **Sozialgesetzbuch** *nt* <-(e)s, -bücher> legislación *f* sobre la Seguridad Social

Sozialhilfe *f* <-, *ohne pl*> ayuda *f* social, asistencia *f* pública; **Sozialhilfeempfänger(in)** *m(f)* <-s, -; -, -nen> receptor(a) *m(f)* de asistencia social

Sozialisation [zotsjaliza'tsio:n] *f* <-, *ohne pl*> (SOZIOL, PSYCH) integración *f* social

sozialisieren* [zotsjali'zi:rən] *vt* (WIRTSCH, PSYCH) socializar

Sozialisierung *f* <-, -en> **1.** (WIRTSCH) socialización *f* **2.** (SOZIOL, PSYCH) integración *f* social

Sozialismus [zotsja'lɪsmʊs] *m* <-, *ohne pl*> socialismo *m*; **Sozialismustheorie** *f* <-, -n> (POL) teoría *f* del socialismo

Sozialist(in) [zotsja'lɪst] *m(f)* <-en, -en; -, -nen> socialista *mf*

sozialistisch *adj* socialista; ~ **regierte Staaten** estados de régimen socialista

Sozialleistung *f* <-, -en> prestación *f* social; **Sozialpädagoge, -in** *m, f* <-n, -n; -, -nen> pedagogo, -a *m, f* social; **Sozialpädagogik** *f* <-, *ohne pl*> pedagogía *f* social

Sozialpädagogin *f* <-, -nen> *s.* **Sozialpädagoge**; **Sozialpakt** *m* <-(e)s, -e> (POL) pacto *m* social; **Sozialpartner** *mpl* patrones *mpl* y sindicatos; **Sozialplan** *m* <-(e)s, -pläne> (POL) plan *m* social; **Sozialpolitik**

f <-, *ohne pl*> política *f* social; **sozialpolitisch** *adj* político-social; **Sozialprestige** [-prɛs'tiːʒə] *nt* <-s, *ohne pl*> prestigio *m* social; **Sozialprodukt** *nt* <-(e)s, -e> (WIRTSCH) producto *m* nacional; **Sozialrecht** *nt* <-(e)s, *ohne pl*> (JUR) derecho *m* social; **Sozialrente** *f* <-, -n> pensión *f* del Estado [*o* de la seguridad social]; **Sozialrentner(in)** *m(f)* <-s, -; -, -nen> pensionista *mf* de la seguridad social; **sozialschwach** *adj* menesteroso, necesitado; **Sozialstaat** *m* <-(e)s, -en> Estado *m* social; **Sozialstation** *f* <-, -en> servicio *m* de asistencia a ancianos; **Sozialverhalten** *nt* <-s, *ohne pl*> civismo *m,* comportamiento *m* (social), conducta *f* (social); **einem Kind angemessenes ~ beibringen** educar a un niño a comportarse correctamente (en sociedad)

Sozialversicherung *f* <-, -en> seguro *m* social, mutual *f CSur;* **Sozialversicherungsausweis** *m* <-es, -e> tarjeta *f* de la seguridad social; **Sozialversicherungsbeitrag** *m* <-(e)s, -träge> cotización *f* a la Seguridad Social; **sozialversicherungspflichtig** *adj* obligado a cotizar a la Seguridad Social

sozialverträglich *adj* socialmente compatible; **Sozialwissenschaften** *fpl* ciencias *fpl* sociales; **Sozialwohnung** *f* <-, -en> vivienda *f* social

soziokulturell [zoːtsjokʊltu'rɛl] *adj* sociocultural

Soziolekt [zotsjo'lɛkt] *m* <-(e)s, -e> (LING) sociolecto *m*

Soziolinguistik [zo(ː)tsjolɪngu'ɪstɪk] *f* <-, *ohne pl*> (LING) sociolingüística *f;* **soziolinguistisch** *adj* (LING) sociolingüístico

Soziologe, -in [zotsjo'loːgə] *m, f* <-n, -n; -, -nen> sociólogo, -a *m, f*

Soziologie [zotsjolo'giː] *f* <-, *ohne pl*> sociología *f*

Soziologin *f* <-, -nen> *s.* **Soziologe**

soziologisch *adj* sociológico

sozioökonomisch [zoːtsjoʔøko'noːmɪʃ] *adj* socioeconómico

Sozius ['zoːtsiʊs] *m* <-, -se *o* Sozii> **1.** (WIRTSCH) socio, -a *m, f* **2.** (*Beifahrer*) acompañante *mf* **3.** (*fam: Genosse*) socio, -a *m, f,* compañero, -a *m, f;* **Soziussitz** *m* <-es, -e> asiento *m* trasero (de una moto)

sozusagen [zoːtsu'zaːgən, '----] *adv* por así decir

Spachtel ['ʃpaxtəl] *m* <-s, -> espátula *f;* **Spachtelmasse** *f* <-, -n> masilla *f;* (*aus Gips*) emplaste *m*

spachteln I. *vt* (*glätten*) alisar; (*Loch, Ritze*) tapar **II.** *vi* (*fam: essen*) devorar, tragar

Spagat[1] *m o nt* <-(e)s, -e> (*Ballet*) figura *f* con piernas abiertas; **einen ~ machen, in den ~ gehen** hacer una caída de piernas abiertas

Spagat[2] *m* <-(e)s, -e> (*Österr: Schnur*) bramante *m*

Spagetti[RR] *pl,* **Spaghetti** [ʃpa'gɛti] *pl* espaguetis *mpl*

spähen ['ʃpɛːən] *vi* (*beobachten*) otear (*auf*), acechar (*auf*); **sie spähte auf die Straße** oteaba la calle; **durch einen Spalt ~** mirar por un hueco; **nach jdm/etw ~** buscar a alguien/algo con la vista

Späher(in) *m(f)* <-s, -; -, -nen> (HIST) vigía *mf;* (*Kundschafter*) explorador(a) *m(f);* (*abw: Spitzel*) espía *mf*

Spähtrupp *m* <-s, -s> (MIL) patrulla *f*

Spalier [ʃpa'liːɐ] *nt* <-s, -e> **1.** (*für Pflanzen*) enrejado *m,* espaldera *f* **2.** (*Menschengasse*) calle *f;* **~ stehen, ein ~ bilden** formar calle

Spalt [ʃpalt] *m* <-(e)s, -e> rendija *f,* resquicio *m;* (*Riss*) grieta *f,* hendidura *f;* **die Tür/Augen einen ~ öffnen** entreabrir la puerta/los ojos; **die Tür stand einen ~ offen** la puerta estaba entreabierta [*o* un resquicio abierta]

spaltbar *adj* (PHYS) fisible

spaltbreit *adj* entreabierto

Spalte ['ʃpaltə] *f* <-, -n> **1.** (*Öffnung*) hendidura *f,* raja *f;* (*Riss*) grieta *f* **2.** (TYPO) columna *f*

spalten ['ʃpaltən] <spaltet, spaltete, gespalten *o* gespaltet> *vt* **1.** (*teilen*) dividir, partir; (*Partei, Gruppe*) escindir; **gespaltenes Bewusstsein** una conciencia dividida; (MED) esquizofrenia **2.** (*der Länge nach*) hender, rajar; (*Holz*) partir; **meine Haare ~ sich an den Spitzen** tengo las puntas abiertas **3.** (CHEM) descomponer, disociar; (PHYS) desintegrar

spaltfähig *adj* (PHYS) fisible; **Spaltprodukt** *nt* <-(e)s, -e> **1.** (PHYS) producto *m* de fisión **2.** (CHEM) producto *m* de disociación

Spaltung *f* <-, -en> **1.** (*eines Landes, einer Gruppe*) división *f;* (*einer Partei*) escisión *f* **2.** (CHEM) descomposición *f;* (PHYS) fisión *f* **3.** (PSYCH) disociación *f*

Span [ʃpaːn, *pl:* 'ʃpɛːnə] *m* <-(e)s, Späne> astilla *f,* viruta *f;* **arbeiten, dass die Späne fliegen** trabajar como un león [*o* a toda marcha]; **wo gehobelt wird, da fallen Späne** (*prov*) no se hacen tortillas sin romper huevos

Spanferkel *nt* <-s, -> lechón *m,* cochinillo *m*

Spange ['ʃpaŋə] *f* <-, -n> **1.** (*Haar~*) pasador *m,* horquilla *f* **2.** (*Zahn~*) aparato *m* de ortodoncia

Spanien ['ʃpaːniən] *nt* <-s> España *f*

Spanier(in) ['ʃpaːniɐ] *m(f)* <-s, -; -, -nen> español(a) *m(f);* **stolz wie ein ~** muy orgulloso

spanisch *adj* español; (*Sprache*) español, castellano; **~e Wand** biombo *m;* **das kommt mir ~ vor** (*fam fig*) esto me suena a chino

Spanisch *nt* <-(s), *ohne pl*>, **Spanische** *nt* <-n, *ohne pl*> español *m,* castellano *m;* **~ sprechen/lernen** hablar (en)/aprender español; **aus dem ~en/ins ~e übersetzen** traducir del/al español

spanischsprachig *adj* hispanohablante, castellanohablante; **~e Länder** países de habla hispana

spann [ʃpan] *3. imp von* **spinnen**

Spann [ʃpan] *m* <-(e)s, -e> empeine *m*

Spannbeton *m* <-s, *ohne pl*> hormigón *m* pretensado; **Spannbetttuch**[RR] *nt* <-(e)s, -tücher> sábana *f* con cuatro puntos de ajuste

Spanne ['ʃpanə] *f* <-, -n> **1.** (*Zeit~*) intervalo *m*, espacio *m* de tiempo **2.** (*Handels~*) margen *m*

spannen ['ʃpanən] **I.** *vt* **1.** (*dehnen*) estirar; (*Seil, Muskeln*) tensar; (*Bogen*) fijar, sujetar; **die Hängematte zwischen zwei Bäume ~** colgar la hamaca entre dos árboles **2.** (*Leine, Netz*) tender **3.** (*ein~: Werkstück*) sujetar (con abrazadera); (*in die Schreibmaschine*) meter **4.** (*Gewehr*) amartillar **5.** (*fam: merken*) percibir, apercibir; **ich hoffe, er hat's gespannt** espero que haya caído en la cuenta **II.** *vi* **1.** (*Kleidung*) quedar estrecho, apretar; (*Haut*) tirar **2.** (*fam: warten*): **darauf ~, dass ...** esperar que... *+subj* **III.** *vr:* **sich ~ 1.** (*straff/fest werden*) ponerse tenso **2.** (*sich wölben*) arquearse (*über* sobre)

spannend *adj* (*fesselnd*) cautivador, fascinante; (*interessant*) muy interesante; (*Buch, Film*) de suspense; **mach's nicht so ~!** (*fam*) ¡no te hagas tanto de rogar!, ¡suéltalo de una vez!

Spanner *m* <-s, -> **1.** (*Spannvorrichtung*) tensor *m* **2.** (*Schmetterling*) geométrido *m* **3.** (*fam: Voyeur*) mirón *m*, voyeur *m*

Spannkraft *f* <-, *ohne pl*> elasticidad *f*, fuerza *f* elástica; **Spannschraube** *f* <-, -n> tornillo *m* tensor; **Spannteppich** *m* <-s, -e> (*Schweiz*) moqueta *f*, alfombrado *m*

Spannung[1] *f* <-, *ohne pl*> **1.** (*Erwartung, innere ~, a.* PHYS) tensión *f*; **jdn in ~ halten** tener en vilo a alguien; **etw mit ~ erwarten** esperar algo con impaciencia **2.** (*eines Films*) suspense *m*, suspenso *m Am*

Spannung[2] *f* <-, -en> **1.** (*Feindseligkeit*) tirantez *f*, tensión *f* **2.** (*Stromstärke*) voltaje *m*, tensión *f*

Spannungsgebiet *nt* <-(e)s, -e> región *f* de tensiones

Spannungsmesser *m* <-s, -> (ELEK) voltímetro *m*; **Spannungsprüfer** *m* <-s, -> (ELEK) detector *m* de tensión; **Spannungsspitzen** *fpl* (ELEK, INFOR) picos *mpl*, spikes *mpl*

Spannweite *f* <-, -n> **1.** (*Vogel, Flugzeug*) envergadura *f* **2.** (ARCHIT) luz *f*

Spanplatte *f* <-, -n> tabla *f* de madera aglomerada

Sparanleihe *f* <-, -n> (FIN) empréstito *m* de ahorro; **Sparbeschluss**[RR] *m* <-es, -schlüsse> (POL) determinación *f* de ahorro; **Sparbrief** *m* <-(e)s, -e> cédula *f* de ahorro; **Sparbuch** *nt* <-(e)s, -bücher> libreta *f* de ahorro; **Sparbüchse** *f* <-, -n>, **Spardose** *f* <-, -n> hucha *f*; **Spareinlage** *f* <-, -n> (FIN) ahorro(s) *m(pl)*; **befristete/jederzeit rückzahlbare ~n** depósitos de ahorro a plazo fijo/reembolsables en todo momento

sparen ['ʃpa:rən] **I.** *vt* ahorrar; **sie spart jeden Monat 200 Mark** ahorra 200 marcos al mes; **spar dir deine Ratschläge!** ¡ahórrate tus consejos!; **den Weg hätte ich mir ~ können** me hubiera podido ahorrar el camino; **die Bemerkung hättest du dir ~ können!** ¡podrías haberte ahorrado el comentario! **II.** *vi* **1.** (*Geld*) ahorrar **2.** (*zurückhalten*) escatimar (*an/mit* en); **sie hat nicht mit Lob gespart** no escatimó en alabanzas

Sparer(in) *m(f)* <-s, -; -, -nen> ahorrador(a) *m(f)*; **Sparerfreibetrag** *m* <-(e)s, -träge> importe *m* (de intereses) libre de impuestos

Sparerin *f* <-, -nen> *s.* **Sparer**

Sparflamme *f* <-, *ohne pl*> llama *f* pequeña; **auf ~** a medio gas

Spargel ['ʃpargəl] *m* <-s, -> espárrago *m*; **Spargelspitzen** *fpl* (GASTR) puntas *fpl* de espárrago

Sparguthaben *nt* <-s, -> ahorros *mpl*; **Sparheft** *nt* <-(e)s, -e> (*Schweiz*) *s.* **Sparbuch**

Sparkasse *f* <-, -n> caja *f* de ahorros; **Sparkassenverband** *m* <-(e)s, -bände> asociación *f* de las cajas de ahorro

Sparkonto *nt* <-s, -s *o* -konten> cuenta *f* de ahorro; **Sparkurs** *m* <-es, *ohne pl*> (fase *f* de) ahorro *m*; **auf ~ sein** ahorrar, economizar, apretarse el cinturón

spärlich ['ʃpɛ:ɐlɪç] *adj* escaso; (*ärmlich*) pobre; **~e Reste** restos escasos; **der Vortrag war nur ~ besucht** la conferencia estuvo poco concurrida; **~ bekleidet sein** llevar poca ropa encima

Sparmaßnahme *f* <-, -n> medida *f* de ahorro; **Sparpackung** *f* <-, -en> tamaño *m* económico, caja *f* económica; **Sparprämie** *f* <-, -n> (FIN) prima *f* de ahorro; **Sparpreis** *m* <-es, -e> precio *m* económico

Sparren ['ʃparən] *m* <-s, -> (*Dach~*) cabrio *m*

Sparring *nt* <-s, *ohne pl*> (SPORT) sparring *m*; **Sparringspartner(in)** *m(f)* <-s, -; -, -nen> (SPORT) sparring *m*

sparsam *adj* económico; (*Person*) poco gastador; **ein ~er Motor** un motor de consumo reducido; **~ wirtschaften** economizar; **~ im Verbrauch sein** (AUTO) consumir poco; **~ mit etw umgehen** ser ahorrativo con algo, hacer economías con algo

Sparsamkeit *f* <-, *ohne pl*> economía *f*; **aus ~** por razones de economía

Sparschwein *nt* <-(e)s, -e> cerdito *m* hucha, hucha *f* (en forma de cerdo)

Spartaner(in) [ʃpar'ta:nɐ, spar'ta:nɐ] *m(f)* <-s, -; -, -nen> (HIST) espartano, -a *m, f*

spartanisch [ʃpar'ta:nɪʃ] *adj* **1.** (*aus Sparta*) espartano **2.** (*sparsam, einfach*) espartano, sobrio, austero; **~ leben** vivir austeramente

Sparte ['ʃpartə] *f* <-, -n> **1.** (*Abteilung, Ge-*

biet) rama *f*, sector *m* **2.** (*Rubrik*) sección *f*

Sparvertrag *m* <-(e)s, -träge> (FIN) contrato *m* de ahorro; **Sparzins** *m* <-es, -en> (FIN) interés *m* de la libreta de ahorros; **Sparzwang** *m* <-(e)s, *ohne pl*> (WIRTSCH) ahorro *m* forzoso

spasmisch ['ʃpasmɪʃ, 'spasmɪʃ] *adj* (MED) espasmódico

Spasmolytikum [ʃpasmo'ly:tikʊm, spasmo-] *nt* <-s, Spasmolytika> (MED) espasmolítico *m*, antiespasmódico *m*

Spaß[1] [ʃpa:s, *pl:* 'ʃpɛ:sə] *m* <-es, Späße> (*Scherz*) broma *f*, burla *f*, changa *f SAm, Cuba*, trisca *f ZAm, Ant;* ~ **machen** bromear, triscar *ZAm, Ant;* (**keinen**) ~ **verstehen** tener (poca) correa; ~ **beiseite!** ¡bromas aparte!, **aus** [*o* **im**] ~ **gesagt** dicho de broma; **ich hab doch nur** ~ **gemacht!** ¡era sólo una [*o* de] broma!; **da hört bei mir der** ~ **auf** eso ya pasa de castaño oscuro

Spaß[2] *m* <-es, *ohne pl*> (*Vergnügen*) diversión *f*, gusto *m*, jarana *f Am;* ~ **muss sein** hay que divertirse; ~ **machen** dar gusto, ser divertido; **sich** *dat* **aus etw einen** ~ **machen** hacer algo de cachondeo; **es war ein** ~ **zu sehen ...** daba gusto ver...; **jdm den** ~ **verderben** aguar(le) la fiesta a alguien; **viel** ~**!** ¡que te diviertas!; **er hat** ~ **an Radtouren** le gusta hacer excursiones en bicicleta; **das war ein teurer** ~ costó un riñón

spaßen ['ʃpa:sən] *vi* bromear, gastar bromas; **damit ist nicht zu** ~ no es cosa de broma; **sie lässt nicht mit sich** ~ no está para bromas

spaßeshalber ['ʃpa:səshalbɐ] *adv* (*fam*) en broma, por bromear; **wir versuchen es** ~ **mal** lo intentamos por bromear

spaßhaft *adj* gracioso, chistoso

spaßig *adj* divertido, gracioso, chistoso; **du hast** ~**e Ideen!** ¡qué ocurrencias tienes!

Spaßmacher(in) *m(f)* <-s, -; -, -nen> bromista *mf*, guasón, -ona *m, f;* **Spaßverderber(in)** *m(f)* <-s, -; -, -nen> aguafiestas *mf inv;* **Spaßvogel** *m* <-s, -vögel> bromista *mf*, guasón, -ona *m, f*

Spastiker(in) ['ʃpastikɐ, 'spastikɐ] *m(f)* <-s, -; -, -nen> (MED) espástico, -a *m, f*, paralítico, -a *m, f* cerebral

spastisch ['ʃpastɪʃ, 'spastɪʃ] *adj* (MED) espástico

Spat [ʃpa:t, *pl:* 'ʃpɛ:tə] *m* <-(e)s, -e> espato *m*

spät [ʃpɛ:t] **I.** *adj* tardío; **zu** ~**er Stunde** a hora avanzada; **am** ~**en Vormittag** a última hora de la mañana; **von früh bis** ~ desde la mañana hasta la noche; **im** ~**en Mittelalter** en la baja Edad Media; ~**e Reue** arrepentimiento tardío **II.** *adv* tarde; **zu etw zu** ~ **kommen** llegar tarde a algo; **wie** ~ **ist es?** ¿qué hora es?; **du bist heute aber** ~ **dran!** (*fam: kommst/gehst*) ¡llegas/vas muy tarde hoy!; **es wird heute** ~(**er**) se va a hacer tarde hoy; **besser** ~ **als nie** (*prov*) más vale tarde que nunca; **spätabends** [ʃpɛ:tʔa:bənts] *adv* a última hora de la tarde, entrada la noche; **wieso kommst du erst** ~ **nach Hause?** ¿por qué llegas tan tarde a casa?; **Spätaussiedler(in)** *m(f)* <-s, -; -, -nen> *emigrante de origen alemán de los estados de Europa del Este;* **Spätdienst** *m* <-(e)s, *ohne pl*> turno *m* de tarde [*o* de noche]

Spatel ['ʃpa:təl] *m* <-s, -> espátula *f*

Spaten ['ʃpa:tən] *m* <-s, -> laya *f;* **Spatenstich** *m* <-(e)s, -e> pal(et)ada *f;* **der erste** ~ el comienzo de las obras

Spätentwickler(in) *m(f)* <-s, -; -, -nen> (MED, PSYCH) niño, -a *m, f* con desarrollo lento

später ['ʃpɛ:tɐ] **I.** *adj* posterior, ulterior; (*künftig*) futuro **II.** *adv* más tarde, más adelante; **bis** ~**!** ¡hasta luego!; **einige Stunden** ~ unas horas después; **früher oder** ~ tarde o temprano

spätestens ['ʃpɛ:təstəns] *adv* lo más tarde, a más tardar; ~ **in einer Stunde** a más tardar dentro de una hora

Spätfolge *f* <-, -n> efecto *m* tardío; **Spätgeburt** *f* <-, -en> **1.** (*verspätete Geburt*) parto *m* tardío **2.** (*Kind*) bebé *m* postmaduro; **Spätgotik** *f* <-, *ohne pl*> gótico *m* tardío; **Spätheimkehrer(in)** *m(f)* <-s, -; -, -nen> repatriado, -a *m, f* tardío, -a; **Spätherbst** *m* <-(e)s, -e> otoño *m* tardío, final *m* de otoño; **im** ~ a finales de otoño; **Spätlese** *f* <-, -n> cosecha *f* tardía [*o* de la rebusca]; **Spätobst** *nt* <-(e)s, *ohne pl*> fruta *f* tardía; **Spätschaden** *m* <-s, -schäden> daño *m* tardío; **Spätschicht** *f* <-, -en> turno *m* de tarde [*o* de noche]; **Spätsommer** *m* <-s, -> estío *m* tardío, final *m* de verano; **im** ~ a finales de verano; **Spätstadium** *nt* <-s, -stadien> estado *m* avanzado; **Spätvorstellung** *f* <-, -en> sesión *f* de noche

Spatz [ʃpats] *m* <-en *o* -es, -en> **1.** (*Vogel*) gorrión *m;* **das pfeifen die** ~**en von den Dächern** (*fam*) es (ya) un secreto a voces; **besser ein** ~ **in der Hand als eine Taube auf dem Dach** (*prov*) más vale pájaro en mano que ciento volando **2.** (*fam: Schatz*) tesoro *m*, cariño *m;* **Spatzenhirn** *nt* <-(e)s, -e> (*abw*) cabeza *mf* de chorlito; **ein** ~ **haben** tener la cabeza a pájaros, ser un cabeza de chorlito

Spätzle ['ʃpɛtslə] *pl*, **Spätzli** ['ʃpɛtsli] *pl* (*Schweiz, südd*) *pasta de huevo típica de Suabia*

Spätzünder *m* <-s, -> (*fam*): **ein** ~ **sein** ser corto de entendederas; **Spätzündung** *f* <-, -en> (TECH) encendido *m* retardado; ~ **haben** (*fam*) ser lento de entendederas

spazieren* [ʃpa'tsi:rən] *vi sein* pasear (*durch* por), dar un paseo [*o* una vuelta] (*durch* por); (**im Auto**) ~ **fahren** dar una vuelta (en coche), pasear(se) (en coche); **jdn** (**im Auto**) ~ **fahren** pasear a alguien (en coche), llevar a alguien de paseo (en coche); **er fährt das Baby im Kinderwagen** ~ lleva [*o* saca] al bebé a pasear en el cochecito; **jdn** ~ **führen** llevar a alguien a pasear, sacar a alguien de paseo; **im**

Wald ~ **gehen** pasear(se) por el bosque, dar un paseo [*o* una vuelta] en [*o* por] el bosque, voltear por el bosque *Am;* **spazieren|fahren** *irr* **I.** *vi sein s.* spazieren **II.** *vt s.* spazieren; **spazieren|führen** *vt s.* spazieren; **spazieren|gehen** *irr vi sein s.* **spazieren**

Spazierfahrt *f* <-, -en> (*im Auto*) paseo *m* en coche; **Spaziergang** *m* <-(e)s, -gänge> paseo *m;* **einen ~ machen** dar un paseo; **das ist kein ~!** ¡no es precisamente un paseo!

Spaziergänger(in) [-gɛŋɐ] *m(f)* <-s, -; -, -nen> paseante *mf*

Spazierstock *m* <-(e)s, -stöcke> bastón *m;* **Spazierweg** *m* <-(e)s, -e> paseo *m*

SPD [ɛspeːˈdeː] *f Abk. von* **Sozialdemokratische Partei Deutschlands** Partido *m* Socialdemócrata Alemán

Specht [ʃpɛçt] *m* <-(e)s, -e> pájaro *m* carpintero, pico *m* picapinos

Speck [ʃpɛk] *m* <-(e)s, -e> **1.** (*Nahrungsmittel*) tocino *m;* (*geräuchert*) bacon *m;* **ran an den ~!** (*fam*) ¡manos a la obra!; **mit ~ fängt man Mäuse** (*prov*) las moscas acuden a la miel **2.** (*fam: bei Menschen*) grasa *f;* (*~bauch*) panza *f;* **~ ansetzen** echar carnes; **Speckbauch** *m* <-(e)s, -bäuche> (*fam*) barrigón *m*

speckig *adj* **1.** (*schmierig*) pringoso; (*schmutzig*) mugriento **2.** (*fam abw: dick*) gordo

Speckschwarte *f* <-, -n> corteza *f* de tocino, piel *f* de tocino; **Speckseite** *f* <-, -n> trozo *m* de tocino; **Speckstein** *m* <-(e)s, *ohne pl*> esteatita *f*

Spediteur(in) [ʃpediˈtøːɐ] *m(f)* <-(e)s, -e; -, -nen> transportista *mf,* agente *mf* de transporte

Spedition [ʃpediˈtsjoːn] *f* <-, -en> empresa *f* de transportes; **Speditionsauftrag** *m* <-(e)s, -träge> orden *f* de transporte [*o* de expedición]; **Speditionsgewerbe** *nt* <-s, *ohne pl*> ramo *m* de transportes; **Speditionskosten** *pl* gastos *mpl* de expedición [*o* de transporte]; **Speditionsvertrag** *m* <-(e)s, -träge> contrato *m* de transporte

speditiv [ʃpediˈtiːf] *adj* (*Schweiz: zügig*) expeditivo

Speed [spiːt] *nt* <-s, -s> (*sl: Droge*) espid *m*

Speer [ʃpeːɐ] *m* <-(e)s, -e> lanza *f,* pica *f;* (SPORT) jabalina *f;* **Speerspitze** *f* <-, -n> extremo *m* (de la lanza), punta *f* (de la lanza); **Speerwerfen** *nt* <-s, *ohne pl*> (SPORT) lanzamiento *m* de jabalina; **Speerwerfer(in)** *m(f)* <-s, -; -, -nen> (SPORT) lanzador(a) *m(f)* de jabalina

Speiche [ˈʃpaɪçə] *f* <-, -n> (*a.* MED) radio *m*

Speichel [ˈʃpaɪçəl] *m* <-s, *ohne pl*> saliva *f;* **Speicheldrüse** *f* <-, -n> glándula *f* salival; **Speichelfluss**[RR] *m* <-es, *ohne pl*> (MED) salivación *f,* afluencia *f* de saliva; **Speichellecker(in)** *m(f)* <-s, -; -, -nen> (*abw*) pelotillero, -a *m, f,* lameculos *mf inv vulg;* **Speichelleckerei** *f* <-, *ohne pl*> (*abw*) coba *f;* **~ treiben** dar coba, hacer la pelotilla

Speichenrad *nt* <-(e)s, -räder> rueda *f* de rayos

Speicher [ˈʃpaɪçɐ] *m* <-s, -> **1.** (*Lager*) almacén *m;* (*Getreide~*) granero *m* **2.** (*Dachboden*) desván *m* **3.** (TECH: *Wasser~*) depósito *m* **4.** (INFOR) memoria *f;* **flüchtiger ~** memoria volátil; **Speicherauszug** *m* <-(e)s, -züge> (INFOR) volcado *m* de memoria, vaciado *m* de memoria; **Speicherbereich** *m* <-(e)s, -e> (INFOR) área *f* de memoria; **Speicherdichte** *f* <-, -n> (INFOR) densidad *f* de almacenamiento [*o* de grabación]; **Speicherfunktion** *f* <-, -en> (INFOR) función *f* de memoria; **Speicherkapazität** *f* <-, -en> (INFOR) capacidad *f* de memoria [*o* de almacenamiento]

speichern [ˈʃpaɪçɐn] *vi, vt* (*a.* INFOR) almacenar; **Daten auf Diskette ~** almacenar datos en un disquete

Speicherplatz *m* <-es, *ohne pl*> (INFOR) espacio *m* de memoria; **speicherprogrammierbar** *adj* (INFOR) programable desde la memoria; **Speicherschreibmaschine** *f* <-, -n> máquina *f* de escribir con memoria; **Speicherschutz** *m* <-es, *ohne pl*> (INFOR) protección *f* de memoria

Speicherung *f* <-, -en> almacenamiento *m*

Speicherverwaltung *f* <-, -en> (INFOR) administración *f* de memoria

speien [ˈʃpaɪən] <speit, spie, gespie(e)n> **I.** *vi* (*geh*) **1.** (*spucken*) escupir **2.** (*sich übergeben*) vomitar **II.** *vt* (*geh*) escupir, arrojar; **der Vulkan spie Lava und Asche** el volcán arrojaba lava y cenizas

Speis [ʃpaɪs] *m* <-es, *ohne pl*> (*reg*) mortero *m,* argamasa *f*

Speise [ˈʃpaɪzə] *f* <-, -n> comida *f;* (*Gericht*) plato *m;* **kalte ~n** (*Gerichte*) fiambres *mpl;* **Speis und Trank** (*geh*) comida y bebida; **Speiseeis** *nt* <-es, *ohne pl*> helado *m;* **Speisekammer** *f* <-, -n> despensa *f;* **Speisekarte** *f* <-, -n> carta *f* (del menú), lista *f* de platos

speisen [ˈʃpaɪzən] **I.** *vi* (*geh*) comer; **was wünschen Sie zu ~?** ¿qué desea de comer? **II.** *vt* **1.** (*geh: ernähren*) dar de comer (a), alimentar **2.** ((*genüsslich*) *essen*) degustar, paladear **3.** (TECH) alimentar

Speisenaufzug *m* <-(e)s, -züge> montaplatos *m inv;* **Speisenfolge** *f* <-, -n> (orden *m* del) menú *m*

Speiseöl *nt* <-(e)s, -e> aceite *m* de mesa; **Speisepilz** *m* <-es, -e> hongo *m* comestible; **Speisequark** *m* <-(e)s, *ohne pl*> ≈requesón *m,* ≈quesillo *m Am;* **Speisereste** *mpl* **1.** (*einer Mahlzeit*) sobras *fpl* **2.** (*zwischen den Zähnen*) restos *mpl* de comida; **Speiseröhre** *f* <-, -n> esófago *m;* **Speisesaal** *m* <-(e)s, -säle> comedor *m;* **Speisesalz** *nt* <-es, -e> sal *f* de cocina [*o* común]; **jodiertes ~** sal de cocina yodada; **Speisewagen** *m* <-s, -> coche *m* restaurante

Speisung *f* <-, -en> (*a.* TECH) alimentación *f*

speiübel ['ʃpaɪ'ʔy:bəl] *adj:* **mir ist ~** tengo ganas de vomitar; **wenn man das sieht, kann einem ~ werden** viendo eso le entran ganas de vomitar a uno

Spektakel¹ [ʃpɛk'ta:kəl] *m* <-s, -> (*fam: Lärm*) alboroto *m,* jaleo *m,* balumba *f SAm*

Spektakel² *nt* <-s, -> (*Vorgang*) espectáculo *m*

spektakulär [ʃpɛktaku'lɛ:ɐ] *adj* espectacular; **ein ~er Unfall** un accidente aparatoso

Spektra ['ʃpɛktra] *pl von* **Spektrum**

Spektralanalyse [ʃpɛk'tra:l-] *f* <-, -n> (PHYS, CHEM, ASTR) análisis *m inv* espectral; **Spektralfarbe** *f* <-, -n> (PHYS) color *m* del espectro (solar); **Spektralphotometer** *nt* <-s, -> (CHEM) espectrofotómetro *m*

Spektrographie *f* <-, -n> (TECH) espectrografía *f*

Spektrum ['ʃpɛktrʊm] *nt* <-s, Spektren *o* Spektra> (*fig a.* PHYS) espectro *m*

Spekulant(in) [ʃpeku'lant] *m(f)* <-en, -en; -, -nen> especulador(a) *m(f)*

Spekulation [ʃpekula'tsjo:n] *f* <-, -en> (*a.* WIRTSCH, PHILOS) especulación *f;* **über etw ~en anstellen** especular acerca de algo; **Spekulationsobjekt** *nt* <-(e)s, -e> (WIRTSCH) objeto *m* de especulación

spekulativ [ʃpekula'ti:f] *adj* **1.** (*hypothetisch*) especulativo **2.** (WIRTSCH) especulador

spekulieren* [ʃpeku'li:rən] *vi* (*a.* WIRTSCH) especular (*mit* con, *in* en, *über* sobre); **auf etw ~** (*fam*) contar con algo

Spelunke [ʃpe'lʊŋkə] *f* <-, -n> (*abw*) **1.** (*Kneipe*) tabernucho *m* **2.** (*Unterkunft*) cuchitril *m*

spendabel [ʃpɛn'da:bəl] *adj* (*fam*) rumboso, generoso

Spende ['ʃpɛndə] *f* <-, -n> (*Geld~*) donativo *m;* (*Schenkung*) donación *f;* (*Almosen*) limosna *f;* **eine kleine ~ für die Armen, bitte** una limosna para los necesitados, por favor

spenden *vt* **1.** (*Geld, Kleidung*) donar; **Blut ~** donar sangre **2.** (*geh: Wärme, Schatten*) dar; **Beifall ~** aplaudir

Spendenkonto *nt* <-s, -konten *o* -s> cuenta *f* para donativos

Spender¹ *m* <-s, -> (*Gerät*) dispensador *m,* distribuidor *m*

Spender(in)² *m(f)* <-s, -; -, -nen> (*Person*) donador(a) *m(f),* donante *mf*

Spenderausweis *m* <-es, -e> carnet *m* de donante, credencial *f* de donante

Spenderbox *f* <-, -en> caja *f* de donativos, bote *m* de donativos; (REL) cepillo *m*

Spenderin *f* <-, -nen> *s.* **Spender**

spendieren* [ʃpɛn'di:rən] *vt* (*fam*) pagar; **jdm ein Eis ~** invitar a alguien a tomar un helado

Spendierhosen *fpl:* **seine ~ anhaben** (*fam*) estar generoso, estar rumboso

Spengler(in) ['ʃpɛŋlɐ] *m(f)* <-s, -; -, -nen> (*südd, Österr*) fontanero, -a *m, f*

Sperber ['ʃpɛrbɐ] *m* <-s, -> gavilán *m*

Sperenzchen [ʃpe'rɛntsçən] *pl* (*fam abw*), **Sperenzien** [ʃpe'rɛntsjən] *pl* (*fam abw*) aspavientos *mpl;* **lass die ~!** ¡déjate de aspavientos!; **~ machen** complicar las cosas

Sperling ['ʃpɛrlɪŋ] *m* <-s, -e> gorrión *m*

Sperma ['ʃpɛrma] *nt* <-s, Spermen *o* Spermata> (BIOL) esperma *m o f*

Spermium *nt* <-s, Spermien> (BIOL) espermio *m*

spermizid [ʃpɛrmi'tsi:t] *adj* (MED) espermicida

sperrangelweit ['-'--'-] *adv:* **~ offen** abierto de par en par

Sperrauftrag *m* <-(e)s, -träge> (FIN) orden *f* de bloqueo; **Sperrbetrag** *m* <-(e)s, -träge> (FIN) importe *m* bloqueado; **Sperrbezirk** *m* <-s, -e> zona *f* prohibida

Sperre ['ʃpɛrə] *f* <-, -n> **1.** (*Schranke*) barrera *f;* (*Straßen~*) barricada *f* **2.** (*Embargo*) embargo *m,* bloqueo *m;* (*Nachrichten~*) censura *f;* **eine ~ verhängen** (*Embargo*) declarar un bloqueo; (*Nachrichten~*) ejercer la censura **3.** (SPORT) suspensión *f*

sperren ['ʃpɛrən] **I.** *vt* **1.** (*für den Verkehr*) cerrar; **für Lastwagen gesperrt** cerrado para camiones; **für den Verkehr gesperrt** cerrado al tráfico **2.** (*verbieten*) bloquear, prohibir; **jdm den Urlaub ~** aplazar las vacaciones a alguien **3.** (*Telefon, Strom*) cortar; (*Konto, Kredit*) bloquear; (*Daten*) inhibir **4.** (SPORT) suspender **5.** (TYPO) espaciar **6.** (*ein~*): **jdn in etw ~** encerrar a alguien en algo **II.** *vr:* **sich ~** oponerse (*gegen* a); **sie hat sich gegen alle Vorschläge gesperrt** se cerró en banda a toda propuesta

Sperrfeuer *nt* <-s, *ohne pl*> (MIL) fuego *m* de barrera; **Sperrfrist** *f* <-, -en> (JUR) plazo *m* de suspensión [*o* de espera]; **Sperrgebiet** *nt* <-(e)s, -e> zona *f* prohibida; **militärisches ~** zona militar; **Sperrgut** *nt* <-(e)s, *ohne pl*> géneros *mpl* voluminosos, mercancía(s) *f* voluminosa(s) *(pl);* **Sperrholz** *nt* <-(e)s, *ohne pl*> contrachapado *m*

sperrig *adj* voluminoso, abultado

Sperrkonto *nt* <-s, -s *o* -konten> (FIN) cuenta *f* bloqueada [*o* congelada]; **Sperrminderheit** *f* <-, -en>, **Sperrminorität** *f* <-, -en> (POL) minoría *f* de bloqueo; (WIRTSCH) minoría *f* de bloqueo

Sperrmüll *m* <-s, *ohne pl*> basura *f* voluminosa; **Sperrmüllabfuhr** *f* <-, -en> recogida *f* de basura voluminosa

Sperrsitz *m* <-es, -e> (*im Kino*) butaca *f* en las últimas filas; (*im Zirkus, Theater*) butaca *f* en las primeras filas; **Sperrstunde** *f* <-, -n> hora *f* de cierre

Sperrung *f* <-, -en> **1.** (*einer Straße*) cierre *m,* corte *m* **2.** (*Verbot*) prohibición *f,* bloqueo *m* **3.** (*des Stroms, Telefons*) corte *m;* (*von Geldern, Konten*) bloqueo *m* **4.** (SPORT) suspensión *f*

Sperrvermerk *m* <-(e)s, -e> nota *f* de no

S

negociabilidad, nota *f* de bloqueo

Spesen ['ʃpe:zən] *pl* dietas *fpl,* gastos *mpl* reembolsados por la empresa; **auf ~ essen/reisen** comer/viajar por cuenta de la empresa; **außer ~ nichts gewesen** (*fam*) no ha valido la pena; **Spesenabrechnung** *f* <-, -en> liquidación *f* de gastos

Spessart ['ʃpɛsart] *m* <-s> Spessart *m*

Speyer ['ʃpaɪɐ] *nt* <-s> Espira *f,* Spira *f*

Spezi[1] ['ʃpe:tsi] *m* <-s, -(s)> (*südd: fam: Kumpel*) coleguilla *mf,* amiguete *m*

Spezi[2] *m o nt* <-s, -(s)> (*fam: Getränk*) *refresco a base de limonada y coca-cola*

Spezialausbildung [ʃpe'tsja:l-] *f* <-, -en> formación *f* especial; **Spezialausführung** *f* <-, -en> modelo *m* especial; **Spezialeffekt** *m* <-(e)s, -e> (FILM) efecto *m* especial; **Spezialfall** *m* <-(e)s, -fälle> caso *m* especial; **Spezialgebiet** *nt* <-(e)s, -e> especialidad *f*

spezialisieren* [ʃpetsjali'zi:rən] *vr:* **sich ~** especializarse (*auf* en); **ich habe mich auf Datenbanken spezialisiert** me especialicé en bancos de datos

Spezialisierung *f* <-, -en> especialización *f*

Spezialist(in) [ʃpetsja'lɪst] *m(f)* <-en, -en; -, -nen> especialista *mf* (*für* en); **er ist vielleicht ein ~!** (*fam*) ¡qué tío más inteligente!

Spezialität [ʃpetsjali'tɛ:t] *f* <-, -en> especialidad *f;* **eine ~ des Hauses** una especialidad de la casa; **ihre ~ sind Linolschnitte** lo suyo son los grabados en linóleo

Spezialvollmacht *f* <-, -en> (JUR) poder *m* especial

speziell [ʃpe'tsjɛl] *adj* especial, particular; **auf ~en Wunsch** a petición especial; **auf dein/Ihr ganz S~es!** (*fam*) ¡a tu/su salud!

Spezies ['ʃpe:tsjɛs *pl:* 'ʃpe:tsje:s] *f* <-, -> (BIOL) especie *f;* **eine besondere ~ Mensch** un tipo de persona muy particular

Spezifikation *f* <-, -en> (INFOR) especificación *f*

spezifisch [ʃpe'tsi:fɪʃ] *adj* específico; **das ~e Gewicht** (PHYS) el peso específico; **eine ~e Besonderheit der Spanier** una singularidad específica de los españoles

spezifizieren* [ʃpetsifi'tsi:rən] *vt* especificar, detallar

Sphäre ['sfɛ:rə] *f* <-, -n> esfera *f;* **in höheren ~n schweben** vivir en las nubes

sphärisch *adj* esférico

Sphinx [sfɪŋks] *f* <-, -e> esfinge *f*

spicken ['ʃpɪkən] **I.** *vt* **1.** (GASTR) mechar **2.** (*fam: reichlich versehen*) llenar (*mit* de); **eine mit Fehlern gespickte Arbeit** un trabajo lleno de faltas; **eine mit Zitaten gespickte Rede** un discurso salpicado de citas **II.** *vi* (*reg: fam: abschreiben*) chuletear; **bei** [*o* **von**] **jdm ~** copiar de alguien

Spickzettel *m* <-s, -> (*reg: fam*) chuleta *f,* machete *m Arg*

spie [ʃpi:] *3. imp von* **speien**

Spiegel ['ʃpi:gəl] *m* <-s, -> **1.** (*allgemein*) espejo *m;* **in den ~ sehen** mirarse en el espejo; **sich im ~ sehen** verse en el espejo; **im ~ der Öffentlichkeit** en el espejo de la opinión pública; **jdm den ~ vorhalten** (*fig*) adoptar una postura crítica frente a alguien **2.** (MED) espéculo *m* **3.** (*Wasser~, Alkohol~*) nivel *m*

Spiegelbild *nt* <-(e)s, -er> imagen *f* reflejada; (*fig*) reflejo *m;* **spiegelbildlich** *adj* invertido lateralmente; **spiegelblank** ['--'-] *adj* limpio como un espejo; (*glänzend*) brillante

Spiegelei *nt* <-(e)s, -er> huevo *m* frito

Spiegelfechterei *f* <-, -en> camelo *m,* paripé *m;* **ich glaube dir nichts, das ist alles ~!** ¡no te creo una palabra, todo esto es pura comedia!; **die ganze Auseinandersetzung ist nichts als ~** toda la discusión no es más que una pantomima

spiegelglatt ['--'-] *adj* **1.** (*rutschig*) muy resbaladizo **2.** (*eben*) liso como un espejo; **spiegelgleich** *adj* simétrico

spiegeln **I.** *vi* **1.** (*glänzen*) brillar, relucir **2.** (*blenden*) reflejar **II.** *vt* reflejar, reflectar **III.** *vr:* **sich ~** reflejarse (*in* en)

Spiegelreflexkamera [---'----] *f* <-, -s> (FOTO) cámara *f* de espejo

Spiegelschrank *m* <-(e)s, -schränke> armario *m* (de tocador) con espejo; **Spiegelschrift** *f* <-, -en> escritura *f* invertida; **Spiegelteleskop** *nt* <-s, -e> (PHYS) telescopio *m* reflector

Spiegelung *f* <-, -en> reflejo *m*

spiegelverkehrt *adj* invertido lateralmente

Spiel[1] [ʃpi:l] *nt* <-(e)s, -e> **1.** (*Glücks~, Gesellschafts~, Kinder~, Vergnügen*) juego *m;* **das ~ ist aus** se acabó; **sein Geld im ~ verlieren** perder el dinero jugando; **einen neuen Gesichtspunkt** (**mit**) **ins ~ bringen** aportar otro punto de vista; **jdm das ~ verderben** aguar la fiesta a alguien; **ein doppeltes ~ treiben** hacer juego doble; **das war ein abgekartetes ~** (*fam*) fue una confabulación [*o* conspiración]; **ein ~ mit dem Feuer treiben** jugar con el fuego; **leichtes ~ mit** [*o* **bei**] **jdm haben** vencer a alguien fácilmente; **dabei steht dein Ruf auf dem ~** lo que está en juego es tu buen nombre; **etw aufs ~ setzen** poner algo en juego, jugarse algo; **im ~ sein** estar en juego; **jdn/etw aus dem ~ lassen** dejar a alguien/algo fuera de juego; **für ihn ist das alles nur ~** para él todo esto sólo es un juego **2.** (SPORT) partido *m;* **das ~ endete 1:1 unentschieden** el partido acabó empatado 1 a 1; **die Olympischen ~e** los Juegos Olímpicos

Spiel[2] *nt* <-(e)s, *ohne pl*> **1.** (*eines Schauspielers*) interpretación *f,* actuación *f* **2.** (TECH) juego *m,* holgura *f;* **die Lenkung hat zu viel ~** el volante tiene demasiada holgura

Spielart *f* <-, -en> variante *f*

Spielautomat *m* <-en, -en> (máquina *f*) tragaperras *f inv;* **Spielball** *m* <-(e)s, -bälle> **1.** (*Ball*) pelota *f,* balón *m* **2.** (*Person*) juguete *m;* **sie war ein ~ der Leidenschaften**

era un juguete a merced de las pasiones; **Spielbank** *f* <-, -en> casino *m;* **Spielbeginn** *m* <-(e)s, -e> comienzo *m* del partido; **Spielbrett** *nt* <-(e)s, -er> tablero *m* (de juego); **Spielcomputer** *m* <-s, -> ordenador *m* de juegos, computadora *f* de juegos *Am;* **Spieldose** *f* <-, -n> caja *f* de música; **eine ~ aufziehen** darle cuerda a una caja de música

spielen ['ʃpiːlən] **I.** *vt* **1.** (*Spiel*) jugar; **spielst du Schach?** ¿juegas al ajedrez?; **Fußball ~** jugar al fútbol, jugar fútbol *Am* **2.** (*Instrument*) tocar; **eine Platte ~** (*fam*) poner un disco **3.** (*aufführen*) dar; **was wird hier gespielt?** (*fam fig*) ¿qué (es lo que pasa) aquí? **4.** (*Rolle*) representar, interpretar; **wer hat den Hamlet gespielt?** ¿quién ha interpretado a Hamlet? **5.** (*vortäuschen*) hacerse, fingir; **er spielt den Unschuldigen** se hace el inocente **6.** (*Wend*): **er ließ seine Beziehungen ~** tocó todos los registros **II.** *vi* **1.** (*Spiel, a.* SPORT) jugar; **er spielt um hohe Summen** juega grandes sumas; **auf Zeit/Sieg ~** jugar contra el reloj/a ganar; **wir haben 1:1 gespielt** empatamos 1 a 1; **wir ~ morgen in Köln gegen Aachen** mañana tenemos un partido en Colonia contra el Aquisgrán; **mit dem Feuer ~** jugar con fuego; **mit dem Gedanken ~ zu ...** jugar con la idea de... **2.** (*herum~*) juguetear; **sie spielte mit** [*o* **an**] **ihrer Kette** jugueteaba con su collar **3.** (*sich zutragen*) desarrollarse (*in* en), tener lugar (*in* en) **4.** (*Radio, Plattenspieler*) estar encendido, estar sonando

spielend *adv* (*problemlos*) fácilmente, sin esfuerzo; **das schaffst du doch ~** puedes conseguirlo sin dificultad (alguna)

Spielende *nt* <-s, -n> (SPORT) final *m* del partido; (*Gesellschaftsspiel*) final *m* de la partida; **das ~ ist erreicht, wenn der erste Spieler ...** la partida se acaba cuando el primer jugador...

Spieler(in) *m(f)* <-s, -; -, -nen> jugador(a) *m(f)*

Spielerei[1] *f* <-, *ohne pl*> (*abw: dauerndes Spielen*) jugueteo *m;* **lass die ~!** ¡deja de juguetear!

Spielerei[2] *f* <-, -en> **1.** (*Kleinigkeit*) juego *m* **2.** (*Gegenstand*) chisme *m*

Spielerin *f* <-, -nen> *s.* **Spieler**

spielerisch *adj* **1.** (*verspielt*) juguetón **2.** (*mit Leichtigkeit*) como jugando **3.** (SPORT): **die ~e Leistung** la actuación de los jugadores

Spielerwechsel *m* <-s, -> cambio *m* de jugadores

Spielfeld *nt* <-(e)s, -er> terreno *m* de juego, cancha *f;* (*Tennis*) pista *f;* **Spielfilm** *m* <-(e)s, -e> largometraje *m;* **Spielgefährte, -in** *m, f* <-n, -n; -, -nen> amigo, -a *m, f* de infancia; **als Kinder waren wir ~n, heute gehen wir uns aus dem Weg** de niños jugábamos siempre juntos, ahora nos evitamos; **Spielgeld** *nt* <-(e)s, *ohne pl*> dinero *m* de juguete; **Spielhalle** *f* <-, -n> salón *m* recreativo [*o* con máquinas de juego]; **Spielhölle** *f* <-, -n> (*abw*) salón *m* de juego; **Spielkamerad(in)** *m(f)* <-en, -en; -, -nen> compañero, -a *m, f* de juego; **Spielkarte** *f* <-, -n> naipe *m;* **Spielkasino** *nt* <-s, -s> casino *m* de juego; **Spielklasse** *f* <-, -n> (SPORT) división *f,* categoría *f;* **eine ~ aufsteigen/absteigen** subir/bajar de categoría; **die Bundesliga ist die höchste deutsche ~** la "Bundesliga" es la primera división en Alemania; **Spielleidenschaft** *f* <-, -en> pasión *f* por el juego; **Spielleiter(in)** *m(f)* <-s, -; -, -nen> **1.** (*Regisseur*) director(a) *m(f)* **2.** (TV) presentador(a) *m(f);* **Spielmacher(in)** *m(f)* <-s, -; -, -nen> (SPORT) líder *mf* del juego; **Spielmann** *m* <-(e)s, -leute> **1.** (*fahrender Sänger*) juglar *m* **2.** (*des Spielmannzuges*) miembro *m* de una banda de música; **Spielmarke** *f* <-, -n> ficha *f* de juego; **Spielminute** *f* <-, -n> (SPORT) minuto *m* de juego; **das Tor fiel in der 58. ~** el gol tuvo lugar en el minuto 58

Spielothek [ʃpiːlo'teːk] *f* <-, -en> *s.* **Spielhalle**

Spielplan *m* <-(e)s, -pläne> (THEAT) programa *m,* cartelera *f;* **auf dem ~ stehen** estar en cartel; **Spielplatz** *m* <-es, -plätze> parque *m* infantil; **Spielraum** *m* <-(e)s, *ohne pl*> espacio *m,* libertad *f* de movimiento; (*fig*) margen *m;* **Spielregel** *f* <-, -n> regla *f* de juego; **Spielsachen** *fpl* juguetes *mpl;* **Spielschuld** *f* <-, -en> deuda *f* de juego; **Spielstand** *m* <-(e)s, -stände> (SPORT) tanteo *m;* **wie ist denn der ~?** ¿cómo va el juego?; **beim ~ von 1 zu 1 ...** con el marcador uno a uno...; **Spielsucht** *f* <-, *ohne pl*> ludopatía *f,* adicción *f* al juego; **Spielsüchtige(r)** *mf* <-n, -n; -n, -n> ludópata *mf;* **Spieltisch** *m* <-(e)s, -e> mesa *f* de juego; **Spieltrieb** *m* <-(e)s, *ohne pl*> instinto *m* lúdico; **Spieluhr** *f* <-, -en> reloj *m* de música; **Spielverbot** *nt* <-(e)s, -e> (SPORT) suspensión *f;* **Spielverderber(in)** *m(f)* <-s, -; -, -nen> aguafiestas *mf inv*

Spielwaren *fpl* juguetes *mpl;* **Spielwarengeschäft** *nt* <-(e)s, -e> juguetería *f,* tienda *f* de juguetes

Spielwiese *f* <-, -n> campo *m* de juegos; **Spielzeit** *f* <-, -en> **1.** (THEAT) temporada *f* (de teatro); (FILM) *período en el cual una película está en cartelera* **2.** (SPORT) duración *f* del partido; **nach einer ~ von 30 Minuten** después de 30 minutos de juego; **Spielzeug** *nt* <-(e)s, -e> juguete *m*

Spieß [ʃpiːs] *m* <-es, -e> **1.** (*Waffe*) pica *f,* lanza *f,* picana *f SAm;* **den ~ umdrehen** [*o* **umkehren**] (*fam*) volver la tortilla; **wie am ~ schreien** (*fam*) gritar como un poseso **2.** (*Brat~*) asador *m,* broqueta *f,* brocheta *f* **3.** (*Speise*) pincho *m,* pinchito *m;* **Spießbraten** *m* <-s, -> pincho *m* (moruno)

Spießbürger(in) *m(f)* <-s, -; -, -nen>

(*abw*) burgués, -esa *m, f;* **spießbürgerlich** *adj* (*abw*) burgués

spießen ['ʃpiːsən] *vt* clavar (*auf* en), espetar (*auf* con); **etw auf etw ~** (*auf einen* (*Brat*)*spieß*) clavar algo en algo, espetar algo con algo; (*auf eine Gabel, einen Zahnstocher*) pinchar algo con algo; **eine Olive auf die Gabel ~** pinchar una aceituna con el tenedor

Spießer(in) *m(f)* <-s, -; -, -nen> (*fam abw*) burgués, -esa *m, f*

Spießgeselle, -in *m, f* <-n, -n; -, -nen> **1.** (*abw: Komplize*) cómplice *mf,* compinche *mf* **2.** (*fam: Kamerad*) compañero, -a *m, f*

spießig *adj* (*fam abw*) burgués

Spießrute *f* <-, -n>: **~n laufen** (MIL) pasar por la baqueta; (*fig*) verse expuesto a la vergüenza pública [*o* a las miradas de los curiosos]

Spikes ['ʃpaɪks] *mpl* **1.** (*Metalldornen, -stifte*) clavos *mpl,* púas *fpl* **2.** (*Sportschuhe*) zapatillas *fpl* con clavos **3.** (*Reifen*) neumáticos *mpl* claveteados [*o* con púas] **4.** (ELEK, INFOR) picos *mpl,* spikes *mpl*

Spinat [ʃpi'naːt] *m* <-(e)s, -e> espinaca *f;* **er mag keinen ~** no le gustan las espinacas

Spind [ʃpɪnt] *m o nt* <-(e)s, -e> taquilla *f,* armarito *m*

Spindel ['ʃpɪndəl] *f* <-, -n> **1.** (*am Spinnrad*) huso *m* **2.** (ARCHIT) eje *m* **3.** (TECH) husillo *m;* **spindeldürr** ['--'-] *adj* flaco; **~ sein** estar en los huesos

Spinett [ʃpi'nɛt] *nt* <-(e)s, -e> espineta *f*

Spinnaker ['ʃpɪnakɐ] *m* <-s, -> (NAUT) balón *m*

Spinne ['ʃpɪnə] *f* <-, -n> araña *f;* **pfui ~!** (*fam*) ¡qué asco!; **Spinnefeind**[RR] ['--'-] (*fam*): **~ sein** andar como el perro y el gato

spinnen ['ʃpɪnən] <spinnt, spann, gesponnen> **I.** *vi* **1.** (*Garn*) hilar **2.** (*fam abw: verrückt sein*) estar loco; **du spinnst ja!** ¡estás loco!; **ich glaub ich spinne!** ¡no me lo puedo creer! **II.** *vt* **1.** (*Garn*) hilar **2.** (*Spinne*) tejer

Spinnennetz *nt* <-es, -e> tela *f* de araña, telaraña *f;* **Spinnentier** *nt* <-(e)s, -e> arácnido *m*

Spinner(in) *m(f)* <-s, -; -, -nen> **1.** (*Beruf*) hilandero, -a *m, f* **2.** (*fam abw: Verrückter*) loco, -a *m, f,* chiflado, -a *m, f*

Spinnerei[1] *f* <-, *ohne pl*> **1.** (*das Garnspinnen*) hilado *m* **2.** (*Verrücktsein*) locura *f,* chifladura *f*

Spinnerei[2] *f* <-, -en> **1.** (*Betrieb*) hilandería *f* **2.** (*fam abw: Unsinn*) locura *f,* chifladura *f*

Spinnerin *f* <-, -nen> *s.* **Spinner**

Spinngewebe *nt* <-s, -> telaraña *f;* **Spinnmaschine** *f* <-, -n> hiladora *f,* máquina *f* de hilar; **Spinnrad** *nt* <-(e)s, -räder> rueca *f;* **Spinnrocken** *m* <-s, -> rueca *f;* **Spinnwebe** *f* <-, -n> telaraña *f*

Spin-off *m* <-s, -s> producto *m* secundario

Spion[1] [ʃpi'oːn] *m* <-s, -e> (*Guckloch*) mirilla *f*

Spion(in)[2] *m(f)* <-s, -e; -, -nen> (*Agent*) espía *mf*

Spionage [ʃpio'naːʒə] *f* <-, *ohne pl*> espionaje *m;* **für jdn ~ treiben** espiar para alguien; **Spionageabwehr** *f* <-, *ohne pl*> contraespionaje *m;* **Spionagenetz** *nt* <-es, -e>, **Spionagering** *m* <-(e)s, -e> red *f* de espionaje; **Spionagezwecke** *mpl:* **zu ~n** por cuestiones de espionaje

spionieren* [ʃpio'niːrən] *vi* espiar

Spionin *f* <-, -nen> *s.* **Spion**[2]

Spiralblock *m* <-(e)s, -blöcke> bloc *m* (de notas) con espiral

Spirale [ʃpi'raːlə] *f* <-, -n> **1.** (*Linie*) espiral *f* **2.** (*fam: zur Empfängnisverhütung*) DIU *m*

Spiralfeder *f* <-, -n> muelle *m* en espiral; **spiralförmig** [-fœrmɪç] *adj* en espiral, helicoidal; **Spiralhefter** *m* <-s, -> clasificador *m* con espiral; **Spiralnebel** *m* <-s, -> (ASTR) nebulosa *f* espiral

Spiritismus [ʃpiri'tɪsmʊs, spiri-] *m* <-, *ohne pl*> espiritismo *m*

Spiritist(in) [ʃpiri'tɪst, spiri-] *m(f)* <-en, -en; -, -nen> espiritista *mf*

spiritistisch *adj* espiritista

spirituell [ʃpiritu'ɛl, spiri-] *adj* espiritual

Spirituose *f* <-, -n> bebida *f* alcohólica

Spiritus ['ʃpiːritʊs] *m* <-, -se> alcohol *m* (de quemar); **Spiritusbrenner** *m* <-s, ->, **Spirituskocher** *m* <-s, -> infiernillo *m* de alcohol, reverbero *m Am;* **Spirituslampe** *f* <-, -n> lámpara *f* de alcohol

Spital [ʃpi'taːl, *pl:* ʃpi'tɛːlɐ] *nt* <-s, Spitäler> (*Schweiz*) hospital *m*

spitz [ʃpɪts] *adj* **1.** (*Gegenstand, a.* MATH) agudo, puntiagudo; (*Nase, Kinn*) afilado, delgado **2.** (*Geräusch*) agudo **3.** (*spöttisch*) mordaz, agudo; **~e Bemerkungen machen** hacer comentarios agudos; **eine ~e Zunge haben** (*fig*) tener una lengua muy afilada **4.** (*fam: scharf*) codicioso (*auf* de), deseoso (*auf* de)

Spitz [ʃpɪts] *m* <-es, -e> (ZOOL) lulú *m*

Spitzbart *m* <-(e)s, -bärte> perilla *f;* **Spitzbauch** *m* <-(e)s, -bäuche> panza *f*

spitz|bekommen *irr vt* (*fam*): **etw ~** enterarse de algo

Spitzbogen *m* <-s, -bögen> (ARCHIT) ojiva *f*

Spitzbube, -bübin *m, f* <-n, -n; -, -nen> **1.** (*abw: Betrüger*) ladrón, -ona *m, f,* ratero, -a *m, f* **2.** (*fam: Schelm*) pícaro, -a *m, f,* pillo, -a *m, f,* cipote *m ZAm*

spitzbübisch [-byːbɪʃ] *adj* pícaro, pillo

Spitze ['ʃpɪtsə] *f* <-, -n> **1.** (*eines Gegenstandes*) punta *f;* **auf der ~ stehen** estar sobre la punta; **und das ist erst die ~ des Eisbergs!** ¡y eso es sólo la punta del iceberg!; **etw auf die ~ treiben** llevar algo al extremo; **einem Vorwurf die ~ nehmen** quitar importancia a un reproche **2.** (*Berg~*) cima *f,* cumbre *f* **3.** (*Führung*) cabeza *f;* (*von Unternehmen*) dirección *f;* **an der ~ stehen/liegen** estar a la cabeza; **sich an die ~ setzen, die ~ übernehmen** ponerse a la cabeza **4.** (*Gewebe*) encaje *m* **5.** (*Stichelei*) indirecta *f;* **das ist eine**

~ **gegen sie** es una indirecta contra ella **6.** (*Höchstwert, das Höchste*) máximo *m,* punta *f;* **der Wagen fährt 200** ~ (*fam*) este coche alcanza una velocidad punta de 200 kms/h; **jd/etw ist** ~ (*fam*) alguien/algo es de primera; ~**!** (*fam*) ¡estupendo!, ¡genial!, ¡guay! *fam* **7.** (*Zigaretten~*) boquilla *f*

Spitzel [ˈʃpɪtsəl] *m* <-s, -> (*abw*) espía *mf,* soplón, -ona *m, f*

spitzeln *vi* (*abw*) espiar

spitzen [ˈʃpɪtsən] *vt* afilar, aguzar, sacar punta (a); **die Ohren** ~ aguzar el oído; **den Mund** ~ poner morros

Spitzenaktie *f* <-, -n> (FIN) acción *f* de punta; **Spitzenangebot** *nt* <-(e)s, -e> oferta *f* máxima; **Spitzenbedarf** *m* <-(e)s, *ohne pl*> consumo *m* máximo (*an* de), demanda *f* máxima (*an* de); **Spitzenbelastung** *f* <-, -en> carga *f* máxima; **Spitzenbetrag** *m* <-(e)s, -träge> saldo *m;* **Spitzenerzeugnis** *nt* <-ses, -se> (WIRTSCH) producto *m* de primera calidad; **Spitzengehalt** *nt* <-(e)s, -hälter> sueldo *m* elevado [*o* máximo]; **Spitzengeschwindigkeit** *f* <-, -en> velocidad *f* máxima [*o* punta]; **Spitzengespräch** *nt* <-(e)s, -e> (WIRTSCH) conversación *f* en la cumbre; **Spitzengruppe** *f* <-, -n> (SPORT) grupo *m* de cabeza; **Spitzenkandidat(in)** *m(f)* <-en, -en; -, -nen> candidato, -a *m, f* principal, cabeza *mf* de lista; **Spitzenklasse** *f* <-, -n> primera categoría *f;* **dieser Wein ist** ~ este vino es de primera categoría

Spitzenkleid *nt* <-(e)s, -er> vestido *m* de encajes

Spitzenleistung *f* <-, -en> **1.** (*Leistung*) rendimiento *m* máximo **2.** (SPORT: *Rekord*) récord *m;* **Spitzenlohn** *m* <-(e)s, -löhne> salario *m* máximo

spitzenmäßig *adj* (*fam*) guay, tope, genial

Spitzenpolitiker(in) *m(f)* <-s, -; -, -nen> político *mf* con mucha clase; **Spitzenqualität** *f* <-, -en> calidad *f* suprema; **Spitzenreiter** *m* <-s, -> (*Ware, Schlager*) éxito *m;* (SPORT) líder *m;* **Spitzensportler(in)** *m(f)* <-s, -; -, -nen> deportista *mf* de gran clase; **Spitzentechnologie** *f* <-, *ohne pl*> alta tecnología *f,* última tecnología *f;* **Spitzenverband** *m* <-(e)s, -bände> (WIRTSCH) asociación *f* central, federación *f* central; **Spitzenverdiener(in)** *m(f)* <-s, -; -, -nen> persona *f* con ingresos elevados; **Spitzenverdienst** *m* <-es, -e> ingresos *mpl* elevados; **Spitzenwert** *m* <-(e)s, -e> valor *m* máximo; **Spitzenzeit** *f* <-, -en> **1.** (*im Verkehr*) hora *f* punta **2.** (SPORT) tiempo *m* récord

Spitzer *m* <-s, -> (*fam*) sacapuntas *m inv*

spitzfindig *adj* (*abw*) sutil

Spitzfindigkeit[1] *f* <-, *ohne pl*> (*das Spitzfindigsein*) sutileza *f*

Spitzfindigkeit[2] *f* <-, -en> (*Bermerkung*) sutileza *f*

Spitzhacke *f* <-, -n> pico *m;* **Spitzkehre** *f* <-, -n> **1.** (*Haarnadelkurve*) curva *f* muy cerrada **2.** (SPORT: *Skifahren*) giro *m* de 180 grados

spitz|kriegen *vt* (*fam*) descubrir, enterarse (de)

Spitzmaus *f* <-, -mäuse> musaraña *f*

Spitzname *m* <-ns, -n> apodo *m,* sobrenombre *m*

Spitzwegerich *m* <-s, -e> (BOT) llantén *m* menor

spitzwinklig *adj* de ángulo agudo, acutángulo; ~ **abzweigen/einmünden** bifurcarse/desembocar en un ángulo muy agudo

Spleen [ʃpliːn] *m* <-s, -e *o* -s> manía *f,* capricho *m;* **das ist so ein** ~ **von ihr** es una manía suya; **du hast ja einen** ~**!** ¡vaya manía que te ha dado!

spleenig *adj* maniático, caprichoso

Splint[1] [ʃplɪnt] *m* <-(e)s, -e> (TECH) clavija *f* hendida, chaveta *f* partida

Splint[2] *m* <-(e)s, *ohne pl*> (*weiches Holz*) albura *f*

Splitt [ʃplɪt] *m* <-(e)s, -e> grava *f,* gravilla *f*

Splitter [ˈʃplɪtɐ] *m* <-s, -> (*Holz~*) astilla *f;* (*Glas-/Knochen~*) esquirla *f;* (*Granaten~*) metralla *f;* **die Hand voller** ~ **haben** tener la mano llena de cristales; **Splitterbombe** *f* <-, -n> (MIL) bomba *f* de metralla

splitterfasernackt *adj* (*fam*) en cueros, en porretas

Splittergruppe *f* <-, -n> grupúsculo *m*

splittern [ˈʃplɪtɐn] *vi sein* **1.** (*zerbrechen*) hacerse pedazos **2.** (*Holz*) astillarse

splitternackt *adj* (*fam*) en cueros (vivos), en pelota(s)

Splitterpartei *f* <-, -en> partido *m* minúsculo

Splitting[1] [ˈʃplɪtɪŋ, ˈsplɪtɪŋ] *nt* <-s, *ohne pl*> (FIN) partición *f*

Splitting[2] *nt* <-s, -s> (POL) segregación *f,* separación *f*

Splittingtarif *m* <-s, *ohne pl*> (FIN) (tarifa *f* para la) declaración *f* individual

SPÖ [ɛspeːˈʔøː] *f Abk. von* **Sozialistische Partei Österreichs** Partido *m* Socialista Austriaco

Spoiler [ˈʃpɔɪlɐ] *m* <-s, -> (AUTO) spoiler *m,* alerón *m*

sponsern [ˈʃpɔnzɐn] *vt* patrocinar

Sponsor(in) [ˈʃpɔnzɐ, ˈʃpɔnzoːɐ] *m(f)* <-s, -en; -, -nen> promotor(a) *m(f),* patrocinador(a) *m(f),* propiciador(a) *m(f) Am*

Sponsoring [ˈʃpɔnzorɪŋ, ˈspɔnzorɪŋ] *nt* <-s, *ohne pl*> patrocinamiento *m,* sponsoring *m*

spontan [ʃpɔnˈtaːn] *adj* espontáneo

Spontaneität [ʃpɔntaneiˈtɛːt] *f* <-, *ohne pl*> espontaneidad *f*

Spontankauf *m* <-(e)s, -käufe> compra *f* impulsiva

Spooler *m* <-s, -> (INFOR) spooler *m,* integrador *m*

sporadisch [ʃpoˈraːdɪʃ] **I.** *adj* esporádico

S

II. *adv* de vez en cuando

Spore ['ʃpo:rə] *f* <-, -n> (BOT) espora *f*

Sporen *mpl* espuelas *fpl;* **einem Pferd die ~ geben** espolear al caballo; **sich** *dat* **die (ersten) ~ verdienen** cosechar los primeros éxitos

Sport [ʃpɔrt] *m* <-(e)s, *ohne pl*> deporte *m;* (*als Schulfach*) educación *f* física; **~ treiben** practicar deporte; **sich** *dat* **einen ~ daraus machen, etw zu tun** (*fam*) dedicarse a hacer (repetidamente) algo por fastidiar; **Sportabzeichen** *nt* <-s, -> insignia *f* deportiva; **Sportanzug** *m* <-(e)s, -züge> chandal *m;* **Sportart** *f* <-, -en> disciplina *f* (deportiva); **Sportartikel** *m* <-s, -> artículo *m* deportivo; **gibt es hier in der Nähe ein Geschäft für ~?** ¿hay cerca de aquí una tienda de deportes?; **Sportarzt, -ärztin** *m, f* <-(e)s, -ärzte; -, -nen> médico, -a *m, f* deportivo, -a; **Sportbericht** *m* <-(e)s, -e> crónica *f* deportiva; **Sportbund** *m* <-(e)s, -bünde> federación *f* deportiva; **der Deutsche ~** la Federación del Deporte Alemán; **Sportfest** *nt* <-(e)s, -e> festival *m* deportivo; **Sportflugzeug** *nt* <-(e)s, -e> (AERO) avión *m* deportivo; **Sportgerät** *nt* <-(e)s, -e> aparato *m* para el deporte; **Sportgeschäft** *nt* <-(e)s, -e> tienda *f* de artículos de deporte; **Sporthalle** *f* <-, -n> gimnasio *m,* pabellón *m* de deportes; **Sporthemd** *nt* <-(e)s, -en> camiseta *f* de deporte [*o* deportiva]; **Sporthochschule** *f* <-, -n> escuela *f* superior de educación física

sportiv [ʃpɔr'ti:f] *adj* deportivo, de apariencia deportiva

Sportkleidung *f* <-, -en> ropa *f* deportiva; **Sportklub** *m* <-s, -s> club *m* deportivo; **Sportlehrer(in)** *m(f)* <-s, -; -, -nen> profesor(a) *m(f)* de educación física

Sportler(in) ['ʃpɔrtlɐ] *m(f)* <-s, -; -, -nen> deportista *mf*

sportlich ['ʃpɔrtlɪç] *adj* deportivo; (*fair*) justo; **sich ~ betätigen** hacer deporte; **~e Kleidung** ropa deportiva; **~es Verhalten** comportamiento deportivo

Sportlichkeit *f* <-, *ohne pl*> **1.** (*Trainiertheit*) condición *f* física; **jeden Morgen 70 Liegestütze? Donnerwetter, das nenne ich ~!** ¿cada mañana 70 planchas? ¡jolín, eso sí que es estar en forma!; **regelmäßiger Skilanglauf ist das Geheimnis ihrer ~** la práctica regular del esquí de fondo es el secreto de su aspecto atlético **2.** (*Fairness*) deportividad *f*

Sportmedizin *f* <-, *ohne pl*> medicina *f* deportiva; **Sportmeldung** *f* <-, -en> noticia *f* deportiva [*o* del deporte]; **Sportnachrichten** *fpl* (RADIO, TV) noticias *fpl* deportivas; **Sportplatz** *m* <-es, -plätze> campo *m* de deportes; **Sportschuh** *m* <-(e)s, -e> **1.** (*Turnschuh*) zapatilla *f* de deportes **2.** (*sportlicher Schuh*) (zapatillas *fpl*) deportivas *fpl*

Sportsfreund *m* <-(e)s, -e> (*fam*): **so haben wir nicht gewettet, ~, das war nur geliehen!** ¡eso no es lo que acordamos, amigo mío, sólo te lo presté!; **hallo, ~, haste mal 'ne Mark für mich?** oye, tú, ¿no tendrías un marco para mí?

Sportunfall *m* <-(e)s, -fälle> accidente *m* deportivo; **Sportveranstaltung** *f* <-, -en> acto *m* deportivo; **Sportverein** *m* <-(e)s, -e> club *m* deportivo; **Sportwagen** *m* <-s, -> **1.** (*Auto*) coche *m* deportivo **2.** (*Kinderwagen*) cochecito *m,* carrito *m;* **Sportzeitung** *f* <-, -en> periódico *m* deportivo

Spot [spɔt] *m* <-s, -s> spot *m,* anuncio *m,* aviso *m Am*

Spotgeschäft *nt* <-(e)s, -e> (WIRTSCH) negocio *m* de ocasión, negocio *m* irrisorio

Spott [ʃpɔt] *m* <-(e)s, *ohne pl*> burla *f,* escarnio *m,* ganga *f Mex,* cacho *m ZAm;* **mit jdm seinen ~ treiben** burlarse [*o* mofarse] de alguien; **Spottbild** *nt* <-(e)s, -er> caricatura *f*

spottbillig ['-'--] **I.** *adj* (*fam*) tirado, regalado, botado **II.** *adv* (*fam*) a precio tirado [*o* regalado]

Spöttelei¹ [ʃpœtə'laɪ] *f* <-, *ohne pl*> (*das Spötteln*) burla *f,* guasa *f*

Spöttelei² *f* <-, -en> (*Bemerkung*) burla *f,* guasa *f*

spötteln ['ʃpœtəln] *vi* hacer comentarios irónicos; (*sagen*) decir irónicamente; **über jdn ~** burlarse de alguien

spotten ['ʃpɔtən] *vi* mofarse (*über* de), burlarse (*über* de); **das spottet jeder Beschreibung** (*geh*) esto es indescriptible

Spötter(in) ['ʃpœtɐ] *m(f)* <-s, -; -, -nen> burlón, -ona *m, f,* socarrón, -ona *m, f*

spöttisch *adj* burlón, socarrón

Spottpreis *m* <-es, -e> (*fam*) precio *m* tirado [*o* regalado]; **etw zu einem ~ kaufen/bekommen** comprar/conseguir algo a precio tirado

sprach [ʃpra:x] *3. imp von* **sprechen**

Sprachatlas *m* <-(ses), -atlanten *o* -se> (LING) atlas *m inv* lingüístico; **Sprachbarriere** *f* <-, -n> barrera *f* lingüística; **die Integration von Ausländern scheitert oft an den ~n** la integración de los extranjeros fracasa a menudo debido a los problemas del idioma [*o* lingüísticos]; **sprachbegabt** *adj* que tiene facilidad para los idiomas; **Sprachbegabung** *f* <-, *ohne pl*> don *m* de lenguas, facilidad *f* para los idiomas; **Sprachblockade** *f* <-, -n> (MED) bloqueo *m* de la voz; **Sprachcomputer** *m* <-s, -> ordenador *m* de lenguas, computadora *f* de lenguas *Am*

Sprache¹ ['ʃpra:xə] *f* <-, -n> (*Sprachsystem*) lengua *f,* idioma *m;* **in italienischer ~** en lengua italiana; **die ~ der Musik** la lengua de la música; **lebende/tote ~** lengua viva/muerta; **das spricht eine deutliche ~** eso habla por sí mismo

Sprache² *f* <-, *ohne pl*> (*Ausdrucksweise*) lenguaje *m;* (*Sprechfähigkeit*) habla *f;* **die ~ auf ein Thema bringen** abordar un tema; **etw zur ~ bringen** poner algo sobre la mesa; **jdm bleibt die ~ weg** alguien se queda sin habla; **die ~ wieder finden** recobrar el habla; **heraus mit der ~!** (*fam*) ¡desembucha ya!

Sprachebene *f* <-, -n> nivel *m* lingüístico; **Spracherkennung** *f* <-, *ohne pl*> (INFOR) reconocimiento *m* de voz; **Spracherwerb** *m* <-(e)s, *ohne pl*> adquisición *f* de lenguas; **Sprachfamilie** *f* <-, -n> familia *f* lingüística [*o* de lenguas]; **Sprachfehler** *m* <-s, -> defecto *m* de articulación; **Sprachforscher(in)** *m(f)* <-s, -; -, -nen> lingüista *mf;* **Sprachforschung** *f* <-, *ohne pl*> linguística *f;* **Sprachführer** *m* <-s, -> manual *m* de conversación; **Sprachgebrauch** *m* <-(e)s, *ohne pl*> uso *m* del idioma; **Sprachgefühl** *nt* <-(e)s, *ohne pl*> sentido *m* lingüístico, intuición *f* lingüística; **Sprachgeschichte** *f* <-, *ohne pl*> historia *f* de la lengua; **Sprachgrenze** *f* <-, -n> frontera *f* lingüística; **Sprachkanal** *m* <-s, -kanäle> (INFOR, TEL) canal *m* de voz; **Sprachkenntnisse** *fpl* conocimientos *mpl* de idioma; **mit spanischen ~n** con conocimientos de español; **Sprachkompetenz** *f* <-, *ohne pl*> (LING) competencia *f;* **sprachkundig** *adj* versado en idiomas, políglota; **Sprachkurs** *m* <-es, -e> curso *m* de idioma; **Sprachlabor** *nt* <-s, -e> laboratorio *m* de idiomas; **Sprachlehre** *f* <-, -n> gramática *f;* **Sprachlehrer(in)** *m(f)* <-s, -; -, -nen> profesor(a) *m(f)* de idiomas

sprachlich *adj* lingüístico, de la lengua; **~es Handeln** relaciones lingüísticas

sprachlos *adj:* **~ sein** quedarse sin habla

Sprachlosigkeit *f* <-, *ohne pl*> estupefacción *f;* **vor lauter ~ sagte sie gar nichts mehr** se quedó tan estupefacta que ya no volvió a abrir la boca

Sprachraum *m* <-(e)s, -räume> área *f* lingüística; **im deutschen ~** en los países de habla alemana; **Sprachregelung** *f* <-, -en> *instrucción oficial acerca del tratamiento deseado que se ha de conceder a un tema ante la opinión pública;* **Sprachreise** *f* <-, -n> viaje *m* para aprender un idioma; **Sprachrohr** *nt* <-(e)s, -e> megáfono *m;* (*fig*) portavoz *mf;* **sich zum ~ der Rechtlosen machen** erigirse en portavoz de los desamparados; **Sprachschule** *f* <-, -n> escuela *f* de idiomas, academia *f* de idiomas; **Sprachstörung** *f* <-, -en> trastorno *m* de fonación

Sprachstudium¹ *nt* <-s, -studien> (*Erforschung*) estudio *m* de idiomas

Sprachstudium² *nt* <-s, *ohne pl*> (*akademische Ausbildung*) carrera *f* de filología

Sprachsystem *nt* <-s, -e> (LING) sistema *m* lingüístico; **Sprachtherapeut(in)** *m(f)* <-en, -en; -, -nen> (MED) logopeda *mf;* **Sprachtherapie** *f* <-, -n> (MED) logopedia *f*

Sprachübung *f* <-, -en> (SCH, UNIV) (clases *fpl*) prácticas *fpl* de un idioma; **Sprachunterricht** *m* <-(e)s, -e> (SCH) clase *f* de idiomas; **Pauschalreisen mit integriertem ~** viajes organizados con cursos de idiomas inclusive; **Sprachurlaub** *m* <-(e)s, -e> vacaciones *fpl* para aprender un idioma; **Sprachwandel** *m* <-s, *ohne pl*> (LING) cambio *m* lingüístico; **Sprachwissenschaft** *f* <-, *ohne pl*> lingüística *f;* **Sprachwissenschaftler(in)** *m(f)* <-s, -; -, -nen> lingüista *mf;* **sprachwissenschaftlich** *adj* lingüístico

Sprachzentrum *nt* <-s, *ohne pl*> (ANAT) centro *m* del lenguaje

sprang [ʃpraŋ] *3. imp von* **springen**

Spray [ʃpreː, ʃprɛɪ, sprɛɪ] *m o nt* <-s, -s> (e)spray *m;* **Spraydose** *f* <-, -n> envase *m* aerosol, pulverizador *m*

sprayen [ˈʃprɛɪən, ˈsprɛɪən] **I.** *vi* echar (e)spray (*gegen* contra) **II.** *vt* echar (e)spray (en)

Sprechanlage *f* <-, -n> intercomunicador *m;* (*an der Haustür*) portero *m* automático; **Sprechblase** *f* <-, -n> (*in Comics*) bocadillo *m;* **Sprechchor** *m* <-(e)s, -chöre> coro *m* (de voces); **im ~ rufen** gritar al unísono

sprechen [ˈʃprɛçən] <spricht, sprach, gesprochen> **I.** *vi* hablar (*von/über* de/sobre); (*sich unterhalten*) conversar (*von/über* de/sobre); **wer spricht?** (*am Telefon*) ¿de parte de quién?; **~ Sie!** ¡hable!; **deutlich ~** pronunciar bien; **kann ich mit dem Chef ~?** ¿puedo hablar con el jefe?; **~ wir von etwas anderem** hablemos de otra cosa; **sie sprach davon, das Land zu verlassen** habló de salir del país; **darüber spricht man nicht** de eso no se habla; **ins Mikrofon ~** hablar por el micrófono; **sie sprach frei** improvisó un discurso; **spanisch** [*o* **Spanisch**] **~** hablar español; **ich bin (für ihn) nicht zu ~** no estoy (para él); **das spricht für ihre Intelligenz** es una prueba de su inteligencia; **es sprach alles gegen ihn** todo estaba en su contra; **sie ist nicht gut auf mich zu ~** no quiere oír hablar de mí; **wir ~ uns noch!** ¡ya nos veremos las caras!; **aus seinen Augen sprach Entsetzen** en sus ojos se leía el espanto **II.** *vt* hablar; (*sagen*) decir; **jdn ~** hablar con alguien; **kann ich Sie einen Augenblick ~?** ¿podría hablar con Ud. un momento?; **mehrere Sprachen ~** hablar varios idiomas; **das Urteil ~** dictar sentencia; **ein Machtwort ~** imponer su autoridad; **er spricht die Nachrichten im Radio** es el locutor de [*o* que da] las noticias de la radio

Sprechen *nt* <-s, *ohne pl*> **1.** (*die menschliche Sprache*) habla *f;* **jdm das ~ beibringen** enseñar a alguien a hablar **2.** (*das Reden*) hablar *m;* **sich im ~ einer Fremdsprache**

üben hacer ejercicios orales en un idioma extranjero; **jdn am ~ hindern** impedir a alguien que hable; **jdn zum ~ bringen** hacer hablar a alguien

sprechend *adj* **1.** (*Teddybär, Puppe*) que habla; **ein ~er Vogel** un pájaro que habla [*o* parlante] **2.** (*Augen, Miene*) expresivo, elocuente

Sprecher(in) *m(f)* <-s, -; -, -nen> (*Redner*) orador(a) *m(f)*, conferenciante *mf;* (TV, RADIO) locutor(a) *m(f);* (*Wortführer, Presse~*) portavoz *mf,* vocero *mf Am;* **sich zum ~ von jdm/etw machen** erigirse en portavoz de alguien/algo

Sprecherziehung *f* <-, *ohne pl*> logopedia *f,* clases *fpl* de locución [*o* de pronunciación]

Sprechfunk *m* <-s, *ohne pl*> radiotelefonía *f,* telecomunicación *f;* (*Apparat*) radioteléfono *m;* **Sprechfunkgerät** *nt* <-(e)s, -e> radioteléfono *m,* walkie-talkie *m;* **Sprechfunkverkehr** *m* <-s, *ohne pl*> radiotelefonía *f,* telecomunicación *f*

Sprechmuschel *f* <-, -n> (TEL) (boquilla *f* de) micrófono *m*

Sprechstunde *f* <-, -n> **1.** (*Öffnungszeit*) horario *m* de atención **2.** (*Arzt*) (hora *f* de) consulta *f;* (SCH, UNIV) hora *f* de tutoría, atención *f* a alumnos; **kommen Sie bitte in meine ~** venga a mi consulta, por favor; **~ haben** pasar consulta; **Sprechstundenhilfe** *f* <-, -n> auxiliar *mf* de médico

Sprechübung *f* <-, -en> ejercicio *m* de articulación; **Sprechweise** *f* <-, -n> manera *f* de hablar, modo *m* de expresarse; **Sprechzeit** *f* <-, -en> **1.** (*für ein Gespräch*) hora *f* de visita **2.** (TEL) tiempo *m* de conversación **3.** *s.* **Sprechstunde**; **Sprechzimmer** *nt* <-s, -> despacho *m;* (*Arzt*) consultorio *m*

spreizen [ˈʃpraɪtsən] **I.** *vt* (*Beine, Finger*) abrir; (*Flügel*) desplegar **II.** *vr:* **sich ~** (*sich sträuben*) oponerse (*gegen* a), resistirse (*gegen* a)

Spreizfuß *m* <-es, -füße> (MED) pie *m* con los dedos abiertos

Sprengbombe *f* <-, -n> bomba *f* explosiva

Sprengel [ˈʃprɛŋəl] *m* <-s, -> (REL) parroquia *f*

sprengen [ˈʃprɛŋən] **I.** *vt* **1.** (*mit Sprengstoff*) volar, dinamitar; **etw in die Luft ~** volar algo; **Eis hat die Flasche gesprengt** el hielo ha hecho reventar la botella **2.** (*Schloss, Tür*) forzar; (*Versammlung*) disolver; (*Spielbank*) desbancar **3.** (*Rasen*) regar; (*Straße, Wäsche*) rociar **II.** *vi sein* (*geh*) galopar (*über* por); **durch's Tor ~** pasar a galope por el portal

Sprengkommando *nt* <-s, -s> grupo *m* dinamitero; **Sprengkopf** *m* <-(e)s, -köpfe> (MIL) cabeza *f* (explosiva); **nuklearer ~** cabeza nuclear; **Sprengkörper** *m* <-s, -> artefacto *m* explosivo; **Sprengkraft** *f* <-, *ohne pl*> fuerza *f* explosiva; **Sprengladung** *f* <-, -en> carga *f* explosiva; **Sprengmeister(in)** *m(f)* <-s, -; -, -nen> dinamitero, -a *m, f;* **Sprengsatz** *m* <-es, -sätze> carga *f* explosiva, artefacto *m* explosivo

Sprengstoff *m* <-(e)s, -e> explosivo *m;* **Sprengstoffanschlag** *m* <-(e)s, -schläge> atentado *m* con explosivos; **auf jdn/etw einen ~ verüben** cometer un atentado con explosivos contra alguien/algo

Sprengung *f* <-, -en> **1.** (*Gebäude*) voladura *f* **2.** (*Versammlung*) disolución *f*

Sprengwagen *m* <-s, -> camión *m* de riego

Sprengwirkung *f* <-, *ohne pl*> efecto *m* explosivo

Sprenkel [ˈʃprɛŋkəl] *m* <-s, -> mota *f,* salpicadura *f*

Spreu [ʃprɔɪ] *f* <-, *ohne pl*> granzas *fpl;* **die ~ vom Weizen trennen** (*geh*) separar el grano de la paja

spricht [ʃprɪçt] *3. präs von* **sprechen**

Sprichwort [ˈsprɪç-] *nt* <-(e)s, -wörter> refrán *m,* proverbio *m;* **sprichwörtlich** *adj* proverbial; **sein ~es Glück** su proverbial suerte

sprießen [ˈʃpriːsən] <sprießt, spross *o* sprießte, gesprossen *o* gesprießt> *vi sein* (*geh*) brotar

Springbrunnen *m* <-s, -> fuente *f*

springen [ˈʃprɪŋən] <springt, sprang, gesprungen> *vi sein* **1.** (*Mensch, Tier*) saltar, dar un salto; (*hüpfen*) brincar; **in die Höhe ~** dar un salto; **zur Seite ~** saltar a un lado; **über ein Hindernis ~** saltar un obstáculo; **über Bord ~** saltar por la borda; **er braucht kaum was zu sagen, schon springt sie** (*fam*) sólo hace falta que él diga algo para que ella salte; **von einem Thema zum anderen ~** saltar de un tema a otro **2.** (*Funken, Ball, a.* SPORT) saltar; **die Ampel springt auf Grün** el semáforo cambia a verde; **aus den Gleisen ~** descarrilar; **der ~de Punkt dabei ist, dass …** el meollo [*o* el quid] de la cuestión es que…; **mir ist ein Funken ins Auge gesprungen** me ha saltado una chispa al ojo; **ins Auge ~** saltar a la vista; **für jdn eine Runde Bier ~ lassen** (*fam*) invitar a alguien a una ronda de cerveza **3.** (*Glas*) rajarse, resquebrajarse; **in Stücke ~** hacerse pedazos **4.** (*Schweiz, südd: laufen*) correr, ir (volando); **bitte, spring mal eben zum Supermarkt!** ¡échate una carrera al supermercado, por favor!

Springer[1] *m* <-s, -> (*beim Schach*) caballo *m*

Springer(in)[2] *m(f)* <-s, -; -, -nen> **1.** (SPORT) saltador(a) *m(f)* **2.** (*im Betrieb*) sustituto, -a *m, f*

Springerstiefel *mpl* botas *fpl* militares

Springflut *f* <-, -en> marea *f* viva; **Springreiten** *nt* <-s, *ohne pl*> concurso *m* de saltos; **Springrollo** *nt* <-s, -s> estor *m;* **Springseil** *nt* <-(e)s, -e> comba *f,* cuerda *f* de saltar

Sprinkler [ˈʃprɪŋklɐ] *m* <-s, -> aspersor *m;* **Sprinkleranlage** *f* <-, -n> sistema *m* de aspersión automática

Sprint [ʃprɪnt] *m* <-s, -s> (SPORT) sprint *m;* **einen ~ einlegen** hacer un sprint
sprinten ['ʃprɪntən] *vi haben o sein* esprintar, correr a toda velocidad; **ich sprinte mal eben zum Bäcker** (*fam*) voy a la panadería de una carrera
Sprinter(in) *m(f)* <-s, -; -, -nen> (SPORT) velocista *mf*
Sprit [ʃprɪt] *m* <-s, *ohne pl*> **1.** (*fam: Benzin*) gasolina *f* **2.** (*fam: Schnaps*) aguardiente *m* **3.** (*Äthylalkohol*) etanol *m,* alcohol *m* etílico
Spritzbesteck *nt* <-(e)s, -e> agujas y jeringuillas *fpl;* **Spritzbeutel** *m* <-s, -> (GASTR) manga *f*
Spritze ['ʃprɪtsə] *f* <-, -n> **1.** (MED: *Gerät*) jeringa *f,* jeringuilla *f;* (*Injektion*) inyección *f;* **eine ~ geben** poner una inyección; **sie hat eine ~ bekommen** le han puesto una inyección **2.** (*Feuer~*) bomba *f* de incendios **3.** (*fam: Geld~*) subvención *f* (financiera)
spritzen ['ʃprɪtsə] **I.** *vt* **1.** (*Flüssigkeit*) salpicar; **etw auf den Boden ~** rociar el suelo con algo; **jdn nass ~** salpicar a alguien; **sich** *dat* **Soße auf die Jacke ~** salpicarse la chaqueta de salsa **2.** (*Straße, Rasen*) regar **3.** (*mit Pflanzenschutzmitteln*) tratar con pesticida **4.** (*lackieren*) barnizar con pistola **5.** (*Schmerzmittel*) inyectar **II.** *vi* **1.** (*Fett, Mensch*) salpicar; (*aus der Pfanne*) saltar **2.** *sein* (*heraus~*) salir a chorro (*aus* de) **3.** (*fam: Drogen*) pincharse
Spritzenhaus *nt* <-es, -häuser> (*fam*) cuartel *m* de bomberos
Spritzer *m* <-s, -> **1.** (*Tropfen*) chispa *f* **2.** (*Fleck*) salpicadura *f*
spritzfertig *adj* listo para inyectar
spritzig *adj* **1.** (*Auto*) de aceleración rápida, rápido **2.** (*lebhaft*) con chispa, alegre; **~e Dialoge** diálogos animados **3.** (*Wein*) burbujeante
Spritzkanne *f* <-, -n> (*Schweiz*) regadera *f;* **Spritzkolben** *m* <-s, -> (CHEM) embolo *m* de inyección; **Spritzkuchen** *m* <-s, -> buñuelo *m;* **Spritzlackierung** *f* <-, -en> barnizado *m* a pistola; **Spritzpistole** *f* <-, -n> pistola *f* (de pintor); **Spritztour** *f* <-, -en> (*fam*) escapada *f;* **Spritzverfahren** *nt* <-s, -> (CHEM) pulverización *f* por pistola
spröde ['ʃprøːdə] *adj* **1.** (*Material*) quebradizo **2.** (*Haar, Haut*) seco **3.** (*Stimme*) ronco, bronco **4.** (*Thema*) seco, difícil **5.** (*Person*) reservado, bronco
Sprödigkeit *f* <-, *ohne pl*> **1.** (*des Materials*) fragilidad *f* **2.** (*spröde Art*) carácter *m* reservado, sequedad *f*
spross[RR] [ʃprɔs], **sproß** *3. imp von* **sprießen**
Spross[RR] [ʃprɔs] *m* <-es, -e>, **Sproß** *m* <-sses, -sse> **1.** (*junger Trieb*) renuevo *m,* brote *m* **2.** (*geh: Nachkomme*) retoño *m*
Sprosse ['ʃprɔsə] *f* <-, -n> (*Leiter~*) travesaño *m;* (*Fenster~*) baquetilla *f,* travesaño *m* de ventana
sprossen ['ʃprɔsən] *vi* (*geh*) **1.** (*Sprossen treiben*) echar renuevos **2.** *sein* (*sprießen*) brotar
Sprossenkohl *m* <-(e)s, *ohne pl*> (*Österr: Rosenkohl*) col *f* de Bruselas
Sprossenwand *f* <-, -wände> (SPORT) espaldera *f*
Sprössling[RR] ['ʃprœslɪŋ] *m* <-s, -e>, **Sprößling** *m* <-s, -e> (*fam*) retoño *m*
Sprotte ['ʃprɔtə] *f* <-, -n> espadín *m*
Spruch [ʃprʊx, *pl:* 'ʃprʏçə] *m* <-(e)s, Sprüche> **1.** (*Aus~*) dicho *m;* (*Sinn~*) sentencia *f,* máxima *f;* (*Motto*) lema *m;* **Sprüche machen** [*o* **klopfen**] (*fam abw: angeben*) fanfarronear **2.** (*Bibel~*) versículo *m* **3.** (*Schieds~*) fallo *m* arbitral; (*Urteils~*) sentencia *f;* **einen ~ fällen** dictar un fallo; **der ~ der Geschworenen** el veredicto; **Spruchband** *nt* <-(e)s, -bänder> pancarta *f*
Sprücheklopfer(in) *m(f)* <-s, -; -, -nen> (*fam abw*) parlanchín, -ina *m, f;* (*Angeber*) fanfarrón, -ona *m, f*
spruchreif *adj* **1.** (JUR) listo para sentencia **2.** (*zu entscheiden*) a punto de decidirse; (*endgültig*) definitivo; (*anhängig*) pendiente; **die Angelegenheit ist ~** el asunto está a punto de decidirse
Sprudel ['ʃpruːdəl] *m* <-s, -> agua *f* mineral con gas
sprudeln *vi* **1.** *sein* (*hervorquellen*) salir a borbotones (*aus* de); (*Quelle*) brotar (*aus* de); **der Sekt sprudelt über den Rand des Glases** la espuma del cava rebosa del vaso **2.** (*Limonade*) burbujear; (*durch Kochen*) hervir **3.** (*vor Freude*) rebosar (*vor* de)
Sprudeltablette *f* <-, -n> pastilla *f* efervescente
Sprudler ['ʃpruːdlɐ] *m* <-s, -> (*Österr: Quirl*) molinillo *m*
Sprühdose *f* <-, -n> spray *m,* atomizador *m*
sprühen ['ʃpryːən] **I.** *vi* **1.** (*Funken*) saltar; (*Wasser*) salpicar **2.** (*überquellen*) rebosar (*vor* de); **sie sprühte vor guten Ideen** rebosaba de buenas ideas **II.** *vt* echar; (*zerstäuben*) pulverizar; **Funken ~** echar chispas, chisporretear; **Wasser auf die Pflanzen ~** rociar las plantas (con agua)
sprühend *adj* (*Temperament*) vivo
Sprühflasche *f* <-, -n> pulverizador *m;* **Sprühkleber** *m* <-s, -> pegamento *m* para pulverizar; **Sprühnebel** *m* <-s, *ohne pl*> pulverización *f* de niebla; **Sprühregen** *m* <-s, *ohne pl*> llovizna *f,* calabobos *m,* brizna *f Am*
Sprung [ʃprʊŋ, *pl:* 'ʃprʏŋə] *m* <-(e)s, Sprünge> **1.** (*Bewegung, a.* SPORT) salto *m;* (*Hüpfer*) brinco *m;* (*ins Wasser*) zambullida *f;* **zum ~ ansetzen** ponerse en posición para saltar; **auf dem ~ sein** (*fam*) estar con prisa; **keine großen Sprünge machen können** (*fam fig*) andar apretado de dinero; **ein großer ~ nach vorn** (*fig*) un gran paso hacia adelante; **jdm auf die Sprünge helfen** (*fam*) dar(le) a alguien una indicación; **auf einen ~**

S

bei jdm vorbeischauen (*fam*) pasar un rato por (la) casa de alguien; **jdm auf die Sprünge kommen** (*fam*) verle el plumero a alguien **2.** (*Riss*) resquebrajadura *f,* raja *f;* **einen ~ bekommen** rajarse; **der hat einen ~ in der Schüssel** (*fam*) éste está mal de la cabeza, a éste le falta un tornillo

sprungbereit *adj* preparado [*o* dispuesto] para saltar; **Sprungbrett** *nt* <-(e)s, -er> trampolín *m;* **Sprungfeder** *f* <-, -n> (TECH) muelle *m* (elástico); **Sprunggelenk** *nt* <-(e)s, -e> articulación *f* del tobillo; (*beim Pferd*) corvejón *m;* **Sprunggrube** *f* <-, -n> (SPORT) foso *m*

sprunghaft *adj* **1.** (*unstet*) versátil, inconstante **2.** (*abrupt*) repentino; (*unerwartet*) inesperado; **die Preise stiegen ~ an** los precios se dispararon

Sprunghaftigkeit *f* <-, *ohne pl*> inconstancia *f,* versatilidad *f*

Sprungschanze *f* <-, -n> trampolín *m* de saltos de esquí; **Sprungstab** *m* <-(e)s, -stäbe> (SPORT) pértiga *f;* **Sprungtaste** *f* <-, -n> (INFOR) tecla *f* rápida; **Sprungtuch** *nt* <-(e)s, -tücher> **1.** (*der Feuerwehr*) lona *f* de bomberos, tela *f* salvavidas **2.** (SPORT) lona *f* de saltos; **Sprungturm** *m* <-(e)s, -türme> (SPORT) torre *f* de saltos, palanca *f*

Spucke ['ʃpʊkə] *f* <-, *ohne pl*> (*fam*) saliva *f;* **da bleibt mir die ~ weg** ahí me quedo pasmado

spucken ['ʃpʊkən] **I.** *vi* **1.** (*aus~*) escupir; **in die Hände ~** (*fam fig*) poner manos a la obra **2.** (*fam: zurückweisen*): **auf jdn ~** tratar a alguien con desprecio; **auf etw ~** despreciar algo **3.** (*reg: sich übergeben*) vomitar **II.** *vt* escupir

Spucknapf *m* <-(e)s, -näpfe> escupidera *f*

Spuk [ʃpu:k] *m* <-(e)s, *ohne pl*> aparición *f* (de fantasmas)

spuken ['ʃpu:kən] **I.** *vi* trasguear **II.** *vunpers:* **hier spukt es** aquí hay fantasmas; **bei dir spukt es im Kopf** (*fam*) te falta un tornillo, estás mal de la cabeza

Spukgeschichte *f* <-, -n> cuento *m* de fantasmas [*o* de terror]; **Spukschloss**[RR] *nt* <-es, -schlösser> castillo *m* de fantasmas [*o* encantado]

Spülbecken *nt* <-s, -> fregadero *m,* pileta *f RíoPl*

Spule ['ʃpu:lə] *f* <-, -n> **1.** (*Garn~, Film~*) bobina *f,* carrete *m* **2.** (ELEK) bobina *f*

Spüle ['ʃpy:lə] *f* <-, -n> fregadero *m,* pila *f* de fregar

spulen ['ʃpu:lən] *vt* bobinar

spülen ['ʃpy:lən] **I.** *vi* **1.** (*Geschirr*) fregar; (*Waschmaschine*) enjuagar; **du spülst, ich trockne ab** tú friegas y yo seco los platos **2.** (*Toilette*) tirar de la cadena **II.** *vt* **1.** (*Geschirr*) fregar **2.** (*Wäsche*) aclarar, enjuagar; (*Mund*) enjuagar; (*Wunde*) lavar, limpiar **3.** (*anschwemmen*) arrastrar a la orilla; **eine Leiche wurde an Land gespült** un cadáver fue arrastrado a la orilla; **Chemieabwässer in einen Fluss ~** arrojar las aguas residuales de la industria química a un río

Spülkasten *m* <-s, -kästen> depósito *m* (del wáter); **Spüllappen** *m* <-s, -> trapo *m* para fregar

Spülmaschine *f* <-, -n> lavavajillas *m inv,* lavaplatos *m inv;* **spülmaschinenfest** *adj* apto para lavaplatos

Spülmittel *nt* <-s, -> (líquido *m*) lavavajillas *m inv;* **Spülprogramm** *nt* <-s, -e> programa *m* de lavado; **Spülstein** *m* <-(e)s, -e>, **Spültrog** *m* <-(e)s, -tröge> (*Schweiz*) fregadero *m*

Spülung *f* <-, -en> **1.** (MED) lavado *m;* (*Darm~*) irrigación *f* **2.** (*Toilette: das Spülen*) descarga *f* de agua; (*Spülkasten*) cisterna *f;* **die ~ betätigen** tirar de la cadena

Spülwasser *nt* <-s, *ohne pl*> agua *f* de fregar

Spulwurm *m* <-(e)s, -würmer> ascáride *f,* lombriz *f fam,* piduye *m Chil*

Spund[1] [ʃpʊnt, *pl:* 'ʃpʏndə] *m* <-(e)s, Spünde *o* -e> (*Verschluss*) tapón *m,* bitoque *m*

Spund[2] *m* <-(e)s, -e> (*fam: Mensch*): **junger ~** tarugo *m*

Spundloch *nt* <-(e)s, -löcher> canillero *m*

Spunten ['ʃpʊntən] *m* <-s, -> (*Schweiz*) **1.** (*Spund*) tapón *m* **2.** (*Wirtschaft*) taberna *f*

Spur [ʃpu:ɐ] *f* <-, -en> **1.** (*Abdruck, Anzeichen*) rastro *m,* huella *f;* (*Fährte*) pista *f;* **eine heiße ~** una pista caliente; **von den Tätern fehlt jede ~** no hay ni rastro de los delincuentes; **jdm auf der ~ sein** estar sobre la pista de alguien, seguir la pista de alguien; **jdm auf die ~ kommen** descubrir a alguien; **die ~en des Krieges** las huellas de la guerra; **~en hinterlassen** dejar huellas **2.** (*Fahr~*) carril *m,* pista *f Am;* **die ~ wechseln** cambiar de carril; **auf der linken ~ fahren** ir por el carril izquierdo; **aus der ~ geraten** salirse de la calzada **3.** (TECH) distancia *f* entre ejes **4.** (*eines Tonbandes*) pista *f* **5.** (*Menge*) pizca *f;* **eine ~ schärfer** un poquitín más picante; **eine ~ zu laut** demasiado alto; **nicht die** [*o* **keine**] **~** ni rastro, ni un pelo; **der ist eine ~ zu dumm** es un pelo tonto

spürbar *adj* palpable; (*offensichtlich*) patente; **~ werden** hacerse sentir

Spurbreite *f* <-, -n> (AUTO, EISENB) *s.* **Spurweite**; **Spurbus** *m* <-ses, -se> *autobús que circula exclusivamente por el carril reservado a los autobuses*

spuren ['ʃpu:rən] *vi* **1.** (*eine Spur machen*) trazar una pista **2.** (*fam: gehorchen*) no salirse del redil

spüren ['ʃpy:rən] *vt* (*wahrnehmen*) sentir; (*erfahren*) experimentar, notar; **ich habe das am eigenen Leibe gespürt** lo he experimentado en mi propia carne; **sie ließ ihn ihre Abneigung ~** le hizo sentir su rechazo; **ihr werdet es noch zu ~ bekommen, dass ...**

ya os harán sentir que…

Spurenelement *nt* <-(e)s, -e> oligoelemento *m;* **Spurensicherung** *f* <-, *ohne pl*> levantamiento *m* de la evidencia, aseguramiento *m* de las huellas

Spürhund *m* <-(e)s, -e> perro *m* rastreador

spurlos *adv* sin dejar huella [*o* rastro]; ~ **verschwinden** desaparecer sin dejar rastro; **das ist nicht ~ an ihm vorübergegangen** no pasó sin dejar huella en él

Spürnase *f* <-, *ohne pl*> (*fam: Spürsinn*) (buen) olfato *m;* **eine ~ für etw haben** tener buen olfato para algo

Spurrille *f* <-, -n> surco *m* en la vía

Spürsinn *m* <-(e)s, *ohne pl*> **1.** (*des Tieres*) olfato *m* **2.** (*Instinkt*) instinto *m,* olfato *m;* **einen feinen ~ für etw haben** tener buen olfato para algo

Spurt [ʃpʊrt] *m* <-(e)s, -s *o* -e> (SPORT) esprint *m;* **zum ~ ansetzen** hacer un esprint

spurten [ˈʃpʊrtən] *vi haben o sein* (SPORT) esprintar

Spürtrupp *m* <-s, -s> destacamento *m* de exploración

Spurweite *f* <-, -n> **1.** (AUTO) distancia *f* entre ejes **2.** (EISENB) ancho *m* de la vía, trocha *f Am*

sputen [ˈʃpuːtən] *vr:* **sich ~** (*reg*) darse prisa, apurarse *Am*

SQL *f* <-, *ohne pl*> (INFOR) *Abk. von* **Structured Query Language** SQL *m*

Squash [ˈskvɔʃ, ˈskwɔʃ] *nt* <-, *ohne pl*> (SPORT) squash *m;* **Squashhalle** *f* <-, -n> pabellón *m* de squash

Sr (CHEM) *Abk. von* **Strontium** Sr

SR *m* <-> (RADIO) *Abk. von* **Saarländischer Rundfunk** radio *m* del Sarre

Sri Lanka [ˈsriː ˈlaŋka] *nt* <- -s> Sri Lanka *m*

Sri-Lanker(in)RR [sriˈlaŋkɐ] *m(f)* <-s, -; -, -nen> (e)srilanqués, -esa *m, f*

sri-lankischRR *adj* (e)srilanqués

SS *f* <-, *ohne pl*> (HIST: *Nationalsozialismus*) *Abk. von* **Schutzstaffel** SS *f*

SSV *Abk. von* **Sommerschlussverkauf**RR rebajas *fpl* de verano

s.t. (UNIV) *Abk. von* **sine tempore** en punto; **die Übung beginnt um 15.00 Uhr ~** la clase empieza a las 3 de la tarde en punto

St. 1. *Abk. von* **Stunde** h **2.** *Abk. von* **Sankt** S.

Staat[1] [ʃtaːt] *m* <-(e)s, -en> **1.** (POL) Estado *m;* **Vater ~** papá-Estado; **ein ~ im ~e** un Estado dentro del Estado (*organismo que adquiere demasiado poder y hasta cierto punto se independiza del Estado*) **2.** (ZOOL) colonia *f*

Staat[2] *m* <-(e)s, *ohne pl*> (*Pracht*): **mit etw ist kein ~ zu machen** algo no da el pego

Staatenbund *m* <-(e)s, -bünde> confederación *f* (de Estados); **staatenlos** *adj* apátrida; **Staatenlose(r)** *mf* <-n, -n; -n, -n> apátrida *mf;* **staatenübergreifend** *adj* interestatal

staatlich I. *adj* estatal, del Estado; (*von der Regierung*) gubernamental; (*national*) nacional; (*öffentlich*) público **II.** *adv* por el Estado; **~ anerkannt** reconocido oficialmente; **~ gefördert** promovido por el Estado, promocionado por el gobierno

staatlicherseits *adv* de parte del estado

Staatsabgaben *fpl* impuestos *mpl;* **Staatsaffäre** *f:* **eine ~ aus etw** *dat* **machen** (*übertreiben*) darle a algo más importancia de lo que tiene; (*großen Aufwand betreiben*) darle a algo más pompa de la necesaria; **Staatsakt** *m* <-(e)s, -e> ceremonia *f* oficial; **Staatsaktion** *f* <-, -en> asunto *m* de Estado; **Staatsangehörige(r)** *mf* <-n, -n; -n, -n> ciudadano, -a *m, f;* **Staatsangehörigkeit** *f* <-, -en> nacionalidad *f;* **doppelte ~** doble nacionalidad; **Staatsanleihe** *f* <-, -n> empréstito *m* del Estado; **Staatsanwalt, -anwältin** *m, f* <-(e)s, -wälte, -, -nen> fiscal *mf;* **Staatsanwaltschaft** *f* <-, -en> fiscalía *f;* **Staatsapparat** *m* <-(e)s, -e> aparato *m* del Estado; **Staatsausgaben** *fpl* gasto *m* público; **Staatsbeamte(r)** *mf* <-n, -n; -n, -n>, **-beamtin** *f* <-, -nen> funcionario, -a *m, f* público, -a; **Staatsbegräbnis** *nt* <-ses, -se> entierro *m* oficial; **Staatsbesitz** *m* <-es, *ohne pl*> propiedad *f* del Estado; **Staatsbesuch** *m* <-(e)s, -e> visita *f* oficial [*o* de Estado]; **Staatsbetrieb** *m* <-(e)s, -e> empresa *f* pública; **Staatsbürger(in)** *m(f)* <-s, -; -, -nen> ciudadano, -a *m, f;* **staatsbürgerlich** *adj* cívico

Staatsbürgerschaft *f* <-, -en> ciudadanía *f,* nacionalidad *f*

Staatschef(in) *m(f)* <-s, -s; -, -nen> jefe, -a *m, f* de Estado; **Staatsdienst** *m* <-es, *ohne pl*> servicio *m* público; **im ~ stehen** [*o* **sein**] trabajar en el servicio público; **Staatsduma** [-duːma] *f* <-, -s> (POL) duma *f* de Estado, consejo *m* de Estado; **staatseigen** *adj:* **~er Betrieb** empresa *f* que pertenece al Estado; **Staatseigentum** *nt* <-s, *ohne pl*> bienes *mpl* nacionales, propiedad *f* del Estado; **Staatseinnahmen** *fpl* ingresos *mpl* presupuestarios [*o* del Estado]; **Staatsempfang** *m* <-(e)s, -pfänge> recepción *f* de Estado; **Staatsexamen** *nt* <-s, -> examen *m* de estado (*requisito para el reconocimiento oficial de diversos estudios y profesiones*); **Staatsfeind(in)** *m(f)* <-(e)s, -e; -, -nen> enemigo, -a *m, f* público, -a; **Staatsfinanzen** *pl* Hacienda *f* pública; **Staatsflagge** *f* <-, -n> bandera *f* nacional; **Staatsform** *f* <-, -en> forma *f* de Estado; **Staatsgebiet** *nt* <-(e)s, -e> territorio *m* nacional; **staatsgefährdend** *adj* que amenaza la seguridad del Estado; **Staatsgeheimnis** *nt* <-ses, -se> secreto *m* de Estado; **Staatsgewalt** *f* <-, -en> poder *m* estatal; **richterliche ~** poder judicial; **gesetzgebende ~** poder legislativo; **vollziehende ~** poder ejecutivo; **Staatsgrenze** *f* <-, -n> frontera *f* nacional; **Staatshaushalt** *m* <-(e)s, -e> presupuesto *m* nacional [*o* del Estado]; **Staatsho-**

S

heit *f* <-, *ohne pl*> soberanía *f* nacional; **Staatskanzlei** *f* <-, -en> (departamento *m* de la) presidencia *f* del gobierno del land; **Staatskarosse** *f* <-, -n> coche *m* oficial; **Staatskasse** *f* <-, -n> (FIN) tesoro *m* público, erario *m* público; **Staatskirche** *f* <-, *ohne pl*> Iglesia *f* nacional; **Staatsknete** *f* <-, *ohne pl*> (*fam*) pasta *f* del estado; **Staatskosten** *pl:* **auf ~** a expensas del Estado; **Staatsmann** *m* <-(e)s, -männer> (*geh*) hombre *m* de Estado

staatsmännisch ['ʃtaːtsmɛnɪʃ] *adj* político

Staatsminister(in) *m(f)* <-s, -; -, -nen> ministro, -a *m, f* de gobierno; (*ohne Ministeramt*) ministro, -a *m, f* sin cartera; **Staatsoberhaupt** *nt* <-(e)s, -häupter> jefe, -a *m, f* de Estado; **Staatsorgan** *nt* <-s, -e> órgano *m* estatal; **Staatspapier** *nt* <-s, -e> título *m* de deuda del Estado; **Staatspolizei** *f* <-, -en> policía *f* del Estado; **Staatspräsident(in)** *m(f)* <-en, -en; -, -nen> presidente, -a *m, f* de la república; **Staatsprüfung** *f* <-, -en> *s.* Staatsexamen; **Staatsräson** *f* <-, *ohne pl*> razón *f* de Estado; **Staatsrat** *m* <-(e)s, -räte> **1.** (DDR) consejo *m* de Estado **2.** (*Schweiz*) consejo *m* de Estado (*denominación que reciben los gobiernos de algunos cantones suizos*) **3.** (*Titel*) consejero *m* de Estado; **staatsrechtlich** *adj* jurídico-interno; **Staatsschuld** *f* <-, -en> deuda *f* pública [*o* del Estado]; **Staatssekretär(in)** *m(f)* <-s, -e; -, -nen> secretario, -a *m, f* de Estado

Staatssicherheitsdienst ['-'----] *m* <-(e)s, *ohne pl*> (HIST) Servicio *m* (Secreto) de Seguridad del Estado (*policía política de la ex-RDA*)

Staatsstreich *m* <-(e)s, -e> golpe *m* de Estado; **Staatstheater** *nt* <-s, -> teatro *m* nacional; **staatstragend** *adj* del estado; **Staatstrauer** *f* <-, *ohne pl*> luto *m* nacional; **eine zweitägige ~ anordnen** declarar dos días de luto nacional; **Staatsunternehmen** *nt* <-s, -> empresa *f* pública; **Staatsverdrossenheit** *f* <-, *ohne pl*> desinterés *m* por los asuntos del Estado; **Staatsverschuldung** *f* <-, *ohne pl*> endeudamiento *m* del Estado; **Staatsvertrag** *m* <-(e)s, -träge> tratado *m* internacional; **Staatswesen** *nt* <-s, *ohne pl*> Estado *m;* **im demokratischen ~ sind die Menschenrechte garantiert** en el Estado democrático están garantizados los derechos humanos

Stab [ʃtaːp, *pl:* 'ʃtɛːbə] *m* <-(e)s, Stäbe> **1.** (*Stock*) palo *m;* (*Spazier~*) bastón *m;* (*Mess~*) varilla *f;* (*Bischofs~*) báculo *m;* (*Zauber~*) varita *f;* **den ~ über jdn brechen** (*geh*) condenar a alguien **2.** (SPORT: *für ~hochsprung*) pértiga *f;* (*für Staffellauf*) testigo *m* **3.** (*Mitarbeiter~*) plantilla *f* **4.** (MIL) Estado *m* Mayor

Stäbchen ['ʃtɛːpçən] *nt* <-s, -> **1.** *pl* (*Ess~*) palillos *mpl;* **mit ~ essen** comer con palillos **2.** (*fam: Zigarette*) pitillo *m*

stabförmig *adj* en forma de varilla

Stabhochspringer(in) *m(f)* <-s, -; -, -nen> saltador(a) *m(f)* de pértiga; **Stabhochsprung** *m* <-(e)s, *ohne pl*> salto *m* con pértiga

stabil [ʃta'biːl] *adj* **1.** (*Material*) sólido **2.** (*Währung, Preise*) estable **3.** (*Gesundheit*) robusto

Stabilisator [ʃtabili'zaːtoːɐ] *m* <-s, -en> (TECH, CHEM) estabilizador *m*

stabilisieren* [ʃtabili'ziːrən] **I.** *vt* estabilizar **II.** *vr:* **sich ~** estabilizarse

Stabilisierung *f* <-, -en> estabilización *f;* **Stabilisierungsanleihe** *f* <-, -n> (FIN) empréstito *m* de consolidación; **Stabilisierungsbad** *nt* <-(e)s, -bäder> (CHEM) baño *m* de estabilización

Stabilität [ʃtabili'tɛːt] *f* <-, *ohne pl*> estabilidad *f;* **stabilitätsorientiert** *adj* (WIRTSCH) enfocado hacia la estabilidad; **Stabilitätspakt** *m* <-(e)s, -e> (WIRTSCH) pacto *m* de estabilidad; **Stabilitätspolitik** *f* <-, *ohne pl*> (WIRTSCH) política *f* de estabilidad

Stablampe *f* <-, -n> linterna *f;* **Stabmagnet** *m* <-en *o* -(e)s, -e(n)> imán *m* (en forma) de barra

Stabreim *m* <-(e)s, -e> (LIT) aliteración *f*

Stabsarzt *m* <-es, -ärzte> capitán *m* médico; **Stabschef** *m* <-s, -s> jefe *m* del Estado Mayor; **Stabsfeldwebel** *m* <-s, -> sargento *m* mayor del Estado Mayor; **Stabsoffizier(in)** *m(f)* <-s, -e; -, -nen> oficial *mf* del estado mayor

Stabwechsel *m* <-s, -> (SPORT) entrega *f* del testigo

stach [ʃtaːx] *3. imp von* **stechen**

Stachel ['ʃtaxəl] *m* <-s, -> **1.** (*einer Pflanze*) espina *f,* púa *f* **2.** (*eines Igels*) púa *f,* pincho *m;* (*von Insekten*) aguijón *m* **3.** (*spitzes Teil*) púa *f*

Stachelbeere *f* <-, -n> **1.** (*Frucht*) grosella *f* espinosa, uva *f* espinosa **2.** (*Strauch*) uva *f* espina, grosellero *m* (espinoso); **Stachelbeerstrauch** *m* <-(e)s, -sträucher> uva espina *f,* grosellero *m* (espinoso)

Stacheldraht *m* <-(e)s, -drähte> alambre *m* de espino; **Stacheldrahtverhau** *m o nt* <-(e)s, -e> alambrada *f* de espino; **Stacheldrahtzaun** *m* <-(e)s, -zäune> cerca *f* de alambre de espino, alambrada *f* de espino

stach(e)lig *adj* espinoso

Stachelschwein *nt* <-(e)s, -e> puerco *m* espín, puercoespín *m*

stachlig *adj* espinoso

Stadel ['ʃtaːdəl] *m* <-s, -> (*südd, Österr, Schweiz*) granero *m*

Stadien *pl von* **Stadion, Stadium**

Stadion ['ʃtaːdiɔn] *nt* <-s, Stadien> (SPORT) estadio *m*

Stadium ['ʃtaːdiʊm] *nt* <-s, Stadien> etapa *f,* estadio *m,* fase *f*

Stadt [ʃtat, *pl:* 'ʃtɛ(ː)tə] *f* <-, Städte>

1. (*Ort*) ciudad *f;* **die ~ Sevilla** la ciudad de Sevilla; **in die ~ ziehen** mudarse a la ciudad; **in die ~ gehen** ir al centro; **in ~ und Land** en la ciudad y en el campo; **die ganze ~ spricht von diesem Skandal** toda la ciudad habla de este escándalo **2.** (*~verwaltung*) municipio *m;* **bei der ~ arbeiten** trabajar para el municipio

städt. *Abk. von* **städtisch** municipal, urbano

stadtauswärts *adv* (hacia) (a)fuera de la ciudad; **die ~ führenden Straßen sind um diese Zeit verstopft** las calles que salen de la ciudad están colapsadas a esta hora

Stadtautobahn *f* <-, -en> autopista *f* urbana; **Stadtbahn** *f* <-, -en> ≈suburbano *m,* ≈cercanías *m inv;* **stadtbekannt** ['--'-] *adj* conocido en toda la ciudad; **Stadtbezirk** *m* <-(e)s, -e> distrito *m* municipal; **Stadtbibliothek** *f* <-, -en> biblioteca *f* municipal; **Stadtbild** *nt* <-es, *ohne pl*> aspecto *m* urbano; **Stadtbücherei** *f* <-, -en> biblioteca *f* municipal; **Stadtbummel** *m* <-s, -> paseo *m* por la ciudad; **einen ~ machen** dar un paseo por la ciudad

Städtchen ['ʃtɛ(:)tçən] *nt* <-s, -> pequeña ciudad *f*

Stadtdirektor(in) *m(f)* <-s, -en; -, -nen> (ADMIN) jefe, -a *m, f* del cuerpo de funcionarios municipal

Städtebau *m* <-(e)s, *ohne pl*> urbanismo *m;* **städtebaulich** *adj* urbanístico

stadteinwärts *adv* (hacia) (a)dentro de la ciudad; **nehmen Sie die ~ fahrende Straßenbahn** tome el tranvía que va (en dirección) a la ciudad

Stadtentwicklung *f* <-, -en> desarrollo *m* de la ciudad

Städtepartnerschaft *f* <-, -en> hermanamiento *m* de ciudades

Städter(in) ['ʃtɛ(:)tɐ] *m(f)* <-s, -; -, -nen> habitante *mf* de una ciudad

Städtetag *m* <-(e)s, -e> federación *f* de municipios

Stadtflucht *f* <-, *ohne pl*> éxodo *m* urbano

Stadtführer[1] *m* <-s, -> (*Buch*) guía *f* turística (de una ciudad)

Stadtführer(in)[2] *m(f)* <-s, -; -, -nen> (*Person*) guía *mf*

Stadtführung *f* <-, -en> visita *f* guiada a una ciudad; **Stadtgas** *nt* <-es, *ohne pl*> gas *m* de ciudad; **Stadtgebiet** *nt* <-(e)s, -e> término *m* municipal; **Stadtgespräch** *nt:* **~ sein** ser la comidilla de toda la ciudad; **Stadtgrenze** *f* <-, -n> límite *m* de un municipio; **Stadthalle** *f* <-, -n> auditorio *m* municipal, sala *f* de congresos

städtisch ['ʃtɛ(:)tɪʃ] *adj* **1.** (*kommunal*) municipal, comunal **2.** (*urban*) urbano

Stadtkämmerer, -in *m, f* <-s, -; -, -nen> (FIN) tesorero, -a *m, f* municipal; **Stadtkasse** *f* <-, -n> (FIN) tesoro *m* municipal; **Stadtkern** *m* <-s, -e> núcleo *m* urbano, centro *m* urbano; **Stadtkommandant** *m* <-en, -en> comandante *m* de una ciudad; **Stadtmauer** *f* <-, -n> muralla *f* de la ciudad; **Stadtmensch** *m* <-en, -en> urbanita *mf;* **Stadtmitte** *f* <-, *ohne pl*> centro *m* (de la) ciudad; **Stadtplan** *m* <-(e)s, -pläne> plano *m* de la ciudad; **Stadtplaner(in)** *m(f)* <-s, -; -, -nen> urbanista *mf,* planificador(a) *m(f)* de la ciudad; **Stadtplanung** *f* <-, *ohne pl*> urbanismo *m,* planificación *f* urbana

Stadtrand *m* <-(e)s, -ränder> periferia *f,* afueras *fpl,* orillas *fpl Am,* gotera *f Am;* **am ~ wohnen** vivir en la periferia de la ciudad; **Stadtrandsiedlung** *f* <-, -en> urbanización *f* en las afueras de la ciudad

Stadtrat[1] *m* <-(e)s, -räte> (*Gremium*) consejo *m* municipal

Stadtrat, -rätin[2] *m, f* <-(e)s, -räte; -, -nen> (*Mitglied*) miembro *mf* del consejo municipal

Stadtrundfahrt *f* <-, -en> vuelta *f* por la ciudad; **Stadtstaat** *m* <-(e)s, -en> ciudad-Estado *f;* **Stadtstreicher(in)** *m(f)* <-s, -; -, -nen> vagabundo, -a *m, f* urbano, -a; **Stadtteil** *m* <-(e)s, -e> barrio *m;* **Stadttor** *nt* <-(e)s, -e> (HIST) puerta *f* de la ciudad; **Stadtväter** *mpl* (*fam*) concejales *mpl;* **Stadtverkehr** *m* <-s, *ohne pl*> tráfico *m* urbano; **Stadtverwaltung** *f* <-, -en> (*Institution*) administración *f* municipal, ayuntamiento *m;* **Stadtviertel** *nt* <-s, -> barrio *m;* **Stadtwappen** *nt* <-s, -> escudo *m* (de armas) de una ciudad; **Stadtwerke** *ntpl* compañía *f* (municipal) de electricidad, gas, agua y transportes públicos; **Stadtwohnung** *f* <-, -en> piso *m* (de ciudad); **Stadtzentrum** *nt* <-s, -zentren> centro *m* (de la ciudad)

Stafette [ʃta'fɛtə] *f* <-, -n> (HIST) estafeta *f*

Staffage [ʃta'fa:ʒə] *f* <-, -n> accesorios *mpl,* ornamento *m*

Staffel ['ʃtafəl] *f* <-, -n> **1.** (MIL, AERO) escuadrilla *f* **2.** (SPORT) relevo *m*

Staffelbesteuerung *f* <-, -en> imposición *f* progresiva

Staffelei *f* <-, -en> caballete *m*

Staffellauf *m* <-(e)s, -läufe> (SPORT) carrera *f* de relevos; **Staffelläufer(in)** *m(f)* <-s, -; -, -nen> (SPORT) corredor(a) *m(f)* de relevos, relevista *mf*

Staffellohn *m* <-(e)s, -löhne> salario *m* diferencial

staffeln ['ʃtafəln] *vt* **1.** (*anordnen*) escalonar **2.** (*abstufen*) graduar; **gestaffelte Preise** precios de distintas categorías

Staffelpreis *m* <-es, -e> (WIRTSCH) precio *m* progresivo [*o* escalonado]

Staffelschwimmen *nt* <-s, *ohne pl*> (SPORT) natación *f* (en la modalidad) de relevos

Staffelung *f* <-, -en> **1.** (*Aufstellen, Anordnen*) escalonamiento *m* **2.** (*Einteilung, Abstufung*) graduación *f*

Stagflation [ʃtakfla'tsjo:n] *f* <-, -en>

(WIRTSCH) recesión *f* con inflación

Stagnation [ʃtagna'tsjo:n] *f* <-, -en> estancamiento *m*, estagnación *f ZAm*

stagnieren* [ʃta'gni:rən] *vi* estancarse, estar paralizado

stahl [ʃta:l] *3. imp von* **stehlen**

Stahl [ʃta:l, *pl:* 'ʃtɛ:lə] *m* <-(e)s, Stähle> acero *m*

Stahlätztinte *f* <-, -n> (CHEM) tinta *f* cáustica para acero

Stahlbau¹ *m* <-(e)s, *ohne pl*> (*Bauweise*) construcción *f* metálica [*o* mecánica]

Stahlbau² *m* <-(e)s, -bauten> (*Bauwerk*) estructura *f* de acero

Stahlbeton *m* <-s, *ohne pl*> (ARCHIT) hormigón *m* armado; **Stahlblech** *nt* <-s, -e> chapa *f* de acero

stählen ['ʃtɛ:lən] *vt* (*geh*) fortalecer

stählern ['ʃtɛ:lɐn] *adj* de acero

Stahlfeder *f* <-, -n> **1.** (*zum Schreiben*) pluma *f* de acero **2.** (TECH) resorte *m* de acero; **Stahlgerüst** *nt* <-(e)s, -e> armazón *m o f* de acero; **stahlhart** ['-'-] *adj* duro como (el) acero; **Stahlhelm** *m* <-(e)s, -e> casco *m* de acero; **Stahlindustrie** *f* <-, -n> industria *f* del acero; **Stahlkammer** *f* <-, -n> cámara *f* acorazada; **Stahlkocher** *m* <-s, -> (*fam*) trabajador *m* del acero

Stahlrohr *nt* <-(e)s, -e> tubería *f* de acero, tubo *m* de acero; **Stahlrohrmöbel** *nt* <-s, -> mueble *m* de acero tubular

Stahlträger *m* <-s, -> viga *f* de acero; **Stahlwaren** *fpl* artículos *mpl* de acero; **Stahlwerk** *nt* <-(e)s, -e> fábrica *f* de acero, acería *f*

stak [ʃta:k] *3. imp von* **stecken**

Stake ['ʃta:kə] *f* <-, -n> (*nordd*) bichero *m*

staken ['ʃta:kən] *vt* (*nordd*) hacer avanzar con el bichero

Stakkato [ʃta'ka:to, sta'ka:to] *nt* <-s, -s *o* Stakkati> (MUS) staccato *m*

staksen ['ʃta:ksən] *vi sein* (*fam*) andar como un pato

staksig ['ʃta:ksɪç] **I.** *adj* torpe, desgarbado; **nachdem man ihr den Gips abgenommen hatte, versuchte sie die ersten ~en Schritte** cuando le quitaron el yeso intentó dar sus primeros pasos en tanganillas [*o* sus primeros pasos vacilantes] **II.** *adv* tambaleante; **das junge Tier kam ~ auf uns zugelaufen** el joven animal vino hacia nosotros tambaleándose

Stalagmit [ʃtala'gmi:t] *m* <-s *o* -en, -e(n)> (GEO) estalagmita *f*

Stalaktit [ʃtalak'ti:t] *m* <-s *o* -en, -e(n)> (GEO) estalactita *f*

Stalinismus [ʃtali'nɪsmʊs] *m* <-, *ohne pl*> estalinismo *m*

Stalinist(in) [ʃtali'nɪst] *m(f)* <-en, -en; -, -nen> estalinista *mf*

stalinistisch [ʃtali'nɪstɪʃ] *adj* estalinista

Stalinorgel *f* <-, -n> (HIST) lanzacohetes *m inv* múltiple

Stall [ʃtal, *pl:* 'ʃtɛlə] *m* <-(e)s, Ställe> establo *m;* (*Hühner~*) gallinero *m;* (*Kuh~*) vaqueriza *f;* (*Pferde~, Gestüt*) caballeriza *f*, cuadra *f*, ensenada *f Arg;* (*Schweine~*) pocilga *f;* (*Renn~*) cuadra *f* de caballos de carreras; **Stallaterne** *f* <-, -n> *s.* **Stalllaterne**; **Stallbursche** *m* <-n, -n> mozo *m* de cuadra; **Stallhase** *m* <-n, -n> (*fam*) conejo *m* doméstico [*o* de corral]; **Stallknecht** *m* <-(e)s, -e> (*alt*) mozo *m* de cuadras; **Stalllaterne^RR** *f* <-, -n> farol *m* de (un) establo; **Stallmeister(in)** *m(f)* <-s, -; -, -nen> caballerizo, -a *m, f*

Stallung *f* <-, -en> establo *m*, caballeriza *f*

Stamm¹ [ʃtam, *pl:* 'ʃtɛmə] *m* <-(e)s, Stämme> **1.** (*Baum~*) tronco *m* **2.** (*Volks~*) tribu *f;* **vom ~e Nimm sein** (*fam*) ser de los que siempre tienen la mano extendida **3.** (BIOL) filo *m* **4.** (LING) radical *m*

Stamm² *m* <-(e)s, *ohne pl*> (*Kunden~*) clientela *f* fija; (*der Belegschaft*) plantilla *f*

Stammaktie *f* <-, -n> (FIN, WIRTSCH) acción *f* ordinaria [*o* común]; **Stammaktionär(in)** *m(f)* <-s, -e; -, -nen> (FIN, WIRTSCH) accionista *mf* ordinario; **Stammbaum** *m* <-(e)s, -bäume> árbol *m* genealógico; (*eines Tieres*) pedigrí *m;* **Stammbetrieb** *m* <-(e)s, -e> empresa *f* central; **Stammbuch** *nt* <-(e)s, -bücher> libro *m* de familia; **jdm etw ins ~ schreiben** (*fig*) cantarle a uno las cuarenta; **Stammdatei** *f* <-, -en> archivo *m* maestro [*o* principal]

stammeln ['ʃtaməln] *vi, vt* balbucear

stammen ['ʃtamən] *vi* provenir (*aus/von* de), proceder (*aus/von* de); (*örtlich*) ser (natural) (*aus/von* de); **ich stamme aus Süddeutschland** soy del sur de Alemania; **die Uhr stammt aus dem 16. Jahrhundert** el reloj procede del siglo XVI

Stammform *f* <-, -en> (LING) forma *f* radical; **Stammgast** *m* <-(e)s, -gäste> cliente, -a *m, f* habitual; **Stammhalter** *m* <-s, -> (hijo *m*) primogénito *m;* **Stammhaus** *nt* <-es, -häuser> casa *f* central [*o* matriz]

stämmig ['ʃtɛmɪç] *adj* fornido, robusto

Stammkapital *nt* <-s, *ohne pl*> (WIRTSCH) capital *m* original [*o* social]; **Stammkneipe** *f* <-, -n> (*fam*) bar *m* habitual; **Stammkunde, -in** *m, f* <-n, -n; -, -nen> cliente, -a *m, f* fijo, -a; **Stammkundschaft** *f* <-, *ohne pl*> clientela *f* habitual [*o* fija]; **für unsere ~ halten wir interessante Angebote bereit** para nuestros clientes habituales tenemos unas interesantes ofertas; **Stammlokal** *nt* <-s, -e> bar *m* habitual; **Stammmutter^RR** *f* <-, -mütter> progenitora *f;* **Stammplatz** *m* <-es, -plätze> sitio *m* habitual [*o* de costumbre]; **Stammsitz** *m* <-es, -e> sede *f*, domicilio *m* principal; **Stammtisch** *m* <-(e)s, -e> **1.** (*Tisch*) mesa *f* reservada para la clientela habitual **2.** (*Personen*) tertulia *f*, peña *f;* **zum ~ gehen** ir a la tertulia; **Stammutter** *f* <-, -mütter> *s.* **Stammmutter**; **Stammvater** *m* <-s, -väter> progenitor *m;* **stammverwandt** *adj* **1.** (*Völker*) de la misma raza **2.** (LING) de la misma raíz, afín; **~e Wörter** palabras afines; **Stammverzeichnis** *nt* <-ses, -se> (INFOR) directorio *m* raíz; **Stammvokal** *m* <-s, -e> (LING) vocal *f* radical; **Stammwähler(in)** *m(f)* <-s, -; -, -nen> votante *mf* fijo, -a

stampfen ['ʃtampfən] **I.** *vi* **1.** (*vor Wut, zum Protest*) patalear, patear; (*Pferd*) piafar **2.** (*Schiff*) cabecear **3.** *sein* (*stapfen*) caminar pesadamente **II.** *vt* **1.** (*zerkleinern*) machacar; (*Trauben*) pisar; **Kartoffeln zu Brei ~** hacer puré de patatas **2.** (*festtreten*) pisotear

Stampfer *m* <-s, -> **1.** (TECH) pisón *m* **2.** (*Küchengerät*) machacadera *f*

stand [ʃtant] *3. imp von* **stehen**

Stand[1] [ʃtant] *m* <-(e)s, *ohne pl*> **1.** (*Stehen*) posición *f* vertical; **aus dem ~** sin tomar impulso; **diese Frage kann ich dir so aus dem ~ heraus nicht beantworten** (*fam*) esta pregunta no te la puedo contestar sin pensarlo; **einen schweren ~ haben** (*fam*) estar en una posición difícil; **etw zu ~e bringen** lograr algo, realizar algo; **zu ~e kommen** llevarse a cabo; **nicht zu ~e kommen** malograrse **2.** (*Entwicklungs~*) nivel *m;* (*Zu~*) situación *f;* (*Stadium*) fase *f;* **~ der Aktiva und Passiva** estado de cuentas de activo y pasivo; **außer ~e sein etw zu tun** no estar en condiciones de hacer algo; **im ~e sein etw zu tun** ser capaz de hacer algo; **beim heutigen ~ der Technik** con el nivel de la técnica de hoy; **etw auf den neuesten ~ bringen** actualizar algo; **jdn in ~ setzen etw zu tun** poner a alguien en condiciones de hacer algo; **etw in ~ setzen/halten** arreglar/conservar algo; **gut in ~ sein** estar en buen estado; **nach ~ der Dinge** tal como son las cosas; **der ~ der Ermittlungen** el estado de la instrucción; **in den (heiligen) ~ der Ehe treten** (*geh*) contraer matrimonio

Stand[2] [ʃtant, *pl:* 'ʃtɛndə] *m* <-(e)s, Stände> **1.** (*Verkaufs~*) puesto *m,* trucha *f ZAm;* (*Informations~, Messe~*) (e)stand *m,* trucha *f ZAm;* (*Taxi~*) parada *f* **2.** (*Konto~*) estado *m;* (*Öl~, Wasser~*) nivel *m;* (*Sonnen~*) posición *f;* (*Spiel~*) tanteo *m;* **um 12 Uhr erreicht die Sonne ihren höchsten ~** a las 12 el sol alcanza el punto más alto **3.** (FIN) cotización *f,* cambio *m* **4.** (*soziale Stellung*) clase *f*

Standard ['ʃtandart] *m* <-s, -s> **1.** (*Maßstab*) estándar *m,* norma *f* **2.** (*Niveau*) nivel *m;* **Standardanschluss**[RR] *m* <-es, -schlüsse> (TEL) conexión *f* estándar (*servicios portadores en RSDI*); **Standardartikel** *m* <-s, -> artículo *m* estándar; **Standardausführung** *f* <-, -en> modelo *m* estándar, versión *f* estándar; **Standardbauweise** *f* <-, -n> contrucción *f* estándar; **Standard-Befehlssatz** *m* <-es, -sätze> (INFOR, TEL) conjunto *m* de órdenes AT [*o* comandos AT]; **Standardbrief** *m* <-(e)s, -e> carta *f* modelo [*o* tipo]; **Standarddrucker** *m* <-s, -> (INFOR) impresora *f* estándar; **Standardeinstellung** *f* <-, -en> (INFOR: *Anordnung*) posición *f* estándar; **Standarderzeugnis** *nt* <-ses, -se> producto *m* estándar [*o* tipo]; **Standardformat** *nt* <-(e)s, -e> (INFOR) formato *m* estándar

standardisieren* [ʃtandardi'zi:rən] *vt* estandarizar, normalizar

Standardisierung *f* <-, -en> estandarización *f,* normalización *f*

Standardsoftware *f* <-, -s> software *m* estándar; **Standardsortiment** *nt* <-(e)s, -e> surtido *m* representativo; **Standardtarif** *m* <-s, -e> tarifa *f* normal; **Standardtyp** *m* <-s, -en> modelo *m,* tipo *m* normal; **Standardverfahren** *nt* <-s, -> procedimiento *m* típico; **Standardvertrag** *m* <-(e)s, -träge> contrato *m* típico; **Standardverzeichnis** *nt* <-ses, -se> (INFOR) directorio *m* estándar, nómina *f* estándar; **Standardwerk** *nt* <-(e)s, -e> bibliografía *f* básica, literatura *f* básica; **Standardwert** *m* <-(e)s, -e> (INFOR) valor *m* estándar, cifra *f* patrón

Standarte [ʃtan'dartə] *f* <-, -n> estandarte *m*

Standbild *nt* <-(e)s, -er> estatua *f*

Stand-by-Kredit [stɛnt'baɪ-] *m* <-(e)s, -e> crédito *m* stand-by [*o* de ayuda]; **Stand-by-Taste** *f* <-, -n> (RADIO, TV) tecla *f* sleep

Ständchen ['ʃtɛntçən] *nt* <-s, -> serenata *f;* **jdm ein ~ bringen** dar(le) una serenata a alguien

Ständer ['ʃtɛndɐ] *m* <-s, -> **1.** (*Gestell*) caballete *m;* (*Schirm~*) paragüero *m;* (*Kleider~*) perchero *m;* (*Noten~*) latril *m* **2.** (*fam: erigierter Penis*) estaca *f*

Ständerat[1] ['ʃtɛndəra:t] *m* <-(e)s, *ohne pl*> (*Schweiz: Organ*) *cámara de los representantes cantonales suizos*

Ständerat, -rätin[2] *m, f* <-(e)s, -räte; -, -nen> (*Schweiz: Ratsmitglied*) *miembro de la cámara de representantes cantonales suizos*

Ständerlampe *f* <-, -n> (*Schweiz*) lámpara *f* de pie

Standesamt *nt* <-(e)s, -ämter> registro *m* civil; **standesamtlich I.** *adj:* **~e Trauung** matrimonio civil **II.** *adv:* **~ heiraten** casarse por lo civil; **Standesbeamte(r)** *mf* <-n, -n; -n, -n>, **-beamtin** *f* <-, -nen> empleado, -a *m, f* del registro civil; **standesgemäß** *adj* conforme al nivel social; **~ wohnen** vivir como corresponde al nivel social

standfest *adj* **1.** (*sicher stehend*) estable **2.** *s.* standhaft; **Standfestigkeit** *f* <-, *ohne pl*> **1.** (*sicherer Stand*) estabilidad *f* **2.** (*Standhaftigkeit*) firmeza *f*

Standgeld *nt* <-(e)s, -er> derechos *mpl* de puesto

Standgericht *nt* <-(e)s, -e> (MIL) consejo *m* de guerra

standhaft I. *adj* firme **II.** *adv* con firmeza; ~

bleiben permanecer firme; **sich ~ weigern** negarse con firmeza; **Standhaftigkeit** *f* <-, *ohne pl*> firmeza *f*

stand|halten *irr vi* resistir; **sie hielten den Angriffen des Gegners stand** resistieron los ataques del enemigo; **die Aussagen hielten einer näheren Überprüfung nicht stand** las declaraciones no resistieron un examen más minucioso

Standheizung *f* <-, -en> (AUTO) calefacción *f* de estacionamiento

ständig [ˈʃtɛndɪç] *adj* continuo, permanente; (*Wohnsitz*) fijo; **wir haben ~ Ärger mit ihm** continuamente tenemos líos con él; **dieser ~e Lärm** este ruido continuo; **er ist ~er Mitarbeiter bei uns** es un colaborador permanente de nuestra empresa

Standleitung *f* <-, -en> (TEL, INFOR) línea *f* arrendada, circuito *m* alquilado; **Standlicht** *nt* <-(e)s, *ohne pl*> (AUTO) luz *f* de cruce

Standmiete *f* <-, -n> derecho *m* de un puesto (de venta)

Standort *m* <-(e)s, -e> **1.** (*Ort*) sitio *m*, lugar *m*, ubicación *f Am* **2.** (*Industrie*) emplazamiento *m* **3.** (MIL) guarnición *f*; **Standortanalyse** *f* <-, -n> análisis *m inv* de emplazamiento; **Standortanforderung** *f* <-, -en> exigencias *fpl* en lo que se refiere al emplazamiento; **standortbedingt** *adj* condicionado por el emplazamiento; **Standortfaktor** *m* <-s, -en> (WIRTSCH) factor *m* del hábitat; **Standortoptimierung** *f* <-, *ohne pl*> emplazamiento *m* óptimo; **Standortpolitik** *f* <-, *ohne pl*> (WIRTSCH) política *f* económica de una zona o región determinada; **Standortsicherung** *f* <-, *ohne pl*> seguridad *f* de la sede; **Standortwahl** *f* <-, *ohne pl*> elección *f* del emplazamiento

Standpauke *f* <-, -n> (*fam*) sermón *m*; **jdm eine ~ halten** echar(le) un sermón a alguien; **Standplatz** *m* <-es, -plätze> estacionamiento *m*; (*für Taxis*) parada *f*; **Standpunkt** *m* <-(e)s, -e> punto *m* de vista; (*Meinung*) opinión *f*; **einen ~ einnehmen** tener una opinión; **einen eigenen ~ vertreten** defender un punto de vista propio; **jdm seinen ~ klarmachen** explicar(le) a alguien su punto de vista; **ich stehe auf dem ~, dass ...** yo opino que...; **von seinem ~ aus hat er Recht** desde su punto de vista tiene razón; **etw von einem bestimmten ~ aus betrachten** considerar algo desde un punto de vista particular

Standrecht *nt* <-(e)s, *ohne pl*> (MIL) ley *f* marcial; **standrechtlich** *adj* por aplicación de la ley marcial; **jdn ~ erschießen** fusilar a alguien según la ley marcial

Standspur *f* <-, -en> arcén *m*; **Standuhr** *f* <-, -en> reloj *m* de pie

Stange [ˈʃtaŋə] *f* <-, -n> **1.** (*Stab*) vara *f*, palo *m*; (*Fahnen~*) asta *f*; (*Hühner~*) percha *f* (del gallinero); (*Gardinen~*, *Kleider~*) barra *f*; **eine ~ Zimt** una rama de canela; **etw von der ~ kaufen** (*fam*) comprar algo de confección; **bei der ~ bleiben** (*fig*) seguir haciendo algo; **jdm die ~ halten** (*fam fig*) estar de parte de alguien; **jdn bei der ~ halten** (*fam*) apoyar a alguien (hasta que acabe) **2.** (*Zigaretten~*) cartón *m* **3.** (*Wend*): **eine ~ Geld** (*fam*) un dineral

Stängel[RR] [ˈʃtɛŋəl] *m* <-s, -> tallo *m*; **sie fiel fast vom ~, als ...** (*fam*) casi se cae del susto, cuando...; **Stängelgemüse**[RR] *nt* <-s, -> verduras *fpl* de tallo

Stangenbrot *nt* <-(e)s, -e> pan *m* en barra, barra *f* de pan; **Stangensellerie** *m* <-s, -(s)>, *f* <-, -> apio *m*

stank [ʃtaŋk] *3. imp von* **stinken**

Stänkerei [ʃtɛŋkəˈraɪ] *f* <-, -en> (*fam abw*) intrigas *fpl*, confabulaciones *fpl*, maquinaciones *fpl*; **ich kann deine ewigen ~en nicht mehr hören!** ¡ya estoy harto de oír esas maquinaciones tuyas!

Stänkerer, **-in** [ˈʃtɛŋkərɐ] *m*, *f* <-s, -; -, -nen> (*fam abw*) intrigante *mf*

stänkern [ˈʃtɛŋkɐn] *vi* (*fam abw*) conspirar, intrigar

Stanniol [ʃtaˈnjoːl] *nt* <-s, -e>, **Stanniolpapier** *nt* <-s, -e> papel *m* de aluminio [*o* de plata]

Stanze [ˈʃtantsə] *f* <-, -n> estampa *f*; (*Loch~*) punzón *m*

stanzen [ˈʃtantsən] *vt* (*prägen*) estampar; (*Loch*) punzonar; (*schneiden*) cortar

Stapel [ˈʃtaːpəl] *m* <-s, -> **1.** (*Haufen*) montón *m*, pila *f* **2.** (NAUT) grada *f*; **vom ~ lassen** lanzar al agua; **eine Rede/Witze vom ~ lassen** (*fam*) pronunciar un discurso/contar chistes; **eine Bemerkung vom ~ lassen** (*fam*) hacer un comentario; **Stapelartikel** *m* <-s, -> artículo *m* almacenado; **Stapelbetrieb** *m* <-(e)s, *ohne pl*> (INFOR) operación *f* por lotes; **Stapeldatei** *f* <-, -en> (INFOR) archivo *m* por lotes; **Stapelgut** *nt* <-(e)s, -güter> mercancía *f* almacenada; **Stapellauf** *m* <-(e)s, -läufe> botadura *f*

stapeln [ˈʃtaːpəln] **I.** *vt* amontonar, apilar **II.** *vr*: **sich ~** amontonarse, apilarse

Stapelverarbeitung *f* <-, -en> (INFOR) procesamiento *m* por lotes [*o* por tandas]

stapfen [ˈʃtapfən] *vi sein* caminar a paso cargado; **durch den Schnee ~** andar por la nieve

Staphylokokkus *m* <-, -kokken> (MED) estafilococo *m*

Star[1] [ʃtaːɐ] *m* <-(e)s, -e> (*Tier*) estornino *m*

Star[2] [ʃtaːɐ] *m* <-(e)s, *ohne pl*> (*Augenerkrankung*): **grüner ~** glaucoma *m*; **grauer ~** catarata *f*

Star[3] [staːɐ] *m* <-s, -s> (*Person*) estrella *f*

Starallüren [ˈstaːɐ-] *pl* (*abw*) manías *fpl* de estrella de cine; **Staranwalt**, **-anwältin** [ˈstaːɐ-] *m*, *f* <-(e)s, -wälte; -, -nen> abogado, -a *m*, *f* estrella

starb [ʃtarp] *3. imp von* **sterben**

stark [ʃtark] <stärker, am stärksten> **I.** *adj*

1. (*allgemein*) fuerte; (*kräftig*) robusto, garrudo *Mex;* **das Recht des Stärkeren** la ley del más fuerte; **er ist groß und ~ geworden** ha crecido y se ha puesto fuerte; **~e Medikamente** medicamentos fuertes; **~er Kaffee** café fuerte; **~e Zigaretten** cigarrillos fuertes; **jds ~e Seite** el fuerte de alguien; **sich für jdn/etw ~ machen** (*fam*) apoyar a alguien/algo; **das ist ein ~es Stück!, das ist ~er Tobak!** (*fam fig*) ¡esta sí que es buena!, ¡qué fuerte! **2.** (*dick, stabil*) grueso; **ein mehrere Zentimeter ~es Brett** una tabla de varios centímetros de grosor; **ein hundert Seiten ~es Buch** un libro de cien páginas **3.** (*beträchtlich*) considerable; **~e Schmerzen haben** tener dolores fuertes [*o* agudos] **4.** (*leistungs~*) potente; (*mächtig*) poderoso; (*Brille*) de cristales gruesos **5.** (*Verkehr, Hitze, Schneefall*) intenso; (*Raucher, Trinker*) empedernido; (*Nachfrage*) grande **6.** (*fam: hervorragend*) guay, tope; **das find ich echt** [*o* **voll**] **~** me parece genial **II.** *adv* (+ *Adjektiv*) muy; (+ *Verb*) mucho; **die Veranstaltung war ~ besucht** el acto fue muy visitado; **~ beschädigt sein** estar muy estropeado; **~ erkältet sein** tener un fuerte resfriado; **~ gewürzt** muy condimentado; **~ schneien** nevar mucho; **das Foto ist ~ verkleinert** la foto ha sido muy reducida; **du siehst total** [*o* **voll**] **~ aus** (*sl*) te ves muy bien

Starkbier *nt* <-(e)s, -e> cerveza *f* fuerte

Stärke[1] ['ʃtɛrkə] *f* <-, *ohne pl*> **1.** (*allgemein*) fuerza *f;* (*Leistung*) potencia *f* **2.** (*Dicke*) espesor *m,* grueso *m;* (*Festigkeit*) solidez *f* **3.** (*Anzahl*) tamaño *m*

Stärke[2] *f* <-, -n> **1.** (*Intensität*) intensidad *f;* (*von Erdbeben*) magnitud *f;* (*Konzentration*) concentración *f* **2.** (*Fähigkeit*) (punto *m*) fuerte *m;* **Mathematik war nie meine ~** las matemáticas no fueron nunca mi fuerte; **darin liegt seine ~** eso es su fuerte **3.** (*Substanz*) fécula *f;* (*Wäsche~*) almidón *m*

Stärkefermentation *f* <-, -en> (CHEM) amilofermentación *f;* **stärkehaltig** *adj* amilífero; **Stärkemehl** *nt* <-(e)s, -e> fécula *f*

stärken ['ʃtɛrkən] **I.** *vt* **1.** (*Körper, Position*) fortalecer; **jdm den Rücken ~** (*fig*) apoyar a alguien **2.** (*Wäsche*) almidonar **II.** *vr:* **sich ~** fortalecerse

stärker *adj kompar von* **stark**

stärkste(r, s) *adj superl von* **stark**

Starkstrom *m* <-(e)s, *ohne pl*> (ELEK) corriente *f* de alta intensidad; **Starkstromleitung** *f* <-, -en> línea *f* de alta tensión

Stärkung[1] *f* <-, -en> (*Erfrischung*) refresco *m;* (*Imbiss*) tentempié *m*

Stärkung[2] *f* <-, *ohne pl*> (*das Kräftigen*) fortalecimiento *m*

Stärkungsmittel *nt* <-s, -> (MED) tónico *m*

Staroperation *f* <-, -en> (MED) operación *f* de cataratas

starr [ʃtar] *adj* **1.** (*allgemein, a.* TECH) rígido; (*steif*) tieso; (*Glieder*) entumecido **2.** (*Blick*) fijo; (*vor Schreck*) aterrado (*vor* de); (*vor Staunen*) atónito (*vor* de/ante); **~ vor Entsetzen** paralizado de terror; **jdn ~ ansehen** mirar a alguien fijamente (*auf*) **3.** (*unbeugsam*) inflexible

Starre ['ʃtarə] *f* <-, *ohne pl*> **1.** (*Steifheit*) rigidez *f* **2.** (*Feststehen*) inmovilidad *f;* (MED) entumecimiento *m* **3.** (*Strenge*) severidad *f,* rigidez *f*

starren ['ʃtarən] *vi* **1.** (*blicken*) mirar fijamente, clavar los ojos (*auf* en); **ins Leere ~** tener la mirada perdida **2.** (*strotzen*) estar lleno (*vor* de); **das Zimmer starrt vor Schmutz** la habitación está llena de mugre

Starrheit *f* <-, *ohne pl*> **1.** (*von Material, Achse*) rigidez *f,* inflexibilidad *f;* (*der Glieder*) entumecimiento *m* **2.** (*Starrköpfigkeit*) testarudez *f,* obstinación *f*

Starrkopf *m* <-(e)s, -köpfe> (*abw*) testarudo, -a *m, f,* cabezota *mf fam*

starrköpfig *adj s.* **starrsinnig**

Starrkrampf *m* <-(e)s, *ohne pl*> tétano(s) *m;* **Starrsinn** *m* <-(e)s, *ohne pl*> (*abw*) terquedad *f,* testarudez *f,* cabezonería *f fam;* **starrsinnig** *adj* (*abw*) terco, testarudo, cabezota *fam*

Start [ʃtart] *m* <-(e)s, -s> **1.** (SPORT: *Beginn*) salida *f;* (*~ort*) punto *m* de salida; **er ist am ~** está por [*o* a punto de] salir **2.** (*Flugzeug~*) despegue *m,* decolaje *m SAm;* (*Auto*) arranque *m;* (*Raketen~*) lanzamiento *m* **3.** (*Beginn*) comienzo *m;* **jdm einen guten ~ wünschen** desear(le) a alguien un buen comienzo; **Startautomatik** *f* <-, -en> (AUTO) starter *m* automático; **Startbahn** *f* <-, -en> pista *f* de despegue; **Startbefehl** *m* <-(e)s, -e> (INFOR) orden *f* de arranque; **startbereit** *adj* preparado para ponerse en marcha, listo para empezar; (*Flugzeug*) listo para despegar [*o* para el despegue]; **Startbit** *nt* <-(s), -(s)> (INFOR, TEL) bit *m* de arranque; **Startblock** *m* <-(e)s, -blöcke> **1.** (*Leichtathletik*) bloque *m* de salida **2.** (*Schwimmen*) podio *m* de salida; **Startdiskette** *f* <-, -n> (INFOR) disquete *m* de arranque; **Startdividende** *f* <-, -n> (WIRTSCH) dividendo *m* inicial

starten ['ʃtartən] **I.** *vi sein* **1.** (*allgemein*) salir (*nach* hacia/para), partir (*nach* hacia/para); (*beginnen*) comenzar **2.** (SPORT: *loslaufen/-fahren*) tomar salida; (*teilnehmen*) participar; **sie startet für ihre Heimatstadt/für Spanien** representa a su ciudad/a España **3.** (*Auto*) arrancar **4.** (*Flugzeug*) despegar, decolar *SAm* **II.** *vt* **1.** (*Auto, Motor*) arrancar **2.** (*Rakete*) lanzar **3.** (*Kampagne*) comenzar **4.** (*Computer*) poner en marcha; (*Programm*) iniciar

Starter ['ʃtartɐ] *m* <-s, -> (AUTO) starter *m*

Starterlaubnis *f* <-, *ohne pl*> **1.** (SPORT) permiso *m* de salida **2.** (AERO) permiso *m* de despegue; **Startflagge** *f* <-, -n> (SPORT) bandera *f* de salida; **Startfreigabe** *f* <-, -n> (AERO) permiso *m* de despegue; **Startgeld** *nt*

S

<-(e)s, -er> (SPORT) 1. (*von Sportlern*) precio *m* de la inscripción 2. (*an Sportler*) prima *f* de participación, dinero *m* de salida
Starthilfe *f* <-, -n> 1. (FIN) ayuda *f* inicial 2. (AUTO: *Vorrichtung*) estárter *m*, starter *m*; **Starthilfekabel** *nt* <-s, -> cables *mpl* de empalme
Startkapital *nt* <-s, -e *o* -ien> capital *m* inicial; **startklar** *adj s.* startbereit; **Startlinie** *f* <-, -n> línea *f* de salida; (*bei Rennen*) arrancadero *m*; **Startloch** *nt* <-(e)s, -löcher> (SPORT) casilla *f* de salida; **schon in den Startlöchern sitzen** [*o* **stehen**] (*fam fig*) estar a punto de salir, tener un pie dentro y otro fuera; **Startnummer** *f* <-, -n> (SPORT) dorsal *m*, número *m* (de inscripción); **der Läufer mit der ~ 17 wurde disqualifiziert** el corredor con el dorsal 17 fue descalificado; **Startrampe** *f* <-, -n> (MIL) rampa *f* de lanzamiento; **Startschuss**RR *m* <-es, -schüsse> señal *f* de salida; **den ~ geben** dar la señal de salida; **Startsignal** *nt* <-s, -e> (SPORT) señal *f* de salida; **Startverbot** *nt* <-(e)s, -e> 1. (SPORT) sanción *f*, prohibición *f* de competir; **jdn mit einem ~ belegen** prohibir a alguien tomar parte en una competición 2. (AERO) prohibición *f* de despegue; **~ haben** no tener permiso para despegar; **Startzeichen** *nt* <-s, -> señal *f* de salida
Stasi ['ʃta:zi] *f* <-, *ohne pl*> (HIST: *fam*) *Abk. von* **Staatssicherheitsdienst** Servicio *m* (Secreto) de Seguridad del Estado (*policía política de la ex-RDA*)
Statement ['steɪtmənt] *nt* <-s, -s> declaración *f* oficial
Statik ['ʃta:tɪk] *f* <-, *ohne pl*> (PHYS) estática *f*
Statiker(in) ['ʃta:tikɐ] *m(f)* <-s, -; -, -nen> ingeniero, -a *m, f* de estática
Station [ʃta'tsjo:n] *f* <-, -en> 1. (*Bahnhof, Radio~, Wetter~*) estación *f*; (*Haltestelle*) parada *f*; **~ machen** detenerse 2. (*Krankenhaus~*) unidad *f*
stationär [ʃtatsjo'nɛ:ɐ] *adj* 1. (*an einen Standort gebunden*) fijo 2. (MED): **~e Behandlung** tratamiento clínico
stationieren* [ʃtatsjo'ni:rən] *vt* estacionar
Stationierung *f* <-, -en> estacionamiento *m*
Stationsarzt, -ärztin *m, f* <-es, -ärzte; -, -nen> médico, -a *m, f* jefe de sección; **Stationsschwester** *f* <-, -n> enfermera *f* jefe de sección; **Stationsvorsteher(in)** *m(f)* <-s, -; -, -nen> jefe, -a *m, f* de estación
statisch ['ʃta:tɪʃ] *adj* (*a.* PHYS) estático
Statist(in) [ʃta'tɪst] *m(f)* <-en, -en; -, -nen> figurante *mf*, comparsa *mf*
Statistik [ʃta'tɪstɪk] *f* <-, -en> estadística *f*
Statistiker(in) [ʃta'tɪstikɐ] *m(f)* <-s, -; -, -nen> estadista *mf*, estadístico, -a *m, f*
Statistin *f* <-, -nen> *s.* **Statist**
statistisch [ʃta'tɪstɪʃ] *adj* estadístico; **etw ~ berechnen** hacer un cálculo estadístico de algo
Stativ [ʃta'ti:f] *nt* <-(e)s, -e> trípode *m*
statt [ʃtat] I. *präp +gen* en lugar de, en vez de II. *konj*: **~ zu ...** en lugar de..., en vez de...; **~ zu schweigen ...** en vez de callarse...
Statt [ʃtat] *f* <-, *ohne pl*> (*geh*) lugar *m*; **jdn an Kindes ~ annehmen** adoptar a alguien; **etw an Eides ~ erklären** declarar algo bajo juramento
stattdessenRR *adv* (*dafür*) en lugar de eso; (*hingegen*) por el contrario
Stätte ['ʃtɛtə] *f* <-, -n> (*geh*) lugar *m*, sitio *m*
statt|finden *irr vi* tener lugar, celebrarse; **statt|geben** *irr vi* (*Bitte, Wunsch*) acceder (a); (*Gesuch*) atender
statthaft *adj* (*geh*) lícito, permitido
Statthalter(in) *m(f)* <-s, -; -, -nen> 1. (HIST) gobernador(a) *m(f)* 2. (*Schweiz: Bürgermeister*) alcalde(sa) *m(f)*
stattlich ['ʃtatlɪç] *adj* 1. (*beeindruckend*) impresionante, imponente; (*hoch gewachsen*) alto 2. (*Betrag*) considerable
Statue ['ʃta:tuə] *f* <-, -n> estatua *f*
statuieren* [ʃtatu'i:rən] *vt* establecer, instituir; **ein Exempel (mit etw) ~** establecer un ejemplo (con algo)
Statur [ʃta'tu:ɐ] *f* <-, -en> estatura *f*, talla *f*; **von großer ~** de elevada estatura
Status ['ʃta:tʊs] *m* <-, -> 1. (*Lage*) situación *f*; **~ quo** statu quo *m* 2. (*Soziologie*) categoría *f* social, estatus *m inv* 3. (MED) estado *m*; **Statusanzeige** *f* <-, -n> (INFOR) visualización *f* de estado; **Statusinformation** *f* <-, -en> (INFOR) información *f* de estado; **Statusleiste** *f* <-, -n> (INFOR) barra *f* de estado; **Statussymbol** *nt* <-s, -e> símbolo *m* de categoría social; **Statuszeile** *f* <-, -n> (INFOR) línea *f* de estado
Statut [ʃta'tu:t] *nt* <-(e)s, -en> estatuto *m*
Stau [ʃtaʊ] *m* <-(e)s, -s *o* -e> 1. (*Verkehrs~*) atasco *m*, retención *f*, taco *m Am*; **im ~ stehen** estar (metido) en un atasco 2. (*im Wasser*) estancamiento *m*
Staub [ʃtaʊp] *m* <-(e)s, -e *o* Stäube> polvo *m*; **~ wischen** quitar [*o* pasar] el polvo; **sich aus dem ~ machen** (*fam*) poner pies en polvorosa; **~ aufwirbeln** (*fam fig*) causar alboroto; **Staubbeutel** *m* <-s, -> (BOT) antera *f*; **Staubbindemittel** *nt* <-s, -> agente *m* aglutinante del polvo; **Staubblatt** *nt* <-(e)s, -blätter> (BOT) estambre *m*; **Staubblüte** *f* <-, -n> (BOT) flor *f* estaminífera
Staubecken *nt* <-s, -> embalse *m*
stauben ['ʃtaʊbən] *vi* soltar polvo, levantar polvo
stäuben ['ʃtɔɪbən] I. *vi* 1. (*Staub absondern*) desprender polvo 2. (*zerstieben*) disiparse, dispersarse II. *vt* 1. (*Staub entfernen*) limpiar el polvo (de), sacudir el polvo (de) 2. (*streuen*) esparcir; (*Flüssigkeiten*) pulverizar (*auf/über* en/sobre) III. *vunpers*: **beim Kehren stäubt es sehr** al barrer se levanta mucho polvo
Staubfaden *m* <-s, -fäden> (BOT) filamento *m*; **Staubfänger** ['ʃtaʊpfɛŋɐ] *m* <-s, ->

(*abw*) nido *m* de polvo; **Staubflocke** *f* <-, -n> polvillo *m;* (*Fluse*) pelusilla *f;* **Staubgefäß** *nt* <-es, -e> (BOT) estambre *m*

staubig *adj* polvoriento, empolvado

Staubkammer *f* <-, -n> cámara *f* colectora de polvo; **Staubkorn** *nt* <-(e)s, -körner> mota *f* de polvo; **Staublunge** *f* <-, -n> (MED) neumoconiosis *f inv;* **staub|saugen** ['---] *vi, vt* pasar la aspiradora (por); **Staubsauger** *m* <-s, -> aspiradora *f,* aspirador *m;* **Staubschicht** *f* <-, -en> capa *f* de polvo; **Staubschleier** *m* <-s, -> velo *m* de polvo; **staubtrocken** *adj* (*fam*) sequísimo; (*Brot*) reseco; **Staubtuch** *nt* <-(e)s, -tücher> trapo *m* del polvo; **Staubwolke** *f* <-, -n> nube *f* de polvo, terral *m PRico, Peru*

stauchen ['ʃtaʊxən] *vt* **1.** (TECH) recalcar **2.** (*fam: zurechtweisen*) echar una bronca (a)

Staudamm *m* <-(e)s, -dämme> presa *f*

Staude ['ʃtaʊdə] *f* <-, -n> (BOT) planta *f* vivaz

Staudensellerie *m* <-s, -(s)> apio *m* en rama

stauen ['ʃtaʊən] **I.** *vt* embalsar, estancar **II.** *vr:* **sich** ~ (*Wasser*) estancarse; (*Verkehr*) atascarse; (*Ärger*) acumularse; (*Menschen*) agolparse

Staugefahr *f* <-, *ohne pl*>: **es besteht** ~ hay peligro de que se produzcan atascos; **Staumauer** *f* <-, -n> (muro *m* de contención de una) presa *f*

staunen ['ʃtaʊnən] *vi* **1.** (*sich wundern*) asombrarse (*über* de/por), sorprenderse (*über* de), quedarse boquiabierto (*über* por); (*verwundert sein*) estar asombrado (*über* de/por), abismarse *Am;* **ich staune, wie gut du Arabisch sprichst** estoy asombrada de lo bien que hablas árabe; **da staunst du, was?** ¿qué, te quedas con la boca abierta?; **man höre und staune** aunque parezca mentira; **jdn in S~ versetzen** dejar a alguien atónito [*o* pasmado] **2.** (*Schweiz: in Gedanken sein*) estar ausente [*o* absorto]

Staupe ['ʃtaʊpə] *f* <-, -n> moquillo *m*

Stauraum *m* <-(e)s, *ohne pl*> (*Schiff*) bodega *f;* (*LKW*) superficie *f* de carga; **Stausee** *m* <-s, -n> embalse *m,* pantano *m*

Stauung *f* <-, -en> **1.** (*von Gewässern*) estancamiento *m;* (*von Blut*) hemostasis *f inv,* hemostasia *f* **2.** (*Verkehrsstau*) atasco *m,* taco *m Am*

Std. *Abk. von* **Stunde** hora *f*

Steak [ste:k] *nt* <-s, -s> bistec *m,* filete *m* de carne, bife *m Am*

Stearin [ʃtea'ri:n, stea'ri:n] *nt* <-s, -e> (CHEM) estearina *f*

Stechapfel *m* <-s, -äpfel> estramonio *m*

Stechbecken *nt* <-s, -> (*alt*) cuña *f*

stechen ['ʃtɛçən] <sticht, stach, gestochen> **I.** *vt* **1.** (*allgemein*) pinchar; (*Insekt*) picar; (*mit einem Messer*) acuchillar, pinchar *fam;* **Löcher in etw** ~ perforar algo; **es sticht mich im Rücken** me dan punzadas en la espalda **2.** (*Torf, Spargel*) extraer **3.** (*beim Kartenspiel*) cortar, matar **4.** (*in Kupfer*) grabar (*in* en); **ihre Handschrift ist wie gestochen** tiene una letra de caligrafía **II.** *vi* **1.** (*allgemein, Insekt, Sonne*) picar; **mit einem Messer nach jdm** ~ acuchillar a alguien; **etw sticht ins Auge** algo salta a la vista; **der scharfe Gestank sticht in der Nase** la peste se mete en la nariz; **die Farbe sticht ins Rötliche** el color tiene un matiz rojizo **2.** (*beim Kartenspiel*) hacer baza **III.** *vr:* **sich** ~ pincharse (*an* con, *in* en); **ich habe mich in den Finger gestochen** me he pinchado (en) un dedo

stechend *adj* (*Blick, Geruch*) penetrante; (*Schmerz*) punzante

Stechginster *m* <-s, -> aulaga *f;* **Stechkarte** *f* <-, -n> ficha *f* (de control); **Stechmücke** *f* <-, -n> mosquito *m,* zancudo *m Am;* **Stechpalme** *f* <-, -n> acebo *m;* **Stechuhr** *f* <-, -en> reloj *m* de control [*o* para fichar]; **Stechzirkel** *m* <-s, -> compás *m* de punta fija

Steckbrief *m* <-(e)s, -e> (JUR) (carta *f*) requisitoria *f,* orden *f* de busca y captura; **steckbrieflich** *adv* por vía requisitoria; ~ **gesucht** buscado por vía requisitoria

Steckdose *f* <-, -n> enchufe *m,* tomacorriente *m Arg, Peru*

stecken¹ ['ʃtɛkən] *vt* **1.** (*hinein~*) meter (*in* en); (*investieren*) invertir (*in* en); **sie steckte die Hände in die Tasche** metió las manos en los bolsillos; **sich** *dat* **etw in den Mund** ~ meterse algo en la boca; **ich habe viel Geld/Arbeit in das Projekt gesteckt** he invertido mucho dinero/trabajo en el proyecto **2.** (*auf~*) poner (*auf/an* en); (*fest~, an~*) fijar (*an* en/a); (*mit Nadeln*) prender (*an* en); **eine Brosche an die Jacke** ~ prender un broche en la chaqueta; **den Saum** ~ prender el dobladillo con alfileres; **jdm etw** ~ (*fam*) indicar algo a alguien; **ich weiß im Moment gar nicht, wohin ich dich** ~ **soll** (*fam*) en este momento no sé qué hacer contigo; **das kannst du dir an den Hut** ~ (*fam fig*) métetelo donde te quepa

stecken² <steckt, steckte, *geh:* stak, gesteckt> *vi* **1.** (*sich befinden*) estar metido (*in* en), estar (*in* en); **ich stecke mitten in der Arbeit** estoy metido de lleno en el trabajo; **du musst zeigen, was in dir steckt** tienes que mostrar lo que hay en ti; **der Schlüssel steckt** la llave está puesta; **in meinem Finger steckt ein Splitter** tengo una astilla clavada en el dedo; **wo steckt er?** (*fam: Person*) ¿dónde se ha metido?; **wer steckt bloß hinter dieser Geschichte?** (*fam*) ¿quién demonios está detrás de este asunto? **2.** (*festsitzen*) quedar fijo

Stecken ['ʃtɛkən] *m* <-s, -> (*reg*) palo *m;* **Dreck am** ~ **haben** no estar limpio [*o* libre] de culpa

stecken|bleiben *irr vi sein s.* **bleiben 2.**;

stecken|lassen *irr vt s.* **lassen 1.**

S

Steckenpferd *nt* <-(e)s, -e> **1.** (*für Kinder*) caballito *m* (de juguete) **2.** (*Hobby*) hobby *m,* afición *f*

Stecker *m* <-s, -> enchufe *m;* **steckerkompatibel** *adj* (INFOR) compatible por conexión

Steckkarte *f* <-, -n> (INFOR) tarjeta *f* de expansión; **Steckkontakt** *m* <-(e)s, -e> enchufe *m*

Steckling ['ʃtɛklɪŋ] *m* <-s, -e> estaca *f,* plantón *m*

Stecknadel *f* <-, -n> alfiler *m;* **eine ~ im Heuhaufen suchen** buscar una aguja en un pajar; **Steckplatz** *m* <-es, -plätze> (INFOR) panel *m* de operaciones [*o* de conmutaciones]; **Steckrübe** *f* <-, -n> (*reg*) nabo *m;* **Steckschlüssel** *m* <-s, -> llave *f* tubular [*o* de vaso]; **Steckschuss**[RR] *m* <-es, -schüsse> herida *f* de bala sin orificio de salida; **die Geisel überlebte den ~ nicht** el rehén no sobrevivió la herida de bala

Steg [ʃte:k] *m* <-(e)s, -e> **1.** (*Brücke*) puentecillo *m,* pasarela *f* **2.** (*Boots~*) (des)embarcadero *m* **3.** (*bei Saiteninstrumenten*) puente *m* **4.** (*an einer Hose*) trabilla *f;* **Stegelektrode** *f* <-, -n> electrodo *m* de brida

Stegreif ['ʃte:kraɪf] *m:* **aus dem ~** improvisando

Stehaufmännchen ['ʃte:ʔaʊfmɛnçən] *nt* <-s, -> tentetieso *m,* tentempié *m;* **ein ~ sein** (*fam fig*) no darse nunca por vencido

Stehcafé ['ʃte:kafe:] *nt* <-s, -s> ≈bar *m fam*

stehen ['ʃte:ən] <steht, stand, gestanden> *haben o Österr, Schweiz, südd: sein* **I.** *vi* **1.** (*aufrecht: Mensch*) estar de pie; (*Gegenstand*) estar derecho; **ich kann nicht mehr ~** ya no puedo estar más tiempo de pie; **im S~** de pie; **~d k.o. sein** (*fam*) estar hecho polvo; **er hat einen ~** (*fam*) tiene una estaca [*o* banderilla]; **unser Projekt steht und fällt mit dir** tú eres el alma de nuestro proyecto; **so, unser Projekt steht jetzt!** (*fam*) ¡bueno, los preparativos para nuestro proyecto están listos! **2.** (*sein*) estar; (*sich befinden*) encontrarse; **neben jdm ~** estar al lado de alguien; **an der Tür ~** estar junto a la puerta; **hoch ~d** (*fig*) de alto nivel, en posición superior; **ein geistig hoch ~der Mensch** una persona de alto nivel intelectual; **tief ~d** bajo; **sie steht an der Spitze des Unternehmens** está al frente de la empresa; **so wahr ich hier stehe** tan cierto como que estoy aquí; **der Schweiß stand ihr auf der Stirn** tenía la frente perlada de sudor; **wir ~ kurz vor einem Krieg** estamos a punto de entrar en guerra; **wir ~ vor der Schwierigkeit, dass ...** nos encontramos ante la dificultad de que...; **auf welcher Seite stehst du?** ¿de qué lado estás?; **die Sache steht schlecht** el asunto está mal; **der Sekt steht kalt** el champán está frío; **offen ~** (*Tür, Fenster*) estar abierto; (*Rechnung*) estar sin saldar, estar pendiente; (*zugänglich sein*) estar abierto; **die Schwimmbäder ~ jedermann offen** las piscinas están abiertas a todo el mundo; **die ganze Welt steht dir offen** tienes todo por delante; **jdm zur Verfügung ~** estar a disposición de alguien; **unter Alkohol/Drogen ~** estar bajo los efectos del alcohol/de las drogas; **unter Schock ~** tener un shock [*o* una conmoción]; **unter Anklage ~** estar acusado; **unter Druck ~** estar bajo presión; **die Sache steht mir bis hier** (*fam*) estoy harto del asunto; **jdm nahe ~** ser muy amigo de alguien, tener una relación estrecha con alguien; **einer Sache nahe ~** estar vinculado a algo, simpatizar con algo **3.** (*geschrieben sein*) estar (escrito) (*auf/in* en); (*in einer Liste*) figurar (*auf/in* en); **unten ~d** abajo mencionado; **wo steht das?** ¿dónde está escrito?; **das stand in der Zeitung** estaba en el periódico; **hier steht geschrieben, dass ...** aquí dice que...; **hier steht es schwarz auf weiß** aquí está escrito en letra de imprenta; **das Wort steht im Imperfekt** la palabra está en imperfecto; **nach „gegen" steht der Akkusativ** "gegen" rige acusativo, detrás de "gegen" viene acusativo **4.** (*still~*) estar parado; (*Verkehr*) estar paralizado; **die Uhr steht** el reloj se ha (quedado) parado; **etw kommt zum S~** algo se para; **etw zum S~ bringen** parar algo **5.** (*anzeigen*) marcar; **das Thermometer steht auf 30 Grad** el termómetro marca 30 grados; **die Ampel steht auf Rot** el semáforo está en rojo; **die DM steht bei 80 Peseten** el marco alemán se cotiza a 80 pesetas; **es steht 3:1** están a 3 a 1; **na, wie ~ die Aktien?** (*fam: wie geht's dir*) ¿qué tal estás? **6.** (*kleiden*) sentar, quedar; **der Bart steht dir gut/schlecht** la barba te queda bien/mal **7.** (JUR): **auf etw steht Gefängnis** algo tiene una pena de prisión; **auf seine Ergreifung steht eine Belohnung** por su captura está establecida una recompensa **8.** (*Standpunkt, Unterstützung, Bekenntnis*): **ich habe das versprochen, und ich stehe dazu!** ¡lo prometí y mantengo mi palabra!; **wie stehst du zu dem Plan?** ¿qué te parece el plan?; **ich stehe fest zu dir** estoy totalmente de tu parte; **zu seinem Versprechen ~** cumplir con lo prometido; **zu seinen Fehlern ~** reconocer sus errores; **hinter jdm ~** apoyar a alguien **9.** (*Wend*): **auf jdn/etw ~** (*fam*) irle alguien/algo a alguien **II.** *vt:* **Wache ~** estar de guardia; **Modell ~** hacer de modelo, posar **III.** *vr:* **sich gut/schlecht mit jdm ~** (*fam*) llevarse bien/mal con alguien; **jd steht sich besser/schlechter, wenn ...** (*fam*) a alguien le va mejor/peor, cuando... **IV.** *vunpers:* **es steht schlimm um sie** está muy mal; **mit seiner Gesundheit steht es nicht zum Besten** su salud no es la mejor; **es steht zu befürchten, dass ...** es de temer que... (*+subj*); **es steht dir offen zu ...** tienes la posibilidad de..., puedes decidir tú mismo si...

stehen|bleiben *irr vi sein s.* **bleiben 2.**

stehend *adj* **1.** (*aufrecht*) en pie, de pie

2. (*nicht in Bewegung*) parado; (*Gewässer*) estancado **3.** (*Wend*): **ein leer ~es Haus** una casa desocupada [*o* deshabitada]

stehen|lassen *irr vt s.* **stehen 1.**

Stehgeiger(in) *m(f)* <-s, -; -, -nen> violinista *mf* (que toca en un local o una plaza pública); **ungarische ~ spielten gestern in der Fußgängerzone auf** ayer había violinistas húngaros tocando en la zona peatonal; **Stehkneipe** *f* <-, -n> bar *m* sin sillas [*o* para estar de pie]; **Stehkragen** *m* <-s, -> cuello *m* alzado; **Stehlampe** *f* <-, -n> lámpara *f* de pie; **Stehleiter** *f* <-, -n> escalera *f* de tijera

stehlen ['ʃteːlən] <stiehlt, stahl, gestohlen> **I.** *vt, vi* robar, mochar *Arg;* **du stiehlst mir die Zeit** me robas mi tiempo; **er kann mir gestohlen bleiben** (*fam*) por mí, que se pierda; **du sollst nicht ~** (*Bibel*) no robarás **II.** *vr:* **sich ~ 1.** (*schleichen*): **sich aus dem Haus ~** salir furtivamente de la casa; **sich nach Hause ~** irse [*o* escaparse] a casa a hurtadillas **2.** (*sich drücken vor*) escaparse (*aus* de)

Stehplatz *m* <-es, -plätze> **1.** (*Platz*) localidad *f* de pie **2.** (*Ticket*) entrada *f* de pie; **Stehpult** *nt* <-(e)s, -e> pupitre *m* para escribir de pie; **Stehvermögen** *nt* <-s, *ohne pl*> **1.** (*Ausdauer*) fortaleza *f,* aguante *m* **2.** (*Durchhaltevermögen*) firmeza *f,* solidez *f*

Steiermark ['ʃtaɪɐmark] *f* Estiria *f*

steif [ʃtaɪf] *adj* **1.** (*starr*) tieso, rígido; **~ und fest behaupten** (*fam*) sostener firmemente **2.** (*Gliedmaßen*) entumecido, anquilosado; **~er Hals** tortícolis *m inv;* **~es Glied** (*fam*) miembro erecto **3.** (*unelastisch*) inflexible; (*ungelenk*) torpe **4.** (*förmlich*) formal; **ein ~er Empfang** una recepción oficial **5.** (*Pudding*) consistente; **Eiweiß ~ schlagen** batir las claras a punto de nieve; **Sahne ~ schlagen** montar la nata

steifen ['ʃtaɪfən] *vt* **1.** (*reg: stärken*) almidonar **2.** (*anspannen*) tensar **3.** (ARCHIT: *Baugrube*) entibar; (*Wand*) apuntalar

Steifheit *f* <-, *ohne pl*> **1.** (*Festigkeit, Starre*) rigidez *f,* tiesura *f* **2.** (*eines Körperteils, Gelenks*) anquilosis *f,* anquilosamiento *m* **3.** (*im Benehmen*) envaramiento *m*

Steigbügel *m* <-s, -> (*a.* ANAT) estribo *m;* **Steigbügelhalter(in)** *m(f)* <-s, -; -, -nen> (*abw*) enchufe *m fam*

Steige ['ʃtaɪgə] *f* <-, -n> (*Österr, südd*) **1.** (*steile Straße*) cuesta *f* **2.** (*Treppe*) escalera *f*

Steigeisen *nt* <-s, -> (*für Schuhe*) trepador *m*

steigen ['ʃtaɪgən] <steigt, stieg, gestiegen> *vi sein* **1.** (*hinauf~*) subir (*auf/in* a); (*hinunter~*) bajar (*von/aus* de); (*klettern*) escalar, trepar (*auf* a); **in den Bus ~** subir al autobús; **aufs Fahrrad/Pferd ~** montarse en la bicicleta/en el caballo; **sie stiegen aus dem Zug** bajaron del tren; **aus dem Bett ~** levantarse de la cama; **mit jdm ins Bett ~** (*fam*) acostarse con alguien; **er lässt seinen Drachen ~** hace subir su cometa; **die Tränen stiegen ihr in die Augen** le brotaron las lágrimas; **der Wein/der Erfolg ist ihr zu Kopf gestiegen** el vino/el éxito se le ha subido a la cabeza **2.** (*zunehmen*) aumentar (*um* en, *in* de); (*Wasser*) subir, crecer; (*Aktie, Fieber*) subir; **etw steigt im Preis/Wert** algo sube de precio/de valor; **dadurch ist er in meiner Achtung gestiegen** con ello ha aumentado mi estima por él, con ello ha subido en mi estimación; **die Stimmung steigt** la fiesta se va animando; **die Spannung steigt** la tensión aumenta **3.** (*fam: stattfinden*) ser; **weißt du, wann die Party steigt?** ¿sabes cuándo es la fiesta?

steigend *adj* (*zunehmend*) creciente; (*Preise*) en aumento; **~e Tendenz** tendencia alcista

Steiger *m* <-s, -> (BERGB) capataz *m* de minas

steigern ['ʃtaɪgɐn] **I.** *vt* **1.** (*erhöhen*) aumentar (*um* en); (*verstärken*) reforzar, intensificar **2.** (LING) establecer los grados (del adjetivo) **II.** *vr:* **sich ~ 1.** (*zunehmen*) aumentar (*um* en), crecer (*um* en) **2.** (*sich verbessern*) mejorar; **er konnte sich noch um einiges ~** pudo mejorar un tanto **3.** (*sich hinein~*) enzarzarse (*in* en), engolfarse (*in* en)

Steigerung *f* <-, -en> **1.** (*Zunahme*) aumento *m;* (*der Leistung*) mejora *f* **2.** (GRAM) comparación *f* **3.** (*Schweiz: Ver~*) subasta *f;* **Steigerungsform** *f* <-, -en> (GRAM) gradación *f*

Steigflug *m* <-(e)s, -flüge> (AERO) vuelo *m* ascensional

Steigung *f* <-, -en> **1.** (*im Gelände*) elevación *f;* (*einer Straße*) cuesta *f* **2.** (TECH) paso *m*

steil [ʃtaɪl] *adj* **1.** (*Gelände, Treppe*) empinado, escarpado; (*Küste*) acantilado **2.** (*Karriere*) vertiginoso, rápido; **Steilhang** *m* <-(e)s, -hänge> pendiente *f* escarpada, despeñadero *m;* **Steilheck** *nt* <-(e)s, -s *o* -e> (AUTO) parte *f* trasera recta

Steilheit *f* <-, *ohne pl*> pendiente *f,* escarpa *f* (dura)

Steilküste *f* <-, -n> acantilado *m;* **Steilpass**[RR] *m* <-es, -pässe> (SPORT) pase *m* en profundidad; **Steilufer** *nt* <-s, -> acantilado *m;* **Steilwand** *f* <-, -wände> (SPORT: *am Berg*) pared *f;* **eine ~ hochklettern** escalar una pared a pico

Stein [ʃtaɪn] *m* <-(e)s, -e> **1.** (*allgemein*) piedra *f;* (*Edel~*) piedra *f* preciosa; **aus ~** de piedra; **die Lava erstarrt zu ~** la lava se solidifica; **es blieb kein ~ auf dem anderen** no quedó piedra sobre piedra; **mir fällt ein ~ vom Herzen** se me quita un gran peso de encima; **dir fällt kein ~ aus der Krone, wenn ...** no se te van a caer los anillos por... *+inf;* **jdm ~e in den Weg legen** poner(le) a alguien piedras en el camino; **jdm alle ~e aus dem Weg räumen** prepararle el camino a al-

S

guien; **den ~ ins Rollen bringen** (*fam fig*) desencadenar algo; **es friert ~ und Bein** (*fam*) hace un frío que se hielan las palabras; **~ und Bein schwören** (*fam*) jurar por lo que más se quiere [*o* todos los santos]; **schlafen wie ein ~** (*fam*) dormir como un tronco; **der ~ des Anstoßes** (*geh*) la piedra del escándalo; **der ~ der Weisen** (*geh*) la piedra filosofal **2.** (MED) cálculo *m* **3.** (*einer Frucht*) hueso *m*, carozo *m CSur, Bol, Mex* **4.** (*Spiel~*) ficha *f*; (*bei Brettspielen*) pieza *f*; **bei jdm einen ~ im Brett haben** (*fam*) hacer buenas migas con alguien; **Steinadler** *m* <-s, -> águila *f* real; **steinalt** ['-'-] *adj* muy viejo, más viejo que Matusalén; **Steinbock** *m* <-(e)s, -böcke> **1.** (ZOOL) cabra *f* montés, macho *m* cabrío **2.** (ASTR) Capricornio *m*; **Steinbruch** *m* <-(e)s, -brüche> cantera *f*; **Steinbutt** *m* <-(e)s, -e> rodaballo *m*; **Steineiche** *f* <-, -n> encina *f*

steinern ['ʃtaɪnɐn] *adj* (*a. fig*) de piedra

Steinerweichen *nt*: **zum ~ schreien** lanzar gritos desgarradores; **zum ~ weinen** gritar de tal modo que a uno le parte el corazón

Steinfraß *m* <-es, *ohne pl*> erosión *f* de la piedra

Steinfrucht *f* <-, -früchte> fruta *f* de hueso

Steinfußboden *m* <-s, -böden> suelo *m* de piedra; **Steingut** *nt* <-(e)s, *ohne pl*> (objetos *mpl* de) gres *m*; **steinhart** ['-'-] *adj* duro como una piedra

steinig *adj* pedregoso

steinigen ['ʃtaɪnɪgən] *vt* lapidar, apredrear

Steinkohle *f* <-, -n> carbón *m* (de piedra), hulla *f*; **Steinkohlenbergbau** *m* <-(e)s, *ohne pl*> explotación *f* hullera; **Steinkohlenbergwerk** *nt* <-(e)s, -e> mina *f* de carbón [*o* de hulla]

Steinmarder *m* <-s, -> garduña *f*; **Steinmetz(in)** ['ʃtaɪnmɛts] *m(f)* <-en, -en; -, -nen> cantero *mf*, picapedrero, -a *m, f*

Steinobst *nt* <-(e)s, *ohne pl*> fruta *f* con hueso

Steinpilz *m* <-es, -e> boleto *m*

steinreich ['-'-] *adj* **1.** (*sehr reich*) riquísimo, platudo *Am* **2.** (*steinig*) pedregoso

Steinsalz *nt* <-es, *ohne pl*> sal *f* gema; **Steinsarg** *m* <-(e)s, -särge> ataúd *m* de piedra; **Steinschlag** *m* <-(e)s, -schläge> (*Herabstürzen*) desprendimiento *m* de piedras; **Steinwurf** *m* <-(e)s, -würfe> pedrada *f*; (**nur**) **einen ~ weit** (**entfernt**) (sólo) a tiro de piedra (de aquí); **Steinwüste** *f* <-, -n> desierto *m* rocoso; **Steinzeit** *f* <-, *ohne pl*> Edad *f* de Piedra; **Bürokraten aus der ~ der Partei** (*fig*) burócratas de los comienzos del partido; **steinzeitlich** *adj* **1.** (*aus der Steinzeit*) de la Edad de Piedra **2.** (*fam: veraltet*) anticuado, prehistórico; **Steinzertrümmerer** *m* <-s, -> (MED) destructor *m* de cálculos

Steiß [ʃtaɪs] *m* <-es, -e> **1.** (*~bein*) coxis *m inv*, rabadilla *f fam* **2.** (*Gesäß*) trasero *m*; **Steißbein** *nt* <-(e)s, -e> coxis *m inv*, rabadilla *f fam*; **Steißlage** *f* <-, *ohne pl*> (MED) presentación *f* de nalgas; **das Baby befindet sich in der ~** el bebé viene de nalgas

Stele ['ste:lə, 'ʃte:lə] *f* <-, -n> (KUNST) estela *f*

stellar [ʃtɛ'la:ɐ, stɛ'la:ɐ] *adj* (ASTR) estelar

Stelldichein ['ʃtɛldɪçʔaɪn] *nt* <-(s), -(s)> cita *f*; **sich ein ~ geben** concertar una cita

Stelle ['ʃtɛlə] *f* <-, -n> **1.** (*Platz, Ort*) lugar *m*, sitio *m*; **an erster ~** en primer lugar; **an ~ von etw** en vez de algo; (**ich**) **an deiner ~ ...** (yo) en tu lugar...; **an jds ~ treten** presentarse en lugar de alguien; **an dieser ~** en este lugar; **an späterer ~** más tarde; **auf der ~ treten** (*fam*) no avanzar; **etw nicht von der ~ bekommen** no poder mover algo de su sitio; **jd/etw rührt sich nicht von der ~** alguien/algo no se mueve de su sitio; **zur ~ sein** estar presente; **bei euch gibt es eine undichte ~** (*fam*) teneis un soplón en vuestras filas; **auf der ~** (*sofort*) inmediatamente, al tiro *Am* **2.** (*Bereich*) parte *f*; (*Punkt*) punto *m*; **beschädigte ~n** partes deterioradas **3.** (*Text~*) parte *f*; (*Abschnitt*) pasaje *m* **4.** (*Arbeits~*) puesto *m* (de trabajo), plaza *f*; **freie ~** vacante *f*; **eine ~ antreten** empezar a trabajar; **seine ~ aufgeben/wechseln** dejar el/cambiar de trabajo **5.** (*Dienst~*) autoridad *f*; **ich werde mich an höherer ~ beschweren** me quejaré a instancias superiores; **da bist du bei mir an der richtigen ~** (*iron*) has ido a parar en buenas manos **6.** (MATH) decimal *m*, cifra *f*; **bis auf drei ~n hinter dem Komma** hasta el tercer decimal

stellen ['ʃtɛlən] **I.** *vt* **1.** (*hin~, auf~*) poner (*auf* en), colocar (*auf* en); (*hinein~*) meter (*in* en); **du sollst es ~, nicht legen** tienes que ponerlo vertical y no horizontalmente; **stell bitte das Fahrrad in den Keller** pon la bicicleta en el sótano, por favor; **etw mit altem Gerümpel voll ~** llenar algo de trastos viejos; **etw an die Wand ~** adosar algo a la pared; **die Szene wirkt gestellt** la escena ha salido muy poco natural; **die Katze stellt den Schwanz** al gato se le pone el rabo de punta; **auf sich selbst gestellt sein** tener que arreglárselo uno solo **2.** (*regulieren*) ajustar, regular; (*lauter, höher*) subir; (*leiser, kleiner*) bajar; **stell das Radio leiser/lauter** baja/sube la radio; **hast du den Herd auf Null gestellt?** ¿has apagado el horno?; **die Uhr ~** poner el reloj en hora; **den Wecker auf 7 Uhr ~** poner el despertador para las siete; **etw kalt ~** poner algo a refrescar; **etw ruhig ~** (MED: *Arm, Bein*) inmovilizar algo; **jdn ruhig ~** (MED) administrar tranquilizantes a alguien; **etw warm ~** poner algo al fuego **3.** (*bereit~*) proporcionar, poner a disposición, presentar **4.** (*Verbrecher*) capturar, coger **5.** (*Frage*) hacer; (*Aufgabe*) poner; (*Thema*) plantear; (*Antrag*) presentar; **jdm ein Horoskop ~** elaborar el horóscopo de alguien; **sie stellten ihn vor die Alternative, zu ...** le pusieron ante la alternativa de…; **das stellt uns vor die Aufgabe, zu …** esto nos impone la tarea de…; **eine Sache über eine andere ~** dar más importancia a una cosa que a otra; **etw in Frage ~** poner algo en duda; **etw richtig ~** corregir algo, rectificar algo; **etw zur Diskussion ~** poner algo a discusión; **ich stelle es in Ihr Ermessen** lo pongo a su elección **6.** (*Wend*): **wir sind finanziell gut gestellt** gozamos de una economía saludable; **jdn vor Gericht ~** llevar a alguien a los tribunales; **jdn unter Anklage ~** someter a alguien a proceso; **etw unter Strafe ~** poner una multa a algo **II.** *vr:* **sich ~ 1.** (*sich hin~*) ponerse (de pie) (*auf*en); **er stellte sich ans Fenster** se puso junto a la ventana; **sie stellte sich ihm in den Weg** se le puso en medio; **sich auf Zehenspitzen ~** ponerse de puntillas **2.** (*vortäuschen*) fingir, hacerse; **er stellt sich taub** se hace el sueco; **er stellt sich krank** finge que está enfermo; **nun stell dich nicht so dumm** no te hagas el tonto **3.** (*der Polizei*) entregarse **4.** (*nicht ausweichen*): **sich etw** *dat* **~** enfrentarse a algo; **sie stellte sich den Journalisten** se presentó a los periodistas **5.** (*Frage, Aufgabe*) surgir, plantearse; **es stellten sich uns allerlei Probleme** nos surgieron varios problemas **6.** (*Standpunkt, Unterstützung*): **wie ~ Sie sich zu dem neuen Projekt?** ¿qué opina Ud. del nuevo proyecto?; **sich gegen etw ~** oponerse a algo; **sich hinter jdn ~** apoyar a alguien **7.** (*Wend*): **sich gut (mit jdm) ~** llevarse bien (con alguien)

Stellenangebot *nt* <-(e)s, -e> oferta *f* de empleo; **Stellenanzeige** *f* <-, -n> anuncio *m* de oferta de empleo; **„~n"** ofertas de empleo; **ich bewerbe mich auf ihre ~ vom …** quisiera presentarme para el empleo que salió publicado el día…; **Stellenausschreibung** *f* <-, -en> anuncio *m* de empleo; **Stellengesuch** *nt* <-(e)s, -e> demanda *f* de empleo

Stellenvermittlung *f* <-, -en> (*Einrichtung*) agencia *f* de empleo, bolsa *f* de empleo; **Stellenvermittlungsbüro** *nt* <-s, -s> agencia *f* de colocaciones

stellenweise *adv* en algunos puntos, en algunas partes; **~ Glatteis** hielo en algunas partes

Stellenwert *m* <-(e)s, -e> valor *m,* importancia *f*

Stellmesser *nt* <-s, -> (*Schweiz*) navaja *f* de muelle; **Stellplatz** *m* <-es, -plätze> (*für Autos*) aparcamiento *m*

Stellschraube *f* <-, -n> (TECH) tornillo *m* de ajuste

Stellung[1] *f* <-, -en> **1.** (*Körperhaltung*) postura *f,* posición *f;* **in liegender ~** tumbado; **in kniender ~** de rodillas **2.** (*Anordnung*) posición *f;* **etw in ~ bringen** poner algo en la posición correcta **3.** (*beruflich*) puesto *m;* (*Amt*) cargo *m;* **in meiner ~ als Minister** como ministro; **eine führende ~ einnehmen** ocupar un puesto directivo **4.** (MIL) posición *f;* **die ~ halten** mantener la posición; **Geschütze in ~ bringen** emplazar las armas

Stellung[2] *f* <-, *ohne pl*> **1.** (*sozial*) posición *f* (social), condición *f;* **die ~ der Frau in der Dritten Welt** la situación de la mujer en el Tercer Mundo **2.** (*Ein~*) opinión *f;* **zu etw ~ nehmen** [*o* **beziehen**] tomar cartas en un asunto

Stellungnahme[1] *f* <-, *ohne pl*> (*das Sichäußern*) toma *f* de posición [*o* de postura]; **eine ~ zu etw abgeben** opinar respecto a algo

Stellungnahme[2] *f* <-, -n> (*Meinung*) opinión *f*

Stellungsbefehl *m* <-(e)s, -e> (MIL) orden *f* de incorporación a filas

stellungslos *adj* sin empleo, en paro, cesante *Am;* **Stellungssuchende(r)** *mf* <-n, -n; -n, -n> persona *f* que busca empleo; **Stellungswechsel** *m* <-s, -> cambio *m* de (puesto de) trabajo [*o* de empleo]

stellvertretend *adj* suplente, interino; **~e Vorsitzende** vicepresidenta en funciones; **~ für jdn sprechen** hablar representando a alguien

Stellvertreter(in) *m(f)* <-s, -; -, -nen> suplente *mf,* sustituto, -a *m, f;* (ADMIN) interino, -a *m, f;* **Stellvertretung** *f* <-, -en> su(b)stitución *f;* (ADMIN) interinidad *f;* **in ~ von jdm** sustituyendo a alguien

Stellwerk *nt* <-(e)s, -e> puesto *m* de enclavamiento

Stelze ['ʃtɛltsə] *f* <-, -n> **1.** (*Holzgestell*) zanco *m;* **auf ~n gehen** andar en zancos **2.** (*Vogel*) lavandera *f* **3.** (*fam: Bein*) zanca *f* **4.** (*Österr: Schweinsfuß*) mano *f* de cerdo

stelzen *vi sein* **1.** (*auf Stelzen*) andar con zancos **2.** (*mit steifen Schritten*) dar zancadas; **eine gestelzte Sprache** un lenguaje rebuscado

Stelzvogel *m* <-s, -vögel> ave *f* zancuda

Stemmbogen *m* <-s, -bögen> (SPORT) viraje *m* en cuña

Stemmeisen *nt* <-s, -> formón *m*

stemmen ['ʃtɛmən] **I.** *vt* **1.** (*Gewichte*) levantar **2.** (*meißeln*): **ein Loch in etw ~** agujerear algo (con el formón) **3.** (*drücken*): **sie hatte die Arme in die Hüften gestemmt** estaba puesta en jarras **II.** *vr:* **sich ~ 1.** (*drücken*) apoyarse (pesadamente) (*gegen* contra); **sie stemmten sich gegen die Tür** se apostaron contra la puerta **2.** (*widersetzen*) oponerse (*gegen* a) **III.** *vi* (*Ski*) pararse en cuña

Stempel ['ʃtɛmpəl] *m* <-s, -> **1.** (*Gerät, Abdruck*) sello *m;* (*Post~*) matasellos *m inv;* **etw** *dat* **seinen ~ aufdrücken** (*fig*) dar(le) a algo un toque personal; **der Plan trägt seinen ~** el plan lleva su sello [*o* firma] **2.** (BOT) pistilo *m* **3.** (TECH) punzón *m;* **Stempelblüte** *f* <-, -n> (BOT) pistilo *m,* flor *f* hembra; **Stempelfarbe** *f* <-, -n> tinta *f* de timbrar; **Stempelkissen** *nt* <-s, -> almohadilla *f,* tampón *m* de tinta

stempeln *vt* sellar, timbrar; (*postalisch*) matasellar; **jdn zu etw ~** tildar [*o* tachar] a alguien de algo; **~ gehen** (*fam*) cobrar el paro

Stempeluhr *f* <-, -en> reloj *m* de control de asistencia [*o* para fichar]

Stengel ['ʃtɛŋəl] *m* <-s, -> *s.* **Stängel**; **Stengelgemüse** *nt* <-s, -> *s.* **Stängelgemüse**

Steno ['ʃte:no] *f* <-, *ohne pl*> taquigrafía *f;* **Stenoblock** *m* <-(e)s, -blöcke> bloc *m* para taquigrafiar

Stenograf(in) [ʃteno'gra:f] *m(f)* <-en, -en; -, -nen> taquígrafo, -a *m, f*

Stenografie [ʃtenogra'fi:] *f* <-, -n> taquigrafía *f,* estenografía *f*

stenografieren* [ʃtenogra'fi:rən] *vi, vt* taquigrafiar, estenografiar

Stenografin *f* <-, -nen> *s.* **Stenograf**

stenografisch *adj* taquigráfico, estenográfico

Stenogramm [ʃteno'gram] *nt* <-s, -e> estenograma *m;* **Stenogrammblock** *m* <-(e)s, -blöcke> bloc *m* de estenografía [*o* de taquigrafía]

Stenograph(in) [ʃteno'gra:f] *m(f)* <-en, -en; -, -nen> *s.* **Stenograf**

Stenographie [ʃtenogra'fi:] *f* <-, -n> *s.* **Stenografie**

stenographieren* [ʃtenogra'fi:rən] *vi, vt s.* **stenografieren**

Stenographin *f* <-, -nen> *s.* **Stenograph**

stenographisch *adj s.* **stenografisch**

Stenotypist(in) [ʃtenoty'pɪst] *m(f)* <-en, -en; -, -nen> taquimecanógrafo, -a *m, f*

Step *m* <-s, -s>, **Stepp**[RR] [ʃtɛp, stɛp] *m* <-s, -s> claqué *m;* **~ tanzen** bailar claqué

Steppdecke *f* <-, -n> edredón *m*

Steppe ['ʃtɛpə] *f* <-, -n> estepa *f*

steppen ['ʃtɛpən] **I.** *vi* bailar claqué **II.** *vt* pespuntear

Stepptanz[RR] ['ʃtɛp-] *m* <-es, -tänze> claqué *m*

Sterbebegleiter(in) *m(f)* <-s, -; -, -nen> acompañante *mf* en la agonía; **Sterbebett** *nt* <-(e)s, -en> lecho *m* de muerte; **auf dem ~ liegen** estar en el lecho de muerte; **Sterbefall** *m* <-(e)s, -fälle> fallecimiento *m,* defunción *f,* obituario *m Am;* **Sterbegeld** *nt* <-(e)s, *ohne pl*> indemnización *f* por defunción; **Sterbehilfe** *f* <-, *ohne pl*> **1.** (*Euthanasie*) eutanasia *f* **2.** (*Sterbegeld*) indemnización *f* por defunción; **Sterbekasse** *f* <-, -n> caja *f* de defunción

sterben ['ʃtɛrbən] <stirbt, starb, gestorben> *vi* morir (*an* de), morirse (*an/vor* de, *für* por) *fam,* fallecer *geh,* petatearse *Mex;* **er ist an Typhus gestorben** murió de tifus; **sie liegt im S~** está agonizando; **er starb als Christ** murió como cristiano [*o* cristianamente]; **ich bin vor Angst fast gestorben** (*fam*) casi me morí de miedo; **daran wirst du schon nicht ~** (*fam*) no te vas a morir de [*o* por] eso, no te va a dar [*o* pasar] nada; **er ist für mich gestorben** (*fam fig*) para mí ya no cuenta; **das Projekt ist gestorben** el proyecto ha sido suspendido

Sterbende(r) *mf* <-n, -n; -n, -n> moribundo, -a *m, f*

sterbenselend *adj* (*fam*) muy mal; **jdm ist ~** alguien está [*o* se encuentra] fatal; **sich ~ fühlen** sentirse de pena; **sterbenskrank** ['ʃtɛrbəns'kraŋk] *adj* (*todkrank*) enfermo de muerte; (*im Sterben liegend*) moribundo; **Sterbenswörtchen** ['--'vœrtçən] *nt:* **kein ~ sagen** no decir ni pío [*o* ni mu]

Sterberate *f* <-, -n> tasa *f* de mortalidad; **Sterberegister** *nt* <-s, -> registro *m* de defunciones; **Sterbesakramente** *ntpl* (REL) últimos sacramentos *mpl;* **Sterbeurkunde** *f* <-, -n> certificado *m* de defunción; **Sterbeziffer** *f* <-, -n> mortalidad *f,* número *m* de defunciones; **Sterbezimmer** *nt* <-s, -> habitación *f* donde fallece alguien

sterblich *adj* mortal; **die ~en Reste** los restos mortales

Sterbliche(r) *mf* <-n, -n; -n, -n> (*geh*) mortal *mf*

Sterblichkeit *f* <-, *ohne pl*> mortalidad *f;* **Sterblichkeitsrate** *f* <-, -n>, **Sterblichkeitsziffer** *f* <-, -n> (tasa *f* de) mortalidad *f*

Stereo ['ʃte:reo] *nt* <-s, *ohne pl*> estéreo *m;* **eine Sendung in ~** una emisión en estéreo; **Stereoanlage** *f* <-, -n> equipo *m* estereofónico [*o* de música estéreo]; **Stereoaufnahme** *f* <-, -n> grabación *f* en estéreo [*o* estereofónica]

stereofon[RR] *adj s.* **stereophon**

Stereofonie[RR] *f* <-, *ohne pl*> *s.* **Stereophonie**

stereophon [ʃtereo'fo:n] *adj* estereofónico; **eine ~e Aufnahme** una grabación estereofónica

Stereophonie [ʃtereofo'ni:] *f* <-, *ohne pl*> estereofonía *f*

Stereoskop [ʃtereo'sko:p] *nt* <-s, -e> estereoscopio *m*

stereotyp [ʃtereo'ty:p] *adj* estereotipado

Stereotyp [ʃtereo'ty:p] *nt* <-s, -e> estereotipo *m*

steril [ʃte'ri:l] *adj* (*a.* BIOL, MED) estéril

Sterilisation [ʃteriliza'tsjo:n] *f* <-, -en> (*a.* MED) esterilización *f*

sterilisieren* [ʃterili'zi:rən] *vt* (*a.* MED) esterilizar

Sterilisierung *f* <-, -en> (*a.* MED) esterilización *f*

Sterilität [ʃterili'tɛ:t] *f* <-, *ohne pl*> (*a.* BIOL, MED) esterilidad *f*

Sterlingblock *m* <-(e)s, *ohne pl*> bloque *m* de la libra (esterlina); **Sterlingblock-Land** *nt* <-(e)s, -länder> país *m* alineado al bloque de la libra

Stern [ʃtɛrn] *m* <-(e)s, -e> estrella *f;* (*Gestirn*) astro *m;* **nach den ~en greifen** (*geh*) tener grandes pretensiones; **das steht noch in den ~en** eso todavía está por verse; **ihr ~**

geht auf está camino del éxito; **unter einem glücklichen** [*o* **guten**] ~ **stehen** (*geh*) tener buena estrella; **ein Hotel mit fünf ~en** un hotel de cinco estrellas; **~e sehen** (*fam*) ver las estrellas; **Sternanis** *m* <-(es), -e> anís *m* estrellado, badiana *f;* **Sternbild** *nt* <-(e)s, -er> constelación *f*

Sternchen *nt* <-s, -> (TYPO) asterisco *m*

Sternenbanner *nt* <-s, -> bandera *f* estrellada; **sternenbedeckt** *adj* (*geh*) estrellado; ~ **sein** estar estrellado; **sternenhell** *adj s.* sternhell; **Sternenhimmel** *m* <-s, *ohne pl*> (*geh*) cielo *m* estrellado; **mit einem Teleskop den ~ absuchen** explorar el firmamento con un telescopio; **sternenklar** *adj* estrellado; **Sternenzelt** *nt* <-(e)s, *ohne pl*> (*geh*) cielo *m* estrellado

Sternfahrt *f* <-, -en> carrera *f* radial

sternförmig *adj* estrellado, en forma de estrella; **der Grundriss der alten Festung ist** ~ los cimientos de la antigua fortaleza tienen forma de estrella

Sternfrucht *f* <-, -früchte> carambola *f*

sternhagelblau *adj* (*fam*), **sternhagelvoll** ['---'-] *adj* (*fam*) borracho como una cuba; ~ **sein** estar trompa, tener un pedo [*o* pedal]

Sternhaufen *m* <-s, -> (ASTR) enjambre *m* (de estrellas); **sternhell** *adj* estrellado; ~ **sein** estar estrellado; **der Himmel/die Nacht war** ~ el cielo estaba estrellado/la noche era estrellada; **Sternkarte** *f* <-, -n> planisferio *m* celeste; **sternklar** *adj* estrellado; **Sternkunde** *f* <-, *ohne pl*> astronomía *f;* **Sternmarsch** *m* <-(e)s, -märsche> marcha *f* radial; **Sternschnuppe** *f* <-, -n> estrella *f* fugaz; **Sternsinger(in)** *m(f)* <-s, -; -, -nen> *niño, -a que el día de Reyes va cantando de puerta en puerta;* **Sternstunde** *f* <-, -n> (*geh*) momento *m* estelar; **Sternsystem** *nt* <-s, -e> (ASTR) sistema *m* estelar, galaxia *f;* **Sterntopologie** *f* <-, *ohne pl*> (INFOR) topología *f* en estrella; **Sternwarte** *f* <-, -n> observatorio *m* astronómico; **Sternzeichen** *nt* <-s, -> (ASTR) signo *m* astrológico; **was bist du für ein ~?** ¿de qué signo eres?; **Sternzeit** *f* <-, *ohne pl*> (ASTR) tiempo *m* sideral

Steroid [ʃtero'iːt, *pl:* ʃtero'iːdə] *nt* <-(e)s, -e> (BIOL, CHEM) esteroide *m*

Sterz [ʃtɛrts] *m* <-es, -e> cola *f*, rabo *m*

stet [ʃteːt] *adj* (*geh*) *s.* **stetig**

Stethoskop [ʃteto'skoːp, steto'skoːp] *nt* <-s, -e> (MED) estetoscopio *m*

stetig *adj* continuo, permanente

Stetigkeit *f* <-, *ohne pl*> (*Beständigkeit*) constancia *f;* (*Kontinuität*) continuidad *f*

stets [ʃteːts] *adv* siempre; **er ist ~ hilfsbereit** siempre está dispuesto a ayudar

Steuer[1] ['ʃtɔɪɐ] *nt* <-s, -> (*Auto, Flugzeug*) volante *m;* (*Schiff*) timón *m;* **am** [*o* **hinter dem**] ~ **sitzen** ir al volante; **jdn ans ~ lassen** dejar el control (del volante) a alguien; **am ~ stehen** llevar el timón; **das ~ fest in der Hand haben** dirigir con mano segura; **das ~ herumwerfen** [*o* **herumreißen**] dar volantazos; (*fig*) tomar otro rumbo

Steuer[2] *f* <-, -n> (*Abgaben*) impuesto *m;* **~n und Abgaben** tasas e impuestos; **fällige/kommunale ~n** impuestos pendientes/municipales; **eine ~ auf etw erheben** gravar algo con un impuesto; **der ~ unterliegen** estar sujeto a impuestos; **~n zahlen** pagar impuestos; **~n hinterziehen** defraudar impuestos; **etw von der ~ absetzen** deducir algo de los impuestos

Steuerabzug *m* <-(e)s, -züge> retención *f* fiscal; **steuerabzugsfähig** *adj* desgravable

Steuerangleichung *f* <-, -en> reajuste *m* fiscal, actualización *f* fiscal; **Steueranpassung** *f* <-, -en> adaptación *f* fiscal, (re)ajuste *m* impositivo; **Steueranreiz** *m* <-es, -e> incentivo *m* fiscal; **Steueraufkommen** *nt* <-s, *ohne pl*> ingresos *mpl* tributarios [*o* fiscales]; ~ **pro Kopf der Bevölkerung** ingresos fiscales per cápita, total de impuestos per cápita; **Steuerausgleich** *m* <-(e)s, *ohne pl*> nivelación *f* fiscal, reajuste *m* impositivo; **Steuerbefreiung** *f* <-, *ohne pl*> exención *f* tributaria [*o* de impuestos]; **steuerbegünstigt** *adj* **1.** (*niedriger besteuert*) con privilegio fiscal **2.** (*abzugsfähig*) deducible; **Steuerbegünstigung** *f* <-, -en> ventaja *f* fiscal; **Steuerbehörde** *f* <-, -n> Hacienda *f;* **Steuerbelastung** *f* <-, -en> cargas *fpl* fiscales; **Steuerbemessungsgrundlage** *f* <-, -n>: **individuelle Ermittlung der** ~ estimación *f* directa; **Steuerberater(in)** *m(f)* <-s, -; -, -nen> asesor(a) *m(f)* fiscal; **Steuerbescheid** *m* <-(e)s, -e> liquidación *f* de impuestos, notificación *f* de impuestos; **Steuerbetrug** *m* <-(e)s, *ohne pl*> fraude *m* fiscal

steuerbord ['ʃtɔɪɐbɔrt] *adv* (AERO, NAUT) a estribor

Steuerbord ['ʃtɔɪɐbɔrt] *nt* <-(e)s, *ohne pl*> (AERO, NAUT) estribor *m*

steuerbords ['ʃtɔɪɐbɔrts] *adv* (AERO, NAUT) a estribor

Steuerdebatte *f* <-, -n> debate *m* fiscal; **Steuerdelikt** *nt* <-(e)s, -e> delito *m* fiscal

Steuereinheit *f* <-, -en> (INFOR) unidad *f* de control; **zentrale ~** (INFOR) unidad central de control; **Steuerelektrode** *f* <-, -n> electrodo *m* de control

Steuererhöhung *f* <-, -en> aumento *m* de (los) impuestos; **Steuererklärung** *f* <-, -en> declaración *f* de la renta; **gemeinsame/vereinfachte ~** declaración conjunta/simplificada; **seine ~ machen** hacer la declaración de la renta; **Steuererlass**[RR] *m* <-es, -e> desgravación *f* (fiscal); **Steuererleichterung** *f* <-, -en> privilegio *m* fiscal; **~en gewähren** conceder privilegios fiscales; **Steuerermäßigung** *f* <-, -en> reducción *f* de impuestos; **Steuererstattung** *f* <-,

S

-en> devolución *f* de impuestos; **Steuerfachgehilfe, -in** *m, f* <-n, -n; -, -nen> asistente *mf* fiscal; **Steuerfahndung** *f* <-, -en> (*das Fahnden*) pesquisa *f* fiscal; **Steuerflucht** *f* <-, *ohne pl*> evasión *f* fiscal [*o* de impuestos]; **Steuerformular** *nt* <-(e)s, -e> formulario *m* de declaración tributaria; **steuerfrei** *adj* libre de impuestos; **Steuerfreibetrag** *m* <-(e)s, -träge> desgravación *f* fiscal, importe *m* exento de impuestos; **Steuerfreigrenze** *f* <-, -n> mínimo *m* de imposición; **Steuerfreistellung** *f* <-, *ohne pl*> exención *f* tributaria [*o* fiscal]; **Steuerfuß** *m* <-es, -füße> (*Schweiz*) *en Suiza tasa del impuesto municipal y del impuesto general aplicada a la contribución general según la ley fiscal;* **Steuergelder** *ntpl* fondos *mpl* recaudados

Steuergerät *nt* <-(e)s, -e> **1.** (ELEK) aparato *m* de mando **2.** (RADIO) sintonizador *m*

Steuergrundlage *f* <-, -n> base *f* impositiva; **Steuerharmonisierung** *f* <-, -en> equiparación *f* fiscal; **Steuerhinterziehung** *f* <-, -en> fraude *m* fiscal; **Steuerhöchstgrenze** *f* <-, -n> límite *m* fiscal máximo; **Steuerhöchstsatz** *m* <-es, -sätze> tipo *m* impositivo máximo; **Steuerjahr** *nt* <-(e)s, -e> ejercicio *m* fiscal, año *m* fiscal; **Steuerkarte** *f* <-, -n> tarjeta *f* para la declaración del impuesto sobre la renta; **Steuerklasse** *f* <-, -n> categoría *f* fiscal [*o* tributaria]

Steuerknüppel *m* <-s, -> palanca *f* de mando

Steuerlast *f* <-, -en> (FIN) carga *f* fiscal

steuerlich *adj* fiscal, tributario; ~ **absetzbar** desgravable; **aus ~en Gründen** por razones fiscales; ~ **begünstigt sein** gozar de privilegios fiscales

steuerlos *adj* sin timón

Steuermann *m* <-(e)s, -leute *o* -männer> (NAUT, SPORT) timonel *m;* **Steuermannspatent** *nt* <-(e)s, -e> patente *f* de timonel

Steuermarke *f* <-, -n> timbre *m* fiscal

steuern [ˈʃtɔɪɐn] **I.** *vi* **1.** (*am Steuer sitzen: Auto*) conducir, manejar *Am;* (*Schiff*) llevar el timón, timonear; **nach rechts/links** ~ tirar a la derecha/izquierda **2.** *sein* (*Richtung einschlagen*) dirigirse (*nach* a) **II.** *vt* **1.** (*Auto*) conducir, manejar *Am;* (*Schiff, Flugzeug*) pilotar **2.** (TECH) controlar, regular **3.** (*beeinflussen*) influir; **ein Gespräch geschickt in seinem Sinne** ~ dirigir una conversación al punto deseado

Steuernachlass[RR] *m* <-es, -lässe> desgravación *f* fiscal; **Steuernachzahlung** *f* <-, -en> pago *m* de impuestos atrasados; **Steuernummer** *f* <-, -n> (*einer natürlichen Person*) número *m* de identificación fiscal; (*einer juristischen Person*) código *m* de identificación fiscal; **Steueroase** *f* <-, -n> (*fam*) paraíso *m* fiscal; **Steuerparadies** *nt* <-es, -e> (*fam*) paraíso *m* fiscal; **Steuerpauschale** *f* <-, -n> impuesto *m* concertado; **Steuerperiode** *f* <-, -n> ciclo *m* fiscal; **Steuerpflicht** *f* <-, -en> deberes *mpl* impositivos; **der ~ unterliegen** (*formal*) estar sujeto al pago de impuestos; **steuerpflichtig** *adj* sujeto a impuesto; **Steuerpflichtige(r)** *mf* <-n, -n; -n, -n> sujeto *m* pasivo; **Steuerpolitik** *f* <-, *ohne pl*> política *f* fiscal; **steuerpolitisch** *adj:* **~e Maßnahmen** medidas *fpl* político-fiscales

Steuerprogramm *nt* <-s, -e> (INFOR) programa *m* de control

Steuerprogression *f* <-, -en> progresión *f* fiscal; **Steuerprüfer(in)** *m(f)* <-s, -; -, -nen> inspector(a) *m(f)* fiscal [*o* de Hacienda]; **Steuerprüfung** *f* <-, -en> inspección *f* fiscal

Steuerpult *nt* <-(e)s, -e> (ELEK) pupitre *m* de mando

Steuerquote *f* <-, -n> cuota *f* fiscal

Steuerrad *nt* <-(e)s, -räder> (AUTO) volante *m;* (NAUT) rueda *f* del timón; (TECH) palanca *f* de mando

Steuerrecht *nt* <-(e)s, *ohne pl*> (JUR) derecho *m* fiscal; **Steuerreform** *f* <-, -en> reforma *f* fiscal; **Steuerregression** *f* <-, *ohne pl*> regresión *f* fiscal; **Steuerrückerstattung** *f* <-, -en> devolución *f* de impuestos

Steuerruder *nt* <-s, -> (NAUT) timón *m*

Steuersatz *m* <-es, -sätze> tasa *f* de impuesto; **Steuerschraube** *f* <-, -n> (*fam*): **an der ~ drehen, die ~ anziehen** aumentar los impuestos (drásticamente); **Steuerschuld** *f* <-, -en> deuda *f* fiscal [*o* tributaria]; **Steuersenkung** *f* <-, *ohne pl*> reducción *f* de impuestos; **gestaffelte/lineare ~** reducción fiscal progresiva/linear; **Steuerstraftat** *f* <-, -en> delito *m* fiscal; **Steuersünder(in)** *m(f)* <-s, -; -, -nen> defraudador(a) *m(f)* fiscal

Steuersystem *nt* <-s, -e> **1.** (TECH) sistema *m* de dirección **2.** (*Besteuerung*) sistema *m* tributario

Steuerumgehung *f* <-, *ohne pl*> evasión *f* fiscal; **legale ~** evasión fiscal dentro de la legalidad

Steuerung[1] *f* <-, *ohne pl*> (*das Steuern*) pilotaje *m;* (TECH) control *m*

Steuerung[2] *f* <-, -en> (TECH, AUTO) dirección *f;* (NAUT, AERO) timón *m;* (ELEK) mando *m*

Steuerungselektronik *f* <-, *ohne pl*> electrónica *f* de dirección; **Steuerungssystem** *nt* <-s, -e> (TECH) sistema *m* de dirección

Steuerveranlagung *f* <-, -en> tasación *f* de los impuestos; **Steuervergünstigung** *f* <-, -en> beneficio *m* fiscal, ventaja *f* fiscal; **Steuervergütung** *f* <-, -en> reintegro *m* del impuesto; **Steuerverkürzung** *f* <-, *ohne pl*> reducción *f* de impuestos; **Steuervorauszahlung** *f* <-, -en> pago *m* anticipado de impuestos; **Steuervorteil** *m* <-(e)s, -e> beneficio *m* fiscal

Steuerwerk *nt* <-(e)s, -e> (INFOR) unidad *f* de control

Steuerzahler(in) *m(f)* <-s, -; -, -nen> contribuyente *mf,* rentero, -a *m, f Arg;* **Steuerzahlerbund** *m* <-(e)s, -bünde> asociación *f* de contribuyentes

Steuerzahlerin *f* <-, -nen> *s.* **Steuerzahler**

Steuerzeichen *nt* <-s, -> (INFOR) carácter *m* de mando

Steven [ˈʃteːvən] *m* <-s, -> (NAUT) estrave *m,* roda *f,* roa *f*

Steward [ˈstjuːɐt] *m* <-s, -s> (AERO) auxiliar *m* de vuelo; (NAUT) camarero *m*

Stewardess[RR] [ˈstjuːɐdɛs] *f* <-, -nen>, **Stewardeß** *f* <-, -ssen> (AERO) auxiliar *f* de vuelo, azafata *f;* (NAUT) camarera *f*

StGB [ɛsteːgeːˈbeː] *nt* <-(s)> *Abk. von* **Strafgesetzbuch** ≈CP *m*

stibitzen* [ʃtiˈbɪtsən] *vt* (*fam*) birlar

Stich[1] [ʃtɪç] *m* <-(e)s, -e> **1.** (*Dorn, Stachel, Nadel*) pinchazo *m,* punzada *f;* (*Insekten~*) picadura *f;* (*Messer~*) cuchillada *f* **2.** (*Näh~*) puntada *f,* punto *m;* (MED) punto *m* de sutura **3.** (KUNST) grabado *m* **4.** (*beim Kartenspiel*) baza *f;* **einen ~ machen** hacer baza; **einen ~ bekommen** recibir una baza **5.** (*Schmerz*) punzada *f,* pinchazo *m;* **einen ~ in der Seite haben** tener un dolor (agudo) en el costado; **es gab mir einen ~ ins Herz** me dio una punzada en el corazón

Stich[2] *m* <-(e)s, *ohne pl*> **1.** (*Farbschimmer*): **einen ~ ins Gelbe haben** tirar a amarillo **2.** (*Wend*): **jdn im ~ lassen** dejar a alguien en la estacada; **einen ~ haben** (*fam: Person*) estar chiflado; (*Lebensmittel*) estar picado; (*Milch*) estar pasado

Stichel [ˈʃtɪçəl] *m* <-s, -> buril *m*

Stichelei[1] *f* <-, -en> (*fam abw: Bemerkung*) pulla *f,* pullazo *m,* puntada *f*

Stichelei[2] *f* <-, *ohne pl*> (*fam abw: Ärgern*) burla *f,* zumba *f*

sticheln [ˈʃtɪçəln] *vi* **1.** (*gehässig reden*) dar pullazos (*gegen* a) **2.** (*nähen*) dar puntadas

Stichentscheid *m* <-(e)s, -e> voto *m* decisivo

stichfest *adj:* **hieb- und ~** fundado, sólido; (*Argumentation*) contundente

Stichflamme *f* <-, -n> llama *f*

stichhaltig *adj* sólido; (*überzeugend*) convincente

Stichhaltigkeit *f* <-, *ohne pl*> solidez *f,* validez *f;* **von der ~ ihrer Beweismittel bin ich nicht überzeugt** no estoy convencido de que sus pruebas sean válidas [*o* concluyentes]

Stichling [ˈʃtɪçlɪŋ] *m* <-s, -e> espinoso *m*

Stichprobe *f* <-, -n> prueba *f* al azar; **eine ~ machen** hacer una prueba al azar; **Stichprobenauswahl** *f* <-, *ohne pl*> muestreo *m* (aleatorio)

Stichpunkt *m* <-(e)s, -e> punto *m*

Stichsäge *f* <-, -n> serrucho *m* de calar

sticht [ʃtɪçt] *3. präs von* **stechen**

Stichtag *m* <-(e)s, -e> día *m* fijado; (*letzter ~*) plazo *m* límite

Stichwaffe *f* <-, -n> arma *f* punzante

Stichwahl *f* <-, -en> segunda vuelta *f* (electoral)

Stichwort[1] *nt* <-(e)s, -wörter> (*im Wörterbuch*) entrada *f,* lema *m;* (*im ~register*) voz *f* guía; **unter einem ~ nachschlagen** buscar una palabra

Stichwort[2] *nt* <-(e)s, -e> **1.** (THEAT) entrada *f* **2.** (*Schlüsselwort*) palabra *f* clave; **jdm das ~ liefern** [*o* **geben**] pronunciar la palabra clave para alguien **3.** (*Stichpunkt*) punto *m;* (*Gedächtnisstütze*) apunte *m;* **sich** *dat* **~e machen** tomar apuntes

stichwortartig *adj* por puntos; (*bündig*) breve; **~e Zusammenfassung** resumen *m;* **~ zusammenfassen** resumir brevemente

Stichwortkatalog *m* <-(e)s, -e> (*in Bibliothek*) catálogo *m* por secciones; **Stichwortverzeichnis** *nt* <-ses, -se> índice *m* (alfabético)

Stichwunde *f* <-, -n> (*Messer*) cuchillada *f,* navajazo *m;* (*Dolch*) puñalada *f*

sticken [ˈʃtɪkən] *vi, vt* bordar; **von Hand ~** bordar a mano; **ein Ornament auf etw ~** bordar un adorno en algo

Stickerei *f* <-, -en> bordado *m*

Stickgarn *nt* <-(e)s, -e> hilo *m* de bordar

stickig [ˈʃtɪkɪç] *adj* sofocante, asfixiante

Stickmuster *nt* <-s, -> patrón *m* de bordado; **Sticknadel** *f* <-, -n> aguja *f* de bordar

Stickoxid *nt* <-(e)s, -e> (CHEM) óxido *m* nítrico

Stickrahmen *m* <-s, -> bastidor *m* de bordar

Stickstoff *m* <-(e)s, *ohne pl*> (CHEM) nitrógeno *m;* **Stickstoffbindung** *f* <-, -en> (CHEM) enlace *m* de nitrógeno; **Stickstoffdünger** *m* <-s, -> abono *m* nitrogenado

stieben [ˈʃtiːbən] <stiebt, stob *o* stiebte, gestoben *o* gestiebt> *vi* **1.** *haben o sein* (*Funken*) saltar; (*Staub*) volar **2.** *sein* (*Menge*) disiparse

Stiefbruder [ˈʃtiːf-] *m* <-s, -brüder> hermanastro *m*

Stiefel [ˈʃtiːfəl] *m* <-s, -> bota *f;* **einen ~ vertragen** (*fam*) tener buen saque; **das sind zwei Paar ~** (*fam*) eso es harina de otro costal

Stiefelette *f* <-, -n> botín *m*

Stiefelknecht *m* <-(e)s, -e> sacabotas *m inv*

stiefeln *vi sein* (*fam*) caminar dando zancadas

Stiefeltern *pl* padrastros *mpl;* **Stiefgeschwister** *pl* hermanastros *mpl;* **Stiefkind** *nt* <-(e)s, -er> hijastro, -a *m, f;* **Stiefmutter** *f* <-, -mütter> madrastra *f;* **Stiefmütterchen** *nt* <-s, -> (BOT) pensamiento *m;* **stiefmütterlich** **I.** *adj* poco cariñoso

II. *adv:* **etw ~ behandeln** no tratar algo con la debida atención; **jdn ~ behandeln** tratar a alguien con desprecio; **Stiefschwester** *f* <-, -n> hermanastra *f;* **Stiefsohn** *m* <-(e)s, -söhne> hijastro *m;* **Stieftochter** *f* <-, -töchter> hijastra *f;* **Stiefvater** *m* <-s, -väter> padrastro *m*

stieg [ʃtiːk] *3. imp von* **steigen**

Stiege [ˈʃtiːgə] *f* <-, -n> escalera *f* (estrecha y empinada); **Stiegenhaus** *nt* <-es, -häuser> (*südd, Österr*) escalera *f*

Stieglitz [ˈʃtiːglɪts] *m* <-es, -e> jilguero *m*

stiehlt [ʃtiːlt] *3. präs von* **stehlen**

Stiel [ʃtiːl] *m* <-(e)s, -e> **1.** (*Griff*) mango *m;* (*Besen~*) palo *m;* (*am Weinglas*) pie *m;* **ein Eis am ~** un polo **2.** (*Blumen~*) tallo *m;* (*Blatt~*) peciolo *m;* (*an einer Frucht*) rabillo *m;* **Stielaugen** *ntpl* (*fam*): **er bekam/machte ~** se le pusieron/puso los ojos como platos

stieläugig [ˈʃtiːlʔɔɪgɪç] *adj* de ojos saltones

Stielkamm *m* <-(e)s, -kämme> peine *m* de mango; **Stieltopf** *m* <-es, -töpfe> cacerola *f,* cazo *m*

stier [ʃtiːɐ] *adj* fijo; **mit ~em Blick vor sich hinstarren** tener la mirada perdida

Stier *m* <-(e)s, -e> **1.** (*Tier*) toro *m;* **den ~ bei den Hörnern packen** [*o* **fassen**] tomar [*o* coger] al toro por los cuernos [*o* las astas] **2.** (ASTR) Tauro *m*

stieren [ˈʃtiːrən] *vi* mirar fijamente (*auf*)

Stierkampf[1] *m* <-es, *ohne pl*> (*~kunst*) tauromaquia *f*

Stierkampf[2] *m* <-es, -kämpfe> (*Veranstaltung*) corrida *f* (de toros)

Stierkampfarena *f* <-, -arenen> ruedo *m,* arena *f*

Stierkämpfer(in) *m(f)* <-s, -; -, -nen> torero, -a *m, f*

Stiernacken *m* <-s, -> cuello *m* de toro

stiernackig *adj* cogotudo; **~ sein** ser cogotudo, tener el cogote grueso

stieß [ʃtiːs] *3. imp von* **stoßen**

Stift[1] [ʃtɪft] *m* <-(e)s, -e> **1.** (*Blei~*) lápiz *m;* (*Bunt~*) lápiz *m* de color **2.** (*Metall~, Holz~*) espiga *f* **3.** (*fam: Lehrling*) aprendiz(a) *m(f)*

Stift[2] *nt* <-(e)s, -e> convento *m*

stiften [ˈʃtɪftən] *vt* **1.** (*spenden*) donar; (*einrichten*) crear, fundar **2.** (*spendieren*) regalar, pagar; **er hat einen Kasten Bier gestiftet** ha regalado una caja de cerveza **3.** (*bewirken*) causar; **Frieden ~** poner paz **4.** (*verschwinden*): **~ gehen** (*fam*) esfumarse, largarse

stiften|gehen *irr vi sein s.* **stiften 4.**

Stifter(in) *m(f)* <-s, -; -, -nen> **1.** (*Spender*) donador(a) *m(f),* donante *mf* **2.** (*Gründer*) fundador(a) *m(f)*

Stiftschlüssel *m* <-s, -> (TECH) llave *f* hexagonal

Stiftskirche *f* <-, -n> colegiata *f*

Stiftung *f* <-, -en> **1.** (*Institution*) fundación *f;* **gemeinnützige ~** fundación de utilidad pública **2.** (JUR: *Spende*) donación *f*

Stiftzahn *m* <-(e)s, -zähne> diente *m* de espiga

Stil [ʃtiːl] *m* <-(e)s, -e> estilo *m;* **er schreibt einen flüssigen ~** su estilo es muy fluido; **im ~ des Barock** en estilo barroco; **im großen ~** en gran escala; **das ist nicht sein ~** éste no es su estilo; **~ haben** tener estilo; **Stilblüte** *f* <-, -n> error *m* estilístico, gazapo *m fam;* **Stilbruch** *m* <-(e)s, -brüche> ruptura *f* de(l) estilo; **stilecht** *adj* (de estilo) auténtico

Stilett [ʃtiˈlɛt] *nt* <-s, -e> estilete *m*

Stilgefühl *nt* <-(e)s, *ohne pl*> sentido *m* del estilo; **stilgetreu** *adj* (*dem Stil entsprechend*) conforme al estilo; (*korrekt*) en estilo correcto

stilisieren* [ʃtiliˈziːrən] *vt* estilizar

Stilisierung *f* <-, -en> estilización *f*

Stilistik [ʃtiˈlɪstɪk] *f* <-, *ohne pl*> estilística *f*

stilistisch [ʃtiˈlɪstɪʃ] *adj* estilístico

still [ʃtɪl] *adj* **1.** (*lautlos*) silencioso; (*ruhig*) tranquilo, quieto; **(sei) ~!** ¡calla!; **es ist ~ um sie geworden** no se oye nada de ella; **in einer ~en Stunde** en una hora tranquila; **ein ~er Vorwurf** una recriminación silenciosa; **~ und heimlich** a la chita callando; **im S~en hofft er, dass sie zurückkommt** para sí [*o* sus adentros] espera que vuelva **2.** (*reglos*) quieto, tranquilo; **der S~ Ozean** el Océano Pacífico; **~er Teilhaber** (WIRTSCH) socio comanditario; **halt doch mal ~!** ¡quédate quieto! **3.** (*Person*) taciturno, silencioso; **du bist heute so ~** estás muy pensativo hoy

Stille [ˈʃtɪlə] *f* <-, *ohne pl*> **1.** (*Schweigen*) silencio *m;* (*Ruhe*) calma *f,* tranquilidad *f* **2.** (*Unbewegtheit*) quietud *f,* calma *f* **3.** (*Wend*): **in aller ~** (*im engsten Kreis*) en la intimidad

Stilleben *nt* <-s, -> *s.* **Stillleben**

stillegen <legt still, legte still, stillgelegt> *vt s.* **stilllegen**

Stillegung *f* <-, -en> *s.* **Stilllegung**

stillen [ˈʃtɪlən] **I.** *vi* dar de mamar **II.** *vt* **1.** (*Säugling*) dar el pecho (a), amamantar **2.** (*Blutung*) cortar, restañar; (*Schmerz*) mitigar **3.** (*Hunger, Durst*) saciar, calmar; (*Neugier*) satisfacer

Stillerkennung *f* <-, *ohne pl*> (TEL) reconocimiento *m* automático de llegada de fax

Stillhalteabkommen *nt* <-s, -> **1.** (FIN) moratoria *f,* prórroga *f* **2.** (POL) acuerdo *m* de no agresión (entre partidos)

still|halten *irr vi* **1.** (*sich nicht bewegen*) quedarse quieto **2.** (*sich nicht wehren*) aguantar

stilliegen <liegt still, lag still, stillgelegen> *vi s.* **stillliegen**

Stillleben[RR] *nt* <-s, -> bodegón *m*

stilllegen <legt still, legte still, stillgelegt> *vt* (*Betrieb, Strecke*) cerrar; (*Fahrzeug*) retirar del servicio

Stilllegung[RR] *f* <-, -en> cierre *m*

stillliegen[RR] <liegt still, lag still, stillgelegen> *vi* (*Betrieb*) estar cerrado

stillos ['ʃti:llo:s] *adj* sin estilo

Stillschweigen *nt* <-s, *ohne pl*> silencio *m;* **über etw ~ bewahren** guardar silencio respecto a algo

stillschweigend *adj* callado, tácito; **etw ~ akzeptieren** aceptar algo tácitamente

still|sitzen *irr vi* estar(se) quieto

Stillstand *m* <-(e)s, *ohne pl*> (*Verhandlung, Entwicklung*) estancamiento *m;* (*Gerät, Produktion*) paralización *f;* (*Verkehr*) detención *f;* **~ der Anlage** paralización de la instalación; **etw zum ~ bringen** detener algo; **zum ~ kommen** detenerse; **Stillstandszeit** *f* <-, -en> tiempo *m* que (una máquina) está fuera de servicio

still|stehen *irr vi* (*Mensch, Maschine*) estar parado; (*Entwicklung, Produktion, Verkehr*) estar paralizado; **stillgestanden!** (MIL) ¡firmes!

stillvergnügt *adj* íntimamente satisfecho; **sie schmunzelte ~ vor sich hin** se sonrió con íntima satisfacción

Stilmöbel *nt* <-s, -> mueble *m* de época; **stilvoll** *adj* refinado, elegante; **ein Zimmer ~ einrichten** decorar una habitación con (mucho) gusto

Stimmabgabe *f* <-, *ohne pl*> votación *f*

Stimmband *nt* <-(e)s, -bänder> cuerda *f* vocal; **Stimmbandentzündung** *f* <-, -en> inflamación *f* de las cuerdas vocales

stimmberechtigt *adj* con derecho a voto; **Stimmberechtigte(r)** *mf* <-n, -n; -n, -n> persona *f* con derecho a voto; **Stimmbeteiligung** *f* <-, -en> (*Schweiz*) participación *f* electoral; **Stimmbezirk** *m* <-(e)s, -e> circunscripción *f* electoral; **Stimmbruch** *m* <-(e)s, *ohne pl*> cambio *m* de voz, muda *f;* **im ~ sein** estar de muda; **Stimmbürger(in)** *m(f)* <-s, -; -, -nen> (*Schweiz: Wähler*) votante *mf*

Stimme ['ʃtɪmə] *f* <-, -n> **1.** (*menschliche ~*) voz *f;* **mit lauter/leiser ~ sprechen** hablar en voz alta/baja; **kritische ~n wurden laut** se escucharon opiniones críticas; **die ~n mehren sich, dass ...** cada vez se oye más que...; **ein Gewirr von ~n** un barullo [*o* jaleo] de voces; **die ~ des Herzens** la voz del corazón; **der inneren ~ folgen** seguir la voz interior **2.** (*bei einer Wahl*) voto *m;* **ungültige ~** voto nulo; **sich der ~ enthalten** abstenerse del voto; **jdm seine ~ geben** votar por alguien, dar su voto a alguien; **die entscheidende ~** el voto decisivo **3.** (MUS: *Stimmlage, Orgelregister*) registro *m;* (*Part*) parte *f,* voz *f*

stimmen ['ʃtɪmən] **I.** *vi* **1.** (*richtig sein*) ser correcto, ser verdad; **stimmt!** (*Trinkgeld*) ¡exacto!; **es stimmt, was sie gesagt hat** es correcto lo que ha dicho; **stimmt es, dass ...?** ¿es verdad que...?; **irgendetwas stimmt nicht mit ihr** algo le pasa, tiene algo; **stimmt so!** ¡está bien! **2.** (*wählen*): **für/gegen jdn/etw ~** votar por/contra alguien/algo, sufragar por/contra alguien/algo *Am* **II.** *vt* **1.** (*Instrument*) afinar, templar **2.** (*Mensch*): **jdn versöhnlich ~** conciliar a alguien; **jdn traurig ~** entristecer a alguien; **ein nachdenklich gestimmter Mensch** un hombre reflexivo; **trotz ihrer Schicksalsschläge war sie immer froh gestimmt** a pesar de los reveses que había sufrido siempre estaba alegre **III.** *vunpers:* **zwischen den beiden stimmt es schon lange nicht mehr** hace tiempo que no se llevan bien

Stimmenauszählung *f* <-, -en> escrutinio *m,* recuento *m* de votos, balotaje *m Mex;* **Stimmengewinn** *m* <-(e)s, -e> subida *f* de votos; **Stimmengewirr** *nt* <-(e)s, *ohne pl*> vocerío *m,* griterío *m;* **Stimmengleichheit** *f* <-, *ohne pl*> empate *m,* igualdad *f* de votos; **bei ~ entscheidet der Vorsitzende** en caso de igualdad de votos decide el presidente; **Stimmenmehrheit** *f* <-, *ohne pl*> mayoría *f* de votos

Stimmenthaltung *f* <-, -en> abstención *f* de(l) voto

Stimmenverlust *m* <-es, -e> pérdida *f* de votos

Stimmgabel *f* <-, -n> (MUS) diapasón *m*

stimmhaft *adj* (LING) sonoro

stimmig *adj* armónico, coherente

Stimmigkeit *f* <-, -en> coherencia *f*

Stimmlage *f* <-, -n> (MUS) registro *m;* **stimmlos** *adj* **1.** (*tonlos*) afónico **2.** (LING) sordo; **Stimmrecht** *nt* <-(e)s, *ohne pl*> derecho *m* de voto; **Aktie ohne ~** acción sin voto; **(kein) ~ haben** (no) tener derecho a voto; **Stimmritze** *f* <-, -n> (ANAT) glotis *f inv*

Stimmung *f* <-, -en> **1.** (*Gemütsverfassung*) estado *m* de ánimo, humor *m;* **in guter/schlechter ~** de buen/mal humor; **nicht in der ~ sein etw zu tun** no estar de vena para hacer algo; **in ~ kommen** (*fam*) animarse **2.** (*einer Gesellschaft, Landschaft*) ambiente *m,* atmósfera *f;* **~ in etw bringen** animar algo **3.** (*öffentliche Meinung*) opinión *f* pública; **für/gegen jdn/etw ~ machen** hacer campaña a favor/en contra de alguien/algo **4.** (MUS) afinación *f;* **Stimmungsbarometer** *nt* <-s, -> opinión *f* general, barómetro *m* de la opinión pública; **das ~ steht auf Null** (*fam*) la atmósfera es mala, el estado de ánimo es malo; **das ~ steigt** (*fam*) la atmósfera [*o* el estado de ánimo] mejora; **Stimmungskanone** *f* <-, -n> (*fam*) animador(a) *m(f);* **Stimmungslage** *f* <-, -n> (*allgemeine ~*) atmósfera *f;* (*eines Einzelnen*) estado *m* de ánimo; **Stimmungsmache** *f* <-, *ohne pl*> (*abw*) *intento de predisponer a alguien a favor o en contra de algo o alguien utilizando medios sucios;* **durch geschickte ~ versuchte sie, die Kollegen gegen den neuen Chef einzunehmen** hábilmente intentó predisponer a todos sus compañeros en contra de su nuevo jefe, concitó hábilmente a todos sus compañeros contra el nuevo jefe; **Stim-**

S

mungsumschwung *m* <-(e)s, -schwünge> **1.** (*Person*) cambio *m* de humor **2.** (FIN, WIRTSCH) cambio *m* de tendencia; **stimmungsvoll** *adj* (*ausdrucksstark*) muy expresivo; (*Fest*) muy animado; (*gemütlich*) acogedor; **Stimmungswandel** *m* <-s, *ohne pl*> cambio *m* de humor [*o* de ánimo]

Stimmverlust *m* <-(e)s, -e> (MED) pérdida *f* de la voz; **Stimmwechsel** *m* <-s, -> cambio *m* de la voz; **Stimmzettel** *m* <-s, -> (papeleta *f* de) voto *m*, boleta *f Mex, Peru, PRico*

Stimulans ['ʃtiːmulans, *pl:* ʃtimu'lantsiən] *nt* <-, Stimulanzien *o* Stimulantia> estimulante *m*

Stimulation [ʃtimula'tsjoːn] *f* <-, -en> estímulo *m*, estimulación *f*

Stimuli *pl von* **Stimulus**

stimulieren* [ʃtimu'liːrən] *vt* estimular

Stimulus ['ʃtiːmulʊs, *pl:* 'ʃtiːmuli] *m* <-, Stimuli> estímulo *m*

Stinkbombe *f* <-, -n> bomba *f* fétida

Stinkefinger *m* <-s, *ohne pl*> (*fam*) dedo *m* (asqueroso)

stinken ['ʃtɪŋkən] <stinkt, stank, gestunken> *vi* oler mal, apestar (*nach* a), bufar *Am;* **das stinkt nach Verrat** (*fam*) huele a traición; **er stinkt wie die Pest** huele que apesta; **das stinkt ja zum Himmel** esto clama al cielo; **die Sache stinkt mir** (*fam*) estoy harto de esta cosa; **mir stinkt's!** (*fam*) ¡estoy harto!; **an dir stinkt mir einiges!** (*fam*) ¡algunas cosas tuyas me molestan [*o* revientan]!

stinkfaul ['-'-] *adj* (*fam*) muy vago; ~ **sein** no dar golpe, no dar palo al agua; **stinklangweilig** ['-'---] *adj* (*fam*) aburridísimo; **das ist ~!** ¡esto me aburre a morir!; **Stinkmorchel** *f* <-, -n> (BOT) falo *m;* **stinksauer** ['-'--] *adj* (*fam*) de un humor de perros; **sie ist ~ auf dich** está enfadadísima contigo; **Stinktier** *nt* <-(e)s, -e> mofeta *f*, yaguré *m Am*, zorrillo *m Am;* **Stinkwut** ['-'-] *f* <-, *ohne pl*> (*fam*) rabia *f* tremenda; **eine ~ auf jdn haben** estar muy enojado con alguien

Stint [ʃtɪnt] *m* <-(e)s, -e> (ZOOL) eperlano *m*

Stipendiat(in) [ʃtipɛn'djaːt] *m(f)* <-en, -en; -, -nen> becario, -a *m, f*

Stipendium [ʃti'pɛndiʊm] *nt* <-s, Stipendien> beca *f;* **ein ~ gewähren** conceder una beca; **sich um ein ~ bewerben** solicitar una beca

stippen ['ʃtɪpən] *vt* (*nordd*) **1.** (*kurz tauchen*) mojar **2.** (*herausholen*) rebañar **3.** (*tippen*) tocar; **jdn an die Schulter ~** dar(le) a alguien una palmadita en el hombro **4.** (*sich stoßen*) darse (*gegen* contra)

Stippvisite ['ʃtɪp-] *f* <-, -n> (*fam*) visita *f* corta

stirbt [ʃtɪrpt] *3. präs von* **sterben**

Stirn [ʃtɪrn] *f* <-, -en> frente *f;* **eine hohe/niedrige ~** una frente alta/estrecha; **die ~ runzeln** arrugar la frente; **die Haare fallen ihm in die ~** el pelo le cae por la frente; **jdm die ~ bieten** hacer frente a alguien; **die ~ besitzen etw zu tun** tener la poca vergüenza [*o* cara dura] de hacer algo; **Stirnband** *nt* <-(e)s, -bänder> cinta *f* (para poner en la frente); **Stirnbein** *nt* <-(e)s, -e> hueso *m* frontal; **Stirnfalte** *f* <-, -n> arruga *f* en la frente; **wenn er nachdenkt, bekommt er immer tiefe ~n** cuando reflexiona, se le arruga mucho la frente; **Stirnglatze** *f* <-, -n> media calva *f*, calva *f* incipiente

Stirnhöhle *f* <-, -n> seno *m* frontal; **Stirnhöhlenentzündung** *f* <-, -en> sinusitis *f inv;* **Stirnhöhlenvereiterung** *f* <-, -en> sinusitis *f inv*

Stirnrad *nt* <-(e)s, -räder> (TECH) rueda *f* dentada recta

Stirnrunzeln *nt* <-s, *ohne pl*> ceño *m* (fruncido); **seine Aussagen riefen bei ihr ~ hervor** al escuchar sus declaraciones frunció el ceño; **Stirnseite** *f* <-, -n> frente *f*

stob [ʃtoːp] *3. imp von* **stieben**

stöbern ['ʃtøːbɐn] *vi* (*fam*) revolver (*in* en); (*neugierig*) hurgar (*in* en); **in einer Schublade nach etw ~** rebuscar algo en un cajón

stochern ['ʃtɔxɐn] *vi* hurgar (*in* en); **im Essen ~** comer sin apetito; **in den Zähnen ~** hurgarse los dientes con un palillo; **mit einem Schürhaken im Feuer ~** atizar el fuego, remover el fuego

Stock¹ [ʃtɔk, *pl:* 'ʃtœkə] *m* <-(e)s, Stöcke> **1.** (*Stab*) palo *m;* (*Spazier~, Ski~*) bastón *m;* (*Takt~*) batuta *f;* (*Billard~*) taco *m;* **am ~ gehen** (*fig fam*) ir a rastras, estar hecho polvo **2.** (*Pflanze*) planta *f;* (*Baumstumpf*) tocón *m;* **über ~ und Stein** a campo través

Stock² *m* <-(e)s, -> (*~werk*) piso *m*, planta *f;* **er wohnt im vierten ~** vive en el cuarto piso

Stock³ *m* <-s, *ohne pl*> (*Schweiz*) **1.** (GASTR) puré *m* de patatas **2.** (*Haus*) *en Suiza casa situada al lado de la granja donde viven los padres de los granjeros*

stockbesoffen ['--'--] *adj* (*fam*) borracho como una cuba

Stockbett *nt* <-(e)s, -en> litera *f*

stockdumm ['-'-] *adj* (*fam*) más tonto que Picio, tonto perdido; **stockdunkel** ['-'--] *adj* (*fam*) oscuro como la boca del lobo

Stöckelabsatz *m* <-es, -sätze> tacón *m* alto [*o* (de) aguja]

stöckeln ['ʃtœkəln] *vi sein* (*fam*) andar (sobre tacones altos) dando tropezones

Stöckelschuh *m* <-(e)s, -e> zapato *m* de tacón alto

stocken ['ʃtɔkən] *vi* **1.** (*stillstehen*) pararse; (*Atmung*) cortarse; **mir stockt der Atem** me quedo sin respiración **2.** (*nicht vorangehen*) interrumpirse; (*Verkehr, beim Sprechen*) atascarse; (*Verhandlungen*) estar paralizado; **ins S~ geraten** no adelantar **3.** (*reg: gerinnen*) cuajar

stockend *adj* (*Sprechweise*) entrecortado; **~er Verkehr** caravana *f*, atasco *m*

stockfinster ['-'--] *adj* (*fam*) oscuro como la

boca de lobo; ~**e Nacht** noche cerrada

Stockfisch *m* <-(e)s, -e> **1.** (*Fisch*) bacalao *m* (salado) **2.** (*fam: Person*) persona *f* sosa

Stockfleck *m* <-(e)s, -e> mancha *f* de moho

Stockhieb *m* <-(e)s, -e> bastonazo *m,* garrotazo *m,* estacazo *m*

Stockholm ['ʃtɔkhɔlm, -'-] *nt* <-s> Estocolmo *m*

stockkonservativ ['-'----] *adj* (*fam*) ultraconservador, momio *Am;* **stocksauer** ['-'--] *adj* (*fam*) de un humor de perros

Stockschirm *m* <-(e)s, -e> paraguas *m inv* (con bastón)

stocksteif ['-'-] *adj* (*fam*) tieso como una tabla; **stocktaub** *adj* (*fam*) sordo como una tapia; ~ **sein** estar como una tapia

Stockung *f* <-, -en> **1.** (*Verlangsamung*) paralización *f;* (*Unterbrechung*) interrupción *f* **2.** (*Verkehrs~*) atasco *m,* congestión *f*

Stockwerk *nt* <-(e)s, -e> piso *m,* planta *f*

Stoff[1] [ʃtɔf] *m* <-(e)s, *ohne pl*> **1.** (PHILOS) materia *f* **2.** (*fam: Drogen*) polvo *m*

Stoff[2] *m* <-(e)s, -e> **1.** (*Gewebe*) tejido *m,* tela *f* **2.** (*Substanz*) su(b)stancia *f,* materia *f,* material *m;* **wiederverwertbare ~e** materiales recuperables **3.** (*Unterrichts~, Film~*) materia *f;* (*Thema*) tema *m*

Stoffbahn *f* <-, -en> ancho *m;* **Stoffballen** *m* <-s, -> bala *f* de tela

Stoffel ['ʃtɔfəl] *m* <-s, -> (*fam abw*) torpe *m,* paleto *m*

Stoffetzen *m* <-s, ->, **Stofffetzen**[RR] *m* <-s, -> trozo *m* de tela

stofflich *adj* **1.** (*das Material betreffend*) (del) material; **die ~e Qualität der Hosen** la calidad de la tela de los pantalones; ~ **gute Waren** productos hechos con buenos materiales **2.** (*das Thema betreffend*) del tema, temático

Stoffpuppe *f* <-, -n> muñeca *f* de trapo; **Stoffrest** *m* <-(e)s, -e> retal *m;* **etw aus ~en nähen** hacer algo con retales; **Stofftier** *nt* <-(e)s, -e> animal *m* de trapo; (*Plüschtier*) animal *m* de peluche

Stoffwechsel *m* <-s, -> metabolismo *m;* **Stoffwechselkrankheit** *f* <-, -en> enfermedad *f* metabólica; **Stoffwechselprodukt** *nt* <-(e)s, -e> metabolito *m*

stöhnen ['ʃtøːnən] *vi* gemir (*vor* a causa de); (*klagen*) lamentarse (*über* de), quejarse (*über* de); **unter etw** ~ (*fig*) sufrir con algo

stoisch ['ʃtoːɪʃ, 'stoːɪʃ] *adj* (*die Stoa betreffend*) estoico; (*geh: unerschütterlich*) estoico, imperturbable, impasible, inalterable

Stola ['ʃtoːla, 'stoːla] *f* <-, Stolen> estola *f*

Stolle ['ʃtɔlə] *f* <-, -n> *pastel navideño de pasas, almendras y especias*

Stollen ['ʃtɔlən] *m* <-s, -> **1.** (BERGB) galería *f* **2.** *s.* **Stolle 3.** (*am Schuh*) taco *m*

Stolperdraht *m* <-(e)s, -drähte> cable *m* trampa [*o* camuflado] (*para hacer tropezar a alguien*)

stolpern ['ʃtɔlpɐn] *vi sein* tropezar (*über* con); **ich bin nur zufällig über den Artikel gestolpert** me he encontrado el artículo por [*o* de] (pura) casualidad; **der Politiker ist über einen Skandal gestolpert** el político se topó con un escándalo

stolz [ʃtɔlts] *adj* **1.** (*auf einen Erfolg*) orgulloso (*auf* de); **der ~e Vater** el orgulloso padre **2.** (*hochmütig*) orgulloso, altanero, soberbio **3.** (*imposant*) imponente, majestuoso **4.** (*fam: Summe*) considerable

Stolz *m* <-es, *ohne pl*> orgullo *m;* (*Hochmut*) altanería *f;* **die Kinder sind sein ganzer** ~ sus hijos son todo su orgullo; **seinen ~ haben** tener su orgullo

stolzieren* [ʃtɔl'tsiːrən] *vi sein* pavonearse (*durch/über* por), andar con paso majestuoso

stop [ʃtɔp] *interj* (*Verkehrsschild, Telegramm*) ¡alto!; **Stop-and-go-Verkehr** [stɔpʔɛnt'gɔʊ-] *nt* <-s, *ohne pl*> tráfico que comienza a circular y se detiene repetidamente

Stopbit *nt* <-(s), -(s)> (INFOR) bit *m* de parada

Stopfei *nt* <-(e)s, -er> huevo *m* (de madera) para zurcir

stopfen ['ʃtɔpfən] **I.** *vt* **1.** (*Kleidung*) remendar, zurcir **2.** (*Loch*) tapar; **jdm das Maul** ~ (*fam*) taparle a alguien la boca **3.** (*hinein~*) meter (a la fuerza) (*in* en) **4.** (*füllen*) llenar (*mit* de/con); **etw voll** ~ atiborrar algo, llenar algo, atapuzar algo *Ven;* **die Pfeife** ~ llenar la pipa **II.** *vi* **1.** (*fam: schlingen*) tragar, zampar **2.** (*fam: sättigen*) llenar **3.** (*die Verdauung hemmen*) estreñir

Stopfen ['ʃtɔpfən] *m* <-s, -> (*reg: Verschluss*) tapón *m,* obturador *m*

Stopfgarn *nt* <-(e)s, -e> hilo *m* de zurcir; **Stopfnadel** *f* <-, -n> aguja *f* de zurcir

stopp [ʃtɔp] *interj* ¡alto!

Stopp [ʃtɔp] *m* <-s, -s> **1.** (*Auto*) parada *f;* (*Flugzeug*) escala *f* **2.** (*Import, Export, Löhne*) congelación *f*

Stoppel[1] ['ʃtɔpəl] *f* <-, -n> **1.** (*Getreide~*) rastrojo *m* **2.** (*fam: Bart~*) cañón *m*

Stoppel[2] *m* <-s, -(n)> (*Österr: Pfropfen*) tapón *m*

Stoppelbart *m* <-es, -bärte> (*fam*) barba *f* de tres días; **Stoppelfeld** *nt* <-(e)s, -er> (campo *m* de) rastrojo *m*

stopp(e)lig *adj* (*unrasiert*) mal afeitado

stoppen ['ʃtɔpən] **I.** *vi* parar(se), detenerse **II.** *vt* **1.** (*anhalten*) detener, parar **2.** (*Zeit, Geschwindigkeit*) cronometrar

Stopper *m* <-s, -> (SPORT) freno *m* del patín

stopplig *adj* (*unrasiert*) mal afeitado

Stoppschild *nt* <-(e)s, -er> señal *f* de stop [*o* de alto]; **Stoppstraße** *f* <-, -n> calle *f* con señal de stop; **Stoppuhr** *f* <-, -en> cronómetro *m*

Stöpsel ['ʃtœpsəl] *m* <-s, -> **1.** (*Pfropfen*) tapón *m* **2.** (*fam: Junge*) chicuelo *m,* muchachito *m*

S

stöpseln ['ʃtœpsəln] *vt:* **etw in etw ~** insertar algo en algo; (ELEK) enchufar algo en algo

Stör [ʃtøːɐ] *m* <-s, -e> esturión *m*

störanfällig *adj* delicado, que se estropea con facilidad

Storch [ʃtɔrç, *pl:* 'ʃtœrçə] *m* <-(e)s, Störche> cigüeña *f;* **Storchennest** *nt* <-(e)s, -er> nido *m* de cigüeña

Störchin ['ʃtœrçɪn] *f* <-, -nen> cigüeña *f* (hembra)

Storchschnabel *m* <-s, -schnäbel> (*Gerät*) pantógrafo *m*

Store [stɔː, stoːɐ] *m* <-s, -s> **1.** (*Lager*) almacén *m* **2.** (*Vorhang*) visillo *m*

stören ['ʃtøːrən] **I.** *vt* **1.** (*belästigen*) estorbar, molestar, amolar *Am;* **lassen Sie sich durch mich nicht ~** no se moleste por mí; **stört es Sie, wenn ich rauche?** ¿le molesta si fumo?; **es gibt so einiges, was mich an ihm stört** hay algunas cosas que me molestan de él **2.** (*Frieden, Verkehr*) perturbar; (*Ordnung*) alterar; (*Gespräch*) interrumpir **II.** *vi* molestar, incomodar; **störe ich?** ¿molesto?; **bitte nicht ~!** ¡no molestar, por favor!; **die Musik stört bei der Arbeit** la música distrae durante el trabajo; **etw als ~d empfinden** sentir algo como molesto; **ich empfinde es als ~d, wenn ihr ständig kichert** me fastidia que soltéis risitas continuamente **III.** *vr:* **sich ~** (*fam*) escandalizarse (*an* por), amolarse (*an* por) *Am*

Störenfried [-friːt] *m* <-(e)s, -e> perturbador(a) *m(f)*, buscapleitos *mf inv*

Störer(in) *m(f)* <-s, -; -, -nen> alborotador(a) *m(f)*, perturbador(a) *m(f)*

Störfaktor *m* <-s, -en> factor *m* perturbador; **Störfall** *m* <-(e)s, -fälle> incidente *m;* **Störgeräusch** *nt* <-(e)s, -e> (RADIO) interferencia *f;* **Störmanöver** *nt* <-s, -> maniobra *f* de pertubación

Storni *pl von* **Storno**

stornieren* [ʃtɔr'niːrən, stɔr'niːrən] *vt* **1.** (*Auftrag*) anular **2.** (FIN) rescontrar

Stornierung *f* <-, -en> (COM, FIN) anulación *f*, cancelación *f*, rescuentro *m*, contrapartida *f;* **~ eines Auftrags** cancelación [*o* anulación] de un pedido

Storno ['ʃtɔrno, 'stɔrno, *pl:* 'ʃtɔrni, 'stɔrni] *m o nt* <-s, Storni> asiento *m* de rescuento [*o* cancelatorio], cancelación *f* de una partida; **Stornogebühr** *f* <-, -en> tasa *f* de cancelación

störrisch ['ʃtœrɪʃ] *adj* terco, obstinado

Störsender *m* <-s, -> emisora *f* interferente

Störung *f* <-, -en> **1.** (*Belästigung*) molestia *f*, estorbo *m* **2.** (*der Ordnung*) alteración *f;* (*eines Gesprächs*) interrupción *f;* (*Verkehrs~, a.* RADIO) perturbación *f;* **atmosphärische ~en** (METEO) perturbaciones atmosféricas **3.** (*technische ~*) avería *f* **4.** (*gesundheitliche ~*) irregularidad *f;* **Störungsdienst** *m* <-es, -e> servicio *m* de averías; **störungsfrei** *adj* (TEL, RADIO) sin interferencias; **~ funktionieren** (TECH) funcionar sin dificultades técnicas; **Störungsstelle** *f* <-, -n> servicio *m* de reparaciones

Story ['stɔri] *f* <-, -s *o* Stories> **1.** (*fam: Geschichte*) historia *f*, cuento *m*, chisme *m;* **die ~ kaufe ich dir nicht ab!** ¡no me lo creo! **2.** (*Bericht, Report*) informe *m*, reportaje *m* **3.** (*Inhalt eines Films, Romans*) historia *f*, trama *f*

Stoß [ʃtoːs, *pl:* 'ʃtøːsə] *m* <-es, Stöße> **1.** (*Schubs*) empujón *m*, empellón *m;* (*Schlag*) golpe *m;* (*mit dem Ellbogen*) codazo *m;* (*mit der Faust*) puñetazo *m*, impacto *m Am;* **jdm einen ~ geben** [*o* **versetzen**] dar(le) un empujón a alguien; **sich** *dat* [*o* **seinem Herzen**] **einen ~ geben** hacer de tripas corazón **2.** (*Erd~*) temblor *m*, sacudida *f* **3.** (*Stapel*) pila *f*, montón *m* **4.** (*beim Schwimmen*) brazada *f;* **Stoßband** *nt* <-(e)s, -bänder> ribete *m;* **Stoßbetrieb** *m* <-(e)s, *ohne pl*> (INFOR) modo *m* estallido; **Stoßdämpfer** *m* <-s, -> (AUTO) amortiguador *m*

Stößel ['ʃtøːsəl] *m* <-s, -> **1.** (*für Mörser*) majadero *m*, mano *f* de mortero **2.** (TECH) varilla *f* de levantamiento

Stoßelastizität *f* <-, -en> elasticidad *f* de choque

stoßen ['ʃtoːsən] <stößt, stieß, gestoßen> **I.** *vt* **1.** (*schubsen*) empujar, quiñar *Am;* (*mit dem Fuß*) dar un puntapié (a); **er wurde zur Seite ge~** lo empujaron a un lado; **sich** *dat* **den Kopf an der Wand ~** darse con la cabeza [*o* un cabezazo] contra la pared; **jdn vor den Kopf ~** (*fam fig*) ofender a alguien **2.** (*hinein~*) clavar, hundir; **er stieß ihm das Messer in die Brust** le hundió el cuchillo en el pecho; **ein Loch in etw ~** abrir un agujero en algo **3.** (*hinaus~*) arrojar **4.** (*zerkleinern*) machacar **5.** (SPORT: *Kugel, Stein*) lanzar **6.** (*Schweiz: schieben*) empujar **II.** *vi* **1.** *sein* (*prallen*) chocar (*an/gegen* contra/con/en), pegarse (*an/gegen* contra); **sie stieß an** [*o* **gegen**] **die Scheibe** chocó contra el cristal; **mit dem Kopf gegen die Wand ~** darse con la cabeza [*o* un cabezazo] contra la pared **2.** (*schlagen*) golpear (*gegen* contra), dar un golpe (*gegen* contra); **sie stieß mit dem Messer nach ihm** intentó clavarle el cuchillo; **der Stier stieß mit den Hörnern nach ihm** el toro intentó hincarle los cuernos [*o* darle una cornada] **3.** *sein* (*treffen, finden*) encontrar (*auf*), dar (*auf* con); **auf Erdöl ~** dar con petróleo; **auf Widerstand ~** encontrar resistencia; **zu jdm ~** unirse a alguien **4.** (*angrenzen*) limitar (*an* con) **5.** (*Schweiz: schieben, drücken*) empujar **III.** *vr:* **sich ~** **1.** (*anprallen*) golpearse, darse; **ich habe mich an dem Schrank ge~** me di contra el armario; **ich habe mich am Kopf gestoßen** me he dado (un golpe) en la cabeza **2.** (*Anstoß nehmen*): **sich an etw ~** ofenderse por algo

stoßfest *adj* resistente a golpes [*o* choques];

Stoßgebet *nt* <-(e)s, -e> jaculatoria *f;* **Stoßkarrette** [-ka'rɛtə] *f* <-, -n> (*Schweiz*) carretilla *f;* **Stoßseufzer** *m* <-s, -> suspiro *m* hondo; **Stoßstange** *f* <-, -n> (AUTO) parachoques *m inv,* defensa *f Mex,* bómper *m Am*

stößt [ʃtøːst] *3. präs von* **stoßen**

Stoßtrupp *m* <-s, -s> (MIL) pelotón *m* de asalto

Stoßverkehr *m* <-s, *ohne pl*> tráfico *m* de las horas punta

Stoßwaffe *f* <-, -n> arma *f* de estocada; **stoßweise** *adv* **1.** (*ruckartig*) esporádicamente; (*regelmäßig*) periódicamente **2.** (*stapelweise*): **es kamen ~ Bewerbungen** las solicitudes llegaron a empujones; **Stoßwelle** *f* <-, -n> onda *f* de choque; **Stoßwind** *m* <-(e)s, -e> ráfaga *f;* **Stoßzahn** *m* <-(e)s, -zähne> colmillo *m*

Stoßzeit *f* <-, -en> hora *f* punta

Stotterei [ʃtɔtə'raɪ] *f* <-, -en> (*abw*) tartamudeo *m*

Stotterer, **-in** ['ʃtɔtərɐ] *m, f* <-s, -; -, -nen> tartamudo, -a *m, f*

stottern ['ʃtɔtɐn] **I.** *vi* **1.** (*Mensch*) tartamudear; **ins S~ kommen** perder el hilo **2.** (*fam: Wagen, Motor*) traquetear **II.** *vt* balbucear

Stövchen ['ʃtøːfçən] *nt* <-s, -> calientaplatos *m inv* (*generalmente para teteras*)

StPO [ɛsteːpeː'ʔoː] *f* (JUR) *Abk. von* Strafprozessordnung[RR] código *m* de procedimiento penal [*o* de enjuiciamiento criminal]

Str. *Abk. von* Straße C/

stracks [ʃtraks] *adv* **1.** (*direkt*) directamente **2.** (*sofort*) inmediatamente

Strafandrohung *f* <-, -en> amenaza *f* penal; **Strafanstalt** *f* <-, -en> penitenciaría *f,* penal *m;* **Strafantrag** *m* <-(e)s, -träge> **1.** (*für Strafverfahren*) querella *f* (penal); **einen ~ stellen** presentar una querella **2.** (*durch den Staatsanwalt*) petición *f* del fiscal; **Strafanzeige** *f* <-, -n> denuncia *f;* **~ gegen jdn erstatten** presentar una denuncia contra alguien; **Strafarbeit** *f* <-, -en> castigo *m;* **jdm eine ~ aufgeben** poner tareas para casa como castigo; **Strafaufschub** *m* <-(e)s, -schübe> aplazamiento *m* de la ejecución penal; **Strafaussetzung** *f* <-, -en> suspensión *f* de la pena; **Strafbank** *f* <-, -bänke> (SPORT) banquillo *m,* banco *m* de penalti

strafbar *adj* punible, sancionable; **sich ~ machen, eine ~e Handlung begehen** incurrir en un delito, fatalizarse *Kol*

Strafbarkeit *f* <-, *ohne pl*> (JUR) culpabilidad *f,* penalidad *f*

Strafbefehl *m* <-(e)s, -e> (JUR) orden *f* penal

Strafe ['ʃtraːfə] *f* <-, -n> **1.** (*allgemein*) pena *f,* castigo *m;* **~ muss sein!** ¡eso se merece un castigo!; **bei ~ verboten** prohibido bajo pena; **seine gerechte** [*o* **verdiente**] **~ bekommen** recibir merecido castigo; **unter ~ stehen** estar penado; **etw unter ~ stellen** poner algo bajo pena, penar algo; **zur ~** como castigo; **mit ihm arbeiten zu müssen ist eine ~** (*fam*) tener que trabajar con él es un castigo **2.** (*Geld~*) multa *f;* **10 Mark ~ zahlen** pagar 10 marcos de multa **3.** (*Freiheits~*) pena *f;* **eine ~ absitzen** cumplir una pena; **eine ~ zur Bewährung aussetzen** conceder remisión condicional

strafen ['ʃtraːfən] *vt* castigar (*für* por); (*mit einer Geldstrafe*) multar; **ein ~der Blick** una severa mirada

Strafentlassene(r) *mf* <-n, -n; -n, -n> ex recluso, -a *m, f;* **Straferlass**[RR] *m* <-es, -e> condonación *f,* remisión *f* de la pena; (*Amnestie*) amnistía *f*

straff [ʃtraf] *adj* (*gespannt*) tirante, tenso; (*Haut*) terso, sin arrugas; (*Stil*) conciso; (*Disziplin*) riguroso, severo; **etw ~ ziehen** tensar algo; **~ durchorganisiert** organizado hasta en los más mínimos detalles

straffällig ['ʃtraːffɛlɪç] *adj* criminal, delincuente; **~ werden** incurrir en un delito

straffen ['ʃtrafən] **I.** *vt* **1.** (*Seil*) tensar; (*Haut*) estirar **2.** (*Text*) condensar **II.** *vr:* **sich ~** estirarse

Straffheit *f* <-, *ohne pl*> **1.** (*Organisation, System*) rigidez *f,* rigurosidad *f* **2.** (*Glattheit*) tersura *f*

straffrei *adj* impune, exento de pena; **der Angeklagte ging ~ aus** el acusado fue declarado libre; **Straffreiheit** *f* <-, *ohne pl*> impunidad *f;* **Strafgefangene(r)** *mf* <-n, -n; -n, -n> preso, -a *m, f;* **Strafgericht** *nt* <-(e)s, -e> **1.** (JUR) tribunal *m* (de lo) penal **2.** (*Bestrafung*) castigo *m;* **ein ~ über jdn abhalten** castigar a alguien; **das göttliche ~** el juicio de Dios [*o* divino]

Strafgesetz *nt* <-es, -e> ley *f* penal; **Strafgesetzbuch** *nt* <-(e)s, -bücher> código *m* penal

Strafjustiz *f* <-, *ohne pl*> justicia *f* penal; **Strafkammer** *f* <-, -n> (JUR) Sala *f* de lo Penal; **Strafkolonie** *f* <-, -n> colonia *f* penitenciaria; **Straflager** *nt* <-s, -> (*a.* MIL) campo *m* de castigo

sträflich ['ʃtrɛːflɪç] *adj* censurable, recriminable; **etw ~ vernachlässigen** desatender algo de manera censurable; **~er Leichtsinn** descuido imperdonable

Sträfling ['ʃtrɛːflɪŋ] *m* <-s, -e> preso, -a *m, f;* **Sträflingskleidung** *f* <-, -en> ropas *fpl* de presidiario

straflos *adj* impune; **~ ausgehen** quedar impune

Strafmandat *nt* <-(e)s, -e> multa *f;* **Strafmaß** *nt* <-es, -e> pena *f;* **Strafmaßnahme** *f* <-, -n> sanción *f;* **strafmildernd** ['-'--] *adj* atenuante sobre la pena; **Strafmilderung** *f* <-, *ohne pl*> atenuación *f* de una pena; **strafmündig** *adj* (JUR) en edad penal; **nicht ~ sein** no estar en edad penal; **Strafporto** *nt* <-s, -s *o* -porti> recargo *m* de franqueo; **Strafpredigt** *f* <-, -en> (*fam*) sermón *m,* chaparrón *m And, PRico;* **jdm eine ~ halten** echar(le) un sermón a alguien

Strafprozess[RR] *m* <-es, -e> proceso *m* penal; **Strafprozessordnung**[RR] *f* <-, -en> (JUR) código *m* de procedimiento penal [*o* de enjuiciamiento criminal]

Strafpunkt *m* <-(e)s, -e> (SPORT) punto *m* de penalización; **Strafraum** *m* <-(e)s, *ohne pl*> (SPORT) área *f* de penalti; **Strafrecht** *nt* <-(e)s, *ohne pl*> derecho *m* penal

Strafrechtler(in) *m(f)* <-s, -; -, -nen> (JUR) criminalista *mf,* penalista *mf*

strafrechtlich *adj* jurídico-penal, penal; **~ verfolgen** perseguir por la ley; **jdn wegen etw ~ belangen** demandar a alguien por alguna causa por lo penal; **Strafregister** *nt* <-s, -> registro *m* de antecedentes penales; **Strafrichter(in)** *m(f)* <-s, -; -, -nen> (JUR) juez *mf* (de lo) penal; **Strafsache** *f* <-, -n> (JUR) causa *f* penal; **die ~ Nabuk gegen Müller** la causa Nabuk contra Müller; **Strafstoß** *m* <-es, -stöße> (SPORT) penalty *m,* penalti *m*

Straftat *f* <-, -en> delito *m,* crimen *m;* **eine ~ begehen** cometer un delito; **Straftatbestand** *m* <-(e)s, -stände> (JUR) delito *m*

Straftäter(in) *m(f)* <-s, -; -, -nen> delincuente *mf;* **jugendlicher ~** delincuente juvenil; **Strafvereitelung** *f* <-, *ohne pl*> (JUR) encubrimiento *m,* obstaculación *f* de la punición; **Strafverfahren** *nt* <-s, -> procedimiento *m* penal [*o* criminal]; **Strafverfolgung** *f* <-, -en> (JUR) prosecución *f* (por vía) penal; **strafverschärfend** ['--'--] *adj* (JUR) agravante (sobre la pena); **strafversetzen*** *vt* trasladar disciplinariamente; **Strafversetzung** *f* <-, -en> traslado *m* forzoso; **Strafverteidiger(in)** *m(f)* <-s, -; -, -nen> (JUR) abogado, -a *m, f* defensor(a); **Strafvollstreckung** *f* <-, *ohne pl*> ejecución *f* de una pena

Strafvollzug *m* <-(e)s, *ohne pl*> ejecución *f* de la pena, cumplimiento *m* de la pena; **offener ~** régimen de puerta abierta, reclusión nocturna *Am;* **Strafvollzugsanstalt** *f* <-, -en> establecimiento *m* penitenciario, centro *m* penitenciario, prisión *f,* penitenciaría *f*

Strafwurf *m* <-(e)s, -würfe> (SPORT) (tiro *m* de) penalty *m;* **Strafzettel** *m* <-s, -> (*fam*) multa *f;* **jdm einen ~ verpassen** (*fam*) poner una multa a alguien

Strahl [ʃtra:l] *m* <-(e)s, -en> **1.** (*Licht~, Sonnen~, a.* PHYS) rayo *m;* **ultraviolette ~en** rayos ultravioletas; **den ~ auf etw richten** enfocar (a) algo; **im ~ der Taschenlampe** a la luz de la linterna **2.** (*Wasser~*) chorro *m;* **Strahlantrieb** *m* <-(e)s, -e> (TECH) propulsión *f* por chorro

Strahlemann *m* <-(e)s, -männer> (*fam*) hombre *m* de la sonrisa eterna

strahlen ['ʃtra:lən] *vi* **1.** (*Licht, Sonne*) brillar, relucir; (*glänzen*) brillar, resplandecer; (*funkeln*) destellar; (*radioaktiv*) despedir rayos radi(o)activos; **auf etw ~** iluminar algo; **bei ~dem Wetter** con un sol radiante; **ein ~des Weiß** un blanco radiante **2.** (*Mensch*) resplandecer (*vor* de), estar radiante (*vor* de); **sie strahlt übers ganze Gesicht** está radiante; **sie strahlt vor Freude** resplandece de alegría

strählen ['ʃtrɛ:lən] **I.** *vt* (*Schweiz: kämmen*) peinar **II.** *vr:* **sich ~** (*Schweiz*) peinarse

Strahlenbehandlung *f* <-, -en> (MED) radioterapia *f;* **Strahlenbelastung** *f* <-, -en> (MED) carga *f* de radiación; **Strahlenbiologie** *f* <-, *ohne pl*> radiobiología *f;* **Strahlenbrechung** *f* <-, -en> (PHYS) refracción *f;* **Strahlenbündel** *nt* <-s, -> (PHYS, MATH) haz *m* de rayos; **Strahlendosis** *f* <-, -dosen> (MED) dosis *f inv* de radiación; **strahlenempfindlich** *adj* sensible a los rayos; **Strahlenkrankheit** *f* <-, -en> (MED) síndrome *m* de radiación; **Strahlenrisiko** *nt* <-s, -s *o* -risiken> (MED) peligro *m* de radiación; **Strahlenschäden** *mpl* (MED, PHYS) lesiones *fpl* por radiaciones; **Strahlenschutz** *m* <-es, *ohne pl*> protección *f* contra radiaciones; **Strahlentherapie** *f* <-, -n> (MED) radioterapia *f;* **strahlenverseucht** *adj* contaminado por radiación

Strahler *m* <-s, -> **1.** (*Heiz~*) radiador *m* **2.** (*Licht~*) reflector *m*

Strahlstrom *m* <-(e)s, -ströme> (METEO) corriente *f* de chorro; **Strahltriebwerk** *nt* <-(e)s, -e> (TECH) motor *m* a reacción, reactor *m*

Strahlung *f* <-, -en> (PHYS) (ir)radiación *f;* **kosmische ~** radiación cósmica; **radioaktive ~** radiación radiactiva; **strahlungsarm** *adj* de [*o* con] baja radiación; **Strahlungsdichte** *f* <-, -n> (PHYS) densidad *f* de radiación; **Strahlungsenergie** *f* <-, *ohne pl*> (PHYS) energía *f* de radiación; **Strahlungsintensität** *f* <-, *ohne pl*> (PHYS) intensidad *f* de la radiación; **Strahlungspyrometer** *nt* <-s, -> (PHYS) pirómetro *m* de radiación; **Strahlungsverbrennung** *f* <-, -en> quemadura *f* por irradiación; **Strahlungswärme** *f* <-, *ohne pl*> calor *m* de radiación

Strähnchen ['ʃtrɛ:nçən] *ntpl* mechas *fpl*

Strähne ['ʃtrɛ:nə] *f* <-, -n> **1.** (*Haar~*) mechón *m,* greña *f abw* **2.** (*Phase*) fase *f*

strähnig *adj* greñudo, desgreñado *abw*

stramm [ʃtram] *adj* **1.** (*straff*) tenso, tirante; **~ sitzen** (*Kleidung*) venir justo; **~ ziehen** estirar; **~e Waden** pantorrillas musculosas **2.** (*kräftig*) fuerte, robusto **3.** (*gerade aufgerichtet*) derecho **4.** (*streng*) rígido, severo; **~ durcharbeiten** trabajar de firme; **stramm|stehen** *irr vi* cuadrarse; **stramm|ziehen** *irr vt:* **jdm den Hosenboden ~** (*fam*) calentar a alguien las posaderas

Strampelanzug *m* <-(e)s, -züge> pelele *m,* mameluco *m Am;* **Strampelhöschen** [-'hø:sçən] *nt* <-s, -> pelele *m*

strampeln ['ʃtrampəln] *vi* **1.** (*Baby*) patalear;

das Baby strampelt mit den Füßen el bebé patalea **2.** *sein* (*fam: Rad fahren*) ir en bici **3.** (*fam: sich anstrengen*) esforzarse

Strampler *m* <-s, -> *s.* **Strampelanzug**

Strand [ʃtrant, *pl:* 'ʃtrɛndə] *m* <-(e)s, Strände> playa *f;* **an den** [*o* **zum**] ~ **gehen** ir a la playa; **am** ~ **liegen** estar en la playa; **Strandbad** *nt* <-(e)s, -bäder> playa *f;* **Stranddistel** *f* <-, -n> cardo *m,* abrozo *m* palustre

stranden ['ʃtrandən] *vi sein* **1.** (*Schiff*) encallar, varar **2.** (*geh: scheitern*) fracasar, naufragar

Strandgut *nt* <-(e)s, *ohne pl*> objetos *mpl* arrojados por el mar; **Strandhafer** *m* <-s, *ohne pl*> elimo *m* arenario; **Strandhotel** *nt* <-s, -s> hotel *m* de playa; **Strandkorb** *m* <-(e)s, -körbe> sillón *m* de playa; **Strandläufer** *m* <-s, -> correlimos *m inv* común; **Strandpromenade** *f* <-, -n> paseo *m* marítimo

Strang [ʃtraŋ, *pl:* 'ʃtrɛŋə] *m* <-(e)s, Stränge> **1.** (*Seil*) cuerda *f,* soga *f;* **am gleichen** ~ **ziehen** tirar de la misma cuerda; **Tod durch den** ~ (*geh*) muerte en la horca; **über die Stränge schlagen** (*fam*) pasarse de rosca, tirar la chancleta *Arg* **2.** (*Woll~*) madeja *f* **3.** (*Nerven~*) cordón *m* **4.** (*Schienen~*) vía *f*

Strangulation [ʃtraŋgula'tsio:n] *f* <-, -en> estrangulación *f;* **Tod durch** ~ muerte por estrangulación

strangulieren* [ʃtraŋgu'li:rən] *vt* estrangular

Strapaze [ʃtra'pa:tsə] *f* <-, -n> esfuerzo *m* (enorme), agobio *m;* **es ist eine** ~ es muy agotador

strapazfähig *adj* (*Österr*) resistente

strapazieren* [ʃtrapa'tsi:rən] *vt* **1.** (*Material*) gastar **2.** (*Person*) agotar; (*Augen*) cansar (mucho); (*Geduld, Nerven*) poner a prueba; **das ist eine häufig strapazierte Ausrede** (*fam*) es una excusa muy manida

strapazierfähig *adj* resistente

strapaziös [ʃtrapa'tsjø:s] *adj* agotador

Straps [ʃtraps] *m* <-es, -e> liguero *m*

Straßburg ['ʃtra:sbʊrk] *nt* <-s> Estrasburgo *m*

Straße ['ʃtra:sə] *f* <-, -n> **1.** (*in einer Ortschaft*) calle *f;* (*große*) avenida *f,* paseo *m;* (*Land~*) carretera *f;* **auf der** ~ en la calle; **auf offener** ~ en plena calle; **auf die** ~ **gehen** salir a la calle; **er wohnt drei ~n weiter** vive tres calles más allá; **jdn auf die** ~ **setzen** [*o* **werfen**] (*fam*) poner a alguien de patitas en la calle; **Jugendliche von der** ~ **holen** acoger a jóvenes desamparados; **dem Druck der** ~ **nachgeben** ceder ante la presión ejercida por la opinión pública; **er liegt** [*o* **sitzt**] **auf der** ~ (*fam: arbeitslos*) está parado; (*obdachlos*) vive en la calle **2.** (*Meeresenge*) estrecho *m;* **die** ~ **von Gibraltar** el estrecho de Gibraltar; **Straßenanzug** *m* <-(e)s, -züge> traje *m* de calle; **Straßenarbeiten** *fpl* obras *fpl* (en la calle); **wegen** ~ **ist dieser Streckenabschnitt vorübergehend gesperrt** esta ruta está temporalmente cerrada al tráfico por obras; **Straßenarbeiter** *m* <-s, -> peón *m* caminero

Straßenbahn *f* <-, -en> tranvía *m;* (**mit der**) ~ **fahren** ir en tranvía

Straßenbahner(**in**) *m(f)* <-s, -; -, -nen> (*fam*) tranviario, -a *m, f,* guarda *mf Arg*

Straßenbahnfahrer(**in**) *m(f)* <-s, -; -, -nen> **1.** (*Führer*) conductor(a) *m(f)* de tranvía **2.** (*Fahrgast*) usuario, -a *m, f* del tranvía; ~ **sein** viajar (regularmente) en tranvía; **Straßenbahnhaltestelle** *f* <-, -n> parada *f* de tranvía; **Straßenbahnlinie** *f* <-, -n> línea *f* de tranvía; **Straßenbahnnetz** *nt* <-es, -e> red *f* tranviaria; **Straßenbahnschiene** *f* <-, -n> raíl *m* (del tranvía)

Straßenbau *m* <-(e)s, *ohne pl*> construcción *f* de carreteras; **Ingenieur für** ~ ingeniero de caminos; **Straßenbauamt** *nt* <-(e)s, -ämter> Obras *fpl* Públicas

Straßenbelag *m* <-(e)s, -läge> firme *m;* **Straßenbeleuchtung** *f* <-, *ohne pl*> alumbrado *m* público; **Straßenbenutzungsgebühr** *f* <-, -en> peaje *m;* **Straßendecke** *f* <-, -n> firme *m;* **Straßenfeger**(**in**) *m(f)* <-s, -; -, -nen> barrendero, -a *m, f;* **Straßenfest** *nt* <-(e)s, -e> fiesta *f* en la calle; **Straßenführung** *f* <-, *ohne pl*> trazado *m* (de una carretera); **Straßenglätte** *f* <-, *ohne pl*> hielo *m* en las carreteras; **in höheren Lagen herrscht erhöhte Gefahr durch** ~ en las grandes alturas aumenta el riesgo a causa de la formación de hielo en las carreteras; **Straßengraben** *m* <-s, -gräben> cuneta *f;* **Straßenhaftung** *f* <-, *ohne pl*> (AUTO) adhesión *f* a la carretera; **Straßenhändler**(**in**) *m(f)* <-s, -; -, -nen> vendedor(a) *m(f)* ambulante; **Straßenjunge** *m* <-n, -n> golfo *m,* golfillo *m;* **Straßenkampf** *m* <-(e)s, -kämpfe> enfrentamiento *m* callejero; **Straßenkarte** *f* <-, -n> mapa *m* de carreteras; **Straßenkehrer**(**in**) *m(f)* <-s, -; -, -nen> (*reg*) barrendero, -a *m, f;* **Straßenkehrmaschine** *f* <-, -n> barredera *f;* **Straßenkreuzer** *m* <-s, -> (*fam*) cochazo *m;* **Straßenkreuzung** *f* <-, -en> cruce *m;* **Straßenlage** *f* <-, *ohne pl*> (AUTO) comportamiento *m* en carretera, adherencia *f* a la carretera; **der Wagen hat eine gute** ~ el coche va bien en carretera; **Straßenlärm** *m* <-(e)s, *ohne pl*> ruido *m* de la calle; **Straßenlaterne** *f* <-, -n> farol *m;* **Straßenmarkierung** *f* <-, -en> señalización *f* en la carretera [*o* calle]; **Straßenmeisterei** *f* <-, *ohne pl*> ≈Departamento *m* del Ministerio de Obras Públicas; **Straßenmusikant**(**in**) *m(f)* <-en, -en; -, -nen> músico, -a *m, f* ambulante; **Straßenname** *m* <-ns, -n> nombre *m* de una calle; **wie war der ~? Kepler-Straße?** ¿cómo se llamaba la calle? ¿Kepler-Straße?; **Straßen-**

S

netz *nt* <-es, -e> red *f* de carreteras; **Straßenrand** *m* <-(e)s, -ränder> margen *m* de la calle; **Straßenraub** *m* <-(e)s, *ohne pl*> atraco *m* a mano armada (en vía pública); **Straßenreinigung** *f* <-, *ohne pl*> limpieza *f* callejera; **Straßenrennen** *nt* <-s, -> (SPORT) carrera *f* (ciclista) en carretera; **Straßensammlung** *f* <-, -en> cuestación *f* pública; **Straßensänger(in)** *m(f)* <-s, -; -, -nen> cantante *mf* callejero, -a; **Straßenschild** *nt* <-(e)s, -er> señal *f* indicadora, letrero *m;* **Straßenseite** *f* <-, -n> lado *m* de la calle [*o* de la carretera]; **auf der anderen** ~ al otro lado de la calle; **Straßensperre** *f* <-, -n> barrera *f,* barricada *f;* **Straßensperrung** *f* <-, -en> cierre *m* de una calle [*o* de una carretera] a la circulación; **Straßenstrich** *m* <-(e)s, *ohne pl*> prostitución *f* callejera; **auf den** ~ **gehen** ejercer la prostitución en la calle; **Straßentransport** *m* <-(e)s, -e> transporte *m* por carretera; **Straßentunnel** *m* <-s, -> túnel *m* de carretera; **Straßenüberführung** *f* <-, -en> paso *m* elevado; **Straßenunterführung** *f* <-, -en> paso *m* subterráneo; **Straßenverhältnisse** *ntpl* estado *m* de las carreteras; **Straßenverkauf** *m* <-(e)s, *ohne pl*> **1.** (*Handel*) comercio *m* ambulante **2.** (*über die Straße*) venta *f* callejera

Straßenverkehr *m* <-s, *ohne pl*> tráfico *m* (rodado); **Straßenverkehrsordnung** ['---'---] *f* <-, -en> código *m* de circulación

Straßenwischer(in) *m(f)* <-s, -; -, -nen> (*Schweiz*) barrendero, -a *m, f;* **Straßenzug** *m* <-(e)s, -züge> calle *f*

Straßenzustand *m* <-(e)s, -stände> estado *m* de las carreteras; **Straßenzustandsbericht** *m* <-(e)s, -e> informe *m* sobre el estado de las carreteras

Stratege, **-in** [ʃtraˈteːgə] *m, f* <-n, -n; -, -nen> estratega *mf*

Strategie [ʃtrateˈgiː] *f* <-, -n> estrategia *f;* **Strategiepapier** *nt* <-s, -e> plan *m* estratégico

Strategin *f* <-, -nen> *s.* **Stratege**

strategisch *adj* estratégico; **ein** ~ **denkender Mensch** una persona que piensa estratégicamente

Strati *pl von* **Stratus**

Stratokumulus *m* <-, -kumuli> (METEO) estratocúmulo *m*

Stratosphäre [ʃtratoˈsfɛːrə, strato-] *f* <-, *ohne pl*> (METEO) estratosfera *f*

Stratus *m* <-s, Strati> (METEO) estrato *m*

sträuben [ˈʃtrɔɪbən] **I.** *vr:* **sich** ~ **1.** (*Haare, Fell*) erizarse, ponerse de punta **2.** (*sich wehren*) oponerse (*gegen* a), resistirse (*gegen* a) **II.** *vt* erizar; (*Gefieder*) hinchar; (*Fell*) poner tieso [*o* de punta]

Strauch [ʃtraʊx, *pl:* ˈʃtrɔɪçɐ] *m* <-(e)s, Sträucher> arbusto *m,* mata *f*

straucheln [ˈʃtraʊxəln] *vi sein* **1.** (*geh: stolpern*) tropezar (*über* con), dar un traspié(s) (*über* con) **2.** (*scheitern*) fracasar

Strauß[1] [ʃtraʊs] *m* <-es, -e> (*Vogel*) avestruz *m*

Strauß[2] [ʃtraʊs, *pl:* ˈʃtrɔɪsə] *m* <-es, Sträuße> (*Blumen~*) ramo *m* (de flores)

Straußenei *nt* <-(e)s, -er> huevo *m* de avestruz; **Straußenfeder** *f* <-, -n> pluma *f* de avestruz

Strauß(en)wirtschaft *f* <-, -en> (*südd, Österr*) *taberna abierta sólo temporalmente con el fin de vender el vino joven de cosecha propia*

Streamer [ˈstriːmɐ] *m* <-s, -> (INFOR) streamer *m*

Strebe [ˈʃtreːbə] *f* <-, -n> puntal *m;* **Strebebogen** *m* <-s, -bögen> (ARCHIT) arbotante *m*

streben [ˈʃtreːbən] *vi* **1.** *sein* (*sich bewegen*) dirigirse (*zu/nach* hacia), ir (directamente) (*zu/nach* a); **an die** [*o* **zur**] **Macht** ~ (*geh*) aspirar al poder **2.** (*sich bemühen*): **nach etw** ~ ansiar algo, aspirar a algo

Streben [ˈʃtreːbən] *nt* <-s, *ohne pl*> ambición *f* (*nach* de), afán *m* (*nach* de)

Strebepfeiler *m* <-s, -> contrafuerte *m*

Streber(in) *m(f)* <-s, -; -, -nen> (*abw*) ambicioso, -a *m, f,* arribista *mf,* olfa *mf RíoPl;* (*in der Schule*) empollón, -ona *m, f*

Streberei *f* <-, *ohne pl*> (*abw*) arribismo *m*

streberhaft *adj* (*abw*) ambicioso; (*Schüler*) empollón

Streberin *f* <-, -nen> *s.* **Streber**

Strebertum *nt* <-s, *ohne pl*> (*abw*) arribismo *m,* peloteo *m fam*

strebsam *adj* aplicado, diligente; (*ehrgeizig*) ambicioso

Strebsamkeit *f* <-, *ohne pl*> aplicación *f,* diligencia *f;* (*Ehrgeiz*) ambición *f*

Strecke [ˈʃtrɛkə] *f* <-, -n> **1.** (*Wegabschnitt*) trayecto *m,* tramo *m;* (*Eisenbahn~*) línea *f;* (SPORT) recorrido *m;* **gerade** ~ línea recta; **auf freier/halber** ~ durante el recorrido; **über weite ~n** (*größtenteils*) en grandes partes; **auf der** ~ **bleiben** (*fam fig*) quedarse en la estacada **2.** (*Entfernung*) distancia *f;* **eine ziemliche** ~ **zu fahren/gehen** una distancia grande con el coche/a pie **3.** (*Weg, Route*) camino *m,* ruta *f* **4.** (BERGB) galería *f* **5.** (MATH) segmento *m* rectilíneo **6.** (*Wend*): **jdn zur** ~ **bringen** (*verhaften*) echarle el guante a alguien; (*töten*) cargarse a alguien

strecken [ˈʃtrɛkən] **I.** *vt* **1.** (*Körperteil*) estirar; **lang gestreckt** alargado, largo; **er streckte die Beine von sich** estiró las piernas; **den Oberkörper** ~ estirarse, desperezarse; **den Finger** ~ (*fam*) levantar la mano [*o* el dedo]; **jdn zu Boden** ~ derribar a alguien de un golpe; **den Kopf aus dem Fenster** ~ asomar la cabeza por la ventana; **die Beine unter den Tisch** ~ estirar las piernas por debajo de la mesa **2.** (*Metall*) laminar **3.** (*Vorräte, Geld*) alargar, hacer rendir; (*verdünnen*) aguar **II.** *vr:* **sich** ~ **1.** (*sich aus~*) estirarse, tenderse **2.** (*sich recken*) desperezarse **3.** (*sich hinziehen*): **der Weg streckt sich** (*fam*) el camino se hace largo

Streckenabschnitt *m* <-(e)s, -e> tramo *m*, sección *f*; **Streckenarbeiter** *m* <-s, -> peón *m* de vía; **Streckenfracht** *f* <-, -en> (COM) flete *m* vía línea regular; **Streckengeschäft** *nt* <-(e)s, -e> (COM) venta *f* directa

Streckennetz *nt* <-es, -e> red *f* de líneas; **Streckennetzplan** *m* <-(e)s, -pläne> mapa *m* ferroviario

Streckenstilllegung[RR] *f* <-, -en> cierre *m* de vías; **Streckenwärter(in)** *m(f)* <-s, -; -, -nen> guardavía *mf*; **streckenweise** *adv* en (algunas) partes; **die Arbeit ist ~ gut** el trabajo es bueno en algunas partes

Streckmuskel *m* <-s, -n> (MED) músculo *m* extensor; **Streckverband** *m* <-(e)s, -bände> (MED) vendaje *m* distensor

Streetworker(in) ['striːtwœːkɐ] *m(f)* <-s, -; -, -nen> educador(a) *m(f)* de calle

Streich [ʃtraɪç] *m* <-(e)s, -e> **1.** (*geh: Schlag*) golpe *m*; **jdm einen ~ versetzen** golpear a alguien **2.** (*Schabernack*) jugarreta *f*, travesura *f*, ganga *f Mex*, cargada *f Arg*, fajada *f Ven*; **jdm einen ~ spielen** hacer(le) una jugarreta a alguien; **da hat mir mein Gedächtnis einen ~ gespielt** mi memoria me ha jugado [*o* gastado] una mala pasada

Streicheleinheiten *fpl* (*fam a.* PSYCH) caricias *fpl*, papachos *mpl Mex*

streicheln ['ʃtraɪçəln] *vt* acariciar

streichen ['ʃtraɪçən] <streicht, strich, gestrichen> **I.** *vt* **1.** (*an~*) pintar; **frisch gestrichen!** ¡recién pintado! **2.** (*durch~*) tachar, borrar, radiar *Am*; (*Zuschuss*) suprimir; (*Plan, Auftrag*) anular; **ich habe mich aus der Liste ~ lassen** hice que me tacharan de la lista; **„Nichtzutreffendes ~"** "táchese lo que no corresponda" **3.** (*Brötchen*) untar, preparar; (*Aufstrich*) untar; **Butter auf das Brot ~** untar mantequilla en el pan **4.** (*entfernen*) quitar; **ich strich mir das Haar aus der Stirn** me quité [*o* aparté] el pelo de la frente **5.** (*Stoff, Haare*): **glatt ~** alisar; **etw (mit der Hand) glatt ~** pasar la mano por algo **II.** *vi* **1.** *sein* (*umherstreifen*) vagar (*durch* por) **2.** (*darüber ~*) pasar (*mit, durch/über* por); (*mit der Hand*) pasar la mano (*durch/über* por); (*zärtlich*) acariciar (*über/durch*); **ein gestrichener Esslöffel Mehl** una cuchara rasa de harina

Streicher *pl* (MUS: *Orchesterteil*) instrumentos *mpl* de arco

streichfähig *adj* untable

Streichholz *nt* <-es, -hölzer> cerilla *f*, fósforo *m*, cerillo *m Mex*; **Streichholzschachtel** *f* <-, -n> caja *f* de cerillas, cerillero *m Am*

Streichinstrument *nt* <-(e)s, -e> instrumento *m* de cuerda [*o* de arco]; **Streichkäse** *m* <-s, -> queso *m* para untar; **Streichmusik** *f* <-, *ohne pl*> música *f* de arco; **~ machen** tocar un instrumento de arco; **Streichorchester** *nt* <-s, -> orquesta *f* de cuerda

Streichung *f* <-, -en> **1.** (*Abschaffung*) anulación *f*, cancelación *f*; (*von Stellen, im Etat*) recorte *m* **2.** (*im Text*) tachadura *f*

Streichwurst *f* <-, -würste> embutido *m* para untar

Streifband *nt* <-(e)s, -bänder> faja *f*; **Streifbandzeitung** *f* <-, -en> periódico *m* enviado con faja

Streife ['ʃtraɪfə] *f* <-, -n> patrulla *f*; **auf ~ gehen/sein** andar/estar de patrulla

streifen ['ʃtraɪfən] **I.** *vt* **1.** (*berühren*) rozar, tocar ligeramente; (*Frage, Problem*) tocar de pasada; **das Fahrzeug/Geschoss streifte sie am Oberschenkel** el coche/la bala le rozó la pierna; **er streift das Thema nur** sólo toca el tema por encima **2.** (*abziehen*) sacar (*von* de), quitar (*von* de); (*überziehen*) poner (*auf* a); **ich streifte mir den Ring auf den Finger** me puse el anillo en el dedo; **ich streifte mir den Ring vom Finger** me saqué el anillo del dedo **II.** *vi sein:* **durch ein Gebiet ~** caminar por [*o* recorrer] una región

Streifen ['ʃtraɪfən] *m* <-s, -> **1.** (*Linie*) raya *f*, línea *f* **2.** (*aus Stoff, Papier*) tira *f*; **etw in ~ schneiden** hacer tiras de algo **3.** (*fam: Film*) peli *f*

Streifendienst *m* <-(e)s, -e> **1.** (*Dienst*) (servicio *m* de) patrulla *f*; **~ haben** salir [*o* estar] de patrulla, hacer la ronda **2.** (*Personen*) patrulla *f*

Streifenkarte *f* <-, -n> tarjeta *f* multiviaje (*en la que se marcan franjas según las zonas*)

Streifenkode *m* <-s, -s> código *m* de barras

Streifenmuster *nt* <-s, -> diseño *m* de rayas, dibujo *m* de rayas; **Krawatten mit ~** corbatas a rayas

Streifenpolizist(in) *m(f)* <-en, -en; -, -nen> policía *mf* de patrulla; **Streifenwagen** *m* <-s, -> coche *m* patrulla

streifig ['ʃtraɪfɪç] *adj* rayado; **~ sein** estar rayado; **die Fenster sind ganz ~** las ventanas están completamente rayadas [*o* llenas de rayas]

Streiflicht *nt* <-(e)s, -er> **1.** (*Lichtschein*) reflejo *m* de luz **2.** (*Erläuterung*) explicación *f* (breve); **~er auf etw werfen** explicar algo (brevemente); **Streifschuss**[RR] *m* <-es, -schüsse> disparo *m* que pasa rozando; **Streifzug** *m* <-(e)s, -züge> **1.** (*Erkundungszug*) excursión *f* (*durch* por/en) **2.** (*kurzer Überblick*) panorama *m* (*durch* de)

Streik [ʃtraɪk] *m* <-(e)s, -s> huelga *f*; **in (den) ~ treten** declararse en huelga; **zum ~ aufrufen** convocar una huelga; **im ~ stehen** estar en huelga; **einen ~ beschließen** acordar declararse en huelga; **einen ~ brechen** interrumpir una huelga; **örtlich begrenzter ~** huelga (de carácter) local; **wilder ~** huelga no organizada [*o* espontánea]; **Streikab-**

stimmung *f* <-, -en> votación *f* de huelga; **Streikankündigung** *f* <-, -en> aviso *m* de huelga; **Streikaufruf** *m* <-(e)s, -e> llamamiento *m* a la huelga; **Streikbrecher(in)** *m(f)* <-s, -; -, -nen> esquirol *mf*

streiken [ˈʃtraɪkən] *vi* **1.** (*Arbeiter*) ponerse en huelga (*für* para), estar en huelga (*für* para) **2.** (*fam: sich weigern*) pasar; (*Motor*) no funcionar

Streikende(r) *mf* <-n, -n; -n, -n> huelgista *mf*

Streikgeld *nt* <-es, *ohne pl*> subsidio *m* de huelga; **Streikkasse** *f* <-, -n> caja *f* de subsidio (*para los huelguistas*); **Streikposten** *m* <-s, -> piquete *m* (de huelga); **Streikrecht** *nt* <-(e)s, *ohne pl*> derecho *m* de huelga; **Streikwelle** *f* <-, -n> oleada *f* de huelgas

Streit [ʃtraɪt] *m* <-(e)s, -e> riña *f*, disputa *f* (*um* por, *über* sobre), pelea *f* (*um* por); (*Rechts~*) litigio *m*, pleito *m*; **einen ~ schlichten** zanjar una discusión; **wir haben ~** estamos peleados; **wegen etw mit jdm ~ bekommen** pelearse con alguien por algo; **ein ~ um Worte** una disputa por palabras; **in ~ geraten** ponerse a pelear; **du suchst wohl ~?** ¿andas buscando [*o* tienes ganas de] pelea?; **ich will keinen ~ mit dir** no tengo ganas de pelearme contigo; **wir trennten uns im ~** acabamos peleados

Streitaxt *f* <-, -äxte> (HIST) hacha *f* de combate

streitbar *adj* (*geh*) combativo

streiten [ˈʃtraɪtən] <streitet, stritt, gestritten> **I.** *vi* **1.** (*zanken*) pelear (*um* por) **2.** (*mit Worten*) discutir (*über* sobre), debatir (*über* sobre); **darüber lässt sich ~** esto es discutible **II.** *vr:* **sich ~** pelearse (*um/wegen* por); **sie streitet sich mit ihm wegen jeder Kleinigkeit** se pelea con él por cualquier tontería; **wenn zwei sich ~, freut sich der Dritte** (*prov*) cuando se pelean dos se alegra un tercero

Streiter(in) [ˈʃtraɪtɐ] *m(f)* <-s, -; -, -nen> (*geh*) luchador(a) *m(f)*; **ein ~ für eine gerechte Sache** un defensor [*o* paladín] de una causa justa

Streiterei *f* <-, -en> (*abw*) querellas *fpl*, disputas *fpl*

Streiterin *f* <-, -nen> *s.* **Streiter**

Streitfall *m* <-(e)s, -fälle> conflicto *m*; (JUR) litigio *m*; (POL) contencioso *m*; **im ~** en caso de litigio; **Streitfrage** *f* <-, -n> **1.** (*strittiger Punkt*) objeto *m* de disputa; (JUR) punto *m* litigioso **2.** (*Streitfall*) controversia *f*; **Streitgenossenschaft** *f* <-, -en> (JUR) litisconsorcio *m*; **Streitgespräch** *nt* <-(e)s, -e> disputa *f*, contienda *f*, controversia *f*; **Streithammel** *m* <-s, -> (*fam*) buscapleitos *mf inv*, buscarruidos *mf inv*; **nun seid doch keine ~ und vertragt euch wieder** venga, dejad de andar a la greña y haced de nuevo las paces

streitig *adj* **1.** (JUR) litigioso, contencioso **2.** (*strittig*) controvertido, disputable; **jdm etw ~ machen** disputar algo a alguien

Streitigkeit *f* <-, -en> riña *f*, contienda *f*; **vermögensrechtliche ~** litigio sobre derecho patrimonial

Streitkräfte *fpl* fuerzas *fpl* armadas; **streitlustig** *adj* disputador; (*aggressiv*) agresivo; **Streitmacht** *f* <-, *ohne pl*> (*alt*) fuerzas *fpl* armadas, ejército *m*; **Streitpunkt** *m* <-(e)s, -e> punto *m* de discordia; **Streitschrift** *f* <-, -en> escrito *m* polémico; **streitsüchtig** *adj* pendenciero, fregado *Mex*; **Streitverkündung** *f* <-, -en> (JUR) denuncia *f* de un litigio; **Streitwagen** *m* <-s, -> (HIST) carro *m* de guerra; **Streitwert** *m* <-(e)s, -e> (JUR) cuantía *f* litigiosa, valor *m* de la demanda

streng [ʃtrɛŋ] *adj* **1.** (*allgemein*) severo, fregado *Ecua, Pan*; (*hart*) duro, riguroso; (*genau*) estricto; **~e Bewachung** estrecha vigilancia; **jdn ~ ansehen, das wird ~ bestraft** esto se castiga duramente, mirar a alguien severamente; **~ genommen** en rigor; **~ genommen ist das verboten** en rigor está prohibido; **es mit etw** *dat* **~ nehmen** ser riguroso con algo; **er ist sehr ~ zu** [*o* **mit**] **ihr** es muy severo con ella; **das ist ~ verboten!** ¡eso está terminantemente prohibido! **2.** (*Stillschweigen, Diskretion*) absoluto; **~ geheim** bajo absoluta discreción; **~ vertraulich** absolutamente confidencial; **~e Bettruhe verordnen** ordenar un reposo absoluto **3.** (*Geruch, Geschmack*) acre, fuerte **4.** (*schmucklos*) austero **5.** (*Kälte*) intenso; (*Winter*) duro **6.** (*konsequent*) consecuente **7.** (*Schweiz: anstrengend*) duro, fatigoso; **wir haben es ~ gehabt** lo hemos pasado muy mal

Strenge [ˈʃtrɛŋə] *f* <-, *ohne pl*> **1.** (*Striktheit*) severidad *f*; (*Exaktheit*) exactitud *f* **2.** (*Schmucklosigkeit*) austeridad *f* **3.** (*eines Geruchs, Geschmacks*) acritud *f* **4.** (*des Winters*) rigor *m*

strenggenommen *adv s.* **streng 1.**

stronggläubig *adj* (muy) creyente, ortodoxo

streng|nehmen *irr vt s.* **streng 1.**

Streptokokkus [ʃtrɛptoˈkɔkʊs] *m* <-, -kokken> estreptococo *m*

Stress[RR] [ʃtrɛs] *m* <-es, *ohne pl*>, **Streß** *m* <-sses, *ohne pl*> estrés *m*; (**voll**) **im ~ sein** (*fam*) estar (muy) liado; **unter ~ stehen** estar bajo estrés [*o* estresado]

stressen [ˈʃtrɛsən] *vi, vt* (*fam*) estresar, producir estrés (a); **die Arbeit stresst mich total** el trabajo me estresa un montón

Stressfaktor[RR] *m* <-s, -en> factor *m* de presión; **stressfrei**[RR] *adj* sin estrés; **stressgeplagt**[RR] **I.** *adj* torturado por el estrés **II.** *adv* bajo un terrible estrés

stressig *adj* (*fam*) estresante, agobiante

Stresssituation[RR] *f* <-, -en> situación *f* de estrés

Stretching [ˈstrɛtʃɪŋ] *nt* <-s, *ohne pl*> estiramiento *m*

Streu [ʃtrɔɪ] *f* <-, *ohne pl*> paja *f* (*como lecho*)

Streubüchse *f* <-, -n> (*für Salz*) salero *m;* (*für Zucker*) azucarero *m;* (*für Pfeffer*) pimentero *m;* **Streudiagramm** *nt* <-s, -e> (INFOR) diagrama *m* de puntos

Streudose *f* <-, -n> *s.* **Streubüchse**

streuen ['ʃtrɔɪən] **I.** *vt* **1.** (*verteilen*) esparcir (*durch/auf* por), dispersar (*auf* por); (*Pulver*) espolvorear; **Zucker auf den Kuchen ~** espolvorear el pastel con azúcar; **Gerüchte ~** levantar rumores **2.** (*Straße*) echar arenilla [*o* sal] (*contra el hielo*) (a) **II.** *vi* **1.** (*Straße*) echar arenilla [*o* sal] **2.** (PHYS) dispersar

Streuer *m* <-s, -> *s.* **Streubüchse**

Streufahrzeug *nt* <-(e)s, -e> camión *m* esparcidor de arenilla; **Streugut** *nt* <-s, *ohne pl*> *sal o arenilla que se esparce para evitar hielos*

streunen ['ʃtrɔɪnən] *vi sein* vagabundear (*durch* por); **durch die Stadt ~** callejear; **~der Hund** perro vagabundo [*o* callejero]

Streusalz *nt* <-es, *ohne pl*> sal *f* de deshielo; **Streusand** *m* <-(e)s, *ohne pl*> arenilla *f*

Streusel ['ʃtrɔɪzəl] *m o nt* <-s, -> *bolita de mantequilla, azúcar y harina para cubrir pasteles;* **Streuselkuchen** *m* <-s, -> *pastel cubierto con bolitas de mantequilla, azúcar y harina*

Streuung *f* <-, -en> (*a.* PHYS) dispersión *f*

strich [ʃtrɪç] *3. imp von* **streichen**

Strich[1] [ʃtrɪç] *m* <-(e)s, -e> (*Linie*) línea *f,* raya *f;* (*auf Skalen*) marca *f;* (*Pinsel~*) pincelada *f;* **jdm einen ~ durch die Rechnung machen** (*fam fig*) desbaratar los proyectos de alguien; **einen ~ unter etw ziehen** (*fig*) poner punto final a algo; **unter dem ~** (*als Ergebnis*) a fin de cuentas; **sie ist nur noch ein ~ in der Landschaft** (*fam*) está en los huesos

Strich[2] *m* <-(e)s, *ohne pl*> **1.** (*der Haare, des Fells*) sentido *m;* **gegen den ~** a contrapelo; **mit dem ~** en el sentido del pelo; **das geht mir gegen den ~** (*fam*) eso me viene a contrapelo; **jdn nach ~ und Faden verprügeln** (*fam*) dar(le) una buena paliza a alguien **2.** (*fam: Prostitution*) prostitución *f* callejera; **auf den ~ gehen** hacer la carrera

Strichcode *m* <-s, -s> *s.* **Strichkode**

stricheln ['ʃtrɪçəln] *vt* **1.** (*zeichnen*) trazar a rayas; **eine gestrichelte Linie** una línea discontinua **2.** (*schraffieren*) rayar

Stricher(in) *m(f)* <-s, -; -, -nen> (*fam*) puto, -a *m, f* callejero, -a

Strichjunge *m* <-n, -n> (*fam*) chapero *m,* puto *m* callejero

Strichkode *m* <-s, -s> código *m* de barras

strichlieren* [ʃtrɪç'liːrən] *vt* (*Österr*) *s.* **stricheln**

Strichliste *f* <-, -n> lista *f* a rayas; **Strichmädchen** *nt* <-s, -> (*fam*) puta *f* callejera; **Strichmännchen** *nt* <-s, -> monigote *m;* **Strichpunkt** *m* <-(e)s, -e> punto *m* y coma; **Strichvogel** *m* <-s, -vögel> ave *f* de paso; **strichweise** *adv* en algunas partes; **~ Schneefall** nevadas locales; **Strichzeichnung** *f* <-, -en> dibujo *m* a rayas

Strick [ʃtrɪk] *m* <-(e)s, -e> **1.** (*Seil*) cuerda *f,* soga *f;* **wenn alle ~e reißen** (*fam fig*) en el peor de los casos; **jdm aus etw einen ~ drehen** (*fig*) utilizar algo en contra de alguien; **dann kann ich mir den ~ nehmen** [*o* **einen ~ kaufen**] (*fam*) entonces ya puedo colgarme (de un árbol) **2.** (*fam: Schlingel*) bribón, -ona *m, f*

Strickbündchen *nt* <-s, -> ribete *m* de punto

stricken ['ʃtrɪkən] **I.** *vt* hacer a punto; **selbst gestrickt** hecho por uno mismo, tejido por uno mismo *Am;* **ist dieser Pullover selbst gestrickt?** ¿has hecho tú este jersey?; **eine gestrickte Jacke** una chaqueta de punto; **er strickt einen Pullover** hace un jersey de punto **II.** *vi* hacer punto; **an einem Pullover ~** hacer un jersey de punto

Strickgarn *nt* <-(e)s, -e> hilo *m* para labores de punto; **Strickhemd** *nt* <-(e)s, -en> camiseta *f* de punto; **Strickjacke** *f* <-, -n> rebeca *f,* chaqueta *f* de punto

Strickleiter *f* <-, -n> escala *f* de cuerda

Strickmaschine *f* <-, -n> tricotosa *f;* **Strickmuster** *nt* <-s, -> patrón *m* de punto; **Stricknadel** *f* <-, -n> aguja *f* para hacer punto; **Strickwaren** *fpl* géneros *mpl* de punto; **Strickweste** *f* <-, -n> chaqueta *f* de punto; **Strickzeug** *nt* <-(e)s, *ohne pl*> (*Handarbeit*) labor *m* de punto

Striegel ['ʃtriːgəl] *m* <-s, -> almohaza *f*

striegeln *vt* (*Pferd*) almohazar; (*bürsten*) cepillar

Strieme ['ʃtriːmə] *f* <-, -n>, **Striemen** ['ʃtriːmən] *m* <-s, -> verdugón *m*

strikt [ʃtrɪkt] *adj* estricto, riguroso; **etw ~ befolgen** cumplir algo estrictamente

String [ʃtrɪŋ] *m* <-s, -s> (INFOR: *Zeichenkette*) cadena *f* de caracteres

stringent [ʃtrɪŋ'gɛnt, strɪŋ'gɛnt] *adj* convincente, contundente; (*logisch*) lógico

Strip [strɪp] *m* <-s, -s> *Kurzw. für* **Striptease**

Strippe ['ʃtrɪpə] *f* <-, -n> (*fam*) cuerda *f,* cordón *m;* **jdn an der ~ haben** tener a alguien al teléfono

strippen ['strɪpən] *vi* (*fam: sich ausziehen*) hacer un strip-tease; (*als Stripper(in) arbeiten*) trabajar como artista de strip-tease

Stripper(in) *m(f)* <-s, -; -, -nen> artista *mf* de strip-tease

Striptease ['ʃtrɪptiːs, 'strɪptiːs] *m o nt* <-, *ohne pl*> estriptis *m inv,* striptease *m inv,* strip-tease *m inv;* **Stripteaselokal** *nt* <-(e)s, -e> sala *f* de striptease; **Stripteasetänzer(in)** *m(f)* <-s, -; -, -nen> bailarín, -ina *m, f* de striptease [*o* de strip-tease]

stritt [ʃtrɪt] *3. imp von* **streiten**

strittig ['ʃtrɪtɪç] *adj* disputable, cuestionable;

(*umstritten*) discutido

Stroh [ʃtroː] *nt* <-(e)s, *ohne pl*> paja *f;* ~ **im Kopf haben** (*fam*) tener la cabeza llena de paja; **leeres ~ dreschen** (*fam*) hablar de cosas muy superficiales; **Strohballen** *m* <-s, -> paca *f* de paja; **strohblond** [ˈ-ˈ-] *adj* rubio pajizo; **Strohblume** *f* <-, -n> siempreviva *f;* **Strohdach** *nt* <-(e)s, -dächer> techo *m* de paja; **strohdumm** [ˈ-ˈ-] *adj* (*fam*) tonto, imbécil; **Strohfeuer** *nt* <-s, -> fuego *m* de paja; **es war nur ein ~** (*fig*) ha sido sólo la emoción del primer momento; **Strohhalm** *m* <-(e)s, -e> **1.** (*Halm*) tallo *m* de paja; **nach dem rettenden ~ greifen** agarrarse a un clavo ardiendo; **sich an jeden ~ klammern, nach jedem ~ greifen** (*fig*) agarrarse a cualquier cosa **2.** (*Trinkhalm*) pajita *f,* popote *m Mex;* **Strohhut** *m* <-(e)s, -hüte> sombrero *m* de paja, cogollo *m ZAm, Ant*

strohig [ˈʃtroːɪç] *adj* pajizo, a [*o* de] paja; **seine Haare waren ~** tenía el cabello estropajoso; **die Plätzchen hatten einen ~en Geschmack** las galletas estaban muy secas

Strohkopf *m* <-(e)s, -köpfe> (*fam abw*) imbécil *mf,* cabeza *f* hueca; **Strohmann** *m* <-(e)s, -männer> testaferro *m,* hombre *m* de paja, palo *m* blanco *Am;* **Strohsack** *m* <-(e)s, -säcke> jergón *m* (de paja); **ach du heiliger ~!** (*fam*) ¡caramba!, ¡corcho!, ¡contra!; **Strohwitwe** *f* <-, -n> (*fam*): ~ **sein** estar sin marido; **Strohwitwer** *m* <-s, -> (*fam*): ~ **sein** estar de Rodríguez

Strolch [ʃtrɔlç] *m* <-(e)s, -e> **1.** (*abw: Gauner*) golfo, -a *m, f,* gamberro, -a *m, f* **2.** (*fam: Kind*) pilluelo, -a *m, f,* golfillo, -a *m, f*

Strom [ʃtroːm] *m* <-(e)s, Ströme> **1.** (*Fluss, Strömung*) corriente *f;* (*a. fig*) río *m,* raudal *m;* **der Wein floss in Strömen** el vino corría a raudales; **in Strömen regnen** llover a cántaros; **gegen den ~ schwimmen** nadar contra la corriente; **mit dem ~ schwimmen** dejarse llevar por la corriente **2.** (ELEK) corriente *f;* ~ **führend** conductor, con corriente; **unter ~ stehen** (*Kabel, Zaun*) estar conectado a la corriente (eléctrica); (*fam: Mensch*) echar humo por las orejas de tanto trabajo **3.** (*Menschen~*) oleada *f*

Stromabnehmer *m* <-s, -> **1.** (*Person*) consumidor(a) *m(f),* abonado, -a *m, f* **2.** (ELEK) toma *f* de corriente, tomacorriente *m Am*

stromabwärts [-ˈ--] *adv* río abajo; **stromaufwärts** [-ˈ--] *adv* río arriba

Stromausfall *m* <-(e)s, -fälle> apagón *m*

strömen [ˈʃtrøːmən] *vi sein* **1.** (*Fluss*) fluir **2.** (*Blut, Wasser*) correr **3.** (*Menschen*) acudir en masa (*zu/nach* a)

Stromer [ˈʃtroːmɐ] *m* <-s, -> (*fam*) vagabundo, -a *m, f;* **na, du kleiner ~, wo kommst du denn her?** y tú qué, andarín, ¿de dónde vienes?

Stromerzeuger *m* <-s, -> generador *m;* **Stromerzeugung** *f* <-, -en> generación *f* de corriente; **stromführend** *adj s.* **Strom 2.**

Stromgebiet *nt* <-(e)s, -e> cuenca *f* (de un río)

Stromkabel *nt* <-s, -> línea *f* eléctrica; **Stromkreis** *m* <-es, -e> circuito *m* (eléctrico); **Stromleitung** *f* <-, -en> conducción *f* de corriente (eléctrica); **Stromlieferant** *m* <-en, -en> suministrador(a) *m(f)* de corriente (eléctrica), abastecedor(a) *m(f)* de corriente (eléctrica)

Stromlinienform *f* <-, -en> forma *f* aerodinámica; **stromlinienförmig** *adj* aerodinámico

Stromnetz *nt* <-es, -e> red *f* eléctrica; **Stromquelle** *f* <-, -n> fuente *f* de corriente; **Stromrechnung** *f* <-, -en> cuenta *f* de electricidad

Stromschnelle *f* <-, -n> rápido *m,* correderा *f CSur*

Stromsparfunktion *f* <-, -en> (INFOR, TECH) función *f* para ahorrar energía

Stromsperre *f* <-, -n> corte *m* de corriente; **Stromstärke** *f* <-, -n> intensidad *f* de la corriente; **Stromstoß** *m* <-es, -stöße> impulso *m* de corriente

Strömung *f* <-, -en> corriente *f;* **Strömungsmesser** *m* <-s, -> (PHYS) medidor *m* de flujo, reómetro *m,* hidrómetro *m*

Stromverbrauch *m* <-(e)s, *ohne pl*> consumo *m* de electricidad; **Stromversorgung** *f* <-, *ohne pl*> suministro *m* de corriente; **Stromzähler** *m* <-s, -> contador *m* eléctrico

Strontium [ˈʃtrɔntsiʊm, ˈstrɔntsiʊm] *nt* <-s, *ohne pl*> (CHEM) estroncio *m*

Strophantin [ʃtrofanˈtiːn, strofanˈtiːn] *nt* <-s, -e> estrofanto *m*

Strophe [ˈʃtroːfə] *f* <-, -n> estrofa *f*

strotzen [ˈʃtrɔtsən] *vi* (*vor Freude, Gesundheit*) rebosar (*von/vor* de); (*voll sein*) estar lleno (*von/vor* de); **der Aufsatz strotzt vor Fehlern** la redacción está llena de faltas

strubbelig [ˈʃtrʊbəlɪç] *adj* desgreñado, enmarañado

Strubbelkopf *m* <-(e)s, -köpfe> (*fam*) **1.** (*Kopfhaar*) greña *f;* **mit deinem ~ könntest du mal wieder zum Friseur gehen** ya podrías ir otra vez al barbero con esas greñas que tienes [*o* con lo greñudo que estás] **2.** (*Mensch*) greñudo, -a *m, f*

Strudel [ˈʃtruːdəl] *m* <-s, -> **1.** (*im Wasser*) remolino *m;* **in einen ~ geraten** (*Boot*) echarse a perder **2.** (*Speise*) *rollo de hojaldre relleno,* strudel *m Am*

strudeln [ˈʃtruːdəln] *vi* (ar)remolinarse, hacer remolinos

Struktur [ʃtrʊkˈtuːɐ] *f* <-, -en> estructura *f*

Strukturalismus *m* <-, *ohne pl*> (LING) estructuralismo *m*

Strukturanpassungsprogramm *nt* <-s, -e> programa *m* de reajuste estructural; **Struktureinheit** *f* <-, -en> unidad *f* estructural

strukturell [ʃtrʊktuˈrɛl] *adj* estructural; **~e Gewalt** (POL) poder estructural

Strukturformel *f* <-, -n> (CHEM) fórmula *f* estructural; **Strukturhilfe** *f* <-, -n> (WIRTSCH) ayuda *f* estructural

strukturieren* [ʃtrʊktuˈriːrən] *vt* estructurar

Strukturierung *f* <-, -en> estructuración *f*

Strukturkrise *f* <-, -n> (WIRTSCH) crisis *f inv* estructural; **Strukturreform** *f* <-, -en> reforma *f* estructural; **strukturschwach** *adj* (WIRTSCH) poco desarrollado; **Strukturschwäche** *f* <-, -n> (WIRTSCH) falta *f* de infraestructura, déficit *m inv* estructural; **strukturverändernd** *adj* que cambia la estructura; **Strukturverschiebung** *f* <-, -en> cambio *m* estructural; **Strukturwandel** *m* <-s, *ohne pl*> cambio *m* de estructura

Strumpf [ʃtrʊmpf, *pl:* ˈʃtrʏmpfə] *m* <-(e)s, Strümpfe> media *f;* (*kurzer*) calcetín *m;* **auf Strümpfen** descalzo; **Strumpfband** *nt* <-(e)s, -bänder> liga *f*

Strumpfhalter *m* <-s, -> liguero *m,* portaligas *m inv Am;* **Strumpfhaltergürtel** *m* <-s, -> liguero *m*

Strumpfhose *f* <-, -n> panty *m,* pantimedia(s) *f(pl) Mex;* **Strumpfmaske** *f* <-, -n> media *f* (para tapar la cara); **Strumpfwaren** *fpl* medias *fpl*

Strunk [ʃtrʊŋk, *pl:* ˈʃtrʏŋkə] *m* <-(e)s, Strünke> **1.** (*von Gemüse*) troncho *m* **2.** (*Baum~*) tronco *m*

struppig [ˈʃtrʊpɪç] *adj* hirsuto, erizado

Struwwelpeter [ˈʃtrʊvəlpeːtɐ] *m* <-s, -> (*fam: Kind*) niño, -a *m, f* desgreñado, -a [*o* greñudo, -a] *m, f;* **der ~** (*Kinderbuch*) Pedro el Greñas

Strychnin [ʃtrʏçˈniːn, strʏçˈniːn] *nt* <-s, *ohne pl*> estricnina *f*

Stube [ˈʃtuːbə] *f* <-, -n> cuarto *m,* habitación *f;* **die gute ~** el salón; **Stubenälteste(r)** [-ʔɛltəstɐ] *mf* <-n, -n; -n, -n> jefe, -a *m, f* de cuarto (por antigüedad); **Stubenarrest** *m* <-(e)s, -e> (*fam*): **~ haben/bekommen** no poder salir (*un niño, como castigo, de casa o de su habitación*); **Stubenfliege** *f* <-, -n> mosca *f* (doméstica); **Stubengelehrte(r)** *mf* <-n, -n; -n, -n> (*alt abw*) erudito, -a *m, f* encerrado, -a en su mundo [*o* aislado, -a del mundo]; **Stubenhocker(in)** *m(f)* <-s, -; -, -nen> (*fam abw*) persona *f* casera; **stubenrein** *adj* (*Tier*) aseado; (*Witz*) decoroso, suave, para todos los públicos

Stuck [ʃtʊk] *m* <-(e)s, *ohne pl*> **1.** (*Material*) estuco *m* **2.** (*~arbeit*) estucado *m*

Stück [ʃtʏk] *nt* <-(e)s, -e> **1.** (*allgemein*) pieza *f;* (*Vieh*) cabeza *f;* **am** [*o* **im**] **~** (*auf einmal*) de un golpe; **ich nehme sechs ~ von diesen Eiern** me llevo seis huevos de éstos; **sie kosten drei Mark das ~** cuestan tres marcos cada uno; **ich brauche ein ~ Papier** necesito una hoja; **~ Land** parcela *f;* **ein seltenes ~** un ejemplar raro; **du bist mein/unser bestes ~** (*fam*) eres lo que más quiero/queremos; **ein ~ spazieren gehen** pasear un rato; **das ist ein starkes ~!** (*fam*) ¡qué barbaridad!; **kein ~!** (*fam*) ¡ni hablar! **2.** (*Teil*) trozo *m,* pedazo *m,* troncho *m CSur;* **etw in ~e schlagen** romper algo en trozos; **die Vase ist in ~e gegangen** el jarrón se ha hecho pedazos; **~ für ~** pieza por pieza; (*fig*) poco a poco; **große ~e auf jdn halten** (*fam*) estimar mucho a alguien; **das ist ein schweres ~ Arbeit** es mucho trabajo; **wir sind ein gutes ~ weitergekommen** hemos avanzado bastante; **aus freien ~en** voluntariamente **3.** (*Theater~*) obra *f,* pieza *f* **4.** (*Musik~*) pieza *f* **5.** (*fam abw: Person*): **du gemeines ~!** ¡hijo de perra!

Stückarbeit *f* <-, *ohne pl*> **1.** (*Akkordarbeit*) (trabajo *m* a) destajo *m* **2.** (*fam: Flickwerk*) chapucería *f*

Stuckateur(in)RR [ʃtʊkaˈtøːɐ] *m(f)* <-s, -e; -, -nen> estucador(a) *m(f)*

stückeln [ˈʃtʏkəln] *vt* (COM) fraccionar

Stückelung *f* <-, -en> (FIN) fraccionamiento *m;* **in welcher ~ hätten Sie die 1000 Mark gern?** ¿cómo quiere los 1000 marcos: en billetes, en monedas?

Stückgut *nt* <-(e)s, -güter> bulto *m* suelto, mercancía *f* en fardos; **als ~ versenden** envíar en bultos sueltos; **Stückgutlieferung** *f* <-, -en> entrega *f* de mercancías sueltas; **Stückgutsendung** *f* <-, -en> envío *m* de mercancías sueltas; **Stückgutverkehr** *m* <-(e)s, *ohne pl*> tráfico *m* de mercancías sueltas

Stückkosten *pl* coste *m* por unidad

Stücklohn *m* <-es, -löhne> (WIRTSCH) salario *m* por unidad; **Stücklohnarbeit** *f* <-, -en> (WIRTSCH) trabajo *m* a destajo

Stückpreis *m* <-es, -e> precio *m* por pieza [*o* por unidad]; **stückweise** *adv* por piezas, suelto; **Stückwerk** *nt* <-s, *ohne pl*> obra *f* inacabada, trabajo *m* imperfecto; **~ bleiben** quedar incompleto; **Stückzahl** *f* <-, -en> (WIRTSCH) número *m* de piezas; **große ~** número elevado de piezas

stud. *Abk. von* **studiosus** estudiante

Student(in) [ʃtuˈdɛnt] *m(f)* <-en, -en; -, -nen> estudiante *mf,* universitario, -a *m, f;* **Studentenausschuss**RR *m* <-es, -schüsse> (UNIV) comité *m* de estudiantes; **Studentenausweis** *m* <-es, -e> carné *m* de estudiante; **Studentenfutter** *nt* <-s, *ohne pl*> *mezcla de frutos secos y pasas con alto valor alimenticio;* **Studentenheim** *nt* <-(e)s, -e> *s.* **Studentenwohnheim**; **Studentenleben** *nt* <-s, *ohne pl*> vida *f* de estudiante [*o* estudiantil]

Studentenschaft *f* <-, *ohne pl*> estudiantado *m*

Studentenverbindung *f* <-, -en> (UNIV) *asociación estudiantil jerarquizada, con uniforme y reglas propias más o menos estrictas que ofrece a sus miembros alojamiento,* *apoyo profesional, etc.;* **Studentenwerk** *nt* <-(e)s, -e> *en Alemania institución universitaria para la asistencia social de los estudiantes;* **Studentenwohnheim** *nt* <-(e)s, -e> residencia *f* estudiantil, Colegio *m* Mayor

Studentin *f* <-, -nen> *s.* **Student**

studentisch *adj* estudiantil

Studie ['ʃtu:diə] *f* <-, -n> **1.** (*Entwurf*) esbozo *m* **2.** (*Untersuchung*) estudio *m*

Studien *pl von* **Studie**, **Studium**

Studienabbrecher(in) *m(f)* <-s, -; -, -nen> estudiante *mf* que abandona la carrera universitaria; **Studienabschluss[RR]** *m* <-es, -schlüsse> (*Grad*) título *m* (universitario); **Studienanfänger(in)** *m(f)* <-s, -; -, -nen> estudiante *mf* de primer año; **Studienbeihilfe** *f* <-, -n> ayuda *f* financiera para los estudios; **Studienberater(in)** *m(f)* <-s, -; -, -nen> asesor(a) *m(f)* de estudios; **Studienberatung** *f* <-, -en> servicio *m* de asesoramiento para estudiantes; **Studienbuch** *nt* <-(e)s, -bücher> ≈certificación *f* académica personal (*librillo en el que constan todos los datos referidos a los estudios universitarios*); **Studiendirektor(in)** *m(f)* <-s, -en; -, -nen> (SCH) jefe, -a *m, f* de estudios (*en un instituto de enseñanza media*); **Studienfach** *nt* <-(e)s, -fächer> asignatura *f;* **Studienfahrt** *f* <-, -en> *s.* Studienreise; **Studienfreund(in)** *m(f)* <-(e)s, -e; -, -nen> compañero, -a *m, f* de la universidad; **Studiengang** *m* <-(e)s, -gänge> carrera *f;* **Studiengebühr** *f* <-, -en> (derechos *mpl* de) matrícula *f*

studienhalber [-halbɐ] *adv* por razón de estudios

Studienjahr *nt* <-(e)s, -e> curso *m* (académico)

Studienplatz *m* <-es, -plätze> plaza *f* (universitaria); **Studienplatztausch** *m* <-(e)s, *ohne pl*> cambio *m* de plaza universitaria; **Studienrat, -rätin** *m, f* <-(e)s, -räte; -, -nen> (SCH) catedrático, -a *m, f* de Instituto; **Studienreferendar(in)** *m(f)* <-s, -e; -, -nen> (SCH) aspirante *mf* a profesor(a) de instituto; **Studienreise** *f* <-, -n> viaje *m* de estudios; (*am Schuljahresende*) viaje *m* fin de curso

Studienzeit *f* <-, -en> años *mpl* de carrera; **etw während der ~ machen** hacer algo durante la carrera; **sich gerne an seine ~ zurückerinnern** recordar con agrado los tiempos de la facultad; **Studienzeitbegrenzung** *f* <-, -en> límite *m* de duración de los estudios universitarios

Studienzweck *m* <-(e)s, -e> objeto *m* de estudio; **zu ~en** para estudiar

studieren* [ʃtu'di:rən] *vi, vt* estudiar (*an/in* en); **Hispanistik ~** estudiar Filología Hispánica

Studierende(r) *mf* <-n, -n; -n, -n> estudiante *mf*

studiert [ʃtu'di:ɐt] *adj* (*fam*) que ha estudiado; (*gebildet*) culto, leído

Studierzimmer *nt* <-s, -> (*alt*) (habitación *f* de) estudio *m*

Studio ['ʃtu:dio] *nt* <-s, -s> estudio *m*

Studiosus [ʃtudi'o:zʊs] *m* <-, Studiosi> (*fam*) estudiante *m*

Studium[1] ['ʃtu:diʊm] *nt* <-s, *ohne pl*> (*akademische Ausbildung*) carrera *f,* estudios *mpl* universitarios; **das ~ der Chemie** la carrera de química; **er ist noch im ~** estudia todavía; **ein ~ mit einer Zwei abschließen** acabar una carrera con una nota media de notable

Studium[2] *nt* <-s, Studien> (*Erforschung*) estudio *m*

Stufe ['ʃtu:fə] *f* <-, -n> **1.** (*Treppen~*) peldaño *m,* escalón *m;* **Vorsicht, ~!** ¡cuidado con el escalón! **2.** (*Ebene*) nivel *m;* (*Rang*) grado *m;* **sich mit jdm auf eine ~ stellen** equipararse con alguien **3.** (*Abschnitt*) fase *f,* etapa *f;* **die Produktion erfolgt in mehreren ~n** la producción tiene varias fases

stufen ['ʃtu:fən] *vt* **1.** (*Boden*) escalonar; (*Hang*) escalonar, abancalar; **eine gestufte Frisur** un corte (de pelo) escalonado **2.** (*staffeln: Skala*) escalonar, graduar; (*Themen*) clasificar

Stufenbarren *m* <-s, -> (SPORT) paralelas *fpl* asimétricas; **stufenförmig** [-fœrmɪç] *adj* escalonado; **~ aufstellen** escalonar; **Stufenheck** *nt* <-(e)s, -s *o* -e> (AUTO) parte *f* trasera escalonada; **Stufenleiter** *f* <-, -n> escala *f* jerárquica; (*im Betrieb*) escalafón *m;* **gesellschaftliche ~** escala social; **stufenlos** *adj* (TECH) sin fases, sin etapas; **Stufenmodell** *nt* <-s, -e> modelo *m* gradual [*o* por etapas]; **Stufenplan** *m* <-(e)s, -pläne> plan *m* gradual [*o* por etapas]; **Stufenproduktion** *f* <-, *ohne pl*> (WIRTSCH) producción *f* en etapas; **Stufenrakete** *f* <-, -n> cohete *m* de propulsión escalonada; **Stufenschalter** *m* <-s, -> (ELEK) interruptor *m* (de contacto) escalonado; **Stufenschnitt** *m* <-(e)s, -e> corte *m* escalonado; **stufenweise** *adj* gradual, progresivo; **der ~ Abbau der Arbeitslosigkeit** la reducción gradual del desempleo

stufig *adj* **1.** (*Land*) escalonado **2.** (*Haar*) a [*o* en] capas

Stuhl [ʃtu:l, *pl:* 'ʃty:lə] *m* <-(e)s, Stühle> **1.** (*Möbel*) silla *f;* **jdm einen ~ anbieten** ofrecer(le) una silla a alguien; **ist dieser ~ noch frei?** ¿está libre esta silla?; **elektrischer ~** silla eléctrica; **zwischen zwei Stühlen sitzen** (*fig*) nadar entre dos aguas; **jdm den ~ vor die Tür setzen** (*fig*) poner a alguien de patitas en la calle; **das reißt** [*o* **haut**] **mich nicht vom ~** (*fam*) esto no me maravilla **2.** (REL) sede *f;* **der Heilige ~** la Santa Sede **3.** (MED: *~gang*) evacuación *f,* defecación *f;* (*Kot*) restos *mpl* fecales, excremento *m*

Stuhlbein *nt* <-(e)s, -e> pata *f* de la silla

Stuhlgang *m* <-(e)s, *ohne pl*> evacuación *f,* defecación *f;* **~ haben** defecar, evacuar

Stuhllehne *f* <-, -n> respaldo *m* (de una silla)

Stukkateur(in) *m(f)* <-s, -e; -, -nen> *s.* **Stuckateur**

Stulle ['ʃtʊlə] *f* <-, -n> (*nordd*) bocadillo *m,* bocata *m fam*

Stulpe ['ʃtʊlpə] *f* <-, -n> vuelta *f*

stülpen ['ʃtʏlpən] *vt:* **etw auf/über etw ~** tapar algo con algo; **jdm eine Mütze auf den Kopf ~** poner un gorro a alguien; **etw nach außen ~** volver algo (al revés)

Stulpenstiefel *m* <-s, -> bota *f* con bordes acampanados

stumm [ʃtʊm] *adj* **1.** (*sprechunfähig, a.* LING) mudo; **~ werden** enmudecer **2.** (*schweigsam*) silencioso, callado; **~ wie ein Fisch** callado como un muerto; **jdn ~ ansehen** mirar a alguien sin decir palabra

Stumme(r) *mf* <-n, -n; -n, -n> mudo, -a *m, f*

Stummel ['ʃtʊməl] *m* <-s, -> (*Bleistift~*) pedazo *m;* (*Kerzen~*) cabo *m;* (*Zigaretten~*) colilla *f*

Stummfilm *m* <-(e)s, -e> película *f* muda

Stumpen ['ʃtʊmpən] *m* <-s, -> breva *f*

Stümper(in) ['ʃtʏmpɐ] *m(f)* <-s, -; -, -nen> (*abw*) chapucero, -a *m, f*

Stümperei *f* <-, -en> (*abw: Arbeit*) chapuza *f,* chapucería *f*

stümperhaft *adj* (*abw*) chapucero

Stümperin *f* <-, -nen> *s.* **Stümper**

stümpern ['ʃtʏmpɐn] *vi* (*abw*) chapucear

stumpf [ʃtʊmpf] *adj* **1.** (*nicht scharf*) desafilado, sin filo; (*nicht spitz*) sin punta, romo **2.** (*rau*) tosco, áspero **3.** (*glanzlos*) opaco, mate **4.** (MATH) obtuso **5.** (*teilnahmslos*) apático; (*gleichgültig*) indiferente

Stumpf [ʃtʊmpf, *pl:* 'ʃtʏmpfə] *m* <-(e)s, Stümpfe> (*Baum~*) tocón *m;* (*Kerzen~*) cabo *m;* (*von Gliedmaßen*) muñón *m;* **etw mit ~ und Stiel ausrotten** acabar con algo de raíz; **etw mit ~ und Stiel aufessen** comerse algo y rebañar el plato

Stumpfheit *f* <-, *ohne pl*> **1.** (*eines Messers*) embotamiento *m* **2.** (*Rauheit*) tosquedad *f,* aspereza *f* **3.** (*Glanzlosigkeit*) opacidad *f* **4.** (*Teilnahmslosigkeit*) apatía *f;* (*Gleichgültigkeit*) indiferencia *f*

Stumpfsinn *m* <-(e)s, *ohne pl*> **1.** (*Teilnahmslosigkeit*) apatía *f,* indiferencia *f* **2.** (*Monotonie*) monotonía *f*

stumpfsinnig *adj* **1.** (*teilnahmslos*) apático, indiferente **2.** (*monoton*) monótono, aburrido

stumpfwinklig *adj* (MATH) de ángulo obtuso, obtusángulo

Stunde ['ʃtʊndə] *f* <-, -n> hora *f;* (*Unterrichts~*) clase *f;* **drei viertel ~n** tres cuartos de hora; **in einer ~** dentro de una hora; **vor einer halben ~** hace media hora; **alle halbe ~ fährt ein Zug** cada media hora pasa un tren; **alle zwei ~n** cada dos horas; **bis zur ~** hasta ahora; **zu später ~** muy tarde; **sie nimmt 25 DM pro ~** cobra 25 marcos la hora; **~n nehmen/geben** tomar/dar clases; **die ~ der Wahrheit** la hora de la verdad; **in der ~ der Not** en los tiempos de necesidad; **die ~ Null/X** la hora cero/hache; **ein Mann der ersten ~** uno de los fundadores; **das ist deine große ~!** ¡es tu gran oportunidad!; **in einer schwachen ~** en un momento de debilidad; **seine letzte ~ ist gekommen** le ha llegado la hora; **sie weiß, was die ~ geschlagen hat** (*fig*) sabe cómo están las cosas

stunden ['ʃtʊndən] *vt:* **jdm etw ~** acordar con alguien una moratoria para algo, conceder a alguien una prórroga para algo

Stundengeschwindigkeit *f* <-, -en> velocidad *f* por hora; **Stundenhotel** *nt* <-s, -s> casa *f* de citas, albergue *m* transitorio *Arg;* **Stundenkapazität** *f* <-, -en> (WIRTSCH) capacidad *f* (de producción) por hora; **Stundenkilometer** *m* <-s, -> (*fam*) kilómetro *m* por hora; **stundenlang** **I.** *adj* de varias horas **II.** *adv* horas y horas; **Stundenlohn** *m* <-(e)s, -löhne> salario *m* por hora; **Stundenplan** *m* <-(e)s, -pläne> horario *m;* **Stundentakt** *m* <-(e)s, *ohne pl*>: **im ~** cada hora; **stundenweise** *adv* por horas; **Stundenzeiger** *m* <-s, -> horario *m*

Stündlein ['ʃtʏntlaɪn] *nt* <-s, ->: **dein letztes ~ hat geschlagen** ha llegado tu última hora

stündlich ['ʃtʏntlɪç] **I.** *adj* horario **II.** *adv* cada hora; **der Zug verkehrt ~** el tren está en servicio cada hora; **dreimal ~** tres veces por hora

Stundung *f* <-, -en> prolongación *f,* moratoria *f;* **Stundungsfrist** *f* <-, -en> prórroga *f*

Stunk [ʃtʊŋk] *m* <-s, *ohne pl*> (*fam abw*) bronca *f,* camorra *f;* **~ machen** armar camorra; **es gibt ~** hay pelea

Stunt [stʌnt] *m* <-s, -s> (FILM) escena *f* peligrosa; **Stuntfrau** *f* <-, -en> (FILM) especialista *f;* **Stuntleute** *pl* (FILM) especialistas *mpl;* **Stuntman** ['stʌntmən] *m* <-s, Stuntmen> (FILM) especialista *m*

Stuntwoman ['stʌntwʊmən, *pl:* 'stʌntwɪmɪn] *f* <-, Stuntwomen> (FILM) *s.* **Stuntfrau**

stupfen ['ʃtʊpfən] *vt* (*südd, Österr, Schweiz*) *s.* **stupsen**

stupid(e) [ʃtu'piːt, ʃtu'piːdə] *adj* (*abw*) **1.** (*Person*) estúpido **2.** (*Tätigkeit*) monótono

Stups [ʃtʊps] *m* <-es, -e> (*fam*) empujón *m*

stupsen ['ʃtʊpsən] *vt* (*fam*) empujar

Stupsnase *f* <-, -n> nariz *f* respingona

stur [ʃtuːɐ] *adj* tozudo, testarudo, cabezota *fam,* fregado *Kol;* **sich bei etw ~ stellen, bei etw auf ~ schalten** (*fam*) encabezonarse en algo, empuntarse *Ven*

Sturheit *f* <-, *ohne pl*> (*fam abw*) terquedad *f,* tozudez *f*

Sturm [ʃtʊrm, *pl:* 'ʃtʏrmə] *m* <-(e)s, Stürme> **1.** (*Unwetter*) tormenta *f,* borrasca *f;* (*Wind*) temporal *m,* tempestad *f;* **die Ruhe vor dem ~** la calma antes de la tempestad; **ein ~ der Begeisterung** una tempestad de entusiasmo; **ein ~ im Wasserglas** una tormenta en un vaso de agua; **~ klingeln** [*o* **läu-**

ten] tocar a rebato; ~ **und Drang** (LIT) Tempestad e Ímpetu (*periodo de la literatura prerromántica alemana a fines del siglo XVIII, también llamado la Época de los genios*) **2.** (*Angriff*) ataque *m* (*auf* contra), asalto *m* (*auf* a); **gegen etw ~ laufen** (*fig*) protestar contra algo; **es setzte ein ~ auf die Kaufhäuser ein** un tumulto se avalanzó a las galerías comerciales; **die Herzen im ~ erobern** conquistar (todos) los corazones en seguida **3.** (SPORT) delantera *f;* **er spielt im ~** juega en la delantera

Sturmabteilung *f* <-, -en> sección *f* de asalto; **Sturmangriff** *m* <-s, -e> asalto *m* (*auf* a)

Sturmbö *f* <-, -en> ráfaga *f,* bocanada *f* (de viento)

stürmen ['ʃtʏrmən] **I.** *vi* **1.** *sein* (*rennen*) precipitarse (*zu/nach* hacia) **2.** (SPORT) atacar **II.** *vt* tomar por asalto; (*Bank, Geschäfte*) asaltar **III.** *vunpers:* **es stürmt** hay temporal

Stürmer(in) *m(f)* <-s, -; -, -nen> (SPORT) delantero *mf*

Sturmflut *f* <-, -en> marea *f* muy alta; **sturmgepeitscht** *adj* azotado por el temporal

stürmisch *adj* **1.** (*Wetter*) tempestuoso, borrascoso; (*Meer*) bravo, agitado **2.** (*ungestüm*) impetuoso; (*heftig*) violento; (*Liebhaber*) apasionado; (*Entwicklung*) rápido; (*Beifall*) frenético; **nicht so ~!** ¡no tan rápido!

Sturmschaden *m* <-s, -schäden> daño *m* causado por la tempestad

Sturmschritt *m:* **im ~** deprisa y corriendo, a pasos agigantados

Sturmtief *nt* <-s, -s> (METEO) borrasca *f*

Sturm-und-Drang-Zeit *f* <-, *ohne pl*> (HIST, LIT) época *f* del movimiento "Tempestad e Ímpetu"; *s. a.* **Sturm 1.**

Sturmvogel *m* <-s, -vögel> (ZOOL) petrel *m;* **Sturmwarnung** *f* <-, -en> aviso *m* de tempestad

Sturz [ʃtʊrts, *pl:* 'ʃtʏrtsə] *m* <-es, Stürze> **1.** (*Fall*) caída *f* (*von* de, *aus* por); **ein ~ von der Leiter** una caída de la escalera **2.** (*Rückgang*) descenso *m* (brusco), bajón *m* **3.** (*einer Regierung*) derrocamiento *m,* caída *f* **4.** (*oberer Abschlussbalken*) dintel *m* **5.** (*Achs~*) inclinación *f*

Sturzbach *m* <-(e)s, -bäche> torrente *m*

sturzbesoffen *adj* (*fam*), **sturzbetrunken** *adj* (*fam*) (borracho) como una cuba

stürzen ['ʃtʏrtsən] **I.** *vi sein* **1.** (*fallen*) caer(se); (*Temperatur, Währung*) bajar; **sie ist schwer gestürzt** se hizo mucho daño al caerse; **vom Fahrrad ~** caerse de la bicicleta; **zu Boden ~** caer al suelo; **der Minister ist über diesen Skandal gestürzt** el ministro cayó a causa de este escándalo **2.** (*in die Tiefe*) precipitarse, despeñarse; **auf einen Felsen ~** estrellarse contra una roca **3.** (*rennen*) precipitarse (*zu/an* hacia, *in* a); **er kam ins Zimmer gestürzt** entró de golpe a la habitación **II.** *vt* **1.** (*um~*) derribar, hacer caer; (*umkippen*) volcar; (*Regierung*) derrocar **2.** (*hinunter~*) arrojar, precipitar; (*von einem Felsen*) despeñar; **sie hat ihn ins Unglück gestürzt** lo hundió en la miseria **3.** (*Kuchen-, Puddingform*) desprender **III.** *vr:* **sich ~** (*hinunterspringen*) precipitarse (*in* a, *von* desde), arrojarse (*aus* por); **sich auf jdn ~** abalanzarse sobre alguien, echarse sobre alguien; **sich auf/in etw ~** lanzarse sobre/a algo; **die Journalisten hatten sich auf den Minister gestürzt** los periodistas se habían abalanzado sobre el ministro; **ich stürzte mich gleich auf den Kuchen/in die Arbeit** enseguida me lancé sobre el pastel/al trabajo; **sich ins Vergnügen ~** divertirse; **sich in Unkosten ~** meterse en muchos gastos

Sturzflug *m* <-(e)s, -flüge> vuelo *m* en picado; **im ~** en picado; **Sturzhelm** *m* <-(e)s, -e> casco *m* (protector); **Sturzsee** *f* <-, -n>, **Sturzwelle** *f* <-, -n> cachón *m*

Stuss[RR] [ʃtʊs] *m* <-es, *ohne pl*>, **Stuß** *m* <-sses, *ohne pl*> (*fam abw*) disparates *mpl*

Stute *f* <-, -n> yegua *f*

Stuttgart ['ʃtʊtgart] *nt* <-s> Stuttgart *m*

Stutz [ʃtʊts] *m* <-es, -> (*Schweiz: fam: Franken*) franco *m* suizo

Stütze ['ʃtʏtsə] *f* <-, -n> (*a. fig*) sostén *m,* apoyo *m;* (ARCHIT) soporte *m;* **eine ~ für jdn sein** ser el sostén de alguien

stutzen ['ʃtʊtsən] **I.** *vi* (*innehalten*) interrumpirse; (*erstaunt*) sorprenderse **II.** *vt* cortar; (*Baum*) podar; (*Flügel, Schwanz*) recortar

Stutzen ['ʃtʊtsən] *m* <-s, -> **1.** (TECH: *Rohrstück*) tubo *m* de empalme **2.** (*Jagdgewehr*) carabina *f* **3.** (*Strumpf*) medias *fpl* de deporte

stützen ['ʃtʏtsən] **I.** *vt* (*Person, Mauer*) sostener, apoyar; (*Kandidatur, Argument, Währung*) apoyar; (*aufstützen*) apoyar; **den Kopf auf die Hände ~** apoyar la cabeza en las manos; **sie stützt ihren Verdacht nur auf Vermutungen** su sospecha se basa sólo en suposiciones; **die neuen Erkenntnisse ~ ihre Theorie** los nuevos descubrimientos apoyan su teoría **II.** *vr:* **sich ~ 1.** (*sich auf~*) apoyarse (*auf* en); **sie stützte sich auf meinen Arm** se apoyó en mi brazo **2.** (*beruhen*) basarse (*auf* en); **das stützt sich nur auf Vermutungen** esto se basa solamente en suposiciones

stutzig *adj:* **~ werden** sorprenderse; **~ machen** (*argwöhnisch machen*) hacer sospechar; (*verwirren*) desconcertar

Stützkurs *m* <-es, -e> (SCH) curso *m* de refuerzo [*o* de apoyo] (para alumnos con dificultades); **Stützmauer** *f* <-, -n> muro *m* de apoyo [*o* maestro]; **Stützpfeiler** *m* <-s, -> (ARCHIT) pilar *m* (de apoyo); **Stützpunkt** *m* <-(e)s, -e> **1.** (*einer Last*) punto *m* de apoyo **2.** (MIL) base *f*

Stützungskauf *m* <-(e)s, -käufe> (FIN) compra *f* de apoyo

stv. *Abk. von* **stellvertretend** suplente, interino

StVO [ɛste:faʊ'ʔo:] *f Abk. von* **Straßenverkehrsordnung** código *m* de circulación

stylen ['staɪlən] **I.** *vt* diseñar; **sich** *dat* **die Haare ~** arreglarse el pelo **II.** *vr:* **sich ~** (*fam*) ponerse (guapo)

Styling ['staɪlɪŋ] *nt* <-s, *ohne pl*> diseño *m*, estilo *m*; **das passende ~ ihrer Haare überlässt sie dem Frisör** ella deja que el peluquero decida el peinado con más estilo [*o* el peinado más estiloso]

Styropor® [ʃtyro'po:ɐ, styro-] *nt* <-s, *ohne pl*> poliestireno *m*, plumavit® *m Am*

s.u. *Abk. von* **siehe unten** véase abajo

Subadressierung *f* <-, -en> (TEL) subdireccionamiento *m*

subaltern [zʊpʔal'tɛrn] *adj* subalterno

Subdominante *f* <-, -n> (MUS) **1.** (*einer Tonleiter*) subdominante *m* **2.** (*Dreiklang*) trítono *m* subdominante

Subduktion [zʊpdʊk'tsjo:n] *f* <-, -en> (GEO) subducción *f*

Subjekt [zʊp'jɛkt] *nt* <-(e)s, -e> (*a.* LING) sujeto *m*; **ein verdächtiges ~** (*abw*) un sujeto sospechoso

subjektiv [zʊpjɛk'ti:f] *adj* subjetivo

Subjektivität [zʊpjɛktivi'tɛ:t] *f* <-, *ohne pl*> subjetividad *f*

Subkontinent *m* <-(e)s, -e> (GEO) subcontinente *m*; **Subkultur** ['zʊpkʊltu:ɐ] *f* <-, -en> subcultura *f*; **subkutan** [zʊpku'ta:n] *adj* (ANAT, MED) subcutáneo, hipodérmico

Sublimat *nt* <-(e)s, -e> (CHEM) sublimado *m*

Sublimation [zublima'tsjo:n] *f* <-, -en> (*a.* CHEM) sublimación *f*; **Sublimationswärme** *f* <-, *ohne pl*> (CHEM) calor *m* de sublimación

sublimieren* **I.** *vt haben* (CHEM) sublimar **II.** *vi, vr:* **sich ~** *sein* (CHEM) sublimarse

submarin *adj* submarino

subsidiär *adj* subsidiario

Subsidiarität *f* <-, *ohne pl*> (POL, JUR) subsidiariedad *f*

Subskribent(in) [zʊpskri'bɛnt] *m(f)* <-en, -en; -, -nen> suscriptor(a) *m(f)* de una publicación (antes de que ésta salga al mercado)

subskribieren* [zʊpskri'bi:rən] *vt* (MEDIA) suscribir, suscribirse (a)

Subskription [zʊpskrɪp'tsjo:n] *f* <-, -en> (*a.* FIN) suscripción *f*; **etw durch ~ kaufen** suscribirse a algo; **Subskriptionspreis** *m* <-es, -e> precio *m* de suscripción

substantiell [zʊpstan'tsjɛl] *adj s.* **substanziell**

Substantiv ['zʊpstanti:f] *nt* <-s, -e> (LING) sustantivo *m*

Substanz¹ [zʊp'stants] *f* <-, -en> (*Materie*) sustancia *f*; **die graue ~** la materia gris

Substanz² *f* <-, *ohne pl*> (*Essenz, Grundstock*) sustancia *f*; **von der ~ leben** vivir de las rentas; **das geht an die ~** (*fam*) esto llega al alma

substanziell^RR [zʊpstan'tsjɛl] *adj* sustancial

substituieren* [zʊpstitu'i:rən] *vt* sustituir (*durch* por)

Substitut(in) [zʊpsti'tu:t] *m(f)* <-en, -en; -, -nen> (*Schweiz*) sustituto, -a *m, f*

Substitution *f* <-, -en> sustitución *f*; **Substitutionsrate** *f* <-, *ohne pl*> (WIRTSCH) relación *f* de sustituciones

Substrat [zʊp'stra:t] *nt* <-(e)s, -e> (BIOL) sustrato *m*

Subsystem *nt* <-s, -e> subsistema *m*

subterran *adj* subterráneo

subtil [zʊp'ti:l] *adj* sutil

Subtilität *f* <-, *ohne pl*> sutilidad *f*, sutileza *f*

Subtrahend *m* <-en, -en> (MATH) su(b)straendo *m*

subtrahieren* [zʊptra'hi:rən] *vt* (MATH) restar (*von* a), sustraer (*von* de); **subtrahiere 15 von 20** réstale 15 a 20

Subtraktion [zʊptrak'tsjo:n] *f* <-, -en> (MATH) sustracción *f*, resta *f*; **Subtraktionszeichen** *nt* <-s, -> (MATH) signo *m* de sustracción

Subtropen ['zʊptro:pən] *pl* (GEO) regiones *fpl* subtropicales; **subtropisch** *adj* (GEO) subtropical

Subunternehmen *nt* <-s, -> subempresa *f*; **einen Vertrag mit einem ~ abschließen** cerrar un trato con una subempresa; **ein ~ verpflichten** contratar a un subempresario

Subunternehmer(in) ['zʊp-] *m(f)* <-s, -; -, -nen> (WIRTSCH) subcontratista *mf*

Subvention [zʊpvɛn'tsjo:n] *f* <-, -n> (WIRTSCH) subvención *f*

subventionieren* [zʊpvɛntsjo'ni:rən] *vt* (WIRTSCH) subvencionar

subversiv [zʊpvɛr'zi:f] *adj* subversivo

Suchaktion *f* <-, -en> operación *f* de búsqueda; **Suchbedingung** *f* <-, -en> (INFOR) condición *f* de búsqueda; **Suchbegriff** *m* <-(e)s, -e> (INFOR) concepto *m* de búsqueda; **Suchdienst** *m* <-es, -e> servicio *m* de búsqueda

Suche ['zu:xə] *f* <-, -n> busca *f*, búsqueda *f*; **sich auf die ~ nach jdm/etw begeben** [*o* **machen**] salir en busca de alguien/algo; **auf der ~ nach jdm/etw sein** estar en busca de alguien/algo

suchen ['zu:xən] *vi, vt* buscar; **such!** ¡busca!; **nach etw/jdm ~** buscar algo/a alguien; **was** [*o* **wonach**] **suchst du?** ¿qué buscas?; **da kannst du lange ~** (*fam*) buscas en vano; **sie suchte nach Worten** buscaba las palabras adecuadas; **diese Aufführung sucht ihresgleichen** esta representación ha sido insuperable; **du hast dabei nichts zu ~!** (*fam*) ¡a ti no te ha dado nadie vela en este entierro!

Sucher *m* <-s, -> (FOTO) visor *m*

Suchfunktion *f* <-, -en> (INFOR) función *f* de búsqueda; **Suchgerät** *nt* <-(e)s, -e> (aparato *m*) detector *m*; **Suchkriterium** *nt* <-s, -kriterien> (INFOR) criterio *m* de búsqueda; **Suchlauf** *m* <-(e)s, -läufe> (RADIO, TV) búsqueda *f* automática; **Suchmannschaft** *f* <-, -en> equipo *m* de rastreo [*o* de búsqueda]; **Suchpfad** *m* <-(e)s, -e> (INFOR) camino *m* de búsqueda, vía *f* de búsqueda

Sucht [zʊxt] *f* <-, -en *o* Süchte> **1.** (*Abhängigkeit*) adicción *f* (*nach* a); ~ **erzeugend** que crea adicción, adictivo; **etw wird zur** ~ algo se convierte en una adicción **2.** (*Verlangen*) manía *f* (*nach* de), afán *m* (*nach* de); **Suchtbeauftragte(r)** *mf* <-n, -n; -n, -n> responsable *mf* de adicciones patológicas; **Suchtberater(in)** *m(f)* <-s, -; -, -nen> asesor(a) *m(f)* de adicciones patológicas; **suchterzeugend** *adj s.* Sucht 1.; **Suchtforscher(in)** *m(f)* <-s, -; -, -nen> investigador(a) *m(f)* de adicciones patológicas; **Suchtgefahr** *f* <-, *ohne pl*> peligro *m* de adicción

süchtig ['zʏçtɪç] *adj* **1.** (*alkohol~, tabletten~*) adicto (*nach* a); (*drogen~*) drogadicto, toxicómano; ~ **machen** producir adicción **2.** (*begierig*) ávido (*nach* de)

Süchtige(r) *mf* <-n, -n; -n, -n> adicto, -a *m, f;* (*Drogen~*) toxicómano, -a *m, f,* drogadicto, -a *m, f*

Süchtigkeit *f* <-, *ohne pl*> adicción *f*

Suchtkranke(r) *mf* <-n, -n; -n, -n> adicto, -a *m, f;* (*durch Drogen*) toxicómano, -a *m, f*

Suchzeit *f* <-, -en> (INFOR) tiempo *m* de búsqueda

Sud [zu:t] *m* <-(e)s, -e> decocción *f*

Süd [zy:t] *m* <-(e)s, *ohne pl*> (*a.* NAUT, METEO) sur *m;* **der Wind kommt aus** ~ el viento viene del sur; **Südafrika** ['-'---] *nt* <-s> **1.** (*Republik*) Sudáfrica *f,* Suráfrica *f* **2.** (*Teil des Kontinents*) África *f* del Sur; **Südafrikaner(in)** ['---'--] *m(f)* <-s, -; -, -nen> sudafricano, -a *m, f;* **südafrikanisch** ['---'--] *adj* sudafricano; **Südamerika** ['--'---] *nt* <-s> América *f* del Sur, Sudamérica *f,* Suramérica *f;* **Südamerikaner(in)** ['----'--] *m(f)* <-s, -; -, -nen> sudamericano, -a *m, f,* suramericano, -a *m, f,* latino, -a *m, f fam;* **südamerikanisch** ['----'--] *adj* suramericano, sudamericano, latino *fam*

Sudan [zu'da:n] *m* <-s> Sudán *m*

Sudanese, -in [zuda'ne:zə] *m, f* <-n, -n; -, -nen> sudanés, -esa *m, f*

sudanesisch *adj* sudanés

Südasien *nt* <-s> Asia *f* del Sur, sur *m* de Asia; **süddeutsch** *adj* de Alemania del Sur; **Süddeutsche(r)** *mf* <-n, -n; -n, -n> alemán, -ana *m, f* del Sur; **Süddeutschland** *nt* <-s> (*Region*) Alemania *f* del Sur; (*südlicher Teil*) sur *m* de Alemania

Sudel ['zu:dəl] *m* <-s, -> (*Schweiz: Kladde*) borrador *m*

Sudelei [zu:də'laɪ] *f* <-, -en> (*fam*) **1.** (*Schmiererei*) embadurnamiento *m;* (*beim Schreiben*) garabatos *mpl* **2.** (*Schlamperei*) chapucería *f*

sudeln ['zu:dəln] *vi, vt* (*fam abw: beim Schreiben*) garabatear; (*beim Zeichnen*) pintarrajear; (*mit Matsch schmieren*) embardurnar, embarrar

Süden ['zy:dən] *m* <-s, *ohne pl*> sur *m;* **im** ~ en el sur; **im** ~ **von ...** (*südlich von*) al sur de...; (*im südlichen Teil von*) en el sur de; **von** [*o* **aus dem**] ~ del sur; **nach** ~ hacia el sur; **gen** ~ en dirección sur; **in den** ~ hacia el sur; **im** ~ **von Berlin** en el sur de Berlín; **das Zimmer liegt nach** ~ la habitación da al sur

Sudeten [zu'de:tən] *pl* Sudetes *mpl;* **Sudetenland** *nt* <-(e)s, *ohne pl*> (HIST) País *m* de los Sudetes

Südeuropa ['--'--] *nt* <-s> (*Region*) Europa *f* del Sur [*o* Meridional]; (*südlicher Teil*) sur *m* de Europa; **Südfrankreich** *nt* <-s> sur *m* de Francia, Francia *f* meridional; **Südfrucht** *f* <-, -früchte> fruta *f* tropical (*t. cítricos*); **Südhalbkugel** *f* <-, *ohne pl*> hemisferio *m* sur [*o* austral]; **Südhang** *m* <-(e)s, -hänge> pendiente *f* sur; **Süditalien** *nt* <-s> sur *m* de Italia, Italia *f* meridional; **Süditaliener(in)** *m(f)* <-s, -; -, -nen> italiano, -a *m, f* meridional; **süditalienisch** *adj* de la Italia meridional, del sur de Italia; **Südkorea** *nt* <-s> Corea *f* del Sur; **Südkoreaner(in)** *m(f)* <-s, -; -, -nen> coreano, -a *m, f* del Sur; **südkoreanisch** *adj* de Corea del Sur; **Südküste** *f* <-, -n> costa *f* meridional [*o* (del) Sur]; **Südlage** *f* <-, -n> orientación *f* al sur

Südländer(in) [-lɛndɐ] *m(f)* <-s, -; -, -nen> *habitante de un país mediterráneo*

südländisch *adj* del sur de Europa; **ein ~es Aussehen haben** tener aspecto mediterráneo; **~es Temperament** temperamento latino

südlich ['zy:tlɪç] **I.** *adj* del sur, meridional; **in ~er Richtung** en dirección sur; **52 Grad ~e Breite** 52 grados latitud sur; **die ~e Halbkugel** el hemisferio sur **II.** *präp +gen* al sur de; ~ **von Granada** al sur de Granada

Südlicht *nt* <-(e)s, -er> **1.** (*Polarlicht*) aurora *f* austral **2.** (*hum: Mensch*) alemán, -ana *m, f* del sur

Südostasien *nt* <-s> sureste *m* asiático

Südosten [-'--] *m* <-s, *ohne pl*> sudeste *m,* sureste *m;* **aus** [*o* **von**] ~ del sudeste; **südöstlich** [-'--] *adj* del sudeste; ~ **von Santiago** al sudeste de Santiago; **Südpol** *m* <-s, *ohne pl*> **1.** (*der Erde*) polo *m* sur [*o* antártico] **2.** (*eines Magneten*) polo *m* sur

Südpolargebiet *nt* <-(e)s, *ohne pl*> región *f* antártica; **Südpolarmeer** *nt* <-(e)s, *ohne pl*> Océano *m* Glacial Antártico, Océano *m* Glacial del Polo Sur

Südsee *f* Mares *mpl* del Sur, Pacífico *m* meridional; **Südseite** *f* <-, -n> lado *m* sur; **Südspanien** ['-'---] *nt* <-s> (*Region*) España *f* Meridional; (*südlicher Teil*) sur *m* de España; **Südstaaten** *mpl* Estados *mpl* del sur

Südstaatler(in) [-ʃta:tlɐ] *m(f)* <-s, -; -, -nen> habitante *mf* de los Estados del sur

Südtirol *nt* <-s> sur *m* del Tirol

südwärts ['zy:tvɛrts] *adv* (*nach Süden*) hacia el sur; (*im Süden*) al sur

Südwein *m* <-(e)s, -e> vino *m* del Sur;

Südwesten [-'--] *m* <-s, *ohne pl*> sudoeste *m,* suroeste *m*

Südwester [-'--] *m* <-s, -> sueste *m*

südwestlich [-'--] *adj* del Sudoeste; ~ **von Sevilla** al sudoeste de Sevilla; **Südwind** *m* <-(e)s, -e> viento *m* del sur

Sueskanal ['zu:ɛs-] *m* <-s> Canal *m* de Suez

Suff [zʊf] *m* <-(e)s, *ohne pl*> (*fam*) borrachera *f,* trinca *f Am;* **dem ~ verfallen** darse a la bebida; **im ~** borracho

süffeln ['zʏfəln] *vt* (*fam*) saborear (*una bebida alcohólica*)

süffig ['zʏfɪç] *adj* (*fam*) suave y ligero

süffisant [zʏfi'zant] *adj* (*geh*) suficiente, de suficiencia

Suffix ['zʊfɪks, -'-] *nt* <-es, -e> (LING) sufijo *m*

Suffragette [zʊfra'gɛtə] *f* <-, -n> sufragista *f*

suggerieren* [zʊge'ri:rən] *vt* **1.** (*einreden*) sugerir, insinuar **2.** (*Eindruck erwecken*) aparentar

Suggestion[1] [zʊgɛs'tjo:n] *f* <-, *ohne pl*> **1.** (*Beeinflussung*) sugestión *f* **2.** (*Wirkung*) efecto *m* sugestivo

Suggestion[2] *f* <-, -en> (*das Suggerierte*) sugestión *f*

suggestiv [zʊgɛs'ti:f] *adj* sugestivo; **Suggestivfrage** *f* <-, -n> pregunta *f* sugestiva; **Suggestivwirkung** *f* <-, -en> efecto *m* sugestivo

Suhle ['zu:lə] *f* <-, -n> bañadero *m;* (*schlammig*) barrizal *m*

suhlen ['zu:lən] *vr:* **sich ~** revolcarse (*in* en)

Sühne ['zy:nə] *f* <-, *ohne pl*> (*geh*) expiación *f*

sühnen ['zy:nən] *vt* (*geh*) expiar

Suite ['svi:tə, zu'i:tə] *f* <-, -n> (*a.* MUS) suite *f*

Suizid [zui'tsi:t, *pl:* zui'tsi:də] *m* <-(e)s, -e> (*geh*) suicidio *m*

Sujet [zy'ʒe:] *nt* <-s, -s> (*geh*) tema *m*

sukkulent *adj* (BIOL, MED) suculento

Sukkurs [zʊ'kʊrs] *m* <-es, *ohne pl*> (*Schweiz*) ayuda *f,* refuerzo *m*

Sukzession *f* <-, -en> **1.** (*Erbfolge*) sucesión *f* **2.** (ÖKOL) secuencia *f;* **ökologische/klimatisch bedingte ~** secuencia condicionada ecológicamente/climáticamente

sukzessiv [zʊktsɛ'si:f] *adj* sucesivo

Sulfat [zʊl'fa:t] *nt* <-(e)s, -e> (CHEM) sulfato *m*

Sulfid [zʊl'fi:t] *nt* <-(e)s, -e> (CHEM) sulfuro *m*

Sulfit [zʊl'fi:t] *nt* <-s, -e> (CHEM) sulfito *m*

Sulfonamid [zʊlfona'mi:t] *nt* <-(e)s, -e> (MED) sulfamida *f*

Sultan(in) ['zʊlta:n] *m(f)* <-s, -e; -, -nen> sultán, -ana *m, f*

Sultanat [zʊlta'na:t] *nt* <-(e)s, -e> **1.** (*Herrschaftsgebiet*) sultanía *f* **2.** (*Herrschaft*) sultanato *m*

Sultanin *f* <-, -nen> *s.* **Sultan**

Sultanine [zʊlta'ni:nə] *f* <-, -n> pasa *f* sultana

Sülze ['zʏltsə] *f* <-, -n> (*Fleisch~*) carne *f* en gelatina; (*Fisch~*) pescado *m* en gelatina

sülzen ['zʏltsən] *vi, vt* (*fam*) parlotear, cotorrear

summa cum laude ['zʊma kʊm 'laʊdə] *adv* (UNIV) con un sobresaliente cum laude

Summand [zʊmant, *pl:* zʊmandən] *m* <-en, -en> (MATH) sumando *m*

summarisch [zʊ'ma:rɪʃ] *adj* sumario

summa summarum ['zʊma zʊma:rʊm] *adv* en total, sumándolo todo; **Sie schulden mir ~ 500 DM** me debe en total 500 marcos

Summe ['zʊmə] *f* <-, -n> **1.** (MATH) suma *f,* total *m* **2.** (*Geldbetrag*) importe *m,* suma *f;* **ausstehende/geschuldete ~** importe pendiente/debido; **eine ~ von 500 Mark** una suma de 500 marcos; **eine runde ~** una suma redonda

summen ['zʊmən] **I.** *vi* **1.** (*Insekten, Motor*) zumbar **2.** (*Mensch*) tararear una melodía **II.** *vt* (*Melodie*) tararear **III.** *vunpers:* **es summt mir in den Ohren** me zumban los oídos

Summer *m* <-s, -> zumbador *m*

summieren* [zʊ'mi:rən] **I.** *vt* sumar **II.** *vr:* **sich ~** acumularse

Sumpf [zʊmpf, *pl:* 'zʏmpfə] *m* <-(e)s, Sümpfe> pantano *m,* ciénaga *f,* moca *m Ecua;* **Sumpfblüte** *f* <-, -n> (*fam abw*) basura *f;* **lass dich nicht mit den ~n aus dem Drogenmilieu ein!** ¡no te mezcles con esa escoria del mundo de la droga!; **die immer häufiger auftretenden Kindesmisshandlungen sind ~n, die es früher nicht gab** los casos cada vez más frecuentes de malos tratos a los niños son actos depravados que antes no existían; **Sumpfboden** *m* <-s, -böden> suelo *m* pantanoso; **Sumpfdotterblume** *f* <-, -n> calta *f;* **Sumpffieber** *nt* <-s, *ohne pl*> malaria *f,* paludismo *m;* **Sumpfgas** *nt* <-es, -e> gas *m* de pantano; **Sumpfgebiet** *nt* <-(e)s, -e> región *f* pantanosa, zona *f* pantanosa, vega *f Chil*

sumpfig *adj* pantanoso, cenagoso

Sumpfkuh *f* <-, -kühe> (*fam*) pendón *m;* **Sumpfland** *nt* <-(e)s, *ohne pl*> terreno *m* pantanoso; **Sumpfotter** *m* <-s, -> (ZOOL) visón *m;* **Sumpfpflanze** *f* <-, -n> planta *f* de pantano [*o* palustre]; **Sumpfvogel** *m* <-s, -vögel> ave *f* de laguna

Sund [zʊnt] *m* <-(e)s, -e> (GEO) estrecho *m*

Sünde ['zʏndə] *f* <-, -n> pecado *m;* **lässliche ~** pecado venial; **eine ~ begehen** cometer un pecado; **Sündenbock** *m* <-(e)s, -böcke> (*fam*) cabeza *f* de turco; **jdn zum ~ machen** convertir a alguien en cabeza de turco; **Sündenfall** *m* <-(e)s, *ohne pl*> (REL) pecado *m* original; **Sündenregister** *nt* <-s, -> (REL) (registro *m* de) pecados *mpl;* **sein ~ ist lang** (*fam hum*) tiene muchos pecados en su haber

Sünder(in) *m(f)* <-s, -; -, -nen> pecador(a) *m(f)*

sündhaft *adj* pecaminoso; **~ teuer** carísimo

S

sündig *adj* pecador; (*lasterhaft*) vicioso, pecaminoso

sündigen ['zʏndɪgən] *vi* pecar

sündteuer *adj* (*Österr: fam*) carísimo

super ['zu:pɐ] **I.** *adj inv* (*fam*) fantástico, de putamadre *fam,* piocha *Mex* **II.** *adv* de maravilla, de putamadre *fam*

Super *nt* <-s, *ohne pl*> súper *f;* **was tankst du? – ~** ¿qué pones? – súper

Super-8-Film *m* <-(e)s, -e> película *f* de súper 8; **Super-8-Kamera** *f* <-, -s> cámara *f* de súper 8

Superbenzin *nt* <-s, *ohne pl*> gasolina *f* súper; **bleifreies ~** gasolina súper sin plomo; **Superchip** *m* <-s, -s> (INFOR) superchip *m,* superpastilla *f;* **Superding** *nt* <-(e)s, -er> (*fam*) cosa *f* fantástica [*o* alucinante]

Super-GAU *m* <-(s), *ohne pl*> (*fam*) super GAU *m*

Superior(in) [zu'pe:rio:ɐ, *pl:* zupe'rio:rən] *m(f)* <-s, -en; -, -nen> (REL) superior(a) *m(f)*

superklug *adj* (*iron*) sabiondo, sabelotodo

Superlativ ['zu:pɐlati:f] *m* <-s, -e> (LING) superlativo *m*

Supermacht *f* <-, -mächte> (*fam*) superpotencia *f;* **Supermann** *m* <-(e)s, -männer> (*fam*) supermán *m;* **Supermarkt** *m* <-(e)s, -märkte> supermercado *m;* **Superphosphat** *nt* <-(e)s, -e> superfosfato *m;* **Superpreis** *m* <-es, -e> (*fam*) precio *m* regalado; **zu einem ~** a precio regalado; **Superstar** *m* <-s, -s> superestrella *f,* megaestrella *f;* **Supertanker** *m* <-s, -> superpetrolero *m*

Suppe ['zʊpə] *f* <-, -n> sopa *f;* (*klare ~*) consomé *m;* **ein Teller ~** un plato de sopa; **die ~ hast du dir selbst eingebrockt** (*fam*) en esto te has metido tú solito; **die ~ auslöffeln müssen** (*fam fig*) pagar los platos rotos [*o* el pato]; **jdm die ~ versalzen** (*fam fig*) aguar(le) a alguien la fiesta; **jdm in die ~ spucken** (*fam fig*) desbaratar los planes a alguien; **Suppenfleisch** *nt* <-(e)s, *ohne pl*> carne *f* para sopa; **Suppengemüse** *nt* <-s, -> surtido *m* de verduras (para hacer sopa); **ein Bund ~** un surtido de verduras para la sopa; **Suppengrün** *nt* <-s, *ohne pl*> verdura *f* de sopa; **Suppenhuhn** *nt* <-(e)s, -hühner> pollo *m* para hacer sopa; **Suppenkelle** *f* <-, -n> cucharón *m* de sopa; **Suppenküche** *f* <-, -n> olla *f* común; **Suppenlöffel** *m* <-s, -> cuchara *f* para sopa; **Suppennudel** *f* <-, -n> fideo *m;* **Suppenschüssel** *f* <-, -n> sopera *f;* **Suppenteller** *m* <-s, -> plato *m* hondo [*o* sopero]; **Suppenterrine** *f* <-, -n> sopera *f;* **Suppenwürfel** *m* <-s, -> pastilla *f* de caldo, cubito *m* de caldo

Supplementband *m* <-(e)s, -bände> (MEDIA) tomo *m* de suplemento

Suppositorium [zʊpozi'to:riʊm] *nt* <-s, Suppositorien> (MED) supositorio *m*

supraleitend ['zu:pralaɪtənt] *adj* (ELEK) superconductor; **Supraleiter** *m* <-s, -> (ELEK) superconductor *m;* **supranational** *adj* supranacional

Sure ['zu:rə] *f* <-, -n> sura *f*

Surfbrett ['sœ:f-] *nt* <-(e)s, -er> tabla *f* de surf

surfen ['sœ:fən] *vi* practicar el surf, hacer surf

Surfer(in) *m(f)* <-s, -; -, -nen> surfista *mf*

Surfing ['zø:ɐfɪŋ, 'zœrfɪŋ] *nt* <-s, *ohne pl*> (SPORT) **1.** (*Windsurfen*) windsurf *m,* windsurfing *m* **2.** (*Wellenreiten*) surf *m,* surfing *m*

Surplus *nt* <-, -> (WIRTSCH) superávit *m;* **Surplusprodukt** *nt* <-(e)s, *ohne pl*> (WIRTSCH) producto *m* excedentario

Surrealismus [zʊrea'lɪsmʊs] *m* <-, *ohne pl*> (KUNST, LIT) surrealismo *m*

surrealistisch *adj* (KUNST, LIT) surrealista

surren ['zʊrən] *vi* zumbar

Surrogat [zʊro'ga:t] *nt* <-(e)s, -e> sucedáneo *m*

suspekt [zʊs'pɛkt] *adj* sospechoso; **das ist mir ~** esto me parece sospechoso

suspendieren* [zʊspɛn'di:rən] *vt* suspender (*von* de); **er wurde vom Dienst suspendiert** lo suspendieron de sus funciones

Suspension [zʊspɛn'zjo:n] *f* <-, -en> suspensión *f;* **Suspensionsmittel** *nt* <-s, -> (CHEM) agente *m* de suspensión; **Suspensions-Polymerisation** *f* <-, *ohne pl*> (CHEM) polimerización *f* por suspensión

süß [zy:s] *adj* **1.** (*Geschmack*) dulce; (*gesüßt*) azucarado; (*Duft*) fragante; **~ schmecken** tener sabor dulce **2.** (*lieblich*) suave, dulce **3.** (*niedlich*) mono

Süße ['zy:sə] *f* <-, *ohne pl*> dulzor *m,* dulzura *f*

süßen ['zy:sən] *vt* endulzar; (*mit Zucker*) azucarar

Süßholz *nt* <-es, *ohne pl*> orozuz *m,* regaliz *m;* **~ raspeln** (*fam*) echar piropos

Süßigkeit *f* <-, -en> dulce *m*

Süßkartoffel *f* <-, -n> batata *f,* boniato *m;* **Süßkirsche** *f* <-, -n> **1.** (*Frucht*) cereza *f* **2.** (*Baum*) cerezo *m*

süßlich *adj* dulzón, dulzarrón

Süßmost *m* <(e)s, -e> mosto *m;* **süßsauer** ['-'--] *adj* agridulce; **Süßspeise** *f* <-, -n> plato *m* dulce

Süßstoff *m* <-(e)s, -e> edulcorante *m;* **Süßstofftablette** *f* <-, -n> pastilla *f* edulcorante [*o* de sacarina]

Süßungsmittel *nt* <-s, -> substancia *f* edulcorante

Süßwaren *fpl* dulces *mpl;* **Süßwarengeschäft** *nt* <-(e)s, -e> (*Laden*) bombonería *f;* **Süßwarenindustrie** *f* <-, -n> industria *f* de golosinas

Süßwasser *nt* <-s, -> agua *f* dulce; **Süßwasserbiologie** *f* <-, *ohne pl*> biología *f* del agua dulce; **Süßwasserfisch** *m* <-(e)s, -e> (ZOOL) pez *m* de agua dulce

Süßwein *m* <-(e)s, -e> vino *m* dulce

SW *Abk. von* **Südwesten** SO

Sweatshirt ['swɛtʃœːt] *nt* <-s, -s> suéter *m,* sudadera *f*

SWF *m* <-> (RADIO, TV) *Abk. von* **Südwestfunk** radio *f* del suroeste de Alemania

Swimmingpool ['swɪmɪŋpuːl, 'svɪmɪŋ-] *m* <-s, -s> piscina *f,* pileta *f Am*

Switching *nt* <-(s), *ohne pl*> (INFOR, TEL) conmutación *f*

Symbiose [zʏmbi'oːzə] *f* <-, -n> (BIOL) simbiosis *f inv*

Symbol [zʏm'boːl] *nt* <-s, -e> símbolo *m* (*für* de); **Symbolfigur** *f* <-, -en> símbolo *m* (*für* de), figura *f* simbólica (*für* de)

symbolisch *adj* simbólico (*für* de)

symbolisieren* [zʏmboli'ziːrən] *vt* simbolizar

Symbolismus *m* <-, *ohne pl*> (HIST, KUNST) Simbolismo *m*

Symbolleiste *f* <-, -n> (INFOR) listón *m* de símbolos, barra *f* de trabajo

Symmetrie [zʏme'triː] *f* <-, -n> simetría *f;* **Symmetrieachse** *f* <-, -n> (MATH) eje *m* de simetría

symmetrisch [zʏ'meːtrɪʃ] *adj* simétrico; **~es Datenkabel** (INFOR, TEL) cable de pares trenzados

Sympathie [zʏmpa'tiː] *f* <-, -n> simpatía *f* (*für* por); **~ für jdn empfinden** sentir simpatía por alguien; **Sympathiebekundung** *f* <-, -en> muestra *f* de simpatía; **Sympathiekundgebung** *f* <-, -en> acto *m* de adhesión [*o* de apoyo]; **es kam zu einer spontanen ~ der Beschäftigten** los trabajadores hicieron un acto de adhesión espontáneo

Sympathisant(in) [zʏmpati'zant] *m(f)* <-en, -en; -, -nen> simpatizante *mf*

sympathisch [zʏm'paːtɪʃ] *adj* simpático; **er ist mir ~** me es simpático, me cae bien *fam*

sympathisieren* [zʏmpati'ziːrən] *vi* simpatizar

Symphonie [zʏmfo'niː] *f* <-, -n> sinfonía *f*

Symposium [zʏm'poːziʊm] *nt* <-s, Symposien> simposio *m*

Symptom [zʏmp'toːm] *nt* <-s, -e> (*a.* MED) síntoma *m* (*für* de)

symptomatisch [zʏmpto'maːtɪʃ] *adj* (*a.* MED) sintomático (*für* de)

Synagoge [zyna'goːgə] *f* <-, -n> sinagoga *f*

synchron [zʏn'kroːn] *adj* (*a.* LING) sincrónico

Synchronisation [zʏnkroniza'tsjoːn] *f* <-, -en> **1.** (TECH) sincronización *f* **2.** (FILM) doblaje *m*

synchronisieren* [zʏnkroni'ziːrən] *vt* **1.** (TECH) sincronizar **2.** (FILM) doblar

Synchronisierung *f* <-, -en> *s.* **Synchronisation**

Syndikalismus *m* <-, *ohne pl*> sindicalismo *m*

Syndikat [zʏndi'kaːt] *nt* <-(e)s, -e> (WIRTSCH) consorcio *m*

Syndrom [zʏn'droːm] *nt* <-s, -e> (MED) síndrome *m* (*für* de)

Synergie [zynɛr'giː, zʏnɛr'giː] *f* <-, *ohne pl*> sinergia *f;* **Synergieeffekt** *m* <-(e)s, -e> efecto *m* sinérgico

Synergismus *m* <-, *ohne pl*> (CHEM, MED, REL) sinergismo *m*

Synode [zy'noːdə] *f* <-, -n> (REL) sínodo *m*

synonym [zyno'nyːm] *adj* (LING) sinónimo (*zu* de)

Synonym [zyno'nyːm] *nt* <-s, -e *o* -a> (LING) sinónimo *m* (*zu* de); **Synonymwörterbuch** *nt* <-(e)s, -bücher> diccionario *m* de sinónimos

syntaktisch [zʏn'taktɪʃ] *adj* (LING) sintáctico

Syntax ['zʏntaks] *f* <-, -en> (LING) sintaxis *f inv;* **Syntaxfehler** *m* <-s, -> (INFOR, LING) error *m* de sintaxis; **Syntaxprüfung** *f* <-, -en> (INFOR, LING) control *m* de sintaxis

Synthese [zʏn'teːzə] *f* <-, -n> (*a.* PHILOS, CHEM) síntesis *f inv;* **Synthesegestein** *nt* <-(e)s, -e> roca *f* de síntesis

Synthesizer ['sʏntəsaɪzɐ] *m* <-s, -> sintetizador *m*

Synthetik [zʏn'teːtɪk] *nt* <-s, *ohne pl*> (*Gewebe*) tejido *m* sintético

synthetisch [zʏn'teːtɪʃ] *adj* (*a.* CHEM) sintético

synthetisieren* [zʏnteti'ziːrən] *vt* (CHEM) sintetizar

Syphilis ['zyːfilɪs] *f* <-, *ohne pl*> sífilis *f*

Syrakus [zyra'kuːs] *nt* <-> Siracusa *f*

Syrer(in) ['zyːrɐ] *m(f)* <-s, -; -, -nen> sirio, -a *m, f*

Syrien ['zyːriən] *nt* <-s> Siria *f*

Syrier(in) ['zyːriɐ] *m(f)* <-s, -; -, -nen> *s.* **Syrer**

syrisch ['zyːrɪʃ] *adj* sirio

System [zʏs'teːm] *nt* <-s, -e> sistema *m;* **duales ~** (ÖKOL) sistema dual; **~ in etw bringen** sistematizar algo; **mit ~** (+ *Verb*) sistemáticamente; **Systemabschluss**RR *m* <-es, *ohne pl*> (INFOR) cierre *m* del sistema; **Systemabsturz** *m* <-es, -stürze> (INFOR) caída *f* del sistema; **Systemanalyse** *f* <-, -n> (INFOR) análisis *m inv* de sistemas; **Systemanalytiker(in)** *m(f)* <-s, -; -, -nen> (INFOR) analista *mf* de sistemas

Systematik [zʏste'maːtɪk] *f* <-, -en> **1.** (*Ordnung*) orden *m* **2.** (BIOL) sistemática *f*

systematisch [zʏste'maːtɪʃ] *adj* sistemático

systematisieren* [zʏstemati'ziːrən] *vt* sistematizar

systembedingt *adj* debido al sistema; **Systemeinheit** *f* <-, -en> (INFOR) unidad *f* del sistema; **Systemfehler** *m* <-s, -> (INFOR) error *m* del sistema

systemisch *adj* (BIOL, MED) sistémico, general

Systemkonfiguration *f* <-, -en> (INFOR) configuración *f* del sistema; **Systemkritiker(in)** *m(f)* <-s, -; -, -nen> disidente *mf;* **systemkritisch** **I.** *adj* crítico con el sistema; **~e Zeitungen sind in diesem Land verboten** los periódicos críticos con [*o* que critican] el sistema están prohibidos en este país **II.** *adv* de manera crítica con el sistema;

S

Journalisten, die sich in diesem Land ~ äußern, ... los periodistas que en este país critican el sistema...; **systemlos** *adj* sin sistema, asistemático; **Systemmanagement** *nt* <-s, *ohne pl*> (INFOR) administración *f* del sistema; **Systemmenü** *nt* <-s, -s> (INFOR) menú *m* del sistema; **Systemplaner** *m* <-s, -> planificador *m* de sistemas; **Systemplatine** *f* <-, -n> (INFOR) placa *f* madre [*o* base]; **Systemregelung** *f* <-, -en> regulación *f* de sistemas; **Systemressource** *f* <-, -n> (INFOR) recurso *m* de sistema; **Systemsoftware** *f* <-, *ohne pl*> (INFOR) software *m* de sistemas; **Systemverwalter** *m* <-s, -> (INFOR) administrador *m* del sistema; **Systemzwang** *m* <-(e)s, -zwänge> restricción *f* impuesta por el sistema

Systole ['zʏstole, zʏs'to:lə, *pl:* zʏs'to:lən] *f* <-, -n> (MED) sístole *f*

systolisch [zʏs'to:lɪʃ] *adj* (MED) sistólico

Szenario [stse'na:rio] *nt* <-s, -s> (*Zukunftsvision*) visión *f* de futuro, perspectiva *f* de futuro

Szenarium [stse'na:riʊm] *nt* <-s, Szenarien> (*a.* THEAT, FILM) escenario *m*

Szene ['stse:nə] *f* <-, -n> **1.** (THEAT) escena *f*; **sie erhielt Beifall auf offener ~** recibió un aplauso en medio de la escena; **ein Stück in ~ setzen** poner una obra en escena; **sich in ~ setzen** lucirse, darse grandes aires; **jdm eine ~ machen** montar(le) a alguien una escena **2.** (*fam: Milieu*) ambiente *m*; **sich in der ~ auskennen** (*fam: im Nachtleben/kulturellen Leben*) conocer la movida; **Szenenwechsel** *m* <-s, -> (THEAT) cambio *m* de escena

Szenerie [stsenə'ri:] *f* <-, -n> (*a.* THEAT) escenario *m*

szenisch ['stse:nɪʃ] *adj* escénico; **die ~e Leitung** la dirección escénica

Szepter ['stsɛptɐ] *nt* <-s, -> (*alt*) cetro *m*

Szylla ['stsʏla] *f*: **zwischen ~ und Charybdis** (*geh*) entre Escila y Caribdis, entre dos peligros

T

T, t [teː] *nt* <-, -> T, t *f;* ~ **wie Theodor** T de Tarragona

t *Abk. von* **Tonne** t

Ta (CHEM) *Abk. von* **Tantal** Ta

Tabak ['tabak] *m* <-s, -e> tabaco *m;* **Tabakbau** *m* <-(e)s, *ohne pl*> (AGR) cultivo *m* de tabaco; **Tabakhändler(in)** *m(f)* <-s, -; -, -nen> tabaquero, -a *m, f,* tabacalero, -a *m, f;* (*Verkäufer am Kiosk*) estanquero, -a *m, f;* **Tabakindustrie** *f* <-, -n> industria *f* de tabaco [*o* tabacalera]; **Tabakladen** *m* <-s, -läden> estanco *m,* tabaquería *f;* **Tabakplantage** *f* <-, -n> plantación *f* de tabaco

Tabaksbeutel *m* <-s, -> petaca *f;* **Tabaksdose** *f* <-, -n> tabaquera *f;* **Tabakspfeife** *f* <-, -n> pipa *f* (de fumar)

Tabaksteuer *f* <-, -n> impuesto *m* sobre el tabaco; **Tabakwaren** *fpl* tabacos *mpl*

tabellarisch [tabɛ'laːrɪʃ] *adj* en forma de cuadro; ~ **anordnen** ordenar en forma de cuadro

Tabelle [ta'bɛlə] *f* <-, -n> tabla *f,* cuadro *m;* **Tabellenangabe** *f* <-, -n> dato *m* en el cuadro; **Tabellenfeld** *nt* <-(e)s, -er> casilla *f* del cuadro; **Tabellenform** *f* <-, -en>: **etw in** ~ **darstellen** representar algo mediante un cuadro; **Tabellenführer** *m* <-s, -> (SPORT) líder *m;* **Tabellenkalkulation** *f* <-, -en> (INFOR, MATH) hoja *f* de cálculo; **Tabellenplatz** *m* <-es, -plätze> (SPORT) puesto *m* en la clasificación; **Tabellenspalte** *f* <-, -n> columna *f* de la tabla; **Tabellenstand** *m* <-(e)s, *ohne pl*> (SPORT) clasificación *f;* **Tabellenzeile** *f* <-, -n> fila *f* de la tabla

Tabernakel [tabɛr'naːkəl] *m o nt* <-s, -> (REL) tabernáculo *m*

Tablar ['tablaːɐ] *nt* <-s, -e> (*Schweiz*) estante *m*

Tablett [ta'blɛt] *nt* <-(e)s, -s *o* -e> bandeja *f,* charol *m Am,* azafata *f Chil;* **jdm etw auf einem silbernen** ~ **servieren** servirle a alguien algo en bandeja de plata

Tablette [ta'blɛtə] *f* <-, -n> pastilla *f,* comprimido *m;* **Tablettenmissbrauch**[RR] *m* <-s, -bräuche> abuso *m* de fármacos; **Tablettensucht** *f* <-, -en *o* -süchte> adicción *f* a las pastillas, fármacodependencia *f;* **tablettensüchtig** *adj* adicto a las pastillas, fármacodependiente; ~ **sein** ser adicto a las pastillas; **Tablettensüchtige(r)** *mf* <-n, -n; -n, -n> adicto, -a *m, f* a los fármacos

tabu [ta'buː] *adj inv:* ~ **sein** ser un tabú; **diese Angelegenheit ist** ~ este asunto es tabú

Tabu [ta'buː] *nt* <-s, -s> tabú *m*

tabuisieren* [tabui'ziːrən] *vt* convertir en tabú

Tabula rasa[RR] ['taːbula 'raːza] *f:* ~ **machen** (*geh*) hacer tabla rasa

Tabulator [tabu'laːtoːɐ] *m* <-s, -en> tabulador *m*

Taburett [tabu'rɛt] *nt* <-s, -e> (*Schweiz*) taburete *m*

Tacheles ['taxələs]: (**mit jdm**) ~ **reden** (*fam*) hablar sin rodeos (con alguien)

Tacho ['taxo] *m* <-s, -s> (*fam*) **1.** (*Geschwindigkeitsmesser*) velocímetro *m* **2.** (*Drehzahlmesser*) tacómetro *m*

Tachometer [taxo'meːtɐ] *m o nt* <-s, -> **1.** (*Geschwindigkeitsmesser*) velocímetro *m* **2.** (*Drehzahlmesser*) tacómetro *m;* **Tachometerstand** *m* <-(e)s, -stände> (AUTO) valor *m* indicado por el velocímetro

Tadel ['taːdəl] *m* <-s, -> **1.** (*Kritik*) crítica *f;* (*Rüge*) reprimenda *f* **2.** (*geh: Mangel*) defecto *m;* **ohne jeden** ~ sin defecto alguno

tadellos *adj* impecable; (*vollkommen*) perfecto

tadeln ['taːdəln] *vt* (*rügen*) reprender (*wegen* por), glosar (*wegen* por) *Kol;* (*kritisieren*) criticar (*wegen* por); **jds Verhalten** ~ desaprobar el comportamiento de alguien

tadelnd *adj* reprobador, reprobatorio; **ein ~er Blick** una mirada de reproche

tadelnswert *adj* reprochable, reprobable

Tadschikistan [ta'dʒiːkista(ː)n] *nt* <-s> Tayikistán *m*

TAE *f* <-, -s> *Abk. von* **Telekommunikations-Anschlusseinheit** interfaz *m* para la conexión de sistemas de telecomunicación

Tafel ['taːfəl] *f* <-, -n> **1.** (*Brett, Anzeige~*) tabla *f;* (*Gedenk~*) placa *f* (conmemorativa) **2.** (*in der Schule*) pizarra *f* **3.** (*für Vertäfelung*) panel *m* **4.** (*Schokoladen~*) tableta *f* **5.** (*Tabelle*) tabla *f,* cuadro *m* **6.** (*Illustration*) lámina *f* **7.** (*geh: Esstisch*) mesa *f;* **die** ~ **aufheben** levantar la mesa

Tafelberg *m* <-(e)s, -e> (GEO) meseta *f*

tafelfertig *adj* (GASTR) listo para el consumo

tafeln *vi* (*geh*) yantar, celebrar un ágape

täfeln ['tɛːfəln] *vt* revestir (de madera)

Tafelobst *nt* <-es, *ohne pl*> fruta *f* de mesa; **Tafelrunde** *f* <-, -n> (*geh*) tertulia *f;* **Tafelsilber** *nt* <-s, *ohne pl*> cubertería *f* de plata

Täfelung *f* <-, -en> revestimiento *m* (de madera)

Tafelwasser *nt* <-s, -wässer> agua *f* mineral; **Tafelwein** *m* <-(e)s, -e> vino *m* de mesa

T

Täfer ['tɛːfɐ] *nt* <-s, -> (*Schweiz*) *s.* **Täfelung**

Taft [taft] *m* <-(e)s, -e> tafetán *m*

Tag[1] [taːk] *m* <-(e)s, -e> **1.** (*allgemein*) día *m;* (*im Verlauf*) jornada *f;* **es wird ~** amanece; **jeden ~** todos los días; **jeden dritten ~** cada tres días; **zweimal am ~** dos veces al día; **am folgenden ~** al día siguiente; **den ganzen ~ lang** durante todo el día; **den lieben langen ~ über nichts tun** no hacer nada durante todo el día; **vier ~e lang** durante cuatro días; **vor 5 ~en** hace 5 días; **in 8 ~en** dentro de 8 días; **~ für ~** día tras día; **von ~ zu ~** de día en día; **von einem ~ auf den anderen** de un día para otro, de la noche al día; **guten ~!** ¡buenos días!; **welcher ~ ist heute?** ¿qué día es hoy?; **eines (schönen) ~es** un (buen) día; **~ der offenen Tür** día de puertas abiertas; **der ~ X** el día X; **zu ~e kommen** [*o* **treten**] aparecer; **etw kommt an den ~** algo sale a la luz; **~ und Nacht** día y noche; **ein Unterschied wie ~ und Nacht** una diferencia como del día a la noche; **einen guten/schlechten ~ haben** estar de buen/de mal humor; **er hat heute seinen sozialen ~** (*fam*) hoy se siente generoso; **er musste auf seine alten ~e noch umlernen** a su edad todavía tuvo que aprender un nuevo oficio; **in den ~ hinein leben** vivir al día; **etw an den ~ legen** hacer patente algo; **etw zu ~e fördern** [*o* **bringen**] sacar algo a la luz; **es ist noch nicht aller ~e Abend** todavía no está todo perdido; **man soll den ~ nicht vor dem Abend loben** (*prov*) no hay que echar las campanas al vuelo antes de tiempo **2.** (BERGB): **unter/über ~e arbeiten** trabajar en la mina/a cielo abierto **3.** *pl* (*fam: Menstruation*) regla *f;* **sie hat ihre ~e** está con la regla

Tag[2] [tæg] *m* <-(s), -s> (INFOR) identificador *m,* rótulo *m*

tagaus [-'-] *adv:* **tagein, ~** todos los días

Tagebau *m* <-(e)s, *ohne pl*> (BERGB) explotación *f* (minera) a cielo abierto; **Tagebuch** *nt* <-(e)s, -bücher> diario *m;* **ein ~ führen** llevar un diario; **Tagedieb(in)** *m(f)* <-(e)s, -e; -, -nen> (*abw*) gandul(a) *m(f);* **Tagegeld** *nt* <-(e)s, -er> **1.** (*bei einer Dienstreise*) dietas *fpl* **2.** (*bei Krankenhausaufenthalt*) gastos *mpl* de hospital a cargo de la Seguridad Social

tagein [-'-] *adv s.* **tagaus**

tagelang I. *adj* de varios días **II.** *adv* durante días enteros

Tagelöhner(in) *m(f)* <-s, -; -, -nen> jornalero, -a *m, f*

tagen ['taːgən] **I.** *vi* (*konferieren*) reunirse (en sesión); **der Ausschuss tagt montags** la comisión se reúne los lunes; **sie ~ seit acht Uhr** están reunidos en sesión desde las ocho **II.** *vunpers* (*geh: Tag werden*) amanecer; **es tagt** amanece

Tagesablauf *m* <-(e)s, -läufe> tra(n)scurso *m* del día; **Tagesabschluss[RR]** *m* <-es, -schlüsse> (WIRTSCH) final *m* de la jornada; **Tagesanbruch** *m* <-(e)s, *ohne pl*> amanecer *m,* amanezquera *f Mex, PRico;* **bei ~** al alba; **Tagesausflug** *m* <-(e)s, -flüge> salida *f* de un día, excursión *f* de un día; **Tagesbefehl** *m* <-(e)s, -e> (MIL) orden *f* del día; **Tagescreme** *f* <-, -s> crema *f* de día; **Tagesdecke** *f* <-, -n> cubrecama *m,* colcha *f;* **Tagesdosis** *f* <-, -dosen> dosis *f inv* diaria; **Tageseinnahme** *f* <-, -n> (COM) ingresos *mpl* del día, caja *f* del día; **Tagesfahrt** *f* <-, -en> viaje *m* de un día, viaje *m* de una jornada; **Tagesgeld** *nt* <-(e)s, -er> (FIN) préstamo *m* a un día, per diem *m;* **Tagesgericht** *nt* <-(e)s, -e> (GASTR) plato *m* del día; **Tagesgeschäft** *nt* <-(e)s, -e> operación *f* al contado; **Tagesgeschehen** *nt* <-s, *ohne pl*> acontecimientos *mpl* del día; **Tagesgespräch** *nt* <-(e)s, -e> tema *m* del día; **Tageshälfte** *f* <-, -n> mitad *f* del día; **Tageskarte** *f* <-, -n> **1.** (*Speisekarte*) menú *m* del día **2.** (*Fahrkarte*) billete *m* que vale un solo día; **Tageskasse** *f* <-, -n> taquilla *f;* **Tageskurs** *m* <-es, -e> (FIN) valor *m* del día, cotización *f* del día

Tageslicht *nt* <-(e)s, *ohne pl*> luz *f* del sol [*o* del día]; **bei ~** de día; **etw ans ~ bringen** sacar algo a la luz; **ans ~ kommen** salir a la luz; **Tageslichtprojektor** *m* <-s, -en> retroproyector *m,* proyector *m* de transparencias

Tageslohn *m* <-(e)s, -löhne> jornal *m;* **im ~ arbeiten** trabajar de jornalero; **Tagesmarsch** *m* <-(e)s, -märsche> marcha *f* de un día (de duración); **wie weit ist der Truppenübungsplatz von hier entfernt? – einen ~** ¿a cuánto está de aquí el campo de entrenamiento de la tropa? – a un día de marcha; **Tagesmutter** *f* <-, -mütter> mujer-canguro *f,* niñera *f* (que cuida a niños en su propia casa); **Tagesnachrichten** *fpl* (PUBL, TV: *Meldungen*) noticias *fpl* del día; (TV: *Sendung*) noticias *fpl,* noticiero *m Am;* **in den ~ kam heute, dass …** hoy en las noticias ha salido que…

Tagesordnung *f* <-, -en> orden *m* del día; **auf der ~ stehen** figurar en el orden del día; **an der ~ sein** ser moneda corriente, ser el pan de cada día; **zur ~ übergehen** volver a la actividad diaria; **etw auf die ~ setzen** incluir algo en el orden del día; **Tagesordnungspunkt** *m* <-(e)s, -e> punto *m* del orden del día

Tagespreis *m* <-es, -e> (WIRTSCH) precio *m* del día; **Tagesproduktion** *f* <-, *ohne pl*> producción *f* diaria; **Tagesration** *f* <-, -en> ración *f* diaria; **Tagesreise** *f* <-, -n> *s.* Tagesfahrt; **Tagessatz** *m* <-es, -sätze> **1.** (JUR) tasa *f* diaria **2.** (*im Krankenhaus*) importe *m* diario; **Tagesschau** *f* <-, -en> (TV) telediario *m;* **Tagessoll** *nt* <-(s), -(s)> (WIRTSCH) meta *f* de producción diaria; **Tages-**

suppe *f* <-, -n> sopa *f* del día; **Tagesumsatz** *m* <-es, -sätze> caja *f* del día; **Tageszeit** *f* <-, -en> hora *f* del día; **zu jeder Tages- und Nachtzeit** día y noche; **Tageszeitung** *f* <-, -en> diario *m,* periódico *m*

tageweise ['ta:gəvaɪzə] *adv* por días

Tagewerk *nt* <-(e)s, *ohne pl*> trabajo *m* diario; **sein ~ vollbracht haben** haber acabado el trabajo diario

Tagfalter *m* <-s, -> (ZOOL) mariposa *f* diurna; **Taggeld** *nt* <-(e)s, -er> (*Schweiz*) dieta *f;* **taghell** ['-'-] *adj* claro como el día; **es ist schon ~** ya es (de) día

täglich ['tɛ:klɪç] **I.** *adj* cotidiano, diario **II.** *adv* todos los días, cada día; **dreimal ~** tres veces al día; **~ acht Stunden arbeiten** trabajar ocho horas diarias

Tagliste *f* <-, -n> (*Schweiz*) *s.* **Tagesordnung**; **Tagreise** *f* <-, -n> (*Schweiz*) *s.* **Tagesreise**

tags [ta:ks] *adv* durante el día, de día; **~ darauf** al día siguiente; **~ zuvor** el día anterior

Tagschicht *f* <-, -en> turno *m* de día

tagsüber ['---] *adv* durante el día, de día

tagtäglich ['-'--] **I.** *adj* diario, de todos los días **II.** *adv* todos los días, a diario

Tagtraum *m* <-(e)s, -träume> soñar *m* despierto; **bleib bei der Sache und versink nicht immer in Tagträume!** ¡concéntrate y no te quedes siempre soñando despierto!

Tagundnachtgleiche *f* <-, -n> equinoccio *m*

Tagung ['ta:gʊŋ] *f* <-, -en> congreso *m,* simposio *m;* **Tagungsbüro** *nt* <-s, -s> oficina *f* de organización de congresos; **Tagungsort** *m* <-(e)s, -e> lugar *m* donde se celebra un congreso; **Tagungsraum** *m* <-(e)s, -räume> sala *f* de conferencias; **Tagungsteilnehmer(in)** *m(f)* <-s, -; -, -nen> congresista *mf*

Tagwerk *nt* <-(e)s, -e> (*Schweiz*) *s.* **Tagewerk**

Taifun [taɪ'fu:n] *m* <-s, -e> tifón *m*

Taiga ['taɪga] *f* <-, *ohne pl*> taiga *f*

Taille ['taljə] *f* <-, -n> cintura *f;* **Taillenweite** *f* <-, -n> talle *m,* (medida *f* de) cintura *f*

tailliert [ta'ji:ɐt] *adj* entallado

Taiwan ['taɪvan, taɪ'va(:)n] *nt* <-s> Taiwan *m*

Taiwaner(in) [taɪ'va:nɐ] *m(f)* <-s, -; -, -nen> taiwanés, -esa *m, f*

taiwanisch *adj* taiwanés

Takelage [takə'la:ʒə] *f* <-, -n> (NAUT) jarcias *fpl*

takeln ['ta:kəln] *vt* (NAUT) aparejar

Takt¹ [takt] *m* <-(e)s, -e> **1.** (MUS) compás *m;* **im ~ der Musik** al compás de la música; **den ~ schlagen** marcar el compás; **im ~ bleiben** llevar el compás; **aus dem ~ kommen** perder el compás; **als die ersten ~e erklangen ...** al sonar los primeros compases...; **sich nicht aus dem ~ bringen lassen** no dejarse desconcertar; **dazu möchte ich auch ein paar ~e sagen** (*fam*) a esto quisiera añadir algunas palabras **2.** (TECH: *Arbeitsabschnitt*) fase *f* **3.** (INFOR, TEL) paso *m*

Takt² *m* <-(e)s, *ohne pl*> (*~gefühl*) tacto *m,* discreción *f;* **keinen ~ am Leibe haben** (*fam*) no tener ni pizca de tacto; **Taktgefühl** *nt* <-(e)s, *ohne pl*> tacto *m,* discreción *f;* **(kein) ~ haben** (no) tener tacto

taktieren* [tak'ti:rən] *vi* (*in Verhandlungen*) emplear [*o* seguir] una táctica

Taktik ['taktɪk] *f* <-, -en> táctica *f*

Taktiker(in) ['taktikɐ] *m(f)* <-s, -; -, -nen> táctico, -a *m, f*

taktisch *adj* táctico; **~ klug/falsch** tácticamente inteligente/equivocado

taktlos *adj* indiscreto, sin tacto

Taktlosigkeit *f* <-, -en> falta *f* de tacto

Taktstock *m* <-(e)s, -stöcke> (MUS) batuta *f;* **Taktstrich** *m* <-(e)s, -e> (MUS) barra *f* de compás

taktvoll *adj* con (mucho) tacto, discreto

Tal [ta:l, *pl:* 'tɛ:lɐ] *nt* <-(e)s, Täler> valle *m;* **talabwärts** *adv* valle abajo

Talar [ta'la:ɐ] *m* <-s, -e> **1.** (*von Geistlichen*) sotana *f,* traje *m* talar **2.** (*von Richtern*) toga *f*

Talaue *f* <-, -n> pradera *f* de valle; **talaufwärts** [-'--] *adv* valle arriba

Talent [ta'lɛnt] *nt* <-(e)s, -e> talento *m* (*für/zu* para); **viel ~ zu etw** *dat* **haben** tener mucho talento para algo; **er ist ein großes ~** es hombre de gran talento; **junge ~e** jóvenes talentos

talentiert [talɛn'ti:ɐt] *adj* dotado, aventajado

Taler ['ta:lɐ] *m* <-s, -> (HIST) tálero *m*

Talfahrt *f* <-, -en> bajada *f,* descenso *m;* (*einer Währung*) caída *f*

Talg [talk] *m* <-(e)s, -e> sebo *m;* **Talgdrüse** *f* <-, -n> glándula *f* sebácea; **Talgfettsäure** *f* <-, -n> (CHEM) ácido *m* graso esteárico

Talisman ['ta:lɪsman] *m* <-s, -e> talismán *m*

Talk¹ [talk] *m* <-(e)s, *ohne pl*> (MINER) talco *m*

Talk² [to:k] *m* <-s, -s> (*sl: Gespräch*) charla *f*

Talkessel *m* <-s, -> (GEO) depresión *f,* circo *m*

Talkmaster(in) [to:k'ma:stɐ] *m(f)* <-s, -; -, -nen> (TV) presentador(a) *m(f)*

Talkpuder *m o nt* <-s, -> *s.* **Talkum**

TalkshowRR ['tɔ:kʃɔʊ] *f* <-, -s> (TV) talk show *m,* programa *m* de entrevistas

Talkum ['talkʊm] *nt* <-s, *ohne pl*> (polvos *mpl* de) talco *m*

Talmi ['talmi] *nt* <-s, *ohne pl*> oropel *m;* **Talmigold** *nt* <-(e)s, *ohne pl*> similor *m*

Talmoor *nt* <-(e)s, -e> pantano *m* de valle

Talmud ['talmu:t] *m* <-s, *ohne pl*> (REL) Talmud *m*

Talmulde *f* <-, -n> (GEO) cañada *f,* valle *m*

Talschaft *f* <-, -en> (*Schweiz*) habitantes *mpl* de un valle

Talsohle *f* <-, -n> (GEO) fondo *m* del valle; **Talsperre** *f* <-, -n> presa *f,* embalse *m Arg;* **Talstation** *f* <-, -en> estación *f* (funicular)

de abajo
talwärts ['taːlvɛrts] *adv* hacia el valle, al valle
Tamarinde [tama'rɪndə] *f* <-, -n> (BOT: *Baum, Frucht*) tamarindo *m*
Tamariske [tama'rɪskə] *f* <-, -n> (BOT) tamarisco *m*
Tambour ['tambuːɐ] *m* <-s, -e, *Schweiz:* -en> (ARCHIT) tambor *m*
Tamburin ['tamburiːn] *nt* <-s, -e> pandereta *f*
Tampon ['tampɔn] *m* <-s, -s> tampón *m;* (*für Wunden*) tapón *m*
Tamtam[1] [tam'tam] *nt* <-s, -s> (*Instrument*) tam-tam *m*
Tamtam[2] *nt* <-s, *ohne pl*> (*fam abw: Getöse*) jaleo *m,* bulla *f;* **viel ~ um etw machen** dar mucho bombo a algo
TAN *f* <-, -s> (INFOR, TEL) *Abk. von* **Transaktionsnummer** número *m* de transacción (*en homebanking*)
Tand [tant] *m* <-(e)s, *ohne pl*> baratijas *fpl*
Tändelei [tɛndə'laɪ] *f* <-, -en> **1.** (*Spielerei*) jugueteo *m* **2.** (*Flirt*) coqueteo *m,* flirteo *m*
tändeln ['tɛndəln] *vi* juguetear
Tandem ['tandɛm] *nt* <-s, -s> tándem *m*
Tandler(in) ['tandlɐ] *m(f)* <-s, -; -, -nen> (*Österr: fam*) prendero, -a *m, f*
Tang [taŋ] *m* <-(e)s, -e> algas *fpl* marinas
Tanga ['taŋga] *m* <-s, -s> tanga *m*
Tangens ['taŋgɛns] *m* <-, -> (MATH) tangente *f*
Tangente [taŋ'gɛntə] *f* <-, -n> (MATH) tangente *f;* **eine ~ ziehen** trazar una tangente
tangential [taŋgɛn'tsjaːl] *adj* (MATH) tangencial
tangieren* [taŋ'giːrən] *vt* **1.** (*geh: berühren*) afectar **2.** (MATH) tocar tangencialmente
Tango ['taŋgo] *m* <-s, -s> tango *m*
Tank [taŋk] *m* <-s, -s *o* -e> depósito *m,* tanque *m;* **Tankdeckel** *m* <-s, -> (AUTO) tapa *f* del depósito de carburante, cierre *m* del tanque de gasolina
tanken *vi, vt* echar [*o* repostar] gasolina; **ich tanke bleifrei** echo gasolina sin plomo; **wo kann man hier ~?** ¿dónde se puede echar gasolina aquí?; **10 Liter ~** echar 10 litros (de gasolina); **voll ~** llenar el depósito (del todo); **bitte voll ~!** ¡por favor llénelo!; **frische Luft ~** (*fam*) respirar aire fresco; **er hat ordentlich getankt** (*fam*) ha bebido de lo lindo
Tanker *m* <-s, -> buque *m* cisterna, petrolero *m*
Tankfüllstutzen *m* <-s, -> manga *f* para llenar el depósito, turbuladura *f* alimentadora del depósito; **Tankfüllung** *f* <-, -en> (AUTO) depósito *m* (lleno); **ich komme mit einer ~ über 700 Kilometer weit** con un depósito [*o* con el depósito lleno] hago más de 700 kilómetros; **Tankinhalt** *m* <-(e)s, -e> volumen *m* del tanque; **Tanklager** *nt* <-s, -> depósito *m* de petróleo; **Tanklaster** *m* <-s, ->, **Tanklastzug** *m* <-(e)s, -züge> camión *m* cisterna; **Tanksäule** *f* <-, -n> surtidor *m* de gasolina; **Tankschiff** *nt* <-(e)s, -e> petrolero *m;* **Tankstelle** *f* <-, -n> gasolinera *f,* estación *m* de servicio, grifo *m Peru;* **Tankuhr** *f* <-, -en> (AUTO) indicador *m* del nivel de gasolina; **Tankverschluss[RR]** *m* <-es, -schlüsse> **1.** (*Verschluss eines Tanks*) cierre *m* de un depósito **2.** (AUTO: *formal*) *s.* Tankdeckel; **Tankwagen** *m* <-s, -> camión *m* cisterna; **Tankwart(in)** ['-vart] *m(f)* <-(e)s, -e; -, -nen> empleado, -a *m, f* de una gasolinera; **Tankzug** *m* <-(e)s, -züge> camión *m* cisterna (con remolque)
Tanne ['tanə] *f* <-, -n> abeto *m;* **Tannenbaum** *m* <-(e)s, -bäume> **1.** (*Tanne*) abeto *m* **2.** (*fam: Weihnachtsbaum*) árbol *m* de Navidad; **Tannenholz** *nt* <-es, *ohne pl*> madera *f* de abeto; **Tannennadel** *f* <-, -n> aguja *f* de abeto; **Tannenwald** *m* <-(e)s, -wälder> bosque *m* de abetos; **Tannenzapfen** *m* <-s, -> piña *f* de abeto
Tannin [ta'niːn] *nt* <-s, -e> tanino *m*
Tantal *nt* <-s, *ohne pl*> (CHEM) tántalo *m*
Tantalusqualen *fpl:* **~ leiden** (*geh*) sufrir el suplicio de Tántalo, pasar un suplicio [*o* un tormento]
Tante ['tantə] *f* <-, -n> tía *f*
Tante-Emma-Laden [tantə'ʔɛmalaːdən] *m* <-s, -Läden> (*fam*) tienda *f* de la esquina
Tantieme [tã'tjeːmə] *f* <-, -n> **1.** (*Gewinnbeteiligung*) participación *f* en los beneficios **2.** *pl* (*von Autoren*) derechos *mpl* de autor; **Tantiemenabrechnung** *f* <-, -en> cálculo *m* de los derechos de autor (sobre su participación en los beneficios)
Tanz[1] [tants, *pl:* 'tɛntsə] *m* <-es, Tänze> (MUS) baile *m,* danza *f,* dancing *m Am;* **jdn zum ~ auffordern** sacar a alguien a bailar; **darf ich Sie um den nächsten ~ bitten?** ¿me concede el próximo baile?; **ein ~ auf dem Vulkan** juego con fuego; **wegen etw** *gen/dat* **einen ~ aufführen** (*fam*) montar un número por algo
Tanz[2] *m* <-es, *ohne pl*> (*~veranstaltung*) baile *m*
Tanzabend *m* <-s, -e> (velada *f* de) baile *m;* **Tanzbein** *nt:* **das ~ schwingen** (*fam*) mover el esqueleto; **Tanzcafé** *nt* <-s, -s> café *m* con pista de baile
tänzeln ['tɛntsəln] *vi* **1.** *haben o sein* (*Mensch*) andar con paso ligero; (*hüpfen*) brincar **2.** (*Pferd*) dar escarceos
tanzen I. *vi* **1.** (*Mensch*) bailar; **~ gehen** ir a bailar; **nach jds Pfeife ~** bailar al son que alguien toca **2.** (*Boot*) balancearse (*auf* en) **3.** (*Mücken*) volar **4.** *sein* (*tänzeln*) andar con paso ligero **II.** *vt* bailar; **Tango ~** bailar tango
Tänzer(in) ['tɛntsɐ] *m(f)* <-s, -; -, -nen> bailador(a) *m(f);* (*professionell*) bailarín, -ina *m, f;* (*Flamenco~*) bailaor(a) *m(f);* **er ist ein schlechter ~** es un mal bailarín
tänzerisch *adj* en cuanto al baile
Tanzfläche *f* <-, -n> pista *f* de baile; **Tanz-**

gruppe *f* <-, -n> conjunto *m* de baile; **Tanzkapelle** *f* <-, -n> orquesta *f* de baile; **Tanzkurs** *m* <-es, -e> curso *m* de baile; **Tanzlehrer(in)** *m(f)* <-s, -; -, -nen> profesor(a) *m(f)* de baile; **Tanzlokal** *nt* <-(e)s, -e> sala *f* de baile, dancing *m Am;* **Tanzmusik** *f* <-, -en> música *f* bailable [*o* para bailar]; **Tanzorchester** *nt* <-s, -> orquesta *f* de baile; **Tanzpartner(in)** *m(f)* <-s, -; -, -nen> pareja *f* (de baile); **Tanzschritt** *m* <-(e)s, -e> paso *m* de baile; **Tanzschule** *f* <-, -n> escuela *f* de danza [*o* de baile]; **Tanzstunde** *f* <-, -n> clase *f* de danza [*o* de baile]; **Tanztee** *m* <-s, -s> té *m* (*amenizado con música para bailar*); **Tanzturnier** *nt* <-s, -e> concurso *m* de baile

Tapet [ta'pe:t] *nt* (*fam*): **etw aufs ~ bringen** poner algo sobre el tapete

Tapete [ta'pe:tə] *f* <-, -n> papel *m* pintado; **Tapetenbahn** *f* <-, -en> tira *f* de papel pintado [*o* de empapelado]; **Tapetenmuster** *nt* <-s, -> dibujo *m* del papel pintado, motivo *m* del papel pintado; **Tapetenrolle** *f* <-, -n> rollo *m* de papel pintado; **Tapetentür** *f* <-, -en> puerta *f* secreta (*empapelada como el resto de la pared*); **Tapetenwechsel** *m* <-s, -> (*fam*) cambio *m* de aires

tapezieren* [tape'tsi:rən] *vi, vt* empapelar

Tapezierer(in) *m(f)* <-s, -; -, -nen> empapelador(a) *m(f)*

Tapeziertisch *m* <-(e)s, -e> mesa *f* de caballete

tapfer ['tapfɐ] *adj* valiente, valeroso; **sich ~ schlagen** defenderse con bravura

Tapferkeit *f* <-, *ohne pl*> valor *m,* valentía *f;* **Tapferkeitsmedaille** *f* <-, -n> (MIL) medalla *f* al valor

Tapir ['ta:pi:ɐ] *m* <-s, -e> (ZOOL) tapir *m,* danta *f Ven*

tappen ['tapən] *vi sein* andar (a tientas)

täppisch ['tɛpɪʃ] *adj* (*abw*) torpe

tapsen ['tapsən] *vi sein* (*fam*) caminar silenciosamente

tapsig *adj* (*fam*) torpe, desmañado

Tara ['ta:ra] *f* <-, Taren> tara *f*

Tarantel [ta'rantəl] *f* <-, -n> (BOT) tarántula *f;* **wie von der ~ gestochen** (*fam*) como si le hubiera picado un bicho

Taren *pl von* **Tara**

Tarent [ta'rɛnt] *nt* <-s> Tarento *m*

tarieren* *vt* **1.** (WIRTSCH: *Tara bestimmen*) fijar la tara, determinar la tara **2.** (PHYS: *Gewicht ausgleichen*) tarar

Tarif [ta'ri:f] *m* <-s, -e> tarifa *f;* **geltender/gestaffelter ~** tarifa vigente/escalonada; **nach/über/unter ~ bezahlt werden** ser pagado según la/sobre la/por debajo de la tarifa; **Tarifabbau** *m* <-(e)s, *ohne pl*> (WIRTSCH) reducción *f* salarial; **Tarifabkommen** *nt* <-s, -> (COM) convenio *m* colectivo (sobre el salario mínimo interprofesional); **Tarifabschluss**^RR *m* <-es, -schlüsse> (firma *f* del) convenio *m* colectivo; **Tarifauseinandersetzung** *f* <-, -en> (WIRTSCH) negociaciones *fpl* colectivas (sobre el salario mínimo interprofesional); **Tarifautonomie** *f* <-, -n> autonomía *f* de tarifa; **Tarifbezirk** *m* <-(e)s, -e> área *f* de validez del convenio colectivo; **Tarifbindung** *f* <-, -en> (WIRTSCH) obligación *f* impuesta por un convenio colectivo; **Tarifgefüge** *nt* <-s, -> (WIRTSCH) sistema *m* salarial; **Tarifgehalt** *nt* <-(e)s, -hälter> salario *m* según tarifa; **Tarifgruppe** *f* <-, -n> categoría *f* de tarifas; **Tarifkommission** *f* <-, -en> comisión *f* de tarifas; **Tarifkonflikt** *m* <-(e)s, -e> conflicto *m* de tarifas

tariflich *adj* de la tarifa; (*Bezahlung*) según la tarifa

Tariflohn *m* <-(e)s, -löhne> salario *m* según el convenio colectivo; **Tarifpartei** *f* <-, -en> (WIRTSCH) partes *fpl* negociadoras del convenio; **die ~en des Einzelhandels** las partes negociadoras del convenio del comercio minorista; **Tarifpartner** *m* <-s, -> interlocutor *m* social; **Tarifrunde** *f* <-, -n> negociaciones *fpl* colectivas; **Tarifspanne** *f* <-, -n> (WIRTSCH) margen *m* salarial; **Tarifstaffelung** *f* <-, -en> escalonamiento *m* de los baremos salariales; **Tariftonne** *f* <-, -n> tarifa *f* de toneladas; **Tarifunterschiede** *mpl* diferencias *fpl* salariales; **örtlich bedingte ~** diferencias salariales de carácter local; **Tarifurlaub** *m* <-(e)s, -e> (WIRTSCH) vacaciones *fpl* según convenio; **Tarifverhandlungen** *fpl* negociaciones *fpl* de los convenios colectivos; **Tarifvertrag** *m* <-(e)s, -träge> convenio *m* colectivo; **arbeitsrechtliche Tarifverträge** convenios colectivos de trabajo; **Tarifvorschrift** *f* <-, -en> reglamento *m* salarial; **Tarifwert** *m* <-(e)s, -e> valor *m* arancelario; **Tarifwesen** *nt* <-s, *ohne pl*> régimen *m* salarial; **Tarifzone** *f* <-, -n> zona *f* de tarifas

Tarnanstrich *m* <-(e)s, -e> (MIL) pintura *f* de camuflaje; **Tarnanzug** *m* <-(e)s, -züge> (MIL) uniforme *m* de camuflaje

tarnen ['tarnən] **I.** *vt* camuflar (*mit* con, *gegen* contra) **II.** *vr:* **sich ~** camuflarse; **sich als Polizist ~** camuflarse de policía

Tarnfarbe ['tarn-] *f* <-, -n> color *m* de camuflaje, pintura *f* de camuflaje; **Tarnfirma** *f* <-, -en> empresa *f* tapadera; **Tarnkappe** *f* <-, -n> (MYTH) caperuza *f* mágica, manto *m* mágico (*que hace invisible a quien lo lleva*); **Tarnname** *m* <-ns, -n> nombre *m* falso; **Tarntracht** *f* <-, -en> (ZOOL) vestimenta *f* de camuflaje

Tarnung *f* <-, -en> camuflaje *m*

Tarock [ta'rɔk] *m o nt* <-s, -s> (*reg*) tarot *m;* **~ spielen** jugar al tarot

Tasche ['taʃə] *f* <-, -n> **1.** (*an Kleidung*) bolsillo *m* **2.** (*Hand~*) bolso *m,* busaca *f Kol, Ven;* (*Reise~*) bolsa *f* (de viaje); (*Akten~, Schul~*) cartera *f;* **in die eigene ~ arbeiten** [*o* **wirtschaften**] (*fam*) llenarse los bolsillos (de

T

modo fraudulento); **etw aus der eigenen ~ bezahlen** (*fam*) pagar algo del propio bolsillo; **jdm das Geld aus der ~ ziehen** (*fam*) timar a alguien; **jdm auf der ~ liegen** (*fam*) vivir a costa de alguien; **jdn in die ~ stecken** (*fam*) poder a alguien; **tief in die ~ greifen** (*fam*) aflojar la mosca; **jdn in der ~ haben** (*fam*) tener a alguien en el bolsillo; **sich** *dat* **in die ~ lügen** (*fam*) engañarse uno mismo; **Taschenausgabe** *f* <-, -n> edición *f* de bolsillo

Taschenbuch *nt* <-(e)s, -bücher> libro *m* de bolsillo; **Taschenbuchausgabe** *f* <-, -n> edición *f* de bolsillo

Taschencomputer *m* <-s, -> miniordenador *m*, ordenador *m* de bolsillo; **Taschendieb(in)** *m(f)* <-(e)s, -e; -, -nen> carterista *mf*, ratero, -a *m, f*, bolsista *mf MAm, Mex;* **Taschenformat** *nt* <-(e)s, -e> tamaño *m* de bolsillo; **Taschengeld** *nt* <-(e)s, -er> dinero *m* para (pequeños) gastos personales; **Taschenkalender** *m* <-s, -> agenda *f* de bolsillo; **Taschenkrebs** *m* <-es, -e> (ZOOL) masera *f*, buey *m;* **Taschenlampe** *f* <-, -n> linterna *f;* **Taschenmesser** *nt* <-s, -> navaja *f;* **Taschenrechner** *m* <-s, -> calculadora *f* (de bolsillo); **Taschenschirm** *m* <-(e)s, -e> paraguas *m inv* plegable [*o* de bolsillo]; **Taschenspiegel** *m* <-s, -> espejo *m* de bolsillo

Taschenspielertrick *m* <-s, -s> truco *m* de prestidigitación, juego *m* de manos

Taschentuch *nt* <-(e)s, -tücher> pañuelo *m;* **Taschenuhr** *f* <-, -en> reloj *m* de bolsillo; **Taschenwörterbuch** *nt* <-(e)s, -bücher> diccionario *m* de bolsillo

Tasse [ˈtasə] *f* <-, -n> taza *f;* **eine ~ Kaffee bitte!** ¡una taza de café, por favor!; **er hat nicht alle ~n im Schrank** (*fam*) le falta un tornillo, anda mal de la azotea; **das ist eine trübe ~** (*fam*) ese es un muermo

tassenfertig *adj* instantáneo

Tastatur [tastaˈtuːɐ] *f* <-, -en> teclado *m;* **Tastaturanschluss**[RR] *m* <-es, -schlüsse> conexión *f* para el teclado; **Tastaturbelegung** *f* <-, -en> (INFOR) asignación *f* al teclado; **Tastatursperre** *f* <-, -n> (INFOR) bloqueo *m* del teclado

tastbar *adj* (*a.* MED) apreciable al tacto, palpable; **eine ~e Geschwulst** un tumor palpable

Taste [ˈtastə] *f* <-, -n> tecla *f;* **eine ~ drücken** apretar una tecla; **in die ~n greifen** (*fam*) tocar (el piano) con energía

tasten [ˈtastən] **I.** *vi:* **nach etw** *dat* **~** buscar algo a tientas; **er tastete nach dem Lichtschalter** buscó a tientas el interruptor de la luz **II.** *vt* (*er~*) palpar, tentar **III.** *vr:* **sich ~** andar a tientas; **sich durch** [*o* **über**] **etw ~** andar a tientas por algo

Tastenbelegung *f* <-, -en> (INFOR) asignación *f* a una tecla; **Tastenblock** *m* <-(e)s, -blöcke> (INFOR) bloque *m* de teclas; **Tasteninstrument** *nt* <-(e)s, -e> instrumento *m* de teclados; **Tastentelefon** *nt* <-s, -e> teléfono *m* de teclas

Tastorgan *nt* <-(e)s, -e> órgano *m* del tacto; **Tastsinn** *m* <-(e)s, *ohne pl*> (sentido *m* del) tacto *m*

tat [taːt] *3. imp von* **tun**

Tat [taːt] *f* <-, -en> (*das Handeln*) hecho *m*, acción *f;* (*Handlung*) acto *m;* (*Straf~*) delito *m;* **eine gute ~ tun** hacer una buena acción; **etw in die ~ umsetzen** poner algo en práctica; **zur ~ schreiten** pasar a los hechos; **jdn auf frischer ~ ertappen** coger a alguien con las manos en la masa, coger a alguien asando elotes *MAm;* **in der ~!** ¡en efecto!

Tatar[1] [taˈtaːɐ] *nt* <-s, *ohne pl*> (*Hackfleisch*) tártaro *m*

Tatar(in)[2] *m(f)* <-en, -en; -, -nen> tártaro, -a *m*

Tatbestand *m* <-(e)s, -stände> (*a.* JUR) situación *f* de hecho, estado *m* de cosas; **Tateinheit** *f* <-, *ohne pl*> (JUR) concurrencia *f* ideal, unidad *f* de acto; **Mord in ~ mit Raub** asesinato en unidad de acto con robo

Tatendrang *m* <-(e)s, *ohne pl*> dinamismo *m*, espíritu *m* emprendedor

tatenlos **I.** *adj* inactivo, pasivo **II.** *adv* de brazos cruzados; **wir mussten ~ zusehen** tuvimos que presenciarlo de brazos cruzados

Täter(in) [ˈtɛːtɐ] *m(f)* <-s, -; -, -nen> autor(a) *m(f)* de un delito; **jugendlicher ~** delincuente juvenil; **mutmaßlicher ~** presunto autor

Täterschaft[1] *f* <-, *ohne pl*> (*Beteiligung*) autoría *f*

Täterschaft[2] *f* <-, -en> (*Schweiz: Gesamtheit der Täter*) autores *mpl* del hecho

tätig [ˈtɛːtɪç] *adj* activo (*für* para, *bei* en); **~ sein** (*Person*) trabajar, dedicarse (*als* a); (*Vulkan*) estar activo; **als was sind Sie ~?** ¿a qué se dedica Ud.?; **als Lehrer ~ sein** ser profesor; **unter jds ~er Mithilfe** con la cooperación activa de alguien; **in einer Sache ~ werden** intervenir en un asunto

tätigen [ˈtɛːtɪgən] *vt* realizar, efectuar

Tätigkeit[1] *f* <-, -en> **1.** (*Beschäftigung*) actividad *f;* **berufliche/geschäftliche ~** actividad profesional/comercial; **während meiner ~ als Arzt** durante mi trabajo como médico **2.** (*Arbeit*) trabajo *m;* **eine ~ ausüben** ejercer una profesión; **bisherige ~** actividad (desempeñada) hasta la fecha

Tätigkeit[2] *f* <-, *ohne pl*> (*Funktionieren*) funcionamiento *m;* **außer ~ sein** estar parado; **in ~ setzen** poner en marcha; **in ~ treten** activarse, entrar en funcionamiento

Tätigkeitsbereich *m* <-(e)s, -e> ámbito *m* de acción, campo *m* de acción; **Tätigkeitsbericht** *m* <-(e)s, -e> memoria *f;* **Tätigkeitsform** *f* <-, -en> (GRAM) voz *f* activa; **Tätigkeitsmerkmale** *ntpl* características *fpl* de la profesión; **Tätigkeitswort** *nt* <-(e)s, -wörter> (GRAM) verbo *m*

Tatkraft *f* <-, *ohne pl*> energía *f*, dinamismo

m; **tatkräftig** *adj* enérgico, dinámico; **jdn ~ unterstützen** apoyar a alguien enérgicamente

tätlich ['tɛːtlɪç] *adj* de obra, de hecho; **gegen jdn ~ werden** hacer uso de la violencia física contra alguien

Tätlichkeiten *fpl* actos *mpl* de violencia

Tatmotiv *nt* <-(e)s, -e> móvil *m* del crimen; **Tatort** *m* <-(e)s, -e> lugar *m* de los hechos

tätowieren* [tɛto'viːrən] *vt* tatuar; **sich ~ lassen** hacerse un tatuaje

Tätowierung *f* <-, -en> tatuaje *m*

Tatsache *f* <-, -n> hecho *m;* **~ ist, dass ...** es un hecho que...; **~!** (*fam*) ¡de verdad!; **unwesentliche/wesentliche ~n** (JUR) hechos irrelevantes/relevantes; **unter Vorspiegelung falscher ~n** bajo falsas apariencias; **voll endete ~n schaffen** crear hechos consumados; **vor vollendeten ~n stehen** enfrentarse a hechos consumados; **Tatsachenbericht** *m* <-(e)s, -e> informe *m* de los hechos, relato *m* auténtico

tatsächlich ['---, -'--] **I.** *adj* real, verdadero; **sein ~er Name ist Igor** su verdadero nombre es Igor **II.** *adv* de hecho, realmente; **ist das ~ wahr?** ¿es realmente cierto?; **er ist es ~** efectivamente es él

tätscheln ['tɛtʃəln] *vt* dar palmaditas (a); (*streicheln*) acariciar

Tattergreis(in) ['tatɐ-] *m(f)* <-es, -e; -, -nen> (*fam abw*) viejo, -a *m, f* decrépito, -a

Tatterich ['tatərɪç] *m* (*fam*): **einen ~ haben** temblequear; **einen ~ bekommen** pillarle a alguien el tembleque

tatterig ['tatərɪç] *adj* (*fam*) temblón, tembloroso

Tatumstände *mpl* circunstancias *fpl* del hecho; **Tatverdacht** *m* <-(e)s, *ohne pl*> (JUR) sospecha *f;* **unter ~ stehen** estar bajo sospecha; **es besteht ~** existe la sospecha; **tatverdächtig** *adj* (JUR) sospechoso; **Tatverdächtige(r)** *mf* <-n, -n; -n, -n> (JUR) sospechoso, -a *m, f;* **Tatwaffe** *f* <-, -n> (JUR) arma *f* del crimen

Tatze ['tatsə] *f* <-, -n> **1.** (*von Tieren*) zarpa *f* **2.** (*fam: Hand*) pata *f,* zampa *f*

Tatzeit *f* <-, -en> (JUR) hora *f* del crimen; **Tatzeuge, -in** *m, f* <-n, -n; -, -nen> (JUR) testigo *mf* presencial

Tau[1] [taʊ] *m* <-(e)s, *ohne pl*> (*Niederschlag*) rocío *m*

Tau[2] *nt* <-(e)s, -e> (NAUT) cabo *m,* amarra *f;* **ein ~ kappen** cortar un cabo

taub [taʊp] *adj* **1.** (*gehörlos*) sordo; **sich ~ stellen** hacerse el sordo; **auf einem Ohr ~ sein** ser sordo de un oído; **~ werden** ensordecer; **bist du ~?** (*fam*) ¿estás sordo o qué? **2.** (*Körperteil*) entumecido **3.** (*Nuss*) vacío **4.** (*Gestein*) estéril

Taube ['taʊbə] *f* <-, -n> (ZOOL) paloma *f;* **~n und Falken** (POL) palomas y halcones

Taube(r) ['taʊbɐ] *mf* <-n, -n; -n, -n> sordo, -a *m, f*

taubenblau *adj* azul grisáceo pálido; **Taubenei** *nt* <-(e)s, -er> huevo *m* de paloma; **taubengrau** *adj* azul grisáceo pálido; **Taubenhaus** *nt* <-es, -häuser>, **Taubenschlag** *m* <-(e)s, -schläge> palomar *m;* **hier geht es zu wie im ~** (*fam*) esto parece un hormiguero

Tauber ['taʊbɐ] *m* <-s, ->, **Täuber** *m* <-s, ->, **Tauberich** *m* <-s, -e>, **Täuberich** *m* <-s, -e> palomo *m*

Taubheit *f* <-, *ohne pl*> **1.** (*Gehörlosigkeit*) sordera *f* **2.** (*der Glieder*) entumecimiento *m*

Taubnessel *f* <-, -n> (BOT) ortiga *f* muerta

taubstumm ['--] *adj* sordomudo

Taubstumme(r) *mf* <-n, -n; -n, -n> sordomudo, -a *m, f;* **Taubstummensprache** *f* <-, *ohne pl*> lenguaje *m* de los sordomudos

Tauchbad *nt* <-(e)s, -bäder> (CHEM) baño *m* de inmersión

tauchen ['taʊxən] **I.** *vi haben o sein* (*Mensch*) bucear, sumergirse (*in* en); (*Ente, U-Boot*) sumergirse (*in* en); **nach jdm/etw** *dat* **~** buscar (buceando) a alguien/algo **II.** *vt* mojar (*in* en), sumergir (*in* en)

Tauchen *nt* <-s, *ohne pl*> submarinismo *m,* deporte *m* de inmersión; **ich gehe zum ~** voy a hacer submarinismo

Taucher(in) *m(f)* <-s, -; -, -nen> buceador(a) *m(f);* (*Berufs~*) buzo *mf,* hombre-rana *m,* mujer-rana *f;* **Taucheranzug** *m* <-(e)s, -züge> traje *m* de buzo; **Taucherausrüstung** *f* <-, -en> equipo *m* de buceo [*o* de buzo]; **Taucherbrille** *f* <-, -n> gafas *fpl* de bucear; **Taucherflosse** *f* <-, -n> aleta *f* (de buceador); **Taucherglocke** *f* <-, -n> campana *f* de buzo; **Taucherhelm** *m* <-(e)s, -e> casco *m* de inmersión [*o* de la escafandra]

Taucherin *f* <-, -nen> *s.* **Taucher**

Taucherkrankheit *f* <-, *ohne pl*> aeremia *f;* **Tauchermaske** *f* <-, -n> gafas *fpl* de buceador

Tauchsieder ['-ziːdɐ] *m* <-s, -> calentador *m* de líquidos (por inmersión); **Tauchstation** *f:* **auf ~ gehen** (*fam*) esfumarse; **Tauchtiefe** *f* <-, -n> profundidad *f* de sumersión

tauen ['taʊən] **I.** *vi sein* (*Schnee, Eis*) derretirse; (*Fluss*) deshelarse **II.** *vunpers:* **es taut** (*es ist Tauwetter*) se está derritiendo la nieve; (*Tau schlägt sich nieder*) está cayendo rocío

Tauern *pl* (cordillera *f* de los) Tauern *mpl*

Taufbecken *nt* <-s, -> pila *f* bautismal

Taufe[1] ['taʊfə] *f* <-, *ohne pl*> (*Sakrament*) bautismo *m*

Taufe[2] *f* <-, -n> (*Akt*) bautizo *m;* **etw aus der ~ heben** (*fam*) fundar algo

taufen ['taʊfən] *vt* bautizar; **sich ~ lassen** bautizarse; **sie tauften ihn auf den Namen Paul** le bautizaron con el nombre de Paul

Täufer ['tɔɪfɐ] *m* <-s, -> (REL) bautista *m;* **Johannes der ~** San Juan Bautista

Taufkapelle *f* <-, -n> baptisterio *m;* **Taufkleid** *nt* <-(e)s, -er> faldón *m,* faldellín *m Ant, Ven*

T

Taufliege *f* <-, -n> mosca *f* de vinagre

Täufling ['tɔɪflɪŋ] *m* <-s, -e> niño, -a *m, f* bautizado, -a

Taufname *m* <-ns, -n> nombre *m* de pila; **Taufpate, -in** *m, f* <-n, -n; -, -nen> padrino *m* de bautismo, madrina *f* de bautismo; **Taufregister** *nt* <-s, -> registro *m* de bautizos

taufrisch ['taʊ'frɪʃ] *adj* **1.** (*feucht*) húmedo de rocío **2.** (*frisch*) muy fresco; **er ist nicht mehr ganz ~** (*fam*) se le notan los años

Taufschein *m* <-(e)s, -e> partida *f* de bautismo; **Taufstein** *m* <-(e)s, -e> (REL) pila *f* bautismal

taugen [taʊgən] *vi* servir (*für/zu* para); **wenig/etwas ~** (*Gegenstand*) servir poco/bastante; (*Film*) no ser muy bueno/ser bastante bueno; **er taugt nicht zum Lehrer** no sirve para profesor; **der Kerl taugt nichts** el chico no sirve para nada

Taugenichts ['taʊgənɪçts] *m* <-(es), -e> (*abw*) inútil *mf*

tauglich *adj* apto; (*geeignet*) apropiado (*für* para), idóneo (*für* para); (*brauchbar*) útil; **jdn für ~ erklären** (MIL) declarar a alguien apto (para el servicio militar)

Tauglichkeit *f* <-, *ohne pl*> aptitud *f* (*für* para), idoneidad *f* (*für* para); (MIL) aptitud *f* para el servicio militar; **Tauglichkeitsprüfung** *f* <-, -en> prueba *f* de aptitud; **Tauglichkeitszeugnis** *nt* <-ses, -se> certificado *m* de aptitud

Taumel ['taʊməl] *m* <-s, -> **1.** (*Schwindel*) vértigo *m*, mareo *m* **2.** (*Rausch*) delirio *m*, paroxismo *m*; **im ~ der Begeisterung** en el éxtasis de la emoción

taumelig *adj* vacilante, tambaleante; **mir wird ganz ~** siento vértigo; **~ gehen** andar con paso vacilante

taumeln ['taʊməln] *vi haben o sein* tambalearse; **gegen die Wand ~** ir dando tumbos contra la pared

Taunus ['taʊnʊs] *m* <-> Taunus *m*

Tausch [taʊʃ] *m* <-(e)s, -e> cambio *m*, trueque *m*; **etw zum ~ anbieten** ofrecer algo para cambiar; **im Tausch gegen** [*o* **für**] **etw** a cambio de algo; **einen guten/schlechten ~ machen** hacer un buen/mal cambio

tauschen ['taʊʃən] *vi, vt* cambiar (*für/gegen* por); **lass uns die Plätze ~** cambiemos de sitio; **ich möchte nicht mit ihm ~** no quisiera estar en su lugar; **Blicke ~** cruzar las miradas

täuschen ['tɔɪʃən] **I.** *vi* engañar; **das täuscht** esto engaña **II.** *vt* engañar; **wenn mich nicht alles täuscht ...** si no me equivoco...; **wenn mich mein Gedächtnis nicht täuscht** si no me falla la memoria; **sich von jdm ~ lassen** dejarse engañar por alguien **III.** *vr:* **sich ~** equivocarse; **darin ~ Sie sich** en esto se equivoca Ud.; **ich habe mich in dir getäuscht** me equivoqué contigo; **sich in seiner Hoffnung getäuscht sehen** verse decepcionado en sus esperanzas

täuschend *adj* engañoso, que engaña; **von ~er Ähnlichkeit** casi idéntico; **~ echt** que parece real; **sie sehen sich** *dat* **~ ähnlich** se parecen tanto que engaña

Tauschgeschäft *nt* <-(e)s, -e> (operación *f* de) trueque *m*; **Tauschhandel** *m* <-s, *ohne pl*> (WIRTSCH) (comercio *m* de) trueque *m*; **Tauschobjekt** *nt* <-(e)s, -e> objeto *m* de canje

Täuschung *f* <-, -en> **1.** (*das Täuschen*) engaño *m*; (*Betrug*) fraude *m*; **arglistige ~** (JUR) dolo *m* **2.** (*Irrtum*) error *m*; **optische ~** ilusión óptica; **Täuschungsmanöver** *nt* <-s, -> truco *m*; **Täuschungsversuch** *m* <-(e)s, -e> intento *m* de engaño

Tauschwert *m* <-(e)s, *ohne pl*> valor *m* de cambio

tausend ['taʊzənt] *adj inv* mil; **~ Dank** un millón de gracias; *s. a.* **achttausend**

Tausend *nt* <-s, -e> millar *m*; **ein halbes ~** medio millar; **~e von ...** miles de...; **mehrere ~** varios millares de; **die Ausgaben gehen in die ~e** (*fam*) los gastos se elevan a unos cuantos miles

Tausender ['taʊzəndɐ] *m* <-s, -> **1.** (MATH) millar *m* **2.** (*fam: Geldschein*) billete *m* de mil

tausenderlei ['taʊzəndɐ'laɪ] *adj inv* (*fam*) de mil clases [*o* formas] diferentes, mil clases (diferentes) de; *s. a.* **achterlei**

tausendfach **I.** *adj* multiplicado por mil **II.** *adv* mil veces; *s. a.* **achtfach**

Tausendfüßler ['--fy:slɐ] *m* <-s, -> (ZOOL) ciempiés *m inv*

Tausendjahrfeier *f* <-, -n> celebración *f* del milenario; **zur ~ der Stadt Münster ...** para las fiestas del milenario de la ciudad de Münster...

tausendjährig *adj* milenario; *s. a.* **achtjährig**

tausendmal *adv* mil veces; **ich bitte ~ um Entschuldigung** le pido mil perdones; *s. a.* **achtmal**

Tausendmarkschein *m* <-(e)s, -e> billete *m* de 1000 marcos

Tausendsassa *m* <-s, -(s)>: **sie singt, tanzt und schauspielert – ein richtiger ~** canta, baila y actúa – una artista total [*o* polifacética]; **er hat den Fernseher wieder repariert, der ~** ha vuelto a arreglar el televisor, el manitas ese

Tausendschönchen *nt* <-s, -> (BOT) amaranto *m*

tausendste(r, s) ['taʊzəntstə, -tɐ, -təs] *adj* milésimo; **du bist der T~, der bei unserem Gewinnspiel anruft** eres el número mil de los que han llamado para nuestro concurso

tausendstel ['taʊzənstəl] *adj inv* milésimo

Tausendstel *nt* <-s, -> milésimo *m*, milésima parte *f*

tausendundein *adj* mil (y) uno; **1000 Schrauben, ~e Schraube, 1002 Schrauben ...** mil tornillos, mil uno, mil dos...; **ein Märchen aus T~er Nacht** un cuento de las

mil y una noches
Tautologie [taʊtolo'giː] *f* <-, -n> (LING) tautología *f*
tautologisch [taʊto'loːgɪʃ] *adj* (LING) tautológico
Tautropfen ['taʊ-] *m* <-s, -> gota *f* de rocío
Tauwasser *nt* <-s, -> agua *f* de deshielo
Tauwerk *nt* <-(e)s, *ohne pl*> cordaje *m,* jarcias *fpl*
Tauwetter *nt* <-s, *ohne pl*> deshielo *m*
Tauziehen *nt* <-s, *ohne pl*> **1.** (*Spiel*) juego *m* de la cuerda **2.** (*Hin und Her*) lucha *f,* pugna *f;* **das war ein ~** (*fig*) fue un tira y afloja
Taverne [ta'vɛrnə] *f* <-, -n> taberna *f*
Taxameter [taksa'meːtɐ] *m o nt* <-s, -> taxímetro *m*
Taxation [taksa'tsjoːn] *f* <-, -en> (WIRTSCH) tasación *f*
Taxator(in) [ta'ksaːtoːɐ] *m(f)* <-s, -en; -, -nen> (WIRTSCH) perito, -a *m, f*
Taxcard ['tɛkskaːɐt] *f* <-, -s> (*Schweiz: Steuerkarte*) tarjeta *f* de impuestos
Taxe ['taksə] *f* <-, -n> **1.** (*Gebühr*) tasa *f,* impuesto **2.** (*Taxi*) taxi *m* **3.** (*Schätzung*) tasación
Taxi ['taksi] *nt* <-s, -s> taxi *m,* coche *m Mex,* concho *m Ant, Cuba;* **ein ~ nehmen** coger un taxi, tomar un taxi *Am*
taxieren* [ta'ksiːrən] *vt* tasar, evaluar; **jdn von oben herab ~** (*fam*) repasar a alguien de arriba a abajo
Taxifahrer(in) *m(f)* <-s, -; -, -nen> taxista *mf;* **Taxifahrt** *f* <-, -en> viaje *m* en taxi; **Taxistand** *m* <-(e)s, -stände> parada *f* de taxis
Taxon *nt* <-s, Taxa> (BIOL) taxón *m*
Taxonomie *f* <-, *ohne pl*> (BOT, ZOOL) taxonomía *f*
Taxpreis *m* <-es, -e>, **Taxwert** ['taksveːɐt] *m* <-(e)s, -e> valor *m* de tasación
Tb[1] [teː'beː] (CHEM) *Abk. von* **Terbium** Tb
Tb[2] [teː'beː] *f* <->, **Tbc** [teːbeː'tseː] *f* <-> (MED) *Abk. von* **Tuberkulose** tuberculosis *f inv;* **Tb(c)-krank** *adj* (MED) tuberculoso; **~ sein** estar tuberculoso
Tc (CHEM) *Abk. von* **Technetium** Tc
TCDD (CHEM) *Abk. von* **Tetrachlordibenzodioxin** tetraclorodibenzodioxina *f*
Te (CHEM) *Abk. von* **Tellur** Te
Teakholz *nt* <-es, *ohne pl*> madera *f* de teca
Team [tiːm] *nt* <-s, -s> equipo *m;* **im ~ arbeiten** trabajar en equipo; **Teamarbeit** *f* <-, *ohne pl*> trabajo *m* colectivo [*o* en equipo]; **etw in ~ anfertigen** hacer algo en equipo; **Teamgeist** *m* <-(e)s, *ohne pl*> espíritu *m* de equipo; **Teamwork** ['tiːmwœːk] *nt* <-s, *ohne pl*> *s.* **Teamarbeit**
Technetium [tɛçneːtsiʊm] *nt* <-s, *ohne pl*> (CHEM) tecnecio *m*
Technik[1] ['tɛçnɪk] *f* <-, *ohne pl*> **1.** (*Technologie*) tecnología *f;* (*Ausstattung*) instalaciones *fpl* técnicas; **der neueste Stand der ~** lo último en tecnología; **der Betrieb ist mit modernster ~ ausgestattet** la empresa está provista de las más modernas instalaciones técnicas **2.** (*Abteilung*) (sección *f*) técnica *f*
Technik[2] *f* <-, -en> (*Arbeitsweise*) técnica *f;* (*Methode*) método *m*
Technika *pl von* **Technikum**
technikbesessen *adj* obsesionado con las nuevas tecnologías
Techniken *pl von* **Technik**, **Technikum**
Techniker(in) ['tɛçnikɐ] *m(f)* <-s, -; -, -nen> técnico, -a *m, f*
technikfeindlich *adj* enemigo de [*o* contrario a] las nuevas tecnologías
Technikfolgenabschätzung *f* <-, -en> valoración *f* de las consecuencias de la técnica
Technikum ['tɛçnikʊm] *nt* <-s, Technika *o* Techniken> escuela *f* (poli)técnica
technisch *adj* técnico; **T~e Hochschule** Escuela Superior Técnica; **~ begabt** dotado para la técnica; **~es Zeichnen** dibujo técnico; **~er Leiter** ingeniero jefe; **T~er Überwachungsverein** (organismo que realiza la) Inspección Técnica de Vehículos; **das ist ~ unmöglich** esto es técnicamente imposible
technisieren* [teçni'ziːrən] *vt* automatizar, mecanizar
Technisierung *f* <-, -en> automatización *f,* mecanización *f;* **Technisierungsgrad** *m* <-(e)s, -e> grado *m* de automatización
Techno ['tɛkno] *m o nt* <-(s), *ohne pl*> (MUS) bakalao *m,* bacalao *m*
Technokrat(in) [tɛçno'kraːt] *m(f)* <-en, -en; -, -nen> tecnócrata *mf*
Technokratie *f* <-, *ohne pl*> tecnocracia *f*
Technokratin *f* <-, -nen> *s.* **Technokrat**
technokratisch *adj* tecnócrata
Technologe, **-in** *m, f* <-n, -n; -, -nen> tecnólogo, -a *m, f*
Technologie *f* <-, -n> tecnología *f;* **abfallarme ~** tecnología pobre en desperdicios; **alternative ~** tecnología alternativa; **angepasste** [*o* **integrierte**] **~** tecnología integrada; **fortgeschrittene/veraltete ~** tecnología avanzada/anticuada; **neueste ~** última tecnología; **Technologiepark** *m* <-s, -s> parque *m* tecnológico; **Technologietransfer** *m* <-s, -s> transferencia *f* de tecnología; **Technologiezentrum** *nt* <-s, -zentren> centro *m* de tecnología
Technologin *f* <-, -nen> *s.* **Technologe**
technologisch *adj* tecnológico
Techtelmechtel [tɛçtəl'mɛçtəl] *nt* <-s, -> flirt *m;* **mit jdm ein ~ haben** tener una aventura con alguien
Teddybär ['tɛdibɛːɐ] *m* <-en, -en> osito *m* de peluche
Tee [teː] *m* <-s, -s> té *m;* (*Kräuter~*) infusión *f;* **schwarzer ~** té negro; **~ trinken** tomar té; **~ kochen** hacer té; **zwei Tassen ~, bitte!** ¡dos tazas de té, por favor!; **abwarten und ~ trinken!** (*fam*) ¡paciencia!; **einen im ~ haben** (*fam*) estar achispado

TEE [teːeːeː] *m* <-(s), -(s)> (EISENB) *Abk. von* **Trans-Europ-Express** expreso *m* transeuropeo, "Trans-Europe-Express" *m*

Teebeutel *m* <-s, -> bolsita *f* de té; **Teeblatt** *nt* <-(e)s, -blätter> hoja *f* de té; **Teeei**[RR] *nt* <-(e)s, -er> **Tee-Ei** *nt* <-(e)s, -er>, bola *f* de té; **Teefilter** *m* <-s, -> filtro *m* de té; **Teegebäck** *nt* <-(e)s, *ohne pl*> pastas *fpl* de té; **Teeglas** *nt* <-es, -gläser> vaso *m* de té; **Teekanne** *f* <-, -n> tetera *f;* **Teekessel** *m* <-s, -> tetera *f;* **Teelicht** *nt* <-(e)s, -er> lamparilla *f* (mariposa); **Teelöffel** *m* <-s, -> cucharilla *f* de té

Teen [tiːn] *m* <-s, -s>, **Teenager** ['tiːnɛɪdʒɐ] *m* <-s, -> adolescente *mf,* joven *mf*

Teenie ['tiːni] *m* <-s, -s> (*fam*), **Teeny** *m* <-s, -s> (*fam*) quinceañero, -a *m, f*

Teer [teːɐ] *m* <-(e)s, -e> alquitrán *m*

teeren ['teːrən] *vt* alquitranar; (*Straße*) asfaltar, embrear

Teerfarbe *f* <-, -n> pintura *f* a base de alquitrán; **Teergrube** *f* <-, -n> pozo *m* de alquitrán

Teerose *f* <-, -n> (BOT) rosa *f* de té

Teerpappe *f* <-, -n> cartón *m* alquitranado [*o* de brea]

Teeservice *nt* <-(s), -> juego *m* de té; **Teesieb** *nt* <-(e)s, -e> colador *m* de té; **Teestrauch** *m* <-(e)s, -sträucher> (BOT) (arbusto *m* del) té *m;* **Teestube** *f* <-, -n> salón *m* de té; **Teetasse** *f* <-, -n> taza *f* para té; **Teewagen** *m* <-s, -, *südd, Österr:* -wägen> carrito *m* de servicio; **Teewurst** *f* <-, -würste> *embutido ahumado parecido a la butifarra*

Teflon® [tɛf'loːn] *nt* <-s, *ohne pl*> teflón® *m*

Teich [taɪç] *m* <-(e)s, -e> estanque *m,* tanque *m Am;* **Teichrose** *f* <-, -n> (BOT) nenúfar *m;* **Teichwirtschaft** *f* <-, *ohne pl*> cría *f* de peces en viveros

Teig [taɪk] *m* <-(e)s, -e> masa *f;* **den ~ gehen lassen** dejar reposar la masa

teigig ['taɪgɪç] *adj* **1.** (*wie Teig*) pastoso **2.** (*schwammig*) fláccido, blando

Teigwaren *fpl* pastas *fpl*

Teil[1] [taɪl] *m* <-(e)s, -e> (*a.* JUR) parte *f;* (*Bestand~*) componente *m;* **weite ~e des Landes** amplias partes del país; **zum ~** en parte; **ich habe es zum größten ~ gemacht** he hecho la mayor parte; **in zwei ~e zerbrechen** romperse en dos

Teil[2] *nt* <-(e)s, -e> (*einzelnes Stück*) pieza *f;* (*Ersatz~*) recambio *m;* **ein Puzzle mit 1.000 ~en** un puzzle de 1.000 piezas

Teil[3] *m o nt* <-(e)s, -e> (*Anteil, Beitrag*) parte *f;* **ich für mein(en) ~** yo, por mi parte; **sich** *dat* **sein(en) ~ denken** pensarse lo suyo; **sie erben zu gleichen ~en** heredan a partes iguales; **er hat sein(en) ~ dazu beigetragen** ha contribuido con lo suyo

Teilabschnitt *m* <-(e)s, -e> sección *f,* parte *f;* **Teilakkreditiv** *nt* <-s, -e> (FIN) carta *f* de crédito parcial; **Teilaktie** *f* <-, -n> acción *f* parcial; **Teilansicht** *f* <-, -en> vista *f* parcial; **Teilauflage** *f* <-, -n> tirada *f* parcial

teilbar ['-baːɐ] *adj* divisible (*durch* por)

Teilbarkeit *f* <-, *ohne pl*> divisibilidad *f*

Teilbereich *m* <-(e)s, -e> parte *f,* sector *m;* **Teilbetrag** *m* <-(e)s, -träge> suma *f* parcial, parte *f*

Teilchen ['taɪlçən] *nt* <-s, -> **1.** (PHYS) partícula *f* **2.** (*reg: Gebäck*) bollo *m,* dulce *m;* **Teilchenbeschleuniger** *m* <-s, -> (PHYS) acelerador *m* de partículas

teilen **I.** *vt* **1.** (*zer~*) partir (*in* en), dividir (*in* en) **2.** (*auf~*) repartir (*unter* entre); **sich** *dat* **etw (mit jdm) ~** compartir algo (con alguien); **jds Meinung ~** compartir la opinión de alguien; **die Meinungen waren geteilt** las opiniones estaban divididas **3.** (MATH) dividir (*durch* por); **27 lässt sich durch 3 ~** 27 se puede dividir por 3 **II.** *vr:* **sich ~** **1.** (*auseinander gehen*) dividirse (*in* en); (*Partei*) escindirse **2.** (*Straße, Fluss*) bifurcarse

Teiler *m* <-s, -> (MATH) divisor *m*

Teilerfolg ['taɪl-] *m* <-(e)s, -e> éxito *m* parcial; **Teilergebnis** *nt* <-ses, -se> resultado *m* parcial; **Teilerzeugnis** *nt* <-ses, -se> producto *m* parcial; **Teilforderung** *f* <-, -en> crédito *m* parcial; **Teilgebiet** *nt* <-(e)s, -e> ramo *m,* sector *m*

teil|haben *irr vi* participar (*an* en), tomar parte (*an* en)

Teilhaber(in) *m(f)* <-s, -; -, -nen> (WIRTSCH) socio, -a *m, f;* **beschränkt/unbeschränkt haftender ~** socio de responsabilidad limitada/ilimitada; **geschäftsführender/stiller ~** socio gerente/pasivo

Teilhaberschaft *f* <-, *ohne pl*> participación *f;* **eine ~ begründen** fundar una sociedad en participación

Teilhaftung *f* <-, -en> responsabilidad *f* parcial

teilkaskoversichert *adj* con seguro parcial (*que cubre incendios, catástrofes naturales y robo*); **ein ~es Auto** un coche con seguro parcial; **Teilkaskoversicherung** *f* <-, -en> *seguro contra robo, incendio y daños causados por fuerza mayor*

Teilladung *f* <-, -en> cargamento *m* parcial; **in ~en zum Versand bringen** enviar cargamentos parciales; **Teillieferung** *f* <-, -en> envío *m* parcial; **Teilmenge** *f* <-, -n> (MATH) subconjunto *m;* **teilmöbliert** *adj* parcialmente amueblado

Teilnahme ['-naːmə] *f* <-, *ohne pl*> **1.** (*allgemein*) participación *f* (*an* en); (*Mitarbeit*) colaboración *f* (*an* en); (*an einem Kurs*) asistencia *f* (*an* a) **2.** (*Interesse*) interés *m* **3.** (*geh: Mitgefühl*) simpatía *f;* (*Beileid*) pésame *m;* **seine ~ aussprechen** dar el pésame; **Teilnahmebedingung** *f* <-, -en> condición *f* de participación; **teilnahmeberechtigt** *adj* con derecho de participación

teilnahmslos ['taɪlnaːmsloːs] *adj* indiferente, apático

Teilnahmslosigkeit ['--lo:zɪçkaɪt] *f* <-, *ohne pl*> falta *f* de interés, apatía *f*

teilnahmsvoll *adj* compasivo, interesado

teil|nehmen *irr vi* participar (*an* en), tomar parte (*an* en); (*an einem Kurs*) asistir (*an* a)

Teilnehmer(in) *m(f)* <-s, -; -, -nen> participante *mf;* (*Kurs~*) cursillista *mf;* (TEL) abonado, -a *m, f;* **Teilnehmergebühr** *f* <-, -en> (TEL) cuota *f* (telefónica) de abono

Teilreaktion *f* <-, -en> (CHEM) reacción *f* parcial

teils [taɪls] *adv* en parte; ~ **heiter,** ~ **wolkig** con nubes y claros; ~ **...,** ~ **...** por un lado... por otro...

Teilschuldner(in) *m(f)* <-s, -; -, -nen> deudor(a) *m(f)* parcial; **Teilsendung** *f* <-, -en> envío *m* parcial; **Teilstrecke** *f* <-, -n> etapa *f;* **Teilstrich** *m* <-(e)s, -e> marca *f;* **Teilstück** *nt* <-(e)s, -e> parte *f*

Teilung *f* <-, -en> **1.** (*allgemein*) división *f;* (*einer Partei*) escisión *f;* (*Ver~*) reparto *m,* repartición *f* **2.** (*eines Wegs*) bifurcación *f;* **Teilungsartikel** *m* <-s, -> (GRAM) artículo *m* partitivo

teilweise ['-vaɪzə] **I.** *adj* parcial **II.** *adv* en parte, parcialmente

Teilzahlung *f* <-, -en> pago *m* a plazos; **etw auf ~ kaufen** comprar algo a plazos; **bei ~** pagando a plazos; **Teilzahlungskauf** *m* <-(e)s, -käufe> compra *f* a plazos; **Teilzahlungskredit** *m* <-(e)s, -e> (FIN) crédito *m* a devolver a plazos; **Teilzahlungspreis** *m* <-es, -e> precio *m* de compra a plazos

Teilzeitarbeit *f* <-, -en> trabajo *m* a tiempo parcial [*o* de jornada reducida]; **teilzeitbeschäftigt** *adj* empleado a tiempo parcial [*o* por horas]; **Teilzeitbeschäftigte(r)** *mf* <-n, -n; -n, -n> trabajador(a) *m(f)* a tiempo parcial; **Teilzeitbeschäftigung** *f* <-, -en> trabajo *m* a tiempo parcial [*o* por horas]; **Teilzeitkraft** *f* <-, -kräfte> empleado, -a *m, f* a tiempo parcial [*o* por horas]

Tein [te'i:n] *nt* <-s, *ohne pl*> teína *f*

Teint [tɛ̃:] *m* <-s, -s> tez *f,* complexión *f Am*

T-Eisen *nt* <-s, -> (TECH) hierro *m* en (forma de) T

tektonisch [tɛk'to:nɪʃ] *adj* (GEO) tectónico

Telearbeit ['te:le-] *f* <-, -en> teletrabajo *m;* **Telebanking** *nt* <-, *ohne pl*> (INFOR) telebanca *f;* **Telebrief** *m* <-(e)s, -e> telecarta *f;* **Telefax** ['te:lefaks] *nt* <-es, -e> telefax *m inv;* **telefaxen** ['----] *vt* mandar por fax

Telefaxgerät *nt* <-(e)s, -e> telefax *m inv*

Telefon ['te:lefo:n, tele'fo:n] *nt* <-s, -e> teléfono *m;* **schnurloses ~** teléfono inalámbrico; **ans ~ gehen** coger el teléfono, atender al teléfono *Am;* **haben Sie ~?** ¿tiene Ud. teléfono?; **das ~ läutet** suena el teléfono; **Telefonabonnent(in)** *m(f)* <-en, -en; -, -nen> (*Schweiz*) abonado, -a *m, f* de la compañía telefónica; **Telefonanlage** *f* <-, -n> instalación *f* telefónica

Telefonanruf *m* <-(e)s, -e> llamada *f* telefónica; **Telefonanrufbeantworter** *m* <-s, -> contestador *m* automático

Telefonanschluss[RR] *m* <-es, -schlüsse> conexión *f* a la red telefónica

Telefonat [telefo'na:t] *nt* <-(e)s, -e> llamada *f* telefónica

Telefonauskunft *f* <-, *ohne pl*> información *f* (telefónica); **rufen Sie die ~ an!** ¡llame a información!; **Telefonbanking** *nt* <-s, *ohne pl*> (FIN) telebanco *m;* **Telefonbuch** *nt* <-(e)s, -bücher> guía *f* telefónica; **Telefongebühren** *fpl* tasas *fpl* por la conexión y el equipo; **Telefongesellschaft** *f* <-, -en> compañía *f* telefónica; **Telefongespräch** [--'---] *nt* <-(e)s, -e> llamada *f* telefónica; (*Ferngespräch*) conferencia *f* telefónica; **ein ~ führen** hablar por teléfono; **Telefonhäuschen** *nt* <-s, -> *s.* **Telefonzelle**; **Telefonhörer** *m* <-s, -> auricular *m,* audífono *m Am*

telefonieren* [telefo'ni:rən] *vi* **1.** (*sprechen*) hablar por teléfono; **ich habe zwei Stunden mit ihr telefoniert** he hablado por teléfono con ella durante dos horas **2.** (*anrufen*) llamar por teléfono; **ich muss dringend ~** tengo que llamar por teléfono urgentemente; **kann ich bei Ihnen mal ~?** ¿puedo utilizar su teléfono?; **nach München/Amerika ~** llamar a Múnich/América; **beim T~ kommen mir die besten Ideen** por teléfono se me ocurren las mejores ideas

telefonisch [tele'fo:nɪʃ] **I.** *adj* telefónico **II.** *adv* por teléfono; **ich habe versucht ihn ~ zu erreichen** he intentado localizarlo por teléfono

Telefonist(in) [telefo'nɪst] *m(f)* <-en, -en; -, -nen> telefonista *mf*

Telefonkabel *nt* <-s, -> cable *m* de teléfono; **Telefonkarte** *f* <-, -n> tarjeta *f* telefónica; **Telefonkonferenz** *f* <-, -en> conversación *f* telefónica múltiple, llamada *f* a tres; **Telefonleitung** *f* <-, -en> línea *f* telefónica; **Telefonmarketing** *nt* <-s, *ohne pl*> venta *f* por teléfono, marketing *m* telefónico; **Telefonnetz** *nt* <-es, -e> red *f* telefónica; **Telefonnummer** *f* <-, -n> (número *m* de) teléfono *m;* **gibst du mir deine ~?** ¿me das tu teléfono?; **Telefonrechnung** *f* <-, -en> cuenta *f* del teléfono, factura *f* del teléfono; **Telefonregister** *nt* <-s, -> directorio *m* telefónico; **Telefonseelsorge** *f* <-, *ohne pl*> teléfono *m* de la esperanza; **Telefonsex** *m* <-(e)s, *ohne pl*> (*fam*) sexo *m* telefónico; **Telefonverbindung** *f* <-, -en> conexión *f* telefónica; **Telefonverzeichnis** *nt* <-ses, -se> listín *m* (de teléfonos); **Telefonzelle** *f* <-, -n> cabina *f* telefónica; **Telefonzentrale** *f* <-, -n> central *f* telefónica, conmutador *m MAm, Arg, Kol*

telegen [tele'ge:n] *adj* telegénico

Telegraf [tele'gra:f] *m* <-en, -en> telégrafo *m;* **drahtloser ~** telégrafo sin hilos; **Telegra-**

fenamt *nt* <-(e)s, -ämter> oficina *f* de telégrafos; **Telegrafenleitung** *f* <-, -en> línea *f* telegráfica; **Telegrafenmast** *m* <-(e)s, -e(n)> poste *m* telegráfico

Telegrafie [telegra'fi:] *f* <-, *ohne pl*> telegrafía *f*

telegrafieren* [telegra'fi:rən] *vi, vt* telegrafiar

telegrafisch [tele'gra:fɪʃ] I. *adj* telegráfico II. *adv* por telégrafo

Telegramm [tele'gram] *nt* <-s, -e> telegrama *m;* **ein ~ aufgeben** enviar un telegrama; **Telegrammadresse** *f* <-, -n> dirección *f* telegráfica; **Telegrammformular** *nt* <-s, -e> impreso *m* para telegramas; **Telegrammgebühr** *f* <-, -en> tasa *f* telegráfica; **Telegrammstil** *m* <-(e)s, *ohne pl*> estilo *m* telegráfico

Telegraph *m* <-en, -en> *s.* **Telegraf**

Telekinese [teleki'ne:zə] *f* <-, *ohne pl*> telequinesia *f*

Telekolleg ['te:lekɔle:k] *nt* <-s, -s> curso *m* a distancia (emitido por televisión)

Telekom *f* <-, *ohne pl*> Telekom *f* (*compañía de teléfonos alemana*)

Telekommunikation *f* <-, *ohne pl*> telecomunicación *f*

Telekonsultation *f* <-, -en> (MED, TEL) teleconsulta *f*

Telekopie *f* <-, -n> (tele)fax *m inv*

Telekopierer *m* <-s, -> (tele)fax *m inv*

Telelearning ['telɪlɛ:nɪŋ] *nt* <-, *ohne pl*> (INFOR) teleenseñanza *f*, teleeducación *f*

Telematik *f* <-, *ohne pl*> (INFOR, TEL) telemática *f*

Teleobjektiv *nt* <-s, -e> (FOTO) teleobjetivo *m*

Telepathie [telepa'ti:] *f* <-, *ohne pl*> telepatía *f*

telepathisch I. *adj* telepático; **an die ~e Übermittlung von Gedanken glauben** creer en la transmisión telepática de los pensamientos II. *adv* telepáticamente, por (medio de la) telepatía; **mit jdm ~ in Verbindung treten** entrar en contacto telepático con alguien

Teleprompter® *m* <-s, -> (TV) teleprompter® *m;* **Teleshopping** *nt* <-s, *ohne pl*> (TV, WIRTSCH) teletienda *f*, telecompra *f*

Teleskop [tele'sko:p] *nt* <-s, -e> telescopio *m*

Telespiel *nt* <-(e)s, -e> videojuego *m*

Teletex ['te:letɛks] *nt* <-, *ohne pl*> teletex *m inv*

Teleworking *nt* <-, *ohne pl*> teletrabajo *m*

Telex ['te:lɛks] *nt* <-, -(e)> télex *m inv;* **Telexanschluss**[RR] *m* <-es, -schlüsse> conexión *f* de télex

telexen ['te:lɛksən] *vt* mandar por télex

Teller ['tɛlɐ] *m* <-s, -> plato *m;* **ein flacher/tiefer ~** un plato llano/hondo; **ein ~ Suppe** un plato de sopa; **Tellergericht** *nt* <-(e)s, -e> plato *m* combinado; **Tellermine** *f* <-, -n> (MIL) mina *f* de plato; **Tellerwärmer** *m* <-s, -> calientaplatos *m inv;* **Tellerwäscher(in)** *m(f)* <-s, -; -, -nen> friegaplatos *mf inv*, lavavajillas *mf inv*

Tellur [tɛ'lu:ɐ] *nt* <-s, *ohne pl*> (CHEM) telurio *m*

Tempel ['tɛmpəl] *m* <-s, -> templo *m;* **Tempeltänzerin** *f* <-, -nen> danzarina *f* de un templo

Tempera ['tɛmpəra] *f* <-, -s>, **Temperafarbe** *f* <-, -n> pintura *f* al temple, témpera *f*

Temperament [tɛmp(ə)ra'mɛnt] *nt* <-(e)s, -e> temperamento *m;* (*Lebhaftigkeit*) vivacidad *f;* **ein hitziges ~ haben** ser pronto de genio; (**kein**) **~ haben** (no) tener temperamento

temperamentlos *adj* sin temperamento

Temperament(s)sache *f:* **das ist ~** es cuestión de temperamento

temperamentvoll *adj* (*lebhaft*) vivo; (*ungestüm*) temperamental

Temperatur [tɛmpəra'tu:ɐ] *f* <-, -en> temperatura *f;* (*Fieber*) fiebre *f;* **die ~ steigt/fällt** la temperatura sube/baja; **bei solchen ~en** con estas temperaturas; (**erhöhte**) **~ haben** tener fiebre; **Temperaturanstieg** *m* <-(e)s, -e> subida *f* de la temperatura; **Temperaturdifferenz** *f* <-, -en> diferencia *f* de temperaturas; **Temperaturfühler** *m* <-s, -> sensor *m* de temperatura; **Temperaturgefälle** *nt* <-s, -> gradiente *m* de temperatura, caída *f* de temperatura; **Temperaturkurve** *f* <-, -n> curva *f* de temperatura; **Temperaturregler** *m* <-s, -> termostato *m;* **Temperaturrückgang** *m* <-(e)s, -gänge> descenso *m* de la(s) temperatura(s); **Temperaturschreiber** *m* <-s, -> registrador *m* de temperatura; **Temperaturschwankung** *f* <-, -en> oscilación *f* de la(s) temperatura(s); **Temperatursturz** *m* <-es, -stürze> descenso *m* brusco de la(s) temperatura(s), caída *f* de la(s) temperatura(s)

temperieren* [tɛmpə'ri:rən] *vt* (a)temperar, templar; **der Raum ist gut temperiert** hay una temperatura agradable en la habitación

Tempi *pl von* **Tempo²**

Tempo¹ ['tɛmpo] *nt* <-s, -s> (*Geschwindigkeit*) velocidad *f;* **~!** (*fam*) ¡deprisa!; **mit hohem ~** a gran velocidad

Tempo² *nt* <-s, Tempi> (MUS) tiempo *m*, ritmo *m;* **das ~ angeben** marcar el ritmo

Tempo®³ *nt* <-s, -s> (*fam*) pañuelo *m* de papel, kleenex® *m*

Tempo-30-Zone *f* <-, -n> zona *f* de velocidad limitada a 30 km/h; **sie wohnen in einer kinderfreundlichen ~** viven en un lugar favorable a los niños, donde no se puede circular a más de 30 por hora

Tempolimit *nt* <-s, -s *o* -e> límite *m* de velocidad

Tempora ['tɛmpora] *pl von* **Tempus**

temporal [tɛmpo'ra:l] *adj* (LING) temporal;

Temporalsatz *m* <-es, -sätze> (LING) oración *f* temporal, oración *f* circunstancial de tiempo

temporär [tɛmpo'rɛːɐ] *adj* temporal

Temposünder(in) *m(f)* <-s, -; -, -nen> *conductor que circula a más velocidad de la permitida*

Tempotaschentuch *nt* <-(e)s, -tücher> (*fam*) pañuelo *m* de papel, kleenex® *m*

Tempus ['tɛmpʊs, *pl:* 'tɛmpora] *nt* <-, Tempora> (LING) tiempo *m*

Tendenz [tɛn'dɛnts] *f* <-, -en> tendencia *f* (*zu* a); **kurserholende ~** (FIN) tendencia de recuperación de la cotización (en bolsa); **die ~ geht zu ...** se observa una tendencia a...; **steigende ~** tendencia al alza; **sie hat die ~ zu übertreiben** tiene tendencia a exagerar

tendenziell [tɛndɛn'tsjɛl] *adj* según la tendencia

tendenziös [tɛndɛn'tsjøːs] *adj* (*abw*) tendencioso, parcial

Tendenzstück *nt* <-(e)s, -e> (LIT, THEAT: *a. abw*) obra *f* (políticamente) tendenciosa; **Tendenzwende** *f* <-, -n> cambio *m* de tendencia

Tender ['tɛndɐ] *m* <-s, -> **1.** (EISENB) ténder *m* **2.** (NAUT) embarcación *f* de avituallamiento

tendieren* [tɛn'diːrən] *vi* tender (*zu/nach* a); **die Inflation tendiert nach oben** hay una tendencia inflacionista

Teneriffa [tene'rɪfa] *nt* <-s> Tenerife *m*; **aus ~** tinerfeño

Tenn [tɛn] *nt* <-s, -e> (*Schweiz*), **Tenne** ['tɛnə] *f* <-, -n> era *f*

Tennis ['tɛnɪs] *nt* <-, *ohne pl*> tenis *m*; **Tennisarm** *m* <-(e)s, -e> brazo *m* de tenis; **Tennisball** *m* <-(e)s, -bälle> pelota *f* de tenis; **Tennishalle** *f* <-, -n> pista *f* de tenis cubierta; **Tennisklub** *m* <-s, -s> club *m* de tenis; **Tennis Open** ['tɛnɪs 'ɔʊpən] *nt* <- -, – -> abierto *m* de tenis; **Tennisplatz** *m* <-es, -plätze> pista *f* de tenis, cancha *f* de tenis; **Tennisschläger** *m* <-s, -> raqueta *f* (de tenis); **Tennisspiel** *nt* <-(e)s, -e> partido *m* de tenis; **Tennisspieler(in)** *m(f)* <-s, -; -, -nen> tenista *mf*; **Tennisturnier** *nt* <-s, -e> torneo *m* de tenis

Tenor¹ ['teːnoːɐ] *m* <-s, *ohne pl*> (*Sinn*) tenor *m*; **in diesem ~** a este tenor

Tenor² [te'noːɐ, *pl:* te'nøːrə] *m* <-s, Tenöre> (MUS) tenor *m*

Tenorstimme *f* <-, -n> (voz *f* de) tenor *m*

Tensid *nt* <-(e)s, -e> agente *m* tensioactivo

Tentakel [tɛn'taːkəl] *m o nt* <-s, -> (ZOOL) tentáculo *m*

Tenue [tə'nyː] *nt* <-s, -s> (*Schweiz*) uniforme *m*

Teppich ['tɛpɪç] *m* <-s, -e> alfombra *f*; **einen ~ knüpfen** hacer una alfombra de nudos; **etw unter den ~ kehren** (*fig*) disimular algo; **auf dem ~ bleiben** (*fig*) mantener los pies en tierra; **Teppichboden** *m* <-s, -böden> moqueta *f*, alfombrado *m Am*; **etw mit ~ auslegen** enmoquetar algo; **Teppichfliese** *f* <-, -n> loseta *f* de moqueta; **Teppichkehrer** *m* <-s, -> cepillo *m* mecánico (para alfombras y moquetas); **Teppichkehrmaschine** *f* <-, -n> barredera *f* de alfombras; **Teppichklopfer** *m* <-s, -> sacudidor *m* de alfombra; **Teppichreiniger** *m* <-s, -> limpiaalfombras *m inv*; **Teppichschaum** *m* <-(e)s, -schäume> espuma *f* para alfombras, limpiaalfombras *m inv*; **Teppichstange** *f* <-, -n> barra *f* para sacudir alfombras

teratogen *adj* (MED) teratógeno

Terbium ['tɛrbiʊm] *nt* <-s, *ohne pl*> (CHEM) terbio *m*

Term *m* <-s, -e> (INFOR, LING, MATH, PHYS) término *m*

Termin [tɛr'miːn] *m* <-(e)s, -e> **1.** (*Frist*) plazo *m*; **einen ~ einhalten** cumplir un plazo; **an feste ~e gebunden sein** estar sujeto a plazos fijos **2.** (*Zeitpunkt*) fecha *f*; **der ~ kam näher** se acercó la fecha **3.** (*beim Arzt*) cita *f*; **sich** *dat* **einen ~ geben lassen** pedir hora; **einen ~ vereinbaren** fijar una fecha, acordar una hora; **einen ~ beim Zahnarzt haben** tener hora en el dentista; **er gab uns einen ~ um neun Uhr** nos dio cita para las nueve

Terminablauf¹ *m* <-(e)s, -läufe> (*Verlauf*) (trans)curso *m* de una cita

Terminablauf² *m* <-(e)s, *ohne pl*> (*Fristende*) vencimiento *m* de un plazo

Terminal¹ ['tœːminəl] *m o nt* <-s, -s> (*Flughafen, Bahnhof*) terminal *f*

Terminal² ['tœːminəl] *nt* <-s, -s> (INFOR) terminal *m*

Terminbörse *f* <-, -n> (FIN) bolsa *f* de valores a plazo fijo; **Termindruck** *m* <-(e)s, *ohne pl*> agobio *m* de tiempo; **Termineinlage** *f* <-, -n> (FIN) depósito *m* a plazo; **Termingeld** *nt* <-(e)s, -er> (FIN) capital *m* a plazo fijo; **termingemäß** *adj* conforme a la fecha fijada, dentro del plazo previsto; **termingerecht** *adj* en el plazo fijado, en la fecha prevista; **Termingeschäft** *nt* <-(e)s, -e> (FIN) operación *f* a plazo (fijo); **bedingtes/festes ~** operación a plazo condicional/a plazo en firme

Termini ['tɛrmini] *pl von* **Terminus**

Terminkalender *m* <-s, -> agenda *f*

terminlich **I.** *adj:* **~e Verpflichtungen haben** tener citas concertadas, tener compromisos; **bezüglich unseres Treffens gibt es ~e Probleme** con relación a nuestro encuentro ha surgido un problema de fechas **II.** *adv:* **etw ~ festlegen** acordar una fecha para algo; **~ in Anspruch genommen werden** tener muchas citas concertadas [*o* muchos compromisos]; **nächste Woche bin ich ~ (voll) ausgebucht** la próxima semana no tengo ni un hueco en la agenda [*o* la tengo completa]

Terminlieferung *f* <-, -en> (WIRTSCH) entrega *f* a término; **Terminmarkt** *m* <-(e)s, -märkte> (FIN) mercado *m* a término

Terminologie [tɛrminolo'giː] *f* <-, -n> ter-

T

minología *f*

terminologisch [tɛrmino'lo:gɪʃ] *adj* terminológico

Terminplan *m* <-(e)s, -pläne> agenda *f* (de trabajo); **wie sieht dein ~ für die kommende Woche aus?** ¿cómo tienes la agenda para la próxima semana?; **in dieser Woche habe ich keine Zeit, mein ~ ist voll** esta semana no tengo tiempo, no me queda ni un hueco en la agenda; **Terminplaner** *m* <-s, -> agenda *f;* **Terminplanung** *f* <-, -en> fijación *f* de fechas [*o* de plazos], calendario *m;* **Terminschwierigkeiten** *fpl* dificultades *fpl* para acordar [*o* encontrar] una fecha, problemas *mpl* de horario

Terminus ['tɛrminʊs, *pl:* 'tɛrmini] *m* <-, Termini> término *m;* ~ **technicus** término técnico

Terminverkauf *m* <-(e)s, -käufe> (WIRTSCH) venta *f* a plazo [*o* a término]; **Terminversäumnis** *nt* <-ses, -se> olvido *m* de una cita

Termite [tɛr'mi:tə] *f* <-, -n> termita *f,* termes *m inv,* comején *m Am;* **Termitenhügel** *m* <-s, -> termitero *m,* comejenera *f;* **Termitenstaat** *m* <-(e)s, -en> (ZOOL) termitero *m*

Terpentin [tɛrpɛn'ti:n, tɛrpən'ti:n] *nt* <-s, -e> aguarrás *m,* trementina *f;* **Terpentinöl** *nt* <-(e)s, -e> (CHEM) esencia *f* de trementina, aguarrás *m*

Terrain [tɛ'rɛ̃:] *nt* <-s, -s> terreno *m*

Terrakotta[1] [tɛra'kɔta] *f* <-, Terrakotten> (*Figur aus ~*) (figura *f* de) terracota *f*

Terrakotta[2] *f* <-, *ohne pl*> (*gebrannter Ton*) terracota *f*

Terrarium [tɛ'ra:riʊm] *nt* <-s, Terrarien> terrario *m*

Terrasse [tɛ'rasə] *f* <-, -n> terraza *f;* **Terrassendach** *nt* <-(e)s, -dächer> azotea *f*

terrassenförmig *adj* en bancales

Terrassenhaus *nt* <-es, -häuser> (ARCHIT) casa *f* en terrazas

Terrazzo [tɛ'ratso, *pl:* tɛ'ratsi] *m* <-s, Terrazzi> (ARCHIT) terrazo *m*

terrestrisch [tɛ'rɛstrɪʃ] *adj* **1.** (*a.* BIOL, GEO) terrestre **2.** (TV) por antena

Terrier ['tɛriɐ] *m* <-s, -> (perro *m*) terrier *m*

terrikol *adj* terrícola

Terrine [tɛ'ri:nə] *f* <-, -n> sopera *f*

territorial [tɛritori'a:l] *adj* territorial; **Territorialherrschaft** *f* <-, -en> dominio *m* territorial, control *m* territorial

Territorium [tɛri'to:riʊm] *nt* <-s, Territorien> territorio *m*

Terror ['tɛro:ɐ] *m* <-s, *ohne pl*> terror *m;* **Terrorakt** *m* <-(e)s, -e> acto *m* terrorista; **Terroranschlag** *m* <-(e)s, -schläge> atentado *m* terrorista

terrorisieren* [tɛrori'zi:rən] *vt* aterrorizar

Terrorismus [tɛro'rɪsmʊs] *m* <-, *ohne pl*> terrorismo *m;* **Terrorismusbekämpfung** *f* <-, -en> lucha *f* contra el terrorismo

Terrorist(in) [tɛro'rɪst] *m(f)* <-en, -en; -, -nen> terrorista *mf*

terroristisch *adj* terrorista

tertiär [tɛr'tsjɛ:ɐ] *adj* terciario

Tertiär [tɛr'tsjɛ:ɐ] *nt* <-s, *ohne pl*> (GEO) terciario *m,* era *f* terciaria

Tertiärkonsument *m* <-en, -en> (BIOL) consumidor *m* terciario; **Tertiärverkabelung** *f* <-, -en> (INFOR, TEL) cableado *m* (backbone) horizontal [*o* de planta]

Terz[1] [tɛrts] *f* <-, -en> (MUS) tercera *f*

Terz[2] *m:* ~ **machen** (*fam*) armar escándalo

Terzett [tɛr'tsɛt] *nt* <-(e)s, -e> (MUS) terceto *m*

Tesafilm® ['te:za-] *m* <-(e)s, *ohne pl*> cinta *f* adhesiva, tesafilm® *m*

Tessin [tɛ'si:n] *nt* <-s> Tesino *m*

Test [tɛst] *m* <-(e)s, -s *o* -e> prueba *f,* test *m*

Testament [tɛsta'mɛnt] *nt* <-(e)s, -e> testamento *m;* **das ~ eröffnen** abrir el testamento; **sein ~ machen** hacer testamento; **ein ~ vollstrecken** ejecutar un testamento; **Altes/Neues ~** (REL) Viejo/Nuevo Testamento

testamentarisch [tɛstamɛn'ta:rɪʃ] **I.** *adj* testamentario **II.** *adv* por testamento; ~ **verfügen** disponer en el testamento

Testamentseröffnung *f* <-, -en> (JUR) apertura *f* del testamento; **Testamentsvollstrecker(in)** *m(f)* <-s, -; -, -nen> (JUR) albacea *mf,* testamentario, -a *m, f*

Testbild *nt* <-(e)s, -er> (TV) carta *f* de ajuste

testen ['tɛstən] *vt* examinar; **etw auf seine Haltbarkeit ~** comprobar la resistencia de algo; **jdn auf einen Erreger ~** hacerle una prueba a alguien para comprobar si tiene un virus

Testergebnis *nt* <-ses, -se> resultado *m* de una prueba; **Testfahrer(in)** *m(f)* <-s, -; -, -nen> (AUTO) conductor(a) *m(f)* de pruebas; **Testfrage** *f* <-, -n> pregunta *f* de prueba

testieren* [tɛs'ti:rən] *vt* **1.** (*geh: attestieren*) certificar **2.** (JUR) testar

Testikel [tɛs'ti:kəl] *m* <-s, -> (MED) testículo *m*

Testosteron [tɛstoste'ro:n] *nt* <-s, *ohne pl*> (MED) testosterona *f*

Testperson *f* <-, -en> persona *f* objeto de pruebas; **Testpilot(in)** *m(f)* <-en, -en; -, -nen> piloto *mf* de pruebas; **Testprogramm** *nt* <-s, -e> programa *m* de pruebas; **Testreihe** *f* <-, -n> serie *f* de tests; **Teststrecke** *f* <-, -n> tramo *m* de pruebas; **Testversuch** *m* <-(e)s, -e> prueba *f,* ensayo *m*

Tetanus ['tɛtanʊs, 'te:tanʊs] *m* <-, *ohne pl*> (MED) tétano(s) *m* (*inv*); **Tetanusschutzimpfung** *f* <-, -en> vacuna *f* antitetánica, vacunación *f* (preventiva) contra el tétano(s)

Tete-a-tete[RR] *nt* <-, -s>, **Tête-à-tête** [tɛta'tɛ:t] *nt* <-, -s> cita *f* amorosa

Tetraeder [tetra'ʔe:dɐ] *nt* <-s, -> (MATH) tetraedro *m*

teuer ['tɔɪɐ] *adj* **1.** (*kostspielig*) caro, salado *CSur;* (*wertvoll*) valioso; **etw ~ kaufen/verkaufen** comprar/vender algo caro; **wie ~ ist das?** ¿cuánto vale [*o* cuesta]?; **teurer werden** subir de precio; **es ist (um) drei DM teurer geworden** ha subido tres marcos; **etw kommt jdn ~ zu stehen** algo le resulta caro a alguien; **den Verrat wird er ~ bezahlen müssen** pagará cara la traición; **ein ~ erkaufter Sieg** una victoria pagada a un precio muy alto; **etw für teures Geld kaufen** (*fam*) comprar algo a un precio elevado **2.** (*geh: geschätzt*) querido, apreciado; **bei allem, was mir lieb und ~ ist** por lo que más quiero

Teuerung ['tɔɪərʊŋ] *f* <-, -en> inflación *f,* carestía *f;* **Teuerungsrate** *f* <-, -n> inflación *f;* **Teuerungszulage** *f* <-, -n> plus *m* por carestía (de vida); **Teuerungszuschlag** *m* <-(e)s, -schläge> suplemento *m* por carestía de la vida

Teufel ['tɔɪfəl] *m* <-s, -> diablo *m,* demonio *m,* mandinga *m Am,* pillán *m Chil;* **wie/was zum ~ ...?** ¿cómo/qué diablos...?; **weiß der ~!** (*fam*) ¡yo qué sé!; **scher dich zum ~!, hol dich der ~!** (*fam*) ¡vete al demonio!; **den soll der ~ holen!** (*fam*) ¡al diablo con él!; **sie schert [*o* kümmert] sich den ~ um ihn** (*fam*) a ella él le importa un pepino; **den ~ an die Wand malen** (*fam*) imaginarse lo peor; **das müsste schon mit dem ~ zugehen** (*fam*) ni con la ayuda del diablo; **du kommst in ~s Küche** (*fam*) las vas a pasar moradas; **auf ~ komm raus** (*fam*) cueste lo que cueste; **da ist der ~ los!** (*fam*) ¡menudo jaleo que hay ahí!; **den ~ werde ich tun!** ¡y un cuerno!; **den ~ mit [*o* durch] Beelzebub austreiben** acabar con algo malo empleando algo todavía peor; **der ~ steckt im Detail** son los detalles los que causan problemas; **wenn man vom ~ spricht(, kommt er)** hablando del ruin [*o* del rey] de Roma (por la puerta asoma)

Teufelei [tɔɪfə'laɪ] *f* <-, -en> acto *m* diabólico, acción *f* diabólica

Teufelsaustreibung *f* <-, -en> exorcismo *m;* **Teufelskerl** *m* <-s, -e> (*fam*) tío *m* valiente; **Teufelskreis** *m* <-es, -e> círculo *m* vicioso

teuflisch *adj* **1.** (*bösartig*) diabólico **2.** (*fam: groß*) tremendo; **das schmeckt ~ gut** esto sabe a gloria

Teutone, **-in** [tɔɪ'to:nə] *m, f* <-n, -n; -, -nen> (*abw o hum*) teutón, -ona *m, f*

teutonisch [tɔɪ'to:nɪʃ] *adj* (*abw o hum*) teutón; **etw mit ~er Gründlichkeit erledigen** hacer algo con el esmero propio de los teutones [*o* de los alemanes]

Text [tɛkst] *m* <-(e)s, -e> **1.** (*allgemein*) texto *m;* **der ~ lautet folgendermaßen: ...** el texto dice lo siguiente:...; **weiter im ~!** (*fam*) ¡sigue!; **jdn aus dem ~ bringen** (*fam*) desconcertar a alguien; **aus dem ~ kommen** (*fam*) perder el hilo **2.** (*Lied~*) letra *f* **3.** (*unter einer Abbildung*) leyenda *f;* **Textaufgabe** *f* <-, -n> (SCH) problema *m;* **Textbaustein** *m* <-(e)s, -e> componente *m;* **Textbuch** *nt* <-(e)s, -bücher> libreto *m;* **Textdatei** *f* <-, -en> (INFOR) archivo *m* de texto; **Textdichter(in)** *m(f)* <-s, -; -, -nen> autor(a) *m(f)* de la letra (de una canción); (*von Opern*) libretista *mf;* **Textdokument** *nt* <-(e)s, -e> (INFOR) documento *m* de texto; **Texteditor** *m* <-s, -en> (INFOR) editor *m* de texto; **Textelement** *nt* <-(e)s, -e> (INFOR) elemento *m* de texto

texten ['tɛkstən] *vt* redactar

Texter(in) *m(f)* <-s, -; -, -nen> (*von Liedern*) autor(a) *m(f)* de la letra; (*von Werbetexten*) redactor(a) *m(f)* de textos (publicitarios)

textil [tɛks'ti:l] *adj* de tela, de tejido; **~e Tapeten** papel pintado de tela; **~es Material** material de tela, tejido *m*

Textilarbeiter(in) [tɛks'ti:l-] *m(f)* <-s, -; -, -nen> trabajador(a) *m(f)* textil; **Textilfabrik** *f* <-, -en> fábrica *f* textil; **Textilfaser** *f* <-, -n> fibra *f* textil; **Textilgeschäft** *nt* <-(e)s, -e> tienda *f* de telas

Textilien [tɛks'ti:liən] *pl* (productos *mpl*) textiles *mpl;* (*Stoffe*) tejidos *mpl,* telas *fpl;* (*Kleidung*) ropa *f*

Textilindustrie *f* <-, -n> industria *f* textil

Textkritik *f* <-, *ohne pl*> crítica *f* textual; **Textmarker** ['-markɐ] *m* <-s, -> rotulador *m* fluorescente; **Textstelle** *f* <-, -n> pasaje *m* (en un texto); **Textsystem** *nt* <-s, -e> (INFOR) *s.* **Textverarbeitungssystem**

Textur *f* <-, -en> textura *f*

Textverarbeitung *f* <-, -en> (INFOR) tratamiento *m* de textos; **Textverarbeitungsanlage** *f* <-, -n> (INFOR) instalación *f* de tratamiento de textos; **Textverarbeitungsprogramm** *nt* <-s, -e> (INFOR) (programa *m* de) tratamiento *m* de textos; **Textverarbeitungssystem** *nt* <-s, -e> (INFOR) sistema *m* de tratamiento [*o* de procesamiento] de textos

Tezett ['te:tsɛt, te'tsɛt] *nt* <-s, -s> (*fam*): **bis ins ~** con todos los detalles

Th (CHEM) *Abk. von* **Thorium** Th

TH [te:'ha:] *f* <-, -s> *Abk. von* **Technische Hochschule** Escuela *f* Superior Técnica

Thai[1] [taɪ] *mf* <-(s), -(s); -, -(s)> tailandés, -esa *m, f*

Thai[2] *nt* <-, *ohne pl*> (*Sprache*) tailandés *m*

Thailand ['taɪlant] *nt* <-s> Tailandia *f*

Thailänder(in) ['taɪlɛndɐ] *m(f)* <-s, -; -, -nen> tailandés, -esa *m, f*

thailändisch *adj* tailandés

Thallium ['taliʊm] *nt* <-s, *ohne pl*> (CHEM) talio *m*

Theater [te'a:tɐ] *nt* <-s, -> teatro *m;* (*Aufführung*) representación *f;* **ins ~ gehen** ir al teatro; **sie ging zum ~** se hizo actriz de teatro; **das ~ fängt um acht Uhr an** la función empieza a las ocho; **ein furchtbares ~ wegen**

etw *gen/dat* **machen** (*fam*) armar un escándalo tremendo por algo; **das ist doch nur ~** (*fam*) eso es sólo teatro; **Theaterabonnement** *nt* <-s, -s> abono *m* para el teatro; **Theateraufführung** *f* <-, -en> representación *f* teatral, función *f* de teatro; **Theaterbesuch** *m* <-(e)s, -e> asistencia *f* a una representación teatral; **Theaterbesucher(in)** *m(f)* <-s, -; -, -nen> espectador(a) *m(f)*; **Theaterdirektor(in)** *m(f)* <-s, -en; -, -nen> director(a) *m(f)* de teatro; **Theaterferien** *pl* cierre *m* (de un teatro) por vacaciones; **wie langweilig ist die Zeit der ~** qué aburrido es cuando el teatro está cerrado por vacaciones; **Theaterkarte** *f* <-, -n> entrada *f* para el teatro; **Theaterkasse** *f* <-, -n> despacho *m* de localidades (para el teatro), taquilla *f*; **Theaterkritiker(in)** *m(f)* <-s, -; -, -nen> crítico, -a *m, f* de teatro; **Theaterprobe** *f* <-, -n> ensayo *m* de teatro; **Theaterpublikum** *nt* <-s, *ohne pl*> público *m* de teatro; **Theaterregisseur(in)** *m(f)* <-s, -e; -, -nen> director(a) *m(f)* de teatro; **Theaterstück** *nt* <-(e)s, -e> pieza *f* teatral, obra *f* de teatro; **Theatervorstellung** *f* <-, -en> representación *f* teatral, función *f* de teatro

theatralisch [tea'tra:lɪʃ] *adj* teatral

Theismus [te'ɪsmʊs] *m* <-, *ohne pl*> (REL) teísmo *m*

Theke ['te:kə] *f* <-, -n> **1.** (*in einer Gaststätte*) barra *f* **2.** (*Ladentisch*) mostrador *m*

Thema ['te:ma, *pl:* 'te:mən] *nt* <-s, Themen> (*a.* MUS) tema *m*; (*Angelegenheit*) asunto *m*; **vom ~ abschweifen** desviarse del tema; **das gehört nicht zum ~** esto no tiene nada que ver con este tema; **das ~ ist für mich erledigt** para mí el asunto está concluido; **das ist (doch) kein ~!** (*fam: spielt keine Rolle*) eso no es importante; (*steht nicht zur Debatte*) ese asunto no está sobre la mesa

Thematik [te'ma:tɪk] *f* <-, -en> temática *f*

thematisch *adj* temático

thematisieren* [temati'zi:rən] *vt* tematizar

Themen ['te:mən] *pl von* **Thema**

Themse ['tɛmzə] *f* <-> Támesis *m*

Theologe, -in [teo'lo:gə] *m, f* <-n, -n; -, -nen> teólogo, -a *m, f*

Theologie [teolo'gi:] *f* <-, *ohne pl*> teología *f*

Theologin *f* <-, -nen> *s.* **Theologe**

theologisch *adj* teológico

Theorem [teo're:m] *nt* <-s, -e> (*geh*) teorema *m*

Theoretiker(in) [teo're:tikɐ] *m(f)* <-s, -; -, -nen> teórico, -a *m, f*

theoretisch *adj* teórico

theoretisieren* [teoreti'zi:rən] *vi* teorizar

Theorie [teo'ri:] *f* <-, -n> teoría *f*; **darwinistische ~** teoría darvinista; **kritische ~** teoría crítica; **das ist graue ~** eso no es más que teoría

Therapeut(in) [tera'pɔɪt] *m(f)* <-en, -en; -, -nen> (MED, PSYCH) terapeuta *mf*

Therapeutik [tera'pɔɪtɪk] *f* <-, *ohne pl*> (MED) terapéutica *f*

Therapeutin *f* <-, -nen> *s.* **Therapeut**

therapeutisch *adj* terapéutico

Therapie [tera'pi:] *f* <-, -n> (MED, PSYCH) terapia *f*

therapieren* *vt* dar un tratamiento médico

Thermalbad [tɛr'ma:l-] *nt* <-(e)s, -bäder> **1.** (*Kurort*) estación *f* termal, centro *m* termal **2.** (*Bad*) baño *m* termal; **Thermalquelle** *f* <-, -n> fuente *f* termal, aguas *fpl* termales

Thermen ['tɛrmən] *fpl* termas *fpl*

Thermik *f* <-, *ohne pl*> (METEO) corriente *f* térmica ascendente

thermisch *adj* térmico

Thermodrucker ['tɛrmo-] *m* <-s, -> impresora *f* térmica; **Thermodynamik** [tɛrmody'na:mɪk] *f* <-, *ohne pl*> termodinámica *f*; **thermodynamisch** [---'--] *adj* termodinámico; **thermoelektrisch** [---'--] *adj* termoeléctrico; **Thermograph** *m* <-en, -en> (METEO) termógrafo *m*; **Thermohose** ['tɛrmo-] *f* <-, -n> pantalón *m* acolchado

Thermometer [tɛrmo'me:tɐ] *nt* <-s, -> termómetro *m*; **das ~ zeigt 15 Grad** el termómetro marca 15 grados; **Thermometerstand** *m* <-(e)s, *ohne pl*> altura *f* del termómetro

thermonuklear [----'-] *adj* termonuclear

Thermopapier ['----] *nt* <-s, *ohne pl*> papel *m* de fax; **Thermopapierfax** *nt* <-, -(e)> fax *m* de papel térmico

thermophil *adj* (BIOL) termófilo

thermoplastisch *adj* (CHEM): **~e Kunststoffe** termoplásticos *mpl*

Thermosflasche ['tɛrmɔs-] *f* <-, -n> termo *m*; **Thermoskanne** *f* <-, -n> termo *m*

Thermosphäre *f* <-, *ohne pl*> termosfera *f*

Thermostat [tɛrmo'sta:t] *m* <-(e)s *o* -en, -e(n)> termostato *m*

Thesaurus [te'zaʊrʊs] *m* <-, Thesauren *o* Thesauri> tesauro *m*

These ['te:zə] *f* <-, -n> tesis *f inv*; **eine ~ aufstellen** formular una tesis; **Thesenpapier** *nt* <-(e)s, -e> esquema *m* (de un trabajo escrito), guión *m* (de un trabajo escrito)

Thessalien [tɛ'sa:liən] *nt* <-s> Tesalia *m*

Thiamin *nt* <-s, *ohne pl*> tiamina *f*

Thomasschlacke *f* <-, -n> escoria *f* de Thomas

Thon [to:n] *m* <-s, -s> (*Schweiz:* ZOOL) atún *m*

Thorax *m* <-(es), -e> (ANAT) tórax *m inv*

Thorium ['to:riʊm] *nt* <-s, *ohne pl*> (CHEM) torio *m*

Threonin *nt* <-s, -e> (CHEM) treonina *f*

Thriller ['θrɪlɐ] *m* <-s, -> (*Film*) película *f* de suspense [*o* de miedo]; (*Buch*) novela *f* de suspense [*o* de miedo]

Thrombose [trɔm'bo:zə] *f* <-, -n> (MED) trombosis *f inv*

Thron [tro:n] *m* <-(e)s, -e> trono *m*; **den ~**

besteigen subir al trono; **jds ~ wackelt** (*fig*) el trono de alguien tambalea; **von seinem ~ herabsteigen** (*fig*) bajar del trono; **Thronbesteigung** *f* <-, -en> subida *f* al trono

thronen ['tro:nən] *vi* dominar; **das Schloss thront über der Stadt** el castillo domina la ciudad

Thronerbe, -in *m, f* <-n, -n; -, -nen> heredero, -a *m, f* de la corona; **Thronfolge** *f* <-, *ohne pl*> sucesión *f* al trono; **die ~ antreten** suceder en el trono

Thronfolger(in) *m(f)* <-s, -; -, -nen> sucesor(a) *m(f)* al trono

Thronrede *f* <-, -n> discurso *m* de la Corona

Thulium ['tu:liʊm] *nt* <-s, *ohne pl*> (CHEM) tulio *m*

Thunfisch ['tu:n-] *m* <-(e)s, -e> atún *m*, bonito *m*

Thurgau ['tu:ɐgaʊ] *m* <-s> Thurgau *m*

Thüringen ['ty:rɪŋən] *nt* <-s> Turingia *f*

Thüringer(in) *m(f)* <-s, -; -, -nen> turingio, -a *m, f*

thüringisch *adj* turingio

THW [te:ha:'ve:] *nt* <-, -s> *Abk. von* **Technisches Hilfswerk** organización *f* de asistencia técnica en situaciones de crisis, ≈Protección *f* Civil

Thymian ['ty:mia:n] *m* <-s, -e> tomillo *m*

Ti (CHEM) *Abk. von* **Titan** Ti

Tiara ['tja:ra] *f* <-, Tiaren> (REL) tiara *f*

Tiber ['ti:bɐ] *m* <-s> Tíber *m*

Tibet ['ti:bɛt] *nt* <-s> Tíbet *m*

Tick [tɪk] *m* <-(e)s, -s> **1.** (MED) tic *m* **2.** (*fam: Eigenart*) manía *f*; **einen ~ haben** estar tocado

ticken ['tɪkən] *vi* (*Uhr*) hacer tictac; **bei dir tickt's ja nicht richtig!** (*fam*) ¡no estás bien de la cabeza!

Ticket *nt* <-s, -s> **1.** (*Fahr-, Flugschein*) billete *m* **2.** (*Eintrittskarte*) entrada *f*

Ticktack ['tɪk'tak] *f* <-, -s> (*Kindersprache: Uhr*) reloj *m*

Tide *f* <-, -n> marea *f*

Tiebreak[RR] *m o nt* <-s, -s>, **Tie-Break** ['taɪbrɛɪk] *m o nt* <-s, -s> (SPORT) tie break *m*

tief [ti:f] **I.** *adj* **1.** (*nicht flach*) profundo, hondo; (*fig*) profundo; **fünf Meter ~ fallen** caer desde una altura de cinco metros; **ein zwei Meter ~es Loch** un agujero de dos metros de profundidad; **wie ~ ist das?** ¿qué profundidad tiene?; **das Regal ist 20 cm ~** el estante tiene 20 cm de profundidad; **eine ~e Verbeugung machen** hacer una gran reverencia; **~ unten im Tal** en lo más profundo del valle; **~er Schnee** nieve alta; **im ~sten Afrika** en lo más profundo de África; **aus ~stem Herzen** de todo corazón; **~ in Gedanken versunken sein** estar ensimismado; **aus ~ster Verzweiflung (heraus)** desde la más profunda desesperación; **was ist der ~ere Sinn dieses Vorgehens?** ¿cuál es el sentido último de proceder así?; **~es Schweigen** silencio profundo; **im ~sten Winter** en pleno invierno; **in eine ~e Ohnmacht sinken** perder completamente el sentido **2.** (*niedrig*) bajo; **~e Temperaturen** temperturas bajas; **sie wohnen eine Etage ~er** viven en el piso de abajo **3.** (*Ton*) bajo; (*Stimme*) grave, profundo **4.** (*Farbe*) intenso **II.** *adv* **1.** (*nach unten*) profundamente; (*niedrig*) bajo; **sich ~ bücken** inclinarse profundamente; **die Sonne steht schon ~** el sol ya está bajo; **zehn Meter ~ tauchen** bajar (buceando) diez metros; **sie wohnt ~ in den Bergen** vive montañas adentro; **das Flugzeug fliegt (zu) ~** el avión vuela (demasiado) bajo **2.** (*stark*) mucho, profundamente; **jdm ~ in die Augen sehen** mirar a alguien profundamente a los ojos; **jdn ~ beeindrucken** impresionar a alguien profundamente; **etw ~ bedauern** lamentar algo profundamente; **er ist ~ gesunken** ha degenerado mucho; **~ ausgeschnitten** (*Kleidung*) muy escotado; **bis ~ in die Nacht hinein** hasta bien entrada la noche; **das lässt ja ~ blicken!** ¡eso da que pensar!

Tief [ti:f] *nt* <-s, -s> **1.** (METEO) depresión *f* atmosférica, área *f* de bajas presiones atmosféricas **2.** (PSYCH) depresión *f*

Tiefbau *m* <-(e)s, *ohne pl*> ingeniería *f* de caminos, obras *fpl* de caminos

tiefbetrübt ['--'-] *adj s.* **betrübt**; **tiefbewegt** ['--'-] *adj s.* **bewegt 2.**

Tiefdruck *m* <-(e)s, *ohne pl*> **1.** (METEO) baja presión *f* **2.** (TYPO) huecograbado *m*; **Tiefdruckgebiet** *nt* <-(e)s, -e> (METEO) zona *f* de baja presión, ciclón *m*; **Tiefdruckkeil** *m* <-(e)s, -e> (METEO) cuña *f* de bajas presiones

Tiefe[1] ['ti:fə] *f* <-, -n> profundidad *f*; **eine ~ von 15 Metern** una profundidad de 15 metros; **die Höhen und ~n des Lebens** los altibajos de la vida; **in der ~ seiner Seele** en el fondo de su alma; **jdn in die ~ reißen** arrastrar a alguien a las profundidades

Tiefe[2] *f* <-, *ohne pl*> **1.** (*einer Farbe*) intensidad *f* **2.** (*der Stimme*) gravedad *f*

Tiefebene *f* <-, -n> (GEO) llanura *f*

Tiefenpsychologie *f* <-, *ohne pl*> (p)sicología *f* profunda; **Tiefenschärfe** *f* <-, *ohne pl*> (FOTO) profundidad *f* de campo; **Tiefenstrategie** *f* <-, -n> (*Mediaplanung*) estrategia *f* vertical; **Tiefenwirkung** *f* <-, -en> efecto *m* en profundidad

Tiefflieger *m* <-s, -> avión *m* en vuelo a baja cota; **Tiefflug** *m* <-(e)s, -flüge> vuelo *m* rasante [*o* a baja altura]; **Tiefgang** *m* <-(e)s, *ohne pl*> **1.** (NAUT) calado *m* **2.** (*geistiger Gehalt*) fondo *m*, profundidad *f*; **Tiefgarage** *f* <-, -n> aparcamiento *m* subterráneo; **tiefgefroren** *adj* congelado; **tiefgekühlt** *adj* congelado

tiefgreifend *adj s.* **greifen I.2.**

tiefgründig ['ti:fgrʏndɪç] *adj* profundo

Tiefkühlfach *nt* <-(e)s, -fächer> congelador *m*; **Tiefkühlkost** *f* <-, *ohne pl*> alimentos *mpl* congelados; **Tiefkühlschrank** *m* <-(e)s, -schränke> congelador *m*; **Tief-**

T

kühltruhe *f* <-, -n> congelador *m*
Tieflader *m* <-s, -> (AUTO) *camión de plataforma baja para el transporte de carga pesada;* **Tiefland** *nt* <-(e)s, -länder *o* -e> tierra *f* baja, bajío *m Am*
tiefliegend *adj s.* **liegen 2.**
Tiefpunkt *m* <-(e)s, -e> punto *m* más bajo; **die Stimmung war auf dem ~ (angelangt)** el ambiente había llegado a su punto más bajo; **in den Beziehungen beider Staaten war ein ~ erreicht** la relación entre los dos estados había tocado fondo; **Tiefschlaf** *m* <-(e)s, *ohne pl*> sueño *m* profundo; **Tiefschlag** *m* <-(e)s, -schläge> (SPORT) golpe *m* bajo
tiefschürfend *adj s.* **schürfen III.**
tiefschwarz ['-'-] *adj* negro profundo
Tiefsee *f* <-, *ohne pl*> (GEO) aguas *fpl* abisales; **Tiefseefauna** *f* <-, -faunen> fauna *f* abisal; **Tiefseeforschung** *f* <-, *ohne pl*> investigación *f* abisal; **Tiefseegraben** *m* <-s, -gräben> (GEO) fosa *f* submarina, sima *f* abisal; **Tiefseekabel** *nt* <-s, -> cable *m* de alta mar; **Tiefseetaucher(in)** *m(f)* <-s, -; -, -nen> buceador(a) *m(f)* de aguas abisales
Tiefsinn *m* <-(e)s, *ohne pl*> **1.** (*Gedankentiefe*) sentido *m* **2.** (*Schwermut*) melancolía *f*
tiefsinnig *adj* profundo, hondo
Tiefstand *m* <-(e)s, *ohne pl*> nivel *m* más bajo
Tiefstapelei *f* <-, *ohne pl*> falsa modestia *f;* **er fährt nur alte Wagen, aber das ist ~, in Wirklichkeit ist er Millionär** sólo conduce coches viejos, pero se trata de una falsa modestia, en realidad es millonario
tief|stapeln *vi* infravalorar (los propios conocimientos [*o* méritos])
tiefstehend *adj s.* **stehen I.2.**
tief|stellen *vt* (INFOR, TYPO) subindexar, escribir por debajo de la línea
Tiefstpreis ['ti:fst-] *m* <-es, -e> precio *m* más bajo; **Tiefsttemperatur** *f* <-, -en> temperatura *f* mínima; **Tiefstwert** *m* <-(e)s, -e> **1.** (METEO) temperatura *f* mínima **2.** (FIN) cotización *f* mínima
Tiegel ['ti:gəl] *m* <-s, -> **1.** (*zum Kochen*) cacerola *f* **2.** (*Schmelz~*) crisol *m*
Tier [ti:ɐ] *nt* <-(e)s, -e> animal *m;* (*Raub~*) fiera *f;* **ein hohes [*o* großes] ~** (*fam*) un pez gordo; **Tierart** *f* <-, -en> especie *f* animal; **Tierarzt, -ärztin** *m, f* <-es, -ärzte; -, -nen> veterinario, -a *m, f;* **tierärztlich** *adj* por el [*o* del] veterinario; **ein Tier ~ untersuchen lassen** dejar que el veterinario reconozca a un animal; **Tierbändiger(in)** *m(f)* <-s, -; -, -nen> domador(a) *m(f)* de fieras
Tierchen ['ti:ɐçən] *nt* <-s, -> animalito *m;* **jedem ~ sein Pläsierchen** (*fam*) cada loco con su tema
Tierexperiment *nt* <-(e)s, -e> experimento *m* con [*o* en] animales; **Tierfreund(in)** *m(f)* <-(e)s, -e; -, -nen> amigo, -a *m, f* de los animales; **Tiergarten** *m* <-s, -gärten> parque *m* zoológico; **Tierhalter(in)** *m(f)* <-s, -; -, -nen> dueño, -a *m, f* de un animal doméstico [*o* de compañía]; **Tierhaltung** *f* <-, *ohne pl*> cría *f* de ganado; **Tierhandlung** *f* <-, -en> tienda *f* de animales domésticos, pajarería *f*
tierisch ['ti:rɪʃ] *adj* **1.** (*Tiere betreffend, von Tieren*) animal; **~e Fette** grasas animales **2.** (*abw: roh, triebhaft*) animal, bestial; (*grausam*) brutal **3.** (*fam: sehr, groß*) bestial; **ich habe ~en Durst** tengo una sed bestial; **mit ~em Ernst** más serio que en un velatorio; **das schmeckt ~ gut** esto sabe divino; **es tat ~ weh** hacía un daño bestial
Tierklinik *f* <-, -en> clínica *f* veterinaria
Tierkreis *m* <-es, *ohne pl*> (ASTR) zodíaco *m,* zodiaco *m;* **Tierkreiszeichen** *nt* <-s, -> (ASTR) signo *m* del zodíaco
Tierkunde *f* <-, *ohne pl*> zoología *f;* **tierlieb** *adj* amante de los animales; **sehr ~ sein** amar a los animales; **Tierliebe** *f* <-, *ohne pl*> amor *m* a los animales; **tierliebend** *adj s.* **tierlieb; Tiermedizin** *f* <-, *ohne pl*> veterinaria *f;* **Tiernahrung** *f* <-, *ohne pl*> comida *f* para animales; **Tierpark** *m* <-s, -s> (parque *m*) zoológico *m;* **Tierpfleger(in)** *m(f)* <-s, -; -, -nen> cuidador(a) *m(f)* de animales; **Tierproduktion** *f* <-, *ohne pl*> producción *f* pecuaria; **Tierquäler(in)** *m(f)* <-s, -; -, -nen> persona *f* cruel con los animales [*o* que maltrata a los animales]; **Tierquälerei** ['---'-] *f* <-, -en> maltrato *m* de animales; **Tierquälerin** *f* <-, -nen> *s.* **Tierquäler; Tierreich** *nt* <-(e)s, *ohne pl*> reino *m* animal; **Tierschutz** *m* <-es, *ohne pl*> protección *f* de animales; **Tierschützer(in)** *m(f)* <-s, -; -, -nen> protector(a) *m(f)* de animales
Tierschutzverein *m* <-(e)s, -e> asociación *f* protectora de animales
Tierversuch *m* <-(e)s, -e> experimento *m* con [*o* en] animales; **Tierwelt** *f* <-, *ohne pl*> fauna *f;* **Tierzucht** *f* <-, *ohne pl*> cría *f* de animales, zootecnia *f;* **Tierzüchter(in)** *m(f)* <-s, -; -, -nen> criador(a) *m(f)* de animales, zootécnico, -a *m, f*
Tiger ['ti:gɐ] *m* <-s, -> tigre *m;* **Tigerauge** *nt* <-s, -n> (MINER) ojo *m* de tigre
Tigerin *f* <-, -nen> tigra *f,* tigresa *f*
tigern ['ti:gɐn] *vi sein* (*fam*) andar; **durch die Stadt ~** recorrer la ciudad
Tilde ['tɪldə] *f* <-, -n> **1.** (*über Buchstaben*) tilde *f* **2.** (*in Wörterbüchern*) signo *m* de repetición
tilgbar *adj* (WIRTSCH, FIN) amortizable; **nicht ~** no amortizable
tilgen ['tɪlgən] *vt* **1.** (FIN, WIRTSCH) amortizar; (*Schulden*) liquidar **2.** (*geh: beseitigen*) eliminar (*aus* de), suprimir
Tilgung *f* <-, -en> (FIN, WIRTSCH) amortización *f;* (*der Schuld*) liquidación *f;* **teilweise ~** amortización parcial; **~ der Verpflichtungen** extinción de las obligaciones; **Tilgungsan-**

leihe *f* <-, -n> (WIRTSCH) empréstito *m* de amortización; **Tilgungsfonds** *m* <-, -> (WIRTSCH) fondo *m* de amortización; **Tilgungsrate** *f* <-, -n> (FIN, WIRTSCH) tasa *f* de amortización; **Tilgungssumme** *f* <-, -n> (FIN) cantidad *f* amortizable; **Tilgungszeitraum** *m* <-(e)s, -räume> (FIN, WIRTSCH) plazo *m* de devolución, período *m* de amortización

Timbre ['tɛ̃:brə] *nt* <-s, -s> (MUS) timbre *m*

timen ['taɪmən] *vt* calcular el tiempo (para); (*festsetzen*) fijar la hora (de); **deine Ankunft war gut getimt** llegaste en el momento oportuno

Timesharing[RR] ['taɪmʃɛ:rɪŋ] *nt* <-s, -s> (*a.* INFOR) time-sharing *m*

Timing ['taɪmɪŋ] *nt* <-s, -s> cálculo *m* del tiempo; (*Koordination*) coordinación *f;* **das war perfektes ~!** ¡la coordinación ha sido perfecta!

tingeln ['tɪŋəln] *vi* (*fam*) **1.** (*auftreten*) trabajar como artista ambulante **2.** *sein* (*umherziehen*) ir actuando de bar en bar

Tinktur [tɪŋk'tu:ɐ] *f* <-, -en> tintura *f*

Tinnef ['tɪnɛf] *m* <-s, *ohne pl*> (*fam abw*) **1.** (*Kram*) baratijas *fpl* **2.** (*Unsinn*) chorradas *fpl;* **red keinen ~!** ¡déjate de chorradas!

Tinte ['tɪntə] *f* <-, -n> tinta *f;* **in der ~ sitzen** (*fam*) verse en apuros; **Tintenfass**[RR] *nt* <-es, -fässer> tintero *m;* **Tintenfisch** *m* <-(e)s, -e> (ZOOL) sepia *f;* (*kleiner*) calamar *m,* chipirón *m;* **Tintenfleck** *m* <-(e)s, -e> mancha *f* de tinta; **Tintengummi** *m* <-s, -s> goma *f* para borrar tinta; **Tintenklecks** *m* <-es, -e> borrón *m,* mancha *f* de tinta; **Tintenradiergummi** *m* <-s, -s> *s.* **Tintengummi**; **Tintenstift** *m* <-(e)s, -e> lápiz *m* tinta

Tintenstrahldrucker *m* <-s, -> impresora *f* de inyección de tinta [*o* de chorro de tinta]

Tip *m* <-s, -s>, **Tipp**[RR] [tɪp] *m* <-s, -s> **1.** (*fam: Rat*) consejo *m;* **jdm einen ~ geben** recomendar algo a alguien; **ich habe einen heißen ~** tengo una sugerencia fantástica **2.** (SPORT) pronóstico *m*

Tippelbruder *m* <-s, -brüder> (*abw*) vagabundo *m*

tippeln ['tɪpəln] *vi sein* (*fam*) caminar, ir a pie

tippen ['tɪpən] **I.** *vi* **1.** (*berühren*) tocar (ligeramente); **sie tippte ihm auf die Schulter** le tocó ligeramente el hombro **2.** (*fam: Maschine schreiben*) escribir a máquina **3.** (*fam: wetten*) apostar (*auf* por); **ich tippe (darauf), dass ...** apuesto que...; **da hast du falsch** [*o* **daneben**] **getippt** has hecho una mala apuesta **4.** (*Lotto spielen*) jugar a la lotería primitiva **II.** *vt* **1.** (*fam: Text*) pasar a máquina **2.** (*im Lotto*) apostar (por); **sie tippt immer die 24** siempre apuesta por el 24

Tipp-Ex® [tɪp'ʔɛks] *nt* <-, *ohne pl*> Tipp-Ex® *m,* líquido *m* corrector

Tippfehler *m* <-s, -> errata *f*

Tippschein *m* <-(e)s, -e> boleto *m* de quiniela

Tippse ['tɪpsə] *f* <-, -n> (*fam abw*) mecanógrafa *f*

tipptopp ['tɪp'tɔp] *adj* (*fam*) impecable, perfecto; **es ist alles ~ in Ordnung** está todo en perfecto orden

Tippzettel *m* <-s, -> (*fam*) boleto *m* de las apuestas

Tirade [ti'ra:də] *f* <-, -n> (*geh*) perorata *f*

Tirana [ti'ra:na] *nt* <-s> Tirana *f*

Tirol [ti'ro:l] *nt* <-s> Tirol *m*

Tiroler(in) *m(f)* <-s, -; -, -nen> tirolés, -esa *m, f;* **Tirolerhut** *m* <-(e)s, -hüte> sombrero *m* tirolés

Tirolerin *f* <-, -nen> *s.* **Tiroler**

Tisch [tɪʃ] *m* <-(e)s, -e> mesa *f;* **den ~ decken** poner la mesa; **am ~ sitzen** estar sentados a la mesa; **die Suppe steht auf dem ~** la sopa está servida; **am runden ~** en una mesa redonda; **vom grünen ~ aus** de manera teórica, de manera burocrática; **mit der Faust auf den ~ hauen** imponerse; **die Karten offen auf den ~ legen** poner las cartas sobre la mesa; **sich an den gedeckten ~ setzen** (*fig*) vivir a cuerpo de rey; **etw unter den ~ fallen lassen** (*fam*) pasar algo por alto; **jdn unter den ~ trinken** (*fam*) aguantar más que otro bebiendo; **etw ist vom ~** (*fam*) algo está resuelto [*o* solucionado]; **reinen ~ machen** (*fam*) hacer tabla rasa; **Einwände vom ~ wischen** no dar importancia a las objeciones; **jdn über den ~ ziehen** (*fig*) dar a alguien gato por liebre; **jd ist zu ~** (*geh*) alguien está a la mesa; **Tischbein** *nt* <-(e)s, -e> pata *f* de la mesa; **Tischdame** *f* <-, -n> acompañante *f* de mesa (de un caballero); **Tischdecke** *f* <-, -n> mantel *m*

tischen ['tɪʃən] *vi* (*Schweiz*) poner la mesa

Tischende *nt* <-s, -n> extremo *m* (de la mesa); **am anderen ~ sitzen** estar sentado al otro extremo (de la mesa); **tischfertig** *adj* listo para servir; **Tischfeuerzeug** *nt* <-(e)s, -e> encendedor *m* de mesa; **Tischfußball** *m* <-s, *ohne pl*> futbolín *m;* **Tischgebet** *nt* <-(e)s, -e> bendición *f* de la mesa; **Tischgesellschaft** *f* <-, -en> comensales *mpl;* **Tischgespräch** *nt* <-(e)s, -e> conversación *f* de mesa; (*nach dem Essen*) sobremesa *f;* **Tischherr** *m* <-(e)n, -en> acompañante *m* de mesa (de una señora); **Tischkante** *f* <-, -n> borde *m* de la mesa; **Tischkarte** *f* <-, -n> tarjeta *f* de mesa; **Tischlampe** *f* <-, -n> lámpara *f* de mesa

Tischler(in) *m(f)* <-s, -; -, -nen> carpintero, -a *m, f*

Tischlerei *f* <-, -en> carpintería *f*

Tischlerin *f* <-, -nen> *s.* **Tischler**

tischlern ['tɪʃlɐn] **I.** *vi* (*fam*) carpintear, hacer trabajos de carpintería [*o* de bricolaje con madera]; **in seiner Freizeit tischlert er** en su tiempo libre se dedica a carpintear **II.** *vt* (*fam*) hacer; **einen Schrank/ein Regal ~** hacer un armario/una estantería

Tischlerwerkstatt *f* <-, -stätten> (taller *m* de) carpintería *f*

Tischleuchte *f* <-, -n> lámpara *f* de mesa; **Tischmanieren** *pl* modales *mpl* en la mesa; **Tischnachbar(in)** *m(f)* <-n, -n; -, -nen> compañero, -a *m, f* de mesa; **Tischordnung** *f* <-, -en> disposición *f* de los comensales; **gibt es hier eine ~ oder darf ich mich setzen, wohin ich will?** ¿está establecido dónde se sienta cada uno o puedo sentarme donde me apetezca?; **Tischplatte** *f* <-, -n> tablero *m* de la mesa; **Tischrechner** *m* <-s, -> calculadora *f*; **Tischrede** *f* <-, -n> discurso *m* de sobremesa; **Tischsitten** *fpl* modales *mpl* en la mesa

Tischtennis *nt* <-, *ohne pl*> tenis *m* de mesa, ping-pong *m*, pimpón *m*, microtenis *m Am;* **Tischtennisball** *m* <-(e)s, -bälle> pelota *f* de ping-pong, bola *f* de ping-pong; **Tischtennisplatte** *f* <-, -n> mesa *f* de ping-pong [*o* de pimpón]; **Tischtennisschläger** *m* <-s, -> pala *f* de ping-pong [*o* de pimpón]

Tischtuch *nt* <-(e)s, -tücher> mantel *m;* **Tischwäsche** *f* <-, *ohne pl*> mantelería *f;* **Tischwein** *m* <-(e)s, -e> vino *m* de mesa

Titan [ti'ta:n] *nt* <-s, *ohne pl*> (CHEM) titanio *m*

Titel ['ti:təl] *m* <-s, -> (*a.* SPORT, JUR, PUBL) título *m;* **akademischer ~** título académico; **um den ~ spielen** (SPORT) competir por el título; **der ~ lautet ...** el título es...; **der ~ ist zur Zeit vergriffen** este título está agotado por el momento; **Titelanwärter(in)** *m(f)* <-s, -; -, -nen> (*a.* SPORT) aspirante *mf* al título; **Titelbild** *nt* <-(e)s, -er> portada *f;* **Titelblatt** *nt* <-(e)s, -blätter> portada *f;* **Titelhalter(in)** *m(f)* <-s, -; -, -nen> (SPORT) campeón, -ona *m, f;* **der ~ in etw** *dat* **sein** ser el campeón actual en algo; **Titelheld(in)** *m(f)* <-en, -en; -, -nen> (FILM, THEAT) papel *m* principal, protagonista *mf;* (LIT) héroe *m*, heroína *f;* **Johanna ist die ~in seines neuen Romans** Johanna es la protagonista [*o* la heroína] de su nueva novela; **Titelkampf** *m* <-(e)s, -kämpfe> (SPORT) lucha *f* por un título; **in diesem ~ geht es um den Titel des Weltmeisters im Säbelfechten** en esta competición se disputa el título de campeón del mundo de sable; **Titelleiste** *f* <-, -n> (INFOR) barra *f* de título

titeln *vt* titular

Titelrolle *f* <-, -n> (FILM, THEAT) papel *m* principal [*o* de protagonista]; **Titelseite** *f* <-, -n> portada *f;* **Titelträger(in)** *m(f)* <-s, -; -, -nen> (SPORT) poseedor(a) *m(f)* del título; **Titelverteidiger(in)** *m(f)* <-s, -; -, -nen> (SPORT) defensor(a) *m(f)* del título; **Titelvorspann** *m* <-(e)s, -e> (FILM, TV) genérico *m*

Titration *f* <-, -en> (CHEM) titración *f*

Titrierapparatur *f* <-, -en> (CHEM) dispositivo *m* de titración; **Titrierkolben** *m* <-s, -> (CHEM) matraz *m* de titración

Titte ['tɪtə] *f* <-, -n> (*vulg*) teta *f*

titulieren* [titu'li:rən] *vt* llamar, calificar (*als* de); **sie hat ihn als „Idiot" tituliert** le llamó "idiota"

tja [tja] *interj* (*fam*) ¡bueno!

Tl (CHEM) *Abk. von* **Thallium** Tl

Tm (CHEM) *Abk. von* **Thulium** Tm

TNT [te:ʔɛn'te:] *nt* <-, *ohne pl*> *Abk. von* **Trinitrotoluol** TNT *m*

Toast [to:st] *m* <-(e)s, -e *o* -s> **1.** (*~scheibe*) tostada *f;* (*~brot*) pan *m* para tostar **2.** (*Trinkspruch*) brindis *m inv;* **einen ~ auf jdn ausbringen** brindar por alguien

Toastbrot *nt* <-(e)s, -e> pan *m* para tostar; (*Scheibe*) tostada *f*

toasten ['to:stən] *vt* (*Brot*) tostar

Toaster *m* <-s, -> tostador *m*, tostadora *f*

Tobak ['to:bak] *m* (*fam*): **das ist starker ~!** ¡esto es duro de tragar!

toben ['to:bən] *vi* **1.** (*vor Wut*) estar fuera de sí, rabiar; (*vor Begeisterung*) estar entusiasmado **2.** (*Kinder*) alborotar **3.** (*Sturm*) bramar; (*Meer*) encresparse, embravecerse

Tobsucht *f* <-, *ohne pl*> rabia *f*, furia *f;* **tobsüchtig** *adj* furioso, frenético

Tobsuchtsanfall *m* <-(e)s, -fälle> ataque *m* de rabia; **einen ~ bekommen** dar(le) a alguien un ataque de rabia

Tochter ['tɔxtɐ, *pl:* 'tœçtɐ] *f* <-, Töchter> **1.** (*Kind*) hija *f;* **die ~ des Hauses** la mayor de la casa **2.** (*Schweiz: Bedienung*) camarera *f;* (*Haushaltshilfe*) mujer *f* de la limpieza; **Tochterfirma** *f* <-, -firmen> (WIRTSCH) filial *f;* **Tochtergeschwulst** *f* <-, -schwülste> (MED) metástasis *f inv;* **Tochtergesellschaft** *f* <-, -en> (WIRTSCH) (sociedad *f*) filial *f;* **Tochterzelle** *f* <-, -n> (BIOL) célula *f* hija

Tod [to:t] *m* <-(e)s, -e> muerte *f*, fallecimiento *m geh*, defunción *f geh*, petateada *f Mex;* **~ durch den Strang** muerte por ahorcamiento; **eines gewaltsamen/natürlichen ~es sterben** morir de muerte violenta/natural; **jdn zum ~e verurteilen** condenar a alguien a muerte; **etw mit dem ~ bezahlen** pagar algo con la muerte; **bei etw** *dat* **den ~ finden** (*geh*) encontrar la muerte haciendo algo; **freiwillig in den ~ gehen** suicidarse; **sich zu ~e langweilen** aburrirse como una ostra, morirse de aburrimiento; **sich zu ~e schämen** morirse de vergüenza; **zu ~e betrübt sein** estar muerto de tristeza; **jdn zu ~e erschrecken** asustar de muerte a alguien; **du holst dir noch den ~** (*iron fam*) vas a pillar un resfriado; **jdn auf den ~ nicht leiden können** (*fam*) odiar a alguien a muerte

todbringend *adj* mortífero, mortal

todernst ['-'-] *adj* (*fam*) más serio que un poste

Todesangst *f* <-, -ängste> miedo *m* de muerte, angustia *f* mortal; **Todesanzeige** *f* <-, -n> esquela *f* (mortuaria), obituario *m*

Am; **Todeserklärung** *f* <-, -en> (JUR) declaración *f* de muerte; **Todesfall** *m* <-(e)s, -fälle> muerte *f*, defunción *f;* **Todesfalle** *f* <-, -n> trampa *f* mortal

Todesfallversicherung *f* <-, -en> seguro *m* en caso de muerte

Todesfolge *f* <-, *ohne pl*> (JUR) resultado *m* letal; **Todesgefahr** *f* <-, -en> peligro *m* de muerte; **Todeskampf** *m* <-(e)s, *ohne pl*> agonía *f;* **Todeskandidat(in)** *m(f)* <-en, -en; -, -nen> (*durch Krankheit*) moribundo, -a *m, f;* (*durch Todesurteil*) condenado, -a *m, f* a muerte; **Todeskommando** *nt* <-s, -s> comando *m* de la muerte; **Todeslager** *nt* <-s, -> campo *m* de muerte; **todesmutig** *adj* temerario, arrojado; **Todesopfer** *nt* <-s, -> víctima *f* (mortal); **der Unfall forderte vier** ~ el accidente se cobró cuatro víctimas; **Todesschuss[RR]** *m* <-es, -schüsse> tiro *m* mortal; **gezielter** ~ tiro mortal intencionado; **Todesschütze, -in** *m, f* <-n, -n; -, -nen> persona *f* que mata a alguien de un tiro, asesino, -a *m, f;* **nach dem Mord an dem Minister fahndet die Polizei nach dem ~n** tras el atentado mortal al ministro, la policía busca al asesino; **Todesschwadron** *f* <-, -en> escuadrón *m* de la muerte; **Todesstoß** *m* <-es, -stöße> golpe *m* mortal; **jdm/etw** *dat* **den** ~ **versetzen** darle la puntilla a alguien/a algo; **Todesstrafe** *f* <-, -n> pena *f* de muerte; **bei** ~ bajo pena de muerte; **Todesstreifen** *m* <-s, -> franja *f* de la muerte; **Todesstunde** *f* <-, -n> hora *f* suprema [*o* de la muerte]; **jds** ~ **ist gekommen** a alguien le ha llegado su hora; **Todestag** *m* <-(e)s, -e> día *m* de la muerte; (*Jahrestag*) aniversario *m* de la muerte; **Todesursache** *f* <-, -n> causa *f* de la muerte; **Todesurteil** *nt* <-s, -e> sentencia *f* de muerte; **Todesverachtung** *f* <-, *ohne pl*> desprecio *m* de la muerte; **mit** ~ (*fam*) haciendo de tripas corazón; **Todeszelle** *f* <-, -n> celda *f* de un condenado a muerte

todfeind *adj* enemigo a muerte; **früher waren sie Freunde, heute sind sie sich** [*o* **einander**] ~ antes eran amigos, ahora se llevan a matar

Todfeind(in) *m(f)* <-(e)s, -e; -, -nen> enemigo, -a *m, f* mortal; **todgeweiht** *adj* (*geh*) marcado por la muerte; **todkrank** ['-'-] *adj* enfermo de muerte, moribundo; **todlangweilig** ['-'---] *adj* aburridísimo

tödlich ['tøːtlɪç] **I.** *adj* mortal; **Unfall mit ~em Ausgang** accidente con desenlace fatal; **in ~er Gefahr** en peligro de muerte; **das war absolut** ~ (*fam*) eso fue absolutamente fatal **II.** *adv* a muerte, mortalmente; ~ **verletzt** herido mortalmente [*o* de muerte]; ~ **verunglücken** morir en un accidente; **sich** ~ **langweilen** morirse de aburrimiento

todmüde ['-'--] *adj* muerto de sueño; **todschick** ['-'-] *adj* (*fam*) elegantísimo; **sich** ~ **kleiden** vestirse de punta en blanco; **todsicher** ['-'--] **I.** *adj* (*fam*) segurísimo, infalible **II.** *adv* (*fam: auf jeden Fall*) sin falta; (*zweifellos*) indudablemente; **Todsünde** *f* <-, -n> (REL) pecado *m* mortal; **todtraurig** *adj* (*fam*) muerto de pena, tristísimo (*über* por); ~ **dreinblicken** tener cara de muchísima pena; **todunglücklich** ['-'---] *adj* muy infeliz

Töff [tœf] *m o nt* <-s, -s> (*Schweiz: fam*) moto *f*

Toga ['toːga] *f* <-, Togen> (HIST) toga *f*

Tohuwabohu [toːhuva'boːhu] *nt* <-(s), -s> caos *m inv*, desorden *m*, bayoya *f PRico, RDom*

toi [tɔɪ] *interj* (*fam*): ~, ~, ~**!** ¡suerte!

Toilette[1] [to̯a'lɛtə] *f* <-, *ohne pl*> (*geh: Körperpflege*) aseo *m*

Toilette[2] *f* <-, -n> (*WC*) servicio *m*, baño *m;* **chemische** ~ retrete químico; **öffentliche ~n** servicios públicos; ~ **mit Wasserspülung** retrete químico con lavado de agua; **auf die** [*o* **zur**] ~ **gehen** ir al baño

Toilettenartikel *m* <-s, -> artículo *m* de tocador; **Toilettenfrau** *f* <-, -en> encargada *f* de los lavabos; **Toilettengarnitur** *f* <-, -en> juego *m* de tocador; **Toilettenmann** *m* <-(e)s, -männer> encargado *m* de los lavabos; **Toilettenpapier** *nt* <-(e)s, -e> papel *m* higiénico, papel *m* confort *Am;* **Toilettenseife** *f* <-, -n> jabón *m* de tocador

Token Ring *m* <- -(s), – -s> (INFOR, TEL) token ring *m*, anillo *m* de señales

Tokio ['toːkio] *nt* <-s> Tokio *m*

Tokioter[1] [to'kioːtɐ] *adj inv* de Tokio; **ein** ~ **Hotel** un hotel de Tokio

Tokioter(in)[2] *m(f)* <-s, -; -, -nen> habitante *mf* de Tokio

Töle ['tøːlə] *f* <-, -n> (*reg: fam*) chucho *m*

tolerant [tole'rant] *adj* tolerante

Toleranz [tole'rants] *f* <-, -en> (*a.* TECH, MED) tolerancia *f;* **Toleranzbereich** *m* <-(e)s, -e> (*a.* TECH) margen *m* de tolerancia; **Toleranzdosis** *f* <-, -dosen> (MED) dosis *f inv* tolerable; **Toleranzgrenze** *f* <-, -n> límite *m* de tolerancia; **obere/untere** ~ límite (máximo) de tolerancia/límite (mínimo) de tolerancia

tolerieren* [tole'riːrən] *vt* (*dulden, a.* TECH) tolerar, consentir

toll [tɔl] *adj* (*fam*) **1.** (*unglaublich*) increíble **2.** (*großartig*) fantástico, genial, achalay *Arg, Peru*, achachay *Kol, Ecua*, piocha *Mex;* **das ist ja** ~ (esto) es genial **3.** (*schlimm*) terrible; **es zu** ~ **treiben** pasarse

Tolle ['tɔlə] *f* <-, -n> tupé *m*, copete *m*

tollen ['tɔlən] *vi* **1.** (*toben*) alborotar **2.** *sein* (*laufen*) correr (*durch* por)

Tollkirsche *f* <-, -n> (BOT) belladona *f*

tollkühn *adj* audaz, osado; **Tollkühnheit** *f* <-, -en> audacia *f*, osadía *f*

Tollpatsch[RR] ['tɔlpatʃ] *m* <-(e)s, -e> torpe *mf*

tollpatschig[RR] *adj* torpe

Tollwut *f* <-, *ohne pl*> (MED) rabia *f;* **tollwü-**

tig *adj* rabioso

Tolpatsch *m* <-(e)s, -e> *s.* **Tollpatsch**

tolpatschig *adj s.* **tollpatschig**

Tölpel ['tœlpəl] *m* <-s, -> (*abw*) cateto, -a *m, f,* paleto, -a *m, f,* naco *m Mex*

tölpelhaft *adj* (*abw*) palurdo, paleto

Tomate [to'ma:tə] *f* <-, -n> tomate *m;* **passierte ~n** tomates (triturados y) tamizados; **treulose ~** (*fam*) amigo infiel; **hast du ~n auf den Augen?** (*fam*) ¿pero tú estás ciego o qué?; **Tomatenketchup** *m o nt* <-s, -s>, **Tomatenketschup**[RR] *m o nt* <-s, -s> ketchup *m;* **Tomatenmark** *nt* <-(e)s, *ohne pl*> concentrado *m* de tomate, tomate *m* concentrado; **Tomatensalat** *m* <-(e)s, -e> ensalada *f* de tomate; **Tomatensoße** *f* <-, -n> salsa *f* de tomate; **Tomatensuppe** *f* <-, -n> sopa *f* de tomate

Tombola ['tɔmbola] *f* <-, -s> tómbola *f,* sorteo *m*

Tomografie[RR] *f* <-, -n> *s.* **Tomographie**

Tomogramm *nt* <-s, -e> (MED) tomograma *m*

Tomograph *m* <-en, -en> (MED) tomógrafo *m*

Tomographie [tomogra'fi:] *f* <-, -n> (MED) tomografía *f*

Ton[1] [to:n] *m* <-(e)s, -e> (*Erde*) arcilla *f;* (*zum Töpfern*) barro *m,* greda *f Am;* **eine Vase aus ~** un florero de barro

Ton[2] [to:n, *pl:* 'tø:nə] *m* <-(e)s, Töne> **1.** (*Klang, a.* RADIO, TV) sonido *m* **2.** (*Farb~, Sprechweise, a.* MUS) tono *m;* **der gute ~** las buenas formas; **der ~ macht die Musik** lo que cuenta no es lo que dices sino cómo lo dices; **etw in freundlichem ~ sagen** decir algo en un tono amable; **sich im ~ vergreifen** salirse de tono; **ich verbitte mir diesen ~** no tolero que me hablen en ese tono; **einen anderen ~ anschlagen** cambiar de tono; **den ~ angeben** llevar la voz cantante; **jdn in den höchsten Tönen loben** poner a alguien por las nubes; **im ~ aufeinander abgestimmt sein** estar a tono; **er hat einen unangenehmen ~ am Leibe** (*fam*) es un hombre rudo **3.** (*Betonung*) acento *m* **4.** (*fam: Äußerung*) palabra *f;* **keinen ~ sagen** no decir ni mu; **große Töne spucken** (*abw*) darse importancia; **hast du Töne!** ¡habráse visto!

Tonabnehmer *m* <-s, -> (RADIO) fonocaptor *m*

tonangebend *adj* (*fig*) que lleva la batuta

Tonarchiv *nt* <-s, -e> (RADIO, TV) archivo *m* de sonido

Tonarm *m* <-(e)s, -e> brazo *m* de la aguja; **Tonarmlift** *m* <-(e)s, -e> elevador *m* del brazo (de la aguja)

Tonart *f* <-, -en> **1.** (MUS) tonalidad *f* **2.** (*Tonfall*) tono *m;* **jdm gegenüber eine bestimmte ~ anschlagen** usar una determinada forma de hablar al dirigirse a alguien

Tonaufnahme *f* <-, -n> grabación *f* de sonido, registro *m* de sonido

Tonband *nt* <-(e)s, -bänder> **1.** (*Tonträger*) cinta *f* magnetofónica, casete *m o f;* **etw auf ~ aufnehmen** grabar algo (en cinta magnetofónica) **2.** (*fam: Gerät*) magnetófono *m;* **Tonbandaufnahme** *f* <-, -n> grabación *f* magnetofónica; **Tonbandgerät** *nt* <-(e)s, -e> magnetófono *m,* casete *m o f*

tönen ['tø:nən] **I.** *vi* **1.** (*er~*) sonar; (*dumpf*) retumbar **2.** (*fam abw: angeben*) fanfarronear **II.** *vt* (*Farbton verleihen*) matizar; (*färben*) color(e)ar

Toner ['to:nɐ, 'tɔʊnɐ] *m* <-s, -> toner *m*

Tonerde *f* <-, *ohne pl*> **1.** (*Ton*) tierra *f* arcillosa **2.** (CHEM) alúmina *f*

tönern ['tø:nɐn] *adj* de barro, de greda *Am*

Tonfall *m* <-(e)s, -fälle> **1.** (*Sprachmelodie*) acento *m,* tonada *f Am* **2.** (*Art des Sprechens*) tono *m;* **in freundlichem ~** en un tono amable; **Tonfilm** *m* <-(e)s, -e> película *f* sonora; **Tonfolge** *f* <-, -n> (MUS) serie *f* de tonos [*o* de sonidos]

Tongefäß *nt* <-es, -e> recipiente *m* de barro, vasija *f* de barro; **Tongeschirr** *nt* <-s, *ohne pl*> vajilla *f* de barro, vajilla *f* de greda *Am;* **tonhaltig** *adj* arcilloso

Tonhöhe *f* <-, -n> altura *f* del tono

Tonic *nt* <-, -(s)> (agua *f*) tónica *f*

Tonikum ['to:nikʊm, *pl:* 'to:nika] *nt* <-s, Tonika> (MED) tónico *m*

Toningenieur(in) *m(f)* <-s, -e; -, -nen> ingeniero, -a *m, f* de sonido; **Tonkamera** *f* <-, -s> **1.** (FILM: *für Tonaufnahmen*) cámara *f* sonora [*o* de sonido] **2.** (*Filmkamera*) tomavistas *m inv* con registro de sonido, cámara *f* con registro de sonido; **Tonkopf** *m* <-(e)s, -köpfe> cabeza *f* sonora [*o* de sonido]

Tonkrug *m* <-(e)s, -krüge> jarro *m* de barro, jarra *f* de barro

Tonlage *f* <-, -n> (MUS) registro *m;* **Tonleiter** *f* <-, -n> (MUS) escala *f* musical

tonlos *adj* (*unbetont*) átono; (*Stimme*) apagado

Tonnage [tɔ'na:ʒə] *f* <-, -n> (NAUT) tonelaje *m*

Tonne ['tɔnə] *f* <-, -n> **1.** (*Behälter*) tonel *m;* (*Regen~*) bidón *m;* (*Müll~*) cubo *m* (de la basura); **grüne ~** *contenedor verde en el sistema dual de separación de basuras* **2.** (*Maßeinheit*) tonelada *f* **3.** (NAUT) boya *f* **4.** (*fam: Mensch*) tonel *m*

Tonnengewölbe *nt* <-s, -> (ARCHIT) bóveda *f* de cañón

tonnenweise *adv* por toneladas

Tonregler *m* <-s, -> botón *m* de control de tono; **Tonspur** *f* <-, -en> (FILM) pista *f* sonora; **Tonstörung** *f* <-, -en> (RADIO, FILM, TV) interferencias *fpl;* **Tonstudio** *nt* <-s, -s> estudio *m* de grabación

Tonsur [tɔn'zu:ɐ] *f* <-, -en> tonsura *f*

Tontaube *f* <-, -n> (SPORT) plato *m* de tiro; **Tontaubenschießen** *nt* <-s, *ohne pl*> (SPORT) tiro *m* al plato

Tontechniker(in) *m(f)* <-s, -; -, -nen>

técnico, -a *m, f* de sonido; **Tonträger** *m* <-s, -> soporte *m* del sonido

Tönung ['tø:nʊŋ] *f* <-, -en> **1.** (*das Tönen*) tinte *m* **2.** (*Farbton*) tono *m*

Tonwahl *f* <-, *ohne pl*> (TEL) marcación *f* de tonos [*o* multifrecuencia]; **Tonwiedergabe** *f* <-, -n> reproducción *f* sonora [*o* del sonido]

Top [tɔp] *nt* <-s, -s> top *m*

Topas [to'pa:s] *m* <-es, -e> topacio *m*

Topf [tɔpf, *pl:* 'tœpfə] *m* <-(e)s, Töpfe> **1.** (*Koch~*) olla *f,* cazuela *f;* **ein ~ Wasser/Suppe** una olla de agua/de sopa; **alles in einen ~ werfen** (*fam*) meter todo en el mismo saco; **jeder ~ findet seinen Deckel** (*prov*) no hay olla tan fea que no encuentre su cobertera **2.** (*Nacht~*) orinal *m,* bacinilla *f;* (*fam: Toilette*) lavabo *m;* **ich muss mal auf den ~** tengo que ir al lavabo **3.** (*Blumen~*) maceta *f* **4.** (FIN) fondo *m*

Topfblume *f* <-, -n> (planta *f* de) maceta *f*

Töpfchen ['tœpfçən] *nt* <-s, -> orinal *m,* bacinilla *f*

Topfen ['tɔpfən] *m* <-s, *ohne pl*> (*Österr, südd*) queso *m* fresco

Töpfer(in) ['tœpfɐ] *m(f)* <-s, -; -, -nen> alfarero, -a *m, f*

Töpferei [tœpfə'raɪ] *f* <-, -en> alfarería *f,* locería *f Am*

Töpferin *f* <-, -nen> *s.* **Töpfer**

töpfern ['tœpfɐn] *vt, vi* hacer vasijas de barro; (*Kunst*) hacer cerámica

Töpferscheibe *f* <-, -n> torno *m* (de alfarero); **Töpferwaren** *fpl* loza *f*

Topfgucker(in) *m(f)* <-s, -; -, -nen> (*fam*) entrometido, -a *m, f,* fisgón, -ona *m, f*

topfit ['tɔp'fɪt] *adj* (*fam*) a tope

Topfkuchen *m* <-s, -> bizcocho *m* (de molde); **Topflappen** *m* <-s, -> agarrador *m*

Topform ['tɔpfɔrm] *f* <-, *ohne pl*> (*fam a.* SPORT) plena forma *f*

Topfpflanze *f* <-, -n> planta *f* de maceta

Topinambur [topinam'bu:ɐ] *m* <-s, -s *o* -e>, *f* <-, -en> **1.** (*Pflanze*) aguaturma *f,* ajipa *f CSur* **2.** (*Frucht*) cotufa *f*

topisch *adj* (MED) tópico

Topmanagement *nt* <-s, *ohne pl*> alta dirección *f;* **Topmodel** *nt* <-s, -s> "top model" *f*

Topografie[RR] *f* <-, -n> *s.* **Topographie**

topografisch[RR] *adj s.* **topographisch**

Topographie [topogra'fi:] *f* <-, -n> (GEO) topografía *f*

topographisch [topo'gra:fɪʃ] *adj* topográfico

Topologie *f* <-, -n> (INFOR, PHYS) topología *f*

Tor[1] [to:ɐ] *nt* <-(e)s, -e> **1.** (*große Tür*) portal *m,* puerta *f* **2.** (*Monument*) puerta *f* **3.** (SPORT: *Gehäuse*) portería *f;* (*Treffer*) gol *m;* **im ~ stehen** estar en la portería; **ein ~ schießen** marcar un gol

Tor[2] [to:ɐ] *m,* **Törin** *f* <-en, -en; -, -nen> (*geh: Person*) necio *m,* mentecato *m*

Torbogen *m* <-s, -bögen> arco *m* (de un portal); **Toreinfahrt** *f* <-, -en> puerta *f* cochera

Torero [to're:ro] *m* <-s, -s> torero *m*

Toresschluss[RR] *m:* **kurz vor ~** en el último momento; **nach ~** demasiado tarde

Torf [tɔrf] *m* <-(e)s, -e> turba *f;* **Torfboden** *m* <-s, -böden> tierra *f* turbosa; **Torfgewinnung** *f* <-, *ohne pl*> extracción *f* de turba

torfig *adj* turboso

Torfmoor *nt* <-(e)s, -e> turbera *f;* **Torfmoos** *nt* <-es, -e> (BOT) musgo *m* esfagnáceo; **Torfmull** *m* <-(e)s, -e> serrín *m* de turba

Torfrau *f* <-, -en> *s.* **Torwart**

Torheit *f* <-, -en> (*geh*) necedad *f,* majadería *f;* **eine ~ begehen** hacer una majadería

Torhüter(in) *m(f)* <-s, -; -, -nen> (SPORT) portero, -a *m, f,* arquero, -a *m, f Am*

töricht ['tø:rɪçt] *adj* (*abw*) **1.** (*unvernünftig*) insensato **2.** (*einfältig*) corto, de pocas luces, apantallado *Mex* **3.** (*unsinnig*) estúpido

törichterweise *adv* insensatamente; **jetzt habe ich ~ die Unterlagen vergessen!** ¡seré insensato [*o* tonto]!, ¡me he dejado los documentos!

Törin *f* <-, -nen> *s.* **Tor**

torkeln ['tɔrkəln] *vi sein* tambalearse

Torlinie *f* <-, -n> (SPORT) línea *f* de portería

Törn [tœrn] *m* <-s, -s> **1.** (*Segel~*) viaje *m* en velero **2.** (*Turnus*) turno *m*

Tornado [tɔr'na:do] *m* <-s, -s> (METEO) tornado *m*

Tornister [tɔr'nɪstɐ] *m* <-s, -> **1.** (*der Soldaten*) mochila *f* **2.** (*reg: der Schüler*) cartera *f*

torpedieren* [tɔrpe'di:rən] *vt* (MIL) torpedear (a); **jds Pläne ~** torpedear los proyectos de alguien

Torpedo [tɔr'pe:do] *m* <-s, -s> torpedo *m;* **Torpedoboot** *nt* <-(e)s, -e> torpedero *m*

Torpfosten *m* <-s, -> (SPORT) poste *m* (de la portería); **Torraum** *m* <-(e)s, -räume> (SPORT) área *f* de meta

Torschluss[RR] *m s.* **Toresschluss; Torschlusspanik**[RR] *f* <-, -en> *miedo a perderse algo importante en la vida*

Torschütze, -in *m, f* <-n, -n; -, -nen> (SPORT) goleador(a) *m(f)*

Torsi *pl von* **Torso**

Torsion [tɔr'zio:n] *f* <-, -en> (MED, PHYS) torsión *f*

Torso ['tɔrzo] *m* <-s, -s *o* Torsi> (KUNST) torso *m*

Torte ['tɔrtə] *f* <-, -n> tarta *f;* **Tortenboden** *m* <-s, -böden> base *f* de masa (para las tartas); **Tortendiagramm** *nt* <-s, -e> (INFOR) diagrama *m* de pastel, gráfico *m* de tarta; **Tortenguss**[RR] *m* <-es, -güsse> gelatina *f* para tartas

Tortenheber *m* <-s, -> paleta *f* para tartas

Tortenplatte *f* <-, -n> plato *m* para tartas

Tortur [tɔr'tu:ɐ] *f* <-, -en> tortura *f*

Torverhältnis *nt* <-ses, -se> (SPORT) diferencia *f* de goles (entre los partidos jugados); **Torwart**, **-frau** ['to:ɐvart] *m, f* <-(e)s, -e; -, -en> (SPORT) portero, -a *m, f,* arquero, -a *m, f Am*

Torweg *m* <-(e)s, -e> portón *m*

tosen ['to:zən] *vi* (*Meer, Sturm*) rugir

tosend *adj* atronador; **~er Beifall** un aplauso atronador, una tempestad de aplausos

Toskana [tɔs'ka:na] *f* <-> Toscana *f*

tot [to:t] *adj* muerto; (*verstorben*) fallecido; (*leblos*) inánime; **~ geboren** nacido muerto; **klinisch ~** clínicamente muerto; **er war auf der Stelle ~** falleció en el acto; **jdn für ~ erklären** declarar muerto a alguien; **sich ~ stellen** hacerse el muerto; **der ~e Winkel** el ángulo muerto; **das T~e Meer** el Mar Muerto; **~es Kapital** capital inactivo; **~er Punkt** punto muerto; **den ~en Mann machen** hacer el muerto; **mehr ~ als lebendig** más muerto que vivo; **halb ~** medio muerto; **halb ~ vor Angst sein** (*fam*) estar muerto de miedo; **total ~e Hose** (*fam*) superaburrido

total [to'ta:l] **I.** *adj* **1.** (*vollständig*) total, absoluto **2.** (*fam: völlig*) completo, verdadero; **das ist ja ~er Wahnsinn** esto es una verdadera locura **II.** *adv* por completo

Total [to'ta:l] *nt* <-s, -e> (*Schweiz*) total *m*

Totalausverkauf *m* <-(e)s, -käufe> liquidación *f* total

totalitär [totali'tɛ:ɐ] *adj* totalitario

Totalitarismus [totalita'rɪsmʊs] *m* <-, *ohne pl*> (POL) totalitarismo *m*

Totalität [totali'tɛ:t] *f* <-, *ohne pl*> totalidad *f*

Totaloperation *f* <-, -en> (MED) extracción *f;* **Totalschaden** *m* <-s, -schäden> siniestro *m* total

tot|arbeiten *vr:* **sich ~** (*fam*) matarse a trabajar; **tot|ärgern** *vr:* **sich ~** (*fam*) reventar de rabia

Tote(r) ['to:tɐ] *mf* <-n, -n; -n, -n> muerto, -a *m, f,* difunto, -a *m, f geh;* **wie ein ~r schlafen** (*fam*) dormir como un tronco

Totem ['to:tɛm] *nt* <-s, -s> tótem *m;* **Totempfahl** *m* <-(e)s, -pfähle> poste *m* totémico

töten ['tø:tən] *vt* matar, achicar *Kol;* (*ermorden*) asesinar, victimar *Am;* **du sollst nicht ~** (*biblisch*) no matarás; **wenn Blicke ~ könnten ...** si las miradas matasen...; **das kann einem den Nerv ~** es para volverse loco

Totenbett *nt* <-(e)s, -en> lecho *m* mortuorio; **totenblass**[RR] ['--'-] *adj* blanco como la cera, lívido; **Totenblässe** *f* <-, *ohne pl*> palidez *f* cadavérica, lividez *f* cadavérica; **totenbleich** *adj* lívido; **Totenfeier** *f* <-, -n> funerales *mpl,* ceremonia *f* funeraria; **Totenglocke** *f* <-, -n> toque *m* de difuntos; **die ~n läuten** tocar a muertos; **Totengräber** ['--grɛ:bɐ] *m* <-s, -> sepulturero *m,* enterrador *m;* **Totenhemd** *nt* <-(e)s, -en> mortaja *f;* **Totenkopf** *m* <-(e)s, -köpfe> calavera *f;* **Totenmaske** *f* <-, -n> mascarilla *f;* **Totenmesse** *f* <-, -n> misa *f* de réquiem; **Totenschädel** *m* <-s, -> calavera *f;* **Totenschein** *m* <-(e)s, -e> certificado *m* de defunción; **den ~ ausstellen** expedir el certificado de defunción; **Totensonntag** *m* <-(e)s, -e> (REL) día *m* de (los) difuntos; **Totenstarre** *f* <-, *ohne pl*> rigidez *f* cadavérica; **totenstill** ['--'-] *adj* silencioso como una tumba; **es war ~** reinaba un silencio sepulcral; **Totenstille** ['--'--] *f* <-, *ohne pl*> silencio *m* sepulcral; **Totentanz** *m* <-es, -tänze> danza *f* macabra; **Totenwache** *f* <-, -n> velatorio *m;* **die ~ halten** velar a un difunto

tot|fahren *irr vt* matar por atropello; **totgeboren** *adj s.* **tot; Totgeburt** *f* <-, -en> **1.** (*Geburt*) nacimiento *m* de un niño muerto **2.** (*Kind*) mortinato, -a *m, f*

Totgeglaubte(r) *mf* <-n, -n; -n, -n> *persona de la que se cree que ha muerto y que en realidad aún vive*

tot|gehen *irr vi sein* (*fam*) morir

Totgesagte(r) *mf* <-n, -n; -n, -n> *persona de la que se ha dicho que ha muerto pero que en realidad aún vive*

tot|kriegen *vt* (*fam*) acabar (con); **diese Mode ist nicht totzukriegen** no hay quien acabe con esta moda; **sie ist nicht totzukriegen** no hay quien le pueda; **tot|lachen** *vr:* **sich ~** (*fam*) morirse de (la) risa; **es ist zum T~** es para morirse de risa; **tot|laufen** *irr vr:* **sich ~** (*fam*) acabar en nada; **tot|machen** **I.** *vt* (*fam*) matar, cargarse **II.** *vr:* **sich ~** (*fam*) matarse a trabajar

Toto ['to:to] *m o nt* <-s, -s> quiniela *f;* **Totoschein** *m* <-(e)s, -e> quiniela *f,* boleto *m* de las quinielas

Totpunkt *m* <-(e)s, -e> (TECH) punto *m* muerto

tot|sagen *vt* declarar muerto; **tot|schießen** *irr vt* (*fam*) matar de un tiro [*o* a tiros]

Totschlag *m* <-(e)s, *ohne pl*> (JUR) homicidio *m*

tot|schlagen *irr vt* matar (a palos); **die Zeit ~** (*fam*) matar el tiempo; **du kannst mich ~, ich weiß es nicht** (*fam*) ya me puedes matar que no lo sé

Totschläger[1] *m* <-s, -> (*Waffe*) rompecabezas *m inv*

Totschläger(in)[2] *m(f)* <-s, -; -, -nen> (*abw: Person*) homicida *mf*

tot|schweigen *irr vt* silenciar, callar; **tot|stellen** *vr:* **sich ~** *s.* **tot; tot|treten** *irr vt* matar a pisotones [*o* a pisadas]

Tötung *f* <-, -en> matanza *f;* (*Totschlag*) homicidio *m;* **fahrlässige ~** homicidio involuntario; **~ auf Verlangen** homicidio con consentimiento de la víctima; **Tötungsabsicht** *f* <-, -en> (JUR) propósito *m* homicida; **Tötungsversuch** *m* <-(e)s, -e> (JUR) intento *m* de homicidio

Touch [tatʃ] *m* <-s, -s> aire *m,* toque *m;* **ihre Romane haben einen intellektuellen ~**

sus novelas tienen un aire [*o* un toque] intelectual

Touchscreen[RR] ['tatʃskri:n] *m* <-s, -s>, **Touch-Screen** *m* <-s, -s> (INFOR) pantalla *f* táctil

Toupet [tu'pe:] *nt* <-s, -s> **1.** (*Haarteil*) bisoñé *m* **2.** (*Schweiz: Frechheit*) insolencia *f*

toupieren* [tu'pi:rən] *vt* cardar

Tour [tu:ɐ] *f* <-, -en> **1.** (*Ausflug*) excursión *f* (*in* a); (*Rundfahrt*) tour *m* (*durch* por), vuelta *f* (*durch* por); **eine ~ in die Berge machen** ir de excursión a la montaña **2.** (*Strecke*) recorrido *m* **3.** (*fam: Trick*) truco *m;* **mit der ~ brauchst du mir gar nicht kommen** no me vengas con esas; **immer die gleiche ~!** ¡siempre el mismo cuento! **4.** (*fam: Vorhaben*) plan *m;* **ich werde ihr die ~ vermasseln** le echaré su plan por los suelos **5.** (TECH: *Umdrehung*) revolución *f,* vuelta *f;* **den Motor auf ~en bringen** poner el coche al máximo de revoluciones; **auf vollen ~en arbeiten** trabajar a toda máquina; **in einer ~** (*fam*) continuamente **6.** (*Wend*): **mach keine krummen ~en!** (*fam*) ¡no hagas tonterías!; **das lief auf eine ganz linke ~** (*fam*) se llevó a cabo de mala manera; **er hat mal wieder seine ~** (*fig*) ya le ha dado otra vez el ataque

Tourenrad ['tu:rən-] *nt* <-(e)s, -räder> bicicleta *f* de excursión; **Tourenski** *m* <-s, -er> esquí *m* para carreras a campo través

Tourenzahl *f* <-, -en> (TECH) número *m* de revoluciones; **Tourenzähler** ['tu:rən-] *m* <-s, -> (TECH) cuentarrevoluciones *m inv*

Tourismus [tu'rɪsmʊs] *m* <-, *ohne pl*> turismo *m;* **sanfter ~** turismo moderado

Tourist(in) [tu'rɪst] *m(f)* <-en, -en; -, -nen> turista *mf;* **Touristenführer(in)** *m(f)* <-s, -; -, -nen> guía *mf* turístico, -a; **Touristenklasse** *f* <-, *ohne pl*> clase *f* turista; **Touristenvisum** *nt* <-s, -visa> visado *m* de turista, visa *f* de turista *Am;* **Touristenzentrum** *nt* <-s, -zentren> centro *m* turístico

Touristik [tu'rɪstɪk] *f* <-, *ohne pl*> turismo *m;* **Touristikbranche** *f* <-, -n> (WIRTSCH) sector *m* turístico; **Touristikunternehmen** *nt* <-s, -> empresa *f* turística

Touristin *f* <-, -nen> *s.* **Tourist**

touristisch *adj* turístico

Tournee [tʊr'ne:] *f* <-, -s *o* -n> gira *f;* **auf ~ sein/gehen** estar/salir de gira

Tower ['taʊɐ] *m* <-s, -> (AERO) torre *f* de control

Toxika *pl von* **Toxikum**

Toxikologe, -in [tɔksiko'lo:gə] *m, f* <-n, -n; -, -nen> toxicólogo, -a *m, f*

Toxikologie [tɔksikolo'gi:] *f* <-, *ohne pl*> toxicología *f*

Toxikologin *f* <-, -nen> *s.* **Toxikologe**

toxikologisch [tɔksiko'lo:gɪʃ] *adj* toxicológico

Toxikose *f* <-, -n> (MED) toxicosis *f inv*

Toxikum *nt* <-s, Toxika> (MED) tóxico *m*

Toxin *nt* <-s, -e> (BIOL, MED) toxina *f*

toxisch ['tɔksɪʃ] *adj* tóxico

Toxizität *f* <-, *ohne pl*> (MED) toxicidad *f;* **akute/chronische ~** toxicidad aguda/crónica

Trab [tra:p] *m* <-(e)s, *ohne pl*> trote *m;* **im ~** al trote; **sich in ~ setzen** (*fam*) ponerse a correr; (**ganz schön**) **auf ~ sein** (*fam*) estar ocupadísimo; **jdn auf ~ bringen** (*fam*) meter prisa a alguien; **jdn in ~ halten** (*fam*) mantener a alguien ocupado

Trabant [tra'bant] *m* <-en, -en> (ASTR, AERO) satélite *m;* **Trabantenstadt** *f* <-, -städte> ciudad *f* satélite

Trabbi ['trabi] *m* <-s, -s> (*fam*) *coche del tipo Trabant típicos de la ex RDA*

traben ['tra:bən] *vi haben o sein* ir al trote, trotar

Traber *m* <-s, -> (SPORT) (caballo *m*) trotón *m*

Trabi *m* <-s, -s> *s.* **Trabbi**

Trabrennbahn *f* <-, -en> pista *f* para carreras al trote; **Trabrennen** *nt* <-s, -> carrera *f* al trote

Tracer *m* <-s, -> (MED) trazador *m*

Tracht [traxt] *f* <-, -en> **1.** (*von Berufsgruppen*) uniforme *m;* (*bei Volksgruppen*) traje *m* nacional [*o* regional] **2.** (*Wend*): **eine ~ Prügel** una tunda, una zumba *Am,* una pela *Am,* una trilla *Am,* una biaba *Arg, Urug,* una marimba *Arg,* una fajada *Arg,* una golpiza *Ecua, Mex*

trachten ['traxtən] *vi* (*geh*): **nach etw** *dat* **~** anhelar algo, ansiar algo; **jdm nach dem Leben ~** atentar contra la vida de alguien

Trachten ['traxtən] *nt* <-s, *ohne pl*> empeño *m*

trächtig ['trɛçtɪç] *adj* preñado

Trackball ['trɛkbɔ:l] *m* <-s, -s> (INFOR) trackball *m*

tradieren* [tra'di:rən] *vt* (*geh*) transmitir

Tradition [tradi'tsjo:n] *f* <-, -en> tradición *f;* **aus ~** por tradición

Traditionalismus [traditsjona'lɪsmʊs] *m* <-, *ohne pl*> tradicionalismo *m*

Traditionalist(in) *m(f)* <-en, -en; -, -nen> tradicionalista *mf*

traditionell [traditsjo'nɛl] *adj* tradicional

traditionsbewusst[RR] *adj* tradicionalista; **traditionsgemäß** *adv* según es tradición; **traditionsreich** *adj* con mucha tradición, de larga tradición; **der ~e Verein war um neue Mitglieder bemüht** el club, de tan larga tradición, se esforzaba por conseguir nuevos socios

traf [tra:f] *3. imp von* **treffen**

Trafik [tra'fɪk] *f* <-, -en> (*Österr*) estanco *m*

Trafikant(in) [trafi'kant] *m(f)* <-en, -en; -, -nen> (*Österr*) estanquero, -a *m, f*

Trafo ['trafo] *m* <-(s), -s> transformador *m*

Tragbahre *f* <-, -n> camilla *f,* angarillas *fpl*

tragbar *adj* **1.** (*Geräte*) portátil **2.** (*Kleidung*) que se puede llevar **3.** (*erträglich*) soportable, tolerable; (*Entwicklung*) sostenible; **das ist wirtschaftlich nicht mehr ~** esto ya no es soportable económicamente

Trage ['traːgə] *f* <-, -n> (*Traggestell*) andas *fpl;* (*Tragbahre*) angarillas *fpl*

träge ['trɛːgə] *adj* **1.** (*langsam*) lento; (*lustlos*) apático; (*faul*) perezoso, poncho *Am,* conchudo *Mex, Kol,* echado *Nic, CRi* **2.** (PHYS) inerte

Tragekorb *m* <-(e)s, -körbe> banasta *f,* cuévano *m*

tragen ['traːgən] <trägt, trug, getragen> **I.** *vt* **1.** (*Last, Kleidung, Aufschrift, Brille*) llevar; **etw bei sich** *dat* ~ llevar algo consigo; **auf dem Arm** ~ llevar en brazos; **auf dem Rücken** ~ llevar a cuestas; **er trug ihr den Koffer** le llevó la maleta; **der Baum trägt Früchte** el árbol produce frutos; **so etwas trägt man nicht mehr** esto ya no se lleva; **sie trägt das Haar lang** lleva el pelo largo; **der Brief trägt seine Unterschrift** la carta lleva su firma **2.** (*stützen*) soportar, sostener **3.** (*er~*) llevar, soportar; (*Verantwortung, Folgen*) asumir; (*Verlust, Schaden*) responder (de), hacerse cargo (de); **die Kosten trägt ...** los gastos corren a cargo de...; **jeder hat sein Päckchen zu** ~ cada cual tiene su cruz **II.** *vi* **1.** (*Eis*) resistir, aguantar **2.** (*Baum, Acker*) dar frutos; **die Bäume ~ dieses Jahr gut** los árboles están cargados de fruta este año **3.** (*Tier*) estar preñado **4.** (*Kleidung, Mode*) llevarse; **diesen Winter trägt man wieder länger** este invierno se lleva otra vez la ropa larga **5.** (*an Verantwortung, Schuld*) tener **III.** *vr:* **sich** ~ **1.** (*sich finanzieren*): **sich selbst** ~ autofinanciarse **2.** (*in Erwägung ziehen*): **sich mit dem Gedanken ~ etw zu tun** tener la intención de hacer algo, jugar con la idea de hacer algo; **er trägt sich mit dem Gedanken zu heiraten** fantasea con la idea de casarse **3.** (*Kleidung, Stoff*) vestirse; **der Stoff trägt sich angenehm** este tejido es cómodo de llevar

Tragen *nt:* **zum ~ kommen** surtir efecto

tragend *adj* **1.** (ARCHIT, TECH) portante, de soporte; **~e Konstruktion** construcción portante [*o* sustentadora] **2.** (*zu Grunde liegend*) que está en la base; (*Gedanke, Idee*) fundamental, básico

Träger¹ ['trɛgɐ] *m* <-s, -> **1.** (ARCHIT) viga *f* **2.** (*an Kleidung*) tirante *m* **3.** (*Institution*) entidad *f* responsable, institución *f* responsable **4.** (INFOR, TEL) portadora *f*

Träger(in)² *m(f)* <-s, -; -, -nen> **1.** (*Gepäck~*) mozo, -a *m, f* **2.** (*Preis~*) titular *mf* **3.** (*einer Entwicklung*) representante *mf* **4.** (*einer Krankheit*) portador(a) *m(f)*

Trägerhose *f* <-, -n> pantalón *m* de [*o* con] tirantes

Trägerin *f* <-, -nen> *s.* **Träger**

Trägerkleid *nt* <-(e)s, -er> vestido *m* de [*o* con] tirantes; **trägerlos** *adj* sin tirantes; **ein ~es Top tragen** llevar un top sin tirantes; **Trägerrakete** *f* <-, -n> cohete *m* portador; **Trägerrock** *m* <-(e)s, -röcke> falda *f* de [*o* con] tirantes

Tragetasche *f* <-, -n> **1.** (*Einkaufstasche*) bolsa *f* de la compra **2.** (*Plastiktüte*) bolsa *f* de plástico

tragfähig *adj* sólido, firme; **ein ~er Kompromiss** un firme compromiso; **Tragfähigkeit** *f* <-, *ohne pl*> capacidad *f* de carga

Tragfläche *f* <-, -n> (AERO) plano *m* de sustentación

Tragflächenboot *nt* <-(e)s, -e>, **Tragflügelboot** *nt* <-(e)s, -e> hidroala *m*

Trägheit ['trɛːkhaɪt] *f* <-, *ohne pl*> **1.** (*Faulheit*) pereza *f;* (*Langsamkeit*) lentitud *f;* (*Lustlosigkeit*) apatía *f* **2.** (PHYS) inercia *f;* **Trägheitsgesetz** *nt* <-es, *ohne pl*> (PHYS) ley *f* de la inercia; **Trägheitsmoment** *nt* <-(e)s, -e> (PHYS) momento *m* de inercia

Tragik ['traːgɪk] *f* <-, *ohne pl*> tragedia *f,* fatalidad *f;* (LIT) lo trágico

Tragikomik *f* <-, *ohne pl*> (*geh*) tragicomedia *f*

tragikomisch [traːgi'koːmɪʃ, '----] *adj* (*geh*) tragicómico

Tragikomödie [tragiko'møːdjə, '-----] *f* <-, -n> (LIT) tragicomedia *f*

tragisch ['traːgɪʃ] *adj* (*a.* LIT, THEAT) trágico; **auf ~e Weise ums Leben kommen** morir en circunstancias trágicas; **das ist nicht so** ~ (*fam*) no es tan grave; **nimm's nicht so** ~ (*fam*) no te lo tomes tan a la tremenda

Tragkraft *f* <-, *ohne pl*> (TECH, ARCHIT) capacidad *f* de carga; **Traglast** *f* <-, -en> carga *f*

Traglufthalle *f* <-, -n> (ARCHIT) pabellón *m* neumático [*o* hinchable]

Tragödie [tra'gøːdjə] *f* <-, -n> (*a.* THEAT) tragedia *f;* **aus etw** *dat* **eine ~ machen** pintar algo más negro de lo que es

Tragriemen *m* <-s, -> correa *f* (del hombro)

trägt *3. präs von* **tragen**

Tragweite *f* <-, -n> alcance *m,* tra(n)scendencia *f;* **er war sich** *dat* **der ~ seiner Entscheidung bewusst** era consciente del alcance de su decisión

Tragwerk *nt* <-(e)s, -e> alas *fpl*

Trailer ['treɪlə] *m* <-s, -> (*a.* FILM) tráiler *m*

Trainer¹ ['trɛːnɐ] *m* <-s, -> (*Schweiz: Trainingsanzug*) chándal *m*

Trainer(in)² ['trɛːnɐ] *m(f)* <-s, -; -, -nen> entrenador(a) *m(f)*

trainieren* [trɛ'niːrən, tre'niːrən] **I.** *vi* entrenarse **II.** *vt* entrenar

Training ['trɛːnɪŋ] *nt* <-s, -s> entrenamiento *m;* **autogenes** ~ entrenamiento autógeno; **Trainingsanzug** *m* <-(e)s, -züge> chándal *m;* **Trainingshose** *f* <-, -n> pantalón *m* de(l) chándal; **Trainingsjacke** *f* <-, -n> chaqueta *f* de(l) chándal; **Trainingslager** *nt* <-s, -> (SPORT) campo *m* de entrenamiento

Trakt [trakt] *m* <-(e)s, -e> (ARCHIT) ala *f*

Traktanden *pl von* Traktandum; **Traktandenliste** [trak'tandən-] *f* <-, -n> (*Schweiz: Tagesordnung*) orden *m* del día

Traktandum [trak'tandʊm] *nt* <-s, Traktanden> (*Schweiz: Verhandlungsgegen-*

stand) tema *m* de la negociación

Traktat *m o nt* <-(e)s, -e> (*geh*) tratado *m*

traktieren* [trak'tiːrən] *vt* **1.** (*angreifen*) molestar, torturar; **jdn mit den Fäusten ~** dar a alguien unos puñetazos; **jdn mit Vorwürfen ~** poner a alguien por los suelos **2.** (*bewirten*) agasajar

Traktor ['traktoːɐ] *m* <-s, -en> tractor *m*

trällern ['trɛlɐn] **I.** *vi* tararear una melodía **II.** *vt* tararear

Tram [tram] *f* <-, -s> (*reg*), **Trambahn** *f* <-, -en> (*südd*) tranvía *m*

Trampel ['trampəl] *m o nt* <-s, -> (*fam abw*) borde *mf,* patán, -ana *m, f*

trampeln ['trampəln] **I.** *vi* patalear, patear; **vor Begeisterung mit den Füßen ~** patalear de entusiasmo **II.** *vt.* **etw platt ~** pisotear algo; (**sich** *dat*) **einen Weg in den Schnee ~** abrirse un camino pisoteando la nieve; **jdn zu Tode ~** pisotear a alguien hasta matarle

Trampelpfad *m* <-(e)s, -e> sendero *m* trillado; **Trampeltier** *nt* <-(e)s, -e> **1.** (*Kamel*) camello *m* **2.** (*fam: Trampel*) patán, -ana *m, f*

trampen ['trɛmpən] *vi sein* ir a dedo, hacer autostop, pedir cola *Am: argot*

Tramper(in) *m(f)* <-s, -; -, -nen> autoestopista *mf*

Trampolin ['trampoliːn, --'-] *nt* <-s, -e> trampolín *m*

Trampschiff *nt* <-(e)s, -e> tramp *m* (*buque sin itinerario fijo*); **Trampschifffahrt**[RR] *f* <-, *ohne pl*> navegación *f* sin ruta fija

Tramway ['tramvaɪ] *f* <-, -s> (*Österr*) tranvía *m*

Tran [traːn] *m* <-(e)s, -e> (*vom Wal*) aceite *m* de ballena; (*vom Fisch*) aceite *m* de hígado de bacalao; **wie im ~** (*fam: benommen*) confuso; (*zerstreut*) despistado

Trance ['trãs(ə)] *f* <-, -n> trance *m;* **sich in ~ versetzen** entrar en trance; **Trancezustand** *m* <-(e)s, -stände> estado *m* de trance; **jdn** (**durch etw**) **in einen ~ versetzen** hacer entrar a alguien (mediante algo) en estado de trance

Tranchierbesteck [trã'ʃiːr-] *nt* <-(e)s, -e> *s.* **Transchierbesteck**

tranchieren* [trã'ʃiːrən] *vt s.* **transchieren**

Tranchiermesser [trã'ʃiːr-] *nt* <-s, -> *s.* **Transchiermesser**

Träne ['trɛːnə] *f* <-, -n> lágrima *f;* **den ~n nahe sein** estar a punto de romper a llorar; **~n lachen** llorar de risa; **zu ~n gerührt sein** estar muy conmovido; **~n vergießen** derramar lágrimas; **in ~n aufgelöst** hecho un mar de lágrimas; **bittere** [*o* **heiße**] **~n weinen** llorar a lágrima viva; **dem weine ich keine ~ nach** ni una lágrima derramaré yo por él; **mir kommen die ~n!** (*iron*) ¡huy, qué pena me das!

tränen *vi* lagrimear, llorar *fam;* **mir ~ die Augen** me lloran los ojos

Tränendrüse *f* <-, -n> glándula *f* lagrimal; **auf die ~n drücken** (*abw*) arrancar las lágrimas; **Tränengas** *nt* <-es, *ohne pl*> gas *m* lacrimógeno; **Tränensack** *m* <-(e)s, -säcke> (ANAT) saco *m* lagrimal

tranig ['traːnɪç] *adj* **1.** (*nach Tran schmeckend*) aceitoso **2.** (*fam: träge*) pesado

trank [traŋk] *3. imp von* **trinken**

Trank [traŋk, *pl:* 'trɛŋkə] *m* <-(e)s, Tränke> (*geh*) bebida *f*

Tränke ['trɛŋkə] *f* <-, -n> abrevadero *m,* pileta *f RíoPl*

tränken ['trɛŋkən] *vt* **1.** (*Tiere*) abrevar **2.** (*durchnässen*) empapar (*in* en, *mit* de)

Transaktion [trans?ak'tsjoːn] *f* <-, -en> transacción *f;* **geschäftliche ~** transacción comercial

Transatlantikflug *m* <-(e)s, -flüge> vuelo *m* transatlántico [*o* transoceánico]

transatlantisch *adj* transatlántico

Transchierbesteck [tran'ʃiːr-] *nt* <-(e)s, -e> cuchillo *m* de trinchar

transchieren* [tran'ʃiːrən] *vt* (GASTR) trinchar

Transchiermesser [tran'ʃiːr-] *nt* <-s, -> cuchillo *m* de trinchar

Transfer [trans'feːɐ] *m* <-s, -s> **1.** (WIRTSCH, PSYCH) tra(n)sferencia *f* **2.** (*auf Reisen*) traslado *m* **3.** (SPORT) traspaso *m*

transferieren* [transfe'riːrən] *vt* **1.** (WIRTSCH) tra(n)sferir **2.** (SPORT) traspasar

Transferleitung *f* <-, -en> (WIRTSCH) gestión *f* de transferencias

Transformation [transfɔrma'tsjoːn] *f* <-, -en> tra(n)sformación *f*

Transformator [transfɔr'maːtoːɐ] *m* <-s, -en> transformador *m;* **Transformatorenhäuschen** [- 'hɔɪsçən] *nt* <-s, -> caseta *f* del transformador

transformieren* [transfɔr'miːrən] *vt* tra(n)sformar (*in* en)

Transfusion [transfu'zjoːn] *f* <-, -en> (MED) tra(n)sfusión *f* (de sangre)

transgen *adj* transgénico

Transistor [tran'zɪstoːɐ] *m* <-s, -en> transistor *m;* **Transistorradio** *nt* <-s, -s> transistor *m;* **Transistorzündung** *f* <-, -en> encendido *m* transistorizado

Transit [tran'ziːt, tran'zɪt] *m* <-s, -e> tránsito *m;* **Transitabkommen** *nt* <-s, -> convenio *m* de tránsito; **Transitgüter** *ntpl* mercancías *fpl* en tránsito; **Transithandel** *m* <-s, *ohne pl*> comercio *m* de tránsito

transitiv ['tranzitiːf, --'-] *adj* (LING) transitivo; **~es Verb** (verbo) transitivo; **Transitraum** *m* <-(e)s, -räume> (AERO) sala *f* de espera para viajeros en tránsito

Transitreisende(r) *mf* <-n, -n; -n, -n> viajero, -a *m, f* en tránsito; **Transitverkehr** *m* <-(e)s, *ohne pl*> tráfico *m* de tránsito; **Transitvisum** *nt* <-s, -visa> visado *m* de tránsito, visa *f* de tránsito *Am;* **Transitzoll** *m* <-(e)s, -zölle> derechos *mpl* de tránsito

transkribieren* [transkri'bi:rən] *vt* (LING, MUS) tra(n)scribir

Transkription [transkrɪp'tsjo:n] *f* <-, -en> (LING, MUS) tra(n)scripción *f*

Transliteration [translɪtera'tsjo:n] *f* <-, -en> (LING) transliteración *f*

transliterieren* [translɪte'ri:rən] *vt* (LING) transliterar

Transmission [transmɪ'sjo:n] *f* <-, -en> (TECH) transmisión *f*

transparent [transpa'rɛnt] *adj* tra(n)sparente

Transparent [transpa'rɛnt] *nt* <-(e)s, -e> (*Spruchband*) pancarta *f*

Transparentpapier *nt* <-(e)s, -e> papel *m* vegetal

Transparenz [transpa'rɛnts] *f* <-, *ohne pl*> transparencia *f*

Transpiration [transpira'tsjo:n] *f* <-, -en> (*a.* BOT) tra(n)spiración *f*

transpirieren* [transpi'ri:rən] *vi* transpirar

Transplantat [transplan'ta:t] *nt* <-(e)s, -e> (MED) órgano *m* trasplantado, injerto *m*

Transplantation [transplanta'tsjo:n] *f* <-, -en> (MED, BOT) trasplante *m*

transplantieren* [transplan'ti:rən] *vt* (MED) trasplantar

Transport [trans'pɔrt] *m* <-(e)s, -e> tra(n)sporte *m*

transportabel [transpɔr'ta:bəl] *adj* tra(n)sportable; (*tragbar*) portátil

Transportarbeiter(in) *m(f)* <-s, -; -, -nen> obrero, -a *m, f* que trabaja en el transporte [*o* en el ramo del transporte], transportista *mf;* **Transportaufkommen** *nt* <-s, -> volumen *m* global en (materia de) transporte; **Transportband** *nt* <-(e)s, -bänder> cinta *f* transportadora

Transporter *m* <-s, -> vehículo *m* de tra(n)sporte

Transporteur(in) [transpɔr'tø:ɐ] *m(f)* <-s, -e; -, -nen> transportista *mf*

transportfähig *adj* (*Person*) en condiciones de ser trasladado; **transportfertig** *adj* listo para ser transportado; **Transportflugzeug** *nt* <-(e)s, -e> avión *m* de transporte; **Transportgefährdung** *f* <-, -en> (JUR) peligro *m* en el transporte

transportieren* [transpɔr'ti:rən] *vt* **1.** (*Waren*) tra(n)sportar **2.** (*Personen*) trasladar **3.** (*Ideen, Werte*) trasladar

Transportkosten *pl* gastos *mpl* de tra(n)sporte, porte *m;* **Transportmittel** *nt* <-s, -> medio *m* de tra(n)sporte; **Transportpapiere** *ntpl* documentos *mpl* de transporte; **Transportschaden** *m* <-s, -schäden> daños *mpl* causados en el transporte; **Transportschiff** *nt* <-(e)s, -e> buque *m* de tra(n)sporte; **Transportunternehmen** *nt* <-s, -> empresa *f* de transportes; **Transportunternehmer(in)** *m(f)* <-s, -; -, -nen> transportista *mf;* **Transportversicherung** *f* <-, -en> seguro *m* de tra(n)sporte; **Transportvolumen** *nt* <-s, -> volumen *m* de transporte; **Transportvorschrift** *f* <-, -en> norma *f* de transporte; **Transportweg** *m* <-(e)s, -e> vía *f* de transporte; **Transportwesen** *nt* <-s, *ohne pl*> servicio *m* de transporte

transsexuell [transsɛksu'ɛl] *adj* transexual

Transsexuelle(r) *mf* <-n, -n; -n, -n> transexual *mf*

Transuran *nt* <-s, -e> (CHEM) transuránido *m*

Transvestit [transvɛs'ti:t] *m* <-en, -en> travesti *m*, travestí *m*

transzendent [transtsɛn'dɛnt] *adj* (PHILOS) trascendente; **~e Erfahrungen machen** tener experiencias trascendentes

transzendental [transtsɛndɛn'ta:l] *adj* (PHILOS) tra(n)scendental

Transzendenz [transtsɛn'dɛnts] *f* <-, *ohne pl*> (*geh a.* PHILOS) trascendencia *f*

Trapez [tra'pe:ts] *nt* <-es, -e> (*Turngerät, a.* MATH) trapecio *m;* **Trapezakt** *m* <-(e)s, -e> número *m* del trapecio

Trara [tra'ra:] *nt* <-s, *ohne pl*> (*fam abw*) jaleo *m*

Trassant *m* <-en, -en> (WIRTSCH) librador(a) *m(f)*, girador(a) *m(f)*

Trassat *m* <-en, -en> (WIRTSCH) librado, -a *m, f*, girado, -a *m, f*

Trasse ['trasə] *f* <-, -n> trazado *m*

trassieren* [tra'si:rən] *vt* **1.** (WIRTSCH) girar, librar **2.** (*eine Strecke*) trazar

trat [tra:t] *3. imp von* **treten**

Tratsch [tra:tʃ] *m* <-(e)s, *ohne pl*> (*fam abw*) cotilleo *m*, chismorreo *m*

tratschen ['tra:tʃən] *vi* (*fam abw*) cotillear (*über* sobre), chismorrear (*über* sobre)

Tratscherei [tra:tʃə'raɪ] *f* <-, -en> (*fam abw*) cotilleo *m*, chismorreo *m*

Tratte ['tratə] *f* <-, -n> (FIN) giro *m;* **eine ~ akzeptieren/ausstellen/einlösen** aceptar/girar/pagar una letra (de cambio)

Traualtar ['traʊʔalta:ɐ] *m* <-(e)s, -täre> altar *m* nupcial; **jdn zum ~ führen** llevar a alguien al altar

Traube ['traʊbə] *f* <-, -n> **1.** (*Wein~*) uva *f;* **blaue/grüne ~n** uvas negras/blancas **2.** (BOT) racimo *m* **3.** (*Menschen~*) grupo *m*

traubenförmig *adj* en forma (de racimo) de uva, arracimado; **eine ~e Ansammlung von Menschen** un grupo de gente arracimada [*o* enracimada]

Traubenlese *f* <-, -n> vendimia *f;* **Traubensaft** *m* <-(e)s, -säfte> zumo *m* de uva, jugo *m* de uva *Am*, baya *f Chil;* **Traubenzucker** *m* <-s, *ohne pl*> glucosa *f*

trauen ['traʊən] **I.** *vi* confiar, tener confianza; **jdm/etw** *dat* **~** confiar en alguien/algo, fiarse de alguien/algo; **ich traute meinen Augen/Ohren nicht** no podía dar crédito a mis ojos/oídos; **trau, schau wem!** (*prov*) antes de que te cases mira lo que haces **II.** *vt* casar; **sich ~ lassen** casarse **III.** *vr:* **sich ~** atreverse; **sich ~ etw zu tun** atreverse a hacer algo; **sie traut**

sich nicht mehr nach Hause no se atreve a volver a casa; **traust du dich?** ¿te atreves?

Trauer ['traʊɐ] *f* <-, *ohne pl*> tristeza *f;* (*um Tote*) luto *m;* ~ **tragen** llevar luto; **Traueranzeige** *f* <-, -n> esquela *f* de defunción; **Trauerarbeit** *f* <-, *ohne pl*> (PSYCH) superación *f* de la tristeza (*por la pérdida de un ser querido*); **Trauerbinde** *f* <-, -n> brazal *m* de luto; **Trauerbrief** *m* <-(e)s, -e> esquela *f* mortuoria; **Traueressen** *nt* <-s, -> (*Schweiz*) comida *f* celebrada el día del funeral; **Trauerfall** *m* <-(e)s, -fälle> defunción *f;* **Trauerfamilie** *f* <-, -n> (*Schweiz*) familia *f* del difunto; **Trauerfeier** *f* <-, -n> funeral *m;* **Trauerflor** [-flo:ɐ] *m* <-(e)s, -e> crespón *m* (de luto); **Trauergottesdienst** *m* <-(e)s, -e> funeral *m;* **Trauerjahr** *nt* <-(e)s, -e> año *m* de luto; **Trauerkleidung** *f* <-, *ohne pl*> luto *m;* ~ **tragen** llevar luto; **Trauerkloß** *m* <-es, -klöße> (*fam*) soso, -a *m, f;* **Trauermarsch** *m* <-(e)s, -märsche> (MUS) marcha *f* fúnebre; **Trauermiene** *f* <-, -n> (*fam*) cara *f* de circunstancias

trauern ['traʊɐn] *vi* llevar luto; **um jdn** ~ llorar la muerte de alguien

Trauerrand *m* <-(e)s, -ränder> **1.** (*bei Briefen, Anzeigen*) orla *f* negra **2.** *pl* (*fam: schmutzige Fingernägel*) uñas *fpl* sucias; **Trauerspiel** *nt* <-(e)s, -e> (*a. fig*) tragedia *f;* **es ist ein einziges** ~ **mit ihm** (*fam*) es realmente patético; **Trauerweide** *f* <-, -n> sauce *m* llorón; **Trauerzirkular** *nt* <-(e)s, -e> (*Schweiz*) esquela *f* postal; **Trauerzug** *m* <-(e)s, -züge> cortejo *m* fúnebre

Traufe ['traʊfə] *f* <-, -n> canalón *m;* **vom Regen in die** ~ **kommen** [*o* **geraten**] (*fam*) salir de Guatemala y entrar en Guatepeor

träufeln ['trɔɪfəln] *vt* verter gota a gota (*in* en)

Traum [traʊm, *pl:* 'trɔɪmə] *m* <-(e)s, Träume> sueño *m;* **im** ~ **reden** hablar en sueños; **das fällt mir nicht im** ~ **ein** eso no se me ocurre ni en sueños; **es war immer mein** ~**, eine Weltreise zu machen** siempre soñé con hacer un viaje alrededor del mundo; **aus der** ~**!** ¡vuelta a la realidad!; **Träume sind Schäume** (*prov*) los sueños, sueños son

Trauma ['traʊma] *nt* <-s, Traumen *o* Traumata> (MED, PSYCH) traumatismo *m,* trauma *m*

traumatisch [traʊ'ma:tɪʃ] *adj* (MED, PSYCH) traumático

Traumberuf *m* <-(e)s, -e> trabajo *m* ideal, oficio *m* soñado; **Traumdeuter(in)** *m(f)* <-s, -; -, -nen> intérprete *mf* de sueños; **Traumdeutung** *f* <-, -en> interpretación *f* de los sueños

Traumen ['traʊmən] *pl von* **Trauma**

träumen ['trɔɪmən] *vi* soñar (*von* con); **ich habe gestern Nacht von dir geträumt** anoche soñé contigo; **er träumt mit offenen Augen** sueña despierto; **das hätte ich mir nicht** ~ **lassen** nunca hubiese soñado con ello; **du träumst wohl?** (*fam*) ¿estás soñando o qué?

Träumer(in) *m(f)* <-s, -; -, -nen> soñador(a) *m(f)*

Träumerei *f* <-, -en> sueños *mpl,* fantasías *fpl*

Träumerin *f* <-, -nen> *s.* **Träumer**

träumerisch *adj* soñador

traumhaft *adj* **1.** (*wie im Traum*) de ensueño **2.** (*fam: wunderbar*) maravilloso, de película

Traumlandschaft *f* <-, -en> paisaje *m* de ensueños; **Traumpaar** *nt* <-(e)s, -e> pareja *f* ideal; **Traumtänzer(in)** *m(f)* <-s, -; -, -nen> (*abw*) iluso, -a *m, f,* soñador(a) *m(f);* **traumverloren** *adj* ensimismado, sumido en pensamientos; **ein** ~**er Blick** una mirada perdida [*o* absorta]

traurig ['traʊrɪç] *adj* **1.** (*bekümmert*) triste, afligido, agüitado *Mex,* achucutado *Kol;* **über etw** ~ **sein** estar triste por algo; **jdn** ~ **machen** entristecer a alguien; ~ **werden** ponerse triste, acuchamarse *Ven* **2.** (*beklagenswert*) triste, doloroso; **eine** ~**e Pflicht** un triste deber **3.** (*erbärmlich*) deplorable, miserable; **damit sieht es** ~ **aus** tiene mal aspecto

Traurigkeit *f* <-, *ohne pl*> tristeza *f,* aflicción *f*

Trauring *m* <-(e)s, -e> anillo *m* de boda, alianza *f;* **Trauschein** *m* <-(e)s, -e> acta *f* de matrimonio

traut [traʊt] *adj* (*geh*) **1.** (*vertraut*) íntimo **2.** (*Heim*) querido

Trauung ['traʊʊŋ] *f* <-, -en> boda *f,* casamiento *m;* **kirchliche/standesamtliche** ~ casamiento por la iglesia/por lo civil

Trauzeuge, -in *m, f* <-n, -n; -, -nen> padrino *m* de boda, madrina *f* de boda

Travestie [travɛs'ti:, *pl:* travɛs'tiən] *f* <-, -n> (LIT) parodia *f*

Travestieshow *f* <-, -s> espectáculo *m* de travestís

Trawler ['trɔ:lɐ] *m* <-s, -> (NAUT) barco *m* de arrastre

Treck [trɛk] *m* <-s, -s> caravana *f*

Trecker ['trɛkɐ] *m* <-s, -> tractor *m*

Trecking[RR] ['trɛkɪŋ] *nt* <-s, -s> *s.* **Trekking**

Treff [trɛf] *m* <-s, -s> (*fam*) **1.** (*das Treffen*) encuentro *m,* cita *f* **2.** (*Treffpunkt*) lugar *m* de encuentro

treffen ['trɛfən] <trifft, traf, getroffen> **I.** *vi* (*Ziel*) acertar; **nicht** ~ errar el tiro **II.** *vt* **1.** (*begegnen*) encontrar; (*zufällig*) encontrarse (con), dar (con) **2.** (*erreichen*) alcanzar, dar; **sie traf das Ziel sofort** inmediatamente dio en el blanco; **mit deinem Job hast du es ja gut getroffen** acertaste con tu trabajo **3.** (*kränken*) ofender, afectar; **das trifft mich nicht** eso no me afecta **4.** (*be~*) afectar, concernir; **das trifft dich** eso se refiere a ti; **mich trifft keine Schuld** yo no tengo la culpa **5.** (*ergreifen*): **Maßnahmen** ~ **gegen etw** adoptar medidas contra algo; **eine Entschei-**

T

dung ~ tomar una decisión; **eine Vereinbarung** ~ llegar a un acuerdo; **seine Wahl** ~ elegir, escoger **III.** *vr:* **sich** ~ **1.** (*zusammenkommen*) encontrarse; (*sich versammeln*) reunirse, juntarse **2.** (*geschehen*) suceder, ocurrir; **das trifft sich gut!** ¡eso me viene como anillo al dedo!

Treffen ['trɛfən] *nt* <-s, -> (*a.* SPORT) encuentro *m;* **ein** ~ **veranstalten** organizar un encuentro; **ein** ~ **vereinbaren** acordar una cita

treffend I. *adj* (*richtig*) justo; (*angemessen*) adecuado, apropiado **II.** *adv* con exactitud

Treffer *m* <-s, -> **1.** (*Schießen*) tiro *m* certero; (*Ballspiele*) gol *m;* (*Boxen*) golpe *m* certero; (*Einschuss*) impacto *m* **2.** (*in einer Lotterie*) premio *m* **3.** (*Erfolg*) exitazo *m*

Treffgenauigkeit *f* <-, *ohne pl*> precisión *f* de tiro

trefflich I. *adj* excelente **II.** *adv* muy bien

Treffpunkt *m* <-(e)s, -e> lugar *m* de encuentro

treffsicher *adj* certero; **Treffsicherheit** *f* <-, *ohne pl*> certeza *f,* precisión *f;* (*beim Schießen*) precisión *f* del tiro

Treibeis ['traɪp-] *nt* <-es, *ohne pl*> témpano *m,* hielo *m* flotante

treiben ['traɪbən] <treibt, trieb, getrieben> **I.** *vt* **1.** (*hinbringen*) llevar; (*schieben*) empujar; (*mit Zwang*) hacer avanzar; **der Wind treibt die Blätter durch die Straßen** el viento arrastra las hojas por las calles; **sich (von der Strömung)** ~ **lassen** dejarse llevar (por la corriente); **die Preise in die Höhe** ~ hacer subir los precios; **es trieb ihr den Schweiß auf die Stirn** sudaba por la frente **2.** (*an~*) apremiar (*zu* a); (TECH) hacer funcionar; **er trieb sie zur Eile** le metió prisa; **er treibt mich noch zum Wahnsinn** me va a volver loco **3.** (*hineinschlagen*) clavar (*in* en); (*Tunnel*) cavar **4.** (*be~, tun*) dedicarse (a); (SPORT) practicar; **Spionage** ~ espiar; **Missbrauch mit etw** *dat* ~ abusar de algo; **er treibt nur dummes Zeug** (*fam*) no hace más que tonterías; **es zu toll** ~ ir demasiado lejos; **es mit jdm** ~ (*fam*) tener relaciones sexuales con alguien **5.** (*Blüten, Knospen*) echar **II.** *vi* **1.** *sein* (*fortbewegt werden*) ser llevado; (*von der Strömung*) ser arrastrado (por la corriente); (*auf Wasser*) flotar (*auf/in* en) **2.** (*Pflanze*) brotar **3.** (*fam: Bier, Kaffee*) ser diurético

Treiben *nt* <-s, *ohne pl*> **1.** (*auf der Straße*) movimiento *m;* (*Belebtheit*) animación *f* **2.** (*Handeln*) actividad *f*

treibend *adj:* **die ~e Kraft** la fuerza motriz

Treiber *m* <-s, -> (INFOR) controlador *m*

Treibgas *nt* <-es, -e> gas *m* propulsor [*o* impulsor]; **Treibgut** *nt* <-(e)s, *ohne pl*> mercancía *f* que flota en el agua

Treibhaus *nt* <-es, -häuser> invernadero *m;* **Treibhauseffekt** *m* <-(e)s, *ohne pl*> efecto *m* invernadero; **Treibhausgas** *nt* <-es, -e> gas *m* invernadero; **Treibhausluft** *f* <-, *ohne pl*> aire *m* sofocante [*o* viciado]; **lüfte mal, hier herrscht ja eine richtige ~!** ¡abre las ventanas, el aire aquí es sofocante a más no poder [*o* es irrespirable]!; **Treibhauspflanze** *f* <-, -n> planta *f* de invernadero

Treibholz *nt* <-es, *ohne pl*> madera *f* flotante; **Treibjagd** *f* <-, -en> batida *f;* **Treibladung** *f* <-, -en> carga *f* propulsora; **Treibmittel** *nt* <-s, -> (GASTR) levadura *f*

Treibnetz *nt* <-es, -e> red *f* de arrastre; **Treibnetzfischerei** *f* <-, *ohne pl*> pesca *f* de arrastre

Treibsand *m* <-(e)s, *ohne pl*> arena *f* movediza; **Treibsatz** *m* <-es, -sätze> (TECH) propergol *m;* **Treibstoff** *m* <-(e)s, -e> carburante *m,* combustible *m*

Trekking ['trɛkɪŋ] *nt* <-s, -s> trekking *m*

Trema ['tre:ma] *nt* <-s, -s *o* Tremata> (LING) diéresis *f inv*

Tremolo ['tre:molo] *nt* <-s, -s *o* Tremoli> (MUS) trémolo *m*

Trenchcoat ['trɛntʃkɔʊt] *m* <-(s), -s> gabardina *f,* trinchera *f*

Trend [trɛnt] *m* <-s, -s> tendencia *f* (*zu* a); **modischer** ~ moda *f;* **mit etw** *dat* **voll im** ~ **liegen** (*fam*) ir con algo completamente a la moda; **Trendsetter(in)** ['trɛntsɛtɐ] *m(f)* <-s, -; -, -nen> iniciador(a) *m(f)* de una moda; **Trendwende** *f* <-, -n> cambio *m* de tendencia

trennbar *adj* separable

Trennblatt *nt* <-(e)s, -blätter> hoja *f* separadora; **Trennelektrode** *f* <-, -n> (CHEM) electrodo *m* de separación

trennen ['trɛnən] **I.** *vt* separar (*von* de); (*absondern*) apartar; (*Begriffe*) distinguir; (*Silben*) dividir; **zahlen Sie zusammen oder getrennt?** ¿en una cuenta, o por separado?; **die beiden** ~ **Welten** los separan mundos; **sie wurden durch den Krieg (voneinander) getrennt** fueron separados por la guerra; **das Innenfutter aus dem Mantel** ~ sacar el forro del abrigo **II.** *vr:* **sich** ~ **1.** (*auseinander gehen*) separarse (*von* de); **hier** ~ **sich unsere Wege** aquí se separan nuestros caminos; **sie haben sich getrennt** se separaron; **wir haben uns von diesem Mitarbeiter getrennt** hemos despedido a este trabajador **2.** (*weggeben*) desprenderse (*von* de); **sie konnte sich nicht davon** ~ no se pudo desprender de esto

Trennkanalisation *f* <-, -en> alcantarillado *m* separado; **Trennlinie** *f* <-, -n> línea *f* divisoria; **Trennschärfe** *f* <-, *ohne pl*> selectividad *f;* **Trennsubstanz** *f* <-, -en> agente *m* de separación

Trennung *f* <-, -en> separación *f;* (*Teilung*) división *f;* (*Absonderung*) aislamiento *m;* **sie stehen kurz vor der** ~ están a punto de separarse; **Trennungsentschädigung** *f* <-, -en>, **Trennungsgeld** *nt* <-(e)s, -er> indemnización *f* por separación de la familia (*que paga la empresa cuando obliga a un tra-*

bajador a trasladarse a otra ciudad); **Trennungsstrich** *m* <-(e)s, -e> (LING) guión *m*

Trennwand *f* <-, -wände> pared *f* divisoria, tabique *m;* **Trennzeichen** *nt* <-s, -> (INFOR, TYPO) carácter *m* de separación

Trense ['trɛnzə] *f* <-, -n> bocado *m*

treppab [trɛp'ʔap] *adv* escaleras abajo

treppauf [trɛp'ʔaʊf] *adv* escaleras arriba

Treppe ['trɛpə] *f* <-, -n> escalera *f;* **die ~ hinauf-/hinuntergehen** subir/bajar la(s) escalera(s); **Treppenabsatz** *m* <-es, -sätze> descansillo *m,* rellano *m;* **Treppenflur** *m* <-(e)s, -e> (cubo *m* de la) escalera *f;* **Treppengeländer** *nt* <-s, -> barandilla *f,* pasamanos *m inv;* **Treppenhaus** *nt* <-es, -häuser> (caja *f* de la) escalera *f;* **Treppenstufe** *f* <-, -n> peldaño *m,* escalón *m*

Tresen ['tre:zən] *m* <-s, -> (*nordd*) **1.** (*in einer Gaststätte*) barra *f* **2.** (*Ladentisch*) mostrador *m*

Tresor [tre'zo:ɐ] *m* <-s, -e> **1.** (*Schrank*) caja *f* fuerte **2.** (*~raum*) cámara *f* acorazada; **Tresorraum** *m* <-(e)s, -räume> cámara *f* acorazada

Tresse ['trɛsə] *f* <-, -n> (*einer Uniform*) galón *m;* (*einer Livree*) ribete *m,* galón *m*

Tretboot *nt* <-(e)s, -e> patín *m* a pedales; **Treteimer** *m* <-s, -> cubo *m* con pedal

treten ['tre:tən] <tritt, trat, getreten> **I.** *vi* **1.** *sein* (*hinaus~*) salir (*auf* a); (*ein~*) entrar (*in* a/en); (*sich stellen*) ponerse (*vor* delante de, *hinter* detrás de, *neben* al lado de); **zur Seite ~** apartarse; **er trat auf die Bühne** subió [*o* salió] al escenario; **ans Fenster ~** asomarse a la ventana; **~ Sie näher!** ¡acérquese!; **Schweiß trat ihr auf die Stirn** le sudaba la frente; **der Fluss trat über die Ufer** el río se desbordó; **an jds Stelle ~** sustituir a alguien; **auf die Bremse ~** pisar el freno; **in den Staatsdienst ~** hacerse funcionario; **in den Ruhestand ~** jubilarse; **in den Streik ~** declararse en huelga; **in Aktion ~** entrar en acción; **in jds Leben ~** entrar en la vida de alguien **2.** *sein* (*mit dem Fuß*) pisar; (*absichtlich*) pisotear; **jdm auf den Fuß ~** pisar a alguien; **in ein Fettnäpfchen ~** meter la pata **3.** (*Tritt versetzen*) dar [*o* pegar] una patada (*gegen* contra, *nach* a); **jdm ans Bein ~** dar a alguien una patada en la pierna **4.** (*beim Radfahren*) pedalear **II.** *vt* (*Person, Tier, Pedal*) pisar; (*Tritt geben*) pegar [*o* dar] una patada; **sich** *dat* **einen Nagel in den Fuß ~** clavarse un clavo en el pie

Treter *m* <-s, -> (*fam*) zapato *m* (viejo)

Tretmine *f* <-, -n> (MIL) mina *f;* **~n legen** sembrar de minas, minar; **Tretmühle** *f* <-, -n> (*fam abw*) rutina *f* diaria; **Tretroller** *m* <-s, -> patinete *m*

treu [trɔɪ] *adj* fiel; (*loyal*) leal; (*zuverlässig*) de confianza; **seinen Grundsätzen ~ bleiben** ser fiel a sus principios; **sich** *dat* **selbst ~ bleiben** ser fiel a uno mismo; **ein ~ ergebener Mitarbeiter** un trabajador leal [*o* fiel]; **jdm ~ ergeben sein** serle leal [*o* fiel] a alguien; **jdm ~ sein** ser fiel a alguien; **Treubruch** *m* <-(e)s, -brüche> (*geh*) violación *f* de la fe jurada; **treudoof** ['-'-] *adj* (*fam*) cándido, inocente

Treue ['trɔɪə] *f* <-, *ohne pl*> **1.** (*Treusein*) fidelidad *f;* (*Loyalität*) lealtad *f;* **jdm die ~ halten** ser fiel a alguien; **auf Treu und Glauben** (JUR) de buena fe **2.** (*Genauigkeit*) precisión *f*

Treueid *m* <-(e)s, -e> juramento *m* de fidelidad

Treuepflicht *f* <-, *ohne pl*> (JUR) obligación *f* de fidelidad; **Treueprämie** *f* <-, -n> prima *f* por fidelidad

treuergeben *adj s.* **treu**

Treueschwur *m* <-(e)s, -schwüre> **1.** (*von Geliebten*) promesa *f* (solemne) de fidelidad **2.** (HIST: *Eid*) juramento *m* de fidelidad [*o* de lealtad]; **einen ~ leisten/ablegen** jurar lealtad [*o* fidelidad]

Treuhand *f* <-, *ohne pl*> (JUR) fideicomiso *m;* **die ~** *s.* **Treuhandanstalt**; **Treuhandanstalt** *f* <-, *ohne pl*> *organismo encargado de la privatización de las empresas de la RDA*

Treuhänder(in) [-hɛndɐ] *m(f)* <-s, -; -, -nen> (JUR) fiduciario, -a *m, f*

treuhänderisch *adj* fiduciario

Treuhandgesellschaft *f* <-, -en> (JUR) sociedad *f* fiduciaria

treuherzig *adj* ingenuo, cándido

Treuherzigkeit *f* <-, *ohne pl*> candor *m,* sinceridad *f*

treulos *adj* infiel, desleal; (*verräterisch*) traidor

Treulosigkeit *f* <-, *ohne pl*> infidelidad *f,* deslealtad *f;* (*Verrat*) traición *f*

treusorgend *adj* (*fam*): **~er Familienvater** *padre de familia muy preocupado por el bienestar de los suyos*

Triangel ['tri:aŋəl, -'--] *m, Österr: nt* <-s, -> triángulo *m*

Triathlon ['tri:atlɔn] *nt* <-s, -s> (SPORT) triatlón *m*

Tribun [tri'bu:n] *m* <-s *o* -en, -e(n)> (HIST) **1.** (*Militär~*) tribuno *m* militar **2.** (*Volks~*) tribuno *m* de la plebe

Tribunal [tribu'na:l] *nt* <-s, -e> tribunal *m*

Tribüne [tri'by:nə] *f* <-, -n> tribuna *f,* palco *m Am*

Tribut [tri'bu:t] *m* <-(e)s, -e> tributo *m;* **jdm/etw** *dat* **~ zollen** elogiar a alguien/algo

tributpflichtig *adj* sujeto a tributo

Trichine [trɪ'çi:nə] *f* <-, -n> triquina *f*

Trichter ['trɪçtɐ] *m* <-s, -> **1.** (*zum Einfüllen*) embudo *m;* **auf den ~ kommen** (*fam*) cogerle el truco a algo **2.** (*Schall~*) bocina *f;* (*an Musikinstrumenten*) pabellón *m* **3.** (*Bomben~, a.* GEO) cráter *m*

trichterförmig *adj* en forma de embudo; **Trichtermündung** *f* <-, -en> (GEO) embocadura *f* de embudo

Trick [trɪk] *m* <-s, -s> truco *m,* manganeta *f Hond;* **keine faulen ~s!** ¡no hay truco que

T

valga!; **sie hat den ~ raus** (*fam*) ha pillado el truco; **~ siebzehn** (*fam*) ¡magia potagia!; **Trickaufnahme** *f* <-, -n> trucaje *m*, efectos *mpl* especiales; **Trickbetrug** *m* <-(e)s, *ohne pl*> timo *m;* **Trickbetrüger(in)** *m(f)* <-s, -; -, -nen> timador(a) *m(f);* **Trickfilm** *m* <-(e)s, -e> dibujos *mpl* animados; **Trickkiste** *f* <-, -n> (*fam*) trucos *mpl;* **in die ~ greifen** recurrir a trucos; **aus wessen ~ stammt das?** ¿de quién es el truco?; **trickreich** *adj* que sabe muchos trucos

tricksen ['trɪksən] **I.** *vi* (*fam*) hacer trucos; (*betrügen*) engañar **II.** *vt* (*fam*) arreglar; **wir werden das schon ~** ya lo arreglaremos

Tricktrack ['trɪktrak] *nt* <-s, -s> (*Brettspiel*) chaquete *m*

trieb [tri:p] *3. imp von* **treiben**

Trieb [tri:p] *m* <-(e)s, -e> **1.** (PSYCH, BIOL) impulsión *f*, pulsión *f;* (*Instinkt*) instinto *m;* (*Neigung*) inclinación *f* (*zu* a) **2.** (BOT) brote *m*, renuevo *m;* **Triebabfuhr** *f* <-, -en> satisfacción *f* del instinto sexual; **Triebfeder** *f* <-, -n> **1.** (TECH) resorte *m* **2.** (*Beweggrund*) móvil *m*

triebhaft *adj* instintivo, impulsivo

Triebhaftigkeit *f* <-, *ohne pl*> impulsividad *f*

Triebhandlung *f* <-, -en> (JUR) acto *m* de motivación instintiva; **Triebkraft** *f* <-, -kräfte> (TECH, PSYCH) fuerza *f* motriz; **Triebtäter** *m* <-s, -> delincuente *m* sexual; **Triebverbrechen** *nt* <-s, -> delito *m* de motivación instintiva; (*Sexualverbrechen*) delito *m* sexual; **Triebverbrecher** *m* <-s, -> delincuente *m* sexual; **Triebwagen** *m* <-s, -> automotor *m;* **Triebwerk** *nt* <-(e)s, -e> (AERO) máquina *f*, motores *mpl*

Triefauge *nt* <-s, -n> (MED) ojo *m* lagrimoso [*o* acuoso]

triefäugig *adj* (MED) que tiene los ojos lagrimosos [*o* llorosos]; **~ sein** tener los ojos lagrimosos [*o* llorosos]

triefen ['tri:fən] <trieft, triefte *o* troff, getrieft *o* getroffen> *vi* **1.** *sein* (*rinnen*) chorrear (*aus/von* por/de) **2.** (*nass sein*) estar empapado (*von/vor* de/por); **sie war ~d nass** estaba calada hasta los huesos

Trient [tri'ɛnt] *nt* <-s> Trento *m*

Trier [tri:ɐ] *nt* <-s> Tréveris *m*

Triest [tri'ɛst] *nt* <-s> Trieste *m*

triezen ['tri:tsən] *vt* (*fam*) fastidiar, dar la lata

trifft [trɪft] *3. präs von* **treffen**

triftig ['trɪftɪç] *adj* (*überzeugend*) convincente; (*begründet*) bien fundado; **eine ~e Entschuldigung** una excusa válida

Trigonometrie [trigonome'tri:] *f* <-, *ohne pl*> (MATH) trigonometría *f*

Trikolore [triko'lo:rə] *f* <-, -n> bandera *f* tricolor francesa

Trikot [tri'ko:] *nt* <-s, -s> camiseta *f;* **das gelbe ~** (SPORT) el maillot amarillo; **Trikotwerbung** *f* <-, *ohne pl*> publicidad *f* en las camisetas de deporte

Triller ['trɪlɐ] *m* <-s, -> (MUS) trino *m*

trillern ['trɪlɐn] *vi* (*Vogel*) trinar; (*Mensch*) tararear

Trillerpfeife *f* <-, -n> pito *m*, silbato *m*

Trilliarde [trɪ'ljardə] *f* <-, -n> mil trillones *mpl*

Trillion [trɪ'ljo:n] *f* <-, -en> trillón *m*

Trilogie [trilo'gi:] *f* <-, -n> trilogía *f*

Trimester [tri'mɛstɐ] *nt* <-s, -> trimestre *m*

Trimm-dich-Pfad ['trɪmdɪçpfa:t] *m* <-(e)s, -e> *s.* **Trimmpfad**

trimmen ['trɪmən] **I.** *vt* **1.** (*durch Sport*) entrenar **2.** (NAUT, AERO) equilibrar; (*verstauen*) arrumar **3.** (*Hund, Rasen: scheren*) esquilar **II.** *vr:* **sich ~** mantenerse en forma

Trimmpfad *m* <-(e)s, -e> circuito *m* gimnástico (en el bosque)

trinkbar *adj* bebedero, bebedizo; (*Wasser*) potable

trinken ['trɪŋkən] <trinkt, trank, getrunken> *vi, vt* beber (*aus* de/por, *auf* a); (*Kaffee, Tee*) tomar; **aus der Flasche ~** beber de la botella; **du kannst aus meinem Glas ~** puedes beber de mi vaso; **gibst du mir bitte etwas zu ~?** ¿me das algo para [*o* de] beber, por favor?; **sie hat die Flasche leer getrunken** se ha bebido toda la botella; **ich habe nichts zu ~ im Haus** no tengo nada para beber en casa; **einen ~ gehen** (*fam*) ir a tomar una copa; **einen über den Durst ~** emborracharse; **ich trinke auf deine Gesundheit** bebo a tu salud; **darauf müssen wir einen ~** hay que brindar por ello

Trinker(in) *m(f)* <-s, -; -, -nen> bebedor(a) *m(f)*, borracho, -a *m, f abw;* **Trinkerheilanstalt** *f* <-, -en> centro *m* de desintoxicación

Trinkerin *f* <-, -nen> *s.* **Trinker**

trinkfest *adj* que tiene aguante para la bebida; **Trinkgefäß** *nt* <-es, -e> recipiente *m* para beber; **wir müssen den Wein aus Bechern trinken, ich habe im Moment keine anderen ~e** tenemos que beber el vino en tazas, ahora mismo no tengo otros vasos; **Trinkgelage** *nt* <-s, -> bacanal *f;* **Trinkgeld** *nt* <-(e)s, -er> propina *f*, gato *m Mex,* feria *f CRi, ElSal;* **jdm ein ~ geben** dar una propina a alguien; **hohes ~** mucha propina; **Trinkglas** *nt* <-es, -gläser> vaso *m* para beber; **Trinkhalle** *f* <-, -n> **1.** (*im Kurort*) galería *f* **2.** (*Kiosk*) quiosco *m* (de refrescos); **Trinkhalm** *m* <-(e)s, -e> pajita *f;* **Trinkkur** *f* <-, -en> (MED) cura *f* de aguas; **eine ~ machen** tomar las aguas; **Trinkspruch** *m* <-(e)s, -sprüche> brindis *m inv;* **einen ~ auf jdn ausbringen** brindar por alguien; **Trinkwasser** *nt* <-s, -wässer> agua *f* potable; **kein ~!** ¡prohibido beber!, ¡no potable!

Trinkwasseraufbereitung *f* <-, -en> depuración *f* de aguas; **Trinkwasseraufbereitungsanlage** *f* <-, -n> planta *f* potabilizadora

Trinkwasserknappheit *f* <-, *ohne pl*> escasez *f* de agua potable; **Trinkwasserversorgung** *f* <-, *ohne pl*> abastecimiento *m* de agua potable, traída *f* de las aguas

Trio ['tri:o] *nt* <-s, -s> (MUS) trío *m*

Trip [trɪp] *m* <-s, -s> (*fam*) **1.** (*Reise*) excursión *f* **2.** (*durch Drogen*) pedal *m;* **auf einem ~ sein** flipar; **auf dem metaphysischen ~ sein** (*sl*) tener un cuelgue metafísico

trippeln ['trɪpəln] *vi sein* andar a pasos cortos

Tripper ['trɪpɐ] *m* <-s, -> gonorrea *f*

trist [trɪst] *adj* (*geh*) triste

Tritium ['tri:tsiʊm] *nt* <-s, *ohne pl*> (CHEM) tritio *m*

tritt [trɪt] *3. präs von* **treten**

Tritt [trɪt] *m* <-(e)s, -e> **1.** (*Schritt, Gang*) paso *m;* **einen falschen ~ machen** dar un paso en falso; **wieder ~ fassen** recuperar el rumbo **2.** (*Fuß~*) patada *f,* puntapié *m;* **jdm einen ~ versetzen** [*o* **geben**] dar una patada [*o* un puntapié] a alguien; **Trittblech** *nt* <-(e)s, -e> estribo *m*

Trittbrett *nt* <-(e)s, -er> estribo *m;* **Trittbrettfahrer(in)** *m(f)* <-s, -; -, -nen> (*abw*) aprovechado, -a *m, f*

Tritthocker *m* <-s, -> banco *m* escalera; **Trittleiter** *f* <-, -n> escalerilla *f*

Triumph [tri'ʊmf] *m* <-(e)s, -e> triunfo *m;* **einen ~ erringen** triunfar; **~e feiern** tener un gran éxito

triumphal [triʊm'fa:l] *adj* triunfal

Triumphator [triʊm'fa:to:ɐ] *m* <-s, -en> (*geh a.* HIST) triunfador *m*

Triumphbogen *m* <-s, -bögen> arco *m* de triunfo; **Triumphgeschrei** *nt* <-s, *ohne pl*> gritos *mpl* de triunfo

triumphieren* [triʊm'fi:rən] *vi* triunfar (*über* sobre)

triumphierend *adj* triunfante

Triumphzug *m* <-(e)s, -züge> marcha *f* triunfal

Triumvirat [triʊmvi'ra:t] *nt* <-(e)s, -e> (HIST) triunvirato *m*

trivial [tri'vja:l] *adj* trivial, vanal

Trivialität [trivjali'tɛ:t] *f* <-, -en> trivialidad *f*

Trivialliteratur *f* <-, -en> literatura *f* trivial [*o* de pacotilla]

trocken ['trɔkən] *adj* seco; (*langweilig*) aburrido; **sich ~ rasieren** afeitarse con máquina (eléctrica); **da bleibt kein Auge ~** todos van a sacar el pañuelo; **~er Humor** humor lacónico [*o* inglés]; **auf dem T~en sitzen** (*fam: keine Lösung finden*) no salir adelante; (*aus finanziellen Gründen*) estar en un aprieto económico; (*nichts zu trinken haben*) no tener para beber; **Trockenabort** *m* <-(e)s, -e> excusado *m* seco; **Trockenautomat** *m* <-en, -en> secadora *f*

Trockenbeerenauslese *f* <-, -n> (GASTR) *vino muy dulce a base de uvas seleccionadas*

Trockenbrennstoff *m* <-(e)s, -e> combustible *m* seco; **Trockendock** *nt* <-s, -s> dique *m* seco [*o* de carena]; **Trockeneis** *nt* <-es, *ohne pl*> hielo *m* seco; **Trockenfäule** *f* <-, *ohne pl*> putrefacción *f* seca; **Trockengebiet** *nt* <-(e)s, -e> región *f* seca; **Trockengestell** *nt* <-(e)s, -e> secadero *m;* (*für Wäsche*) tendedero *m;* **Trockengewicht** *nt* <-(e)s, *ohne pl*> peso *m* en seco; **Trockenhaube** *f* <-, -n> secador *m* (del pelo)

Trockenheit *f* <-, -en> sequedad *f,* aridez *f;* (*Dürrezeit*) sequía *f*

Trockenkammer *f* <-, -n> (CHEM) cámara *f* secadora; **Trockenkurs** *m* <-es, -e> curso *m* básico de teoría (*antes de aprender un deporte, a conducir, etc.*); **bevor wir die ersten Schwimmversuche machen, beginnen wir mit einem ~** antes de hacer los primeros ejercicios en el agua empezaremos con la teoría; **trocken|legen** *vt* **1.** (*Kind*) cambiar los pañales **2.** (*Sumpf*) drenar, avenar; **Trockenlegung** *f* <-, -en> desecación *f;* **~ von Sümpfen** desecación de pantanos; **Trockenlöscher** *m* <-s, -> extintor *m* seco; **Trockenmilch** *f* <-, *ohne pl*> leche *f* en polvo; **Trockenobst** *nt* <-(e)s, *ohne pl*> frutos *mpl* secos; **Trockenplatz** *m* <-es, -plätze> tendedero *m* para ropa; **Trockenrasierer** *m* <-s, -> máquina *f* de afeitar (eléctrica); **Trockenrasur** *f* <-, -en> afeitado *m* en seco; **trocken|reiben** *irr vt* secar frotando; **sich** *dat* **die Haare ~** secarse el cabello frotando (con la toalla); **das gespülte Geschirr ~** secar la vajilla (con un trapo); **Trockenreinigung** *f* <-, -en> limpieza *f* en seco; **Trockenschlaf** *m* <-(e)s, *ohne pl*> (ZOOL) pernoctación *f* bajo techo; **Trockenschleuder** *f* <-, -n> secadora *f* (centrífuga); **Trockenschrank** *m* <-(e)s, -schränke> (CHEM) estufa *f* de secado; **Trockenshampoo** *nt* <-s, -s> champú *m* en polvo; **Trockenspiritus** *m* <-, *ohne pl*> alcohol *m* seco; **Trockenwäsche** *f* <-, *ohne pl*> (peso *m* de la) ropa *f* en seco; **Trockenzeit** *f* <-, -en> (temporada *f* de) sequía *f,* estación *f* seca

trocknen ['trɔknən] **I.** *vi sein* secarse; **schnell ~d** de secado rápido **II.** *vt* secar; **jdm den Schweiß von der Stirn ~** secarle a alguien el sudor de la frente

Trockner *m* <-s, -> secadora *f*

Troddel ['trɔdəl] *f* <-, -n> borla *f*

Trödel ['trø:dəl] *m* <-s, *ohne pl*> **1.** (*fam: Dinge*) cachivaches *mpl,* baratijas *fpl* **2.** *s.* **Trödelmarkt**

Trödelei *f* <-, -en> (*fam abw*) pérdida *f* de tiempo

Trödelkram *m* <-(e)s, *ohne pl*> (*abw*) cachivaches *mpl,* trastos *mpl;* **Trödelmarkt** *m* <-(e)s, -märkte> mercadillo *m*

trödeln ['trø:dəln] *vi* (*fam*) perder el tiempo, demorarse (mucho) *Am*

Trödler(in) ['trø:dlɐ] *m(f)* <-s, -; -, -nen> **1.** (*abw: Bummler*) tortuga *f* **2.** (*Altwarenhändler*) prendero, -a *m, f,* cambalachero, -a *m, f Arg, Urug*

troff [trɔf] *3. imp von* **triefen**

trog [troːk] *3. imp von* **trügen**

Trog [troːk, 'trøːgə] *m* <-(e)s, Tröge> artesa *f,* tina *f,* canoa *f Am*

Troll [trɔl] *m* <-(e)s, -e> (MYTH) trol(l) *m,* espíritu *m* maligno

trollen ['trɔlən] *vr:* **sich ~** (*fam*) largarse

Trolleybus ['trɔlibʊs] *m* <-ses, -se> (*Schweiz*) trolebús *m*

Trommel ['trɔməl] *f* <-, -n> (MUS, TECH) tambor *m;* (*Revolver~*) barrilete *m;* (*Kabel~*) tambor *m;* **Trommelbremse** *f* <-, -n> (AUTO) freno *m* de tambor; **Trommelfell** *nt* <-(e)s, -e> (ANAT) tímpano *m;* **Trommelfeuer** *nt* <-s, -> (MIL) fuego *m* nutrido; **Trommelgalvanisierung** *f* <-, *ohne pl*> (TECH) galvanización *f* de tambor

trommeln **I.** *vi* (MUS) tamborilear (*auf* sobre), tocar el tambor; **Regen trommelt ans Fenster** la lluvia bate contra la ventana **II.** *vt* tocar en el tambor

Trommelrevolver *m* <-s, -> revólver *m* de barrilete; **Trommelstock** *m* <-(e)s, -stöcke> (MUS) baqueta *f,* palillo *m;* **Trommelwirbel** *m* <-s, -> redoble *m* (del tambor); **Trommelzentrifuge** *f* <-, -n> (TECH) centrifugadora *f* de tambor

Trommler(in) ['trɔmlɐ] *m(f)* <-s, -; -, -nen> tambor *mf,* tamborilero, -a *m, f*

Trompete [trɔm'peːtə] *f* <-, -n> trompeta *f*

trompeten* [trɔm'peːtən] *vi* **1.** (MUS) tocar la trompeta **2.** (*Elefant*) barritar, berrear **3.** (*lautstark äußern*) anunciar [*o* proclamar] en voz alta; (*sich laut schnäuzen*) sonarse con fuerza

Trompeter(in) *m(f)* <-s, -; -, -nen> trompeta *mf,* trompetista *mf*

Tropen ['troːpən] *pl* trópicos *mpl,* zona *f* tropical; **Tropenanzug** *m* <-(e)s, -züge> traje *m* (para un clima) tropical; **Tropenhelm** *m* <-(e)s, -e> salacot *m;* **Tropenholz** *nt* <-es, -hölzer> madera *f* tropical; **Tropenkrankheit** *f* <-, -en> enfermedad *f* tropical; **Tropenpflanze** *f* <-, -n> planta *f* tropical; **Tropenwald** *m* <-(e)s, -wälder> selva *f* tropical

Tropf[1] [trɔpf] *m* <-(e)s, -e> (MED) gotero *m* intravenoso; **am ~ hängen** (*fam*) tener el gotero puesto

Tropf[2] [*pl:* 'trœpfə] *m* <-(e)s, Tröpfe> bobo, -a *m, f,* simplón, -ona *m, f;* **Tropfbewässerung** *f* <-, -en> regadío *m* por goteo

tröpfchenweise *adv* gotita a gotita, gota a gota

tröpfeln ['trœpfəln] **I.** *vi sein* (*herunter~*) gotear, caer gota a gota **II.** *vt* verter gota a gota (*auf/in* sobre/en) **III.** *vunpers* (*fam: regnen*) gotear

tropfen ['trɔpfən] *vi* gotear

Tropfen *m* <-s, -> gota *f;* **ein ~ Blut** una gota de sangre; **es fallen ein paar ~** caen unas gotas; **ich habe noch keinen ~ getrunken** todavía no he tomado ni una gota; **bis auf den letzten ~** hasta la última gota; **dreimal täglich zehn ~** diez gotas tres veces al día; **haben Sie das Mittel auch als ~?** ¿tiene el medicamento también en gotas?; **ein guter ~** un vino excelente; **steter ~ höhlt den Stein** (*prov*) la gota de agua horada la piedra; **das ist (nur) ein ~ auf den heißen Stein** (sólo) es una gota en medio del océano

tropfenweise *adv* gota a gota

Tropfinfusion *f* <-, -en> (MED) infusión *f* gota a gota

tropfnass[RR] ['-'-] *adj* sin exprimir, chorreando *fam*

Tropfstein *m* <-(e)s, -e> (*hängend*) estalactita *f;* (*aufsteigend*) estalagmita *f;* **Tropfsteinhöhle** *f* <-, -n> cueva *f* de estalactitas y estalagmitas

Trophäe [tro'fɛːə] *f* <-, -n> trofeo *m*

tropisch ['troːpɪʃ] *adj* tropical

Troposphäre [tropo'sfɛrə] *f* <-, *ohne pl*> (METEO) troposfera *f*

Tross[RR] [trɔs] *m* <-es, -e>, **Troß** *m* <-sses, -sse> **1.** (*Gefolge*) seguidores *mpl,* partidarios *mpl;* **in jds ~ marschieren** ser partidario de alguien **2.** (*Zug*) caravana *f;* **der ~ der Flüchtlinge** la caravana de refugiados

Trosse ['trɔsə] *f* <-, -n> (NAUT) amarra *f*

Trost [troːst] *m* <-(e)s, *ohne pl*> consuelo *m;* **als ~** de [*o* como] consuelo; **du bist mein einziger ~** eres mi único consuelo; **das ist ein schwacher ~** eso no me consuela mucho; **zum ~ kann ich sagen, dass ...** como consuelo puedo decir que...; **du bist wohl nicht ganz bei ~!** (*fam*) ¡debes estar loco!; **das ist ein schöner ~!** (*iron*) ¡vaya consuelo!

trösten ['trøːstən] **I.** *vt* consolar **II.** *vr:* **sich ~** consolarse; **er tröstete sich mit dem Gedanken, dass ...** se consolaba con la idea de que...

Tröster(in) *m(f)* <-s, -; -, -nen> consolador(a) *m(f)*

tröstlich ['trøːstlɪç] *adj* consolador; **das ist ja sehr ~!** (*iron*) ¡vaya consuelo!

trostlos *adj* **1.** (*Person*) desesperado, desconsolado **2.** (*Ding, Zustand*) desolador, desesperante

Trostlosigkeit *f* <-, *ohne pl*> desolación *f,* desesperación *f*

Trostpflaster *nt* <-s, -> (pequeño) consuelo *m;* **Trostpreis** *m* <-es, -e> accésit *m;* **trostreich** *adj* consolador

Tröstung *f* <-, -en> consolación *f,* consuelo *m*

Trott [trɔt] *m* <-(e)s, -e> **1.** (*Gangart*) trote *m* **2.** (*Routine*) rutina *f;* **(wieder) in den alten ~ verfallen** caer (de nuevo) en la vieja rutina

Trottel ['trɔtəl] *m* <-s, -> (*fam abw*) imbécil *mf,* idiota *mf,* zorzal *m Am,* babasfrías *m inv Kol: fam*

trottelig *adj* (*fam abw*) estúpido

trotten ['trɔtən] *vi sein* trotar

Trottinett ['trɔtinɛt] *nt* <-s, -e> (*Schweiz*) patinete *m*

Trottoir [trɔ'to̯a:ɐ] *nt* <-s, -e *o* -s> (*reg*) acera *f*, vereda *f Am*

trotz *präp +gen/dat* a pesar de, pese a; ~ **des schlechten Wetters** a pesar del mal tiempo; ~ **alle(de)m** pese a todo, con todo; ~ **dessen** pese a ello

Trotz *m* <-es, *ohne pl*> obstinación *f*, terquedad *f*; **aus** ~ por despecho; **allen Warnungen zum** ~ **etw tun** hacer algo a pesar de todas las advertencias; **Trotzalter** *nt* <-s, *ohne pl*> edad *f* rebelde [*o* del pavo]

trotzdem ['--, -'-] *konj* no obstante, sin embargo; **es regnet, aber ich gehe** ~ **spazieren** llueve, pero no obstante voy a ir de paseo

trotzen ['trɔtsən] *vi* **1.** (*Kind*) emperrarse, estar de morros *fam* **2.** (*geh: widerstehen*) hacer frente (a)

trotzig *adj* obstinado, terco

Trotzkopf *m* <-(e)s, -köpfe> terco, -a *m, f*, cabezota *mf*; **seinen** ~ **durchsetzen** (*fam*) imponerse con testarudez; **Trotzreaktion** *f* <-, -en> terquedad *f* por despecho, obstinación *f* por despecho

Troubadour ['tru:badu:ɐ, truba'du:ɐ] *m* <-s, -s *o* -e> trovador *m*

trüb(e) [try:p, 'try:bə] *adj* **1.** (*Flüssigkeit*) turbio; (*Glas*) opaco, empañado **2.** (*Licht*) opaco; (*Farbe*) apagado; **eine ~e Funzel** una luz mortecina **3.** (*Himmel, Tag*) nublado, cubierto; (*Wetter*) nuboso **4.** (*Stimmung*) melancólico, triste; **eine ~e Tasse sein** (*fam abw*) ser un muermo; **im T~en fischen** (*fam*) pescar en río revuelto; **es sieht** ~ **für dich aus** no te sonríe la vida precisamente

Trubel ['tru:bəl] *m* <-s, *ohne pl*> barullo *m*, bulla *f*

trüben ['try:bən] **I.** *vt* **1.** (*Flüssigkeit*) enturbiar; (*Glas*) empañar; **kein Wässerchen** ~ **können** (*fam*) no haber roto nunca un plato **2.** (*Freude, Erinnerung*) nublar, empañar **II.** *vr:* **sich** ~ **1.** (*Flüssigkeit*) enturbiarse; (*Glas*) empañarse **2.** (*Himmel*) oscurecerse **3.** (*Stimmung, Beziehung*) enturbiarse, empañarse; (*Bewusstsein*) nublarse

Trübsal[1] ['try:pza:l] *f* <-, -e> (*geh: Leid*) aflicción *f*

Trübsal[2] *f* <-, *ohne pl*> (*geh: Schwermut*) melancolía *f*; ~ **blasen** (*fam*) estar triste

trübselig *adj* melancólico; (*düster*) lóbrego, tétrico

Trübsinn *m* <-(e)s, *ohne pl*> tristeza *f*, melancolía *f*

trübsinnig *adj* melancólico; (*bekümmert*) afligido

Trübung *f* <-, -en> **1.** (*das Trübwerden, Beeinträchtigung*) enturbiamiento *m* **2.** (*des Bewusstseins*) ofuscación *f*, ofuscamiento *m*; **Trübungsmittel** *nt* <-s, -> (CHEM) agente *m* de enturbiamiento

trudeln ['tru:dəln] *vi sein* (*Ball*) rodar despacio (dando tumbos); **das Flugzeug geriet ins T~** el avión entró en barrena

Trüffel ['trʏfəl] *f* <-, -n> trufa *f*

trug [tru:k] *3. imp von* **tragen**

Trug [tru:k] *m* <-(e)s, *ohne pl*> (*geh*) **1.** (*Täuschung*) engaño *m*, embuste *m*; **Lug und** ~ patrañas *fpl* **2.** (*Schein*) ilusión *f*; **Trugbild** *nt* <-(e)s, -er> espejismo *m*

trügen ['try:gən] <trügt, trog, getrogen> *vi, vt* engañar; **wenn mich nicht alles trügt** si no me equivoco; **der Schein trügt** las apariencias engañan

trügerisch ['try:gərɪʃ] *adj* engañoso, ilusorio

Trugschluss[RR] *m* <-es, -schlüsse> conclusión *f* errónea

Truhe ['tru:ə] *f* <-, -n> arca *f*

Trümmer ['trʏmɐ] *pl* ruinas *fpl*, cascotes *mpl*; (*Schutt*) escombros *mpl*; **etw liegt in ~n** algo está en ruinas; **Trümmerfeld** *nt* <-(e)s, -er> campo *m* de ruinas; **Trümmerfrauen** *fpl* (HIST) *mujeres que limpiaron de escombros las ciudades alemanas después de la II Guerra Mundial;* **Trümmerhaufen** *m* <-s, -> escombrera *f*, montón *m* de escombros

Trumpf [trʊmpf, *pl:* 'trʏmpfə] *m* <-(e)s, Trümpfe> triunfo *m*; **seinen letzten** ~ **ausspielen** (*fig*) quemar el último cartucho; **einen** ~ **in der Hand haben** (*fig*) tener un as en la manga

trumpfen ['trʊmpfən] *vi* matar con un triunfo; **er trumpfte mit Kreuzass** mató con [*o* jugó] el as de trébol

Trumpfkarte *f* <-, -n> triunfo *m*

Trunk [trʊŋk] *m* <-(e)s, Trünke> (*geh*) **1.** (*Getränk*) bebida *f* **2.** (*~sucht*) alcoholismo *m*; **dem** ~ **verfallen** [*o* **ergeben**] **sein** haber caído en la bebida

trunken ['trʊŋkən] *adj* (*geh*) ebrio (*vor* de); ~ **vor Glück** ebrio de felicidad; ~ **machen** embriagar

Trunkenbold [-bɔlt] *m* <-(e)s, -e> (*abw*) borracho, -a *m, f*

Trunkenheit *f* <-, *ohne pl*> embriaguez *f*, bimba *f Am*; **bei** ~ **am Steuer** al conducir en estado de embriaguez

Trunksucht *f* <-, *ohne pl*> alcoholismo *m*; **trunksüchtig** *adj* alcohólico

Trupp [trʊp] *m* <-s, -s> grupo *m*; (MIL) pelotón *m*, destacamento *m*

Truppe ['trʊpə] *f* <-, -n> **1.** (MIL) tropa *f*; **von der schnellen** ~ **sein** (*fig*) ser rápido; **nicht von der schnellen** ~ **sein** (*fig*) ser lento **2.** (*Schauspiel~, Artisten~*) compañía *f*; **Truppenabbau** *m* <-(e)s, *ohne pl*> reducción *f* de las tropas; **Truppenabzug** *m* <-(e)s, *ohne pl*> retirada *f* de las tropas; **Truppenansammlung** *f* <-, -en> concentración *f* de tropas; **Truppenbewegung** *f* <-, -en> movimiento *m* de tropas; **Truppengattung** *f* <-, -en> arma *f*; **Truppenkontingent** *nt* <-(e)s, -e> contingente *m* de tropas; **Truppenparade** *f* <-, -n> desfile *m* militar; **Truppenstärke** *f* <-, -n> efectivo *m* militar; **Truppenteil** *m* <-(e)s, -e>

unidad *f*

Truppenübung *f* <-, -en> maniobras *fpl,* instrucción *f* militar; **Truppenübungsplatz** *m* <-es, -plätze> campo *m* de instrucción [*o* de maniobras]

Truppenverschiebung *f* <-, -en> movimiento *m* de tropas

Trust [trast] *m* <-(e)s, -e *o* -s> (WIRTSCH) trust *m*

Trute ['tru:tə] *f* <-, -n> (*Schweiz:* ZOOL) pava *f*

Truthahn, **-henne** ['tru:t-] *m, f* <-(e)s, -hähne; -, -n> (ZOOL) pavo, -a *m, f,* guajalote *m Mex,* pisco *m Kol, Ven*

Tschad [tʃat] *m* <-s> Chad *m*

Tschador [tʃa'do:ɐ] *m* <-s, -s> chador *m*

tschau [tʃaʊ̯] *interj* (*fam*) ¡adiós!

Tscheche, **-in** ['tʃɛçə] *m, f* <-n, -n; -, -nen> checo, -a *m, f*

Tschechien ['tʃɛçiən] *nt* <-s> Chequia *f*

Tschechin *f* <-, -nen> *s.* **Tscheche**

tschechisch *adj* checo; **T~e Republik** República Checa

Tschechoslowake, **-in** [tʃɛçoslo'va:kə] *m, f* <-n, -n; -, -nen> checoslovaco, -a *m, f*

Tschechoslowakei [-slova'kaɪ] *f* Checoslovaquia *f*

Tschechoslowakin *f* <-, -nen> *s.* **Tschechoslowake**

tschechoslowakisch *adj* checoslovaco

tschilpen ['tʃɪlpən] *vi* gorjear

tschüs *interj,* **tschüss**[RR] [tʃʏs] *interj* ¡hasta luego!, ¡chau! *Am*

Tsd *Abk. von* **Tausend** mil

Tsetsefliege ['tsɛtse-] *f* <-, -n> mosca *f* tsetse

T-Shirt ['ti:ʃœ:t] *nt* <-s, -s> camiseta *f,* polera *f Am,* playera *f Guat, Mex*

T-Träger ['te:trɛ:gɐ] *m* <-s, -> viga *f* (de acero) en forma de T

TU [te:'ʔu:] *f* <-, -s> *Abk. von* **Technische Universität** Universidad *f* Técnica

Tuba ['tu:ba] *f* <-, Tuben> **1.** (MUS) tuba *f* **2.** (MED) trompa *f* de Eustaquio

Tube ['tu:bə] *f* <-, -n> **1.** (*Behälter*) tubo *m;* **auf die ~ drücken** (*fam*) darle al acelerador **2.** (MED) trompa *f* de Eustaquio

Tuben *pl von* **Tuba**, **Tube**

Tuberkelbazillus *m* <-, -bazillen> (MED) bacilo *m* de la tuberculosis

tuberkulös [tubɛrku'lø:s] *adj* (MED) tuberculoso

Tuberkulose [tubɛrku'lo:zə] *f* <-, -n> tuberculosis *f inv;* **tuberkulosekrank** *adj* tuberculoso; **~ sein** ser tuberculoso, padecer tuberculosis; **ein ~er Patient** un paciente tuberculoso; **Tuberkulosekranke(r)** *mf* <-n, -n; -n, -n> tuberculoso, -a *m, f*

Tübingen ['ty:bɪŋən] *nt* <-s> Tubinga *f*

Tuch[1] [tu:x] *nt* <-(e)s, -e> (*Stoff*) género *m,* paño *m*

Tuch[2] [tu:x, *pl:* 'ty:çɐ] *nt* <-(e)s, Tücher> **1.** (*Hals~, Kopf~*) pañuelo *m* **2.** (*Wisch~*) trapo *m* **3.** (*für Stierkampf*) capote *m;* **das wirkt wie ein rotes ~ auf ihn** (*fam*) le pone como al toro delante del capote

Tuchballen *m* <-s, -> pieza *f* de tela [*o* de paño]

Tuchfühlung *f* <-, *ohne pl*> (*fam*) contacto *m;* **mit jdm auf ~ sitzen** estar sentado codo a codo con alguien; **mit jdm auf ~ kommen** [*o* **gehen**] aproximarse (físicamente) a alguien; **~ mit jdm haben** rozar a alguien; **auf ~ bleiben** mantener el contacto

Tuchhändler(in) *m(f)* <-s, -; -, -nen> comerciante *mf* de telas [*o* de paños], pañero, -a *m, f*

tüchtig ['tʏçtɪç] **I.** *adj* **1.** (*fähig*) eficiente, capaz; (*erfahren*) versado; (*fleißig*) aplicado; (*gut*) excelente, bueno **2.** (*fam: groß*) grande; (*beachtlich*) considerable; **eine ~e Tracht Prügel** una paliza de padre y muy señor mío **II.** *adv* (*sehr*) mucho; (*ziemlich viel*) bastante; **du musst ~ essen** tienes que comer como Dios manda

Tüchtigkeit *f* <-, *ohne pl*> (*Fähigkeit*) eficiencia *f,* capacidad *f;* (*Fleiß*) aplicación *f,* empeño *m*

Tücke[1] ['tʏkə] *f* <-, -n> (*Mangel*) defecto *m,* truco *m;* **der Toaster hat seine ~n** la tostadora tiene truco [*o* tiene sus defectos]

Tücke[2] *f* <-, *ohne pl*> (*Bosheit*) maldad *f,* malicia *f;* **das ist die ~ des Objekts** esto es lo malo de la cosa [*o* del asunto]

tuckern ['tʊkɐn] *vi* hacer ruidos explosivos

tückisch ['tʏkɪʃ] *adj* **1.** (*boshaft*) malicioso **2.** (*unberechenbar*) imprevisible **3.** (*gefährlich*) peligroso

Tüftelei [tʏftə'laɪ] *f* <-, -en> (*fam*) tarea *f* complicada

tüfteln ['tʏftəln] *vi* romperse la cabeza (*an* con), sutilizar

Tugend ['tu:gənt] *f* <-, -en> virtud *f*

tugendhaft *adj* virtuoso

Tugendhaftigkeit *f* <-, *ohne pl*> carácter *m* virtuoso

Tukan ['tu:kan, tu'ka:n] *m* <-s, -e> (ZOOL) tucán *m*

Tüll [tʏl] *m* <-s, -e> tul *m*

Tülle ['tʏlə] *f* <-, -n> (*reg*) **1.** (*an einer Kanne*) pico *m,* pitorro *m* **2.** (*an einem Werkzeug*) boquilla *f*

Tulpe ['tʊlpə] *f* <-, -n> (BOT) tulipán *m;* **Tulpenzwiebel** *f* <-, -n> (BOT) bulbo *m* de tulipán

Tumbler ['tamblɐ] *m* <-s, -> secadora *f* (de ropa) eléctrica

tummeln ['tʊməln] *vr:* **sich ~** **1.** (*herumtollen*) corretear, retozar **2.** (*reg: sich beeilen*) darse prisa, apurarse *Am*

Tummelplatz *m* <-es, -plätze> **1.** (*Spielplatz*) área *f* de juegos **2.** (*Schauplatz*) campo *m* de acción

Tümmler ['tʏmlɐ] *m* <-s, -> (ZOOL) delfín *m* mular, bufeo *m Am*

Tumor [tu'mo:ɐ] *m* <-s, -en> (MED) tumor *m*

Tümpel ['tʏmpəl] *m* <-s, -> charca *f*

Tumult [tu'mʊlt] *m* <-(e)s, -e> tumulto *m,* batifondo *m CSur,* bola *f Mex*

tun [tu:n] <tut, tat, getan> **I.** *vi, vt* hacer; **jdm etw zu ~ geben** dar(le) a alguien algo que hacer; **ich habe Wichtigeres zu ~, als ...** tengo cosas más importantes que hacer que...; **damit ist es nicht getan** con esto no basta; **das ist leichter gesagt als getan** es más fácil decirlo que hacerlo; **sie hat es aus Liebe/aus Neid getan** lo ha hecho por amor/por envidia; **sie hat nichts zu ~** no tiene nada que hacer; **du kannst ~ und lassen, was du willst** puedes hacer lo que quieras; **was kann ich für Sie ~?** ¿en qué puedo ayudarle?; **er hat viel für ihre Karriere getan** le ha ayudado mucho en su carrera profesional; **was tust du denn hier?** ¿pero qué haces tú aquí?; **wir haben getan, was wir konnten** hicimos lo que pudimos; **so etwas tut man nicht!** ¡eso no se hace!; **tu das nicht!** ¡no lo hagas!; **tu's doch!** ¡hazlo!; **tu, was du nicht lassen kannst!** (*fam*) ¡haz lo que creas que tengas que hacer!; **ich habe mein Bestes getan** hice todo lo que pude; **das tut nichts zur Sache** esto no tiene nada que ver; **meine Uhr tut (es) nicht mehr** (*fam*) mi reloj ya no funciona; **gut ~** hacer bien, sentir bien; **ihr Lob tut ihm gut** su elogio le viene bien; **wohl ~** (*geh*) hacer bien; **jdm wohl ~** hacer bien a alguien; **hat er dir was getan?** ¿te hizo algo?; **der Hund tut nichts** el perro no hace nada; **tu mir doch den Gefallen und ...** hazme el favor y...; **wir haben es hier mit einem Mörder zu ~** nos las tenemos que ver con un asesino; **er bekam es mit der Angst zu ~** le entró miedo; **nach getaner Arbeit** después del trabajo; **ich habe noch in der Stadt zu ~** aún tengo cosas que hacer en la ciudad; **damit habe ich nichts zu ~** no tengo nada que ver con ello; **das hat doch mit der Angelegenheit gar nichts zu ~** eso no tiene nada que ver con el asunto; **ich will mit ihm nichts mehr zu ~ haben** no quiero tener más trato(s) con él; **so ~, als ob ...** hacer como si... *+subj;* **sie tat so, als ob nichts gewesen wäre** hizo como si no hubiese pasado nada; **tu doch nicht so!** (*fam*) ¡deja de fingir!; **du tätest gut daran, zu schweigen** harías bien en callarte; **tu nicht so schlau!** ¡no te hagas el listo!; **wenn das noch mal passiert, kriegt er es mit mir zu ~** (*fam*) si vuelve a ocurrir se las verá conmigo **II.** *vt* (*fam: setzen, stellen, legen*) poner; **tu es in den Schrank** ponlo en el armario **III.** *vr:* **sich ~: es tut sich etwas** (*fam*) la cosa avanza; **sich schwer mit/bei etw** *dat* **~** (*fam*) tener dificultades con algo, tener problemas con algo; **Stefan tut sich schwer mit dem Lernen** a Stefan le cuesta estudiar

Tun *nt* <-s, *ohne pl*> **1.** (*Beschäftigung*) actividades *fpl* **2.** (*Verhalten*) conducta *f*

Tünche ['tʏnçə] *f* <-, -n> lechada *f* (de cal), jalbegue *m*

tünchen *vt* blanquear, encalar

Tundra ['tʊndra] *f* <-, Tundren> tundra *f*

tunen ['tju:nən] *vt* (AUTO) trucar

Tuner ['tju:nɐ] *m* <-s, -> (ELEK) sintonizador *m*

Tunesien [tu'ne:ziən] *nt* <-s> Túnez *m*

Tunesier(in) *m(f)* <-s, -; -, -nen> tunecino, -a *m, f*

tunesisch *adj* tunecino

Tunfisch[RR] *m* <-(e)s, -e> *s.* **Thunfisch**

Tunichtgut ['tu:nɪç(t)gu:t] *m* <- *o* -(e)s, -e> pillo, -a *m, f*

Tunke ['tʊŋkə] *f* <-, -n> (GASTR) salsa *f* (fría)

tunken *vt* (*reg*) mojar

tunlich ['tu:nlɪç] *adj* **1.** (*möglich*) posible **2.** (*angebracht*) oportuno

tunlichst ['tu:nlɪçst] *adv* **1.** (*möglichst*) a ser posible **2.** (*auf jeden Fall*) en cualquier caso

Tunnel ['tʊnəl] *m* <-s, -(s)> túnel *m;* **Tunneldiode** *f* <-, -n> (ELEK) diodo *m* túnel

Tunte ['tʊntə] *f* <-, -n> (*fam abw*) **1.** (*Frau*) bruja *f* **2.** (*Homosexueller*) marica *m*

Tüpfelchen ['tʏpfəlçən] *nt* <-s, -> manchita *f,* puntito *m;* **das ~ auf dem i** el punto sobre la i

tüpfeln ['tʏpfəln] *vt* puntear, salpicar

tupfen ['tʊpfən] *vt* **1.** (*auftragen*) aplicar unas gotas (de) **2.** (*ab~*) quitar

Tupfen ['tʊpfən] *m* <-s, -> (*Fleck*) mancha *f;* (*Punkt*) punto *m;* (*auf Stoff*) lunar *m*

tupfengleich *adj* (*südd, Schweiz*) moteado

Tupfer *m* <-s, -> **1.** (*fam: Punkt*) punto *m;* (*auf Stoff*) lunar *m* **2.** (*Wattebausch*) torunda *f*

Tuple *nt* <-s, -s> (INFOR) tupla *f* (*registro o fila en la administración de bases de datos relacionales*)

Tür [ty:ɐ] *f* <-, -en> puerta *f;* **in der ~ stehen** estar en la puerta; **~ an ~ mit jdm wohnen** vivir puerta a puerta con alguien; **hinter verschlossenen ~en** a puerta cerrada; **Weihnachten steht kurz vor der ~** las Navidades están a la vuelta de la esquina; **jdn vor die ~ setzen** (*fam*) poner a alguien de patitas en la calle; **jdm die ~ vor der Nase zuschlagen** (*fam*) dar(le) a alguien con la puerta en las narices; **ihr stehen alle ~en offen** tiene todas las puertas abiertas; **jdm/etw** *dat* **~ und Tor öffnen** favorecer a alguien/algo; **bei jdm mit etw** *dat* **offene ~en einrennen** hacer una propuesta a alguien de algo que no (le) es nuevo; **mit der ~ ins Haus fallen** (*fig*) ir directamente al grano; **zwischen ~ und Angel** (*fig*) a toda prisa; **jdm die ~ einrennen** (*fig*) tirar(le) la puerta abajo a alguien; **du kriegst die ~ nicht zu!** (*fig*) ¡no me digas!; **Türangel** *f* <-, -n> gozne *m*

Turban ['tʊrba:n] *m* <-s, -e> turbante *m*

Turbine [tʊr'bi:nə] *f* <-, -n> (TECH) turbina *f;* **Turbinenantrieb** *m* <-(e)s, -e> turbopropulsión *f*

Turbo ['tʊrbo] *m* <-s, -s> (AUTO) **1.** (*Turbolader*) "turbo" *m,* turboalimentador *m* **2.** (*Auto*) (coche *m*) "turbo" *m;* **Turbodie-**

sel *m* <-s, -> turbodiesel *m;* **Turbolader** *m* <-s, -> turboalimentador *m;* **Turbomotor** *m* <-s, -en> turbomotor *m*

Turbo-Prop-Maschine *f* <-, -n> (AERO) avión *m* turbohélice

turbulent [tʊrbu'lɛnt] *adj* turbulento

Turbulenz [tʊrbu'lɛnts] *f* <-, -en> (*a.* PHYS, ASTR, METEO) turbulencia *f*

Türdrücker *m* <-s, -> (*Türöffner*) portero *m* automático (de la puerta)

Türe *f* <-, -n> (*reg*) *s.* **Tür**

Türfalle *f* <-, -n> (*Schweiz*) picaporte *m;* **Türflügel** *m* <-s, -> hoja *f* de la puerta, batiente *m* de la puerta; **Türfüllung** *f* <-, -en> panel *m* de la puerta

Türgriff *m* <-(e)s, -e> manilla *f* de la puerta; **Türgriffsicherung** *f* <-, -en> dispositivo *m* de seguridad para el tirador

Turin [tu'riːn] *nt* <-s> Turín *m*

Türke, **-in** ['tʏrkə] *m, f* <-n, -n; -, -nen> turco, -a *m, f*

Türkei [-'-] *f* Turquía *f*

türken *vt* (*fam: Interview*) manipular; (*Angaben, Papiere*) falsificar; (*Filmszene*) trucar

Türkin *f* <-, -nen> *s.* **Türke**

türkis *adj inv* (de color) turquesa

Türkis [tʏr'kiːs] *m* <-es, -e> turquesa *f*

türkisch *adj* turco

türkisfarben *adj* (de color) turquesa

Türklinke *f* <-, -n> pestillo *m* de la puerta; **Türklopfer** *m* <-s, -> aldaba *f,* picaporte *m*

Turkmenien [tʊrk'meːniən] *nt* <-s> Turkmenistán *m*

Türknauf *m* <-(e)s, -knäufe> pomo *m*

Turm [tʊrm, *pl:* 'tʏrmə] *m* <-(e)s, Türme> **1.** (*Bauwerk, Schachfigur*) torre *f;* (*Glocken~*) campanario *m* **2.** (SPORT: *Sprung~*) palanca *f* **3.** (*eines U-Boots*) torreta *f*

türmen ['tʏrmən] **I.** *vt* apilar, amontonar **II.** *vi sein* (*fam*) poner pies en polvorosa **III.** *vr:* **sich ~** acumularse, amontonarse

Turmfalke *m* <-n, -n> (ZOOL) cernícalo *m;* **turmhoch** ['-'-] *adj* alto como una torre; **jdm ~ überlegen sein** estar muy por encima de alguien; **Turmspringen** *nt* <-s, *ohne pl*> salto *m* de palanca [*o* de trampolín]; **Turmuhr** *f* <-, -en> reloj *m* de torre

Turnanzug *m* <-(e)s, -züge> traje *m* de gimnasia, chándal *m*

turnen *vi, vt* hacer (ejercicios de) gimnasia; **am Barren/am Reck ~** hacer ejercicios en las paralelas/en la barra fija; **der Affe turnt auf dem Baum** el mono trepa por todo el árbol; **eine Kür ~** hacer un ejercicio libre de suelo

Turnen ['tʊrnən] *nt* <-s, *ohne pl*> gimnasia *f,* ejercicios *mpl* gimnásticos; (*Turnunterricht*) clase *f* de educación física

Turner(in) *m(f)* <-s, -; -, -nen> gimnasta *mf*

turnerisch **I.** *adj* gimnástico; **das gezeigte ~e Können war nicht mehr überbietbar** el talento gimnástico mostrado era insuperable **II.** *adv* en gimnasia; **die Wettkämpfer gaben ~ ihr Bestes** los competidores dieron lo mejor de sí (mismos) a nivel gimnástico

Turngerät *nt* <-(e)s, -e> aparato *m* de gimnasia; **Turnhalle** *f* <-, -n> gimnasio *m;* **Turnhemd** *nt* <-(e)s, -en> camiseta *f* de gimnasia; **Turnhose** *f* <-, -n> pantalón *m* de gimnasia

Turnier [tʊr'niːɐ] *nt* <-s, -e> torneo *m,* competición *f;* **Turnierpferd** *nt* <-(e)s, -e> caballo *m* de torneo; **Turnierreiter(in)** *m(f)* <-s, -; -, -nen> jinete *mf* que participa en torneos

Turnlehrer(in) *m(f)* <-s, -; -, -nen> profesor(a) *m(f)* de gimnasia; **Turnschuh** *m* <-(e)s, -e> tenis *m inv;* (*für Gymnastik*) zapatilla *f* de deporte; **Turnstunde** *f* <-, -n> clase *f* de gimnasia; **Turnübung** *f* <-, -en> ejercicio *m* de gimnasia; **Turnunterricht** *m* <-(e)s, *ohne pl*> clase *f* de gimnasia

Turnus ['tʊrnʊs] *m* <-, -se> turno *m;* **in regelmäßigem ~** por turno regular; **im ~ von drei Jahren** cada tres años

Turnverein *m* <-(e)s, -e> club *m* gimnástico [*o* de gimnasia]; **Turnzeug** *nt* <-(e)s, *ohne pl*> ropa *f* de gimnasia; **für den Sportunterricht steckte sie ihr ~ ein** para la clase de gimnasia puso en la bolsa la ropa de gimnasia

Türöffner *m* <-s, -> portero *m* automático; **Türpfosten** *m* <-s, -> jamba *f;* **Türrahmen** *m* <-s, -> marco *m* de la puerta; **Türriegel** *m* <-s, -> pestillo *m* de la puerta; **Türschild** *nt* <-(e)s, -er> placa *f* (en la puerta); **Türschloss**[RR] *nt* <-es, -schlösser> cerradura *f* de la puerta, chapa *f Am;* **Türschnalle** *f* <-, -n> (*Österr*) picaporte *m;* **Türschwelle** *f* <-, -n> umbral *m;* **Türspalt** *m* <-(e)s, -e> resquicio *m;* **Türsteher(in)** *m(f)* <-s, -; -, -nen> portero, -a *m, f;* **Türsturz** *m* <-es, -e *o* -stürze> (ARCHIT) dintel *m*

turteln ['tʊrtəln] *vi* amartelarse, pavear *CSur*

Turteltaube *f* <-, -n> **1.** (ZOOL) tórtola *f* **2.** *pl* (*fam: Verliebte*) tortolito *m*

Türvorleger *m* <-s, -> felpudo *m*

Tusch [tʊʃ] *m* <-(e)s, -e> toque *m*

Tusche ['tʊʃə] *f* <-, -n> tinta *f* china

tuscheln ['tʊʃəln] *vi, vt* cuchichear

tuschen ['tʊʃən] *vt* (*a.* KUNST) lavar [*o* pintar] con tinta china; **sich** *dat* **die Wimpern ~** dar rímel

Tuschkasten *m* <-s, -kästen> (*reg*) caja *f* de pinturas; **Tuschzeichnung** *f* <-, -en> dibujo *m* a pluma

Tussi ['tʊsi] *f* <-, -s> (*fam abw*) tía *f* exagerada

tut [tuːt] *3. präs von* **tun**

Tute ['tuːtə] *f* <-, -n> (*fam*) clarín *m*

Tüte ['tyːtə] *f* <-, -n> bolsa *f;* **eine ~ Bonbons** una bolsa de caramelos; **Suppe aus der ~** sopa de sobre; **das kommt nicht in die ~!** (*fam*) ¡ni hablar del peluquín!

tuten ['tuːtən] *vi* tocar la bocina, pitar *Am;* **von T~ und Blasen keine Ahnung haben**

(*fam*) no saber ni jota
Tütensuppe *f* <-, -n> sopa *f* de sobre
Tutor(in) ['tu:to:ɐ] *m(f)* <-s, -en; -, -nen> tutor(a) *m(f)*
TÜV [tʏf] *m* <-, *ohne pl*> *Abk. von* **Technischer Überwachungs-Verein** ITV *f;* **TÜV-Plakette** *f* <-, -n> *pegatina que da fe de la inspección técnica del vehículo*
TV [te:'faʊ] **1.** *Abk. von* **Television** televisión *f* **2.** *Abk. von* **Turnverein** club *m* de gimnasia; **TV-Moderator(in)** *m(f)* <-s, -en; -, -nen> presentador(a) *m(f)* de televisión
Tweed [tvi:t] *m* <-s, -s *o* -e> tweed *m*
Twen [tvɛn] *m* <-(s), -s> joven *mf*
Twinset ['tvɪnzɛt] *nt o m* <-(s), -s> "twinset" *m* (*conjunto de jersey y chaqueta*)
Twist [tvɪst] *m* <-s, -s> (*Tanz*) twist *m*
Typ [ty:p] *m* <-s, -en> **1.** (*Art*) tipo *m;* **er ist nicht mein ~** (*fam*) no es mi tipo; **dein ~ wird verlangt** (*fam*) te llaman; **dein ~ ist nicht gefragt** (*fam*) aquí eres persona non grata **2.** (*fam: Mann*) tío *m,* gallo *m Am*
Type ['ty:pə] *f* <-, -n> **1.** (TYPO) letra *f* de molde **2.** (*fam: Mensch*) tipo *m,* tipejo, -a *m, f*
Typen ['ty:pən] *pl von* **Typ**, **Type**, **Typus**
Typenbezeichnung *f* <-, -en> (TECH) denominación *f* de modelo
Typenrad *nt* <-(e)s, -räder> margarita *f;* **Typenraddrucker** *m* <-s, -> impresora *f* de margarita; **Typenradschreibmaschine** *f* <-, -n> máquina *f* de escribir con margarita; **Typenreihe** *f* <-, -n> serie *f* de tipos
Typhus ['ty:fʊs] *m* <-, *ohne pl*> tifus *m inv* (vulgar), fiebre *f* tifoidea
typisch ['ty:pɪʃ] *adj* típico (*für* de); **ein ~er Fall von …** un caso típico de…; **~ Mann** típico de los hombres; **das war mal wieder ~ für sie** otra vez algo típico de ella
typisieren* [typi'zi:rən] *vt* tipificar
Typisierung *f* <-, -en> tipificación *f*
Typografie[RR] [typogra'fi:] *f* <-, -n> tipografía *f*
typografisch[RR] [typo'gra:fɪʃ] *adj* tipográfico
Typographie [typogra'fi:] *f* <-, -n> *s.* **Typografie**
typographisch [typo'gra:fɪʃ] *adj s.* **typografisch**
Typologie [typolo'gi:] *f* <-, -n> tipología *f*
typologisch [typo'lo:gɪʃ] *adj* tipológico
Typoskript *nt* <-(e)s, -e> (TYPO) manuscrito *m* (escrito a máquina)
Typus ['ty:pʊs] *m* <-, Typen> tipo *m*
Tyrann(in) [ty'ran] *m(f)* <-en, -en; -, -nen> tirano, -a *m, f*
Tyrannei [tyra'naɪ] *f* <-, *ohne pl*> tiranía *f*
Tyrannin *f* <-, -nen> *s.* **Tyrann**
tyrannisch *adj* tiránico
tyrannisieren* [tyrani'zi:rən] *vt* tiranizar; **sich von jdm ~ lassen** dejarse tiranizar por alguien
Tz [te:tsɛt] *nt s.* **Tezett**

U

U, u [uː] *nt* <-, -> U, u *f;* ~ **wie Ulrich** U de Uruguay

u. *Abk. von* **und** y

U (CHEM) *Abk. von* **Uran** U

Ü, ü [yː] *nt* <-, – *o fam:* -s> u *f* con diéresis

u. a. 1. *Abk. von* **und andere(s)** y más 2. *Abk. von* **unter anderem/anderen** entre otros

u. ä., u.Ä.[RR] *Abk. von* **und Ähnliche(s)** y otras cosas parecidas [*o* por el estilo]

u.A.w.g., U.A.w.g. *Abk. von* **um Antwort wird gebeten** se ruega respuesta, se ruega contestación

UB *Abk. von* **Universitätsbibliothek** biblioteca *f* universitaria

U-Bahn [ˈuːbaːn] *f* <-, -en> metro *m;* **U-Bahnhof** [ˈuːbaːnhoːf] *m* <-(e)s, -höfe> estación *f* de metro

U-Bahn-Netz *nt* <-es, -e> red *f* del metro; **U-Bahn-Station** *f* <-, -en> estación *f* del metro

übel [ˈyːbəl] I. *adj* <übler, am übelsten> (*schlimm, schlecht*) mal(o); (*unangenehm*) desagradable; **das ist eine üble Sache** este es un asunto desagradable; **mir ist** ~ me siento mal; **mir wird** ~ me dan náuseas; **da kann es einem ja** ~ **werden** esto le pone malo a cualquiera; **er ist ein übler Bursche** es un tipo de cuidado; **nicht** ~ (*fam*) bastante bien; **nicht** ~ **Lust haben etw zu tun** (*fam*) tener bastantes ganas de hacer algo; **das ist gar nicht (so)** ~ (*fam*) esto no está nada mal II. *adv* mal; ~ **dran sein** estar en una situación difícil; **das schmeckt gar nicht** ~ esto no sabe tan mal; **jdm** ~ **mitspielen** jugarle una mala pasada a alguien; **jdm etw** ~ **auslegen** tomarle a mal algo a alguien

Übel *nt* <-s, -> mal *m;* (*Unglück*) desgracia *f;* **etw ist von** ~ algo es dañino; **ein notwendiges** ~ un mal necesario; **das kleinere** ~ el mal menor; **zu allem** ~ **…** para colmo de males…, lo peor es que…

übelgelaunt *adj s.* **gelaunt**

Übelkeit[1] *f* <-, -en> (*Zustand*) malestar *m,* indisposición *f*

Übelkeit[2] *f* <-, *ohne pl*> (*Gefühl*) náuseas *fpl;* ~ **erregend** nauseabundo

übellaunig *adj* malhumorado

Übellaunigkeit *f* <-, *ohne pl*> malhumor *m*

übel|nehmen *irr vt s.* **nehmen 7.**; **übelriechend** *adj s.* **riechen**; **Übelstand** *m* <-(e)s, -stände> mal *m;* (*Fehler*) defecto *m;* **Übeltat** *f* <-, -en> (*geh*) fechoría *f;* (*gesetzeswidrig*) delito *m;* **Übeltäter(in)** *m(f)* <-s, -; -, -nen> malhechor(a) *m(f),* maleante *mf;* **übel|wollen** *irr vi s.* **wollen**[2] **2.**

üben [ˈyːbən] I. *vi* (*allgemein*) practicar; (SPORT) entrenarse; **auf dem Klavier** ~ practicar piano II. *vt* practicar; (THEAT) ensayar; (*Finger*) ejercitar; **mit geübtem Auge** con ojo experto; **Rache** ~ vengarse; **Kritik** ~ criticar; **sich in etw** *dat* ~ iniciarse en algo

über [ˈyːbɐ] I. *präp +dat* 1. (*oberhalb*) sobre, (por) encima de; (*darauf*) en, sobre; (*auf der anderen Seite*) al otro lado de; (*weiter als*) más allá de; **das Bild hängt** ~ **dem Bett** el cuadro está colgado encima de la cama; **er trägt einen Pullover** ~ **dem Hemd** lleva puesto un jersey por encima de la camisa; **unsere Eltern wohnen** ~ **der Straße/**~ **uns** nuestros padres viven al otro lado de la calle/encima de nosotros 2. (*während, bei*) durante; **ich bin** ~ **der Arbeit eingeschlummert** me quedé adormecida durante el trabajo 3. (*Grenze*) por encima de, sobre; ~ **dem Durchschnitt** por encima del promedio; **zwei Grad** ~ **Null** dos grados sobre cero 4. (*Überlegenheit, Überordnung*) por encima de, sobre; ~ **jdm stehen** estar por encima de alguien 5. (*kausal*) a causa de, debido a; ~ **all der Aufregung habe ich ganz vergessen, dass …** debido a todo el jaleo olvidé por completo que… II. *präp +akk* 1. (*Richtung: durch*) por; (*auf dem Weg* ~) vía, pasando por; (~ *hinweg*) por, sobre; **sie legt den Mantel** ~ **den Stuhl** pone el abrigo en la silla; **nach Münster** ~ **Dortmund** a Münster vía Dortmund; **er fuhr sich** *dat* ~ **die Stirn** se pasó la mano por la frente; ~ **die Straße gehen** cruzar la calle; ~ **die Grenze fahren** pasar la frontera; ~ **einen See schwimmen** cruzar un lago a nado; ~ **eine Mauer springen** saltar un muro; ~ **die Felder/die Dörfer fahren** ir por [*o* cruzar] los campos/los pueblos; **bis** ~ **beide Ohren verliebt sein/in Arbeit stecken** estar enamorado hasta la médula/lleno de trabajo; **Schande** ~ **mich!** (*a. iron*) ¡qué vergüenza me da! 2. (*zeitlich*): ~ **Ostern** durante la Semana Santa; ~ **Nacht** durante la noche; **das ist schon** ~ **3 Jahre her** esto pasó hace ya más de 3 años; ~ **… hinaus** más allá de; ~ **das Alter hinaus sein** haber pasado la edad 3. (*von, betreffend*) sobre, acerca de; **ein Film** ~ **…** una película sobre…; **was wissen Sie** ~ **ihn?** ¿qué sabe Ud. sobre él? 4. (*in Höhe von*) por, de; **ein Scheck** ~ **4000 Mark** un cheque por valor de 4000 marcos; **ein Rennen** ~ **2000 Meter** una carrera de 2000 metros 5. (*von mehr als*) de más de; **Kinder** ~ **12 Jahre** niños de más de 12 años 6. (*mehr und mehr*): **Autos** ~ **Autos** coche tras coche **7.** (*mittels*) por medio de, a través de; **die Wohnung habe ich ~ ein Inserat bekommen** he conseguido el piso por medio de un anuncio **8.** (*Überordnung*): ~ **jdn herrschen/Macht haben** reinar/tener poder sobre alguien **9.** (*vor, wichtiger als*): **es geht nichts ~ Fußball** no hay nada mejor que el fútbol; **jdn/etw ~ alles lieben** querer a alguien/algo más que a nadie/nada [*o* sobre todas las cosas] **III.** *adv* **1.** (*mehr als*) (de) más de; ~ **zwei Meter lang/breit** de más de dos metros de largo/ancho; **sind Sie ~ 30?** ¿pasa Ud. de 30 años? **2.** (*völlig*): ~ **und** ~ completamente **3.** (*Zeitraum*): **die ganze Zeit** ~ durante todo el tiempo **IV.** *adj* (*fam*) **1.** (*übrig*) sobrante; **da ist noch Kuchen** ~ ahí queda todavía pastel **2.** (*überlegen*) superior (*in* en); **geistig ist sie mir** ~ intelectualmente me supera [*o* está por encima de mí]

überall [ˈyːbɐˈʔal] *adv* por [*o* en] todas partes; **ich habe dich schon ~ gesucht** ya te he buscado por todas partes; ~ **in Deutschland** en toda Alemania; **überallher** [ˈ---ˈ-] *adv* de todas partes; **überallhin** [ˈ---ˈ-] *adv* a todas partes

überaltert [--ˈ--] *adj* anciano, viejo; (*überholt*) anticuado

Überalterung [--ˈ---] *f* <-, *ohne pl*> envejecimiento *m*; ~ **der Vereinsmitglieder** envejecimiento de los socios

Überangebot *nt* <-(e)s, -e> exceso *m* de oferta, oferta *f* excesiva; **überängstlich** *adj* demasiado preocupado; (*Kind*) sobreprotector; ~ **sein** preocuparse demasiado; (*Kind*) sobreproteger; **überanstrengen*** **I.** *vt* cansar excesivamente **II.** *vr*: **sich** ~ hacer un esfuerzo excesivo; **überanstreng dich nicht!** ¡no hagas excesos!; **Überanstrengung** [--ˈ---] *f* <-, -en> esfuerzo *m* excesivo; **die ~ der Augen** la fatiga excesiva de los ojos

überantworten* *vt* (*geh*) hacer responsable (de); **jdn/etw jdm ~** hacer a alguien responsable de alguien/algo; poner a alguien/algo en manos de alguien

überarbeiten* **I.** *vt* corregir, revisar; **eine überarbeitete Fassung** una versión revisada **II.** *vr*: **sich** ~ trabajar en exceso

Überarbeitung[1] [--ˈ---] *f* <-, -en> (*Vorgang*) revisión *f*; (*Ergebnis*) versión *f* revisada

Überarbeitung[2] *f* <-, *ohne pl*> (*Überanstrengung*) agotamiento *m*

überaus [ˈ---, --ˈ-] *adv* sumamente; (*äußerst*) extremadamente

überbacken* *irr vt* gratinar

Überbau[1] *m* <-(e)s, -e *o* -ten> (ARCHIT) superestructura *f*; (*Vorsprung*) voladizo *m*

Überbau[2] *m* <-(e)s, -e> (*Marxismus*) superestructura *f*

überbauen* *vt* construir más allá de [*o* encima de]

überbeanspruchen* [ˈ------] *vt* (*Person*) exigir demasiado (de); (*Material*) someter a un esfuerzo [*o* uso] excesivo; (**arbeitsmäßig**) **überbeansprucht sein** estar sobrecargado de trabajo; **Überbeanspruchung** *f* <-, -en> (*eines Materials*) uso *m* excesivo, desgaste *m*

Überbein *nt* <-(e)s, -e> sobrehueso *m*

über|bekommen* *irr vt* (*fam*) hartarse de, estar hasta el gorro de; **ich bekomme diese ständigen Streitereien langsam über** me estoy empezando a hartar de tanta discusión; **ich habe Kaviar ~, weil ich davon mal eine ganze Dose gegessen habe** el caviar me empalaga porque una vez me comí una lata entera

überbelasten* [ˈ-----] *vt* sobrecargar; **überbelegen*** [ˈ-----] *vt* llenar en exceso; **wegen des Flugzeugsabsturzes ist das Krankenhaus überbelegt** el hospital está abarrotado de pacientes debido a la caída del avión; **das Hotel ist überbelegt** el hotel está ocupado por encima de la capacidad normal; **Überbelegung** *f* <-, -en> hacinamiento *m*; **überbelichten*** [ˈ-----] *vt* (FOTO) sobreexponer; **Überbelichtung** *f* <-, -en> (FOTO) sobr(e)exposición *f*; **Überbeschäftigung** *f* <-, -en> (WIRTSCH) exceso *m* de empleo, sobreempleo *m*; **überbetonen*** [ˈ-----] *vt* dar demasiada importancia (a), insistir demasiado (en); **überbevölkert** [ˈ-----] *adj* superpoblado; **Überbevölkerung** *f* <-, *ohne pl*> superpoblación *f*; **Überbeweidung** *f* <-, *ohne pl*> pasteamiento *m* en exceso; **überbewerten*** [ˈ-----] *vt* sobrevalorar; **Überbewertung** *f* <-, -en> sobrevaloración *f*, supervaloración *f*; **überbezahlen*** *vt* pagar demasiado [*o* en exceso]; **eine überbezahlte Hilfskraft** un auxiliar al que/una auxiliar a la que se remunera en exceso; **er wird überbezahlt** se le está pagando más de lo que le corresponde; **Überbezahlung** *f* <-, -en> remuneración *f* excesiva

überbietbar *adj* superable; **nicht ~ sein** ser insuperable; **der Film war an Primitivität nicht mehr** ~ la película era de un primitivismo que no se podía superar

überbieten* *irr* **I.** *vt* **1.** (*übertreffen*) sobrepujar (*an/um* en); (*Rekord*) batir; **jdn** ~ pujar más que alguien; **der Film ist an Brutalität nicht mehr zu** ~ el grado de brutalidad de la película es insuperable **2.** (*bei einer Auktion*) hacer una mayor oferta, sobrepujar (*um* en) **II.** *vr*: **sich** ~ excederse (*an* en), superarse (*an* en)

Überbietung *f* <-, -en> mejora *f*, superación *f*

überbinden* *irr vt* (*Schweiz*) imponer; **die Kosten des Verfahrens wurden dem Kläger überbunden** los costes del proceso corrieron a cargo del demandante

über|bleiben *irr vi sein* (*fam*) quedar

Überbleibsel [ˈyːbɐblaɪpsəl] *nt* <-s, -> (*fam*) resto *m*

über|blenden* *vt* **1.** (FILM, TV: *Bild*) superposición *f* de imágenes **2.** (RADIO, MUS: *Ton*) mezcla *f*

Überblick ['---] *m* <-(e)s, -e> **1.** (*Aussicht*) vista *f* panorámica (*über* de), vista *f* general (*über* de) **2.** (*über Zusammenhänge*) visión *f* de conjunto; **den ~ verlieren** perder la orientación; **mir fehlt der ~ über meine Finanzen** me falta una visión general sobre mis finanzas; **sich** *dat* **einen ~ über etw verschaffen** hacerse una idea general de algo **3.** (*Zusammenfassung*) resumen *m*, sinopsis *f inv*; **überblicken*** *vt* **1.** (*sehen*) abarcar [*o* alcanzar] con la vista **2.** (*Zusammenhänge*) comprender, captar; (*Situation*) controlar

überbordend ['----] *adj* (*Verkehr*) desbordante; (*Temperament*) extremadamente fuerte; (*Fantasie*) desbordante

überboten *pp von* **überbieten**

überbracht *pp von* **überbringen**

überbreit ['---] *adj* **1.** (*sehr breit*) bien ancho; **~es Bett** cama camera **2.** (*zu breit*) demasiado ancho

Überbreite *f* <-, -n> anchura *f* superior; **Autoreifen mit ~** neúmaticos de coche (super)anchos

überbringen* *irr vt* (*geh*) entregar, transmitir

Überbringer(in) [--'--] *m(f)* <-s, -; -, -nen> portador(a) *m(f)*; **Überbringerscheck** *m* <-s, -s> talón *m* al portador, cheque *m* al portador

überbrückbar *adj* conciliable, superable; **~ sein** ser conciliable, ser superable; **nicht ~e Gegensätze/Positionen** diferencias/posturas inconciliables

überbrücken* *vt* **1.** (*Frist, Zeitraum*) franquear; **mit ihren Ersparnissen überbrückten sie die erste Zeit nach seiner Entlassung** cuando lo despidieron, franquearon el primer tiempo con sus ahorros **2.** (*Gegensätze*) superar **3.** (FLEK) puentear

Überbrückung *f* <-, -en> **1.** (*eines Zeitraums*) superación *f* **2.** (*von Gegensätzen*) conciliación *f*, acercamiento *m*; **wir haben in Gesprächen die ~ der konträren Positionen versucht** en las conversaciones hemos intentado acercar las posiciones contrarias **3.** (ELEK) puenteo *m*; **Überbrückungsbeihilfe** *f* <-, -n> prestación *f* social adicional en caso de necesidad; **Überbrückungskredit** [--'----] *m* <-(e)s, -e> (FIN) crédito *m* transitorio [*o* de empalme]

überbuchen* *vt* hacer una sobrerreserva [*o* una sobreventa]

überbunden *pp von* **überbinden**

überdachen* *vt* construir un tejadillo (para), techar; **eine überdachte Veranda** un balcón con sobradillo

überdacht *pp von* **überdachen, überdenken**

überdauern* *vt* perdurar; **das Stadttor hat alle Kriege überdauert** la puerta de la ciudad ha sobrevivido todas las guerras

überdecken* *vt* **1.** (*bedecken*) cubrir (*mit* de); **Schnee überdeckt die Stadt** la ciudad está cubierta de nieve **2.** (*verdecken*) ocultar; **das Make-up überdeckte die Spuren der Nacht in ihrem Gesicht** el maquillaje ocultaba las huellas que la noche había dejado en su rostro

überdehnen* *vt* extender en exceso

überdenken* *irr vt* reflexionar (sobre), cavilar; **sie wollte das Angebot ~** quería reflexionar una vez más acerca de la propuesta

überdeutlich *adj* extremadamente claro

überdies [--'-] *adv* aparte de eso, además

überdimensional *adj* enorme, gigantesco

überdosieren* ['-----] *vt* sobredosificar; **Überdosis** *f* <-, -dosen> sobredosis *f inv* (*an* de); **überdrehen*** *vt* (*Schraube*) pasar de rosca; (*Uhr*) dar demasiada cuerda (a); (*Motor*) embalar

überdreht *adj* (*fam*) sobreexcitado

Überdruck *m* <-(e)s, -drücke> (PHYS) exceso *m* de presión; **Überdruckventil** *nt* <-(e)s, -e> (TECH) válvula *f* de seguridad

Überdruss[RR] ['y:bɐdrʊs] *m* <-es, *ohne pl*>, **Überdruß** *m* <-sses, *ohne pl*> fastidio *m* (*an* por), tedio *m* (*an* por); **am Wochenende sehen wir fern bis zum ~** los fines de semana siempre miramos la televisión hasta hartarnos

überdrüssig ['y:bɐdrʏsɪç] *adj*: **jds/etw** *gen* **~ sein** estar harto de alguien/algo; **jds/etw** *gen* **~ werden** hartarse de alguien/algo

überdüngen* *vt* fertilizar en exceso; **Überdüngung** [--'--] *f* <-, -en> fertilización *f* excesiva

überdurchschnittlich *adj* por encima del promedio, superior al promedio

übereck [y:bɐ'ʔɛk] *adv* de través en un rincón; **ein Regal ~ stellen** poner una estantería de través en el rincón

Übereifer *m* <-s, *ohne pl*> empeño *m* excesivo; **übereifrig** *adj* demasiado solícito

übereignen* *vt*: **jdm etw ~** transferir algo a alguien; (*Geschäft*) traspasar algo a alguien

Übereignungsurkunde *f* <-, -n> escritura *f* de cesión

übereilen* *vt* precipitar; **~ Sie nichts!** ¡no precipite nada!

übereilt *adj* (*Aufbruch*) precipitado, apresurado; (*Entschluss*) irreflexivo

übereinander [---'--] *adv* **1.** (*räumlich*) uno encima del otro; **~ legen** superponer, poner encima de otro; **~ liegen** estar (colocados) uno encima del otro; **~ schlagen** poner encima de otro; (*Arme, Beine*) cruzar **2.** (*von sich*) uno del otro; **übereinander|legen** *vt s.* **übereinander 1.**; **übereinander|liegen** *irr vi s.* **übereinander 1.**; **übereinander|schlagen** *irr vt s.* **übereinander 1.**

überein|kommen [y:bɐ'ʔaɪn-] *irr vi sein* (*geh*) convenir (*zu +inf* en *+inf*); **wir sind darin übereingekommen, dass die Preise erhöht werden müssen** convenimos en que hay que subir los precios

Übereinkommen *nt* <-s, -> acuerdo *m*,

convenio *m;* **stillschweigendes** ~ acuerdo tácito; **ein** ~ **treffen** [*o* **erzielen**] llegar a un acuerdo; **in strittigen Punkten ein** ~ **erzielen** llegar a un acuerdo en los puntos litigiosos

Übereinkunft *f* <-, -künfte> *s.* **Übereinkommen**

überein|stimmen [y:bɐ'ʔaɪn-] *vi* **1.** (*einer Meinung sein*) estar de acuerdo (*in* sobre), abundar (*in* en) *Chil, PRico* **2.** (*gleich sein*) coincidir (*in* en); (*passen*) armonizar (*mit* con); **übereinstimmend** *adj* (*einhellig*) unánime; (*gleich*) idéntico; **sie erklärten** ~, **dass ...** declararon unánimemente que...; **Übereinstimmung** *f* <-, -en> coincidencia *f;* (*Einklang*) armonía *f;* (*von Meinungen*) conformidad *f,* consenso *m;* **in** ~ **mit ...** acorde con...; **in** ~ **bringen** armonizar; **in strittigen Punkten** ~ **erzielen** lograr un consenso en puntos controvertidos

überempfindlich *adj* hipersensible, demasiado sensible; **auf etw** ~ **reagieren** reaccionar a algo con hipersensibilidad; **Überempfindlichkeit** *f* <-, *ohne pl*> hipersensibilidad *f,* sensibilidad *f* excesiva; **Überernährung** *f* <-, *ohne pl*> sobrealimentación *f*

überessen[1] <überisst, überaß, übergessen> *vr:* **sich** ~ comer demasiado (*an* de), hincharse (*an* de)

über|essen[2] *irr vt:* **sich** *dat* **etw** ~ hartarse de algo

überfahren* *irr vt* **1.** (*Person, Tier*) atropellar, arrollar **2.** (*Ampel*) pasar, saltar(se) **3.** (*fam: überrumpeln*) coger de sorpresa

Überfahrt ['---] *f* <-, -en> pasaje *m,* travesía *f*

Überfall ['---] *m* <-(e)s, -fälle> asalto *m* (*auf* a); (*Raub~*) atraco *m* (*auf* a); (MIL) ataque *m* (por sorpresa); **einen** ~ **auf etw/jdn verüben** asaltar algo/a alguien; **überfallen*** *irr vt* **1.** (*angreifen*) atacar, acometer; (*Bank, Person*) asaltar; (*bewaffnet*) atracar; **sie überfielen ihn mit Fragen** le acosaron con preguntas **2.** (*Müdigkeit, Gefühle*) acometer; (*überraschend*) coger desprevenido

überfällig *adj* **1.** (*Verkehrsmittel*) retrasado, con retraso; **das Flugzeug ist seit gestern** ~ el avión está con retraso desde ayer **2.** (*Zahlung, Rate*) vencido; (*Besuch, Entschuldigung*) tardío, con retraso

Überfallkommando *nt* <-s, -s> (*fam*) brigada *f* antidisturbios

überfischen* *vt* pescar en demasía; **der Bestand an Walen ist so überfischt, dass sie vom Aussterben bedroht sind** las ballenas han sido depredadas de tal manera que están en peligro de extinción; **schwimmende Fabriken** ~ **die Gewässer vor der Küste Afrikas** los buques-factoría pescan en las aguas de la costa de África hasta agotar las reservas de peces

überfliegen* *irr vt* **1.** (*mit dem Flugzeug*) sobrevolar **2.** (*Text*) echar una ojeada (a); **Überflieger(in)** [--'--] *m(f)* <-s, -; -, -nen> (*fam*) superdotado, -a *m, f;* **er ist ein** ~ **in Mathematik** es una bestia en matemáticas

über|fließen *irr vi sein* **1.** (*Gefäß*) rebosar **2.** (*Flüssigkeit*) derramarse **3.** (*Farben*): **ineinander** ~ mezclarse

überflogen *pp von* **überfliegen**

Überflug ['---] *m* <-(e)s, -flüge> (AERO) sobrevuelo *m*

überflügeln* *vt* sobrepasar, superar

Überfluss[RR] *m* <-es, *ohne pl*>, **Überfluß** *m* <-sses, *ohne pl*> (super)abundancia *f* (*an* de), exuberancia *f;* **im** ~ **leben** vivir en la abundancia; **zu allem** ~ para colmo; **Überflussgesellschaft**[RR] *f* <-, -en> sociedad *f* opulenta

überflüssig *adj* superfluo, redundante; (*unnötig*) innecesario; **sich** *dat* ~ **vorkommen** sentirse de más; ~ **zu sagen, dass ...** está de más decir que...

überflüssigerweise *adv* innecesariamente, sin razón fundada; **sich** ~ **Sorgen machen** preocuparse de forma innecesaria

überfluten* *vt* inundar, anegar

Überflutung *f* <-, -en> **1.** (*über die Ufer*) desbordamiento *m;* **die** ~ **eines Flusses** el desbordamiento de un río **2.** (*Überschwemmen, a. fig*) inundación *f*

überfordern* *vt* exigir demasiado (de); **ich bin mit dieser Arbeit überfordert** este trabajo me exige demasiado

Überforderung *f* <-, -en> sobreexigencia *f,* exigencia *f* excesiva; **eine** ~ **der Schüler kann den Lernerfolg beeinträchtigen** exigir demasiado de los alumnos puede influir negativamente en el éxito del aprendizaje

überfrachten* *vt* sobrecargar

überfragen* *vt* pedir demasiada información; **da bin ich überfragt** no lo sé

überfremden* [y:bɐ'frɛmdən] *vt* extranjerizar (*introducir demasiadas influencias extranjeras en un país, subyugando la propia cultura*); **die irrationalen Ängste vieler Deutschen, überfremdet zu werden** los miedos irracionales de muchos alemanes de ser subyugados por las culturas extranjeras

Überfremdung [--'--] *f* <-, -en> extranjerización *f*

überfressen* [y:bɐ'frɛsən] *irr vr:* **sich** ~ hincharse de comer, darse un atracón

überfrieren* *irr vi sein* helarse; ~**de Nässe** heladas *fpl*

überfroren *pp von* **überfrieren**

überführen*[1] *vt* **1.** (*Schuld nachweisen*) probar la culpabilidad (de), declarar culpable; **jdn eines Verbrechens** ~ declarar a alguien culpable de un delito **2.** *s.* **überführen**[2]

über|führen[2] *vt* **1.** (*transportieren*) trasladar (*in/zu/nach* a), llevar (*in/zu/nach* a) **2.** (*Zustand verändern*) convertir; **Wasser in den gasförmigen Zustand** ~ gasificar agua

Überführung [--'--] *f* <-, -en> **1.** (*Transport*) traslado *m* (*in/nach/zu* a) **2.** (JUR) convicción *f* **3.** (*Übergang*) puente *m*

Überfülle *f* <-, *ohne pl*> abundancia *f,* profusión *f*

überfüllt [--'-] *adj* abarrotado, repleto

Überfüllung [--'--] *f* <-, -en> (*mit Menschen*) abarrotamiento *m;* **wegen ~ geschlossen** cerrado por abarrotamiento; **das Tanzlokal musste eine Stunde lang wegen ~ geschlossen werden** el salón de baile tuvo que ser cerrado durante una hora porque estaba muy lleno; **Überfunktion** *f* <-, -en> (MED) hiperfunción *f;* **überfüttern*** *vt* sobrealimentar

Übergabe ['----] *f* <-, -n> entrega *f;* (*eines Bauwerks*) inauguración *f;* (*Kapitulation*) rendición *f*

Übergang[1] ['---] *m* <-(e)s, -gänge> **1.** (*das Überqueren*) paso *m,* cruce *m* **2.** (*über einen Fluss*) puente *m;* (*über ein Bahngleis*) paso *m* a nivel; (*über einen Berg*) paso *m* **3.** (*von Besitz*) traspaso *m* (*zu* a)

Übergang[2] *m* <-(e)s, *ohne pl*> **1.** *s.* **Übergangszeit 2.** *s.* **Übergangslösung**

übergangen *pp von* **übergehen**[1]

Übergangsbestände *mpl* (WIRTSCH) stock *m* acumulado; **Übergangsbestimmung** *f* <-, -en> disposición *f* transitoria; **Übergangserscheinung** *f* <-, -en> fenómeno *m* transitorio; **übergangslos** *adv* sin transición; **Übergangslösung** *f* <-, -en> solución *f* transitoria [*o* provisional]; **Übergangsmantel** *m* <-s, -mäntel> abrigo *m* de entretiempo; **Übergangsmaßnahme** *f* <-, -n> medida *f* provisional [*o* transitoria]; **Übergangsperiode** *f* <-, -n> período *m* de transición; **Übergangsphase** *f* <-, -n> transición *f;* **Übergangsregelung** *f* <-, -en> regulación *f* transitoria [*o* provisional]; **Übergangsstadium** *nt* <-s, -stadien> estado *m* transitorio; **Übergangswirtschaft** *f* <-, *ohne pl*> régimen *m* económico transitorio; **Übergangszeit** *f* <-, -en> período *m* transitorio [*o* de transición]

Übergardine *f* <-, -n> cortina *f*

übergeben* *irr* **I.** *vt* entregar; (*Angelegenheit*) poner en manos (de); (*Bauwerk*) inaugurar; (*Amt*) transferir; (*Geschäft*) traspasar; **der Fall wurde dem Rechtsanwalt ~** el caso fue puesto en manos del abogado **II.** *vr:* **sich ~** vomitar

übergehen*[1] *irr vt* **1.** (*nicht wahrnehmen*) pasar por alto; **sich übergangen fühlen** sentirse ignorado **2.** (*überspringen*) saltar(se); **er wurde bei der Beförderung übergangen** le saltaron a la hora de los ascensos

über|gehen[2] *irr vi sein* **1.** (*Besitzer wechseln*) pasar (*auf* a); **der Betrieb ging in die Hände des Staates über** la empresa pasó a ser propiedad del estado; **alle Rechte gingen auf seine Frau über** todos los derechos pasaron a manos de su mujer **2.** (*bei einer Tätigkeit*) pasar (*zu* a); **zu einem anderen Thema ~** cambiar de tema **3.** (*sich verwandeln*) convertirse (*in* en), transformarse (*in* en); **ihre Stimme ging in Schreien über** su voz se convirtió en un grito; **die Kirschen gehen in Fäulnis über** las cerezas se están pudriendo; **die Farben gehen ineinander über** los colores se esfuman uno en el otro

übergenau *adj* quisquilloso; **übergenug** *adv* de sobra, más que suficiente

übergeordnet *adj* de mayor importancia

Übergepäck *nt* <-(e)s, *ohne pl*> exceso *m* de equipaje

übergeschnappt ['y:bɐgəʃnapt] *adj* (*fam*) chiflado

übergessen *pp von* **überessen**[1]

Übergewand *nt* <-(e)s, -wänder> (*Schweiz*) sobretodo *m*

Übergewicht *nt* <-(e)s, *ohne pl*> **1.** (*von Menschen, Sachen*) exceso *m* de peso; **der Koffer hat ~** la maleta tiene exceso de peso; **~ bekommen** (*fam*) perder el equilibrio **2.** (*Bedeutung*) preponderancia *f,* mayor importancia *f;* **~ haben** predominar

übergewichtig *adj* de peso excesivo; **~ sein** pesar demasiado

übergießen* *irr vt* rociar

überglücklich *adj* loco de alegría, más feliz que un niño con zapatos nuevos

übergossen *pp von* **übergießen**

über|greifen *irr vi* extenderse (*auf* a), propagarse (*auf* a)

übergreifend *adj* general, que abarca varios sectores

Übergriff *m* <-(e)s, -e> intrusión *f*

übergroß *adj* (*Kleidungsstück*) de talla grande; (*Möbelstück*) de medidas especiales, más grande de lo normal; **~ sein** (*Kleidungsstück*) ser de talla grande; (*Möbelstück*) tener medidas especiales, ser más grande de lo normal

Übergröße *f* <-, -n> talla *f* especial

über|haben *irr vt* (*fam*) **1.** (*Kleidung*) llevar (puesto) **2.** (*überdrüssig sein*) estar harto (de) **3.** (*reg: übrig haben*) tener de sobra; **sie hat noch 15 DM über** le quedan todavía 15 marcos

überhand[RR] [y:bɐ'hant] *adv:* **~ nehmen** aumentar excesivamente, llegar a ser excesivo; **überhand|nehmen** *irr vi s.* **überhand**

Überhang *m* <-(e)s, -hänge> **1.** (ARCHIT) saledizo *m* **2.** (*Felsen*) peña *f* saliente; (*Zweige*) rama *f* colgante **3.** (*Überschuss*) exceso *m,* excedente *m;* **~ an Aufträgen** remanente de pedidos; **~ an Investitionen** reserva de inversiones

über|hängen[1] *irr vi* (ARCHIT) sobresalir; (*Felsen*) salir, sobresalir; (*Zweige*) colgar

über|hängen[2] *vt:* **sich** *dat* **etw ~** ponerse algo por encima; **ich habe mir den Mantel übergehängt** me he echado el abrigo sobre los hombros

Überhangmandat *nt* <-(e)s, -e> (POL) mandato *m* excedentario

überhasten* **I.** *vt* precipitar **II.** *vr:* **sich ~** precipitarse

überhastet *adj* precipitado, apresurado; **~ entscheiden** decidir precipitadamente

überhäufen* *vt* colmar (*mit* de), llenar (*mit* de); **jdn mit Vorwürfen** ~ abrumar a alguien con reproches

überhaupt [y:bɐ'haʊpt, '---] *adv* **1.** (*im Allgemeinen*) en general **2.** (*eigentlich*) en realidad; **wer hat dir das ~ gesagt?** ¿en realidad quién te lo ha dicho?; **weißt du ~, wie spät es ist?** ¿sabes la hora que es? **3.** (*bei Verneinung*): ~ **nicht** en absoluto; **ich denke ~ nicht daran!** ¡ni hablar!; ~ **nichts** nada de nada; ~ **keine Möglichkeit** ninguna posibilidad **4.** (*schließlich*) después de todo, a fin de cuentas; **das ist ~ die beste Lösung** después de todo es la mejor solución; **und ~, ...** (*abgesehen davon*) aparte; (*überdies*) además; **wenn ~, dann ...** dado el caso, entonces...

überheblich [y:bɐ'he:plɪç] *adj* presuntuoso, arrogante

Überheblichkeit *f* <-, *ohne pl*> presunción *f*, arrogancia *f*

überheizen* *vt* calentar demasiado [*o* en exceso]

überhitzen* *vt* calentar demasiado; **der Motor ist überhitzt** el motor se ha recalentado

überhitzt [--'-] *adj* (*Temperatur, Konjunktur*) sobrecalentado; (*Charakter*) exaltado

überhöht [--'-] *adj* excesivo; ~**e Geschwindigkeit** exceso de velocidad

überholen*[1] *vt* **1.** (*Fahrzeug*) adelantar **2.** (*durch Leistung*) aventajar, superar **3.** (*überprüfen*) revisar, chequear *Am*

über|holen[2] **I.** *vt* (*befördern*) llevar a la otra orilla **II.** *vi* (NAUT: *sich neigen*) escorarse

Überholen *nt* <-s, *ohne pl*> adelantamiento *m*; **beim ~ sollte man nichts riskieren** al adelantar no se debería correr ningún riesgo

Überholmanöver *nt* <-s, -> maniobra *f* de adelantamiento; **Überholspur** *f* <-, -en> carril *m* de adelantamiento

überholt [--'-] *adj* pasado de moda, anticuado

Überholverbot [--'---] *nt* <-(e)s, -e> prohibición *f* de adelantar

überhören* *vt* no oír; (*absichtlich*) pasar por alto, hacerse el sordo; **das möchte ich überhört haben** prefiero pasarlo por alto

Überich[RR] ['y:bɐʔɪç] *nt* <-s, *ohne pl*> (PSYCH) superyó *m*

überinterpretieren* *vt* interpretar (más de lo necesario)

überirdisch *adj* celestial, sobrenatural

überkandidelt ['y:bɐkandi:dəlt] *adj* (*fam*) excéntrico, más loco que una cabra

Überkapazität *f* <-, -en> (WIRTSCH) exceso *m* de capacidad

Überkapitalisierung *f* <-, -en> (WIRTSCH) sobrecapitalización *f*, exceso *m* de capitalización

überkleben* *vt*: **etw** ~ pegar algo por encima; **ich habe das alte Plakat überklebt** he pegado otro anuncio [*o* cartel] encima del viejo; **Überkleid** *nt* <-(e)s, -er> (*Schweiz*) ropa *f* de abrigo; **über|kochen** *vi sein* salirse (al hervir); **die Milch ist übergekocht** se me rebasó la leche

überkommen[1] *adj* transmitido por tradición, tradicional

überkommen*[2] *irr vt* (*Gefühl*) invadir; (*Schlaf*) vencer; **es überkam sie heiß und kalt** sintió escalofríos; **Müdigkeit überkam ihn** lo venció el sueño; **es überkam ihn plötzlich, und er zog sie an sich** una extraña sensación lo invadió [*o* se apoderó de él] y la atrajo hacia sí

überkreuzen* *vr*: **sich** ~ cruzarse

überkrustet *adj* costroso, (cubierto) con una capa; ~ **sein** estar cubierto con costra [*o* con una capa]; **nach dem Bad im Meer kam ich mit einem weißlich ~en Körper wieder an Land** tras bañarme en el mar tenía el cuerpo cubierto de una capa blanquecina; **die Amphoren waren völlig** ~ las ánforas estaban completamente cubiertas con una costra

überkultiviert *adj* sobrecultivado

überladen[1] *adj* (*Stil, Fassade*) recargado

überladen*[2] *irr vt* sobrecargar (*mit* de)

überlagern* *vt, vr*: **sich** ~ superponer(se), traslapar(se)

Überlagerung *f* <-, -en> **1.** (*Überdecken*) superposición *f*; (*Überschneiden*) coincidencia *f* **2.** (PHYS) interferencia *f*

Überlandbus *m* <-ses, -se> autobús *m* interurbano, autocar *m*; **Überlandleitung** *f* <-, -en> línea *f* de transmisión a larga distancia; **Überlandomnibus** *m* <-ses, -se> *s.* **Überlandbus**

überlang *adj* **1.** (*Hemd, Hose*) extra largo; ~ **sein** ser extra largo **2.** (*Film*) de duración superior a la normal; ~ **sein** ser muy largo

Überlänge *f* <-, -n> exceso *m* de longitud; (*Kleider*) largo *m* especial; (*Zeit*) larga duración *f*; **Film mit** ~ película de duración extraordinaria

überlappen* [y:bɐ'lapən] *vr*: **sich** ~ (*Gegenstände*) solaparse; (*Aussagen*) coincidir parcialmente

überlassen* *irr vt* **1.** (*abgeben*): **jdm etw** ~ dejar algo a alguien **2.** (*anheim stellen*): **es jdm ~, etw zu tun** dejar algo a cuenta de alguien; **es ist dir ~, das zu entscheiden** es cosa tuya decidirlo; **etw dem Zufall** ~ dejar que la suerte decida algo; **überlass das bitte mir!** ¡déjamelo a mí! **3.** (*anvertrauen*): **jdm etw** ~ confiarle algo a alguien; **jdn sich** *dat* **selbst** ~ abandonar a alguien

Überlassung *f* <-, -en> (*zur Verfügung stellen*) entrega *f*, cesión *f*; **die ~ des Autos erfolgte sogar kostenlos** pusieron el coche a su disposición incluso de manera gratuita

überlasten* *vt* sobrecargar; **sie ist überlastet** está agobiada de trabajo

Überlastung *f* <-, -en> (*durch Gewicht, Überanspruchung*) sobrecarga *f*; (*durch Arbeit*) exceso *m* de trabajo; **Überlastungsschutz** *m* <-es, *ohne pl*> protección *f* contra sobrecargas

Überlauf ['---] *m* <-(e)s, -läufe> rebosadero

m

überlaufen[1] [--'--] *adj* muy frecuentado, muy concurrido

überlaufen[2] *irr vt* **1.** (*Gefühl*) sentir; (*Angst*) invadir; **ein Schauer überlief mich** me estremecí; **es überläuft ihn** (**heiß und**) **kalt** le dan escalofríos **2.** (SPORT) pasar

über|laufen[3] *irr vi sein* **1.** (*Flüssigkeit*) desbordarse, salirse; **jetzt läuft das Maß über** (*fig*) esto es demasiado; **ineinander** ~ (*Farben*) mezclarse **2.** (*die Seiten wechseln*) pasarse (*zu* a); **zum Feind** ~ pasarse a las filas enemigas

Überläufer(**in**) *m(f)* <-s, -; -, -nen> **1.** (MIL) desertor(a) *m(f)* **2.** (POL) trá(n)sfuga *mf*

überleben* **I.** *vi* sobrevivir; (*cosas*) perdurar **II.** *vt* sobrevivir (a); **er hat seine Frau um viele Jahre überlebt** sobrevivió en muchos años a su mujer; **einen Unfall** ~ sobrevivir a un accidente; **das wirst du schon** ~! (*fam*) ¡ya lo sobrevivirás!; **das überlebe ich nicht!** (*fam*) ¡no lo sobreviviré! **III.** *vr:* **sich** ~ pasar de moda; **überlebte Ansichten** opiniones [*o* ideas] trasnochadas

Überlebende(**r**) [--'---] *mf* <-n, -n; -n, -n> sobreviviente *mf*, superviviente *mf*

Überlebenschance [--'----] *f* <-, -n> posibilidad *f* de supervivencia

überlebensgroß ['--'---] *adj* de tamaño más que natural

Überlebensgröße *f:* **in** ~ en tamaño sobrenatural, más grande que en tamaño natural

Überlebenskampf [--'---] *m* <-(e)s, -kämpfe> lucha *f* de supervivencia; **Überlebensrate** *f* <-, -n> cuota *f* de supervivencia; **Überlebenstraining** *nt* <-s, -s> entrenamiento *m* de supervivencia

überlegen[1] **I.** *adj* **1.** (*besser*) superior; **jdm** (**in/an etw** *dat*) ~ **sein** ser superior a alguien (en algo) **2.** (*hochmütig*) arrogante **II.** *adv* con aire de superioridad

überlegen*[2] **I.** *vi* pensar, reflexionar; **ich habe hin und her überlegt** lo he pensado una y otra vez; **ohne zu** ~ sin pensar; **wohl überlegt** (*geh*) bien pensado, bien meditado; **wohl überlegt handeln** obrar con mesura; **überleg doch mal!** ¡piensa un momento! **II.** *vt* (*nachdenken*) reflexionar (sobre), pensar; (*erwägen*) considerar; **ich habe es mir anders überlegt** he cambiado de opinión; **das hätten Sie sich** *dat* **vorher** ~ **müssen** eso lo tendría que haber pensado antes; **ich werde es mir** ~ me lo pensaré; **hast du dir das auch gut überlegt?** ¿te lo has pensado bien?; **wenn man's sich** *dat* **recht überlegt, ...** pensándolo bien...

über|legen[3] **I.** *vt* echar por encima **II.** *vr:* **sich** ~ inclinarse

Überlegenheit *f* <-, *ohne pl*> superioridad *f* (*in* en)

überlegt **I.** *adj* ponderado, sensato **II.** *adv* con ponderación

Überlegung [--'--] *f* <-, -en> reflexión *f;* (*Erwägung*) consideración *f;* **bei genauerer** ~ al reflexionarlo más detalladamente; **das wäre wohl eine** ~ **wert** merecería la pena tenerlo en consideración; ~**en zu etw** *dat* **anstellen** reflexionar sobre algo; **nach/bei reiflicher** ~ tras madura reflexión; **mit** ~ **vorgehen** actuar reflexionadamente, proceder con reflexión

über|leiten *vi* conectar, unir; **von Thema zu Thema** ~ pasar de un tema a otro; **Überleitung** *f* <-, -en> (*Übergang*) transición *f;* (*Verbindung*) conexión *f*

überlesen* *irr vt* **1.** (*überfliegen*) leer por encima **2.** (*übersehen*) no ver, no darse cuenta (de)

überliefern* *vt* transmitir; **überlieferte Bräuche** costumbres tra(n)smitidas (de generación en generación); **etw ist nur als Fragment überliefert** algo ha llegado a nuestros días sólo en forma fragmentaria

Überlieferung[1] [--'---] *f* <-, *ohne pl*> (*das Überliefern*) transmisión *f*

Überlieferung[2] *f* <-, -en> (*Tradition*) tradición *f;* **an der** ~ **festhalten** atenerse a las tradiciones

Überliquidität *f* <-, *ohne pl*> (WIRTSCH) exceso *m* de liquidez

überlisten* *vt* engañar

überm ['y:bɐm] (*fam*) = **über dem** *s.* **über**

Übermacht *f* <-, *ohne pl*> (*Überlegenheit*) superioridad *f;* (*Vorherrschaft*) predominio *m;* **wirtschaftliche** ~ supremacía económica; **in der** ~ **sein** tener más poder; **übermächtig** *adj* **1.** (*Institution*) prepotente; (*Gegner*) superior **2.** (*Gefühl*) fuerte, incontenible; (*Wunsch, Verlangen*) irresistible

übermalen* *vt* **1.** (*um zu verdecken*) pintar por encima (de) **2.** (*für zweiten Anstrich*) repintar, dar otra mano de pintura

übermannen* *vt* vencer, rendir

Übermaß *nt* <-es, *ohne pl*> exceso *m* (*an/von* de); **etw im** ~ **haben** tener algo en abundancia; **im** ~ excesivamente; **bis zum** ~ hasta el exceso

übermäßig **I.** *adj* excesivo; (*maßlos*) desmesurado; (*übertrieben*) exagerado **II.** *adv* **1.** (*zu viel*) demasiado **2.** (*überaus*) excesivamente; **sie haben nicht** ~ **gut gespielt** (SPORT) no han jugado muy bien; (MUS) no han tocado muy bien

Übermensch *m* <-en, -en> superhombre *m;* **übermenschlich** *adj* sobrehumano

übermitteln* *vt* transmitir, comunicar

Übermitt(**e**)**lung** *f* <-, -en> envío *m*, transmisión *f;* **ich bitte um telefonische** ~ **dieser Nachricht** le ruego que haga llegar este mensaje por teléfono; **und vergiss bei deinem Besuch nicht die** ~ **meiner Grüße!** ¡y no te olvides saludarle de mi parte cuando le visites!

übermorgen ['----] *adv* pasado mañana; ~ **Abend** pasado mañana por la tarde

übermüdet [--'--] *adj* agotado, rendido, hecho polvo *fam*

Übermüdung [--'--] *f* <-, -en> exceso *m* de fatiga, cansancio *m* excesivo

Übermut *m* <-(e)s, *ohne pl*> **1.** (*Fröhlichkeit*) alegría *f* desbordante; (*Mutwille*) travesura *f;* **aus purem ~** de pura alegría **2.** (*Selbstüberschätzung*) desatino *m* **3.** (*Überheblichkeit*) arrogancia *f*

übermütig *adj* loco de alegría, travieso

übern ['y:bɐn] (*fam*) = **über den** *s.* **über**

übernächste(r, s) *adj* subsiguiente; **in der ~n Woche** dentro de dos semanas; **~n Sonntag** el domingo de la semana que viene; **es ist die ~ Haltestelle** faltan dos paradas; **du bist als Ü~r dran** te toca después del siguiente

übernachten* *vi* pernoctar (*bei* en casa de, *in* en), pasar la noche (*in* en, *bei* en casa de) *fam*

übernächtig ['----] *adj* (*Österr*), **übernächtigt** [y:bɐ'nɛçtɪçt, y:bɐ'nɛçtɪkt] *adj* trasnochado

Übernachtung [y:bɐ'naxtʊŋ] *f* <-, -en> pernoctación *f,* estancia *f* de una noche; **~ mit Frühstück** habitación con desayuno; **Übernachtungsmöglichkeit** *f* <-, -en> alojamiento *m*

Übernahme ['----] *f* <-, *ohne pl*> toma *f;* (*eines Amts*) toma *f* de posesión; (*einer Methode, Meinung, Sitte*) adopción *f;* (*von Verantwortung*) asunción *f;* **die ~ der Kosten zusichern** garantizar el pago de los costes; **nach der ~ des Geschäftes entließ er zwanzig Leute** después de haberse encargado [*o* de haberse hecho cargo] del negocio despidió a veinte personas; **Übernahmeangebot** *nt* <-(e)s, -e> (COM) oferta *f* de adquisición; **Übernahmekonnossement** *nt* <-(e)s, -e> (WIRTSCH) conocimiento *m* de embarque; **Übernahmekurs** *m* <-es, -e> (FIN) cambio *m* de suscripción; **Übernahmewert** *m* <-(e)s, -e> valor *m* de suscripción

übernational *adj* supranacional

übernatürlich ['-----] *adj* sobrenatural

übernehmen* *irr* **I.** *vt* **1.** (*allgemein*) tomar; (*Geschäft, Aufgabe*) hacerse cargo (de), encargarse (de); (*Amt*) tomar posesión (de); (*Kosten*) correr (con); (*Methode*) adoptar; (*Verantwortung*) asumir; **übernimmst du es, dich um den Transport zu kümmern?** ¿te encargas tú del transporte?; **wer übernimmt den Vorsitz?** ¿quien asumirá la presidencia?; **sie wurde ins Beamtenverhältnis übernommen** pasó a ser funcionaria; **wir ~ Ihren Vorschlag** admitimos su propuesta **2.** (*entgegennehmen*) recibir, aceptar **II.** *vr:* **sich ~** excederse; **er hat sich bei der Tour übernommen** se ha esforzado demasiado en la excursión; **mit seinen finanziellen Verpflichtungen hat er sich völlig übernommen** se ha metido con sus obligaciones financieras en camisa de once varas

übernervös *adj* muy nervioso; **~ sein** estar muy nervioso

übernommen *pp von* **übernehmen**

über|ordnen *vt:* **etw etw** *dat* **~** anteponer algo a algo; **die Karriere der Familie ~** anteponer la carrera a la familia

überparteilich *adj* imparcial, suprapartidista

Überproduktion *f* <-, -en> (WIRTSCH) sobreproducción *f*

überproportional *adj* desproporcionado

überprüfbar [--'--] *adj* revisable; **kaum/leicht/schwer ~** apenas/fácilmente/difícilmente revisable; **überprüfen*** *vt* examinar, revisar, chequear *Am;* (*amtlich*) controlar, inspeccionar; (INFOR) chequear; **Überprüfung** [--'--] *f* <-, -en> examen *m,* revisión *f;* (*amtlich*) control *m,* inspección *f;* (INFOR) chequeo *m;* **~ der Bestände** comprobación [*o* control] de existencias; **gerichtliche ~** inspección (judicial)

Überqualifikation *f* <-, -en> sobrecalificación *f*

über|quellen *irr vi sein* desbordar, rebosar (*vor* de)

überqueren* *vt* cruzar, atravesar

Überquerung *f* <-, -en> travesía *f,* cruce *m;* **die ~ des Flusses war schwierig** fue difícil atravesar el río

überragen*[1] *vt* **1.** (*an Größe*) descollar (por encima de); (*Person*) superar en altura (*um*); **die Kirche überragt sämtliche Häuser des Dorfes** la iglesia descuella por encima de todas las casas del pueblo; **er überragt uns alle mindestens um einen Kopf** nos lleva a todos por lo menos una cabeza **2.** (*übertreffen*) superar (*an* en), aventajar (*an* en)

über|ragen[2] *vi* descollar, sobresalir

überragend [--'--] *adj* destacado, extraordinario; **~e Begabung** talento sobresaliente

überrannt *pp von* **überrennen**

überraschen* [y:bɐ'raʃən] *vt* sorprender; **es überraschte mich nicht, dass ...** no me sorprendió que... *+subj;* **sie wurden von einem Gewitter überrascht** fueron sorprendidos por una tormenta; **jdn bei einer Tat ~** sorprender a alguien haciendo algo; **jdn dabei ~, wie ...** sorprender a alguien mientras...; **lassen wir uns ~** dejémonos sorprender; **sie sah mich überrascht an** me miró sorprendida

überraschend [--'--] **I.** *adj* sorprendente, sorpresivo *Am;* (*unerwartet*) inesperado; **ein ~er Besuch** una visita sorpresa **II.** *adv* inesperadamente; **das kam für mich völlig ~** me cogió totalmente de sorpresa; **sie ist ~ abgereist** se ha ido de viaje inesperadamente

überraschenderweise *adv* de forma sorprendente [*o* inesperada]

Überraschung [y:bɐ'raʃʊŋ] *f* <-, -en> sorpresa *f;* **zu meiner großen ~ kam er nicht** para mi gran sorpresa no vino; **das ist aber eine ~!** ¡qué sorpresa!; **Überraschungsangriff** *m* <-(e)s, -e> (MIL) ataque *m* por sorpresa; **Überraschungseffekt** *m* <-(e)s, -e> factor *m* sorpresa, impacto *m;* **Überraschungsmoment** *nt* <-(e)s, -e>

factor *m* sorpresa

Überreaktion *f* <-, -en> reacción *f* exagerada

überreden* *vt* persuadir; (*überzeugen*) convencer; **jdn zu etw** *dat* ~ persuadir a alguien para que haga algo; **sie überredeten den Chef, auf ihren Vorschlag einzugehen** persuadieron al jefe para que aceptara su propuesta; **sich ~ lassen** dejarse convencer

Überredung *f* <-, -en> persuasión *f;* **erst versuchten sie es mit ~, dann mit Drohungen** primero intentaron persuadirle, luego lo amenazaron; **Überredungskunst** [--'---] *f* <-, -künste> arte *m* de persuasión; **seine ganzen Überredungskünste aufbieten** usar toda su fuerza persuasiva

überregional *adj* supraregional

überreich *adj* riquísimo (*an* en)

überreichen* *vt* hacer entrega (de), entregar; **überreicht von ...** cortesía de...

überreichlich I. *adj* copioso, muy abundante II. *adv* de forma copiosa [*o* muy abundante]

Überreichung *f* <-, -en> entrega *f;* **die ~ der Ehrenurkunden** la entrega de los diplomas de honor

überreif *adj* demasiado maduro; **~ werden** pasarse

überreizen* [y:bɐ'raɪtsən] *vt* (*Augen, Haut*) irritar; **überreizte Nerven haben** tener los nervios de punta *fam;* **wir sind alle etwas überreizt, das liegt am Stress** estamos todos un poco sobr(e)excitados [*o* de los nervios] por culpa del estrés *fam*

Überreizung *f* <-, -en> crispación *f,* irritabilidad *f*

überrennen* *irr vt* **1.** (*überwältigen*) arrollar **2.** (*niederrennen*) atropellar (corriendo), derribar (al correr) **3.** (*fam: überrumpeln*) dejar fuera de combate, coger de sorpresa; **er hat mich mit seinen Argumenten völlig überrannt** con sus argumentos me dejó fuera de combate

überrepräsentiert *adj* representados en mayoría

Überreste *mpl* **1.** (*Zurückgebliebenes*) restos *mpl;* **die sterblichen ~** los restos mortales **2.** (*Ruinen*) ruinas *fpl* **3.** (CHEM) residuos *mpl,* remanente *m*

überrieseln* *vt* (*geh*) rociar; **im Sommer überrieselt nur noch ein Rinnsal den Felsen** en verano es sólo un pequeño arroyuelo lo que rocía la roca; **Schauer überrieselte sie** (*fig*) la estremeció un escalofrío

Überrollbügel *m* <-s, -> (AUTO) arco *m* de seguridad

überrollen* *vt* arrollar

überrumpeln* *vt* coger de sorpresa, sorprender

Überrump(e)lung *f* <-, -en>: **er machte viele seiner Geschäfte durch ~ ahnungsloser Rentner** hizo muchos de sus negocios a base de engañar [*o* embaucar] a pensionistas desprevenidos

überrunden* *vt* **1.** (SPORT) sacar una vuelta de ventaja, adelantar; **jdn überrundet haben** llevar una vuelta de ventaja a alguien **2.** (*übertreffen*) superar, aventajar

übers ['y:bɐs] (*fam*) = **über das** *s.* **über**

Übersalzung *f* <-, *ohne pl*> sobresalado *m;* **~ des Bodens** sobresalado del suelo

übersandt *pp von* **übersenden**

übersät [--'-] *adj* lleno (*von/mit* de)

übersättigen* *vt* sobresaturar

Übersättigung *f* <-, -en> saturación *f*

übersäuern* *vt* acidular en exceso

Übersäuerung *f* <-, -en> hiperacidificación *f*

Überschallflug *m* <-(e)s, -flüge> vuelo *m* supersónico; **Überschallflugzeug** *nt* <-(e)s, -e> avión *m* supersónico; **Überschallgeschwindigkeit** *f* <-, -en> velocidad *f* supersónica; **Überschallknall** *m* <-(e)s, -e> (PHYS) estallido *m* supersónico, estampido *m* supersónico; **überschallschnell** I. *adj* (AERO) supersónico II. *adv* (AERO) a velocidad supersónica

überschatten* *vt* **1.** (*Schatten spenden*) ensombrecer **2.** (*trüben*) empañar; **die Gespräche waren überschattet von ...** las conversaciones estuvieron empañadas por...

überschätzen* *vt* sobreestimar, sobrevalorar

Überschätzung *f* <-, -en> supervaloración *f,* sobrevaloración *f*

überschaubar *adj* (*Kosten, Risiko*) apreciable; (*Firma*) abarcable

Überschaubarkeit *f* <-, *ohne pl*> (*Kosten, Risiko*) apreciación *f;* (*Firma*) visión *f* de conjunto

überschauen* *vt s.* **überblicken**

über|schäumen *vi sein* **1.** (*Flüssigkeit*) rebosar, salirse; (*Gefäß*) estar a rebosar **2.** (*vor Wut, Freude*) rebosar (*vor* de)

überschlafen* *irr vt* consultar con la almohada *fam*

Überschlag *m* <-(e)s, -schläge> **1.** (*Schätzung*) tanteo *m,* cálculo *m* aproximativo **2.** (SPORT) vuelta *f* de campana, voltereta *f,* volantín *m Am;* (*Looping*) rizo *m*

überschlagen*1 *irr* I. *vt* **1.** (*auslassen*) saltar **2.** (*schätzen*) calcular aproximadamente II. *vr:* **sich ~ 1.** (*Fahrzeug*) volcar, voltearse *Am;* **ihre Stimme überschlug sich** soltó un gallo **2.** (*fam: vor Höflichkeit*) volcarse (*vor* con/en) **3.** (*Ereignisse*) precipitarse

über|schlagen2 *irr* I. *vi sein* **1.** (*Funken*) saltar **2.** (*übergehen*) convertirse (*in* en) II. *vt* (*Beine*) cruzar; **mit übergeschlagenen Beinen** con las piernas cruzadas

überschlägig ['y:bɐʃlɛ:gɪç], **überschläglich** ['y:bɐʃlɛ:klɪç] I. *adj* aproximado II. *adv* de manera aproximada

über|schnappen *vi sein* (*fam*) **1.** (*verrückt werden*) volverse loco; **du bist wohl übergeschnappt** estás como una cabra **2.** (*sich überschlagen*): **seine Stimme schnappt über** da gallos al hablar

überschneiden* *irr vr:* **sich ~ 1.** (*Linien*) (entre)cruzarse **2.** (*Termine*) coincidir; (*Themen*) coincidir en parte

Überschneidung [--'--] *f* <-, -en> **1.** (*zeitlich*) coincidencia *f;* (*von Interessen*) coincidencia *f* parcial **2.** (*von Linien, Flächen*) intersección *f*

überschnitten *pp von* **überschneiden**

überschreiben* *irr vt* **1.** (*übertragen*) transferir (*auf* a); (*Geschäft*) traspasar (*auf* a); **sie überschrieb ihrem Mann das Grundstück** le transfirió el terreno a su marido **2.** (*betiteln*) titular **3.** (INFOR: *Datei*) sobreescribir

überschreien* [y:bɐ'ʃraɪən] *irr vt* gritar más fuerte que otro, acallar a gritos

überschreiten* *irr vt* **1.** (*übertreten*) pasar; (*Anzahl*) pasar (de), sobrepasar; (*Mittel, Kräfte, Fähigkeiten*) exceder, superar; (*überqueren*) atravesar, cruzar; **er hat die 80 schon überschritten** ya ha pasado de los 80 **2.** (*Befugnisse*) abusar (de); (*Geschwindigkeit*) rebasar; **das überschreitet die Grenze des Erlaubten** esto rebasa el límite de lo permitido

Überschreitung *f* <-, -en>: **~ des Liefertermins** rebasamiento *m* del plazo de entrega

überschrieben *pp von* **überschreiben**

überschrien *pp von* **überschreien**

Überschrift *f* <-, -en> título *m,* encabezado *m Guat, Mex*

überschritten *pp von* **überschreiten**

Überschuh *m* <-(e)s, -e> chanclo *m*

überschuldet *adj* excesivamente endeudado, cargado de deudas

Überschuldung [y:bɐ'ʃʊldʊŋ] *f* <-, -en> exceso *m* de deudas, sobreendeudamiento *m*

Überschuss[RR] *m* <-es, -schüsse>, **Überschuß** *m* <-sses, -schüsse> excedente *m,* sobrante *m;* (*finanziell*) superávit *m inv;* **~ abwerfen** arrojar un superávit; **buchmäßiger ~** saldo contable

überschüssig ['y:bɐʃʏsɪç] *adj* sobrante, excedente

Überschussproduktion[RR] *f* <-, -en> producción *f* excedentaria [*o* sobrante]

überschütten*[1] *vt* **1.** (*bedecken*) cubrir; **etw mit Benzin ~** rociar algo con gasolina **2.** (*überhäufen*) colmar (*mit* de); **jdn mit Fragen ~** acosar a alguien a preguntas

über|schütten[2] *vt* derramar

Überschwang ['y:bɐʃvaŋ] *m* <-(e)s, *ohne pl*> desborde *m;* **im ~ der Freude** desbordante de alegría; **im ersten ~** en el primer momento de euforia

überschwänglich[RR] ['y:bɐʃvɛŋlɪç] *adj* exuberante, exaltado

Überschwänglichkeit[RR] *f* <-, *ohne pl*> entusiasmo *m,* exaltación *f;* **ich kann die ~ deiner Begeisterung nicht verstehen** no puedo comprender ese entusiasmo desbordante tuyo

über|schwappen *vi sein* (*fam: Flüssigkeit*) rebosar, desbordarse; (*Gefäß*) estar a rebosar

überschwemmen* *vt* inundar (*mit* de); **Billigwaren überschwemmten den Markt** productos baratos inundaron el mercado

Überschwemmung [--'--] *f* <-, -en> inundación *f,* aniegue *m Mex;* **Überschwemmungsgebiet** *nt* <-(e)s, -e> zona *f* de inundación; **Überschwemmungskatastrophe** *f* <-, -n> catástrofe *f* por inundación; **Überschwemmungswiese** *f* <-, -n> pradera *f* de inundación

überschwenglich *adj s.* **überschwänglich**

Überschwenglichkeit *f* <-, *ohne pl*> *s.* **Überschwänglichkeit**

Übersee ['---] *f:* **in/nach/aus ~** en/a/de ultramar; **Überseedampfer** *m* <-s, -> tra(n)satlántico *m;* **Überseehafen** *m* <-s, -häfen> puerto *m* de tra(n)satlánticos; **Überseehandel** *m* <-s, *ohne pl*> comercio *m* ultramarino

überseeisch *adj* tra(n)satlántico; (*Produkte*) ultramarino

übersehbar [--'--] *adj* **1.** (*Gelände*) que se puede abarcar con la vista **2.** (*absehbar*) calculable; **schwer/klar ~e Auswirkungen** consecuencias difícilmente/claramente calculables

übersehen*[1] *irr vt* **1.** (*Gegend*) abarcar con la vista **2.** (*Zusammenhänge sehen*) comprender, entender; (*Folgen*) calcular; **soweit ich die Angelegenheit übersehe, ...** según tengo entendido... **3.** (*nicht sehen*) saltar, no ver; (*absichtlich*) pasar por alto, hacer la vista gorda *fam;* **etw stillschweigend ~** hacer caso omiso de algo

über|sehen[2] *irr vt* (*fam: satt sehen*) estar saturado de ver; **ich habe mir die Tapete übergesehen** me he cansado del empapelado

übersenden* *irr vt* enviar, mandar

Übersendung *f* <-, -en> envío *m;* **die ~ der Dokumente sollte per Einschreiben erfolgen** los documentos deberían ser enviados por correo certificado

übersetzbar *adj* traducible; **gut/schwer ~ sein** ser fácil/difícil de traducir

übersetzen*[1] *vt* traducir (*von/aus* de, *in* a); **sie hat das Buch vom Englischen ins Deutsche übersetzt** tradujo el libro del inglés al alemán; **das lässt sich schlecht ins Griechische ~** es difícil traducirlo al griego

über|setzen[2] **I.** *vi haben o sein* cruzar, pasar (a la otra orilla); **über den Fluss ~** cruzar el río **II.** *vt* llevar [*o* conducir] a la otra orilla

Übersetzer(in) [--'--] *m(f)* <-s, -; -, -nen> traductor(a) *m(f);* **vereidigte ~in** traductora jurada

Übersetzung [--'--] *f* <-, -en> **1.** (*Text*) traducción *f* **2.** (TECH) transmisión *f*

Übersetzungsbüro *nt* <-s, -s> agencia *f* de traducciones; **Übersetzungsfehler** *m* <-s, -> falta *f* de traducción

Übersicht ['---] *f* <-, -en> **1.** (*Überblick*) visión *f* general (*über* de); (*über Zusammenhän-*

U

ge) visión *f* de conjunto (*über* de); **die ~ verlieren** perder la visión de conjunto **2.** (*Resümee*) resumen *m* (*über* de), síntesis *f inv* (*über* de); (*Darstellung*) cuadro *m* de conjunto (*über* de)

übersichtlich *adj* **1.** (*räumlich*) fácil de abarcar (con la vista); (*Gelände*) abierto **2.** (*deutlich*) claro

Übersichtlichkeit *f* <-, *ohne pl*> disposición *f* clara

Übersichtskarte *f* <-, -n> mapa *m* sinóptico

über|siedeln *vi sein* **1.** (*umziehen*) mudarse (*nach/in* a), trasladarse (*nach/in* a) **2.** (*emigrieren*) emigrar; (*ins Land kommen*) inmigrar

Übersiedelung *f* <-, -en> *s.* **Übersiedlung**

Übersiedler(in) *m(f)* <-s, -; -, -nen> (*Ausreisender*) emigrante *mf*; (*Einreisender*) inmigrante *mf*

Übersiedlung *f* <-, -en> traslado *m* (de domicilio), cambio *m* de domicilio; **ich plane seit einiger Zeit eine ~ ins Ausland** desde hace un tiempo planeo trasladarme al extranjero

übersinnlich *adj* tra(n)scendental

überspannen* *vt* **1.** (*überziehen*) revestir **2.** (*hinwegführen über*) cubrir; **eine Hängebrücke überspannt den Fluss** un puente colgante cruza el río de orilla a orilla **3.** (*zu stark spannen*) tensar en exceso; **den Bogen ~** (*fig*) pasarse de la raya

überspannt [--'-] *adj* **1.** (*übertrieben*) exagerado; **~e Forderungen** reivindicaciones exageradas **2.** (*verschroben*) extravagante

Überspannung *f* <-, -en> (ELEK, INFOR) sobretensión *f*; **Überspannungsableiter** *m* <-s, -> (ELEK) descargador *m* de sobretensión

überspielen* *vt* **1.** (RADIO, TV) grabar (*auf* en) **2.** (*verstecken*) disimular, encubrir

überspitzen* *vt* exagerar, llevar al límite; **überspitzt gesagt ...** cargando las tintas...

überspitzt [--'-] *adj* exagerado

überspringen*¹ *irr vt* **1.** (*Hindernis*) saltar; **eine Pfütze ~** saltar un charco **2.** (*auslassen*) saltarse, omitir

über|springen² *irr vi sein* (*übergehen*) saltar (*auf* a); (*Feuer*) pasar (*auf* a); (*Begeisterung*) transmitirse (*auf* a); (*Infektion*) extenderse (*auf* a); **das Feuer ist vom Stall auf das Wohnhaus übergesprungen** el incendio pasó de la cuadra a la casa

über|sprudeln *vi sein* rebosar(se), desbordar(se); **der Champagner/die Soße ist übergesprudelt** el champán/la salsa se ha rebosado; **vor Freude/Ideen ~** rebosar de alegría/de ideas, desbordar alegría/ideas; **ihr Temperament sprudelt über** rebosa temperamento

übersprungen *pp von* **überspringen¹**

überspülen* *vt* regar

überstaatlich *adj* supranacional

überstanden *pp von* **überstehen¹**

überstehen*¹ *irr vt* (*hinter sich bringen*) pasar, superar; (*überleben*) sobrevivir; (*ertragen*) soportar; **das Schlimmste ist jetzt überstanden** lo peor ya pasó

über|stehen² *irr vi* sobresalir (*über* de), descollar

übersteigen* *irr vt* **1.** (*Zaun, Mauer*) pasar por encima (de) **2.** (*übertreffen*) sobrepasar, exceder; **das überstieg alle unsere Erwartungen** superó todas nuestras expectativas

übersteigern* *vt* exagerar; (*Preise*) incrementar con exceso; **übersteigertes Selbstbewusstsein** excesiva confianza en sí mismo

Übersteigerung *f* <-, -en> **1.** (*des Preises*) aumento *m* excesivo, incremento *m* excesivo, subida *f* excesiva **2.** (*der Eitelkeit, des Selbstbewusstseins*) superación *f*, acentuación *f*, exageración *f*

überstellen* *vt* (*formal*) trasladar

übersteuern* **I.** *vi* (*Auto*) sobreexcitar **II.** *vt* (*Verstärker*) sobrecargar

überstiegen *pp von* **übersteigen**

überstimmen* *vt* **1.** (*besiegen*) vencer por mayoría de votos; **die anderen haben uns überstimmt** quedamos en minoría **2.** (*ablehnen*) rechazar por mayoría de votos

überstrahlen* *vt* resplandecer; **große Freude überstrahlt sein Gesicht** su rostro resplandece de alegría; **die Sonne überstrahlte die Hügel** las colinas resplandecían al sol

überstrapazieren* *vt* desgastar en exceso; **ich möchte ihre Geduld nicht ~** no quiero acabar con su paciencia

überstreichen* *irr vt* pintar (encima)

über|streifen *vt* ponerse (sin cuidado)

überstrichen *pp von* **überstreichen**

überströmen* *vt* rebosar, desbordar; **das Wasser überströmte die Deiche** el agua desbordó los diques; **Schweiß überströmte sein Gesicht** el sudor le corría por la cara

über|stülpen *vt* poner por encima

Überstunde *f* <-, -n> hora *f* extra; **geleistete ~n** horas extraordinarias realizadas; **~n machen** hacer horas extraordinarias; **Überstundenzuschlag** *m* <-(e)s, -schläge> (WIRTSCH) sobresueldo *m* por horas extra

überstürzen* **I.** *vt* precipitar; **nur nichts ~** no hay que precipitarse; **überstürzte Abreise** partida precipitada **II.** *vr:* **sich ~** agolparse, precipitarse; **die Ereignisse überstürzten sich** los acontecimientos se agolparon

Überstürzung *f* <-, *ohne pl*> precipitación *f*

übertariflich *adj* (WIRTSCH) extratarifario; **~e Bezahlung** remuneración por encima de lo estipulado en convenio

überteuert [--'--] *adj* **1.** (*übermässig teuer*) demasiado caro, prohibitivo **2.** (*teurer gemacht*) encarecido

übertölpeln* [y:bɐ'tœlpəln] *vt* embaucar

Übertölpelung *f* <-, -en> embaucamiento *m*, engaño *m*

übertönen* *vt* acallar, ahogar

Übertopf *m* <-(e)s, -töpfe> maceta *f* exterior, cubretiesto *m*

Übertrag ['y:bɐtra:k, *pl:* 'y:bɐtrɛ:gə] *m* <-(e)s, -träge> traslado *m* a cuenta nueva

übertragbar [--'--] *adj* transferible (*auf* a); (*Krankheit*) contagioso; **nicht** ~ intransferible

übertragen¹ *adj* (*Österr: gebraucht*) usado

übertragen*² *irr* **I.** *vt* **1.** (RADIO, TV, TECH) transmitir; **das Spiel wird live im Fernsehen** ~ el partido se transmite en directo por televisión **2.** (*anwenden*) aplicar (*auf* a); **in diesem Fall lässt sich die Methode nicht** ~ en este caso no se puede aplicar el método; **in ~er Bedeutung** en sentido figurado **3.** (*Begeisterung, Krankheit*) transmitir (*auf* a) **4.** (*Besitz, Rechte*) transferir; (*Verantwortung*) conferir; (*Vollmacht*) otorgar; (*Aufgabe*) encargar, asignar; (*Befugnis, Kompetenz*) conferir **5.** (*abschreiben*) copiar **6.** (*geh: übersetzen*) trasladar (*aus* de, *in* a) **7.** (TECH: *weiterleiten*) transmitir **II.** *vr:* **sich** ~ transmitirse (*auf* a); **ihre Begeisterung übertrug sich auf uns** nos contagió su entusiasmo

Überträger(in) [--'--] *m(f)* <-s, -; -, -nen> (MED) transmisor(a) *m(f)*

Übertragung [--'--] *f* <-, -en> **1.** (RADIO, TV, TECH) transmisión *f* **2.** (*Anwendung*) aplicación *f* **3.** (*einer Krankheit*) contagio *m,* transmisión *f* **4.** (*von Rechten, Besitz*) transferencia *f* (*auf* a), cesión *f;* (*Amt*) asignación *f* **5.** (*Übersetzung*) traducción *f;* **Übertragungsdauer** *f* <-, *ohne pl*> (INFOR, TEL) tiempo *m* de transmisión, duración *f* de la transmisión; **Übertragungsfehler** *m* <-s, -> error *m* de transmisión; **Übertragungsgeschwindigkeit** *f* <-, -en> velocidad *f* de transmisión; **mit hoher** ~ de alta velocidad; **Übertragungsnetz** *nt* <-es, -e> (TEL) red *f* de transferencias; **Übertragungsrate** *f* <-, -n> (INFOR, TEL) velocidad *f* de transferencia de datos; **mit hoher** ~ de alta velocidad; **Übertragungsurkunde** *f* <-, -n> documento *m* de cesión; **Übertragungswagen** *m* <-s, -> (RADIO, TV) unidad *f* móvil

übertreffen* *irr* **I.** *vt* sobrepasar, superar (*an* en); **das übertrifft alle meine Erwartungen** esto supera todas mis expectativas **II.** *vr:* **sich** ~ superarse; **sich selbst mit etw** *dat* ~ superarse a sí mismo con algo

übertreiben* *irr vi, vt* exagerar; **das ist stark übertrieben** eso es bastante exagerado; **man kann es auch** ~ esto sería exagerar; **ohne zu** ~ sin exagerar

Übertreibung [--'--] *f* <-, -en> exageración *f*

übertreten*¹ *irr vt* **1.** (*Grenze*) cruzar, pasar **2.** (*Gesetz, Verbot*) infringir, transgredir

über|treten² *irr vi sein* **1.** *sein* (*Gewässer*) desbordarse **2.** *sein* (*zu einer Religion*) convertirse (*zu* a); (*zu einer Partei*) pasarse (*zu* a); **er ist zum Islam übergetreten** se convirtió al islam **3.** *sein* (*übergehen*) pasar (*in* a) **4.** *haben o sein* (SPORT) pisar [*o* pasar] la línea

Übertretung [--'--] *f* <-, -en> infracción *f,* transgresión *f*

übertrieben [y:bɐ'tri:bən] **I.** *pp von* **übertreiben II.** *adj* exagerado; (*Preise*) exorbitante **III.** *adv* en exceso

Übertritt *m* <-(e)s, -e> (*zu einer Partei*) adhesión *f* (*zu* a), incorporación *f;* (*zu einer Religion*) conversión *f* (*zu* a)

übertroffen *pp von* **übertreffen**

übertrumpfen* *vt* **1.** (*beim Kartenspiel*) contrafallar, matar **2.** (*übertreffen*) superar con holgura

übertünchen* *vt* blanquear, enlucir

überübermorgen ['y:bɐʔy:bɐmɔrgən] *adv* (*fam*) dentro de tres días; **übermorgen habe ich keine Zeit, aber vielleicht** ~ pasado mañana no tengo tiempo, pero quizá al día siguiente

überversichern* *vt* sobreasegurar; **mit diesem Versicherungspaket sind Sie völlig überversichert** con este seguro global esta Ud. totalmente sobreasegurado

übervölkert [--'--] *adj* superpoblado

Übervölkerung [--'---] *f* <-, *ohne pl*> superpoblación *f*

übervoll *adj* repleto (*mit/von* de), colmado (*mit/von* de); **übervorsichtig** *adj* exageradamente cuidadoso

übervorteilen* *vt* aprovecharse (de)

überwachen* *vt* (*beobachten*) vigilar; (*kontrollieren*) controlar, supervisar; (*mit Monitor*) monitorizar

Überwachung [--'--] *f* <-, -en> vigilancia *f;* (*Kontrolle*) control *m,* supervisión *f;* (*mit Monitor*) monitorización *f;* **elektronische** ~ control electrónico; **polizeiliche** ~ vigilancia policial; **Überwachungsapparat** *m* <-(e)s, -e> sistema *m* de vigilancia; **Überwachungsstaat** *m* <-(e)s, -en> estado *m* policial; **Überwachungssystem** *nt* <-s, -e> sistema *m* de vigilancia

überwältigen* [y:bɐ'vɛltɪgən] *vt* **1.** (*bezwingen*) vencer, someter **2.** (*beeindrucken*) impresionar; (*Angst*) apoderarse (de)

überwältigend [--'---] *adj* impresionante; (*großartig*) grandioso; (*Mehrheit*) abrumador; **nicht gerade** ~ no muy impresionante precisamente

Überwältigung *f* <-, -en> reducción *f;* **fünf starke Kerle waren für seine** ~ **nötig** fueron necesarios cinco tipos fuertes para reducirle

über|wechseln *vi sein* cambiar (*von* de), pasarse (*zu* a); **ins feindliche Lager/auf die andere Seite** ~ pasarse al lado enemigo/al otro bando

Überweg *m* <-(e)s, -e> paso *m* de peatones

Überweidung *f* <-, *ohne pl*> sobrepasteamiento *m*

überweisen* *irr vt* (*Geld*) transferir; **jdn zu einem Facharzt** ~ mandar a alguien a un especialista

Überweisung [--'--] *f* <-, -en> (FIN) giro *m,*

U

transferencia *f;* **Überweisungsauftrag** *m* <-(e)s, -träge> (FIN) orden *f* de transferencia; **Überweisungsformular** *nt* <-s, -e> formulario *m* para transferencias; **Überweisungsscheck** *m* <-s, -s> cheque *m* cruzado [*o* de transferencia]; **Überweisungsschein** *m* <-(e)s, -e> (MED) volante *m* de transferencia; **Überweisungsverfahren** *nt* <-s, -> (FIN) procedimineto *m* de transferencias

Überweite *f* <-, -n> talla *f* grande; **Kleider in ~** vestidos en tallas grandes

überwerfen*[1] *irr vr:* **sich mit jdm ~** romper con alguien; **ich habe mich mit ihm überworfen** he roto con él

über|werfen[2] *irr vt* echar por encima; **sich** *dat* **den Mantel ~** echarse el abrigo por encima

überwiegen* *irr vi* predominar, prevalecer

überwiegend *adv* en su mayoría, principalmente

überwiesen *pp von* **überweisen**

überwinden* *irr* **I.** *vt* (*Misstrauen, Bedenken, Hindernis*) superar; (*Gegner*) vencer **II.** *vr:* **sich ~ etw zu tun** hacer un esfuerzo para hacer algo

Überwindung [--'--] *f* <-, *ohne pl*> **1.** (*einer Schwierigkeit*) superación *f* **2.** (*Selbst~*) esfuerzo *m;* **es kostete ihn große ~, dorthin zu gehen** tuvo que hacer un gran esfuerzo para ir allí

überwintern* *vi* pasar el invierno (*in* en); (*Vögel*) invernar (*in* en)

Überwinterungsgebiet *nt* <-(e)s, -e> región *f* de invernada

überwogen *pp von* **überwiegen**

überworfen *pp von* **überwerfen**[1]

überwuchern* *vt* cubrir por completo; **der Efeu hat den Garten völlig überwuchert** la hiedra se ha hecho dueña absoluta del jardín

überwunden *pp von* **überwinden**

Überzahl *f* <-, *ohne pl*> mayoría *f;* **in der ~ sein** tener (una) mayoría

überzahlen* *vt* (*überbezahlen*) pagar de más

überzählig ['y:bɐtsɛ:lɪç] *adj* excedente, sobrante; **~ sein** sobrar

Überzeichnung *f* <-, -en> (FIN) suscripción *f* que está por encima de la suma del empréstito

überzeugen* **I.** *vt* convencer (*von* de); (*überreden*) persuadir (*von* de); **ich habe ihn von meiner Unschuld überzeugt** lo convencí de mi inocencia; **ich bin (davon) überzeugt, dass ...** estoy convencido de que...; **er war sehr von sich** *dat* **überzeugt** estaba muy seguro de sí mismo; **ich lasse mich (von Ihnen) gern vom Gegenteil ~** demuéstreme lo contrario **II.** *vr:* **sich ~** convencerse (*von* de), asegurarse (*von* de); **ich habe mich selbst davon überzeugt, dass alles in Ordnung ist** yo mismo me convencí de que todo está en orden

überzeugend *adj* convincente; (*Beweis*) contundente; **~ klingen** sonar convincente

überzeugt *adj* convencido

Überzeugung [--'--] *f* <-, -en> convencimiento *m,* convicción *f;* **politische ~** convicciones políticas; **im Brustton der ~** en un tono de plena convicción; **ich bin der festen ~, dass ...** estoy plenamente convencido de que..., tengo el total convencimiento de que...; **zu der ~ gelangen** [*o* **kommen**], **dass ...** llegar al convencimiento de que...; **nach meiner ~, meiner ~ nach** a mi juicio; **Überzeugungsarbeit** *f* <-, *ohne pl*> (POL) propaganda *f* política, campaña *f* política (*en la antigua RDA*); **~ leisten** hacer campaña [*o* propaganda] política; **Überzeugungskraft** *f* <-, -kräfte> capacidad *f* de persuasión, fuerza *f* persuasiva; **Überzeugungstäter(in)** *m(f)* <-s, -; -, -nen> (JUR) *criminal por razones políticas o religiosas*

überziehen*[1] *irr vt* **1.** (*bedecken*) cubrir (*mit* de); (*mit Stoff*) revestir (*mit* de), recubrir (*mit* de); (*mit Schokolade*) bañar (*mit* con); **das Bett frisch ~** cambiar la ropa de la cama; **die Oberfläche ist mit Schimmel/mit Rost überzogen** la superficie está cubierta de moho/de óxido **2.** (*Konto*) dejar al descubierto; **das Konto überzogen haben** estar al descubierto; **er hat sein Konto um 2.000 DM überzogen** tiene una deuda de 2.000 marcos en el banco **3.** (*Zeit*) rebasar (la hora) (*um* por) **4.** (*mit Forderungen, Prozessen*) exagerar, ir demasiado lejos; (*mit Krieg*) invadir; **überzogene Ansprüche** pretensiones desmesuradas; **überzogene Forderungen** solicitudes que están fuera de lugar; **überzogene Kritik** crítica exagerada

über|ziehen[2] *irr vt* ponerse; **ich ziehe mir lieber einen Pullover über** mejor me pongo un jersey; **jdm eins ~** pegar una torta a alguien

Überzieher ['y:bɐtsi:ɐ] *m* <-s, -> **1.** (*Mantel*) abrigo *m* de entretiempo, abrigo *m* ligero **2.** (*fam: Kondom*) goma *f,* globo *m*

Überziehung [--'--] *f* <-, -en> (FIN) giro *m* en descubierto; **Überziehungskredit** *m* <-(e)s, -e> (FIN) crédito *m* en descubierto; **Überziehungszinsen** *mpl* (FIN) beneficio *m* de intereses

überzogen *pp von* **überziehen**[1]

überzüchtet *adj* (*Pflanze*) debilitado por el cultivo excesivo, hipertrófico; (*Tier*) debilitado por cría excesiva; (*Motor*) desarrollado en exceso

Überzug *m* <-(e)s, -züge> **1.** (*Schicht*) capa *f,* baño *m* **2.** (*Bezug*) funda *f,* revestimiento *m*

übler *adj kompar von* **übel**

üblich ['y:plɪç] *adj* usual, habitual; (*herkömmlich*) tradicional, clásico; **das Ü~e** lo de siempre; **wie ~** como siempre; **das ist hier so ~** esta es la costumbre aquí; **zum ~en Preis** por el precio habitual; **es ist bei uns ~, dass ...** acostumbramos a... +*inf*

üblicherweise ['yːplɪçɐ'vaɪzə] *adv:* ~ **verbringen wir den Winter im Dorf** acostumbramos [*o* solemos] pasar el invierno en el pueblo; ~ **essen wir hier nicht** no acostumbramos [*o* no solemos] comer aquí

U-Boot ['uːboːt] *nt* <-(e)s, -e> submarino *m;* **U-Boot-Krieg** *m* <-(e)s, -e> guerra *f* de submarinos

U-Boot-Stützpunkt *m* <-(e)s, -e> (MIL) base *f* de submarinos

übrig ['yːbrɪç] *adj* restante; **der/die/das Ü~e** el resto (*von* de); **die ~en Bücher** el resto de los libros; ~ **sein** sobrar, quedar; **von dem Salat ist noch etwas** ~ aún queda algo de ensalada; ~ **bleiben** sobrar, quedar; **jdm bleibt nichts anderes ~, als ...** alguien no tiene más remedio que...; **was bleibt mir anderes ~?** ¿qué remedio me queda?; ~ **bleibt nur noch, ...** únicamente resta...; ~ **lassen** dejar; **etw lässt nichts/einiges zu wünschen** ~ algo no deja nada/deja que desear; **ein Ü~es tun** hacer lo que queda por hacer; **für jdn/etw nichts ~ haben** no querer tener nada que ver con alguien/algo; **im Ü~en** por lo demás; **die Ü~en** los demás; **haben Sie vielleicht eine Zigarette für mich ~?** ¿me puede dar un cigarrillo?; **ich habe noch 2.000 Peseten** ~ todavía me quedan 2.000 pesetas; **alles Ü~e** todo lo demás; **übrig|bleiben** *irr vi sein s.* **übrig**

übrigens ['yːbrɪgəns] *adv* por cierto, a propósito; (*beiläufig*) dicho sea de paso; **er kommt ~ erst morgen** por cierto, no viene hasta mañana; **~, weißt du schon, ...?** por cierto, ¿sabes ya...?

übrig|lassen *irr vt s.* **übrig**

Übung[1] ['yːbʊŋ] *f* <-, *ohne pl*> (*Erfahrung*) práctica *f;* **aus der ~ kommen** perder la práctica; **damit ich in ~ bleibe** para no perder la práctica; **völlig aus der ~ sein** haber perdido totalmente la práctica; ~ **macht den Meister** (*prov*) la práctica hace al maestro

Übung[2] *f* <-, -en> **1.** (*allgemein, a.* SPORT, MUS) ejercicio *m;* **das ist eine meiner leichtesten ~en** (*fam*) para mí esto tiene pocos lances **2.** (MIL) ejercicios *mpl*

Übungsarbeit *f* <-, -en> examen *m* de prueba (*que no se puntúa*); **Übungsaufgabe** *f* <-, -n> (SCH) ejercicio *m;* **Übungsbuch** *nt* <-(e)s, -bücher> libro *m* de ejercicios; **Übungsgelände** *nt* <-s, -> (MIL) campo *m* de maniobras [*o* de ejercicios]

u.d.M. *Abk. von* **unter dem Meeresspiegel** por debajo del nivel del mar

ü.d.M. *Abk. von* **über dem Meeresspiegel** por encima del nivel del mar

UdSSR [uːdeːʔɛsʔɛsˈʔɛr] *f* <-> (HIST) *Abk. von* **Union der Sozialistischen Sowjetrepubliken** URSS *f*

u.E. *Abk. von* **unseres Erachtens** según nuestra opinión

UEFA-Cup [u'eːfakap] *m* <-s, -s>, **UEFA-Pokal** *m* <-s, -e> Copa *f* de la UEFA

U-Eisen ['uːʔaɪzən] *nt* <-s, -> (TECH) hierro *m* en U

Ufer ['uːfɐ] *nt* <-s, -> orilla *f;* **am ~** en la orilla; **der Fluss tritt über die ~** el río se desborda; **Uferbefestigung** *f* <-, -en> consolidación *f* de la orilla; **Uferböschung** *f* <-, -en> terraplén *m* de la orilla; **Uferdamm** *m* <-(e)s, -dämme> dique *m* de contención; **Uferlandschaft** *f* <-, -en> ribera *f*

uferlos *adj* desmesurado, ilimitado; **ins U~e gehen** no llevar a ninguna parte

Uferpromenade *f* <-, -n> paseo *m* marítimo; **Uferrandstreifen** *m* <-s, -> banda *f* al borde de la orilla; **Uferstraße** *f* <-, -n> carretera *f* ribereña [*o* del litoral]

uff [ʊf] *interj* (*fam*) ¡uf!

Ufo ['uːfo] *nt* <-s, -s> *Abk. von* **Unbekanntes Flugobjekt** ovni *m*

u-förmig[RR] ['uːfœrmɪç] *adj,* **U-förmig** *adj* en forma de U

Uganda [u'ganda] *nt* <-s> Uganda *f*

Ugander(in) [u'gandɐ] *m(f)* <-s, -; -, -nen> ugandés, -esa *m, f*

ugandisch *adj* ugandés

U-Haft ['uːhaft] *f* <-, *ohne pl*> detención *f* preventiva, arresto *m* provisional

Uhr [uːɐ] *f* <-, -en> **1.** (*Gerät*) reloj *m;* **biologische/innere ~** reloj biológico/interno; **die ~ aufziehen** dar cuerda al reloj; **die ~ stellen** poner el reloj en hora; **auf die ~ sehen** mirar el reloj; **nach meiner ~ ist es halb zehn** por mi reloj son las nueve y media; **die ~ geht vor/nach** el reloj va adelantado/atrasado; **deine ~ geht nach dem Mond** tu reloj marcha con la luna; **meine innere ~** mi reloj interior; **rund um die ~** (*fam*) las 24 horas al día; **seine ~ ist abgelaufen** (*geh*) le ha llegado su hora **2.** (*bei Zeitangabe*) hora *f;* **wie viel ~ ist es?** ¿qué hora es?; **um wie viel ~?** ¿a qué hora?; **es ist genau** [*o* **Punkt**] **acht ~** son exactamente las ocho, son las ocho en punto; **um elf ~** a las once (horas); **neun ~ drei** las nueve y tres minutos; **um fünf ~ früh** a las cinco de la madrugada; **um fünf ~ morgens/nachmittags** a las cinco de la mañana/de la tarde; **Uhrarmband** *nt* <-(e)s, -bänder> pulsera *f* de(l) reloj

Uhrenindustrie *f* <-, -n> industria *f* relojera; **Uhrenvergleich** *m* <-(e)s, -e> sincronización *f* de (los) relojes; **einen ~ machen** sincronizar los relojes

Uhrglas *nt* <-es, -gläser> cristal *m* del reloj; **Uhrkette** *f* <-, -n> cadena *f* de reloj; **Uhrmacher(in)** *m(f)* <-s, -; -, -nen> relojero, -a *m, f;* **Uhrwerk** *nt* <-(e)s, -e> mecanismo *m* del reloj

Uhrzeiger *m* <-s, -> manecilla *f* de(l) reloj, aguja *f* de(l) reloj; **Uhrzeigersinn** *m* <-(e)s, *ohne pl*>: **im ~** en el sentido de las agujas del reloj; **gegen den ~** en sentido contrario a las agujas del reloj

Uhrzeit *f* <-, -en> hora *f;* **haben Sie die genaue ~?** ¿tiene la hora exacta?

Uhu ['u:hu] *m* <-s, -s> búho *m*

Ukas ['u:kas, *pl:* 'u:kasə] *m* <-ses, -se> ucase *m,* orden *f* despótica [*o* de arriba] *fam*

Ukraine [ukra'i:nə, u'kraɪnə] *f* Ucrania *f*

Ukrainer(in) [ukra'i:nɐ, u'kraɪnɐ] *m(f)* <-s, -; -, -nen> ucraniano, -a *m, f,* ucranio, -a *m, f*

ukrainisch [ukra'i:nɪʃ, u'kraɪnɪʃ] *adj* ucraniano, ucranio

UKW [u:ka:'ve:] (RADIO, PHYS) *Abk. von* **Ultrakurzwelle** onda *f* ultracorta; **auf ~** en la onda ultracorta

Ulk [ʊlk] *m* <-(e)s, -e> broma *f,* cachondeo *m;* **aus ~** de broma, de chanza

ulken ['ʊlkən] *vi* estar de guasa, bromear

ulkig *adj* (*fam*) **1.** (*lustig*) divertido, gracioso **2.** (*seltsam*) raro, extraño

Ulm [ʊlm] *nt* <-s> Ulm *m*

Ulme ['ʊlmə] *f* <-, -n> (BOT) olmo *m;* **Ulmenkrankheit** *f* <-, -en> (BOT) grafiosis *f inv* del olmo

Ultimaten *pl von* **Ultimatum**

ultimativ [ʊltima'ti:f] *adj* amenazador; **jdn ~ auffordern etw zu tun** exigir de alguien a modo de ultimátum que haga algo

Ultimatum [ʊltɪ'ma:tʊm] *nt* <-s, -s *o* Ultimaten> ultimátum *m;* **jdm ein ~ stellen** dar a alguien un ultimátum

Ultimo ['ʊltimo] *m* <-s, -s> (COM) fin *m* de mes; **bis ~** hasta fin de mes; **Ultimoabrechnung** *f* <-, -en> (FIN) liquidación *f* mensual; **Ultimoabschluss**^RR^ *m* <-es, -schlüsse> (FIN) finiquito *m,* liquidación *f* final

Ultra *m* <-s, -s> ultra *m*

Ultrakurzwelle [ʊltra'kʊrtsvɛlə] *f* <-, -n> (RADIO, PHYS) onda *f* ultracorta; **Ultrakurzwellenempfänger** *m* <-s, -> (RADIO) receptor *m* de ondas ultracortas; **Ultrakurzwellensender** *m* <-s, -> emisora *f* de onda ultracorta

Ultramarin *nt* <-s, *ohne pl*> azul *m* de ultramar [*o* ultramarino]

Ultrarot *nt* <-s, *ohne pl*> (PHYS) (rayo *m*) infrarrojo *m*

Ultraschall *m* <-(e)s, *ohne pl*> (PHYS) ultrasonido *m;* **Ultraschallaufnahme** *f* <-, -n> (MED) ecografía *f;* **Ultraschallbehandlung** *f* <-, -en> (MED, TECH) tratamiento *m* con ultrasonidos; **Ultraschallbild** *nt* <-(e)s, -er> ecografía *f;* **Ultraschallgerät** *nt* <-(e)s, -e> aparato *m* de ecografía; **Ultraschalluntersuchung** *f* <-, -en> ecografía *f;* **Ultraschallwelle** *f* <-, -n> (PHYS) onda *f* ultrasónica

ultraviolett ['----'-] *adj* (PHYS) ultravioleta

um [ʊm] **I.** *präp +akk* **1.** (*räumlich*): **~ ... (herum)** alrededor de, en torno a; (*in der Nähe*) cerca de, en los alrededores de; **sie ging ~ den Tisch (herum)** dio una vuelta a la mesa; **er hat gern Freunde ~ sich** le gusta tener amigos a su alrededor; **~ die Ecke** a la vuelta de la esquina; **sie legte den Arm ~ ihn** le pasó el brazo por encima del hombro; **sie wohnt in der Gegend ~ Freiburg** vive en los alrededores de Friburgo; **sie schlug ~ sich** se puso a dar puñetazos a diestro y siniestro **2.** (*bei Uhrzeit*) a; **~ drei Uhr/halb fünf** a las tres/las cuatro y media **3.** (*ungefähr*) sobre, hacia; **sie kommt so ~ den Fünfzehnten** viene sobre el quince **4.** (*Wiederholung*) tras; **es verging Woche ~ Woche** pasó semana tras semana **5.** (*Differenz*) en; **sie ist ~ ein Jahr älter/~ einiges überlegen** es un año mayor/bastante superior; **wir müssen die Ausgaben ~ 10% senken** tenemos que reducir los gastos en un 10% **6.** (*über, bezüglich*) de; **es geht ~s Geld** se trata del dinero, es cuestión de dinero; **es handelt sich ~ deine Gesundheit** se trata de tu salud **7.** (*wegen*) por; **es geht ~s Prinzip** es una cuestión de principios; **die Sorge ~ ihn** la preocupación por él; **~ keinen Preis** por nada del mundo; **was ~ alles in der Welt wolltest du damit?** ¿qué demonios querías hacer con esto?; **sich ~ etw streiten** discutir por algo; **sich ~ jdn kümmern** cuidar de alguien **II.** *präp +gen:* **~ ... willen** por...; **~ Himmels willen!** ¡cielos!; **~ Gottes willen!** ¡por amor de Dios! **III.** *konj* **1.** (*final*): **~ ... zu** para, con el fin de; **er tut das alles nur, ~ dir zu imponieren** hace todo esto sólo para deslumbrarte **2.** (*konsekutiv*): **~ ... zu** como para *+inf;* **er ist klug genug, ~ seinen Fehler zuzugeben** es lo suficientemente inteligente como para admitir su error **IV.** *adv* **1.** (*ungefähr*) alrededor (de), aproximadamente **2.** (*Wend*): **~ und ~** (*reg*) por donde se mire

um|adressieren* *vt* cambiar la dirección (de); **um|ändern** *vt* cambiar, modificar; (*Kleidung*) arreglar; **um|arbeiten** *vt* rehacer, transformar; (*Kleidung*) arreglar; (*für einen Film*) adaptar

umarmen* **I.** *vt* abrazar, dar un abrazo **II.** *vr:* **sich ~** abrazarse, darse un abrazo

Umarmung [-'--] *f* <-, -en> abrazo *m*

Umbau *m* <-(e)s, -ten> reformas *fpl,* reconstrucción *f;* **wegen ~ geschlossen** cerrado por reformas

umbauen*¹ *vt* rodear (de edificios), cercar (con edificios)

um|bauen² *vt* (*Gebäude*) reconstruir, reformar; (*Bühnenbild*) cambiar; **eine Wohnung zu einem Büro ~** transformar una vivienda en una oficina

Umbaute *f* <-, -n> (*Schweiz*) *s.* **Umbau**

um|benennen* *irr vt* cambiar de nombre; **unsere Schule wird in „Goethe-Schule" umbenannt** nuestra escuela será rebautizada con el nombre de "Goethe-Schule"; **Umbenennung** *f* <-, -en> cambio *m* de nombre; **um|besetzen*** *vt* **1.** (POL) reorganizar **2.** (THEAT) cambiar el reparto (de) **3.** (SPORT) cambiar la alineación (de); **Umbesetzung** *f* <-, -en> (POL) reorganización *f* del gabinete; (THEAT) cambios *mpl* en el reparto; **~en vornehmen** hacer cambios; **um|bestellen*** *vt*

1. (*Patient*) cambiar la hora (*auf* a) 2. (*Bestellung*) hacer cambios; **wir müssen die Lieferung** ~ tenemos que hacer cambios en el pedido; **um|betten** *vt* cambiar de cama; (*Gebeine*) trasladar (los restos)
um|biegen *irr vt* doblar; **jdm den Arm** ~ retorcer el brazo a alguien
um|bilden *vt* transformar, reestructurar; (*Kabinett*) reorganizar; **Umbildung** *f* <-, -en> remodelación *f*, reestructuración *f*, reorganización *f*, reajuste *m*; **die** ~ **des Kabinetts** la remodelación del Gabinete, el reajuste ministerial
um|binden *irr vt:* **sich** *dat* **etw** ~ ponerse algo
um|blättern *vt* volver la hoja, dar vuelta a la página
um|blicken *vr:* **sich** ~ 1. (*rundherum*) mirar (a su) alrededor 2. (*nach hinten*) volver la cabeza, mirar hacia atrás
Umbra ['ʊmbra] *f* <-, *ohne pl*> sombra *f*
umbrechen*[1] *irr vt* (TYPO) compaginar
um|brechen[2] *irr vt* 1. (*umknicken*) doblar, derribar 2. (*umpflügen*) labrar
um|bringen *irr* I. *vt* matar, asesinar (*durch/mit* a/con), ultimar *Am;* **diese Arbeit bringt mich noch um** (*fam*) este trabajo va a acabar conmigo II. *vr:* **sich** ~ 1. (*Selbstmord begehen*) suicidarse 2. (*übereifrig sein*) volcarse (*vor* en), matarse (*vor* por); **er bringt sich um vor Hilfsbereitschaft** se mata por ayudar a los demás
umbrochen *pp von* **umbrechen**[1]
Umbruch[1] *m* <-(e)s, -brüche> (*Wandel*) cambio *m* (radical); **etw ist im** ~ algo está cambiando
Umbruch[2] *m* <-(e)s, *ohne pl*> (TYPO) compaginación *f*, ajuste *m*
um|buchen *vt* 1. (WIRTSCH) transferir, pasar a otra cuenta 2. (*Reise*) cambiar la reserva (de); **Umbuchung** *f* <-, -en> 1. (WIRTSCH) cambio *m* de asiento, traslado *m* a otra cuenta 2. (*einer Reise*) cambio *m* (de la reserva); **eine** ~ **vornehmen** realizar un cambio de la reserva; **um|denken** *irr vi* cambiar su modo de pensar, reorientarse; **um|dirigieren*** *vt* mandar a otro sitio, cambiar el destino (de); **um|disponieren*** *vi* reorganizar, planear de nuevo
um|drehen I. *vt* volver, voltear *Am;* (*Schlüssel*) dar vuelta (a); **jdm den Arm** ~ torcerle el brazo a alguien; **jdm den Hals** ~ retorcerle el cuello a alguien; **jede Mark** [*o* **jeden Pfennig**] ~ (**müssen**) (tener que) ser ahorrativo II. *vi haben o sein* volver, dar la vuelta III. *vr:* **sich** ~ volverse (*nach* hacia), volver la cabeza (*nach* hacia), voltearse *Am;* **auf der Straße drehten sich die Leute nach uns um** la gente en la calle se daba la vuelta para mirarnos; **mir dreht sich der Magen um** se me revuelve el estómago
Umdrehung [-'--] *f* <-, -en> vuelta *f;* (*um eine Achse*) rotación *f;* (*eines Motors*) revolución *f;* **Umdrehungszahl** *f* <-, -en> número *m* de revoluciones [*o* de vueltas]
umeinander [--'--] *adv* 1. (*räumlich*) uno alrededor del otro 2. (*gegenseitig*) uno del otro; **sie kümmern sich nicht** ~ no se preocupan uno del otro
um|erziehen* *irr vt* reeducar
umfahren*[1] *irr vt* 1. (*umkreisen*) dar la vuelta (a); **ein Kap** ~ doblar un cabo 2. (*ausweichen*) esquivar, evitar; **einen Stau** ~ evitar un embotellamiento
um|fahren[2] *irr vt* derribar; (*Person*) atropellar, arrollar
Umfahrung [-'--] *f* <-, -en> (*Schweiz*) carretera *f* de circunvalación
Umfall *m* <-(e)s, -fälle> (*fam abw*) cambio *m* repentino de opinión
um|fallen *irr vi sein* 1. (*allgemein*) caerse; **mir ist die Vase umgefallen** se me ha caído el jarrón 2. (*ohnmächtig werden*) desplomarse; **ich bin zum U~ müde** me caigo de sueño [*o* de cansancio]; **tot** ~ caerse muerto 3. (*fam abw: Gesinnung wechseln*) rajarse; (*nachgeben*) darse por vencido
Umfang *m* <-(e)s, -fänge> 1. (*Ausdehnung*) extensión *f;* (*Dicke*) volumen *m;* (*Größe*) tamaño *m;* **das Buch hat einen** ~ **von 300 Seiten** el libro tiene 300 páginas 2. (*Kreis~*) circunferencia *f* 3. (*Ausmaß*) dimensiones *fpl;* **in großem** ~ a gran escala; **jdn in vollem** ~ **freisprechen** absolver a alguien totalmente
umfangen* *irr vt* (*geh*) rodear
umfangreich *adj* amplio, extenso
um|färben *vt* reteñir
umfassen* *vt* 1. (*mit den Armen*) rodear (con los brazos); (*umarmen*) abrazar 2. (*bestehen aus*) comprender, abarcar
umfassend *adj* amplio; (*vollständig*) completo
Umfeld *nt* <-(e)s, -er> entorno *m*
umfliegen* *irr vt* volar en torno (a)
umflogen *pp von* **umfliegen**
um|formen *vt* 1. (*umändern*) modificar, transformar; **etw völlig** ~ rehacer algo 2. (ELEK) convertir
Umformer *m* <-s, -> (ELEK) convertidor *m*
um|formulieren* *vt* reformular, formular de otro modo
Umformung *f* <-, -en> 1. (*Umänderung*) modificación *f*, transformación *f* 2. (ELEK) conversión *f*
Umfrage *f* <-, -n> encuesta *f*, sondeo *m* (de opinión); **eine** ~ **machen** hacer una encuesta
umfrieden* [ʊm'fri:dən] *vt* (*geh*), **umfriedigen*** *vt* (*geh*) cercar (*mit* con), vallar (*mit* con)
Umfriedung [-'--] *f* <-, -en> seto *m*, tapia *f*
um|füllen *vt* tra(n)svasar, trasegar
um|funktionieren* *vt* transformar (*zu/in* en), convertir (*zu/in* en)
Umgang *m* <-(e)s, *ohne pl*> 1. (*Beziehungen*) relaciones *fpl;* (*Gesellschaft*) compañía *f;*

U

sie ist kein ~ für dich (*fam*) es mala compañía para ti; **mit jdm ~ haben** [*o* **pflegen**] tener [*o* mantener] relaciones con alguien **2.** (*das Umgehen mit Personen*) trato *m;* (*mit Dingen*) manejo *m;* **sparsamer ~** tratamiento parsimonioso; **im ~ mit Kindern** en el trato con niños

umgangen *pp von* **umgehen**[1]

umgänglich ['ʊmgɛŋlɪç] *adj* afable, sociable

Umgangsformen *fpl* modales *mpl;* **Umgangssprache** *f* <-, -n> (LING) lenguaje *m* familiar [*o* coloquial]; **umgangssprachlich** *adj* coloquial; **Umgangston** *m* <-(e)s, -töne> trato *m*

umgarnen* *vt* embaucar

umgeben* *irr vt* rodear; (*mit Zaun*) cercar; **der Redner war von zahlreichen Zuhörern ~** el orador estaba rodeado de muchos oyentes

Umgebung [-'--] *f* <-, -en> **1.** (*Gebiet*) alrededores *mpl,* cercanías *fpl;* (*Nachbarschaft*) vecindad *f;* **in der näheren ~ Münchens** en los alrededores de Múnich; **ist hier in der ~ ein Campingplatz?** ¿hay un camping por aquí cerca? **2.** (*Milieu*) ambiente *m,* entorno *m;* **sich in eine neue ~ eingewöhnen** acostumbrarse a un nuevo entorno; **Umgebungstemperatur** *f* <-, -en> temperatura *f* ambiente

Umgegend *f* <-, -en> (*fam*) alrededores *mpl*

umgehen*[1] *irr vt* **1.** (*herumgehen*) pasar [*o* dar la vuelta] alrededor (de) **2.** (*vermeiden*) evitar; **das ist nicht zu ~** no se puede evitar **3.** (*nicht beachten*) eludir, pasar por alto

um|gehen[2] *irr vi sein* **1.** (*Gerücht*) correr, circular; (*Gespenst*) andar; **das Gerücht geht um, dass ...** corre el rumor de que... **2.** (*mit Personen*) tratar (*mit* a); (*mit Dingen*) manejar (*mit*); **sparsam mit etw** *dat* **~** economizar algo; **gleichgültig/vorsichtig mit etw** *dat* **~** tratar algo con indiferencia/con cuidado; **er kann nicht mit Geld ~** no sabe manejar el dinero; **er ging sehr gut mit ihm um** se portó muy bien con él

umgehend ['---] **I.** *adj* inmediato **II.** *adv* de inmediato

Umgehung [-'--] *f* <-, -en> **1.** (*das Vermeiden*) evitación *f;* **unter ~ der Vorschriften** pasando por alto las normas **2.** (*~sstraße*) circunvalación *f;* **Umgehungsstraße** *f* <-, -n> carretera *f* de circunvalación; **Umgehungsverkehr** *m* <-s, *ohne pl*> tráfico *m* de circunvalación

umgekehrt **I.** *adj* **1.** (*umgedreht*) invertido **2.** (*entgegengesetzt*) contrario, opuesto; **in ~er Richtung** en sentido contrario; **mit ~en Vorzeichen** (MATH) con signos opuestos; **die Sache ist genau ~** es justo lo contrario **II.** *adv* **1.** (*umgedreht*) a la inversa **2.** (*entgegengesetzt*) al revés, al contrario

um|gestalten* *vt* transformar, remodelar; **Umgestaltung** *f* <-, -en> remodelación *f,* modificación *f;* (*eines Systems*) reforma *f;*

um|gewöhnen* *vr:* **sich ~** acostumbrarse a algo nuevo; **um|gießen** *irr vt* (*in ein anderes Gefäß*) trasegar, trasvasar; (*Metall*) refundir

um|graben *irr vt* cavar; **den Garten ~** remover la tierra del jardín

umgreifen* *irr vt* **1.** (*mit der Hand*) sujetar, agarrar **2.** (*fig: umfassen*) comprender

umgrenzen* *vt* (*Gelände*) limitar; (*mit einer Mauer*) cercar, vallar; (*Aufgabe, Thema*) delimitar

umgriffen *pp von* **umgreifen**

um|gruppieren* *vt* reagrupar

um|gucken *vr:* **sich ~** (*fam*) *s.* **umsehen**

um|haben *irr vt* (*fam*) tener [*o* llevar] puesto

Umhang *m* <-(e)s, -hänge> capa *f*

um|hängen *vt* **1.** (*an andere Stelle*) colgar en otro sitio **2.** (*Tasche*): **sich** *dat* **eine Tasche ~** colgarse el bolso al hombro; **er hängt sich** *dat* **den Rucksack um** se cuelga la mochila a la espalda **3.** (*Decke, Mantel*): **sich** *dat* **einen Mantel ~** ponerse un abrigo por encima; **als sie das Haus verließen, hängte sie sich** *dat* **ihr Cape um** al abandonar la casa se echó la capa sobre los hombros

Umhängetasche *f* <-, -n> bolso *m* de bandolera

um|hauen[1] <haut um, haute *o* hieb um, umgehauen> *vt* (*fällen*) cortar, talar

um|hauen[2] <haut um, haute um, umgehauen> *vt* (*fam*) **1.** (*niederschlagen*) derribar (de un golpe) **2.** (*verblüffen*) dejar atontado [*o* boquiabierto]

umhegen* *vt* (*geh*) velar (por)

umher [ʊm'heːɐ] *adv* (*hier und da*) por aquí, por allá; (*überall*) por todas partes; **umher|blicken** *vi* mirar (a su) alrededor; **fragend ~** mirar alrededor sin comprender; **umher|fahren** *irr vi sein* dar vueltas (*con el coche, la bicicleta, etc.*); **umher|gehen** *irr vi sein* ir de un lado para otro; (*ziellos herumgehen*) deambular; (*spazieren gehen*) pasear; **im Park ~** pasear por el parque; **umher|irren** *vi sein* vagar (*in* por), errar (*in* por); **umher|laufen** *irr vi sein* (*ziellos herumlaufen*) andar de un lado para otro; (*spazieren gehen*) pasear (*in* por); **umher|liegen** *irr vi* estar tirado; **umher|schlendern** *vi sein* deambular; (*in der Stadt*) callejear; **umher|wandern** *vi sein* dar un paseo, vagabundear; **als Ortsunkundige solltest du nicht alleine im Moor ~** sin conocer la zona no deberías pasear solo por el pantano; **umher|ziehen** *irr vi sein* ir de aquí para allá, trasladarse de un lugar a otro; **seit Jahrhunderten ziehen die Nomaden rastlos umher** desde hace siglos, los nómadas van sin descanso de un lugar a otro

umhin|kommen *irr vi sein,* **umhin|können** *irr vi:* **nicht ~ etw zu tun** no poder evitar hacer algo

um|hören *vr:* **sich ~** informarse; **wir haben**

uns in der Nachbarschaft nach einer freien Wohnung umgehört estuvimos preguntando en el vecindario si alguien sabe algo de un piso libre; **ich werde mich danach ~** voy a ver si me entero de algo al respecto

umhüllen* *vt* envolver (*mit* en/con); (*bedecken*) cubrir; **umjubeln*** *vt* vitorear, ovacionar

umkämpft [ʊmˈkɛmpft] *adj* reñido

Umkehr *f* <-, *ohne pl*> vuelta *f*, regreso *m*; **jdn zur ~ zwingen** obligar a alguien a regresar

umkehrbar *adj* reversible; **nicht ~** irreversible

um|kehren I. *vi sein* volver, regresar; **auf halbem Wege ~** dar la vuelta a medio camino II. *vt* 1. (*umdrehen*) dar vuelta (a), volver del revés 2. (*ins Gegenteil verkehren*) invertir III. *vr*: **sich ~**: **dabei kehrt sich mir der Magen um** esto me da náuseas, esto me revuelve el estómago

Umkehrschluss[RR] *m* <-es, -schlüsse> (JUR) conclusión *f* inversa

Umkehrung *f* <-, -en> inversión *f*

um|kippen I. *vi sein* 1. (*umfallen*) caerse; (*Wagen*) volcar, voltear *Am*; (*Boot*) zozobrar; **er kippte mit dem Stuhl/mit dem Fahrrad um** se cayó de la silla/de la bicicleta 2. (*fam: ohnmächtig werden*) desmayarse, desplomarse 3. (*fam abw: Gesinnung wechseln*) cambiar de chaqueta; **ihre gute Laune kippte in Wut um** su buen humor se convirtió en furia 4. (*fam: Gewässer*) contaminarse; (*Wein*) volverse II. *vt* derribar, volcar

umklammern* *vt* agarrar; (*umarmen*) abrazar (fuertemente); **etw umklammert halten** agarrarse a algo

Umklammerung [-ˈ---] *f* <-, -en> agarrón *m*; (*Umarmung*) abrazo *m* (fuerte)

um|klappen *vt* plegar

Umkleidekabine [ˈʊmklaɪdə-] *f* <-, -n> caseta *f*, desvestidora *f SAm*

umkleiden*[1] *vt* revestir (*mit* con/de)

um|kleiden[2] *vr*: **sich ~** (*geh*) cambiarse de ropa

Umkleideraum [ˈ----] *m* <-(e)s, -räume> vestuario *m*, desvestidora *f Am*

um|knicken I. *vi sein* 1. (*Mast, Baum*) doblarse 2. (*Fuß*) torcerse el pie; **ich bin (mit dem Fuß) umgeknickt** me he torcido el pie II. *vt* doblar; (*brechen*) partir

um|kommen *irr vi sein* 1. (*sterben*) morir, resultar muerto; **ich komme um vor Hitze** (*fam*) me muero de calor 2. (*Lebensmittel*) echarse a perder; **sie kann nichts ~ lassen** no permite que se eche algo a perder

Umkreis *m* <-es, *ohne pl*> alrededores *mpl*, cercanías *fpl*; **im ~ von fünf Kilometern** en un radio de cinco kilómetros

umkreisen* *vt* girar alrededor de

Umkreisung *f* <-, -en> giro *m* (+*gen* alrededor de), vuelta *f* (+*gen* alrededor de); (*Vollendung einer Umlaufbahn*) vuelta *f*

um|krempeln [ˈʊmkrɛmpəln] *vt* 1. (*Kleidung*) subirse, (ar)remangarse 2. (*durchwühlen*) poner patas arriba, revolver 3. (*fam: vollständig ändern*) cambiar por completo

Umladegut *nt* <-(e)s, -güter> mercancía *f* a transbordar; **Umladehafen** *m* <-s, -häfen> puerto *m* de transbordo; **Umladekonnossement** *nt* <-(e)s, -e> (WIRTSCH) conocimiento *m* de transbordo; **Umladekosten** *pl* costes *mpl* de transbordo; **Umladekran** *m* <-(e)s, -kräne> grúa *f* de transbordo

um|laden *irr vt* tra(n)sbordar

Umlage *f* <-, -n> (FIN) contribución *f*; **Umlagebefreiung** *f* <-, *ohne pl*> exención *f* contributiva; **umlagepflichtig** *adj* sujeto a una contribución

umlagern* *vt* rodear

Umland *nt* <-(e)s, *ohne pl*> alrededores *mpl*

Umlauf[1] *m* <-(e)s, *ohne pl*> 1. (*von Geld, Blut*) circulación *f*; **im ~ sein** estar en circulación; **in ~ bringen** poner en circulación 2. (*Umkreisen*) revolución *f*

Umlauf[2] *m* <-(e)s, -läufe> 1. (*Rundschreiben*) circular *f* 2. (*einzelne Kreisbewegung*) vuelta *f*

Umlaufbahn *f* <-, -en> (ASTR) órbita *f*

umlaufen*[1] *irr vt* dar una vuelta (a), correr alrededor (de); (*Himmelskörper*) girar alrededor (de)

um|laufen[2] *irr* I. *vi sein* (*zirkulieren*) circular II. *vt* (*umrennen*) atropellar corriendo [*o* al correr]

Umlauffähigkeit *f* <-, *ohne pl*> (WIRTSCH) capacidad *f* de circulación; **Umlaufgeschwindigkeit** *f* <-, -en> 1. (*eines Planeten*) velocidad *f* de revolución 2. (WIRTSCH) velocidad *f* de circulación; **Umlaufkühlung** *f* <-, -en> (TECH) refrigeración *f* por circulación; **Umlaufrendite** *f* <-, -n> (WIRTSCH) réditos *mpl* circulantes; **Umlaufverdampfer** *m* <-s, -> (TECH) evaporador *m* por circulación; **Umlaufvermögen** *nt* <-s, -> (WIRTSCH) activo *m* circulante

Umlaut *m* <-(e)s, -e> (LING) vocal *f* modificada

um|lauten *vt* (LING): **ein Vokal wird umgelautet** una vocal sufre una metafonía (*zu* pasando a); **das „o" in „Horn" wird im Plural zu „ö" umgelautet** la "o" de "Horn" se convierte en (el) plural en "ö"

um|legen *vt* 1. (*in die waagerechte Lage bringen: Mast, Bäume*) derribar; (*Hebel, Schalter*) cambiar de posición; (*Lehne*) plegar; (*Bäume fällen*) talar; **der Sturm legte in unserer Straße zwei Bäume um** la tormenta derribó dos árboles en nuestra calle 2. (*um den Körper: Kleidungsstücke*) poner por encima, echar por encima; (*Halskette, Verband*) poner 3. (*fam: erschießen*) cargarse, tronar *Mex* 4. (*Termin*) cambiar; (*auf später*) aplazar (*auf* a); (*vorverlegen*) adelantar (*auf* a) 5. (*örtlich*) cambiar de sitio; **der Patient wurde auf ein anderes Zimmer umgelegt** han

U

cambiado al paciente de habitación **6.** (*Ausgaben*) distribuir (*auf* entre), repartir (*auf* entre)

Umlegung *f* <-, -en> distribución *f*, reparto *m*; ~ **von Kosten** distribución de costes

um|leiten *vt* desviar; **Umleitung** *f* <-, -en> desviación *f*, desvío *m*

um|lernen *vt* cambiar de método; (*Beruf wechseln*) cambiar de profesión

umliegend *adj* vecino, de los alrededores

Umluft *f* <-, *ohne pl*> aire *m* que circula; **Umluftherd** *m* <-(e)s, -e> horno *m* por aire (de circulación)

ummanteln* *vt* revestir

Ummantelung *f* <-, -en> (TECH) revestimiento *m*

ummauern* *vt* amurallar

um|melden *vt* cambiar de registro; **Ummeldung** *f* <-, -en>: **bei Umzügen an einen anderen Wohnort ist eine ~ polizeilich vorgeschrieben** si uno cambia de lugar de residencia debe notificarlo a la policía

um|modeln ['ʊmmo:dəln] *vt* modificar, transformar

umnachtet [-'--] *adj:* **geistig** ~ demente

Umnachtung [-'--] *f* <-, -en> (*geh*) enajenación *f* mental; **in geistiger** ~ en estado de enajenación mental

Umorganisation *f* <-, -en> reorganización *f*; **eine weitgehende/tiefgreifende ~ durchführen** llevar a cabo una reorganización de gran alcance/profunda; **um|organisieren*** *vt* reorganizar; **um|packen** *vt* **1.** (*anders einpacken*) cambiar el embalaje (de) **2.** (*neu packen*) empaquetar de nuevo; (*Koffer*) rehacer, volver a hacer; **etw aus dem Koffer in eine Tasche** ~ sacar algo de la maleta y ponerlo en un bolso; **um|pflanzen** *vt* tra(n)splantar

um|pflügen *vt* arar, roturar

um|polen *vt* (PHYS, ELEK) invertir la polaridad (de); **um|quartieren*** *vt* cambiar de alojamiento; (*evakuieren*) evacuar

umrahmen* *vt:* **etw musikalisch** ~ acompañar algo con música

umranden* *vt* bordear, rodear; **etw rot** ~ encuadrar algo de rojo

Umrandung [-'--] *f* <-, -en> reborde *m*

umranken* [ʊm'raŋkən] *vt* trepar por, emparrarse por; **viele Sagen ~ dieses geheimnisvolle Schloss** (*fig*) hay muchas leyendas alrededor de este castillo

um|räumen *vt* (*anders anordnen*) disponer de otra manera, cambiar de sitio

um|rechnen *vt* (*Maßeinheiten*) convertir (*in* en); (*Währungen*) calcular en otra moneda; **der Flug kostet umgerechnet 2.000 Mark** el vuelo cuesta (calculado) en moneda alemana 2.000 marcos

Umrechnung *f* <-, -en> cambio *m*, conversión *f*; **Umrechnungskurs** *m* <-es, -e> cotización *f*, tipo *m* de cambio; **amtlicher** ~ tipo de cambio oficial; **zum ~ von …** al (tipo de) cambio de…

umreißen*[1] *irr vt* esbozar; **er konnte die Probleme nur kurz** ~ sólo pudo exponer los problemas a grandes rasgos

um|reißen[2] *irr vt* **1.** (*umwerfen*) echar [*o* arrojar] al suelo **2.** (*Mauer*) derribar, demoler

um|rennen *irr vt* atropellar corriendo, derribar al correr

umringen* *vt* rodear

Umriss[RR] ['--] *m* <-es, -e>, **Umriß** *m* <-sses, -sse> contorno *m*, silueta *f*; **etw in groben Umrissen darstellen** exponer algo a grandes rasgos

umrissen [ʊm'rɪsən] **I.** *pp von* **umreißen**[1] **II.** *adj:* **scharf** ~ claramente definido

um|rühren *vt* remover; **unter ständigem U~ aufkochen** hervir sin dejar de mezclar

umrunden* *vt* rodear, dar una vuelta (a)

um|rüsten **I.** *vt* (*Fahrzeug*) transformar **II.** *vi* (MIL) reequipar [*o* reorganizar] el armamento

ums [ʊms] = **um das** *s.* **um**

um|satteln *vi* (*fam: beruflich*) cambiar de profesión; (*im Studium*) cambiar de carrera; **er hat von Kellner auf Koch umgesattelt** cambió de camarero para cocinero

Umsatz *m* <-es, -sätze> volumen *m* de ventas; **gut behaupteter** ~ volumen de negocios firme; **einen hohen ~ machen** (*fam*) tener un gran volumen de ventas; **Umsatzabgabe** *f* <-, -n> impuesto *m* sobre el volumen de negocios; **Umsatzanstieg** *m* <-(e)s, *ohne pl*> aumento *m* del volumen [*o* de la cifra] de negocios; **Umsatzbelebung** *f* <-, -en> reactivación *f* de la cifra de ventas, reanimación *f* de la cifra de ventas; **Umsatzbeteiligung** *f* <-, -en> (FIN, WIRTSCH) participación *f* en los beneficios; **jdm 10% ~** [*o* **eine ~ von 10%**] **gewähren** conceder a alguien el 10% de participación [*o* una participación del 10%] en los beneficios; **Umsatzkapital** *nt* <-s, -e *o* -ien> (WIRTSCH) capital *m* circulante; **Umsatzplus** *nt* <-, *ohne pl*> aumento *m* de la cifra de negocios; **Umsatzrendite** *f* <-, -n> (WIRTSCH) réditos *mpl* circulantes; **Umsatzschwankung** *f* <-, -en> fluctuación *f* de la cifra de ventas; **Umsatzstatistik** *f* <-, -en> estadística *f* de ventas; **Umsatzsteigerung** *f* <-, -en> (FIN, WIRTSCH) aumento *m* de los beneficios; **eine ~ von 25% erzielen/verzeichnen** alcanzar/registrar un aumento de los beneficios del 25%

Umsatzsteuer *f* <-, -n> impuesto *m* sobre el volumen de ventas; **Umsatzsteueridentifikationsnummer** *f* <-, -n> número *m* de identificación fiscal

Umsatzvolumen *nt* <-s, -> volumen *m* de negocios; **Umsatzzuwachs** *m* <-es, -wächse> crecimiento *m* de la cifra de ventas [*o* del volumen de negocios]

um|säumen[1] *vt* (*Stoffrand*) hacer un dobladillo (a)

umsäumen*[2] *vt* (*geh: umgeben*) rodear

um|schalten **I.** *vi* **1.** (*Einstellung ändern*)

cambiar; **die Ampel schaltet von Rot auf Grün um** el semáforo cambia [*o* pasa] del rojo al verde **2.** (RADIO, TV: *Programm*) cambiar de canal; (*verbinden*) conectar, ponerse en contacto; **auf das zweite Programm** ~ cambiar a la segunda cadena; **wir schalten jetzt um nach Hamburg** ahora conectamos con Hamburgo **3.** (*fam: sich umstellen*) reorientarse; **nach langer Krankheit auf Berufsleben** ~ reacostumbrarse a la vida laboral después de una larga enfermedad **II.** *vt* (ELEK) conmutar

Umschalter *m* <-s, -> conmutador *m;* (*der Schreibmaschine*) tecla *f* de mayúsculas/minúsculas

Umschalttaste *f* <-, -n> interruptor *m* de cambio; (*an der Schreibmaschine*) tecla *f* de (las) mayúsculas

Umschaltung *f* <-, -en> (RADIO) cambio *m* de emisora; (TV) cambio *m* de canal

Umschau *f* <-, *ohne pl*> **1.** (*Rundblick*) vista *f*, panorama *m* **2.** (*das Sichumsehen*) visita *f;* **freie** ~ entrada libre; **nach etw** *dat*/**jdm** ~ **halten** buscar algo/a alguien (con la vista)

um|schauen *vr:* **sich** ~ (*reg*) *s.* **umsehen**

um|schichten *vt* **1.** (*Stapel*) apilar de nuevo **2.** (*neu einteilen*) reestructurar, reagrupar; **Umschichtung** *f* <-, -en> reestructuración *f*, reagrupación *f;* **soziale** ~ cambio en la estratificación de la sociedad

umschiffen* *vt* (NAUT) circunnavegar, navegar alrededor (de); **ein Kap** ~ doblar un cabo

Umschlag[1] *m* <-(e)s, -schläge> **1.** (*Buch~*) cubierta *f* **2.** (*Brief~*) sobre *m* **3.** (MED) compresa *f;* (*heiß*) cataplasma *m*

Umschlag[2] *m* <-(e)s, *ohne pl*> **1.** (*Veränderung*) cambio *m* (brusco) **2.** (WIRTSCH: *Umladung*) tra(n)sbordo *m*

Umschlagbahnhof *m* <-(e)s, -höfe> estación *f* de tra(n)sbordo; **Umschlagbetrieb** *m* <-(e)s, -e> negocio *m* de transbordo

um|schlagen *irr* **I.** *vt* **1.** (*Ärmel*) (ar)remangar; (*Buchseite*) volver, dar la vuelta (a) **2.** (*Güter*) tra(n)sbordar; (*Ladung*) operar **II.** *vi sein* **1.** (*Wetter, Stimmung*) cambiar repentinamente; (*Stimme*) transformarse repentinamente; **ins Gegenteil** ~ caer en el otro extremo **2.** (*Boot*) zozobrar; (*Fahrzeug*) volcar

Umschlaghafen *m* <-s, -häfen> puerto *m* de tra(n)sbordo; **Umschlagplatz** *m* <-es, -plätze> lugar *m* de tra(n)sbordo; **Umschlagskosten** *pl* (WIRTSCH) gastos *mpl* de transbordo; **Umschlagszeit** *f* <-, -en> tiempo *m* para el transbordo, tiempo *m* de rotación; **Umschlagtarif** *m* <-s, -e> tarifa *f* de transbordo

umschließen* *irr vt* **1.** (*umgeben*) cercar, rodear **2.** (*umzingeln*) poner cerco (a) **3.** (*einschließen*) encerrar, encercar; **umschlingen*** *irr vt* (*mit den Armen*) rodear con los brazos, abrazar; **eng umschlungen** estrechamente abrazados; **jdn eng umschlungen halten** mantener a alguien estrechamente abrazado

umschlossen *pp von* **umschließen**

umschlungen *pp von* **umschlingen**

umschmeicheln* *vt* (*schöntun*) adular, agasajar; **der Wind umschmeichelt ihr Haar** la brisa acaricia su pelo

um|schmeißen *irr vt* (*fam*) **1.** (*Gegenstand*) tirar, derribar; (*Pläne*) echar por tierra **2.** (*erschüttern*) dejar atontado

um|schnallen *vt* (*Gürtel*) ponerse

umschreiben*[1] *irr vt* **1.** (*festlegen*) determinar, delimitar **2.** (*mit anderen Worten*) parafrasear **3.** (MATH) circunscribir

um|schreiben[2] *irr vt* **1.** (*Text*) refundir; (*ändern*) cambiar **2.** (*Hypothek*) transferir (*auf* a) **3.** (*transkribieren*) transcribir

Umschreibung[1] ['---] *f* <-, *ohne pl*> (*schriftliche Änderung*) **1.** (*eines Textes*) refundición *f;* (*in andere Schrift*) transcripción *f* **2.** (*einer Hypothek*) tranferencia *f* (*auf* a)

Umschreibung[2] [-'--] *f* <-, -en> (*umschreibender Ausdruck*) perífrasis *f inv;* (*von Aufgaben*) delimitación *f*

umschrieben *pp von* **umschreiben**[1]

Umschrift ['--] *f* <-, -en> (LING) transcripción *f*

um|schulden *vt* (FIN) convertir

Umschuldung *f* <-, -en> (FIN) (re)conversión *f* (de la deuda), reestructuración *f* (de la deuda)

um|schulen *vt* **1.** (*Kind*) enviar [*o* mandar] a otro colegio, cambiar de colegio **2.** (*beruflich*) readaptar (profesionalmente); **er lässt sich zum Programmierer** ~ hace un curso (del INEM) para programador

Umschulung *f* <-, -en> **1.** (*Kind*) cambio *m* de escuela **2.** (*beruflich*) readaptación *f* profesional; **eine** ~ **machen** hacer un curso de readaptación profesional; **Umschulungskurs** *m* <-es, -e> curso *m* de readaptación profesional

um|schütten *vt* **1.** (*umfüllen*) trasegar **2.** (*umwerfen*) derramar

umschwärmen* *vt* **1.** (*umfliegen*) revolotear alrededor (de), volar alrededor (de) **2.** (*verehren*) idolatrar

Umschweife *mpl* rodeos *mpl;* **ohne** ~ sin rodeos; **keine** ~ **machen** no dar rodeos

um|schwenken *vi* **1.** (*Marschierer, Kolonne*) variar el frente **2.** (*seine Meinung ändern*) cambiar su parecer (*auf* por)

umschwirren* *vt* revolotear alrededor (de)

Umschwung *m* <-(e)s, -schwünge> **1.** (*Veränderung*) cambio *m* (brusco) **2.** (*Schweiz: umgebendes Gelände*) tierra *f* circundante

umsegeln* *vt* circunnavegar, navegar alrededor (de)

um|sehen *irr vr:* **sich** ~ **1.** (*zurückblicken*) volver la cabeza, mirar hacia atrás; **er sieht sich nach ihr um** la sigue con la mirada **2.** (*herumsehen*) mirar alrededor; **ich sehe mich nur mal um** voy a echar solamente un

U

vistazo; **ich sehe mich etwas im Dorf um** voy a dar una vuelta por el pueblo; **darf ich mich bei Ihnen mal ein bisschen ~?** ¿puedo mirar un poquito lo que tienen?; **du wirst dich noch ~!** (*fam*) ¡ya verás lo que es bueno! **3.** (*suchen*) buscar (*nach*), ir en busca (*nach* de); **sich nach einem neuen Mantel ~** ir en busca de un abrigo nuevo; **wir müssen uns nach einem neuen Auftraggeber ~** tenemos que buscarnos un nuevo cliente

um|sein *irr vi sein* (*fam*) acabar; **die Pause ist gleich/in zwei Minuten um** la pausa se acaba enseguida/en dos minutos; **die Ferien sind ~** las vacaciones han terminado

umseitig ['ʊmzaɪtɪç] *adj* a la vuelta, al dorso; **siehe ~e Abbildung** véase la ilustración al dorso

um|setzen I. *vt* **1.** (*anders setzen*) poner en otro sitio, cambiar de sitio; (*Pflanzen*) trasplantar **2.** (*verkaufen*) vender; **heute wurden Waren im Wert von 20.000 Mark umgesetzt** hoy se han vendido mercancías por valor de 20.000 marcos **3.** (*umwandeln*) transformar (*in* en); **ein Theaterstück filmisch ~** plasmar una obra de teatro cinematográficamente; **sein Geld in Schallplatten ~** invertir su dinero en discos **4.** (*anwenden*) realizar; **ein Projekt ~** poner un proyecto en práctica; **etw in die Tat ~** llevar algo a la práctica **II.** *vr:* **sich ~** sentarse en otro sitio

Umsicht *f* <-, *ohne pl*> cautela *f;* **mit viel ~ handeln** actuar con mucha cautela

umsichtig *adj* cauteloso, prudente

um|siedeln I. *vi sein* trasladarse (*nach/in* a) **II.** *vt* trasladar

Umsiedler(in) *m(f)* <-s, -; -, -nen> persona *f* desplazada (de su país)

Umsiedlung *f* <-, -en> **1.** (*Umzug*) traslado *m* **2.** (*der Bevölkerung*) traslado *m* de la población

um|sinken *irr vi sein* caer(se), desplomarse; **ohnmächtig ~** desmayarse; **vor Erschöpfung ~** caerse de cansancio

umso[RR] ['ʊmzo] *konj* tanto más...

umsonst [ʊm'zɔnst] *adv* **1.** (*unentgeltlich*) gratis, de coca *Mex;* **das ist ~** esto es gratis **2.** (*vergeblich*) en vano, para nada; **alles ~** todo en vano **3.** (*grundlos*) sin motivo; **das hat er nicht ~ getan** por algo lo hizo

umsorgen* *vt:* **jdn ~** cuidar de alguien; **ihr Ehemann umsorgt sie nach einem harten Arbeitstag** su marido la llena de atenciones después de un arduo día de trabajo

umspannen*[1] *vt* **1.** (*umgreifen*) rodear **2.** (*einschließen*) abarcar, comprender

um|spannen[2] *vt* (ELEK: *Strom*) transformar

Umspannstation *f* <-, -en> estación *f* transformadora; **Umspannwerk** ['---] *nt* <-(e)s, -e> central *f* transformadora

umspielen* [ʊm'ʃpiːlən] *vt* (*geh: umgeben*) adivinarse, asomar; **ein ironischer Gesichtsausdruck umspielte seinen Mund** una expresión irónica se insinuaba en sus labios

um|springen *irr vi sein* **1.** (*Ampel*) cambiar (*von* de, *auf* a); (*Wind*) cambiar (bruscamente) de dirección **2.** (*abw: behandeln*) tratar (mal) (*mit* a); **so kannst du nicht mit ihr ~** no puedes tratarla así

um|spulen *vt* rebobinar (*auf* a)

umspülen* *vt* bañar, regar

Umstand *m* <-(e)s, -stände> **1.** (*Tatsache*) hecho *m;* (*Einzelheit*) detalle *m* **2.** (JUR) circunstancia *f;* **mildernde Umstände** circunstancias atenuantes **3.** *pl* (*Verhältnisse*) circunstancias *fpl,* condiciones *fpl;* (*Lage*) situación *f;* **unter Umständen** eventualmente, tal vez; **unter keinen Umständen** de ningún modo; **unter diesen Umständen** dadas las circunstancias; **unter allen Umständen** cueste lo que cueste, a toda costa; **den Umständen entsprechend** de acuerdo a las circunstancias; **wegen unvorhergesehener Umstände** debido a circunstancias imprevistas; **wenn es die Umstände erlauben** si las circunstancias lo permiten; **in anderen Umständen sein** estar encinta **4.** *pl* (*Mühe, Aufwand*) molestia *f;* **ohne große Umstände** sin muchas molestias; **das macht gar keine Umstände** no es ninguna molestia; **Umstände bereiten** causar molestias; **machen Sie sich keine Umstände!** ¡no se moleste!

umständehalber *adv* por circunstancias particulares; **~ zu verkaufen** venta de ocasión

umständlich *adj* **1.** (*ausführlich*) detallado; (*weitschweifig*) prolijo **2.** (*verwickelt*) complicado **3.** (*beschwerlich*) molesto; (*lästig*) pesado; **das ist mir zu ~** me resulta demasiado molesto **4.** (*förmlich*) ceremonioso; **er ist schrecklich ~** es terriblemente ceremonioso **5.** (*übergenau*) minucioso

Umständlichkeit *f* <-, *ohne pl*> **1.** (*Weitschweifigkeit*) prolijidad *f;* **was mich an Werner am meisten aufregt, ist seine ~** lo que me saca de quicio de Werner es lo complicado que es **2.** (*Aufwändigkeit*) laboriosidad *f,* complicación *f;* **wir haben diese Methode wegen ihrer ~ wieder verworfen** hemos desechado de nuevo este método por lo laborioso [*o* complicado] que es

Umstandsbestimmung *f* <-, -en> (LING) complemento *m* circunstancial; **Umstandskleid** *nt* <-(e)s, -er> vestido *m* (de) premamá [*o* de embarazada]; **Umstandskleidung** *f* <-, -en> ropa *f* de premamá [*o* de embarazada]; **Umstandskrämer(in)** *m(f)* <-s, -; -, -nen> (*fam*) persona *f* obtusa e irresoluta; **Umstandswort** *nt* <-(e)s, -wörter> (LING) adverbio *m*

umstehend *adj* **1.** (*ringsum stehend*) presente; **die ~en Leute** los presentes **2.** (*umseitig*) al dorso

um|steigen *irr vi sein* **1.** (*Fahrzeug wechseln*) hacer tra(n)sbordo; **in den Intercity ~** coger el intercity; **in einen anderen Zug ~** cambiar de tren **2.** (*fam: überwechseln*) pasar (*auf* a)

Umsteiger(in) *m(f)* <-s, -; -, -nen> viajero, -a *m, f* que hace transbordo
umstellen*[1] *vt* rodear, cercar; **das Haus war von allen Seiten umstellt** la casa estaba completamente rodeada
um|stellen[2] I. *vt* 1. (*Dinge*) poner en otro sitio, colocar de otro modo; (*Reihenfolge*) invertir 2. (*Uhr*) cambiar; **ich habe vergessen die Uhr umzustellen** me he olvidado de cambiar la hora 3. (*Betrieb*) reorganizar; (*Ernährung*) cambiar (*auf* a); **etw auf Maschinenbetrieb** ~ mecanizar algo; **die Heizung auf Erdgas** ~ adaptar la calefacción a gas natural 4. (*ändern*) modificar II. *vr:* **sich** ~ adaptarse (*auf* a)
Umstellung ['---] *f* <-, -en> 1. (*von Dingen*) cambio *m* de lugar; (*der Reihenfolge*) inversión *f* del orden 2. (*Anpassung*) adaptación *f* (*auf* a); (*eines Betriebs*) reorganización *f;* ~ **auf Computer** computarización *f;* ~ **auf Maschinen** mecanización *f* 3. (*Veränderung*) cambio *m,* modificación *f;* ~ **auf neue Erzeugnisse** readaptación a nuevos productos; ~ **der Produktion** reajuste de la producción; **Umstellungkosten** *pl* costes *mpl* de reconversión
um|stimmen *vt* 1. (*Instrument*) cambiar la afinación (de) 2. (*Person*) hacer cambiar de opinión; **sie ließ sich nicht** ~ no se dejó persuadir
um|stoßen *irr vt* 1. (*Gegenstand*) volcar, tirar 2. (*Plan*) echar por tierra
umstritten [-'--] *adj* controvertido, discutido
um|strukturieren* *vt* reestructurar; **Umstrukturierung** *f* <-, -en> reestructuración *f*
um|stülpen ['ʊmʃtʏlpən] *vt* 1. (*Behälter*) volcar; (*Tasche*) volver (al revés) 2. (*ändern*) cambiar a fondo
Umsturz *m* <-es, -stürze> golpe *m* de estado, revolución *f*
um|stürzen I. *vi sein* (*umfallen*) caerse; (*einstürzen*) derribarse; (*Wagen*) volcar II. *vt* 1. (*umstoßen*) volcar, tumbar; (*Regierung*) derribar, derrocar 2. (*ändern*) cambiar; (*grundlegend*) revolucionar
umstürzlerisch *adj* revolucionario, subversivo
Umsturzversuch *m* <-(e)s, -e> intento *m* de golpe de estado
um|taufen *vt* cambiar de nombre
Umtausch *m* <-(e)s, -e> 1. (*von Waren*) cambio *m,* canje *m;* **die Waren sind vom** ~ **ausgeschlossen** las mercancías no se pueden cambiar; **im** ~ **gegen etw** a cambio de algo 2. (*von Geld*) cambio *m*
um|tauschen *vt* cambiar (*gegen* por)
um|topfen *vt* cambiar de maceta
Umtrieb *m* <-(e)s, -e> 1. *pl* (*Aktivitäten*) agitaciones *fpl* 2. (*Schweiz: Mühe, Aufwand*) esfuerzo *m*
umtriebig ['ʊmtri:bɪç] *adj* diligente
Umtrunk *m* <-(e)s, -trünke> juerguecita *f,* francachela *f*
um|tun *irr vr:* **sich** ~ (*fam*) ir en busca (*nach* de), buscar (*nach*); **ich muss mich nach einer neuen Wohnung** ~ tengo que buscar un nuevo piso
U-Musik ['u:muzi:k] *f* <-, *ohne pl*> música *f* ligera
Umverpackung *f* <-, -en> envase *m* exterior, envoltura *f* exterior
um|verteilen* *vt* redistribuir; **Umverteilung** *f* <-, -en> (WIRTSCH) redistribución *f;* ~ **von Haushaltsmitteln** redistribución del presupuesto
um|wälzen *vt* hacer circular
umwälzend *adj* revolucionario
Umwälzpumpe *f* <-, -n> bomba *f* de circulación
Umwälzung *f* <-, -en> 1. (TECH) circulación *f* 2. (*gesellschaftlich*) cambio *m* profundo [*o* radical]
um|wandeln *vt* transformar (*in* en), convertir (*in* en); (*Strafe*) conmutar (*in* por); **Sie sind wie umgewandelt** Ud. parece otro
Umwandlung *f* <-, -en> transformación *f* (*in* en), cambio *m;* (*einer Strafe*) conmutación *f* (*in* por); **Umwandlungswärme** *f* <-, *ohne pl*> (CHEM) calor *m* de transformación
um|wechseln *vt* cambiar (*in* por)
Umweg *m* <-(e)s, -e> rodeo *m;* **einen** ~ **machen** dar un rodeo; **auf** ~**en** con rodeos, por vía indirecta; **etw auf** ~**en erfahren** enterarse de algo por terceros
Umwelt *f* <-, *ohne pl*> entorno *m;* (ÖKOL) medio *m* ambiente; **Umweltausschuss[RR]** *m* <-es, -schüsse> comisión *f* de medio ambiente; **Umweltbeauftragte(r)** *mf* <-n, -n; -n, -n> delegado, -a *m, f* de medio ambiente; **Umweltbedingungen** *fpl* condiciones *fpl* medioambientales; **umweltbelastend** *adj* contaminante; **Umweltbelastung** *f* <-, -en> contaminación *f* del medio ambiente; **umweltbewusst[RR]** *adj* concienciado ecológicamente; **Umweltbewusstsein[RR]** *nt* <-s, *ohne pl*> conciencia *f* ambiental [*o* ecológica]; **Umweltbundesamt** ['--'---] *nt* <-(e)s, *ohne pl*> Oficina *f* Federal del Medio Ambiente; **Umweltdiskussion** *f* <-, *ohne pl*> discusión *f* sobre el medio ambiente; **Umwelteinfluss[RR]** *m* <-es, -flüsse> influencia *f* ambiental; **Umweltengel** *m* <-s, -> (ÖKOL) ecoetiqueta *f,* etiqueta *f* de productos ecológicos; **Umweltfaktor** *m* <-s, -en> factor *m* ambiental [*o* ecológico]; **umweltfeindlich** *adj* contaminante, nocivo para el medio ambiente; **Umweltforschung** *f* <-, *ohne pl*> 1. (BIOL) ecología *f* 2. (SOZIOL) investigación *f* de la influencia del hombre sobre el medio ambiente; **umweltfreundlich** *adj* no contaminante; **Umweltgefahr** *f* <-, -en> peligro *m* ambiental [*o* para el medio ambiente]; **umweltgefährdend** *adj* agresivo para el medio ambiente, que perjudica el medio ambiente; **Umwelt-**

gefährdung *f* <-, -en> amenaza *f* ambiental [*o* para el medio ambiente]; **Umweltgeologie** *f* <-, *ohne pl*> geología *f* del medio ambiente; **umweltgerecht** *adj* acorde con el medio ambiente; **Umweltgift** *nt* <-(e)s, -e> (sustancia *f*) contaminante *m;* **Umweltkatastrophe** *f* <-, -n> desastre *m* ecológico; **Umweltkriminalität** *f* <-, *ohne pl*> delincuencia *f* ambiental; **Umweltlobby** *f* <-, -s> lobby *m* del medio ambiente; **Umweltmaßnahme** *f* <-, -n> medida *f* de protección del medio ambiente; **Umweltmedizin** *f* <-, *ohne pl*> medicina *f* del medio ambiente; **Umweltminister(in)** *m(f)* <-s, -; -, -nen> ministro, -a *m, f* del Medio Ambiente; **Umweltministerium** *nt* <-s, -ministerien> Ministerio *m* del Medio Ambiente; **Umweltorganisation** *f* <-, -en> organización *f* para la protección del medio ambiente; **Umweltpapier** *nt* <-s, -e> papel *m* reciclado; **Umweltplanung** *f* <-, -en> planificación *f* ecológica; **Umweltpolitik** *f* <-, -en> política *f* del medio ambiente; **Umweltprogramm** *nt* <-(e)s, -e> programa *m* ambiental; **Umweltqualität** *f* <-, *ohne pl*> calidad *f* ambiental; **Umweltredakteur(in)** *m(f)* <-s, -e; -, -nen> redactor(a) *m(f)* del medio ambiente; **Umweltreferent(in)** *m(f)* <-en, -en; -, -nen> ponente *mf* del medio ambiente; **Umweltsanierung** *f* <-, -en> saneamiento *m* del medio ambiente; **Umweltschäden** *mpl* daños *mpl* ecológicos; **umweltschädlich** *adj* nocivo para el medio ambiente; **Umweltschadstoff** *m* <-(e)s, -e> sustancia *f* contaminante del medio ambiente

Umweltschutz *m* <-es, *ohne pl*> protección *f* del medio ambiente, defensa *f* del medio ambiente; **Umweltschutzbeauftragte(r)** *mf* <-n, -n; -n, -n> comisionado, -a *m, f* para la protección del medio ambiente; **Umweltschutzbewegung** *f* <-, -en> movimiento *m* ecologista

Umweltschützer(in) *m(f)* <-s, -; -, -nen> defensor(a) *m(f)* del medio ambiente, ecologista *mf*

Umweltschutzorganisation *f* <-, -en> organización *f* para la defensa del medio ambiente; **Umweltschutzpapier** *nt* <-s, -e> papel *m* reciclado; **Umweltschutzpolitik** *f* <-, -en> política *f* de defensa ecológica; **Umweltschutztechnik** *f* <-, *ohne pl*> ingeniería *f* ambiental [*o* del medio ambiente]

Umweltskandal *m* <-s, -e> escándalo *m* ecológico; **Umweltsteuer** *f* <-, -n> impuesto *m* ecológico; **Umweltstreitigkeiten** *fpl* disputas *fpl* ecológicas; **Umweltsünder(in)** *m(f)* <-s, -; -, -nen> (*fam*) contaminador(a) *m(f)* del medio ambiente; **Umweltterrorismus** *m* <-, *ohne pl*> terrorismo *m* medioambiental; **Umweltvergehen** *nt* <-s, -> delito *m* ecológico; **Umweltvergiftung** *f* <-, -en> contaminación *f* ambiental; **Umweltverschmutzer(in)** *m(f)* <-s, -; -, -nen> contaminador(a) *m(f)* del medio ambiente; **Umweltverschmutzung** *f* <-, -en> contaminación *f* del medio ambiente; **umweltverträglich** *adj* compatible con el medio ambiente

Umweltverträglichkeit *f* <-, *ohne pl*> impacto *m* ambiental; **Umweltverträglichkeitsprüfung** *f* <-, -en> análisis *m inv* del impacto ambiental

Umweltzeichen *nt* <-s, -> (ÖKOL) *s.* **Umweltengel**; **Umweltzerstörung** *f* <-, -en> destrucción *f* del medio ambiente

um|wenden *irr* **I.** *vt* dar la vuelta (a), volver **II.** *vr:* **sich** ~ darse la vuelta, volver la cabeza (*nach* a/hacia)

umwerben* *irr vt* galantear, cortejar, pastorear *Arg, Urug*

um|werfen *irr vt* **1.** (*Gegenstand*) volcar, tirar **2.** (*fam: Plan*) echar por tierra **3.** (*fam: aus der Fassung bringen*) dejar atontado, dejar con la boca abierta

umwerfend *adj* deslumbrante, impresionante

umwickeln* *vt* envolver

um|widmen *vt* (*formal*) convertir (*zu/in* en)

umwölken* [ʊmˈvœlkən] **I.** *vt* cubrir de nubes **II.** *vr:* **sich** ~ (*Himmel*) cubrirse de nubes; (*Blick*) volverse sombrío

umworben *pp von* **umwerben**

umzäunen* [ʊmˈtsɔɪnən] *vt* cercar

Umzäunung [-ˈ--] *f* <-, -en> cerco *m,* vallado *m*

um|ziehen *irr* **I.** *vi sein* mudarse (*nach* a), trasladarse (*nach* a); **sie will nach Berlin** ~ quiere mudarse a Berlín **II.** *vr:* **sich** ~ cambiarse (de ropa), mudarse (de ropa)

umzingeln* *vt* rodear, cercar

Umzingelung *f* <-, -en> **1.** (*das Umzingeln*) cercamiento *m alt* **2.** (*umzingelter Zustand*) cerco *m*

Umzug *m* <-(e)s, -züge> **1.** (*Wohnungswechsel*) mudanza *f* **2.** (*Festzug*) desfile *m*

Umzugskarton *m* <-s, -s> caja *f* de embalaje; **Umzugskosten** *pl* costos *mpl* de mudanza

UN [uːˈʔɛn] *f Abk. von* **United Nations** NU *fpl*

unabänderlich [ˈ--ˈ---] *adj* inalterable; (*unwiderruflich*) irrevocable; **unabdingbar** [ˈ--ˈ--] *adj* indispensable; **die ~e Voraussetzung ist ...** el requisito indispensable es...; **unabhängig** *adj* independiente (*von* de); (*Staat*) autónomo; **sich von jdm/etw** *dat* ~ **machen** independizarse de alguien/algo; **etw ~ voneinander machen** hacer algo independientemente el uno del otro; **das ist ~ davon, ob ...** esto es independiente de que si...

Unabhängigkeit *f* <-, *ohne pl*> independencia *f* (*von* de); (*wirtschaftlich*) autarquía *f;* **Unabhängigkeitserklärung** *f* <-, -en> proclamación *f* de la independencia

unabkömmlich [ˈ--ˈ--] *adj* **1.** (*sehr beschäftigt*) ocupado **2.** (*unersätzlich*) insustituible;

sie ist im Moment ~ no podemos prescindir de ella en este momento

unablässig ['--'--] *adj* incesante, constante; **~ reden** hablar sin cesar

unabsehbar ['--'--] *adj* **1.** (*Folgen*) imprevisible, incalculable; **auf ~e Zeit** por tiempo indefinido **2.** (*räumlich*) vasto; **unabsichtlich** **I.** *adj* involuntario **II.** *adv* sin querer; **unabwendbar** ['--'--] *adj* inevitable, ineludible

unachtsam *adj* (*unaufmerksam*) desatento; (*nachlässig*) descuidado; **Unachtsamkeit** *f* <-, *ohne pl*> (*Unaufmerksamkeit*) falta *f* de atención; (*Nachlässigkeit*) descuido *m*

unähnlich *adj* diferente; **er ist seinem Bruder nicht ~** se parece mucho a su hermano; **Unähnlichkeit** *f* <-, *ohne pl*> diferencia *f*, desigualdad *f*

unanfechtbar ['--'--] *adj* indiscutible; (*Urteil*) inapelable; (*Argument*) inatacable; **unangebracht** *adj* inoportuno, fuera de lugar; **ich halte es für ~ ...** me parece inoportuno...; **unangefochten** *adj* indiscutido; **unangemeldet** **I.** *adj* no anunciado **II.** *adv* sin anunciar, sin previo aviso; **unangemessen** *adj* inadecuado, impropio; **die Uhr ist ~ teuer** el precio del reloj está fuera de toda proporción; **unangenehm** *adj* desagradable; (*lästig*) molesto, odioso *Am;* (*unsympathisch*) antipático; **~ auffallen** causar una mala impresión; **das kann noch ~ für uns werden** esto puede tener aún malas consecuencias para nosotros; **es ist mir sehr ~, dass ...** me da mucha vergüenza que... +*subj;* **~ werden** volverse desagradable; **er kann sehr ~ werden** puede ser muy desagradable; **hier riecht es ~** aquí hay un olor desagradable; **unangepasst**[RR] *adj,* **unangepaßt** *adj* no asimilado; (*oppositionell*) no conformista; **unangetastet** *adj* intacto; **unangreifbar** ['--'--] *adj* intocable; (*Argument*) irrebatible; **unannehmbar** ['--'--] *adj* inaceptable, inadmisible

Unannehmlichkeit *f* <-, -en> (*Mühe*) molestia *f*, odiosidad *f Am;* (*Ärger*) disgusto *m;* **~en bekommen** tener disgustos; **jdm ~en machen** [*o* **bereiten**] causar molestias a alguien, ser molestia para alguien

unansehnlich *adj* de aspecto desagradable; **die Tapete ist ~ geworden** el empapelado tiene ya mal aspecto; **unanständig** *adj* indecente, verde *fam;* (*obszön*) obsceno

Unanständigkeit[1] *f* <-, *ohne pl*> (*Art*) indecencia *f*

Unanständigkeit[2] *f* <-, -en> (*Äußerung*) obscenidad *f;* **der hat schon wieder eine ~ von sich** *dat* **gegeben** ya ha vuelto a soltar una chocarrería

unantastbar ['--'--] *adj* intangible; (JUR) inviolable; (REL) sagrado; **unappetitlich** *adj* **1.** (*Essen*) poco apetitoso **2.** (*abstoßend*) asqueroso

Unart ['ʊnʔaːɐt] *f* <-, -en> **1.** (*Angewohnheit*) mala costumbre *f* **2.** (*eines Kindes*) travesura *f*

unartig *adj* travieso, malo

unartikuliert *adj* inarticulado

unästhetisch *adj* poco estético; (*abstoßend*) de mal gusto

unaufdringlich *adj* **1.** (*Parfüm*) discreto **2.** (*Mensch*) agradable; **Unaufdringlichkeit** *f* <-, *ohne pl*> **1.** (*eines Parfüms*) suavidad *f*, discreción *f* **2.** (*zurückhaltende Art*) discreción *f*, reserva *f*

unauffällig *adj* **1.** (*Kleidung, Verhalten*) poco llamativo, discreto; (*Kratzer, Narbe*) discreto **2.** (*unbemerkt*) disimulado; **folgen Sie mir ~!** ¡sígame con discreción!; **unauffindbar** ['--'--] *adj* ilocalizable; **unaufgefordert** *adj* voluntario; (*spontan*) espontáneo; **etw ~ tun** hacer algo espontáneamente; **etw ~ zurückgeben** devolver algo voluntariamente; **unaufgeklärt** *adj* no aclarado; **der Fall blieb ~** el caso quedó sin aclararse

unaufhaltsam ['--'--] *adj* incontenible, imparable

unaufhörlich ['--'--] **I.** *adj* incesante, continuo **II.** *adv* sin cesar, sin parar

Unauflösbarkeit *f* <-, *ohne pl*> indisolubilidad *f*

unauflöslich ['--'--] *adj* (*a.* CHEM, JUR) indisoluble

unaufmerksam *adj* **1.** (*nicht aufmerksam*) desatento; (*zerstreut*) distraído, despistado **2.** (*nicht zuvorkommend*) descortés, desatento; **Unaufmerksamkeit** *f* <-, *ohne pl*> **1.** (*Verhalten*) falta *f* de atención; (*Zerstreutheit*) distracción *f* **2.** (*Unhöflichkeit*) descortesía *f*

unaufrichtig *adj* insincero

Unaufrichtigkeit[1] *f* <-, *ohne pl*> (*Art*) insinceridad *f*, falsedad *f*

Unaufrichtigkeit[2] *f* <-, -en> (*Tat*) falsedad *f*

unaufschiebbar ['--'--] *adj* inaplazable

unausbleiblich ['--'--] *adj* inevitable

unausführbar *adj* irrealizable; **Unausführbarkeit** *f* <-, *ohne pl*> impracticabilidad *f*, imposibilidad *f* de poder llevar a cabo

unausgefüllt *adj* **1.** (*Formular*) en blanco; **~ lassen** dejar en blanco; **~es Formular** impreso en blanco **2.** (*Person*) insatisfecho; (*Leben*) vacío

unausgeglichen *adj* **1.** (*ungleichmäßig*) desequilibrado, falto de equilibrio **2.** (*wechselhaft*) inestable; **Unausgeglichenheit** *f* <-, *ohne pl*> **1.** (*Ungleichmäßigkeit*) falta *f* de equilibrio **2.** (*Wechselhaftigkeit*) inestabilidad *f*

unausgegoren *adj* (*abw*) inmaduro; **unausgeschlafen** *adj* medio dormido; **unausgesprochen** *adj* no pronunciada, no formulada; **in ihrem Blick las er einen ~en Vorwurf** en su mirada leyó un reproche silencioso

unausgewogen *adj* desequilibrado; **Unausgewogenheit** *f* <-, *ohne pl*> desequilibrio *m*, falta *f* de equilibrio

U

unauslöschlich ['--'--] *adj* (*geh*) imborrable, duradero

unausrottbar *adj* que no se puede erradicar; **manche Vorurteile scheinen ~ zu sein** algunos prejuicios parece que no se pueden erradicar; **unaussprechbar** ['--'--] *adj* indecible

unaussprechlich ['--'--] *adj* (*Gefühl*) indecible, inefable; (*Elend, Freude*) increíble

unausstehlich ['--'--] *adj* insoportable, inaguantable

unausweichlich ['--'--] *adj* inevitable, ineludible

unbändig ['ʊnbɛndɪç] *adj* **1.** (*wild*) indomable, desenfrenado; **sich ~ aufführen** comportarse indisciplinadamente **2.** (*heftig*) incontenible; **sich ~ auf etw freuen** sentir una alegría incontenible por algo

unbarmherzig *adj* despiadado, sin compasión; **Unbarmherzigkeit** *f* <-, *ohne pl*> inhumanidad *f,* dureza *f*

unbeabsichtigt **I.** *adj* impensado, impremeditado **II.** *adv* sin querer, sin mala intención; **unbeachtet** *adj* inadvertido, desapercibido; **das darf man nicht ~ lassen** esto no puede pasar inadvertido; **unbeanstandet** **I.** *adj* no reclamado; **etw ~ lassen** no reclamar algo **II.** *adv* sin reclamación; **unbeantwortet** *adj* sin respuesta; **~ bleiben/lassen** quedar/dejar sin respuesta; **unbearbeitet** *adj* no labrado, no laboreado; **unbeaufsichtigt** *adj* no vigilado; **unbebaut** *adj* (*Acker*) no cultivado, yermo; (*Grundstück*) sin edificar; **unbedacht** *adj* (*Person*) irreflexivo; (*Handlung*) impensado; **~ handeln** actuar irreflexivamente

unbedarft *adj* ingenuo

unbedeckt *adj* descubierto

unbedenklich **I.** *adj* inofensivo, inocuo **II.** *adv* sin reparo, sin objeción; **Unbedenklichkeit** *f* <-, *ohne pl*> ausencia *f* de objeciones [*o* de reparos]

unbedeutend *adj* **1.** (*unwichtig*) insignificante, poco importante **2.** (*geringfügig*) mínimo; **unbedingt** ['---, '--'-] **I.** *adj* absoluto; (*bedingungslos*) incondicional **II.** *adv* sin falta, a toda costa; **ist das ~ nötig?** ¿es realmente indispensable?; **das will ich ~ wissen** tengo que saberlo sin falta; **nicht ~** no necesariamente; **nicht länger als ~ nötig** nada más de lo absolutamente necesario; **das hat nicht ~ damit zu tun** no tiene que ver necesariamente con eso; **unbeeindruckt** *adj* nada impresionado; **~ bleiben** no dejarse impresionar; **~ lassen** no impresionar en absoluto; **~ fortfahren** continuar sin inmutarse; **unbeeinflussbar**RR *adj,* **unbeeinflußbar** *adj* no influible; **unbefahrbar** ['--'--] *adj* intransitable, impracticable

unbefangen *adj* **1.** (*ungehemmt*) despreocupado, natural **2.** (*unvoreingenommen*) imparcial, sin prejuicios; **Unbefangenheit** *f* <-, *ohne pl*> **1.** (*Ungehemmtheit*) ingenuidad *f,* naturalidad *f* **2.** (*Unvoreingenommenheit*) imparcialidad *f*

unbefleckt *adj* (*geh: Mensch*) inmaculado; (*Gegenstand*) sin manchas; **unbefriedigend** *adj* poco satisfactorio; (*stärker*) no satisfactorio; **unbefriedigt** *adj* insatisfecho; **unbefristet** *adj* ilimitado; **~er Arbeitsvertrag** contrato de trabajo por tiempo indefinido; **unbefugt** *adj* no autorizado

Unbefugte(r) *mf* <-n, -n; -n, -n> persona *f* no autorizada; **~n ist das Betreten verboten** entrada prohibida a personas ajenas al servicio

unbegabt *adj* poco talentoso (*für* para); **musikalisch ~ sein** no tener talento para la música; **unbegehbar** ['--'--] *adj* intransitable, impracticable; **unbeglichen** *adj* sin pagar, no pagado, impagado; **unbegreiflich** ['--'--] *adj* (*unverständlich*) inconcebible, incomprensible; (*unerklärlich*) inexplicable; **es ist mir ~, wie das passieren konnte** no me explico cómo pudo ocurrir esto; **unbegreiflicherweise** *adv* incomprensiblemente, inexplicablemente; **unbegrenzt** *adj* ilimitado, sin límites; **in ~er Höhe** en cantidades ilimitadas; **unbegründet** *adj* injustificado, sin motivo; (JUR) improcedente; **unbehaart** *adj* (*ohne Haare*) sin pelo; (*ohne Körperhaar*) sin vello; (*ohne Bart*) lampiño; (*ohne Kopfhaar*) calvo

Unbehagen ['ʊnbəhaːgən] *nt* <-s, *ohne pl*> disgusto *m,* malestar *m*

unbehaglich *adj* desagradable; **sich ~ fühlen** no estar a gusto; **unbehandelt** *adj* no tratado; **unbehelligt** ['ʊnbəhɛlɪçt] *adj* sin ser molestado; **~ bleiben** no ser molestado; **~ lassen** no molestar; **unbeherrscht** **I.** *adj* desenfrenado; (*Person*) que no sabe dominarse **II.** *adv* desmesuradamente

unbehindert [ʊnbəˈhɪndɐt, ˈʊnbəhɪndɐt] *adj* libre

unbeholfen ['ʊnbəhɔlfən] *adj* torpe, bota *Mex*

Unbeholfenheit *f* <-, *ohne pl*> torpeza *f*

unbeirrbar ['--'--] *adj,* **unbeirrt** *adj* imperturbable, inalterable; **unbekannt** *adj* desconocido; **~ verzogen** (domicilio) desconocido; **eine mir ~e Stadt** una ciudad que me es desconocida; **mit ~em Ziel verreisen** viajar sin destino fijo; **es ist mir nicht ~, dass ...** no ignoro que... *+subj;* **Anzeige gegen ~** (JUR) denuncia contra persona desconocida [*o* contra quien resulta responsable]

Unbekannte[1] *f* <-n, -n> (MATH) incógnita *f*

Unbekannte(r)[2] *mf* <-n, -n; -n, -n> (*Person*) desconocido, -a *m, f;* **er ist dort kein ~r mehr** allí ya no es ningún desconocido

unbekannterweise ['ʊnbəkantɐ'vaɪzə] *adv* sin conocerse; **grüßen sie Ihre Frau ~** dele un saludo a su mujer, aunque yo no tenga el gusto

unbekleidet *adj* desnudo

unbekümmert *adj* despreocupado; **seien Sie ganz ~!** ¡no se preocupe usted en absoluto!, ¡pierda cuidado!; **Unbekümmertheit**

f <-, *ohne pl*> despreocupación *f;* **voller ~ lachen/spielen** reír/jugar con total despreocupación

unbelastet *adj* **1.** (*frei*) libre (*von* de); (*ohne Sorgen*) despreocupado **2.** (*ohne Hypotheken*) sin cargos hipotecarios; **unbelebt** *adj* desanimado; (*Ort*) desierto

unbelehrbar ['--'--] *adj* incorregible; (*halsstarrig*) obstinado; **Unbelehrbarkeit** *f* <-, *ohne pl*> incorregibilidad *f,* obstinación *f*

unbeleuchtet *adj* no iluminado; (*Fahrzeug*) con los faros apagados; **~e Straßen** calles sin alumbrado; **unbelichtet** *adj* (FOTO) sin impresionar

unbeliebt *adj* que goza de pocas simpatías (*bei* entre), impopular; **sich ~ machen** hacerse impopular; **er ist bei allen ~** le cae mal a todos; **Unbeliebtheit** *f* <-, *ohne pl*> impopularidad *f*

unbemannt *adj* no tripulado, sin tripulación; **unbemerkt** *adj* inadvertido, desapercibido; **~ bleiben** pasar desapercibido; **unbemittelt** ['ʊnbəmɪtəlt] *adj* sin medios económicos

unbenommen ['--'--] *adj:* **etw bleibt** [*o* **ist**] **jdm ~** alguien es (muy) dueño [*o* libre] de hacer algo

unbenutzbar *adj* inutilizable; **unbenutzt** *adj* no usado; **etw ~ zurückgeben** devolver algo sin haberlo usado; **unbeobachtet** *adj* no observado; **wenn sie sich ~ fühlt** cuando ella cree que nadie la mira; **in einem ~en Augenblick** en un momento de descuido; **unbequem** *adj* **1.** (*Sessel*) incómodo **2.** (*Frage, Person*) molesto, amargo *Ven;* **~e Menschen sind nicht immer die dümmsten** los inconformistas no siempre lo son por tontos

Unbequemlichkeit[1] *f* <-, -en> (*Mühe, Schwierigkeit*) molestia *f*

Unbequemlichkeit[2] *f* <-, *ohne pl*> (*von Möbeln*) incomodidad *f*

unberechenbar ['--'---] *adj* incalculable; **er ist ~** es imprevisible; **Unberechenbarkeit** *f* <-, *ohne pl*> imprevisión *f,* veleidad *f,* volubilidad *f;* **gerade ihre ~ macht sie so gefährlich** precisamente su carácter veleidoso [*o* imprevisible] la hace tan peligrosa

unberechtigt *adj* injusto, no autorizado; **unberechtigterweise** *adv* sin autorización; **unberücksichtigt** *adj* desatendido; **~ bleiben/lassen** quedar/dejar desatendido

Unberührbare(r) *mf* <-n, -n; -n, -n> intocable *mf;* **die Kaste der ~n** la casta de los intocables

unberührt *adj* intacto; (*Frau*) virgen; **das lässt ihn alles ~** todo eso no le afecta

unbeschadet **I.** *präp +gen* **1.** (*trotz*) a pesar de **2.** (*ohne Schaden für*) sin perjuicio de **II.** *adv:* **etw ~ überstehen** (*Person*) salir ileso de algo; (*Sache*) quedar sin daños en algo; **der Wagen hat den Unfall ~ überstanden** el coche quedó intacto en el accidente

unbeschädigt *adj* no dañado, indemne; **unbeschäftigt** *adj* sin ocupación; (*ohne Arbeit*) sin trabajo

unbescheiden *adj* indiscreto, petulante; **Unbescheidenheit** *f* <-, *ohne pl*> inmodestia *f*

unbescholten ['ʊnbəʃɔltən] *adj* **1.** (*integer*) de buena reputación, sin tacha **2.** (JUR) sin antecedentes penales

unbeschrankt ['ʊnbəʃraŋkt] *adj* sin barrera; **unbeschränkt** *adj* ilimitado; (*Macht*) absoluto; **~ haften** tener una responsabilidad ilimitada

unbeschreiblich ['--'--] **I.** *adj* indescriptible **II.** *adv* extremamente

unbeschrieben *adj* en blanco; **ein ~es Blatt sein** (*unbekannt sein*) ser novel; (*unerfahren sein*) ser novato; **unbeschwert** *adj* libre de toda preocupación; (*Kindheit*) despreocupado; (*Gewissen*) limpio

unbesehen ['--'--] *adv* a ciegas; **etw ~ kaufen** comprar algo a ciegas; **das glaube ich ~** lo creo a ciegas

unbesiegbar ['--'--] *adj* invencible, imbatible; **unbesiegt** *adj* invicto; **unbesonnen** *adj* (*unüberlegt*) irreflexivo; (*unvorsichtig*) imprudente

Unbesonnenheit[1] *f* <-, *ohne pl*> (*im Wesen*) irreflexión *f*

Unbesonnenheit[2] *f* <-, -en> (*Handlung*) imprudencia *f*

unbesorgt *adj* despreocupado, tranquilo; **sei ~ !** ¡no te preocupes!; **das können Sie ~ tun** puede hacerlo tranquilamente

unbeständig *adj* **1.** (*Person*) inconstante, versátil **2.** (*wechselhaft*) inestable; (*Wetter*) variable; **Unbeständigkeit** *f* <-, *ohne pl*> **1.** (*eines Menschen*) inconstancia *f,* versatilidad *f* **2.** (*Wechselhaftigkeit*) inestabilidad *f;* (*des Wetters*) variabilidad *f*

unbestätigt *adj* no confirmado

unbestechlich *adj* incorruptible, insobornable; **Unbestechlichkeit** *f* <-, *ohne pl*> incorruptibilidad *f,* insobornabilidad *f*

unbestimmbar ['--'--] *adj* indeterminable

unbestimmt *adj* **1.** (*unklar*) vago; (*ungenau*) impreciso **2.** (*nicht festgelegt*) indefinido, indeterminado; (*unsicher*) incierto; **auf ~e Zeit** por tiempo indefinido **3.** (LING) indefinido; **Unbestimmtheit** *f* <-, *ohne pl*> **1.** (*Undeutlichkeit*) vaguedad *f;* (*Ungenauigkeit*) imprecisión *f* **2.** (*Ungewissheit*) indeterminación *f;* (*Unsicherheit*) inseguridad *f*

unbestreitbar ['--'--] *adj* incuestionable, innegable; **unbestritten** ['--(')--] **I.** *adj* indiscutido, indiscutible; **es ist ~, dass ...** es indiscutible que... *+subj* **II.** *adv* sin duda (alguna); **unbeteiligt** *adj* **1.** (*desinteressiert*) indiferente **2.** (*nicht teilnehmend*) ajeno; **an etw** *dat* **~ sein** no haber participado en algo

Unbeteiligte(r) *mf* <-n, -n; -n, -n> (*desinteressiert*) desinteresado, -a *m, f;* (*nicht teilnehmend*) el que no participa, la que no participa; **bei dem Attentat wurden auch ~ verletzt** en el atentado también hubo víctimas inocentes

unbetont *adj* átono; **unbeträchtlich** *adj* insignificante

unbeugsam ['---] *adj* (*Person*) inexorable, implacable; (*Wille*) inquebrantable

unbewacht *adj* no vigilado; (*schutzlos*) indefenso; **unbewaffnet** *adj* desarmado, no armado; **unbewältigt** *adj* no superado, no solucionado

unbeweglich *adj* **1.** (*bewegungslos*) inmóvil **2.** (*nicht zu bewegen*) inmovible, fijo; **~es Vermögen** bienes inmuebles **3.** (*geistig*) inflexible; (*Blick*) fijo; (*Gesichtsausdruck*) impasible; **Unbeweglichkeit** *f* <-, *ohne pl*> **1.** (*Bewegungslosigkeit*) inmovilidad *f* **2.** (*von Dingen*) rigidez *f* **3.** (*geistig*) inflexibilidad *f*

unbewegt *adj* inmóvil; **unbewiesen** *adj* no probado; **es ist noch ~, ob .../dass ...** aún no está probado si.../que... *+subj*; **unbewohnbar** ['--'--] *adj* inhabitable; **unbewohnt** *adj* (*Gegend*) despoblado, desierto; (*Haus, Wohnung*) deshabitado; **unbewusst**[RR] *adj*, **unbewußt** *adj* inconsciente; (*instinktiv*) instintivo

Unbewusste(s)[RR] *nt* <-n, *ohne pl*>, **Unbewußte(s)** *nt* <-n, *ohne pl*> (PSYCH) subconsciente *m*

unbezahlbar ['--'--] *adj* **1.** (*teuer*) impagable **2.** (*wertvoll*) valioso; (*unersetzlich*) inapreciable; **ihre Hilfe ist ~** su ayuda no tiene precio; **unbezahlt** *adj* no pagado, impagado, impago *Ant*; **~er Urlaub** vacaciones no remuneradas; **unbezähmbar** ['--'--] *adj* indomable; (*Neugier, Hunger*) grandísimo; **unbezweifelbar** ['--'---] *adj* indudable, indiscutible; **unbezwingbar** ['--'--] *adj*, **unbezwinglich** [ʊnbəˈtsvɪŋlɪç, ˈʊnbətsvɪŋlɪç] *adj* **1.** (*Gegner*) invencible; (*Festung*) inexpugnable **2.** (*Gefühl, Drang*) indomable, incontrolable

Unbilden *pl* (*geh*) inclemencia(s) *f(pl)*

unbillig *adj* (JUR) inequitativo; **unblutig** **I.** *adj* incruento **II.** *adv* sin derramamiento de sangre

unbotmäßig *adj* no conformista, insubordinado; **~e Kritik** crítica extremadamente fuerte; **sich ~ verhalten** tener un comportamiento insubordinado

Unbotmäßigkeit *f* <-, *ohne pl*> insubordinación *f*, rebeldía *f*

unbrauchbar ['---] *adj* inutilizable, no aprovechable, inoperante *Am*; (*ungeeignet*) no apropiado; (*Person*) inútil; **unbürokratisch** *adj* poco burocrático; **~e Hilfe** ayuda espontánea; **unchristlich** *adj* **1.** (*nicht christlich*) poco cristiano **2.** (*fam: ungerecht*) injusto

und [ʊnt] *konj* y; (*vor* (*h*)*i*) e; (MATH) más; (*Steigerung*) más y más; **ich ~ du** tú y yo; **Mutter ~ Tochter** madre e hija; **~ so weiter** etcétera; **na ~?** ¿y qué?; **~ wenn schon!** ¡y aunque así sea!; **~? seid ihr fertig geworden?** ¿y qué?, ¿habéis terminado?; **hat es dir gefallen? – ~ ob/wie!** ¿te ha gustado? – ¡y tanto/cómo!; **der Wagen wurde schneller ~ schneller** el coche iba cada vez más rápido; **wir redeten ~ redeten** hablamos y hablamos; **der ~ Lehrer?** ¿él, profesor?

Undank *m* <-(e)s, *ohne pl*> (*geh*) ingratitud *f*, desagradecimiento *m*; **~ ernten** recibir sólo ingratitud; **~ ist der Welt Lohn** (*prov*) de desagradecidos está el mundo [*o* el infierno] lleno

undankbar *adj* **1.** (*Mensch*) desagradecido, ingrato **2.** (*Arbeit, Aufgabe*) ingrato; **Undankbarkeit** *f* <-, *ohne pl*> ingratitud *f*, desagradecimiento *m*

undatiert *adj* sin fecha; **undefinierbar** ['---'--] *adj* indefinible

undeklariert *adj* sin declarar, no declarado; **undeklinierbar** ['---'--] *adj* (LING) no declinable, indeclinable; **undemokratisch** *adj* poco democrático; **undenkbar** ['--'--] *adj* impensable, inimaginable

undenklich [(')-'--] *adj*: **seit/vor ~en Zeiten** desde/hace tiempos inmemoriales

Undercoveragent(in) [ʌndəˈkʌvɐˈeɪdʒənt] *m(f)* <-en, -en; -, -nen> agente *mf* secreto, -a, policía *mf* camuflado, -a [*o* infiltrado, -a]

Underdog [ˈʌndədɔg] *m* <-s, -s> desvalido, -a *m, f*, (socialmente) desamparado, -a *m, f*

Understatement [ʌndəˈsteɪtmənt] *nt* <-s, -s> falsa modestia *f*; **während sie zu Übertreibungen neigt, gefällt er sich** *dat* **eher in ~s** mientras que ella tiende a la exageración, él más bien peca de falsa modestia

undeutlich *adj* **1.** (*ungenau*) vago, impreciso **2.** (*Umrisse*) indistinto; (FOTO) borroso; (*Schrift*) ilegible; **~ sprechen** no vocalizar al hablar, no hablar claro; **undicht** *adj* permeable; (*Fenster*) que no cierra herméticamente; **~ sein** tener escape; **~e Stelle** fuga *f*; **undifferenziert** *adj* no diferenciado, indiferenciado

Unding *nt*: **das ist ein ~!** ¡eso es absurdo!

undiplomatisch *adj* poco diplomático; **undiszipliniert** *adj* indisciplinado; **undogmatisch** *adj* (POL, REL) no dogmático

unduldsam *adj* intolerante (*gegen* (para) con); **Unduldsamkeit** *f* <-, *ohne pl*> intolerancia *f* (*gegen* (para) con)

undurchdringlich ['--'--] *adj* **1.** (*Gebüsch, Wildnis*) impenetrable **2.** (*Miene*) inescrutable, impenetrable

undurchführbar ['--'--] *adj* irrealizable, impracticable; **der Plan erwies sich als ~** el plan resultó irrealizable; **undurchlässig** *adj* impermeable, hermético; **undurchschaubar** ['--'--] *adj* impenetrable; **undurchsichtig** *adj* **1.** (*Glas, Stoff*) opaco, no transparente **2.** (*Mensch*) impenetrable; (*Methoden, Geschäfte*) turbio; (*Verhalten*) ambiguo; **uneben** *adj* (*Oberfläche, Straße*) desigual; (*Gelände*) accidentado

Unebenheit[1] *f* <-, *ohne pl*> (*Unebensein*) irregularidad *f*, desigualdad *f*

Unebenheit[2] *f* <-, -en> (*Erhebung*) irregularidad *f*; **die ~en des Geländes** las irregularidades del terreno

unecht *adj* falso; (*nachgemacht*) de imitación; **unehelich** *adj* ilegítimo, natural; **unehrenhaft** *adj* deshonroso

unehrlich *adj* falso, deshonesto; **Unehrlichkeit** *f* <-, *ohne pl*> falta *f* de sinceridad, deshonestidad *f*

uneidlich *adj:* **~e Falschaussage** testimonio *m* falso sin juramento; **uneigennützig** *adj* desinteresado; **uneinbringlich** *adj:* **~e Forderung** (FIN) deuda *f* morosa, crédito *m* incobrable [*o* irrecuperable]; **uneingeschränkt** *adj* ilimitado, absoluto; **wir stimmen ~ zu** estamos absolutamente de acuerdo; **uneingeweiht** *adj* (*in Geheimnis, Erzählung*) no enterado; (*in Handhabung*) no iniciado; **uneinheitlich** *adj* irregular; **~e Tendenz am Aktienmarkt** tendencia irregular en el mercado de acciones

uneinig *adj* desavenido; **mit jdm über etw ~ sein** no estar de acuerdo con alguien en algo; **in diesem Punkt sind sie sich** *dat* **~** no están de acuerdo en este punto; **Uneinigkeit** *f* <-, -en> desavenencia *f*, desacuerdo *m*; **es besteht ~ über ...** no hay acuerdo sobre...

uneinnehmbar ['--'--] *adj* inconquistable, inexpugnable

uneins ['ʊnʔaɪns] *adj s.* **uneinig**

uneinsichtig *adj* obstinado, terco, tenaz; **unempfänglich** *adj* insensible (*für* a)

unempfindlich *adj* **1.** (*unsensibel*) insensible (*gegen* a) **2.** (*widerstandsfähig*) robusto; (*gegen Krankheit*) inmune; **Unempfindlichkeit** *f* <-, *ohne pl*> **1.** (*Unsensibilität*) insensibilidad *f* (*gegen* a) **2.** (*Widerstandsfähigkeit*) robustez *f*; (*gegen Krankheit*) inmunidad *f*

unendlich [-'--] **I.** *adj* **1.** (*zeitlich, räumlich, a.* MATH) infinito; **sie diskutieren bis ins U~e** no terminan nunca de discutir; **das Objektiv auf ~ einstellen** (FOTO) enfocar el objetivo al infinito **2.** (*groß*) inmenso, infinito **II.** *adv* tremendamente; **~ viel** un sinfín de; **Unendlichkeit** [-'---] *f* <-, *ohne pl*> infinidad *f*

unentbehrlich ['--'--] *adj* indispensable, imprescindible; **sich ~ machen** hacerse imprescindible; **unentgeltlich** ['--'--] **I.** *adj* gratuito **II.** *adv* gratis

unentrinnbar [ʊnʔɛnt'rɪnbaːɐ, 'ʊnʔɛntrɪnbaːɐ] *adj* (*geh*) inevitable, ineludible, ineluctable

unentschieden *adj* **1.** (*Angelegenheit*) pendiente; **~ sein** quedar pendiente **2.** (*Person*) indeciso, vacilante **3.** (SPORT) empatado; **sie spielten 0:0 ~** empataron a cero

Unentschieden *nt* <-s, -> (SPORT) empate *m*

unentschlossen *adj* indeciso, irresoluto; **sich ~ verhalten** actuar sin decisión; **Unentschlossenheit** *f* <-, *ohne pl*> indecisión *f*, irresolución *f*

unentschuldbar ['--'--] *adj* inexcusable, imperdonable; **unentschuldigt** **I.** *adj* injustificado **II.** *adv* sin excusa, sin excusarse; **~ fehlen** faltar sin (haber aportado una) excusa

unentwegt ['--'-] **I.** *adj* constante **II.** *adv* sin parar, constantemente

Unentwegte(r) *mf* <-n, -n; -n, -n> persona *f* impertérrita [*o* imperturbable]; **bei strömendem Regen hielten im Stadion nur noch einige ~ aus** sólo algunos espectadores aguantaban impertérritos en el estadio bajo la lluvia tormentosa

unentwirrbar ['--'--] *adj* enmarañado, inextricable

unerbittlich ['--'--] *adj* inexorable, implacable; (*gnadenlos*) sin piedad

Unerbittlichkeit *f* <-, *ohne pl*> inexorabilidad *f*, implacabilidad *f*; (*Gnadenlosigkeit*) falta *f* de piedad, crudeza *f*

unerfahren *adj* inexperto (*in* en), sin experiencia (*in* en), novato (*in* en) *fam*; **Unerfahrene(r)** *mf* <-n, -n; -n, -n> inexperto, -a *m, f*; **Unerfahrenheit** *f* <-, *ohne pl*> inexperiencia *f* (*in* en), falta *f* de experiencia (*in* en)

unerfindlich ['--'--] *adj* (*geh*) incomprensible, inconcebible; **aus ~en Gründen** por razones inconcebibles; **unerfreulich** *adj* desagradable; **unerfüllbar** ['--'--] *adj* irrealizable; **unerfüllt** *adj* no realizado; **unergiebig** *adj* (*Boden*) improductivo; (*Thema*) que no da para mucho

unergründbar ['--'--] *adj*, **unergründlich** ['--'--] *adj* insondable, impenetrable; (*geheimnisvoll*) misterioso

unerheblich *adj* (*geringfügig*) insignificante; (*unwichtig*) irrelevante, de poca importancia

unerhört ['--'-] **I.** *adj* **1.** (*gewaltig*) tremendo, enorme **2.** (*abw: empörend*) indignante, escandaloso; **das ist ja ~!** ¡habráse visto! **3.** (*geh: Bitte*) desatendido; **~ bleiben** no ser correspondido **II.** *adv* extremamente; **~ viel** muchísimo, un montón (de) *fam*

unerkannt *adv* sin ser reconocido; **~ entkommen** escapar sin ser reconocido; **unerklärbar** ['--'--] *adj*, **unerklärlich** ['--'--] *adj* inexplicable; **es ist mir ~, warum ...** no me explico por qué...

unerlässlich[RR] ['--'--] *adj*, **unerläßlich** *adj* imprescindible, insoslayable

unerlaubt *adj* **1.** (*nicht zulässig*) prohibido **2.** (*gesetzwidrig*) ilícito **3.** (*ohne Erlaubnis*) sin permiso; **sich ~ entfernen** alejarse sin permiso; **unerledigt** *adj* sin hacer, por hacer; (*Post*) sin contestar; (*schwebend*) pendiente; **~ sein/bleiben** estar/quedar sin hacer

unermesslich[RR] ['--'--] *adj*, **unermeßlich** *adj* **1.** (*unendlich, unbegrenzt*) inconmensurable, infinito; **~ wertvoll** de un valor infinito; **~ reich** de una riqueza inconmensurable **2.** (*groß*) enorme, inmenso

unermüdlich ['--'--] *adj* infatigable, incansa-

U

ble

unerquicklich *adj* (*geh*) poco edificante; **unerreichbar** ['--'--] *adj* inalcanzable, inaccesible; **unerreicht** *adj* inalcanzado; (*Rekord*) inigualado

unersättlich ['--'--] *adj* insaciable

unerschlossen *adj* **1.** (*unerforscht*) inexplorado, no explorado; ~**e Märkte** mercados inexplorados **2.** (*nicht besiedelt*) no colonizado

unerschöpflich ['--'--] *adj* inagotable, interminable

unerschrocken *adj* intrépido

unerschütterlich ['--'---] *adj* inquebrantable, firme; ~ **für etw eintreten** intervenir firmemente en favor de algo

unerschwinglich ['--'--] *adj* (*Preis*) desorbitado, excesivo; (*Ware*) inasequible

unersetzlich ['--'--] *adj* (*Person*) insustituible, irreemplazable; (*Schaden*) irreparable

unersprießlich [ʊnʔɛrˈʃpriːslɪç, ˈʊnʔɛrʃpriːslɪç] *adj* (*geh: nutzlos*) infructuoso, improductivo; (*unerfreulich*) desagradable

unerträglich ['--'--] *adj* insoportable; **es ist ~ heiß** hace un calor insoportable; **sich ~ aufführen** tener un comportamiento inaguantable; **unerwähnt** *adj* no mencionado; **etw ~ lassen** no mencionar algo; **unerwartet** **I.** *adj* inesperado, imprevisto, sorpresivo *Am* **II.** *adv* de improviso; **unerwidert** *adj* no correspondido; **unerwünscht** *adj* indeseado, no deseado

unerzogen *adj* mal educado

UNESCO [u'nɛsko] *f* <-> *Abk. von* **United Nations Educational, Scientific and Cultural Organization** UNESCO *f*

unfähig *adj* (*nicht imstande*) incapaz (*zu* de); (*beruflich*) incompetente; **Unfähigkeit** *f* <-, *ohne pl*> incapacidad *f* (*zu* de); (*beruflich*) incompetencia *f*

unfair *adj* injusto; (SPORT) sucio

Unfall *m* <-(e)s, -fälle> accidente *m*; **einen ~ haben** tener un accidente; **einen tödlichen ~ haben** morir en un accidente; **Unfallanzeige** *f* <-, -n> aviso *m* de(l) accidente; **Unfallarzt, -ärztin** *m, f* <-es, -ärzte; -, -nen> médico, -a *m, f* del servicio de emergencias; **Unfallbeteiligte(r)** *mf* <-n, -n; -n, -n> implicado, -a *m, f* en el accidente; **Unfallchirurgie** *f* <-, *ohne pl*> cirugía *f* traumática, traumatología *f*; **Unfallfahrer(in)** *m(f)* <-s, -; -, -nen> conductor(a) *m(f)* que provoca un accidente; **Unfallflucht** *f* <-, *ohne pl*> fuga *f* en caso de accidente; ~ **begehen** darse a la fuga (después de provocar un accidente); **Unfallfolgen** *fpl* consecuencias *fpl* del accidente; **das Kind starb an den ~** el niño/la niña falleció a consecuencia del accidente; **unfallfrei** *adj* libre de accidentes; **Unfallgefahr** *f* <-, -en> peligro *m* de accidente; **Unfallhaftpflicht** *f* <-, *ohne pl*> responsabilidad *f* civil en accidentes de circulación; **Unfallhäufigkeit** *f* <-, -en> siniestralidad *f*; **Unfallkrankenhaus** *nt* <-es, -häuser> (clínica *f* de) urgencias *fpl*; **Unfallopfer** *nt* <-s, -> víctima *f* de (un) accidente; **Unfallort** *m* <-(e)s, -e> lugar *m* del accidente; **Unfallquote** *f* <-, -n> siniestralidad *f* (en carretera), número *m* de accidentes; **Unfallrisiko** *nt* <-s, -risiken> riesgo *m* de accidente(s); **Unfallschaden** *m* <-s, -schäden> daño *m* resultante de un accidente; **Unfallschutz** *m* <-es, *ohne pl*> protección *f* contra accidentes; **Unfallstation** *f* <-, -en> puesto *m* de socorro; **Unfallstatistik** *f* <-, -en> estadística *f* de accidentes; **Unfallstelle** *f* <-, -n> lugar *m* del accidente; **Unfalltod** *m* <-(e)s, -e> muerte *f* por [*o* en un] accidente; **Unfalltote(r)** *mf* <-n, -n; -n, -n> muerto, -a *m, f* por [*o* en un] accidente; **unfallträchtig** *adj* peligroso; **diese Ecke ist ~** en esta esquina ocurren muchos accidentes; **Unfallursache** *f* <-, -n> causa *f* del accidente; **Unfallverhütung** *f* <-, -en> prevención *f* de accidentes; **Unfallverletzte(r)** *mf* <-n, -n; -n, -n> herido, -a *m, f* por [*o* en un] accidente; **Unfallversicherung** *f* <-, -en> **1.** (*Versicherungspolice*) seguro *m* de accidentes **2.** (*Unternehmen*) empresa *f* de seguros de accidentes; **Unfallwagen** *m* <-s, -> **1.** (*am Unfall beteiligter Wagen*) coche *m* accidentado **2.** (*Rettungswagen*) ambulancia *f*; **Unfallzeuge, -in** *m, f* <-n, -n; -, -nen> testigo *mf* presencial (de un accidente)

unfassbar[RR] ['-'--] *adj*, **unfaßbar** *adj* inconcebible; (*unglaublich*) increíble

unfasslich[RR] *adj*, **unfaßlich** *adj s.* **unfassbar**

unfehlbar ['-'--] **I.** *adj* infalible **II.** *adv* (*sicher*) seguramente, sin falta; **Unfehlbarkeit** [-'---] *f* <-, *ohne pl*> infalibilidad *f*

unfein *adj* poco delicado, grosero; **unfertig** *adj* **1.** (*unvollendet*) inacabado **2.** (*unreif*) inmaduro

unflätig ['ʊnflɛːtɪç] *adj* (*geh abw*) indecente

unförmig ['ʊnfœrmɪç] *adj* deforme

Unförmigkeit *f* <-, *ohne pl*> deformidad *f*

unfrankiert *adj* sin franqueo

unfrei *adj* **1.** (*nicht frei*) dependiente, oprimido **2.** (*unfrankiert*) sin franqueo

Unfreie(r) *mf* <-n, -n; -n, -n> (HIST) siervo, -a *m, f*

Unfreiheit *f* <-, *ohne pl*> falta *f* de libertad

unfreiwillig *adj* involuntario; ~ **komisch** cómico sin querer

unfreundlich *adj* **1.** (*Person*) desatento, poco amable **2.** (*Wetter*) desapacible; **Unfreundlichkeit** *f* <-, *ohne pl*> falta *f* de amabilidad, desabrimiento *m*

Unfriede *m* <-ns, *ohne pl*> discordia *f*; **in ~n leben** vivir en la discordia

unfruchtbar *adj* **1.** (*Boden*) estéril, improductivo **2.** (*Tier, Person*) estéril, infecundo; **Unfruchtbarkeit** *f* <-, *ohne pl*> **1.** (*Boden*) esterilidad *f* **2.** (*Mensch, Tier*) infecundidad *f*

Unfug ['ʊnfuːk] *m* <-(e)s, *ohne pl*> **1.** (*Handlung*) bobada *f*, tontería *f*; ~ **treiben** hacer bobadas; **lass den ~!** ¡déjate de tonterías!; **grober ~** (JUR) desórdenes públicos **2.** (*Äußerung*) disparate *m*

Ungar(in) ['ʊŋgaːɐ] *m(f)* <-n, -n; -, -nen> húngaro, -a *m, f*

ungarisch ['ʊŋgarɪʃ] *adj* húngaro

Ungarn ['ʊŋgarn] *nt* <-s> Hungría *f*

ungastlich *adj* inhospitalario

ungeachtet ['--'--] *präp +gen* (*geh*) a pesar de; ~ **dessen** no obstante; **dessen** ~ (*geh*) no obstante, sin embargo; ~ **der weltweiten Proteste, setzte die Regierung X ihre Offensive fort** el gobierno X continuó su ofensiva haciendo caso omiso de las protestas internacionales

ungeahnt ['--'-] *adj* inesperado, insospechado

ungebärdig ['ʊngəbɛːɐdɪç] *adj* díscolo, indócil, difícil de dominar; **wie ein ~es Fohlen sprang sie durch den Raum** iba saltando por la habitación como un potro desbocado

ungebeten **I.** *adj* no invitado **II.** *adv* sin ser invitado

ungebildet *adj* inculto; **ungeboren** *adj* por nacer, aún no nacido; **ungebräuchlich** *adj* poco usado, poco corriente; **ungebraucht** *adj* no usado; **etw ~ zurückgeben** devolver algo sin haberlo usado; **ungebrochen** *adj* inquebrantable; **ungebührlich** *adj* (*geh*) **1.** (*ungehörig*) improcedente, irrespetuoso **2.** (*übermäßig*) desmesurado; **ungebunden** *adj* **1.** (*Buch*) sin encuadernar **2.** (*frei*) libre, independiente; **ungedeckt** *adj* **1.** (*schutzlos*) indefenso; (*Spieler*) descubierto, desmarcado **2.** (FIN) al descubierto, sin fondos; **~er Scheck** cheque en descubierto **3.** (*Tisch*) sin poner

Ungeduld *f* <-, *ohne pl*> impaciencia *f*; **voller ~** lleno de impaciencia; **von ~ erfüllt sein** estar en vilo; **ungeduldig** *adj* impaciente; ~ **sein** tener malas pulgas; ~ **warten** esperar con impaciencia; ~ **werden** perder la paciencia

ungeeignet *adj* no apropiado (*für* para), inadecuado (*für* para); (*Person*) incompetente (*für* para); (*Moment*) inoportuno

ungefähr ['ʊngəfɛːɐ, '--'-] **I.** *adj* aproximado, aproximativo; ~ **300 Peseten** unas 300 pesetas **II.** *adv* aproximadamente, más o menos; **von ~** por casualidad; **nicht von ~** no por nada, por una buena razón; **so ~ habe ich mir das vorgestellt** más o menos así me lo he imaginado; **was wird das wohl ~ kosten?** ¿cuánto va a costar aproximadamente?

ungefährdet *adj* no expuesto a ningún peligro; **ungefährlich** *adj* no peligroso; (*harmlos*) inofensivo; **ungefällig** ['ʊngəfɛlɪç] *adj* poco servicial, poco complaciente; **ungefärbt** *adj* **1.** (*Stoff, Haare*) no teñido, sin teñir; (*Lebensmittel*) sin colorantes **2.** (*Wahrheit*) puro; **ungefragt** *adv* sin ser preguntado; **er hat ~ Bericht erstattet** nos ha informado sin que nadie se lo hubiese pedido

ungehalten *adj* (*geh*) incomodado (*über/wegen* por), disgustado (*über/wegen* por); ~ **auf etw reagieren** expresar su disgusto por algo

ungeheizt ['ʊngəhaɪtst] *adj* sin calefacción; ~ **sein** no tener la calefacción puesta; **ungehemmt** *adj* desenvuelto, desembarazado

ungeheuer ['----, '--'--] **I.** *adj* enorme, inmenso **II.** *adv* enormemente, sobremanera

Ungeheuer *nt* <-s, -> monstruo *m*

ungeheuerlich ['--'---] *adj* (*abw*) escandaloso; (*schrecklich*) atroz; (*unerhört*) inaudito; **das ist ja ~!** ¡esto sí que es inaudito!

Ungeheuerlichkeit[1] *f* <-, *ohne pl*> (*des Verhaltens*) monstruosidad *f*, barbaridad *f*

Ungeheuerlichkeit[2] *f* <-, -en> (*Handlung*) monstruosidad *f*, atrocidad *f*

ungehindert *adj* libre; **ungehobelt** *adj* **1.** (*Brett*) sin cepillar **2.** (*Mensch*) tosco, torpe; **ungehörig** *adj* insolente, indebido; (*frech*) impertinente

Ungehörigkeit *f* <-, -en> insolencia *f*; (*Frechheit*) impertinencia *f*

ungehorsam *adj* desobediente; **jdm gegenüber ~ sein** ser desobediente con alguien

Ungehorsam *m* <-s, *ohne pl*> desobediencia *f*; **ziviler ~** desobediencia civil

ungehört ['ʊngəhøːɐt] *adv* sin ser oído; **ihre Hilferufe verhallten ~** nadie oyó sus gritos de socorro [*o* auxilio]

Ungeist *m* <-(e)s, *ohne pl*> (*geh*) espíritu *m* destructivo

ungekämmt *adj* despeinado, sin peinar; **ungeklärt** *adj* **1.** (*Frage, Verbrechen*) no resuelto, no aclarado **2.** (*Abwasser*) sucio, no filtrado; **ungekündigt** *adj* (*Person*) no despedido; ~ **sein** seguir en su puesto de trabajo; **~er Arbeitsvertrag** contrato de trabajo vigente; **ungekünstelt** *adj* natural, genuino; (*Sprache*) sin afectación; **ungekürzt** *adj* (*Buch, Film*) íntegro, no abreviado; **etw ~ abdrucken** imprimir [*o* reproducir] algo íntegramente; **ungeladen** *adj* **1.** (*Person*) no invitado **2.** (*Waffe*) no cargado, descargado

ungelegen **I.** *adj* inoportuno **II.** *adv* a deshora, a destiempo; **komme ich ~?** ¿llego en mal momento?; **das kommt mir sehr ~** me coge en muy mal momento

Ungelegenheiten *fpl* molestias *fpl*; **jdm ~ bereiten** causar molestias a alguien

ungelehrig *adj* poco inteligente; (*nicht fügsam*) indócil; (*störrisch*) testarudo

ungelenk *adj* (*geh*) torpe, poco hábil

ungelenkig *adj* poco flexible, poco ágil; **ungelernt** *adj* que no ha cursado estudios; **~e Arbeitskräfte** mano de obra no cualificada; **ungeliebt** *adj* no querido, detestado

ungelogen ['--'--] *adv* (*fam*) de verdad, en serio

ungelöst *adj* no resuelto, sin resolver

Ungemach ['ʊngəmaːx] *nt* <-s, *ohne pl*>

U

(*geh alt: Unannehmlichkeiten*) molestias *fpl,* contrariedad *f;* (*Ärger*) problemas *mpl,* desgracia *f,* infortunio *m*

ungemahlen *adj* sin moler, en grano; **der Kaffee ist ~** el café no está molido

ungemein ['--'-] **I.** *adj* extraordinario, enorme **II.** *adv* muy, sobremanera

ungemütlich *adj* **1.** (*Stuhl*) incómodo; (*Atmosphäre*) desagradable **2.** (*Mensch*) molesto, desagradable; (*Wetter*) desapacible; **er kann manchmal ~ werden** (*fam*) puede ser muy desagradable a veces; **Ungemütlichkeit** *f* <-, *ohne pl*> (*Stuhl*) incomodidad *f;* (*Raum, Atmosphäre*) inconfortabilidad *f*

ungenannt *adj* anónimo

ungenau *adj* impreciso, inexacto; **sich ~ ausdrücken** expresarse sin precisión; **Ungenauigkeit** *f* <-, -en> inexactitud *f,* imprecisión *f*

ungeniert ['ʊnʒe(')niːɐt] *adj* desenvuelto, campechano; **ganz ~ reden** hablar sin inhibiciones; **Ungeniertheit** *f* <-, *ohne pl*> desenvoltura *f,* desinhibición *f;* **sie sonnten sich in völliger ~ nackt am Strand** tomaban el sol desnudos en la playa sin mostrar la más mínima inhibición

ungenießbar ['--'--] *adj* **1.** (*Speise*) incomible; (*Getränk*) no bebible; **~e Pilze** setas venenosas **2.** (*fam: Person*) insoportable; **er ist für mich ~** a ése no lo trago; **ungenügend** *adj* (*a. Note*) insuficiente; **ungenutzt** *adj,* **ungenützt** *adj* desaprovechado, desperdiciado; **eine Chance ~ verstreichen lassen** desaprovechar una ocasión; **ungeordnet** *adj* desordenado; **ungepflegt** *adj* descuidado; (*Person*) desaseado; **ungeprüft** *adj* no revisado; **etw ~ übernehmen/abdrucken** aceptar/imprimir algo sin haberlo revisado; **ungerade** *adj* (MATH) impar

ungerechnet *adj* sin contar, excluyendo

ungerecht *adj* injusto; **sich ~ behandelt fühlen** sentirse tratado injustamente; **ungerechterweise** *adv* injustamente, de manera injusta; **Maria wurde ~ bestraft** castigaron injustamente a Maria; **ungerechtfertigt** *adj* injustificado; **~e Bereicherung** enriquecimiento injusto; **~e Kündigung** despido improcedente

Ungerechtigkeit *f* <-, -en> injusticia *f*

ungeregelt *adj* **1.** (*ungeordnet*) desordenado; (*unregelmäßig*) irregular **2.** (*offen*) pendiente; **ungereimt** *adj* **1.** (*Vers*) sin rima, libre **2.** (*verworren*) incongruente, absurdo

Ungereimtheit[1] *f* <-, *ohne pl*> (*Art*) inconsistencia *f,* incongruencia *f*

Ungereimtheit[2] *f* <-, -en> (*Äußerung*) incongruencia *f*

ungern *adv* de mala gana; **das tue ich nur höchst ~** esto lo hago realmente de mala gana; **das macht er gar nicht ~** le gusta hacerlo; **ungerührt** ['ʊngəryːɐt] *adj* imperturbable; **~ zusehen** mirar impasible; **ungesalzen** *adj* no salado, sin sal; **ungesättigt** *adj* (CHEM) no saturado; **ungeschält** *adj* sin pelar

ungeschehen *adj:* **etw ~ machen** deshacer lo hecho

Ungeschick *nt* <-(e)s, *ohne pl*>, **Ungeschicklichkeit** *f* <-, -en> torpeza *f,* falta *f* de habilidad

ungeschickt *adj* torpe, poco hábil; **das war ~ von ihm** eso fue bastante torpe por su parte; **stell dich nicht so ~ an!** ¡no seas tan torpe!

Ungeschicktheit *f* <-, *ohne pl*> torpeza *f,* falta *f* de habilidad

ungeschlacht ['ʊngəʃlaxt] *adj* **1.** (*unförmig*) enorme, descomunal **2.** (*unhöflich*) descortés, desconsiderado

ungeschlagen *adj* (SPORT) sin vencer, sin batir; **ungeschlechtlich** *adj* (BIOL) asexual; **ungeschliffen** *adj* **1.** (*Diamant, Glas*) no tallado; (*Klinge*) no afilado **2.** (*Manieren*) grosero; **ungeschminkt** *adj* **1.** (*Person*) sin maquillar **2.** (*Wahrheit*) crudo, puro; **ungeschoren** *adj* (*Tier*) sin esquilar; **~ davonkommen** salir sin que le hubieran tocado un pelo; **jdn ~ lassen** dejar en paz a alguien; **ungeschrieben** *adj* no escrito; **ungeschützt** *adj* (*a.* INFOR) no protegido

ungesehen *adj* inadvertido

ungesellig *adj* insociable; **ungesetzlich** *adj* ilegal; **ungesichert** *adj* no garantizado; **ungestempelt** *adj* sin sellar; **ungestillt** *adj* (*geh: Durst*) sin apagar, no saciado; (*Hunger, Verlangen*) insatisfecho, no saciado; **ungestört** **I.** *adj* tranquilo; (*Unterhaltung*) ininterrumpido **II.** *adv* sin ser estorbado, en paz; **ungestraft** **I.** *adj* impune **II.** *adv* sin castigo

ungestüm ['ʊngəʃtyːm] **I.** *adj* (*geh*) vehemente, impetuoso **II.** *adv* (*geh*) con vehemencia, con ímpetu

Ungestüm *nt* <-(e)s, *ohne pl*> (*geh*) ímpetu *m,* vehemencia *f;* **voller ~** desenfrenado

ungesühnt ['ʊngəzyːnt] *adj* (*geh*) impune; **etw bleibt ~** algo queda impune; **diese Tat darf nicht ~ bleiben** este crimen no puede quedar impune

ungesund *adj* **1.** (*kränklich*) enfermizo **2.** (*Speise, Lebensweise*) poco sano; (*schädlich*) perjudicial (para la salud); **ungesüßt** *adj* no azucarado; **Tee ~ trinken** tomar el té sin azúcar; **ungeteilt** *adj* no dividido; (*ganz*) entero; **mit ~er Aufmerksamkeit** con toda atención, con todo cuidado; **ungetrübt** *adj* no turbado; **eine ~e Harmonie** una harmonía perfecta

Ungetüm ['ʊngətyːm] *nt* <-(e)s, -e> monstruo *m*

ungeübt *adj* no ejercitado (*in* en); (*unerfahren*) sin experiencia (*in* en); **in etw** *dat* **~ sein** no tener práctica en algo; **ungewandt** ['ʊngəvant] *adj* torpe

ungewiss[RR] *adj,* **ungewiß** *adj* **1.** (*fraglich*) incierto **2.** (*unentschieden*) indeciso, inseguro; **ich bin mir noch ~, ob ...** aún no estoy seguro de sí...; **jdn über etw im U~en lassen** dejar a alguien en la incertidumbre respecto a algo; **Ungewissheit**[RR] *f* <-, -en>, **Ungewißheit** *f* <-, -en> incertidumbre *f*, duda *f*; (*Unsicherheit*) inseguridad *f*

ungewöhnlich *adj* **1.** (*außergewöhnlich*) insólito, poco común; **das ist nichts U~es** no es nada insólito **2.** (*außerordentlich*) extraordinario; **ungewohnt** *adj* **1.** (*fremd*) raro, extraño **2.** (*neu*) nuevo **3.** (*unüblich*) poco habitual; **es ist für mich noch ganz ~** aún tengo que acostumbrarme a ello; **ungewollt** *adj* sin querer; **~e Schwangerschaft** embarazo no deseado; **ungezählt** *adj* **1.** (*unzählig*) innumerable **2.** (*nicht gezählt*) sin contar

Ungeziefer ['ʊngətsi:fɐ] *nt* <-s, *ohne pl*> parásitos *mpl*, bichos *mpl fam*

ungezogen *adj* maleducado, boga *Kol*; (*frech*) impertinente

Ungezogenheit[1] *f* <-, *ohne pl*> (*im Wesen*) desobediencia *f*

Ungezogenheit[2] *f* <-, -en> (*Handlung*) impertinencia *f*

ungezügelt *adj* desenfrenado

ungezwungen I. *adj* natural, espontáneo; (*ohne Hemmungen*) desenvuelto **II.** *adv* con naturalidad; **Ungezwungenheit** *f* <-, *ohne pl*> (*ohne Hemmungen*) desenvoltura *f*, soltura *f*; (*Natürlichkeit*) naturalidad *f*, espontaneidad *f*

ungiftig *adj* no venenoso, atóxico

ungiriert *adj* (FIN) sin endoso

Unglaube *m* <-ns, *ohne pl*> **1.** (*Zweifel*) incredulidad *f* **2.** (REL) falta *f* de fe

unglaubhaft *adj* inverosímil; **ungläubig** *adj* **1.** (*zweifelnd*) incrédulo; **er sah mich ~ an** me miró con cara de asombro **2.** (REL) infiel, no creyente

Ungläubige(r) *mf* <-n, -n; -n, -n> incrédulo, -a *m, f*, descreído, -a *m, f*

unglaublich [-'--, '-'--] *adj* **1.** (*unwahrscheinlich*) increíble **2.** (*empörend*) increíble, inaudito **3.** (*fam: groß*) tremendo; **er ist ~ dick/dünn** está tremendamente gordo/delgado

unglaubwürdig *adj* **1.** (*Person*) de poco crédito; **du machst dich ~** te desacreditas tú mismo **2.** (*Dokument, Aussage*) inverosímil; **Unglaubwürdigkeit** *f* <-, *ohne pl*> (*von Angaben*) inverosimilitud *f*; (*von Zeugen*) poca credibilidad *f*

ungleich I. *adj* desigual; (*verschieden*) diferente **II.** *adv* (*weitaus*) mucho más; **~ besser** mucho mejor **III.** *präp +dat:* **sie ist, ~ ihrer Mutter, sehr viel erfolgreicher** tiene a diferencia de su madre mucho más exito

ungleichartig *adj* heterogéneo

Ungleichgewicht *nt* <-(e)s, -e> desequilibrio *m*

Ungleichheit *f* <-, -en> desigualdad *f*

ungleichmäßig *adj* **1.** (*nicht gleich*) desigual **2.** (*nicht regelmäßig*) irregular; **Ungleichmäßigkeit** *f* <-, *ohne pl*> **1.** (*Unregelmäßigkeit*) irregularidad *f* **2.** (*Ungleichheit*) desequilibrio *m*, desigualdad *f*

Ungleichung *f* <-, -en> (MATH) inecuación *f*

Unglück *nt* <-(e)s, -e> **1.** (*Unheil*) desgracia *f*; **Glück im ~ haben** tener suerte en la desgracia; **jd/etw bringt jdm ~** alguien/algo trae [*o* da] mala suerte a alguien; **ein ~ kommt selten allein** (*prov*) un mal llama a otro, a perro flaco todo son pulgas **2.** (*Pech*) mala suerte *f*; (*Missgeschick*) desdicha *f*, infortunio *m*; **zu allem ~ ..., um das ~ voll zu machen...** para colmo (de las desdichas)... **3.** (*Unfall*) accidente *m*; (*Katastrophe*) catástrofe *f*; **ein schweres ~ hat sich ereignet** ocurrió una catástrofe **4.** (*Elend, Verderben*) miseria *f*, ruina *f*; **jdn ins ~ stürzen** hundir a alguien en la miseria; **in sein ~ rennen** (*fam*) provocar su propia ruina

unglücklich *adj* **1.** (*traurig*) infeliz, triste; **~ verliebt sein** estar enamorado y no ser correspondido; **Sie machen sich ~!** ¡se está arruinando la vida! **2.** (*unheilvoll*) desdichado, desgraciado, salado *Am*; (*widrig*) adverso; **~ ausgehen** acabar mal **3.** (*ungeschickt*) torpe; **eine ~e Figur abgeben** dar una mala impresión; **~ stürzen** caerse con torpeza

unglücklicherweise ['----'--] *adv* desgraciadamente, por desgracia

Unglücksbote, -in *m, f* <-n, -n; -, -nen> portador(a) *m(f)* de malas noticias, gafe *m*; **Unglücksbotschaft** *f* <-, -en> mala(s) noticia(s) *f(pl)*

unglückselig ['ʊnglʏkze:lɪç] *adj* **1.** (*vom Unglück verfolgt*) desgraciado, perseguido por la mala suerte; **eine ~e Expedition, die von Anfang an zum Scheitern verurteilt war** una infortunada expedición que desde un principio estaba condenada al fracaso **2.** (*verhängnisvoll*) fatal, funesto; **er wollte die ~en Ereignisse vergessen** quería olvidar el terrible suceso

Unglücksfall *m* <-(e)s, -fälle> siniestro *m*, catástrofe *f*; **Unglücksrabe** *m* <-n, -n> (*fam*) ave *f* de mal agüero; **Unglückstag** *m* <-(e)s, -e> **1.** (*schlechter Tag*) día *m* aciago [*o* de mala suerte] **2.** (*Tag eines Unglücks*) día *m* de la desgracia, día *m* en el que se produce la desgracia; **Unglückszahl** *f* <-, -en> número *m* de la mala suerte

Ungnade *f*: **bei jdm in ~ fallen** provocar la ira de alguien; **sich** *dat* **jds ~ zuziehen** perder las simpatías [*o* la aceptación] de alguien

ungnädig *adj* poco complaciente, de mal humor; **ungültig** *adj* no válido, sin validez; (*Pass*) caducado; (*Stimmzettel*) nulo; **eine Ehe für ~ erklären** anular un matrimonio; **~ werden** caducar

Ungültigkeit *f* <-, *ohne pl*> invalidez *f*; **Ungültigkeitserklärung** *f* <-, -en> anulación *f*, declaración *f* de nulidad

Ungunst *f* <-, -en> (*geh*) disfavor *m*; **zu jds ~en** en perjuicio de alguien

ungünstig *adj* desfavorable; (*nachteilig*) desventajoso; (*Aussichten*) poco propicio; (*Mo-*

ment) inoportuno; **ungut** *adj* (*unbehaglich*) desagradable; (*schlecht*) mal(o); **ein ~es Gefühl haben** tener un mal presentimiento; **nichts für ~!** ¡no te enfades!; **unhaltbar** ['-'--, '-'--] *adj* **1.** (*Zustand, Behauptung, a.* MIL) insostenible; (*unerträglich*) inaguantable **2.** (SPORT) imparable; **unhandlich** *adj* poco práctico, difícil de manejar; **unharmonisch** *adj* inarmónico

Unheil *nt* <-s, *ohne pl*> (*geh*) mal *m,* desgracia *f;* (*Katastrophe*) desastre *m;* **~ anrichten** causar una desgracia

unheilbar ['---, '-'--] *adj* incurable; **~ krank sein** tener una enfermedad incurable

unheilvoll *adj* funesto

unheimlich **I.** *adj* **1.** (*beängstigend*) tenebroso, inquietante; (*düster*) lúgubre; **ein ~er Anblick** un aspecto inquietante; **mir wurde ~ (zumute** [*o* **zu Mute**]**) bei dem Gedanken** esa idea me inquietó **2.** (*fam: groß*) enorme **II.** *adv* (*sehr*) muy; **~ viel** un montón (de); **er hat sich ~ gefreut** se ha alegrado un montón

unhöflich *adj* descortés, mal educado, guaso *SAm,* faíno *Cuba;* **Unhöflichkeit** *f* <-, -en> falta *f* de educación, descortesía *f*

Unhold *m* <-(e)s, -e> espíritu *m* maligno; (*Person*) bruto *m*

unhörbar ['-'--] *adj* inaudible; **unhygienisch** *adj* antihigiénico

uni ['ʊni] *adj inv* de un solo color, liso

Uni ['ʊni] *f* <-, -s> (*fam*) uni *f,* universidad *f*

UNICEF ['u:nitsɛf] *f* <-> *Abk. von* **United Nations International Children's Emergency Fund** UNICEF *f*

unidiomatisch *adj* no idiomático; **sich ~ ausdrücken** expresarse de modo poco idiomático

unifarben [uni'farbən] *adj* de un solo color, monocolor

Uniform [uni'fɔrm, 'ʊnifɔrm] *f* <-, -en> uniforme *m*

uniformiert [unifɔr'mi:ɐt] *adj* (*gekleidet*) uniformado; (*eintönig, gleichförmig*) uniforme

Uniformierte(r) *mf* <-n, -n; -n, -n> persona *f* uniformada

Unika *pl von* **Unikum**

Unikat [uni'ka:t] *nt* <-(e)s, -e> ejemplar *m* único

Unikum ['u:nikʊm, *pl:* 'u:nika] *nt* <-s, Unika *o* -s> **1.** (*Einzelstück*) ejemplar *m* único **2.** (*fam: Person*) tipo *m* raro

unilateral *adj* (*a.* POL) unilateral

uninteressant *adj* poco interesante; **uninteressiert** *adj* (*gleichgültig*) indiferente (*an* a); (*abgeneigt*) desinteresado (*an* en)

Union [u'njo:n] *f* <-, -en> unión *f;* **die ~** (POL) la unión; **die Junge ~** (POL) la Unión de Juventudes Democristianas

unisono [uni'zo:no] *adv* (*geh*) al unísono

universal [univɛr'za:l] *adj* universal; **Universalerbe, -in** *m, f* <-n, -n; -, -nen> heredero, -a *m, f* universal; **Universalgenie** [-ʒe'ni:] *nt* <-s, -s> (*a. hum*) genio *m* universal; **Universalkleber** *m* <-s, -> pegamento *m* universal; **Universalmittel** *nt* <-s, -> remedio *m* universal, panacea *f*

universell [univɛr'zɛl] *adj* universal

Universität [univɛrzi'tɛ:t] *f* <-, -en> universidad *f;* **Universitätsbibliothek** *f* <-, -en> (UNIV) biblioteca *f* universitaria; **Universitätsklinik** *f* <-, -en> clínica *f* universitaria; **Universitätsstadt** *f* <-, -städte> ciudad *f* universitaria; **Universitätsstudium** *nt* <-s, -studien> carrera *f* universitaria, estudios *mpl* universitarios

Universum [uni'vɛrzʊm] *nt* <-s, *ohne pl*> universo *m*

UNIX® *nt* <-, *ohne pl*> (INFOR) *Abk. von* **Uniplexed Information and Computing System** UNIX *m*

unkameradschaftlich **I.** *adj* falto de compañerismo, poco amistoso **II.** *adv:* **sich ~ verhalten** ser un mal compañero/una mala compañera

Unke ['ʊŋkə] *f* <-, -n> **1.** (*Tier*) sapo *m* **2.** (*Schwarzseher*) ave *f* de mal agüero

unken ['ʊŋkən] *vi* predecir [*o* pronosticar] desgracias

unkenntlich ['ʊnkɛntlɪç] *adj* desfigurado; (*Inschrift*) no descifrable; **sich ~ machen** disfrazarse

Unkenntlichkeit *f* <-, *ohne pl*>: **nach dem Kampf war der Boxer bis zur ~ entstellt** el boxeador quedó totalmente desfigurado al acabar la pelea

Unkenntnis *f* <-, *ohne pl*> (*in einem Wissensgebiet*) ignorancia *f;* (*von Tatsachen*) desconocimiento *m;* **aus ~** por ignorancia; **jdn in ~ über etw lassen** dejar a alguien a oscuras sobre algo; **in ~ der Sache** en desconocimiento del asunto

Unkenruf *m* <-(e)s, -e> **1.** (*Ruf der Unken*) canto *m* del sapo **2.** (*pessimistische Voraussage*) mal agüero *m*

unklar *adj* **1.** (*undeutlich*) poco claro; (*verschwommen*) borroso; (*Umrisse*) indistinto **2.** (*unbestimmt*) vago **3.** (*unverständlich*) incomprensible; **es ist mir ~, wie das passieren konnte** me resulta incomprensible cómo pudo suceder esto **4.** (*ungewiss*) incierto; (*fraglich*) dudoso; **sich** *dat* **über etw im U~en sein** tener dudas sobre algo; **jdn im U~en über etw lassen/halten** dejar/tener a alguien a oscuras respecto a algo; **Unklarheit** *f* <-, -en> falta *f* de claridad; (*Unbestimmtheit*) vaguedad *f;* (*Verwirrung*) confusión *f;* **darüber herrscht noch ~** el asunto todavía no está claro

unklug *adj* poco inteligente, poco táctico; **sich ~ verhalten** tener un comportamiento poco táctico; **unkollegial** *adj* falto de compañerismo; **sich ~ verhalten** tener mal compañerismo; **unkompliziert** *adj* sencillo, poco complicado; **etw ~ erklären** explicar algo de una manera sencilla; **unkontrollier-**

bar ['---'--] *adj* incontrolable; **etw wird ~ für jdn** algo se escapa del control de alguien; **unkontrolliert** *adj* incontrolado; **unkonventionell** *adj* inusual, extraordinario; **sich ~ kleiden** vestir extremado; **unkonzentriert** *adj* distraído, no concentrado (*bei* en); **~ arbeiten** no (poder) concentrarse en el trabajo; **schnell ~ werden** distraerse con facilidad; **unkoordiniert** *adj* no coordinado

Unkosten *pl* gastos *mpl;* **abzüglich der ~** deduciendo los gastos; **sich in ~ stürzen** gastar un dineral; **die ~ belaufen sich auf ...** los gastos ascienden a...; **Unkostenbeitrag** *m* <-(e)s, -träge> contribución *f* a los gastos; **Unkostendeckung** *f* <-, -en> cobertura *f* de los gastos; **Unkosteneinsparung** *f* <-, -en> recorte *m* de los gastos; **Unkostenverteilung** *f* <-, -en> distribución *f* de los gastos

Unkraut *nt* <-(e)s, -kräuter> mala hierba *f,* maleza *f,* yuyo *m CSur;* **~ vergeht nicht** (*prov*) mala hierba nunca muere

Unkrautbekämpfung *f* <-, -en> acción *f* de desherbar, escarda *f;* **Unkrautbekämpfungsmittel** *nt* <-s, ->, **Unkrautvernichter** *m* <-s, ->, **Unkrautvertilgungsmittel** *nt* <-s, -> herbicida *m*

unkritisch *adj* falto de crítica, poco crítico; **unkultiviert** *adj* **1.** (*Feld*) yermo **2.** (*Person*) inculto; **unkündbar** ['---, '-'--] *adj* (*Stellung*) perpetuo; (*Vertrag*) irrevocable; **sie ist ~** no se le puede echar; **unkundig** *adj* (*geh*) ignorante; **des Lesens ~ sein** ser analfabeto

unlängst *adv* hace poco, recientemente, recién *Am*

unlauter ['ʊnlaʊtɐ] *adj* (*geh*) **1.** (*unehrlich*) deshonesto; **~e Geschäfte** negocios turbios **2.** (*unfair*) desleal; **~er Wettbewerb** competencia desleal

unleidlich ['ʊnlaɪtlɪç] *adj* insoportable, insufrible; **~ sein** ser insoportable, ser insufrible

unleserlich *adj* ilegible

unleugbar ['---, '-'--] *adj* innegable, indiscutible

unlieb *adj:* **es ist ihm nicht ~, wenn .../dass ...** no le viene mal si.../que... +*subj*

unliebsam *adj* desagradable, molesto; **~e Überraschung** sorpresa desagradable

unlin(i)iert *adj* no rayado, sin rayar; **unlogisch** *adj* ilógico; **unlösbar** ['---, '-'--] *adj* **1.** (*nicht trennbar*) inseparable, indisoluble; (*Knoten*) imposible de desatar **2.** (*Aufgabe*) insoluble; **ein ~es Problem** un problema imposible de resolver **3.** (*Substanz*) indisoluble, insoluble; **unlöslich** ['---, '-'--] *adj* **1.** (*nicht trennbar*) indisoluble **2.** (*Substanz*) insoluble

Unlust *f* <-, *ohne pl*> desgana *f;* (*Abneigung*) aversión *f;* **mit ~** a disgusto

unmanierlich ['ʊnmaniːɐlɪç] **I.** *adj* maleducado **II.** *adv:* **sich ~ benehmen** no tener buenos modales; **unmännlich** ['ʊnmɛnlɪç] *adj* (*a. abw*) poco varonil, impropio de un hombre

Unmaß *nt* <-es, *ohne pl*> (*geh*) exceso *m* (*an/von* de)

Unmasse *f* <-, -n> (*fam*) *s.* **Unmenge**

unmaßgeblich *adj* insignificante, irrelevante; **nach meiner ~en Meinung** en mi humilde opinión

unmäßig *adj* desmesurado, excesivo; **Unmäßigkeit** *f* <-, *ohne pl*> inmoderación *f,* falta *f* de moderación

Unmenge *f* <-, -n> gran cantidad *f* (*an/von* de), montón *m* (*an/von* de) *fam;* **er trinkt ~n (von) Bier** toma cantidades impresionantes de cerveza

Unmensch *m* <-en, -en> (*abw*) bestia *f,* monstruo *m;* **ich bin ja kein ~** (*fam*) no soy ningún monstruo; **unmenschlich** *adj* **1.** (*Person, Verhalten*) inhumano; (*grausam*) cruel **2.** (*menschenunwürdig*) indigno de un ser humano **3.** (*unerträglich*) atroz, monstruoso

Unmenschlichkeit[1] *f* <-, *ohne pl*> (*das Unmenschliche*) inhumanidad *f*

Unmenschlichkeit[2] *f* <-, -en> (*Handlung*) atrocidad *f,* barbaridad *f*

unmerklich ['---, '-'--] *adj* imperceptible; **es ist ~ dunkler geworden** se ha hecho imperceptiblemente de noche; **unmethodisch** **I.** *adj* sin método; **sie hat eine völlig ~e Arbeitsweise** trabaja sin método alguno **II.** *adv* sin método, de manera desordenada; **wieso gehen Sie in diesem Fall so ~ vor?** ¿por qué trabaja este caso de manera tan poco metódica [*o* tan caótica]?; **unmissverständlich**[RR], **unmißverständlich** **I.** *adj* inequívoco, claro **II.** *adv* rotundamente; **jdm ~ seine Meinung sagen** decirle a alguien su opinión rotundamente; **unmittelbar** *adj* **1.** (*direkt*) directo **2.** (*zeitlich*) inmediato; **~ danach** inmediatamente después; **~ bevorstehen** ser inminente, estar a punto de suceder; **~e Gefahr** peligro inminente; **unmöbliert** *adj* desamueblado; **unmodern** *adj* pasado de moda; **~ werden** pasar(se) de moda; **sich ~ kleiden** llevar vestidos pasados de moda

unmöglich ['-'--] **I.** *adj* imposible; (*nicht tragbar*) inadmisible; (*ausgefallen*) raro; **das U~e wollen** querer lo imposible; **er benimmt sich ~** su comportamiento es inadmisible; **das macht es mir ~, daran teilzunehmen** eso es lo que me impide participar; **er hat sich bei ihr ~ gemacht** (*fam*) se portó de un modo inadmisible con ella **II.** *adv* (*fam: auf keinen Fall*) de ninguna manera; **ich kann ihn ~ im Stich lassen** no lo puedo dejar de ninguna manera en la estacada; **Unmöglichkeit** ['----, '-'---] *f* <-, *ohne pl*> imposibilidad *f;* **ein Ding der ~** algo imposible

Unmoral *f* <-, *ohne pl*> inmoralidad *f;* **unmoralisch** *adj* inmoral

unmotiviert *adj* **1.** (*grundlos*) sin motivo, injustificado **2.** (*nicht motiviert*) desganado, falto de motivación

unmündig *adj* **1.** (*minderjährig*) menor de edad **2.** (*unselbständig*) inmaduro; **Unmün-**

U

digkeit *f* <-, *ohne pl*> **1.** (*Minderjährigkeit*) minoría *f* de edad **2.** (*Unselbständigkeit*) falta *f* de madurez

unmusikalisch *adj* que no tiene talento musical, poco musical

Unmut *m* <-(e)s, *ohne pl*> (*geh*) **1.** (*Missfallen*) descontento *m* **2.** (*Ärger*) disgusto *m*

unmutig ['ʊnmu:tɪç] **I.** *adj* (*geh*) malhumorado **II.** *adv* (*geh*) con mal humor, con enojo

unnachahmlich ['--'--] *adj* inimitable, único

unnachgiebig *adj* (*Person*) intransigente; (*Material*) inflexible; **Unnachgiebigkeit** *f* <-, *ohne pl*> inflexibilidad *f*, intransigencia *f*

unnachsichtig *adj* riguroso; **jdn ~ bestrafen** castigar a alguien rigurosamente; **Unnachsichtigkeit** *f* <-, *ohne pl*> severidad *f*, rigor *m*

unnahbar ['-'--] *adj* (*Person*) inaccesible, poco afable

unnatürlich *adj* **1.** (*nicht natürlich*) poco natural; (*künstlich*) artificial **2.** (*gekünstelt*) artificial, afectado; **Unnatürlichkeit** *f* <-, *ohne pl*> **1.** (*keine Natürlichkeit*) anormalidad *f* **2.** (*Künstlichkeit*) artificialidad *f*

unnormal *adj* anormal; **unnötig** **I.** *adj* innecesario **II.** *adv* sin necesidad; **er regt sich ~ auf** se altera sin necesidad (alguna)

unnötigerweise ['----'--] *adv* innecesariamente

unnütz *adj* inútil

UNO ['u:no] *f* <-> *Abk. von* **United Nations Organization** ONU *f*; **UNO-Friedenstruppen** *fpl* tropas *fpl* de la ONU para misiones de paz [*o* para el mantenimiento de la paz]

unordentlich *adj* desordenado; (*Kleidung*) descuidado, chasco *Am*; **Unordentlichkeit** *f* <-, *ohne pl*> desorden *m*

Unordnung *f* <-, *ohne pl*> desorden *m*; (*Durcheinander*) confusión *f*; **in ~ geraten** quedar en desorden; **etw in ~ bringen** poner algo en desorden, desacomodar algo *Arg*

unorthodox *adj* poco ortodoxo, informal; **unparteiisch** *adj* imparcial, objetivo

Unparteiische(r) *mf* <-n, -n; -n, -n> (SPORT: *fam*) árbitro, -a *m, f*

unpassend *adj* (*Zeitpunkt*) inoportuno; (*Bemerkung*) inconveniente; **unpassierbar** ['--'--] *adj* intransitable

unpässlich[RR] *adj*, **unpäßlich** *adj* (*geh*) mal dispuesto; **sich ~ fühlen** sentirse indispuesto

Unpässlichkeit[RR] *f* <-, -en>, **Unpäßlichkeit** *f* <-, -en> indisposición *f*; **in letzter Zeit häufen sich ihre ~en** últimamente acostumbra a estar indispuesta con frecuencia

unpersönlich *adj* (*a.* LING) impersonal; **unpfändbar** *adj* (JUR) inembargable; **unpolitisch** *adj* apolítico; **unpopulär** *adj* impopular; **unpraktisch** *adj* **1.** (*Gerät*) poco práctico, difícil de manejar **2.** (*Person*) poco práctico; **unproblematisch** *adj* poco problemático; **unproduktiv** *adj* improductivo

unpünktlich *adj* impuntual; **~ ankommen** llegar tarde; **der Zug ist ~** el tren viene con retraso; **Unpünktlichkeit** *f* <-, *ohne pl*> **1.** (*unpünktliche Art*) falta *f* de puntualidad, impuntualidad *f*; **ich bin deine ~ leid!** ¡estoy hasta el gorro de que seas impuntual [*o* de que nunca llegues a la hora]! **2.** (*verspätetes Eintreffen*) retraso *m*; **die ~ dieses Zuges ist nichts Neues** no es nada nuevo que este tren llegue con retraso

unqualifiziert *adj* **1.** (*Person*) sin título, sin estudios **2.** (*Bemerkung*) incompetente; **unrasiert** *adj* sin afeitar

Unrast *f* <-, *ohne pl*> (*geh*) inquietud *f*, desasosiego *m*

Unrat *m* <-(e)s, *ohne pl*> (*geh*) inmundicias *fpl*; **~ wittern** temer lo peor

unrationell *adj* (WIRTSCH) no rentable; **unrealistisch** *adj* no realista; **etw ~ einschätzen** hacer una estimación poco realista de algo; **unrecht** *adj* **1.** (*geh: falsch*) equivocado; (*verwerflich*) reprochable **2.** (*unpassend*) inoportuno **3.** (*Wend*): **jdm ~ tun** ser injusto con alguien, tratar a alguien de manera inadecuada [*o* injusta]

Unrecht *nt* <-(e)s, *ohne pl*> injusticia *f*; **zu ~** injustamente; **~ haben** equivocarse, estar equivocado; **jdm ~ geben** descalificar la opinión de alguien; **im ~ sein** (*sich irren*) estar equivocado; (*im Rechtsstreit*) no tener razón; **sich durch etw ins ~ setzen** perder la razón a causa de algo

unrechtmäßig *adj* ilegal, ilegítimo

Unrechtsbewusstsein[RR] *nt* <-s, *ohne pl*> consciencia *f* de injusticia

unredlich *adj* (*geh*) deshonesto, desleal; (*Geschäft*) fraudulento; **unreell** *adj* insincero; (*Preis*) exorbitante

unregelmäßig *adj* irregular; **Unregelmäßigkeit** *f* <-, -en> irregularidad *f*

Unregierbarkeit ['--'---] *f* <-, *ohne pl*> ingobernabilidad *f*

unreif *adj* **1.** (*Obst*) inmaduro, verde *fam*, tierno *Chil, Ecua, Guat*; **etw ~ ernten** cosechar algo aún verde **2.** (*Person*) inmaduro; **unrein** *adj* **1.** (*schmutzig*) impuro, sucio; **ins U~e schreiben** hacer un borrador **2.** (REL) impuro; **unrentabel** *adj* poco rentable; **unrettbar** ['---, '-'--] *adj* insalvable; **das ist ~ verloren** es irrecuperable; **unrichtig** *adj* incorrecto, inexacto; (*falsch*) falso

Unruhe *f* <-, *ohne pl*> **1.** (*mangelnde Ruhe*) inquietud *f*, intranquilidad *f*; (*Lärm*) alboroto *m*; **~ stiften** causar alboroto **2.** (*ständige Bewegung*) agitación *f* **3.** (*Besorgnis*) preocupación *f*; (*innere ~*) desasosiego *m*; **in ~ sein** estar preocupado

Unruhen *fpl* (*Krawalle*) enfrentamientos *mpl*, disturbios *mpl*; **in der Hauptstadt kam es zu schweren ~** hubo grandes disturbios en la capital

Unruhestifter(in) *m(f)* <-s, -; -, -nen> (*abw*) pendenciero, -a *m, f*, buscaruidos *mf inv*, buscapleitos *mf inv Am*

unruhig *adj* **1.** (*nicht ruhig*) inquieto; (*Meer*) agitado; **er ist ein ~er Geist** tiene un espíritu inquieto; **~ schlafen** dormir agitado [*o* con sobresaltos] **2.** (*laut*) bullicioso, ruidoso **3.** (*nicht gleichmäßig*) irregular; (*Zeiten*) turbulento **4.** (*besorgt*) preocupado; (*innerlich*) desasosegado; **~ auf und ab gehen** caminar ansiosamente de aquí para allá; **unrühmlich** *adj* nada glorioso

uns [ʊns] **I.** *pron pers dat/akk von* **wir** nos; (*betont*) a nosotros/nosotras... (nos); (*mit Präposition*) nosotros/nosotras; **wie lange haben wir ~ nicht gesehen?** ¿cuánto hace que no nos hemos visto?; **~ ist es egal** a nosotros/nosotras nos da igual; **ist das für ~?** ¿es para nosotros?; **mit ~** con nosotros/nosotras; **ein Freund von ~** un amigo nuestro; **~ gehört das nicht** esto no es nuestro; **bei ~ zu Hause** en (nuestra) casa; **du kannst jederzeit zu ~** puedes venir a (nuestra) casa siempre que quieras; **an ~ soll es nicht liegen** por nosotros que no quede; **unter ~ gesagt ...** que quede entre nosotros... **II.** *pron refl dat/akk von* **wir** nos; **wir kümmern ~ schon darum** nos ocuparemos de ello; **wir haben ~ ein neues Auto gekauft** nos hemos comprado un coche nuevo

unsachgemäß *adj* inadecuado; **etw ~ behandeln** usar algo inadecuadamente; **unsachlich** *adj* subjetivo, parcial; **werden Sie nicht ~!** ¡aténgase a los hechos!

Unsachlichkeit[1] *f* <-, *ohne pl*> (*mangelnde Objektivität*) falta *f* de objetividad, parcialidad *f*

Unsachlichkeit[2] *f* <-, -en> (*Bemerkung*) comentario *m* impropio [*o* que no viene al caso]; **diese Unterstellung war ganz klar eine ~** esta imputación estaba fuera de lugar [*o* era totalmente gratuita]

unsagbar ['---, '-'--] *adj*, **unsäglich** ['---, '-'--] *adj* (*geh*) indecible, indescriptible; (*Schmerzen*) atroz; **seine Trauer ist ~** su pena está más allá de las palabras

unsanft *adj* rudo, poco suave; **jdn ~ wecken** despertar a alguien con brusquedad; **unsauber** *adj* **1.** (*schmutzig*) sucio, mugriento **2.** (*nachlässig*) inexacto; **~ arbeiten** hacer chapuzas **3.** (*Geschäfte*) turbio; **unschädlich** *adj* inofensivo, no dañino; **etw ~ machen** hacer algo inofensivo; **jdn ~ machen** (*fam*) eliminar a alguien del mapa; **unscharf** *adj* **1.** (FOTO) borroso, poco nítido **2.** (*ungenau*) impreciso; (*Erinnerung*) borroso, poco claro; **eine ~e Beschreibung** una vaga descripción

Unschärfe *f* <-, -n> borrosidad *f*, opacidad *f*

unschätzbar ['---, '-'--] *adj* incalculable; **ein Diamant von ~em Wert** un diamante de incalculable valor; **unscheinbar** *adj* **1.** (*unwichtig*) insignificante **2.** (*unauffällig*) poco llamativo; **er war eine ~e Erscheinung** tenía una apariencia gris **3.** (*bescheiden*) modesto; **unschicklich** ['ʊnʃɪklɪç] *adj* (*geh*) impropio, indecoroso; **unschlagbar** ['-'--] *adj* invencible, imbatible

unschlüssig *adj* indeciso, irresoluto; **sich** *dat* **über etw ~ sein** no poder tomar una decisión respecto de algo; **Unschlüssigkeit** *f* <-, *ohne pl*> indecisión *f*, irresolución *f*

unschön *adj* feo; (*unangenehm*) desagradable; **das war ~ von dir** fue feo de tu parte

Unschuld *f* <-, *ohne pl*> **1.** (JUR) inocencia *f*; **jds ~ beweisen** probar la inocencia de alguien **2.** (*Naivität*) inocencia *f*, ingenuidad *f*; **die ~ vom Lande sein** ser la inocencia en persona; **in aller ~ etw sagen** decir algo con la mayor inocencia; **seine Hände in ~ waschen** lavarse las manos **3.** (*Jungfräulichkeit*) virginidad *f*; **seine ~ verlieren** perder la inocencia

unschuldig *adj* **1.** (JUR) inocente (*an* de); **~ im Gefängnis sitzen** estar en prisión siendo inocente; **für ~ erklären** declarar inocente **2.** (*naiv*) inocente, ingenuo; **ein ~es Gesicht machen** poner cara de inocente; **~ tun** hacerse el tonto **3.** (*jungfräulich*) virgen

Unschuldige(r) *mf* <-n, -n; -n, -n> inocente *mf*

Unschuldsbeteuerung *f* <-, -en> manifestaciones *fpl* (insistentes) de inocencia; **allen ~en zum Trotz verhaftete man ihn** a pesar de asegurar [*o* de insistir en] que era inocente le detuvieron; **Unschuldsengel** *m* <-s, -> (*iron*) inocente *mf*, angelito, -a *m, f*; **spiel doch nicht den ~!** ¡no te hagas el inocente!; **Unschuldslamm** *nt* <-(e)s, -lämmer> (*iron*) (pobre) inocente *mf*, alma *f* de Dios, alma *f* cándida; **kein ~ sein** no ser precisamente un santo; **Unschuldsmiene** *f* <-, -n> cara *f* de inocente

unschwer *adv* fácilmente, sin dificultad; **daran kann man ~ erkennen, dass ...** en esto se puede reconocer sin dificultad que...

unselbständig *adj* dependiente; **~e Arbeit** trabajo asalariado; **er ist so ~** no puede hacer nada solo; **Unselbständigkeit** *f* <-, *ohne pl*> dependencia *f*

unselbstständig[RR] *adj s.* **unselbständig**; **Unselbstständigkeit**[RR] *f* <-, *ohne pl*> *s.* **Unselbständigkeit**

unselig *adj* (*geh*) desdichado

unser ['ʊnzɐ] *pron pers gen von* **wir** de nosotros/nosotras

unser, **uns(e)re**, **unser** *pron poss* (*adjektivisch*) nuestro *m*, nuestra *f*, nuestros *mpl*, nuestras *fpl*; **~ Vater/Leben** nuestro padre/nuestra vida; **uns(e)re Zeit/Verwandten/Briefe** nuestro tiempo/nuestros parientes/nuestras cartas; **wir fahren mit uns(e)rem Kind/uns(e)rer Tante/uns(e)ren Katzen** viajamos con nuestro hijo/nuestra tía/nuestros gatos

uns(e)re(r, s) ['ʊnz(ə)rə, -rɐ, -rəs] *pron poss* (*substantivisch*) (el) nuestro *m*, (la) nuestra *f*, (los) nuestros *mpl*, (las) nuestras *fpl*; **der rote Koffer ist ~r** la maleta roja es (la) nuestra;

seine Tochter heißt genauso wie ~ su hija se llama igual que la nuestra; **wir tun das U~** hacemos lo nuestro; *s. a.* **unser, uns(e)re, unser**

unsereiner ['ʊnzɐʔaɪnɐ] *pron indef* uno, (personas como) nosotros; ~ **hat es nicht leicht** uno no lo tiene fácil

unsereins ['ʊnzɐʔaɪns] *pron indef* (*fam*) *s.* **unsereiner**

uns(e)rerseits ['ʊnz(ə)rɐzaɪts] *adv* de nuestra parte

uns(e)resgleichen ['ʊnz(ə)rəs'glaɪçən] *pron indef* de nuestra condición, nuestros semejantes; ~ **ist so was nicht recht** a la gente como nosotros no nos gusta una cosa así

unser(e)twegen ['ʊnzərət've:gən, 'ʊnzɐt've:gən] *adv* por nosotros; (*negativ*) por nuestra culpa; **du brauchst dir ~ keine Sorgen zu machen** no hace falta que te preocupes por nosotros; ~ **kannst du das machen** por nosotros puedes hacerlo; **unser(e)twillen** ['ʊnzərət'vɪlən, 'ʊnzɐt'vɪlən] *adv:* **um ~** en consideración a nosotros, por nosotros

unserige(r, s) *pron poss* (*geh*) *s.* **unsrige(r, s)**

unseriös *adj* **1.** (*Geschäfte*) dudoso, turbio **2.** (*Person*) poco cabal **3.** (*Studie*) poco serio

unsertwegen *adv s.* **unser(e)twegen**

unsertwillen *adv s.* **unser(e)twillen**

unsicher *adj* **1.** (*gefährlich*) inseguro, peligroso **2.** (*ungewiss*) incierto; (*zweifelhaft*) dudoso **3.** (*nicht selbstbewusst, ungeübt*) inseguro; **er steht noch ~ auf den Beinen** aún está un poco inseguro al andar; **du machst mich ganz ~** me pones nervioso; **lass dich doch davon nicht ~ machen** no dejes que esto te haga sentir inseguro **4.** (*gefährdet*) poco seguro, inestable

Unsicherheit *f* <-, -en> inseguridad *f;* (*Ungewissheit*) incertidumbre *f;* **Unsicherheitsfaktor** *m* <-s, -en> factor *m* de inseguridad

unsichtbar *adj* invisible (*für* a); **Unsichtbarkeit** *f* <-, *ohne pl*> invisibilidad *f*

Unsinn *m* <-(e)s, *ohne pl*> **1.** (*fehlender Sinn*) absurdo *m* **2.** (*Unfug*) disparates *mpl,* tonterías *fpl,* macana *f Am,* arracachada *f Kol;* **red doch keinen ~** no digas tonterías; **mach keinen ~** no hagas tonterías; **lass den ~** déjate de disparates

unsinnig *adj* absurdo, insensato

Unsitte *f* <-, -n> mala costumbre *f*

unsittlich *adj* deshonesto, inmoral; **jdn ~ berühren** manosear a alguien, sobar a alguien, meter mano a alguien *fam;* **unsolide** *adj* **1.** (*Angebot, Person*) poco serio; (*Lebensweise*) inconstante **2.** (*Möbel*) poco estable; **unsozial** *adj* poco social, antisocial; **die Mieten sind ~ hoch** los alquileres están por las nubes; **unsportlich** *adj* **1.** (*Person*) poco deportivo **2.** (*unfair*) antideportivo

Unsportlichkeit[1] *f* <-, *ohne pl*> (*unsportliche Art*) aptitudes *fpl* poco deportistas

Unsportlichkeit[2] *f* <-, -en> (*unfaire Handlung*) actitud *f* poco deportiva, comportamiento *m* poco deportivo

unsre(r, s) ['ʊnzrə, -rɐ, -rəs] *pron poss s.* **unser, uns(e)re(r, s)**

unsrerseits *adv s.* **uns(e)rerseits**

unsresgleichen *pron indef s.* **uns(e)resgleichen**

unsretwegen *adv s.* **unser(e)twegen**

unsretwillen *adv s.* **unser(e)twillen**

unsrige(r, s) *pron poss:* **der/die/das ~** [*o* **U~**] el nuestro/la nuestra/lo nuestro; **die ~n** [*o* **U~n**] los nuestros

unstatthaft *adj* **1.** (*unangebracht*) intolerable, inadmisible **2.** (*verboten*) ilícito

unsterblich [(')-'--] *adj* inmortal; ~ **verliebt** locamente enamorado; **Unsterblichkeit** [-'---] *f* <-, *ohne pl*> inmortalidad *f*

unstet *adj* (*geh*) **1.** (*unbeständig*) versátil, inconstante **2.** (*unruhig*) inquieto; **unstillbar** ['-'--, '---] *adj* insaciable

Unstimmigkeit *f* <-, -en> **1.** (*Ungenauigkeit*) inexactitud *f,* imprecisión *f* **2.** (*Meinungsverschiedenheit*) divergencias *fpl*

unstreitig *adj* indiscutible, indisputable; ~ **feststehen** ser indiscutible

Unsumme *f* <-, -n> suma *f* enorme, fortuna *f fam,* dineral *m fam*

unsymmetrisch *adj* asimétrico; **unsympathisch** *adj* antipático; **er ist mir ~** me resulta antipático, me cae mal *fam;* **unsystematisch** *adj* no sistemático; ~ **arbeiten** trabajar sin orden ni concierto

untadelig *adj* impecable, intachable

Untat *f* <-, -en> hecho *m* atroz; (*Verbrechen*) crimen *m*

untätig *adj* inactivo, pasivo; ~ **zusehen** mirar pasivamente; **Untätigkeit** *f* <-, *ohne pl*> inactividad *f,* ociosidad *f;* **zur ~ verdammt sein** estar condenado a la inactividad

untauglich *adj* (*Gerät*) no apto (*für* para); (*Person*) inepto (*für* para); (*für den Militärdienst*) inútil; **Untauglichkeit** *f* <-, *ohne pl*> inutilidad *f;* **wegen ~ wurde er ausgemustert** lo declararon inútil (en el reconocimiento)

unteilbar ['-'--, '---] *adj* indivisible; **Unteilbarkeit** *f* <-, *ohne pl*> indivisibilidad *f*

unten ['ʊntən] *adv* **1.** (*tief*) abajo; **dort/da ~** allí/allá abajo; **nach ~** hacia abajo; **von ~** de abajo; **von oben bis ~** de arriba a abajo; **rechts ~** abajo a la derecha; ~ **am Fluss** abajo en el río; **sie ist ~ im Hof** está abajo en el patio **2.** (*Ende, Unterseite*) en el fondo de, en la parte de abajo de; ~ **auf dem Bild** en la foto abajo; ~ **auf der Seite** al pie de la página; ~ **in der Kiste** en la parte de abajo de la caja; **mit dem Gesicht nach ~** boca abajo; **fass ~ an!** ¡cógelo por abajo! **3.** (*im Text*): **siehe ~** véase abajo; **weiter ~** más adelante **4.** (*Hierarchie*): **sie hat ganz ~ angefangen** empezó abajo de todo **5.** (*fam: im Süden*) en el sur; **wir bleiben zwei Wochen da ~** nos quedamos dos semanas en el sur **6.** (*Wend*): **wir sind bei ihm ~ durch** (*fam*) ya no quiere saber nada más de nosotros; **untendrunter** [--'--] *adv* (*fam*) por debajo; **untenerwähnt** *adj s.* **erwähnen**; **untengenannt** *adj s.* **nennen I.3.**; **untenherum** *adv* (*fam*) por debajo; **untenstehend** *adj s.* **stehen I.3.**

unter ['ʊntɐ] **I.** *präp* +*dat* **1.** (*unterhalb*) debajo de, bajo; **sie trägt die Tasche ~ dem Arm** lleva el bolso bajo el brazo; **~ etw** *dat* **hindurch** por debajo de algo; **~ freiem Himmel** al aire libre; **~ Tage** en la mina **2.** (*inmitten, zwischen*) entre; **er ist einer ~ vielen, die ...** es uno entre muchos que...; **~ anderem** entre otras cosas; **~ Freunden** entre amigos; **~ vier Augen** a solas; **wir sind hier ganz ~ uns** aquí estamos completamente solos; **das bleibt ~ uns** esto queda entre nosotros; **~ uns gesagt** dicho en confianza **3.** (*weniger als*) menos de; **Kinder ~ 12 Jahren** niños menores de 12 años; **trau keinem ~ 30** no te fíes de nadie por debajo de los 30; **~ dem Durchschnitt** por debajo del promedio **4.** (*Art und Weise*): **~ Protest** bajo protestas; **~ Tränen** llorando; **~ der Bedingung, dass ...** a condición de que...; **~ allen Umständen** en todo caso; **~ Vorbehalt** con reservas; **~ falschem Namen** con nombre falso **5.** (*Zustand*) bajo; **~ Strom** bajo corriente; **das Haus steht ~ Denkmalschutz** la casa es patrimonio nacional **6.** (*Unterordnung*) bajo; **sie hat mehrere Mitarbeiter ~ sich** *dat* tiene a varios colaboradores a su cargo; **~ seiner Leitung** bajo su dirección **7.** (*Zuordnung, Zugehörigkeit*) bajo; **~ dem Motto ...** bajo el lema...; **~ der Überschrift ...** bajo el título...; **was verstehen Sie ~ ...?** ¿qué entiende Ud. por...? **II.** *präp* +*akk* (*Richtung*): **er nahm das Paket ~ den Arm** tomó el paquete bajo el brazo; **bis ~ das Dach** hasta debajo del tejado; **die Temperaturen sinken ~ Null** las temperaturas bajan a menos [*o* por debajo] de cero grados

Unterabteilung *f* <-, -en> subsección *f*

Unterarm *m* <-(e)s, -e> antebrazo *m*

Unterart *f* <-, -en> (BIOL) subespecie *f*

Unterbau[1] *m* <-(e)s, *ohne pl*> (*Grundlage*) base *f*

Unterbau[2] *m* <-(e)s, -ten> (ARCHIT) fundamento *m*

Unterbegriff *m* <-(e)s, -e> (*a.* LING) concepto *m* subordinado

unterbelegt *adj* con baja ocupación; **zu 50% ~ sein** tener una ocupación del 50%; **unterbelichten*** ['-----] *vt* (FOTO) subexponer; **geistig unterbelichtet sein** (*fam*) ser un poco tonto; **Unterbelichtung** *f* <-, -en> (FOTO) subexposición *f*, exposición *f* insuficiente; **Unterbeschäftigung** *f* <-, -en> (WIRTSCH) subempleo *m*; **unterbesetzt** *adj*: **personell ~ sein** no tener el debido personal, trabajar con menos personal del necesario; **der Kurs ist ~** quedan algunas plazas libres en el curso; **unterbewerten*** ['-----] *vt* infravalorar; **Unterbewertung** *f* <-, -en> infravaloración *f*; **die ~ einer Aktie** (FIN) la infravaloración de una acción

unterbewusst[RR] *adj*, **unterbewußt** *adj* subconsciente; **etw ~ ahnen** intuir algo; **Unterbewusstsein**[RR] *nt* <-s, *ohne pl*>, **Unterbewußtsein** *nt* <-s, *ohne pl*> (PSYCH) subconsciente *m*

unterbezahlen* *vt* pagar de menos; **ein unterbezahlter Angestellter** un empleado insuficientemente retribuido; **sie wird unterbezahlt** a ella se le está pagando menos [*o* por debajo] de lo que le corresponde

unterbieten* *irr vt* **1.** (*Konkurrenten*) ofrecer a precio más bajo; (*Preis*) rebajar más que los demás (*um* por) **2.** (*Rekord*) batir (*um* por); **die Aufführung ist nicht zu ~** la función no podía ser peor

unterbinden* *irr vt* impedir; (*verhindern*) prevenir

unterbleiben* *irr vi sein* (*nicht geschehen*) no suceder, no pasar; (*aufhören*) acabar; (*sich nicht wiederholen*) no repetirse; **das wäre besser unterblieben** mejor que no hubiese sucedido

unterblieben *pp von* **unterbleiben**

Unterboden *m* <-s, -böden> subsuelo *m*; **Unterbodenschutz** *m* <-es, *ohne pl*> (AUTO) protección *f* anticorrosiva del chasis

unterboten *pp von* **unterbieten**

unterbrechen* *irr vt* interrumpir; (*Verbindung, Stromzufuhr*) cortar; **entschuldigen Sie, wenn ich Sie unterbreche** perdone si le interrumpo

Unterbrechung [--'--] *f* <-, -en> interrupción *f*; (*der Stromversorgung*) corte *m*; **~ der Beziehungen** interrupción de las relaciones; **ohne ~** sin interrupción; **Unterbrechungstaste** *f* <-, -n> (INFOR) tecla *f* de interrupción; **Unterbrechungszeichen** *nt* <-s, -> (INFOR) carácter *m* de interrupción

unterbreiten* *vt* (*geh*): **jdm etw ~** presentar algo a alguien; **jdm einen Vorschlag ~** hacer una propuesta a alguien

unter|bringen *irr vt* **1.** (*verstauen*) meter, colocar; **ich kenne ihn, weiß aber nicht, wo ich ihn ~ soll** le conozco pero no sé dónde encasillarle **2.** (*einquartieren*) alojar, hospedar; **seid ihr gut untergebracht?** ¿tenéis un buen alojamiento? **3.** (*fam: Stellung beschaffen*) acomodar

Unterbringung *f* <-, -en> alojamiento *m*, cobijo *m*

unterbrochen *pp von* **unterbrechen**

Unterbruch *m* <-(e)s, -brüche> (*Schweiz*) *s.* **Unterbrechung**

unterbunden *pp von* **unterbinden**

unter|buttern *vt* (*fam*) oprimir; **sich von jdm ~ lassen** dejarse dominar por alguien

Unterdeck *nt* <-(e)s, -s> (NAUT) cubierta *f* inferior

unterderhand ['ʊntɐdeːɐ'hant] *adv s.*

U

Hand

unterdessen [--'--] *adv* entretanto, mientras tanto

Unterdruck[1] *m* <-(e)s, -drücke> (PHYS, TECH) presión *f* hipoatmosférica

Unterdruck[2] *m* <-(e)s, *ohne pl*> (MED) baja presión *f*

unterdrücken* *vt* **1.** (*Gefühle*) reprimir; (*Seufzer, Tränen*) contener **2.** (*Information*) ocultar, suprimir **3.** (*Menschen*) oprimir; (*Aufstand*) sofocar, reprimir

Unterdrücker(in) *m(f)* <-s, -; -, -nen> tirano, -a *m, f,* opresor(a) *m(f)*

Unterdrückung [--'--] *f* <-, -en> **1.** (*von Gefühlen*) represión *f* **2.** (*von Informationen*) supresión *f* **3.** (*von Menschen*) opresión *f;* (*eines Aufstands*) represión *f*

unterdurchschnittlich *adj* inferior al promedio; ~ **verdienen** ganar menos del promedio

untere(r, s) ['ʊntərə, -rɐ, -rəs] *adj* inferior, bajo

untereinander [---'--] *adv* **1.** (*räumlich*) uno debajo del otro **2.** (*miteinander*) entre sí; (*gegenseitig*) mutuamente, recíprocamente; **das können wir ~ ausmachen** esto lo podemos fijar entre nosotros

unterentwickelt *adj* **1.** (*geistig und körperlich*) atrasado **2.** (POL) subdesarrollado, en vías de desarrollo; **unterernährt** *adj* desnutrido, subalimentado; **Unterernährung** *f* <-, *ohne pl*> desnutrición *f,* subalimentación *f*

Unterfangen [--'--] *nt* <-s, -> (*geh*) empresa *f*

unter|fassen *vt* **1.** (*stützen*) sostener **2.** (*fam: einhaken*) coger del brazo; **sie haben sich gegenseitig untergefasst** se sujetaron el uno al otro; **untergefasst gehen** ir cogidos del brazo

Unterführung [--'--] *f* <-, -en> paso *m* subterráneo

Unterfunktion *f* <-, -en> (MED) hipofunción *f*

Untergang *m* <-(e)s, -gänge> **1.** (*von Schiffen*) hundimiento *m,* naufragio *m* **2.** (*von Gestirnen*) puesta *f* **3.** (*Verderb*) ruina *f;* (*von Kulturen*) extinción *f;* (*von Reichen*) caída *f;* **dem ~ geweiht sein** estar predestinado a la ruina; **Untergangsstimmung** *f* <-, -en> ambiente *m* de (gran) desaliento [*o* de (gran) desánimo]; **wieso herrscht hier denn so eine ~?** ¿a qué se debe el ambiente tan desanimado que hay aquí?; **ich traf alle in ~ an** los encontré a todos con los ánimos por los suelos

untergeben *adj* subordinado; **jdm ~ sein** estar bajo [*o* a] las órdenes de alguien

Untergebene(r) [--'---] *mf* <-n, -n; -n, -n> subordinado, -a *m, f,* subalterno, -a *m, f*

unter|gehen *irr vi sein* **1.** (*Schiff*) hundirse, naufragar **2.** (*Gestirn*) ponerse **3.** (*zugrunde gehen*) desmoronarse; (*Kultur*) extinguirse; (*Reich*) caer; **davon geht die Welt nicht unter!** ¡no es para tanto! **4.** (*Ruf, Schrei*) perderse (*in* en)

untergeordnet *adj* subordinado; (*zweitrangig*) secundario

Untergeschoss[RR] *nt* <-es, -e> piso *m* bajo, bajos *mpl;* **Untergestell** *nt* <-(e)s, -e> **1.** (*Träger*) bastidor *m* inferior **2.** (*fam hum: Beine*) piernas *fpl*

Untergewicht *nt* <-(e)s, *ohne pl*> peso *m* insuficiente, falta *f* de peso

untergewichtig *adj* falto de peso

untergliedern* *vt* (sub)dividir (*in* en)

untergraben*[1] *irr vt* socavar, minar

unter|graben[2] *irr vt* descalzar, socavar

Untergrund *m* <-(e)s, *ohne pl*> **1.** (AGR) subsuelo *m* **2.** (*Hintergrund*) fondo *m* **3.** (POL) clandestinidad *f;* **in den ~ gehen** pasar a la clandestinidad; **Untergrundbahn** *f* <-, -en> metro *m;* **Untergrundbewegung** *f* <-, -en> movimiento *m* clandestino; **Untergrundorganisation** *f* <-, -en> (POL) organización *f* clandestina

unter|haken *vt* (*fam*): **jdn ~** coger del brazo a alguien; **sich bei jdm ~** colgársele a alguien del brazo

unterhalb *präp +gen* por debajo de

Unterhalt *m* <-(e)s, *ohne pl*> **1.** (*Lebens~*) sustento *m,* mantenimiento *m;* **für jds ~ aufkommen** mantener a alguien **2.** (*~szahlungen*) alimentos *mpl,* pensión *f* alimenticia; **~ zahlen** pagar una pensión alimenticia **3.** (*Instandhaltung*) manutención *f*

unterhalten* *irr* **I.** *vt* **1.** (*versorgen*) mantener **2.** (*Bauwerk*) mantener, conservar **3.** (*Pension*) llevar **4.** (*Beziehungen, Kontakte*) mantener **5.** (*vergnügen*) entretener, divertir **II.** *vr:* **sich ~** (*sprechen*) conversar (*über* sobre/de), hablar (*über* sobre/de), versar (*über* sobre/acerca de) *MAm, Ant;* **worüber habt ihr euch ~?** ¿sobre qué habéis hablado?; **wir müssen uns mal ~** tenemos que hablar

unterhaltend [--'--] *adj* entretenido

Unterhalter(in) *m(f)* <-s, -; -, -nen> animador(a) *m(f)*

unterhaltsam [--'--] *adj* divertido, entretenido

Unterhaltsanspruch *m* <-(e)s, -sprüche> (JUR) derecho *m* a alimentos; **unterhaltsberechtigt** *adj* con derecho a alimentos; **jdm gegenüber ~ sein** tener derecho a manutención por parte de alguien; **Unterhaltsberechtigte(r)** *mf* <-n, -n; -n, -n> alimentista *mf;* **Unterhaltsgeld** *nt* <-(e)s, -er> alimentos *mpl,* subsidio *m* de manutención; **Unterhaltsklage** *f* <-, -n> (JUR) demanda *f* por reclamación de alimentos; **Unterhaltskosten** *pl* **1.** (*für Unterhaltsberechtigte*) costes *mpl* de manutención **2.** (*für Gebäude, Anlagen*) costes *mpl* de conservación **3.** (*für Fahrzeuge*) costes *mpl* de mantenimiento; **Unterhaltspflicht** *f* <-, *ohne pl*> deber *m* de manutención; **unterhaltspflichtig** *adj* (JUR) deudor de manutención;

jdm gegenüber ~ sein deber pagar la manutención de alguien; **Unterhaltszahlung** *f* <-, -en> pago *m* de alimentos

Unterhaltung[1] [-ˈ--] *f* <-, *ohne pl*> (*das Instandhalten*) mantenimiento *m*

Unterhaltung[2] *f* <-, -en> **1.** (*Gespräch*) conversación *f* (*über* sobre/de); **eine ~ mit jdm führen** conversar con alguien **2.** (*Vergnügen*) entretenimiento *m*, diversión *f*; **wir wünschen angenehme ~** esperamos que lo pasen bien; **Unterhaltungsarbeiten** *fpl* trabajos *mpl* de mantenimiento [*o* de entretenimiento]; **Unterhaltungselektronik** *f* <-, *ohne pl*> electrónica *f* recreativa [*o* de entretenimiento], equipo *m* de audio y vídeo hogareño; **Unterhaltungsindustrie** *f* <-, -n> industria *f* de productos recreativos; **Unterhaltungsliteratur** *f* <-, *ohne pl*> literatura *f* amena; **Unterhaltungswert** *m* <-(e)s, *ohne pl*>: **etw hat hohen ~** algo es muy entretenido; **der ~ dieses Filmes ist gleich null** esta película no es nada entretenida

unterhandeln* *vi* (POL) negociar; **über etw ~** negociar algo; **Unterhändler(in)** [ˈ----] *m(f)* <-s, -; -, -nen> (POL) negociador(a) *m(f)*, mediador(a) *m(f)*; **Unterhandlung** *f* <-, -en> (POL) negociación *f*; **mit jdm in ~en eintreten** entrar en negociaciones con alguien

Unterhaus *nt* <-es, -häuser> (POL) cámara *f* baja; **Unterhauswahl** *f* <-, -en> elecciones *fpl* a la cámara baja

Unterhemd *nt* <-(e)s, -en> camiseta *f*

unterhöhlen* *vt* socavar

Unterholz *nt* <-es, *ohne pl*> mata *f*

Unterhose *f* <-, -n> (*für Herren*) calzoncillos *mpl*, bombacha *f CSur*; (*für Damen*) bragas *fpl*; **kurze/lange ~(n)** calzas cortas/largas

unterirdisch *adj* subterráneo; **~ verlaufen** circular bajo tierra

unterjochen* *vt* subyugar, someter

Unterjochung *f* <-, -en> subyugación *f*, sometimiento *m*

unter|jubeln *vt* (*fam*) **1.** (*zuschieben*) encajar, endilgar; **jdm einen Auftrag ~** encajarle a alguien un encargo **2.** (*andrehen*) engatusar; **er hat sich** *dat* **von ihr ein Auto ~ lassen** se dejó engatusar para que se comprase un coche

Unterkapitalisierung *f* <-, -en> (WIRTSCH) infracapitalización *f*

unterkellern* *vt* proveer de sótano

Unterkiefer *m* <-s, -> maxilar *m* inferior, mandíbula *f* inferior

Unterkleidung *f* <-, -en> ropa *f* interior

unter|kommen *irr vi sein* **1.** (*Unterkunft finden*) alojarse (*bei/in* en), encontrar alojamiento (*bei/in* en) **2.** (*fam: Arbeit finden*) colocarse (*bei/in* en) **3.** (*reg: begegnen*) pasar; **so etwas ist mir noch nicht untergekommen** nunca me pasó nada semejante

Unterkörper *m* <-s, -> **1.** (*Taille bis Füße*) parte *f* inferior del cuerpo **2.** (*unterer Rumpf*) bajo vientre *m*

unter|kriegen *vt* (*fam*) doblegar, avasallar; **lass dich nicht ~** no te dejes doblegar; **sie ist nicht unterzukriegen** no hay quien la someta

unterkühlen* **I.** *vt* **1.** (*Temperatur senken*) congelar **2.** (TECH) sobreenfriar, subenfriar **II.** *vr*: **sich ~** (*fam*) congelarse

unterkühlt *adj* **1.** (*durchgefroren*) congelado **2.** (*betont kühl*) refrigerado en exceso **3.** (LIT, KUNST): **~er Stil** estilo *m* frígido

Unterkühlung [-ˈ--] *f* <-, -en> **1.** (MED) enfriamiento *m*, hipotermia *f* **2.** (TECH) sobrefusión *f*, subfusión *f*

Unterkunft [ˈʊntɐkʊnft, *pl:* -kʏnftə] *f* <-, -künfte> alojamiento *m*, hospedaje *m*; **jdm ~ geben** alojar a alguien; **~ und Verpflegung** casa y comida, alojamiento y avituallamiento

Unterlage *f* <-, -n> **1.** (*Schreib~*) carpeta *f*; (*Kissen*) cojín *m* **2.** *pl* (*Dokumente*) documentos *mpl*, documentación *f*; **geschäftliche ~n** documentación del negocio **3.** (*Grundlage*) base *f*

Unterlass[RR] [ˈʊntɐlas] *m*, **Unterlaß** *m*: **ohne ~** sin parar

unterlassen* *irr vt* **1.** (*absichtlich nicht tun*) dejar, abstenerse (de); **~e Hilfeleistung** denegación de auxilio **2.** (*versäumen*) omitir

Unterlassung *f* <-, -en> abstención *f*, omisión *f*; **ich bestehe auf sofortiger ~ dieser Lärmbelästigung** insisto en que cese de una vez este ruido; **Unterlassungsfall** [--ˈ---] *m* <-(e)s, -fälle> (JUR): **im ~** en caso de omisión; **Unterlassungsklage** [--ˈ----] *f* <-, -n> (JUR) acción *f* de abstención

Unterlauf *m* <-(e)s, -läufe> curso *m* inferior (de un río)

unterlaufen[1] *adj*: **ein mit Blut ~es Auge** un ojo inyectado de sangre

unterlaufen*[2] *irr* **I.** *vi sein*: **jdm unterläuft ein Fehler/ein Irrtum** alguien comete una falta/un error **II.** *vt* (*Hindernis*) esquivar; (*Zensur*) burlar; (*Gesetz*) infringir, violar

unterlegen[1] [--ˈ--] **I.** *pp von* **unterliegen** **II.** *adj* inferior; **jdm (zahlenmäßig) ~ sein** ser inferior a alguien (en número)

unterlegen*[2] *vt* (*mit Musik*) acompañar (*mit* de); **der Text war mit Musik unterlegt** el texto iba acompañado de música

unter|legen[3] *vt* **1.** (*unterschieben*) poner [*o* colocar] algo por debajo **2.** (*verdrehen*) atribuir; **jdm etw ~** atribuir algo a alguien

Unterlegene(r) *mf* <-n, -n; -n, -n> perdedor(a) *m(f)*

Unterlegenheit *f* <-, *ohne pl*> inferioridad *f* (*gegenüber* respecto a)

Unterlegscheibe [ˈ-----] *f* <-, -n> (TECH) arandela *f*

Unterleib *m* <-(e)s, -e> abdomen *m*, bajo vientre *m*; (ANAT) hipogastrio *m*

unterliegen* *irr vi* **1.** *sein* (*verlieren*) ser derrotado (por), perder (contra); (*Versuchung,*

U

Krankheit) sucumbir (a) **2.** (*unterworfen sein*) estar sujeto (+*dat* a); **er unterliegt der Schweigepflicht** está sujeto al secreto profesional; **einem Irrtum** ~ tratarse de un error, deberse a una equivocación

Unterlippe *f* <-, -n> labio *m* inferior

unterm ['ʊntɐm] (*fam*) = **unter dem** *s.* **unter**

untermalen* *vt* (*mit Musik*) acompañar (*mit* de)

Untermalung *f* <-, -en> acompañamiento *m* (musical)

untermauern* *vt* **1.** (*Gebäude*) fundamentar, apoyar **2.** (*Behauptung*) fundamentar, corroborar

Untermenü *nt* <-s, -s> (INFOR) submenú *m*

Untermiete *f* <-, *ohne pl*> subarriendo *m;* **bei jdm zur ~ wohnen** ser subinquilino de alguien; **Untermieter(in)** *m(f)* <-s, -; -, -nen> subinquilino, -a *m, f*

unterminieren* [ʊntɐmi'niːrən] *vt* minar, socavar

unter|mischen *vt* añadir, mezclar (con)

untern ['ʊntɐn] (*fam*) = **unter den** *s.* **unter**

unternehmen* *irr vt* realizar, hacer; (*Reise*) emprender; **etw zusammen** ~ salir y hacer algo juntos; **man muss etwas dagegen** ~ hay que tomar medidas en contra de eso; **gegen jdn/etw Schritte** ~ hacer las gestiones convenientes contra alguien/algo

Unternehmen [--'--] *nt* <-s, -> **1.** (*Vorhaben*) proyecto *m* **2.** (*Firma*) empresa *f;* **gemeinnütziges** ~ empresa de utilidad pública

Unternehmensberater(in) *m(f)* <-s, -; -, -nen> asesor(a) *m(f)* de empresas, consejero, -a *m, f* de gestión; **Unternehmensforschung** *f* <-, -en> investigación *f* de empresas [*o* operacional]; **Unternehmensführung** *f* <-, *ohne pl*> *s.* **Unternehmensleitung**; **Unternehmensfusion** *f* <-, -en> fusión *f* de empresas; **Unternehmensleitung** *f* <-, *ohne pl*> (*Tätigkeit*) dirección *f* de empresas; (*Führungsspitze*) gerencia *f;* **Unternehmensplanung** *f* <-, -en> planificación *f* empresarial; **Unternehmenspolitik** *f* <-, -en> política *f* de la compañía; **Unternehmensspitze** *f* <-, -n> cúpula *f* de la empresa, altos directivos *mpl;* **Unternehmensstruktur** *f* <-, -en> estructura *f* de la empresa; **Unternehmensziel** *nt* <-(e)s, -e> objetivo *m* de la empresa; **Unternehmenszusammenschluss**[RR] *m* <-es, -schlüsse> (WIRTSCH) fusión *f* de empresas

Unternehmer(in) [--'--] *m(f)* <-s, -; -, -nen> empresario, -a *m, f;* **selbständiger** ~ (empresario) autónomo; **privater** ~ jefe de una empresa privada

unternehmerisch [--'---] **I.** *adj* empresarial; **~er Geist** espíritu emprendedor **II.** *adv* como un empresario; ~ **tätig werden** emprender un negocio

Unternehmerkreise *fpl* círculos *mpl* empresariales; **in ~n wird behauptet, dass ...** en los círculos empresariales se dice que...

Unternehmerschaft *f* <-, -en> (WIRTSCH) empresariado *m*

Unternehmertum *nt* <-s, *ohne pl*> empresariado *m;* **das freie ~ wird nicht genug gefördert** el empresariado libre no es promovido todo lo necesario

Unternehmerverband *m* <-(e)s, -bände> organización *f* empresarial

Unternehmung *f* <-, -en> empresa *f,* proyecto *m;* **Unternehmungsform** *f* <-, -en> clase *f* (jurídica) de la empresa; **Unternehmungsgeist** *m* <-(e)s, *ohne pl*> iniciativa *f,* espíritu *m* emprendedor; **Unternehmungslust** *f* <-, *ohne pl*> espíritu *m* emprendedor; **er ist ständig aktiv und voller** ~ siempre está en acción y con ganas de emprender algo nuevo; **unternehmungslustig** *adj* emprendedor, vivo

unternommen *pp von* **unternehmen**

Unteroffizier *m* <-(e)s, -e> (MIL) suboficial *m*

unter|ordnen **I.** *vt* subordinar, someter **II.** *vr:* **sich** ~ someterse; **er will sich einfach nicht** ~ no quiere subordinarse

unterprivilegiert *adj* subprivilegiado, desvalido

Unterproduktion *f* <-, -en> producción *f* deficitaria

Unterprogramm *nt* <-s, -e> (INFOR) subprograma *m*

unterproportional *adj* por debajo de la proporción

Unterpunkt *m* <-(e)s, -e> (*untergeordnet*) subnota *f;* (*nachfolgend*) nota *f* subsiguiente

Unterredung [--'--] *f* <-, -en> conversación *f,* entrevista *f;* **eine ~ mit jdm haben** [*o* **führen**] entrevistarse con alguien

unterrepräsentiert *adj* representado en minoría

Unterricht ['ʊntɐrɪçt] *m* <-(e)s, -e> (*das Unterrichten*) enseñanza *f;* (*~sstunde*) clase *f;* **jdm ~ erteilen** [*o* **geben**] dar clases a alguien; **bei jdm ~ nehmen** dar clases con alguien; ~ **haben** tener clases; **ich muss in den** ~ tengo que entrar en clase

unterrichten* *vt* **1.** (*Fach*) dar clase(s) (de); (*Schüler*) dar clase(s) (a); **sie unterrichtet die Schüler in Deutsch** da clases de alemán a los alumnos; **er unterrichtet Deutsch am Gymnasium** da clases de alemán en el instituto **2.** (*informieren*) informar (*über* sobre, *von* de); **gut unterrichtet** bien informado; **von gut unterrichteter Seite** de fuentes bien informadas; **man hat ihn telefonisch unterrichtet** se le informó por teléfono

Unterrichtserfahrung *f* <-, -en> experiencia *f* docente; **Unterrichtsfach** *nt* <-(e)s, -fächer> asignatura *f;* **Unterrichtsgegenstand** *m* <-(e)s, -stände> tema *m* de una clase, materia *f* de una clase; **Unterrichtsstoff** *m* <-(e)s, -e> materia *f*

(de la asignatura); **Unterrichtsstunde** *f* <-, -n> clase *f;* (*Universität*) hora *f* lectiva

Unterrichtung [--'--] *f* <-, -en> información *f,* instrucción *f*

Unterrock *m* <-(e)s, -röcke> enaguas *fpl*

unters ['ʊntɐs] (*fam*) = **unter das** *s.* **unter**

untersagen* *vt* prohibir; **das Betreten des Grundstücks ist strengstens untersagt** la entrada al solar queda estrictamente prohibida; **der Arzt hat mir das Rauchen untersagt** el médico me ha prohibido fumar

Untersatz *m* <-es, -sätze> platillo *m;* (*für Gläser*) posavasos *m inv;* **ein fahrbarer ~** (*fam*) *coche, bicicleta u otro vehículo*

unterschätzen* *vt* infravalorar, subestimar; **ein nicht zu ~der Gegner** un contrincante que no se debe subestimar

Unterschätzung *f* <-, -en> infravaloración *f,* subestimación *f*

unterscheidbar *adj* distinguible; **etw ist (leicht/kaum/schwer) ~** algo se puede distinguir (fácilmente/apenas/difícilmente)

unterscheiden* *irr* **I.** *vt* distinguir (*von* de), diferenciar (*von* de); **woran kann man sie ~?** ¿cómo se les puede diferenciar?; **sie sind schwer zu ~** son difíciles de distinguir **II.** *vi* hacer una distinción (*zwischen* entre) **III.** *vr:* **sich ~** diferenciarse (*von* de), distinguirse (*von* de); **sie ~ sich in fast nichts voneinander** no se diferencian en casi nada

Unterscheidung [--'--] *f* <-, -en> distinción *f,* diferenciación *f*

Unterschenkel *m* <-s, -> pantorrilla *f;* **Unterschicht** *f* <-, -en> capa *f* inferior

unterschieben*[1] *irr vt:* **jdm etw ~** (*unangenehme Arbeit*) endosar algo a alguien; (*unterstellen*) atribuir algo (falsamente) a alguien

unter|schieben[2] *irr vt* (*Kissen*) poner (por) debajo

Unterschied ['ʊntɐʃiːt] *m* <-(e)s, -e> diferencia *f* (*zwischen* entre); (*Unterscheidung*) distinción *f* (*zwischen* entre); **ohne ~** sin distinción; **der kleine ~** (*fam*) la pequeña diferencia; **der feine ~** la sutil diferencia; **einen ~ machen** hacer una distinción; **das macht keinen ~** esto no cambia nada; **es besteht ein ~ zwischen ...** hay una diferencia entre...; **im ~ zu etw** *dat*/**jdm** a diferencia de algo/alguien; **mit dem ~, dass ...** con la diferencia de que...; **das ist ein gewaltiger ~** hay una gran diferencia

unterschieden *pp von* **unterscheiden**

unterschiedlich *adj* distinto, diferente; **sie sind ~ groß** son de distinto tamaño; **~ reagieren** reaccionar de diferente manera; **etw ~ einschätzen** hacer estimaciones distintas de algo

unterschiedslos *adj* sin diferencia

unterschlagen*[1] *irr vt* **1.** (*Geld*) malversar; (*Brief*) interceptar **2.** (*verschweigen*) ocultar, suprimir

unter|schlagen[2] *irr vt* (*Arme, Beine*) cruzar

Unterschlagung [--'--] *f* <-, -en> **1.** (*von Geld*) malversación *f* (de fondos); **~ von Geldern** malversación de fondos, desfalco *m* **2.** (*von Informationen*) supresión *f;* **~ von Beweismaterial** ocultación de pruebas

Unterschlupf ['ʊntɐʃlʊpf] *m* <-(e)s, -e> refugio *m;* (*Versteck*) guarida *f;* **jdm ~ gewähren** alojar [*o* hospedar] a alguien, albergar a alguien

unter|schlupfen *vi* (*südd: fam*), **unter|schlüpfen** *vi* (*fam*) refugiarse (*bei* en casa de)

unterschoben *pp von* **unterschieben**[1]

unterschreiben* *irr vt* firmar; **eigenhändig ~** firmar de propio puño; **unterschrieben und besiegelt** sellado y firmado; **er hat mit vollem Namen unterschrieben** firmó con su nombre completo; **das würde ich nicht ~ (wollen)** yo no lo firmaría

unterschreiten* *irr vt* quedar debajo (de), descender (a)

unterschrieben *pp von* **unterschreiben**

Unterschrift ['---] *f* <-, -en> firma *f;* **zur ~ vorlegen** presentar a la firma; **~ per prokura** firma por poder; **seine ~ unter etw setzen** firmar algo; **~en sammeln** recoger firmas; **Unterschriftensammlung** *f* <-, -en> recogida *f* de firmas

unterschriftsberechtigt *adj* (JUR) autorizado a firmar; **unterschriftsreif** *adj* (JUR) listo para firmar

unterschritten *pp von* **unterschreiten**

unterschwellig ['ʊntɐʃvɛlɪç] *adj* subliminal

Unterseeboot *nt* <-(e)s, -e> submarino *m*

unterseeisch *adj* submarino

Unterseekabel *nt* <-s, -> cable *m* submarino

Unterseite *f* <-, -n> lado *m* inferior, parte *f* inferior

untersetzen*[1] *vt* (AUTO) desmultiplicar

unter|setzen[2] *vt* poner debajo

Untersetzer *m* <-s, -> platillo *m;* (*für Gläser*) posavasos *m inv*

untersetzt [--'-] *adj* robusto, rollizo

Untersetzungsverhältnis *nt* <-ses, -se> (TECH) relación *f* de reducción

Unterspannung *f* <-, -en> (ELEK, INFOR) hipotensión *f,* tensión *f* reducida

unterspülen* *vt* socavar

Unterstand *m* <-(e)s, -stände> **1.** (MIL) refugio *m* subterráneo **2.** (*Zuflucht*) refugio *m,* abrigo *m*

unterstanden *pp von* **unterstehen**

unterste(r, s) ['ʊntɐstə, -tɐ, -təs] *adj superl von* **untere(r, s)**

unterstehen* *irr* **I.** *vi* (*unterliegen*) estar sujeto (a); **jdm ~** estar subordinado a alguien; (MIL) estar bajo las órdenes de alguien **II.** *vr:* **sich ~ etw zu tun** atreverse a hacer algo; **untersteh dich!** ¡atrévete!; **was ~ Sie sich?** ¿cómo se atreve Ud.?

unterstellen*[1] *vt* **1.** (*annehmen*) suponer; **wir wollen einmal ~, dass ...** supongamos que... **2.** (*unterordnen*) subordinar (a), poner bajo el mando (de); **ihm sind zehn Mitarbeiter unterstellt** tiene diez colaboradores a su mando **3.** (*unterschieben*) atribuir (falsamente)

unter|stellen² **I.** *vt* (*abstellen*) dejar (*in* en), poner (*in* en) **II.** *vr:* **sich** ~ refugiarse (*in* en), ampararse (*in* en)

Unterstellung *f* <-, -en> **1.** (*Unterordnung*) subordinación *f* **2.** (*falsche Behauptung*) imputación *f*

unterstreichen* *irr vt* **1.** (*Strich ziehen*) subrayar; **etw rot** ~ subrayar algo en rojo **2.** (*betonen*) subrayar, poner de relieve

Unterstreichung *f* <-, -en> **1.** (*Markierung*) subrayado *m* **2.** (*Hervorhebung*) acentuación *f,* resalto *m*

unterstrichen *pp von* **unterstreichen**

Unterströmung *f* <-, -en> corriente *f* de las aguas

Unterstufe *f* <-, -n> (SCH) *cursos de 5º a 8º de EGB*

unterstützen* *vt* **1.** (*Beistand leisten*) apoyar, respaldar (*bei/in* en); (*helfen*) ayudar (*bei* en) **2.** (*fördern*) fomentar (*bei* en); (*mit Geld*) subvencionar

Unterstützung [--'--] *f* <-, -en> apoyo *m,* respaldo *m;* (*Hilfe*) ayuda *f;* (*finanziell*) subvención *f,* ayuda *f* económica

Untersuch [--'-] *m* <-s, -e> (*Schweiz*) *s.* **Untersuchung**

untersuchen* *vt* **1.** (*analysieren*) analizar; (*wissenschaftlich*) investigar **2.** (*prüfen*) controlar; (*Gelände, Gepäck*) inspeccionar **3.** (*Kranke*) examinar (*auf* de), chequear *Am;* **sich ärztlich** ~ **lassen** hacerse [*o* someterse a] un examen médico

Untersuchung [--'--] *f* <-, -en> **1.** (*Analyse*) análisis *m inv,* estudio *m;* (*a.* JUR) investigación *f;* **gerichtliche** ~ instrucción *f* (de la causa), pesquisa *f,* indagación *f* (judicial); **eine** ~ **anstellen** realizar una investigación [*o* un estudio] **2.** (*Überprüfung*) inspección *f,* revisión *f* **3.** (MED) examen *m* (médico); **sich einer** ~ **unterziehen** someterse a un examen médico; **Untersuchungsausschuss^RR** *m* <-es, -schüsse> comisión *f* investigadora; **Untersuchungsergebnis** *nt* <-ses, -se> resultado *m* de la investigación [*o* de las investigaciones]; **Untersuchungsgefangene(r)** *mf* <-n, -n; -n, -n> preso, -a *m, f* preventivo, -a; **Untersuchungsgefängnis** *nt* <-ses, -se> prisión *f* preventiva; **Untersuchungshaft** *f* <-, *ohne pl*> prisión *f* preventiva; **in** ~ **sitzen** estar en prisión preventiva; **Untersuchungshäftling** *m* <-s, -e> preso, -a *m, f* preventivo, -a; **Untersuchungskommission** *f* <-, -en> (JUR, POL) comisión *f* investigadora; **Untersuchungsrichter(in)** *m(f)* <-s, -; -, -nen> juez(a) *m(f)* instructor(a); **Untersuchungszimmer** *nt* <-s, -> sala *f* de consulta (médica)

Untertagebau *m* <-(e)s, *ohne pl*> (BERGB) explotación *f* (minera) subterránea

untertags [ʊntɐ'ta:ks] *adv* (*Österr, Schweiz, südd*) durante el día

untertan ['ʊntɐta:n] *adj:* **sich** *dat* **etw/jdn** ~ **machen** someter a algo/a alguien

Untertan(in) ['ʊntɐta:n] *m(f)* <-s *o* -en, -en; -, -nen> súbdito, -a *m, f*

untertänig ['ʊntɐtɛ:nɪç] *adj* (*abw*) sumiso

Untertanin *f* <-, -nen> *s.* **Untertan**

untertariflich *adj* por debajo de lo pactado en convenio; **viele Frauen werden** ~ **bezahlt** a muchas mujeres se las remunera por debajo de lo pactado en convenio

Untertasse *f* <-, -n> platillo *m;* **fliegende** ~ platillo volante

unter|tauchen **I.** *vi sein* **1.** (*Schwimmer, Vogel*) sumergirse, hundirse **2.** (*verschwinden*) desaparecer; (POL) pasar a la clandestinidad; **im Ausland** ~ irse al extranjero; **bei Freunden** ~ esconderse en casa de amigos; **der Dieb tauchte in einer Menschenmenge unter** el ladrón se perdió entre la multitud **II.** *vt* sumergir, hundir

Unterteil *nt* <-(e)s, -e> parte *f* inferior [*o* baja]

unterteilen* *vt* subdividir (*in* en); **Unterteilung** [--'--] *f* <-, -en> subdivisión *f* (*in* en)

Unterteller *m* <-s, -> (*Schweiz, südd*) platillo *m*

Untertemperatur *f* <-, *ohne pl*> (MED) hipotermia *f*

Untertitel *m* <-s, -> subtítulo *m*

Unterton *m* <-(e)s, -töne> **1.** (MUS) semitono *m,* mal tono *m* **2.** (*Beiklang*) matiz *m;* **er sagte es mit einem** ~ **von Spott** lo dijo dándole un matiz sarcástico

untertourig ['ʊntɐtu:rɪç] *adj* (*Motor*) ahogado; ~ **fahren** ir con la marcha demasiado larga

untertreiben* *irr vt* quitar importancia (a), subestimar

Untertreibung [--'--] *f* <-, -en> subestimación *f*

untertrieben *pp von* **untertreiben**

untertunneln* *vt* construir un túnel (debajo de)

Untertunnelung [--'---] *f* <-, -en> construcción *f* de un túnel (debajo de)

Untervergabe *f* <-, -n> (WIRTSCH: *von Aufträgen*) subcontrata *f*

untervermieten* ['-----] *vt* subarrendar

unterversichert *adj* asegurado insuficientemente

Unterversicherung *f* <-, -en> infraseguro *m*

Unterverzeichnis *nt* <-ses, -se> (INFOR) subdirectorio *m*

Unterwalden ['ʊntɐvaldən] *nt* <-s> Unterwalden *m*

unterwandern* *vt* infiltrarse (en); **Unterwanderung** [--'---] *f* <-, -en> infiltración *f*

Unterwäsche *f* <-, *ohne pl*> ropa *f* interior

Unterwasserkamera [--'-----] *f* <-, -s> cámara *f* submarina; **Unterwassermassage**

[--'-----] *f* <-, -n> masaje *m* subacuático

unterwegs [ʊntɐˈveːks] *adv* **1.** (*auf dem Weg*) en camino; (*auf Reisen*) de viaje; ~ **nach ...** camino de...; **sie ist ~ nach Freiburg** está camino de Friburgo; **wir sind schon ~** ya estamos en camino; **ich bin ~ zu dir** voy hacia tu casa; **bei ihr ist ein Kind ~** (*fam*) está embarazada **2.** (*während der Reise*) en el camino; **für ~** para el camino, para el viaje; **wir haben ~ drei Mal angehalten** paramos tres veces en el camino

unterweisen* *irr vt* (*geh*) instruir (*in* en), enseñar (*in*)

Unterweisung [--'--] *f* <-, -en> instrucción *f* (*in* en), enseñanza *f* (*in* de)

Unterwelt *f* <-, *ohne pl*> mundo *m* del hampa

unterwerfen* *irr* **I.** *vt* **1.** (*Volk, Gebiet*) someter, avasallar **2.** (*einer Kontrolle*) someter; **etw** *dat* **unterworfen sein** estar sujeto a algo **II.** *vr:* **sich ~** someterse; **sich jds Anordnungen ~** someterse a las órdenes de alguien

Unterwerfung [--'--] *f* <-, -en> avasallamiento *m*, sumisión *f*

unterwiesen *pp von* **unterweisen**

unterworfen *pp von* **unterwerfen**

unterwürfig [ˈʊntɐvʏrfɪç, --'--] *adj* (*abw*) sumiso, servil

Unterwürfigkeit *f* <-, *ohne pl*> (*abw*) servilismo *m*

unterzeichnen* *vt* firmar

Unterzeichner(in) [--'--] *m(f)* <-s, -; -, -nen> (*Dokument*) firmante *mf*, signatario, -a *m, f*; (*Vertrag*) (parte *f*) contratante *mf*; **Unterzeichnerstaat** *m* <-(e)s, -en> país *m* signatario [*o* firmante]

Unterzeichnete(r) *mf* <-n, -n; -n, -n> *s.* **Unterzeichner(in)**

Unterzeichnung *f* <-, -en> firma *f*; **~ des Kaufvertrags** firma del contrato de compra(venta)

Unterzeug *nt* <-(e)s, *ohne pl*> (*fam*) ropa *f* interior, muda *f*

unterziehen*[1] *irr* **I.** *vt* someter a; **etw einer Qualitätskontrolle ~** someter algo a un control de calidad; **etw einer Prüfung ~** examinar algo; **jdn einem Verhör ~** interrogar a alguien **II.** *vr:* **sich ~** someterse (+*dat* a); **sich einer Prüfung ~** someterse a un examen

unter|ziehen[2] *irr vt* **1.** (*Kleidung*) poner(se) por debajo (*unter* de); **zieh eine Bluse unter!** ¡ponte una blusa por debajo! **2.** (GASTR) incorporar; **den Eischnee unter den Teig ~** incorporar a la masa cuidadosamente y sin revolver las claras batidas a punto de nieve

Unterziehpulli *m* <-s, -s> (*fam*) jersey *m* (que se pone debajo de otro)

unterzogen *pp von* **unterziehen**[1]

Unterzuckerung [ʊntɐˈtsʊkərʊŋ] *f* <-, -en> (MED) hipoglucemia *f*, falta *f* de azúcar en la sangre

Untiefe *f* <-, -n> **1.** (*seichte Stelle*) bajo *m*, bajío *m* **2.** (*Tiefe*) abismo *m*

Untier *nt* <-(e)s, -e> bestia *f*

untilgbar *adj* impagable, inextinguible

untragbar ['-'--] *adj* **1.** (*nicht finanzierbar*) incosteable **2.** (*unerträglich*) insostenible; **~e Zustände** una situación intolerable; **er ist für seine Partei ~** el partido no puede permitirse tenerlo en sus filas; **untrennbar** ['-'--] *adj* inseparable

untreu *adj* infiel; **jdm ~ werden** ser infiel a alguien; **er ist seiner Frau ~** le es infiel a su mujer; **sich** *dat* **selbst ~ werden** apartarse de sus principios; **Untreue** *f* <-, *ohne pl*> **1.** (*gegenüber Menschen*) infidelidad *f* **2.** (JUR) desfalco *m*

untröstlich ['---, -'--] *adj* inconsolable, desconsolado (*über* por); **ich bin ~** estoy profundamente desconsolado

untrüglich ['---, -'--] *adj* infalible, seguro

Untugend *f* <-, -en> mala costumbre *f*

untypisch *adj* atípico; **unübel** *adj* (*fam*): **(gar) nicht (so) ~** nada mal; **unüberbrückbar** ['---'--] *adj* infranqueable; **unüberhörbar** ['---'--] *adj* **1.** (*laut*) fuerte, intenso **2.** (*offensichtlich*) evidente, manifiesto; **unüberlegt** *adj* irreflexivo, imprudente; **~ handeln** actuar sin pensar

Unüberlegtheit[1] *f* <-, *ohne pl*> **1.** (*unüberlegte Art*) imprudencia *f*, irreflexión *f* **2.** (*Übereiltheit*) precipitación *f*

Unüberlegtheit[2] *f* <-, -en> (*Äußerung*) ligereza *f*

unübersehbar ['---'--] *adj* **1.** (*groß*) enorme, inmenso; (*nicht zu übersehen*) que salta a la vista **2.** (*nicht abschätzbar*) incalculable; **unübersetzbar** ['-----, '---'--] *adj* intraducible; **unübersichtlich** *adj* poco claro, complejo; **eine ~e Kreuzung** un cruce en el que no se ve con claridad qué sucede

unübertrefflich ['---'--] *adj* insuperable

unübertroffen ['---'--] *adj* sin par, no superado

unüberwindlich ['---'--] *adj* (*Gegner*) invencible; (*Gegensätze, Probleme, Vorurteile*) insuperable

unüblich *adj* poco común, raro; (*stärker*) fuera de lo común

unumgänglich ['--'--] *adj* indispensable, imprescindible

unumschränkt ['--'-] *adj* ilimitado; (*Macht*) absoluto; **~ herrschen** dominar despóticamente

unumstößlich ['--'--] *adj* irrevocable, irrefutable; **~ feststehen** ser irrevocable

unumstritten ['--'--] *adj* indiscutido

unumwunden ['--'--] *adv* abiertamente, francamente; **etw ~ zugeben** admitir algo abiertamente

ununterbrochen ['---'--] **I.** *adj* ininterrumpido, continuo **II.** *adv* sin parar; **er redet ~** habla sin parar; **unveränderlich** ['-----, '--'---] *adj* invariable; **unverändert** ['--'--] **I.** *adj* inalterado; (*beständig*) estable **II.** *adv* como siempre; **morgen ist es wieder ~ kalt/heiter**

mañana seguirá haciendo frío/estando despejado; **unverantwortlich** ['-----, '--'---] *adj* irresponsable; ~ **leichtsinnig** tonto irresponsable; **unverarbeitet** *adj* (TECH) sin labrar; **unveräußerlich** *adj* inalienable

unverbesserlich ['--'---] *adj* incorregible

unverbindlich *adj* **1.** (*nicht bindend*) sin compromiso; ~**e Preisempfehlung** precio recomendado; **etw ~ anfordern** pedir algo sin ningún compromiso **2.** (*reserviert*) reservado

Unverbindlichkeit[1] *f* <-, *ohne pl*> (*Distanziertheit*) carácter *m* distante

Unverbindlichkeit[2] *f* <-, -en> (*Äußerung*) evasiva *f*

unverbleit *adj* sin plomo; **unverblümt** **I.** *adj* franco, sincero **II.** *adv* francamente, sin rodeos; **unverbraucht** *adj* **1.** (*frisch*) fresco **2.** (*voller Elan*) lleno de energía; **unverdächtig** *adj* nada sospechoso; **sich ~ verhalten** no levantar sospechas con su comportamiento; **unverdaulich** *adj* indigesto; **unverdaut** ['ʊnfɛɐdaʊt, ʊnfɛɐ'daʊt] **I.** *adj* no digerido **II.** *adv* sin digerir, sin ser digerido; **unverdient** *adj* inmerecido; **jdm ~ zuteil werden** tocar a alguien injustamente en suerte

unverdientermaßen ['----'--] *adv,* **unverdienterweise** ['----'--] *adv* sin haberlo merecido, sin merecerlo

unverdorben ['----] *adj* **1.** (*Speise, Ware*) en buen estado, fresco **2.** (*sittlich*) incorrupto; (*unverfälscht*) genuino, auténtico; **unverdrossen** *adj* incansable, infatigable; **unverdünnt** *adj* no diluido, sin diluir; **etw ~ trinken** beber algo sin diluir [*o* sin haberlo diluido]; **unvereinbar** ['--'--] *adj* incompatible; **unverfälscht** *adj* puro, auténtico; **unverfänglich** *adj* inofensivo

unverfroren *adj* fresco, descarado; **er ist so ~ mir zu sagen, dass ...** tiene la insolencia [*o* la cara] de decirme que...

Unverfrorenheit[1] *f* <-, *ohne pl*> (*Art*) descaro *m,* frescura *f*

Unverfrorenheit[2] *f* <-, -en> (*Äußerung*) insolencia *f*

unvergänglich *adj* imperecedero, eterno; **unvergessen** *adj* inolvidado; **sie wird (uns) ~ bleiben** siempre la recordaremos

unvergesslich[RR] ['--'--] *adj,* **unvergeßlich** *adj* inolvidable

unvergleichbar ['--'--] *adj* incomparable

unvergleichlich ['--'--] *adj* incomparable; (*einzigartig*) único

unverhältnismäßig *adj* desproporcionado; (*maßlos*) desmesurado; **unverheiratet** *adj* soltero

unverhofft ['--'-] *adj* inesperado; (*zufällig*) casual; ~ **kommt oft** (*prov*) donde menos se piensa salta la liebre

unverhohlen **I.** *adj* abierto, franco **II.** *adv* sin disimulo; **unverhüllt** *adj* **1.** (*offensichtlich*) evidente; (*Wahrheit*) escueto **2.** (*unverhohlen*) abierto, franco; **Unverjährbarkeit** *f* <-, *ohne pl*> (JUR) imprescriptibilidad *f;* **unverkäuflich** *adj* **1.** (*nicht zum Verkauf bestimmt*) fuera de venta, no destinado a la venta **2.** (*nicht zum Verkauf geeignet*) invendible

unverkennbar ['--'--] *adj* (*eindeutig*) evidente, manifiesto; (*nicht zu verwechseln*) inconfundible; **es ist ~, dass ...** es obvio que... +*subj*

unverlässlich[RR] *adj,* **unverläßlich** *adj* de poca confianza; ~ **sein** ser de poca confianza, no ser de fiar; **unverletzt** *adj* ileso, sano y salvo; **bei etw** *dat* ~ **bleiben** salir ileso de algo; **unvermeidbar** ['--'--] *adj,* **unvermeidlich** ['--'--] *adj* ineludible, inevitable; **sich ins U~e fügen** resignarse ante lo inevitable; **unvermindert** *adj* constante; ~ **anhalten** seguir; **die Kämpfe wurden mit ~er Härte fortgesetzt** las luchas continuaron con la misma dureza

unvermittelt **I.** *adj* súbito **II.** *adv* de repente

Unvermögen *nt* <-s, *ohne pl*> incapacidad *f,* incompetencia *f*

unvermögend *adj* sin recursos, sin fondos; **unvermutet** *adj* imprevisto, inesperado

Unvernunft *f* <-, *ohne pl*> falta *f* de juicio, insensatez *f;* **unvernünftig** *adj* insensato, necio

unveröffentlicht *adj* inédito, sin publicar; **unverpackt** *adj* no embalado, sin embalaje; **unverputzt** *adj* no enlucido

unverrichtet *adj:* ~**er Dinge** sin haber logrado nada

unverrichteterdinge ['-----'--] *adv* sin haber logrado nada

unverrückbar *adj* inamovible; **ihr Entschluss stand ~ fest** su decisión era inamovible

unverschämt ['ʊnfɛɐʃɛːmt, '--'-] *adj* **1.** (*Benehmen, Mensch*) impertinente, desvergonzado, conchudo *Am,* pechugón *Am;* **grins nicht so ~** no te sonrías tan desvergonzadamente **2.** (*fam: außerordentlich*) extraordinario; (*Preis*) exorbitante; **er sieht ~ gut aus** está buenísimo; **Unverschämtheit** ['----, '--'--] *f* <-, -en> desfachatez *f,* insolencia *f,* pechuga *f Am,* empaque *m Am;* **die ~ besitzen etw zu tun** tener la desfachatez de hacer algo

unverschlossen ['ʊnfɛɐʃlɔsən, ʊnfɛɐ'ʃlɔsən] *adj* **1.** (*Fenster, Tür*) no cerrado con llave; ~ **sein** no estar cerrado con llave **2.** (*Brief*) (con el sobre) abierto; (*Kuvert*) abierto; ~ **sein** estar abierto

unverschmutzt *adj* incontaminado

unverschuldet *adj* **1.** (*Unfall*) no causado por uno mismo **2.** (FIN) libre de deudas

unversehens *adv* de repente, de súbito

unversehrt *adj* **1.** (*Person*) ileso, sano y salvo **2.** (*Ding*) intacto, íntegro

unversöhnlich ['--'--] *adj* irreconciliable; **Unversöhnlichkeit** *f* <-, *ohne pl*> carácter *m* irreconciliable, postura *f* irreconciliable; **alle Versuche, sich zu vertragen, scheiterten an seiner ~** todos los intentos de hacer

las paces fracasaron debido a su intransigencia
unversorgt *adj* desatendido, desabastecido
Unverstand *m* <-(e)s, *ohne pl*> insensatez *f*
unverstanden *adj* incomprendido; **sich ~ fühlen** sentirse incomprendido; **unverständig** ['ʊnfɛɐʃtɛndɪç] *adj* que no comprende, sin capacidad para entender [*o* razonar]; **~ sein** no comprender, no entender, no tener la capacidad de razonamiento; **sei nicht böse auf ihn, er ist eben noch ein ~es Kind** no te enfades con él, sólo es un niño y todavía no puede entenderlo [*o* no sabe razonar]; **unverständlich** ['----, '--'--] *adj* **1.** (*nicht hörbar*) inaudible, incomprensible **2.** (*nicht begreifbar*) incomprensible
Unverständnis *nt* <-ses, *ohne pl*> falta *f* de comprensión
unversteuert **I.** *adj* libre de impuestos; **~es Einkommen** renta no gravada **II.** *adv* sin pagar impuestos
unversucht *adj*: **nichts ~ lassen** no omitir esfuerzos (*um* para)
unverträglich *adj* **1.** (*streitsüchtig*) pendenciero, pleitista **2.** (*unverdaulich*) indigesto **3.** (*unvereinbar*) incompatible
Unverträglichkeit *f* <-, *ohne pl*> intolerancia *f*
unverwandt *adj* fijo; **jdn ~ anstarren** mirar fijamente a alguien; **er sah sie ~ an** no le quitaba los ojos de encima
unverwechselbar ['--'---] *adj* inconfundible; **unverwertbar** ['--'--] *adj* no utilizable; **unverwundbar** ['--'--] *adj* invulnerable
unverwüstlich ['--'--] *adj* **1.** (*Dinge*) indestructible, irrompible **2.** (*Mensch*) inquebrantable
unverzagt *adj* (*sicher*) firme, seguro; (*unerschrocken*) intrépido; **unverzeihlich** ['--'--] *adj* imperdonable, inexcusable; **unverzichtbar** ['--'--] *adj* irrenunciable; **ein ~es Recht** un derecho inalienable; **eine ~e Voraussetzung** una condición esencial; **unverzinslich** *adj* (FIN) sin interés; **unverzollt** **I.** *adj* libre de derechos (arancelarios) **II.** *adv* sin pagar derechos (arancelarios)
unverzüglich ['--'--] **I.** *adj* inmediato **II.** *adv* de inmediato, en el acto
unvollendet *adj* inacabado
unvollkommen *adj* **1.** (*mit Schwächen*) imperfecto **2.** (*unvollständig*) incompleto; **Unvollkommenheit** *f* <-, -en> imperfección *f*
unvollständig *adj* incompleto, fragmentario; **~ ausgefüllt** no rellenado completamente; **Unvollständigkeit** *f* <-, *ohne pl*> estado *m* incompleto; **etw wegen seiner ~ bemängeln** criticar algo por ser/estar incompleto
unvorbereitet *adj* no preparado (*auf* para), sin preparación; (*Rede*) improvisado; (*unversehens*) desprevenido; **die Nachricht traf uns völlig ~** la noticia nos cogió completamente desprevenidos; **unvoreingenommen** *adj* objetivo, sin prejuicios; **etw ~ beurteilen** juzgar algo objetivamente [*o* con imparcialidad]; **Unvoreingenommenheit** *f* <-, *ohne pl*> imparcialidad *f*; **unvorhergesehen** ['--'----] *adj* inesperado, imprevisto; **unvorschriftsmäßig** *adj* irregular, contrario a las prescripciones; **unvorsichtig** *adj* imprudente; **sich ~ verhalten** ser incauto
unvorsichtigerweise ['-----'--] *adv* por falta de cuidado
Unvorsichtigkeit *f* <-, -en> imprudencia *f*
unvorstellbar ['--'--] *adj* inimaginable; (*unbegreiflich*) inconcebible; **unvorteilhaft** *adj* **1.** (*Kleidung*) poco favorecedor; **~ aussehen** lucir poco atractivo; **auf dem Bild sieht er ~ aus** no salió bien en la foto **2.** (*Geschäft*) poco ventajoso; **sich ~ auf etw auswirken** tener consecuencias negativas para algo; **unwägbar** ['ʊn'vɛːkbaːɐ] *adj* imponderable
unwahr *adj* falso; **Unwahrheit** *f* <-, -en> falsedad *f*; (*Lüge*) mentira *f*; **die ~ sagen** mentir
unwahrscheinlich ['----, '--'--] *adj* **1.** (*kaum möglich*) improbable; **es ist ~, dass ...** es improbable que... *+subj* **2.** (*unglaubhaft*) increíble, inverosímil; **er hat ~es Glück gehabt** tuvo una suerte increíble **3.** (*fam: groß, viel*) increíble, enorme; **Unwahrscheinlichkeit** *f* <-, *ohne pl*> improbabilidad *f*
unwandelbar *adj* (*geh*) inmutable, inalterable
unwegsam *adj* intransitable
unweiblich *adj* no femenino, poco femenino; **~ sein** no ser femenino, ser poco femenino
unweigerlich *adv* sin falta
unweit *präp +gen* no lejos de, cerca de
Unwesen *nt* <-s, *ohne pl*> (*geh*) abusos *mpl*, excesos *mpl*; **sein ~ treiben** cometer excesos
unwesentlich *adj* irrelevante, insignificante; **er ist nur ~ dicker als du** es sólo un poco más gordo que tú
Unwetter *nt* <-s, -> temporal *m*
unwichtig *adj* sin importancia, poco importante; **das ist ~** eso no tiene importancia; **unwiderlegbar** ['---'--] *adj* irrefutable; **unwiderruflich** ['---'--] *adj* irrevocable; **es steht ~ fest, dass ...** es irrevocable que... *+subj*
unwidersprochen *adj* indiscutido, sin réplica
unwiderstehlich ['---'--] *adj* irresistible
unwiederbringlich ['---'--] *adj* (*geh*) irrecuperable; (*Verlust*) irreparable
Unwille(n) *m* <-(n)s, *ohne pl*> (*geh*) indignación *f*; (*Ärger*) enojo *m*; **jds ~n erregen** provocar la indignación de alguien
unwillig **I.** *adj* indignado; (*ärgerlich*) enojado **II.** *adv* (*widerwillig*) de mala gana
unwillkommen *adj* inoportuno; **wir sind dort ~** ahí nos reciben de mala gana; **unwillkürlich** *adj* instintivo, involuntario; (*automatisch*) automático; **ich musste ~ lachen** no pude contener la risa; **unwirklich** *adj* (*geh*) irreal; **unwirksam** *adj* inefectivo, ine-

ficaz; **für ~ erklären** declarar sin efecto, declarar nulo; **~ werden** caducar
unwirsch ['ʊnvɪrʃ] *adj* malhumorado; (*unfreundlich*) descortés
unwirtlich *adj* inhóspito, inhospitalario; **unwirtschaftlich** *adj* poco económico, no rentable
Unwissen *nt* <-s, *ohne pl*> ignorancia *f*
unwissend *adj* ignorante; (*unerfahren*) inexperto; (*Kind*) naiv
Unwissenheit *f* <-, *ohne pl*> ignorancia *f*
unwissenschaftlich *adj* poco científico; **unwissentlich** I. *adj* inconsciente II. *adv* sin querer, inconscientemente; **unwohl** *adj* 1. (*gesundheitlich*) indispuesto 2. (*unbehaglich*) mal; **bei dem Gedanken wird mir ~** de pensarlo me pongo malo; **sich ~ fühlen** no estar a gusto
Unwohlsein *nt* <-s, *ohne pl*> indisposición *f*, malestar *m*
unwohnlich *adj* inhabitable; **unwürdig** *adj* indigno; **er hat sich der Auszeichnung/des Titels ~ erwiesen** ha demostrado ser indigno de la condecoración/del título; **dieses Benehmen ist seiner ~** este comportamiento no es digno de él
Unzahl *f* <-, *ohne pl*> sinnúmero *m* (de), sinfín *m* (de), montón *m* (de) *fam*
unzählbar [ʊn'tsɛːlbaːɐ, 'ʊntsɛːlbaːɐ] *adj* incontable, innumerable
unzählig *adj* innumerable, incontable; **~e Mal** incontables [*o* infinitas] veces
unzähligemal ['ʊntsɛːlɪgə'maːl] *adv s.* **unzählig**
Unze ['ʊntsə] *f* <-, -n> onza *f*
Unzeit *f* <-, -en> (*geh*): **zur ~** a deshora
unzeitgemäß *adj* anacrónico; **unzerbrechlich** ['--'--] *adj* irrompible, inquebrantable; **unzerkaut** I. *adj* no masticado II. *adv* sin masticar; **die Tabletten ~ schlucken** tragar las pastillas sin masticar; **unzerstörbar** ['--'--] *adj* indestructible
unzertrennlich ['--'--] *adj* inseparable
unzivilisiert *adj* incivilizado, grosero
Unzucht *f* <-, *ohne pl*> (JUR) abusos *mpl* deshonestos; **~ mit Kindern** abuso infantil [*o* de menores]; **gewerbsmäßige ~** prostitución *f*
unzüchtig *adj* impúdico; (*obszön*) obsceno; (*pornografisch*) pornográfico
unzufrieden *adj* insatisfecho (*mit* con), descontento (*mit* de/con/por); **Unzufriedenheit** *f* <-, *ohne pl*> descontento *m* (*mit* de/con/por), insatisfacción *f* (*mit* con)
unzugänglich *adj* inaccesible, impenetrable; **~ für etw sein** ser insensible a algo, ser sordo a algo
Unzukömmlichkeit *f* <-, -en> (*Schweiz*) insuficiencia *f*
unzulänglich *adj* (*geh*) insuficiente, deficiente; **Unzulänglichkeit** *f* <-, -en> insuficiencia *f*
unzulässig *adj* ilícito, prohibido; **unzumutbar** *adj* inaceptable; (*übertrieben*) desmedido
unzurechnungsfähig *adj* incapacitado mental; **jdn für ~ erklären** (JUR) declarar a alguien incapacitado mental; **Unzurechnungsfähigkeit** *f* <-, *ohne pl*> incapacidad *f* mental; (JUR) inimputabilidad *f*
unzureichend *adj* insuficiente; **unzusammenhängend** *adj* incoherente; **unzustellbar** *adj* de destinatario ignoto; **falls ~, bitte zurück an Absender** en caso de ausencia, devuélvase al remitente; **unzutreffend** *adj* falso, erróneo; **U~es bitte streichen!** ¡táchese lo que no corresponda!
unzuverlässig *adj* (*Person*) de poca confianza; (*Wetter*) inestable; **~ sein** no ser de fiar; **Unzuverlässigkeit** *f* <-, *ohne pl*> falta *f* de seriedad; (*Nachlässigkeit*) negligencia *f*
unzweckmäßig *adj* poco conveniente, inadecuado; **Unzweckmäßigkeit** *f* <-, *ohne pl*>: **bedingt durch die ~ des Schuhwerks bekam ich Blutblasen** debido al calzado inadecuado que llevaba me salieron llagas
unzweideutig *adj* inequívoco; **unzweifelhaft** I. *adj* indudable, innegable II. *adv* sin duda
Update ['apdɛɪt] *nt* <-s, -s> (INFOR) 1. (*Updaten*) actualización *f* 2. (*aktualisierte Version*) versión *f* actualizada
Updaten ['apdɛɪtən] *nt* <-s, *ohne pl*> (INFOR) actualización *f*
üppig ['ʏpɪç] *adj* (*Vegetation*) exuberante; (*Essen*) abundante; **eine ~e Figur haben** ser gordito
Üppigkeit *f* <-, *ohne pl*> exuberancia *f*; (*Reichhaltigkeit*) opulencia *f*, abundancia *f*; (*Luxus*) suntuosidad *f*
U-Profil ['uːprofiːl] *nt* <-s, -e> (TECH) perfil *m* en U
up to date ['ʌp tə 'deɪt] *adj* (*geh*) al día; **~ sein** estar al día
Ur [uːɐ] *m* <-(e)s, -e> (ZOOL) uro *m*
Urabstimmung ['uːɐ-] *f* <-, -en> referéndum *m* (de huelga)
Uradel *m* <-s, *ohne pl*> nobleza *f* antigua
Urahn(e) *m(f)* <-en *o* -(e)s, -en; -, -n> (*Vorfahr*) antepasado *m*
Ural [u'raːl] *m* <-(s)> 1. (*Gebirge*) (montes *mpl*) Urales *mpl* 2. (*Fluss*) río *m* Ural
uralt ['uːɐ'alt] *adj* vetusto; (*Person*) viejísimo
Uran [u'raːn] *nt* <-s, *ohne pl*> (CHEM) uranio *m*
Uranus ['uːranʊs] *m* <-, *ohne pl*> (ASTR) Urano *m*
Uranvorkommen *nt* <-s, -> yacimiento *m* de uranio
urauf|führen ['uːɐʔaʊffyːrən] *vt* estrenar; **Uraufführung** *f* <-, -en> estreno *m*
urban [ʊr'baːn] *adj* urbano
Urbanisierung *f* <-, -en> urbanización *f*
Urbanität [ʊrbani'tɛːt] *f* <-, *ohne pl*> (*geh*) urbanidad *f*
urbar ['uːɐbaːɐ] *adj*: **~ machen** hacer apto para el cultivo, poner en cultivo
Urbarmachung *f* <-, -en> puesta *f* en culti-

vo

Urbild *nt* <-(e)s, -er> **1.** (*Ursprung*) modelo *m* **2.** (*Ideal*) prototipo *m*, arquetipo *m*

urchig ['ʊrçɪç] *adj* (*Schweiz*) *s.* **urig**

ureigen ['u:ɐ'ʔaɪgən] *adj* propio; **in ihrem ~en Interesse** en interés propio; **das ist meine ~e Angelegenheit** este asunto me concierne a mí y a nadie más

Ureinwohner(in) *m(f)* <-s, -; -, -nen> indígena *mf*

Urenkel(in) *m(f)* <-s, -; -, -nen> bisnieto, -a *m, f*

urgemütlich ['--'--] *adj* (*Stuhl*) comodísimo; (*Atmosphäre*) agradabilísimo, muy acogedor

Urgeschichte *f* <-, *ohne pl*> prehistoria *f*

urgeschichtlich *adj* prehistórico

Urgestein *nt* <-(e)s, -e> roca *f* primitiva [*o* arcaica]

Urgewalt *f* <-, -en> (*geh*) fuerza *f* bruta

Urgroßeltern *pl* bisabuelos *mpl;* **Urgroßmutter** *f* <-, -mütter> bisabuela *f;* **Urgroßvater** *m* <-s, -väter> bisabuelo *m*

Urheber(in) *m(f)* <-s, -; -, -nen> autor(a) *m(f);* **geistiger ~** promotor espiritual; **Urheberrecht** *nt* <-(e)s, -e> (JUR) derechos *mpl* de autor (*an* sobre); **urheberrechtlich** *adj* (JUR) concerniente a los derechos de autor; **~ geschützt** reservados los derechos de autor

Urheberschaft *f* <-, *ohne pl*> (JUR) autoría *f*

Urheberschutz *m* <-es, *ohne pl*> (JUR) protección *f* de la propiedad intelectual

Uri ['u:ri] *nt* <-s> (GEO) Uri *m*

urig ['u:rɪç] *adj* (*Mensch*) singular; (*urwüchsig*) castizo, auténtico; **ein ~es Fest** una fiesta autóctona

Urin [u'ri:n] *m* <-s, -e> orina *f*

Urinal [uri'na:l] *nt* <-s, -e> **1.** (*Becken*) váter *m* de pared, retrete *m* de pared **2.** (*Gefäß*) cuña *f*

urinieren* [uri'ni:rən] *vi* orinar

Urinprobe *f* <-, -n> prueba *f* de orina

Urinstinkt ['u:ɐ-] *m* <-(e)s, -e> instinto *m* primitivo

Urknall *m* <-(e)s, *ohne pl*> big bang *m*

urkomisch ['-'--] *adj* graciosísimo, hilarante

Urkraft *f* <-, -kräfte> fuerza *f* bruta

Urkunde ['u:ɐkʊndə] *f* <-, -n> documento *m*, boleta *f SAm;* (*Bescheinigung*) certificado *m;* (*Akte*) acta *f;* **eine ~ über etw ausstellen** expedir un certificado de algo; **Urkundenbeweis** *m* <-es, -e> (JUR) prueba *f* documental; **Urkundenfälschung** *f* <-, -en> falsificación *f* de documentos

urkundlich *adj* auténtico

ur|laden *irr vt* (INFOR) iniciar el funcionamiento del ordenador

Urladeprogramm *nt* <-s, -e> (INFOR) programa *m* para iniciar el ordenador

Urlandschaft *f* <-, -en> paisaje *m* primitivo [*o* en su estado original]

Urlaub ['u:ɐlaʊp] *m* <-(e)s, -e> vacaciones *fpl;* (MIL) licencia *f;* **bezahlter/unbezahlter ~** vacaciones remuneradas/no remuneradas; **~ haben** tener vacaciones; **in** [*o* **im**] **~ sein** estar de vacaciones; **er macht in Portugal ~** está de vacaciones en Portugal; **zwei Wochen ~** dos semanas de vacaciones; **sich** *dat* **einen Tag ~ nehmen** pedir un día libre; **~ von der Familie/vom Alltag machen** tomarse unas vacaciones de la familia/de la cotidianidad

Urlauber(in) *m(f)* <-s, -; -, -nen> turista *mf;* (*Sommer~*) veraneante *mf*

Urlaubsabgeltung *f* <-, -en> vacaciones *fpl* pagadas [*o* retribuidas]; **Urlaubsanspruch** *m* <-(e)s, -sprüche> derecho *m* a vacaciones; **einen ~ von 26 Tagen haben** tener derecho a 26 días de vacaciones; **Urlaubsgeld** *nt* <-(e)s, -er> paga *f* (extra) de vacaciones, suplemento *m* de vacaciones; **Urlaubsort** *m* <-(e)s, -e> lugar *m* de vacaciones; **urlaubsreif** *adj* (*fam*): **~ sein** necesitar unas vacaciones; **Urlaubsreise** *f* <-, -n> viaje *m* (de vacaciones); **Urlaubsschein** *m* <-(e)s, -e> (MIL) hoja *f* de permiso; **Urlaubsstimmung** *f* <-, *ohne pl*> ambiente *m* de vacaciones; **in ~ sein** estar pensando (ya) en las vacaciones, tener ganas de que lleguen las vacaciones [*o* de ir de vacaciones]; **Urlaubstag** *m* <-(e)s, -e> día *m* libre [*o* de vacaciones]; **Urlaubsvertretung** *f* <-, -en> sustitución *f* por vacaciones; **für jdn eine ~ übernehmen** sustituir a alguien durante sus vacaciones; **Urlaubswoche** *f* <-, -n> semana *f* de vacaciones; **Urlaubszeit** *f* <-, -en> época *f* de vacaciones

Urmensch *m* <-en, -en> hombre *m* primitivo

Urne ['ʊrnə] *f* <-, -n> urna *f;* **zu den ~n gehen** ir a las urnas; **Urnenfriedhof** *m* <-(e)s, -höfe> cementerio *m* de urnas; **Urnengang** *m* <-(e)s, -gänge> elección *f*, comicio *m;* **Urnengrab** *nt* <-(e)s, -gräber> tumba *f* con urnas (cinerarias); **Urnenhalle** *f* <-, -n> sala *f* de urnas cinerarias

Urologe, -in [uro'lo:gə] *m, f* <-n, -n; -, -nen> (MED) urólogo, -a *m, f*

Urologie [urolo'gi:] *f* <-, *ohne pl*> (MED) urología *f*

Urologin *f* <-, -nen> *s.* **Urologe**

urologisch *adj* (MED) urológico; **Chefarzt der ~en Abteilung** médico jefe de la sección de urología

Uroma ['u:ɐ-] *f* <-, -s> (*fam*) bisabuela *f;* **Uropa** ['u:ɐ-] *m* <-s, -s> (*fam*) bisabuelo *m*

urplötzlich ['-'--] **I.** *adj* súbito, repentino **II.** *adv* de repente, de golpe *fam*

Ursache *f* <-, -n> causa *f;* (*Beweggrund*) motivo *m;* (*Grund*) razón *f;* **~ und Wirkung** causa y efecto; **keine ~!** ¡no hay de qué!; **aus ungeklärter ~** por motivos desconocidos; **die ~ für etw sein** ser la causa de algo; **kleine ~, große Wirkung** (*prov*) con chica brasa se enciende una casa

ursächlich *adj* causal

Urschrift *f* <-, -en> escritura *f* original

Ursprung *m* <-(e)s, -sprünge> origen *m;* (*Herkunft*) procedencia *f;* (*Anfang*) principio *m;* **seinen ~ in etw** *dat* **haben** tener su origen en algo; **der Stein ist vulkanischen ~s** la piedra es de origen volcánico

ursprünglich ['uːɐʃprʏŋlɪç] **I.** *adj* **1.** (*anfänglich*) inicial **2.** (*unverfälscht*) original; (*natürlich*) natural **II.** *adv* al principio

Ursprünglichkeit *f* <-, *ohne pl*> (*Unverfälschtheit*) originalidad *f;* (*Natürlichkeit*) naturalidad *f*

Ursprungsflughafen *m* <-s, häfen> aeropuerto *m* de partida; **Ursprungsland** *nt* <-(e)s, -länder> país *m* de origen; **Ursprungsvermerk** *m* <-(e)s, -e> indicación *f* de origen

Urteil ['ʊrtaɪl] *nt* <-s, -e> **1.** (*Meinung*) opinión *f,* juicio *m;* **nach meinem ~** en mi opinión; **rechtskräftiges ~** sentencia firme; **das ~ verkünden** pronunciar la sentencia; **sich** *dat* **ein ~ über etw erlauben** permitirse opinar sobre algo; **ein ~ über jdn fällen** emitir un juicio sobre alguien; **sich** *dat* **ein ~ über jdn/etw bilden** formarse una idea de alguien/algo **2.** (JUR) sentencia *f,* fallo *m;* **das ~ über jdn sprechen** dictar sentencia sobre alguien

urteilen ['ʊrtaɪlən] *vi* juzgar; (*meinen*) opinar; **urteile selbst!** ¡juzga tú mismo!; **du hast vorschnell über ihn geurteilt** le has juzgado prematuramente; **nach seinem Aussehen zu ~ ...** a juzgar por su aspecto exterior...

Urteilsbegründung *f* <-, -en> considerandos *mpl;* **Urteilskraft** *f* <-, *ohne pl*> juicio *m,* discernimiento *m;* **Urteilsspruch** *m* <-(e)s, -sprüche> sentencia *f,* fallo *m;* **Urteilsverkündung** *f* <-, -en> (JUR) pronunciación *f* de la sentencia, veredicto *m;* **Urteilsvermögen** *nt* <-s, *ohne pl*> capacidad *f* para juzgar, discernimiento *m;* **Urteilsvollstreckung** *f* <-, -en> ejecución *f* de la sentencia

Urtext *m* <-es, -e> texto *m* original

Urtierchen ['uːɐtiːɐçən] *nt* <-s, -> (ZOOL) protozoo *m*

urtümlich ['uːɐtyːmlɪç] *adj* primitivo, castizo, arcaico

Uruguay [uru'gu̯aɪ] *nt* <-s> Uruguay *m*

Uruguayer(in) [uru'gu̯aːjɐ] *m(f)* <-s, -; -, -nen> uruguayo, -a *m, f*

uruguayisch [uru'gu̯aːjɪʃ] *adj* uruguayo

Ururenkel(in) ['uːɐʔuːɐ-] *m(f)* <-s, -; -, -nen> tataranieto, -a *m, f;* **Ururgroßmutter** *f* <-, -mütter> tatarabuela *f;* **Ururgroßvater** *m* <-s, -väter> tatarabuelo *m*

urverwandt ['uːɐfɛɐvant] *adj* (*a.* LING) de origen común; **miteinander ~ sein** (*Sprachen*) proceder de un mismo tronco [*o* de una misma lengua común]

Urviech ['uːɐfiːç] *nt* <-(e)s, -er>, **Urvieh** *nt* <-(e)s, -viecher> (*fam*) tío *m* raro, tía *f* rara

Urvogel *m* <-s, -vögel> archaeopteryx *m*

Urwald ['uːɐvalt, *pl:* 'uːɐvɛldɐ] *m* <-(e)s, -wälder> selva *f*

Urwelt *f* <-, -en> mundo *m* primitivo

urweltlich *adj* primitivo

urwüchsig ['uːɐvyːksɪç] *adj* de pura cepa, castizo; (*natürlich*) natural

Urzeit *f* <-, -en> tiempos *mpl* primitivos; (HIST) prehistoria *f;* **vor ~en** hace un montón de tiempo *fam;* **seit ~en** desde que el mundo existe

urzeitlich *adj* prehistórico

Urzustand *m* <-(e)s, -stände> estado *m* primitivo

USA [uːʔɛs'ʔaː] *f* <-> *Abk. von* **United States of America** EE.UU. *mpl*

US-Amerikaner(in) [uː'ʔɛs-] *m(f)* <-s, -; -, -nen> estadounidense *mf;* **US-amerikanisch** *adj* estadounidense

Usance [y'zãːs] *f* <-, -n> (*geh a.* COM) costumbre *f* (comercial)

Usbeke, -in [ʊs'beːkə] *m, f* <-n, -n; -, -nen> uzbeko, -a *m, f*

usbekisch *adj* uzbeko

Usbekistan [ʊs'beːkistaːn] *nt* <-s> Uzbekistán *m*

User ['juːzɐ] *m* <-s, -> (INFOR) usuario *m*

User-ID *f* <-, -s> (INFOR) *Abk. von* **User-Identification** identificación *f* del usuario

usf. *Abk. von* **und so fort** y así sucesivamente

Usowechsel *m* <-s, -> (FIN) letra *f* de vencimiento usual

Usurpator(in) [uzʊr'paːtoːɐ] *m(f)* <-s, -en; -, -nen> usurpador(a) *m(f)*

usurpieren* [uzʊr'piːrən] *vt* usurpar

Usus ['uːzʊs] *m* <-, *ohne pl*> (*fam*) costumbre *f;* **das ist hier so ~** es la costumbre

usw. *Abk. von* **und so weiter** etc.

Utensil *nt* <-s, -ien> utensilio *m*

Uterus ['uːterʊs, *pl:* 'uːteri] *m* <-s, Uteri> (MED) útero *m*

Utilitarismus [utilita'rɪsmʊs] *m* <-, *ohne pl*> (PHILOS) utilitarismo *m*

utilitaristisch *adj* utilitarista

Utopie [uto'piː] *f* <-, -n> utopía *f*

utopisch [u'toːpɪʃ] *adj* utópico

Utopist(in) *m(f)* <-en, -en; -, -nen> utopista *mf*

u. U. *Abk. von* **unter Umständen** dado el caso

u.ü.V. *Abk. von* **unter üblichem Vorbehalt** salvo buen fin

UV *Abk. von* **Ultraviolett** rayos *mpl* ultravioletas

u. v. a.(m.) *Abk. von* **und viele(s) andere (mehr)** y mucho(s) más

U.v.D. *m* <-s, -s> (MIL) *Abk. von* **Unteroffizier vom Dienst** suboficial *m* de servicio

UV-Strahlen [uː'faʊ-] *mpl* radiaciones *fpl* ultravioletas

Ü-Wagen *m* <-s, -, *südd, Österr:* -Wägen> (RADIO, TV) coche *m* tra(n)smisor

V

V, v [faʊ] *nt* <-, -> V, v *f;* ~ **wie Viktor** V de Valencia

v. *Abk. von* **von** de

V 1. *Abk. von* **Volt** V **2.** *Abk. von* **Volumen** vol. **3.** (CHEM) *Abk. von* **Vanadium** V

VA *Abk. von* **Voltampere** VA

Vabanquespiel [va'baŋk-] *nt* <-(e)s, -e> juego *m* de alto riesgo

Vaduz [fa'dʊts, va'du:ts] *nt* <-> Vaduz *m*

Vagabund(in) [vaga'bʊnt] *m(f)* <-en, -en; -, -nen> vagabundo, -a *m, f,* bagamán *m Kol, DomR*

vagabundieren* [vagabʊn'di:rən] *vi sein* vagabundear (*durch* por)

Vagabundin *f* <-, -nen> *s.* **Vagabund**

vage [va:gə] *adj* vago, impreciso

Vagina [va'gi:na] *f* <-, Vaginen> (ANAT) vagina *f*

vaginal [vagi'na:l] *adj* vaginal; **Vaginalzäpfchen** *nt* <-s, -> (MED) supositorio *m* vaginal

Vaginen *pl von* **Vagina**

vakant [va'kant] *adj* vacante

Vakanz [va'kants] *f* <-, -en> (puesto *m*) vacante *f*

Vakuum ['va:kuʊm, *pl:* 'va:kua] *nt* <-s, Vakua *o* Vakuen> vacío *m;* **Vakuumdestillation** *f* <-, -en> (CHEM) destilación *f* al vacío; **Vakuumfilter** *m* <-s, -> (TECH) filtro *m* de vacío; **Vakuummetallisierung** *f* <-, -en> (TECH) metalización *f* al vacío; **Vakuumröhre** *f* <-, -n> tubo *m* de vacío; **Vakuumspektrograph** *m* <-en, -en> (TECH) espectrógrafo *m* de vacío; **Vakuumtrocknung** *f* <-, *ohne pl*> (TECH) secado *m* al vacío; **Vakuumverdampfer** *m* <-s, -> (TECH) evaporador *m* al vacío; **vakuumverpackt** *adj* envasado al vacío; **Vakuumverpackung** *f* <-, -en> envase *m* al vacío

Vakzin *nt* <-s, -e> (MED), **Vakzine** *f* <-, -n> (MED) vacuna *f*

Valentinstag ['valɛnti:ns-] *m* <-(e)s, -e> día *m* de San Valentín, día *m* de los enamorados

Valenz [va'lɛnts] *f* <-, -en> (CHEM, LING) valencia *f*

Valetta [va'lɛta (la)] *f:* **La** ~ La Valetta *f*

Valoren *mpl* (WIRTSCH) **1.** (*Wertsachen*) objetos *mpl* de valor **2.** (*Wertpapiere*) valores *mpl*

Valuta [va'lu:ta] *f* <-, Valuten> (WIRTSCH, FIN) **1.** (*Währung*) moneda *f* extranjera, divisa *f;* **harte** ~ divisa fuerte, moneda extranjera fuerte **2.** (*Wertstellung*) (fijación *f* del) valor *m;* **Valutaaufwertung** *f* <-, -en> (WIRTSCH) revaluación *f* de divisas; **Valutadumping** *nt* <-s, *ohne pl*> (WIRTSCH) dumping *m* de divisas; **Valutaeinnahmen** *fpl* (WIRTSCH) ingresos *mpl* en divisas; **Valutaentwertung** *f* <-, -en> (WIRTSCH) depreciación *f* de divisas, desvalorización *f* de divisas; **Valutageschäft** *nt* <-(e)s, -e> (WIRTSCH) operación *f* en divisas; **Valutakurs** *m* <-es, -e> (WIRTSCH) tipo *m* de cambio de divisas; **Valutanotierung** *f* <-, -en> (WIRTSCH) cotización *f* de divisas; **Valutarisiko** *nt* <-s, -risiken> (WIRTSCH) riesgo *m* en el cambio de divisas; **Valutaschuld** *f* <-, -en> (WIRTSCH) deuda *f* en divisas; **Valutawechsel** *m* <-s, -> (FIN) cambio *m* de moneda; **Valutawerte** *mpl* (FIN) valores *mpl* en divisas

Vamp [vɛ(:)mp] *m* <-s, -s> vampiresa *f*

Vampir [vam'pi:ɐ] *m* <-s, -e> vampiro *m*

Vanadium [va'na:diʊm] *nt* <-s, *ohne pl*> (CHEM) vanadio *m*

Vandale, -in [van'da:lə] *m, f* <-n, -n; -, -nen> (*a.* HIST) vándalo, -a *m, f*

Vandalismus [vanda'lɪsmʊs] *m* <-, *ohne pl*> vandalismo *m*

Vanille [va'nɪl(j)ə] *f* <-, *ohne pl*> vainilla *f;* **Vanilleeis** *nt* <-es, *ohne pl*> helado *m* de vainilla; **Vanillepudding** *m* <-s, -s *o* -e> (GASTR) budín *m* de vainilla, pudding *m* de vainilla (*similar a las natillas*); **Vanillesauce** *f* <-, -n> salsa *f* de vainilla; **Vanilleschote** *f* <-, -n>, **Vanillestange** *f* <-, -n> vainilla *f* en rama; **Vanillezucker** *m* <-s, *ohne pl*> vainilla *f* azucarada

Vanillin [vanɪ'li:n] *nt* <-s, *ohne pl*> esencia *f* de vainilla, vainillina *f*

variabel [vari'a:bəl] *adj* variable

Variable [vari'a:blə] *f* <-, -n> (MATH, PHYS) variable *f*

Variante [vari'antə] *f* <-, -n> (*a.* LIT) variante *f*

Varianz [vari'ants] *f* <-, -en> (MATH) variancia *f*

Variation [varia'tsjo:n] *f* <-, -en> (*a.* MUS, MATH, BIOL) variación *f*

Varietät [varie'tɛ:t] *f* <-, -en> variedad *f*

Varieté *nt* <-s, -s>, **Varietee**[RR] [varie'te:] *nt* <-s, -s> (espectáculo *m* de) variedades *fpl*

variieren* [vari'i:rən] *vt, vi* variar, cambiar

Vasall [va'zal] *m* <-en, -en> (*a. fig* HIST) vasallo, -a *m, f*

Vase ['va:zə] *f* <-, -n> jarrón *m;* (*Blumen~*) florero *m*

Vaseline *f* <-, *ohne pl*> vaselina *f*

Vasoresektion *f* <-, -en> (MED) vasectomía *f*

Vater ['fa:tɐ, *pl:* 'fɛ:tɐ] *m* <-s, Väter> padre *m;* ~ **von zwei Kindern** padre de dos hijos; **der Heilige** ~ el Santo Padre; ~ **Staat bestimmt unsere Steuern** el bueno del Estado decide los impuestos que tenemos que pagar; **Vaterhaus** *nt* <-es, -häuser> (*geh*) casa *f* paterna, hogar *m* paterno; **Vaterland** *nt* <-(e)s, -länder> (*geh*) patria *f*

vaterländisch *adj* (*geh*) patriótico

Vaterlandsliebe *f* <-, *ohne pl*> amor *m* a la patria; **Vaterlandsverräter(in)** *m(f)* <-s, -; -, -nen> (POL) traidor(a) *m(f)* a la patria

väterlich ['fɛ:tɐlɪç] *adj* **1.** (*vom Vater*) paterno **2.** (*wie ein Vater*) paternal

väterlicherseits [-zaɪts] *adv* por parte de padre, por línea paterna; **meine Großeltern** ~ mis abuelos paternos

Vaterliebe *f* <-, *ohne pl*> amor *m* de padre; **vaterlos** *adj* sin padre; (*verwaist*) huérfano de padre; **Vatermord** *m* <-(e)s, -e> parricidio *m;* **Vatermörder(in)** *m(f)* <-s, -; -, -nen> parricida *mf*

Vaterschaft *f* <-, -en> paternidad *f;* **die** ~ **anerkennen** reconocer la paternidad; **Vaterschaftsklage** *f* <-, -n> (JUR) acción *f* de filiación; **Vaterschaftsnachweis** *m* <-es, -e> prueba *f* de paternidad

Vaterstadt *f* <-, -städte> ciudad *f* natal; **Vaterstelle** *f* <-, *ohne pl*>: **bei** [*o* **an**] **jdm** ~ **vertreten** hacer las veces de padre con alguien; **Vatertag** *m* <-(e)s, -e> día *m* del padre

Vaterunser ['--'--, --'--] *nt* <-s, -> padrenuestro *m;* **das** ~ **sagen/beten** decir/rezar el Padrenuestro

Vati ['fa:ti] *m* <-s, -s> (*fam*) papá *m,* papi *m,* tata *m Am*

Vatikan [vati'ka:n] *m* <-s> Vaticano *m;* **Vatikanstadt** *f* Ciudad *f* del Vaticano

V-Ausschnitt ['faʊʔaʊsʃnɪt] *m* <-(e)s, -e> escote *m* de pico

v. Chr. *Abk. von* **vor Christus** a.C., a. de C.

VEB (DDR) *Abk. von* **volkseigener Betrieb** empresa *f* nacionalizada

V-Effekt *m* <-(e)s, -e> (LIT) *s.* **Verfremdungseffekt**

Vegetarier(in) [vege'ta:riɐ] *m(f)* <-s, -; -, -nen> vegetariano, -a *m, f*

vegetarisch *adj* vegetariano; **sie isst nur** ~ come sólo comida vegetariana

Vegetation [vegeta'tsjo:n] *f* <-, -en> vegetación *f;* **Vegetationsdecke** *f* <-, -n> capa *f* de vegetación; **Vegetationszeit** *f* <-, -en> tiempo *m* de vegetación

vegetativ [vegeta'ti:f] *adj* (MED, BIOL) vegetativo; **das** ~**e Nervensystem** el sistema nervioso vegetativo; **sich** ~ **vermehren** reproducirse vegetativamente

vegetieren* [vege'ti:rən] *vi* **1.** (BOT) vegetar **2.** (*abw: Mensch*) vivir miserablemente

vehement [vehe'mɛnt] *adj* vehemente

Vehemenz [vehe'mɛnts] *f* <-, *ohne pl*> vehemencia *f*

Vehikel [ve'hi:kəl] *nt* <-s, -> **1.** (*fam: Auto*) cacharro *m,* cafetera *f* **2.** (*Hilfsmittel, a.* MED) vehículo *m*

Veilchen ['faɪlçən] *nt* <-s, -> **1.** (BOT) violeta *f* **2.** (*fam: blaues Auge*) ojo *m* morado; **veilchenblau** ['--'-] *adj* violáceo, violeta

Vektor ['vɛkto:ɐ] *m* <-s, -en> (MATH, PHYS) vector *m;* **Vektorgrafik** *f* <-, -en> (INFOR) gráfico *m* de vectores; **Vektorrechnung** *f* <-, *ohne pl*> análisis *m inv* vectorial

Velar [ve'la:ɐ, *pl:* ve'la:rə] *m* <-s, -e>, **Velarlaut** *m* <-(e)s, -e> (LING) (sonido *m*) velar *f*

Velo ['ve:lo] *nt* <-s, -s> (*Schweiz*) bicicleta *f*

Velours [ve'lu:ɐ] *m* <-, -> terciopelo *m;* **Veloursleder** *nt* <-s, -> terciopelo *m;* **Veloursteppichboden** *m* <-s, -böden> moqueta *f* de terciopelo

Vene ['ve:nə] *f* <-, -n> (ANAT) vena *f*

Venedig [ve'ne:dɪç] *nt* <-s> Venecia *f*

Venenentzündung *f* <-, -en> flebitis *f inv;* **Venenmittel** *nt* <-s, -> (MED) medicamento *m* para las venas

venerisch [ve'ne:rɪʃ] *adj* (MED) venéreo

Venetien [ve'ne:tsiən] *nt* <-s> Véneto *m*

venezianisch [vene'tsja:nɪʃ] *adj* veneciano

Venezolaner(in) [venetso'la:nɐ] *m(f)* <-s, -; -, -nen> venezolano, -a *m, f*

venezolanisch *adj* venezolano

Venezuela [venetsu'e:la] *nt* <-s> Venezuela *f*

venös [ve'nø:s] *adj* (MED) venoso

Ventil [vɛn'ti:l] *nt* <-s, -e> **1.** (TECH) válvula *f* **2.** (*an Musikinstrument*) pistón *m*

Ventilation [vɛntila'tsjo:n] *f* <-, -en> ventilación *f*

Ventilator [vɛnti'la:to:ɐ] *m* <-s, -en> ventilador *m*

ventilieren* [vɛnti'li:rən] *vt* **1.** (*lüften*) ventilar, airear **2.** (*prüfen, erörtern*) ventilar, considerar detenidamente

ventral *adj* (MED) ventral

Venus ['ve:nʊs] *f* <-, *ohne pl*> **1.** (ASTR) Venus *m* **2.** (*Göttin*) Venus *f*

verabfolgen* *vt* (*formal alt*) *s.* **verabreichen**

verabreden* [fɛɐ'ʔapre:dən] **I.** *vt* convenir; (*Zeit, Ort*) fijar; **wie verabredet** como estaba convenido; **zum verabredeten Zeitpunkt** a la hora convenida; **wir haben verabredet, dass ...** quedamos en que...; **mit jdm verabredet sein** tener una cita con alguien; **ich bin schon verabredet** ya he quedado, tengo un compromiso **II.** *vr:* **sich** ~ citarse, quedar *fam;* **wir haben uns um acht verabredet** hemos quedado a las ocho; **sie haben sich am Bahnhof verabredet** han quedado en la estación

Verabredung *f* <-, -en> **1.** (*Treffen*) cita *f* **2.** (*Vereinbarung*) acuerdo *m,* convenio *m;* **eine** ~ **einhalten** acudir (puntualmente) a una cita, cumplir con un compromiso; **mit jdm eine** ~ **treffen** llegar a un acuerdo con alguien

verabreichen* *vt* (*Medizin*) administrar, dar

verabscheuen* *vt* detestar, aborrecer

verabschieden* [fɛɐ'ʔapʃi:dən] **I.** *vt* **1.** (*Person*) despedir **2.** (*Gesetz, Haushalt*) aprobar **II.** *vr:* **sich** ~ despedirse (*von* de)

Verabschiedung *f* <-, -en> **1.** (*Person*) despedida *f* **2.** (*Gesetz, Haushalt*) aprobación *f*

verabsolutieren* [fɛɐʔapsolu'ti:rən] *vt* generalizar

verachten* *vt* despreciar, desdeñar; **etw ist nicht zu** ~ (*fam*) algo no está nada mal

Verächter(in) *m(f)* <-s, -; -, -nen> despreciador(a) *m(f)*

verachtfachen* **I.** *vt* octuplicar; **... und diese Zahl müssen Sie** ~ ...y esta cifra multiplíquela por ocho **II.** *vr:* **sich** ~ octuplicarse

verächtlich [fɛɐ'ʔɛçtlɪç] **I.** *adj* **1.** (*mit Verachtung*) desdeñoso, despectivo **2.** (*abw: verachtenswert*) desdeñable, despreciable, pinche *Mex;* **etw/jdn** ~ **machen** desprestigiar algo/a alguien **II.** *adv* con desprecio

Verachtung *f* <-, *ohne pl*> desprecio *m,* menosprecio *m;* **voller** ~ lleno de desprecio; **jdn mit** ~ **strafen** mostrar desprecio por alguien

veralbern* *vt* tomar el pelo, poner en ridículo

verallgemeinern* [---'--] *vt* generalizar

Verallgemeinerung *f* <-, -en> generalización *f*

veralten* [fɛɐ'ʔaltən] *vi sein* (*Geräte*) anticuarse; (*Ansichten*) pasar de moda; (*Wort, Methode*) caer en desuso

veraltet [fɛɐ'ʔaltət] *adj* (*Gerät*) anticuado; (*Ansichten, Methode*) anticuado, pasado de moda

Veranda [ve'randa] *f* <-, Veranden> terraza *f* acristalada

veränderlich [fɛɐ'ʔɛndɐlɪç] *adj* variable; (*Wesen*) versátil

Veränderlichkeit *f* <-, -en> variabilidad *f;* (*im Wesen*) versatilidad *f*

verändern* **I.** *vt* cambiar, modificar; (*verwandeln*) transformar; **seine Frisur** ~ cambiar de peinado **II.** *vr:* **sich** ~ cambiar; (*beruflich*) cambiar de trabajo; **du hast dich sehr verändert** has cambiado mucho; **er hat sich zu seinem Nachteil verändert** ha cambiado para peor

Veränderung *f* <-, -en> cambio *m;* (*Abänderung*) modificación *f;* (*Verwandlung*) transformación *f;* **~en unterliegen** estar sujeto a cambios; **eine** ~ **an etw** *dat* **vornehmen** realizar cambios en algo, hacer una modificación en algo

verängstigen* *vt* intimidar, amedrentar

verankern* *vt* **1.** (*Schiff*) fondear **2.** (*Säule*) sujetar, fijar; **etw in der Verfassung** ~ establecer algo en la constitución

Verankerung *f* <-, -en> fijación *f,* anclaje *m*

veranlagen* [fɛɐ'ʔanla:gən] *vt* tasar (*mit* en); **die Steuern** ~ fijar la tributación; **zu hoch** ~ sobretasar; **nicht veranlagt** no tasado

veranlagt [fɛɐ'ʔanla:kt] *adj:* **für etw** ~ **sein** tener predisposición para algo; **künstlerisch** ~ **sein** tener talento artístico; **praktisch** ~ **sein** ser un manitas

Veranlagung *f* <-, -en> **1.** (*Neigung*) predisposición (*zu* para/a) **2.** (FIN) tasación *f* de los impuestos

veranlassen* *vt* **1.** (*anordnen*) disponer, ordenar; **bitte** ~ **Sie, dass ...** por favor disponga que... *+subj;* **wir werden alles weitere** ~ arreglaremos todo lo demás **2.** (*bewirken*) motivar, llevar; **sich zu etw** *dat* **veranlasst sehen** verse obligado a hacer algo; **jdn zu etw** *dat* ~ inducir a alguien a hacer algo; **was hat dich zu diesem Schritt veranlasst?** ¿qué te ha llevado a dar este paso?

Veranlassung *f* <-, -en> **1.** (*Grund*) motivo *m,* razón *f;* **keine(rlei)** ~ **haben etw zu tun** no tener (ninguna) razón para hacer algo; **dazu besteht keine** ~ no existe motivo para eso **2.** (*Anordnung*) orden *f;* (*Anregung*) iniciativa *f;* **auf jds** ~ por orden de alguien; **auf meine** ~ siguiendo mis deseos, por iniciativa mía

veranschaulichen* *vt* ilustrar; (INFOR) visualizar

Veranschaulichung *f* <-, -en> ilustración *f;* (INFOR) visualización *f;* **zur** ~ a modo de explicación [*o* de aclaración]

veranschlagen* *vt* (*Zeit*) calcular (*für* para); (*Kosten*) evaluar (*mit/auf* en), tasar (*mit/auf* en)

veranstalten* *vt* (*planen*) organizar; (*durchführen*) realizar, hacer

Veranstalter(in) *m(f)* <-s, -; -, -nen> organizador(a) *m(f)*

Veranstaltung *f* <-, -en> acto *m;* **Veranstaltungskalender** *m* <-s, -> cartelera *f* de espectáculos; **Veranstaltungsort** *m* <-(e)s, -e> lugar *m* del acto

verantworten* **I.** *vt* responder (de), ser responsable (de); **das kann ich nicht** ~ no asumo la responsabilidad; **es ist nicht zu ~, dass ...** es irresponsable que... *+subj;* **wer verantwortet es, wenn ...?** ¿quién se hace responsable de si...? **II.** *vr:* **sich** ~ justificarse (*für/wegen* por); **sie muss sich vor Gericht** ~ tiene que justificarse ante el tribunal

verantwortlich *adj* **1.** (*Person*) responsable (*für* de); **für jdn/etw** ~ **sein** ser responsable de alguien/algo; **er ist dem Chef** ~ tiene que responsabilizarse ante el jefe; **jdn für etw** ~ **machen** responsabilizar a alguien de algo **2.** (*Tätigkeit*) de responsabilidad

Verantwortliche(r) *mf* <-n, -n; -n, -n> responsable *mf;* **der für etw** ~ **sein** ser el responsable de algo

Verantwortlichkeit *f* <-, -en> responsabilidad *f*

Verantwortung *f* <-, -en> responsabilidad *f* (*für* de); **soziale** ~ responsabilidad social; **jdn für etw zur** ~ **ziehen** hacer a alguien responsable de algo; **die** ~ **für etw überneh-**

men asumir la responsabilidad de algo; **auf eigene ~** bajo propia responsabilidad; **auf deine ~!** ¡bajo tu (propia) responsabilidad!; **die ~ für jdn/etw tragen** [*o* **haben**] ser responsable de alguien/algo; **sich aus der ~ stehlen** eludir la responsabilidad, lavarse las manos; **verantwortungsbewusst**[RR] *adj* consciente de su responsabilidad; **Verantwortungsbewusstsein**[RR] *nt* <-s, *ohne pl*> sentido *m* de responsabilidad; **verantwortungslos** *adj* irresponsable; **sich ~ verhalten** comportarse de manera [*o* como un] irresponsable; **Verantwortungslosigkeit** *f* <-, *ohne pl*> irresponsabilidad *f*; **verantwortungsvoll** *adj* **1.** (*Aufgabe, Tat*) de gran responsabilidad **2.** (*Person*) muy responsable

veräppeln* [fɛɐ'ʔɛpəln] *vt* (*fam*) tomar el pelo (a), guasearse (de)

verarbeiten* *vt* **1.** (*Material*) emplear, utilizar **2.** (*bearbeiten*) trabajar, manufacturar; (*umwandeln*) transformar (*zu* en); **~de Industrie** industria transformadora; **der Roman ist zu einem Film verarbeitet worden** la novela fue adaptada al cine **3.** (*verbrauchen*) gastar **4.** (*Speisen, Eindrücke*) digerir, asimilar

verarbeitet *adj:* **gut/schlecht ~** bien/mal fabricado [*o* hecho]; **sorgfältig/nachlässig ~ sein** estar fabricado [*o* hecho] a conciencia/con dejadez

Verarbeitung *f* <-, -en> **1.** (*Bearbeitung*) trabajo *m*, tratamiento *m;* (*von Daten*) tratamiento *m*, procesamiento *m;* (*Umwandlung*) transformación *f* **2.** (*Verdauung*) digestión *f* **3.** (*Aussehen, Ausführung*) acabado *m;* **Verarbeitungsbetrieb** *m* <-(e)s, -e> empresa *f* de transformación; **Verarbeitungsindustrie** *f* <-, -n> industria *f* de transformación; **Verarbeitungskosten** *pl* costes *mpl* de transformación; **Verarbeitungsprogramm** *nt* <-s, -e> (INFOR) programa *m* de procesamiento; **Verarbeitungszeit** *f* <-, -en> (INFOR) tiempo *m* de procesamiento

verargen* [fɛɐ'ʔargən] *vt* (*geh*): **jdm etw ~** tomar a mal algo a alguien; **ich kann es ihm nicht ~, dass ...** no le puedo tomar a mal que... *+subj*

verärgern* *vt* fastidiar

verärgert *adj* enfadado, enojado, incómodo *CSur*, grifo *Mex*

Verärgerung *f* <-, -en> enfado *m*, contrariedad *f*, disgusto *m;* **seine ~ war ihm anzumerken** se le notaba el enfado [*o* que estaba contrariado] [*o* que estaba disgustado]

verarmen* *vi sein* empobrecer

Verarmung *f* <-, *ohne pl*> empobrecimiento *m*

verarschen* *vt* (*fam*) tomar el pelo (a), cachondearse (de) *vulg;* **willst du mich ~?** ¿quieres tomarme el pelo?

verarzten* *vt* (*fam*) tratar

veraschen* *vt* incinerar

Veraschung *f* <-, *ohne pl*> incineración *f*

verästeln* [fɛɐ'ʔɛstəln] *vr:* **sich ~** ramificarse (*in* en)

Verästelung *f* <-, -en> ramificación *f*

Verätzung *f* <-, -en> (MED) abrasión *f*

verausgaben* [-'---] *vr:* **sich ~** agotar sus fuerzas, dejarse la piel (*bei* en) *fam;* **sie hat sich völlig verausgabt** ha puesto toda la carne en el asador; **sich finanziell ~** agotar todos sus recursos económicos

verauslagen* [fɛɐ'ʔaʊsla:gən] *vt* (*formal*) pagar por adelantado, adelantar; **die Reisekosten für jdn ~, jdm die Reisekosten ~** pagar por adelantado los gastos de viaje a alguien

veräußerbar *adj* enajenable

Veräußerer, -in *m, f* <-s, -; -, -nen> enajenante *mf*, transmitente *mf*

veräußerlich *adj* enajenable

veräußern* *vt* **1.** (*übereignen*) transferir (*an* a); (*verkaufen*) vender (*an* a) **2.** (JUR: *abtreten*) ceder (*an* a)

Veräußerung *f* <-, -en> **1.** (*Übereignung*) enajenación *f;* (*Verkauf*) venta *f;* **~ von Vermögenswerten** traspaso de valores patrimoniales **2.** (JUR: *Abtreten*) cesión *f;* **Veräußerungsgewinn** *m* <-(e)s, -e> beneficios *mpl* de venta; **Veräußerungsrecht** *nt* <-(e)s, -e> derecho *m* de traspaso [*o* de cesión]

Verb [vɛrp] *nt* <-s, -en> (LING) verbo *m*

Verba *pl von* **Verbum**

verbal [vɛr'ba:l] *adj* (*a.* LING) verbal

verballhornen* [fɛɐ'balhɔrnən] *vt* desfigurar

Verbalphrase *f* <-, -n> (LING) locución *f* verbal

Verband *m* <-(e)s, -bände> **1.** (MED) venda je *m* **2.** (*Vereinigung*) asociación *f* **3.** (MIL) unidad *f;* **Verband(s)kasten** *m* <-s, -kästen> botiquín *m* de emergencia; **Verband(s)material** *nt* <-s, -ien> (MED) material *m* de vendaje, apósitos *mpl;* **Verband(s)mull** *m* <-(e)s, -e> (MED) gasa *f* hidrófila; **Verband(s)päckchen** *nt* <-s, -> venda *f*, vendaje *m;* **Verband(s)pflaster** *nt* <-s, -> esparadrapo *m* (para vendajes); **Verband(s)stoff** *m* <-(e)s, -e> tela *f* para vendajes; **Verband(s)watte** *f* <-, *ohne pl*> algodón *m* (hidrófilo); **Verband(s)zellstoff** *m* <-(e)s, -e> celulosa *f* para vendajes; **Verband(s)zeug** *nt* <-(e)s, *ohne pl*> vendajes *mpl*, apósitos *mpl*

verbannen* [fɛɐ'banən] *vt* desterrar, proscribir; **ein Wort aus seinem Wortschatz ~** suprimir [*o* desterrar] una palabra de su vocabulario

Verbannte(r) *mf* <-n, -n; -n, -n> desterrado, -a *m, f*

Verbannung *f* <-, -en> destierro *m;* **jdn in die ~ schicken** desterrar a alguien

verbarrikadieren* [fɛɐbarika'di:rən] **I.** *vt* levantar barricadas (en); (*Eingang*) bloquear (*mit* con) **II.** *vr:* **sich ~** montar una barricada

verbauen* *vt* **1.** (*versperren*) obstruir (con edificios); (*Aussicht*) quitar, tapar; **du hast dir alle Chancen verbaut** te has cerrado el camino **2.** (*Material*) emplear en la construcción; (*Geld*) gastar en la construcción **3.** (*abw: schlecht bauen*) construir mal

verbeamten* [-'--] *vt* nombrar funcionario (público)

verbeißen* *irr* **I.** *vt:* **sich** *dat* **etw** ~ reprimir algo, contener algo; (*Schmerz*) aguantar; **ich konnte mir das Lachen kaum** ~ apenas pude contener la risa **II.** *vr:* **sich** ~ (*Tier*) hincar los dientes (*in* en); (*Person*) obstinarse (*in* en); **sie hat sich in das Problem verbissen** se ha obcecado en el problema

Verben *pl von* **Verb**, **Verbum**

verbergen* *irr* **I.** *vt* **1.** (*verstecken*) esconder (*vor* ante), ocultar (*vor* ante); **er verbarg sein Gesicht in den Händen** ocultó su rostro en las manos **2.** (*verheimlichen*) ocultar; **ich habe nichts zu** ~ no tengo nada que ocultar **II.** *vr:* **sich** ~ esconderse; **hinter seiner Arroganz verbarg sich Unsicherheit** tras su arrogancia se escondía inseguridad

verbessern* **I.** *vt* **1.** (*besser machen*) mejorar, perfeccionar; (*Rekord*) batir **2.** (*berichtigen*) corregir **II.** *vr:* **sich** ~ **1.** (*Lage*) mejorar; **sich finanziell** ~ mejorar su situación financiera **2.** (*beim Sprechen*) corregirse; **ich muss mich** ~ tengo que corregirme

Verbesserung *f* <-, -en> **1.** (*Änderung*) mejora *f*, mejoramiento *m* **2.** (*Korrektur*) corrección *f*; **verbesserungsbedürftig** *adj* que requiere mejoras; **verbesserungsfähig** *adj* mejorable, corregible; **Verbesserungsvorschlag** *m* <-(e)s, -schläge> propuesta *f* de mejora

verbeten *pp von* **verbitten**

verbeugen* *vr:* **sich** ~ inclinarse (*vor* ante), hacer una reverencia (*vor* ante); **sich tief** ~ inclinarse profundamente

Verbeugung *f* <-, -en> reverencia *f*

verbeulen* *vt* abollar

verbiegen* *irr* **I.** *vt* torcer, doblar **II.** *vr:* **sich** ~ torcerse, doblarse

verbiestert [fɛɐ'biːstɐt] *adj* **1.** (*verstört*) trastornado, perturbado **2.** (*verärgert*) enfadado; (*missmutig*) gruñón

verbieten* *irr* **I.** *vt* prohibir; **jdm etw** ~ prohibir algo a alguien; **„Rauchen verboten!"** "¡prohibido fumar!" **II.** *vr:* **sich** ~ quedar descartado; **etw verbietet sich von selbst** algo no entra en consideración [*o* queda descartado]

verbildlichen* *vt* ilustrar, ejemplificar

verbilligen* **I.** *vt* abaratar, rebajar (el precio de); **verbilligter Eintritt für Senioren** entrada reducida para la tercera edad **II.** *vr:* **sich** ~ abaratarse

verbinden* *irr* **I.** *vt* **1.** (*zusammenfügen*) unir (*mit* con); **die Insel ist mit dem Festland durch eine Brücke verbunden** la isla está unida con el continente por medio de un puente; **mit ihm verbindet mich nichts mehr** ya no me une nada a él; **das Angenehme mit dem Nützlichen** ~ unir lo agradable con lo práctico **2.** (*mit sich bringen*) conllevar, acarrear; **die damit verbundenen Kosten** los gastos ocasionados **3.** (*geh: zur Dankbarkeit verpflichten*) obligar; **ich wäre Ihnen sehr verbunden, wenn ...** le quedaría muy obligado [*o* agradecido] si... +*subj* **4.** (*Holz*) ensamblar; (*Kabel*) empalmar, empatar *Am;* (*koppeln*) enganchar **5.** (TEL) comunicar (*mit* con); ~ **Sie mich bitte mit Zimmer 44** póngame con la habitación 44, por favor; **Sie sind falsch verbunden** (*am Telefon*) se ha equivocado de número **6.** (*assoziieren*) asociar (*mit* con); **ich verbinde mit diesem Begriff eine ganz andere Vorstellung** yo asocio con ese concepto una cosa muy distinta **7.** (MED) vendar; **mit verbundenen Augen** con los ojos vendados **II.** *vr:* **sich** ~ juntarse (*mit* con), unirse (*mit* con); (CHEM) combinarse

verbindlich *adj* **1.** (*liebenswürdig*) amable; ~**sten Dank!** ¡muchísimas gracias! **2.** (*bindend*) vinculante; (*verpflichtend*) obligatorio

Verbindlichkeit *f* <-, -en> **1.** (*Höflichkeit*) amabilidad *f* **2.** (*bindender Charakter*) compromiso *m;* (*Pflicht*) obligación *f;* **ohne** ~ sin compromiso; ~**en gegenüber der Bank** deudas con el banco; **seinen** ~**en (nicht) nachkommen** (no) cumplir con sus obligaciones **3.** *pl* (COM: *Schulden*) deudas *fpl*, obligaciones *fpl;* ~**en eingehen/erfüllen** contraer/cumplir con las obligaciones

Verbindung *f* <-, -en> **1.** (*Zusammenhang, Beziehung*) conexión *f*, relación *f* (*zwischen* entre, *mit* con); **in** ~ **mit** junto con; **etw/jdn mit etw** *dat* **in** ~ **bringen** relacionar algo/a alguien con algo; **eine** ~ **mit jdm eingehen** contraer matrimonio con alguien **2.** (*Kontakt*) contacto *m;* **mit jdm in** ~ **stehen** estar en contacto con alguien; **sich mit jdm in** ~ **setzen** ponerse en contacto con alguien; **zu jdm/etw** *dat* ~**en haben** tener relaciones con alguien/algo; **seine** ~**en spielen lassen** (*fam*) hacer valer sus influencias **3.** (TECH) unión *f*, conexión *f;* (*Kopplung*) enganche *m;* **aromatische** ~ (CHEM) compuesto aromático **4.** (*Verkehrsweg, a.* TEL) comunicación *f;* **unsere** ~ **wurde unterbrochen** se cortó nuestra comunicación; **eine direkte** ~ **nach München** un enlace directo con Múnich **5.** (*Vereinigung*) asociación *f*, unión *f;* (UNIV) corporación *f* estudiantil **6.** (CHEM) compuesto *m;* **eine** ~ **eingehen** asociarse, formar un compuesto; **Verbindungsfrau** *f* <-, -en> *s.* **Verbindungsmann**; **Verbindungsglied** *nt* <-(e)s, -er> elemento *m* de unión; **Verbindungslinie** *f* <-, -n> **1.** (*Linie*) línea *f* de unión; (*a. fig*) línea *f* de enlace; **eine** ~ **zwischen zwei Punkten ziehen** trazar una línea entre dos puntos, unir dos puntos mediante una línea **2.** (MIL) línea *f* de comunicación; **Verbindungsmann**, **-frau** *m, f*

V

<-(e)s, -männer *o* -leute; -, -en> (*der Polizei*) (agente *mf* de) enlace *m;* (*Mittelsmann, -frau*) mediador(a) *m(f),* intermediario, -a *m, f;* **Verbindungsoffizier** *m* <-s, -e> (MIL) oficial *m* de enlace; **Verbindungsstück** *nt* <-(e)s, -e> pieza *f* de unión, ensambladura *f;* **Verbindungstür** *f* <-, -en> puerta *f* de comunicación

verbissen [fɛɐ'bɪsən] **I.** *pp von* **verbeißen** **II.** *adj* **1.** (*hartnäckig*) encarnizado, obstinado **2.** (*Gesichtsausdruck*) avinagrado **III.** *adv* con obstinación; **man darf das nicht so ~ sehen** (*fam*) no hay que tomarlo tan al pie de la letra

Verbissenheit *f* <-, *ohne pl*> obstinación *f,* encarnizamiento *m*

verbitten *irr vt:* **sich** *dat* **etw ~** no tolerar algo, no permitir algo; **ich verbitte mir diese Anspielung!** ¡no tolero esa alusión!

verbittern* *vt* amargar

Verbitterung *f* <-, -en> amargura *f*

verblassen* *vi sein* **1.** (*Stoff, Foto*) perder (el) color; (*Farbe*) apagarse **2.** (*geh: Eindrücke*) borrarse, desvanecerse

verbläuen*[RR] [fɛɐ'blɔɪən] *vt* (*fam*) apalear, moler a palos, poner morado

Verbleib [fɛɐ'blaɪp] *m* <-(e)s, *ohne pl*> (*geh*) **1.** (*Ort*) paradero *m* **2.** (*Verbleiben*) permanencia *f;* **sie entschieden über seinen ~ in der Organisation** tomaron una decisión acerca de su permanencia en la organización

verbleiben* *irr vi sein* **1.** (*übereinkommen*) quedar en; **wir sind so verblieben, dass ...** hemos quedado en que... **2.** (*geh: übrig sein*) quedar; **mir verblieb nur noch ein minimaler Restbetrag** me quedó sólo un saldo mínimo; **in Erwartung Ihrer Antwort verbleibe ich ...** quedo en espera de su respuesta...

verbleichen <verbleicht, verblich *o* verbleichte, verblichen *o* verbleicht> *vi sein* (*Farbe*) apagarse; (*Stoff*) perder (el) color, desteñirse

verbleien* [fɛɐ'blaɪən] *vt* (TECH) emplomar

verbleit [fɛɐ'blaɪt] *adj* con plomo; **~es Benzin** gasolina con plomo

verblenden* *vt* **1.** (*Person*) deslumbrar **2.** (*Wand, Fassade*) revestir (*mit* de)

Verblendung *f* <-, -en> **1.** (*einer Person*) deslumbramiento *m* **2.** (*von Wand, Fassade*) revestimiento *m* (*mit* de)

verbleuen* [fɛɐ'blɔɪən] *vt s.* **verbläuen**

verblichen [fɛɐ'blɪçən] **I.** *pp von* **verbleichen** **II.** *adj* **1.** (*Farbe*) apagado; (*Stoff*) desteñido, descolorido **2.** (*Ruhm*) desvanecido

Verblichene(r) *mf* <-n, -n; -n, -n> (*geh*) finado, -a *m, f,* difunto, -a *m, f*

verblieben *pp von* **verbleiben**

verblöden* [fɛɐ'bløːdən] **I.** *vi sein* (*fam*) atontarse, volverse tonto **II.** *vt* (*fam*) atontar

Verblödung *f* <-, *ohne pl*> (*fam*) atontamiento *m,* entontecimiento *m;* **etw führt zur ~** algo atonta [*o* entontece]

verblüffen* [fɛɐ'blʏfən] *vt* desconcertar, dejar perplejo

Verblüffung *f* <-, -en> estupefacción *f,* perplejidad *f;* **zu meiner ~ ...** para mi gran sorpresa...

verblühen* *vi sein* marchitarse

verbluten* *vi sein* desangrarse

verbocken* *vt* (*fam*) estropear, echar a perder

verbogen *pp von* **verbiegen**

verbohren* *vr:* **sich ~** (*fam*) **1.** (*hartnäckig festhalten*) aferrarse (*in* a), obstinarse (*in* en) **2.** (*intensiv beschäftigen*) meterse de lleno (*in* en)

verbohrt [fɛɐ'boːɐt] *adj* (*fam abw*) testarudo, terco (como una mula)

Verbohrtheit *f* <-, *ohne pl*> testarudez *f,* terquedad *f*

verborgen[1] [fɛɐ'bɔrgən] **I.** *pp von* **verbergen** **II.** *adj* escondido, oculto; **etw ~ halten** tener algo oculto; **das ist mir nicht ~ geblieben** ya me he enterado; **im V~en bleiben** permanecer oculto [*o* en secreto]

verborgen*[2] *vt* prestar (*an* a); **ich habe das Buch an Susanne verborgt** he prestado el libro a Susanne

Verborgenheit *f* <-, *ohne pl*> clandestinidad *f*

Verbot [fɛɐ'boːt] *nt* <-(e)s, -e> prohibición *f;* **ein ~ umgehen** eludir una prohibición; **gegen ein ~ verstoßen** contravenir una prohibición; **sich an ein ~ halten** cumplir una orden

verboten [fɛɐ'boːtən] **I.** *pp von* **verbieten** **II.** *adj* **1.** (*untersagt*) prohibido; **es ist ihm ~, sich hier aufzuhalten** tiene prohibido permanecer aquí **2.** (*fam: unmöglich*) fatal; **~ aussehen** tener una pinta horrible

Verbotsschild *nt* <-(e)s, -er> señal *f* de prohibición

verbracht *pp von* **verbringen**

verbrämen* [fɛɐ'brɛːmən] *vt* (*geh*) ataviar, adornar

verbrannt *pp von* **verbrennen**

verbraten* *irr vt* (*fam: Geld*) gastar(se)

Verbrauch *m* <-(e)s, *ohne pl*> consumo *m* (*an* de); **gewerblicher/inländischer ~** consumo industrial/nacional; **~ pro Kopf** consumo per cápita; **einen großen ~ an etw** *dat* **haben** tener un gran consumo de algo; **der Wagen ist sparsam im ~** el coche tiene un consumo muy bajo

verbrauchen* *vt* (*verwenden, ausgeben*) gastar; (*konsumieren*) consumir; (*aufbrauchen*) agotar; **verbrauchte Luft** aire viciado; **das Geld war schon nach einer Woche verbraucht** el dinero se agotó en una semana; **das Auto verbraucht fünf Liter Benzin auf 100 km** el coche consume cinco litros de gasolina cada 100 km

Verbraucher(in) *m(f)* <-s, -; -, -nen> consumidor(a) *m(f);* **Verbraucherberatung** *f* <-, -en> Oficina *f* del Consumidor; **verbraucherfeindlich** *adj* anti-consumidor;

Verbraucherforschung *f* <-, -en> investigación *f* del consumidor; **verbraucherfreundlich** *adj* pro-consumidor

Verbraucherin *f* <-, -nen> *s.* **Verbraucher**

Verbrauchermarkt *m* <-(e)s, -märkte> hipermercado *m;* **Verbrauchernachfrage** *f* <-, -n> (COM) demanda *f* (por parte) de los consumidores; **Verbraucherpreis** *m* <-es, -e> precio *m* de venta al público

Verbraucherschutz *m* <-es, *ohne pl*> defensa *f* del consumidor, protección *f* al consumidor; **Verbraucherschutzbewegung** *f* <-, -en> movimiento *m* de protección del consumidor

Verbraucherverband *m* <-(e)s, -bände> asociación *f* de consumidores; **Verbraucherverhalten** *nt* <-s, *ohne pl*> comportamiento *m* de los consumidores; **Verbraucherzentrale** *f* <-, -n> asociación *f* de consumidores

Verbrauchsartikel *m* <-s, -> artículo *m* de consumo; **Verbrauchsgüter** *ntpl* bienes *mpl* de consumo; **kurzlebige/langlebige** ~ bienes de consumo de poca duración/duraderos; **Verbrauchsrückgang** *m* <-(e)s, -gänge> retroceso *m* del consumo; **Verbrauch(s)steuer** *f* <-, -n> impuesto *m* sobre el consumo

verbraucht *adj* gastado; (*Luft*) viciado; (*Mensch*) agotado

verbrechen* *irr vt* (*fam*): **was habe ich denn jetzt schon wieder verbrochen?** ¿qué mal he hecho esta vez?; **wer hat diesen Salat verbrochen?** ¿quién ha hecho esta ensalada asquerosa?

Verbrechen *nt* <-s, -> delito *m,* crimen *m;* **ein** ~ **aufklären** esclarecer un crimen; **das organisierte** ~ el crimen organizado; **schweres** ~ delito grave; **ein** ~ **an jdm verüben** cometer un delito contra alguien; **ein** ~ **begehen** cometer un delito, perpetrar un crimen; **Verbrechensbekämpfung** *f* <-, -en> lucha *f* contra el crimen; **Verbrechenswelle** *f* <-, -n> oleada *f* de crímenes

Verbrecher(in) *m(f)* <-s, -; -, -nen> criminal *mf,* delincuente *mf;* **Verbrecherbande** *f* <-, -n> cuadrilla *f* de delincuentes, pandilla *f* de delincuentes

Verbrecherin *f* <-, -nen> *s.* **Verbrecher**

verbrecherisch [fɛɐ'brɛçərɪʃ] *adj* criminal

Verbrecherkartei *f* <-, -en> fichero *m* de criminales [*o* de delincuentes]

Verbrechertum *nt* <-s, *ohne pl*> criminalidad *f*

verbreiten* I. *vt* 1. (*Neuigkeit*) divulgar, difundir; **sie hat überall Lügen über mich verbreitet** ha difundido mentiras sobre mí por todas partes; **diese Meinung ist weit verbreitet** esta opinión se escucha por todas partes; **eine weit verbreitete Ansicht** una opinión muy extendida 2. (*Licht, Wärme, Ruhe*) irradiar; (*Geruch*) despedir; (*Stimmung, Gefühl*) sembrar; **er verbreitete Angst und Schrecken** sembró miedo y pánico 3. (*Erreger, Krankheit*) contagiar, transmitir II. *vr:* **sich** ~ 1. (*Nachricht*) divulgarse, difundirse 2. (*Krankheit*) contagiarse, transmitirse 3. (*Duft*) extenderse 4. (*sich auslassen*) explayarse (*über* acerca de)

verbreitern* I. *vt* ensanchar, ampliar (*um* en, *auf* a) II. *vr:* **sich** ~ ensancharse, ampliarse

Verbreiterung *f* <-, -en> ensanche *m,* ampliación *f*

verbreitet *adj* extendido, común, tupido *Mex;* **eine weit ~e Meinung/Krankheit** una opinión/enfermedad muy común [*o* extendida]

Verbreitung *f* <-, *ohne pl*> 1. (*von Nachrichten*) divulgación *f,* difusión *f;* **weite ~ finden** tener gran aceptación 2. (*von Krankheiten*) propagación *f,* contagio *m;* **Verbreitungsgebiet** *nt* <-(e)s, -e> (*einer Ware*) área *f* de distribución; (*einer Krankheit*) área *f* afectada; **Verbreitungsrecht** *nt* <-(e)s, -e> derecho *m* de difusión

verbrennen* *irr* I. *vt* (*Holz, Mensch, Papier*) quemar; (*Leiche, Müll*) incinerar; **ich habe mir die Finger am Bügeleisen verbrannt** me he quemado los dedos con la plancha; **sich** *dat* **den Mund** [*o* **die Zunge**] ~ (*fam*) meter la pata; **sie wurde als Hexe verbrannt** fue quemada por bruja; **verbrannte Erde** tierra quemada II. *vi sein* (*Haus, Braten*) quemarse; (*Person*) morir abrasado [*o* calcinado] III. *vr:* **sich** ~ quemarse (*an* con)

Verbrennung *f* <-, -en> 1. (*das Verbrennen*) combustión *f,* quema *f;* (*Leichen~, Müll~*) incineración *f;* **offene** ~ combustión abierta 2. (MED) quemadura *f;* **~en zweiten Grades** quemaduras de segundo grado; **Verbrennungsanlage** *f* <-, -n> planta *f* de combustión; **Verbrennungskammer** *f* <-, -n> (TECH) cámara *f* de combustión; **Verbrennungsmotor** *m* <-s, -en> motor *m* de combustión interna; **Verbrennungsofen** *m* <-s, -öfen> horno *m* de combustión; (*für Müll*) incineradora *f;* **Verbrennungsreaktor** *m* <-s, -en> reactor *m* de combustión; **Verbrennungsrückstände** *mpl* residuos *mpl* de (la) combustión; **Verbrennungswärme** *f* <-, *ohne pl*> calor *m* de combustión

verbriefen* *vt:* **jdm etw** ~ confirmar [*o* garantizar] algo a alguien por escrito

verbrieft *adj* (*geh*) documentado

verbringen* *irr vt* 1. (*zubringen*) pasar (*mit* con); **ich habe den Tag mit Lesen verbracht** (me) he pasado el día leyendo 2. (*transportieren*) transportar

verbrochen [fɛɐ'brɔxən] *pp von* **verbrechen**

verbrüdern* [fɛɐ'bry:dɐn] *vr:* **sich** ~ hermanarse

Verbrüderung [fɛɐ'bry:dərʊŋ] *f* <-, -en> hermanamiento *m*

verbrühen* *vt* escaldar; **sich** *dat* **die Hand** ~ escaldarse la mano

Verbrühung *f* <-, -en> escaldadura *f*

verbuchen* *vt* (FIN) contabilizar; **etw auf der Habenseite** ~ hacer un asiento [*o* sentar] en el haber; **er hat das als Erfolg für sich verbucht** (*fam*) se apuntó el éxito

Verbuchung *f* <-, -en> (COM, FIN) asiento *m;* **Verbuchungsdatum** *nt* <-s, -daten> fecha *f* de un asiento

verbuddeln* *vt* (*fam*) enterrar

Verbum ['vɛrbʊm, *pl:* 'vɛrba] *nt* <-s, Verben *o* Verba> (LING) verbo *m*

verbummeln* *vt* (*fam*) **1.** (*Zeit*) perder, desperdiciar **2.** (*vergessen*) olvidar; (*verlieren*) perder

Verbund [fɛɐ'bʊnt] *m* <-(e)s, -e> **1.** (WIRTSCH) unión *f;* **im** ~ **arbeiten** cooperar **2.** (TECH) ensamblaje *m,* ensambladura *f*

verbunden [fɛɐ'bʊndən] **I.** *pp von* **verbinden II.** *adj* **1.** (*verknüpft*) unido (*mit* a); (*gekoppelt*) acoplado (*mit* a); **damit sind Probleme** ~ esto supone problemas; **die damit ~en Verhandlungen** las negociaciones que esto supone; **Sie sind falsch** ~ (*am Telefon*) se ha equivocado (de número) **2.** (*dankbar*): **ich bin Ihnen sehr** ~ le estoy muy agradecido; **ich wäre Ihnen sehr ~, wenn Sie ...** le estaría muy agradecido si... +*subj*

verbünden* [fɛɐ'bʏndən] *vr:* **sich** ~ unirse (*mit* a), aliarse (*mit* con); **verbündete Staaten** naciones aliadas

Verbundenheit *f* <-, *ohne pl*> (*zwischen Personen*) afecto *m* (*mit* a), apego *m* (*mit* a); (*zu Heimat, Sitten*) lazo *m,* vínculo *m* (*mit* con)

Verbündete(r) *mf* <-n, -n; -n, -n> aliado, -a *m, f*

Verbundfahrausweis *m* <-es, -e> billete *m* combinado (válido en todos los medios de transporte público); **Verbundglas** *nt* <-es, *ohne pl*> (TECH) cristal *m* de seguridad; **Verbundmaterial** *nt* <-s, -ien> envases *mpl* (de diversa clase), embalajes *mpl* (de diversa clase); **Verbundnetz** *nt* <-es, -e> (ELEK) red *f* de distribución

Verbundstein *m* <-(e)s, -e> adoquín *m* encajable; **Verbundsteinpflaster** *nt* <-s, -> pavimento *m* de adoquines encajables

Verbundstoffe *mpl* (TECH) materiales *mpl* compuestos; **Verbundsystem** *nt* <-s, -e> sistema *m* unificado [*o* de billetes combinados]; **Verbundwerbung** *f* <-, *ohne pl*> publicidad *f* común; **Verbundwerkstoff** *m* <-(e)s, -e> material *m* compuesto

verbürgen* **I.** *vt* garantizar **II.** *vr:* **sich** ~ responder (*für* de); **ich verbürge mich für ihn** yo respondo de él

verbürgt *adj* garantizado; **~e Rechte** derechos garantizados

verbüßen* *vt* purgar; (JUR) cumplir

Verbüßung *f* <-, *ohne pl*> (JUR) cumplimiento *m,* purgación *f*

verchromen* [fɛɐ'kroːmən] *vt* cromar; **eine verchromte Stoßstange** un parachoques cromado

verdacht *pp von* **verdenken**

Verdacht [fɛɐ'daxt] *m* <-(e)s, -e> sospecha *f* (*auf* de); ~ **erregen** despertar sospechas; **jdn in** ~ **bringen** hacer recaer las sospechas en [*o* sobre] alguien; **in** ~ **geraten** [*o* **kommen**] estar bajo sospecha; **jdn in** ~ **haben** sospechar de alguien; **den** ~ **haben, dass ...** tener la sospecha de que..., sospechar que...; **im** ~ **stehen etw getan zu haben** ser sospechoso de haber hecho algo; **gegen jdn** ~ **schöpfen** concebir sospechas contra alguien; **über jeden** ~ **erhaben sein** estar fuera de toda sospecha; **es besteht** ~ **auf Krebs** se sospecha que se trata de cáncer; **etw auf** ~ **tun** hacer algo por pura intuición

verdächtig [fɛɐ'dɛçtɪç] *adj* sospechoso; **er ist der Tat** ~ es sospechoso del delito; **sich** ~ **machen** hacerse sospechoso; **die Sache ist mir** ~ el asunto me da mala espina; **das klingt sehr** ~ esto me huele mal; **das kommt mir** ~ **vor** me da mala espina, me parece muy raro; **es war** ~ **still** había un silencio sospechoso

Verdächtige(r) [fɛɐ'dɛçtɪgɐ] *mf* <-n, -n; -n, -n> sospechoso, -a *m, f*

verdächtigen* *vt* sospechar (de); **er wird des Diebstahls verdächtigt** es sospechoso del robo; **sie wird als Diebin verdächtigt** sospechan de ella como ladrona

Verdächtigung *f* <-, -en> sospecha *f*

Verdachtsmoment *nt* <-(e)s, -e> (JUR) indicio *m*

verdaddeln* *vt* (*fam*) tirar el dinero (jugando), perder dinero (jugando); **wieviel hast du an dem Automaten verdaddelt?** ¿cuánto dinero has perdido en la (máquina) tragaperras?

verdammen* [fɛɐ'damən] *vt* condenar (*zu* a); (REL) anatematizar; **der Plan war zum Scheitern verdammt** el plan estaba condenado al fracaso; **verdammenswert** *adj* condenable

Verdammnis *f* <-, *ohne pl*> condenación *f;* (REL) anatema *m o f*

verdammt **I.** *adj* (*fam abw*) maldito; ~ **noch mal!** ¡maldita sea!, ¡joder! *vulg,* ¡concho! *Am;* **~e Scheiße!** (*vulg*) ¡me cago en la mierda!; **du ~er Idiot!** ¡idiota de mierda! **II.** *adv* (*fam abw*) terriblemente; **das ist** ~ **teuer** cuesta un ojo de la cara; **er ist** ~ **hübsch** está como un tren; **das ist** ~ **wenig** esto es una mierdita; ~ **gut** de putamadre *vulg*

verdampfen* *vi sein* evaporarse, vaporizarse

Verdampfung *f* <-, -en> evaporación *f,* vaporización *f*

verdanken* *vt* **1.** (*dankbar sein*): **jdm etw** ~ deber algo a alguien, tener que agradecer algo a alguien; **ich habe ihr viel zu** ~ le debo mucho; **das ist ihm zu** ~ eso hay que agradecérselo a él **2.** (*Schweiz: Dank aussprechen*) agradecer

Verdankung *f* <-, -en> (*Schweiz*) agradecimiento *m;* **unter ~ der geleisteten Dienste** como muestra de gratitud por los servicios prestados

verdarb [fɛɐ'darp] *3. imp von* **verderben**

verdattert [fɛɐ'datɐt] *adj* (*fam*) pasmado, estupefacto; **~ dastehen** quedarse de piedra [*o* patidifuso]

verdauen* [fɛɐ'daʊən] *vt* **1.** (*Nahrung*) digerir **2.** (*fam: Nachricht*) asimilar, digerir

verdaulich *adj:* **leicht ~** fácil de digerir; **schwer ~** difícil de digerir, indigesto

Verdaulichkeit *f* <-, *ohne pl*> digestibilidad *f*

Verdauung *f* <-, *ohne pl*> digestión *f;* **eine gute/schlechte ~ haben** tener buena/mala digestión; **Verdauungsapparat** *m* <-(e)s, -e> (ANAT) aparato *m* digestivo; **Verdauungsbeschwerden** *fpl* indigestión *f;* **Verdauungsmittel** *nt* <-s, -> (MED) digestivo *m;* **Verdauungsorgan** *nt* <-s, -e> (ANAT) órgano *m* digestivo; **Verdauungsprobleme** *ntpl* trastornos *mpl* digestivos; **Verdauungssäfte** *mpl* (MED) jugos *mpl* gástricos; **Verdauungsspaziergang** *m* <-(e)s, -gänge> (*fam*) paseo *m* (tras la comida, para hacer mejor la digestión); **Verdauungsstörungen** *fpl* trastornos *mpl* digestivos; **Verdauungstrakt** *m* <-(e)s, -e> (ANAT) conducto *m* digestivo

Verdeck [fɛɐ'dɛk] *nt* <-(e)s, -e> **1.** (AUTO) capota *f;* **mit aufklappbarem ~** descapotable **2.** (NAUT) puente *m,* cubierta *f*

verdecken* *vt* **1.** (*den Blicken entziehen, bedecken*) cubrir, tapar; **das Hochhaus verdeckt die Aussicht** el rascacielos tapa la vista; **er verdeckt sein Gesicht mit den Händen** se tapa la cara con las manos **2.** (*verheimlichen*) ocultar, disimular

verdeckt *adj* **1.** (*nicht sichtbar*) tapado **2.** (*verborgen*) oculto; **~e Ermittlungen** pesquisas encubiertas; **~es Fenster** (INFOR) ventana oculta

verdenken* *irr vt* (*geh*): **jdm etw ~** tomar a mal algo a alguien; **ich kann es ihr nicht ~, dass sie es getan hat** no le puedo tomar a mal que lo haya hecho

Verderb [fɛɐ'dɛrp] *m* <-(e)s, *ohne pl*> (*von Lebensmitteln*) deterioro *m*

verderben [fɛɐ'dɛrbən] <verdirbt, verdarb, verdorben> **I.** *vi sein* (*Lebensmittel*) estropearse, abombarse *Am;* (*Person*) echarse a perder **II.** *vt* estropear, echar a perder; (*moralisch*) corromper, pervertir; **ich habe mir den Magen verdorben** he cogido una indigestión; **sich** *dat* **die Augen ~** estropearse la vista; **er hat mir die Laune verdorben** me ha quitado las ganas, me ha agriado el humor; **du hast es dir mit mir verdorben** conmigo ya te has cerrado todas las puertas; **du willst es dir mit niemandem ~** quieres estar a [*o* quedar] bien con todos

Verderben *nt* <-s, *ohne pl*> ruina *f,* perdición *f;* **in sein ~ rennen** arruinarse; **jdn ins ~ stürzen** arruinar a alguien; **jds ~ sein** ser la ruina [*o* perdición] de alguien

verderblich [fɛɐ'dɛrplɪç] *adj* **1.** (*Lebensmittel*) perecedero; **leicht ~e Lebensmittel** alimentos perecederos; **schnell ~** muy perecedero **2.** (*schädlich*) nocivo, dañino

verdeutlichen* *vt* aclarar

Verdeutlichung *f* <-, -en> explicación *f,* aclaración *f;* **zur ~ von etw** para ilustrar algo

verdeutschen* *vt* **1.** (*eindeutschen*) adaptar al alemán; **er hat seinen Namen verdeutscht** usa la forma alemana de su nombre **2.** (*fam: erläutern*) explicar en cristiano

verdichten* **I.** *vt* **1.** (PHYS, TECH) condensar **2.** (*Straßennetz*) ampliar **II.** *vr:* **sich ~** (*Nebel*) volverse más denso; (*Gerücht, Verdacht*) aumentar

Verdichtung *f* <-, -en> **1.** (*Kondensation*) condensación *f;* (*Kompression*) compresión *f* **2.** (*des Straßennetzes*) ampliación *f;* **Verdichtungsraum** *m* <-(e)s, -räume> (ÖKOL) aglomeración *f* urbana

verdicken* **I.** *vt* espesar **II.** *vr:* **sich ~ 1.** (*von Flüssigkeiten*) espesar(se) **2.** (*von festen Stoffen*) hincharse, inflarse

Verdickung *f* <-, -en> **1.** (*von Flüssigkeiten*) espesamiento *m* **2.** (*von festen Stoffen*) aumento *m* de tamaño

verdienen* *vt* **1.** (*Lohn*) ganar; **sie verdient 4000 Mark im Monat** gana 4000 marcos al mes; **sie verdient gut** tiene un buen sueldo; **seine Brötchen ~** ganarse el pan; **das erste selbst verdiente Geld** el primer dinero ganado por uno mismo; **das ist leicht verdientes Geld** eso es dinero fácil; **an** [*o* **bei**] **dem Geschäft hat er ein Vermögen verdient** con ese negocio ha ganado una fortuna; **ich verdiene mir mein Studium mit Nachhilfeunterricht** me costeo los estudios dando clases particulares **2.** (*Lob, Vertrauen, Strafe*) merecer; **sie hat nichts Besseres verdient** no se merece nada mejor; **du hast dir die Belohnung redlich verdient** te has ganado la recompensa a pulso

Verdiener(in) *m(f)* <-s, -; -, -nen> asalariado, -a *m, f;* **wir sind zu Hause drei ~** en casa somos tres los que ganamos dinero [*o* los que cobramos un sueldo]

Verdienst[1] *nt* <-(e)s, -e> mérito *m;* **~e machen bei jdm** hacer méritos con alguien; **es war einzig und allein sein ~** el mérito fue todo suyo; **sich** *dat* **~e um etw erwerben** comprometerse por algo

Verdienst[2] *m* <-(e)s, -e> (*Einkommen*) sueldo *m,* salario *m;* (*Gewinn*) ganancias *fpl,* beneficios *mpl;* **effektiver ~** ingresos reales

Verdienstausfall *m* <-(e)s, -fälle> pérdida *f* de ganancias; **Verdienstausfallentschädigung** *f* <-, -en> indemnización *f* por pérdida de ganancias

Verdienstmöglichkeit *f* <-, -en> posibilidad *f* de ganancia; **Verdienstspanne** *f* <-, -n> (WIRTSCH) margen *m o f* de beneficio

verdienstvoll *adj* **1.** (*Tat*) meritorio **2.** (*Person*) de gran mérito

verdient *adj* **1.** (*Person*) de gran mérito **2.** (*Sieg, Lohn, Strafe*) merecido; **Celta de Vigo hat ~ gewonnen** el Celta de Vigo ha ganado merecidamente; **sich um etw ~ machen** comprometerse con algo; **sie hat sich um die Firma ~ gemacht** ha hecho mucho por la empresa

verdientermaßen [-'--'--] *adv,* **verdienterweise** *adv* merecidamente

verdingen <verdingt, verdingte *o* verdang, verdingt *o* verdungen> *vr:* **sich ~** (*alt*) entrar al servicio (*bei* de, *als* de/como); **sie hatte sich bei verschiedenen Bauern als Magd verdingt** [*o* **verdungen**] había servido en casa de varios campesinos

verdirbt [fɛɐ'dɪrpt] *3. präs von* **verderben**

verdolmetschen* *vt* (*fam*): **jdm etw ~** interpretar algo para alguien

verdonnern* *vt* (*fam*) condenar (*zu* a); **er wurde zu drei Jahren** (**Gefängnis**) **verdonnert** fue condenado a tres años (de cárcel)

verdoppeln* **I.** *vt* doblar, duplicar (*auf* a) **II.** *vr:* **sich ~** duplicarse; *s. a.* **verachtfachen**

Verdopp(e)lung *f* <-, -en> duplicación *f*

verdorben [fɛɐ'dɔrbən] **I.** *pp von* **verderben** **II.** *adj* **1.** (*Fest, Lebensmittel*) estropeado, en mal estado; **einen ~en Magen haben** haber cogido un empacho **2.** (*moralisch*) depravado

Verdorbenheit *f* <-, *ohne pl*> depravación *f*

verdorren* [fɛɐ'dɔrən] *vi sein* secarse, resecarse

verdrahten* *vt* **1.** (*verschließen*) alambrar **2.** (ELEK) conectar

verdrängen* *vt* **1.** (*wegdrängen*) echar (*aus* de); (*aus Amt*) desbancar, suplantar **2.** (*ersetzen*) sustituir **3.** (NAUT) desplazar **4.** (PSYCH) reprimir

Verdrängung *f* <-, -en> **1.** (*von Person*) expulsión *f* (*aus* de); (*aus Amt*) suplantación *f* **2.** (*Ersetzung*) sustitución *f* **3.** (NAUT) desplazamiento *m* **4.** (PSYCH) represión *f;* **Verdrängungskünstler(in)** *m(f)* <-s, -; -, -nen>: **ein ~ sein** ser un artista a la hora de reprimir (algo)

verdrecken* **I.** *vi sein* (*fam abw*) ensuciarse **II.** *vt* (*fam abw*) ensuciar

verdrehen* *vt* **1.** (*Glieder*) (re)torcer; **die Augen ~** torcer los ojos; **jdm den Kopf ~** (*fam*) hacer perder la cabeza a alguien **2.** (*fam abw: falsch darstellen*) tergiversar, desfigurar; **die Tatsachen ~** tergiversar los hechos

verdreifachen* **I.** *vt* triplicar **II.** *vr:* **sich ~** triplicarse; *s. a.* **verachtfachen**

Verdreifachung *f* <-, -en> triplicación *f*

verdreschen* *irr vt* (*fam*) propinar una paliza, trillar *Am*

verdrießen [fɛɐ'dri:sən] <verdrießt, verdross, verdrossen> *vt* (*geh*) contrariar, disgustar; **es verdrießt mich, dass ...** me disgusta que... +*subj;* **es sich** *dat* **nicht ~ lassen** no amargarse

verdrießlich *adj* (*Miene*) avinagrado; **~ sein** estar de mal humor

verdroschen *pp von* **verdreschen**

verdrossRR [fɛɐ'drɔs], **verdroß** *3. imp von* **verdrießen**

verdrossen [fɛɐ'drɔsən] **I.** *pp von* **verdrießen** **II.** *adj* malhumorado; (*unzufrieden*) descontento **III.** *adv* con disgusto

Verdrossenheit *f* <-, *ohne pl*> (*Verdrießlichkeit*) mal humor *m;* (*Lustlosigkeit*) desgana *f,* indiferencia *f*

verdrücken* **I.** *vt* (*fam: essen*) tragar, zampar **II.** *vr:* **sich ~** (*fam: verschwinden*) largarse, esfumarse

VerdrussRR [fɛɐ'drʊs] *m* <-es, -e>, **Verdruß** *m* <-sses, -sse> disgusto *m;* (*Ärger*) fastidio *m;* **zu meinem ~** para mi disgusto; **jdm ~ bereiten** fastidiar a alguien

verduften* *vi sein* (*fam*) pirarse, alcanforarse *Kol, Ven*

verdummen* **I.** *vi sein* volverse tonto, entontecerse **II.** *vt* entontecer, atontar

Verdummung *f* <-, *ohne pl*> atontamiento *m,* entontecimiento *m*

verdungen *pp von* **verdingen**

verdunkeln* **I.** *vt* **1.** (*Raum*) oscurecer **2.** (JUR) ocultar, encubrir **II.** *vr:* **sich ~** (*Himmel*) nublarse, oscurecerse; **seine Miene verdunkelte sich** frunció el ceño

Verdunk(e)lung *f* <-, *ohne pl*> oscurecimiento *m;* (JUR) entorpecimiento *m* de la acción judicial; **Verdunk(e)lungsgefahr** *f* <-, *ohne pl*> (JUR) peligro *m* de entorpecimiento de la acción judicial

verdünnen* *vt* diluir, desparramar *Arg;* (*Sauce*) rebajar; (*Wein*) aguar

Verdünner *m* <-s, -> diluyente *m,* diluente *m*

verdünnisieren* [fɛɐdʏni'zi:rən] *vr:* **sich ~** (*fam*) largarse, esfumarse

Verdünnung *f* <-, -en> **1.** (*Verdünntsein*) adelgazamiento *m* **2.** (*Mittel zum Verdünnen*) diluyente *m*

Verdünnungsmittel *nt* <-s, -> diluyente *m*

verdunsten* *vi sein* evaporarse, volatilizarse

Verdunster *m* <-s, -> humectador *m,* humidificador *m*

Verdunstung *f* <-, *ohne pl*> evaporación *f,* volatilización *f*

verdursten* *vi sein* morir(se) de sed

verdüstern* [fɛɐ'dy:stɐn] *vr:* **sich ~** (*Himmel*) nublarse, cubrirse de nubes; **seine Miene verdüsterte sich** (*geh*) frunció el ceño

verdutzen* *vt* desconcertar

verdutzt [fɛɐ'dʊtst] *adj* aturdido, perplejo

verebben* *vi sein* (*geh*) disminuir

veredeln* *vt* mejorar, perfeccionar; (*Metalle*) afinar, refinar; (*Erdöl*) refinar; (*Pflanzen*) injertar

Vered(e)lung *f* <-, -en> (AGR) injerto *m;*

Vered(e)lungsindustrie *f* <-, -n> industria *f* de perfeccionamiento; **Vered(e)lungsprozess**RR *m* <-es, -e> proceso *m* de perfeccionamiento

verehelichen* *vr:* **sich** ~ (*formal*) contraer matrimonio, desposarse

Verehelichung *f* <-, -en> (*formal*) matrimonio *m,* desposorio *m alt*

verehren* *vt* **1.** (*geh: schätzen*) respetar, venerar; **verehrte Anwesende!** ¡señoras y señores! **2.** (REL) venerar; (*anbeten*) adorar **3.** (*schenken*) regalar; **jdm etw** ~ obsequiar a alguien con algo

Verehrer(in) *m(f)* <-s, -; -, -nen> admirador(a) *m(f);* **sie hat einen neuen** ~ (*fam*) tiene un nuevo ligue

Verehrung *f* <-, *ohne pl*> **1.** (*von Person*) respeto *m,* veneración *f* **2.** (REL) veneración *f;* (*Anbetung*) adoración *f;* **verehrungswürdig** *adj* muy digno de respeto

vereidigen* [fɛɐ̯'ʔaɪdɪgən] *vt* juramentar, tomar juramento; **er wurde auf die Verfassung vereidigt** juró la constitución

vereidigt *adj* jurado; **~e Übersetzerin** traductora jurada

Vereidigung *f* <-, -en> prestación *f* de juramento; (*auf ein Amt*) jura *f* de un cargo

Verein [fɛɐ̯'ʔaɪn] *m* <-(e)s, -e> asociación *f,* club *m;* (*Sport~, Fußball~*) club *m* deportivo; **eingetragener** ~ asociación registrada; **gemeinnütziger** ~ asociación no lucrativa [*o* de utilidad pública]

vereinbar *adj* compatible (*mit* con); **nicht miteinander** ~ no compatible

vereinbaren* *vt* **1.** (*verabreden*) concertar, acordar; (*festlegen*) fijar, establecer; **wir haben vereinbart, dass ...** hemos acordado que... **2.** (*in Einklang bringen*) aunar, conciliar (*mit* con); **das kann ich nicht mit meinem Gewissen** ~ no puedo conciliarlo con mi conciencia; **wie ist das miteinander zu ~?** ¿cómo pueden ser compatibles ambas cosas?

Vereinbarung *f* <-, -en> acuerdo *m;* (*schriftlich*) convenio *m;* **laut** ~ según (lo establecido en el) acuerdo; **Sprechstunde nach** ~ consulta previa cita; **entgegen früheren ~en** contrario a acuerdos anteriores; **sich an eine ~ halten** atenerse a un acuerdo; **stillschweigende** ~ acuerdo tácito; **eine ~ treffen** llegar a un acuerdo; **vereinbarungsgemäß** *adv* según lo acordado [*o* establecido]

vereinen* **I.** *vt* (*geh*) unir; (*in Einklang bringen*) conciliar; **die Vereinten Nationen** las Naciones Unidas; **sie vereint alle notwendigen Eigenschaften** reúne todas las características necesarias; **unsere Vorstellungen sind miteinander zu** ~ nuestras ideas son compatibles; **mit vereinten Kräften** todos juntos **II.** *vr:* **sich** ~ (*geh*) reunirse, juntarse

vereinfachen* *vt* simplificar; **etw stark vereinfacht darstellen** exponer algo de forma muy simple

Vereinfachung *f* <-, -en> simplificación *f*

vereinheitlichen* *vt* uniformar; (*normierend*) estandarizar

Vereinheitlichung *f* <-, -en> unificación *f;* (TECH) normalización *f,* tipificación *f,* estandarización *f*

vereinigen* **I.** *vt* unir, juntar; (*zusammenführen*) reunir; (*Firmen*) fusionar; **wieder** ~ reunificar; **die beiden Ämter sind in seiner Hand vereinigt** ambos cargos están en su mano; **er konnte alle Stimmen auf sich** ~ obtuvo todos los votos **II.** *vr:* **sich** ~ unirse, juntarse; (*zusammenkommen*) reunirse; **sich wieder** ~ reunificarse

vereinigt *adj* unido; **V~e Arabische Emirate** Emiratos Árabes Unidos; **V~e Staaten (von Nordamerika)** Estados Unidos (de Norteamérica); **V~es Königreich** Reino Unido

Vereinigung *f* <-, -en> **1.** (*das Vereinigen*) unión *f,* reunión *f;* (*von Firmen*) fusión *f;* (POL) unificación *f;* **die deutsche** ~ la unificación alemana **2.** (JUR: *Organisation*) asociación *f;* **kriminelle** ~ organización criminal; **Vereinigungskriminalität** *f* <-, *ohne pl*> crimen *m* organizado

vereinnahmen* [fɛɐ̯'ʔaɪnna:mən] *vt* **1.** (*Geld, Zinsen*) cobrar **2.** (*Beruf, Person*) acaparar; **die Arbeit vereinnahmt sie völlig** el trabajo la acapara por completo

Vereinnahmung *f* <-, -en> (FIN) cobro *m*

vereinsamen* *vi sein* ir quedándose solo

vereinsamt *adj* aislado, solitario

Vereinsamung *f* <-, *ohne pl*> aislamiento *m*

Vereinslokal *nt* <-(e)s, -e> club *m,* local *m* social; **Vereinsmitglied** *nt* <-(e)s, -er> miembro *m* de una asociación, socio, -a *m, f* de un club

vereinzelt [fɛɐ̯'ʔaɪntsəlt] *adj* aislado; (*Schauer*) ocasional; **es regnet** ~ hay lluvias aisladas

vereisen* [fɛɐ̯'aɪzən] **I.** *vi sein* (*Straße*) cubrirse de hielo **II.** *vt* (MED) anestesiar (con frío)

vereiteln* [fɛɐ̯'aɪtəln] *vt* hacer fracasar, frustrar

Vereitelung *f* <-, *ohne pl*> frustración *f,* malogro *m*

vereitern* *vi sein* supurar

Vereiterung *f* <-, -en> supuración *f*

verelenden* [fɛɐ̯'ʔe:lɛndən] *vi sein* caer en la miseria, depauperarse

Verelendung *f* <-, -en> depauperación *f,* lumpenización *f Am*

verenden* *vi sein* morir, perecer

verengen* **I.** *vt* estrechar **II.** *vr:* **sich** ~ (*Straße*) estrecharse, hacerse estrecho; (*Pupille*) contraerse

verengern* [fɛɐ̯'ʔɛŋɐn] **I.** *vt* estrechar **II.** *vr:* **sich** ~ estrecharse

Verengung *f* <-, -en> estrechamiento *m,* estrechez *f*

vererben* **I.** *vt* **1.** (*hinterlassen*) dejar (en herencia), legar **2.** (BIOL, MED) transmitir por herencia (*auf* a) **II.** *vr:* **sich** ~ (BIOL, MED) transmitirse por herencia

vererblich *adj* hereditario, transmisible por herencia

Vererbung *f* <-, -en> (BIOL, MED) transmisión *f* por herencia; **Vererbungslehre** *f* <-, *ohne pl*> genética *f*

verewigen* [fɛɐˈʔeːvɪgən] *vt* perpetuar (*auf* a)

verfahren[1] *adj* sin salida, embrollado

verfahren*[2] *irr* **I.** *vi sein* **1.** (*vorgehen*) proceder (*nach* según), actuar (*nach* según); **wie sollen wir weiter ~?** ¿cómo hemos de proceder? **2.** (*behandeln*) tratar (*mit* a); **streng mit jdm ~** tratar a alguien severamente **II.** *vt* (*Geld*) gastar (en dinero); (*Benzin*) gastar (en gasolina); **wir haben 30 l/300 Mark ~** gastamos 30 l de gasolina/300 marcos (para el viaje) **III.** *vr:* **sich ~** perderse; **sich in der Innenstadt ~** perderse en el centro

Verfahren *nt* <-s, -> **1.** (*Vorgehen*) procedimiento *m;* (*Methode*) método *m,* sistema *m* **2.** (JUR: *Prozess*) causa *f;* **gegen jdn läuft ein ~** un proceso legal contra alguien está aún pendiente; **ein ~ gegen jdn einleiten** instruir una causa contra alguien, levantar acta a alguien; **Verfahrensfragen** *fpl* cuestiones *fpl* de procedimiento; **Verfahrensrecht** *nt* <-(e)s, *ohne pl*> (JUR) derecho *m* procesal; **verfahrensrechtlich** *adj* (JUR) de derecho procesal, jurídico-procesal; **Verfahrenstechnik** *f* <-, *ohne pl*> ingeniería *f* de procesos; **Verfahrensweise** *f* <-, -n> método *m,* procedimiento *m*

Verfall *m* <-(e)s, *ohne pl*> **1.** (*von Gebäude*) desmoronamiento *m,* ruina *f;* **vom ~ bedroht sein** amenazar ruina **2.** (*geistig, gesundheitlich*) decaimiento *m* **3.** (*Niedergang*) decadencia *f;* **städtischer ~** decadencia municipal **4.** (*von Gutschein, Eintrittskarte*) caducidad *f;* **bei ~** al vencimiento; **Verfalldatum** *nt* <-s, -daten> fecha *f* de caducidad

verfallen* *irr vi sein* **1.** (*Gebäude*) desmoronarse **2.** (*körperlich, geistig, kulturell*) decaer **3.** (*ungültig werden*) caducar; (*ablaufen*) vencer **4.** (*abhängig werden*) depender (de), caer (en); **er ist dem Alkohol ~** es alcohólico; **in alte Fehler ~** recaer en viejos errores **5.** (*kommen auf*) caer en la cuenta (*auf* de); **sie verfiel auf die Idee, ...** se le ocurrió...; **wie konntest du nur auf ihn ~?** ¿cómo se te ocurrió pensar en él?

Verfallsdatum *nt* <-s, -daten> fecha *f* de caducidad; **Verfallserscheinung** *f* <-, -en> **1.** (*eines Imperiums*) síntoma *m* de decadencia **2.** (*gesundheitlich*) síntoma *m* de decaimiento; **Verfall(s)tag** *m* <-(e)s, -e> (FIN) día *m* de vencimiento

verfälschen* *vt* **1.** (*Lebensmittel, Wein*) adulterar **2.** (*Bericht, Wahrheit, Daten*) falsificar, falsear

Verfälschung *f* <-, -en> **1.** (*von Lebensmitteln*) adulteración *f* **2.** (*von Bericht, Daten*) falsificación *f,* falseamiento *m*

verfangen* *irr* **I.** *vi* surtir efecto; **seine Schmeicheleien ~ bei mir nicht** sus halagos me dejan frío **II.** *vr:* **sich ~** enredarse; **sich in Widersprüchen ~** contradecirse

verfänglich [fɛɐˈfɛŋlɪç] *adj* (*Frage*) capcioso; (*Situation*) embarazoso

verfärben* *vr:* **sich ~** cambiar de color; (*Kleidung*) desteñirse

Verfärbung *f* <-, -en> **1.** (*Verlust der Farbe*) decoloración *f,* pérdida *f* del color **2.** (*Annahme anderer Farbe*) tinte *m* **3.** (*abweichende Färbung*) (de)coloración *f*

verfassen* *vt* redactar, escribir

Verfasser(in) *m(f)* <-s, -; -, -nen> autor(a) *m(f)*

Verfassung *f* <-, -en> **1.** (POL) constitución *f;* **auf die ~ vereidigt werden** jurar la Constitución **2.** (*Zustand*) condición *f;* (*seelisch*) estado *m* de ánimo; **in guter/schlechter ~ sein** estar en buenas/malas condiciones; **ich bin nicht in der ~ zu der Party zu gehen** no estoy en condiciones de ir a la fiesta

verfassunggebend *adj* constituyente

Verfassungsänderung *f* <-, -en> modificación *f* de la constitución; **Verfassungsbeschwerde** *f* <-, -n> (JUR) recurso *m* de amparo (constitucional); **verfassungsfeindlich** *adj* (JUR) anticonstitucional; **Verfassungsgericht** *nt* <-(e)s, -e> tribunal *m* constitucional; **Verfassungsklage** *f* <-, -n> (JUR) recurso *m* de inconstitucionalidad

verfassungsmäßig *adj* constitucional

Verfassungsrecht *nt* <-(e)s, *ohne pl*> derecho *m* constitucional; **Verfassungsreform** *f* <-, -en> reforma *f* constitucional; **Verfassungsrichter(in)** *m(f)* <-s, -; -, -nen> juez(a) *m(f)* del tribunal constitucional; **Verfassungsschutz** *m* <-es, *ohne pl*> Oficina *f* Federal de Protección de la Constitución; **verfassungswidrig** *adj* anticonstitucional, inconstitucional

verfaulen* *vi sein* pudrirse, descomponerse

verfechten* *irr vt* propugnar, defender

Verfechter(in) *m(f)* <-s, -; -, -nen> defensor(a) *m(f)*

verfehlen* *vt* **1.** (*Zug*) perder; (*Person*) no encontrar; **wir haben uns verfehlt** no nos hemos encontrado **2.** (*Ziel, Zweck*) no alcanzar, no conseguir; (*Schütze*) fallar [*o* errar] (el blanco); **ich halte es für verfehlt, das zu tun** me parece equivocado hacer eso; **seine Wirkung ~** no surtir efecto; **die Worte hatten ihre Wirkung nicht verfehlt** las palabras surtieron (su) efecto; **das Thema ~** no acertar el tema

verfehlt *adj* (*nicht angebracht*) inadecuado; (*falsch*) falso

Verfehlung *f* <-, -en> falta *f*

verfeinden* [fɛɐˈfaɪndən] *vr:* **sich ~** enemistarse, contrapuntearse *Am;* **die Geschwister sind (miteinander) verfeindet** los hermanos están peleados (entre sí)

aus|setzen I. *vi* 1. (*Atmung, Herz*) cesar 2. (*unterbrechen*) interrumpirse; **zwei Runden** ~ pasar dos turnos; **ohne auszusetzen** sin parar II. *vt* 1. (*Tier*) abandonar 2. (JUR: *Verhandlung*) aplazar; **die Strafe wurde zur Bewährung ausgesetzt** le concedieron remisión condicional de la pena 3. (*bemängeln*) criticar, poner reparos (a); **daran ist nichts auszusetzen** no hay nada que objetar 4. (*Belohnung*) ofrecer; (*Preis*) fijar 5. (*preisgeben*): **jdn etw** *dat* ~ exponer a alguien a algo; **dieser Gefahr wollte er sich nicht** ~ no quiso exponerse a este peligro

Aussetzung *f* <-, -en> (*a.* JUR) suspensión *f*; ~ **des Verfahrens** suspensión del juicio

Aussicht *f* <-, -en> 1. (*Blick*) vista *f* (*auf* de), panorama *m* (*auf* de); **jdm die** ~ **versperren** impedir(le) a alguien la vista 2. (*Zukunftsmöglichkeit*) perspectiva *f* (*auf* de), esperanza *f* (*auf* de); **etw in** ~ **haben** tener algo en perspectiva; **etw hat** ~ **auf Erfolg** algo tiene probabilidad de éxito; **jdm etw in** ~ **stellen** prometer algo a alguien; **das sind ja schöne** ~**en!** ¡buena la tenemos!; **gute** ~**en haben** tener buenas perspectivas; **aussichtslos** *adj* sin esperanza; (*verzweifelt*) desesperado; (*unnütz*) inútil; **Aussichtslosigkeit** *f* <-, *ohne pl*> falta *f* de perspectivas; **Aussichtspunkt** *m* <-(e)s, -e> mirador *m*; **aussichtsreich** *adj* prometedor; **Aussichtsturm** *m* <-(e)s, -türme> mirador *m*

aus|sieben I. *vt* 1. (*mit einem Sieb*) colar, quitar colando; **Klumpen aus der Soße** ~ colar la salsa (para quitar los grumos), colar los grumos de la salsa 2. (*durch Auswahl*) cribar; **nach den Unterlagen wurden zehn Bewerber ausgesiebt und zu Probeaufnahmen eingeladen** diez candidatos pasaron la criba del currículum y fueron invitados a las pruebas; **beim ersten Vorsingen werden untalentierte Kandidaten ausgesiebt** en la primera prueba de canto se criba a los candidatos poco dotados II. *vi* hacer una criba; **bei der Zwischenprüfung wird ausgesiebt** el examen de diplomatura es una criba

aus|siedeln *vt* evacuar

Aussiedler(in) *m(f)* <-s, -; -, -nen> expatriado, -a *m, f*

Aussiedlung *f* <-, -en> evacuación *f*, traslado *m* forzoso de la población

aus|sitzen *irr vt* (*fam*) dejar pasar

aus|söhnen ['auszø:nən] *vr:* **sich** ~ (re)conciliarse; **er hat sich mit seinem Vater ausgesöhnt** se ha reconciliado con su padre

Aussöhnung *f* <-, -en> reconciliación *f*

aus|sondern *vt* apartar, separar; **die alten Züge wurden bald ausgesondert** muy pronto pusieron los trenes viejos fuera de servicio

Aussonderung *f* <-, -en> selección *f*; ~ **geeigneter Bewerber** selección *f* de candidatos adecuados; **Aussonderungsquote** *f* <-, -en> (WIRTSCH) cuota *f* de selección

aus|sorgen *vi:* **damit habe ich ausgesorgt** con eso tengo ya el porvenir asegurado

aus|sortieren* *vt* desechar, separar

aus|spähen I. *vi* acechar (*nach* a) II. *vt* espiar

aus|spannen I. *vi* (*sich erholen*) descansar II. *vt* 1. (*Netz*) (ex)tender 2. (*Pferde*) desenganchar 3. (*fam*): **jdm den Freund** ~ quitar(le) a alguien el novio

Ausspannung *f* <-, *ohne pl*> descanso *m*, relax *m*, relajación *f*

aus|sparen *vt* 1. (*frei lassen*) dejar libre 2. (*beiseite lassen*) dejar de lado, pasar (de) *sl*

Aussparung *f* <-, -en> boquete *m*, brecha *f*

aus|speien *irr* I. *vi* escupir (*vor* de) II. *vt* (*Lava, Qualm*) arrojar, escupir

aus|sperren I. *vt* 1. (*aus der Wohnung*) cerrar la puerta (a, *aus* de) 2. (*Arbeiter*) dejar en la calle mediante un lock-out II. *vr:* **sich** ~ (*aus der Wohnung*) quedarse fuera sin llaves (*aus* de)

Aussperrung *f* <-, -en> cierre *m*, lock-out *m*

aus|spielen I. *vt* 1. (*Karte*) jugar; **etw gegen etw** ~ (*zum Vorteil einsetzen*) servirse de algo contra algo 2. (SPORT: *Gegenspieler*) regatear, evitar 3. (*aufwiegeln*): **jdn gegen jdn** ~ aprovecharse de la rivalidad entre dos personas II. *vi* (*beim Kartenspiel*) salir

Ausspielung *f* <-, -en> sorteo *m*

aus|spinnen *irr vt* ampliar, desarrollar; **diese Idee könnte man weiter** ~ esta idea podría ampliarse

aus|spionieren* *vt* espiar

Aussprache[1] *f* <-, *ohne pl*> 1. (*Artikulation*) pronunciación *f* 2. (*Akzent*) acento *m*; **eine englische** ~ un acento inglés

Aussprache[2] *f* <-, -n> (*Unterredung*) discusión *f*, debate *m*; **eine** ~ **mit jdm haben** hablar francamente con alguien

Ausspracheangabe *f* <-, -n> indicación *f* de la pronunciación; **Aussprachewörterbuch** *nt* <-(e)s, -bücher> diccionario *m* de pronunciación

aus|sprechen *irr* I. *vi* (*zu Ende sprechen*) terminar (la frase); **lass mich bitte** ~! ¡déjame terminar la frase! II. *vt* 1. (*Wörter, Laute*) pronunciar; **wie spricht man dieses Wort aus?** ¿cómo se pronuncia esta palabra? 2. (*Lob, Verdächtigung*) expresar; **sie sprachen der Regierung ihr Vertrauen aus** expresaron su confianza al gobierno 3. (*Verbot*) notificar, disponer III. *vr:* **sich** ~ 1. (*sein Herz ausschütten*) desahogarse (*bei* con) 2. (*befürworten*) abogar (*für* por), pronunciarse (*für* por/en favor de)

Ausspruch *m* <-(e)s, -sprüche> dicho *m*, frase *f* ingeniosa; **richterlicher** ~ (JUR) sentencia *f*

aus|spucken *vi, vt* escupir

aus|spülen *vt* enjuagar

Ausspülung *f* <-, -en> enjuague *m*; ~ **der Mundhöhle** enjuague bucal

aus|staffieren* ['aʊsʃtafi:rən] *vt* ataviar

(*mit* con/de), proveer (*mit* de)
Ausstand *m* <-(e)s, *ohne pl*> **1.** (*Streik*) huelga *f* **2.** (*Schweiz: Ausscheiden*) abandono *m* (*aus* de), retirada *f* (*aus* de); **seinen ~ geben** celebrar su despedida del trabajo
ausständig *adj* (*Österr:* FIN, WIRTSCH) pendiente
aus|stanzen *vt* **1.** (TECH) troquelar **2.** (*Schilder*) estampar **3.** (*Löcher*) punzonar
aus|statten ['aʊsʃtatən] *vt* proveer (*mit* de), dotar (*mit* con/de)
Ausstattung *f* <-, -en> **1.** (*mit Geräten, Geräte*) equipamiento *m,* equipo *m;* **die ~ des Filmteams war gut** el equipo del grupo cinematográfico era bueno **2.** (*eines Buches*) presentación *f*
aus|stechen *irr vt* **1.** (*Unkraut*) extraer (con una pala); (*Auge*) vaciar **2.** (*übertreffen*) aventajar
Ausstechform *f* <-, -en> (GASTR) cortapasta *m*
aus|stehen *irr* **I.** *vi* **1.** (*Antwort, Entscheidung*) faltar, estar pendiente **2.** (*nicht bezahlt sein*) estar pendiente (de pago); **~de Gelder** dinero por cobrar **II.** *vt* (*ertragen*) aguantar, soportar; **ich kann ihn nicht ~** no le soporto; **ich kann so etw nicht ~** no soporto una cosa así; **das ist jetzt ausgestanden** (*fam*) esto ya ha pasado
aus|steigen *irr vi sein* **1.** (*aus einem Fahrzeug*) bajar (*aus* de), salir (*aus* de); **alles ~!** ¡bajen todos! **2.** (*fam: aufhören*) retirarse (*aus* de), abandonar (*aus*)
Aussteiger(in) *m(f)* <-s, -; -, -nen> (*fam*) ≈pasota *mf* (*persona que ha dejado su oficio y entorno para estar libre de presiones sociales*)
aus|stellen *vt* **1.** (*Waren, Bilder*) exhibir, exponer **2.** (*Bescheinigung, Zeugnis*) expedir; (*Scheck*) extender **3.** (*Gerät*) apagar
Aussteller(in) *m(f)* <-s, -; -, -nen> **1.** (*bei Ausstellungen*) expositor(a) *m(f)* **2.** (*von Urkunden*) otorgante *mf,* expedidor(a) *m(f)* **3.** (*von Wechseln*) librador(a) *m(f)*
Ausstellfenster *nt* <-s, -> (AUTO) ventanilla *f* giratoria [*o* oscilante]
Ausstellung *f* <-, -en> **1.** (*Veranstaltung*) exposición *f* **2.** (*von Schriftstücken*) expedición *f* **3.** (*von Schecks*) extensión *f* (*über* por); **Ausstellungsdatum** *nt* <-s, -daten> **1.** (*einer Veranstaltung*) fecha *f* de la exposición **2.** (*von Schriftstücken*) fecha *f* de expedición **3.** (*von Schecks*) fecha *f* de extensión; **Ausstellungsfläche** *f* <-, -n> superficie *f* de exposición; **Ausstellungshalle** *f* <-, -n> pabellón *m* de exposiciones, salón *m* de exposiciones; **Ausstellungskatalog** *m* <-(e)s, -e> catálogo *m* de la exposición; **Ausstellungsstand** *m* <-(e)s, -stände> stand *m* (de exposición); **Ausstellungsstück** *nt* <-(e)s, -e> objeto *m* expuesto, pieza *f* de exposición; **Ausstellungstag** *m* <-(e)s, -e> (FIN) día *m* de la consignación
aus|sterben *irr vi sein* (*Pflanze, Tierart, Sprache*) extinguirse, desaparecer; (*Brauch*) perderse, caer en desuso; **wie ausgestorben** (*Ort*) desierto
Aussterben *nt* <-s, *ohne pl*>: **vom ~ bedroht** en vías de extinción
aussterbend *adj* en vías de extinción
Aussteuer *f* <-, *ohne pl*> ajuar *m,* canastilla *f Arg, PRico;* (*Geld*) dote *f*
Ausstieg ['aʊsʃtiːk] *m* <-(e)s, -e> **1.** (*das Heraussteigen*) bajada *f* **2.** (*Ausgang*) salida *f* **3.** (*fam: Beendigung*) abandono *m;* **der ~ aus der Kernenergie** el abandono de la energía nuclear; **Ausstiegsbeschluss**[RR] *m* <-es, -schlüsse> decisión *f* de retiro [*o* de abandono]; **Ausstiegsklausel** *f* <-, -n> cláusula *f* de separación
aus|stopfen *vt* rellenar; (*Tier*) disecar
Ausstoß *m* <-es, *ohne pl*> **1.** (WIRTSCH) producción *f,* rendimiento *m* **2.** (*Abgase*) expulsión *f*
aus|stoßen *irr vt* **1.** (*Atem, Abgase*) expulsar; (*Dampf, Rauchwolken*) expeler, expulsar; (*Lava*) arrojar, despedir **2.** (*Seufzer, Schrei*) lanzar **3.** (*produzieren*) producir, fabricar **4.** (*ausschließen*) expulsar (*aus* de)
Ausstoßung *f* <-, *ohne pl*> expulsión *f* (*aus* de), exclusión *f* (*aus* de)
aus|strahlen *vt* **1.** (*Licht, Wärme*) emitir; (*Ruhe, Heiterkeit*) irradiar **2.** (RADIO) emitir, radiar; (TV) televisar
Ausstrahlung *f* <-, -en> **1.** (RADIO, TV) emisión *f* **2.** (*Charisma*) atractivo *m,* carisma *m;* **Ausstrahlungstermin** *m* <-s, -e> (TV, RADIO) fecha *f* de emisión
aus|strecken **I.** *vt* (*Beine*) estirar **II.** *vr:* **sich ~** estirarse
aus|streichen *irr vt* **1.** (*durchstreichen*) borrar, tachar, radiar *Am* **2.** (*Farbe*) extender (con un pincel)
aus|streuen *vt* esparcir, dispersar; (*Gerüchte*) hacer correr, difundir
aus|strömen **I.** *vi sein* (*Wasser*) derramarse, escaparse; (*Gas, Dampf*) escaparse, salir **II.** *vt* (*Duft*) despedir, exhalar; (*Wärme*) despedir
aus|suchen *vt* escoger, elegir; **du darfst dir etwas ~** puedes escoger algo
Austausch *m* <-(e)s, *ohne pl*> intercambio *m,* cambio *m;* **im ~ für** [*o* **gegen**] **etw** a cambio de algo; **Austauschabkommen** *nt* <-s, -> (WIRTSCH) convenio *m* de intercambio
austauschbar *adj* (inter)cambiable; (*ersetzbar*) sustituible
aus|tauschen **I.** *vt* **1.** (*auswechseln*) cambiar **2.** (*Erfahrungen, Erinnerungen*) intercambiar **3.** (*Schüler*) intercambiar; (*Gefangene*) canjear **II.** *vr:* **sich untereinander/mit jdm ~** cambiar impresiones uno con otro/con alguien
Austauschformat *nt* <-(e)s, -e> (INFOR) formato *m* de intercambio; **Austauschmotor** *m* <-s, -en> (AUTO) motor *m* de recambio; **Austauschschüler(in)** *m(f)* <-s, -; -,

-nen> alumno, -a *m, f* de intercambio (*dentro de un convenio internacional*); **Austauschstoff** *m* <-(e)s, -e> materia *f* de sustitución; **Austauschware** *f* <-, -n> (WIRTSCH) género *m* intercambiable

aus|teilen *vt* repartir (*an* a, *unter* entre); (*Ohrfeige, Karten*) dar, repartir

Austeilung *f* <-, -en> reparto *m,* distribución *f;* (*des Segens*) administración *f*

Auster ['aʊstɐ] *f* <-, -n> ostra *f;* **Austernbank** *f* <-, -bänke> banco *m* de ostras; **Austernfischer** *m* <-s, -> (ZOOL) ostrero *m,* pilpilén *m;* **Austernpilz** *m* <-es, -e> champiñón *m* chino; **Austernschale** *f* <-, -n> concha *f* de la ostra, valva *f* de la ostra

Austernzucht¹ *f* <-, -en> (*Austernpark*) criadero *m* de ostras

Austernzucht² *f* <-, *ohne pl*> (*das Züchten*) cría *f* de ostras

aus|tilgen *vt* **1.** (*Ungeziefer, Unkraut*) eliminar; (*Lebewesen*) exterminar; (*Krankheiten*) erradicar **2.** (*Schrift*) borrar, tachar **3.** (*Erinnerung*) borrar, arrancar de la mente

aus|toben *vr:* **sich** ~ (*Kinder*) desfogarse; (*beim Spielen*) jugar a lo loco

aus|tragen *irr vt* **1.** (*Briefe*) repartir **2.** (*Konflikt*) poner en claro **3.** (*Wend*): **ein Kind** ~ no interrumpir el embarazo, (decidir) tener el niño

Austräger(in) *m(f)* <-s, -; -, -nen> repartidor(a) *m(f),* distribuidor(a) *m(f)*

Austragung *f* <-, *ohne pl*> **1.** (*Verteilung*) distribución *f,* reparto *m* **2.** (SPORT) celebración *f*

Austragungsort *m* <-(e)s, -e> (SPORT) sede *f,* escenario *m;* **der ~ für die nächsten Olympischen Spiele steht noch nicht fest** la próxima sede de los Juegos Olímpicos no ha sido fijada aún; **wir übertragen die Wettkämpfe direkt vom ~** retransmitimos los campeonatos en directo

Australien [aʊs'tra:liən] *nt* <-s> Australia *f*

Australier(in) *m(f)* <-s, -; -, -nen> australiano, -a *m, f*

australisch *adj* australiano

aus|träumen *vi:* **er hat ausgeträumt** ya no se hace más ilusiones; **der Traum vom großen Geld ist jetzt ausgeträumt** el sueño de ganar mucho dinero ahora se ha esfumado

aus|treiben *irr* **I.** *vt* **1.** (*Vieh*) sacar a pastar **2.** (*Teufel, Geister*) exorcizar **3.** (*Blüten*) echar **4.** (*abgewöhnen*): **jdm etw ~** quitar a alguien algo de la cabeza **II.** *vi* (*Pflanze*) echar hojas

Austreibung *f* <-, -en> **1.** (*von Menschen*) expulsión *f* **2.** (*vom Teufel*) exorcismo *m*

aus|treten *irr* **I.** *vi sein* **1.** (*Gas, Dampf*) escaparse (*aus* por); (*Blut*) salir(se) (*aus* de) **2.** (*aus der Kirche, Partei*) salir (*aus* de); (*aus einem Verein*) darse de baja (*aus* en) **3.** (*fam: zur Toilette gehen*) ir al servicio **II.** *vt* **1.** (*Treppenstufen*) gastar; (*Schuhe*) (des)gastar **2.** (*Feuer*) apagar con los pies; (*Zigarette*) pisar

aus|tricksen ['aʊstrɪksən] *vt* (*fam*) engañar

Austrieb *m* <-(e)s, -e> (BOT) brote *m*

aus|trinken *irr* **I.** *vt* terminar(se) de beber, acabar(se); **trink deine Milch aus!** ¡bébete la leche! **II.** *vi* terminar de beber, acabar

Austritt *m* <-(e)s, -e> **1.** (*aus einer Organisation*) abandono *m,* dimisión *f* **2.** (*von Flüssigkeit*) salida *f;* (*von Gas*) escape *m;* **Austrittserklärung** *f* <-, -en> declaración *f* de dimisión; **Austrittsgeschwindigkeit** *f* <-, -en> (TECH) velocidad *f* de salida

aus|trocknen **I.** *vi sein* (re)secarse **II.** *vt* secar

Austrocknung *f* <-, *ohne pl*> desecación *f;* ~ **von Feuchtgebieten** desecación de regiones húmedas

aus|trompeten* *vt* (*fam*) *s.* **ausposaunen**

aus|tüfteln ['aʊstʏftəln] *vt* (*fam*) idear

aus|üben *vt* **1.** (*Beruf, Funktion*) ejercer; (*Amt*) desempeñar **2.** (*Macht, Herrschaft*) ejercer **3.** (*Druck, Einfluss*) ejercer (*auf* sobre)

Ausübung *f* <-, *ohne pl*> **1.** (*Beruf*) ejercicio *m* **2.** (*Dienst, Pflicht*) cumplimiento *m,* ejercicio *m;* **in ~ seines Dienstes** en acto de servicio

aus|ufern *vi sein* (*Gewässer*) desbordarse, salirse de su cauce; (*Diskussion*) salirse del tema

Ausverkauf *m* <-(e)s, -käufe> rebajas *fpl;* ~ **wegen Geschäftsaufgabe** liquidación por cese de negocio

aus|verkaufen* *vt* **1.** (*restlos verkaufen*) liquidar (totalmente), agotar; **Waren ~** agotar las mercancías **2.** (*durch Verkauf räumen*) saldar, liquidar; **ein Lager ~** liquidar las existencias

ausverkauft *adj* agotado, vendido; **das Konzert ist ~** las entradas para el concierto están agotadas; **vor ~em Haus spielen** actuar ante un lleno (completo)

aus|wachsen **I.** *vi sein* (*groß werden*) alcanzar el pleno desarrollo; **das ist ja zum A~** es (como) para volverse loco **II.** *vr:* **sich ~** (*ausarten*) degenerar (*zu* en)

Auswahl¹ *f* <-, *ohne pl*> (*Wahl*) selección *f;* **eine ~ treffen** elegir (*aus* de, *unter* de entre), escoger (*aus* de, *unter* de entre); **die (freie) ~ haben** poder escoger a su gusto; **zur ~** a escoger

Auswahl² *f* <-, -en> **1.** (*Angebot*) surtido *m,* variedad *f* **2.** (SPORT) selección *f*

auswählbar *adj* seleccionable; **nicht ~** no seleccionable

Auswahleinheit *f* <-, -en> unidad *f* de selección

aus|wählen *vt* elegir (*aus* de, *unter* de entre), escoger (*aus* de, *unter* de entre)

Auswahlfeld *nt* <-(e)s, -er> (INFOR) campo *m* de selección; **Auswahlfenster** *nt* <-s, -> (INFOR) ventana *f* de selección; **Auswahlmannschaft** *f* <-, -en> (SPORT) (equipo *m* de la) selección *f;* **Auswahlmenü** *nt* <-s, -s> (INFOR) menú *m* de opciones; **Auswahlprüfung** *f* <-, -en> (prueba *f* de) selección *f;* **Auswahlspieler(in)** *m(f)* <-s, -; -, -nen> (SPORT) (jugador(a) *m(f)*) seleccionado, -a *m, f;* **Auswahlverfahren** *nt* <-s, -> proceso *m* de selección [*o* selectivo]

aus|walzen *vt* laminar

Auswanderer, -in *m, f* <-s, -; -, -nen> emigrante *mf*

aus|wandern *vi sein* emigrar (*aus* de, *nach* a)

Auswanderung *f* <-, -en> emigración *f* (*aus* de, *nach* a)

auswärtig ['aʊsvɛrtɪç] *adj* **1.** (*nicht einheimisch*) forastero, de fuera; (*ausländisch*) extranjero **2.** (*das Ausland betreffend*) exterior; **A~es Amt** (POL) Ministerio de Asuntos Exteriores; **der ~e Dienst** el servicio exterior

auswärts ['aʊsvɛrts] *adv* **1.** (*nach außen*) hacia fuera **2.** (*nicht zu Hause*) fuera (de casa); **von ~** de fuera; **Auswärtsschielen** *nt* <-s, *ohne pl*> (MED) estrabismo *m;* **Auswärtsspiel** *nt* <-(e)s, -e> (SPORT) partido *m* fuera de casa

aus|waschen *irr vt* lavar, limpiar; (GEO) erosionar

Auswaschung *f* <-, -en> (GEO) erosión *f*

auswechselbar *adj* (inter)cambiable

aus|wechseln *vt* cambiar; (TECH) (re)cambiar; **er ist wie ausgewechselt** está completamente cambiado

Auswechselspieler(in) *m(f)* <-s, -; -, -nen> (SPORT) jugador(a) *m(f)* de reserva

Auswechs(e)lung *f* <-, -en> cambio *m;* (TECH) (re)cambio *m*

Ausweg *m* <-(e)s, -e> salida *f* (*aus* de), solución *f* (*aus* para); **~ aus der Krise** solución para la crisis; **keinen ~ sehen** no ver ninguna solución

ausweglos *adj* sin salida, sin solución; (*verzweifelt*) desesperado

Ausweglosigkeit *f* <-, *ohne pl*> falta *f* de salida; **die ~ der Situation** lo irremediable de la situación; **die ~, in der ich mich befinde** el callejón sin salida en el que me hallo

aus|weichen *irr vi sein:* **jdm ~** hacer sitio a alguien; **der Autofahrer konnte dem Radler nur schwer ~** el conductor pudo evitar al ciclista a duras penas; **etw** *dat* **~** (*fig*) evitar algo; **eine ~de Antwort geben** responder con una evasiva; **auf etw anderes ~** decidirse por otra cosa

Ausweichflughafen *m* <-s, -häfen> aeropuerto *m* de desvío [*o* alternativo]; **wenn es in Frankfurt zu neblig sein sollte, ist Stuttgart unser ~** si en Francfort hubiera demasiada niebla, nos desviaríamos al aeropuerto de Stuttgart; **Ausweichgleis** *nt* <-es, -e> vía *f* de apartadero, desvío *m CSur, PRico;* **Ausweichklausel** *f* <-, -n> (WIRTSCH) cláusula *f* derogatoria; **Ausweichmanöver** *nt* <-s, -> **1.** (AUTO) maniobra *f* de elusión **2.** (*fam: Ausflüchte*) evasiva *f;* **Ausweichmöglichkeit** *f* <-, -en> alternativa *f*

aus|weiden *vt* (JAGD) destripar; **erlegtes Wild ~** destripar la pieza abatida

aus|weinen *vr:* **sich ~** desahogarse (llorando); **sich bei jdm ~** desahogarse con alguien; **sich** *dat* **die Augen ~** deshacerse en lágrimas

Ausweis ['aʊsvaɪs] *m* <-es, -e> **1.** (*Dokument*) documento *m,* cartilla *f Am;* (*Mitglieds~*) carnet *m* de miembro; (*Studenten~*) carnet *m* de estudiante; (*Personal~*) documento *m* nacional de identidad; **den ~, bitte!** ¡sus documentos, por favor! **2.** (FIN, WIRTSCH) relación *f;* **kostenmäßiger ~** estado de cuentas

aus|weisen ['aʊsvaɪzən] *irr* **I.** *vt* **1.** (*fortschicken*) expulsar (*aus* de) **2.** (*identifizieren*) identificar (*als* como/de), probar la identidad (*als* de/como); **seine Papiere wiesen ihn als Diplomaten aus** sus papeles probaron su identidad como diplomático **3.** (FIN, WIRTSCH: *zeigen*) presentar; **15 Mio. Mark Verlust ~** presentar una pérdida de 15 millones de marcos **II.** *vr:* **sich ~** (*Ausweis zeigen*) identificarse; **können Sie sich ~?** ¿lleva Ud. su documentación?, ¿puede identificarse?

Ausweiskontrolle *f* <-, -n> control *m* de pasaportes

ausweislich *präp +gen* (ADMIN) como se muestra en; **~ des Steuerbescheids ...** como aparece en la liquidación tributaria...

Ausweispapiere *ntpl* documentos *mpl* de identidad, documentación *f*

Ausweisung *f* <-, -en> (POL) expulsión *f;* **Ausweisungsbeschluss**[RR] *m* <-es, -schlüsse> (POL) orden *f* de expulsión

aus|weiten **I.** *vt* (*vergrößern*) ampliar **II.** *vr:* **sich ~** **1.** (*weiter werden*) ensancharse, ampliarse **2.** (*sich auswachsen*) llegar a convertirse (*zu* en)

Ausweitung *f* <-, -en> **1.** (*Ausdehnung*) ensanchamiento *m;* **die ~ der Handelsbeziehungen** la ampliación de los contratos comerciales **2.** (*Auswachsen*) aumento *m,* agravamiento *m;* **eine ~ der Unruhen soll verhindert werden** se ha de evitar que los disturbios vayan a más; **die ~ des Konfliktes zu einem Krieg muss befürchtet werden** se teme que el conflicto degenere en una guerra

auswendig ['aʊsvɛndɪç] *adv* de memoria; **etw ~ können** saberse algo de memoria; **Auswendiglernen** *nt* <-s, *ohne pl*> memorización *f;* **das ~ von Gedichten ist eine gute Gedächtnisübung** memorizar poesías es un buen ejercicio para la memoria

aus|werfen *irr vt* **1.** (*Anker, Netz*) echar **2.** (*geh: Blut, Schleim*) escupir **3.** (*produzieren*) fabricar, producir **4.** (INFOR: *Daten*) emitir, arrojar

aus|werten *vt* **1.** (*analysieren*) analizar, evaluar **2.** (*verwerten*) utilizar

Auswertung *f* <-, -en> **1.** (*Bewertung*) evaluación *f,* análisis *m inv;* **statistische ~** análisis estadístico **2.** (*Verwertung*) utilización *f*

aus|wickeln *vt* desenvolver

aus|wiegen *irr vt* pesar

aus|winden *irr vt* (*südd, Schweiz: auswrin-*

gen) escurrir (retorciendo)

aus|wirken *vr:* **sich** ~ repercutir (*auf* en)

Auswirkung *f* <-, -en> repercusión *f* (*auf* en), consecuencia *f* (*auf* en/para); ~ **auf die Umwelt** impacto medioambiental

aus|wischen *vt* **1.** (*Staub, Schmutz*) quitar **2.** (*Glas, Schrank*) limpiar **3.** (*Wend*): **jdm eins** ~ (*fam*) jugar(le) a alguien una mala pasada

aus|wringen ['aʊsvrɪŋən] *irr vt* escurrir, retorcer

Auswuchs ['aʊsvuːks, *pl:* 'aʊsvyːksə] *m* <-es, -wüchse> **1.** (MED) excrecencia *f;* (*Geschwulst*) tumor *m* **2.** *pl* (*Übersteigerung*) aberración *f,* exceso *m*

aus|wuchten *vt* (TECH) compensar

Auswurf[1] *m* <-(e)s, *ohne pl*> (*das Auswerfen*) expulsión *f*

Auswurf[2] *m* <-(e)s, -würfe> (MED) esputo *m*

aus|zahlen **I.** *vt* pagar **II.** *vr:* **sich** ~ merecer [*o* valer] la pena; **das zahlt sich nicht aus** no merece la pena

aus|zählen *vt* **1.** (*Stimmen*) escrutar, hacer recuento (de) **2.** (*beim Boxen*) contar al límite

Auszahlung *f* <-, -en> pago *m;* (*von einem Konto*) reintegro *m;* ~ **in voller Höhe** desembolso de la totalidad del monto

Auszählung *f* <-, -en> escrutinio *m,* recuento *m*

Auszahlungsformular *nt* <-s, -e> formulario *m* de reintegro

Auszehrung *f* <-, *ohne pl*> (*Kräfteverfall*) pérdida *f* de fuerzas; (*Mattigkeit*) decaimiento *m;* (*Abmagerung*) consunción *f;* (*der Wirtschaft*) empobrecimiento *m*

aus|zeichnen **I.** *vt* **1.** (*kennzeichnen, a. Waren*) marcar **2.** (*hervorheben*) distinguir **3.** (*ehren*) honrar **II.** *vr:* **sich** ~ destacarse (*durch* por); **sie zeichnete sich durch ihren Mut aus** se destacó por su bravura

Auszeichnung *f* <-, -en> **1.** (*Ehrung*) distinción *f;* (SCH) matrícula *f* de honor; **mit** ~ con mención honorífica **2.** (MIL) condecoración *f,* distinción *f*

Auszeit *f* <-, -en> (SPORT) tiempo *m* muerto

ausziehbar *adj* extensible; **ein** ~**es Sofa** una cama-nido

aus|ziehen *irr* **I.** *vi sein* (*Wohnung räumen*) mudarse, cambiar(se) de casa **II.** *vt* **1.** (*Kleidung: ablegen*) quitar; (*entkleiden*) desnudar, quitar la ropa (a); **jdn** ~ desnudar a alguien; **ziehst du den Mantel aus?** ¿te quitas el abrigo?; **ich ziehe mir die Stiefel aus** me quito las botas **2.** (*Tisch*) alargar **III.** *vr:* **sich** ~ (*Kleidung*) desnudarse, quitarse la ropa, encuerarse *Am;* **ich ziehe mich aus** me desnudo, me quito la ropa

Ausziehleiter *f* <-, -n> escalera *f* extensible; **Ausziehplatte** *f* <-, -n> tablero *m* extensible; **Ausziehtisch** *m* <-(e)s, -e> mesa *f* extensible [*o* plegable]

aus|zischen *vt* silbar, abuchear; **viele Zuschauer zischten das misslungene Stück aus** muchos espectadores abuchearon la malograda obra

Auszubildende(r) ['aʊstsubɪldəndɐ] *mf* <-n, -n; -n, -n> aprendiz(a) *m(f)*

Auszug *m* <-(e)s, -züge> **1.** (*aus der Wohnung*) mudanza *f* (*aus* de) **2.** (*Weggang*): **der** ~ **aus Ägypten** el éxodo de Egipto **3.** (*Extrakt*) extracto *m* **4.** (*aus einem Buch*) fragmento *m,* extracto *m;* **in Auszügen** en extractos, a modo de extracto

auszugsweise *adv* en extracto; (*zusammengefasst*) en resumen, en compendio

aus|zupfen *vt* arrancar

autark [aʊ'tark] *adj* autárquico

Autarkie *f* <-, -n> autarquía *f*

authentisch [aʊ'tɛntɪʃ] *adj* auténtico

Authentizität [aʊtɛntitsi'tɛːt] *f* <-, *ohne pl*> autenticidad *f*

Autismus [aʊ'tɪsmʊs] *m* <-, *ohne pl*> (MED) autismo *m*

autistisch *adj* **1.** (*den Autismus betreffend*) autista, autístico **2.** (*an Autismus leidend*) autista

Auto ['aʊto] *nt* <-s, -s> coche *m,* auto *m Am,* carro *m Am;* **mit dem** ~ **fahren** ir en coche; **Autoantenne** *f* <-, -n> antena *f* del coche, antena *f* del auto *Am;* **Autoapotheke** *f* <-, -n> botiquín *m;* **Autoatlas** *m* <-, -atlanten *o* -se> mapa *m* de carreteras

Autobahn *f* <-, -en> autopista *f;* **Autobahnabschnitt** *m* <-(e)s, -e> tramo *m* de autopista; **Autobahnauffahrt** *f* <-, -en> entrada *f* a la autopista; **Autobahnausfahrt** *f* <-, -en> salida *f* de la autopista; **Autobahnbenutzungsgebühr** *f* <-, -en> peaje *m;* **Autobahnbrücke** *f* <-, -n> **1.** (*für die Autobahn*) puente *m* de autopista **2.** (*über die Autobahn*) puente *m* sobre la autopista; **Autobahndreieck** *nt* <-(e)s, -e> cruce *m* de autopista; **Autobahngebühr** *f* <-, -en> peaje *m;* **Autobahnkreuz** *nt* <-es, -e> cruce *m* de autopista; **Autobahnraststätte** *f* <-, -n> área *f* de servicio; **Autobahnring** *m* <-(e)s, -e> autopista *f* de circunvalación; **Autobahnvignette** *f* <-, -n> (*Schweiz*) *adhesivo que justifica el pago del peaje de autopista en Suiza durante un año;* **Autobahnzubringer** *m* <-s, -> carretera *f* de acceso a la autopista

Autobatterie *f* <-, -n> batería *f* de coche

Autobiografie[RR] [aʊtobiogra'fiː] *f* <-, -n> autobiografía *f*

autobiografisch[RR] *adj* autobiográfico

Autobiographie *f* <-, -n> *s.* **Autobiografie**

autobiographisch *adj s.* **autobiografisch**

Autobombe *f* <-, -n> (*sl*) coche-bomba *m;* **Autobücherei** *f* <-, -en> biblioteca *f* móvil

Autobus ['aʊtobʊs] *m* <-ses, -se> autobús *m;* **Autobusbahnhof** *m* <-(e)s, -höfe>

terminal *m* de autobuses, estación *f* de autobuses

Auto Call Back ['aʊtokɔːlbɛk] *nt* <- – -, *ohne pl*> (TEL) Auto Call Back *m*

Autocar ['aʊtokaːɐ] *m* <-s, -s> (*Schweiz*) autocar *m*

autochthon *adj* autóctono

Autodidakt(in) [autodi'dakt] *m(f)* <-en, -en; -, -nen> autodidacta *mf*

autodidaktisch *adj* autodidáctico

Autodieb(in) *m(f)* <-(e)s, -e; -, -nen> ladrón, -ona *m, f* de coches; **Autodiebstahl** *m* <-(e)s, -stähle> robo *m* de automóviles

Autodigestion [aʊtodigɛs'tjoːn] *f* <-, *ohne pl*> (BIOL, MED) autodigestión *f*

Autodrom [aʊto'droːm] *nt* <-s, -e> **1.** (*Motodrom*) autódromo *m*, circuito *m* de carreras (de coches) **2.** (*Österr: Skooterfahrbahn*) pista *f* de coches de choque

Autoelektrik *f* <-, *ohne pl*> equipo *m* eléctrico del automóvil; **Autofähre** *f* <-, -n> tra(n)sbordador *m* para coches, ferry *m* para coches; **Autofahren** *nt* <-s, *ohne pl*> (*am Steuer sitzen*) conducción *f*, conducir *m*; **Autofahrer(in)** *m(f)* <-s, -; -, -nen> conductor(a) *m(f)*, automovilista *mf*, volante *mf Am*; **Autofahrt** *f* <-, -en> viaje *m* en coche, paseo *m* en auto

Autofokus [aʊto'foːkʊs] *m* <-, -se> (FOTO) autofoco *m*, autoenfoque *m*

autofrei *adj* (*Innenstadt*) cerrado al tráfico; (*Tag*) sin circulación de vehículos

Autofriedhof *m* <-(e)s, -höfe> (*fam*) cementerio *m* de coches

Autogamie [aʊtoga'miː] *f* <-, -n> (BIOL) autogamia *f*

Autogas *nt* <-es, -e> gas *m* de automoción

autogen [aʊto'geːn] *adj* **1.** (TECH) autógeno; **~es Schweißen** soldadura autógena **2.** (MED): **~es Training** técnica *f* de autorrelajación

Autogramm [aʊto'gram] *nt* <-s, -e> autógrafo *m*; **Autogrammjäger(in)** *m(f)* <-s, -; -, -nen> (*fam*) cazaautógrafos *mf inv*

Autohändler(in) *m(f)* <-s, -; -, -nen> vendedor(a) *m(f)* de automóviles, comerciante *mf* de automóviles

Autoimmunkrankheit *f* <-, -en> (MED) enfermedad *f* de autoinmunidad

Autokarte *f* <-, -n> mapa *m* de carreteras; **Autokino** *nt* <-s, -s> auto-cine *m*; **Autoknacker(in)** ['aʊtoknakɐ] *m(f)* <-s, -; -, -nen> (*fam*) ratero, -a *m, f* de coches, desvalijador(a) *m(f)* de coches

Autökologie [aʊtøkolo'giː] *f* <-, *ohne pl*> autoecología *f*

Autokolonne *f* <-, -n> caravana *f* de coches

Autokrat(in) [aʊto'kraːt] *m(f)* <-en, -en; -, -nen> autócrata *mf*

Autokratie [aʊtokra'tiː] *f* <-, -n> autocracia *f*

Autokratin *f* <-, -nen> *s.* **Autokrat**

autokratisch *adj* autocrático

Autolenker(in) *m(f)* <-s, -; -, -nen> (*Schweiz: Autofahrer*) conductor(a) *m(f)*

Autolyse [aʊto'lyːzə] *f* <-, *ohne pl*> (BIOL, MED) autólisis *f inv*

Automarder ['aʊtomardɐ] *m* <-s, -> (*sl*) *s.* **Autoknacker**

Automat [aʊto'maːt] *m* <-en, -en> autómata *m*; (*Getränke~, Tabak~*) distribuidor *m* automático, máquina *f fam*; (*Geld~*) cajero *m* (automático); **Automatenknacker(in)** *m(f)* <-s, -; -, -nen> (*fam*) reventador(a) *m(f)* de máquinas distribuidoras automáticas; **Automatenrestaurant** *nt* <-s, -s> restaurante *m* autoservicio; **Automatenverkauf** *m* <-(e)s, -käufe> venta *f* en distribuidores automáticos

Automatik [aʊto'maːtɪk] *f* <-, -en> (TECH) automatismo *m*; **ein Fotoapparat mit ~** una cámara fotográfica automática; **Automatikgetriebe** *nt* <-s, -> (AUTO) cambio *m* automático; **Automatikgurt** *m* <-(e)s, -e> (AUTO) cinturón *m* automático de seguridad; **Automatikschaltung** *f* <-, -en> (AUTO) tra(n)smisión *f* automática; **Automatikwagen** *m* <-s, -> (AUTO) automóvil *m* con cambio automático

Automation [aʊtoma'tsjoːn] *f* <-, *ohne pl*> automatización *f*

automatisch *adj* automático; **der Antrag wird ~ weitergeleitet** la solicitud será tramitada automáticamente

automatisieren* *vt* automatizar

Automatisierung *f* <-, -en> automatización *f*; **Automatisierungsnutzen** *m* <-s, *ohne pl*> beneficio *m* de la automatización

Automechaniker(in) *m(f)* <-s, -; -, -nen> mecánico, -a *m, f* de coches [*o* de automóviles]

Automobil [aʊtomo'biːl] *nt* <-s, -e> automóvil *m*; **Automobilausstellung** *f* <-, -en> exposición *f* del automóvil, salón *m* del automóvil; **Automobilbau** *f* <-, *ohne pl*> construcción *f* de automóviles; **Automobilbranche** *f* <-, -n> (WIRTSCH) ramo *m* del automóvil

Automobilclub *m* <-s, -s> club *m* automovilístico; **Allgemeiner Deutscher ~ (ADAC)** *Automóvil Club de Alemania, equivalente al Real Automóvil Club de España* (*RACE*); **Automobilindustrie** *f* <-, -n> industria *f* del automóvil

Automobilist(in) *m(f)* <-en, -en; -, -nen> (*Schweiz: Autofahrer*) automovilista *mf*, conductor(a) *m(f)*

Automobilklub *m* <-s, -s> club *m* automovilístico; **Automobilsalon** *m* <-s, -s> *s.* **Automobilausstellung**

Automodell *nt* <-s, -e> modelo *m* de coche

autonom [aʊto'noːm] *adj* autónomo

Autonome(r) *mf* <-n, -n; -n, -n> autonomista *mf*

Autonomie [aʊtono'miː] *f* <-, -n> autonomía *f*; **Autonomieabkommen** *nt* <-s, -> (POL) convenio *m* de autonomía; **Autono-**

mieregierung *f* <-, -en> (POL) gobierno *m* autónomo; **Autonomieverhandlungen** *fpl* (POL) negociaciones *fpl* de autonomía

Autonummer *f* <-, -n> matrícula *f* del coche

Autopilot *m* <-en, -en> (TECH) piloto *m* automático

Autopsie [autɔ'psiː] *f* <-, -n> (MED) autopsia *f*

Autor(in) ['aʊtoːɐ] *m(f)* <-s, -en; -, -nen> autor(a) *m(f)*

Autoradio *nt* <-s, -s> autorradio *f*, radio *f* del coche; **Autoreifen** *m* <-s, -> neumático *m* del coche, caucho *m Kol, Ven;* **Autoreisezug** *m* <-(e)s, -züge> autotren *m*

Autorenhonorar *nt* <-s, -e> regalía *f* por derechos de autor; **Autorenlesung** [aʊ'toːrənleːzʊŋ] *f* <-, -en> lectura *f* realizada por el autor

Autorennen *nt* <-s, -> carrera *f* de coches [*o* de automóviles]

Autorenverzeichnis *nt* <-ses, -se> lista *f* de autores

Autoreparaturwerkstatt *f* <-, -stätten> taller *m* de reparación de coches

Auto-Reverse-System [aʊtori'vœːssɪstəm] *nt* <-s, -e>: **mit** ~ autorreversible

Autorin [aʊ'toːrɪn] *f* <-, -nen> *s.* **Autor**

autorisieren* *vt* autorizar (*zu* para/a)

autoritär [aʊtori'tɛːɐ] *adj* autoritario, mandón *fam*

Autorität¹ *f* <-, *ohne pl*> (*Ansehen*) autoridad *f;* ~ **haben** [*o* **besitzen**] tener autoridad

Autorität² *f* <-, -en> (*Persönlichkeit*) autoridad *f*

Autoritätsgläubigkeit *f* <-, *ohne pl*> (*abw*) fe *f* ciega en la autoridad

Autosalon *m* <-s, -s> *s.* **Automobilausstellung**; **Autoschalter** *m* <-s, -> *ventanilla desde donde se atiende a un cliente en su automóvil;* **Autoschlange** *f* <-, -n> caravana *f* de coches; **Autoschlosser(in)** *m(f)* <-s, -; -, -nen> mecánico, -a *m, f* de coches; **Autoschlüssel** *m* <-s, -> llave *f* del coche; **Autoschutzbrief** *m* <-(e)s, -e> seguro *m* adicional del coche; **Autoskooter** ['aʊtoskuːtɐ] *m* <-s, -> autochoque *m*, auto *m* de choque; **Autostopp** *m* <-s, *ohne pl*>: **per** ~ **fahren,** ~ **machen** hacer auto(e)stop, viajar en auto(e)stop; **Autostrich** *m* <-(e)s, *ohne pl*> (*fam*) prostitución *f* callejera (*para clientes que van en coche*); **Autostunde** *f* <-, -n> hora *f* de coche

Autosuggestion [aʊtozʊgɛs'tjoːn] *f* <-, *ohne pl*> autosugestión *f*

Autotelefon *nt* <-s, -e> teléfono *m* de automóvil

autotroph [aʊto'troːf] *adj* (BIOL) autótrofo

Autounfall *m* <-(e)s, -fälle> accidente *m* de automóvil; **Autoverkehr** *m* <-s, *ohne pl*> tráfico *m* rodado

Autoverleih¹ *m* <-(e)s, -e> (*Firma*) empresa *f* de alquiler de coches, establo *m Cuba*

Autoverleih² *m* <-(e)s, *ohne pl*> (*Dienstleistung*) alquiler *m* de coches

Autovermietung *f* <-, -en> alquiler *m* de coches; **Autowerkstatt** *f* <-, -stätten> taller *m* de coches; **Autowrack** *nt* <-(e)s, -s> coche *m* para desguazar

Autozoom *nt* <-s, -s> (FOTO) auto-zoom *m;* **Autozoom-Kamera** *f* <-, -s> cámara *f* con auto-zoom

Autozubehör *nt* <-(e)s, -e> accesorios *mpl* para coches; **Autozug** *m* <-(e)s, -züge> autotrén *m*

autsch [aʊtʃ] *interj* ¡ay!

auweh *interj*, **auwei(a)** *interj* ¡ay!; ~, **wenn das deine Mutter sieht!** ¡ay, ay, ay, como lo vea tu madre!; ~, **schon wieder den Bus verpasst!** ¡mecachis, ya he vuelto a perder el autobús!

Auxin [aʊ'ksiːn] *nt* <-s, -e> auxina *f*

avalieren* [ava'liːrən] *vi* (FIN) avalar

Avalist [ava'lɪst] *m* <-en, -en> (FIN) avalista *mf*

Avalkredit [a'val-] *m* <-(e)s, -e> (FIN) crédito *m* de aval

Avancen [a'vɑ̃ːsə] *fpl:* **jdm** ~ **machen** (*aus sexuellem Interesse*) abordar a alguien, tirar los tejos a alguien *fam;* (*aus geschäftlichen Interessen*) dirigirse a alguien, ir al encuentro de alguien

avancieren* [avɑ̃'siːrən] *vi sein* ascender (*zu* a)

Avantgarde [avɑ̃'gardə] *f* <-, -n> vanguardia *f*

Avantgardist(in) [avɑ̃gar'dɪst] *m(f)* <-en, -en; -, -nen> vanguardista *mf*

avantgardistisch [avɑ̃gar'dɪstɪʃ] *adj* vanguardista, de vanguardia

AvD *m Abk. von* **Automobilklub von Deutschland** Automóvil Club *m* de Alemania

Ave-Maria ['aːvema'riːa] *nt* <-(s), -(s)> (REL) avemaría *m*, Ave María *m;* **zur Buße drei** ~ **beten** como penitencia, rezar tres avemarías

Aversion [avɛr'zjoːn] *f* <-, -en> aversión *f* (*gegen* contra)

Avis [a'viː(s)] *m o nt* <-(es), -(e)> (COM, FIN) aviso *m;* **laut** ~ según aviso

avisieren* [avi'ziːrən] *vt* avisar, notificar; **~de Bank** banco avisador

a vista [a 'vɪsta] (FIN) a la vista

Avistawechsel [a'vɪsta-] *m* <-s, -> (FIN) letra *f* a la vista

Avizid [avi'tsiːt] *nt* <-(e)s, -e> avicida *m*

Avocado [avo'kaːdo] *f* <-, -s> aguacate *m,* palta *f Am,* ahuacatl *m Mex;* **Avocadocreme** *f* <-, -s> guacamol(e) *m*

Axiom [aksi'oːm] *nt* <-s, -e> axioma *m*

Axt [akst, *pl:* 'ɛkstə] *f* <-, Äxte> hacha *f;* **sich wie die** ~ **im Wald benehmen** (*fam*) comportarse como un patán [*o* como un elefante en un cacharrería]; **die** ~ **im Haus erspart den Zimmermann** (*prov*) no hay nada como

resolver las cosas por uno mismo
Ayatollah [aja'tɔla] *m* <-(s), -s> ayatolá *m*
Az., **AZ** *Abk. von* **Aktenzeichen** exp. nº, nº exp.
Azalee [atsa'leːə] *f* <-, -n>, **Azalie** [a'tsaːliə] *f* <-, -n> azalea *f*
Azeton *nt* <-s, *ohne pl*> (CHEM) acetona *f*
Azetylsalizylsäure *f* <-, -n> (CHEM) ácido *m* acetilsalicílico
Azidität [atsidi'tɛːt] *f* <-, *ohne pl*> (CHEM) acidez *f*
Azofarbstoff ['atso-] *m* <-(e)s, -e> (CHEM) colorante *m* azoico
Azoren [a'tsoːrən] *pl:* **die** ~ las Azores
Azteke, **-in** [ats'teːkə] *m, f* <-n, -n; -, -nen> azteca *mf*
Azubi [a'tsuːbi] *mf* <-s, -s; -, -s> (*fam*) *Abk. von* **Auszubildende(r)** aprendiz(a) *m(f)*
azurblau [a'tsuːɐblaʊ] *adj* azul celeste [*o* cielo]

B

B

B, b [beː] *nt* <-, -> **1.** (*Buchstabe*) B, b *f;* ~ **wie Berta** B de Barcelona **2.** (MUS: *Ton*) si *m* bemol **3.** (MUS: *Erniedrigungszeichen*) bemol *m*

b. 1. *Abk. von* **bei** (*in der Nähe von*) cerca de, junto a; (*für Firmen*) en **2.** *Abk. von* **beim** en; *s. a.* **bei**

B[1] *f Abk. von* **Bundesstraße** (*in Deutschland*) carretera *f* federal; (*in Spanien*) ≈N *f*

B[2] (CHEM) *Abk. von* **Bor** B

Ba (CHEM) *Abk. von* **Barium** Ba

babbeln I. *vi* (*reg*) **1.** (*Baby*) balbucear, balbucir; **es war schön, als unser Kleiner anfing zu** ~ fue muy bonito cuando nuestro pequeño empezó con los primeros balbuceos **2.** (*abw: schwatzen*) parlotear, cotorrear **II.** *vt* (*reg: reden*) decir, soltar; **sie babbelt ununterbrochen Unsinn** se pasa el día soltando tonterías

Babel ['baːbl] *nt* <-s, -> (*Sünden~*) babel *f*

Baby ['beːbi, 'bɛɪbi] *nt* <-s, -s> bebé *m,* nene *m;* **Babyausstattung** *f* <-, -en> canastilla *f;* **Babyboom** *m* <-s, -s> bum *m* de nacimientos

Babydoll ['beːbidɔl, beːbi'dɔl] *nt* <-(s), -s> babydoll *m*

Babyhöschen ['beːbi-, 'bɛɪbi'høːsçən] *nt* <-s, -> pantaloncitos *mpl* para bebé; **Babyjahr** *nt* <-(e)s, -e> **1.** (ADMIN) *año de jubilación que se concede a las madres por cada hijo* **2.** (HIST: *Erziehungsurlaub*) permiso *m* de maternidad por un año

Babylon ['baːbylɔn] *nt* <-s> (HIST) Babilonia *f*

babylonisch [baby'loːnɪʃ] *adj* **1.** (*Babylon betreffend*) babilónico **2.** (*Wend*): **eine ~e Sprach(en)verwirrung, ein ~es Sprachengewirr** una confusión babilónica, una babel

Babynahrung *f* <-, *ohne pl*> alimento *m* para bebés; **Babyschuhe** *mpl* zapatitos *mpl* para bebé

babysitten ['beːbisɪtən] *vi* (*fam*) hacer de babysitter [*o* de canguro]

Babysitter(in) *m(f)* <-s, -; -, -nen> babysitter *mf,* canguro *mf*

Babyspeck *m* <-(e)s, *ohne pl*> (*fam*) redondez *f* de recién nacido

Babystrich[1] *m* <-(e)s, *ohne pl*> (*fam: Prostitution*) prostitución *f* de menores; **sie ging schon früh auf den** ~ se prostituía de muy joven

Babystrich[2] *m* <-(e)s, -e> (*Ort*) *lugar donde se prostituyen menores*

Babytragetasche *f* <-, -n> portabebés *m inv;* **Babywaage** *f* <-, -n> báscula *f* para bebés, pesabebés *m inv;* **Babywäsche** *f* <-, *ohne pl*> ropa *f* de bebé; **Babywippe** *f* <-, -n> balancín *m* para bebés; **Babyzelle** *f* <-, -n> pila *f* eléctrica baby

Bach [bax, *pl:* 'bɛçə] *m* <-(e)s, Bäche> arroyo *m,* riachuelo *m,* quebrada *f Am,* acequia *f Peru,* cañada *f Cuba, PRico;* **den** ~ **runtergehen** (*fam*) ir cuesta abajo, hundirse; **mit der Firma ging es wegen schlechten Managements den** ~ **runter** la empresa se hundió por mala gestión

bachab [bax'ʔap] *adv* (*Schweiz*) río abajo; **etw** ~ **schicken** rechazar algo

Bache ['baxə] *f* <-, -n> (ZOOL) jabalina *f*

Bachforelle *f* <-, -n> (ZOOL) trucha *f* (de río)

Bächlein *nt:* **ein** ~ **machen** (*Kind*) hacer (un) pis [*o* pipí]

Bachstelze *f* <-, -n> (ZOOL) lavandera *f*

Back [bɛk] *m* <-s, -s> (*Schweiz, Österr:* SPORT) defensa *mf*

Backblech *nt* <-(e)s, -e> bandeja *f* de horno

Backbord ['bakbɔrt] *nt* <-(e)s, *ohne pl*> (NAUT, AERO) babor *m*

backbord(s) *adv* (NAUT, AERO) a babor

Backe ['bakə] *f* <-, -n> **1.** (*fam: Wange*) carrillo *m;* (*Pausbacke*) moflete *m* **2.** (*fam: Hinterbacke*) moflete *m* **3.** (TECH: *einer Bremse*) zapata *f;* (*eines Schraubstocks*) mandíbula *f*

backen ['bakən] <backt *o* bäckt, backte *o* buk, gebacken> **I.** *vi* (*gar werden*) cocer **II.** *vt* (*Brot, Kuchen*) hacer (en el horno), hornear; **das Brot ist frisch ge~** es pan recién hecho; **die frisch ge~en Eheleute** los recién casados

Backenbart *m* <-(e)s, -bärte> patillas *fpl,* barba *f* (a la) inglesa; **Backenknochen** *m* <-s, -> pómulo *m;* **Backentasche** *f* <-, -n> (ZOOL) abazón *m;* **Backenzahn** *m* <-(e)s, -zähne> muela *f*

Bäcker(in) ['bɛkɐ] *m(f)* <-s, -; -, -nen> **1.** (*Person*) panadero, -a *m, f* **2.** (*Geschäft*) panadería *f;* **beim/zum** ~ en/a la panadería

Backerbsen *fpl* (*Österr, südd*) *pequeñas bolas de masa de harina que se cuecen en la sopa*

Bäckerei *f* <-, -en> **1.** (*Laden*) panadería *f;* (*Backstube*) tahona *f* **2.** (*Österr: Gebäck*) galletas *fpl* y repostería

Bäckerin *f* <-, -nen> *s.* **Bäcker**

Bäckerladen *m* <-s, -läden> panadería(-bollería) *f;* **Bäckermeister(in)** *m(f)* <-s, -; -, -nen> maestro, -a *m, f* panadero, -a

Bäckersfrau *f* <-, -en> mujer *f* del panadero, panadera *f*

backfertig *adj* (GASTR) listo para hornear

Backfisch *m* <-(e)s, -e> **1.**(GASTR) pescad(it)o *m* frito **2.**(*junges Mädchen*) pollita *f;* **Backform** *f* <-, -en> molde *m* de horno

Background ['bɛkgraʊnt] *m* <-s, -s> **1.**(*geh fig: Hintergrund*) tra(n)sfondo *m;* **man kann die Ereignisse nur vor dem historischen ~ verstehen** los acontecimientos sólo pueden ser comprendidos teniendo en cuenta su transfondo histórico **2.**(*Wissen*) base *f;* (*Bildung*) bagaje *m* cultural; (*Berufserfahrung*) experiencia *f* profesional; **nicht alle Studienanfänger besitzen den erwünschten ~** no todos los estudiantes que comienzan sus estudios cuentan con la buena base deseada; **wir suchen eine Mitarbeiterin mit journalistischem ~** buscamos una colaboradora con experiencia en el ámbito periodístico **3.**(*geh: Herkunft*) origen *m* **4.**(FILM, FOTO) (tras)fondo *m* **5.**(MUS) (tras)fondo *m;* (*Begleitung*) acompañamiento *m;* (*Hintergrund*) fondo *m* musical

Backhähnchen *nt* <-s, ->, **Backhendl** *nt* <-s, -> (*südd, Österr:* GASTR) pollo *m* frito (rebozado)

Backmischung *f* <-, -en> preparado *m* para un pastel; **Backobst** *nt* <-(e)s, *ohne pl*> frutas *fpl* secas

Backofen *m* <-s, -öfen> horno *m;* **backofenfest** *adj* resistente al horno

Backpacker(in) ['bak'pakɐ] *m(f)* <-s, -; -, -nen> mochilero, -a *m, f*

Backpfeife *f* <-, -n> (*reg*) torta *f,* bofetada *f;* **jdm eine ~ geben** dar [*o* sacudir] una torta a alguien

Backpflaume *f* <-, -n> ciruela *f* seca [*o* pasa]; **Backpulver** *nt* <-s, -> levadura *f* química [*o* en polvo]; **Backrohr** *nt* <-(e)s, -e> (*Österr*), **Backröhre** *f* <-, -n> horno *m*

Backslash ['bɛkslɛʃ] *m* <-s, -s> (INFOR) barra *f* inversa, barra *f* de directorio (*en MS-DOS*)

Backstein *m* <-(e)s, -e> ladrillo *m;* **Backsteinbau** *m* <-(e)s, -bauten> (ARCHIT) construcción *f* de ladrillo, edificio *m* de ladrillo; **Backsteingotik** *f* <-, *ohne pl*> (ARCHIT, KUNST) arquitectura *f* gótica en ladrillo (*típica de Alemania del Norte*)

bäckt [bɛkt] *3. präs von* **backen**

Backtrog *m* <-(e)s, -tröge> artesa *f,* amasadera *f*

Backup [bɛk'ʔap] *nt* <-s, -s> (INFOR) backup *m,* copia *f* de seguridad

Backwaren *fpl* productos *mpl* de panificación y pastelería; **Backwerk** *nt* <-(e)s, *ohne pl*> productos *mpl* de panadería y pastelería; **Backzeit** *f* <-, -en> tiempo *m* de cocción (en el horno)

Bad [ba:t, *pl:* 'bɛ:dɐ] *nt* <-(e)s, Bäder> **1.**(*das Baden*) baño *m,* bañada *f Am;* **ein ~ nehmen** tomar [*o* darse] un baño; **er nimmt gerne ein ~ in der Menge** le gusta mezclarse con la multitud [*o* pasearse en olor de multitudes] **2.**(*Badewasser*) (agua *m* para el) baño *m;* **sich ein ~ einlassen** prepararse un baño; **das Kind mit dem ~e ausschütten** (*fig*) ir demasiado lejos **3.**(*Badezimmer*) (cuarto *m* de) baño *m,* lavatorio *m Am* **4.**(*Heil~, See~*) baños *mpl,* balneario *m* **5.**(CHEM) baño *m*

Badeanstalt *f* <-, -en> piscina *f* (municipal); **Badeanzug** *m* <-(e)s, -züge> bañador *m,* traje *m* de baño, mallas *fpl Am;* **Badegast** *m* <-(e)s, -gäste> bañista *mf;* **alle Badegäste werden gebeten, vor Benutzung des Schwimmbades zu duschen** se ruega al público ducharse antes de utilizar la piscina; **Badegelegenheit** *f* <-, -en> lugar *m* donde bañarse; **gibt es hier eine ~?** ¿se puede bañar uno aquí?; **ein paar Kilometer weiter ist eine Sandbucht mit ~** a pocos kilómetros hay una cala de arena donde es posible bañarse; **Badehandtuch** *nt* <-(e)s, -tücher> toalla *f* de baño; **Badehose** *f* <-, -n> bañador *m,* calzón *m* de baño, entrepierna *f Chil;* **Badekappe** *f* <-, -n> gorro *m* de baño; **Badekur** *f* <-, -en> (MED) hidroterapia *f,* baños *mpl* curativos; **Bademantel** *m* <-s, -mäntel> albornoz *m;* **Badematte** *f* <-, -n> alfombrilla *f* de baño; **Bademeister(in)** *m(f)* <-s, -; -, -nen> bañero, -a *m, f;* **Bademütze** *f* <-, -n> gorro *m* de baño

baden ['ba:dən] **I.** *vi* **1.**(*schwimmen*) bañarse; **~ gehen** (*fig*) irse al cuerno **2.**(*ein Bad nehmen*) tomar un baño **II.** *vt* (*waschen*) bañar

Baden ['ba:dən] *nt* <-s> Baden *m*

Badenixe *f* <-, -n> (*hum*) ondina *f,* belleza *f* en bikini

Baden-Württemberg ['ba:dən'vʏrtəmbɛrk] *nt* <-s> Baden-Wurtemberg *m*

Badeofen *m* <-s, -öfen> estufa *f* de baño, calentador *m* de baño; **Badeort** *m* <-(e)s, -e> (*Seebad*) lugar *m* de vacaciones (*en la costa*); (*Kurort*) balneario *m;* **Badeotitis** *f* <-, -otitiden> (MED) otitis *f inv;* **Badeplatz** *m* <-es, -plätze> lugar *m* de baño; **Badesaison** *f* <-, -s *o Österr:* -en> temporada *f* de baño; **Badesalz** *nt* <-es, -e> sales *fpl* de baño; **Badeschuh** *m* <-(e)s, -e> zapatilla *f* de baño, chancla *f* de baño; **Badestrand** *m* <-(e)s, -strände> playa *f;* **Badetuch** *nt* <-(e)s, -tücher> toalla *f* de baño; **Badewanne** *f* <-, -n> bañera *f,* bañadera *f Am;* **Badewasser** *nt* <-s, *ohne pl*> agua *f* para el baño; **Badewetter** *nt* <-s, *ohne pl*> tiempo *m* para bañarse; **das ist ein herrliches ~!** ¡qué día hace para bañarse!; **heute ist kein ~** hoy no hace tiempo como para bañarse; **Badezeit** *f* <-, -en> **1.**(*Saison*) temporada *f* de baño **2.**(*Dauer*) duración *f* del baño **3.** *pl* (*Öffnungszeiten*) horas *fpl* de baño; **Badezeug** *nt* <-s, *ohne pl*> (*fam*) objetos *mpl* de baño; **Badezimmer** *nt* <-s, -> cuarto *m* de baño, lavatorio *m Am;* **Badezusatz** *m* <-es, -sätze> (*Badesalz*) sales *fpl* de baño; (*Badeschaum*) baño *m* de espuma

Badkleid *nt* <-(e)s, -er> (*Österr*) *s.* **Badeanzug**

Badminton ['bɛtmɪntən] *nt* <-, *ohne pl*> (SPORT) bádminton *m*

baff [baf] *adj* (*fam*): ~ **sein** estar embobado, quedar(se) boquiabierto

Bafög ['ba:fø:k], **BAföG** *nt* <-(s)> *Abk. von* **Bundesausbildungsförderungsgesetz** Ley *f* Federal de Promoción de la Enseñanza (*crédito oficial a estudiantes para sufragar los estudios*)

Bagage *f* <-, -n> **1.** (*fam abw: Leute*) chusma *f* **2.** (*a.* HIST: *Gepäck*) bagaje *m* **3.** (MIL) impedimenta *f;* (*Tross*) convoy *m*

Bagatelldelikt *nt* <-(e)s, -e> (JUR) delito *m* leve

Bagatelle [baga'tɛlə] *f* <-, -n> bagatela *f*

bagatellisieren* *vt* quitar importancia (a), minimizar

Bagatellklausel *f* <-, -n> (WIRTSCH) cláusula *f* de franquicia; **Bagatellsache** *f* <-, -n> (JUR) asunto *m* sin importancia; **Bagatellschaden** *m* <-s, -schäden> daño *m* insignificante; (JUR) siniestro *m* leve

Bagdad ['bakdat] *nt* <-s> Bagdad *m*

Bagger ['bagɐ] *m* <-s, -> excavadora *f;* **Baggerführer(in)** *m(f)* <-s, -; -, -nen> conductor(a) *m(f)* de excavadora; **Baggergut** *nt* <-(e)s, *ohne pl*> material *m* dragado

baggern *vi* **1.** (*graben*) excavar, dragar **2.** (*fam: hart arbeiten*) trabajar como un negro **3.** (*Volleyball*) rematar, hacer un remate

Baggersee *m* <-s, -n> lago *m* (artificial)

Baguette [ba'gɛt] *nt* <-s, -s> barra *f* de pan (*blanco, estilo francés*)

bäh [bɛ:] *interj* **1.** (*vor Ekel*) ¡pu!, ¡puf!; (*aus Schadenfreude*) ¡rabia rabiña!; **Kalbshirn?** ~, **da kommt es mir hoch!** ¿sesos de ternera? ¡puf, qué asco!; ~, **jetzt bist du reingefallen!** ¡rabia rabiña, ahora has caído! **2.** (*Schaf*) ¡be(eee)!; **schau mal die Schafe, wie sie** ~ **machen!** (*Kind*) ¡mira las ovejas, cómo hacen beee…!

Bahamas [ba'ha:mas] *pl:* **die** ~ las Bahamas

Bahn [ba:n] *f* <-, -en> **1.** (*Weg*) camino *m*, paso *m;* ~ **frei!** ¡vía libre!, ¡dejen [*o* abran] paso!; **freie** ~ **haben** tener vía libre; **etw bricht sich** ~ algo se impone; **etw verläuft in gewohnten** ~**en** algo sigue su ritmo normal; **auf die schiefe** ~ **geraten** ir por mal camino **2.** (*Zug*) tren *m;* (*Eisenbahn*) ferrocarril *m;* **frei** ~ (COM) franco estación ferrocarril; **mit der** ~ **fahren** ir en tren; **sie arbeitet bei der** ~ trabaja en la compañía ferroviaria **3.** (*aus Stoff, Papier*) tira *f* **4.** (SPORT) calle *f*, vía *f;* **er schwimmt jeden Tag 50** ~**en** nada diariamente 50 largos **5.** (ASTR: *von Planeten, Satelliten*) órbita *f* **6.** (*einer Rakete*) trayectoria *f;* **Bahnanlagen** *fpl* instalaciones *fpl* ferroviarias, vías *fpl;* **Bahnanschluss**[RR] *m* <-es, -schlüsse> enlace *m* ferroviario; **Bahnarbeiter(in)** *m(f)* <-s, -; -, -nen> peón *m* de vía, obrero, -a *m, f* de los ferrocarriles; **Bahnbeamte(r)** *mf* <-n, -n; -n, -n>, **-beamtin** *f* <-, -nen> (empleado, -a *m, f*) ferroviario, -a *m, f*

bahnbrechend *adj* revolucionario, que marca nuevos rumbos

Bahnbrecher(in) *m(f)* <-s, -; -, -nen> pionero, -a *m, f;* (*Vorreiter*) precursor(a) *m(f)*

Bahnbus *m* <-ses, -se> autobús *m* de la compañía ferroviaria; **BahnCard** *f* <-, -s> *tarjeta anual con cuya adquisición se obtiene una reducción del 50% en todos los trenes alemanes;* **Bahndamm** *m* <-(e)s, -dämme> terraplén *m* de vías férreas

bahnen ['ba:nən] *vt* (*Weg*) abrir; **jdm den Weg** ~ (*fig*) preparar(le) el camino a alguien

Bahnfahrt *f* <-, -en> viaje *m* en tren

Bahnfracht *f* <-, -en> transporte *m* ferroviario; **wir stellen Ihnen die Ware per** ~ **zu** le enviaremos el pedido por tren; **Bahnfrachtbrief** *m* <-(e)s, -e> talón *m* de transporte ferroviario, talón *m* ferrocarril

Bahngelände *nt* <-s, -> recinto *m* ferroviario, instalaciones *fpl* ferroviarias; **Bahngleis** *nt* <-es, -e> raíl *m*, vía *f*

Bahnhof *m* <-(e)s, -höfe> estación *f* (de ferrocarril); **jdn vom** ~ **abholen** recoger a alguien de la estación; **ich verstehe nur** ~ (*fam*) no entiendo ni jota; **Bahnhofsbuchhandlung** *f* <-, -en> librería *f* de la estación; **Bahnhofsgaststätte** *f* <-, -n> bar *m* de la estación, restaurante *m* de la estación; **Bahnhofshalle** *f* <-, -n> vestíbulo *m* de la estación; **Bahnhofsmission** *f* <-, -en> *en Alemania, fundaciones católicas o protestantes situadas en las estaciones de tren, que prestan ayuda al viajero, en particular a niños y a débiles;* **Bahnhofsplatz** *m* <-es, -plätze> plaza *f* de la estación; **Bahnhofspolizei** *f* <-, -en> policía *f* de ferrocarriles; **Bahnhofsuhr** *f* <-, -en> reloj *m* de la estación; **Bahnhofsvorstand** *m* <-(e)s, -stände> (*Schweiz, Österr*), **Bahnhofsvorsteher(in)** *m(f)* <-s, -; -, -nen> jefe, -a *m, f* de estación; **Bahnhofswirtschaft** *f* <-, -en> restaurante *m* de la estación

Bahnkörper *m* <-s, -> vías *fpl* del ferrocarril

bahnlagernd *adj* en depósito (en la estación)

Bähnler(in) ['bɛ:nlɐ] *m(f)* <-s, -; -, -nen> (*Schweiz*) ferroviario, -a *m, f*

Bahnlinie *f* <-, -n> línea *f* ferroviaria; **Bahnpolizei** *f* <-, *ohne pl*> servicio *m* de seguridad de la estación; **Bahnschranke** *f* <-, -n>, **Bahnschranken** *m* <-s, -> (*Österr*) barrera *f* de un paso a nivel; **Bahnschwelle** *f* <-, -n> traviesa *f*, durmiente *m* *Am*

Bahnsteig ['ba:nʃtaɪk] *m* <-(e)s, -e> andén *m;* **Bahnsteigkante** *f* <-, -n> borde *m* del andén; **Bahnsteigkarte** *f* <-, -n> billete *m* de andén

Bahnstrecke *f* <-, -n> trayecto *m*, recorrido *m;* (*Anlage*) tramo *m;* **Bahntransport** *m*

<-(e)s, -e> transporte *m* ferroviario [*o* por ferrocarril]; **Bahnüberführung** *f* <-, -en> paso *m* elevado; **Bahnübergang** *m* <-(e)s, -gänge> paso *m* a nivel; **Bahnunterführung** *f* <-, -en> paso *m* subterráneo; **Bahnverbindung** *f* <-, -en> comunicación *f* ferroviaria; **Bahnversand** *m* <-(e)s, *ohne pl*> envío *m* por ferrocarril; **Bahnwärter(in)** *m(f)* <-s, -; -, -nen> guardabarros *mf inv;* **Bahnwärterhäuschen** *nt* <-s, -> garita *f* del guardavías

Bahnwärterin *f* <-, -nen> *s.* **Bahnwärter**

Bahre ['ba:rə] *f* <-, -n> **1.** (*Trage*) parihuela *f;* (*Liege*) camilla *f* **2.** (*für Tote*) féretro *m*

Bai [baɪ] *f* <-, -en> bahía *f*

Baiser [bɛ'ze:] *nt* <-s, -s> (GASTR) merengue *m*

Baisse ['bɛ:s(ə)] *f* <-, -n> (FIN) baja *f,* caída *f;* **während der ~ kaufen** comprar a la baja; **auf ~ spekulieren** jugar [*o* especular] a la baja; **Baissespekulant(in)** *m(f)* <-en, -en; -, -nen> (FIN) especulador(a) *m(f)* a la baja, bajista *mf*

Baissier [bɛ'sje:] *m* <-s, -s> (WIRTSCH) bajista *mf*

Bajonett [bajo'nɛt] *nt* <-(e)s, -e> bayoneta *f;* **das ~ aufsetzen** calar la bayoneta; **Bajonettverschluss**[RR] *m* <-es, -schlüsse> (ELEK) cierre *m* de bayoneta

Bajuware, -in [baju'va:rə] *m, f* <-n, -n; -, -nen> (*hum*) *s.* **Bayer**

Bake *f* <-, -n> (NAUT) boya *f;* (AERO) baliza *f;* **mit ~n markieren** (a)balizar

Bakelit® *nt* <-s, *ohne pl*> baquelita® *f*

Bakkarat *nt* <-s, *ohne pl*> bacará *m*

Bakschisch ['bakʃɪʃ] *nt* <-(e)s *o* -, -e> (*Trinkgeld*) propina *f;* (*Bestechungsgeld*) unto *m* de México [*o* de rana]

Bakterie [bak'te:riə] *f* <-, -n> (BIOL, MED) bacteria *f;* **stickstoffbindende ~** bacteria fijadora de nitrógeno

bakteriell *adj* (BIOL, MED) bacterial, bactérico

Bakterienkultur *f* <-, -en> (BIOL) cultivo *m* de bacterias; **Bakterienruhr** *f* <-, -en> (MED) disentería *f;* **Bakterienstamm** *m* <-(e)s, -stämme> (BIOL) cepa *f* bacteriana; **Bakterienträger(in)** *m(f)* <-s, -; -, -nen> (MED) portador(a) *m(f)* de bacterias

Bakteriologe, -in [bakterio'lo:gə] *m, f* <-n, -n; -, -nen> bacteriólogo, -a *m, f*

Bakteriologie *f* <-, *ohne pl*> bacteriología *f*

Bakteriologin *f* <-, -nen> *s.* **Bakteriologe**

bakteriologisch *adj* bacteriológico

Bakterioökologie [bakterioʔøkolo'gi:] *f* <-, *ohne pl*> ecología *f* bacteriana

Bakteriophage [bakterio'fa:gə] *m* <-n, -n> bacteriófago *m*

bakterizid [bakteri'tsi:t] *adj* (MED) bactericida

Bakterizid *nt* <-(e)s, -e> (MED) bactericida *f*

Balalaika *f* <-, -s> (MUS) balalaica *f;* **auf der ~ spielen** tocar la balalaica

Balance [ba'lã:s(ə)] *f* <-, -n> equilibrio *m;* **die ~ verlieren/halten** perder/mantener el equilibrio; **Balanceakt** *m* <-(e)s, -e> juego *m* de equilibrio

balancieren* **I.** *vi sein* hacer equilibrios; **auf dem Seil ~** hacer equilibrios en la cuerda floja **II.** *vt* (*im Gleichgewicht halten*) equilibrar, llevar haciendo equilibrios

Balancierstange *f* <-, -n> contrapeso *m,* balancín *m*

bald [balt] <eher, am ehesten> *adv* **1.** (*in Kürze*) pronto, en breve; **so ~ wie möglich** cuanto antes, lo antes posible; **wird's ~?** (*fam*) ¿estás ya?; **wirst du wohl ~ ruhig sein?** ¿quieres tranquilizarte ya de una vez?; **~ darauf** poco después; **bis ~!** ¡hasta pronto! **2.** (*fam: beinahe*) casi, por poco; **ich wäre ~ hingefallen** por poco me caigo **3.** (*einmal*): **~ ..., ~ ...** (*geh*) ora..., ora...; **~ regnete es, ~ schien die Sonne** lo mismo [*o* tan pronto] llovía que [*o* como] salía el sol

Baldachin ['baldaxi:n] *m* <-s, -e> **1.** (*Schutzdach*) baldaquín *m,* baldaquino *m;* (*Betthimmel*) dosel *m* **2.** (*bei Prozessionen*) palio *m*

Bälde ['bɛldə] *f:* **in ~** en breve; **wann kommst du zurück? – in ~** ¿cuándo vuelves? – dentro de poco

baldig ['baldɪç] *adj* pronto

baldigst ['baldɪkst] *adv,* **baldmöglichst** *adv* lo antes posible; (COM) a la mayor brevedad posible

Baldrian ['baldria:n] *m* <-s, -e> valeriana *f,* alfeñique *m reg;* **Baldriantropfen** *mpl* (PHARM) gotas *fpl* de valeriana

Balearen [bale'a:rən] *pl:* **die ~** las Baleares

Balg[1] [balk, *pl:* 'bɛlgə] *m* <-(e)s, Bälge> **1.** (*Fell*) piel *f,* pellejo *m* **2.** (*Blasebalg*) fuelle *m*

Balg[2] [balk, *pl:* 'bɛlgɐ] *m o nt* <-(e)s, Bälger> (*fam abw: Kind*) diablillo *m,* churumbel *m,* arrapiezo *m,* concho *m CSur*

balgen ['balgən] *vr:* **sich ~** pelearse (*um* por), reñir (*um* por)

Balgerei *f* <-, -en> pelea *f,* riña *f*

Balkan ['balka:n] *m* <-s>: **der ~** los Balcanes; **auf dem ~** en los Balcanes; **Balkangrippe** *f* <-, -n> (MED) gripe *f* balcánica; **Balkanhalbinsel** *f* <-, -> Península *f* Balcánica [*o* de los Balcanes]

Balkanisierung *f* <-, -en> (POL: *abw*) balcanización *f*

Balkankrise *f* <-, *ohne pl*> (HIST, POL) crisis *f inv* de los Balcanes; **Balkanländer** *ntpl,* **Balkanstaaten** *mpl* países *mpl* balcánicos

Balken ['balkən] *m* <-s, -> **1.** (*aus Holz, Stahl*) viga *f;* **ein tragender ~** una viga maestra; **du lügst, dass sich die ~ biegen** (*fam*) mientes más que hablas **2.** (SPORT: *Schwebe~*) barra *f* de equilibrio **3.** (TYPO: *dicker Strich*) raya *f,* guión *m;* **Balkencode** *m* <-s, -s> código *m* de barras; **Balkendecke** *f* <-, -n> techo *m* de trabes; **Balkendiagramm** *nt*

<-s, -e> (INFOR) diagrama *m* de barras; **Balkenkode** *m* <-s, -s> código *m* de barras; **Balkenkonstruktion** *f* <-, -en> (ARCHIT) construcción *f* de vigas; **Balkenüberschrift** *f* <-, -en> (PUBL) rótulo *m*, grandes titulares *mpl;* **Balkenwaage** *f* <-, -n> balanza *f* (de brazos)

Balkon [bal'kɔŋ, bal'ko:n] *m* <-s, -e *o* -s> **1.** (ARCHIT) balcón *m* **2.** (THEAT) palco *m;* **Balkonpflanze** *f* <-, -n> planta *f* de balcón; **Balkontür** *f* <-, -en> puerta *f* del balcón [*o* (que da) al balcón]; **Balkonzimmer** *nt* <-s, -> habitación *f* con balcón

Ball [bal, *pl:* 'bɛlə] *m* <-(e)s, Bälle> **1.** (SPORT) pelota *f*, balón *m;* ~ **spielen** jugar a la pelota; **Müller ist am** ~ Müller tiene el balón; **am** ~ **sein** [*o* **bleiben**] (*fam*) no perder de vista, no dejar de la mano **2.** (*Tanzveranstaltung*) baile *m*

Ballade [ba'la:də] *f* <-, -n> balada *f;* (LIT) romance *m*

Ballast ['balast, -'-] *m* <-(e)s, -e> (NAUT, AERO) carga *f*, lastre *m;* (*Bürde*) carga *f;* ~ **abwerfen** aliviar la carga; **Ballaststoffe** [-'---] *mpl* (MED) fibras *fpl* vegetales

ballen ['balən] **I.** *vt* (*Faust*) apretar, cerrar, empuñar *Chil;* **die Hand zur Faust** ~ cerrar los puños **II.** *vr:* **sich** ~ **1.** (*Menschenmenge*) aglomerarse, apelotonarse **2.** (*Wolken*) acumularse **3.** (*Verkehr*) concentrarse

Ballen *m* <-s, -> **1.** (*Stoff~*) paca *f*, bala *f* **2.** (*an Hand-, Fußflächen*) pulpejo *m* **3.** (*einer Pflanze*) cepellón *m*

Ballerei *f* <-, -en> (*fam*) **1.** (*Schießerei*) tiroteo *m* **2.** (*Knallerei*) traca *f;* **zu Silvester geht wieder die übliche** ~ **los** en Nochevieja empezarán otra vez con las tracas

Ballerina [balə'ri:na] *f* <-, Ballerinen> bailarina *f*

Ballermann ['balɐman] *m* <-s, -männer> (*fam*) revólver *m*

ballern ['balɐn] **I.** *vi* (*fam: mehrmals schießen*) tirotear, abalear *Am;* (*Schuss*) disparar; **gegen die Tür** ~ pegar golpes a la puerta **II.** *vt* (*fam*): **jdm eine** ~ sacudir(le) una bofetada a alguien

Ballett [ba'lɛt] *nt* <-(e)s, -e> ballet *m;* **zum** ~ **gehen** tomar clases de ballet; **ins** ~ **gehen** ir al ballet; **beim** ~ **sein** ser bailarín/bailarina de ballet, bailar en un ballet

Ballettänzer(in) *m(f)* <-s, -; -, -nen> *s.* **Balletttänzer**

Balletteuse [balɛ'tø:zə] *f* <-, -n> (*geh*) bailarina *f* de ballet

Ballettkorps *nt* <-, -> formación *f* de ballet, cuerpo *m* de ballet; **Ballettmeister(in)** *m(f)* <-s, -; -, -nen> coreógrafo, -a *m, f*, director(a) *m(f)* del ballet; **Ballettmusik** *f* <-, -en> música *f* para ballet; **Ballettröckchen** *nt* <-s, -> tutú *m;* **Ballettschuhe** *mpl* zapatillas *fpl* de ballet; **Balletttänzer(in)**[RR] *m(f)* <-s, -; -, -nen> bailarín, -ina *m, f* de ballet; **Balletttruppe** *f* <-, -n> compañía *f* de ballet

Ballistik [ba'lɪstɪk] *f* <-, *ohne pl*> (PHYS) balística *f*

ballistisch [ba'lɪstɪʃ] *adj* balístico

Balljunge *m* <-n, -n> (SPORT) recogepelotas *m inv*

Ballkleid *nt* <-(e)s, -er> vestido *m* de fiesta, traje *m* de fiesta

Ballmädchen *nt* <-s, -> (SPORT) recogepelotas *f inv*, recogedora *f* de pelotas

Ballon [ba'lɔŋ, ba'lo:n] *m* <-s, -s *o* -e> **1.** (AERO) globo *m;* **mit dem** ~ **fahren** viajar [*o* ir] en globo **2.** (*Glasbehälter*) balón *m* **3.** (*fam: Kopf*) coco *m;* **so einen** ~ **kriegen** ponerse colorado como un tomate; **Ballondilatation** *f* <-, -en> (MED) dilatación *f* de los vasos sanguíneos; **Ballonfahrer(in)** *m(f)* <-s, -; -, -nen> piloto *mf* de globo; **Ballonfahrt** *f* <-, -en> viaje *m* en globo; **Ballonmütze** *f* <-, -n> gorra *f* redonda con visera; **Ballonreifen** *m* <-s, -> (AUTO: *alt*) neumático *m* de baja presión; **Ballonrock** *m* <-(e)s, -röcke> falda *f* globo; **Ballonwerbung** *f* <-, *ohne pl*> publicidad *f* a base de globos, publicidad *f* aerostática

Ballsaal *m* <-(e)s, -säle> salón *m* de baile

Ballspiel *nt* <-(e)s, -e> juego *m* de pelota; **Ballspielen** *nt* <-s, *ohne pl*> jugar *m* a la pelota; „~ **verboten**" "prohibido jugar a la pelota"

Ballung ['balʊŋ] *f* <-, -en> aglomeración *f*, concentración *f;* **Ballungsgebiet** *nt* <-(e)s, -e>, **Ballungsraum** *m* <-(e)s, -räume> zona *f* de aglomeración; **Ballungszentrum** *nt* <-s, -zentren> (centro *m* de) aglomeración *f;* **städtisches** ~ megaciudad *f*, megalópolis *f inv*

Ballwechsel *m* <-s, -> (SPORT) juego *m* (*de la pelota*)

Balsaholz ['balza-] *nt* <-es, -hölzer> madera *f* de balsa

Balsam ['balza:m] *m* <-s, *ohne pl*> bálsamo *m;* **etw ist** ~ **für die Seele** algo reconforta el ánimo

balsamieren* *vt* embalsamar

Balsam-Spülung *f* <-, -en> bálsamo *m* acondicionador

Balte, -in ['baltə] *m, f* <-n, -n; -, -nen> báltico, -a *m, f*

Baltikum ['baltikʊm] *nt* <-s> países *mpl* bálticos

Baltin ['baltɪn] *f* <-, -nen> *s.* **Balte**

baltisch *adj* báltico

Balustrade [balʊs'tra:də] *f* <-, -n> balaustrada *f*

Balz [balts] *f* <-, *ohne pl*> (ZOOL) celo *m* (*de ciertas aves*); **in die** ~ **treten** entrar en celo; **auf die** ~ **gehen** (*Jagd*) ir a la caza de aves en celo

balzen ['baltsən] *vi* estar en (época de) celo

Balzzeit *f* <-, -en> (ZOOL) época *f* de celo

Bambus ['bambʊs] *m* <-(ses), -se> bambú *m;* **Bambusrohr** *nt* <-(e)s, -e> caña *f* de bambú; **Bambussprossen** *fpl* (GASTR) brotes *mpl* tiernos de bambú

Bammel ['bamәl] *m* <-s, *ohne pl*> (*fam*) miedo *m*, canguelo *m*; ~ **vor etw haben** tener miedo de algo

banal [ba'na:l] *adj* trivial, banal

Banalität [banali'tɛ:t] *f* <-, -en> trivialidad *f*, banalidad *f*

Banane [ba'na:nә] *f* <-, -n> plátano *m*, banana *f Am*; **Bananendampfer** *m* <-s, -> (NAUT) buque *m* bananero; **Bananenpflanzung** *f* <-, -en>, **Bananenplantage** *f* <-, -n> platanar *m*, platanal *m*, bananal *m Am*; **Bananenrepublik** *f* <-, -en> república *f* bananera; **Bananenschale** *f* <-, -n> cáscara *f* de plátano, cáscara *f* de banana *Am*; **Bananenstaude** *f* <-, -n> bananero *m*, platanero *m*; **Bananenstecker** *m* <-s, -> (ELEK) (clavija *f*) banana *f*

Banause [ba'naʊzә] *m* <-n, -n> (*abw*) inculto, -a *m, f*

band [bant] *3. imp von* **binden**

Band[1] [bɛnt] *f* <-, -s> (*Musikgruppe*) grupo *m*, conjunto *m* musical; (*in Kennerkreisen*) banda *f*

Band[2] [bant, *pl:* 'bɛndә] *m* <-(e)s, Bände> (*Buch*) tomo *m*, volumen *m*; **eine Ausgabe in zehn Bänden** una edición en diez tomos; **dein Gesicht spricht Bände** tu cara lo dice todo

Band[3] [bant, *pl:* 'bɛndɐ] *nt* <-(e)s, Bänder> **1.** (*Stoff~*) cinta *f*, lazo *m*; (*Auszeichnung*) banda *f* **2.** (*Fließ~*) cadena *f* de fabricación [*o* de montaje]; **am ~ arbeiten** trabajar en la cadena de montaje; **vom ~ laufen** salir listo de la cadena de fabricación; **am laufenden ~** (*fam*) continuamente, sin cesar **3.** (TECH: *Ton~*) cinta *f* magnetofónica; (*Farb~*) cinta *f* mecanográfica; (*Maß~*) cinta *f* métrica; (*Klebe~*) cinta *f* adhesiva; **etw auf ~ aufnehmen** grabar algo en cinta; **etw auf ~ sprechen** grabar algo; **ich habe dir aufs ~ gesprochen** te dejé un mensaje (en el contestador) **4.** (*am Gelenk*) ligamento *m* **5.** (*Frequenzbereich*) banda *f* de frecuencia **6.** (*als Lesezeichen*) registro *m*

Bandage [ban'da:ʒә] *f* <-, -n> vendaje *m*

bandagieren* [banda'ʒi:rәn] *vt* vendar

Bandaufnahme *f* <-, -n> grabación *f* en cinta (magnetofónica); **Bandbreite** *f* <-, -n> **1.** (RADIO) anchura *f* de banda, ancho *m* de banda **2.** (*fig: Vielfalt*) diversidad *f* **3.** (FIN) margen *m o f* de fluctuación

Bande ['bandә] *f* <-, -n> **1.** (*abw: Gruppe*) banda *f*, cuadrilla *f*, trinca *f And, CSur* **2.** (*Umrandung*) banda *f*

Bandeisen *nt* <-s, -> (TECH) fleje *m*; (*Fassband*) hierro *m* en banda

Bändel[RR] ['bɛndl] *m o nt* <-s, -> (*südd, Schweiz*) **1.** (*Schnürsenkel*) cordón *m* de zapatos **2.** (*Bändchen*) cintita *f* **3.** (*Wend*): **jdn am ~ haben** (*fam*) hacer de alguien lo que se quiere; **du hast ja den Chef am ~!** (*fam*) ¡si tú tienes al jefe en el bolsillo!; **seine Frau hat ihn ganz schön am ~** (*fam*) su mujer lo tiene bien sujeto [*o* amarrado]

Bandenchef(in) *m(f)* <-s, -s; -, -nen> (*fam*), **Bandenführer(in)** *m(f)* <-s, -; -, -nen> jefe, -a *m, f* de una banda; **Bandenkriminalität** *f* <-, *ohne pl*> criminalidad *f* callejera organizada

Bandenwerbung *f* <-, -en> (WIRTSCH) publicidad *f* en bandas (en instalaciones deportivas)

Banderole [bandә'ro:lә] *f* <-, -n> precinto *m*, sello *m*

Bänderriss[RR] ['bɛndɐrɪs] *m* <-es, -e> (MED) rotura *f* de ligamentos; **Bänderzerrung** *f* <-, -en> (MED) distensión *f* de tendón, distorsión *f* de tendón

Bandfertigung *f* <-, -en> (WIRTSCH) fabricación *f* en cadena

bändigen ['bɛndɪgәn] *vt* **1.** (*Tier*) domar, dominar **2.** (*Mensch*) calmar, apaciguar **3.** (*Gefühle*) refrenar, reprimir **4.** (*Naturgewalten*) prevenir, controlar, tener bajo control

Bändigung *f* <-, -en> **1.** (*Tier*) domesticación *f*, doma *f* **2.** (*Mensch*) contención *f*; **sieben Männer waren zur ~ des Amokläufers nötig** fueron necesarios siete hombres para contener al loco homicida **3.** (*Gefühle*) contención *f*, refreno *m* **4.** (*Naturgewalten*) contención *f*, control *m*; **die Feuerwehrleute brauchten drei Tage zur ~ des Feuers** los bomberos necesitaron tres días para controlar el fuego; **die Deiche mussten zur ~ der Fluten erhöht werden** hubo que elevar los diques para contener las aguas

Bandit(in) [ban'di:t] *m(f)* <-en, -en; -, -nen> bandido, -a *m, f*, bandolero, -a *m, f*; **einarmiger ~** (máquina) tragaperras *f inv*

Banditentum *nt* <-s, *ohne pl*> bandolerismo *m*

Banditin *f* <-, -nen> *s.* **Bandit**

Bandlaufwerk *nt* <-(e)s, -e> (INFOR) desarrollador *m* de cinta; **Bandmaß** *nt* <-es, -e> cinta *f* métrica; **Bandnudel** *f* <-, -n> tallarín *m*

Bandoneon [ban'do:neɔn] *nt* <-s, -s> (MUS) bandoneón *m*

Bandsäge *f* <-, -n> sierra *f* de cinta

Bandscheibe *f* <-, -n> (MED) disco *m* intervertebral; **Bandscheibenschaden** *m* <-s, -schäden> lesión *f* discal [*o* vertebral]; **Bandscheibenvorfall** *m* <-(e)s, -fälle> (MED) hernia *f* discal

Bandwurm *m* <-(e)s, -würmer> tenia *f*

bang(e) [baŋ(ә)] *adj* <banger *o* bänger, am bangsten *o* am bängsten> (*reg*) miedoso; **es ist mir ~ (zumute)** tengo miedo

Bange *f* <-, *ohne pl*> (*reg*) temor *m* (*vor* a), miedo *m* (*vor* de/a); **nur keine ~!** ¡todo, menos miedo!

bangen ['baŋәn] **I.** *vi* (*geh*) **1.** (*Angst haben*) temer (*vor*), tener miedo (*vor* a) **2.** (*sich sorgen*) temer (*um* por), inquietarse (*um* por)

II. *vt* (*geh*) temer **III.** *vr:* **sich** ~ **1.** (*geh: sich sorgen*) temer (*um* por), inquietarse (*um* por) **2.** (*reg: sich sehnen*) echar de menos (*nach* a), extrañar (*nach* a) **IV.** *vunpers:* **mir bangt davor** lo temo

bänger ['bɛŋɐ] *adj kompar von* **bang(e)**

Bangigkeit *f* <-, *ohne pl*> temor *m*, miedo *m*

Bangkok ['baŋkɔk] *nt* <-s> Bangkok *m*

Bangladesch [baŋgla'dɛʃ] *nt* <-s> Bangladesh *m*

bängste(r, s) ['bɛŋstə, -tɐ, -təs] *adj superl von* **bang(e)**

Banjo *nt* <-s, -s> (MUS) banyo *m*, banjo *m*; ~ **spielen** tocar el banyo

Bank¹ [baŋk, *pl:* 'bɛŋkə] *f* <-, Bänke> **1.** (*Sitz~*) banco *m*; (SPORT) banquillo *m*; **er predigte vor leeren Bänken** (*fig*) predicó en el desierto; **durch die** ~ sin excepción; **etw auf die lange** ~ **schieben** dar largas a algo **2.** (*Sand~*) banco *m* de arena

Bank² [baŋk, *pl:* 'baŋkən] *f* <-, -en> **1.** (*Kreditinstitut*) banco *m*; **öffentlich-rechtliche** ~ banco de derecho público; ~ **für Internationalen Zahlungsausgleich** Banco Internacional de Pagos; **Geld auf der** ~ **haben** tener dinero en el banco **2.** (*beim Spiel*) banca *f*; **die** ~ **sprengen** hacer saltar la banca; **Bankaktiva** *pl* (WIRTSCH) activo *m* bancario

Bank-an-Bank-Kredit *m* <-(e)s, -e> (WIRTSCH) crédito *m* interbancario

Bankangestellte(r) *mf* <-n, -n; -n, -n> empleado, -a *m, f* de banco; **Bankanweisung** *f* <-, -en> giro *m* bancario; **Bankauskunft** *f* <-, -künfte> (WIRTSCH) informe *m* bancario; **Bankautomat** *m* <-en, -en> cajero *m* automático; **Bankavis** *m o nt* <- *o* -es, – *o* -e> (WIRTSCH) aviso *m* bancario; **Bankbeamte(r)** *mf* <-n, -n; -n, -n>, **-beamtin** *f* <-, -nen> (*alt*) funcionario, -a *m, f* bancario, -a, empleado, -a *m, f* de banco estatal; **Bankbürgschaft** *f* <-, -en> (FIN) aval *m* bancario, fianza *f* bancaria; **Bankdarlehen** *nt* <-s, -> préstamo *m* bancario; **Bankdirektor(in)** *m(f)* <-s, -en; -, -nen> director(a) *m(f)* de banco, jefe, -a *m, f* de banco; **Bankeinlage** *f* <-, -n> (FIN) depósito *m* bancario

Bänkellied ['bɛŋkəlliːt, *pl:* 'bɛŋkəlliːdɐ] *nt* <-(e)s, -er> copla *f* de ciego, romance *m* de ciego; **Bänkelsänger** *m* <-s, -> cantor *m* popular

Bankenaufsicht *f* <-, *ohne pl*> (FIN) superintendencia *f* bancaria; **Bankenkonsortium** *nt* <-s, -konsortien> (FIN) consorcio *m* bancario; **Bankenkonzession** *f* <-, -en> concesión *f* bancaria; **Bankenkrach** *m* <-(e)s, -kräche> (FIN) derrumbamiento *m* de la banca; **Bankenrun** *m* <-s, -s> gran demanda *f* de bancos; **Bankenviertel** *nt* <-s, -> barrio *m* financiero, centro *m* bursátil; **die Dresdner Bank liegt im Frankfurter** ~ el Banco de Dresde se encuentra en el centro bursátil de Francfort

Banker(in) ['bɛŋkɐ] *m(f)* <-s, -; -, -nen> (WIRTSCH) banquero, -a *m, f*

Bankett [baŋ'kɛt] *nt* <-(e)s, -e> **1.** (*Festessen*) festín *m*, banquete *m* **2.** *s.* **Bankette**

Bankette [baŋ'kɛtə] *f* <-, -n> arcén *m*; **„~ nicht befahrbar"** "arcén no transitable"

Bankfach¹ *nt* <-(e)s, -fächer> (*Schließfach*) caja *f* de seguridad del banco

Bankfach² *nt* <-(e)s, *ohne pl*> (*Beruf*) ramo *m* bancario, carrera *f* bancaria; **er arbeitet im** ~ trabaja en la banca

bankfähig *adj* (FIN) bancable, negociable en banca; **Bankfähigkeit** *f* <-, *ohne pl*> (FIN) negociabilidad *f* bancaria; **Bankfiliale** *f* <-, -n> (FIN) filial *f* de banco, sucursal *f* de banco; **Bankgeheimnis** *nt* <-ses, -se> secreto *m* bancario; **Bankgeschäft** *nt* <-(e)s, -e> negocio *m* bancario; (*Transaktion*) transacción *f* bancaria; **Bankguthaben** *nt* <-s, -> haber *m* bancario; **Bankhalter(in)** *m(f)* <-s, -; -, -nen> (SPIEL) jugador(a) *m(f)* que tiene la banca; **Bankhaus** *nt* <-es, -häuser> (FIN: *geh*) establecimiento *m* bancario

Bankier [baŋ'kjeː] *m* <-s, -s> banquero, -a *m, f*

Bankindossament *nt* <-(e)s, -e> (FIN) endoso *m* bancario

Banking ['bɛŋkɪŋ] *nt* <-s, *ohne pl*> (FIN): **elektronisches** ~ banking *m* electrónico

Bankinstitut *nt* <-(e)s, -e>: **öffentlich-rechtliches** ~ instituto *m* bancario de derecho público; **Bankkauffrau** *f* <-, -en> empleada *f* titulada bancaria; **Bankkaufmann** *m* <-(e)s, -leute> empleado *m* titulado bancario; **Bankkonto** *nt* <-s, -konten> cuenta *f* bancaria; **Bankkredit** *m* <-(e)s, -e> (FIN) crédito *m* bancario; **Bankkuratorium** *nt* <-s, -kuratorien> comisión *f* de control bancario; **Banklehre** *f* <-, -n> aprendizaje *m* en un banco; **sie macht eine** ~ está de aprendiza en un banco; **Bankleitzahl** *f* <-, -en> código *m* de identificación bancaria

Banknote *f* <-, -n> billete *m* de banco; **Banknotenumlauf** *m* <-(e)s, *ohne pl*> circulación *f* de billetes

Bankomat *m* <-en, -en> cajero *m* automático

Bankplatz *m* <-es, -plätze> (*geh*) centro *m* financiero [*o* bursátil]; **Bankprovision** *f* <-, -en> (FIN) comisión *f* bancaria; **Bankraub** *m* <-(e)s, -e> robo *m* de banco; **Bankräuber(in)** *m(f)* <-s, -; -, -nen> atracador(a) *m(f)* de bancos, asaltante *mf* de bancos; **Bankreserve** *f* <-, -n> (FIN) reserva *f* bancaria

bankrott [baŋk'rɔt] *adj* en bancarrota, en quiebra

Bankrott *m* <-(e)s, -e> bancarrota *f*, quiebra *f*, falencia *f Am*; **betrügerischer** ~ quiebra fraudulenta; ~ **machen** ir a la quiebra, quebrar, fundirse *Am*; **den** ~ **erklären** declararse en bancarrota [*o* en quiebra]; **Bankrotter-**

klärung *f* <-, -en> (FIN) declaración *f* de quiebra; (*fig*) fracaso *m* total

Bankrotteur(in) *m(f)* <-s, -e; -, -nen> persona *f* (que está) en la bancarrota [*o* en quiebra]

Bankrücklage *f* <-, -n> (WIRTSCH) reserva *f* bancaria; **Bankschalter** *m* <-s, -> ventanilla *f* del banco; **Bankscheck** *m* <-s, -s> cheque *m* bancario; **Bankschließfach** *nt* <-(e)s, -fächer> casilla *f* bancaria; **Banktratte** *f* <-, -n> (FIN) letra *f* bancaria; **Banküberfall** *m* <-(e)s, -fälle> atraco *m* a un banco; **Banküberweisung** *f* <-, -en> transferencia *f* bancaria; **banküblich** *adj* (FIN) habitual; **wir stellen Ihnen die ~en Gebühren in Rechnung** le cargamos las tasas bancarias habituales; **Bankverbindlichkeiten** *fpl* (WIRTSCH) débitos *mpl* bancarios; **Bankverbindung** *f* <-, -en> número *m* de cuenta, cuenta *f* bancaria; **Bankverkehr** *m* <-s, *ohne pl*> (FIN) operaciones *fpl* bancarias, transacciones *fpl* bancarias; **Bankvollmacht** *f* <-, -en> autorización *f* bancaria; **Bankwechsel** *m* <-s, -> (FIN) efecto *m* bancario; **Bankwesen** *nt* <-s, *ohne pl*> (WIRTSCH) banca *f*

Bann [ban] *m* <-(e)s, -e> **1.** (REL) excomunión *f*, anatema *m o f* **2.** (*geh: Zauber*) encantamiento *m*, hechizo *m*; **jdn in seinen ~ ziehen** cautivar a alguien; **in jds ~ geraten** estar hechizado por alguien

Bannbulle *f* <-, -n> (HIST) bula *f* de excomunión

bannen ['banən] *vt* **1.** (*Gefahr, Geister*) conjurar **2.** (*Zuschauer*) cautivar **3.** (*festhalten*) dejar inmóvil (como por encanto) (*auf* en); **er hat ihr Lächeln auf die Leinwand gebannt** eternizó su sonrisa sobre el lienzo; **wie gebannt zuhören** escuchar como hechizado **4.** (*den Bann aussprechen*) excomulgar

Banner ['banɐ] *nt* <-s, -> estandarte *m*; **Bannerträger(in)** *m(f)* <-s, -; -, -nen> portaestandarte *mf*; (*a. fig*) abanderado, -a *m, f*

Bannfluch *m* <-(e)s, -flüche> (REL) anatema *m o f*; **Bannkreis** *m* <-es, -e> área *f* de influencia, ámbito *m* de influencia; **Bannmeile** *f* <-, -n> zona *f* de protección (*alrededor del edificio parlamentario*); **Bannstrahl** *m* <-(e)s, -en> (REL: *geh*) anatema *m o f*, excomunión *f*

Bannwald *m* <-(e)s, -wälder> (*Österr, Schweiz*) *franja de bosque que no se tala como protección contra avalanchas*

Bantamgewicht ['bantam-] *nt* <-(e)s, *ohne pl*> (SPORT) peso *m* gallo

Bantamgewichtler(in) *m(f)* <-s, -; -, -nen> (SPORT) peso *mf* gallo

BAPT *nt* <-> *Abk. von* **Bundesamt für Post und Telekommunikation** Oficina *f* Federal de Correos y de Telecomunicaciones

Baptist(in) [bap'tɪst] *m(f)* <-en, -en; -, -nen> (REL) baptista *mf*

bar [baːɐ] *adj* **1.** (FIN) en efectivo; **~es Geld** dinero en efectivo [*o* en metálico] [*o* contante y sonante *fam*]; **~ gegen 5 % Diskont** al contado con un descuento del 5 %; **~ ohne Abzug** al contado sin descuento; **gegen ~** al contado, en efectivo; **etw (in) ~ bezahlen** pagar algo al contado [*o* en metálico] **2.** (*geh: rein*) puro, verdadero; **das ist ~er Unsinn/Zufall** esto es pura sandez/coincidencia

Bar[1] [baːɐ] *f* <-, -s> **1.** (*Lokal*) bar *m*; (*Nachtlokal*) boite *f*, club *m* nocturno **2.** (*Theke*) barra *f*

Bar[2] *nt* <-s, -s> (PHYS) bar(o) *m*

Bär(in) [bɛːɐ] *m(f)* <-en, -en; -, -nen> oso, -a *m, f*; **jdm einen ~en aufbinden** contar a alguien un cuento chino; **der Große/Kleine ~** (ASTR) la Osa Mayor/Menor

Baracke [ba'rakə] *f* <-, -n> barraca *f*, chabola *f*

Barangebot *nt* <-(e)s, -e> (WIRTSCH) oferta *f* en efectivo; **Barauslagen** *fpl* (WIRTSCH) gastos *mpl* en efectivo; **Barauszahlung** *f* <-, -en> (FIN) pago *m* en efectivo

Barbar(in) [bar'baːɐ] *m(f)* <-en, -en; -, -nen> bárbaro, -a *m, f*

Barbarei [barba'raɪ] *f* <-, -en> **1.** (*Unmenschlichkeit, Unzivilisiertheit*) barbarie *f*; (*Grausamkeit*) salvajismo *m* **2.** (*Handlung*) barbaridad *f*

Barbarin *f* <-, -nen> *s.* **Barbar**

barbarisch *adj* bárbaro

Barbe ['barbə] *f* <-, -n> (GASTR, ZOOL) barbo *m*

bärbeißig *adj* (*fam: Mensch*) gruñón, arisco; (*Miene*) arisco

Barbestand *m* <-(e)s, -stände> (FIN) efectivo *m*, disponibilidad *f*

Barbier [bar'biːɐ] *m* <-s, -e> barbero *m*

Barbiturat [barbitu'raːt] *nt* <-s, -e> (MED) barbitúrico *m*

Barbitursäure [barbi'tuːɐ-] *f* <-, -n> (CHEM) ácido *m* barbitúrico

barbusig *adj* con el pecho (al) descubierto [*o* al aire], con los senos desnudos

Bardame *f* <-, -n> camarera *f* de un club nocturno

Barde ['bardə] *m* <-n, -n> (HIST) bardo *m*

Bardividende *f* <-, -n> (WIRTSCH) dividendo *m* en efectivo; **Bareingänge** *mpl* (WIRTSCH) ingresos *mpl* en efectivo; **Bareinlage** *f* <-, -n> (FIN) aportación *f* dineraria

Bärendienst ['bɛːrən-] *m*: **jdm einen ~ erweisen** hacer un flaco servicio a alguien; **Bärendreck** *m* <-(e)s, *ohne pl*> (*südd, Schweiz: Lakritze*) regaliz *m*; **Bärenhaut** *f* <-, -häute> **1.** (*Bärenfell*) piel *f* de oso **2.** (*Wend*): **auf der ~ liegen** (*fam abw*) haraganear, holgazanear; **Bärenhunger** *m* <-s, *ohne pl*> (*fam*) hambre *f* canina [*o* de lobo]; **einen ~ haben** tener un hambre de lobo; **Bärenjagd** *f* <-, -en> caza *f* del oso; **Bärenkräfte** *fpl* (*gewaltige Kräfte*) fuerza *f* hercúlea; **Bärennatur** *f*: **eine ~ haben** (*fam: stark*) ser fuerte como un oso; (*gesund*) tener una salud de hierro; **bärenstark** ['--'-] *adj* (*fam*) fuerte como un toro

Bärentraubenblatt *nt* <-(e)s, -blätter> (BOT) hoja *f* de uva de oso

Barett [ba'rɛt] *nt* <-(e)s, -e *o* -s> boina *f*; (*Geistlicher*) birreta *f*; (*Richter, Professor*) birrete *m*

barfuß *adj* descalzo

barfüßig *adj* descalzo; **ein ~er Mönch** un monje descalzo

barg [bark] *3. imp von* **bergen**

Bargeld *nt* <-(e)s, *ohne pl*> dinero *m* en metálico, dinero *m* efectivo [*o* al contado]; **Bargeldfluss**[RR] *m* <-es, -flüsse> flujo *m* de efectivo; **bargeldlos** *adj* por cheque, por transacción; **~er Zahlungsverkehr** pagos por giro o cheque; **Bargeldüberweisung** *f* <-, -en> giro *m* en efectivo; **Bargeldvolumen** *nt* <-s, -> volumen *m* de dinero en efectivo

Bargeschäft *nt* <-(e)s, -e> (WIRTSCH) operación *f* al contado

barhäuptig **I.** *adj* (*geh*) descubierto, sin sombrero **II.** *adv* (*geh*) sin sombrero, con la cabeza descubierta

Barhocker *m* <-s, -> taburete *m* de bar

bärig ['bɛːrɪç] *adj* (*fam: prima*) guay, chévere *Am*

Bärin ['bɛːrɪn] *f* <-, -nen> *s.* **Bär**

barisches Windgesetz[RR] *nt* <-es, *ohne pl*> ley *f* de Buys-Ballot

Bariton ['baːritɔn, *pl:* 'baːritoːnə] *m* <-s, -e> (MUS) barítono *m*

Barium ['baːriʊm] *nt* <-s, *ohne pl*> (CHEM) bario *m*; **Bariumbeton** *m* <-s, -s, *Österr:* -e> hormigón *m* de bario

Barkasse [bar'kasə] *f* <-, -n> barcaza *f*, lancha *f*

Barkauf *m* <-(e)s, -käufe> compra *f* al contado [*o* en efectivo], compraventa *f* a la vista

Barke ['barkə] *f* <-, -n> barca *f*

Barkeeper ['baːɐkiːpɐ] *m* <-s, -> barman *m*

Barkredit *m* <-(e)s, -e> (WIRTSCH) crédito *m* en efectivo

Bärlapp ['bɛːɐlap] *m* <-s, -e> (BOT) licopodio *m*

Barmann *m* <-(e)s, -männer> barman *m*

barmherzig [barm'hɛrtsɪç] *adj* misericordioso, caritativo; **der ~e Samariter** el buen samaritano

Barmherzigkeit *f* <-, *ohne pl*> misericordia *f*

Barmittel *ntpl* (FIN) efectivo *m*; **mangels ~** por falta de efectivo

Barmixer *m* <-s, -> barman *m*

barock *adj* barroco

Barock [ba'rɔk] *m o nt* <-s, *ohne pl*> barroco *m*; **Barockkirche** *f* <-, -n> iglesia *f* barroca; **Barockmusik** *f* <-, *ohne pl*> música *f* barroca; **Barockzeit** *f* <-, *ohne pl*> (época *f* del) Barroco *m*

Barograph [baro'graːf] *m* <-en, -en> (METEO) barógrafo *m*

Barometer [baro'meːtɐ] *nt* <-s, -> barómetro *m*; **Barometerstand** *m* <-(e)s, -stände> presión *f* barométrica, nivel *m* barométrico

Baron(in) [ba'roːn] *m(f)* <-s, -e; -, -nen> barón, -onesa *m, f*

Baroness[RR] *f* <-, -en>, **Baroneß** *f* <-, -ssen>, **Baronesse** [baro'nɛsə] *f* <-, -n> baronesa *f*, hija *f* de un barón

Barposten *m* <-s, -> (WIRTSCH) partida *f* de disponibilidades

Barrel ['bɛrəl] *nt* <-s, -s> barril *m*

Barren ['barən] *m* <-s, -> **1.** (*Metall*) barra *f*, lingote *m* **2.** (SPORT) barra *f*, paralelas *fpl*; **Barrengold** *nt* <-(e)s, *ohne pl*> oro *m* en barras

Barreserve *f* <-, -n> (WIRTSCH) reserva *f* en efectivo

Barriere [ba'rjeːrə] *f* <-, -n> barrera *f*; **Barriereriff** *nt* <-(e)s, -e> arrecife *m* de barrera

Barrikade [bari'kaːdə] *f* <-, -n> barricada *f*; **~n errichten** levantar barricadas; **für etw auf die ~n gehen** (*fig*) echarse a la calle por algo, luchar por algo

barsch [barʃ] *adj* rudo, áspero

Barsch [barʃ] *m* <-(e)s, -e> perca *f*

Barschaft *f* <-, -en> patrimonio *m*, caudal *m*, peculio *m*

Barscheck *m* <-s, -s> cheque *m* abierto [*o* no cruzado]

Barsortiment *nt* <-(e)s, -e> (*Buchhandel*) venta *f* mayorista de libros

barst [barst] *3. imp von* **bersten**

Bart [baːɐt, *pl:* 'bɛrtə] *m* <-(e)s, Bärte> **1.** (*bei Männern*) barba *f*; **sich einen ~ wachsen lassen** dejarse crecer la barba; **den ~ abnehmen** quitarse la barba; **etw in den ~ murmeln** [*o* **brummen**] murmurar algo entre dientes; **jdm um den ~ gehen** hacer la pelotilla a alguien; **der ~ ist ab!** ¡se acabó!; **das hat ja so einen ~** (*fam*) esto es agua pasada **2.** (*Katze, Robbe*) bigote(s) *m(pl)* **3.** (*Schlüssel~*) paletón *m*

Bartausch *m* <-(e)s, -e> (FIN) cambio *m* en efectivo

Barte ['bartə] *f* <-, -n> barba *f* de ballena; **Bartenwal** *m* <-(e)s, -e> misticeto *m*

Bartflechte *f* <-, -n> **1.** (MED) foliculitis *f inv*; (*durch Pilze*) tricofitia *f* **2.** (BOT) liquen *m*; **Barthaar** *nt* <-(e)s, -e> **1.** (*Haar des Bartes*) pelo *m* de la barba **2.** (ZOOL: *Schnurrhaare*) (pelo *m* del) bigote *m*; **meine Katze mag es überhaupt nicht, wenn man ihre ~e anfasst** a mi gata no le gusta nada que le toquen los bigotes

Barthel ['bartəl]: **wissen, wo ~ den Most holt** (*fam*) saber con quién se juega uno los cuartos

Bartholomäusnacht *f* <-, *ohne pl*> (HIST) noche *f* de San Bartolomé, matanza *f* de los hugonotes

bärtig ['bɛrtɪç, 'bɛːɐtɪç] *adj* barbudo

bartlos *adj* sin barba

Bartnelke *f* <-, -n> (BOT) clavellina *f*
Bartstoppeln *fpl* cañones *mpl* de la barba; **Bartwuchs** *m* <-es, *ohne pl*> barba *f;* **er hat einen starken ~** le crece mucho la barba
Barvergütung *f* <-, -en> remuneración *f* en efectivo; **Barverkauf** *m* <-(e)s, -käufe> (WIRTSCH) venta *f* al contado; **Barverlust** *m* <-(e)s, -e> pérdida *f* en efectivo; **Barvermögen** *nt* <-s, -> (FIN) activo *m,* capital *m* efectivo
Baryt [ba'ry:t] *m* <-(e)s, -e> (CHEM) barita *f*
Barzahlung *f* <-, -en> (FIN) pago *m* al contado [*o* en efectivo] [*o* en metálico]; **sofortige ~** pago inmediato en efectivo; **bei ~ 3 % Skonto** un 3 % de descuento por pago al contado; **Barzahlungsbedingungen** *fpl* condiciones *fpl* de pago al contado
Basaliom [bazali'o:m] *nt* <-s, -e> (MED) basalioma *m,* cáncer *m* cutáneo [*o* de la piel]
Basalt [ba'zalt] *m* <-(e)s, -e> basalto *m*
Basalzellschicht [ba'za:l-] *f* <-, -en> (MED) capa *f* de células basales
Basar [ba'za:ɐ] *m* <-s, -e> bazar *m*
Base ['ba:zə] *f* <-, -n> **1.** (*südd: Cousine*) prima *f* **2.** (*Schweiz: Tante*) tía *f* **3.** (CHEM) base *f*
Baseball¹ *m* <-s, *ohne pl*> (SPORT: *Spiel*) béisbol *m;* **~ spielen** jugar al béisbol
Baseball² *m* <-s, -s> (SPORT: *Ball*) pelota *f* de béisbol
Baseballschläger *m* <-s, -> (SPORT) bate *m* de béisbol
Basedow ['ba:zədo] *m* <-s, *ohne pl*> (MED) hipertiroidismo *m;* **diese Symptome sind typisch für einen ~** estos síntomas son típicos de un caso de Basedow
Basel ['ba:zəl] *nt* <-s> Basilea *f*
Bas(e)ler¹ *adj inv* basilense
Bas(e)ler(in)² *m(f)* <-s, -; -, -nen> habitante *mf* de Basilea
Basen *pl von* **Base, Basis**
Basenstärke *f* <-, -n> (CHEM) fuerza *f* básica
basieren* [ba'zi:rən] *vi* basarse (*auf* en), fundarse (*auf* en)
Basilika [ba'zi:lika, *pl:* ba'zi:likən] *f* <-, Basiliken> basílica *f*
Basilikum [ba'zi:likʊm] *nt* <-s, *ohne pl*> albahaca *f*
Basilisk [bazi'lɪsk] *m* <-en, -en> (MYTH) basilisco *m*
Basis ['ba:zɪs] *f* <-, Basen> **1.** (*Grundlage*) base *f;* **auf breiter ~** a nivel general; **auf jährlicher ~** sobre la base anual; **auf der ~ gegenseitigen Vertrauens** sobre la base de la mutua confianza **2.** (ARCHIT, POL, MATH) base *f* **3.** (MIL) base *f* militar; **Basisanschluss^RR** *m* <-es, -schlüsse> (TEL) acceso *m* básico; **Basisarbeit** *f* <-, -en> (POL) trabajo *m* de base; **Basiscamp** ['ba:zɪskɛmp] *nt* <-s, -s> campamento *m* base; **bevor die Expedition aufbrach, wurden entlang der Strecke mehrere ~s eingerichtet** antes de iniciar la expedición se instalaron varios campamentos base a lo largo del recorrido
basisch *adj* (CHEM) básico
Basisdemokratie *f* <-, -n> (POL) democracia *f* básica; **basisdemokratisch I.** *adj* (POL) de la democracia de base **II.** *adv* (POL) respecto a la democracia de base; **Basiseinheit** *f* <-, -en> unidad *f* básica [*o* base]; **Basisgruppe** *f* <-, -n> grupo *m* de base; **Basisjahr** *nt* <-(e)s, -e> año *m* base; **Basislager** *nt* <-s, -> *s.* Basiscamp; **Basisstation** *f* <-, -en> (*Expedition*) base *f;* (*Telefon*) central *f;* **Basissteuersatz** *m* <-es, -sätze> tipo *m* básico de gravamen; **Basiswert** *m* <-(e)s, -e> valor *m* básico; **Basiswissen** *nt* <-s, *ohne pl*> conocimientos *mpl* básicos
Basizität [bazitsi'tɛ:t] *f* <-, *ohne pl*> (CHEM) basicidad *f*
Baske, -in ['baskə] *m, f* <-n, -n; -, -nen> vasco, -a *m, f;* **Baskenland** *nt* <-(e)s> País *m* Vasco, Euskadi *m;* **Baskenmütze** *f* <-, -n> chapela *f,* boina *f* vasca
Basketball¹ ['ba:skətbal] *m* <-(e)s, *ohne pl*> (*Sportart*) baloncesto *m*
Basketball² *m* <-(e)s, -bälle> (*Ball*) pelota *f* de baloncesto
Baskin *f* <-, -nen> *s.* **Baske**
baskisch *adj* vasco; (*Sprache*) vascuence, euskera
Basler¹ ['ba:zlɐ] *adj inv s.* **Bas(e)ler¹**
Basler(in)² *m(f)* <-s, -; -, -nen> *s.* **Bas(e)ler²**
Basrelief *nt* <-s, -s> (ARCHIT, KUNST) bajorrelieve *m*
bass^RR [bas] *adv:* **ich bin ~ erstaunt** (*fam*) esto me maravilla
Bass^RR [bas, *pl:* 'bɛsə] *m* <-es, Bässe> **1.** (*Stimmlage, Sänger*) bajo *m* **2.** (*Instrument*) contrabajo *m;* (*elektrisch verstärkt*) bajo *m*
baß *adv s.* **bass**
Baß *m* <-sses, Bässe> *s.* **Bass**
Bassbariton^RR *m* <-s, -e> (MUS) barítono *m* bajo; **Bassgeige^RR** *f* <-, -n> (MUS) contrabajo *m;* **Bassgitarre^RR** *f* <-, -n> (MUS) bajo *m*
Bassin [ba'sɛ̃:] *nt* <-s, -s> depósito *m* de agua
Bassist(in) [ba'sɪst] *m(f)* <-en, -en; -, -nen> **1.** (*Sänger*) bajo *m* **2.** (*Bassspieler*) contrabajo *mf;* (*elektrisch verstärkt*) bajo *mf*
Bassschlüssel^RR *m* <-s, -> (MUS) clave *f* de fa; **Bassstimme^RR** *f* <-, -n> (MUS) voz *f* de bajo
Bast [bast] *m* <-(e)s, -e> rafia *f*
basta ['basta] *interj* ¡basta!, ¡chitón!; **du kommst, (und damit) ~!** ¡vienes, y no se hable más!
Bastard ['bastart] *m* <-(e)s, -e> bastardo *m;* (BIOL) híbrido *m*
Bastardierung *f* <-, -en> (BIOL) cruce *m*
Bastei [bas'taɪ] *f* <-, -en> (HIST) baluarte *m*
Bastelarbeit *f* <-, -en> **1.** (*Handarbeit*) manualidades *fpl,* trabajos *mpl* manuales; (*handwerkliche Arbeit*) bricolaje *m;* (*knifflige Ar-*

beit) trabajo *m* de chinos **2.** (*Ergebnis*) manualidad *f*, trabajo *m* manual; **das Modellflugzeug ist eine ~ von mir** el aeromodelo lo he construido yo

Bastelei *f* <-, -en> (*fam abw: lästiges Basteln*) chapuza *f*; **ewig diese ~en! hol doch endlich mal einen Handwerker!** ¡siempre con estas chapuzas! ¡llama de una vez a un obrero!

basteln ['bastəln] **I.** *vi* **1.** (*Handarbeiten*) hacer trabajos manuales [*o* manualidades]; (*Hobbyheimwerk*) dedicarse al bricolaje **2.** (*reparieren*) (intentar) arreglar; **er bastelt an seinem Auto** intenta arreglar su coche **II.** *vt* hacer (a mano); **ich habe mir ein Modellflugzeug gebastelt** me he hecho [*o* construido] un aeromodelo

Basteln *nt* <-s, *ohne pl*> trabajo *m* manual; **das ~ von Modellschiffen ist sein Hobby** la construcción manual de modelos [*o* de maquetas] de barcos es su afición

Bastille [bas'ti:jə, bas'tɪljə] *f* <-, *ohne pl*> (HIST) Bastilla *f*; **der Sturm auf die ~ erfolgte 1789** la toma de la Bastilla tuvo lugar en 1789

Bastion [bas'tjo:n] *f* <-, -en> bastión *m*; **die letzte ~ des Kommunismus** el último bastión [*o* baluarte] del comunismo

Bastler(in) ['bastlɐ] *m(f)* <-s, -; -, -nen> aficionado, -a *m, f* a las manualidades [*o* al bricolaje]

Bastmatte *f* <-, -n> estera *f* de pleitas [*o* de rafias]

bat [ba:t] *3. imp von* **bitten**

BAT [be:ʔa:'te:] *m* (ADMIN) *Abk. von* **Bundesangestelltentarif** *convenio colectivo (federal) para empleados de los servicios públicos;* **er wird nach ~ IVb bezahlt** cobra según la tarifa colectiva IVb para empleados del servicio público

Bataillon [batal'jo:n] *nt* <-s, -e> (MIL) batallón *m*; **Bataillonskommandeur(in)** *m(f)* <-s, -e; -, -nen> (MIL) comandante *mf* de batallón, jefe, -a *m, f* de batallón

Batch [bɛtʃ] *f* <-, -s> (INFOR) lote *m*

Batholith [bato'li:t] *m* <-s *o* -en, -en> (GEO) batolito *m*

bathyal [baty'a:l] *adj* (GEO): **der ~e Bereich** la zona batial

Batik ['ba:tɪk] *f* <-, -en> batik *m* (*método de teñir tejidos*)

batiken ['ba:tɪkən] **I.** *vi* hacer batik; **sie batikt gern in ihrer Freizeit** le gustar hacer batik en su tiempo libre **II.** *vt* teñir con técnica de batik; **hast du das selbst gebatikt?** ¿lo has teñido al batik tú mismo?

Batist [ba'tɪst] *m* <-(e)s, -e> batista *f*

Batterie [batə'ri:] *f* <-, -n> **1.** (*Stromspeicher*) pila *f* **2.** (AUTO) batería *f* **3.** (*fam: Anzahl*) pila *f*; **eine ganze ~ (von) Maßnahmen** una artillería de medidas **4.** (MIL) batería *f*; **Batteriebetrieb** *m* <-(e)s, *ohne pl*> (ELEK) alimentación *f* a pilas; **Batterie- und Netzbetrieb** alimentación a pilas y por red;

batteriebetrieben *adj* accionado por batería; **ein ~es Radiogerät** una radio a pilas; **Batteriegerät** *nt* <-(e)s, -e> (ELEK) aparato *m* a pilas

Batteriehuhn *nt* <-(e)s, -hühner> (*fam*) gallina *f* de ponedero automático

Batterieladegerät *nt* <-(e)s, -e> cargador *m* de baterías, recargador *m* de pilas

Batzen ['batsən] *m* <-s, -> **1.** (*Klumpen*) grumo *m*; (*Brocken*) pedazo *m*; **ein schöner ~ Geld** (*fam*) un dineral; **das ist ein schöner ~ Arbeit** (*fam*) tendré que sudar tinta en este trabajo **2.** (*alte Münze*) *moneda de plata de un valor de cuatro cruzados con la cabeza de un águila en una cara, usada en Alemania a partir del s. XV.* **3.** (*Schweiz: Zehnrappenstück*) moneda *f* de diez céntimos

Bau¹ [baʊ] *m* <-(e)s, *ohne pl*> **1.** (*das Bauen*) construcción *f*, edificación *f*; **sich im ~ befinden** estar en construcción **2.** (*fam: Baustelle*) construcción *f*, obra *f*; **auf dem ~ arbeiten** trabajar en la construcción **3.** (*sl: Gefängnis*) chirona *f*; **er kam für vier Tage in den ~** lo metieron por cuatro días en chirona **4.** (*Konstitution*) constitución *f*, complexión *f*; **von kräftigem ~ sein** ser de fuerte complexión

Bau² *m* <-(e)s, Bauten> (*Gebäude*) edificio *m*, construcción *f*

Bau³ *m* <-(e)s, -e> (*Erdhöhle*) madriguera *f*

Bauabschnitt *m* <-(e)s, -e> tramo *m* en construcción; **Bauamt** *nt* <-(e)s, -ämter> oficina *f* de obras y construcciones; **Bauarbeiten** *fpl* obras *fpl* de construcción; **Bauarbeiter(in)** *m(f)* <-s, -; -, -nen> obrero, -a *m, f* de la construcción; **Bauart** *f* <-, -en> **1.** (ARCHIT) tipo *m* de construcción; (*Stil*) estilo *m* arquitectónico; **offene/geschlossene ~** construcción abierta/cerrada; **diese ~ gleicht derjenigen von Hundertwasser** este estilo se parece al de Hundertwasser **2.** (TECH) modelo *m*; **diese ~ gibt es heute nicht mehr** este modelo ya no existe [*o* ya no lo hay]

Bauaufsichtsbehörde *f* <-, -n> (ADMIN) autoridad *f* supervisora de las construcciones

Baubaracke *f* <-, -n> *s.* **Baubude**; **Baubeginn** *m* <-(e)s, *ohne pl*> comienzo *m* de edificación; **Baubeitrag** *m* <-(e)s, -träge> (*Schweiz: Bauzuschuss*) ayuda *f* a la construcción; **Baubeschrieb** *m* <-(e)s, -e> (*Schweiz: Baubeschreibung*) plan *m* detallado de construcción; **Bauboom** *m* <-s, -s> (WIRTSCH) boom *m* en el ramo de la construcción, auge *m* en el sector de las construcciones; **Baubude** *f* <-, -n> caseta *f* de los obreros de la construcción

Bauch [baʊx, *pl:* 'bɔɪçə] *m* <-(e)s, Bäuche> **1.** (*bei Mensch, Tier*) vientre *m*, barriga *f*, panza *f*, tripa *f fam*, timba *f Am*; **er hat einen aufgeblähten ~** tiene el vientre hinchado; **mein Vater hat einen ~ bekommen** a mi padre le ha salido [*o* mi padre ha echado]

barriga; **sich** *dat* **den ~ mit etw voll schlagen** (*fam*) darse una panzada de algo, ponerse morado de algo; **etw aus dem hohlen ~ heraus behaupten** afirmar [*o* sostener] algo sin conocimiento de causa; **etw aus dem ~ heraus entscheiden** decidir algo por intuición; **mit etw auf den ~ fallen** (*fam*) darse un planchazo; **ein voller ~ studiert nicht gern** (*prov*) barriga gruesa no engendra entendimiento **2.** (*bei Flasche, Vase*) vientre *m,* panza *f;* (*bei Schiff, Flugzeug*) casco *m;* **Bauchansatz** *m* <-es, -sätze> barriga *f* incipiente; **Bauchbinde** *f* <-, -n> **1.** (MED) faja *f* **2.** (*Zigarre*) vitola *f* **3.** (*Buch*) tira *f,* faja *f;* **Bauchdecke** *f* <-, -n> (ANAT) pared *f* abdominal

Bauchfell *nt* <-(e)s, -e> (ANAT) peritoneo *m;* **Bauchfellentzündung** *f* <-, -en> (MED) peritonitis *f inv*

Bauchfleisch *nt* <-(e)s, *ohne pl*> (GASTR) panceta *f;* **Erbseneintopf mit ~** potaje de guisantes con panceta; **Bauchgrimmen** *nt* <-s, *ohne pl*> (*alt*) dolor *m* de barriga [*o* de tripas]

Bauchhöhle *f* <-, -n> (ANAT) cavidad *f* abdominal; **Bauchhöhlenschwangerschaft** *f* <-, -en> (MED) embarazo *m* extrauterino

bauchig ['baʊxɪç] *adj* barrigudo, abombado

Bauchklatscher *m* <-s, -> (*fam*) plancha *f* (en el agua); **Bauchladen** *m* <-s, -läden> buhonería *f,* bandeja *f* de tabaquera; **Bauchlandung** *f* <-, -en> (AERO) aterrizaje *m* ventral

bäuchlings *adv* boca abajo, (tumbado) sobre el vientre; **~ fallen** caerse de boca; **~ ins Wasser springen** (*fam*) darse un tripazo contra el agua

Bauchmuskeln *mpl* (ANAT) músculos *mpl* abdominales; **Bauchnabel** *m* <-s, -> ombligo *m*

bauchreden *vi* practicar la ventriloquía; **Bauchredner(in)** *m(f)* <-s, -; -, -nen> ventrílocuo, -a *m, f;* **Bauchschmerzen** *mpl* dolores *mpl* de barriga

Bauchschuss[RR] *m* <-es, -schüsse> (MED) disparo *m* en el vientre, tiro *m* en el vientre; **Bauchspeck** *m* <-(e)s, *ohne pl*> (GASTR) panceta *f*

Bauchspeicheldrüse *f* <-, -n> páncreas *m inv;* **Bauchspeicheldrüsenkrebs** *m* <-es, -e> (MED) cáncer *m* de páncreas

Bauchtanz *m* <-es, -tänze> danza *f* oriental; **Bauchtänzerin** *f* <-, -nen> danzarina *f* oriental

Bauchwassersucht *f* <-, -en *o* -süchte> (MED) hidropesía *f*

Bauchweh *nt* <-s, *ohne pl*> (*fam*) dolor *m* de tripa [*o* barriga]

Baud [bɔːt] *nt* <-(s), -> (INFOR, TEL) baudio *m*

Baudenkmal *nt* <-(e)s, -mäler> monumento *m* conmemorativo; **Bauelement** *nt* <-(e)s, -e> **1.** (ARCHIT) elemento *m* de construcción, pieza *f* componente **2.** (ELEK, INFOR) componente *m*

bauen ['baʊən] **I.** *vt* **1.** (*errichten*) construir, edificar; (*Nest*) hacer **2.** (*fam: verursachen*) hacer; (*Unfall*) tener, originar; **da hast du Mist gebaut** has metido la pata **II.** *vi* **1.** (*vertrauen*) confiar (*auf* en) **2.** (*sich verlassen*) contar (*auf* con)

Bauentwurf *m* <-(e)s, -würfe> (ARCHIT) proyecto *m* de construcción

Bauer[1] ['baʊɐ] *m* <-s, -> **1.** (*Schachfigur*) peón *m* **2.** (*Spielkarte*) ≈sota *f*

Bauer[2] *m o nt* <-s, -> (*Vogelkäfig*) jaula *f*

Bauer[3] *m* <-n *o* -s, -n>, **Bäuerin** *f* <-, -nen> **1.** (*Landwirt*) agricultor(a) *m(f);* (*Landarbeiter*) labrador(a) *m(f),* campesino, -a *m, f,* concho, -a *m, f ZAm* **2.** (*abw: ungebildeter Mensch*) patán *m,* rústico, -a *m, f;* (*fam abw*) paleto, -a *m, f,* rural *mf Am*

Bäuerchen ['bɔɪɐçən] *nt* <-s, -> (*fam*) regüeldo *m,* eructo *m;* **ein ~ machen** soltar un eructo

Bäuerin ['bɔɪərɪn] *f* <-, -nen> *s.* **Bauer[3]**

bäu(e)risch *adj* rústico, guaso *SAm*

bäuerlich *adj* campesino, rústico, jíbaro *Am*

Bauernaufstand *m* <-(e)s, -aufstände> sublevación *f* campesina, rebelión *f* campesina; **Bauernbrot** *nt* <-(e)s, -e> ≈pan *m* de pueblo (*de centeno*); **Bauernbub** *m* <-en, -en> (*südd, Österr, Schweiz*) *s.* Bauernjunge; **Bauernfang** *m:* **auf ~ ausgehen** (*abw*) ir a engañar, buscar tontos; **im Wahlkampf gehen die Parteien wieder auf ~ aus** (*abw*) en la campaña electoral los partidos van otra vez a engañar a la gente; **Bauernfänger(in)** *m(f)* <-s, -; -, -nen> (*abw*) estafador(a) *m(f),* engañabobos *mf inv*

Bauernfängerei *f* <-, -en> engañabobos *m inv*

Bauernfängerin *f* <-, -nen> *s.* Bauernfänger; **Bauernfrühstück** *nt* <-(e)s, -e> *desayuno fuerte, a base de patatas rehogadas, huevos revueltos y tocino;* **Bauernhaus** *nt* <-es, -häuser> casa *f* de labranza; **Bauernhochzeit** *f* <-, -en> boda *f* campesina (*celebrada por todo lo alto en la granja*); **Bauernhof** *m* <-(e)s, -höfe> granja *f;* **Bauernjunge** *m* <-n, -n> mozo *m* campesino; (*Bauernsohn*) hijo *m* de campesinos; **Bauernkrieg** *m* <-(e)s, *ohne pl*> (HIST) Guerra *f* de los Labradores (*de 1525*); **Bauernmöbel** *nt* <-s, -> mueble *m* rústico; **das Esszimmer ist mit ~n eingerichtet** el comedor está amueblado en estilo rústico; **Bauernopfer** *nt* <-s, -> (*Schachspiel*) sacrificio *m* del peón; **Bauernregel** *f* <-, -n> almanaque *m* campesino

Bauernschaft[1] *f* <-, -en> (*ländliches Gebiet*) zona *f* rural; **gebürtig kommt er aus der ~ Midlich** por nacimiento procede de la zona rural de Midlich

Bauernschaft[2] *f* <-, *ohne pl*> (*Gesamtheit der Bauern*) campesinado *m,* campesinos *mpl*

bauernschlau *adj* astuto, bellaco; **Bauern-**

B

schläue *f* <-, *ohne pl*> agudeza *f*, ingeniosidad *f*; **Bauerntölpel** *m* <-s, -> (*abw*) patán *m*; **Bauernverband** *m* <-(e)s, -bände> asociación *f* de agricultores

Bauersfrau *f* <-, -en> *s.* Bäuerin; **Bauersleute** *pl* **1.** (*Bauern*) campesinos *mpl*, labriegos *mpl* **2.** (*Bauer und Bäuerin*) matrimonio *m* de campesinos

Bauerwartungsland ['baʊɐ'vartʊŋslant] *nt* <-(e)s, *ohne pl*> (ADMIN) suelo *m* de reserva urbana, zona *f* edificable prevista

baufällig *adj* ruinoso, en ruina

Baufälligkeit *f* <-, *ohne pl*> estado *m* ruinoso, amenaza *f* de ruina

Baufehler *m* <-s, -> defecto *m* de construcción; **Baufirma** *f* <-, -firmen> empresa *f* constructora; **Bauführer(in)** *m(f)* <-s, -; -, -nen> aparejador(a) *m(f)*; **Baugelände** *nt* <-s, -> zona *f* de edificación; **Baugeld** *nt* <-es, -er> dinero *m* disponible para edificar; **Baugenehmigung** *f* <-, -en> permiso *m* de edificación, licencia *f* de construcción; **vorläufige** ~ licencia provisional de construcción; **Baugenossenschaft** *f* <-, -en> (WIRTSCH) cooperativa *f* de construcciones; **Baugerüst** *nt* <-(e)s, -e> andamio *m*, andamiaje *m*; **Baugeschäft** *nt* <-(e)s, -e> pequeña (empresa *f*) constructora *f*; **Baugesellschaft** *f* <-, -en> empresa *f* constructora, compañía *f* contratista; **Baugewerbe** *nt* <-s, *ohne pl*> ramo *m* de la construcción; **Baugrube** *f* <-, -n> zanja *f* (de una obra); **Baugrundstück** *nt* <-(e)s, -e> solar *m*; **Baugruppe** *f* <-, -n> grupo *m* de construcción; **Bauhandwerker(in)** *m(f)* <-s, -; -, -nen> obrero, -a *m, f* especializado, -a de la construcción

Bauhaus *nt* <-es, *ohne pl*> (ARCHIT, KUNST) (estilo *m*) Bauhaus *m*

Bauherr(in) *m(f)* <-(e)n, -(e)n; -, -nen> propietario, -a *m, f*; **Bauholz** *nt* <-es, -hölzer> madera *f* de construcción; **Bauimperium** *nt* <-s, -imperien> (WIRTSCH) imperio *m* de la construcción; **Bauindustrie** *f* <-, *ohne pl*> industria *f* de la construcción; **Bauingenieur(in)** *m(f)* <-s, -e; -, -nen> ingeniero, -a *m, f* civil [*o* de caminos, canales y puertos]; **Baujahr** *nt* <-(e)s, -e> **1.** (*von Gebäuden*) año *m* de construcción **2.** (*von Fahrzeugen*) año *m* de fabricación

Baukasten *m* <-s, – *o* -kästen> juego *m* de construcción (con cubos); **Baukastenprinzip** *nt* <-s, *ohne pl*> principio *m* de construcción modular; **Baukastensystem** *nt* <-s, *ohne pl*> (TECH) sistema *m* de montaje por módulos normalizados; **im** ~ en módulos

Bauklotz *m* <-es, -klötze> cubos *mpl* aplicables, juego *m* de construcción; **Bauklötze staunen** (*fam*) quedarse atónito, quedarse a cuadros, alucinar a colores; **Bauklötzchen** ['baʊklœtsçən] *nt* <-s, -> cubos *mpl* aplicables, juego *m* de construcción; **Baukommission** *f* <-, -en> comisión *f* supervisora de una obra; **Baukonjunktur** *f* <-, -en> (WIRTSCH) coyuntura *f* en construcciones

Baukosten *pl* gastos *mpl* de construcción; **Baukostenzuschuss**[RR] *m* <-es, -schüsse> participación *f* en los costes de construcción (*mediante la que el futuro inquilino adquiere el derecho a la vivienda*)

Baukran *m* <-(e)s, -kräne *o* -e> (TECH) grúa *f* de construcciones; **Baukredit** *m* <-(e)s, -e> crédito *m* a la construcción; **Baukunst** *f* <-, *ohne pl*> (*geh*) arquitectura *f*; **die** ~ **der Spanier/der Renaissance** la arquitectura española/renacentista; **Bauland** *nt* <-(e)s, *ohne pl*> terreno *m* de edificación, solar *m*; **Bauleiter(in)** *m(f)* <-s, -; -, -nen> director(a) *m(f)* de la obra; **Bauleitung** *f* <-, -en> **1.** (*Aufsicht*) dirección *f* de las obras; (*Büro*) oficina *f* de (dirección de) obras **2.** (*Bauleiter*) aparejador(a) *m(f)*

baulich *adj* arquitectónico; ~**e Veränderungen vornehmen** realizar cambios arquitectónicos

Baulichkeit *f* <-, -en> (*formal*) edificación *f*; **vor Ort überprüfte er den Zustand der** ~**en** comprobó in situ el estado de las edificaciones

Baulöwe *m* <-n, -n> (*fam abw*) *constructor sin escrúpulos*; **Baulücke** *f* <-, -n> solar *m* entre edificios

Baum [baʊm, *pl:* 'bɔɪmə] *m* <-(e)s, Bäume> **1.** (BOT) árbol *m*; **auf einen** ~ **klettern** trepar [*o* subir] a un árbol; **stark wie ein** ~ fuerte como un roble; **Bäume ausreißen können** (*fam*) rebosar de vitalidad; **der** ~ **der Erkenntnis** el árbol de la ciencia (del bien y del mal) **2.** (INFOR: *Struktur*) árbol *m*

Baumarkt *m* <-(e)s, -märkte> mercado *m* de materiales para la construcción; **Baumaschine** *f* <-, -n> máquina *f* de construcción; **Baumaterial** *nt* <-s, -ien> material *m* de construcción

Baumbestand *m* <-(e)s, -stände> arbolado *m*; **Grundstück mit altem** ~ terreno con arbolado viejo; **baumbestanden** *adj* arbolado; **auf diesem** ~**en Grundstück darf nicht gebaut werden** en este terreno arbolado no se puede construir

Baumeister(in) *m(f)* <-s, -; -, -nen> (*Erbauer*) constructor(a) *m(f)*, autor(a) *m(f)*; (*Beruf*) arquitecto, -a *m, f* técnico, -a

baumeln ['baʊməln] *vi* (*fam*) bambolearse, balancearse

bäumen *vr:* **sich** ~ **1.** (*Pferd*) encabritarse, bellaquearse *Am*, alebrestarse *Kol, Ven*, enarcarse *Mex* **2.** (*sich auflehnen*) rebelarse (*gegen* contra)

Baumfarn *m* <-(e)s, -e> (BOT) helecho *m* arbóreo; **Baumgrenze** *f* <-, -n> límite *m* de la arboleda; **Baumgruppe** *f* <-, -n> arboleda *f*; **baumhoch** *adj* alto como un árbol, de la altura de un árbol; **Baumkrone** *f* <-, -n> copa *f*; **Baumkultur** *f* <-, -en> arboricultura *f*; **baumlang** *adj* (*fam*) tan alto como [*o* más alto que] la copa de un pino; **Baumläufer** *m* <-s, -> (ZOOL) agateador *m;* **baumlos** *adj* sin árboles, desarbolado; **Baumnuss**[RR] *f* <-, -nüsse> (*Schweiz: Walnuss*) nuez *f;* **Baumriese** *m* <-n, -n> (*geh*) árbol *m* gigante(sco); **Baumrinde** *f* <-, -n> corteza *f;* **Baumschere** *f* <-, -n> podadera *f;* **Baumschule** *f* <-, -n> plantel *m,* semillero *m;* **Baumstamm** *m* <-(e)s, -stämme> tronco *m;* **baumstark** *adj* fuerte como un roble; **Baumsterben** *nt* <-s, *ohne pl*> muerte *f* de los bosques; **Baumstruktur** *f* <-, -en> (INFOR) estructura *f* en árbol; **Baumstumpf** *m* <-(e)s, -stümpfe> tocón *m;* (*Ballen*) cepellón *m;* **Baumwipfel** *m* <-s, -> cima *f* de un árbol

Baumwolle *f* <-, *ohne pl*> algodón *m*

baumwollen *adj* de algodón

Baumwollernte *f* <-, -n> cosecha *f* de algodón; **Baumwolllunge**[RR] *f* <-, -n> pulmón *m* de algodón; **Baumwollpflanzung** *f* <-, -en> plantación *f* de algodón, algodonal *m;* **Baumwollspinnerei** *f* <-, -en> hilatura *f* de algodón; **Baumwollstaude** *f* <-, -n> algodonero *m;* **Baumwollstoff** *m* <-(e)s, -e> tejido *m* de algodón, tela *f* de algodón

Baumzucht *f* <-, *ohne pl*> (AGR) arboricultura *f*

Bauobligationen *fpl* (FIN) bonos *mpl* de construcción

Bauordnung *f* <-, -en> (ADMIN) ordenanza *f* de construcciones; **Bauordnungsamt** *nt* <-(e)s, -ämter> autoridad *f* supervisora de las obras de construcción

Bauplan *m* <-(e)s, -pläne> **1.** (*Entwurf*) plan *m* de ejecución de las obras **2.** (*Bauvorhaben*) proyecto *m* de construcción; **Bauplanung** *f* <-, -en> planificación *f* de construcciones; **Bauplatz** *m* <-es, -plätze> solar *m;* **Baupolizei** *f* <-, -en> inspección *f* urbanística; **Baupreis** *m* <-es, -e> precio *m* de construcción; **Bauprojekt** *nt* <-(e)s, -e> proyecto *m* de construcción; **Baurecht** *nt* <-s, *ohne pl*> (JUR) derecho *m* de construcción; **Baureihe** *f* <-, -n> serie *f* (de construcción)

bäurisch *adj s.* **bäuerisch**

Bauruine *f* <-, -n> (*fam*) construcción *f* sin terminar [*o* en ruinas]; **Bausatz** *m* <-es, -sätze> (TECH) equipo *m* de construcción

Bausch [baʊʃ] *m* <-(e)s, -e *o* Bäusche> (*Watte*) pelota *f* (de algodón); **in ~ und Bogen** a bulto, en bloque

Bauschäden *mpl* daños *mpl* en la construcción

bauschen ['baʊʃən] **I.** *vi* (*bauschig sein*) ser abombado; **eine Bluse mit ~den Ärmeln** una blusa con mangas abombadas; **der Rock sitzt nicht gut, er bauscht an den Hüften** la falda no sienta bien, hace bolsas en las caderas **II.** *vt* **1.** (*blähen*) hinchar, henchir *geh;* **der Wind bauschte die Segel** el viento henchía las velas **2.** (*raffen*) ahuecar, abombar; **gebauschte Ärmel waren im 16.Jahrhundert modern** las mangas abombadas estaban de moda en el siglo XVI **III.** *vr:* **sich ~** hincharse; (*Kleidung*) abombarse; **sich nach außen/innen ~** abombarse hacia dentro/hacia fuera; **die Vorhänge bauschten sich mit jedem Windstoß** las cortinas se hinchaban a cada golpe de viento

bauschig *adj* **1.** (*weich, füllig*) mullido, blando **2.** (*weit, gewölbt*) abombado

Bauschlosser(in) *m(f)* <-s, -; -, -nen> cerrajero, -a *m, f* de obras; **Bauschutt** *m* <-(e)s, *ohne pl*> escombros *mpl*

Bauspardarlehen ['baʊʃpa:ɐ-] *nt* <-s, -> (FIN) préstamo *m* de ahorro-vivienda

bausparen *vi* ahorrar para vivienda

Bausparer(in) *m(f)* <-s, -; -, -nen> poseedor(a) *m(f)* de una cuenta de ahorro-vivienda

Bausparförderung *f* <-, -en> (FIN) promoción *f* de ahorro-vivienda; **Bausparkasse** *f* <-, -n> caja *f* de ahorro(s) para la construcción; **Bausparkonto** *nt* <-s, -konten> cuenta-vivienda *f;* **Bausparvertrag** *m* <-(e)s, -träge> cuenta-vivienda *f*

Bauspekulant(in) *m(f)* <-en, -en; -, -nen> (WIRTSCH) especulante *mf* en construcciones; **Bausperre** *f* <-, -n> suspensión *f* del permiso de construcción; **Baustein** *m* <-(e)s, -e> **1.** (ARCHIT) piedra *f* de construcción **2.** (*Bestandteil*) componente *m;* (*Beitrag*) contribución *f;* **elektronischer ~** (INFOR) chip *m*

Baustelle *f* <-, -n> obras *fpl;* **Betreten der ~ verboten!** ¡prohibida la entrada a toda persona ajena a las obras!; **Baustellenfertigung** *f* <-, *ohne pl*> (WIRTSCH) fabricación *f* en el lugar de la obra

Baustil *m* <-(e)s, -e> (ARCHIT) estilo *m* arquitectónico; **Baustoff** *m* <-(e)s, -e> **1.** (*Baumaterial*) material *m* de construcción **2.** (BIOL) substancia *f* orgánica; **Baustopp** *m* <-s, -s> interrupción *f* de las obras; **einen ~ verhängen** prohibir las obras; **Bausubstanz** *f* <-, *ohne pl*> estructura *f* (del edificio); **Bautechniker(in)** *m(f)* <-s, -; -, -nen> técnico, -a *m, f* de obras

Bauteil[1] *m* <-(e)s, -e> (*Teil des Gebäudes*) parte *f* (de un edificio)

Bauteil[2] *nt* <-(e)s, -e> (*Teil zum Bauen*) elemento *m;* (*Teil einer Maschine*) componente *m* (de una máquina)

Bauten ['baʊtən] *pl von* **Bau**[2]

Bautischler(in) *m(f)* <-s, -; -, -nen> carpintero, -a *m, f* de obra; **Bauträger(in)** *m(f)* <-s, -; -, -nen> promotor(a) *m(f)* de las obras; **~ des neuen Finanzamtes ist das Land Bayern** el Estado Federal de Baviera promueve las obras de la nueva Delegación de Hacienda; **Bautrupp** *m* <-s, -s> **1.** (*für Bauarbeiten*) cuadrilla *f* de obreros de la construcción **2.** (TECH: *Montagetrupp*) cuadrilla *f* de montaje; **Bauunternehmen** *nt* <-s, -> compañía *f* de construcciones; **Bauunter-**

nehmer(in) *m(f)* <-s, -; -, -nen> contratista *mf* de obras; **Bauverbot** *nt* <-(e)s, -e> prohibición *f* de edificar; (*Unterbrechung*) suspensión *f* de obras; **Bauvorhaben** *nt* <-s, -> proyecto *m* de construcción; **Bauweise** *f* <-, -n> método *m* constructivo, estilo *m;* **Bauwerk** *nt* <-(e)s, -e> edificio *m,* construcción *f;* **Bauwesen** *nt* <-s, *ohne pl*> (sector *m* de la) construcción *f;* **kommunales** ~ construcción municipal; **Bauwirtschaft** *f* <-, *ohne pl*> ramo *m* de la construcción

Bauxit [baʊˈksiːt] *m* <-s, -e> bauxita *f*

bauz [baʊts] *interj* (*Kind*) ¡(cata)pum!, ¡cataplum!; **und** ~, **da liegst du!** ¡y catapum, al suelo!; **wenn du herunterfällst, machst du** ~ **und das tut weh** si te caes, haces cataplum y eso hace pupa

Bauzaun *m* <-(e)s, -zäune> valla *f* de una obra; **Bauzeichnung** *f* <-, -en> **1.** (ARCHIT) plano(s) *m(pl)* de obra **2.** (TECH) plano(s) *m(pl)* de construcción; **Bauzeit** *f* <-, -en> duración *f* de las obras de construcción

Bayer(in) [ˈbaɪɐ] *m(f)* <-n, -n; -, -nen> bávaro, -a *m, f*

bay(e)risch [ˈbaɪ(ə)rɪʃ] *adj* bávaro, de Baviera

Bayern [ˈbaɪɐn] *nt* <-s> Baviera *f*

Bayreuth [baɪˈrɔɪt] *nt* <-s> Bayreuth *m*

bayrisch *adj s.* **bay(e)risch**

bazillär [batsɪˈlɛːɐ] *adj* bacilar

Bazillus [baˈtsɪlʊs] *m* <-, Bazillen> bacilo *m*

BCG-Schutzimpfung *f* <-, -en> (MED) vacuna *f* contra la tuberculosis

Bd. *Abk. von* **Band** t., vol.

BDA *Abk. von* **Bund Deutscher Architekten** Asociación *f* de Arquitectos Alemanes, ≈Colegio *m* de Arquitectos

Bde. *Abk. von* **Bände** ts., vols.

BDI [beːdeːˈʔiː] *m* <-> *Abk. von* **Bundesverband der Deutschen Industrie** Asociación *f* Federal de Industrias Alemanas

BDÜ [beːdeːˈʔyː] *m* <-> *Abk. von* **Bundesverband der Dolmetscher und Übersetzer** Asociación *f* Federal de Traductores e Intérpretes

B-Dur *nt* <-s, *ohne pl*> (MUS) si *m* bemol mayor

Be (CHEM) *Abk. von* **Beryllium** Be

BE *f* (MED) *Abk. von* **Broteinheit** unidad *f* alimenticia

beabsichtigen* *vt* proyectar, tener la intención (de); **das war nicht beabsichtigt!** ¡no fue intencionado!; **ich beabsichtige nächste Woche nach San Sebastián zu fahren** tengo la intención de ir a San Sebastián la semana que viene; **die beabsichtigte Wirkung trat nicht ein** no se produjo el resultado previsto

beachten* *vt* **1.** (*Aufmerksamkeit schenken*) atender (a), prestar atención (a); (*Rat*) seguir; **nicht** ~ desatender, pasar por alto **2.** (*Vorschrift*) cumplir (con) **3.** (*berücksichtigen*) tener en cuenta, considerar; **es ist zu** ~, **dass ...** hay que considerar que... **4.** (*bemerken*) fijarse (en), observar; **beachtenswert** *adj* notable

beachtlich *adj* **1.** (*beträchtlich*) considerable, notable **2.** (*wichtig*) importante

Beachtung *f* <-, *ohne pl*> atención *f;* (*der Gesetze*) observancia *f;* **unter** [*o* **bei**] ~ **der Situation** considerando la situación; **etw** *dat* **(keine)** ~ **schenken** (no) hacer caso de [*o* a] algo; ~ **verdienen** merecer atención

Beamte(r) *mf* <-n, -n; -n, -n>, **Beamtin** *f* <-, -nen> funcionario, -a *m, f* del Estado; **richterlicher ~r** oficial de justicia; **ein hoher ~r** un alto funcionario del Estado; **~r auf Lebenszeit/Widerruf** funcionario vitalicio/interino; **Beamtenanwärter(in)** *m(f)* <-s, -; -, -nen> (ADMIN) aspirante *mf* a cargo de funcionario; **Beamtenapparat** *m* <-(e)s, -e> (*fam abw*) funcionariado *m;* **Beamtenbeleidigung** *f* <-, -en> desacato *m* a la autoridad; **Beamtenbestechung** *f* <-, -en> cohecho *m,* soborno *m* de funcionarios públicos; **Beamtendeutsch** *nt* <-, *ohne pl*> (*abw*) jerga *f* administrativa; **Beamtenlaufbahn** *f* <-, -en> (ADMIN) carrera *f* de funcionario; **Beamtenmentalität** *f* <-, -en> (*abw*) mentalidad *f* de funcionario; **Beamtenrecht** *nt* <-s, *ohne pl*> (JUR) derecho *m* de funcionarios

Beamtenschaft *f* <-, *ohne pl*> funcionariado *m,* cuerpo *m* de funcionarios

Beamtenstelle *f* <-, -n> puesto *m* de funcionario; **feste** ~ puesto fijo de funcionario

Beamtentum *nt* <-s, *ohne pl*> funcionariado *m,* personal *m* administrativo

Beamtenverhältnis *nt* <-ses, -se>: **im** ~ **stehen** tener calidad de funcionario; **in das** ~ **übernommen werden** pasar a ser funcionario [*o* a tener calidad de funcionario]

beamtet *adj* empleado como funcionario

Beamtin *f* <-, -nen> *s.* **Beamte(r)**

beängstigen* [bəˈʔɛŋstɪɡən] *vt* atemorizar, dar miedo

beängstigend *adj* alarmante

beanspruchen* [bəˈʔanʃprʊxən] *vt* **1.** (*fordern, verlangen*) exigir, reclamar **2.** (*Zeit, Platz*) exigir, requerir **3.** (*Hilfe, Gastfreundschaft*) recurrir (a) **4.** (*Geduld*) poner a prueba; (*Maschine*) usar, someter a un esfuerzo; (*Person*) ocupar

Beanspruchung *f* <-, -en> **1.** (*das Inanspruchnehmen*) utilización *f,* empleo *m* **2.** (*eines Menschen*) exigencia *f* **3.** (*Abnutzung*) desgaste *m*

beanstanden* *vt* poner reparos (a), objetar

Beanstandung *f* <-, -en> objeción *f,* reparo *m;* **es gibt (keinen) Grund zur** ~ (no) hay motivo de queja

beantragen* *vt* solicitar, pedir

beantworten* [bəˈʔantvɔrtən] *vt* contestar, responder

Beantwortung *f* <-, -en> respuesta *f;* **in** ~

B

Ihres Schreibens vom ... en respuesta a su carta del..., contestando su carta del...

bearbeiten* *vt* **1.** (*behandeln*) tratar, trabajar; (*Stein*) labrar; (*Rohstoffe*) elaborar **2.** (*sich befassen mit*) ocuparse (de), trabajar; (*Fall, Antrag*) tramitar **3.** (*Musikstück*) transcribir, arreglar; (*Thema*) trabajar; (*Text*) revisar; (*für den Film*) adaptar **4.** (*schlagen*) pegar; **jdn mit den Fäusten ~** (*fam*) darle una paliza a alguien **5.** (*fam: einreden*): **jdn ~** tratar de persuadir a alguien

Bearbeiter(in) *m(f)* <-s, -; -, -nen> **1.** (*Sachbearbeiter*) encargado, -a *m, f* **2.** (*Text*) autor(a) *m(f)*, corrector(a) *m(f)*; (MUS) arreglista *mf*, adaptador(a) *m(f)*; **Bearbeiterurheberrecht** *nt* <-(e)s, -e> derecho *m* autoral de revisor

Bearbeitung *f* <-, -en> **1.** (*das Bearbeiten*) (trabajo *m* de) elaboración *f*; (*Buch*) revisión *f*; **~ eines Kreditantrags** tramitación de un crédito; **manuelle/maschinelle ~** elaboración manual/a máquina; **etw ist in ~** algo está en tramitación **2.** (*überarbeitete Fassung*) adaptación *f* **3.** (MUS) transcripción *f*; **Bearbeitungsdauer** *f* <-, *ohne pl*> (*eines Antrags*) tiempo *m* de tramitación; (*eines Produktes*) tiempo *m* de elaboración; **Bearbeitungsgebühr** *f* <-, -en> (ADMIN) tarifa *f* de tramitación; **Bearbeitungsrechte** *ntpl* derechos *mpl* de revisión; **Bearbeitungsverfahren** *nt* <-s, -> proceso *m* de elaboración

beargwöhnen* [bəˈʔarkvøːnən] *vt* (*geh*) sospechar (de), desconfiar (de)

Beat [biːt] *m* <-(s), *ohne pl*> (MUS) beat *m*; **Beatband** [ˈbiːtˈbɛnt] *f* <-, -s> conjunto *m* beat, grupo *m* beat

beatmen* *vt* (MED) practicar la respiración artificial; **er wird künstlich beatmet** se le practica la respiración artificial

Beatmung *f* <-, -en> (MED): (**künstliche**) **~** respiración *f* artificial; (*mit Beatmungsgeräten*) respiración *f* asistida; **Beatmungsgerät** *nt* <-(e)s, -e> (MED) respirador *m*, aparato *m* de respiración (artificial)

Beatmusik [ˈbiːtmuˈziːk] *f* <-, *ohne pl*> beat *m*

Beatnik [ˈbiːtnɪk] *m* <-s, -s> (HIST) beatnik *mf*

Beau [boː] *m* <-, -s> guaperas *m inv fam*

Beaufortskala [ˈboːfɐt-] *f* <-, -skalen> (METEO) escala *f* de Beaufort

beaufsichtigen* *vt* **1.** (*Schüler*) vigilar **2.** (*Arbeit, Bau*) controlar, supervisar

Beaufsichtigung *f* <-, -en> vigilancia *f*, supervisión *f*; **unter ~** bajo custodia

beauftragen* *vt* encargar, encomendar; **jdn mit etw ~** encomendar algo a alguien

Beauftragte(r) *mf* <-n, -n; -n, -n> encargado, -a *m, f*, comisionado, -a *m, f*

beäugen* *vt* escrutar, escudriñar; **jdn vorsichtig ~** examinar cuidadosamente a alguien

bebaubar *adj* cultivable

bebauen* *vt* **1.** (*mit Gebäuden*) edificar, construir (en); (*verstädtern*) urbanizar **2.** (*Acker*) cultivar, labrar

Bebauung *f* <-, -en> edificación *f*, urbanización *f*; **Bebauungsplan** *m* <-(e)s, -pläne> plan *m* de urbanización

Bébé [beˈbeː] *nt* <-s, -s> (*Schweiz*) bebé *m*

beben [ˈbeːbən] *vi* temblar; **vor Angst ~** temblar de miedo; **vor seinem Vater ~** temblar ante su padre

Beben *nt* <-s, -> seísmo *m*, terremoto *m*

bebildern* *vt* ilustrar

Bebilderung *f* <-, -en> **1.** (*das Bebildern*) ilustración *f*; **die ~ eines Zeitungsartikels** la ilustración de un artículo de periódico **2.** (*die Bilder*) ilustraciones *fpl*; **die fünffarbige ~ drückt den Preis nach oben** las ilustraciones en cinco colores hacen subir el precio

bebrillt *adj* (*fam*) con gafas, que lleva gafas, que lleva anteojos *Am*; **seit wann bist du ~?** ¿desde cuándo llevas gafas?

Becher [ˈbɛçɐ] *m* <-s, -> vaso *m*, taza *f*; (*Joghurt~*) tarrina *f*

bechern [ˈbɛçɐn] *vi* (*fam*) empinar el codo

bechterewsche Krankheit[RR] *f* <-, *ohne pl*> (MED) espondiloartritis *f inv*

becircen* [bəˈtsɪrtsən] *vt* (*fam*) embelesar

Becken [ˈbɛkən] *nt* <-s, -> **1.** (*Wasch~*) lavabo *m*; (*Spül~*) pila *f*; (*Schwimm~*) piscina *f* **2.** (ANAT) pelvis *f inv* **3.** (MUS) platillos *mpl* **4.** (GEO) cuenca *f*; **Beckenbruch** *m* <-(e)s, -brüche> (MED) fractura *f* de la pelvis; **Beckenknochen** *m* <-s, -> hueso *m* ilíaco

Becquerel [bɛkəˈrɛl] *nt* <-s, -> (PHYS) becquerel *m*

bedachen* *vt* techar (*mit* con); (*bedecken*) cubrir (*mit* de); **über den Fluss führt eine bedachte Brücke** por encima del río hay un puente cubierto; **der Neubau steht, er muss nur noch bedacht werden** el nuevo edificio ya está construido, sólo hay que techarlo

bedacht [bəˈdaxt] **I.** *pp von* **bedachen, bedenken II.** *adj* (*umsichtig*) cuidadoso, prudente; (*überlegt*) deliberado; **~ handeln** actuar premeditadamente; **auf seinen Ruf ~ sein** cuidar su fama; **darauf ~ sein, dass ...** cuidar de que +*subj*

Bedacht *m* <-(e)s, *ohne pl*> (*geh*): **etw mit ~ tun** (*überlegt*) hacer algo deliberadamente; (*vorsichtig*) hacer algo con cuidado; **ohne ~** sin prudencia

Bedachte(r) *mf* <-n, -n; -n, -n> (JUR) legatario, -a *m, f*, beneficiario, -a *m, f* del testamento

bedächtig [bəˈdɛçtɪç] *adj* **1.** (*langsam*) mesurado, lento **2.** (*vorsichtig*) prudente, cuidadoso

Bedächtigkeit *f* <-, *ohne pl*> discreción *f*, prudencia *f*; (*Umsicht*) circunspección *f*

bedachtsam *adj* (*geh*) prudente, discreto, cuidadoso

Bedachung *f* <-, -en> **1.** (*das Bedachen*) construcción *f* de un tejado **2.** (*Dach*) techo *m*, techado *m*, techumbre *f*; **eine ~ aus Holz-**

schindeln una techumbre de ripias

bedanken* *vr:* **sich** ~ dar las gracias; **sich bei jdm für etw** ~ agradecer algo a alguien, dar las gracias a alguien por algo

Bedarf [bə'darf] *m* <-(e)s, *ohne pl*> **1.** (*Bedürfnis*) necesidad *f,* falta *f;* **bei** ~ cuando sea necesario; (**je**) **nach** ~ según las necesidades; **danke, kein** ~! (*fam*) ¡gracias, no me interesa! **2.** (COM) demanda *f,* necesidad *f;* **akuter/wirklicher** ~ demanda aguda/real; **einen** ~ **schaffen** crear una demanda; **Güter des täglichen** ~**s** productos de primera necesidad; **den** ~ **an etw decken** satisfacer la demanda de algo; **Bedarfsartikel** *m* <-s, -> artículo *m* de primera necesidad [*o* de consumo]; **Bedarfsbeeinflussung** *f* <-, -en> influencia *f* en la demanda; **Bedarfsdeckung** *f* <-, -en> (WIRTSCH) cobertura *f* de las necesidades; **Bedarfseinschätzung** *f* <-, -en> evaluación *f* de la demanda; **Bedarfsermittlung** *f* <-, -en> determinación *f* de la demanda; **Bedarfsfall** *m* <-(e)s, -fälle>: **im** ~ en caso necesario [*o* de necesidad]; **bedarfsgerecht** *adj* adaptado a las necesidades; **eine** ~**e Ausstattung für Behinderte** un equipamiento adaptado a las necesidades de los minusválidos; **Bedarfsgüter** *ntpl* bienes *mpl* de consumo; **Bedarfshaltestelle** *f* <-, -n> parada *f* discrecional; **Bedarfslenkung** *f* <-, *ohne pl*> control *m* de la demanda; **Bedarfssättigung** *f* <-, -en> saturación *f* de la demanda

bedauerlich [bə'daʊɐlɪç] *adj* lamentable, lastimoso

bedauerlicherweise [-'----'--] *adv* lamentablemente

bedauern* [bə'daʊɐn] *vt* **1.** (*Verlust, Sache*) sentir, lamentar; **wir** ~ **Ihnen mitteilen zu müssen, dass ...** lamentamos tener que comunicarle(s) que...; **ich bedaure diese Entscheidung sehr** lamento mucho esta decisión; **bedaure!** ¡lo lamento! **2.** (*Mensch*) compadecer (a), sentir lástima (de, *wegen* por)

Bedauern *nt* <-s, *ohne pl*> pesar *m,* compasión *f;* **zu meinem größten** ~ **...** muy a pesar mío...; **jdm sein** ~ **ausdrücken** acompañar a alguien en el sentimiento

bedauernd I. *adj* compasivo, de compasión; **eine** ~**e Miene aufsetzen** poner gesto compasivo II. *adv* compasivamente, con compasión; **jdn** ~ **anschauen** mirar a alguien compasivamente [*o* con gesto de compasión]; **etw** ~ **sagen** decir algo en tono compasivo

bedauernswert *adj,* **bedauernswürdig** *adj* (*geh*) **1.** (*Sache*) deplorable, lamentable; **diese Sache ist höchst** ~ el asunto es sumamente lamentable **2.** (*Mensch*) digno de lástima

bedecken* *vt* cubrir (*mit* de/con), tapar (*mit* con); **er bedeckte sein Gesicht mit den Händen** se cubrió la cara con las manos

bedeckt *adj* (*Himmel*) encapotado; **sich** (**in einer Sache**) ~ **halten** reservarse su opinión sobre algo

Bedeckung *f* <-, -en> cubierta *f;* (MIL) escolta *f*

bedenken* *irr vt* **1.** (*überlegen*) pensar(se), reflexionar (sobre); **wohl bedacht** (*geh*) (muy) bien pensado [*o* reflexionado]; **wir müssen unsere nächsten Schritte erst** ~ por lo pronto tenemos que pensar en nuestros próximos pasos **2.** (*beachten*) considerar, tener en cuenta; **wenn man es recht bedenkt** considerándolo bien; **zu** ~ **geben, dass ...** señalar que..., indicar que... **3.** (*geh: vermachen*): **jdn mit etw** ~ legar algo a alguien

Bedenken[1] *nt* <-s, *ohne pl*> (*das Überlegen*) reflexión *f,* meditación *f;* **nach kurzem** ~ después de una breve reflexión

Bedenken[2] *ntpl* (*Zweifel*) duda *f;* (*Einwand*) reparo *m;* **ohne** ~ sin reparos; **ihr kommen** ~ le surgen dudas; **ich habe da so meine** ~ tengo mis dudas al respecto

bedenkenlos *adj* **1.** (*ohne zu zögern*) sin vacilar; **da kannst du** ~ **hingehen** no dudes en pasarte por allí **2.** (*ohne Überlegung*) irreflexivo **3.** (*skrupellos*) sin escrúpulos

Bedenkenlosigkeit *f* <-, *ohne pl*> **1.** (*Unüberlegtheit*) irreflexión *f* **2.** (*Skrupellosigkeit*) falta *f* de escrúpulos

bedenkenswert *adj* digno de consideración; **dein Vorschlag ist** ~ tu propuesta merece ser tomada en cuenta [*o* ser considerada]

bedenklich *adj* **1.** (*zweifelhaft*) dudoso, ambiguo, sospechoso **2.** (*Besorgnis erregend*) preocupante, alarmante **3.** (*besorgt*) preocupado; **er machte ein sehr** ~**es Gesicht** puso cara de preocupación; **die Neuigkeit stimmte ihn** ~ la noticia le dejó preocupado

Bedenkzeit *f* <-, *ohne pl*> tiempo *m* de reflexión, plazo *m* para reflexionar

bedeuten* *vt* **1.** (*bezeichnen, meinen*) significar, querer decir; **was bedeutet dieses Wort?** ¿qué significa esta palabra?; **das hat nichts zu** ~ no quiere decir nada **2.** (*wichtig sein*) significar, importar; **Geld bedeutet mir nichts** el dinero no significa nada para mí **3.** (*geh: zu verstehen geben*) dar a entender; **sie bedeutete ihr zu gehen** le dio a entender que se fuese

bedeutend I. *adj* **1.** (*wichtig*) importante **2.** (*bemerkenswert*) notable, notorio **3.** (*bedeutsam*) significativo **4.** (*beachtlich*) considerable II. *adv* (*beträchtlich*) bastante, notoriamente; **sein Zustand hat sich** ~ **gebessert** su situación ha mejorado notablemente

bedeutsam *adj* (*wichtig*) importante; (*viel sagend*) significativo

Bedeutung[1] *f* <-, -en> (*Sinn*) significado *m,* sentido *m;* **in übertragener/wörtlicher** ~ en sentido figurado/literal

Bedeutung[2] *f* <-, *ohne pl*> (*Wichtigkeit*) importancia *f;* **etw ist von** ~ algo es de importancia; **nichts von** ~ nada importante; **er maß ihrem Verschwinden keine** ~ **bei** no le dio ninguna importancia a su desaparición

bedeutungslos *adj* insignificante, sin importancia

Bedeutungslosigkeit *f* <-, *ohne pl*> insignificancia *f*

Bedeutungsumfang *m* <-(e)s, -fänge> 1.(*Bedeutung*) significado *m;* (*Folgen*) alcance *m,* significación *f;* **der ~ ist nicht zu erschließen** el significado no es deducible; **eine Entdeckung von großem ~** un descubrimiento de amplio alcance [*o* de gran significación] 2.(LING) significado *m;* (*Semantik*) semántica *f;* **bedeutungsvoll** *adj s.* bedeutsam; **Bedeutungswandel** *m* <-s, -> (LING) cambio *m* semántico; **Bedeutungswörterbuch** *nt* <-(e)s, -bücher> diccionario *m* semasiológico [*o* de significados]

bedienen* I. *vt* 1.(*im Geschäft*) atender; (*im Restaurant*) servir; **werden Sie schon bedient?** ¿ya le atienden?; **sie lässt sich gern ~** le gusta que le sirvan; **damit ist er noch gut bedient** (*fam*) con ello puede darse por satisfecho; **ich bin bedient!** (*fam*) ¡estoy servido! 2.(*beim Kartenspiel*) servir; **eine Farbe/einen Trumpf ~** servir al palo/al triunfo 3.(*Maschinen*) manejar 4.(FIN: *Schulden*) saldar II. *vr:* **sich ~** (*geh: benutzen*): **sich einer Sache ~** servirse de algo, hacer uso de algo; **~ Sie sich!** ¡sírvase usted mismo!

Bediener(in) *m(f)* <-s, -; -, -nen> 1.(INFOR) operador(a) *m(f);* (*Benutzer*) usuario, -a *m, f* 2.(*Österr: Reinigungspersonal*) personal *m* de la limpieza; **bedienerfreundlich** *adj* de fácil manejo; **Bedienerführung** *f* <-, -en> (INFOR) guía *f* del operador

Bedienerin *f* <-, -nen> *s.* **Bediener**

bedienstet *adj* (*Österr: angestellt*) empleado; **bei jdm ~ sein** servir [*o* estar empleado] en casa de alguien

Bedienstete(r) *mf* <-n, -n; -n, -n> 1.(ADMIN: *Beschäftigter*) empleado, -a *m, f;* (*Beamter*) funcionario, -a *m, f* 2.(*Dienstbote*) criado, -a *m, f,* sirviente *mf*

Bedienung[1] *f* <-, -en> servicio *m;* (*Kellner*) camarero, -a *m, f;* **hallo, ~!** ¡(oiga,) camarero!; **kommt denn hier keine ~?** ¿no nos sirven aquí?

Bedienung[2] *f* <-, *ohne pl*> 1.(*eines Gastes*) servicio *m;* **~ inbegriffen** servicio incluido 2.(*eines Gerätes*) manejo *m* 3.(FIN: *von Schulden*) saldo *m;* **Bedienungsanleitung** *f* <-, -en> instrucciones *fpl* de manejo, modo *m* de empleo; **Bedienungsfehler** *m* <-s, -> fallo *m* operacional; **Bedienungshebel** *m* <-s, -> palanca *f* de mando; **Bedienungshinweise** *mpl* instrucciones *fpl* de manejo; **Bedienungskomfort** *m* <-s, *ohne pl*> comodidad *f* de uso; **Bedienungsmannschaft** *f* <-, -en> (MIL) comando *m* operativo; **Bedienungsvorschrift** *f* <-, -en> *s.* Bedienungsanleitung; **Bedienungszuschlag** *m* <-(e)s, -schläge> suplemento *m* para el servicio; (*Trinkgeld*) propina *f*

bedingen* [bəˈdɪŋən] I. *vt* 1.(*bewirken*) causar, producir; (*bestimmen*) condicionar 2.(*voraussetzen*) suponer 3.(*erfordern*) exigir, requerir II. *vr:* **sich ~** condicionarse; **das bedingt sich gegenseitig** lo uno condiciona lo otro

bedingt I. *adj* 1.(*von Bedingungen abhängig*) relativo, condicional; (*beschränkt*) limitado; **~ durch ...** debido a... 2.(*Schweiz:* JUR) condicionado II. *adv* 1.(*teilweise*): **dieses Gerät ist nur ~ tauglich** este aparato sólo sirve en determinadas ocasiones [*o* bajo ciertas condiciones] [*o* con restricciones]; **das ist nur ~ richtig** esto sólo es correcto hasta cierto punto 2.(JUR) a condición, bajo condición; **einen Gefangenen ~ entlassen** dejar a un preso en libertad condicional

Bedingung *f* <-, -en> 1.(*Voraussetzung*) condición *f;* **günstige/vertragsgemäße ~en** condiciones ventajosas/estipuladas en el contrato; **etw zur ~ machen** poner algo como condición; **unter der ~, dass ...** a condición de que... +*subj;* **unter normalen ~en** bajo condiciones normales; **unter keiner ~ werde ich das tun** no lo haré por nada del mundo 2.(*Forderung*) condiciones *fpl;* **~en stellen** poner condiciones; **auflösende/aufschiebende ~** (JUR) condición resolutoria/suspensiva; **~en aushandeln** negociar las condiciones; **~en einhalten/festlegen** atenerse a las condiciones/estipular las condiciones; **entsprechend den ~en der Klausel** según las condiciones previstas en la cláusula 3.*pl* (*Umstände*) condiciones *fpl;* **unter erschwerten ~en arbeiten** trabajar bajo condiciones difíciles

bedingungslos *adj* incondicional, sin condiciones; **er gab sich ihr ~ hin** se entregó a ella sin condiciones

Bedingungssatz *m* <-es, -sätze> (LING) oración *f* condicional

bedrängen* *vt* 1.(*Gegner*) acosar, asediar 2.(*belästigen*) importunar, atosigar *fam;* **sie bedrängten sie mit lästigen Fragen** la acosaban con preguntas desagradables

Bedrängnis *f* <-, -se> (*geh*) apuro *m,* aprieto *m;* **in ~ geraten** verse en un apuro; **jdn in ~ bringen** poner a alguien en un apuro

bedrohen* *vt* amenazar; **jdn mit dem Tod/einem Messer ~** amenazar a alguien de muerte/con un cuchillo; **sich bedroht fühlen** sentirse amenazado; **bedrohte Art** (ÖKOL) especie amenazada

bedrohlich *adj* amenazante, amenazador; **die Lage verschlechterte sich ~** la situación empeoraba de forma amenazadora

Bedrohung *f* <-, -en> amenaza *f*

bedrucken* *vt* estampar (*mit* con)

bedrücken* *vt* oprimir, afligir

bedrückend *adj* opresivo; (*beklemmend*) oprimente

bedrückt *adj* deprimido, apolismado *Mex, Ven*

Bedrücktheit *f* <-, *ohne pl*> abatimiento *m*, desánimo *m*

Bedrückung *f* <-, *ohne pl*> (*geh*) aflicción *f*, tribulación *f*

Beduine, -in [bedu'iːnə] *m, f* <-n, -n; -, -nen> beduino, -a *m, f*

bedürfen* *irr vi* (*geh*) necesitar (de), requerir (de); **das bedarf keiner weiteren Erklärung** eso no requiere (de) más explicaciones; **es bedarf nur eines Wortes** no requiere más que una palabra

Bedürfnis *nt* <-ses, -se> necesidad *f*; **gesamtgesellschaftliche ~se** necesidades sociales; **ein ~ verspüren etw zu tun** sentir la necesidad de hacer algo; **sie hatte das dringende ~ das zu tun** tenía la urgente necesidad de hacerlo; **es war ihm ein ~ uns zu helfen** (*geh*) obedecía a la necesidad de ayudarnos; **jds ~se** [*o* **jdm seine ~se**] **befriedigen** satisfacer las necesidades de alguien; **Bedürfnisanstalt** *f* <-, -en>: **öffentliche ~** retrete *m* público; **Bedürfnisbefriedigung** *f* <-, *ohne pl*> satisfacción *f* de las necesidades

bedürfnislos *adj* sin necesidades; (*bescheiden*) modesto

Bedürfnislosigkeit *f* <-, *ohne pl*> austeridad *f*

bedürftig *adj* menesteroso, necesitado

Bedürftigkeit *f* <-, *ohne pl*> indigencia *f*; **Bedürftigkeitsnachweis** *m* <-es, -e> certificado *m* de pobreza

Beefsteak ['biːfsteːk] *nt* <-s, -s> bistec *m*

beehren* I. *vt* (*geh*) honrar; **bitte ~ Sie uns bald wieder** hónrenos cuando quiera; **jdn mit einem Besuch ~** conceder a alguien el honor de [*o* honrar a alguien con] su visita II. *vr*: **sich ~ etw zu tun** tener el honor de hacer algo

beeiden* [bə'ʔaɪdən] *vt* (*Aussage*) jurar

beeidigen* [bə'ʔaɪdɪgən] *vt* (JUR) juramentar

beeilen* *vr*: **sich ~** darse prisa, apurarse *Am*; **da musst du dich aber mächtig ~, wenn du pünktlich sein willst** tendrás que apurarte mucho si quieres llegar a tiempo; **sie beeilte sich noch zu sagen, dass ...** aún se apresuró a decir que...

Beeilung *f* <-, *ohne pl*> (*fam*): **los, ~!** ¡venga, deprisa!

beeindrucken* *vt* impresionar; **davon lasse ich mich nicht ~** no me dejo impresionar por eso

beeindruckend *adj* impresionante

beeinflussbarRR [bə'ʔaɪnflʊsbaːɐ] *adj*, **beeinflußbar** *adj* (*Person*) influenciable; **er ist leicht/schwer ~** es muy/poco influenciable

beeinflussen* [bə'ʔaɪnflʊsən] *vt* influir (en/sobre), ejercer una influencia (sobre); **etw nachhaltig ~** influir eficazmente en algo; **sie ist leicht/schwer zu ~** se deja/no se deja influir fácilmente

Beeinflussung *f* <-, -en> influjo *m*, influencia *f*

beeinträchtigen* [bə'ʔaɪntrɛçtɪgən] *vt* 1. (*vermindern*) disminuir, mermar; **den Wert von etw erheblich ~** disminuir considerablemente el valor de algo 2. (*stören*) dañar, perjudicar; **das hat unsere Freundschaft nicht beeinträchtigt** esto no ha perjudicado nuestra amistad en absoluto

Beeinträchtigung *f* <-, -en> perjuicio *m*; (*Verminderung*) merma *f*; **~ der Fahrtüchtigkeit** reducción del buen estado de marcha; **gesundheitliche ~en** merma del estado de salud

beelenden* [bə'ʔeːlɛndən] *vt* (*Schweiz*) compadecer; **ihr Tod beelendete mich sehr** sentí mucho su muerte

Beelzebub [be'ɛltsəbuːp, 'beːltsəbuːp] *m*: **den Teufel mit dem ~ austreiben** combatir el fuego con el fuego

beenden* *vt*, **beendigen*** *vt* (*geh*) acabar (con), terminar (con); (INFOR) terminar; **die Sitzung ~** finalizar la reunión

Beendigung *f* <-, *ohne pl*> término *m*, fin *m*; **~ des Arbeitsverhältnisses** terminación del contrato de trabajo; **nach ~ des Kurses** al finalizar el curso

Beendung *f* <-, *ohne pl*> conclusión *f*, término *m*

beengen* [bə'ɛŋən] *vt* (*Kleidung*) apretar; (*Umgebung*) cohibir; **beengt wohnen** vivir estrechos; **sich beengt fühlen** sentirse cohibido; **in beengten Verhältnissen leben** vivir con estrecheces; **auf beengtem Raum leben** vivir con estrechez/en un espacio mínimo

Beengtheit *f* <-, *ohne pl*> estrechez *f*

beerben* *vt* heredar

beerdigen* [bə'ʔeːɐdɪgən] *vt* enterrar, dar sepultura; **jdn kirchlich ~** enterrar a alguien por la iglesia

Beerdigung *f* <-, -en> entierro *m*, inhumación *f*; **auf eine ~ gehen** asistir a un entierro; **Beerdigungsfeier** *f* <-, -n> funerales *mpl*; **Beerdigungsinstitut** *nt* <-(e)s, -e>, **Beerdigungsunternehmen** *nt* <-s, -> funeraria *f*, empresa *f* de pompas fúnebres

Beere ['beːrə] *f* <-, -n> baya *f*; **der Strauch trägt im Herbst ~n** el arbusto da bayas en otoño; **Beerenauslese** *f* <-, -n> vendimia *f* de uvas seleccionadas; **Beerenfrucht** *f* <-, -früchte> fruto *m* de baya; **Beerenobst** *nt* <-(e)s, *ohne pl*> bayas *fpl* comestibles; **Beerenstrauch** *m* <-(e)s, -sträucher> mata *f* de bayas

Beet [beːt] *nt* <-(e)s, -e> (*mit Gemüse*) bancal *m*, cantero *m Am*, tablón *m Am*; (*mit Blumen*) arriate *m*, macizo *m*

Beete *f* <-, -n>: **Rote ~** remolacha *f* (colorada), betarraga *f Am*

befähigen* [bə'fɛːɪgən] *vt* habilitar (*zu* para), capacitar (*zu* para); **er ist dazu befähigt** está capacitado para ello; **für eine Stelle**

B

nicht befähigt sein no estar capacitado [*o* cualificado] para un puesto

befähigt *adj* capacitado

Befähigung *f* <-, -en> **1.** (*Qualifikation*) capacidad *f*, cualificación *f*; **dazu fehlt ihr die ~** para ello no está capacitada [*o* cualificada] **2.** (*Begabung*) talento *m*; **Befähigungsnachweis** *m* <-es, -e> (*formal*) certificado *m* de aptitud

befahl *3. imp von* **befehlen**

befahrbar *adj* transitable, abierto al tráfico; **diese Straße ist im Winter nicht ~** en invierno esta calle es intransitable; (*gesperrt*) en invierno esta calle está cerrada al tráfico

befahren* *irr vt* circular (por), transitar (por); (*Schiff*) navegar (por); **diese Straße kann man im Winter nicht ~** en invierno es imposible circular por esta calle; **die Strecke wird wenig/stark ~** este trecho está poco/muy transitado

Befahren *nt* <-s, *ohne pl*> circulación *f*, tránsito *m*; **„~ verboten"** "prohibido circular"; **häufiges ~ durch Panzer kann Straßen schnell beschädigen** el tránsito frecuente de tanques puede dañar rápidamente las carreteras

Befall *m* <-(e)s, *ohne pl*> ataque *m*; (*mit Schädlingen*) plaga *f*

befallen* *irr vt* **1.** (*geh: Angst, Zweifel*) asaltar, invadir **2.** (*geh: Krankheit*) acometer, afectar; (*Hunger, Müdigkeit*) entrar **3.** (*Schädlinge*) invadir, infestar; **diese Pflanze ist stark von Schädlingen ~** esta planta está plagada de parásitos

befangen *adj* **1.** (*schüchtern*) tímido; (*gehemmt*) apocado, inhibido **2.** (JUR) parcial; **jdn als ~ erklären** declarar a alguien parcial; **die Zeugin wurde als ~ abgelehnt** se tachó la testigo por su parcialidad

Befangenheit *f* <-, *ohne pl*> **1.** (*Schüchternheit*) timidez *f*; (*Gehemmtsein*) apocamiento *m* **2.** (JUR) inhibición *f*, parcialidad *f*; **jdn wegen ~ ablehnen** rehusar a alguien por presunta prevención

befassen* **I.** *vr*: **sich ~ 1.** (*Angelegenheit*) ocuparse (*mit* de), dedicarse (*mit* a); **mit dem Problem habe ich mich nun schon lange befasst** ya me he dedicado suficientemente al problema **2.** (*handeln von*) tratar (*mit* de); **dieser Artikel befasst sich mit der Jugendarbeitslosigkeit** este artículo trata del paro juvenil **II.** *vt* (*beauftragen*) encargar (*mit* de)

befehden* **I.** *vt* **1.** (*geh: bekämpfen*) combatir **2.** (HIST: *in Fehde liegen*) hostilizar **II.** *vr*: **sich ~** combatirse, hostilizarse (mutuamente)

Befehl [bəˈfeːl] *m* <-(e)s, -e> orden *f*, mandato *m*; (MIL) mando *m*; (INFOR) orden *f*, comando *m*; **einen ~ ausführen** (*a.* INFOR) ejecutar una orden; **einen ~ verweigern** desobedecer una orden; **den ~ geben zu ...** dar la orden de...; **ich führe nur ~e aus** sólo cumplo órdenes; **auf jds ~ handeln** actuar por órden de alguien; **~ von oben** órdenes superiores; **zu ~!** ¡a sus órdenes!; **dein Wunsch ist mir ~** tus deseos son órdenes para mí

befehlen <befiehlt, befahl, befohlen> *vi, vt* mandar, ordenar; **er hat befohlen, dass ...** ha ordenado que... *+subj;* **du hast mir gar nichts zu ~** tú no eres quién para darme órdenes a mí; **wer ~ will, muss erst gehorchen lernen** (*prov*) ≈para poder correr, hay que aprender a andar

befehlend *adj*, **befehlerisch** *adj* (*Geste*) imperativo; (*Ton*) imperioso

befehligen* *vt* (MIL) mandar, capitanear

Befehlsänderung *f* <-, -en> (INFOR) cambio *m* de instrucción; **Befehlsargument** *nt* <-(e)s, -e> (INFOR) argumento *m* de instrucción [*o* comando]; **Befehlsblock** *m* <-(e)s, -blöcke> (INFOR) bloque *m* de instrucciones; **Befehlscode** *m* <-s, -s> (INFOR) código *m* de instrucción; **Befehlsdatei** *f* <-, -en> (INFOR) archivo *m* de instrucción [*o* comando]; **Befehlseinheit** *f* <-, -en> (INFOR) unidad *f* de comando; **Befehlsempfänger(in)** *m(f)* <-s, -; -, -nen> destinatario, -a *m, f* de la orden; **jdn zum ~ degradieren** reducir a alguien a mero receptor de órdenes; **Befehlsfolge** *f* <-, -n> (INFOR) secuencia *f* de instrucciones; **Befehlsform** *f* <-, -en> (LING) modo *m* imperativo; **befehlsgemäß** *adv* con respecto a las órdenes; **Befehlsgewalt** *f* <-, *ohne pl*> mando *m* (*über* de); **Befehlshaber(in)** *m(f)* <-s, -; -, -nen> (MIL) comandante *mf*, capitán *mf*; **Befehlskode** *m* <-s, -s> (INFOR) *s.* Befehlscode; **Befehlsleiste** *f* <-, -n> (INFOR) barra *f* de instrucciones [*o* comando]; **Befehlsliste** *f* <-, -n> (INFOR) lista *f* de comandos; **Befehlssatz** *m* <-es, -sätze> (GRAM) oración *f* imperativa; **Befehlstaste** *f* <-, -n> (INFOR) tecla *f* de comando; **Befehlston** *m* <-(e)s, -töne> tono *m* imperioso; **ich verbitte mir diesen ~!** ¡no tolero ese tono de ordeno y mando! *fam;* **Befehlsverweigerung** *f* <-, -en> (MIL) desobediencia *f* a una orden; **Befehlswort** *nt* <-(e)s, -e> (INFOR) palabra *f* de comando; **Befehlszeile** *f* <-, -n> (INFOR) línea *f* de programación

befeinden* [bəˈfaɪndən] *vt* enemistar, hostilizar; **die befeindeten Länder schlossen endlich Frieden** los países enemistados firmaron finalmente la paz

befestigen* *vt* **1.** (*Haken, Bild*) fijar (*an* en), sujetar (*an* a), empatar *CRi;* **das Bild an der Wand ~** fijar el cuadro en la pared **2.** (*Straße*) reforzar **3.** (MIL) fortificar

Befestigung *f* <-, -en> **1.** (*einer Straße, eines Dammes*) refuerzo *m* **2.** (MIL) fortificación *f*, cota *f Phili* **3.** (*Vorrichtung*) fijación *f* (de un dispositivo); **Befestigungsanlage** *f* <-, -n>, **Befestigungswerk** *nt* <-(e)s, -e> (MIL) fortificación *f*

befeuchten* *vt* humedecer, mojar

befeuern* *vt* **1.** (*beheizen*) calentar; (*mit*

Brennstoff versorgen) alimentar **2.** (*geh: anspornen*) encender; **durch den Applaus befeuert übertraf sie sich selbst** encendida por los aplausos se superó a sí misma **3.** (AERO, NAUT) iluminar (con balizas luminosas); **eine Hafeneinfahrt/Landebahn** ~ abalizar para orientación la entrada a un puerto/a una pista de aterrizaje **4.** (MIL: *beschießen*) tirotear **5.** (*fam: bewerfen*) bombardear; **der Politiker wurde mit Tomaten befeuert** le tiraron tomates al político

Befeuerung *f* <-, -en> **1.** (NAUT) balizamiento *m* luminoso, señalización *f* con boyas [*o* balizas] luminosas **2.** (AERO) señalización *f* con balizas luminosas

Beffchen ['bɛfçən] *nt* <-s, -> (REL) alzacuello *m*

befiehlt [bəˈfiːlt] *3. präs von* **befehlen**

befinden* *irr* **I.** *vr:* **sich** ~ encontrarse; (*sein*) estar; **meine Wohnung befindet sich im zweiten Stock** mi apartamento está en el segundo piso; **sich in einer schwierigen Lage** ~ encontrarse en una situación difícil; **sich auf Reisen** ~ estar de viaje; **sich auf dem Weg der Besserung** ~ encontrarse en vías de mejora **II.** *vi* (*entscheiden*) decidir (*über* sobre); **darüber hat der Arzt zu** ~ eso tiene que decidirlo el médico **III.** *vt* (*geh: erachten*) considerar (*für*); **jdn für schuldig** ~ declarar culpable a alguien; **etw für gut/schlecht** ~ considerar algo bueno/malo

Befinden *nt* <-s, *ohne pl*> **1.** (*Gesundheitszustand*) (estado *m* de) salud *f;* **wie ist sein ~?** ¿cómo se encuentra?; **sie erkundigte sich nach seinem** ~ se interesó por su salud **2.** (*geh: Meinung*) parecer *m*

befindlich [bəˈfɪntlɪç] *adj* (*Ort, Zustand*) situado, existente; **ein augenblicklich in Haft ~er Mann** un hombre que en estos momentos se encuentra en prisión; **ein seit zwei Wochen im** [*o* **in**] **Umlauf ~es Produkt** un producto que está en circulación desde hace dos semanas

Befindlichkeit *f* <-, -en> estado *m* de ánimo [*o* de salud]; **Befindlichkeitsstörungen** *fpl* (MED) perturbaciones *fpl* del estado de ánimo

befingern* *vt* (*fam*) toquetear; (*abw*) sobar; (*sexuell*) meter mano

beflaggen* *vt* embanderar, empavesar

Beflaggung *f* <-, -en> **1.** (*das Beflaggen: eines Schiffes*) abanderamiento *m;* (*Verzierung*) embanderamiento *m;* **zum Gedenken wurde die ~ öffentlicher Gebäude angeordnet** como conmemoración se ordenó izar la bandera en los edificios públicos **2.** (*Flaggen*) banderas *fpl;* **die ~ auf Halbmast setzen** poner las banderas a media asta

beflecken* *vt* **1.** (*mit Flecken*) manchar **2.** (*geh: entehren*) deshonrar; **jds Ehre/Ruf** ~ manchar el honor/el nombre de alguien

Befleckung *f* <-, -en> (*der Ehre, des Rufs*) mancilla *f*

befleißigen* *vr:* **sich** ~ aplicarse; **Sie sollten sich größerer Zurückhaltung** ~ debería usted esforzarse en ser más discreto; **er befleißigte sich alles genauestens zu studieren** se afanó en estudiar(lo) todo con la máxima exactitud

befliegen* *irr vt* (AERO) cubrir (una línea); **diese Fluglinie befliegt das Land nicht mehr** esta compañía ya no cubre la línea con el país

beflissen [bəˈflɪsən] *adj* aplicado; (*hilfsbereit*) servicial

Beflissenheit *f* <-, *ohne pl*> empeño *m,* dedicación *f*

beflügeln* *vt* (*geh*) hacer [*o* dejar] volar, dar alas; **die Angst beflügelte seine Schritte** el miedo aligeraba sus pasos

befohlen [bəˈfoːlən] *pp von* **befehlen**

befolgen* *vt* (*Befehl*) cumplir, cumplimentar; (*Ratschlag*) seguir; (*Gesetz*) obedecer; **einen Befehl** ~ cumplir una orden; **einen Rat** ~ seguir un consejo

Befolgung *f* <-, *ohne pl*> observación *f,* observancia *f*

befördern* *vt* **1.** (*Waren*) transportar; **jdn an die frische Luft** [*o* **ins Freie**] ~ (*fam*) mandar a alguien a tomar viento (fresco); **jdn ins Jenseits** ~ (*fam*) quitar de en medio a alguien, mandar a alguien al otro barrio **2.** (*im Beruf*) ascender (*zu* a); **sie wurde zur Abteilungsleiterin befördert** ascendió a directora de sección

Beförderung *f* <-, -en> **1.** (*Transport*) transporte *m;* **der Fahrstuhl ist für die ~ von fünf Personen zugelassen** el ascensor sólo admite la carga de cinco personas **2.** (*beruflich*) ascenso *m,* promoción *f;* **Beförderungsart** *f* <-, -en> modo *m* de transporte; **Beförderungsbedingungen** *fpl* condiciones *fpl* de transporte; **Beförderungsbestimmungen** *fpl* disposiciones *fpl* de transporte; **Beförderungskosten** *pl* (*formal*) costes *mpl* de transporte; **Beförderungsmittel** *nt* <-s, -> medio *m* de transporte; **Beförderungspflicht** *f* <-, -en> obligación *f* de transporte; **Beförderungsweg** *m* <-(e)s, -e> ruta *f* de transporte; **Beförderungszeit** *f* <-, -en> tiempo *m* de transporte

beforsten* *vt* poblar (el bosque)

beförstern* *vt* cuidar (el bosque)

befrachten* *vt* **1.** (*beladen*) cargar (*mit* con) **2.** (*geh: Rede*) cargar (*mit* de)

Befrachter(in) *m(f)* <-s, -; -, -nen> (WIRTSCH) fletador(a) *m(f)*

Befrachtung *f* <-, -en> (WIRTSCH) cargamento *m;* **Befrachtungstarif** *m* <-s, -e> (WIRTSCH) tarifa *f* de fletamento; **Befrachtungsvertrag** *m* <-(e)s, -träge> (WIRTSCH) contrato *m* de fletamento

befragen* *vt* interrogar, inquirir; (*Arzt, Karten*) consultar (*wegen* por); **jdn über seine Vergangenheit/in einer Angelegenheit** ~ interrogar a alguien sobre su pasado/sobre un

B

asunto

Befrager(in) *m(f)* <-s, -; -, -nen> **1.** (*Erhebung*) encuestador(a) *m(f)* **2.** (JUR) consultor(a) *m(f)*; (*Verhörender*) interrogador(a) *m(f)*

Befragte(r) *mf* <-n, -n; -n, -n> interrogado, -a *m, f*

Befragung *f* <-, -en> **1.** (JUR) interrogatorio *m* **2.** (*Umfrage*) encuesta *f*

befreien* **I.** *vt* **1.** (*Volk, Land*) liberar (*aus/von* de); **jdn aus einer schwierigen Lage ~** sacar a alguien de un aprieto **2.** (*Gefangene*) poner en libertad, liberar (*aus/von* de) **3.** (*freistellen*) liberar (*von* de), dispensar (*von* de); (*vom Militärdienst*) exentar; **er ist vom Sportunterricht befreit** está exento de la clase de educación física; **sie lässt sich vom Religionsunterricht ~** la han dispensado de la clase de religión **4.** (*von Schmerzen, Angst*) liberar (*von* de), quitar (*von* de); **ein ~des Lachen** una risa abierta; **ein ~des Niesen** un estornudo que alivia; **sie seufzte befreit auf** suspiró aliviada **5.** (*von Schmutz*) limpiar **II.** *vr:* **sich ~** **1.** (*Volk, Land*) liberarse **2.** (*entkommen*) escaparse, evadirse

Befreier(in) *m(f)* <-s, -; -, -nen> libertador(a) *m(f)*

Befreiung *f* <-, -en> **1.** (*eines Landes, Menschen*) liberación *f*; **etw als ~ empfinden** considerar algo como una liberación; **die ~ der Frau** la emancipación de la mujer **2.** (*von einer Pflicht*) exención (*von* de); **um ~ vom Sportunterricht bitten** pedir la exención de la clase de educación física; **Befreiungsbewegung** *f* <-, -en> movimiento *m* de liberación; **Befreiungsfront** *f* <-, -en> frente *m* de liberación; **Befreiungskampf** *m* <-es, -kämpfe> lucha *f* por la libertad (política); **Befreiungsklausel** *f* <-, -n> (JUR) cláusula *f* de exoneración; **Befreiungskrieg** *m* <-(e)s, -e> guerra *f* de liberación; (*Unabhängigkeitskrieg*) guerra *f* de independencia; **Befreiungsorganisation** *f* <-, -en> organización *f* para la liberación; **Befreiungsschlag** *m* <-(e)s, -schläge> (SPORT) golpe *m* de castigo; (POL) golpe *m* de liberación; **Befreiungstheologie** *f* <-, -n> teología *f* de la liberación; **Befreiungsversuch** *m* <-(e)s, -e> intento *m* de liberación

befremden* [bəˈfrɛmdən] *vt* extrañar; **es befremdet mich, dass ...** me extraña que... *+subj;* **sie warf ihm einen befremdeten Blick zu** le lanzó una mirada de extrañeza

Befremden *nt* <-s, *ohne pl*> asombro *m*, extrañeza *f*; **nicht ohne ~** no sin extrañeza

befremdend *adj* extraño, sorprendente

befremdlich *adj* (*geh*) extraño, raro; (*erstaunlich*) sorprendente; (*ungewöhnlich*) insólito

Befremdung *f* <-, *ohne pl*> extrañeza *f*; **der Film löste beim Publikum ~ aus** la película provocó sorpresa entre el público

befreunden* [bəˈfrɔɪndən] *vr:* **sich ~** hacerse amigos; **sich mit jdm ~** entablar una amistad con alguien, hacerse amigo de alguien

befreundet *adj* amigo (*mit* de); **sie sind (eng) ~** son amigos (íntimos); **mit jdm ~ sein** ser amigo de alguien; **wir sind ziemlich gut/sehr gut ~** somos bastante (buenos)/muy (buenos) amigos; **ein ~es Paar** una pareja amiga

befrieden* [bəˈfriːdən] *vt* (*geh*) pacificar

befriedigen* [bəˈfriːdɪgən] **I.** *vt* satisfacer, contentar; **hast du deine Neugierde befriedigt?** ¿has satisfecho tu curiosidad?; **ein befriedigtes Lächeln** una sonrisa de satisfacción; **befriedigt lächeln** sonreír satisfecho [*o* con satisfacción]; **jdn (sexuell) ~** satisfacer a alguien (sexualmente) **II.** *vr:* **sich ~** (*masturbieren*) masturbarse

befriedigend *adj* satisfactorio; (*Schulnote*) ≈bien

Befriedigung *f* <-, -en> satisfacción *f*; **~ eines Anspruches** (FIN) satisfacción [*o* cancelación] de una reclamación; **bevorzugte ~ eines Schuldners** satisfacción preferente de un acreedor; **sie stellte mit ~ fest, dass ...** comprobó con satisfacción que...; **zur ~ deiner Neugier ...** para satisfacer tu curiosidad...; **ein Gefühl der inneren ~** una sensación de satisfacción interior

befristen* *vt* fijar un plazo (para), limitar (*auf* a/hasta); **gesetzlich befristet** limitado por (fuerza de) ley

befristet *adj* limitado; **der Vertrag ist auf fünf Jahre ~** es un contrato por cinco años; **jdn ~ einstellen** contratar a alguien por un plazo limitado

Befristung *f* <-, -en> limitación *f*

befruchten* *vt* **1.** (BIOL) fecundar, fertilizar; (*Blüten*) polinizar; **sie ließ sich künstlich ~** se hizo la inseminación artificial **2.** (*geh: geistig anregen*) fructificar

Befruchtung *f* <-, -en> (BIOL) fecundación *f*, fertilización *f*; **künstliche ~** inseminación artificial

befugen* *vt* (*formal*) facultar (*zu* para); **jdn ~, etw zu tun** facultar [*o* autorizar] a alguien para hacer algo; **er war befugt, die Prüfung abzunehmen** estaba autorizado para realizar el examen

Befugnis [bəˈfuːknɪs] *f* <-, -se> autorización *f*, facultad *f*; **außerhalb seiner ~se handeln** extralimitarse en sus funciones; **keine ~ zu etw haben** no estar autorizado para algo; **seine ~se überschreiten** rebasar el límite de sus atribuciones

befühlen* *vt* palpar, tocar

befummeln* *vt* (*fam: betasten*) toquetear; (*abw*) sobar; (*sexuell*) meter mano

Befund *m* <-(e)s, -e> (MED) diagnóstico *m*, resultado *m*; **ohne ~** sin diagnóstico; **der ärztliche ~ liegt noch nicht vor** aún no hay diagnóstico, aún no se ha presentado el dictamen médico

befürchten* *vt* temer, recelar; **er hat von**

ihm nichts zu ~ no tiene nada que temer de él; **ich befürchte, dass es nicht klappen wird** me temo que no funcionará; **es ist zu ~, dass ...** es de temer que... *+subj*

Befürchtung *f* <-, -en> sospecha *f,* temor *m;* **die ~ haben, dass ...** sospechar que...; **die schlimmsten ~en haben** abrigar las mayores sospechas; **diese ~en haben sich bewahrheitet** esos temores se han hecho realidad

befürworten* [bəˈfyːɐvɔrtən] *vt* (*dafür sein*) aprobar, defender; (*empfehlen*) recomendar; **ich kann diese Entscheidung nicht ~** no puedo aprobar esta decisión; **eine ~de Stellungnahme** una postura favorable

Befürworter(in) *m(f)* <-s, -; -, -nen> defensor(a) *m(f),* adicto, -a *m, f CSur;* ~ **des Freihandels** defensor del libre comercio

Befürwortung *f* <-, -en> aprobación *f*

begabt [bəˈgaːpt] *adj* dotado, con talento; **hoch ~** muy inteligente; (*Wunderkind*) superdotado; **durchschnittlich/vielseitig ~ sein** tener un talento medio/polifacético; **künstlerisch ~ sein** tener dotes artísticas; **für eine Aufgabe ~ sein** estar dotado para una tarea

Begabte(r) *mf* <-n, -n; -n, -n> dotado, -a *m, f;* **sie gehört zu den künstlerisch ~n** pertenece a los dotados para el arte; **Begabtenförderung** *f* <-, -en> **1.** (*Verfahren*) fomento *m* de alumnos dotados **2.** (*Geld*) beca *f* para alumnos dotados

Begabung [bəˈgaːbʊŋ] *f* <-, -en> **1.** (*Anlage*) talento *m,* dotes *fpl;* **eine ~ für Sprachen haben** tener talento [*o* ser dotado] para los idiomas; **eine ~ dafür haben, immer das Falsche zu tun** tener el don de hacerlo todo al revés **2.** (*begabter Mensch*) talento *m*

begaffen* *vt* (*fam abw*) mirar boquiabierto; **mit seinem Sportwagen wurde er überall begafft** con su coche deportivo todo el mundo le miraba con la boca abierta

begann [bəˈgan] *3. imp von* **beginnen**

begasen* [bəˈgaːzən] *vt* fumigar

Begasungsmittel *nt* <-s, -> agente *m* de fumigación

begatten* *vt, vr:* **sich ~** (ZOOL) aparear(se)

Begattung *f* <-, -en> (ZOOL) apareamiento *m;* **Begattungstrieb** *m* <-(e)s, -e> (ZOOL) instinto *m* reproductivo [*o* sexual]

begebbar *adj* (FIN) pignorable; **~es Wertpapier** título pignorable

begeben* *irr* **I.** *vr:* **sich ~** (*geh*) **1.** (*stattfinden*) ocurrir **2.** (*beginnen*) empezar (*an* a), ponerse (*an* a); **sich an die Arbeit ~** ponerse a trabajar **3.** (*gehen*) dirigirse (*zu/in* a), irse (*zu/in* a); **sich zu Bett/zur Ruhe ~** irse a la cama/a descansar; **sich in ärztliche Behandlung ~** ponerse bajo tratamiento médico; **sich auf den Heimweg ~** dirigirse a casa; **sich auf seinen Platz ~** dirigirse a su sitio; **sich in Gefahr ~** ponerse en peligro **II.** *vt* (FIN: *Wertpapiere*) emitir

Begebenheit *f* <-, -en> suceso *m,* acontecimiento *m;* **eine lustige/alltägliche/seltsame ~** un suceso divertido/cotidiano/singular; **die Geschichte beruht auf einer wahren ~** la historia se basa en un hecho real

begegnen* [bəˈgeːgnən] *vi sein* **1.** (*treffen*): **jdm ~** encontrarse a [*o* con] alguien; **einander ~** encontrarse **2.** (*stoßen auf*): **etw** *dat* ~ encontrarse con algo; **dieser Name wird uns immer wieder ~** este nombre nos lo encontraremos una y otra vez **3.** (*widerfahren*) suceder, pasar; **jdm begegnet etw** alguien se encuentra con algo, a alguien le pasa algo; **so etwas ist mir ja noch nie begegnet!** ¡en mi vida (no) me pasó semejante cosa! **4.** (*geh: behandeln*) tratar; **man begegnete ihr mit Achtung** la trataban con respeto

Begegnung *f* <-, -en> (*a.* SPORT) encuentro *m;* **die ~ Deutschland – Mexiko wird sehr spannend** el encuentro Alemania – Méjico será muy emocionante; **Begegnungsstätte** *f* <-, -n> sitio *m* de encuentro, punto *m* de encuentro

begehen* *irr vt* **1.** (*Weg*) transitar (por); **eine Baustelle ~** entrar en una obra **2.** (*Fehler, Verbrechen*) cometer, perpetrar; **Selbstmord ~** suicidarse; **ein Verbrechen/einen Mord ~** cometer un crimen/un asesinato; **einen Mord an jdm ~** asesinar a alguien **3.** (*geh: Jubiläum*) celebrar

begehren* [bəˈgeːrən] *vt* (*geh*) **1.** (*wünschen*) ansiar, anhelar; (*habgierig*) codiciar; (*sexuell*) desear; **sie hat alles, was ihr Herz begehrt** tiene todo lo que desea **2.** (*fordern*) pedir, solicitar

Begehren *nt* <-s, *ohne pl*> (*geh*) ansia *f,* anhelo *m;* (*Wunsch*) deseo *m;* **begehrenswert** *adj* deseable, apetecible

begehrlich *adj* (*geh: heftig wünschend*) ansioso, anhelante

Begehrlichkeit *f* <-, -en> (*geh*) **1.** (*Verlangen*) avidez *f;* (*Gier*) codicia *f* **2.** (*Wunsch*) deseo *m*

begehrt *adj* (*Person, Freundschaft, Ware*) solicitado; (*Ferienort*) popular

begeistern* [bəˈgaɪstɐn] **I.** *vt* entusiasmar (*für* por), apasionar (*für* por/con); **fürs Schwimmen ist sie nicht gerade zu ~** no es que le entusiasme la natación precisamente **II.** *vr:* **sich ~** entusiasmarse (*für* por/con), apasionarse (*für* por)

begeistert *adj* entusiasmado (*von* con/por); **~e Zurufe** vítores entusiásticos; **~er Beifall** aplausos entusiasmados; **er war restlos** [*o* **hellauf**] **(von ihr) ~** estaba entusiasmadísimo (por ella)

Begeisterung *f* <-, *ohne pl*> entusiasmo *m* (*für* por), exaltación *f;* **in ~ geraten** entusiasmarse; **etw mit ~ tun** hacer algo con entusiasmo; **das Publikum brüllte vor ~** el público voceaba entusiasmado; **begeisterungsfähig** *adj* entusiasta, capaz de entusiasmarse; **Begeisterungsfähigkeit** *f* <-, *ohne pl*> capacidad *f* de emocionarse [*o* de entusias-

B

marse]; **die ~ von Jugendlichen ist größer als die von Erwachsenen** la capacidad de entusiasmo de los jóvenes es mayor que la de los adultos; **Begeisterungssturm** *m* <-(e)s, -stürme> estallido *m* de entusiasmo, entusiasmo *m* desbordante; **ein ~ brach los** estalló el entusiasmo

Begierde [bə'giːɐdə] *f* <-, -n> ansias *fpl* (*nach* de), avidez *f* (*nach* de); **sie brannte vor ~ ihn zu sehen** ardía en deseos de verle

begierig *adj* ávido (*auf* de), ansioso (*auf* de/por); **mit ~en Blicken** con miradas ansiosas

begießen* *irr vt* **1.** (*Pflanzen*) regar **2.** (*fam: feiern*) celebrar con una copa; **das müssen wir ~** eso hay que mojarlo

Beginn [bə'gɪn] *m* <-(e)s, *ohne pl*> comienzo *m*, inicio *m*; **zu ~** al comienzo; **mit ~ der Ferien** con el comienzo de las vacaciones

beginnen <beginnt, begann, begonnen> **I.** *vi* comenzar (a), empezar (a); **es beginnt zu regnen** comienza a llover; **der Unterricht beginnt um 8 Uhr** la clase empieza a las ocho **II.** *vt* comenzar, empezar; **wie sollte er es ~ sie auf sich aufmerksam zu machen?** (*geh*) ¿qué debería hacer para llamar su atención?; **wer viel beginnt, zu nichts es bringt** (*prov*) quien mucho abarca poco aprieta

beginnend *adj* (*a.* MED) incipiente; **eine ~e Glatze** una calva [*o* calvicie] incipiente; **bei ~er Dämmerung** en el crepúsculo incipiente; **es könnte sich um eine ~e Infektion handeln** podría tratarse de un principio de infección; **im ~en 20. Jahrhundert** en el entrante siglo XX

beglaubigen* [bə'glaʊbɪgən] *vt* **1.** (*Urkunde*) certificar, dar fe (de); (*Kopie*) compulsar; **eine Urkunde behördlich/notariell ~ lassen** hacer certificar un documento oficialmente/por un notario **2.** (*Diplomaten*) presentar las credenciales, acreditar

Beglaubigung *f* <-, -en> **1.** (*Schriftstück*) certificación *f*; (*einer Kopie*) autentificación *f*, compulsa *f* **2.** (POL) acreditación *f*, credenciales *fpl*; **Beglaubigungsschreiben** *nt* <-s, -> carta *f* credencial; **Beglaubigungsstempel** *m* <-s, -> sello *m* de compulsación; **Beglaubigungsvermerk** *m* <-(e)s, -e> nota *f* (de compulsación)

begleichen* *irr vt* (*geh*) pagar, saldar; **mit jdm eine Rechnung zu ~ haben** (*fig*) tener que saldar una cuenta con alguien

Begleichung *f* <-, -en> liquidación *f*; **~ einer Schuld** liquidación [*o* satisfacción] de una deuda; **vollständige ~ einer Rechnung** liquidación total de una factura

Begleitbrief *m* <-(e)s, -e> carta *f* adjunta

begleiten* *vt* (*a.* MUS) acompañar; **er begleitete sie nach Hause/ins Konzert/auf dem Klavier** la acompañó a casa/al concierto/al piano

Begleiter(in) *m(f)* <-s, -; -, -nen> acompañante *mf*; (*Gefährte*) compañero, -a *m, f*; **ein ständiger ~** un acompañante permanente

Begleiterscheinung *f* <-, -en> efecto *m* secundario; **Begleitflugzeug** *nt* <-(e)s, -e> avión *m* (de) escolta; **Begleitinstrument** *nt* <-(e)s, -e> instrumento *m* de acompañamiento; **Begleitkultur** *f* <-, -en> (BOT) cultivo *m* concomitante; **Begleitmannschaft** *f* <-, -en> (personal *m* de) escolta *f*; **Begleitmusik** *f* <-, -en> música *f* de acompañamiento; **Begleitpapier** *nt* <-s, -e> (WIRTSCH) documento *m* adjunto; **Begleitperson** *f* <-, -en> acompañante *mf*, compañía *f*; **Begleitschein** *m* <-(e)s, -e> documento *m* adjunto; (*bei Warensendungen*) declaración *f* de contenido; **Begleitschreiben** *nt* <-s, -> (COM) carta *f* adjunta; **Begleitumstände** *mpl* (JUR) circunstancias *fpl* concomitantes

Begleitung *f* <-, -en> **1.** (*a.* MUS) acompañamiento *m*; **sie kam in ~ eines Freundes** vino acompañada [*o* en compañía] de un amigo; **er spielte ohne ~** tocó sin acompañamiento **2.** (*Begleiter*) acompañante *mf*; (*Gefolge*) séquito *m*

beglücken* *vt* (*geh*) deleitar (*mit* con), hacer feliz (*mit* con), satisfacer (*mit* con); **ein ~des Gefühl** una sensación satisfactoria [*o* de felicidad]; **womit kann ich dich ~?** ¿con qué te puedo hacer feliz?; **er beglückte sie stundenlang mit seinem Geschwätz** (*iron*) la deleitó durante horas con su cháchara

beglückend *adj* feliz; **was für eine ~e Nachricht!** ¡qué feliz noticia!

Beglücker(in) *m(f)* <-s, -; -, -nen> benefactor(a) *m(f)*, bienhechor(a) *m(f)*; **er hält sich für den ~ aller Frauen** (*iron*) se cree que ha venido a hacer felices a todas las mujeres

beglückt **I.** *adj* alegre, feliz; **über diese ungünstige Wendung kann niemand ~ sein** nadie puede alegrarse de este giro desfavorable **II.** *adv* con alegría, felizmente; **sie lächelte ~, als sie die guten Nachrichten las** sonrió alegre al leer las buenas noticias

beglückwünschen* *vt* felicitar (*zu* por); **er beglückwünschte sie zum Geburtstag/zur bestandenen Prüfung** la felicitó por su cumpleaños/por haber aprobado el examen; **da kannst du dich ja ~!** (*a. iron*) ¡puedes sentirte orgulloso de ti mismo!

begnadet [bə'gnaːdət] *adj* genial, altamente dotado; **ein ~er Dichter** un poeta muy creativo, un genio de la poesía

begnadigen* *vt* indultar

Begnadigung *f* <-,-en> (POL) amnistía *f*, indulto *m*; **unbeschränkte ~** indulto total; **jdn um ~ ersuchen** solicitar el indulto para alguien; **Begnadigungsgesuch** *nt* <-(e)s, -e> (JUR) petición *f* de indulto; **Begnadigungsrecht** *nt* <-(e)s, -e> derecho *m* de indulto

begnügen* [bə'gnyːgən] *vr*: **sich ~** conformarse (*mit* con), contentarse (*mit* con); **ich**

begnüge mich damit Hinweise zu geben me contento con dar consejos

Begonie [be'goːniə] *f* <-, -n> (BOT) begonia *f*

begonnen [bə'gɔnən] *pp von* **beginnen**

begraben* *irr vt* **1.** (*Tote*) enterrar, dar sepultura; **hier liegt der Hund** ~ (*fam*) aquí está el quid de la cuestión; **damit kann er sich ~ lassen** (*iron*) con ello puede darse por perdido **2.** (*verschütten*) sepultar; **die Lawine begrub acht Personen unter sich** el alud sepultó a ocho personas bajo la nieve **3.** (*Streit*) enterrar, poner fin (a); (*Hoffnung*) renunciar (a); **lass uns unseren Streit** ~ echemos tierra a nuestra disputa

Begräbnis [bə'grɛːpnɪs] *nt* <-ses, -se> entierro *m,* sepelio *m,* ancuviña *f Chil;* **ein christliches/feierliches/schlichtes** ~ un entierro cristiano/solemne/sencillo

begradigen* [bə'graːdɪgən] *vt* (*Fluss*) encauzar; (*Straße*) rectificar

Begradigung *f* <-, -en> rectificación *f;* **ein Plan zur ~ der Donau/der Grenze** un plan para la rectificación del curso del Danubio/de la frontera

begreifbar *adj* comprensible; **wie kann ich es dir ~ machen?** ¿cómo puedo hacértelo entender?

begreifen* *irr* **I.** *vt* comprender, entender; **er begreift schnell/langsam** comprende deprisa/despacio; **ich kann nicht ~, wieso er das gemacht hat** no puedo comprender por qué lo hizo; **er begriff nicht, worum es ging** no comprendió de qué iba la cosa; **es ist einfach nicht zu ~, dass ...** es sencillamente inconcebible que... +*subj* **II.** *vr:* **sich ~ 1.** (*sich verstehen*) entenderse, comprenderse; **ich begreife mich mittlerweile selbst nicht mehr** entretanto ya no me entiendo ni yo **2.** (*sich auffassen*) considerarse (*als*); **er begreift sich als Experte** se considera un experto

begreiflich *adj* comprensible, explicable; **es ist einfach nicht ~, wie er so etwas tun konnte** es sencillamente incomprensible cómo pudo hacer algo parecido

begreiflicherweise [-'---'--] *adv* comprensiblemente

begrenzen* *vt* **1.** (*Gebiet*) delimitar; **das Grundstück wird von einem Wald begrenzt** un bosque señala los límites del terreno **2.** (*beschränken*) limitar (*auf*a); **die Redezeit wurde auf fünf Minuten begrenzt** el turno de palabra fue limitado a cinco minutos

Begrenzer *m* <-s, -> (INFOR) delimitador *m*

begrenzt *adj* limitado; **er hat einen ~en Horizont** tiene una visión limitada; **ich bin nur für eine sehr ~e Zeit hier** sólo estoy aquí por poco tiempo; **darauf können wir nur sehr ~ Einfluss nehmen** sobre ello sólo podemos ejercer una influencia muy limitada

Begrenztheit *f* <-, -en> (*Möglichkeiten*) restricción *f,* limitación *f*

Begrenzung *f* <-, -en> **1.** (*das Begrenzen*) limitación *f,* restricción *f;* **zeitliche** ~ limitación de tiempo **2.** (*Grenze*) límite *m;* **Begrenzungszeichen** *nt* <-s, -> (INFOR) carácter *m* delimitador

Begriff *m* <-(e)s, -e> **1.** (*Ausdruck*) concepto *m;* **ein dehnbarer** ~ un concepto maleable; **dieser Name ist ein ~ für Qualität** este nombre es un símbolo de calidad **2.** (*Vorstellung*) idea *f,* noción *f;* **sich** *dat* **einen ~ von etw machen** hacerse una idea de algo; **du machst dir keinen ~ davon, was heute los war** no te puedes imaginar lo que pasó hoy; **für meine ~e** en mi opinión; **das ist mir ein** ~ me suena; **schwer** [*o* **langsam**] **von ~ sein** (*fam*) ser corto de mollera; **im ~ sein etw zu tun** estar a punto de hacer algo

begriffen I. *pp von* **begreifen II.** *adj:* **in etw ~ sein** estar a punto de hacer algo; **die Gäste sind im Aufbruch** ~ los invitados están a punto de marcharse

begrifflich *adj* conceptual, abstracto

Begriffsbildung *f* <-, -en> creación *f* de un concepto; **begriffsstutzig** *adj* lento, tardo (en comprender); **Begriffsstutzigkeit** *f* <-, *ohne pl*> cerrilismo *m;* **die ~ dieses Kerls nervt mich!** ¡me saca de quicio que este tipo sea tan duro de mollera [*o* tan cerril]!; **Begriffsvermögen** *nt* <-s, *ohne pl*> facultad *f* de comprensión

begründen* *vt* **1.** (*Gründe aufführen*) justificar, basar (*mit* en); **wie willst du das ~?** ¿cómo lo quieres justificar?; **womit willst du das ~?** ¿en qué lo quieres basar?; **er begründete seine Meinung eingehend** justificó minuciosamente su opinión **2.** (*gründen*) fundar; **wohl begründet** (*geh*) (muy) bien fundado

Begründer(in) *m(f)* <-s, -; -, -nen> iniciador(a) *m(f),* fundador(a) *m(f)*

begründet *adj* (*a.* JUR) fundado, legítimo; **in etw** *dat* **~ liegen** [*o* **sein**] fundarse en algo; **ich habe den ~en Verdacht, dass ...** tengo la fundada [*o* legítima] sospecha de que...; **dem Anspruch nach ist diese Klage** ~ de [*o* por] derecho la demanda es legítima

Begründung *f* <-, -en> **1.** (*Grund*) motivo *m,* causa *f;* **ohne jede** ~ sin motivación alguna; **~ einer Klage** (JUR) fundamentación de una demanda; **eine ~ für etw angeben** declarar el motivo de algo **2.** (*Gründung*) fundación *f*

begrünen* *vt* ajardinar

Begrünung *f* <-, -en> ajardinamiento *m*

begrüßen* *vt* **1.** (*Gast*) saludar, dar la bienvenida; **er wurde herzlich/unfreundlich begrüßt** fue saludado cordialmente/fríamente; **ich würde mich sehr freuen, Sie bei mir ~ zu dürfen** estaría encantado de poder recibirle en mi casa **2.** (*Vorschlag*) celebrar; **wir ~ es sehr, dass ...** celebramos mucho que... +*subj;* **es ist zu ~, dass ...** hay que celebrar que... +*subj;* **ich würde es ~, wenn ...** celebraría que... +*subj* **3.** (*Schweiz: zu Rate zie-*

hen) consultar; **in solchen Fragen ist zunächst die Geschäftsleitung zu ~** tales cuestiones deben consultarse en primer lugar a la dirección; **begrüßenswert** *adj* plausible; **es ist ~, dass ...** celebramos que... +*subj*

Begrüßung *f* <-, -en> saludo *m;* (*Empfang*) recibimiento *m;* **jdm zur ~ die Hand geben** dar a alguien la mano como saludo; **Begrüßungsansprache** *f* <-, -n> discurso *m* de bienvenida; **Begrüßungsgeld** *nt* <-(e)s, -er> dinero *m* de bienvenida

begucken* *vt* (*fam*) mirar

begünstigen* [bə'gʏnstɪgən] *vt* **1.** (*förderlich sein*) favorecer, beneficiar; **er war vom Schicksal begünstigt** era un hombre de suerte **2.** (JUR: *Verbrechen*) encubrir **3.** (*bevorzugen*) favorecer, privilegiar

Begünstigte(r) *mf* <-n, -n; -n, -n> beneficiario, -a *m, f*

Begünstigung *f* <-, -en> **1.** (*Förderung*) favorecimiento *m* **2.** (JUR) encubrimiento *m;* **~ im Amt** favorecimiento en el cargo **3.** (*Bevorzugung*) trato *m* preferente

begutachten* *vt* emitir un dictamen (sobre), examinar; **das lassen wir eingehend ~** haremos emitir un dictamen detallado

Begutachtung *f* <-, -en> dictamen *m,* inspección *f;* **sachverständige ~** dictamen pericial

begütert [bə'gy:tɐt] *adj* acaudalado, adinerado; **sie gehört der eher ~en Schicht an** pertenece a la clase más bien adinerada

begütigend **I.** *adj* apaciguador **II.** *adv* apaciguadoramente; **~ auf jdn einreden** apaciguar a alguien con palabras

behaart [bə'ha:ɐt] *adj* peludo, velludo; **stark ~** muy peludo, muy velludo

Behaarung *f* <-, -en> vellosidad *f,* pelo *m;* (*Tiere*) pelaje *m*

behäbig [bə'hɛ:bɪç] *adj* (*beleibt*) corpulento, grueso; (*phlegmatisch*) indolente, flemático

Behäbigkeit *f* <-, *ohne pl*> **1.** (*Körper*) corpulencia *f* **2.** (*Trägheit*) indolencia *f,* cachaza *f fam* **3.** (*Möbel*) comodidad *f*

behaftet [bə'haftət] *adj:* **mit etw ~ sein** tener algo; **mit einem Mangel ~ sein** tener un defecto; **mit einer Krankheit ~ sein** estar aquejado de [*o* por] una enfermedad, estar afectado por una enfermedad

behagen* [bə'ha:gən] *vi:* **etw behagt jdm** algo agrada a alguien; **es behagt ihm nicht, morgens früh aufzustehen** le disgusta levantarse temprano por las mañanas

Behagen *nt* <-s, *ohne pl*> gusto *m,* satisfacción *f;* **mit sichtlichem ~** con evidente gusto

behaglich [bə'ha:klɪç] *adj* **1.** (*Wärme*) agradable **2.** (*bequem*) cómodo, confortable; (*Leben*) desahogado, placentero; **hier kann man es sich wirklich ~ machen!** ¡aquí sí que puede uno ponerse cómodo!

Behaglichkeit *f* <-, *ohne pl*> confort *m,* comodidad *f;* **Behaglichkeitszone** *f* <-, -n> (BOT, ZOOL) zona *f* de placidez

behalten* *irr vt* **1.** (*nicht wegwerfen*) conservar, guardar **2.** (*Glanz, gute Laune, Wert*) mantener, conservar; (*Geheimnis*) guardar; **die Nerven ~** no perder los nervios **3.** (*sich merken*) retener (en la cabeza), quedarse (con) *fam;* **ich habe seine Telefonnummer nicht ~** no he retenido su número de teléfono en la cabeza **4.** (*nicht abgeben*) quedarse (con); (*Hut*) dejar puesto; **nach der Scheidung behielt sie die Kinder** después del divorcio ella se quedó con los hijos; **der Kranke kann nichts bei sich ~** el enfermo no puede retener alimento alguno; **~ Sie (doch) Platz!** ¡no se levante!; **jdn über Nacht ~** alojar a alguien; **er muss immer seinen Willen ~** siempre quiere salirse con la suya

Behälter [bə'hɛltɐ] *m* <-s, ->, **Behältnis** *nt* <-ses, -se> **1.** (*Gefäß*) recipiente *m,* depósito *m* **2.** (*Container*) contenedor *m,* container *m*

behämmert [bə'hɛmɐt] *adj* (*fam*) idiota, lelo

behänd(e)[RR] [bə'hɛnt, bə'hɛndə] *adj* (*flink*) ágil; (*gewandt*) hábil, diestro

behandeln* *vt* **1.** (*Mensch, Thema, Material*) tratar (*mit* con); **die Fragestellung wurde ausführlich/flüchtig behandelt** el problema fue tratado exhaustivamente/de pasada; **das Gericht behandelt heute den Fall X gegen Y** el tribunal se ocupa hoy del caso X contra Y; **der ~de Arzt ist Dr. X** el médico que le trata es el Doctor X; **von wem werden Sie behandelt?** ¿quién le trata?; **er behandelt sie gut/schlecht** la trata bien/mal; **wir werden die Angelegenheit diskret ~** trataremos el asunto con discreción **2.** (*Krankheit*) tratar; (*heilen*) curar

behändigen* [bə'hɛndɪgən] *vt* (*Schweiz: ergreifen*) coger, hacerse (con); **der Dieb behändigte alle ihre Juwelen** el ladrón se llevó todas sus joyas

Behändigkeit[RR] *f* <-, *ohne pl*> destreza *f;* **mit großer ~** habilidosamente, con una gran habilidad

Behandlung *f* <-, -en> **1.** (*Umgang*) trato *m;* **bevorzugte ~** tratamiento preferente **2.** (*Therapie*) tratamiento *m;* (*Betreuung*) asistencia *f* médica; **ambulante/stationäre ~** tratamiento ambulatorio/hospitalario; **bei wem sind Sie in ~?** ¿con quién está usted en tratamiento? **3.** (*eines Themas*) tratamiento *m* **4.** (TECH) tratamiento *m;* **behandlungsbedürftig** *adj* (MED) que necesita tratamiento médico; **dieser Ausschlag ist ~** esta erupción necesita tratamiento médico; **Behandlungsfehler** *m* <-s, -> error *m* de tratamiento; **~ im Krankenhaus** error de tratamiento en el hospital; **Behandlungskosten** *pl* costes *mpl* del tratamiento; **Behandlungsmethode** *f* <-, -n> método *m* terapéutico; **Behandlungsplan** *m* <-(e)s, -pläne> (MED) plan *m* del tratamiento; **Behandlungsraum** *m* <-(e)s, -räume>,

Behandlungszimmer *nt* <-s, -> sala *f* de curas

Behang [bəˈhaŋ] *m* <-(e)s, -hänge> (*Schmuck*) colgante *m;* (*Wand~*) elemento *m* decorativo

behangen *adj* cargado; **die Kirschbäume sind mit Früchten ~** los cerezos están cargados de frutos

behängen* **I.** *vt* decorar (*mit* con), adornar (*mit* con) **II.** *vr:* **sich ~** (*fam abw*) llenarse (*mit* de); **sie behängt sich gerne mit Schmuck** le gusta ir muy enjoyada

beharren* [bəˈharən] *vi* insistir (*auf* en), obstinarse (*auf* en), emperrarse (*auf* en) *fam,* empalarse (*auf* en) *Chil;* **er beharrte darauf, dass ...** insistía en que...; **er muss aber auch immer bei seiner Meinung ~** pero es que siempre tiene que aferrarse a su opinión

beharrlich *adj* (*nachdrücklich*) insistente; (*standhaft*) constante, perseverante; **sie weigerte sich ~, das zu tun** se negó rotundamente a hacerlo

Beharrlichkeit *f* <-, *ohne pl*> **1.** (*Standhaftigkeit*) constancia *f,* perseverancia *f* **2.** (*Nachdruck*) insistencia *f,* ahínco *m*

Beharrungsvermögen *nt* <-s, -> perseverancia *f,* persistencia *f;* (PHYS) fuerza *f* de inercia

behauen <behaut, behaute, behauen> *vt* tallar, labrar

behaupten* [bəˈhaʊptən] **I.** *vt* **1.** (*These*) afirmar, sostener; **er behauptete steif und fest, dass ...** afirmó rotundamente que...; **es wird (von ihm) behauptet, dass ...** se dice (de él) que... **2.** (*Platz, Stelle*) defender; **die Aktien tendieren gut behauptet** la tendencia de las acciones está bien sostenida **II.** *vr:* **sich ~ 1.** (*sich durchsetzen*) afirmarse, consolidarse; **sich gegen jdn ~** vencer a alguien **2.** (*Preise*) mantenerse firme

Behauptung *f* <-, -en> aseveración *f,* afirmación *f;* **eine ~ aufstellen** sostener una afirmación; **eine ~ zurücknehmen** retractarse de una afirmación; **~ auf dem Markt** (WIRTSCH) afirmación en el mercado

Behausung [bəˈhaʊzʊŋ] *f* <-, -en> (*geh*) morada *f*

Behaviorismus [bihɛviəˈrɪsmʊs] *m* <-, *ohne pl*> (PSYCH, LIT) conductismo *m,* behaviorismo *m*

beheben* *irr vt* **1.** (*beseitigen*) eliminar; (*Missstand*) remediar; (*Schaden*) reparar; **das lässt sich leicht ~** esto tiene fácil remedio **2.** (*Österr: abheben*) retirar

Behebung[1] *f* <-, *ohne pl*> (*Beseitigung*) eliminación *f;* (*eines Schadens*) reparación *f;* **die ~ einer technischen Störung** la reparación de un fallo técnico; **die ~ offenkundiger Missstände** la eliminación de patentes anomalías

Behebung[2] *f* <-, -en> (*Österr:* FIN) retirada *f;* **die ~ einer großen Summe von einem Konto** la retirada de una gran suma de una cuenta

beheimatet [bəˈhaɪma:tət] *adj* **1.** (*gebürtig*) oriundo (*in* de), natural (*in* de) **2.** (*wohnhaft*) establecido (*in* en)

beheizbar *adj:* **das Wohnzimmer ist nicht ~** no hay calefacción en la sala de estar

beheizen* *vt* calentar

Behelf [bəˈhɛlf] *m* <-(e)s, -e> recurso *m,* solución *f* de emergencia; **als ~ dienen** servir de recurso

behelfen* *irr vr:* **sich ~** defenderse (*mit* con, *ohne* sin), arreglárselas (*mit* con, *ohne* sin) *fam;* **da müssen wir uns mit einer Notlösung ~** tendremos que recurrir a una solución de emergencia

Behelfsausfahrt *f* <-, -en> salida *f* auxiliar

behelfsmäßig *adj* provisorio, provisional

behelligen* [bəˈhɛlɪɡən] *vt* molestar (*mit* con), incomodar (*mit* con)

behend(e) *adj s.* **behänd(e)**

Behendigkeit *f* <-, *ohne pl*> *s.* **Behändigkeit**

beherbergen* [bəˈhɛrbɛrɡən] *vt* alojar, hospedar

Beherbergung *f* <-, *ohne pl*> hospedaje *m*

beherrschen* **I.** *vt* **1.** (*Macht haben*) dominar; (*regieren*) gobernar; **er beherrschte sie völlig** la dominaba enteramente **2.** (*zügeln*) controlar, dominar **3.** (*Handwerk, Sprache, Instrument*) conocer a fondo, dominar; (*Situation*) ser dueño (de), dominar; (*Stadtbild*) conocer, dominar **II.** *vr:* **sich ~** (*sich zügeln*) contenerse, dominarse; **ich kann mich ~!** (*fam*) ¡no lo haré ni en sueños!

beherrscht *adj* controlado

Beherrschtheit *f* <-, *ohne pl*> autocontrol *m*

Beherrschung *f* <-, *ohne pl*> **1.** (*Selbst~*) autocontrol *m,* dominio *m* de sí mismo; **die ~ verlieren** perder el control **2.** (*Wissen, Können*) dominio *m*

beherzigen* [bəˈhɛrtsɪɡən] *vt* tomar en consideración

beherzt [bəˈhɛrtst] *adj* resuelto, audaz

Beherztheit *f* <-, *ohne pl*> valentía *f*

behilflich *adj:* **jdm (bei etw) ~ sein** ayudar(le) a alguien (en algo); **darf ich Ihnen ~ sein?** ¿puedo ayudarle?

behindern* *vt* **1.** (*stören*) molestar, estorbar (*bei* en); (*Verkehr*) impedir, dificultar; (*Sicht*) dificultar **2.** (*verhindern*) entorpecer, impedir

behindert *adj* (*körperlich*) minusválido, disminuido físico; (*geistig*) retrasado, disminuido psíquico

Behinderte(r) *mf* <-n, -n; -n, -n> impedido, -a *m, f,* minusválido, -a *m, f;* **Behindertenausweis** *m* <-es, -e> carnet *m* de minusválido; **behindertengerecht** *adj* acondicionado para disminuidos; **Behindertenparkplatz** *m* <-es, -plätze> aparcamiento *m* para minusválidos; **Behinderten-WC** *nt* <-(s), -(s)> aseo(s) *m(pl)* para minusválidos; **Behindertenwerkstatt** *f* <-, -stätten> taller *m* para minusválidos

Behinderung *f* <-, -en> **1.** (*des Verkehrs*) impedimento *m;* (*einer Sache*) estorbo *m;* **mit ~en muss gerechnet werden** se debe contar con impedimentos **2.** (MED) minusvalía *f*

Behörde [bə'hø:ɐdə] *f* <-, -n> **1.** (*Amt*) autoridad *f;* **örtliche ~** autoridad local; **die zuständige ~** la autoridad competente; **etw bei einer ~ anmelden** presentar algo ante una autoridad **2.** (*Gebäude*) administración *f;* **Behördengang** *m* <-(e)s, -gänge> visita *f* a un organismo oficial; **ein ~ steht noch an** aún queda por resolver un asunto burocrático; **behördenintern** *adj* reservado a las autoridades; **Behördenweg** *m* <-(e)s, -e> vía *f* administrativa; **Behördenwillkür** *f* <-, *ohne pl*> arbitrariedad *f* burocrática

behördlich [bə'hø:ɐtlɪç] *adj* oficial

behüten* *vt* (*schützen*) proteger (*vor* de), amparar (*vor* de); **behütet aufwachsen** crecer protegido de todo mal; **sie hat das Kind davor behütet, dass ...** protegió al niño de... +*inf,* protegió al niño de que... +*subj;* **Gott behüte!** ¡no lo quiera Dios!, ¡Dios nos libre!

behutsam [bə'hu:tza:m] **I.** *adj* (*sorgsam*) cuidadoso, concienzudo; (*rücksichtsvoll*) atento, considerado **II.** *adv* con cautela, con precaución; **mit ihr muss man sehr ~ umgehen** con ella hay que andar con mucho cuidado

Behutsamkeit *f* <-, *ohne pl*> prudencia *f,* precaución *f*

bei [baɪ] *präp +dat* **1.** (*in der Nähe von*) cerca de, junto a; **in Unna ~ Dortmund** en Unna cerca de Dortmund; **die Schlacht ~ Leipzig** la batalla de Leipzig; **dicht ~ der Fabrik** junto a la fábrica; **ich saß ~ ihm** estuve sentado a su lado; **~ Tisch** a la mesa; **~m Bäcker** en la panadería **2.** (*für Firmen*) en; **sie arbeitet ~ der Bahn** trabaja en la compañía ferroviaria; **das ist ~ Klett erschienen** esto se publicó en Klett **3.** (*für Wohnbereich*) en casa de, con; **wir sind ~ Susanne zum Abendessen eingeladen** estamos invitados a cenar en casa de Susanne; **er wohnt ~ seinen Eltern** vive con sus padres; **~ uns zu Hause** en nuestra casa **4.** (*an sich tragend*) encima; **ich habe kein Geld ~ mir** no llevo dinero encima; **bist du ganz ~ dir** [*o* **~ Sinnen**]**?** (*fam*) ¿estás bien de la cabeza? **5.** (*während*) durante, en; **~ der Arbeit** durante el trabajo; **~ Nacht** durante la noche; **Vorsicht ~m Aussteigen!** ¡cuidado al bajar!; **~ Gelegenheit** alguna vez, en alguna ocasión; **~m Lesen des Artikels** al leer el artículo; **~ näherer Betrachtung** en un examen más detallado **6.** (*jemanden betreffend*): **das kommt oft ~ ihm vor** esto le sucede a menudo; **~ mir hast du damit kein Glück** estas artimañas no te valen conmigo; **~ Kräften sein** estar robusto; **du bist nicht recht ~ Trost** (*fam*) no estás en tus cabales **7.** (*mit*) con; **~ offenem Fenster schlafen** dormir con la ventana abierta; **~ seinen Fähigkeiten** con sus aptitudes; **~ deiner Erkältung bleibst du besser zu Hause** con tu resfriado es mejor que te quedes en casa **8.** (*falls*) en caso de; **~ Nebel** en caso de niebla; **„~ Feuer Scheibe einschlagen"** "en caso de incendio, rómpase el cristal"

bei|behalten* *irr vt* mantener, conservar

Beibehaltung *f* <-, *ohne pl*> conservación *f,* mantenimiento *m*

bei|biegen *irr vt* (*fam*) comunicar con mucho tacto

Beiblatt *nt* <-(e)s, -blätter> hoja *f* adjunta; **die Preise entnehmen Sie bitte dem ~** los precios se encuentran en la hoja adjunta

Beiboot *nt* <-(e)s, -e> (NAUT) bote *m* de servicio [*o* auxiliar]

bei|bringen *irr vt* **1.** (*beschaffen*) aportar **2.** (*lehren*) enseñar; **jdm etw ~** enseñar algo a alguien; **dem werde ich es schon noch ~!** (*fam*) ¡ya le enseñaré yo a ése! **3.** (*mitteilen*) decir, comunicar; **wie soll ich ihm bloß ~, dass seine Frau einen Unfall hatte?** ¿cómo le digo que su mujer ha tenido un accidente? **4.** (*zufügen*): **jdm etw ~** causar algo a alguien

Beichte ['baɪçtə] *f* <-, -n> (*a.* REL) confesión *f;* **zur ~ gehen** ir a confesar(se); **jdm die ~ abnehmen** oír la confesión de alguien

beichten *vi, vt* confesar(se); **jdm etw ~** confesarle algo a alguien

Beichtgeheimnis *nt* <-ses, -se> (REL) secreto *m* de confesión; **Beichtstuhl** *m* <-(e)s, -stühle> (REL) confes(i)onario *m;* **Beichtvater** *m* <-s, -väter> (REL) confesor *m*

beidarmig **I.** *adj* **1.** (SPORT) ambidextro, ambidiestro; **ein ~er Tennisspieler** un tenista que juega con las dos manos **2.** (MED) de ambos brazos; **eine ~e Amputation vornehmen** realizar la amputación de ambos brazos **II.** *adv* **1.** (SPORT) con ambos brazos **2.** (MED) en ambos brazos

beidbeinig **I.** *adj* **1.** (SPORT) con ambas piernas; **~e Absprünge über das Pferd** saltos sobre el potro con las dos piernas **2.** (MED) de ambas piernas; **eine ~e Operation durchführen** realizar una operación en las dos piernas **II.** *adv* **1.** (SPORT) con ambas piernas; **~ abspringen** saltar con las dos piernas **2.** (MED) en ambas piernas

beide ['baɪdə] *adj* los dos, ambos; **ihr habt ~ Recht** los/las dos tenéis razón; **wie geht es euch ~n ?** ¿como estáis vosotros dos?; **alle ~** ambos, los dos; **keiner von ~n** ni uno ni otro, ninguno de los dos; **ihre ~n Schwestern** sus dos hermanas, ambas hermanas; **~ Mal** en ambos casos, en ambas ocasiones

beidemal *adv* en ambos casos, en ambas ocasiones

beiderlei ['baɪdɐlaɪ, '--'-] *adj inv* de los dos, de ambos; **~ Geschlechts** de ambos sexos

beiderseitig *adj* de [*o* por] ambas partes; (*gegenseitig*) recíproco, mutuo, bilateral; **in ~em Einvernehmen** de mutuo acuerdo

beiderseits I. *präp +gen* a ambos lados de; ~ **des Rheins** a ambos lados [*o* en ambas orillas] del Rhin **II.** *adv* de ambas partes; (*gegenseitig*) mutuamente, recíprocamente; **sie haben ~ versprochen nichts zu sagen** ambos/ambas prometieron no decir nada por su parte

beidfüßig I. *adj* 1. (SPORT) con ambos pies; **ein ~er Absprung vom Sprungbrett** un salto desde el trampolín con los dos pies **2.** (MED) de ambos pies; **eine ~e Verletzung** una lesión en los dos pies **II.** *adv* **1.** (SPORT) con ambos pies; **nach einem Sprung ~ aufkommen** aterrizar con los dos pies tras un salto **2.** (MED) en ambos pies

beidhändig I. *adj* 1. (*links- und rechtshändig*) ambidextro, ambidiestro; (*a.* SPORT) con ambas manos; **eine ~e Rückhand** (*Tennis*) un revés con las dos manos **2.** (MED) de ambas manos **II.** *adv* con ambas manos; (MED) en ambas manos

bei|drehen *vi* (NAUT) capear

beidseitig ['baɪtzaɪtɪç] *adj* de doble lado; (MED) de doble cara; **zur ~en Zufriedenheit** para satisfacción de ambas partes

beidseits *präp* (*südd, Schweiz*) *s.* **beiderseits**

beieinander [--'--] *adv* junto, reunido; **sie sind ~** están juntos; **die Familie ist ~** la familia está reunida; (**nicht**) **gut ~ sein** (*fam*) (no) encontrarse bien; **sie ist nicht mehr gut ~** (*fam*) ella ya chochea; **er ist gut ~** (*südd: fam: kräftig gebaut*) está bien cebado; **nicht ganz ~ sein** (*fam*) no estar bien de la cabeza; **zuerst müssen wir alle Unterlagen ~ haben** primero tenemos que reunir todos los documentos; **hast du das Geld für den Urlaub schon ~?** ¿ya has reunido el dinero para las vacaciones?; **ich glaube, du hast sie nicht mehr alle ~** (*fam*) creo que no estás del todo en tus cabales

beieinander|haben *irr vt s.* **beieinander**

beieinander|sein *irr vi sein s.* **beieinander**

Beifahrer(in) *m(f)* <-s, -; -, -nen> acompañante *mf*, copiloto *mf*; **Beifahrerairbag** *m* <-s, -s> (AUTO) airbag *m* para el acompañante; (*Lastwagen*) airbag *m* para el segundo conductor; **Beifahrersitz** *m* <-es, -e> asiento *m* de copiloto

Beifall *m* <-(e)s, *ohne pl*> **1.** (*Applaus*) ovación *f*; (*Akklamation*) aclamación *f*; **starker/lang anhaltender/rauschender/schwacher ~** un aplauso fuerte/largo/delirante/débil; **jdm ~ spenden** conceder una ovación a alguien; **er wurde mit tosendem** [*o* **stürmischem**] **Beifall begrüßt** se le recibió con un aplauso estruendoso [*o* atronador] **2.** (*Zustimmung*) aprobación *f*, favor *m*; **jds ~ finden** lograr la aprobación [*o* el favor] de alguien; **~ klatschen** aplaudir; **~ klopfen** *aplaudir golpeando la mesa con el puño*

beifallheischend ['baɪfalhaɪʃənt] *adj s.* **heischen**

beifällig ['baɪfɛlɪç] *adj* aprobatorio, favorable; **~ nicken** hacer un gesto aprobatorio con la cabeza; **~ bemerkt ...** dicho sea favorablemente...

Beifallsbekundung *f* <-, -en>, **Beifallsbezeigung** *f* <-, -en> demostraciones *fpl* de aprobación; **Beifallsruf** *m* <-(e)s, -e> ovación *f*, aclamación *f*; **Beifallssturm** *m* <-(e)s, -stürme> salva *f* de aplausos; **die Zuschauer brachen in einen wahren ~ aus** los espectadores estallaron en una verdadera salva de aplausos

Beifilm *m* <-(e)s, -e> cortometraje *m*, corto *m fam*

bei|fügen *vt* **1.** (*Unterlagen*) incluir, adjuntar, adosar *Am* **2.** (*dazusagen*) añadir

Beifügung¹ *f* <-, -en> (GRAM) atributo *m*

Beifügung² *f* <-, *ohne pl*> (*formal*): **unter ~ von etw** adjuntando algo

Beifuß *m* <-es, *ohne pl*> (BOT) artemisa *f*

Beigabe *f* <-, -n> añadido *m*

beige [be:ʃ] *adj* beige

Beige *f* <-, -n> (*Schweiz, südd: Stapel*) montón *m*; (*Stoß*) pelo *m*, pelillo *m*

bei|geben *irr* I. *vi* (*geh: sich fügen*) doblegarse, someterse (a); **klein ~** someterse, ceder **II.** *vt* (*geh: hinzufügen*): **etw** *dat* **etw ~** añadir algo a algo; **der Suppe etwas mehr Salz ~** añadir un poco más de sal a la sopa

beigefarben *adj* (de color) beige

Beigeordnete(r) *mf* <-n, -n; -n, -n> (ADMIN) adjunto, -a *m, f*

Beigeschmack *m* <-(e)s, *ohne pl*> gustillo *m*, dejo *m*; **einen unangenehmen ~ haben** tener un regusto desagradable

Beignet [bɛn'je:] *m* <-s, -s> (GASTR) ≈buñuelo *m* (*loncha fina de pasta de harina rellena de fruta, carne u otras cosas que se enrolla y se fríe en aceite*)

Beiheft *nt* <-(e)s, -e> suplemento *m*

bei|heften *vt* adjuntar (con grapas)

Beihilfe¹ *f* <-, -n> (*finanzielle Unterstützung*) ayuda *f* (económica), subsidio *m*; (*zum Studium*) beca *f*; **~ aus öffentlichen Mitteln** subsidio con fondos públicos

Beihilfe² *f* <-, *ohne pl*> (JUR) complicidad *f*; **~ zum Mord** complicidad en el asesinato; **~ leisten** actuar como cómplice

Beiklang *m* <-(e)s, -klänge> sonido *m* (de fondo); (*fig*) alusión *f*

bei|kommen *irr vi sein* **1.** (*zu fassen bekommen*): **jdm ~** coger [*o* alcanzar] a alguien; **ihr ist einfach nicht beizukommen** no hay modo de acercarse a ella **2.** (*bewältigen*): **etw** *dat* **~** resolver algo

Beikost *f* <-, *ohne pl*> alimentación *f* suplementaria; **~ für Säuglinge** alimentación suplementaria para lactantes

beil. *Abk. von* **beiliegend** adjunto

Beil [baɪl] *nt* <-(e)s, -e> **1.** (*Axt*) hacha *f* **2.** (*Fall~*) guillotina *f*

bei|laden *irr vt* (JUR) llamar en causa

Beiladung *f* <-, -en> (JUR) llamada *f* en causa

Beilage *f* <-, -n> **1.** (PUBL) suplemento *m;* **die ~ vom Wochenende** el suplemento del fin de semana **2.** (GASTR) guarnición *f* **3.** (*Österr: zu einem Brief*) anexo *m*

beiläufig ['baɪlɔɪfɪç] **I.** *adj* **1.** (*Frage*) casual **2.** (*Österr: ungefähr*) aproximado **II.** *adv* de paso; **~ gesagt** dicho sea de paso

Beiläufigkeit *f* <-, *ohne pl*> **1.** (*Nebensächlichkeit*) ocasionalidad *f* **2.** (*Gleichgültigkeit*) indiferencia *f*

bei|legen *vt* **1.** (*aus der Welt schaffen*) poner fin (a), concluir **2.** (*hinzulegen*) adjuntar, adosar *Am;* **etw** *dat* **etw ~** adjuntar algo a algo; **er legte dem Brief ein Foto bei** adjuntó una foto a la carta **3.** (*zuschreiben*) conceder, otorgar; **etw** *dat* **Gewicht/Wert ~** otorgarle peso/valor a algo

Beilegung *f* <-, -en>: **~ eines Konflikts** arreglo *m* de un conflicto

beileibe [baɪ'laɪbə] *adv:* **~ nicht** en ningún caso

Beileid *nt* <-(e)s, *ohne pl*> pésame *m;* **mein aufrichtiges** [*o* **herzliches**] **~** mi más sincero pésame; **jdm sein ~ ausdrücken** [*o* **aussprechen**] dar el pésame a alguien; **Beileidsbekundung** *f* <-, -en> expresión *f* de condolencia; **Beileidsbesuch** *m* <-(e)s, -e> visita *f* de condolencia [*o* de pésame]; **jdm einen ~ machen** [*o* **abstatten**] visitar a alguien para dar el pésame [*o* para expresar su condolencia]; **Beileidsbrief** *m* <-(e)s, -e> carta *f* de pésame [*o* de condolencia]; **Beileidskarte** *f* <-, -n> tarjeta *f* de condolencia; **Beileidsschreiben** *nt* <-s, -> carta *f* de pésame [*o* de condolencia]

bei|liegen *irr vi* estar incluido

beiliegend *adj* adjunto; **~ senden wir Ihnen …** le(s) remitimos adjunto…

beim [baɪm] = **bei dem** *s.* **bei**

bei|mengen *vt* añadir

bei|messen *irr vt* atribuir, conceder; **sie misst der Angelegenheit besondere Bedeutung bei** le concede una especial importancia al asunto

bei|mischen *vt* añadir, agregar

Beimischung[1] *f* <-, -en> (*beigemischte Sache*) añadidura *f*, añadido *m*

Beimischung[2] *f* <-, *ohne pl*> (*das Beimischen*) añadidura *f;* **unter ~ von …** añadiendo…

Bein [baɪn] *nt* <-(e)s, -e> **1.** (*Körperteil*) pierna *f;* **die ~e übereinander schlagen** cruzar las piernas; **von einem ~ auf das andere treten** (*fam*) estar inquieto; **sich** *dat* **(k)ein ~ ausreißen** (*fam*) (no) matarse trabajando; **er stellt ihm ein ~** le pone la zancadilla; **mit einem ~ im Grab stehen** estar con un pie en la tumba; **sich** *dat* **die ~e in den Bauch stehen** (*fam*) estar de plantón; **mit beiden ~en im Leben stehen** tener los pies en el suelo; **jdm ~e machen** (*fam*) echar a alguien; **die ~e in die Hand nehmen** (*fam*) salir escapado, salir disparado; **etw auf die ~e stellen** montar algo; **er kann sich kaum auf den ~en halten** apenas puede mantenerse en pie; **sie ist den ganzen Tag auf den ~en** lleva todo el día trabajando; **er ist schon wieder auf den ~en** ya se ha recuperado totalmente; **auf einem ~ kann man nicht stehen** (*prov*) *no se pueden dejar las cosas a medias* **2.** (*eines Tieres, Stuhls*) pata *f* **3.** (*geh: Knochen*) hueso *m;* **etw geht jdm durch Mark und ~** algo le parte el alma a alguien

beinah(e) ['baɪna:(ə), '-'-(-)] *adv* casi, por poco; **er hat es ~ geschafft** casi lo ha conseguido; **Beinahezusammenstoß** *m* <-es, -stöße> accidente *m* (*que estuvo a punto de suceder*)

Beiname *m* <-ns, -n> sobrenombre *m*

Beinamputation *f* <-, -en> amputación *f* de la pierna; **beinamputiert** ['baɪnʔamputi:ɐt] *adj* mutilado de una pierna, paticojo *fam;* **Beinarbeit** *f* <-, *ohne pl*> (SPORT) juego *m* de piernas; **Beinbruch** *m* <-(e)s, -brüche> fractura *f* de la pierna; **das ist (doch) kein ~!** (*fam*) ¡no es para tanto!; **Hals- und ~!** ¡(buena) suerte!

beinern ['baɪnɐn] *adj* (*geh: aus Knochen*) de hueso; (*aus Elfenbein*) de marfil

Beinfreiheit *f* <-, *ohne pl*> espacio *m* para las piernas; **die Anordnung der Sitze lässt einem nicht genug ~** tal y como están colocados los asientos no queda espacio sufiente para las piernas; **in diesem Auto habe ich nicht genug ~** en este coche no tengo espacio suficiente para las piernas

beinhalten* [bə'ɪnhaltən] *vt* incluir, contener

beinhart *adj* (*Österr, südd: Mensch*) tenaz; (*Kampf*) duro

Beinhaus *nt* <-es, -häuser> osario *m;* **Beinprothese** *f* <-, -n> (MED) prótesis *f inv* de la pierna, pierna *f* artificial; **Beinschiene** *f* <-, -n> **1.** (MED) férula *f* (para una pierna) **2.** (SPORT) espinillera *f* **3.** (HIST) greba *f;* **Beinstumpf** *m* <-(e)s, -stümpfe> muñón *m* de la pierna

bei|ordnen *vt* **1.** (LING) coordinar **2.** (*beigeben*) agregar, asociar

Beiordnung *f* <-, -en> (JUR) agregación *f*, asignación *f*

Beipack *m* <-(e)s, *ohne pl*> (WIRTSCH) bulto *m* adicional

Beipackzettel *m* <-s, -> hoja *f* de instrucciones

bei|pflichten ['baɪpflɪçtən] *vi:* **jdm ~** secundar a alguien; **einem Vorhaben ~** apoyar un proyecto; **er pflichtete ihr (darin) bei, dass …** la secundó en que…

Beiprogramm *nt* <-(e)s, -e> programación *f* complementaria

Beirat ['baɪra:t] *m* <-(e)s, -räte> consejo *m* consultivo; **juristischer ~** consejo jurídico; **Beiratssitzung** *f* <-, -en> reunión *f* del consejo consultivo

Beiried *nt* <-(e)s, -e> (*Österr*) rosbif *m*

beirren* [bəˈɪrən] *vt* desconcertar, confundir; **nichts konnte ihn in seinem Vorhaben ~** nada le hizo vacilar en su idea; **lass dich dadurch nicht ~!** ¡no te dejes confundir por eso!

Beirut [baɪˈruːt, ˈ--] *nt* <-s> Beirut *m*

beisammen [baɪˈzamən] *adv* **1.** (*zusammen*) juntos, reunidos; **zu Weihnachten war die ganze Familie ~** por Navidad se reunió toda la familia **2.** (*in guter Verfassung*): **~ sein** (*körperlich*) estar fuerte; (*geistig*) estar cuerdo; **er ist noch gut ~** aún está en sus cabales; **beisammen|haben** *irr vt* haber reunido [*o* juntado]; **ich habe alle Unterlagen beisammen** tengo todos los documentos juntos; **er hat sie nicht alle beisammen** (*fam*) no está bien de la cabeza; **beisammen|sein** *irr vi s.* **beisammen 2.**

Beisammensein *nt* <-s, *ohne pl*> reunión *f*

Beisatz *m* <-es, -sätze> (LING) aposición *f*

Beischlaf *m* <-(e)s, *ohne pl*> (*geh*) coito *m;* (JUR) cohabitación *f;* **außerehelicher ~** adulterio *m*

Beisein [ˈbaɪzaɪn] *nt:* **in/ohne jds ~** en presencia/sin la presencia de alguien

beiseite [baɪˈzaɪtə] *adv* a un lado, aparte; **~ gehen** irse a un lado; **Geld ~ legen** ahorrar dinero; **Spaß ~!** ¡bromas aparte!; **jdn ~ nehmen** hablar a solas con alguien

Beis(e)l *nt* <-s, -(n)> (*Österr: Kneipe*) taberna *f,* hospedería *f*

bei|setzen *vt* (*geh*) inhumar, dar sepultura

Beisetzung *f* <-, -en> (*geh*) sepelio *m,* inhumación *f*

Beisitzer(in) *m(f)* <-s, -; -, -nen> **1.** (*am Gericht*) asesor(a) *m(f);* **sachverständiger ~** asesor pericial **2.** (*eines Ausschusses*) vocal *mf*

Beispiel *nt* <-(e)s, -e> ejemplo *m;* **(wie) zum ~** (como) por ejemplo; **ein treffendes ~** un ejemplo acertado; **das ist ohne ~** esto no tiene precedente; **jdm ein ~ geben** dar ejemplo a alguien; **an ihm kannst du dir ein ~ nehmen** puedes tomar ejemplo de él; **an mir nimmst du dir lieber kein ~** que yo no te sirva de ejemplo; **mit gutem ~ vorangehen** predicar con el ejemplo

beispielhaft *adj* ejemplar, modelo

beispiellos *adj* sin precedente; (*unerhört*) inaudito; (*unvergleichbar*) sin igual, sin par

Beispielsatz *m* <-es, -sätze> ejemplo *m,* modelo *m*

beispielsweise *adv* por ejemplo

bei|springen *irr vi sein* **1.** (*aushelfen*) ayudar (a) **2.** (*zur Hilfe kommen*) acudir en ayuda (de)

beißen [ˈbaɪsən] <beißt, biss, gebissen> **I.** *vi, vt* (*zubeißen*) morder; **in den Apfel ~** morder la manzana; **ich habe mir auf die Zunge gebissen** me mordí la lengua; **er wird dich schon nicht ~** (*fig*) que no te va a morder; **nichts zu ~ haben** (*fam*) no tener nada que llevarse a la boca **II.** *vi* (*Geruch, Geschmack*) picar; **der Rauch beißt in den Augen** me pican los ojos del humo **III.** *vr:* **sich ~** (*fam: Farben*) desentonar, no armonizar; **diese rote Bluse beißt sich mit dem grünen Rock** esta blusa roja se da de bofetadas con la falda verde

beißend *adj* (*Geschmack*) picante, mordaz; (*Geruch, Qualm*) fuerte, picante; (*Spott*) mordaz, agudo

Beißerchen *nt* <-s, -> (*fam*) dientecito *m;* **der Kleine bekommt die ersten ~** al nene le están saliendo los primeros dientecitos

Beißring *m* <-(e)s, -e> mordedor *m;* **Beißzange** *f* <-, -n> tenazas *fpl*

Beistand *m* <-(e)s, -stände> **1.** (*geh: Hilfe*) ayuda *f;* (*Unterstützung*) apoyo *m;* **jdm ~ leisten** prestar ayuda a alguien; **seelischer ~** ayuda espiritual **2.** (JUR) asistencia *f;* (*Beratung*) asesoramiento *m;* **rechtlicher ~** asistencia jurídica; **Beistandskredit** *m* <-(e)s, -e> (WIRTSCH) crédito *m* de apoyo; **Beistandspakt** *m* <-(e)s, -e> (POL) pacto *m* de (mutua) asistencia; **Beistandsvertrag** *m* <-(e)s, -träge> (POL) acuerdo *m* de asistencia mutua

bei|stehen *irr vi:* **jdm ~** apoyar a alguien, ayudar a alguien

bei|stellen *vt* (*Österr: zur Verfügung stellen*) poner a disposición

Beistellmöbel *nt* <-s, -> mueble *m* auxiliar; **Beistelltisch** *m* <-(e)s, -e> mesa *f* auxiliar

bei|steuern *vt* contribuir con (*zu* a); **sie hat zu der Sammlung einiges beigesteuert** ha contribuido con algunas piezas a esta colección

bei|stimmen *vi* (*zustimmen*) aprobar, dar la razón

Beistrich *m* <-(e)s, -e> (*Österr: Komma*) coma *f*

Beitel [ˈbaɪtəl] *m* <-s, -> formón *m* de carpintero; (*Kant~*) escoplo *m;* (*Hohl~*) gubia *f*

Beitrag [ˈbaɪtraːk] *m* <-(e)s, -träge> **1.** (*Anteil, Mitwirkung*) contribución *f,* aportación *f;* **seinen ~ zu etw leisten** contribuir a algo **2.** (*Geldbetrag*) cuota *f;* **anteilmäßiger/noch fälliger ~** cuota proporcional/a pagar; **wesentlicher ~** contribución importante; **Beiträge erheben** cobrar cuotas **3.** (*Aufsatz, Artikel*) artículo *m*

bei|tragen *irr vt* contribuir (*zu* a), ayudar (*zu* a); **das trägt dazu bei die Lage zu verbessern** esto ayuda a mejorar la situación; **damit trägst du nicht gerade dazu bei, dass er sich beruhigt** con esto no contribuyes precisamente a que se tranquilice

Beitragsaufkommen *nt* <-s, -> ingresos *mpl* de las cuotas; **Beitragsbemessungsgrenze** *f* <-, -n> base *f* de cotización; **beitragsfrei** *adj* libre de contribuciones; **Beitragsgruppe** *f* <-, -n>, **Beitragsklasse** *f* <-, -n> (*Versicherung*) clase *f* de cotización; **beitragspflichtig** *adj* sujeto a pago;

B

Beitragsrückerstattung *f* <-, -en> (FIN) devolución *f* de primas, reembolso *m* de las cuotas; **Beitragssatz** *m* <-es, -sätze> (FIN) cuota *f*; **Beitragsstaffelung** *f* <-, -en> escalonamiento *m* de las cuotas; **Beitragszahler(in)** *m(f)* <-s, -; -, -nen> contribuyente *mf*; **Beitragszahlung** *f* <-, -en> contribución *f*, cotización *f*; **~en an die Sozialversicherung** cotizaciones a la Seguridad Social; **Beitragszeit** *f* <-, -en> periodo *m* de cotización

beitreibbar *adj* (JUR) recaudable

bei|treiben *irr vt* (JUR) cobrar [*o* recaudar] (por vía de apremio)

Beitreibung *f* <-, -en> (JUR) recaudación *f*, cobro *m*

bei|treten *irr vi sein* **1.** (*einem Pakt*) adherirse (a) **2.** (*einer Organisation*) ingresar (en); (*einer Partei*) afiliarse (a)

Beitritt *m* <-(e)s, -e> adhesión *f* (*zu* a), ingreso *m* (*zu* en); (*zu einer Partei*) afiliación *f* (*zu* a); **seinen ~ erklären** ingresar; **Beitrittserklärung** *f* <-, -en> declaración *f* de ingreso; **Beitrittsgebiet** *nt* <-(e)s, -e> *zona de la Alemania Oriental que adoptó la constitución de la Alemania Occidental después de la reunificación;* **Beitrittsgesuch** *nt* <-(e)s, -e> solicitud *f* de ingreso

Beiwagen *m* <-s, -> sidecar *m*; **Beiwagenfahrer(in)** *m(f)* <-s, -; -, -nen> pasajero, -a *m, f* del sidecar

Beiwerk *nt* <-(e)s, -e> (*geh*) accesorio *m*; **als schmückendes ~ dienen** servir de adorno

bei|wohnen *vi* (*geh*) asistir (a), presenciar

Beiwort *nt* <-(e)s, -wörter> (GRAM) **1.** (*beschreibendes Wort*) epíteto *m* **2.** (*Adjektiv*) adjetivo *m*

Beiz *f* <-, -en> (*Schweiz, südd: fam: Kneipe*) tasca *f*, taberna *f*

Beize ['baɪtsə] *f* <-, -n> **1.** (*für Metall*) decapante *m*; (*für Textilien*) mordiente *m* **2.** (*für Holz*) barniz *m* **3.** (*zum Gerben*) adobo *m* **4.** (GASTR) escabeche *m* **5.** (*reg: Kneipe*) bar *m*, tasca *f*

beizeiten [baɪ'tsaɪtən] *adv* a tiempo, antes de que sea tarde

beizen ['baɪtsən] *vt* **1.** (*Metall*) decapar; (*Textilien*) tratar con mordiente **2.** (*Holz*) barnizar **3.** (GASTR) adobar, escabechar

Beizjagd *f* <-, -en> cetrería *f*

Beizmittel *nt* <-s, -> (sustancia *f*) decapante *m*, sustancia *f* astringente

Beizvogel *m* <-s, -vögel> (JAGD) ave *f* de cetrería

bejahen* [bə'ja:ən] *vt* **1.** (*Frage*) contestar afirmativamente **2.** (*Leben, Vorschlag*) decir que sí (a); **das Leben ~** decir que sí a la vida

bejahend *adj* afirmativo; **ein ~es Nicken** un movimiento afirmativo con la cabeza; **mit einem ~en Nicken** inclinando la cabeza (*en señal de asentimiento*); **er gab ein ~es Nicken** asintió con [*o* inclinando] la cabeza

bejahrt [bə'ja:ɐt] *adj* (*geh*) entrado en años, de edad avanzada

Bejahung *f* <-, -en> **1.** (*Antwort*) respuesta *f* afirmativa **2.** (*Befürwortung*) aceptación *f*; **wer ist für eine ~ der vorgeschlagenen Maßnahmen?** ¿quién está a favor de aceptar las medidas propuestas?

bejammern* *vt* lamentar, deplorar

bejammernswert, **bejammernswürdig** *adj* lamentable, deplorable

bejubeln* *vt* ovacionar, vitorear

bekakeln* *vt* (*reg: fam*) hablar (de); **das müssen wir noch ~** eso tenemos que hablarlo todavía; **lass uns mal ausführlich ~, was/wann/wie ...** vamos a hablar de qué/cuándo/cómo...

bekämpfen* *vt* combatir, luchar (contra); **sich gegenseitig ~** combatirse mutuamente

Bekämpfung *f* <-, -en> lucha *f* (*von* contra); **die ~ der Kriminalität** la lucha contra el crimen; **Mittel zur ~ von Blattläusen** insecticida contra pulgones; **Bekämpfungsmaßnahme** *f* <-, -n> (ÖKOL) medida *f* de combate

bekannt [bə'kant] **I.** *pp von* **bekennen II.** *adj* **1.** (*Person*) conocido, popular; (*Sache*) conocido, sabido; **~ geben** dar a conocer; (*veröffentlichen*) hacer público; **~ machen** hacer saber; (*öffentlich*) publicar, divulgar; **~ werden** divulgarse, (llegar a) conocerse; **wohl ~** (*geh*) muy [*o* bien] conocido; **das ist uns wohl ~** lo conocemos muy bien; **als ~ voraussetzen** dar por sabido; **das kommt mir ~ vor** me suena de algo; **wir sind seit langem (miteinander) ~** nos conocemos desde hace mucho tiempo; **darf ich Sie mit Herrn X ~ machen?** ¿puedo presentarle al señor X? **2.** (*berühmt*) famoso (*für* por); **das Hotel ist für sein gutes Essen ~** el hotel tiene fama por su buena cocina; **sie ist dafür ~, dass sie immer zu spät kommt** es famosa por llegar siempre tarde

Bekannte(r) *mf* <-n, -n; -n, -n> conocido, -a *m, f*; **ein ~r von mir** un conocido mío; **Bekanntenkreis** *m* <-es, -e> (círculo *m* de) conocidos *mpl*; **einen großen ~ haben** tener muchos conocidos

bekanntermaßen *adv s.* **bekanntlich**

Bekanntgabe *f* <-, -n> notificación *f*, comunicado *m*; (*in einer Zeitung*) publicación *f*; **~ von Urkunden** (JUR) notificación de los autos

bekannt|geben *irr vt s.* **bekannt II.1.**

Bekanntheit *f* <-, *ohne pl*> popularidad *f*; **ein Name von großer ~** un nombre muy popular; **die ~ von Fakten** el conocimiento de los hechos; **durch diesen Vorfall kam der Ort zu einiger ~** por este suceso cobró el lugar cierta notoriedad; **Bekanntheitsgrad** *m* <-(e)s, -e> (grado *m* de) familiaridad *f*; **einen hohen/niedrigen ~ haben** tener mucha/poca familiaridad

bekanntlich *adv* como es sabido

bekannt|machen *vt s.* **bekannt II.1.**

Bekanntmachung *f* <-, -en> **1.** (*Veröffentlichung*) publicación *f,* notificación *f;* (*eines Gesetzes*) promulgación *f* **2.** (*amtlicher Anschlag*) edicto *m,* bando *m*

Bekanntschaft *f* <-, -en> **1.** (*persönliche Beziehung*) relación *f* amistosa, amistad *f;* **jds ~ machen** conocer a alguien, trabar conocimiento con alguien *geh* **2.** (*Bekannter*) conocido, -a *m, f*

bekannt|werden *irr vi sein s.* **bekannt II.1.**

bekehren* **I.** *vt* **1.** (REL) convertir (*zu* a) **2.** (*zu einer Ansicht*) hacer adoptar **II.** *vr:* **sich ~** convertirse (*zu* a)

Bekehrte(r) *mf* <-n, -n; -n, -n> (REL) converso, -a *m, f,* convertido, -a *m, f*

Bekehrung *f* <-, -en> (REL) conversión *f*

bekennen* *irr* **I.** *vt* (*zugeben*) confesar, reconocer; (*Attentat*) reivindicar; **ich bekenne, dass ...** confieso que...; **Farbe ~** (*fam*) quitarse la careta **II.** *vr:* **sich ~ 1.** (*eintreten für*) declararse (*zu* en favor de); **er bekennt sich zur Demokratie** se declara en favor de la democracia **2.** (*einstehen für*) confesar, declararse; **ich bekenne mich schuldig** me confieso culpable, confieso que soy culpable

Bekenner(in) *m(f)* <-s, -; -, -nen> (REL) prosélito, -a *m;* **ein ~ seines Glaubens sein** profesar [*o* confesar públicamente] su religión

Bekenneranruf *m* <-(e)s, -e> llamada *f* de reivindicación; **Bekennerbrief** *m* <-(e)s, -e> carta *f* de reivindicación

Bekennerin *f* <-, -nen> *s.* **Bekenner**

Bekennerschreiben *nt* <-s, -> *s.* **Bekennerbrief**

Bekenntnis *nt* <-ses, -se> (*a.* REL) confesión *f;* (*Erklärung*) declaración *f* (*zu* en favor de); **Bekenntnisfreiheit** *f* <-, *ohne pl*> (REL) libertad *f* de cultos

bekenntnislos *adj* ateo

Bekenntnisschule *f* <-, -n> colegio *m* confesional, escuela *f* confesional

bekieken* *vt* (*nordd*) contemplar, mirar bien

beklagen* **I.** *vt* (*Unglück, Schaden*) lamentar; **es sind keine Menschenleben zu ~** no hay que lamentar víctimas **II.** *vr:* **sich ~** lamentarse (*über* de); (*sich beschweren*) quejarse (*über* de); **ich kann mich nicht ~** no me puedo quejar; **er hat sich bei seinen Eltern darüber beklagt** se quejó de ello a sus padres

beklagenswert, **beklagenswürdig** *adj* lamentable, deplorable

beklagt *adj* (JUR) demandado; **ein Anwalt vertrat die ~e Partei** un abogado representó a la parte demandada

Beklagte(r) [bəˈklaːktɐ] *mf* <-n, -n; -n, -n> (JUR) demandado, -a *m, f*

beklatschen* *vt* (*applaudieren*) aplaudir

beklauen* *vt* (*fam*) robar; **jdn ~** mangar a alguien

bekleben* *vt* pegar (*mit* con); **etw mit Papier ~** forrar algo con papel; **etw mit Aufklebern ~** pegar adhesivos en algo

bekleckern* **I.** *vt* (*fam*) manchar (*mit* con/de); (*beschmieren*) pringar (*mit* con/de); **ich habe mir meine Hose bekleckert** me he manchado el pantalón **II.** *vr:* **sich ~** mancharse (*mit* de), pringarse (*mit* de); **er hat sich nicht gerade mit Ruhm bekleckert** (*iron*) no se ha cubierto de gloria precisamente

beklecksen* **I.** *vt* pringar (*mit* de/con) *fam;* **etw mit Farbe ~** manchar algo de pintura **II.** *vr:* **sich ~** ensuciarse (*mit* de/con), pringarse (*mit* de) *fam*

bekleiden* *vt* **1.** (*geh: Amt, Rang*) ocupar **2.** (*anziehen*) vestir; **leicht bekleidet** con ropa ligera; **mit etw** *dat* **bekleidet sein** estar [*o* ir] vestido con algo, llevar algo puesto; **er war nur mit einer Hose bekleidet** sólo tenía [*o* llevaba] puesto un pantalón **3.** (*bedecken*) revestir (*mit* de)

Bekleidung[1] *f* <-, *ohne pl*> (*eines Amtes*) ejercicio *m* (de cargo)

Bekleidung[2] *f* <-, -en> **1.** (*Kleidung*) ropa *f,* vestidos *mpl* **2.** (*Bedeckung*) revestimiento *m*

Bekleidungsindustrie *f* <-, -n> industria *f* de la confección; **Bekleidungsstück** *nt* <-(e)s, -e> prenda *f* de vestir

beklemmend *adj* angustioso, agobiante; (*bedrückend*) oprimente, opresivo

Beklemmung *f* <-, -en> agobio *m,* angustia *f,* prendimiento *m Chil;* (*physisch*) opresión *f;* **~en bekommen** sentir angustias

beklommen [bəˈklɔmən] *adj* agobiado, oprimido; (*bedrückt*) abatido, deprimido

Beklommenheit *f* <-, -en> opresión *f,* angustia *f*

beklopfen* *vt* (*Brust*) percutir

bekloppt [bəˈklɔpt] *adj* (*fam*) como una cabra [*o* una chota]

Bekloppte(r) *mf* <-n, -n; -n, -n> (*fam*) loco, -a *m, f,* chiflado, -a *m, f*

beknackt *adj* (*fam*) ido, alelado, idiotizado

beknien* *vt* (*fam*) pedir de rodillas, suplicar

bekochen* *vt* cocinar; **am Wochenende bekocht mich mein Mann** el fin de semana cocina mi marido para mí

bekommen* *irr* **I.** *vt* **1.** (*erhalten*) recibir; (*Recht, Einblick*) obtener, conseguir; **ich habe nichts davon zu sehen ~** no he podido ver nada; **du wirst ihn nicht zu Gesicht ~** no vas a conseguir verle; **was ~ Sie (dafür)?** ¿cuánto le debo?; **sie bekommt 20 DM (für) die Stunde** le pagan 20 marcos la hora; **etw zu essen ~** recibir algo de comer; **ich habe es geschenkt ~** me lo han regalado; **eine Ohrfeige ~** recibir una bofetada; **er bekam ein Jahr Gefängnis** le cayó un año de cárcel **2.** (*Zug*) coger, alcanzar, pillar *sl;* **er hat den Bus noch ~** cogió el autobús por los pelos; **wenn ich ihn zu fassen bekomme** como le coja **3.** (*Krankheit*) contraer; (*Komplexe*) desarrollar; (*Zähne*) echar, salir; **ein Kind ~** tener un hijo; **er bekommt graue Haare** le salen canas; **er bekommt eine**

Glatze se está quedando calvo; **wir ~ anderes Wetter** tendremos un cambio de tiempo; **er bekam Hunger/Angst** le entró hambre/miedo; **er bekam Lust schwimmen zu gehen** le entraron ganas de ir a nadar; **wenn du das machst, bekommst du es mit mir zu tun** como hagas eso, te las vas a ver conmigo; **ich bekomme ihn nicht dazu mir zu helfen** no consigo que me ayude **II.** *vi* **1.** (*bedient werden*) estar atendido; **~ Sie schon?** ¿ya le atienden? **2.** *sein* (*Speisen*): **jdm gut/schlecht ~** sentar(le) bien/mal a alguien; **das Essen ist mir nicht ~** la comida no me ha sentado bien; **wohl bekomm's!** ¡que aproveche!

bekömmlich [bəˈkœmlɪç] *adj* (*Speisen*): **leicht ~** fácil de digerir, ligero; **schwer ~** indigesto

Bekömmlichkeit *f* <-, *ohne pl*> (GASTR) digestibilidad *f;* **zur besseren ~** para digerir mejor

beköstigen* [bəˈkœstɪgən] *vt* alimentar, mantener

Beköstigung *f* <-, -en> **1.** (*das Beköstigen*) alimentación *f;* **der Küchenchef plante die ~ von 200 Personen** el jefe de cocina planeó cómo alimentar a 200 personas **2.** (*Kost*) comida *f;* **die ~ in diesem Restaurant ist vorzüglich** la comida en este restaurante es deliciosa

bekräftigen* *vt* confirmar, afirmar; **etw nochmals ~** reafirmar algo, corroborar algo; **die Ereignisse haben mich in meinem Vorhaben bekräftigt** los sucesos me han confirmado en mis intenciones; **sie bekräftigte ihre Worte mit einem Handschlag** ratificó sus palabras con un apretón de manos

Bekräftigung *f* <-, -en> apoyo *m,* confirmación *f;* **zur ~ seiner Äußerung hob er die Hand** para ratificar su declaración levantó la mano

bekränzen* [bəˈkrɛntsən] *vt* coronar (*mit* de), enguirnaldar

bekreuzigen* *vr:* **sich ~** santiguarse, hacer la señal de la cruz

bekriegen* *vt* hacer la guerra (a); (*bekämpfen*) combatir, luchar (contra); **sie ~ sich gegenseitig** se combaten el uno al otro

bekritteln* [bəˈkrɪtəln] *vt* (*abw*) chismorrear

bekritzeln* *vt* garabatear (en), hacer garabatos (en)

bekümmern* *vt* (*besorgt machen*) preocupar, turbar; (*beunruhigen*) intranquilizar; **das bekümmert ihn gar nicht** no le preocupa en absoluto

bekümmert *adj* (*besorgt*) preocupado (*über* por); (*betrübt*) afligido (*über* por)

bekunden* [bəˈkʊndən] *vt* **1.** (*geh: Absicht, Mitgefühl*) mostrar, manifestar; **durch etw seine Begeisterung/seine Sympathie/seine Teilnahme ~** mostrar su entusiasmo/su simpatía/su interés mediante algo [*o* haciendo algo] **2.** (JUR: *bezeugen*) testificar

Bekundung *f* <-, -en> manifestación *f;* **sie dankte allen für die ~ ihrer Anteilnahme** agradeció a todos sus manifestaciones de condolencia

belächeln* *vt* reírse (de), mofarse (de)

belachen* *vt* reír; (*verspotten*) burlarse (de); **diese nette Anekdote wurde von allen belacht** todos rieron la simpática anécdota; **was lachst du so blöd? belachst du etwa mich?** ¿por qué te ríes como un tonto? ¿acaso te burlas de mí?

Beladefrist *f* <-, -en> (WIRTSCH) plazo *m* de carga

beladen* *irr* **I.** *vt* cargar (*mit* de/con); **hoch ~** cargar al máximo; **schwer ~ sein** ir muy cargado **II.** *vr:* **sich ~** cargar (*mit* con), cargarse (*mit* de); **sich mit Schuld ~** cargar con la(s) culpa(s); **sich mit Sorgen ~** cargarse de preocupaciones

Belag [bəˈlaːk, *pl:* bəˈlɛːgə] *m* <-(e)s, -läge> (*Zungen~*) saburra *f;* (*Zahn~*) sarro *m;* (*Straßen~, Fußboden~*) pavimento *m;* (*Brems-, Fußboden~*) revestimiento *m;* (*Brot~*) *para poner en el pan: fiambre, queso, chocolate*

Belagerer, -in [bəˈlaːgərɐ] *m, f* <-s, -; -, -nen> sitiador(a) *m(f)*

belagern* [bəˈlaːgɐn] *vt* **1.** (MIL) sitiar, cercar **2.** (*fam: sich drängen*) rodear, acorralar

Belagerung *f* <-, -en> (MIL) sitio *m,* cerco *m;* **Belagerungszustand** *m* <-(e)s, -stände> (JUR) estado *m* de sitio; **über das ganze Land wurde der ~ verhängt** se declaró el estado de sitio en todo el país

belämmert[RR] [bəˈlɛmɐt] *adj* (*fam*) **1.** (*verlegen*) confuso, cortado; (*eingeschüchtert*) intimidado **2.** (*scheußlich*) horrible; (*abstoßend*) repugnante

Belang [bəˈlaŋ] *m* <-(e)s, *ohne pl*> (*Bedeutung*) importancia *f;* **etw ist von/ohne ~ für jdn/etw** algo es de/carece de importancia para alguien/algo; **nichts von ~** nada de importancia

belangbar *adj* (JUR) perseguible

Belange *mpl* (*Angelegenheiten*) intereses *mpl;* **jds ~ vertreten** representar los intereses de alguien

belangen* *vt* (JUR) demandar judicialmente; **dafür kann man nicht belangt werden** uno no puede ser demandado judicialmente por esto

belanglos *adj* sin importancia, irrelevante; **ein ~er Film** una película intrascendente

Belanglosigkeit *f* <-, -en> insignificancia *f,* intrascendencia *f;* **über ~en sprechen** hablar de naderías

belassen* *irr vt* dejar; **wir wollen es dabei ~** dejémoslo así; **alles beim Alten ~** dejar las cosas como estaban; **jdn in dem Glauben ~, dass …** dejar a alguien en su creencia de que…

belastbar *adj* **1.** (*Material*) resistente; **eine**

bis zu zehn Tonnen ~e Brücke un puente con una capacidad de carga de diez toneladas **2.** (*Mensch*) fuerte, resistente; **sehr ~ sein** tener mucho aguante *fam;* **sie ist nicht gerade ~** no es (una mujer) muy fuerte; **die Umwelt ist nicht weiter ~** no se puede sobrecargar más el medio ambiente **3.** (*Konto*) debitable

Belastbarkeit *f* <-, *ohne pl*> (capacidad *f* de) resistencia *f,* aguante *m fam*

belasten* I. *vt* **1.** (JUR: *beschuldigen*) imputar, incriminar; **~des Material** material incriminatorio **2.** (*mit Gewicht*) cargar **3.** (*bedrücken*) pesar; (*nervlich*) agobiar, cansar; **zu viel Verantwortung belastet ihn** le pesa la excesiva responsabilidad; **damit belaste ich mich nicht** no me agobio con eso **4.** (ÖKOL) contaminar; **die Luft ist mit Schadstoffen belastet** la atmósfera está contaminada por gases nocivos **5.** (FIN: *Grundstück*) hipotecar, gravar; (*Konto*) debitar; **jdn mit einem Betrag ~** cargar un importe en la cuenta de alguien **II.** *vr:* **sich ~ 1.** (JUR) endeudarse, empeñarse **2.** (*sich aufbürden*): **sich mit etw ~** cargarse de algo

belästigen* [bəˈlɛstɪgən] *vt* molestar (*mit* con), importunar (*mit* con), bruñir *Am,* enchilar *ZAm, Mex;* **sie wurde auf der Straße belästigt** fue molestada en la calle; **wir wollen Sie nicht weiter ~** no queremos molestarle más

Belästiger(in) *m(f)* <-s, -; -, -nen> (JUR) acosador(a) *m(f)*

Belästigung *f* <-, -en> molestia *f,* odiosidad *f Am;* **sexuelle ~** acoso sexual; **etw als (eine) ~ empfinden** sentir algo como una molestia

Belastung [bəˈlastʊŋ] *f* <-, -en> **1.** (PSYCH) carga *f;* **sie war diesen ~en nicht gewachsen** no estaba hecha para esa carga **2.** (JUR) cargo *m* **3.** (ÖKOL) perjuicio *m* para el medio ambiente; **kritische/thermische ~** esfuerzo crítico/térmico; **~ mit organischen Stoffen** carga con sustancias orgánicas **4.** (MED: *Kreislauf, Organ*) sobrecarga *f* **5.** (FIN) carga *f;* **übermäßige steuerliche ~** gravamen fiscal excesivo; **Belastungsanzeige** *f* <-, -n> **1.** (COM) nota *f* de débito **2.** (TECH) indicación *f* de carga; **Belastungs-EKG** *nt* <-s, -s> (MED) ECG *m* en esfuerzo; **Belastungsfähigkeit** *f* <-, -en> (TECH) capacidad *f* de carga; **Belastungsgrenze** *f* <-, -n> (TECH) límite *m* de carga; **Belastungsmaterial** *nt* <-s, *ohne pl*> (JUR) pruebas *fpl* de cargo; **Belastungsprobe** *f* <-, -n> **1.** (TECH: *Material, Brücke*) prueba *f* de carga **2.** (MED) prueba *f* de esfuerzo **3.** (*Ehe, Koalition*) prueba *f* de resistencia; **Belastungszeuge, -in** *m, f* <-n, -n; -, -nen> (JUR) testigo *mf* de cargo; **als ~ aussagen** declarar en contra del procesado

belaubt [bəˈlaʊpt] *adj* cubierto de hojas

Belaubung [bəˈlaʊbʊŋ] *f* <-, *ohne pl*> follaje *m*

belauern* *vt* acechar, estar al acecho

belaufen* *irr vr:* **sich ~** elevarse (*auf* a), ascender (*auf* a); **die Kosten ~ sich auf ...** los costos se elevan [*o* ascienden] a...

belauschen* *vt* escuchar; (*spionieren*) espiar

beleben* I. *vt* estimular, reanimar, vitalizar *Am;* **wieder ~** (*Person*) reanimar; (*Wirtschaft*) reactivar; **Konkurrenz belebt das Geschäft** la competencia estimula el negocio **II.** *vr:* **sich ~** (*Straße*) animarse, cobrar vida

belebend *adj* estimulante; (*stärker*) excitante

belebt *adj* **1.** (*lebendig*) animado, vivo **2.** (*Straße*) concurrido, frecuentado

Belebtheit *f* <-, *ohne pl*> animación *f,* vivacidad *f*

Belebtschlamm *m* <-(e)s, -e *o* -schlämme> lodo *m* activado; **Belebtschlammverfahren** *nt* <-s, -> procedimiento *m* de lodo activado

Belebung *f* <-, -en> vivificación *f*

Beleg [bəˈleːk] *m* <-(e)s, -e> **1.** (*Quittung*) recibo *m,* comprobante *m* **2.** (*Beweis*) prueba *f,* testimonio *m*

Belegarzt, -ärztin *m, f* <-es, -ärzte; -, -nen> consultor(a) *m(f)*

belegbar *adj* demostrable

Belegbett *nt* <-(e)s, -en> (MED) cama *f* de hospital (*disponible para los pacientes de un médico*)

belegen* *vt* **1.** (*Platz*) reservar, ocupar **2.** (*Vorlesung, Seminar*) inscribirse (en) **3.** (SPORT) ocupar; **er belegte den zweiten Platz** ocupó el segundo puesto **4.** (*Behauptung, Zitat*) documentar, probar **5.** (*Brot, Fußboden*) cubrir (*mit* con) **6.** (*mit Zoll, Bußgeld*) cargar (*mit* de/con), gravar (*mit* con)

Belegexemplar *nt* <-s, -e> (*Zeitschrift, Buch*) original *m,* prototipo *m*

Belegschaft *f* <-, -en> personal *m,* efectivo *m,* plantel *m Arg;* **Belegschaftsaktie** *f* <-, -n> (FIN) acción *f* de plantilla [*o* de personal]; **Belegschaftsmitglied** *nt* <-(e)s, -er> miembro *mf* de plantilla, empleado, -a *m, f;* **Belegschaftsrabatt** *m* <-(e)s, -e> descuento *m* para el personal

Belegstation *f* <-, -en> (MED) *sección de un hospital sin médico fijo*

belegt *adj* **1.** (*Hotel*) completo; (*Zimmer, Platz*) ocupado **2.** (*Stimme*): **~e Stimme** voz tomada **3.** (*Brot*) untado; **~es Brötchen** bocadillo **4.** (*Zunge*) saburroso

Belegung *f* <-, -en> **1.** (*Telefon*) ocupación *f;* (*Platz, Stelle*) reserva *f* **2.** (*Nachweis*) justificación *f*

belehrbar *adj* apto para la enseñanza

belehren* *vt* instruir (*über* sobre); **sie wurde eines Besseren belehrt** recibió un escarmiento

belehrend *adj* instructivo

Belehrung *f* <-, -en> **1.** (*Erklärung*) instrucción *f* **2.** (*Zurechtweisung*) reprimenda *f;* **sei-**

ne ~en kann er sich wirklich sparen puede ahorrarse perfectamente darnos lecciones **3.** (JUR) informe *m*

beleibt [bə'laɪpt] *adj* corpulento, grueso

Beleibtheit *f* <-, *ohne pl*> (*geh*) corpulencia *f;* (*krankhaft*) obesidad *f*

beleidigen* [bə'laɪdɪgən] *vt* ofender, insultar; **er ist immer sofort beleidigt** siempre se ofende enseguida; **ein beleidigtes Gesicht aufsetzen** [*o* **machen**] poner cara de ofendido; **er schwieg beleidigt** calló ofendido

beleidigend *adj* ofensivo, hiriente

Beleidigung *f* <-, -en> ofensa *f,* insulto *m,* injuria *f geh,* petateada *f Hond;* **etw als ~ auffassen** interpretar algo como una ofensa; **Beleidigungsklage** *f* <-, -n> (JUR) querella *f* por injuria

beleihen* *irr vt* (*Haus*) hipotecar; (*Wertpapiere*) pignorar

Beleihung *f* <-, -en> préstamo *m;* **~ einer Versicherung** préstamo sobre una póliza; **Beleihungsgrenze** *f* <-, -n> (FIN) límite *m* de crédito

belemmert *adj s.* **belämmert**

belesen *adj* (*Person*) leído, culto

Belesenheit *f* <-, *ohne pl*> erudición *f*

beleuchten* *vt* **1.** (*mit Licht*) iluminar, alumbrar **2.** (*Frage, Thema*) analizar, examinar

Beleuchter(in) *m(f)* <-s, -; -, -nen> (FILM, THEAT) técnico, -a *m, f* de la iluminación, iluminador(a) *m(f)*

Beleuchtung *f* <-, -en> iluminación *f,* luz *f;* **Beleuchtungsanlage** *f* <-, -n> (TECH) instalación *f* de luz; **Beleuchtungskörper** *m* <-s, -> (TECH) cuerpo *m* de luz; **Beleuchtungstechnik** *f* <-, -en> luminotecnia *f*

beleumdet *adj* (*geh*): **(nicht) gut ~ sein** (no) tener buena reputación; **übel ~ sein** tener mala reputación

Belgien ['bɛlgiən] *nt* <-s> Bélgica *f*

Belgier(in) *m(f)* <-s, -; -, -nen> belga *mf*

belgisch *adj* belga

Belgrad ['bɛlgra:t] *nt* <-s> Belgrado *m*

belichten* *vt* (FOTO) exponer (a la luz)

Belichtung *f* <-, -en> (FOTO) exposición *f;* **Belichtungsautomatik** *f* <-, -en> (FOTO) regulación *f* automática de la exposición; **Belichtungsmesser** *m* <-s, -> fotómetro *m;* **Belichtungszeit** *f* <-, -en> tiempo *m* de exposición

Belieben *nt* <-s, *ohne pl*> voluntad *f,* gusto *m;* **nach ~** al gusto, a voluntad, a birria *Kol;* **das liegt in Ihrem ~** esto depende de su gusto personal

belieben* **I.** *vi* (*geh*) desear, tener a bien; **wann es Ihnen beliebt** cuando Ud. guste; **Sie ~ zu scherzen!** ¡cómo le gusta a Ud. bromear! **II.** *vunpers:* **es beliebte ihm bei uns vorbeizukommen** le entraron deseos de pasar a visitarnos

beliebig I. *adj* cualquiera; **jede ~e Arbeit annehmen** aceptar cualquier trabajo; **in ~er Reihenfolge** por el orden que se desee **II.** *adv* a gusto, a voluntad; **Sie können die Modelle ~ wählen** pueden escoger los modelos a su gusto

beliebt *adj* (*Person*) estimado, apreciado; (*Ware*) solicitado; (*Thema*) popular; **der Chef ist (nicht) bei allen ~** el jefe (no) goza del agrado de todos; **sie hat sich bei uns nicht gerade ~ gemacht** no se ha hecho querer mucho entre nosotros precisamente

Beliebtheit *f* <-, *ohne pl*> popularidad *f* (*bei* entre); **jd/etw erfreut sich großer ~** alguien/algo goza de gran popularidad; **Beliebtheitsgrad** *m* <-(e)s, -e> (grado *m* de) popularidad *f*

beliefern* *vt* suministrar, abastecer (*mit* con)

Belieferung *f* <-, -en> suministro *m,* entrega *f;* **termingerechte/vertragsgemäße ~** entrega dentro del plazo fijado/conforme a lo estipulado en el contrato; **Belieferungsvertrag** *m* <-(e)s, -träge> contrato *m* de abastecimiento

Belladonna [bɛla'dɔna] *f* <-, Belladonnen> (BOT) belladona *f*

bellen ['bɛlən] *vi* ladrar

bellend *adj* ladrador; **mit ~er Stimme** con voz chillona

Belletristik [bɛle'trɪstɪk] *f* <-, *ohne pl*> bellas letras *fpl,* literatura *f* (de entretenimiento)

belletristisch *adj* literario

belobigen* [bə'lo:bɪgən] *vt* elogiar

Belobigung *f* <-, -en> elogio *m,* palabras *fpl* elogiosas; **jdm eine ~ aussprechen** dedicar unas palabras de elogio a alguien

belohnen* *vt* recompensar (*für* por); (*mit einem Preis*) premiar (*für* por); **er wurde für seine Hilfe belohnt** fue recompensado por su ayuda

Belohnung *f* <-, -en> recompensa *f;* (*Preis*) premio *m;* **zur** [*o* **als**] **~ (für etw)** en [*o* como] recompensa (por algo); **eine ~ aussetzen** ofrecer una recompensa

belüften* *vt* airear, ventilar; **dieses Zimmer ist schlecht belüftet** esta habitación está mal ventilada

Belüftung *f* <-, -en> ventilación *f;* **Belüftungsanlage** *f* <-, -n> sistema *m* de ventilación; **Belüftungsschacht** *m* <-(e)s, -schächte> (BERGB) túnel *m* de ventilación, galería *f* de ventilación

belügen* *irr vt* mentir, engañar; **sie belügt sich doch nur selbst** sólo se engaña a sí misma

belustigen* **I.** *vt* (*zum Lachen bringen*) divertir **II.** *vr:* **sich ~** (*geh: sich lustig machen*) reírse (*über* de)

belustigt *adj* divertido; **eine ~e Miene ziehen** poner una cara divertida

Belustigung *f* <-, *ohne pl*> (*Erheiterung*) divertimiento *m;* **der öffentlichen ~ dienen** servir de público regocijo; **zu jds ~** para divertimiento [*o* regocijo] de alguien

bemächtigen* [bə'mɛçtɪgən] *vr* (*geh*): **sich etw** *gen*/**jds ~** apoderarse [*o* apropiarse] de algo/alguien, hacerse con algo/alguien

bemäkeln* [bə'mɛːkəln] *vt* (*fam*) meterse (con)

bemalen* I. *vt* pintar; **bunt bemalt sein** estar pintado de muchos colores II. *vr:* **sich ~** pintarse

Bemalung *f* <-, -en> pintura *f;* (*Graffiti*) pintada *f;* (*Kriegs~*) pintura *f* (de guerra)

bemängeln* [bə'mɛŋəln] *vt* censurar, criticar

Bemängelung *f* <-, -en> censura *f,* crítica(s) *f(pl);* **wir haben allen Grund zur ~ Ihres Verhaltens** tenemos todo tipo de razones para censurar su conducta

bemannen* I. *vt* dotar de tripulación; **der Schoner war mit 25 Seeleuten bemannt worden** la goleta estaba dotada de una tripulación de 25 marineros II. *vr:* **sich ~** (*fam hum*) echarse novio, buscarse un hombre; **sie hat sich jetzt endlich bemannt** al fin se ha agenciado [*o* ha conseguido] un hombre

bemannt [bə'mant] *adj* (*Raumschiff*) tripulado

Bemannung *f* <-, -en> 1. (*das Bemannen*) dotación *f* 2. (*Besatzung*) tripulación *f*

bemänteln* [bə'mɛntəln] *vt* (*geh*) encubrir, ocultar

Bembel *m* <-s, -> (*reg*) *jarra de diversos tamaños para servir el vino de manzana*

bemerkbar *adj* perceptible; **sich ~ machen** hacerse notar; (*durch Gesten*) atraer la atención

bemerken* *vt* 1. (*wahrnehmen*) notar, darse cuenta (de) 2. (*äußern*) decir, observar; (*erwähnen*) mencionar, comentar; **nebenbei bemerkt** dicho sea de paso; **sie hatte einiges zu ~** tenía bastante que comentar; **bemerkenswert** *adj* notable, destacado

Bemerkung *f* <-, -en> comentario *m,* observación *f;* **beiläufige ~** observación casual; **eine treffende ~ machen** hacer un comentario acertado; **ein paar abfällige ~en fallen lassen** dejar caer un par de observaciones desfavorables

bemessen* *irr* I. *vt* (*messen*) medir, calcular; **meine Zeit ist knapp** [*o* **kurz**] **~** estoy corto de tiempo II. *vr:* **sich ~** (*sich bestimmen*) tasarse (*nach* de acuerdo con)

Bemessung *f* <-, -en> (*Steuer, Honorar*) cálculo *m,* fijación *f;* **Bemessungsgrundlage** *f* <-, -n> base *f* de cálculo, base *f* imponible; **Bemessungszeitraum** *m* <-(e)s, -räume> período *m* de cálculo

bemitleiden* [bə'mɪtlaɪdən] *vt* compadecer, apiadarse (de); **sich selbst ~** autocompadecerse; **bemitleidenswert** *adj* deplorable

bemittelt *adj* adinerado, con posibles *fam*

bemogeln* *vt* (*fam*) engañar, engatusar

bemoost [bə'moːst] *adj* cubierto de musgo

Bemühen *nt* <-s, *ohne pl*> (*geh*) empeño *m,* esfuerzo *m;* **jds ~ (um jdn/etw)** los esfuerzos de alguien (por alguien/algo)

bemühen* [bə'myːən] I. *vr:* **sich ~** (*sich Mühe geben*) esforzarse (*um* por), esmerarse (*um* por); **bitte ~ Sie sich nicht!** ¡por favor, no se moleste!; **sie bemühte sich ihren Ärger nicht zu zeigen** se esforzó en no mostrar su enfado; **sich um etw ~** esforzarse por [*o* para conseguir] algo; **sich um jdn ~** esforzarse [*o* molestarse] por alguien; **wärst du so freundlich dich zu mir zu ~?** ¿serías tan amable de pasarte por mi casa? II. *vt* (*geh: bitten*) pedir; (*benutzen*) servirse (de); **er bemühte sie zu sich** le pidió que fuera a verle

bemüht *adj* esforzado; **~ sein etw zu tun** molestarse en hacer algo; **um etw/jdn ~ sein** esforzarse por algo/alguien

Bemühung *f* <-, -en> 1. (*Anstrengung*) molestia *f,* esfuerzo *m;* **vielen Dank für ihre ~en** muchas gracias por sus molestias 2. *pl* (*Dienstleistungen*) diligencia *f*

bemüßigt [bə'myːsɪçt] *adj:* **sich ~ fühlen etw zu tun** (*geh*) sentirse obligado a hacer algo

bemuttern* [bə'mʊtɐn] *vt* cuidar como una madre, mimar; **jdn ~** hacer de madre de alguien

benachbart [bə'naxbaːɐt] *adj* vecino, colindante

benachrichtigen* [bə'naːxrɪçtɪgən] *vt* informar (*von* de), avisar (*von* de); **die Polizei ~** dar parte a la policía

Benachrichtigung *f* <-, -en> aviso *m;* (*offiziell*) parte *m;* (*Warnung*) advertencia *f;* **ohne vorherige ~** sin aviso previo; **Benachrichtigungsschreiben** *nt* <-s, -> parte *m,* aviso *m*

benachteiligen* [bə'naːxtaɪlɪgən] *vt* perjudicar, discriminar (*wegen* por), hacer diferencias (*wegen* por); **sich benachteiligt fühlen** sentirse perjudicado

Benachteiligte(r) *mf* <-n, -n; -n, -n> perjudicado, -a *m, f*

Benachteiligung *f* <-, -en> perjuicio *m,* discriminación *f*

benagen* *vt* roer

Bendel ['bɛndəl] *m o nt* <-s, -> (*reg*) *s.* **Bändel**

benebeln* *vt* (*fam*) nublar; (*verwirren*) ofuscar; (*Alkohol*) embriagar, achispar; **ein ~der Duft durchzog den Raum** un perfume embriagador cruzó la sala; **schon ein Glas Wein kann mich richtig ~** me achispo con un solo vaso de vino

benebelt *adj* (*fam*) mareado, achispado

Benediktiner(in) [benedɪk'tiːnɐ] *m(f)* <-s, -; -, -nen> benedictino, -a *m, f;* **Benediktinerorden** *m* <-s, -> Orden *f* de San Benito

Benefizkonzert [bene'fiːts-] *nt* <-(e)s, -e> concierto *m* de beneficencia; **Benefizspiel** *nt* <-(e)s, -e> (SPORT) partido *m* benéfico; **Benefizvorstellung** *f* <-, -en> acto *m* de beneficencia

Benehmen *nt* <-s, *ohne pl*> 1. (*Verhalten*) conducta *f,* comportamiento *m* 2. (*Manieren*) modales *mpl,* maneras *fpl;* **kein ~ haben** no tener modales **3.** (*formal*): **sich mit jdm ins ~ setzen** ponerse de acuerdo con alguien

benehmen* *irr vr:* **sich ~** (com)portarse (*wie* como); **sie hat sich unmöglich benommen** no pudo comportarse peor; **benimm dich!** ¡pórtate bien!

beneiden* [bə'naɪdən] *vt* envidiar (*um* por); **er ist nicht zu ~** no es de envidiar; **ich beneide dich um dein Glück** envidio tu suerte; **sie beneidet ihn um seine Energie** le envidia por su energía; **beneidenswert** *adj* envidiable

Benelux [bene'lʊks, 'be:nelʊks] *f* (POL) *Abk. von* **Belgien, die Niederlande und Luxemburg** Benelux *m;* **Beneluxländer** *ntpl* (POL) (Estados *mpl* del) Benelux *m;* **Beneluxstaaten** *mpl* (GEO) Estados *mpl* del Benelux

benennen* *irr vt* **1.** (*Namen geben*) nombrar, poner nombre (*nach* de); **der Platz wurde nach einer berühmten Schriftstellerin benannt** a la plaza le fue puesto el nombre de una famosa escritora **2.** (*Kandidaten*) designar

Benennung *f* <-, -en> nombramiento *m,* designación *f*

benetzen* *vt* (*geh*) mojar, humedecer

Bengel ['bɛŋəl] *m* <-s, -(s)> (*fam*) **1.** (*frecher Bursche*) granujilla *m,* pilluelo *m* **2.** (*kleiner Junge*) chaval *m,* rapaz *m reg,* pendejo *m CSur*

Benimm [bə'nɪm] *m* <-s, *ohne pl*> (*fam*) modales *mpl;* **der Kerl hat einfach keinen ~!** ¡este tipo no tiene modales!; **im Internat wurde ihm ~ beigebracht** en el internado le enseñaron a comportarse; **Benimmregeln** *fpl* reglas *fpl* de comportamiento

Benjamin *m* <-s, -e> (*fam: Jüngster*) benjamín *m*

benommen [bə'nɔmən] **I.** *pp von* **benehmen II.** *adj* aturdido (*von* por), atontado (*von* por), abombado (*von* por) *SAm*

Benommenheit *f* <-, *ohne pl*> estupor *m;* (*Ohnmacht*) vahído *m*

benoten* *vt* calificar, poner nota; **eine Klausur (mit 1) ~** calificar un examen (con sobresaliente)

benötigen* [bə'nø:tɪgən] *vt* necesitar; **dazu benötigt man zu viel Geld** para eso hace falta demasiado dinero

Benotung *f* <-, -en> (SCH) **1.** (*das Benoten*) calificación *f;* **heute steht die ~ der Schüler an** hoy se califica a los alumnos; **die Prüfer sprechen die ~ einer Prüfung unter sich ab** los examinadores discuten entre sí la calificación de un examen **2.** (*Note*) calificación *f,* nota *f;* **eine gute/schlechte ~ erhalten** recibir buenas/malas calificaciones

Benthal [bɛn'ta:l] *nt* <-s, *ohne pl*> (BIOL) bental *m*

benthonisch [bɛn'to:nɪʃ] *adj* (BIOL) bentónico

Benthos ['bɛntɔs] *nt* <-, *ohne pl*> (BIOL) bentos *m*

benutzbar *adj* utilizable; **nur einmal ~** de un solo uso; **kaum noch ~** apenas aprovechable; **der Weg war nach dem Regen nicht mehr ~** el camino quedó intransitable tras la lluvia

benutzen* *vt,* **benützen*** *vt* (*reg*) **1.** (*gebrauchen*) usar, utilizar; (*verwenden*) emplear; (*Zug, Bus*) tomar; **das Taschentuch ist noch nicht benutzt** el pañuelo aún está sin usar **2.** (*ausnutzen*) aprovechar; **er benutzte die Gelegenheit um zu fliehen** aprovechó la ocasión para escapar; **etw als Vorwand ~** poner algo como excusa; **ich fühle mich (von ihr) benutzt** me siento utilizado (por ella)

Benutzer(in) *m(f)* <-s, -; -, -nen>, **Benützer(in)** *m(f)* <-s, -; -, -nen> (*reg: a.* INFOR) usuario, -a *m, f;* **benutzerdefiniert** [-'--defini:ɐt] *adj* (INFOR) definido por el usuario; **Benutzerebene** *f* <-, -n> (INFOR): **auf ~** a nivel de usuario; **benutzerfreundlich** *adj* de fácil manejo para el usuario, amigable con el usuario; **Benutzerfreundlichkeit** *f* <-, *ohne pl*> facilidad *f* en el manejo; **Benutzerhandbuch** *nt* <-(e)s, -bücher> (INFOR) manual *m* de usuarios; **Benutzer-ID** [-ʔaɪdi:] *f* <-, -s> (INFOR) identificación *f* del usuario

Benutzerin *f* <-, -nen>, **Benützerin** *f* <-, -nen> *s.* **Benutzer**

Benutzerkennung *f* <-, -en> (INFOR) identificación *f* del usuario; **Benutzername** *m* <-ns, -n> (INFOR) nombre *m* del usuario; **Benutzeroberfläche** *f* <-, -n> (INFOR) superficie *f* de utilización; **Benutzerprofil** *nt* <-s, -e> (INFOR) perfil *m* de usuario; **Benutzerrechte** *ntpl* (INFOR) derechos *mpl* de usuario; **Benutzerschnittstelle** *f* <-, -n> (INFOR) interfaz *f* de usuario; **Benutzersprache** *f* <-, -n> (INFOR) lenguaje *m* del usuario; **benutzerunfreundlich** *adj* (*a.* INFOR) de difícil manejo para el usuario

Benutzung *f* <-, -en>, **Benützung** *f* <-, -en> (*reg*) uso *m,* empleo *m;* **etw in ~ haben/nehmen** tener/tomar algo en uso; **jdm etw zur ~ überlassen** prestar algo a alguien para que lo use; **Benutzungsgebühr** *f* <-, -en> tasa *f* de utilización; (*für Straßen*) peaje *m*

Benzaldehyd ['bɛntsʔaldehy:t] *m* <-s, -e> (CHEM) benzaldehido *m*

Benzin [bɛn'tsi:n] *nt* <-s, -e> gasolina *f,* nafta *f CSur*

Benziner *m* <-s, -> (AUTO: *sl*) vehículo *m* de gasolina; **hast du einen ~ oder einen Diesel?** ¿tu coche es de gasolina o es un diesel?

Benzinfeuerzeug *nt* <-(e)s, -e> encendedor *m* de gasolina; **Benzinfilter** *m* <-s, -> (AUTO) filtro *m* de gasolina; **Benzingutschein** *m* <-(e)s, -e> vale *m* de gasolina (*para turistas en algunos países*); **früher konnte man auf Cuba nur mit ~en tanken** antes en Cuba sólo se podía poner gasolina con bonos; **Benzinhahn** *m* <-(e)s, -hähne> grifo *m* (de admisión) de gasolina; **Benzinkanister** *m* <-s, -> bidón *m* de gasolina; **Benzinmotor** *m* <-s, -en> motor *m* de gasolina; **Benzinpreis** *m* <-es, -e> precio *m* de la gasolina; **den ~ freigeben** liberalizar el precio de la gasolina; **Benzinpumpe** *f* <-, -n> (AUTO) bomba *f* de gasolina; **benzinsparend** *adj:* **~es Auto** automóvil económico en gasolina; **Benzinstand** *m* <-(e)s, *ohne pl*> (AUTO, AERO) nivel *m* de gasolina; **Benzintank** *m* <-s, -s> (AUTO) tanque *m* de gasolina; **Benzinuhr** *f* <-, -en> (AUTO) indicador *m* del nivel de gasolina; **Benzinverbrauch** *m* <-(e)s, -bräuche> (AUTO) consumo *m* de gasolina

Benzodiazepin [bɛntsodiatse'pi:n] *nt* <-(e)s, -e> (MED) benzodiacepina *f*

Benzoesäure ['bɛntsoe-] *f* <-, *ohne pl*> (CHEM) ácido *m* benzoico

Benzol [bɛn'tso:l] *nt* <-s, -e> (CHEM) benzol *m*

Benz(o)pyren [bɛntsopy're:n, 'bɛntspyre:n] *nt* <-s, *ohne pl*> (CHEM) benzopireno *m*

beobachtbar *adj* observable; (*wahrnehmbar*) apreciable; **(nicht) mit bloßem Auge ~** (no) apreciable a simple vista; **durch ein Elektronenmikroskop sind Viren ~** con un microscopio electrónico se pueden apreciar los virus

beobachten* [bə'ʔo:baxtən] *vt* **1.** (*betrachten*) observar, contemplar **2.** (*überwachen*) vigilar; **jdn ~ lassen** mandar vigilar a alguien; **sich beobachtet fühlen** sentirse observado **3.** (*bemerken*) observar (*an* en), notar (*an* en)

Beobachter(in) *m(f)* <-s, -; -, -nen> observador(a) *m(f)*

Beobachtung *f* <-, -en> observación *f;* **~en anstellen** [*o* **machen**] hacer observaciones; **Beobachtungsgabe** *f* <-, -n> capacidad *f* de observación; **sie hat eine gute ~** tiene buenas dotes de observación; **Beobachtungsposten** *m* <-s, -> **1.** (*Person*) centinela *mf,* vigilante *mf,* guarda *mf;* **der Kommissar hat drei ~ aufgestellt** el comisario ha apostado a tres vigilantes **2.** (*Standort*) puesto *m* de observación; **auf ~ sein** (*a. fig*) estar [*o* hacer] de centinela; **Beobachtungssatellit** *m* <-en, -en> (ASTR, MIL) satélite *m* de observación; **Beobachtungsstation** *f* <-, -en> **1.** (MED) estación *f* de vigilancia [*o* de seguimiento] **2.** (ASTR, METEO) observatorio *m*

beordern* *vt* ordenar

bepacken* *vt* cargar (*mit* con)

bepflanzen* *vt* plantar (*mit* de)

Bepflanzung *f* <-, -en> plantación *f*

bepinkeln* *vt* (*fam*) mear

bepinseln* *vt* dar pinceladas; (*fam: Wände*) pintar con brocha; **mit Ei ~** (GASTR) pintar con huevo

bepissen* *vt* (*fam*) mear

bequatschen* *vt* (*fam*) **1.** (*besprechen*) conversar **2.** (*überreden*) convencer, persuadir

bequem [bə'kve:m] *adj* **1.** (*Möbel*) cómodo, confortable; **sich das Leben ~ machen** vivir a sus anchas; **machen Sie es sich ~!** ¡póngase cómodo! **2.** (*abw: Person*) perezoso, comodón

bequemen* *vr:* **sich ~** (*geh*) dignarse (*zu* a), prestarse (*zu* a); **er bequemte sich zu ein paar erklärenden Worten** se dignó a pronunciar unas palabras aclaratorias

Bequemlichkeit[1] *f* <-, -en> (*Komfort*) comodidad *f,* confort *m*

Bequemlichkeit[2] *f* <-, *ohne pl*> (*Trägheit*) pereza *f;* **aus (purer) ~** por (pura) pereza

berappen* [bə'rapən] *vt, vi* (*fam: Zeche, Steuer*) pagar, soltar la pasta *fam*

beraten* *irr* **I.** *vt* **1.** (*Rat geben*) aconsejar, asesorar; **er ist gut ~, wenn ...** está bien asesorado si... **2.** (*besprechen*) deliberar (*über* sobre), discutir **II.** *vr:* **sich ~** (*sich besprechen*) asesorarse (*mit* con), consultarse (*mit* con)

beratend *adj* consultivo, consultor, asesor

Berater(in) *m(f)* <-s, -; -, -nen> consejero, -a *m, f,* asesor(a) *m(f);* **Beratertätigkeit** *f* <-, -en> asesoría *f,* consultoría *f;* **Beratervertrag** *m* <-(e)s, -träge> (COM) contrato *m* de asesoramiento

beratschlagen* [-'---] *vi, vt* aconsejar

Beratung *f* <-, -en> **1.** (*Ratschlag*) consejo *m;* (*fachlich*) asesoramiento *m* **2.** (*Besprechung*) discusión *f,* deliberación *f;* **Beratungsdienst** *m* <-(e)s, -e> servicio *m* de asesoramiento; **Beratungsgesetz** *nt* <-es, -e> ley *f* de asesoramiento (*obligatorio antes de proceder a un aborto*); **Beratungsgremium** *nt* <-s, -gremien> comisión *f* consultiva; **Beratungshilfe** *f* <-, -n> (JUR) turno *m* de oficio, asistencia *f* jurídica gratuita; **Beratungs- und Prozesskostenhilfe** justicia gratuita; **Beratungsstadium** *nt* <-s, -stadien> fase *f* consultiva; **~ einer Gesetzesvorlage** fase consultiva de un proyecto de ley; **Beratungsstelle** *f* <-, -n> consultorio *m;* **öffentliche ~** consultoría pública

Beratungsunternehmen *nt* <-s, -> consultoría *f;* **Beratungszimmer** *nt* <-s, -> sala *f* de consulta

berauben* *vt* robar; (*eines Rechtes*) privar (de); **jdn seiner Freiheit ~** privar a alguien de su libertad; **jdn all seiner Hoffnungen ~** robarle sus esperanzas a alguien

berauschen* **I.** *vt* (*geh: Alkohol, Droge*) embriagar **II.** *vr:* **sich ~** (*geh: sich betrinken*) embriagarse (*an* con); (*fig*) extasiarse (*an* ante); **er berauscht sich an seinen eigenen Worten** se extasía ante sus propias palabras

berauschend *adj* (*Alkohol, Droge*) embriagador; **diese Aussichten sind nicht gerade ~** las perspectivas no son precisamente muy risueñas

Berber[1] ['bɛrbɐ] *m* <-s, -> (*Teppich*) alfombra *f* berberisca

Berber(in)[2] *m(f)* <-s, -; -, -nen> **1.** (*Volk*)

beréber *mf,* berberisco, -a *m, f* **2.** (*fam: Nichtsesshafte*) vagabundo, -a *m, f*

Berberitze *f* <-, -n> (BOT) agracejo *m,* bérbero *m,* berberís *m*

Berberteppich *m* <-s, -e> alfombra *f* berberisca

berechenbar [bəˈrɛçənbaːɐ] *adj* (*Kosten*) calculable; (*Verhalten*) previsible

Berechenbarkeit *f* <-, -en> grado *m* de previsión, previsibilidad *f*

berechnen* *vt* **1.** (*Preis, Zinsen, Entfernung*) calcular **2.** (*kalkulieren*) calcular, evaluar; **die Auswirkungen des Ereignisses ließen sich nicht** ~ no fue posible evaluar las consecuencias del suceso **3.** (*in Rechnung stellen*) cobrar (*für* por); **für den Transport** ~ **wir Ihnen nichts** no le cobramos por el transporte

berechnend *adj* (*abw*) calculador

Berechnung *f* <-, -en> **1.** (*von Kosten*) cálculo *m;* **nach meiner** ~ según mis cálculos; **grobe** ~ cálculo aproximativo **2.** (*abw: Eigennutz*) interés *m;* **etw aus** ~ **tun** hacer algo en su propio interés; **Berechnungsdaten** *pl* datos *mpl* de cálculo; **Berechnungsgrundlage** *f* <-, -n> (WIRTSCH) base *f* de calculación

berechtigen* [bəˈrɛçtɪgən] *vt* autorizar (*zu* para), dar derecho (*zu* a); **das berechtigt zu der Annahme, dass ...** esto nos permite suponer que...; **berechtigt sein etw zu tun** tener derecho a hacer algo

berechtigt *adj* **1.** (*befugt*) habilitado (*zu* para), autorizado (*zu* para) **2.** (*Zweifel*) fundado, justificado; **ich finde seinen Einwand durchaus** ~ su objeción me parece absolutamente fundada

Berechtigte(r) *mf* <-n, -n; -n, -n> **1.** (*Begünstigter*) beneficiario, -a *m, f* **2.** (JUR) derechohabiente *mf*

berechtigterweise [-ˈ---ˈ--] *adv* justificadamente, de manera justificada

Berechtigung *f* <-, *ohne pl*> **1.** (*Recht*) derecho *m* (*zu* a); (*Befugnis*) autorización *f* (*zu* para); (*Befähigung*) habilitación *f* (*zu* para); **er hat keine** ~ **zur Unterschrift** no tiene ninguna autorización para firmar **2.** (*Rechtmäßigkeit*) legitimidad *f*

bereden* **I.** *vt* **1.** (*besprechen*) hablar (*mit* con), discutir (*mit* con) **2.** (*überreden*) persuadir (de); **lass dich nicht zu einer solchen Dummheit** ~ no te dejes persuadir de (hacer) tal tontería **II.** *vr:* **sich** ~ (*beraten*) hablar

beredsam [bəˈreːtzaːm] *adj* (*geh: redegewandt*) elocuente; **du bist ja heute sehr** ~ (*fam iron*) no es que hoy estés muy hablador

Beredsamkeit *f* <-, *ohne pl*> elocuencia *f*

beredt [bəˈreːt] *adj* (*Person*) elocuente, locuaz

Bereich [bəˈraɪç] *m* <-(e)s, -e> **1.** (*Gebiet*) zona *f,* área *f;* **erfasster** ~ área registrada; **öffentlicher** ~ sector público; **zulässiger** ~ área admisible [*o* aceptable]; **das Kaufhaus liegt im** ~ **der Innenstadt** los grandes almacenes están situados en la zona centro [*o* en el centro de la ciudad]; **das liegt (nicht) im** ~ **des Möglichen** esto (no) está dentro de lo posible **2.** (*Sachgebiet*) terreno *m,* sector *m;* **für den** ~ **Personal ist der Geschäftsführer zuständig** de la sección de personal se encarga el gerente **3.** (*Zuständigkeit*) competencia *f;* **das fällt in meinen** ~ eso es de mi competencia

bereichern* **I.** *vt* (*vergrößern*) enriquecer (*mit* con), aumentar (*um* con) **II.** *vr:* **sich** ~ (*Gewinn machen*) enriquecerse (*an* con)

Bereicherung *f* <-, -en> enriquecimiento *m,* ampliación *f;* **ungerechtfertigte** ~ (JUR) enriquecimiento injustificado

bereifen* *vt* (AUTO) poner neumáticos

Bereifung *f* <-, -en> (AUTO) neumáticos *mpl*

bereinigen* *vt* (*Missverständnis*) aclarar; (*Angelegenheit*) arreglar; **einen Konflikt** ~ zanjar un conflicto; **diese Sache müssen wir noch unter uns** ~ eso tenemos que aclararlo aún entre nosotros

Bereinigung *f* <-, -en> **1.** (WIRTSCH) arreglo *m,* aclaración *f;* (*an der Börse*) retoque *m* **2.** (ADMIN: *Steuer*) deflactación *f*

bereisen* *vt* viajar (por); (*a.* COM) recorrer

bereit [bəˈraɪt] *adj* **1.** (*fertig*) listo (*zu/für* para), preparado (*zu/für* para); **es ist alles für deinen Besuch** ~ todo está preparado para tu llegada **2.** (*gewillt*) dispuesto (*zu* para/a +*inf*); **wir sind gern** ~ **euch jederzeit zu helfen** estamos dispuestos a ayudaros en todo momento; **sich** ~ **erklären etw zu tun** mostrarse dispuesto a hacer algo, comedirse a hacer algo *Am*

bereiten* *vt* **1.** (*Speisen, Bad*) preparar **2.** (*Überraschung, Ärger*) dar, causar; (*Schwierigkeiten*) crear; (*Empfang*) dispensar; **das bereitet mir großes Vergnügen** esto me causa un gran placer; **etw** *dat* **ein Ende** ~ poner fin a algo

bereit|halten *irr* **I.** *vt* tener preparado; **das Schicksal hielt eine Überraschung für ihn bereit** la fortuna le deparaba una sorpresa **II.** *vr:* **sich** ~ estar a disposición; **bereit|legen** *vt* preparar, disponer; **bereit|liegen** *irr vi* estar preparado, estar listo; **bereit|machen** *vt, vr:* **sich** ~ preparar(se) (*für* para)

bereits [bəˈraɪts] *adv* ya; **sie ist** ~ **hier** ya está aquí; **ich warte** ~ **seit drei Stunden** ya llevo tres horas esperando

Bereitschaft *f* <-en> disposición *f;* **in** ~ **sein** (MIL) estar en alerta; ~ **haben** (*Arzt*) estar de servicio; (*Apotheke*) estar de guardia; **Bereitschaftsarzt, -ärztin** *m, f* <-es, -ärzte; -, -nen> médico, -a *m, f* de guardia; **Bereitschaftsdienst** *m* <-(e)s, -e> servicio *m* de urgencia; ~ **haben** estar de guardia; **Bereitschaftspolizei** *f* <-, *ohne pl*> guardia *f* de asalto; **Bereitschaftszustand** *m* <-(e)s, -stände> (MIL) estado *m* de alarma; **die Truppen in** ~ **versetzen** povia

vor|binden *irr vt* poner (por delante), atar (por delante)

vor|blättern *vt* (INFOR) pasar la página adelante

Vorbörse *f* <-, -n> (FIN) bolsín *m* de la mañana, operaciones *fpl* antes de la apertura de la bolsa

Vorbote *m* <-n, -n> indicio *m,* señal *f*

vor|bringen *irr vt* **1.** (*Wunsch, Einwand*) manifestar, formular; (*Gründe*) aducir; **was hast du zu deiner Entschuldigung vorzubringen?** ¿qué aduces en tu defensa? **2.** (*fam: nach vorn bringen*) llevar hacia delante

vorchristlich *adj* precristiano

Vordach *nt* <-(e)s, -dächer> (ARCHIT) colgadizo *m*

vor|datieren* *vt* antedatar, adelantar la fecha (de)

Vordenker(in) *m(f)* <-s, -; -, -nen> precursor(a) *m(f)*

Vorderachse ['fɔrdɐ-] *f* <-, -n> eje *m* delantero; **Vorderansicht** *f* <-, -en> vista *f* de frente; **Vorderasien** ['--'--] *nt* <-s> Oriente *m* Próximo; **Vorderbein** *nt* <-(e)s, -e> pata *f* delantera; **Vorderdeck** *nt* <-(e)s, -s> (NAUT) cubierta *f* de proa

vordere(r, s) ['fɔrdərə, -rɐ, -rəs] *adj* delantero, de delante; **in der ~n Reihe** en primera fila; **der V~ Orient** el Oriente Próximo

Vorderfront *f* <-, -en> fachada *f;* **Vordergrund** *m* <-(e)s, -gründe> primer plano *m;* **im ~ stehen** tener prioridad; **sich in den ~ schieben** [*o* **drängen**] estar siempre en primera fila; **etw in den ~ rücken** [*o* **stellen**] poner algo de relieve; **in den ~ treten** ganar importancia, convertirse en foco de interés

vordergründig ['fɔrdɐgrʏndɪç] *adj* superficial

vorderlastig *adj* (*Schiff, Flugzeug*) pesado de proa

Vorderlauf *m* <-(e)s, -läufe> pata *f* delantera; **Vordermann** *m* <-(e)s, -männer> persona *f* que precede a otra; **mein ~** el que me precede; **jeder steht hinter seinem ~** todos están en fila india; **jdn/etw auf ~ bringen** (*fam*) dar(le) caña a alguien/poner algo a flote; **Vorderpfote** *f* <-, -n> pata *f* delantera

Vorderrad *nt* <-(e)s, -räder> rueda *f* delantera; **Vorderradantrieb** *m* <-(e)s, -e> tracción *f* delantera

Vorderreifen *m* <-s, -> neumático *m* delantero; **Vorderreihe** *f* <-, -n> fila *f* delantera; **Vorderschinken** *m* <-s, -> jamón *m* de paletilla; **Vorderseite** *f* <-, -n> parte *f* delantera; **Vordersitz** *m* <-es, -e> asiento *m* delantero

vorderste(r, s) ['fɔrdɐstə, -tɐ, -təs] *adj superl von* **vordere(r, s)** primero

Vorderteil *nt* <-(e)s, -e> parte *f* delantera

Vordiplom *nt* <-s, -e> (UNIV) examen *m* intermedio (*de diplomatura, que permite el acceso al segundo ciclo*); **vor|drängeln** *vr:* **sich ~** (*fam*) colarse; **vor|drängen** *vr:* **sich ~** abrirse paso a codazos; **vor|dringen** *irr vi sein* **1.** (*sich ausbreiten*) avanzar, ganar terreno **2.** (*eindringen*) penetrar (*in* en); (**bis**) **zu jdm ~** llegar hasta alguien; **vordringlich** *adj* urgente, apremiante; **~e Aufgaben** tareas urgentes; **etw ~ behandeln** dar prioridad a algo; **Vordruck** *m* <-(e)s, -e> formulario *m,* impreso *m;* **vorehelich** *adj* prematrimonial; **~e Beziehungen** relaciones (sexuales) prematrimoniales; **voreilig** *adj* precipitado; (*unüberlegt*) irreflexivo; **nicht so ~!** ¡no tan deprisa!; **~e Schlüsse ziehen** sacar conclusiones precipitadas; **~ urteilen** emitir un juicio precipitado, juzgar a la ligera

voreinander [foːɐʔaɪ'nandɐ] *adv* uno ante otro, el uno delante del otro; **sie haben keine Geheimnisse ~** no tienen secretos entre sí [*o* el uno para el otro]

voreingenommen *adj* lleno de prejuicios; **jdm gegenüber ~ sein** estar lleno de prejuicios contra alguien

Voreingenommenheit *f* <-, *ohne pl*> prejuicio *m*

Voreinstellung *f* <-, -en> (*a.* INFOR) ajuste *m* previo

vor|enthalten* *irr vt* retener; **jdm etw ~** (*Information*) ocultar algo a alguien; (*Rechte*) privar a alguien de algo; **diese Nachricht möchte ich euch nicht ~** no quiero ocultaros esta noticia

Vorentladung *f* <-, -en> predescarga *f*

Vorentscheidung *f* <-, -en> decisión *f* previa, resolución *f* previa; **Vorentscheidungskampf** *m* <-(e)s, -kämpfe> (SPORT) semifinal(es) *f(pl);* **Vorentscheidungsrunde** *f* <-, -n> (SPORT) vuelta *f* eliminatoria, eliminatoria *f*

Vorentwurf *m* <-(e)s, -würfe> anteproyecto *m*

vorerst ['foːɐʔeːɐst, -'-] *adv* por el momento, de momento

vor|exerzieren* *vt* (*fam*) mostrar; **jdm etw ~** mostrar algo a alguien

Vorfahr(in) ['foːɐfaːɐ] *m(f)* <-en, -en; -, -nen> antepasado, -a *m, f;* **gemeinsamer ~** antecedente común

vor|fahren *irr sein* **I.** *vi* **1.** (*ankommen*) llegar (*mit/in* en), venir (*mit/in* en); **vor etw** *dat* **~** parar delante de algo; **die Wagen fahren vor dem Rathaus vor** los coches paran delante del ayuntamiento; **sie sind mit dem** [*o* **im**] **Taxi vorgefahren** han llegado en taxi; **man ließ die Kutsche ~** se hizo venir el coche **2.** (*vorne fahren*) ir delante; (*vorausfahren*) adelantarse; **sie sind schon vorgefahren** ya salieron **3.** (*nach vorne fahren*) avanzar **II.** *vt* (*vorrücken*) avanzar

Vorfahrin ['-faːrɪn] *f* <-, -nen> *s.* **Vorfahr**

Vorfahrt *f* <-, *ohne pl*> prioridad *f* (de paso), preferencia *f* de paso; **die ~ beachten** ceder el paso; **jdm die ~ nehmen** quitar(le) a alguien la prioridad; ~ **haben** tener preferencia; **vorfahrt(s)berechtigt** *adj* con preferencia; ~ **sein** tener preferencia; **Vorfahrt(s)regel** *f* <-, -n> norma *f* de prioridad [*o* de preferencia de paso]; **Vorfahrt(s)schild** *nt* <-(e)s, -er> señal *f* de prioridad de paso; **Vorfahrt(s)straße** *f* <-, -n> (*im Ort*) calle *f* prioritaria; (*auf Landstraße*) carretera *f* prioritaria; **Vorfahrt(s)zeichen** *nt* <-s, -> señal *f* de prioridad (de paso)

Vorfall *m* <-(e)s, -fälle> **1.** (*Ereignis*) acontecimiento *m*, suceso *m* **2.** (MED) prolapso *m*

vor|fallen *irr vi sein* **1.** (*geschehen*) suceder, pasar **2.** (*nach vorne fallen*) caer hacia delante

Vorfeld *nt* <-(e)s, -er> preludio *m;* **im ~ von etw** como preludio de algo; **im ~ der Veranstaltung** antes de dar paso [*o* comienzo] al acto; **Vorfilm** *m* <-(e)s, -e> trailer *m*, avance *m*

vor|finanzieren* *vt* (FIN) prefinanciar, adelantar fondos

vor|finden *irr vt* encontrar (al llegar), encontrarse (con)

Vorfluter *m* <-s, -> cauce *m* de desagüe; **Vorform** *f* <-, -en> forma *f* primitiva; **Vorfreude** *f* <-, -n> alegría *f* previa; **vorfristig** *adj* antes del plazo acordado; **Vorfrühling** *m* <-s, -e> primavera *f* precoz

vor|fühlen *vi* tantear el terreno; **vor|führen** *vt* **1.** (*Person*) llevar; **dem Richter ~** llevar ante el juez **2.** (*zeigen*) enseñar, mostrar; (*Mode*) presentar; (*Versuch, Gerät*) demostrar **3.** (FILM) exhibir, proyectar, poner *fam*, dar *fam;* (*Kunststück*) presentar **4.** (*fam: bloßstellen*) desenmascarar

Vorführgerät *nt* <-(e)s, -e> **1.** (*Projektor*) proyector *m* **2.** (*zu Demonstrationszwecken*) aparato *m* de demostración; **Vorführraum** *m* <-(e)s, -räume> cabina *f* de proyección

Vorführung *f* <-, -en> **1.** (*Vorstellung*) representación *f* **2.** (*von Mode*) presentación *f;* (*von Gerät*) demostración *f* **3.** (*von Film*) proyección *f;* (*von Kunststück*) presentación *f*

Vorführwagen *m* <-s, -> modelo *m* de demostración

Vorgabe *f* <-, -n> **1.** (SPORT) ventaja *f* **2.** (*Richtlinie*) norma *f*, regla *f;* **Vorgabezeit** *f* <-, -en> (WIRTSCH) (tiempo *m* de) ventaja *f*

Vorgang *m* <-(e)s, -gänge> **1.** (*Ereignis*) suceso *m*, acontecimiento *m;* (*Ablauf, a.* CHEM, TECH) proceso *m;* **arbeitsintensiver ~** procedimiento de gran intensidad laboral **2.** (ADMIN: *Akten*) expediente *m*

Vorgänger(in) ['-gɛŋɐ] *m(f)* <-s, -; -, -nen> predecesor(a) *m(f)*, antecesor(a) *m(f)*

vorgängig ['-gɛŋɪç] *adj* (*Schweiz*) previo, anterior

Vorgarten *m* <-s, -gärten> jardín *m* delante de la casa

vor|gaukeln ['-gaʊkəln] *vt:* **jdm etw ~** hacer creer algo a alguien; **vor|geben** *irr vt* **1.** (*vortäuschen*) poner como pretexto, fingir; **sie gab vor, müde zu sein** puso como pretexto que estaba cansada; **er gab vor, nichts gewusst zu haben** pretendió no saber nada al respecto **2.** (*fam: nach vorn geben*) pasar hacia delante (*zu* a) **3.** (*festsetzen*) fijar

Vorgebirge *nt* <-s, -> (GEO) cordillera *f* secundaria; (*Ausläufer*) estribaciones *fpl*

vorgeblich ['-ge:plɪç] *adj* supuesto

vorgefasst[RR] ['-gəfast] *adj*, **vorgefaßt** *adj* preconcebido; **~e Meinungen** opiniones preconcebidas; **vorgefertigt** ['-gəfɛrtɪçt] *adj* prefabricado; **Vorgefühl** *nt* <-(e)s, -e> presentimiento *m;* **vorgeheizt** *adj* precalentado

vor|gehen *irr vi sein* **1.** (*nach vorne gehen*) pasar adelante; (*vorrücken*) avanzar; (*vorne gehen*) ir delante **2.** (*vorausgehen*) adelantarse **3.** (*Uhr*) adelantar **4.** (*handeln*) obrar; (*verfahren*) proceder; **ich werde gerichtlich gegen ihn ~** le llevaré ante los tribunales; **gegen etw ~** adoptar medidas contra algo; **sie ging bei der Planung systematisch vor** lo planeó todo sistemáticamente **5.** (*geschehen*) suceder; **er begriff nicht, was um ihn herum vorging** no comprendió lo que sucedía a su alrededor; **was geht (nur) in dir vor?** ¿en qué piensas? **6.** (*Vorrang haben*) tener prioridad; **die Sicherheit geht vor** la seguridad ante todo

Vorgehen *nt* <-s, *ohne pl*> manera *f* de proceder, procedimiento *m;* **gerichtliches ~** litigio *m*, procesamiento judicial; **Vorgehensweise** *f* <-, -n> manera *f* de proceder

vorgelagert *adj* situado delante (+*dat* de)

Vorgeschichte[1] *f* <-, -n> (*eines Geschehens*) antecedentes *mpl*

Vorgeschichte[2] *f* <-, *ohne pl*> (*Urgeschichte*) Prehistoria *f*

vorgeschichtlich *adj* prehistórico

Vorgeschmack *m* <-(e)s, *ohne pl*> prueba *f*, cata *f;* **das gibt uns einen ~ von dem, was uns bevorsteht** esto nos da una idea de lo que nos espera

Vorgesetzte(r) *mf* <-n, -n; -n, -n> jefe, -a *m, f*, superior *mf*

Vorgespräch *nt* <-(e)s, -e> conversación *f* previa

vorgestern *adv* anteayer; **~ Abend/Morgen/Mittag** anteayer por la tarde/por la mañana/al mediodía; **von ~** (*vorgestrig*) de anteayer; (*antiquiert*) del año de Maricastaña [*o* de la nana]; **vorgestrig** *adj* **1.** (*von vorgestern*) de anteayer **2.** (*fam: überholt*) anticuado

vor|greifen *irr vi* actuar prematuramente; **jdm ~** anticiparse a alguien; **einer Entscheidung ~** adelantarse a una decisión; **Vorgriff** *m* <-(e)s, -e> anticipación *f;* **im ~ auf etw** anticipándose a algo

vor|gucken *vi* (*fam: Mensch*) asomarse; (*Gegenstand*) verse

vor|haben *irr vt* **1.** (*beabsichtigen*) proponerse, tener la intención (*zu* de) **2.** (*geplant haben*) pensar hacer, tener planeado; **hast du**

heute Abend schon etwas vor? ¿tienes algún plan para esta noche?; **was hast du mit ihm vor?** ¿qué piensas hacer con él?

Vorhaben *nt* <-s, -> **1.** (*Absicht*) intención *f*, proyecto *m* **2.** (*Plan*) plan *m*, proyecto *m*

Vorhalle *f* <-, -n> **1.** (*außen*) pórtico *m*, atrio *m*, pretil *m Am* **2.** (*innen*) vestíbulo *m*, antesala *f*

vor|halten *irr* **I.** *vt* **1.** (*davor halten*) poner delante; **halt dir die Hand vor, wenn du hustest** tápate la boca con la mano al toser **2.** (*vorwerfen*): **jdm etw** ~ reprochar algo a alguien; **er hielt ihm seine Unpünktlichkeit vor** le reprochó su poca puntualidad **II.** *vi* (*fam*) durar

Vorhaltung *f* <-, -en> recriminación *f*, reproche *m*; **jdm** (**wegen etw** *gen/dat*) **~en machen** hacer(le) recriminaciones a alguien (por algo)

Vorhand *f* <-, *ohne pl*> **1.** (SPORT) (golpe *m*) derecho *m* **2.** (*vom Pferd*) mano *f* delantera

vorhanden [foːɐˈhandən] *adj* (*existierend*) existente, presente; (*verfügbar*) disponible; **Vorhandensein** [-ˈ---] *nt* <-s, *ohne pl*> existencia *f*; (*Verfügbarkeit*) disponibilidad *f*

Vorhang *m* <-(e)s, -hänge> **1.** (*an Fenster*) cortina *f* **2.** (THEAT) telón *m*; **der Eiserne** ~ (HIST) el telón de acero

VorhängeschlossRR *nt* <-es, -schlösser> candado *m*

Vorhaus *nt* <-es, -häuser> (*Österr*) vestíbulo *m*, entrada *f*

Vorhaut *f* <-, -häute> (ANAT) prepucio *m*

vorher [foːɐˈheːɐ, ˈ--] *adv* antes; (*im Voraus*) de antemano; anteriormente; **kurz** ~ poco antes; **das hättest du mir auch ~ sagen können** también me lo podrías haber dicho antes; **am Tag** ~ el día anterior; **vorher|bestimmen*** [foːɐˈheːɐ-] *vt* predestinar; **Vorherbestimmung** *f* <-, *ohne pl*> (REL) predestinación *f*; **vorhergehend** *adj* anterior

vorherige(**r**, **s**) *adj* anterior, previo; **nur nach ~r Vereinbarung** sólo después de haber llegado a un acuerdo previo

Vorherrschaft *f* <-, *ohne pl*> predominio *m*, preponderancia *f*; (*Hegemonie*) hegemonía *f*

vor|herrschen *vi* prevalecer, predominar, imperar; **die ~de Meinung** la opinión predominante [*o* preponderante] [*o* de la mayoría]; **die ~den Ansichten** las opiniones imperantes

Vorhersage *f* <-, -n> pronóstico *m*; (*Wetter~*) previsión *f*; **vorher|sagen** [-ˈ---] *vt* pronosticar, predecir

vorhersehbar *adj* previsible

vorher|sehen [-ˈ---] *irr vt* prever

vor|heucheln *vt* (*fam abw*) fingir; **er heuchelte ihr Verständnis vor** fingió que la comprendía

vorhin [foːɐˈhɪn, ˈ--] *adv* antes, hace un momento

VorhineinRR [ˈfoːɐhɪnaɪn] *adv*: **im** ~ de antemano

Vorhof *m* <-(e)s, -höfe> **1.** (ANAT) aurícula *f* **2.** (*Vestibulum*) vestíbulo *m*; **Vorhölle** *f* <-, *ohne pl*> (REL) limbo *m*

Vorhut [ˈfoːɐhuːt] *f* <-, -en> (MIL) vanguardia *f*

vorige(**r**, **s**) [ˈfoːrɪgə, -gɐ, -gəs] *adj* anterior; (*vergangen*) pasado; ~ **Woche** la semana pasada; **das** ~ **Mal** la otra vez

Vorjahr *nt* <-(e)s, -e> año *m* anterior [*o* pasado]; **im** ~ el año pasado; **Vorjahresvergleich** *m* <-(e)s, -e> comparación *f* con el año anterior; **Vorjahreszeitraum** *m* <-(e)s, -räume> período *m* correspondiente del año anterior

vorjährige(**r**, **s**) *adj* del año pasado [*o* anterior]

vor|jammern *vt* (*fam*): **jdm etwas** ~ molestar a alguien con sus lamentos [*o* penas y desgracias]

Vorkämpfer(**in**) *m(f)* <-s, -; -, -nen> precursor(a) *m(f)*, pionero, -a *m, f*

Vorkasse *f* <-, *ohne pl*> (COM) pago *m* anticipado

vor|kauen *vt* **1.** (*Nahrung*) masticar (primero), mascar (primero) **2.** (*fam: erklären*): **jdm etw** ~ dar a alguien las cosas mas(ti)cadas, explicar algo detalladamente a alguien

Vorkaufspreis *m* <-es, -e> (WIRTSCH) precio *m* de retracto; **Vorkaufsrecht** *nt* <-(e)s, -e> (JUR) derecho *m* de preferencia

Vorkehr [ˈfoːɐkeːɐ] *f* <-, -en> (*Schweiz*), **Vorkehrung** [ˈfoːɐkeːrʊŋ] *f* <-, -en> precaución *f*; **~en treffen** tomar precauciones

Vorkenntnis *f* <-, -se> conocimiento(s) *m(pl)* previo(s)

vor|knöpfen *vr* (*fam*): **sich** *dat* **jdn** ~ cantarle las cuarenta a alguien, echarle una bronca a alguien; **den Burschen werde ich mir mal** ~ a ese chico le voy a cantar las cuarenta

vor|kommen *irr vi sein* **1.** (*nach vorne kommen*) venir hacia delante **2.** (*sich ereignen*) pasar, ocurrir; **das kommt schon mal vor** son cosas que pasan; **das kommt in der besten Familie vor** (*fam*) esto pasa en las mejores familias; **das wird nicht wieder** ~ esto no volverá a repetirse; **so etwas ist mir ja noch nie vorgekommen** en la vida había visto cosa semejante **3.** (*vorhanden sein*) existir; **oft** ~ ser frecuente **4.** (*erscheinen*) aparecer; (*in Liste*) figurar (*in* en); **hinter etw** *dat* ~ salir detrás de algo **5.** (*scheinen*) parecer; **das kommt mir seltsam vor** esto me parece raro; **dieses Lied kommt ihm bekannt vor** esta canción le suena; **sie kommt mir bekannt vor** me parece que la conozco, me suena su cara *fam*; **ich komme mir vor wie ein Idiot** me siento como un idiota; **du kommst dir wohl sehr schlau vor?** ¿te crees muy listo, verdad?; **wie kommst du mir eigentlich vor?** (*fam*) ¿pero tú qué te crees [*o* quién crees que eres]?

Vorkommen[1] *nt* <-s, *ohne pl*> (*Vorhandensein*) existencia *f*

Vorkommen² *nt* <-s, -> (*von Rohstoffen*) yacimiento *m*
Vorkommnis *nt* <-ses, -se> suceso *m,* acontecimiento *m;* **es gab keine besonderen ~se** no hubo sucesos especiales
Vorkriegszeit *f* <-, -en> (época *f* de la) anteguerra *f,* preguerra *f*
vor|laden *irr vt* citar
Vorladung *f* <-, -en> citación *f;* **~ vor Gericht** citación judicial
Vorlage¹ *f* <-, *ohne pl*> (*das Vorlegen*) presentación *f;* **gegen ~ einer Bescheinigung** previa presentación de un certificado; **mit einem Betrag in ~ treten** realizar el pago anticipado de una suma
Vorlage² *f* <-, -n> **1.** (*Gesetzes~*) proyecto *m* (de ley); **eine ~ einbringen** presentar un proyecto [*o* una moción] **2.** (*Muster*) modelo *m;* (*für Handarbeit*) patrón *m* **3.** (TYPO) original *m* **4.** (SPORT) pase *m* **5.** (*Schweiz: Vorleger*) felpudo *m,* esterilla *f*
Vorland *nt* <-(e)s, *ohne pl*> (GEO) terreno *m* situado antes de una sierra
vor|lassen *irr vt* **1.** (*fam: nach vorne lassen*) dejar pasar **2.** (*empfangen*) ser recibido (*zu* por)
Vorlauf *m* <-(e)s, -läufe> **1.** (SPORT) carrera *f* preliminar [*o* eliminatoria] **2.** (TECH) avance *m* **3.** (*Tonband, Videokassette*) marcha *f* hacia adelante
vor|laufen *irr vi sein* (*fam*) **1.** (*vorauslaufen*) adelantarse; **sie lief vor um die Eintrittskarten zu kaufen** se adelantó para sacar las entradas **2.** (*nach vorne laufen*) pasar hacia adelante
Vorläufer(in) *m(f)* <-s, -; -, -nen> precursor(a) *m(f)*
vorläufig I. *adj* provisional; (*kurzfristig*) temporal **II.** *adv* provisionalmente; (*kurzfristig*) temporalmente; (*fürs Erste*) por el momento
Vorlaufinvestition *f* <-, -en> (WIRTSCH) inversión *f* preferencial
vorlaut *adj* impertinente, descarado
Vorleben *nt* <-s, *ohne pl*> vida *f* anterior, pasado *m*
Vorlegebesteck *nt* <-(e)s, -e> cubierto *m* de servir
vor|legen *vt* **1.** (*zeigen*) mostrar, enseñar; (*Ausweis, Gesetzentwurf*) presentar; (*Speise*) servir; **der Brief wurde ihm zur Unterschrift vorgelegt** le presentaron la carta para que la firmara **2.** (*Kette*) poner; (*Riegel*) correr **3.** (SPORT) hacer un pase adelantado
Vorleger *m* <-s, -> (*Bett~*) felpudo *m,* alfombra *f;* (*WC~*) alfombrilla *f*
vor|lehnen *vr:* **sich ~** inclinarse hacia delante
Vorleistung *f* <-, -en> anticipo *m,* pago *m* por adelantado
vor|lesen *irr vt* leer en voz alta; **jdm etw ~** leer algo a alguien
Vorleser(in) *m(f)* <-s, -; -, -nen> recitador(a) *m(f)*
Vorlesung *f* <-, -en> (*Universität*) clase *f;* (*Vortrag*) conferencia *f;* (*~sreihe*) curso *m;* **eine ~ über etw halten** dar una clase magistral sobre algo; **vorlesungsfrei** *adj* (UNIV) no lectivo; **in der ~en Zeit** en el período no lectivo; **~ haben** no tener clases; **Vorlesungsverzeichnis** *nt* <-ses, -se> programa *m* de cursos y asignaturas de la universidad
vorletzte(r, s) *adj* penúltimo; (*zeitlich*) anterior; **~ Woche** la semana anterior
vorlieb^RR [foːɐ'liːp] *adv:* **mit jdm/etw** *dat* **~ nehmen** contentarse con alguien/algo, darse por contento con alguien/algo
Vorliebe *f* <-, -n> preferencia *f* (*für* por), predilección *f* (*für* por); **eine ~ für etw/jdn haben** tener una preferencia por algo/alguien, sentir una predilección por algo/alguien; **etw mit ~ tun** hacer algo con muchísimo gusto; **diesen Wein trinke ich mit ganz besonderer ~** me gusta especialmente beber este vino
vorlieb|nehmen *irr vi s.* **vorlieb**
vor|liegen *irr vi* **1.** (*vorhanden sein*) existir, haber; **liegt etwas Besonderes vor?** ¿hay algo especial?; **es liegt nichts gegen ihn vor** no se le acusa de nada; **hier muss ein Irrtum/Missverständnis ~** debe de haber [*o* tratarse de] un error/malentendido **2.** (*zur Begutachtung*) haber sido presentado; **jdm liegen alle Unterlagen vor** alguien tiene todos los documentos (a la vista); **die ~de Beschreibung** la descripción en cuestión; **im ~den Fall** en el presente caso **3.** (*fam: Kette*) estar echado
vorliegend *adj* (*Unterlagen*) presente; (*Gründe*) existente; (*Angelegenheit, Probleme*) en cuestión; **nach den bisher ~en Erkenntnissen** según los conocimientos de los que disponemos hasta el momento
vor|lügen *irr vt* (*fam*): **jdm etwas ~** mentir a alguien
vorm. 1. *Abk. von* **vormals** antes **2.** *Abk. von* **vormittags** por la mañana
vor|machen *vt* (*fam*) **1.** (*zeigen*) enseñar, mostrar; **auf dem Gebiet macht ihr so leicht keiner was vor** no es fácil ganarle en este sector; **der kann dir noch etwas ~** puedes aprender algo de él **2.** (*täuschen*) hacer creer, engañar; **sie lässt sich** *dat* **nichts ~** no es posible tomarle el pelo; **er macht sich** *dat* **selbst was vor** se engaña a sí mismo
Vormacht *f* <-, *ohne pl*> (*a.* POL) supremacía *f,* hegemonía *f;* **Vormachtstellung** *f* <-, -en> hegemonía *f,* supremacía *f;* **gegenüber jdm eine ~ innehaben** gozar de la supremacía frente a alguien
vormalige(r, s) *adj* anterior, antiguo
vormals ['foːɐmaːls] *adv* antiguamente, antes
Vormann *m* <-(e)s, -männer> **1.** (*Vorarbeiter*) capataz *m* **2.** (*Vorgänger*) antecesor *m* **3.** (*Österr: früherer Eigentümer*) propietario *m* anterior
Vormarsch *m* <-(e)s, -märsche> avance *m;* **auf dem ~ sein** avanzar; (*fig*) extenderse

vor|merken *vt* apuntar, anotar; (*reservieren*) reservar (*für* para); **ein Buch in der Bibliothek ~ lassen** reservar un libro (que está prestado) en la biblioteca; **sich** *dat* **etw ~** apuntarse algo; **sich für etw ~ lassen** apuntarse para algo

Vormerkung *f* <-, -en> (*in Bücherei*) reserva *f*

Vormieter(in) *m(f)* <-s, -; -, -nen> inquilino, -a *m, f* anterior

vormittag *adv s.* **Vormittag**

Vormittag *m* <-(e)s, -e> mañana *f;* **am ~** por la mañana; **gestern/heute/morgen ~** ayer/hoy/mañana por la mañana

vormittags *adv* por la mañana

Vormonat *m* <-(e)s, -e> mes *m* anterior

Vormund *m* <-(e)s, -e *o* münder> tutor(a) *m(f)*

Vormundschaft *f* <-, -en> tutela *f;* **jdn unter ~ stellen** poner a alguien bajo tutela; **Vormundschaftsgericht** *nt* <-(e)s, -e> (JUR) tribunal *m* tutelar

vorn [fɔrn] *adv* **1.** (*an vorderer Stelle*) delante; (*am vorderen Ende*) en la parte delantera, en el extremo delantero; (*im Vordergrund*) en el primer plano; (*auf der Vorderseite*) por delante; **von ~ sieht der Wagen ganz gut aus** por delante el coche ofrece un buen aspecto; **wir saßen ganz ~** estábamos sentados delante del todo; **das Auto da ~** el coche de allí delante; **von/nach ~** de/hacia delante; **weiter ~** más adelante; **von ~ bis hinten** de delante atrás; (*fam*) completamente; **sie hat ihn von ~ bis hinten belogen** (*fam*) le mintió de principio a fin; **das Zimmer liegt nach ~** (*fam*) el cuarto da a la calle; **es reicht hinten und ~e nicht** no alcanza por ningún lado **2.** (*an der Spitze*) a la cabeza (de), al frente (de); **~ liegen** estar a la cabeza **3.** (*am Anfang*) al principio; **von ~** de nuevo; **er begann noch mal von ~e** comenzó otra vez desde el principio; **weiter ~** (*im Text*) más arriba

Vorname *m* <-ns, -n> nombre *m* de pila; **Vor- und Zuname** nombre y apellido

vorne *adv s.* **vorn**

vornehm ['foːɐneːm] *adj* **1.** (*fein*) distinguido, aseñorado *Am* **2.** (*edel, adlig*) noble; **sich** *dat* **zu ~ für etw sein** ser demasiado (fino) para algo; **~ tun** (*fam abw*) hacerse el fino **3.** (*elegant*) elegante

vor|nehmen *irr vt* **1.** (*ausführen*) hacer, efectuar **2. sich** *dat* **etw ~** (*vorhaben*) proponerse algo; (*planen*) planear algo; (*in Angriff nehmen*) ponerse a hacer algo; **ich habe mir zu viel vorgenommen** me he propuesto demasiadas cosas **3.** (*fam: ermahnen*): **sich** *dat* **jdn ~** echar una bronca a alguien; **den werde ich mir mal ordentlich ~** a este le voy a echar una buena bronca **4.** (*fam: bevorzugt abfertigen*) atender primero

Vornehmheit *f* <-, *ohne pl*> elegancia *f*

vornehmlich *adv* (*geh*) especialmente, principalmente

vor|neigen I. *vt* inclinar; **den Kopf ~** inclinar la cabeza **II.** *vr:* **sich ~** inclinarse

vorneweg ['fɔrnəvɛk, --'-] *adv* **1.** (*zuerst*) de antemano **2.** (*an der Spitze*) delante, a la cabeza

vornherein ['--'-] *adv:* **von ~** desde el principio [*o* el comienzo]

vornüber ['-'--] *adv* hacia delante

Vorort *m* <-(e)s, -e> suburbio *m,* barrio *m* periférico

Vor-Ort-Reporter(in) [-'----] *m(f)* <-s, -; -, -nen> (PUBL) reportero, -a *m, f* en el lugar de los hechos, enviado, -a *m, f* especial

Vorort(s)zug *m* <-(e)s, -züge> tren *m* de cercanías

Vorplatz *m* <-es, -plätze> explanada *f*

Vorposten *m* <-s, -> (MIL) puesto *m* avanzado, avanzadilla *f*

vor|preschen *vi sein* **1.** (*laufen*) precipitarse (*zu* a) **2.** (*in einer Angelegenheit*): **zu weit ~** precipitarse (*in* en)

Vorprodukt *nt* <-(e)s, -e> producto *m* semielaborado

vorprogrammiert *adj* programado, previsible

Vorprüfung *f* <-, -en> (UNIV) examen *m* preliminar

Vorrang ['foːɐraŋ] *m* <-(e)s, *ohne pl*> **1.** (*Priorität*) primacía *f* (*vor* sobre), prioridad *f* (*vor* sobre); **den ~ vor etw** *dat* **haben** [*o* **genießen**] tener primacía sobre algo; **jdm/etw** *dat* **den ~ geben** [*o* **einräumen**] dar trato preferente a alguien/algo; **etw wird mit ~ erledigt** algo es despachado con prioridad **2.** (*Österr: Vorfahrt*) prioridad *f*

vorrangig *adj* prioritario; **etw ~ behandeln** dar trato prioritario a algo; **~ sein** tener prioridad

Vorrangstellung *f* <-, *ohne pl*> primacía *f,* precedencia *f;* **eine ~ einnehmen** gozar de supremacía (*vor* sobre)

Vorrat ['foːɐraːt, *pl:* 'foːɐrɛːtə] *m* <-(e)s, -räte> provisión *f,* acopio *m;* (WIRTSCH) existencias *fpl,* stock *m;* **ein großer ~ an Lebensmitteln** una gran provisión de alimentos; **von etw** *dat* **einen ~ anlegen** hacer acopio de algo; **etw auf ~ kaufen** comprar grandes cantidades de algo (para almacenarlo); **solange der ~ reicht** hasta que se agoten las existencias

vorrätig ['foːɐrɛːtɪç] *adj* (*auf Lager*) en almacén, en depósito; (*verfügbar*) disponible; **nicht ~** no disponible; **nicht mehr ~** agotado; **etw ~ haben** tener algo en almacén

Vorratsbehälter *m* <-s, -> depósito *m;* **Vorratskammer** *f* <-, -n> despensa *f;* **Vorratsraum** *m* <-(e)s, -räume> almacén *m*

Vorraum *m* <-(e)s, -räume> antecámara *f,* vestíbulo *m*

vor|rechnen *vt:* **jdm etw ~** hacer el cálculo de algo a alguien; **er rechnete uns vor, wie viel es kosten wird** nos hizo un presupuesto

Vorrecht *nt* <-(e)s, -e> privilegio *m;* **gewisse ~e genießen** gozar de ciertos privilegios; **jdm ein ~ einräumen** otorgar un privilegio a alguien; **Vorrechtsaktie** *f* <-, -n> (WIRTSCH) acción *f* preferente

Vorrede *f* <-, -n> introducción *f,* discurso *m* preliminar

Vorredner(in) *m(f)* <-s, -; -, -nen> orador(a) *m(f)* anterior(a) [*o* precedente]

Vorreiter(in) *m(f)* <-s, -; -, -nen> (*fam*) precursor(a) *m(f);* **den ~ für jdn machen** (*fam*) abrir el camino a alguien

Vorrichtung *f* <-, -en> dispositivo *m,* mecanismo *m*

vor|rücken I. *vi sein* 1. (*aufsteigen*) ascender, subir; **er rückte auf den dritten Platz vor** ha subido al tercer puesto; **zu vorgerückter Stunde** (*geh*) a altas horas de la madrugada 2. (MIL) avanzar (*nach/gegen* a/hacia, *bis zu/nach* hasta) 3. (*nach vorn rücken*) avanzar; **mit einem Spielstein ~** avanzar con una ficha II. *vt* mover (hacia delante); (*nähern*) aproximar, acercar

Vorruhestand *m* <-(e)s, *ohne pl*> prejubilación *f,* jubilación *f* anticipada; **Vorruhestandsregelung** *f* <-, -en> reglamentación *f* de jubilación anticipada

Vorrunde *f* <-, -n> (SPORT) (prueba *f*) eliminatoria *f*

vor|sagen *vt* 1. (*vorsprechen*) decir; (*zum Mitschreiben*) dictar; (*Gedicht*) recitar, declamar; **sich** *dat* **etw ~** repetir algo para sí 2. (*in Prüfung*) soplar

Vorsaison *f* <-, -s> temporada *f* baja, pretemporada *f*

Vorsänger(in) *m(f)* <-s, -; -, -nen> 1. (REL) chantre *mf* 2. (MUS) primer(a) cantor(a) *m(f)*

Vorsatz *m* <-es, -sätze> 1. (*Absicht*) intención *f,* propósito *m;* (*Entschluss*) decisión *f;* (JUR) dolo *m;* **den ~ haben etw zu tun** tener la intención de hacer algo; **bei seinen Vorsätzen bleiben** mantener sus propósitos; **den ~ fassen abzuhauen** tomar la decisión de largarse 2. (*in der Buchbinderei*) guardas *fpl*

Vorsatzblatt *nt* <-(e)s, -blätter> guarda *f*

vorsätzlich ['foːɐzɛtslɪç] I. *adj* premeditado; (JUR) doloso II. *adv* a propósito; (JUR) con premeditación

Vorsatzlinse *f* <-, -n> (FOTO) lente *f* adicional

Vorschau *f* <-, -en> avance *m* informativo (*auf* acerca de)

Vorschein *m:* **zum ~ kommen** salir a la luz; **etw zum ~ bringen** sacar algo a la luz, poner algo al descubierto

vor|schicken *vt* 1. (*Gepäck*) mandar con antelación 2. (*mit Auftrag*) mandar; **sie schicken immer die Sekretärin vor** siempre mandan a la secretaria

vor|schieben *irr vt* 1. (*nach vorn schieben*) empujar hacia delante; **ein vorgeschobener Posten** (MIL) una avanzadilla; **einen Strohmann ~** mandar una avanzadilla 2. (*Riegel*) correr 3. (*zur Entschuldigung*) poner como pretexto

vor|schießen *irr* I. *vi sein* (*fam*) correr rápidamente hacia delante II. *vt* (*fam*) anticipar

Vorschiff *nt* <-(e)s, -e> (NAUT) proa *f*

Vorschlag *m* <-(e)s, -schläge> propuesta *f;* (*Empfehlung*) recomendación *f;* **einen ~ machen/annehmen** hacer/aceptar una propuesta; **auf einen ~ eingehen** asumir una propuesta; **auf ~ von ...** a propuesta de...; **ein ~ zur Güte** una propuesta para llegar a un acuerdo

vor|schlagen *irr vt* proponer (*für* para, *als* como); (*empfehlen*) recomendar; **ich schlage vor, wir gehen jetzt** propongo que nos vayamos ahora

Vorschlaghammer *m* <-s, -hämmer> martillo *m* a dos manos

Vorschlagswesen *nt* <-s, *ohne pl*> sistema *m* de sugestiones

vorschnell *adj* irreflexivo, precipitado

vor|schreiben *irr vt* 1. (*Text*) escribir en borrador 2. (*anordnen*) prescribir, ordenar; **jdm ~, was er/sie zu tun hat** ordenar a alguien lo que tiene que hacer

Vorschrift *f* <-, -en> prescripción *f;* (*Anweisung*) instrucciones *fpl;* (*Bestimmung*) reglamento *m;* **jdm ~en machen** dar(le) instrucciones a alguien; **sich an die ~en halten** atenerse a las instrucciones; **das verstößt gegen die ~** esto va en contra del reglamento; **von dem lasse ich mir keine ~en machen** no admito órdenes de él; **Dienst nach ~** huelga de celo

vorschriftsmäßig I. *adj* reglamentario II. *adv* conforme a las ordenanzas, según lo prescrito

vorschriftswidrig *adj* antirreglamentario, contrario a las ordenanzas [*o* instrucciones]

Vorschub *m:* **etw** *dat* **~ leisten** apoyar algo

Vorschulalter *nt* <-s, *ohne pl*> edad *f* preescolar

Vorschule *f* <-, -n> centro *m* de educación preescolar; **Vorschulerziehung** *f* <-, *ohne pl*> educación *f* preescolar; **Vorschulkind** *nt* <-(e)s, -er> niño, -a *m, f* en edad preescolar

Vorschuss[RR] *m* <-es, -schüsse>, **Vorschuß** *m* <-sses, -schüsse> anticipo *m,* adelanto *m;* **auf etw einen ~ leisten** pagar un anticipo de algo; **Vorschusslorbeeren**[RR] *mpl* laureles *mpl* anticipados; **für etw ~ ernten** recoger laureles anticipadamente

vor|schützen *vt* poner como pretexto, alegar; **nur keine Müdigkeit ~!** ¡no hay cansancio que valga!

vor|schwärmen *vi* deshacerse en elogios; **jdm von etw** *dat* **~** hablar a alguien con gran entusiasmo de algo

vor|schweben *vi* flotar (ante); **jdm schwebt etw vor** alguien se imagina algo

vor|schwindeln *vt* mentir; **jdm etw ~** mentir a alguien con algo

vor|sehen *irr* I. *vt* 1. (*planen*) prever (*für* para); **die Eröffnung ist für nächste Woche vorgesehen** la inauguración está prevista para la próxima semana; **der Plan sieht vor, dass ...** el plan prevé que... +*subj*; **wie vorgesehen** como estaba previsto, según lo previsto; **es ist vorgesehen, dass ...** está previsto que... +*subj* 2. (*bestimmen*) destinar (*für* a); **sie haben die Gelder für die Forschung vorgesehen** han destinado el dinero a la investigación II. *vr*: **sich** ~ precaverse (*vor* de); (*aufpassen*) tener cuidado (*vor* con); **sieh dich vor, dass du nicht fällst** ten cuidado de no caerte; **du musst dich vor ihm** ~ debes tener cuidado con él III. *vi* mirar (*hinter* detrás de)

Vorsehung *f* <-, *ohne pl*> providencia *f*; **göttliche** ~ Divina Providencia

vor|setzen *vt* 1. (*nach vorne setzen, davorsetzen*) colocar (*vor* delante de), poner (*vor* delante de) 2. (*Speisen*) servir; (*Programm, Lügen*) presentar, echar *fam*

Vorsicht *f* <-, *ohne pl*> precaución *f*, cuidado *m*; ~ **Glas!** ¡frágil!; **hier ist** ~ **geboten** aquí hay que andar con cuidado; **er ist mit** ~ **zu genießen** hay que tener cuidado con él; ~ **ist die Mutter der Weisheit** [*o* **der Porzellankiste**] (*prov*) la prudencia es la madre de todas las ciencias; ~ **ist besser als Nachsicht** (*prov*) más vale prevenir que curar

vorsichtig I. *adj* prudente, cuidadoso; **sehr** ~ **sein** tener mucho cuidado II. *adv* con cuidado; **fahr bitte** ~**!** ¡conduce con cuidado, por favor!

vorsichtshalber [-halbɐ] *adv* por si acaso, por precaución; **Vorsichtsmaßnahme** *f* <-, -n>, **Vorsichtsmaßregel** *f* <-, -n> medida *f* de precaución; **als** ~ como medida de precaución; ~**n treffen** tomar medidas preventivas

Vorsilbe *f* <-, -n> (LING) prefijo *m*

vor|singen *irr* I. *vi* (*als Prüfung*) dar una audición II. *vt* cantar; **jdm etw** ~ cantar algo a alguien

vorsintflutlich *adj* (*fam*) antediluviano

Vorsitz *m* <-es, -e> presidencia *f*; **unter dem** ~ **von jdm** bajo la presidencia de alguien; **den** ~ **haben** [*o* **führen**] presidir; **den** ~ **übernehmen/abgeben** hacerse cargo de/renunciar a la presidencia

vor|sitzen *irr vi*: **etw** *dat* ~ presidir algo

Vorsitzende(r) *mf* <-n, -n; -n, -n> presidente, -a *m, f*

Vorsorge *f* <-, *ohne pl*> previsión *f*; (*Maßnahme*) precaución *f*; **zur** ~ por precaución; ~ **treffen** tomar precauciones

vor|sorgen *vi* tomar precauciones (*für* para)

Vorsorgeuntersuchung *f* <-, -en> chequeo *m* preventivo

vorsorglich I. *adj* preventivo II. *adv* por precaución

Vorspann ['fo:ɐʃpan] *m* <-(e)s, -e> 1. (*von Text*) introducción *f* 2. (FILM) avance *m*

vor|spannen *vt* (*Tier*) enganchar

Vorspeise *f* <-, -n> (GASTR) entrada *f*, entremés *m*

vor|spiegeln *vt* fingir, simular; **jdm etw** ~ aparentar algo (falso) ante alguien; **Vorspiegelung** *f* <-, -en> simulación *f*, fingimiento *m*; **unter** ~ **falscher Tatsachen** bajo falsas apariencias

Vorspiel *nt* <-(e)s, -e> 1. (MUS) preludio *m*; (THEAT) prólogo *m* 2. (*sexuell*) juegos *mpl* eróticos previos

vor|spielen *vt* 1. (*Lied*) tocar; **jdm etw** ~ tocar algo para alguien 2. (*Sketch*) representar 3. (*vortäuschen*) fingir, simular; **jdm etw** ~ hacer creer algo a alguien; **jdm eine Komödie** ~ hacer una comedia a alguien

Vorsprache *f* <-, -n> 1. (*Text*) lectura *f* 2. (*Anliegen*) cita *f* previa

vor|sprechen *irr* I. *vi*: **bei jdm (wegen etw** *gen/dat*) ~ ir a hablar con alguien (sobre algo) II. *vt* 1. (*zum Nachsprechen*) decir para que otro lo repita 2. (THEAT) recitar

vor|springen *irr vi sein* 1. (*nach vorn springen*) lanzarse hacia adelante 2. (*hervorragen*) resaltar

vorspringend *adj* (*Ecke, Kante*) saledizo, saliente; (*Nase, Kinn*) prominente

Vorsprung *m* <-(e)s, -sprünge> 1. (*Mauer~, Fels~*) saliente *m*, resalto *m* 2. (*Abstand*) ventaja *f* (*vor* sobre, *von* de); **jdm einen** ~ **geben** dar(le) ventaja a alguien; ~ **haben** llevar ventaja

Vorstadium *nt* <-s, -stadien> primera etapa *f*, fase *f* previa; (MED) período *m* prodrómico; **Vorstadt** *f* <-, -städte> periferia *f*, suburbio *m*, arrabal *m*; **Vorstädter(in)** *m(f)* <-s, -; -, -nen> habitante *mf* de un suburbio, suburbano, -a *m, f*; **vorstädtisch** *adj* suburbano

Vorstand *m* <-(e)s, -stände> 1. (*Gremium*) (junta *f*) directiva *f* 2. (~*smitglied*) miembro *mf* de la junta directiva; **Vorstandsetage** *f* <-, -n> salones *mpl* de la directiva; **Vorstandsmitglied** *nt* <-(e)s, -er> miembro *mf* de la junta directiva; **Vorstandssitzung** *f* <-, -en> reunión *f* de la junta directiva; **Vorstandsvorsitzende(r)** *mf* <-n, -n; -n, -n> presidente, -a *m, f* de la junta directiva

vor|stehen *irr vi* 1. (*hervorragen*) resaltar, sobresalir 2. (*geh: leiten*): **etw** *dat* ~ dirigir algo; (*Vorsitz haben*) presidir algo

vorstehend *adj* citado anteriormente, susodicho; **das** ~ **bereits Gesagte** lo susodicho

Vorsteher(in) *m(f)* <-s, -; -, -nen> responsable *mf*; (*Chef*) jefe, -a *m, f*, director(a) *m(f)*

Vorsteherdrüse *f* <-, -n> (ANAT) próstata *f*

Vorsteherin *f* <-, -nen> *s.* **Vorsteher**

vorstellbar *adj* imaginable, concebible; **das ist schwer** ~ esto es inimaginable

vor|stellen I. *vt* 1. (*nach vorn, davor stellen*) poner delante (*vor* de), colocar delante (*vor*

V

de) **2.** (*Uhr*) adelantar **3.** (*vorführen, bekannt machen*) presentar; **jdm eine neue Kollektion ~** mostrar una nueva colección a alguien; **jdm jdn ~** presentar alguien a alguien; **darf ich Ihnen Frau Müller ~?** permítame presentarle a la Sra. Müller; **wir sind uns** [*o* **einander**] **noch nicht vorgestellt worden** todavía no nos han presentado **4.** (*bedeuten*) significar; **was soll das ~?** ¿qué significa esto? **5.** (*darstellen*) representar **6.** (*ausmalen*): **sich** *dat* **etw ~** imaginarse algo, figurarse algo; **das muss man sich mal ~** imagínatelo; **das kann ich mir gut ~** me lo puedo imaginar muy bien; **darunter kann ich mir nichts ~** eso no me dice nada; **ich kann sie mir gut als Ärztin ~** me la puedo imaginar muy bien como médica; **stell dir das nicht so einfach vor** no te creas que es tan fácil; **stell dir mal vor!** (*fam*) ¡imagínate! **7.** (*Konditionen, Preis*): **sich** *dat* **etw ~** tener pensado algo **8.** (*mit etw verbinden*): **sich** *dat* **etwas/nichts unter etw** *dat* **~** tener una idea/no tener ni idea de qué puede ser algo **II.** *vr:* **sich ~** (*sich bekannt machen*) presentarse; (*bewerben*) presentarse (*bei* en); **er hat sich schon bei vielen Firmen vorgestellt** ya se ha presentado en muchas empresas

vorstellig *adj:* **bei jdm ~ werden** dirigirse a alguien

Vorstellung[1] *f* <-, -en> **1.** (*Bekanntmachung, das Sichvorstellen*) presentación *f* **2.** (*Bild*) idea *f;* **sich** *dat* **eine falsche ~ von etw** *dat* **machen** formarse una idea equivocada de algo; **du machst dir keine ~en davon** no te lo puedes imaginar; **das entspricht nicht meinen ~en** no acaba de convencerme; **etw übertrifft alle ~en** algo excede todo lo imaginable **3.** (THEAT) función *f,* sección *f Arg;* (FILM) sesión *f*

Vorstellung[2] *f* <-, *ohne pl*> (*Fantasie*) imaginación *f;* **das existiert nur in deiner ~** esto es sólo producto de tu imaginación

Vorstellungsgespräch *nt* <-(e)s, -e> entrevista *f* de trabajo

Vorstellungskraft *f* <-, *ohne pl*>, **Vorstellungsvermögen** *nt* <-s, *ohne pl*> (poder *m* de) imaginación *f,* fuerza *f* imaginativa

Vorsteuer *f* <-, -n> impuesto *m* deducible sobre el valor añadido; **Vorsteuerabzug** *m* <-(e)s, -züge> deducción *f* de impuestos pagados; **Vorsteuergewinn** *m* <-(e)s, -e> (WIRTSCH) beneficio *m* después de haber deducido el impuesto sobre el valor añadido

Vorstopper(in) *m(f)* <-s, -; -, -nen> (SPORT) defensa *mf* central

Vorstoß *m* <-es, -stöße> **1.** (MIL) avance *m* **2.** (*Versuch*) intento *m;* **einen ~ machen** [*o* **unternehmen**] intentar algo

vor|stoßen *irr* **I.** *vi sein* avanzar, penetrar (*in* en) **II.** *vt* empujar hacia delante

Vorstrafe *f* <-, -n> (JUR) antecedente *m* penal; **Vorstrafenregister** *nt* <-s, -> (JUR) registro *m* de antecedentes penales

vor|strecken *vt* **1.** (*Arme*) (ex)tender hacia delante **2.** (*Geld*) anticipar; **jdm etw ~** conceder [*o* dar] un anticipo a alguien

Vorstufe *f* <-, -n> primera etapa *f,* fase *f* previa; **die ~ einer Entwicklung** la fase previa de un desarrollo

vorsündflutlich[RR] *adj* (*fam*) antediluviano

Vortag *m* <-(e)s, -e> víspera *f,* día *m* anterior; **am ~ des Festes** la víspera de la fiesta

vor|täuschen *vt* fingir, simular; **jdm etw ~** aparentar algo ante alguien; **Vortäuschung** *f* <-, -en> simulación *f,* fingimiento *m;* **unter ~ falscher Tatsachen** con falsificación de los hechos

Vorteil ['fɔrtaɪl] *m* <-(e)s, -e> ventaja *f;* (*Nutzen*) provecho *m;* **die Vor- und Nachteile von ...** los pros y los contras de...; **die Sache hat den ~, dass ...** esto tiene la ventaja de que... +*subj;* **auf seinen ~ bedacht sein** pensar en el propio provecho; **einen ~ aus etw** *dat* **ziehen** sacar provecho de algo; **das ist für dich von ~** a ti te conviene; **gegenüber jdm im ~ sein** llevar ventaja sobre alguien; **er hat sich zu seinem ~ verändert** ha cambiado para mejor

vorteilhaft *adj* ventajoso; (*Geschäft, Angebot*) provechoso, beneficioso; (*Kleidung*) favorecedor; **in etw** *dat* **sehr/wenig ~ aussehen** sentarle [*o* quedarle] a uno muy bien/mal algo, estar/no estar favorecido con algo

Vortrag ['fo:ɐtra:k, *pl:* 'fo:ɐtrɛ:gə] *m* <-(e)s, -träge> **1.** (*Rede*) discurso *m,* conferencia *f;* **einen ~ halten** dar una conferencia (*über* acerca de/sobre) **2.** (*von Lied*) interpretación *f;* (*von Musikstück*) ejecución *f;* (*von Gedicht*) declamación *f,* recitación *f*

vor|tragen *irr vt* **1.** (*Gedicht*) recitar, declamar; (*Lied*) cantar; (*Kunststück*) presentar **2.** (*darlegen*) exponer **3.** (*fam: nach vorne tragen*) llevar hacia delante

Vortragende(r) *mf* <-n, -n; -n, -n> (*von Gedichten*) recitador(a) *m(f);* (*von Liedern*) cantante *mf;* (*von Reden*) conferenciante *mf*

Vortragsabend *m* <-s, -e> (sesión *f* de) conferencia *f;* (*Konzert*) recital *m;* **Vortragsreihe** *f* <-, -n> ciclo *m* de conferencias

vortrefflich [fo:ɐ'trɛflɪç] *adj* excelente, magnífico

Vortrefflichkeit *f* <-, *ohne pl*> excelencia *f,* perfección *f*

vor|treiben *irr vt* hacer avanzar; (*schieben*) empujar; (BERGB) abrir

vor|treten *irr vi sein* **1.** (*nach vorne treten*) adelantarse; (*aus Reihe*) salir de la fila **2.** (*fam: hervorragen*) sobresalir, resaltar

Vortritt *m* <-(e)s, *ohne pl*> **1.** (*Vorrang, Vorzug*) precedencia *f;* **jdm den ~ lassen** ceder(le) a alguien el paso **2.** (*Schweiz: Vorfahrt*) preferencia *f*

vorüber [vo'ry:bɐ] *adv* **1.** (*räumlich*) pasado; (*entlang*) a lo largo **2.** (*zeitlich*) pasado, terminado; **vorüber|gehen** *irr vi sein* **1.** (*aufhö-

ren) cesar **2.** (*örtlich*) pasar (*an* por (delante de)); **die Jahre gingen** (**nicht**) **spurlos an ihm** ~ los años (no) pasaron por él sin dejar huella; **das erledigt sie im V~** esto lo hace de pasada; **vorübergehend** *adj* transitorio, pasajero

Vorübergehende(**r**) *mf* <-n, -n; -n, -n> transeúnte *mf*

Vorübung *f* <-, -en> ejercicio *m* preparatorio

Voruntersuchung *f* <-, -en> inspección *f* previa; **gerichtliche** ~ instrucción [*o* investigación] preliminar

Vorurteil *nt* <-s, -e> prejuicio *m* (*gegen* contra); **vorurteilsfrei** *adj*, **vorurteilslos** *adj* sin prejuicios

Vorväter ['fo:ɐfɛ:tɐ] *mpl* (*geh*) antepasados *mpl*; **Vorvergangenheit** *f* <-, -en> (LING) pluscuamperfecto *m*; **Vorverhandlung** *f* <-, -en> conversaciones *fpl* preliminares, negociaciones *fpl* preliminares

Vorverkauf *m* <-(e)s, *ohne pl*> venta *f* anticipada; **Vorverkaufsstelle** *f* <-, -n> despacho *m* de venta anticipada

vor|verlegen* *vt* (*Termin*) adelantar, anticipar (*auf* a)

Vorverstärker *m* <-s, -> (ELEK) preamplificador *m*; **Vorvertrag** *m* <-(e)s, -träge> (JUR) contrato *m* preliminar, antecontrato *m*

vorvorgestern ['----] *adv* hace tres días

vorvorige(**r, s**) ['----] *adj* (*fam*) antepenúltimo

vorvorletzte(**r, s**) ['----] *adj* antepenúltimo

vorvorvorletzte(**r, s**) ['-----] *adj* trasantepenúltimo

vor|wagen *vr*: **sich** ~ atreverse a avanzar (*aus* de); **sich mit einer Forderung zu weit** ~ llevar una pretensión demasiado lejos

Vorwahl *f* <-, -en> **1.** (TEL) prefijo *m* **2.** (POL) elecciones *fpl* primarias [*o* preliminares]

vor|wählen *vt* (TEL) marcar primero [*o* de prefijo]; **wählen Sie eine 9 vor, dann bekommen Sie das Amt** marque un 9 y le saldrá la central

Vorwahlnummer *f* <-, -n> (TEL) prefijo *m* (telefónico)

Vorwand *m* <-(e)s, -wände> pretexto *m*, excusa *f*; **unter dem ~, dass ...** con el pretexto de que... +*subj*

vor|wärmen *vt* precalentar; **vor|warnen** *vt* advertir, prevenir, alertar; **Vorwarnung** *f* <-, -en> advertencia *f*, prevención *f*, alerta *f*; **ohne** ~ sin aviso previo

vorwärts ['fo:ɐvɛrts, 'fɔrvɛrts] *adv* hacia adelante; **~!** ¡adelante!; ~ **bringen** sacar adelante, llevar adelante; ~ **gehen** (*fam*) adelantar, avanzar; ~ **kommen** (*räumlich*) avanzar; **sie kamen nur langsam** ~ avanzaban a paso lento; **mit etw** *dat* ~ **kommen** (*Fortschritte machen*) salir adelante con algo, hacer progresos en algo; **im Leben ~ kommen** salir adelante en la vida; **beruflich ~ kommen** progresar profesionalmente, hacer carrera; **vorwärts|bringen** *irr vt s.* **vorwärts**; **Vorwärtsgang** *m* <-(e)s, -gänge> (TECH) marcha *f* adelante; **vorwärts|gehen** *irr vi sein s.* **vorwärts**; **vorwärts|kommen** *irr vi sein s.* **vorwärts**

Vorwäsche *f* <-, -n> prelavado *m*; **vor|waschen** *irr vt* prelavar

Vorwaschgang *m* <-(e)s, -gänge> prelavado *m*

vorweg [fo:ɐ'vɛk] *adv* **1.** (*vorher*) primero **2.** (*im Voraus*) por adelantado **3.** (*an der Spitze*) a la cabeza, por delante **4.** (*fam: von vorneherein*) de antemano **5.** (*vor allem*) sobre todo

Vorwegnahme *f* <-, -n> anticipación *f*, anticipo *m*, antelación *f*

vorweg|nehmen *irr vt* anticipar

Vorweis ['fo:ɐvaɪs] *m* <-es, -e> (*bes Schweiz*) presentación *f*; **bitte legitimieren Sie sich durch ~ Ihres Passes!** ¡identifíquese, por favor, con el pasaporte!

vor|weisen *irr vt* (*Pass*) enseñar, presentar; (*Erfahrungen, Kenntnisse*) mostrar, hacer gala (de); **etw ~ können** tener algo

vor|werfen *irr vt* **1.** (*tadeln*): **jdm etw** ~ reprochar algo a alguien, recriminar algo a alguien, enrostrar algo a alguien *Am*; **ich habe mir in dieser Sache nichts vorzuwerfen** en este asunto no tengo nada que reprocharme **2.** (*hinwerfen*): **jdm/einem Tier etw** ~ echar algo (de comer) a alguien/a un animal

vorwiegend *adv* principalmente, sobre todo

Vorwissen *nt* <-s, *ohne pl*> conocimientos *mpl* previos

Vorwitz *m* <-es, *ohne pl*> **1.** (*Neugierde*) curiosidad *f* **2.** (*vorlautes Wesen*) impertinencia *f*; **vorwitzig** *adj* **1.** (*neugierig*) curioso, fisgón **2.** (*vorlaut*) cargante, impertinente

Vorwort *nt* <-(e)s, -e> prólogo *m*, prefacio *m*

Vorwurf *m* <-(e)s, -würfe> reproche *m*, recriminación *f*; **jdm etw zum ~ machen** echar en cara algo a alguien, enrostrar algo a alguien *Am*; **jdm wegen etw** *gen/dat* **Vorwürfe machen** hacer reproches a alguien por algo; **ich habe mir keine Vorwürfe zu machen** no tengo nada que reprocharme; **vorwurfsvoll** *adj* lleno de reproches

vor|zählen *vt*: **jdm etw** ~ contar algo delante de alguien

Vorzeichen *nt* <-s, -> **1.** (*Omen*) presagio *m*, augurio *m* **2.** (MUS) accidente *m* **3.** (MATH) signo *m*

vor|zeichnen *vt* **1.** (*skizzieren*) hacer un croquis (de), bosquejar; (*Umrisse*) delinear; (*zum Nachzeichnen*) dibujar; **jdm etw** ~ hacerle una muestra de algo a alguien **2.** (*festlegen*) señalar, trazar; **mein Schicksal ist vorgezeichnet** mi suerte está echada

vorzeigbar *adj* (*fam*) presentable

Vorzeigefrau *f* <-, -en> (*fam*) orgullo *m*; (*abw*) mujer-objeto *f*; **sie ist die ~ des Kabinetts** el gabinete se jacta de ella

vor|zeigen *vt* enseñar, mostrar; (*Pass etc.*)

presentar

Vorzeigeobjekt *nt* <-(e)s, -e> objeto *m* de muestra; **Vorzeigeprodukt** *nt* <-(e)s, -e> producto *m* emblemático

Vorzeit *f* <-, -en> tiempo(s) *m(pl)* prehistórico(s); **in/aus grauer** ~ en/de tiempos remotos

vorzeitig I. *adj* prematuro, anticipado II. *adv* con anticipación, antes de tiempo

vorzeitlich *adj* de tiempos remotos, de la antigüedad

vor|ziehen *irr vt* **1.** (*nach vorne ziehen*) tirar hacia adelante; (*Gardine*) correr **2.** (*fam: hervorziehen*) sacar (*vor* de); **sie zog die Pappe unter dem Bett vor** sacó la cartulina de debajo de la cama **3.** (*vorverlegen*) adelantar, anticipar; **vorgezogene Wahlen** elecciones anticipadas **4.** (*bevorzugen*) preferir; (*Person*) dar trato preferente; **er zog es vor zu schweigen** prefirió guardar silencio; **ich ziehe Bier dem Wein vor** prefiero la cerveza al vino

Vorzimmer *nt* <-s, -> **1.** (*Sekretariat*) antesala *f*, antecámara *f* **2.** (*Österr: Diele*) vestíbulo *m*; **Vorzimmerdame** *f* <-, -n> (*fam*) secretaria *f* de recepción

Vorzug[1] *m* <-(e)s, *ohne pl*> (*Vorrang*) prioridad *f*; (*Vorliebe*) preferencia *f*; **etw** *dat*/**jdm den ~ geben** preferir algo/a alguien, dar preferencia a algo/a alguien

Vorzug[2] *m* <-(e)s, -züge> **1.** (*Vorrecht*) privilegio *m* **2.** (*Vorteil*) ventaja *f*; **den ~ haben, dass ...** tener la ventaja de que...; **er hat durchaus seine Vorzüge** también tiene sus ventajas

vorzüglich [foːɐ'tsyːklɪç] *adj* excelente; (*Speisen*) exquisito; ~ **speisen** comer por todo lo alto

Vorzugsaktie *f* <-, -n> acción *f* preferente [*o* prioritaria]; **Vorzugsbehandlung** *f* <-, -en> trato *m* preferente; **Vorzugskonditionen** *fpl* condiciones *fpl* de favor; **Vorzugsmilch** *f* <-, *ohne pl*> leche *f* de primera calidad; **Vorzugspreis** *m* <-es, -e> precio *m* rebajado; **Vorzugsrabatt** *m* <-(e)s, -e> descuento *m* especial

vorzugsweise *adv* principalmente, preferentemente

Vota ['voːta], **Voten** ['voːtən] *pl von* **Votum**

votieren* [vo'tiːrən] *vi* (*geh*) votar (*für* a favor de, *gegen* en contra de)

Votivbild [vo'tiːf-] *nt* <-(e)s, -er> (REL) exvoto *m*

Votum ['voːtʊm] *nt* <-s, Voten *o* Vota> voto *m*; **einstimmiges** ~ voto por unanimidad

Voucher ['vaʊtʃɐ] *m o nt* <-s, -(s)> (*Touristik*) vale *m*, bono *m*

Voyeur(in) [vo̯a'jøːɐ] *m(f)* <-s, -e; -, -nen> voyeur *m*, mirón, -ona *m, f*

Voyeurismus [vo̯ajø'rɪsmʊs] *m* <-, *ohne pl*> voyeurismo *m*

voyeuristisch *adj* voyeurista

v.T. *Abk. von* **vom Tausend** por mil

vulgär [vʊl'gɛːɐ] *adj* vulgar

Vulgarität [vʊlgari'tɛːt] *f* <-, *ohne pl*> vulgaridad *f*

Vulkan [vʊl'kaːn] *m* <-s, -e> volcán *m*; **aktiver** [*o* **tätiger**] ~ volcán activo; **untätiger** ~ volcán inactivo; **Vulkanausbruch** *m* <-(e)s, -brüche> erupción *f* volcánica

Vulkanfiber *f* <-, *ohne pl*> fibra *f* vulcanizada

Vulkanisationswanne *f* <-, -n> (CHEM) cuba *f* de vulcanización

vulkanisch *adj* volcánico

vulkanisieren* [vʊlkani'ziːrən] *vt* (TECH) vulcanizar

Vulkanismus *m* <-, *ohne pl*> (GEO) vulcanismo *m*

Vulkanit *m* <-s, -e> vulcanita *f*

Vulkanologie [vʊlkanolo'giː] *f* <-, *ohne pl*> (GEO) vulcanología *f*

Vulkanschlot *m* <-(e)s, -e *o* -schlöte> chimenea *f* volcánica

Vulva ['vʊlva] *f* <-, Vulven> (ANAT) vulva *f*

v.u.Z. *Abk. von* **vor unserer Zeitrechnung** antes de nuestros días, antes de nuestra era

W

W, w [veː] *nt* <-, -> W, w *f;* ~ **wie Wilhelm** W de Washington

W 1. *Abk. von* **Westen** O 2. (CHEM) *Abk. von* **Wolfram** wolfram(io) *m,* W

WAA [veːʔaːˈʔaː] *f* <-, -(s)> *Abk. von* **Wiederaufbereitungsanlage** planta *f* de reprocesamiento

Waadt [va(ː)t] *f* <-> Waadt *m*

Waage [ˈvaːgə] *f* <-, -n> 1. (*Gerät*) balanza *f;* **die Vor- und Nachteile hielten sich** *dat* **die** ~ los pros y los contras eran proporcionales; **das Zünglein an der** ~ **sein** ser el fiel de la balanza 2. (ASTR) Libra *f;* **Waagebalken** *m* <-s, -> astil *m* de la balanza

waagerecht *adj* horizontal

Waagerechte *f* <-n, -n, *nach Zahlen:* -(n)> horizontal *f;* **in der** ~**n** en posición horizontal

Waagschale *f* <-, -n> platillo *m* de la balanza; **jedes Wort auf die** ~ **legen** (*fam*) tomar algo al pie de la letra; **etw in die** ~ **werfen** *hacer uso de algo para conseguir algo*

wabb(e)lig [ˈvab(ə)lɪç] *adj* (*fam*) fofo, flácido

wabbeln [ˈvabəln] *vi* (*fam*) temblar

wabblig *adj* (*fam*) fofo, flácido

Wabe [ˈvaːbə] *f* <-, -n> panal *m*

wabenförmig *adj* en forma de panal

Wabenhonig *m* <-s, -e> miel *f* en panales

wach [vax] *adj* 1. (*nicht schlafend*) despierto; **halb** ~ medio despierto; ~ **halten** (*nicht einschlafen lassen*) mantener despierto; ~ **werden** despertarse; ~ **liegen** estar tumbado despierto 2. (*lebhaft*) espabilado, vivo

Wachablösung *f* <-, -en> relevo *m* de la guardia

Wache [ˈvaxə] *f* <-, -n> 1. (*Wachdienst*) guardia *f;* (*Kranken~*) vela *f;* (**auf**) ~ **stehen** estar de guardia; **bei jdm** ~ **halten** velar a alguien; ~ **schieben** (*fam*) estar de guardia 2. (*Person*) guardia *mf;* (*Gruppe*) (cuerpo *m* de) guardia *f* 3. (*Gebäude*) (puesto *m* de) guardia *f;* (*Polizei~*) comisaría *f*

wachen [ˈvaxən] *vi* 1. (*Wache halten*) velar; **bei jdm** ~ velar a alguien 2. (*aufpassen*) velar (*über* por) 3. (*geh: wach sein*) estar despierto

wachhabend *adj* de guardia

Wachhabende(r) *mf* <-n, -n; -n, -n> oficial *mf* de guardia

wach|halten *irr vt* (*fortdauern lassen*) conservar vivo

Wachhund *m* <-(e)s, -e> perro *m* guardián; **Wachlokal** *nt* <-(e)s, -e> puesto *m* de guardia

Wachmacher *m* <-s, -> (*fam*) estimulante *m*

Wachmann *m* <-(e)s, -männer *o* -leute> 1. (*Wächter*) guarda *m* 2. (*Österr: Polizist*) policía *m;* **Wachmannschaft** *f* <-, -en> cuerpo *m* de guardia

Wacholder [vaˈxɔldɐ] *m* <-s, -> 1. (BOT) enebro *m* 2. (*~schnaps*) ginebra *f;* **Wacholderbeere** *f* <-, -n> (BOT) enebrina *f;* **Wacholderschnaps** *m* <-es, -schnäpse> (*fam*) ginebra *f*

Wachposten *m* <-s, -> centinela *m*

wach|rufen *irr vt* evocar, despertar

Wachs [vaks] *nt* <-es, -e> cera *f;* ~ **in jds Händen sein** ser la marioneta de alguien; **weich wie** ~ blando como la cera

wachsam [ˈ-zaːm] *adj* vigilante; (*aufmerksam*) atento; **ein** ~**es Auge auf jdn haben** vigilar a alguien atentamente

Wachsamkeit *f* <-, *ohne pl*> vigilancia *f;* (*Aufmerksamkeit*) atención *f*

wachsartig *adj* como de cera

wachsbleich *adj* pálido como la cera; **vor Schreck wurde sie** ~ **im Gesicht** del susto se puso blanca como el papel

Wachsbohne *f* <-, -n> (BOT) judía *f* (de vaina) amarilla, fréjol *m*

wachsen[1] [ˈvaksən] <wächst, wuchs, gewachsen> *vi sein* (*allgemein*) crecer; (*zunehmen*) aumentar; **hoch ge**~ de estatura alta, espigado; **in die Breite/Länge/Höhe** ~ crecer a lo ancho/a lo largo/en altura; **sich** *dat* **einen Bart** ~ **lassen** dejarse crecer la barba; **mit** ~**der Begeisterung** con creciente entusiasmo; **jdm ge**~ **sein** poder con alguien; **etw** *dat* **ge**~ **sein** ser capaz de cumplir con algo; **die Einwohnerzahl ist um die Hälfte ge**~ el número de habitantes ha aumentado la mitad; **das Bäumchen ist gut ge**~ el árbol ha crecido mucho

wachsen[2] *vt* (*Fußboden, Ski*) encerar

wächsern [ˈvɛksɐn] *adj* céreo, de cera

Wachsfigur *f* <-, -en> figura *f* de cera; **Wachsfigurenkabinett** *nt* <-s, -e> museo *m* de cera, gabinete *m* de figuras de cera

Wachskerze *f* <-, -n> vela *f* de cera

Wachsmalkreide *f* <-, -n>, **Wachsmalstift** *m* <-(e)s, -e> lápiz *m* de cera

Wachspapier *nt* <-(e)s, -e> papel *m* parafinado

wächst [vɛkst] *3. präs von* **wachsen**

Wachstube *f* <-, -n> *s.* **Wachlokal**

Wachstuch[1] *nt* <-(e)s, -e> (*Gewebe*) hule *m*

Wachstuch[2] *nt* <-(e)s, -tücher> (*Tischdecke*) mantel *m* de hule, ahulado *m MAm, Mex*

Wachstum [ˈvakstuːm] *nt* <-s, *ohne pl*>

crecimiento *m;* (*Zunahme*) aumento *m;* (*Entwicklung*) desarrollo *m;* **exponentielles ~** crecimiento exponencial; **im ~ zurückgeblieben** atrasado en el crecimiento; **Wachstumsaktie** *f* <-, -n> acción *f* en crecimiento; **Wachstumsbranche** *f* <-, -n> ramo *m* en crecimiento; **wachstumsfördernd** *adj* que estimula el crecimiento; **Wachstumsförderung** *f* <-, *ohne pl*> estimulación *f* del crecimiento; **Wachstumsgrenze** *f* <-, -n> (WIRTSCH) límite *m* de crecimiento; **wachstumshemmend** *adj* que inhibe el crecimiento; **Wachstumshormon** *nt* <-s, -e> hormona *f* del crecimiento; **Wachstumsindustrie** *f* <-, -n> industria *f* en desarrollo; **Wachstumsmarkt** *m* <-(e)s, -märkte> mercado *m* en crecimiento; **wachstumsorientiert** *adj* orientado hacia el crecimiento; **Wachstumspotential** *nt* <-s, -e> (WIRTSCH) potencial *m* económico; **Wachstumsprognose** *f* <-, -n> (WIRTSCH) previsiones *fpl* de crecimiento; **Wachstumsrate** *f* <-, -n> (WIRTSCH) tasa *f* de crecimiento, índice *m* de crecimiento; **Wachstumsregulator** *m* <-s, -en> regulador *m* del crecimiento; **wachstumsstark** *adj* (WIRTSCH) con alta tasa de crecimineto; **Wachstumsstörung** *f* <-, -en> (MED) trastornos *mpl* del crecimiento; **Wachstumstempo** *nt* <-s, -s> ritmo *m* de crecimiento

wachsweich ['-'-] *adj* **1.** (*Material, Position*) blando como la cera; **~es Ei** huevo pasado por agua **2.** (*nachgiebig*) dúctil

Wachtel ['vaxtəl] *f* <-, -n> (ZOOL) codorniz *f*

Wächter(in) ['vɛçtɐ] *m(f)* <-s, -; -, -nen> guarda *mf,* vigilante *mf;* (*Nacht~*) guardia *mf*

Wachtmeister(in) *m(f)* <-s, -; -, -nen> guardia *mf;* **Wachtposten** *m* <-s, -> centinela *m*

Wachtraum *m* <-(e)s, -träume> (PSYCH) sueño *m* diurno

Wach(t)turm *m* <-(e)s, -türme> atalaya *f*

Wach- und Schließgesellschaft *f* <-, -en> compañía *f* de seguridad

Wachwechsel *m* <-s, -> relevo *m* de la guardia

Wachzustand *m* <-(e)s, *ohne pl*>: **im ~** (estando) despierto

wack(e)lig ['vak(ə)lɪç] *adj* **1.** (*Person*) tambaleante; (*Tisch*) cojo, que cojea; (*Zahn*) flojo; **er ist noch ~ auf den Beinen** anda todavía con paso vacilante **2.** (*fam: Arbeitsplätze*) inseguro

Wackelkontakt *m* <-(e)s, -e> contacto *m* flojo, conexión *f* floja

wackeln ['vakəln] *vi* **1.** (*durch Erschütterung*) tambalearse, vacilar; (*Möbel*) cojear; (*Zahn*) moverse **2.** (*fam: Position, Disziplin*) tambalear, vacilar; **an/mit etw** *dat* **~** (*fam*) menear algo; **mit dem Kopf ~** menear la cabeza

Wackelpeter *m* <-s, -> (*fam hum*), **Wackelpudding** *m* <-s, -e *o* -s> (*fam*) flan *m*

wacker ['vakɐ] *adj* (*alt: tüchtig*) eficiente, aplicado; (*tapfer*) valiente; **sich ~ durchs Leben schlagen** ir tirando sin arrugarse [*o* acobardarse]; **du hast dich ~ gehalten!** (*hum*) ¡qué bien has aguantado!, ¡has sabido estar a la altura de las circunstancias!

wacklig *adj s.* **wack(e)lig**

Wade ['va:də] *f* <-, -n> pantorrilla *f,* canilla *f Kol, Peru;* **Wadenbein** *nt* <-(e)s, -e> peroné *m;* **Wadenkrampf** *m* <-(e)s, -krämpfe> calambre *m* en la pantorrilla

Waffe ['vafə] *f* <-, -n> arma *f;* **eine ~ tragen** portar un arma; **er machte Gebrauch von seiner ~** hizo uso de su arma; **die ~n ruhen** hay tregua; **jdn mit seinen eigenen ~n schlagen** derrotar a alguien con sus propias armas; **die ~n strecken** (*geh*) rendir las armas; **zu den ~n greifen** tomar las armas

Waffel ['vafəl] *f* <-, -n> (*Eistüte*) barquillo *m;* (*Gebäck*) gofre *m;* **Waffeleisen** *nt* <-s, -> (*für Eistüten*) barquillero *m* eléctrico; (*für Gebäck*) molde *m* para hacer gofres

Waffenbesitz *m* <-es, *ohne pl*> tenencia *f* de armas; **unerlaubter ~** tenencia ilícita de armas; **Waffenembargo** *nt* <-s, -s> embargo *m* armamentístico [*o* de armas]; **das ~ brechen** saltarse el embargo de armas; **die Einhaltung des ~s überwachen** controlar el cumplimiento del embargo de armas; **Waffengattung** *f* <-, -en> (MIL) clase *f* de arma; **Waffengewalt** *f* <-, *ohne pl*> fuerza *f* de las armas; **mit ~** a mano armada; **Waffenhandel** *m* <-s, *ohne pl*> comercio *m* de armas, tráfico *m* de armas; **~ betreiben** traficar con armas; **Waffenhändler(in)** *m(f)* <-s, -; -, -nen> traficante *mf* de armas; **Waffenkammer** *f* <-, -n> armería *f;* **Waffenlager** *nt* <-s, -> depósito *m* de armas, arsenal *m;* **Waffenlieferung** *f* <-, -en> suministro *m* de armas; **Waffenruhe** *f* <-, *ohne pl*> tregua *f;* **die ~ einhalten/brechen** mantener/romper la tregua; **Waffenschein** *m* <-(e)s, -e> licencia *f* de armas; **Waffenschmied(in)** *m(f)* <-(e)s, -e; -, -nen> forjador(a) *m(f)* de armas; **Waffenschmuggel** *m* <-s, *ohne pl*> contrabando *m* de armas; **Waffen-SS** *f* <-, *ohne pl*> (HIST: *Nationalsozialismus*) sección *f* armada de la SS

Waffenstillstand *m* <-(e)s, *ohne pl*> armisticio *m;* **Waffenstillstandsverhandlungen** *fpl* negociaciones *fpl* para (acordar) el armisticio

Waffensystem *nt* <-s, -e> (MIL) sistema *m* de armas

Wagemut ['va:gəmu:t] *m* <-(e)s, *ohne pl*> osadía *f,* atrevimiento *m;* **wagemutig** *adj* osado, atrevido

wagen ['va:gən] **I.** *vt* **1.** (*riskieren*) arriesgar; **ich werde einen Versuch ~** lo intentaré; **wer nicht wagt, der nicht gewinnt** (*prov*) quien no se arriesga, no pasa el río; **frisch gewagt ist halb gewonnen** (*prov*) acometer hace vencer **2.** (*sich getrauen*) atreverse (*zu* a +*inf*); **ich wage es nicht, ihn darum zu bitten** no me atrevo a pedírselo **II.** *vr:* **sich ~** atreverse (a); **ich wage mich nicht mehr auf die Straße** ya no me atrevo a salir a la calle; **sich an etw ~** (atreverse a) emprender algo

Wagen ['va:gən] *m* <-s, -> **1.** (*PKW*) coche *m,* carro *m Am;* (*LKW*) camión *m;* (*Liefer~*) furgoneta *f* **2.** (*Eisenbahn~, Straßenbahn~*) vagón *m,* coche *m;* (*Pferde~*) carro *m,* carruaje *m;* (*Plan~*) carreta *f,* carromato *m;* **sich nicht vor jds ~ spannen lassen** no dejarse enredar por alguien; **das fünfte Rad am ~ sein** estar de más [*o* de sobra] **3.** (*Kinder~*) cochecito *m* (de niños), carrito *m;* (*Einkaufs~*) carro *m,* carrito *m* **4.** (*an der Schreibmaschine*) carro *m* **5.** (ASTR): **der Kleine/Große ~** la Osa Menor/Mayor

wägen <wägt, wog, gewogen> *vt* ponderar

Wagenburg *f* <-, -en> (HIST) barrera *f* de carros en forma circular; **Wagendach** *nt* <-(e)s, -dächer> techo *m* de la carrocería; **Wagenfenster** *nt* <-s, -> ventana *f* de coche, ventanilla *f* de coche; **Wagenführer(in)** *m(f)* <-s, -; -, -nen> conductor(a) *m(f);* **Wagenheber** *m* <-s, -> gato *m,* gata *f Chil;* **Wagenkolonne** *f* <-, -n> convoy *m* de coches; **Wagenladung** *f* <-, -en> carga *f,* carretada *f;* **Wagenlenker** *m* <-s, -> (HIST) auriga *m;* **Wagenpark** *m* <-s, -s> parque *m* móvil; **Wagenpflege** *f* <-, *ohne pl*> mantenimiento *m* y cuidado del coche; **Wagenrad** *nt* <-(e)s, -räder> rueda *f* de automóvil; **Wagenrennen** *nt* <-s, -> (HIST) carrera *f* de carros; **Wagenschlag** *m* <-(e)s, -schläge> (*alt: eines Autos*) puerta *f* del coche; (*einer Kutsche*) portezuela *f* del coche de caballos [*o* del carruaje]; **Wagenschmiere** *f* <-, -n> grasa *f* para coches (de caballo); **Wagentür** *f* <-, -en> puerta *f* del coche; **Wagenwäsche** *f* <-, -n> lavado *m* del coche

Waggon [va'gɔŋ, va'gõ:] *m* <-s, -s> vagón *m;* **Waggonladung** *f* <-, -en> vagonada *f*

waggonweise *adv* en varios vagones

waghalsig ['va:khalzɪç] *adj* **1.** (*Mensch*) temerario, atrevido **2.** (*Unternehmen*) arriesgado, atrevido

Wagner(in) ['va:gnɐ] *m(f)* <-s, -; -, -nen> (*südd, Österr, Schweiz*) **1.** (*Wagenmacher*) carretero, -a *m, f* **2.** (*Kutschenmacher*) carrocero, -a *m, f*

Wagnis ['va:knɪs] *nt* <-ses, -se> **1.** (*Vorhaben*) empresa *f* arriesgada **2.** (*Risiko*) riesgo *m;* **kalkulatorisches ~** (WIRTSCH) riesgo calculatorio; **ein ~ eingehen** correr un riesgo; **sich auf kein ~ einlassen** no exponerse a ningún riesgo

Wagon[RR] *m* <-s, -s> *s.* Waggon; **Wagonladung**[RR] *f* <-, -en> *s.* **Waggonladung**

wagonweise[RR] *adv s.* **waggonweise**

Wahl [va:l] *f* <-, -en> **1.** (*Aus~*) elección *f;* (*zwischen zwei Möglichkeiten*) opción *f,* alternativa *f;* **zweite ~** (WIRTSCH) segunda opción [*o* calidad]; **seine ~ treffen** elegir; **die ~ fiel auf ihn** fue elegido él; **die ~ fiel auf diesen Film** esta película fue la escogida; **ich habe keine andere ~** no tengo otra alternativa; **in die engere ~ kommen** pasar a la fase siguiente; **drei Orte stehen zur ~** hay tres lugares para elegir; **erste ~** (WIRTSCH) primera calidad; **wer die ~ hat, hat die Qual** (*prov*) elegir es sufrir **2.** (POL) elección *f,* votación *f;* **geheime/freie ~en** elecciones secretas/libres; **direkte/indirekte ~en** elecciones directas/indirectas; **zur ~ gehen** ir a votar; **die ~ annehmen** aceptar la elección; **jdn zur ~ aufstellen/vorschlagen** presentar/proponer la candidatura de alguien; **sich zur ~ stellen** presentarse como candidato; **seine ~ in den Vorstand/zum Präsidenten** su elección en la junta/como presidente; **Wahlalter** *nt* <-s, -> (POL) edad *f* (legal) para votar; **Wahlaufruf** *m* <-(e)s, -e> llamada *f* a las urnas; **Wahlausgang** *m* <-(e)s, -gänge> resultado *m* de las elecciones; **Wahlausschuss**[RR] *m* <-es, -schüsse> comité *m* electoral, junta *f* electoral

Wählautomatik *f* <-, -en> marcado *m* automático, discado *m* automático *Am*

wählbar ['vɛ:lba:ɐ] *adj* elegible

Wählbarkeit *f* <-, *ohne pl*> elegibilidad *f*

Wahlbenachrichtigung *f* <-, -en> (*formal*) aviso *m* sobre fecha y lugar de elecciones; **wahlberechtigt** *adj* con derecho a voto; **er/sie ist ~** tiene derecho a voto; **Wahlberechtigte(r)** *mf* <-n, -n; -n, -n> persona *f* con derecho a voto; **Wahlberechtigung** *f* <-, -en> derecho *m* de voto; **Wahlbeteiligung** *f* <-, -en> participación *f* electoral; **Wahlbetrug** *m* <-(e)s, *ohne pl*> fraude *m* electoral; **Wahlbezirk** *m* <-(e)s, -e> distrito *m* electoral; **Wahlbürger(in)** *m(f)* <-s, -; -, -nen> elector(a) *m(f),* votante *mf*

wählen ['vɛ:lən] **I.** *vi* **1.** (*Wahlen abhalten*) celebrar elecciones; (*Stimme abgeben*) votar **2.** (*aussuchen*) elegir, escoger; **da hast du klug gewählt** has elegido inteligentemente; **haben Sie schon gewählt?** ¿ya ha elegido? **3.** (*am Telefon*) marcar **II.** *vt* **1.** (POL) votar; **jdn ~** votar a alguien; (*bei einer Abstimmung*) votar por alguien; **jdn wieder ~** reelegir a alguien; **er wurde in den Vorstand gewählt** fue votado para un puesto en el directorio; **sie wurde zur Präsidentin gewählt** fue elegida presidenta **2.** (*aus~*) escoger, elegir **3.** (*Telefonnummer*) marcar

Wähler(in) *m(f)* <-s, -; -, -nen> votante *mf,* elector(a) *m(f);* **Wählerauftrag** *m* <-(e)s, -träge> mandato *m* otorgado por los electores

Wahlerfolg *m* <-(e)s, -e> éxito *m* electoral; **Wahlergebnis** *nt* <-ses, -se> resultado *m*

electoral; **das vorläufige/endgültige ~ bekannt geben** anunciar el resultado provisional/definitivo de las elecciones

Wählerin *f* <-, -nen> *s.* **Wähler**

wählerisch *adj* exigente, difícil de contentar

Wählerliste *f* <-, -n> (POL) lista *f* electoral; **sich in die ~ eintragen** apuntarse en la lista electoral; **Wählerpotential** *nt* <-s, -e> potencial *m* electoral

Wählerschaft *f* <-, -en> electorado *m*

Wählerschicht *f* <-, -en> parte *f* del electorado; **Wählerstimme** *f* <-, -n> voto *m;* **Wählerwille** *m* <-ns, -n> voluntad *f* del electorado

Wahlfach *nt* <-(e)s, -fächer> asignatura *f* optativa; **Wahlfälschung** *f* <-, -en> fraude *m* electoral; **wahlfrei** *adj* (INFOR) opcional, aleatorio; **~er Zugriff** acceso opcional; **Wahlgang** *m* <-(e)s, -gänge> votación *f;* **im ersten ~** en la primera vuelta electoral; **Wahlgeheimnis** *nt* <-ses, *ohne pl*> secreto *m* de voto; **Wahlgeschenk** *nt* <-(e)s, -e> regalo *m* electoral; **Wahlheimat** *f* <-, *ohne pl*> patria *f* adoptiva; **Wahlhelfer(in)** *m(f)* <-s, -; -, -nen> escrutador(a) *m(f);* **Wahlkabine** *f* <-, -n> cabina *f* electoral; **Wahlkampf** *m* <-(e)s, -kämpfe> campaña *f* electoral; **einen ~ führen** llevar a cabo una campaña electoral; **Wahlkreis** *m* <-es, -e> (*formal*) distrito *m* electoral; **Wahlleiter(in)** *m(f)* <-s, -; -, -nen> presidente *mf* de la mesa electoral; **Wahllokal** *nt* <-s, -e> colegio *m* electoral

wahllos *adv* sin orden ni concierto; **sie aß alles ~ durcheinander** comió de todo sin orden ni concierto

Wahlmann *m* <-(e)s, -männer> compromisario *m,* delegado *m;* **Wahlniederlage** *f* <-, -n> derrota *f* electoral; **Wahlparole** *f* <-, -n> lema *m* electoral; **Wahlperiode** *f* <-, -n> período *m* electoral, legislatura *f;* **Wahlpflicht** *f* <-, *ohne pl*> voto *m* obligatorio, obligación *f* de votar; **Wahlpflichtfach** *nt* <-(e)s, -fächer> asignatura *f* optativa obligatoria; **Wahlplakat** *nt* <-(e)s, -e> cartel *m* de propaganda electoral; **Wahlprogramm** *nt* <-s, -e> programa *m* electoral; **Wahlpropaganda** *f* <-, *ohne pl*> propaganda *f* electoral; **Wahlrecht** *nt* <-(e)s, *ohne pl*> **1.** (*des Einzelnen*) derecho *m* de voto; **aktives/passives ~** derecho de voto activo/pasivo; **von seinem ~ Gebrauch machen** utilizar su derecho de voto; **allgemeines ~** sufragio universal **2.** (*Gesetz*) derecho *m* electoral; **Wahlrede** *f* <-, -n> discurso *m* electoral; **Wahlredner(in)** *m(f)* <-s, -; -, -nen> orador(a) *m(f)* electoral

Wählscheibe *f* <-, -n> dial *m*

Wahlschein *m* <-(e)s, -e> papeleta *f* de votación; **Wahlschlappe** *f* <-, -n> (*fam*) derrota *f* electoral; **eine ~ einstecken müssen** tener que encajar una derrota electoral; **Wahlsieg** *m* <-(e)s, -e> victoria *f* electoral; **Wahlsieger(in)** *m(f)* <-s, -; -, -nen> ganador(a) *m(f)* de las votaciones

Wählsignal *nt* <-s, -e> (TEL) señal *f* de marcar

Wahlsperre *f* <-, -n> (INFOR, TEL) bloqueo *m* de marcado; **Wahlspot** *m* <-s, -s> spot *m* electoral; **Wahlspruch** *m* <-(e)s, -sprüche> lema *m,* divisa *f;* **Wahlsystem** *nt* <-s, -e> sistema *m* electoral; **Wahltag** *m* <-(e)s, -e> día *m* de las elecciones [*o* de la votación]

Wählton *m* <-(e)s, -töne> señal *f* (para marcar)

Wahlurne *f* <-, -n> urna *f* electoral, ánfora *f* *Mex;* **Wahlversammlung** *f* <-, -en> mitin *m* electoral; **Wahlversprechen** *nt* <-s, -> promesa *f* electoral

wahlweise *adv* facultativamente, alternativamente

Wahlwiederholung *f* <-, -en> (TEL) rellamada *f;* **Wahlzettel** *m* <-s, -> papeleta *f* de votación

Wahn [vaːn] *m* <-(e)s, *ohne pl*> **1.** (*geh: Einbildung*) ilusión *f* **2.** (MED) manía *f*

wähnen ['vɛːnən] *vt* (*geh*) suponer (erróneamente), pensar

Wahnsinn ['vaːnzɪn] *m* <-(e)s, *ohne pl*> **1.** (*Geistesgestörtheit*) demencia *f,* enajenación *f* mental **2.** (*fam: Unvernunft*) locura *f,* loquera *f* *Am;* **das ist doch ~** es una locura; **den ~ mache ich nicht mit** no contéis conmigo para esta locura; **es ist zwar ~, doch es hat Methode** parece absurdo pero tiene lógica

wahnsinnig **I.** *adj* **1.** (*geistesgestört*) maníaco, demente, loco *fam,* como una cabra *fam;* **du bist ja ~** (*fam*) estás como una cabra; **das macht mich ~** (*fam*) esto me vuelve loco **2.** (*fam: groß*) tremendo, enorme **II.** *adv* (*fam: sehr*) tremendamente, enormemente; **ich habe mich ~ gefreut** me he alegrado tremendamente

Wahnsinnige(r) *mf* <-n, -n; -n, -n> maníaco, -a *m, f,* demente *mf,* loco, -a *m, f* *fam*

Wahnsinnigwerden *nt:* **es ist zum ~** (*fam*) es para volverse loco

Wahnsinnsarbeit ['--'--] *f* <-, -en> (*fam*) trabajo *m* tremendo [*o* de locos]

Wahnvorstellung *f* <-, -en> alucinación *f*

Wahnwitz *m* <-es, *ohne pl*> locura *f,* idea *f* descabellada

wahnwitzig *adj* (*Idee*) descabellada; **ein ~es Unterfangen** una empresa de locos; **mit einer ~en Geschwindigkeit fahren** conducir como un loco

wahr [vaːɐ] *adj* **1.** (*der Wahrheit entsprechend*) verdadero; (*wahrheitsgetreu*) verídico; **das ist zu schön, um ~ zu sein** (*fam*) es demasiado bonito para ser cierto; **nicht ~?** ¿verdad?, ¿no es cierto? *Am;* **da ist was W~es dran** (*fam*) algo de verdad hay en ello **2.** (*wirklich*) real; **etw ~ machen** realizar algo; **~ werden** realizarse; **so ~ ich hier ste-**

he tan cierto como que estoy aquí; **er ist ein ~er Freund** es un amigo de verdad; **das darf doch nicht ~ sein** (*fam*) no puede ser; **im ~sten Sinne des Wortes** en toda la extensión de la palabra; **das ist schon gar nicht mehr ~** (*fam*) eso fue hace siglos; **das ist das einzig W~e** (*fam*) es lo único que sirve de verdad [*o* práctico] **3.** (*geh: echt*) auténtico **4.** (*fam: ausgesprochen*) verdadero

wahren ['va:rən] *vt* (*geh*) **1.** (*be~*) guardar; **den Schein ~** guardar las apariencias **2.** (*Rechte*) defender

währen ['vɛ:rən] *vi* (*geh*) durar; **was lange währt, wird endlich gut** (*prov*) un buen final se hace esperar

während ['vɛ:rənt] **I.** *präp +gen; fam: +dat* durante **II.** *konj* **1.** (*zeitlich*) mientras; **~ du kochst, mache ich mich fertig** mientras [*o* en lo que] tú cocinas yo voy a arreglarme **2.** (*wohingegen*) mientras que; **er interessiert sich für Computer, ~ sie lieber Autos repariert** a él le interesan los ordenadores, mientras que ella prefiere arreglar coches

währenddessen [vɛ:rənt'dɛsən] *adv* entretanto, mientras tanto

wahrhaben ['---] *vt:* **etw nicht ~ wollen** no querer admitir algo

wahrhaft ['va:ɐhaft] **I.** *adj* (*geh*) verdadero, auténtico **II.** *adv* (*geh*) realmente

wahrhaftig [-'--] **I.** *adj* (*geh*) verdadero; (*aufrichtig*) sincero; **~er Gott!** ¡por Dios! **II.** *adv* (*geh: tatsächlich*) realmente; (*allerdings*) en efecto, efectivamente

Wahrheit[1] *f* <-, -en> (*Tatbestand*) verdad *f;* **die halbe ~** la verdad a medias; **die volle ~** toda la verdad; **die ~ sagen** decir la verdad; **in ~** en realidad; **bei der ~ bleiben** no alterar la verdad; **er nimmt es mit der ~ nicht so genau** a veces falta a la verdad; **die ~ ist, dass ...** la verdad es que...; **um die ~ zu sagen ...** a decir verdad...

Wahrheit[2] *f* <-, *ohne pl*> (*das Wahrsein*) veracidad *f;* **die ~ einer These bezweifeln** poner en duda la veracidad de una tesis

Wahrheitsfindung *f* <-, -en> esclarecimiento *m* de la verdad; **wenn es der ~ dient, ...** si sirve para esclarecer la verdad...

wahrheitsgemäß, wahrheitsgetreu **I.** *adj* verídico **II.** *adv* conforme a la verdad; **Wahrheitsliebe** *f* <-, *ohne pl*> amor *f* a la verdad, sinceridad *f,* veracidad *f;* **wahrheitsliebend** *adj* (*die Wahrheit liebend*) amante de la verdad; (*ehrlich*) franco

wahrlich *adv* (*geh*) efectivamente, realmente; **ich habe ~ genug zu tun** tengo realmente suficiente trabajo

wahrnehmbar *adj* perceptible

wahr|nehmen *irr vt* **1.** (*bemerken*) notar, darse cuenta (de); (*Sinneseindrücke*) percibir **2.** (*nutzen*) aprovechar; **eine Gelegenheit ~** aprovechar una oportunidad **3.** (*Interessen*) defender; **einen Termin ~** acudir a una cita

Wahrnehmung *f* <-, -en> **1.** (*Sinnes~*) percepción *f* **2.** (*von Interessen*) salvaguardia *f;* (*eines Termins*) asistencia *f* (a); (*einer Frist*) observación *f;* **jdn mit der ~ seiner Geschäfte betrauen** poner a alguien a cargo de sus negocios

wahrsagen, wahr|sagen **I.** *vi* decir la buenaventura; **sich** *dat* **~ lassen** hacerse decir la buenaventura; **aus den Karten ~** echar las cartas **II.** *vt:* **jdm etw ~** profetizar algo a alguien

Wahrsager(in) *m(f)* <-s, -; -, -nen> adivino, -a *m, f*

Wahrsagerei[1] *f* <-, *ohne pl*> (*abw: das Wahrsagen*) adivinación *f*

Wahrsagerei[2] *f* <-, -en> (*abw: Äußerung*) predicción *f*

Wahrsagerin *f* <-, -nen> *s.* **Wahrsager**

Wahrsagung[1] *f* <-, *ohne pl*> (*das Wahrsagen*) adivinación *f*

Wahrsagung[2] *f* <-, -en> (*das Prophezeite*) predicción *f*

währschaft ['vɛ:ɐʃaft] *adj* (*Schweiz*) **1.** (*gediegen*) sólido; **nichts W~es** nada más sólido **2.** (*tüchtig*) competente, eficiente

wahrscheinlich [va:ɐ'ʃaɪnlɪç] **I.** *adj* probable; **es ist ~, dass ...** es probable que... *+subj* **II.** *adv* probablemente; **kommst du heute Abend? – ~** ¿vienes esta noche? – probablemente

Wahrscheinlichkeit *f* <-, -en> probabilidad *f;* **mit großer** [*o* **hoher**] **~** es muy probable que... *+subj;* **aller ~ nach** según toda probabilidad; **Wahrscheinlichkeitsgrad** *m* <-(e)s, -e> grado *m* de probabilidad; **Wahrscheinlichkeitsrechnung** *f* <-, -en> (MATH) cálculo *m* de probabilidades

Wahrung ['va:rʊŋ] *f* <-, *ohne pl*> **1.** (*Be~*) salvaguardia *f* **2.** (*von Rechten*) defensa *f;* **die ~ seiner Rechte/Interessen** la defensa de sus derechos/intereses; **unter ~ seiner Ansprüche** sin perjuicio de sus derechos

Währung ['vɛ:rʊŋ] *f* <-, -en> moneda *f;* **beschränkt/frei konvertierbare ~** moneda de convertibilidad limitada/libre; **gesetzliche/harte/weiche ~** moneda dirigida/fuerte/débil; **Währungsabkommen** *nt* <-s, -> acuerdo *m* monetario; **Währungsabwertung** *f* <-, -en> devaluación *f* monetaria; **Währungsangleichung** *f* <-, -en> reajuste *m* monetario; **Währungsanleihe** *f* <-, -n> empréstito *m* en moneda extranjera; **Währungsaufwertung** *f* <-, -en> revaluación *f* monetaria, apreciación *f* de la moneda; **Währungsausgleich** *m* <-(e)s, -e> compensación *f* de los cambios (monetarios); **Währungseinheit** *f* <-, -en> unidad *f* monetaria, moneda *f;* **Währungsfonds** *m* <-, -> fondo *m* monetario; **Internationaler ~** Fondo Monetario Internacional; **Währungsgebiet** *nt* <-(e)s, -e> área *f* monetaria, zona *f* monetaria; **Währungshoheit** *f* <-, *ohne pl*> soberanía *f* monetaria; **Währungskonferenz** *f* <-, -en> conferencia *f* sobre temas monetarios; **Währungskrise** *f* <-, -n> crisis *f inv* monetaria; **Währungsparität** *f* <-, -en> (WIRTSCH) paridad *f* de monedas [*o* monetaria]; **Währungspolitik** *f* <-, -en> política *f* monetaria; **Währungsreform** *f* <-, -en> reforma *f* monetaria; **eine ~ durchführen** realizar una reforma monetaria; **Währungsrembours** *m* <-, -> (FIN) reembolso *m* en moneda extranjera; **Währungsschwankung** *f* <-, -en> (FIN) fluctuación *f* monetaria; **Währungssystem** *nt* <-s, -e> sistema *m* monetario; **Währungsturbulenz** *f* <-, -en> (FIN) turbulencia *f* monetaria; **Währungsumstellung** *f* <-, -en> conversión *f* de la moneda, reforma *f* monetaria; **Währungsunion** *f* <-, -en> unión *f* monetaria; **Europäische ~** Unión Monetaria Europea; **Währungsverfall** *m* <-(e)s, *ohne pl*> depreciación *f* monetaria

Wahrzeichen *nt* <-s, -> (*einer Stadt*) monumento *m* característico

Wais (INFOR) *Abk. von* **Wide Area Information Servers** WAIS

Waise ['vaɪzə] *f* <-, -n> huérfano, -a *m, f;* **Waisenhaus** *nt* <-es, -häuser> orfanato *m*, orfelinato *m;* **Waisenkind** *nt* <-(e)s, -er> huérfano, -a *m, f;* **Waisenknabe** *m* <-n, -n> (*geh*) huérfano *m;* **gegen ihn ist ein Dieb der reinste ~** (*fam*) comparado con él un ladrón es un inocente; **Waisenrente** *f* <-, -n> (pensión *f* de) orfandad *f*

Wal [vaːl] *m* <-(e)s, -e> (ZOOL) ballena *f*

Wald [valt, *pl:* 'vɛldɐ] *m* <-(e)s, Wälder> bosque *m;* **der Bayerische ~** la selva bávara; **er sieht den ~ vor lauter Bäumen nicht** los árboles le impiden ver el bosque; **ein ganzer ~ von ...** una gran cantidad de...; **wie man in den ~ hineinruft, so schallt es heraus** (*prov*) el que siembra recoge; **Waldameise** *f* <-, -n> (ZOOL) hormiga *f* roja; **Waldarbeiter(in)** *m(f)* <-s, -; -, -nen> trabajador(a) *m(f)* forestal; **Waldbestand** *m* <-(e)s, -stände> recursos *mpl* forestales; **Waldboden** *m* <-s, -böden> suelo *m* del bosque; **Waldbrand** *m* <-(e)s, -brände> incendio *m* forestal

Wäldchen ['vɛltçən] *nt* <-s, -> bosquecillo *m*

Walderdbeere *f* <-, -n> fresa *f* silvestre; **Waldgrenze** *f* <-, -n> límite *m* del bosque; **Waldhorn** *nt* <-(e)s, -hörner> (MUS) cuerno *m* de caza; **Waldhüter(in)** *m(f)* <-s, -; -, -nen> (*alt*) guarda *mf* forestal

waldig *adj* boscoso, con bosque

Waldland *nt* <-(e)s, *ohne pl*> terreno *m* boscoso; **Waldlauf** *m* <-(e)s, -läufe> carrera *f* en [*o* por] el bosque; **Waldlehrpfad** *m* <-(e)s, -e> circuito *m* forestal didáctico; **Waldmeister** *m* <-s, *ohne pl*> (BOT) galio *m* oloroso

Waldorfschule ['valdɔrf-] *f* <-, -n> escuela *f* Waldorf [*o* Rudolf-Steiner]

Waldrand *m* <-(e)s, -ränder> borde *m* del bosque; **Waldrebe** *f* <-, -n> (BOT) hierba *f* de los lazarosos; **waldreich** *adj* rico en bosques; **Waldschaden** *m* <-s, -schäden> daños *mpl* forestales; **Waldsterben** *nt* <-s, *ohne pl*> muerte *f* de los bosques (a causa de la polución del medio ambiente); **Waldstreu** *f* <-, -en> cama *f* de hojas secas

Waldung *f* <-, -en> (región *f* de) bosques *mpl*

Waldweg *m* <-(e)s, -e> camino *m* forestal; **Waldwiese** *f* <-, -n> prado *m* dentro del bosque; (*Lichtung*) claro *m;* **Waldwirtschaft** *f* <-, *ohne pl*> economía *f* forestal

Wales [wɛɪls] *nt* <-> (país *m* de) Gales *m*

Walfang *m* <-(e)s, *ohne pl*> pesca *f* de la ballena

Walfänger[1] *m* <-s, -> (*Schiff*) ballenero *m*

Walfänger(in)[2] *m(f)* <-s, -; -, -nen> (*Fischer*) ballenero, -a *m, f*

Walfangflotte *f* <-, -n> flota *f* de pesca de ballenas; **Walfangschiff** *nt* <-(e)s, -e> barco *m* ballenero

Walfisch *m* <-(e)s, -e> (*fam*) *s.* **Wal**

Walhalla [val'hala] *nt* <-(s), *ohne pl*>, *f* <-, *ohne pl*> (MYTH) Valhala *m*, Walhalla *m*

Waliser(in) [va'liːzɐ] *m(f)* <-s, -; -, -nen> galés, -esa *m, f*

walisisch *adj* galés

walken ['valkən] *vt* (*Leder, Stoff*) abatanar; (*Teig*) amasar bien

Walkie-Talkie[RR] ['wɔːkitɔːki] *nt* <-(s), -s> walkie-talkie *m*

Walkman® ['wɔːkmɛ(ː)n] *m* <-s, Walkmen> walkman® *m*

Walküre [val'kyːrə] *f* <-, -n> walkiria *f*, valquiria *f*

Wall [val, *pl:* 'vɛlə] *m* <-(e)s, Wälle> (*Erd~*) terraplén *m*, albardón *m CSur;* (*Schutz~*) muralla *f*

Wallach ['valax] *m* <-(e)s, -e> caballo *m* castrado

wallen ['valən] *vi* **1.** (*Flüssigkeit*) borbotar **2.** *sein* (*geh: Haar, Gewänder*) ondear

Wallfahrer(in) *m(f)* <-s, -; -, -nen> peregrino, -a *m, f*

Wallfahrt *f* <-, -en> peregrinación *f*, romería *f;* **Wallfahrtskirche** *f* <-, -n> (REL) iglesia *f* de peregrinación, santuario *m;* **Wallfahrtsort** *m* <-(e)s, -e> lugar *m* de peregrinación

Wallis ['valɪs] *nt* <-> (GEO) Valais *m*

Walliser(in) ['valizɐ] *m(f)* <-s, -; -, -nen> habitante *m* del Valais

Wallone, -in [va'loːnə] *m, f* <-n, -n; -, -nen> valón, -ona *m, f*

Wallriff *nt* <-(e)s, -e> escollo *m* de dique

Wallung ['valʊŋ] *f* <-, -en> ebullición *f;* **in ~ geraten** acalorarse; **jds Blut in ~ bringen** encender [*o* quemar] la sangre de alguien

Walmdach ['valm-] *nt* <-(e)s, -dächer> tejado *m* a cuatro aguas

Walnuss[RR] ['vaːl-] *f* <-, -nüsse> **1.** (*Frucht*) nuez *f* **2.** (*Baum*) nogal *m;* **Walnussbaum**[RR] *m* <-(e)s, -bäume> nogal *m*

Walpurgisnacht [valˈpʊrgɪs-] *f* <-, -nächte> noche *f* de los Walpurgis

Walross^RR^ [ˈvaːl-] *nt* <-es, -e>, **Walroß** *nt* <-sses, -rosse> **1.** (*Tier*) morsa *f* **2.** (*fam: Mensch*) cachazudo, -a *m, f*

Walspeck *m* <-(e)s, -e> grasa *f* de ballena

walten [ˈvaltən] *vi* (*geh*) reinar; **Vernunft ~ lassen** dejar que reine la razón; **seines Amtes ~** ejercer su cargo

Walzblech *nt* <-(e)s, -e> chapa *f* laminada

Walze [ˈvaltsə] *f* <-, -n> **1.** (MATH) cilindro *m* **2.** (*an Maschinen*) rodillo *m*, cilindro *m* **3.** (*Straßen~*) apisonadora *f*

walzen [ˈvaltsən] *vt* **1.** (*Metall*) laminar **2.** (*Straße*) apisonar

wälzen [ˈvɛltsən] **I.** *vt* **1.** (*rollen*) hacer rodar; **die Schuld auf jdn ~** echar la culpa a alguien **2.** (GASTR): **etw in etw** *dat* **~** cubrir algo de algo; (*in Paniermehl*) empanar algo **3.** (*fam: Bücher*) consultar; (*Probleme*) dar vueltas (a) **II.** *vr:* **sich ~ 1.** (*Lawine*) rodar **2.** (*Tier, Person*) revolcarse (*in* en), dar vueltas (*in* en); **sie wälzte sich von einer Seite auf die andere** dio vueltas de un lado a otro

walzenförmig *adj* cilíndrico

Walzer [ˈvaltsɐ] *m* <-s, -> vals *m;* **langsamer ~** vals lento; **Wiener ~** vals vienés

Wälzer [ˈvɛltsɐ] *m* <-s, -> (*fam*) mamotreto *m*

Walzermusik *f* <-, -en> música *f* de vals

Walzstraße *f* <-, -n> tren *m* de laminado (continuo); **Walzwerk** *nt* <-(e)s, -e> taller *m* de laminación, laminador *m*

Wampe [ˈvampə] *f* <-, -n> (*fam abw*) panza *f*, barriga *f*

Wams [vams, *pl:* ˈvɛmzɐ] *nt* <-es, Wämser> jubón *m*

WAN *nt* <-s, -s> (INFOR) *Abk. von* **Wide Area Network** WAN *f*

wand [vant] *3. imp von* **winden**

Wand [vant, *pl:* ˈvɛndə] *f* <-, Wände> pared *f;* **~ an ~** con una pared en medio; **spanische ~** mampara *f;* **in seinen (eigenen) vier Wänden** (*fam*) en casa; **die Wände hochgehen** (*fam*) subirse por las paredes; **bei ihm redet man wie gegen eine ~** hablar con él es como hablarle a las paredes; **jdn an die ~ stellen** (*fam*) pasar a alguien por las armas; **jdn an die ~ drücken** (*fam*) arrinconar a alguien; **jdn an die ~ spielen** superar a alguien en algo; (THEAT) eclipsar a alguien; **..., dass die Wände wackeln** (*fam*) ... que retumbará la casa; **weiß wie die ~** blanco como una sábana; **mit dem Kopf durch die ~ wollen** querer lo imposible

Wandale, -in [vanˈdaːlə] *m, f* <-n, -n; -, -nen> (*a.* HIST) vándalo, -a *m, f*

Wandalismus [vandaˈlɪsmʊs] *m* <-, *ohne pl*> vandalismo *m*

Wandbehang *m* <-(e)s, -hänge> tapiz *m*

Wandel [ˈvandəl] *m* <-s, *ohne pl*> cambio *m*, transformación *f;* **im ~ der Zeit** en el transcurso del tiempo; **einem ~ unterliegen** estar sujeto a un cambio; **Wandelanleihe** *f* <-, -n> (FIN) empréstito *m* convertible, (empréstito *m* de) obligaciones *fpl* convertibles

wandelbar *adj* (*geh: nicht beständig*) versátil; (*veränderlich*) variable

Wandelgang *m* <-(e)s, -gänge> arcada *f;* **Wandelhalle** *f* <-, -n> foyer *m*, vestíbulo *m*

wandeln [ˈvandəln] **I.** *vi sein* (*geh*) caminar, andar; **Klaus ist ein ~des Lexikon** (*fam*) Klaus es una enciclopedia andante **II.** *vt* cambiar **III.** *vr:* **sich ~** (*geh*) cambiar; **sich in etw ~** convertirse en algo

Wanderarbeiter(in) *m(f)* <-s, -; -, -nen> temporero, -a *m, f, obligado a trabajar lejos de su lugar de residencia;* **Wanderausstellung** *f* <-, -en> exposición *f* itinerante; **Wanderbewegung** *f* <-, -en> movimiento *m* migratorio; **Wanderbühne** *f* <-, -n> teatro *m* ambulante; **Wanderdüne** *f* <-, -n> duna *f* movediza

Wanderer, -in *m, f* <-s, -; -, -nen> excursionista *mf*

Wanderfalke *m* <-n, -n> (ZOOL) halcón *m* peregrino; **Wanderfeldbau** *m* <-(e)s, *ohne pl*> rotación *f* de cultivos; **Wanderheuschrecke** *f* <-, -n> (ZOOL) langosta *f*

Wanderin *f* <-, -nen> *s.* **Wanderer**

Wanderkarte *f* <-, -n> mapa *m* para excursiones

wandern [ˈvandɐn] *vi sein* **1.** (*Wanderung machen*) hacer una excursión (a pie), caminar; (*Völker*) migrar; (*Gletscher, Düne*) ser movedizo **2.** (*herumgehen*) recorrer, caminar (*in/durch* por); **sie wanderte ruhelos im Zimmer auf und ab** caminaba inquieta por la habitación; **ihr Blick wanderte von einer Seite zur anderen** dejó vagar la mirada de un lado al otro **3.** (*fam: hinkommen*) acabar (*in* en), ir a parar (*in* a); **der Brief ist gleich in den Papierkorb gewandert** la carta fue a parar en seguida a la papelera; **ins Gefängnis/ins Feuer ~** acabar en la cárcel/en el fuego

Wanderniere *f* <-, -n> (MED) riñón *m* flotante; **Wanderpokal** *m* <-s, -e> copa *f* ambulante

Wanderprediger(in) *m(f)* <-s, -; -, -nen> predicador(a) *m(f)* ambulante; **Wanderratte** *f* <-, -n> rata *f* común [*o* de alcantarilla]

Wanderschaft *f:* **auf ~ gehen** ir a correr mundo; **auf ~ sein** correr mundo

Wanderschuh *m* <-(e)s, -e> bota *f* (deportiva)

Wandersmann *m* <-(e)s, -leute> (*alt*) excursionista *mf;* **na du ~, wo bist du heute entlanggelaufen?** (*hum*) ¡qué, andarín! ¿qué ruta has hecho hoy?

Wandertag *m* <-(e)s, -e> (día *m* de) excursión *f* (escolar); **morgen ist ~** mañana salimos de excursión; **hat Ihnen der ~ gefallen?** ¿le gustó la excursión?

Wanderung *f* <-, -en> **1.** (*Ausflug*) excursión *f* (a pie), caminata *f;* **eine ~ unterneh-**

men [*o* **machen**] salir de excursión, dar una caminata **2.** (*von Tieren, Völkern*) migración *f*; **Wanderungsbewegung** *f* <-, -en> migración *f*

Wanderverein *m* <-(e)s, -e> club *m* de excursionistas, asociación *f* de excursionistas; **Wandervogel** *m* <-s, -vögel> (*fam*) **1.** (*Wanderer*) excursionista *mf* **2.** (*unsteter Mensch*) ave *f* de paso; **Wanderweg** *m* <-(e)s, -e> camino *m*, sendero *m*; **Wanderzirkus** *m* <-, -se> circo *m* ambulante

Wandgemälde *nt* <-s, -> mural *m*, pintura *f* mural; **Wandkalender** *m* <-s, -> calendario *m* de pared; **Wandkarte** *f* <-, -n> mapa *m* mural; **Wandkasten** *m* <-s, -kästen> (*Schweiz*) *s.* Wandschrank; **Wandlampe** *f* <-, -n> aplique *m*

Wandler *m* <-s, -> (TECH) transductor *m*; **optisch-elektrischer** ~ transductor ópticoeléctrico

Wandlung ['vandlʊŋ] *f* <-, -en> **1.** (*Veränderung*) cambio *m*, transformación *f* **2.** (REL) transubstanciación *f*; **wandlungsfähig** *adj* cambiable, transformable

Wandschrank *m* <-(e)s, -schränke> armario *m* empotrado; **Wandspiegel** *m* <-s, -> espejo *m* de pared; **Wandtafel** *f* <-, -n> pizarra *f*

wandte ['vantə] *3. imp von* **wenden**

Wandteller *m* <-s, -> plato *m* (decorativo) de pared; **Wandteppich** *m* <-s, -e> tapiz *m*; **Wandtresor** *m* <-s, -e> caja *f* fuerte (empotrada) en la pared; **Wanduhr** *f* <-, -en> reloj *m* de pared; **Wandverkleidung** *f* <-, -en> revestimiento *m* de la pared; **Wandzeitung** *f* <-, -en> periódico *m* mural

Wange ['vaŋə] *f* <-, -n> (*geh*) mejilla *f*; ~ **an** ~ muy apretados; **jdn auf beide ~n küssen** besar a alguien en ambas mejillas

Wankelmotor ['vaŋkəl-] *m* <-s, -en> (TECH) motor *m* Wankel

Wankelmut ['vaŋkəlmu:t] *m* <-(e)s, *ohne pl*> (*geh abw*) versatilidad *f*, veleidad *f*

wankelmütig *adj* (*geh abw*) versátil, veleidoso

Wankelmütigkeit *f* <-, *ohne pl*> (*geh abw*) *s.* **Wankelmut**

wanken ['vaŋkən] *vi* **1.** (*schwanken*) vacilar; (*Macht*) tambalearse; **das brachte seinen Entschluss ins W~** esto le hizo vacilar en su decisión; **ins W~ geraten** empezar a tambalearse **2.** *sein* (*schwankend gehen*) tambalearse

wann [van] *adv* **1.** (*interrogativ*) ¿cuándo?; ~ **kommst du?** ¿cuándo vienes?; ~ **etwa** [*o* **ungefähr**]**?** ¿cuándo más o menos?; **ich weiß noch nicht,** ~ **ich komme** no sé todavía cuándo vendré; **seit ~?** ¿desde cuándo?; **bis ~?** ¿hasta cuándo?; **von** ~ **bis ~?** ¿desde cuándo y hasta cuándo?; **ab** ~ **gilt die Dosis als gefährlich?** ¿a partir de cuándo resulta peligrosa la dosis? **2.** (*Wend*): ~ (**auch**) **immer** cuando sea; **dann und** ~ de vez en cuando

Wanne ['vanə] *f* <-, -n> tina *f*; (*Bade~*) bañera *f*; **in der** ~ **liegen** (*fam*) estar en la bañera; **Wannenbad** *nt* <-(e)s, -bäder> baño *m* (en la bañera)

Wanst [vanst, *pl:* 'vɛnstə] *m* <-(e)s, Wänste> (*fam abw*) barriga *f*, tripa *f*; **sich** *dat* **den** ~ **voll schlagen** llenarse la barriga

Want [vant] *f* <-, -en> (NAUT) obenque *m*

Wanze ['vantsə] *f* <-, -n> **1.** (ZOOL) chinche *f* **2.** (*sl: Abhör~*) micrófono *m* oculto [*o* ilegal]

Wappen ['vapən] *nt* <-s, -> escudo *m* (de armas), blasón *m*; **etw im** ~ **führen** llevar algo en el escudo de armas; **Wappenkunde** *f* <-, *ohne pl*> heráldica *f*, blasón *m*; **Wappenschild** *m o nt* <-(e)s, -er> escudo *m*; **Wappentier** *nt* <-(e)s, -e> animal *m* heráldico

wappnen ['vapnən] *vr:* **sich** ~ (*geh*): **sich gegen etw** ~ prepararse para algo; **sich mit etw** *dat* ~ armarse de algo; **gegen solche Zwischenfälle sind wir in Zukunft gewappnet** (de aquí) en adelante estamos preparados contra tales incidentes

war [va:ɐ] *3. imp von* **sein**

warb [varp] *3. imp von* **werben**

ward [vart] (*geh*) *3. imp von* **werden** [1]

Ware ['va:rə] *f* <-, -n> mercancía *f*; (*Artikel*) artículo *m*; **abgepackte/gebrauchsfertige** ~ mercancía empaquetada/lista para el uso; **börsengängige** ~ mercancía que cotiza en bolsa; **heiße** ~ (*sl*) artículo ilegal; **marktgängige** ~ mercancía fácil de comercializar; **~n des Grundbedarfs** mercancías de primera necesidad; **Warenabsatz** *m* <-es, -sätze> venta *f* de mercancía, entrega *f* de mercancía; **Warenabsender(in)** *m(f)* <-s, -; -, -nen> consignatario, -a *m, f*, remitente *mf* de la mercancía; **Warenakkreditiv** *nt* <-s, -e> (FIN) crédito *m* documentario; **Warenakzept** *nt* <-(e)s, -e> (FIN) aceptación *f* comercial; **Warenangebot** *nt* <-(e)s, -e> oferta *f* de mercancías; **Warenannahme** *f* <-, -n> recepción *f* de mercancías; **Warenaufzug** *m* <-(e)s, -züge> ascensor *m* para mercancías; **Warenausgabe** *f* <-, -n> salida *f* de mercancías; **Warenausgang** *m* <-(e)s, -gänge> salida *f* de mercancías; **Warenauslage** *f* <-, -n> exposición *f* de mercancías

Warenaustausch *m* <-(e)s, *ohne pl*> intercambio *m* de mercancías; **Warenaustauschgeschäft** *nt* <-(e)s, -e> operación *f* de intercambio de mercancías

Warenautomat *m* <-en, -en> vendedor *m* automático; **Warenbegleitschein** *m* <-(e)s, -e> hoja *f* de ruta; **Warenbestand** *m* <-(e)s, -stände> existencias *fpl*, stock *m*; **Warenbestellung** *f* <-, -en>: **eine** ~ **aufgeben** hacer un pedido (de mercancía); **Warenbörse** *f* <-, -n> (WIRTSCH) bolsa *f* de mercancías; **Warendiskont** *m* <-s, -e> (FIN) descuento *m* comercial; **Wareneinsatz** *m* <-es, -sätze> utilización *f* de mercancías; **Warengeschäft** *nt* <-(e)s, -e> transacción *f* comercial

Warenhaus *nt* <-es, -häuser> grandes almacenes *mpl,* emporio *m* *MAm;* **Warenhauskette** *f* <-, -n> cadena *f* de grandes almacenes

Warenkapital *nt* <-s, -e *o* -ien> capital *m* en mercancías; **Warenkorb** *m* <-(e)s, -körbe> cesta *f* de la compra; **Warenlager** *nt* <-s, -> almacén *m;* **Warenlieferung** *f* <-, -en> suministro *m* de mercancías; **Warenlombard** *m o nt* <-(e)s, -e> (FIN) préstamo *m* sobre mercancías, adelanto *m* sobre mercancías; **Warenmuster** *nt* <-s, -> muestra *f* (de la mercancía); ~ **ohne Handelswert** muestra sin valor comercial; **Warennachfrage** *f* <-, -n> (COM) demanda *f* de mercancías; **Warennomenklatur** *f* <-, -en> (WIRTSCH) nomenclatura *f* comercial; **Warenprobe** *f* <-, -n> muestra *f;* **Warenprüfer(in)** *m(f)* <-s, -; -, -nen> inspector(a) *m(f)* comercial; **Warenprüfung** *f* <-, -en> inspección *f* comercial; **Warenreserve** *f* <-, -n> reserva *f* en mercancías; **Warensaldo** *m* <-s, -salden *o* -s *o* -saldi> (WIRTSCH) remanente *m* de mercancías; **Warensendung** *f* <-, -en> envío *m* de mercancías; **Warensortiment** *nt* <-(e)s, -e> línea *f* de productos; **warenspezifisch** *adj* específico de las mercancías; **Warentausch** *m* <-(e)s, -e> trueque *m,* intercambio *m* de mercancías; **Warentermingeschäft** *nt* <-(e)s, -e> (WIRTSCH) operación *f* comercial a plazo; **Warentest** *m* <-s, -s> (WIRTSCH) test *m* de calidad; **Stiftung** ~ *fundación alemana que realiza y publica periódicamente tests de calidad;* **Warenumsatzsteuer** *f* <-, -n> (*Schweiz*) impuesto *m* sobre el valor añadido; **Warenverkehr** *m* <-(e)s, *ohne pl*> transacción *f* de mercancías; **den freien** ~ **gewährleisten** garantizar la libre circulación de mercancías; **Warenverknappung** *f* <-, -en> escasez *f* de bienes; **Warenvertriebskosten** *pl* costes *mpl* de distribución comercial; **Warenvorrat** *m* <-(e)s, -räte> stock *m,* existencias *fpl;* **Warenwechsel** *m* <-s, -> (FIN) letra *f* comercial; **Warenzeichen** *nt* <-s, -> marca *f* de fábrica; **eingetragenes** ~ marca registrada; **als** ~ **eintragen** inscribir como marca registrada; **ein** ~ **verletzen** violar una marca de fabricación

warf [varf] *3. imp von* **werfen**

warm [varm] *adj* <wärmer, am wärmsten> **1.** (*allgemein*) caliente; (*Farbe, Ton, Klima*) cálido; (*Wetter*) caluroso; (*Kleidung*) que abriga, abrigador *Am;* **es ist (sehr)** ~ hace (mucho) calor; **mir ist** ~ tengo calor; **sich** ~ **anziehen** abrigarse; ~ **duschen** tomar una ducha caliente; **sich** ~ **laufen** hacer el calentamiento; **den Motor** ~ **laufen lassen** calentar el motor; **das hält** ~ esto abriga; **ihr habt es schön** ~ se está caliente aquí (en vuestra casa); **ins W~e gehen** ir adonde hace calor; **das Essen** ~ **machen** poner la comida a calentar; **das Essen** ~ **halten** mantener la comida caliente; **das Zimmer kostet 300 DM** ~ (*fam*) la habitación cuesta, gastos (de calefacción) incluidos, 300 marcos **2.** (~*herzig*) cálido, caluroso; **jdm etw wärmstens empfehlen** recomendar algo a alguien de corazón; **mit jdm** ~ **werden** (*fam*) hacerse amigo de alguien; **mit etw** *dat* ~ **werden** familiarizarse con algo

Warmblut *nt* <-(e)s, -e> (ZOOL) mediasangre *m*

Warmblüter ['-bly:tɐ] *m* <-s, -> (ZOOL) animal *m* de sangre caliente

warmblütig *adj* (ZOOL) de sangre caliente

Wärme ['vɛrmə] *f* <-, *ohne pl*> (*a.* PHYS) calor *m;* **25 Grad** ~ 25 grados sobre cero; **Wärmeableitung** *f* <-, *ohne pl*> liberación *f* de calor; **Wärmeaufnahme** *f* <-, *ohne pl*> (TECH) absorción *f* de calor; **Wärmeaustausch** *m* <-(e)s, *ohne pl*> (TECH) (inter)cambio *m* de calor; **Wärmeaustauscher** *m* <-s, -> (TECH) intercambiador *m* térmico; (AUTO) transformador *m* de calor; **Wärmebelastung** *f* <-, -en> (ÖKOL) impacto *m* de la contaminación térmica; **wärmebeständig** *adj* (TECH) resistente al calor; **wärmedämmend** *adj* termoaislante; **Wärmedämmung** *f* <-, -en> aislamiento *m* térmico; **wärmeempfindlich** *adj* sensible al calor; **Wärmeenergie** *f* <-, -n> energía *f* térmica; **Wärmefluss**[RR] *m* <-es, -flüsse> (TECH) flujo *m* de calor; **Wärmegewinnung** *f* <-, -en> obtención *f* de calor; **Wärmegrad** *m* <-(e)s, -e> grado *m* de calor; **Wärmehaushalt** *m* <-(e)s, *ohne pl*> equilibrio *m* térmico; **Wärmeisolierung** *f* <-, -en> aislamiento *m* térmico; **Wärmekraftwerk** *nt* <-(e)s, -e> central *f* térmica; **Wärmelehre** *f* <-, *ohne pl*> (PHYS) termología *f;* **Wärmeleiter** *m* <-s, -> (PHYS) conductor *m* térmico; **Wärmeleitung** *f* <-, *ohne pl*> (PHYS) conducción *f* del calor; **wärmeliebend** *adj* amante del calor

wärmen ['vɛrmən] **I.** *vi* (*Ofen*) calentar; (*Kleidung*) abrigar **II.** *vr:* **sich** ~ calentarse

Wärmepumpe *f* <-, -n> (TECH) bomba *f* térmica; **Wärmequelle** *f* <-, -n> fuente *f* de calor, foco *m* térmico

wärmer *adj kompar von* **warm**

Wärmeregler *m* <-s, -> termostato *m;* **Wärmerückgewinnung** *f* <-, -en> recuperación *f* del calor; **Wärmespeicher** *m* <-s, -> acumulador *m* de calor; **Wärmespeicherung** *f* <-, -en> almacenamiento *m* de calor; **Wärmestrahlung** *f* <-, *ohne pl*> (PHYS) radiación *f* térmica; **Wärmestrom** *m* <-(e)s, -ströme> (TECH) flujo *m* de calor; **Wärmetauscher** *m* <-s, -> (TECH, AUTO) *s.* Wärmeaustauscher; **Wärmetechnik** *f* <-, *ohne pl*> termotecnia *f;* **Wärmeverbrauch** *m* <-(e)s, *ohne pl*> consumo *m* de calor; **Wärmeverlust** *m* <-(e)s, -e> pérdida *f* de calor; **Wärmezufuhr** *f* <-, *ohne pl*>

suministro *m* de calor
Wärmflasche *f* <-, -n> calentador *m*
Warmfront *f* <-, -en> (METEO) frente *m* cálido
Warmhaltekanne *f* <-, -n> (cafetera *f*) termo® *m*
warm|halten *irr vt:* **sich** *dat* **jdn** ~ conservar las simpatías de alguien
Warmhalteplatte *f* <-, -n> calientaplatos *m inv*
warmherzig *adj* cariñoso, caluroso
warm|laufen *irr vi sein s.* **warm 1.**
Warmluft *f* <-, *ohne pl*> (TECH, METEO) aire *m* caliente; **Warmluftzufuhr** *f* <-, *ohne pl*> suministro *m* de aire caliente
Warmmiete *f* <-, -n> (*fam*) alquiler *m* con los gastos de calefacción incluidos; **Warmstart** *m* <-s, -s> (INFOR) reinicio *m*
wärmste(r, s) *adj superl von* **warm**
Warmwasseraufbereitung *f* <-, -en> tratamiento *m* de agua caliente; **Warmwasserbereiter** [-'-----] *m* <-s, -> (TECH) calentador *m* de agua, termo *m Am;* **Warmwasserheizung** *f* <-, -en> (TECH) calefacción *f* de agua caliente; **Warmwasserspeicher** [-'----] *m* <-s, -> depósito *m* de agua caliente; **Warmwasserversorgung** [-'-----] *f* <-, *ohne pl*> abastecimiento *m* de agua caliente
Warnanlage *f* <-, -n> (sistema *m* de) alarma *f*
Warnblinkanlage *f* <-, -n> (AUTO) dispositivo *m* de luces de aviso intermitentes; **Warnblinkleuchte** *f* <-, -n> (AUTO) lámpara *f* de luz intermitente de emergencia
Warndreieck *nt* <-(e)s, -e> (AUTO) triángulo *m* de emergencia
warnen ['varnən] *vt* avisar (*vor* de que), advertir (*vor* de); **die Polizei warnt vor Schneeglätte** la policía avisa que hay peligro de deslizamiento; **ich warne dich!** ¡te lo advierto!; **vor … wird gewarnt!** ¡cuidado con…!
warnend *adj* de aviso
Warnfeld *nt* <-(e)s, -er> (INFOR) campo *m* de advertencias; **Warnkreuz** *nt* <-es, -e> cruz *f* de advertencia; **Warnleuchte** *f* <-, -n> luz *f* de aviso
Warnlicht *nt* <-(e)s, -er> luz *f* de advertencia; **Warnlichtschalter** *m* <-s, -> interruptor *m* de la luz de advertencia
Warnmeldung *f* <-, -en> aviso *m* de peligro; **Warnruf** *m* <-(e)s, -e> grito *m* de alarma; **Warnschild** *nt* <-(e)s, -er> señal *f* de aviso; (*Verkehrsschild*) señal *m* de peligro; **Warnschuss**[RR] *m* <-es, -schüsse> tiro *m* al aire; **Warnsignal** *nt* <-(e)s, -e> señal *f* de aviso; **Warnstreik** *m* <-(e)s, -s> huelga *f* de advertencia; **Warnton** *m* <-(e)s, -töne> (INFOR) tono *m* de advertencia
Warnung *f* <-, -en> advertencia *f* (*vor* de), aviso *m* (*vor* de); **ohne vorherige** ~ sin previo aviso; **lass dir das eine ~ sein!** ¡que te sirva de lección!
Warnzeichen *nt* <-s, -> **1.** (*Warnsignal*) señal *f* de aviso **2.** (*Verkehrszeichen*) señal *f* de peligro
Warschau ['varʃaʊ] *nt* <-s> Varsovia *f*
Warschauer Pakt *m* <- -(e)s, *ohne pl*> (POL) Pacto *m* de Varsovia
Warte ['vartə] *f* <-, -n> (*geh*) puesto *m* de observación; **von meiner ~ aus** según mi punto de vista
Wartefrist *f* <-, -en> plazo *m* de espera; **Wartehalle** *f* <-, -n> sala *f* de espera; **Warteliste** *f* <-, -n> lista *f* de espera; **sich auf die ~ setzen lassen** inscribirse en la lista de espera
warten ['vartən] **I.** *vi* esperar; **auf etw** ~ esperar algo; **warte mal!** ¡espera un momento!; **ich kann nicht länger** ~ no puedo esperar más; **wartet ihr mit dem Essen auf mich?** ¿me esperáis para comer?; **ich warte draußen (auf dich)** (te) espero fuera; **die Arbeit kann** ~ el trabajo puede esperar; **etw lässt nicht lange auf sich** ~ algo no tarda mucho en llegar; **worauf wartest du?** ¿a qué esperas?; **er lässt (heute) lange auf sich** ~ (hoy) se hace esperar; **auf dich habe ich gerade noch gewartet** (*iron*) tú eres lo que me faltaba; **da kannst du ~, bis du schwarz wirst** (*fam*) te puedes morir esperando; **da kannst du lange** ~ (*fam*) puedes esperar sentado; **na, der kann ~!** (*fam*) ¡va, que se espere!; **na, warte!** (*fam*) ¡espera! **II.** *vt* (TECH) inspeccionar; **sein Auto ~ lassen** llevar el coche a revisar
Wärter(in) ['vɛrtɐ] *m(f)* <-s, -; -, -nen> guarda *mf,* guardián, -ana *m, f*
Warteraum *m* <-(e)s, -räume> sala *f* de espera
Wärterin *f* <-, -nen> *s.* **Wärter**
Wartesaal *m* <-(e)s, -säle> sala *f* de espera; **Warteschlange** *f* <-, -n> (*a.* INFOR) cola *f* (de espera); (INFOR: *beim Drucken*) cola *f* de impresión; **Warteschleife** *f* <-, -n> (AERO): **~n ziehen** dar vueltas (en espera del aterrizaje); **ich bin schon seit Minuten in der** ~ (*Telefon*) llevo ya un buen rato esperando; **Wartezeit** *f* <-, -en> tiempo *m* de espera, período *m* de espera; **Wartezimmer** *nt* <-s, -> sala *f* de espera
Wartung *f* <-, -en> inspección *f;* **wartungsarm** *adj* de pocas inspecciones; **dieses Gerät ist** ~ este aparato necesita pocas inspecciones; **wartungsfrei** *adj* que no necesita inspecciones; **dieses Gerät ist** ~ este aparato no necesita inspecciones
warum [va'rʊm] *adv* por qué; ~ **hast du das getan?** ¿por qué lo has hecho?; ~ **nicht?** ¿por qué no?; ~ **nicht gleich so?** (*fam*) ¿por qué no lo has hecho así desde el principio?
Warze ['vartsə] *f* <-, -n> **1.** (*Haut~*) verruga *f* **2.** (*Brust~*) pezón *m;* **Warzenhof** *m* <-(e)s, -höfe> aréola *f* del pezón; **Warzenpflaster** *nt* <-s, -> (MED) parche *m* para verrugas
was [vas] **I.** *pron inter* qué; ~ **kostet das?**

¿qué cuesta?; ~ **heißt „Haus" auf Spanisch?** ¿cómo se dice "Haus" en castellano?; ~ **denkst du?** ¿tú qué piensas?; ~ **hast du denn bloß?** ¿pero qué demonios te pasa?; ~ **weiß ich!** (*fam*) ¡qué sé yo!; ~ **soll das?** ¿a qué viene esto?, ¿pero qué significa esto?; ~ **ist schon dabei?** ¿qué tiene de extraño?; ~ **für ein Wagen ist das?** ¿qué coche es?; ~ **für eine Hitze/ein Glück!** ¡qué [*o* vaya] calor/suerte!; ~ **ist der Kerl für ein Schwein!** ¡será puerco el tío ese!; **sie hat abgesagt – ~?** ha dicho que no – ¿qué?; **nicht schlecht, ~?** (*fam*) no está mal, ¿eh?; **um ~ geht es?** ¿de qué se trata?; ~ **denn?** (*fam*) ¿qué pasa?; ~ **denn, bist du schon fertig?** ¿qué hay, estás ya listo?; ~ **ist, hast du Lust?** (*fam*) ¿qué, tienes ganas?; **ach ~!** (*fam*) ¡qué va! **II.** *pron rel* (lo) que; **das Beste, ~ du tun kannst** lo mejor que puedes hacer; **nichts, ~ du tust ...** nada de lo que haces...; (**das**), ~ **sie sagt ...** lo que dice...; **alles, ~ du willst** todo lo que quieras **III.** *pron indef* (*fam: etwas*) algo; **hast du ~?** ¿te pasa algo?; **das ist immerhin ~** ya es algo; **das ist ~ anderes** eso es otra cosa; **na, so ~!** ¡qué cosa!; **nein, so ~!** ¡no me digas!; **so ~ Blödes/von Tollpatschigkeit!** ¡pero qué cosa más tonta/qué torpeza!

Waschanlage *f* <-, -n> **1.** (*Auto~*) lavado *m* de coches **2.** (TECH) lavadero *m;* **Waschanleitung** *f* <-, -en> instrucciones *fpl* para el lavado; **Waschautomat** *m* <-en, -en> lavadora *f* automática

waschbar *adj* lavable

Waschbär *m* <-en, -en> (ZOOL) mapache *m;* **Waschbecken** *nt* <-s, -> lavabo *m*

Waschbeton *m* <-s, -e> hormigón *m* de piedras salientes; **Waschbetonplatte** *f* <-, -n> losa *f* de hormigón de piedras salientes

Waschbrett *nt* <-(e)s, -er> tabla *f* de lavar

Wäsche[1] ['vɛʃə] *f* <-, -n> (*das Waschen*) lavado *m;* **etw in die ~ geben** dar algo a lavar; **das Kleid ist bei der letzten ~ eingelaufen** el vestido encogió en el último lavado

Wäsche[2] *f* <-, *ohne pl*> **1.** (*zu waschende Textilien*) ropa *f* sucia; **30 Grad ~** ropa para lavar a 30 grados; **~ waschen** lavar la ropa; **seine schmutzige ~ (vor anderen Leuten) waschen** sacar los trapos sucios a relucir (delante de otros) **2.** (*Unter~, Bett~*) ropa *f;* **die ~ wechseln** cambiar la ropa; **dumm aus der ~ gucken** (*fam*) mirar atontado

Wäschebeutel *m* <-s, -> bolsa *f* para la ropa sucia

waschecht *adj* **1.** (*Kleidung*) lavable, resistente al lavado; (*Farbe*) sólido **2.** (*fam: typisch*) de pura cepa; **ein ~er Madrider** un madrileño de pura cepa

Wäschegeschäft *nt* <-(e)s, -e> tienda *f* de lencería; **Wäscheklammer** *f* <-, -n> pinza *f* para la ropa; **Wäschekorb** *m* <-(e)s, -körbe> cesta *f* para la ropa; **Wäscheleine** *f* <-, -n> cuerda *f* de la ropa; **Wäschemangel** *f* <-, -n> calandria *f* (de ropa)

waschen ['vaʃən] <wäscht, wusch, gewaschen> **I.** *vt* **1.** (*reinigen*) lavar; **sich** *dat* **die Hände/Haare ~** lavarse las manos/el pelo; **W~ und Legen** (*beim Friseur*) lavar y marcar; **jdn rein ~** exculpar a alguien **2.** (*fam: Geld*) blanquear **II.** *vr:* **sich ~** lavarse; **sich warm/kalt ~** lavarse con agua caliente/fría; **sich rein ~** justificarse; **eine Prüfung, die sich gewaschen hat** (*fam*) un examen de padre y muy señor mío

Wäschepuff *m* <-s, -e *o* -s> cesta *f* para la ropa sucia (*con una tapadera tapizada*)

Wäscher(in) *m(f)* <-s, -; -, -nen> lavandero, -a *m, f;* (TECH) lavador *m*

Wäscherei [vɛʃə'raɪ] *f* <-, -en> lavandería *f*

Wäscherin *f* <-, -nen> *s.* **Wäscher**

Wäscheschleuder *f* <-, -n> centrifugadora *f* (para ropa); **Wäscheschrank** *m* <-(e)s, -schränke> ropero *m;* **Wäscheständer** *m* <-s, -> tendedero *m;* **Wäschestärke** *f* <-, -n> almidón *m* para ropa; **Wäschetrockner** *m* <-s, -> **1.** (*elektrisch*) secadora *f* para ropa **2.** (*Wäscheständer*) tendedero *m;* **Wäschetruhe** *f* <-, -n> arcón *m* para la ropa; **Wäschezeichen** *nt* <-s, -> tira *f* pequeña con el nombre (para marcar la ropa)

Waschgang *m* <-(e)s, -gänge> fase *f* de lavado; **Waschgelegenheit** *f* <-, -en> servicio *m* para lavado; **Waschhandschuh** *m* <-(e)s, -e> guante *m* de baño; **Waschkessel** *m* <-s, -> caldera *f* del lavadero; **Waschküche** *f* <-, -n> **1.** (*Raum*) lavadero *m* **2.** (*fam: Nebel*) niebla *f* densa; **Waschlappen** *m* <-s, -> **1.** (*zum Waschen*) manopla *f* para baño **2.** (*fam abw: Mensch*) cobarde *mf,* mangajo, -a *m, f Ecua, Peru;* **Waschlauge** *f* <-, -n> lejía *f;* **Waschleder** *nt* <-s, -> gamuza *f,* cuero *m* lavable; **Waschmaschine** *f* <-, -n> lavadora *f;* **etw in** [*o* **mit**] **der ~ waschen** lavar algo en la lavadora; **etw in die ~ stecken** meter algo en la lavadora; **waschmaschinenfest** *adj* que puede lavarse en lavadora; **ist dieser Stoff ~?** ¿se puede lavar este tejido en la automática?; **Waschmittel** *nt* <-s, -> detergente *m;* **Waschpulver** *nt* <-s, -> detergente *m* en polvo; **Waschraum** *m* <-(e)s, -räume> lavabo *m,* aseos *mpl;* **Waschsalon** *m* <-s, -s> lavandería *f;* **Waschschüssel** *f* <-, -n> palangana *f,* jofaina *f;* **Waschstraße** *f* <-, -n> (AUTO) tren *m* de lavado

wäscht [vɛʃt] *3. präs von* **waschen**

Waschtag *m* <-(e)s, -e> día *m* de la colada; **~ haben** hacer la colada; **Waschtisch** *m* <-(e)s, -e> palanganero *m*

Waschung *f* <-, -en> (*geh*) lavado *m*

Waschwanne *f* <-, -n> tina *f* para lavar la ropa; **Waschwasser** *nt* <-s, *ohne pl*> agua *f* de lavar; **Waschweib** *nt* <-(e)s, -er> (*fam abw*) cotilla *mf;* **Waschzettel** *m* <-s, -> (*im Buch*) texto *m* de la solapa; **Waschzeug** *nt* <-(e)s, *ohne pl*> utensilios *mpl* de aseo (personal)

Wasser ['vasɐ] *nt* <-s, -> agua *f;* **hartes ~** agua dura; **kölnisch ~** (agua de) Colonia; **schweres ~** agua pesada; **stilles ~** agua sin gas; **weiches ~** agua blanda; **~ abstoßend** [*o* **abweisend**] hidrófugo; **ein Boot zu ~ lassen** botar un barco; **~ lassen** orinar; **das ~ nicht halten können** no poder aguantarse el pipí; **sich über ~ halten** mantenerse a flote; **etw unter ~ setzen** inundar algo; **ins ~ fallen** (*fig: nicht stattfinden*) no tener lugar; **er ist ein stilles ~** es una persona tranquila; **nahe am ~ gebaut haben** (*fam*) ser un(a) llorica; **er kann ihr nicht das ~ reichen** no le llega ni a la suela del zapato; **jdm das ~ abgraben** quitarle a alguien el sustento; **ihr steht das ~ bis zum Hals** (*fam*) está con el agua al cuello; **mit allen ~n gewaschen sein** (*fam*) tener mucha mili [*o* muchas horas de vuelo]; **da fließt noch viel ~ den Rhein hinunter** aún ha de llover mucho hasta entonces; **da wird auch nur mit ~ gekocht** en todas partes cuecen habas, no es tan fiero el león como lo pintan; **bei ~ und Brot** a pan y agua; **das ist ~ auf ihrer Mühle** le viene de perlas; **das ~ läuft mir im Mund zusammen** (*fam*) se me hace la boca agua; **stille ~ sind tief** (*prov*) del agua mansa me libre Dios (que de la brava me guardaré yo); **Wasserabscheider** *m* <-s, -> (TECH) separador *m* del agua; **wasserabstoßend** *adj,* **wasserabweisend** *adj s.* Wasser; **Wasserader** *f* <-, -n> vena *f* de agua; **Wasseranschluss**[RR] *m* <-es, -schlüsse> toma *f* de agua; **wasserarm** *adj* árido

Wasseraufbereitung *f* <-, -en> tratamiento *m* del agua; **Wasseraufbereitungsanlage** *f* <-, -n> instalación *f* de tratamiento del agua

Wasserbad *nt* <-(e)s, -bäder> (GASTR) baño *m* María; **etw im ~ erhitzen** calentar algo al baño María

Wasserball[1] *m* <-(e)s, *ohne pl*> (SPORT) waterpolo *m*

Wasserball[2] *m* <-(e)s, -bälle> (*Ball*) pelota *f* de waterpolo; (*aufblasbar*) balón *m* inflable

Wasserbau *m* <-(e)s, *ohne pl*> ingeniería *f* hidráulica, hidrotecnia *f;* **Wasserbecken** *nt* <-s, -> pila *f;* **Wasserbehälter** *m* <-s, -> depósito *m* de agua, tanque *m* de agua; **Wasserbeständigkeit** *f* <-, *ohne pl*> resistencia *f* al agua; **Wasserbett** *nt* <-(e)s, -en> cama *f* de agua; **Wasserbob** *m* <-s, -s> bobsleigh *m* acuático; **Wasserbombe** *f* <-, -n> (MIL) carga *f* de profundidad, bomba *f* de profundidad; **Wasserburg** *f* <-, -en> castillo *m* rodeado de un foso con agua

Wässerchen ['vɛsɐçən] *nt:* **aussehen, als ob man kein ~ trüben könne** (*fam*) parecer una mosquita muerta

Wasserdampf *m* <-(e)s, -dämpfe> vapor *m* de agua; **wasserdicht** *adj* **1.** (*Uhr*) resistente al agua; (*Kleidung*) impermeable **2.** (*fam: Alibi*) perfecto; **einen Vertrag ~ machen** hacer un contrato hermético; **Wasserdruck** *m* <-(e)s, -drücke *o* -e> presión *f* hidráulica [*o* del agua]; **wasserdurchlässig** *adj* permeable al agua; **Wassereimer** *m* <-s, -> balde *m,* cubo *m* (para agua); **Wasserenthärter** *m* <-s, -> desendurecedor *m* de agua, ablandador *m* de agua; (*Filter*) filtro *m* antical; **Wasserentziehung** *f* <-, -en> (CHEM), **Wasserentzug** *m* <-(e)s, *ohne pl*> deshidratación *f;* **Wassererhitzer** *m* <-s, -> calentador *m* de agua; **Wasserfahrzeug** *nt* <-(e)s, -e> embarcación *f;* **Wasserfall** *m* <-(e)s, -fälle> cascada *f,* salto *m* de agua; (*größer*) catarata *f;* **wie ein ~ reden** (*fam*) ser una cotorra; **Wasserfarbe** *f* <-, -n> color *m* de acuarela, aguada *f;* **wasserfest** *adj* resistente al agua; **Wasserfleck** *m* <-(e)s, -e> mancha *f* de agua; **Wasserfloh** *m* <-(e)s, -flöhe> pulga *f* de agua; **Wasserflugzeug** *nt* <-(e)s, -e> hidroavión *m;* **Wasserfrosch** *m* <-(e)s, -frösche> rana *f* común; **wassergekühlt** *adj* refrigerado por agua; **wassergesättigt** *adj* saturado de agua; **Wasserglas** *nt* <-es, -gläser> **1.** (*Gefäß*) vaso *m* para agua **2.** (CHEM: *Natron~*) silicato *m* de sodio; (*Kali~*) silicato *m* de potasio; **Wasserglätte** *f* <-, *ohne pl*> aquaplanning *m;* **Wassergraben** *m* <-s, -gräben> **1.** (*um eine Burg*) foso *m* de agua **2.** (SPORT) ría *f;* **Wassergymnastik** *f* <-, *ohne pl*> gimnasia *f* acuática; **Wasserhahn** *m* <-(e)s, -hähne> grifo *m,* llave *f* del agua, canilla *f CSur;* **Wasserhärte** *f* <-, -n> dureza *f* del agua; **Wasserhaushalt** *m* <-(e)s, -e> (MED, BIOL) equilibrio *m* hídrico; **Wasserhose** *f* <-, -n> (METEO) tromba *f* (de agua); **Wasserhuhn** *nt* <-(e)s, -hühner> focha *f,* foja *f*

wässerig ['vɛsərɪç] *adj* (*verdünnt*) aguado; (*Wasser enthaltend*) acuoso; (*fade*) insípido; **jdm den Mund ~ machen** hacerse(le) a alguien la boca agua

Wasserkanister *m* <-s, -> bidón *m* de agua; **Wasserkessel** *m* <-s, -> hervidor *m;* **Wasserklosett** *nt* <-s, -s *o* -e> inodoro *m;* **Wasserkopf** *m* <-(e)s, -köpfe> **1.** (MED) hidrocefalia *f* **2.** (*fig: überproportionales Gebilde*) monstruo *m;* **Wasserkraft** *f* <-, -kräfte> fuerza *f* hidráulica; **Wasserkraftwerk** *nt* <-(e)s, -e> central *f* hidroeléctrica; **Wasserkreislauf** *m* <-(e)s, *ohne pl*> (METEO) ciclo *m* del agua; **Wasserkühlung** *f* <-, -en> (TECH) refrigeración *f* por agua

Wasserlassen *nt* <-s, *ohne pl*> micción *f,* acción *f* de orinar

Wasserlauf *m* <-(e)s, -läufe> corriente *f* de agua; **Wasserleiche** *f* <-, -n> (*fam*) cadáver *m* de un ahogado; **Wasserleitung** *f* <-, -en> cañería *f* de agua, tubería *f* de agua; **Wasserlilie** *f* <-, -n> lirio *m* de agua; **Wasserlinie** *f* <-, -n> (NAUT) línea *f* de flotación; **Wasserloch** *nt* <-(e)s, -löcher> abrevadero *m,* aguadero *m,* charco *m;* **wasserlöslich** *adj* soluble; **Wassermangel** *m* <-s, *ohne pl*> escasez *f* de agua, falta *f* de agua; **Wassermann** *m* <-(e)s, -männer> (ASTR) Acuario *m;* **Wassermelone** *f* <-, -n> sandía *f;* **Wassermühle** *f* <-, -n> molino *m* de agua

wassern ['vasɐn] *vi haben o sein* (AERO) amarar, amerizar

wässern ['vɛsɐn] *vt* **1.** (GASTR) poner en remojo **2.** (*gießen*) regar

Wassernixe *f* <-, -n> ondina *f;* **Wassernutzungsrecht** *nt* <-(e)s, -e> derecho *m* de aprovechamiento de aguas; **Wasseroberfläche** *f* <-, -n> superficie *f* del agua; **auf** [*o* **an**] **der ~ treiben** flotar en la superficie; **Wasserpfeife** *f* <-, -n> narguile *m;* **Wasserpflanze** *f* <-, -n> planta *f* acuática; **Wasserpistole** *f* <-, -n> pistola *f* de agua; **Wasserpocken** *fpl* (MED) varicela *f,* viruela *f* loca; **Wasserrad** *nt* <-(e)s, -räder> rodezno *m;* **Wasserratte** *f* <-, -n> **1.** (ZOOL) rata *f* de agua **2.** (*fam: Mensch*) *persona a la que le gusta estar en el agua;* **wasserreich** *adj* **1.** (*Gebiet*) abundante en agua **2.** (*Fluss*) caudaloso; **Wasserreservoir** *nt* <-s, -e> **1.** (*Behälter*) depósito *m* de agua **2.** (*Vorrat*) reserva *f* de agua; **Wasserrohr** *nt* <-(e)s, -e> tubería *f* de(l) agua; **Wasserrutschbahn** *f* <-, -en> tobogán *m* acuático; **Wasserschaden** *m* <-s, -schäden> daño *m* causado por el agua; **Wasserscheide** *f* <-, -n> (GEO) línea *f* divisoria de las aguas; **wasserscheu** *adj* que tiene miedo al agua; **~ sein** tener miedo al agua; **Wasserschildkröte** *f* <-, -n> (ZOOL) tortuga *f* de agua

Wasserschlange[1] *f* <-, -n> (ZOOL) serpiente *f* acuática, culebra *f* de agua

Wasserschlange[2] *f* <-, *ohne pl*> (ASTR) Hidra *f*

Wasserschlauch *m* <-(e)s, -schläuche> manguera *f;* **Wasserschloss^RR** *nt* <-es, -schlösser> castillo *m* (rodeado de agua)

Wasserschutzgebiet *nt* <-(e)s, -e> reserva *f* ecológica; **Wasserschutzpolizei** *f* <-, *ohne pl*> policía *f* fluvial

Wasserski *nt* <-s, *ohne pl*> esquí *m* acuático; **Wasserskooter** *m* <-s, -> moto *f* acuática; **Wasserspeicher** *m* <-s, -> depósito *m* de agua; **Wasserspeier** *m* <-s, -> gárgola *f;* **Wasserspiegel** *m* <-s, -> **1.** (*Wasseroberfläche*) superficie *f* del agua **2.** (*Wasserstand*) nivel *m* del agua; **Wasserspiele** *ntpl* fuentes *fpl* luminosas [*o* de juegos luminotécnicos]; **Wassersport** *m* <-(e)s, -e> deporte *m* acuático [*o* náutico]; **Wassersportler(in)** *m(f)* <-s, -; -, -nen> deportista *mf* náutico; **Wasserspülung** *f* <-, -en> cisterna *f*

Wasserstand *m* <-(e)s, -stände> nivel *m* del agua; **Wasserstandsanzeiger** *m* <-s, -> indicador *m* del nivel de agua; **Wasserstandsmeldung** *f* <-, -en> información *f* (radiofónica) sobre el nivel del agua

Wasserstoff *m* <-(e)s, *ohne pl*> (CHEM) hidrógeno *m;* **schwerer ~** hidrógeno pesado; **Wasserstoffbombe** *f* <-, -n> bomba *f* de hidrógeno; **Wasserstoffperoxyd** ['---'---] *nt* <-(e)s, -e> (CHEM) peróxido *m* de hidrógeno, agua *f* oxigenada; **Wasserstoffsuperoxyd** ['---'----] *nt* <-(e)s, -e> (CHEM) superóxido *m* de hidrógeno

Wasserstrahl *m* <-(e)s, -en> chorro *m* de agua; **Wasserstraße** *f* <-, -n> vía *f* fluvial [*o* navegable]; **Wassersucht** *f* <-, *ohne pl*> (MED) hidropesía *f;* **Wassertank** *m* <-(e)s, -s> tanque *m* de agua; **Wassertemperatur** *f* <-, -en> temperatura *f* del agua; **Wassertier** *nt* <-(e)s, -e> animal *m* acuático; **Wassertreten** *nt* <-s, *ohne pl*> paseo *m* por el agua (mojándose los tobillos); **Wassertropfen** *m* <-s, -> gota *f* de agua; **Wasserturm** *m* <-(e)s, -türme> torre *f* de agua, cambija *f;* **Wasseruhr** *f* <-, -en> contador *m* de(l) agua; **wasserundurchlässig** *adj* impermeable al agua

Wasserung *f* <-, -en> amaraje *m,* amerizaje *m*

Wässerung *f* <-, -en> riego *m*

Wasserverbrauch *m* <-(e)s, *ohne pl*> consumo *m* de agua; **Wasserverdrängung** *f* <-, *ohne pl*> desplazamiento *m* de agua; **Wasserverschmutzung** *f* <-, -en> contaminación *f* del agua; **Wasserversorgung** *f* <-, *ohne pl*> abastecimiento *m* de agua, suministro *m* de agua; **Wasserverunreinigung** *f* <-, -en> **1.** (*das Verunreinigen*) contaminación *f* del agua **2.** (*Fremdkörper*) impurezas *fpl* del agua; **Wasservogel** *m* <-s, -vögel> ave *f* acuática; **Wasservorhang** *m* <-(e)s, -hänge> (CHEM: *zum Binden von Gaswolken bei Chemieunfällen*) cortina *f* de agua; **Wasservorrat** *m* <-(e)s, -räte> reserva *f* de agua; **Wasserwaage** *f* <-, -n> (TECH) nivel *m* de agua; **Wasserweg** *m* <-(e)s, -e> vía *f* navegable [*o* fluvial]; **auf dem ~** por vía fluvial; **Wasserwelle** *f* <-, -n> marcado *m;* **Wasserwerfer** *m* <-s, -> camión *m* cisterna, vehículo *m* lanza-agua; **Wasserwerk** *nt* <-(e)s, -e> central *f* de abastecimiento de aguas; **Wasserwirtschaft** *f* <-, *ohne pl*> régimen *m* de aguas; **Wasserzähler** *m* <-s, -> contador *m* de(l) agua; **Wasserzeichen** *nt* <-s, -> marca *f* de agua

wässrig^RR ['vɛsrɪç] *adj,* **wäßrig** *adj s.* **wässerig**

waten ['vaːtən] *vi sein* caminar (*durch* por)

Waterkant ['vaːtɐkant] *f* <-, *ohne pl*> costa *f* del norte de Alemania

Watsche ['vatʃə] *f* <-, -n> (*südd, Österr: fam*) bofetada *f,* torta *f*

watscheln ['vatʃəln] *vi sein* andar como un pato

Watt[1] [vat] *nt* <-(e)s, -en> (*am Meer*) marisma *f*

Watt[2] *nt* <-s, -> (PHYS, TECH) vatio *m*

Watte ['vatə] *f* <-, -n> algodón *m;* **du hast wohl ~ in den Ohren** (*fam*) ¿estás sordo?; **jdn in ~ packen** (*fam*) llevar a alguien en palmitas; **Wattebausch** *m* <-(e)s, -e> tapón *m* de algodón

Wattenmeer *nt* <-(e)s, -e> marismas *fpl* (*en las aguas bajas del Mar del Norte*)

Wattestäbchen [-ʃtɛ:pçən] *nt* <-s, -> bastoncillo *m* de algodón

wattieren* *vt* enguatar, acolchar

Wattierung *f* <-, -en> guata *f*

Wattstunde *f* <-, -n> (PHYS, ELEK) vatio-hora *f*

Watvogel *m* <-s, -vögel> ave *f* palmípeda

wau (**wau**) [vaʊ] *interj* (*Kind*) ¡guau!

WBS *Abk. von* **Wohnungsberechtigungsschein** *certificado para acceder a una vivienda social*

WC *nt* <-(s), -(s)> WC *m*

WDR *m* <-(s), *ohne pl*> *Abk. von* **Westdeutscher Rundfunk** radiotelevisión *f* del Oeste de Alemania

weben[1] ['ve:bən] *vt, vi* tejer; **an einem Teppich ~** tejer una alfombra

weben[2] <webt, wob, gewoben> **I.** *vt* (*fig*) tejer **II.** *vr:* **sich ~** (*fig*) circular, haber (*um* alrededor de)

Weber(in) *m(f)* <-s, -; -, -nen> tejedor(a) *m(f)*

Weberei[1] *f* <-, -en> (*Betrieb*) tejeduría *f*

Weberei[2] *f* <-, *ohne pl*> (*das Weben*) tejedura *f*

Weberin *f* <-, -nen> *s.* **Weber**

Weberknecht *m* <-(e)s, -e> (ZOOL) araña *f* zancuda; **Webervogel** *m* <-s, -vögel> (ZOOL) tejedor *m*

Webfehler *m* <-s, -> fallo *m* en el tejido; **Webstuhl** *m* <-(e)s, -stühle> telar *m;* **Webwaren** *fpl* tejidos *mpl,* telas *fpl*

Wechsel ['vɛksəl] *m* <-s, -> **1.** (*das Wechseln, Veränderung*) cambio *m;* **im ~ mit ...** alternando con...; **in stündlichem ~** cambiando cada hora **2.** (FIN) letra *f* de cambio; **einen ~ ausstellen** emitir una letra de cambio; **einen ~ zur Einlösung vorlegen** presentar una letra al cobro; **~ auf lange Sicht** letra a largo plazo; **befristeter/eigener ~** letra a plazo fijo/al cargo propio; **fälliger/verfallener ~** letra vencida/perjudicada; **Wechselannahme** *f* <-, -n> (FIN) aceptación *f* de una letra; **Wechselausstellung** *f* <-, -en> (FIN) emisión *f* de una letra (de cambio), libramiento *m* de una letra; **Wechselbad** *nt* <-(e)s, -bäder> baño *m* alterno caliente y frío; **jdn einem ~ der Gefühle aussetzen** tratar a alguien según la vena que le dé; **Wechselbeziehung** *f* <-, -en> correlación *f* (*zwischen* entre), reciprocidad *f* (*zwischen* entre); **die Probleme stehen in ~ zueinander** los problemas están correlacionados; **Wechselbürgschaft** *f* <-, -en> (FIN) aval *m* (de letra); **eine ~ leisten** avalar una letra; **Wechseldiskontierung** *f* <-, -en> (FIN) descuento *m* de letras; **Wechselfälle** *mpl* vicisitudes *fpl,* altibajos *mpl;* **die ~ des Lebens** los altibajos [*o* avatares] de la vida; **Wechselfieber** *nt* <-s, *ohne pl*> (MED) malaria *f;* **Wechselforderung** *f* <-, -en> (FIN) efecto *m* a cobrar; **Wechselfrist** *f* <-, -en> (FIN) plazo *m* (de una letra); **Wechselgeld** *nt* <-(e)s, *ohne pl*> vuelta *f,* cambio *m,* vuelto *m Am,* feria *f USA, Mex;* **Wechselgiro** *nt* <-s, -s> (FIN) endoso *m* de una letra; **Wechselgläubiger(in)** *m(f)* <-s, -; -, -nen> (FIN) acreedor(a) *m(f)* cambiario, -a

wechselhaft *adj* variable, inestable; (*Person*) inconstante

Wechselinhaber(in) *m(f)* <-s, -; -, -nen> portador(a) *m(f)* de una letra; **Wechselinkasso** *nt* <-s, -s *o* -inkassi> (FIN) cobro *m* de letras; **Wechseljahre** *ntpl* climaterio *m;* (*der Frau*) menopausia *f;* **in die ~ kommen** tener la menopausia

Wechselkurs *m* <-es, -e> (FIN) tipo *m* de cambio; **wechselkursbedingt** *adj* (FIN) condicionado por los tipos de cambio; **Wechselkursnotierung** *f* <-, -en> (FIN) cotización *f* de los tipos de cambio; **Wechselkursschwankung** *f* <-, -en> (FIN) variación *f* de los tipos de cambio

Wechsellaufzeit *f* <-, -en> (FIN) plazo *m* de vencimiento (de una letra); **Wechsellombard** *m o nt* <-(e)s, -e> (FIN) adelanto *m* sobre una letra

wechseln ['vɛksəln] **I.** *vi* cambiar; **mit ~dem Erfolg** con éxito irregular; **ich kann leider nicht ~** desgraciadamente no tengo cambio; **zu einer anderen Firma ~** cambiar de empresa **II.** *vt* cambiar (*in* en); (*austauschen*) intercambiar; **Wäsche zum W~** muda *f;* **lass uns das Thema ~** cambiemos de tema; **ich möchte 200 Mark in Peseten ~** quisiera cambiar 200 marcos en pesetas; **können Sie 5.000 Ptas ~?** ¿tiene cambio de 5.000 pts?; **sie wechselten ein paar Worte miteinander** intercambiaron unas palabras; **die Seiten ~** (SPORT) cambiar de lado

wechselnd *adj* **1.** (*im Wechsel*) cambiante; (*ab~*) alternativo, alterno; (*Stimmung, Charakter*) variable; **~ bewölkt** nubosidad con claros **2.** (*unterschiedlich*) diferente

Wechselobligationen *fpl* (WIRTSCH) obligaciones *fpl* en letras de cambio; **Wechselprotest** *m* <-(e)s, -e> (WIRTSCH) protesto *m* de una letra; **~ einlegen** presentar un protesto (de una letra); **Wechselrahmen** *m* <-s, -> marco *m* intercambiable; **Wechselrecht** *nt* <-s, *ohne pl*> derecho *m* de cambio; **Wechselschuld** *f* <-, -en> (FIN) deuda *f* por aceptación de una letra; **Wechselschuldner(in)** *m(f)* <-s, -; -, -nen> (FIN) deudor(a) *m(f)* de una letra de cambio

wechselseitig *adj* recíproco, mutuo

Wechselspiel *nt* <-(e)s, -e> interacción *f* (*zwischen* entre); **Wechselstrom** *m* <-(e)s, -ströme> (ELEK) corriente *f* alterna;

Wechselstube *f* <-, -n> oficina *f* de cambio, casa *f* de cambio; **wechselvoll** *adj* variado; (*Leben*) movido, lleno de vicisitudes; **Wechselwähler(in)** *m(f)* <-s, -; -, -nen> votante *mf* que no vota siempre al mismo partido

wechselweise *adv* alternativamente, por turnos

Wechselwirkung *f* <-, -en> acción *f* recíproca, interacción *f*; **in ~ zueinander** [*o* **miteinander**] **stehen** estar interaccionado

Wechsler *m* <-s, -> cambiadiscos *m inv*

wecken ['vɛkən] *vt* (*a. fig*) despertar; **wann möchten Sie geweckt werden?** ¿a qué hora quiere Ud. que le despierte?; **sich von jdm ~ lassen** decirle a alguien que le despierte a uno; **Erinnerungen ~** despertar los recuerdos; **jds Interesse ~** despertar el interés de alguien

Wecken ['vɛkən] *m* <-s, -> (*Österr, südd*) panecillo *m*

Wecker *m* <-s, -> despertador *m*; **jdm auf den ~ gehen** [*o* **fallen**] (*fam*) dar(le) la lata a alguien

Weckglas® *nt* <-es, -gläser> tarro *m* de conservas

Weckmittel *nt* <-s, -> estimulante *m*

Weckring® *m* <-(e)s, -e> goma *f* de la tapa de un tarro de conservas

Wedel ['ve:dəl] *m* <-s, -> **1.** (*Staub~*) plumero *m* **2.** (*Blatt*) fronda *f*

wedeln ['ve:dəln] *vi:* **mit etw** *dat* **~** mover algo; **mit dem Schwanz ~** menear la cola; **Krümel von der Kleidung ~** sacudirse las migas de la ropa

weder ['ve:dɐ] *konj:* **~ ... noch ...** ni... ni...; **er ist ~ schön, noch hat er Verstand** ni es guapo ni inteligente; **es gab ~ Honig noch Marmelade** no había ni miel ni mermelada

weg [vɛk] *adv* **1.** (*abwesend*) ausente; (*verloren*) perdido; (*verschwunden*) desaparecido; **ich müsste schon längst ~ sein** me tendría que haber ido hace tiempo; **weit ~ von hier** muy lejos de aquí; **meine Brille ist ~** he perdido mis gafas; **er ist ~ vom Fenster** ha desaparecido; **drüber ~ sein** haberlo superado; **sie war ganz ~** estaba totalmente confusa; **er war total ~** [*o* **hin und ~**] **von der Sängerin** (*fam*) estaba completamente entusiasmado con la cantante **2.** (*bei Aufforderung*) fuera; **Kopf ~!** ¡fuera con la cabeza!; **~ mit dir!** ¡fuera contigo!; **~ da!** ¡fuera de allí!; **~ damit!** ¡fuera con esto!; **nichts wie ~ hier** nada como irse de aquí; **Finger ~!** ¡fuera los dedos!

Weg [ve:k] *m* <-(e)s, -e> **1.** (*allgemein*) camino *m*; (*Pfad*) sendero *m*; (*Durchgang*) paso *m*; **am ~e** en el camino; **jdm den ~ ebnen** allanar(le) el camino a alguien; **jdm über den ~ laufen** tropezar con alguien; **jdn/etw aus dem ~ räumen** (*fam*) quitar a alguien/algo de en medio; **jdm aus dem ~ gehen** evitar a alguien; **Problemen aus dem ~ gehen** evitar problemas; **jdm im ~ stehen** estorbar a alguien; **sich** *dat* **selbst im ~ stehen** perjudicarse a sí mismo; **sich jdm in den ~ stellen** cruzarse [*o* atravesarse] en el camino de alguien; **steh hier nicht im ~ rum!** ¡quítate de en medio!; **dem steht nichts im ~e** no hay inconvenientes; **jdm nicht über den ~ trauen** no fiarse en absoluto de alguien; **jdm Steine in den ~ legen** poner(le) trabas a alguien; **die Post liegt auf meinem ~** la oficina de Correos está de camino; **jdm etw mit auf den ~ geben** dar(le) a alguien un consejo **2.** (*Strecke*) trayecto *m*, recorrido *m*; (*Reise~*) ruta *f*; **noch zwei Stunden ~ vor sich** *dat* **haben** quedar(le) a alguien todavía un recorrido de dos horas; **auf halbem ~ stehen bleiben/umkehren** quedarse/volverse en mitad del camino; **etw zu ~e bringen** conseguir algo, lograr algo; **etw in die ~e leiten** poner algo en marcha, tramitar algo; **sich auf den ~ machen** ponerse en camino; **neue ~e einschlagen** abrir nuevos caminos; **vom rechten ~ abkommen** desviarse del buen camino; **den ~ des geringsten Widerstands gehen** seguir el camino más fácil; **daran führt kein ~ vorbei** no hay más remedio que afrontarlo; **auf dem besten ~ sein etw zu tun** estar a punto de hacer algo; **auf dem ~ der Besserung sein** ir mejorando; **jdn auf seinem letzten ~ begleiten** (*geh*) asistir al entierro de alguien; **sie wird ihren ~ schon machen** sin duda seguirá su camino; **hier trennen sich unsere ~e** aquí se separan nuestros caminos **3.** (*Mittel*) vía *f*; (*Art und Weise*) modo *m*, manera *f*; (*Methode*) método *m*; **auf legalem ~** por vía legal; **sich auf friedlichem ~e einigen** llegar a un acuerdo amistoso; **auf schriftlichem ~e** por escrito; **es bleibt (mir) kein anderer ~** no (me) queda otro remedio

weg|bekommen* ['vɛk-] *irr vt* (*fam*) **1.** (*entfernen können*) conseguir eliminar [*o* quitar] **2.** (*tragen können*) conseguir llevar; (*bewegen können*) conseguir mover [*o* correr]

Wegbereiter(in) ['ve:k-] *m(f)* <-s, -; -, -nen> precursor(a) *m(f)*, pionero, -a *m, f*; **~ für etw/jdn sein** abrir el camino a algo/a alguien

Wegbiegung *f* <-, -en> revuelta *f* (de un camino), recodo *m* (de un camino)

weg|blasen ['vɛk-] *irr vt* soplar, quitar de un soplo; **meine Schmerzen sind wie weggeblasen** mis dolores han desaparecido como de milagro; **weg|bleiben** *irr vi sein* (*fam*) **1.** (*nicht kommen*) no venir (más); (*Strom*) cortarse; **lange ~** tardar en venir; **mir blieb die Sprache** [*o* **Spucke**] **weg** se me cortó el aliento **2.** (*ausgelassen werden*) omitirse; **weg|bringen** *irr vt* **1.** (*an einen anderen Ort*) llevar **2.** (*fam*) *s.* **wegbekommen**; **weg|denken** *irr vt:* **sich** *dat* **etw ~** imaginarse algo sin algo; **der Computer ist aus unserem Leben nicht mehr wegzudenken** ya no nos es posible imaginarnos una vida sin ordenadores; **weg|diskutieren*** *vt* hacer desaparecer discutiendo; **das lässt sich nicht** ~ esto no se soluciona discutiéndolo; **weg|drehen I.** *vt* apartar; **das Gesicht** [*o* **den Kopf**] ~ apartar la vista **II.** *vr:* **sich** ~ apartarse; **er drehte sich weg** se apartó; **weg|dürfen** *irr vi* (*fam: ausgehen dürfen*) poder salir

Wegelagerer ['ve:gəla:gərɐ] *m* <-s, -> (*abw*) salteador *m*

wegen ['ve:gən] *präp +gen/dat* **1.** (*aufgrund von*) a causa de, debido a; ~ **des schlechten Wetters** debido al mal tiempo **2.** (*bezüglich*) respecto a; **mach dir keine Gedanken** ~ **des Telefonierens** no te preocupes por lo de llamar por teléfono; **von** ~**!** (*fam*) ¡ni hablar! **3.** (*um… willen*) por, a causa de; ~ **dir** por ti, por tu causa; **nur** ~ **des Geldes** sólo por el dinero

Wegerich ['ve:gərɪç] *m* <-s, -e> (BOT) llantén *m*

weg|fahren *irr* **I.** *vi sein* partir (*nach* para); **der Bus fuhr ihr vor der Nase weg** perdió el autobús por un pelo **II.** *vt* llevar; **weg|fallen** *irr vi sein* (*ausgelassen werden*) omitirse; (*abgeschafft werden*) suprimirse; **etw** ~ **lassen** omitir algo; **weg|fegen** *vt* quitar [*o* recoger] con la escoba; **weg|fliegen** *irr vi sein* (*Vogel*) irse volando, salir volando; (*Passagier*) irse [*o* partir] en avión; (*Flugzeug*) salir; (*Dinge*) volar, ser llevado por el viento; **weg|führen I.** *vi:* **von etw** *dat* ~ no llevar a algo, no conducir a algo; **der Weg führt vom Dorf weg** el camino no conduce al pueblo **II.** *vt* llevar

Weggabelung *f* <-, -en> bifurcación *f;* **bei der** ~ **steht eine alte Eiche** donde el camino se bifurca hay un viejo roble

Weggang ['vɛkgaŋ] *m* <-(e)s, *ohne pl*> partida *f,* salida *f;* (*aus einem Amt*) cese *m;* **nach** ~ **der Kollegin** después del cese de la colega

weg|geben *irr vt* dar; **etw zur Reparatur** ~ llevar algo a reparar

Weggefährte, -in *m, f* <-n, -n; -, -nen> compañero, -a *m, f* de camino

weg|gehen *irr vi sein* **1.** (*Person*) irse, marcharse; **geh weg!** ¡lárgate!; **geh weg mit deinen dreckigen Fingern!** (*fam*) ¡quita estos dedos sucios! **2.** (*fam: verschwinden*) desaparecer; (*Fleck*) salir **3.** (*fam: sich verkaufen*) venderse **4.** (*fam: ignorieren*): **über etw** ~ ignorar algo; **sie ging lächelnd über meine Einwände weg** ignoró mis objeciones con una sonrisa; **weg|gießen** *irr vt* tirar, botar *Am;* **weg|gucken** *vi* (*fam*) *s.* **wegsehen**; **weg|haben** *irr vt* (*fam: Fleck*) haber quitado, haber sacado; **seine Strafe** ~ haber recibido su merecido; **in Mathematik hat er was weg** tiene mucha idea de matemáticas; **der hat doch einen weg!** ¡ese está algo tocado!; **er will mich aus der Firma** ~ quiere echarme de la empresa; **weg|hängen** *vt* colgar en otro sitio; **weg|holen** *vt* ir a buscar; **sich** *dat* **etw** ~ (*fam*) pillar algo; **weg|hören** *vi* hacerse el sordo; **weg|jagen** *vt* ahuyentar, espantar; **weg|kommen** *irr vi sein* (*fam*) **1.** (*abhanden kommen*) perderse **2.** (*sich entfernen*) salir (*von* de), irse (*von* de); **mach, dass du wegkommst!** ¡lárgate!; **über etw** ~ superar algo; **ich komme über seinen Tod einfach nicht weg** no soy capaz de superar su muerte **3.** (*loskommen*) independizarse (*von* de), abandonar; **von der Kernkraft als Energiequelle** ~ abandonar la energía nuclear como fuente de energía; **gut/schlecht bei etw** *dat* ~ salir bien/mal librado de algo; **er kam bei der Sache ganz gut weg** salió bien librado del asunto

Wegkreuz *nt* <-es, -e> crucero *m;* **Wegkreuzung** *f* <-, -en> cruce *m* de caminos

weg|kriegen *vt* (*fam*) *s.* **wegbekommen**; **weg|lassen** *irr vt* **1.** (*gehen lassen*) dejar ir(se) **2.** (*fam: auslassen*) omitir, suprimir; (*Zutaten*) no poner; **weg|laufen** *irr vi sein* **1.** (*fortlaufen*) irse corriendo, echar a correr; **das läuft mir nicht weg** eso no corre prisa; **vor einem Hund** ~ huir de un perro; **die Arbeit läuft dir nicht weg!** (*fam*) ¡el trabajo puede esperar! **2.** (*fam: ausreißen*) escaparse; **ihm ist die Frau weggelaufen** su mujer le ha dejado plantado; **weg|legen** *vt* poner aparte; **weg|leugnen** *vt* negar (una evidencia); **weg|loben** *vt* alabar a alguien para que se marche; **weg|machen I.** *vt* (*fam*) quitar, eliminar **II.** *vr:* **sich** ~ (*fam*) largarse, pirarse

Wegmarkierung *f* <-, -en> señalización *f* del camino

weg|müssen *irr vi* (*fam*) tener que irse; **musst du schon weg?** ¿te tienes que ir ya?; **das Paket muss noch heute weg** hay que llevar el paquete hoy mismo a Correos; **die alten Sachen müssen weg** hay que tirar los trastos viejos; **die Kiste muss hier weg** hay que quitar la caja de en medio; **weg|nehmen** *irr vt* **1.** (*fortnehmen*) quitar **2.** (*entwenden*) hurtar, quitar; **jdm etw** ~ quitar algo a alguien; **man wollte ihm die Kinder** ~ querían quitarle los niños **3.** (*Platz*) ocupar; (*Zeit, Licht*) quitar; **weg|packen** *vt* poner en otro sitio, guardar en otro sitio; **pack deine Schulbücher weg und komm mit uns ins Freibad** guarda los libros de la escuela y vente con nosotros a la piscina

Wegrand *m* <-(e)s, -ränder> margen *m o f* de un camino

weg|rasieren* *vt* (*Bart*) afeitar; **sich** *dat* **etw** ~ afeitarse algo; **weg|rationalisieren*** *vt* quitar racionalizando; **1.000 Arbeitsplätze wurden wegrationalisiert** desaparecieron 1.000 puestos de trabajo a causa de la racionalización; **weg|räumen** *vt* **1.** (*aufräumen*) guardar, recoger **2.** (*Hindernisse*) quitar; **weg|reißen** *irr vt* **1.** (*aus der Hand*): **jdm etw** ~ arrancarle de las manos algo a alguien **2.** (*abreißen*): **jdm etw** ~ arrancarle algo a alguien; **weg|rennen** *irr vi sein s.* **weglau-**

fen; **weg|retuschieren*** *vt* hacer desaparecer retocándolo; **weg|rücken I.** *vi sein* apartarse (*von* de), alejarse (*von* de); **mit dem Stuhl vom Kamin ~** apartarse con la silla de la chimenea **II.** *vt haben* apartar (*von* de), alejar (*von* de); **weg|rutschen** *vi sein* **1.** (*ausrutschen*) resbalar, patinar **2.** (*wegrücken*) correr, apartar; (*Person*) correrse, apartarse; **weg|schaffen** *vt* quitar (de en medio), apartar; **weg|schauen** *vi s.* **wegsehen**; **weg|schenken** *vt* (*fam*) dar de regalo; **die alten Kleider werde ich ~** la ropa vieja la daré (a alguien); **weg|scheren** *vr:* **sich ~** (*fam*) irse al diablo; **weg|schicken** *vt* **1.** (*Person*) mandar fuera, despedir **2.** (*Brief*) despachar, enviar; **weg|schieben** *irr vt* correr; **weg|schleppen I.** *vt* (*fam*) llevar arrastrando **II.** *vr:* **sich ~** (*fam*) ir a rastras, ir a trancas y barrancas; **weg|schließen** *irr vt* guardar bajo llave; **weg|schmeißen** *irr vt* (*fam*) tirar, botar *Am;* **weg|schnappen** *vt* (*fam*) quitar, arrebatar; **jdm etw vor der Nase ~** quitarle algo a alguien delante de las narices; **weg|schütten** *vt* tirar, botar *Am;* **weg|schwemmen** *vt* arrastrar; **das Hochwasser schwemmte den Bootssteg am Fluss weg** la riada se llevó por delante el embarcadero del río; **weg|sehen** *irr vi* **1.** (*wegblicken*) apartar la vista **2.** (*fam*): **über etw ~** no hacer caso de algo, hacer la vista gorda a algo; **weg|setzen I.** *vt* apartar, cambiar de sitio **II.** *vr:* **sich ~ 1.** (*umsetzen*) sentarse en otro lugar **2.** (*fam: ignorieren*): **sich über etw ~** pasar por alto algo, no hacer caso de algo; **er hat sich über meine Anordnungen weggesetzt** no hizo caso de mis instrucciones; **weg|sollen** *vi* (*fam*) tener que marcharse (de); **es heißt, dass Frau Söllner aus dieser Abteilung wegsoll** se dice que la señora Söllner tiene que marcharse de este departamento; **weg|spülen** *vt* **1.** (*im Ausguss*) tirar por el desagüe **2.** *s.* **wegschwemmen**; **weg|stecken** *vt* (*fam*) **1.** (*aufbewahren*) guardar; (*heimlich*) esconder **2.** (*hinnehmen*) tragar, asimilar; **weg|stehlen** *irr vr:* **sich ~** escabullirse; **weg|stellen** *vt* quitar, poner en otro lugar; (*aufräumen*) guardar; **weg|sterben** *irr vi sein* (*fam*) morirse; **drei Kinder sind ihr weggestorben** se le murieron tres hijos; **weg|stoßen** *irr vt* apartar empujando; (*mit dem Fuß*) apartar con una patada

Wegstrecke ['ve:k-] *f* <-, -n> trayecto *m;* **Wegstunde** *f* <-, -n> hora *f* (de viaje [*o* de camino])

weg|tauchen *vi sein* (*fam*) desaparecer, esfumarse; **immer wenn es Probleme gibt, taucht er weg** siempre que hay problemas se esfuma [*o* escurre el bulto]; **weg|tragen** *irr vt* llevarse; **weg|treiben** *irr* **I.** *vi sein* ser arrastrado (por la corriente); **der Kahn muss gut festgemacht werden, sonst treibt er weg** hay que amarrar bien el bote o se lo llevará la corriente **II.** *vt haben* **1.** (*woandershin treiben*) arrastrar; **die Strömung hatte das Boot vom Ufer weggetrieben** la corriente se había llevado el bote de la costa **2.** (*vertreiben*) expulsar, echar; **treib die Rinder von der Straße weg!** ¡quita la vacas de en medio de la calle!; **weg|treten** *irr* **I.** *vi sein* **1.** (*beiseite treten*) apartarse **2.** (MIL) romper filas; **weggetreten sein** (*fam*) estar en las nubes **II.** *vt* dar una patada (a); **weg|tun** *irr vt* **1.** (*wegräumen*) guardar, recoger; (*wegnehmen*) quitar **2.** (*wegschmeißen*) tirar, botar *Am;* **weg|wählen** *vt* (*Schweiz*) no votar, no reelegir

wegweisend ['ve:kvaɪzənt] *adj* que abre nuevos horizontes [*o* nuevas perspectivas]

Wegweiser ['ve:k-] *m* <-s, -> indicador *m* de camino

weg|werfen *irr vt* tirar, botar *Am*

wegwerfend *adj:* **eine ~e Handbewegung machen** hacer un gesto despreciativo con la mano

Wegwerfflasche *f* <-, -n> botella *f* no retornable; **Wegwerfgesellschaft** *f* <-, -en> (*abw*) sociedad *f* de consumo; **Wegwerfpackung** *f* <-, -en> caja *f* desechable; **Wegwerfwindel** *f* <-, -n> pañal *m* de un solo uso [*o* de usar y tirar]

weg|wischen *vt* (*Staub*) quitar (con un trapo); (*an der Tafel*) borrar; **weg|wollen** <will weg, wollte weg, weggewollt> *vi* (*fam*) **1.** (*gehen wollen*) querer irse (*von* de) **2.** (*ausgehen wollen*) querer salir (a divertirse [*o* de marcha])

Wegzehrung *f* <-, -en> (*geh*) provisiones *fpl*

weg|ziehen *irr* **I.** *vi sein* **1.** (*Wohnort wechseln*) mudarse, cambiar de domicilio [*o* de casa] **2.** (*Zugvögel*) migrar **II.** *vt* apartar tirando, quitar

weh [ve:] **I.** *interj:* **o ~!** ¡ay, Dios mío! **II.** *adj* (*fam*): **~ sein** doler

Weh [ve:] *nt* <-(e)s, -e> (*geh*) pena *f,* aflicción *f,* dolor *m;* **mit ~ und Ach** (*fam*) con ayes y gemidos

wehe ['ve:ə] *interj* ¡cuidad(it)o!; **~, wenn du das tust!** ¡cuidadito con hacerlo!

Wehe ['ve:ə] *f* <-, -n> **1.** *pl* (*bei einer Geburt*) contracciones *fpl,* dolores *mpl* de parto; **in den ~n liegen** tener contracciones **2.** (*Schnee~*) nevisca *f*

wehen ['ve:ən] **I.** *vi* **1.** (*Wind*) soplar; **es weht eine steife Brise** sopla un fuerte viento **2.** (*Fahne*) ondear; **mit ~den Fahnen** con banderas ondeantes **II.** *vt* soplar, hacer volar

wehenauslösend *adj* (MED) iniciador de las contracciones del parto; **Wehenmittel** *nt* <-s, -> (MED) remedio *m* contra las contracciones del parto

Wehklage *f* <-, -n> (*geh*) lamento *m,* lamentación *f;* **wehklagen** ['---] *vi* (*geh*) lamentarse (*über* de)

wehleidig *adj* (*abw: Person*) quejica; (*Stimme*) quejicoso

W

Wehleidigkeit *f* <-, *ohne pl*> (*abw*) quejidos *mpl* (de dolor) exagerados; **du gehst mir furchtbar auf die Nerven mit deiner ständigen** ~ me pones los nervios de punta con tus constantes quejidos

Wehmut *f* <-, *ohne pl*> (*geh*) melancolía *f*, nostalgia *f*; **Augen voller** ~ ojos llenos de melancolía

wehmütig *adj* melancólico

Wehr[1] [ve:ɐ] *f*: **sich zur** ~ **setzen** defenderse

Wehr[2] *nt* <-(e)s, -e> (*Stau~*) presa *f*

Wehrbeauftragte(r) *mf* <-n, -n; -n, -n> *comisario, -a (parlamentario, -a) de las Fuerzas Armadas (de la ex-RFA)*; **Wehrbereich** *m* <-(e)s, -e> zona *f* militar (del ejército alemán)

Wehrdienst *m* <-(e)s, *ohne pl*> servicio *m* militar (en la ex-RFA); **jdn zum** ~ **einberufen** llamar(le) a alguien a filas; ~ **(ab)leisten** prestar el servicio militar; **wehrdiensttauglich** *adj* apto para el servicio militar; **Wehrdienstverweigerer** *m* <-s, -> objetor *m* de conciencia; **Wehr- und Wehrersatzdienstverweigerer** insumiso *m*; **Wehrdienstverweigerung** *f* <-, -en> objeción *f* de conciencia

wehren ['ve:rən] **I.** *vr*: **sich** ~ **1.** (*sich verteidigen*) defenderse (*gegen* contra) **2.** (*sich sträuben*) oponer resistencia (*gegen* a) **II.** *vi*: **etw** *dat* ~ reprimir algo, oponerse a algo; **wehret den Anfängen!** ¡hay que cortarlo de raíz!

Wehrersatzbehörde *f* <-, -n> oficina *f* de reclutamiento (del ejército alemán)

Wehrersatzdienst *m* <-(e)s, -e> prestación *f* (social) sustitutoria

Wehrexperte, -in *m, f* <-n, -n; -, -nen> perito, -a *m, f* militar; **wehrfähig** *adj* apto [*o* útil] para el servicio militar

wehrhaft *adj* **1.** (*Person, Tier*) capaz de defenderse; (*tapfer*) valiente **2.** (*befestigt*) fortificado

Wehrkraftzersetzung *f* <-, *ohne pl*> (MIL) desmoralización *f* del ejército

wehrlos *adj* indefenso; **gegen eine solche Übermacht sind wir** ~ contra tal superioridad no podemos hacer nada; **jdm** ~ **ausgeliefert sein** no poder defenderse contra alguien

Wehrlosigkeit *f* <-, *ohne pl*> indefensión *f*

Wehrmacht *f* <-, *ohne pl*> (HIST) *Ejército alemán de la época de 1921 a 1945*; **Wehrmann** *m* <-(e)s, -männer> (*Schweiz*) soldado *m*; **Wehrpass**[RR] *m* <-es, -pässe> cartilla *f* militar; **Wehrpflicht** *f* <-, *ohne pl*> servicio *m* militar obligatorio

wehrpflichtig *adj* sujeto al servicio militar obligatorio

Wehrpflichtige(r) *m* <-n, -n> recluta *m*, quinto *m*

Wehrsold *m* <-(e)s, -e> soldada *f*

Wehrsportgruppe *f* <-, -n> grupo *m* paramilitar

wehrtauglich *adj* apto para el servicio militar; **Wehrtauglichkeit** *f* <-, *ohne pl*> aptitud *f* para el servicio militar; **Wehrtechnik** *f* <-, *ohne pl*> ingeniería *f* defensiva; **Wehrübung** *f* <-, -en> maniobra *f* militar (para reservistas)

weh|tun[RR] *vi* doler; **sich** *dat* ~ hacerse daño; **jdm** ~ causar(le) daño a alguien; **der Rücken tut mir weh** me duele la espalda

Wehweh ['ve:ve:, ve:'ve:] *nt* <-s, -s> (*Kind*), **Wehwehchen** [ve(:)'ve:çən] *nt* <-s, -> alifafe *m*, nana *f CSur*

Weib [vaɪp] *nt* <-(e)s, -er> mujer *f*

Weibchen ['vaɪpçən] *nt* <-s, -> (ZOOL) hembra *f*

Weiberfastnacht *f* <-, -nächte> (*reg*) jueves *m inv* gordo [*o* lardero]; **Weiberfeind** *m* <-(e)s, -e> misógino *m*; **Weiberheld** *m* <-en, -en> (*abw*) tenorio *m*, Don Juan *m*; **Weibervolk** *nt* <-(e)s, *ohne pl*> (*abw*) mujerío *m*

weibisch *adj* afeminado

Weiblein *nt* <-s, -> mujercita *f*

weiblich *adj* (*a.* LING) femenino

Weiblichkeit *f* <-, *ohne pl*> feminidad *f*

Weibsbild *nt* <-(e)s, -er> (*abw*) mujerota *f*; **Weibsstück** *nt* <-(e)s, -e> (*fam abw*) (vieja) bruja *f*

weich [vaɪç] *adj* **1.** (*nicht hart, Drogen, Charakter*) blando; (*formbar*) flexible; (*nicht zäh*) tierno; (*Ei*) pasado por agua; **etw** ~ **kochen** (*Ei*) pasar por agua; (*Gemüse*) cocer algo (hasta que está tierno); **ein ~es Herz haben** tener un corazón blando; **da wird er** ~ empieza a ceder **2.** (*zart, wollig, Klang, Landung*) suave; **sich** ~ **anfühlen** ser suave al tacto; ~ **landen** aterrizar suavemente **3.** (*Währung*) débil

Weichbild *nt* <-(e)s, -er> término *m* municipal

Weiche ['vaɪçə] *f* <-, -n> **1.** (*an Schienen*) aguja *f*; **die ~n für etw stellen** encauzar algo **2.** (*Flanke*) agujas *fpl*, verija *f Am*

weichen ['vaɪçən] <weicht, wich, gewichen> *vi sein* **1.** (*sich entfernen*) moverse, alejarse; **sie wich nicht von der Stelle** no se movió del sitio; **jdm nicht von der Seite** ~ pegarse a alguien como una lapa **2.** (*zurück~*) retroceder (*vor* frente a), retirarse; (*Platz machen*) hacer sitio; **das alte Haus musste einem Neubau** ~ el viejo caserón tuvo que hacer sitio al nuevo edificio **3.** (*nachlassen*) cesar

Weichensteller(in) *m(f)* <-s, -; -, -nen> guardagujas *mf inv*

weichgekocht *adj s.* **kochen I.2.**; **Weichharz** *nt* <-es, -e> resina *f* blanda

Weichheit *f* <-, *ohne pl*> blandura *f*, suavidad *f*

weichherzig *adj* blando de corazón; (*mitfühlend*) compasivo; **Weichherzigkeit** *f* <-, *ohne pl*> ternura *f* de corazón; (*Mitgefühl*) compasión *f*; **Weichholz** *nt* <-es, -hölzer> madera *f* blanda; **Weichkäse** *m* <-s, -> queso *m* blando; **weich|kriegen** *vt s.* **kriegen I.1.**

weichlich *adj* (*abw*) **1.** (*Material*) blando **2.** (*schwächlich*) flojo, débil **3.** (*nachgiebig*) blando, blandengue

Weichlichkeit *f* <-, *ohne pl*> **1.** (*Schwäche*) debilidad *f*, flojedad *f* **2.** (*Nachgiebigkeit*) blandura *f*

Weichling *m* <-s, -e> (*abw*) blandengue *m*, flojo *m*

Weichmacher *m* <-s, -> (CHEM, TECH) plastificante *m*; **Weichmacheröl** *nt* <-(e)s, -e> aceite *m* suavizante

Weichsel ['vaɪksəl] *f* <-, -n> (*reg*) **1.** (*Frucht*) guinda *f* **2.** (*Baum*) guindo *m*

Weichspüler *m* <-s, -> suavizante *m*

Weichteile *ntpl* partes *fpl* blandas; **Weichtiere** *ntpl* (ZOOL) moluscos *mpl*; **Weichzeichner** *m* <-s, -> (FOTO) objetivo *m* flou, filtro *m* de ablandamiento

Weide ['vaɪdə] *f* <-, -n> **1.** (*Vieh~*) pasto *m*; **das Vieh auf die ~ treiben** llevar el ganado a pastar **2.** (*Baum*) sauce *m*; **Weideland** *nt* <-(e)s, *ohne pl*> pastos *mpl*

weiden ['vaɪdən] **I.** *vi* pastar, pacer **II.** *vt* (*Vieh*) apacentar, pastar **III.** *vr:* **sich an etw** *dat* **~** recrearse con algo; (*schadenfroh*) regodearse con algo; **er/sie weidete sich an diesem Anblick** se recreaba con la escena

Weidengebüsch *nt* <-(e)s, -e> sauceda *f*, saucedal *m*; **Weidengeflecht** *nt* <-(e)s, -e> tejido *m* de mimbre; **Weidenkätzchen** [-kɛtsçən] *nt* <-s, -> (BOT) flor *f* del sauce; **Weidenkorb** *m* <-(e)s, -körbe> cesta *f* de mimbre; **Weidenrute** *f* <-, -n> varilla *f* de mimbre, otate *m Mex*

Weideplatz *m* <-es, -plätze> pasto *m*, pastizal *m*

weidgerecht ['vaɪt-] *adj* según las reglas de la caza; **ein Tier ~ erlegen** matar un animal conforme a las reglas de la caza

weidlich *adv* mucho; **sich ~ bemühen** esforzarse mucho

Weidmann ['vaɪtman] *m* <-(e)s, -männer> cazador *m*

weidmännisch ['vaɪtmɛnɪʃ] **I.** *adj* de cazador **II.** *adv* como un cazador

Weidmannsdank [vaɪtmans'daŋk] *interj* (JAGD) ¡gracias! (*en respuesta a "Weidmannsheil"*)

Weidmannsheil *interj* (JAGD) ¡buena caza!

weidwund *adj* (JAGD) con un disparo mortal (en el estómago)

weigern ['vaɪgɐn] *vr:* **sich ~** negarse (*zu* a); **er weigerte sich mitzukommen** se negó a venir

Weigerung *f* <-, -en> negativa *f*

Weihbischof *m* <-s, -schöfe> (REL) obispo *m* sufragáneo

Weihe ['vaɪə] *f* <-, -n> consagración *f*; (*Priester~*) ordenación *f*; **die niederen/höheren ~n** las órdenes menores/mayores; **die geistlichen ~n empfangen** ordenarse

weihen ['vaɪən] *vt* (REL) consagrar; **jdm geweiht sein** estar consagrado a alguien

Weiher ['vaɪɐ] *m* <-s, -> (*reg, südd*) estanque *m*

weihevoll *adj* (*geh*) solemne

Weihnacht *f* <-, *ohne pl*> (*geh*) Navidad *f*

weihnachten *vunpers:* **es weihnachtet** ya viene la Navidad, se nota ya el ambiente de Navidad

Weihnachten ['vaɪnaxtən] *nt* <-, -> Navidad(es) *f(pl)*; **fröhliche** [*o* **gesegnete**] **~** feliz Navidad; **jdm etw zu ~ schenken** regalar(le) algo a alguien por Navidad; **zu** [*o* **an**] **~** en Navidades; **grüne/weiße ~** Navidad sin/con nieve

weihnachtlich *adj* navideño

Weihnachtsabend *m* <-s, -e> Nochebuena *f*; **Weihnachtsbaum** *m* <-(e)s, -bäume> árbol *m* de Navidad; **Weihnachtseinkäufe** *mpl* compras *fpl* de Navidad; **Weihnachtsfeier** *f* <-, -n> fiesta *f* de Navidad; **Weihnachtsfeiertag** *m* <-(e)s, -e> día *m* festivo en Navidad; **der erste/zweite ~** el primer/segundo día (festivo) de Navidad; **Weihnachtsfest** *nt* <-(e)s, -e> (fiesta *f* de) Navidad *f*; **Weihnachtsgans** *f* <-, -gänse> ganso *m* de Navidad; **jdn ausnehmen wie eine ~** (*fam*) sacarle a alguien hasta el último céntimo; **Weihnachtsgeld** *nt* <-(e)s, -er> paga *f* extra de Navidad, aguinaldo *m Arg*; **Weihnachtsgeschenk** *nt* <-(e)s, -e> regalo *m* de Navidad; **Weihnachtsgeschichte** *f* <-, -n> cuento *m* de Navidad; **Weihnachtsgratifikation** *f* <-, -en> paga *f* extraordinaria de Navidad; **Weihnachtskarte** *f* <-, -n> tarjeta *f* de Navidad, christma(s) *m* (*inv*) *fam*; **Weihnachtslied** *nt* <-(e)s, -er> villancico *m*, canción *f* de Navidad; **Weihnachtsmann** *m* <-(e)s, -männer> Papá *m* Noel, Viejo Pascuero *m Am*; **Weihnachtsmarkt** *m* <-(e)s, -märkte> mercado *m* navideño; **Weihnachtstag** *m* <-(e)s, -e> (*erster*) día *m* de Navidad; (*zweiter*) día *m* de san Esteban; **über die ~e** (durante) las fiestas de Navidad; **Weihnachtsteller** *m* <-s, -s> plato *m* de los dulces de Navidad (*con mazapán, turrones, etc.*); **Weihnachtszeit** *f* <-, *ohne pl*> época *f* de Navidad; **in der ~** por Navidades

Weihrauch *m* <-(e)s, *ohne pl*> incienso *m*; **Weihrauchfass**^RR *nt* <-es, -fässer> incensario *m*

Weihwasser *nt* <-s, *ohne pl*> agua *f* bendita; **Weihwasserbecken** *nt* <-s, -> pila *f* de agua bendita

weil [vaɪl] *konj* porque; (*aufgrund von*) dado que, debido a que

Weilchen ['vaɪlçən] *nt* <-s, *ohne pl*> momentito *m*, ratito *m*

Weile ['vaɪlə] *f* <-, *ohne pl*> rato *m*; **ich musste eine ganze ~ warten** tuve que esperar un buen rato; **es dauerte eine ~** duró un rato; **vor einer ~** hace un rato; **das ist schon eine ganze ~ her** hace ya un (buen) rato

weilen ['vaɪlən] *vi* (*geh*) estar, hallarse; **er weilt nicht mehr unter uns** ya no se halla entre nosotros

Weiler ['vaɪlɐ] *m* <-s, -> cortijo *m*

Weimarer Republik ['vaɪmaːrɐ-] *f* <- -, *ohne pl*> (HIST) República *f* de Weimar

Wein[1] [vaɪn] *m* <-(e)s, -e> (*Getränk*) vino *m;* **roter/weißer ~** vino tinto/blanco; **lieblicher/trockener ~** vino dulce/seco; **offener ~** vino a granel; **im ~ liegt Wahrheit** (*prov*) in vino veritas; **jdm reinen ~ einschenken** hablar en cristiano con alguien

Wein[2] *m* <-(e)s, *ohne pl*> **1.** (*~trauben*) uvas *fpl;* **~ lesen** vendimiar **2.** (*Pflanze*) vid *f;* **~ anbauen** cultivar vino; **wilder ~** cepa virgen

Weinanbau *m* <-(e)s, *ohne pl*>, **Weinbau** *m* <-(e)s, *ohne pl*> viticultura *f;* **Weinbauer** *m* <-n *o* -s, -n> viticultor *m,* viñador *m*

Weinbaugebiet *nt* <-(e)s, -e> región *f* vinícola

Weinbeere *f* <-, -n> **1.** (*Traube*) uva *f* **2.** (*Österr, Schweiz, südd: Rosine*) pasa *f*

Weinberg *m* <-(e)s, -e> viña *f,* viñedo *m;* **Weinbergschnecke** *f* <-, -n> caracol *m* de viñedo

Weinbrand *m* <-(e)s, -brände> brandi *m*

weinen ['vaɪnən] **I.** *vi* llorar (*vor/aus* de); **sie weinte vor Zorn** lloraba de rabia; **es ist zum W~** es para llorar; **ich weiß nicht, ob ich lachen oder ~ soll** no sé si reír o llorar; **um jdn ~** llorar la muerte de alguien **II.** *vt* llorar; **Krokodilstränen ~** llorar lágrimas de cocodrilo; **bittere Tränen ~** llorar amargamente

weinerlich *adj* (*Person*) llorón; (*Stimme*) lloroso

Weinernte *f* <-, -n> vendimia *f;* **Weinessig** *m* <-s, -e> vinagre *m* de vino; **Weinfass**[RR] *nt* <-es, -fässer> tonel *m* de vino, pipa *f* de vino; **Weinflasche** *f* <-, -n> botella *f* de vino; **Weingarten** *m* <-s, -gärten> viña *f;* **Weingegend** *f* <-, -en> región *f* vinícola; **Weingeist** *m* <-(e)s, *ohne pl*> alcohol *m* etílico; **Weinglas** *nt* <-es, -gläser> vaso *m* para vino, copa *f* para vino; **Weingummi** *nt o m* <-s, -s> gominola *f;* **Weingut** *nt* <-(e)s, -güter> explotación *f* vinícola; **Weinhändler(in)** *m(f)* <-s, -; -, -nen> negociante *mf* en vinos, vinatero, -a *m, f;* **Weinhandlung** *f* <-, -en> bodega *f;* **Weinjahr** *nt* <-(e)s, -e>: **ein gutes ~** un año abundante en vinos; **ein schlechtes ~** un año malo para el vino; **Weinkarte** *f* <-, -n> carta *f* de vinos; **Weinkeller** *m* <-s, -> bodega *f;* **Weinkellerei** *f* <-, -en> bodega *f;* **Weinkenner(in)** *m(f)* <-s, -; -, -nen> conocedor(a) *m(f)* de vinos; **Weinkönigin** *f* <-, -nen> reina *f* del vino (*joven que durante un año representa a una región vinícola en las fiestas*)

Weinkrampf *m* <-(e)s, -krämpfe> llanto *m* convulsivo

Weinladen *m* <-s, -läden> bodega *f;* **Weinlage** *f* <-, -n> región *f* vinícola; **Weinlaune** *f* <-, *ohne pl*>: **nach zwei, drei Glas Wein gerieten die Anwesenden bald in ~** tras dos, tres vasos de vino, los que estaban allí se entonaron rápidamente; **in seiner ~ versprach er manches, was ihn später wieder reute** con unas cuantas copas de vino demás llegó a prometer ciertas cosas que más tarde lamentó; **Weinlese** *f* <-, -n> vendimia *f;* **Weinlokal** *nt* <-(e)s, -e> bodega *f;* **Weinprobe** *f* <-, -n> degustación *f* de vinos, cata *f* de vinos; **Weinranke** *f* <-, -n> sarmiento *m* (de la vid); **Weinrebe** *f* <-, -n> vid *f;* **weinrot** ['-'-] *adj* burdeos

Weinschaum *m* <-(e)s, *ohne pl*>, **Weinschaumcreme** *f* <-, -s> (GASTR) "zabaglione" *m*

weinselig *adj* (*Zecher*) entonado; (*Stimmung*) animado; **Weinsorte** *f* <-, -n> clase *f* de vino; **Weinstein** *m* <-(e)s, *ohne pl*> (crémor *m*) tártaro *m;* **Weinstock** *m* <-(e)s, -stöcke> vid *f;* **Weinstube** *f* <-, -n> taberna *f,* tasca *f;* **Weintraube** *f* <-, -n> uva *f;* **blaue/grüne ~n** uvas negras/blancas

weise ['vaɪzə] *adj* sabio; **~ lächeln** reír sabiamente

Weise *f* <-, -n> **1.** (*Art*) manera *f,* modo *m;* (*Methode*) método *m;* **in gewisser ~** en cierto modo; **auf diese ~** de esta manera; **auf meine ~** a mi manera; **auf jede nur erdenkliche ~** de todas las maneras imaginables; **in der ~, dass ...** de modo que... *+subj;* **in keiner** [*o* **keinster**] **~** (*fam*) de ningún modo **2.** (*Melodie*) melodía *f*

Weise(r) *mf* <-n, -n; -n, -n> sabio, -a *m, f;* **die (drei) ~n aus dem Morgenland** los Reyes Magos de Oriente

weisen ['vaɪzən] <weist, wies, gewiesen> **I.** *vi:* **auf etw ~** señalar algo **II.** *vt:* **jdm etw ~** señalar(le) algo a alguien, indicar(le) algo a alguien; **sie wies ihm den Weg** le indicó el camino; **jdn zur Ordnung ~** llamar a alguien al orden; **etw von sich** *dat* **~** rechazar algo; **das ist nicht von der Hand zu ~** esto no se puede negar; **jdn aus dem Saal ~** expulsar a alguien de la sala

Weisheit[1] *f* <-, *ohne pl*> sabiduría *f;* (*Wissen*) saber *m;* **mit seiner ~ am Ende sein** ya no saber qué hacer; **er glaubt, er habe die ~ mit Löffeln gefressen** (*fam*) se cree más sabio que el Lepe; **das ist nicht der ~ letzter Schluss** ésta no es la solución ideal; **sie tut, als habe sie die ~ für sich gepachtet** (*fam*) actúa como si se creyera muy inteligente

Weisheit[2] *f* <-, -en> (*Spruch*) sentencia *f;* (*Rat*) consejo *m;* **behalt deine ~en für dich!** (*fam*) ¡no necesito tus consejos!

Weisheitszahn *m* <-(e)s, -zähne> muela *f* del juicio, cordal *m*

weis|machen *vt* (*fam*): **jdm etw ~** hacer creer algo a alguien; **sie wollte uns ~, dass ...** nos quería hacer creer que...

weiß[1] [vaɪs] *3. präs von* **wissen**

weiß[2] [vaɪs] *adj* blanco; **~ werden** ponerse

blanco; **ihr Gesicht wurde** ~ se volvió pálida; **das ist ein ~er Fleck auf der Karte** es un territorio sin explorar; **eine ~e Weste haben** (*fam*) no tener antecedentes

Weiß *nt* <-(es), -> (color *m*) blanco *m;* **in ~ heiraten** casarse de blanco

weissagen ['---] *vt* predecir, profetizar; **jdm etw ~** hacer presentir algo a alguien

Weissagung *f* <-, -en> predicción *f,* profecía *f*

Weißbier *nt* <-(e)s, -e> cerveza *f* blanca [*o* de trigo]; **weißblau** ['-'-] *adj* azul y blanco; **Weißblech** *nt* <-(e)s, -e> hojalata *f;* **weißblond** *adj* rubio platino; **~ sein** ser rubio platino; **Weißbrot** *nt* <-(e)s, -e> pan *m* blanco, birote *m MAm;* **Weißbuch** *nt* <-(e)s, -bücher> (POL) Libro *m* Blanco; **Weißdorn** *m* <-(e)s, -e> espino *m* albar [*o* blanco]

Weiße(r) *mf* <-n, -n; -n, -n> (*Rasse*) blanco, -a *m, f*

weißeln *vt* (*südd, Schweiz*), **weißen** ['vaɪsən] *vt* blanquear

Weißfisch *m* <-(e)s, -e> mújol *m,* albur *m;* **weißglühend** *adj s.* **glühend; Weißglut** *f* <-, *ohne pl*> (TECH) incandescencia *f;* **jdn zur ~ bringen** [*o* **treiben**] (*fam*) poner a alguien al rojo vivo; **Weißgold** *nt* <-(e)s, *ohne pl*> oro *m* blanco

weißhaarig *adj* cano, de pelo blanco

Weißherbst *m* <-(e)s, -e> (*südd*) (vino *m*) rosado *m;* **Weißkabis** *m* <-, *ohne pl*> (*Schweiz*) repollo; **Weißkäse** *m* <-s, -> (*reg*) queso *m* blanco; **Weißkohl** *m* <-(e)s, *ohne pl*> repollo *m;* **Weißkraut** *nt* <-(e)s, *ohne pl*> repollo *m* blanco

weißlich *adj* blanquecino, blancuzco

Weißmacher *m* <-s, -> blanqueador *m*

Weißrussland[RR] *nt* <-s> Bielorrusia *f*

Weißtanne *f* <-, -n> (BOT) abeto *m* común [*o* blanco]

Weißwandreifen *m* <-s, -> neumático *m* con raya blanca

Weißwein *m* <-(e)s, -e> vino *m* blanco; **Weißwurst** *f* <-, -würste> Weißwurst *m* (*salchicha blanca*)

Weisung ['vaɪzʊŋ] *f* <-, -en> **1.** (*Befehl*) orden *f;* **auf jds ~ handeln** actuar por orden de alguien **2.** (*geh: An~*) instrucción *f;* **Weisungsbefugnis** *f* <-, -se> poder *m* directivo; **weisungsberechtigt** *adj* que tiene poder directivo; **weisungsgemäß** *adv* conforme a las instrucciones

weit [vaɪt] **I.** *adj* **1.** (*räumlich ausgedehnt*) vasto, extenso; (*breit*) amplio; (*groß*) grande; **~e Kreise der Bevölkerung** amplios sectores de la población; **der Skandal zog ~e Kreise** el escándalo se extendió mucho; **das ist ein ~es Feld** éste es un campo amplio; **sie springt 3,50 m ~** salta 3 metros 50; **etw ~ öffnen** abrir algo de par en par; **sie ist ~ herumgekommen** ha corrido mundo; **das W~e suchen** (*geh*) esfumarse **2.** (*geräumig*) espacioso; (*Kleidung*) ancho; **etw ~er machen** ensanchar algo **3.** (*entfernt*) lejano, distante; (*Reise, Weg*) largo; **in ~er Ferne** a lo lejos; **bis nach Hause ist es noch ~** aún falta un trecho hasta casa; **wie ~ ist es nach ...?** ¿a qué distancia está...?; **ist es noch ~?** ¿falta mucho todavía?; **von ~em** desde lejos, de lejos; **~ entfernt** remoto; **das ist ~ weg** (*fam*) eso queda muy lejos; **ich habe es nicht ~** no me queda mucho **4.** (*zeitlich*) largo, prolongado; **bis Ostern ist es noch ~** aún falta mucho para Pascua; **das liegt ~ zurück** de esto hace mucho tiempo; **bis ~ in den Morgen** hasta bien entrada la mañana **5.** (*Wend*): **bei ~em besser** mejor con distancia; **bei ~em nicht alles** no todo (ni) con mucho; **es ist ~ und breit niemand zu sehen** no se ve a nadie en varias millas a la redonda; **so ~** (*im allgemeinen*) en general; (*bis jetzt*) por ahora, hasta el momento; **wir sind so ~ ganz zufrieden** en general estamos satisfechos; **so ~ haben wir keine Probleme** por el momento [*o* por ahora] no tenemos problemas; **so ~, so gut** hasta el momento sin problemas; **es ist so ~** ya está, llegó el momento; **es ist bald so ~** estará pronto; **es ist noch nicht so ~** todavía no está; **bist du so ~?** (*fam*) ¿estás listo?; **endlich haben wir ihn so ~** por fin le tenemos a punto de caramelo; **sie wird es noch ~ bringen** hará carrera; **du wirst es noch so ~ bringen, dass etwas passiert** lo llevarás a tal extremo que algo ocurrirá; **das geht** (**entschieden**) **zu ~!** ¡esto ya pasa de la raya!; **ich finde, du treibst es zu ~** creo que llevas las cosas demasiado lejos; **das führt zu ~** (*fam*) eso es demasiado; **er ist zu ~ gegangen** (*fam*) se ha pasado; **wie ~ bist du mit der Arbeit?** ¿qué tal el trabajo?; **damit ist es nicht ~ her** no es nada del otro mundo; **das ist ~ hergeholt** esto está cogido de los pelos; **so ~ kommt's noch!** (*fam*) ¡hasta ahí podíamos llegar! **II.** *adv* (*sehr, erheblich*) mucho; **~ besser** mucho mejor; **etw ~ übertreffen** superar algo en mucho; **er ist ~ über sechzig** tiene bastante más de sesenta años; **~ gefehlt!** ¡está Ud. completamente equivocado!; **das ist ~ verbreitet** eso está muy extendido

weitab ['vaɪtʔap] *adv* muy lejos; **~ vom Dorf** muy lejos del pueblo

weitaus ['-'-] *adv* mucho; **er ist ~ besser** le supera con mucho

Weitblick *m* <-(e)s, *ohne pl*> visión *f* de futuro; (*Scharfsinn*) perspicacia *f;* **politischer ~** visión política; **er hat ~ bewiesen** mostró tener visión de futuro

weitblickend *adj* previsor; (*scharfsinnig*) clarividente, perspicaz

Weite ['vaɪtə] *f* <-, -n> **1.** (*Ausdehnung*) extensión *f,* vastedad *f;* **die ~ des Meeres** la vastedad del mar **2.** (*Entfernung*) distancia *f* **3.** (*Durchmesser*) diámetro *m;* (*Größe*) tamaño *m* **4.** (*bei Kleidung*) ancho *m,* anchura *f;* **in der ~ passt die Jacke** la chaqueta queda

W

bien de ancho

weiten ['vaɪtən] I. *vt* ensanchar II. *vr:* **sich** ~ ensancharse; (*Gefäß, Pupille*) dilatarse

weiter ['vaɪtɐ] *adv* 1. (*im Anschluss*) a continuación; (*danach*) después; **was geschah ~?** ¿qué sucedió después? 2. (*außerdem*) además; (*sonst*) más; (*verneint*) nada más; ~ **weiß ich nichts** aparte de esto no sé nada más; **das ist nicht ~** [*o* ~ **nicht**] **schlimm** eso no tiene la menor importancia; **wenn's ~ nichts ist** si no hay nada más; **und so ~** etcétera; ~! ¡adelante!, ¡siga!

weiter|arbeiten *vi* seguir trabajando (*an* en)

weiter|befördern* *vt* transportar; **die Touristen wurden vom Flughafen mit Bussen zu den Hotels weiterbefördert** transportaron [*o* llevaron] a los turistas del aeropuerto al hotel en autobús

weiter|behandeln* *vt* (*Patienten, Thema*) seguir tratando; **Weiterbehandlung** *f* <-, -en> tratamiento *m* de seguimiento [*o* posterior]

weiter|bestehen* *irr vi* seguir existiendo

Weiterbestehen *nt* <-s, *ohne pl*> 1. (*einer Einrichtung*) existencia *f*, supervivencia *f* 2. (*Andauern*) continuación *f*

weiter|bilden I. *vt* perfeccionar II. *vr:* **sich** ~ ampliar sus conocimientos; (*in einem Kurs*) hacer un curso de perfeccionamiento; **Weiterbildung** *f* <-, *ohne pl*> ampliación *f* de estudios; (*als Kurs*) cursos *mpl* de perfeccionamiento

weiter|bringen *irr vt* llevar adelante, hacer progresar; **der Intensivkurs wird dich ~** el curso intensivo te va a hacer adelantar; **das bringt uns auch nicht weiter** con eso no ganamos nada; **weiter|denken** *irr vi* pensar en las consecuencias (a la larga [*o* previsoramente]); **du solltest ~ und die Konsequenzen deiner Entscheidung berücksichtigen** deberías pensar de cara al futuro y considerar las consecuencias de tu decisión

weitere(r, s) *adj* (*zusätzlich*) más, otro; (*zeitlich*) posterior, ulterior; ~ **Kapitel folgen** seguirán más capítulos; ~ **fünf Jahre** otros cinco años; **die ~ Entwicklung** el desarrollo posterior; **alles W~** todo lo demás; **bis auf ~s** hasta nuevo aviso; **ohne ~s** sin más

weiter|empfehlen* *irr vt* recomendar (a otros); **weiter|entwickeln*** I. *vt* perfeccionar II. *vr:* **sich** ~ hacer progresos, desarrollarse; **weiter|erzählen*** *vt* contar (a otros), narrar (a otros); **du darfst es niemandem ~** no lo cuentes a nadie

weiter|fahren *irr vi sein* seguir, continuar (el viaje); **Sie können hier nicht ~** no puede seguir adelante; **Weiterfahrt** *f* <-, *ohne pl*> continuación *f* del viaje

weiter|fliegen *irr vi sein* continuar el viaje (en avión) (*nach* a); **nach einem kurzen Zwischenstopp flogen wir (nach Asunción) weiter** tras una corta escala, continuamos nuestro viaje (a Asunción); **Weiterflug** *m* <-(e)s, *ohne pl*> continuación *f* del vuelo

weiter|führen I. *vi* seguir, continuar II. *vt* 1. (*fortsetzen*) continuar 2. (*weiterbringen*) llevar adelante; **die Diskussion führt uns nicht weiter** la discusión no nos lleva a ninguna parte; **~de Schule** *colegio con cursos que permiten el acceso posterior a la universidad*

Weitergabe *f* <-, *ohne pl*> (*von Informationen*) transmisión *f*; (*von Dingen*) entrega *f*

weiter|geben *irr vt* dar (*an* a), pasar (*an* a); (*Erfahrungen*) transmitir (*an* a); **weiter|gehen** *irr vi sein* 1. (*seinen Weg*) seguir (andando); **alle einsteigen, es geht (wieder) weiter!** montaos que el viaje continúa 2. (*andauern*) seguir, continuar; **wie lange soll das noch so ~?** ¿cuánto tiempo va a seguir así?; **so kann es nicht ~!** ¡esto no puede continuar así!

weitergehend *adj* (*Österr*) *kompar von* **weitgehend**

weiter|helfen *irr vi:* **jdm ~** ayudar a alguien (*in/bei* en/a)

weiterhin *adv* 1. (*künftig*) en el futuro, en adelante 2. (*außerdem*) además 3. (*immer noch*) todavía

weiter|kämpfen *vi* seguir luchando

weiter|kommen *irr vi sein* 1. (*räumlich*) avanzar; **Sie kommen hier nicht weiter** no puede avanzar 2. (*Fortschritte machen*) salir adelante, avanzar; **so kommen wir nicht weiter** así no llegamos a ninguna parte

Weiterkommen *nt* <-s, *ohne pl*> 1. (*Durchkommen*): **hier ist kein ~ möglich!** ¡es imposible seguir por aquí!, ¡por aquí no se puede continuar!; **durch ein undurchdringliches Gestrüpp wurden wir am ~ gehindert** no pudimos continuar debido a aquellos matorrales impenetrables 2. (*Karriere*) promoción *f*, progreso *m*; **diese Seminare waren für sein ~ besonders wichtig** estos seminarios eran especialmente importantes para que él pudiera promocionarse

weiter|können *irr vi* poder continuar (el camino); **ich kann nicht weiter, meine Füße tun mir so weh** no puedo seguir andando [*o* más], me duelen mucho [*o* tanto] los pies; **weiter|laufen** *irr vi sein* 1. (*den Lauf fortsetzen*) continuar (andando [*o* corriendo]); **obwohl er völlig erschöpft war, lief er immer weiter** aunque estaba completamente agotado, siguió andando [*o* no dejó de andar] 2. (*Maschine, Motor*) seguir funcionando; **die Maschinen laufen auch am Wochenende weiter** las máquinas funcionan también durante el fin de semana 3. (*Gehalt*): **bei Angestellten läuft das Gehalt auch im Krankheitsfall weiter** los empleados siguen cobrando aun estando de baja por enfermedad 4. (*Zinsen*) seguir acumulándose; **weiter|leben** *vi* seguir viviendo; **seine Ideale leben in seinen Nachfolgern weiter** sus ideales siguen vivos en sus sucesores; **weiter|leiten**

vt transmitir (*an* a); **weiter|machen** *vi* (*fam*) continuar, seguir; **mach nur so weiter!** ¡sigue así!; **so können wir nicht ~** no podemos seguir así; **weiter|reichen** *vt* pasar (*an* a); **Weiterreise** *f* <-, -n> continuación *f* del viaje; **auf der ~ kamen wir durch Toledo** continuando el viaje pasamos por Toledo; **gute ~!** ¡buen viaje!
weiters ['vaɪtɐs] *adv* (*Österr*) además
weiter|sagen *vt* decir [*o* contar] a otros; (*verbreiten*) divulgar; **nicht ~!** ¡no lo diga(s) a nadie!
Weiterung *f* <-, -en> (*formal*) consecuencia *f* desagradable, complicación *f*
weiter|verarbeiten* *vt* tratar, elaborar; **weiter|verfolgen*** *vt* continuar persiguiendo
Weiterverkauf *m* <-(e)s, -käufe> reventa *f*; **weiter|verkaufen*** *vt* vender a un tercero, revender
weiter|vermieten* *vt* realquilar (*an* a); **weiter|verwenden*** *vt* seguir utilizando; **die alten Handtücher kann man noch als Putzlappen ~** las toallas viejas se pueden utilizar todavía como trapos de limpieza; **weiter|verwerten*** *vt* reutilizar; **Altglas wird gesammelt um es weiterzuverwerten** las botellas de vidrio se recogen para ser reutilizadas; **weiter|wissen** *irr vi* saber qué hacer; **ich weiß einfach nicht mehr weiter** ya no sé qué hacer; **weiter|wollen** <will weiter, wollte weiter, weitergewollt> *vi* (*fam*) querer continuar (el camino); **ich will gleich weiter, denn ich habe einen dringenden Termin** quiero seguir [*o* continuar] enseguida, porque tengo una cita apremiante [*o* urgente]; **weiter|ziehen** *irr vi sein* (pro)seguir su camino
weitestgehend *adj o adv superl von* **weitgehend**
weitgehend <weiter gehend *o* weitgehender, *Schweiz:* weitergehend, am weitestgehenden *o* am weitgehendsten> **I.** *adj* amplio, extenso **II.** *adv* en su mayor parte, en gran parte
weitgereist *adj* que ha viajado mucho
weither ['-'-] *adv* (*geh*) de muy lejos
weitherzig ['vaɪthɛrtsɪç] *adj* liberal; (*tolerant*) tolerante
weithin ['--, '-'-] *adv* **1.** (*weitumher*) hasta muy lejos **2.** (*in hohem Maße*) en gran medida; **das ist ~ seine Schuld** es en gran medida culpa suya
weitläufig **I.** *adj* **1.** (*ausgedehnt*) vasto, extenso **2.** (*weitschweifend*) prolijo; (*ausführlich*) detallado **3.** (*Verwandter*) lejano **II.** *adv* con todo detalle; **etw ~ erzählen** contar algo con todo detalle; **mit jdm ~ verwandt sein** ser pariente lejano de alguien
Weitläufigkeit *f* <-, *ohne pl*> amplitud *f*, extensión *f*
weitmaschig *adj* de mallas grandes
weiträumig *adj* espacioso, extenso; **die Unfallstelle ~ umfahren** dar un gran rodeo a la zona del accidente
weitreichend *adj* **1.** (*für große Entfernung*) de gran alcance **2.** (*umfassend*) extenso, amplio
weitschweifig *adj* prolijo, difuso
Weitschweifigkeit *f* <-, *ohne pl*> prolijidad *f*
Weitsicht *f* <-, *ohne pl*> *s.* **Weitblick**
weitsichtig *adj* **1.** (MED) hipermétrope **2.** (*umsichtig*) previsor
Weitsichtigkeit *f* <-, *ohne pl*> **1.** (MED) hipermetropía *f* **2.** (*im Handeln*) visión *f* de futuro; (*Umsicht*) previsión *f*, cuidado *m*
Weitspringer(in) *m(f)* <-s, -; -, -nen> (SPORT) saltador(a) *m(f)* de longitud; **Weitsprung** *m* <-(e)s, -sprünge> (SPORT) salto *m* de longitud
weitverbreitet ['--'--] *adj* muy frecuente; (*Meinung*) muy divulgado; **weitverzweigt** ['--'-] *adj* **1.** (*ausgedehnt*) amplio, muy extenso; **ein ~es Netz** una red amplia; **seine ~e Verwandtschaft** su ramificada parentela **2.** (*oft verzweigt*) muy ramificado, de vasta ramificación
Weitwinkelobjektiv *nt* <-(e)s, -e> (FOTO) objetivo *m* gran angular
Weizen ['vaɪtsən] *m* <-s, -> trigo *m*; **Weizenbier** *nt* <-(e)s, -e> cerveza *f* de trigo; **Weizenbrot** *nt* <-(e)s, -e> pan *m* de trigo
Weizenkeim *m* <-(e)s, -e> germen *m* de trigo; **Weizenkeimöl** *nt* <-(e)s, -e> aceite *m* de germen de trigo
Weizenkleie *f* <-, -n> salvado *m* de trigo; **Weizenmehl** *nt* <-(e)s, -e> harina *f* de trigo
welch *pron inter:* **~ eine(r, s)** qué; **~ eine Freude!** ¡qué alegría!; *s. a.* **welche(r, s)**
welche(r, s) ['vɛlçə, -çɐ, -çəs] **I.** *pron inter* (*adjektivisch*) qué; (*substantivisch*) cuál; (*in Ausrufen*) qué, vaya; **~ Tasche?** ¿qué bolso?; **~r von den beiden?** ¿cuál de los dos?; **~ Freude!** ¡qué alegría!; **~ Überraschung!** ¡vaya sorpresa!; **aus ~m Grund?** ¿por qué motivo?; **ich weiß nicht, ~n du meinst** no sé a cuál te refieres; **~r Mensch könnte behaupten, dass ...?** ¿quién podría afirmar que...? **II.** *pron rel* que; (*in weiterführenden Relativsätzen*) el/la/lo cual, los/las cuales *pl*; **das Kind, ~s das schönste Bild gemalt hat** el niño que ha pintado el cuadro más bonito; **er reiste ab, ~s auf das schlechte Wetter zurückzuführen war** se fue, lo cual se debía al mal tiempo **III.** *pron indef* algunos; **es gibt ~, die glauben, dass ...** hay algunos que piensan que...; **ich habe kein Papier dabei, hast du ~s?** no tengo papel, ¿tienes tú uno?
welcherlei ['vɛlçɐ'laɪ] *adj inv* sea cual fuere
welk [vɛlk] *adj* (*a. fig*) lacio; (*verwelkt*) marchito
welken ['vɛlkən] *vi sein* (*a. fig*) marchitarse
Wellblech ['vɛl-] *nt* <-(e)s, -e> chapa *f* ondulada; **Wellblechhütte** *f* <-, -n> chabola

f

Welle ['vɛlə] *f* <-, -n> **1.** (*im Wasser*) ola *f*, onda *f* **2.** (*Protest~*) ola *f*; **hohe ~n schlagen** causar sensación **3.** (*Aktualität*): **die neue ~** la nueva ola **4.** (*im Haar*) ondulación *f* **5.** (PHYS, RADIO) onda *f* **6.** (TECH) eje *m*, árbol *m* **7.** (SPORT) molinete *m* **8.** (*Wend*): **grüne ~** *semáforos programados* (*para ponerse en verde pasando a la velocidad prescrita*)

wellen ['vɛlən] **I.** *vt* ondular **II.** *vr:* **sich ~** ondularse

Wellenbad *nt* <-(e)s, -bäder> piscina *f* de olas; **Wellenbereich** *m* <-(e)s, -e> banda *f* de frecuencias; **Wellenberg** *m* <-(e)s, -e> cresta *f* (de una ola); (PHYS) cresta *f* (de una onda); **Wellenbewegung** *f* <-, -en> movimiento *m* ondulatorio; **Wellenbrecher** *m* <-s, -> rompeolas *m inv;* **Wellenenergie** *f* <-, -n> energía *f* de ondas; **wellenförmig** [-fœrmɪç] *adj* ondulado; **Wellengang** *m* <-(e)s, *ohne pl*> oleaje *m;* **Wellenkamm** *m* <-(e)s, -kämme> cresta *f* (de la ola); **Wellenkraftwerk** *nt* <-(e)s, -e> central *f* energética que aprovecha la energía de las olas de mar; **Wellenlänge** *f* <-, -n> (PHYS) longitud *f* de onda; **sie haben die gleiche ~, sie liegen auf der gleichen ~** (*fam*) están en la misma onda; **Wellenlinie** *f* <-, -n> línea *f* ondulada; **Wellenreiten** *nt* <-s, *ohne pl*> (SPORT) surf *m;* **Wellenschlag** *m* <-(e)s, -schläge> ritmo *m* de las olas; **Wellenschliff** *m* <-(e)s, -e> (*eines Messers*) afilado *m* ondulado; **Wellensittich** *m* <-s, -e> (ZOOL) perico *m*, periquito *m;* **Wellental** *nt* <-(e)s, -täler> seno *m* (de una ola)

wellig *adj* ondulado

Wellpappe *f* <-, -n> cartón *m* ondulado

Welpe ['vɛlpə] *m* <-n, -n> cachorro *m*

Wels [vɛls] *m* <-es, -e> (ZOOL) siluro *m*

welsch [vɛlʃ] *adj* (*Schweiz*) de la Suiza francófona; **Welschland** *nt* <-(e)s, *ohne pl*> (*Schweiz*) Suiza *f* francesa; **Welschschweiz** *f* <-> (*Schweiz*) Suiza *f* francófona; **Welschschweizer(in)** *m(f)* <-s, -; -, -nen> (*Schweiz*) suizo, -a *m, f* del cantón francés; **welschschweizerisch** *adj* (*Schweiz*) de la Suiza francófona

Welt [vɛlt] *f* <-, -en> mundo *m;* (*Erde*) tierra *f;* **die Entstehung der ~** la formación del mundo; **auf der ~** en el mundo; **auf die ~ kommen** venir al mundo; **aus aller ~** de todo el mundo; **die Alte/Neue/Dritte ~** el Viejo/Nuevo/Tercer Mundo; **die heile ~** el mundo ideal; **die große weite ~** el ancho mundo; **alle ~ spricht davon** todo el mundo habla de esto; **vor aller ~** delante de todo el mundo; **sie ist viel in der ~ herumgekommen** ha recorrido mucho mundo; **die ~ des Kindes/der Träume** el mundo del niño/de los sueños; **in einer anderen ~ leben** vivir en otro mundo; **uns trennen ~en** entre nosotros hay un mundo; **eine ~ brach für ihn zusammen** se le hundió el mundo; **sich von der ~ zurückziehen** retirarse del mundo; **mit sich** *dat* **und der ~ zufrieden sein** estar contento con uno mismo y con el mundo; **um nichts in der ~** por nada del mundo; **die ~ nicht mehr verstehen** ya no entender nada de nada; **das ist nicht aus der ~** (*fam*) no está lejos; **das kostet nicht die ~** (*fam*) eso no cuesta demasiado; **was in aller ~ hast du dir denn dabei gedacht?** (*fam*) ¿en qué diablos estabas pensando al hacer esto?; **davon geht die ~ nicht unter** (*fam*) no se acaba el mundo por eso; **nobel geht die ~ zugrunde** [*o* **zu Grunde**] (*fam*) no hay nada como montárselo a lo grande; **ein Gerücht in die ~ setzen** (*fam*) hacer correr un rumor; **das hat die ~ noch nicht gesehen!** (*fam*) ¡es una cosa nunca vista!

Weltall *nt* <-s, *ohne pl*> universo *m*, cosmos *m inv*

weltanschaulich *adj* ideológico

Weltanschauung *f* <-, -en> ideología *f;* **Weltatlas** *m* <-(ses), -atlanten *o* -se> atlas *m inv* universal; **Weltausstellung** *f* <-, -en> exposición *f* universal; **Weltbank** *f* <-, *ohne pl*> Banco *m* Mundial; **weltbekannt** ['--'-] *adj* mundialmente conocido; **weltberühmt** ['--'-] *adj* famoso en el mundo entero, de fama mundial; **weltbeste(r, s)** *adj* mejor del mundo; **Weltbeste(r)** *mf* <-n, -n; -n, -n> número *mf* uno del mundo; **Weltbestleistung** *f* <-, -en> (SPORT) récord *m* del mundo, mejor marca *f* mundial; **Weltbestzeit** *f* <-, -en> (SPORT) récord *m* del mundo; **die 100-m in ~ laufen** batir el récord del mundo de los 100 metros; **Weltbevölkerung** *f* <-, *ohne pl*> población *f* mundial; **weltbewegend** *adj* revolucionario; **Weltbild** *nt* <-(e)s, -er> concepto *m* del mundo, visión *f* del mundo; **Weltbürger(in)** *m(f)* <-s, -; -, -nen> cosmopolita *mf;* **Weltcup** [-kap] *m* <-s, -s> (SPORT) copa *f* del mundo

Weltenbummler(in) [-bʊmlɐ] *m(f)* <-s, -; -, -nen> trotamundos *mf inv*

Welterfolg *m* <-(e)s, -e> éxito *m* mundial

Weltergewicht ['vɛltɐ-] *nt* <-(e)s, *ohne pl*> (SPORT) peso *m* wélter

Weltergewichtler(in) *m(f)* <-s, -; -, -nen> (SPORT) peso *mf* welter

welterschütternd *adj:* **eine ~e Tragödie** una tragedia que conmociona el mundo; **ein ~es Ereignis** un acontecimiento de repercusión mundial; **~ sein** tener repercusión (a nivel) mundial

Weltfrauentag *m* <-(e)s, -e> día *m* (mundial) de la mujer

weltfremd *adj* ajeno al mundo; (*naiv*) ingenuo; **Weltfremdheit** *f* <-, *ohne pl*> idealismo *m;* (*Naivität*) ingenuidad *f;* **Weltfrieden** *m* <-s, *ohne pl*> paz *f* mundial; **Weltgeistliche(r)** *m* <-n, -n> (REL) clérigo *m* secular; **Weltgeltung** *f* <-, *ohne pl*> prestigio *m* internacional; **ein Forscher von ~** un investigador de prestigio internacional; **Weltgeschichte** *f* <-, *ohne pl*> historia *f* universal; **in der ~ herumfahren** (*fam*) recorrer mundo; **weltgeschichtlich** *adj* histórico; **von ~er Bedeutung** de transcendencia universal; **Weltgesundheitsorganisation** ['--'-------] *f* <-, *ohne pl*> Organización *f* Mundial de la Salud; **weltgewandt** *adj* de mundo, mundano; **weltgrößte(r, s)** *adj* más grande del mundo

Welthandel *m* <-s, *ohne pl*> comercio *m* internacional [*o* mundial]; **Welthandelsorganisation** *f* <-, *ohne pl*> Organización *f* Mundial del Comercio

Weltherrschaft *f* <-, *ohne pl*> hegemonía *f* mundial

Welthilfssprache *f* <-, -n> lengua *f* internacional (artificial)

Weltkarte *f* <-, -n> mapamundi *m;* **Weltkrieg** *m* <-(e)s, -e> guerra *f* mundial; **Erster/Zweiter ~** primera/segunda guerra mundial; **Weltkugel** *f* <-, -n> globo *m* terráqueo

weltläufig *adj* (*geh*) cosmopolita

weltlich *adj* **1.** (*irdisch*) mundano, terreno **2.** (*nicht kirchlich*) laico, secular

Weltliteratur *f* <-, *ohne pl*> literatura *f* mundial; **Weltmacht** *f* <-, -mächte> potencia *f* mundial; **Weltmann** *m* <-(e)s, -männer> hombre *m* de mundo

weltmännisch ['vɛltmɛnɪʃ] *adj* de hombre de mundo; (*überlegen*) sofisticado

Weltmarkt *m* <-(e)s, *ohne pl*> (WIRTSCH) mercado *m* mundial; **auf dem ~** en el mercado mundial; **weltmarktfähig** *adj* competente en el mercado internacional; **Weltmarktkonditionen** *fpl* (WIRTSCH) condiciones *fpl* del mercado internacional

Weltmeer *nt* <-(e)s, -e> océano *m;* **Weltmeister(in)** *m(f)* <-s, -; -, -nen> campeón, -ona *m, f* del mundo; **Weltmeisterschaft** *f* <-, -en> **1.** (*Wettkampf*) campeonato *m* mundial, mundial(es) *m(pl) fam* **2.** (*Titel*) copa *f* mundial [*o* del mundo]; **Weltmonopol** *nt* <-s, -e> (WIRTSCH) monopolio *m* internacional [*o* mundial]; **weltoffen** *adj* abierto; **Weltöffentlichkeit** *f* <-, *ohne pl*> opinión *f* mundial; **Weltordnung** *f* <-, *ohne pl*> (PHILOS) orden *m* mundial [*o* del mundo]; **Weltpolitik** *f* <-, *ohne pl*> política *f* internacional; **weltpolitisch I.** *adj* que afecta a la política internacional [*o* mundial] **II.** *adv* en la política internacional, a nivel de política mundial; **Weltpresse** *f* <-, *ohne pl*> prensa *f* internacional

Weltrang *m* <-(e)s, *ohne pl*> nivel *m* internacional; **Weltrangliste** *f* <-, -n> (SPORT) clasificación *f* mundial

Weltraum *m* <-(e)s, *ohne pl*> espacio *m* sideral; **Weltraumbehörde** *f* <-, -n> agencia *f* espacial; **Weltraumfähre** *f* <-, -n> nave *f* espacial; **Weltraumfahrer(in)** *m(f)* <-s, -; -, -nen> astronauta *mf;* **Weltraumfahrt** *f* <-, *ohne pl*> navegación *f* espacial; **Weltraumflug** *m* <-(e)s, -flüge> vuelo *m* espacial; **Weltraumforschung** *f* <-, *ohne pl*> investigación *f* espacial; **Weltraumkapsel** *f* <-, -n> cápsula *f* espacial; **Weltraumlabor** *nt* <-s, -s *o* -e> laboratorio *m* espacial; **Weltraummüll** *m* <-(e)s, *ohne pl*> basura *f* espacial; **Weltraumrakete** *f* <-, -n> cohete *m* espacial; **Weltraumrüstung** *f* <-, *ohne pl*> armamento *m* espacial; **Weltraumschiff** *nt* <-(e)s, -e> nave *f* espacial; **Weltraumstation** *f* <-, -en> estación *f* espacial; **Weltraumteleskop** *nt* <-s, -e> telescopio *m* espacial; **Weltraumwaffe** *f* <-, -n> arma *f* espacial

Weltreich *nt* <-(e)s, -e> imperio *m;* **Weltreise** *f* <-, -n> viaje *m* alrededor del mundo; **Weltreisende(r)** *mf* <-n, -n; -n, -n> trotamundos *mf inv*

Weltrekord *m* <-(e)s, -e> récord *m* mundial [*o* del mundo]; **Weltrekordinhaber(in)** *m(f)* <-s, -; -, -nen> *s.* **Weltrekordler**

Weltrekordler(in) [-rekɔrtlɐ] *m(f)* <-s, -; -, -nen> plusmarquista *mf* mundial; **Weltreligion** *f* <-, -en> religión *f* mundial; **Weltruf** *m* <-(e)s, *ohne pl*> fama *f* mundial; **ein Wein von ~** un vino de prestigio internacional; **Weltruhm** *m* <-(e)s, *ohne pl*> fama *f* mundial; **Weltschmerz** *m* <-es, *ohne pl*> melancolía *f;* **Weltsicherheitsrat** [-'----] *m* <-(e)s, *ohne pl*> Consejo *m* de Seguridad de las Naciones Unidas; **Weltsprache** *f* <-, -n> idioma *m* universal; **Weltstadt** *f* <-, -städte> metrópoli *f;* **weltstädtisch** *adj* cosmopolita; **Weltstar** *m* <-s, -s> estrella *f* mundial; **Weltumsegelung** *f* <-, -en> (NAUT) circunnavegación *f,* vuelta *f* al mundo de vela

Weltuntergang *m* <-(e)s, -gänge> fin *m* del mundo; **Weltuntergangsstimmung** *f* <-, -en> catastrofismo *m,* ambiente *m* apocalíptico

Welturaufführung *f* <-, -en> estreno *m* mundial

Weltverbesserer, -in *m, f* <-s, -; -, -nen> idealista *mf*

Weltwährungsfonds *m* <-, *ohne pl*> Fondo *m* Monetario Internacional

weltweit ['-'-, '--] **I.** *adj* mundial, universal **II.** *adv* a escala mundial

Weltwirtschaft *f* <-, *ohne pl*> economía *f* mundial; **Weltwirtschaftsgipfel** *m* <-s, -> cumbre *f* económica mundial [*o* internacional]; **Weltwirtschaftskrise** *f* <-, -n> crisis *f inv* económica mundial; **Weltwirtschaftssystem** *nt* <-s, -e> sistema *m* económico internacional

Weltwunder *nt* <-s, -> maravilla *f* del mundo; **die sieben ~** las siete maravillas del mundo

Weltzeit *f* <-, *ohne pl*> hora *f* universal,

hora *f* local del meridiano; **Weltzeituhr** *f* <-, -en> reloj *m* universal

wem [ve:m] **I.** *pron inter dat von* **wer** a quién, a quiénes *pl;* **mit ~?** ¿con quién?; **von ~?** ¿de quién?; **bei ~?** ¿en casa de quién?; **zu ~?** ¿a casa de quién?; **~ gefällt das?** ¿a quién le gusta esto?; **mit ~ fährst du? – mit Pia und Christian** ¿con quiénes vas? – con Pia y Christian; **ich zeige dir, ~ du helfen solltest** te voy a indicar a quién deberías ayudar **II.** *pron rel dat von* **wer** a quien, al que, a quienes, a los que *pl;* **~ das zu teuer ist, (der) soll es sagen** a quien/a quienes [*o* al/a los que] le resulte caro que lo diga; **mit ~ ich gehe, ist doch meine Sache** con quien yo vaya es mi problema

Wemfall *m* <-(e)s, -fälle> (GRAM) dativo *m*

wen [ve:n] **I.** *pron inter akk von* **wer** a quién, a quiénes *pl;* **an ~?** ¿a quién?; **für ~?** ¿para quién?; **~ kennst du nicht? – die beiden dort** ¿a quiénes no conoces? – a esos dos de allí; **~ meinst du?** ¿a quién te refieres?; **ich weiß nicht, an ~ ich mich wenden soll** no sé a quién debo dirigirme **II.** *pron rel akk von* **wer** a quien, al que, a quienes, a los que *pl;* **~ das betrifft** a quien/quienes [*o* al/a los que] corresponda

Wende ['vɛndə] *f* <-, -n> **1.** (*Veränderung*) cambio *m;* **eine ~ zum Guten/Schlechten** un cambio para mejor/peor; **an der ~ des 19. Jahrhunderts, an der ~ zum 20. Jahrhundert** en la transición del siglo XIX al XX **2.** (*Schwimmen, Segeln*) viraje *m;* (*Turnen, Eiskunstlauf*) vuelta *f;* **Wendefläche** *f* <-, -n> área *f* para girar [*o* para dar la vuelta]; **Wendejacke** *f* <-, -n> chaqueta *f* reversible; **Wendekreis** *m* <-es, -e> **1.** (GEO) trópico *m;* **der nördliche/südliche ~** el trópico de Cáncer/de Capricornio; **der ~ des Krebses/Steinbocks** el trópico de Cáncer/de Capricornio **2.** (TECH) radio *m* de giro

Wendeltreppe ['vɛndəl-] *f* <-, -n> escalera *f* de caracol

Wendemantel *m* <-s, -mäntel> abrigo *m* reversible

wenden[1] ['vɛndən] **I.** *vi* (*Auto*) girar, dar la vuelta; (NAUT) virar **II.** *vt* (*Braten, Blatt, Kleidung, Fahrzeug*) dar la vuelta (a), volver; **den Braten ~** dar la vuelta al asado; **bitte ~!** ¡véase al dorso!; **man kann die Sache drehen und ~, wie man will** mírese como se mire

wenden[2] <wendet, wendete *o* wandte, gewendet *o* gewandt> **I.** *vt* **1.** (*Kopf*) volver; **den Kopf ~** volver la cabeza **2.** (*Blick, Schritte*) dirigir; **seine Schritte in eine andere Richtung ~** dirigirse a otro lado; **den Blick nicht von etw** *dat* **~** no apartar la vista de algo **3.** (*auf~*) invertir (*an/auf* en); **sie haben viel Geld/Mühe daran gewendet** han invertido mucho dinero/esfuerzo en eso **II.** *vr:* **sich ~** (*Richtung einschlagen*) dirigirse (*zu* a), encaminarse (*zu* a); (*von jdm weg*) apartarse (*von* de); **er wollte sich schon zum Gehen ~** se disponía a irse; **sich zum Ausgang ~** dirigirse a la salida; **es wird sich alles zum Guten ~** todo saldrá bien; **seine gute Laune wandte sich ins Gegenteil** se le agrió el humor; **sich an jdn ~** dirigirse a alguien; **das Buch wendet sich auch an Anfänger** el libro está dirigido también a principiantes; **ich wandte mich an ihn um Hilfe** me dirigí a él en busca de ayuda; **etw wendet sich gegen jdn** algo se vuelve contra alguien; **sich gegen etw ~** oponerse a algo; **sich gegen jdn ~** volverse en contra de alguien; **einige Abgeordnete wandten sich gegen diesen Beschluss** algunos diputados se opusieron a esta decisión

Wendeplatz *m* <-es, -plätze> lugar *m* para girar (el coche); **Wendepunkt** *m* <-(e)s, -e> **1.** (*Zeitpunkt*) momento *m* decisivo [*o* crucial] **2.** (ASTR) punto *m* solsticial; (MATH) punto *m* de inflexión

wendig *adj* **1.** (*Auto*) manejable, maniobrable **2.** (*Person*) ágil

Wendigkeit *f* <-, *ohne pl*> **1.** (*Auto*) manejabilidad *f* **2.** (*Person*) agilidad *f*

Wendung *f* <-, -en> **1.** (*Drehung*) giro *m,* vuelta *f* **2.** (*Kurve*) curva *f* **3.** (*Veränderung*) cambio *m,* giro *m;* **eine ~ zum Guten nehmen** tomar un giro favorable; **eine ~ zum Schlechten nehmen** tomar mal cariz; **eine unerwartete ~ nehmen** tomar un giro inesperado **4.** (*Rede~*) giro *m,* modismo *m*

Wenfall *m* <-(e)s, -fälle> (GRAM) acusativo *m*

wenig ['ve:nɪç] *adj o adv o pron indef* poco; **(nur) ~e** (sólo) pocos; **ein ~** un poco; **ein klein ~** un poquito; **ein ~ Geduld** un poco de paciencia; **etw ist zu ~** algo no llega; **das ist zu ~** es muy poco; **11 DM zu ~** faltan 11 marcos; **zu ~ essen/trinken** no comer/beber suficiente; **das ist viel zu ~** falta un montón; **das war schon ~ genug** fue insuficiente; **ich lese ~** leo poco; **ich habe ein ~ Zeitung gelesen** he leído un poco el periódico; **sehr ~e Fehler** poquísimas faltas; **so ~** tan poco; **so ~ wie möglich** lo menos posible; **du sprichst so ~** estás tan callado; **ich habe ~ Zeit** tengo poco tiempo; **ich habe zu ~ Geld/Zeit** no tengo suficiente dinero/tiempo; **es ist (nur) ~ Verkehr** hay poco tráfico; **mein ~es Geld** el poco dinero que tengo; **ihr Gehalt liegt um ~es höher als meines** gana un poco más que yo; **mit ~en Ausnahmen** salvo pocas excepciones; **in ~en Wochen** dentro de pocas semanas; **einige ~e** unos pocos; **ihr seid zu ~e** sois muy pocos; **ich habe genauso ~ Lust wie du** no tengo más ganas que tú; **eine ~ bekannte Künstlerin** una artista poco conocida; **sie war nicht ~ überrascht, als ...** su sorpresa no fue poca cuando...; **es fehlte (nur) ~, und sie wäre zur Vorsitzenden ernannt worden** faltó poco para que la nombraran presidenta

weniger ['ve:nɪgɐ] **I.** *adj o adv o pron indef kompar von* **wenig** menos; ~ **als** menos que; (*bei Zahlen*) menos de; (*vor Verben*) menos de lo que; **es kamen ~ als gestern** vinieron menos que ayer; ~ **als 100 Personen** menos de 100 personas; **er kommt in ~ als fünf Minuten** llega en menos de cinco minutos; **immer** ~ cada vez menos; **viel** ~ mucho menos; ~ **werden** disminuir; **nicht mehr und nicht ~ als ...** ni más ni menos que...; **mehr oder** ~ más o menos; ~ **wäre mehr gewesen** lo que importa es la calidad y no la cantidad; **mein Geld wird immer** ~ tengo cada vez menos dinero; **dieses Werk ist ~ bedeutend** esta obra es menos importante; **das finde ich ~ schön!** ¡esto no me gusta tanto!; **ich interessiere mich ~ für amerikanische Filme** no me intereso demasiado por películas americanas; **es ist ~ schwierig, als es aussieht** es menos difícil de lo que parece; **um so** ~ tanto menos; **je ~, desto besser** cuanto menos mejor; **je mehr ..., desto ~ ...** cuanto más..., menos... **II.** *konj* menos; **zehn ~ drei ist sieben** diez menos tres son siete

Wenigkeit *f* <-, *ohne pl*>: **eine** ~ un poquito; **meine** ~ (*hum*) mi modesta [*o* humilde] persona

wenigste ['ve:nɪçstə, 've:nɪkstə] *pron indef superl von* **wenig** **1.** (*kleinste Anzahl*): **die ~n** los menos, la menor parte, la minoría; **die ~n machen drei Mal pro Jahr Urlaub** los menos salen tres veces al año de vacaciones; **die ~n Strände sind völlig sauber** muy pocas playas están totalmente limpias **2.** (*kleinste Menge*): **das** ~ lo menos; **das ~ wäre, ihn einmal anzurufen** lo menos sería llamarle una vez; **er hat von uns das ~ Geld** él es el que de nosotros tiene menos dinero; **das ist ja noch das ~!** (*fam*) ¡es lo mínimo!

wenigsten ['ve:nɪçstən, 've:nɪkstən] *superl von* **wenig**: **am** ~ lo (que) menos

wenigstens ['ve:nɪçstəns, 've:nɪkstəns] *adv* **1.** (*zumindest*) por lo menos; **du bist ~ ehrlich** por lo menos eres sincero **2.** (*mindestens*) por lo menos, como mínimo; **ich habe ~ viermal angerufen** he llamado cuatro veces por lo menos

wenn [vɛn] *konj* **1.** (*zeitlich*) cuando; **jedesmal, ~ ...** cada vez que... **2.** (*konditional*) si; (*falls*) en caso de que +*subj;* ~ **nicht** en otro caso, si no; ~ **nur** con tal que +*subj;* **außer** ~ excepto si; ~ **er nicht gewesen wäre, hätte es nie geklappt** si no hubiese estado él, no lo hubiéramos podido hacer nunca; ~ **es sein muss** si es absolutamente necesario **3.** (*konzessiv*): ~ **auch** si bien, aunque +*subj;* **es ging, ~ auch mit einiger Mühe** funcionó, si bien nos costó bastante trabajo; ~ **er auch nett ist, mag ich ihn nicht** no termina de caerme bien aunque sea majo **4.** (*Wunsch*): ~ **... nur** [*o* **bloß**] si +*subj,* ojalá +*subj;* ~ **ich bloß schon in Berlin wäre** si estuviera de una vez en Berlín

wenngleich [-'-] *konj* aunque, si bien

wennschon ['--] *konj* aunque, si bien; **und ~!** (*fam*) ¡qué más da!; **~, dennschon!** (*fam*) ¡de hacerlo, hacerlo bien!

wer [ve:ɐ] **I.** *pron inter* quién, quiénes *pl;* ~ **ist der Mann?** ¿quién es este hombre?; ~ **sind diese Kinder?** ¿quiénes son estos niños?; ~ **von euch beiden war das?** ¿quién de vosotros dos fue?; ~ **war alles da?** ¿quiénes estaban? **II.** *pron rel* quien, el que, quienes, los que *pl;* ~ **etwas weiß, soll die Hand heben** el/los que [*o* quien/quienes] sepa/sepan algo, que levante/levanten la mano; ~ **auch immer** quienquiera que sea **III.** *pron indef* (*fam*) alguien; ~ **da?** (MIL) ¿quién va?; **ist da ~?** ¿hay alguien ahí?

Werbeabteilung *f* <-, -en> sección *f* de publicidad; **Werbeagentur** *f* <-, -en> agencia *f* de publicidad; **Werbeanzeige** *f* <-, -n> anuncio *m* publicitario; **Werbeaufwendungen** *fpl* gastos *mpl* de publicidad; **Werbebeilage** *f* <-, -n> suplemento *m* publicitario; **Werbeblock** *m* <-(e)s, -blöcke> bloque *m* de anuncios; **Werbebranche** *f* <-, -n> sector *m* publicitario; **Werbebrief** *m* <-(e)s, -e> circular *f* de propaganda; **Werbeetat** *m* <-s, -s> presupuesto *m* de publicidad; **Werbefachmann, -frau** *m, f* <-(e)s, -männer; -, -en> experto, -a *m, f* publicitario, -a [*o* en publicidad]; **Werbefernsehen** *nt* <-s, *ohne pl*> publicidad *f* televisada; **Werbefilm** *m* <-(e)s, -e> película *f* publicitaria [*o* de publicidad]; **Werbefläche** *f* <-, -n> cartelera *f;* **Werbefunk** *m* <-s, *ohne pl*> espacio *m* de publicidad (en la radio); **Werbegeschenk** *nt* <-(e)s, -e> regalo *m* de promoción; **Werbekampagne** *f* <-, -n> campaña *f* publicitaria; **Werbekosten** *pl* gastos *mpl* de publicidad; **Werbeleiter(in)** *m(f)* <-s, -; -, -nen> jefe, -a *m, f* de publicidad; **Werbemaßnahme** *f* <-, -n> medida *f* publicitaria; **Werbematerial** *nt* <-s, -ien> material *m* publicitario; **Werbemittel** *nt* <-s, -> medio *m* publicitario

werben ['vɛrbən] <wirbt, warb, geworben> **I.** *vi* (*für eine Ware*) hacer publicidad (*für* para); (*für eine Partei*) hacer propaganda (*für* para); **um etw** ~ (*geh*) tratar de ganarse algo **II.** *vt* (*Arbeitskräfte*) contratar, reclutar; (*Mitglieder*) afiliar; (*Kunden*) atraer, ganar

Werbeprospekt *m* <-(e)s, -e> (COM, WIRTSCH) folleto *m* publicitario

Werber[1] *m* <-s, -> (*alt*) **1.** (*von Soldaten*) reclutador *m* **2.** (*von Frauen*) pretendiente *m*

Werber(in)[2] *m(f)* <-s, -; -, -nen> (*fam*) publicista *mf*

Werbeschrift *f* <-, -en> folleto *m* publicitario; (POL) folleto *m* propagandístico; **Werbesendung** *f* <-, -en> **1.** (*Post*) envío *m* de publicidad **2.** (RADIO, TV) emisión *f* publicitaria; **Werbeslogan** *m* <-s, -s> eslogan *m* publicitario; **Werbespot** ['vɛrbespɔt] *m* <-s, -s> spot *m* (publicitario), anuncio *m* publicitario, comercial *m Am;* **Werbespruch** *m* <-(e)s, -sprüche> *s.* Werbeslogan; **Werbestrategie** *f* <-, -n> estrategia *f* publicitaria, táctica *f* publicitaria; **Werbetext** *m* <-(e)s, -e> texto *m* publicitario; **Werbetexter(in)** *m(f)* <-s, -; -, -nen> redactor(a) *m(f)* publicitario, -a; **Werbeträger** *m* <-s, -> soporte *m* publicitario; **Werbetrommel** *f* <-, -n> (*fam*): **die ~ für etw rühren** hacer propaganda para algo; **Werbeunterbrechung** *f* <-, -en> (RADIO, TV) interrupción *f* para publicidad; **werbewirksam** *adj* de gran efecto publicitario; **Werbewirkung** *f* <-, -en> efecto *m* de la publicidad; **von großer ~** de gran efecto publicitario

Werbung[1] *f* <-, *ohne pl*> (*Reklame*) publicidad *f,* aviso *m Am;* **direkte/indirekte ~** publicidad directa/indirecta; **vergleichende ~** publicidad comparativa; **~ für etw machen** hacer publicidad para algo

Werbung[2] *f* <-, -en> (*das Anwerben*) reclutamiento *m;* **die ~ neuer Abonnenten** el reclutamiento de nuevos suscriptores

Werbungskosten *pl* (FIN) cargas *fpl* profesionales (deducibles)

Werdegang *m* <-(e)s, -gänge> desarrollo *m,* evolución *f;* **der berufliche ~** la carrera profesional

werden[1] ['veːɐdən] <wird, wurde *o* ward, geworden> *vi sein* **1.** (*Zustandsveränderung*) ponerse, volverse; (*allmählich*) hacerse; **alt ~** hacerse viejo; **krank ~** ponerse enfermo; **mir wird schlecht** me estoy mareando; **ich werde noch verrückt** me voy a volver loco, me estoy volviendo loco; **es wird schon dunkel** ya se hace de noche; **es ist ziemlich spät geworden** se ha hecho bastante tarde; **es wird Frühling** llega la primavera; **es wird Abend** se hace de noche; **dein Kaffee wird kalt** se te está enfriando el café **2.** (*Entwicklung*) llegar a ser, devenir; **~de Mutter** futura madre; **es wird ein Junge** será un niño; **Mode** [*o* **modern**] **~** ponerse de moda; **besser ~** mejorar; **schlechter ~** empeorar; **ein Traum wurde Wirklichkeit** un sueño se hizo realidad; **was willst du einmal ~?** ¿qué quieres ser de mayor?; **ich will Schreinerin ~** quiero ser carpintera; **was nicht ist, kann ja noch ~** todo es posible; **was soll nun (aus uns) ~?** ¿qué será de nosotros?; **das neue Haus wird allmählich** la nueva casa va tomando forma poco a poco **3.** (*Verwandlung*) convertirse (*zu* en), volverse; **er ist zum Verräter geworden** se convirtió en traidor; **meine Befürchtung wurde zur Gewissheit** mi temor se confirmó **4.** (*Resultat*) salir; **das ist nichts geworden** (*fam*) no salió; **wie sind die Fotos geworden?** ¿qué tal salieron las fotos?; **die Fotos sind gut geworden** las fotos salieron bien; **er ist 40 geworden** cumplió 40 años; **daraus wird nichts** de ahí no va a resultar [*o* salir] nada **5.** (*mit Zeitangabe*): **in einer halben Stunde wird es 12 Uhr** dentro de media hora serán las doce; **sie wird bald 12** va a cumplir 12 años; **es wird Zeit, dass wir gehen** es hora de que nos vayamos **6.** (*Wend*): **wird's bald?** ¡date prisa!; **ich werd' nicht mehr!** (*fam*) ¡no puede ser!, ¡estaré soñando!

werden[2] <wird, wurde, *ohne pp*> *aux* **1.** (*zur Bildung des Futurs*): **ich werde es tun** lo haré; **es wird schon ~** saldrá bien; **es wird gleich regnen** va a empezar a llover; **wer wird denn gleich herumbrüllen?** (*fam*) ¿pero por qué gritas? **2.** (*zur Bildung des Konjunktivs II*): **das würde ich mir gefallen lassen** eso me gustaría; **würden Sie bitte mal kommen?** ¿podría venir un momento, por favor?; **ich würde ja gerne kommen, aber ...** me gustaría ir, pero... **3.** (*Vermutung*): **es wird schon stimmen** será correcto; **er wird wohl ausgegangen sein** habrá salido; **das wird er sein** ese ha de ser

werden[3] <wird, wurde, worden> *aux* (*zur Bildung des Passivs*) ser; **sie ist entführt worden** ha sido secuestrada; **das Zimmer wird gerade gestrichen** están pintando la habitación; **hier wird nicht geraucht!** ¡aquí no se fuma!; **jetzt wird gearbeitet!** ¡a trabajar que toca!; **es darf getanzt ~** se puede bailar; **mir wurde gesagt, dass ...** me han dicho que...

Werden *nt* <-s, *ohne pl*> **1.** (*Entwicklung*) desarrollo *m,* desenvolvimiento *m;* **noch im ~ sein** estar en pleno desarrollo; **der Kuchen ist schon im ~** el bizcocho está a medio hacer **2.** (*Bildung*) formación *f* **3.** (PHILOS) devenir *m*

Werfall *m* <-(e)s, -fälle> (GRAM) nominativo *m*

werfen ['vɛrfən] <wirft, warf, geworfen> **I.** *vt* **1.** (*allgemein*) echar, tirar; (*schleudern*) lanzar, arrojar; **nicht ~!** ¡frágil!; **sie warf ihre Tasche in die Ecke** arrojó su bolsa a la esquina; **er warf ihn zu Boden** le tiró al suelo; **sie warf ihm das Kissen ins Gesicht** le tiró el cojín en la cara; **er warf die Tür ins Schloss** dio un portazo; **ein Messer nach jdm ~** tirarle un cuchillo a alguien; **die Arme nach oben ~** levantar los brazos; **einen Blick auf etw ~** echar un vistazo a algo; **etw auf den Markt ~** lanzar algo al mercado; **wirf das Geld nicht aus dem Fenster!** ¡no tires el dinero por la ventana!; **ein Tor ~** (SPORT) marcar un gol; **eine Münze ~** echar a suertes; **jdn ins Gefängnis ~** meter a alguien en la cárcel; **er hatte ein Auge auf sie geworfen** le tenía echado el ojo; **jdn aus etw** *dat* **~** echar a alguien de algo; **er wurde aus der Kneipe geworfen** le echaron del bar **2.** (*bilden*) formar; **die Bäume warfen lange Schatten** los árboles formaban largas sombras; **die Flüssigkeit wirft Blasen** el líquido burbujea **3.** (*Tierjunge*) parir **II.** *vr:* **sich ~ 1.** (*sich stürzen*) lanzarse (*auf* sobre); (*fig*) volcarse (*auf* en); **die Angreifer warfen sich auf ihn** los atacantes se lanzaron sobre él; **der Torwart warf sich nach dem Ball** el portero se lanzó sobre la pelota; **sie warf sich auf ihr Studium** se volcó en su carrera **2.** (*sich fallen lassen*) echarse (*auf* sobre); **sie warf sich aufs Bett** se echó sobre la cama **3.** (*sich verziehen*) alabearse **III.** *vi* **1.** (*a.* SPORT) lanzar; **wie weit wirfst du?** ¿cuánto lanzas?; **sie warfen mit Tomaten auf den Kanzler** le lanzaron tomates al canciller; **mit Geld um sich ~** tirar el dinero por la ventana **2.** (*Tier*) parir

Werfer(in) *m(f)* <-s, -; -, -nen> (SPORT: *Speer~*) lanzador(a) *m(f)* de jabalina; (*Hammer~*) lanzador(a) *m(f)* de martillo; (*Diskus~*) lanzador(a) *m(f)* de disco

Werft [vɛrft] *f* <-, -en> (NAUT) astillero *m;* (AERO) hangar *m;* **Werftarbeiter(in)** *m(f)* <-s, -; -, -nen> (NAUT) obrero, -a *m, f* del astillero; (AERO) obrero, -a *m, f* del hangar; **Werftkran** *m* <-(e)s, -kräne> grúa *f* del arsenal

Werg [vɛrk] *nt* <-(e)s, *ohne pl*> estopa *f*

Werk [vɛrk] *nt* <-(e)s, -e> **1.** (*Geschaffenes, Handlung*) obra *f;* (*Arbeit*) trabajo *m;* **(frei) ab ~** (franco) en fábrica; **sämtliche/ausgewählte ~e** obras completas/escogidas; **ein dreibändiges ~ über Malerei** una obra sobre pintura en tres volúmenes; **sein ~ verdient unsere Aufmerksamkeit** su obra merece nuestra atención; **das ist sein ~** es obra suya; **ein gutes ~ (an jdm) tun** hacer una buena obra (para alguien); **ans ~ gehen, sich ans ~ machen** ponerse a trabajar; **vorsichtig zu ~e gehen** obrar con precaución; **da sind üble Kräfte am ~** hay algo sucio detrás de todo esto **2.** (*Fabrik*) fábrica *f;* (*Unternehmen*) empresa *f;* **Lieferung ab ~** entrega en fábrica **3.** (*Mechanismus*) mecanismo *m*

Werkangehörige(r) *mf* <-n, -n; -n, -n> empleado, -a *m, f* de la empresa; **Werkarzt, -ärztin** *m, f* <-es, -ärzte; -, -nen> médico, -a *m, f* de la empresa

Werkbank *f* <-, -bänke> banco *m* de trabajo

werkeigen *adj* de la empresa; **der ~e Kindergarten** el jardín de infancia de la empresa

werkeln ['vɛrkəln] *vi* dar retoques (*an* a)

werken ['vɛrkən] *vi* **1.** (*handwerklich arbeiten*) hacer [*o* realizar] trabajos manuales **2.** (*körperlich arbeiten*) realizar un trabajo físico; **hier gibt es immer etwas zu ~** aquí siempre hay algo que hacer

Werken ['vɛrkən] *nt* <-s, *ohne pl*> (SCH) *s.* **Werkunterricht**

werkgetreu *adj* fiel al original

Werkhalle *f* <-, -n> nave *f* industrial; **Werkkantine** *f* <-, -n> cantina *f* de la empresa

Werklehrer(in) *m(f)* <-s, -; -, -nen> profesor(a) *m(f)* de manualidades

Werkleiter(in) *m(f)* <-s, -; -, -nen> director(a) *m(f)* de la empresa; **Werkleitung** *f* <-, -en> dirección *f* de la empresa; **Werkmeister(in)** *m(f)* <-s, -; -, -nen> contramaestre, -a *m, f,* jefe, -a *m, f* de taller

Werksangehörige(r) *mf* <-n, -n; -n, -n> empleado, -a *m, f* de la empresa; **Werksarzt, -ärztin** *m, f* <-es, -ärzte; -, -nen> *s.* **Werkarzt**

Werkschutz *m* <-es, *ohne pl*> servicio *m* de seguridad de la empresa

werkseigen *adj s.* werkeigen; **Werksfeuerwehr** *f* <-, -en> cuerpo *m* de bomberos de la empresa; **Werksgelände** *nt* <-s, -> terreno *m* de la empresa; **Werkshalle** *f* <-, -n> nave *f* de fábrica; **Werkskantine** *f* <-, -n> cantina *f* de la empresa; **Werksleiter(in)** *m(f)* <-s, -; -, -nen> director(a) *m(f)* de la empresa; **Werksleitung** *f* <-, -en> dirección *f* de la empresa

Werk(s)spionage *f* <-, *ohne pl*> espionaje *m* industrial

Werkstatt ['-ʃtat] *f* <-, -stätten> taller *m;* **Werkstattwagen** *m* <-s, -> coche-taller *m*

Werkstoff *m* <-(e)s, -e> material *m* de trabajo; **Werkstoffprüfung** *f* <-, -en> control *m* de materiales

Werkstor *nt* <-(e)s, -e> puerta *f* de entrada de la empresa

Werkstück *nt* <-(e)s, -e> pieza *f* de trabajo

Werkstudent(in) *m(f)* <-en, -en; -, -nen> (*alt*) *estudiante que se sufraga los estudios trabajando*

Werksvertrag *m* <-(e)s, -träge> contrato *m* de obra; **Werksvorfertigung** *f* <-, -en> prefabricación *f;* **Werkswohnung** *f* <-, -en> vivienda *f* de la empresa, piso *m* de la empresa

Werktag *m* <-(e)s, -e> día *m* laborable; **werktäglich** *adj* en días laborables; **werktags** *adv* los días laborales [*o* hábiles]; **werktätig** *adj* trabajador; **die ~e Bevölkerung** la población activa; **Werktätige(r)** ['-tɛːtɪgə] *mf* <-n, -n; -n, -n> obrero, -a *m, f,* trabajador(a) *m(f);* **die ~n** la población activa

Werktor *nt* <-(e)s, -e> *s.* **Werkstor**

Werkunterricht *m* <-(e)s, *ohne pl*> (clase *f* de) trabajos *mpl* manuales

Werkvertrag *m* <-(e)s, -träge> contrato *m* de obra; **Werkwohnung** *f* <-, -en> *s.* **Werkswohnung**

Werkzeug *nt* <-(e)s, -e> herramienta *f;* (*Instrument*) instrumento *m;* **Werkzeugkasten** *m* <-s, -kästen> caja *f* de herramientas; **Werkzeugmacher(in)** *m(f)* <-s, -; -, -nen> obrero, -a *m, f* que fabrica herramientas; **Werkzeugmaschine** *f* <-, -n> máquina-herramienta *f;* **Werkzeugschrank** *m* <-(e)s, -schränke> armario *m* de herramientas; **Werkzeugtasche** *f* <-, -n> cartera *f* de las herramientas

Wermut ['veːɐmuːt] *m* <-(e)s, *ohne pl*> **1.** (*Pflanze*) ajenjo *m* **2.** (*Getränk*) vermut *m,* vermú *m;* **Wermut(s)tropfen** *m* <-s, -> (*geh*) amargura *f*

W

wert [veːɐt] *adj:* **etw ~ sein** valer algo; **nichts ~ sein** no valer nada; **das ist mir viel ~** esto significa mucho para mí; **wie viel** [*o* **was**] **ist das ~?** ¿cuánto vale?; **deine Idee ist Gold ~** tu idea vale su peso en oro; **einer Sache ~ sein** merecer algo; **aber das ist doch nicht der Rede ~** pero si esto no vale la pena; **wie ist Ihr ~er Name?** ¿cómo se llama usted?

Wert [veːɐt] *m* <-(e)s, -e> **1.** (*a. fig*) valor *m;* (*Preis*) precio *m;* **sächlicher ~** valor material; **einen ~ von 50 Mark haben** tener un valor de 50 marcos; **an ~ verlieren/zunehmen** disminuir/aumentar de valor; **~e schaffen** adquirir valores; **das sind bleibende ~e** son valores permanentes; **großen ~ auf etw legen** dar mucha importancia a algo; **keinen ~ auf etw legen** no dar importancia a algo; **das hat keinen ~** no merece la pena; **etw** *dat* **einen besonderen ~ beimessen** atribuir un valor especial a algo **2.** (*Ergebnis*) resultado *m;* (TECH) datos *mpl;* **Wertangabe** *f* <-, -n> declaración *f* de valor; **Wertarbeit** *f* <-, -en> trabajo *m* de calidad; **wertbeständig** *adj* de valor fijo; **Wertbeständigkeit** *f* <-, *ohne pl*> estabilidad *f;* **Wertbestimmung** *f* <-, -en> tasación *f,* valoración *f;* **Wertbrief** *m* <-(e)s, -e> carta *f* con valor declarado

Wertebereich *m* <-(e)s, -e> (*a.* INFOR) campo *m* de valores

werten [ˈveːɐtən] *vt* valorar; (*einschätzen*) calificar (*als* de/como); (SPORT) dar como válido; **ich habe das als Erfolg gewertet** lo califiqué de éxito; **das Tor wurde nicht gewertet** el gol fue anulado

Wertentwicklung *f* <-, -en> evolución *f* de valores

Wertesystem *nt* <-s, -e> sistema *m* de valores; **Wertevernichtung** *f* <-, -en> destrucción *f* de valores; **Wertewandel** *m* <-s, *ohne pl*> cambio *m* de valores

wertfrei *adj* imparcial, neutral

Wertgegenstand *m* <-(e)s, -stände> objeto *m* de valor

Wertigkeit *f* <-, -en> (CHEM, LING) valencia *f*

wertkonservativ *adj* de valores conservativos; **wertlos** *adj* sin valor, de agache *Ecua,* pinche *Mex;* **Wertmaßstab** *m* <-(e)s, -stäbe> criterio *m;* **einen ~ anlegen** establecer un criterio; **Wertmesser** *m* <-s, -> norma *f;* **Wertminderung** *f* <-, -en> disminución *f* de valor; (*von Aktien, Kursen*) desvalorización *f,* depreciación *f;* **eine ~ erfahren** sufrir una depreciación; **Wertpaket** *nt* <-(e)s, -e> paquete *m* (postal) con valor declarado

Wertpapier *nt* <-(e)s, -e> (WIRTSCH) valor *m,* efecto *m;* **~e zur Börse zulassen** admitir valores a cotización; **Wertpapierbörse** *f* <-, -n> (FIN) bolsa *f* de (títulos-)valores, mercado *m* de valores; **Wertpapieremission** *f* <-, -en> (FIN) emisión *f* de títulos [*o* de valores]; **Wertpapierhandel** *m* <-s, *ohne pl*> (FIN) contratación *f* de valores

Wertprodukt *nt* <-(e)s, -e> (WIRTSCH) producto *m* de valor; **Wertsache** *f* <-, -n> objeto *m* de valor; **Wertschätzung** *f* <-, *ohne pl*> (*geh*) aprecio *m,* estimación *f;* **Wertschrift** *f* <-, -en> (*Schweiz*) *s.* **Wertpapier;** **Wertsendung** *f* <-, -en> envío *m* con valor declarado; **Wertsicherung** *f* <-, -en> (FIN) garantía *f* de valor; **Wertsteigerung** *f* <-, -en> aumento *m* de valor, incremento *m* de valor; **Wertstellung** *f* <-, -en> (FIN) valor *m*

Wertstoff *m* <-(e)s, -e> desecho *m* reciclable; **Wertstoffcontainer** *m* <-s, -> contenedor *m* para desechos reciclables

Wertung *f* <-, -en> valoración *f;* (SPORT) clasificación *f,* puntuación *f*

Werturteil *nt* <-(e)s, -e> evaluación *f,* juicio *m* evaluador; **ein ~ über etw abgeben** emitir un juicio sobre algo; **Wertverlust** *m* <-(e)s, -e> pérdida *f* de valor, depreciación *f;* **wertvoll** *adj* valioso; **Wertvorstellung** *f* <-, -en> concepto *m* de valores; **Wertzeichen** *nt* <-s, -> sello *m;* **Wertzuwachs** *m* <-es, *ohne pl*> aumento *m* de valor, plusvalía *f*

Werwolf [ˈveːɐ-] *m* <-(e)s, -wölfe> ogro *m*

Wesen[1] [ˈveːzən] *nt* <-s, *ohne pl*> **1.** (*Grundeigenschaft*) su(b)stancia *f,* esencia *f;* (PHILOS) ente *m;* **das liegt im ~ der Sache** es propio del asunto mismo **2.** (*Charakter*) carácter *m,* naturaleza *f;* **sein wahres ~ zeigen** quitarse la máscara

Wesen[2] *nt* <-s, -> (*Lebe~*) ser *m;* (*Mensch*) persona *f;* **ein menschliches ~** un ser humano; **das höchste ~** el Ser Supremo

wesenhaft *adj* **1.** (*im Wesen begründet*) esencial, sustancial **2.** (*real existent*) real

wesenlos *adj* (*geh*) **1.** (*unwirklich*) irreal **2.** (*bedeutungslos*) insignificante, insustancial

Wesensart *f* <-, *ohne pl*> carácter *m,* manera *f* de ser; **wesensfremd** *adj* ajeno a la persona (de), ajeno a la mentalidad (de); **das Feilschen ist ihm völlig ~** el regateo es por completo ajeno a su mentalidad; **wesensgleich** *adj* idéntico; **sich** *dat* **~ sein** ser idénticos, tener la misma naturaleza; **Wesenszug** *m* <-(e)s, -züge> rasgo *m* característico, característica *f*

wesentlich [ˈveːzəntlɪç] **I.** *adj* esencial; (*grundlegend*) fundamental, básico; (*bedeutend*) considerable, importante; **das ist im W~en nichts Neues** en esencia no es nada nuevo; **ich halte das für nicht ~** no lo considero importante; **nichts W~es** nada de importancia **II.** *adv* (*sehr, viel*) mucho; **mir geht es schon ~ besser** ya me siento mucho mejor; **es wäre mir ~ lieber, wenn ...** preferiría mucho más que… +*subj*

Weser [ˈveːzɐ] *f* <-> Weser *m*

Wesfall *m* <-(e)s, -fälle> (GRAM) genitivo *m*

weshalb [vɛsˈhalp, ˈ--] *adv* **1.** (*fragend*) por qué; **~ lachst du?** ¿por qué te ríes? **2.** (*relati-*

visch) por lo que, por lo cual; **der Grund ~ …** la razón por la cual…

Wesir [veˈziːɐ] *m* <-s, -e> (HIST) visir *m*

Wespe [ˈvɛspə] *f* <-, -n> (ZOOL) avispa *f;* **Wespennest** *nt* <-(e)s, -er> avispero *m,* nido *m* de avispas; **in ein ~ stechen** (*fam*) tocar un asunto delicado; **sich in ein ~ setzen** (*fam*) meterse en un avispero; **Wespenstich** *m* <-(e)s, -e> picadura *f* de avispa; **Wespentaille** *f* <-, -n> cintura *f* de avispa

wessen [ˈvɛsən] **I.** *pron inter* **1.** *gen von* **wer** de quién; **~ Auto ist das?** ¿de quién es el coche?; **auf ~ Veranlassung handeln Sie?** ¿por orden de quién actúa? **2.** *gen von* **was** de qué; **~ wird sie beschuldigt?** ¿de qué se la acusa? **II.** *pron rel* de quien, del que, de quienes, de los que *pl;* **~ Schuld es ist, (der) soll es gestehen** aquel de quien sea la culpa, debe confesarlo

wessentwillen *adv:* **um ~** (*alt*) por quién, en interés de quién

Wessi [ˈvɛsi] *mf* <-s, -s; -, -s> (*fam*) *habitante de los estados federados del oeste de Alemania*

West [vɛst] *m* <-, *ohne pl*> (NAUT, METEO) oeste *m;* **der Wind kommt aus ~** el viento viene del oeste; **Westberlin** [ˈ--ˈ-] *nt* <-s> (HIST) Berlín *m* Oeste, Berlín *m* Occidental; **Westbürger(in)** *m(f)* <-s, -; -, -nen> alemán, -ana *m, f* occidental (*hasta 1990*); **westdeutsch** *adj* de la parte occidental de Alemania, del oeste de Alemania; (HIST) germanoccidental; **Westdeutschland** *nt* <-s> Oeste *m* de Alemania; (HIST) Alemania *f* del Oeste, Alemania *f* Occidental

Weste [ˈvɛstə] *f* <-, -n> chaleco *m;* **kugelsichere ~** chaleco antibalas; **eine reine [*o* weiße] ~ haben** (*fam*) tener las manos limpias

Westen [ˈvɛstən] *m* <-s, *ohne pl*> oeste *m,* occidente *m;* **im ~** en el oeste; **von ~** del oeste; **in den ~** al oeste; **der Wilde ~** el Salvaje Oeste; **aus (dem) ~** del oeste

Westentasche *f* <-, -n> bolsillo *m* del chaleco; **etw wie seine ~ kennen** (*fam*) conocer algo como la palma de la mano

Western [ˈvɛstɐn] *m* <-s, -> película *f* del Oeste, western *m*

Westerwald [ˈvɛstɐvalt] *m* <-(e)s> Westerwald *m*

Westeuropa [ˈ--ˈ--] *nt* <-s> Europa *f* Occidental; **westeuropäisch** *adj* de la Europa Occidental

Westfale, -fälin *m, f* <-n, -n; -, -nen> westfaliano, -a *m, f*

Westfalen [vɛstˈfaːlən] *nt* <-s> Westfalia *f*

Westfälin [-ˈfɛːlɪn] *f* <-, -nen> *s.* **Westfale**

westfälisch *adj* westfaliano

Westgeld *nt* <-(e)s, *ohne pl*> dinero *m* de la Alemania Occidental (*frente al dinero de la Alemania Oriental hasta 1990*); **westgermanisch** *adj* (HIST, LING) germano-occidental; **Westgote, -in** [ˈvɛstgoːtə] *m, f* <-n, -n; -, -nen> (HIST) visigodo, -a *m, f;* **westindisch** [ˈ-ˈ--] *adj* de las Indias Occidentales; **Westküste** *f* <-, -n> costa *f* occidental

westlich **I.** *adj:* **~ von Berlin** al oeste de Berlín; **in ~er Richtung** en dirección oeste; **52 Grad ~er Länge** 52 grados longitud oeste **II.** *präp +gen* al oeste de; **30 km ~ von Wien** 30 km al oeste de Viena

Westmächte [ˈvɛstmɛçtə] *fpl* (POL) potencias *fpl* occidentales; **Westmark** *f* <-, -> (*fam*) marco *m* de la RFA (*frente al de la antigua RDA hasta 1990*); **Westniveau** *nt* <-s, -s> (WIRTSCH) nivel *m* occidental; **Westpreußen** *nt* <-s> (HIST) Prusia *f* Occidental; **Westrom** [ˈvɛstroːm] *nt* <-s> (HIST) Imperio *m* de Occidente; **weströmisch** *adj* (HIST) del Imperio de Occidente; **Westseite** *f* <-, -n> lado *m* oeste; **Westwall** *m* <-(e)s, *ohne pl*> (HIST) línea *f* Sigfried

westwärts [ˈ-vɛrts] *adv* hacia el oeste, en dirección oeste

Westwind *m* <-(e)s, -e> viento *m* del Oeste, poniente *m*

weswegen [vɛsˈveːgən] *adv s.* **weshalb**

wett [vɛt] *adj:* **mit jdm ~ sein** estar con alguien en paz

Wettannahme *f* <-, -n> oficina *f* de apuestas mutuas

Wettbewerb[1] [ˈvɛtbəvɛrp] *m* <-(e)s, -e> (*Veranstaltung*) concurso *m;* (SPORT) competición *f;* **mit jdm in ~ treten** competir con alguien

Wettbewerb[2] *m* <-(e)s, *ohne pl*> (WIRTSCH) competencia *f;* **mit jdm in ~ stehen** competir con alguien; **freier ~** libre competencia; **unlauterer ~** (JUR) competencia desleal

Wettbewerber(in) *m(f)* <-s, -; -, -nen> (*a.* WIRTSCH) concursante *mf,* competidor(a) *m(f)*

Wettbewerbsbeschränkung *f* <-, -en> (WIRTSCH) competitividad *f* restrictiva [*o* limitada]; **Wettbewerbsdruck** *m* <-(e)s, *ohne pl*> (WIRTSCH) presión *f* de competitividad

wettbewerbsfähig *adj* competitivo; **Wettbewerbsfähigkeit** *f* <-, *ohne pl*> competitividad *f*

wettbewerbsfördernd *adj* (WIRTSCH) que favorece la competitividad; **Wettbewerbsfreiheit** *f* <-, *ohne pl*> (WIRTSCH) libertad *f* de competencia; **Wettbewerbshemmnis** *nt* <-ses, -se> (WIRTSCH) obstáculo *m* en la competencia; **Wettbewerbsnachteil** *m* <-(e)s, -e> (WIRTSCH) desventaja *f* en la competencia; **Wettbewerbsrecht** *nt* <-(e)s, *ohne pl*> (WIRTSCH) derecho *m* de competencia; **Wettbewerbsverbot** *nt* <-(e)s, -e> (WIRTSCH) prohibición *f* de la competencia; **Wettbewerbsverzerrung** *f* <-, -en> (WIRTSCH) distorsión *f* de competencia; **Wettbewerbsvorteil** *m* <-(e)s, -e> (WIRTSCH) ventaja *f* de competencia

Wettbüro *nt* <-s, -s> despacho *m* de apuestas mutuas

Wette [ˈvɛtə] *f* <-, -n> apuesta *f;* **eine ~ mit**

jdm abschließen hacer una apuesta con alguien; **die ~ annehmen** aceptar la apuesta; **ich gehe jede ~ ein, dass ...** apuesto el cuello a que...; **was gilt die ~?** ¿qué te apuestas?; **die ~ gilt!** ¡hecho!; **um die ~** a porfía; **mit jdm um die ~ laufen** competir con alguien a ver quién corre más

Wetteifer *m* <-s, *ohne pl*> espíritu *m* de competencia, rivalidad *f;* **wetteifern** ['---] *vi:* **mit jdm um etw ~** competir con alguien por algo

wetten ['vɛtən] *vi, vt* apostar (*auf* por, *um*); (**mit jdm**) **um etw ~** apostar algo (con alguien); **ich wette mit dir um fünf Mark, dass ...** te apuesto cinco marcos a que...; **ich habe 50 Mark auf „Araber" gewettet** aposté 50 marcos por "Araber"; (**wollen wir**) **~?** ¿apostamos?; **~, dass ich schneller bin?** ¿qué te apuestas a que soy más rápido?; **worum ~ wir?, um was wollen wir ~?** ¿qué apuestas?; **so haben wir nicht gewettet** (*fam*) esta no es la apuesta que hicimos

Wetter[1] ['vɛtɐ] *nt* <-s, *ohne pl*> (METEO) tiempo *m;* **was haben wir heute für (ein) ~?** ¿qué tiempo tenemos hoy?; **das ~ schlägt um** el tiempo cambia; **bei schlechtem ~** si hace mal tiempo; **bei jedem ~** no importa qué tiempo haga; **es ist** [*o* **wir haben**] **schönes ~** hace buen tiempo; **bei jdm gut ~ machen** (*fam*) halagar a alguien

Wetter[2] *nt* <-s, -> **1.** (*Un~*) temporal *m* **2.** *pl* (BERGB) grisú *m;* **schlagende ~** explosión de grisú

Wetter(in)[3] *m(f)* <-s, -; -, -nen> apostante *mf*

Wetteramt *nt* <-(e)s, -ämter> instituto *m* meteorológico; **Wetteraussichten** *fpl* pronóstico *m* del tiempo; **Wetterbericht** *m* <-(e)s, -e> parte *m* meteorológico; **Wetterbesserung** *f* <-, -en> mejoría *f* del tiempo; **wetterbeständig** *adj* resistente a la intemperie

Wetterchen ['vɛtɐçən] *nt* <-s, *ohne pl*> (*fam*) buen tiempo *m;* **das ist ein ~ heute!** ¡qué día más magnífico!

Wetterdienst *m* <-(e)s, -e> servicio *m* meteorológico; **Wetterfahne** *f* <-, -n> veleta *f;* **wetterfest** *adj* resistente a la intemperie; (*wasserundurchlässig*) impermeable; **Wetterfrosch** *m* <-(e)s, -frösche> **1.** (*fam: Laubfrosch*) *rana colocada en un recipiente de cristal con una escalerita que, según creencia popular, anuncia el buen tiempo cuando trepa por ella* **2.** (*hum: Meteorologe*) metereólogo, -a *m, f,* hombre *m* del tiempo, mujer *f* del tiempo

wetterfühlig *adj* sensible a los cambios de tiempo

Wetterfühligkeit *f* <-, *ohne pl*> sensibilidad *f* a los cambios de tiempo

Wetterhahn *m* <-(e)s, -hähne> veleta *f*

Wetterin *f* <-, -nen> *s.* **Wetter**

Wetterkarte *f* <-, -n> mapa *m* meteorológico; **Wetterkunde** *f* <-, *ohne pl*> metereología *f;* **Wetterlage** *f* <-, -n> (METEO) situación *f* meteorológica; **wetterleuchten** *vunpers:* **es wetterleuchtet** está relampagueando; **Wetterleuchten** *nt* <-s, *ohne pl*> relampagueo *m*

wettern ['vɛtɐn] *vi* (*fam*) echar pestes; **gegen etw ~** maldecir algo

Wetterprognose *f* <-, -n> pronóstico *m* del tiempo, previsión *f* meteorológica; **Wettersatellit** *m* <-en, -en> satélite *m* meteorológico; **Wetterscheide** *f* <-, -n> línea *f* divisoria meteorológica; **Wetterseite** *f* <-, -n> lado *m* del viento; (NAUT) barlovento *m;* **Wetterstation** *f* <-, -en> estación *f* meteorológica; **Wettersturz** *m* <-es, -stürze> descenso *m* brusco de la temperatura; **Wetterumschlag** *m* <-(e)s, -schläge>, **Wetterumschwung** *m* <-(e)s, -schwünge> cambio *m* brusco del tiempo; **Wetterveränderung** *f* <-, -en> cambios *mpl* atmosféricos; **Wetterverschlechterung** *f* <-, -en> empeoramiento *m* del tiempo; **Wettervoraussage** *f* <-, -n>, **Wettervorhersage** *f* <-, -n> pronóstico *m* del tiempo, previsión *f* del tiempo; **mittelfristige/langfristige ~** predicción metereológica a corto plazo/a largo plazo; **Wetterwarte** *f* <-, -n> observatorio *m* meteorológico, estación *f* meteorológica

wetterwendisch *adj* versátil, veleidoso

Wetterwolke *f* <-, -n> nube *f* tormentosa

Wettfahrt *f* <-, -en> carrera *f* (*cualquier tipo de carrera competitiva, excepto las que se realizan a pie o en avión*); **Wettkampf** *m* <-(e)s, -kämpfe> (SPORT) competición *f;* **Wettkämpfer(in)** *m(f)* <-s, -; -, -nen> (SPORT) competidor(a) *m(f);* **Wettlauf** *m* <-(e)s, -läufe> carrera *f* de velocidad; **es war ein ~ mit der** [*o* **gegen die**] **Zeit** lo hicimos a contrarreloj; **wettlaufen** ['---] *vi* (*nur im Infinitiv*) hacer una carrera de velocidad; **Wettläufer(in)** *m(f)* <-s, -; -, -nen> corredor(a) *m(f)*

wett|machen ['vɛt-] *vt* (*fam*) compensar; (*Fehler*) corregir; (*Rückstand*) recuperar

Wettrennen *nt* <-s, -> carrera *f* de velocidad; **Wettrüsten** *nt* <-s, *ohne pl*> carrera *f* de armamentos; **Wettschwimmen** *nt* <-s, *ohne pl*> competición *f* de natación; **ein ~ machen** competir para ver quién nada más rápido; **Wettstreit** *m* <-(e)s, -e> competición *f;* **mit jdm in ~ treten** competir con alguien

wetzen ['vɛtsən] **I.** *vi sein* (*fam*) correr **II.** *vt* afilar

Wetzstein *m* <-(e)s, -e> piedra *f* de afilar

WEU [veːʔeːˈʔuː] *f* <-> *Abk. von* **Westeuropäische Union** Unión *f* Europea Occidental

WEZ [veːʔeːˈtsɛt] *Abk. von* **westeuropäische Zeit** horario *m* de la Europa Occidental [*o* de Greenwich]

WG [veːˈgeː] *f* <-, -s> *Abk. von* **Wohnge-**

meinschaft gente *f* que comparte un piso
Whg. *Abk. von* **Wohnung** piso *m*
WHG [veːhaːˈgeː] *nt* <-, *ohne pl*> *Abk. von* **Wasserhaushaltsgesetz** ley *f* sobre el régimen hidráulico
Whirlpool® [ˈwœː(ɐ)lpuːl] *m* <-s, -s> (baño *m*) jacuzzi *m*
Whisky [ˈwɪski] *m* <-s, -s> whisky *m*, güisqui *m*
wich [vɪç] *3. imp von* **weichen**
Wichse¹ [ˈvɪksə] *f* <-, -n> (*fam: Schuhcreme*) crema *f* para el calzado, betún *m*
Wichse² *f* <-, *ohne pl*> (*fam: Prügel*) paliza *f*
wichsen [ˈvɪksən] **I.** *vt* **1.** (*fam: polieren*) pulir; (*Boden*) encerar; (*Schuhe*) lustrar; **etw blank ~** sacar brillo a algo **2.** (*reg: verprügeln*) dar una paliza; **jdm eine ~** dar una bofetada a alguien **II.** *vi* (*vulg*) cascársela
Wichser *m* <-s, -> (*vulg*) pajero *m*
Wicht [vɪçt] *m* <-(e)s, -e> *s.* **Wichtelmännchen**
Wichtel [ˈvɪçtəl] *m* <-s, -> **1.** *s.* **Wichtelmännchen 2.** (*Pfadfinderin*) "scout" *f*
Wichtelmännchen [ˈvɪçtəlmɛnçən] *nt* <-s, -> duende *m*, gnomo *m*
wichtig [ˈvɪçtɪç] *adj* importante; **sich ~ machen** hacerse el importante; **~ tun** (*fam*) ser engreído; **sich ~ nehmen** [*o* **vorkommen**] hacerse el importante; **eine ~e Miene aufsetzen** (*iron*) dárselas de algo; **etw ~ nehmen** dar importancia a algo; **ich habe jetzt W~eres zu tun** tengo cosas más importantes que hacer ahora
Wichtigkeit *f* <-, *ohne pl*> importancia *f*; **eine Sache von großer/höchster ~** un asunto de mucha/suma importancia
Wichtigmacher(in) *m(f)* <-s, -; -, -nen> (*Österr: fam*), **Wichtigtuer(in)** [-tuːɐ] *m(f)* <-s, -; -, -nen> (*fam*) presuntuoso, -a *m, f*, farolero, -a *m, f*
Wichtigtuerei [-tuːəˈraɪ] *f* <-, *ohne pl*> (*fam*) faroleo *m*, fanfarronería *f*
Wichtigtuerin *f* <-, -nen> *s.* **Wichtigtuer**
wichtigtuerisch [ˈvɪçtɪçtuːərɪʃ] *adj* (*fam abw*) fanfarrón, presumido; **~ sein** ser un fanfarrón [*o* un presumido]
Wicke [ˈvɪkə] *f* <-, -n> (BOT) arveja *f*, veza *f*
Wickel [ˈvɪkəl] *m* <-s, -> **1.** (MED) compresa *f*; **jdm einen heißen/kalten ~ machen** poner una compresa caliente/fría a alguien **2.** (*Locken~*) rulo *m* **3.** (*Spule*) bobina *f* **4.** (*Wend*): **jdn am** [*o* **beim**] **~ haben** (*fam*) llamar a alguien a capítulo; **jdn am** [*o* **beim**] **~ packen** [*o* **kriegen**] (*fam*) agarrar a alguien
Wickelkind *nt* <-(e)s, -er> ≈niño *m* de pecho; **Wickelkommode** *f* <-, -n> envolvedor *m*
wickeln [ˈvɪkəln] *vt* **1.** (*auf~*) arrollar; (*auf eine Spule, Rolle*) bobinar; (*zu einem Knäuel*) ovillar; **sein Haar ~** ponerse rulos **2.** (*ein~*) envolver (*in* en); (*aus~*) desenvolver; (*ab~*) desenrollar; **etw in eine Decke ~, eine Decke um etw ~** envolver algo en una manta; **etw aus einem Papier ~** desenvolver algo; **sich** *dat* **einen Schal um den Hals ~** ponerse un pañuelo alrededor del cuello; **ein Kind in Windeln ~** poner pañales a un niño **3.** (*Säugling*) poner un pañal (a), cambiar los pañales (a); **da bist du schief gewickelt** (*fam*) estás equivocado
Wickelraum *m* <-(e)s, -räume> *cuarto para cambiar los pañales a un niño;* **Wickeltisch** *m* <-(e)s, -e> envolvedor *m*
Widder [ˈvɪdɐ] *m* <-s, -> **1.** (ZOOL) carnero *m* **2.** (ASTR) Aries *m*
wider [ˈviːdɐ] *präp +akk* (*geh*) contra; **~ Erwarten** contra lo que era de esperar; **~ besseres Wissen** contra su propia convicción
widerborstig [ˈ----] *adj* **1.** (*Person*) terco, obstinado **2.** (*Haar*) rebelde
widerfahren* [--ˈ--] *irr vi sein* (*geh*) ocurrir, suceder; **jdm Gerechtigkeit ~ lassen** hacer justicia a alguien
Widerhaken [ˈ----] *m* <-s, -> garfio *m*; (*an einer Angel*) púa *f*
Widerhall *m* <-(e)s, -e> eco *m*, resonancia *f*; **~ finden** tener eco; **bei jdm keinen ~ finden** no encontrar la aprobación de alguien; **wider|hallen** *vi* resonar (*von* de)
Widerhandlung *f* <-, -en> (*Schweiz*) infracción *f*
widerlegbar [--ˈ--] *adj* refutable, rebatible
widerlegen* *vt* rebatir, refutar; **sich leicht ~ lassen** rebatirse fácilmente
Widerlegung *f* <-, -en> **1.** (*das Widerlegen*) rebatimiento *m*, refutación *f*; **ein Argument zur ~ der vorgebrachten Behauptung anführen** ofrecer un argumento para rebatir las afirmaciones expuestas **2.** (*Text*) réplica *f* por escrito
widerlich [ˈviːdɐlɪç] *adj* (*abw*) **1.** (*abstoßend*) asqueroso, repugnante **2.** (*unangenehm*) desagradable
Widerling *m* <-(e)s, -e> (*abw*) asqueroso *m*
widernatürlich *adj* (*abw*) contranatural, antinatural; **widerrechtlich** *adj* ilegal, ilícito; **~e Besitzergreifung** usurpación *f*; **sich** *dat* **etw ~ aneignen** apropiarse de algo ilícitamente
Widerrede *f* <-, -n> réplica *f*, protesta *f*; **sie duldet keine ~** no admite protesta; **etw ohne ~ hinnehmen** aceptar algo sin protestar
Widerruf *m* <-(e)s, -e> (*einer Anordnung*) revocación *f*; (*einer Aussage*) retractación *f*; **bis auf ~** hasta nuevo aviso; **widerrufen*** *irr vt* (*Gesetz, Urteil*) revocar; (*Aussage*) retractarse (de); (*Nachricht*) desmentir; (*Auftrag*) anular
widerruflich *adj* revocable; **etw ~ genehmigen** aprobar algo con carácter revocable
Widerrufsklausel *f* <-, -n> cláusula *f* de revocación
Widersacher(in) *m(f)* <-s, -; -, -nen> adversario, -a *m, f*
Widerschein *m* <-(e)s, -e> reflejo *m*

widersetzen* *vr:* **sich ~** oponerse (a)

widersetzlich *adj* (*Schüler*) rebelde; (*Kind*) protestón, que lleva siempre la contraria; **~ sein** ser rebelde, llevar siempre la contraria

Widersetzlichkeit *f* <-, *ohne pl*> rebeldía *f,* desobediencia *f*

Widersinn *m* <-(e)s, *ohne pl*> absurdidad *f,* absurdo *m;* **widersinnig** *adj* absurdo

widerspenstig ['vi:dɐʃpɛnstɪç] *adj* reacio, rebelde; (*trotzig*) obstinado, terco

Widerspenstigkeit *f* <-, -en> rebeldía *f;* (*Trotz*) obstinación *f,* terquedad *f*

wider|spiegeln I. *vt* reflejar II. *vr:* **sich ~** reflejarse; **die Bäume spiegelten sich im See wider** los árboles se reflejaban en el lago; **Widerspieg(e)lung** *f* <-, -en> reflejo *m,* reflexión *f*

widersprechen* *irr vi:* **jdm ~** contradecir a alguien; **etw** *dat* **~** ir en contra de algo; **sich** *dat* **~** contradecirse; **du widersprichst?** ¿tú estás en contra?; **das widerspricht meinen Prinzipien** esto va en contra de mis principios; **ihre Aussagen ~ sich** sus afirmaciones se contradicen; **sich ~de Angaben** indicaciones contradictorias

widersprochen *pp von* **widersprechen**

Widerspruch[1] *m* <-(e)s, *ohne pl*> (*Widerrede*) réplica *f;* (*Protest*) protesta *f;* **er duldet keinen ~** no admite protesta; **ohne ~** sin protestar; **seine Äußerungen stießen auf ~** hubo protestas a causa de sus declaraciones; **~ einlegen** (JUR) interponer recurso; **in** [*o* **im**] **~ zu** [*o* **mit**] **etw** *dat* **stehen** estar en contradicción con algo

Widerspruch[2] *m* <-(e)s, -sprüche> (*Gegensätzlichkeit*) contradicción *f* (*zu* con); **in ~ zu jdm/etw** *dat* **geraten** estar en contradicción con alguien/algo; **sich in Widersprüche verwickeln** incurrir en contradicciones

widersprüchlich [-ʃprʏçlɪç] *adj* contradictorio

Widerspruchsgeist *m* <-(e)s, *ohne pl*> espíritu *m* de contradicción; **widerspruchslos** *adj* sin objeción alguna, sin protestar

Widerstand *m* <-(e)s, -stände> (*a.* PHYS, ELEK) resistencia *f* (*gegen* a); **~ leisten** oponer resistencia; **passiver ~** resistencia pasiva; **auf ~ stoßen** encontrar resistencia; **~ gegen die Staatsgewalt** resistencia al poder estatal; **allen Widerständen zum Trotz** contra viento y marea; **hinhaltender ~** (MIL) resistencia dilatoria

widerstanden *pp von* **widerstehen**

Widerstandsbewegung *f* <-, -en> (movimiento *m* de) resistencia *f;* **widerstandsfähig** *adj* resistente (*gegen* a); (*stabil*) sólido; **Widerstandsfähigkeit** *f* <-, *ohne pl*> (capacidad *f* de) resistencia *f* (*gegen* a); (*Stabilität*) solidez *f;* **Widerstandskämpfer(in)** *m(f)* <-s, -; -, -nen> guerillero, -a *m, f,* militante *mf* en la resistencia; **Widerstandskraft** *f* <-, -kräfte> (fuerza *f* de) resistencia *f;* **widerstandslos** *adv* 1. (*ohne Widerstand zu leisten*) sin oponer resistencia 2. (*ohne auf Widerstand zu stoßen*) sin encontrar resistencia

widerstehen* *irr vi* resistir (+*dat* a); **der Versuchung ~** resistir a la tentación

widerstreben* *vi* 1. (*zuwider sein*) repugnar; **es widerstrebt mir, das zu tun** me repugna hacerlo 2. (*geh: sich widersetzen*): **jdm/etw** *dat* **~** oponerse a alguien/algo, resistirse a alguien/algo; **sie ging nur ~d mit** fue a regañadientes

Widerstreben [--'--] *nt* <-s, *ohne pl*> 1. (*Widerstand*) oposición *f* 2. (*Abneigung*) repugnancia *f;* **mit ~ gehorchen** obedecer a disgusto

Widerstreit *m* <-(e)s, -e> conflicto *m;* **im ~ mit etw** *dat* **stehen** ser contrario a algo

widerstreiten* [vi:dɐ'ʃtraɪtən] *irr vi* estar en contradicción (+*dat* con)

widerstritten *pp von* **widerstreiten**

widerwärtig ['vi:dɐvɛrtɪç] *adj* 1. (*widrig*) desfavorable, fastidioso 2. (*ekelhaft*) asqueroso, repugnante; (*unangenehm*) desagradable; **~ schmecken** tener un sabor asqueroso

Widerwärtigkeit *f* <-, -en> 1. (*Unannehmlichkeit*) contrariedad *f,* inconveniente *m* 2. (*Ekelhaftigkeit*) asquerosidad *f*

Widerwille *m* <-ns, *ohne pl*> (*Abneigung*) repugnancia *f* (*gegen* a), aversión *f* (*gegen* a); (*Ekel*) asco *m;* **er hatte einen ~n gegen die Wohnung** el piso le dio asco; **etw mit größtem ~n tun** hacer algo de muy mala gana; **widerwillig** I. *adj* indignado, descontento II. *adv* de mala gana, a regañadientes

Widerwort *nt* <-(e)s, -e> réplica *f;* **keine ~e!** ¡no repliques!; **jdm ~e geben** replicar a alguien

widmen ['vɪtmən] I. *vt* 1. (*zueignen*) dedicar; **jdm etw ~** dedicar algo a alguien 2. (*bestimmen*) consagrar, dedicar; **er widmete sein Leben der Wissenschaft** consagró su vida a la ciencia II. *vr:* **sich jdm ~** atender a alguien; **sich etw** *dat* **~** dedicarse a algo; **sie widmete sich ganz ihrer neuen Aufgabe** se dedicó de lleno a su nueva tarea

Widmung *f* <-, -en> dedicatoria *f*

widrig ['vi:drɪç] *adj* desfavorable

Widrigkeit *f* <-, -en> dificultad *f,* inconveniente *m*

wie [vi:] I. *adv* 1. (*interrogativ: auf welche Art*) ¿cómo?; (*mit welchen Merkmalen, in welchem Grad*) ¿qué?; (*in welcher Weise*) ¿de qué manera?; **~ geht das?** ¿cómo se hace?; **~ heißt das?** ¿cómo se llama esto?; **~ bitte?** ¿cómo (dice)?; **~ das?** ¡cómo!; **~ kommt es, dass ...?** ¿cómo es que...?; **~ geht's?** ¿cómo te va?, ¿qué tal?; **~ oft?** ¿cuántas veces?; **~ viel?** ¿cuánto?; **~ alt bist du?** ¿cuántos años tienes?; **~ groß ist es?** ¿qué tamaño tiene?; **~ teuer ist das?** ¿cuánto vale?; **~ spät ist es?** ¿qué hora es?; **~ gefällt es dir?** ¿qué te parece?; ~ **war's im Urlaub?** ¿qué tal fueron las vacaciones?; ~ **ist es, wenn man plötzlich allein dasteht?** ¿qué se siente cuando uno se encuentra así de repente solo?; ~ **wäre es, wenn ...?** ¿qué tal si...? *+subj;* ~ **wär's mit einem Bier?** ¿qué tal una cerveza?; **ich bin schon wer weiß** ~ **oft dort gewesen** la de veces que he estado yo allí; **gewusst ~!** (*fam*) ¡hay que saber (cómo)!; **sie wurden gefragt,** ~ **sie heißen** les preguntaron cómo se llamaban; ~ **klug du auch immer sein magst** por más inteligente que seas; ~ **auch immer** sea como sea; ~ **dem auch sei** sea como fuere **2.** (*relativisch: auf welche Art*) como; (*in welchem Grad*) que; **die Art,** ~ **sie spricht** la manera como habla; **in dem Maße,** ~ **...** en la medida que...; **alle,** ~ **sie da sitzen, sind beteiligt** todos los allí sentados están implicados **3.** (*Ausruf*) ¡cómo!, ¡qué!; ~ **merkwürdig!** ¡qué raro!; ~ **schade!** ¡qué lástima!; ~ **groß du geworden bist, Kind!** ¡madre mía cuánto has crecido!; **und ~!** (*fam*) ¡y cómo!; **sie hat ihm die Meinung gesagt, und** [*o* **aber**] **~!** le ha dicho lo que pensaba, ¡y vaya si se lo ha dicho! **4.** (*fam: nicht wahr*) ¿verdad?, ¿o no?; **das macht dir Spaß, ~?** esto te divierte, ¿o no? **II.** *konj* **1.** (*Vergleich*) como; **weiß** ~ **Schnee** blanco como la nieve; **ich bin genauso groß** ~ **du** soy tan alto como tú; **das weißt du genauso gut** ~ **ich** lo sabes tan bien como yo; **er ist so gut** ~ **blind** está poco menos que ciego; **er rannte** ~ **wild** corría como loco; ~ **immer** como siempre; ~ **etwa** [*o* **zum Beispiel**] como por ejemplo; **der Film war nicht so gut,** ~ **ich erwartet hatte** la película no fue tan buena como yo esperaba; **mir ist,** ~ **wenn ich Schmerzen bekäme** (*fam*) es como si me vinieran dolores **2.** (*südd: als*): **das ist besser** ~ **das andere** esto es mejor que lo otro; **er hat nichts** ~ **leere Ideen** no tiene más que ideas vacías **3.** (*sowie*): **einer** ~ **der andere** uno igual que el otro; **Frauen** ~ **Männer** (tanto) las mujeres como los hombres, lo mismo las mujeres que los hombres **4.** (*gleichzeitig*) cuando, según; ~ **er sich umdreht, sieht er den Dieb losrennen** al darse la vuelta [*o* según se da la vuelta] ve al ladrón echar a correr **5.** (*mit Objektsatz*) cómo; **ich sah,** ~ **er das Fenster öffnete** vi cómo abría la ventana; **man hörte,** ~ **die Tür zufiel** se oyó cómo se cerraba la puerta de golpe

Wiedehopf ['vi:dəhɔpf] *m* <-(e)s, -e> (ZOOL) abubilla *f* común; **stinken wie ein** ~ (*fam*) oler que apesta

wieder ['vi:dɐ] *adv* **1.** (*nochmals*) otra vez, de nuevo; **immer** ~, ~ **und** ~ una y otra vez; **nie** ~ nunca más; **schon** ~ otra vez; ~ **mal** de nuevo; **schön, dich** ~ **mal zu sehen!** ¡cuánto me alegra de verte otra vez!; ~ **anfangen** recomenzar; **sich** ~ **setzen** volver a sentarse; **etw immer** ~ **machen** volver a hacer algo; **gib ihm das** ~ **zurück** devuélveselo; **da bin ich** ~ aquí estoy de nuevo **2.** (*andererseits*) por otra parte, en cambio; **das ist auch** ~ **wahr** por otra parte esto también es cierto;

Wiederanlage *f* <-, -n> reinversión *f;* **Wiederaufarbeitung** [--'----] *f* <-, -en> *s.* Wiederaufbereitung; **Wiederaufbau** [--'--] *m* <-(e)s, *ohne pl*> reconstrucción *f;* **wieder|auf|bauen** *vt s.* **aufbauen I.1., I.7.**; **wieder|auf|bereiten*** *vt s.* **aufbereiten 2.**

Wiederaufbereitung [--'----] *f* <-, -en> reprocesamiento *m,* reciclaje *m;* **Wiederaufbereitungsanlage** [--'-------] *f* <-, -n> planta *f* de reprocesamiento

Wiederaufforstung *f* <-, -en> repoblación *f* forestal

wiederaufladbar [--'-------] *adj s.* **aufladen I.1.**; **wieder|auf|laden** *irr vt s.* **aufladen I.1.**

Wiederaufnahme [--'---] *f* <-, -n> (*einer Tätigkeit*) reanudación *f;* (*eines Gerichtsverfahrens*) revisión *f;* (*eines Theaterstücks*) reestreno *m,* reposición *f;* (*in eine Gruppe*) readmisión *f;* **Wiederaufnahmeverfahren** [--'------] *nt* <-s, -> (JUR) revisión *f* (de una causa)

wieder|auf|nehmen *irr vt s.* **aufnehmen 1., 7.**

Wiederaufrüstung [--'---] *f* <-, -en> rearmamento *m;* **Wiederaufschwung** *m* <-(e)s, -schwünge> recuperación *f*

wieder|bekommen* *irr vt* recuperar, recobrar; **wieder|beleben*** *vt s.* **beleben I.**

Wiederbelebung *f* <-, -en> (*Person*) reanimación *f;* (*Wirtschaft*) reactivación *f;* **konjunkturelle** ~ reanimación coyuntural; **Wiederbelebungsversuch** *m* <-(e)s, -e> intento *m* de reanimación; **bei jdm ~e anstellen** intentar reanimar a alguien

Wiederbeschaffung *f* <-, *ohne pl*> recuperación *f;* **Wiederbeschaffungskosten** *pl* costes *mpl* de reposición

wieder|bringen *irr vt* devolver; **jdm etw** ~ devolver algo a alguien

wieder|ein|führen *vt s.* **einführen 6.**; **Wiedereinführung** [--'---] *f* <-, -en> **1.** (*von Bräuchen*) restablecimiento *m* **2.** (*von Waren*) reimportación *f*

wieder|ein|gliedern *vt s.* **eingliedern**; **Wiedereingliederung** [--'----] *f* <-, -en> reintegración *f* (*in* en); (*von Gefangenen*) reinserción *f* (*in* en); **berufliche** ~ reincorporación *f*

Wiedereinleitung [--'---] *f* <-, -en> (ÖKOL) reintroducción *f*

wieder|ein|setzen *vt s.* **einsetzen II.2.**

wieder|ein|stellen *vt s.* **einstellen I.2.**; **Wiedereinstellung** [--'---] *f* <-, -en> readmisión *f,* reempleo *m*

Wiedereintritt *m* <-(e)s, -e> reingreso *m* (*in* en), reincorporación *f* (*in* a); **der** ~ **in die Erdatmosphäre** la reentrada en la atmósfera terrestre

W

wieder|entdecken* *vt s.* **entdecken 2.**; **Wiederentdeckung** *f* <-, -en> redescubrimiento *m*
wieder|erhalten* *irr vt* recobrar, recuperar
wieder|erkennen* *irr vt s.* **erkennen I.2.**
wieder|erlangen* *vt* recobrar, recuperar
wieder|eröffnen* *vt s.* **eröffnen I.1.**; **Wiedereröffnung** *f* <-, -en> reapertura *f*
wieder|erstatten* *vt* reembolsar; **jdm seine Ausgaben** ~ reembolsar a alguien sus gastos
wieder|erzählen* *vt* (*fam: weitererzählen*) contar; **du darfst es niemandem ~!** ¡no se lo cuentes a nadie!
wieder|finden *irr* **I.** *vt s.* **finden I.1. II.** *vr:* **sich** ~ encontrarse; **er fand sich plötzlich im Gefängnis wieder** de repente se encontró en la cárcel
Wiedergabe *f* <-, -n> **1.** (*einer Rede, eines Ereignisses*) relato *m;* (*einer Äußerung*) repetición *f;* (*Schilderung*) descripción *f* **2.** (*Aufführung*) representación *f;* (*eines Musikstücks*) ejecución *f* **3.** (*in Bild, Ton, a.* TYPO) reproducción *f*
wieder|geben *irr vt* **1.** (*zurückgeben*) devolver; **ich gebe dir das Geld morgen wieder** mañana te devuelvo el dinero **2.** (*schildern*) describir; (*erzählen*) relatar **3.** (*ausdrücken*) expresar; **geben Sie das in Ihren eigenen Worten wieder** expréselo con sus propias palabras **4.** (*wiederholen*) repetir; (*zitieren*) citar **5.** (*darstellen, a.* TYPO) reproducir
Wiedergeburt *f* <-, -en> (REL) renacimiento *m*
wieder|gewinnen* *irr vt* recuperar, recobrar; **Wiedergewinnung** *f* <-, -en> (ÖKOL) recuperación *f*
wieder|gut|machen *vt s.* **gutmachen**
Wiedergutmachung [--'---] *f* <-, -en> **1.** (*eines Schadens*) reparación *f* **2.** (*Entschädigung*) resarcimiento *m*
wieder|haben *irr vt:* **hast du die Sachen wieder?** ¿te han devuelto las cosas?; **ich will das Heft** ~ quiero que me devuelvan el cuaderno; **wir wollen unsere alte Lehrerin** ~ queremos volver a tener a nuestra anterior profesora
wiederherstellbar [--'---] *adj* (*a.* INFOR) recuperable; **nicht** ~ no recuperable; **wieder|her|stellen** [--'---] *vt* **1.** (*Ordnung*) restablecer **2.** (*reparieren*) restaurar; **der Arzt wird dich schon ~!** el médico te curará; **Wiederherstellung** [--'---] *f* <-, -en> **1.** (*der Ordnung, Ruhe*) restablecimiento *m* **2.** (*Reparatur*) reparación *f,* reconstrucción *f* **3.** (INFOR) recuperación *f*
wiederholbar [--'--] *adj* repetible; **leicht/kaum** ~ fácil/difícil de repetir
wiederholen*[1] **I.** *vt* repetir; (*Lernstoff*) repasar; **ich muss die Klasse** ~ tengo que repetir el curso; **ich möchte meinen Vorschlag** ~ quisiera repetir mi propuesta; **er wiederholte, was sie ihm gesagt hatte** repitió lo que ella le había dicho; ~ **Sie!** ¡repita! **II.** *vr:* **sich** ~ repetirse
wieder|holen² *vt* (*zurückholen*) ir a buscar otra vez
wiederholt [--'-] **I.** *adj* repetido, reiterado; **zum ~en Male** por milésima vez **II.** *adv* en reiteradas ocasiones
Wiederholung [--'--] *f* <-, -en> repetición *f;* (*von Lernstoff*) repaso *m;* **ist eine ~ dieser Prüfung möglich?** ¿se puede repetir este examen?; **Wiederholungsfall** *m* <-(e)s, -fälle>: **im** ~ (*formal*) en caso de reincidencia; **Wiederholungstäter(in)** *m(f)* <-s, -; -, -nen> (JUR) reincidente *mf*
Wiederhören *nt:* **auf ~!** ¡adiós!, ¡hasta luego!
Wiederinstandsetzung [---'---] *f* <-, -en> reparación *f*
wieder|käuen ['vi:dɐkɔɪən] *vt* **1.** (*Tier*) rumiar **2.** (*abw: ständig wiederholen*) repetir por milésima vez
Wiederkäuer *m* <-s, -> (ZOOL) rumiante *m*
Wiederkehr ['vi:dɐke:ɐ] *f* <-, *ohne pl*> (*geh*) **1.** (*Rückkehr*) retorno *m,* regreso *m* **2.** (*Wiederholung*) repetición *f*
wieder|kehren *vi sein* (*geh*) **1.** (*zurückkommen*) retornar (*von/aus* de), regresar (*von/aus* de) **2.** (*sich wiederholen*) repetirse
wieder|kommen *irr vi sein* **1.** (*zurückkommen*) volver (*von* de), regresar (*von* de); **kommen Sie bald wieder!** ¡vuelva pronto! **2.** (*sich wiederholen*) repetirse
Wiederschauen *nt:* **auf ~!** (*reg*) ¡adiós!, ¡hasta luego!
wieder|sehen *irr vt s.* **sehen I.**
Wiedersehen *nt* <-s, -> reencuentro *m;* **auf ~!** ¡adiós!, ¡hasta luego!; **bei unserem letzten** ~ cuando nos vimos la última vez; **sie hofften auf ein baldiges** ~ esperaban volver a verse pronto; **Wiedersehensfreude** *f* <-, *ohne pl*> alegría *f* (por el reencuentro)
Wiedertäufer *m* <-s, -> (HIST) anabaptista *m*
wiederum ['vi:dərʊm] *adv* **1.** (*nochmals*) otra vez, de nuevo **2.** (*andererseits*) por el contrario, por otra parte; **andere ~ behaupten, dass ...** por el contrario otros afirman que...
wieder|vereinigen* **I.** *vt s.* **vereinigen I. II.** *vr:* **sich** ~ *s.* **vereinigen II.**; **Wiedervereinigung** *f* <-, -en> reunificación *f*
Wiederverheiratung *f* <-, -en> segundas nupcias *fpl;* **seit ihrer** ~ desde que se casó la segunda vez; **Wiederverkauf** *m* <-(e)s, -käufe> (WIRTSCH) reventa *f;* **Wiederverkäufer(in)** *m(f)* <-s, -; -, -nen> (WIRTSCH) revendedor(a) *m(f)*
Wiederverkaufspreis *m* <-es, -e> (WIRTSCH) precio *m* de reventa; **Wiederverkaufswert** *m* <-(e)s, -e> (WIRTSCH) valor *m* de reventa
wiederverwendbar *adj s.* **verwendbar**
Wiederverwendung *f* <-, -en> reutilización *f;* **Wiederverwendungsverpackung** *f* <-, -en> envase *m* reutilizable, em-

balaje *m* reciclado

wieder|verwerten* *vt s.* verwerten; **Wiederverwertung** *f* <-, -en> reciclaje *m*

Wiedervorlage *f* <-, *ohne pl*> nueva presentación *f;* **zur** ~ para nueva presentación

Wiederwahl *f* <-, -en> reelección *f;* **wieder|wählen** *vt s.* **wählen II.1.**

Wiederzulassung *f* <-, -en> readmisión *f*

Wiege ['vi:gə] *f* <-, -n> cuna *f;* **von der ~ bis zur Bahre** desde la cuna hasta la sepultura; **etw ist jdm in die ~ gelegt worden** alguien tiene algo de nacimiento; **ihre ~ stand in Madrid** nació en Madrid

Wiegemesser *nt* <-s, -> tajadera *f*

wiegen[1] ['vi:gən] **I.** *vt* **1.** (*bewegen*) mover, agitar; (*Kind*) mecer **2.** (*zerkleinern*) picar **II.** *vr:* **sich ~** balancearse; **sich zur Musik in den Hüften ~** bambolear las caderas al son de la música; **sich in Sicherheit ~** creerse en seguridad

wiegen[2] <wiegt, wog, gewogen> **I.** *vi* (*Gewicht haben*) pesar; **wie viel wiegst du? – ich wiege 65 Kilo** ¿cuánto pesas? – peso 65 kilos; **der Koffer wiegt schwer** (*geh*) la maleta pesa mucho; **das Argument wiegt schwer** (*fig*) es un argumento de peso **II.** *vt* pesar

Wiegenlied *nt* <-(e)s, -er> canción *f* de cuna, nana *f*

wiehern ['vi:ɐn] *vi* **1.** (*Pferd*) relinchar **2.** (*fam: lachen*) carcajearse

Wien [vi:n] *nt* <-s> Viena *f*

Wiener[1] *adj inv* de Viena; ~ **Würstchen** salchicha de Viena

Wiener(in)[2] *m(f)* <-s, -; -, -nen> vienés, -esa *m, f*

wienern *vt* (*fam*) sacar brillo (a)

wies [vi:s] *3. imp von* **weisen**

Wiesbaden ['vi:sba:dən] *nt* <-s> Wiesbaden *m*

Wiese ['vi:zə] *f* <-, -n> prado *m,* pradera *f*

wiesehr [vi'ze:ɐ] *konj* (*Österr*) por mucho [*o* más] que

Wiesel ['vi:zəl] *nt* <-s, -> (ZOOL) comadreja *f;* **er ist flink wie ein ~** corre como una gacela

Wiesenschaumkraut *nt* <-(e)s, -kräuter> (BOT) cardamina *f*

wieso [vi'zo:] *adv* por qué; **er wusste auch nicht, ~** tampoco sabía por qué; **~ nicht?** ¿por qué no?

wieviel [vi'fi:l, '--] *adv s.* **viel I.3.**

wievielmal [vi'fi:lma:l, 'vi:fi:lma:l] *adv* cuántas veces; **~ sind Sie schon in Buenos Aires gewesen?** ¿cuántas veces ha estado ya en Buenos Aires?

wievielte(r, s) ['vi:vi:ltə, -tɐ, -təs] *adj:* **zum ~n Mal bist du schon in Spanien?** ¿cuántas veces has estado ya en España?; **den W~n haben wir heute?** ¿a qué día estamos hoy?; **am W~n kommst du?** ¿qué día del mes llegas?; **der ~ Anruf war das?** ¿cuántas llamadas son?; **die W~ bist du?** ¿en qué lugar estás?

wieweit [vi'vaɪt] *adv* hasta qué punto

Wikinger(in) ['vɪkɪŋɐ, 'vi:kɪŋɐ] *m(f)* <-s, -; -, -nen> vikingo, -a *m*

wild [vɪlt] *adj* **1.** (*Tier, Volk, Landschaft*) salvaje; (*Pflanze*) silvestre, salvaje; **~er Wein** viña virgen; **~ lebend** salvaje; **~ wachsend** silvestre; **~ wachsen** crecer espontáneamente; **der W~e Westen** el Salvaje Oeste **2.** (*heftig*) violento, impetuoso; (*wütend*) furioso; **ein ~es Durcheinander** un caos terrible; **unter ~en Flüchen** soltando terribles tacos; **in ~er Leidenschaft** con una pasión loca; **~ entschlossen** (*fam*) totalmente decidido; **~ werden** ponerse furioso; **wie ein ~ gewordener Stier** como un caballo desbocado; **das macht mich ganz ~** (*fam*) esto me pone a cien; **~ auf etw sein** (*fam*) estar loco por algo; **wie ~** (*fam*) como loco; **das ist halb so ~** (*fam*) no es para tanto **3.** (*unkontrolliert*) incontrolado; (*illegal*) ilegal, ilícito; **~ zelten** acampar ilegalmente **4.** (*lebhaft*) turbulento; (*Kinder*) travieso; **wir waren ein ~er Haufen** éramos una pandilla de incontrolados **5.** (*übertrieben*) fantástico, increíble; **das sind doch nur ~e Vermutungen** no son más que suposiciones fantásticas

Wild *nt* <-(e)s, *ohne pl*> caza *f,* venado *m*

Wildbach *m* <-(e)s, -bäche> torrente *m*

Wildbahn *f:* **in freier ~** en libertad

Wildbret ['vɪltbrɛt] *nt* <-s, *ohne pl*> (*geh*) carne *f* de venado

Wilddieb(in) *m(f)* <-(e)s, -e; -, -nen> cazador(a) *m(f)* furtivo, -a; **Wilddiebstahl** *m* <-(e)s, -stähle> caza *f* furtiva

Wilde(r) *mf* <-n, -n; -n, -n> (*abw*) salvaje *mf;* **wie ein ~r** (*fam*) como un loco

Wildente *f* <-, -n> pato *m* salvaje

Wilderei *f* <-, -en> caza *f* furtiva

Wilderer, -in *m, f* <-s, -; -, -nen> cazador(a) *m(f)* furtivo, -a

wildern ['vɪldɐn] *vi* cazar furtivamente

Wildfang *m* <-(e)s, -fänge> (*hum*) diablillo *m;* **unser Kind ist ein richtiger ~!** ¡nuestro hijo es un auténtico torbellino!

wildfremd ['-'-] *adj* totalmente desconocido

Wildfremde(r) *mf* <-n, -n; -n, -n> persona *f* (completamente) desconocida

Wildgans *f* <-, -gänse> oca *f* silvestre

Wildheit *f* <-, *ohne pl*> carácter *m* salvaje; (*Ungestüm*) impetuosidad *f;* (*von Tieren*) ferocidad *f*

Wildhüter(in) *m(f)* <-s, -; -, -nen> guardabosque(s) *mf* (*inv*)

Wildkaninchen *nt* <-s, -> conejo *m* de monte; **Wildkatze** *f* <-, -n> gato *m* montés; **Wildkraut** *nt* <-(e)s, -kräuter> hierbas *fpl* silvestres, plantas *fpl* silvestres

wildlebend *adj s.* **wild 1.**

Wildleder *nt* <-s, -> ante *m*

wildledern *adj* de ante; **eine ~e Jacke** una chaqueta de ante

Wildnis *f* <-, *ohne pl*> lugar *m* salvaje; (*Urwald*) selva *f;* **Tiere der ~** animales salvajes

Wildpark *m* <-s, -s *o* -e> reserva *f* de caza;

wildreich *adj* abundante en venado

wildromantisch ['--'--] *adj* silvestre y romántico

Wildsau *f* <-, -säue> **1.** (ZOOL) jabalina *f* **2.** (*fam abw: Schimpfwort*) imbécil *mf*, idiota *mf*

Wildschaden *m* <-s, -schäden> daños *mpl* causados por el venado

Wildschutzgebiet *nt* <-(e)s, -e> zona *f* de reserva de caza

Wildschwein *nt* <-(e)s, -e> (ZOOL) jabalí *m*, verraco *m* *MAm, Ant*

wildwachsend *adj s.* **wild 1.**

Wildwasserboot *nt* <-(e)s, -e> (*Kanu*) piragua *f*; **Wildwasserfahrt** *f* <-, -en> bajada *f* en piragua en aguas bravas; **Wildwasserrennen** *nt* <-s, -> piragüismo *m*

Wildwechsel *m* <-s, -> **1.** (*Weg*) paso *m* utilizado por el venado **2.** (*das Überwechseln*) cruce *m* de venado

Wildwestfilm [-'--] *m* <-(e)s, -e> western *m*, película *f* del Oeste

Wildwuchs *m* <-es, *ohne pl*> crecimiento *m* silvestre

Wilhelm ['vɪlhɛlm] ≈Guillermo; ~ **Tell** Guillermo Tell

will [vɪl] *3. präs von* **wollen**

Wille ['vɪlə] *m* <-ns, -n> voluntad *f*; (*Wollen*) querer *m*; (*Absicht*) intención *f*; (*Entschlossenheit*) decisión *f*; **Dein ~ geschehe** (REL) hágase tu voluntad; **seinen eigenen ~n haben** saber lo que se quiere; **keinen eigenen ~n haben** no tener voluntad propia; **einen eisernen ~n haben** tener una voluntad de hierro; **seinen ~n durchsetzen (wollen)** (querer) imponer su voluntad; **auf seinem ~n bestehen** persistir en su voluntad; **wenn es nach meinem ~n ginge** si por mí fuera; **es geschah gegen meinen ~n** ocurrió contra mi voluntad; **jdm seinen ~n lassen** dejar que alguien actúe según su voluntad; **jdm zu ~n sein** cumplir la voluntad de alguien; **das hätte ich beim besten ~n nicht machen können** no hubiera podido hacerlo por más que hubiese querido; **es ist mein fester ~, das zu schaffen** tengo el firme propósito de conseguirlo; **es war dein freier ~, das zu tun** fue tu propia decisión de hacerlo; **es war kein böser ~** no fue con mala voluntad; **der gute ~** la buena voluntad; **der letzte ~** (*Testament*) la última voluntad; **wider ~n** de mala gana, sin quererlo; **wo ein ~ ist, ist auch ein Weg** (*prov*) querer es poder

willen ['vɪlən] *präp +gen:* **um jds/etw** *gen* **~** por alguien/algo; **um Gottes ~!** ¡por (el amor de) Dios!

willenlos *adj* abúlico, sin voluntad (propia); **etw ~ über sich ergehen lassen** soportar algo sin rechistar

willens ['vɪləns] *adj inv* (*geh*): **~ sein etw zu tun** estar dispuesto a hacer algo

Willenserklärung *f* <-, -en> (JUR) acto *m* de voluntad; **Willensfreiheit** *f* <-, *ohne pl*> libre voluntad *f*; **Willenskraft** *f* <-, *ohne pl*> fuerza *f* de voluntad; **willensschwach** *adj* sin fuerza de voluntad, abúlico; **Willensschwäche** *f* <-, *ohne pl*> falta *f* de voluntad, abulia *f*; **willensstark** *adj* enérgico, voluntarioso; **Willensstärke** *f* <-, *ohne pl*> fuerza *f* de voluntad, energía *f*

willentlich ['vɪləntlɪç] **I.** *adj* (*geh*) intencionado **II.** *adv* (*geh*) a propósito, intencionadamente

willfährig ['vɪlfɛːrɪç, -'--] *adj* (*geh*) dócil, sumiso

willig **I.** *adj* servicial; (*gehorsam*) obediente **II.** *adv* de buena gana, de buena voluntad

willkommen [-'--] *adj* (*Person*) bienvenido; (*Sache*) oportuno, agradable; **herzlich ~!** ¡(sea Ud.) bienvenido!; **~ zu Hause!** ¡bienvenido a casa!; **jdn ~ heißen** dar la bienvenida a alguien; **du bist (mir) immer ~** eres siempre bienvenido; **eine ~e Veränderung** un cambio oportuno

Willkommen *nt* <-s, -> bienvenida *f*; **Willkommenstrunk** *m* <-(e)s, -trünke> (*geh*) copa *f* de bienvenida

Willkür ['vɪlkyːɐ] *f* <-, *ohne pl*> arbitrariedad *f*; **sie sind seiner ~ ausgeliefert** están a su merced; **reine ~** pura arbitrariedad; **Willkürherrschaft** *f* <-, -en> despotismo *m*

willkürlich *adj* **1.** (*Maßnahme*) arbitrario **2.** (*zufällig*) casual; **~ aussuchen** escoger al azar **3.** (*gewollt*) voluntario

wimmeln ['vɪməln] *vi* pulular, bullir; **hier wimmelt es von Mücken** aquí pululan los mosquitos; **das Buch wimmelt von Fehlern** (*fam*) el libro está lleno de errores

wimmern ['vɪmɐn] *vi* gemir, gimotear

Wimpel ['vɪmpəl] *m* <-s, -> gallardete *m*, banderín *m*

Wimper ['vɪmpɐ] *f* <-, -n> **1.** (*des Menschen*) pestaña *f*; **ohne mit der ~ zu zucken** a sangre fría **2.** (BIOL) cilio *m*; **Wimperntusche** *f* <-, -n> rímel® *m*

Wind [vɪnt] *m* <-(e)s, -e> viento *m*; **steifer ~** viento muy fresco; **~ mit Orkanstärke** viento con fuerza huracanada; **bei ~ und Wetter** por mal tiempo que haga; **~ und Wetter ausgesetzt sein** estar a la intemperie; **der ~ dreht sich** el viento se ha girado; **jdm den ~ aus den Segeln nehmen** (*fam*) tomar la delantera a alguien; **sich** *dat* **den ~ um die Nase wehen lassen** (*fam*) ir a correr mundo; **wissen, woher der ~ weht** (*fam*) saber por dónde vienen los tiros; **daher weht also der ~!** (*fam*) ¡por ahí van los tiros!; **~ von etw** *dat* **bekommen** [*o* **kriegen**] (*fam*) enterarse de algo; **etw in den ~ schlagen** no hacer caso de algo; **in den ~ reden** hablar con la pared; **viel ~ (um etw) machen** (*fam*) armar mucho escándalo (a propósito de algo); **hier weht ein neuer** [*o* **frischer**] **~** (*fam*) aquí soplan nuevos vientos; **sein Fähnchen nach dem ~ hängen** arrimarse al sol que más calienta; **in alle (vier) ~e** a los cuatro vientos; **wer ~ sät, wird Sturm ernten** (*prov*) quien siembra vientos, recoge tempestades; **Windbeutel** *m* <-s, -> buñuelo *m;* **Windbö(e)** *f* <-, -(e)n> ráfaga *f* de viento, racha *f;* **Windbruch** *m* <-(e)s, -brüche> daños *mpl* en los árboles (de un bosque) ocasionados por el viento

Winde ['vɪndə] *f* <-, -n> **1.** (TECH) cabestrante *m,* cabria *f* **2.** (BOT) enredadera *f*

Windei ['vɪntʔaɪ] *nt* <-(e)s, -er> **1.** (*schalenloses Ei*) huevo *m* con cáscara blanda **2.** (*Reinfall*) chasco *m;* **sein Plan war ein ~** su plan no tenía futuro

Windel ['vɪndəl] *f* <-, -n> pañal *m;* **noch in den ~n stecken** (*fig*) estar todavía en pañales; **Windeleinlage** *f* <-, -n> pañal *m;* **Windelhöschen** ['vɪndəlhøːsçən] *nt* <-s, ->, **Windelhose** *f* <-, -n> bragapañal *m;* **windelweich** ['--'-] *adj* (*fam*): **jdn ~ schlagen** moler a alguien a palos

winden¹ ['vɪndən] <windet, wand, gewunden> **I.** *vt* **1.** (*geh: Kranz*) hacer; **etw um etw ~** poner algo alrededor de algo; **sich** *dat* **ein Band ins Haar ~** ponerse una cinta en el pelo **2.** (*wegnehmen*) quitar, arrebatar; **jdm etw aus der Hand ~** arrancarle a alguien algo de las manos **II.** *vr:* **sich ~ 1.** (*Pflanze*) retorcerse (*um* alrededor de), enredarse (*um* por) **2.** (*Schlange*) deslizarse (*in* por) **3.** (*sich krümmen*) doblarse, retorcerse; **er wand sich vor Schmerzen** se dobló de puro dolor **4.** (*sich schlängeln*) serpentear (*durch* entre); **der Pfad windet sich durch die Wiesen** el camino serpentea por entre las praderas **5.** (*Ausflüchte suchen*) buscar pretextos

winden² *vunpers:* **es windet** hace viento

Windenergie *f* <-, *ohne pl*> energía *f* eólica; **Windenergieanlage** *f* <-, -n> parque *m* eólico; **Winderosion** *f* <-, -en> (GEO) erosión *f* eólica

Windeseile ['--'--] *f:* **mit** [*o* **in**] **~** a toda pastilla

Windfang *m* <-(e)s, -fänge> cancel *m*

windgeschützt *adj* protegido del viento; **Windgeschwindigkeit** *f* <-, -en> velocidad *f* del viento; **Windhauch** *m* <-(e)s, -e> soplo *m* de viento; **Windhose** *f* <-, -n> (METEO) torbellino *m*

Windhund *m* <-(e)s, -e> **1.** (ZOOL) galgo *m,* lebrel *m* **2.** (*fam abw: Mensch*) calavera *m*

windig *adj* **1.** (*Wetter, Tag*) ventoso; (*Ort*) expuesto al viento; **es ist ~** hace viento **2.** (*fam abw: Sache*) dudoso; (*Person*) pícaro

Windjacke *f* <-, -n> cazadora *f*

Windjammer *m* <-s, -> (NAUT) gran velero *m*

Windkanal *m* <-s, -näle> **1.** (TECH) túnel *m* aerodinámico **2.** (*an einer Orgel*) canal *m* de viento, conducto *m* de aire

Windkraft *f* <-, *ohne pl*> energía *f* eólica; **Windkraftanlage** *f* <-, -n>, **Windkraftwerk** *nt* <-(e)s, -e> central *f* eólica; **Windlicht** *nt* <-(e)s, -er> *especie de quinqué con una vela;* **Windmesser** *m* <-s, -> (METEO) anemómetro *m*

Windmühle *f* <-, -n> molino *m* de viento; **gegen ~n kämpfen** luchar en vano; **Windmühlenflügel** *m* <-s, -> aspa *f* de molino de viento

Windpark *m* <-s, -s *o* -e> parque *m* eólico

Windpocken *fpl* (MED) varicela *f*

Windrad *nt* <-(e)s, -räder> **1.** (TECH) rueda *f* de paletas **2.** (*Spielzeug*) molinete *m,* molinillo *m;* **Windradpumpe** *f* <-, -n> bomba *f* de rueda de viento

Windrichtung *f* <-, -en> dirección *f* del viento; **Windrose** *f* <-, -n> rosa *f* de los vientos

Windschatten *m* <-s, *ohne pl*> lado *m* protegido del viento; (NAUT) sotavento *m;* **im ~ eines Fahrzeugs fahren** ir protegido del viento por un vehículo; **Windschattenfahrer(in)** *m(f)* <-s, -; -, -nen> chuparruedas *mf inv*

windschief *adj* inclinado, ladeado; **windschnittig** *adj* aerodinámico

Windschutz *m* <-es, -e> tira *f* de lona que resguarda del viento; **Windschutzscheibe** *f* <-, -n> (AUTO) parabrisas *m inv;* **Windschutzstreifen** *m* <-s, -> (AUTO) valla *f* protectora contra el viento

Windseite *f* <-, -n> lado *m* expuesto al viento; (NAUT) barlovento *m;* **Windstärke** *f* <-, -n> fuerza *f* del viento; **es herrscht ~ drei** tenemos un viento de fuerza tres; **Windstern** *m* <-(e)s, -e> rosa *f* de los vientos; **windstill** *adj:* **es ist ~** no hace viento; **es ist absolut ~** hay calma chicha; **ein ~er Tag** un día que no hace viento; **Windstille** *f* <-, *ohne pl*> calma *f;* **völlige ~** calma chicha; **Windstoß** *m* <-es, -stöße> golpe *m* de viento, racha *f*

Windsurfbrett *nt* <-(e)s, -er> tabla *f* de windsurf; **windsurfen** ['vɪntzøːɐfən] *vi* practicar el windsurf; **Windsurfen** *nt* <-s, *ohne pl*> windsurf *m;* **Windsurfer(in)** *m(f)* <-s, -; -, -nen> surfista *mf;* **Windsurfing** ['vɪntzøːɐfɪŋ] *nt* <-s, *ohne pl*> windsurf *m*

Windung *f* <-, -en> **1.** (*allgemein*) sinuosidad *f;* (*Kurve*) curva *f;* (*Fluss~*) meandro *m* **2.** (*einer Spule*) espira *f;* (*einer Schraube*) paso *m*

Wink [vɪŋk] *m* <-(e)s, -e> **1.** (*Zeichen*) seña *f,* señal *f* **2.** (*Äußerung*) indicación *f;* (*Rat*) consejo *m;* (*Warnung*) advertencia *f;* **von jdm einen ~ bekommen** recibir una indicación de alguien; **jdm einen ~ geben** hacer(le) una indicación a alguien; **ein ~ mit dem Zaunpfahl** una indirecta

Winkel ['vɪŋkəl] *m* <-s, -> **1.** (MATH) ángulo *m;* **rechter ~** ángulo recto; **spitzer/stumpfer ~** ángulo agudo/obtuso; **toter ~** ángulo muerto **2.** (*~maß*) regla *f* de ángulos, escuadra *f* **3.** (*Ecke*) rincón *m;* **ein stiller ~** un rincón tranquilo; **etw in allen Ecken und ~n suchen** buscar algo por todos los rincones; **Winkeladvokat(in)** *m(f)* <-en, -en; -, -nen> (*abw*) picapleitos *mf inv;* **Winkelei-**

W

sen *nt* <-s, -> (TECH) hierro *m* de ángulo; **Winkelfunktion** *f* <-, -en> (MATH) función *f* trigonométrica; **Winkelhalbierende** *f* <-n, -n> (MATH) bisectriz *f*

wink(e)lig ['vɪŋk(ə)lɪç] *adj* (*Gasse*) torcido; (*Haus, Stadt*) de muchos rincones

Winkellineal *nt* <-s, -e> regla *f* de ángulo [*o* de escuadra]; **Winkelmaß** *nt* <-es, -> **1.** (MATH: *Einheit*) medida *f* angular **2.** (*Gerät*) transportador *m;* **Winkelmesser** *m* <-s, -> goniómetro *m;* **Winkelzug** *m* <-(e)s, -züge> jugada *f* maestra

winken ['vɪŋkən] <winkt, winkte, gewinkt, *reg:* gewunken> **I.** *vi* **1.** (*Zeichen geben*) hacer señas; **einem Taxi** ~ llamar un taxi; **jdm mit der Zeitung** ~ hacerle señas a alguien con un periódico **2.** (*erwarten*): **jdm winkt etw** algo le espera a alguien; **der Siegerin winkt eine Reise nach Chile** a la ganadora le espera un viaje a Chile **II.** *vt:* **jdn zu sich** *dat* ~ llamar a alguien; **er winkte den Kellner zu sich** llamó al camarero

winklig *adj s.* **wink(e)lig**

winseln ['vɪnzəln] *vi* gemir; **um Vergebung** ~ (*abw*) implorar el perdón

Winter ['vɪntɐ] *m* <-s, -> invierno *m;* **ein harter** [*o* **strenger**] ~ un invierno duro [*o* severo]; **nuklearer** ~ invierno nuclear; (**gut**) **über den** ~ **kommen** pasar (sano) el invierno; **Winterabend** *m* <-s, -e> tarde *f* de invierno; (*ab 20 oder 21 Uhr*) noche *f* de invierno; **Winteranfang** *m* <-(e)s, -fänge> comienzo *m* del invierno; **Winterdienst** *m* <-(e)s, -e> servicio *m* quitanieves; **Wintereinbruch** *m* <-(e)s, -brüche> comienzo *m* brusco del invierno; **Winterfahrplan** *m* <-(e)s, -pläne> horario *m* de invierno; **Winterfell** *nt* <-(e)s, -e> pelo *m* de invierno; **Winterferien** *pl* vacaciones *fpl* de invierno; **winterfest** *adj* resistente al frío (invernal); **das Auto** ~ **machen** preparar el coche para el invierno; **Wintergarten** *m* <-s, -gärten> invernadero *m;* **Wintergetreide** *nt* <-s, -> cereales *mpl* de invierno; **Winterhalbjahr** *nt* <-(e)s, -e> semestre *m* de invierno (*de octubre a marzo*); **winterhart** *adj* (BOT) de invierno; **Winterkälte** *f* <-, *ohne pl*> frío *m* invernal; **Winterkleidung** *f* <-, -en> ropa *f* de invierno; **Winterlandschaft** *f* <-, -en> paisaje *m* invernal

winterlich *adj* invernal, de invierno; ~ **gekleidet** con ropa de invierno

Wintermantel *m* <-s, -mäntel> abrigo *m* de invierno; **Winterolympiade** *f* <-, -n> Juegos *mpl* Olímpicos de invierno; **Winterquartier** *nt* <-s, -e> cuarteles *mpl* de invierno; **Winterreifen** *m* <-s, -> neumático *m* de invierno; **Winterruhe** *f* <-, *ohne pl*> (ZOOL) descanso *m* invernal

winters ['vɪntɐs] *adv:* **sommers wie** [*o* **und**] ~ tanto en verano como en invierno

Wintersaison *f* <-, -s> temporada *f* de invierno; **Winterschlaf** *m* <-(e)s, *ohne pl*> (ZOOL) hibernación *f;* ~ **halten** hibernar; **Winterschlussverkauf**[RR] *m* <-(e)s, -käufe> rebajas *fpl* de enero; **Wintersemester** *nt* <-s, -> semestre *m* de invierno; **Wintersmog** *m* <-(s), -s> smog *m* invernal; **Wintersonnenwende** *f* <-, -n> solsticio *m* de invierno; **Winterspeck** *m* <-(e)s, -e> (*fam*) quilos *mpl* de más adquiridos en invierno; **Winterspiele** *ntpl:* **die** (**Olympischen**) ~ (SPORT) los Juegos (Olímpicos) de Invierno; **Wintersport** *m* <-(e)s, -e> deporte *m* de invierno; **zum** ~ **fahren** ir a esquiar

Winterszeit *f* <-, *ohne pl*> *s.* **Winterzeit**

Winterurlaub *m* <-(e)s, -e> vacaciones *fpl* de invierno; **Winterzeit** *f* <-, *ohne pl*> temporada *f* de invierno, época *f* invernal

Winzer(in) ['vɪntsɐ] *m(f)* <-s, -; -, -nen> viticultor(a) *m(f),* vitivinicultor(a) *m(f)*

winzig ['vɪntsɪç] *adj* diminuto, minúsculo, chiquitito *fam;* ~ **klein** diminuto

Winzigkeit[1] *f* <-, *ohne pl*> (*geringe Größe*) pequeño tamaño *m*

Winzigkeit[2] *f* <-, -en> (*fam*) **1.** (*winzige Menge*) pequeña cantidad *f;* **noch einen Schnaps? – meinetwegen, aber nur eine** ~ ¿otra copita de aguardiente? – bueno, pero sólo un poquito de nada **2.** (*belanglose Sache*) nimiedad *f,* bagatela *f,* nadería *f*

Winzling ['vɪntslɪŋ] *m* <-s, -e> (*fam*) chiquillo, -a *m, f*

Wipfel ['vɪpfəl] *m* <-s, -> cima *f,* copo *m And*

Wippe ['vɪpə] *f* <-, -n> balancín *m*

wippen ['vɪpən] *vi* **1.** (*auf und ab*) balancearse; (*hin und her*) oscilar **2.** (*auf einer Wippe*) balancearse

wir [viːɐ] *pron pers 1. Pl* nosotros *mpl,* nosotras *fpl;* ~ **beiden/drei** nosotros/nosotras dos/tres; ~ **sind Lehrerinnen** nosotras somos maestras; **wer war das? –** ~ **nicht** ¿quién hizo esto? – nosotros no; **trinken** ~ **erst mal einen!** ¡bebamos primero una copa!

Wirbel ['vɪrbəl] *m* <-s, -> **1.** (*Wasser~, Luft~, Haar~*) remolino *m* **2.** (*Trubel*) torbellino *m,* jaleo *m fam;* (*Aufsehen*) escándalo *m;* ~ **um etw machen** armar un escándalo a propósito de algo **3.** (*Knochen*) vértebra *f* **4.** (*an Saiteninstrumenten*) clavija *f* **5.** (*Trommel~*) redoble *m*

Wirbelbruch *m* <-(e)s, -brüche> (MED) hernia *f* vertebral; **wirbellos** *adj* invertebrado

wirbeln ['vɪrbəln] **I.** *vi sein* **1.** (*Staub*) arremolinarse, remolinar; **durch die Luft** ~ revolotear por el aire **2.** (*fam: geschäftig sein*) estar atareado; **sie wirbelt den ganzen Tag** no para en todo el día **II.** *vt* (*in die Luft*) revolotear

Wirbelsäule *f* <-, -n> columna *f* vertebral; **Wirbelsäulengymnastik** *f* <-, *ohne pl*> gimnasia *f* para la columna vertebral

Wirbelsturm *m* <-(e)s, -stürme> ciclón *m,* tornado *m*

Wirbeltier *nt* <-(e)s, -e> (ZOOL) vertebrado

m

Wirbelwind *m* <-(e)s, -e> (*Wind, Mensch*) torbellino *m;* **wie ein ~** como un torbellino

wirbt [vɪrpt] *3. präs von* **werben**

wird [vɪrt] *3. präs von* **werden**

wirft [vɪrft] *3. präs von* **werfen**

wirken ['vɪrkən] **I.** *vi* **1.** (*Wirkung haben*) surtir efecto (*bei* con, *auf* en); **ihr Optimismus wirkt ansteckend** nos ha contagiado su optimismo; **beruhigend ~** tener un efecto calmante; **gut ~** surtir buen efecto; **gegen etw ~** surtir efecto contra algo **2.** (*Eindruck machen*) parecer, dar la impresión (de); **er wirkt etwas nervös auf mich** me da la impresión de estar un poco nervioso; **sie wirkt jünger, als sie ist** parece más joven de lo que es; **lächerlich ~** ser ridículo; **jugendlich ~** verse joven **3.** (*zur Geltung kommen*) destacar, resaltar; **der Sessel wirkt neben dem Fenster besser** el sillón destaca más al lado de la ventana; **ihre Brille wirkt sehr vorteilhaft** las gafas le favorecen mucho; **etw auf sich ~ lassen** degustar [*o* digerir] algo, disfrutar de algo **4.** (*tätig sein*) trabajar (*als* de, *für* para) **II.** *vt* **1.** (*hervorbringen*): **Wunder ~** (*fam*) surtir efectos maravillosos; **dieses Medikament wirkt Wunder** este medicamento surte efectos maravillosos **2.** (*Textilien*) tejer

wirklich ['vɪrklɪç] **I.** *adj* real; (*echt*) verdadero, auténtico; **er war eine ~e Hilfe für mich** fue una auténtica ayuda para mí; **im ~en Leben** en la vida real **II.** *adv* de verdad, de veras; **~ und wahrhaftig** de veras; **das ist ~ nett von Ihnen** es realmente muy amable de su parte; **ist das ~ wahr?** ¿de verdad que eso es cierto?; **~?** ¿de verdad?; **nein ~?** no, ¿de verdad?; **ich war es ~ nicht** yo no lo hice, de verdad; **er hat es nicht ~ gesagt, aber ...** en realidad no lo ha dicho, pero...

Wirklichkeit *f* <-, -en> realidad *f;* **die raue ~ (des Alltags)** la dura realidad (de la vida cotidiana); **in ~** en realidad; **in ~ heißt er anders** en realidad tiene otro nombre; **wirklichkeitsfremd** *adj* ajeno a la realidad, poco realista; **wirklichkeitsgetreu** *adj* realístico, realista; **etw ~ schildern** hacer una descripción realista de algo; **Wirklichkeitssinn** *m* <-(e)s, *ohne pl*> sentido *m* de la realidad

wirksam *adj* eficaz, efectivo; **eine äußerst ~e Droge** una droga muy eficaz; **~ sein** (*formal: gültig*) ser vigente; **~ werden** (*formal: gültig*) entrar en vigor; **die Verordnung wird mit dem ersten Januar ~** el decreto entra en vigor el uno de enero

Wirksamkeit *f* <-, *ohne pl*> eficacia *f,* eficiencia *f;* (*Gültigkeit*) vigencia *f*

Wirkstoff *m* <-(e)s, -e> su(b)stancia *f* activa

Wirkung *f* <-, -en> efecto *m;* (*Ergebnis*) resultado *m;* (*Folge*) consecuencia *f;* (*Reaktion*) reacción *f;* (*Wirksamkeit*) eficacia *f;* (*Einfluss*) influencia *f;* **bindende ~** efecto vinculante; **mit sofortiger ~** con efecto inmediato; **eine durchschlagende/lindernde ~ haben** [*o* **besitzen**] tener un efecto radical/calmante; **seine ~ entfalten** surtir efecto; **seine ~ verfehlen** no surtir el efecto deseado; **ohne (jegliche) ~ bleiben** no producir (ningún) efecto; **mit ~ vom ersten April** con efecto a partir del uno de abril; **an ~ verlieren** perder eficacia; **Wirkungsbereich** *m* <-(e)s, -e> **1.** (*Tätigkeitsbereich*) esfera *f* de acción; **der ~ der Kaltfront** el área afectada por el frente frío **2.** (MIL) alcance *m;* **Wirkungsdauer** *f* <-, *ohne pl*> duración *f* del efecto; **Wirkungsgrad** *m* <-(e)s, -e> eficiencia *f;* **Wirkungskette** *f* <-, -n> (CHEM) cadena *f* de acción; **Wirkungskreis** *m* <-es, -e> campo *m* de acción

wirkungslos *adj* ineficaz, sin efecto; **~ bleiben** no surtir efecto

Wirkungslosigkeit *f* <-, *ohne pl*> ineficacia *f*

wirkungsvoll *adj* eficaz; **~ sein** surtir efecto; **Wirkungsweise** *f* <-, -n> modo *m* de acción

wirr [vɪr] *adj* **1.** (*ungeordnet*) desordenado, revuelto; **alles lag ~ durcheinander** todo estaba revuelto **2.** (*verworren*) confuso; **~es Zeug reden** decir disparates

Wirren ['vɪrən] *pl* tiempos *mpl* revueltos; (*Unruhen*) disturbios *mpl,* tumultos *mpl;* **in den ~ des Bürgerkrieges** en los tiempos revueltos de la guerra civil

Wirrkopf *m* <-(e)s, -köpfe> (*abw*) despistado, -a *m, f*

Wirrwarr ['vɪrvar] *m* <-s, *ohne pl*> caos *m inv,* follón *m fam,* merengue *m CSur*

Wirsing ['vɪrzɪŋ] *m* <-s, *ohne pl*> col *f* de Milán

Wirt(in) [vɪrt] *m(f)* <-(e)s, -e; -, -nen> **1.** (*Gast~*) dueño, -a *m, f* de un restaurante; **Herr ~, noch zwei Bier!** ¡camarero, dos cervezas más! **2.** (*Haus~*) dueño, -a *m, f* de una casa **3.** (BIOL) huésped *m*

Wirtschaft ['vɪrtʃaft] *f* <-, -en> **1.** (*Volks~*) economía *f;* **staatlich gelenkte ~** economía dirigida por el Estado, economía planificada [*o* controlada]; **die deutsche ~** la economía alemana; **freie ~** economía liberal; **die ~ ankurbeln** reactivar la economía; **er ist in der ~ tätig** trabaja en la industria **2.** (*Gast~*) restaurante *m*

wirtschaften **I.** *vi* administrar, llevar (la casa/empresa/los negocios etc); (*sparsam ~*) ahorrar, economizar; **gut/schlecht ~** llevar bien/mal los negocios; **mit Gewinn ~** sacar beneficios; **in die eigene Tasche ~** enriquecerse (de modo ilegal) **II.** *vt:* **etw zugrunde** [*o* **zu Grunde**] **~** llevar algo a la ruina

Wirtschafter(in) *m(f)* <-s, -; -, -nen> **1.** (WIRTSCH) empresario, -a *m, f* **2.** (*Verwalter*) administrador(a) *m(f);* (*in der Landwirtschaft*) mayordomo *m*

Wirtschaftler(in) *m(f)* <-s, -; -, -nen> economista *mf*

wirtschaftlich *adj* económico; ~ **schwach entwickelt** poco desarrollado en términos económicos; **aus ~en Gründen** por razones económicas; **jdm geht es ~ gut/schlecht** a alguien le va económicamente bien/mal; **wir planen streng ~** hacemos una planificación estrictamente racional

Wirtschaftlichkeit *f* <-, *ohne pl*> rentabilidad *f*, productividad *f*

Wirtschaftsabkommen *nt* <-s, -> acuerdo *m* económico; **Wirtschaftsartikel** *m* <-s, -> artículo *m* sobre economía; **Wirtschaftsaufschwung** *m* <-(e)s, -schwünge> auge *m* de la economía; **Wirtschaftsbarometer** *nt* <-s, -> (WIRTSCH) barómetro *m* de la economía; **Wirtschaftsbelebung** *f* <-, -en> reactivación *f* de la economía, reanimación *f* económica; **Wirtschaftsberater(in)** *m(f)* <-s, -; -, -nen> consultor(a) *m(f)* económico, -a, asesor(a) *m(f)* económico, -a; **Wirtschaftsbereich** *m* <-(e)s, -e> sector *m* económico; **Wirtschaftsbeziehungen** *fpl* relaciones *fpl* económicas; **Wirtschaftsdarlehen** *nt* <-s, -> préstamo *m* comercial; **Wirtschaftsembargo** *nt* <-s, -s> embargo *m* económico; **Wirtschaftsentwicklung** *f* <-, *ohne pl*> desarrollo *m* económico; **Wirtschaftsethik** *f* <-, *ohne pl*> ética *f* económica; **Wirtschaftsexperte, -in** *m, f* <-n, -n; -, -nen> (WIRTSCH) experto, -a *m, f* en economía; **Wirtschaftsfaktor** *m* <-s, -en> factor *m* económico; **wirtschaftsfeindlich** *adj* antieconómico; **Wirtschaftsflüchtling** *m* <-s, -e> refugiado, -a *m, f* económico, -a; **Wirtschaftsförderung** *f* <-, -en> fomento *m* del desarrollo económico, fomento *m* de la economía; **Wirtschaftsform** *f* <-, -en> sistema *m* económico; **Wirtschaftsforschungsinstitut** *nt* <-(e)s, -e> instituto *m* de investigación económica; **Wirtschaftsgebäude** *nt* <-s, -> dependencias *fpl* del servicio; **Wirtschaftsgeld** *nt* <-(e)s, *ohne pl*> dinero *m* para (los) gastos domésticos; **Wirtschaftsgemeinschaft** *f* <-, -en> comunidad *f* económica; **Wirtschaftsgut** *nt* <-(e)s, -güter> (WIRTSCH) bienes *mpl* económicos; **kurzlebige/langlebige Wirtschaftsgüter** bienes económicos no duraderos/duraderos; **Wirtschaftsgymnasium** *nt* <-s, -gymnasien> *instituto de enseñanza media especializado en ciencias económicas;* **Wirtschaftshilfe** *f* <-, -n> ayuda *f* económica; **Wirtschaftshistoriker(in)** *m(f)* <-s, -; -, -nen> historiador(a) *m(f)* especializado, -a en materia económica; **Wirtschaftsindikator** *m* <-s, -en> (WIRTSCH) indicador *m* económico; **Wirtschaftsjahr** *nt* <-(e)s, -e> (WIRTSCH) año *m* económico [*o* fiscal]; **Wirtschaftskraft** *f* <-, -kräfte> (WIRTSCH) fuerza *f* económica; **Wirtschaftskriminalität** *f* <-, *ohne pl*> delincuencia *f* económica; **Wirtschaftskrise** *f* <-, -n> (WIRTSCH) crisis *f inv* económica; **Wirtschaftslage** *f* <-, *ohne pl*> situación *f* económica; **Wirtschaftsleben** *nt* <-s, *ohne pl*> vida *f* económica; **Wirtschaftsmacht** *f* <-, -mächte> **1.** (*bedeutendes Land*) potencia *f* económica **2.** (*eines Landes*) poder *m* económico; **Wirtschaftsminister(in)** *m(f)* <-s, -; -, -nen> ministro, -a *m, f* de Economía; **Wirtschaftsministerium** *nt* <-s, -ministerien> Ministerio *m* de Economía; **Wirtschaftsordnung** *f* <-, -en> (WIRTSCH) orden *m* económico; **Wirtschaftsplanung** *f* <-, -en> planificación *f* económica; **Wirtschaftspolitik** *f* <-, -en> política *f* económica; **wirtschaftspolitisch** *adj* de la política económica; ~ **sinnvoll** razonable a nivel de política económica; **Wirtschaftsprüfer(in)** *m(f)* <-s, -; -, -nen> revisor(a) *m(f)* de cuentas, interventor(a) *m(f);* **Wirtschaftsprüfung** *f* <-, -en> (WIRTSCH) revisión *f* de cuentas [*o* de balances]; **Wirtschaftsrat** *m* <-(e)s, *ohne pl*> (*in der BRD*) consejo *m* económico; **Wirtschaftsraum** *m* <-(e)s, -räume> **1.** (WIRTSCH) espacio *m* económico; **Europäischer ~** Espacio Económico Europeo **2.** (*Wirtschaftsgebäude*) dependencias *fpl* del servicio; **Wirtschaftsredakteur(in)** *m(f)* <-s, -e; -, -nen> redactor(a) *m(f)* de (la sección) de economía; **Wirtschaftssabotage** *f* <-, -n> sabotaje *m* industrial, sabotaje económico; **Wirtschaftssanktionen** *fpl* sanciones *fpl* económicas; **Wirtschaftsspionage** *f* <-, *ohne pl*> espionaje *m* industrial, espionaje *m* económico; **Wirtschaftsstrafkammer** *f* <-, -n> (JUR) sala *f* de derecho penal económico; **Wirtschaftssystem** *nt* <-s, -e> (WIRTSCH) sistema *m* económico; **kapitalistisches ~** sistema económico capitalista; **staatlich gelenktes ~** sistema económico controlado por el estado; **Wirtschaftsteil** *m* <-(e)s, -e> sección *f* económica; **Wirtschaftstheorie** *f* <-, -n> teoría *f* económica

Wirtschafts- und Währungsunion *f* <-, *ohne pl*> (EU) Unión *f* Económica y Monetaria

Wirtschaftsunternehmen *nt* <-s, ->: **kommunales ~** empresa *f* municipal; **Wirtschaftsverband** *m* <-(e)s, -bände> asociación *f* comercial; **Wirtschaftsverbrechen** *nt* <-s, -> crimen *m* económico; **Wirtschaftswachstum** *nt* <-s, *ohne pl*> crecimiento *m* económico; **Wirtschaftswald** *m* <-(e)s, -wälder> bosque *m* maderable; **Wirtschaftswissenschaft** *f* <-, -en> ciencias *fpl* económicas; **Wirtschaftswissenschaftler(in)** *m(f)* <-s, -; -, -nen> economista *mf;* **Wirtschaftswunder** *nt* <-s, -> (*fam*) milagro *m* económico; **Wirtschaftsziel** *nt* <-(e)s, -e> finalidad *f* económica; **Wirtschaftszweig** *m* <-(e)s, -e>

sector *m* económico

Wirtshaus ['vɪrts-] *nt* <-es, -häuser> restaurante *m* (en el campo), cantina *f Arg;* **Wirtsleute** *pl* dueños *mpl*

Wirtsorganismus *m* <-, -organismen> (BIOL) hospedador *m*

Wisch [vɪʃ] *m* <-(e)s, -e> (*fam abw*) papelucho *m*

wischen ['vɪʃən] **I.** *vi* **1. über etw** ~ (*putzen*) limpiar algo; (*darüber streichen*) pasar la mano por algo; **in der Küche** ~ fregar la cocina; **du saugst, ich wische** tú pasas el aspirador, yo el trapo **2.** (*Schweiz: fegen*) barrer **II.** *vt* **1.** (*reinigen*) limpiar, fregar (el suelo), trapear *Am* **2.** (*weg~*) quitar (*von* de); (*trocknen*) secar; **Staub** ~ quitar el polvo; **sich** *dat* **den Schweiß von der Stirn** ~ secarse el sudor de la frente **3.** (*Ohrfeige*): **jdm eine** ~ (*fam*) dar una bofetada a alguien **4.** (*Schweiz: fegen*) barrer

Wischer *m* <-s, -> **1.** (AUTO) limpiaparabrisas *m inv* **2.** (*Grafik*) difumino *m*, esfumino *m;* **Wischerblatt** *nt* <-(e)s, -blätter> escobilla *f*

Wischiwaschi ['vɪʃi'vaʃi] *nt* <-s, *ohne pl*> (*fam abw*) palabrería *f*, cháchara *f*

Wischlappen *m* <-s, -> (*reg*) trapo *m*, bayeta *f;* **Wischtuch** *nt* <-(e)s, -tücher> trapo *m* (para limpiar los muebles)

Wisent ['vi:zɛnt] *m* <-s, -e> (ZOOL) bisonte *m*

Wismut ['vɪsmu:t] *nt* <-(e)s, *ohne pl*> (CHEM) bismuto *m;* **Wismutglanz** *m* <-es, *ohne pl*> bismutina *f*

wispern ['vɪspɐn] *vi, vt* susurrar, cuchichear

Wissbegier(de)[RR] ['vɪs-] *f* <-, *ohne pl*>, **Wißbegier(de)** *f* <-, *ohne pl*> curiosidad *f* intelectual, deseo *m* de saber; **jds** ~ **befriedigen** satisfacer la curiosidad de alguien; **wissbegierig**[RR] *adj*, **wißbegierig** *adj* ávido de saber; (*neugierig*) curioso

wissen ['vɪsən] <weiß, wusste, gewusst> **I.** *vt* **1.** (*können*) saber; **er weiß es (halt) nicht anders** no sabe hacerlo de otra manera; **ich wusste mir nicht anders zu helfen** no supe de otra salida; **ich weiß nicht mehr ein noch aus** no sé cómo seguir; **ich hoffe, ihr wisst das zu schätzen** espero que sepáis apreciarlo; **ich weiß mit ihr umzugehen** sé como tratarla **2.** (*die Kenntnis besitzen*): **ich weiß nicht, wo er ist** no sé dónde está; **wusstest du, dass ...?** ¿sabías que...?; **weißt du schon das Neueste?** ¿ya sabes lo último?; **woher soll ich das ~?** ¿cómo quiere(s) que lo sepa?; **woher weißt du das?** ¿cómo lo sabes?; **soviel ich weiß, ist er noch da** por lo que yo sé, sigue estando allí; **er weiß immer alles besser** siempre lo sabe todo mejor; **ich weiß, wovon ich rede** sé de lo que estoy hablando; **das musst du selbst** ~ tú sabrás; **wenn ich das gewusst hätte ...** si lo hubiera sabido...; **das hätte er ~ müssen** eso tendría que haberlo sabido; **sie weiß, was sie will** sabe lo que quiere; **was weißt du denn davon?** ¿y qué sabes al respecto?; **ich wüsste nicht, was ich lieber täte** no hay nada que me gustaría más; **das ist wer weiß wie teuer** (*fam*) esto quién sabe lo que costará; **... und was weiß ich noch alles** (*fam*) ... y no sé cuántas cosas más; **weißt du was?** ¿sabes qué?; **gewusst, wie!** (*fam*) ¡a saber! **3.** (*sich erinnern*) acordarse; **weißt du noch, wie schön es war?** ¿te acuerdas de lo bonito que era? **4.** (*erfahren*): **ich möchte nicht ~, was das gekostet hat** no quiero saber lo que ha costado; **lassen Sie mich ~, wenn/ob ...** hágame saber si...; **sie will nichts mehr von mir** ~ no quiere saber nada más de mí; **ich will davon nichts** ~ no quiero saber nada al respecto **5.** (*die Sicherheit haben*): **ich weiß sie in guten Händen** (*geh*) sé que está en buenas manos **6.** (*kennen*) conocer, saber (de); **weißt du einen guten Arzt?** ¿sabes de un buen médico? **II.** *vi* (*informiert sein*) estar al corriente; **um etw/von etw** *dat* ~ saber de algo, estar al tanto [*o* al corriente] de algo; **ich weiß von nichts** no sé de nada; **man kann nie** ~ (*fam*) nunca se sabe; **weiß der Henker!** (*fam*) ¡sabe Dios!; **nicht, dass ich wüsste** no que yo sepa; **wer weiß?** ¿quién sabe?; **ach, weißt du, ...** mira,...; **was weiß ich** (*fam*) yo qué sé

Wissen *nt* <-s, *ohne pl*> saber *m;* (*Kenntnisse*) conocimientos *mpl;* ~ **ist Macht** saber es poder; **meines ~s** que yo sepa; **etw nach bestem ~ und Gewissen tun** hacer algo de buena fe; **das geschah ohne mein** ~ ocurrió sin que yo lo supiese; **wider** [*o* **gegen**] **besseres** ~ contra su propia convicción

wissend *adj* de complicidad

Wissende(r) *mf* <-n, -n; -n, -n> (*geh*) iniciado, -a *m, f*

Wissenschaft *f* <-, -en> ciencia *f;* **angewandte** ~ ciencia aplicada; **das ist eine ~ für sich** esto es bastante complicado

Wissenschaftler(in) *m(f)* <-s, -; -, -nen> científico, -a *m, f*

wissenschaftlich *adj* científico

Wissenschaftlichkeit *f* <-, *ohne pl*> carácter *m* científico

Wissenschaftsminister(in) *m(f)* <-s, -; -, -nen> ministro, -a *m, f* de la Ciencia; **Wissenschaftstheorie** *f* <-, *ohne pl*> (PHILOS) teoría *f* de la ciencia

Wissensdrang *m* <-(e)s, *ohne pl*>, **Wissensdurst** *m* <-(e)s, *ohne pl*> afán *m* de saber, ansia *f* de saber; **Wissensgebiet** *nt* <-(e)s, -e> campo *m* del saber, disciplina *f;* **Wissenslücke** *f* <-, -n> laguna *f* del saber; **Wissensstoff** *m* <-(e)s, *ohne pl*> conocimientos *mpl* de una materia; **sich** *dat* **einen ~ aneignen** adquirir conocimientos (de una materia); **einen umfangreichen ~ vermitteln** transmitir amplios conocimientos de una materia; **wissenswert** *adj* interesante

wissentlich ['vɪsəntlɪç] **I.** *adj* premeditado, deliberado; (*absichtlich*) intencionado **II.** *adv* (*bewusst*) a sabiendas, deliberadamente; (*absichtlich*) intencionadamente

Witfrau ['vɪtfraʊ] *f* <-, -en> (*Schweiz*) viuda *f*

wittern ['vɪtɐn] **I.** *vi* ventear **II.** *vt* **1.** (*Wild*) ventear **2.** (*ahnen*) sospechar, presentir; **Morgenluft** ~ ver la oportunidad; **Verrat** ~ sospechar la traición; **seine Chance** ~ ver la oportunidad

Witterung *f* <-, -en> **1.** (*Wetter*) tiempo *m;* **bei guter** ~ con buen tiempo **2.** (*Geruchssinn*) olfato *m,* viento *m;* (*Geruch*) viento *m;* **die** ~ **aufnehmen** tomar el viento; **von etw** *dat* ~ **bekommen** (*fig*) percibir [*o* notar] algo; **Witterungsumschlag** *m* <-(e)s, -schläge> cambio *m* del tiempo; **Witterungsverhältnisse** *ntpl* condiciones *fpl* atmosféricas [*o* meteorológicas]

Witwe ['vɪtvə] *f* <-, -n> viuda *f;* **Witwenrente** *f* <-, -n> pensión *f* de viudedad; **Witwenschleier** *m* <-s, -> velo *m* de viuda; **Witwenverbrennung** *f* <-, -en> inmolación *f* de las viudas hindúes (*que son incineradas junto a sus esposos fallecidos*)

Witwer ['vɪtvɐ] *m* <-s, -> viudo *m*

Witz[1] [vɪts] *m* <-es, -e> (*mit Pointe*) chiste *m;* (*Scherz*) broma *f,* trisca *f MAm, Ant;* **einen** ~ **erzählen** contar un chiste; **dreckige** ~**e** chistes verdes; ~**e machen** bromear; **mach keine** ~**e!** (*fam*) ¡no bromees!; **das soll doch wohl ein** ~ **sein!** esto es una broma, ¿no?; **der** ~ **bei** [*o* **an**] **der Sache ist, dass …** (*fam*) lo gracioso del asunto es que…; **das ist der ganze** ~ (*fam*) eso es todo; **die Prüfung war ein** ~ (*fam*) el examen era de risa

Witz[2] *m* <-es, *ohne pl*> (*Geist*) gracia *f;* **sie hat (viel)** ~ tiene (mucha) gracia; **etw mit beißendem** ~ **darstellen** contar algo con mucha ironía

Witzblatt *nt* <-(e)s, -blätter> revista *f* humorística

Witzbold ['vɪtsbɔlt] *m* <-(e)s, -e> (*fam*) guasón, -ona *m, f,* gracioso, -a *m, f;* **du** ~**!** (*fam iron*) ¡qué gracioso!

Witzelei *f* <-, -en> broma *f,* burla *f*

witzeln ['vɪtsəln] *vi* bromear, hacer gracias, versar *Mex;* **über jdn/etw** ~ burlarse de alguien/algo

Witzfigur *f* <-, -en> hazmerreír *m,* fantoche *m*

witzig *adj* divertido, gracioso; **das ist ja** ~**!** (*fam*) ¡esto tiene gracia!; **sehr** ~**!** (*fam iron*) ¡muy gracioso!

witzlos *adj* **1.** (*ohne Witz*) soso, sin gracia **2.** (*fam: sinnlos*) sin sentido, inútil; **es ist** ~**, noch länger zu warten** no tiene sentido esperar más

WM [veːˈʔɛm] *f* <-, -s> *Abk. von* **Weltmeisterschaft** campeonato *m* mundial

wo [voː] **I.** *adv* **1.** (*interrogativ*) dónde; ~ **bist du gewesen?** ¿dónde has estado?; ~ **gibt's denn so was!** (*fam*) ¿dónde se ha visto algo parecido? **2.** (*relativisch*) donde; (*zeitlich*) cuando, que; **überall,** ~ **…** en todas partes donde…; ~ **auch immer** donde sea, dondequiera que +*subj;* **sie ist wer weiß** ~ sabe Dios donde estará; **jetzt,** ~ **ich Zeit habe** ahora que tengo tiempo; **ach** ~**!** (*fam*) ¡qué va! **II.** *konj* **1.** (*da*) ya que **2.** (*obwohl*) aún cuando, aunque; ~ **sie doch wusste, dass ich keine Zeit habe** aunque sabía que (yo) no tengo tiempo

woanders [-'--] *adv* en otra parte; **er war mit seinen Gedanken ganz** ~ estaba (con sus pensamientos) a años luz; **woandersher** *adv* (*Ort*) de otro lugar, de otro sitio; **warum muss ich alles immer erst** ~ **erfahren?** ¿por qué tengo siempre que enterarme de todo por otros?; **woandershin** *adv* (*Ort*) a otro lugar, a otro sitio

wob [voːp] *3. imp von* **weben**[2]

wobei [voˈbaɪ] *adv* **1.** (*interrogativ*) ¿cómo?; ~ **ist das passiert?** ¿cómo ha pasado eso?; ~ **bist du gerade?** ¿qué estás haciendo? **2.** (*relativisch*) a lo cual; ~ **mir gerade einfällt …** lo que me hace venir a la mente…; **sie trat ein,** ~ **sie sagte …** entró diciendo…

Woche ['vɔxə] *f* <-, -n> semana *f;* **zweimal in der** ~ dos veces a la semana; **unter der** ~ durante la semana; **in drei** ~**n** dentro de tres semanas; **alle zwei** ~**n** cada dos semanas; **pro** ~ cada semana; **wir verschieben es auf nächste** ~ lo aplazamos hasta la próxima semana; **Wochenarbeitszeit** *f* <-, -en> jornada *f* semanal, semana *f* laboral; **die Verkürzung der** ~ **fordern** exigir la reducción de la semana laboral; **Wochenbericht** *m* <-(e)s, -e> informe *m* semanal; **Wochenbett** *nt* <-(e)s, -en> (MED) sobreparto *m,* puerperio *m;* **Wochenblatt** *nt* <-(e)s, -blätter> semanario *m*

Wochenendausgabe *f* <-, -n> edición *f* del fin de semana; **Wochenendbeilage** *f* <-, -n> suplemento *m* semanal

Wochenende *nt* <-s, -n> fin *m* de semana; **ein langes** ~ **haben** tener un puente de fin de semana; **schönes** ~**!** ¡buen fin de semana!

Wochenendhaus *nt* <-es, -häuser> casa *f* para (pasar) el fin de semana; **Wochenendticket** *nt* <-s, -s> (EISENB) *billete de fin de semana con tarifa especial – reducida – para viajar por toda Alemania*

Wochenkarte *f* <-, -n> billete *m* semanal, abono *m* semanal; **wochenlang I.** *adj* que dura semanas **II.** *adv* semanas enteras, durante semanas; **Wochenlohn** *m* <-(e)s, -löhne> salario *m* semanal; **Wochenmarkt** *m* <-(e)s, -märkte> mercado *m* semanal; **Wochenschau** *f* <-, -en> (FILM) noticiario *m;* (TV) crónica *f* de la semana; **Wochentag** *m* <-(e)s, -e> día *m* de la semana; (*Werktag*) día *m* laborable; **wochentags** *adv* los días laborables

wöchentlich ['vœçəntlɪç] **I.** *adj* semanal **II.** *adv* cada semana, semanalmente; **die Zei-**

tung erscheint ~ el periódico se publica semanalmente; **zweimal** ~ dos veces la semana

Wochenzeitschrift *f* <-, -en> revista *f* semanal; **Wochenzeitung** *f* <-, -en> semanario *m*

Wöchnerin ['vœçnərɪn] *f* <-, -nen> parturienta *f*

Wodan Wotan, Odín

Wodka ['vɔtka] *m* <-s, -s> vodka *m*

wodurch [vo'dʊrç] *adv* **1.** (*interrogativ*) ¿cómo?, ¿por medio de qué?; ~ **ist das geschehen?** ¿cómo pasó? **2.** (*relativisch*) por lo cual, por el cual

wofür [vo'fy:ɐ] *adv* **1.** (*interrogativ*) ¿para qué?; ~ **ist das gut?** ¿para qué sirve esto?; ~ **hältst du mich?** ¿por quién me tomas? **2.** (*relativisch*) por lo cual, para lo cual

wog [vo:k] *3. imp von* **wiegen**

Woge ['vo:gə] *f* <-, -n> (*geh*) ola *f;* **die ~n der Begeisterung schlugen hoch** hubo olas de entusiasmo; **wenn sich die ~n geglättet haben** en cuanto los ánimos se hayan calmado

wogegen [vo'ge:gən] **I.** *adv* **1.** (*interrogativ*) ¿contra qué?; ~ **hilft das?** ¿contra qué sirve? **2.** (*relativisch*) contra lo cual, frente a lo cual **II.** *konj* mientras que

wogen ['vo:gən] *vi* (*geh: Wasser, Ähren*) ondular; (*Kampf, Schlacht*) desencadenarse

wogend *adj* (*Meer, Fluten*) ondulante; (*Hüften, Leiber*) bamboleante

woher [vo'he:ɐ] *adv* **1.** (*interrogativ*) ¿de dónde?; (*auf welche Weise*) ¿cómo?; ~ **sind Sie?** ¿de dónde es Ud.?; ~ **weißt du das?** ¿quién te lo ha dicho?; ~ **kommt es eigentlich, dass ...?** ¿cómo es que...? **2.** (*relativisch*) del cual; **ach,** ~ (**denn**)! (*fam*) ¡seguro que no!; ~ **du das auch hast, bring es sofort zurück!** ¡es igual de donde lo hayas sacado, devuélvelo enseguida!

wohin [vo'hɪn] *adv* **1.** (*interrogativ*) ¿adónde?; ~ **so eilig?** ¿adónde (vas) con tanta prisa?; ~ **damit?** (*fam*) ¿dónde lo pongo? **2.** (*relativisch*) adonde; ~ **man auch sieht** se mire por donde se mire; ~ **ich auch (immer) gehe, ich werde an dich denken** vaya adonde vaya siempre pensaré en ti

wohingegen [vohɪn'ge:gən] *konj* mientras que

wohl [vo:l] *adv* **1.** (*gesund, gut*) bien; (*angenehm*) a gusto; **ist dir nicht ~?** ¿no te encuentras bien?; **mir ist nicht** ~ me siento mal; **sich ~ fühlen** sentirse bien, encontrarse a gusto; **bei dem Gedanken ist mir nicht ganz** ~ la idea me desagrada; ~ **oder übel** por las buenas o por las malas; ~ **bekomm's!** ¡a vuestra salud!; **leb ~!/leben Sie ~!** ¡que te vaya/le vaya bien!, ¡adiós!; **gehab dich ~!** ¡que lo pases bien! **2.** (*durchaus*) perfectamente; **doch, das glaube ich** ~ sí, yo sí lo creo; **das weiß ich sehr** ~ lo sé perfectamente; ~ **kaum** difícilmente; **siehst du ~!** ¡ves!; **willst du ~ aufhören!** ¡quieres parar de una vez!; **ob ich ~ hereingehen kann?** ¿que puedo entrar? **3.** (*etwa*) cerca de, más o menos **4.** (*zwar*) a decir verdad, en efecto; **er hat es ~ versprochen, aber ...** a decir verdad lo ha prometido, pero... **5.** (*wahrscheinlich*) probablemente; **das wird ~ das Beste sein** eso será probablemente lo mejor; **du bist ~ verrückt geworden!** ¡parece que te has vuelto loco!; **das ist doch ~ nicht dein Ernst!** ¡no lo dirás en serio!; **das mag ~ sein** puede ser; **man wird doch ~ noch fragen dürfen?** ¿se podrá preguntar por lo menos?

Wohl *nt* <-(e)s, *ohne pl*> bien *m;* (*~ergehen*) bienestar *m;* **unser ~ und Wehe** nuestro destino; **auf jds ~ trinken** brindar por la salud de alguien; **auf dein ~!** ¡a tu salud!; **zum ~!** ¡salud!; **das geschieht alles nur zu eurem** ~ todo esto se lleva a cabo sólo por vuestro bien; **für das leibliche ~ der Gäste ist gesorgt** a los invitados no les faltará ni comida ni bebida

wohlan [vo:l'ʔan, vo'lan] *adv* (*geh*) ¡adelante!

wohlauf [vo:l'ʔaʊf, vo'laʊf] *adv* (*geh*): ~ **sein** estar bien

wohlausgewogen *adj s.* **ausgewogen**; **wohlbedacht** *adj s.* **bedenken 1.**

Wohlbefinden *nt* <-s, *ohne pl*> bienestar *m;* (*Gesundheit*) salud *f*

wohlbegründet ['--'--] *adj s.* **begründen 2.**

Wohlbehagen *nt* <-s, *ohne pl*> bienestar *m,* comodidad *f*

wohlbehalten ['--'--] *adj* **1.** (*unverletzt*) sano y salvo; ~ **ankommen** llegar sano y salvo **2.** (*unbeschädigt*) en buenas condiciones, intacto

wohlbekannt ['--'-] *adj s.* **bekannt II.1.**; **wohldurchdacht** ['--'-] *adj s.* **durchdenken**

Wohlergehen *nt* <-s, *ohne pl*> bienestar *m;* (*Gesundheit*) salud *f*

wohlerwogen *adj* (*geh*) (muy) bien meditado [*o* considerado]; **wohlerzogen** *adj* (*geh*) bien educado

Wohlfahrt *f* <-, *ohne pl*> servicio *m* de beneficencia pública; **Wohlfahrtseinrichtung** *f* <-, -en> institución *f* benéfica [*o* de beneficencia pública]; **Wohlfahrtsmarke** *f* <-, -n> sello *m* benéfico; **Wohlfahrtsstaat** *m* <-(e)s, -en> estado *m* del bienestar; **Wohlfahrtsverband** *m* <-(e)s, -bände> asociación *f* benéfica [*o* de beneficencia pública]

Wohlgefallen *nt* <-s, *ohne pl*> (*Gefallen*) agrado *m,* gusto *m;* (*Vergnügen*) placer *m;* (*Zufriedenheit*) satisfacción *f,* complacencia *f;* **mit** ~ con agrado; ~ **an etw** *dat* **finden** complacerse en algo; **sich in ~ auflösen** (*fam: Skandal*) quedar en agua de borrajas; (*Pulli*) deshacerse; (*Gegenstand*) desaparecer; **wohlgefällig I.** *adj* satisfecho **II.** *adv* con satisfacción

wohlgeformt *adj* bien formado; (*Körper*) bien proporcionado
wohlgelitten *adj* (*geh*) querido, apreciado; **bei jdm ~ sein** ser querido [*o* apreciado] por alguien
wohlgemeint *adj s.* **meinen 5.**
wohlgemerkt *adv* a saber
wohlgenährt *adj* bien alimentado, gordito *fam;* **wohlgeordnet** *adj s.* **ordnen**; **wohlgeraten** *adj* (*geh*) **1.** (*gut gelungen*) bien hecho **2.** (*gut erzogen*) bien educado
Wohlgeruch *m* <-(e)s, -rüche> (*geh*) aroma *m,* fragancia *f;* **Wohlgeschmack** *m* <-(e)s, *ohne pl*> (*geh*) sabor *m* agradable, gusto *m* agradable
wohlgesinnt *adj* bienintencionado; **er ist mir ~** tiene buenas intenciones para conmigo
wohlhabend *adj* acomodado, adinerado, fondeado *Am*
wohlig *adj* agradable; **sich ~ ausstrecken** arrellanarse
Wohlklang *m* <-(e)s, -klänge> (*geh*) armonía *f,* sonoridad *f;* **wohlklingend** *adj* (*geh*) melodioso
Wohlleben *nt* <-s, *ohne pl*> (*geh*) vida *f* holgada
wohlmeinend *adj* (*geh*) bienintencionado
wohlriechend *adj* (*geh*) aromático, fragante; **wohlschmeckend** *adj* (*geh*) sabroso
Wohlsein *nt* <-s, *ohne pl*> (*geh*): **zum ~!** ¡salud!; **auf Ihr ~!** ¡a su salud!
Wohlstand *m* <-(e)s, *ohne pl*> bienestar *m,* prosperidad *f;* **bei dir ist wohl der ~ ausgebrochen?** ¿no te ha tocado la lotería, verdad?; **Wohlstandsgesellschaft** *f* <-, -en> (*abw*) sociedad *f* del bienestar; **Wohlstandsmüll** *m* <-(e)s, *ohne pl*> (*abw*) basura *f* de la sociedad del bienestar; **Wohlstandsschere** *f* <-, -n> disparidad *f* del índice de prosperidad, diferencia *f* del índice de bienestar
Wohltat[1] *f* <-, -en> (*gute Tat*) buena obra *f;* (*Gefallen*) favor *m;* **jdm eine ~ erweisen** hacer(le) un favor a alguien
Wohltat[2] *f* <-, *ohne pl*> (*Genuss*) placer *m;* (*Erleichterung*) alivio *m*
Wohltäter(in) *m(f)* <-s, -; -, -nen> bienhechor(a) *m(f)*
wohltätig *adj* benéfico, caritativo; **für ~e Zwecke** para fines caritativos
Wohltätigkeit *f* <-, *ohne pl*> beneficencia *f,* caridad *f;* **Wohltätigkeitsbasar** *m* <-s, -e> mercadillo *m* benéfico, venta *f* benéfica de objetos; **Wohltätigkeitskonzert** *nt* <-(e)s, -e> concierto *m* benéfico; **Wohltätigkeitsveranstaltung** *f* <-, -en> fiesta *f* benéfica; **Wohltätigkeitsverein** *m* <-(e)s, -e> sociedad *f* benéfica
wohltuend *adj* agradable
wohl|tun *irr vi s.* **tun I.**
wohlüberlegt ['---'-] *adj s.* **überlegen**[1] **I.**; **wohlverdient** ['--'-] *adj* bien merecido, justo
Wohlverhalten *nt* <-s, *ohne pl*> buena conducta *f*
wohlverstanden *adv* (*geh*) a saber
wohlweislich *adv* con buen motivo, prudentemente
wohl|wollen *irr vi s.* **wollen**[2] **I.2.**
Wohlwollen *nt* <-s, *ohne pl*> benevolencia *f;* (*Geneigtheit*) simpatía *f;* **bei allem ~** con la mejor voluntad
wohlwollend *adj* benévolo, favorable; **jdm/etw** *dat* **~ gegenüberstehen** ver a alguien/algo con buenos ojos
Wohnanhänger *m* <-s, -> caravana *f;* **Wohnanlage** *f* <-, -n> urbanización *f;* **Wohnbau** *m* <-(e)s, -ten> vivienda *f;* **Wohnberechtigungsschein** *m* <-(e)s, -e> (ADMIN) licencia *f* para alquilar un apartamento subvencionado por el Estado (*de protección oficial*); **Wohnbevölkerung** *f* <-, -en> población *f* residente; **Wohnbezirk** *m* <-(e)s, -e> área *f* residencial; **Wohnblock** *m* <-(e)s, -s *o* -blöcke> bloque *m* de pisos; **Wohncontainer** *m* <-s, -> contenedor *m* habitable; **Wohndichte** *f* <-, *ohne pl*> densidad *f* de viviendas [*o* de población]; **Wohneinheit** *f* <-, -en> (ARCHIT) unidad *f* residencial, vivienda *f*
wohnen ['vo:nən] *vi* vivir (*in* en, *bei* en casa de); (*vorübergehend*) estar alojado (*in* en, *bei* en casa de); **wo wohnst du?** ¿dónde vives?; **er wohnt sehr schön** tiene un piso muy bonito; **ich wohne bei ihr zur Untermiete** vivo en su casa como subinquilino; **zur Miete ~** vivir en un piso de alquiler
Wohnfläche *f* <-, -n> superficie *f* habitable; **Wohngebäude** *nt* <-s, -> vivienda *f;* **Wohngebiet** *nt* <-(e)s, -e> zona *f* residencial; **reines ~** zona estrictamente residencial; **Wohngegend** *f* <-, -en> zona *f* residencial; **eine teure ~** una zona residencial cara
Wohngeld *nt* <-(e)s, *ohne pl*> subsidio *m* de vivienda; **Wohngeldberechtigte(r)** *mf* <-n, -n; -n, -n> beneficiario, -a *m, f* de una subvención para la vivienda; **Wohngeldempfänger(in)** *m(f)* <-s, -; -, -nen> destinatario, -a *m, f* de una subvención de vivienda
Wohngemeinschaft *f* <-, -en> *personas que comparten un piso;* **in einer ~ leben** compartir un piso; **Wohngift** *nt* <-(e)s, -e> material *m* tóxico utilizado en la construcción de viviendas
wohnhaft *adj* (*formal*) domiciliado (*in* en), residente (*in* en); **~ in Salamanca** domiciliado en Salamanca
Wohnhaus *nt* <-es, -häuser> edificio *m* de viviendas; **Wohnheim** *nt* <-(e)s, -e> residencia *f;* **Wohnkomfort** *m* <-s, *ohne pl*> confort *m* (del hogar); **Wohnkosten** *pl* costes *mpl* de (una) vivienda; **Wohnküche** *f* <-, -n> cocina-comedor *f;* **Wohnlage** *f* <-, -n>: **eine gute/teure ~** una zona (residencial) buena/cara
wohnlich *adj* cómodo, acogedor; **es sich** *dat* **~ machen** acomodarse a su gusto

Wohnmobil *nt* <-s, -e> coche *m* caravana; **Wohnort** *m* <-(e)s, -e> domicilio *m;* **Wohnqualität** *f* <-, *ohne pl*> calidad *f* de la vivienda; **ein Viertel mit hoher ~** un barrio de viviendas de calidad, *de alto standing*

Wohnraum[1] *m* <-(e)s, -räume> (*Raum*) habitación *f*

Wohnraum[2] *m* <-(e)s, *ohne pl*> (*Wohnungen*) viviendas *fpl;* **es fehlt an ~** faltan viviendas

Wohnraumbeschaffung *f* <-, *ohne pl*> facilitación *f* de superficie habitable

Wohnrecht *nt* <-(e)s, -e> (JUR) derecho *m* de habitación; **Wohnrevier** *nt* <-s, -e> zona *f* residencial; **Wohnschlafzimmer** *nt* <-s, -> salón-alcoba *m;* **Wohnsiedlung** *f* <-, -en> urbanización *f;* **Wohnsilo** *m o nt* <-s, -s> (*fam abw*) bloque *m,* conejera *f;* **Wohnsitz** *m* <-es, -e> domicilio *m,* residencia *f;* **der erste ~** el domicilio principal; **ohne festen ~** sin domicilio fijo; **Wohnstock** *m* <-(e)s, -stöcke> (*Schweiz*) piso *m;* **Wohnstube** *f* <-, -n> cuarto *m* de estar

Wohn- und Lebensverhältnisse *ntpl* condiciones *fpl* de vida y vivienda

Wohnung *f* <-, -en> vivienda *f,* piso *m,* departamento *m Am;* **Wohnungsamt** *nt* <-(e)s, -ämter> (*fam*) departamento *m* de la vivienda; **Wohnungsangebot** *nt* <-(e)s, -e> oferta *f* de viviendas

Wohnungsbau *m* <-(e)s, *ohne pl*> construcción *f* de viviendas; **sozialer ~** construcción de viviendas sociales; **Wohnungsbauförderung** *f* <-, -en> fomento *m* de la construcción de viviendas; **Wohnungsbauprogramm** *nt* <-s, -e> programa *m* de construcción de viviendas

Wohnungsbedarf *m* <-(e)s, *ohne pl*> necesidad *f* de viviendas; (*Nachfrage*) demanda *f* de viviendas; **Wohnungsbesetzer(in)** *m(f)* <-s, -; -, -nen> okupa *mf fam;* **Wohnungseigentümer(in)** *m(f)* <-s, -; -, -nen> propietario, -a *m, f* (del apartamento); **Wohnungseinrichtung** *f* <-, -en> mobiliario *m,* moblaje *m;* **Wohnungsgeld** *nt* <-(e)s, -er> *subsidio para el alquiler de la vivienda* (*que perciben los funcionarios*); **Wohnungsinhaber(in)** *m(f)* <-s, -; -, -nen> dueño, -a *m, f* de la vivienda; **wohnungslos** *adj* sin vivienda; (*obdachlos*) sin domicilio; **Wohnungsmangel** *m* <-s, *ohne pl*> escasez *f* de viviendas

Wohnungsmarkt *m* <-(e)s, -märkte> mercado *m* de viviendas; **der freie ~** el mercado libre de viviendas; **Wohnungsmarktanzeige** *f* <-, -n> anuncio *m* de búsqueda de vivienda

Wohnungsmiete *f* <-, -n> alquiler *m* del piso; **Wohnungsnachfrage** *f* <-, *ohne pl*> demanda *f* de viviendas; **Wohnungsnot** *f* <-, *ohne pl*> escasez *f* de viviendas; **Wohnungspolitik** *f* <-, *ohne pl*> política *f* de la vivienda; **Wohnungsschlüssel** *m* <-s, -> llave *f* del apartamento; **Wohnungssuche** *f* <-, -n> búsqueda *f* de piso; **auf ~ sein** buscar piso; **Wohnungssuchende(r)** *mf* <-n, -n; -n, -n> persona *f* que busca piso; **Wohnungstausch** *m* <-(e)s, -e> cambio *m* de piso; **Wohnungstür** *f* <-, -en> puerta *f* del piso; **Wohnungswechsel** *m* <-s, -> cambio *m* de domicilio

Wohnviertel *nt* <-s, -> barrio *m* residencial; **Wohnwagen** *m* <-s, -> caravana *f,* casa *f* rodante; **Wohnwert** *m* <-(e)s, *ohne pl*> *s.* Wohnqualität; **Wohnzimmer** *nt* <-s, -> cuarto *m* de estar, salón *m,* living *m Am*

Wok [vɔk] *m* <-, -s> wok *m* (*cazuela china de base redonda*)

wölben ['vœlbən] **I.** *vt* arquear, curvar **II.** *vr:* **sich ~** arquearse, curvarse; **die Brücke wölbt sich über ein Tal** el puente se extiende sobre un valle

Wölbung *f* <-, -en> curvatura *f;* (*Bogen*) arco *m*

Wolf[1] [vɔlf, *pl:* 'vœlfə] *m* <-(e)s, Wölfe> **1.** (ZOOL) lobo *m;* **mit den Wölfen heulen** (*fam*) bailar al son que le tocan; **ein ~ im Schafspelz** (*fig*) cara de beato y uñas de gato **2.** (*Fleisch~*) picadora *f* de carne; **Fleisch durch den ~ drehen** picar carne; **jdn durch den ~ drehen** (*fam*) hacer picadillo a alguien

Wolf[2] *m* <-(e)s, *ohne pl*> (*Haut~*) escaldadura *f;* **sich** *dat* **einen ~ laufen** escaldarse

Wölfin ['vœlfɪn] *f* <-, -nen> (ZOOL) loba *f*

Wölfling ['vœlflɪŋ] *m* <-s, -e> joven "(boy)scout" *m*

Wolfram ['vɔlfram] *nt* <-s, *ohne pl*> (CHEM) wolframio *m,* volframio *m*

Wolfshund *m* <-(e)s, -e> (ZOOL) perro *m* lobo; **Wolfshunger** ['-'--] *m* <-s, *ohne pl*> (*fam*) hambre *f* canina; **einen ~ haben** tener un hambre canina

Wolga ['vɔlga] *f* <-> Volga *m*

Wolke ['vɔlkə] *f* <-, -n> nube *f;* **der Gipfel ist in ~n gehüllt** la cumbre está cubierta de nubes; **in [*o* über] den ~n schweben** andar en las nubes; **aus allen ~n fallen** (*fam*) quedarse de una pieza; **Wolkenbank** *f* <-, -bänke> banco *m* de nubes

Wolkenbruch *m* <-(e)s, -brüche> chaparrón *m,* aguacero *m;* **wolkenbruchartig** *adj* torrencial

Wolkendecke *f* <-, *ohne pl*> capa *f* de nubes; **geschlossene ~** cielo muy nuboso; **Wolkenformation** *f* <-, -en> formación *f* de nubes; **Wolkenkratzer** *m* <-s, -> rascacielos *m inv;* **wolkenlos** *adj* sin nubes, despejado; **Wolkenschicht** *f* <-, -en> capa *f* de nubes; **wolkenverhangen** *adj* cubierto de nubes; **ein grauer und ~er Himmel** un cielo encapotado

wolkig *adj* nuboso, nublado; **heiter bis ~** nuboso con claros

Wolldecke *f* <-, -n> manta *f* de lana, frazada *f* de lana *Am*

Wolle ['vɔlə] *f* <-, -n> lana *f;* **sich mit jdm in**

die ~ kriegen pelearse con alguien

wollen¹ ['vɔlən] <will, wollte, wollen> (*Modalverb*) **1.** (*mögen*) querer; **etw machen ~** querer hacer algo; **das Auto will nicht anspringen** no arranca el coche; **komme, was wolle** pase lo que pase; **koste es, was es wolle** cueste lo que cueste **2.** (*beabsichtigen*) tener la intención de, querer; **ich wollte gerade gehen** estaba a punto de irme; **ich wollte dich bitten mir zu helfen** quería pedirte que me ayudaras; **was ich dir noch sagen wollte ...** lo que aún te quería decir... **3.** (*behaupten*) decir; **er will dich gestern gesehen haben** dice haberte visto ayer; **das will ich meinen** eso digo; **und so jemand will Lehrer sein** y alguien como él pretende ser profesor **4.** (*auffordern*): **wenn Sie bitte Platz nehmen ~** siéntese, por favor; **~ Sie das bitte zur Kenntnis nehmen?** ¿quiere tomar nota de ello, por favor?; **~ wir uns nicht setzen?** ¿nos sentamos?; **willst du wohl still sein?** ¿te quieres callar? **5.** (*erfordern*) requerir; **das will gelernt sein** esto requiere experiencia; **die Sache will gut überlegt sein** el asunto necesita ser bien meditado **6.** (*Passiv: müssen*): **der Müll will runtergetragen werden** (*geh*) hay que bajar la basura **7.** (*Wend*): **na gut, ich will mal nicht so sein** bueno, no voy a oponerme; **das will etwas heißen** lo cual ya quiere decir algo; **das will ich nicht gehört haben** lo doy por no oído; **ich will ja nichts gesagt haben, aber ...** no quiero intervenir pero...; **es will mir scheinen, dass ...** me parece que...; **was will man da machen?** ¿qué se le va a hacer?; **es wollte und wollte nicht gelingen** por más que lo intentamos, no lo logramos

wollen² ['vɔlən] <will, wollte, gewollt> **I.** *vi* **1.** (*den Willen haben*) querer; **lieber ~** preferir; **ich will jetzt nach Hause** quiero irme a casa; **zu wem ~ Sie?** ¿a quién busca?; **er kann schon, wenn er nur will** sí que sabe, cuando quiere; **du musst nur ~** sólo tienes que querer; **meine Beine ~ nicht mehr** (*fam*) me fallan las piernas; **wenn man so will** por mí; **wer nicht will, der hat schon** quien no quiere por algo será **2.** (*wünschen*) desear, querer; **jdm übel ~** desearle mal a alguien, malquerer a alguien; **jdm wohl ~** querer el bien de alguien; **ich wollte, er würde endlich kommen** quisiera que viniera de una vez; **ganz wie du willst** como quieras; **ob du willst oder nicht** quieras o no (quieràs) **3.** (*Wend*): **dann ~ wir mal!** (*fam*) ¡empezamos entonces! **II.** *vt* **1.** (*haben ~*): **ich will noch ein Stück Kuchen** quiero otro trozo de tarta; **wir ~ keine Kinder** no queremos tener hijos; **hat er etwas Bestimmtes gewollt?** ¿quería algo especial? **2.** (*durchsetzen ~*): **er will (von mir), dass ich mich entschuldige** quiere que me disculpe **3.** (*beabsichtigen*): **was willst du mit der Peitsche?** ¿qué te propones hacer con el látigo?; **ich weiß gar nicht, was du willst, das sieht doch gut aus** (*fam*) no sé qué quieres, tiene buena pinta; **das habe ich nicht gewollt** no era mi intención; **was willst du noch mehr?** ¿qué más quieres?; **ohne es zu ~** sin querer **4.** (*Wend*): **nichts zu ~!** ¡nada, nada!, ¡que no, que no!; **da ist nichts (mehr) zu ~** (*fam*) ahí no hay nada que hacer; **du hast hier nichts zu ~** (tú) no pintas nada aquí

wollen³ *adj* de lana

Wollgarn *nt* <-(e)s, -e> hilo *m* de lana

wollig *adj* (*Haar, Fell*) lanudo, lanoso; (*flauschig*) suave

Wolljacke *f* <-, -n> chaqueta *f* de lana; **Wollkleid** *nt* <-(e)s, -er> vestido *m* de lana; **Wollknäuel** *nt* <-s, -> ovillo *m* de lana; **Wollsachen** *fpl* (*fam*) ropa *f* de lana; **Wollsiegel** *nt* <-s, -> certificado *m* de calidad para géneros de pura lana; **Wollstoff** *m* <-(e)s, -e> tejido *m* de lana

Wollust ['vɔlʊst] *f* <-, *ohne pl*> (*geh*) voluptuosidad *f*; **mit wahrer ~** con verdadero placer [*o* deleite]

wollüstig ['vɔlʏstɪç] *adj* voluptuoso

Wollwaren *fpl* artículos *mpl* de lana; **Wollwäsche** *f* <-, *ohne pl*> lavado *m* de lana

womit [vo'mɪt] *adv* **1.** (*interrogativ*) ¿con qué?, ¿en qué?; **~ kann ich dienen?** ¿en qué puedo servirle?; **~ habe ich das verdient?** ¿qué he hecho yo para merecer esto? **2.** (*relativisch*) con lo cual, con lo que; **~ auch immer sie begann, ...** empezara con lo que empezara...

womöglich [vo'mø:klɪç] *adv* quizás *+subj*, posiblemente; **~ schafft er es doch noch** quizás incluso lo consiga

wonach [vo'na:x] *adv* **1.** (*interrogativ*) ¿qué?, ¿a qué?; **~ riecht das?** ¿a qué huele esto? **2.** (*relativisch*) por lo que; (*gemäß*) según lo cual; **~ es hier stinkt, weiß ich auch nicht** yo tampoco sé a qué huele aquí; **~ auch immer ihr der Sinn stand, er brachte es ihr** quisiera lo que quisiera, él se lo traía

Wonne ['vɔnə] *f* <-, -n> placer *m*, delicia *f*; **es ist eine wahre ~** es una verdadera delicia; **mit ~** (*fam*) con mucho gusto; **die ~n der Liebe** los placeres del amor

wonnig *adj* (*Kind*) precioso, rico

woran [vo'ran] *adv* **1.** (*interrogativ*) ¿en qué?, ¿a qué?; **~ denkst du?** ¿en qué piensas?; **~ liegt es?** ¿a qué se debe?; **~ sind sie gestorben?** ¿de qué murieron? **2.** (*relativisch*) a que, en el cual; **wenn ich nur wüsste, ~ das liegt** si supiera a que se debe; **ich weiß nicht, ~ ich bin** no sé a que atenerme; **~ auch immer du dich hältst, vergiss die Intuition nicht** sea lo que sea lo que tú mantengas no olvides la intuición

worauf [vo'raʊf] *adv* **1.** (*interrogativ*) ¿a qué?; (*räumlich*) ¿sobre qué?; **~ wartest du?** ¿a qué esperas? **2.** (*relativisch*) sobre el cual; (*zeitlich*) después de lo cual; **~ du dich ver-**

lassen kannst de eso puedes estar seguro

woraufhin [voraʊf'hɪn] *adv* **1.** (*interrogativ*) ¿por qué razón? **2.** (*relativisch*) con lo cual

woraus [vo'raʊs] *adv* **1.** (*interrogativ*) ¿de qué?; ~ **ist der Pullover?** ¿de qué está hecho el jersey?; ~ **schließt du das?** ¿de qué lo deduces? **2.** (*relativisch*) del cual, de lo cual; ~ **ich folgere, dass ...** de lo cual deduzco que...

worden ['vɔrdən] *pp von* **werden**

worin [vo'rɪn] *adv* **1.** (*interrogativ*) ¿en qué?, ¿dónde?; ~ **besteht der Nachteil?** ¿dónde está la desventaja? **2.** (*relativisch*) en el cual, en lo que

Workaholic [wœːkə'hɔlɪk] *m* <-s, -s> (*sl*) esclavo *m* del trabajo

Workshop ['wɔːkʃɔp] *m* <-s, -s> taller *m*; **Workstation** ['wɔːkstɛɪʃən] *f* <-, -s> (INFOR) estación *f* de trabajo

Worldcup ['wœː(ɐ)ltkap] *m* <-s, -s> (SPORT) campeonato *m* del mundo

WorldWideWeb *nt* <-, *ohne pl*> (INFOR) WorldWideWeb *f*

Wort [vɔrt, *pl:* 'vœrtɐ] *nt* <-(e)s, -e *o* Wörter> palabra *f;* (*Ausdruck*) expresión *f;* (*Begriff*) término *m;* ~ **für** ~ palabra por palabra; **auf ein ~!** (*geh*) quisiera hablar (con Ud./contigo) un segundo; **auf mein ~!** ¡palabra de honor!; **im wahrsten Sinne des ~es** literalmente; **in ~en** en letra; **jedes ~ von ihr traf** hirió con cada una de sus palabras; **mir fehlen die ~e** no tengo palabras; **davon ist kein ~ wahr** ni una palabra de esto es verdad; **ein paar ~e wechseln** intercambiar cuatro palabras; **ein offenes/ernstes ~ mit jdm reden** hablar claramente/en serio con alguien; **ohne ein ~ des Bedauerns** sin decir ni un "lo siento"; **das ~ an jdn richten** dirigir la palabra a alguien; **nicht viele ~e machen** ir al grano; **man versteht ja sein eigenes ~ nicht** no se puede entender ni uno mismo; **eine Sprache in ~ und Schrift beherrschen** dominar un idioma en forma hablada y escrita; **in ~ und Bild** con texto e ilustraciones; **jdn mit leeren ~en abspeisen** despachar a alguien con buenas palabras; **etw mit keinem ~ erwähnen** no mencionar algo para nada; **mit anderen ~en** en otras palabras; **jdn (nicht) zu ~ kommen lassen** (no) dejar hablar a alguien; **ein ~ gab das andere** se desencadenó una fuerte discusión; **hast du ~e?** ¿habráse visto?; **das letzte ~ haben** tener la última palabra; **dein ~ in Gottes Ohr** (*fam*) que Dios te oiga; **den ~en Taten folgen lassen** acompañar las palabras con hechos; **das ~ hat Herr García** el señor García tiene la palabra; **das ~ ergreifen** tomar la palabra; **jdm das ~ erteilen/entziehen** conceder/quitar a alguien la palabra; **jdm das ~ verbieten** prohibir hablar a alguien; **für jdn ein gutes ~ einlegen** interceder por alguien; **du nimmst mir das ~ aus dem Munde** me quitas la palabra de la boca; **jdm das ~ im Munde herumdrehen** malinterpretar las palabras de alguien; **jdm ins ~ fallen** interrumpir a alguien; **ums ~ bitten** pedir la palabra; **etw in ~e fassen** formular [*o* expresar] algo con palabras; **das rechte ~ zur rechten Zeit** las palabras adecuadas en el momento adecuado; **das glaube ich dir aufs ~** te lo creo a pie juntillas; **dabei habe ich auch noch ein ~ mitzureden** en esto también tengo que opinar yo; **geflügelte ~e** citas y frases hechas; **das geschriebene/gesprochene ~** la palabra escrita/hablada; **jdm sein ~ geben** prometer algo a alguien; **sein ~ halten** cumplir su palabra; **sein ~ brechen** faltar a su palabra; **jdn beim ~ nehmen** tomar la palabra a alguien; **über jdn/etw kein ~ verlieren** no gastar ni una palabra sobre alguien/algo; **ich bin** [*o* **stehe**] **bei ihm im ~** (*geh*) le he dado mi palabra; **hättest du doch ein ~ gesagt!** ¡hubieses abierto la boca!; **davon hat mir niemand ein ~ gesagt, davon hat man mir kein ~ gesagt** nadie me ha dicho ni una palabra al respecto; **Wortart** *f* <-, -en> (LING) parte *f* de la oración; **Wortbildung** *f* <-, -en> (LING) formación *f* de palabras; **Wortbruch** *m* <-(e)s, -brüche> falta *f* de palabra; **wortbrüchig** *adj:* ~ **werden** faltar a su palabra

Wörtchen ['vœrtçən] *nt* <-s, -> (*fam*): **ein ~ mitzureden haben** poder intervenir en un asunto; **ich habe mit dir noch ein ~ zu reden** tengo que decirte aún algunas cosillas; **wenn das ~ "wenn" nicht wär, ...** siempre hay algo que falla

Wörterbuch *nt* <-(e)s, -bücher> diccionario *m;* **einsprachiges/zweisprachiges ~** diccionario monolingüe/bilingüe; **ein rückläufiges ~** (LING) un diccionario inverso; **Wörterbuchcomputer** *m* <-s, -> diccionario *m* electrónico

Wörterverzeichnis *nt* <-ses, -se> glosario *m*

Wortfamilie *f* <-, -n> (LING) familia *f* de palabras; **Wortführer(in)** *m(f)* <-s, -; -, -nen> portavoz *mf,* vocero *mf Am;* **sich zum ~ machen** convertirse en el portavoz; **Wortgefecht** *nt* <-(e)s, -e> disputa *f,* enfrentamiento *m* verbal; **wortgetreu** *adj* literal, textual; **wortgewandt** *adj* elocuente; **Wortgut** *nt* <-(e)s, *ohne pl*> (*geh*) *s.* Wortschatz; **wortkarg** *adj* **1.** (*Person*) de pocas palabras, remachado *Kol* **2.** (*Äußerung*) lacónico; **Wortklauber(in)** *m(f)* <-s, -; -, -nen> (*abw*) quisquilloso, -a *m, f,* puntilloso, -a *m, f;* **du bist ein richtiger ~** eres realmente quisquilloso(, siempre te tienes que tomar todo al pie de la palabra); **Wortklauberei** [vɔrtklaʊbə'raɪ] *f* <-, -en> (*abw*) verbalismo *m;* **Wortklauberin** *f* <-, -nen> *s.* Wortklauber; **Wortlaut** *m* <-(e)s, *ohne pl*> texto *m;* **der genaue ~ einer Rede** el texto literal de un discurso; **nach dem ~ des Vertrages** según los términos del contrato; **etw im**

~ **veröffentlichen** publicar algo textualmente; **... hat folgenden ~: ...** ... dice así:...

Wörtlein *nt* <-s, -> *s.* **Wörtchen**

wörtlich ['vœrtlɪç] **I.** *adj* literal, textual **II.** *adv* **1.** (*dem Text entsprechend*) textualmente, literalmente; ~ **zitieren** citar textualmente **2.** (*in der eigentlichen Bedeutung*) al pie de la letra; **das darfst du nicht ~ nehmen** no lo tomes al pie de la letra

wortlos I. *adj* silencioso **II.** *adv* sin decir nada; **er drehte sich ~ um** se dio la vuelta sin decir nada; **Wortmeldung** *f* <-, -en> intervención *f;* **ich bitte um ~en** tienen Uds. la palabra; **keine ~en mehr?** ¿nadie más quiere decir alguna cosa?; **wortreich** *adj* **1.** (*weitschweifig*) prolijo; (*Stil*) ampuloso; **sich ~ entschuldigen** disculparse con profusión de palabras **2.** (*Sprache*) de rico léxico; **Wortschatz** *m* <-es, -schätze> léxico *m,* vocabulario *m;* **aktiver/passiver ~** léxico activo/pasivo; **Wortschwall** *m* <-(e)s, -e> (*abw*) verborrea *f;* **jdn mit einem ~ überschütten** echarle un torrente de palabras a alguien; **Wortspiel** *nt* <-(e)s, -e> juego *m* de palabras, albur *m Mex;* **Wortstamm** *m* <-(e)s, -stämme> (LING) radical *m;* **Wortstellung** *f* <-, *ohne pl*> (LING) orden *m* de (las) palabras; **Wortwahl** *f* <-, *ohne pl*> selección *f* de palabras; **Wortwechsel** *m* <-s, -> disputa *f,* altercado *m,* argumento *m Am,* alegato *m Am;* **wortwörtlich** ['-'--] *adj o adv s.* **wörtlich**

worüber [vo'ry:bɐ] *adv* **1.** (*interrogativ*) ¿de qué?, ¿sobre qué? **2.** (*relativisch*) sobre el cual, sobre el que; **das Thema, ~ ich sprechen werde** el tema sobre el que hablaré; ~ **wir uns auch unterhalten, es endet stets im Streit** sea lo que sea lo que discutamos siempre se acaba en pelea

worum [vo'rʊm] *adv* **1.** (*interrogativ*) ¿de qué?, ¿sobre qué?; ~ **handelt es sich?** ¿de qué se trata? **2.** (*relativisch*) de que, sobre el cual; **ich weiß nicht, ~ es geht** no sé de que se trata

worunter [vo'rʊntɐ] *adv* **1.** (*interrogativ*) ¿debajo de qué? **2.** (*relativisch*) debajo del cual; (*dazwischen*) entre los que

wovon [vo'fɔn] *adv* **1.** (*interrogativ*) ¿de qué?; ~ **redet ihr?** ¿de qué habláis?; ~ **bist du so müde?** ¿de qué estás tan cansado? **2.** (*relativisch*) de lo cual

wovor [vo'fo:ɐ] *adv* **1.** (*interrogativ*) ¿de qué?; (*räumlich*) ¿delante de qué?; ~ **hast du Angst?** ¿de qué tienes miedo? **2.** (*relativisch*) ante el cual, delante del cual; **das einzige, ~ ich mich fürchte, ...** lo único de lo que tengo miedo...

wozu [vo'tsu:] *adv* **1.** (*interrogativ*) ¿para qué?; ~ **soll das gut sein?** ¿para qué sirve esto? **2.** (*relativisch*) a lo cual, al que; (*Zweck*) para lo cual; **das, ~ ich am meisten Lust hätte, ...** aquello de lo que más ganas tengo...; ~ **du dich auch entschließt, ...** decidas lo que decidas...

wozwischen *adv* **1.** (*interrogativ*) entre qué **2.** (*relativisch*) entre los/las que; **ich suche die Buchseiten, ~ ich das Lesezeichen gelegt habe** estoy buscando las páginas en las que [*o* donde] puse la señal de lectura

Wrack [vrak] *nt* <-(e)s, -s *o* -e> (*Schiff*) barco *m* naufragado; (*Auto*) coche *m* de desguace; (*Flugzeug*) avión *m* de desguace; **ein menschliches ~** una piltrafa (humana)

wrang [vraŋ] *3. imp von* **wringen**

wringen ['vrɪŋən] <wringt, wrang, gewrungen> *vt* escurrir; **Wasser aus einem Tuch ~** escurrir el agua de un trapo

WS (UNIV) *Abk. von* **Wintersemester** semestre *m* de invierno

WTO [ve:te:'ʔo:] *f* <-> *Abk. von* **World Trade Organization** Organización *f* Mundial de Comercio

Wucher ['vu:xɐ] *m* <-s, *ohne pl*> (*abw*) usura *f;* ~ **treiben** usurar

Wucherer, -in ['vu:xərɐ] *m, f* <-s, -; -, -nen> (*abw*) usurero, -a *m, f;* (*mit Zinsen*) logrero, -a *m, f*

wucherisch *adj* (*abw*) usurero, usurario; (*Preise*) abusivo

Wuchermiete *f* <-, -n> (*abw*) alquiler *m* abusivo

wuchern ['vu:xɐn] *vi* **1.** *haben o sein* (*Pflanzen*) crecer excesivamente; (MED) proliferar **2.** (*Wucher treiben*) practicar la usura, usurar

wuchernd *adj* (*Pflanze*) de crecimiento excesivo

Wucherpreis *m* <-es, -e> (*abw*) precio *m* abusivo

Wucherung *f* <-, -en> (*Gebilde*) excrecencia *f*

Wucherzins *m* <-es, -en> (*abw*) interés *m* usurero [*o* de usura]; **zu ~en** a interés usurero

wuchs [vu:ks] *3. imp von* **wachsen**

Wuchs [vu:ks] *m* <-es, *ohne pl*> **1.** (*Wachstum*) crecimiento *m* **2.** (*Gestalt*) estatura *f*

Wucht [vʊxt] *f* <-, *ohne pl*> **1.** (*Heftigkeit*) fuerza *f,* energía *f;* (*Schwung*) ímpetu *m;* **mit aller ~** con toda la fuerza; **mit voller ~** con toda fuerza; **das ist eine ~** (*fam*) es fenomenal **2.** (*reg: fam: Prügel*) paliza *f;* **eine ~ bekommen** recibir una paliza

wuchten ['vʊxtən] **I.** *vi sein* (*fam*) moverse con ímpetu; (*rennend*) correr con ímpetu; **eine Windböe wuchtete durch die Straßen** una ráfaga de viento arrasó las calles **II.** *vt* (*fam: hochheben*) subir con gran esfuerzo (*auf* a); (*herunterholen*) bajar con gran esfuerzo (*von* de); **sie wuchtete den Stapel Bücher auf den/vom Tisch** con gran esfuerzo subió/bajó el montón de libros a la/de la mesa

wuchtig *adj* **1.** (*kräftig*) fuerte **2.** (*groß*) grande; (*Statur*) macizo

Wühlarbeit *f* <-, -en> hozadura *f,* hurgamiento *m*

wühlen ['vy:lən] **I.** *vi* **1.** (*allgemein*) hurgar (*in* en); (*graben*) cavar, excavar; (*mit der Schnauze*) hozar (*nach*); **im Schmutz ~** hurgar en la porquería **2.** (*fam: suchen*) rebuscar (*nach*), revolver; **sie wühlte in ihren Unterlagen** rebuscó en sus documentos **II.** *vr:* **sich durch etw** ~ abrirse camino a través de algo; **er musste sich durch einen Berg von Papieren** ~ se tuvo que abrir camino a través de un montón de papeles

Wühlmaus *f* <-, -mäuse> (ZOOL) campañol *m;* **Wühltisch** *m* <-(e)s, -e> (*fam*) mesa *f* con géneros rebajados

Wulst [vʊlst, *pl:* 'vʏlstə] *m* <-(e)s, Wülste>, *f* <-, Wülste> **1.** (*Verdickung*) bulto *m;* (MED) protuberancia *f* **2.** (ARCHIT) bocel *m*

wulstig *adj* abombado, abultado

Wulstlippen *fpl* bezos *mpl*

wund [vʊnt] *adj* excoriado, escocido; **ich habe mir die Füße** ~ **gelaufen** se me llagaron los pies de tanto andar; **sich** ~ **liegen** llagarse, decentarse; **sich** *dat* **die Finger** ~ **schreiben** (*fam*) llagarse los dedos de tanto escribir; **ein** ~**er Punkt** (*fig*) un punto débil

Wundbehandlung *f* <-, -en> tratamiento *m* de la herida; **Wundbrand** *m* <-(e)s, *ohne pl*> (MED) gangrena *f;* **Wunddesinfektionsmittel** *nt* <-s, -> desinfectante *m* de heridas

Wunde ['vʊndə] *f* <-, -n> (*a. fig*) herida *f;* **eine** ~ **auswaschen/verbinden** limpiar/vendar una herida; **die** ~ **heilt gut** la herida cicatriza bien; **alte** ~**n wieder aufreißen** abrir viejas heridas; **Salz in eine** ~ **streuen** (*fig*) hurgar en la herida; **den Finger auf die** ~ **legen** (*fig*) poner el dedo en la llaga

wunder ['vʊndɐ] *s.* **Wunder 2.**

Wunder ['vʊndɐ] *nt* <-s, -> **1.** (*außergewöhnliches Ereignis*) maravilla *f;* (*übernatürlich*) milagro *m;* **auf ein** ~ **hoffen** esperar un milagro; **an** ~ **glauben** creer en milagros; **das grenzt an ein** ~ esto parece un milagro; **die** ~ **der Natur** las maravillas de la naturaleza; **etw wirkt** ~ (*fam*) algo obra milagros; **ist es ein** ~**, dass ...?** (*fam*) ¿no es un milagro que...?; **es ist kein** ~**, dass ...** (*fam*) no es ningún milagro que... +*subj;* **wie durch ein** ~ como por arte de magia; **der wird noch sein blaues** ~ **erleben!** (*fam*) ¡aún no sabe qué sorpresa le espera! **2.** (*Wend*): ~ **was denken, sich** *dat* ~ **was vorstellen** imaginarse algo extraordinario; **sich** *dat* **auf etw** ~ **was einbilden** estar muy orgulloso de algo

wunderbar **I.** *adj* **1.** (*wie ein Wunder*) milagroso **2.** (*schön*) maravilloso, fenomenal *fam* **II.** *adv* (*sehr*) a las mil maravillas; **etw ist** ~ **bequem** algo es supercómodo

wunderbarerweise ['----'--] *adv* milagrosamente, como por milagro

Wunderglaube *m* <-ns, *ohne pl*> creencia *f* en los milagros; **Wunderheiler(in)** *m(f)* <-s, -; -, -nen> curador(a) *m(f)* milagroso, -a; **wunderhübsch** ['--(')-] *adj* (*Person*) guapísimo; (*Sache*) muy bonito; **Wunderkerze** *f* <-, -n> bengala *f;* **Wunderkind** *nt* <-(e)s, -er> niño, -a *m, f* prodigio; **Wunderland** *nt* <-(e)s, -länder> país *m* de las maravillas; **Alice im** ~ Alicia en el País de las Maravillas

wunderlich *adj* raro, extraño; **ein** ~**er Kauz** un tipo raro

Wundermittel *nt* <-s, -> remedio *m* milagroso

wundern ['vʊndɐn] **I.** *vt* asombrar, sorprender; **es wundert mich, dass ...** me sorprende que... +*subj,* me extraña que... +*subj;* **es sollte mich** ~**, wenn ...** me asombraría si... +*subj;* **das würde mich überhaupt nicht** ~ no me sorprendería nada; **wundert dich das (etwa)?** ¿(acaso) te sorprende? **II.** *vr:* **sich** ~ sorprenderse (*über* de), maravillarse (*über* de); **ich muss mich doch sehr** ~**!** ¡no lo hubiera esperado!; **dann darfst du dich nicht** ~**, wenn ...** entonces no te sorprendas si...

wunder|nehmen *irr* **I.** *vi:* **es nimmt wunder, dass ...** sorprende que... **II.** *vt* (*Schweiz*): **es nimmt jdn wunder, ob/wie/dass ...** alguien tiene curiosidad por saber si/cómo/qué...

wundersam *adj* enigmático, misterioso

wunderschön ['--(')-] *adj* hermosísimo, maravilloso; **wundervoll** *adj* maravilloso, magnífico

Wundfieber *nt* <-s, *ohne pl*> (MED) fiebre *f* traumática; **Wundinfektion** *f* <-, -en> (MED) infección *f* de una herida

wund|liegen *irr vr:* **sich** ~ *s.* **wund**

Wundsalbe *f* <-, -n> ungüento *m* vulnerario

Wundstarrkrampf *m* <-(e)s, *ohne pl*> (MED) tétano(s) *m* (*inv*)

Wunsch [vʊnʃ, *pl:* 'vʏnʃə] *m* <-(e)s, Wünsche> deseo *m* (*nach* de); (*Verlangen*) anhelo *m* (*nach* por); (*Bitte*) petición *f;* (*Glück*~) felicidades *fpl;* **auf** ~ a petición; **(ganz) nach** ~ (totalmente) a su gusto, como lo desee; **ihr sehnlichster** ~ **war in Erfüllung gegangen** se había cumplido su deseo más ferviente; **jdm jeden** ~ **von den Augen ablesen** satisfacer todos los deseos de alguien; **dein** ~ **ist** [*o* **sei**] **mir Befehl** tus deseos son órdenes; **jdm einen** ~ **erfüllen** satisfacer a alguien un deseo; **sich** *dat* **einen** ~ **erfüllen** satisfacerse un deseo; **haben Sie sonst noch einen** ~**?** ¿desea algo más?; **auf eigenen** ~ por propio deseo; **auf vielfachen** ~ a petición de muchos; **es ging alles nach** ~ todo salió a pedir de boca; **mit den besten Wünschen** con los mejores deseos; **das ist nur ein frommer** ~ esto es sólo hacer castillos en el aire; **alle guten Wünsche zum Geburtstag!** ¡felicidades en el día de tu cumpleaños!; **da ist wohl der** ~ **der Vater des Gedankens** eso es lo que uno quisiera

wünschbar *adj* (*Schweiz*) *s.* **wünschenswert**

Wunschbild *nt* <-(e)s, -er> ideal *m;* **Wunschdenken** *nt* <-s, *ohne pl*> sueño *m*

Wünschelrute ['vʏnʃəlruːtə] *f* <-, -n> varilla *f* de zahorí; **Wünschelrutengänger(in)** *m(f)* <-s, -; -, -nen> zahorí *mf*

wünschen [ˈvʏnʃən] *vt* desear; (*wollen*) querer; (*bitten*) pedir; **jdm etw ~** desear algo a alguien; (**ganz**) **wie Sie ~** como Ud. quiera; **ich wünsche, dass das sofort gemacht wird** deseo que esto se haga en seguida; **was ~ Sie?, Sie ~?** ¿en qué puedo servirle?; **wen ~ Sie zu sprechen?** ¿con quién desea hablar?; **ich wünsche Ihnen gute Besserung** le deseo que se mejore; **er wünschte uns eine gute Reise** nos deseó un buen viaje; **sie wünschte, sie hätte das nie gesagt** querría no haberlo dicho nunca; **sich** *dat* **etw von jdm ~** pedir algo a alguien; **ich habe mir ein Klavier zum Geburtstag gewünscht** me pedí un piano por mi cumpleaños; **du darfst dir von mir etw ~** puedes pedirme algo; **ich wünsche mir, dass ...** deseo que... *+subj;* **sie haben alles, was man sich** *dat* **nur ~ kann** tienen todo lo que uno puede desear; **ich wünsche mich auf eine einsame Insel** quisiera estar en una isla desierta; **wir ~ eine Auskunft** queríamos información; **sein Benehmen lässt viel zu ~ übrig** su comportamiento deja mucho que desear; **in dem Moment habe ich mich weit weg gewünscht** en aquel momento hubiese querido desaparecer del mapa; **wünschenswert** *adj* deseable; **es ist ~** es de desear; **ich halte es für ~, dass** [*o* **wenn**] **...** creo conveniente que...

Wunschform *f* <-, -en> (GRAM) (modo *m*) optativo *m;* **wunschgemäß** *adj* según los deseos; (*problemlos*) a pedir de boca; **Wunschkind** *nt* <-(e)s, -er> hijo, -a *m, f* deseado, -a; **Wunschkonzert** *nt* <-(e)s, -e> (RADIO) programa *m* de discos solicitados por los radioyentes; **Wunschliste** *f* <-, -n> lista *f* de deseos; **etw steht ganz oben auf jds ~** alguien desea algo con todas sus fuerzas; **ganz oben auf meiner ~ für dieses Jahr steht ...** lo que primero deseo este año es...; **wunschlos** *adj:* **~ glücklich sein** ser totalmente feliz; **Wunschsatz** *m* <-es, -sätze> (GRAM) oración *f* optativa [*o* desiderativa]; **Wunschtraum** *m* <-(e)s, -träume> ilusión *f,* sueño *m* dorado; **Wunschvorstellung** *f* <-, -en> ilusión *f;* **Wunschzettel** *m* <-s, -> carta *f* a los Reyes Magos; **auf unserem ~ steht jetzt noch ein Sofa** (*fig*) ahora nos gustaría tener un sofa

wurde [ˈvʊrdə] *3. imp von* **werden**

Würde[1] [ˈvʏrdə] *f* <-, *ohne pl*> (*Wert, Haltung*) dignidad *f;* **etw mit ~ tragen** soportar algo con dignidad; **unter aller ~** malísimo; **das ist unter meiner ~** lo considero indigno para mí

Würde[2] *f* <-, -n> (*Rang*) categoría *f,* rango *m;* **zu hohen ~n gelangen** acceder a altas categorías; **in Amt und ~n sein** estar bien colocado

würdelos *adj* sin dignidad, indigno

Würdenträger(in) *m(f)* <-s, -; -, -nen> dignatario, -a *m, f;* **hohe ~** altos dignatarios

würdevoll I. *adj* digno, majestuoso II. *adv* con dignidad

würdig *adj* **1.** (*ehrbar*) respetable **2.** (*wert*) digno; **sich jds/etw** *gen* **~ erweisen** ser digno de alguien/algo; **jdn ~ vertreten** representar a alguien con dignidad

würdigen [ˈvʏrdɪgən] *vt* **1.** (*anerkennen*) apreciar, valorar; (*Verdienste*) reconocer; **ich weiß das zu ~** sé valorarlo **2.** (*für wert halten*) considerar digno (de); **sie würdigte mich keines Blickes** no se dignó a dirigirme ni una mirada

Würdigung *f* <-, -en> **1.** (*einer Arbeit*) valoración *f,* apreciación *f;* (*Anerkennung*) reconocimiento *m;* **in ~ ihres Einsatzes** en reconocimiento a sus esfuerzos **2.** (*einer Persönlichkeit*) homenaje *m;* **in ~ Federico García Lorcas** en homenaje a Federico García Lorca

Wurf [vʊrf, *pl:* ˈvʏrfə] *m* <-(e)s, Würfe> **1.** (*das Werfen*) tiro *m;* (SPORT) lanzamiento *m;* (*beim Würfeln*) jugada *f;* **zum ~ ausholen** tomar impulso para el lanzamiento **2.** (*Erfolg*) éxito *m;* **mit dem Roman ist ihr ein großer ~ gelungen** logró un gran éxito con la novela **3.** (ZOOL) camada *f*

Wurfbahn *f* <-, -en> trayectoria *f*

Würfel [ˈvʏrfəl] *m* <-s, -> **1.** (MATH) cubo *m* **2.** (*Spiel~*) dado *m;* **~ spielen** jugar a los dados; **die ~ sind gefallen** la suerte está echada **3.** (*Käse~*) taco *m;* (*Eis~*) cubo *m;* **etw in ~ schneiden** cortar algo en cuadraditos; **Würfelbecher** *m* <-s, -> cubilete *m* de los dados

würfelförmig [-fœrmɪç] *adj* cúbico, en forma de cubo

würf(e)lig [ˈvʏrf(ə)lɪç] *adj* cúbico; (*Käse*) en tacos; (*Stoff*) a cuadros

würfeln I. *vi* jugar a los dados; **um Geld ~** jugar a los dados por dinero II. *vt* **1.** (*in Würfel schneiden*) cortar en cuadraditos **2.** (*eine Zahl*) tirar; **ich habe eine Sechs gewürfelt** he sacado un seis

Würfelspiel *nt* <-(e)s, -e> juego *m* de dados; **Würfelspieler(in)** *m(f)* <-s, -; -, -nen> jugador(a) *m(f)* de dados; **Würfelzucker** *m* <-s, *ohne pl*> azúcar *m* en terrones

Wurfgeschoss[RR] *nt* <-es, -e> proyectil *m;* **Wurfhammer** *m* <-s, -hämmer> martillo *m*

würflig *adj s.* **würf(e)lig**

Wurfmesser *nt* <-s, -> cuchillo *m* de lanzar; **Wurfpfeil** *m* <-(e)s, -e> dardo *m;* **Wurfsendung** *f* <-, -en> impresos *mpl* distribuidos por correo; **Wurfspiel** *nt* <-(e)s, -e> juego *m* de dardos; **Wurfspieß** *m* <-es, -e> (SPORT) jabalina *f;* **Wurfstern** *m* <-(e)s, -e> (*Waffe*) estrella *f* arrojadiza

Würgegriff *m* <-(e)s, -e> **1.** (*würgender Griff*) garrote *m* **2.** (*erdrückender Einfluss*) influencia *f* aplastante; **im ~ der Großkonzerne** bajo el total dominio de las multinacionales

würgen ['vʏrgən] **I.** *vt* estrangular **II.** *vi* (*Brechreiz haben*) tener arcadas, tener náuseas; **an etw** *dat* ~ intentar tragar algo; **mit Hängen und W~** (*fam*) por los pelos, con grandes dificultades

Würger(in) ['vʏrgɐ] *m(f)* <-s, -; -, -nen> estrangulador(a) *m(f)*

Wurm [vʊrm, 'vʏrmɐ] *m* <-(e)s, Würmer> gusano *m;* **Würmer haben** tener lombrices; **da steckt** [*o* **ist**] **der** ~ **drin** (*fam*) allí hay gato encerrado; **jdm die Würmer aus der Nase ziehen** (*fam*) tirar de la lengua a alguien

Würmchen ['vʏrmçən] *nt* <-s, -> (*fam*) chiquillo, -a *m, f;* **das arme ~!** ¡el pobrecito!/¡la pobrecita!

wurmen ['vʊrmən] *vt* (*fam*) dar rabia, reconcomerse; **es wurmt mich, dass ...** me da rabia que... +*subj*

wurmförmig [-fœrmɪç] *adj* vermiforme

Wurmfortsatz *m* <-es, -sätze> (MED) apéndice *m*

wurmig *adj* agusanado, lleno de gusanos

wurmstichig *adj* **1.** (*Obst*) agusanado **2.** (*Holz*) carcomido

Wurst [vʊrst, 'vʏrstə] *f* <-, Würste> embutido *m;* (*Würstchen*) salchicha *f;* **das ist mir ~** (*fam*) me importa un pepino; **es geht um die ~** (*fam*) ha llegado el momento de la verdad; **Wurstbrot** *nt* <-(e)s, -e> bocadillo *m* de embutido

Würstchen ['vʏrstçən] *nt* <-s, -> **1.** (GASTR) salchicha *f;* **Frankfurter ~** salchicha tipo Francfort; **heiße ~** perritos calientes **2.** (*fam: Mensch*) pobre diablo *m;* **Würstchenbude** *f* <-, -n>, **Würstchenstand** *m* <-(e)s, -stände> puesto *m* de salchichas asadas

wursteln ['vʊrstəln] *vi* (*fam*) entretenerse con pequeños trabajos; (*pfuschen*) chapucear

Wurstfabrik *f* <-, -en> fábrica *f* de embutidos; **Wurstfinger** *m* <-s, -> (*fam*) dedo *m* regordete; **Wursthaut** *f* <-, -häute> piel *f* del embutido [*o* del fiambre]

wurstig *adj* (*fam*) indiferente, desinteresado

Wurstigkeit *f* <-, *ohne pl*> (*fam*) indiferencia *f,* desinterés *m*

Wurstkonserve *f* <-, -n> embutido *m* enlatado; **Wurstsalat** *m* <-(e)s, -e> ensalada *f* de fiambre; **Wurstvergiftung** *f* <-, -en> botulismo *m;* **Wurstwaren** *fpl* embutidos *mpl,* fiambres *mpl;* **Wurstzipfel** *m* <-s, -> punta *f* del embutido [*o* de la salchicha]

Württemberg ['vʏrtəmbɛrk] *nt* <-s> Wurtemberg *m*

Würzburg ['vʏrtsbʊrk] *nt* <-s> Wurtzburgo *m*

Würze ['vʏrtsə] *f* <-, -n> **1.** (*Substanz*) condimento *m* **2.** (*Aroma*) aroma *m*

Wurzel ['vʊrtsəl] *f* <-, -n> **1.** (*von Pflanze, Haar, Zahn, a.* MATH) raíz *f;* **~n schlagen** echar raíces; **das Unkraut mit der ~ ausreißen** arrancar la mala hierba de raíz; **die ~ ziehen** (*a.* MATH) extraer la raíz (*aus* de); **die dritte ~ aus acht** (MATH) la raíz cúbica de ocho **2.** (*Ursprung*) origen *m;* (*Ursache*) causa *f;* **die geistigen/historischen ~n** los orígenes ideológicos/históricos; **die ~ allen Übels** la causa de todos los males; **das Übel an der ~ packen** cortar el mal de raíz **3.** (*reg: Karotte*) zanahoria *f;* **Wurzelballen** *m* <-s, -> cepellón *m;* **Wurzelbehandlung** *f* <-, -en> tratamiento *m* de la raíz; **Wurzelgemüse** *nt* <-s, -> tubérculo *m;* **wurzellos** *adj* sin raíces, que no tiene raíces

wurzeln *vi* (*a. fig*) arraigar (*in* en)

Wurzelstock *m* <-(e)s, -stöcke> (BOT) tocón *m* de raíz; **Wurzelwerk** *nt* <-(e)s, *ohne pl*> raíces *fpl,* raigambre *f;* **Wurzelzeichen** *nt* <-s, -> (MATH) signo *m* de extracción de raíces; **Wurzelziehen** *nt* <-s, *ohne pl*> (MATH) extracción *f* de la raíz

würzen ['vʏrtsən] *vt* condimentar, sazonar

würzig *adj* bien condimentado, sabroso

Würzmittel *nt* <-s, -> condimento *m;* **Würzstoff** *m* <-(e)s, -e> condimento *m*

wusch [vu:ʃ] *3. imp von* **waschen**

Wuschelhaar *nt* <-(e)s, -e> (*fam*) pelo *m* muy rizado [*o* ensortijado]

wuschelig *adj* (*fam: Haar*) abundante y muy rizado; **~es Haar haben** tener una pelambrera

Wuschelkopf *m* <-(e)s, -köpfe> (*fam*) pelambrera *f*

wusste[RR] ['vʊstə], **wußte** *3. imp von* **wissen**

Wust[1] [vu:st] *m* <-(e)s, *ohne pl*> (*abw: Durcheinander*) caos *m inv,* lío *m;* (*Menge*) montón *m;* **ein ~ von Papieren** un montón de papeles

Wust[2] [vʊst] *f* <-, *ohne pl*> (*Schweiz*) *Abk. von* **Warenumsatzsteuer** IVA *m*

wüst [vy:st] *adj* **1.** (*öde*) desierto, despoblado; (*unbebaut*) yermo **2.** (*unordentlich*) desordenado; (*wirr*) confuso; **ein ~es Durcheinander** un caos; **hier sieht es ja ~ aus!** ¡qué desorden! **3.** (*abw: ausschweifend*) licencioso, disipado **4.** (*abw: rüde*) grosero, vulgar; (*gemein*) vil; **jdn ~ beschimpfen** insultar rudamente a alguien **5.** (*schlimm*) terrible, horrible **6.** (*abstoßend*) repugnante

Wüste ['vy:stə] *f* <-, -n> desierto *m;* **biologische ~** desierto biológico; **die ~ Gobi** el desierto del Gobi; **jdn in die ~ schicken** (*fam*) poner a alguien de patitas en la calle; **Wüstenbildung** *f* <-, -en> desertización *f;* **Wüstenklima** *nt* <-s, *ohne pl*> clima *m* desértico; **Wüstensand** *m* <-(e)s, *ohne pl*> arena *f* del desierto

Wüstling ['vy:stlɪŋ] *m* <-s, -e> (*abw*) libertino *m,* disoluto *m*

Wut [vu:t] *f* <-, *ohne pl*> rabia *f,* furor *m;* **ich habe eine ~ auf ihn!** ¡le tengo una rabia!; **eine ~ im Bauch haben** (*fam*) estar hecho una furia; **seine ~ an jdm/etw** *dat* **auslassen** desahogar su rabia en alguien/algo; **jdn in ~ bringen** poner furioso a alguien; **in ~ ge-**

W

raten [*o* **kommen**] enfurecerse; **vor ~ kochen** rabiar; **Wutanfall** *m* <-(e)s, -fälle> ataque *m* de rabia; **einen ~ bekommen** [*o* **kriegen**] tener un ataque de rabia; **Wutausbruch** *m* <-(e)s, -brüche> acceso *m* de rabia [*o* de ira]; **da kann man ja einen ~ kriegen!** (*fam*) ¡es para entrarle la rabia a uno!

wüten ['vy:tən] *vi* (*Krieg, Sturm, Seuche*) hacer [*o* causar] estragos; **gegen etw ~** rabiar contra algo

wütend *adj* furioso, enfurecido (*über* por, *auf* con/contra), alebrestado *Kol, Ven;* **auf jdn ~ sein** tener rabia a alguien; **~ werden** enfurecerse (*auf* contra)

wutentbrannt ['vu:tʔɛnt'brant] *adj* furibundo, rabioso

Wüterich ['vy:tərɪç] *m* <-s, -e> (*abw*) persona *f* furiosa

Wutgeheul *nt* <-(e)s, *ohne pl*> lloro *m* de rabia, lloriqueo *m* de rabia; **Wutgeschrei** *nt* <-s, *ohne pl*> gritos *mpl* de rabia; **wutschnaubend** *adj* echando espumarajos por la boca; **Wutschrei** *m* <-(e)s, -e> grito *m* de rabia; **einen ~ ausstoßen** lanzar un grito de rabia; **wutverzerrt** ['--'-] *adj* desfigurado por la rabia

Wwe. *Abk. von* **Witwe** Vda.

WWF *m* <-> *Abk. von* **World Wide Fund for Nature** WWF *m;* **WWF-Sprecher(in)** *m(f)* <-s, -; -, -nen> portavoz *mf* del WWF

Wwr. *Abk. von* **Witwer** Vdo.

WWU [ve:ve:'ʔu:] *f* <-> *Abk. von* **Wirtschafts- und Währungsunion** UEM *f*

WWW-Client *m* <-, -s> (INFOR) cliente *m* de WWW

WWW-Server *m* <-s, -> (INFOR) servidor *m* de WWW

Wz *Abk. von* **Warenzeichen** marca *f* registrada

X

X, x [ɪks] *nt* <-, -> X, x *f*; ~ **wie Xanthippe** X de xilófono; **er lässt sich** *dat* **kein ~ für ein U vormachen** no le puedes dar gato por liebre

x-Achse *f* <-, -n> (MATH) eje *m* de abscisas

Xanthippe [ksan'tɪpə] *f* <-, -n> (*abw*) arpía *f*

X-Beine *ntpl* piernas *fpl* zambas

x-beinigRR *adj*, **X-beinig** *adj* zambo

x-beliebig *adj* (*fam*) cualquiera; **eine ~e Zahl** un número cualquiera, cualquier número

x-Beliebige(r)RR *mf* <-n, -n; -n, -n>: **jeder ~** cualquiera

X-Chromosom *nt* <-s, -en> (BIOL) cromosoma *m* X

Xe (CHEM) *Abk. von* **Xenon** Xe

Xenon ['kseːnɔn] *nt* <-s, *ohne pl*> (CHEM) xenón *m*

xenophob [kseno'foːp] *adj* xenófobo

Xenophobie [ksenofo'biː] *f* <-, *ohne pl*> xenofobia *f*

XerografieRR *f* <-, -n> (TYPO) *s.* **Xerographie**

xerografieren*RR *vt* (TYPO) *s.* **xerographieren***

Xerographie [kserogra'fiː] *f* <-, -n> (TYPO) xerografía *f*

xerographieren* *vt* (TYPO) xerografiar

Xerokopie [kseroko'piː] *f* <-, -n> xerocopia *f*

xeromorph *adj* (BOT) xeromorfo

Xeromorphie [kseromɔr'fiː] *f* <-, *ohne pl*> (GEO) xeromorfismo *m*

xerophil *adj* (BOT) xerófilo

Xerophyt *m* <-en, -en> (BOT) planta *f* xerófita

x-fach ['ɪksfax] *adj* (*fam*) múltiple; **trotz ~er Ermahnungen** a pesar de múltiples advertencias

x-förmigRR ['ɪksfœrmɪç] *adj*, **X-förmig** *adj* en forma de equis

x-mal ['ɪksmaːl] *adv* (*fam*) mil veces

x-te(r, s) ['ɪkstə, -tɐ, -təs] *adj* (*fam a.* MATH) enésimo; **in die ~ Potenz erheben** elevar a la enésima potencia; **das ~ Mal** la enésima vez; **zum ~n Mal** por enésima vez

x-temal ['ɪkstəmaːl] *adv*: **das ~** la enésima vez

x-tenmal *adv*: **zum ~** por enésima vez

XylofonRR *nt* <-s, -e>, **Xylophon** [ksylo'foːn] *nt* <-s, -e> xilófono *m*, xilofón *m*

Y

Y, y ['ʏpsilɔn] *nt* <-, -> Y, y *f*; ~ **wie Ypsilon** Y de Yucatán

Y (CHEM) *Abk. von* **Yttrium** Y

y-Achse *f* <-, -n> (MATH) eje *m* de las ordenadas

Yacht [jaxt] *f* <-, -en> yate *m*

Yak [jak] *m* <-s, -s> (ZOOL) yac *m*, yak *m*

Yang [jaŋ] *nt* <-(s), *ohne pl*> (PHILOS) Yang *m*

Yankee *m* <-s, -s> yanqui *mf*

Yard [jaːɐt] *nt* <-s, -s> yarda *f*

Yb (CHEM) *Abk. von* **Ytterbium** Yb

Y-Chromosom *nt* <-s, -en> (BIOL) cromosoma *m* Y

Yen [jɛn] *m* <-(s), -(s)> yen *m*

Yeti ['jeːti] *m* <-s, -s> (abominable) hombre *m* de las nieves, yeti *m*

Yin [jɪn] *nt* <-, *ohne pl*> (PHILOS) Yin *m*; ~ **und Yang** (el) Yin y (el) Yang

Yoga ['joːga] *m o nt* <-(s), *ohne pl*> yoga *m*;

Yogasitz *m* <-es, *ohne pl*> posición *f* de loto

Yoghurt ['joːgʊrt] *m* <-s, -s> *s.* **Joghurt**

Yogi ['joːgi] *m* <-s, -s> yogui *mf*

Yorkshireterrier ['jɔːkʃə-] *m* <-s, -> terrier *m* de Yorkshire

Yo-Yo ['joːjo, jo'joː] *nt* <-s, -s> yoyó *m*

Ypsilon ['ʏpsilɔn] *nt* <-(s), -s> **1.** (*lateinisches Alphabet*) i *f* griega **2.** (*griechisches Alphabet*) ípsilon *f*

Ytong® ['yːtɔŋ] *m* <-s, -s> bloque *m* de hormigón ligero

Ytterbium [ʏ'tɛrbiʊm] *nt* <-s, *ohne pl*> (CHEM) iterbio *m*

Yttrium ['ʏtriʊm] *nt* <-s, *ohne pl*> (CHEM) itrio *m*

Yucca ['jʊka] *f* <-, -s> (BOT) yuca *f*; (*als Zierpflanze*) tronco *m* del Brasil

Yuppie ['jʊpi] *m* <-s, -s> yuppie *mf*

Z

Z, z [tsɛt] *nt* <-, -> Z, z *f;* ~ **wie Zacharias** [*o* **Zeppelin**] Z de Zaragoza

zack *interj* (*fam*) ¡zas!; ~**,** ~**!** ¡rápido, rápido!

Zack [tsak] *m* (*fam*): **auf ~ sein** (*Person*) ser muy eficiente; (*Dinge*) funcionar a las mil maravillas; **jdn auf ~ bringen** poner a alguien a trabajar

Zacke ['tsakə] *f* <-, -n> diente *m;* (*Bergkamm*) punta *f;* (*Gabel, Rechen*) púa *f*

Zacken ['tsakən] *m* <-s, -> (*reg*) *s.* **Zacke: sich** *dat* **keinen ~ aus der Krone brechen** (*fam*) no caérsele a alguien los anillos

zackig ['tsakɪç] *adj* **1.** (*gezackt*) dentado **2.** (*fam: Bewegung, Auftreten*) brioso; (*Person*) resoluto

zagen ['tsa:gən] *vi* acobardarse, amedrentarse

zaghaft *adj* vacilante; (*furchtsam*) temeroso; (*schüchtern*) tímido; ~ **anklopfen** llamar a la puerta tímidamente

Zaghaftigkeit *f* <-, *ohne pl*> pusilanimidad *f;* (*Schüchternheit*) timidez *f*

Zagreb ['za:grɛp] *nt* <-s> Zagreb *m*

zäh [tsɛ:] *adj* **1.** (*Leder*) duro; (*Fleisch*) correoso **2.** (*~flüssig*) espeso, viscoso **3.** (*schleppend*) lento **4.** (*beharrlich*) pertinaz, tenaz; (*widerstandsfähig*) resistente

Zäheit ['tsɛ:haɪt] *f* <-, *ohne pl*> *s.* **Zähheit**

zähflüssig *adj* espeso, viscoso; (*Verkehr*) denso; **Zähflüssigkeit** *f* <-, *ohne pl*> viscosidad *f;* (*des Verkehrs*) densidad *f*

Zähheit[RR] ['tsɛ:haɪt] *f* <-, *ohne pl*> **1.** (*Festigkeit*) dureza *f* **2.** (*Viskosität*) viscosidad *f* **3.** (*Langsamkeit*) lentitud *f* **4.** (*Beharrlichkeit*) tenacidad *f,* persistencia *f*

Zähigkeit *f* <-, *ohne pl*> **1.** (*Widerstandsfähigkeit*) resistencia *f* **2.** (*Ausdauer*) tenacidad *f,* pertinacia *f*

Zahl [tsa:l] *f* <-, -en> (*a.* MATH, LING) número *m;* (*Ziffer*) cifra *f;* **arabische/römische ~en** números arábigos/romanos; **eine dreistellige ~** un número de tres cifras; **gerade/ungerade/ganze ~en** números pares/impares/enteros; **rote ~en schreiben** estar en números rojos; **aus den roten ~en kommen** superar un déficit, superar una situación financiera difícil; **in großer ~** en gran número; **in voller ~** al completo; **fünf an der ~** (en número de) cinco; **etw in ~en ausdrücken** expresar algo en cifras

zahlbar *adj* pagadero, abonable; ~ **bei Lieferung** pagadero a la entrega; **in Raten ~** pagable a plazos

zählbar *adj* contable

zählebig *adj* resistente; ~ **sein** tener siete vidas (como el gato)

zahlen ['tsa:lən] *vi, vt* pagar; (*Schuld*) satisfacer, liquidar; **Herr Ober, bitte ~!** camarero, ¡la cuenta, por favor!; **bar ~** pagar al contado; **mit einem Scheck ~** pagar con cheque; **kann ich in DM ~?** ¿puedo pagar en marcos alemanes?; **er zahlte mit einem Hunderter** pagó con un billete de cien; **lass mal, ich zahle!** ¡deja, ya pago yo!; **er zahlt die Miete/die Rechnung** paga el alquiler/la cuenta; **was habe ich zu ~?** ¿cuánto le debo?

zählen ['tsɛ:lən] **I.** *vi* contar; **bis zehn ~** contar hasta diez; **hier zählt nur die Leistung** aquí sólo cuenta el rendimiento; **das zählt nicht** eso no cuenta; **auf jdn/etw ~** contar con alguien/algo; **wir ~ fest auf seine Mitarbeit** contamos plenamente con su colaboración; **zu etw** *dat* ~ contarse [*o* figurar] entre algo; **er zählt zu den besten Stürmern der Liga** figura entre los mejores delanteros de la liga; **ich zähle mich zu seinen Freunden** me considero uno de sus amigos **II.** *vt* contar, hacer recuento; (*Bevölkerung*) hacer el censo; (*Stimmen bei Wahlen*) escrutar, hacer el escrutinio; **seine Tage sind gezählt** sus días están contados; **ich zähle die Stunden bis zu seiner Ankunft** cuento las horas (que faltan) para su llegada

Zahlenangabe *f* <-, -n> indicación *f* numérica; **Zahlenfolge** *f* <-, -n> serie *f* de números; **Zahlengedächtnis** *nt* <-ses, -se> memoria *f* para los números; **Zahlenkombination** *f* <-, -en> combinación *f;* **die ~ eines Tresors knacken** hacer saltar la combinación de una caja fuerte; **zahlenmäßig** *adj* numérico; ~ **überlegen** superior en número; ~ **nicht zu erfassen** no expresable en términos numéricos; **Zahlenmaterial** *nt* <-s, *ohne pl*> datos *mpl* numéricos; **Zahlenreihe** *f* <-, -n> *s.* Zahlenfolge; **Zahlenschloss**[RR] *nt* <-es, -schlösser> cerradura *f* de combinación; **Zahlenverhältnis** *nt* <-ses, -se> relación *f* numérica, proporción *f* (numérica)

Zahler(in) *m(f)* <-s, -; -, -nen> pagador(a) *m(f);* **pünktlicher/säumiger ~** pagador puntual/moroso

Zähler[1] *m* <-s, -> **1.** (*Zählwerk*) contador *m;* **den ~ ablesen** leer el contador **2.** (MATH) numerador *m*

Zähler(in)[2] *m(f)* <-s, -; -, -nen> contador(a) *m(f)*

Zählerablesung *f* <-, -en> lectura *f* de contadores; **die ~ vornehmen** realizar la lectura de contadores, leer los contadores

Zahlerin *f* <-, -nen> *s.* **Zahler**

Zählerin *f* <-, -nen> *s.* **Zähler²**

Zählerstand *m* <-(e)s, -stände> nivel *m* del contador; **den ~ ablesen** leer el contador

Zahlkarte *f* <-, -n> impreso *m* para giro postal

zahllos *adj* innumerable, incontable

Zahlmeister(in) *m(f)* <-s, -; -, -nen> pagador(a) *m(f)*; (NAUT) sobrecargo *mf*

zahlreich I. *adj* numeroso; (*häufig*) frecuente **II.** *adv* en gran número

Zahlstelle *f* <-, -n> (FIN) **1.** (*Kasse*) pagaduría *f*; (*Schalter*) contaduría *f* **2.** (FIN) domicilio *m*; **Zahltag** *m* <-(e)s, -e> fecha *f* de pago, día *m* de pago

Zahlung *f* <-, -en> pago *m*, abono *m*; (*Betrag*) importe *m*; **anteilige/avisierte/geleistete ~** pago proporcional/notificado/efectuado; **jdn zur ~ auffordern** requerir a alguien que efectúe un pago; **~ bei Eingang der Waren** el pago (se realizará) al recibir las mercancías; **etw in ~ nehmen** tomar algo como pago parcial; **etw in ~ geben** dar [*o* adjudicar] algo en pago, ofrecer algo como pago parcial; **eine ~ leisten** efectuar un pago

Zählung *f* <-, -en> acto *m* de contar, recuento *m*; (*Volks~*) censo *m*

Zahlungsabkommen *nt* <-s, -> (WIRTSCH) acuerdo *m* de pagos; **Zahlungsanweisung** *f* <-, -en> orden *f* de pago; **Zahlungsanzeige** *f* <-, -n> aviso *m* de pago; **Zahlungsart** *f* <-, -en> modalidad *f* de pago; **Zahlungsaufforderung** *f* <-, -en> requerimiento *m* de pago; **Zahlungsaufschub** *m* <-(e)s, -schübe> moratoria *f*; **jdm ~ gewähren** conceder una moratoria a alguien; **Zahlungsausgleich** *m* <-(e)s, -e> compensación *f* de pagos; **unbarer ~** compensación de pagos sin dinero en efectivo; **Zahlungsbedingungen** *fpl* (WIRTSCH) condiciones *fpl* de pago; **Zahlungsbefehl** *m* <-(e)s, -e> (JUR) mandamiento *m* de pago; **Zahlungsbeleg** *m* <-(e)s, -e> comprobante *m* de pago; **Zahlungsbilanz** *f* <-, -n> (WIRTSCH) balanza *f* de pagos; **Zahlungseingang** *m* <-(e)s, *ohne pl*> entrada *f* en caja; **Zahlungseinstellung** *f* <-, -en> suspensión *f* de pagos; **Zahlungsempfänger(in)** *m(f)* <-s, -; -, -nen> beneficiario, -a *m, f* de un pago; **Zahlungserinnerung** *f* <-, -en> recordatorio *m* de pago; **Zahlungserleichterung** *f* <-, -en> facilidad *f* de pago; **zahlungsfähig** *adj* solvente; **Zahlungsfähigkeit** *f* <-, *ohne pl*> solvencia *f*; **Zahlungsfrist** *f* <-, -en> plazo *m* de pago; **die ~ einhalten** observar el plazo de pago; **zahlungskräftig** *adj* (*fam*) adinerado

Zahlungsmittel *nt* <-s, -> medio *m* de pago; **gesetzliches ~** moneda de curso legal; **Zahlungsmittelumlauf** *m* <-(e)s, *ohne pl*> circulación *f* fiduciaria

Zahlungsnachweis *m* <-es, -e> comprobante *m* de pago; **zahlungspflichtig** *adj* obligado a pagar; **Zahlungsrückstand** *m* <-(e)s, -stände> retraso *m* en el pago; **Zahlungsschwierigkeiten** *fpl* dificultades *fpl* de pago; **Zahlungstermin** *m* <-(e)s, -e> fecha *f* de pago; **letzter ~** último plazo de pago; **zahlungsunfähig** *adj* insolvente; **Zahlungsunfähigkeit** *f* <-, *ohne pl*> insolvencia *f*; **zahlungsunwillig** *adj* no dispuesto a pagar; **sie ist ~** no está dispuesta a pagar; **Zahlungsverkehr** *m* <-(e)s, *ohne pl*> servicio *m* de pagos; **bargeldloser ~** servicio de pagos sin efectivo; **Zahlungsverpflichtung** *f* <-, -en> obligación *f* de pago; **seinen ~en nachkommen/nicht nachkommen** cumplir con/faltar a sus obligaciones de pago; **Zahlungsverzug** *m* <-(e)s, *ohne pl*> demora *f* en el pago; **in ~ geraten** retrasarse en el pago; **Zahlungsweise** *f* <-, -n> forma *f* de pago, modalidad *f* de pago; **Zahlungsziel** *nt* <-(e)s, -e> plazo *m* de pago, fecha *f* de pago; **ein ~ einräumen** conceder un plazo (en el pago); **offenes ~** vencimiento abierto, plazo de pago ilimitado

Zählwerk *nt* <-(e)s, -e> contador *m*

Zahlwort *nt* <-(e)s, -wörter> (LING) numeral *m*; **Zahlzeichen** *nt* <-s, -> cifra *f*

zahm [tsa:m] *adj* **1.** (*Tier*) manso; (*gezähmt*) domesticado **2.** (*fam: brav*) manso, bueno; (*mild*) suave

zähmbar *adj* domable, domesticable; **leicht/schwer ~** fácil/difícil de domesticar

zähmen ['tsɛ:mən] *vt* **1.** (*Tier*) domesticar, amansar **2.** (*geh: Ungeduld*) reprimir, refrenar

Zahmheit *f* <-, *ohne pl*> mansedumbre *f*

Zähmung *f* <-, -en> **1.** (*eines Tieres*) domesticación *f*, doma *f* **2.** (*geh: der Ungeduld*) refrenamiento *m*

Zahn [tsa:n, *pl:* 'tsɛ:nə] *m* <-(e)s, Zähne> diente *m*; (*Backen~*) muela *f*; **sich** *dat* **die Zähne putzen** cepillarse los dientes; **sie bekommt Zähne** le están saliendo los dientes; **die dritten Zähne** la dentadura postiza; **ein steiler ~** (*fam*) una buena moza; **der ~ der Zeit** (*fam*) los estragos del tiempo; **jdm einen ~ ziehen** (*fam fig*) desilusionar a alguien; **den ~ kannst du dir ziehen lassen!** (*fam*) ¡quítatelo de la cabeza!; **Haare auf den Zähnen haben** ser un sargento de caballería; **jdm die Zähne zeigen** (*fam*) enseñar los dientes a alguien; **jdm auf den ~ fühlen** (*fam*) tomar el pulso a alguien; **bis an die Zähne bewaffnet sein** estar armado hasta los dientes; **sich** *dat* **die Zähne an etw** *dat* **ausbeißen** (*fam*) romperse los dientes con algo, dejarse la piel en algo; **mit den Zähnen klappern/knirschen** castañetear/rechinar los dientes; **einen irren** [*o* **ganz schönen**] **~ drauf haben** (*fam: schnell fahren*) conducir a toda pastilla; (*schnell arbeiten*) trabajar a gran velocidad; **einen ~ zulegen** (*fam: schneller fahren*) conducir más rápido; (*sich beeilen*) darse prisa

Zahnarzt, -ärztin *m, f* <-es, -ärzte; -, -nen> dentista *mf*, odontólogo, -a *m, f*;

Zahnarztbesuch *m* <-(e)s, -e> visita *f* al dentista; **Zahnarzthelfer(in)** *m(f)* <-s, -; -, -nen> ayudante *mf* del dentista

Zahnärztin *f* <-, -nen> *s.* Zahnarzt; **zahnärztlich** *adj* odontológico; **sich ~ behandeln lassen** ponerse en tratamiento odontológico; **Zahnausfall** *m* <-(e)s, *ohne pl*> caída *f* de los dientes; **Zahnbehandlung** *f* <-, -en> tratamiento *m* odontológico; **Zahnbein** *nt* <-(e)s, *ohne pl*> (BIOL) dentina *f;* **Zahnbelag** *m* <-(e)s, -läge> sarro *m,* tártaro *m;* **Zahnbürste** *f* <-, -n> cepillo *m* de dientes; **Zahncreme** *f* <-, -s> *s.* **Zahnpasta**

Zähnefletschen [-flɛtʃən] *nt* <-s, *ohne pl*> rechinar *m* (de dientes); **unter ~** a regañadientes; **zähnefletschend I.** *adj* que regaña los dientes **II.** *adv* regañando los dientes

Zähneklappern *nt* <-s, *ohne pl*> castañeteo *m* de dientes; **zähneklappernd I.** *adj* castañeteando (con los dientes); **er sah einen ~en Bettler** vio un mendigo al que le castañeteaban los dientes **II.** *adv* castañeteando (con los dientes); **~ saßen sie um das Feuer** estaban sentados en torno al fuego castañeteándoles los dientes

Zähneknirschen *nt* <-s, *ohne pl*> crujir *m* de dientes, rechinar *m* de dientes; **lass das ~, Kind!** ¡niño, deja ya de rechinar los dientes!; **unter ~** (*fig*) de mala gana; **zähneknirschend** *adv* rechinando los dientes; (*unwillig*) a regañadientes, refunfuñando; **sich ~ fügen** obedecer a regañadientes

zahnen ['tsa:nən] *vi* echar los dientes; **der Kleine zahnt** el niño está echando los dientes, le están saliendo los dientes al chico

Zahnersatz *m* <-es, *ohne pl*> diente *m* postizo; (*Gebiss*) dentadura *f* postiza; **Zahnfäule** *f* <-, *ohne pl*> caries *f inv;* **Zahnfehlstellung** *f* <-, -en> postura *f* viciada de los dientes

Zahnfleisch *nt* <-(e)s, *ohne pl*> encía(s) *f(pl);* **auf dem ~ kriechen** (*fam: pleite sein*) estar en la ruina, no tener un duro; (*erschöpft sein*) estar hecho polvo [*o* trizas]; **Zahnfleischbluten** *nt* <-s, *ohne pl*>: **ich habe ~** me sangran las encías; **Zahnfleischentzündung** *f* <-, -en> (MED) inflamación *f* de las encías, gingivitis *f inv*

Zahnfüllung *f* <-, -en> (MED) empaste *m;* **Zahngold** *nt* <-(e)s, *ohne pl*> (MED) oro *m* dentario; **Zahnhals** *m* <-es, -hälse> (ANAT) cuello *m* del diente; **Zahnheilkunde** *f* <-, *ohne pl*> odontología *f;* **Zahnklammer** *f* <-, -n> *s.* Zahnspange; **Zahnklinik** *f* <-, -en> clínica *f* dental; **Zahnkranz** *m* <-es, -kränze> (TECH) corona *f* dentada; **Zahnlaut** *m* <-(e)s, -e> (LING) (sonido *m*) dental *f;* **zahnlos** *adj* sin dientes, desdentado; **Zahnlücke** *f* <-, -n> mella *f* en la dentadura; **Zahnmedizin** *f* <-, *ohne pl*> odontología *f;* **Zahnnerv** *m* <-s, -en> nervio *m* dental; **Zahnpasta** ['tsa:npasta] *f* <-, -pasten> pasta *f* dentífrica, dentífrico *m,* pasta *f* de dientes *fam;* **Zahnpflege** *f* <-, *ohne pl*> higiene *f* dental; **Zahnprothese** *f* <-, -n> dentadura *f* postiza, prótesis *f inv* dental

Zahnputzglas *nt* <-es, -gläser> vaso *m* para el cepillo de dientes

Zahnrad *nt* <-(e)s, -räder> (TECH) rueda *f* dentada; **Zahnradbahn** *f* <-, -en> (TECH) ferrocarril *m* de cremallera

Zahnschmelz *m* <-es, -e> esmalte *m* dental

Zahnschmerz *m* <-es, -en> dolor *m* de muelas; **Zahnschmerzmittel** *nt* <-s, -> remedio *m* contra el dolor de muelas

Zahnseide *f* <-, -n> seda *f* dental; **Zahnspange** *f* <-, -n> aparato *m* ortodóncico [*o* de ortodoncia]; **Zahnstange** *f* <-, -n> (TECH) cremallera *f;* **Zahnstein** *m* <-(e)s, *ohne pl*> placa *f* (bacteriana); **Zahnstocher** [-ʃtɔxɐ] *m* <-s, -> palillo *m,* pajuela *f Bol, Kol;* **Zahnstummel** *m* <-s, ->, **Zahnstumpf** *m* <-(e)s, -stümpfe> raigón *m;* **Zahntechniker(in)** *m(f)* <-s, -; -, -nen> mecánico, -a *m, f* dentista; **Zahnversiegelung** *f* <-, -en> (MED) sellado *m* dental; **Zahnwal** *m* <-(e)s, -e> ballena *f* dentada; **Zahnweh** *nt* <-s, *ohne pl*> (*fam*) dolor *m* de muelas; **Zahnwurzel** *f* <-, -n> (ANAT) raíz *f* del diente

Zaire [za'i:ɐ] *nt* <-s> Zaire *m*

Zampano [tsam'pa:no] *m* <-s, -s> bravucón *m,* fanfarrón *m*

Zander ['tsandɐ] *m* <-s, -> lucio *m*

Zange ['tsaŋə] *f* <-, -n> **1.** (*Werkzeug*) tenaza(s) *f(pl);* (*Geburts~*) fórceps *m inv;* **jdn in die ~ nehmen** (*fam*) apretar las clavijas a alguien; **jdn in der ~ haben** (*fam*) tener a alguien en un puño; **etw nicht mit der ~ anfassen mögen** (*fam*) no querer coger algo ni con pinzas **2.** (*fam: von Tieren*) pinzas *fpl*

zangenförmig [-fœrmɪç] *adj* en forma de tenaza

Zangengeburt *f* <-, -en> parto *m* con fórceps

Zank [tsaŋk] *m* <-(e)s, *ohne pl*> disputa *f;* (*Streit*) riña *f;* **Zankapfel** *m* <-s, -äpfel> manzana *f* de la discordia, objeto *m* de controversia

zanken ['tsaŋkən] *vi, vr* pelearse; **sich mit jdm um etw ~** pelearse con alguien por algo; **sie zankt sich mit ihrem Bruder um das Buch** se pelea con su hermano por el libro

Zänkerei [tsɛŋkə'raɪ] *f* <-, -en> pelea *f,* riña *f*

zänkisch ['tsɛŋkɪʃ] *adj* pendenciero, camorrista

Zanksucht *f* <-, *ohne pl*> (*abw*) afán *m* de pelear; **zanksüchtig** *adj* pendenciero

Zapatist(in) *m(f)* <-en, -en; -, -nen> (POL) zapatista *mf*

zapatistisch *adj* zapatista; **Nationale Z~e Befreiungsarmee** Ejército Zapatista de Liberación Nacional, guerrilla zapatista

Zäpfchen ['tsɛpfçən] *nt* <-s, -> **1.** (ANAT) úvula *f,* campanilla *f* **2.** (*Medikament*) supositorio *m*

zapfen ['tsapfən] *vt* sacar (del tonel o barril); **Wein** ~ sacar vino del barril; **Benzin** ~ sacar gasolina del surtidor; **gezapftes Bier** cerveza de barril; **jdm Bier** ~ servir cerveza de barril a alguien

Zapfen ['tsapfən] *m* <-s, -> **1.** (BOT) piña *f* **2.** (*Stöpsel*) tapón *m* **3.** (TECH: *in der Holzverarbeitung*) mecha *f;* (*an einer Welle, Achse*) perno *m*

Zapfenstreich *m* <-(e)s, -e> (MIL) toque *m* de retreta; **jetzt ist aber ~!** (*fam*) ¡ya está bien!, ¡se acabó (lo que se daba)!

zapfentragend *adj* (BOT) conífero

Zapfenzieher *m* <-s, -> (*Schweiz*) sacacorchos *m inv*

Zapfgeschwindigkeit *f* <-, -en> velocidad *f* del suministro; **Zapfhahn** *m* <-(e)s, -hähne> espita *f,* canilla *f;* **Zapfpistole** *f* <-, -n> pistola *f* del surtidor; **Zapfsäule** *f* <-, -n> surtidor *m* de gasolina; **Zapfventil** *nt* <-s, -e> válvula *f* del surtidor

zapp(e)lig ['tsap(ə)lɪç] *adj* (*fam*) inquieto, nervioso; **vor Neugier ganz ~ sein** estar muerto de curiosidad

zappeln ['tsapəln] *vi* agitarse, moverse; (*mit den Beinen*) patalear (*mit*); (*unruhig sein*) no parar quieto; **das Kind zappelte mit Armen und Beinen** el niño no paraba quieto; **jdn ~ lassen** (*fam*) tener a alguien en vilo

Zappelphilipp ['tsapəlfɪlɪp] *m* <-s, -s *o* -e> (*fam abw*) zarandillo *m*

zappen ['tsapən] *vi* (TV: *sl*) hacer zap(p)ing

zappenduster ['tsapən'du:stɐ] *adj* (*fam*) oscuro como la boca del lobo, muy oscuro; **mit etw** *dat* **ist es ~** (*hoffnungslos*) algo no tiene remedio; (*schlecht bestellt*) algo tiene mal color [*o* está muy negro]

Zapping ['tsapɪŋ] *nt* <-s, *ohne pl*> (TV: *sl*) zapping *m,* zapeo *m*

zapplig *adj s.* **zapp(e)lig**

Zar(in) [tsa:ɐ] *m(f)* <-en, -en; -, -nen> zar *m,* zarina *f*

Zarge ['tsargə] *f* <-, -n> bastidor *m,* marco *m*

Zarin ['tsa:rɪn] *f* <-, -nen> *s.* **Zar**

zart [tsa:ɐt] *adj* **1.** (*Fleisch, Gemüse*) tierno; **im ~en Alter von …** (*geh*) en la tierna edad de… **2.** (*fein*) fino; (*zerbrechlich*) frágil; (*empfindlich*) sensible; (*Haut, Gesundheit*) delicado **3.** (*Farbe, Klang, Berührung*) suave **4.** (*~fühlend*) tierno, delicado; **zartbesaitet** ['-'--] *adj* sensible; **sie ist eher ~** es un poco sensible [*o* impresionable]

zartbitter ['-'--] *adj:* **~e Schokolade** chocolate amargo [*o* sin leche] extrafino; **Zartbitterschokolade** *f* <-, -n> chocolate *m* amargo [*o* sin leche] extrafino

zartfühlend *adj* delicado, tierno; **Zartgefühl** *nt* <-(e)s, *ohne pl*> delicadeza *f;* (*Taktgefühl*) tacto *m* (fino)

zartglied(e)rig ['tsa:ɐtgli:d(ə)rɪç] *adj* (*fein*) grácil; (*zerbrechlich*) delicado

zartgrün ['-'-] *adj* verde pálido

Zartheit *f* <-, *ohne pl*> delicadeza *f*

zärtlich ['tsɛ:ɐtlɪç] **I.** *adj* cariñoso, afectuoso; **sie wurden ~ (miteinander)** se pusieron cariñosos, comenzaron a acariciarse **II.** *adv* con cariño

Zärtlichkeit¹ *f* <-, *ohne pl*> (*Zuneigung*) ternura *f,* cariño *m*

Zärtlichkeit² *f* <-, -en> (*Liebkosung*) caricia *f;* **~en austauschen** acariciarse; **jdm ~en ins Ohr flüstern** susurrar a alguien cariñitos al oído

ZAST [tsɛtʔa:ʔɛs'te:] *f* <-> *Abk. von* **Zinsabschlagsteuer** impuesto *m* sobre el interés

Zaster ['tsastɐ] *m* <-s, *ohne pl*> (*fam*) pasta *f* (gansa), guita *f*

Zäsur [tsɛ'zu:ɐ] *f* <-, -en> (*geh a.* LIT, MUS) cesura *f*

Zauber ['tsaʊbɐ] *m* <-s, *ohne pl*> **1.** (*~handlung, ~bann*) hechizo *m,* hechicería *f;* **fauler ~** (*fam abw*) embuste *m;* **schließlich flog der ganze ~ auf** (*fam*) al final se descubrió el pastel **2.** (*~kraft*) magia *f* **3.** (*Faszination, Reiz*) encanto *m*

Zauberei¹ [tsaʊbə'raɪ] *f* <-, *ohne pl*> (*Magie*) magia *f,* hechicería *f;* **an ~ grenzen** parecer cosa de brujería

Zauberei² *f* <-, -en> (*Kunststück*) hechicería *f,* truco *m* de prestidigitación

Zauberer, -in ['tsaʊbərɐ] *m, f* <-s, -; -, -nen> hechicero, -a *m, f;* (*Zauberkünstler*) mago, -a *m, f*

Zauberflöte *f* <-, -n> flauta *f* mágica; **Zauberformel** *f* <-, -n> conjuro *m,* fórmula *f* mágica

zauberhaft *adj* encantador

Zauberhand *f:* **wie von [*o* durch] ~** (como) por arte de magia, (como) por ensalmo

Zauberin *f* <-, -nen> *s.* **Zauberer**

Zauberkunst¹ *f* <-, *ohne pl*> (*Magie*) (arte *m* de) magia *f,* prestidigitación *f*

Zauberkunst² *f* <-, -künste> (*magische Fähigkeit*) hechicería *f,* hechizo *m*

Zauberkünstler(in) *m(f)* <-s, -; -, -nen> mago, -a *m, f;* (*Illusionist*) ilusionista *mf,* prestidigitador(a) *m(f);* **Zauberkunststück** *nt* <-(e)s, -e> juego *m* de manos, truco *m* de prestidigitación

Zauberlandschaft *f* <-, -en> paisaje *m* encantado

zaubern ['tsaʊbɐn] **I.** *vi* **1.** (*Magie betreiben*) practicar la magia; **ich kann doch nicht ~** (*fam*) no puedo hacer milagros **2.** (*als Zauberkünstler*) hacer juegos de prestidigitación **II.** *vt* **1.** (*herbei~*) hacer aparecer por arte de magia; **er zauberte ein Kaninchen aus dem Hut** hizo aparecer un conejo del sombrero por arte de magia **2.** (*kunstvoll herstellen*) hacer algo con mucho primor; **aus wenigen Zutaten ein wundervolles Gericht ~** cocinar un plato extraordinario con tan sólo pocos ingredientes; **wunderbare Melodien aus**

der Klarinette ~ extraer del clarinete melodías encantadoras

Zauberspruch *m* <-(e)s, -sprüche> dicho *m* mágico, conjuro *m*, payé *m CSur;* **Zauberstab** *m* <-(e)s, -stäbe> varita *f* mágica; **Zaubertrank** *m* <-(e)s, -tränke> filtro *m* mágico, bebedizo *m;* **Zaubertrick** *m* <-(e)s, -s> obra *f* de magia; **Zauberwort** *nt* <-(e)s, -e> palabra *f* mágica

Zauderer, -in *m, f* <-s, -; -, -nen> irresoluto, -a *m, f*

zaudern ['tsaʊdɐn] *vi* vacilar, titubear, trepidar *Am;* **ohne zu** ~ sin vacilar

Zaudrer(in) *m(f)* <-s, -; -, -nen> irresoluto, -a *m, f*

Zaum [tsaʊm, *pl:* 'tsɔɪmə] *m* <-(e)s, Zäume> brida *f;* **jdn im ~ halten** atar corto a alguien; **sich im ~ halten** contenerse

zäumen ['tsɔɪmən] *vt* embridar, poner las bridas

Zaumzeug *nt* <-(e)s, -e> brida *f*

Zaun [tsaʊn, *pl:* 'tsɔɪnə] *m* <-(e)s, Zäune> cerca *f*, valla *f;* **einen Streit vom ~ brechen** buscar camorra; **Zaungast** *m* <-(e)s, -gäste> espectador(a) *m(f)* de gorra, mirón, -ona *m, f*, mosquetero, -a *m, f Arg, Bol;* **ich war nur** ~ estuve sólo de mirón; **Zaunkönig** *m* <-s, -e> reyezuelo *m;* **Zaunlatte** *f* <-, -n> ripia *f*, tabla *f* de (una) cerca; **Zaunpfahl** *m* <-(e)s, -pfähle> estaca *f;* **jdm einen Wink mit dem ~ geben** (*fam*) lanzar(le) a alguien una indirecta

zausen ['tsaʊzən] **I.** *vi* tirar levemente (*an/in* de); **im Fell/an den Ohren der Katze** ~ tirar al gato levemente del pelo/de las orejas **II.** *vt* (*Haare, Fell*) desgreñar

z. B. *Abk. von* **zum Beispiel** p.ej.

ZDF [tsɛtde:'ʔɛf] *nt* <-(s)> *Abk. von* **Zweites Deutsches Fernsehen** segundo canal *m* de la televisión pública alemana

Zebra ['tse:bra] *nt* <-s, -s> cebra *f;* **Zebrastreifen** *m* <-s, -> paso *m* (de) cebra

Zebu ['tse:bu] *nt* <-s, -s> (ZOOL) cebú *m*

Zeche ['tsɛçə] *f* <-, -n> **1.** (*Bergwerk*) mina *f* **2.** (*Rechnung*) cuenta *f;* **die ~ prellen** (*fam*) irse sin pagar; **die ~ bezahlen müssen** (*fam*) tener que asumir las consecuencias

zechen ['tsɛçən] *vi* (*fam*) empinar el codo, darle a la botella

Zecher(in) *m(f)* <-s, -; -, -nen> borrachín, -ina *m, f*

Zechgelage *nt* <-s, -> bacanal *f;* **Zechkumpan(in)** *m(f)* <-s, -e; -, -nen> (*fam*) compañero, -a *m, f* de copeo; **Zechpreller(in)** *m(f)* <-s, -; -, -nen> cliente *mf* que se marcha de un local sin pagar; **Zechprellerei** *f* <-, -en> marcharse *m* de un local sin pagar; (JUR) estafa *f* de consumición; **Zechprellerin** *f* <-, -nen> *s.* **Zechpreller**

Zeck [tsɛk] *m* <-(e)s, -en> (*Österr*), **Zecke** ['tsɛkə] *f* <-, -n> (ZOOL) garrapata *f;* **Zeckenbiss**[RR] *m* <-es, -e> picadura *f* de garrapata; **Zeckenimpfung** *f* <-, -en> vacuna *f* contra las garrapatas

Zeder ['tse:dɐ] *f* <-, -n> (BOT) cedro *m;* **Zedernholz** *nt* <-es, *ohne pl*> (madera *f* de) cedro *m*

Zeh [tse:] *m* <-s, -en> dedo *m* del pie

Zehe ['tse:ə] *f* <-, -n> **1.** (*Körperteil*) dedo *m* del pie; **die große** ~ el dedo gordo del pie; **sich auf die ~n stellen** ponerse de puntillas; **jdm auf die ~n treten** (*fam*) ofender a alguien **2.** (*Knoblauch~*) diente *m;* **eine ~ Knoblauch** un diente de ajo

Zehennagel *m* <-s, -nägel> uña *f* (del dedo) del pie; **Zehenspitze** *f* <-, -n> punta *f* del pie; **auf ~n gehen** ir de puntillas; **sich auf die ~n stellen** ponerse de puntillas

zehn [tse:n] *adj inv* diez; **ungefähr** ~ una decena; *s. a.* **acht**

Zehn *f* <-, -en> diez *m*

zehnbändig *adj* de [*o* en] diez tomos; **ein ~es Lexikon** una enciclopedia de [*o* en] diez tomos

Zehner *m* <-s, -> **1.** (*fam: Münze*) moneda *f* de diez pfennig; (*Geldschein*) billete *m* de diez marcos **2.** (*einer mehrstelligen Zahl*) decena *f*

Zehnerkarte *f* <-, -n> (*Bus, Bahn*) bono *m* de diez viajes; (*Schwimmbad*) abono *m* para diez visitas

zehnerlei ['--'-] *adj inv* de diez clases [*o* formas] diferentes, diez clases (diferentes) de; *s. a.* **achterlei**

Zehnerpackung *f* <-, -en> caja *f* de diez unidades

Zehnerstelle *f* <-, -n> (MATH) decena *f*

zehnfach **I.** *adj* diez veces más, por diez; **das Z~e** el décuplo **II.** *adv* diez veces; *s. a.* **achtfach**

Zehnfingersystem [-'---] *nt* <-s, *ohne pl*> (sistema *m* de) escritura *f* con todos los dedos

zehnjährig *adj* (*zehn Jahre alt*) de diez años; (*zehn Jahre dauernd*) de diez años de duración; *s. a.* **achtjährig**

Zehnjährige(r) *mf* <-n, -n; -n, -n> niño, -a *m, f* de diez años

Zehnkampf *m* <-(e)s, -kämpfe> (SPORT) decatlón *m;* **Zehnkämpfer(in)** *m(f)* <-s, -; -, -nen> (SPORT) atleta *mf* de decatlón, decatleta *mf*

zehnmal *adv* diez veces; *s. a.* **achtmal**

Zehnmarkschein ['-'--] *m* <-(e)s, -e> billete *m* de diez marcos

Zehnmeterbrett *nt* <-(e)s, -er> (SPORT) trampolín *m* de diez metros

Zehnpfennigstück *nt* <-(e)s, -e> moneda *f* de diez pfennig

zehnt: **zu** ~ de a diez, de diez en diez; *s. a.* **acht**[2]

zehntausend *adj inv* diez mil; **die oberen** ~ la flor y nata de la sociedad; *s. a.* **achttausend**

zehnte(r, s) ['tse:ntə, -tɐ, -təs] *adj* décimo; *s. a.* **achte(r, s)**

zehntel ['tse:ntəl] *adj inv* décimo; *s. a.* **achtel**

Zehntel ['tse:ntəl] *nt* <-s, -> décimo, -a *m, f*,

décima parte *f; s. a.* **Achtel**

zehntens ['tse:ntəns] *adv* en décimo lugar; (*bei einer Aufzählung*) décimo; *s. a.* **achtens**

zehren ['tse:rən] *vi* consumir; (*schwächen*) enflaquecer, debilitar; **von etw** *dat* ~ alimentarse de algo, vivir de algo; **an etw** *dat* ~ consumir algo; **das lange Warten zehrte an unseren Nerven** la larga espera nos consumía los nervios

Zeichen ['tsaɪçən] *nt* <-s, -> **1.** (*a.* ASTR, LING, MUS) signo *m;* (*Symbol*) símbolo *m;* (*Ab~*) distintivo *m;* (*Akten~*) referencia *f;* (*Waren~*) marca *f;* **es ist ein ~ unserer Zeit** es un signo de nuestro tiempo; **die ~ der Zeit erkennen** reconocer los signos de la época; **unser/Ihr ~** nuestra/su referencia; **sie ist im ~ des Löwen geboren** nació bajo el signo de Leo **2.** (*Signal*) señal *f;* (*mit der Hand*) seña *f;* (*Beweis*) prueba *f;* **das ~ zum Aufbruch geben** dar la señal para irse; **jdm ein ~ geben** hacer una seña a alguien; **ein ~ setzen** sentar un precedente; **zum ~, dass ...** en señal de...; **das ist kein gutes ~** ésa no es buena señal; **die ~ stehen auf Sturm** parece que hay tormenta [*o* bronca]; **zum** [*o* **als**] **~ der Versöhnung** como prueba de reconciliación **3.** (*An~*) indicio *m;* (MED) síntoma *m;* **das ist ein ~ von Müdigkeit** eso es un síntoma de agotamiento; **wenn nicht alle ~ trügen** según todos los indicios; **es geschehen noch ~ und Wunder!** ¡todavía se producen milagros!

Zeichenblock *m* <-(e)s, -s *o* -blöcke> bloc *m* de dibujo; **Zeichenbrett** *nt* <-(e)s, -er> tablero *m* de dibujo; **Zeichendreieck** *nt* <-s, -e> escuadra *f* (de dibujar); **Zeichenerkennung** *f* <-, *ohne pl*> (INFOR) reconocimiento *m* de caracteres; **optische ~** reconocimiento óptico de caracteres; **Zeichenerklärung** *f* <-, -en> explicación *f* de signos, leyenda *f;* **Zeichenfeder** *f* <-, -n> pluma *f* de dibujo; **Zeichenfolge** *f* <-, -n> (INFOR) secuencia *f* de caracteres, cadena *f* de caracteres; **Zeichenkunst** *f* <-, -künste> arte *m* de dibujar; **seine Zeichenkünste lassen zu wünschen übrig** sus dibujos dejan bastante que desear; **Zeichenlehrer(in)** *m(f)* <-s, -; -, -nen> profesor(a) *m(f)* de dibujo; **zeichenorientiert** *adj* (INFOR) orientado a caracteres; **Zeichenpapier** *nt* <-s, *ohne pl*> papel *m* de dibujo; **Zeichensaal** *m* <-(e)s, -säle> sala *f* de dibujo

Zeichensatz *m* <-es, -sätze> (INFOR) conjunto *m* de caracteres; **Zeichensetzung** *f* <-, *ohne pl*> puntuación *f;* **Zeichensprache** *f* <-, -n> lenguaje *m* por señas

Zeichenstift *m* <-(e)s, -e> lapicero *m;* **Zeichenstunde** *f* <-, -n> clase *f* de dibujo; **Zeichentisch** *m* <-(e)s, -e> mesa *f* de dibujo; **Zeichentrickfilm** *m* <-(e)s, -e> (película *f* de) dibujos *mpl* animados, caricaturas *fpl Mex;* **Zeichenunterricht** *m* <-(e)s, *ohne pl*> clase *f* de dibujo

zeichnen ['tsaɪçnən] **I.** *vt* **1.** (*malen*) dibujar; (*skizzieren*) esbozar; **etw in Umrissen ~** trazar algo a grandes rasgos; **technisches Z~** dibujo técnico **2.** (*kenn~*) marcar **3.** (*fig: Spuren hinterlassen*) marcar; **die Landschaft war vom Tagebau gezeichnet** la comarca estaba marcada por la explotación a cielo abierto **4.** (*unterschreiben*) firmar; **Aktien ~** suscribir acciones **II.** *vi* dibujar; **für etw ~** asumir la responsabilidad de algo; **gezeichnet Müller** firmado Müller; **an etw** *dat* **~** dibujar algo; **er hat den ganzen Tag an der Skizze gezeichnet** se ha pasado el día dibujando el croquis

Zeichner(in) *m(f)* <-s, -; -, -nen> **1.** (*Maler*) dibujante *mf;* **technischer ~/technische ~in** delineante *mf* **2.** (WIRTSCH) su(b)scriptor(a) *m(f)*

zeichnerisch *adj* gráfico, de dibujo; **etw ~ darstellen** representar algo gráficamente

Zeichnung *f* <-, -en> **1.** (*Darstellung*) dibujo *m;* **eine ~ von jdm/etw** *dat* **anfertigen** hacer un dibujo de alguien/algo **2.** (COM) su(b)scripción *f*

zeichnungsberechtigt *adj* (COM) autorizado para firmar; **Zeichnungsberechtigte(r)** *mf* <-n, -n; -n, -n> (COM) persona *f* autorizada para firmar; **Zeichnungsfrist** *f* <-, -en> (FIN) plazo *m* de su(b)scripción; **Zeichnungsvollmacht** *f* <-, -en> poder *m* de firma

Zeigefinger *m* <-s, -> (dedo *m*) índice *m;* **mit dem ~ auf jdn deuten** señalar a alguien con el dedo

zeigen ['tsaɪgən] **I.** *vt* **1.** (*allgemein*) mostrar, enseñar; (*vorführen*) exhibir; (*Film*) proyectar, poner, echar *fam;* **jdm etw ~** mostrar algo a alguien; **ich zeige dir, wie man das macht** te voy a enseñar cómo se hace; **im Kino ~ sie den neuen Film von ...** en el cine ponen la nueva película de...; **dir werd' ich's ~!** (*fam*) ¡ya te enseñaré (yo)!; **dem hab ich's gezeigt!** (*fam*) ¡le he dado una buena lección! **2.** (*an~*) indicar, marcar; **das Thermometer zeigt zwei Grad** el termómetro marca dos grados **3.** (*an den Tag legen*) mostrar, manifestar; **sie zeigte ihm, was sie von ihm hielt** no le ocultó lo que pensaba de él **4.** (*beweisen*) demostrar, poner de manifiesto; **der Versuch zeigt, dass ...** el experimento ha demostrado que...; **hier kann er ~, was er gelernt hat** aquí puede demostrar lo que ha aprendido; **nun zeig mal, was du kannst!** (*fam*) ¡demuestra de lo que eres capaz! **II.** *vi* señalar (*nach* hacia); **auf etw/jdn ~** señalar algo/a alguien; **sie zeigt nach rechts** señala hacia la derecha; **die Leute ~ schon mit dem Finger auf dich** la gente ya te señala con el dedo; **zeig mal!** ¡déjame ver! **III.** *vr:* **sich ~ 1.** (*allgemein*) mostrarse; (*sich sehen lassen*) dejarse ver; **sie zeigte sich besorgt über die rasche Entwicklung der Krankheit** se mostró preocupada por el rápido desarrollo de la enfermedad; **wie kann ich**

mich Ihnen erkenntlich ~? ¿cómo puedo mostrarle mi agradecimiento?; **er zeigt sich heute von seiner besten Seite** hoy muestra su lado bueno; **mit ihm kann man sich überall ~** se puede ir con él a todos los sitios; **die Mannschaft zeigte sich wieder in ihrer alten Form** el equipo se mostró de nuevo como en los viejos tiempos **2.** (*sich herausstellen*) verse, demostrarse; (*zum Vorschein kommen*) aparecer; **ob ich Recht habe, wird sich ~** ya veremos si tengo razón; **das wird sich ~** eso ya se verá; **er hat sich stets als guter Freund gezeigt** siempre ha dado muestras de ser un buen amigo; **am Himmel ~ sich die ersten Sterne** las primeras estrellas aparecen en el cielo

Zeiger *m* <-s, -> indicador *m;* (*Uhr~*) aguja *f,* manecilla *f;* **der große ~** la aguja de las horas; **der kleine ~** la aguja de los minutos, el minutero

Zeigestab *m* <-(e)s, -stäbe>, **Zeigestock** *m* <-(e)s, -stöcke> puntero *m*

Zeile ['tsaɪlə] *f* <-, -n> **1.** (*Text~*) línea *f,* renglón *m;* **jdm ein paar ~n schreiben** poner(le) a alguien unas letras; **neue ~** (*beim Diktat*) punto y aparte; **er hat das mit keiner ~ angedeutet** no ha dado a entender eso para nada; **zwischen den ~n lesen** leer entre líneas; **ein Buch bis zur letzten ~ verschlingen** tragarse un libro de principio a fin [*o* de arriba a abajo] **2.** (*Reihe*) fila *f;* **Zeilenabstand** *m* <-(e)s, -stände> interlínea *f,* espacio *m* interlineal; **Zeilenende** *nt* <-s, -n> final *f* de línea [*o* de renglón]; **Zeilenhonorar** *nt* <-s, -e> pago *m* por línea, remuneración *f* por línea; **Zeilenlänge** *f* <-, -n> longitud *f* de la línea; **Zeilenschaltung** *f* <-, -en> (INFOR) intercalación *f* de líneas; **Zeilenvorschub** *m* <-(e)s, -schübe> (INFOR) avance *m* de líneas

Zeisig ['tsaɪzɪç] *m* <-s, -e> (ZOOL) chamariz *m*

zeit [tsaɪt] *präp +gen:* **~ meines/seines Lebens** durante toda mi/su vida

Zeit [tsaɪt] *f* <-, -en> (*a.* LING, SPORT) tiempo *m;* (*~punkt*) hora *f,* momento *m;* (*~raum*) período *m;* (*~alter*) época *f,* era *f;* (*Uhr~*) hora *f;* (*Jahres~*) estación *f;* **seit einiger/geraumer ~** desde hace algún/bastante tiempo; **zu gegebener ~ werden wir darauf zurückkommen** lo tendremos en cuenta cuando llegue el momento apropiado; **zu jeder ~** a cualquier hora, en cualquier momento; **eine ~ lang** durante algún tiempo; (*eine Weile*) un rato; **seit dieser ~** desde entonces; **kurze ~ warten** esperar un momento; **nach kurzer ~** después de unos minutos; **(keine) ~ haben** (no) tener tiempo (*für* para); **auf ~ kaufen** (WIRTSCH) comprar a plazos; **auf ~ spielen** (SPORT) competir por tiempo; **wir wollen keine ~ verlieren** no queremos perder tiempo; **wir haben noch fünf Minuten ~, bis ...** aún tenemos cinco minutos hasta que... *+subj;* **eine Stunde ist doch keine ~ (dafür)!** ¡una hora no es suficiente (para eso)!; **sich an die verabredete ~ halten** atenerse a la hora acordada, ser puntual; **wo warst du denn die ganze ~?** ¿dónde has estado todo el tiempo?; **er hat die ganze ~ gemalt** ha estado todo el tiempo pintando; **die ~ wurde mir zu lang** el tiempo se me hizo muy largo; **die ~ arbeitet für uns** el tiempo está de nuestra parte; **die ~ drängt** no hay tiempo que perder; **~ gewinnen** [*o* **schinden**] ganar tiempo; **sich** *dat* **(mit etw** *dat***) ~ lassen** tomarse el tiempo necesario (para algo); **jdm die ~ stehlen** (*fam*) robarle [*o* hacer perder] el tiempo a alguien; **die ~ totschlagen** (*fam*) matar el tiempo; **jdm/sich** *dat* **mit etw** *dat* **die ~ vertreiben** entretener a alguien/entretenerse con algo; **das hat ~** eso no corre prisa; **die ~ ist um** ya ha pasado el tiempo; **auf ~** a plazo; **es wird (allmählich) ~** (ya) va siendo hora; **es ist an der ~ (zu gehen)** ha llegado la hora (de ir); **es ist höchste ~ (, etw zu tun)** ya va siendo hora (de hacer algo); **morgen um diese ~** mañana a esta hora; **hast du die genaue ~?** ¿tienes la hora exacta?; **in der ~ von 10 bis 12 (Uhr)** entre las 10 y las 12 (horas); **um 12 Uhr mitteleuropäischer ~** a las doce horas, hora europea; **zu keiner ~** en ningún momento; **ein Politiker dieser ~** un político de este tiempo; **seiner ~ voraus sein** estar por delante de su época; **der größte Schwindler aller ~en** el mayor estafador de todos los tiempos; **zur ~** actualmente; **es ist nur eine Frage der ~** es sólo cuestión de tiempo; **zur rechten ~** en el momento oportuno; **alles zu seiner ~!** ¡cada cosa a su tiempo!; **von ~ zu ~** de vez en cuando; **eine gute ~ laufen** (SPORT) conseguir un buen tiempo; **die ~ überschreiten** pasar el plazo; **auf bestimmte ~** por cierto tiempo; **auf unbestimmte ~** por tiempo indefinido; **im Laufe der ~** en el transcurso del tiempo; **jdn nach ~ bezahlen** pagar a alguien por horas; **die heutige ~** los tiempos actuales; **die gute alte ~** los (buenos) viejos tiempos; **das waren noch ~en!** ¡qué tiempos aquellos!; **in früheren** [*o* **vergangenen**] **~en** en tiempos pasados; **zur ~, als ...** en tiempos de...; **in letzter ~** últimamente; **in nächster ~** en un futuro próximo; **für alle ~en** para siempre; **auf unabsehbare ~** por un período de tiempo indefinido; **die ~en ändern sich** los tiempos cambian; **das ist vor meiner ~ geschehen** eso sucedió antes de mi época; **zu meiner ~** en mis tiempos, en mi época; **hier bin ich die längste ~ gewesen** (*fam*) ya me cansé de estar aquí, me esfumo; **kommt ~, kommt Rat** con el tiempo maduran las uvas; **die ~ heilt alle Wunden** el tiempo todo lo cura; **du liebe ~!** ¡Dios mío!; **~ ist Geld** (*prov*) el tiempo es oro; **Zeitabschnitt** *m* <-(e)s, -e> lapso *m,* espacio *m* de tiempo; (*länger*) época *f;* **Zeitabstand** *m* <-(e)s, -stände> intervalo *m;* **mit einem ~ von**

fünf Minuten con un intervalo de cinco minutos; **Zeitalter** *nt* <-s, -> era *f*, edad *f*; **das goldene** ~ el Siglo de Oro; **Zeitangabe** *f* <-, -n> **1.** (*Uhrzeit*) hora *f*; (*Datum*) fecha *f* **2.** (LING) complemento *m* temporal; **Zeitansage** *f* <-, -n> información *f* horaria

Zeitarbeit *f* <-, *ohne pl*> (WIRTSCH) trabajo *m* temporal [*o* interino]; **Zeitarbeitsfirma** *f* <-, -firmen> (WIRTSCH) empresa *f* de trabajo temporal

Zeitaufnahme *f* <-, -n> (FOTO: *das Aufnehmen*) exposición *f*; (*Bild*) foto(grafía) *f* con exposición; **Zeitaufwand** *m* <-(e)s, *ohne pl*> inversión *f* de tiempo, consumo *m* de tiempo; **mit möglichst geringem** [*o* **wenig**] ~ en el menor tiempo posible; **zeitaufwändig**[RR] *adj*, **zeitaufwendig** *adj* que requiere mucho tiempo; **Zeitbombe** *f* <-, -n> bomba *f* con detonador de tiempo, bomba *f* de relojería; **die ökologische** ~ (*fig*) la bomba de tiempo ecológica; **Zeitcharter** *m* <-s, -s> (WIRTSCH) fletamento *m* temporal; **Zeitdauer** *f* <-, *ohne pl*> duración *f*; **Zeitdokument** *nt* <-(e)s, -e> documento *m* de la época; **Zeitdruck** *m* <-(e)s, *ohne pl*> premura *f* de tiempo, presión *f*; **unter** ~ **stehen** estar corto de tiempo; **in** ~ **sein** estar con el tiempo justo; **jdn unter** ~ **setzen** apremiar a alguien; **Zeiteinheit** *f* <-, -en> unidad *f* de tiempo; **Zeiteinteilung** *f* <-, -en> distribución *f* del tiempo

Zeitenfolge *f* <-, *ohne pl*> (LING) correlación *f* de tiempos, consecutio *f* temporum; **die** ~ **einhalten** respetar la correlación de tiempos

Zeiterfassungsuhr *f* <-, -en> reloj *m* marcador

Zeitersparnis *f* <-, *ohne pl*> ahorro *m* de tiempo; **aus Gründen der** ~ para ahorrar tiempo; **Zeitfahren** *nt* <-s, *ohne pl*> (SPORT) carrera *f* contrarreloj, contrarreloj *f*; **100 km** ~ 100 km contra reloj; **Zeitfrage** *f* <-, *ohne pl*> cuestión *f* de tiempo; **zeitgebunden** *adj* **1.** (*abhängig von der Zeit*) debido a la época [*o* a las circunstancias] **2.** (*vorübergehend*) temporal; **Zeitgefühl** *nt* <-(e)s, *ohne pl*> sentido *m* del tiempo; **Zeitgeist** *m* <-(e)s, *ohne pl*> espíritu *m* de la época; **zeitgemäß** *adj* conforme a la época, actual; **Zeitgenosse**, **-in** *m, f* <-n, -n; -, -nen> contemporáneo, -a *m, f*; **ein** ~ **Machados** un contemporáneo de Machado; **ein seltsamer/unangenehmer** ~ (*fam*) un tío extraño/desagradable

zeitgenössisch *adj* contemporáneo

Zeitgeschäft *nt* <-(e)s, -e> (FIN) operación *f* a plazo; **Zeitgeschehen** *nt* <-s, *ohne pl*> actualidad *f*; **Zeitgeschichte** *f* <-, *ohne pl*> historia *f* contemporánea; **Zeitgeschmack** *m* <-(e)s, *ohne pl*> gusto *m* actual [*o* de la época]; **Zeitgewinn** *m* <-(e)s, *ohne pl*> ganancia *f* de tiempo; **zeitgleich** *adj* simultáneo; ~ **durchs Ziel gehen** cruzar la meta al mismo tiempo; **Zeithistoriker(in)** *m(f)* <-s, -; -, -nen> historiador(a) *m(f)* contemporáneo, -a

zeitig I. *adj* temprano **II.** *adv* a tiempo, con tiempo; **wir müssen** ~ **los** tenemos que salir a tiempo

zeitigen ['tsaɪtɪgən] *vt* (*geh*) producir; **Ergebnisse** ~ dar resultados

Zeitkarte *f* <-, -n> abono *m*; **Zeitkauf** *m* <-(e)s, -käufe> (WIRTSCH) compra *f* a plazo [*o* a crédito]; **Zeitkonstante** *f* <-, -n> (CHEM) constante *f* del tiempo; **zeitkritisch** *adj* crítico, con una crítica de la sociedad (del momento)

Zeitlang *f* <-, *ohne pl*> *s.* **Zeit**

zeitlebens [tsaɪt'le:bəns] *adv* durante toda la vida

zeitlich *adj* temporal; (*vergänglich*) pasajero; **in großem ~em Abstand** de vez en cuando; ~ **zusammenfallen** coincidir; **das passt ihr** ~ **nicht** no le viene bien esa hora; **etw ist** ~ **begrenzt** hay un plazo limitado para algo; **das Z~e segnen** (*Personen*) fallecer, abandonar el mundo terrenal; (*fam: Sachen*) haber cumplido, tocar a su fin

Zeitlimit *nt* <-s, -s *o* -e> límite *m* de tiempo, tiempo *m* límite

zeitlos *adj* intemporal, independiente de la moda [*o* época]

Zeitlupe *f* <-, *ohne pl*> (FILM) cámara *f* lenta; **etw in** ~ **aufnehmen/filmen** grabar/filmar algo a cámara lenta; **Zeitlupenaufnahme** *f* <-, -n> (FILM) toma *f* a cámara lenta; (*Bildfolge*) imagen *f* a cámara lenta; **Zeitlupentempo** *nt* <-s, *ohne pl*>: **im** ~ a paso de tortuga

Zeitmangel *m* <-s, *ohne pl*> falta *f* de tiempo; **aus** ~ por falta de tiempo; **Zeitmaschine** *f* <-, -n> máquina *f* del tiempo; **Zeitmessung** *f* <-, -en> medida *f* del tiempo; (*wissenschaftlich*) cronometría *f*; **Uhren dienen der** ~ los relojes sirven para medir el tiempo; **Zeitmultiplexverfahren** *nt* <-s, -> (INFOR, TEL) multiplexado *m* por división en el tiempo; **Zeitnehmer(in)** *m(f)* <-s, -; -, -nen> (SPORT) cronometrador(a) *m(f)*; **Zeitnot** *f* <-, *ohne pl*> premura *f* de tiempo; **in** ~ **sein** estar corto de tiempo; **um nicht in** ~ **zu geraten** para que (al final) no nos falte tiempo; **Zeitplan** *m* <-(e)s, -pläne> horario *m*; **einen** ~ **einhalten/aufstellen** atenerse a/fijar un horario; **Zeitpunkt** *m* <-(e)s, -e> momento *m*; (*Datum*) fecha *f*; **einen günstigen** ~ **abwarten** esperar el momento oportuno; **zu diesem** ~ en este momento

Zeitraffer [-rafe] *m* <-s, *ohne pl*> (FILM) cámara *f* rápida; **im** ~ a cámara rápida; **Zeitrafferaufnahme** *f* <-, -n> (FILM) toma *f* a cámara rápida [*o* acelerada]; (*Bildfolge*) imagen *f* a cámara rápida [*o* acelerada]

zeitraubend *adj* que exige mucho tiempo; **~e Vorbereitungen** largos preparativos; **Zeitraum** *m* <-(e)s, -räume> espacio *m* de tiempo, período *m*; **in einem** ~ **von meh-**

reren Monaten en un espacio de tiempo de varios meses; **Zeitrechnung** *f* <-, -en> cronología *f,* era *f;* **nach christlicher ~** según la cronología cristiana; **nach jüdischer ~** según el calendario judío; **vor unserer ~** antes de nuestra era; **Zeitreise** *f* <-, -n> viaje *m* por el [*o* a través del] tiempo; **Zeitreisende(r)** *mf* <-n, -n; -n, -n> viajero, -a *m, f* por el tiempo; **Zeitschaltuhr** *f* <-, -en> interruptor *m* eléctrico automático, minutero *m*

Zeitscheibenverfahren *nt* <-s, -> (INFOR, TEL) repartición *f* por fracciones de tiempo

Zeitschrift *f* <-, -en> revista *f;* **die ~ erscheint vierzehntägig** es un revista quincenal

Zeitsoldat(in) *m(f)* <-en, -en; -, -nen> soldado *mf* voluntario, -a; **Zeitspanne** *f* <-, -n> lapso *m* de tiempo, período *m;* **zeitsparend** *adj* que ahorra tiempo; **~ arbeiten** trabajar ahorrando tiempo; **Zeittafel** *f* <-, -n> tabla *f* cronológica; **Zeittakt** *m* <-(e)s, -e> (TEL) duración *f* del paso (de contador); **Zeitumstellung** *f* <-, -en> cambio *m* de horario

Zeitung ['tsaɪtʊŋ] *f* <-, -en> periódico *m;* (*Tages~*) diario *m;* **es stand in der ~, dass ...** ponía en el periódico que...; **etw in die ~ bringen** (*Skandal*) llevar algo a los periódicos; **Zeitunglesen** *nt* <-s, *ohne pl*> lectura *f* del periódico; **beim ~ sein** estar leyendo el periódico

Zeitungsabonnement *nt* <-s, -s> su(b)scripción *f* a un periódico; **Zeitungsannonce** *f* <-, -n>, **Zeitungsanzeige** *f* <-, -n> anuncio *m* (en un periódico); **Zeitungsartikel** *m* <-s, -> artículo *m* de periódico; **Zeitungsausschnitt** *m* <-(e)s, -e> recorte *m* de(l) periódico; **Zeitungsausträger(in)** *m(f)* <-s, -; -, -nen> repartidor(a) *m(f)* de periódicos; **Zeitungsbeilage** *f* <-, -n> suplemento *m* del periódico; **Zeitungsbericht** *m* <-(e)s, -e> reportaje *m* periodístico; **Zeitungsente** *f* <-, -n> (*fam*) bulo *m,* noticia *f* falsa; **Zeitungsjargon** *m* <-s, -s> jerga *f* periodística; **Zeitungskiosk** *m* <-(e)s, -e> quiosco *m* de periódicos; **Zeitungsleser(in)** *m(f)* <-s, -; -, -nen> lector(a) *m(f)* de periódicos; **Zeitungsmeldung** *f* <-, -en>, **Zeitungsnotiz** *f* <-, -en> noticia *f* de prensa; **Zeitungspapier** *nt* <-s, *ohne pl*> papel *m* de periódico; **etw in ~ einwickeln** envolver algo en papel de periódico; **Zeitungsreklame** *f* <-, *ohne pl*> publicidad *f* periodística; **Zeitungsständer** *m* <-s, -> **1.** (*im Kiosk*) expositor *m* de periódicos **2.** (*zu Hause*) revistero *m;* **Zeitungsverkäufer(in)** *m(f)* <-s, -; -, -nen> vendedor(a) *m(f)* de periódicos, voceador(a) *m(f) Am;* **Zeitungsverleger(in)** *m(f)* <-s, -; -, -nen> editor(a) *m(f)* de un periódico; **Zeitungsverträger(in)** *m(f)* <-s, -; -, -nen> (*Schweiz*) *s.* **Zeitungsausträger**; **Zeitungswesen** *nt* <-s, *ohne pl*> prensa *f;* **Zeitungszar(in)** *m(f)* <-en, -en; -, -nen> (*fam*) magnate *mf* de la prensa

Zeitunterschied *m* <-(e)s, -e> diferencia *f* horaria [*o* de hora]; **zwischen Europa und den Kanaren besteht ein ~ von einer Stunde** entre Europa y las Canarias la diferencia horaria es de una hora; **Zeitvergeudung** *f* <-, *ohne pl*> *s.* Zeitverschwendung; **Zeitverlust** *m* <-(e)s, *ohne pl*> pérdida *f* de tiempo; **Zeitverschiebung** *f* <-, -en> diferencia *f* horaria; **Zeitverschwendung** *f* <-, *ohne pl*> pérdida *f* de tiempo; **reine ~** pura pérdida de tiempo, sólo tiempo perdido; **Zeitvertrag** *m* <-(e)s, -träge> contrato *m* temporal; **Zeitvertreib** *m* <-(e)s, -e> pasatiempo *m;* **etw zum ~ tun** hacer algo como pasatiempo; **Zeitverzögerung** *f* <-, -en> retraso *m*

zeitweilig ['tsaɪtvaɪlɪç] **I.** *adj* momentáneo, temporal **II.** *adv* **1.** (*vorübergehend*) por momentos, durante algún tiempo **2.** (*manchmal*) a veces, de vez en cuando

zeitweise ['tsaɪtvaɪzə] *adv* **1.** (*manchmal*) de vez en cuando, a veces **2.** (*vorübergehend*) por momentos, durante cierto tiempo

Zeitwert *m* <-(e)s, -e> valor *m* actual; **Zeitwort** *nt* <-(e)s, -wörter> (LING) verbo *m;* **Zeitzeichen** *nt* <-s, -> (RADIO) señal *f* horaria; **beim ~ ist es 14 Uhr 30** al oír la señal serán las 14 horas 30 minutos; **Zeitzeuge, -in** *m, f* <-n, -n; -, -nen> testigo *mf* de su época, contemporáneo, -a *m, f;* **Zeitzone** *f* <-,-n> huso *m* horario; **Zeitzünder** *m* <-s, -> espoleta *f* retardada; **Zeitzündung** *f* <-, -en> (TECH) espoleta *f* de tiempo, mecanismo *m* de tiempo retardado; **eine Bombe mit ~** una bomba de relojería

zelebrieren* [tsele'bri:rən] *vt* celebrar

Zellauflösung *f* <-, -en> (BIOL, MED) descomposición *f* celular; **Zellbildung** *f* <-, -en> (BIOL) formación *f* de la célula [*o* de células]

Zelle ['tsɛlə] *f* <-, -n> **1.** (*einer Organisation, a.* BIOL, ELEK) célula *f;* **lichtelektrische** [*o* **photoelektrische**] **~** célula fotoeléctrica; **die (kleinen) grauen ~n** (*fam*) la sustancia gris **2.** (*Telefon~*) cabina *f* telefónica **3.** (*Gefängnis~, Kloster~*) celda *f*

Zellenbildung *f* <-, -en> **1.** (BIOL) *s.* **Zellbildung** **2.** (POL) formación *f* de grupúsculos

Zellengenosse, -in *m, f* <-n, -n; -, -nen> compañero, -a *m, f* de celda

Zellgewebe *nt* <-s, -> (BIOL) tejido *m* celular; **Zellgift** *nt* <-(e)s, -e> (BIOL, MED) veneno *m* celular; **Zellkern** *m* <-(e)s, -e> (BIOL) núcleo *m* celular [*o* de la célula]; **Zellkultur** *f* <-, -en> (BIOL, MED) cultivo *m* celular; **Zellmembran** *f* <-, -en> (BIOL) membrana *f* celular

Zellophan [tsɛlo'fa:n] *nt* <-s, *ohne pl*> celofán® *m*

Zellplasma *nt* <-s, -plasmen> (BIOL) plasma *m* celular

Zellstoff *m* <-(e)s, -e> celulosa *f;* **Zellstofftuch** *nt* <-(e)s, -tücher> paño *m* de celulosa
Zellteilung *f* <-, -en> (BIOL) división *f* celular
zellular *adj* (BIOL), **zellulär** *adj* (BIOL) celular
Zellulitis [tsɛlu'li:tɪs, *pl:* tsɛluli'ti:dən] *f* <-, Zellulitiden> (MED) celulitis *f inv;* **Zellulitiscreme** *f* <-, -s> crema *f* anticelulítica
Zelluloid [tsɛlu'lɔɪt] *nt* <-s, *ohne pl*> celuloide *m*
Zellulose [tsɛlu'lo:zə] *f* <-, -n> celulosa *f*
Zellwand *f* <-, -wände> (BIOL) pared *f* celular
Zellwolle *f* <-, *ohne pl*> viscosilla *f*
Zellwucherung *f* <-, -en> (MED): **bösartige ~** excrecencia *f* celular maligna
Zelt [tsɛlt] *nt* <-(e)s, -e> tienda *f* de campaña; (*Zirkus~*) carpa *f;* **seine ~e aufschlagen** (*fam*) establecerse; **seine ~e abbrechen** (*fam*) marcharse; **Zeltbahn** *f* <-, -en> **1.** (*Stoffbahn*) tira *f* de lona **2.** (*Zeltplane*) lona *f;* **Zeltblache** *f* <-, -n> (*Schweiz*) *s.* Zeltplane; **Zeltdach** *nt* <-(e)s, -dächer> (ARCHIT) tejado *m* de pabellón
zelten ['tsɛltən] *vi* acampar, hacer camping, campear *Am*
Zelter(in) ['tsɛltɐ] *m(f)* <-s, -; -, -nen> campista *mf*
Zeltlager *nt* <-s, -> campamento *m;* **Zeltleine** *f* <-, -n> cuerda *f* tensora (de tienda); **Zeltleinwand** *f* <-, *ohne pl*> lona *f;* **Zeltmast** *m* <-(e)s, -e(n)> mástil *m* de una carpa; **Zeltpflock** *m* <-(e)s, -pflöcke> estaquilla *f;* **Zeltplane** *f* <-, -n> toldo *m;* **Zeltplatz** *m* <-es, -plätze> lugar *m* de acampada; (*Campingplatz*) camping *m;* **Zeltstange** *f* <-, -n> palo *m* de la tienda
Zement [tse'mɛnt] *m* <-(e)s, -e> cemento *m;* **Zementfußboden** *m* <-s, -böden> suelo *m* de cemento
Zementierbad *nt* <-(e)s, -bäder> (CHEM) baño *m* de cementación
zementieren* [tsemɛn'ti:rən] *vt* **1.** (*Wege*) cubrir de cemento, revestir de cemento **2.** (*festsetzen*) consolidar **3.** (*Stahl*) cementar
Zementmörtel *m* <-s, -> argamasa *f* de cemento
Zenit [tse'ni:t] *m* <-(e)s, *ohne pl*> (*a. fig*) cenit *m;* **die Sonne steht im ~** el sol está en el cenit; **er steht im ~ seiner Schaffenskraft** está en el apogeo de su fuerza creadora
zensieren* [tsɛn'zi:rən] *vt* **1.** (*der Zensur unterwerfen*) censurar, someter a censura **2.** (*benoten*) calificar
Zensor(in) ['tsɛnzo:ɐ] *m(f)* <-s, -en; -, -nen> censor(a) *m(f)*
Zensur[1] [tsɛn'zu:ɐ] *f* <-, *ohne pl*> (*Kontrolle*) censura *f;* **eine ~ findet nicht statt** no hay censura; **der ~ unterliegen** estar sometido a censura
Zensur[2] *f* <-, -en> (*Note*) nota *f,* calificación *f;* **sie hat eine gute ~ in Chemie bekommen** sacó una buena nota en química
zensurieren* [tsɛnzu'ri:rən] *vt* (*Schweiz, Österr*) censurar, someter a censura
Zensus ['tsɛnzʊs] *m* <-, -> censo *m* (electoral)
Zentigramm [tsɛnti'gram, 'tsɛntigram] *nt* <-s, -e, *nach Zahlen:* -> centigramo *m*
Zentiliter [tsɛnti'li:tɐ, 'tsɛntili:tɐ, 'tsɛntili:tɐ] *m o nt* <-s, -> centilitro *m*
Zentimeter [tsɛnti-, 'tsɛnti-] *m o nt* <-s, -> centímetro *m;* **Zentimetermaß** *nt* <-es, -e> cinta *f* métrica
Zentner ['tsɛntnɐ] *m* <-s, -> **1.** (*50 kg*) quintal *m* **2.** (*Österr, Schweiz: 100 kg*) quintal *m* métrico; **Zentnerlast** *f* <-, -en> peso *m* enorme [*o* abrumador]; **mir fiel eine ~ vom Herzen** [*o* **von der Seele**] se me cayó un peso enorme de encima; **zentnerschwer** *adj* pesado, abrumador, atosigador
zentnerweise *adv* a quintales; **~ Tomaten vernichten** desechar quintales de tomates
zentral [tsɛn'tra:l] *adj* central; **~ gelegen** céntrico; **in ~er Lage** en zona céntrica; **ich wohne hier ziemlich ~** aquí vivo a un paso del centro; **Zentralabitur** *nt* <-s, -e> exámenes *mpl* centrales de enseñanza media (*similares a la Selectividad*); **Zentralafrika** [-'-'---] *nt* <-s> África *f* Central; **Zentralamerika** [-'--'---] *nt* <-s> América *f* Central
Zentralbank *f* <-, -en> banco *m* central; **zentralbankfähig** *adj* negociable en el banco central
Zentrale [tsɛn'tra:lə] *f* <-, -n> central *f;* (*Telefon~*) centralita *f*
Zentraleinheit *f* <-, -en> (INFOR) unidad *f* central; **Zentralgewalt** *f* <-, -en> (POL) poder *m* central; **Zentralheizung** *f* <-, -en> calefacción *f* central
Zentralisation [tsɛntraliza'tsio:n] *f* <-, -en> centralización *f*
zentralisieren* [tsɛntrali'zi:rən] *vt* centralizar
Zentralisierung *f* <-, -en> centralización *f*
Zentralismus [tsɛntra'lɪsmʊs] *m* <-, *ohne pl*> centralismo *m*
zentralistisch *adj* centralista
Zentralkomitee *nt* <-s, -s> comité *m* central; **Zentralmassiv** *nt* <-s> Macizo *m* Central; **Zentralnervensystem** *nt* <-s, -e> (ZOOL, MED) sistema *m* nervioso central; **Zentralorgan** *nt* <-s, -e> órgano *m* central; **Zentralrat** *m* <-(e)s, -räte> consejo *m* central; **Zentralrechner** *m* <-s, -> (INFOR) calculadora *f* central; **Zentralstelle** *f* <-, -n> (oficina *f*) central *f;* **Zentralvermittlungsstelle** *f* <-, -n> (TEL) central *f* telefónica; **Zentralverriegelung** *f* <-, -en> (AUTO) cierre *m* centralizado; **Zentralverwaltung** *f* <-, -en> administración *f* central
Zentren ['tsɛntrən] *pl von* **Zentrum**
zentrieren* [tsɛn'tri:rən] *vt* (*a.* TECH) centrar; **ein Rad ~** centrar una rueda
Zentrierung *f* <-, -en> (*a.* TECH) centrado

Z

m, centraje *m*

zentrifugal [tsɛntrifu'ga:l] *adj* (PHYS, MED, BIOL) centrífugo; **Zentrifugalkompressor** *m* <-s, -en> (TECH) compresor *m* centrífugo; **Zentrifugalkraft** *f* <-, -kräfte> (PHYS) fuerza *f* centrífuga

Zentrifuge [tsɛntri'fu:gə] *f* <-, -n> centrifugadora *f;* **Zentrifugenglas** *nt* <-es, -gläser> (TECH) vasija *f* de centrifugación

Zentrifugieranlage *f* <-, -n> instalación *f* de centrifugación

zentripetal [tsɛntripe'ta:l] *adj* (PHYS, MED, BIOL) centrípeto; **Zentripetalkraft** *f* <-, -kräfte> (PHYS) fuerza *f* centrípeta

zentrisch ['tsɛntrɪʃ] *adj* céntrico

Zentrum ['tsɛntrʊm] *nt* <-s, Zentren> centro *m;* **im ~ des öffentlichen Interesses stehen** estar en el centro del interés público; **die Zentren der Macht** los centros del poder; **sie wohnt im ~** vive en el centro

Zeppelin ['tsɛpəli:n] *m* <-s, -e> zepelín *m,* dirigible *m*

Zepter ['tsɛptɐ] *m o nt* <-s, -> cetro *m;* **das ~ führen** [*o* **schwingen**] (*fam*) llevar la voz cantante [*o* la batuta]

Zer [tse:ɐ] *nt* <-s, *ohne pl*> (CHEM) cerio *m*

zerbeißen* [tsɛɐ-] *irr vt* romper con los dientes [*o* a mordiscos]

Zerbeißkapsel *f* <-, -n> cápsula *f* masticable

zerbersten* *irr vi sein* (*platzen*) reventar(se); **vor Wut ~** reventar de rabia

Zerberus ['tsɛrberʊs] *m* <-, -se> (can)cerbero *m;* **wie ein ~** al acecho

zerbeulen* *vt* abollar

zerbissen *pp von* **zerbeißen**

zerbomben* *vt* bombardear, destruir con bombas; **zerbombte Häuser** casas destruidas por bombas

zerbrechen* *irr* **I.** *vt* (*zerstören*) romper, quebrar; **zerbrich dir nicht den Kopf darüber** no te rompas la cabeza con eso **II.** *vi sein* **1.** (*entzweibrechen*) romper(se), quebrar(se) **2.** (*scheitern*) fracasar; **ihre Ehe ist an Kleinigkeiten zerbrochen** su matrimonio fracasó por pequeñeces; **er ist an der Trennung seelisch zerbrochen** está totalmente hundido a causa de la separación

zerbrechlich *adj* frágil

zerbrochen *pp von* **zerbrechen**

zerbröckeln* **I.** *vi sein* (*Mauer, Gestein*) desmoronarse; (*Brot*) desmigajarse **II.** *vt* desmenuzar; (*Brot*) desmigajar

zerdeppern* [tsɛɐ'dɛpɐn] *vt* (*fam*) hacer pedazos [*o* añicos]

zerdrücken* *vt* **1.** (*zerquetschen*) aplastar; (*Knoblauch*) machacar **2.** (*fam: zerknittern*) arrugar

Zerebellum *nt* <-s, Zerebella> (ANAT) cerebelo *m*

Zerebra *pl von* **Zerebrum**

zerebral [tsere'bra:l] *adj* (MED) cerebral

zerebrospinal *adj* (MED) cerebroespinal

Zerebrum *nt* <-s, Zerebra> (ANAT) cerebro *m*

Zeremonie [tseremo'ni:, tsere'mo:niə] *f* <-, -n> ceremonia *f*

zeremoniell [tseremo'njɛl] *adj* ceremonioso

Zeremoniell [tseremo'njɛl] *nt* <-s, -e> ceremonial *m*

Zeremonienmeister *m* <-s, -> maestro *m* de ceremonias

zerfahren *adj* distraído, despistado

Zerfahrenheit *f* <-, *ohne pl*> distracción *f*

Zerfall *m* <-(e)s, *ohne pl*> ruina *f;* (*von Gebäuden*) desmoronamiento *m,* derrumbamiento *m;* (CHEM) descomposición *f;* (PHYS) desintegración *f*

zerfallen* *irr vi sein* **1.** (*Gebäude*) desmoronarse; **~e Gebäude** edificios ruinosos; **zu Staub ~** convertirse en polvo **2.** (*Reich, Kultur*) desintegrarse, hundirse **3.** (PHYS) desintegrarse; (CHEM) descomponerse **4.** (*sich gliedern*): **in etw ~** dividirse en algo

Zerfallsprodukt *nt* <-(e)s, -e> (PHYS) producto *m* de desintegración; **Zerfallsprozess**[RR] *m* <-es, -e> proceso *m* de descomposición; **Zerfallswärme** *f* <-, *ohne pl*> (PHYS) calor *m* de desintegración

zerfetzen* *vt* (des)garrar; **bei der Explosion wurde sein Arm zerfetzt** la explosión le desgarró el brazo; **eine zerfetzte Gardine** una cortina hecha jirones; **zerfetzte Körper** cuerpos despedazados

zerfleddern* [tsɛɐ'flɛdɐn] *vt,* **zerfledern*** [tsɛɐ'fle:dɐn] *vt* estropear; (*zerreißen*) destrozar, hacer trizas

zerfleischen* *vt* despedazar, dilacerar; **sich gegenseitig verbal ~** despedazarse verbalmente

zerfließen* *irr vi sein* **1.** (*schmelzen*) fundirse; **vor Freundlichkeit ~** (*iron*) deshacerse en amabilidades **2.** (*Farbe*) correrse

zerflossen *pp von* **zerfließen**

zerfranst [tsɛɐ'franst] *adj* deshilachado

zerfressen* *irr vt* **1.** (*Würmer*) carcomer; (*Motten*) comerse; (*Krebs, Lepra*) consumir **2.** (*Rost*) corroer

zerfurchen* *vt* **1.** (*durch Fahrspuren*) surcar; **den Boden/Weg ~** dejar marcas [*o* señales] de ruedas en el suelo/camino; **Geländereifen hatten die Erde zerfurcht** la tierra estaba llena de rodadas de vehículos todoterreno **2.** (*durch Falten*) surcar (de arrugas), arrugar; **die alte Frau hatte ein zerfurchtes Gesicht** la anciana tenía el rostro surcado de arrugas

zergangen *pp von* **zergehen**

zergehen* *irr vi sein* deshacerse; **Butter in der Pfanne ~ lassen** derretir mantequilla al fuego; **auf der Zunge ~** deshacerse en la lengua

zergliedern* *vt* **1.** (*Pflanze*) descomponer; (*Tier*) desmembrar, descuartizar **2.** (*analysieren*) analizar

zerhacken* *vt* cortar en trozos, hacer pedazos; (*fein*) picar; (*Holz*) partir, cortar

zerhauen* *irr vt* despedazar; (*Holz*) partir

zerkauen* *vt* masticar, mascar

zerkleinern* *vt* desmenuzar; (*in Stücke*) trocear; (*zermahlen*) triturar, moler; (*Holz*) partir

zerklüftet [tsɛɐ'klʏftət] *adj* escabroso

zerknautschen* *vt* (*fam*) arrugar, chafar; **total zerknautscht aussehen** estar hecho un higo

zerknirscht *adj* compungido; (*reuig*) arrepentido

Zerknirschtheit *f* <-, *ohne pl*> contrición *f*, compunción *f*

Zerknirschung *f* <-, *ohne pl*> arrepentimiento *m*

zerknittern* *vt* (*Papier*) estrujar, arrugar; (*Kleid*) arrugar, chafar

zerknüllen* *vt* estrujar, arrugar

zerkochen* **I.** *vi sein* cocer demasiado, deshacerse cociendo **II.** *vt* cocer demasiado

zerkratzen* *vt* (*Dinge*) rascar; (*Haut*) arañar, rasguñar; **ich habe mir an den Sträuchern das Bein zerkratzt** me he arañado la pierna con las matas

zerkrümeln* **I.** *vi sein* desmigajarse **II.** *vt* desmigajar

zerlassen* *irr vt* (GASTR) derretir

zerlaufen* *irr vi sein* derretirse

zerlegbar *adj* desmontable

zerlegen* *vt* **1.** (*Maschine, Möbel*) desmontar, desarmar; **sie hat das Gerät in seine Einzelteile zerlegt** ha desmontado el aparato **2.** (*Wild*) descuartizar; (*Fleisch*) cortar, trinchar **3.** (CHEM) descomponer **4.** (LING) analizar

Zerlegung *f* <-, -en> **1.** (*von Maschinen, Möbeln*) desarme *m*, desarticulación *f*; (*zur Verschrottung*) desmantelamiento *m* **2.** (*von Fleisch*) descuartizamiento *m* **3.** (CHEM) descomposición *f* **4.** (LING) análisis *m inv*

zerlesen *adj* manoseado, releído

zerlumpt *adj* andrajoso, harapiento, distraído *Chil, Mex*

zermahlen* *irr vt* triturar, moler; **das Getreide wurde zu Mehl zermahlen** molieron el grano para hacer harina

zermalmen* [tsɛɐ'malmən] *vt* aplastar, triturar

zermanschen* [tsɛɐ'manʃən] *vt* (*fam*) magullar

zermartern* *vt:* **sich** *dat* **den Kopf** [*o* **das Hirn**] ~ devanarse los sesos

zermürben* *vt* (*körperlich*) cansar, fatigar; (*seelisch*) desmoralizar, descorazonar

zernagen* *vt* **1.** (*Ratten*) roer **2.** (*Rost*) corroer

zerpflücken* *vt* **1.** (*zerkleinern*) desmenuzar; (*Papier*) romper en pedazos; (*Blume*) deshojar **2.** (*kritisieren*) criticar minuciosa y duramente, desollar

zerplatzen* *vi sein* estallar, reventar; **ihre Illusionen sind zerplatzt wie Seifenblasen** sus sueños se han deshecho como pompas de jabón

zerpulvern* *vt* pulverizar

zerquetschen* *vt* aplastar; **hundert Mark und ein paar Zerquetschte** (*fam*) cien marcos y pico

zerraufen* *vt* desgreñar; **ihre Haare waren völlig zerrauft** iba completamente desgreñada, su cabello estaba totalmente desgreñado

Zerrbild ['tsɛrbɪlt] *nt* <-(e)s, -er> caricatura *f*, esperpento *m*

zerreden* *vt* tratar demasiado [*o* hasta hartarse]

zerreiben* *irr vt* triturar, moler; (*fein*) pulverizar

zerreißen* *irr* **I.** *vi sein* romperse, desgarrarse **II.** *vt* romper, desgarrar; (*in Stücke*) hacer pedazos; **ich könnte ihn in Stücke** [*o* **in der Luft**] ~ (*fam*) podría hacerle pedazos; **es hat uns fast zerrissen** (*fam*) casi nos morimos de la risa; **er zerriss sich vor Arbeitseifer** (*fam*) se mató a trabajar; **ich kann mich doch nicht ~!** (*fam*) ¡no puedo partirme [*o* estar en todo]!

Zerreißprobe *f* <-, -n> (TECH) prueba *f* de rotura; (*fig*) prueba *f* de nervios

zerren ['tsɛrən] **I.** *vi* tirar violentamente (*an* de); **das zerrt an meinen Nerven** esto me destroza los nervios **II.** *vt* **1.** (*schleppen*) arrastrar, llevar a rastras; **jdn vor Gericht** ~ llevar a alguien a los tribunales; **etw an die Öffentlichkeit** ~ sacar algo a la luz **2.** (*überdehnen*): **sich** *dat* **etw** ~ distenderse algo

zerrieben *pp von* **zerreiben**

zerrinnen* *irr vi sein* (*geh*) **1.** (*Schnee*) derretirse **2.** (*Traum, Hoffnung*) desvanecerse, disiparse; (*Zeit*) pasar volando; **in nichts** ~ quedar en nada; **wie gewonnen, so zerronnen** los dineros del sacristán cantando se vienen, cantando se van

zerrissen [tsɛɐ'rɪsən] **I.** *pp von* **zerreißen** **II.** *adj* roto, desgarrado, hecho jirones; (*Menschen*) dividido, descontento

Zerrissenheit *f* <-, *ohne pl*> desgarramiento *m*, desgarro *m*; **innerliche** ~ desgarro interior

zerronnen *pp von* **zerrinnen**

Zerrspiegel *m* <-s, -> espejo *m* deformante

Zerrung ['tsɛrʊŋ] *f* <-, -en> distensión *f*, tirón *m fam*

zerrütten* [tsɛɐ'rʏtən] *vt* (*Gesundheit*) quebrantar, arruinar; (*Nerven*) destrozar; **die Ehe ist zerrüttet** el matrimonio está destrozado; **jds Finanzen sind zerrüttet** alguien está arruinado

zersägen* *vt* serrar, cortar con la sierra

zerschellen* [tsɛɐ'ʃɛlən] *vi sein* estrellarse (*an* contra)

zerschießen* *irr vt* **1.** (*durch Geschosse zerstören*) destrozar a tiros **2.** (INFOR: *sl: Struktur zerstören*): **sich** *dat* **die Festplatte/eine Datei** ~ cargarse el disco duro/un archivo

zerschlagen[1] **I.** *pp von* **zerschlagen** **II.** *adj* agotado, hecho polvo *fam;* **ich fühle mich**

wie ~ me siento como si me hubieran dado una paliza

zerschlagen*[2] *irr* **I.** *vt* **1.** (*zerbrechen*) romper, hacer pedazos; (*zerstören*) destrozar **2.** (*Organisation*) desintegrar, desarticular **II.** *vr:* **sich** ~ frustrarse, quedar en nada; **alle seine Pläne ~ sich damit** con esto se han ido al traste todos sus planes

Zerschlagung *f* <-, -en> desmantelamiento *m;* (*einer Bande*) desarticulación *f*

zerschlissen [tsɛɐ̯'ʃlɪsən] *adj* desgastado

zerschmeißen* *irr vt* (*fam*) hacer (mil) pedazos [*o* añicos]

zerschmettern* *vt* romper (con violencia); (*Körperteil*) desmembrar

zerschmissen *pp von* **zerschmeißen**

zerschneiden* *irr vt* cortar; **sie hat sich** *dat* **an den Glasscherben die Hand zerschnitten** se ha cortado la mano con los cristales

zerschnitten *pp von* **zerschneiden**

zerschossen *pp von* **zerschießen**

zerschrammen* *vt* arañar, rasguñar, rayar

zersetzen* **I.** *vt* **1.** (*auflösen*) descomponer **2.** (*untergraben*) minar; (*sittlich*) desmoralizar; **~de Artikel** artículos desmoralizadores **II.** *vr:* **sich** ~ descomponerse

Zersetzung *f* <-, -en> **1.** (*Auflösung*) descomposición *f* **2.** (*moralisch*) desmoralización *f;* **Zersetzungsprodukt** *nt* <-(e)s, -e> producto *m* de descomposición; **Zersetzungsprozess**[RR] *m* <-es, -e> proceso *m* de descomposición; **Zersetzungsspannung** *f* <-, -en> tensión *f* de descomposición; **Zersetzungswärme** *f* <-, *ohne pl*> calor *m* de descomposición

zersiedeln* *vt* (*formal*) edificar heterogéneamente; **zersiedeltes Gebiet** zona con urbanización desordenada

Zersiedelung *f* <-, -en> (*formal*) edificación *f* heterogénea; ~ **der Städte** descolonización de las ciudades

zerspalten* *irr vt* partir; (*Partei*) escindir

zersplittern* **I.** *vi sein* (*Fensterscheibe*) hacerse añicos, romperse [*o* saltar] en pedazos; (*Knochen, Holz*) hacerse astillas; (*Partei*) dividirse, escindirse **II.** *vt* fragmentar, hacer pedazos; (*Holz*) hacer astillas

zersprengen* *vt* **1.** (*in die Luft spregen*) volar, dinamitar **2.** (*Menschenmenge, Truppen*) dispersar

zerspringen* *irr vi sein* romperse, hacerse añicos

zersprungen *pp von* **zerspringen**

zerstampfen* *vt* **1.** (*zerkleinern*) triturar, machacar **2.** (*zertreten*) pisotear

zerstäuben* [tsɛɐ̯'ʃtɔɪbən] *vt* pulverizar, atomizar

Zerstäuber *m* <-s, -> vaporizador *m,* pulverizador *m,* atomizador *m*

zerstechen* *irr vt* **1.** (*Insekten*) picar **2.** (*Reifen*) pinchar

zerstieben <zerstiebt, zerstob *o* zerstiebte, zerstoben *o* zerstiebt> *vi sein* (*geh*) disiparse, desaparecer (como por arte de magia)

zerstoben *pp von* **zerstieben**

zerstochen *pp von* **zerstechen**

zerstörbar *adj* destruible; **leicht/schwer** ~ fácil/difícil de destruir

zerstören* *vt* destrozar, destruir; **ich bin am Boden zerstört** estoy con la moral por los suelos

Zerstörer *m* <-s, -> destructor *m*

zerstörerisch *adj* destructivo, destructor

Zerstörung *f* <-, -en> destrucción *f,* destrozo *m;* **Zerstörungstrieb** *m* <-(e)s, *ohne pl*> instinto *m* destructivo; **Zerstörungswahn** *m* <-(e)s, *ohne pl*> manía *f* destructora; **Zerstörungswut** *f* <-, *ohne pl*> vandalismo *m*

zerstoßen* *irr vt* machacar, triturar; (*zu Pulver*) pulverizar

zerstreiten* *irr vr:* **sich** ~ pelearse (*über/wegen* por), reñir (*über/wegen* por); **mit jdm zerstritten sein** estar peleado [*o* reñido] con alguien; **sie ist mit ihm völlig zerstritten** está peleada a muerte con él

zerstreuen* **I.** *vt* **1.** (*auseinander treiben*) dispersar; (*Bedenken*) desvanecer, disipar **2.** (*verstreuen*) esparcir **II.** *vr:* **sich** ~ **1.** (*Menschenmenge*) dispersarse; (*Bedenken*) desvanecerse, disiparse **2.** (*sich unterhalten*) divertirse, distraerse; **wir wollten uns ein bisschen** ~ queríamos distraernos un poco

zerstreut [tsɛɐ̯'ʃtrɔɪt] *adj* (*Person*) distraído, despistado

Zerstreutheit *f* <-, *ohne pl*> distracción *f,* despiste *m*

Zerstreuung[1] *f* <-, *ohne pl*> **1.** (*einer Menschenmenge*) dispersión *f;* (*eines Verdachts*) disipación *f* **2.** (*Zerstreutheit*) distracción *f,* despiste *m*

Zerstreuung[2] *f* <-, -en> (*Unterhaltung*) diversión *f,* entretenimiento *m;* **zur** ~ para divertirse

zerstritten [tsɛɐ̯'ʃtrɪtən] *pp von* **zerstreiten**

zerstückeln* [tsɛɐ̯'ʃtʏkəln] *vt* despedazar, trocear

Zerstückelung *f* <-, -en> despedazamiento *m,* troceo *m*

zerteilen* *vt* partir (*in* en), dividir (*in* en); (*in Stücke*) trocear

Zertifikat [tsɛrtifi'ka:t] *nt* <-(e)s, -e> certificado *m*

Zertifizierung *f* <-, -en> certificación *f*

zertrampeln* *vt* pisotear, aplastar (con el pie)

zertreten* *irr vt* pisar, aplastar (con el pie)

zertrümmern* *vt* destrozar, destruir

Zervelatwurst [tsɛrvə'la:t-] *f* <-, -würste> *tipo de embutido similar a un salami muy fino*

zerwühlen* *vt* (*Bett*) revolver; (*Boden*) remover, revolver

Zerwürfnis [tsɛɐ̯'vʏrfnɪs] *nt* <-ses, -se> (*geh*) desavenencia *f,* desacuerdo *m*

zerzausen* [tsɛɐ̯'tsaʊzən] *vt* desgreñar, desmelenar

Zession *f* <-, -en> (JUR) cesión *f*

Zeter ['tse:tɐ]: ~ **und Mordio schreien** (*fam*) poner el grito en el cielo

zetern ['tse:tɐn] *vi* (*abw*) poner el grito en el cielo, armar la marimorena

Zettel ['tsɛtəl] *m* <-s, -> papel *m;* (*Notiz*) nota *f;* (*Kassen~*) tíquet *m,* tique *m;* **Zettelkasten** *m* <-s, -kästen> fichero *m*

Zeug [tsɔɪk] *nt* <-(e)s, *ohne pl*> (*fam: Sachen*) cosas *fpl;* (*wertlose Dinge*) chismes *mpl,* trastos *mpl;* **das ist doch dummes** ~ eso son disparates; **red kein dummes ~!** ¡no digas tonterías!; **das ~ zu etw** *dat* **haben** tener madera de algo; **jdm etwas am ~ flicken** colgar a alguien el muerto; (**fahren/laufen,**) **was das ~ hält** (conducir/correr) a más no poder; **sich für jdn ins ~ legen** defender a alguien contra viento y marea

Zeuge, -in ['tsɔɪgə] *m, f* <-n, -n; -, -nen> testigo *mf;* **er war ~ des Gesprächs/des Verbrechens** fue testigo de la conversación/del crimen; **vor ~n** ante testigos; ~ **der Anklage/Verteidigung** testigo de la acusación/de la defensa; **die ~n Jehovas** los testigos de Jehová

zeugen ['tsɔɪgən] **I.** *vi* **1.** (*erkennen lassen*): **von etw** *dat* ~ demostrar algo, probar algo; **das zeugt nicht gerade von gutem Benehmen** esto demuestra su mala educación **2.** (*als Zeuge aussagen*) testificar (*für* a favor de, *gegen* contra/en contra de) **II.** *vt* engendrar, procrear; **ein Kind** ~ engendrar un hijo; **das wird noch Unheil** ~ (*geh*) todavía dará lugar a una desgracia

Zeugenaussage *f* <-, -n> declaración *f* del testigo; **seine ~ machen** prestar declaración testimonial; **widersprüchliche ~n** declaración contradictoria de los testigos; **Zeugenbank** *f* <-, -bänke> banquillo *m* de los testigos; **Zeugenladung** *f* <-, -en> (JUR) citación *f* de testigos; **Zeugenstand** *m* <-(e)s, *ohne pl*> estrado *m* de testigos; **in den ~ treten** subir al estrado [*o* a declarar]; **jdn in den ~ rufen** llamar a alguien a declarar; **Zeugenverhör** *nt* <-(e)s, -e> interrogatorio *m* de los testigos; **Zeugenvernehmung** *f* <-, -en> audición *f* de los testigos

Zeughaus *nt* <-es, -häuser> (MIL: *alt*) arsenal *m*

Zeugin *f* <-, -nen> *s.* **Zeuge**

Zeugnis ['tsɔɪknɪs] *nt* <-ses, -se> **1.** (*Schul~*) notas *fpl;* (*Arbeits~*) certificado *m;* **gute Noten im ~ haben** tener buenas notas; **bald gibt es ~se** pronto nos darán las notas; **jdm ein ~ ausstellen/schreiben** extender(le)/escribir(le) a alguien un certificado **2.** (*Gutachten*) dictamen *m,* certificado *m;* **ein amtliches/ärztliches ~ beibringen** presentar un dictamen oficial/un certificado médico **3.** (*geh: Beweis, Zeichen*) testimonio *m,* prueba *f*

Zeugs [tsɔɪks] *nt* <-, *ohne pl*> (*fam abw*) *s.* **Zeug**

Zeugung *f* <-, -en> procreación *f,* engendramiento *m;* **Zeugungsakt** *m* <-(e)s, -e> acto *m* generador; **zeugungsfähig** *adj* capaz de engendrar [*o* de procrear]; **Zeugungsfähigkeit** *f* <-, *ohne pl*> facultad *f* generativa, capacidad *f* de procrear; **zeugungsunfähig** *adj* incapaz de engendrar [*o* de procrear]; **Zeugungsunfähigkeit** *f* <-, *ohne pl*> incapacidad *f* de procrear

zeuseln ['tsɔɪzəln] *vi* (*Schweiz*) jugar con el fuego

z.H(d). *Abk. von* **zu Händen von** a la atención de

Zichorie [tsɪ'ço:riə] *f* <-, -n> achicoria *f*

Zicke ['tsɪkə] *f* <-, -n> **1.** (*weibliche Ziege*) cabra *f* **2.** (*Frau*) pava *f* **3.** *pl* (*fam: Dummheiten*) tonterías *fpl;* **~n machen** hacer de las suyas, hacer el tonto; (*Schwierigkeiten*) crear problemas; **lass diese ~** déjate de tonterías

zickig *adj* (*fam abw*) veleidoso, caprichoso

Zicklein *nt* <-s, -> cabrito *m,* cabritillo *m*

zickzack ['tsɪktsak] *adv* en zigzag; ~ **fahren** ir en zigzag

Zickzack ['tsɪktsak] *m* <-(e)s, -e> zigzag *m,* eses *fpl;* (**im**) ~ **laufen** zigzaguear, hacer eses

zickzackförmig [-fœrmɪç] *adj* en zigzag, zigzagueante; **~e Wege** caminos en zigzag

Zickzackkurs *m* <-es, -e> zigzag *m;* **einen** [*o* **im**] ~ **fahren** zigzaguear; (*fig*) ir haciendo eses

Ziege ['tsi:gə] *f* <-, -n> **1.** (*Tier*) cabra *f* **2.** (*fam: Frau*) bruja *f;* **du dumme ~!** ¡tía idiota!

Ziegel ['tsi:gəl] *m* <-s, -> **1.** (*Backstein*) ladrillo *m* **2.** (*Dach~*) teja *f;* **Ziegelbau** *m* <-(e)s, -ten> construcción *f* de ladrillo, edificio *m* de ladrillo; **Ziegelbrenner(in)** *m(f)* <-s, -; -, -nen> ladrillero, -a *m, f;* **Ziegeldach** *nt* <-(e)s, -dächer> tejado *m* de tejas

Ziegelei [tsi:gə'laɪ] *f* <-, -en> fábrica *f* de tejas y ladrillos, galpón *m Kol*

ziegelrot *adj* color teja, rojo ladrillo; **Ziegelstein** *m* <-(e)s, -e> ladrillo *m*

Ziegenbart *m* <-(e)s, -bärte> **1.** (*Bart des Ziegenbockes*) barba *f* del macho cabrío; (*fam: Spitzbart*) barba *f* de chivo **2.** (*Pilz*) ramaria *f;* **Ziegenbock** *m* <-(e)s, -böcke> macho *m* cabrío, cabrón *m;* **Ziegenfell** *nt* <-(e)s, -e> piel *f* de cabra; **Ziegenhirte, -in** *m, f* <-n, -n; -, -nen> cabrero, -a *m, f,* pastor(a) *m(f)* de cabras; **Ziegenkäse** *m* <-s, -> queso *m* de (leche de) cabra; **Ziegenleder** *nt* <-s, -> cabritilla *f;* **Ziegenmilch** *f* <-, *ohne pl*> leche *f* de cabra; **Ziegenpeter** [-pe:tɐ] *m* <-s, -> (*fam*) paperas *fpl*

Ziehbrunnen *m* <-s, -> pozo *m* (de garrucha)

ziehen ['tsi:ən] <zieht, zog, gezogen> **I.** *vt* **1.** (*allgemein*) tirar (*an* de); (*zerren*) arrastrar; (*Anhänger*) remolcar; (*dehnen*) estirar; **jdn am Ärmel ~** tirar a alguien de la manga; **lass**

Z

dich doch nicht so ~! ¡no me hagas tirar de ti!; **jdn auf seine Seite ~** conquistar a alguien para sus fines; **er zog ihn heimlich beiseite und sagte ihm ...** se lo llevó aparte a escondidas y le dijo...; **im letzten Augenblick konnte sie den Wagen nach links ~** en el último momento pudo doblar a la izquierda; **die Notbremse ~** echar el freno; **er zog alle Register** hizo todo lo posible, tocó todos los resortes; **sie zog die Mütze über die Ohren** se ajustó la gorra; **die Vorhänge vor die Fenster ~** correr las cortinas; **der Honig zieht Fäden** la miel hace hebras; **etw in die Höhe ~** subir algo; **etw nach sich** *dat* **~** acarrear algo; **der Fehler zog unangenehme Folgen nach sich** el error acarreó consecuencias desagradables; **er zog alle Blicke/die Aufmerksamkeit auf sich** atrajo sobre sí todas las miradas/la atención; **musst du immer alles ins Komische ~?** ¿por qué tienes siempre que ridiculizarlo todo?; **Saiten auf ein Instrument ~** poner cuerdas a un instrumento **2.** (*heraus~*) sacar (*aus* de); (*Wurzeln*) arrancar (*aus* de); **Zigaretten ~** sacar cigarrillos; **er zog die Brieftasche/sein Scheckbuch** sacó la billetera/su talonario; **Proben ~** sacar pruebas; **nach der Operation werden die Fäden gezogen** después de la operación se quitan los puntos; **jdm einen Zahn ~** sacarle a alguien un diente; (*fig*) quitarle algo de la cabeza a alguien; **aus dem Verkehr ~** (*Auto*) retirar del servicio; (*Geld*) retirar de la circulación; **einen Vorteil aus etw ~** *dat* sacar una ventaja de algo; **Bilanz ~** (*a. fig*) hacer balance **3.** (*heran~*) acercar (tirando) (*an/auf* a), arrimar (*an/auf* a); **sie zogen das Boot an das Ufer** acercaron el barco a la orilla; **mich zieht überhaupt nichts nach Schweden** en Suecia no hay nada que me atraiga; **es zieht mich nach Hause/in die Ferne** tengo ganas de irme a casa/lejos **4.** (*Linie*) trazar, dibujar; **sich** *dat* **einen Scheitel ~** hacerse una raya **5.** (*Graben*) abrir; (*Grenze*) establecer; (*Mauer, Zaun*) levantar **6.** (*Pflanzen*) cultivar; (*Tiere*) criar; (*Kerzen*) hacer, fabricar **7.** (MATH) extraer; **die Wurzel aus einer Zahl ~** extraer la raíz de un número **8.** (*im Kartenspiel*) tomar una carta, robar **II.** *vi* **1.** (*a.* AUTO) tirar; **an etw** *dat* **~** tirar de algo; **das Auto/der Kamin zieht gut** el coche/la chimenea tira bien; **er zog an seiner Pfeife** dio una chupada a la pipa; **lass mich mal ~** (*an der Zigarette*) déjame dar una calada **2.** *sein* (*um~*) mudarse (*nach/in/auf* a), ir a vivir (*nach/in/auf* a); (*zu jdm*) irse a vivir (*zu* con); **ich ziehe nach Aachen** me mudo a Aquisgrán; **sie ~ aufs Land** se van a vivir al campo **3.** *sein* (*gehen, wandern*) caminar (*zu/nach* a), marchar (*zu/nach* a); (*hinein~*) entrar (*in* a/en); (*durchqueren*) atravesar, pasar (*durch* por); (*Vögel*) migrar; **in den Krieg ~** ir a la guerra; **die Demonstranten zogen zum Rathaus** los manifestantes se encaminaron al ayuntamiento; **der Gestank zieht durchs ganze Haus** la peste se extiende por toda la casa; **die Farbe zieht ins Holz** la madera chupa la pintura; **die Jahre zogen ins Land** pasaron los años; **einen ~ lassen** (*fam: furzen*) tirarse un pedo **4.** (*im Spiel*) mover; **mit dem Turm/einem Bauern ~** mover la torre/un peón **5.** (*Tee, Kaffee*) reposar **6.** (*Wirkung haben*) tener éxito, surtir efecto; **das zieht bei mir nicht** eso no vale conmigo; **dieser Trick zieht immer** este truco siempre tiene éxito **7.** (*schmerzen*) doler; **mir zieht's im Rücken** me duele la espalda **III.** *vr:* **sich ~ 1.** (*sich erstrecken*) extenderse; (*vorhanden sein*) estar presente; **dieses Thema zieht sich durch das ganze Buch** este tema está presente en todo el libro **2.** (*sich ver~*) alabearse **3.** (*fam: dauern*) durar, alargarse; **sich in die Länge ~** no acabar nunca, tardar mucho **IV.** *vunpers* (*Luftzug*) haber corriente; **Tür zu, es zieht!** ¡cierra la puerta, que hay corriente!

Ziehen *nt* <-s, *ohne pl*> **1.** (*eines Wagens, Anhängers*) tracción *f* **2.** (*eines Zahnes*) extracción *f* **3.** (*von Pflanzen*) cultivo *m* **4.** (*Schmerz*) dolor *m* tirante

Ziehharmonika *f* <-, -s *o* -harmoniken> acordeón *m*

Ziehung *f* <-, -en> sorteo *m;* **die ~ der Lottozahlen** el sorteo en la lotería primitiva; **Ziehungstag** *m* <-(e)s, -e> día *m* de(l) sorteo

Ziel [tsi:l] *nt* <-(e)s, -e> **1.** (*Reise~*) destino *m;* **mit unbekanntem ~ abfahren** salir (de viaje) con destino desconocido; **sie ist am ~ ihrer Träume** ha conseguido todo lo que quería **2.** (SPORT) meta *f;* **als Erster durchs ~ gehen** ser el primero en cruzar la meta; **ins ~ kommen** cruzar la meta **3.** (*beim Schießen*) blanco *m;* **ins ~ treffen** dar en el blanco; **über das ~ hinausschießen** (*fam*) pasarse **4.** (*Zweck*) fin *m,* objetivo *m;* (*Absicht*) propósito *m;* **erklärtes ~ ist es, ...** el objetivo que se ha fijado es...; **ein klares ~ vor Augen haben** perseguir una meta fija; **etw zum ~ haben** tener algo como meta [*o* fin]; **bei jdm zum ~ gelangen** conseguir de alguien lo que se quiere; **sich** *dat* **ein ~ setzen** [*o* **stecken**] proponerse una meta; **mit dem ~ zu ...** con el fin de... **5.** (COM: *Zahlungsfrist*): **etw auf ~ kaufen** comprar algo a plazos [*o* a crédito]; **Zielbahnhof** *m* <-(e)s, -höfe> (EISENB) estación *f* de destino; **Zielband** *nt* <-(e)s, -bänder> (SPORT) cinta *f* de llegada; **zielbewusst**RR *adj* decidido, resuelto; **~ verfahren** proceder de manera decidida; **Zieldatei** *f* <-, -en> (INFOR) archivo *m* de destino; **Zieldiskette** *f* <-, -n> (INFOR) disquete *m* de destino; **Zieleinheit** *f* <-, -en> (INFOR) unidad *f* de destino

zielen *vi* **1.** (*Mensch*) apuntar (*auf* a) **2.** (*Bemerkung*) referirse (*auf* a), dirigirse (*auf* a); **ihre Kritik zielt auf ...** su crítica se refiere a... **3.** (*zum Ziel haben*) tener como objetivo (*auf*); **der Plan zielt auf rasche Verände-**

rungen el objetivo del plan son cambios rápidos

Zielfernrohr *nt* <-(e)s, -e> mira *f* telescópica; **Zielfoto** *nt* <-s, -s> (SPORT) foto-finish *f*; **Zielgerade** *f* <-n, -n> (SPORT) recta *f* final; **Zielgerät** *nt* <-(e)s, -e> aparato *m* de puntería; **zielgerichtet** *adj* decidido, resuelto; (*methodisch*) metódico; **etw ~ planen** planear algo metódicamente; **Zielgeschäft** *nt* <-(e)s, -e> (WIRTSCH) operación *f* a término

Zielgruppe *f* <-, -n> grupo *m* destinatario; **Zielgruppenforschung** *f* <-, *ohne pl*> investigación *f* sobre grupos destinatarios

Zielhafen *m* <-s, -häfen> puerto *m* de destino; **Zielkamera** *f* <-, -s> (SPORT) cámara *f* de línea de meta; **Zielkauf** *m* <-(e)s, -käufe> (WIRTSCH) compra *f* a plazo; **Ziellaufwerk** *nt* <-(e)s, -e> (INFOR) unidad *f* de disco de destino, unidad *f* de destino; **Ziellinie** *f* <-, -n> (SPORT) línea *f* de llegada; **ziellos** *adj* sin objetivo, sin propósito fijo; **~ umherfahren** viajar sin rumbo fijo; **Zielort** *m* <-(e)s, -e> (punto *m* de) destino, lugar *m* de destino *m*; **Zielpunkt** *m* <-(e)s, -e> punto *m* de mira; **Zielscheibe** *f* <-, -n> diana *f*, blanco *m*; **als ~ dienen** servir de blanco; **Zielsetzung** *f* <-, -en> finalidad *f*, objetivo *m*; **kurzfristige/langfristige ~** objetivo a corto plazo/a largo plazo; **zielsicher** *adj* firme, seguro; **Zielsprache** *f* <-, -n> (LING) lengua *f* de destino

zielstrebig I. *adj* perseverante, resuelto; (*ausdauernd*) constante II. *adv* con determinación

Zielstrebigkeit *f* <-, *ohne pl*> perseverancia *f*

Zielvorgabe *f* <-, -n> objetivo *m* previsto; **Zielvorrichtung** *f* <-, -en> dispositivo *m* de puntería; **Zielvorstellung** *f* <-, -en> objetivo *m*

ziemen ['tsiːmən] I. *vr*: **sich ~** (*geh: sich gehören*) estar bien, ser debido II. *vi* (*geh: gebühren*) corresponder, pertenecer

ziemlich ['tsiːmlɪç] I. *adj* bastante; (*beträchtlich*) considerable; **mit ~er Sicherheit** con bastante seguridad; **das ist eine ~e Unverschämtheit!** (*fam*) ¡esto es una desvergüenza! II. *adv* 1. (*recht viel*) bastante; **~ lange** bastante tiempo; **~ viel** bastante (cantidad); **ich kenne ihn ~ gut** le conozco bastante bien 2. (*fam: beinahe*) casi; **so ~ alles** casi todo

Zierat *m* <-(e)s, -e> *s.* **Zierrat**

Zierde ['tsiːɐdə] *f* <-, -n> adorno *m*, ornamento *m*; **als ~ dienen** servir de adorno; **die ~ der Familie** el orgullo de la familia

zieren ['tsiːrən] I. *vt* (*geh*) decorar, adornar II. *vr*: **sich ~** (*abw*) hacerse de rogar; **er zierte sich nicht lange** no se hizo de rogar demasiado

Zierfisch ['tsiːɐ-] *m* <-(e)s, -e> pez *m* decorativo; **Ziergarten** *m* <-s, -gärten> jardín *m* de plantas ornamentales; **Zierleiste** *f* <-, -n> 1. (*an Möbeln*) embellecedor *m*, moldura *f* decorativa 2. (TYPO) viñeta *f*

zierlich *adj* grácil, delicado; (*fein*) fino

Zierlichkeit *f* <-, *ohne pl*> gracilidad *f*, delicadeza *f*; (*Feinheit*) finura *f*

Ziernaht *f* <-, -nähte> puntadas *fpl* de adorno; **Zierpflanze** *f* <-, -n> planta *f* ornamental

Zierrat[RR] ['tsiːraːt] *m* <-(e)s, -e> (*geh*) ornamento *m*, ornamentación *f*

Zierschrift *f* <-, -en> letra *f* ornamental; **Zierstrauch** *m* <-(e)s, -sträucher> arbusto *m* ornamental; **Ziervogel** *m* <-s, -vögel> pájaro *m* decorativo

Ziffer ['tsɪfɐ] *f* <-, -n> cifra *f*; (*Zahl*) número *m*; **römische/arabische ~n** números romanos/arábigos; **etw in ~n schreiben** escribir algo en cifras; **Zifferblatt** *nt* <-(e)s, -blätter> esfera *f*; **Zifferntaste** *f* <-, -n> (INFOR) tecla *f* numérica

zig [tsɪç] *adj inv* (*fam*) un montón (de), un mar (de); **es waren ~ Leute da** había la mar de gente

Zigarette [tsiga'rɛtə] *f* <-, -n> cigarrillo *m*, pitillo *m fam*; **sich** *dat* **eine ~ drehen** liar un cigarrillo; **Zigarettenanzünder** *m* <-s, -> encendedor *m* de cigarrillos; **Zigarettenautomat** *m* <-en, -en> máquina *f* expendedora de cigarrillos; **Zigarettenetui** *nt* <-s, -s> pitillera *f*, petaca *f*; **Zigarettenfilter** *m* <-s, -> filtro *m* de cigarillo; **Zigarettenlänge** *f*: **auf eine ~** (*fam*) (en) el tiempo de fumar un cigarrillo; **Zigarettenpackung** *f* <-, -en> *s.* **Zigarettenschachtel**; **Zigarettenpapier** *nt* <-s, -e> papel *m* de liar, mortaja *f Am*; **Zigarettenpause** *f* <-, -n> (*fam*) pausa *f* para fumar un cigarrillo; **Zigarettenraucher(in)** *m(f)* <-s, -; -, -nen> fumador(a) *m(f)* de cigarr(ill)os; **Zigarettenschachtel** *f* <-, -n> cajetilla *f*, paquete *m* de cigarrillos, atado *m CSur*; **Zigarettenspitze** *f* <-, -n> boquilla *f*; **Zigarettenstummel** *m* <-s, -> colilla *f*

Zigarillo [tsiga'rɪlo] *m o nt* <-s, -s> purito *m*

Zigarre [tsi'garə] *f* <-, -n> puro *m*, habano *m*; **Zigarrenabschneider** *m* <-s, -> cortacigarros *m inv*, cortapuros *m inv*; **Zigarrenkiste** *f* <-, -n> caja *f* de puros; **Zigarrenraucher(in)** *m(f)* <-s, -; -, -nen> fumador(a) *m(f)* de puros; **Zigarrenspitze** *f* <-, -n> boquilla *f* (para puros); **Zigarrenstummel** *m* <-s, -> colilla *f* (de puro)

Zigeuner(in) [tsi'gɔɪnɐ] *m(f)* <-s, -; -, -nen> gitano, -a *m, f*; **Zigeunerlager** *nt* <-s, -> campamento *m* de gitanos; **Zigeunerleben** *nt* <-s, *ohne pl*> vida *f* gitana, vida *f* de gitano; **Zigeunermusik** *f* <-, -en> música *f* gitana; **Zigeunerschnitzel** *nt* <-s, -> (GASTR) *filete de cerdo o ternera en una salsa con tomate, cebolla y tiras de pimiento rojo*; **Zigeunersprache** *f* <-, *ohne pl*> lengua *f* (de la etnia) gitana, caló *m*; **Zigeunerwagen** *m* <-s, -> carromato *m* de gitanos

zigfach ['tsɪçfax] **I.** *adj* (*fam*) múltiple; (*häufig*) frecuente **II.** *adv* (*fam*) varias veces, mil veces

zigmal ['tsɪçma:l] *adv* (*fam*) mil veces

zigste(r, s) *adj* (*fam*) enésimo; **zum ~n Mal** por enésima vez

Zikade [tsi'ka:də] *f* <-, -n> (ZOOL) cigarra *f*

Zimbabwe [zɪm'bapve] *nt* <-s> Zimbabwe *m*, Zimbabue *m*

zimbabwisch [zɪm'bapvɪʃ] *adj* zimbabuo

Zimbel ['tsɪmbəl] *f* <-, -n> címbalo *m*

Zimmer ['tsɪmɐ] *nt* <-s, -> habitación *f*, cuarto *m*, pieza *f Am;* **~ frei** habitación libre; **~ zu vermieten** se alquila habitación; **~ mit Frühstück** habitación con desayuno; **sich** *dat* **ein ~ im Hotel nehmen** tomar [*o* coger] una habitación en un hotel, alojarse en un hotel; **das ~ geht nach hinten** el cuarto da al patio; **eine Wohnung mit vier ~n** un piso de cuatro habitaciones; **Zimmerantenne** *f* <-, -n> antena *f* interior; **Zimmerdecke** *f* <-, -n> techo *m*

Zimmerei [tsɪmə'raɪ] *f* <-, -en> *s.* **Zimmerwerkstatt**

Zimmereinrichtung *f* <-, -en> mobiliario *m*

Zimmerer *m* <-s, -> *s.* **Zimmermann**

Zimmerflucht *f* <-, -en> conjunto *m* de habitaciones; (*im Hotel*) suite *f*

Zimmerhandwerk *nt* <-(e)s, -e> carpintería *f*, oficio *m* de carpintero

Zimmerkellner(in) *m(f)* <-s, -; -, -nen> camarero, -a *m, f* de habitación; **Zimmerlautstärke** *f* <-, *ohne pl*>: **das Radio auf ~ stellen** (*weil es zu laut war*) bajar la radio a un volumen medio; **Zimmerlinde** *f* <-, -n> (BOT) flor *f* de viento africana, cáñamo *m* africano; **Zimmermädchen** *nt* <-s, -> camarera *f*

Zimmermann *m* <-(e)s, -leute> carpintero *m* de obra; **jdm zeigen, wo der ~ das Loch gelassen hat** (*fam*) plantar a alguien en la calle

zimmern ['tsɪmɐn] **I.** *vi:* **an etw** *dat* **~** construir algo **II.** *vt* hacer, construir

Zimmerpflanze *f* <-, -n> planta *f* de interior; **Zimmerservice** *m* <-, *ohne pl*> servicio *m* de habitaciones; **das Hotel hat einen guten ~** el hotel tiene un buen servicio de habitaciones; **der ~ klopfte an der Tür** el servicio de habitaciones llamó a la puerta; **Zimmersuche** *f* <-, -n> búsqueda *f* de habitación [*o* de alojamiento]; **auf ~ sein** estar buscando habitación [*o* alojamiento]; **Zimmertemperatur** *f* <-, -en> temperatura *f* ambiente; **Zimmertheater** *nt* <-s, -> **1.** (*kleines Theater*) teatro *m* de cámara [*o* de bolsillo] **2.** (*kleines Ensemble*) grupo *m* de teatro de cámara; **Zimmervermittlung** *f* <-, -en> servicio *m* de alquiler de habitaciones

Zimmerwerkstatt *f* <-, -stätten> (taller *m* de) carpintería *f*

zimperlich ['tsɪmpɐlɪç] *adj* (*abw: überempfindlich*) hipersensible; (*geziert*) remilgado; (*Kind*) ñoño

Zimperlichkeit *f* <-, *ohne pl*> (*abw: Überempfindlichkeit*) hipersensibilidad *f;* (*Geziertheit*) remilgo *m*, afectación *f*

Zimt [tsɪmt] *m* <-(e)s, -e> canela *f;* **Zimtstange** *f* <-, -n> palo *m* de canela, canela *f* en rama

Zink [tsɪŋk] *nt* <-(e)s, *ohne pl*> (CHEM) cinc *m*, zinc *m;* **Zinkbad** *nt* <-(e)s, -bäder> (CHEM) baño *m* de cinc; **Zinkblech** *nt* <-(e)s, -e> chapa *f* galvanizada [*o* de cinc]

Zinke ['tsɪŋkə] *f* <-, -n> púa *f*

zinken *vt* (*sl*) marcar

Zinken ['tsɪŋkən] *m* <-s, -> (*fam: Nase*) napias *fpl*

zinkhaltig *adj* con contenido en cinc [*o* zinc]; **dieses Metall ist stark ~** este metal tiene un alto contenido en cinc

Zinksalbe *f* <-, -n> pomada *f* de óxido de cinc; **Zinkweiß** *nt* <-(es), -> óxido *m* de cinc [*o* de zinc]

Zinn [tsɪn] *nt* <-(e)s, *ohne pl*> **1.** (CHEM) estaño *m* **2.** (*~geschirr*) vajilla *f* de estaño; **Zinnbecher** *m* <-s, -> vaso *m* de estaño

Zinne ['tsɪnə] *f* <-, -n> almena *f*

zinne(r)n ['tsɪnən, 'tsɪnɐn] *adj* de estaño

Zinnerz *nt* <-es, -e> mineral *m* de estaño; **Zinnfigur** *f* <-, -en> figura *f* de plomo; **Zinngeschirr** *nt* <-(e)s, -e> vajilla *f* de estaño; **Zinngießerei** *f* <-, -en> fundición *f* de estaño

zinnhaltig *adj* con contenido en estaño, estañífero; **dieses Metall ist stark ~** este metal tiene un alto contenido en estaño

Zinnie ['tsɪniə] *f* <-, -n> (BOT) zinnia *f*

Zinnober[1] [tsɪ'no:bɐ] *m* <-s, *ohne pl*> (*fam abw: Unsinn*) tontería *f*, disparate *m;* (*Zeug*) chismes *mpl*

Zinnober[2] *m* <-s, -> **1.** (*Mineral*) cinabrio *m* **2.** (*Farbe*) bermellón *m;* **zinnoberrot** *adj* de color de bermellón, bermejo

Zinnschicht *f* <-, -en> (CHEM) capa *f* de estaño; **Zinnsoldat** *m* <-en, -en> soldado *m* de plomo

Zinnstein *m* <-(e)s, -e> (GEO) casiterita *f*

Zins [tsɪns] *m* <-es, -en> **1.** (*Verzinsung*) interés *m;* **~en bringen** producir intereses; **jdm etw mit ~ und Zinseszins zurückgeben** [*o* **zurückzahlen**] devolver algo a alguien hasta el último céntimo; (*fig*) pagar algo a alguien con la misma moneda **2.** (*südd, Schweiz, Österr: Miete*) alquiler *m*, renta *f*

Zinsabschlag *m* <-(e)s, -schläge> descuento *m* de intereses, deducción *f* de intereses; **Zinsabschlagsteuer** *f* <-, -n> impuesto *m* por deducción de intereses

Zinsabzug *m* <-(e)s, -züge> descuento *m* de intereses; **es erfolgt ein ~ bei Zahlung vor Fälligkeit** se descontarán intereses si el pago se realiza antes de la fecha de vencimiento; **Zinsaufwendungen** *fpl* gastos *mpl* de intereses; **Zinsbelastung** *f* <-, -en> carga *f* de intereses; **Zinsbesteuerung** *f* <-, -en> imposición *f* de gravámenes sobre intereses; **Zinserhöhung** *f* <-, -en> aumento *m* de los tipos de interés, subida *f* de los intereses; **Zinsertrag** *m* <-(e)s, -träge> rédito *m*

Zinseszins ['tsɪnzəs-] *m* <-es, -en> interés *m* compuesto, intereses *mpl* acumulados

Zinsfestschreibung *f* <-, -en> fijación *f* de los intereses; **Zinsgefälle** *nt* <-s, -> diferencial *m* en los tipos de interés; **zinsgünstig** *adj* (FIN) de un tipo de interés favorable; **Zinslast** *f* <-, -en> carga *f* de intereses; **zinslos** *adj* libre de interés, sin interés; **Zinsrechnung** *f* <-, -en> cálculo *m* de intereses; **Zinsrückstand** *m* <-(e)s, -stände> intereses *mpl* atrasados [*o* vencidos]; **Zinssatz** *m* <-es, -sätze> tipo *m* de interés; **Zinssenkung** *f* <-, -en> reducción *f* de los tipos de interés, bajada *f* de los intereses; **Zinstabelle** *f* <-, -n> tabla *f* de intereses; **Zinstief** *nt* <-s, -s> (FIN) intereses *mpl* a la baja; **zinstragend** *adj* que produce intereses; **Zinsverlust** *m* <-(e)s, -e> pérdida *f* de intereses; **Zinswucher** *m* <-s, *ohne pl*> interés *m* usurario

Zionismus [tsio'nɪsmʊs] *m* <-s, *ohne pl*> sionismo *m*

Zionist(in) [tsio'nɪst] *m(f)* <-en, -en; -, -nen> sionista *mf*

zionistisch *adj* sionista

Zipfel ['tsɪpfəl] *m* <-s, -> punta *f*, extremo *m*; **Zipfelmütze** *f* <-, -n> gorro *m* con borla

Zipperlein *nt* <-s, -> (*fam: Wehwehchen*) achaque *m*, alifafe *m*

Zippverschluss[RR] ['zɪp-] *m* <-es, -schlüsse> (*Österr*) cremallera *f*

Zirbeldrüse ['tsɪrbəl-] *f* <-, -n> (ANAT) epífisis *f inv*

Zirbelkiefer *f* <-, -n> (BOT) pino *m* suizo [*o* de los Alpes]

zirka ['tsɪrka] *adv* cerca de, aproximadamente; ~ **drei Stunden/150 DM** tres horas/150 marcos aproximadamente; ~ **ein km** cerca de un km; **in ~ zwei Wochen** en dos semanas aproximadamente; **Zirkapreis** *m* <-es, -e> (FIN) precio *m* aproximado

Zirkel ['tsɪrkəl] *m* <-s, -> **1.** (*Gerät*) compás *m* **2.** (*Kreis, Gruppe*) círculo *m*; **Zirkelschluss**[RR] *m* <-es, -schlüsse> círculo *m* vicioso

Zirkonium [tsɪr'ko:niʊm] *nt* <-s, *ohne pl*> (CHEM) zirconio *m*, circonio *m*

Zirkulation [tsɪrkula'tsjo:n] *f* <-, -en> circulación *f*; **Zirkulationskapital** *nt* <-s, -e *o* -ien> (WIRTSCH) capital *m* circulante

zirkulieren* [tsɪrku'li:rən] *vi haben o sein* circular

Zirkumflex ['tsɪrkʊmflɛks] *m* <-es, -e> (LING) acento *m* circunflejo

Zirkus[1] ['tsɪrkʊs] *m* <-, -se> circo *m*; **in den ~ gehen** ir al circo

Zirkus[2] *m* <-, *ohne pl*> (*fam abw: Getue*) teatro *m*; (*Durcheinander*) follón *m*; **mach doch nicht solchen ~!** ¡no hagas tanto teatro!; **es gab wieder einen furchtbaren ~ zu Hause** otra vez hemos tenido una bronca [*o* trifulca] de campeonato en casa

Zirkuszelt *nt* <-(e)s, -e> carpa *f* de un circo

zirpen ['tsɪrpən] *vi* (*Grillen*) cantar

Zirrhose [tsɪ'ro:zə] *f* <-, -n> (MED) cirrosis *f inv*

Zirruswolke ['tsɪrʊs-] *f* <-, -n> (METEO) cirro *m*

zisch [tsɪʃ] *interj* ¡chis!, ¡pss!

zischeln ['tsɪʃəln] *vi, vt* cuchichear

zischen ['tsɪʃən] *vi* (*Schlange*) silbar; (*Mensch*) silbar, sisear; **das Publikum zischte verärgert** el público silbó enfadado; **das Wasser zischte im Topf** el agua de la olla estaba hirviendo; **heute Abend ~ wir (uns) einen** (*fam*) esta noche nos vamos de copas

Zischlaut *m* <-(e)s, -e> (LING) (sonido *m*) sibilante *f*

ziselieren* [tsize'li:rən] *vt* cincelar

Ziselierung *f* <-, -en> cinceladura *f*

Zisterne [tsɪs'tɛrnə] *f* <-, -n> cisterna *f*

Zitadelle [tsita'dɛlə] *f* <-, -n> ciudadela *f*

Zitat [tsi'ta:t] *nt* <-(e)s, -e> cita *f*; **Zitatenlexikon** *nt* <-s, -lexika> diccionario *m* de citas

Zither ['tsɪtɐ] *f* <-, -n> (MUS) cítara *f*; **Zitherspieler(in)** *m(f)* <-s, -; -, -nen> (MUS) tocador(a) *m(f)* de cítara, citarista *mf*

zitieren* [tsi'ti:rən] *vt* citar (*aus* de); **jdn zu sich** *dat* ~ llamar a alguien; **er wurde zum Chef zitiert** le requirieron que se presentara al jefe

Zitierfreiheit *f* <-, *ohne pl*> libertad *f* de cita [*o* de citación]

Zitronat [tsitro'na:t] *nt* <-(e)s, -e> cáscara *f* de cidra confitada, acitrón *m*

Zitrone [tsi'tro:nə] *f* <-, -n> limón *m*; **eine ~ auspressen** exprimir un limón; **eine heiße ~ trinken** tomarse un zumo de limón caliente; **jdn wie eine ~ ausquetschen** (*fam*) exprimir a alguien como un limón; **Zitronenbaum** *m* <-(e)s, -bäume> limonero *m*; **Zitroneneis** *nt* <-es, -> helado *m* de limón; **Zitronenfalter** *m* <-s, -> cleopatra *f*; **zitronengelb** *adj* (de color) amarillo limón; **Zitronenlimonade** *f* <-, -n> limonada *f*; **Zitronenmelisse** *f* <-, -n> hierba *f* luisa; **Zitronenpresse** *f* <-, -n> exprimidor *m*, exprimelimones *m inv*; **Zitronensaft** *m* <-(e)s, -säfte> zumo *m* de limón, jugo *m* de limón *Am*; **Zitronensäure** *f* <-, *ohne pl*> ácido *m* cítrico; **Zitronenschale** *f* <-, -n> cáscara *f* de limón

Zitrusfrucht ['tsi:trʊs-] *f* <-, -früchte> fruto *m* cítrico

Zitteraal *m* <-(e)s, -e> (ZOOL) anguila *f* eléctrica

zitt(e)rig ['tsɪt(ə)rɪç] *adj* tembloroso

zittern ['tsɪtɐn] *vi* temblar (*vor* de); (*vibrieren*) vibrar; **sie zitterte vor Kälte/Angst**

temblaba de frío/miedo; **mir ~ die Knie** me tiemblan las rodillas; **er zitterte, als er den Raum betrat** entró temblando en la sala

Zitterpappel *f* <-, -n> (BOT) álamo *m* temblón; **Zitterpartie** *f* <-, -n> (*fam*): **der Ausflug mit dem alten Auto war die reinste ~** en la excursión con el coche viejo nos entró varias veces un tembleque; **Zitterrochen** *m* <-s, -> (ZOOL) torpedo *m*, tembladera *f*

zittrig *adj s.* **zitt(e)rig**

Zitze ['tsɪtsə] *f* <-, -n> teta *f*, tetilla *f*

Zivi ['tsi:vi] *m* <-(s), -s> (*fam*) **1.** *Abk. von* **Zivildienstleistende(r)** objetor *m* de conciencia (*prestando su servicio social*) **2.** *Abk. von* **Zivilpolizist(in)** policía *mf* de paisano

zivil [tsi'vi:l] *adj* **1.** (*nicht militärisch*) civil **2.** (*gemäßigt*) moderado; (*Preis*) módico

Zivil [tsi'vi:l] *nt:* ~ **tragen** vestir de paisano; **in ~** (vestido) de paisano

Zivilangestellte(r) *mf* <-n, -n; -n, -n> empleado, -a *m, f* civil; **Zivilbehörde** *f* <-, -n> autoridades *fpl* civiles; **Zivilberuf** *m* <-(e)s, -e> oficio *m* de civil; **im ~** en el oficio de paisano; **Zivilbevölkerung** *f* <-, -en> población *f* civil; **Zivilcourage** *f* <-, *ohne pl*> valor *m* cívico; **~ besitzen/zeigen/haben** poseer/mostrar/tener valor cívico

Zivildienst *m* <-(e)s, *ohne pl*> prestación *f* social sustitutoria, servicio *m* civil

Zivildienstleistende(r) *m* <-n, -n> objetor *m* cumpliendo el servicio civil

Zivilehe *f* <-, -n> (JUR) matrimonio *m* civil; **Zivilfahnder(in)** *m(f)* <-s, -; -, -nen> investigador(a) *m(f)* (en) civil; **Zivilgericht** *nt* <-(e)s, -e> tribunal *m* civil

Zivilgesetzbuch *nt* <-(e)s, -bücher> (*Schweiz*) Código *m* Civil Suizo; **Zivilgesetzgebung** *f* <-, -en> código *m* civil, legislación *f* civil

Zivilisation [tsiviliza'tsjo:n] *f* <-, -en> civilización *f*; **Zivilisationserscheinung** *f* <-, -en> síntoma *m* de la civilización, fenómeno *m* de la civilización; **Zivilisationskrankheit** *f* <-, -en> enfermedad *f* de (la) civilización

zivilisatorisch [tsiviliza'to:rɪʃ] *adj* civilizador

zivilisieren* [tsivili'zi:rən] *vt* civilizar

zivilisiert [tsivili'zi:ɐt] *adj* civilizado; **sich ~ benehmen** portarse civilizadamente

Zivilist(in) [tsivi'lɪst] *m(f)* <-en, -en; -, -nen> civil *mf*, paisano, -a *m, f*

Zivilkammer *f* <-, -n> (JUR) sala *f* civil; **Zivilklage** *f* <-, -n> (JUR) acción *f* civil, acusación *f* civil; **Zivilkleidung** *f* <-, -en> traje *m* de paisano; **Zivilleben** *nt* <-s, *ohne pl*> vida *f* civil; **Zivilperson** *f* <-, -en> civil *mf*, paisano, -a *m, f*

Zivilprozess[RR] *m* <-es, -e> (JUR) causa *f* civil; **Zivilprozessordnung**[RR] *f* <-, -en> (JUR) código *m* procesal civil

Zivilrecht *nt* <-(e)s, *ohne pl*> (JUR) derecho *m* civil; **zivilrechtlich** *adj* (JUR) de derecho civil; **Zivilrichter(in)** *m(f)* <-s, -; -, -nen> (JUR) juez(a) *m(f)* civil; **Zivilsache** *f* <-, -n> (JUR) causa *f* civil; **streitige ~** causa civil litigiosa; **Zivilschutz** *m* <-es, *ohne pl*> protección *f* civil

Zloty ['zlɔti, 'slɔti] *m* <-s, -> zloty *m*

Zmittag ['tsmɪta:k] *m o nt* <-s, *ohne pl*> (*Schweiz*) almuerzo *m*

Zmorgen ['tsmɔrgən] *m o nt* <-, *ohne pl*> (*Schweiz*) desayuno *m*

Zn (CHEM) *Abk. von* **Zink** Zn

Znacht [tsnaxt] *m o nt* <-s, *ohne pl*> (*Schweiz*) cena *f*

ZNS [tsɛtʔɛn'ʔɛs] *nt* <-, -> *Abk. von* **Zentralnervensystem** SNC *m*

Znüni ['tsny:ni] *m o nt* <-, *ohne pl*> (*Schweiz*) desayuno *m* de media mañana

Zobel ['tso:bəl] *m* <-s, -> (ZOOL) marta *f* cebellina

zockeln ['tsɔkəln] *vi sein* (*fam*) trotar lentamente

zocken ['tsɔkən] *vi* (*sl*) jugar (juegos de azar)

Zocker(in) ['tsɔkɐ] *m(f)* <-s, -; -, -nen> (*sl*) tahúr(a) *m(f)*

Zofe ['tso:fə] *f* <-, -n> doncella *f*, criada *f*

Zoff ['tsɔf] *m* <-s, *ohne pl*> (*fam*) pelea *f*; **~ haben** haberse peleado

zog [tso:k] *3. imp von* **ziehen**

zögerlich ['tsø:gɐlɪç] *adj* dudoso, vacilante, titubeante

zögern ['tsø:gɐn] *vi* dudar, vacilar (*zu* en), trepidar *Am;* **ohne zu ~** sin vacilar; **~d einen Entschluss fassen** tomar una decisión con titubeos; **etw ~d preisgeben** revelar algo con recelo; **sie zögerte (nicht), das Angebot anzunehmen** (no) vaciló en aceptar la oferta

Zögern *nt* <-s, *ohne pl*> vacilación *f*, titubeo *m*

Zögling ['tsø:klɪŋ] *m* <-s, -e> pupilo, -a *m, f*

Zölibat [tsøli'ba:t] *nt o m* <-(e)s, *ohne pl*> celibato *m*

Zoll[1] [tsɔl, *pl:* 'tsœlə] *m* <-(e)s, Zölle> (*Abgabe*) derechos *mpl* de aduana, aranceles *mpl;* **für etw ~ bezahlen** pagar derechos de aduana por algo; **Zölle erheben** establecer derechos de aduana; **etw aus dem ~ freigeben** declarar algo exento de aranceles

Zoll[2] *m* <-(e)s, *ohne pl*> (*Behörde*) aduana *f;* **durch den ~ kommen** pasar la aduana

Zoll[3] *m* <-(e)s, -> (*Längenmaß*) pulgada *f;* **jeder ~ ein Gentleman** un caballero de la cabeza a los pies, todo un caballero

Zollabfertigung *f* <-, -en> trámites *mpl* aduaneros; **Zollabfertigungsgebühr** *f* <-, -en> derechos *mpl* de trámites aduaneros

Zollabkommen *nt* <-s, -> acuerdo *m* aduanero [*o* arancelario]; **Zollamt** *nt* <-(e)s, -ämter> (oficina *f* de) aduana *f;* **zollamtlich** *adj:* **~ abfertigen** cumplir las formalidades aduaneras; **Zollaufsicht** *f* <-, -en> control *m* aduanero; **Zollausfuhrerklärung** *f* <-, -en> declaración *f* de salida;

Zollautonomie *f* <-, -n> autonomía *f* aduanera; **Zollbeamte(r)** *mf* <-n, -n; -n, -n>, **-beamtin** *f* <-, -nen> funcionario, -a *m, f* de aduanas, aduanero, -a *m, f*; **Zollbegleitpapiere** *ntpl* documentos *mpl* de aduana; **Zollbegleitschein** *m* <-(e)s, -e> guía *f* de circulación; **Zollbehörde** *f* <-, -n> aduana *f*; **Zollbestimmung** *f* <-, -en> disposición *f* aduanera; **wer gegen die ~en verstößt, muss mit einer Strafe rechnen** quien viola las leyes aduaneras debe contar con una sanción; **Zolldeklaration** *f* <-, -en> declaración *f* de aduana; **Zolleinfuhrschein** *m* <-(e)s, -e> certificado *m* de entrada, documento *m* de entrada; **Zolleinlagerung** *f* <-, -en> confinamiento *m* en aduana

zollen ['tsɔlən] *vt* (*geh*) tributar; **jdm Respekt ~** tributar respeto a alguien; **jdm Bewunderung ~** tributar admiración a alguien; **jdm Dank ~** mostrarse agradecido a alguien

Zollerklärung *f* <-, -en> declaración *f* de aduana; **Zoll- und Devisenerklärung** declaración de aduana y de divisas; **Zollfahnder(in)** *m(f)* <-s, -; -, -nen> policía *mf* de aduanas; **Zollfahndung** *f* <-, -en> policía *f* de aduanas; **Zollformalitäten** *fpl* formalidades *fpl* aduaneras; **zollfrei** *adj* libre de derechos de aduana; **Zollfreiheit** *f* <-, *ohne pl*> franquicia *f* arancelaria; **Zollfreizone** *f* <-, -n> zona *f* franca en aduana; **Zollgebiet** *nt* <-(e)s, -e> zona *f* aduanera, territorio *m* aduanero; **Zollgebühren** *fpl* aranceles *mpl*, derechos *mpl* arancelarios; **Zollgrenzbezirk** *m* <-(e)s, -e> (zona *f* de) frontera *f* aduanera; **Zollgrenze** *f* <-, -n> frontera *f* aduanera; **Zollhoheit** *f* <-, *ohne pl*> soberanía *f* aduanera [*o* arancelaria]; **Zollinhaltserklärung** [-'-----] *f* <-, -en> declaración *f* de aduana; **Zollkontrolle** *f* <-, -n> control *m* aduanero, inspección *f* aduanera

Zöllner(in) ['tsœlnɐ] *m(f)* <-s, -; -, -nen> (*fam*) aduanero, -a *m, f*, funcionario, -a *m, f* de aduanas

zollpflichtig *adj* sujeto a derechos de aduana; **Zollrückvergütung** *f* <-, -en> devolución *f* de derechos arancelarios; **Zollsatz** *m* <-es, -sätze> tasa *f* arancelaria; **Zollschranke** *f* <-, -n> barrera *f* aduanera; **Zollsenkung** *f* <-, -en> reducción *f* de los aranceles [*o* de los derechos de aduana]

Zollstock *m* <-(e)s, -stöcke> metro *m* plegable

Zolltarif *m* <-(e)s, -e> arancel *m*

Zollunion *f* <-, -en> unión *f* aduanera; **Zollvergehen** *nt* <-s, -> delito *m* aduanero; **Zollverschluss**[RR] *m* <-es, -schlüsse> precinto *m* aduanero; **unter ~** bajo precinto aduanero; **Zollverwaltung** *f* <-, -en> administración *f* de aduanas; **Zollwert** *m* <-(e)s, -e> valor *m* arancelario

Zombie ['tsɔmbi] *m* <-(s), -s> zombi(e) *m*

zonal *adj* por zonas

Zone ['tso:nə] *f* <-, -n> zona *f*; **äquatoriale ~** zona ecuatorial; **entmilitarisierte ~** zona desmilitarizada; **gemäßigte ~** zona templada; **Zonengrenze** *f* <-, -n> **1.** (*zwischen Besatzungszonen*) frontera *f* entre zonas de ocupación **2.** (HIST: *zur Ex-DDR*) frontera *f* interalemana **3.** (AUTO: *Zahlgrenze*) límite *m* de tarifa

Zonierung *f* <-, -en> zonificación *f*

Zoo [tso:] *m* <-s, -s> zoo *m*, parque *m* zoológico; **zoogeographisch** *adj* zoogeográfico

Zoologe, -in [tsoo'lo:gə] *m, f* <-n, -n; -, -nen> zoólogo, -a *m, f*

Zoologie [tsoolo'gi:] *f* <-, *ohne pl*> zoología *f*

Zoologin *f* <-, -nen> *s.* **Zoologe**

zoologisch *adj* zoológico

Zoom [zu:m] *nt* <-s, -s> (FILM, FOTO) zoom *m*

zoomen ['zu:mən] *vt* (FILM, FOTO) enfocar con el zoom

Zoomobjektiv *nt* <-s, -e> (FOTO) (objetivo *m*) zoom *m*

Zoophyt [tsoo'fy:t] *m o nt* <-en, -en> (ZOOL) zoofito *m*

Zootier *nt* <-(e)s, -e> animal *m* del zoo; **Zoowärter(in)** *m(f)* <-s, -; -, -nen> guardián, -ana *m, f* de jardín zoológico

Zopf [tsɔpf, *pl:* 'tsœpfə] *m* <-(e)s, Zöpfe> trenza *f*; **ein alter ~** (*fam*) una costumbre anticuada; **Zopfmuster** *nt* <-s, -> (*bei Strickwaren*) ochos *mpl*; **ein Pullover mit ~** un jersey de ochos; **Zopfspange** *f* <-, -n> prendedor *m* para el cabello

Zorn [tsɔrn] *m* <-(e)s, *ohne pl*> ira *f*, cólera *f*; **jdn packt der ~** alguien se pone como un energúmeno; **sein ~ hat sich gelegt** su cólera se ha aplacado; **jdn in ~ bringen** enfurecer a alguien; **auf jdn einen ~ haben** estar furioso con alguien; **in ~ geraten** ponerse furioso; **im ~** enfurecido; **Zornesausbruch** *m* <-(e)s, -brüche> ataque *m* de ira [*o* de cólera]; **Zornesröte** *f* <-, *ohne pl*> (*geh*): **das treibt einem die ~ ins Gesicht** es para enfurecerse

zornig I. *adj* iracundo, colérico, caribe *Ant*; **~ werden** encolerizarse (*auf* con); **auf jdn ~ sein** estar furioso con alguien **II.** *adv* con ira

Zote ['tso:tə] *f* <-, -n> (*abw*) obscenidad *f*, chiste *m* verde

zotig *adj* (*abw*) vulgar, ordinario, grosero

Zottelhaar *nt* <-(e)s, -e> (*fam*) lanas *fpl*, greñas *fpl*

zott(e)lig ['tsɔt(ə)lɪç] *adj s.* **zottig**

Zotteln ['tsɔtəln] *fpl* (*fam*) **1.** (*Haarbüschel*) mechón *m*, greña *f* **2.** (*Troddel*) borla *f*

zottig ['tsɔtɪç] *adj* **1.** (*Fell*) hirsuto, chasco *Am* **2.** (*abw: Haare*) desgreñado

zottlig *adj s.* **zott(e)lig**

ZPO (JUR) *Abk. von* **Zivilprozessordnung** Código *m* de Procesamiento Civil

Zr (CHEM) *Abk. von* **Zirkonium** Zr

z.T. *Abk. von* **zum Teil** en parte

Ztr. *Abk. von* **Zentner** q.

zu [tsu:] **I.** *präp +dat* **1.** (*Richtung, Lage, Verhältnis*) a; (*in*) en; ~ **Hause** en casa; **das Museum ~ Speyer** el Museo de Espira; **Herzog ~ X** el Duque de X; ~ **beiden Seiten** a ambos lados; ~ **seiner Rechten** a su derecha; **sie kommt ~ mir** viene a mi casa; **er geht ~m Bahnhof/~r Post** va a la estación/a Correos; **~m Zentrum sind es vier Kilometer** hay cuatro kilómetros al centro; **es fiel ~ Boden** cayó al suelo; ~ **jdm hinsehen** mirar a alguien; **sie sah ~ ihm hinüber** le miró; **das Zimmer liegt ~r Straße hin** la habitación da a la calle; ~ **jedem Topf gehört ein Deckel** cada oveja con su pareja; **~m Film wollen** querer dedicarse al cine **2.** (*hin~, da~*) con; **er setzte sich ~ den anderen** se sentó con los demás; **nehmen Sie Wein ~m Essen?** ¿toma Ud. vino con la comida? **3.** (*zeitlich*): **~r rechten Zeit** en el momento oportuno; ~ **jener Zeit** en aquel tiempo; **ich kündige ~m 1. Mai** rescindo mi contrato el primero de mayo; ~ **Anfang** al principio; ~ **Ostern** (*reg*) en Semana Santa; ~ **Weihnachten** por [*o* en] Navidades; **~m ersten Mal** por primera vez; ~ **Mittag/Abend essen** almorzar/cenar **4.** (*Preis, Menge, Häufigkeit*): ~ **dritt** de tres en tres, de a tres; **~m Teil** en parte; **in Kisten ~ (je) hundert Stück** en cajas de a cien; **~m halben Preis** a mitad de precio; **zehn Briefmarken ~ 60 Peseten** diez sellos de 60 pesetas; **das Kilo ~ drei Mark** a tres marcos el kilo **5.** (*Art und Weise*): ~ **Recht** con razón; ~ **Fuß** a pie; ~ **Deutsch** en alemán **6.** (*Zweck, Ziel*) para, por; **~m Glück** por suerte; ~ **allem Unglück** para colmo de desgracias; ~ **deiner Beruhigung kann ich sagen, dass ...** para tu tranquilidad puedo decir que...; **ein Stift ~m Schreiben** un lápiz para escribir; **~r Unterhaltung** por diversión; **es ist ~m Weinen** es para llorar; **etwas ~m Essen/Lesen mitnehmen** llevarse algo para comer/leer; **kommst du ~m Frühstück/Abendessen?** ¿vienes a desayunar/cenar?; **jdm ~m** [*o* ~ **seinem/ihrem**] **Geburtstag gratulieren** felicitar a alguien por el [*o* su] cumpleaños; **wo hat er die Informationen ~ diesem Artikel her?** ¿de dónde ha sacado la información para este artículo? **7.** (*Verhältnis*) a, contra; **die Chancen stehen eins ~ zehn** hay una posibilidad contra diez; **eins ~ null für Real Madrid** uno a cero para el Real Madrid **8.** (*in Bezug auf*) (con) respecto a; ~ **dieser Frage möchte ich Folgendes sagen: ...** con respecto a esta pregunta quisiera decir lo siguiente:... **9.** (*Verwandlung*) en; **das Wasser wurde ~ Eis** el agua se convirtió en hielo; **die Not machte ihn ~m Verbrecher** la necesidad le convirtió en un delincuente **II.** *adv* **1.** (*allzu*) demasiado; ~ **sehr/viel** demasiado; **er fährt ~ schnell** conduce demasiado rápido; **es war einfach ~ dumm** era sencillamente demasiado estúpido; **ich würde ja ~ gern abreisen** me encantaría irme de viaje **2.** (*Richtung*) hacia; **nach Süden ~** hacia el sur; **nur ~!** (*fam*) ¡adelante! **3.** (*fam: geschlossen*) cerrado; ~ **sein** (*ge-, verschlossen*) estar cerrado; (*betrunken*) estar colocado, tener un cuelgue; **die Tür ist ~** la puerta está cerrada; **Tür ~!** ¡cierra la puerta! **4.** (*zeitlich*): **ab und ~** de vez en cuando, de cuando en cuando; **von Zeit ~ Zeit** de tiempo en tiempo **III.** *konj* **1.** (*mit Infinitiv*): **es ist schön, neue Leute kennen ~ lernen** es bonito conocer gente nueva; **es ist leicht ~ finden** es fácil de encontrar; **sie raten mir, das Buch ~ kaufen** me aconsejan comprar [*o* que compre] el libro; **er ging, ohne sich ~ verabschieden** se fue sin despedirse; **ich rufe an, um dich ein~laden** llamo para invitarte **2.** (*mit Partizip Präsens*): **die ~ erledigende Post** el correo por despachar

zuallererst [-'--'-] *adv* ante todo, en primer lugar

zuallerletzt [-'--'-] *adv* por último, en último lugar

zu|bauen *vt* (*Lücke*) ocupar (con un edificio); (*Platz, Gelände*) llenar de edificios, construir por todos los lados; (*Blick*) tapar, quitar

Zubehör ['tsu:bəhø:ɐ] *nt* <-(e)s, -e> accesorios *mpl*, implemento *m Am;* **Zubehörteil** *nt* <-(e)s, -e> accesorio *m*

zu|beißen *irr vi* morder, hincar los dientes

zu|bekommen* *irr vt* (*fam: Tür, Koffer*) lograr [*o* conseguir] cerrar; (*Kleidung*) conseguir [*o* lograr] abrochar

Zuber ['tsu:bɐ] *m* <-s, -> (*reg*) tina *f*

zu|bereiten* *vt* preparar; (*Speisen*) aderezar, guisar

Zubereitung *f* <-, -en> preparación *f;* (*von Speisen*) aderezo *m*

Zubettgehen [-'---] *nt* <-s, *ohne pl*>: **vor dem ~** antes de irse a la cama [*o* a dormir]

zu|bewegen* **I.** *vt* mover (*auf* hacia) **II.** *vr:* **sich ~** moverse (*auf* hacia)

zu|billigen *vt:* **jdm etw ~** conceder algo a alguien

zu|binden *irr vt* atar, ligar; **jdm die Augen ~** vendar a alguien los ojos; **sich** *dat* **die Schuhe ~** atarse los zapatos

zu|bleiben *irr vi sein* (*fam*) quedarse cerrado

zu|blinzeln *vi:* **jdm ~** guiñar el ojo a alguien, hacer un guiño a alguien; **sich** *dat* [*o* **einander**] ~ hacerse guiños

zu|bringen *irr vt* **1.** (*verbringen*) pasar **2.** (*fam: schließen können*) lograr cerrar

Zubringer *m* <-s, -> (AUTO) **1.** (*Straße*) vía *f* de acceso **2.** (*Verkehrsmittel*) enlace *m;* **Zubringerdienst** *m* <-(e)s, -e> servicio *m* de enlace; **der ~ zum Flughafen** el servicio de enlace al aeropuerto; **Zubringerstraße** *f* <-, -n> vía *f* de acceso

Zubrot *nt* <-(e)s, *ohne pl*> guarnición *f;* **sich** *dat* **ein ~ nebenher verdienen** ganarse unas pesetillas [*o* perras] extra

zu|buttern *vt* (*fam*): **jdm etwas ~** dar una ayudita económica a alguien; **meine Eltern**

buttern mir noch etwas zu mis padres me siguen echando una mano; **das Projekt wurde immer teurer, der Konzern musste Millionen** ~ el proyecto fue encareciendo y la empresa tuvo que seguir poniendo millones y millones

Zucchino [tsʊ'ki:no, *pl:* tsʊ'ki:ni] *m* <-s, Zucchini> calabacín *m,* zapallo *m* italiano *Am*

Zucht [tsʊxt] *f* <-, -en> (*von Tieren*) crianza *f,* cría *f;* (*von Pflanzen, Bakterien*) cultivo *m;* **hier herrscht ~ und Ordnung** aquí reina una disciplina severa; **Zuchtbulle** *m* <-n, -n> toro *m* semental, padrote *m MAm, Mex;* **Zuchtchampignon** *m* <-s, -s> champiñón *m* de cultivo

züchten ['tsʏçtən] *vt* (*Tiere*) criar; (*Pflanzen, Bakterien*) cultivar

Züchter(in) *m(f)* <-s, -; -, -nen> (*von Tieren*) criador(a) *m(f);* (*von Pflanzen*) cultivador(a) *m(f)*

Zuchthaus[1] *nt* <-es, -häuser> (*Gebäude*) penitenciaría *f,* presidio *m*

Zuchthaus[2] *nt* <-es, *ohne pl*> (*~strafe*) (pena *f* de) reclusión *f;* **er hat 3 Jahre ~ bekommen** le condenaron a 3 años de reclusión

Zuchthäusler(in) [-hɔɪslɐ] *m(f)* <-s, -; -, -nen> presidiario, -a *m, f,* recluso, -a *m, f*

Zuchthausstrafe *f* <-, -n> (pena *f* de) reclusión *f;* **eine ~ verbüßen/verhängen** cumplir/aplicar una pena de reclusión

Zuchthengst *m* <-(e)s, -e> caballo *m* semental, garañón *m Am*

züchtig ['tsʏçtɪç] *adj* casto

züchtigen ['tsʏçtɪgən] *vt* (*geh*) castigar (con golpes), potrear *Guat, Peru*

Züchtigung *f* <-, -en> (*geh*) castigo *m;* **körperliche ~** castigo corporal

zuchtlos *adj* indisciplinado

Zuchtlosigkeit *f* <-, *ohne pl*> indisciplina *f,* falta *f* de disciplina

Zuchtperle *f* <-, -n> perla *f* cultivada [*o* de cultivo]; **Zuchttier** *nt* <-(e)s, -e> (*männlich*) semental *m;* (*weiblich*) res *f* de vientre

Züchtung *f* <-, -en> (*von Tieren*) cría *f;* (*von Pflanzen*) cultivo *m*

Zuchtvieh *nt* <-s, *ohne pl*> ganado *m* de cría; **Zuchtwahl** *f* <-, -en> (BIOL) selección *f* reproductiva, reproducción *f* selectiva

zuckeln ['tsʊkəln] *vi sein* (*fam*) trotar

zucken ['tsʊkən] *vi* **1.** (*zusammenfahren*) trepidar; (*vor Schreck*) estremecerse; (*Muskel*) contraerse, crisparse; **die Achseln** [*o* **mit den Schultern**] **~** encogerse de hombros; **ohne mit der Wimper zu ~** sin pestañear **2.** (*Blitz*) centellear, destellar

zücken ['tsʏkən] *vt* sacar; **die Geldbörse/den Kugelschreiber ~** sacar(se) el monedero/el bolígrafo

Zucker[1] ['tsʊkɐ] *m* <-s, -> (*Nahrungsmittel*) azúcar *m;* **ein Stück ~** un terrón de azúcar; **du bist doch nicht aus ~!** (*fam*) ¡que no eres de mantequilla!

Zucker[2] *m* <-s, *ohne pl*> (*fam: ~krankheit*) azúcar *m,* diabetes *f inv;* **~ haben** tener diabetes

Zuckerbäcker(in) *m(f)* <-s, -; -, -nen> (*südd, Österr: alt*) confitero, -a *m, f,* pastelero, -a *m, f;* **Zuckerbrot** *nt:* **mit ~ und Peitsche** una de cal y otra de arena; **Zuckerdose** *f* <-, -n> azucarero *m;* **Zuckererbse** *f* <-, -n> tirabeque *m,* guisante *m* flamenco [*o* mollar]; **Zuckerersatz** *m* <-es, *ohne pl*> su(b)stitutivo *m* del azúcar; **Zuckerfabrik** *f* <-, -en> azucarera *f,* refinería *f* de azúcar; **Zuckerguss[RR]** *m* <-es, -güsse> glaseado *m;* **einen Kuchen mit ~ überziehen** glasear un pastel

zuckerhaltig *adj* que contiene azúcar; **diese Frucht ist stark ~** esta fruta tiene un alto contenido en azúcar

Zuckerhut[1] *m* <-(e)s, -hüte> (GASTR) pan *m* de azúcar

Zuckerhut[2] *m* <-(e)s> (GEO) Pan *m* de Azúcar

zuck(e)rig ['tsʊk(ə)rɪç] *adj* **1.** (*mit Zucker bestreut*) azucarado **2.** (*aus Zucker*) de azúcar

zuckerkrank *adj* diabético; **Zuckerkranke(r)** *mf* <-n, -n; -n, -n> diabético, -a *m, f;* **Zuckerkrankheit** *f* <-, *ohne pl*> diabetes *f inv*

Zuckerl ['tsʊkɐl] *nt* <-s, -(n)> (*südd, Österr*) caramelo *m*

Zuckerlecken *nt:* **etw ist kein ~** (*fam*) algo no es (precisamente) agradable

Zuckermelone *f* <-, -n> melón *m*

zuckern ['tsʊkɐn] *vt* azucarar

Zuckerraffinerie *f* <-, -n> refinería *f* de azúcar; **Zuckerrohr** *nt* <-(e)s, *ohne pl*> caña *f* de azúcar; **Zuckerrübe** *f* <-, -n> remolacha *f* azucarera; **Zuckerstange** *f* <-, -n> alfeñique *m,* barra *f* de azúcar; **Zuckerstreuer** *m* <-s, -> azucarero *m;* **zuckersüß** ['--'-] *adj* muy dulce; (*abw*) dulzón; (*a. fig*) empalagoso; **sie war ~ zu mir** estuvo empalagosa conmigo; **Zuckerwatte** *f* <-, *ohne pl*> algodón *m* de azúcar, nube(s) *f(pl)* de azúcar; **Zuckerzange** *f* <-, -n> tenacillas *fpl* para azúcar, pincitas *fpl* para azúcar

zuckrig *adj s.* **zuck(e)rig**

Zuckung *f* <-, -en> contracción *f* (involuntaria), convulsión *f;* **nervöse ~en** tic nervioso; **die letzten ~en** la agonía

Zudecke ['tsu:dɛkə] *f* <-, -n> (*reg*) manta *f,* frazada *f Am*

zu|decken *vt* tapar; (*im Bett*) arropar

zudem [tsu'de:m] *adv* (*geh*) además, aún encima

zu|denken *irr vt* (*geh*): **jdm etw ~** destinar algo a alguien; **ihm war die Rolle des Vermittlers zugedacht** le habían destinado el papel de intermediario; **die Rosen hatte ich dir als Geschenk zugedacht** había reservado las rosas para regalártelas

zu|drehen *vt* **1.** (*Wasserhahn*) cerrar; (*Schraube*) apretar; **das Gas ~** (*fam*) cerrar la

Z

llave del gas **2.** (*zuwenden*) volver; **sie drehte ihm den Rücken zu** le volvió la espalda
zudringlich ['tsu:drɪŋlɪç] *adj* impertinente, pesado, pegajoso, fregado *Am*
Zudringlichkeit *f* <-, -en> impertinencia *f*
zu|dröhnen *vr:* **sich** ~ (*fam*) coger un ciego [*o* colocón]
zu|drücken *vt* cerrar (empujando); **ein Auge** ~ hacer la vista gorda; **jdm die Kehle** ~ estrangular a alguien
zu|eignen *vt* **1.** (*geh: widmen*): **jdm etw** ~ dedicar algo a alguien **2.** (*a.* JUR: *aneignen*): **sich** *dat* **etw** ~ incautarse [*o* apropiarse] de algo
Zueignung *f* <-, -en> **1.** (*Widmung*) dedicatoria *f* **2.** (*a.* JUR: *Aneignung*) apropiación *f*; **rechtswidrige** ~ apropiación indebida
zu|eilen *vi sein:* **auf jdn/etw** ~ correr hacia alguien/algo
zueinander [tsuʔaɪ'nandɐ] *adv* el uno con el otro; **sie passen gut** ~ hacen buena pareja; **seid nett** ~ sed amables el uno con el otro; **ihr Verhältnis** ~ la relación entre ellos; ~ **sprechen** hablarse
zu|erkennen* *irr vt* (*Preis*) conceder, otorgar; (*Recht*) atribuir, otorgar; (JUR) adjudicar
zuerst [-'-] *adv* **1.** (*als Erstes*) primero; (*vorrangig*) en primer lugar; **du musst es** ~ **lesen** primero tienes que leerlo **2.** (*erst, als Erster*) primero; **ich war** ~ **da** yo llegué primero; **ich komme** ~ **an die Reihe** primero me toca a mí; **wer** ~ **kommt, mahlt** ~ (*prov*) primer venido, primer servido **3.** (*anfangs*) al principio; ~ **mochte ich ihn nicht** al principio no me cayó bien **4.** (*erstmals*) por primera vez
zu|erteilen* *vt* **1.** (*austeilen*) repartir, distribuir **2.** (*Rolle, Aufgabe*) destinar, asignar
zu|fächeln *vt:* **jdm Luft** ~ abanicar a alguien
zu|fahren *irr vi sein* **1.** (*in eine bestimmte Richtung*): **auf jdn/etw** ~ dirigirse hacia alguien/algo; (*sich nähern*) acercarse a alguien/algo **2.** (*reg: schneller fahren*) conducir más rápido; **fahr zu, sonst kommen wir zu spät!** ¡corre más, si no, vamos a llegar tarde!
Zufahrt¹ *f* <-, -en> (*Weg, Straße*) vía *f* de acceso (*zu* a)
Zufahrt² *f* <-, *ohne pl*> (*das Zufahren*) acceso *m* (*zu* a); **Zufahrtsstraße** *f* <-, -n> carretera *f* de acceso
Zufall *m* <-(e)s, -fälle> casualidad *f*, azar *m*; **das ist aber ein** ~**!** ¡esto sí que es una casualidad!; **es war ein glücklicher** ~**, dass ...** fue una feliz coincidencia que...; **es ist kein** ~**, dass ...** no es casualidad que... +*subj*; **etw dem** ~ **verdanken** agradecer algo al azar; **etw dem** ~ **überlassen** dejar algo al azar; **es war reiner** ~**, dass ...** fue pura casualidad que...; **durch** ~ por casualidad; **der** ~ **wollte es, dass ...** dio la casualidad que..., quiso el azar que...; **durch** [*o* **per**] ~ (*fam*) por [*o* de] casualidad
zu|fallen *irr vi sein* **1.** (*Fenster, Tür*) cerrarse (de golpe); **ihm fallen vor Müdigkeit die Augen zu** se cae de sueño **2.** (*Vergünstigung, Aufgabe*) corresponder; **jdm** ~ recaer en alguien, ser adjudicado a alguien; **ihr scheinen die guten Ideen einfach so zuzufallen** parece que a ella le lluevan las buenas ideas (del cielo)
zufällig **I.** *adj* ocasional, casual; **das war rein** ~ fue pura casualidad **II.** *adv* por casualidad, casualmente; **jdn** ~ **treffen** encontrar a alguien por casualidad; **weißt du** ~**, wie viel das kostet?** (*fam*) ¿sabes por casualidad cuánto vale esto?
zufälligerweise ['----'--] *adv* por casualidad, casualmente
Zufälligkeit¹ *f* <-, *ohne pl*> (*das Zufälligsein*) carácter *m* fortuito; **der Fund wurde durch seine** ~ **noch sensationeller** el descubrimiento causó aún mayor sensación por ser casual
Zufälligkeit² *f* <-, -en> (*Zufall*) casualidad *f*
Zufallsbekanntschaft *f* <-, -en> *persona que se conoce por azar;* **das war eine** ~ nos conocimos por azar; **Zufallstreffer** *m* <-s, -> golpe *m* de suerte, acierto *m* casual; (*Ballspiele*) gol *m* de suerte; **Zufallszugriff** *m* <-(e)s, -e> (INFOR) acceso *m* aleatorio
zu|fassen *vi* **1.** (*zugreifen*) agarrar, aferrar **2.** (*fam: helfen*) echar una mano
zu|fliegen *irr vi sein* **1.** (*Flugzeug*) dirigirse (volando) (hacia), volar (hacia) **2.** (*Vogel*) entrar (volando); **Pfeile flogen auf uns zu** las flechas venían volando en nuestra dirección; **ihm fliegt alles zu** aprende volando **3.** (*fam: Tür, Fenster*) cerrarse por una corriente de aire
zu|fließen *irr vi sein* **1.** (*Fluss*) fluir (hacia), correr (hacia); **der Tajo fließt dem Atlantik zu** el Tajo fluye hacia el Atlántico **2.** (*Geld*) ser destinado; **jdm Geld** ~ **lassen** proporcionar dinero a alguien
Zuflucht *f* <-, *ohne pl*> refugio *m* (*vor* de); ~ **suchen/finden** buscar/encontrar refugio; **jdm** ~ **gewähren/bieten** ofrecer refugio a alguien; **du bist meine letzte** ~**!** ¡tú eres mi última esperanza!; **zu etw** *dat* ~ **nehmen** recurrir a algo; **Zufluchtsort** *m* <-(e)s, -e> refugio *m*
ZuflussRR *m* <-es, -flüsse>, **Zufluß** *m* <-sses, -flüsse> afluente *m*
zu|flüstern *vt* decir al oído, susurrar al oído
zufolge [tsu'fɔlgə] *präp* +*gen* (*nachgestellt:* +*dat*) según, de acuerdo con; **dem Bericht** ~, ~ **des Berichts** de acuerdo con el informe
zufrieden [tsu'fri:dən] *adj* contento, satisfecho; **nicht** ~ **sein** estar descontento; **mit wenig** ~ **sein** contentarse con poco; **bist du jetzt endlich** ~**?** (*fam*) ¿por fin estás contento?; **sich** ~ **geben** darse por satisfecho, contentarse; **jdn** ~ **lassen** dejar a alguien en paz; **er nickte** ~ asintió conforme; **jdn** ~ **stellen** satisfacer a alguien, contentar a alguien; ~ **stellend sein** ser satisfactorio; **zufrie-**

den|geben *irr vr:* sich ~ *s.* **zufrieden**

Zufriedenheit *f* <-, *ohne pl*> satisfacción *f;* **zu jds voller** ~ a plena satisfacción de alguien

zufrieden|lassen *irr vt s.* **zufrieden; zufrieden|stellen** *vt s.* **zufrieden; zufriedenstellend** *adj s.* **zufrieden**

zu|frieren *irr vi sein* helarse (por completo); **der See ist zugefroren** el lago se ha helado (por completo)

zu|fügen *vt* **1.** (*hinzutun*) añadir, agregar **2.** (*Schaden, Schmerz*) causar; (*Niederlage*) inflingir; **er hat mir mehrere Verletzungen zugefügt** me causó varias heridas; **jdm Leid** ~ hacer sufrir a alguien

Zufuhr ['tsu:fu:ɐ] *f* <-, *ohne pl*> (*Versorgung*) suministro *m,* abastecimiento *m;* (*Zustrom*) afluencia *f;* (*Zuleitung*) transporte *m*

zu|führen **I.** *vi* conducir (*auf* a), llevar (*auf* a) **II.** *vt* **1.** (*versorgen*) suministrar, abastecer; (*zuleiten*) alimentar; (*Geld*) dirigir (a); **einem Gerät Strom** ~ alimentar un aparato con corriente eléctrica; **jdm Nahrung** ~ alimentar a alguien, alimentar a alguien **2.** (*bringen*) llevar, conducir; **er führt unserer Firma viele Kunden zu** trae muchos clientes a nuestra empresa; **wer hat ihn dir zugeführt?** ¿quién te lo presentó?; **etw einer konkreten Verwendung** ~ destinar algo a una aplicación concreta

Zug[1] [tsu:k, *pl:* 'tsy:gə] *m* <-(e)s, Züge> **1.** (*Eisenbahn*) tren *m;* **der** ~ **nach Madrid** el tren con destino a Madrid; **mit dem** ~ **fahren** ir en tren; **sie kommt mit dem** ~ viene en tren; **jdn zum** ~ **bringen** llevar a alguien al tren; **der** ~ **ist abgefahren** (*fam*) hemos perdido la ocasión; **auf den fahrenden** ~ **aufspringen** (*a. fig*) subir(se) a un tren en marcha; **im falschen** ~ **sitzen** (*fig*) haberse equivocado **2.** (*Tendenz*) tendencia *f,* corriente *f;* (*Neigung*) inclinación *f;* **das ist der** ~ **der Zeit** ésta es la tendencia de la época; **im ~e der neuen Entwicklung** como consecuencia de los últimos desarrollos **3.** (*Geleit~*) séquito *m,* comitiva *f;* (*Um~*) desfile *m;* (*von Fahrzeugen*) convoy *m;* (*Fest~*) cortejo *m;* **ein langer** ~ **von Demonstranten** una gran manifestación; **ein** ~ **von Flüchtlingen** una caravana de refugiados; **einen** ~ **durch die Gemeinde machen** (*fam*) irse de copas **4.** (*Atem~*) respiración *f;* (*beim Rauchen*) calada *f;* (*Pfeife*) chupada *f;* (*Schluck*) trago *m;* **das Glas in einem** ~ **austrinken** [*o* **leeren**] vaciar la copa de un trago; **in einem** ~ de un tirón; **etw in vollen Zügen genießen** disfrutar plenamente de algo; **in den letzten Zügen liegen** (*fam*) estar en las últimas **5.** (*bei Brettspielen*) jugada *f;* **einen** ~ **machen** hacer una jugada; **du bist am** ~ te toca (a ti) **6.** (*beim Schwimmen*) brazada *f* **7.** (*Charakter~, Schrift~, Gesichts~*) rasgo *m;* **etw in groben Zügen umreißen** trazar algo a grandes rasgos; **seine Züge hellten sich auf** su rostro se iluminó; **er hat einen energischen** ~ **um den Mund** tiene un gesto duro de boca; **das war kein schöner** ~ **von dir** eso no fue muy bonito de tu parte **8.** (*Krafteinwirkung*) tracción *f*

Zug[2] *m* <-(e)s, *ohne pl*> **1.** (*Luft~*) corriente *f* (de aire); **im** ~ **sitzen** estar en la corriente; **ich kann keinen** ~ **vertragen** no me sienta bien estar en la corriente **2.** (*im Ofen*) tiro *m*

Zug[3] *m* <-s> (GEO) Zug *m*

Zugabe[1] *f* <-, *ohne pl*> (*das Hinzugeben*) añadidura *f,* yapa *f Am*

Zugabe[2] *f* <-, -n> **1.** (*Zusätzliches*) extra *m* **2.** (*bei einer Veranstaltung*) bis *m;* **~, ~!** ¡otra, otra!

Zugabteil *nt* <-(e)s, -e> compartim(i)ento *m* (de tren)

Zugang *m* <-(e)s, -gänge> **1.** (*Zutritt*) acceso *m* (*zu* a); (*Eingang*) entrada *f* (*zu* a), aproches *mpl Am;* ~ **verboten** paso prohibido; ~ **zu Informationen haben** tener acceso a informaciones **2.** (*von Waren*) llegada *f;* (*von Büchern*) adquisición *f;* (*von Schülern*) entrada *f;* **einige neue Zugänge von Patienten** algunos ingresos (de pacientes nuevos)

zugange [tsu'gaŋə]: **mit jdm/etw** *dat* ~ **sein** (*fam*) estar ocupado con alguien/algo

zugänglich ['tsu:gɛŋlɪç] *adj* **1.** (*erreichbar*) accesible **2.** (*verfügbar*) asequible, disponible; **jdm etw** ~ **machen** poner algo al alcance de alguien; **schwer ~e Informationen** informaciones de difícil acceso **3.** (*aufgeschlossen*) afable, accesible; **er ist für Vorschläge stets** ~ siempre está abierto a propuestas

Zugänglichkeit *f* <-, *ohne pl*> **1.** (*Aufgeschlossenheit*) accesibilidad *f,* afabilidad *f;* **jds** ~ **für etw** la actitud abierta de alguien hacia algo **2.** (*Erreichbarkeit*) accesibilidad *f* **3.** (*Verfügbarkeit*) accesibilidad *f;* **die** ~ **der Dokumente ist für alle Mitarbeiter gewährleistet** se garantiza a todos los empleados el acceso a los documentos

Zugangskennung *f* <-, -en> (INFOR, TEL) entrada *f* de identificación, conexión *f*

Zugbegleiter(in) *m(f)* <-s, -; -, -nen> revisor(a) *m(f)*

Zugbrücke *f* <-, -n> puente *m* levadizo

zu|geben *irr vt* **1.** (*hinzufügen*) añadir, agregar **2.** (*einräumen*) admitir; (*gestehen*) reconocer, confesar; **ich muss ~, dass ...** tengo que admitir que...

zugegebenermaßen ['-----'--] *adv* con el reconocimiento; **das war** ~ **ein Fehler** hay que reconocer que fue un error

zugegen [-'--] *adj* (*geh*): ~ **sein** estar presente (*bei* en)

zu|gehen *irr* **I.** *vi sein* **1.** (*hingehen*) dirigirse (*auf* a); **auf jdn** ~ acercarse a alguien; **es geht auf den Winter zu** llega el invierno; **er geht schon auf die siebzig zu** ronda los setenta **2.** (*formal: zugestellt werden*) llegar; **das Schreiben geht Ihnen morgen zu** mañana recibirá Ud. la carta **3.** (*fam: sich schließen lassen*) cerrar(se) **II.** *vunpers sein:* **bei der**

Z

Diskussion ging es lebhaft zu fue una discusión muy viva
Zugehfrau *f* <-, -en> (*südd, Österr*) asistenta *f,* señora *f* de la limpieza
zu|gehören* *vi* (*geh*) pertenecer (a), formar parte (de); **einem Ausschuss** ~ pertenecer a una comisión, ser miembro de una comisión
zugehörig *adj* correspondiente
Zugehörigkeit *f* <-, *ohne pl*> pertenencia *f* (*zu* a); (*zu einem Verein, einer Partei*) afiliación *f* (*zu* a)
zugeknöpft *adj* (*fam*) callado, poco comunicativo
Zügel ['tsy:gəl] *m* <-s, -> rienda *f;* **die** ~ **anziehen** tirar de las riendas; (*fig*) apretar las tuercas, volverse más exigente; **die** ~ **fest in der Hand haben** (*fig*) tener la sartén por el mango; **die** ~ **locker** [*o* **schleifen**] **lassen** (*a. fig*) aflojar las riendas
zugelassen *adj* **1.** (*gestattet*) autorizado; **nicht** ~ ilegal; **staatlich** ~ autorizado por el Estado; **zum Verkauf** ~ autorizado para vender **2.** (*registriert*) registrado; (*Auto*) matriculado
zügellos **I.** *adj* desenfrenado; (*Lebenswandel*) disoluto **II.** *adv* a rienda suelta
Zügellosigkeit *f* <-, -en> desenfreno *m;* (*im Lebenswandel*) disipación *f,* vida *f* disoluta
Zügelmann *m* <-(e)s, -männer> (*Schweiz*) empleado *m* de una empresa de mudanzas
zügeln **I.** *vt* **1.** (*Pferd*) refrenar **2.** (*Neugierde, Zorn*) contener, reprimir **II.** *vr:* **sich** ~ contenerse, reprimirse **III.** *vi* (*Schweiz: umziehen*) mudarse
Zugereiste(r) *mf* <-n, -n; -n, -n> advenedizo, -a *m, f*
zu|gesellen* *vr:* **sich jdm** ~ unirse a alguien
zugestandenermaßen ['-----'--] *adv* como hay que admitir; ~ **hätte er auch kommen können** hay que admitir que él también hubiera podido venir
Zugeständnis *nt* <-ses, -se> concesión *f* (*an* a); **jdm ein** ~ **machen** conceder algo a alguien; **preisliche ~se machen** llegar a un acuerdo en el precio
zu|gestehen* *irr vt* **1.** (*zugeben*) reconocer, admitir **2.** (*bewilligen*) conceder, acordar *Arg, Chil;* **jdm etw** ~ conceder algo a alguien
zugetan ['tsu:gəta:n] *adj:* **jdm** ~ **sein** sentir simpatía por alguien; **etw** *dat* ~ **sein** tener apego a algo
Zugewinn *m* <-(e)s, -e> ganancia *f;* **die Partei erzielte leichte ~e** se registraron ligeros avances para el partido; **Zugewinngemeinschaft** *f* <-, -en> (JUR) separación *f* de bienes con sociedad de gananciales
Zugezogene(r) *mf* <-n, -n; -n, -n> advenedizo, -a *m, f*
Zugfahrt *f* <-, -en> (EISENB) viaje *m* en tren; **morgen machen wir eine** ~ **nach Stuttgart** mañana vamos en tren a Stuttgart
Zugfeder *f* <-, -n> (TECH) resorte *m* de tracción; **zugfest** *adj* (TECH) **1.** (*Zugbeanspruchung*) resistente a la tracción **2.** (*Ausdehnung*) resistente al estiramiento
Zugfolge *f* <-, -n> (*Schach*) serie *f* de movimientos
Zugführer(in) *m(f)* <-s, -; -, -nen> jefe, -a *m, f* de tren
zu|gießen *irr vt* añadir (vertiendo); **darf ich noch ~?** ¿le sirvo un poco más?
zugig *adj* expuesto a las corrientes de aire; **hier ist es** ~ aquí hay mucha corriente
zügig ['tsy:gɪç] **I.** *adj* (*rasch*) rápido; (*ununterbrochen*) ininterrumpido **II.** *adv* a buen paso, sin dificultad; (*ununterbrochen*) ininterrumpidamente; ~ **vorankommen** avanzar a buen paso
zu|gipsen *vt* cerrar con yeso, enyesar
Zugkraft[1] *f* <-, -kräfte> (PHYS) fuerza *f* de tracción
Zugkraft[2] *f* <-, *ohne pl*> (*Anziehungskraft*) atractivo *m*
zugkräftig *adj* atractivo; (*Plakat, Titel*) llamativo; (*Ware*) de gran venta; (*Film, Schauspieler*) taquillero
zugleich [-'-] *adv* **1.** (*gleichzeitig*) al mismo tiempo, simultáneamente **2.** (*ebenso*) a la vez, al mismo tiempo; **die größte und** ~ **schönste Stadt des Landes** la mayor y al mismo tiempo la ciudad más bonita del país
Züglete ['tsy:glətə] *f* <-, -n> (*Schweiz*) mudanza *f*
Zugluft *f* <-, *ohne pl*> corriente *f* de aire; ~ **bekommen** recibir corriente de aire
Zugmaschine *f* <-, -n> tractor *m*
Zugnummer *f* <-, -n> **1.** (*eines Zuges*) número *m* de(l) tren **2.** (*Hauptattraktion*) atracción *f* principal
Zugpersonal *nt* <-s, *ohne pl*> personal *m* de tren
Zugpferd *nt* <-(e)s, -e> **1.** (*Pferd*) caballo *m* de tiro **2.** (*Attraktion*) atracción *f*
Zugpflaster *nt* <-s, -> (MED) emplasto *m* vejigatorio [*o* vesicante], parche *m* epispástico
zu|greifen *irr vi* coger, agarrar; (*bei Tisch*) servirse; **greifen Sie zu!** ¡sírvase!; **auf Daten** ~ acceder a los datos; **bei solch einer Gelegenheit muss man** ~ hay que aprovechar semejante ocasión
Zugrestaurant *nt* <-s, -s> vagón *m* restaurante
Zugriff *m* <-(e)s, -e> **1.** (*das Zugreifen*) toma *f,* asimiento *m;* **sich dem** ~ **der Polizei entziehen** escapar a la detención de la policía; **sich dem** ~ **der Gerichte entziehen** sustraerse a la demanda **2.** (INFOR) acceso *m;* **direkter** ~ acceso directo; **Zugriffsberechtigung** *f* <-, -en> (INFOR) autorización *f* de acceso; **Zugriffsgeschwindigkeit** *f* <-, -en> (INFOR) velocidad *f* de acceso; **Zugriffsmethode** *f* <-, -n> (INFOR) método *m* de acceso; **Zugriffsrecht** *nt* <-(e)s, -e> (INFOR) derecho *m* de acceso; **Zugriffszeit** *f*

<-, -en> (INFOR) tiempo *m* de acceso; **durchschnittliche** ~ tiempo de acceso por término medio

zugrunde [tsu'grʊndə] *adv:* **etw** ~ **legen** tomar algo por base; ~ **liegen** basarse en; ~ **liegend** que sirve de base; ~ **gehen** irse a pique, fundirse *Am;* **jdn/etw** ~ **richten** arruinar a alguien/estropear algo

Zugrundelegung *f* <-, -en>: **unter** ~ considerando (+*gen, von*+*dat*), basándose (+*gen* en, *von*+*dat* en); **das Urteil wurde unter** ~ **von Indizien gefällt** la sentencia se pronunció tomando como base [*o* considerando] los indicios

zugrundeliegend *adj s.* **zugrunde**

Zugschaffner(in) *m(f)* <-s, -; -, -nen> revisor(a) *m(f)*

Zugspitze *f* <-> (GEO) Zugspitze *m*

Zugtier *nt* <-(e)s, -e> animal *m* de tiro, bestia *f* (de tiro)

zu|gucken *vi* (*fam*) mirar; **mir wird schon vom Z~ schlecht** tan sólo con mirarlo me dan náuseas

Zugunglück *nt* <-(e)s, -e> accidente *m* ferroviario

zugunsten [-'--] *präp* +*gen* a favor de, en beneficio de

zugute [-'--] *adv* (*geh*): ~ **halten** tener en consideración; **jdm/etw** *dat* ~ **kommen** favorecer a alguien/algo; **du hälst dir auf deine Kenntnisse einiges** ~ haces mucho alarde de tus conocimientos

Zugverbindung *f* <-, -en> **1.** (*zwischen zwei Orten*) enlace *m* ferroviario **2.** (*Anschluss*) comunicación *f* ferroviaria; **eine gute/schlechte** ~ **haben** tener una buena/mala comunicación ferroviaria; **Zugverkehr** *m* <-(e)s, *ohne pl*> tráfico *m* ferroviario, servicio *m* de trenes

Zugvogel *m* <-s, -vögel> ave *f* migratoria; **Zugzwang** *m* <-(e)s, -zwänge>: **jdn in** ~ **bringen** obligar a alguien a reaccionar; **in** ~ **geraten** verse obligado a actuar

zu|haben *irr* **I.** *vi* (*fam*) tener cerrado, estar cerrado; **die Werkstatt hat zu** el taller está [*o* tiene] cerrado **II.** *vt* (*fam*) tener cerrado; **die Augen** ~ tener los ojos cerrados; **es dauerte lange, bis sie den Koffer zu hatte** tardó mucho en cerrar la maleta; **er hat den Mantel nie zu** nunca lleva el abrigo cerrado

zu|halten *irr* **I.** *vi:* **auf etw** ~ dirigirse a algo, tomar rumbo a algo **II.** *vt* **1.** (*geschlossen halten*) mantener cerrado **2.** (*bedecken*) tapar; **sich** *dat* **die Ohren** ~ taparse los oídos

Zuhälter ['tsu:hɛltɐ] *m* <-s, -> proxeneta *m,* chulo *m fam,* padrote *m MAm, Mex*

Zuhälterei *f* <-, *ohne pl*> rufianería *f*

zuhanden [tsu'handən] *adv* (*Schweiz*) a entregar a, a la atención de

zu|hauen *irr* **I.** *vi* (*fam*) golpear; (*verprügeln*) dar una paliza; **hau zu!** ¡dale! **II.** *vt* (*fam*) **1.** (*Tür, Fenster*) cerrar (de golpe) **2.** (*Stein, Holz*) tallar

zuhauf [-'-] *adv* (*geh*) en masa

zuhauseRR *adv* (*Österr, Schweiz*) en casa

Zuhause [tsu'haʊzə] *nt* <-s, *ohne pl*> hogar *m,* casa *f;* **wo ist dein** ~**?** ¿de dónde eres?

zu|heilen *vt sein* curar; (*vernarben*) cicatrizarse

Zuhilfenahme [-'----] *f* <-, *ohne pl*>: **ohne** ~ **von ...** sin ayuda de..., sin recurrir a...; **unter** ~ **von ...** con ayuda de..., recurriendo a...

zu|hören *vi* escuchar; **jdm** ~ escuchar a alguien; **sie kann gut** ~ sabe escuchar; **hör mal zu!** ¡escucha!

Zuhörer(in) *m(f)* <-s, -; -, -nen> oyente *mf;* (*am Radio*) radioyente *mf;* (~*schaft*) público *m*

Zuhörerschaft *f* <-, *ohne pl*> auditorio *m*

zu|jubeln *vi:* **jdm** ~ aclamar a alguien, vitorear a alguien

zu|kaufen *vt* comprar adicionalmente

zu|kehren *vt* volver; **sie kehrte ihm das Gesicht zu** le miró de frente

zu|klappen I. *vi sein* cerrarse (de golpe) **II.** *vt* cerrar (de golpe)

zu|kleben *vt* (*Loch*) tapar; (*Umschlag*) cerrar

zu|knallen I. *vt* (*fam*) cerrar de golpe [*o* con furia]; **die Tür** ~ dar un portazo **II.** *vi sein* (*fam*) cerrarse de golpe

zu|kneifen *irr vt* atenazar; **die Augen** ~ cerrar los ojos muy fuerte, apretar los párpados

zu|knöpfen *vt* abotonar, abrochar

zu|knoten *vt* cerrar con un nudo, anudar; **knote den Sack ganz fest zu!** ¡cierra el saco con un nudo bien fuerte!

zu|kommen *irr vi sein* **1.** (*sich nähern*) acercarse (*auf* a); (*Aufgabe, Problem*) avecinarse, aproximarse; **es kommen harte Zeiten auf uns zu** se nos avecinan tiempos difíciles; **ich lasse die Entwicklung auf mich** ~ voy a ver cómo vienen las cosas **2.** (*gebühren*) corresponder; **dem kommt eine große Bedeutung zu** esto tiene mucha importancia; **mir kommt heute die Ehre zu, Ihnen zu gratulieren** hoy tengo el honor de felicitarle; **es kommt Ihnen nicht zu, mich zu kritisieren** Ud. no es quién para criticarme **3.** (*geh: übermitteln, geben*) hacer llegar; **jdm etw** ~ **lassen** hacer llegar algo a alguien; **er ließ seiner Tochter monatlich 500 Mark** ~ le hacía llegar [*o* enviaba] a su hija 500 marcos al mes

zu|korken *vt* encorchar

zu|kriegen *vt* (*fam*) *s.* **zubekommen**

Zukunft ['tsu:kʊnft] *f* <-, *ohne pl*> futuro *m,* porvenir *m;* (LING) futuro *m;* **in** ~ en el futuro; **in ferner/naher** ~ en un futuro lejano/próximo; **das hat (keine)** ~ eso (no) tiene futuro; **abwarten, was die** ~ **bringt** esperar a lo que traiga el futuro; **ein Beruf mit** ~ una profesión con futuro

zukünftig I. *adj* futuro **II.** *adv* en el futuro, de ahora en adelante

Zukunftsaussichten *fpl* perspectivas *fpl*

Z

para el futuro; **Zukunftsberuf** *m* <-(e)s, -e> profesión *f* del futuro; **Zukunftsbranche** *f* <-, -n> sector *m* (industrial) del futuro; **Zukunftsforscher(in)** *m(f)* <-s, -; -, -nen> futurólogo, -a *m, f;* **Zukunftsforschung** *f* <-, *ohne pl*> futurología *f;* **Zukunftsindustrie** *f* <-, -n> industria *f* del futuro; **Zukunftsmusik** *f* <-, *ohne pl*> utopía *f;* **das ist noch ~** eso son castillos en el aire; **zukunftsorientiert** *adj:* **~es Denken/Handeln** reflexiones/acciones orientadas al futuro; **Zukunftsperspektive** *f* <-, -n> perspectiva *f* para el futuro; **Zukunftsplan** *m* <-(e)s, -pläne> plan *m* para el futuro; **was hast du für Zukunftspläne?** ¿qué planes tienes para el futuro?; **Zukunftsroman** *m* <-s, -e> novela *f* futurista; **Zukunftstechnologie** *f* <-, -n> tecnología *f* del futuro; **zukunftsträchtig** *adj* de gran porvenir, prometedor; **zukunftsweisend** *adj* progresista

Zukurzgekommene(r) [-'-----] *mf* <-n, -n; -n, -n> (*gesellschaftlich*) marginado, -a *m, f*

zu|lächeln *vi:* **jdm ~** sonreír a alguien

zu|lachen *vi:* **jdm ~** sonreír abiertamente a alguien

Zulage *f* <-, -n> plus *m,* gratificación *f,* extra *m*

zulande *adv s.* **Land**[1] **1.**

zu|langen *vi* **1.** (*fam: beim Essen*) servirse, cogerse **2.** (*fam: bei der Arbeit*) meterse a fondo **3.** (*reg: ausreichen*) bastar, alcanzar

zu|lassen *irr vt* **1.** (*gestatten*) permitir; (*dulden*) tolerar, consentir; **wie kannst du ~, dass ...?** ¿cómo puedes permitir que...? *+subj* **2.** (*Zugang gewähren, ermöglichen*) admitir; (*amtlich*) autorizar; (*Auto*) matricular; **ein Auto auf jdn ~** matricular un coche a nombre de alguien; **die heutige Situation lässt keine Veränderung zu** la situación actual no permite cambios; **keinen Zweifel ~** no dejar lugar a dudas **3.** (*fam: geschlossen lassen*) dejar cerrado

zulässig ['tsu:lɛsɪç] *adj* admisible; (*erlaubt*) autorizado; **~e Höchstgeschwindigkeit** velocidad máxima autorizada

Zulassung[1] *f* <-, *ohne pl*> (*Gewährung von Zugang*) admisión *f;* (*amtlich*) autorización *f;* (*als Anwalt*) habilitación *f;* (*Auto*) matrícula *f;* **~ zum Studium** admisión en la universidad; **Antrag auf ~ zur Magisterprüfung** solicitud de admisión para el examen final de carrera

Zulassung[2] *f* <-, -en> (*fam: KFZ-Schein*) documentación *f* del coche

Zulassungsbeschränkung *f* <-, -en> limitación *f* de plazas; **Zulassungsnummer** *f* <-, -n> (AUTO: *fam*) matrícula *f;* **Zulassungspapiere** *ntpl* documentación *f* del coche, permiso *m* de circulación; **Zulassungsschein** *m* <-(e)s, -e> (AUTO) permiso *m,* licencia *f;* **Zulassungsstelle** *f* <-, -n> (ADMIN, UNIV) admisión *f;* (AUTO) matriculación *f*

Zulauf *m* <-(e)s, *ohne pl*> **1.** (*Zuspruch*) concurrencia *f;* **diese Kneipe hat großen ~** es un pub muy concurrido **2.** (*von Wasser*) afluencia *f*

zu|laufen *irr vi sein* **1.** (*hinlaufen*) correr (*auf* hacia), ir corriendo (*auf* hacia); (*auf den Sprecher*) venir corriendo; (*Weg*) conducir (*auf* a); **er kam auf mich zugelaufen** vino corriendo hacia mí **2.** (*fam: sich beeilen*) darse prisa; **lauf zu!** ¡date prisa! **3.** (*kommen*): **jdm ~** (*Tiere*) venir a casa de alguien; (*Kunden*) acudir en masa a alguien **4.** (*dazufließen*) afluir; **heißes Wasser ~ lassen** añadir agua caliente **5.** (*eine bestimmte Form haben*): **spitz ~** acabar en punta; **oben konisch ~de Säulen** columnas con forma de cono en la parte superior

zu|legen **I.** *vi, vt* (*fam*) darse prisa, apresurarse, apurarse *Am;* **einen Zahn ~** meter caña **II.** *vt* (*fam*) **1.** (*anschaffen*): **sich** *dat* **etw ~** comprar(se) algo, adquirir algo; **ich habe mir einen neuen Wagen zugelegt** me he comprado un coche nuevo; **sie hat sich einen Geliebten zugelegt** se ha buscado un amante **2.** (*dicker werden*) engordar; **er hat fünf Kilo zugelegt** ha engordado cinco kilos **3.** (*reg: dazutun*) añadir, agregar; **mein Chef hat 100 DM im Monat zugelegt** mi jefe me aumentó el sueldo en 100 marcos al mes

zuleide [-'--] *adv:* **jdm etwas ~ tun** causar daño a alguien

zu|leiten *vt* **1.** (*Schreiben, Geld*) enviar, remitir **2.** (*Wasser*) conducir

Zuleitung[1] *f* <-, *ohne pl*> **1.** (*von Wasser*) conducción *f* **2.** (*von Nachrichten*) envío *m*

Zuleitung[2] *f* <-, -en> (*Leitung*) cable *m* de alimentación; (*Rohr*) tubería *f* de alimentación

Zuleitungsrohr *nt* <-(e)s, -e> tubo *m* de alimentación

zuletzt [-'-] *adv* **1.** (*als Letztes*) por último; **ganz ~** a última hora; **wir blieben bis ~** nos quedamos hasta el final; **nicht ~ wegen ...** no sólo por... **2.** (*als Letzter*) el último **3.** (*fam: zum letzten Mal*) por última vez; **wann hast du ihn ~ gesehen?** ¿cuándo le has visto por última vez? **4.** (*schließlich*) finalmente, después de todo; **~ kam sie doch** finalmente sí vino, al final sí que vino

zuliebe [-'--] *präp +dat:* **jdm/etw** *dat* **~** por (amor a) alguien/algo; **tu es mir ~!** ¡hazlo por mí!

Zulieferbetrieb *m* <-(e)s, -e> casa *f* suministradora, compañía *f* proveedora

Zulieferer *m* <-s, -> proveedor *m,* suministrador *m*

Zuliefergarantie *f* <-, -n> (WIRTSCH) garantía *f* de abastecimiento [*o* de suministro]; **Zulieferindustrie** *f* <-, -n> industria *f* suministradora

zu|liefern *vt* suministrar, abastecer, proveer

Zulieferprodukt *nt* <-(e)s, -e> (WIRTSCH) producto *m* suministrado

Zulieferung *f* <-, -en> abastecimiento *m,* suministro *m*

Zulu ['tsu:lu] *mf* <-(s), -(s); -, -(s)> zulú *mf*

zum [tsʊm] = **zu dem** *s.* **zu**

zu|machen I. *vi* 1. (*fam: schließen*) cerrar 2. (*reg: sich beeilen*) darse prisa, apurarse *Am;* **mach zu!** ¡date prisa! II. *vt* (*fam*) cerrar; (*Loch*) tapar; (*Kleidung*) abrochar

zumal [-'-] I. *adv* especialmente, sobre todo II. *konj* especialmente porque, sobre todo porque, tanto más... cuanto que...; **er war sehr freundlich zu ihr, ~ er wusste, wie schlecht es ihr ging** estuvo muy amable con ella especialmente porque sabía lo mal que se encontraba; **es ist sehr schwer, ~ ich keine Erfahrung habe** es tanto más difícil cuanto que no tengo experiencia

zu|mauern *vt* tapiar

zumeist [-'-] *adv* la mayoría de las veces

zu|messen *irr vt* (*geh*) asignar, adjudicar; **jdm die Schuld an etw** *dat* **~** culpar a alguien de algo; **etw** *dat* **(große) Bedeutung ~** dar (mucha) importancia a algo

zumindest [-'--] *adv* 1. (*auf jeden Fall*) en todo caso, por lo menos 2. (*wenigstens*) como mínimo

zumutbar *adj* exigible, justo (*für* para); **die Forderung ist nicht zumutbar** la exigencia no es razonable

Zumutbarkeit *f* <-, *ohne pl*> lo exigible, razón *f;* **bis an die Grenzen der ~** hasta el límite de lo razonable; **Zumutbarkeitskriterium** *nt* <-s, -kriterien> criterio *m* de exigibilidad

zumute [-'--] *adv:* **mir ist dabei gar nicht wohl ~** no me gusta ni un pelo; **mir ist nicht zum Lachen ~** no estoy para bromas

zu|muten ['tsu:mu:tən] *vt:* **jdm etw ~** exigir algo a alguien; **das kannst du niemandem ~** esto no se lo puedes exigir a nadie; **jdm zu viel ~** pedir demasiado a alguien; **sich** *dat* **zu viel ~** excederse

Zumutung *f* <-, -en> exigencia *f* exagerada; (*Unverschämtheit*) frescura *f;* **das ist eine ~!** ¡no hay derecho a que le pidan a uno algo así!

zunächst [-'-] *adv* 1. (*anfangs*) al principio 2. (*vorläufig*) de momento, por ahora; **~ einmal** en primer lugar

zu|nageln *vt* clavar

zu|nähen *vt* coser; **jdm etw ~** remendarle algo a alguien

Zunahme ['tsu:na:mə] *f* <-, -n> aumento *m* (*an* de), incremento *m* (*an* de); (*Anstieg*) subida *f* (*an* de); **eine ~ um 10%** un incremento del 10%

Zuname ['tsu:na:mə] *m* <-ns, -n> apellido *m*

Zündanlage *f* <-, -n> (AUTO) instalación *f* de encendido [*o* de ignición], equipo *m* de encendido [*o* de ignición]; **Zündeinstellung** *f* <-, -en> (AUTO) ajuste *m* del encendido

zündeln ['tsʏndəln] *vi* jugar con fuego

zünden ['tsʏndən] I. *vi* (*Bombe*) hacer explosión; **bei ihm hat es gezündet** (*fam*) ha caído en la cuenta, se le ha encendido la bombilla II. *vt* (*Sprengkörper*) activar; (*Rakete*) lanzar; (*Feuerwerk*) hacer estallar

zündend *adj* brillante, chispeante

Zunder ['tsʊndɐ] *m* <-s, *ohne pl*> (TECH) escamas *fpl* de óxido; **wie ~ brennen** arder como (la) paja; **jdm ~ geben** (*antreiben*) meter prisa a alguien; (*prügeln*) dar una paliza a alguien; **~ kriegen** (*fam*) recibir leña [*o* candela]

Zünder ['tsʏndɐ] *m* <-s, -> detonador *m,* fulminante *m*

Zunderpilz *m* <-es, -e>: **echter ~** (BOT) hongo de yesca auténtico; **Zunderschwamm** *m* <-(e)s, -schwämme> (BOT) hongo *m* de yesca

Zündflamme *f* <-, -n> piloto *m;* **Zündfunke** *m* <-ns, -n> (AUTO) chispa *f* de encendido

Zündholz *nt* <-es, -hölzer> (*südd, Österr*) cerilla *f,* fósforo *m,* pajuela *f Bol;* **Zündholzschachtel** *f* <-, -n> caja *f* de cerillas [*o* de fósforos]

Zündhütchen ['tsʏnthy:tçən] *nt* <-s, -> cápsula *f* fulminante; **Zündintervall** *nt* <-(e)s, -e> (TECH) intervalo *m* de encendido; **Zündkabel** *nt* <-s, -> (AUTO) cable *m* de encendido; **Zündkerze** *f* <-, -n> (AUTO) bujía *f;* **Zündplättchen** *nt* <-s, -> pistones *mpl;* **Zündpulver** *nt* <-s, -> polvo *m* fulminante; **Zündschloss**[RR] *nt* <-es, -schlösser> (AUTO) contacto *m;* **Zündschlüssel** *m* <-s, -> (AUTO) llave *f* de contacto; **Zündschnur** *f* <-, -schnüre> mecha *f;* **Zündspannung** *f* <-, -en> (TECH) tensión *f* de encendido; **Zündspule** *f* <-, -n> (AUTO) bobina *f* de encendido; **Zündstoff** *m* <-(e)s, -e> 1. (*Sprengstoff*) materia *f* inflamable 2. (*Konfliktstoff*) motivo *m* de conflicto; **der Artikel enthält [*o* bietet] viel ~** el artículo es muy conflictivo; **Zündstrom** *m* <-(e)s, -ströme> (TECH) corriente *f* de gatillado

Zündung *f* <-, -en> (AUTO) encendido *m;* **Zündungsschlüssel** *m* <-s, -> (*Schweiz*) *s.* **Zündschlüssel**

Zündverteiler *m* <-s, -> (AUTO) distribuidor *m* de encendido; **Zündvorrichtung** *f* <-, -en> (TECH) dispositivo *m* de explosión [*o* explosivo]; **Zündzeitpunkt** *m* <-(e)s, -e> (AUTO) punto *m* de encendido [*o* de ignición], momento *m* de encendido [*o* de ignición]

zu|nehmen *irr* I. *vi* 1. (*sich vergrößern, vermehren*) aumentar (*an* de); (*Mond*) crecer; (*Tag*) alargarse; **an Größe ~** aumentar de tamaño 2. (*sich verstärken*) intensificarse; (*steigen*) incrementarse; (*sich verschlimmern*) agravarse; **an Heftigkeit ~** intensificarse; **der Wind nimmt an Heftigkeit zu** el viento arrecia 3. (*schwerer, dicker werden*) aumentar de peso, engordar II. *vt* 1. (*schwerer werden*) engordar; **ich habe drei Kilo zugenommen** he engordado tres kilos 2. (*bei Handarbeit*) aumentar

zunehmend I. *adj* creciente; **in ~em Maße** cada vez más; **mit ~em Alter** con los años

Z

II. *adv* (*sichtbar*) visiblemente; (*fortschreitend*) progresivamente
zu|neigen I. *vi* simpatizar (con); **jdm sehr zugeneigt sein** tener mucho cariño a alguien II. *vr:* **sich etw** *dat* ~ inclinarse hacia algo; **sich dem Ende** ~ ir terminando
Zuneigung *f* <-, -en> afecto *m* (*für* por), cariño *m* (*für* por); **für jdn ~ empfinden** sentir afecto por alguien; **jds ~ erwidern** corresponder al cariño de alguien
Zunft [tsʊnft, *pl:* 'tsʏnftə] *f* <-, Zünfte> gremio *m*, corporación *f* (de artesanos); **von der ~ sein** ser del gremio, conocer la materia
zünftig ['tsʏnftɪç] *adj* como es debido, como Dios manda; **eine ~e Tracht Prügel** una soberana paliza
Zunge ['tsʊŋə] *f* <-, -n> 1. (*Organ, Land~*) lengua *f;* **eine belegte ~** una lengua saburrosa; **jdm die ~ herausstrecken** sacar(le) a alguien la lengua; **es liegt mir auf der ~** lo tengo en la punta de la lengua; **an dem Wort kann man sich** *dat* **die ~ abbrechen** esa palabra no hay quien la pronuncie; **Pfeffer brennt auf der ~** la pimienta quema en la lengua; **der Spargel zergeht auf der ~** el espárrago se deshace en la boca de puro tierno; **sich** *dat* **auf die ~ beißen** morderse la lengua; **mit gespaltener ~ sprechen** ser un hipócrita [*o* falso]; **er hatte eine schwere ~** se le trababa la lengua (por el alcohol); **böse ~n behaupten, dass ...** las malas lenguas afirman que...; **sich** *dat* **die ~ verbrennen** irse de la lengua; **jdm die ~ lösen** (*geh*) soltar la lengua a alguien; **sie hat eine lose ~** es una deslenguada; **seine ~ hüten** [*o* **zügeln**] cuidar su lengua; **eine feine ~ haben** tener un paladar muy fino; **ihm hing die ~ zum Halse heraus** (*fam*) estaba más seco que un pozo; **seine ~ im Zaum halten** tener cuidado con lo que se dice 2. (*Lasche, a.* MUS) lengüeta *f* 3. (ZOOL: *See~*) lenguado *m*
züngeln ['tsʏŋəln] *vi* mover la lengua; (*Schlange*) silbar; (*Flammen*) echar llamaradas
Zungenbelag *m* <-(e)s, -läge> saburra *f;* **Zungenbrecher** *m* <-s, -> (*fam*) trabalenguas *m inv;* **zungenfertig** I. *adj* locuaz II. *adv* con locuacidad; **Zungenfertigkeit** *f* <-, *ohne pl*> elocuencia *f;* **Zungenkuss**[RR] *m* <-es, -küsse> beso *m* de tornillo, lengüetazo *m fam;* **Zungenspitze** *f* <-, -n> punta *f* de la lengua; **Zungenwurst** *f* <-, -würste> (GASTR) morcilla *f* con trozos de lengua
Zünglein ['tsʏŋlaɪn] *nt:* **das ~ an der Waage sein** ser el fiel de la balanza
zunichte [-'--] *adv:* **etw ~ machen** estropear algo; (*Hoffnungen*) frustar
zu|nicken *vi:* **jdm ~** hacer a alguien una seña con la cabeza; (*zum Gruß*) saludar a alguien con la cabeza
zunutze [-'--] *adv:* **sich** *dat* **etw ~ machen** aprovechar algo
zuoberst [tsu'ʔo:bɐst] *adv* 1. (*auf einem Stapel*) encima de todo 2. (*am oberen Rand*) en la parte superior
zu|ordnen *vt* clasificar, encasillar
Zuordnung *f* <-, -en> clasificación *f;* (*zu einer Gruppe*) filiación *f*
zu|packen *vi* 1. (*zugreifen*) coger, agarrar 2. (*kräftig arbeiten*) meterse a fondo
zu|parken *vt* aparcar cerrando el paso a otros vehículos
zupass[RR] [tsu'pas] *adv,* **zupaß** *adv* (*geh*): **jdm ~ kommen** venir muy bien a alguien; **dein Vorschlag kommt mir sehr ~** tu propuesta me viene muy bien
zupfen ['tsʊpfən] I. *vi* 1. (*ziehen*) tirar (*an* de) 2. (*Instrument*) puntear II. *vt* 1. (*ziehen*) tirar (*an* de); **ich zupfte ihn am Ärmel** le tiré de la manga 2. (*Haar, Unkraut*) arrancar; **sich** *dat* **die Augenbrauen ~** depilarse las cejas 3. (*Instrument*) puntear
Zupfinstrument *nt* <-(e)s, -e> instrumento *m* punteado
zu|prosten ['tsu:pro:stən] *vi* brindar
zur [tsu:ɐ] = **zu der** *s.* **zu**
zurande[RR] *adv:* **mit jdm/mit etw** *dat* **(nicht) ~ kommen** (*fam*) (no) poder con alguien/con algo
zurate[RR] *adv:* **etw/jdn ~ ziehen** consultar algo/a alguien
zu|raten *irr vi* aconsejar; **er riet mir zu, das Auto zu kaufen** me aconsejó que comprara el coche; **auf ihr Z~ (hin)** siguiendo sus consejos
zu|raunen *vt* (*geh*) susurrar, decir al oído
Zürcher(in) ['tsʏrçɐ] *m(f)* <-s, -; -, -nen> zuriguense *mf*
zu|rechnen *vt* 1. (*zuordnen*) clasificar 2. (*hinzurechnen*) incluir en la cuenta 3. (*zur Last legen*) atribuir
zurechnungsfähig *adj* en plena posesión de sus facultades mentales; **Zurechnungsfähigkeit** *f* <-, *ohne pl*> plena posesión *f* de las facultades mentales; **verminderte ~** imputabilidad atenuada
zurecht|biegen [tsu'rɛçt-] *irr vt* 1. (*Draht*) enderezar 2. (*fam: Angelegenheit*) enderezar, arreglar; **zurecht|finden** *irr vr:* **sich ~** (*in einer Stadt*) orientarse (*in* en); (*vertraut werden*) familiarizarse; **zurecht|kommen** *irr vi sein* (*mit einem Gerät*) apañarse *fam;* (*mit einer Person*) entenderse; (*finanziell*) arreglárselas; **er kam mit der Gebrauchsanweisung nicht zurecht** no se apañó con las instrucciones; **sieh selbst zu, wie du zurechtkommst!** ¡apáñatelas como puedas!; **kommen Sie zurecht?** (*im Laden*) ¿puedo servirle de ayuda?; **zurecht|legen** *vt* preparar; **sich** *dat* **Kleidung ~** prepararse la ropa; **sich** *dat* **eine Ausrede ~** tener preparada una excusa; **sich** *dat* **einen Plan ~** tramar un plan; **zurecht|machen** I. *vt* (*fam*) 1. (*Essen*) preparar; (*Zimmer*) arreglar 2. (*verschönen*) arreglar II. *vr:* **sich ~** (*fam*) arreglarse; **zurecht|rücken** *vt* poner(se) bien; **sich** *dat*

etw ~ enderezarse algo; **zurecht|weisen** *irr vt* reprender, echar un sermón, retar *Am*

Zurechtweisung *f* <-, -en> reprimenda *f*

zu|reden *vi* instar; (*ermutigen*) alentar, animar; (*überreden*) persuadir; **du musst ihm gut** ~ tienes que animarle; **auf mein Z~ hin** a mis instancias; **nach langem Z~** después de instar mucho

zu|reiten *irr* **I.** *vi sein* cabalgar (*auf* hacia); **dem Dorf** [*o* **auf das Dorf**] ~ cabalgar hacia el pueblo **II.** *vt* amaestrar, potrear *Am,* jinetear *Am,* chalanear *Am*

Zürich ['tsy:rɪç] *nt* <-s> Zurich *m*

Züricher(in) ['tsy:rɪçɐ] *m(f)* <-s, -; -, -nen> zuriqués, -esa *m, f*

Zürichsee *m* <-s> Lago *m* de Zurich

zu|richten *vt* (*vorbereiten*) preparar; (TECH) trabajar, labrar; **jdn übel** ~ maltratar a alguien; **etw übel** ~ echar a perder algo

zu|riegeln *vt* cerrar con cerrojo, echar el cerrojo

zürnen ['tsʏrnən] *vi* (*geh*): **jdm** ~ guardar rencor a alguien

Zurschaustellung [-'---] *f* <-, -en> exhibición *f*

zurück [tsu'rʏk] *adv* **1.** (*wieder an den Ausgangspunkt*) de vuelta; **hin und** ~ ida y vuelta; **es gibt kein Z~ mehr** ya no se puede dar marcha atrás; **ich bin gleich wieder** ~ enseguida estoy de vuelta; ~ **zum Thema** volviendo al tema (que nos ocupa), a lo que íbamos *fam* **2.** (*nach hinten*) (hacia) atrás; **zwei Schritte ~!** ¡dos pasos atrás! **3.** (*weiter hinten*) atrás; **etwas weiter ~ gingen die anderen** los otros iban un poco más atrás **4.** (*fam: ~geblieben*) atrasado; **zurück|behalten*** *irr vt* **1.** (*nicht weitergeben*) retener **2.** (*haben*) conservar; **er hat von dem Sturz einige Narben** ~ conserva algunas cicatrices de la caída; **zurück|bekommen*** *irr vt* recobrar, recuperar; (*Wechselgeld*) recibir de vuelta; **ich habe alles** ~ me lo han devuelto todo; **zurück|belasten*** *vt* (FIN) recargar (en cuenta), volver a cargar (en cuenta); **zurück|berufen*** *irr vt* llamar de vuelta; (*offiziell*) dar orden de regresar; (POL: *Botschafter*) retirar; **zurück|beugen I.** *vt* doblar [*o* echar] hacia atrás **II.** *vr:* **sich** ~ doblarse [*o* echarse] hacia atrás; **zurück|bezahlen*** *vt* devolver; (*erstatten*) reembolsar; **zurück|bilden** *vr:* **sich** ~ retroceder; (*Organ*) atrofiarse; **zurück|blättern** *vt* (INFOR) retroceder página; **zurück|bleiben** *vi sein* **1.** (*hinten bleiben*) quedarse atrás; (*Abstand halten*) mantenerse alejado (*von* de) **2.** (*im Tempo*) quedarse atrás, retrasarse; **hinter den Erwartungen** ~ no corresponder a las expectativas; **geistig zurückgeblieben** retrasado mental **3.** (*übrig bleiben*) quedar, restar; **bei der Verbrennung bleiben giftige Stoffe zurück** después de la incineración quedan sustancias tóxicas; **von dem Unfall sind ihr ein paar Narben zurückgeblieben** le han quedado un par de cicatrices del accidente; **zurück|blenden** *vi* (FILM) hacer [*o* mostrar] una retrospectiva; **zurück|blicken** *vi* **1.** (*sich umsehen*) mirar (hacia) atrás **2.** (*auf Vergangenes*) pasar revista (*auf* a); **zurück|bringen** *irr vt* **1.** (*zurückgeben*) devolver **2.** (*zurückbegleiten*) llevar (a casa); **zurück|datieren** *vt* antedatar, retrasar la fecha (de); **zurück|denken** *irr vi* recordar el pasado; **an etw** ~ recordar algo; **zurück|drängen** *vt* **1.** (*Personen*) hacer retroceder **2.** (*eindämmen*) contener; **zurück|drehen** *vt* volver [*o* girar] hacia atrás; **einen Regler** ~ bajar un regulador; **zurück|dürfen** *irr vi* (*fam: zurückkehren dürfen*) tener permiso para volver [*o* regresar]; **er darf nicht zu seinen Eltern zurück** no puede volver a casa de sus padres; **zurück|erhalten*** *irr vt s.* **zurückbekommen**; **zurück|erinnern*** *vr:* **sich** ~ acordarse (*an* de), recordar (*an*); **zurück|erobern*** *vt* reconquistar; **zurück|erstatten*** *vt* reintegrar, reembolsar; **zurück|erwarten*** *vt* esperar de vuelta; **zurück|fahren** *irr* **I.** *vi sein* **1.** (*zurückkehren*) volver, regresar; **mit dem Zug** ~ volver en tren **2.** (*rückwärts fahren*) dar marcha atrás **3.** (*zurückschrecken*) retroceder (asustado) **II.** *vt* **1.** (*zurückbringen: Person*) llevar a casa; (*Dinge*) devolver **2.** (*reduzieren*) reducir; **zurück|fallen** *irr vi sein* **1.** (*fallen*) volver a caer; (*Person*) caer hacia atrás; **sich ~ lassen** dejarse caer (*in* en); **er ließ sich in den Sessel** ~ se dejó caer en el sillón **2.** (*in eine Gewohnheit*) recaer (*in* en), reincidir (*in* en) **3.** (SPORT) rezagarse, quedar(se) atrás **4.** (*Eigentum*) volver a pertenecer (*an* a), volver a formar parte (*an* de) **5.** (*sich auswirken*) recaer (*auf* sobre); **alles, was er tut, fällt irgendwann auch auf uns zurück** todo lo que él hace acaba por recaer sobre nosotros; **zurück|finden** *irr vi* encontrar el camino de vuelta (*zu* a); **zurück|fliegen** *irr vi sein* volar de vuelta; **ich fliege am Ersten zurück** vuelvo el día uno; **zurück|fließen** *irr vi sein* refluir (*zu/in* a); **zurück|fordern** *vt* exigir la devolución (de), reclamar; (*Recht*) reivindicar; **zurück|fragen** *vi* **1.** (*eine Gegenfrage stellen*) responder a una pregunta con otra; **sie fragte zurück, warum er das wissen wolle** le preguntó a su vez que por qué quería saber eso **2.** (*rückfragen*) preguntar de nuevo, pedir una aclaración; **er fragte zurück, ob es beim Termin bliebe** preguntó para asegurarse de que la cita seguía en pie; **zurück|führen I.** *vi* volver (*zu* a); **es führt kein Weg zurück** no hay camino de vuelta **II.** *vt* **1.** (*geleiten*) llevar a la vuelta, acompañar a la vuelta; **jdn nach Hause** ~ llevar a alguien a casa **2.** (*herleiten*) reducir (*auf* a); **das lässt sich auf den gleichen Ursprung** ~ esto tiene el mismo origen **3.** (*die Folge sein*) deberse (*auf* a); (*zuschreiben*) atribuir (*auf* a); **sein Verhalten ist darauf zurückzuführen,**

dass ... su comportamiento se debe a que...; **zurück|geben** *irr vt* devolver, retornar, regresar *Mex;* (*Wechselgeld*) dar (la vuelta); **sie gab ihm das Kompliment sogleich zurück** le devolvió el cumplido enseguida; **zurückgeblieben** I. *pp von* **zurückbleiben** II. *adj* retrasado; **geistig ~** retrasado mental; **zurück|gehen** *irr vi sein* 1. (*zurückkehren*) volver; **etw ~ lassen** devolver algo; **ich lasse die Ware ~** devuelvo la mercancía 2. (*nach hinten*) ir hacia atrás; **zwei Schritte ~** dar dos pasos atrás; **auf etw ~** tener su origen en algo 3. (*nachlassen*) reducirse, disminuir; (*Preise*) bajar; **zurück|gewinnen*** *irr vt* recuperar; **zurückgezogen** I. *pp von* **zurückziehen** II. *adj* retirado, solitario; **~ leben** llevar una vida retirada

Zurückgezogenheit *f* <-, *ohne pl*> retiro *m,* aislamiento *m;* **sie leben in (völliger) ~** viven (totalmente) aislados

zurück|greifen *irr vi:* **auf etw ~** recurrir a algo; **zurück|gucken** *vi* (*fam*) mirar hacia atrás; **zurück|haben** *irr vt* (*fam*) tener de vuelta; **zurück|halten** *irr* I. *vt* 1. (*Person, Geld*) retener; (*Information*) ocultar; **etw für jdn ~** reservar algo para alguien; **jdn von etw** *dat* **~** hacer desistir a alguien de algo 2. (*Gefühle*) reprimir, contener II. *vr:* **sich ~** 1. (*sich beherrschen*) contenerse; **er hält sich mit Lob/Kritik zurück** no hace grandes elogios/críticas 2. (*im Hintergrund bleiben*) mantenerse en un segundo plano III. *vi:* **mit etw** *dat* **~** abstenerse de hacer algo; **mit seiner Meinung ~** no opinar al respecto

zurückhaltend *adj* 1. (*reserviert*) reservado; **sich sehr ~ über etw äußern** manifestarse con gran reserva sobre algo 2. (*unaufdringlich*) discreto; (*gemäßigt*) moderado

Zurückhaltung *f* <-, *ohne pl*> 1. (*Reserviertheit*) reserva *f;* **etw mit ~ aufnehmen** acoger algo con reserva 2. (*Unaufdringlichkeit*) discreción *f;* (*Bescheidenheit*) moderación *f;* **~ üben** moderarse; **seine ~ aufgeben** abrirse; **Zurückhaltungsrecht** *nt* <-(e)s, -e> (FIN) derecho *m* de retención

zurück|holen *vt* ir a buscar; **sich** *dat* **etw von jdm ~** recoger algo que tenía alguien; **zurück|kämmen** *vt* peinar hacia atrás; **zurück|kaufen** *vt* readquirir, volver a comprar; **zurück|kehren** *vi sein* (*geh*) retornar (*aus/von* de, *nach/zu* a), regresar (*aus/von* de, *nach/zu* a), regresarse (*aus/von* de, *nach/zu* a) *Am,* devolverse (*aus/von* de, *nach/zu* a) *Am;* **zurück|kommen** *irr vi sein* volver (*aus/von* de, *nach/zu* a), regresar (*aus/von* de, *nach/zu* a); **auf etw ~** volver sobre algo; **um noch einmal darauf zurückzukommen** volviendo de nuevo sobre ello; **zurück|können** *irr vi* 1. (*fam: zurückkehren können*) poder volver [*o* regresar]; **du kannst jederzeit nach Hause zurück** puedes volver a casa cuando quieras 2. (*sich anders entscheiden können*) poder volverse [*o* echarse] atrás; **noch ist der Vertrag nicht unterschrieben, noch kann ich zurück** el contrato aún no está firmado, todavía puedo volverme atrás; **zurück|kriegen** *vt* (*fam*) *s.* **zurückbekommen**; **zurück|lassen** *irr vt* 1. (*liegen lassen, hinterlassen*) dejar 2. (*zurückkehren lassen*) dejar regresar; **zurück|legen** *vt* 1. (*an seinen Platz*) volver a poner en su sitio, poner de nuevo en su sitio 2. (*Waren*) reservar; (*Geld*) ahorrar; **sich** *dat* **etwas Geld ~** hacer unos ahorros 3. (*Strecke*) recorrer; **eine Strecke zu Fuß ~** recorrer un trayecto a pie; **zurück|lehnen** *vr:* **sich ~** recostarse, reclinarse; **zurück|liegen** *irr vi* haber sucedido tiempo atrás; **der Vorfall liegt schon Jahre zurück** el incidente sucedió hace ya años; **in den ~den Jahren** en los últimos años; **zurück|melden** I. *vt* acusar ejecución II. *vr:* **sich ~** dar aviso de su regreso; **zurück|müssen** *irr vi* (*fam*) tener que volver; **ich muss noch einmal ins Büro zurück, ich habe etwas vergessen** tengo que volver al despacho, he olvidado algo; **es wird spät, ich muss zurück (nach Hause)** se hace tarde, tengo que volver (a casa)

Zurücknahme [-na:mə] *f* <-, -n> 1. (*von Waren*) devolución *f;* **es erfolgt keine ~ reduzierter Artikel** no se admiten devoluciones de artículos rebajados 2. (*einer Bestellung*) anulación *f* del pedido; (*einer Aussage, Zustimmung*) retractación *f;* (*einer Klage*) desistimiento *m;* (*eines Gesetzes*) revocación *f*

zurück|nehmen *irr vt* 1. (*Ware*) aceptar la devolución (de) 2. (*Behauptung, Beleidigung*) retirar; (*Bestellung*) anular; (*Gesetz*) revocar; **nimm das sofort zurück!** ¡retira eso inmediatamente!; **ein Versprechen ~** retractarse; **zurück|pfeifen** *irr vt* (*fam*) llamar al orden; **zurück|prallen** *vi sein* 1. (*Ball*) rebotar 2. (*Person*) retroceder; **zurück|reichen** I. *vi* (*Erinnerung*) remontarse (*bis* a) II. *vt* devolver; **zurück|reisen** *vi sein* emprender el viaje de vuelta (*in/nach* a), regresar (*in/nach* a); **zurück|reißen** *irr vt* tirar hacia atrás; **wenn er mich nicht zurückgerissen hätte, wäre ich in den Abgrund gestürzt** si él no me hubiera sujetado tirando de mí, me hubiera caído al precipicio; **zurück|rollen** *vi sein* rodar de vuelta; **den Wagen ~ lassen** dejar rodar el coche hacia atrás; **zurück|rufen** *irr* I. *vi, vt* volver a llamar; **ich rufe (Sie) in zehn Minuten zurück** (le) vuelvo a llamar dentro de diez minutos II. *vt* 1. (*zurückbeordern*) hacer volver, ordenar volver 2. (*antworten*) contestar; **sich** *dat* **etw ins Gedächtnis ~** recordar algo; **zurück|schalten** *vi* (AUTO) cambiar a una marcha inferior; **zurück|schaudern** *vi sein* estremecerse de horror (*vor* ante); **zurück|schauen** *vi s.* **zurückblicken**; **zurück|scheuen** *vi sein:* **vor etw** *dat* **~** arredrarse ante algo, acobardarse ante algo; **er scheut auch vor Mord nicht zurück** ni siquiera retrocede ante un asesinato; **zurück|schicken** *vt* mandar de vuelta; **zurück|schieben** *irr vt* **1.** (*nach hinten*) empujar hacia atrás **2.** (*zur Seite*) correr; **die Gardinen ~** correr las cortinas; **zurück|schlagen** *irr* **I.** *vi* **1.** (*Armee*) contraatacar; (*Person*) devolver el golpe **2.** (*sich auswirken*) repercutir (*auf* en) **II.** *vt* **1.** (*Angriff*) rechazar **2.** (*Decke*) apartar; (*Schleier*) levantar **3.** (*Ball*) devolver; **zurück|schneiden** *irr vt* entresacar, recortar; **zurück|schnellen** *vi sein* volver a su posición original; **er spannte das Gummi über seine Finger und ließ es plötzlich ~** estiró la goma con el dedo y de pronto la soltó; **zurück|schrauben** *vt* reducir; **zurück|schrecken** *irr vi sein* **1.** (*zurückweichen*) retroceder (espantado) **2.** (*zurückscheuen*): **vor etw** *dat* **~** arredrarse ante algo, acobardarse ante algo; **er schreckt vor nichts zurück** no se arredra ante nada; **zurück|schreiben** *vt* (INFOR) restaurar; **zurück|sehen** *irr vi s.* **zurückblicken**; **zurück|sehnen** *vr:* **sich nach etw** *dat*/**zu jdm ~** echar algo/a alguien de menos, extrañar algo/a alguien; **zurück|senden** *irr vt* mandar [*o* enviar] de vuelta; **zurück|setzen** **I.** *vi* ir (marcha) atrás **II.** *vt* **1.** (*an einen Platz*) volver a poner en su sitio **2.** (*nach hinten*) poner (hacia) atrás, colocar (hacia) atrás; (*verschieben*) correr hacia atrás **3.** (*benachteiligen*) postergar (a), no hacer caso (de); **er fühlte sich dadurch zurückgesetzt** se sintió postergado a causa de eso **4.** (*Auto*) mover para atrás **III.** *vr:* **sich ~** **1.** (*sich wieder setzen*) volver a sentarse **2.** (*nach hinten*) sentarse más atrás; **zurück|springen** *irr vi sein* **1.** (*Person*) dar un salto atrás **2.** (*zurückprallen*) rebotar; **zurück|spulen** *vt* rebobinar; **einen Film/eine Kassette ~** rebobinar un carreta/una cinta; **zurück|stecken** **I.** *vi* **1.** (*mit Ansprüchen*) moderarse; **ich glaube, du musst ein wenig ~** creo que tienes que frenarte un poco **2.** (*nachgeben*) transigir **II.** *vt* **1.** (*wieder einstecken*) meter de nuevo, volver a guardar **2.** (*versetzen*) colocar hacia atrás; **zurück|stehen** *irr vi* **1.** (*weiter hinten stehen*) quedar atrás, estar atrás **2.** (*schlechter sein*) quedarse atrás; **er wollte nicht hinter ihnen ~** no quería quedarse atrás **3.** (*verzichten*) renunciar; **sie musste immer hinter den anderen ~** siempre tuvo que desistir a favor de los demás; **zurück|stellen** *vt* **1.** (*an einen Platz*) volver a poner en su sitio **2.** (*nach hinten*) mover hacia atrás, poner atrás; (*Uhr*) retrasar; (*Heizung*) bajar **3.** (*Waren*) reservar **4.** (*aufschieben*) aplazar, prorrogar; **Kinder bei der Einschulung um ein Jahr ~** aplazar un año la escolarización de niños **5.** (*Wünsche*) postergar, posponer; **ich habe meine Bedenken zurückgestellt** he dejado atrás mis reparos; **zurück|stoßen** *irr vt* **1.** (*wegstoßen*) empujar hacia atrás **2.** (*ablehnen*) rechazar; **zurück|strömen** *vi sein* **1.** (*Flüssigkeit*) refluir (*in/zu* a) **2.** (*Menschen*) volver (*in/zu* a); **die Fans strömten ins Stadion zurück** los aficionados volvían al estadio en masa; **zurück|stufen** *vt* degradar, hacer pasar a una categoría inferior; **zurück|tragen** *irr vt* volver a poner en su lugar; **zurück|treiben** *irr vt* hacer retroceder; **zurück|treten** *irr* **I.** *vi sein* **1.** (*nach hinten*) retroceder; **bitte ~!** ¡retrocedan, por favor! **2.** (*weniger wichtig werden*) disminuir, perder importancia; (*in den Hintergrund treten*) pasar al segundo plano **3.** (*von einem Amt*) dimitir (*von* de) **4.** (*von einem Vertrag, Vorhaben*) desistir (*von* de); (*von einem Recht*) renunciar (*von* a) **II.** *vt:* **jdn ~** devolver el pisotón a alguien; **zurück|verfolgen*** *vt* buscar los orígenes (de); **zurück|verlangen*** *vt* pedir la devolución (de); (*stärker*) exigir la devolución (de); **sie verlangte ihr Buch zurück** pidió que le devolvieran su libro; **zurück|versetzen*** *vr:* **sich ~** recordar, trasladarse a otra época; **wir fühlten uns in eine andere Zeit zurückversetzt** nos sentimos trasladados a otra época; **zurück|weichen** *irr vi sein* **1.** (*Person*) retroceder; (*Hochwasser*) decrecer **2.** (*vor einer Aufgabe*) retroceder (*vor* ante), recular (*vor* ante); **zurück|weisen** *irr vt* (*Person, Anschuldigung*) rechazar; (*Einladung, Geschenk*) rehusar; (*mit Argumenten*) refutar; (*Klage*) recusar

Zurückweisung *f* <-, -en> rechazo *m;* (*einer Klage*) recusación *f*

zurück|werfen *irr vt* **1.** (*nach hinten*) echar (hacia) atrás **2.** (*Ball*) devolver **3.** (*Schall, Strahlen*) reflejar **4.** (*wirtschaftlich*) hacer retroceder, impedir el desarrollo (de); **das wirft uns um Jahre zurück** esto nos hace retroceder a la posición de hace años **5.** (*Feind*) rechazar; **zurück|wirken** *vi* repercutir (*auf* en); **zurück|wollen** *irr* **I.** *vi* querer volver (*nach* a); **die meisten Flüchtlinge wollen in ihre Heimat zurück** la mayoría de los refugiados quiere volver a su patria **II.** *vt* (*fam*) querer de vuelta; **ich will mein Geld zurück** quiero que me devuelvan mi dinero; **zurück|zahlen** *vt* devolver; (*Ausgaben*) reembolsar; **das werd' ich ihm ~!** (*fam*) ¡me lo pagará!; **zurück|ziehen** *irr* **I.** *vt* **1.** (*zum Ausgangspunkt*) volver (a poner en un lugar) **2.** (*nach hinten*) correr hacia atrás; (*Körperteil*) retirar; (*Vorhang, Riegel*) correr **3.** (*zurück-, widerrufen*) retirar; (*Gesetz*) revocar; (*Ansprüche*) desistir (de); (*Bestellung*) anular **4.** (*aus dem Verkehr ziehen*) retirar **5.** (*bewirken*) ser el motivo de la vuelta (*nach* a); (*anziehen*) atraer; **was zieht dich dorthin eigentlich zurück?** ¿qué es lo que te atrae de allí? **II.** *vr:* **sich ~** retirarse (*von* de); (MIL) retirarse, replegarse; **sich aus einem besetzten Land ~** retirarse de un país ocupado; **sich zur Beratung ~** retirarse a deliberar **III.** *vi sein* volver a vivir (*nach* a); **zurück|zucken** *vi* *sein* estremecerse (*vor* de)

Zuruf ['--] *m* <-(e)s, -e> grito *m;* **auf ~ reagieren** reaccionar a base de gritos; **durch ~ wählen** elegir por aclamación

zu|rufen *irr vt:* **jdm etw ~** gritar algo a alguien

zurzeit [tsuːɐ'tsaɪt] *adv* (*Österr, Schweiz*) de momento

Zusage ['---] *f* <-, -n> (*positive Antwort*) contestación *f* afirmativa, respuesta *f* afirmativa; (*Bestätigung*) confirmación *f;* (*Versprechen*) promesa *f,* garantía *f;* **eine ~ geben** contestar afirmativamente; **eine ~ halten** cumplir su palabra; **eine (schriftliche) ~ bekommen** recibir una confirmación (por escrito)

zu|sagen I. *vi* 1. (*Einverständnis erklären*) contestar afirmativamente; (*Einladung annehmen*) aceptar una invitación; (*sich verpflichten*) comprometerse 2. (*gefallen*): **jdm ~** gustar a alguien, agradar a alguien; (*passen*) convenir a alguien; **ihre jetzige Arbeit sagt ihnen gar nicht zu** su actual trabajo no les gusta en absoluto II. *vt* prometer; **er hat mir seine Hilfe fest zugesagt** me ha prometido firmemente que me va a ayudar

zusammen [tsu'zamən] *adv* 1. (*miteinander*) juntos; (*gleichzeitig*) al mismo tiempo; **~ mit** junto con; **~ sein** (*beieinander sein*) estar juntos [*o* reunidos]; (*fest befreundet sein*) salir juntos, ser novios; **sind die beiden noch ~?** ¿siguen juntos?; **wir sind ~ angekommen** llegamos al mismo tiempo; **~ arbeiten** (*am selben Arbeitsplatz*) trabajar juntos; **alle ~** todos juntos; **ich wohne mit meinem Freund ~** vivo con mi novio, mi novio y yo vivimos juntos; **~ sieht es schrecklich aus** la combinación es horrible 2. (*insgesamt*) en total; **das macht ~ 14 Mark** son 14 marcos en total

Zusammenarbeit *f* <-, *ohne pl*> colaboración *f,* cooperación *f;* **in ~ mit** en colaboración con

zusammen|arbeiten *vi* cooperar, colaborar; **zusammen|ballen** I. *vt* (*Schnee, Dreck*) formar [*o* hacer] bolas; **die Faust ~** cerrar el puño II. *vr:* **sich ~** concentrarse; (*Wolken*) acumularse; **zusammen|bauen** *vt* montar, armar; **zusammen|beißen** *irr vt:* **die Zähne ~** apretar los dientes; **zusammen|bekommen*** *irr vt* (lograr) juntar [*o* reunir]; **zusammen|binden** *irr vt* atar, juntar; **zusammen|bleiben** *irr vi sein* quedar juntos; (*weiterhin*) seguir juntos; **zusammen|brauen** I. *vt* (*fam*) mezclar, preparar II. *vr:* **sich ~** cernirse; **zusammen|brechen** *irr vi sein* 1. (*einstürzen*) derrumbarse, venirse abajo; **für ihn ist eine Welt zusammengebrochen** se le desmoronaron todas sus esperanzas 2. (*Mensch*) sufrir un colapso; (*ohnmächtig*) desmayarse 3. (*Wirtschaft*) quebrarse; (*Verkehr*) colapsarse; **zusammen|bringen** *irr vt* 1. (*Geld*) reunir, juntar 2. (*Personen*) poner en contacto, juntar 3. (*fam: sich erinnern*) recordar, acordarse (de)

Zusammenbruch *m* <-(e)s, -brüche> derrumbamiento *m;* (*Bankrott*) quiebra *f;* (*gesundheitlich, des Verkehrs*) colapso *m*

zusammen|drängen I. *vt* 1. (*Menschen*) apiñar 2. (*zusammenfassen*) reducir (*auf* a) II. *vr:* **sich ~** 1. (*Menschen*) apiñarse, aglomerarse 2. (*Ereignisse*) concentrarse; **zusammen|drücken** *vt* apretar, comprimir; (*flach*) aplastar; **zusammen|fahren** *irr* I. *vi sein* 1. (*Fahrzeuge*) chocar 2. (*erschrecken*) estremecerse, sobresaltarse II. *vt* (*Person, Tier*) arrollar, atropellar; (*Fahrzeug*) destrozar; **zusammen|fallen** *irr vi sein* 1. (*einstürzen*) hundirse, desmoronarse 2. (*an Volumen verlieren*) desinflarse 3. (*Termine*) coincidir; **zusammen|falten** *vt* 1. (*Papier, Stoff*) plegar, doblar 2. (*Hände*) juntar; **zusammen|fassen** *vt* 1. (*vereinigen*) juntar (*zu* en), reunir (*zu* en); (*in Gruppen*) agrupar 2. (*Bericht*) resumir, compendiar; **~d lässt sich sagen, dass ...** en resumen se puede decir que...

Zusammenfassung *f* <-, -en> 1. (*Resümee*) resumen *m* 2. (*Vereinigung*) unión *f;* (*in Gruppen*) agrupación *f*

zusammen|fegen *vt* barrer, recoger con la escoba; **zusammen|finden** *irr vr:* **sich ~** 1. (*sich vereinigen*) juntarse, reunirse 2. (*treffen*) encontrarse; **zusammen|flicken** *vt* (*fam*) remendar, zurzir, (re)componer; **jdn wieder ~** poner unos cuantos remiendos [*o* parches] a alguien; **zusammen|fließen** *irr vi sein* confluir

Zusammenfluss[RR] *m* <-es, -flüsse> confluencia *f*

zusammen|fügen *vt* (*geh*) unir, juntar; **zusammen|führen** *vt* reunir; (*nach Streit*) reconciliar; **zusammen|gehen** *irr vi sein* 1. (*koalieren*) formar una coalición 2. (*reg: einlaufen*) encoger, menguar; **zusammen|gehören*** *vi* (*fam*) 1. (*Personen*) pertenecer al mismo grupo, ser del mismo grupo; **wir haben geheiratet und wollen für immer ~** nos hemos casado y queremos pasar el resto de nuestras vidas juntos 2. (*Gegenstände*) hacer juego; (*paarweise*) hacer pareja

zusammengehörig *adj* correspondiente

Zusammengehörigkeit *f* <-, *ohne pl*> afinidad *f,* unión *f;* **Zusammengehörigkeitsgefühl** *nt* <-(e)s, *ohne pl*> solidaridad *f*

zusammengesetzt *adj* compuesto; **~ sein aus ...** componerse de...; **zusammengewürfelt** *adj* mezclado, heterogéneo; **~e Tassen** tazas descabaladas; **zusammen|haben** *irr vt* (*fam*) tener, haber reunido [*o* juntado]; **bis Oktober werden wir die ganzen Unterlagen ~** para octubre tendremos [*o* habremos conseguido] todos los documentos; **nach zwei Jahren habe ich endlich das Geld für das Auto zusammen** después de dos años he reunido [*o* he logrado reunir] por fin el dinero para el coche

Zusammenhalt *m* <-(e)s, *ohne pl*> **1.** (*von Teilen*) consistencia *f,* cohesión *f* **2.** (*Bindung*) solidaridad *f,* unión *f*

zusammen|halten *irr* **I.** *vi* **1.** (*Mannschaft*) ser solidario; (*in der Not*) ayudarse mutuamente; ~ **wie Pech und Schwefel** ser uña y carne, ser una piña **2.** (*Teile*) formar un cuerpo, estar unidos **II.** *vt* **1.** (*Gruppe*) mantener juntos; (*Geld*) ahorrar; **seine Gedanken** ~ no distraerse; **Essen und Trinken hält Leib und Seele zusammen** el hombre no se alimenta sólo de aire **2.** (*verbinden*) unir

Zusammenhang *m* <-(e)s, -hänge> (*Beziehung*) relación *f* (*zwischen/von* entre); (*innerer*) conexión *f;* (*im Text*) contexto *m;* **in ~ mit etw stehen** *dat* estar en relación con algo; **etw aus dem ~ reißen** sacar algo de contexto; **etw mit etw** *dat* **in ~ bringen** relacionar algo con algo; **mit diesen Aktionen möchte ich nicht in ~ gebracht werden** no quiero que me relacionen con estas acciones

zusammen|hängen *irr vi* **1.** (*Gegenstände*) estar unido, estar conectado **2.** (*in Beziehung stehen*) estar relacionado; **das hängt damit zusammen, dass ...** esto está relacionado con...

zusammenhängend *adj* coherente; (*ununterbrochen*) continuo

zusammenhang(s)los *adj* incoherente, deslabazado *fam*

Zusammenhang(s)losigkeit *f* <-, *ohne pl*> incoherencia *f*

zusammen|hauen <haut zusammen, haute zusammen, zusammengehauen> *vt* (*fam*) **1.** (*zusammenschlagen*) golpear, dar una paliza; **er wurde von einer Bande Skinheads zusammengehauen** un grupo de cabezas rapadas le dio una paliza **2.** (*zerschlagen*) hacer pedazos; (*in Scherben*) hacer añicos **3.** (*schnell machen*) enjaretar, hacer a toda prisa (y de cualquier manera); **den Aufsatz hast du wohl gestern im Schwimmbad zusammengehauen!** ¡esta redacción seguro que la hiciste ayer en la piscina de cualquier manera!

zusammen|heften *vt* encuadernar; **zusammen|heilen** *vi sein* (*fam: Knochen*) soldarse; (*Wunde*) cicatrizar, cerrarse; **zusammen|kehren** *vt* (*reg*) *s.* **zusammenfegen**

Zusammenklang *m* <-(e)s, -klänge> **1.** (MUS) consonancia *f,* concierto *m* **2.** (*Harmonie*) armonía *f*

zusammenklappbar *adj* plegable

zusammen|klappen **I.** *vi sein* (*Person*) sufrir un desmayo [*o* un colapso] **II.** *vt* (*Stuhl, Tisch*) plegar; (*Messer*) cerrar; **zusammen|kleben** **I.** *vi* estar pegado **II.** *vt* pegar, unir pegando; **zusammen|kneifen** *irr vt* apretar; **zusammen|knoten** *vt* anudar; **zusammen|knüllen** *vt* arrugar, hacer una bola (con); **zusammen|kommen** *irr vi sein* **1.** (*sich treffen*) encontrarse; (*sich versammeln*) reunirse **2.** (*sich ansammeln*) acumularse; **zusammen|krachen** *vi sein* (*fam*) **1.** (*Stuhl, Tisch*) romperse; (*aus dem Leim gehen*) desencolarse **2.** (*Fahrzeuge*) chocar; **zusammen|kratzen** *vt* (*fam*) reunir penosamente; **zusammen|kriegen** *vt* (*fam*) juntar

Zusammenkunft [tsu'zamənkʊnft, *pl:* -kʏnftə] *f* <-, -künfte> encuentro *m;* (*Versammlung*) reunión *f*

zusammen|läppern [-lɛpɐn] *vr:* **sich** ~ (*fam*) amontonarse, apiñarse; **zusammen|laufen** *irr vi sein* **1.** (*Menschen*) apelotonarse, acudir (en masa) **2.** (*Flüsse*) confluir **3.** (*Linien*) juntarse; (MATH) converger; **zusammen|leben** *vi* convivir; **wir leben zusammen** vivimos juntos

Zusammenleben *nt* <-s, *ohne pl*> convivencia *f,* vida *f* en común

zusammenlegbar *adj* plegable

zusammen|legen **I.** *vt* **1.** (*falten*) doblar, plegar **2.** (*zueinander legen*) poner juntos, juntar **3.** (*vereinigen*) juntar; (*Firmen*) fusionar; (*Termine*) fijar a una misma hora; (*Personen*) agrupar **II.** *vi* juntar dinero, contribuir; **wenn wir ~, reicht es** si todos contribuimos nos alcanza el dinero

Zusammenlegung *f* <-, -en> **1.** (*Vereinigung*) unión *f;* (*von Firmen*) fusión *f;* (*von Grundstücken*) concentración *f;* (*von Terminen*) fijación *f* de varias citas juntas **2.** (*von Personen*) agrupación *f;* (*von Gefangenen*) reunificación *f*

zusammen|nähen *vt* coser; **zusammen|nehmen** *irr* **I.** *vt* reunir, juntar; **seine Gedanken** ~ concentrarse; **alles zusammengenommen** en total; **er nahm seinen ganzen Mut zusammen** hizo acopio de todo su coraje **II.** *vr:* **sich** ~ dominarse, controlarse; **nimm dich bitte zusammen!** ¡contente!; **zusammen|packen** *vt* recoger; **zusammen|passen** *vi* (*Personen*) congeniar, armonizar, hacer buenas migas *fam;* (*Paar*) hacer (una) buena pareja; (*Gegenstände*) encajar, hacer juego; (*Farben*) ir bien, hacer juego; **zusammen|pferchen** *vt* **1.** (*Vieh*) acorralar **2.** (*Menschen*) apiñar, apelotonar

Zusammenprall *m* <-(e)s, -e> colisión *f,* choque *m*

zusammen|prallen *vi sein* colisionar, chocar; **zusammen|pressen** *vt* apretar, prensar; **zusammen|raffen** *vt* **1.** (*Sachen*) recoger a toda prisa **2.** (*abw: Vermögen*) acumular; **zusammen|raufen** *vr:* **sich** ~ (*fam*) ponerse de acuerdo; **zusammen|rechnen** *vt* sumar, totalizar; **zusammen|reimen** **I.** *vt* (*fam*): **sich** *dat* **etw** ~ deducir algo, imaginarse algo; **den Rest konnte man sich ~** el resto se lo podía imaginar cada uno **II.** *vr:* **sich** ~ (*fam*) explicarse; **wie reimt sich das zusammen?** ¿cómo se explica esto?; **zusam-**

men|reißen *irr vr:* **sich** ~ (*fam*) controlarse, moderarse; **reiß dich zusammen!** ¡contrólate!; **zusammen|rollen** I. *vt* arrollar, enrollar II. *vr:* **sich** ~ enrollarse, enroscarse; **zusammen|rotten** [-rɔtən] *vr:* **sich** ~ agruparse; **zusammen|rücken** I. *vi sein* juntarse II. *vt* acercar; **zusammen|rufen** *irr vt* convocar, reunir; **zusammen|sacken** *vi sein* (*fam*) 1. (*Haus*) derrumbarse 2. (*Person*) sufrir un colapso; **zusammen|scharen** [-ʃaːrən] *vr:* **sich** ~ agruparse, reunirse; **zusammen|scheißen** *irr vt* (*vulg*) poner a parir; **der hat mich vielleicht zusammengeschissen!** ¡vaya si me puso a parir!; **zusammen|schießen** *irr vt* (*fam*) abatir a tiros; **zusammen|schlagen** *irr vt* 1. (*fam: zerstören*) destrozar, hacer pedazos 2. (*fam: verprügeln*) moler a palos, dar una paliza; **ich schlag dich zusammen** te voy a moler a palos 3. (*gegeneinander schlagen*): **sie schlug die Hände über dem Kopf zusammen** se llevó las manos a la cabeza; **zusammen|schließen** *irr vr:* **sich** ~ agruparse, unirse; (*Firmen*) fusionarse

Zusammenschluss[RR] *m* <-es, -schlüsse>, **Zusammenschluß** *m* <-sses, -schlüsse> agrupación *f*, unión *f*; (*von Firmen*) fusión *f*

zusammen|schnüren *vt* atar; **der Schreck schnürte ihm die Kehle zusammen** del susto se le hizo un nudo en la garganta; **der Anblick schnürte mir das Herz zusammen** la escena me encogió el corazón; **zusammen|schrauben** *vt* atornillar, unir con tornillos, sujetar con tornillos; **zusammen|schrecken** *irr vi sein* sobresaltarse, estremecerse (del susto); **zusammen|schreiben** *irr vt* 1. (*Wörter*) escribir junto [*o* en una palabra] 2. (*fam abw: verfassen*) borronear; **wer hat denn diesen Unsinn zusammengeschrieben?** ¿quién ha escrito este montón de tonterías?; **zusammen|schrumpfen** *vi sein* disminuir, reducirse, encogerse; **zusammen|schweißen** *vt* 1. (*schweißend verbinden*) soldar 2. (*Personen*) unir; **zusammen|sein** *irr vi sein s.* **zusammen 1.**

Zusammensein *nt* <-s, *ohne pl*> 1. (*Treffen*) encuentro *m*, reunión *f*; **ein gemütliches** ~ una reunión agradable 2. (*Zusammenleben*) convivencia *f*

zusammen|setzen I. *vt* componer, montar; **ein zusammengesetztes Wort** una palabra compuesta II. *vr:* **sich** ~ 1. (*zusammenkommen*) reunirse, juntarse; (*sich treffen*) encontrarse; **wir müssen uns mal wieder** ~ tenemos que reunirnos un día de estos; **sich gemütlich** ~ reunirse tranquilamente 2. (*bestehen*) componerse (*aus* de), estar integrado [*o* compuesto] (*aus* por)

Zusammensetzung[1] *f* <-, *ohne pl*> (*das Zusammensetzen*) montaje *m*

Zusammensetzung[2] *f* <-, -en> 1. (*Struktur, Mischung*) composición *f*, combinación *f*; **chemische** ~ composición química; **eine** ~ **aus ...** una combinación de...; **in dieser** ~ en esta combinación; **die** ~ **der Belegschaft** el personal que compone la plantilla 2. (LING) palabra *f* compuesta

zusammen|sinken *irr vi sein* 1. (*zu Boden gleiten*) desmayarse, desvanecerse, desplomarse 2. (*zusammenfallen*) derrumbarse, hundirse, caerse; **der Haufen ist in sich zusammengesunken** el montón se ha desmoronado; **zusammen|sparen** *vt:* **sich** *dat* **etw** ~ ahorrar hasta poder comprar algo; **sie hat sich einen Computer zusammengespart** ahorró hasta que pudo comprarse un ordenador

Zusammenspiel *nt* <-(e)s, *ohne pl*> 1. (*einer Mannschaft*) juego *m* del equipo 2. (*von Kräften*) interacción *f*

zusammen|stauchen *vt* (*fam*) aplastar, (d)espachurrar; **zusammen|stecken** I. *vi* (*fam*) estar juntos II. *vt* juntar; (*Stoff*) fijar con alfileres; **die Köpfe** ~ andar con secretitos, secretear; **zusammen|stehen** *irr vi* 1. (*nebeneinander*) estar juntos [*o* uno al lado del otro] 2. (*einander unterstützen*) estar unidos, apoyarse mutuamente; **zusammen|stellen** *vt* 1. (*nebeneinander stellen*) juntar, colocar juntos 2. (*anordnen*) disponer, componer; (*in Gruppen*) agrupar; (*sortieren*) clasificar; (*kompilieren*) compilar; (*Farben, Menü*) combinar; (*Unterlagen*) reunir, juntar; (*Programm, Liste*) hacer, confeccionar

Zusammenstellung *f* <-, -en> 1. (*Anordnung*) disposición *f* 2. (*Zusammensetzung*) combinación *f*, composición *f*; (*systematisch*) clasificación *f*; (*in Gruppen*) agrupación *f*; (*eines Buchs*) compilación *f* 3. (*Übersicht*) cuadro *m* sinóptico; (*Liste*) lista *f*

Zusammenstoß *m* <-es, -stöße> 1. (*von Fahrzeugen*) colisión *f*, choque *m*, quiñazo *m* *Am* 2. (*fam: Streit*) altercado *m*, disputa *f*; (*Auseinandersetzung*) enfrentamiento *m*; **es kam zu blutigen Zusammenstößen mit der Polizei** hubo sangrientos enfrentamientos con la policía

zusammen|stoßen *irr vi sein* 1. (*kollidieren*) chocar; **sie stießen mit den Köpfen zusammen** chocaron con la cabeza 2. (*sich streiten*) chocar, pelearse; **zusammen|streichen** *irr vt* (*fam*) acortar, reducir (*auf* a); **zusammen|strömen** *vi sein* 1. (*Flüsse*) confluir 2. (*Menschen*) acudir en masa; **zusammen|stürzen** *vi sein* (*Gebäude*) hundirse, derrumbarse; (*Plan*) venirse abajo, malograrse; **zusammen|suchen** *vt* (buscar y) reunir; **sich** *dat* **etw** ~ escoger algo; **zusammen|tragen** *irr vt* acumular, reunir; (*Fakten*) compilar; **zusammen|treffen** *irr vi sein* 1. (*Menschen*) encontrarse 2. (*Ereignisse, Umstände*) coincidir

Zusammentreffen *nt* <-s, -> 1. (*Begegnung*) encuentro *m*; **bei unserem letzten** ~

en nuestro último encuentro **2.** (*von Ereignissen*) coincidencia *f*

zusammen|treiben *irr vt* reunir, juntar; **zusammen|treten** *irr vi sein* reunirse, celebrar una sesión; **zusammen|trommeln** *vt* (*fam*) convocar, llamar; **zusammen|tun** *irr* **I.** *vt* (*fam*) juntar, meter junto **II.** *vr:* **sich** ~ (*fam*) unirse; (*sich verbünden*) aliarse, asociarse

Zusammenveranlagung *f* <-, -en> tributación *f* conjunta

zusammen|wachsen *irr vi sein* **1.** (*verheilen*) cerrarse, cicatrizar **2.** (*sich verbinden*) unirse; **zusammen|werfen** *irr vt* **1.** (*Gerümpel*) tirar [*o* echar] a un montón **2.** (*Begriffe, Ideen*) confundir, mezclar, hacer un cacao **3.** (*fam: Geld*) poner en una cuenta común; **zusammen|wirken** *vi* **1.** (*Faktoren*) actuar (simultáneamente) **2.** (*geh: zusammenarbeiten*) colaborar (*bei* en), cooperar (*bei* en)

Zusammenwirken *nt* <-s, *ohne pl*> interacción *f*

zusammen|zählen *vt* sumar; **er kann nicht zwei und zwei** ~ ni siquiera sabe sumar dos y dos; **zusammen|ziehen** *irr* **I.** *vt* **1.** (*enger machen*) estrechar, contraer; (*durch Säure*) astringir; (*Muskeln*) contraer; **die Augenbrauen** ~ fruncir el ceño **2.** (*Polizei, Truppen*) reunir, concentrar **3.** (*addieren*) sumar **II.** *vr:* **sich** ~ **1.** (*kleiner werden*) contraerse **2.** (*Gewitter, Unheil*) cernirse **III.** *vi sein:* **mit jdm** ~ ir a vivir con alguien; **zusammen|zucken** *vi sein* estremecerse (*vor* de), sobresaltarse (*vor* de)

Zusatz *m* <-es, -sätze> **1.** (*Substanz*) aditamento *m;* (*Lebensmittel~*) aditivo *m;* **ohne ~ von Konservierungsstoffen** sin conservantes ni colorantes **2.** (*zu einem Text*) suplemento *m,* apéndice *m*

Zusatzabkommen *nt* <-s, -> convenio *m* adicional; **Zusatzadapter** *m* <-s, -> (*a.* INFOR) adaptador *m* adicional [*o* opcional]; **Zusatzanschluss**RR *m* <-es, schlüsse> (*a.* INFOR) puerto *m* adicional; **Zusatzausrüstung** *f* <-, -en> equipo *m* adicional; **Zusatzbedingung** *f* <-, -en> condición *f* adicional; **Zusatzbestimmung** *f* <-, -en> disposición *f* suplementaria; **Zusatzeinrichtung** *f* <-, -en> (*a.* INFOR) dispositivo *m* adicional [*o* opcional]; **Zusatzgerät** *nt* <-(e)s, -e> aparato *m* suplementario; **Zusatzgewinn** *m* <-(e)s, -e> (WIRTSCH) beneficio *m* adicional; **Zusatzklausel** *f* <-, -n> cláusula *f* adicional; **Zusatzkosten** *pl* gastos *mpl* adicionales

zusätzlich ['tsu:zɛtslɪç] **I.** *adj* adicional, suplementario **II.** *adv* más

Zusatzlohn *m* <-(e)s, -löhne> salario *m* complementario; **Zusatzrente** *f* <-, -n> pensión *f* suplementaria; **Zusatzstecker** *m* <-s, -> (*a.* INFOR) conector *m* adicional [*o* auxiliar]; **Zusatzstoff** *m* <-(e)s, -e> aditivo *m;* **Zusatzurlaub** *m* <-(e)s, -e> vacaciones *fpl* adicionales; **Zusatzverpflichtung** *f* <-, -en> obligación *f* accesoria; **Zusatzversicherung** *f* <-, -en> seguro *m* complementario; **Zusatzwasser** *nt* <-s, - *o* -wässer> agua *f* adicional; **Zusatzzahl** *f* <-, -en> (número *m*) complementario *m*

zuschanden [tsu'ʃandən] *adv:* **ein Auto ~ fahren** dejar un coche para el desguace; **Hoffnungen/Pläne ~ machen** arruinar [*o* echar a perder] esperanzas/planes

zu|schanzen ['tsu:ʃantsən] *vt* (*fam*) proporcionar

zu|schauen *vi s.* **zusehen**

Zuschauer(in) *m(f)* <-s, -; -, -nen> espectador(a) *m(f);* (*Fernseh~*) telespectador(a) *m(f),* televidente *mf;* **die ~ waren begeistert** el público estaba entusiasmado; **Zuschauerbefragung** *f* <-, -en> encuesta *f* entre los espectadores

Zuschauerin *f* <-, -nen> *s.* **Zuschauer**

Zuschauerraum *m* <-(e)s, -räume> sala *f* de espectadores; **Zuschauertribüne** *f* <-, -n> tribuna *f* para el público; **Zuschauerzahl** *f* <-, -en> número *m* de espectadores

zu|schicken *vt* enviar, mandar; **sich** *dat* **etw ~ lassen** pedir algo [*o* que le envíen algo]; **etw zugeschickt bekommen** recibir algo por correo

zu|schieben *irr vt* **1.** (*Fenster, Tür*) cerrar **2.** (*hinschieben*) pasar; **jdm die Schuld/Verantwortung** ~ echar la culpa/responsabilidad a alguien

zu|schießen *irr* **I.** *vt* **1.** (*Ball*) tirar, lanzar **2.** (*fam: Geld*) contribuir (con) **II.** *vi sein* precipitarse, abalanzarse (*auf* sobre)

Zuschlag *m* <-(e)s, -schläge> **1.** (*auf einen Preis*) sobretasa *f,* suplemento *m,* yapa *f Am;* (*im Zug*) suplemento *m;* **einen ~ zahlen** pagar (un) suplemento; **dieser Zug kostet (sechs DM)** ~ para este tren hay que pagar un suplemento (de seis marcos) **2.** (*bei einer Versteigerung*) remate *m;* **den ~ erhalten** recibir el remate **3.** (*für einen Auftrag*) adjudicación *f;* **jdm den ~ für etw erteilen** adjudicar algo a alguien

zu|schlagen *irr* **I.** *vi* **1.** (*Person*) golpear **2.** *sein* (*Tür*) cerrarse de golpe **3.** (*fam: zugreifen*) aprovechar la oportunidad; **schlag zu!** ¡aprovéchalo! **4.** (*fam: beim Essen*) atiborrarse **II.** *vt* **1.** (*Tür, Buch*) cerrar (de golpe) **2.** (*Ball*) lanzar, tirar **3.** (*Auftrag, bei einer Versteigerung*): **jdm etw** ~ adjudicar algo a alguien

zuschlagfrei *adj* sin recargo; (*a.* EISENB) sin suplemento; **Nahverkehrszüge sind ~** los trenes de cercanías no tienen suplemento; **zuschlagpflichtig** *adj* con recargo; (*a.* EISENB) con suplemento; **der Intercity ist ~** el Intercity tiene suplemento; **Zuschlagstoff** *m* <-(e)s, -e> (TECH) áridos *mpl*

zu|schließen *irr vt* cerrar (con llave); **die Tür ~** cerrar la puerta con llave

zu|schnallen *vt* abrochar; **ich habe zuge-**

nommen, ich kann den Gürtel kaum noch ~ he engordado, apenas puedo abrocharme el cinturón

zu|schnappen *vi* **1.** *sein* (*Schloss*) cerrarse de golpe; (*Falle*) caer **2.** (*Hund*) dar un mordisco

zu|schneiden *irr vt* cortar; **die Stelle war ganz auf ihn zugeschnitten** el puesto de trabajo estaba hecho a su medida; **die Sendung ist genau auf den Publikumsgeschmack zugeschniten** el programa está hecho justo a gusto del público

zu|schneien *vi* cubrir la nieve; **der Weg ist zugeschneit** el camino está bloqueado por la nieve

Zuschnitt[1] *m* <-(e)s, *ohne pl*> (*das Zuschneiden*) corte *m*

Zuschnitt[2] *m* <-(e)s, -e> **1.** (*der Kleidung*) corte *m* **2.** (*einer Person*) categoría *f*

zu|schnüren *vt* atar; **die Angst schnürte ihm die Kehle zu** el miedo le oprimía la garganta

zu|schrauben *vt* **1.** (*mit Schrauben*) atornillar **2.** (*durch Drehen*) cerrar

zu|schreiben *irr vt* atribuir; (*Eigentum*) transferir; **dieser Quelle werden Heilkräfte zugeschrieben** a esta fuente se le atribuyen propiedades curativas; **jdm die Schuld an etw** *dat* ~ echar a alguien la culpa de algo; **das hast du dir selbst zuzuschreiben** es culpa tuya

Zuschrift *f* <-, -en> carta *f;* (*amtlich*) comunicación *f*

zuschulden [-'--] *adv:* **sich** *dat* **etwas** ~ **kommen lassen** cometer un error

Zuschuss[RR] *m* <-es, -schüsse>, **Zuschuß** *m* <-sses, -schüsse> subsidio *m,* ayuda *f* financiera; (*staatlich*) subvención *f;* **Zuschussbetrieb**[RR] *m* <-(e)s, -e>, **Zuschussunternehmen**[RR] *nt* <-s, -> empresa *f* subvencionada

zu|schustern ['tsu:ʃu:stɐn] *vt* (*fam*) *s.* **zuschanzen**

zu|schütten I. *vt* **1.** (*mit Erde*) rellenar **2.** (*fam: dazugeben*) añadir, agregar **II.** *vr:* **sich** ~ (*fam*) emborracharse

zu|sehen *irr vi* **1.** (*betrachten*) mirar; **er sah ihm bei der Arbeit zu** le miraba mientras trabajaba; **mir wird schon vom Z~ schwindelig** tan sólo con mirarlo me da vueltas la cabeza [*o* me mareo]; **ich kann da nicht länger** ~ ya no lo aguanto más **2.** (*dafür sorgen*): ~, **dass ...** procurar que... +*subj;* **sieh mal zu, was du machen kannst!** ¡mira a ver qué puedes hacer!

zusehends ['tsu:ze:ənts] *adv* a ojos vista, visiblemente; **es geht ihm** ~ **besser** mejora ostensiblemente

zu|sein *irr vi sein s.* **zu II.3.**

zu|senden *irr vt s.* **zuschicken**

Zusendung *f* <-, -en> envío *m;* **die** ~ **erfolgt nach Zahlungseingang** el envío se efectuará tras cobrar el importe; **morgen werden Sie Ihre** ~ **erhalten** mañana recibirá su envío

zu|setzen I. *vi* **1.** (*bedrängen*) apremiar, atosigar; (*belästigen*) molestar, dar la lata *fam* **2.** (*verletzen*) herir **3.** (*Krankheit*) afectar **II.** *vt* **1.** (*hinzufügen*) añadir (*zu* a), agregar (*zu* a) **2.** (*Geld*) perder

zu|sichern *vt* asegurar, garantizar; (*Versprechen*) prometer

Zusicherung *f* <-, -en> garantía *f,* seguridad *f,* promesa *f*

Zuspätkommende(r) [-'----] *mf* <-n, -n; -n, -n> atrasado, -a *m, f,* retrasado, -a *m, f,* rezagado, -a *m, f*

zu|sperren *vt* (*Österr, südd*) cerrar con llave

Zuspiel *nt* <-(e)s, -e> (SPORT) pase *m*

zu|spielen *vt* (*Ball*) pasar; **jdm etw** ~ pasar algo a alguien; **mir wurden vertrauliche Unterlagen zugespielt** han llegado a mis manos documentos confidenciales

zu|spitzen *vr:* **sich** ~ (*Situation*) agudizarse, agravarse

Zuspitzung *f* <-, -en> (*Situation*) agudización *f,* agravamiento *m*

zu|sprechen *irr* I. *vi:* **jdm** ~ tranquilizar a alguien, consolar a alguien; **sie sprach ihm gut zu** le tranquilizó; **dem Alkohol** ~ tomar bebidas alcohólicas **II.** *vt* **1.** (*Preis*) conceder, otorgar; (*Erbe*) adjudicar; **das Kind wurde der Mutter zugesprochen** la custodia del niño fue otorgada a la madre **2.** (*zuschreiben*) atribuir; **jdm Trost** ~ consolar a alguien; **jdm Mut** ~ animar a alguien

Zuspruch *m* <-(e)s, *ohne pl*> (*geh*) **1.** (*Trost*) consuelo *m* **2.** (*Besuch*) concurrencia *f;* **die Veranstaltung erfreute sich großen ~s** el acto estuvo muy concurrido

Zustand ['--] *m* <-(e)s, -stände> estado *m;* (*Lage*) situación *f;* (*Beschaffenheit*) condición *f;* **Zustände kriegen** (*fam*) volverse loco; **in ordnungsgemäßem** ~ en su debido estado; **in unbeschädigtem** ~ en perfecto estado; **sie befand sich in lebensbedrohlichem** ~ estaba en peligro de muerte; **Zustände wie im alten Rom** (*fam*) ¿dónde vamos a ir a parar?; **das ist doch kein ~!** (*fam*) ¡eso no puede quedar así!

zustande [-'--] *adv:* **etw** ~ **bringen** lograr algo, realizar algo; ~ **kommen** llevarse a cabo; **nicht** ~ **kommen** malograrse; **Zustandekommen** *nt* <-s, *ohne pl*> (*eines Kongresses*) realización *f;* (*eines Vertrages*) conclusión *f*

zuständig *adj* competente (*für* para); (*verantwortlich*) responsable (*für* de); **die ~e Behörde** la autoridad competente; **der dafür ~e Beamte** el funcionario responsable

Zuständigkeit *f* <-, -en> atribuciones *fpl,* competencia *f;* **das fällt nicht in meine** ~ eso no corresponde a mis atribuciones; **Zuständigkeitsbereich** *m* <-(e)s, -e> ámbito *m* de responsabilidad

zustatten [-'--] *adv:* ~ **kommen** venir bien,

servir, favorecer

zu|stechen *irr vi* pinchar

zu|stecken *vt* **1.** (*schließen*) cerrar con alfileres **2.** (*geben*): **jdm etw ~** pasar algo a alguien

zu|stehen *irr vi* corresponder; **darüber steht mir kein Urteil zu** no me corresponde emitir un juicio sobre esto

zu|steigen *irr vi sein* subir; **ist noch jemand zugestiegen?** ¿ha subido alguien más?

Zustellbezirk *m* <-(e)s, -e> zona *f* de reparto, distrito *m* postal

zu|stellen *vt* **1.** (*versperren*) obstruir, bloquear **2.** (*formal: schicken*) enviar, remitir; (*aushändigen*) entregar; (*Post*) repartir

Zusteller(in) *m(f)* <-s, -; -, -nen> (*formal*) repartidor(a) *m(f)*

Zustellgebühr *f* <-, -en> gastos *mpl* de entrega

Zustellung *f* <-, -en> (*formal*) entrega *f*; **Zustellungsurkunde** *f* <-, -n> (JUR) acta *f* de notificación; **Zustellungsvermerk** *m* <-(e)s, -e> documentación *f* del acto

zu|steuern I. *vi sein* poner rumbo (*auf* a), dirigirse (*auf* a); **er ist geradewegs auf uns zugesteuert** se dirigió directamente a nosotros; **wir steuern geradewegs auf eine globale Katastrophe zu** vamos de cabeza a una catástrofe **II.** *vt* (*fam*) contribuir (con)

zu|stimmen *vi* dar la razón (a), estar de acuerdo (con); **etw** *dat* **~** aprobar algo; **dem kann man nur ~** esto se puede aprobar sin más

zustimmend *adj* aprobatorio, consentidor, conforme; **~ nicken** inclinar la cabeza en señal de asentimiento

Zustimmung *f* <-, -en> (*Billigung*) aprobación *f*; (*Einverständnis*) asentimiento *m*, consentimiento *m*; **schriftliche ~** aprobación [*o* consentimiento] por escrito; **seine ~ (zu etw** *dat*) **geben/verweigern** dar/denegar su aprobación (a algo); **das findet meine ~** eso tiene mi aprobación; **unter allgemeiner ~** bajo asentimiento general; **lebhafte ~ finden** hallar gran resonancia, tener una buena acogida

zu|stoßen *irr* **I.** *vi* **1.** (*zustechen*) dar una puñalada; (*Stier, Schlange*) arremeter **2.** *sein* (*passieren*) suceder, ocurrir; **für den Fall, dass mir etwas zustößt** por si me ocurre algo **II.** *vt* (*Tür*) cerrar dando un golpe

zu|streben *vi sein:* **auf etw ~** dirigirse (apresuradamente) a algo

Zustrom *m* <-(e)s, *ohne pl*> afluencia *f*; **großen ~ zu verzeichnen haben** ser muy popular

zu|stürzen *vi sein* precipitarse (*auf* sobre)

zutage [-ˈ--] *adv:* **etw ~ fördern** sacar algo a la luz; **~ kommen** aparecer; **der Bericht bringt das wahre Ausmaß der Katastrophe ~** el informe pone al descubierto el verdadero alcance de la catástrofe; **unter dem Sand trat der Fels ~** bajo la arena asomaba la roca

Zutat *f* <-, -en> **1.** (*Bestandteil*) ingrediente *m* **2.** (*Beiwerk*) accesorio *m*

zuteil [-ˈ-] *adv* (*geh*): **jdm wird etw ~** algo se le dispensa a alguien; **jdm etw ~ werden lassen** conceder [*o* adjudicar] algo a alguien

zu|teilen *vt* **1.** (*austeilen*) repartir, distribuir **2.** (*Rolle, Aufgabe*) destinar, asignar

Zuteilung *f* <-, -en> **1.** (*das Austeilen*) distribuición *f*, reparto *m*; **Fleisch gab es nur auf ~** la carne estaba racionada **2.** (*einer Aufgabe*) asignación *f* **3.** (*Ration*) ración *f*; **zuteilungsreif** *adj* (WIRTSCH) disponible; **Ihr Bausparvertrag ist im kommenden Jahr ~** podrá disponer de su cuenta (de) ahorro-vivienda el año próximo

zutiefst [-ˈ-] *adv* profundamente, extremadamente; **etw ~ bereuen** sentir algo de todo corazón

zu|tragen *irr* **I.** *vt* **1.** (*bringen*) llevar **2.** (*Nachricht*) informar (sobre) **II.** *vr:* **sich ~** acontecer, acaecer; **es trug sich zu, dass …** aconteció que…

Zuträger(in) *m(f)* <-s, -; -, -nen> informante *mf*; (*abw*) delator(a) *m(f)*

zuträglich [ˈtsuːtrɛːklɪç] *adj* (*geh*): **jdm/etw** *dat* **~ sein** ser ventajoso para alguien/algo

zu|trauen *vt:* **jdm etw ~** creer a alguien capaz de algo; **das hätte ich ihm nicht zugetraut** no le creí capaz de ello; **das ist ihm zuzutrauen** es capaz de ello; **ihm ist alles zuzutrauen** de él se puede esperar cualquier cosa; **jdm nicht viel ~** desconfiar de la capacidad de alguien; **traust du dir das zu?** ¿crees que eres capaz?; **sich** *dat* **zu viel ~** meterse en camisa de once varas

Zutrauen *nt* <-s, *ohne pl*> confianza *f* (*zu* en); **zu jdm ~ fassen** entrar en confianza con alguien

zutraulich I. *adj* confiado; (*Tier*) manso **II.** *adv* con confianza

zu|treffen *irr vi* **1.** (*richtig sein*) ser correcto; (*wahr sein*) ser verdad; **trifft es zu, dass …?** ¿es verdad que…? **2.** (*passen*) ser aplicable (*auf* a); (*gelten*) valer (*für/auf* para); **genau das trifft auf ihn zu** (*fam*) justamente eso cae que ni pintado a su caso

zutreffend *adj* acertado; (*richtig*) justo; **eine ~e Bemerkung** un comentario acertado; **Z~es bitte ankreuzen** (*formal*) márquese lo que corresponda; **nicht Z~es bitte streichen** (*formal*) táchese lo que no corresponda [*o* proceda]

zu|treten *irr vi* **1.** *haben* dar [*o* propinar] una patada; **… und plötzlich trat er zu** …y de repente nos propinó una patada **2.** *sein:* **auf jdn/etw ~** dirigirse a [*o* avanzar hacia] alguien/algo

zu|trinken *irr vi:* **jdm ~** beber a la salud de alguien

Zutritt *m* <-(e)s, *ohne pl*> (*Zugang*) acceso *m* (*zu* a); (*Eingang*) entrada *f* (*zu* a); **kein ~!, ~ verboten!** prohibida la entrada; (**freien**) ~

Z

haben tener (libre) acceso; **sich** *dat* ~ **verschaffen** conseguir entrar; **jdm den** ~ **verwehren** (de)negar a alguien la entrada

zu|tun *irr vt* (*fam*) **1.** (*hin~*) añadir, agregar **2.** (*zumachen*) cerrar; **ich habe die ganze Nacht kein Auge zugetan** no pegué ojo en toda la noche

Zutun *nt* <-s, *ohne pl*>: **ohne mein** ~ sin mi intervención

zuungunsten [tsu'ʔʊngʊnstən] *präp* +*gen* en perjuicio de

zuunterst [tsu'ʔʊntɐst] *adv* en el fondo, abajo [*o* debajo] (de todo)

zuverlässig ['tsu:fɛɐlɛsɪç] *adj* **1.** (*Person*) cumplidor, de confianza; (*Mittel*) eficaz **2.** (*glaubwürdig*) fidedigno, seguro; **aus ~er Quelle** de fuentes fidedignas

Zuverlässigkeit *f* <-, *ohne pl*> **1.** (*einer Person*) fiabilidad *f;* (*eines Mittels*) eficacia *f* **2.** (*Glaubwürdigkeit*) seguridad *f,* formalidad *f*

Zuversicht ['tsu:fɛɐzɪçt] *f* <-, *ohne pl*> (absoluta) confianza *f,* (firme) esperanza *f;* **in der festen** ~**, dass ...** en la absoluta confianza de que...; **voller** ~ lleno de optimismo [*o* de seguridad]

zuversichtlich **I.** *adj* confiado, lleno de esperanzas; (*optimistisch*) optimista; **ich bin** ~**, dass ...** confío en que... +*subj* **II.** *adv* con toda confianza

zuviel [-'-] *adv s.* **viel I.4.**

zuvor [-'-] *adv* antes; **kurz** ~ poco antes; **am Tag** ~ el día anterior

zuvor|kommen *irr vi sein* adelantarse; **da bin ich ihm zuvorgekommen** me adelanté a él; **etw** *dat* ~ anticiparse a algo

zuvorkommend *adj* cortés, solícito; **jdn** ~ **bedienen** atender a alguien atentamente

Zuvorkommenheit *f* <-, *ohne pl*> (*Höflichkeit*) cortesía *f;* (*Hilfsbereitschaft*) solicitud *f;* (*Aufmerksamkeit*) atención *f;* **jdn mit großer** ~ **behandeln** tratar a alguien con mucha cortesía; **mit großer** ~ **behandelt werden** recibir muchas atenciones

Zuwachs ['tsu:vaks] *m* <-es, -wächse> **1.** (*Wachstum*) crecimiento *m* **2.** (*Zunahme*) incremento *m* (*um/an* de), aumento *m* (*um/an* de); ~ **bekommen** (*fam*) estar esperando familia

zu|wachsen *irr vi sein* **1.** (*Wunde*) cerrarse **2.** (*mit Pflanzen*) cubrirse de vegetación **3.** (*geh: zuteil werden*): **jdm** ~ corresponder [*o* pertenecer] a alguien

Zuwachsrate *f* <-, -n> tasa *f* de incremento

Zuwanderer, -in *m, f* <-s, -; -, -nen> inmigrante *mf*

zu|wandern *vi sein* inmigrar

Zuwanderung *f* <-, -en> inmigración *f*

zuwege [-'--] *adv:* **etw** ~ **bringen** conseguir algo, lograr algo

zuweilen [-'--] *adv* (*geh*) de vez en cuando, en ocasiones

zu|weisen *irr vt* asignar

Zuweisung *f* <-, -en> asignación *f*

zu|wenden *irr* **I.** *vt* **1.** (*Gesicht, Rücken*) volver; **sie wandte ihm ihr Gesicht zu** volvió el rostro hacia él; **jdm seine Aufmerksamkeit** ~ prestar atención a alguien; **etw** *dat* **seine Aufmerksamkeit** ~ poner su atención en algo **2.** (*zukommen lassen*) donar; **jdm einen Betrag** ~ asignar [*o* atribuir] una cantidad a alguien **II.** *vr:* **sich jdm/etw** *dat* ~ dedicarse a alguien/algo

Zuwendung¹ *f* <-, *ohne pl*> (*Liebe*) cariño *m;* (*Aufmerksamkeit*) atención *f;* **Kinder brauchen viel** ~ los niños necesitan mucho cariño

Zuwendung² *f* <-, -en> (*Geld*) ayuda *f,* subsidio *m;* (*Schenkung*) donación *f;* **staatliche ~en** asignaciones del Estado; **testamentarische** ~ mejora (testamentaria)

zuwenig [-'--] *adv s.* **wenig**

zu|werfen *irr vt* **1.** (*Tür*) cerrar de golpe **2.** (*Grube, Graben*) cegar, tapar, obstruir **3.** (*Ball*) pasar; (*Blick*) echar

zuwider [-'--] *adv:* ~ **sein** repugnar; **er ist mir zutiefst** ~ me resulta extremadamente repugnante; **zuwider|handeln** *vi* (*dem Gesetz*) infringir; (*einem Prinzip*) contravenir; **Zuwiderhandelnde(r)** *mf* <-n, -n; -n, -n> (*gegen ein Gesetz*) infractor(a) *m(f);* (*gegen ein Prinzip*) contraventor(a) *m(f);* **Zuwiderhandlung** *f* <-, -en> contravención *f,* infracción *f;* **zuwider|laufen** *irr vi sein* ser contrario (a), ir (contra)

zu|winken *irr vi:* **jdm** ~ saludar con la mano a alguien

zu|zahlen *vt* pagar más

zuzeiten [-'--] *adv* en ocasiones, a veces

zu|ziehen *irr* **I.** *vt* **1.** (*Tür*) cerrar; (*Vorhang*) correr; (*Knoten*) apretar **2.** (*um Rat fragen*) consultar **3.** (*bekommen*): **sich** *dat* **etw** ~ (*Krankheit*) contraer algo, coger algo; (*Verletzung*) producirse; **sie hat sich schwere Verbrennungen zugezogen** resultó con quemaduras graves; **sich** *dat* **jds Zorn** ~ atraerse las iras de alguien **II.** *vi sein* venirse a vivir aquí **III.** *vr:* **sich** ~ (*Himmel*) cubrirse

Zuzug *m* <-(e)s, -züge> (*Ankunft*) llegada *f;* (*Einwanderung*) inmigración *f*

zuzüglich ['tsu:tsy:klɪç] *präp* +*gen* más, a lo que se suma

Zuzugsgenehmigung *f* <-, -en> permiso *m* de residencia; (*aus dem Ausland*) permiso *m* de inmigración

zu|zwinkern *vi* guiñar, hacer un guiño

Zvieri *m o nt* <-s, -> (*Schweiz*) merienda *f*

ZVS [tsɛtfaʊ'ʔɛs] *f* <-> *Abk. von* **Zentralstelle für die Vergabe von Studienplätzen** *en Alemania, central para la adjudicación de plazas de estudio*

zwacken ['tsvakən] **I.** *vi* (*fam: Kleidung*) apretar **II.** *vt* (*fam*) pellizcar, dar un pellizco

zwang [tsvaŋ] *3. imp von* **zwingen**

Zwang [tsvaŋ, *pl:* 'tsvɛŋə] *m* <-(e)s, Zwänge> **1.** (*Gewalt*) fuerza *f,* violencia *f;* (*Druck*) presión *f;* ~ **auf jdn ausüben** presionar a alguien; **unter ~ stehen** estar bajo presión; **tu dir keinen ~ an** compórtate como si estuvieses en tu casa; **gesellschaftliche Zwänge** presiones sociales; **einem inneren ~ folgen** seguir el propio impulso; **sich äußeren Zwängen beugen** ceder a la presión exterior **2.** (*Nötigung*) coacción *f* **3.** (*Notwendigkeit*) necesidad *f;* **wirtschaftliche Zwänge** necesidades económicas

zwängen ['tsvɛŋən] **I.** *vt* (*hinein~*) meter a presión (*in* en); (*hindurch~*) hacer pasar por la fuerza (*durch* por); **die Kleider in den Koffer ~** meter la ropa a presión en la maleta **II.** *vr:* **sich ~** (*hinein~*) meterse a presión (*in* en); (*hindurch~*) abrirse paso por la fuerza (*durch* por); **er zwängte sich in den Wagen** se metió a presión en el coche

zwanghaft *adj* **1.** (*gezwungen*) forzoso, obligatorio **2.** (*erzwungen*) artificial

zwanglos **I.** *adj* desenvuelto, desembarazado **II.** *adv* sin ceremonias, con soltura

Zwanglosigkeit *f* <-, *ohne pl*> desembarazo *m,* desenvoltura *f*

Zwangsanleihe *f* <-, -n> empréstito *m* forzoso, préstamo *m* forzoso; **Zwangsarbeit** *f* <-, *ohne pl*> trabajos *mpl* forzados; **Zwangseinweisung** *f* <-, -en> hospitalización *f* forzosa; **Zwangsenteignung** *f* <-, -en> (JUR) expropiación *f* forzosa; **zwangsernähren*** *vt* alimentar por la fuerza; **Zwangsernährung** *f* <-, *ohne pl*> alimentación *f* forzosa; **Zwangshandlung** *f* <-, -en> (PSYCH) acto *m* compulsivo; **Zwangsjacke** *f* <-, -n> camisa *f* de fuerza; **jdn in eine ~ stecken** poner(le) a alguien la camisa de fuerza; **Zwangslage** *f* <-, -n> aprieto *m,* apuro *m;* **sich in einer ~ befinden** encontrarse en un apuro

zwangsläufig **I.** *adj* obligatorio, forzoso; (*unvermeidbar*) inevitable; (*notwendig*) necesario **II.** *adv* de por sí, automáticamente

Zwangsläufigkeit *f* <-, -en> curso *m* inevitable de las cosas

Zwangsliquidation *f* <-, -en> (WIRTSCH) liquidación *f* forzosa; **Zwangsmaßnahme** *f* <-, -n> medida *f* coercitiva [*o* de fuerza]; (*Sanktion*) sanción *f;* **Zwangspensionierung** *f* <-, -en> jubilación *f* forzosa; **Zwangsräumung** *f* <-, -en> (JUR) desahucio *m;* **zwangsum|siedeln** ['----] *vt* trasladar forzosamente [*o* por la fuerza]; **Zwangsumsiedlung** *f* <-, -en> traslado *m* involuntario; **Zwangsumtausch** *m* <-(e)s, -e> (*fam*) cambio *m* obligatorio de divisas; **Zwangsverkauf** *m* <-(e)s, -käufe> venta *f* forzosa; **zwangsversteigern*** *vt* (JUR) vender en subasta forzosa; **etw ~ lassen** sacar algo a subasta forzosa; **Zwangsversteigerung** *f* <-, -en> (JUR) subasta *f* forzosa; **Zwangsvollstreckung** *f* <-, -en> (JUR) ejecución *f* judicial; **Zwangsvorstellung** *f* <-, -en> (PSYCH) obsesión *f,* idea *f* obsesiva; **unter ~en leiden** sufrir obsesiones

zwangsweise *adv* **1.** (*erzwungen*) a la fuerza; (JUR) por vía de apremio **2.** (*zwangsläufig*) inevitablemente, de por sí

zwanzig ['tsvantsɪç] *adj inv* veinte; **ungefähr ~** una veintena; *s. a.* **achtzig**

Zwanziger ['tsvantsɪgɐ] *m* <-s, -> (*fam*) billete *m* de veinte marcos

Zwanzigerjahre *ntpl:* **die ~** los años veinte

Zwanzigerpackung *f* <-, -en> caja *f* de veinte unidades

zwanzigfach **I.** *adj* veinte veces tanto **II.** *adv* veinte veces; *s. a.* **achtfach**

zwanzigjährig *adj* (*20 Jahre alt*) de veinte años; (*20 Jahre dauernd*) de veinte años de duración; *s. a.* **achtzigjährig**

Zwanzigjährige(r) *mf* <-n, -n; -n, -n> veinteañero, -a *m, f,* joven *mf* de veinte años; *s. a.* **Achtzigjährige(r)**

zwanzigmal *adj* veinte veces; *s. a.* **achtmal**

Zwanzigmarkschein ['--'--] *m* <-(e)s, -e> billete *m* de veinte marcos

zwanzigste(r, s) *adj* vigésimo; **am ~n Mai** el veinte de mayo; *s. a.* **achtzigste(r, s)**

Zwanzigstel *nt* <-s, -> vigésimo, -a *m, f,* vigésima parte *f; s. a.* **Achtzigstel**

Zwanziguhrnachrichten *fpl* (RADIO, TV) noticias *fpl* de las ocho (*equivalentes a las noticias de las nueve en España*)

zwar [tsvaːɐ] *adv* **1.** (*einräumend*): **~ ..., aber/doch ...** bien es verdad que... pero..., es cierto que... pero ...; **er ist ~ schön, aber dumm** bien es verdad que es guapo, pero tonto; **das ist ~ wahr, aber ...** esto es cierto pero... **2.** (*erklärend*): **und ~** a saber, o sea; **es gibt vier Landessprachen in Spanien, und ~ ...** hay cuatro lenguas oficiales en España, a saber...; **ich habe noch etwas mitzuteilen, und ~ ...** tengo algo más que decir, y es que...

Zweck ['tsvɛk] *m* <-(e)s, -e> fin *m,* finalidad *f;* (*Ziel*) objetivo *m;* (*Sinn*) sentido *m;* (*Absicht*) intención *f,* propósito *m;* **zu diesem ~** a tal fin, a este efecto; **einem guten ~ dienen** servir a un buen fin; **das erfüllt seinen ~** cumple su finalidad; **für berufliche ~e** por motivos de trabajo [*o* profesionales]; **der ~ heiligt die Mittel** el fin justifica los medios; **es hat ja doch keinen ~ mehr** eso ya no tiene sentido; **zu welchem ~ geschieht das?** ¿qué propósito se persigue con esto?; **das war der ~ der Übung** (*fam*) ésta era la intención del ejercicio; **Zweckbau** *m* <-(e)s, -ten> edificio *m* funcional; **zweckbedingt** *adj* determinado por los fines; **die Vorgehensweise ist ~** la manera de proceder se determina por los fines; **zweckdienlich** *adj* **1.** (*passend*) conveniente, oportuno **2.** (*nützlich*) útil

Zwecke ['tsvɛkə] *f* <-, -n> (*reg*) tachuela *f*

zweckentfremden* ['----] *vt* utilizar para fines extraños; **Zweckentfremdung** *f* <-, -en> desnaturalización *f,* apartamiento *m* funcional; **zweckentsprechend** *adj* adecuado, apropiado; **Zweckgemeinschaft** *f* <-, -en> asociación *f* de conveniencia

zwecklos *adj* inútil, vano; **es ist** ~ no tiene sentido

Zwecklosigkeit *f* <-, *ohne pl*> inutilidad *f*, carencia *f* de objetivo [*o* de finalidad]

zweckmäßig *adj* adecuado, apropiado; (*nützlich*) útil

Zweckmäßigkeit *f* <-, *ohne pl*> conveniencia *f*; (*Nützlichkeit*) utilidad *f*

Zweckoptimismus *m* <-, *ohne pl*> optimismo *m* calculado; **Zweckpessimismus** *m* <-, *ohne pl*> pesimismo *m* sistemático; **dein ~ ist wenig motivierend** tu eterno pesimismo es poco motivador

zwecks [tsvɛks] *präp +gen* (*formal*) con el fin de, con el objeto de

Zwecksparen *nt* <-s, *ohne pl*> ahorro *m* para un fin determinado; **Zweckverband** *m* <-(e)s, -bände> mancomunidad *f* de intereses; **zweckwidrig** *adj* inadecuado, inapropiado

zwei [tsvaɪ] *adj inv* dos; (*Schulnote*) notable; **wir** ~ los dos, nosotros dos; **er arbeitet für** ~ trabaja por dos; **dort gibt es nur ein, ~ Hotels** allí sólo hay uno o dos hoteles; **wenn ~ sich streiten, freut sich der dritte** (*prov*) a río revuelto, ganancia de pescadores; *s. a.* **acht**

zweiarmig *adj* de dos brazos

zweibändig ['-bɛndɪç] *adj* de dos tomos

Zweibeiner *m* <-s, -> (*fam hum*) bípedo *m*, bípede *m*

Zweibettkabine *f* <-, -n> camarote *m* doble; **Zweibettzimmer** *nt* <-s, -> habitación *f* doble

zweideutig ['tsvaɪdɔɪtɪç] *adj* **1.** (*unklar*) ambiguo, de doble sentido **2.** (*anstößig*) picante, verde

Zweideutigkeit[1] *f* <-, *ohne pl*> (*Unklarheit*) ambigüedad *f*, doble sentido *m*

Zweideutigkeit[2] *f* <-, -en> (*Äußerung*) observación *f* ambigua; (*anstößig*) observación *f* picante

zweidimensional ['tsvaɪdimɛnzjona:l] *adj* de dos dimensiones, bidimensional

Zweidrahtleitung *f* <-, -en> (ELEK, TEL) medio *m* de transmisión a dos hilos

Zweidrittelmehrheit [-'----] *f* <-, -en> (POL) mayoría *f* de dos tercios

zweieiig ['tsvaɪʔaɪɪç] *adj* heterocigótico, bivitelino; **~e Zwillinge** gemelos heterocigóticos, gemelos falsos

zweieinhalb [--'-] *adj inv* dos y medio

Zweier ['tsvaɪɐ] *m* <-s, -> **1.** (SPORT) bote *m* de dos (remeros) **2.** (*fam: Münze*) moneda *f* de dos pfennigs

Zweierbeziehung *f* <-, -en> relación *f* de pareja; **Zweierbob** *m* <-s, -s>: (SPORT) bobsleigh *m* de dos; **Zweierkajak** *m* <-s, -s> (SPORT) kayak *m* de dos; **Zweierkanu** *nt* <-s, -s> (SPORT) canoa *f* de dos; **Zweierkiste** *f* <-, -n> (*fam*) pareja *f*

zweierlei ['tsvaɪɐ'laɪ] *adj inv* de dos clases [*o* formas] diferentes, dos clases (diferentes) de; **mit ~ Maß messen** tratar desigualmente; *s. a.* **achterlei**

Zweierreihe *f* <-, -n> fila *f* de dos; **in ~n antreten** hacer filas de dos (en dos)

zweifach I. *adj* doble, duplicado; **in ~er Ausfertigung** por duplicado; **er verdient das Z~e** se merece el doble **II.** *adv* dos veces; *s. a.* **achtfach**

Zweifamilienhaus *nt* <-es, -häuser> casa *f* de dos viviendas

zweifarbig *adj* bicolor, de dos colores

Zweifel ['tsvaɪfəl] *m* <-s, -> duda *f*; **außer** ~ fuera de toda duda; **ohne** ~ sin duda; **etw in ~ ziehen** poner algo en duda; **über alle ~ erhaben sein** estar por encima de cualquier duda; ~ **an etw** *dat* **haben** tener dudas sobre algo; **ich bin mir im ~, ob das stimmt** estoy dudando si esto es correcto; **ich habe da meine** ~ tengo mis dudas al respecto; **mir kommen** ~ me entra la duda; **es steht für mich außer ~, dass ...** para mí está claro que...; **daran besteht kein** ~ no cabe la menor duda

zweifelhaft *adj* dudoso, incierto; (*verdächtig*) sospechoso; **es ist ~, ob ...** es dudoso si...

zweifellos *adv* sin duda, indudablemente; **du hast ~ Recht** sin duda tienes razón

zweifeln ['tsvaɪfəln] *vi* dudar (*an* de); **daran habe ich nie gezweifelt** nunca he dudado de esto; **ich zweifle noch, ob ...** todavía dudo si...

Zweifelsfall *m* <-(e)s, -fälle> caso *m* de duda; **im** ~ en caso de duda; **zweifelsfrei I.** *adj* incuestionable, indiscutible **II.** *adv* indudablemente; **zweifelsohne** ['--'--] *adv* sin duda alguna, con toda certeza

Zweifler(in) *m(f)* <-s, -; -, -nen> escéptico, -a *m, f*

Zweifrontenkrieg ['-'---] *m* <-(e)s, -e> guerra *f* en dos frentes; **einen ~ führen** estar en guerra en dos frentes

Zweig [tsvaɪk] *m* <-(e)s, -e> **1.** (*Ast*) rama *f*; **auf keinen grünen ~ kommen** (*fam*) no tener éxito [*o* llegar a ser algo] en la vida **2.** (*Sparte*) ramo *m*, sector *m*; **der ~ eines Unternehmens/einer Wissenschaft** el ramo de una empresa/ciencia **3.** (SCH: *Fachrichtung*) ramo *m*

Zweigbetrieb *m* <-(e)s, -e> sucursal *f*

Zweigespann *nt* <-(e)s, -e> tiro *m* de dos caballos; **zweigeteilt** *adj* dividido en dos (partes), partido en dos; (*gespalten*) hendido (en dos); (*aus zwei Teilen bestehend*) bipartito; **ein ~es Fenster** una ventana de dos hojas; **Deutschland war früher ein ~es Land** antes Alemania era un país dividido

Zweiggeschäft *nt* <-(e)s, -e> sucursal *f*; **Zweiggesellschaft** *f* <-, -en> sociedad *f* afiliada

zweigleisig *adj* de doble vía; ~ **fahren** (*fam*)

estar a dos bandas

Zweigniederlassung *f* <-, -en>, **Zweigstelle** *f* <-, -n> sucursal *f*, filial *f*

zweihändig ['tsvaɪhɛndɪç] *adj* de dos manos; ~ **spielen** tocar a dos manos

zweihundert ['-'--] *adj inv* doscientos; *s. a.* achthundert

zweihundertjährig *adj* de doscientos años; **das ~e Bestehen der Universität** los doscientos años de existencia de la universidad; *s. a.* achthundertjährig

zweihundertste(r, s) *adj* ducentésimo *geh,* número doscientos; **das ist jetzt schon der ~ Brief** esta carta hace ya el número doscientos; *s. a.* achthundertste(r, s)

zweihunderttausend *adj* doscientos mil

zweijährig ['tsvaɪjɛːrɪç] *adj* (*zwei Jahre alt*) de dos años; (*zwei Jahre dauernd*) de dos años de duración, bienal; *s. a.* **achtjährig**

Zweijährige(r) *mf* <-n, -n; -n, -n> niño, -a *m, f* de dos años

Zweikammersystem *nt* <-s, -e> (POL) bicameralismo *m,* sistema *m* bicameral

Zweikampf *m* <-(e)s, -kämpfe> duelo *m,* combate *m* singular; **jdn zum ~ herausfordern** retar a alguien a un duelo

zweimal *adv* dos veces; **sich** *dat* **etwas nicht ~ sagen lassen** no hacerse de rogar; *s. a.* achtmal

zweimalig *adj* doble, dos veces; **nach ~er Wiederholung** después de repetir dos veces

Zweimarkstück ['-'--] *nt* <-(e)s, -e> moneda *f* de dos marcos

Zweimaster *m* <-s, -> velero *m* de dos palos

zweimonatig *adj* de dos meses

zweimonatlich *adj* bimestral

zweimotorig *adj* bimotor

Zweiparteiensystem [--'----] *nt* <-s, -e> (sistema *m* de) bipartidismo *m*

Zweipfennigstück *nt* <-(e)s, -e> moneda *f* de dos pfennigs

Zweiphasenplanung *f* <-, -en> (WIRTSCH) planificación *f* en dos fases; **Zweiphasenstrom** *m* <-(e)s, -ströme> (ELEK) corriente *f* de dos fases

Zweiplätzer ['-plɛtsɐ] *m* <-s, -> (*Schweiz*) coche *m* de dos plazas [*o* asientos]

zweipolig *adj* bipolar

Zweirad *nt* <-(e)s, -räder> vehículo *m* de dos ruedas; (*Fahrrad*) bicicleta *f*

zweiräd(e)rig ['-rɛːd(ə)rɪç] *adj* de dos ruedas

Zweireiher *m* <-s, -> traje *m* (de chaqueta) cruzado

zweireihig **I.** *adj* **1.** (*in zwei Reihen*) de dos filas **2.** (*Anzug*) cruzado **II.** *adv* en dos filas

Zweisamkeit *f* <-, -en> vida *f* en pareja

zweischneidig *adj* de dos filos; **ein ~es Schwert** (*fig*) un arma de dos filos

zweiseitig *adj* **1.** (*vom Umfang*) de dos páginas **2.** (*zwischen zwei Parteien*) bilateral **3.** (*Kleidung, Stoff*) reversible

zweisilbig *adj* de dos sílabas; (LING) bisílabo

Zweisitzer *m* <-s, -> (AUTO) (vehículo *m* de) dos plazas *m inv*

zweisitzig *adj* de [*o* con] dos plazas [*o* asientos]

zweispaltig *adj* en dos columnas, a doble columna

Zweispänner ['tsvaɪʃpɛnɐ] *m* <-s, -> coche *m* de dos caballos

zweisprachig *adj* bilingüe; ~ **aufwachsen** educarse bilingüe

Zweisprachigkeit *f* <-, *ohne pl*> bilingüismo *m*

zweispurig *adj* (*Bahn*) de [*o* con] dos vías; (*Straße*) de [*o* con] dos carriles

zweistellig *adj* de dos cifras

zweistimmig *adj* a dos voces

zweistöckig ['-ʃtœkɪç] *adj* de dos pisos

zweistrahlig *adj* (AERO) de dos reactores, birreactor

Zweistromland *nt* <-(e)s> (HIST) Mesopotamia *f*

Zweistufenverfahren *nt* <-s, -> (TECH) proceso *m* de dos tiempos

zweistufig *adj* (*Plan*) de dos fases; (*Scheibenwischer*) de dos velocidades

zweistündig ['-ʃtʏndɪç] *adj* de dos horas; **mit ~er Verspätung** con dos horas de retraso

zweistündlich *adj* cada dos horas

zweit [tsvaɪt]: **zu ~** de a dos, de dos en dos; *s. a.* **acht**^{2}

zweitägig ['-tɛːgɪç] *adj* de dos días; *s. a.* **achttägig**

Zweitakter *m* <-s, ->, **Zweitaktmotor** *m* <-s, -en> motor *m* de dos tiempos

zweitälteste(r, s) *adj* segundo en edad

zweitausend ['-'--] *adj inv* dos mil; **das Jahr ~** el año dos mil; *s. a.* **achttausend**

Zweitausender *m* <-s, -> cumbre *f* de dos mil metros

Zweitausfertigung *f* <-, -en> duplicado *m;* (*Kopie*) copia *f*

zweitbeste(r, s) *adj* segundo mejor; **sie wurde Z~** ocupó el segundo lugar, quedó segunda

zweite(r, s) *adj* segundo; **~r Klasse fahren** viajar en segunda (clase); **jeden ~n Tag** cada dos días; **wie kein Z~r** como ningún otro; **Z~r werden** ocupar el segundo lugar; **aus ~r Hand** de segunda mano; **Z~s Deutsches Fernsehen** segunda cadena de la televisión alemana; **~er Bildungsweg** clases nocturnas; **die ~ Geige spielen** estar en segundo plano, ir de comparsa; *s. a.* **achte(r, s)**

Zweiteiler *m* <-s, -> (*fam*) **1.** (*Bikini*) bikini *m,* biquini *m* **2.** (*Kleid*) (vestido *m* de) dos piezas *m inv*

zweiteilig *adj* de dos partes; (*Kleid*) de dos piezas

Zweiteilung *f* <-, -en> bipartición *f;* (*Verzweigung*) bifurcación *f;* (MATH) bisección *f*

zweitens ['tsvaɪtəns] *adv* en segundo lugar; (*bei einer Aufzählung*) segundo; *s. a.* **achtens**

Zweitfrisur *f* <-, -en> (*euph*) cabello *m* postizo; **Zweitgerät** *nt* <-(e)s, -e> (RADIO,

TV) segundo aparato *m* (*normalmente se refiere a un segundo televisor*); **in vielen Haushalten ist ein ~ vorhanden** en muchos hogares hay dos televisores

zweitgrößte(r, s) *adj* **1.** (*menschliche Größe*) segundo más alto; **er ist der ~ Schüler seiner Klasse** es el segundo alumno más alto de su clase **2.** (*Umfang*) segundo mayor, segundo más grande *fam;* **welche ist die ~ Stadt der Welt?** ¿cuál es la segunda ciudad más grande del mundo?

zweithöchste(r, s) *adj* segundo más alto [*o* en altura]

zweitjüngste(r, s) *adj* penúltimo, segundo más joven; **sie ist das ~ Mädchen der Familie** es la penúltima hija [*o* la segunda hija más joven] de la familia

zweitklassig *adj* (*abw*) de segunda clase [*o* categoría]

Zweitklässler(in)[RR] *m(f)* <-s, -; -, -nen>, **Zweitkläßler(in)** *m(f)* <-s, -; -, -nen> (*südd, Schweiz*) alumno, -a *m, f* de la segunda clase (de la escuela primaria)

zweitletzte(r, s) *adj* penúltimo

zweitrangig *adj* **1.** (*weniger wichtig*) secundario, de menor importancia **2.** (*abw: zweitklassig*) de segunda categoría

Zweitschlüssel *m* <-s, -> segunda llave *f;* **Zweitschrift** *f* <-, -en> duplicado *m;* (*Kopie*) copia *f;* **eine ~ anfertigen** hacer un duplicado; **Zweitstimme** *f* <-, -n> (POL) segundo voto *m*

Zweitürer *m* <-s, -> coche *m* de dos puertas

zweitürig *adj* de dos puertas

Zweitverwertung *f* <-, -en> aprovechamiento *m* secundario [*o* adicional]; **Zweitwagen** *m* <-s, -> segundo coche *m;* **Zweitwohnung** *f* <-, -en> segundo domicilio *m*

zweiwertig *adj* (CHEM) bivalente

zweiwöchentlich *adj* bisemanal, cada dos semanas

zweiwöchig ['-vœçɪç] *adj* de dos semanas; *s. a.* **achtwöchig**

Zweizeiler *m* <-s, -> pareado *m*

zweizeilig *adj* de dos líneas

Zweizimmerwohnung [-'----] *f* <-, -en> apartamento *m* de dos habitaciones

Zweizylinder *m* <-s, -> (AUTO: *Motor*) motor *m* de dos cilindros; (*Auto*) coche *m* de dos cilindros; (*Motorrad*) motocicleta *f* de dos cilindros; **Zweizylindermotor** *m* <-s, -en> motor *m* de dos cilindros [*o* bicilíndrico]

zweizylindrig *adj* (AUTO) de dos cilindros

Zwerchfell ['tsvɛrçfɛl] *nt* <-(e)s, -e> (ANAT) diafragma *m;* **zwerchfellerschütternd** *adj* desternillante; **ein ~es Lachen** una risa desternillante; **deine Späße sind ~** tus bromas son desternillantes [*o* para desternillarse]

Zwerg(in) [tsvɛrk] *m(f)* <-(e)s, -e; -, -nen> enano, -a *m, f,* omoto *m Ecua;* **Schneewittchen und die sieben ~e** Blancanieves y los siete enanitos

Zwergbetrieb *m* <-(e)s, -e> microempresa *f*

zwergenhaft *adj* enano, diminuto

Zwerghuhn *nt* <-(e)s, -hühner> gallina *f* enana

Zwergin *f* <-, -nen> *s.* **Zwerg**

Zwergpudel *m* <-s, -> perro *m* de aguas [*o* de lanas] enano

Zwergschule *f* <-, -n> *escuela muy pequeña en la que las clases para varios cursos tienen lugar en una sola sala;* **Zwergstaat** *m* <-(e)s, -en> estado *m* diminuto [*o* minúsculo]

Zwergvolk *nt* <-(e)s, -völker> pueblo *m* pigmeo; **Zwergwuchs** *m* <-es, *ohne pl*> (MED) enanismo *m*

zwergwüchsig *adj* de baja estatura; **die Buschmänner sind ein ~es Volk** los bosquimanos son un pueblo bajo de talla

Zwetsch(g)e *f* <-, -n> ciruela *f;* **Zwetsch(g)enbaum** *m* <-(e)s, -bäume> ciruelo *m;* **Zwetsch(g)enmus** *nt* <-es, -e> compota *f* de ciruela; **Zwetsch(g)enwasser** *nt* <-s, -wässer> aguardiente *m* de ciruelas

Zwetschke ['tsvɛtʃkə] *f* <-, -n> (*Österr*) *s.* **Zwetsch(g)e**

Zwickel ['tsvɪkəl] *m* <-s, -> **1.** (*an Hosen*) entrepierna *f* **2.** (ARCHIT) enjuta *f,* pechina *f*

zwicken ['tsvɪkən] **I.** *vi* (*Kleidung*) apretar **II.** *vt* pellizcar; **er zwickte mich in den Arm** me pellizcó en el brazo

Zwicker *m* <-s, -> (*reg, südd, Österr*) binóculo *m*

Zwickmühle *f* <-, -n> (*fam*) dilema *m;* **in der ~ sitzen** estar entre la espada y la pared

Zwieback ['tsvi:bak] *m* <-(e)s, -bäcke *o* -e> pan *m* a la brasa, pan *m* tostado

Zwiebel ['tsvi:bəl] *f* <-, -n> **1.** (*als Gemüse, Gewürz*) cebolla *f* **2.** (*Knolle*) bulbo *m*

zwiebelförmig *adj* bulboso

Zwiebelgewächs *nt* <-es, -e> planta *f* bulbosa; **Zwiebelkuchen** *m* <-s, -> pastel *m* de cebolla; **Zwiebelkuppel** *f* <-, -n> (ARCHIT) cúpula *f* en forma de bulbo [*o* bulbosa]

zwiebeln *vt* (*fam*) jorobar, dar la lata

Zwiebelring *m* <-(e)s, -e> aro *m* de cebolla; **Zwiebelschale** *f* <-, -n> cáscara *f* de cebolla; **Zwiebelsuppe** *f* <-, -n> sopa *f* de cebolla; **Zwiebelturm** *m* <-(e)s, -türme> torre *f* con tejado imperial

zwiefach ['tsvi:fax] *adj o adv* (*geh, alt*) *s.* **zweifach**

Zwiegespräch ['tsvi:-] *nt* <-(e)s, -e> (*geh*) diálogo *m;* **ein ~ halten** mantener un diálogo; **Zwielicht** *nt* <-(e)s, *ohne pl*> luz *f* crepuscular; **im ~** entre dos luces; **ins ~ geraten** estar en una situación embarazosa

zwielichtig *adj* sospechoso, poco claro

Zwiespalt *m* <-(e)s, -e *o* -spälte> dilema *m;* **in einem ~ sein** estar ante un dilema

zwiespältig ['tsvi:ʃpɛltɪç] *adj* contradictorio

Zwietracht *f* <-, *ohne pl*> (*geh*) discordia *f;* **~ säen** [*o* **stiften**] sembrar la discordia, cismar

ElSal; **in ~ leben** vivir en discordia

Zwillich ['tsvɪlɪç] *m* <-s, -e> cutí *m,* terliz *m*

Zwilling ['tsvɪlɪŋ] *m* <-s, -e> **1.** (*Mensch*) gemelo, -a *m, f,* mellizo, -a *m, f,* cuate, -a *m, f Mex;* **siamesische ~e** (hermanos) siameses; **eineiige/zweieiige ~e** gemelos homocigóticos/heterocigóticos **2.** *pl* (ASTR) Géminis *m inv;* **Zwillingsbruder** *m* <-s, -brüder> hermano *m* gemelo; **Zwillingsdiode** *f* <-, -n> (TECH) diodo *m* doble; **Zwillingsgeburt** *f* <-, -en> parto *m* doble [*o* gemelar]; **Zwillingspaar** *nt* <-(e)s, -e> mellizos *mpl,* (hermanos *mpl*) gemelos *mpl;* **Zwillingsreifen** *m* <-s, -> (AUTO) neumáticos *mpl* gemelos, ruedas *fpl* gemelas; **Zwillingsschwester** *f* <-, -n> hermana *f* gemela; **Zwillingsstecker** *m* <-s, -> enchufe *m* bipolar

Zwingburg ['tsvɪŋbʊrk] *f* <-, -en> castillo *m* feudal, fortaleza *f*

Zwinge ['tsvɪŋə] *f* <-, -n> (TECH) **1.** (*zum Einspannen*) gato *m* **2.** (*zum Zusammenhalten*) abrazadera *f;* (*am Messer*) virola *f*

zwingen ['tsvɪŋən] <zwingt, zwang, gezwungen> **I.** *vt* obligar (*zu* a); **die Lage zwingt zum Handeln** la situación nos obliga a actuar; **ich sehe mich gezwungen zu ...** me veo obligado a...; **ich lasse mich nicht ~** no me dejo avasallar; **ich zwinge Sie nicht** no le obligo; **jdn zu Boden ~** tumbar a alguien por la fuerza; **man zwang sie an den Verhandlungstisch** les obligaron a sentarse a la mesa de negociaciones **II.** *vr:* **sich ~** obligarse (*zu* a), hacer un esfuerzo (*zu* para); **er musste sich dazu ~, das zu tun** tuvo que obligarse a hacerlo

zwingend *adj* (*unerlässlich*) ineludible, forzoso; (*dringend*) apremiante, urgente; (*überzeugend*) concluyente, irrefutable; **ein ~er Schluss** una conclusión lógica

Zwinger *m* <-s, -> (*Hunde~*) perrera *f*

zwinkern ['tsvɪŋkɐn] *vi* guiñar; **mit den Augen ~** guiñar el ojo

zwirbeln ['tsvɪrbəln] *vt* retorcer

Zwirn [tsvɪrn] *m* <-(e)s, -e> hilo *m;* **Zwirnsfaden** *m* <-s, -fäden> hebra *f*

zwischen ['tsvɪʃən] **I.** *präp +dat* entre; (*in der Mitte*) en medio de; **~ dir und mir** entre tú y yo; **ich saß ~ ihm und seiner Frau** estuve sentado entre su mujer y él; **es gab Streit ~ ihnen** hubo una riña entre ellos; **das kostet ~ 200 und 300 Mark** esto cuesta entre 200 y 300 marcos **II.** *präp +akk* (*Richtung*) entre; (*in die Mitte*) en medio de; **er setzte sich ~ die beiden** se sentó entre los dos; **wo soll ich die Vase hinstellen? – ~ die Lampe und die Schale** ¿dónde pongo el jarrón? – entre la lámpara y la fuente; **Zwischenablage** *f* <-, -n> (*a.* INFOR) portapapeles *m inv;* **Zwischenabschluss**[RR] *m* <-es, -schlüsse> (WIRTSCH) balance *m* provisional; **Zwischenakt** *m* <-(e)s, -e> (THEAT) intermedio *m,* entremés *m;* **Zwischenaufenthalt** *m* <-(e)s, -e> parada *f;* (*mit dem Schiff, Flugzeug*) escala *f;* **einen ~ einlegen** hacer escala; **Zwischenbemerkung** *f* <-, -en> observación *f* entre paréntesis; **eine ~ machen** hacer una interrupción; **Zwischenbericht** *m* <-(e)s, -e> informe *m* parcial; **Zwischenbescheid** *m* <-(e)s, -e> notificación *f* provisional; **zwischenbetrieblich** *adj:* **~e Vereinbarungen** acuerdos entre empresas, pactos entre empresas; **Zwischenbilanz** *f* <-, -en> balance *m* provisional; **Zwischenblutung** *f* <-, -en> (MED) pérdida *f* intermenstrual; **Zwischendeck** *nt* <-s, -s> entrepuente *m,* entrecubierta *f;* **Zwischendecke** *f* <-, -n> (ARCHIT) techo *m* falso; **Zwischending** *nt* <-(e)s, -e> (*fam*) cosa *f* intermedia (*zwischen* entre)

zwischendrin ['--'-] *adv* en medio

zwischendurch ['--'-] *adv* **1.** (*immer wieder*) entremedias; (*gleichzeitig*) a la vez **2.** (*in der Zwischenzeit*) entretanto **3.** (*räumlich*) en medio

Zwischenergebnis *nt* <-ses, -se> resultado *m* provisional

Zwischenfall *m* <-(e)s, -fälle> **1.** (*Ereignis*) incidente *m* **2.** *pl* (*Unruhen*) tumulto *m,* revuelta *f,* alboroto *m*

Zwischenfinanzierung *f* <-, -en> (FIN) financiación *f* interina; **Zwischenfrage** *f* <-, -n> pregunta *f;* **jdm eine ~ stellen** interrumpir a alguien para hacer una pregunta; **Zwischengas** *nt* <-es, *ohne pl*> (AUTO) desembrague *m* doble; **Zwischengericht** *nt* <-(e)s, -e> (GASTR) entremés *m;* **Zwischengeschoss**[RR] *nt* <-es, -e> entreplanta *f;* **Zwischenglied** *nt* <-(e)s, -er> pieza *f* intermedia; (*Verbindung*) conexión *f;* **Zwischengröße** *f* <-, -n> talla *f* intermedia; **Zwischenhalt** *m* <-(e)s, -e> (*Schweiz*) escala *f;* **Zwischenhandel** *m* <-s, *ohne pl*> comercio *m* intermediario; **Zwischenhändler(in)** *m(f)* <-s, -; -, -nen> (comerciante *mf*) intermediario, -a *m, f;* **Zwischenhirn** *nt* <-(e)s, -e> (ANAT) cerebro *m* intermedio; **zwischen|kuppeln** *vi* embragar dos veces

Zwischenlager *nt* <-s, -> almacén *m* provisional; **zwischen|lagern** *vt* almacenar provisionalmente [*o* temporalmente]; **Zwischenlagerung** *f* <-, -en> almacenamiento *m* provisional [*o* temporal]

zwischen|landen *vi sein* hacer escala; **Zwischenlandung** *f* <-, -en> escala *f*

Zwischenlösung *f* <-, -en> solución *f* provisional; **Zwischenmahlzeit** *f* <-, -en> comida *f* entre horas; **zwischenmenschlich** *adj* interpersonal; **Zwischenprüfung** *f* <-, -en> examen *m* parcial [*o* intermedio]; **Zwischenraum** *m* <-(e)s, -räume> **1.** (*zeitlich*) intervalo *m* **2.** (*räumlich*) espacio *m* intermedio; **einen ~ lassen** dejar un espacio (libre); **Zwischenruf** *m* <-(e)s, -e> interrupción *f;* **einen ~ machen** hacer una interrupción; **Zwischenrufer(in)** *m(f)* <-s, -; -, -nen> *persona que interrumpe a un orador;* **Zwischenrunde** *f* <-, -n> (SPORT) vuelta *f* intermedia; **Zwischensaison** *f* <-, -s, *südd, Österr a.:* -en> temporada *f* intermedia; **Zwischenspeicher** *m* <-s, -> (INFOR) memoria *f* intermedia; **zwischen|speichern** *vt* (INFOR) guardar en la memoria intermedia; **Zwischenspiel** *nt* <-(e)s, -e> **1.** (MUS) interludio *m* **2.** (LIT) entremés *m;* **Zwischenspurt** *m* <-s, -s> (SPORT) escapada *f;* **der Rennfahrer legte einen ~ ein** el corredor hizo una escapada; **zwischenstaatlich** *adj* internacional, interestatal; **Zwischenstadium** *nt* <-s, -stadien> fase *f* intermedia; **Zwischenstation** *f* <-, -en> **1.** (*Zwischenaufenthalt*) parada *f;* (*Schiff, Flugzeug*) escala *f* **2.** (*Ort*) paradero *m;* **Zwischenstecker** *m* <-s, -> (ELEK) adaptador *m;* **Zwischenstellung** *f* <-, -en> posición *f* intermedia; **Zwischenstopp** *m* <-s, -s> alto *m;* (AUTO) parada *f* (intermedia); (AERO) escala *f;* **Zwischenstück** *nt* <-(e)s, -e> pieza *f* intermedia; **Zwischenstufe** *f* <-, -n> etapa *f* intermedia, grado *m* intermedio, estadio *m* intermedio; **Zwischensumme** *f* <-, -n> suma *f* parcial; **Zwischentitel** *m* <-s, -> (FILM) título *m* de enlace; **Zwischenwand** *f* <-, -wände> tabique *m,* pared *f* divisoria; **Zwischenwirt** *m* <-(e)s, -e> (BIOL, MED) huésped *m* intermediario; **Zwischenzeit** *f* <-, -en> **1.** (*Zeitraum*) intervalo *m,* tiempo *m* intermedio; **in der ~** entretanto **2.** (SPORT) tiempo *m* parcial; **zwischenzeitlich** *adj* en el ínterin, entretanto; **Zwischenzeugnis** *nt* <-ses, -se> calificaciones *fpl* parciales

Zwist [tsvɪst] *m* <-(e)s, -e> (*geh*) discordia *f*

Zwistigkeit *f* <-, -en> (*geh*) disputa *f,* querella *f*

zwitschern ['tsvɪtʃɐn] **I.** *vi* gorjear **II.** *vt* (*fam*): **einen ~** echar un trago

Zwitter ['tsvɪtɐ] *m* <-s, -> hermafrodita *mf*

zwitterhaft *adj* hermafrodita

zwo [tsvo:] *adj inv* (*fam*) dos

zwölf [tsvœlf] *adj inv* doce; **die ~ Apostel** los doce Apóstoles; *s. a.* **acht**

Zwölfender ['-ʔɛndɐ] *m* <-s, -> ciervo *m* con doce puntas

zwölffach I. *adj* doce veces tanto; **~ vorhanden sein** tener doce ejemplares **II.** *adv* doce veces; *s. a.* **achtfach**

Zwölffingerdarm [-'---] *m* <-(e)s, -därme> (ANAT) duodeno *m;* **Zwölffingerdarmgeschwür** *nt* <-(e)s, -e> (MED) úlcera *f* gastroduodenal [*o* de duodeno]

zwölfjährig *adj* de doce años

Zwölfkampf *m* <-(e)s, -kämpfe> (SPORT) dodecatlón *m*

zwölfmal *adv* doce veces; *s. a.* **achtmal**

zwölfmalig *adj* doce veces; **die ~e Siegerin** la doce veces campeona

Zwölfmeilenzone *f* <-, -n> (GEO, POL) (zona *f* de) doce millas *fpl* convencionales

zwölftägig ['-tɛ:gɪç] *adj* de doce días; **ein ~er Kongress** un congreso de doce días

zwölftausend ['-'--] *adj inv* doce mil; *s. a.* **achttausend**

zwölfte(r, s) ['tsvœlftə, -tɐ, -təs] *adj* duodécimo; *s. a.* **achte(r, s)**

zwölftel ['tsvœlftəl] *adj inv* doceavo; *s. a.* **achtel**

Zwölftel *nt* <-s, -> doceavo, -a *m, f,* duodécima parte *f; s. a.* **Achtel**

zwölftens ['tsvœlftəns] *adv* en duodécimo lugar; (*bei einer Aufzählung*) duodécimo; *s. a.* **achtens**

Zwölftonlehre *f* <-, *ohne pl*> (MUS) dodecafonismo *m;* **Zwölftonmusik** [-'---] *f* <-, *ohne pl*> (MUS) música *f* dodecafónica

zwote(r, s) ['tsvo:tə ('tsvo:tɐ, 'tsvo:təs)] *adj* (*fam*) *s.* **zweite(r, s)**

Zyanid [tsya'ni:t] *nt* <-s, -e> (CHEM) cianuro *m*

Zyankali [tsyan'ka:li] *nt* <-s, *ohne pl*> cianuro *m* potásico

Zyklame [tsy'kla:mə] *f* <-, -n> (*Österr, Schweiz*), **Zyklamen** [tsy'kla:mən] *nt* <-s, -> (BOT) ciclamen *m*

Zyklen *pl von* **Zyklus**

zyklisch ['tsy:klɪʃ] *adj* cíclico; **~e Blockprüfung** (INFOR, TEL) prueba de redundancia cíclica

Zyklon [tsy'klo:n] *m* <-s, -e> (METEO) ciclón *m*

Zyklop [tsy'klo:p] *m* <-en, -en> cíclope *m*

Zyklotron [tsyklo'tro:n, 'tsy:klotro:n] *nt* <-s, -s *o* -e> (PHYS) ciclotrón *m*

Zyklus ['tsy:klʊs] *m* <-, Zyklen> (*a.* MED) ciclo *m*

Zylinder [tsi'lɪndɐ, tsy'lɪndɐ] *m* <-s, -> **1.** (MATH, TECH) cilindro *m* **2.** (*Hut*) sombrero *m* de copa, tarro *m Am,* galera *f CSur;* **Zylinderblock** *m* <-(e)s, -blöcke> (TECH) bloque *m* de culata

zylinderförmig [-fœrmɪç] *adj* cilíndrico

Zylinderkopf *m* <-(e)s, -köpfe> (TECH) culata *f;* **Zylinderkopfdichtung** *f* <-, -en> (TECH) junta *f* de culata

ZylinderschlossRR *nt* <-es, -schlösser> cerradura *f* de cilindro [*o* de molinillo]

zylindrisch *adj* cilíndrico

Zyniker(in) ['tsy:nikɐ] *m(f)* <-s, -; -, -nen> cínico, -a *m, f*

zynisch ['tsy:nɪʃ] *adj* cínico

Zynismus [tsy'nɪsmʊs] *m* <-, *ohne pl*> cinismo *m*

Zypern ['tsy:pɐn] *nt* <-s> Chipre *m*

Zyprer(in) *m(f)* <-s, -; -, -nen> chipriota *mf*

Zypresse [tsy'prɛsə] *f* <-, -n> (BOT) ciprés *m*

Zypr(i)er(in) *m(f)* <-s, -; -, -nen>, **Zypriot(in)** *m(f)* <-en, -en; -, -nen> chipriota *mf*

zypriotisch *adj,* **zyprisch** ['tsy:prɪʃ] *adj* chipriota

Zyste ['tsʏstə] *f* <-, -n> (MED) quiste *m*

Zytologie [tsytolo'gi:] *f* <-, *ohne pl*> (MED) citología *f*
Zytolyse *f* <-, -n> (MED) citólisis *f inv*
Zytoplasma [tsyto'plasma] *nt* <-s, -plasmen> (BIOL) citoplasma *m*
Zytostatikum [tsyto'sta:tikʊm, *pl:* -'sta:tika] *nt* <-s, Zytostatika> (MED, BIOL) citostático *m*
zytostatisch [tsyto'sta:tɪʃ] *adj* (MED, BIOL) citostático
Zytotoxin *nt* <-s, -e> (BIOL, MED) citotoxina *f*
z.Z(**t**). *Abk. von* **zur Zeit** por el momento

Z

Gramática sucinta de la lengua alemana

El artículo

Un sustantivo alemán puede ser **masculino, femenino** o **neutro.** El **género** del sustantivo se puede reconocer en los siguientes artículos: *der, die,* o *das.*

	artículo determinado				artículo indeterminado			
	m	f	nt	pl	m	f	nt	pl
Nom.	der	die	das	die	ein	eine	ein	*no hay*
Gen.	des	der	des	der	eines	einer	eines	*en alemán*
Dativ	dem	der	dem	den	einem	einer	einem	
Akk.	den	die	das	die	einen	eine	ein	

El sustantivo

En alemán hay una declinación *fuerte*, una *débil* y una *mixta* del sustantivo (comp. también la declinación del adjetivo).

Los sustantivos con declinación fuerte se reconocen por su terminación en *-s, -sch, -ss, -ß* y *-z.* Forman el genitivo singular con la terminación *-es*, como, p. ej.

Hals – Halses, Busch – Busches, Kuss – Kusses, Fuß – Fußes, Reiz – Reizes.

1. Declinación fuerte: masculino y neutro

	plural en ~e	**plural en ¨~e**	**plural en ~er**	**plural en ¨~er**
singular				
Nom.	der Tag	der Traum	das Kind	das Dach
Gen.	des Tag(e)s	des Traum(e)s	des Kind(e)s	des Dach(e)s
Dativ	dem Tag(e)	dem Traum(e)	dem Kind(e)	dem Dach(e)
Akk.	den Tag	den Traum	das Kind	das Dach
plural				
Nom.	die Tage	die Träume	die Kinder	die Dächer
Gen.	der Tage	der Träume	der Kinder	der Dächer
Dativ	den Tagen	den Träumen	den Kindern	den Dächern
Akk.	die Tage	die Träume	die Kinder	die Dächer

	plural en ~s	**plural sin final ¨~**	**plural sin final**	**plural sin final**
singular				
Nom.	das Auto	der Vogel	der Tischler	der Lappen
Gen.	des Autos	des Vogels	des Tischlers	des Lappens
Dativ	dem Auto	dem Vogel	dem Tischler	dem Lappen
Akk.	das Auto	den Vogel	den Tischler	den Lappen

plural

Nom.	die Autos	die Vögel	die Tischler	die Lappen
Gen.	der Autos	der Vögel	der Tischler	der Lappen
Dativ	den Autos	den Vögeln	den Tischlern	den Lappen
Akk.	die Autos	die Vögel	die Tischler	die Lappen

2. Declinación fuerte: femenino

	plural en ¨e	**plural sin final ¨**	**plural en ~s**
singular			
Nom.	die Wand	die Mutter	die Bar
Gen.	der Wand	der Mutter	der Bar
Dativ	der Wand	der Mutter	der Bar
Akk.	die Wand	die Mutter	die Bar
plural			
Nom.	die Wände	die Mütter	die Bars
Gen.	der Wände	der Mütter	der Bars
Dativ	den Wänden	den Müttern	den Bars
Akk.	die Wände	die Mütter	die Bars

3. Declinación débil: masculino

	plural en ~n	**plural en ~en**	**plural en ~n**
singular			
Nom.	der Bauer	der Bär	der Hase
Gen.	des Bauern	des Bären	des Hasen
Dativ	dem Bauern	dem Bären	dem Hasen
Akk.	den Bauern	den Bären	den Hasen
plural			
Nom.	die Bauern	die Bären	die Hasen
Gen.	der Bauern	der Bären	der Hasen
Dativ	den Bauern	den Bären	den Hasen
Akk.	die Bauern	die Bären	die Hasen

4. Declinación débil: femenino

	plural en ~en	plural en ~n	plural en ~n	plural en ~nen
singular				
Nom.	die Uhr	die Feder	die Gabe	die Ärztin
Gen.	der Uhr	der Feder	der Gabe	der Ärztin
Dativ	der Uhr	der Feder	der Gabe	der Ärztin
Akk.	die Uhr	die Feder	die Gabe	die Ärztin
plural				
Nom.	die Uhren	die Federn	die Gaben	die Ärztinnen
Gen.	der Uhren	der Federn	der Gaben	der Ärztinnen
Dativ	den Uhren	den Federn	den Gaben	den Ärztinnen
Akk.	die Uhren	die Federn	die Gaben	die Ärztinnen

5. Declinación mixta: masculino y neutro

Se declinan en singular como sustantivos *fuertes* y en plural como *débiles*.

	plural en ~n	plural en ~en	plural en ~n	plural en ~en
singular				
Nom.	das Auge	das Ohr	der Name	das Herz
Gen.	des Auges	des Ohr(e)s	des Namens	des Herzens
Dativ	dem Auge	dem Ohr(e)	dem Namen	dem Herzen
Akk.	das Auge	das Ohr	den Namen	das Herz
plural				
Nom.	die Augen	die Ohren	die Namen	die Herzen
Gen.	der Augen	der Ohren	der Namen	der Herzen
Dativ	den Augen	den Ohren	den Namen	den Herzen
Akk.	die Augen	die Ohren	die Namen	die Herzen

6. Declinación adjetiva

masculino

singular

Nom.	der Reisende	ein Reisender
Gen.	des Reisenden	eines Reisenden
Dativ	dem Reisenden	einem Reisenden
Akk.	den Reisenden	einen Reisenden

plural

Nom.	die Reisenden	Reisende
Gen.	der Reisenden	Reisender
Dativ	den Reisenden	Reisenden
Akk.	die Reisenden	Reisende

femenino

singular

Nom.	die Reisende	eine Reisende
Gen.	der Reisenden	einer Reisenden
Dativ	der Reisenden	einer Reisenden
Akk.	die Reisende	eine Reisende

plural

Nom.	die Reisenden	Reisende
Gen.	der Reisenden	Reisender
Dativ	den Reisenden	Reisenden
Akk.	die Reisenden	Reisende

neutro

singular

Nom.	das Neugeborene	ein Neugeborenes
Gen.	des Neugeborenen	eines Neugeborenen
Dativ	dem Neugeborenen	einem Neugeborenen
Akk.	das Neugeborene	ein Neugeborenes

plural

Nom.	die Neugeborenen	Neugeborene
Gen.	der Neugeborenen	Neugeborener
Dativ	den Neugeborenen	Neugeborenen
Akk.	die Neugeborenen	Neugeborene

7. Declinación de los nombres propios

El genitivo de los nombres propios sigue diversas reglas:

nombre propio con artículo	nombre propio sin artículo	nombre propio terminado en *-s, -ß, -x, -z*	varios nombres propios seguidos	nombre propio con aposición
no varía	se añade una *s* final	se añade un apóstrofo	el último nombre recibe una *s*	se declina como un sustantivo
des Aristoteles	Marias Auto	Aristoteles' (Schriften)	Johann Sebastian Bachs (Musik)	Nom.: Karl der Große Gen.: Karls des Großen Dativ: Karl dem Großen Akk.: Karl den Großen
des (schönen) Berlin	die Straßen Berlins	die Straßen Calais'		

Los nombres de familia tienen una *-s* en plural,
p. ej. die *Schneider**s***.

Si el nombre de familia termina en *-s*, *-ß*, *-x* o *-z*, se añade *-ens* al final,
p. ej. die *Schmitz**ens***.

Los nombres propios de calles, edificios, empresas, barcos, periódicos y organizaciones se declinan siempre.

Los adjetivos

Si un adjetivo se encuentra *delante* de un sustantivo, concordará con este en **género**, **caso** y **número**. Por lo tanto, se declina. Al igual que en los sustantivos se diferencia entre la declinación *fuerte*, la *débil* y la *mixta*.

1. La declinación fuerte

– cuando el adjetivo va unido a un sustantivo sin artículo

– si el adjetivo está precedido por una palabra que no indica el género

p. ej. mehrere liebe Kinder, manch guter Wein.

– después de *números cardinales* y *ein paar, ein bisschen*

p. ej. Sie hörte zwei laute Schritte.
Wir machen eine Reise mit ein paar guten Freunden.
Mit einem bisschen guten Willen schaffst du das.

	m	f	nt
singular			
Nom.	guter Wein	schöne Frau	liebes Kind
Gen.	guten Wein(e)s	schöner Frau	lieben Kindes
Dativ	gutem Wein(e)	schönen Frau	liebem Kind(e)
Akk.	guten Wein	schöne Frau	liebes Kind

plural

Nom.	gute Weine	schöne Frauen	liebe Kinder
Gen.	guter Weine	schöner Frauen	lieber Kinder
Dativ	guten Weinen	schönen Frauen	lieben Kindern
Akk.	gute Weine	schöne Frauen	liebe Kinder

2. La declinación débil

- cuando el adjetivo va unido a un sustantivo con artículo determinado *der, die, das*
- con pronombres que indican el género del sustantivo, p. ej. *diese(r, s)*, *folgende(r, s)*, *jede(r, s)*, *welche(r, s)*

	m	**f**	**nt**
singular			
Nom.	der gute Wein	die schöne Frau	das liebe Kind
Gen.	des guten Wein(e)s	der schönen Frau	des lieben Kindes
Dativ	dem guten Wein	der schönen Frau	dem lieben Kind
Akk.	den guten Wein	die schöne Frau	das liebe Kind
plural			
Nom.	die guten Weine	die schönen Frauen	die lieben Kinder
Gen.	der guten Weine	der schönen Frauen	der lieben Kinder
Dativ	den guten Weinen	den schönen Frauen	den lieben Kindern
Akk.	die guten Weine	die schönen Frauen	die lieben Kinder

3. La declinación mixta

- cuando un adjetivo va unido a un sustantivo con el artículo indeterminado *ein*, *kein* (en singular, en sustantivos masculinos y neutros)
- en los pronombres posesivos *dein*, *sein*, *unser*, *euer*, *ihr*

	m	**nt**
singular		
Nom.	ein guter Wein	ein liebes Kind
Gen.	eines guten Wein(e)s	eines lieben Kindes
Dativ	einem guten Wein(e)	einem lieben Kind
Akk.	einen guten Wein	ein liebes Kind

4. Adjetivos terminados en *-abel, -ibel, -el*

Estos adjetivos pierden la *e* en la declinación.

	miserabel	penibel	heikel
singular			
Nom.	ein miserabler Stil	eine penible Frau	ein heikles Problem
Gen.	eines miserablen Stils	einer peniblen Frau	eines heiklen Problems
Dativ	einem miserablen Stil	einer peniblen Frau	einem heiklen Problem
Akk.	einen miserablen Stil	eine penible Frau	ein heikles Problem
plural			
Nom.	miserable Stile	penible Frauen	heikle Probleme
Gen.	miserabler Stile	penibler Frauen	heikler Probleme
Dativ	miserablen Stilen	peniblen Frauen	heiklen Problemen
Akk.	miserable Stile	penible Frauen	heikle Probleme

5. Adjetivos terminados en *-er, -en*

– normalmente conservan la *e* en la forma declinada, pero no lo hacen en la lengua culta o en el estilo literario

p. ej. finster — seine finstren Züge

– esta regla se aplica igualmente a los adjetivos que no provienen del alemán

p. ej. makaber — eine makabre Geschichte
integer — ein integrer Beamter

6. Adjetivos terminados en *-auer, -euer*

– normalmente pierden la *e* en la forma declinada

p. ej. teuer — ein teures Geschenk
sauer — saure Gurken

La gradación del adjetivo

Las cualidades pueden compararse entre sí. Hay *tres grados de comparación*:

	m	f	nt
positivo	ein schöner Film	eine schöne Vase	ein schönes Haus
comparativo	ein schönerer Film	eine schönere Vase	ein schöneres Haus
superlativo	der schönste Film	die schönste Vase	das schönste Haus

Para las formas comparativas o de gradación en genitivo, dativo y acusativo sirven las mismas reglas de declinación aplicadas a un adjetivo en grado positivo con un sustantivo,
p. ej. *der Garten mit den schönsten Blumen* (dativo, plural).

Casos especiales:

1. Los adjetivos y adverbios añaden una *e* delante de la terminación del superlativo:

– en los monosílabos

– si el acento recae en la última sílaba

– si terminan en *-s, -ß, -st, -x, -z* (siempre)

– si terminan en *-d, -t, -sch* (casi siempre)

p. ej.	spitz	adj.	spitzeste(r, s)
		adv.	am spitzesten
	beliebt	adj.	beliebteste(r, s)
		adv.	am beliebtesten

La misma regla se aplica a los adjetivos y adverbios compuestos y a los que tienen un prefijo, no importando donde recaiga el acento:

p. ej.	unsanft	adj.	unsanfteste(r, s)
		adv.	am unsanftesten

2. Los adjetivos monosílabos con la vocal radical *a, o, u* llevan 'Umlaut' en el comparativo y en el superlativo:

p. ej.	arm	ärmer	ärmste(r, s)
	groß	größer	größte(r, s)
	klug	klüger	klügste(r, s)

3. Los grupos de adjetivos que siguen no llevan nunca 'Umlaut' ni en el comparativo ni en el superlativo:

– con un diptongo (p. ej. *au*):

faul	fauler	faulste(r, s)
lose	loser	loseste(r, s)
dunkel	dunkler	dunkelste(r, s)
offen	offener	offenste(r, s)
mager	magerer	magerste(r, s)

– con sufijos *-bar, -haft, -ig, -lich, -sam*:

dankbar	dankbarer	dankbarste(r, s)
schwatzhaft	schwatzhafter	schwatzhafteste(r, s)
schattig	schattiger	schattigste(r, s)
stattlich	stattlicher	stattlichste(r, s)
sorgsam	sorgsamer	sorgsamste(r, s)

– en los adjetivos que aparecen como participios:

überrascht	überraschter	überraschteste(r, s)

– en los adjetivos derivados de otras lenguas:

banal	banaler	banalste(r, s)
interessant	interessanter	interessanteste(r, s)
grandios	grandioser	grandioseste(r, s)

– formas irregulares de gradación de adjetivos y adverbios:

gut	besser	beste
viel	mehr	meiste
gern	lieber	am liebsten
bald	eher	am ehesten

El adverbio

En su uso adverbial los adjetivos no sufren modificación:
p. ej. Er singt gut.
Sie schreibt schön.
Er läuft schnell.

Para la gradación de los adverbios sirven las mismas reglas que para la de los adjetivos:
p. ej. Er singt besser.
Sie schreibt schöner.
Er läuft schneller.

La mayoría de los adverbios forman el superlativo siguiendo la estructura
am ...sten:
p. ej. Er singt am besten.
Sie schreibt am schönsten.
Er läuft am schnellsten.

Los verbos

El presente

Con el presente se expresa en alemán una acción en el presente, un hecho generalmente aceptado o un suceso en el futuro:
p. ej. Was machst du? Ich lese.
Die Erde dreht sich um die Sonne.
Morgen habe ich frei.

1. Verbos regulares (conjugación débil)

	machen	**legen**	**sagen**	**sammeln**
ich	mache	lege	sage	sammle
du	machst	legst	sagst	sammelst
er sie es	macht	legt	sagt	sammelt
wir	machen	legen	sagen	sammeln
ihr	macht	legt	sagt	sammelt
sie	machen	legen	sagen	sammeln

Verbos cuya raíz termina en *s*, *ss*, *ß* y *z:*

	rasen	**passen**	**küssen**	**grüßen**	**reizen**
ich	rase	passe	küsse	grüße	reize
du	rast	passt	küsst	grüßt	reizt
er sie es	rast	passt	küsst	grüßt	reizt
wir	rasen	passen	küssen	grüßen	reizen
ihr	rast	passt	küsst	grüßt	reizt
sie	rasen	passen	küssen	grüßen	reizen

En los verbos cuya raíz termina en *d* o *t*, con consonante + *m* o con consonante + *n* se añade una *e* en la 2ª persona del singular.

	reden	wetten	atmen	trocknen
ich	rede	wette	atme	trockne
du	redest	wettest	atmest	trocknest
er sie es	redet	wettet	atmet	trocknet
wir	reden	wetten	atmen	trocknen
ihr	redet	wettet	atmet	trocknet
sie	reden	wetten	atmen	trocknen

Los verbos cuya raíz termina en *el* o *er* átonas pierden la *e* en la 1ª persona del singular:
p.ej. angeln → ich angle
zittern → ich zittre

2. En los verbos irregulares (conjugación fuerte), la vocal radical cambia en la mayoría de los casos.

	tragen	blasen	laufen	essen
ich	trage	blase	laufe	esse
du	trägst	bläst	läufst	isst
er sie es	trägt	bläst	läuft	isst
wir	tragen	blasen	laufen	essen
ihr	tragt	blast	lauft	esst
sie	tragen	blasen	laufen	essen

→ Ver también los verbos irregulares en el cuerpo del diccionario y en la lista de la página 1396.

El pretérito

El pretérito expresa un suceso pasado:
p. ej. Letztes Jahr reisten wir nach Spanien.

1. Verbos regulares

	machen	sammeln	küssen	grüßen	reizen
ich	machte	sammelte	küsste	grüßte	reizte
du	machtest	sammeltest	küsstest	grüßtest	reiztest
er sie es	machte	sammelte	küsste	grüßte	reizte
wir	machten	sammelten	küssten	grüßten	reizten
ihr	machtet	sammeltet	küsstet	grüßtet	reiztet
sie	machten	sammelten	küssten	grüßten	reizten

Verbos cuya raíz termina en *d, t,* con consonante + *m* o con consonante + *n.*

	reden	**wetten**	**atmen**	**trocknen**
ich	redete	wettete	atmete	trocknete
du	redetest	wettetest	atmetest	trocknetest
er sie es	redete	wettete	atmete	trocknete
wir	redeten	wetteten	atmeten	trockneten
ihr	redetet	wettetet	atmetet	trocknetet
sie	redeten	wetteten	atmeten	trockneten

2. Verbos irregulares

	tragen	**blasen**	**laufen**	**essen**
ich	trug	blies	lief	aß
du	trugst	bliest	liefst	aßt
er sie es	trug	blies	lief	aß
wir	trugen	bliesen	liefen	aßen
ihr	trugt	bliest	lieft	aßt
sie	trugen	bliesen	liefen	aßen

→ Ver también los verbos irregulares en el cuerpo del diccionario y en la lista de la página 1396.

El pretérito perfecto

Con el pretérito perfecto se expresa un suceso acabado o un estado,
p. ej. Der Zug ist abgefahren.
Heute Nacht hat es geregnet.

El pretérito perfecto se construye con las formas de presente de los verbos auxiliares *haben* y *sein* y el participio pasado.

1. Los verbos que expresan movimiento o un cambio de estado forman el pretérito perfecto con *sein.*

	radeln	**fahren**	**verstummen**	**sterben**
ich	bin geradelt	bin gefahren	bin verstummt	bin gestorben
du	bist geradelt	bist gefahren	bist verstummt	bist gestorben
er sie es	ist geradelt	ist gefahren	ist verstummt	ist gestorben
wir	sind geradelt	sind gefahren	sind verstummt	sind gestorben
ihr	seid geradelt	seid gefahren	seid verstummt	seid gestorben
sie	sind geradelt	sind gefahren	sind verstummt	sind gestorben

2. Los verbos transitivos, reflexivos e impersonales, así como los verbos intransitivos que expresan un estado permanente, forman el pretérito perfecto con *haben.*

	legen	sich freuen	regnen	leben
ich	habe gelegt	habe mich gefreut		habe gelebt
du	hast gelegt	hast dich gefreut		hast gelebt
er sie es	hat gelegt	hat sich gefreut	es hat geregnet	hat gelebt
wir	haben gelegt	haben uns gefreut		haben gelebt
ihr	habt gelegt	habt euch gefreut		habt gelebt
sie	haben gelegt	haben sich gefreut		haben gelebt

El pluscuamperfecto

El pluscuamperfecto expresa un *suceso anterior a otro pasado:*
p. ej. Als er im Kino ankam, hatte der Film schon begonnen.

Se forma con las formas de pretérito de *haben* o *sein* y el *participio pasado*, aplicándose las mismas reglas para el uso de los auxiliares que para el pretérito perfecto.

	fahren	sterben	legen	leben
ich	war gefahren	war gestorben	hatte gelegt	hatte gelebt
du	warst gefahren	warst gestorben	hattest gelegt	hattest gelebt
er sie es	war gefahren	war gestorben	hatte gelegt	hatte gelebt
wir	waren gefahren	waren gestorben	hatten gelegt	hatten gelebt
ihr	wart gefahren	wart gestorben	hattet gelegt	hattet gelebt
sie	waren gefahren	waren gestorben	hatten gelegt	hatten gelebt

Los verbos auxiliares *haben, sein* y *werden*

Se denominan *verbos auxiliares* porque con su ayuda se forman determinados tiempos de los verbos (p. ej. pretérito perfecto, pluscuamperfecto, futuro) y la pasiva.

Presente

	sein	haben	werden
ich	bin	habe	werde
du	bist	hast	wirst
er sie es	ist	hat	wird
wir	sind	haben	werden
ihr	seid	habt	werdet
sie	sind	haben	werden

Pretérito y participio

	sein	haben	werden
ich	war	hatte	wurde
du	warst	hattest	wurdest
er sie es	war	hatte	wurde
wir	waren	hatten	wurden
ihr	wart	hattet	wurdet
sie	waren	hatten	wurden
participio	gewesen	gehabt	geworden

Los verbos modales

Presente

	können	dürfen	mögen	müssen	sollen	wollen
ich	kann	darf	mag	muss	soll	will
du	kannst	darfst	magst	musst	sollst	willst
er sie es	kann	darf	mag	muss	soll	will
wir	können	dürfen	mögen	müssen	sollen	wollen
ihr	könnt	dürft	mögt	müsst	sollt	wollt
sie	können	dürfen	mögen	müssen	sollen	wollen

Pretérito

	können	dürfen	mögen	müssen	sollen	wollen
ich	konnte	durfte	mochte	musste	sollte	wollte
du	konntest	durftest	mochtest	musstest	solltest	wolltest
er sie es	konnte	durfte	mochte	musste	sollte	wollte
wir	konnten	durften	mochten	mussten	sollten	wollten
ihr	konntet	durftet	mochtet	musstet	solltet	wolltet
sie	konnten	durften	mochten	mussten	sollten	wollten

Pretérito perfecto

können	ich habe gekonnt
dürfen	ich habe gedurft
mögen	ich habe gemocht
müssen	ich habe gemusst
sollen	ich habe gesollt
wollen	ich habe gewollt

El participio pasado de los verbos modales (p. ej. gekonnt) se sustituye por el infinitivo (können) si va precedido por otro verbo en infinitivo:

p. ej. Ich habe gehen können.
Ich habe fragen dürfen.

El participio presente ('Partizip I')

El participio presente se forma añadiendo *-d* al *infinitivo del verbo:*

p. ej. singend, lachend etc.

Expresa de manera abreviada una oración subordinada:

p. ej.	Er saß in der Badewanne und sang.	Er saß *singend* in der Badewanne.
	Sie öffnete die Tür und lachte.	Sie öffnete *lachend* die Tür.

El participio pasado ('Partizip II')

El participio pasado de los verbos regulares se forma según las siguientes reglas:

		prefijo	+ raíz	+ desinencia
p. ej.	machen	**– ge**	**+ mach**	**+ t**
	legen	– **ge**leg**t**		
	sagen	– **ge**sag**t**		
	vierteln	– **ge**viertel**t**		
	rasen	– **ge**ras**t**		
	hassen	– **ge**hass**t**		
	küssen	– **ge**küss**t**		
	rußen	– **ge**ruß**t**		
	reizen	– **ge**reiz**t**		
	reden	– **ge**rede**t**		
	wetten	– **ge**wette**t**		
	trocknen	– **ge**trockne**t**		

En los verbos terminados en *-ieren,* al igual que en los verbos con los prefijos *be-*, *em-*, *ent-*, *er-*, *ver-*, y *zer-*, se suprime el prefijo *ge-*. Estos verbos están señalados con * en el cuerpo del diccionario alemán-español. Las reglas válidas para los mismos son las siguientes:

		raíz	+ desinencia
p. ej.	manövr*ieren**	**– manövrier**	**+ t**
	*em*pören*	– empör**t**	
	*ent*giften*	– entgifte**t**	
	*er*setzen*	– ersetz**t**	
	*ver*trösten*	– vertröste**t**	
	*zer*reden*	– zerrede**t**	

La *ge-* se suprime igualmente en los verbos compuestos inseparables. Estos verbos están señalados asimismo con *:

p. ej.	übersetzen*	– übersetz**t**
	durchwaten*	– durchwate**t**
	unterlegen*	– unterleg**t**
	umarmen*	– umarm**t**

El participio pasado de los verbos compuestos separables (p. ej. *durchmachen*) se forma según las siguientes reglas:

prefijo verbal	**+ prefijo PPII *ge-***	**+ raíz verbal**	**+ desinencia *t***
durch	**+ ge**	**+ mach**	**+ t**

anbeten – an**ge**bete**t**
überschnappen – über**ge**schnapp**t**
umdeuten – um**ge**deute**t**

Todos los verbos alemanes separables están señalados en el diccionario con '|'. Las formas irregulares siguen entre paréntesis triangulares a la entrada. Sin embargo no se da la indicación de las bases de las que derivan los verbos compuestos y prefijados. Estos se señalan con *irr*; los verbos irregulares más importantes están registrados en el diccionario en una lista en la página 1060.

El futuro

Con el futuro se expresan circunstancias o hechos que se refieren al futuro, p. ej. anuncios, intenciones, suposiciones o promesas.
Se forma con las formas de presente del auxiliar *werden* y el *infinitivo del verbo:*

p. ej. Morgen wird es schneien. (indicación temporal)
Er wird noch im Urlaub sein. (suposición)
Ich werde dich immer lieben. (promesa, intención)

	legen	**fahren**	**sein**	**haben**	**können**
ich	werde legen	werde fahren	werde sein	werde haben	werde können
du	wirst legen	wirst fahren	wirst sein	wirst haben	wirst können
er sie es	wird legen	wird fahren	wird sein	wird haben	wird können
wir	werden legen	werden fahren	werden sein	werden haben	werden können
ihr	werdet legen	werdet fahren	werdet sein	werdet haben	werdet können
sie	werden legen	werden fahren	werden sein	werden haben	werden können

El 'Konjunktiv I' (forma de posibilidad)

El 'Konjunktiv I' se forma con *la raíz del verbo en presente* a la que se añaden los finales *-e, -est, -e, -en, -et, -en.* Con el 'Konjunktiv I' se expresa el estilo indirecto:

p. ej. Kannst du mir helfen? (estilo directo)
Er fragt sie, ob sie ihm helfen könne. (estilo indirecto)

Aunque en algunos verbos irregulares cambia en indicativo el 'Umlaut' o la vocal, esto no sucede en el 'Konjunktiv I':

p. ej.	**infinitivo**	**presente de indicativo**	**'Konjunktiv I'**
	fallen	du fällst	du fallest
	geben	du gibst	du gebest

Además de en el estilo indirecto, el 'Konjunktiv I' se utiliza en algunas frases hechas:

p. ej. Er lebe hoch!
Gott sei Dank!
Man nehme Salz, Mehl und Butter …

	legen	hassen	küssen	reden
ich	lege	hasse	küsse	rede
du	legest	hassest	küssest	redest
er sie es	lege	hasse	küsse	rede
wir	legen	hassen	küssen	reden
ihr	leget	hasset	küsset	redet
sie	legen	hassen	küssen	reden

El 'Konjunktiv I' de los verbos auxiliares *sein, haben* y *werden*

	sein	haben	werden
ich	sei	habe	werde
du	seist	habest	werdest
er sie es	sei	habe	werde
wir	seien	haben	werden
ihr	seiet	habet	werdet
sie	seien	haben	werden

El 'Konjunktiv I' de los verbos modales

	können	dürfen	mögen	müssen	sollen	wollen
ich	könne	dürfe	möge	müsse	solle	wolle
du	könnest	dürfest	mögest	müssest	sollest	wollest
er sie es	könne	dürfe	möge	müsse	solle	wolle
wir	können	dürfen	mögen	müssen	sollen	wollen
ihr	könn(e)t	dürf(e)t	mög(e)t	müss(e)t	soll(e)t	woll(e)t
sie	können	dürfen	mögen	müssen	sollen	wollen

El 'Konjunktiv II'

El 'Konjunktiv II' se forma con la raíz del pretérito a la que se añaden los finales *-e, -(e)st, -e, -en, -(e)t, -en.* En los verbos regulares, el 'Konjunktiv II' es igual que el pretérito de indicativo; en los irregulares con *i* o *ie* en las formas del pretérito, se conservan *i* e *ie* asimismo en el 'Konjunktiv II'.

El 'Konjunktiv II' se utiliza en enunciados irreales, en comparaciones y en expresiones de cortesía,

p. ej. Wenn ich Zeit hätte, ginge ich heute mit dir ins Kino. (irreal)
Die Leiter schwankte so, als fiele sie gleich um. (comparativo)
Können Sie uns bitte eine Auskunft geben? (cortés)

	gehen/ging	**rufen/rief**	**greifen/griff**
ich	ginge	riefe	griffe
du	gingest	riefest	griffest
er sie es	ginge	riefe	griffe
wir	gingen	riefen	griffen
ihr	ginget	riefet	griffet
sie	gingen	riefen	griffen

Los verbos con las vocales *a, o* y *u* en el pretérito indicativo tienen 'Umlaut' en el 'Konjunktiv II'.

	singen/ sang	**fliegen/ flog**	**fahren/ fuhr**	**sein/war**	**haben/ hatte**	**werden/ wurde**
ich	sänge	flöge	führe	wäre	hätte	würde
du	säng(e)st	flög(e)st	führ(e)st	wär(e)st	hättest	würdest
er sie es	sänge	flöge	führe	wäre	hätte	würde
wir	sängen	flögen	führen	wären	hätten	würden
ihr	säng(e)t	flög(e)t	führ(e)t	wär(e)t	hättet	würdet
sie	sängen	flögen	führen	wären	hätten	würden

Las formas más importantes del 'Konjunktiv II':

befehlen	- beföhle	**heben**	- höbe	**singen**	- sänge
beginnen	- begänne	**helfen**	- hülfe	**sinken**	- sänke
bergen	- bärge	**klingen**	- klänge	**sinnen**	- sänne
bersten	- bärste	**kommen**	- käme	**sitzen**	- säße
bewegen	- bewöge	**können**	- könnte	**spinnen**	- spönne
biegen	- böge	**kriechen**	- kröche	**sprechen**	- spräche
bieten	- böte	**laden**	- lüde	**sprießen**	- sprösse
binden	- bände	**lesen**	- läse	**springen**	- spränge
bitten	- bäte	**liegen**	- läge	**stechen**	- stäche
brechen	- bräche	**löschen**	- lösche	**stehen**	- stünde/stände
brennen	- brennte	**lügen**	- löge	**stehlen**	- stähle
bringen	- brächte	**melken**	- mölke	**sterben**	- stürbe
denken	- dächte	**messen**	- mäße	**stinken**	- stänke
dreschen	- drösche	**misslingen**	- misslänge	**tragen**	- trüge
dringen	- dränge	**mögen**	- möchte	**treffen**	- träfe
dürfen	- dürfte	**müssen**	- müsste	**treten**	- träte
empfehlen	- empföhle	**nehmen**	- nähme	**trinken**	- tränke
empfinden	- empfände	**quellen**	- quölle	**trügen**	- tröge
essen	- äße	**riechen**	- röche	**tun**	- täte
fahren	- führe	**ringen**	- ränge	**verderben**	- verdürbe
finden	- fände	**rinnen**	- ränne	**verdrießen**	- verdrösse
flechten	- flöchte	**saufen**	- söffe	**vergessen**	- vergäße
fliegen	- flöge	**schaffen**	- schüfe	**verlieren**	- verlöre
fliehen	- flöhe	**schelten**	- schölte	**wachsen**	- wüchse
fließen	- flösse	**scheren**	- schöre	**waschen**	- wüsche
fressen	- fräße	**schieben**	- schöbe	**werben**	- würbe
frieren	- fröre	**schießen**	- schösse	**werden**	- würde
gären	- göre	**schinden**	- schünde	**werfen**	- würfe
gebären	- gebäre	**schlagen**	- schlüge	**wiegen**	- wöge
geben	- gäbe	**schließen**	- schlösse	**winden**	- wände
gelingen	- gelänge	**schlingen**	- schlänge	**wissen**	- wüsste
gelten	- gälte	**schmelzen**	- schmölze	**ziehen**	- zöge
genießen	- genösse	**schwellen**	- schwölle	**zwingen**	- zwänge
geschehen	- geschähe	**schwimmen**	- schwömme		
gewinnen	- gewönne	**schwinden**	- schwände		
gießen	- gösse	**schwingen**	- schwänge		
glimmen	- glömme	**schwören**	- schwüre		
graben	- grübe	**sehen**	- sähe		
haben	- hätte	**sein**	- wäre		

La frase condicional

El 'Konjunktiv II' de *werden* expresa junto con el *infinitivo* circunstancias o hechos que están sujetos a determinadas condiciones y que no se han realizado todavía:
p. ej. Wenn ihr uns einladen würdet, würden wir fahren. (en lugar de: *führen*)

Las formas poco usadas y las anticuadas del 'Konjunktiv II' se expresan actualmente con el 'Konjunktiv II' de *werden* + *infinitivo:*

p. ej. Wenn Flugzeuge nicht umweltfreundlicher fliegen würden (en lugar de: *flögen*), würde es bald keine saubere Luft mehr geben (en lugar de: *gäbe*).

	legen	**fahren**
ich	würde legen	würde fahren
du	würdest legen	würdest fahren
er sie es	würde legen	würde fahren
wir	würden legen	würden fahren
ihr	würdet legen	würdet fahren
sie	würden legen	würden fahren

EL IMPERATIVO

El imperativo expresa una orden, una petición, una advertencia, etc. o una prohibición. Se usa en las formas de 2ª persona del singular y del plural.

1. En singular se añade una 'e' a la raíz del infinitivo; esta 'e' puede llegar a suprimirse en muchos casos . En plural se añade una 't' a la raíz del infinitivo. La forma de plural del infinitivo es idéntica. La forma de plural del imperativo es idéntica a la de la 2ª persona de plural del presente de indicativo.
En la forma de cortesía con *Sie* **se invierte** el orden normal de las palabras (o sea, el predicado se pone delante del sujeto):

p. ej. Sie schreiben einen Brief. (una constatación/indicativo)
Schreiben Sie einen Brief! (una orden/imperativo)

infinitivo	**singular**	**plural**	**forma de cortesía**
schreiben	schreib(e)	schreibt	schreiben Sie
singen	sing(e)	singt	singen Sie
trinken	trink(e)	trinkt	trinken Sie
reden	red(e)	redet	reden Sie

Casos especiales:

Los verbos que finalizan con *-eln*, *-ern* pueden perder la *e* en el singular.

infinitivo	**singular**	**plural**	**forma de cortesía**
sammeln	samm(e)le	sammelt	sammeln Sie
fördern	förd(e)re	fördert	fördern Sie
handeln	hand(e)le	handelt	handeln Sie

Si la raíz verbal termina en *m* o *n* precedida por *m, n, l, h, r,* puede perder la *e* en el singular.

infinitivo	singular	plural	forma de cortesía
kämmen	kämm(e)	kämmt	kämmen Sie
rennen	renn(e)	rennt	rennen Sie
lernen	lern(e)	lernt	lernen Sie
qualmen	qualm(e)	qualmt	qualmen Sie
rühmen	rühm(e)	rühmt	rühmen Sie

Excepciones:
Si delante de *m* o *n* hay otra consonante, la desinencia *e* debe conservarse:
p. ej. atme, rechne.

2. Los verbos irregulares *sin* cambio vocálico en *i* o *ie* en el presente forman el imperativo según las mismas reglas que los verbos regulares.
→ Las formas de imperativo se indican en la lista de los verbos irregulares en la página 1396.

Cambio vocálico en *i* o *ie*

infinitivo	singular	plural	forma de cortesía
lesen	lies	lest	lesen Sie
werfen	wirf	werft	werfen Sie
sterben	stirb	sterbt	sterben Sie
essen	iss	esst	essen Sie
sehen	sieh	seht	sehen Sie

Los verbos auxiliares *sein, haben* y *werden*

infinitivo	singular	plural	forma de cortesía
sein	sei	seid	seien Sie
haben	habe	habt	haben Sie
werden	werde	werdet	werden Sie

Activa y pasiva

En activa una acción es contemplada por el sujeto que realiza la acción; en *pasiva* , en cambio, el suceso mismo está en un primer plano sin que el sujeto que realiza la acción tenga que ser siempre nombrado:

p. ej. Die Parlamentarier wählen den Präsidenten. (activa)
Der Präsident wird von den Parlamentariern gewählt. (pasiva)

La pasiva se forma con *werden* y el *participio pasado.*

presente	ich werde geliebt	ich werde geschlagen
pretérito	ich wurde geliebt	ich wurde geschlagen

El pronombre

Los pronombres se declinan en alemán como los artículos, los sustantivos, los adjetivos y los adverbios.

1. El pronombre personal

Designa a la persona que habla o sobre la que se habla en la frase.

nominativo	genitivo	dativo	acusativo
ich	meiner	mir	mich
du	deiner	dir	dich
er	seiner	ihm	ihn
sie	ihrer	ihr	sie
es	seiner	ihm	es
wir	unser	uns	uns
ihr	euer	euch	euch
sie	ihrer	ihnen	sie

2. El pronombre reflexivo

Se refiere al sujeto de una frase y debe concordar en **persona** y **número** con éste.

p. ej. ich wasche mich
du wäschst dich
er/sie/es wäscht sich
wir waschen uns
ihr wascht euch
sie waschen sich

3. El pronombre posesivo

Indica una relación de pertenencia o de posesión y concuerda en **caso**, **género** y **número** con el sustantivo al que se refiere. Puede aparecer como un adjetivo delante de un sustantivo o también sustituyendo a un sustantivo.

a) Uso adjetivo

	m	f	nt	pl
1. persona singular				
Nom.	mein	meine	mein	meine
Gen.	meines	meiner	meines	meiner
Dativ	meinem	meiner	meinem	meinen
Akk.	meinen	meine	mein	meine
2. persona singular	dein	deine	dein	deine
			se declina como *mein*	
3. persona singular (m)	sein	seine	sein	seine
			se declina como *mein*	
3. persona singular (f)	ihr	ihre	ihr	ihre
			se declina como *mein*	
3. persona singular (nt)	sein	seine	sein	seine
			se declina como *mein*	
1. persona plural				
Nom.	unser	uns(e)re	unser	uns(e)re
Gen.	uns(e)res	uns(e)rer	uns(e)res	uns(e)rer
Dativ	uns(e)rem	uns(e)rer	uns(e)rem	uns(e)ren
Akk.	uns(e)ren	uns(e)re	unser	uns(e)re
2. persona plural				
Nom.	euer	eure	euer	eure
Gen.	eures	eurer	eures	eurer
Dativ	eurem	eurer	eurem	euren
Akk.	euren	eure	euer	eure
3. persona plural				
Nom.	ihr	ihre	ihr	ihre
Gen.	ihres	ihrer	ihres	ihrer
Dativ	ihrem	ihrer	ihrem	ihren
Akk.	ihren	ihre	ihr	ihre

b) uso sustantivo

referente a	m	f	nt	pl
1.p. sing.	meiner	meine	mein(e)s	meine
2.p. sing.	deiner	deine	dein(e)s	deine
3.p. sing. m, nt	seiner	seine	sein(e)s	seine
3.p. sing. f	ihrer	ihre	ihr(e)s	ihre
1.p. pl.	uns(e)rer	uns(e)re	uns(e)res	uns(e)re
2.p. pl.	eurer	eure	eures, euers	eure
3.p. pl.	ihrer	ihre	ihr(e)s	ihre

4. El pronombre demostrativo

Alude en la frase a algo de lo cual ya se ha hablado.

	m	f	nt	Plural
Nom.	dieser	diese	dieses	diese
Gen.	dieses	dieser	dieses	dieser
Dativ	diesem	dieser	diesem	diesen
Akk.	diesen	diese	dieses	diese
Nom.	jener	jene	jenes	jene
Gen.	jenes	jener	jenes	jener
Dativ	jenem	jener	jenem	jenen
Akk.	jenen	jene	jenes	jene
Nom.	derjenige	diejenige	dasjenige	diejenigen
Gen.	desjenigen	derjenigen	desjenigen	derjenigen
Dativ	demjenigen	derjenigen	demjenigen	denjenigen
Akk.	denjenigen	diejenige	dasjenige	diejenigen
Nom.	derselbe	dieselbe	dasselbe	dieselben
Gen.	desselben	derselben	desselben	derselben
Dativ	demselben	derselben	demselben	denselben
Akk.	denselben	dieselbe	dasselbe	dieselben

Dieser hace referencia a algo **cercano**; *jener* a algo **más lejano**.
El artículo determinado *der, die, das* también se utiliza como pronombre demostrativo.

5. El pronombre relativo

Las formas más usadas de pronombres relativos son *der*, *die*, *das*; menos usadas son *welcher*, *welche*, *welches*. Todas introducen una oración subordinada en la que se dice algo que completa la frase principal. El **género** y el **número** de los pronombres relativos concuerda con el de su antecedente:
p. ej. Er putzt sein neues Auto, das/welches er sich gekauft hat.

	m	f	nt	Plural
Nom.	welcher	welche	welches	welche
Gen.	dessen	deren	dessen	deren
Dativ	welchem	welcher	welchem	welchen
Akk.	welchen	welche	welches	welche

Wer y *was* se pueden emplear también como pronombres relativos:
p. ej. Wer das behauptet, lügt.
Mach doch, was du willst!

6. El pronombre interrogativo

El pronombre interrogativo diferencia entre una **persona** (*Wer?*) y una **cosa** (*Was?*). Sólo tiene formas de singular.

	persona	cosa
Nom.	*Wer* spielt mit?	*Was* ist das?
Gen.	*Wessen* Haus ist das?	
Dativ	*Wem* gehört das Haus?	
Akk.	*Wen* liebst du?	*Was* höre ich da?

El genitivo del pronombre interrogativo *wessen* se va sustituyendo cada vez más por el dativo *wem*:
p. ej. Wem gehört das Haus?

Con *was für ein(er)* se pregunta por el tipo característico que una persona o cosa es:
p. ej. Was für ein Mensch ist Peter eigentlich?
Was für einen Anzug möchten Sie?

Con el pronombre interrogativo *welcher*, *welche* y *welches* se pregunta por una persona o cosa concreta de un grupo:
p. ej. Welche Schuhe soll ich nehmen? (– Die braunen oder die schwarzen?)
Mit welchem Bus kommst du? (– Mit dem um 16 oder um 17 Uhr?)
Welches Eis schmeckt dir besser? (– Erdbeer- oder Schokoladeneis?)

	m	f	nt	plural
Nom.	welcher	welche	welches	welche
Gen.	welches	welcher	welches	welcher
Dativ	welchem	welcher	welchem	welchen
Akk.	welchen	welche	welches	welche

Las preposiciones

Se usa

– en **acusativo**:	bis	wider
	durch	für
	gegen	je
	ohne	pro
	um	
– en **dativo**:	ab	aus
	außer	bei
	binnen	entgegen
	entsprechend	gegenüber
	gemäß	mit
	nach	nächst
	nahe	nebst
	samt	seit
	von	zu
	zufolge	zuwider
– en **acusativo/dativo***:		
	an	auf
	entlang	hinter
	in	neben
	über	unter
	vor	zwischen

* Para *movimiento* o *cambios de dirección* se usa el acusativo (*¿a dónde?*);
para *indicaciones de lugar* (*¿dónde?*) el dativo,

p. ej. Er hängt die Uhr an die Wand. (Wohin?)
Die Uhr hängt an der Wand. (Wo?)

→ En el diccionario se indica en cada preposición el caso correspondiente.

Algunas preposiciones se pueden contraer en una palabra con formas gramaticales del artículo:

p. ej.	**an/in**	+ **dem**	se convierte en	**am/im**
	bei	+ **dem**		**beim**
	von	+ **dem**		**vom**
	zu	+ **dem/der**		**zum/zur**
	an/in	+ **das**		**ans/ins**

Los verbos irregulares más importantes

Las formas de los verbos derivados con los prefijos *auf-, ab-, be-, er-, zer-,* etc. corresponden a las de sus respectivos verbos en forma no derivada. Se añade a la forma de infinitivo la 2ª persona del singular si hay 'Umlaut' o cambio vocálico *e/i*. Igualmente se indica en la forma del participio pasado ('Partizip II') el verbo auxiliar con que se forma.

1. infinitivo	2. pretérito	3. participio pasado ('Partizip II')	4. imperativo sing./pl.
backen bäckst, backst	backte	hat gebacken	back(e)/backt
befehlen befiehlst	befahl	hat befohlen	befiehl/befehlt
beginnen	begann	hat begonnen	beginn(e)/beginnt
beißen	biss	hat gebissen	beiß(e)/beißt
bergen birgst	barg	hat geborgen	birg/bergt
bersten birst	barst	ist geborsten	birst/berstet
bewegen	bewog	hat bewogen	beweg(e)/bewegt
biegen	bog	hat/ist gebogen	bieg(e)/biegt
bieten	bot	hat geboten	biet(e)/bietet
binden	band	hat gebunden	bind(e)/bindet
bitten	bat	hat gebeten	bitt(e)/bittet
blasen bläst	blies	hat geblasen	blas(e)/blast
bleiben	blieb	ist geblieben	bleib(e)/bleibt
braten brätst	briet	hat gebraten	brat(e)/bratet
brechen brichst	brach	hat/ist gebrochen	brich/brecht
brennen	brannte	hat gebrannt	brenn(e)/brennt
bringen	brachte	hat gebracht	bring(e)/bringt
denken	dachte	hat gedacht	denk(e)/denkt
dreschen drischst	drosch	hat gedroschen	drisch/drescht
dringen	drang	ist gedrungen	dring(e)/dringt
dürfen darfst	durfte	hat gedurft	
empfangen empfängst	empfing	hat empfangen	empfang(e)/empfangt
empfehlen empfiehlst	empfahl	hat empfohlen	empfiehl/empfehlt
empfinden	empfand	hat empfunden	empfind(e)/empfindet
erschrecken erschrickst	erschrak	ist erschrocken	erschrick/erschreckt
essen isst	aß	hat gegessen	iss/esst
fahren fährst	fuhr	hat/ist gefahren	fahr(e)/fahrt
fallen fällst	fiel	ist gefallen	fall(e)/fallt
fangen fängst	fing	hat gefangen	fang(e)/fangt

fechten fichst	focht	hat gefochten	ficht/fechtet
finden	fand	hat gefunden	find(e)/findet
flechten	flocht	hat geflochten	flicht/flechtet
fliegen	flog	hat/ist geflogen	flieg(e)/fliegt
fliehen	floh	ist geflohen	flieh(e)/flieht
fließen	floss	ist geflossen	fließ(e)/fließt
fressen frisst	fraß	hat gefressen	friss/fresst
frieren	fror	hat/ist gefroren	frier(e)/friert
gären	gor gärte	hat/ist gegoren/ gegärt	gär(e)/gärt
gebären gebierst	gebar	hat geboren	gebier/gebärt
geben gibst	gab	hat gegeben	gib/gebt
gedeihen	gedieh	ist gediehen	gedeih(e)/gedeiht
gehen	ging	ist gegangen	geh(e)/geht
gelingen	gelang	ist gelungen	geling(e)/gelingt
gelten giltst	galt	hat gegolten	gilt/geltet
genießen	genoss	hat genossen	genieß(e)/genießt
geschehen geschieht	geschah	ist geschehen	geschieh/gescheht
gewinnen	gewann	hat gewonnen	gewinn(e)/gewinnt
gießen	goss	hat gegossen	gieß(e)/gießt
gleichen	glich	hat geglichen	gleich(e)/gleicht
gleiten	glitt	ist geglitten	gleit(e)/gleitet
glimmen	glomm	hat geglommen	glimm(e)/glimmt
graben gräbst	grub	hat gegraben	grab(e)/grabt
greifen	griff	hat gegriffen	greif(e)/greift
haben hast	hatte	hat gehabt	hab(e)/habt
halten hältst	hielt	hat gehalten	halt(e)/haltet
hängen	hing	hat gehangen	häng(e)/hängt
hauen	haute hieb	hat gehauen/ gehaut	hau(e)/haut
heben	hob	hat gehoben	heb(e)/hebt
heißen	hieß	hat geheißen	heiß(e)/heißt
helfen hilfst	half	hat geholfen	hilf/helft
kennen	kannte	hat gekannt	kenn(e)/kennt
klingen	klang	hat geklungen	kling(e)/klingt
kneifen	kniff	hat gekniffen	kneif(e)/kneift
kommen	kam	ist gekommen	komm(e)/kommt
können kannst	konnte	hat gekonnt	
kriechen	kroch	ist gekrochen	kriech(e)/kriecht

küren	kürte kor	hat gekürt/ gekoren	kür(e)/kürt
laden lädst	lud	hat geladen	lad(e)/ladet
lassen lässt	ließ	hat gelassen	lass/lasst
laufen läufst	lief	ist gelaufen	lauf(e)/lauft
leiden	litt	hat gelitten	leid(e)/leidet
leihen	lieh	hat geliehen	leih(e)/leiht
lesen liest	las	hat gelesen	lies/lest
liegen	lag	hat gelegen	lieg(e)/liegt
löschen lischst	losch	hat gelöscht	lisch/löscht
lügen	log	hat gelogen	lüg(e)/lügt
mahlen	mahlte	hat gemahlen	mahl(e)/mahlt
meiden	mied	hat gemieden	meid(e)/meidet
melken	molk melkte	hat gemolken/ gemelkt	melk(e), milk/melkt
messen misst	maß	hat gemessen	miss/messt
misslingen	misslang	ist misslungen	
mögen magst	mochte	hat gemocht	
müssen musst	musste	hat gemusst	
nehmen nimmst	nahm	hat genommen	nimm/nehmt
nennen	nannte	hat genannt	nenn(e)/nennt
pfeifen	pfiff	hat gepfiffen	pfeif(e)/pfeift
preisen	pries	hat gepriesen	preis(e)/preist
quellen quillst	quoll	ist gequollen	quill/quellt
raten rätst	riet	hat geraten	rat(e)/ratet
reiben	rieb	hat gerieben	reib(e)/reibt
reißen	riss	hat/ist gerissen	reiß/reißt
reiten	ritt	hat/ist geritten	reit(e)/reitet
rennen	rannte	ist gerannt	renn(e)/rennt
riechen	roch	hat gerochen	riech(e)/riecht
ringen	rang	hat gerungen	ring(e)/ringt
rinnen	rann	ist geronnen	rinn(e)/rinnt
rufen	rief	hat gerufen	ruf(e)/ruft
saufen säufst	soff	hat gesoffen	sauf(e)/sauft
schaffen	schuf	hat geschaffen	schaff(e)/schafft
scheiden	schied	hat/ist geschieden	scheid(e)/scheidet
scheinen	schien	hat geschienen	schein(e)/scheinet
scheißen	schiss	hat geschissen	scheiß(e)/scheißt
schelten schiltst	schalt	hat gescholten	schilt/scheltet

scheren	schor	hat geschoren	scher(e)/schert
schieben	schob	hat geschoben	schieb(e)/schiebt
schießen	schoss	hat geschossen	schieß(e)/schießt
schinden	schindete	hat geschunden	schind(e)/schindet
schlafen schläfst	schlief	hat geschlafen	schlaf(e)/schlaft
schlagen schlägst	schlug	hat geschlagen	schlag(e)/schlagt
schleichen	schlich	ist geschlichen	schleich(e)/schleicht
schleifen	schliff	hat geschliffen	schleif(e)/schleift
schließen	schloss	hat geschlossen	schließ(e)/schließt
schlingen	schlang	hat geschlungen	schling(e)/schlingt
schmeißen	schmiss	hat geschmissen	schmeiß(e)/schmeißt
schmelzen schmilzt	schmolz	ist geschmolzen	schmilz/schmelzt
schneiden	schnitt	hat geschnitten	schneid(e)/schneidet
schrecken schrickst	schreckte	hat geschreckt	schrick/schreckt
schreiben	schrieb	hat geschrieben	schreib(e)/schreibt
schreien	schrie	hat geschrie(e)n	schrei(e)/schreit
schreiten	schritt	ist geschritten	schreit(e)/schreitet
schweigen	schwieg	hat geschwiegen	schweig(e)/schweigt
schwellen schwillst	schwoll	ist geschwollen	schwill/schwellt
schwimmen	schwamm	hat/ist geschwommen	schwimm(e)/ schwimmt
schwinden	schwand	ist geschwunden	schwind(e)/schwindet
schwingen	schwang	hat geschwungen	schwing(e)/schwingt
schwören	schwor	hat geschworen	schwör(e)/schwört
sehen siehst	sah	hat gesehen	sieh/seht
sein 1.P.Sing. bin 2.P.Sing. bist 3.P.Sing. ist 1.P.Pl. sind 2.P.Pl. seid 3.P.Pl. sind	war	ist gewesen	sei/seid
senden	sandte sendete	hat gesandt/ gesendet	send(e)/sendet
singen	sang	hat gesungen	sing(e)/singt
sinken	sank	ist gesunken	sink(e)/sinkt
sinnen	sann	hat gesonnen	sinn(e)/sinnt
sitzen	saß	hat gesessen	sitz(e)/sitzt
sollen	sollte	hat gesollt	
spalten	spaltete	hat gespalten/ gespaltet	spalt(e)/spaltet
speien	spie	hat gespie(e)n	spei(e)/speit
spinnen	spann	hat gesponnen	spinn(e)/spinnt
sprechen sprichst	sprach	hat gesprochen	sprich/sprecht

sprießen	spross sprießte	ist gesprossen/ gesprießt	sprieß(e)/sprießt
springen	sprang	ist gesprungen	spring(e)/springt
stechen stichst	stach	hat gestochen	stich/stecht
stecken	steckte stak	hat gesteckt	steck(e)/steckt
stehen	stand	hat gestanden	steh(e)/steht
stehlen stiehlst	stahl	hat gestohlen	stiehl/stehlt
steigen	stieg	ist gestiegen	steig(e)/steigt
sterben stirbst	starb	ist gestorben	stirb/sterbt
stinken	stank	hat gestunken	stink(e)/stinkt
stoßen stößt	stieß	hat gestoßen	stoß(e)/stoßt
streichen	strich	hat gestrichen	streich(e)/streicht
streiten	stritt	hat gestritten	streit(e)/streitet
tragen trägst	trug	hat getragen	trag(e)/tragt
treffen triffst	traf	hat getroffen	triff/trefft
treiben	trieb	hat getrieben	treib(e)/treibt
treten trittst	trat	hat getreten	tritt/tretet
triefen	triefte troff	hat getrieft getroffen	trief(e)/trieft
trinken	trank	hat getrunken	trink(e)/trinkt
trügen	trog	hat getrogen	trüg(e)/trügt
tun 1.P.Sing. tue 2.P.Sing. tust 3.P.Sing. tut	tat	hat getan	tu(e)/tut
verderben verdirbst	verdarb	hat/ist verdorben	verdirb/verderbt
verdrießen	verdross	hat verdrossen	verdrieß(e)/verdrießt
vergessen vergisst	vergaß	hat vergessen	vergiss/vergesst
verlieren	verlor	hat verloren	verlier(e)/verliert
verlöschen verlischst	verlosch verlöschte	ist verloschen	verlisch/verlöscht
verzeihen	verzieh	hat verziehen	verzeih(e)/verzeiht
wachsen wächst	wuchs	ist gewachsen	wachs(e)/wachst
wägen	wog	hat gewogen	wäg(e)/wägt
waschen wäschst	wusch	hat gewaschen	wasch(e)/wascht
weben	wob	hat gewoben	web(e)/webt
weichen	wich	ist gewichen	weich(e)/weicht
weisen	wies	hat gewiesen	weis(e)/weist
wenden	wendete wandte	hat gewendet/ gewandt	wend(e)/wendet

werben wirbst	warb	hat geworben	wirb/werbt
werden wirst	wurde ward	ist geworden	werd(e)/werdet
werfen wirfst	warf	hat geworfen	wirf/werft
wiegen	wog	hat gewogen	wieg(e)/wiegt
winden	wand	hat gewunden	wind(e)/windet
winken	winkte	hat gewunken	wink(e)/winkt
wissen weißt	wusste	hat gewusst	wisse/wisset
wollen willst	wollte	hat gewollt	wolle/wollt
ziehen	zog	hat/ist gezogen	zieh(e)/zieht
zwingen	zwang	hat gezwungen	zwing(e)/zwingt

Abkürzungen

Abreviaturas

a.	auch	*también*
Abk.	Abkürzung	*abreviatura*
abw	abwertend	*peyorativo*
adj	Adjektiv	*adjetivo*
ADMIN	Verwaltung	*administración*
adv	Adverb	*adverbio*
AERO	Luftfahrt	*aeronáutica*
AGR	Landwirtschaft	*agricultura*
akk	Akkusativ	*acusativo*
Akr.	Akronym	*sigla*
Am	Lateinamerikanismus	*americanismo*
ANAT	Anatomie	*anatomía*
And	Anden	*zona andina*
Ant	Antillen	*Antillas*
ARCHIT	Architektur	*arquitectura*
Arg	Argentinien	*República Argentina*
art best	bestimmter Artikel	*artículo definido*
art unbest	unbestimmter Artikel	*artículo indefinido*
ASTR	Astrologie, Astronomie	*astrología, astronomía*
AUTO	Auto und Verkehr	*automóvil y tráfico*
aux	Hilfsverb	*verbo auxiliar*
BERGB	Bergbau	*minería*
BIOL	Biologie	*biología*
Bol	Bolivien	*Bolivia*
BOT	Botanik	*botánica*
CHEM	Chemie	*química*
Chil	Chile	*Chile*
COM	Handel	*comercio*
CRi	Costa Rica	*Costa Rica*
CSur	Cono Sur (Argentinien, Chile, Paraguay, Uruguay)	*Cono Sur (República Argentina, Chile, Paraguay, Uruguay)*
Cuba	Cuba	*Cuba*
dat	Dativ	*dativo*
DomR	Dominikanische Republik	*República Dominicana*
Ecua	Ecuador	*Ecuador*
EISENB	Eisenbahn	*ferrocarril*
ELEK	Elektrotechnik	*electrotecnia*
ElSal	El Salvador	*El Salvador*
etw	etwas	*algo*
EU	Europäische Union	*Unión Europea*
f	Femininum	*femenino*
fam	umgangssprachlich	*familiar*
fig	übertragen, figurativ	*sentido figurado*
FILM	Film	*cinematografía*
FIN	Finanzen, Börse	*finanzas, bolsa*
formal	geschriebene Sprache, Verwaltungssprache	*lenguaje escrito, administrativo*
FOTO	Fotografie	*fotografía*
GASTR	Gastronomie	*gastronomía*
geh	gehoben, literarisch	*elevado, literario*
gen	Genitiv	*genitivo*
GEO	Geographie, Geologie	*geografía, geología*
Guat	Guatemala	*Guatemala*
Guay	Guayana	*Guayana*
GuinEc	Guinea Ecuatorial	*Guinea Ecuatorial*
HIST	Geschichte	*historia*
Hond	Honduras	*Honduras*
imp	Imperfekt	*imperfecto*
inf	Infinitiv	*infinitivo*
INFOR	Informatik	*informática, ordenadores*
interj	Interjektion	*interjección*
inv	unveränderlich, invariabel	*invariable*
iron	ironisch	*irónico*
irr	unregelmäßig	*irregular*
jd	jemand	*alguien (nominativo)*
jdm	jemandem	*alguien (dativo)*
jdn	jemanden	*alguien (acusativo)*
jds	jemandes	*alguien (genitivo)*
JUR	Jura	*jurisdicción*
Kol	Kolumbien	*Colombia*
kompar	Komparativ	*comparativo*
konj	Konjunktion	*conjunción*
KUNST	Kunst(geschichte)	*(historia del) arte*
LING	Linguistik	*lingüística*
LIT	Literatur(wissenschaft)	*(ciencia de la) literatura*
m	Maskulinum	masculino